WANDER GARCIA e FERNANDO CASTELLANI
Coordenadores

2ª Edição

COMO PASSAR EM CONCURSOS DE MINISTÉRIO PÚBLICO ESTADUAL

PROMOTOR DE JUSTIÇA

4.000 QUESTÕES COMENTADAS

EDITORA FOCO

Coordenadores: Wander Garcia e Fernando Castellani
Organizadora: Georgia Renata Dias
Autores: Wander Garcia, Alice Santin, Ana Paula Garcia, André de Carvalho Barros, Anna Carolina Bontempo, Arthur Trigueiros, Eduardo Dompieri, Fábio Tavares, Fernando Castellani, Gabriela Pinheiro, Gustavo Nicolau, Henrique Subi, Hermes Cramacon, Leni Mouzinho Soares, Marcos Destefenni, Murilo Sechieri Costa Neves, Renan Flumian, Renato Montans, Robinson Sakiyama Barreirinhas, Savio Chalita, Vanessa Tonolli Trigueiros.
Editor: Márcio Dompieri
Gerente Editorial: Paula Tseng
Equipe Editora Foco: Erica Coutinho, Georgia Renata Dias e Ivo Shigueru Tomita
Projeto Gráfico e Diagramação: Ladislau Lima
Impressão miolo e acabamento: Gráfica IMPRESSUL
Capa: R2 Editorial
Impressão capa: Gráfica IMPRESSUL

Dados Internacionais de Catalogação na Publicação (CIP)
(Câmara Brasileira do Livro, SP, Brasil)

Como passar em concursos de Ministério Público / Wander Garcia e Fernando Castellani, coordenadores. – 2. ed. – Indaiatuba, SP : Editora Foco Jurídico, 2015.

ISBN 978-85-8242-122-2

1. Concursos públicos – Brasil 2. Ministério Público Estadual – Concursos I. Garcia, Wander. II. Castelli, Fernando.

14-13103 CDU-347.963(81)(079.1)

Índices para Catálogo Sistemático:

1. Ministério Público : Questões de concursos : Direito processual 347.963(81)(079.1)

Atualizações e erratas: a presente obra é vendida como está, sem garantia de atualização futura. Porém, atualizações voluntárias e erratas são disponibilizadas no site www.editorafoco.com.br, na seção *Atualizações*. Esforçamo-nos ao máximo para entregar ao leitor uma obra com a melhor qualidade possível e sem erros técnicos ou de conteúdo. No entanto, nem sempre isso ocorre, seja por motivo de alteração de software, interpretação ou falhas de diagramação e revisão. Sendo assim, disponibilizamos em nosso site a seção mencionada (*Atualizações*), na qual relataremos, com a devida correção, os erros encontrados na obra. Solicitamos, outrossim, que o leitor faça a gentileza de colaborar com a perfeição da obra, comunicando eventual erro encontrado por meio de mensagem para contato@editorafoco.com.br.

Impresso no Brasil (01.2015)
Data de Fechamento (12.2014)

2015

Al. Júpiter 578 - Galpão 01 – American Park Distrito Industrial
CEP 13347-653 – Indaiatuba – SP

E-mail: contato@editorafoco.com.br
www.editorafoco.com.br

APRESENTAÇÃO

A experiência diz que aquele que quer ser aprovado deve fazer três coisas: a) entender a teoria; b) ler a letra da lei, e c) treinar.

A teoria é vista em cursos e livros à disposição no mercado. O problema é que ela, sozinha, não é suficiente.

É fundamental "ler a letra da lei" e "treinar". E a presente obra possibilita esses dois tipos de estudo. Aliás, você sabia que mais de 90% das questões de Concursos de Ministério Público Estadual são resolvidas apenas com o conhecimento da lei, e que as questões das provas se repetem muito?

Cada questão deste livro vem comentada com o dispositivo legal em que você encontrará a resposta. E isso é feito não só em relação à alternativa correta. Todas as alternativas são comentadas.[1] Com isso é possível ter acesso aos principais dispositivos legais que aparecem nas provas e também às orientações doutrinárias e jurisprudenciais.

Estudando pelo livro você começará a perceber as técnicas dos examinadores e as "pegadinhas" típicas de prova, e ganhará bastante segurança para o momento decisivo, que é o dia do seu exame.

É por isso que podemos afirmar, com uma exclamação, que esta obra vai lhe demonstrar COMO PASSAR EM CONCURSOS DE MINISTÉRIO PÚBLICO ESTADUAL!

---

1. Eventualmente, algumas questões respondem *de per si* a pergunta, não ensejando comentários adicionais.

SUMÁRIO

COMO USAR O LIVRO?

Para que você consiga um ótimo aproveitamento deste livro, atente para as seguintes orientações:

1º Tenha em mãos um ***vademecum*** ou **um computador** no qual você possa acessar os textos de lei citados.

Neste ponto, recomendamos o **Vade Mecum de Legislação FOCO** – confira em www.editorafoco.com.br.

2º Se você estiver estudando a teoria (fazendo um curso preparatório ou lendo resumos, livros ou apostilas), faça as questões correspondentes deste livro na medida em que for avançando no estudo da parte teórica.

3º Se você já avançou bem no estudo da teoria, leia cada capítulo deste livro até o final, e só passe para o novo capítulo quando acabar o anterior; vai mais uma dica: alterne capítulos de acordo com suas preferências; leia um capítulo de uma disciplina que você gosta e, depois, de uma que você não gosta ou não sabe muito, e assim sucessivamente.

4º Iniciada a resolução das questões, tome o cuidado de ler cada uma delas **sem olhar para o gabarito e para os comentários**; se a curiosidade for muito grande e você não conseguir controlar os olhos, tampe os comentários e os gabaritos com uma régua ou um papel; na primeira tentativa, é fundamental que resolva a questão sozinho; só assim você vai identificar suas deficiências e "pegar o jeito" de resolver as questões; marque com um lápis a resposta que entender correta, e só depois olhe o gabarito e os comentários.

5º **Leia com muita atenção o enunciado das questões**. Ele deve ser lido, no mínimo, duas vezes. Da segunda leitura em diante, começam a aparecer os detalhes, os pontos que não percebemos na primeira leitura.

6º **Grife as palavras-chave, as afirmações e a pergunta formulada.** Ao grifar as palavras importantes e as afirmações você fixará mais os pontos-chave e não se perderá no enunciado como um todo. Tenha atenção especial com as palavras "correto", "incorreto", "certo", "errado", "prescindível" e "imprescindível".

7º Leia os comentários e **leia também cada dispositivo legal** neles mencionados; não tenha preguiça; abra o *vademecum* e leia os textos de leis citados, tanto os que explicam as alternativas corretas, como os que explicam o porquê de ser incorreta dada alternativa; você tem que conhecer bem a letra da lei, já que mais de 90% das respostas estão nela; mesmo que você já tenha entendido determinada questão, reforce sua memória e leia o texto legal indicado nos comentários.

8º Leia também os **textos legais que estão em volta** do dispositivo; por exemplo, se aparecer, em Direito Penal, uma questão cujo comentário remete ao dispositivo que trata de falsidade ideológica, aproveite para ler também os dispositivos que tratam dos outros crimes de falsidade; outro exemplo: se aparecer uma questão, em Direito Constitucional, que trate da composição do Conselho Nacional de Justiça, leia também as outras regras que regulamentam esse conselho.

9º Depois de resolver sozinho a questão e de ler cada comentário, você deve fazer uma **anotação ao lado da questão**, deixando claro o motivo de eventual erro que você tenha cometido; conheça os motivos mais comuns de erros na resolução das questões:

DL – "desconhecimento da lei"; quando a questão puder ser resolvida apenas com o conhecimento do texto de lei;

DD – "desconhecimento da doutrina"; quando a questão só puder ser resolvida com o conhecimento da doutrina;

DJ – "desconhecimento da jurisprudência"; quando a questão só puder ser resolvida com o conhecimento da jurisprudência;

FA – "falta de atenção"; quando você tiver errado a questão por não ter lido com cuidado o enunciado e as alternativas;

NUT - "não uso das técnicas"; quando você tiver se esquecido de usar as técnicas de resolução de questões objetivas, tais como as da **repetição de elementos** ("quanto mais elementos repetidos existirem, maior a chance de a alternativa ser correta"), das **afirmações generalizantes** ("afirmações generalizantes tendem a ser incorretas" - reconhece-se afirmações generalizantes pelas palavras *sempre, nunca, qualquer, absolutamente, apenas, só, somente exclusivamente* etc.), dos **conceitos compridos** ("os conceitos de maior extensão tendem a ser corretos"), entre outras.

obs: se você tiver interesse em fazer um Curso de "Técnicas de Resolução de Questões Objetivas", recomendamos o curso criado a esse respeito pelo IEDI Cursos On-line: www.iedi.com.br.

10º Confie no **bom-senso**. Normalmente, a resposta correta é a que tem mais a ver com o bom-senso e com a ética. Não ache que todas as perguntas contêm uma pegadinha. Se aparecer um instituto que você não conhece, repare bem no seu nome e tente imaginar o seu significado.

11º Faça um levantamento do **percentual de acertos de cada disciplina** e dos **principais motivos que levaram aos erros cometidos**; de posse da primeira informação, verifique quais disciplinas merecem um reforço no estudo; e de posse da segunda informação, fique atento aos erros que você mais comete, para que eles não se repitam.

12º Uma semana antes da prova, faça uma **leitura dinâmica** de todas as anotações que você fez e leia de novo os dispositivos legais (e seu entorno) das questões em que você marcar "DL", ou seja, desconhecimento da lei.

13º Para que você consiga ler o livro inteiro, faça um bom **planejamento**. Por exemplo, se você tiver 30 dias para ler a obra, divida o número de páginas do livro pelo número de dias que você tem, e cumpra, diariamente, o número de páginas necessárias para chegar até o fim. Se tiver sono ou preguiça, levante um pouco, beba água, masque chiclete ou leia em voz alta por algum tempo.

14º Desejo a você, também, muita **energia**, **disposição**, **foco**, **organização**, **disciplina**, **perseverança**, **amor** e **ética**!

Wander Garcia

Coordenador

1. DIREITO CIVIL

Ana Paula Garcia, Gustavo Nicolau e Wander Garcia*

1. LINDB

(Ministério Público/MG – 2014) Assinale a alternativa INCORRETA:

Em relação ao Decreto-Lei 4.657/42 (com a redação da Lei 12.376/2010) pode- se dizer que:

(A) Estabelece regras quanto á vigência das leis.

(B) Dispõe sobre a aplicação da norma jurídica no tempo e no espaço.

(C) Aponta as fontes do direito privado em complemento à própria lei.

(D) Integra implicitamente o Código Civil.

A: assertiva correta, pois a Lei de Introdução às Normas do Direito brasileiro (Lei de Introdução) versam sobre a vigência das normas, em especial os artigos 1° e 2°; **B:** assertiva correta, pois a aplicação da lei no tempo é tratada pelos artigos 1°, 2° e 6°, ao passo que a aplicação da lei no espaço é tratada nos artigos 7° a 16; **C:** assertiva correta, pois a Lei de Introdução aponta formas de interpretação e integração da lei nacional, bem como situações nas quais o Poder Judiciário brasileiro aplicará leis estrangeiras; **D:** assertiva incorreta, devendo ser assinalada, pois a Lei de Introdução é uma lei autônoma e específica, não fazendo parte integrante de nenhuma outra lei, explicita ou implicitamente. Trata-se, sim, de uma *lex legum*, ou seja, uma lei cujo objeto é a própria lei.

Gabarito "D"

1.1. EFICÁCIA DA LEI NO TEMPO

(Ministério Público/ES – 2013 – VUNESP) Assinale a alternativa correta, de acordo com a Lei de Introdução às Normas do Direito Brasileiro.

(A) O começo e o fim da personalidade, o nome e a capacidade são regidos pelas leis do país onde nasceu a pessoa.

(B) Realizando-se o casamento no Brasil, será aplicada a lei brasileira quanto aos impedimentos dirimentes e quanto às formalidades de celebração.

(C) Para ser executada no Brasil, a sentença estrangeira deve ser homologada pelo Supremo Tribunal Federal.

(D) A sucessão de bens estrangeiros situados no Brasil será regulada pela lei brasileira, desconsiderando-se eventual lei pessoal do *de cujus*.

(E) Sendo um dos nubentes brasileiro, o regime de bens obedece à lei brasileira.

A: incorreta, pois a norma legal que será aplicada nesse caso é a lei *"do país em que domiciliada a pessoa"* (Lei de Introdução, art. 7°); **B:** correta, pois a assertiva reproduz a regra estabelecida pelo art. 7°, § 1°, da Lei de Introdução; **C:** incorreta, pois tal homologação ocorre perante o Superior Tribunal de Justiça (CF, art. 105, I, *i*); **D:** incorreta, pois a lei que será aplicada será a lei do país em que for domiciliado o (Lei de Introdução, art. 10); **E:** incorreta, pois a Lei de Introdução usa como critério o domicílio dos nubentes (Lei de Introdução, art. 7°, § 3°, e 4°).

Gabarito "B"

(Ministério Público/MG – 2013) Quanto ao casamento de estrangeiros de mesma nacionalidade, domiciliados no exterior, e realizado no Brasil, analise as seguintes alternativas e assinale a assertiva *INCORRETA*:

(A) Será aplicada a lei material do domicílio dos nubentes quanto aos impedimentos dirimentes e às formalidades da celebração.

(B) Tendo os nubentes domicílio em diferentes países estrangeiros, regerá os casos de invalidade do matrimônio a lei material do primeiro domicílio conjugal.

(C) Poderá celebrar-se perante autoridades diplomáticas ou consulares do país de ambos os nubentes.

(D) Sendo os nubentes domiciliados no mesmo país estrangeiro, o regime de bens, legal ou convencional, obedece à lei material desse país.

A: assertiva incorreta, devendo ser assinalada. O § 1° do artigo 7° da LINDB assim dispõe: "Realizando-se o casamento no Brasil, será aplicada a lei brasileira quanto aos impedimentos dirimentes e às formalidades da celebração". A regra de conexão é a *lex loci celebrationis*. Assim, o casamento é regido, no que tange às suas formalidades, pela lei do local de sua celebração (no presente caso será aplicada a legislação brasileira); **B:** correta (artigo 7°, § 3°, da LINDB); **C:** assertiva correta (artigo 7°, § 2°, da LINDB); **D:** assertiva correta (artigo 7°, § 4°, da LINDB).

Gabarito "A"

1.1.1. VACATIO LEGIS

(Ministério Público/MS – 2013 – FADEMS) Segundo a Lei de Introdução às Normas do Direito Brasileiro – LINDB, é correto afirmar:

* **Gustavo Nicolau** comentou as questões dos seguintes concursos: MP/MG/14, MP/PI/14, MP/DF/13, MP/ES/13, MP/GO/13, MP/MG/13, MPU/13, MP/AC/08, MP/BA/08, MP/CE/11, MP/GO/10, MP/GO/12, MP/ MG/06, MP/MG/11, MP/MG/12, MP/MS/09, MP/MT/12, MP/PB/10, MP/PI/08, MP/PI/ 12, MP/RJ/11, MP/RN/09, MP/RR/12, MP/RS/08, MP/RS/09, MP/SC/08, MP/SC/12, MP/SP/12, MP/TO/12, MP/MS/13, MP/PR/13, MP/RO/13, quando houver. **Wander Garcia** comentou as questões do concurso de MP/SP/2013; **Wander Garcia** e **Ana Paula Garcia** comentaram as demais questões.

(A) salvo disposição contrária, a lei começa a vigorar em todo o país quarenta e cinco dias depois de oficialmente promulgada.

(B) se antes de entrar a lei em vigor, ocorrer nova publicação de seu texto destinada a correção, ainda que mantida a *vacatio legis*, o início de sua vigência ocorrerá no dia da nova publicação.

(C) a correção a texto de lei em vigor não é considerada lei nova.

(D) quando a lei for omissa, o juiz decidirá o caso de acordo com a analogia, os costumes, a equidade e os princípios gerais de direito.

(E) a obrigatoriedade da lei brasileira, quando admitida, se inicia nos Estados estrangeiros três meses depois de sua publicação oficial.

A: incorreta, pois o prazo de quarenta e cinco dias previsto no art. 1º da LINDB começa a fluir após a publicação e não após a promulgação; **B:** incorreta, pois a nova publicação marcará o início de nova *vacatio legis* (art. 1º, § 3º, da LINDB); **C:** incorreta, pois a correção a texto em vigor considera-se lei nova (art. 1º, § 4º, da LINDB); **D:** incorreta, pois a equidade não está prevista na LINDB como sistema integrador (art. 4º, LINDB); **E:** correta. A assertiva versa sobre a hipótese de leis brasileiras que – por alguma razão – têm aplicação em Estados estrangeiros, como é o caso de leis que regulamentam o funcionamento de embaixadas brasileiras ou ainda que regulamentam o voto do cidadão brasileiro que mora no exterior. Nesses casos, tendo em vista a distância e a natural limitação da comunicação, o prazo de *vacatio legis* não é de 45 dias, mas sim de 3 meses (art. 1º, § 1º, da LINDB).

Gabarito "E"

(Ministério Público/CE – 2009 – FCC) A elaboração de texto legal deve observar regras técnicas estabelecidas na Lei Complementar nº 95, de 26/02/1998, entre as quais a indicação de sua vigência, "de forma expressa e de modo a contemplar prazo razoável para que dela se tenha amplo conhecimento, reservada a cláusula 'entra em vigor na data de sua publicação' para as leis de pequena repercussão",

(A) contudo, nos Estados estrangeiros, a obrigatoriedade da lei brasileira, quando admitida, se inicia sempre 90 (noventa) dias depois de oficialmente publicada.

(B) por isto não mais vigoram as disposições da Lei de Introdução ao Código Civil, a respeito da *vacatio legis*.

(C) entretanto, salvo disposição contrária, a lei começa a vigorar em todo o país 45 (quarenta e cinco) dias depois de oficialmente publicada.

(D) logo, ao Juiz caberá estabelecer o momento em que a lei entrará em vigor, caso não estabelecido prazo razoável de *vacatio legis*.

(E) por este motivo, são inconstitucionais as leis ordinárias que não estabelecem prazo de *vacatio* ou não determinem a entrada em vigor na data de sua publicação.

A LC 95/98 deve ser lida em conjunto com a Lei de Introdução às normas do Direito Brasileiro – LINDB, sendo que esta, realmente, dispõe que *"salvo disposição contrária, a lei começa a vigorar em todo o país quarenta e cinco dias depois de oficialmente publicada"* (art. 1º, *caput*, da LINDB).

Gabarito "C"

(Ministério Público/SP – 82º) A Lei de Introdução ao Código Civil, ao dispor que "salvo disposição contrária, a lei passa a vigorar em todo o país 45 dias depois de oficialmente publicada" (art. 1º, *caput*), consagra o princípio ou sistema da obrigatoriedade:

(A) progressiva.

(B) condicional.

(C) simultânea.

(D) fracionada.

(E) temporal.

A lei entra em vigor, simultaneamente, em todo o País. No entanto, no exterior, a obrigatoriedade se inicia apenas três meses após a publicação da lei (art. 1º, § 1º, da Lei de Introdução às normas do Direito Brasileiro – LINDB).

Gabarito "C"

(Ministério Público/SC – 2008) Analise as seguintes assertivas:

I. A analogia atende ao princípio de que o Direito é um sistema de fins. Pelo processo analógico, estendemos a um caso não previsto aquilo que o legislador previu para outro semelhante, em igualdade de razões.

II. Fontes do Direito em sentido formal são os órgãos e processos mediante os quais as normas jurídicas se formam e adquirem eficácia. As fontes materiais são constituídas pelo complexo de exigências de natureza política, econômica, moral etc., que fornecem o conteúdo da regulamentação jurídica.

III. Se reconhecemos que a lei tem lacunas, é necessário preencher tais vazios, a fim de que se possa dar sempre uma resposta jurídica, favorável ou contrária, a quem se encontre ao desamparo da lei expressa. Esse processo de preenchimento das lacunas chama-se integração do direito.

IV. De acordo com a Lei de Introdução ao Código Civil, na aplicação da lei, o juiz atenderá aos fins sociais a que ela se dirige e aos princípios gerais do Direito.

V. A contagem do prazo para entrada em vigor das leis que estabeleçam período de vacância far-se-á com a inclusão da data da publicação e do último dia do prazo, entrando em vigor no dia subsequente à sua consumação integral.

(A) apenas III, IV e V estão corretos.

(B) apenas I, II e V estão corretos.

(C) apenas II e IV estão corretos.

(D) apenas II, III, IV e V estão corretos.

(E) apenas I, II, III e V estão corretos.

I: correta, pois a assertiva traz a definição da analogia, sistema integrador do Direito e que busca aplicar à hipótese não regulamentada uma lei que prevê hipótese semelhante (LINDB, art. 4º); **II:** correta, pois traz a exata definição das fontes formais e materiais do Direito; **III:** correta, pois a assertiva define o que vem a ser a integração do Direito. Para tornar o sistema íntegro, coeso, a Lei de Introdução prevê três sistemas integradores no art. 4º: analogia, costumes e princípios gerais do Direito; **IV:** incorreta, pois o art. 5º da LINDB determina que o juiz aplicará a lei segundo os fins sociais e às exigências do bem comum; **V:** correta, pois esse é o sistema adotado para contagem de prazo de *vacatio legis*, de acordo com a Lei Complementar nº 95/98, art. 8º § 1º.

Gabarito "E"

(Ministério Público/SC – 2012) Analise as seguintes assertivas:

I. Salvo disposição em contrário, a lei começa a vigorar em todo o país quarenta e cinco dias depois de oficialmente publicada. No cômputo da *vacatio legis* inclui-se o dia da publicação oficial (*dies a quo*) e exclui-se o dia em que se vence o prazo (*dies ad quem*). Contudo, na hipótese do *dies ad quem* cair em domingo ou feriado nacional, considera-se prorrogado o prazo da *vacatio legis* até o dia útil seguinte.

II. Nos Estados estrangeiros, a obrigatoriedade da lei brasileira, quando admitida, se inicia seis meses depois de oficialmente publicada. Neste contexto, a lei brasileira, independentemente de conter expressa estipulação de prazo superior a seis meses para sua entrada em vigor no Brasil, passará a ter vigência no estrangeiro logo após o decurso deste prazo, contado da sua publicação no Diário Oficial.

III. A lei do país em que domiciliada a pessoa determina as regras sobre o começo e o fim da personalidade, o nome, a capacidade e os direitos de família. Trata-se de disposição contida no Decreto Lei n. 4.657/42 que reflete a inserção do princípio domiciliar como elemento de conexão para determinar a lei aplicável, em especial ao estrangeiro aqui domiciliado.

IV. Segundo o disposto na Lei de Introdução às Normas do Direito Brasileiro, o estrangeiro casado, que se naturalizar brasileiro, pode, mediante expressa anuência de seu cônjuge, requerer ao juiz, no ato de entrega do decreto de naturalização, se apostile ao mesmo a adoção do regime de comunhão parcial de bens, respeitados os direitos de terceiros e dada esta adoção ao competente registro.

V. Segundo o Decreto Lei n. 4.657/42, os Governos estrangeiros, bem como as organizações de qualquer natureza, que eles tenham constituído, dirijam ou hajam investido de funções públicas, não poderão adquirir no Brasil bens imóveis ou suscetíveis de desapropriação. Excepcionalmente, poderão adquirir a propriedade dos prédios necessários à sede dos representantes diplomáticos ou dos agentes consulares.

(A) Apenas as assertivas I, II, III e IV estão corretas.

(B) Apenas as assertivas III, IV e V estão corretas.

(C) Apenas as assertivas II e V estão corretas.

(D) Apenas as assertivas III e IV estão corretas.

(E) Todas as assertivas estão corretas.

I: incorreta, pois o art. 8º, § 1º da Lei Complementar nº 95/98 determina outra regra para contagem de prazos de *vacatio legis*. Referida norma determina que se inclua a data da publicação e do último dia do prazo, entrando em vigor no dia subsequente à sua consumação integral, não importando se dia útil ou não; **II:** incorreta, pois a Lei de Introdução prevê uma *vacatio* de 3 meses para as leis brasileiras aplicáveis no exterior (LINDB, art. 1º § 1º). A hipótese é rara e costuma ocorrer quando – por exemplo – uma lei regulamenta os direitos e obrigações de servidores públicos de embaixadas no exterior; **III:** correta, pois de pleno acordo com o art. 7º da LINDB; **IV:** correta, pois de pleno acordo com o art. 7º, § 5º da LINDB; **V:** correta, pois de pleno acordo com o art. 11, § 2º da LINDB.

Gabarito "B"

(Ministério Público/SP – 81º) Alterada uma lei, durante o prazo de *vacatio legis* da lei nova, aplica-se:

(A) a lei nova.

(B) a lei alterada.

(C) a lei que for escolhida pelo Magistrado de acordo com seu livre convencimento e poder de arbítrio.

(D) o Código Civil.

(E) a lei mais benéfica.

Art. 1º, § 3º, da LINDB.

Gabarito "B"

(Ministério Público/TO – 2012 – CESPE) Considerando a importância das leis para a manutenção da ordem jurídica, assinale a opção correta.

(A) No que se refere aos bens, a Lei de Introdução às Normas do Direito Brasileiro estabelece que a regra para aplicação da norma em relação a bens móveis transportados é a relativa à situação dos bens.

(B) No ordenamento brasileiro, uma lei revogada pode ser repristinada, caso a lei que a tenha revogado seja declarada inconstitucional.

(C) São lacunas do direito: a normativa, a ontológica, a axiológica e a antinômica.

(D) Contrato celebrado em território ficto não será regulado pela norma jurídica brasileira, mas pela lei do país onde o contrato tenha sido realizado.

(E) Em caso de conflito de norma especial anterior e norma geral posterior, prevalecerá, pelo critério hierárquico, a primeira norma.

A: incorreta, pois para esse caso a LINDB (art. 8º § 1º) determina que se aplique a lei em que domiciliado o proprietário; **B:** correta, pois nada impede a repristinação expressa de uma norma. A LINDB veda apenas a repristinação automática (art. 2º, § 3º); **C:** incorreta, pois apenas as três primeiras refletem espécies de lacunas, não sendo espécie de lacuna a antinômica. A lacuna normativa é a típica lacuna, hipótese na qual não há lei para regular o caso concreto; a ontológica reflete a situação na qual existe norma, mas dissociada dos fatos sociais; a axiológica representa situação na qual existe lei, mas cuja aplicação seria injusta; **D:** incorreta, pois o contrato celebrado em território ficto (território que não corresponde às fronteiras, mas que apesar disso corresponde juridicamente ao território) será regulado pela norma brasileira; **E:** incorreta, pois nesse caso prevalecerá a segunda norma. O Código Civil, lei geral, por exemplo, revogou, total ou parcialmente, diversas leis especiais.

Gabarito "B"

1.1.2. VIGÊNCIA DA LEI NO TEMPO

(Ministério Público/MA – 2002) Das afirmações:

I. No nosso ordenamento jurídico o desuso é causa de revogação de lei.

II. O fenômeno da repristinação é a regra no nosso direito positivo.

III. Há a revogação tácita quando a lei posterior é incompatível ou quando regula inteiramente a matéria de que trata a lei anterior.

IV. A Lei de Introdução ao Código Civil tem aplicação somente no âmbito da legislação civil.

V. De acordo com o art. 7º da Lei de Introdução ao Código Civil, o "estatuto pessoal" funda-se na lei do domicílio.

VI. O entendimento jurisprudencial de que as restrições convencionais constantes de contrato-padrão arquivado no registro imobiliário quando do registro de loteamento, na forma da lei nº 6.766/79, não sofrem revogação por lei municipal posterior tratando de zoneamento, fundamenta-se em princípio albergado na Lei de Introdução ao Código Civil.

Podemos afirmar:

(A) todas estão corretas.

(B) apenas duas estão corretas.

(C) apenas uma está correta.

(D) todas estão erradas.

(E) três estão corretas.

I: incorreta (art. 2º da LINDB); **II:** incorreta (art. 2º, § 3º, da LINDB); **III:** correta (art.2º, § 1º, da LINDB); **IV:** incorreta, pois a LINDB aplica-se quanto ao Direito como um todo, ressalvadas as disposições especiais em sentido contrário; **V:** correta (art. 7º da LINDB); **VI:** correta, pois deve-se respeitar atos jurídicos perfeitos (art. 6º da LINDB).

Gabarito "E"

(Ministério Público/RN – 2004) Julgue as seguintes assertivas, atribuindo-lhes (V) verdadeiro ou (F) falso, assinalando a alternativa que contenha a sequência correta:

I. A lei nova que estabeleça disposições gerais ou especiais, a par das já existentes, revoga a lei anterior;

II. A lei revogadora de outra lei revogadora não terá efeito repristinatório sobre a velha norma abolida, a não ser que haja pronunciamento expresso da lei a esse respeito;

III. As regras sobre o começo e o fim da personalidade, o nome e a capacidade são determinadas pela lei do país de nascimento da pessoa;

IV. O novo Código Civil – Lei nº 10.406/2002, derrogou o antigo Código Civil – Lei nº 3.071/1916, e ab-rogou o Código Comercial – Lei nº 556/1850;

V. A Lei de Introdução ao Código Civil tem aplicação fora do âmbito da legislação civil, pois contém normas de sobredireito ou de apoio que disciplinam a atuação da ordem jurídica.

(A) V F V V F

(B) V F F V V

(C) F V F V V

(D) V V V F F

(E) F V F F V

I: falso (art. 2º, § 2º, da LINDB); **II:** verdadeiro (art. 2º, § 3º, da LINDB); **III:** falso (art. 7º da LINDB); **IV:** falso, pois ab-rogou o antigo CC e derrogou o Código Comercial (art. 2.045 do CC); **V:** verdadeiro, nos termos da explicação dada na assertiva.

Gabarito "E"

(Ministério Público/SP – 85º) A Lei A, de vigência temporária, revoga expressamente a Lei B. Tendo a lei revogadora perdido a vigência, é certo que:

(A) a lei revogada é automaticamente restaurada, já que a lei revogadora é temporária, e, os seus efeitos estavam apenas suspensos.

(B) a lei revogada é automaticamente restaurada, já que não se pode ficar sem lei.

(C) a lei revogada não se restaura por ter a lei revogadora perdido a vigência, porque não é admitido o princípio da comoriência.

(D) a lei revogada não se restaura por ter a lei revogadora perdido a vigência, salvo disposição expressa neste sentido.

(E) como não existe lei de vigência temporária, a revogação da anterior nunca teria acontecido.

Art. 2º, § 3º, da LINDB.

Gabarito "D"

(Ministério Público/SP – 2012 – VUNESP) No que tange às normas do Direito Brasileiro:

I. Salvo disposição contrária, a lei começa a vigorar em todo o país trinta dias depois de oficialmente publicada.

II. As correções a texto de lei já em vigor consideram-se lei nova.

III. A lei do país em que domiciliada a pessoa determina as regras sobre o começo e o fim da personalidade, o nome, a capacidade e os direitos de família.

IV. Só à autoridade judiciária brasileira compete conhecer das ações relativas a imóveis de estrangeiros situados no Brasil.

V. As leis, atos e sentenças de outro país, bem como quaisquer declarações de vontade, não terão eficácia no Brasil enquanto não homologadas pelo Superior Tribunal de Justiça.

Está correto o que se afirma APENAS em

(A) I, II, III e V.

(B) II, III e IV.

(C) III, IV e V.

(D) I, II, IV e V.

(E) I, II e III.

I: incorreta, pois a *vacatio* na omissão da lei é de 45 dias; **II:** correta, pois de acordo com a regra estabelecida pelo art. 1º, § 4º da LINDB; **III:** correta, pois de acordo com o art. 7º da LINDB; **IV:** correta, pois de acordo com o art. 12, § 1º da referida lei; **V:** incorreta, pois o STJ homologa apenas sentenças estrangeiras. No que se refere às leis estrangeiras, elas só terão eficácia no Brasil se não ofenderem a soberania nacional, a ordem pública e os bons costumes.

Gabarito "B"

1.1.3. REPRISTINAÇÃO

(Ministério Público/SE – 2010 – CESPE) Considere que a Lei A, de vigência temporária, revogue expressamente a Lei B. Nesse caso, quando a lei A perder a vigência,

(A) a lei B será automaticamente restaurada, já que a lei A é temporária e os seus efeitos, apenas suspensivos.

(B) a lei B será automaticamente restaurada, já que não pode haver vácuo normativo.

(C) a lei B não será restaurada, já que não se admite antinomia real.

(D) a lei B não será restaurada, salvo disposição expressa nesse sentido.

(E) a revogação será tida como ineficaz, porque não pode ser determinada por lei de vigência temporária.

A alternativa "d" está correta, pois, no Brasil, como regra, não existe o efeito repristinatório das leis revogadas, o qual só existirá se houver disposição expressa nesse sentido. Assim, se uma lei A é revogada por uma lei B e a lei B é revogada por uma lei C, a lei A não ficará restaurada, a não ser que a lei C, expressamente, disponha que a lei A ficará restaurada.

Gabarito "D"

1.1.4. IRRETROATIVIDADE DAS LEIS

(Ministério Público/SP – 79º) Do princípio da retroatividade das leis decorre:

(A) que a lei nova não preservará aquelas situações já consolidadas em que o interesse individual prevalece.

(B) impossibilidade de aplicação imediata da lei nova.

(C) que a lei velha continuará regrando os casos ainda não julgados.

(D) respeito ao direito adquirido, ao ato jurídico perfeito e à coisa julgada.

(E) repristinação dos efeitos da lei velha para alcançar negócios de execução já iniciada, mas ainda não concluída.

Artigos 6º da LINDB e 5º, XXXVI, da CF.

Gabarito "D"

1.2. EFICÁCIA DA LEI NO ESPAÇO

(Ministério Público/CE – 2011 – FCC) Constitui, dentre outros, requisito para execução no Brasil de sentença proferida no estrangeiro:

(A) ter passado em julgado e estar revestida das formalidades necessárias para a execução de acordo com a lei brasileira, ainda que assim não esteja no lugar em que foi proferida.

(B) terem sido as partes citadas e não ter ocorrido revelia.

(C) ter sido homologada pelo Supremo Tribunal Federal, após parecer favorável do Procurador-Geral da República.

(D) haver sido proferida por juiz competente.

(E) estar traduzida por intérprete do país de origem ou pelo advogado que representar o requerente.

A: incorreta, pois a sentença deve conter formalidades necessárias para execução no lugar em que foi proferida; **B:** incorreta, pois admite-se a homologação no caso de revelia, desde que esta tenha sido legalmente verificada; **C:** incorreta, pois a homologação compete ao Superior Tribunal de Justiça (CF, art. 105); **D:** correta, pois de acordo com a exigência da LINDB, art. 15, *a*; **E:** incorreta, pois a LINDB exige apenas intérprete autorizado (art. 15, *d*).

Gabarito "D"

(Ministério Público/MA – 2009) Sobre a Lei de Introdução ao Código Civil, assinale a alternativa INCORRETA.

(A) Salvo disposição contrária, a lei começa a vigorar em todo o país noventa dias depois de oficialmente publicada.

(B) A lei nova, que estabeleça disposições gerais ou especiais a par das já existentes, não revoga nem modifica a lei anterior.

(C) O regime de bens, legal ou convencional, obedece à lei do país em que tiverem os nubentes domicílio, e, se este for diverso, a do primeiro domicílio conjugal.

(D) Não dependem de homologação as sentenças estrangeiras meramente declaratórias do estado das pessoas.

(E) A sucessão de bens de estrangeiros, situados no País, será regulada pela lei brasileira em benefício do cônjuge ou dos filhos brasileiros, ou de quem os represente, sempre que não lhes seja mais favorável a lei pessoal do de *cujus*.

A: incorreta (e deve ser assinalada), pois, salvo disposição contrária, a lei começa a vigorar em todo o País *45 dias* depois de oficialmente publicada (art. 1º, *caput*, da LINDB); **B:** correta (art. 2º, § 2º, da LINDB); **C:** correta (art. 7º, § 4º, da LINDB; **D:** correta, pois este era o texto do parágrafo único do art.15 da LINDB; no entanto, a Lei 12.036/09 revogou essa disposição e, no lugar dela, dispôs, no art. 7º, § 6º, da LINDB, que "o divórcio realizado no estrangeiro, se um ou ambos os cônjuges forem brasileiros, só será reconhecido no Brasil depois de 1 (um) ano da data da sentença, salvo se houver sido antecedida de separação judicial por igual prazo, caso em que a homologação produzirá efeito imediato, obedecidas as condições estabelecidas para a eficácia das sentenças estrangeiras no país. O Superior Tribunal de Justiça, na forma de seu regimento interno, poderá reexaminar, a requerimento do interessado, decisões já proferidas em pedidos de homologação de sentenças estrangeiras de divórcio de brasileiros, a fim de que passem a produzir todos os efeitos legais"; **E:** correta (art. 10, § 1º, da LINDB).

Gabarito "A"

(Ministério Público/AC – 2008) Lei de Introdução ao Código Civil estabelece que

(A) as regras sobre o nome, capacidade e direitos de família são determinadas pela lei do país de nacionalidade da pessoa.

(B) o estrangeiro casado, ao se naturalizar brasileiro, deverá manter o regime de bens do casamento contraído em seu país de origem.

(C) a lei do país onde a pessoa tiver seu domicílio determina as regras sobre o começo e o fim da personalidade.

(D) a obrigação resultante do contrato reputa-se constituída no país de origem do proponente.

A: incorreta, pois para esses casos a LINDB (art. 7º) aplica a lei do domicílio da pessoa; **B:** incorreta, pois o estrangeiro casado que se naturalizar pode, mediante expressa anuência de seu cônjuge, requerer ao juiz, no ato de entrega do decreto de naturalização, se apostile ao mesmo a adoção do regime de comunhão parcial de bens (LINDB, art. 7º, § 5º); **C:** correta, pois de acordo com o art. 7º da LINDB; **D:** incorreta, pois de acordo com o art. 9º, § 2º, a obrigação resultante do contrato reputa-se constituída no lugar em que residir o proponente.

Gabarito "C"

1.3. INTERPRETAÇÃO DA LEI

(Ministério Público/RR – 2012 – CESPE) Considerando o que dispõe a Lei de Introdução às Normas do Direito Brasileiro bem como a interpretação de seus dispositivos, assinale a opção correta.

(A) Denomina-se conflito aparente o conflito normativo passível de solução mediante critérios hierárquicos, cronológicos e embasados na especialidade.

(B) A lei nova que estabeleça disposições gerais ou especiais, a par das já existentes, revoga a lei anterior.

(C) A possibilidade de repristinação da norma é a regra geral no ordenamento jurídico pátrio.

(D) A ab-rogação corresponde à supressão parcial de norma anterior; a derrogação, à supressão total da norma.

(E) A declaração privada da vontade oriunda de outro país terá eficácia no Brasil, ainda que ofenda a ordem pública e os bons costumes locais.

A: correta, pois estabelece a definição do conflito aparente; **B:** incorreta, pois a lei nova – nessas circunstâncias – não revoga nem modifica a anterior (LINDB, art. 2º, § 2º); **C:** incorreta, pois a possibilidade de repristinação é a exceção no sistema e só ocorrerá caso a lei que revogou a revogadora expressamente determina a repristinação da primeira lei revogada; **D:** incorreta, pois a assertiva traz conceitos invertidos, definindo como ab-rogação o que é derrogação e vice-versa; **E:** incorreta, pois a ofensa à ordem pública e aos bons costumes retiram eficácia das leis, atos e sentenças de outro país (LINDB, art. 17).

Gabarito "A"

(Ministério Público/SP – 2010) Assinale a alternativa incorreta:

(A) a interpretação extensiva é recurso passível de ser utilizado pelo aplicador do direito quando não existir norma jurídica que regule a matéria.

(B) o princípio geral de direito introduzido no direito positivo caracteriza-se como cláusula geral.

(C) a analogia, os costumes e os princípios gerais do direito são elementos de integração do direito.

(D) a *analogia legis* é a analogia propriamente dita e a *analogia juris* é a que dá solução igual a duas hipóteses em virtude da mesma razão de direito.

(E) a equidade é recurso passível de ser utilizado pelo aplicador do direito nos casos de lacuna da lei.

A: incorreta (e deve ser assinalada), pois, quando não existir norma que regule a matéria, o aplicador deverá aplicar a analogia, os costumes e os princípios gerais de direito (art. 4º da LINDB); a interpretação extensiva consiste na interpretação da lei que leva a um resultado extensivo em relação ao texto da lei. Tal interpretação é vedada em matéria de sanções (ex.: direito penal, direito administrativo disciplinar etc.); na verdade, o resultado da interpretação pode ser *declarativo, restritivo ou extensivo* e isso dependerá do tipo de direito envolvido e da técnica interpretativa utilizada (ex.: gramatical, lógica, sistemática, histórica e teleológica); **B:** correta; um exemplo de princípio geral de direito introduzido no direito positivo é o princípio da boa-fé objetiva; tal princípio é uma cláusula geral, valendo lembrar que cláusulas gerais *são normas jurídicas orientadoras, sob a forma de diretrizes indeterminadas, cabendo ao juiz criar a solução adequada ao caso concreto*; o art. 422 do Código Civil traz diretriz que determina respeito à boa-fé, diretriz essa que é indeterminada, pois dá margem a mais de uma interpretação; afinal de contas, o que é agir conforme a boa-fé? Não bastasse, a norma citada não traz qual solução deve dar o juiz quando se deparar com uma situação que ele entenda ter violado a diretriz que determina respeito à boa-fé objetiva; **C:** correta, pois são os elementos de que se deve valer o aplicador da lei quando estiver diante de lacunas (art. 4º da LINDB); **D:** correta; a analogia *legis* consiste em *aplicar, a um acontecimento não regulado por uma norma jurídica, outra norma prevista para hipótese semelhante*, ao passo que a analogia *juris* consiste em *aplicar, a um acontecimento não regulado por uma norma jurídica, outra razão de direito utilizada para solucionar hipótese semelhante*; **E:** correta; em caso de lacuna, deve-se aplicar a analogia, os costumes e os princípios gerais de direito; no entanto, caso nenhum dos critérios acima resolva a lacuna, o juiz pode se valer da equidade, segundo a doutrina.

Gabarito "A"

1.4. LACUNAS E INTEGRAÇÃO DA LEI

(Ministério Público/RN – 2009 – CESPE) Acerca da Lei de Introdução ao Código Civil, no que se refere a analogia, costumes, jurisprudência, interpretação das normas jurídicas e princípios gerais de direito, assinale a opção correta.

(A) Não é absoluto o princípio que postula que ninguém deve escusar-se cumprir a lei alegando que não a conhece, pois há casos em que a lei admite a existência do erro de direito como causa determinante da invalidade de um negócio jurídico.

(B) A função social da posse, prevista no Código Civil brasileiro – Lei nº 10.406/2002 –, tipifica o princípio da eticidade, o qual proclama a compatibilização dos valores técnicos com os valores éticos, como mecanismo não só de imposição de limites, mas também de estabelecimento de deveres implícitos nas relações jurídicas patrimoniais.

(C) Na interpretação de normas jurídicas, ao se tomar como parâmetro a sua finalidade objetivamente declarada, de modo a adaptá-la continuamente às novas exigências sociais, aplica-se exclusivamente o método lógico.

(D) A integração extensiva da norma pressupõe a ausência de lei disciplinadora da matéria, de modo que o juiz deverá aplicar ao caso concreto a norma jurídica prevista para situação semelhante, dada a identidade de razões ou de finalidade.

(E) A derrogação é a revogação total da lei em vigor.

A: correta, pois o art. 139, III do Código Civil admite que se anule um negócio jurídico celebrado que teve como fundamento um erro de direito, uma falsa percepção da lei. Ademais, o art. 8º da Lei de Contravenções Penais também admite o erro de direito ao determinar que *"No caso de ignorância ou de errada compreensão da lei, quando escusáveis, a pena pode deixar de ser aplicada"*; **B:** incorreta, pois a função social da posse (implicando inclusive reduções de prazos de usucapião) deriva do princípio da socialidade e não da eticidade; **C:** incorreta, pois a interpretação que leva em conta os fins leva o nome de teleológica; **D:** incorreta, pois na hipótese de ausência de lei e aplicação de outra que regule caso semelhante, tem-se a utilização do sistema integrador denominado analogia; **E:** incorreta, pois derrogação representa a revogação parcial.

Gabarito "A"

(Ministério Público/RO – 2010 – CESPE) Assinale a opção correta com referência à Lei de Introdução ao Código Civil (LICC).

(A) A equidade, uma das formas de colmatação de lacunas, está expressa na LICC.

(B) Os fatos sociais são disciplinados pela LICC, haja vista que se referem ao direito internacional privado.

(C) A LICC prevê o procedimento de integração do direito como recurso técnico para a interpretação das normas jurídicas.

(D) Segundo a LICC, a autointegração do direito, como espécie de integração, ocorre quando se utilizam recursos do próprio sistema.

(E) A LICC foi criada originariamente mediante lei ordinária.

A: incorreta, pois a equidade não está expressa na LINDB como forma de colmatação de lacunas. A equidade está expressa em outros diplomas legais, como no CDC (art. 7º, *caput*); **B:** incorreta, pois os fatos sociais, segundo a LINDB, devem ser observados pelo juiz ao aplicar a lei toda e qualquer lei (art. 5º), de modo que o juiz deverá levar em conta os acontecimentos do mundo fenomênico, não se limitando a aplicar a lei como um fim em si mesmo; **C:** incorreta, pois o procedimento de integração do direito é utilizado para solucionar os casos de lacuna de lei; **D:** correta, pois a alternativa traz o conceito correto de autointegração, técnica utilizada pela LINDB no caso da analogia e dos princípios gerais do direito (art. 4º); **E:** incorreta, pois a LINDB foi criada como decreto-lei.

Gabarito "D"

1.5. ANTINOMIAS E CORREÇÃO

(Ministério Público/GO – 2005) Com o surgimento do novo código civil, ganha relevância o estudo das antinomias. Diante de tal enunciado, assinale a alternativa correta:

(A) na antinomia de primeiro grau aparente, havendo conflito entre norma superior e norma inferior, prevalecerá à norma superior, pelo critério da especialidade

(B) na antinomia de primeiro grau aparente, havendo conflito entre norma geral e norma especial prevalecerá a norma geral, pelo critério hierárquico

(C) na antinomia de segundo grau aparente, havendo conflito de uma norma especial anterior e outra geral posterior, prevalecerá o critério da especialidade, valendo a norma especial anterior

(D) na antinomia de segundo grau aparente, havendo conflito entre uma norma superior anterior e outra inferior posterior, prevalece à norma inferior posterior, pelo critério da especialidade

Para resolver essa questão e outras que tratam das antinomias, segue resumo.

Correção de antinomias.

Muitas vezes o problema não é de ausência de lei ou de normas, mas de existência de mais de uma norma conflitando entre si. Nesse caso tem-se antinomia, a ensejar uma correção, que também só terá efeito para o caso concreto em que o Direito será aplicado. Pode-se conceituar o instituto da antinomia como a ***situação de conflito entre duas ou mais normas jurídicas***.

Quanto ao critério de solução do conflito, a antinomia pode ser dividida em duas espécies: a) aparente, ***quando a própria lei tiver critério para a solução do conflito***; b) real, ***quando não houver na lei critério para a solução do conflito***.

A ordem jurídica prevê critérios para a solução de antinomias aparentes. São eles: a) o hierárquico (*lex superior derogat legi inferiori*), pelo qual a lei superior prevalece sobre a de hierarquia inferior, b) o cronológico ***ou*** temporal (*lex posterior derogat legi priori*), pelo qual a lei posterior prevalece sobre a anterior; c) e o da especialidade (*lex specialis derogat legi generali*), pela qual a lei especial prevalece sobre a geral.

Caso não seja possível solucionar o conflito pela utilização dos critérios acima, estaremos diante de um conflito de segundo grau, já que o conflito não será entre simples normas, mas entre os critérios (hierárquico, cronológico e de especialidade). Confira-se os metacritérios para a solução de antinomias de segundo grau. Entre o: a) hierárquico e o cronológico, prevalece o hierárquico (norma superior-anterior), pois a competência é mais forte que o tempo; b) da especialidade e o cronológico, prevalece o da especialidade (norma especial-anterior), em face do princípio da igualdade, admitindo-se exceções no caso concreto; c) hierárquico e o da especialidade, não é possível estabelecer um metacritério de antemão, com alguma vantagem para o critério hierárquico, em virtude da competência.

Caso não se consiga resolver o conflito pelos metacritérios, deve-se recorrer ao ***critério dos metacritérios***, o princípio da justiça: escolhe-se a norma mais justa.

Gabarito "C"

2. GERAL

2.1. PRINCÍPIOS DO CÓDIGO CIVIL, CLÁUSULAS GERAIS E CONCEITOS JURÍDICOS INDETERMINADOS

(Ministério Público/AC – 2008) Em relação à **estrutura do Código Civil brasileiro**, dividido em Parte

Geral e Parte Especial, a **Parte Geral** foi mantida, no Código Civil de 2002, porque

(A) representa o alicerce do direito privado, cujos conceitos são utilizados também por outros ramos do Direito.

(B) a parte geral regula apenas as matérias integrantes do Código Civil.

(C) a parte geral resultou da influência do Código Civil francês de 1804 sobre o legislador brasileiro de 1916.

(D) ao adotar uma parte geral no Código Civil, o legislador pretendia conferir-lhe aspecto original e exclusivo.

A parte Geral do Código Civil é composta de três livros: Pessoas, Bens e Fatos Jurídicos. E o Direito Civil decorre da combinação desses três elementos. Não por acaso, o art. 1º do Código Civil de 1916 dispunha: *"Este Código regula os direitos e obrigações de ordem privada concernentes às pessoas, aos bens e às suas relações"*. Não por acaso também os elementos que compõem uma ação no âmbito do Processo Civil são: *Partes, Pedido e Causa de Pedir*, numa inegável correlação entre o Direito Civil e a matéria que o efetiva na prática. Ocorre que esses três elementos combinados também formam diversas relações jurídicas no âmbito privado e até mesmo público (quando a Administração Pública cede um bem para particulares, por exemplo, a estrutura da relação segue a mesma lógica tríplice). Daí decorre a fundamental importância da Parte Geral do Código Civil, que não seguiu – nesse passo – a experiência francesa com Napoleão (que pessoalmente liderou a realização do diploma francês). O Código Francês, por exemplo, cuida dentro do seu primeiro livro da matéria do Casamento. Sobre o assunto: *A parte Geral do Projeto de Código Civil Brasileiro. Subsídios Históricos para o Novo Código Civil Brasileiro.* ALVES, José Carlos Moreira. São Paulo: Saraiva, 2003.

Gabarito "A"

(Ministério Público/DF – 27º – 2005) Assinale a alternativa incorreta.

(A) Em contraste com o sentido individualista que condicionava o Código Civil anterior, o "sentido social" é uma das características mais marcantes do Código Civil ora em vigor.

(B) O Código anterior possuía excessivo rigorismo formal, ou seja, quase sem referência à equidade, boa-fé, justa causa ou quaisquer critérios éticos. Já o atual Código Civil conferiu ao Juiz não só o poder de suprir lacunas, como também para resolver, onde e quando previsto, de conformidade com valores éticos.

(C) O princípio da boa-fé objetiva, adotado pelo Código Civil Brasileiro, em nada se identifica com a tradicional forma de interpretação dos contratos, que prevê que as cláusulas obscuras do contrato devem ser interpretadas segundo a boa-fé, mas refere-se ao comportamento das partes quanto aos deveres que são anexos ou conexos ao vínculo jurídico estabelecido entre elas.

(D) O Novo Código Civil positiva a teoria da desconsideração da personalidade jurídica, em sua parte geral, restando patente a possibilidade de sua implementação incidental, ao indicar que o pedido pode ser formulado pela parte ou pelo Ministério Público, quando lhe couber intervir no processo.

(E) O Novo Código Civil trouxe importante inovação no direito de família, principalmente ao estabelecer, a partir de sua entrada em vigor, a absoluta igualdade entre os filhos.

A: correta, podendo a afirmativa ser demonstrada, por exemplo, com as disposições referentes à função social dos contratos (art. 421 do CC) e à função social da propriedade (art. 1.228, § 3º, do CC); vide também o art. 2.035 do CC; **B:** correta, pois o atual código traz diversos conceitos jurídicos indeterminados e cláusulas gerais, permitindo, no primeiro caso, maior abrangência valorativa nas regras e, no segundo, que o juiz tenha maior poder para definir, no caso, concreto, a solução mais adequada para uma dada questão; sobre boa-fé, vide, por exemplo, os arts. 113, 128, 187, 422 do CC; sobre justa causa, vide, por exemplo, os arts. 57, 602, 624, 884, 1.029 e 1.848 do CC; **C:** correta (art. 422 do CC e Enunciado CJF n. 24); **D:** correta (art. 50 do CC); **E:** incorreta (e deve ser assinalada), pois a absoluta igualdade entre os filhos já decorria da CF/88 (art. 227, § 6º).

Gabarito "E"

(Ministério Público/GO – 2005) O atual Código Civil optou "muitas vezes, por normas genéricas ou cláusulas gerais, sem a preocupação de excessivo rigorismo conceitual, a fim de possibilitar a criação de modelos jurídicos hermenêuticos, quer pelos advogados, quer pelos juízes, para a contínua atualização dos preceitos legais" (trecho extraído do livro História do Novo Código Civil, de Miguel Reale e Judith Martins-Costa). Considerando o texto, é correto afirmar que:

(A) cláusulas gerais são normas orientadoras sob a forma de diretrizes, dirigidas precipuamente ao juiz, vinculando-o ao mesmo tempo em que lhe dão liberdade para decidir, sendo que tais cláusulas restringem-se à Parte Geral do Código Civil

(B) aplicando a mesma cláusula geral, o juiz não poderá dar uma solução em um determinado caso, e solução diferente em outro

(C) são exemplos de cláusulas gerais: a função social do contrato como limite à autonomia privada e que no contrato devem as partes observar a boa fé objetiva e a probidade

(D) as cláusulas gerais afrontam o princípio da eticidade que é um dos regramentos básicos que sustentam a codificação privada

---

A: incorreta. A definição de cláusulas gerais é correta; todavia, é incorreto dizer que tais cláusulas se restringem à Parte Geral do CC; as cláusulas gerais previstas nos arts. 421 e 422 do CC, por exemplo, estão na Parte Especial do CC; vide os Enunciados CJF nºs 21, 22, 26, 27 e 274; **B:** incorreta. A cláusula geral dá margem de liberdade para o juiz decidir, observando as características do caso concreto e as diretrizes nela previstas, o que pode redundar em soluções diferentes, de acordo como caso concreto; **C:** correta. Vide os já citados Enunciados CJF nºs 21, 22, 26, 27 e 274; **D:** incorreta. De fato, o princípio da eticidade informa o atual CC, mas tal princípio não é incompatível com as cláusulas gerais; ao contrário, o princípio da eticidade também pode ser encarado como uma diretriz a ser observada pelo juiz para decidir.

Gabarito "C"

2.2. PESSOAS NATURAIS

2.2.1. *INÍCIO DA PERSONALIDADE E NASCITURO*

(Ministério Público/MG – 2014) Assinale a alternativa CORRETA:

No Direito Civil brasileiro, o início da personalidade do ser humano é marcado:

(A) Pela concepção.

(B) Pela ruptura do cordão umbilical.

(C) Pela docimasia hidrostática de Galeno.

(D) Pela nomeação de curador ao nascituro.

O início da personalidade ocorre com o nascimento com vida (CC, art. 2º). Tal nascimento com vida se dá com a respiração, ainda que por uma fração de segundo. Nossa lei não exige ruptura de cordão umbilical, nem nomeação de curador. Nos casos em que há dúvida se o recém nascido nasceu e depois morreu ou se já nasceu morto, realiza-se o teste denominado *"docimasia hidrostática de Galeno"*. De forma sucinta, o pulmão é submerso numa tina de água. Caso ele flutue, significa que ali houve oxigênio e, portanto, vida. Caso ele permaneça submerso, significa que não houve entrada de oxigênio e, portanto, trata-se mesmo de um natimorto. A resposta pode gerar imensa repercussão no campo sucessório.

Gabarito "C"

(Ministério Público/PI – 2012 – CESPE) Considerando as regras de introdução às normas do direito brasileiro e os direitos do nascituro, assinale a opção correta.

(A) Segundo as regras legais brasileiras, permite-se ao julgador o *non liquet*, nos casos de lacunas ou obscuridade da norma.

(B) O Código Civil não admite a doação feita ao nascituro, apesar de lhe assegurar o *status* de pessoa humana.

(C) Como o Código Civil exige o nascimento com vida para a aquisição da personalidade civil, o nascituro não tem direito a indenização por danos morais pela morte do pai.

(D) O efeito repristinatório não é automático. Apenas excepcionalmente a lei revogada voltará a viger quando a lei revogadora for declarada inconstitucional ou quando for concedida a suspensão cautelar da eficácia da norma impugnada.

(E) De acordo com a lei brasileira, o itinerante tem como domicílio presumido o local de moradia de seus pais ou de seu curador ou tutor.

A: incorreta, pois no caso de lacuna da lei o juiz deve buscar integrar o ordenamento através da utilização de analogia, costumes e princípios gerais do Direito (LINDB, art. 4º); **B:** incorreta, pois o art. 542 do CC permite a doação ao nascituro; **C:** incorreta, pois o STJ já pacificou o entendimento segundo o qual o nascituro ostenta direitos da personalidade atinentes à sua natureza, tais como a integridade psíquica, física, dignidade e até mesmo imagem. A violação a tais direitos gera um dano moral indenizável. Neste sentido decidiu o STJ: II – O nascituro também tem direito aos danos morais pela morte do pai, mas a circunstância de não tê-lo conhecido em vida tem influência na fixação do *quantum*. (REsp 399.028/SP, Rel. Ministro Sálvio de Figueiredo Teixeira, 4ª Turma, julgado em 26/02/2002, DJ 15/04/2002, p. 232); **D:** correta. Por um lado a LINDB afirma que a revogação da lei revogadora não restaura a lei revogada (art. 2º § 3º). Por outro lado, a Lei nº 9.868/99, art. 11, § 2º prevê o chamado "efeito repristinatório" na decisão da ADIN. Significa que – se a lei revogadora for declarada inconstitucional pelo Supremo Tribunal Federal – volta a valer a lei revogada, pois a norma constitucional simplesmente não é válida perante o ordenamento desde o momento de sua criação (ressalva-se apenas a possibilidade de modulação de efeitos); **E:** incorreta, pois o itinerante tem como domicílio o local onde for encontrado (CC, art. 73). Sobre domicílio do itinerante, interessante arresto do Primeiro Tribunal de Alçada Cível de São Paulo: "Citação de empresa circense. Não se confundem as personalidades jurídicas da empresa com as dos seus sócios individualmente. Correto o ajuizamento da ação e a citação do circo no lugar onde foi encontrado, independentemente de seu sócio responsável ser domiciliado em outro lugar" (1º TACIV-SP, 7ª Câm., AG 652.776-4, Rel. Juiz Carlos Renato, j. 06.02.1996).

Gabarito "D"

(Ministério Público/PR – 2011) Assinale a alternativa correta:

(A) a capacidade de direito não é atribuída àqueles que, por enfermidade ou deficiência mental, não tiverem o necessário discernimento para os atos da vida civil.

(B) a incapacidade de exercício não afeta a capacidade de direito, que é atributo de todo aquele dotado de personalidade jurídica.

(C) a antecipação da maioridade derivada do casamento gera a atribuição de plena capacidade de direito àquele menor de 18 anos que contrai núpcias, embora nada afete a sua capacidade de fato.

(D) o reconhecimento da personalidade jurídica da pessoa natural a partir do nascimento com vida significa afirmar que, antes do nascimento, a pessoa é dotada de capacidade de fato, mas não tem capacidade de direito.

(E) a interdição derivada de incapacidade absoluta enseja a suspensão da personalidade jurídica da pessoa natural, uma vez que a capacidade é a medida da personalidade.

A: incorreta, pois todas as pessoas têm capacidade de direito, que consiste na *aptidão genérica conferida pela ordem jurídica para adquirir direitos e contrair deveres;* **B:** correta, conforme justificativa da alternativa A; **C:** incorreta, pois a emancipação afeta diretamente a capacidade de fato, eis que a pessoa emancipada passa a ter total capacidade de fato; **D:** incorreta, pois o nascituro não tem personalidade jurídica, mas a lei põe a salvo, desde a concepção, os direitos que ele possa ter (art. 2º do CC), ou seja, o nascituro é um sujeito de direito despersonificado, de modo que não há como falar que ele tem capacidade, que é uma aptidão genérica para contrair direitos e obrigações, visto que não existe essa aptidão GENÉRICA, mas apenas proteção de alguns direitos específicos; com o nascimento com vida a pessoa adquire personalidade jurídica e, por consequência, capacidade de direito; **E:** incorreta, pois a interdição não retira a personalidade jurídica da pessoa, que só termina com a morte.

Gabarito "B"

(Ministério Público/SP – 83º) A personalidade civil inicia-se com o nascimento com vida, colocando-se a salvo os direitos do nascituro, sendo necessário, todavia, que a criança:

(A) se livre totalmente do ventre materno mantendo-se ligada ao cordão umbilical, mesmo que não apresentando de imediato sinais de respiração ou viabilidade de sobreviver, ostente forma humana.

(B) consiga separar-se por inteiro ou parcialmente do ventre materno respirando, mediante parto natural ou intervenção cirúrgica, pouco importando que o cordão umbilical não seja rompido, que seja viável ou não, e que não tenha necessariamente forma humana.

(C) se separe por inteiro, ou mesmo que parcialmente do ventre materno, e desligada necessariamente do cordão umbilical, o parto seja efetuado normalmente, ou por meio de cesariana, e que respire e tenha forma humana.

(D) venha à luz, ainda que se mantendo ligada ao cordão umbilical, mesmo que o parto se concretize através de cesariana ou pelo meio natural, e evidencie possibilidade de poder vir a respirar.

(E) necessariamente venha à luz, com o rompimento do cordão umbilical, por meio de parto cesariano ou natural, e que apresente aptidão vital.

A alternativa "b" está correta, pois, de fato, não é necessário o rompimento do cordão umbilical, nem a viabilidade de vida e a forma humana. Por outro lado, é necessária a separação do ventre materno ("nascimento") e a respiração ("com vida").

Gabarito "B"

2.2.2. CAPACIDADE

(Ministério Público/RO – 2013 – CESPE) São considerados absolutamente incapazes

(A) os viciados em tóxicos.

(B) os excepcionais, independentemente de seu desenvolvimento mental.

(C) os ébrios habituais.

(D) os que não puderem exprimir sua vontade, ainda que por causa transitória.

(E) os que, por deficiência mental, tenham discernimento reduzido.

A: incorreta, pois os viciados em tóxicos são considerados relativamente incapazes (art. 4º, II, do CC); **B:** incorreta, pois o nível do desenvolvimento mental é fundamental para se determinar a capacidade da pessoa natural; **C:** incorreta, pois os ébrios habituais são considerados relativamente incapazes (art. 4º, II, do CC); **D:** correta, pois de pleno acordo com o art. 3º, III, do CC; **E:** incorreta, pois a redução do discernimento implica em incapacidade relativa e não absoluta.

Gabarito "D"

(Ministério Público/CE – 2011 – FCC) A respeito da personalidade e da capacidade, é correto afirmar que

(A) os menores de dezoito anos têm capacidade para adquirir direitos e contrair obrigações.

(B) a proteção que o Código Civil confere ao nascituro não alcança o natimorto no que concerne aos direitos da personalidade.

(C) os ausentes são considerados absolutamente incapazes para os atos da vida civil.

(D) a emancipação do maior de dezesseis anos pelos pais através de escritura pública só produz efeitos após homologação judicial, com prévia audiência do Ministério Público.

(E) não merece proteção a imagem de pessoa falecida porque os direitos da personalidade são intransmissíveis.

A: correta, pois tal capacidade de direito já é titularizada desde o nascimento com vida (CC, art. 2º). Trata-se da personalidade ou da capacidade de direito. É por isso que uma criança de 2 anos e que herdou um imóvel do seu avô, por exemplo, tem direito a receber os alugueis decorrentes da eventual locação do imóvel a terceiros; **B:** incorreta, pois o natimorto também tem assegurados direitos da personalidade, conforme enunciado nº 1 do Conselho da Justiça Federal; **C:** incorreta, pois a ausência não se confunde com a incapacidade. Trata-se de situação especial, cuja paulatina sucessão é regulada pelo CC (arts. 22 até 39); **D:** incorreta, pois a emancipação voluntária exige apenas a escritura pública, seguida de registro em livro especial perante o Cartório do 1º Ofício da comarca de domicílio do emancipado. Não há necessidade de sentença judicial, conforme demonstra este interessante julgado do Tribunal de Justiça do Estado de São Paulo: "Pedido de Emancipação – Extinção – Possibilidade – Menor a contar, presentemente, com 20 anos de idade – Suficiente escritura pública – Carência por ausência de interesse em pedir judicialmente e pela impossibilidade jurídica do pedido – Recurso não provido" (Apelação Cível no 76.776-4 – Cotia – 4a Câmara de Direito Privado – Relator: Fonseca Tavares – 8.4.1999. v. u.); **E:** incorreta, pois os direitos da personalidade continuam a produzir reflexos mesmo após a morte da pessoa, conforme determinam os arts. 12, parágrafo único, e 20, parágrafo único, do Código Civil. Nesta esteira decidiu o STJ: "Os direitos de personalidade, de que o direito à imagem é um deles, guardam como principal característica a sua intransmissibilidade. Nem por isso, contudo, deixa de merecer proteção a imagem de quem falece, como se fosse coisa de ninguém, porque ela permanece perenemente lembrada nas memórias, como bem imortal que se prolonga para muito além da vida, estando até acima desta, como sentenciou Ariosto. Daí por que não se pode subtrair da mãe o direito de defender a imagem de sua falecida filha, pois são os pais aqueles que, em linha de normalidade, mais se desvanecem com a exaltação feita à memória e à qualquer agressão que possa lhes trazer mácula. Ademais, a imagem de pessoa famosa projeta efeitos econômicos para além de sua morte, pelo que os seus sucessores passam a ter, por direito próprio, legitimidade para postularem indenização em juízo" (STJ, 4ª T., REsp 268660-RJ, rel. Min. César Asfor Rocha, v.u., j. 21-2-2000, DJU 19.02.2001).

Gabarito "A"

(Ministério Público/ES – 2010 – CESPE) A respeito da curatela, assinale a opção correta.

(A) Ao contrário do que ocorre no caso da notória redução da inteligência, não deve ser nomeado curador para as pessoas com pouca instrução escolar.

(B) Cabe nomeação de curador ao portador de deficiência física, independentemente da natureza da deficiência.

(C) Ainda que a pessoa portadora de lesões de nervos cerebrais possa comunicar-se com sinais convencionados, deve ser nomeado curador para ela.

(D) Deve-se nomear um curador para o usuário eventual de substância entorpecente, ainda que a incapacidade seja transitória, pois o ordenamento pátrio não reconhece os intervalos lúcidos.

(E) Com vistas a proteger a família do pródigo, deve ser nomeado um curador para ele, fato que, no entanto, não o priva de administrar o seu patrimônio.

A: incorreta, pois a *notória redução da inteligência* não é causa que enseja a curatela; segundo o art. 1.767, do CC, estão sujeitos à curatela I) aqueles que, por enfermidade ou deficiência mental, não tiverem o necessário discernimento para os atos da vida civil; II) aqueles que, por outra causa *duradoura*, não puderem exprimir a sua vontade; III) os deficientes mentais, os ébrios habituais e os viciados em tóxicos; IV) os excepcionais sem completo desenvolvimento mental; V) os pródigos; **B:** correta, pois esse caso de curatela, denominado *curatela voluntária*, é novidade presente no atual Código Civil (art. 1.780 do CC); a diferença é que essa curatela é pedida pelo próprio curatelado e pode ser extinta também por *vontade* deste; além disso, a curatela voluntária incide somente sobre os *bens* (todos ou uma parte destes) do enfermo ou portador de deficiência física, não incidindo sobre a *pessoa* do curatelado; **C:** incorreta, pois é requisito para a instituição da curatela a impossibilidade de expressão da vontade (art. 1.767, II, do CC); **D:** incorreta, pois apenas os *viciados*, ou seja, os *dependentes* de entorpecentes podem ser interditados (art. 1.767, III, do CC); **E:** incorreta, pois a nomeação do curador se dá com vistas a proteger o *próprio pródigo*, e não sua família; ademais, o pródigo pode fazer administração que não importe nas condutas previstas no art. 1.782 do CC.

Gabarito "B"

(Ministério Público/PI – 2008) Em se tratado de incapacidade, é correto dizer que a incapacidade relativa.

(A) importa em irresponsabilidade do menor, ainda que ele tenha ocultado sua idade para obter vantagem ilícita.

(B) importa em anulabilidade do ato jurídico praticado, ainda que o menor tenha ocultado a sua idade quando da sua realização.

(C) importa em nulidade do ato jurídico praticado, ainda que o menor tenha ocultado a sua idade quando da sua realização.

(D) acarreta a anulabilidade dos atos praticados pelo menor sem a devida representação legal.

(E) acarreta a nulidade dos atos praticados pelo menor sem a devida representação legal.

A: incorreta, pois quando o relativamente incapaz, por exemplo, oculta maliciosamente sua idade para obter benefícios indevidos, o Código deixa de protegê-lo, aplicando o princípio segundo o qual *"a malícia suplanta a idade"*. É o caso dos art. 180 e também do art. 589, V que permite a cobrança do mútuo feito a menor que obteve o empréstimo maliciosamente, afastando a exceção de *"senatus consulto macedoniano;* **B:** correta, pois a despeito da regra do art. 180 não há previsão de saneamento do vício da anulabilidade; **C:** incorreta, pois o regime adotado pelo CC para os atos dos relativamente incapazes é o da anulabilidade (CC, art. 171, I); **D** e **E:** incorretas, pois no caso de relativamente incapaz não há que se falar em representação, mas sim em assistência.

Gabarito "B"

(Ministério Público/RJ – 2011) A Promotoria de Justiça da Comarca de Paracambi instaura procedimento administrativo para verificar a situação do paciente Márcio Almeida, de 57 anos, que se encontra internado no Hospital Psiquiátrico desde 2004. A equipe técnica do Ministério Público, composta por psiquiatra, psicólogo e assistente social, confirma a existência de doença mental grave, elaborando laudo técnico que retira por completo do paciente o necessário discernimento para a prática dos atos da vida civil. Mesmo com a realização de diversas diligências no procedimento instaurado, não foi possível encontrar nenhum familiar do paciente, apesar de estarem eles devidamente identificados desde 2010. Diante desse quadro, a conduta adequada do membro do Ministério Público seria propor uma ação de:

(A) interdição do paciente, com pedido de nomeação de um tutor provisório, com fundamento no fato de o tutelado ser absolutamente incapaz. Nesse caso, o Parquet possui legitimidade para demandar em razão da omissão dos parentes, conforme o laudo da equipe técnica do Ministério Público;

(B) interdição em razão da situação de risco vivida pelo paciente, requerendo a nomeação de um dos parentes como seu tutor, em conformidade com o Estatuto do Idoso;

(C) alimentos, com fundamento no Estatuto do Idoso, em face dos parentes do paciente, em razão da solidariedade de todos eles na obrigação alimentar;

(D) responsabilidade civil em face dos parentes omissos do paciente, em razão da falta de cuidados e da não propositura da ação de interdição pelos legitimados;

(E) interdição do paciente, com requerimento de nomeação de um curador provisório. A incapacidade absoluta comprovada e a impossibilidade de gerir os atos da vida civil fundamentam o pleito.

Claramente a hipótese é de interdição, com fundamento no art. 1.767 que dispõe estarem sujeitos à curatela: "I – aqueles que, por enfermidade ou deficiência mental, não tiverem o necessário discernimento para os atos da vida civil". Diante das informações do enunciado da questão, a hipótese inicial é de nomeação de curador para administrar os atos da vida do incapaz. Não há que se falar em Estatuto do Idoso, tendo em vista que a Lei nº 10.741/2003 cuida dos maiores de sessenta anos de idade.

Gabarito "E"

(Ministério Público/RS – 2009) Leia o enunciado abaixo.

Victor sofre acidente vascular cerebral sem perder suas capacidades mentais, exceto no âmbito da matemática, ficando impossibilitado de realizar operações de adição, subtração, divisão e multiplicação, além de outras operações mais complexas. O diagnóstico médico sobre a recuperação não é conclusivo, dependendo da evolução do quadro do paciente nos meses subsequentes à alta hospitalar. Comerciante, Victor pretende voltar ao trabalho.

Com base nesses dados, assinale a alternativa correta.

(A) Incapacitado, Victor não tem como praticar validamente os atos da vida civil e, portanto, está sujeito à curatela até que se recupere.

(B) Incapacitado, Victor não tem como praticar validamente os atos da vida civil e, portanto está sujeito à tutela até que se recupere.

(C) Victor tem direito a requerer validamente ao juiz, em nome próprio, a curatela especial, tão só para os atos em que o domínio da matemática for necessário.

(D) Victor fica sujeito à curatela especial, tão só para os atos em que o domínio da matemática for necessário, mas essa curatela não poderá ser por ele validamente requerida, em nome próprio.

(E) Victor fica sujeito à curatela especial, com restrição a pratica de atos de comércio e sem restrição para a prática de atos de gestão de seu patrimônio pessoal.

A: incorreta, pois pela descrição da questão a incapacidade de Victor é restrita a algumas habilidades, não sendo necessária a interdição completa para todos os atos da vida civil; **B:** incorreta, pois Victor é maior de idade, estando, portanto, sujeito à curatela e não à tutela; **C:** correta, pois em casos como o descrito na questão a incapacidade pode se limitar apenas a algumas espécies de atos, impondo o próprio juiz os limites da interdição (arts. 1.772 e 1.782); **D:** incorreta, pois Victor tem capacidade de requerer a referida curatela; **E:** incorreta, pois a interdição deve limitar-se ao necessário na medida da incapacidade da pessoa.

Gabarito "C"

(Ministério Público/SP – 2008) Com relação à pessoa do interdito, assinale a alternativa incorreta.

(A) O seu domicílio será o do curador, não se admitindo prova em contrário, sendo irrelevante, para efeito legal, o lugar da situação dos bens ou o da residência ou internação.

(B) A incapacidade absoluta constitui causa impeditiva da prescrição, independentemente da data da sentença ou do registro de interdição.

(C) Quando o curador for o cônjuge e o regime de bens do casamento for de comunhão parcial, não será obrigado à prestação de contas, salvo determinação judicial.

(D) O seu filho, se menor, ficará sob a autoridade do curador nomeado pelo juiz, que terá, ainda, a administração dos bens que lhe pertençam.

(E) Ainda que sem consciência do ilícito, ele poderá ser vítima de danos morais por ofensa à honra, inclusive no caso de calúnia.

A: correta (art. 76, parágrafo único, do CC); **B:** correta (art. 198, I, do CC); **C:** incorreta (e deve ser assinalada) (art. 1.783 do CC); **D:** correta (art. 1.778 do CC); **E:** correta, pois os direitos da personalidade (no caso, o direito à integridade moral) se aplicam a todos, inclusive aos incapazes.

Gabarito "C"

(Ministério Público/SP – 2012 – VUNESP) São absolutamente incapazes de exercer pessoalmente os atos da vida civil:

I. Os menores de 16 (dezesseis) anos.

II. Os que, por enfermidade ou deficiência mental, não tiverem o necessário discernimento para a prática desses atos.

III. Os que, mesmo por causa transitória, não puderem exprimir sua vontade.

IV. Os idosos internados em instituição de longa permanência.

V. Os presos, em regime prisional fechado, após o trânsito em julgado da sentença penal condenatória.

Está correto o que se afirma APENAS em

(A) III e V.

(B) I, II e III.

(C) I, III e IV.

(D) II, IV e V.

(E) I, II, IV e V.

Os enunciados **I, II** e **III** enumeram pessoas em situações que configuram – segundo o art. 3º do CC – a incapacidade absoluta. Não há dispositivo legal que submeta idosos e presos a tal limitação de capacidade.

Gabarito "B"

2.2.3. EMANCIPAÇÃO

(Ministério Público/MS – 2009) Com relação à incapacidade civil é correto afirmar que ela cessa

(A) pela emancipação, desde que o menor seja relativamente capaz.

(B) pela emancipação, ainda que o menor seja absolutamente incapaz.

(C) pelo casamento, mas, se este for anulado, retornará à condição de menor.

(D) pelo exercício de emprego público, ainda que em cargo em comissão.

(E) pela colação de grau em ensino técnico.

A: correta, pois as hipóteses de emancipação previstas no art. 5º do Código Civil acabam por resultar numa exigência de que o emancipado já conte com pelo menos 16 anos, idade na qual já alcançou a capacidade relativa; **B:** incorreta, pois as hipóteses de emancipação previstas no art. 5º do Código Civil não se coadunam com a absoluta incapacidade; **C:** incorreta, pois segundo a doutrina, a anulabilidade do casamento não é suficiente para retirar a capacidade civil daquele que a alcançou pela emancipação legal. Ademais, a questão fala em 'retornar à condição de menor', o que não é propriamente técnico, tendo em visto que a menoridade ou a maioridade é uma questão temporal, decorrente da física, não se podendo voltar à menoridade quando já se tornou maior. O que pode ocorrer – e mesmo assim em situação de excepcionalidade – é voltar a ser incapaz; **D:** incorreta, pois a interpretação adequada da expressão *"exercício de emprego público efetivo"* é no sentido de uma estabilidade, uma perenidade, que o cargo em comissão não apresenta; **E:** incorreta, pois apenas a colação de grau em ensino superior gera a emancipação legal.

Gabarito "A"

(Ministério Público/SP – 82º) A emancipação do menor dependerá de sentença na hipótese de:

(A) colação de grau científico em curso de ensino superior.

(B) casamento.

(C) estar o menor sob tutela.

(D) concessão pela mãe, se morto o pai.

(E) concessão pela mãe, se interditado o pai.

Art. 5º, parágrafo único, I, do CC.

Gabarito "C"

2.2.4. *FIM DA PERSONALIDADE. COMORIÊNCIA*

(Ministério Público/MG – 2008) Assinale a alternativa INCORRETA.

(A) A lei reconhece, também, ao Ministério Público a legitimidade para requerer a declaração de ausência do desaparecido.

(B) Ocorrendo a morte simultânea, decorre que as pessoas não serão herdeiras entre si, não transmitirão uma à outra a herança.

(C) A certidão de óbito, lavrada em consequência de atestado médico, que atesta a morte, é condição para o sepultamento.

(D) Estado da pessoa é o modo particular de existir, é uma situação jurídica resultante de certas qualidades inerentes à pessoa.

(E) O incapaz que sucede empresário capaz exerce os atos livremente, sem assistência ou representação do curador.

A: correta (art. 22 do CC); **B:** correta (art. 8º do CC); **C:** correta (art. 77 da Lei 6.015/73); **D:** correta; há "estados" que devem ser registrados ou averbados (v. arts. 9º e 10 do CC); **E:** incorreta (e deve ser assinalada), pois o relativamente incapaz precisa de assistência e o absolutamente incapaz, de representação.

Gabarito "E"

(Ministério Público/RO – 2010 – CESPE) Com relação a pessoas naturais, pessoas jurídicas, domicílio e fatos jurídicos, assinale a opção correta.

(A) O direito do indivíduo ao próprio corpo é indisponível, não sendo permitido, pois, que se pratiquem ações que afetem a integridade física do indivíduo.

(B) Os negócios jurídicos bifrontes são aqueles aos quais falta atribuição patrimonial.

(C) A teoria da ficção jurídica, definida por Rudolf Von Ihering como mentira técnica consagrada pela necessidade, configura um recurso técnico para se atribuir a uma categoria os efeitos jurídicos próprios de outra categoria.

(D) A comoriência ocorre quando duas ou mais pessoas da mesma família falecem simultaneamente e no mesmo lugar sem que seja possível precisar quem faleceu primeiro; não é possível a comoriência no caso de uma das mortes ser real e outra, presumida.

(E) A capacidade é conceito básico da ordem jurídica, o qual se estende a todos os homens, consagrado na legislação civil e nos direitos constitucionais de vida, liberdade e igualdade.

A: incorreta, pois há exceções em que ações que afetem a integridade física do indivíduo são permitidas; por exemplo, é possível a diminuição permanente da integridade física em caso de exigência médica ou para fins de transplante (art. 13 do CC); **B:** incorreta, pois os negócios jurídicos bifrontes são aqueles que podem assumir mais de uma natureza; por exemplo, o mandato, enquanto contrato, é bifronte, pois pode ser tanto unilateral (mandato não remunerado, em que só há obrigações para o mandatário), como bilateral (mandato remunerado, em que há obrigações para o mandante, que deve remunerar, e para o mandatário, que deve cumprir seus deveres decorrentes do mandato); **C:** correta, pois traz adequada definição da teoria da ficção jurídica; **D:** incorreta, pois o art. 8º não faz distinção entre a morte real e a morte presumida, para fins de aplicar a regra da comoriência; **E:** incorreta, pois todos os homens têm a capacidade de direito (ou de gozo), como se pode verificar do art. 1º do CC, mas nem todos os homens têm a capacidade de fato (ou de exercício), como se pode verificar dos arts. 3º e 4º do CC.

Gabarito "C"

2.2.5. *AVERBAÇÕES*

(Ministério Público/MG – 2012 – CONSULPLAN) Far-se-á averbação em registro público:

(A) das sentenças declaratórias de ausência e de morte presumida.

(B) das sentenças que decretarem a nulidade ou anulação do casamento, o divórcio, a separação judicial e o restabelecimento da sociedade conjugal.

(C) da emancipação por outorga dos pais ou por sentença do juiz.

(D) da interdição por incapacidade absoluta ou relativa.

A: incorreta, pois a hipótese é de registro e não de averbação, conforme art. 9º, IV do Código Civil; **B:** correta, pois de acordo com o art. 10, I do Código Civil; **C:** incorreta, pois é hipótese de registro e não de averbação, conforme art. 9º, II do CC; **D:** incorreta, pois a hipótese é de registro e não de averbação, conforme art. 9º, III do Código Civil.

Gabarito "B"

2.3. PESSOAS JURÍDICAS

(Ministério Público/MPU – 2013) Sobre as associações e as fundações, é correto afirmar que:

(A) Nenhum associado poderá ser impedido de exercer direito ou função que lhe tenha sido legitimamente conferido, mesmo que o estatuto disponha o contrário.

(B) A fundação poderá constituir-se para quaisquer fins, inclusive religiosos, morais, culturais ou de assistência.

(C) Constituem-se as associações pela união de pessoas que se organizem para fins não econômicos.

(D) Quando insuficientes para constituir a fundação, os bens a ela destinados serão, obrigatoriamente, incorporados em outra fundação que se proponha a fim igual ou semelhante.

A: incorreta, pois o estatuto poderá impedir o associado de exercer direito ou função que lhe tenha sido legitimamente conferido (CC, art. 58); **B:** incorreta, pois a fundação *"somente poderá constituir-se* *para fins religiosos, morais, culturais ou de assistência"* (CC, art. 62 parágrafo único); **C:** correta, pois a assertiva reproduz a definição de Associação, estabelecida pelo art. 53 do CC; **D:** incorreta, pois o instituidor da fundação poderá prever tal hipótese e dispor de modo contrário (CC, art. 63).

Gabarito "C"

(Ministério Público/PR – 2013) Assinale a alternativa incorreta:

(A) As associações são pessoas jurídicas de direito privado;

(B) As organizações religiosas são pessoas jurídicas de direito privado;

(C) Os partidos políticos são pessoas jurídicas de direito público;

(D) As empresas individuais de responsabilidade limitada são pessoas jurídicas de direito privado;

(E) As autarquias são pessoas jurídicas de direito público.

A questão versa sobre a classificação das pessoas jurídicas segundo o regime jurídico a que estão subordinadas. O art. 44 do CC estipula que associações (inc. I), organizações religiosas (inc. IV), empresas individuais de responsabilidade limitada (inc. VI) e partidos políticos (inc. V) são pessoas jurídicas de direito privado, ao passo que o art. 41 classifica as autarquias como sendo pessoas jurídicas de direito público (inc. IV). Desta forma, apenas a alternativa "C" não se coaduna com os ditames legais.

Gabarito "C"

(Ministério Público/RO – 2013 – CESPE) A respeito das pessoas jurídicas, assinale a opção correta.

(A) A pessoa jurídica não responderá por atos que apenas aparentemente tiverem seus integrantes praticado em seu nome.

(B) A mera demonstração de insolvência da pessoa jurídica enseja a desconsideração da personalidade jurídica para atingir o patrimônio dos sócios.

(C) De acordo com o STJ, não encontra amparo legal a presunção de dissolução irregular de pessoa jurídica.

(D) Antes de registrar os atos constitutivos no cartório competente, a pessoa jurídica não será dotada de personalidade jurídica.

(E) Em se tratando de prática de ato danoso, a pessoa jurídica deve ser demandada no estabelecimento em que tiver sido praticado o ato, e não no domicílio da agência.

A: incorreta, pois a pessoa jurídica responde pelos atos de seus integrantes ou administradores (art. 47 do CC), aplicando-lhe também a denominada teoria da aparência, segundo a qual se protege o terceiro que confiou na aparência de uma situação fática, desde que não tenha havido negligência de sua parte; **B:** incorreta, pois a desconsideração da personalidade jurídica é medida excepcional e a mera insolvência não é causa suficiente para sua aplicação (art. 50 do CC); **C:** incorreta, pois contrária aos termos da Súmula 435 do STJ, segundo a qual: "Presume-se dissolvida irregularmente a empresa que deixar de funcionar no seu domicílio fiscal, sem comunicação aos órgãos competentes, legitimando o redirecionamento da execução fiscal para o sócio-gerente"; **D:** correta, pois a existência legal das pessoas jurídicas de direito privado só começa a partir da inscrição do ato constitutivo no respectivo registro (art. 45 do CC); **E:** incorreta, pois o art. 75, § 1º, do CC estabelece que: *"Tendo a pessoa jurídica diversos estabelecimentos em lugares diferentes, cada um deles será considerado domicílio para os atos nele praticados"*.

Gabarito "D"

(Ministério Público/AC – 2008) No que respeita a **disciplina das Associações**, é possível afirmar que

(A) é nulo o estatuto das Associações que não tiver previsão da forma de gestão administrativa e de aprovação das respectivas contas.

(B) a elaboração do estatuto das Associações não depende de observância de regras cogentes, pois se trata de matéria essencialmente privada.

(C) o fato de pessoas constituírem uma Associação para fins não econômicos implica direitos e obrigações recíprocos.

(D) nenhum associado ou grupo de associados poderá gozar de vantagens especiais, pois todos os associados têm direitos iguais.

A: correta, pois a falta da referida previsão acarreta a nulidade do estatuto da Associação, conforme art. 54, VII do Código Civil, com a redação dada pela Lei nº 11.127/2005; **B:** incorreta, pois o Código Civil traz diversas regras de ordem pública que devem ser observadas para a elaboração do Estatuto da Associação, como por exemplo, direitos iguais entre os associados, exclusão apenas com justa causa etc.; **C:** incorreta, pois – entre os associados – não há direitos e obrigações recíprocos (CC, art. 54, III). Existe, é claro, direitos e obrigações entre associados e associação; **D:** incorreta, pois o estatuto poderá instituir categorias com vantagens especiais (CC, art. 55).

Gabarito "A"

(Ministério Público/AC – 2008) Em relação às **fundações**, aponte a afirmativa correta.

(A) A tarefa de velar pelas fundações incumbe apenas ao Poder Judiciário.

(B) As fundações situadas no Distrito Federal e nos Territórios serão fiscalizadas pelo Ministério Público Federal.

(C) A alienação de bens do patrimônio da fundação prescinde de manifestação judicial e do órgão ministerial.

(D) O requisito para alteração do estatuto da fundação é o de que seja deliberada por 2/3 dos membros competentes para gerir e representar a fundação.

A: incorreta, pois o Ministério Público também ostenta tal função, conforme art. 66 do Código Civil; **B:** correta, pois de acordo com o art. 66, § 1º; **C:** incorreta, pois tendo em vista a finalidade social da fundação, bem como sua fiscalização pelo Ministério Público, a alienação de bens depende de manifestação judicial e do MP; **D:** incorreta, pois além deste requisito, o Código ainda exige que a alteração não contrarie a finalidade da Fundação e ainda que haja aprovação pelo Ministério Público.

Gabarito "B"

(Ministério Público/MG – 2011) Quanto à possibilidade de alteração do estatuto de uma fundação de direito privado, é **CORRETO** afirmar que

(A) deverá ser deliberada por, no mínimo, três quintos dos competentes para gerir e representar a fundação.

(B) não poderá contrariar ou desvirtuar a finalidade para a qual foi constituída.

(C) deverá ser homologada pelo Poder Judiciário, ouvido o órgão do Ministério Público.

(D) quando não houver sido aprovada por votação unânime, os administradores da fundação, ao submeterem o estatuto à homologação pelo Poder Judiciário, requererão que se dê ciência à minoria vencida para impugná-la, se quiser, em 10 (dez) dias.

A: incorreta, pois o quórum para tal aprovação é de dois terços dos competentes para gerir e representar a fundação (CC, art. 67, I); **B:** correta, pois a finalidade da fundação – tendo em vista seu viés público – não pode ser alterada; **C:** incorreta, pois não há necessidade de homologação judicial, mas apenas aprovação pelo Ministério Público; **D:** incorreta, pois a homologação ocorre perante o MP e não perante o Poder Judiciário (CC, art. 67).

Gabarito "B"

(Ministério Público/MS – 2009) É correto afirmar que a função do Ministério Público como curador de fundações

(A) é exercida apenas em relação às fundações públicas.

(B) caso a fundação tenha atividades em mais de um estado, será exercida pelo Ministério Público Federal.

(C) engloba a elaboração e aprovação do Estatuto da Fundação, mas não incide em alterações posteriores.

(D) abrange a elaboração do próprio Estatuto da Fundação, caso haja omissão por quem designado pelo instituidor.

(E) acarreta a exclusividade para postular a extinção da Fundação em caso de impossibilidade superveniente da sua finalidade.

A: incorreta, pois as fundações privadas também se submetem à fiscalização do Ministério Público, tendo em vista sua natureza social, voltada para o interesse público; **B:** incorreta, pois nesse caso cada Ministério Público exercerá seu encargo fiscalizatório em seu respectivo Estado; **C:** incorreta, pois o Ministério Público também participa das alterações do estatuto (CC, art. 67, III); **D:** correta, pois de acordo com o art. 65 parágrafo único; **E:** incorreta, pois tal legitimidade é atribuída a qualquer interessado (CC, art. 69).

Gabarito "D"

2.3.1. DESCONSIDERAÇÃO DA PERSONALIDADE JURÍDICA

(Ministério Público/BA – 2008) O Código Civil, prevê, de forma expressa, em seu artigo 50, a teoria da desconsideração da personalidade jurídica (*disregard doctrine*). A aplicação desta tese dá-se como uma forma de punição para aqueles que não utilizam a personalidade dos entes societários, para os fins que lhes são devidos. Acerca do assunto ventilado, pode-se afirmar que:

(A) Pode o juiz, de ofício, verificando o abuso da personalidade jurídica, caracterizado pelo desvio de finalidade, decidir que os efeitos de certas e determinadas relações de obrigações sejam estendidas aos bens particulares dos sócios ou administradores.

(B) Sua aplicação ocorre sempre que a personalidade for, de alguma forma, obstáculo ao ressarcimento de prejuízos causados aos consumidores.

(C) Deixa transparecer que a positivação desta teoria na novel codificação acabou por invalidar os parâmetros existentes na legislação esparsa.

(D) Através da desconsideração da personalidade jurídica viabiliza-se o combate as fraudes, em situações em que há nítido desvio de finalidade da pessoa jurídica. Nessas hipóteses, não se considera os efeitos da personificação, com vistas a atingir os bens particulares dos sócios ou administradores.

(E) Anula e extingue a personalidade jurídica da sociedade, para atingir os bens dos sócios.

A: incorreta, pois o Código não prevê a desconsideração de ofício, devendo esta ser decretada pelo juiz, a requerimento da parte, ou do Ministério Público quando lhe couber intervir no processo (CC, art. 50); **B:** incorreta. A despeito de a afirmação encontrar respaldo no art. 28, § 5º, do CDC, o dispositivo é fruto de um equívoco. O texto em questão seria vetado pelo Poder Executivo, tendo ocorrido inclusive uma clara redação dos motivos do veto quanto a este dispositivo. Por um erro no processo legislativo o veto incidiu sobre o § 1º do art. 28 do CDC, mantendo-se em vigor o § 5º com a redação original. Boa parte da doutrina, porém, entende pela ineficácia do dispositivo, primeiro porque desvirtua toda a antiga teoria da desconsideração e segundo porque fruto de um claro equívoco; **C:** incorreta, pois os parâmetros existentes noutras legislações (tributária, consumerista, trabalhista) continuam em vigor e perfeitamente aplicáveis; **D:** correta, pois a redação precisamente aponta para a definição do instituto; **E:** incorreta, pois a desconsideração da personalidade jurídica não anula, nem extingue a personalidade jurídica, apenas afastando o manto protetivo que protegia os sócios.

Gabarito "D"

(Ministério Público/PI – 2008) A desconsideração da personalidade jurídica poderá ocorrer em caso de

(A) abuso da personalidade jurídica e importa na nulidade dos atos praticados nesta condição.

(B) desvio de finalidade e importa em anulabilidade dos atos praticados nesta condição.

(C) confusão patrimonial e importa em nulidade dos atos praticados nesta condição.

(D) abuso da personalidade jurídica e importa em ineficácia dos atos praticados nesta condição.

(E) abuso da personalidade e importa em anulabilidade dos atos praticados nesta condição.

As hipóteses de desconsideração da personalidade jurídica no âmbito civilista estão previstas no art. 50 do Código Civil e todas as alternativas da questão abrigam situações nas quais a desconsideração poderá ocorrer. Todavia, apenas a afirmativa D contempla a consequência correta da desconsideração, tendo em vista que dela decorre a ineficácia e não a invalidade (absoluta ou relativa) dos atos praticados nesta condição.

Gabarito "D"

(Ministério Público/SP – 2010) Assinale a alternativa correta:

(A) os pressupostos para que ocorra a desconsideração da personalidade jurídica são: existência da pessoa jurídica, podendo se tratar de sociedade de fato; exaurimento do seu patrimônio social; abuso da personalidade jurídica, caracterizado pelo desvio de finalidade, ou pela confusão patrimonial.

(B) a desconsideração da personalidade jurídica é medida excepcional, diante da autonomia patrimonial de que goza a pessoa jurídica.

(C) a desconsideração da personalidade jurídica não se aplica no Direito de Família.

(D) o Ministério Público intervindo no processo como "custos legis" não possui legitimidade para requerer ao juiz que os efeitos de certas e determinadas relações de obrigações sejam estendidos aos bens particulares dos administradores ou sócios da pessoa jurídica.

(E) o Ministério Público intervindo no processo como "custos legis" não possui legitimidade para postular a desconsideração da personalidade jurídica, salvo existindo interesse de incapaz.

A: incorreta, pois, havendo sociedade de fato, os sócios já respondem solidária e ilimitadamente pelas obrigações sociais (art. 990 do CC), sendo desnecessária a aplicação do instituto da desconsideração da personalidade; ademais, de acordo com o Enunciado 281 do CJF, "a aplicação da teoria da desconsideração, descrita no art. 50 do Código Civil, prescinde da demonstração de insolvência da pessoa jurídica", de modo que é desnecessário ter certeza de que se exauriu todo o patrimônio social; **B:** correta, pois a regra é não poder ser feita a desconsideração da personalidade jurídica, para que os sócios respondam pelas obrigações da pessoa jurídica, tratando-se tal desconsideração medida excepcional, que depende, para ser aplicada, do preenchimento dos requisitos do art. 50 do CC; **C:** incorreta, pois o instituto se aplica com frequência no Direito de Família, mormente na modalidade da *desconsideração inversa da personalidade*, admitida pela doutrina e pela jurisprudência; nessa desconsideração, como o próprio nome diz, desconsidera-se a pessoa natural do sócio ou administrador de uma pessoa jurídica, para o fim de atingir o patrimônio da própria pessoa jurídica da qual faz parte o primeiro; um exemplo pode aclarar o instituto; imagine que alguém que deseja se separar de seu cônjuge sem ter de repartir bens que está em seu nome, passe tais bens para uma pessoa jurídica da qual é sócio, ficando esvaziado patrimonialmente, enquanto pessoa natural; nesse caso, a desconsideração inversa atua para o fim de, na separação judicial, o juiz desconsiderar a autonomia da pessoa natural em relação à pessoa jurídica, determinando que os bens que pertencem à pessoa jurídica sejam partilhados com o cônjuge prejudicado, como se fossem bens pertencentes à pessoa natural do cônjuge que perpetrou a fraude à lei; nesse sentido, o Enunciado 283 JDC/CJF defende que "é cabível a desconsideração da personalidade denominada inversa para alcançar bens de sócio que se valeu da pessoa jurídica para ocultar ou desviar bens pessoais, com prejuízo de terceiros"; **D** e **E:** incorretas, pois, segundo o art. 50 do CC, o MP pode requerer a desconsideração da personalidade sempre que lhe couber intervir no processo, a exemplo do que ocorre quando é *custos legis*.

Gabarito "B"

2.3.2. *CLASSIFICAÇÕES DAS PESSOAS JURÍDICAS*

(Ministério Público/DF – 2009) Em relação às pessoas naturais e jurídicas, assinale a alternativa correta.

(A) A fundação privada é uma pessoa jurídica constituída a partir de um patrimônio destinado por uma pessoa física ou jurídica para a realização de quaisquer fins lícitos.

(B) A associação civil não tem finalidade não lucrativa. No entanto, não há qualquer impedimento para que ela desenvolva atividades econômicas para geração de renda, desde que não partilhe os resultados decorrentes entre os associados.

(C) Se a pessoa jurídica tiver diversos estabelecimentos ou agências em lugares diferentes será considerado como seu domicílio, para quaisquer atos praticados, o local onde funciona a sua sede, a matriz ou onde funcionar a administração da empresa.

(D) Admite-se a morte presumida sem decretação de ausência em casos excepcionais, para viabilizar a abertura da sucessão provisória e resolver os problemas jurídicos gerados com o desaparecimento da pessoa.

(E) Entende-se por curador o representante do incapaz em razão da idade ou da pessoa incapaz por motivos diversos, como por enfermidade ou deficiência mental, ou ainda impossibilidade transitória.

A: incorreta, pois a fundação não pode ter por finalidade a realização de qualquer fim lícito, não sendo possível, por exemplo, que se destine à atividade empresarial, devendo a fundação ser criada para fins religiosos, morais, culturais ou de assistência (art. 62, parágrafo único, do CC), e, numa ampliação feita pela doutrina, para fins científicos, educacionais ou de promoção do meio ambiente (Enunciado 8 do CJF), sempre sem fins lucrativos (Enunciado 9 do CJF); **B:** correta (art. 53 do CC), devendo-se interpretar o impedimento do desenvolvimento de atividade econômica, como impedimento de buscar o lucro para dividir entre os associados; assim, nada impede que um hospital ou uma escola seja uma associação, com cobrança de valores dos que buscarem os serviços dessas entidades, desde que os valores recebidos sejam totalmente utilizados para o custeio e o investimento nessas associações; **C:** incorreta, pois, tendo a pessoa jurídica diversos estabelecimentos em lugares diferentes, cada um deles será considerado domicílio para os atos nele praticados; **D:** incorreta, pois a morte presumida sem decretação de ausência (art. 7º do CC) enseja a abertura de sucessão definitiva, não sendo necessário seguir o procedimento de ausência (arts. 22 e ss. do CC), com abertura de sucessão provisória, para depois abrir a sucessão definitiva, procedimento esse que só deve se dar em caso de ausência de alguém que não se encaixe no art. 7º do CC, aplicando-se, assim, o disposto no art. 6º do CC e nos artigos citados (arts. 22 e ss. do CC); **E:** incorreta, pois a curatela se destina a situações de deficiência ou enfermidade *duradouras*, e não *transitórias*.

Gabarito "B"

(Ministério Público/PR – 2009) São pessoas jurídicas de direito privado, a teor da legislação civil brasileira:

(A) As autarquias, as empresas públicas e as sociedades de economia mista.

(B) As associações, fundações, organizações religiosas, as firmas individuais e os condomínios edilícios.

(C) As sociedades simples ou empresárias, os condomínios edilícios e as firmas individuais.

(D) As organizações religiosas, os partidos políticos, as sociedades simples ou empresárias e as fundações.

(E) n.d.a.

Art. 44 do CC.

Gabarito "D"

(Ministério Público/SP – 2010) Assinale a alternativa correta:

(A) as agências reguladoras, como a ANEEL (Agência Nacional de Energia Elétrica) e a ANVISA (Agência Nacional de Vigilância Sanitária), consideradas autarquias sob regime especial, são pessoas jurídicas de direito público interno.

(B) quando o Código Civil estabelece que o Ministério Público velará pelas fundações, acaba por lhe autorizar uma ação efetiva de fiscalização tanto na esfera administrativa como judicial. Não obstante tal disposição legal, não está o membro do "Parquet" legitimado a ingressar com o procedimento tendente a extinguir a fundação.

(C) o Código Civil considera como pessoas jurídicas de direito privado somente as associações, as sociedades e as fundações.

(D) a responsabilidade civil das pessoas jurídicas de direito público interno pressupõe a ação ou omissão, culposa ou dolosa, dos seus agentes, o dano causado a terceiros e a relação de causalidade.

(E) as organizações religiosas, os partidos políticos e as associações beneficentes, constituídas segundo leis anteriores, não ficaram sujeitas a se adaptarem à disposições do Código Civil de 2002.

A: correta, pois são pessoas jurídicas de direito público interno os entes políticos (União, Estados, DF e Municípios), as autarquias (incluindo as associações públicas) e as demais entidades de caráter público criadas por lei, como as agências reguladoras e as fundações públicas, que são, em verdade, entidades autárquicas; **B:** incorreta, pois o Ministério Público pode requerer a extinção de uma fundação quando tornar-se ilícita, impossível ou inútil a finalidade a que esta visa, ou quando vencido o prazo de sua existência (art. 69 do CC); **C:** incorreta, pois também são pessoas jurídicas de direito privado as *organizações religiosas* e os *partidos políticos* (art. 44, IV e V, do CC), bem como os consórcios públicos de direito privado (Lei 11.107/05); **D:** incorreta, pois a responsabilidade civil das pessoas jurídicas de direito público é objetiva, ou seja, independe de culpa ou dolo (art. 37, § 6º, da CF); **E:** incorreta, pois tais entidades tiveram que se adaptar às disposições do CC até 11 de janeiro de 2007 (art. 2.031 do CC).

Gabarito "A"

2.3.3. *FUNDAÇÕES*

(Ministério Público/GO – 2013) Assinale a alternativa correta:

(A) para criar uma fundação, o seu instituidor fará, por escritura pública ou testamento, dotação especial de bens livres, especificando o fim a que se destina e o modo de administrá-la.

(B) para que se possa alterar o estatuto da fundação é mister que a reforma seja deliberada por dois terços dos competentes para gerir e representar a fundação, não contrarie ou desvirtue o fim desta e seja aprovada pelo órgão do Ministério Público e, caso este a denegue, poderá o juiz supri-la, a requerimento do interessado.

(C) o Ministério Público velará pelas fundações, fiscalizando se a vontade do instituidor da fundação está sendo respeitada e se a destinação e administração do patrimônio está voltada para a realização de seus fins, sendo-lhe vedado, contudo, promover a extinção da fundação. Por disposição expressa, apenas os membros da própria fundação (administradores e gestores) podem promover a extinção da fundação.

(D) elaborado o estatuto da fundação, será submetido ao Ministério Público, que verificará se foram observadas as bases da fundação e se os bens são suficientes ao fim a que ela se destina. Não sendo o estatuto elaborado por quem indicara o instituidor, no prazo por este determinado, ou, não havendo prazo, em seis meses, a incumbência caberá ao Ministério Público.

A: incorreta, pois o modo de administrar a fundação é opcional e não obrigatório; **B:** correta, pois a assertiva reproduz as regras estabelecidas pelo art. 67 do Código Civil para alteração do estatuto da fundação; **C:** incorreta, pois o Ministério Público pode pedir a extinção judicial da Fundação (CC, art. 69); **D:** incorreta, pois a lei dá o prazo de 180 dias para o Ministério Público suprir esta omissão. Ademais, quando insuficientes para constituir a fundação, os bens a ela destinados serão incorporados em outra fundação que se proponha a fim igual ou semelhante.

Gabarito "B"

(Ministério Público/AM – 2007 – CESPE) Julgue os itens subsequentes, a respeito das fundações e de sua organização e fiscalização.

I. Se for extinta uma fundação, por decisão administrativa, seu patrimônio deverá ser alienado pelo melhor preço de mercado, exigindo-se autorização da maioria absoluta dos integrantes do conselho curador e aprovação do MP.

II. O MP tem legitimidade para a propositura de ação civil pública que objetive a responsabilização de ex-dirigentes de fundação de direito privado de assistência ao idoso e aos portadores de deficiência física.

III. Poderá o instituidor de uma fundação encarregar o MP da elaboração dos estatutos daquela entidade. Nessa situação, cabe ao MP, além do encargo da elaboração no prazo estipulado, a função de aprová-lo e levá-lo a registro.

IV. O MP pode recomendar modificações a serem feitas no estatuto de uma fundação, bem como denegar a aprovação, por decisão administrativa. Em qualquer caso, o interessado poderá requerer suprimento judicial de modificação de estatutos ou de instituição de fundação, ação da qual participará o MP, como *custos legis,* obrigatoriamente.

V. Compete ao membro do MPF a fiscalização das fundações que tiverem atividades em diversos estados da Federação, com a finalidade de evitar eventual divergência entre os representantes do MP de cada estado.

Estão certos apenas os itens

(A) I e II.

(B) I e III.

(C) II e IV.

(D) III e V.

(E) IV e V.

I: incorreta (art. 69 do CC;) **II:** correta (art. 66 do CC); **III:** incorreta (art. 65 do CC); **IV:** correta (art. 67, II), do CC); **V:** incorreta (art. 66 do CC).

Gabarito "C"

(Ministério Público/CE – 2009 – FCC) A alteração de estatuto de uma fundação depende de que a reforma seja deliberada

(A) por dois terços dos competentes para gerir e representar a fundação, mas se a alteração não houver sido aprovada por votação unânime, os administradores da fundação, ao submeterem o estatuto ao órgão do Ministério Público, requererão que se dê ciência à minoria vencida para impugná-la, se quiser, em dez dias.

(B) pela maioria absoluta dos competentes para gerir e representar a fundação e de que seja aprovada pelo órgão do Ministério Público, e, caso este a denegue, poderá o juiz supri-la, a requerimento do interessado.

(C) pela unanimidade dos competentes para gerir e representar a fundação, dependendo porém sua eficácia de aprovação pelo órgão do Ministério Público.

(D) por três quartos dos competentes para gerir e representar a fundação, mas somente se a deliberação não for unânime deverá ser aprovada pelo órgão do Ministério Público, e, caso este a denegue, poderá o juiz supri-la, a requerimento do interessado.

(E) pela unanimidade dos competentes para gerir e representar a fundação, se a alteração contrariar o fim desta.

A alternativa "a" está correta, nos termos do Art. 67, I, e 68 do CC. Tais artigos explicam expressamente a incorreção das outras alternativas.

Gabarito "A"

(Ministério Público/ES – 2010 – CESPE) Acerca de fundações, assinale a opção correta.

(A) O MPF deve velar pelas fundações que se estenderem por mais de um estado.

(B) Fica ao arbítrio do instituidor declarar a maneira de administrar a fundação por ele criada.

(C) Alterações estatutárias que não contrariem ou desvirtuem o fim da fundação prescindem da aprovação do MP.

(D) Sendo os bens insuficientes para constituir a fundação, devem ser convertidos em títulos da dívida pública.

(E) Pessoa jurídica não pode instituir fundação.

A: incorreta, pois o MPF velará pelas fundações instituídas pela União, estejam ou não localizadas no Distrito Federal, conforme ADI 2.794-8, que incidiu sobre o art. 66, § 1º, do CC; no mais, fundações em geral serão veladas pelo Ministério Público dos Estados, sendo que, se a fundação estender sua atividade por mais de um Estado, caberá o encargo, em cada um deles, ao respectivo Ministério Público (art. 66, § 2º, do CC); **B:** correta (art. 62, *caput*, parte final, do CC); **C:** incorreta, pois toda alteração estatutária depende de aprovação do MP (art. 67, III, do CC); **D:** incorreta, pois, nesse caso, não havendo outra intenção demonstrada pelo instituidor, os bens serão incorporados em outra fundação que se proponha a fim igual ou semelhante (art. 63 do CC); **E:** incorreta, pois a instituição pode se dar por pessoa natural (por ato *inter vivos* ou *causa mortis*) ou por pessoa jurídica.

Gabarito "B"

(Ministério Público/PR – 2011) Acerca das fundações, assinale a alternativa correta:

(A) tratando-se de fundação instituída mediante testamento, a incumbência de elaborar os estatutos respectivos será sempre do Ministério Público, salvo se o próprio instituidor já os tiver elaborado.

(B) o veto do Ministério Público a uma alteração que tenha sido realizada no estatuto de uma fundação somente admitirá suprimento judicial se a decisão houver sido tomada pela unanimidade dos administradores da fundação.

(C) ao Ministério Público Federal cabe, com exclusividade, velar por todas as fundações que funcionarem no Distrito Federal ou em mais de um Estado-membro.

(D) constatando o desvio de finalidade por parte da fundação, deverá o Ministério Público promover sua extinção, sendo que o patrimônio da fundação extinta será sempre atribuído ao Estado-membro em que ela tiver sua sede.

(E) a fundação pode ser constituída por prazo determinado, sendo que, vencido tal prazo, terá o Ministério Público a legitimidade para lhe promover a extinção.

A: incorreta, pois o estatuto será elaborado por aquele a quem o instituidor cometer a aplicação do patrimônio. Se o estatuto não for elaborado no prazo assinado pelo instituidor, ou, não havendo prazo, em cento e oitenta dias, a incumbência caberá ao Ministério Público (art. 65 do CC); **B:** incorreta, pois caso o Ministério Público denegue a alteração, poderá o juiz supri-la, a requerimento do interessado mesmo que a alteração não tenha sido aprovada por unanimidade (art. 67, III, do CC); **C:** incorreta, pois se a fundação estender a atividade por mais de um Estado, caberá o encargo, em cada um deles, ao respectivo Ministério Público (art. 66, § 2º, do CC); **D:** incorreta, pois caso se torne ilícita, impossível ou inútil a finalidade a que visa a fundação, ou vencido o prazo de sua existência, o órgão do Ministério Público, ou qualquer interessado, lhe promoverá a extinção, *incorporando-se o seu patrimônio, salvo disposição em contrário no ato constitutivo, ou no estatuto, em outra fundação, designada pelo juiz, que se proponha a fim igual ou semelhante* (art. 69 do CC); **E:** correta, conforme justificativa à alternativa anterior.

Gabarito "E"

(Ministério Público/SC – 2010) Julgue os seguintes itens.

I. A criação de uma Fundação depende da afetação de bens do patrimônio do instituidor e da especificação dos fins a que ela se destina, lhe sendo vedado ter fins econômicos, devendo seu estatuto, se não for elaborado no prazo estabelecido pelo próprio instituidor, ser elaborado pelo Ministério Público.

II. Ao Ministério Público compete fiscalizar se a vontade do instituidor da Fundação está sendo respeitada e se a destinação e administração do patrimônio está voltada para a realização de seus fins, lhe sendo vedado, contudo, requerer a extinção da Fundação, para o que apenas os membros da própria Fundação (administradores e gestores) é que tem legitimidade.

III. A declaração de vontade no negócio jurídico não poderá ter seu conteúdo alterado mesmo se o declarante provar a reserva mental de vontade diversa, salvo se o destinatário tinha conhecimento da intenção oculta.

IV. O negócio jurídico simulado é nulo de pleno direito, não sendo possível subsistir quaisquer das vontades declaradas, podendo o Ministério Público arguir a nulidade nos processos em que intervir.

V. O prazo prescricional não corre para o menor, seja absoluta ou relativamente incapaz, regra que também se aplica à decadência.

(A) Apenas as assertivas II e V estão corretas.

(B) Apenas as assertivas I e III estão corretas.

(C) Apenas as assertivas I, IV e V estão corretas.

(D) Apenas as assertivas I e IV estão corretas.

(E) Apenas as assertivas II III e V estão corretas.

I: correta (arts. 62 e 65, ambos do CC); **II:** incorreta, pois o Ministério Público tem legitimidade para requerer a extinção da fundação (art. 69 do CC); **III:** correta (art. 110 do CC); **IV:** incorreta, pois embora seja nulo o negócio simulado, subsistirá o que se dissimulou, se válido for na substância e na forma (art. 167, *caput*, do CC); **V:** incorreta, pois os prazos prescricional e decadencial não correm apenas para os absolutamente incapazes (arts. 198, I, e 208, ambos do CC).

Gabarito "B"

2.3.4. *TEMAS COMBINADOS DE PESSOA JURÍDICA*

(Ministério Público/DF – 2013) A respeito das pessoas jurídicas, assinale a opção CORRETA.

(A) A desconsideração da personalidade jurídica tem como consequência imediata a dissolução da pessoa jurídica, pois ao se desconsiderar a autonomia patrimonial, princípio basilar às pessoas jurídicas, que consiste na separação entre o patrimônio pertencente à instituição e os bens particulares de seus membros, não há como subsistir a personalização da sociedade empresária.

(B) Para a validade da alienação do patrimônio da fundação é imprescindível a autorização judicial com a participação do órgão do Ministério Público com atribuição para o velamento das fundações, formalidade que, se suprimida, acarreta a nulidade do ato negocial.

(C) Somente o órgão do Ministério Público com atribuição para o velamento das fundações poderá promover a extinção judicial ou administrativa da fundação, se vencido o prazo de sua existência ou se tornar ilícita, impossível ou inútil a sua finalidade.

(D) Após a aquisição da personalidade jurídica pela fundação de direito privado, que ocorre com o registro do estatuto, o instituidor assume a sua administração provisória, podendo exercer qualquer atribuição que o estatuto outorgar a um dos seus órgãos internos.

(E) A associação é uma pessoa jurídica de direito privado voltada à realização de interesses de seus associados ou de uma finalidade de interesse social, cuja existência legal surge com o registro de seu estatuto, em forma pública, aprovado pelo Ministério Público, como condição prévia ao seu registro em cartório.

A: incorreta, pois a desconsideração da personalidade jurídica não dissolve a pessoa jurídica, apenas retira o véu patrimonial da pessoa jurídica para possibilitar que se atinja o patrimônio pessoal dos sócios; **B:** correta, pois reflete o pensamento da maioria da jurisprudência. Nesse sentido, decidiu o STJ no RESP 303707; **C:** incorreta, pois a extinção da Fundação é feita de forma judicial; **D:** incorreta, pois inexiste permissão legal nesse sentido; E: incorreta, pois não há necessidade de aprovação do Ministério Público para a criação de associação.

Gabarito "B"

(Ministério Público/PR – 2008) É correto afirmar:

(A) Decai em quatro anos o direito de anular a constituição das pessoas jurídicas de direito privado, por defeito do ato respectivo, contado o prazo da publicação de sua inscrição no registro.

(B) Em caso de abuso da personalidade jurídica, caracterizado pelo desvio de finalidade, ou pela confusão patrimonial, pode o juiz decidir, a requerimento da parte, ou do Ministério Público quando lhe couber intervir no processo, que os efeitos de certas e determinadas relações de obrigações sejam estendidos aos bens particulares dos administradores ou sócios da pessoa jurídica.

(C) A exclusão do associado só é admissível havendo justa causa, assim reconhecida em procedimento que assegure direito de defesa e de recurso, não podendo o estatuto trazer qualquer termo neste sentido.

(D) Para que se possa alterar o estatuto de fundação é necessário que a reforma somente que a mesma seja aprovada pelo órgão do Ministério Público, e, caso este a denegue, poderá o juiz supri-la, a requerimento do interessado.

(E) Nenhuma das alternativas anteriores está correta.

A: incorreta, nos termos do art. 45, parágrafo único, do CC; **B:** correta, nos termos do art. 50 do CC; **C:** incorreta, consoante art. 57 do CC; **D:** incorreta, conforme art. 67, III, do CC; **E:** incorreta, pois a alternativa "b" está correta.

Gabarito "B"

2.4. DOMICÍLIO

(Ministério Público/MG – 2010.1) Assinale a alternativa INCORRETA.

(A) Formulado o estatuto da fundação e submetido ao MP, poderá este aprová-lo, indicar modificações ou denegar a sua aprovação.

(B) A finalidade fundacional é permanente, não podendo ser alterada, sob pena de se desviar do propósito original do instituidor na constituição da entidade.

(C) As associações obtêm recursos financeiros, via de regra, mediante pagamento de taxa de manutenção pelos associados e, também, decorrentes de projetos institucionais.

(D) A lei admite que a pessoa jurídica possa ter diversos domicílios, tantos quantos estabelecimentos tiver, para os atos neles praticados.

(E) O domicílio do incapaz é o do seu representante; o da esposa, o do marido; o do servidor público, onde exerce suas funções; o do preso, onde cumpre a sentença.

A: correta (arts. 65 e 67, III, da CC); **B:** correta (art. 62 do CC); **C:** correta, pois as formas de obtenção de recursos citadas são comuns no dia a dia, devendo o estatuto da associação prever as fontes de recursos para sua manutenção (art. 54, IV, do CC); **D:** correta (art. 75, § 1º, do CC); **E:** incorreta (e deve ser assinalada), pois não há regra dispondo que o domicílio da esposa é o do marido; na prática, os domicílios entre marido e mulher até coincidem, mas se um morar numa cidade e o outro, noutra, os dois terão domicílios diferentes; no mais, as regras citadas estão de acordo com o art. 76, parágrafo único, do CC).

Gabarito "E"

(Ministério Público/PR – 2008) É correto afirmar:

(A) considera-se domicílio da pessoa natural, quanto às relações concernentes à profissão, o lugar onde esta é exercida. Se a pessoa exercitar profissão em lugares diversos, esta deverá definir um domicílio único.

(B) O domicílio do incapaz é o do seu representante ou assistente; o do servidor público, o lugar em que exercer permanentemente suas funções; o do militar, onde servir, e, sendo da Marinha ou da Aeronáutica, a sede do comando a que se encontrar imediatamente subordinado; o do marítimo, onde o navio estiver matriculado; e o do preso, o lugar em que cumprir a sentença.

(C) O agente diplomático do Brasil, que, citado no estrangeiro, alegar extraterritorialidade sem designar onde tem, no país, o seu domicílio, não poderá ser demandado no Distrito Federal, mas sim no último ponto do território brasileiro onde o teve.

(D) Têm domicílio necessário o incapaz, o servidor público, o militar, o marítimo e o conscrito.

(E) Nenhuma das alternativas anteriores está correta.

A: incorreta, conforme art. 72 do CC; **B:** correta, nos termos do art. 76 do CC; **C:** incorreta, consoante art. 77 do CC; **D:** incorreta, vide art. 76 do CC; **E:** a alternativa "b" está correta.

Gabarito "B"

(Ministério Público/SP – 2006) Dispõe o art. 78 do Código Civil que "nos contratos escritos, poderão os contratantes especificar domicílio onde se exercitem e cumpram os direitos e obrigações deles resultantes". A disposição diz respeito ao:

(A) domicílio legal.

(B) domicílio necessário.

(C) domicílio profissional.

(D) domicílio voluntário.

(E) domicílio de adesão.

Trata-se de domicílio estabelecido pela vontade dos contratantes, daí por que se trata de domicílio voluntário.

Gabarito "D"

2.5. DIREITOS DA PERSONALIDADE E NOME

(Ministério Público/MPU – 2013) Sobre os direitos da personalidade, é correto afirmar que:

(A) Não se admite, nem mesmo excepcional e motivadamente, após apreciação judicial, a retificação de registro civil do filho para inclusão de patronímico paterno em ordem diversa do nome do pai.

(B) A prática conhecida como "*adoção à brasileira*" equipara-se à adoção regular, de tal modo que a filiação socioafetiva desenvolvida com os pais registrais afasta os direitos do filho resultante da filiação biológica.

(C) Em respeito ao princípio da verdade real, é possível a averbação do nome de solteira da genitora no assento de nascimento do filho, excluindo o patronímico do ex-padrasto.

(D) À mulher é facultada a averbação do patronímico do companheiro, independentemente de sua anuência, na constância de uma união estável.

A: incorreta, pois há decisões do STJ possibilitando tal alteração. Nesse sentido: "*A lei não faz nenhuma exigência de observância de uma determinada ordem no que tange aos apelidos de família, seja no momento do registro do nome do indivíduo, seja por ocasião da sua posterior retificação. Também não proíbe que a ordem do sobrenome dos filhos seja distinta daquela presente no sobrenome dos pais*" (RESP 1323677/MA, Rel. Ministra Nancy Andrighi, 3ª Turma, julgado em 05.02.2013, *DJe* 15.02.2013); **B:** incorreta, pois a se adotar tal entendimento, estaria se estimulando a referida "*adoção à brasileira*", e prejudicando a própria criança; **C:** correta, pois não há exigência legal de manutenção de patronímico de ex-padrasto no nome da pessoa; **D:** incorreta, pois tal adoção depende de consentimento do companheiro.

Gabarito "C"

(Ministério Público/CE – 2009 – FCC) Sobre o nome civil da pessoa natural é correto afirmar que

(A) os oficiais do registro civil não registrarão prenomes suscetíveis de expor ao ridículo os seus portadores, salvo por requerimento expresso de ambos os genitores perante duas testemunhas ou mediante autorização judicial, ouvido o representante do Ministério Público.

(B) o prenome é imutável, somente sendo admissível a sua substituição por apelidos públicos notórios.

(C) será admitida a substituição do prenome em razão de fundada coação ou ameaça decorrente da colaboração com a apuração de crime, por determinação, em sentença, de Juiz competente, ouvido o Ministério Público.

(D) até dois anos após ter atingido a maioridade civil, poderá o interessado, independentemente de motivação, e após a audiência do Ministério Público, alterar o nome, desde que não prejudique os apelidos de família, averbando-se a alteração, que será publicada pela imprensa.

(E) poderá ser averbado no registro civil o nome abreviado usado como firma comercial, mas não em outra atividade profissional.

A: incorreta, pois em nenhuma hipótese os oficiais registrarão prenomes capazes de expor ao ridículo seus portadores (art. 55, parágrafo único, da Lei de Registros Públicos - Lei 6.015/73); **B:** incorreta, pois, apesar de o prenome ser, como regra, definitivo, há diversas hipóteses em que se admite a modificação do prenome, como no caso da adoção de menor (art. 47, § 5º, do ECA), da mudança de nome entre 18 e 19 anos (art. 56 da Lei 6.015/73), de erro gráfico evidente (art. 110 da Lei 6.015/73), da exposição do portador do nome a ridículo (art. 55, parágrafo único da Lei 6.015/73), da necessidade de proteger vítimas e testemunhas de crimes (art. 57, § 7º, Lei 6.015/73), de prejuízo devidamente justificado, como no caso de homonímia (art. 57, *caput*, da Lei 6.015/73) e de cirurgia de mudança de sexo, conforme jurisprudência pacífica do STJ, que, atualmente, vem inclusive admitindo a mudança de gênero (ou seja, de masculino para feminino, ou de feminino para masculino), passando a constar o novo gênero de todos os documentos, não se permitindo que a informação sobre a existência da modificação de gênero conste de qualquer tipo de certidão ou documento (REsp 737.993, j. em 10/11/09); essa decisão do STJ, pela sua extensão, propiciará que transexuais com mudança de seu gênero civil possam se casar com pessoas com sexo idêntico ao seu sexo civil originário; além disso, a decisão pode trazer também consequências no mundo esportivo, vez que o novo sexo civil da pessoa operada deve ser respeitado por todos; **C:** correta (art. 57, § 7º, da Lei 6.015/73); **D:** incorreta, pois tal mudança ocorre apenas até 1 ano após ter-se atingido a maioridade, não sendo necessário audiência do MP, fazendo-se tudo em Cartório (art. 56 da Lei 6.015/73); **E:** incorreta, pois "poderá, também, ser averbado, nos mesmos termos, o nome abreviado, usado como firma comercial registrada *ou em qualquer atividade profissional*" (art. 57, § 1º, da Lei 6.015/73 – g.n.).

Gabarito "C"

(Ministério Público/MG – 2011) Quanto aos Direitos da Personalidade, é **INCORRETO** afirmar:

(A) É válida, com objetivo científico, ou altruístico, a disposição gratuita do próprio corpo, no todo ou em parte, para depois da morte. Tal ato de disposição pode ser livremente revogado a qualquer tempo.

(B) Ninguém pode ser constrangido a submeter-se, com risco de vida, a tratamento médico ou a intervenção cirúrgica.

(C) O pseudônimo adotado para atividades lícitas não goza da proteção que se dá ao nome.

(D) O nome da pessoa não pode ser empregado por outrem em publicações ou representações que a exponham ao desprezo público, ainda quando não haja intenção difamatória.

A: correta, em virtude da plena adequação ao disposto no art. 14 do Código Civil; **B:** correta, em virtude da obediência ao disposto no art. 15 do Código Civil; **C:** incorreta (e deve ser assinalada), pois o pseudônimo goza da mesma proteção atribuída ao nome da pessoa (CC, art. 19); **D:** correta, pois em perfeita consonância com o art. 17 do Código Civil.

Gabarito "C"

(Ministério Público/MG – 2010.1) Assinale a alternativa INCORRETA.

(A) O prenome é, em regra, definitivo, admitindo, no entanto, a lei, sua substituição por apelidos públicos notórios.

(B) A correção no Registro Público, em casos de evidente erro gráfico, será efetivada pelo oficial, que oficiará ao MP, dando-lhe ciência do ato.

(C) O sobrenome, em razão do princípio de ordem pública, da estabilidade do nome, só deve ser alterado em casos excepcionais, ouvido o MP.

(D) Cassada a licença ou autorização para funcionamento da pessoa jurídica, ainda assim ela subsistirá até que se conclua a liquidação.

(E) Às vezes, o MP intervém em processos de abuso da personalidade, constatado o desvio de finalidade ou pela confusão patrimonial.

A: correta (art. 58, *caput*, da Lei 6.015/73); **B:** incorreta(e deve ser assinalada) , pois o MP não será simplesmente cientificado, devendo ser ouvido para manifestação conclusiva, que pode ser no sentido de remeter o caso para julgamento pelo juiz, caso o pedido exija maior indagação (art. 110 da Lei 6.015/73); **C:** correta (art. 57 da Lei 6.015/73); **D:** correta (art. 51, *caput*, do CC); **E:** correta, pois a desconsideração da personalidade pode ocorrer em processo em que caiba a intervenção do Ministério Público.

Gabarito "B"

(Ministério Público/MT – 2012 – UFMT) Se uma empresa é objeto de publicidade ofensiva realizada por seu concorrente ao ponto de afetar sua receita naquele domínio de mercado, ela poderá

(A) ser reparada em relação aos prejuízos materiais e morais, porque as pessoas jurídicas também possuem direitos fundamentais que precisam ser tutelados pela ordem constitucional e pela ordem jurídica civil.

(B) propor a reparação judicial dos danos patrimoniais e extrapatrimoniais porque, em relação a estes últimos, eles são efeitos reflexos dos prejuízos econômicos.

(C) ser reparada dos prejuízos patrimoniais, mas não poderá obter a reparação de danos morais porque estes somente podem ser experimentados pelas pessoas físicas.

(D) ser reparada dos prejuízos patrimoniais, mas não assim dos prejuízos extrapatrimoniais porque as pessoas jurídicas não detêm personalidade e direitos fundamentais que possam ser lesados.

(E) ser reparada em relação aos prejuízos materiais e morais, porque, em relação a estes últimos, seus acionistas possuem interesses morais tutelados.

A questão envolve a polêmica a respeito da Pessoa Jurídica titularizar ou não os direitos da personalidade, bem como a possibilidade de sofrer dano moral. Por um lado, a Súmula 227 do STJ enfatiza que *"A pessoa jurídica pode sofrer dano moral"*, enquanto que o Enunciado nº 286 do CJF prega que *"Os direitos da personalidade são direitos inerentes e essenciais à pessoa humana, decorrentes de sua dignidade, não sendo as pessoas jurídicas titulares de tais direitos"*. A solução eclética parece mesmo estar na assertiva "A", reconhecendo-se que as pessoas jurídicas ostentam importantes direitos inerentes à sua peculiar natureza, ainda que não propriamente ligados a uma dimensão psicológica a qual evidentemente não possuem.

Gabarito "A"

(Ministério Público/PI – 2008) Assinale a alternativa correta. Os direitos de personalidade são

(A) intransmissíveis e irrenunciáveis, embora passíveis de limitação voluntária.

(B) intransmissíveis, irrenunciáveis e insuscetíveis de limitação, ainda que legal.

(C) intransmissíveis, irrenunciáveis, e insuscetíveis de limitação voluntária.

(D) intransmissíveis, exceto por *causa mortis*, irrenunciáveis e insuscetíveis de limitação voluntária.

(E) intransmissíveis, renunciáveis e suscetíveis à limitação legal.

A única assertiva que se enquadra com exatidão ao comando do art. 11 do Código Civil é a primeira. Vale ressaltar que tais características se aplicam aos direitos da personalidade considerados em abstrato, mas não se aplicam aos reflexos muitas vezes patrimoniais que decorrem de sua exploração, estes sim transmissíveis, penhoráveis e até sujeitos à prescrição. O exemplo da exploração de direitos autorais é bastante esclarecedor nesse sentido.

Gabarito "A"

(Ministério Público/PI – 2012 – CESPE) Com relação aos direitos da personalidade, assinale a opção correta.

(A) Ainda que provoque excepcional angústia em algum dos contratantes, o inadimplemento contratual não constitui argumento justificador de violação de direitos da personalidade.

(B) Segundo entendimento do STJ, havendo violação de direito da personalidade por meio de tortura em período de exceção, configura-se hipótese de pretensão indenizatória imprescritível.

(C) No Código Civil, adota-se a tese de que os direitos da personalidade são absolutamente indisponíveis.

(D) Conforme jurisprudência do STJ, a indenização por dano moral está sujeita à tarifação prevista na Lei de Imprensa.

(E) É vedada a cumulação, na mesma condenação, de indenizações por dano estético e dano moral.

A: incorreta, pois não importa a origem, mas sim a angustia, o sofrimento causado à vítima para que se afigure a possibilidade de condenação por danos morais; **B:** correta, pois de acordo com o entendimento jurisprudencial do STJ, o qual afirma que *"em face do caráter imprescritível das pretensões indenizatórias decorrentes dos danos a direitos da personalidade ocorridos durante o regime militar, não há que se falar em aplicação do prazo prescricional do decreto 20.910/32"* (Agrg no AG 1428635/BA, Rel. Ministro Mauro Campbell Marques, Segunda Turma, Julgado em 02.08.2012, DJE 09.08.2012); **C:** incorreta, pois há hipóteses de disponibilidade previstas no CC; **D:** incorreta, pois contrária à Súmula 281 do STJ e também por conta de o STF ter declarado que a Lei de Imprensa não foi recepcionada pela Constituição Federal de 1988; **E:** incorreta, pois contrária à Súmula 387 do Superior Tribunal de Justiça.

Gabarito "B"

(Ministério Público/PI – 2012 – CESPE) O nome é um dos atributos da personalidade, mediante o qual é reconhecido o seu portador, tanto em sua intimidade quanto nos desdobramentos de suas relações sociais, ou seja, é por meio do nome que se personifica, se individua e se identifica exteriormente uma pessoa, de forma a impor-lhe direitos e obrigações. A partir desse conceito jurídico, assinale a opção correta.

(A) A viuvez e a mudança de sexo pela via cirúrgica não são motivos suficientes para se autorizar a mudança no nome de pessoa.

(B) Em razão do princípio da imutabilidade, não se mostra possível a adição do patronímico de família do padrasto.

(C) Para o caso de filho que não conheça e nunca tenha visto a figura do pai e deste não tenha recebido nenhuma assistência moral ou econômica, será lícita a exclusão do patronímico paterno.

(D) O pseudônimo não goza de proteção jurídica, mesmo que utilizado para fins lícitos.

(E) Dissolvido o casamento pelo divórcio litigioso, é obrigação do juiz, na sentença, decidir se o cônjuge mantém, ou não, o nome de casado.

A: incorreta, pois contrário ao entendimento remansoso da jurisprudência pátria (Sendo a morte do cônjuge a causa de extinção do vínculo conjugal, é razoável que se permita à viúva, suprimir do seu o patronímico do falecido cônjuge para incluir o do futuro marido. Inexiste qualquer vedação legal para que a viúva busque excluir o patronímico do marido, em face de seu falecimento – AC 200830074619 TJPA 2008300-74619); **B:** incorreta, pois contrária ao art. 57 § 8º da LRP; **C:** correta, pois de acordo com a orientação jurisprudencial pátria, como por exemplo na Apelação Cível nº 1.0024.09.737734-5/001, julgada pelo Tribunal de Justiça de Minas Gerais: Registro **público – Retificação** de nome – Exclusão de um dos patronímicos paternos – Ausência de Prejuízo **à** designação da linhagem familiar – Ausência de prejuízo a Terceiro, **à** ordem **pública** e **à** identificação da pessoa. Possibilidade; **D:** incorreta, pois contrária ao disposto no art. 19 do Código Civil; **E:** incorreta, pois tal questão não deve ser decidida de ofício pelo Juiz (art. 1.578, *caput*, do CC).

Gabarito "C"

(Ministério Público/PR – 2009) Sobre os direitos da personalidade, é INCORRETO afirmar:

(A) No caso de lesão de direito da personalidade, é lícito exigir que se cesse ameaça, sem prejuízo das perdas e danos e de outras sanções previstas em lei.

(B) Em se tratando de lesão a direito da personalidade de pessoa falecida, tem legitimidade para requerer medida judicial de proteção, o cônjuge sobrevivente ou qualquer parente em linha reta ou colateral, até o quarto grau.

(C) Ainda que por exigência médica, é defeso o ato de disposição do próprio corpo, quando importar diminuição permanente da integridade física, ou contrariar os bons costumes.

(D) Ninguém pode ser constrangido, com risco de vida, a tratamento médico ou intervenção cirúrgica.

(E) Em se tratando de lesão a direito da personalidade, a reparação do dano moral independe da existência de eventual dano material.

A: correta (art. 12, *caput*, do CC); **B:** correta (art. 12, parágrafo único, do CC); **C:** incorreta (e deve ser assinalada), pois, havendo exigência médica, é possível, sim, a diminuição permanente do corpo, como no caso da necessidade de amputação de uma perna (art. 13 do CC); **D:** correta (art. 15 do CC); **E:** correta, pois um dano pode se dar sem a existência do outro.

Gabarito "C"

(Ministério Público/RS – 2009) Considere o enunciado abaixo e as propostas para completá-lo.

Nas indenizações por dano moral em casos de ilícitos contra a honra subjetiva, segundo o pensamento consagrado no direito brasileiro, o arbitramento do valor pecuniário deve nortear-se

I. pelo objetivo de reprimir a repetição da prática ilícita por parte do agente.

II. pelo objetivo de propiciar à vítima condições materiais que se traduzam em sentimento prazeroso como contra ponto da dor sofrida.

III. pela condição econômica do agressor e do agredido.

IV. pelo princípio da condenação simbólica, quando for inviável a valoração, haja vista as características do ilícito e da dor experimentada pela vítima.

V. pela repercussão econômica que o ilícito acarretou para a vítima.

Quais afirmativas estão corretas?

(A) Apenas I e IV.

(B) Apenas II, III e V.

(C) Apenas I, III e V.

(D) Apenas I, II e III.

(E) Todas as afirmativas estão corretas.

As assertivas **I**, **II** e **III** expressam com fidelidade o pensamento majoritário da jurisprudência brasileira no tocante aos critérios para fixar o valor da indenização por dano moral. Dentre esses critérios não se encontra o princípio da condenação simbólica, nem tampouco se leva em conta a repercussão econômica do ilícito, matéria a ser resolvida nas fronteiras do dano material.

Gabarito "D"

(Ministério Público/SC – 2010) Julgue os seguintes itens.

I. O nome e o prenome são definitivos e imutáveis, nos termos da Lei n. 6.015, de 31 de dezembro de 1973.

II. Uma vez lavrado assento no Registro Civil, verificado que houve omissão ou erro o interessado poderá requerer o seu suprimento ou retificação, em petição fundamentada ao Juízo, que a respeito ouvirá o Ministério Público.

III. É vedado ao enteado e à enteada, em face da confusão na filiação biológica, averbar o nome de família de seu padrasto ou de sua madrasta.

IV. Nos termos da Lei n. 6.766, de 19 de dezembro de 1979, o parcelamento do solo urbano poderá se feito por *loteamento* ou por *desmembramento*, sendo que em ambos poderá haver a abertura de novas vias de circulação, logradouros públicos ou prolongamento, modificação ou ampliação das vias existentes, distinguindo-se o *loteamento* do *desmembramento* pelo fato de ser exigido para aquele a implantação de infraestrutura básica de equipamentos urbanos.

V. É vedado vender assim como prometer vender parcela de *loteamento* ou *desmembramento* não registrado.

(A) Apenas as assertivas II, IV e V estão corretas.

(B) Apenas as assertivas I, III e V estão corretas.

(C) Apenas as assertivas II e V estão corretas.

(D) Apenas as assertivas II, III e IV estão corretas.

(E) Apenas as assertivas I, II, III e IV estão corretas.

I: incorreta, pois a imutabilidade do nome e prenome não é absoluta e sofre algumas exceções previstas na Lei de Registros Públicos, no Código Civil e por decisão judicial, como nos casos de cirurgia de mudança de sexo; **II:** correta (art. 109 da Lei 6.015/73); **III:** incorreta (art. 57, § 8º, da Lei 6.015/73); **IV:** incorreta, pois no desmembramento não há abertura de novas vias de circulação, logradouros públicos ou prolongamento (art. 2º, § 2º, da Lei 6.766/79); **V:** correta (art. 37 da Lei 6.766/79).

Gabarito "C"

(Ministério Público/SC – 2010) Julgue os seguintes itens.

I. A 'lei', os 'costumes' e os 'princípios gerais' são considerados pela doutrina as fontes formais do direito, sendo a 'lei', dentre elas, a fonte principal, posto que o juiz somente poderá recorrer às outras fontes para a solução do caso concreto quando a 'lei' for omissa.

II. Repristinação é a recuperação de vigência de uma lei revogada. Para que se opere a repristinação basta que a lei revogadora tenha perdido a sua vigência.

III. Para a Teoria Geral do Direito, *personalidade jurídica* é o atributo necessário para ser *sujeito de direito* (titular de direitos e obrigações), e só pode ser atribuído às pessoas jurídicas, nunca às naturais.

IV. As pessoas com idade entre dezesseis anos e dezoito anos incompletos são titulares de direitos e obrigações e podem praticar pessoalmente atos e negócios jurídicos que importem disponibilidade de patrimônio, mediante o auxílio de seu assistente legal.

V. Os *diretos da personalidade* tem por característica serem *absolutos, extrapatrimoniais, indisponíveis, imprescritíveis, impenhoráveis e vitalícios*, aplicando-se sua proteção, no que couber, às pessoas jurídicas.

(A) Apenas as assertivas I, II e IV estão corretas.

(B) Apenas as assertivas II e V estão corretas.

(C) Apenas as assertivas I, IV e V estão corretas.

(D) Apenas as assertivas III, IV e V estão corretas

(E) Apenas as assertivas I, II e III estão corretas.

I: correta, pois os costumes e os princípios gerais do direito são formas de colmatação da lei, nos casos de omissão legislativa (art. 4º da LINDB); **II:** incorreta, pois, salvo disposição em contrário, a lei revogada não se restaura por ter a lei revogadora perdido a vigência (art. 2º, § 3º, da LINDB); **III:** incorreta, pois a personalidade jurídica é atributo que a ordem jurídica confere às pessoas naturais e pessoas jurídicas. No caso das pessoas naturais, a personalidade começa com o nascimento com vida (art. 2º do CC) e, quanto às pessoas jurídicas, com a inscrição do ato constitutivo no respectivo registro (art. 45 do CC); **IV:** correta, pois pessoas nessa idade são relativamente incapazes (art. 4º, I, do CC); **V:** correta, pois a alternativa traz as características corretas do direito da personalidade e se aplicam, nos termos do art. 52 do CC, às pessoas jurídicas.

Gabarito "C"

(Ministério Público/SP – 2011) É (são) legitimado(s) para exigir a cessação de ameaça ou lesão a direitos de personalidade de uma pessoa já falecida:

(A) apenas o cônjuge sobrevivente e descendentes em linha reta.

(B) qualquer parente colateral até o quinto grau.

(C) somente parente em linha reta até o quarto grau.

(D) todos os parentes sem limitação de grau.

(E) todos os parentes colaterais até o quarto grau.

Art. 12, parágrafo único, do CC.

Gabarito "E"

(Ministério Público/SP – 2008) Leia atentamente as seguintes assertivas sobre os direitos da personalidade.

I. O direito à intimidade é inalienável, irrenunciável e relativamente disponível.

II. O suicídio constitui um ato ilícito, embora sem natureza criminal.

III. A criança e o adolescente têm direito à tutela de imagem e intimidade, sendo, por isso, vedada a divulgação de atos infracionais que permitam a sua identificação.

IV. A circunstância de se encontrar o funcionário público no exercício de suas funções, e não em conversa ou atividade particular, afasta a incidência das normas de proteção à vida privada, com relação à divulgação da sua imagem.

Assinale a alternativa correta.

(A) Somente I, II e III são verdadeiras.

(B) Somente I, II e IV são verdadeiras.

(C) Somente I, III e IV são verdadeiras.

(D) Somente II, III e IV são verdadeiras.

(E) Todas as assertivas são verdadeiras.

I: verdadeira (art. 11 do CC); **II:** verdadeira, vez que até condutas menos lesivas são ilícitas (v. art. 13 do CC); **III:** verdadeira (arts. 17 e 143 do ECA); **IV:** verdadeira, em razão do princípio da supremacia do interesse público sobre o interesse privado, implícito no disposto no art. 20 do CC; vide também Enunciado CJF 279.

Gabarito "E"

(Ministério Público/SP – 2012 – VUNESP) Por se tratar de direito da personalidade, é defeso o ato de disposição do próprio corpo, quando importar diminuição permanente da integridade física, ou contrariar os bons costumes, salvo na seguinte hipótese:

(A) Em vida, com objetivo científico ou altruístico e de forma gratuita.

(B) Para se submeter, mediante exigência da família e com risco de vida, a tratamento médico ou a intervenção cirúrgica.

(C) Mediante escritura pública irrevogável.

(D) Independentemente de exigência médica, visando salvar a vida de ascendente, descendente, cônjuge ou irmão.

(E) Para fins de transplante, na forma estabelecida em lei especial.

A: incorreta, pois tal hipótese de disposição é permitida apenas para após a morte (CC, art. 14); **B:** incorreta, pois ninguém é obrigado a submeter-se, com risco de vida, a tratamento médico ou a intervenção cirúrgica (CC, art. 15); **C:** incorreta, pois a mera escritura pública não é suficiente – por si só – a possibilitar a diminuição permanente da integridade física; **D:** incorreta, pois tal exceção não vem contemplada no Código Civil; **E:** correta, pois o transplante – na forma da Lei nº 9.434/97 – é uma hipótese válida de diminuição permanente da integridade física (art. 13, parágrafo único CC).

Gabarito "E"

2.6. AUSÊNCIA

(Ministério Público/GO – 2012) Sobre a ausência, marque a alternativa incorreta.

(A) Nos termos da lei, será legítimo curador do ausente o seu cônjuge, sempre que não esteja separado judicialmente, ou de fato por mais de dois anos antes da declaração da ausência.

(B) Aquele herdeiro que tiver direito à posse provisória, mas não puder prestar a garantia exigida por lei, será, em regra, excluído, mantendo-se os bens que lhe deviam caber sob a administração do curador ou de outro herdeiro designado pelo juiz, que preste a garantia.

(C) A sentença que determinar a abertura da sucessão provisória só produzirá efeito cento e oitenta dias depois de publicada pela imprensa, quando, então, estará autorizada a abertura do testamento, se houver, e o inventário dos bens, como se o ausente fosse falecido.

(D) Poderão os interessados, dez anos após passada em julgado a sentença que concedeu a abertura da sucessão provisória, requerer a definitiva;

também poderá ser requerida a sucessão definitiva provando-se que o ausente conta com 85 anos e já decorreram 5 anos de suas últimas notícias.

A: correta, pois de acordo com o art. 25 do Código Civil; **B:** correta, pois o art. 30 do Código Civil de fato exige a prestação da caução pelo herdeiro que pretenda tomar posse dos bens deixados pelo ausente. Tal exigência é afastada, porém, quando o herdeiro é descendente, ascendente ou cônjuge do ausente (art. 30, § 2º); **C:** incorreta (e deve ser assinalada), pois a abertura do testamento pode ocorrer no dia do trânsito em julgado, não se exigindo o transcurso do lapso de 180 dias; **D:** correta, pois de acordo com a previsão dos artigos 37 e 38 do Código Civil.

Gabarito "C"

2.7. BENS

(Ministério Público/PR – 2013) A impenhorabilidade do bem de família legal (Lei 8.009/1990) não é oponível:

I. Em razão dos créditos de trabalhadores da própria residência e das respectivas contribuições previdenciárias;

II. Pelo titular do crédito decorrente do financiamento destinado à construção ou à aquisição do imóvel, no limite dos créditos e acréscimos constituídos em função do respectivo contrato;

III. Pelo credor de pensão alimentícia;

IV. Para cobrança de impostos, predial ou territorial, taxas e contribuições devidas em função do imóvel familiar.

(A) Todas estão corretas;

(B) Nenhuma está correta;

(C) Estão corretas apenas as assertivas I e II;

(D) Está correta apenas a assertiva III;

(E) Estão corretas apenas as assertivas III e IV.

A Lei 8.009/1990 consagrou o princípio do patrimônio mínimo, assegurando que o imóvel residencial próprio do devedor ou de sua entidade familiar não responderá por qualquer tipo de dívida civil, comercial, fiscal, previdenciária ou de outra natureza. Todavia, o art. 3º da referida lei enumerou diversas exceções a esta regra e todas as assertivas da questão encontram-se previstas no mencionado art. 3º, respectivamente, nos incisos I, II, III, IV.

Gabarito "A"

(Ministério Público/AC – 2008) Com relação aos bens reciprocamente considerados, podemos afirmar que

(A) o bem acessório não é alcançado pela sorte do principal.

(B) parte integrante e acessório são expressões sinônimas.

(C) os frutos e produtos só podem ser objeto de negócio, uma vez separados do bem principal.

(D) o tratamento da pertença, no CC/02, representa uma inversão da regra de que o acessório segue o principal.

A: incorreta, pois contrária ao princípio da gravitação jurídica, segundo o qual o acessório segue a sorte do principal; **B:** incorreta, pois a pertença, por exemplo, é acessório do principal e não faz parte integrante deste (CC, art. 93); **C:** incorreta, pois contrária ao art. 95 do Código Civil; **D:** correta, pois de acordo com o art. 94 do Código Civil que excepciona o princípio da gravitação jurídica para as pertenças. Nesse caso, salvo convenção expressa, o acessório não seguirá a sorte do principal.

Gabarito "D"

(Ministério Público/BA – 2008) Numa análise simplória, entende-se por bem tudo aquilo que pode proporcionar utilidade ao homem. No entanto, para que os bens possam ser objeto de direito da relação jurídica, devem apresentar características próprias. Identifique-as nas assertivas abaixo:

(A) Estimativa econômica, disponibilização, apropriação individual, possibilidade de titularidade e viabilidade de transferência.

(B) Estimativa econômica, uso comum, apropriação individual, possibilidade de titularidade e viabilidade de transferência.

(C) Universalidade, disponibilização, apropriação individual, possibilidade de titularidade e viabilidade de transferência.

(D) Destinação, disponibilização, estimativa econômica, apropriação individual, possibilidade de titularidade e viabilidade de transferência.

(E) Finalidade, disponibilização, apropriação individual, possibilidade de titularidade e viabilidade de transferência.

A assertiva A é a correta, tendo em vista que em todas as demais assertivas existe ao menos uma característica que não é requisito para a caracterização do bem. Uso comum, universalidade, destinação e finalidade não integram o conceito de bem para fins do Direito Civil.

Gabarito "A"

(Ministério Público/GO – 2010) Analise as seguintes proposições:

I. Os bens são coisas materiais ou imateriais que têm valor econômico e que podem servir de objeto a uma relação jurídica.

II. Aberta a sucessão os herdeiros poderão ceder seus direitos hereditários, que tidos como imóveis, será imprescindível escritura pública.

III. A fungibilidade é própria dos bens imóveis, entretanto existem móveis fungíveis.

IV. A consuntibilidade ou a inconsuntibilidade decorrem da destinação econômico-jurídica do bem e não da natureza da coisa.

(A) Correto apenas o item I.

(B) Corretos apenas os itens I, II e IV.

(C) Todos os itens são corretos.

(D) Todos os itens são incorretos.

I: correta, tendo em vista estar de acordo com o conceito e definição de bem para o Direito Civil; **II:** correta, pois o direito à sucessão aberta é considerado um bem imóvel para os efeitos da lei (CC, art. 80, II). Com isso, não importando os bens que compõem a herança, o direito de recebê-la é considerado como um bem imóvel e sua cessão exigirá, portanto, a escritura pública, bem como a vênia conjugal (ressalvado o regime da separação convencional de bens); **III:** incorreta, pois a infungibilidade é própria dos bens imóveis; **IV:**

correta, pois a destinação econômica jurídica bem também é critério para definição da sua consumibilidade (CC, art. 86).

Gabarito "B"

(Ministério Público/MG – 2010.1) Assinale a alternativa INCORRETA.

(A) Bens corpóreos são coisas com existência material; bens incorpóreos não são perceptíveis pelos sentidos; patrimônio é o conjunto de bens e direitos de um sujeito.

(B) Há bens imóveis por natureza, bens imóveis por destinação, bens imóveis por acessão intelectual, outros que a lei considera imóveis para os efeitos legais.

(C) A lei considera móveis os direitos reais sobre objetos móveis e as ações correspondentes, os direitos pessoais de caráter patrimonial e respectivas ações.

(D) Os rios, as estradas, as ruas e praças, os edifícios destinados a serviço da administração federal, inclusive suas autarquias, entre outros, são bens públicos.

(E) A vaga em ponto de táxi incide sobre bem público de uso comum do povo, esses bens estão fora do comércio e o arrendamento de vaga é nulo de pleno direito.

A: correta, pois traz definição correta dos três institutos citados (bens corpóreos, bens incorpóreos e patrimônio); **B:** incorreta (e deve ser assinalada), pois só existem imóveis por natureza (o solo), imóveis por acessão natural ou artificial e imóveis por determinação legal, não existindo mais a figura dos imóveis por acessão intelectual; **C:** correta (art. 83, II e III, do CC); **D:** correta (art. 99, I e II, do CC); **E:** correta, pois a rua é bem público de uso comum do povo (art. 99, I, do CC), não sendo possível seu comércio ou arrendamento.

Gabarito "B"

(Ministério Público/PR – 2008) É correto afirmar:

(A) Os bens públicos dominicais são inalienáveis.

(B) Os bens públicos de uso comum do povo e os de uso especial são alienáveis, na forma que a lei determinar.

(C) As benfeitorias podem ser voluptuárias; são as de mero deleite ou recreio, que não aumentam o uso habitual do bem, ainda que o tornem mais agradável ou sejam de elevado valor.

(D) São benfeitorias os melhoramentos ou acréscimos sobrevindos ao bem sem a intervenção do proprietário, possuidor ou detentor

(E) Nenhuma das alternativas anteriores está correta.

A: incorreta (art. 101 do CC); **B:** incorreta (art. 100 do CC); **C:** correta (art. 96, § 1º, do CC); **D:** incorreta (art. 97 do CC); **E:** incorreta, pois a alternativa "c" está correta.

Gabarito "C"

(Ministério Público/MS – 2009) Segundo o Código Civil, são considerados bens móveis

(A) o direito à sucessão aberta, mesmo que englobe imóveis.

(B) o direito à sucessão aberta, apenas se todos os bens forem móveis.

(C) as ações que asseguram direitos reais.

(D) os materiais retirados temporariamente de um prédio para nele serem reempregados, enquanto não o forem.

(E) as energias que tenham valor econômico.

A e **B:** incorretas, pois o direito à sucessão aberta é sempre considerado um bem imóvel, pouco importando a composição dos bens que integram a herança. A ideia da lei é garantir o status de bem imóvel ao direito em si (CC, art. 80, II); **C:** incorreta, pois as ações que asseguram direitos reais sobre bens imóveis são considerados bens imóveis, nos termos do art. 80, I do Código Civil; **D:** incorreta, pois tais materiais não perdem o caráter de imóveis, nos termos do art. 81, II; **E:** correta, pois de acordo com o art. 83, I do Código Civil.

Gabarito "E"

(Ministério Público/SP – 82º) É um bem móvel:

(A) a enfiteuse.

(B) o penhor agrícola.

(C) a servidão predial.

(D) o direito de autor.

(E) o direito à sucessão aberta.

Art. 3º da Lei 9.610/98.

Gabarito "D"

2.8. FATOS JURÍDICOS

2.8.1. ESPÉCIES, FORMAÇÃO E DISPOSIÇÕES GERAIS

(Ministério Público/MPU – 2013) Sobre os negócios jurídicos, é correto afirmar que:

(A) É irrelevante aos negócios jurídicos a boa-fé e os usos do lugar de sua celebração.

(B) O silêncio importa anuência, quando as circunstâncias ou os usos o autorizarem, e não for necessária a declaração de vontade expressa.

(C) Os negócios jurídicos benéficos interpretam-se de forma ampliativa e a renúncia interpreta-se estritamente.

(D) Nas declarações de vontade se atenderá menos à intenção nelas consubstanciada e mais ao sentido literal da linguagem.

A: incorreta, pois o art. 113 do Código Civil determina que se utilize a boa-fé e os usos do lugar da celebração do negócio como critério interpretativo dos negócios jurídicos; **B:** correta, pois a assertiva reproduz a importante regra a respeito do efeito do silêncio nos negócios jurídicos estabelecida pelo art. 112 do Código Civil; **C:** incorreta, pois os negócios jurídicos benéficos e a renúncia interpretam-se estritamente (CC, art. 114); **D:** incorreta, pois nas declarações de vontade deve-se buscar mais a intenção do que o sentido literal da linguagem (CC, art. 112).

Gabarito "B"

(Ministério Público/AC – 2008) Aponte a assertiva correta.

(A) Os negócios jurídicos requerem apenas a capacidade das partes, para preencher o requisito da validade.

(B) Os atos jurídicos em sentido estrito são o veículo de exercício de direitos potestativos.

(C) Os atos-fatos jurídicos são os atos praticados e reconhecidos apenas em relação aos absolutamente incapazes.

(D) Os efeitos dos atos jurídicos em sentido estrito podem ser determinados pelas partes ou pelo legislador.

A: incorreta, pois os negócios jurídicos requerem – para sua validade – o agente capaz, o objeto lícito e a forma prescrita em lei (art. 104 do CC); **B:** correta, pois o ato jurídico em sentido estrito é aquele no qual o agente não escolhe os efeitos, direitos e obrigações dele decorrentes. É justamente isso o que acontece com o exercício de direitos potestativos; **C:** incorreta, pois há outras hipóteses de atos-fatos jurídicos que não apenas os atos praticados pelos absolutamente incapazes; **D:** incorreta, pois a característica principal do ato jurídico em sentido estrito é o fato de que os seus efeitos estão expressamente previstos na lei e não podem ser determinados pela vontade das partes.

Gabarito "B"

(Ministério Público/GO – 2012) Analisando os itens abaixo, pode-se afirmar que:

I. A validade da declaração de vontade, em regra, não depende de forma especial, mas se o negócio jurídico for celebrado com a cláusula de não valer sem instrumento público, este se torna substância do ato.

II. Ao termo inicial e final aplicam-se, no que couber, as disposições relativas à condição suspensiva e à resolutiva; logo, se for estipulado como termo final de um negócio jurídico dia 31/02/2013, tal estipulação será havida por inexistente.

III. O abuso de direito enseja reparação pelo regime da responsabilidade objetiva, sendo desnecessária a demonstração da conduta do agente (dolo ou culpa), de sorte que são requisitos necessários para haja o dever de indenizar: o ato; o dano; e o nexo de causalidade entre o ato e o dano.

(A) todos são corretos.

(B) apenas o I e o II são corretos.

(C) apenas o II e o III são corretos.

(D) todos são incorretos.

I: correta, em virtude da plena correlação com o art. 109 do Código Civil; **II:** correta, pois a condição resolutiva impossível tem-se por inexistente (CC, art. 124), mantendo-se válido e eficaz o negócio jurídico em si mesmo; **III:** correta, pois de acordo com o entendimento majoritário da doutrina e também em consonância com o Enunciado nº 37 do Conselho da Justiça Federal, segundo o qual: "A responsabilidade civil decorrente do abuso de direito independe da culpa, e fundamenta-se somente no critério objetivo-finalístico".

Gabarito "A"

2.8.2. *CONDIÇÃO, TERMO E ENCARGO*

(Ministério Público/MG – 2010.1) Assinale a alternativa INCORRETA.

(A) Quando submetido à condição resolutiva, o negócio jurídico produz, desde logo, todos os efeitos que lhe são peculiares.

(B) Implementada a condição resolutiva, os interessados retornam à situação anterior, salvo as hipóteses de execução periódica ou continuada.

(C) Computam-se os prazos, excluído o dia do começo e incluído o do vencimento; se este cair em feriado, prorroga-se para o primeiro dia útil.

(D) O encargo suspende a aquisição do direito e será considerado não escrito, se ilícito ou impossível, invalidando o negócio jurídico.

(E) Ao titular do direito eventual, nos casos da condição suspensiva, é permitido praticar os atos destinados a conservá-lo.

A: correta (art. 127 do CC); **B:** correta (art. 128 do CC); **C:** correta (art. 132, *caput*, do CC); **D:** incorreta (e deve ser assinalada) (art. 136 do CC); **E:** correta (art. 130 do CC).

Gabarito "D"

(Ministério Público/PR – 2011) Acerca dos negócios jurídicos, assinale a alternativa correta:

(A) subordinar a eficácia de um negócio jurídico a uma condição suspensiva significa afirmar que, enquanto esta não se realizar, não se terá adquirido o direito subjetivo a que visa o negócio.

(B) o termo sempre suspende a aquisição do direito subjetivo, de modo que, enquanto o evento futuro e certo ali previsto não se realizar, não se aperfeiçoa o direito a que visa o negócio.

(C) a regra que impõe a interpretação dos negócios jurídicos à luz da boa-fé significa que se deve perscrutar a vontade real do declarante, uma vez que a norma está a tratar da boa-fé subjetiva.

(D) a reserva mental é uma modalidade de simulação e, como tal, é hipótese de anulabilidade dos negócios jurídicos.

(E) somente os negócios jurídicos comutativos podem ser anulados por coação, não sendo viável pretender, sob esse fundamento, obter a anulação de negócios jurídicos benéficos.

A: correta (art. 121 do CC); **B:** incorreta, pois o termo inicial suspende o exercício, mas não a aquisição do direito (art. 131 do CC); **C:** incorreta, pois a regra prescrita no art. 113 do CC trata da boa-fé objetiva; **D:** incorreta, pois a reserva mental não é espécie de simulação e só será causa de anulabilidade do negócio se o destinatário tiver conhecimento dela (art. 110 do CC); **E:** incorreta, pois a coação é causa de anulação de qualquer espécie de negócio jurídico.

Gabarito "A"

(Ministério Público/PR – 2008) É correto afirmar:

(A) Os tutores, curadores e em geral todos os administradores de bens alheios não poderão dar em comodato, sem autorização especial, os bens confiados à sua guarda.

(B) Na condição resolutiva, enquanto esta se não realizar, não vigorará o negócio jurídico, podendo exercer-se desde a conclusão deste o direito por ele estabelecido.

(C) Na condição suspensiva, o direito é adquirido até que seja verificada a condição, a qual põe termo ao negócio jurídico.

(D) São nulos os negócios jurídicos, quando as declarações de vontade emanarem de erro substancial que poderia ser percebido por pessoa de diligência normal, em face das circunstâncias do negócio.

(E) Um dos casos em que a proposta de contrato deixa de ser obrigatória ocorre se feita sem prazo a pessoa presente, e, em 5 dias não foi aceita.

A: correta (art. 580 do CC); **B:** incorreta (art. 127 do CC); **C:** incorreta (art. 125 do CC); **D:** incorreta, pois o certo seria dizer "anuláveis" (art. 138 do CC); **E:** incorreta (art. 428, I, do CC).

Gabarito "A"

(Ministério Público/RJ – 2011) Acerca da condição, do termo e do encargo, é correto afirmar que:

(A) termo essencial é a cláusula acessória inserida no negócio jurídico em que não se permite o seu cumprimento fora do advento do termo fixado, por não mais interessar ao credor;

(B) o negócio jurídico condicional voluntário existe quando o evento futuro e incerto, que influi na eficácia do negócio, é determinado pelo próprio legislador, visto que decorre necessariamente da natureza do direito que a acede;

(C) condição juridicamente impossível e condição ilícita são sinônimos, gerando a nulidade do negócio;

(D) condição simplesmente potestativa é aquela em que o evento futuro e incerto fica na dependência da vontade, do mero arbítrio de uma das partes do negócio jurídico, sem a influência de qualquer fator externo;

(E) no legado com encargo, se o herdeiro ou legatário descumprirem o encargo, não será possível a revogação da liberalidade, em razão da falta de previsão legal.

A: correta a definição do instituto do termo essencial; **B:** incorreta, pois o negócio condicional voluntário é aquele no qual o evento futuro e incerto decorre de manifestação das partes; **C:** incorreta, pois há clara distinção entre condição impossível e condição ilícita; **D:** incorreta, pois a condição simplesmente potestativa é aquela cuja ocorrência depende da vontade de uma das partes somada ainda a fatores externos; **E:** incorreta, pois o art. 1.938 do Código Civil manda aplicar ao legado com encargo as disposições da doação com encargo, a qual admite revogação pela sua inexecução.

Gabarito "A"

(Ministério Público/SP – 2006) Considere a seguintes frases:

"É a cláusula que subordina o efeito do negócio jurídico, oneroso ou gratuito, a evento futuro ou incerto".

"É a cláusula que subordina os efeitos do ato negocial a um acontecimento futuro e certo".

"É a cláusula acessória aderente a atos de liberalidade inter vivos ou causa mortis que impõe um ônus ou uma obrigação ao contemplado pelos referidos atos".

Estas cláusulas são, respectivamente, de:

(A) encargo, condição e termo.

(B) termo, encargo e condição.

(C) termo, condição e encargo.

(D) condição, encargo e termo.

(E) condição, termo e encargo.

A alternativa "e" está correta, pois reflete o disposto nos arts. 121, 131 e 136, respectivamente, do CC.

Gabarito "E"

(Ministério Público/SP – 82º) A expressão "doo o meu terreno situado à rua X, n. 30, bairro Bela Vista, nesta cidade, à Municipalidade, a fim de que nele seja construído um hospital" encerra uma liberalidade gravada com:

(A) condição resolutiva.

(B) condição suspensiva.

(C) termo certo.

(D) condição potestativa.

(E) encargo.

Normalmente, as expressões "a fim de que" (presente no enunciado), "para o fim de que", "para que", "com a obrigação de", dentre outras, indica a presença de encargo. Já quando aparece a palavra "se", normalmente tem-se uma condição.

Gabarito "E"

2.8.3. DEFEITOS DO NEGÓCIO JURÍDICO

(Ministério Público/RO – 2013 – CESPE) A respeito dos negócios jurídicos, assinale a opção correta.

(A) Embora o negócio nulo não seja suscetível de confirmação, podendo o vício ser conhecido de ofício pelo juiz, é suscetível de prescrição.

(B) Não é possível, em face da caracterização de abuso de direito, que situação de vantagem para alguém surja em razão do não exercício de determinado direito por outrem.

(C) Após a entrada em vigor do Código Civil de 2002, que atribuiu ao princípio da boa-fé objetiva condição de regra interpretativa, o silêncio passou a ser interpretado, em qualquer situação, como concordância com o negócio.

(D) O Código Civil veda a realização, pelo representante, de contrato consigo mesmo, haja vista o patente conflito de interesses entre a vontade do representante e a do representado.

(E) De acordo com a teoria da confiança, nas declarações de vontade, importa a vontade real, e não a vontade declarada.

A: incorreta, pois não há prazo para se pleitear a declaração de nulidade absoluta de um negócio jurídico. O negócio nulo é nulo para sempre (art. 169 do CC); **B:** incorreta, pois tal possibilidade existe. Trata-se da *surrectio*, instituto que cria uma vantagem ou prerrogativa para uma parte diante da inércia da outra parte ao exercer um direito. Um ótimo exemplo disso vem previsto no art. 330 do CC;

C: incorreta, pois a par da regra geral do art. 111 do CC, o efeito do silêncio dependerá da hipótese específica. Por exemplo, na hipótese do art. 299, parágrafo único, do CC, o silêncio é tido como recusa; ao passo que na hipótese do art. 303 do CC, o silêncio é uma forma de anuência; **D:** incorreta, pois o art. 117 faz a ressalva de a lei permitir tal negócio consigo mesmo. Ademais, o art. 685 do CC prevê o mandato em causa própria, no qual o mandatário age como representante de uma das partes sendo – ao mesmo tempo – a "outra parte" contratante; **E:** correta, pois o que mais importa é a intenção das partes e não o sentido literal da linguagem (art. 112 do CC).

Gabarito "E"

(Ministério Público/AM – 2007 – CESPE) A respeito dos fatos, atos e negócios jurídicos, assinale a opção correta.

(A) É nulo o ato negocial no qual ambas as partes houverem reciprocamente agido com dolo. Mas, a nenhum dos contratantes é permitido reclamar indenização, devendo cada uma suportar o prejuízo experimentado pela prática do ato doloso, resguardando-se tão somente o direito ao ressarcimento do terceiro de boa-fé.

(B) Caracteriza-se a lesão quando alguém, sob premente necessidade, assume obrigação excessivamente desproporcional à vantagem obtida, gerando um lucro exagerado ao outro contratante. Para que seja reconhecida a nulidade desse negócio, exige-se, além do prejuízo de uma das partes e do lucro exagerado da outra, o dolo de aproveitamento na conduta do outro contratante.

(C) Caracteriza-se fraude contra credores a remissão de dívida, quando se tratar de devedor insolvente ou reduzido a insolvência mediante perdão. Nesse caso, é irrelevante, para a caracterização da fraude, o conhecimento ou o desconhecimento do devedor em relação ao seu estado econômico ou financeiro.

(D) O dolo acidental de terceiro provoca a anulação do negócio jurídico, ainda que a parte a quem aproveite dele não tivesse nem devesse ter conhecimento, por afetar a declaração da vontade, desviando-a de sua real intenção e causando-lhe danos.

(E) O negócio jurídico celebrado mediante coação exercida por terceiro sujeita o coator e aquele que teve proveito econômico com a avença à reparação dos danos causados na conclusão do ato negocial. Nessa situação, ainda que a parte beneficiada ignore a coação, o negócio não terá validade, resolvendo-se em perdas e danos suportados somente pelo terceiro.

A: incorreta, pois o negócio não é passível de anulação, nem de declaração de nulidade, no caso (art. 150 do CC); **B:** incorreta, art. 157 do CC e Enunciado CJF 150; **C:** correta, art. 158 do CC; **D:** incorreta, pois o dolo acidental não gera a anulabilidade do negócio jurídico (art. 146 do CC); **E:** incorreta, art. 155 do CC.

Gabarito "C"

(Ministério Público/CE – 2011 – FCC) Os negócios de transmissão gratuita de bens ou remissão de dívida, se os praticar o devedor já insolvente, ou por eles reduzido à insolvência, ainda quando o ignore, poderão ser anulados pelos credores quirografários, como lesivos dos seus direitos. A situação descrita refere-se a

(A) fraude à lei imperativa.

(B) fraude à execução.

(C) fraude contra credores.

(D) ato emulativo.

(E) abuso de direito.

O enunciado da questão traz a redação do art. 158 do Código Civil, o qual prevê a fraude contra credores nos negócios gratuitos, como é o caso da doação, por exemplo. Para tais casos, basta que a doação prejudique o credor em virtude de o devedor não mais possuir bens para satisfazer sua dívida. Nesses casos a lei dispensa o *consilium fraudis*, que é o conluio fraudulento entre o alienante do bem e o terceiro adquirente, de resto exigido para a hipótese de fraude contra credores nos negócios onerosos, como é o caso da compra e venda.

Gabarito "C"

(Ministério Público/GO – 2010) Analise as proposições abaixo e, após, marque a alternativa correta.

I. São anuláveis os negócios jurídicos, quando as declarações de vontade emanarem de erro substancial que poderia ser percebido por pessoa de diligência normal, em face das circunstâncias do negócio.

II. O erro é substancial quando:

a) interessa à natureza do negócio, ao objeto principal da declaração, ou a alguma das qualidades a ele essenciais;

b) concerne à identidade ou à qualidade essencial da pessoa a quem se refira a declaração de vontade, desde que tenha influído nesta de modo relevante;

c) sendo de direito e não implicando recusa à aplicação da lei, for o motivo único ou principal do negócio jurídico.

III. O erro de indicação da pessoa ou da coisa, a que se referir a declaração de vontade, não viciará o negócio quando, por seu contexto e pelas circunstâncias, se puder identificar a coisa ou pessoa cogitada. O erro não prejudica a validade do negócio jurídico quando a pessoa, a quem a manifestação de vontade se dirige, se oferecer para executá-la na conformidade da vontade real do manifestante.

IV. O dolo do representante legal de uma das partes só obriga o representado a responder civilmente até a importância do proveito que teve. Se, porém, o dolo for do representante convencional, o representado responderá solidariamente com ele por perdas e danos.

(A) Apenas uma das afirmações acima está inteiramente correta.

(B) Apenas duas das afirmações acima estão inteiramente corretas.

(C) Apenas três afirmações acima estão inteiramente corretas.

(D) Todas as quatro afirmações acima estão inteiramente corretas.

I: correta, pois a assertiva traz a definição do erro substancial, vício da vontade que torna anulável o negócio jurídico celebrado; **II:** correta, pois a assertiva enumera as três espécies de erro essencial, identificados no art. 139 do Código Civil; **III:** correta, pois de acordo com o art. 142 do Código Civil; **IV:** correta, pois de acordo com art. 149 do Código Civil.

Gabarito "D"

(Ministério Público/MS – 2009) Em relação ao defeito dos negócios jurídicos, é correto afirmar que

(A) o erro se diferencia do dolo, pois aquele pode ser substancial ou acidental, e este, apenas substancial.

(B) o erro se diferencia do dolo pois aquele deve ser substancial, e este pode ser acidental.

(C) o temor reverencial, se grave, configura coação.

(D) a simulação importa no vício da anulabilidade.

(E) a fraude a credores importa no vício da nulidade.

A: incorreta, pois o dolo pode ser acidental, não anulando o negócio jurídico; **B:** correta, pois de acordo com os artigos 138 e 146 do Código Civil; **C:** incorreta, pois o temor reverencial (exagerado respeito de uma pessoa em relação à outra) não configura o vício da coação moral (CC, art. 153); **D:** incorreta, pois a simulação importa nulidade absoluta do negócio jurídico (CC, art. 167); **E:** incorreta, pois a fraude contra credores gera anulabilidade do negócio jurídico (CC, art. 171, II).

Gabarito "B"

(Ministério Público/PR – 2008) É correto afirmar:

(A) São anuláveis os negócios jurídicos, quando as declarações de vontade emanarem de erro substancial que poderia ser percebido por pessoa de diligência normal, em face das circunstâncias do negócio.

(B) O erro não pode ser considerado substancial quando concerne à identidade ou à qualidade essencial da pessoa a quem se refira a declaração de vontade.

(C) O erro de indicação da pessoa ou da coisa, a que se referir a declaração de vontade, viciará o negócio quando, por seu contexto e pelas circunstâncias, se puder identificar a coisa ou pessoa cogitada.

(D) Nos negócios jurídicos bilaterais, o silêncio intencional de uma das partes a respeito de fato ou qualidade que a outra parte haja ignorado, constitui omissão culposa, provando-se que sem ela o negócio não se teria celebrado.

(E) Nenhuma das alternativas anteriores está correta.

A: correta (art. 138 do CC); **B:** incorreta (art. 139, II, do CC); **C:** incorreta (art. 142 do CC); **D:** incorreta (art. 147 do CC); **E:** incorreta, pois a alternativa "a" está correta.

Gabarito "A"

(Ministério Público/RJ – 2011) Sobre a Parte Geral do Código Civil, é correto afirmar que:

(A) o atual Código Civil, modificando a legislação de 1916, trata a simulação como causa de anulabilidade, sendo um dos defeitos do negócio jurídico;

(B) o direito brasileiro expressamente exclui a possibilidade de confirmação do ato nulo, sendo a ratificação do ato uma maneira de afastar apenas a sua anulabilidade;

(C) a simulação relativa, também chamada de dissimulação, ocorre quando as partes fingem um ato que é mera aparência, que na verdade não existe e, portanto, é vazio de conteúdo. Um exemplo: O devedor simula vender seus bens a pessoa de sua confiança, em data pretérita, a fim de escapar de cobranças movidas por seus credores;

(D) na coação física o sujeito é pressionado a adotar uma conduta, mas ele tem a opção de não seguir a orientação e suportar as consequências, por mais duras que sejam. A doutrina também a chama de violência relativa;

(E) o instituto da lesão está vinculado à ideia de equidade e de justiça contratual. Os efeitos da lesão podem surgir no curso do contrato ou na sua execução. A desproporção pode surgir no momento da celebração do negócio jurídico ou durante a sua execução, sendo desnecessária a sua identificação no momento da sua formação, ensejando a nulidade do negócio celebrado.

A: incorreta, pois o artigo 167 trata o ato simulado como nulo de pleno direito e não como causa de mera anulabilidade; **B:** correta, pois ato nulo não pode ser confirmado, ao contrário do ato anulável que contempla a hipótese de confirmação (CC, arts. 169 e 172); **C:** incorreta, pois a definição dada pela assertiva refere-se à simulação absoluta e não à simulação relativa; **D:** incorreta, pois quando o sujeito tem opção, por mais drástica que seja, ocorre a coação moral e não a coação física; **E:** incorreta, pois o instituto da lesão tem como ideia principal o fato de o contrato nascer desequilibrado, em virtude de inexperiência ou premente necessidade da parte. Para as hipóteses de o contrato se tornar desequilibrado ao longo do tempo, adota-se a solução dos artigos 317 e 478 do Código Civil (onerosidade excessiva).

Gabarito "B"

(Ministério Público/RS – 2008) Em se tratando de simulação de negócio jurídico é correto afirmar-se que

(A) qualquer das partes envolvidas pode alegar o vício.

(B) apenas o contratante prejudicado pode alegar o vício.

(C) o Ministério Público, por tratar-se de negócio entre partes privadas, não pode alegar o vício.

(D) o Ministério Público pode suscitar o vício desde que um dos contratantes seja menor.

(E) o Ministério Público pode suscitar o vício caso a simulação envolva violação à lei.

A: incorreta, pois a parte que simulou o ato não pode alegar em seu favor a própria torpeza; **B:** incorreta, pois tendo em vista a nulidade absoluta do negócio simulado qualquer interessado, Ministério Público e até o Juiz de ofício podem suscitar a nulidade (CC, art. 168); **C** e **D:** incorretas, pois o Ministério Público tem legitimidade para pleitear a nulidade do negócio simulado, mesmo em casos que não envolva menor de idade, como é o caso, por exemplo, de declarações simuladas visando fraude ao fisco; **E:** correta, pois nesse caso o Ministério Público tem legitimidade em virtude da presença do interesse público.

Gabarito "E"

(Ministério Público/SE – 2010 – CESPE) Assinale a opção correta a respeito dos defeitos dos negócios jurídicos.

(A) Todo e qualquer negócio jurídico está sujeito a anulação sob o fundamento de lesão.

(B) A sentença de anulação do negócio jurídico por coação não tem efeito retroativo, uma vez que apenas determina a cessação de possíveis efeitos jurídicos futuros.

(C) O *consilium fraudis* ou *scientia fraudis* não é requisito essencial para a anulação de negócio jurídico gratuito sob o fundamento de fraude contra credores.

(D) A simulação importa em nulidade do negócio jurídico. Por isso, torna o ato completamente sem efeito entre as partes e perante terceiros, em face dos contraentes.

(E) A lesão caracteriza-se pela superveniência, em negócio jurídico, de fato que torne manifestamente desproporcionais as prestações.

A: incorreta, pois é necessário que o negócio jurídico seja *bilateral*, ou seja, que haja obrigação para ambas as partes, sendo que uma obrigação é manifestamente desproporcional em relação à prestação oposta (art. 157 do CC); **B:** incorreta, pois a sentença faz com que o negócio cesse também os efeitos passados; não se deve confundir tal situação com o fato de que a anulabilidade não tem efeito enquanto não houver uma sentença judicial (art. 177); esta regra quer dizer que a anulabilidade não é uma sanção que opera de pleno direito (assim que praticado o ato), mas é uma sanção que depende de sentença que a aplique; porém, uma vez lançada a sentença, os efeitos produzidos entre as partes cessam, devendo o juiz retornar as partes ao estado anterior; **C:** correta, pois, nos **negócios gratuitos**, basta o *evento danoso (insolvência)*, para a configuração da fraude contra credores (art. 158 do CC), ao passo que nos **negócios onerosos**, é necessário o *evento danoso* (*insolvência*) e o *conluio fraudulento* (*ciência da fraude pelo contratante*), para a configuração do instituto (art. 159 do CC); ou seja, nos negócios gratuitos, basta o elemento objetivo, enquanto que nos negócios onerosos são necessários os elementos objetivo e subjetivo para a configuração da fraude contra credores; **D:** incorreta, pois o negócio dissimulado pode produzir efeitos em alguns casos (art. 167, *caput*, do CC) e terceiros de boa-fé ficam ressalvados (art. 167, § 2º, do CC); **E:** incorreta, pois, na lesão, o negócio já nasce com prestações desproporcionais (art. 157 do CC).

Gabarito "C"

2.8.4. *INVALIDADE DO NEGÓCIO JURÍDICO*

(Ministério Público/AC – 2008) Com relação aos **atos jurídicos anuláveis**, é correto afirmar que

(A) o negócio anulável sempre pode ser confirmado pelas partes.

(B) terceiros não são protegidos em face da confirmação de um ato anulável.

(C) a confirmação de ato anulável é considerada negócio jurídico unilateral oriundo de manifestação de vontade não receptícia.

(D) o ato de confirmação deve conter apenas a vontade expressa de mantê-lo.

A: incorreta, pois a confirmação não será permitida quando prejudicar direitos de terceiros (CC, art. 172); **B:** incorreta, pois o art. 172 do Código protege os terceiros em face da confirmação do ato anulável; **C:** correta, pois uma das partes pode confirmar o ato, prescindindo da aceitação alheia; **D:** incorreta, pois a confirmação deve ainda conter a substância do negócio realizado (CC, art. 173).

Gabarito "C"

(Ministério Público/BA – 2008) Na cidade de Acatu moram Maria e Pedro, casados entre si, de cujo matrimônio nasceu, em 10/01/1991, Pedro Filho. Os pais de Pedro Filho ausentaram-se temporariamente da cidade em que residem, ficando ali apenas o aludido descendente. Com o desiderato de prover seu sustento ante a ausência dos genitores, Pedro Filho, em 10/10/2008, firmou com a Empresa Mariposa e Cia Ltda. contrato para entrega da soja produzida pela Fazenda de sua propriedade.

Tomando-se por base a situação hipotética descrita acima, tem se que o ato jurídico avençado é:

(A) Inexistente.

(B) Nulo.

(C) Ineficaz.

(D) Válido.

(E) Anulável.

A situação descrita indica um negócio jurídico celebrado por pessoa relativamente incapaz (CC, art. 4º). Nesse caso, a solução adotada pela lei é pelo regime da anulabilidade do negócio jurídico (CC, art. 171, I).

Gabarito "E"

(Ministério Público/ES – 2010 – CESPE) Assinale a opção correta a respeito da invalidade dos atos jurídicos e seus efeitos.

(A) Constituição de hipoteca em que falte a presença de ambos os cônjuges valerá como confissão de dívida.

(B) É anulável ato praticado por usuário eventual de substância entorpecente, se, por efeito transitório dessas substâncias, ficar impedido de exprimir plenamente sua vontade.

(C) O fato de o objeto de determinado negócio jurídico ser contrário aos bons costumes não acarreta a sua nulidade.

(D) A jurisprudência do STJ entende que é necessária a interdição daqueles que sofram de insanidade mental para que seja possível anular os atos praticados por eles, mesmo que a insanidade já existisse no momento em que foi realizado o negócio jurídico.

(E) O negócio jurídico em que o autor faça a reserva mental de não querer o que manifestou será nulo, se o destinatário não tinha conhecimento dessa reserva.

A: correta, pois, em caso de *nulidade*, deve-se aproveitar o que for válido da intenção das partes, valendo ter em conta o que dispõe os arts. 170, 183 e 184 do CC; **B:** incorreta, pois o caso seria de ato anulável, mas o fato de o usuário, no momento da prática do ato, ter ficado impedido de exprimir sua vontade, faz com que se configure a hipótese prevista no art. 3º, III, do CC, sendo o indivíduo considerando, naquele momento, um absolutamente incapaz, cujos atos são nulos (art. 166, I, do CC); **C:** incorreta, pois no conceito de objeto ilícito está o ato contrário aos bons costumes, valendo lembrar que o objeto ilícito é causa de nulidade do negócio jurídico (art. 166, II, do CC); **D:** incorreta, pois a interdição apenas reconhece uma *situação*, de incapacidade, que já existia; a vantagem da interdição é que, uma vez pronunciada e tornada pública, ninguém mais poderá alegar que estava de boa-fé ao praticar atos com incapazes; sobre o tema, vide o seguinte acórdão – "Nulidade de ato jurídico praticado por incapaz antes da sentença de interdição. Reconhecimento da incapacidade e da ausência de notoriedade. Proteção do adquirente de boa-fé. Precedentes da Corte. 1. A decretação da nulidade do ato jurídico praticado pelo incapaz não depende da sentença de interdição. Reconhecida pelas instâncias ordinárias a existência da incapacidade, impõe-se a decretação da nulidade, protegendo-se o adquirente de boa-fé com a retenção do imóvel até a devolução do preço pago, devidamente corrigido, e a indenização das benfeitorias, na forma de precedente da Corte. 2. Recurso especial conhecido e provido." (REsp 296.895/PR, Rel. Ministro CARLOS ALBERTO MENEZES DIREITO, TERCEIRA TURMA, julgado em 06.05.2004, DJ 21/06/2004, p. 214); **E:** incorreta, pois se o destinatário da manifestação não tinha sequer a ciência da malícia do emitente do negócio, não pode ficar prejudicado com a nulidade deste, subsistindo a vontade de quem haja feito a reserva mental de não querer o que acabou manifestando (art. 110 do CC).

Gabarito "A"

(Ministério Público/MG – 2010.2) Analise as seguintes alternativas e assinale a assertiva INCORRETA.

(A) Isenta-se o incapaz por prejuízos causados a terceiro, se restar provado que a prestação priva o menor do necessário para sua subsistência.

(B) Pago ao menor uma quantia, que a aplica em poupança, e o negócio jurídico for declarado anulado, deverá o menor devolver a quantia recebida do terceiro.

(C) Se o pai do deficiente mental não tiver meios suficientes para ressarcir terceiros, o incapaz não responde pelos prejuízos que causou.

(D) Os menores com 17 anos podem praticar atos da vida civil, embora contrariando seus progenitores, como testar, aceitar mandato, assumir emprego público.

A: correta (art. 928, parágrafo único, parte final, do CC); **B:** correta, pois a anulação faz com que a situação das partes retorne ao estado anterior, e, no caso, o valor recebido pelo menor foi revertido em proveito deste, que, inclusive, aplicou a quantia em poupança, aplicando-se o disposto no art. 181 do CC; **C:** incorreta (e deve ser assinalada), pois o incapaz, nesse caso, responderá (art. 928 do CC), a não ser que a responsabilidade o prive do necessário para a sua subsistência (art. 928, parágrafo único, do CC); **D:** correta, pois aquele que tem entre 16 e 18 anos pode praticar alguns atos sozinho (sem assistência), como aceitar mandato (CC, art. 666), fazer testamento (CC, art. 1.860), ser testemunha em atos jurídicos (CC, art. 228), assumir emprego público (nesse caso, deve-se verificar os requisitos de ingresso no serviço público, mas caso alguém nessa idade possa aceitar vínculo efetivo, haverá, inclusive, emancipação legal do menor – art. 5º, parágrafo único, III, do CC).

Gabarito "C"

(Ministério Público/PI – 2008) A nulidade do negócio jurídico caracteriza-se por ser

(A) imprescritível e decretável de ofício apenas se os envolvidos forem menores.

(B) insanável e decretável de ofício apenas se incidir sobre direitos indisponíveis.

(C) insanável e decretável de ofício em qualquer situação.

(D) imprescritível e decretável apenas se o interessado a alegar ou, havendo menores, o Ministério Público o fizer.

(E) insanável e decretável de ofício se tratar de direitos disponíveis.

A e **B:** incorretas, pois a nulidade é decretada de ofício ainda que os envolvidos sejam maiores de idade e ainda que verse sobre direitos disponíveis; **C:** correta, pois de acordo com o Código Civil, art. 168 parágrafo único; **D:** incorreta, pois o juiz pode decretar de ofício a nulidade absoluta; **E:** incorreta, pois a nulidade absoluta é decretada de ofício, pouco importando se tratar de direitos disponíveis ou indisponíveis.

Gabarito "C"

(Ministério Público/PR – 2009) A propósito da invalidade dos negócios jurídicos, é correto afirmar:

(A) A nulidade alcança as hipóteses em que a lei taxativamente declarar o ato ou negócio nulo, bem como aquele praticado para fraudar lei imperativa.

(B) A nulidade abrange as hipóteses de atos ou negócios praticados em fraude contra credores, os quais podem ser anulados pelo Juiz independentemente da propositura de ação própria.

(C) O negócio jurídico simulado é reputado anulável, a teor da legislação civil brasileira.

(D) O negócio jurídico praticado sob lesão é reputado nulo, a teor da legislação civil brasileira.

(E) n.d.a.

A: correta (art. 166, VII e VI, respectivamente, do CC); **B:** incorreta, pois a fraude contra credores é causa de anulabilidade (art. 171, II, do CC) e depende de ação própria (ação pauliana) promovida pelo interessado (art. 161 do CC); **C:** incorreta, pois o negócio simulado é *nulo* (art. 167 do CC); **D:** incorreta, pois o negócio praticado sob lesão é *anulável* (art. 171, II, do CC).

Gabarito "A"

(Ministério Público/PR – 2008) É correto afirmar:

(A) Serão nulos os contratos onerosos do devedor insolvente, quando a insolvência for notória, ou houver motivo para ser conhecida do outro contratante.

(B) Não se presumem fraudatórias dos direitos dos outros credores as garantias de dívidas que o devedor insolvente tiver dado a algum credor.

(C) É nulo o negócio jurídico quando tiver por objetivo fraudar lei imperativa;

(D) O negócio jurídico nulo é suscetível de confirmação, e não convalesce pelo decurso do tempo.

(E) Nenhuma das alternativas anteriores está correta.

A: incorreta, pois o termo correto seria "anuláveis" (art. 159 do CC); **B:** incorreta (art. 163 do CC); **C:** correta (art. 166, VI, do CC); **D:** incorreta (art. 169 do CC); **E:** incorreta, pois a alternativa "c" está correta.

Gabarito "C"

(Ministério Público/SP – 2011) É hipótese de anulabilidade de negócio jurídico:

(A) contrato de mútuo cujo devedor à época contava com 17 (dezessete) anos e intencionalmente omitiu idade.

(B) casamento de menor em idade núbil não autorizado por representantes legais tendo resultado gravidez da cônjuge mulher.

(C) contrato de locação que contém erro no cálculo do valor do aluguel constatado pelo locatário após o pagamento dos três primeiros meses de locação.

(D) legado deixado por testamento a pessoa que ameaçou testador de ajuizar ação de despejo por falta de pagamento.

(E) escritura de hipoteca de devedor em favor de credor não possuindo outros bens e com notório estado de insolvência.

A: incorreta, pois o CC não protege o menor entre 16 e 18 anos nesse caso (art. 180 do CC); **B:** incorreta, pois não se anulará o casamento, por motivo de idade, se dele resultou gravidez (art. 1.551 do CC); **C:** incorreta, pois o erro de cálculo não torna o negócio anulável, mas apenas autoriza a retificação da declaração de vontade (art. 143 do CC); **D:** incorreta, pois esse não é um caso de anulabilidade do negócio jurídico testamento; **E:** correta, pois esse caso é de fraude contra credores, que gera a anulabilidade do negócio (art. 163 do CC).

Gabarito "E"

2.9. ATOS ILÍCITOS

(Ministério Público/DF – 2013) A respeito do abuso de direito no direito civil e nas relações de consumo, assinale a opção INCORRETA.

(A) Ocorre o abuso de direito quando a pessoa, ao exercer um determinado direito, excede intencionalmente os limites impostos pela função social e econômica de um instituto, pela boa-fé objetiva e pelos bons costumes. A responsabilidade civil decorrente do ato abusivo tem natureza subjetiva.

(B) Quando o ato ou o negócio jurídico é praticado com abuso de direito, se reconhecido e declarado como tal, enseja-se a declaração de nulidade do referido ato e surge a obrigação de indenizar os danos, morais e patrimoniais, por ele causados.

(C) Práticas abusivas são ações ou condutas que se caracterizam como ilícitas, independentemente de se encontrar ou não algum consumidor lesado ou que se sinta lesado.

(D) Constitui abuso de direito a situação em que o proprietário excede o exercício do direito de propriedade, principalmente imóvel, e que cause prejuízo a outros, gerando o dever de ressarcir os danos causados.

(E) Nas relações de consumo, o abuso de direito poderá manifestar-se também por omissão, o que afronta os princípios da finalidade social e econômica da relação de consumo, da equidade e da proporcionalidade, mas especialmente da boa-fé.

A: assertiva incorreta, devendo ser assinalada, pois para configurar o abuso do direito não se exige o dolo (intencionalidade) do agente que ultrapassa os limites impostos pelo art. 187 do CC. Ademais, a responsabilidade civil daí decorrente é objetiva, conforme enunciado 37 do Conselho da Justiça Federal, que estabeleceu: "*A responsabilidade civil decorrente do abuso do direito independe de culpa e fundamenta-se somente no critério objetivo-finalístico*"; **B:** assertiva correta, pois o ato praticado com abuso de direito equipara-se a ato ilícito e como tal enseja a obrigação de indenizar (CC, art. 927); **C:** assertiva correta, pois no âmbito do Direito do Consumidor não é necessário que um específico consumidor sofra danos em decorrência do ato abusivo praticado pelo fornecedor, mormente pelas diversas definições de consumidor que o CDC estabelece nos artigos 2º parágrafo único e 29; **D:** assertiva correta. O exercício abusivo de direito encontra solo fértil no direito de propriedade imóvel. Nas relações de vizinhança é muito comum que um dos proprietários exerça seu direito de propriedade de forma abusiva, causando assim danos ao outro. Exemplo: abusa do direito o proprietário que cava poço desnecessariamente profundo, a ponto de esvaziar manancial alheio; **E:** assertiva correta, pois a conduta daquele que abusa de seu direito não se restringe ao campo da atitude, mas pode decorrer também de sua omissão.

Gabarito "A"

(Ministério Público/RO – 2013 – CESPE) A respeito do ato jurídico, assinale a opção correta.

(A) O exercício de um direito não constitui ato ilícito, ainda que exceda manifestamente os limites impostos pelos bons costumes.

(B) O mero fato de dirigir em alta velocidade, com visível negligência, caracteriza ilícito civil, ainda que não haja dano ou violação de direito alheio.

(C) Destruição de coisa alheia para remover perigo iminente não constitui ato ilícito, mas pode gerar o dever de indenizar.

(D) Aquele que, ao agir em legítima defesa, pratica ato ilícito será obrigado a indenizar.

(E) O agente que cause dano a terceiro, ainda que em decorrência de ato praticado no exercício regular de um direito, deverá repará-lo.

A: incorreta, pois configura ato ilícito o direito exercido de forma abusiva e que ultrapassa os limites da boa-fé, bons costumes, fim social ou fim econômico (art. 187 do CC); **B:** incorreta, pois a própria definição de ato ilícito (art. 186 do CC) exige o dano como requisito; **C:** correta, pois o art. 188, II, do CC estabelece que tal comportamento não configura ato ilícito; **D:** incorreta, pois a legítima defesa é ato lícito (art. 188, I, do CC); **E:** incorreta, pois não se configura ato ilícito aquele praticado no exercício regular de um direito (art. 188, I, do CC).

Gabarito "C"

(Ministério Público/AC – 2008) Com relação ao **abuso de direito**, assinale a assertiva correta.

(A) O legislador do Código Civil previu um elenco taxativo de atos considerados abusivos.

(B) No ato ilícito não é preciso configurar-se a culpa do agente, enquanto, na atuação abusiva, a culpa do agente é um de seus requisitos.

(C) O ato abusivo pode ser apontado como matéria de defesa pela parte, pelo interessado ou pelo MP.

(D) O juiz não pode declarar *ex officio* um ato como abusivo, porque não constitui matéria de ordem pública.

A: incorreta, pois o art. 187 prevê uma cláusula genérica de abuso de direito, prevendo que todo exercício de direito que violar os limites impostos pela boa-fé, bons costumes, fim social ou fim econômico será considerado ilícito; **B:** incorreta, pois no ato ilícito previsto no art. 186 a culpa do agente é requisito para sua configuração, ao passo que no exercício abusivo de direito adota-se o critério objetivo, conforme enunciado nº 37 do CJF: *"A responsabilidade civil decorrente do abuso do direito independe de culpa e fundamenta-se somente no critério objetivo-finalístico"*; **C:** correta, pois não há vedação legal nesse sentido, podendo o mesmo ser alegado tanto na via de ação quanto na via de defesa; **D:** incorreta, pois o juiz deve - de ofício – declarar o ato como ilícito.

Gabarito "C"

(Ministério Público/PI – 2008) Em se tratando de ato ilícito, é correto dizer-se que

(A) decorre de conduta dolosa ou culposa do agente, mas apenas se este for maior e capaz.

(B) se decorrer de violação contratual depende apenas da demonstração de culpa do agente.

(C) não ocorrerá se for praticado por conta de perigo iminente, ainda que exceda os limites necessários à remoção do perigo.

(D) não ocorrerá se fruto do exercício regular de um direito, desde que dentro dos limites da boa-fé e da fundação social e econômica do direito.

(E) independente da capacidade do sujeito para se configurar, mas depende da capacidade se necessitar de conduta dolosa para se configurar.

A: incorreta, pois o incapaz também comete ato ilícito, sendo seus pais ou representantes legais os responsáveis pela indenização (CC, art. 932); **B:** incorreta, pois na hipótese de inadimplemento contratual não há exigência da prova da culpa do agente; **C:** incorreta, pois o excesso nos limites do necessário torna ilícito o ato praticado em estado de necessidade; **D:** correta, pois não se considera ato ilícito o exercício regular de um direito (art. 188.I); **E:** incorreta, pois não há tal distinção em lei.

Gabarito "D"

(Ministério Público/PR – 2008) É correto afirmar:

(A) Além dos casos expressamente declarados na lei, é anulável o negócio jurídico somente por incapacidade relativa do agente.

(B) Quando a lei dispuser que determinado ato é anulável, sem estabelecer prazo para pleitear-se a anulação, será este de três anos, a contar da data da conclusão do ato.

(C) Comete ato ilícito o titular de um direito que, ao exercê-lo, excede manifestamente os limites impostos pelo seu fim econômico ou social, pela boa-fé ou pelos bons costumes.

(D) Constituem atos ilícitos os praticados em legítima defesa ou no exercício regular de um direito reconhecido.

(E) Nenhuma das alternativas anteriores está correta.

A: incorreta, pois há outros casos de anulabilidade (art. 171, I, do CC); **B:** incorreta (art. 179 do CC); **C:** correta (art. 187 do CC); **D:** incorreta, pois a expressão adequada seria "lícitos" (art. 188, I, do CC); **E:** incorreta, pois a alternativa "c" está correta.

Gabarito "C"

2.10. PRESCRIÇÃO E DECADÊNCIA

(Ministério Público/RO – 2013 – CESPE) A respeito da prescrição e da decadência, assinale a opção correta.

(A) A prescrição, como fato jurídico, extingue a pretensão positiva, mas não a negativa.

(B) O prazo geral de prescrição nunca se aplica às ações reais.

(C) Protesto cambiário não interrompe a prescrição.

(D) O mero pagamento dos juros da dívida não interrompe a prescrição.

(E) É decadencial o prazo para anular venda realizada pelo ascendente ao descendente.

A: incorreta, pois a verificação da prescrição fulmina qualquer espécie de pretensão (art. 189 do CC) e até mesmo a exceção, ou seja, a possibilidade de se defender utilizando um direito prescrito (art. 190 do CC); **B:** incorreta, pois para se aplicar o prazo geral de prescrição (art. 205 do CC), basta que a lei não preveja prazo específico para o exercício do direito; **C:** incorreta, pois – alterando a regra do Direito anterior – o protesto cambial interrompe a prescrição (art. 202, III, do CC); **D:** incorreta, pois o pagamento dos juros é um "ato inequívoco, que importa reconhecimento do direito pelo devedor", o que configura a causa interruptiva prevista no art. 202, VI, do CC; **E:** correta, pois o direito potestativo de anular a venda que o ascendente fez ao descendente está sujeito a prazo decadencial de dois anos (art. 496 combinado com o art. 179, ambos do CC).

Gabarito "E"

(Ministério Público/SP – 2013 – PGMP) Sobre as regras dispostas no Código Civil a respeito da interrupção da prescrição, assinale a proposição que está INCORRETA.

(A) A prescrição pode ser interrompida por qualquer interessado.

(B) A interrupção da prescrição por um credor não aproveita aos outros.

(C) A interrupção operada contra um dos herdeiros do devedor solidário não prejudica os outros herdeiros ou devedores, senão quando se trate de obrigações e direitos indivisíveis.

(D) A interrupção produzida contra o principal devedor não prejudica o fiador.

(E) A interrupção efetuada contra o devedor solidário envolve os demais e seus herdeiros.

A: assertiva correta (art. 203 do CC), **B:** assertiva correta (art. 204, *caput*, do CC); **C:** assertiva correta (art. 204, § 2º, do CC); **D:** assertiva incorreta, devendo ser assinalada; a interrupção produzida contra o principal devedor prejudica, sim, o fiador (art. 204, p. 3º, do CC); **E:** assertiva correta (art. 204, p. 1º, do CC).

Gabarito "D"

(Ministério Público/BA – 2008) Sabe-se que o exercício de determinada pretensão, em regra, está sujeito a tempo determinado. Nesse sentido, a prescrição trata-se de instituto jurídico que, a par dessa ideia, tem o condão de fulminar a aspiração.

Sobre o tema, assinale a alternativa correta:

(A) A alegação da prescrição incumbe à parte a quem aproveita. Entretanto, não se estende a terceiros que, pela prescrição, forem favorecidos.

(B) A fruição do prazo prescricional não é contínua.

(C) Os absoluta ou relativamente incapazes, ainda que por intermédio dos que os representem ou assistam, não podem renunciar à prescrição.

(D) Os prazos prescricionais podem ser alterados por acordo entabulado entre as partes.

(E) Prescreve em 2 (dois) anos a pretensão para haver juros, dividendos ou quaisquer prestações acessórias, pagáveis, em períodos não maiores de um ano, com capitalização ou sem ela.

A: incorreta, pois o terceiro beneficiado pode também alegar prescrição; **B:** incorreta, pois como regra a fruição do prazo prescricional é contínua, só sofrendo interrupção com a prática das condutas previstas no art. 202 do Código Civil; **C:** correta, pois a renúncia à prescrição nesses casos só traria prejuízos aos referidos incapazes; **D:** incorreta, pois o art. 192 não permite a alteração de prazos prescricionais; **E:** incorreta, pois para a hipótese o prazo é de três anos.

Gabarito "C"

(Ministério Público/CE – 2009 – FCC) Considere as seguintes afirmações a respeito da prescrição e decadência, reguladas pelo Código Civil:

I. Pode o Juiz, de ofício, reconhecer a ocorrência da prescrição e da decadência legal ou convencional.

II. Quando a ação se originar de fato que deva ser apurado no juízo criminal, não correrá a prescrição antes da respectiva sentença definitiva, embora a responsabilidade civil seja independente da criminal.

III. Salvo se se tratar de obrigações ou direitos indivisíveis, a interrupção da prescrição por um dos credores solidários, não aproveita aos outros, assim como a interrupção efetivada contra o devedor solidário não envolve os demais ou seus herdeiros.

IV. Suspensa a prescrição em favor de um dos credores solidários, só aproveitam os outros se a obrigação for indivisível.

V. Não corre o prazo prescricional, nem o prazo decadencial contra os absolutamente incapazes.

Estão corretas as afirmações

(A) III, IV e V.

(B) II, IV e V.

(C) II, III e IV.

(D) I, III e V.

(E) I, III e IV.

I: incorreta, pois o juiz só pode reconhecer de ofício a decadência legal (art. 210 do CC); **II:** correta (art. 200 do CC); **III:** incorreta, pois seja divisível ou não a obrigação, "a interrupção por um dos credores solidários aproveita aos outros; assim como a interrupção efetuada contra o devedor solidário envolve os demais e seus herdeiros" (art. 204, § 1°, do CC); **IV:** correta (art. 201 do CC); **V:** correta (art. 198, I, c/c art. 208, ambos do CC).

Gabarito "B"

(Ministério Público/GO – 2012) Sobre a prescrição, marque a alternativa incorreta.

(A) É válida a renúncia à prescrição antes de sua consumação, se não houver prejuízo a terceiros.

(B) Prescreve a execução no mesmo prazo de prescrição da ação.

(C) É prescricional o prazo previsto para a dedução de pretensão de direito material em juízo por meio de ação de natureza condenatória.

(D) Suspensa a prescrição em favor de um dos credores solidários, só aproveitam os outros se a obrigação for indivisível.

A: incorreta (e deve ser assinalada), pois a renúncia à prescrição só é permitida após a consumação (CC, art. 191); **B:** correta, pois no momento em que se verifica a prescrição, extinguem-se de uma só vez a pretensão e também a possibilidade de se defender com base no direito (CC, art. 190); **C:** correta, pois o direitos a uma prestação exercidos judicialmente produzem sentença condenatória e estão sempre sujeitos à prescrição; **D:** correta, pois de acordo com o art. 201 do Código Civil.

Gabarito "A"

(Ministério Público/GO – 2010) Quanto à prescrição e a decadência, assinale a alternativa correta:

(A) A decadência não guarda relação com os chamados direitos potestativos.

(B) É decadencial o prazo para a ação reparatória--indenizatória de dano ambiental.

(C) É prescricional o prazo para a ação de anulação de casamento.

(D) A prescrição atinge a pretensão que tem por objeto uma prestação e a decadência o direito dirigido a uma sujeição.

A: incorreta, pois a decadência extingue exatamente o direito potestativo em virtude da inércia do seu titular; **B:** incorreta, pois o prazo para essa espécie de reparação seria teoricamente prescricional, havendo corrente que defenda a imprescritibilidade desta espécie de pretensão, por dizer respeito a direito fundamental das próximas gerações; **C:** incorreta, pois o prazo para exercício do direito de anular casamento é decadencial; **D:** correta, pois de pleno acordo com o art. 189 do Código Civil.

Gabarito "D"

(Ministério Público/MG – 2011) Quanto à prescrição, é **INCORRETO** afirmar:

(A) Os prazos de prescrição, via de regra, podem ser alterados por acordo das partes.

(B) Pode ser alegada, em qualquer grau de jurisdição, pela parte a quem aproveita.

(C) A prescrição iniciada contra uma pessoa continua a correr contra o seu sucessor.

(D) Quando a ação se originar de fato que deva ser apurado no juízo criminal, não correrá a prescrição antes da respectiva sentença definitiva.

A: incorreta (e deve ser assinalada), em virtude da vedação legal do art. 192 do Código Civil; **B:** correta, em virtude da regra disposta no art. 194 do Código Civil; **C:** correta, em virtude da regra estabelecida no art. 196 do Código Civil; **D:** correta, em virtude da causa legal de impedimento de prescrição prevista no art. 200 do Código Civil.

Gabarito "A"

(Ministério Público/MS – 2009) Quanto à prescrição, está correto afirmar que

(A) é causa suspensiva do seu fluxo o despacho que ordenar a citação, ainda que o juiz seja incompetente.

(B) é causa suspensiva do seu fluxo o despacho que ordenar a citação, exceto se o juiz for incompetente.

(C) qualquer interessado pode interrompê-la, mas a de um credor só aproveita os demais em caso de solidariedade.

(D) a prescrição interrompida recomeça a correr, da data do ato que a interrompeu, pela metade.

(E) a prescrição iniciada contra uma pessoa se interrompe pela abertura da sucessão desta pessoa.

A e **B:** incorretas, pois o despacho do juiz, mesmo incompetente, acarreta a interrupção da prescrição e não a sua suspensão, considerando ainda que o Código de Processo Civil ainda estabelece regras que pormenorizam tal interrupção (CPC, art. 219); **C:** correta, em virtude da regra prevista no art. 204, § 1º, do Código Civil; **D:** incorreta, pois a prescrição recomeça a correr do início do prazo; **E:** incorreta, pois os prazos continuam a fluir em face dos sucessores (CC, art. 196).

Gabarito "C"

(Ministério Público/PI – 2008) É causa interruptiva da prescrição

(A) o fato de os litigantes contraírem matrimônio.

(B) a pendência de condição suspensiva.

(C) a existência de ação de evicção.

(D) o trâmite de ação penal da qual dependa a ação cível.

(E) a constituição do devedor em mora.

A: incorreta, pois a existência de sociedade conjugal entre as partes da relação creditória não é causa de interrupção, mas sim de impedimento (matrimônio se estabeleceu antes da prescrição estar em andamento) ou suspensão (matrimônio se estabeleceu já com a prescrição em andamento); **B, C, D:** incorretas, pois as hipóteses descritas (pendencia de condição suspensiva, existência de ação de evicção e trâmite de ação penal) são hipóteses de impedimento ou suspensão da prescrição e não de interrupção; **E:** correta, pois a constituição em mora do devedor é hipótese de interrupção da prescrição, por força do art. 202, V do Código Civil.

Gabarito "E"

(Ministério Público/PI – 2012 – CESPE) Acerca dos institutos da prescrição e decadência, assinale a opção correta.

(A) Mesmo que haja ação de evicção pendente, a contagem do prazo de prescrição corre normalmente.

(B) A renúncia da prescrição pode ser expressa ou tácita.

(C) Prescrição corresponde ao prazo estabelecido em lei ou pela vontade das partes para o exercício de um direito potestativo.

(D) De acordo com o Código Civil, os prazos de prescrição podem ser alterados por acordo das partes.

(E) A prescrição corre normalmente entre companheiros, na constância da união estável.

A: incorreta, pois a pendência de ação de evicção é hipótese de suspensão/impedimento da prescrição (CC, art. 199, III); **B:** correta, pois o Código Civil admite as duas formas de renúncia à prescrição, bastando que ela ocorra quando a prescrição já houver se consumado (CC, art. 191); **C:** incorreta, pois a assertiva refere-se à decadência e não à prescrição; **D:** incorreta, pois contrária à regra estabelecida pelo art. 192 do CC; **E:** incorreta, pois a norma (CC, art. 197, I) que prevê a suspensão/impedimento de prazo prescricional entre cônjuges durante a constância da sociedade conjugal deve ser aplicada aos companheiros, por força da analogia (Enunciado nº 296 do Conselho da Justiça Federal: *"Não corre prescrição entre os companheiros, na constância da união estável")*.

Gabarito "B"

(Ministério Público/PR – 2009) Sobre a decadência e a prescrição, é INCORRETO afirmar:

(A) Em nenhuma hipótese, os prazos decadenciais admitem suspensão ou interrupção do lapso temporal estabelecido em lei.

(B) É nula a renúncia ao prazo de decadência fixado em lei, mesmo quando convencionada em ato ou negócio jurídico firmado entre capazes.

(C) O protesto, judicial ou extrajudicial efetuado em tabelionato de protesto de títulos, constitui causa de interrupção da prescrição, mas somente poderá ocorrer uma vez.

(D) O juiz pode declarar, de ofício, a decadência.

(E) Quando a lei civil não fixar prazo menor, a prescrição da pretensão ocorre em 10 (dez) anos.

A: incorreta, devendo ser assinalada, pois há vários casos de suspensão e interrupção do prazo decadencial (as exceções se referem ao absolutamente incapaz, ao art. 501 CC e art. 26,§ 2º, I e II CDC), **B:** correta (art. 209 do CC); **C:** correta (art. 202, III, c/c art. 203, ambos do CC); **D:** correta (art. 210 do CC); **E:** correta (art. 205 do CC).

Gabarito "A"

(Ministério Público/PR – 2008) É correto afirmar:

(A) Os prazos de prescrição podem ser alterados por acordo das partes.

(B) A interrupção da prescrição por um credor aproveita aos outros; semelhantemente, a interrupção operada contra o codevedor, ou seu herdeiro, que prejudica aos demais coobrigados.

(C) A interrupção da prescrição, que somente poderá ocorrer uma vez, dar-se-á por qualquer ato judicial que constitua em mora o devedor.

(D) Prescreve em um ano a pretensão de cobrança de dívidas líquidas constantes de instrumento público ou particular.

(E) Nenhuma das alternativas anteriores está correta.

A: incorreta (art. 192 do CC); **B:** incorreta, art. (204 do CC); **C:** correta (art. 202, V, do CC); **D:** incorreta (art. 206, § 5º, I, do CC); **E:** incorreta, pois a alternativa "c" está correta.

Gabarito "C"

(Ministério Público/RO – 2008 – CESPE) Acerca de prescrição, decadência, obrigações e contratos em espécie, assinale a opção correta.

(A) Prescrita a pretensão, considera-se também prescrita a exceção material.

(B) De acordo com o Código Civil, admite-se renúncia prévia ou antecipada à prescrição, que pode ser expressa ou tácita e só valerá se feita sem prejuízo de terceiro.

(C) As obrigações reais ou mistas referem-se ao indivíduo e, portanto, não se transmitem ao novo adquirente da coisa a que se relacionam.

(D) Nas obrigações negativas, havendo descumprimento fortuito, a obrigação converte-se em perdas e danos.

(E) O contrato estimatório é unilateral e não comutativo.

A: correta (art. 190 do CC); **B:** incorreta (art. 191 do CC); **C:** incorreta, em se tratando de obrigação real, o novo adquirente da coisa terá de suportá-la; **D:** incorreta (art. 250 do CC); **E:** incorreta, pois no contrato estimatório, de antemão, cada parte sabe de sua prestação, de modo que se trata de contrato comutativo (arts. 534 e ss.).

Gabarito "A"

(Ministério Público/SP – 2011) A respeito dos prazos de prescrição, pode-se afirmar que:

(A) os prazos do Código de 2002 (Lei n. 10.406/02) são aplicados na hipótese de haver transcorrido menos da metade do tempo estabelecido na lei revogada.

(B) os prazos do Código de 2002 (Lei n. 10.406102) são aplicados na hipótese de haver transcorrido mais da metade do tempo estabelecido na lei revogada.

(C) até janeiro de 2005, o prazo da usucapião do artigo 1238 do Código Civil era de 15 (quinze) anos.

(D) o prazo para cobrança de alugueres de prédios urbanos é de 4 (quatro) anos.

(E) o prazo para a cobrança de honorários de árbitros é de 5 (cinco) anos.

A alternativa "b" está correta, nos termos do art. 2.028 do CC.

Gabarito "B"

(Ministério Público/SP – 2010) Assinale a alternativa incorreta:

(A) o pagamento espontâneo de dívida prescrita não pode ser repetido.

(B) tratando-se de obrigação não suscetível de fracionamento, suspensa a prescrição em favor de um dos credores solidários, aos demais será estendida.

(C) a prescrição e a decadência legal podem ser conhecidas de ofício pelo juiz. A prescrição pode ser renunciada. A decadência fixada em lei não pode ser objeto de renúncia.

(D) o direito a alimentos, como é sabido, é imprescritível. Há previsão na lei civil, porém, estabelecendo que a pretensão para haver prestações alimentares estabelecidas judicialmente prescreve, a partir do vencimento, em cinco anos.

(E) a responsabilidade dos assistentes dos relativamente incapazes e dos representantes legais das pessoas jurídicas, que derem causa à prescrição ou não a alegarem oportunamente, não é objetiva.

A: correta, pois constitui hipótese de renúncia tácita à prescrição operada (art. 191 do CC); **B:** correta (art. 201 do CC); **C:** correta, pois a prescrição e a decadência devem ser conhecidas de ofício pelo juiz (art. 219, § 5º, do CPC e art. 210 do CC); ademais, a prescrição pode ser renunciada (art. 191 do CC) e a decadência legal não pode ser renunciada (art. 209 do CC); **D:** incorreta (e deve ser assinalada), pois o prazo prescricional para cobrar prestações alimentares é de *2 anos* a partir do vencimento (art. 206, § 2º, do CC); **E:** correta, pois o art. 195 do CC refere-se à responsabilidade "independentemente de culpa", expressão usual no Código Civil, quando se estabelece responsabilidade objetiva.

Gabarito "D"

(Ministério Público/SP – 2012 – VUNESP) Violado o direito, nasce para o titular a pretensão, a qual se extingue, pela prescrição, nos prazos do Código Civil. NÃO corre a prescrição

(A) entre tutelados e curatelados e seus tutores e curadores; entre ascendentes e descendentes, na linha reta e colateral e contra ausentes do País em razão de trabalho.

(B) contra os que se acharem servindo nas Forças Armadas; entre os cônjuges e companheiros de união estável e entre os tutelados e seus tutores durante a menoridade civil.

(C) entre os cônjuges, na constância da sociedade conjugal; entre ascendentes e descendentes, durante o poder familiar e contra os absolutamente incapazes.

(D) pendendo condição suspensiva, não estando vencido o prazo e entre os curatelados e seus curadores durante a menoridade civil do curatelado.

(E) por acordo das partes maiores e capazes; contra os sucessores da pessoa contra qual corria a prescrição enquanto não aberta a sucessão e entre os cônjuges.

A: incorreta, pois não há previsão legal de suspensão/impedimento de prazo prescricional entre parentes de linha colateral, fluindo normalmente o prazo entre eles (CC, art. 198); **B:** incorreta pois o impedimento/suspensão da prescrição entre tutelados e tutores se estende por toda tutela; **C:** correta, pois de acordo com os artigos 197 e 198 do Código Civil; **D:** incorreta, pois o impedimento/suspensão da prescrição entre curatelados e curadores se estende por toda curatela; **E:** incorreta, pois o falecimento do credor não é hipótese de suspensão de prazo prescricional, fluindo o prazo normalmente contra o sucessor (CC, art. 196).

Gabarito "C"

2.11. REPRESENTAÇÃO

(Ministério Público/RO – 2010 – CESPE) Com relação à representação, assinale a opção correta.

(A) Os poderes de representação podem ser conferidos pelo interessado ou pela lei.

(B) É necessária a demonstração de prejuízo para se anular negócio jurídico concluído pelo representante em conflito de interesse com o representado.

(C) É anulável o negócio jurídico que o representante celebra consigo mesmo, ainda que o permita o representado.

(D) A confissão feita pelo representante em nome do representado é sempre eficaz.

(E) Admite-se a representação em todos os atos da vida civil.

A: correta (art. 115 do CC); **B:** incorreta, pois não há necessidade de demonstração de prejuízo (art. 119 do CC); **C:** incorreta, pois dispõe o art. 117 do **CC:** "**salvo se o permitir a lei ou o representado**, é anulável o negócio jurídico que o representante, no seu interesse ou por conta de outrem, celebrar consigo mesmo"; **D:** incorreta, pois dispõe o art. 213, par. único, do **CC:** "se feita a confissão por um representante, somente é eficaz nos limites em que este pode vincular o representado"; **E:** incorreta, pois os atos personalíssimos não podem ser objetos de representação.

Gabarito "A"

2.12. PROVA

(Ministério Público/MG – 2011) Quanto à prova no Código Civil, não podem ser admitidos como testemunhas, **EXCETO**:

(A) aqueles que, por enfermidade ou retardamento mental, não tiverem discernimento para a prática dos atos da vida civil.

(B) menores de dezesseis anos.

(C) os cegos e surdos, quando a ciência do fato que se quer provar dependa dos sentidos que lhes faltam.

(D) os cônjuges, os ascendentes, os descendentes e os colaterais, até o quarto grau de alguma das partes, por consanguinidade, ou afinidade.

A, B, C: incorretas, pois as pessoas enumeradas nas referidas assertivas não podem ser admitidas como testemunhas, em virtude do art. 228, II, I e III respectivamente; **D:** correta, pois a regra do Código Civil (art. 228, V) afirma que apenas os colaterais até o terceiro grau é que não poderão ser admitidos como testemunhas, ao passo que a assertiva refere-se a colaterais até o quarto grau.

Gabarito "D"

3. OBRIGAÇÕES

3.1. INTRODUÇÃO, CLASSIFICAÇÃO E MODALIDADES DAS OBRIGAÇÕES

(Ministério Público/PR – 2013) Assinale a alternativa incorreta:

(A) A obrigação de dar coisa certa sempre abrange os acessórios dela;

(B) Nas obrigações de dar coisa incerta, a coisa será indicada, ao menos, pelo gênero e quantidade;

(C) O pagamento feito a um dos credores solidários extingue a dívida até o montante do que foi pago;

(D) Nas obrigações solidárias passivas, o credor pode renunciar à solidariedade em favor de um, de alguns ou de todos os devedores;

(E) Se a dívida solidária interessar exclusivamente a um dos devedores, este responderá por toda ela para com aquele que pagou.

A: incorreta (devendo ser assinalada), pois a referida regra pode ser afastada pelas circunstâncias do caso ou pela vontade das partes (art. 233 do CC); **B:** correta, pois de pleno acordo com a definição dada pelo art. 243 do CC; **C:** correta, pois de pleno acordo com o disposto no art. 269 do CC; **D:** correta, pois tal prerrogativa do credor encontra amparo no art. 282 do CC; **E:** correta, pois de pleno acordo com a regra estatuída no art. 285 do CC. É o que ocorre, por exemplo, quando fiador e devedor principal são solidários na obrigação. O pagamento integral feito pelo fiador obriga o devedor principal a restituí-lo na sua integralidade.

Gabarito "A"

(Ministério Público/CE – 2009 – FCC) Nas obrigações de não fazer

(A) a mora ocorrerá pelo simples descumprimento da obrigação, ainda que não haja fato ou omissão imputável ao devedor.

(B) não poderá o credor exigir que o devedor desfaça o ato, ainda que isto seja materialmente possível.

(C) se descumprida, somente é possível a condenação do réu a abster-se do ato, sob pena de multa diária.

(D) o devedor ficará isento de qualquer consequência de ordem pecuniária, se o credor não provar o prejuízo.

(E) se descumprida, em caso de urgência poderá o credor desfazer ou mandar desfazer, independentemente de autorização judicial, sem prejuízo do ressarcimento devido.

A: incorreta, pois se se tornou impossível ao devedor abster-se do ato, por motivo não imputável a este, a obrigação fica extinta (art. 250 do CC); **B:** incorreta, pois é possível, sim, essa exigência (art. 251, *caput*, do CC); **C:** incorreta, pois, em caso, de urgência, o atual Código Civil permite ao "credor desfazer ou mandar desfazer, independentemente de autorização judicial, sem prejuízo do ressarcimento devido" (art. 251, parágrafo único, do CC); **D:** incorreta, pois, havendo cláusula penal, não será necessário comprovar prejuízo; **E:** correta (art. 251, parágrafo único, do CC).

Gabarito "E"

(Ministério Público/CE – 2011 – FCC) É correto afirmar:

(A) A obrigação é divisível quando a prestação tem por objeto uma coisa ou um fato suscetíveis de divisão, por sua natureza, por motivo de ordem econômica, ou dada a razão determinante do negócio jurídico.

(B) Se para o melhoramento, ou aumento, empregou o devedor trabalho ou dispêndio, o caso se regulará pelas normas do Código Civil brasileiro atinentes às benfeitorias realizadas pelo possuidor de boa-fé, apenas.

(C) Nas coisas determinadas pelo gênero e pela quantidade, a escolha pertence ao credor, se o contrário não resultar do título da obrigação; mas não poderá dar a coisa pior, nem será obrigado a prestar a melhor.

(D) Há solidariedade, quando na mesma obrigação concorre mais de um credor, ou mais de um devedor, cada um com direito, ou obrigado, à dívida toda, devendo ser presumida sua ocorrência desde que não haja proibição legal ou acordo das partes em sentido diverso.

(E) A obrigação de dar coisa certa abrange os acessórios dela embora não mencionados, mesmo se o contrário resultar do título ou das circunstâncias do caso.

A: correta, pois de acordo com a regra do art. 258 do Código Civil; **B:** incorreta, pois as regras do possuidor de má-fé também se aplicam ao caso (CC, art. 242); **C:** incorreta, pois a escolha cabe – como regra – ao devedor (CC, art. 244); **D:** incorreta, pois a solidariedade não se presume, decorre da lei ou da vontade das partes (CC, art. 265); **E:** incorreta, pois o título ou as circunstâncias do caso podem afastar a regra da gravitação jurídica, segundo a qual o acessório segue o principal (CC, art. 233).

Gabarito "A"

(Ministério Público/ES – 2010 – CESPE) Carlos, Pedro e Gustavo, irmãos, maiores de idade, casados e com filhos, contrataram os serviços de uma empresa para o fornecimento das bebidas a serem servidas na festa de aniversário de seu pai. Pagaram metade do valor combinado no ato da contratação, ficando acertado que o restante seria pago após a prestação do serviço, convencionando-se a solidariedade dos devedores. Com base na situação hipotética acima apresentada, assinale a opção correta.

(A) A morte de um dos irmãos terá o poder de romper a solidariedade.

(B) O credor não pode exigir parte da dívida de cada um dos devedores separadamente, sob pena de configurar renúncia à solidariedade.

(C) Se Carlos pagar um terço do restante da dívida, a solidariedade continuará entre os outros dois irmãos.

(D) Caso a empresa não preste o serviço na data avençada, será caracterizada a mora.

(E) Se pagar a dívida, o pai dos devedores se sub-rogará nos direitos da empresa.

A: incorreta, pois subsiste a solidariedade entre os dois irmãos sobreviventes, valendo lembrar que os herdeiros do falecido, se acionados conjuntamente, também continuam respondendo solidariamente, no lugar do morto (art. 276 do CC); **B:** incorreta, pois a solidariedade permite, justamente, acionar-se qualquer dos devedores pela dívida por inteiro, não havendo renúncia à solidariedade caso se acione apenas um dos devedores (art. 275 do CC); **C:** correta, pois o pagamento parcial feito por um dos devedores não aproveita aos outros, que continuam respondendo solidariamente, mas apenas pela quantia que faltar (art. 277 do CC); **D:** incorreta, pois nesse caso não há mera mora, mas verdadeiro inadimplemento absoluto, vez que a festa já terá acontecido; **E:** incorreta, pois como o pai dos devedores não era obrigado à divida (art. 346, III, do CC), a sub-rogação não é automática, dependendo da aquiescência dos devedores (seus filhos).

Gabarito "C"

(Ministério Público/PB – 2010) Em matéria obrigacional, julgue as afirmações abaixo e assinale a alternativa correta.

I. A possibilidade de exoneração do devedor pelo abandono do direito real, renunciando o direito sobre a coisa, constitui uma das características da obrigação ambulatória.

II. Na obrigação de dar, consistente em restituir coisa certa, o devedor de boa-fé, embora tenha direito aos frutos percebidos e aos colhidos antecipadamente, não faz jus aos frutos pendentes.

III. Na solidariedade ativa, o julgamento contrário a um dos credores solidários atinge os demais.

IV. Na obrigação disjuntiva, na falta de estipulação em contrário, a escolha caberá ao credor.

(A) apenas uma das afirmações acima está inteiramente correta.

(B) apenas duas das afirmações acima estão inteiramente corretas.

(C) apenas três das afirmações acima estão inteiramente corretas.

(D) Todas as quatro afirmações acima estão inteiramente corretas.

(E) Nenhuma das quatro afirmações acima estão inteiramente corretas.

I: correta, pois o abandono do direito real sobre a coisa exonera o devedor da obrigação correlata. Nesse sentido, explica a doutrina que o que faz o sujeito devedor *"é a circunstância de ser titular do direito real, e tanto isso é verdade que ele se libera da obrigação se renunciar a esse direito"* (RODRIGUES, Sílvio. Direito Civil. Obrigações: São Paulo, Saraiva, 2003, p. 79); **II:** incorreta, pois os frutos colhidos por antecipação não pertencem ao possuidor, mesmo que de boa-fé (CC, art. 1.214); **III:** incorreta, pois o julgamento contrário a um dos credores solidários não atinge os demais (CC, art. 274); **IV:** incorreta, pois nesse caso a escolha – como regra – compete ao devedor (CC, art. 252).

Gabarito "A"

(Ministério Público/RJ – 2011) De acordo com o instituto da solidariedade, é INCORRETO afirmar que:

(A) a interrupção da prescrição efetuada contra o devedor solidário estende-se aos demais, havendo, assim, comunicação dos efeitos interruptivos;

(B) o credor pode renunciar à solidariedade passiva em favor de todos os devedores. A legislação pátria não admitiu a chamada renúncia relativa, operada em proveito de um ou alguns devedores;

(C) é da essência da solidariedade ativa que o pagamento feito a um dos credores, por modo direto ou pelos indiretos equivalentes, produz a extinção do crédito para todos;

(D) na solidariedade ativa, extinta a obrigação, quer pelo meio direto do pagamento, quer pelos indiretos, como novação, compensação, transação e remissão, responde o credor favorecido, perante os demais, pelas quotas que lhes couberem;

(E) na solidariedade passiva, se houver o pagamento integral da dívida por um dos devedores, operar-

-se-á a extinção da relação obrigacional, exonerando-se todos os codevedores.

A: correta, pois a interrupção da prescrição contra um devedor solidário atinge aos demais (CC, art. 204); **B:** incorreta (e deve ser assinalada), pois o credor pode renunciar à prescrição contra alguns dos devedores (CC, art. 282); **C:** correta, pois esta é a principal consequência da solidariedade ativa, ou seja, o fato de que o pagamento total feito a um dos credores extingue a obrigação para todos; **D:** correta, pois de pleno acordo com o CC, art. 272; **E:** correta, pois o pagamento efetuado por um dos devedores solidários extingue a obrigação até o montante que houver sido pago.

Gabarito "B"

(Ministério Público/RN – 2009 – CESPE) A respeito da teoria geral das obrigações, dos contratos e da posse, julgue os itens subsequentes.

I. Na obrigação de dar coisa certa, se a coisa se perder sem culpa do devedor antes da tradição, este fica obrigado a ressarcir ao credor as perdas e os danos, sem prejuízo da eventual restituição do preço recebido.

II. Tratando-se de coisas determinadas pelo gênero e quantidade, antes de cientificado da concentração, não poderá o devedor alegar perda ou deterioração da coisa, ainda que por força maior ou caso fortuito, salvo se o objeto da dívida for limitado.

III. Na obrigação de prestar determinado fato, sobrevindo a morte do devedor antes do advento do termo, a obrigação transmite-se aos herdeiros ou sucessores do devedor.

IV. No inadimplemento de obrigação indivisível, se for de um só devedor a culpa, ficarão os demais codevedores exonerados do cumprimento das suas quotas na dívida, ressalvadas as perdas e os danos.

V. A solidariedade não subsiste para os herdeiros do credor solidário, mas conserva a vinculação em relação aos demais cocredores, salvo se a obrigação for indivisível.

Estão certos apenas os itens

(A) I e II.

(B) I e III.

(C) II e V.

(D) III e IV.

(E) IV e V.

I: incorreta, pois o perecimento da coisa certa sem culpa do devedor extingue a obrigação (CC, art. 238); **II:** correta, pois a coisa incerta não perece (CC, art. 246); **III:** incorreta, pois nesse caso entende-se resolvida a obrigação (CC, art. 248); **IV:** incorreta, pois nessa hipótese os demais devedores continuam obrigados à sua parte na obrigação, exonerando-se apenas das perdas e danos daí decorrentes; **V:** correta, pois de pleno acordo com a regra prevista no CC, art. 270.

Gabarito "C"

(Ministério Público/RS – 2009) Assinale a alternativa **INCORRETA**.

(A) As obrigações indivisíveis perdem essa qualidade quando, impossível o objeto por causa superveniente, resolverem-se em perdas e danos.

(B) A conversão da obrigação em perdas e danos, havendo credores solidários, não faz desaparecer a solidariedade.

(C) Nas obrigações indivisíveis, em que houver credores solidários, a exigência da prestação do devedor pode ser exercida por apenas um dos credores.

(D) Em operação de mútuo composta por três devedores solidários, um deles declarado insolvente, é possível àquele que pagou a integral idade do débito haver do outro, solvente, não apenas a sua cota, mas também a metade da cota do insolvente.

(E) Apenas as alternativas B, C e D estão corretas.

A: assertiva correta, em virtude da regra estabelecida no art. 263 do CC; **B:** assertiva correta, pois a solidariedade cria um vínculo entre as partes, não guardando relação com o objeto; **C:** assertiva correta, pois nesse caso há dois motivos pelos quais um só credor pode exigir a obrigação inteira, a saber, a indivisibilidade do objeto e a solidariedade entre as partes; **D:** assertiva correta, pois a insolvência de um dos codevedores solidários faz acrescer a sua quota a todos os demais (CC, art. 283); **E:** incorreta (e deve ser assinalada), pois a alternativa "a" traz assertiva correta.

Gabarito "E"

(Ministério Público/SE – 2010 – CESPE) Se um dos devedores solidários falecer deixando herdeiros, cada um destes

(A) será obrigado a pagar a dívida que corresponder ao devedor solidário falecido, se a obrigação for divisível.

(B) será obrigado a pagar a totalidade da dívida, se a obrigação for divisível, com direito de ação regressiva contra os demais devedores.

(C) será desobrigado de qualquer pagamento, pois a responsabilidade pelo pagamento não é transmitida aos herdeiros.

(D) será obrigado a pagar apenas a cota que corresponder ao seu quinhão hereditário, se a obrigação for divisível.

(E) só será obrigado a pagar a totalidade da dívida se os demais herdeiros não tiverem recursos e a obrigação for divisível.

A alternativa "d" está correta, pois de acordo com o art. 276 do CC.

Gabarito "D"

(Ministério Público/MS – 2009) É correto afirmar que, na obrigação de dar coisa certa, se a coisa se perder

(A) antes da tradição, o devedor arcará com a sua perda nada devendo ao credor.

(B) antes da tradição, o devedor arcará com a sua perda, nada devendo ao credor, se esta perda se deu sem culpa sua.

(C) depois da tradição, o credor arcará com a sua perda devendo indenização ao devedor, se se perdeu por culpa sua.

(D) depois da tradição, o devedor arcará com a sua perda, nada devendo ao credor.

(E) antes da tradição, o devedor arcará com a sua perda, devendo indenização independentemente de esta perda se dar com ou sem culpa sua.

A questão envolve a antiga regra de Direito Civil segundo a qual "o perecimento da coisa certa sem culpa do devedor extingue a obrigação". Tal regra vem estabelecida no atual Código Civil no art. 234 e encontra plena identificação na assertiva B.

Gabarito "B"

(Ministério Público/MS – 2009) Em relação às obrigações solidárias, é correto afirmar que,

(A) na solidariedade ativa, a morte do credor não extingue a solidariedade em favor dos seus herdeiros.

(B) na solidariedade ativa, a conversão em perdas e danos extingue a solidariedade.

(C) na solidariedade passiva, a renúncia do credor em favor de um dos devedores beneficia todos os demais.

(D) na solidariedade passiva, todos respondem pelos juros de mora, ainda que apenas um seja o culpado pela mora.

(E) Indiferente de ser passiva ou ativa, a obrigação solidária que for condicional deverá ser para todos os devedores ou credores.

A: incorreta, pois contrária ao disposto no art. 270; **B:** incorreta, pois a solidariedade relaciona-se com o vínculo entre os sujeitos e não com o objeto da obrigação (CC, art. 271); **C:** incorreta, pois tal renúncia parcial beneficia apenas ao devedor ao qual se renunciou a solidariedade (CC, art. 282); **D:** correta, pois de acordo com o art. 280 do CC; **E:** incorreta, pois contrária à regra prevista no art. 266 do Código Civil.

Gabarito "D"

3.2. TRANSMISSÃO, ADIMPLEMENTO E EXTINÇÃO DAS OBRIGAÇÕES

(Ministério Público/PI – 2014 – CESPE) Assinale a opção correta no que se refere ao pagamento indevido.

(A) De acordo com o Código Civil, no qual é adotada, em relação ao tema, a teoria subjetiva, a demonstração do erro cabe àquele que voluntariamente tenha pago o indevido.

(B) No Código Civil, a disposição normativa referente ao pagamento indevido tem a mesma natureza da disciplinada no CDC, segundo a qual o fornecedor deve restituir em dobro ao consumidor, com correção monetária e juros de mora, aquilo que este tenha pago indevidamente.

(C) A repetição do indébito é devida ainda que o objeto da prestação não cumprida seja ilícito, imoral ou proibido por lei.

(D) Cabe o ajuizamento de ação fundada no enriquecimento sem causa ainda que a lei confira ao lesado outros meios para ressarcir-se do prejuízo sofrido, visto que, sendo esta ação mais ampla, as demais serão por ela absorvidas.

(E) Não há possibilidade de pagamento indevido com relação a obrigações de fazer e não fazer, não cabendo, portanto, a repetição do indébito.

A: correta, pois de acordo com a regra estabelecida pelo art. 877 do CC, segundo o qual: "*Àquele que voluntariamente pagou o indevido incumbe a prova de tê-lo feito por erro*"; **B:** incorreta, pois a disposição do CDC e do CC nesse sentido é de que apenas a cobrança de quantia indevida é que gera tal direito de restituição em dobro. O mero pagamento indevido não acarreta tal obrigação; **C:** incorreta, pois tal repetição é vedada pelos arts. 882 e 883 do CC; **D:** incorreta, pois "*Não caberá a restituição por enriquecimento, se a lei conferir ao lesado outros meios para se ressarcir do prejuízo sofrido*" (CC, art. 886); **E:** incorreta, pois tal vedação não encontra amparo na lei.

Gabarito "A"

(Ministério Público/MG – 2013) Quanto ao direito das obrigações, analise as seguintes alternativas e assinale a assertiva INCORRETA:

(A) Salvo assentimento expresso do devedor primitivo, consideram-se extintas, a partir da assunção da dívida, as garantias especiais por ele originariamente dadas ao credor.

(B) Na sub-rogação legal o sub-rogado poderá exercer integralmente todos os direitos e ações do credor.

(C) Não vale o pagamento cientemente feito ao credor incapaz de quitar a obrigação, se o devedor não provar que em benefício dele efetivamente reverteu.

(D) Quando, por motivos imprevisíveis, sobrevier desproporção manifesta entre o valor da prestação devida e o do momento de sua execução, poderá o juiz corrigi-lo, a pedido da parte, de modo que assegure, quanto possível, o valor real da prestação.

A: assertiva correta, pois a assertiva reproduz a regra estabelecida pelo art. 300 do Código Civil; **B:** assertiva incorreta, devendo ser assinalada, pois "*na sub-rogação legal o sub-rogado não poderá exercer os direitos e as ações do credor, senão até à soma que tiver desembolsado para desobrigar o devedor*" (CC, art. 350); **C:** assertiva correta, pois não se pode pagar diretamente ao credor que é incapaz. Tal pagamento será invalido, salvo se ficar provado que o pagamento reverteu em favor do incapaz (CC, art. 310); **D:** assertiva correta, pois a regra que busca o equilíbrio das prestações encontra respaldo no art. 317 do CC.

Gabarito "B"

(Ministério Público/RO – 2013 – CESPE) João assinou nota promissória em garantia a empréstimo tomado de Carlos, no valor de R$ 5.000,00. Não tendo conseguido pagar a dívida no prazo acordado, João solicitou a sua irmã, Cláudia, que assinasse nova nota promissória, comprometendo-se a realizar o pagamento do débito em sessenta dias. Carlos concordou com o negócio e o título assinado por João foi inutilizado.

Nessa situação, houve

(A) assunção de dívida.

(B) cessão de crédito.

(C) novação.

(D) imputação do pagamento.

(E) pagamento com sub-rogação.

A hipótese mencionada revela a extinção de uma obrigação visando criar uma nova obrigação, no mesmo valor, mas com novo devedor. Tal hipótese encaixa-se no conceito de novação subjetiva passiva.

Gabarito "C"

(Ministério Público/GO – 2012) Analise os itens abaixo, assinalando em seguida a alternativa correta.

I. O credor pode consentir em receber prestação diversa da que lhe é devida, ainda que menos valiosa.

II. A novação por substituição do devedor (expromissão) somente pode ser efetuada com o seu consentimento.

III. As dívidas alimentares podem ser objeto de transação, extinguindo-se a execução de alimentos.

IV. A remissão concedida a um dos codevedores extingue a dívida na parte a ele correspondente.

(A) As assertivas II e IV estão corretas.

(B) As assertivas I, II e III estão corretas.

(C) As assertivas I, III e IV estão corretas.

(D) As assertivas III e IV estão corretas.

I: correta, em virtude da inexistência de proibição nesse sentido. O credor não é obrigado, mas pode aceitar coisa menos valiosa; **II:** incorreta, pois referida novação subjetiva passiva ocorre sem o consentimento do devedor; **III:** correta, pois o valor da prestação alimentar já definido em sentença tem natureza patrimonial (CC, art. 841); **IV:** correta, pois o perdão dado a um dos devedores não extingue a obrigação para os demais.

Gabarito "C"

(Ministério Público/MG – 2011) É **INCORRETO** afirmar quanto ao objeto do pagamento e sua prova no Código Civil:

(A) O credor não é obrigado a receber prestação diversa da que lhe é devida, ainda que mais valiosa.

(B) Ainda que a obrigação tenha por objeto prestação divisível, não pode o credor ser obrigado a receber, nem o devedor a pagar, por partes, se assim não se ajustou.

(C) É ilícito convencionar o aumento progressivo de prestações sucessivas.

(D) Quando, por motivos imprevisíveis, sobrevier desproporção manifesta entre o valor da prestação devida e o do momento de sua execução, poderá o juiz corrigi-lo, a pedido da parte, de modo que assegure, quanto possível, o valor real da prestação.

A: correta, pois de acordo com a antiga regra de Direito das Obrigações, hoje prevista no art. 313 do CC; **B:** correta, pois de acordo com o art. 314 do CC; **C:** incorreta (e deve ser assinalada), pois não há ilicitude no referido comportamento (CC, art. 316); **D:** correta, pois de acordo com a importante regra de onerosidade excessiva prevista no art. 317 do Código Civil.

Gabarito "C"

(Ministério Público/MS – 2009) É correto afirmar que a compensação das obrigações

(A) pode ser objeto de exclusão por acordo das partes.

(B) não pode ser dada, se as dívidas forem pagáveis em lugares diversos.

(C) se efetua entre dívidas líquidas e de coisas fungíveis, ainda que não vencidas.

(D) se efetua entre dívidas vencidas e de coisas fungíveis, ainda que ilíquidas.

(E) se efetua entre dívidas líquidas e vencidas e de coisas fungíveis ou infungíveis.

A: correta, pois as partes podem expressamente afastar a possibilidade de compensação de dívidas (CC, art. 375); **B:** incorreta, pois não há vedação legal nesse sentido; **C:** incorreta, pois a compensação exige que as dívidas sejam vencidas (CC, art. 369); **D:** incorreta, pois a compensação exige que as dívidas sejam líquidas (CC, art. 369); **E:** incorreta, pois não podem ser objeto de compensação dívidas de coisas infungíveis (CC, art. 369).

Gabarito "A"

(Ministério Público/RR – 2008 – CESPE) Sobre o direito das obrigações, julgue os próximos itens.

(1) Na assunção de dívida, ocorre a substituição do sujeito passivo da relação de crédito, com a modificação da obrigação primitiva, extinguindo-se o vínculo obrigacional, os acessórios e as garantias do débito, exceto as garantias do crédito que tiverem sido prestadas por terceiro.

(2) Na cessão de crédito, como regra, o cedente responde perante o cessionário pela existência do crédito ao tempo em que o cedeu e pela solvência do devedor à época do pagamento do débito.

(3) O terceiro interessado que paga dívida pela qual era ou poderia ser obrigado, no todo ou em parte, pode cobrar o que tiver desembolsado, sub-rogando-se nos direitos e ações do credor.

1: errada, pois só ficam extintas as garantias especiais dadas ao credor (art. 300 do CC); é importante lembrar que a assunção de dívida *é o negócio jurídico bilateral pelo qual um terceiro (assuntor) assume a posição de devedor*; o que ocorre é tão somente a substituição no plano passivo, sem que haja extinção da dívida, de modo que não se confunde com a novação subjetiva passiva, em que nasce uma obrigação nova; **2:** errada, pois a cessão de crédito é o negócio jurídico bilateral pelo qual o credor transfere a outrem, a título oneroso ou gratuito, os seus direitos na relação obrigacional; há três figuras: o cedente (credor que transmite o crédito), o cessionário (terceiro que recebe o crédito) e o cedido (o que continua devedor); quanto à responsabilidade do cedente, se a cessão for a título oneroso, o cedente fica responsável pelo seguinte: a) pela existência do crédito quando da cessão, b) pela sua qualidade de credor; e c) pela validade da obrigação; já se for a título gratuito, o cedente só responde pela existência do crédito se tiver procedido de má-fé; em qualquer caso, só haverá responsabilidade pelo débito se o cedente tiver assumido expressamente a responsabilidade pela solvência do cedido; nesse caso teremos a cessão *pro solvendo*, e a responsabilidade é apenas pelo que o cedente tiver recebido do cessionário, acrescido de juros e despesas com a cessão; vide arts. 286 e ss. do CC; **3:** correta, consoante art. 346, III, do CC.

Gabarito 1E, 2E, 3C

3.3. INADIMPLEMENTO DAS OBRIGAÇÕES

(Ministério Público/PI – 2014 – CESPE) Considerando os conceitos de adimplemento e inadimplemento de uma obrigação, assinale a opção correta.

(A) O devedor pode responder pelos prejuízos resultantes de caso fortuito ou força maior desde que, expressamente, tenha-se por eles responsabilizado.

(B) O juiz pode conceder ao credor indenização suplementar se os juros da mora e a pena convencional não cobrirem o prejuízo suportado.

(C) A invalidade da cláusula penal implica a invalidade da obrigação principal, visto que nesta está inserida.

(D) Considera-se em mora o devedor que não efetue o pagamento no tempo ajustado, mas não o que cumpra a obrigação de forma imperfeita.

(E) Não se admite que o credor recuse a prestação, ainda que o devedor a cumpra em mora, devendo aquele socorrer-se das perdas e danos para ver mitigado seu prejuízo.

A: correta, pois o Código Civil admite a chamada *"cláusula de assunção"*, pela qual o devedor assume os prejuízos decorrentes de fortuito ou força maior (CC, art. 393); **B:** incorreta, pois tal possibilidade somente é disponibilizada ao juiz caso não haja pena convencional (CC, art. 404, parágrafo único); **C:** incorreta, pois tal afirmação contraria o princípio segundo o qual o acessório segue o principal. O que poderia se afirmar é que a invalidade da obrigação principal implica na invalidade da cláusula penal; **D:** incorreta, pois a mora não se refere apenas ao tempo do pagamento, mas também ao seu modo e lugar. Assim, estaria em mora o devedor que paga no tempo correto, mas em local ou forma diversa da combinada (CC, art. 394); **E:** incorreta, pois *"se a prestação, devido à mora, se tornar inútil ao credor, este poderá rejeitá-la, e exigir a satisfação das perdas e danos"* (CC, art. 395, parágrafo único).

Gabarito "A"

(Ministério Público/RO – 2006) Assinale a alternativa INCORRETA:

Mora é o atraso culpável no cumprimento de obrigação, seja por parte do devedor, em pagar, seja por parte do credor, em receber. Pode-se afirmar que:

(A) não havendo fato ou omissão imputável ao devedor, não incorre este em mora;

(B) o inadimplemento da obrigação, positiva e líquida, no seu termo, constitui de pleno direito em mora o devedor;

(C) não havendo termo, a mora se constitui mediante interpelação judicial ou extrajudicial;

(D) se a prestação, devido à mora, se tornar inútil ao credor, este pode enjeitá-la, e exigir a satisfação das perdas e danos;

(E) nas obrigações provenientes de ato ilícito, considera-se o devedor em mora a partir da citação inicial da ação que busque a indenização.

A: correta (art. 396 do CC); **B:** correta (art. 397, *caput*, do CC); **C:** correta (art. 397, parágrafo único, do CC); **D:** correta (art. 395, parágrafo único, do CC); **E:** incorreta (e deve ser assinalada) (art. 398 do CC, Súmula 54 do STJ e Enunciado CJF 163).

Gabarito "E"

(Ministério Público/RR – 2012 – CESPE) Em relação ao direito das obrigações, assinale a opção correta.

(A) Não tendo sido ajustada época para o pagamento, deve o credor notificar o devedor, dando-lhe prazo de trinta dias para efetuar o pagamento.

(B) A mora *ex re* deriva de inadimplemento de obrigação líquida para cujo pagamento se tenha estabelecido prazo certo.

(C) A redução do valor da cláusula penal não pode ser determinada de ofício pelo magistrado.

(D) Nas obrigações *propter rem*, o abandono da coisa extingue a obrigação.

(E) O cessionário de crédito hipotecário não detém direito de fazer averbar a cessão no registro do imóvel.

A: incorreta, pois nesse caso o credor poderá exigir o pagamento imediatamente (CC, art. 331); **B:** correta, pois a mora *ex re* é automática, não dependendo da interpelação ou notificação humana. Aplica-se para o caso a regra "Dies interpellat pro homine"; **C:** incorreta, pois tal redução pode ocorrer de ofício (CC, art. 413); **D:** incorreta, pois é a renúncia ao direito real sobre a coisa que extingue a obrigação e não o mero abandono. Nesse sentido: nas obrigações *propter rem*, o que faz o sujeito devedor *"é a circunstância de ser titular do direito real, e tanto isso é verdade que ele se libera da obrigação se renunciar a esse direito"* (RODRIGUES, Sílvio. Direito Civil. Obrigações: São Paulo, Saraiva, 2003, p. 79); **E:** incorreta, pois contrária ao disposto no art. 289, regra protetiva do novo credor hipotecário.

Gabarito "B"

4. CONTRATOS

4.1. CONCEITO, PRESSUPOSTOS, FORMAÇÃO E PRINCÍPIOS DOS CONTRATOS

(Ministério Público/GO – 2013) Assinale a alternativa incorreta:

(A) a liberdade de contratar será exercida em razão e nos limites da função social do contrato.

(B) nos contratos de adesão, são nulas as cláusulas que estipulem a renúncia antecipada do aderente a direito resultante da natureza do negócio.

(C) é lícito às partes estipular contratos atípicos, observadas as normas gerais fixadas no Código Civil.

(D) pode ser objeto de contrato a herança de pessoa viva.

A: assertiva correta, pois a assertiva reproduz o disposto no art. 421 do CC; **B:** assertiva correta, pois de pleno acordo com a regra estabelecida pelo art. 424 do CC; **C:** assertiva correta, pois de pleno acordo com a regra estabelecida pelo art. 425 do CC; **D:** assertiva incorreta, devendo ser assinalada, pois tal contrato configura *pacta corvina* e encontra proibição no art. 426 do CC, acarretando sua nulidade absoluta (CC, art. 166, VII).

Gabarito "D"

(Ministério Público/ES – 2013 – VUNESP) Acerca dos contratos por adesão e de acordo com o Código Civil de 2002, é correto afirmar que

(A) cláusulas ambíguas ou contraditórias são nulas de pleno direito.

(B) não são permitidos no âmbito de relação civil diversa da relação de consumo.

(C) são admitidos pelo Código Civil de 2002 apenas para determinadas espécies de contratos.

(D) é nula a cláusula que estipule renúncia antecipada a direito resultante da natureza do negócio.

(E) em que pese sua natureza, não se admite o reconhecimento de abusividade de determinada cláusula.

A: incorreta, pois tais cláusulas não são nulas, apenas produzem o efeito de gerar interpretação mais favorável ao aderente (CC, art. 423); **B:** incorreta, pois há muitos contratos civis que tem a natureza de adesão. É o que ocorre, por exemplo, com o contrato de locação redigido pela administradora de imóveis; **C:** incorreta, pois não existe esta limitação material alegada pela assertiva; **D:** correta, pois a assertiva reproduz a vedação indicada no art. 424 do CC; **E:** incorreta, pois tal abusividade pode ser reconhecida no caso concreto.

Gabarito "D"

(Ministério Público/CE – 2011 – FCC) A proposta de contrato obriga o proponente, se o contrário não resultar dos termos dela, da natureza do negócio, ou das circunstâncias do caso. Deixa, entretanto, de ser obrigatória a proposta

(A) se, com prazo, por telefone, não foi imediatamente aceita.

(B) se, feita com prazo a pessoa ausente, tiver decorrido tempo suficiente para chegar a resposta ao conhecimento do proponente, independentemente do termo final.

(C) se o negócio for daqueles em que não seja costume a aceitação expressa e chegar a tempo a recusa.

(D) se, antes dela, ou simultaneamente, chegar ao conhecimento da outra parte a confirmação do proponente.

(E) se, feita com prazo a pessoa presente, não foi imediatamente aceita.

A: incorreta, pois nesse caso a aceitação pode ocorrer dentro do prazo dado pelo proponente; **B:** incorreta, pois nesse caso deve se observar o prazo dado pelo proponente para a aceitação da proposta; **C:** correta, pois a recusa que chega a tempo desvincula o proponente (CC, art. 432); **D:** incorreta, pois é a retratação do proponente que – nesses casos – retira o caráter obrigatório da proposta (CC, art. 428, IV); **E:** incorreta, pois nesse caso deve ser observar o prazo dado.

Gabarito "C"

(Ministério Público/GO – 2010) Analise as proposições abaixo e, após, marque a alternativa correta.

I. A liberdade de contratar será exercida em razão e nos limites da função social do contrato. Os contratantes são obrigados a guardar, assim na conclusão do contrato, como em sua execução, os princípios de probidade e boa-fé. Quando houver no contrato de adesão cláusulas ambíguas ou contraditórias, dever-se-á adotar a interpretação mais favorável ao aderente. Nos contratos de adesão, são nulas as cláusulas que estipulem a renúncia antecipada do aderente a direito resultante da natureza do negócio.

II. A proposta de contrato obriga o proponente, se o contrário não resultar dos termos dela, da natureza do negócio, ou das circunstâncias do caso. Todavia, deixa de ser obrigatória a proposta se, feita sem prazo a pessoa presente, não foi imediatamente aceita, e se, feita sem prazo a pessoa ausente, tiver decorrido tempo suficiente para chegar a resposta ao conhecimento do proponente.

III. A oferta ao público equivale a proposta quando encerra os requisitos essenciais ao contrato, salvo se o contrário resultar das circunstâncias ou dos usos. Todavia, não se pode revogar a oferta pela mesma via de sua divulgação.

IV. Os contratos entre ausentes tornam-se perfeitos desde que a aceitação é expedida, ainda que antes da aceitação ou com ela chegue ao proponente a retratação do aceitante ou que o proponente se haja comprometido a esperar resposta.

(A) Apenas uma das afirmações acima está inteiramente correta.

(B) Apenas duas das afirmações acima estão inteiramente corretas.

(C) Apenas três afirmações acima estão inteiramente corretas.

(D) Todas as quatro afirmações acima estão inteiramente corretas.

I: correta, pois de acordo com os preceitos do Código Civil, em especial os artigos 421, 422, 423 e 424; **II:** correta, pois de acordo com as regras estabelecidas no artigo 428 do Código Civil; **III:** incorreta, pois o art. 429 parágrafo único permite a revogação da oferta pela mesma via de sua divulgação; **IV:** incorreta, pois considera-se inexistente a aceitação se antes dela ou com ela chegar a retratação (CC, art. 433).

Gabarito "B"

(Ministério Público/MG – 2012 – CONSULPLAN) Quanto à formação dos contratos, é **INCORRETO** afirmar que:

(A) a proposta de contrato obriga o proponente, se o contrário não resultar dos termos dela, da natureza do negócio, ou das circunstâncias do caso.

(B) deixa de ser obrigatória proposta se, feita sem prazo a pessoa presente, não foi imediatamente aceita. Considera-se também presente a pessoa que contrata por telefone ou por meio de comunicação semelhante.

(C) reputar-se-á celebrado o contrato no lugar de sua execução.

(D) considera-se inexistente a aceitação, se antes dela ou com ela chegar ao proponente a retratação do aceitante.

A: correta, pois de pleno acordo com a regra estabelecida no art. 427 do CC; **B:** correta, pois de acordo com a regra do art. 428, I; **C:** incorreta (e deve ser assinalada), pois reputa-se celebrado o contrato no lugar em que foi proposto (CC, art. 435); **D:** correta, pois de acordo com o disposto no art. 433 do CC.

Gabarito "C"

(Ministério Público/MT – 2012 – UFMT) Sobre o princípio de proteção da boa-fé objetiva no Código Civil brasileiro, é correto afirmar:

(A) Não foi contemplado pelo Código Civil vigente como cláusula geral para os contratos, mas pode ser identificado em cláusulas específicas nas relações jurídicas reguladas pela codificação.

(B) Possui previsão expressa como cláusula geral, mas não possui previsão em cláusulas específicas.

(C) Não foi contemplado pelo Código Civil de forma expressa sendo possível, entretanto, reconhecê-lo por meio do recurso à interpretação integrativa e da consideração do princípio da proteção da confiança.

(D) Possui previsão expressa como cláusula geral na forma da boa-fé contratual, além de também ser possível reconhecer seus efeitos em manifestações específicas nas relações jurídicas reguladas pela codificação.

(E) Possui previsão expressa como cláusula geral para os contratos, uma vez que se vincula ao controle dos vícios sobre a condição pessoal dos contratantes, mas não possui previsão em cláusulas específicas.

A: incorreta, pois existe previsão expressa sobre a boa-fé objetiva no art. 422 do Código Civil; **B:** incorreta, pois há normas específicas que exigem a boa-fé objetiva dos contratantes, como é o caso do art. 765, segundo o qual: "O segurado e o segurador são obrigados a guardar na conclusão e na execução do contrato, a mais estrita boa-fé e veracidade, tanto a respeito do objeto como das circunstâncias e declarações a ele concernentes"; **C:** incorreta, pois o princípio foi previsto de forma expressa (CC, art. 422); **D:** correta, pois o Código prevê a boa-fé objetiva tanto em cláusula geral quanto em cláusulas específicas; **E:** incorreta, pois o Código prevê a boa-fé objetiva em cláusulas específicas.

Gabarito "D"

(Ministério Público/MT – 2012 – UFMT) Os efeitos do princípio *nemo venire contra factum proprio*

(A) possuem expresso reconhecimento pelo Código Civil brasileiro de 2002 por meio de uma cláusula geral.

(B) não podem ser identificados no Código Civil brasileiro de 2002, assim como também não podiam no Código Civil de 1916.

(C) possuem reconhecimento pelo Código Civil brasileiro de 2002, mas não assim no Código Civil de 1916.

(D) podem ser identificados no Código Civil brasileiro de 2002 e no Código Civil de 1916 por meio de interpretação d e algumas regras específicas, entre outras reguladoras dos contratos e dos negócios jurídicos.

(E) foram contemplados pelo Código Civil brasileiro de 2002 na forma de cláusulas específicas, mas não o foram do mesmo modo pelo Código Civil de 1916.

A: incorreta, pois não há cláusula geral expressa a respeito do princípio; **B** e **C:** incorreta, pois podem ser identificadas no CC de 2002 (vide, por exemplo, art. 174) e também no CC de 1916 (vide, por exemplo, o art. 150); **D:** correta, pois o referido princípio – que veda comportamentos contraditórios das partes – já possuía previsões esparsas no Código Civil de 1916, bem como as possui no Código Civil de 2002; **E:** incorreta, pois o Código Civil de 1916 já previa tal hipótese em cláusulas específicas.

Gabarito "D"

(Ministério Público/PR – 2011) A respeito dos contratos, assinale a alternativa correta.

(A) a responsabilidade por vícios redibitórios é característica de todo e qualquer contrato translativo do domínio, seja ele comutativo ou aleatório, oneroso ou benéfico.

(B) a violação de deveres laterais derivados da boa-fé objetiva pode caracterizar a denominada violação positiva do contrato.

(C) conforme expressa disposição legal, a resolução do contrato por fatos supervenientes, extraordinários e imprevisíveis que tornem a prestação de uma das partes excessivamente onerosa somente é admitida em favor do devedor que não estiver em mora.

(D) O direito de arrependimento é ínsito à natureza do contrato preliminar, que não pode, assim, ser objeto de execução específica.

(E) são nulos os contratos onerosos do devedor insolvente, quando a insolvência for notória, ou houver motivo para ser conhecida do outro contratante

A: incorreta, pois é característica dos contratos comutativos e onerosos (art. 441 do CC); **B:** correta, pois a doutrina denomina de violação positiva do contrato a violação dos deveres anexos aos contratos (ou laterais), que decorrem do princípio da boa-fé objetiva; por conta desse princípio, que está no art. 422 do CC, cada contrato será regido não só pelas cláusulas acertadas pelas partes, mas também pelos deveres de lealdade, probidade e respeito, que decorrem do princípio da boa-fé objetiva; segundo a doutrina, a violação desses deveres anexos aos contratos constitui espécie de inadimplemento, independentemente de culpa (Enunciado CJF 24); **C:** incorreta, pois a lei não traz disposição nesse sentido; aliás, o art. 399 do CC vem sendo usando para justificar justamente o contrário, ou seja, que o devedor em mora não tem direito de se beneficiar pela regra da imprevisão, prevista nos arts. 478 a 480 do CC; **D:** incorreta, pois o contrato preliminar é um CONTRATO e, como tal, impõe que as partes celebrem o contrato definitivo; somente quando há cláusula expressa que admite o arrependimento, é que este poderá se dar, sem qualquer consequência, por parte de qualquer dos contratantes (art. 463 do CC); **E:** incorreta, pois esses contratos caracterizam a fraude contra credores e são anuláveis (art. 159 do CC), e não nulos.

Gabarito "B"

(Ministério Público/PR – 2009) Sobre a formação e interpretação dos contratos, podemos afirmar:

(A) A função social do contrato e o princípio da boa fé objetiva não constituem limitadores da liberdade de contratar, quando presentes na relação jurídica, como partes, pessoas capazes agindo no exercício de sua atividade profissional.

(B) Pode-se revogar a oferta ao público, pela mesma via da sua divulgação, desde que ressalvada essa faculdade no instrumento que contemple a oferta realizada.

(C) Somente quando evidenciada uma relação de consumo, é possível sustentar o princípio da interpretação mais favorável ao aderente, em sede de contrato de adesão.

(D) No caso de contrato de adesão firmado tendo como partes duas pessoas capazes, agindo no exercício de sua atividade profissional, é válida a cláusula de renúncia antecipada do aderente, mesmo quando se trate de direito resultante da natureza do negócio.

(E) n.d.a.

A: incorreta, pois os princípios citados incidem sobre todas as relações contratuais (arts. 421 e 422 do CC); **B:** correta (art. 429, parágrafo único, do CC); **C:** incorreta, pois tal previsão também se encontra presente no Código Civil (art. 423); vale ressaltar que, no regime do Código Civil, a regra de interpretação favorável só se aplica em caso de cláusula ambígua ou contraditória, ao passo que no CDC, a regra se aplica em qualquer situação (art. 47 do CDC); **D:** incorreta, pois tal cláusula é nula (art. 424 do CC); **E:** incorreta, pois a alternativa "B" está correta.

Gabarito "B"

(Ministério Público/RJ – 2011) Sobre a Teoria Geral dos Contratos, é correto afirmar que:

(A) nos contratos de adesão, as cláusulas que estipulem a renúncia antecipada do aderente são válidas, em conformidade com o disposto no Código Civil;

(B) a aplicação do princípio da boa fé objetiva na fase pré-contratual é admitida pela doutrina pátria, não sendo cabível sua incidência após o término do contrato (boa fé pós-contratual), salvo nas relações de consumo, em que tem aplicação em todas as fases;

(C) o dogma da função social do contrato somente tem aplicabilidade aos negócios jurídicos celebrados após a edição do Novo Código Civil, sob pena de violar o princípio da irretroatividade;

(D) contratos simplesmente consensuais são aqueles que se perfazem com a tradição efetiva ou simbólica do objeto material do contrato;

(E) na sistemática do Código Civil, a oferta ao público equivale a proposta quando encerra os requisitos essenciais ao contrato.

A: incorreta, pois contrária à regra prevista no art. 424 do CC; **B:** incorreta, pois a boa-fé objetiva deve ser aplicada antes, durante e após a execução do contrato. Nesse sentido, o Enunciado nº 25 do CJF preconiza: "*O art. 422* do *Código Civil* não inviabiliza a aplicação, pelo julgador, do princípio da boa-fé nas fases pré e pós-contratual"; **C:** incorreta, pois a função social da propriedade já era prevista na Constituição Federal de 1988 e o contrato não deixa de ser a propriedade circulante. Logo, sua aplicação é anterior ao Código Civil de 2002; **D:** incorreta, pois os contratos consensuais são aqueles nos quais o mero consenso entre as partes é suficiente para formá-lo, não dependendo da tradição do bem; **E:** correta, pois de pleno acordo com a regra estabelecida no art. 429 do Código Civil.

Gabarito "E"

(Ministério Público/RR – 2012 – CESPE) No que se refere aos princípios contratuais, assinale a opção correta.

(A) O instituto da *pacta corvina* é admitido pelo ordenamento jurídico pátrio.

(B) O princípio da função social dos contratos limita a liberdade de A contratar com B.

(C) Determinada pessoa pode exercer um direito contrariando um comportamento anterior próprio, sem necessidade de observância dos elementos constitutivos da boa-fé objetiva.

(D) Dados os predicados do princípio da boa-fé objetiva, a violação dos deveres anexos tipifica a incidência do inadimplemento.

(E) O princípio da boa-fé objetiva se relaciona com o ânimo das pessoas envolvidas nos polos ativo e passivo da relação jurídica de direito material.

A: incorreta, pois é vedado o contrato cujo objeto seja a herança de pessoa viva (CC, art. 426). Tendo em vista que o Código proíbe a prática e não comina sanção, a solução da nulidade absoluta é dada pelo art. 166, VII; **B:** incorreta, pois a função social não limita a liberdade de contratar, apenas a regulamenta de forma mais adequada para a sociedade; **C:** incorreta, pois tal comportamento viola o princípio *nemo venire contra factum proprio*, cuja previsão encontra-se implícita ou expressa no Código, como, por exemplo, no art. 174; **D:** correta, pois o descumprimento de deveres anexos corresponde a inadimplemento contratual, conforme enunciado nº 24 do Conselho da Justiça Federal: "*Em virtude do princípio da boa-fé, positivado no art. 422 do novo Código Civil, a violação dos deveres anexos constitui espécie de inadimplemento, independentemente de culpa*"; **E:** incorreta, pois o princípio da boa-fé objetiva relaciona-se com o comportamento efetivo e concreto das partes.

Gabarito "D"

(Ministério Público/SP – 2010) Assinale a alternativa correta:

(A) o principio da autonomia privada, segundo o qual o sujeito de direito pode contratar com liberdade, está limitado à ordem pública e à função social do contrato.

(B) a exigência da boa-fé se limita ao período que vai da conclusão até a execução do contrato.

(C) segundo o entendimento sumular, a cláusula contratual limitativa de dias de internação hospitalar é perfeitamente admissível quando comprovado que o contratante do seguro saúde estava ciente do seu teor.

(D) a função social justifica o descumprimento do contrato, com fundamento exclusivo na debilidade financeira.

(E) os contratos atípicos não exigem a observância rigorosa das normas gerais fixadas no Código Civil, pois que nestes casos os contratantes possuem maior liberdade para contratar.

A: correta, valendo ler o disposto no art. 421 do CC; **B:** incorreta, pois a boa-fé deve ser respeitada também nas *tratativas*, que é anterior à conclusão (celebração) do contrato, na *extinção*, que é posterior à execução do contrato, e na *pós-extinção* do contrato; é exemplo de respeito à boa-fé na fase de *tratativas* não esconder fato relevante sobre o objeto contratual; é exemplo de respeito à boa-fé na fase de *extinção* não deixar resíduos contratuais; e é exemplo de respeito à boa-fé na fase de *pós-extinção* do contrato não revelar a terceiros segredos da outra parte contratual; **C:** incorreta, pois, nos termos da Súmula 302 do STJ, "é abusiva a cláusula contratual de plano de saúde que limita no tempo a internação hospitalar do segurado"; **D:** incorreta, pois o princípio da função social, no plano interno do contratual, impõe trocas úteis e justas para as partes, e, no plano externo, impõe respeito aos valores coletivos, como o meio ambiente, não podendo ser usado como fundamento para que uma das partes do contrato, com problemas financeiros, deixe de cumprir suas obrigações contratuais; **E:** incorreta (art. 425 do CC).

Gabarito "A"

4.2. CLASSIFICAÇÃO DOS CONTRATOS

(Ministério Público/SP – 2012 – VUNESP) Contrato de adesão é aquele

(A) cujas cláusulas tenham sido aprovadas pela autoridade competente ou estabelecidas unilateralmente pelo fornecedor de produtos ou serviços, sem que o consumidor possa discutir ou modificar substancialmente seu conteúdo.

(B) em que todas as cláusulas deverão ser redigidas com destaque, permitindo sua imediata e fácil compreensão.

(C) em que as partes contratantes negociam cada uma das cláusulas contratuais isoladas e somente aderem àquelas onde houve consenso.

(D) em que sempre deve haver cláusula resolutória, com o intuito de resguardar o equilíbrio contratual na relação de consumo.

(E) escrito e redigido em termos claros e com caracteres ostensivos e legíveis, cujo tamanho da fonte modelo e da fonte das cláusulas que impliquem limitação de direito do consumidor não serão inferiores ao corpo doze, de modo a facilitar a leitura.

A: correta, pois de pleno acordo com o art. 54 do Código de Defesa do Consumidor; **B:** incorreta, pois apenas as clausulas que limitarem direito do consumidor deverão ser redigidas com destaque (CDC, art. 54, § 4º); **C:** incorreta, pois o contrato de adesão não apresenta margem de discussão de cláusulas; **D:** incorreta, pois a cláusula resolutória é admitida, mas não obrigatória; **E:** incorreta, pois essa não é uma boa definição do contrato de adesão, a despeito de ser uma característica dele (CDC, art. 54, § 3º).

Gabarito "A"

4.3. ONEROSIDADE EXCESSIVA

(Ministério Público/PI – 2008) A resolução por onerosidade excessiva da prestação

(A) afeta as prestações passadas, mesmo as anteriores à citação em demanda resolutória, e futuras.

(B) permite a revisão do contrato, caso haja oferecimento de parte do réu.

(C) não atinge os contratos unilaterais.

(D) pode ser alegada pelo devedor, ainda que o fato lhe seja imputável, desde que seja imprevisível.

(E) aplica-se tanto nos contratos de execução imediata quanto nos de execução diferida.

A: incorreta, pois o art. 478 determina a retroatividade da decisão até o momento da citação; **B:** correta, pois de acordo com o art. 479 do Código Civil e também de acordo com o princípio da conservação do contrato que implica na necessidade de primeiramente se revisar o contrato e só depois resolvê-lo; **C:** incorreta, pois o art. 480 do CC aplica a teoria também aos contratos unilaterais; **D:** incorreta, pois apenas acontecimentos extraordinários e imprevisíveis dão ensejo à resolução nos termos do art. 478; **E:** incorreta, pois a aplicação da teoria restringe-se aos contratos de execução diferida, não tendo lugar nos contratos de execução imediata.

Gabarito "B"

(Ministério Público/PR – 2004) Assinalar a alternativa correta:

(A) Com base na Teoria da Imprevisão, o juiz pode conceder quantas revisões contratuais forem necessárias, desde que presentes os pressupostos de admissibilidade do princípio;

(B) Com base na Teoria da Imprevisão, considera-se que seria atentatório à segurança dos pactos a concessão de uma segunda, ou sucessivas revisões;

(C) Para a concessão de uma revisão com fulcro na Teoria da Imprevisão, em qualquer pacto legalmente constituído, devem estar presentes: imprevisibilidade, lesão virtual, necessidade ativa, essencialidade, inimputabilidade, irreversibilidade, ausência de estado moratório e excessiva onerosidade para uma das partes e extrema vantagem para a outra;

(D) A revisão contratual somente encontrará espaço para aplicação se o pacto for de execução diferida sob a modalidade sucessiva;

(E) Nenhuma das alternativas acima.

A aplicação da teoria da imprevisão pode se dar quantas vezes forem necessárias, não havendo limitação legal em sentido contrário. O CC exige o seguinte para que se tenha direito à revisão ou à resolução do contrato (art. 478 do CC): a) o contrato deve ser de execução continuada ou diferida; b) a prestação de uma das partes deve se tornar excessivamente onerosa; c) a outra parte deve ficar com extrema vantagem; d) o desequilíbrio deve ser decorrência de acontecimentos extraordinários e imprevisíveis. Sobre o tema, deve-se ler os arts. 478 a 480 e 317, todos do CC. Deve-se ler também os Enunciados CJF 17, 175, 176, 365, 366 e 367.

Gabarito "A"

4.4. EVICÇÃO

(Ministério Público/PI – 2012 – CESPE) Assinale a opção correta a respeito da evicção.

(A) As partes podem, por cláusula expressa, maximizar a responsabilidade pela evicção, mas não podem diminuí-la.

(B) As benfeitorias necessárias ou úteis que não tenham sido reembolsadas ao que sofreu a evicção terão de ser pagas pelo alienante.

(C) Será legítima a demanda pela evicção por parte do adquirente que, assumindo o risco, tenha conhecimento de que a coisa é alheia ou litigiosa.

(D) De acordo com a lei civil, para poder exercitar o direito que da evicção lhe resulte, o adquirente poderá notificar do litígio apenas o alienante imediato, sendo-lhe defeso fazer a denominada denunciação por saltos.

(E) Havendo cláusula excludente da garantia da evicção, se esta ocorrer, o evicto não terá nenhum direito a reclamar.

A: incorreta, pois as partes podem diminuir, reforçar ou até mesmo excluir as garantias decorrentes da evicção (CC, art. 448); **B:** correta, pois de acordo com a regra estabelecida no art. 453 do CC; **C:** incorreta, pois nesse caso o contrato assumiu caráter aleatório, não coberto pelas garantias contra a evicção (CC, art. 457); **D:** incorreta, pois de acordo com a letra do Código Civil, o adquirente pode denunciar a lide tanto ao alienante imediato quanto qualquer dos anteriores (art. 456); **E:** incorreta, pois para que o evicto não tenha qualquer direito, além da cláusula que afasta as garantias contra a evicção, deverá o adquirente – no próprio contrato – conhecer do risco e assumi-lo expressamente (CC, art. 449).

Gabarito "B"

4.5. VÍCIOS REDIBITÓRIOS

(Ministério Público/MS – 2011 – FADEMS) Assinale a alternativa **incorreta**.

(A) Na venda *ad* corpus o vendedor aliena o imóvel como corpo certo e determinado; logo, o comprador não poderá exigir o implemento da área, pois o adquiriu pelo conjunto e não em atenção à área declarada, que assume caráter meramente enunciativo;

(B) A prescrição iniciada contra o *de cujus* continuará a correr contra seus sucessores, sem distinção entre singulares e universais; logo, continuará a correr contra o herdeiro, o cessionário ou o legatário, salvo se for absolutamente incapaz;

(C) A ação redibitória e a estimatória devem ser propostas dentro do prazo de 01 (um) ano, contados da tradição da coisa móvel, ou de 02 (dois) anos, se se tratar de bem imóvel, computado da data da sua efetiva entrega, mas se já se encontrava na posse do adquirente, tal prazo contar-se-á da alienação, reduzido à metade;

(D) A anulabilidade não tem efeito antes de julgada por sentença, nem se pronuncia de ofício; só os interessados a podem alegar, e aproveita exclusivamente aos que a alegarem, salvo o caso de solidariedade ou indivisibilidade;

(E) A validade dos atos e negócios jurídicos celebrados antes de 11.1.2003, data da entrada em vigor do CC, obedece ao disposto nas leis anteriores – CC/1916 e parte primeira do CCom –, mas os seus efeitos, produzidos depois da vigência do CC, aos preceitos dele se subordinam, salvo se houver sido prevista pelas partes determinada forma de execução.

A: correta (art. 500 do CC); **B:** correta (art. 196 do CC c.c 198,I); **C:** incorreta (e deve ser assinalada), pois o prazo é de 30 dias, se a coisa for móvel, e de 1 ano, se for imóvel (art. 445 do CC); **D:** correta (art. 177 do CC); **E:** correta (art. 2.035 do CC).

Gabarito "C"

(Ministério Público/PI – 2008) É correto afirmar que os vícios redibitórios.

(A) podem ser alegados, ainda que o alienante desconheça a sua existência.

(B) geram direito às perdas e danos, ainda que o alienante desconheça a sua existência.

(C) ocorrem tanto no caso de vícios ocultos quanto aparentes, desde que alegados no prazo legal.

(D) geram ação redibitória cujo prazo prescricional é de cento e oitenta dias a contar da entrega nos bens móveis e da posse nos imóveis.

(E) geram ação redibitória ou estimatória cujo prazo prescricional é de cento e oitenta dias a contar da entrega nos bens móveis e da posse nos imóveis.

A: correta, pois a boa-fé subjetiva do alienante não é requisito para configuração do vício redibitório, apenas sendo considerada para fins de aplicação de perdas e danos (CC, art. 443); **B:** incorreta, pois as perdas e danos só serão devidas caso o adquirente tivesse ciência do vício (CC, art. 443); **C:** incorreta, pois o fato de o vício ser oculto é requisito para configuração do vício redibitório, tendo em vista que se o vício fosse aparente a hipótese seria de negligência do adquirente; **D** e **E:** incorretas, pois é de decadência a natureza dos prazos para exercício do direito de redibir o contrato, ao passo que o lapso temporal é de 30 dias para bem móvel e 1 ano para bens imóveis (CC, art. 445).

Gabarito "A"

(Ministério Público/PR – 2009) A propósito dos vícios redibitórios, é correto dizer:

(A) A teoria dos vícios redibitórios aplica-se a qualquer vício ou defeito, oculto ou aparente, desde que evidenciado no âmbito de um contrato bilateral oneroso.

(B) O adquirente decai do direito de obter a redibição ou abatimento do preço, no prazo de 90 (noventa) dias, em se tratando de bens duráveis, móveis ou imóveis.

(C) Não correm os prazos para obter a redibição ou o abatimento do preço, na constância da cláusula contratual de garantia, mas o adquirente deve denunciar o defeito no prazo de trinta dias seguintes ao seu descobrimento.

(D) Quando o vício, por sua natureza, só possa ser reconhecido mais tarde, o prazo para obter a redibição ou o abatimento do preço contar-se-á do momento em que se tiver ciência do defeito, até o prazo máximo de 01 (um) ano, para bens móveis.

(E) n.d.a.

A: incorreta, pois, no regime do Código Civil, deve se tratar de um vício oculto (art. 441 do CC); **B:** incorreta, pois, no regime do Código Civil, o prazo é de 30 dias, se a coisa for móvel, e de 1 ano, se a coisa for imóvel (art. 445 do CC); **C:** correta (art. 446 do CC); **D:** incorreta, pois o *prazo para ciência do vício* é de 180 dias, em caso de móvel, e de até 1 ano, se se tratar de imóvel (art. 445, § 1º, do CC); assim, se uma pessoa comprar um carro com esse tipo de vício e vier a descobri-lo 170 dias depois, cumpriu o primeiro prazo, qual seja, o prazo de 180 dias para a tomada de ciência do problema na coisa; em seguida, começará o segundo prazo, o de garantia para ingressar com uma das ações acima; no caso, o prazo será de 30 dias, por se tratar de móvel; mas se a pessoa só tem ciência do vício 190 dias após a aquisição, o prazo para ciência do vício terá terminado, ficando prejudicado o direito; nesse caso, nem se começa a contar o segundo prazo, que é o de garantia; **E:** incorreta, pois a alternativa "C" está correta.

Gabarito "C"

4.6. EXTINÇÃO DOS CONTRATOS

(Ministério Público/DF – 2009) Acerca dos contratos, segundo as disposições do Código, assinale a alternativa correta.

(A) O distrato é negócio jurídico que rompe o vínculo contratual, mediante a declaração de vontade de um dos contratantes de pôr fim ao contrato que firmou e deve ser feito da forma em que foi celebrado, sem efeitos retroativos.

(B) Resilição unilateral significa o modo de extinção de um contrato por vontade de um dos contratantes, em virtude da inadimplência do outro. A resilição impõe ao inadimplente, além da multa contratual, o pagamento de indenização por perdas e danos.

(C) No contrato de compra e venda de bem móvel com pacto de reserva de domínio, o comprador só adquire a propriedade da coisa ao integralizar o pagamento do preço, não obstante investir-se em sua posse desde o momento da celebração do contrato. Para valer contra terceiros, é imprescindível que esse contrato seja registrado no cartório de títulos e documentos do domicílio do comprador.

(D) A promessa de fato de terceiro consiste na obrigação assumida pelo promitente em face do promissário de obter a anuência de terceiro em se obrigar a prestar algo em seu favor. O promitente se exonera de sua responsabilidade demonstrando que envidou todos os esforços no sentido de obter o consentimento do terceiro, pois a sua obrigação é de meio.

(E) No contrato de compra e venda de bem imóvel pode-se incluir a cláusula de se desfazer se, dentro de certo prazo, aparecer quem ofereça maior vantagem. Trata-se de cláusula resolutiva expressa que não pode ser cedida e nem transmitida aos herdeiros, que consiste na faculdade do vendedor resolver o contrato e recuperar a propriedade, desde que indenize integralmente o comprador.

A: incorreta, pois o distrato se faz pela manifestação de vontade de todos os contratantes, e não só de um, unilateralmente; **B:** incorreta, pois a resilição é a extinção do contrato pela vontade dos contratantes, e não por inadimplência ou outra razão; a resilição é unilateral quando um dos contratantes denuncia, unilateralmente, o contrato, medida que só pode ser tomada nos casos previstos em lei (art. 473, *caput*, do CC); a resilição é bilateral (distrato) quando as partes têm interesse comum em extinguir o contrato, podendo ser realizada sempre que as partes quiserem fazê-la; **C:** correta (arts. 524 e 522, respectivamente, do Código Civil); **D:** incorreta, pois a obrigação é de resultado, conforme pode se perceber do disposto no art. 439 do CC; **E:** incorreta, pois apesar de a situação narrada no exemplo não constar especificamente do rol de Cláusulas Especiais à Compra e Venda, previsto nos arts. 505 e ss. do Código Civil (Retrovenda, Venda a Contento e Sujeita a Prova, Preferência ou Preempção, Venda com Reserva de Domínio, Venda sobre Documentos), a lei admite a inserção de cláusulas resolutivas em contratos (art. 474 do CC); de qualquer maneira, há um instituto que se aproxima bastante da situação narrada, que é a retrovenda, que permite ao vendedor recobrar a coisa de volta do comprador; a diferença é que, na retrovenda, não é necessário que o vendedor motive o porquê de estar recobrando a coisa de volta, bastando que recobre a coisa no prazo estipulado (que não pode ser superior a 3 anos) e que restitua o preço e as demais despesas do comprador (art. 505 do CC); esse direito se contrapõe à situação narrada na questão, pois é cessível e transmissível a herdeiros e legatários (art. 507 do CC).

Gabarito "C"

(Ministério Público/MS – 2006) Sobre a extinção dos contratos, assinale a opção CORRETA:

(A) No caso de resolução por onerosidade excessiva, os efeitos da sentença que a decretar retroagirão à data da citação.

(B) A cláusula resolutiva tácita independe de interpelação judicial operando-se de pleno direito.

(C) A exceção do contrato não cumprido cabe tanto nos contratos bilaterais como nos unilaterais.

(D) A resilição unilateral opera-se, em regra, mediante retenção da prestação pela parte que não mais deseja o contrato.

A: correta (art. 478 do CC); **B:** incorreta (art. 474 do CC); **C:** incorreta (art. 476 do CC); **D:** incorreta (art. 473 do CC).

Gabarito "A"

4.7. COMPRA E VENDA E TROCA

(Ministério Público/MG – 2013) Quanto ao direito dos contratos, analise as seguintes alternativas e assinale a assertiva INCORRETA:

(A) O vendedor de coisa imóvel pode reservar-se o direito de recobrá-la no prazo máximo de decadência de três anos, restituindo o preço recebido e reembolsando as despesas do comprador, inclusive as que, durante o período de resgate, se efetuaram com a sua autorização escrita, ou para a realização de benfeitorias necessárias.

(B) Na retrovenda, o direito de retrato não poderá ser exercido contra o terceiro adquirente.

(C) A preempção, ou preferência, impõe ao comprador a obrigação de oferecer ao vendedor a coisa que aquele vai vender, ou dar em pagamento, para que este use de seu direito de prelação na compra, tanto por tanto. O prazo para exercer o direito de preferência não poderá exceder a cento e oitenta dias, se a coisa for móvel, ou a dois anos, se imóvel.

(D) A tradição da coisa vendida, na falta de estipulação expressa, dar-se-á no lugar onde ela se encontrava, ao tempo da venda. Se a coisa for expedida para lugar diverso, por ordem do comprador, por sua conta correrão os riscos, uma vez entregue a quem haja de transportá-la, salvo se das instruções dele se afastar o vendedor.

A: assertiva correta, pois a assertiva reproduz com fidelidade a previsão legal da cláusula de Retrovenda, prevista no art. 505 do CC; **B:** assertiva incorreta, devendo ser assinalada, pois o art. 507 do Código Civil permite ao vendedor originário exercer seu direito de recompra em face do terceiro adquirente; **C:** assertiva correta, pois a assertiva conceitua a cláusula contratual de preferência, bem como seus respectivos prazos (CC, art. 513); **D:** assertiva correta, pois a assertiva reproduz as regras a respeito da entrega do local do bem (CC, arts. 493 e 494).

Gabarito "B"

(Ministério Público/PR – 2008) É correto afirmar:

(A) No contrato aleatório, a coisa recebida pode ser enjeitada por vícios ou defeitos ocultos, que a tornem imprópria ao uso a que é destinada, ou lhe diminuam o valor.

(B) No contrato de compra e venda é possível aos contratantes deixar a fixação do preço ao arbítrio de terceiro ou a exclusivamente uma das partes.

(C) Até o momento da tradição, no contrato de compra e venda, os riscos da coisa correm por conta do vendedor, e os do preço por conta do comprador.

(D) A venda feita a contento do comprador entende-se realizada sob condição resolutiva, ainda que a coisa lhe tenha sido entregue; e não se reputará perfeita, enquanto o adquirente não manifestar seu agrado.

(E) No vício redibitório, o adquirente decai do direito de obter a redibição ou abatimento no preço no prazo de trinta dias se a coisa for móvel, e de dois anos se for imóvel, contado da entrega efetiva; se já estava na posse, o prazo conta-se da alienação, reduzido à metade.

A: incorreta, pois o contrato deve ser comutativo (art. 441 do CC); **B:** incorreta (arts. 485 e 489 do CC); **C:** correta, (art. 492 do CC); **D:** incorreta, trata-se de condição suspensiva (art. 509 do CC); **E:** incorreta (art. 445 do CC).

Gabarito "C"

(Ministério Público/RS – 2009) Assinale a alternativa correta.

(A) É anulável a compra e venda de bem imóvel de descendente a ascendente sem o consentimento expresso dos outros descendentes e do cônjuge do alienante.

(B) É nula a compra e venda de bem imóvel de descendente a ascendente sem o consentimento expresso dos outros descendentes e do cônjuge alienante.

(C) A tradição é elemento constitutivo do contrato de compra e venda pura de bens móveis, sem a qual o negócio não se completa.

(D) A compra e venda de mercadorias sem a fixação de preço é válida e exigível, desde que se possa identificá-lo no preço corrente das vendas habituais do vendedor.'

(E) Nenhuma das alternativas anteriores é correta.

A e **B:** incorretas, pois a anulabilidade prevista no art. 496 é para alienação de bem do ascendente para o descendente, não havendo vício na alienação do descendente para o ascendente; **C:** incorreta, pois a tradição é necessária apenas para a aquisição do direito real de propriedade sobre o bem adquirido. O contrato de compra e venda é consensual, logo, se perfaz com o simples acordo de vontade; **D:** correta, pois de acordo com o art. 488 do Código Civil. **E:** incorreta, pois a alternativa "D" está correta.

Gabarito "D"

(Ministério Público/RS – 2009) Leia o enunciado abaixo. Pedro prometeu vender a Paulo determinado imóvel que não lhe pertencia, ficando acertado entre eles que a compra e venda definitiva seria feita em três meses, com a transmissão do bem nessa oportunidade. Paulo, que desconhecia pertencer à terceiro o imóvel, pagou metade do preço, ficando o saldo para ser pago na entrega. Houve inadimplemento, de Pedro, que quatro meses após a data do negócio, tornou-se dono do imóvel por doação que lhe fez o proprietário. Com base nesses dados, assinale a alternativa correta.

(A) A nulidade da promessa de compra e venda decorrente do fato de que Pedro prometeu vender bem de terceiro não fica superada pela aquisição posterior

(B) Considerando a aquisição posterior por Pedro, Paulo tem, a seu exclusivo critério, as seguintes possibilidades de escolha: pretender a anulação do negócio pelo vício da promessa da venda de bem de terceiro, ou exigir a sua consumação.

(C) O negócio é válido, e Paulo pode optar pela sua resolução, em vista do inadimplemento, ou pela exigência de que seja consumado.

(D) O negócio é inexistente, e Pedro só pode exigir a restituição do valor que adiantou, sob o fundamento do enriquecimento ilícito.

(E) Nenhuma das respostas acima é correta.

A: incorreta, pois a aquisição posterior saneia o vício de que o alienante não era dono no momento do contrato; **B:** incorreta, pois anulação do negócio jurídico não é solução legal para a hipótese; **C:** correta, pois Segundo o art. 483 do Código Civil, *"A compra e venda pode ter por objeto coisa atual ou futura. Neste caso, ficará sem efeito o contrato se esta não vier a existir, salvo se a intenção das partes era de concluir contrato aleatório"*. Logo, como a coisa veio a existir, Paulo pode exigir o cumprimento do contrato. Tendo em vista, porém, que houve atraso por parte do vendedor, acarretando o inadimplemento obrigacional, o comprador pode pleitear também sua resolução; **D:** incorreta, pois a inexistência também não é solução legal para o caso; **E:** incorreta, pois a alternativa "C" está correta.

Gabarito "C"

4.8. DOAÇÃO

(Ministério Público/SP – 2013 – PGMP) Relativamente à revogação de doação, assinale abaixo a assertiva INCORRETA.

(A) O direito de revogar a doação não se transmite aos herdeiros do doador, nem prejudica os do donatário, mas os herdeiros podem prosseguir na ação iniciada pelo doador, continuando-a contra os herdeiros do donatário, se este falecer depois de ajuizada a lide.

(B) A doação pura poderá ser revogada se o donatário cometeu ofensa física contra o doador.

(C) A doação pura poderá ser revogada se o donatário recusou os alimentos que poderia ministrar ao doador, que deles necessitava.

(D) Se o donatário cometeu ofensa física contra a esposa do doador, sendo a doação onerada com encargo e se este já tiver sido cumprido, a doação não é passível de revogação por ingratidão.

(E) Se o donatário cometeu ofensa física contra ascendente do doador, tratando-se de doação puramente remuneratória, pode ser revogada por ingratidão.

A: assertiva correta (art. 560 do CC), **B:** assertiva correta (art. 557, II, do CC); **C:** assertiva correta (art. 557, IV, do CC); **D:** assertiva correta (art. 564, II, do CC); **E:** assertiva incorreta, devendo ser assinalada; não é possível revogação por ingratidão de doação puramente remuneratória (art. 564, I, do CC).

Gabarito "E"

(Ministério Público/MG – 2011) Quanto à doação, é **INCORRETO** afirmar que:

(A) Feita em contemplação do merecimento do donatário, não perde o caráter de liberalidade, como não o perde a doação remuneratória, ou a gravada, no excedente ao valor dos serviços remunerados ou ao encargo imposto.

(B) Feita em contemplação de casamento futuro com certa e determinada pessoa, quer pelos nubentes entre si, quer por terceiro a um deles, a ambos, ou aos filhos que, de futuro, houverem um do outro, não pode ser impugnada por falta de aceitação, e só ficará sem efeito se o casamento não se realizar.

(C) Feita ao nascituro, valerá, sendo aceita pelo seu representante legal.

(D) A doação de ascendentes a descendentes, ou de um cônjuge a outro, não importa em adiantamento do que lhes cabe por herança.

A: correta, pois de acordo com o art. 540 do Código Civil; **B:** correta, pois de acordo com o art. 546 do CC; **C:** correta, pois de acordo com o art. 542 do CC; **D:** incorreta (e deve ser assinalada) , pois a doação do ascendente ao descendente implica adiantamento da legítima (CC, art. 544);

Gabarito "D"

(Ministério Público/MG – 2010.2) Analise as seguintes alternativas e assinale a assertiva INCORRETA.

(A) As doações feitas ao filho, cujos encargos já foram cumpridos, não podem ser revogadas, embora o filho tenha praticado atos de ingratidão.

(B) O doador pode fixar prazo ao donatário para declarar se aceita ou não a liberalidade pura e simples. Se este ficar silente, presume-se que não aceitou a doação prometida.

(C) A inalienabilidade de legado de imóvel, sem justificativa, é permitida pela legislação brasileira, que não restringe a livre vontade do testador.

(D) Se a doação constar de subvenção periódica, extinguir-se-á, morrendo o doador, salvo disposição testamentária em contrário, mantendo-a.

A: correta (art. 564, II, do CC); **B:** incorreta (e deve ser assinalada), pois o silêncio, na doação sem encargo, presume a aceitação (art. 539, parte final, do CC); **C:** correta, pois a necessidade de justificativa da cláusula restritiva só se faz necessário quanto aos bens da legítima (art. 1.848, *caput*, do CC), ou seja, da parte indisponível da herança, pertencente aos herdeiros necessários (art. 1.846 do CC); **D:** correta (art. 545 do CC).

Gabarito "B"

(Ministério Público/PI – 2008) É correto afirmar que o contrato de doação, se realizado com encargo, permite que o Ministério Público exija o seu cumprimento caso

(A) o donatário seja menor.

(B) o encargo seja de interesse geral, e o doador tenha falecido.

(C) o encargo seja de interesse geral, e o doador tenha ficado inerte após vencido o prazo de cumprimento do encargo.

(D) o encargo seja de interesse de terceiros, e o doador tenha falecido.

(E) o encargo seja de interesse geral, e o donatário tenha falecido.

A atuação do Ministério Público faz-se possível desde que o encargo beneficie a coletividade de um modo geral e o doador não possa revogá-la, por exemplo, por ter falecido. A mera inércia do doador não legitima o Ministério Público a atuar, pois a revogação da doação é uma prerrogativa do doador. Tais requisitos encontram-se corretamente previstos apenas na alternativa B.

Gabarito "B"

(Ministério Público/RJ – 2011) Sobre o contrato de doação, é INCORRETO afirmar que:

(A) o Código Civil admite a doação feita ao nascituro, que deverá ser aceita pelo seu representante legal;

(B) a dispensa de aceitação, na hipótese de donatário absolutamente incapaz, só é admitida na doação pura, ou seja, desprovida de encargos ou submetida à condição;

(C) na doação *mortis causa*, admitida expressamente no Novo Código Civil, o doador dispõe que seus efeitos só se produzirão após a sua morte, ressalvando o direito de revogá-la *ad nutum*;

(D) a doação verbal é considerada válida pelo Código Civil, sendo necessário o preenchimento de dois requisitos: versar sobre bens móveis de pequeno valor e lhe seguir incontinenti a tradição;

(E) a doação remuneratória é aquela que se destina a recompensar serviços prestados, aferíveis economicamente, mas que não traduzem dívidas exigíveis, impossibilitando a revogação por ingratidão.

A: correta, em função da previsão do art. 542 do Código Civil; **B:** correta, pois de acordo com a regra do art. 543 do CC; **C:** incorreta (e deve ser assinalada), pois a doação *mortis causa* é matéria tratada na sucessão testamentária com requisitos de forma e substância próprios daquele negócio; **D:** correta, pois de acordo com o art. 541 parágrafo único do Código Civil; **E:** correta, pois de acordo com os artigos 540 e 564 do Código Civil.

Gabarito "C"

(Ministério Público/SP – 2010) JOSÉ e MARIA doaram a sua única filha, LÚCIA, todos os imóveis de sua propriedade, reservando para o casal o usufruto dos bens. À época da doação, CARLOS, fruto de outro relacionamento de JOSÉ, já havia sido concebido. CARLOS, quando contava com cinco anos, representado por sua mãe, promoveu ação visando anular a doação efetivada por JOSÉ e MARIA a sua irmã LÚCIA. Assinale a alternativa correta:

(A) deve ser considerada inoficiosa a doação de ¼ (um quarto) dos bens imóveis.

(B) a doação não é nula, pois JOSÉ e MARIA ao instituírem o usufruto sobre os imóveis doados cumpriram a determinação legal de preservar renda suficiente para a subsistência do casal.

(C) a doação é juridicamente inexistente.

(D) a doação não é nula, pois os doadores podiam dispor do patrimônio, com reserva do usufruto para si, considerando que a doação ocorreu antes do nascimento de CARLOS.

(E) é nula a doação da totalidade dos imóveis de propriedade de JOSE e MARIA a filha LÚCIA, pois os direitos do nascituro devem ser preservados.

Da totalidade dos bens doados, metade corresponde à legítima, que é a parte indisponível da herança. Dessa metade, uma parte é de Lúcia e outra parte é de Carlos. Assim, 1/4 do valor total da herança deveria estar reservado a Carlos. Vides arts. 2.007, § 3º, e 549 do CC.

Gabarito "A"

4.9. MÚTUO, COMODATO E DEPÓSITO

(Ministério Público/RO – 2006) Assinale a alternativa correta:

Das alternativas abaixo, qual delas não é característica do contrato de comodato?

(A) é contrato real;

(B) é contrato gratuito;

(C) é contrato bilateral;

(D) é contrato de execução futura;

(E) é contrato típico.

Vide, no item que trata da classificação dos contratos, explicação teórica de cada classificação. Em relação de comodato é o empréstimo de coisa infungível e só se forma com a entrega da coisa (art. 579 do CC). Por isso, a única parte que tem obrigações após a formação do contrato é o comodatário, que deve conservar a coisa e devolvê-la ao final. Assim, trata-se de contrato real (pois só se perfaz com a entrega da coisa), gratuito (porque só uma das partes tem vantagens), unilateral (pois só uma das partes tem obrigações); de execução futura e típico, já que está regulamentado especificamente nos arts. 579 a 585 do CC.

Gabarito "C"

4.10. LOCAÇÃO

(Ministério Público/TO – 2012 – CESPE) A respeito da locação de imóveis urbanos, que obedece à Lei Geral dos Contratos e às regras específicas relacionadas à matéria, assinale a opção correta.

(A) A tutela em relação à locação urbana reconhece ao locador o direito de reaver o imóvel durante a vigência do contrato de locação.

(B) O direito de uso e o de gozo da coisa, assegurados pelo contrato de locação, autorizam ao locatário os atos de cessão, sublocação ou empréstimo, desde que por prazo determinado, independentemente de conhecimento prévio do locador.

(C) Com relação ao contrato de locação por temporada, destinado a atender necessidades transitórias, a lei permite o recebimento de aluguel antecipado, o estabelecimento de garantias locatícias, além da responsabilização do locatário sobre o imóvel alugado.

(D) No caso de contrato de locação de imóvel não residencial, dissolvida a sociedade locatária por morte de um dos sócios, não há previsão legal para o exercício do direito de renovação do contrato de locação do imóvel para os sócios restantes.

(E) São dois os elementos essenciais do contrato de locação: o consentimento das partes e a coisa, objeto do contrato.

A: incorreta, pois tal direito não é concedido ao locador, salvo nas hipóteses do art. 9º da Lei nº 8.245/91; **B:** incorreta, pois para tais atos o locatário precisaria da anuência do locador (Lei nº 8245/91, art. 13); **C:** correta, em virtude do art. 42 da Lei nº 8.245/91; **D:** incorreta, pois contrária aos termos do art. 51 § 3º, o qual disciplina que "*dissolvida a sociedade comercial por morte de um dos sócios, o sócio sobrevivente fica sub - rogado no direito a renovação, desde que continue no mesmo ramo*"; **E:** incorreta, pois o valor do aluguel também é elemento essencial do referido contrato.

Gabarito "C"

4.11. PRESTAÇÃO DE SERVIÇO

(Ministério Público/SP – 2011) Considere as assertivas a seguir:

I. decorridos 4 (quatro) anos, o Contrato de Prestação de Serviços é considerado findo, independentemente da conclusão dos serviços;

II. o mandato outorgado por meio de instrumento público somente admite substabelecimento por instrumento público;

III. na doação sujeita a encargo, o silêncio do donatário, no prazo fixado pelo doador, não implica aceitação da doação.

É verdadeiro o que se afirma em

(A) I apenas.

(B) I e II apenas.

(C) I e III apenas.

(D) II e III apenas.

(E) I, II e III.

I: correta (art. 598 do CC); **II:** incorreta, pois ainda quando se outorgue mandato por instrumento público, pode substabelecer-se mediante instrumento particular (art. 655 do CC); **III:** correta (art. 539 do CC).

Gabarito "C"

4.12. MANDATO

(Ministério Público/ES – 2013 – VUNESP) Assinale a alternativa correta sobre o contrato de mandato.

(A) O menor púbere pode ser mandatário, ainda que não seja emancipado.

(B) O mandato por instrumento público não pode ser substabelecido por instrumento particular.

(C) A interdição do mandante não provoca a cessação do mandato, dependendo de expressa revogação por parte do curador.

(D) O mandato com a cláusula *"em causa própria"* pode ser revogado a qualquer tempo pelo mandante.

(E) O mandatário só poderá substabelecer seus poderes se houver expressa autorização do mandante.

A: correta, pois o Código permite que o maior de dezesseis anos seja mandatário (CC, art. 666); **B:** incorreta, pois o que determina a forma do mandato é o negócio principal que será praticado pelo mandatário. Caso o negócio principal não exija escritura pública, as partes poderão livremente escolher a forma pública ou particular, tanto para o mandato quanto para o substabelecimento (CC, art. 655); **C:** incorreta, pois a interdição de qualquer uma das partes acarreta na extinção do mandato (CC, art. 682); **D:** incorreta, pois a assertiva viola o disposto no art. 685 do Código Civil. Esta cláusula *"em causa própria"* permite ao mandatário representar o mandante, realizando negócio com terceiros ou consigo mesmo. Sua natureza não comporta a possibilidade de revogação por parte do mandante; **E:** incorreta, pois presume-se a permissão para o substabelecimento (CC, art. 667).

Gabarito "A"

(Ministério Público/MG – 2011) Quanto à cessação do mandato, é INCORRETO afirmar que ela ocorre pelo(a):

(A) desídia do mandatário.

(B) revogação ou renúncia.

(C) morte ou interdição de uma das partes.

(D) término do prazo ou conclusão do negócio.

O art. 682 do Código Civil prevê as hipóteses de extinção do contrato de mandato e apenas a assertiva A é a única que contempla uma hipótese não prevista no referido dispositivo. As demais estão previstas expressamente no texto da lei.

Gabarito "A"

(Ministério Público/SE – 2010 – CESPE) No que concerne ao contrato de mandato, assinale a opção correta de acordo com o Código Civil.

(A) O mandatário que exceder os poderes do mandato será considerado mero gestor de negócios enquanto o mandante não ratificar os atos.

(B) O mandato outorgado por instrumento público não poderá ser substabelecido por instrumento particular.

(C) Para recebimento do que for devido em decorrência do mandato, o mandatário não poderá reter o objeto da operação que lhe for cometida.

(D) O maior de 16 anos e menor de 18 anos de idade, desde que emancipado, poderá ser mandatário, mas o mandante, em regra, não terá ação contra ele.

(E) Se o mandatário tiver ciência da morte ou interdição do mandante, não deverá concluir o negócio já iniciado, mesmo em caso de perigo na demora.

A: correta (art. 665 do CC); **B:** incorreta (art. 655 do CC); **C:** incorreta (art. 664 do CC); **D:** incorreta, pois o mandante tem ação contra o mandatário menor mesmo não emancipado (art. 666 do CC); **E:** incorreta (art. 674 do CC).

Gabarito "A"

4.13. SEGURO

(Ministério Público/RN – 2009 – CESPE) Com relação aos planos e seguros privados, dispostos na Lei nº 9.656/1998, assinale a opção correta.

(A) As pessoas jurídicas domiciliadas no exterior não podem constituir capital de pessoas jurídicas de direito privado constituídas sob as leis brasileiras para operar planos privados de assistência à saúde.

(B) As operadoras de planos privados de assistência à saúde podem realizar quaisquer operações financeiras com seus diretores.

(C) As operadoras de planos privados de assistência à saúde podem excluir, sem limite de tempo, a cobertura às doenças e às lesões preexistentes na data da contratação do plano.

(D) É vedada às pessoas físicas a operação de plano ou seguro privado de assistência à saúde.

(E) As operadoras de planos privados de assistência à saúde podem realizar quaisquer operações financeiras com membros de seus conselhos administrativos.

A: incorreta, pois as pessoas jurídicas domiciliadas no exterior podem constituir ou participar do capital, ou do aumento do capital, de pessoas jurídicas de direito privado constituídas sob as leis brasileiras para operar planos privados de assistência à saúde, conforme artigo 1º, § 3º da referida Lei; **B:** incorreta, pois o art. 21 da Lei nº 9.656 veda a possibilidade de operações financeiras com os diretores; **C:** incorreta, pois o art. 11 da mencionada Lei estabelece que "é vedada a exclusão de cobertura às doenças e lesões preexistentes à data de contratação dos produtos [...] após vinte e quatro meses de vigência do aludido instrumento contratual"; **D:** correta, pois as pessoas físicas não podem operar planos ou seguros privados de assistência à saúde (art. 1º, § 4º da Lei 9.656); **E:** incorreta, pois o art. 21 da Lei nº 9.656 veda a possibilidade de operações financeiras com membros do conselho administrativo.

Gabarito "D"

4.14. FIANÇA

(Ministério Público/MG – 2013) Quanto à fiança, analise as seguintes alternativas e assinale a assertiva INCORRETA:

(A) As dívidas futuras não podem ser objeto de fiança, ainda que certa e líquida a obrigação do principal devedor.

(B) A fiança pode ser de valor inferior ao da obrigação principal e contraída em condições menos onerosas, e, quando exceder o valor da dívida, ou for mais onerosa que ela, não valerá senão até o limite da obrigação afiançada.

(C) Pode-se estipular a fiança, ainda que sem consentimento do devedor ou contra a sua vontade.

(D) Quando o credor, sem justa causa, demorar a execução iniciada contra o devedor, poderá o fiador promover-lhe o andamento.

A: assertiva incorreta, devendo ser assinalada, pois as dívidas futuras podem ser objeto de fiança (CC, art. 821); **B:** assertiva correta, pois a assertiva reproduz a norma permissiva contida no art. 823 do CC; **C:** assertiva correta, pois o devedor (também chamado de afiançado) não é parte no contrato de fiança. Logo, nada impede que credor e fiador estipulem tal contrato livremente sem anuência do devedor (CC, art. 820); **D:** assertiva correta, pois a assertiva reproduz a norma permissiva contida no art. 834 do CC.

Gabarito "A"

(Ministério Público/MG – 2012 – CONSULPLAN) Quanto à fiança, é **INCORRETO** afirmar que:

(A) pode ser de valor inferior ao da obrigação principal e contraída em condições menos onerosas, e, quando exceder o valor da dívida, ou for mais onerosa que ela, não valerá senão até ao limite da obrigação afiançada.

(B) dar-se-á por escrito e admite interpretação extensiva.

(C) se o fiador se tornar insolvente ou incapaz, poderá o credor exigir que seja substituído.

(D) pode-se estipular a fiança, ainda que sem consentimento do devedor ou contra a sua vontade.

A: correta, pois de acordo com o permissivo do art. 823 do Código Civil; **B:** incorreta (e deve ser assinalada), pois o contrato de fiança não admite interpretação extensiva (CC, art. 819); **C:** correta, pois de acordo com a previsão do art. 826 do CC; **D:** correta, pois o devedor não é parte no contrato de fiança, podendo a mesma realizar-se mesmo contra sua vontade (CC, art. 820).

Gabarito "B"

(Ministério Público/PR – 2008) É correto afirmar:

(A) Além de inexecução do encargo, a doação pode ser revogada se o donatário cometer qualquer crime contra o doador.

(B) Pelo contrato de depósito recebe o depositário um objeto móvel ou imóvel, para mantê-lo, até que o depositante o reclame.

(C) Aquele que, sem justa causa, se enriquecer à custa de outrem, será obrigado a restituir o dobro do indevidamente auferido.

(D) A obrigação do fiador não passa aos herdeiros; mas a responsabilidade da fiança se limita ao tempo decorrido até a morte do fiador, e não pode ultrapassar as forças da herança.

(E) O fiador poderá exonerar-se da fiança que tiver assinado sem limitação de tempo, sempre que lhe convier, ficando obrigado por todos os efeitos da fiança, durante sessenta dias após a notificação do credor.

A: incorreta, art. 557 do CC (não é qualquer crime); **B:** incorreta, pois o depósito só pode recair sobre bem móvel (art. 627 do CC); **C:** incorreta, pois não existe essa previsão nos arts. 884 a 886 do CC; de qualquer forma, vale citar alguns casos que ensejam algum tipo de punição de pagamento em dobro: arts. 418, 420, 773, 939, 940 e 1.259 do CC; **D:** incorreta (art. 836 do CC); **E:** correta (art. 835 do CC).

Gabarito "E"

(Ministério Público/SP – 2011) Um cônjuge, casado sob o regime de comunhão parcial de bens e em estado de solvência, firma contrato de fiança em favor de terceiro, sem a necessária outorga uxória. Pode(m) pedir a decretação de anulabilidade:

(A) ambos os cônjuges e o afiançado.

(B) o cônjuge que não firmou o contrato.

(C) o cônjuge que firmou o contrato.

(D) o cônjuge que firmou o contrato e o afiançado.

(E) os credores do cônjuge que firmou o contrato.

A alternativa "b" está correta, pois conforme o art. 1.650 do CC.

Gabarito "B"

4.15. OUTROS CONTRATOS E TEMAS COMBINADOS

(Ministério Público/DF – 2013) A respeito dos contratos regidos pelo Código Civil, assinale a opção CORRETA.

(A) Os contratos bilaterais contêm, implicitamente, em seus termos, uma cláusula resolutiva tácita a possibilitar ao contratante o desfazimento do negócio em virtude do inadimplemento absoluto da outra parte. Por esse motivo, caso uma das partes venha a descumprir a sua obrigação, o contrato se resolve de pleno direito, independentemente de interpelação judicial.

(B) Quando a gestão de negócio tiver sido empreendida para evitar prejuízo iminente, a desaprovação da gestão pelo dono do negócio, desobriga-o de cumprir as obrigações contraídas em seu nome, bem como de reembolsar o gestor pelas despesas realizadas, cabendo, nesse caso, a responsabilidade do gestor pelos danos causados ao dono do negócio.

(C) Apenas as coisas móveis que estejam no comércio podem ser objeto de contrato estimatório. Nesse contrato, o consignatário assume a obrigação de pagar o preço estimado. Facultando-lhe, porém, no prazo assinalado, a restituição da coisa consignada. A restituição é direito subjetivo do consignatário, não podendo o consignante impedi-la ou limitá-la, pois violaria a natureza do negócio.

(D) A doação com cláusula de reversão é aquela em que, se o doador sobrevive ao donatário, o patrimônio retorna ao doador. Podendo essa cláusula de reversão ser estipulada em favor de terceiros, ou seja, o doador pode prever que, caso ele faleça, a doação será revertida a pessoa diversa do doador.

(E) O desequilíbrio econômico do contrato comutativo é motivo suficiente para ensejar a sua resolução ou mesmo a sua revisão objetivando o reajuste de suas prestações em bases razoáveis, independentemente da ocorrência, no curso da relação, de acontecimentos extraordinário e imprevisível, que venha a tornar excessivamente onerosa a obrigação contraída por um dos contraentes.

A: incorreta. De fato, todos os contratos bilaterais de nosso sistema apresentam uma cláusula resolutiva tácita, ou seja, um evento futuro e incerto apto a resolver qualquer contrato bilateral. Tal evento futuro e incerto é o descumprimento do contrato por uma das partes. O único erro da assertiva é o de que tal cláusula resolutiva tácita depende de interpelação, nos termos do art. 474 do Código Civil; **B:** incorreta, pois nesse caso *"responderá o gestor até pelos casos fortuitos, não provando que teriam sobrevindo, ainda quando se houvesse abatido"*. Se os prejuízos da gestão excederem o seu proveito, poderá o dono do negócio exigir que o gestor restitua as coisas ao estado anterior, ou o indenize da diferença (CC, arts. 874 combinado com 862 e 863); **C:** correta. O contrato estimatório é popularmente conhecido como contrato de venda em consignação. O consignante deixa o bem móvel com o consignatário para que este realize a venda do mesmo. A obrigação do consignatário é entregar o valor estimado do bem ao consignante. Contudo, na hora de cumprir a obrigação, abre-se ao consignatário a faculdade de devolver o bem. Trata-se mesmo de um direito do consignante; **D:** incorreta. A assertiva define adequadamente a doação com cláusula de reversão. Contudo, a lei não admite que a reversão ocorra em favor de terceiro (CC, arts. 547); **E:** incorreta, pois o Código Civil adotou a teoria da imprevisão, exigindo que a desproporção fosse gerada por *"acontecimentos extraordinários e imprevisíveis"* (CC, art. 478). A outra teoria, não adotada pelo Código Civil é a teoria da pressuposição. Segundo ela, o contratante anui com as disposições de um contrato sob um determinado conjunto de pressuposições que, se mantidas, conservam o negócio incólume. Se alteradas, sujeitam-no à revisão.

Gabarito "C"

(Ministério Público/RO – 2013 – CESPE) No que se refere aos contratos, assinale a opção correta.

(A) O objeto do contrato de comissão, regulado como típico no Código Civil, são negócios determinados, negociando o comissário em nome do comitente, o qual será parte do negócio ajustado com o terceiro.

(B) Em se tratando de contrato de agência, a coisa a ser negociada fica à disposição do agente, a quem cabe promover negócios do agenciado em zona determinada, mediante retribuição, em caráter não eventual e sem vínculo de dependência.

(C) O mandante tem o dever de satisfazer as obrigações assumidas pelo mandatário, considerando-se os poderes a ele conferidos pelo contrato celebrado, ainda que o mandatário tenha desatendido a alguma instrução.

(D) Em caso de morte do proponente de obrigação não personalíssima séria e consciente, os herdeiros não estarão obrigados em relação às consequências do ato praticado.

(E) A resolução unilateral do contrato é um direito de ambas as partes em caso de inadimplemento, de forma que o adimplemento substancial por parte do devedor não obsta o exercício de tal faculdade pelo credor.

A: incorreta, pois o contrato de comissão tem por objeto a aquisição ou a venda de bens pelo comissário, em seu próprio nome, à conta do comitente (art. 693 do CC); **B:** incorreta, pois, quando o agente tiver à sua disposição a coisa a ser negociada, o contrato é de distribuição (art. 710 do CC); **C:** correta, pois o principal efeito do contrato de mandato é a vinculação do mandante às obrigações assumidas pelo mandatário (art. 675 do CC); **D:** incorreta, pois os herdeiros assumem créditos e débitos do falecido, na medida das forças da herança; **E:** incorreta, pois a teoria do adimplemento substancial mitiga o direito de resolução do contrato pela parte credora, tendo em vista a busca pelo equilíbrio contratual e pelo atendimento de sua função social.

Gabarito "C"

(Ministério Público/PR – 2013) Está incorreta a alternativa:

(A) A revogação do mandato "em causa própria" é ineficaz;

(B) Pode-se estipular fiança mesmo sem consentimento do devedor;

(C) A responsabilidade por evicção existe mesmo no caso de aquisição por hasta pública;

(D) A doação pode ser revogada por ingratidão do donatário, entre outras hipóteses, no caso de homicídio culposo praticado pelo donatário contra o doador;

(E) É anulável a venda de ascendente para descendente, salvo se houver assentimento dos demais descendentes e do cônjuge do alienante.

A: correta, pois a revogação da referida cláusula não tem eficácia (art. 685 do CC); **B:** correta, pois o contrato de fiança apresenta como partes o fiador e o credor. Logo, o consentimento do devedor é irrelevante (art. 820 do CC); **C:** correta, pois de acordo com a nova orientação estabelecida pelo art. 447 do CC; **D:** incorreta (devendo ser assinalada), pois o homicídio culposo do doador não é causa de revogação da doação (art. 557, I, do CC); **E:** correta, pois de pleno acordo com o art. 496 do CC.

Gabarito "D"

(Ministério Público/RR – 2008 – CESPE) A respeito dos contratos, julgue os itens que se seguem.

(1) Nos contratos de compra e venda, a sujeição ao preço corrente nas vendas habituais do vendedor é critério válido de atribuição do preço, quando a venda tiver sido feita sem fixação do preço ou de critérios válidos para a sua determinação e não houver tabelamento oficial para o objeto do contrato.

(2) Quando a fiança for prestada por tempo indeterminado, o fiador tem o direito de, a qualquer tempo, exonerar-se da fiança, ficando obrigado tão somente pela garantia da dívida durante sessenta dias após a notificação do credor.

1: certa (Art. 488 do CC); **2:** certa (Art. 835 do CC).

Gabarito 1C, 2C

4.16. ATOS UNILATERAIS

(Ministério Público/AM – 2007 – CESPE) Acerca do direito das obrigações, dos contratos e dos atos unilaterais, assinale a opção correta.

(A) O inadimplemento absoluto de uma obrigação se dá quando essa não for cumprida no tempo, no lugar e na forma devidos. Nesse caso, o credor poderá exigir do inadimplente o recebimento ou a prestação a que o devedor se obrigou, acrescida da multa contratual.

(B) A promessa de recompensa constitui-se como um ato unilateral não receptício, que adquire sua eficácia vinculante no momento em que a vontade do promitente é tornada pública, independentemente de aceitação.

(C) A imputação em pagamento é a faculdade pela qual o devedor de várias dívidas ainda não vencidas a um mesmo credor propõe quitá-las antecipadamente, oferecendo como pagamento coisa diversa da que é devida ao credor. Se o credor consente em recebê-la, o devedor deve indicar qual das obrigações está pagando.

(D) Nos contratos onerosos com cláusula de exclusão completa da garantia contra a evicção, por força do convencionado livremente entre as partes, o alienante será exonerado de qualquer responsabilidade, inclusive da restituição da quantia paga pelo evicto, ainda que este comprove que desconhecia o risco de perder a coisa adquirida, em virtude de direito de terceiro.

(E) Vícios redibitórios são defeitos ocultos em coisa alienada que impeçam ou dificultem o uso a que a coisa se destina, autorizando o comprador a devolver a coisa, e obrigando o alienante a ressarcir o valor recebido, acrescido de perdas e danos resultantes da situação criada, correção monetária e demais despesas suportadas pelo comprador, independentemente da culpa ou da má-fé de qualquer um dos contratantes.

A: incorreta, pois a definição dada é de inadimplemento relativo ou mora (art. 394 do CC); **B:** correta, art. 854 do CC; **C:** incorreta, pois não se deve confundir imputação de pagamento com dação em pagamento; a primeira está regulamentada nos arts. 352 a 355 do CC e segunda, nos arts. 356 a 359 do CC; **D:** incorreta, art. 449 do CC; **E:** incorreta, pois o alienante só tem o dever de pagar indenização por perdas em danos se tiver procedido de má-fé (art. 443 do CC).

Gabarito "B"

5. RESPONSABILIDADE CIVIL

5.1. OBRIGAÇÃO DE INDENIZAR

(Ministério Público/ES – 2013 – VUNESP) Os pais de Gabriel, por decisão judicial transitada em julgado, perderam o poder familiar sobre o menor. Assim, foi judicialmente designado tutor para garantir os interesses de Gabriel e representá-lo civilmente, nos termos da legislação vigente. Aos 16 anos, Gabriel já possui renda própria, fruto de sua atividade profissional como ator, possuindo condições financeiras melhores que de seu próprio tutor, pessoa humilde e com receita limitada à subsistência. O menor púbere furtou um veículo e, acidentalmente, atropelou uma pessoa, que veio a falecer dias depois. Diante do caso concreto apresentado, assinale a alternativa correta acerca da responsabilidade civil dos envolvidos.

(A) O tutor tem responsabilidade pelos danos causados pelo menor, desde que comprovada a ocorrência da culpa *in vigilando*.

(B) O tutor não responde pelos danos causados pelo menor, na medida em que sua atuação limita-se à gestão de patrimônio e assistência para os atos da vida civil.

(C) Considerando a existência de condições financeiras do menor, há responsabilidade solidária entre ele, seus pais e seu tutor.

(D) O menor responderá pessoalmente pelos prejuízos, devendo indenizar a família da vítima pelos danos decorrentes do homicídio.

(E) Os pais do menor, apesar de terem perdido o poder familiar, respondem objetivamente pela reparação do dano causado à família da vítima.

O art. 928 do Código Civil estabelece uma regra excepcional de responsabilização civil que recai sobre o próprio incapaz, desde que este tenha condições financeiras de arcar com tal indenização e desde que o responsável não tenha tal capacidade. O Código ainda estabelece que tal indenização não será devida se privar do necessário o incapaz.

Gabarito "D"

(Ministério Público/MS – 2013 – FADEMS) Aponte se as frases a seguir são verdadeiras (V) ou falsas (F) e assinale a alternativa correta:

I. São civilmente responsáveis pelo ressarcimento de dano, decorrente de publicação pela imprensa, tanto o autor do escrito quanto o proprietário do veículo de comunicação.

II. Os donos de hotéis, independentemente de culpa, são responsáveis civilmente pelos atos ilícitos praticados pelos seus hóspedes.

III. O Código Civil adota o regime de responsabilidade subsidiária e equitativa dos incapazes.

IV. Em caso de acidente automobilístico, a responsabilidade da transportadora ficará afastada se comprovado que os danos sofridos pelo passageiro decorreram de falha mecânica do veículo.

(A) V, V, V, V.

(B) V, V, V, F.

(C) V, F, V, V.

(D) F, V, F, F.

(E) V, V, F, F.

I: Verdadeira, pois em consonância com a Súmula 221 do STJ, segundo a qual: *"São civilmente responsáveis pelo ressarcimento de dano, decorrente de publicação pela imprensa, tanto o autor do escrito quanto o proprietário do veículo de divulgação"*, bem como com o art. 186 do CC e o art. 49, § 2º, da Lei nº 5.250/1967 (a chamada Lei de Imprensa); **II:** Verdadeira, pois existe previsão nesse sentido nos arts. 932, IV, e 933 do CC. Uma vez paga a indenização, contudo, o dono de hotel terá ação regressiva contra o hóspede (art. 934 do CC); **III:** Verdadeira, pois em hipóteses específicas, o Código Civil permite que a responsabilidade recaia sobre o próprio incapaz, ressalvando-se sempre a fixação equitativa da indenização (art. 928, CC); **IV:** Falsa, pois referida falha mecânica não se considera excludente do dever de indenizar.

Gabarito "B"

(Ministério Público/SP – 2013 – PGMP) Em tema de responsabilidade civil, assinale a assertiva INCORRETA.

(A) A empresa locadora de veículos não responde civilmente pelos prejuízos causados pelo locatário a terceiros, no uso do carro locado.

(B) São responsáveis pela reparação civil o empregador ou comitente, por conduta de seus empregados, serviçais e prepostos, no exercício do trabalho que lhes competir ou em razão dele.

(C) São responsáveis pela reparação civil o tutor e o curador, pelos pupilos e curatelados que estiverem sob sua autoridade ou em sua companhia.

(D) O dono, ou detentor, do animal ressarcirá o dano por este causado, se não provar culpa da vítima ou força maior.

(E) São responsáveis pela reparação civil os pais, pelos atos de filhos menores que estiverem sob sua autoridade e em sua companhia.

A: assertiva incorreta, devendo ser assinalada; de acordo com a Súmula STF n. 492, a empresa locadora de veículos responde civil e solidariamente com o locatário pelos danos por este causados a terceiro, no uso do carro locado; **B:** assertiva correta (art. 932, III, do CC); **C:** assertiva correta (art. 932, II, do CC); **D:** assertiva correta (art. 936 do CC); **E:** assertiva correta (art. 932, I, do CC).

Gabarito "A"

(Ministério Público/RO – 2013 – CESPE) No que concerne à responsabilidade civil, assinale a opção correta.

(A) O antigo proprietário de veículo alienado somente será solidariamente responsável por dano resultante de acidente que envolva o veículo no caso de ausência de registro da transferência.

(B) Sendo objetiva a responsabilidade dos pais em relação aos filhos menores, caso um adolescente menor de dezesseis anos de idade cause, no período de aulas, dano a aluno da escola onde estuda, têm os pais o dever de indenizá-lo, isentando-se de responsabilidade a escola.

(C) Para a vítima de acidente de carro provocado por motorista menor de dezoito anos de idade sem habilitação haver a indenização dos pais do motorista, basta a comprovação da culpa *in vigilando* dos pais.

(D) Não havendo, entre locadora e locatário, relação de preposição, uma locadora de veículos não responde pelos danos causados pelo locatário quando da utilização de um veículo.

(E) A responsabilidade do proprietário de veículo automotor é solidária à do indivíduo que tome o veículo emprestado e, conduzindo-o, cause danos a terceiros.

A: incorreta, pois segundo a Súmula 132 do STJ: "A ausência de registro da transferência não implica a responsabilidade do antigo proprietário por dano resultante de acidente que envolva o veículo alienado"; **B:** incorreta, pois nessa hipótese a escola não se ausenta de responsabilidade (art. 932 do CC); **C:** incorreta, pois a responsabilidade dos pais pelos atos dos filhos menores é objetiva, ou seja, não há que se demonstrar a culpa dos pais; **D:** incorreta, pois a empresa locadora de veículos responde, civil e solidariamente, com o locatário, pelos danos por este causados a terceiro, no uso do carro locado (Súmula 492 do STF); **E:** correta, pois pode-se concluir que nesse caso há culpa *in eligendo* e também *in vigilando*. Assim posicionou-se o STJ: "Contra o proprietário de veiculo dirigido por terceiro considerado culpado pelo acidente conspira a presunção *iuris tantum* de culpa *in eligendo* e *in vigilando*, não importando que o motorista seja ou não seu preposto, no sentido de assalariado ou remunerado, em razão do que sobre ele recai a responsabilidade pelo ressarcimento do dano que a outrem possa ter sido causado" (REsp 5.756/RJ, Rel. Ministro Cesar Asfor Rocha, 4.ª T., julgado em 08.10.1997, *DJ* 30.03.1998, p. 65).

Gabarito "E"

(Ministério Público/MA – 2009) Sobre a Responsabilidade Civil, assinale a alternativa INCORRETA.

(A) A instituição bancária responde objetivamente pelos furtos, roubos e latrocínios ocorridos nas dependências de estacionamento que oferece aos veículos de seus clientes, não se podendo alegar como causa excludente caso fortuito ou força maior.

(B) Os atos praticados em estado de necessidade não constituem atos ilícitos, mas não excluem o dever de indenizar, tendo o autor do dano ação regressiva contra o terceiro que gerou culposa ou dolosamente a situação de perigo.

(C) A absolvição do réu, no processo penal, pela insuficiência de provas (*in dubio pro reo*), não impede o reexame da culpa e sua demonstração, para fins de responsabilidade civil.

(D) Aquele que dá carona (transporta gratuitamente) a outrem somente será civilmente responsável por danos causados ao transportado, quando incorrer em dolo ou culpa grave.

(E) O juiz responderá, por perdas e danos, em relação aos atos judiciais, quando, no exercício de suas funções, proceder com culpa ou dolo.

A: correta, nos termos da Súmula 130 do STJ ("a empresa responde, perante o cliente, pela reparação do dano ou furto de veículo ocorridos em seu estacionamento"); **B:** correta (arts. 188, II, 929 e 930 do CC); **C:** correta (art. 66 do Código de Processo Penal); **D:** correta, nos termos da Súmula 145 do STJ ("no transporte desinteressado, de simples cortesia, o transportador só será civilmente responsável por danos causados ao transportado quando incorrer em dolo ou culpa grave"); **E:** incorreta (e deve ser assinalada), pois, segundo o art. 133, I, do CPC, o juiz responderá por perdas e danos quando, no exercício de suas funções, proceder com dolo ou *fraude*.

Gabarito "E"

(Ministério Público/MS – 2009) Com relação à responsabilidade civil, é correto afirmar que

(A) a responsabilidade do empregador por atos dos empregados no exercício do trabalho decorre de culpa *in eligendo*.

(B) a responsabilidade decorrente do ato ilícito não gera solidariedade entre os coautores, cada qual respondendo na proporção da sua culpa.

(C) a morte do devedor extingue o dever de indenizar, se a ação indenizatória não estiver ajuizada na data da abertura da sucessão.

(D) o credor que demanda o devedor antes de vencida a dívida, além de esperar o vencimento, deverá pagar os juros em dobro.

(E) a morte do credor transmite aos seus herdeiros o direito de exigir a reparação.

A: incorreta, pois a responsabilidade do empregador pelos atos do empregado é objetiva, não dependendo da demonstração da culpa do empregador (CC, art. 933); **B:** incorreta, pois há no caso solidariedade prevista no art. 942 parágrafo único do Código Civil; **C:** incorreta, pois *"o direito de exigir reparação e a obrigação de prestá-la transmitem-se com a herança"* (CC, art. 943); **D:** incorreta, pois nessa hipótese o credor deverá pagar ao devedor o dobro do que houver cobrado e não apenas o dobro dos juros (CC, art. 940); **E:** correta, pois de acordo com a regra prevista no art. 943 do CC.

Gabarito "E"

(Ministério Público/MT – 2012 – UFMT) Sobre a responsabilidade pela perda de uma chance, é correto afirmar:

(A) Não se encontra contemplada pela ordem jurídica brasileira.

(B) O Código Civil em vigor permite o seu reconhecimento por meio de uma cláusula geral de reparação dos danos e de um dever geral de indenizar os prejuízos.

(C) O Código Civil vigente permite o seu reconhecimento, mas não o propõe por meio de uma regra expressa.

(D) Não é compatível com a ordem jurídica civil em razão de que esta exige como pressuposto um dano certo para o fim de sua compensação.

(E) Refere-se a danos hipotéticos e que, por essa razão, não podem ser compensados por meio do regime jurídico previsto pelo Código Civil vigente.

A: incorreta, pois há muito tempo a jurisprudência aceita a teoria da perda de uma chance, inclusive com decisões do STJ Recurso Especial. Indenização. Impropriedade de pergunta formulada em programa de televisão. Perda da oportunidade. (RESP 788.459/Ba, Rel. Ministro Fernando Gonçalves, 4ª Turma, julgado em 08.11.2005); **B:** incorreta, pois não existe tal cláusula no âmbito do Código Civil; **C:** correta, pois a despeito da ausência de artigo de lei sobre o assunto, há permissão de seu reconhecimento; **D:** incorreta, pois há compatibilidade com a ordem jurídica em virtude do fato de que a chance pode ser economicamente calculada e tutelada; **E:** incorreta, pois não se trata de um dano hipotético, mas sim de uma chance, uma oportunidade efetivamente perdida.

Gabarito "C"

(Ministério Público/PI – 2012 – CESPE) Assinale a opção correta no que diz respeito à responsabilidade civil.

(A) De acordo com a teoria *perte d'une chance*, o agente que frustrar expectativas fluidas e hipotéticas deverá responder por danos emergentes.

(B) A indenização pela publicação não autorizada, com fins econômicos ou comerciais, de imagem de pessoa dependerá de prova do prejuízo causado à pessoa.

(C) Como os direitos da personalidade são inerentes à pessoa humana, não é juridicamente possível a pretensão de dano moral em relação à pessoa jurídica.

(D) A correção monetária do valor da indenização do dano moral incide desde a data do arbitramento.

(E) No ordenamento jurídico brasileiro, para que haja responsabilidade civil, é preciso que haja conduta ilícita.

A: incorreta, pois não se trata de expectativas fluidas, mas sim de uma efetiva chance, oportunidade, ostentada pelo titular e que agora desapareceu em virtude do ato ilícito alheio; **B:** incorreta, pois contrária aos ditames da súmula nº 403 do STJ, segundo a qual: "Independe de prova do prejuízo a indenização pela publicação não autorizada da imagem de pessoa com fins econômicos ou comerciais"; **C:** incorreta, pois contrária aos termos da súmula 227, segundo a qual: *"A pessoa jurídica pode sofrer dano moral"*; **D:** correta, pois de acordo com a súmula 362 do STJ, segundo a qual: "A correção monetária do valor da indenização do dano moral incide desde a data do arbitramento"; **E:** incorreta, pois é possível a responsabilidade civil em virtude de atos lícitos, como é o caso das hipóteses previstas no artigo 188, I e II, combinado com o artigo 930 do Código Civil.

Gabarito "D"

(Ministério Público/PR – 2011) Assinale a alternativa correta:

(A) é subjetiva, por culpa presumida *in eligendo*, a responsabilidade civil do empregador pelos atos praticados pelo empregado no exercício de suas funções.

(B) é possível impor a um incapaz o dever, ainda que subsidiário, de indenizar pelos danos que ele causar a outrem.

(C) a responsabilidade civil do empregador e do empregado pelos danos que este último causar a outrem é solidária e, por isso mesmo, a obrigação de indenizar será indivisível.

(D) a responsabilidade objetiva somente ocorre nas hipóteses taxativamente descritas no Código Civil e na legislação especial, em rol exauriente.

(E) a responsabilidade civil derivada do abuso de direito deverá, necessariamente, advir de conduta culposa ou dolosa.

A: incorreta, pois a responsabilidade pelo fato de terceiro é objetiva (art. 933 do CC); **B:** correta (art. 928 do CC); **C:** incorreta, pois a solidariedade não gera a indivisibilidade; aliás, como a obrigação de indenizar envolve dinheiro, e o dinheiro é divisível, não há que se falar em indivisibilidade no caso; **D:** incorreta, pois há também casos de responsabilidade objetiva na Constituição Federal, como é o caso da responsabilidade patrimonial do Estado por danos causados por seus agentes, nessa qualidade, a terceiros (art. 37, § 6º, da CF) ; **E:** incorreta, pois a responsabilidade civil advinda de abuso de direito é objetiva, ou seja, independe de culpa (art. 187 do CC), conforme entendimento doutrinário (Enunciado CJF 37: "A responsabilidade civil decorrente do abuso do direito independe de culpa e fundamenta-se somente no critério objetivo-finalístico").

Gabarito "B"

(Ministério Público/RS – 2009) Leia o relato abaixo. Armando ajuíza contra Marcelo ação de cobrança de R$ 100.000,00, por alegado contrato de mútuo inadimplido. O réu contrata advogado, firmando com ele pacto de serviços a preço certo, pago integralmente na contratação, tendo como objeto a defesa em todas as fases da demanda até o trânsito em julgado. Assim,

Marcelo contesta a ação alegando prescrição, por um lado e, por outro, a inexistência do débito. Argumenta que o valor foi entregue como aporte de 50% do capital necessário para a realização do negócio de risco que as partes empreenderam em conjunto, que ao fim não se mostrou viável, com a perda do capital investido. Afastada a prescrição e julgada procedente a demanda, o advogado de Marcelo conta errado o prazo para a apelação entregando o recurso em cartório um dia após o termo final, razão por que não é admitido (intempestividade). Nessas circunstâncias, Marcelo paga o débito com os acréscimos decorrentes da sucumbência e pretende voltar-se contra o advogado para haver do profissional o valor que pagou em virtude da condenação. Com base nesses dados, é correto afirmar que o advogado

(A) poderá, ou não, ter de ressarcir Marcelo, proporcionalmente ao êxito que a apelação não interposta poderia ter viabilizado em favor dele.

(B) não fica obrigado ao ressarcimento pretendido por Marcelo porque a sentença reconheceu a existência do débito. A indenização pretendida significaria enriquecimento indevido de Marcelo.

(C) é obrigado a pagar a Marcelo a integralidade do valor da condenação que este sofreu com a sentença. A responsabilidade decorre do erro profissional e, portanto, independe do resultado que teria a apelação.

(D) não é responsável pelo ressarcimento pretendido por Marcelo, porque sua prestação profissional é de meio e não de fim.

(E) não é responsável pelo ressarcimento pretendido por Marcelo, porque os valores que ele pretende são relativos à relação jurídica entre aquele e Armando, da qual o profissional não participou. No máximo, Marcelo poderá pretender contra o advogado indenização por dano moral somada ao abatimento dos honorários pagos, relativamente aos serviços na fase recursal, que não existiram em razão do erro profissional.

A questão versa sobre a responsabilidade civil pela perda de uma chance, cujo exemplo típico é a não interposição pelo advogado – no prazo processual – de peças de defesa em favor do seu cliente. Nesse tipo de situação será inevitável que – na demanda entre cliente e advogado e na qual se analisa a perda da chance – ocorra uma análise das reais chances que o cliente teria de ser bem sucedido na demanda anterior, na qual o prazo não foi observado pelo profissional da advocacia. Com isso tem-se curiosa, mas inevitável situação, pois o juiz do segundo processo deverá obrigatoriamente analisar a viabilidade da primeira demanda. Após tal análise, o juiz poderá então reconhecer se efetivamente houve uma chance desperdiçada pelo advogado. A única assertiva que assim demonstra com clareza é a alternativa A.

Gabarito "A"

(Ministério Público/SC – 2008) Analise as seguintes assertivas:

I. Mesmo o ato praticado no exercício regular de um direito reconhecido pode levar a um dever de indenizar.

II. O Estado sempre responde objetivamente pelos danos que causar, independentemente da culpa de seus agentes, seja nos atos comissivos, seja nos omissivos.

III. Sem dano não há responsabilidade civil, seja das pessoas jurídicas de direito público, seja das de direito privado.

IV. Ao juiz não é dado reduzir a indenização do dano, porque esta se mede sempre por sua extensão, independentemente da gravidade da culpa.

V. No homicídio, o homicida pagará alimentos à(s) pessoa(s) a quem o defunto os devia, de modo que o valor da indenização sempre dependerá das condições econômicas da vítima e daquelas do autor do dano.

(A) apenas I, III e IV estão corretos.

(B) apenas II e IV estão corretos.

(C) apenas II está correto

(D) apenas II, III e V estão corretos.

(E) apenas I e III estão corretos.

I: correta, pois da combinação do art. 188 com o art. 930 conclui-se que a prática de um ato lícito pode gerar o dever de indenizar. Isso ocorrerá quando a legítima defesa, por exemplo, causar dano a terceira pessoa que não seja o agressor original da hipótese ou ainda quando o ato praticado em estado de necessidade causar dano a terceira pessoa que não criou o risco da situação concreta; **II:** incorreta, pois a doutrina administrativista entende que na conduta omissiva é necessário analisar a culpa; **III:** correta, pois no âmbito civil não há responsabilização sem dano, conforme demonstra a própria redação dos artigos 186 e 944; **IV:** incorreta, pois o parágrafo único do art. 944 permite a redução equitativa da indenização na hipótese de desproporção entre a gravidade da culpa e o dano; **V:** incorreta, pois a utilização do binômio *necessidade x possibilidade* é melhor alocada nos alimentos em decorrência do parentesco ou do poder familiar.

Gabarito "E"

(Ministério Público/SE – 2010 – CESPE) Fábio e João, assaltantes de alta periculosidade, fugiram de uma penitenciária estadual e assaltaram a residência de uma família, causando-lhe danos materiais e morais. Demandado judicialmente, o Estado deixou de ser condenado, em primeiro grau, a indenizar a família vítima da violência, pois o dano não teria decorrido direta e imediatamente de ação/omissão estatal. A respeito dessa situação hipotética, assinale a opção correta.

(A) A teoria sobre o nexo causal que inspirou o julgador a isentar o Estado de responsabilidade civil foi a da interrupção do nexo causal.

(B) A teoria sobre o nexo causal que inspirou o julgador a isentar o Estado de responsabilidade civil foi a da equivalência das causas.

(C) Na hipótese de responsabilidade civil objetiva, como a descrita no enunciado, pouco importa se a vítima do ato danoso agiu culposamente e concorreu para a sua ocorrência, uma vez que não se exige, no caso, comprovação de culpa para a imposição do dever de indenizar.

(D) A responsabilidade civil do Estado, na hipótese, decorre da incidência do CDC sobre as relações entre o poder público e o administrado.

(E) Caso os assaltantes sejam condenados criminalmente pelos atos cometidos contra a família em questão, essa condenação fará coisa julgada no juízo cível e obrigará o Estado ao ressarcimento dos danos, devendo ser reformado, pelo tribunal de justiça, o entendimento inicial, do juízo singular, de que não haveria dever de indenizar por parte do Estado.

Segundo o STF, em caso de fuga de preso, com posteriores danos causados a pessoas, o Estado não responde pelos atos dos fugitivos, por não se ter presente o nexo de causalidade. Confira: "Ação de Reparação de Danos. Assalto cometido por fugitivo de prisão estadual. Responsabilidade objetiva do Estado. Recurso extraordinário do Estado provido. **Inexistência de nexo de causalidade** entre o assalto e a omissão da autoridade pública que teria possibilitado a fuga de presidiário, o qual, mais tarde, veio a integrar a quadrilha que praticou o delito, cerca de vinte e um meses após a evasão" (STF, AR 1.376/PR, DJ 22/09/06) (g.n.). No entanto, em casos graves, em que o Estado teria, objetivamente, como evitar a fuga, o STF entende que haverá responsabilidade. Confira o seguinte precedente: "RESPONSABILIDADE CIVIL DO ESTADO. ART. 37, § 6º DA CONSTITUIÇÃO FEDERAL. *FAUTE DU SERVICE PUBLIC* CARACTERIZADA. ESTUPRO COMETIDO POR PRESIDIÁRIO, FUGITIVO CONTUMAZ, NÃO SUBMETIDO À REGRESSÃO DE REGIME PRISIONAL COMO MANDA A LEI. CONFIGURAÇÃO DO NEXO DE CAUSALIDADE. RECURSO EXTRAORDINÁRIO DESPROVIDO. Impõe-se a responsabilização do Estado quando um condenado submetido a regime prisional aberto pratica, em sete ocasiões, falta grave de evasão, sem que as autoridades responsáveis pela execução da pena lhe apliquem a medida de regressão do regime prisional aplicável à espécie. Tal omissão do Estado constituiu, na espécie, o fator determinante que propiciou ao infrator a oportunidade para praticar o crime de estupro contra menor de 12 anos de idade, justamente no período em que deveria estar recolhido à prisão. Está configurado o nexo de causalidade, uma vez que se a lei de execução penal tivesse sido corretamente aplicada, o condenado dificilmente teria continuado a cumprir a pena nas mesmas condições (regime aberto), e, por conseguinte, não teria tido a oportunidade de evadir-se pela oitava vez e cometer o bárbaro crime de estupro. Recurso extraordinário desprovido. (RE 409203, DJ 20.04.2007).

Gabarito "A"

(Ministério Público/RJ – 2011) Fabiano Bronson, com 17 anos de idade, vítima de acidente automobilístico e devidamente assistido, propõe ação de responsabilidade civil em face dos nacionais Roberto e Geisa, pais do causador do evento, Pedro Paulo, que tem atualmente 15 anos de idade. Na peça de bloqueio, entre outros argumentos, Roberto alega que não tem o dever de reparar o dano em razão de prévia perda do poder familiar, decretada por sentença já transitada em julgada na época do acidente. Geisa, por sua vez, alega em sua defesa que não tem culpa pela conduta de seu filho que, de forma sorrateira, subtraiu seu veículo sem sua autorização, vindo a colidir com a bicicleta da vítima Fabiano Bronson. Os autos são encaminhados ao Ministério Público. O parecer ministerial deve levar em conta que:

(A) o adolescente não está mais sob a responsabilidade e autoridade do seu genitor, em razão da destituição do poder familiar; a alegação do réu Roberto deve ser acolhida;

(B) a ação de responsabilidade civil deveria ser intentada somente em face do adolescente; os pais são meros representantes legais do absolutamente incapaz, o qual deverá responder com o seu patrimônio próprio;

(C) os pais passaram a possuir responsabilidade civil subjetiva com culpa presumida, com o advento do Novo Código Civil. Diante de tal modificação, a inclusão dos pais no polo passivo da relação processual foi acertada. Em razão da culpa presumida, incumbe aos genitores comprovarem que não atuaram de forma descuidada, descumprindo o dever objetivo de cuidado;

(D) a ré Geisa, detentora do poder familiar, tinha o dever de elidir a presunção de culpa e não logrou êxito, pois não atuou de forma diligente na guarda de seu veículo; a hipótese é de responsabilidade civil subjetiva, com culpa presumida no tocante à responsabilidade de Geisa pelos atos praticados pelo seu filho Pedro Paulo, em razão do seu dever de vigilância por ser proprietária do veículo;

(E) os pais também têm responsabilidade civil objetiva pelos atos dos seus filhos menores, Roberto e Geisa devem ser condenados a reparar o dano causado ao menor Fabiano; deve ser aplicado o parágrafo único, do artigo 927, do Código Civil. A potencialidade lesiva do trânsito enseja a responsabilização objetiva do causador.

A: correta, pois o pai não mais possui a responsabilidade civil em face do filho, tendo em vista que o mesmo não se encontra mais sob sua autoridade em virtude da excepcional hipótese da perda do poder familiar; **B:** incorreta, pois a responsabilidade pessoal do incapaz só ocorre na hipótese do art. 928 do Código Civil. Como regra geral a ação deve mesmo ser intentada em face dos representantes legais; **C:** incorreta, pois o novo Código Civil adotou a responsabilidade objetiva dos pais em relação aos filhos menores, o que significa dizer que não se analisará a culpa dos pais no que se refere à conduta do filho (CC, art. 933); **D:** incorreta, pois não há que se falar em afastamento de presunção de culpa, tendo em vista que não se avalia a culpa da genitora; **E:** incorreta, pois não cabe para a hipótese a aplicação da teoria do risco da atividade.

Gabarito "A"

(Ministério Público/RR – 2012 – CESPE) A respeito da responsabilidade civil, assinale a opção correta.

(A) Em caso de publicação não autorizada da imagem de pessoa com fins econômicos ou comerciais, o dano moral decorrente deste fato dependerá de prova.

(B) O assalto à mão armada no interior de ônibus coletivo não constitui caso fortuito apto a excluir a responsabilidade da empresa transportadora.

(C) Segundo a jurisprudência do STJ, não é possível a responsabilidade civil por dano incerto.

(D) O contrato de seguro por danos pessoais compreende os danos morais, não sendo admitida cláusula expressa que os exclua.

(E) O dano moral se caracteriza ainda que haja mero aborrecimento inerente a prejuízo material.

A: incorreta, pois contrária aos ditames da súmula nº 403 do STJ, segundo a qual: "Independe de prova do prejuízo a indenização pela publicação não autorizada da imagem de pessoa com fins econômicos ou comerciais"; **B:** incorreta, pois no caso de transporte coletivo urbano, trata-se de fortuito externo, que é o fato inevitável que não guarda relação com a atividade desenvolvida pelo agente, apto, portanto a afastar a responsabilidade civil pela quebra do nexo causal; **C:** correta, pois deve existir um dano determinado ou pelo menos determinável a fim de se apurar a responsabilidade civil; **D:** incorreta, pois contrária à súmula 402 do STJ, segundo a qual: O contrato de seguro por danos pessoais compreende os danos morais, salvo cláusula expressa de exclusão; **E:** incorreta, a jurisprudência já assentou que o mero aborrecimento, o mero dissabor da vida em coletividade não equivale a dano moral.

Gabarito "C"

(Ministério Público/SP – 2008) Assinale a alternativa correta.

(A) No caso de ato infracional com reflexos patrimoniais, o adolescente poderá ser obrigado, pelo juiz, a ressarcir o dano que perpetrou ou compensar, por outra forma, o prejuízo da vítima.

(B) O incapaz jamais responde pelo ato ilícito por ele praticado, cabendo aos pais arcar com a indenização de forma direta.

(C) A inimputabilidade do agente não afasta o dever de indenizar o dano que provocou, provando-se unicamente o fato de que ele possui meios de reparar o ato ilícito.

(D) A emancipação por outorga dos pais exclui, por si só, a responsabilidade civil decorrente de atos ilícitos do filho.

(E) Os pais são responsáveis pela reparação civil, de forma subsidiária, pelo ato ilícito praticado pelo filho menor que estiver sob sua autoridade e em sua companhia.

A: correta (Enunciado CJF 40); **B:** incorreta (art. 928 do CC); **C:** incorreta (art. 928 do CC); **D:** incorreta (Enunciado CJF 41); **E:** incorreta (art. 932, I, do CC.

Gabarito "A"

(Ministério Público/SP – 2006) O art. 188 do Código Civil prevê três causas de exclusão de ilicitude, que não acarretam no dever de indenizar. São elas:

(A) legítima defesa, erro substancial e estado de necessidade.

(B) legítima defesa, estado de necessidade e dolo bilateral.

(C) exercício regular de direito reconhecido, estado de necessidade e dolo bilateral.

(D) exercício regular de direito reconhecido, estado de necessidade e erro substancial.

(E) legítima defesa, exercício regular de direito reconhecido e estado de necessidade.

Art. 188, I e II, do CC, respectivamente.

Gabarito "E"

(Ministério Público/SP – 83º) É exato afirmar que as pessoas jurídicas de direito privado respondem pelos atos culposos de seus órgãos diretores, conselheiros e administradores. Para a apuração de eventual responsabilidade:

(A) não se admite a responsabilidade aquiliana da pessoa jurídica, mesmo que o fato seja decorrente de ato praticado por intermédio, de seus órgãos, representantes, empregados e prepostos.

(B) os empregados e prepostos estão livres de responsabilidade, porque os órgãos diretores, conselheiros e administradores serão sempre responsáveis.

(C) inexiste a responsabilidade solidária, e em tais circunstâncias a vítima não poderá acionar a pessoa jurídica ou os empregados ou prepostos.

(D) subsiste sempre a responsabilidade solidária e a vítima poderá optar por acionar tanto a pessoa jurídica como os empregados ou prepostos.

(E) no campo dos direitos do consumidor, a pessoa jurídica não responde de forma objetiva, dependendo previamente da apuração da culpa de seus empregados.

A alternativa "d" está correta, consoante o art. 932, III, do CC.

Gabarito "D"

5.2. INDENIZAÇÃO

(Ministério Público/BA – 2008) Sabe-se que a responsabilidade civil significa a obrigação de reparação imposta por lei a todo aquele que, por ação, omissão, negligência, imprudência ou imperícia, gerar danos a terceiros. Esta concepção é fruto da racionalidade inerente ao homem, que o faz gozar de liberdade e que lhe dá o direito de agir de acordo com o seu arbítrio. Isso, porém, lhe impõe deveres, e, entre estes, o de assumir seus atos. Se, usando do livre arbítrio, contrariar a ordem jurídica ou prejudicar a qualquer semelhante, acarretará, no campo civil, a obrigação de reparar o dano causado.

Sobre a temática acima posta, depois da análise dos itens abaixo, é correto afirmar:

(A) O montante da reparação do dano calcula-se pelo próprio dano e, proporcionalmente, à intensidade da culpa.

(B) Existe responsabilidade civil por ato lícito ou por fato jurídico independentemente de culpa, mas tão somente quando verificar se houve risco ao direito de outrem.

(C) A responsabilidade dos pais pelos atos de seus filhos menores, que estiverem sob sua autoridade e em sua companhia, é considerada subjetiva, ainda que demonstrada a culpa daqueles.

(D) A responsabilidade objetiva, em virtude da teoria do risco, representa, na atualidade, a regra no ordenamento positivado.

(E) Independentemente da culpa, quando a atividade normalmente desenvolvida pelo autor do dano implicar, por sua natureza, risco para os direitos de outrem, haverá obrigação de reparar o dano.

A: incorreta, pois como regra, a indenização mede-se pela extensão do dano. A regra prevista no parágrafo único do art. 944 e que permite a redução equitativa da indenização na hipótese de desproporção entre a gravidade da culpa e o dano é excepcional e só aplicada para casos de grande desproporção; **B:** incorreta, pois é possível a responsabilidade civil em virtude de atos lícitos, como é o caso das hipóteses previstas no artigo 188, I e II, combinado com o artigo 930 do Código Civil, mesmo que não exista atividade de risco aos direitos de outrem; **C:** incorreta, pois não se avalia a culpa dos pais pelos atos ilícitos praticados pelos filhos menores (CC, art. 933); **D:** incorreta, pois a responsabilidade objetiva baseada na teoria do risco é hipótese excepcional, continuando o sistema civilista tendo a responsabilidade subjetiva como regra; **E:** correta, pois a assertiva traz a redação do art. 927 parágrafo único do Código Civil, o qual prevê a responsabilidade objetiva nas hipóteses de atividade de risco.

Gabarito "E"

(Ministério Público/CE – 2009 – FCC) Na responsabilidade civil, a indenização mede-se pela extensão do dano, respondendo por ela o seu autor,

(A) independentemente de culpa, bastando a comprovação do prejuízo e do nexo causal, salvo quando a lei expressamente se referir a conduta culposa ou dolosa como elemento essencial da responsabilidade.

(B) mas, se ele for incapaz, a indenização será equitativa e não terá lugar se vier, a ele ou às pessoas que dele dependem, privar do necessário.

(C) e o valor não poderá ser reduzido, ainda que a culpa do autor do dano seja leve.

(D) não tendo nenhuma influência na fixação da indenização a concorrência da vítima, se esta agiu apenas culposa e não dolosamente.

(E) e conjuntamente os curadores, tutores, pais e empregadores, se tiverem agido culposamente na vigilância dos curatelados, tutelados, filhos ou empregados.

A: incorreta, pois a regra no Código Civil, ainda, é que a responsabilidade civil é subjetiva (art. 186 do CC), estando a responsabilidade objetiva presente apenas quando houver previsão de que a responsabilidade se dará "independentemente de culpa" (art. 927, parágrafo único, do CC); **B:** correta (art. 928, parágrafo único, do CC); **C:** incorreta (art. 944, parágrafo único, do CC); **D:** incorreta (art. 945 do CC); **E:** incorreta, sendo objetiva a responsabilidade dos primeiros pelos atos dos segundos (art. 933 do CC).

Gabarito "B"

(Ministério Público/RO – 2010 – CESPE) O dano causado a outrem, decorrente de ato ilícito, implica o dever de reparação civil mediante indenização. Acerca desse assunto, assinale a opção correta.

(A) O grau de culpa do ofensor não pode constituir critério para se fixar a indenização patrimonial.

(B) No que se refere a danos materiais, a obrigação de indenizar e o direito de se obter indenização não se transmitem com a herança.

(C) A obrigação de indenizar não pode decorrer da responsabilidade civil objetiva.

(D) Para se definir a indenização pelo evento danoso, deve-se considerar se a vítima concorreu ou não, culposamente, para a ocorrência do dano.

(E) A decisão, no juízo criminal, quanto à existência do fato ou quanto a sua autoria é irrelevante para a indenização civil.

A: incorreta, pois o grau de culpa pode alterar a indenização em caso de excessiva desproporção entre a gravidade da culpa e o dano (art. 944, parágrafo único, do CC) e quando se está diante do caso de culpa concorrente (art. 945 do CC); **B:** incorreta, pois a obrigação inteira se transfere com a herança (art. 943 do CC); **C:** incorreta, pois há vários casos de responsabilidade objetiva previstos no Código Civil (exs.: arts. 927, parágrafo único, 931 e 933); **D:** correta (art. 945 do CC); **E:** incorreta, pois a absolvição criminal por negativa de autoria ou por inexistência material do fato exclui a responsabilização civil.

Gabarito "D"

(Ministério Público/SP – 2010) Assinale a alternativa incorreta:

(A) o Código Civil adota como regra a responsabilidade civil subjetiva.

(B) o chamado "dano remoto" não é indenizável.

(C) a responsabilidade civil do incapaz é subsidiária e a indenização correspondente é equitativa.

(D) a responsabilidade civil do curador, tutor e pais em razão de atos praticados, respectivamente, pelos curatelados, pupilos e filhos menores, restringe-se aos danos materiais por estes causados a terceiros.

(E) a indenização por dano moral prescinde da comprovação do dano material.

A: correta, pois a regra no Código Civil, ainda, é de responsabilidade subjetiva (art. 186 do CC), estando a responsabilidade objetiva presente apenas quando houver previsão de que a responsabilidade se dará independentemente de culpa (art. 927, parágrafo único, do CC); **B:** correta, pois o dano há de ser certo; **C:** correta (art. 928, *caput* e parágrafo único, respectivamente, do CC); **D:** incorreta (e deve ser assinalada), pois também abrangem todos os danos, não havendo limitação nesse sentido nos arts. 932 e 933 do CC; **E:** correta, pois as duas indenizações são independentes, cada qual tendo seu fundamento.

Gabarito "D"

6. COISAS

6.1. POSSE

6.1.1. POSSE E SUA CLASSIFICAÇÃO

Tendo em vista existência de elementos doutrinários no que concerne ao conceito de posse e à sua classificação, seguem algumas definições, que poderão colaborar na resolução de questões:

1. Conceito de posse: é o exercício, pleno ou não, de algum dos poderes inerentes à propriedade (art. 1.196, CC). É a exteriorização da propriedade, ou seja, a visibilidade da propriedade. Os poderes inerentes à propriedade são usar, gozar e dispor da coisa, bem como reavê-la (art. 1.228). Assim, se alguém estiver, por exemplo, usando uma coisa, como o locatário e o comodatário, pode-se dizer que está exercendo posse sobre o bem.

2. Teoria adotada: há duas teorias sobre a posse. A primeira é a **Teoria Objetiva** (de Ihering), para a qual a posse se configura com a mera conduta de dono, pouco importando a apreensão física da coisa e a vontade de ser dono dela. Já a segunda, a **Teoria Subjetiva** (de Savigny), entende que a posse só se configura se houver a apreensão física da coisa (corpus), mais a vontade de tê-la como própria *(animus domini)*. Nosso CC adotou a Teoria Objetiva de Ihering, pois não trouxe como requisito para a configuração da posse a apreensão física da coisa ou a vontade de ser dono dela. Exige tão somente a conduta de proprietário.

3. Detenção: é aquela situação em que alguém conserva a posse em nome de outro e em cumprimento às suas ordens e instruções. Ex: caseiro, em relação ao imóvel de que cuida, e funcionário público, em relação aos móveis da repartição. A detenção não é posse, portanto não confere ao detentor direitos decorrentes desta.

4. Classificação da posse.

4.1. Posse direta e indireta: quanto ao campo de seu exercício (art. 1.197, CC).

(A) posse indireta: é aquela exercida por quem cedeu, temporariamente, o uso ou o gozo da coisa a outra pessoa. São exemplos: a posse exercida pelo locador, nu-proprietário, comodante e depositante. O possuidor indireto ou mediato pode se valer da proteção possessória.

(B) posse direta: é aquela exercida por quem recebeu o bem, temporariamente, para usá-lo ou gozá-lo, em virtude de direito pessoal ou real.

4.2. Posse individual e composse: quanto à simultaneidade de seu exercício (art. 1.199, CC).

(A) posse individual: é aquela exercida por apenas uma pessoa.

(B) composse: é a posse exercida por duas ou mais pessoas sobre coisa indivisa. Exemplos: a posse dos cônjuges sobre o patrimônio comum e a posse dos herdeiros antes da partilha. Na composse *pro diviso* há uma divisão de fato da coisa.

4.3. Posse justa e injusta: quanto à existência de vícios objetivos (art. 1.200, CC).

(A) posse justa: é aquela que não obtida de forma violenta, clandestina ou precária. Assim, é justa a posse não adquirida pela força física ou moral (não violenta), não estabelecida às ocultas (não clandestina) e não originada com abuso de confiança por parte de quem recebe a coisa com o dever de restituí-la (não precária). Perceba que os vícios equivalem, no Direito Penal, aos crimes de roubo, furto e apropriação indébita.

(B) posse injusta: é aquela originada do esbulho. Em caso de violência ou clandestinidade, a posse só passa a existir após a cessação da violência ou da clandestinidade (art. 1.208, CC). Já em caso de precariedade (ex.: um comodatário passa a se comportar como dono da coisa), a posse deixa de ser justa e passa a ser injusta diretamente. É importante ressaltar que, cessada a violência ou a clandestinidade, a posse passa a existir, mas o vício que a inquina faz com que o Direito a considere injusta. E, mesmo depois de um ano e dia, a posse continua injusta, só deixando de ter essa característica se houver aquisição da coisa, o que pode acontecer pela usucapião, por exemplo. A qualificação de posse injusta é relativa, valendo apenas em relação ao anterior possuidor da coisa. Em relação a todas as outras pessoas, o possuidor injusto pode defender a sua posse.

4.4. Posse de boa-fé e de má-fé: quanto à existência de vício subjetivo (art. 1.201, CC):

(A) posse de boa-fé: é aquela em que o possuidor ignora o vício ou o obstáculo que impede a aquisição da coisa. É de boa-fé a posse daquele que crê que a adquiriu de quem legitimamente a possuía. Presume-se de boa-fé o possuidor com **justo título**, ou seja, aquele título que seria hábil para transferir o direito à posse, caso proviesse do verdadeiro possuidor ou proprietário da coisa.

(B) posse de má-fé: é aquela em que o possuidor tem ciência do vício ou do obstáculo que impede a aquisição da coisa. A posse de boa-fé pode se transmudar em posse de má-fé em caso de ciência posterior do vício. A citação para a demanda que visa à retomada da coisa tem o condão de alterar o caráter da posse.

Obs.: saber se a posse de alguém é de boa-fé ou de má-fé interfere no direito à indenização pelas benfeitorias feitas, no direito de retenção, no direito aos frutos, no prazo de prescrição aquisitiva (usucapião), na responsabilidade por deterioração da coisa etc.

4.5. Posse natural e jurídica: quanto à origem:

(A) posse natural: é a que decorre do exercício do poder de fato sobre a coisa.

(B) posse civil ou jurídica: é a que decorre de um título, não requerendo atos físicos ou materiais.

(Ministério Público/PI – 2014 – CESPE) Com base no que dispõe o Código Civil sobre posse, assinale a opção correta.

(A) Caracteriza-se como clandestina a posse adquirida via processo de ocultamento em relação àquele contra quem é praticado o apossamento, embora possa ser ele público para os demais. Por tal razão, a clandestinidade da posse é considerada defeito relativo.

(B) Na posse precária, o vício se inicia no momento em que o possuidor recebe a coisa com a obrigação de restituí-la ao proprietário ou ao possuidor legítimo.

(C) A ocupação de área pública, mesmo quando irregular, pode ser reconhecida como posse, podendo-se admitir desta o surgimento dos direitos de retenção e de indenização pelas acessões realizadas.

(D) É possível reconhecer a posse a quem não possa ser proprietário ou não possa gozar dos poderes inerentes à propriedade.

(E) É injusta a posse violenta, por meio da qual o usurpado seja obrigado a entregar a coisa para não ver concretizado o mal prometido, incluindo-se entre os atos de violência que tornam a posse injusta o temor reverencial e o exercício regular de um direito.

A: correta, pois o vício da clandestinidade mede-se justamente pela ocultação em relação à vítima. Enquanto durar a clandestinidade, o poder de fato do sujeito que detém a coisa será considerado pela lei como mera detenção (CC, art. 1.208); **B:** incorreta, pois a precariedade ocorre quando o possuidor de posse justa não devolve o bem no prazo estipulado. É o que ocorre com o comodatário, por exemplo, que se recusa a devolver o bem no prazo assinalado; **C:** incorreta, pois segundo a jurisprudência do STJ, *"A ocupação de área pública, quando irregular, não pode ser reconhecida como posse, mas como mera detenção"* (RESP 863939/RJ – Relatora: Ministra Eliana Calmon – Órgão Julgador: 2ª Turma: 04.11.2008); **D:** incorreta, pois o nosso sistema seguiu a teoria de Ihering, considerando como possuidor *"todo aquele que tem de fato o exercício, pleno ou não, de algum dos poderes inerentes à propriedade"* (CC, art. 1.196); **E:** incorreta, pois tanto o temor reverencial quanto o exercício regular de um direito não podem ser considerados como ameaça (CC, art. 153).

Gabarito "A"

(Ministério Público/RO – 2013 – CESPE) Considere que Camila more em apartamento que tenha alugado de Caio.

Nessa situação,

(A) Caio continua sendo proprietário do imóvel, mas a posse sobre o bem foi transferida a Camila.

(B) se, por determinação do poder público, Caio tiver de realizar reparações urgentes e de grande monta no imóvel, o contrato de locação deverá ser desfeito.

(C) estipulado o contrato por prazo determinado, Camila poderá devolver o imóvel a Caio antes do término do contrato, sem pagamento de multa, caso tenha de se mudar de cidade por ter sido aprovada em concurso público.

(D) Camila adquiriu uma posse derivada e poderá, em nome próprio, defendê-la contra terceiro que venha a esbulhá-la.

(E) a locação não afasta a responsabilidade de Caio quanto a coisas que caírem da janela do imóvel e causarem dano a terceiros.

A: incorreta, pois apenas a posse direta foi transferida à Camila, remanescendo a posse indireta nas mãos de Caio; **B:** incorreta, pois não há previsão legal para referida extinção contratual; **C:** incorreta, pois a aprovação em concurso público não é hipótese legal de dispensa de pagamento de multa; **D:** correta, pois o desmembramento da posse que se verifica na hipótese de locação, empréstimo, usufruto traz como consequência justamente a possibilidade de ambos possuidores (direto e indireto) defenderem a posse em relação a terceiros; **E:** incorreta, pois tal responsabilidade não é essencialmente do proprietário, mas "daquele que habitar prédio, ou parte dele". É a chamada responsabilidade *effusis et dejectis* (art. 938 do CC).

Gabarito "D"

(Ministério Público/PR – 2013) Assinale a alternativa incorreta:

(A) A bipartição da posse em posse direta e indireta pode ter origem em direito real ou pessoal;

(B) A posse adquirida por violência é considerada detenção enquanto não cessar a violência;

(C) No direito brasileiro, a aquisição da propriedade imóvel por sucessão exige a transcrição ou registro do título (formal de partilha) no Registro de Imóveis;

(D) A construção existente em um terreno presume-se feita pelo proprietário e à sua custa, mas esta presunção é relativa;

(E) A usucapião de bem móvel pressupõe posse contínua e inconteste por três anos, desde que haja justo título e boa-fé.

A: correta, pois a bipartição decorre tanto de direitos pessoais quanto reais. No campo dos direitos pessoais, por exemplo, o locatário, o sublocatário e o comodatário ostentam a posse direta; já no campo dos direitos reais, o usufrutuário, o usuário, o habitante são bons exemplos de possuidores diretos; **B:** correta, pois segundo o art. 1.208 do CC os atos violentos não autorizam a aquisição da posse, senão quando cessada a violência. É possível, portanto, afirmar que posse violenta não é posse, mas mera detenção; **C:** incorreta (devendo ser assinalada), pois o Código Civil adotou o princípio de *saisine*, segundo o qual "aberta a sucessão, a herança transmite-se, desde logo, aos herdeiros legítimos e testamentários" (art. 1.784 do CC). Nesse caso, a partilha e o registro terão efeitos meramente declaratórios; **D:** correta, pois a assertiva reproduz integralmente a regra contida no art. 1.253 do Código Civil; **E:** correta, pois há duas espécies de usucapião de bem móvel. A usucapião ordinária (art. 1.260 do CC) apresenta o prazo trienal e exige justo título e boa-fé; Já a usucapião extraordinária (que não demanda justo título e boa-fé) exige um prazo de cinco anos (art. 1.261 do CC).

Gabarito "C"

(Ministério Público/CE – 2011 – FCC) O possuidor

(A) de má-fé responde por todos os frutos colhidos e percebidos, não tendo direito às despesas da produção e custeio.

(B) de má-fé responde sempre pela perda, ou deterioração da coisa, ainda que acidentais, mesmo provando que de igual modo se teriam dado, estando na posse do reivindicante.

(C) de boa-fé tem direito à indenização de todas as benfeitorias, sendo certo que, quanto às voluptuárias, se não lhe forem pagas, poderá levantá-las, quando o puder sem detrimento da coisa, e poderá exercer o direito de retenção pelo valor das benfeitorias necessárias e úteis.

(D) de má-fé terá direito ao ressarcimento das benfeitorias necessárias, lhe assistindo o direito de retenção pela importância destas, bem como o direito de levantar as benfeitorias voluptuárias.

(E) de boa-fé não responde pela perda ou deterioração da coisa, ainda que der causa.

A: incorreta, pois o possuidor de má-fé não tem direito aos frutos percebidos ou pendentes, devendo inclusive restituir os que colheu por antecipação (CC, arts. 1.214 e 1.216); **B:** incorreta, pois o possuidor de má-fé responde por dolo, culpa e até pelo fortuito, mas cabe o afastamento da responsabilidade civil se provar que o dano ocorreria de qualquer maneira (CC, art. 1.218); **C:** correta, pois de acordo com a regra do art. 1.219 do CC; **D:** incorreta, pois o possuidor de má-fé tem direito a indenização pelas benfeitorias necessárias, mas a lei não lhe garante o direito de retenção, além de não poder levantar as benfeitorias voluptuárias; **E:** incorreta, pois o possuidor de boa-fé responde pela perda dolosa ou culposa (CC, art. 1.217).

Gabarito "C"

(Ministério Público/GO – 2010) Quanto ao direito de posse é correto afirmar que:

(A) A presunção circunstancial da ignorância da posse indevida, pelo possuidor, o habilita à manutenção do estado de boa fé.

(B) A posse pode ser adquirida pela própria pessoa que pretende a coisa, por seu representante legal, ou por terceiro sem mandato.

(C) A posse direta, em virtude de direito real, anula a indireta.

(D) O possuidor que possua justo título, goza de presunção absoluta de boa fé.

A: correta, pois a posse de boa-fé só perde este caráter no caso e desde o momento em que as circunstâncias façam presumir que o possuidor não ignora que a possui indevidamente; **B:** incorreta, pois na aquisição da posse pelo terceiro sem mandato a lei exige ratificação posterior (CC, art. 1.205, II); **C:** incorreta, pois o desmembramento da posse (ainda que em virtude de direito real, como sucede no usufruto) não faz anular a posse indireta; **D:** incorreta, pois a função do justo título é justamente estabelecer uma presunção de boa-fé subjetiva ao possuidor (CC, art. 1.201 parágrafo único).

Gabarito "A"

(Ministério Público/GO – 2010) Assinale a alternativa correta:

(A) Os frutos naturais e industriais reputam-se colhidos e percebidos logo que são separados; os civis reputam-se percebidos mês a mês, independentemente do termo de seu pagamento.

(B) O possuidor de boa-fé somente responde pela perda ou deterioração da coisa, a que tiver dado causa.

(C) O possuidor de boa-fé que realizar no bem benfeitoria voluptuária poderá ser indenizado por ela, mas não poderá levantá-la ou retirá-la se lhe não foi paga.

(D) A propriedade do solo não abrange as jazidas, minas e demais recursos minerais, não podendo estes serem explorados para qualquer fim.

A: incorreta, pois os frutos civis reputam-se percebidos por dia (CC, art. 1.215); **B:** correta, pois o possuidor de boa-fé responde pela perda dolosa ou culposa (CC, art. 1.217); **C:** incorreta, pois nesse caso o possuidor pode levantar a referida benfeitoria; **D:** incorreta, pois o proprietário do solo tem o direito de explorar os recursos minerais de emprego imediato na construção civil, desde que não submetidos a transformação industrial, obedecido o disposto em lei especial (CC, art. 1.230 parágrafo único).

Gabarito "B"

(Ministério Público/MS – 2009) O possuidor de boa-fé

(A) faz jus à percepção dos frutos que perceber durante a posse, mas deve restituir os que colher antecipadamente.

(B) faz jus à indenização das benfeitorias necessárias e úteis e às voluptuárias com as quais concordar o legítimo titular da posse.

(C) faz jus à indenização das benfeitorias necessárias e úteis, mas só tem direito de retenção em relação às necessárias.

(D) responde pela deterioração da coisa, se esta se der durante a posse, ainda que não haja com culpa.

(E) é aquele que, mesmo sabendo do vício que inquina a posse, não deu causa a este vício.

A: correta, pois de pleno acordo com o art. 1.214 do Código Civil; **B:** incorreta, pois quanto às voluptuárias o direito do possuidor de boa-fé é apenas o de levantá-las (CC, art. 1.219); **C:** incorreta, pois nos dois casos há direito de retenção; **D:** incorreta, pois só responde por culpa ou dolo (CC, art. 1.217); **E:** incorreta, pois o possuidor que sabe do vício é possuidor de má-fé (CC, art. 1.201).

Gabarito "A"

(Ministério Público/PI – 2008) É correto afirmar que a posse de boa-fé

(A) não gera, embora enseje pretensões ao seu titular, direito à retenção do bem.

(B) mantém este caráter ainda que haja sucessão na posse.

(C) gera direito aos frutos pendentes no momento em que cessar a boa-fé.

(D) impõe, embora enseje pretensões ao seu titular, o dever de indenizar as deteriorações da coisa, ainda que seja natural.

(E) importa em presunção de justiça da posse.

A: incorreta, pois no que se refere à construção de benfeitorias necessárias e úteis, o possuidor de boa-fé tem direito de indenização, com retenção (CC, art. 1.219); **B:** correta, em virtude da regra prevista no art. 1.207; **C:** incorreta, pois estes devem ser restituídos (CC, art. 1.214 parágrafo único); **D:** incorreta, pois o possuidor de boa-fé só deve indenizar os danos decorrentes de dolo ou culpa (CC, art. 1.217); **E:** incorreta, pois a classificação da posse justa ou injusta adota outro critério do que a classificação em possuidor de boa ou de má-fé (CC, art. 1.200).

Gabarito "B"

(Ministério Público/RS – 2008) O possuidor de má fé:

(A) não tem direito à indenização independentemente do tipo de benfeitoria que tenha realizado no imóvel.

(B) tem direito à indenização das benfeitorias necessárias e das úteis, mas só pode reter o imóvel em razão das necessárias.

(C) tem direito à indenização só das benfeitorias necessárias, mas não tem direito de retenção do imóvel.

(D) tem direito à indenização das benfeitorias necessárias e das úteis sem direito de retenção do imóvel.

(E) tem direito à indenização só das benfeitorias necessárias com direito de retenção do imóvel.

A e **B:** incorretas, pois o possuidor de má-fé tem direito a indenização quanto às necessárias, mas sem retenção (CC, art. 1.220); **C:** correta, pois de acordo com a redação do art. 1.220 do Código Civil; **D:** incorreta, pois não há tal direito no caso das benfeitorias úteis; **E:** incorreta, pois não há direito de retenção.

Gabarito "C"

(Ministério Público/SP – 2010) Assinale a alternativa correta:

(A) são exemplos de possuidor direto: o usufrutuário, o locador, o credor pignoratício.

(B) o compossuidor só pode exercer atos possessórios sobre a sua parte ideal no bem.

(C) o sucessor universal e o sucessor singular continuam de direito a posse do seu antecessor.

(D) a posse turbada ou esbulhada pode ser autotutelada, sendo requisitos indispensáveis de tal espécie de defesa a imediatidade e a proporcionalidade.

(E) o possuidor direto não pode defender sua posse contra o possuidor indireto.

A: incorreta, pois o locador é possuidor indireto, pois não tem a posse direta da coisa, que está com o locatário; **B:** incorreta (art. 1.199 do CC); **C:** incorreta (art. 1.207 do CC); **D:** correta (art. 1.210, § 1º, do CC); **E:** incorreta (art. 1.197, parte final, do CC).

Gabarito "D"

(Ministério Público/SP – 83º) De acordo com o que estabelece o art. 1.200 do Código Civil, é justa a posse que não for violenta, clandestina ou precária. E nos termos do art. 1.201 do mesmo diploma, está dito que é de boa-fé a posse, se o possuidor ignora o vício ou o obstáculo que impede a aquisição da coisa. Diante de tais enunciados:

(A) quem pacificamente ingressar em terreno de outrem, sem ter a preocupação de ocultar a invasão, estará praticando esbulho, apesar de sua conduta não se identificar com nenhum dos três vícios referidos no art. 1.200 do Código Civil.

(B) presume-se ser possuidor de boa-fé quem, de forma não violenta, obtiver e apresentar justo título para transferir o domínio ou posse, não se admitindo prova em contrário em nenhuma hipótese.

(C) a boa-fé mostra-se como sendo circunstância essencial para o uso das ações possessórias, mesmo que a posse seja justa, e o possuidor de má-fé não tem ação para proteger-se de eventual ataque à sua posse.

(D) obtida a posse por meio clandestino, será injusta em relação ao legítimo possuidor, e injusta também no que toca a um eventual terceiro que não tenha posse alguma.

(E) caso venha a ser produzida em juízo prova visando a mudança do caráter primitivo da posse, esta não perderá aquele caráter com que foi adquirida, ainda que alguém que tendo a posse injusta do bem obtido por meio de violência, venha a adquiri-lo posteriormente por meio de escritura de compra e venda.

De fato, o esbulho se caracteriza com a privação de alguém da posse de uma coisa. E, uma vez ocorrido o esbulho, cabe ação de reintegração de posse (art. 1.210 do CC), independentemente de ter ocorrido os três vícios que contrariam o disposto no art. 1.200 do CC.

Gabarito "A"

6.1.2. *AQUISIÇÃO E PERDA DA POSSE*

(Ministério Público/PB – 2010) São causas de perda da posse da coisa, exceto:

(A) Tradição e abandono.

(B) Perda e ausência de defesa da posse esbulhada.

(C) Destruição da coisa e constituto possessório.

(D) Posse de outrem e desuso.

(E) Privação da disponibilidade física da coisa e inalienabilidade.

A posse de outrem e o desuso – por si só – não geram a perda da posse, podendo ocorrer inclusive a situação da posse direta e indireta de forma simultânea. As hipóteses enumeradas nos demais incisos são causa e perda da posse.

Gabarito "D"

(Ministério Público/SE – 2010 – CESPE) Adquire-se a posse

(A) pelo próprio interessado, seu representante ou procurador, terceiro sem mandato (independentemente de ratificação) e pelo constituto possessório.

(B) pelo próprio interessado, seu representante ou procurador, terceiro sem mandato (dependendo de ratificação) e pelo constituto possessório.

(C) pelo próprio interessado e pelo constituto possessório, apenas.

(D) pelo próprio interessado, seu representante ou procurador (dependendo de ratificação), terceiro sem mandato e pelo constituto possessório.

(E) pelo próprio interessado, seu representante ou procurador e por terceiro sem mandato (dependendo de ratificação), apenas.

Art. 1.205 c/c art. 1.267, parágrafo único, ambos do CC.

Gabarito "B"

Aquisição e perda da posse.

(1) Aquisição da posse:

1.(1) Conceito: *adquire-se a posse desde o momento em que se torna possível o exercício, em nome próprio, de qualquer dos poderes inerentes à propriedade* (art. 1.204, CC).

1.(2) Aquisição originária: *é aquela que não guarda vínculo com a posse anterior.* Ocorre nos casos de: **a) apreensão,** *que consiste na apropriação unilateral da coisa sem dono* (abandonada – *res derelicta*, ou de ninguém – *res nullius*) *ou na retirada da coisa de outrem sem sua permissão* (cessada a violência ou a clandestinidade); **b) exercício do direito**, como no caso da servidão constituída pela passagem de um aqueduto em terreno alheio; **c) disposição**, que consiste em alguém dar uma coisa ou um direito, situação que revela o exercício de um poder de fato (posse) sobre a coisa.

1.(3) Aquisição derivada: *é aquela que guarda vínculo com a posse anterior.* Nesse caso, a posse vem gravada dos eventuais vícios da posse anterior. Essa regra vale para a sucessão a título universal (art. 1.206, CC), mas é abrandada na sucessão a título singular (art. 1.207, CC). Ocorre nos casos de **tradição**, *que consiste na transferência da posse de uma pessoa para outra, pressupondo acordo de vontades*. A tradição pode ser de três tipos:

(A) tradição real: *é aquela em que há a entrega efetiva, material da coisa*. Ex.: entrega de um eletrodoméstico para o comprador. No caso de aquisição de grandes imóveis, não há a necessidade de se colocar fisicamente a mão sobre toda a propriedade, bastando a referência a ela no título. Trata-se da chamada ***traditio longa manu***.

(B) tradição simbólica: *é aquela representada por ato que traduz a entrega da coisa*. Exemplo: entrega das chaves de uma casa.

(C) tradição consensual: *é aquela decorrente de contrato, de acordo de vontades*. Aqui temos duas possibilidades. A primeira é a ***traditio brevi manu***, que *é aquela situação em que um possuidor, em nome alheio, passa a possuir a coisa em nome próprio*. É o caso do locatário que adquire a coisa. Já a segunda é o **constituto possessório**, *que é aquela situação em que um possuidor em nome próprio passa a possuí-la em nome de outro, adquirindo a posse indireta da coisa*. É o caso do dono que vende a coisa e nela permanece como locatário ou comodatário.

(2) Perda da posse:

2.(1) Conceito: *perde-se a posse quando cessa, embora contra a vontade do possuidor, o poder sobre o bem*. É importante ressaltar, quanto ao ausente (no sentido de não ter presenciado o esbulho), que este só perde a posse quando, tendo notícia desta, abstém-se de retomar a coisa ou, tentando recuperá-la, é violentamente repelido (art. 1.224).

2.(2) Hipóteses de perda de posse: a) abandono: *é a situação em que o possuidor renuncia à posse, manifestando voluntariamente a intenção de largar o que lhe pertence;* ex.: quando alguém atira um objeto na rua; **b) tradição com intenção definitiva:** *é a entrega da coisa com o ânimo de transferi-la definitivamente a outrem;* se a entrega é transitória, não haverá perda total da posse, mas apenas perda temporária da posse direta, remanescendo a posse indireta; **c) destruição da coisa e sua colocação fora do comércio; d) pela posse de outrem:** nesse caso a perda da posse se dá por esbulho, podendo a posse perdida ser retomada.

6.1.3. EFEITOS DA POSSE

Efeitos da posse.

(1) Percepção dos frutos. Quando o legítimo possuidor retoma a coisa de outro possuidor, há de se resolver a questão dos frutos percebidos ou pendentes ao tempo da retomada. De acordo com o caráter da posse (de boa ou de má-fé), haverá ou não direitos para aquele que teve de entregar a posse da coisa. Antes de verificarmos essas regras, vale trazer algumas definições:

1.1. Conceito de frutos: *são utilidades da coisa que se reproduzem* (frutas, verduras, filhotes de animais, juros etc.). Diferem dos **produtos**, que *são as utilidades da coisa que não se reproduzem* (minerais, por exemplo).

1.2. Espécies de frutos quanto à sua natureza: a) civis (como os alugueres e os juros); **b)** naturais (como as maçãs de um pomar); e **c)** industriais (como as utilidades fabricadas por uma máquina).

1.3. Espécies de frutos quanto ao seu estado: a) pendentes (são os ainda unidos à coisa que os produziu); **b)** percebidos ou colhidos (são os já separados da coisa que os produziu); **c)** percebidos por antecipação (são os separados antes do momento certo); **d)** percepiendos (são os que deveriam ser colhidos e não foram); **e)** estantes (são os já separados e armazenados para venda); **f)** consumidos (são os que não existem mais porque foram utilizados).

1.4. Direitos do possuidor de boa-fé: tem direito aos frutos que tiver percebido enquanto estiver de boa-fé (art. 1.214, CC).

1.5. Inexistência de direitos ao possuidor de boa-fé: não tem direito às seguintes utilidades: **a)** aos frutos pendentes quando cessar a sua boa-fé; **b)** aos frutos percebidos antecipadamente, estando já de má-fé no momento em que deveriam ser colhidos; **c)** aos produtos, pois a lei não lhe confere esse direito, como faz com os frutos. De qualquer forma, é importante ressaltar que nos casos dos itens "a" e "b", apesar de ter de restituir os frutos colhidos ou o seu equivalente em dinheiro, terá direito de deduzir do que deve as despesas com a produção e o custeio.

1.6. Situação do possuidor de má-fé: este responde por todos os frutos colhidos e percebidos, bem como pelos que, por sua culpa, deixou de perceber, desde o momento em que se constituiu de má-fé. Todavia, tem direito às despesas de produção e custeio (art. 1.216, CC), em virtude do princípio do não enriquecimento sem causa.

(2) Responsabilidade por perda ou deterioração da coisa. Quando o legítimo possuidor retoma a coisa de outro possuidor, também há de se resolver a questão referente à eventual perda ou destruição da coisa.

2.1. Responsabilidade do possuidor de boa-fé: não responde pela perda ou deterioração à qual não der causa.

2.2. Responsabilidade do possuidor de má-fé: como regra, responde pela perda ou deterioração da coisa, só se eximindo de tal responsabilidade se provar que de igual modo esse acontecimento se daria, caso a coisa estivesse com o reivindicante dela. Um exemplo de exoneração da responsabilidade é a deterioração da coisa em virtude de um raio que cai sobre a casa.

(3) Indenização por benfeitorias e direito de retenção. Outra questão importante a ser verificada quando da retomada da coisa pelo legítimo possuidor é a atinente a eventual benfeitoria feita pelo possuidor que o antecedeu. De acordo com o caráter da posse (de boa ou de má-fé), haverá ou não direitos para aquele que teve de entregar a posse da coisa. Antes de verificarmos essas regras, é imperativo trazer algumas definições.

3.1. Conceito de benfeitorias: *são os melhoramentos feitos em coisa já existente*. São bens acessórios. Diferem da **acessão**, que *é a criação de coisa nova*. Uma casa construída no solo é acessão, pois é coisa nova; já uma garagem construída numa casa pronta é benfeitoria, pois é um melhoramento em coisa já existente.

3.2. Espécies de benfeitorias: a) benfeitorias necessárias *são as que se destinam à conservação da coisa* (ex.: troca do forro da casa, em virtude do risco de cair); **b)** benfeitorias úteis *são as que aumentam ou facilitam o uso de uma coisa* (ex.: construção de mais um quarto numa casa pronta); **c)** benfeitorias voluptuárias *são as de mero deleite ou recreio* (ex.: construção de uma fonte luminosa na entrada de uma casa).

3.3. Direitos do possuidor de boa-fé: tem direito à **indenização** pelas benfeitorias necessárias e úteis que tiver feito, podendo, ainda, levantar as voluptuárias, desde que não deteriore a coisa. A indenização se dará pelo valor atual da benfeitoria. Outro direito do possuidor de boa-fé é o de retenção da coisa, enquanto não for indenizado. Significa que o possuidor não é obrigado a entregar a coisa enquanto não for ressarcido. O direito deve ser exercido no momento da contestação da ação que visa à retomada da coisa, devendo o juiz se pronunciar sobre a sua existência. Trata-se de um excelente meio de coerção para recebimento da indenização devida. Constitui verdadeiro direito real, pois não se converte em perdas e danos.

3.4. Direitos do possuidor de má-fé: tem direito apenas ao ressarcimento das benfeitorias necessárias que tiver feito, não podendo retirar as voluptuárias. Trata-se de uma punição a ele imposta, que só é ressarcido pelas benfeitorias necessárias, pois são despesas que até o possuidor legítimo teria de fazer. O retomante escolherá se pretende indenizar pelo valor atual ou pelo custo da benfeitoria. O possuidor de má-fé não tem direito de retenção da coisa enquanto não indenizado pelas benfeitorias necessárias que eventualmente tiver realizado.

(4) Usucapião. A posse prolongada, desde que preenchidos outros requisitos legais, dá ensejo a outro efeito da posse, que é a aquisição da coisa pela usucapião.

(5) Proteção possessória. A posse também tem o efeito de gerar o direito de o possuidor defendê-la contra a perturbação e a privação de seu exercício, provocadas por terceiro. Existem dois tipos de proteção possessória previstos em lei, a autoproteção e a heteroproteção.

5.1. Autoproteção da posse. A lei confere ao possuidor o direito de, por si só, proteger a sua posse, daí porque falar-se em autoproteção. Essa proteção não pode ir além do indispensável à restituição (art. 1.210, CC). Há duas situações em que isso ocorre:

(A) legítima defesa da posse: consiste no direito de autoproteção da posse no caso do possuidor, apesar de presente na coisa, estar sendo perturbado. Repare que não chegou a haver perda da coisa.

(B) desforço imediato: consiste no direito de autoproteção da posse no caso de esbulho, de perda da coisa. Repare que a vítima chega a perder a coisa. A lei só permite o desforço imediato se a vítima do esbulho "agir logo", ou seja, agir imediatamente após a agressão ("no calor dos acontecimentos") ou logo que possa agir. Aquele que está ausente (não presenciou o esbulho) só perderá esse direito se não agir logo após tomar conhecimento da agressão à sua posse (art. 1.224, CC).

5.2. Heteroproteção da posse. Trata-se da proteção feita pelo Estado Juiz, provocado por quem sofre a agressão na sua posse. Essa proteção tem o nome de interdito possessório e pode ser de três espécies: interdito proibitório, manutenção de posse e reintegração de posse. Antes de analisarmos cada um deles, é importante verificar suas características comuns.

5.2.1. Características dos interditos possessórios:

(A) fungibilidade: o juiz, ao conhecer de pedido possessório, pode outorgar proteção legal ainda que o pedido originário não corresponda à situação de fato provada em juízo. Assim, caso se ingresse com ação de manutenção de posse e os fatos comprovam que a ação adequada é a de reintegração de posse, o juiz pode determinar a reintegração, conhecendo um pedido pelo outro (art. 920, CPC).

(B) cumulação de pedidos: nas ações de reintegração e de manutenção de posse, a vítima pode reunir, além do pedido de *correção* da agressão (pedido possessório propriamente dito), os pedidos de condenação em *perdas e danos*, de cominação de *pena para o caso de descumprimento* da ordem judicial e de *desfazimento* da construção ou plantação feita na coisa (art. 921, CPC).

(C) caráter dúplice: o réu também pode pedir a proteção possessória desde que, na contestação, alegue que foi ofendido na sua posse (art. 922, CPC).

(D) impossibilidade de discussão do domínio: não se admite discussão de domínio em demanda possessória (arts. 1.210, § 2º, do CC, e 923 do CPC), ou seja, ganha a ação quem provar que detinha previamente posse legítima da coisa.

5.2.2. Interdito proibitório:

(A) conceito: *é a ação de preceito cominatório utilizada para impedir agressões iminentes que ameaçam a posse de alguém* (arts. 932 e 933 do CPC). Trata-se de ação de caráter *preventivo*, manejada quando há justo receio de que a coisa esteja na iminência de ser turbada ou esbulhada, apesar de não ter ocorrido ainda ato material nesses dois sentidos, havendo apenas uma *ameaça* implícita ou expressa.

(B) ordem judicial: acolhendo o pedido, o juiz fixará uma pena pecuniária para incidir caso o réu descumpra a proibição de turbar ou esbulhar a área, daí o nome de interdito "proibitório". Segundo a Súmula 228 do STJ, não é admissível o interdito proibitório para a proteção de direito autoral.

5.2.3. Manutenção de posse:

(A) conceito: *é a ação utilizada para corrigir agressões que turbam a posse*. Trata-se de ação de caráter repressivo, manejada quando ocorre **turbação**, que é todo ato ou conduta que *embaraça* o livre exercício da posse. Vizinho que colhe frutos ou que implementa marcos na área de outro está cometendo turbação. Se a turbação é passada, ou seja, não está mais acontecendo, cabe apenas pedido indenizatório.

(B) ordem judicial: acolhendo pedido, o juiz expedirá mandado de manutenção de posse. As demais condenações (em perdas e danos, em pena para o caso de nova turbação e para desfazimento de construção ou plantação) dependem de pedido específico da parte interessada. A utilização do rito especial, que prevê liminar, depende se se trata de ação de força nova (promovida dentro de ano e dia da turbação).

5.2.4. Reintegração de posse:

(A) conceito: *é a ação utilizada para corrigir agressões que fazem cessar a posse de alguém*. Trata-se de ação de caráter repressivo, manejada quando ocorre **esbulho**, que é a privação de alguém da posse da coisa, contra a sua vontade. A ação também é chamada de *ação de força espoliativa*.

(B) requisitos: o autor deve provar a sua posse, o esbulho praticado pelo réu, a data do esbulho e a perda da posse.

(C) legitimidade ativa: é parte legítima para propor a ação o possuidor esbulhado, seja ele possuidor direto ou indireto. O mero detentor não tem legitimidade. Os sucessores a título universal continuam, de direito, a posse de seu antecessor, podendo ingressar com ação, ainda que o esbulho tenha ocorrido antes do falecimento do *de cujus*. Já ao sucessor singular é facultado unir sua posse à do seu antecessor, para efeitos legais (art. 1.207, CC). Como regra, a lei não exige vênia conjugal para a propositura de demanda possessória (art. 10, § 2º CPC). Em caso de condomínio de pessoas não casadas, a lei permite que cada um ingresse com ação isoladamente (art. 1.314, CC).

(D) legitimidade passiva: é parte legítima para sofrer a ação o autor do esbulho. Cabe também reintegração de posse contra terceiro que recebe a coisa sabendo que fora objeto de esbulho. Já contra terceiro que não sabia que a coisa fora objeto de esbulho, a ação adequada é a reivindicatória, em que se discutirá o domínio.

(E) ordem judicial: acolhendo o pedido, o juiz expedirá mandado de reintegração de posse. As demais condenações (em perdas e danos, em pena para o caso de nova turbação e para desfazimento de construção ou plantação) dependem de pedido específico da parte interessada. A utilização do rito especial, que prevê liminar, depende se se trata de ação de força nova (promovida dentro de ano e dia do esbulho). Após ano e dia do esbulho, deve-se promover a ação pelo rito ordinário, no qual poderá ser acolhido pedido de tutela antecipada, preenchidos seus requisitos, conforme entendimento do STJ e Enunciado CJF 238.

(Ministério Público/BA – 2004) A proteção da posse, no caso em que o possuidor sofra turbação, materializa-se por intermédio:

(A) Da ação de imissão de posse.
(B) Da ação reivindicatória.
(C) Do interdito proibitório.
(D) Da ação de reintegração de posse.
(E) Da ação de manutenção de posse.

A alternativa "e" está correta, pois reflete o disposto no Art. 1.210 do CC e art. 926 do CPC. *Vide* também o item 5.2.3 da quinta questão deste capítulo.

Gabarito "E"

(Ministério Público/MG – 2012 – CONSULPLAN) Quanto aos efeitos da posse, é **INCORRETO** afirmar que:

(A) ao possuidor de má-fé, não serão ressarcidas quaisquer benfeitorias, nem mesmo as necessárias.
(B) o possuidor de boa-fé tem direito, enquanto ela durar, aos frutos percebidos.
(C) quando mais de uma pessoa se disser possuidora, manter-se-á provisoriamente a que tiver a coisa, se não estiver manifesto que a obteve de alguma das outras por modo vicioso.
(D) o possuidor de boa-fé tem direito à indenização das benfeitorias necessárias e úteis, bem como, quanto às voluptuárias, se não lhe forem pagas, a levantá-las, quando o puder sem detrimento da coisa, e poderá exercer o direito de retenção pelo valor das benfeitorias necessárias e úteis.

A: incorreta (e deve ser assinalada), pois o possuidor de má-fé tem direito a indenização quanto às necessárias, mas sem retenção (CC, art. 1.220); **B:** correta, em virtude da regra estabelecida no art. 1.214 do CC; **C:** correta, em virtude da regra estabelecida no art. 1.211; **D:** correta, pois de pleno acordo com a regra prevista no art. 1.219.

Gabarito "A"

(Ministério Público/RJ – 2011) Sobre o direito possessório, é correto afirmar que:

(A) a proteção conferida ao possuidor é o principal efeito da posse. Ela pode se dar de dois modos: pela legítima defesa e pelo desforço imediato. Nessa última hipótese, pode ocorrer pelos próprios recursos ou pelas ações possessórias preconizadas em lei;
(B) a tradição no caso da *traditio brevi manu* e do constituto possessório é considerada forma de tradição real e simbólica, respectivamente;
(C) a sucessão *mortis causa* da posse se dá a título universal e não a título singular, em razão da aplicação do princípio do direito de *saisine*;
(D) a turbação da posse consiste no ato pelo qual o possuidor se vê privado da posse mediante violência, clandestinidade ou abuso de confiança. Acarreta a perda da posse, contra a vontade do possuidor;

(E) a composse, também conhecida como posses paralelas (múltiplas) ocorre diante de posses de naturezas diversas sobre a mesma coisa, ou seja, uma concorrência ou sobreposição de posses, ensejando sempre seu desdobramento.

A: correta. O principal efeito jurídico atribuído ao poder legítimo de fato sobre a *res* é mesmo a proteção possessória. O simples fato de alguém exercer tal poder sobre a coisa já lhe confere o direito de ajuizar ações possessórias ou de defender – com suas próprias forças – a posse que titularizada. Poder-se-ia argumentar também que outro grande efeito da posse é a possibilidade de adquirir a propriedade através da usucapião; **B:** incorreta, pois na *traditio brevi manus* ocorre uma tradição simbólica, tendo em vista que a pessoa já possuía em nome alheio e passa a possuir em nome próprio como, por exemplo, o comodatário que compra o bem e torna-se dono. Já no *constituto possessório* aquele que possuía em nome próprio passa a possuir em nome alheio, como no caso da doação com reserva de usufruto, ocorrendo uma tradição ficta; **C:** incorreta, pois o art. 1.923 § 1º afasta a aplicação irrestrita do princípio de *saisine* para a transmissão da posse; **D:** incorreta, pois a turbação é um grau elevado de ameaça, uma situação na qual a perda da posse parece iminente, como ocorre quando invasores cercam a propriedade da vítima; **E:** incorreta, pois a composse não enseja necessariamente o desdobramento da posse.

Gabarito "A"

6.2. DIREITOS REAIS E PESSOAIS

1. Conceito de Direito Real: *é o poder, direto e imediato, do titular sobre a coisa, com exclusividade e contra todos.* O direito real difere do direito pessoal, pois este gera uma relação entre pessoas determinadas (princípio da relatividade) e, em caso de violação, converte-se em perdas e danos. No direito real, ao contrário, seu titular pode perseguir a coisa sobre a qual tem poder, não tendo que se contentar com a conversão da situação em perdas e danos. O ponto em comum entre os direitos pessoais e os direitos reais é o fato de que integram a categoria dos direitos patrimoniais, diferente dos direitos da personalidade.

2. Princípios do direito real:

2.1. Princípio da aderência: *aquele pelo qual se estabelece um vínculo entre o sujeito e a coisa, independentemente da colaboração do sujeito passivo.*

2.2. Princípio do absolutismo: *aquele pelo qual os direitos reais são exercidos contra todos* (***erga omnes***). Por exemplo: quando alguém é proprietário de um imóvel, todos têm de respeitar esse direito. Daí surge o *direito de sequela* ou o ***jus persequendi***, pelo qual, violado o direito real, a vítima pode perseguir a coisa, ao invés de ter de se contentar com uma indenização por perdas e danos.

2.3. Princípio da publicidade (ou visibilidade): *aquele pelo qual os direitos reais só se adquirem depois do registro do título na matrícula (no caso de imóvel) ou da tradição (no caso de móvel).* Por ser o direito real oponível *erga omnes*, é necessária essa publicidade para que sejam constituídos.

2.4. Princípio da taxatividade: *aquele pelo qual o número de direitos reais é limitado pela lei.* Assim, por acordo de vontades não é possível criar uma nova modalidade de direito real, que são *numerus clausus*. Assim, está certa a afirmativa de que só são direitos reais aqueles que a lei, taxativamente, denominar como tal, enquanto que os direitos pessoais podem ser livremente criados pelas partes envolvidas (desde que não seja violada a lei, a moral ou os bons costumes), sendo, portanto, o seu número ilimitado.

2.5. Princípio da tipificação: *aquele pelo qual os direitos reais devem respeitar os tipos existentes em lei.* Assim, o acordo de vontades não tem o condão de modificar o regime jurídico básico dos direitos reais.

2.6. Princípio da perpetuidade: *aquele pelo qual os direitos reais não se perdem pelo decurso do tempo, salvo as exceções legais.* Esse princípio se aplica ao direito de propriedade. Os direitos pessoais, por sua vez, têm a marca da *transitoriedade*.

2.7. Princípio da exclusividade: *aquele pelo qual não pode haver direitos reais, de igual conteúdo, sobre a mesma coisa.* Exemplo: o nu-proprietário e o usufrutuário não têm direitos iguais quanto ao bem objeto do usufruto.

2.8. Princípio do desmembramento: *aquele que permite o desmembramento do direito matriz (propriedade), constituindo-se direitos reais sobre coisas alheias.* Ou seja, pelo princípio é possível desmembrar um direito real (propriedade, por exemplo) em outros direitos reais (uso, por exemplo).

(Ministério Público/RO – 2013 – CESPE) Considerando o disposto no Código Civil sobre direitos reais, assinale a opção correta.

(A) A servidão predial é ônus imposto coativamente ao proprietário do prédio serviente, que perderá o exercício de algum dos direitos dominicais sobre o seu prédio.

(B) Sendo o direito de habitação concedido a mais de uma pessoa, a que habitar o imóvel deverá pagar à outra aluguel proporcional.

(C) A aluvião, mesmo sendo fenômeno da natureza, obriga o favorecido a pagar indenização ao prejudicado, ante a vedação do enriquecimento sem causa.

(D) Como a superfície é direito diverso do direito de propriedade, a sua aquisição não depende de registro de escritura pública.

(E) Assim como o proprietário, o usufrutuário possui direito de sequela, podendo perseguir o imóvel nas mãos de quem quer que injustamente o detenha.

A: incorreta, pois a servidão não é coercitiva, mas decorre de ato jurídico (que poderá ser entre vivos ou *causa mortis*), de sentença judicial quando for indispensável em ações de divisão (art. 979, II, CPC), e de usucapião (nas servidões aparentes); **B:** incorreta, pois o direito real de habitação é gratuito; **C:** incorreta, pois não há indenização no acréscimo territorial decorrente da aluvião (art. 1.250 do CC); **D:** incorreta, pois o registro da superfície no Cartório de Registro de Imóveis é essencial à validade do ato (art. 1.369 do CC); **E:** correta, pois o direito de sequela é inerente aos direitos reais, verificando-se tanto na propriedade, quanto nos direitos reais sobre coisas alheias.

Gabarito "E"

(Ministério Público/AC – 2008) No referente ao **parcelamento do solo urbano**, é correto afirmar que

(A) a Lei 6.766, de 19 de dezembro de 1979, é a única disciplina da matéria relativa a parcelamento do solo urbano.

(B) as expressões *loteamento* e *desmembramento,* utilizadas pelo legislador na Lei 6 766, de 19 de dezembro de 1979, são sinônimas.

(C) o requerimento de Registro Imobiliário do Loteamento e Desmembramento deve conter, dentre outros requisitos, declaração do cônjuge do requerente que consente no registro do loteamento.

(D) o Ministério Público não intervém em nenhum momento na ocorrência de impugnação ao registro do loteamento e desmembramento.

A: incorreta, pois existem leis municipais que também tratam do parcelamento do solo urbano e a Lei Federal nº 9.785/99 também regulamentou a matéria; **B:** incorreta, pois a própria Lei diferencia os termos no art. 2º. No § 1º define o que significa loteamento: "*subdivisão de gleba em lotes destinados a edificação, com abertura de novas vias de circulação, de logradouros públicos ou prolongamento, modificação ou ampliação das vias existentes*", enquanto no § 2º define o desmembramento como: "*a subdivisão de gleba em lotes destinados a edificação, com aproveitamento do sistema viário existente, desde que não implique na abertura de novas vias e logradouros públicos, nem no prolongamento, modificação ou ampliação dos já existentes*"; **C:** correta, pois a declaração do cônjuge do requerente é – de fato – um requisito previsto no art. 18, VII da Lei nº 6.766/79; **D:** incorreta, pois existe participação do Ministério Público na hipótese de impugnação, como bem demonstra o art. 19, § 2º, da referida Lei.

Gabarito "C"

(Ministério Público/BA – 2004) Segundo o Código Civil, são direitos reais:

(A) Propriedade, usufruto, penhor, hipoteca e rendas constituídas sobre imóveis.

(B) Propriedade, usufruto, uso, habitação e comodato.

(C) Propriedade, usufruto, habitação, penhor e anticrese.

(D) Superfície, usufruto, direito do promitente comprador, penhor e locação.

(E) Uso, servidões, usufruto, habitação e retenção de benfeitorias.

Art. 1.225, I, IV, VI, VIII e X, do CC, respectivamente.

Gabarito "C"

(Ministério Público/CE – 2011 – FCC) De acordo com a Lei de Parcelamento do Solo Urbano (Lei nº 6.766/79),

(A) será anulável a cláusula de rescisão de contrato por inadimplemento do adquirente, quando o loteamento não estiver regularmente inscrito.

(B) é vedado vender ou prometer vender parcela de loteamento ou desmembramento registrado se não houver expressa aprovação da Prefeitura Municipal em loteamentos com mais de 150 hectares.

(C) aprovado o projeto de loteamento ou de desmembramento, o loteador deverá submetê-lo ao Registro Imobiliário dentro de 6 (seis) meses, sob pena de caducidade da aprovação.

(D) à União caberá disciplinar a aprovação pelos Municípios de loteamentos e desmembramentos.

(E) a legislação municipal definirá, para cada zona em que se divida o território do Município, os usos permitidos e os índices urbanísticos de parcelamento e ocupação do solo, que incluirão, obrigatoriamente, as áreas mínimas e máximas de lotes e os coeficientes máximos de aproveitamento.

A: incorreta, pois a lei trata a hipótese como nulidade absoluta e não relativa (Lei 6.766/79, art. 39); **B:** incorreta, pois a vedação não alcança apenas loteamentos com mais de 150 hectares; **C:** incorreta, pois a lei concede o prazo de 180 dias para o exercício de tal obrigação; **D:** incorreta, pois tal atribuição é dos Estados e não da União (art. 13 da referida Lei); **E:** correta, pois de pleno acordo com o art. 4º, § 1º da Lei.

Gabarito "E"

(Ministério Público/MG – 2011) Pelo Código Civil, **NÃO** é considerado direito real:

(A) concessão de uso especial para fins de moradia.

(B) energia que tenha valor econômico.

(C) direito do promitente comprador do imóvel.

(D) hipoteca.

Uma característica peculiar dos direitos reais é sua previsão expressa na lei. No Código Civil, por exemplo, os direitos reais estão enumerados no art. 1.225, estando ali previstos a concessão de uso especial para fins de moradia (inciso XI); o direito do promitente comprador do imóvel (inciso VII) e a hipoteca (inciso IX). A assertiva B, portanto, é a única que enumera bem móvel, não se constituindo em direito real (CC, art. 83, I).

Gabarito "B"

(Ministério Público/MS – 2009) Em relação à propriedade fiduciária prevista no Código Civil, é correto afirmar que

(A) é modalidade de propriedade limitada.

(B) é modalidade de propriedade resolúvel.

(C) pode atingir bens imóveis desde que fungíveis.

(D) destina-se a bens móveis, sejam eles fungíveis ou infungíveis.

(E) quando vencida a dívida, o credor torna-se proprietário pleno, podendo ou não alienar o bem.

A: incorreta, pois a rigor a hipótese não é de propriedade limitada; **B:** correta, pois trata-se de típica hipótese de propriedade resolúvel do credor. O evento futuro e incerto que resolverá a propriedade é justamente o adimplemento total da dívida por parte do devedor; **C** e **D:** incorretas, pois segundo o art. 1.361 a regulamentação da propriedade fiduciária do Código Civil limita-se aos bens móveis e infungíveis; **E:** incorreta, pois o credor é obrigado a vender o bem na hipótese de inadimplemento do devedor (CC, art. 1.364).

Gabarito "B"

(Ministério Público/RJ – 2011) As Promotorias de Justiça de Tutela Coletiva do Estado do Rio de Janeiro possuem diversos inquéritos civis públicos apurando a existência de loteamentos irregulares e clandestinos.

Sobre o tema, é correto afirmar que:

(A) o parcelamento de solo urbano clandestino é aquele que teve o seu projeto urbanístico aprovado pelo Município, porém, após ou mesmo antes de sua inscrição no ofício predial (registro de imóveis), é executado de maneira diversa do estatuído no seu projeto;

(B) o parcelamento de solo urbano irregular é aquele não aprovado pelo Município, seja porque não foi submetido à aprovação, seja porque foi submetido, mas a autorização foi negada;

(C) o desmembramento é a subdivisão da gleba em lotes destinados à edificação, com aproveitamento do sistema viário existente, desde que não implique a abertura de novas vias e logradouros públicos, nem prolongamento, modificação ou ampliação dos já existentes;

(D) o loteamento é uma forma de realização do parcelamento do solo urbano, em conformidade com o previsto na Lei nº 6. 766/79. O desmembramento, apesar de preconizado no citado ato normativo, não é considerado pela lei uma forma de parcelamento do solo urbano;

(E) os requisitos necessários para a implantação de um loteamento em área urbana são o seu registro no ofício predial competente (registro de imóveis) e a sua realização fora de áreas de preservação permanente.

A: incorreta, pois a lei traz outros fatos que configuram um loteamento como clandestino, como por exemplo, aquele realizado apesar do indeferimento administrativo; **B:** incorreta, pois o art. 50 da Lei de Parcelamento do Solo traz outros fatos que caracterizam o parcelamento irregular; **C:** correta, pois de acordo com a definição dada pela Lei 6.766/79, art. 2º, § 2º; **D:** incorreta, pois o desmembramento é também forma de parcelamento; **E:** incorreta, pois há outros requisitos previstos na referida lei, especialmente no art. 3º.

Gabarito "C"

6.3. PROPRIEDADE IMÓVEL

(Ministério Público/PI – 2008) Em relação à propriedade, assinale a alternativa correta.

(A) Ela deve, para respeitar a função social, atender, além da produtividade, itens de respeito ao meio ambiente.

(B) Respeitada a função social, o proprietário pode praticar atos que não tenham comodidade, ainda que prejudiquem terceiros.

(C) A propriedade do subsolo abrange as jazidas e mananciais energéticos cuja exploração depende de autorização do Poder Público.

(D) Ela pode adquirir-se pela descoberta.

(E) A propriedade adquirida por usucapião, para quem tem boa-fé e justo título, pode ter esse prazo reduzido se o objeto tiver sido utilizado como moradia do usucapiente.

A: correta, pois a função social da propriedade implica utilização da propriedade de modo saudável e adequando não só para o titular, mas também para toda sociedade; **B:** incorreta, pois configurado estaria o abuso do direito (art. 187); **C:** incorreta, pois o proprietário tem o direito de explorar os recursos minerais de emprego imediato na construção civil; **D:** incorreta, pois a descoberta refere-se a aquisição de bens móveis; **E:** incorreta, pois no caso de usucapião ordinária a lei exige ainda que a aquisição tenha sido onerosa, com base no registro constante do respectivo cartório, cancelada posteriormente (CC, art. 1.242, parágrafo único).

Gabarito "A"

(Ministério Público/TO – 2012 – CESPE) Com relação ao direito de propriedade e seus efeitos, assinale a opção correta.

(A) O usufruto por retenção caracteriza-se pela concessão realizada pelo proprietário de usufruto a terceiro, conservando o proprietário a nua propriedade.

(B) De acordo com a legislação civil, a alienação fiduciária é empregada especialmente em relação a bens imóveis, e, em caso de alienação fiduciária em garantia de bens móveis, havendo inadimplemento da dívida, não cabe a ação de busca e apreensão.

(C) Usucapião é uma forma derivada de aquisição de bem imóvel.

(D) O direito de superfície constitui instituto real por meio do qual o proprietário cede a outrem, por tempo determinado ou não, de forma gratuita ou onerosa, o direito de construir ou plantar em seu terreno, recaindo o direito sobre bens imóveis, mediante escritura pública, devidamente registrada em cartório de registro de imóveis.

(E) Uma servidão construída para a passagem de carros inclui a passagem de pessoas, assim como uma servidão para pastagem de gado inclui a cultura agrícola no mesmo campo rural.

A: incorreta, pois o usufruto por retenção ocorre quando o proprietário transfere a nua propriedade a terceiro, conservando, todavia, o direito real de usufruto; **B:** incorreta, pois o art. 3º do Decreto-Lei nº 911/69 permite a busca e apreensão para a hipótese de inadimplemento; **C:** incorreta, pois a usucapião é forma originária de aquisição e propriedade; **D:** correta, pois de acordo com a regulamentação do art. 1.369 do Código Civil e do art. 21 da Lei 10.257/01; **E:** incorreta, pois a servidão deve ser usada dentro dos limites de sua destinação específica (CC, art. 1.385 § 1º).

Gabarito "D"

6.4. USUCAPIÃO

(Ministério Público/PI – 2014 – CESPE) Assinale a opção correta acerca da usucapião.

(A) Não havendo registro de propriedade de terras, existe, em favor do Estado, a presunção *iuris tantum* de que sejam terras devolutas, sendo, então, desnecessária a prova da titularidade pública do bem, o que torna tais imóveis inalcançáveis pela usucapião.

(B) O imóvel público é insuscetível de usucapião, devendo-se, entretanto, reconhecer como possuidor o particular que ocupa, de boa-fé, aquela área, ao qual é devido o pagamento de indenização por acessões ou benfeitorias ali realizadas.

(C) O direito do usucapiente funda-se sobre o direito do titular precedente e, constituindo este o pressuposto daquele, determina-lhe a existência, as qualidades e sua extensão.

(D) Por ser a usucapião forma de aquisição originária, dispensa-se o recolhimento do imposto de transmissão quando do registro da sentença, não obstante os direitos reais limitados e eventuais defeitos que gravam ou viciam a propriedade serem transmitidos ao usucapiente.

(E) Dois elementos estão normalmente presentes nas modalidades de usucapião: o tempo e a posse, exigindo-se desta a característica *ad usucapionem*, referente à visibilidade do domínio e a requisitos especiais, como a continuidade e a pacificidade.

A: incorreta, pois *"Não havendo registro de propriedade do imóvel, inexiste, em favor do Estado, presunção iuris tantum de que sejam terras devolutas, cabendo a este provar a titularidade pública do bem. Caso contrário, o terreno pode ser usucapido"* (STJ – REsp 674558 RS); B: incorreta. Existe uma preocupação da lei em proibir a usucapião de bens públicos. Isso fica evidenciado quando se constata que a Constituição Federal estabelece tal vedação em dois dispositivos (arts. 183 § 3º e 191 parágrafo único) e o Código Civil ainda proíbe uma vez mais no art. 102. No que se refere ao direito de indenização por eventuais benfeitorias, o STJ já firmou posição no sentido de sua inadmissibilidade, como demonstra o aresto: *"A ocupação de área pública, quando irregular, não pode ser reconhecida como posse, mas como mera detenção. Se o direito de retenção ou de indenização pelas acessões realizadas depende da configuração da posse, não se pode, ante a consideração da inexistência desta, admitir o surgimento daqueles direitos, do que resulta na inexistência do dever de se indenizar as benfeitorias úteis e necessárias"*. (REsp 863939/RJ – Relatora: Ministra Eliana Calmon); C: incorreta, pois o direito do usucapiente funda-se no exercício da sua posse com o preenchimento dos requisitos legais, bem como na lei; D: incorreta, pois a *"usucapião é forma originária de adquirir. O usucapiante não adquire de outrem; simplesmente adquire. Assim, são irrelevantes vícios de vontade ou defeitos inerentes a eventuais atos causais de transferência da posse. No usucapião ordinário, bastam o tempo e a boa-fé, aliados ao justo titulo, hábil em tese a transferência do domínio"* (STJ – REsp 23-PR 1989/0008158-6); E: correta, pois não é qualquer posse que é apta a gerar usucapião. Apenas a posse que ostenta tais qualidades é que possibilita a aquisição da propriedade.

Gabarito "E"

(Ministério Público/MS – 2013 – FADEMS) Conforme a doutrina e jurisprudência dominantes, são pressupostos da usucapião: a coisa hábil ou suscetível de ser usucapida; a posse mansa e prolongada; o decurso do tempo; o justo título e a boa-fé. Diante desses pressupostos, marque a alternativa correta:

(A) A usucapião extraordinária exige apenas que o possuidor tenha justo título e boa-fé.

(B) Toda e qualquer espécie de posse mansa é capaz de conduzir à obtenção da usucapião, desde que presentes o decurso do tempo, a coisa hábil ou suscetível de ser usucapida e o justo título.

(C) Presentes os pressupostos elencados no enunciado da questão, é possível, à luz do Código Civil, que os bens dominicais possam ser usucapidos.

(D) O título anulável não é óbice para obtenção da usucapião, porquanto enquanto não for decretada sua anulação é válido, sendo eficaz e capaz de produzir efeitos.

(E) A coisa hábil ou suscetível de ser usucapida, a posse mansa e prolongada e o decurso do tempo não são absolutamente indispensáveis, podendo ser exigidos apenas em algumas situações de usucapião.

A: incorreta, pois a usucapião extraordinária dispensa justo título e boa-fé, exigindo, todavia, lapso temporal mais prolongado; **B:** incorreta, pois a posse precisa se verificar com *"animus domini", ser contínua, ininterrupta, pacífica e pública*; **C:** incorreta, pois os bens públicos não se sujeitam à usucapião (art. 102, CC; e arts. 183, § 3º, e 191, parágrafo único, da CF); **D:** correta, pois o justo título é justamente aquele que tem aparência de documento hábil a transferir a propriedade; **E:** incorreta, pois os referidos requisitos são indispensáveis à usucapião.

Gabarito "D"

(Ministério Público/CE – 2009 – FCC) Sobre a usucapião pode-se afirmar:

I. É forma originária de aquisição da propriedade, que se obtém mediante sentença judicial de natureza constitutiva.

II. O possuidor pode, a fim de atingir o tempo necessário para a aquisição da propriedade pela usucapião extraordinária, contar os períodos de posse dos seus antecessores desde que todos sejam contínuos e pacíficos.

III. A usucapião pode ter por objeto coisas móveis, coisas imóveis e servidões aparentes.

IV. O imóvel de propriedade de pessoas relativamente incapazes não pode ser adquirido por terceiro que esteja na sua posse, ainda que preenchidos os requisitos legais para a usucapião.

V. Não será reconhecido mais de uma vez ao mesmo possuidor o direito de adquirir imóvel rural pela usucapião pró-labore, em que o prazo exigido para a aquisição é de cinco (05) anos.

Estão corretas as afirmações

(A) III, IV e V.

(B) II, IV e V.

(C) II, III e V.

(D) I, III e V.

(E) I, II e III.

I: incorreta, pois a usucapião se adquire pelo preenchimento dos requisitos legais, sendo a sentença meramente declaratória; **II:** correta (art. 1.243 do CC); **III:** correta, pois a lei permite a usucapião nessas três situações; **IV:** incorreta, pois a prescrição não corre contra os absolutamente incapazes (art. 198, I, do CC), mas corre contra os relativamente incapazes; **V:** correta (art. 1.239 do CC).

Gabarito "C"

(Ministério Público/MS – 2009) É correto afirmar que o usucapião ordinário depende da existência de

(A) justo título, boa-fé e posse *ad usucapionem* pelo prazo de 15 anos.

(B) justo título, boa-fé e posse *ad usucapionem* pelo prazo de 15 anos, podendo ser reduzido para 10 anos em caso de destinação que atenda à função social.

(C) justo título, boa-fé e posse *ad usucapionem* pelo prazo de 10 anos.

(D) justo título, boa-fé e posse *ad usucapionem* pelo prazo de 10 anos podendo ser reduzido para 5 anos em caso de destinação que atenda à função social.

(E) justo título, boa-fé e posse *ad usucapionem* pelo prazo de 5 anos, se houver exploração econômica do imóvel.

A e **B:** incorretas, pois o prazo regular de usucapião ordinário é de 10 anos; **C:** correta, pois de acordo com o art. 1.242 do Código Civil; **D:** incorreta, pois no caso de usucapião ordinária a lei exige ainda que a aquisição tenha sido onerosa, com base no registro constante do respectivo cartório, cancelada posteriormente (CC, art. 1.242, parágrafo único); **E:** incorreta pois contrária aos termos do art. 1.242.

Gabarito "C"

(Ministério Público/RS – 2008) Em matéria de usucapião pró-labore é correto afirmar-se que:

(A) desde o advento da Constituição Federal de 1988 não é mais possível invocá-lo para usucapir terras devolutas.

(B) o critério para definir-se o imóvel como sendo rural é a destinação a ele atribuída pelo usucapiente.

(C) é possível realizar-se a *acessio possessionis*.

(D) o prazo para que se efetive é de 3 anos ininterruptos.

(E) a área que comporta essa modalidade de usucapião deve ser igual a um módulo rural.

A: correta, pois as terras devolutas são consideradas bens do Estado (CF, art. 26, IV) e como tais não sujeitas à usucapião. Vale ressaltar, porém, que a jurisprudência recente tem debatido a noção e o conceito de terras devolutas, não havendo firme posição ainda. Nesse sentido, decidiu o STJ: *Recurso Especial. Usucapião. Faixa de Fronteira. Possibilidade. Ausência de Registro acerca da propriedade do imóvel. Inexistência de presunção em favor do Estado de que a terra é pública. 1. O terreno localizado em faixa de fronteira, por si só, não é considerado de domínio público, consoante entendimento pacífico da Corte Superior. 2. Não havendo registro de propriedade do imóvel, inexiste, em favor do Estado, presunção iuris tantum de que sejam terras devolutas, cabendo a este provar a titularidade pública do bem. Caso contrário, o terreno pode ser usucapido. 3. Recurso especial não conhecido.* (STJ, REsp 674558/RS, Min. Rel. LUIS FELIPE SALOMÃO – QUARTA TURMA); **B:** incorreta, pois o art. 191 da CF prevê a localização como critério e não a destinação; **C:** incorreta, pois não se pode somar a posse com a do antecessor, conforme preconiza o Enunciado nº 317 do Conselho da Justiça Federal: "*A* accessio possessionis, *de que trata o art. 1.243, primeira parte, do Código Civil, não encontra aplicabilidade relativamente aos arts. 1.239 e 1.240 do mesmo diploma legal, em face da normatividade do usucapião constitucional urbano e rural, arts. 183 e 191, respectivamente*"; **D:** incorreta, pois o prazo constitucionalmente previsto é de 5 anos (art. 191, CF); **E:** incorreta, pois a Constituição previu a área de 50 hectares (art. 191, CF).

Gabarito "A"

(Ministério Público/SP – 2011) É correto afirmar que a aquisição por usucapião de imóvel urbano, por pessoa que seja proprietária de imóvel rural, se dá:

(A) após 5 (cinco) anos, independentemente de justo título e boa-fé, limitada a área a 250 m^2.

(B) após 15 (quinze) anos, independentemente de justo título e boa-fé, sem limite de tamanho da área.

(C) após 5 (cinco) anos, independentemente de justo título e boa-fé, limitada a área a 350 m^2.

(D) após 10 (dez) anos, independentemente de justo título, limitada a área a 01 alqueire.

(E) após 10 (dez) anos, independentemente de boa-fé, desde que não utilizado o imóvel para moradia.

A alternativa "b" está correta, pois se trata da usucapião extraordinária, prevista no art. 1.238 do CC.

Gabarito "B"

(Ministério Público/SP – 2010) Assinale a alternativa correta:

(A) na usucapião urbana individual, prevista na Lei nº 10.257/01 (Estatuto da Cidade), não é possível levar-se a efeito aquisição de terreno inferior ao mínimo módulo urbano.

(B) a usucapião rural consagrada no artigo 1.239 do Código Civil, que exige a chamada posse trabalho/moradia, não reclama *animus domini* da parte usucapiente.

(C) a usucapião coletiva pode ter como objeto áreas particulares e públicas.

(D) os bens dominicais, à luz do novo Código Civil Brasileiro, podem ser usucapidos.

(E) na usucapião coletiva, prevista na Lei nº 10.257/01 (Estatuto da Cidade), como regra geral, a cada possuidor será atribuída, por decisão judicial, igual fração ideal de terreno.

A: incorreta, pois não há essa restrição no art. 9º da Lei 10.257/01; **B:** incorreta, pois reclama que o interessado possua a coisa como sua, ou seja, reclama ou *animus domini* (art. 1.239 do CC); **C** e **D:** incorretas, pois não cabe usucapião sobre bens públicos (art. 102 do CC); **E:** correta (art. 10, § 3º, da Lei 10.257/01).

Gabarito "E"

(Ministério Público/SP – 83º) Pode-se afirmar que constituem pressupostos da usucapião, a coisa hábil ou suscetível de ser usucapida, a posse mansa e prolongada, o decurso do tempo, o justo título e a boa-fé. Diante de tal enunciado, indique a alternativa correta para as seguintes hipóteses:

(A) O justo título e a boa-fé apenas são exigidos nos casos de usucapião ordinária, dispensados os demais requisitos.

(B) Os primeiros três requisitos acima referidos não são absolutamente indispensáveis e exigidos em apenas algumas situações de usucapião.

(C) O título anulável não é obstáculo para a obtenção da usucapião, porquanto sendo eficaz e capaz de produzir efeitos, válido será enquanto não for decretada a sua anulação.

(D) Qualquer espécie de posse mansa pode conduzir à usucapião, desde que presentes a coisa hábil ou suscetível de ser usucapida, o decurso do tempo e o justo título.

(E) Para a consumação da usucapião extraordinária exige-se que o possuidor ostente justo título e boa-fé.

Para responder essa questão e outras que tratam de usucapião, segue um resumo doutrinário.

Usucapião.

(1) Conceito: *é a forma de aquisição originária da propriedade pela posse prolongada no tempo e pelo cumprimento de outros requisitos legais*. A usucapião também é chamada de *prescrição aquisitiva*. Essa forma de aquisição da propriedade independe de inscrição no Registro de Imóveis. Ou seja, cumpridos os requisitos legais, o possuidor adquire a propriedade da coisa. Assim, a sentença na ação de usucapião é meramente declaratória da aquisição da propriedade, propiciando a expedição de mandado para registro do imóvel em nome do adquirente, possibilitando a todos o conhecimento da nova situação. A aquisição é originária, ou seja, não está vinculada ao título anterior. Isso faz com que eventuais restrições que existirem na propriedade anterior não persistam em relação ao novo proprietário.

(2) Requisitos: São vários os requisitos para a aquisição da propriedade pela usucapião. Vamos enumerar nesse item apenas os requisitos que devem ser preenchidos em todas as modalidades de usucapião, deixando os específicos de cada modalidade para estudo nos itens abaixo respectivos. Os requisitos gerais são os seguintes:

(A) posse prolongada no tempo: não basta mera detenção da coisa, é necessária a existência de posse. E mais: de posse que se prolongue no tempo, tempo esse que variará de acordo com o tipo de bem (móvel ou imóvel) e em função de outros elementos, como a existência de boa-fé, a finalidade da coisa etc.;

(B) posse com *animus domini*: não basta a mera posse; deve se tratar de posse com ânimo de dono, com intenção de proprietário; essa circunstância impede que se considere a posse de um locatário do bem como hábil à aquisição da coisa;

(C) posse mansa e pacífica: ou seja, posse sem oposição; assim, se o legítimo possuidor da coisa se opôs à posse, ingressando com ação de reintegração de posse, neste período não se pode considerar a posse como mansa e pacífica, sem oposição.

(D) posse contínua: ou seja, sem interrupção; não é possível computar, por exemplo, dois anos de posse, uma interrupção de um ano, depois mais dois anos e assim por diante; deve-se cumprir o período aquisitivo previsto em lei sem interrupção.

(3) Usucapião extraordinário – requisitos:

(A) tempo: 15 anos; o prazo será reduzido para 10 anos se o possuidor houver estabelecido no imóvel a sua moradia habitual, ou nele realizado obras ou serviços de caráter produtivo (art. 1.238, CC).

(B) requisitos básicos: posse "mansa e pacífica" (sem oposição), "contínua" (sem interrupção) e com "ânimo de dono".

(4) Usucapião ordinário – requisitos:

(A) tempo: 10 anos; o prazo será reduzido para 5 anos se preenchidos dois requisitos: se o imóvel tiver sido adquirido onerosamente com base no registro constante do respectivo cartório; se os possuidores nele tiverem estabelecido a sua moradia ou realizado investimentos de interesse social e econômico (art. 1.242, CC).

(B) requisitos básicos: posse "mansa e pacífica" (sem oposição), "contínua" (sem interrupção) e com "ânimo de dono".

(C) boa-fé e justo título: como o prazo aqui é menor, exige-se do possuidor, no plano subjetivo, a boa-fé, e, no plano objetivo, a titularidade de um título hábil, em tese, para transferir a propriedade.

(5) Usucapião especial urbano – requisitos:

(A) tempo: 5 anos (art. 1.240, CC).

(B) requisitos básicos: posse "mansa e pacífica" (sem oposição), "contínua" (sem interrupção) e com "ânimo de dono".

(C) tipo de imóvel: área urbana; tamanho de até 250 m^2;

(D) finalidade do imóvel: deve ser utilizado para a moradia do possuidor ou de sua família;

(E) requisitos negativos: que o possuidor não seja proprietário de outro imóvel urbano ou rural; que o possuidor já não tenha sido beneficiado pelo direito ao usucapião urbano.

(6) Usucapião especial urbano FAMILIAR – requisitos:

(A) tempo: 2 anos (art. 1.240-A, CC).

(B) requisitos básicos: posse "mansa e pacífica" (sem oposição), "contínua" (sem interrupção) e com "ânimo de dono".

(C) tipo de imóvel: área urbana; tamanho de até 250 m^2;

(D) finalidade do imóvel: deve ser utilizado para a moradia do possuidor ou de sua família;

(E) requisito específico: imóvel cuja PROPRIEDADE o possuidor divida com ex-cônjuge ou ex-companheiro que ABANDONOU o lar;

(F) requisitos negativos: que o possuidor não seja proprietário de outro imóvel urbano ou rural; que o possuidor já não tenha sido beneficiado pelo direito ao usucapião urbano. O possuidor abandonado deve estar na posse direta e exclusiva do imóvel, e, cumpridos os requisitos da usucapião, adquirirá o domínio integral do imóvel.

(7) Usucapião urbano coletivo – requisitos:

(A) tempo: 5 anos (art. 10 da Lei 10.257/01 – Estatuto da Cidade);

(B) requisitos básicos: posse "mansa e pacífica" (sem oposição), "contínua" (sem interrupção) e com "ânimo de dono".

(C) tipo de imóvel: área urbana; tamanho superior a 250 m^2;

(D) finalidade do imóvel: utilização para moradia; população de baixa renda;

(E) requisitos negativos: que o possuidor não seja proprietário de outro imóvel urbano ou rural; que seja impossível identificar o terreno ocupado por cada possuidor.

(8) Usucapião especial rural – requisitos:

(A) tempo: 5 anos (art. 1.239, CC);

(B) requisitos básicos: posse "mansa e pacífica" (sem oposição), "contínua" (sem interrupção) e com "ânimo de dono";

(C) tipo de imóvel: área de terra em zona rural; tamanho de até 50 hectares;

(D) finalidade do imóvel: deve ser utilizado para a moradia do possuidor ou de sua família; área produtiva pelo trabalho do possuidor ou de sua família;

(E) requisito negativo: a terra não pode ser pública.

Gabarito "C"

6.5. PROPRIEDADE MÓVEL

(Ministério Público/PR – 2009) Sobre a usucapião, como forma de aquisição da propriedade de bem móvel ou imóvel, é INCORRETO afirmar:

(A) Aquele que, por 15 (quinze) anos, exerça a posse de forma contínua e ininterrupta e sem oposição, com ou sem justo título, adquire a propriedade do bem imóvel, independentemente da boa-fé.

(B) Aquele que, por 05 (cinco) anos, exerça a posse de imóvel rural com área de até 50 (cinquenta) hectares, de forma contínua e ininterrupta e sem oposição, adquire-lhe a propriedade, independentemente da boa-fé e do uso que atribua ao bem.

(C) Aquele que, por 10 (dez) anos, exerça a posse de forma contínua e ininterrupta e sem oposição, com justo título e boa-fé, adquire a propriedade do bem imóvel.

(D) É possível ao possuidor acrescer à sua posse o tempo de exercício possessório de seus antecessores, seja por decorrência de sucessão por *causa mortis* ou por ato *intervivos*.

(E) Aquele que possuir coisa móvel como sua, contínua e incontestadamente durante 03 (três) anos, com justo título e boa-fé, adquirir-lhe-á a propriedade.

A: correta (art. 1.238 do CC); **B:** incorreta (e deve ser assinalada), pois o bem deve ter se tornado produtivo e servido de moradia para o interessado (art. 1.239 do CC); **C:** correta (art. 1.242 do CC); **D:** correta (art. 1.243 do CC); **E:** correta (art. 1.260 do CC).

Gabarito "B"

6.6. LEI DE REGISTROS PÚBLICOS

(Ministério Público/BA – 2008) Sobre a Lei de Registros Públicos, analise as assertivas a seguir:

I. O pedido de retificação, suprimento ou restauração de assentamento do registro civil deverá ser realizado através de petição dirigida ao Juiz de Registros Públicos, sendo dispensável a intervenção do Ministério Público, por se tratar de procedimento de jurisdição voluntária.

II. Julgado procedente o pedido de retificação, suprimento ou restauração de assentamento do registro civil, deverá ser expedido mandado para que seja lavrado, restaurado ou retificado o assento, indicando os fatos ou circunstâncias que devam ser alterados.

III. Pela sistemática da Lei 6.015/73, a correção de erros de grafia não prescinde de prévio processo judicial.

IV. Tendo a criança morrido quando da realização do parto, porém respirado, serão feitos dois assentos, o de nascimento e o de óbito.

V. São passíveis de averbação as sentenças que decidirem acerca da nulidade ou anulação do casamento e o restabelecimento da sociedade conjugal, enquanto serão registradas as emancipações, as interdições e os casamentos.

Quais assertivas estão corretas?

(A) II, III e IV.

(B) II, IV e V.

(C) I, IV e V.

(D) I, III e V.

(E) II, III e V.

I: incorreta, pois o art. 109 da Lei de Registros Públicos estipula a participação do Ministério Público no referido procedimento; **II:** correta, pois de acordo com o art. 109, § 4º da referida Lei; **III:** incorreta, pois tal procedimento dispensa processo judicial; **IV:** correta, pois de pleno acordo com o art. 53, § 2º da Lei de Registros Públicos; **V:** correta, pois de acordo com o art. 100 da referida lei.

Gabarito "B"

(Ministério Público/CE – 2011 – FCC) Far-se-á a averbação em registro público

(A) dos nascimentos, casamentos e óbitos.

(B) da interdição por incapacidade absoluta.

(C) da sentença declaratória de ausência.

(D) dos atos judiciais ou extrajudiciais que declararem, anularem ou reconhecerem a filiação.

(E) das sentenças que decretarem anulação do casamento, o divórcio, a separação judicial e o restabelecimento da sociedade conjugal.

A, B, C: incorretas, pois o *caput* do art. 29 da Lei nº 6.015/1977 disciplina os atos que serão registrados no registro civil, enquanto o parágrafo primeiro enumera os atos que serão averbados. As alternativas A, B e C apresentam hipóteses nas quais ocorrerá registro. **D:** incorreta, pois apenas o ato judicial que reconhece ou anula filiação é que sofrerá averbação. **E:** correta, pois de acordo com o art. 29, § 1º, alínea *a*.

Gabarito "E"

(Ministério Público/PI – 2012 – CESPE) Com base na legislação que regula o registro de imóveis, assinale a opção correta.

(A) Na remição de hipoteca legal, havendo interesse de incapaz ou de pessoa portadora de deficiência, é obrigatória a intervenção do MP.

(B) É vedada a instituição do bem de família juntamente com a transmissão da propriedade.

(C) Enquanto não cancelado, o registro produz todos os efeitos legais, salvo se por outra maneira se provar que o título está extinto ou anulado.

(D) A averbação, no registro de imóveis, dos nomes dos logradouros decretados pelo poder público condiciona-se a requerimento a ser apresentado pelo ente público interessado.

(E) Em qualquer hipótese relacionada a registro torrens, deverá ser ouvido o órgão do MP, que poderá impugnar o registro tanto por falta de prova completa do domínio quanto por preterição de outra formalidade legal.

A: incorreta, pois a intervenção do MP na remição de hipoteca legal restringe-se a hipótese de interesse de incapaz, mas não de pessoa portadora de deficiência (Lei 6.015/73, art. 274); **B:** incorreta, pois o art. 265 da referida Lei permite tal procedimento; **C:** incorreta, pois o registro, enquanto não cancelado, produz todos os efeitos legais ainda que, por outra maneira, se prove que o título está desfeito, anulado, extinto ou rescindido (Lei de Registros Públicos, art. 252); **D:** incorreta, pois tal obrigação deve ser desempenhada *ex officio*, conforme art. 167, II, nº 13; **E:** correta, pois de pleno acordo com o art. 284 da mencionada Lei.

Gabarito "E"

(Ministério Público/MT – 2012 – UFMT) Em relação ao cancelamento de registro público, é correto afirmar:

(A) O Ministério Público, as partes e a Fazenda Pública poderão requerê-lo administrativamente após a confirmação em processo administrativo dos motivos que justificaram a nulidade do título.

(B) Somente poderá ser obtido por meio de declaração judicial em pretensão deduzida pela Fazenda Pública, pelas partes interessadas ou pelo Ministério Público.

(C) Somente poderá ser obtido por meio de declaração judicial após o requerimento das partes interessadas.

(D) Poderá ser realizado por iniciativa das partes, da Fazenda Pública e do Ministério Público, os quais poderão fazer uso de processo administrativo ou de procedimento judicial.

(E) A Fazenda Pública poderá obter a rescisão do título, após a confirmação em processo administrativo, independente de decisão judicial.

A: incorreta, pois o Ministério Público não é legitimado a pleitear o cancelamento (Lei de Registros Públicos, art. 250); **B:** incorreta, pois há outras formas de se obter o cancelamento do registro previstas pelo art. 250; **C:** incorreta pois o processo administrativo seguido por pedido da Fazenda Pública também é meio hábil a se obter o cancelamento (art. 250, IV); **D:** incorreta, pois o Ministério Público não é legitimado a pleitear o cancelamento do registro; **E:** correta, pois de pleno acordo com o art. 250, IV da mencionada Lei.

Gabarito "E"

(Ministério Público/RN – 2009 – CESPE) Julgue os itens subsequentes, relativos a registros públicos, direito das coisas, obrigações e família.

I. Se o teor do registro do imóvel não exprimir a realidade jurídica ou a verdade dos fatos, poderá ser anulado por decisão administrativa a cargo do próprio oficial registrador, de ofício ou a requerimento da parte prejudicada ou do MP.

II. A aquisição de bem realizada em hasta pública, instituída no bojo do processo de execução, não exclui a responsabilidade do executado pela evicção.

III. A adoção de pessoa maior de dezoito anos pode ser realizada por escritura pública.

IV. O reconhecimento da filiação não pode ser revogado, nem mesmo quando feito em testamento, mas não constitui obstáculo à declaração judicial de sua invalidade.

V. A acessão industrial ou artificial é modo originário de aquisição da propriedade imobiliária.

Estão certos apenas os itens

(A) I, II e III.

(B) I, III e V.

(C) I, IV e V.

(D) II, III e IV.

(E) II, IV e V.

I: incorreta, pois a hipótese é de retificação e não de anulação (Lei de Registros Públicos, art. 212); **II:** correta, pois de acordo com o art. 447 do Código Civil; **III:** incorreta, pois referida adoção depende de sentença judicial (CC, art. 1.619); **IV:** correta, tendo em vista o disposto na Lei nº 8.560/92, art. 1º; **V:** correta, pois a acessão é forma originaria de aquisição de propriedade (CC, art. 1.248).

Gabarito "E"

(Ministério Público/SC – 2008) Analise as seguintes assertivas:

I. Para aprovação de projeto de desmembramento junto à Prefeitura Municipal é necessário que o interessado junte planta do imóvel a ser desmembrado assinada por profissional legalmente habilitado e assinada pelos confrontantes.

II. Dentre os atos registrados no registro Civil de Pessoas Naturais, são gratuitos o registro civil de nascimento e o assento de óbito e a primeira certidão respectiva.

III. A declaração de indisponibilidade de bens será averbada, na respectiva matricula, no cartório de registro imobiliário.

IV. Embora a decisão proferida pelo Juiz de Direito em suscitação de dúvida, tenha natureza administrativa ela impede o uso de processo contencioso competente.

V. Para a inscrição do bem de família no registro imobiliário basta a declaração do instituidor, seja por instrumento público, seja por instrumento particular com a firma reconhecida, declarando que determinado prédio se destina a domicílio de sua família e que ficará isento de execução por dívida.

(A) apenas I, III, IV e V estão corretos.

(B) apenas II e IV estão corretos.

(C) apenas I, III e V estão corretos.

(D) apenas II, III estão corretos.

(E) apenas II e V estão corretos.

I: incorreta, pois o art. 10 da Lei 6.766/79 não exige tais requisitos; **II:** correta, pois de acordo com o estabelecido pelo art. 30 da Lei 6.015/73; **III:** correta, pois de acordo com o art. 247 da Lei de Registros Públicos; **IV:** incorreta, pois o art. 204 da referida Lei admite o processo contencioso nesses casos; **V:** incorreta, pois a mencionada lei exige, no art. 260, a escritura pública para instituição do bem de família.

Gabarito "D"

(Ministério Público/SC – 2012) Analise as seguintes assertivas:

I. Consideram-se gratuitos, dentre outros, nos termos da Lei n. 9.265/96, os seguintes atos necessários ao exercício da cidadania: a) as ações de impugnação de mandato eletivo por abuso do poder econômico, corrupção ou fraude; b) os pedidos de informações ao poder público, em todos os seus âmbitos, objetivando a instrução de defesa ou a denúncia de irregularidades administrativas na órbita pública.

II. Os serviços concernentes aos Registros Públicos, estabelecidos pela legislação civil para autenticidade, segurança e eficácia dos atos jurídicos, ficam sujeitos ao regime estabelecido na Lei n. 6.015/73. Segundo disposto na referida norma, além dos casos expressamente consignados, os oficiais são civilmente responsáveis por todos os prejuízos que, pessoalmente, ou pelos prepostos ou substitutos que indicarem, causarem, por culpa ou dolo, aos interessados no registro. Registra-se que a responsabilidade civil independe da criminal pelos delitos que cometerem.

III. Segundo dispõe a Lei n. 6.015/73, a cremação de cadáver somente será feita daquele que houver manifestado a vontade de ser incinerado ou no interesse da saúde pública e se o atestado de óbito houver sido firmado por dois médicos ou por um médico legista e, no caso de morte violenta, depois de autorizada pela autoridade judiciária.

IV. Na habilitação para o casamento, nos termos do disposto pela Lei 6.015/73, logo que autuada a petição com os documentos, o oficial mandará afixar proclamas de casamento em lugar ostensivo de seu cartório e fará publicá-los na imprensa local, se houver, em seguida, abrirá vista dos autos ao órgão do Ministério Público, para manifestar-se sobre o pedido e requerer o que for necessário à sua regularidade, podendo exigir a apresentação de atestado de residência, firmado por autoridade policial, ou qualquer outro elemento de convicção admitido em direito.

V. Diversas são as modalidades de atos levados a registro no Registro Civil de Pessoas Naturais, dentre elas pode-se citar: a) as emancipações; b) as interdições; c) as sentenças declaratórias de ausência.

(A) Apenas as assertivas I e III estão corretas.

(B) Apenas as assertivas II, IV e V estão corretas.

(C) Apenas as assertivas I, III e V estão corretas.

(D) Apenas as assertivas II e IV estão corretas.

(E) Todas as assertivas estão corretas.

I: correta, pois de acordo com o art. 1º, IV e III da Lei nº 9.265/1996; **II:** correta, pois de acordo com o art. 28 da LRP; **III:** correta, pois de acordo com o art. 77 § 2º da LRP; **IV:** correta, pois de acordo com o art. 67 § 1º da referida Lei; **V:** correta, pois de acordo com o art. 29 da mencionada Lei.

Gabarito "E"

(Ministério Público/SP – 2012 – VUNESP) A Lei de Registros Públicos (Lei nº 6.015/73) estabelece que, apresentado o título ao registro imobiliário, o oficial, havendo exigência a ser satisfeita, a indicará por escrito. O apresentante do título, não se conformando com a exigência do oficial ou não a podendo satisfazer, requererá que o oficial suscite a dúvida imobiliária para o juiz dirimi-la, obedecendo-se o seguinte:

I. No Protocolo, anotará o oficial, à margem da prenotação, a ocorrência da dúvida.

II. O oficial dará ciência dos termos da dúvida ao apresentante, fornecendo-lhe cópia da suscitação e notificando-o para impugná-la no próprio cartório de registro de imóveis, no prazo de 15 (quinze) dias, remetendo-se, em seguida, os autos ao juiz.

III. Impugnada a dúvida com os documentos que o interessado apresentar, será ouvido o Ministério Público, no prazo de 10 (dez) dias.

IV. Da sentença, poderão interpor apelação, com os efeitos devolutivo e suspensivo, o oficial do cartório de registro, o interessado, o Ministério Público e o terceiro prejudicado.

V. Transitada em julgado a decisão da dúvida, se for julgada procedente, os documentos serão devolvidos ao apresentante, dando-se ciência da decisão ao oficial, para que a consigne no Protocolo e cancele a Prenotação; se for julgada improcedente, o interessado apresentará, de novo, o título, com o respectivo mandado judicial, para que o oficial proceda ao registro anteriormente negado.

Está correto o que se afirma APENAS em

(A) II, IV e V.

(B) I, III, IV e V.

(C) I, II e III.

(D) I, III e V.

(E) III, IV e V.

I: correta, pois de pleno acordo com o art. 198, I da Lei 6.015/73; **II:** incorreta, pois a impugnação deve ocorrer perante o juízo competente e não perante o próprio cartório (LRP, art. 198, III); **III:** correta, pois de acordo com o art. 200 da Lei de Registros Públicos; **IV:** incorreta, pois o oficial do cartório de registro não tem legitimidade para interpor apelação (LRP, art. 202); **V:** correta, em função do disposto no art. 203, da LRP.

Gabarito "D"

6.7. CONDOMÍNIO

(Ministério Público/MG – 2013) Quanto ao condomínio, analise as seguintes alternativas e assinale a assertiva INCORRETA:

(A) Quando a dívida houver sido contraída por todos os condôminos, sem se discriminar a parte de cada um na obrigação, nem se estipular solidariedade, entende-se que cada qual se obrigou proporcionalmente ao seu quinhão na coisa comum.

(B) Aplicam-se à divisão do condomínio, no que couber, as regras de partilha de herança.

(C) Cada condômino responde aos outros pelos frutos que percebeu da coisa e pelo dano que lhe causou.

(D) As dívidas contraídas por um dos condôminos em proveito da comunhão, e durante ela, obrigam o contratante, não tendo este direito a ação regressiva contra os demais.

A e **B:** assertivas corretas, pois as assertivas apenas reproduzem os mandamentos contidos nos arts. 1.317 e 1.321 do Código Civil; **C:** assertiva correta, pois de acordo com a regra estabelecida pelo art. 1.319 do CC; **D:** assertiva incorreta, devendo ser assinalada, pois tais dívidas obrigam o contratante, mas este tem ação regressiva contra os demais condôminos.

Gabarito "D"

(Ministério Público/SP – 2011) Em um condomínio edilício, Antonio é proprietário e possuidor de uma unidade condominial. Ele proporciona festas em sua unidade, com frequência, além do horário permitido; não trata com urbanidade seus vizinhos e os funcionários do condomínio. Em decorrência de tais circunstâncias, recebeu convocação para Assembleia Geral a fim de deliberar sobre aplicação de multa por descumprimento de deveres perante o condomínio e comportamento antissocial. A respeito da deliberação da Assembleia em questão, é correto afirmar que deverá ser tomada:

(A) por dois terços dos condôminos restantes, aplicando-se multa de até o sêxtuplo do valor atribuído à contribuição para as despesas condominiais.

(B) por maioria simples dos condôminos, aplicando-se multa de até cem salários mínimos.

(C) por três quartos dos condôminos restantes, aplicando-se multa de até o quíntuplo do valor atribuído à contribuição para as despesas condominiais.

(D) pela unanimidade dos condôminos, limitada ao valor atribuído à contribuição para as despesas condominiais.

(E) por maioria qualificada dos condôminos, limitada ao dobro do valor atribuído à contribuição para as despesas condominiais.

Art. 1.337 do CC.

Gabarito "C"

6.8. DIREITOS REAIS NA COISA ALHEIA – FRUIÇÃO

(Ministério Público/DF – 2013) Com referência aos direitos sobre coisa alheia, sob a ótica do Código Civil, assinale a opção CORRETA.

(A) Direito real de habitação assegura moradia vitalícia ao cônjuge sobrevivente, casado sob regime da comunhão universal de bens, no imóvel em que residia o casal, desde que seja o único dessa natureza e que integre o patrimônio comum ou o particular de cada cônjuge no momento da abertura da sucessão.

(B) A servidão, que consiste na obrigação de possibilitar a utilização mais cômoda do prédio dominante, tem como pressuposto a existência de prédios contíguos, pertencentes ao mesmo dono e constitui-se mediante declaração expressa dos proprietários ou por testamento.

(C) No usufruto os poderes de uso e fruição da coisa são transferidos ao usufrutuário, surgindo um direito real, oponível *erga omnes*. Assim, ocorrendo a alienação da nua-propriedade, o usufrutuário manterá a posse direta sobre o bem até o advento do termo ou condição ajustados com o proprietário primitivo.

(D) O usufrutuário tem o direito de administrar a coisa, podendo alterar a sua substância ou a sua destinação econômica, bem como perceber os frutos naturais, industriais ou civis da coisa, e os produtos, ou seja, as utilidades que diminuem a quantidade da coisa, à medida que são retiradas.

(E) Constituído o usufruto simultâneo e sucessivo em favor de dois ou mais usufrutuários, aos usufrutuários sobreviventes serão acrescidas as parcelas dos que vierem a falecer, só retornando a propriedade desonerada ao nu-proprietário no instante que todos os beneficiários falecerem.

A: incorreta, pois o direito real de habitação é conferido ao cônjuge sobrevivente, qualquer que seja o regime de bens e *"sem prejuízo da participação que lhe caiba na herança"* (CC, art. 1.831); **B:** incorreta, pois é possível a servidão de prédios não contíguos, como ocorre na servidão de aqueduto; **C:** correta, pois o usufrutuário mantém seus direitos, pouco importando quem seja o nu-proprietário. Esta, aliás, a principal característica de um direito real; **D:** incorreta, pois o usufrutuário não pode mudar a destinação econômica do bem *"sem expressa autorização do proprietário"* (CC, art. 1.399); **E:** incorreta, pois este direito de acrescer aos usufrutuários sobreviventes somente ocorre com expressa previsão no ato constitutivo do usufruto (CC, art. 1.411).

Gabarito "C"

(Ministério Público/MS – 2011 – FADEMS) Assinale a alternativa **incorreta**.

(A) No regime de participação final nos aquestos, cada cônjuge possui patrimônio próprio, consoante disposto na lei, e lhe cabe, à época da dissolução da sociedade conjugal, direito à metade dos bens adquiridos pelo casal, a título oneroso, na constância do casamento;

(B) Se o casamento dos nubentes menores de idade se der por suprimento judicial de vontade, o regime de bens entre os cônjuges será, necessariamente, o de separação obrigatória de bens;

(C) Não podem casar o adotante com quem foi cônjuge do adotado e o adotado com quem o foi do adotante;

(D) Se o devedor da obrigação garantida pela primeira hipoteca não se oferecer, no vencimento, para pagá-la, o credor da segunda pode promover-lhe a extinção, consignando a importância e citando o primeiro credor para recebê-la e o devedor para pagá-la;

(E) O usufrutuário tem direito a posse, uso, administração e percepção dos frutos, todavia, não pode exercer o direito de retomada do imóvel para uso de descendente, pois, para tal, não é ele equiparado ao proprietário.

A: correta (art. 1.672 do CC); **B:** correta (art. 1.641, III, do CC); **C:** correta (art. 1.521, III, do CC); **D:** correta (art. 1.478, *caput*, do CC); **E:** incorreta (e deve ser assinalada), pois o usufrutuário pode exercer o direito de retomada do imóvel para uso de descendente, conforme previsto na Lei de Locação (art. 47, III, da Lei 8.245/91 e art. 1.394 do CC).

Gabarito "E"

(Ministério Público/SP – 2010) Assinale a alternativa incorreta:

(A) falecendo o usufrutuário, o direito de usufruto transmite-se aos seus herdeiros.

(B) não existe usufruto sucessivo.

(C) no usufruto o direito de acrescer depende de estipulação expressa.

(D) é possível o usufruto simultâneo.

(E) o nu-proprietário, observados os direitos do usufrutuário, pode dispor do bem que se encontra gravado com o usufruto.

A: incorreta (e deve ser assinalada), pois o usufruto se extingue pela morte do usufrutuário (art. 1.410, I, do CC); **B:** correta, a lei não prevê a possibilidade de direito de usufruto ser passado do usufrutuário para outra pessoa (art. 1.393 do CC); **C:** correta (art. 1.411 do CC); **D:** correta (art. 1.411 do CC); **E:** correta, pois o nu-proprietário continua, naturalmente, com o direito de propriedade da coisa; de qualquer forma, aquele que adquirir a coisa gravada de usufruto há de respeitar esse direito, que, por ser real, adere à coisa seja quem for seu proprietário.

Gabarito "A"

6.9. DIREITOS REAIS NA COISA ALHEIA – GARANTIA

(Ministério Público/RO – 2013 – CESPE) A respeito dos direitos reais de garantia, assinale a opção correta.

(A) Antes de vencida a dívida, o devedor hipotecário continua explorando o bem e pode constituir sobre ele outros ônus reais, como o usufruto.

(B) Ao contrário da hipoteca, o penhor não se reveste de forma solene, porquanto a posse do bem penhorado será transferida ao credor.

(C) O credor pignoratício detém posse *sui generis*, de forma que não pode pretender ressarcimento pelo vício da coisa dada em garantia.

(D) A hipoteca não retira do proprietário do imóvel hipotecado o direito de usar e gozar da coisa; apenas causa restrições quanto à disposição.

(E) O direito do credor hipotecário não fica suspenso até a data fixada para adimplemento da obrigação principal, podendo ele praticar atos que visem à conservação do bem.

A: correta, pois a constituição da hipoteca sobre um bem imóvel não afasta a possibilidade de nele se constituir outro direito real de gozo, como é o caso do usufruto; **B:** incorreta, pois "o instrumento do penhor deverá ser levado a registro, por qualquer dos contratantes; o do penhor comum será registrado no Cartório de Títulos e Documentos" (art. 1.432 do CC); **C:** incorreta, pois o credor tem direito ao ressarcimento do prejuízo que houver sofrido por vício da coisa empenhada (art. 1.433, III, do CC); **D:** incorreta, pois não há restrição ao dono do imóvel hipotecado aliená-lo. Ao contrário, é nula a cláusula que proíbe ao proprietário alienar imóvel hipotecado (art. 1.475 do CC). O que a lei admite é o vencimento antecipado da dívida no caso de alienação do imóvel hipotecado (art. 1.475, parágrafo único, do CC); **E:** incorreta, pois não há tal previsão no ordenamento jurídico.

Gabarito "A"

(Ministério Público/PI – 2012 – CESPE) No que se refere aos direitos das coisas e aos direitos reais de garantia, assinale a opção correta.

(A) As normas previstas no Código Civil sobre direito de superfície revogaram as do Estatuto da Cidade relativas ao mesmo tema.

(B) Não é lícito que, sobre um mesmo bem imóvel, incidam simultaneamente uma anticrese e uma hipoteca.

(C) O compossuidor que receba a posse em razão do princípio da saisine não terá direito à proteção possessória contra outro compossuidor.

(D) O direito de passagem forçada não é garantido nos casos em que o acesso à via pública seja insuficiente ou inadequado para fins de exploração econômica.

(E) O conteúdo do usufruto é mais amplo que o da servidão, pois esta só se estabelece sobre imóvel, enquanto aquele não tem essa limitação.

A: incorreta, pois os dispositivos legais convivem nos seus respectivos âmbitos de atuação; **B:** incorreta, pois não há vedação legal a tal hipótese; **C:** incorreta, pois a proteção possessória não está afastada nesta hipótese; **D:** incorreta, pois a jurisprudência já fixou o entendimento no sentido de que não é apenas o imóvel fisicamente encravado e sem qualquer acesso à via pública que merece a proteção do instituto. Neste sentido: "Numa era em que a técnica da engenharia dominou a natureza, a noção de imóvel encravado já não existe em termos absolutos e deve ser inspirada pela motivação do instituto da passagem forçada, que deita raízes na supremacia do interesse público; juridicamente, encravado é o imóvel cujo acesso por meios terrestres exige do respectivo proprietário despesas excessivas para que cumpra a função social sem inutilizar o terreno do vizinho, que em qualquer caso será indenizado pela só limitação do domínio. (REsp 316.336/MS, Rel. Ministro ARI PARGENDLER, TERCEIRA TURMA, julgado em 18/08/2005, DJ 19/09/2005, p. 316); **E:** correta, pois a despeito da raridade da hipótese, ela não é afastada pela lei.

Gabarito "E"

(Ministério Público/CE – 2011 – FCC) A respeito do penhor, da hipoteca e da anticrese, considere:

I. É válida a cláusula que autoriza o credor pignoratício, anticrético ou hipotecário a ficar com o objeto da garantia, se a dívida não for paga no vencimento.

II. Só aquele que pode alienar poderá empenhar, hipotecar ou dar em anticrese e só os bens que se podem alienar poderão ser dados em penhor, anticrese ou hipoteca.

III. Os sucessores do devedor podem remir parcialmente o penhor ou a hipoteca na proporção dos seus quinhões.

Está correto o que se afirma SOMENTE em

(A) I.

(B) II.

(C) I e II.

(D) I e III.

(E) II e III.

I: incorreta, pois o pacto comissório é nulo de pleno direito no sistema (CC, art. 1.428); **II:** correta, pois a concessão direito real de garantia sobre o bem é um início de alienação. Daí a exigência da lei (CC, art. 1.420); **III:** incorreta, pois os sucessores do devedor não podem remir parcialmente tais direitos reais. Qualquer deles, porém, poderá fazê-lo no todo (CC, art. 1.429).

Gabarito "B"

(Ministério Público/RS – 2009) Assinale a alternativa correta.

(A) No mútuo com garantia pignoratícia, em que houver cláusula autorizando o credor a ficar com o bem objeto da garantia em caso de inadimplemento, a este caberá ou a cobrança do débito ou a aquisição do objeto da garantia, mas nesta hipótese fica obrigado a depositar ao devedor a diferença entre o valor da dívida e o do bem empenhado.

(B) O imóvel hipotecado pode ser parcelado em loteamento, caso em que o credor pode requerer em juízo, que o ônus hipotecário seja dividido, passando a gravar cada lote proporcionalmente.

(C) E anulável a alienação do bem hipotecado sem a anuência do credor.

(D) É nula a alienação do bem hipotecado sem a anuência do credor.

(E) Nenhuma das alternativas está correta.

A: incorreta, pois o pacto comissório é nulo de pleno direito no sistema (CC, art. 1.428); **B:** correta, pois tal hipótese é permitida pelo Código Civil, art. 1.488; **C** e **D:** incorretas, pois é nula a cláusula que proíbe ao proprietário alienar o imóvel hipotecado (CC, art. 1.475); **E:** incorreta, pois a alternativa "B" está correta.

Gabarito "B"

(Ministério Público/SP – 2011) A respeito de direitos reais, é correto afirmar:

(A) o direito real não se adquire pela ocupação.

(B) o direito de superfície sobre imóveis rurais pode ser concedido por prazo indeterminado.

(C) o exercício do usufruto não é transferível a título oneroso.

(D) o prazo máximo do contrato de penhor de veículos é de 4 (quatro) anos.

(E) o adquirente de imóvel hipotecado não pode se exonerar da hipoteca.

A: incorreta, pois a ocupação é *modo de aquisição originário da propriedade de coisa móvel e sem dono, por não ter sido ainda apropriada ("*res nullius*") ou por ter sido abandonada ("*res derelicta*")* (art. 1.263 do CC); **B:** incorreta, pois o direito real de superfície sobre <u>imóveis rurais</u> apenas pode ser concedido por prazo determinado, nos termos do art. 1369 CC; entretanto, vale registrar que no caso de <u>imóveis urbanos</u>, tais direitos podem ser concedidos por prazo determinado ou indeterminado, nos termos do art. 21, da Lei 10257/01; **C:** incorreta, pois o exercício do usufruto é transferível a título gratuito ou oneroso (art. 1.393 do CC); **D:** correta (art. 1.466 do CC); **E:** incorreta, pois o adquirente do imóvel hipotecado, desde que não se tenha obrigado pessoalmente a pagar as dívidas aos credores hipotecários, poderá exonerar-se da hipoteca, abandonando-lhes o imóvel (art. 1.479 do CC).

Gabarito "D"

7. FAMÍLIA

7.1. CASAMENTO

7.1.1. DISPOSIÇÕES GERAIS, CAPACIDADE, IMPEDIMENTOS, CAUSAS SUSPENSIVAS, HABILITAÇÃO, CELEBRAÇÃO E PROVA DO CASAMENTO

(Ministério Público/PI – 2014 – CESPE) No que se refere aos impedimentos ao casamento e às circunstâncias que o tornam nulo ou anulável, assinale a opção correta.

(A) Não podem casar-se os já casados, devendo-se observar que o casamento religioso, ainda que não inscrito em livro no registro civil de pessoas naturais, também caracteriza o referido impedimento.

(B) O MP tem legitimidade para promover ação direta requerendo a decretação de nulidade do casamento.

(C) É nulo o casamento contraído por pessoa com reduzida ou parcial capacidade de discernimento.

(D) O casamento anulável, diferentemente do nulo, se celebrado de boa-fé pelos contraentes, produzirá os efeitos do casamento válido até a data da sentença que decretar a sua invalidação, de forma a resguardar a família e, em especial, os filhos havidos desse negócio jurídico.

(E) Os impedimentos ao casamento previstos no art. 1.521 do Código Civil, por se basearem no interesse público e estarem relacionados à instituição da família e à estabilidade social, têm caráter absoluto, o que torna anulável o casamento realizado por desrespeito a qualquer um deles.

A: incorreta, pois o casamento religioso demanda registro civil (CC, art. 1.515); **B:** correta, pois tal legitimidade encontra respaldo no art. 1.549 do Código Civil; **C:** incorreta, pois a nulidade somente se verificará se o enfermo mental não tiver discernimento para os atos da vida civil; **D:** incorreta, pois a proteção ao cônjuge de boa-fé (com a atribuição de efeitos) se dá tanto no casamento nulo, quanto no anulável (CC, art. 1.561); **E:** incorreta, pois o casamento celebrado sob impedimento matrimonial enseja sua nulidade absoluta (CC, art. 1.548, II).

Gabarito "B"

(Ministério Público/ES – 2013 – VUNESP) Com relação à capacidade para o casamento, assinale a alternativa correta.

(A) A idade núbil é de 16 (dezesseis) anos, podendo-se contrair casamento com idade inferior para evitar imposição ou cumprimento de pena criminal.

(B) A ausência de regular autorização para celebração do casamento é causa de nulidade absoluta.

(C) Celebrado o casamento mediante autorização judicial, os cônjuges podem eleger o regime de bens que julgarem mais conveniente.

(D) A idade núbil é de 16 (dezesseis) anos, prescindindo de autorização de um dos pais, sob pena de anulação.

(E) O casamento do menor, regularmente celebrado, é hipótese de cessação da incapacidade.

A: incorreta, pois o casamento antes dos dezesseis anos também é permitido para a hipótese de gravidez (CC, art. 1.520); **B:** incorreta, pois tal hipótese gera nulidade relativa e não absoluta (CC, art. 1.550, II); **C:** incorreta, pois nessa hipótese a lei impõe o regime de separação obrigatória (CC, art. 1.641); **D:** incorreta, pois até os dezoito anos exige-se autorização de ambos os pais (CC, art. 1.517); **E:** correta, pois o casamento é causa legal de emancipação, conforme previsto no art. 5º, II.

Gabarito "E"

(Ministério Público /DF – 2013) Ainda a respeito do direito de família, julgue os itens a seguir:

I. O casamento válido se dissolve pela morte de um dos cônjuges, pelo divórcio ou pela nulidade ou anulação do casamento.

II. Os cônjuges podem validamente constituir empresa entre si desde que não sejam casados pelo regime da separação obrigatória de bens.

III. Os nubentes com idade entre dezesseis e dezoito anos podem casar-se por qualquer dos regimes disponíveis ou de pacto antenupcial, desde que obtenham a autorização de seus representantes legais.

IV. A administração do bem de família compete a ambos os cônjuges e, em sua falta, ao filho mais velho, se for maior, ou a seu tutor, se menor, salvo disposição em contrário do ato de instituição.

V. A obrigação alimentar é recíproca e a sua extensão indefinida entre os parentes de linha reta, os mais próximos em primazia aos mais remotos. Na falta destes parentes, a obrigação transfere-se aos colaterais até o quarto grau. Podendo-se, no entanto, pleitear alimentos complementares ao parente de outra classe se o mais próximo não tiver condições de suportar o encargo. Estão CORRETOS os itens:

(A) I e II

(B) I, II e III

(C) II e IV

(D) III e IV

(E) III, IV e V

I: incorreta, pois as hipóteses de dissolução do casamento restringem-se à morte ou divórcio (CC, art. 1.571 § 1º); **II:** incorreta, pois a vedação à constituição de empresa aplica-se aos cônjuges casados sob o regime da comunhão universal ou separação obrigatória (CC, art. 977); **III:** correta, pois o que implicaria no regime de separação obrigatória seria a autorização judicial para casar. Com a autorização dos pais, fica afastada a necessidade de autorização judicial e, portanto, permite-se a escolha do regime; **IV:** correta, pois de acordo com a previsão estabelecida pelo art. 1.720 do Código Civil; **V:** incorreta, pois: *"na falta dos ascendentes cabe a obrigação aos descendentes, guardada a ordem de sucessão e, faltando estes, aos irmãos, assim germanos como unilaterais"* (CC, art. 1.697).

Gabarito "D"

(Ministério Público/SP – 2013 – PGMP) O Código Civil Brasileiro estabelece como idade núbil

(A) doze anos.

(B) quatorze anos.

(C) dezesseis anos.

(D) dezoito anos.

(E) vinte e um anos.

De acordo com o art. 1.517 do CC, o homem e a mulher podem casar a partir dos 16 anos, tratando-se, assim, da idade núbil. Vale lembrar que, excepcionalmente, será permitido o casamento de quem ainda não tenha alcançado a idade mínima em estado de gravidez (art. 1.520 do CC).

Gabarito "C"

(Ministério Público/AC – 2008) Quanto ao **regime de bens** de **nubentes menores** de idade, é correto afirmar que

(A) os nubentes menores, autorizados por seus pais a se casarem, podem fazê-lo sob o regime da comunhão parcial de bens.

(B) os nubentes menores, ainda que autorizados por seus pais a se casarem, não podem celebrar pacto antenupcial para fixar regime de bens.

(C) os nubentes menores só podem casar sob o regime da separação obrigatória de bens.

(D) o regime de bens do casamento de nubentes menores, realizado mediante suprimento judicial, deve ser o da separação final nos aquestos.

A: correta, pois a hipótese não se enquadra em nenhuma das hipóteses de imposição do regime de separação obrigatória: a) inobservância das causas suspensivas da celebração do casamento; b) pessoa maior de 70 (setenta) anos; c) todos os que dependerem, para casar, de suprimento judicial (CC, art. 1.641); **B:** incorreta, pois sendo autorizados pelos pais a se casar, nada impede a realização de pacto antenupcial; **C:** incorreta, pois eles não se enquadram em nenhuma das hipóteses do art. 1.641; **D:** incorreta, pois nessa hipótese o regime deve ser o da separação obrigatória e não a participação final nos aquestos.

Gabarito "A"

(Ministério Público/GO – 2012) Sobre o casamento, marque a alternativa incorreta.

(A) o casamento religioso, que atender às exigências legais para a validade do civil, produzirá efeitos após seu regular registro.

(B) os impedimentos podem ser opostos, até o momento da celebração do casamento, por qualquer pessoa capaz.

(C) até a celebração do casamento, podem os pais, tutores ou curadores revogar a autorização, quando esta se fizer necessária.

(D) a solenidade do casamento realizar-se-á na presença de duas testemunhas, mas este número chegará a seis, estando um ou os dois nubentes em situação de iminente risco de vida.

A: incorreta (e deve ser assinalada), pois os efeitos do casamento religioso devidamente registrado retroagem à data da celebração; **B:** correta, pois de acordo com o disposto no CC, art. 1.522; **C:** correta, pois o Código Civil permite tal revogação até o momento da celebração do casamento (art. 1.518); **D:** correta, pois de acordo com os artigos 1.534 e 1.540 do Código Civil.

Gabarito "A"

(Ministério Público/MG – 2006) Assinale a alternativa **INCORRETA.**

(A) O pacto antenupcial, feito, obrigatoriamente, por escritura pública, sob pena de nulidade, é um negócio jurídico condicional, podendo adotar-se nele regime de bens diverso do legal.

(B) O reconhecimento do filho, embora irrevogável, não implica em proibição de questionamentos em torno da filiação, arguidas em juízo.

(C) As despesas com educação, enxoval, casamento e defesa em processo-crime não são colacionáveis pelo herdeiro necessário.

(D) Na sucessão entre os colaterais os filhos de irmãos recebem por direito de representação, direito esse que não beneficia os netos do irmão pré-morto.

(E) A união estável, entidade familiar prevista na Carta Magna, poderá converter-se em casamento, mediante averbação de pacto antenupcial no Registro Civil.

A: correta, pois o pacto possui por natureza uma condição suspensiva, que é a realização do casamento. Ademais, os regimes previstos em lei são mera sugestão aos nubentes, podendo os mesmos escolher regimes próprios para seus casos concretos; **B:** correta, pois a ação de investigação de paternidade confere tal possibilidade ao indigitado pai; **C:** correta, pois tais despesas não são colacionáveis, entendendo a lei que são gastos ordinários com o descendente; **D:** correta, pois na sucessão colateral, apenas os sobrinhos herdam por representação (CC, art. 1.853); **E:** incorreta (e deve ser assinalada), pois a conversão da união estável em casamento necessita de pedido ao Juiz e assento no Registro Civil (CC, art. 1.726).

Gabarito "E"

(Ministério Público/MG – 2012 – CONSULPLAN) Quanto ao processo de habilitação para o casamento, é **INCORRETO** afirmar que:

(A) a habilitação será feita pessoalmente perante o oficial do Registro Civil, com a audiência do Ministério Público. Caso haja impugnação do oficial, do Ministério Público ou de terceiro, a habilitação será submetida ao juiz.

(B) é dever do oficial do registro esclarecer os nubentes a respeito dos fatos que podem ocasionar a invalidade do casamento, bem como sobre os diversos regimes de bens.

(C) tanto os impedimentos quanto as causas suspensivas serão opostos em declaração escrita e assinada, instruída com as provas do fato alegado, ou com a indicação do lugar onde possam ser obtidas.

(D) a eficácia da habilitação será de cento e vinte dias, a contar da data em que foi extraído o certificado.

A: correta, pois de acordo com o art. 1.526 do Código Civil; **B:** correta, pois de acordo com o mandamento previsto no CC, art. 1.528; **C:** correta, pois de acordo com o art. 1.529 do CC; **D:** incorreta (e deve ser assinalada), pois a eficácia da habilitação para casar será de noventa dias, a contar da data em que foi extraído o certificado (CC, art. 1.532).

Gabarito "D"

(Ministério Público/MG – 2010.2) Analise as seguintes alternativas e assinale a assertiva INCORRETA.

(A) Diz a lei que não podem casar os afins em linha reta, os irmãos unilaterais, o adotado com o filho do adotante, os colaterais de quarto grau, sem prévia autorização judicial.

(B) A documentação, juntada na habilitação do casamento, deverá ser remetida ao MP para proceder à verificação e, estando em ordem, ser homologada pelo juiz.

(C) É lícito a terceiro opor em declaração escrita impedimento que inviabiliza o processo de habilitação do casamento, antes ou após publicação dos editais.

(D) Como regra geral, os bens deixados em testamento com cláusula de inalienabilidade são considerados bens fora do comércio ou bens indisponíveis pela vontade humana.

A: incorreta (e deve ser assinalada), pois inclui os colaterais até o quarto grau, quando deveria incluir os colaterais até o terceiro grau (art. 1.521, IV, do CC); **B:** correta, nos termos da redação do art. 1.526 do CC. Porém, após a publicação do edital do concurso, foi promulgada a Lei 12.133, de 17 de dezembro de 2009, que deu nova redação ao dispositivo, não sendo mais necessária a homologação pelo juiz, exceto nos casos de impugnação (art. 1.526, parágrafo único, do CC); **C:** correta, pois a assertiva reflete o disposto no art. 1.522, *caput*, do CC; **D:** correta, pois os bens gravados com cláusula de inalienabilidade não podem ser alienados e serão, por isso, considerados bens fora do comércio.

Gabarito "A"

(Ministério Público/MS – 2006) Assinale a alternativa CORRETA:

(A) No caso de moléstia grave de um dos nubentes o Presidente do ato irá celebrá-lo onde se encontrar o impedido, sendo urgente, ainda que a noite, perante 2 ou mais testemunhas.

(B) No caso de moléstia grave de um dos nubentes o Presidente do ato irá celebrá-lo onde se encontrar o impedido, sendo urgente, ainda que a noite, perante 2 testemunhas que saibam ler e escrever.

(C) No caso de moléstia grave de um dos nubentes o Presidente do ato irá celebrá-lo onde se encontrar o impedido, sendo urgente, ainda que a noite, perante 3 testemunhas que saibam ler e escrever.

(D) No caso de moléstia grave de um dos nubentes o Presidente do ato irá celebrá-lo onde se encontrar o impedido, sendo urgente, ainda que a noite, perante 4 testemunhas.

A alternativa "a" está correta, pois reflete o disposto no art. 1.539 do CC.

Gabarito "B"

(Ministério Público/MS – 2006) O prazo para ser intentada a ação de anulação de casamento, a contar da data da celebração, no caso de coação é de:

(A) 2 anos.

(B) 180 dias.

(C) 3 anos.

(D) 4 anos.

A alternativa "d" está correta, pois reflete o disposto no art. 1.560, IV, do CC.

Gabarito "D"

(Ministério Público/MS – 2009) Assinale, dentre as alternativas abaixo, a correta.

(A) A incapacidade por menoridade é um impedimento matrimonial.

(B) O casamento contraído em violação a um impedimento matrimonial, conforme a gravidade poderá gerar sua nulidade ou anulabilidade.

(C) O casamento contraído com alguma causa suspensiva, conforme a gravidade poderá gerar sua nulidade ou anulabilidade.

(D) O casamento contraído com alguma causa suspensiva não gera a sua invalidade.

(E) A incapacidade por menoridade é uma causa suspensiva do casamento.

A: incorreta, pois a incapacidade não está prevista no rol dos impedimentos matrimoniais do art. 1.521; **B:** incorreta, pois a solução dada pela lei para casamentos com infração de impedimento é sempre a nulidade absoluta (CC, art. 1.548, II); **C:** incorreta, pois a consequência do casamento celebrado com causa suspensiva não é a nulidade, mas a imposição do regime de separação obrigatória de bens (CC, art. 1.641); **D:** correta, pois a lei não trata a hipótese como invalidade (CC, art. 1.641); **E:** incorreta, pois a hipótese é de anulabilidade (CC, art. 1.550, I).

Gabarito "D"

(Ministério Público/RR – 2008 – CESPE) No que concerne ao direito de família, julgue os itens a seguir.

(1) Até o momento da celebração do casamento, qualquer pessoa capaz pode opor os impedimentos por meio de declaração escrita, assinada e instruída com as provas do fato alegado ou com a indicação do lugar onde possam ser obtidas.

(2) O casamento efetuado com infringência dos impedimentos é válido, havendo apenas a imposição do regime da separação de bens.

(3) As pessoas portadoras de deficiência física ou os enfermos têm legitimidade para requerer que lhes seja nomeado curador para cuidar de todos ou de alguns negócios ou bens.

1: Certa, pois a assertiva reflete o disposto no art. 1.522 do CC; **2:** Errada, pois o casamento não será válido, conforme o disposto no art. 1.548, II, do CC; **3:** Certa, pois a assertiva reflete o disposto no art. 1.780 do CC.

Gabarito 1C, 2E, 3C

(Ministério Público/SC – 2010)

I. A idade núbil é de dezesseis anos tanto para o homem quanto para a mulher, sendo exigida a autorização de ambos os pais ou do representante legal enquanto os nubentes forem menores púberes, sendo possível o suprimento judicial do consentimento apenas em caso de gravidez.

II. O processo de habilitação para o casamento será feito perante o oficial do Registro Civil, com a audiência do Ministério Público apenas quando haja impugnação do próprio oficial ou de terceiros, após a publicação do edital, hipótese em que o pedido será submetido à decisão do juiz.

III. O vício de consentimento é causa para anulação do casamento e ocorre quando há erro essencial sobre a pessoa do outro cônjuge ou coação, cabendo a iniciativa da anulação ao cônjuge que incidiu em erro ou sofreu a coação. Contudo, havendo coabitação após o conhecimento do vício, o casamento é tido como válido, ressalvadas as hipóteses legais.

IV. Não havendo convenção das partes, ou sendo esta nula, o regime de bens do casamento será o da comunhão parcial, salvo se o casamento for celebrado mesmo na incidência, para um dos cônjuges, de causa suspensiva, hipótese em que será obrigatório o regime da separação de bens.

V. A Lei nº 8.560, de 29 de dezembro de 1992, criou um procedimento administrativo perante o Poder Judiciário que visa ao reconhecimento voluntário da paternidade declarada perante o oficial de Registro Civil, quando do registro de nascimento de menor apenas com a maternidade estabelecida. Para tanto o suposto pai, se for solteiro, será notificado para se manifestar acerca da paternidade que lhe é atribuída, sendo, caso expressamente reconhecida, lavrado o respectivo termo e remetida certidão ao oficial do registro, para averbação.

(A) Apenas as assertivas III e IV estão corretas.

(B) Apenas as assertivas II, III e V estão corretas.

(C) Apenas as assertivas I, IV e V estão corretas.

(D) Apenas as assertivas II e III estão corretas.

(E) Apenas as assertivas II e IV estão corretas.

I: incorreta, pois embora a idade núbil seja realmente de dezesseis anos para ambos, é possível o suprimento judicial quando a denegação pelos pais for considerada injusta (art. 1.519 do CC) e para evitar imposição ou cumprimento de pena criminal (art. 1.520 do CC); **II:** incorreta, pois a habilitação será feita sempre com audiência do Ministério Público (art. 1.526 do CC); **III:** correta (arts. 1.556 a 1.559, todos do CC); **IV:** correta (arts. 1.640 e 1.641, I, ambos do CC); **V:** incorreta, pois o suposto pai será notificado independente do seu estado civil (art. 2º, § 1º, da Lei 8.560/92).

Gabarito "A"

(Ministério Público/SP – 2010) Assinale a alternativa correta:

(A) o casamento daquele que não alcançou 16 (dezesseis) anos será permitido nos casos de gravidez.

(B) a autorização tácita dos representantes legais do incapaz, para fins de casamento, não possui relevância jurídica.

(C) a idade núbil é 15 anos.

(D) é pressuposto legal para o deferimento do pedido de suprimento judicial de idade para casamento a demonstração da maturidade do nubente que não atingiu a idade núbil.

(E) a anulação do casamento daquele que não atingiu a idade núbil pode ser requerida pelo próprio cônjuge menor, por seus representantes legais e por seus ascendentes, no prazo de 180 (cento e oitenta) dias, a partir da cessação da incapacidade, no primeiro caso, e do casamento, nas demais hipóteses.

A: correta, pois a assertiva reflete o disposto no art. 1.520 do CC; **B:** incorreta, pois o art. 1.517 não exige autorização expressa dos pais; **C:** incorreta, pois a idade núbil é 16 anos, conforme art. 1.517 do CC; **D:** incorreta, pois não existe essa exigência legal; **E:** incorreta, pois a anulação poderá ser requerida, no prazo de cento e oitenta dias, pelo *incapaz*, ao deixar de sê-lo, e por seus *representantes legais* ou de seus *herdeiros necessários*. O prazo será contado do dia em que cessou a incapacidade, no primeiro caso; e a partir do casamento, no segundo; e, no terceiro, da morte do incapaz, conforme dispõe o art. 1.555, § 1º, do CC.

Gabarito "A"

(Ministério Público/SP – 2012 – VUNESP) Pelo casamento, homem e mulher assumem mutuamente a condição de consortes, companheiros e responsáveis pelos encargos da família. Em relação à eficácia do casamento, é correto afirmar:

(A) Qualquer dos nubentes, com a autorização expressa do outro, poderá acrescer ao seu o sobrenome do outro.

(B) A direção da sociedade conjugal será exercida pelo marido, com a colaboração da mulher, sempre no interesse do casal e dos filhos.

(C) São deveres do cônjuge virago: o planejamento familiar, a escolha do domicílio do casal, a educação dos filhos e a administração dos bens do casal.

(D) Se qualquer dos cônjuges estiver encarcerado por mais de 180 (cento e oitenta) dias, o outro requererá ao juiz alvará para exercer, com exclusividade, a direção da família e a administração dos bens do casal.

(E) Os cônjuges são obrigados a concorrer, na proporção de seus bens e dos rendimentos do trabalho, para o sustento da família e a educação dos filhos, qualquer que seja o regime patrimonial.

A: incorreta, pois não há necessidade de autorização do outro para tal acréscimo; **B:** incorreta, pois a direção da sociedade conjugal é exercida em conjunto por marido e mulher (CC, art. 1.567); **C:** incorreta, pois tais deveres devem ser exercidos em conjunto pelo casal; **D:** incorreta, pois nesse caso não há necessidade de alvará judicial; **E:** correta, pois de acordo com o CC, art. 1.568.

Gabarito "E"

(Ministério Público/TO – 2012 – CESPE) Com referência ao direito de família, assinale a opção correta.

(A) Entre as inúmeras semelhanças apresentadas entre união estável e concubinato inclui-se a de serem ambos os institutos discutidos, no caso de dissolução, no âmbito do direito de família.

(B) Um imóvel instituído convencionalmente como bem de família isenta o prédio da execução de qualquer dívida posterior ao ato da instituição do bem.

(C) Com a edição da Emenda Constitucional nº 66, na qual são alteradas as formas de dissolução do casamento, o conceito de sociedade conjugal não encontra mais amparo no direito de família brasileiro.

(D) Só se admite o prolongamento dos efeitos do casamento putativo, após a publicação da sentença anulatória, quando as partes o celebrarem de boa-fé e existir pacto antenupcial, independentemente da existência de filhos; no caso de má-fé, os efeitos se mantêm apenas para justificar a concessão de alimentos.

(E) Considere que Carlos, casado com Amanda sob o regime de comunhão parcial de bens, seja avalista do irmão em empréstimo bancário de alta monta. Nesse caso, para que o ato seja considerado válido, é necessário que Amanda conceda outorga uxória.

A: incorreta, pois não se pode comparar união estável e concubinato, tendo em vista que este último envolve a manutenção de relações não eventuais entre pessoas impedidas de casar; **B:** incorreta, pois há exceções à impenhorabilidade do bem de família previstas no art. 1.715; **C:** incorreta, pois a sociedade conjugal continua existindo, especialmente para as consequências patrimoniais. A dúvida permanece apenas no que se refere à recepção ou não do instituto da separação judicial; **D:** incorreta, pois não há exigência de pacto antenupcial para se dar efeitos ao casamento putativo (CC, art. 1.561); **E:** correta, pois a concessão do aval é uma das hipóteses de atos jurídicos para os quais se exige vênia conjugal. A solução dada pela lei para o não atendimento desta exigência é a anulabilidade do ato, conforme os artigos 1.642, IV e 1.647 do Código Civil.

Gabarito "E"

7.1.2. INVALIDADE

(Ministério Público/PR – 2013) É hipótese de nulidade do casamento:

(A) O casamento do menor de 16 anos;

(B) O casamento com infringência de impedimento;

(C) O casamento contraído com erro sobre a pessoa do outro nubente;

(D) O casamento do menor entre 16 e 18 anos não autorizado por seu representante legal;

(E) O casamento do menor emancipado, sem autorização de seu representante legal.

A: incorreta, pois o casamento de quem não atingiu a idade núbil é anulável, segundo o disposto no art. 1.550, I, do CC; **B:** correta, pois trata-se de uma das duas hipóteses de nulidade absoluta de casamento (art. 1.548, II, do CC); **C:** incorreta, pois o erro essencial sobre a pessoa do cônjuge é hipótese de anulabilidade de casamento (art. 1.550, III, do CC); **D:** incorreta, pois essa hipótese gera anulabilidade e não nulidade absoluta do matrimônio (art. 1.550, II, do CC); **E:** incorreta, pois nesse caso o casamento não é nulo.

Gabarito "B"

(Ministério Público/AP – 2005) Assinale a alternativa correta. A decretação de nulidade de casamento contraído por infringência de qualquer impedimento ou pelo enfermo mental sem o necessário discernimento para os atos da vida civil, pode ser promovida mediante ação direta:

(A) Por qualquer interessado, ou pelo Ministério Público;

(B) Somente pelos cônjuges ou ascendentes;

(C) Somente pelos cônjuges, descendentes ou irmãos;

(D) Somente pelos cônjuges, descendentes ou credores dos cônjuges.

A alternativa "a" está correta, pois de acordo com o Art. 1.549 do CC.

Gabarito "A"

(Ministério Público/DF – 2009) Assinale a alternativa correta, a respeito do casamento.

(A) A declaração da nulidade acarreta a invalidade do casamento a partir da data da sentença que o invalidou. No entanto, o casamento produz todos os efeitos civis perante os contraentes até o trânsito em julgado da sentença acima mencionada.

(B) No regime da comunhão universal de bens, são incluídas na comunhão as dívidas anteriores ao casamento, contraídas por um dos cônjuges, mesmo quando essas não provierem de despesas comuns ou se reverterem em proveito do casal.

(C) O casamento é nulo por vício de vontade de um dos nubentes se houver por parte deste, ao consentir, erro essencial quanto à pessoa do outro cônjuge.

(D) A sentença que autoriza a mudança do regime de bens vale como instrumento hábil à revogação do pacto antenupcial, passando a produzir efeitos a partir de seu trânsito em julgado.

(E) Na hipótese de ser declarada a nulidade do casamento e reconhecida a má-fé de ambos os cônjuges, ainda que não seja adotado o regime legal, a partilha dos bens adquiridos durante o casamento será partilhada 50% para cada um dos cônjuges.

A: incorreta, pois a declaração de nulidade retroagirá à data da sua celebração (art. 1.563 do CC); **B:** incorreta, pois no regime de comunhão universal de bens, as dívidas anteriores ao casamento salvo se provierem de despesas com seus aprestos, ou reverterem em proveito comum, são excluídas do casamento (art. 1.668, III, do CC); **C:** incorreta, pois será o caso de casamento **anulável** (art. 1.556 do CC); **D:** correta, pois a sentença que autorizar a alteração do regime de bens vale como instrumento hábil à revogação do pacto antenupcial, passando a produzir efeitos a partir de seu trânsito em julgado, sendo dispensável a lavratura de outro pacto, haja vista a validade da decisão judicial. O mandado expedido em consequência da sentença servirá para registro e averbação no Registro de Imóveis (art. 167, I, 12 e II, 1, da Lei 6.015/73) para sua eficácia *erga omnes*; **E:** incorreta, pois a assertiva contraria o disposto nos arts. 1.563 e 1.564, I, do CC.

Gabarito "D"

(Ministério Público/MG – 2007 – 47º) Assinale a alternativa INCORRETA.

(A) O casamento válido não se dissolve pela separação de corpos, mas, tão somente, pela morte de um dos cônjuges ou pelo divórcio.

(B) Se um dos companheiros adota o filho do outro, permanecem íntegros os vínculos de filiação entre o adotado e os parentes do companheiro.

(C) Se uma das testemunhas do casamento, realizado na residência do nubente, não souber escrever, serão quatro as testemunhas para validade do ato.

(D) Pode o MP propor a ação direta de nulidade de casamento, quando um dos nubentes infringe impedimento dirimente.

(E) A sentença que declarar a nulidade do casamento produz efeitos *ex nunc*, e o pacto antenupcial cumpre-se até esta data.

A: correta (art. 1.571, § 1º, do CC); **B:** correta (art. 41, § 1º do ECA); **C:** correta (art. 1.534, § 2º, do CC); **D:** correta (art. 1.549 do CC); **E:** incorreta (e deve ser assinalada) (arts. 1.561 e 1.563 do CC).

Gabarito "E"

(Ministério Público/PR – 2008) É correto afirmar:

(A) É anulável o casamento contraído por infringência de impedimento.

(B) A decretação de nulidade de casamento pode ser promovida mediante ação direta, por qualquer interessado, ou pelo Ministério Público, em qualquer hipótese.

(C) É nulo o casamento realizado pelo mandatário, sem que ele ou o outro contraente soubesse da revogação do mandato, e não sobrevindo coabitação entre os cônjuges.

(D) O casamento pode ser anulado por vício da vontade, se houve por parte de um dos nubentes, ao consentir, erro essencial quanto à pessoa do outro.

(E) Nenhuma das alternativas anteriores está correta.

A: incorreta (art. 1.548, II, do CC); **B:** incorreta (art. 1.549 do CC); **C:** incorreta (art. 1.550, V, do CC); **D:** correta (art. 1.556 do CC); **E:** incorreta, pois a alternativa "D" está correta.

Gabarito "D"

(Ministério Público/RS – 2008) Assinale a alternativa CORRETA:

(A) o Ministério Público tem legitimidade para propor a ação de declaração de nulidade do casamento, mesmo que já falecido um dos cônjuges.

(B) o Ministério Público tem legitimidade para promover a ação de anulação de casamento celebrado quando um dos nubentes é menor de 16 anos.

(C) a legitimidade para o Ministério Público requerer a interdição é limitada a algumas hipóteses especialmente previstas em lei.

(D) a nomeação de curador a ausente supõe a intervenção do Ministério Público no processo, mas não tem este último a legitimidade para requerê-la.

(E) no caso de incapacidade de um dos cônjuges tem o Ministério Público legitimidade ordinária para propor ação de separação judicial em favor do incapaz.

A: incorreta, pois nesse caso o interesse público já não mais existiria; **B:** incorreta, pois nesse caso a hipótese é de anulabilidade (CC, art. 1.550); vide, ainda, o art. 1.552 do CC; **C:** correta, pois de acordo com o art. 1.178 do CPC apenas algumas hipóteses de interdição podem ser promovidas pelo Ministério Público; **D:** incorreta, pois o art. 22 CC concede tal legitimidade ao Ministério Público; **E:** incorreta, pois a separação judicial não pode ser promovida pelo MP nessa hipótese.

Gabarito "C"

(Ministério Público/SP – 2008) Sobre a dissolução do vínculo matrimonial, aponte a assertiva correta.

(A) A anulação do casamento contraído por menor de dezesseis anos poderá ser requerida pelo próprio cônjuge menor, por seus representantes legais, por seus ascendentes, ou pelo Ministério Público.

(B) A decretação de nulidade de casamento, por infringência de impedimento, poderá ser objeto de ação promovida por qualquer interessado, ou pelo Ministério Público.

(C) A sentença que decretar a nulidade do casamento terá efeito *ex nunc*, vigendo a partir da sentença passada em julgado, sem prejudicar direitos adquiridos por terceiro de boa-fé, a título oneroso.

(D) O casamento é anulável por incapacidade do agente, quando contraído pelo enfermo mental sem o necessário discernimento para os atos da vida civil.

(E) O desfazimento do vínculo faz cessar o impedimento para novas núpcias, e ocorre apenas nos casos de divórcio e de morte real de um dos cônjuges.

A: incorreta (art. 1.552 do CC); **B:** correta (art. 1.549 do CC); **C:** incorreta (art. 1.563 do CC); **D:** incorreta (art. 1.550 do CC); **E:** incorreta (art. 1.521, VI, e 1.571, § 1º, do CC).

Gabarito "B"

(Ministério Público/SP – 2006) Transitada em julgado a sentença declaratória de nulidade absoluta ou relativa do casamento, o oficial do Cartório onde foi realizado o casamento deverá:

(A) cancelar o assento do casamento, em ambos os casos, já que este perdeu a validade.

(B) cancelar o assento do casamento nulo, e, averbar a anulação à margem do assento do casamento anulado.

(C) averbar a decisão à margem do assento no "Livro de Registro de Casamento", em ambos os casos.

(D) retificar o assento do casamento, fazendo constar a anulação ou nulidade do casamento.

(E) averbar a decisão no "Livro de Registro de Casamento Nulo e Anulável".

A alternativa "c" está correta, pois reflete o disposto no art. 10, I, do CC e no art. 100 da Lei 6.015/73.

Gabarito "C"

(Ministério Público/SP – 2005) Dadas as hipóteses em que: a) um dos cônjuges descobre, após o casamento, que o outro é portador do vírus HIV, contraído anteriormente ao matrimônio; e b) o marido toma conhecimento do defloramento da mulher, ocorrido antes do casamento (*error virginitatis*), é lícito afirmar tratar-se, respectivamente, de casamento

(A) nulo e anulável.

(B) nulo e válido.

(C) válido e válido.

(D) anulável e anulável.

(E) anulável e válido.

A alternativa "e" está correta, pois reflete o disposto nos arts. 1.556 e 1.557, III, do CC.

Gabarito "E"

7.1.3. EFEITOS E DISSOLUÇÃO DO CASAMENTO

Observação importante: mesmo com a edição da EC 66/10, mantivemos as questões sobre separação judicial, pois ainda há controvérsia sobre a existência ou não desse instituto após a entrada em vigor da Emenda. O próprio CNJ, chamado a se manifestar sobre assunto, preferiu apenas alterar sua Resolução nº 35, para admitir o divórcio extrajudicial mesmo que não cumpridos os prazos de 2 anos de separação de fato (antigo divórcio-direto) e de 1 ano de separação judicial (antigo divórcio-conversão), não entrando no mérito se ainda existe a possibilidade de alguém preferir, antes do divórcio, promover separação judicial. O fato é que a EC 66/10 vem sendo aplicada normalmente pelos Cartórios Extrajudiciais, para permitir o divórcio direto, sem necessidade de cumprir os prazos mencionados, tudo indicando que o instituto da separação judicial venha, no mínimo, a cair em desuso. De qualquer maneira, como não houve ainda revogação do Código Civil no ponto que trata desse instituto, mantivemos as questões sobre o assunto, que, quem sabe, podem ainda aparecer em alguns concursos públicos. Segue, para conhecimento, a decisão do CNJ sobre o assunto:

"EMENTA: PEDIDO DE PROVIDÊNCIAS. PROPOSTA DE ALTERAÇÃO DA RESOLUÇÃO Nº 35 DO CNJ EM RAZÃO DO ADVENTO DA EMENDA CONSTITUCIONAL Nº 66/2010. SUPRESSÃO DAS EXPRESSÕES "SEPARAÇÃO CONSENSUAL" E "DISSOLUÇÃO DA SOCIEDADE CONJUGAL". IMPOSSIBILIDADE. PARCIAL PROCEDÊNCIA DO PEDIDO.

- A Emenda Constitucional nº 66, que conferiu nova redação ao § 6º do art. 226 da Constituição Federal, dispõe sobre a dissolubilidade do casamento civil pelo divórcio, para suprimir o requisito de prévia separação judicial por mais de 01 (um) ano ou de comprovada separação de fato por mais de 02 (dois) anos.
- Divergem as interpretações doutrinárias quanto à supressão do instituto da separação judicial no Brasil. Há quem se manifeste no sentido de que o divórcio passa a ser o único meio de dissolução do vínculo e da sociedade conjugal, outros tantos, en-

tendem que a nova disposição constitucional não revogou a possibilidade da separação, somente suprimiu o requisito temporal para o divórcio.

– Nesse passo, acatar a proposição feita, em sua integralidade, caracterizaria avanço maior que o recomendado, superando até mesmo possível alteração da legislação ordinária, que até o presente momento não foi definida.

– Pedido julgado parcialmente procedente para propor a modificação da redação da Resolução nº 35 do Conselho Nacional de Justiça, de 24 de abril de 2007, que disciplina a aplicação da Lei nº 11.441/07 pelos serviços notariais e de registro, nos seguintes termos: a) seja retirado o artigo 53, que versa acerca do lapso temporal de dois anos para o divórcio direto e; b) seja conferida nova redação ao artigo 52, passando o mesmo a prever: "Os cônjuges separados judicialmente, podem, mediante escritura pública, converter a separação judicial ou extrajudicial em divórcio, mantendo as mesmas condições ou alterando-as. Nesse caso, é dispensável a apresentação de certidão atualizada do processo judicial, bastando a certidão da averbação da separação no assento do casamento." (CNJ, Pedido de Providências nº 0005060-32.2010.2.00.0000, j. 12.08.2010)"

(Ministério Público/CE – 2009 – FCC) A ação de separação judicial pode ser proposta por qualquer dos cônjuges, imputando ao outro ato que caracterize grave violação dos deveres do casamento

(A) desde que sejam casados por mais de um ano e a vida em comum se torne insuportável.

(B) desde que um dos cônjuges tenha abandonado o lar conjugal por período superior a trinta (30) dias.

(C) independentemente da insuportabilidade da vida em comum, desde que verificada uma das causas do rol exemplificativo constante da lei.

(D) e torne insuportável a vida em comum, fornecendo a lei rol exemplificativo de condutas autorizantes do pedido.

(E) e torne insuportável a vida em comum, sendo, porém, taxativo o rol que a lei oferece de condutas autorizantes do pedido.

A: incorreta, pois não existe a necessidade de que sejam casados por mais de um ano (art. 1.572, *caput*, do CC); **B:** incorreta, pois não existe necessidade de que um dos cônjuges tenha abandonado o lar (art. 1.572, *caput*, do CC); **C:** incorreta, pois há necessidade de que a vida em comum se torne insuportável (art. 1.572, *caput*, do CC); **D:** correta, pois a assertiva reflete o disposto no art. 1.572 do CC; **E:** incorreta, pois o rol não é taxativo, mas apenas exemplificativo.

Gabarito "D"

(Ministério Público/GO – 2005) Cumpridas as formalidades legais, no dia 20.06.2005 o oficial do registro extraiu certificado habilitando os nubentes "Adimanto" e "Coralina" para o casamento religioso. A celebração do casamento ocorreu em data de 27.06.2005, entretanto, não se procedeu ao registro civil deste casamento. No dia 29.06.2005 "Adimanto" faleceu. Cinco dias após o falecimento, "Coralina" dirigiu-se ao cartório para providenciar o registro. Considerando estes fatos, assinale a alternativa correta:

(A) não é possível registrar porque a lei exige que o pedido seja formulado pelo casal.

(B) não é possível registrar porque o casamento é nulo.

(C) neste caso somente é possível o registro se a autoridade celebrante comunicar ao ofício competente.

(D) o Código Civil não proíbe expressamente o registro nesta situação.

Art. 1.515 do CC.

Gabarito "D"

(Ministério Público/RO – 2006) Assinale a alternativa correta: Constituem efeitos pessoais, em relação aos cônjuges, da separação judicial, exceto:

(A) pôr termo aos deveres recíprocos do casamento, coabitação, fidelidade e assistência material;

(B) suprimir os direitos sucessórios entre os cônjuges;

(C) impossibilitar a realização de novas núpcias;

(D) impedir o cônjuge de continuar a usar o nome do outro, se declarado culpado pela separação litigiosa;

(E) possibilitar, a qualquer tempo, seja qual for a causa da separação judicial (consensual ou litigiosa), a reconciliação do casal, restabelecendo a sociedade conjugal, a qualquer tempo, por ato regular em juízo.

A: incorreta (art. 1.576 do CC); **B:** correta, pois, de fato, a separação não suprime os direitos sucessórios entre os cônjuges; **C:** incorreta, pois a realização de novas núpcias só pode ocorrer após o divórcio, que dissolve o casamento; **D:** incorreta (art. 1.578 do CC); **E:** incorreta (art. 1.577 do CC).

Gabarito "B"

(Ministério Público/PR – 2011) Arnaldo e Beatriz se casaram em 12 de fevereiro de 2001, pelo regime da comunhão parcial de bens. Do casamento resultou o nascimento de gêmeos, Cesar e Denise, ambos, hoje, com sete anos de idade. Arnaldo e Beatriz decidem dissolver a sociedade e o vínculo conjugal pelo divórcio, ante a insuportabilidade da vida em comum. Por ocasião do divórcio, optam por realizar a partilha dos bens. Diante desses fatos, assinale a alternativa correta:

(A) a guarda dos filhos do casal será necessariamente compartilhada se os pais não entrarem em acordo sobre o tema.

(B) caso não cheguem a um acordo sobre o divórcio, somente será possível a Arnaldo e Beatriz obterem a dissolução do vínculo conjugal se estiverem separados de fato há, pelos menos, um ano.

(C) o divórcio do casal poderá ser realizado mediante escritura pública, em que deverá constar, necessariamente, a definição sobre a guarda e a visitação dos filhos, bem como a fixação da prestação alimentar a eles devida.

(D) integrarão a comunhão e, portanto, deverão ser partilhados entre os divorciandos, os frutos advindos dos bens particulares de cada cônjuge, bem como os bens que em lugar de tais frutos tenham se sub-rogado.

(E) supondo que seja fixada a guarda compartilhada, as crianças residirão, necessariamente, parte do tempo na residência do pai e parte do tempo na residência da mãe, não havendo necessidade, nesse caso, de fixação de verba alimentar a ser paga por qualquer dos pais.

A: incorreta, à época em que a questão foi elaborada, pois se não houvesse consenso entre os pais, era aplicada, **sempre que possível**, a guarda compartilhada. Com o advento da Lei 13.058/2014, o § 2º do art. 1.584 do CC passou a prever: "Quando não houver acordo entre a mãe e o pai quanto à guarda do filho, encontrando-se ambos os genitores aptos a exercer o poder familiar, será aplicada a guarda compartilhada, salvo se um dos genitores declarar ao magistrado que não deseja a guarda do menor"; **B:** incorreta, pois, com o advento da EC 66/10 permite-se o divórcio direto, sem necessidade de cumprir s prazo mencionado; **C:** incorreta, pois não caberá divórcio mediante escritura pública em caso de casal com filhos menores (art. 3º da Lei 11.441/2007); **D:** correta (art. 1.660, V, do CC); **E:** incorreta, pois a guarda compartilha não pressupõe, necessariamente, que resida parte do tempo na residência da mãe e parte do tempo na residência do pai. Da mesma forma, a guarda compartilhada não pressupõe, necessariamente, ausência de fixação de pensão alimentícia.

Gabarito "D"

(Ministério Público/RO – 2010 – CESPE) Acerca do direito das famílias, assinale a opção correta.

(A) Atualmente, somente é possível a dissolução da sociedade conjugal com o divórcio.

(B) O reconhecimento do filho havido fora do casamento pode preceder o nascimento somente na hipótese de o pai apresentar risco de morrer devido a problemas graves de saúde.

(C) Apesar do princípio da igualdade, que, entre outros aspectos, proíbe a discriminação baseada no sexo, cabe ao pai a administração dos bens dos filhos menores ou daqueles que estejam sob a sua autoridade.

(D) O bem de família, por ser o bem de residência, é isento de execução por dívidas posteriores à sua instituição, salvo a execução de dívidas que provierem de tributos relativos ao prédio ou de despesas de condomínio.

(E) O tutor pode se escusar da tutela, sendo que, para tanto, deve fundamentar o seu pleito. Entre as razões que justificam tal escusa, inclui-se a idade do tutor, se este tiver mais de sessenta anos de idade, ou o fato de ele ser militar em serviço.

A: incorreta (art. 1.571 do CC); porém, com o advento da EC 66/10, permitindo o divórcio direto, sem necessidade de cumprir prazos, tudo indicando que o instituto da separação judicial venha, no mínimo, a cair em desuso, ficando o divórcio como a melhor solução quando se deseja a dissolução da sociedade conjugal; **B:** incorreta, pois o reconhecimento do filho pode preceder o nascimento, independentemente do estado de saúde do pai (art. 1.609, parágrafo único, do CC); **C:** incorreta, pois o pai e a mãe tem a administração dos bens dos filhos menores sob sua autoridade (art. 1.689, II, do CC); **D:** incorreta, pois o bem de família não é aquele necessariamente que serve de residência, mas aquele instituído pelos cônjuges (art. 1.714 do CC); **E:** correta (art. 1.736, II e VII, do CC).

Gabarito "E"

(Ministério Público/SP – 2011) Quando os cônjuges decidem por fim à sociedade conjugal, pretendendo divorciar-se consensualmente, eles devem levar em consideração:

(A) o prazo de 2 (dois) anos a contar da separação judicial por mútuo consentimento.

(B) a possibilidade de o divórcio ser formalizado perante o Cartório de Registro Civil, inclusive com relação aos filhos menores de 16 (dezesseis) anos.

(C) a guarda compartilhada, com previsão de visita do pai em dias e horários alternados e opção de a mãe decidir sobre a educação.

(D) o fato de as novas núpcias de um dos cônjuges não lhe retirar o direito de guarda antes fixado.

(E) a prestação de alimentos aos filhos, que poderá ser compensada com a proximidade e visitação do cônjuge.

A: incorreta, pois o advento da EC 66/10 permite o divórcio direto, sem necessidade de cumprir prazos; **B:** incorreta, pois o divórcio não poderá ser realizado no Cartório de Registro Civil se houver filhos menores (art. 3º, da Lei 11.441/2007); **C:** incorreta, pois a guarda compartilhada pressupõe a responsabilização conjunta e o exercício de direitos e deveres do pai e da mãe que não vivem sob o mesmo teto (art. 1.583 do CC); **D:** correta (art. 1.588 do CC); **E:** incorreta, pois a prestação de alimentos não pode ser objeto de compensação (art. 1.707 do CC).

Gabarito "D"

(Ministério Público/SP – 2005) Dissolve-se o casamento válido

(A) pela morte de um dos cônjuges, pela nulidade ou anulação do casamento, pela separação judicial ou pelo divórcio.

(B) pela morte de um dos cônjuges, pela separação judicial ou pelo divórcio.

(C) pela morte real de um dos cônjuges ou pelo divórcio direto ou por conversão.

(D) pela morte real ou presumida de um dos cônjuges ou pelo divórcio.

(E) pela morte de ambos os cônjuges ou pelo divórcio direto.

A alternativa "d" está correta, nos termos do Art. 1.571, § 1º, do CC.

Gabarito "D"

7.1.4. REGIME DE BENS

(Ministério Público/DF – 2013) Julgue os itens subsequentes, a respeito do direito de família, sob a ótica do Código Civil e a jurisprudência do STJ:

I. A regra de separação obrigatória de bens prevista para casamentos se estende às uniões estáveis e deve ser aplicada em uniões com pessoas maiores de 70 anos.

II. O cônjuge casado pelo regime da separação convencional de bens, por meio de pacto antenupcial, não é herdeiro necessário. Por isso, não tem direito à meação, tampouco à concorrência sucessória.

III. É admissível a alteração do regime de bens entre os cônjuges, para os casamentos celebrados sob a égide do Código Civil atual, desde que o pedido seja acompanhado de provas concretas do prejuízo na manutenção do regime de bens originário.

IV. Ocorre a curatela compartilhada quando for nomeado, por disposição testamentária, mais de um curador a uma pessoa incapaz, devendo, nesse caso, os curadores exercerem conjuntamente o múnus público de forma mais vantajosa para o curatelado.

V. O regime de bens aplicável na união estável é o da comunhão parcial, pelo qual há comunicabilidade ou meação dos bens adquiridos a título oneroso na constância da união. No entanto, exige-se, para tanto, prova de que a aquisição decorreu do esforço comum de ambos os companheiros.

Estão CORRETOS os itens:

(A) I e II

(B) I, II e III

(C) II e III

(D) I, III e IV

(E) IV e V

I: correta, pois o STJ entende que nesse caso o regime é o da separação obrigatória (RESP 646.259-RS). Contudo, incide a súmula 377 do STF, segundo a qual, *"No regime de separação legal de bens, comunicam-se os adquiridos na constância do casamento"*; **II:** correta, tendo em vista que a questão indicou precisamente que deveria o candidato se pautar pela visão do STJ. De fato, este Tribunal entendeu que *"não remanesce, para o cônjuge casado mediante separação de bens, direito à meação, tampouco à concorrência sucessória, respeitando-se o regime de bens estipulado, que obriga as partes na vida e na morte. Nos dois casos, portanto, o cônjuge sobrevivente não é herdeiro necessário"* (RESP 992749 / MS). Vale o registro, contudo, de que a maioria da doutrina discorda dessa posição do STJ, entendendo que o cônjuge casado sob separação convencional deve herdar, justamente porque não meou; **III:** incorreta, pois o art. 1.639 § 2º do Código Civil permite tal alteração bastando para tanto o *"pedido motivado de ambos os cônjuges, apurada a procedência das razões invocadas e ressalvados os direitos de terceiros"*; IV: incorreta, pois a curatela compartilhada (exercício do cargo de curador por mais de uma pessoa) não necessariamente decorre de indicação testamentária; **V:** incorreta, pois o art. 1.725 do Código Civil determina, salvo disposição em contrário, o regime de comunhão parcial de bens aos companheiros de uma união estável. Este regime implica (CC, art. 1.660, I) na comunicação dos bens adquiridos onerosamente na constância da relação, independentemente de prova de esforço financeiro comum, tendo-se em vista que há uma presunção absoluta deste esforço, em virtude da convivência e do afeto recíprocos.

Gabarito "A"

(Ministério Público/MS – 2013 – FADEMS) A propósito do regime de bens, analise as seguintes proposições:

I. Na união estável, salvo contrato escrito entre os companheiros, aplica-se, quanto ao regime de bens, a comunhão parcial.

II. É admissível a alteração do regime de bens do casamento, mediante autorização judicial, em pedido motivado deduzido por ambos os cônjuges, ressalvados eventuais direitos de terceiros.

III. Independentemente do regime de bens do casamento, a pessoa casada que for empresária poderá, sem necessidade de outorga conjugal, alienar os imóveis que integrem o patrimônio da empresa.

IV. No regime de separação de bens, os cônjuges são obrigados a contribuir para as despesas do casal, na proporção dos rendimentos do seu trabalho e de seus bens vedada a estipulação em contrário no pacto antenupcial.

São corretas:

(A) Somente as assertivas I, II e III.

(B) Todas as assertivas.

(C) Somente as assertivas II e IV.

(D) Somente as assertivas II, III e IV.

(E) Somente as assertivas I e II.

I: correta, pois de pleno acordo com o disposto no art. 1.725 do CC; **II:** correta, pois em consonância com o art. 1.639, § 2º, do CC; **III:** correta, no mesmo sentido do disposto no art. 978 do CC; **IV:** incorreta, pois a despeito de esta ser a regra, admite-se a estipulação em contrário no pacto antenupcial (art. 1.688, CC). Estão, portanto, corretas as assertivas I, II e III.

Gabarito "A"

(Ministério Público/AP – 2005) Assinale a alternativa incorreta. Sobre regimes de bens, a regra é a livre escolha pelos nubentes do regime por que se pautará o casamento. Mas, na falta de estipulação, vigorará, por força de lei, o regime da comunhão parcial de bens, onde comunicam-se os bens que sobrevierem ao casal, na constância do casamento e excluem-se da comunhão:

(A) Os bens que cada cônjuge possuir ao casar, e os que lhe sobrevierem, na constância do casamento, por doação ou sucessão, e os sub-rogados em seu lugar;

(B) Os bens adquiridos na constância do casamento por titulo oneroso, ainda que só em nome de um dos cônjuges;

(C) Os bens de uso pessoal, os livros e instrumentos de profissão;

(D) Os bens adquiridos com valores exclusivamente pertencentes a um dos cônjuges em sub-rogação dos bens particulares.

Arts. 1.659 e 1.660, I, do CC).

Gabarito "B"

(Ministério Público/CE – 2009 – FCC) José e Maria, ambos com cinquenta (50) anos de idade, casaram-se em 20 de dezembro de 2003, sem que fosse celebrado pacto antenupcial. Naquela época, o varão possuía em seu patrimônio um imóvel situado na rua X. Um ano após o casamento, José adquiriu outro imóvel, situado na rua Y, por escritura de venda e compra que em seguida foi registrada; Maria ganhou R$ 100.000,00 (cem mil reais) em sorteio da loteria e recebeu, por herança de seu pai, um imóvel situado na Rua K, e José recebeu, por herança de sua mãe, um imóvel na rua W. Pertencem a ambos os cônjuges

(A) todos os bens referidos.

(B) o imóvel situado na rua Y e o dinheiro obtido em sorteio.

(C) os imóveis situados nas ruas Y, K e W.

(D) os imóveis situados nas ruas X e Y e o dinheiro obtido em sorteio.

(E) o dinheiro obtido em sorteio e os imóveis situados nas ruas K e W.

O casamento celebrado sem realização de pacto antenupcial terá o regime de comunhão parcial de bens (art. 1.640, *caput*, do CC). No caso, como não houve pacto antenupcial, o regime é de comunhão parcial. De acordo com o disposto no art. 1.659, I, do CC, o imóvel adquirido antes do casamento, como no caso do imóvel situado na rua X, não se comunica. Os imóveis recebidos por herança, como no caso dos imóveis situados na Rua K e Rua W, também não se comunicam, conforme o disposto no art. 1.659, I, do CC. Já o imóvel adquirido após o casamento, como o imóvel situado na Rua Y, e o valor que Maria ganhou em sorteio, comunicam-se, nos termos do art. 1.660, I e II, do CC.

Gabarito "B"

(Ministério Público/MG – 2012 – CONSULPLAN) No regime de comunhão parcial, comunicam-se, via de regra, os bens que sobrevierem ao casal, na constância do casamento. Entram na comunhão, **EXCETO**:

(A) os bens de uso pessoal, os livros e instrumentos de profissão.

(B) os bens adquiridos por fato eventual, com ou sem o concurso de trabalho ou despesa anterior.

(C) as benfeitorias em bens particulares de cada cônjuge.

(D) os frutos dos bens comuns, ou dos particulares de cada cônjuge, percebidos na constância do casamento, ou pendentes ao tempo de cessar a comunhão.

A: correta, pois tais bens estão excluídos da comunhão em face do disposto no art. 1.659, V; **B, C, D:** incorretas, pois tais bens entram na comunhão, segundo o art. 1.660, II, IV e V.

Gabarito "A"

(Ministério Público/MG – 2008) Assinale a alternativa INCORRETA.

(A) A lei veda ao consorte impor o seu sobrenome ao outro, como condição para o casamento; em caso de separação judicial, cabe à ex-mulher conservá-lo ou não.

(B) O pacto antenupcial, lavrado em qualquer cartório de notas do território brasileiro, é eficaz e gera imediatos efeitos perante terceiros.

(C) Os alimentos, provisórios ou definitivos, pagos a qualquer título, são irrepetíveis, ainda que o alimentante vença a ação que lhe foi oposta.

(D) O devedor não pode, sob o argumento de que a filha menor de 15 anos ficou grávida, eximir-se da obrigação alimentar, imposta em ação judicial.

(E) Capaz o alimentante, as prestações alimentícias poderão ser atualizadas segundo tabela oficial editada pela Corregedoria Geral de Justiça.

A: correta, art. 1.565, § 1º, e 1.578, do CC; **B:** incorreta (e deve ser assinalada), art. 1.653 do CC; **C:** correta, pois, de fato, em qualquer das hipóteses elencadas na alternativa, os alimentos são irrepetíveis; **D:** correta, pois o fato de a filha menor ficar grávida não é causa de extinção da obrigação alimentar; **E:** correta, pois as prestações alimentícias podem ser atualizadas segundo o índice divulgado na tabela oficial divulgada pela Corregedoria Geral de Justiça.

Gabarito "B"

(Ministério Público/MS – 2009) No regime da comunhão parcial, é correto afirmar que não se comunicam

(A) os frutos dos bens comuns percebidos durante a constância do casamento.

(B) os bens adquiridos por doação, herança ou legado, em favor de ambos os cônjuges.

(C) as benfeitorias em bens particulares de cada cônjuge.

(D) os bens adquiridos na constância do casamento por título oneroso, ainda que só em nome de um dos cônjuges.

(E) os bens adquiridos com valores exclusivamente pertencentes a um dos cônjuges em sub-rogação dos bens particulares.

As assertivas **A, B, C, D** apresentam bens que encontram-se listados no art. 1.660 do Código Civil e que se comunicam pelo regime da comunhão parcial. Apenas a assertiva **E** contém bens que não se comunicam no referido regime, sendo, portanto a alternativa adequada.

Gabarito "E"

(Ministério Público/PR – 2009) Em relação ao casamento, pode-se dizer:

(A) No regime de comunhão parcial, constituem bens privativos de cada cônjuge aqueles adquiridos antes do casamento, assim como os frutos e rendimentos decorrentes da propriedade ou posse de tais bens.

(B) As dívidas contraídas por um dos cônjuges para adquirir bens necessários à economia doméstica obrigam o outro, mas apenas em caráter subsidiário, inexistindo previsão legal de solidariedade pelo pagamento do débito assumido.

(C) Havendo divergência entre o interesse dos pais e do filho, o Ministério Público poderá requerer ao juiz a nomeação de curador especial, mesmo que se trate de questão pertinente ao exercício do poder familiar.

(D) No regime de separação de bens, ambos os cônjuges são obrigados a contribuir para as despesas do casal, na proporção dos rendimentos do seu trabalho e de seus bens, vedada estipulação em contrário no pacto antenupcial.

(E) n.d.a.

A: incorreta, pois no regime de comunhão parcial, os frutos e rendimentos decorrentes da propriedade ou posse de bens privativos entra na comunhão (art. 1.660, V, do CC); **B:** incorreta, pois a assertiva contraria o disposto no art. 1.663, § 1º, do CC; **C:** correta, pois a assertiva reflete o disposto no art. 1.692 do CC; **D:** incorreta, pois pode haver estipulação em contrário no pacto antenupcial, nos termos do art. 1.688 do CC; **E:** incorreta, pois a alternativa C está correta.

Gabarito "C"

(Ministério Público/SE – 2010 – CESPE) Um casal realizou pacto antenupcial sobre regime de bens. Mais tarde, esse pacto foi declarado nulo por defeito de forma. Nesse caso,

(A) vigorará o regime obrigatório de separação de bens.

(B) vigorará o regime da comunhão parcial de bens.

(C) os noivos deverão realizar novo pacto antenupcial.

(D) vigorará o regime da comunhão universal de bens.

(E) o casamento também será nulo.

Art. 1.640, *caput*, do CC.

Gabarito "B"

(Ministério Público/SP – 2008) Os dividendos e as ações bonificadas percebidas pelo cônjuge-acionista na constância do matrimônio, sendo o regime da comunhão parcial,

(A) serão de propriedade exclusiva do cônjuge-acionista, por serem provento de seu trabalho pessoal.

(B) entrarão para o patrimônio comum, por terem sido adquiridos por fato eventual.

(C) pertencerão somente ao cônjuge-acionista, visto serem lucros sociais oriundos de um investimento por ele feito com vista à remuneração periódica do capital empregado.

(D) farão parte dos bens particulares do cônjuge-acionista, pois sua aquisição teve por título uma causa anterior ao casamento.

(E) entrarão para o patrimônio comum do casal, comunicando-se, portanto, ao outro cônjuge (não acionista), que, então, deles será meeiro, pois constituem frutos civis de bens particulares do cônjuge-acionista.

A alternativa "e" está correta, pois reflete o disposto no Art. 1.660, V do CC.

Gabarito "E"

(Ministério Público/SP – 2006) Os noivos, antes do casamento, realizam pacto antenupcial sobre o regime de bens. Mais tarde, o pacto antenupcial é declarado nulo por defeito de forma. Neste caso:

(A) vigorará o regime obrigatório de separação de bens.

(B) vigorará o regime da comunhão parcial de bens.

(C) deverá ser realizado novo pacto antenupcial.

(D) vigorará o regime da comunhão universal de bens.

(E) o casamento também será nulo.

A alternativa "b" está correta, pois de acordo com o Art. 1.640 do CC.

Gabarito "B"

(Ministério Público/SP – 2005) Assinale a alternativa verdadeira.

(A) O regime de bens entre os cônjuges é imutável.

(B) É admissível alteração do regime de bens, mediante escritura pública, ressalvados os direitos de terceiros.

(C) Podem os nubentes adotar um dos regimes de bens estabelecidos no Código Civil ou combiná-los entre si, criando um regime misto.

(D) Ressalvadas as hipóteses em que o regime de separação de bens se faz obrigatório, os nubentes podem livremente adotar um dos regimes estabelecidos no Código Civil, vedada a possibilidade de criação de um regime misto.

(E) O regime de bens entre os cônjuges começa a vigorar desde a data do casamento, salvo se houver pacto antenupcial.

A, B e **D:** falsas (art. 1.639, § 2º, do CC); **C:** verdadeira (art. 1.639, *caput*, do CC); **E:** falsa (art. 1.639, § 1º, do CC).

Gabarito "C"

7.2. UNIÃO ESTÁVEL

(Ministério Público/ES – 2013 – VUNESP) Considerando as normas que regem o instituto da união estável e o entendimento jurisprudencial dominante, assinale a alternativa correta.

(A) A pessoa casada, mas separada de fato, está impedida de constituir união estável até que se divorcie de seu cônjuge.

(B) A união estável constituída quando um dos companheiros é maior de 70 (setenta) anos não prejudica a comunicação dos bens adquiridos na constância da união.

(C) Ao contrário do casamento, os companheiros não podem pedir uns aos outros alimentos de que necessitem.

(D) Na união estável, aplica-se às relações patrimoniais o regime de comunhão universal de bens, salvo contrato escrito.

(E) As causas suspensivas para contrair casamento impedem a constituição de união estável.

A: incorreta, pois a pessoa casada, mas separada de fato, pode constituir união estável. É a única hipótese de impedimento matrimonial que não impede a união estável (CC, art. 1.723 § 1º); **B:** correta. O STJ entende que nesse caso o regime é o da separação obrigatória (RESP 646.259-RS). Contudo, incide a Súmula 377 do STF, segundo a qual, "*No regime de separação legal de bens, comunicam-se os adquiridos na constância do casamento*"; **C:** incorreta, pois o art. 1.694 do Código Civil permite aos companheiros da união estável pedir alimentos uns aos outros; **D:** incorreta, pois "*salvo contrato escrito entre os companheiros, aplica-se às relações patrimoniais, no que couber, o regime da comunhão parcial de bens*" (CC, art. 1.725); **E:** incorreta, pois apenas os impedimentos matrimoniais é que impedem a constituição da união estável (CC, art. 1.723 § 1º).

Gabarito "B"

(Ministério Público/BA – 2010) Segundo Caio Mário Pereira da Silva, os regimes de bens no casamento constituem os princípios jurídicos que disciplinam as relações econômicas entre os cônjuges, na constância do casamento.

Noutro giro, estabelece o Código Civil em vigor que é reconhecida como entidade familiar a união estável entre o homem e a mulher, configurada na convivência pública, contínua e duradoura, estabelecida com o objetivo de constituição de família.

Assim, após o confronto entre as assertivas supraelencadas e as disposições do Código Civil em vigor, assinale a alternativa correta.

(A) O cônjuge pode, independentemente do regime de bens, e sem a anuência expressa do outro, comprar, ainda a crédito, as coisas necessárias à economia doméstica, e como consequência será o único obrigado pelo adimplemento da dívida eventualmente contraída em razão da aquisição.

(B) Somente no regime de separação opcional é facultado ao cônjuge, sem anuência expressa do outro, obter empréstimo para adquirir as coisas necessárias à economia doméstica.

(C) Na união estável, quando o homem ou a mulher contar com mais de 60(sessenta) anos ao tempo do início da convivência, aplicar-se-á nas relações patrimoniais o regime da separação obrigatória.

(D) No regime de comunhão parcial, é vedado ao cônjuge prestar aval ou fiança, sem autorização do outro.

(E) Em sede de união estável, salvo estipulação em contrário, aplica-se às relações patrimoniais o regime da comunhão universal.

A: incorreta, pois embora possa comprar as coisas necessárias à economia doméstica (art. 1.643, I, do CC), essas dívidas obrigam solidariamente os cônjuges (art. 1.644 do CC); **B:** incorreta, conforme justificativa à alternativa "a" (art. 1.643, I, do CC); **C:** incorreta, pois não existe essa previsão legal; **D:** correta (art. 1.647, III, do CC); **E:** incorreta, pois se aplica o regime da comunhão parcial de bens (art. 1.725 do CC).

Gabarito "D"

(Ministério Público/AP – 2005) Assinale a alternativa incorreta.

Sobre a união estável podemos afirmar que:

(A) Tem regime legal da comunhão parcial de bens;

(B) É reconhecida como entidade familiar entre o homem e a mulher;

(C) É configurada na convivência pública, contínua e duradoura;

(D) As relações pessoais entre os companheiros não obedecerão aos deveres de fidelidade ou lealdade, pois inerentes ao casamento.

A: correta (art. 1.725 do CC); **B** e **C:** corretas (art. 1.723 do CC); **D:** incorreta (e deve ser assinalada), conforme o art. 1.724 do CC.

Gabarito "D"

(Ministério Público/MG – 2010.1) Em se tratando de união estável, é CORRETO afirmar que

(A) o CC reconhece entidade familiar a união de duas pessoas, sem diversidade de sexo, configurada na convivência pública, contínua e duradoura com o objetivo de constituir família.

(B) aplica-se o regime de comunhão parcial de bens às relações patrimoniais, podendo os conviventes estipular em contrato opção diversa à sua escolha, nos padrões legais.

(C) poder-se-á converter-se em casamento, bastando os companheiros firmarem contrato, documento autêntico, fazendo o assento diretamente no Registro Civil competente.

(D) serem necessários o dever de fidelidade, a coabitação, os deveres de guarda, sustento e criação dos filhos, carinho e tolerância nos modos.

(E) entre os conviventes, por não existir casamento nem parentesco consanguíneo, não há obrigação alimentar prevista no CC.

A: incorreta, pois o Código Civil reconhece a união estável somente entre homem e mulher (art. 1.723, *caput*, do CC); **B:** correta, pois a assertiva reflete o disposto no art. 1.725 do CC; **C:** incorreta, pois a afirmativa está contrária ao disposto no art. 1.726 do CC; **D:** incorreta, pois a assertiva não reflete o disposto no art. 1.724 do CC; **E:** incorreta, pois os companheiros tem o dever de alimentos, conforme o disposto no art. 1.694, *caput*, do CC.

Gabarito "B"

(Ministério Público/MT – 2012 – UFMT) Considerando o regime jurídico que regula as entidades familiares, e a jurisprudência dos tribunais superiores, pode-se afirmar que a união homoafetiva

(A) não é reconhecida pela ordem jurídica brasileira em razão do que dispõe o artigo 1.726, do Código Civil.

(B) é reconhecida em igualdade de condição em relação às formas de entidade familiar que já se encontram reguladas pela lei civil.

(C) em razão do que dispõe a Constituição brasileira, as entidades familiares não podem ser limitadas pela definição realizada pelo Código Civil, mas não é possível, neste momento, atribuir a estas outras, os mesmos efeitos civis já regulados pela codificação.

(D) é merecedora da proteção atribuída às uniões estáveis apenas para fins patrimoniais.

(E) é protegida pela ordem jurídica por meio das mesmas garantias atribuídas pela lei civil à união estável, não sendo permitido, entretanto, o casamento.

Em maio de 2011, o Supremo Tribunal Federal julgou conjuntamente a Ação Direta de Inconstitucionalidade nº 4.277 e a Arguição de Descumprimento de Preceito Fundamental 132, reconhecendo a união estável para casais do mesmo sexo. Entendeu a Corte que *"A Constituição não interdita a formação de família por pessoas do mesmo sexo. Consagração do juízo de que não se proíbe nada a ninguém senão em face de um direito ou de proteção de um legítimo interesse de outrem, ou de toda a sociedade, o que não se dá na hipótese sub judice. [...] Aplicabilidade do § 2º do art. 5º da Constituição Federal, a evidenciar que outros direitos e garantias, não expressamente listados na Constituição, emergem "do regime e dos princípios por ela adotados".* A assertiva B é a única que contempla tal ideia de proteção da união homoafetiva.

Gabarito "B"

(Ministério Público/PI – 2008) Quanto à união estável, assinale a alternativa correta.

(A) Aplicam-se à união estável os impedimentos aplicáveis ao casamento, exceto o de já serem casadas, se houver separação de fato.

(B) Aplica-se à união estável a causa suspensiva do matrimônio que impede o casamento entre tutor e tutela.

(C) O Código Civil de 2002 não manteve a distinção entre união estável e concubinato.

(D) As relações patrimoniais na união estável devem ser reguladas por contrato entre as partes.

(E) Por não constituir entidade familiar, a união estável não impõe aos companheiros os deveres pessoais do matrimônio.

A: correta, pois admite-se que uma pessoa casada (desde que separada de fato) una-se estavelmente com outra pessoa, formando com esta uma união estável (CC, art. 1.723 § 1º); **B:** incorreta, pois à união estável não se aplicam as causas suspensivas do casamento (CC, arts. 1.523 e 1.723 § 2º); **C:** incorreta, pois o art. 1.727 diferencia claramente a união estável e o concubinato, definindo o último como relações não eventuais entre homem e mulher impedidos de casar; **D:** incorreta, pois – na ausência de contrato escrito – aplicam-se as regras da comunhão parcial (CC, art. 1.725); **E:** incorreta, pois a união estável é uma das formas de se constituir família no sistema brasileiro.

Gabarito "A"

(Ministério Público/RS – 2008) O atual regramento da união estável, reconhecida constitucionalmente como entidade familiar

(A) pressupõe que a convivência tenha a duração mínima de cinco anos.

(B) pressupõe o regime de comunhão dos aquestos e dos aprestos.

(C) permite que o regime de bens seja livremente estipulado, desde que no início da convivência.

(D) admite que se considere como tal uma união de menos de cinco anos, desde que dela resultem filhos.

(E) não estipula prazo mínimo para que se considere estável, bastando ser duradoura, pública e contínua a união.

A: incorreta, pois a lei não exige lapso temporal mínimo para configuração da união estável; **B:** incorreta, pois – na ausência de contrato escrito – aplicam-se as regras da comunhão parcial (CC, art. 1.725); **C:** incorreta, pois o regime de bens pode ser escolhido a qualquer momento, mediante contrato escrito; **D:** incorreta, pois não há exigência de lapso ou da presença de filhos para se configurar a união estável; **E:** correta, pois o Código Civil não prevê prazo para configuração da união estável, exigindo primordialmente o intuito de formar família, o que normalmente se alcança com uma união pública, contínua e duradoura.

Gabarito "E"

7.3. PARENTESCO E FILIAÇÃO

(Ministério Público/PR – 2013) Assinale a alternativa incorreta:

(A) Pai e filho são parentes em linha reta, 1º grau;

(B) Tio e sobrinho são parentes em linha colateral, 3º grau;

(C) Irmãos são parentes em linha colateral, 1º grau;

(D) Cunhados são parentes por afinidade, em linha colateral, 2º grau;

(E) Genro e sogro são parentes por afinidade, em linha reta, 1º grau.

A: correta, pois há apenas um grau de distância entre pais e filhos; **B:** correta, pois a maneira adequada para se identificar o grau entre parentes colaterais é partir de um deles, chegar até o ascendente comum e descer até o outro. Com isso, partindo-se do sobrinho até a avó e daí para o tio, tem-se três graus de distância; **C:** incorreta (devendo ser assinalada), pois não existe parentesco colateral de 1º grau. Irmãos são parentes colaterais de 2º grau; **D** e **E:** corretas, pois um cônjuge guarda com os parentes do outro o mesmo parentesco, apenas adjetivando-se de *"por afinidade"*. Vale, todavia, lembrar que o parentesco por afinidade limita-se aos ascendentes, aos descendentes e aos irmãos do cônjuge ou companheiro (art. 1.595, § 1º, do CC).

Gabarito "C"

(Ministério Público/BA – 2010) É consabido que a melhor doutrina aponta a necessidade do estudo do direito civil à luz dos comandos da Norma Fundamental. Enfatiza Cristiano Chaves "...é a Constituição da República, que, com os seus princípios e as suas normas, confere uma nova feição à ciência civilista". Ademais, é induvidoso que a Constituição Federal acolheu o princípio da igualdade entre os filhos, de sorte que veda expressamente quaisquer designação discriminatória.

Portanto, assinale a alternativa correta, após aferir a veracidade das assertivas abaixo.

I. Presumem-se concebidos na constância do casamento os filhos havidos por fecundação homóloga, mesmo que falecido o marido.

II. Presumem-se concebidos na constância do casamento os filhos havidos por inseminação artificial heteróloga, desde que tenha prévia autorização do marido.

III. Quando perfectibilizada pelo cônjuge virago a confissão de adultério, *de per si*, ilide a presunção legal de paternidade.

IV. O direito de investigar a paternidade é indisponível, de sorte que nula será a renúncia ao direito, obtida mediante contrapartida pecuniária.

V. A ação do marido para contestar a paternidade do filho de sua mulher é personalíssima, e prescreve no prazo máximo previsto no Código Civil em vigor, ou seja, em 10(dez) anos a partir do nascimento.

(A) F V F V F.

(B) V F F V V.

(C) V V V F V.

(D) V V F V F.

(E) V V F F F.

I: verdadeira (art. 1.597, III, do CC); **II:** verdadeira (art. 1.597, V, do CC); **III:** falsa, pois não basta o adultério da mulher, ainda que confessado, para ilidir a presunção legal da paternidade (art. 1.600 do CC); **IV:** verdadeira, pois o direito de contestar a paternidade é imprescritível e indisponível (art. 1.601 do CC); **V:** falsa, pois o direito de contestar a paternidade é imprescritível (art. 1.601 do CC).

Gabarito "D"

(Ministério Público/GO – 2010) Analise as proposições abaixo e, após, marque a alternativa correta.

I. São parentes em linha reta as pessoas que estão umas para com as outras na relação de ascendentes e descendentes. São parentes em linha colateral ou transversal, até o quarto grau, as pessoas provenientes de um só tronco, sem descenderem uma da outra.

II. O parentesco é natural, civil ou adotivo, conforme resulte de consanguinidade ou outra origem. Contam-se, na linha reta, os graus de parentesco pelo número de gerações, e, na colateral, também pelo número delas, descendo de um dos parentes até ao descendente comum, e subindo até encontrar o outro parente.

III. Cada cônjuge ou companheiro é aliado aos parentes do outro pelo vínculo da afinidade. O parentesco por afinidade limita-se aos ascendentes, aos descendentes e aos irmãos do cônjuge ou companheiro. Na linha reta, a afinidade extingue-se com a dissolução do casamento ou da união estável.

IV. Presumem-se concebidos na constância do casamento os filhos: i) nascidos cento e oitenta dias, pelo menos, depois de estabelecida a convivência conjugal; ii) nascidos nos trezentos dias subsequentes à dissolução da sociedade conjugal, por morte, separação judicial, nulidade e anulação do casamento; iii) havidos por fecundação artificial homóloga, mesmo que falecido o marido; iv) havidos, a qualquer tempo, quando se tratar de embriões excedentários, decorrentes de concepção artificial homóloga; v) havidos por inseminação artificial heteróloga, desde que tenha prévia autorização do marido.

(A) Apenas uma das afirmações acima está inteiramente correta.

(B) Apenas duas das afirmações acima estão inteiramente corretas.

(C) Apenas três afirmações acima estão inteiramente corretas.

(D) Todas as quatro afirmações acima estão inteiramente corretas.

I: correta, pois a regra encontra respaldo no art. 1.591 do Código Civil; **II:** incorreta, pois para se contar os graus na linha colateral deve-se partir do parente, subir até o ascendente comum e então descer, até encontrar o outro colateral que se busca identificar (CC, art. 1.594); **III:** incorreta, pois na linha reta a afinidade não se extingue, mesmo com a dissolução do casamento ou da união estável (CC, art. 1.595, § 2º); **IV:** correta, pois a assertiva reproduz a regra da presunção *pater is*, estabelecida no art. 1.597 do Código.

Gabarito "B"

(Ministério Público/MG – 2012 – CONSULPLAN) Quanto ao reconhecimento dos filhos, é **INCORRETO** afirmar que:

(A) são ineficazes a condição e o termo apostos ao ato de reconhecimento do filho.

(B) qualquer pessoa, que justo interesse tenha, pode contestar a ação de investigação de paternidade, ou maternidade.

(C) o filho maior pode ser reconhecido sem o seu consentimento, e o menor pode impugnar o reconhecimento, em até cinco anos que se seguirem à maioridade, ou à emancipação.

(D) quando a maternidade constar do termo do nascimento do filho, a mãe só poderá contestá-la, provando a falsidade do termo, ou das declarações nele contidas.

A: correta, pois de acordo com a regra estabelecida pelo Código no art. 1.613; **B:** correta, pois de acordo com a regra prevista no art. 1.615 do CC; **C:** incorreta (e deve ser assinalada), pois o filho maior só pode ser reconhecido com o seu consentimento, ao passo que o filho menor tem o prazo decadencial de quatro anos para impugnar o reconhecimento, contados a partir da maioridade ou da emancipação (art. 1.614 do CC); **D:** correta, pois reflete o disposto no art. 1.608.

Gabarito "C"

(Ministério Público/MS – 2006) Assinale a alternativa CORRETA:

(A) Basta a confissão materna para excluir a paternidade.

(B) Basta a informação de terceiros para excluir a paternidade.

(C) Não basta a confissão materna para excluir a paternidade.

(D) Não basta a concordância de terceiros interessados e autoridades constituídas para excluir a paternidade.

A alternativa "c" está correta, pois de acordo com o Art. 1.602 do CC.

Gabarito "C"

(Ministério Público/MT – 2012 – UFMT) Sobre a proteção civil especial que é conferida aos idosos pela ordem jurídica brasileira, analise as seguintes afirmativas:

I. Não lhes permite o acesso gratuito no sistema de transporte coletivo interestadual.

II. Assegura o acesso gratuito aos meios públicos e regulares de transporte coletivo urbano.

III. Garante a prioridade na aquisição de imóvel em programas públicos de habitação.

IV. Assegura o acesso gratuito no sistema de transporte coletivo interestadual e não permite o acesso a tarifas diferenciadas.

V. Assegura o atendimento domiciliar por meio do Sistema Único de Saúde.

Estão corretas as afirmativas:

(A) II, III e V, apenas.

(B) I, II, III,IV e V.

(C) I, II e IV, apenas.

(D) II, IV e V, apenas.

(E) I, III e V, apenas.

I: incorreta, pois o art. 39 do Estatuto do Idoso confere ao maior de 65 anos de idade gratuidade no transporte coletivo urbano e semiurbano; **II:** correta, pois de acordo com o art. 39 do Estatuto do Idoso; **III:** correta, pois de acordo com o disposto no art. 38 do referido Estatuto; **IV:** incorreta, pois a referida lei especial (art. 40) estabelece apenas a reserva de duas vagas gratuitas por veículo para idosos com renda igual ou inferior a dois salários mínimos e desconto de 50% (cinquenta por cento), no mínimo, no valor das passagens, para os idosos que excederem as vagas gratuitas, com renda igual ou inferior a dois salários mínimos; **V:** correta, pois o art. 15 da Lei assegura atenção integral à saúde do idoso, por intermédio do Sistema Único de Saúde – SUS, garantindo-lhe o acesso universal e igualitário.

Gabarito "A"

(Ministério Público/RO – 2006) Assinale a alternativa correta:

Em se tratando de reconhecimento da paternidade dos filhos havidos fora do casamento:

(A) é possível legitimar e reconhecer filho na ata do casamento;

(B) o filho maior pode ser reconhecido sem o seu consentimento;

(C) a iniciativa para ajuizar ação de investigação de paternidade é exclusiva do Ministério Público;

(D) das certidões de nascimento não constarão indícios de a concepção haver sido decorrente de relação extraconjugal;

(E) nenhuma das alternativas.

A: incorreta (art. 3º da Lei 8.560/92); **B:** incorreta (art. 1.614 do CC); **C:** incorreta (art. 1.606 do CC); **D:** correta (art. 1.596 do CC); **E:** incorreta, pois a alternativa "D" está correta.

Gabarito "D"

(Ministério Público/RO – 2006) Assinale a alternativa correta:

Para ilidir a presunção de paternidade basta:

(A) a prova da impotência do cônjuge para gerar, à época da concepção;

(B) o adultério, confessado, da mulher;

(C) a confissão materna de que os filhos não são do marido;

(D) as alternativas "a" e "b" estão corretas;

(E) as alternativas "a" e "c" estão corretas.

A: correta (art. 1.599 do CC); **B:** incorreta (art. 1.600 do CC); **C:** incorreta (art. 1.602 do CC); **D:** incorreta, pois a alternativa "B" está incorreta; **E:** incorreta, pois a alternativa "C" está incorreta.

Gabarito "A"

(Ministério Público/SP – 2010) Assinale a alternativa correta:

(A) na linha colateral, o parentesco encerra-se no sexto grau, sendo, pois, para fins jurídicos, finito.

(B) o parentesco por afinidade limita-se aos ascendentes, aos descendentes e aos irmãos do cônjuge ou companheiro, não se extinguindo com a dissolução do casamento ou da união estável.

(C) o parentesco pode ser natural ou civil. O primeiro decorre dos laços biológicos, da consanguinidade. O segundo, de outra origem, sendo exemplo desta espécie de parentesco a inseminação artificial heteróloga.

(D) o ato de reconhecimento de filho é nulo quando feito sob condição ou termo.

(E) o castigo imoderado do filho pelo pai é causa de extinção do poder familiar.

A: incorreta, pois na linha colateral o parentesco vai até o quarto grau (art. 1.592 do CC); **B:** incorreta, pois apenas na linha reta é que o parentesco por afinidade não se extingue com a dissolução do casamento ou da união estável (art. 1.595, § 2º, do CC); **C:** incorreta, pois o filho fruto de inseminação artificial heteróloga decorre de laços biológicos (arts. 1.593 e 1.597, V, do CC); **D:** incorreta, pois são ineficazes a condição e o termo apostos ao ato de reconhecimento do filho (art.1.613 do CC); **E:** correta, pois a assertiva reflete o disposto no art. 1.638, I, do CC.

Gabarito "E"

(Ministério Público/SP – 2005) Assinale a alternativa falsa.

(A) Se o filho morrer antes de iniciada a ação de investigação de paternidade, seus herdeiros ficarão inibidos para o ajuizamento, salvo se ele morrer menor e incapaz.

(B) Se o filho, de maior ou menor idade, falecer após ajuizada a ação de investigação de paternidade, seus herdeiros poderão dar-lhe prosseguimento, salvo se julgado extinto o processo.

(C) Se o suposto pai já for falecido, a ação de investigação de paternidade deverá ser dirigida contra o respectivo espólio.

(D) Em ação investigatória, a recusa do suposto pai a submeter-se ao exame de DNA induz presunção *juris tantum* de paternidade.

(E) É proibido reconhecer o filho na ata do casamento, para evitar referência a sua origem extramatrimonial.

A: verdadeira (art. 1.606 do CC); **B:** verdadeira (art. 1.606, parágrafo único, do CC); **C:** falsa, pois os herdeiros, e não o espólio (conjunto de bens deixados pelo falecido e relacionados no inventário para a partilha entre os herdeiros), são partes legítimas para responder à ação de investigação de paternidade impetrada após a morte do possível pai; **D:** verdadeira, pois a assertiva está de acordo com a súmula 301 do STJ, que em 29 de julho de 2009 virou lei. A Lei 12.004/2009 acrescentou o art. 2º-A na Lei 8.560/92: "Na ação de investigação de paternidade, todos os meios legais, bem como os moralmente legítimos, serão hábeis para provar a verdade dos fatos. Parágrafo único. A recusa do réu em se submeter ao exame de código genético – DNA gerará a presunção da paternidade, a ser apreciada em conjunto com o contexto probatório"; **E:** verdadeira (art. 3º da Lei 8.560/92).

Gabarito "C"

7.4. PODER FAMILIAR, ADOÇÃO, TUTELA E GUARDA

(Ministério Público/PI – 2014 – CESPE) Assinale a opção correta a respeito da tutela.

(A) Aquele que, não sendo parente do menor, seja nomeado, por sentença, tutor, é obrigado a aceitar a tutela, sob pena de crime de desobediência, ainda que haja parentes idôneos, consanguíneos ou afins, em condições de exercê-la.

(B) Os tutores são obrigados a prestar contas de sua administração, podendo ser dispensados desse dever pelos pais do tutelado, em testamento, ou pelo juiz, por decisão judicial.

(C) O tutor poderá delegar a outra pessoa, física ou jurídica, o exercício total da tutela.

(D) Se o patrimônio do menor for de valor considerável, poderá o juiz condicionar o exercício da tutela à prestação de caução bastante ou dispensá-la se for o tutor de reconhecida idoneidade.

(E) A tutela testamentária é válida ainda que o nomeante, no momento de sua morte, não tenha pleno exercício do poder familiar.

A: incorreta, pois *"quem não for parente do menor não poderá ser obrigado a aceitar a tutela, se houver no lugar parente idôneo, consangüíneo ou afim, em condições de exercê-la"* (CC, art. 1.737); **B:** incorreta, pois os tutores apresentam tal obrigação, ainda que os pais os tenham dispensado de tal encargo (CC, art. 1.755); **C:** incorreta, pois o exercício da tutela é indelegável; **D:** correta, pois a assertiva reproduz a regra estabelecida pelo art. 1.745, parágrafo único do CC; **E:** incorreta, pois é nula a nomeação de tutor pelo pai ou pela mãe que, ao tempo de sua morte, não tinha o poder familiar (CC, art. 1.730).

Gabarito "D"

(Ministério Público/MG – 2014) Assinale a alternativa CORRETA:

(A) A falta ou a carência de recursos materiais pode ensejar a suspensão do poder familiar e o abrigamento de criança ou adolescente segundo o princípio da proteção integral.

(B) O órgão de execução do Ministério Público oficiante no juízo da infância e da juventude pode rever, de ofício, as decisões do Conselho Tutelar.

(C) A colocação em família substituta estrangeira constitui medida excepcional, somente admissível na modalidade de adoção.

(D) A guarda não se compatibiliza com o instituto jurídico da tutela.

A: incorreta, pois *"a falta ou a carência de recursos materiais não constitui motivo suficiente para a perda ou a suspensão do poder familiar"* (ECA, art. 23); **B:** incorreta, pois *"as decisões do Conselho Tutelar somente poderão ser revistas pela autoridade judiciária a pedido de quem tenha legítimo interesse"* (ECA, art. 137); **C:** correta, pois a assertiva reproduz o disposto no art. 31 do ECA; **D:** incorreta, pois o exercício da tutela implica necessariamente no dever de guarda (ECA, art. 36, parágrafo único).

Gabarito "C"

(Ministério Público/MS – 2013 – FADEMS) A respeito da tutela, considere:

I. O tutor poderá alienar bem imóvel de propriedade de menor de 16 anos, utilizando o fruto apurado na sua educação e sustento, mediante prestação de contas no final do termo da tutela.

II. Para a fiscalização dos atos do tutor, é possível a nomeação de um protutor pelo juiz.

III. Não podem ser tutores aqueles que não detiverem a livre administração dos seus bens

IV. O tutor representa e assiste o tutelado nos atos da vida civil e penal

São corretas:

(A) Somente as assertivas I, II e III.

(B) Somente as assertivas I, III e IV.

(C) Somente as assertivas II e IV.

(D) Somente as assertivas II e III.

(E) Somente as assertivas I e IV.

I: incorreta, pois *"os imóveis pertencentes aos menores sob tutela somente podem ser vendidos quando houver manifesta vantagem, mediante prévia avaliação judicial e aprovação do juiz"* (art. 1.750, CC); **II:** correta, pois a figura do protutor é prevista no art. 1.742 do CC; **III:** correta, pois a referida vedação vem estabelecida no art. 1.735, I, do CC; **IV:** incorreta, pois o tutor tem sua atuação limitada ao âmbito civil.

Gabarito "D"

(Ministério Público/SP – 2013 – PGMP) Dentre as situações abaixo, assinale aquela que não extingue o poder familiar.

(A) Morte dos pais.

(B) Emancipação.

(C) Adoção.

(D) Morte do filho.

(E) Deserção.

De acordo com o art. 1.635 do CC a deserção, diferentemente das demais hipóteses previstas nas outras alternativas da questão, não extingue o poder familiar, devendo a alternativa corresponde ser assinalada.

Gabarito "E"

(Ministério Público/SP – 2013 – PGMP) Dentre as incumbências estabelecidas pelo Código Civil ao tutor, assinale aquela que depende de autorização do juiz para ser exercida.

(A) Pagar as dívidas do menor.

(B) Fazer as despesas de subsistência e educação do menor, bem como as de administração, conservação e melhoramentos de seus bens.

(C) Alienar os bens do menor destinados à venda.

(D) Receber as rendas e pensões do menor, e as quantias a ele devidas.

(E) Promover, mediante preço conveniente, o arrendamento de bens de raiz pertencentes ao menor.

A: correta, pois o art. 1.748, I, exige autorização do juiz; **B** a **E:** incorretas, pois o art. 1.747 do CC permite ao tutor praticar tais atos sem prévia autorização judicial.

Gabarito "A"

(Ministério Público/BA – 2004) Analise o enunciado da questão abaixo e assinale a alternativa correta: No dia 09.11.93, na cidade de Taquarinha – BA, nasceu a criança Mirtes, filha de Paulino e Antonieta Silva. Três anos depois de nascida, com o consentimento de seus pais naturais, Mirtes foi adotada por Terêncio e Marionete Mota, conviventes havia mais de cinco anos. Quatro anos após o processo adotivo, regularmente tramitado na Comarca referenciada, Terêncio e Marionete foram vítimas fatais de um grave acidente. Frente à situação verificada, qual a consequência jurídica dos pais adotivos relativamente ao poder familiar?

(A) O poder familiar dos pais naturais será restabelecido, como forma de tutela do menor.

(B) Será restabelecido o poder familiar, desde que haja a designação de um tutor, devendo recair esta tutoria, necessariamente, nos pais naturais.

(C) A morte dos adotantes não tem o condão de restaurar o poder familiar dos pais naturais, dada a irrevogabilidade da adoção, prevista no ECA e aceita pelo Código Civil.

(D) O poder familiar dos pais naturais não será restabelecido, já que decorridos mais de dois anos da adoção.

(E) Será restabelecido o poder familiar dos pais naturais, caso se verifique a situação de abandono da criança.

A alternativa "c" está correta, consoante os arts. 39, § 1º, e 49 da Lei 8.069/90.

Gabarito "C"

(Ministério Público/BA – 2008) Analise as proposições apresentadas abaixo, identificando a alternativa correta

(A) Em ação investigatória, a recusa do suposto pai a submeter-se ao exame de DNA induz presunção absoluta de paternidade.

(B) Em se tratando de ação de investigação de paternidade, cumulada com alimentos, a competência para julgamento da ação será firmada pelo domicílio do réu.

(C) A guarda compartilhada será deferida sempre que não houver acordo entre os pais quanto à guarda do menor.

(D) Para estabelecer as atribuições do pai e da mãe e os períodos de convivência sob guarda compartilhada, o juiz, de ofício ou a requerimento do Ministério Público, poderá basear-se em orientação técnico profissional ou de equipe interdisciplinar.

(E) O deferimento de guarda compartilhada é irrevogável.

A: incorreta, pois referida recusa induz presunção da paternidade, a ser apreciada em conjunto com o contexto probatório (Lei nº 8.560/92, art. 2º-A, parágrafo único); **B:** incorreta, pois nesse caso a competência será fixada pelo domicílio do alimentando; **C:** incorreta, à época em que a questão foi elaborada, pois não era sempre que possível aplicar a guarda compartilhada. O Código Civil – nesse caso – usava a expressão "sempre que possível". Com o advento da Lei 13.058/2014, o § 2º do art. 1.584 do CC passou a prever: "Quando não houver acordo entre a mãe e o pai quanto à guarda do filho, encontrando-se ambos os genitores aptos a exercer o poder familiar, será aplicada a guarda compartilhada, salvo se um dos genitores declarar ao magistrado que não deseja a guarda do menor"; **D:** correta, pois de acordo com o Código Civil, no seu art. 1.584, § 3º, que, com o advento da Lei 1.058/2014, dispõe, na sua parte final: "que deverá visar à divisão equilibrada do tempo com o pai e com a mãe"; **E:** incorreta, pois a definição de guarda é eminentemente revogável, pois varia conforme as circunstâncias e naturezas do momento de sua decretação (art. 1.584, § 4º).

Gabarito "D"

(Ministério Público/GO – 2012) O pai e a mãe, nos termos da lei civil, perderão o poder familiar, por ato judicial, exceto se:

(A) castigar imoderadamente o filho.

(B) deixar o filho em abandono.

(C) for condenado por sentença irrecorrível, em virtude da prática de crime cuja pena exceda 2 anos.

(D) praticar atos contrários à moral e aos bons costumes.

A e **B:** incorretas, pois são hipóteses de perda de poder familiar, previstas no art. 1.638 do Código Civil, respectivamente nos incisos I e II; **C:** correta, pois tal hipótese enseja suspensão e não perda do poder familiar, conforme art. 1.637 parágrafo único; **D:** incorreta, pois a hipótese acarreta mesmo a perda do poder familiar, como previsto no art. 1.638, III.

Gabarito "C"

(Ministério Público/GO – 2010) Analise as proposições abaixo e, após, marque a alternativa correta.

I. A guarda poderá ser unilateral ou compartilhada. Compreende-se por guarda unilateral a atribuída a um só dos genitores ou a alguém que o substitua e, por guarda compartilhada a responsabilização conjunta e o exercício de direitos e deveres do pai e da mãe que não vivam sob o mesmo teto, concernentes ao poder familiar dos filhos comuns.

II. A guarda unilateral será atribuída ao genitor que revele melhores condições para exercê-la e, objetivamente, mais aptidão para propiciar aos filhos afeto nas relações com o genitor e com o grupo familiar, saúde, segurança e educação. Esse tipo de guarda desobriga o pai ou a mãe que não a detenha de supervisionar os interesses dos filhos.

III. A guarda, unilateral ou compartilhada, poderá ser requerida, por consenso, pelo pai e pela mãe, ou por qualquer deles, em ação autônoma de separação, de divórcio, de dissolução de união estável ou em medida cautelar. Poderá ainda ser decretada pelo juiz, em atenção a necessidades específicas do filho, ou em razão da distribuição de tempo necessário ao convívio deste com o pai e com a mãe.

IV. Para estabelecer as atribuições do pai e da mãe e os períodos de convivência sob guarda compartilhada, o juiz, sempre a requerimento dos interessados ou do Ministério Público, poderá basear-se em orientação técnico-profissional ou de equipe interdisciplinar. Se o juiz verificar que o filho não deve permanecer sob a guarda do pai ou da mãe, deferirá a guarda à pessoa que revele compatibilidade com a natureza da medida, considerados, de preferência, o grau de parentesco, a situação econômica e as relações de afinidade e afetividade.

(A) Apenas uma das afirmações acima está inteiramente correta.

(B) Apenas duas das afirmações acima estão inteiramente corretas.

(C) Apenas três afirmações acima estão inteiramente corretas.

(D) Todas as quatro afirmações acima estão inteiramente corretas.

I: correta, pois de acordo com a regra estabelecida no art. 1.583, § 1º, do CC; **II:** incorreta, pois a guarda unilateral não desobriga o genitor que não a detém a supervisionar os interesses dos filho; **III:** correta, pois de acordo com o estabelecido pelo art. 1.583, § 2º, que após a Lei 13.058/2014 passou a prescrever: "Na guarda compartilhada, o tempo de convívio com os filhos deve ser dividido de forma equilibrada com a mãe e com o pai, sempre tendo em vista as condições fáticas e os interesses dos filhos"; **IV:** incorreta, pois o juiz pode – de ofício – basear-se em orientação técnico-profissional ou de equipe interdisciplinar.

Gabarito "B"

(Ministério Público/GO – 2010) Assinale a alternativa correta:

(A) Ocorre concubinato adulterino quando um homem casado, não separado de fato, mantém ao lado da família matrimonial uma outra.

(B) O direito de nomear tutor compete aos pais, em conjunto e havendo discordância prevalece a vontade paterna.

(C) A tutela legítima impõe-se sobre a testamentária, de maneira que deve ser exercida por um dos parentes consanguíneos do menor.

(D) A tutela dativa decorre de decisão judicial, não podendo contudo ser postulada pelo Ministério Público.

A: correta, pois trata-se da definição do concubinato adulterino. Neste caso, a relação entre o homem casado e a outra mulher não guarda foros de legitimidade, pois há impedimento matrimonial em questão (CC, art. 1.727); **B:** incorreta, pois na hipótese o tutor deverá ser escolhido pelo juiz (CC, art. 1.731); **C:** incorreta, pois não existe essa hierarquia no Código Civil (art. 1.732); **D:** incorreta, pois o Ministério Público tem interesse em postular um tutor dativo ao incapaz quando não houver tutor testamentário ou legítimo.

Gabarito "A"

(Ministério Público/MG – 2011) São formas de extinção do poder familiar, **EXCETO**:

(A) morte dos pais ou do filho.

(B) adoção.

(C) maioridade.

(D) estabelecimento de união estável ou casamento, quanto aos filhos do relacionamento anterior.

A, B, C: incorretas, pois as três assertivas estão previstas no art. 1.635 do Código Civil como causas de extinção do poder familiar, respectivamente nos incisos I, IV e III. **D:** correta, pois a nova união estável ou o novo casamento do genitor não extingue o poder familiar deste para com seus filhos.

Gabarito "D"

(Ministério Público/MG – 2010.1) Assinale a alternativa INCORRETA.

(A) Tendo sido, em testamento, nomeados dois ou mais tutores, sem precedência, entende-se que a tutela foi cometida ao primeiro, sucedendo-lhe os demais.

(B) O MP poderá pedir nomeação de tutor a menor abandonado, e o juiz nomear ou mandar recolhê-lo a estabelecimento público para este fim destinado.

(C) O tutor poderá alienar bem imóvel de menor de 16 anos, utilizando o fruto apurado na sua educação e sustento, prestando contas no final do termo da tutela.

(D) Cessam as atribuições do tutor com a maioridade ou a emancipação do menor, ao ser removido, no caso de reconhecimento de adoção e ao expirar o termo.

(E) Pode o MP requerer a interdição de pessoa doente mental grave, se os pais, tutores ou cônjuge demonstrarem abandono total ou desleixo com o doente.

A: correta, pois a assertiva reflete o disposto no art. 1.733, § 1º, do CC; **B:** correta, de acordo com a redação antiga do art. 1.734 do CC, pois a Lei 12.010/2009 alterou o citado artigo: "As crianças e os adolescentes cujos pais forem desconhecidos, falecidos ou que tiverem sido suspensos ou destituídos do poder familiar terão tutores nomeados pelo Juiz ou serão incluídos em programa de colocação familiar, na forma prevista pela Lei nº 8.069, de 13 de julho de 1990 – Estatuto da Criança e do Adolescente"; **C:** incorreta (e deve ser assinalada), pois a alienação de bem imóvel dependerá de autorização judicial (art. 1.748, IV, do CC) e a prestação de contas é periódica (art. 1.757 do CC) ; **D:** correta, pois a assertiva reflete o disposto nos arts. 1.763 e 1.764, I, do CC; **E:** correta, pois a assertiva reflete o disposto no art. 1.769 do CC.

Gabarito "C"

(Ministério Público/MS – 2006) Assinale a alternativa INCORRETA:

Não podem ser tutores e serão exonerados da tutela caso a exerçam:

(A) Aqueles que não tiverem a livre administração de seus bens.

(B) Aqueles que exercerem a função pública incompatível com a boa administração da tutela.

(C) As pessoas de mau procedimento, com falha de probidade, e as culpadas em tutorias anteriores.

(D) Aqueles que não cumprirem os demais deveres que normalmente cabem aos pais.

A: correta (Art. 1735, I); **B:** correta (Art. 1735, VI); **C:** correta (Art. 1735, V); **D:** incorreta (e deve ser assinalada), pois não prevista nas hipóteses do art. 1.735 do CC.

Gabarito "D"

(Ministério Público/MS – 2006) Conforme prevê o art. 1.763, cessa a condição de tutelado:

(A) Ao expirar o termo em que era obrigado a servir.

(B) Ao sobrevir escusa legítima.

(C) Ao cair o menor sob o poder familiar no caso de reconhecimento ou adoção.

(D) Ao sobrevir escusa legítima e ao ser removido.

A, B e **D:** incorretas, pois refletem hipóteses em que cessam as funções de tutor (art. 1764 CC); **C:** correta (art. 1.763, II, do CC).

Gabarito "C"

(Ministério Público/MS – 2006) Assinale a alternativa CORRETA:

(A) O adotante há de ser pelo menos 18 anos mais velho que o adotado.

(B) O adotante há de ser pelo menos 21 anos mais velho que o adotado e possuir condições econômicas para criá-lo.

(C) O adotante há de ser pelo menos 16 anos mais velho que o adotado.

(D) O adotante há de ser pelo menos 17 anos mais velho que o adotado e possuir condições econômicas para criá-lo.

A alternativa "c" está correta, pois de acordo com o Art. 42, § 3º, da Lei 8.069/90.

Gabarito "C"

(Ministério Público/MS – 2006) Para fiscalização dos atos do tutor pode o juiz nomear:

(A) Tutor adjunto.

(B) Protutor.

(C) Curador.

(D) Tutor responsável.

A alternativa "b" está incorreta, consoante Art. 1.742 do CC.

Gabarito "B"

(Ministério Público/MS – 2009) É correto afirmar que não podem ser tutores

(A) os maiores de sessenta anos.

(B) aqueles que tiverem sob sua autoridade mais de três filhos.

(C) aqueles que exercerem função pública incompatível com a boa administração da tutela.

(D) aqueles que já exercerem tutela ou curatela.

(E) os militares em serviço.

A, B, D, E: incorretas, pois as quatro hipóteses são enumeradas pelo Código Civil como hipóteses de escusa da tutela (CC, art. 1.736, respectivamente nos incisos: II, III, VI, VII). Apenas a alternativa **C** traz hipótese de incapacidade de exercício da tutela, prevista no art. 1.735, VI.

Gabarito "C"

(Ministério Público/PB – 2010) Julgue as asserções abaixo e assinale a alternativa correta:

I. As sociedades integrantes dos grupos societários e as sociedades controladas são solidariamente responsáveis pelas obrigações previstas no Código de Defesa do Consumidor.

II. Excepcionalmente, deferir-se-á a tutela a estrangeiro, quando se mostrar mais favorável aos interesses da criança ou adolescente;

III. A tutela e a guarda pressupõem, ao menos, a suspensão do poder familiar, sobretudo para resguardar situação peculiar ou de ausência eventual dos pais.

(A) Apenas I e II estão erradas.

(B) Todas as asserções estão erradas.

(C) Apenas I e III estão erradas.

(D) Apenas II e III estão erradas.

(E) Todas as asserções estão corretas.

I: incorreta, pois a responsabilidade nesse caso é subsidiária e não solidária (art. 28, § 2º, do CDC); **II:** incorreta, pois o art. 1.732 exige que o tutor seja residente no domicílio do menor; **III:** incorreta, pois a tutela exige a perda do poder familiar, mas a guarda não traz essa exigência no seu bojo.

Gabarito "B"

(Ministério Público/PI – 2008) No tocante à tutela, é correto afirmar que

(A) a escolha compete ao juiz, após ser ouvido o Ministério Público, havendo designação de mais de um tutor no testamento.

(B) a perda da administração dos próprios bens é causa para a não nomeação do tutor mas não para sua exoneração se demonstrar que a exerce de forma adequada.

(C) a nomeação judicial de tutor ocorrerá nos casos de ausência de eleição testamentária, inidoneidade, exclusão ou escusa, bem como no caso de menores abandonados.

(D) o fato de já exercer uma tutela não é causa para escusa de nova tutela.

A: incorreta, pois o Código não prevê oitiva prévia do Ministério Público para a escolha do tutor (CC, art. 1.732); **B:** incorreta, pois tal hipótese vem prevista no art. 1.735, I como causa de incapacidade de exercício da tutela; **C:** correta, pois a tutela dativa somente é aplicada quando não há tutor designado em testamento e também quando não é possível a tutela legítima (CC, art. 1.732); **D:** incorreta, pois trata-se de hipótese de escusa da tutela (CC, art. 1.736, VI).

Gabarito "C"

(Ministério Público/RJ – 2011) O Conselho Tutelar do Município de Nova Iguaçu é procurado por Maria Moura da Graça Silva, mãe da criança Maicon, de 04 anos de idade, a qual solicita a atuação do órgão para colocar seu filho na entidade acolhedora (abrigo) municipal situada ao lado de sua residência, pois precisa trabalhar e não tem com quem deixar o filho durante o dia. O Conselho Tutelar, constatando a situação de penúria da genitora, aplica medida protetiva de acolhimento institucional à criança e comunica o fato imediatamente ao Ministério Público e ao Poder Judiciário, que elabora a respectiva guia de acolhimento. Sob a égide da legislação em vigor, como Promotor de Justiça da Infância e Juventude, você deveria adotar a seguinte medida:

(A) arquivar o expediente, submetendo o seu ato a controle pelo Conselho Superior do Ministério Público; o Conselho Tutelar é um órgão democrático, eleito pelo povo, possuindo ele legitimidade para atuar no caso. Não cabe ao Ministério Público contestar a atuação do conselheiro;

(B) ajuizar revisão judicial da medida protetiva de acolhimento institucional, com fulcro no artigo 137 da Lei nº 8. 069/90. O caso é de inserção da criança, que não se encontra em situação de risco, em creche, durante o horário em que a genitora se encontra em seu trabalho;

(C) determinar diretamente a revisão da decisão do Conselho Tutelar, com fulcro no artigo137 da Lei nº 8.069/90. Para isso, deverá ser expedido um ofício ao Conselho Tutelar determinando a inserção da criança, que não se encontra em situação de risco, em creche, durante o horário em que a genitora se encontra em seu trabalho;

(D) arquivar o expediente; a atuação do Conselho Tutelar foi acertada. Acriança encontra-se em situação de risco e a medida protetiva de acolhimento institucional é a única possível para preservar o melhor interesse de Maicon, com fundamento no Estatuto da Criança e do Adolescente. Além disso, o Conselho Tutelar possui legitimidade, conferida pela lei, para aplicar medidas protetivas;

(E) opinar favoravelmente a homologação da medida protetiva aplicada junto ao Juízo da Infância e Juventude; a medida protetiva de acolhimento institucional foi corretamente aplicada pelo Conselho Tutelar.

Descabida, na hipótese, a medida adotada pelo Conselho Tutelar, tendo em vista que a penúria da mãe – por si só – não pode ser causa de acolhimento institucional. A hipótese, sem dúvida, enquadra-se melhor no provimento à criança de creche onde possa ficar enquanto sua genitora trabalha. O art. 137 do Estatuto da Criança e do Adolescente confere ao Ministério Público a legitimidade para pleitear a revisão das decisões do Conselho Tutelar. Ademais, há que se chamar a atenção para a falta de legitimidade do Conselho Tutelar para aplicar a medida. Isso porque a inclusão em programa de acolhimento familiar promovida pelo Conselho apenas pode ocorrer em hipóteses excepcionais (art. 101, § 2º, ECA), daí a razão pela qual o art. 101, VII, do ECA deve ser visto com ressalvas. Considerando que Maicon não está em situação de risco, a hipótese, portanto, é totalmente descabida.

Gabarito "B"

(Ministério Público/RO – 2006) Assinale a alternativa correta:

São proibidos de exercer a tutela:

(A) os que tiverem conflito de interesses com o menor;

(B) os inimigos do menor ou de seus pais;

(C) os que residam longe do local onde se deva exercer a tutela;

(D) os que já estejam exercendo tutela;

(E) as alternativas "a" e "b" estão corretas.

A: incorreta, pois incompleta com relação à alternativa "E"; **B:** incorreta, pois incompleta com relação à alternativa "E"; **C** e **D:** incorretas, pois trata-se de hipóteses de escusa da tutela, nos termos do art. 1736, VI e VII CC; **E:** correta, pois A e B estão corretas (art. 1.735, II e III, do CC).

Gabarito "E"

(Ministério Público/RO – 2006) Assinale a alternativa INCORRETA:

Em se tratando de tutela:

(A) a sentença judicial que declara a interdição produz efeitos somente após o seu trânsito em julgado;

(B) o cônjuge ou companheiro, não separado judicialmente ou de fato, é, de direito, o curador do outro, quando interdito;

(C) não havendo cônjuge ou companheiro, é curador legítimo o pai ou a mãe; na falta destes, o descendente que se mostrar mais apto;

(D) na falta de cônjuge, companheiro, pai, mãe ou descendentes, a escolha do curador cabe ao juiz;

(E) a autoridade do curador estende-se à pessoa do interdito, bem como também aos bens dos filhos do curatelado.

A: incorreta (e deve ser assinalada), art. 1.773 do CC; **B:** correta (art. 1.775, *caput*, do CC); **C:** correta (art. 1.775, § 1º, do CC); **D:** correta (art. 1.775, § 3º, do CC); **E:** correta (art. 1.778 do CC).

Gabarito "A"

(Ministério Público/RO – 2006) Assinale a alternativa correta:

Segundo dispõe o art. 1.691 do Código Civil, não podem os pais alienar, ou gravar de ônus real os imóveis dos filhos, nem contrair, em nome deles, obrigações que ultrapassem os limites da simples administração, salvo por necessidade ou evidente interesse da prole, mediante prévia autorização do juiz. Podem pleitear a declaração de nulidade dos atos previstos neste artigo:

(A) os filhos;

(B) o Ministério Público;

(C) o representante legal;

(D) as alternativas "a" e "b" estão corretas;

(E) as alternativas "a" e "c" estão corretas.

Art. 1.691, parágrafo único, do CC.

Gabarito "E"

(Ministério Público/SC – 2008) Analise as seguintes assertivas:

I. O deficiente mental menor de idade, em caso de falecimento de seus pais, será posto em curatela, de acordo com o Código Civil de 2002.

II. Em caso de tutela de um menor de patrimônio considerável, ainda que o tutor seja de reconhecida idoneidade, o Juiz não poderá dispensar a caução.

III. O cônjuge se declarado culpado na separação judicial ou no divórcio, perde o direito à guarda dos filhos.

IV. Antonio e Maria casaram-se em regime de comunhão parcial de bens em 1990. Antonio era proprietário de um apartamento. Maria recebeu por doação de seus pais uma casa no ano de 1995. Maria vendeu a casa e com o valor adquiriu um apartamento na praia. No ano de 2000. Antonio e Maria adquiriram uma casa na qual passaram a residir. Em 2007 pediram a separação judicial na qual, segundo a lei, ficou determinada a partilha dos bens em 50% para cada cônjuge excluindo apenas o apartamento que pertencia a Antonio.

V. Após a sucessão definitiva, declarada judicialmente no processo de ausência, a presunção de morte põe fim à sociedade conjugal.

(A) apenas II, III estão corretos.

(B) apenas V está correto.

(C) apenas I, III e IV estão corretos.

(D) apenas I, III, e V estão corretos.

(E) todos estão corretos.

I: incorreta, pois a hipótese é de tutela e não de curatela (CC, art. 1.728, I); **II:** incorreta, pois nesse caso o juiz poderá dispensar a caução (CC, art. 1.745 parágrafo único); **III:** incorreta, pois tal hipótese não é causa de perda do direito à guarda dos filhos; **IV:** incorreta, pois não deve entrar na comunhão a casa na praia, adquirida por Maria com o dinheiro resultante da venda da casa, que recebeu por doação do pai. A hipótese é de sub-rogação real prevista no art. 1.659, II; **V:** correta, pois o procedimento de ausência é longo e paulatino, tendo em vista que existe uma possibilidade de o ausente estar vivo. Assim, após a fase da curadoria dos bens do ausente e após a fase da sucessão provisória, inicia-se a fase da sucessão definitiva e – só então – o ausente é considerado morto para os termos da lei. Nesse momento extingue-se a sociedade conjugal (CC, art. 37).

Gabarito "B"

(Ministério Público/SC – 2010) Julgue os seguintes itens.

I. Decretada a separação judicial, o casal pode a qualquer tempo restabelecer a sociedade conjugal, bastando, para tanto, que retornem à coabitação.

II. A união entre o homem e a mulher com o objetivo de constituir família e configurada na convivência pública, contínua e duradoura, é reconhecida como entidade familiar, desde que não incidam os conviventes nos impedimentos para o casamento, salvo, se casados, estiverem separados judicialmente ou de fato; havendo impedimento para o casamento, a união será considerada concubinato.

III. Os filhos havidos por fecundação artificial homóloga depois do falecimento do pai não se presumem concebidos na constância do casamento, salvo se houver autorização do marido falecido para a fecundação *post mortem*, em escrito particular ou testamento.

IV. A guarda é uma das manifestações do poder familiar e pode ser exercida pelos genitores de forma unilateral, observado o direito de visitas àquele que não detiver a guarda, ou compartilhada. Não havendo razões que desaconselhem a concessão da guarda a quaisquer dos genitores, na falta de consenso entre eles o juiz, ao decidir, deverá dar preferência, sempre que possível, à guarda compartilhada.

V. Caracterizada a prática de atos típicos de alienação parental, o juiz poderá utilizar amplamente dos instrumentos processuais aptos a inibir ou atenuar seus efeitos, inclusive a inversão da guarda ou a fixação de guarda compartilhada.

(A) Apenas as assertivas I, II e IV estão corretas.

(B) Apenas as assertivas III e IV estão corretas.

(C) Apenas as assertivas II e V estão corretas.

(D) Apenas as assertivas I, III e V estão corretas.

(E) Apenas as assertivas II, IV e V estão corretas.

I: incorreta, pois o restabelecimento da sociedade conjugal depende de ato regular em juízo (art. 1.577 do CC); **II:** correta (art. 1.723 do CC); **III:** incorreta, pois os filhos havidos por fecundação artificial homóloga presumem-se concebidos na constância do casamento, mesmo que falecido o marido (art. 1.597, III, do CC); **IV:** correta (arts. 1.583, *caput*, 1.584, § 2º; e 1.589, todos do CC. Com o advento da Lei 13.058/2014, o instituto da guarda compartilhada é regra); **V:** correta (art. 6º, V, da Lei 12.318/2010).

Gabarito "E"

(Ministério Público/SC – 2012) Analise as seguintes assertivas:

I. Segundo o disposto na Lei n. 8.560/92, o reconhecimento dos filhos havidos fora do casamento é irrevogável e será feito: a) no registro de nascimento; b) por escritura pública ou escrito particular, a ser arquivado em cartório; c) por testamento, ainda que incidentalmente manifestado; d) por ata de casamento; e) por manifestação expressa e direta perante o juiz, ainda que o reconhecimento não haja sido o objeto único e principal do ato que o contém.

II. Na hipótese de suposto pai que notificado judicialmente negue a alegada paternidade e a criança já tenha sido encaminhada para adoção, considerando disposto na lei que regula a investigação de paternidade dos filhos havidos fora do casamento (Lei n. 8.560/92), deverá o representante do Ministério Público intentar ação de investigação de paternidade

III. Fixados os alimentos gravídicos, estes perdurarão até o nascimento da criança, sopesando-se as necessidades da parte autora e as possibilidades da parte ré. Após o nascimento com vida, os alimentos gravídicos ficam convertidos em pensão alimentícia em favor do menor até que uma das partes solicite a sua revisão.

IV. A prática de ato de alienação parental fere direito fundamental da criança ou do adolescente de convivência familiar saudável, prejudica a realização de afeto nas relações com genitor e com o grupo familiar, constitui abuso moral contra a criança ou o adolescente e descumprimento dos deveres inerentes à autoridade parental ou decorrentes de tutela ou guarda.

V. Determinada a perícia psicológica ou biopsicossocial tendente a verificar a prática de ato de alienação parental, o perito ou equipe multidisciplinar designada para tal atividade terá, nos ternos da Lei n. 12.318/10, o prazo de 90 (noventa) dias para apresentação do laudo, prorrogável exclusivamente por autorização judicial baseada em justificativa circunstanciada.

(A) Apenas as assertivas I, III e IV estão corretas.

(B) Apenas as assertivas I, II e V estão corretas.

(C) Apenas as assertivas III, IV e V estão corretas.

(D) Apenas a assertiva II está correta.

(E) Todas as assertivas estão corretas.

I: incorreta, pois não se admite reconhecimento de paternidade na ata de casamento (Lei nº 8.560/92, art. 3º); **II:** incorreta, pois o art. 2º, § 5º da Lei 8.560/92 determina ser dispensável o ajuizamento de ação de investigação de paternidade pelo Ministério Público se, após o não comparecimento ou a recusa do suposto pai em assumir a paternidade a ele atribuída, a criança for encaminhada para adoção; **III:** correta, pois de acordo com o art. 6º da Lei de Alimentos Gravídicos (Lei nº 11.804/2008); **IV** e **V:** corretas, pois de acordo com o estabelecido respectivamente pelos artigos 3º e 5º da Lei nº 12.318/2010.

Gabarito "C"

(Ministério Público/SP – 2008) Sobre as relações patrimoniais entre pais e filhos, assinale a alternativa correta.

(A) O pai ou a mãe que abusarem de sua autoridade, arruinando os bens dos filhos, poderão sofrer a suspensão do poder familiar e, na reiteração, a sua destituição.

(B) Na administração dos rendimentos e dos bens dos filhos, os pais ficam sujeitos a apresentar contas e também a prestar caução para garantir o fiel cumprimento de seu encargo.

(C) Os valores auferidos pelos filhos no exercício de atividade profissional estão sujeitos ao poder familiar, independentemente da idade.

(D) Os bens adquiridos pelos filhos maiores de dezesseis anos em decorrência do exercício de atividade profissional estão sujeitos ao poder familiar.

(E) Ficam sujeitos à administração e ao usufruto dos pais os bens doados ao filho, independentemente de qualquer condição.

A: correta (arts. 1.637 e 1.638, IV, do CC); **B:** incorreta (art. 1.689, II, do CC); **C** e **D:** incorreta (art. 1.693, II, do CC); **E:** incorreta (art. 1.693, III, do CC).

Gabarito "A"

(Ministério Público/SP – 2012 – VUNESP) As medidas específicas de proteção são aplicáveis sempre que os direitos reconhecidos no Estatuto do Idoso (Lei nº 10.741/2003) forem ameaçados ou violados:

I. Por ação ou omissão da sociedade ou do Estado.

II. Em razão da aplicação das medidas socioeducativas.

III. Por falta, omissão ou abuso da família, curador ou entidade de atendimento.

IV. Em razão de sentença penal condenatória.

V. Em razão da condição pessoal do idoso.

Está correto o que se afirma APENAS em

(A) II, III e IV.

(B) I, II e IV.

(C) III, IV e V.

(D) I, II e V.

(E) I, III e V.

I: correta, pois de acordo com a previsão estabelecida pela Lei nº 10.741/2003, art. 43, I; **II:** incorreta, pois tal hipótese não é contemplada na referida Lei como causa de medida de proteção; **III:** correta, pois de acordo com a previsão estabelecida pela Lei nº 10.741/2003, art. 43, II; **IV:** incorreta, pois tal hipótese não é contemplada na referida Lei como causa de medida de proteção; **V:** correta, pois de acordo com a previsão estabelecida pela Lei nº 10.741/2003, art. 43, III.

Gabarito "E"

(Ministério Público/TO – 2012 – CESPE) A respeito da tutela e da curatela, institutos destinados à proteção pessoal e patrimonial de pessoas, assinale a opção correta.

(A) Adulto portador de deficiência mental relativa não pode responder civilmente por prejuízos causados a terceiros, sendo a responsabilidade exclusiva do curador, em razão da quebra objetiva do dever de vigilância.

(B) Não há amparo legal para o menor que sofra prejuízos em decorrência da ausência de nomeação de tutor, ou de nomeação realizada a destempo, arguir responsabilidade patrimonial direta contra o Estado, sendo-lhe, contudo, possível fazê-lo contra parente vivo de até segundo grau, em face de seu legítimo interesse jurídico moral.

(C) A legislação brasileira admite a nomeação conjunta de tutor, para filhos menores, pelo casal, em cédula testamentária única.

(D) Em geral, a tutela e a curatela representam múnus público para a defesa de interesses de incapazes, diferindo esses institutos do direito civil, exclusivamente, no que diz respeito às restrições da condição de tutor ou curador.

(E) O juízo competente para proceder à interdição de incapaz para fins de aposentadoria pelo INSS é o foro do interditando junto à justiça comum estadual.

A: incorreta, pois o art. 928 prevê – ainda que de forma excepcional – a responsabilização direta do incapaz; **B:** incorreta, pois o art. 1.744 prevê a responsabilidade direta e pessoal do Juiz para as hipóteses mencionadas na assertiva; **C:** incorreta, pois não se admite o testamento conjunto no Brasil (CC, art. 1.863); **D:** incorreta, pois a tutela é destinada a menores incapazes, ao passo que a curatela é destinada aos maiores incapazes; **E:** correta, pois de acordo com as normas ordinárias de competência.

Gabarito "E"

7.5. ALIMENTOS

(Ministério Público/GO – 2013) Assinale a alternativa correta:

(A) em conformidade com determinação expressa da Lei n. 11.804/08, os alimentos gravídicos serão fixados com a mera existência de indícios de paternidade e vigorarão a partir da citação.

(B) a obrigação alimentar é recíproca entre pais e filhos e extensiva a todos os ascendentes. Na falta de ascendentes, cabe a obrigação aos descendentes e, faltando estes, aos parentes colaterais de terceiro grau.

(C) tanto o dever de sustento (art. 1.634, do CC), como a obrigação alimentar (art. 1.694, do CC) são transmissíveis aos herdeiros do alimentante nos limites da herança (art. 1.700, do CC) e divisíveis, não havendo solidariedade entre os obrigados ao cumprimento (art. 1.698, CC). Contudo, com relação ao idoso, a obrigação alimentar passou a ser solidária, nos termos da Lei n. 10.741/03.

(D) o STJ, por meio de Súmula, cristalizou o entendimento segundo o qual a mulher que renunciou aos alimentos na separação judicial não tem direito à pensão previdenciária por morte do ex-marido.

A: incorreta, pois segundo o art. 6º da referida lei, o juiz só fixará tais alimentos *"se estiver convencido da existência de indícios da paternidade"*; **B:** incorreta, pois: *"na falta dos ascendentes cabe a obrigação aos descendentes, guardada a ordem de sucessão e, faltando estes, aos irmãos, assim germanos como unilaterais"* (CC, art. 1.697); C: correta, pois a assertiva reproduz com precisão as regras contidas nos artigos por ela mencionados; **D:** incorreta, pois a Súmula 336 do STJ preconiza: *"A mulher que renunciou aos alimentos na separação judicial tem direito à pensão previdenciária por morte do ex-marido, comprovada a necessidade econômica superveniente"*.

Gabarito "C"

(Ministério Público/RO – 2013 – CESPE) No que concerne à obrigação alimentícia, assinale a opção correta.

(A) O fato de o ex-cônjuge ter renunciado aos alimentos na separação homologada, por dispor de meios próprios para o seu sustento, não o impede de pretender receber alimentos do outro no futuro.

(B) Em caso de separação do casal, se o filho menor possuir patrimônio e rendimentos próprios, os pais ficam desobrigados de contribuir com alimentos necessários ao seu sustento.

(C) Sendo solidária a obrigação alimentar, caso o pai e o avô do alimentando sejam obrigados à prestação de alimentos, o credor poderá cobrar o valor integral de um só deles.

(D) Entre parentes, o dever de prestar alimentos àquele que comprovar a necessidade pode durar por toda a vida do alimentando.

(E) Os alimentos pagos deverão ser restituídos se for desconstituído judicialmente o título que serviu de base para o pagamento.

A: incorreta, pois segundo o Enunciado 263 do CJF: "O art. 1.707 do CC não impede seja reconhecida válida e eficaz a renúncia manifestada por ocasião do divórcio (direto ou indireto) ou da dissolução da união estável. A irrenunciabilidade do direito a alimentos somente é admitida enquanto subsista vínculo de Direito de Família"; **B:** incorreta, pois no caso de alimentos devidos pelo poder familiar, a necessidade é presumida; **C:** incorreta, pois nesse caso a obrigação recai nos mais próximos em grau, uns em falta de outros. (art. 1.696 do CC); **D:** correta, pois não há termo final para a necessidade de uma pessoa se manter; **E:** incorreta, pois não há restituição de alimentos.

Gabarito "D"

(Ministério Público/MS – 2013 – FADEMS) Em relação ao Direito Alimentar, assinale a alternativa incorreta:

(A) O direito a alimentos pode ser cobrado pelos filhos, na falta dos pais, preferencialmente aos avós.

(B) Ao cônjuge é possível em acordo de separação judicial renunciar aos alimentos, não mais podendo aquele que renunciou pleitear o encargo.

(C) São devidos os alimentos quando quem os pretende possui bens suficientes, ou pode prover, pelo seu trabalho, à própria mantença, mas aquele, de quem se reclamam, pode fornecê-los, em montante mais adequado.

(D) Os parentes, cônjuges ou companheiros tem o dever de se sustentar uns aos outros quando necessário.

(E) O espólio tem a obrigação de prestar alimentos àquele a quem o *de cujus* devia, mesmo vencidos após a sua morte, enquanto não encerrado o inventário e pagas as quotas devidas aos sucessores.

A: correta, pois de pleno acordo com o art. 1.696 do CC; **B:** correta, pois de acordo com o entendimento predominante do STJ, conforme decidido em 22/06/2010, no AgRg no AgIn 1.044.922/SP (rel. Ministro Raul Araújo): *"Consoante entendimento pacificado desta Corte, após a homologação do divórcio, não pode o ex-cônjuge pleitear alimentos se deles desistiu expressamente por ocasião do acordo de separação consensual. Precedentes da 2ª Seção"*; **C:** incorreta, devendo esta alternativa ser assinalada, pois não há direito a alimentos para aqueles que o podem prover pelo seu trabalho; **D:** correta, pois de acordo com o art. 1.694 do CC; **E:** correta, pois de acordo com o art. 1.700 do CC.

Gabarito "C"

(Ministério Público/SP – 2013 – PGMP) Em matéria de alimentos, é CORRETO afirmar:

(A) a fixação de alimentos em favor de mulher gestante depende de prova pré-constituída da paternidade.

(B) após o nascimento da criança com vida, os alimentos gravídicos se extinguem, independentemente de sentença, devendo ser proposta ação de alimentos pelo recém-nascido contra o pai.

(C) os alimentos gravídicos compreenderão os valores suficientes para cobrir as despesas com o parto, vedada pelo legislador a cobertura de outras despesas.

(D) na ação de alimentos gravídicos, o prazo para o réu apresentar resposta é de 15 (quinze) dias.

(E) na ação de alimentos gravídicos, é admitida a fixação de alimentos provisórios pelo juiz.

A: incorreta, pois basta o convencimento da existência de indícios de paternidade (art. 6º, *caput*, da Lei 11.804/2008); **B:** incorreta, pois, após o nascimento com vida, os alimentos gravídicos ficam convertidos em pensão alimentícia para o menor, até que uma das partes solicite sua revisão (art. 6º, parágrafo único, da Lei 11.804/2008); **C:** incorreta, pois tais alimentos devem cobrir as despesas com o parto e também qualquer outra despesa adicional do período da gravidez, da concepção ao parto, inclusive alimentação especial, assistência médica e psicológica, exames complementares, internações, medicamentos, dentre outras (art. 2º, *caput*, da Lei 11.804/2008); **D:** incorreta, pois o prazo para resposta é de 5 dias (art. 7º da Lei 11.804/2008); **E:** correta (art. 6º, *caput*, da Lei 11.804/2008).

Gabarito "E"

(Ministério Público/BA – 2008) Os alimentos, instituto de grande valia do Direito de Família, visam, em essência, garantir o direito fundamental a uma vida digna, através da satisfação das necessidades básicas do cidadão que não pode prover seu próprio sustento.

Quanto ao assunto, é correto afirmar que:

(A) De acordo com o Superior Tribunal de Justiça STJ, alcançada a maioridade civil, é possível o cancelamento da prestação alimentícia, dispensando-se, inclusive, o contraditório.

(B) A estipulação dos alimentos não se submete à cláusula *rebus sic stantibus*, sujeitando-se, portanto, ao regime da coisa julgada material.

(C) Aplica-se a teoria da desconsideração da personalidade jurídica em matéria de alimentos sobretudo quando o alimentante, sócio de empresa com incontestáveis recursos financeiros e beneficiário em distribuição de dividendos, retira todo o patrimônio pessoal de sua titularidade, para se esquivar ao cumprimento da obrigação alimentar.

(D) O *dies a quo* para o cômputo do débito alimentar é considerado a partir de data da fixação dos alimentos.

(E) Sendo os alimentos destinados a prover as necessidades básicas do ser humano, são devidos entre parentes, não importando o grau de parentesco.

A: incorreta, pois contrária aos termos da Súmula 358 do STJ: "O cancelamento de pensão alimentícia de filho que atingiu a maioridade está sujeito à decisão judicial, mediante contraditório, ainda que nos próprios autos"; **B:** incorreta, pois o valor dos alimentos fixados em sentença pode ser alterado diante da superveniência de modificação nas condições econômicas das partes (CPC, art. 475-Q, § 3º); **C:** correta, pois a confusão patrimonial entre pessoa física do sócio e a pessoa jurídica é hipótese prevista em lei para a desconsideração da personalidade jurídica (CC, art. 50). Na hipótese de alimentos, então, tal necessidade é ainda maior; **D:** incorreta, pois o STJ já fixou que *"Nas demandas em que houver a modificação dos alimentos, como as próprias ações de alimentos ou as de separação, anulação de casamento, revisional de pensão alimentícia e respectivas execuções, o novo valor fixado é devido a partir da data da citação - e não da data da decisão que os alterou, o que abrange, também, as ações que buscam a modificação de cláusula alimentar. Inteligência do art. 13, caput, c/c o § 2º, da Lei 5.478/68"* (AgRg no Ag 605.885/RJ, Rel. Ministro Vasco Della Giustina (Desembargador Convocado Do TJ/RS), 3ª Turma, julgado em 6/8/2009); **E:** incorreta, pois o Código Civil limita a obrigação de prestar alimentos em razão do parentesco até o irmão bilateral ou unilateral (CC, art. 1.697).

Gabarito "C"

(Ministério Público/BA – 2010) Segundo os ensinamentos do mestre Paulo Nader, o direito subjetivo aos alimentos vincula-se, umbilicalmente, aos valores de sobrevivência.

Assim, assinale a alternativa correta, após a aferição da veracidade das assertivas abaixo.

I. Os alimentos côngruos ou civis limitam-se a suprir as carências fundamentais da pessoa.

II. Enquanto direito real, o usufruto pode ser instituído visando a uma finalidade alimentar.

III. Como corolário de seu caráter personalíssimo, o direito subjetivo aos alimentos é incessível.

IV. Na conformidade do Código Civil em vigor, o direito a alimentos, por ser inerente à pessoa humana, é irrenunciável.

V. As obrigações derivadas de alimentos podem ser extintas mediante o instituto da compensação.

(A) F V V V F.

(B) V F V V F.

(C) V F F F V.

(D) F V F V V.

(E) V F F V V.

I: falsa, pois os alimentos naturais (ou necessários) é que tem essa finalidade; os alimentos côngruos (ou civis) são destinados a manter a condição social do alimentando (art. 1.694 do CC); **II:** verdadeira, nada impedindo que isso ocorra; um exemplo é um filho instituir o usufruto de um imóvel seu em favor de seu pai, idoso que necessite de alimentos, a fim de que seu pai, com renda obtida do imóvel aufira recursos para a sua subsistência; **III:** verdadeira (art. 1.707 do CC); **IV:** verdadeira, pois, de fato, o direito a alimentos não pode ser objeto de disposição, já que guarda relação com o próprio direito à vida, que é direito fundamental e de ordem pública; todavia, é possível *deixar de exercer o direito a alimentos* (art. 1.707 do CC), situação que não se confunde com a renúncia ao direito a alimentos, pois, no primeiro caso, deixa-se de pedir alimentos por um tempo, ao passo que a renúncia é definitiva, de modo que não pode se dar; outra exceção diz respeito à renúncia a prestações atrasadas, que também é admitida, por se tratar de meros créditos vencidos e não exercidos; sobre o tema, vale lembrar a Súmula nº 379 do STF, pela qual "no acordo de desquite não se admite renúncia aos alimentos, que poderão ser pleiteados ulteriormente, verificados os pressupostos legais"; se em algum documento aquele que tem direito a alimentos escrever que "renuncia" aos alimentos, deve-se entender que se trata de uma dispensa provisória destes, salvo se o cônjuge tenha sido aquinhoado com bens e rendas suficientes para sua manutenção, não sabendo conservá-los; **V:** falsa, pois os alimentos não podem ser objetos de compensação (art. 1.707 do CC).

Gabarito "A"

(Ministério Público/MA – 2009) Quanto ao Direito de Família, assinale a resposta INCORRETA.

(A) É legalmente possível a fixação de alimentos, antes do nascimento da criança, e, consequentemente, da declaração de paternidade e do registro civil, pelo juiz, baseado em prova indiciária, para a mulher gestante, e a sua conversão em pensão alimentícia, em favor do infante, após o seu nascimento com vida.

(B) Na execução de alimentos, estando o devedor responsável pelo inadimplemento voluntário e inescusável, é legítima a determinação *ex officio* da sua prisão civil como meio de coerção psicológica ao cumprimento da obrigação.

(C) A recusa injustificada da mãe em realizar exame do DNA, em ação negatória de paternidade cumulada com anulatória de registro civil da nascimento, gera presunção *negativa* de paternidade.

(D) O cancelamento de pensão alimentícia de filho que atingiu a maioridade depende de decisão judicial, sendo imprescindível a observância do contraditório, ainda que isto se realize nos mesmos autos.

(E) Se o cônjuge declarado culpado, na separação judicial, vier a necessitar de alimentos, e não tiver parentes em condições de prestá-los, nem aptidão para o trabalho, o outro cônjuge será obrigado a assegurá-los, mas deve o juiz fixá-los tão somente no montante estritamente indispensável à sua sobrevivência.

A: correta, pois a assertiva reflete o disposto na Lei 11.804/2008 (art. 6º), que trata dos alimentos gravídicos; **B:** incorreta (e deve ser assinalada) pois não obstante a redação imperativa do artigo 733, § 1º, do CPC, a prisão civil do devedor de alimentos não pode ser decretada de ofício; **C:** correta, pois a assertiva reflete o entendimento atual do STJ: "Da mesma forma que a recusa do suposto pai em submeter-se ao exame de DNA serve como elemento probatório para demonstração de paternidade, a insistente recusa da mãe em submeter o filho ao mesmo exame gera presunção de que o autor não é o pai da criança. Com esse entendimento, a Quarta Turma do Superior Tribunal de Justiça reconheceu uma negativa de paternidade e determinou a anulação do registro de nascimento do menor" (fonte: *notícias do STJ* – 26/05/2009); **D:** correta, pois a assertiva reflete a redação da Súmula 358 do STJ: "O cancelamento de pensão alimentícia de filho que atingiu a maioridade está sujeito à decisão judicial, mediante contraditório, ainda que nos próprios autos"; **E:** correta, pois a assertiva reflete o disposto no art. 1.704, parágrafo único, do CC.

Gabarito "B"

(Ministério Público/DF – 27º – 2005) Acerca dos alimentos, assinale a alternativa correta.

(A) Sendo os alimentos concedidos com fundamento na lei de alimentos, como provisórios ou como provisionais em caráter cautelar, serão devidos até a decisão final, subsistindo a sua eficácia ainda que a sentença tenha reduzido o valor alimentar fixados em decisão liminar ou que, apesar de vencidos, não tenham sido quitados.

(B) O espólio tem a obrigação de prestar alimentos àquele a quem o *de cujus* devia, mesmo vencidos após a sua morte, enquanto não encerrado o inventário e pagas as quotas devidas aos sucessores.

(C) O Ministério Público tem legitimidade para propor, como substituto processual, ação ou execução de alimentos em benefício de menor de idade que se encontra sob a guarda e responsabilidade dos avós maternos, pessoas idosas e reconhecidamente pobres

(D) Ajuizada ação de investigação de paternidade cumulada com alimentos, o autor tem direito a alimentos provisórios desde a citação, ainda que a sentença seja objeto de recurso. Sendo o investigado menor de idade, a responsabilidade pelo cumprimento da obrigação alimentar é de seus genitores.

(E) Julgada a ação de alimentos na qual foi confirmada a impossibilidade do genitor de sustentar o filho menor, os avós paternos assumem solidariamente com o filho o encargo familiar do menor. Assim, a sentença deverá condenar o pai e os avós solidariamente ao pagamento da verba alimentar na parte correspondente a contribuição paterna.

A: incorreta, pois reduzidos os alimentos provisionais na sentença o novo valor passa a vigorar de imediato; **B:** correta: "DIREITO CIVIL. OBRIGAÇÃO. PRESTAÇÃO. ALIMENTOS. TRANSMISSÃO. HERDEIROS. ART. 1.700 DO NOVO CÓDIGO CIVIL. 1 – O espólio tem a obrigação de prestar alimentos àquele a quem o *de cujus* devia, mesmo vencidos após a sua morte. Enquanto não encerrado o inventário e pagas as quotas devidas aos sucessores, o autor da ação de alimentos e presumível herdeiro não pode ficar sem condições de subsistência no decorrer do processo. Exegese do art. 1.700 do novo Código Civil. 2 – Recurso especial conhecido mas improvido" (STJ – REsp nº 219.199/ PB (1999/0052547-7). Rel. Min. Ruy Rosado de Aguiar, DJ 10/12/2003); **C:** incorreta, pois não se trata de hipótese que autoriza a substituição processual a legitimar o Ministério Público, cabendo aos avós, se o caso, buscarem a Defensoria Pública por ser tratar de pessoas reconhecidamente pobres; **D:** incorreta, pois não cabem alimentos provisórios, na ação de investigação de paternidade, por falta de prova do parentesco (art. 2º e 4º da Lei de Alimentos); **E:** incorreta, pois a sentença deverá, nesse caso, condenar apenas os avós, eis que comprovada a impossibilidade do genitor; qualquer modificação da situação do genitor poderá ser objeto de nova ação de alimentos em face deste.

Gabarito "B"

(Ministério Público/MG – 2010.1) Relativamente a alimentos, assinale a opção CORRETA.

(A) Exercido o credor o direito de cobrar alimentos, pode cedê-los a terceiros, oferecê-los em penhora ou compensação.

(B) Declarada insolvência do supridor, o alimentando pode exigir o cumprimento da obrigação ou prisão do devedor incontinenti.

(C) Considera-se recíproca a obrigação alimentar entre ascendentes e descendentes, afins e consanguíneos e irmãos germanos.

(D) São devidos alimentos, decorrentes de atos lícitos, ilícitos, testamentos, legados, promessa política e contratos.

(E) Compõem-se os alimentos de comida, moradia, vestuário, assistência médica, além da educação, se o alimentado for menor.

A: incorreta (art. 1.707 do CC); **B:** incorreta, pois no caso de insolvência decretada, seguirá a execução o rito especial (art. 762 do CPC); **C:** incorreta (art. 1.696 do CC); **D:** incorreta, os alimentos não são devidos em caso de promessa política; **E:** correta, pois de acordo com Silvio de Salvo Venosa, no Direito a compreensão do termo "alimentos" é ampla, "pois a palavra além de abranger os alimentos propriamente ditos, deve referir-se também à satisfação de outras necessidades essenciais da vida em sociedade" (*Direito Civil: direito de família*. 8 ed. – São Paulo: Atlas, 2008. p. 347).

Gabarito "E"

(Ministério Público/PI – 2008) Quanto à relação obrigacional de alimentos, assinale a alternativa correta.

(A) Na relação obrigacional de alimento, o valor da pensão pode ser afeta pela culpa do alimento.

(B) Na ordem de sucessão dos alimentos, os irmãos germanos precedem os unilaterais.

(C) As obrigações do alimento, por serem personalíssima, não se transmitem aos seus herdeiros.

(D) Decorrente da separação judicial não se leva em consideração o elemento culpa para a sua fixação.

(E) Os eventuais créditos podem ser objetos de cessão, ainda que não possam ser objeto de renúncia.

A: correta, pois o art. 1.704 parágrafo único prevê a hipótese de que o valor dos alimentos devidos ao cônjuge culpado pela separação seja apenas o essencial para sobrevivência. Ademais, o art. 1.694 § 2º prevê regra semelhante ao estabelecer que *"os alimentos serão apenas os indispensáveis à subsistência, quando a situação de necessidade resultar de culpa de quem os pleiteia"*; **B:** incorreta, pois o Código não estabelece tal hierarquia (CC, art. 1.697); **C:** incorreta, pois a obrigação alimentar transmite-se ao herdeiro do alimentando (CC, art. 1.700). Obviamente que a morte do credor-alimentado não transmite aos seus herdeiros o seu direito personalíssimo de receber alimentos; **D:** incorreta, pois contrária aos termos do art. 1.704 parágrafo único e 1.694 § 2º; **E:** incorreta, pois créditos alimentícios são incessíveis (CC, arts. 286 e 1.707).

Gabarito "A"

(Ministério Público/PR – 2008) É correto afirmar:

(A) São devidos os alimentos quando quem os pretende tem bens suficientes, ou pode prover, pelo seu trabalho, à própria mantença, mas aquele, de quem se reclamam, pode fornecê-los, em montante mais adequado.

(B) O direito à prestação de alimentos é recíproco entre pais e filhos, porém não é extensivo a todos os ascendentes.

(C) Podem os parentes, os cônjuges ou companheiros pedir uns aos outros os alimentos de que necessitem para viver de modo compatível com a sua condição social, para atender apenas as necessidades com educação.

(D) Se o parente, que deve alimentos em primeiro lugar, não estiver em condições de suportar totalmente o encargo, serão chamados a concorrer os de grau imediato; sendo várias as pessoas obrigadas a prestar alimentos, todas devem concorrer na proporção dos respectivos recursos, e, intentada ação contra uma delas, poderão as demais ser chamadas a integrar a lide.

(E) Nenhuma das alternativas anteriores está correta.

A: incorreta (art. 1.695 do CC); **B:** incorreta (art. 1.696 do CC); **C:** incorreta (art. 1.694, *caput*, do CC); **D:** correta (art. 1.698 do CC); **E:** incorreta, pois a alternativa "D" está correta.

Gabarito "D"

(Ministério Público/RJ – 2011) A obrigação alimentar é um dos mais importantes temas do Direito de Família. O advento do Código Civil e de micros sistemas legislativos ensejou grandes mudanças na normatização da matéria. Diante disso, é correto afirmar que:

(A) a obrigação alimentar avoenga fundamenta-se no poder familiar e necessita da presença do binômio possibilidade/necessidade. Para alguns autores, não se deve falar mais em binômio, e sim em trinômio, incluindo a proporcionalidade como novo requisito para a obrigação alimentar;

(B) segundo entendimento pacificado e sumulado do Egrégio Superior Tribunal de Justiça, julgada procedente a ação de investigação de paternidade, os alimentos são devidos a partir da prolação da sentença;

(C) em conformidade com determinação expressa da Lei nº 11.804/08, os alimentos gravídicos serão fixados a partir da citação;

(D) a doutrina é uníssona, sob o prisma do Código Civil, em afirmar que o dever de prestar alimentos recíprocos entre pais e filhos não tem natureza solidária, porque é conjunto. Já o Estatuto do Idoso atribuiu natureza solidária à obrigação de prestar alimentos quando os credores forem idosos e, por força da sua natureza especial, o Estatuto prevalece sobre as disposições específicas do Código Civil;

(E) as parcelas fixadas e convencionadas da verba alimentar não prescrevem, sendo uma decorrência lógica da característica da imprescritibilidade do direito subjetivo relativo aos alimentos.

A: incorreta, pois o fundamento da obrigação alimentar avoenga não é o poder familiar, reservado este apenas aos pais; **B:** incorreta, pois a Súmula 277 do STJ já pacificou o entendimento segundo o qual "Julgada procedente a investigação de paternidade, os alimentos são devidos a partir da citação"; **C:** incorreta, pois não há previsão nesse sentido na Lei 11.804/08. Ao contrário, a lei prevê que *"Convencido da existência de indícios da paternidade, o juiz fixará alimentos gravídicos que perdurarão até o nascimento da criança, sopesando as necessidades da parte autora e as possibilidades da parte ré"* (art. 6º); **D:** correta, até por conta da secular regra de nosso sistema obrigacional no sentido de que a solidariedade não se presume (CC, art. 265). O Código Civil não prevê solidariedade entre os vários ascendentes do alimentado. Porém, o Estatuto do Idoso (Lei nº 10.741/2003) estabelece expressamente em seu art. 12 tal modalidade obrigacional em face dos devedores de alimentos; **E:** incorreta, pois o Código Civil estabelece a prescrição bienal para as prestações alimentícias (CC, art. 206, § 2º). O que não prescreve é o direito da personalidade abstratamente considerado, o direito de pleitear os alimentos.

Gabarito "D"

(Ministério Público/RS – 2008) Relativamente à obrigação alimentar é correto afirmar-se que:

(A) pode se estabelecer reciprocamente entre afins na linha colateral até o segundo grau.

(B) segundo entendimento dominante da doutrina e da jurisprudência, é possível deferir-se alimentos em favor do cônjuge culpado pela separação judicial quando este se encontrar em situação de extrema necessidade.

(C) quando o credor tiver apenas o pai como ascendente vivo e um único filho como descendente, na impossibilidade do primeiro arcar com a obrigação alimentar em toda sua extensão, pode ser imposta ao segundo a obrigação complementar, respeitado o binômio necessidade - possibilidade.

(D) apresenta-se indiscutível o entendimento de que os alimentos entre cônjuges são irrenunciáveis.

(E) a obrigação alimentar entre parentes na linha colateral observa a ordem da sucessão, podendo ir até o quarto grau, observada a regra de que os mais próximos em grau excluem os mais remotos.

A: incorreta, pois o Código Civil limita a obrigação de prestar alimentos em razão do parentesco até o irmão bilateral ou unilateral (CC, art. 1.697), não havendo obrigação alimentar entre os parentes por afinidade; **B:** incorreta, pois não se exige situação de extrema necessidade para fixar alimentos ao cônjuge culpado pela separação. A única regra específica para esse caso é prevista pelo art. 1.704, parágrafo único, o qual estabelece fixação de alimentos em valor apenas indispensável à sobrevivência do cônjuge culpado; **C:** correta, pois de acordo com art. 1.696; **D:** incorreta, pois a questão é alvo de aceso debate na doutrina; **E:** incorreta, pois o Código Civil limita a obrigação de prestar alimentos em razão do parentesco até o irmão bilateral ou unilateral (CC, art. 1.697).

Gabarito "C"

(Ministério Público/SC – 2010) Julgue os seguintes itens.

I. O direito a alimentos é personalíssimo, sendo a obrigação alimentar *não solidária*.

II. Os alimentos devidos aos parentes podem ser prestados com o fornecimento direto de hospedagem e alimentação na casa do próprio alimentante, mas os devidos a ex-cônjuge separado judicialmente devem ser prestados por meio de pensionamento.

III. O cônjuge separado judicialmente terá direito a alimentos exclusivamente se não tiver sido declarado culpado na ação de separação judicial.

IV. Segundo a jurisprudência dominante no Tribunal de Justiça de Santa Catarina, é possível em ação de execução de alimentos fundada no art. 733 do CPC exigir-se do devedor o pagamento das prestações que se vencerem no curso do processo.

V. Os alimentos gravídicos são devidos pelo futuro pai, que deverá arcar integralmente com as despesas adicionais do período de gravidez e as que sejam dela decorrentes, da concepção ao parto.

(A) Apenas as assertivas II, III e IV estão corretas.

(B) Apenas as assertivas I, II e V estão corretas.

(C) Apenas as assertivas III e V estão corretas.

(D) Apenas as assertivas I, II e IV estão corretas.

(E) Apenas as assertivas I, IV e V estão corretas.

I: correta, pois de fato o direito a alimentos é personalíssimo e a obrigação é subsidiária. Caso aquele que tenha a obrigação não tiver possibilidade, será chamado o próximo (como no caso do chamamento dos avós quando o pai não tem condições de prestar a obrigação – art. 1.698 do CC); **II:** correta (art. 1.701 do CC); **III:** incorreta (art. 1.704, par. único, do CC); **IV:** correta. "PROCESSUAL CIVIL. EXECUÇÃO DE ALIMENTOS. RITO DO ART. 733 DO CPC. DÍVIDA REFERENTE ÀS TRÊS PARCELAS VENCIDAS ANTES DA PROPOSITURA DA AÇÃO, CUMULADAS COM AS VINCENDAS. POSSIBILIDADE. RECURSO PROVIDO. AÇÃO DE INTERDIÇÃO EM TRÂMITE CONTRA O ALIMENTANTE. IMPOSSIBILIDADE DE IMPOSIÇÃO DA PENA PRIVATIVA DE LIBERDADE AO INTERDITANDO. SUSPENSÃO, DE OFÍCIO, DA EXECUÇÃO. "Faculta-se a utilização do rito do artigo 733 do Código de Processo Civil com a possibilidade de prisão civil do devedor inadimplente na execução de alimentos referentes a três parcelas vencidas, **mais as que se vencerem no curso da lide**" (TJSC, Desembargador Dionizio Jenczak). À vista da existência de ação de interdição, em trâmite, contra o alimentante, mais coerente é suspender a execução fundada no artigo 733 do Código de Processo Civil, pois não é possível impor ao interditando pena privativa de liberdade, porquanto presuma-se que não se encontra em pleno gozo de sua capacidade civil. (Agravo de Instrumento n. 2011.027074-2, de Joinville, rel. Des. Luiz Carlos Freyesleben)"; **V:** incorreta, pois os alimentos gravídicos referem-se à parte das despesas que deverá ser custeada pelo futuro pai, considerando-se a contribuição que também deverá ser dada pela mulher grávida, na proporção dos recursos de ambos (art. 2º, parágrafo único, da Lei 11.804/2008).

Gabarito "D"

(Ministério Público/SP – 2008) Quanto à causa jurídica, os alimentos poderão ser

(A) atuais e futuros.

(B) naturais e civis.

(C) voluntários, ressarcitórios e legítimos.

(D) acautelatórios, voluntários e definitivos.

(E) provisionais, provisórios e regulares.

Alimentos voluntários são aqueles decorrentes de declaração de vontade, ao passo que os alimentos ressarcitórios são aqueles devidos a fim de indenizar a vítima de ato ilícito, e legítimos são aqueles previstos em lei.

Gabarito "C"

7.6. BEM DE FAMÍLIA

(Ministério Público/AP – 2005) Assinale a alternativa correta.

Sobre o bem de família instituído no código civil podemos afirmar:

(A) Podem os cônjuges, ou a entidade familiar, mediante escritura publica ou testamento, destinar parte de seu patrimônio para instituir bem de família, deste que não ultrapasse um terço do patrimônio líquido existente ao tempo da instituição;

(B) O terceiro poderá instituir bem de família por testamento ou doação, não dependendo a eficácia do ato, da aceitação expressa de ambos os cônjuges beneficiados ou da entidade familiar beneficiada;

(C) Quem possuir apenas um imóvel pode fazer uso da instituição de bem familiar;

(D) O bem de família é isento de execução por dívidas anteriores à sua instituição, salvo as que provierem de tributos relativos ao prédio, ou de despesas de condomínio.

A: correta (art. 1.711, *caput*, do CC); **B:** incorreta (art. 1.711, parágrafo único, do CC); **C:** incorreta (art. 1.711, *caput*, do CC); **D:** incorreta (art. 1.715 do CC).

Gabarito "A"

(Ministério Público/MG – 2012 – CONSULPLAN) Quanto ao bem de família, é **INCORRETO** afirmar que:

(A) o bem de família consistirá em prédio residencial urbano ou rural, com suas pertenças e acessórios, destinando-se em ambos os casos a domicílio familiar, e poderá abranger valores mobiliários, cuja renda será aplicada na conservação do imóvel e no sustento da família.

(B) o bem de família, quer instituído pelos cônjuges ou por terceiro, constitui-se pelo registro de seu título no Registro de Imóveis.

(C) comprovada a impossibilidade da manutenção do bem de família nas condições em que foi instituído, poderá o juiz, a requerimento dos interessados, extingui-lo ou autorizar a sub-rogação dos bens que o constituem em outros, ouvidos o instituidor e o Ministério Público.

(D) a dissolução da sociedade conjugal pelo divórcio extingue o bem de família.

A, B, C: corretas, pois de acordo com as regras estabelecidas respectivamente pelos arts. 1.712, 1.714 e 1.719 do Código Civil; **D:** incorreta, devendo ser assinalada, pois a dissolução da sociedade conjugal não extingue o bem de família (art. 1.721 do CC).

Gabarito "D"

7.7. CURATELA

(Ministério Público/BA – 2004) Sobre a curatela, é correto dizer-se que:

(A) A sentença que a decreta não está sujeita a recurso.

(B) Sua decretação não requer certeza absoluta da incapacidade, mas meros indícios desta.

(C) Pode ser levantada a qualquer tempo, desde que cessada a causa que a levou a ser decretada.

(D) Nunca poderá ser decretada temporariamente.

(E) É sempre deferida pelo juiz, mas nada impede que possa ocorrer por meio de cláusula testamentária.

A: incorreta (art. 1.773 do CC); **B:** incorreta (art. 1.771 do CC); **C:** correta (art. 1.186 do CPC); **D:** incorreta, pois a curatela pode ser decretada temporariamente, não havendo qualquer óbice legal; **E:** incorreta, pois de acordo com o art. 1.772 do CC, a curatela somente pode ser decretada pelo juiz.

Gabarito "C"

(Ministério Público/ES – 2005) Tangente à interdição, é incorreto afirmar:

(A) incumbe ao Ministério Público, ou a quem tenha legítimo interesse, requerer, nos casos previstos na lei civil, remoção do curador.

(B) pode ser ajuizada pelo Ministério Público no caso de anomalia psíquica, bem como na hipótese do interditando contar com mais de setenta anos de idade.

(C) representará o interditando nos autos do procedimento o órgão do Ministério Público ou, quando for este o autor, o curador à lide.

(D) quando a interdição for requerida pelo Ministério Público, o Juiz nomeará ao interditando curador à lide .

(E) pode ser promovida pelo pai, mãe, tutor, cônjuge ou por algum parente próximo.

A: correta (art. 1.194 do CPC); **B:** incorreta (e deve ser assinalada), art. 1.178 do CPC; **C:** correta (art. 1.182, § 1º, do CPC); **D:** correta (art. 1.179 do CPC); **E:** correta (art. 1.177 do CPC).

Gabarito "B"

(Ministério Público/PR – 2011) Acerca da tutela e da curatela, assinale a alternativa correta:

(A) caso ocorram danos ao patrimônio do tutelado causados por tutor do qual não se exigiu garantia legal, haverá responsabilidade civil direta e imediata do juiz que se omitiu na exigência da garantia.

(B) a responsabilidade do tutor pelos danos causados ao tutelado é, em regra, objetiva.

(C) o Ministério Público somente terá legitimidade para propor a interdição de alguém em hipótese de doença mental grave.

(D) nos casos em que a interdição for promovida pelo Ministério Público, o juiz nomeará defensor ao suposto incapaz; nos demais casos o Ministério Público será o defensor.

(E) a legitimidade de um cônjuge para o exercício da curatela do outro depende do regime de bens instituído entre eles.

A: incorreta (art. 1.744, II do CC); **B:** incorreta, pois o tutor responde em caso de dolo ou culpa (art. 1.752 do CC); **C:** incorreta (art. 1.769 do CC); **D:** correta (art. 1.770 do CC); **E:** incorreta (art. 1.775, *caput*, do CC).

Gabarito "D"

(Ministério Público/PR – 2004) Sobre o tema Curatela, assinale a alternativa incorreta:

(A) Estão sujeitos a curatela aqueles que, por enfermidade ou deficiência mental, não tiverem o necessário discernimento para os atos da vida civil, ou aqueles que, por outra causa duradoura, não puderem exprimir a sua vontade;

(B) É defesa a interdição promovida por qualquer parente, devendo requerer a interdição apenas os pais ou tutores, o cônjuge e o Ministério Público;

(C) Nos casos em que a interdição for promovida pelo Ministério Público, o juiz nomeará defensor ao suposto incapaz; nos demais casos o Ministério Público será o defensor;

(D) Dar-se-á curador ao nascituro, se o pai falecer estando grávida a mulher, e não tendo o poder familiar. Se a mulher estiver interdita, seu curador será o do nascituro;

(E) A interdição do pródigo só o privará de, sem curador, emprestar, transigir, dar quitação, alienar, hipotecar, demandar ou ser demandado, e praticar, em geral, os atos que não sejam de mera administração.

A: correta (art. 1.767, I e II, do CC); **B:** incorreta (e deve ser assinalada), art. 1.177 do CPC; **C:** correta (art. 1.182, § 1º, do CPC); **D:** correta (art. 1.779 do CC); **E:** correta (art. 1.782 do CC).

Gabarito "B"

(Ministério Público/RN – 2004) Referente à curatela, julgue as assertivas abaixo, assinalando a alternativa correta:

I. Recai a curatela sobre aqueles que, por enfermidade ou deficiência mental, não tiverem o necessário discernimento para os atos da vida civil;

II. Recai a curatela sobre as pessoas em estado de coma e traumatismos que levem a um estado de inconsciência duradoura, impossibilitando-as de exprimirem a sua vontade;

III. O incapaz, sob curatela, pode contrair matrimônio, porém necessita do consentimento do curador;

IV. O cônjuge ou companheiro, não separado judicialmente ou de fato, é, de direito, curador do outro, quando interdito, não estando obrigado à prestação de contas, salvo por determinação judicial;

V. O Ministério Público tem legitimidade para requerer a interdição em todas as situações previstas na lei.

(A) I, II e III estão corretas;

(B) I, III e IV estão corretas;

(C) I, IV e V estão corretas;

(D) II, III e IV estão corretas;

(E) I, II e V estão corretas.

I: correta (art. 1.767, I, do CC); **II:** correta (art. 1.767, II, do CC); **III:** correta (art. 1.518 do CC); **IV:** incorreta (arts. 1.775 e 1.783 do CC); **V:** incorreta (art. 1.769 do CC).

Gabarito "A"

(Ministério Público/PR – 2009) A curadoria de bens de ausente será deferida quando:

(A) Uma pessoa desaparece do seu domicílio, sem dela haver notícia, mesmo deixando procurador investido de poderes de administração dos bens.

(B) Quando o ausente deixar procurador que não possa exercer ou continuar o mandato, ou que possua poderes insuficientes para a administração dos bens do ausente.

(C) Quando uma pessoa tem comprometido, por enfermidade ou deficiência mental, o necessário discernimento para a prática dos atos da vida civil.

(D) Quando uma pessoa tiver desaparecido em campanha ou feito prisioneiro não for encontrado até 06 (seis) meses após o término da guerra.

(E) n.d.a.

A alternativa B está correta, pois de acordo com o art. 23 do CC.

Gabarito "B"

7.8. TEMAS COMBINADOS DE FAMÍLIA

(Ministério Público/MG – 2014) Assinale a alternativa INCORRETA:

(A) A fiel observância da sistemática imposta pelo art. 50 do Estatuto da Criança e do Adolescente, somente se deferindo a adoção a pessoas previamente cadastradas e habilitadas, pode ser relativizada excepcionalmente.

(B) A família natural é a comunidade formada pelos pais ou qualquer deles e seus descendentes.

(C) Nos termos do Código Civil de 2002, a união estável se equipara ao casamento para o efeito de cessação da incapacidade para os menores.

(D) A separação de fato cessa o regime de bens entre os cônjuges.

A: assertiva correta. No que se refere a questões envolvendo criança e adolescente, poucas regras são absolutas. A grande maioria deve ser aferida no caso concreto, sempre à luz do melhor interesse da criança, que tem prioridade absoluta no sistema (CF, art. 227). Entre seguir a letra fria da lei e atender ao calor da necessidade do menor, o juiz deve se pautar pelo último, sempre. Daí porque, "*a observância da preferência das pessoas cronologicamente cadastradas para adotar criança não é absoluta, pois há de prevalecer o princípio do melhor interesse do menor, norteador do sistema protecionista da criança*" (STJ – HC 279.059/RS, Rel. Ministro Luis Felipe Salomão, 4ª Turma, julgado em 10.12.2013, *DJe* 28.02.2014); **B:** assertiva correta, pois a assertiva encontra plena identificação com o disposto no art. 25 do ECA; **C:** assertiva incorreta, devendo ser assinalada, pois o Código Civil não previu expressamente a união estável como causa de emancipação legal (CC, art. 5º, parágrafo único, II); **D:** assertiva correta, pois tal separação fática permite até mesmo a constituição de nova união estável, além de possibilitar o divórcio.

Gabarito "C"

(Ministério Público/AM – 2007 – CESPE) Com relação ao direito de família, à tutela e à curatela, assinale a opção correta.

(A) Na constância do casamento celebrado pelo regime de participação final dos aquestos, cada cônjuge tem a exclusiva administração dos seus bens particulares e os do casal, podendo alienar ou gravar com ônus reais os bens imóveis sem a autorização do outro cônjuge. Na dissolução do casamento, cabe a cada um dos cônjuges a metade dos bens adquiridos onerosamente pelo casal.

(B) A pessoa que, embora capaz para os atos da vida civil, em razão de enfermidade ou de não reunir plenas condições físicas, não possa cuidar de seus próprios interesses e negócios poderá requerer em juízo que lhe seja nomeado um curador para cuidar de todos ou alguns negócios ou bens, podendo, inclusive, indicar a pessoa que exercerá o encargo de curador.

(C) O vínculo jurídico de afinidade associa-se ao casamento e à união estável, gerando um parentesco que não se rompe com a dissolução do casamento nem do companheirismo. Assim, caso ocorra o falecimento de um dos cônjuges, o divórcio ou, ainda, o rompimento da sociedade de fato, o sobrevivente continua ligado aos ascendentes, descendentes e colaterais do outro pelo vínculo da afinidade, continuando a gerar efeitos de impedimento matrimonial.

(D) A adoção do menor de dezoito anos é irrevogável e dependerá, para a sua validade, de homologação judicial do acordo ou do consentimento do genitor que detém a guarda do adotando e da intervenção do MP. Essa exigência é desnecessária quando se tratar de menor abandonado ou de pessoa maior e capaz.

(E) Os alimentos provisionais concedidos em ação cautelar incidental à ação de reconhecimento e dissolução de união estável têm efeitos imediatos. No entanto, a superveniência da sentença que reduz o valor fixado ou mesmo revoga a sua concessão, na ação principal, terá efeito retroativo e alcançará os provisionais que não tenham sido adimplidos, ainda que vencidos. Por isso, os alimentos não podem ser objeto de execução, sob pena de se promover o enriquecimento sem causa do alimentando, em injusto detrimento do patrimônio do alimentante.

A: incorreta (art. 1.647 do CC); **B:** correta (art. 1.780 do CC); **C:** incorreta (art. 1.595, § 2º, do CC); **D:** incorreta, pois a adoção não pode ser feita por acordo judicial, dependendo do cumprimento do procedimento judicial previsto na Lei 8.069/90; **E:** incorreta, pois o valor eventualmente modificado na sentença passa a vigorar imediatamente, mas não retroage se já existiam alimentos provisionais fixados.

Gabarito "B"

8. SUCESSÕES

8.1. SUCESSÃO EM GERAL

(Ministério Público/GO – 2013) Assinale a alternativa correta:

(A) o cônjuge sobrevivente, embora permaneça na terceira classe da ordem de vocação hereditária, atrás dos descendentes e ascendentes, pode concorrer com os descendentes dependendo do regime de bens e concorrerá sempre com os ascendentes.

(B) o renunciante é considerado não existente em face da herança renunciada, de modo que seus descendentes herdam por direito de representação, nas hipóteses em que a lei prevê esse direito. Já o indigno é considerado herdeiro pré-morto, como se tivesse morrido antes do autor da herança portanto, nos casos previstos em lei, os herdeiros do indigno herdam por direito próprio.

(C) sendo a herança uma universalidade, sem que possa, antes da partilha, individualizar o direito de cada herdeiro sobre cada um dos bens que a compõem, não se pode cogitar do herdeiro alienar determinado bem, singularmente considerado, pois não se sabe se a ele pertencerá por ocasião da partilha. Essa impossibilidade tem caráter absoluto.

(D) o direito real de habitação é assegurado ao cônjuge sobrevivente casado pela comunhão universal de bens, em caráter vitalício e enquanto permanecer viúvo, tendo por objeto o imóvel residencial da família, desde que o único dessa natureza

A: correta, pois o cônjuge sobrevivente concorrerá (independentemente do regime de bens no qual era casado) com os ascendentes do falecido (CC, art. 1.829, II) e concorrerá (a depender do regime de bens) com os descendentes do falecido (CC, art. 1.829, I); **B:** incorreta, pois não há direito de representação em favor dos herdeiros do renunciante (CC, art. 1.811). Já quanto à pessoa declarada indigna, caso ela tenha deixado descendentes (que já eram nascidos ou concebidos no momento do falecimento do de cujus), esses terão direito de representação, herdando por estirpe e não por cabeça (CC, art. 1.816); **C:** incorreta, pois tal impossibilidade não tem caráter absoluto. Isso porque o art. 1.793, § 3º, do Código Civil indica ser *"ineficaz a disposição, sem prévia autorização do juiz da sucessão, por qualquer herdeiro, de bem componente do acervo hereditário, pendente a indivisibilidade"*; **D:** incorreta, pois o direito real de habitação é concedido à viúva independentemente do regime de bens (CC, art. 1.831). Ademais, a lei não prevê que a cessação da viuvez implicaria em extinção do referido direito real.

Gabarito "A"

(Ministério Público/DF – 2013) A respeito do direito de sucessão, assinale a opção CORRETA.

(A) Herdeiros necessários são os descendentes, ascendentes, cônjuge, companheiro e os colaterais até o quarto grau. Pertence a esses herdeiros a metade dos bens da herança, todavia, podem ser afastados da sucessão por deserdação ou indignidade.

(B) Pode o herdeiro retratar-se da aceitação da herança por declaração unilateral, como a própria aceitação, desde que não resulte prejuízos a credores.

(C) Configura-se o instituto da representação quando a lei chama certos parentes do falecido a suceder em todos os direitos em que ele sucederia, se fosse vivo, e ocorre na linha reta dos descendentes e na linha colateral, para que os filhos do falecido venham concorrer com irmãos do autor da herança.

(D) Os descendentes de graus diversos do herdeiro excluído por indignidade sucedem por direito próprio, e por cabeça, como se o herdeiro excluído fosse morto.

(E) Poderá o co-herdeiro dispor livremente de parte ou de todo o seu quinhão na herança, ceder sua cota hereditária a terceiro, sobre um bem considerado individualmente, desde que obedecida a preferência dos demais herdeiros.

A: incorreta, pois o art. 1.845 do CC não contempla companheiro, nem colateral na condição de herdeiro necessário; **B:** incorreta, pois os atos de aceitação e renúncia de herança são irrevogáveis (CC, art. 1.812); **C:** correta, pois o enunciado trata de forma precisa a respeito das regras de representação previstas no CC (arts. 1.851 et seq); **D:** incorreta, pois quando uma pessoa é declarada indigna, mas tem descendentes (que já eram nascidos ou concebidos no momento do falecimento do de cujus), esses terão direito de representação, herdando por estirpe e não por cabeça (CC, art. 1.816); **E:** incorreta, pois é ineficaz a cessão, pelo coerdeiro, de seu direito hereditário sobre qualquer bem da herança considerado singularmente (CC, art. 1.793 § 2º).

Gabarito "C"

(Ministério Público/MS – 2013 – FADEMS) Em relação ao Direito das Sucessões, assinale a alternativa incorreta:

(A) A morte, a abertura da sucessão e a transmissão da herança ocorrem num só momento.

(B) Podem ser considerados indignos e, desse modo, excluídos da sucessão os autores de homicídio doloso ou culposo, tentado ou consumado, contra a pessoa de cuja sucessão se tratar, seu cônjuge, companheiro, ascendente e descendente.

(C) A herança não poderá ser renunciada em parte.

(D) Os herdeiros poderão ceder seus direitos hereditários por escritura pública, seja a herança por bens móveis ou imóveis.

(E) Ao cônjuge sobrevivente somente é reconhecido direto sucessório se, ao tempo da morte do outro, não estavam separados judicialmente, nem separados de fato há mais de dois anos, salvo prova, neste caso, de que essa convivência se tornara impossível sem culpa do sobrevivente.

A: correta, pois morte e abertura da sucessão são sinônimos para o Direito Civil. A transmissão da herança, por sua vez, ocorre juridicamente no mesmo instante da morte, consoante o princípio de *saisine* (art. 1.784 do CC); **B:** incorreta, devendo esta alternativa ser assinalada, pois a ocorrência de homicídio culposo não autoriza a declaração de indignidade do herdeiro (art. 1.814, I, do CC); **C:** correta, pois de pleno acordo com a vedação do art. 1.808 do CC; **D:** correta, pois o que está se cedendo é o direito à sucessão aberta, o qual é considerado um bem imóvel por força da lei (art. 80, II, do CC), pouco importando qual a natureza dos bens que compõem a herança; **E:** correta, pois a assertiva reproduz integralmente o disposto no art. 1.830 do CC.

Gabarito "B"

(Ministério Público/RO – 2013 – CESPE) Acerca da sucessão, assinale a opção correta.

(A) Somente será eficaz a cessão, pelo coerdeiro, de seu direito hereditário sobre um bem específico da herança se houver, no acervo, mais de um bem de mesmo valor para cada herdeiro.

(B) A regra de que concubina do testador casado não pode ser beneficiada em testamento é afastada quando o bem deixado em herança não estiver englobado pelos cinquenta por cento dos bens particulares do testador.

(C) Embora a aceitação da herança não seja ato formal, ela deve ser expressa, já que os herdeiros devem suportar, até o total da herança, as dívidas do falecido.

(D) A abertura da sucessão ocorre no momento da morte do titular do patrimônio, sendo a propriedade dos bens transferida com a partilha.

(E) A doação pura e simples de bem hereditário feita por herdeiro aparente será inválida, ainda que o donatário tenha agido de boa-fé.

A: incorreta, pois "é ineficaz a cessão, pelo coerdeiro, de seu direito hereditário sobre qualquer bem da herança considerado singularmente" (art. 1.793, § 2º, do CC); **B:** incorreta, pois a única ressalva legal para tal vedação é a hipótese de o testador já ser separado de fato do cônjuge (art. 1.801, III, do CC); **C:** incorreta, pois a aceitação da herança pode ser tácita (art. 1.805 do CC); **D:** incorreta, pois o Código adotou o princípio de *saisine*, segundo o qual "aberta a sucessão, a herança transmite-se, desde logo, aos herdeiros legítimos e testamentários" (art. 1.784 do CC); **E:** correta, pois, nesse caso, apenas as alienações feitas, a título oneroso, é que são eficazes (art. 1.827, parágrafo único, do CC).

Gabarito "E"

(Ministério Público/PR – 2013) Assinale a alternativa incorreta:

(A) O direito brasileiro adota o princípio da *saisine* em matéria sucessória;

(B) Em um caso de ultra-atividade da lei, as regras de direito sucessório do Código Civil de 1916 devem ser aplicadas à sucessão aberta durante sua vigência, mesmo que o inventário seja processado após o início da vigência do Código Civil de 2002;

(C) Os descendentes e os ascendentes e o cônjuge são considerados herdeiros necessários;

(D) São vedados o testamento simultâneo, recíproco e correspectivo;

(E) O testamento realizado por menor de 16 anos é nulo e o testamento realizado por menor entre 16 e 18 anos é anulável.

A: correta, pois, de fato, o Código Civil adotou o princípio de *saisine*, segundo o qual "aberta a sucessão, a herança transmite-se, desde logo, aos herdeiros legítimos e testamentários" (art. 1.784 do CC); **B:** correta, pois às mortes ocorridas na vigência da lei anterior, aplicam-se as regras do Código Civil de 1916, sendo irrelevante o momento do processamento do inventário (art. 2.041 do CC); **C:** correta, pois o art. 1.845 do CC enumerou apenas descendentes, ascendentes e cônjuge como herdeiros necessários; **D:** correta, pois de acordo com a vedação estabelecida pelo art. 1.863 do CC; **E:** incorreta (devendo ser assinalada), pois a capacidade plena para realizar testamento é adquirida aos dezesseis anos (art. 1.860, parágrafo único, do CC). Logo, eventual testamento redigido após essa idade é plenamente válido.

Gabarito "E"

(Ministério Público/BA – 2010) A Constituição Federal da República Federativa do Brasil consagra, no seu artigo 5º, XXX, o direito de herança como direito fundamental.

Com efeito, vaticina Ney de Mello Almada: "o Direito da Sucessões é o conjunto de princípios legais disciplinadores da transmissão, aos herdeiros legatários, do patrimônio sucessível de uma pessoa, que vem a falecer."

Nessa esteira, aduz Lacerda de Almeida que, em razão da repercussão social, tais princípios são "fundamentais e de ordem pública".

Assim sendo, marque a alternativa correta, após o exame de veracidade das assertivas abaixo.

I. A aquisição da propriedade *mortis causa* se dá com o registro da partilha no cartório de registro de imóveis competente.

II. De acordo com a legislação pátria, o direito a sucessão aberta consubstancia-se em uma universalidade *iuris*, bem assim em direito real imobiliário.

III. Na sucessão *mortis causa* de estrangeiro domiciliado no Brasil, no que tange aos bens situados no Brasil, invariavelmente se aplicará a Lei Material Brasileira.

IV. Quando proferida após 5(cinco) anos da abertura da sucessão, a sentença que declara a vacância produzirá efeitos retro operantes.

V. Em matéria de sucessão legítima, pode-se afirmar que a representação somente é possível na linha reta descendente.

(A) F V F V F.

(B) V V F V V.

(C) F F V F F.

(D) V F V V F.

(E) F V V F V.

I: falsa, pois segundo o princípio de *saisine*, a herança transmite-se, desde logo, aos herdeiros (art. 1.784 do CC); **II:** verdadeira (art. 80, II, do CC); **III:** falsa, pois a sucessão de bens de estrangeiros, situados no País, será regulada pela lei brasileira em benefício do cônjuge ou dos filhos brasileiros, ou de quem os represente, sempre que não lhes seja mais favorável a lei pessoal do de cujus (art. 10, § 1º, da LINDB); **IV:** verdadeira (art. 1.822 do CC); **V:** falsa, pois o direito de representação dá-se também na linha transversal em favor dos filhos de irmãos do falecido, quando com irmãos deste concorrerem (art. 1.853 do CC).

Gabarito "A"

(Ministério Público/MA – 2009) A propósito do Direito das Sucessões, marque a alternativa INCORRETA.

(A) Se dois ou mais indivíduos falecerem na mesma ocasião, não se podendo averiguar qual deles morreu primeiro, presumir-se-ão simultaneamente mortos.

(B) Podem ser considerados indignos e, portanto, excluídos da sucessão os autores de homicídio doloso ou culposo, tentado ou consumado, contra a pessoa de cuja sucessão se tratar, seu cônjuge, companheiro, ascendente ou descendente.

(C) Não pode ser objeto de contrato a herança de pessoa viva, ressalvado, de forma excepcional, os pactos antenupciais e a partilha feita por ascendente, por ato entre vivos ou de última vontade, desde que não seja prejudicada a legítima dos herdeiros necessários.

(D) Somente é reconhecido direito sucessório ao cônjuge sobrevivente se, ao tempo da morte do outro, não estavam separados judicialmente, nem separados de fato há mais de dois anos, salvo prova, neste caso, de que essa convivência se tornara impossível sem culpa do sobrevivente.

(E) Na sucessão do companheiro de união estável, a companheira, quanto aos bens adquiridos onerosamente durante a vigência desta união, se não houver filhos comuns nem outros descendentes, mas apenas outros parentes sucessíveis, terá direito a um terço da herança.

A: correta, pois reflete o conceito de comoriência, previsto no art. 8º do CC; **B:** incorreta, devendo ser assinalada, pois somente serão excluídos da sucessão os autores de homicídio **doloso**, nos termos do art. 1.814, I, do CC; **C:** correta, pois a assertiva reflete o disposto no art. 426 do CC. Quanto às exceções, Silvio de Salvo Venosa complementa: "O princípio, porém, sofre ou sofria duas exceções. Uma das situações era a possibilidade de, nos pactos antenupciais, os nubentes poderem dispor a respeito da recíproca e futura sucessão. Tratava-se da doação *propter nuptias* que, estipulada no pacto antenupcial, aproveitava aos filhos do donatário, se este falecesse antes do doador (art. 314 do Código Civil de 1916). Não parece que no sistema atual esse negócio seja vedado. Note, aqui, que a doação não vem subordinada à morte, mas às bodas; sendo a morte mera consequência, não encontrando oposição no atual sistema. Outra exceção é a do art. 2.018 (...). Essa é, na verdade, a única exceção real ao art. 426, porque possibilita a ocorrência de uma disposição antecipada de bens para após a morte" (*Código Civil Interpretado*, Atlas, p. 437); **D:** correta, pois a assertiva reflete o disposto no art. 1.830 do CC; **E:** correta, pois a assertiva reflete o disposto no art. 1.790, III, do CC.

Gabarito "B"

(Ministério Público/SP – 2006) A sucessão causa mortis é a transferência, total ou parcial, de herança, por morte de alguém, a um ou mais herdeiros. A transmissão da herança, segundo o art. 1.784 do Código Civil se dá:

(A) no momento em que o herdeiro sabe da morte do *de cujus*.

(B) no momento em que o herdeiro aceita a herança.

(C) no momento da morte do *de cujus*.

(D) no momento da abertura do inventário.

(E) no momento da partilha.

O Código Civil adotou o princípio de *saisine*, segundo o qual a transmissão da herança ocorre imediatamente no momento da morte do *de cujus* (art. 1784 do CC).

Gabarito "C"

(Ministério Público/SP – 2005) Assinale a alternativa falsa.

(A) Se o herdeiro prejudicar os seus credores, renunciando à herança, poderão estes, com autorização do juiz, aceitá-la em nome do renunciante.

(B) O herdeiro que possui filhos menores não pode renunciar à herança; se o fizer, estes poderão suceder no lugar do renunciante, exercendo o direito de representação.

(C) A morte, a abertura da sucessão e a transmissão da herança aos herdeiros ocorrem num só momento.

(D) Os filhos do herdeiro excluído por indignidade serão chamados a sucedê-lo, como se morto fosse antes da abertura da sucessão.

(E) O autor de homicídio doloso contra a pessoa de cuja sucessão se tratar, mesmo condenado por sentença penal, somente será excluído da sucessão mediante pedido expresso de interessado, em ação própria.

A: verdadeira (art. 1.813 do CC); **B:** falsa, pois o herdeiro que possui filhos menores não é proibido de renunciar à herança; **C:** verdadeira (art. 1.784 do CC - princípio de *saisine*); **D:** verdadeira (art. 1.816 do CC); **E:** verdadeira (art. 1.815 do CC).

Gabarito "B"

8.2. SUCESSÃO LEGÍTIMA

(Ministério Público/MG – 2013) Quanto ao direito das sucessões, analise as seguintes alternativas e assinale a assertiva INCORRETA:

(A) O renunciante à herança de uma pessoa poderá representá-la na sucessão de outra, estando na ordem de chamamento.

(B) A lei pode chamar certos parentes do falecido a suceder em todos os direitos, como se ele vivo fosse, representando-o.

(C) O direito de representação dá-se na linha reta descendente, uma exceção entre os colaterais, mas nunca na ascendente.

(D) Na linha colateral, os filhos e netos de irmão do falecido representam-no quando com irmãos deste concorrerem.

A: assertiva correta, pois nesse caso há dois patrimônios a distribuir. Assim, por exemplo, o neto pode renunciar à herança do seu pai, mas poderá representar o seu pai na distribuição da herança do seu avô (CC, art. 1.856); **B:** assertiva correta, pois a assertiva traz a definição básica do direito de representação. Uma pessoa falece, deixando herdeiros vivos e, por exemplo, um herdeiro pré-morto. Este último tem herdeiros que sucederá em todos os direitos que o pré-morto sucederia caso estivesse vivo (CC, art. 1.851); **C:** assertiva correta, pois o direito de representação sempre ocorre na linha descendente, nunca ocorre na linha ascendente e só ocorre numa hipótese na linha colateral, a saber, para beneficiar o sobrinho do *de cujus*, quando concorrer com irmãos do morto (CC, art. 1.853); **D:** assertiva incorreta, devendo ser assinalada, pois apenas os filhos de irmãos terão esse direito quando a sucessão for colateral (CC, art. 1.853).

Gabarito "D"

(Ministério Público/MS – 2013 – FADEMS) Analise as assertivas abaixo acerca da união estável, apontando se são verdadeiras (V) ou falsas (F) e assinalando a opção correta:

I. Os conviventes estão incluídos na ordem de vocação hereditária, com todos os direitos e garantias deferidos aos cônjuges.

II. Na sucessão testamentária, o companheiro falecido, deixando herdeiros colaterais, não poderá dispor além da metade dos seus bens exclusivos em favor do companheiro supérstite.

III. Ao companheiro daquele que faleceu é assegurado o direito real de habitação, de acordo com o atual Código Civil.

IV. Há presunção *juris et de jure* de que os bens adquiridos de forma onerosa na constância da união são frutos do esforço comum.

(A) V, F, F, V.

(B) F, V, F, V.

(C) V,V, V, F.

(D) F, F, V, F.

(E) F, F, F, V.

I: Falsa, pois o art. 1.790 do CC regulamenta os direitos sucessórios do convivente de união estável de forma diferente do que o art. 1.829 do CC, que versa sobre direitos sucessórios do cônjuge; **II:** Falsa, pois o herdeiro colateral não é herdeiro necessário, não ocorrendo limitação em relação à parte que seja possível dispor em testamento (art. 1.845, CC); **III:** Falsa, pois o Código Civil não traz previsão expressa de direito real de habitação ao companheiro de união estável. Doutrina e jurisprudência, contudo, opinam que tal direito deve ser atribuído ao companheiro. No mesmo sentido definiu o Enunciado nº 117 do Conselho da Justiça Federal ("Art. 1831: o direito real de habitação deve ser estendido ao companheiro, seja por não ter sido revogada a previsão da Lei nº 9.278/96, seja em razão da interpretação analógica do art. 1.831, informado pelo art. 6º, *caput*, da CF/88"); **IV:** Verdadeira, pois o regime de comunhão parcial de bens aplicado à união estável (art. 1.725 do CC) acarreta mesmo tal presunção absoluta.

Gabarito "E"

(Ministério Público/SP – 2013 – PGMP) Em tema de sucessão legítima, assinale abaixo a assertiva INCORRETA.

(A) São herdeiros necessários os descendentes, os ascendentes e o cônjuge.

(B) Ao cônjuge sobrevivente, qualquer que seja o regime de bens, será assegurado, sem prejuízo da participação que lhe caiba na herança, o direito real de habitação.

(C) Entre os descendentes, os em grau mais próximo, excluem os mais remotos, salvo o direito de representação.

(D) Na falta de descendentes, são chamados à sucessão os ascendentes em concorrência com o cônjuge sobrevivente.

(E) O herdeiro necessário, a quem o testador deixar a sua parte disponível, ou algum legado, terá excluído seu direito à legítima.

A: assertiva correta (art. 1.845 do CC), **B:** assertiva correta (art. 1.831 do CC); **C:** assertiva correta (art. 1.833 do CC); **D:** assertiva correta (art. 1.836, *caput*, do CC); **E:** assertiva incorreta, devendo a alternativa ser assinalada; o herdeiro necessário não perderá, no caso, direito à legítima (art. 1.849 do CC).

Gabarito "E"

(Ministério Público/AC – 2008) Em relação à investidura na sucessão decorrente do direito de *saisine*, é correto afirmar que

(A) se aplica aos herdeiros legítimos e testamentários e ao Estado, no caso de herança jacente.

(B) se aplica aos legatários cuja posse do bem legado é deferida em razão da *saisine*.

(C) o Poder Público não é herdeiro e a ele não se aplica a regra do art. 1.784 do Código Civil.

(D) o herdeiro, pela *saisine*, toma-se sucessor, de maneira que não lhe é mais possível renunciar à herança.

A: incorreta, pois no caso de herança jacente há regras especiais que afastam a irrestrita aplicação do princípio de *saisine*, incluindo aí uma fase de administração e curadoria e outra fase de espera da chegada de herdeiros necessários para só então o município receber a propriedade definitiva dos bens deixados; **B:** incorreta, pois o art. 1.923 parágrafo único determina que *"Não se defere de imediato a posse da coisa, nem nela pode o legatário entrar por autoridade própria."*; **C:** correta, pois o Município é o destinatário dos bens deixados pelo de cujus quando da inexistência de herdeiros, mas isso não o insere na qualidade típica de um herdeiro legítimo. Daí a sua não inclusão no art. 1.829 do CC. Ademais, para a herança jacente e herança vacante há regras especiais que não se amoldam princípio de saisine; **D:** incorreta, pois a lei concilia o princípio de *saisine* com a renúncia à herança no art. 1.804, parágrafo único do CC, determinando que – neste caso – a transmissão simplesmente não se verificou. *"Deste modo, o ato de aceitação da herança retroage à data de abertura da sucessão, enquanto que, na hipótese de renúncia, a transmissão tem-se por não verificada. A lei entende que a renúncia opera como se o herdeiro renunciante jamais houvesse herdado. Essa a conciliação que a lei faz do princípio de saisine"* NICOLAU, Gustavo Rene. Direito Civil. .Sucessões. São Paulo: Atlas, p. 183.

Gabarito "C"

(Ministério Público/BA – 2008) Em sentido amplo, sabe-se que sucessão traduz a mudança do sujeito ativo ou do sujeito passivo de uma relação jurídica, podendo ocorrer por ato *inter vivos* ou *causa mortis*. Tratando-se de sucessão causa mortis, pode ser esta legítima ou testamentária. Quanto à sucessão legítima, esta ocorrerá em relação aos bens não compreendidos no testamento e será, segundo o Código Civil, deferida na seguinte ordem:

(A) Descendentes, ascendentes, cônjuge sobrevivente e colaterais.

(B) Descendentes, colaterais, cônjuge sobrevivente e ascendentes.

(C) Descendentes, ascendentes, colaterais e cônjuge sobrevivente.

(D) Cônjuge sobrevivente, descendentes, ascendentes e colaterais.

(E) Descendentes, ascendentes, cônjuge sobrevivente, colaterais e Município.

O art. 1.829 do Código Civil inicia o importante capítulo da "Ordem de vocação hereditária", estabelecendo uma lista sequencial de pessoas presumivelmente queridas pelo *de cujus* para quem a herança do falecido deverá ser entregue. Esta ordem coincide com a alternativa A, com a importante ressalva de que o cônjuge sobrevivente (a depender do regime de bens) concorrerá com os descendentes do falecido e (independentemente do regime de bens) com ascendentes.

Gabarito "A"

(Ministério Público/BA – 2010) Antônio faleceu em 10 de maio de 2008, *ab intestato*. Consta que o *de cujus* era casado pelo regime da comunhão parcial de bens, com Bruna, não deixando bens particulares, e ainda, que em razão do enlace matrimonial teve 4(quatro) filhos: Carlos, Daniel, Elda e Fátima. Ademais, consta que Carlos faleceu em 05 de agosto de 2007, e deixou 3(três) filhos: George, Hugo e Igor. Consta que Daniel renunciou à herança do seu genitor, sob condição resolutiva, bem assim que teve 2(dois) filhos: Jaime e Luiz. Outrossim, consta que Elda cedeu, a título de liberalidade, o seu quinhão hereditário a terceiro, estranho à sucessão, por instrumento público, contudo sem cientificar previamente os demais herdeiros.

Por derradeiro, consta que Fátima foi excluída da sucessão por indignidade, entretanto, teve 2 (dois) filhos, a saber: Márcia e Nilson.

Assinale a alternativa correta:

(A) Bruna terá direito a 50%(cinquenta por cento) da herança de Antônio.

(B) Os filhos de Daniel irão representar o pai renunciante.

(C) Os filhos de Fátima irão representar a mãe, na herança do falecido avô.

(D) A cessão da herança mencionada é ineficaz frente aos demais herdeiros.

(E) Os Filhos de Carlos receberão, em conjunto, 50% (cinquenta por cento) da herança do *de cujus*.

A: incorreta, pois como eram casados pelo regime da comunhão parcial de bens e Antônio faleceu sem deixar bens particulares, o cônjuge sobrevivente (Bruna) não sucede em concorrência com os descendentes (art. 1.829, I, do CC); **B:** incorreta, pois ninguém pode suceder representando herdeiro renunciante, exceto se ele for o único legítimo da sua classe, ou se todos os outros da mesma classe renunciarem à herança, poderão os filhos vir à sucessão, por direito próprio, e por cabeça (art. 1.811 do CC); **C:** correta, pois os descendentes do excluído por indignidade (Fátima), sucedem como se morto fosse antes da abertura da sucessão (art. 1.816, *caput*, do CC); **D:** incorreta, pois a cessão não será ineficaz. Caberá ao coerdeiro, a quem não se der conhecimento da cessão, depositado o preço, haver para si a quota cedida a estranho, se o requerer até cento e oitenta dias após a transmissão (art. 1.795 do CC); **E:** incorreta, pois os filhos de Carlos receberão 25% da herança (art. 1.855 do CC).

Gabarito "C"

(Ministério Público/BA – 2004) Tunico Travesso era casado com Maure Travesso, mas, por ser obstinado às aventuras extraconjugais, numa dessas teve um filho, Gladaniel, com Maurita, mulher de vida fácil. Procurado pela mãe do menor, Tunico negou-se a registrá-lo, insurgindo-se contra a paternidade, muito embora tenha havido prova inequívoca desta, confirmada pelo exame de DNA, em ação movida com base na Lei nº 8.560/1992 pelo Ministério Público da Comarca onde todos residiam. Eis que, de repente, Tunico Travesso vem a falecer, e, com sua morte, a esposa legítima, nomeada inventariante dos bens deixados pelo de cujus, negou ao infante qualquer ato participativo no inventário. À vista da situação verificada, é correto afirmar que:

I. Somente a mãe do menor pode habilitar-se no inventário, e a ela caberá o quinhão hereditário.

II. O filho havido fora do matrimônio perceberá em igualdade de condições com os demais filhos de Tunico e Maure.

III. Por ser Gladaniel filho ilegítimo, somente receberá 50% (cinquenta por cento) do que couber aos filhos legítimos.

IV. Neste caso, prevalecerá a vontade paterna em não reconhecer a filiação, ante dispositivo legal previsto no Código Civil.

V. O filho reconhecido através do exame do DNA receberá 25% (vinte e cinco por cento) dos bens do pai morto, e sua mãe também receberá 25% (vinte e cinco por cento) do que couber aos outros filhos.

(A) Apenas I e V estão corretas.

(B) Nenhuma alternativa está correta.

(C) Apenas III está correta.

(D) Apenas IV e V estão corretas.

(E) Apenas II está correta.

I: incorreta (todo herdeiro pode se habilitar no inventário, e sendo o filho já reconhecido em ação de investigação de paternidade, é herdeiro necessário); **II:** correta (art. 1.596 do CC); **III:** incorreta (art. 1.596 do CC); **IV:** incorreta (não existe referido dispositivo legal e prevalece o reconhecimento pelo exame de DNA por sentença proferida em ação de investigação de paternidade); **V:** incorreta; a mãe não receberá, eis que não é herdeira, e o filho reconhecido receberá em igualdade aos demais filhos do *de cujus*.

Gabarito "E"

(Ministério Público/CE – 2011 – FCC) São excluídos da sucessão os herdeiros ou legatários que

(A) houverem acusado em juízo o autor da herança, seu cônjuge ou companheiro.

(B) houverem sido autores, coautores ou partícipes de homicídio culposo ou doloso, ou tentativa deste, contra a pessoa de cuja sucessão se tratar, seu cônjuge, companheiro, ascendente ou descendente.

(C) praticarem lesão corporal grave em detrimento do autor da herança, ainda que culposa.

(D) cometerem crime de difamação contra o autor da herança, seu cônjuge ou seu companheiro.

(E) por qualquer meio, inibirem ou obstarem o autor da herança de dispor livremente de seus bens por ato de última vontade.

A: incorreta, pois apenas a acusação caluniosa e em juízo é que permite a exclusão do herdeiro ou legatário (art. 1.814, II, do CC); **B:** incorreta, pois o homicídio culposo não é causa de indignidade (art. 1.814, I, do CC); **C:** incorreta, pois da mesma forma o Código Civil não contempla a lesão culposa como causa de exclusão do direito de herdar; **D:** correta, pois a ocorrência de crime contra a honra do autor da herança é causa de indignidade (art. 1.814, II, do CC); **E:** incorreta, pois apenas a violência ou meios fraudulentos visando inibir o autor da herança de testar é que justificam a exclusão (art. 1.814, III, do CC).

Gabarito "D"

(Ministério Público/CE – 2009 – FCC) Na sucessão legítima o direito de representação dá-se

(A) na linha reta descendente e, na transversal, em favor dos filhos de irmãos do falecido, quando com irmãos deste concorrerem.

(B) apenas na linha reta ascendente.

(C) na linha reta descendente e ascendente, mas nunca na transversal.

(D) na linha reta ascendente e, na transversal, somente em favor dos filhos de irmãos do falecido, quando com irmãos deste concorrerem.

(E) apenas na linha reta descendente.

A alternativa "a" está correta, pois reflete o disposto nos arts. 1.852 e 1.853 do CC.

Gabarito "A"

(Ministério Público/ES – 2010 – CESPE) Assinale a opção correta com referência ao direito sucessório dos cônjuges e companheiros.

(A) O companheiro não concorre com os parentes colaterais do falecido.

(B) Havendo filhos exclusivos do(a) falecido(a), o(a) companheiro(a) herdará uma quota equivalente à que lhes for atribuída.

(C) O direito hereditário do companheiro restringe-se aos bens adquiridos onerosamente na vigência da união estável.

(D) No regime de separação obrigatória, o cônjuge sobrevivo herda porque não tem direito à meação.

(E) O cônjuge sobrevivo tem direito real de habitação e de usufruto.

A: incorreta, pois o companheiro concorre com parentes colaterais, nos termos do art. 1.790, III, do CC; **B:** incorreta, pois se o companheiro concorrer com filhos exclusivos do falecido tocar-lhe-á metade do que couber a cada um deles, nos termos do art. 1.790, II, do CC; **C:** correta, pois a assertiva reflete o disposto no art. 1.790, *caput*, do CC; **D:** incorreta, pois, no regime de separação obrigatória, o cônjuge só herda no caso de não existirem descendentes e herdará em concorrência aos ascendentes (art. 1.829, I e II, do CC); **E:** incorreta, pois o cônjuge sobrevivo tem direito real de habitação, desde que seja o único bem imóvel residencial a inventariar, mas não terá direito a usufruto, nos termos do art. 1.831 do CC.

Gabarito "C"

(Ministério Público/GO – 2005) Platão, solteiro, faleceu ab intestato no dia 10.01.2005, deixando um patrimônio líquido avaliado em R$ 80.000,00 e os seguintes parentes vivos: o sobrinho Glauco, os sobrinhos-netos Céfalo e Nero, filhos de outro sobrinho pré-morto, e, finalmente, o tio Sócrates. Diante destes fatos, é correto dizer:

(A) somente o sobrinho Glauco e o tio Sócrates herdam.

(B) somente Glauco receberá a herança.

(C) a herança será partilhada igualmente entre o sobrinho Glauco e os sobrinhos-netos Céfalo e Nero.

(D) os sobrinhos-netos sucedem por estirpe.

A alternativa B está correta, pois reflete o disposto no art. 1.840 do CC.

Gabarito "B"

(Ministério Público/MG – 2006) Assinale a alternativa **INCORRETA.**

(A) O reconhecimento de filho extraconjugal pode ser feito antes do nascimento ou posteriormente ao seu falecimento, desde que ele deixe descendentes.

(B) Os deveres de lealdade, respeito e mútua assistência, mais os de guarda, sustento e educação dos filhos compõem o contexto da união estável como exigência legal.

(C) A doação e o legado, sendo negócios jurídicos benéficos, devem ter sua interpretação restrita, tal como a renúncia.

(D) O CC/2002 abandonou a regra de igualdade das legítimas, quando o cônjuge concorre com filhos comuns e filhos só do autor da herança.

(E) O indigno, contemplado em testamento do ofendido, quando o testador já conhecia a causa da indignidade, receberá o bem legado e, reabilitado que fora, a herança.

A: correta, pois o art. 1.609 parágrafo único possibilita o reconhecimento de filhos antes do nascimento ou após o falecimento, se o reconhecido deixar descendentes. Ao exigir – no segundo caso – que o reconhecido tenha deixado descendentes, a lei busca evitar o reconhecimento pós morte com fins egoísticos, pois o pai poderia reconhecer o filho pós morte apenas com o objetivo de herdar, o que não ocorrerá caso o reconhecido tenha deixado descendentes; **B:** correta, pois o art. 1.724 estabelece que *"as relações pessoais entre os companheiros obedecerão aos deveres de lealdade, respeito e assistência, e de guarda, sustento e educação dos filho"* ; **C:** correta, pois de acordo com o art. 114 que determina que : *"os negócios jurídicos benéficos e a renúncia interpretam-se estritamente"*; **D:** correta, pois o cônjuge é um herdeiro necessário e poderá receber mais do que os descendentes do falecido, segundo as intrincadas regras do art. 1.829 combinado com o art. 1.832; **E:** incorreta (e deve ser assinalada), pois nessa hipótese o indigno receberá apenas o que a ele foi contemplado no testamento (CC, art. 1.818, parágrafo único).

Gabarito "E"

(Ministério Público/MG – 2011) Quanto ao Direito das Sucessões, é **INCORRETO** afirmar:

(A) Os herdeiros capazes, bem como os incapazes, mediante representação por instrumento público, poderão fazer partilha amigável, por escritura pública, termo nos autos do inventário, ou escrito particular, homologado pelo juiz.

(B) Os herdeiros em posse dos bens da herança, o cônjuge sobrevivente e o inventariante são obrigados a trazer ao acervo os frutos que perceberam, desde a abertura da sucessão; têm direito ao reembolso das despesas necessárias e úteis que fizeram, e respondem pelo dano a que, por dolo ou culpa, deram causa.

(C) Ficam sujeitos a sobrepartilha os bens sonegados e quaisquer outros bens da herança de que se tiver ciência após a partilha.

(D) A partilha, uma vez feita e julgada, só é anulável pelos vícios e defeitos que invalidam, em geral, os negócios jurídicos.

A: assertiva incorreta, devendo ser assinalada, pois o art. 982 do CPC determina que *"Havendo testamento ou interessado incapaz, proceder-se-á ao inventário judicial"*; **B:** assertiva correta, pois a alternativa repete a redação do art. 2.020 do Código Civil; **C:** assertiva correta, pois nos exatos termos do art. 2.022 do CC; **D:** assertiva correta, pois de acordo com o disposto no art. 2.027 do CC.

Gabarito "A"

(Ministério Público/MS – 2009) Em caso de sucessão, é correto afirmar que o cônjuge sobrevivente concorre com

(A) os descendentes, se casado no regime da comunhão de bens e se houver bens particulares do falecido.

(B) os descendentes independentemente do regime de bens.

(C) os descendentes, se casado no regime da comunhão universal.

(D) os descendentes, se casado no regime da separação obrigatória.

(E) os ascendentes dependendo do regime de bens.

Ao concorrer com descendentes do falecido, o cônjuge somente herdará se fosse casado no regime da separação convencional (afinal não teve direito de meação); comunhão parcial e participação final de aquestos (no que se refere aos bens particulares, pois nesses não meou também). No regime da comunhão universal e no da separação obrigatória de bens o cônjuge não herda. Quando a concorrência se der com ascendentes do falecido, o cônjuge sobrevivente herda, independentemente do regime de bens.

Gabarito "A"

(Ministério Público/MS – 2011 – FADEMS) Assinale a alternativa falsa.

(A) Ao valor patrimonial da herança deve ser adicionado o valor das doações que os descendentes receberam em vida dos ascendentes e que o sobrevivente recebeu em vida de seu consorte;

(B) O testamento público pode ser escrito manualmente ou mecanicamente, bem como ser feito pela inserção da declaração de vontade em partes impressas de livro de notas, desde que rubricadas todas as páginas pelo testador, se mais de uma;

(C) De acordo com o CC/2002, caso o morto não deixe descendentes, herdam concorrentemente, em igualdade de condições, seus ascendentes e o cônjuge sobrevivente, independentemente do regime de bens do casamento, desde que preenchidos por ele os requisitos fixados na lei;

(D) A sucessão legítima do companheiro se dá da mesma forma daquela reservada ao cônjuge sobrevivente. Assim, na ordem da vocação hereditária o companheiro sobrevivente terá o mesmo tratamento dispensado aos parentes sucessível ou aos colaterais;

(E) Legitimam-se a suceder as pessoas nascidas ou já concebidas no momento da abertura da sucessão.

A: verdadeira (art. 2002 do CC); **B:** verdadeira (art. 1.864, par. único, do CC); **C:** verdadeira (art. 1.829, II, do CC); **D:** falsa (art. 1.790 do CC); **E:** verdadeira (art. 1.798 do CC).

Gabarito "D"

(Ministério Público/PI – 2012 – CESPE) Com referência a partilha, ordem de vocação hereditária e demais regras de sucessão, assinale a opção correta.

(A) A aptidão para ser sucessor regula-se pela lei vigente ao tempo da abertura da sucessão.

(B) É ilícita a deixa ao filho do concubino, quando também o for do testador.

(C) Por força do princípio de *saisine*, a herança se transfere imediatamente aos herdeiros. Assim, mesmo antes da partilha, cada herdeiro já tem sua fração precisa e delimitada.

(D) No direito brasileiro, não há o chamado benefício de inventário.

(E) É vedada a sucessão testamentária em favor do *concepturo*.

A: correta, pois o instante da morte da pessoa de cuja sucessão se trata é o momento adequado para se verificar quem são os herdeiros aptos a receber seus respectivos quinhões hereditários (CC, art. 1.787); **B:** incorreta, pois o art. 1.803 prescreve pela licitude desta deixa. Vale afirmar que o artigo seria inútil, tendo em vista que a igualdade constitucional entre filhos já seria suficiente para que se permita ao pai deixar bens para o seu filho, pouco importando quem é a mãe; **C:** incorreta, pois a despeito da previsão de *saisine* (segundo a qual a herança transmite-se desde o instante da morte aos herdeiros – art. 1.784), o exato quinhão de cada herdeiro só é conhecido após a partilha; **D:** incorreta, pois o benefício de inventário é uma regra expressamente prevista no art. 1.792 que preconiza: "O herdeiro não responde por encargos superiores às forças da herança"; **E:** incorreta, pois a prole eventual pode ser beneficiária de testamento (CC, art. 1.799, I).

Gabarito "A"

(Ministério Público/PR – 2011) Antônio foi casado com Cecília por 10 anos, sendo que do casamento adveio o nascimento de três filhos, Daniel, Elisa e Fabio. Cecília faleceu no último dia 30 de novembro de 2009. Sem ter feito o inventário dos bens da sua falecida esposa e, por conseguinte, sem ter dado partilha aos herdeiros desta, Antônio se casou com Bruna no 1º de janeiro de 2010, subordinando-se ao regime de bens daí decorrente. No dia 10 de outubro de 2010, nasce Helena, filha de Antônio com Bruna. No dia de hoje, Antônio vem a falecer. Diante dos fatos narrados, assinale a alternativa correta:

(A) a herança de Antônio será dividida, em partes iguais, apenas entre os seus quatro filhos.

(B) a quarta parte da herança de Antônio caberá a Bruna, sendo que os outros três quartos serão divididos igualmente entre os quatro filhos de Antônio.

(C) a herança de Antônio será dividida, em cinco partes iguais, ou seja, entre os seus quatro filhos e a viúva.

(D) metade da herança de Antônio caberá a Helena, e a outra metade será dividida entre os três filhos advindos do primeiro casamento.

(E) Bruna terá direito à meação dos bens deixados por Antônio, cabendo aos quatro filhos a divisão do remanescente em partes iguais.

De fato, como Antônio casou com Bruna antes de fazer o inventário de Cecília, havia causa suspensiva (art. 1.523, I, do CC), razão pela qual o regime de bens foi o da separação de bens (art. 1.641, I, do CC). Desta forma, com o falecimento de Antônio, a sua herança será dividida entre os descendentes (art. 1.829, I, do CC).

Gabarito "A"

(Ministério Público/RJ – 2011) O Código Civil de 2002 trouxe para o ordenamento jurídico pátrio profundas modificações no direito sucessório decorrente do casamento e da união estável. O novo diploma legal, editado após a Constituição Federal de 1988, preconiza que o cônjuge sobrevivente:

(A) possui os mesmos direitos sucessórios que o companheiro sobrevivente, em razão da isonomia constitucional entre o casamento e a união estável. O novo código estipulou a mesma ordem de vocação hereditária para o companheiro e o cônjuge sobrevivente;

(B) concorrerá com todos os demais herdeiros, que são os descendentes, ascendentes e colaterais, aplicando-se os princípios da sucessão legítima e a forma de participação preconizada nos artigos 1829 e seguintes do citado diploma legal;

(C) não concorrerá com os ascendentes, caso o seu casamento tenha sido celebrado pelo regime da comunhão universal de bens; entretanto, será assegurado a ele o direito real de habitação previsto no artigo 1831 do Código Civil;

(D) concorrerá com os descendentes existentes, na hipótese de ser casado como falecido pelo regime da separação convencional de bens, na forma do artigo 1829, inciso I, do Novo Código Civil, e também terá assegurado o direito real de habitação previsto no artigo 1831 do mesmo diploma;

(E) participará no regime da separação obrigatória de bens da sucessão do outro somente quanto aos bens adquiridos onerosamente na vigência do casamento.

A: incorreta, pois não há igualdade de direitos sucessórios entre cônjuge e companheiro. A ordem de vocação hereditária da companheira está prevista no art. 1.790, a do cônjuge, no 1.829. Sobre o tema: NICOLAU, Gustavo Rene. Casamento e União Estável. Diferenças práticas. São Paulo: Atlas; **B:** incorreta, pois havendo apenas cônjuge e colaterais, este nada herdará na via da sucessão legítima; **C:** incorreta, pois na concorrência do cônjuge com ascendentes, o Código não insere o regime de bens como requisito para o direito sucessório; **D:** correta, pois no regime de separação convencional de bens a viúva herdará, tendo em vista que não meou e não poderia ficar desamparada no instante do falecimento do marido. Ademais, terá direito real de habitação independentemente da parte que lhe couber na herança; **E:** incorreta, pois no regime de separação obrigatória não há direito de o cônjuge herdar quando concorrer com descendentes.

Gabarito "D"

(Ministério Público/RS – 2008) Assinale a alternativa CORRETA:

(A) a capacidade para suceder apura-se no momento da abertura da sucessão.

(B) o menor relativamente capaz não tem capacidade para testar, a menos que assistido por seu representante legal.

(C) o princípio do direito das sucessões segundo o qual os mais próximos excluem os mais distantes, não se aplica entre os colaterais.

(D) tanto a aceitação quanto a renúncia à herança pode ser expressa ou tácita, mas a renúncia deve ser confirmada por termo nos autos ou escritura pública.

(E) a renúncia à herança, sendo um ato jurídico em sentido estrito, pode ser condicionada à aceitação de outra pessoa.

A: correta, pois o instante da morte da pessoa de cuja sucessão se trata é o momento adequado para se verificar quem são os herdeiros aptos a receber seus respectivos quinhões hereditários (CC, art. 1.787); **B:** incorreta, pois aos dezesseis anos já se concede capacidade plena para realizar o testamento (CC, art. 1.860 parágrafo único); **C:** incorreta, pois este princípio é também aplicável aos colaterais, com a única ressalva de que nesta sucessão existe direito de representação em favor do sobrinho (CC, art. 1.840); **D:** incorreta, pois não se admite a renúncia tácita (CC, art. 1.806); **E:** incorreta, pois não se pode inserir condição na renúncia (CC, art. 1.808).

Gabarito "A"

(Ministério Público/SC – 2008) Analise as seguintes assertivas:

I. A renúncia da herança pode ser pura, simples ou por encargo.

II. A indignidade se distingue da deserdação na amplitude. Enquanto a deserdação é exclusiva da sucessão testamentária, a indignidade atinge também a sucessão legítima.

III. Existe uma disposição testamentária de substituição na qual o testador designa uma pessoa para substituir o herdeiro ou legatário que não queira ou não possa aceitar a herança ou o legado.

IV. A herança é indivisível, por ser uma universalidade de direitos portanto, até a partilha, os herdeiros estão em regime de condomínio legal.

V. A ação de petição de herança pode ser requerida pelo herdeiro legítimo e pelos sucessores, a titulo universal ou singular, dos herdeiros.

(A) apenas I, III e IV estão corretos.

(B) apenas II e IV estão corretos.

(C) apenas I, III e V estão corretos.

(D) apenas III, IV e V estão corretos.

(E) apenas II e V estão corretos.

I: incorreta, pois não se pode inserir condição ou termo na renúncia (CC, art. 1.808); **II:** incorreta, pois a despeito de a deserdação ser instituída por testamento, ela afasta o herdeiro da parte legítima que receberia caso não fosse deserdado; **III:** correta, pois o art. 1.947 prevê a substituição nesses exatos termos; **IV:** correta, pois é exatamente isso que dispõe o art. 1.791; **V:** correta, pois de acordo com a orientação jurisprudencial do STJ (REsp 807.849/RJ, Rel. Ministra NANCY ANDRIGHI, SEGUNDA SEÇÃO, julgado em 24/03/2010, DJe 06.08.2010.

Gabarito "D"

(Ministério Público/SC – 2008) Analise as seguintes assertivas:

I. O testamento feito por brasileiro só será válido se for escrito em língua nacional.

II. Na linha colateral, se apenas concorrerem tios e primos aos bens do falecido, que não é casado, nem deixa pais e filhos, os primos herdarão por estirpe.

III. Na sucessão, por morte, de estrangeiro casado com brasileiro, aplica-se a lei brasileira em benefício do cônjuge ou dos filhos brasileiros, sempre que não lhes seja mais favorável a lei pessoal do *de cujus*.

IV. Os filhos do filho pré-morto não herdam bens pela morte do avô se houver filhos vivos. Somente herdarão se apenas concorrerem com outros netos.

V. Um apartamento doado para José e sua mulher Maria, casados pelo regime da comunhão parcial de bens, em caso de morte de José, será partilhado na base de 50% para Maria (meação que lhe pertence) e 50% (meação de José) para os filhos do casal.

(A) apenas I e IV estão corretos.

(B) apenas III esta correto.

(C) apenas I e V estão corretos.

(D) apenas II, III e V estão corretos.

(E) apenas II e V estão corretos.

I: incorreta, pois não há na lei exigência nesse sentido. O princípio segundo o qual no Direito Privado onde não se proíbe expressamente está permitida a conduta faz concluir pela imprecisão da afirmação; **II:** incorreta, pois na linha colateral os primos não tem o direito de representação. Na hipótese levantada os tios herdariam 100% da herança (CC, art. 1.853); **III:** correta, em virtude da regra estabelecida pelo art. 10 da LINDB, bem como pela Constituição Federal, art. 5º, XXI; **IV:** incorreta, pois a assertiva fere de morte o direito de representação estabelecido no art. 1.845 do Código Civil; **V:** incorreta, pois a viúva que fora casada sob comunhão parcial tem o direito de herdar nos bens particulares do falecido. Os 50% do imóvel correspondentes à parte de José constituem exatamente um bem particular dele.

Gabarito "B"

(Ministério Público/SC – 2010) Julgue os seguintes itens.

I. Na ordem de vocação dos herdeiros legítimos, o cônjuge sobrevivente participa tanto da primeira quanto da segunda classe, concorrendo com os descendentes, conforme o regime de bens do casamento, e com os ascendentes, respectivamente, sendo o titular do direito na terceira classe.

II. Ao nascituro não é reconhecida a vocação hereditária, cabendo-lhe a petição de herança com fundamento na norma geral de proteção, desde a concepção, a seus direitos.

III. É chamada *jacente* a herança aberta em que o falecido não tenha deixado testamento ou sejam desconhecidos seus herdeiros legítimos, enquanto se aguarda a habilitação de sucessores, e *vacante* aquela assim declarada judicialmente porque, passado um ano da publicação de editais convocando os sucessores, estes não se apresentaram para a sucessão. Nos cinco anos posteriores à declaração de vacância, os sucessores legítimos, exceto os colaterais, podem habilitar-se para exercer seus direitos hereditários

IV. Na linha descendente, os herdeiros de primeiro grau sucedem sempre por cabeça e os dos demais graus sempre por estirpe.

V. O herdeiro necessário que também figurar como herdeiro testamentário terá reduzida a sua legítima, até o montante recebido em testamento.

(A) Apenas as assertivas I e III estão corretas.
(B) Apenas as assertivas II, IV e V estão corretas.
(C) Apenas as assertivas I, II e V estão corretas.
(D) Apenas as assertivas I, III e IV estão corretas.
(E) Apenas as assertivas II, III e V estão corretas.

I: correta (art. 1.829, I, II e III, do CC); **II:** incorreta (art. 1.798 do CC); **III:** correta (arts. 1.819, 1.820 e 1.822, todos do CC); **IV:** incorreta, pois os demais graus sucedem por cabeça ou por estirpe (art. 1.835 do CC); **V:** incorreta (art. 1.849 do CC).

Gabarito "A"

(Ministério Público/SP – 2010) Assinale a alternativa correta:

(A) a abertura da sucessão ocorre com a distribuição do inventário dos bens deixados pelo "de cujus".
(B) realizada a partilha dos bens do falecido e havendo ainda dívidas, os herdeiros por elas respondem integralmente.
(C) JOSÉ veio a falecer em decorrência de acidente de trânsito, sendo que seu irmão JOÃO, também vítima do mesmo acidente, sobreviveu por alguns dias, vindo a falecer. JOSÉ não possuía ascendentes, descendentes, cônjuge ou companheira, mas tão somente outros três irmãos. Aberta a sucessão e realizada a partilha, coube ¼ (um quarto) dos bens por ele deixados a cada um dos irmãos.
(D) aquele que pretender estabelecer disposições especiais sobre o seu enterro deverá fazê-lo, necessariamente, por meio de testamento público, cerrado ou particular.
(E) o direito de representação, segundo estabelece o Código Civil, dá-se na linha ascendente e descendente, assim como na linha transversal, mas neste caso somente em favor dos filhos de irmãos do falecido.

A: incorreta, pois o Código Civil adotou o princípio de *saisine*, segundo o qual a transmissão da herança ocorre imediatamente no momento da morte do de cujus; **B:** incorreta, pois o herdeiro não responde por encargos superiores às forças da herança (art. 1.792 do CC); **C:** correta, pois, conforme ordem de vocação hereditária, os irmãos de José herdarão, e, como João ainda era vivo quando do falecimento de José, e respeitando-se o princípio de *saisine*, os quatro irmãos herdarão em partes iguais, pois a sucessão ocorreu no momento da morte; **D:** incorreta, pois as disposições especiais sobre o enterro poderão ser feitas por codicilo, nos termos do art. 1.881 do CC; **E:** incorreta, pois o direito de representação dá-se na linha reta descendente, mas **nunca na ascendente**, conforme dispõe o art. 1.852 do CC.

Gabarito "C"

(Ministério Público/SP – 2006) Se o finado tinha dois filhos vivos e três netos, filhos do filho pré-morto, a herança será dividida:

(A) em três partes; as duas primeiras cabem aos dois filhos que herdam por cabeça, e, a terceira parte será dividida pelos três netos que herdam por representação ao pai falecido.
(B) em três partes; as duas primeiras cabem aos dois filhos que herdam por direito de representação, e, a terceira parte será dividida pelos três netos que herdam por cabeça no lugar do pai falecido.
(C) em cinco partes iguais, todos herdam por cabeça já que são descendentes do finado.
(D) em duas partes, cabendo somente aos filhos a herança porque os descendentes mais próximos excluem os mais remotos.
(E) em três partes, cabendo somente aos netos a herança já que ficaram sem o pai e são protegidos pela lei.

A alternativa A está correta, pois reflete o disposto nos arts. 1.833 e 1.854 do CC.

Gabarito "A"

(Ministério Público/SP – 2012 – VUNESP) Em direito das sucessões, constitui a legítima:

(A) Na metade dos bens da herança pertencente aos herdeiros necessários.
(B) No legado recebido, pelo herdeiro necessário, da parte disponível dos bens do testador.
(C) Na ordem ocupada pelo cônjuge sobrevivente na sucessão legítima.
(D) No direito do herdeiro, em ação de petição de herança, demandar o reconhecimento de seu direito sucessório.
(E) Na exclusão da sucessão do herdeiro ou legatário declarado, por sentença, indigno.

A: correta, pois define com precisão o significado de parte legítima, prevista no Código Civil no art. 1.846; **B:** incorreta, pois o legado é uma deixa testamentária singular realizada pelo de cujus em favor de algum herdeiro (CC, art. 1.912); **C:** incorreta, pois a ordem ocupada pela cônjuge na sucessão legítima não leva esse nome jurídico; **D:** incorreta, pois não é este o nome do direito que o herdeiro tem de demandar em petição de herança o seu direito sucessório; **E:** incorreta, pois não se confunde a indignidade (CC, art. 1.814) com a parte legítima.

Gabarito "A"

(Ministério Público/TO – 2012 – CESPE) Assinale a opção correta acerca do direito das sucessões, regulado no ordenamento jurídico brasileiro.

(A) No direito brasileiro, a delação ocorre após a partilha da herança.

(B) Em uma sucessão, sobrevindo cônjuge, a ele será conferido direito real de habitação relativo ao imóvel destinado à residência da família, desde que seja o único bem dessa natureza, em qualquer situação de regime de bens.

(C) Existindo testamento e sobrevindo descendente que, sucessível ao testador, lhe seja desconhecido, o testamento pode ser invalidado por meio de ação rescisória.

(D) Considere que uma fazenda deixada por *de cujus* ocupe uma extensão que envolva três municípios de determinado estado da Federação. Considere, ainda, que a família tenha ingressado com ação no município do domicílio, comarca A, e que, no domicílio vizinho, comarca B, exista um inventário em processamento aberto pelo herdeiro primogênito. Nesse caso, o MP estadual deverá solicitar ao juiz da comarca B a nulidade do inventário, dada a aplicabilidade da regra da territorialidade para o caso.

(E) Duas pessoas podem, com amparo na lei, estabelecer acordo no qual seja prevista transferência de herança futura.

A: incorreta, pois a delação ocorre desde o momento do falecimento. A delação significa o deferimento, o oferecimento por assim dizer da herança aos herdeiros do falecido que dali em diante poderão aceitá-la, renunciá-la ou até ceder seus direitos hereditários a terceiros. Não teria sentido, portanto, que a delação ocorresse após a partilha; **B:** correta, pois o direito real de habitação independe do regime de bens adotado no casamento do falecido com sua viúva. A alternativa repete a regra prevista no art. 1.831 do CC. Talvez valha, porém, a ressalva de que o referido artigo legal contém uma imprecisão, pois ao invés de mencionar a expressão "desde que seja o único desta natureza a inventariar", deveria ter usado a expressão: "ainda que seja o único desta natureza a inventariar"; **C:** incorreta, pois a hipótese não é de rescisória e sim rompimento do testamento, hipótese na qual um relevante fato previsto em lei é capaz de – por si só – romper todas as disposições testamentárias (CC, art. 1.973); **D:** incorreta, pois a hipótese não é de nulidade do inventário (CPC, art. 96); **E:** incorreta, pois é nulo de pleno direito qualquer convenção que tenha por objeto a herança de pessoa viva (CC, art. 426).

Gabarito "B"

8.3. SUCESSÃO TESTAMENTÁRIA

(Ministério Público/ES – 2013 – VUNESP) Entende-se por testamento conjuntivo aquele

(A) realizado por duas ou mais pessoas, em instrumentos distintos, cada qual beneficiando o outro.

(B) realizado por pessoa sem capacidade de testar.

(C) que dispõe da totalidade dos bens do testador.

(D) que contenha disposições testamentárias eivadas de erro, dolo ou coação.

(E) feito por duas ou mais pessoas, no mesmo instrumento, em benefício recíproco ou de terceiro.

O sistema brasileiro não admite que duas pessoas façam suas disposições de última vontade no mesmo instrumento, ou seja, no mesmo testamento. Tal disposição chama-se testamento conjuntivo e sua proibição vem estabelecida no art. 1.863 do CC.

Gabarito "E"

(Ministério Público/DF – 2013) Ainda a respeito do direito de sucessão, julgue os itens a seguir:

I. O direito de acrescer ocorre quando os co-herdeiros, nomeados conjuntamente, pela mesma disposição testamentária, em quinhões não determinados, ficam com a parte que caberia ao outro co-herdeiro que não quis ou não pôde aceitá-la.

II. Se o testador não tiver herdeiros necessários, poderá dispor livremente de todos os seus bens, impondo as cláusulas que entender e, mesmo que tenha esses herdeiros, pode, sem limitação alguma, gravar os bens que integram a sua metade disponível. No entanto, o herdeiro necessário, a quem o testador deixar sua parte disponível, perderá o direito à legítima.

III. Os maiores de dezesseis anos têm capacidade testamentária ativa e outorgarão o testamento sem assistência do representante legal, no caso, age direta e pessoalmente, pois não pode o testador ficar sujeito à assistência, autorização ou anuência de quem quer que seja.

IV. A substituição fideicomissária somente se permite em favor dos não concebidos ao tempo da morte do testador e pode ser estabelecida até o herdeiro de segundo grau.

V. A liberalidade feita a descendente que, ao tempo do ato, não seria chamado à sucessão, ainda que da parte disponível, impõe ao beneficiado a obrigação de colacionar o bem anteriormente recebido em vida do de cujus, por doação.

Estão CORRETOS os itens:

(A) I, II e IV

(B) I, III e IV

(C) I, III e V

(D) II, IV e V

(E) III, IV e V

I: correta, pois a assertiva reflete a regra estabelecida pelo art. 1.941 do Código Civil; **II:** incorreta, pois o herdeiro necessário a quem se testou a parte disponível não perde o direito à legítima (CC, art. 1.849); **III:** correta, pois a capacidade plena para testar é adquirida aos dezesseis anos (CC, art. 1.860 parágrafo único); **IV:** correta, pois de pleno acordo com a limitação estabelecida pelo art. 1.952 do Código Civil; **V:** incorreta, pois nesse caso ocorre uma dispensa da colação (CC, art. 2.005, parágrafo único).

Gabarito "B"

(Ministério Público/BA – 2010) Segundo a doutrina, o testamento consiste em negócio jurídico; solene, de eficácia *mortis causa*, personalíssimo, unilateral e revogável. Portanto, em relação ao testamento, é correto afirmar:

(A) É anulável, quando celebrado pelo menor entre 16 e 18 anos.

(B) É invalido, quando celebrado pelo pródigo.

(C) Será válido, ainda que contenha exclusivamente disposições de caráter não patrimonial.

(D) Será anulável, quando contiver os defeitos de erro, dolo ou coação, no prazo de 4(quatro) anos, a partir da data da abertura da sucessão.

(E) O testamento público posterior, inexoravelmente, revoga o testamento particular anterior.

A: incorreta, pois podem testar os maiores de dezesseis anos (art. 1.860, par. único, do CC); **B:** incorreta. Silvio de Salvo Venosa comenta a questão: "Assim, nem mesmo o pródigo está inibido de dispor por última vontade, embora tenha restrição de disposição patrimonial em vida, salvo se essa prodigalidade lhe afete a mente de modo que se constitua numa enfermidade mental. Aí, porém, a inibição de testar não advém do fato exclusivo de ser pródigo" (http://www.silviovenosa.com.br/artigo/capacidade-de-testar-e-capacidade-de-adquirir-por-testamento); **C:** correta (art. 1.857, § 2º, do CC); **D:** incorreta, pois o prazo será de 4 anos contados de quando o interessado tiver conhecimento do vício (art. 1.909, par. único, do CC); **E:** incorreta, pois não existe essa previsão legal.

Gabarito "C"

(Ministério Público/BA – 2010) Bernardo, em 12 de maio de 2008, mediante testamento particular, reconheceu a paternidade de Cecília, bem assim dispôs da metade de seu patrimônio. Consta que o referido testamento foi celebrado em circunstâncias excepcionais, devidamente declaradas na cédula, contudo, sem testemunhas.

Assinale a alternativa correta.

(A) O testamento é anulável.

(B) O testamento é inexistente.

(C) O testamento é ineficaz.

(D) O testamento somente será válido no que concerne à disposição do patrimônio.

(E) O testamento poderá ser confirmado, a critério do Juiz.

Art. 1.879 do CC.

Gabarito "E"

(Ministério Público/MA – 2009) Ainda, sobre os Direitos das Sucessões, assinalar a alternativa INCORRETA.

(A) A prole eventual, isto é, os filhos ainda não concebidos de pessoas indicadas pelo testador, não dispõe de capacidade de adquirir por testamento (capacidade passiva), mesmo que vivas no momento da abertura da sucessão.

(B) Os maiores de dezesseis (16) anos já possuem capacidade para fazer testamento e, por se tratar de ato personalíssimo, não necessitam da assistência dos pais ou dos responsáveis.

(C) Não pode o testador estabelecer cláusula de inalienabilidade, impenhorabilidade, e de incomunicabilidade, sobre os bens da legítima, exceto se houver justa causa, declarada no testamento.

(D) O Ministério Público pode requerer a abertura do inventário somente se houver herdeiros incapazes.

(E) Se o herdeiro for devedor ao espólio, sua dívida será partilhada igualmente entre todos, salvo se a maioria consentir que o débito seja imputado inteiramente no quinhão do devedor.

A: incorreta (e deve ser assinalada), pois, na sucessão testamentária, podem ser chamados a suceder os filhos, ainda que não concebidos, de pessoas indicadas pelo testador, desde que vivas estas ao abrir-se a sucessão (art. 1.799, I, do CC); **B:** correta, pois a assertiva reflete o disposto nos arts. 1.858 e 1.860, parágrafo único, do CC; **C:** correta, pois a assertiva reflete o disposto no art. 1.848, *caput*, do CC; **D:** correta, pois a assertiva reflete o disposto no art. 988, VIII, do CPC; **E:** correta, pois a assertiva reflete o disposto no art. 2.001 do CC.

Gabarito "A"

(Ministério Público/MG – 2012 – CONSULPLAN) Quanto ao testamento particular, é **INCORRETO** afirmar que:

(A) pode ser escrito de próprio punho ou mediante processo mecânico. Se escrito de próprio punho, são requisitos essenciais à sua validade seja lido e assinado por quem o escreveu, na presença de pelo menos duas testemunhas, que o devem subscrever.

(B) se as testemunhas forem contestes sobre o fato da disposição, ou, ao menos, sobre a sua leitura perante elas, e se reconhecerem as próprias assinaturas, assim como a do testador, o testamento será confirmado.

(C) em circunstâncias excepcionais declaradas na cédula, o testamento particular de próprio punho e assinado pelo testador, sem testemunhas, poderá ser confirmado, a critério do juiz.

(D) pode ser escrito em língua estrangeira, contanto que as testemunhas a compreendam.

A: incorreta (e deve ser assinalada), pois nesse caso a lei exige três testemunhas (CC, art. 1.876, § 1º); **B:** correta, pois a concordância das testemunhas nesse caso é requisito de confirmação do testamento particular (CC, art. 1.878). A expressão "contestes" costuma gerar confusões, pois não significa discordância entre as testemunhas, mas sim "que diz o mesmo que o outro" ; **C:** correta, pois de acordo com o art. 1.879 que possibilita a ausência de testemunhas nessa hipótese; **D:** correta, pois não há previsão legal proibindo a utilização de idioma estrangeiro para o testamento particular. O relevante mesmo é que as testemunhas compreendam o disposto na declaração de vontade.

Gabarito "A"

(Ministério Público/MG – 2008) Assinale a alternativa INCORRETA.

(A) A legislação brasileira atual, embora menos formalista, não admite, contudo, qualquer tipo de testamento sem a presença de testemunhas.

(B) Deverá o testamento público ser lavrado pelo notário ou seu substituto legal, sempre em língua portuguesa e lido antes de ser assinado.

(C) Deixando o testador legado de pensão periódica, a favor do legatário, esta poderá ser cobrada pelo beneficiário a partir da morte do testador.

(D) Admite-se o cumprimento concomitante de três testamentos, dispondo de bens diferentes a legatários comuns ou diversos e prelegatários.

(E) O testamento particular, digitado no computador, não pode conter rasuras ou espaços em branco, será testemunhado, lido e assinado.

A: incorreta (e deve ser assinalada), art. 1.879 do CC; **B:** correta (art. 1.864, II, do CC); **C:** correta (art. 1.926 do CC); **D:** correta, pois, de fato, se o testamento posterior não tratou do assunto ou não revogou expressamente o testamento anterior, todos estão válidos e devem ser cumpridos (art. 1.970, parágrafo único, do CC); **E:** correta (art. 1.876, § 2º, do CC).

Gabarito "A"

(Ministério Público/MS – 2006) Acerca do instituto do testamento militar pode-se afirmar que:

(A) Se o testador pertencer a corpo ou seção de corpo destacado, o testamento não poderá ser escrito pelo respectivo comandante, ainda que de graduação ou posto inferior.

(B) Caduca o testamento militar, desde que, depois dele, o testador esteja, 90 dias seguidos, em lugar onde possa testar na forma ordinária, salvo se este testamento apresentar as solenidades prescritas.

(C) Se o testador for o oficial mais graduado, o testamento não poderá ser escrito por aquele que o substituir.

(D) Mesmo que o testador saiba escrever, não poderá fazer o testamento de seu punho.

A: incorreta (art. 1.893, § 1º, do CC); **B:** correta (art. 1.895 do CC); **C:** incorreta (art. 1.893, § 3º, do CC); **D:** incorreta (art. 1.894 do CC).

Gabarito "B"

(Ministério Público/RJ – 2011) A Deliberação nº 30/11, do Órgão Especial do Ministério Público do Estado do Rio de Janeiro, em seu art. 3º, inciso III, cumprindo o disposto no art. 1.126 do Código de Processo Civil, determina a atuação do Ministério Público quando existir testamento. Sobre a sucessão testamentária, é correto afirmar que:

(A) o concepturo possui capacidade testamentária sucessória passiva em razão de ter personalidade jurídica;

(B) o testador não pode nomear mais de um testamenteiro, o qual tem a função de dar fiel cumprimento às disposições de última vontade;

(C) a inclusão de cláusulas restritivas que oneram a legítima do herdeiro necessário não é admitida no ordenamento jurídico pátrio, somente sendo permitida a inclusão de tais cláusulas em relação aos herdeiros facultativos;

(D) a sanção de sonegados prevista no Código Civil consiste na remoção do herdeiro da função de inventariante, permanecendo este com direitos sobre todos os bens que lhe cabiam;

(E) a dispensa de colação é permitida no direito pátrio e ocorre quando estipulada pelo doador no ato da liberalidade ou em testamento.

A: incorreta. A prole eventual pode ser beneficiária de testamento (CC, art. 1.799, I), mas isso não se deve ao fato de ele ter personalidade jurídica, a qual só é deferida ao nascido com vida (CC, art. 2º) e – para os que se filiam à teoria concepcionista – ao nascituro; **B:** incorreta, pois o art. 1.976 permite ao testador instituir mais de um testamenteiro; **C:** incorreta, pois o art. 1.848 permite a cláusula restritiva da legítima exigindo-se apenas a justa causa estabelecida no testamento; **D:** incorreta, pois a pena de sonegados corresponde à perda do direito hereditário sobre os bens sonegados; **E:** correta. Aquele que doou ou testou um bem a um de seus descendentes pode dispensar o beneficiário da colação de bens. Na prática isso significa que o descendente receberá o bem doado ou testado sem perder nenhum direito sucessório que normalmente teria. Tal dispensa da colação pode ocorrer tanto na própria escritura de doação quanto em testamento futuro (CC, art. 2.006).

Gabarito "E"

(Ministério Público/SP – 2008) Certo testador institui seus herdeiros Antonio por 1/6 da herança, Benedito por 2/6 e Carlos por 3/6, dispondo que, na falta de um deles por premoriência, indignidade ou renúncia, nomeia Daniel, como herdeiro, juntamente com os demais. Considerando a condição de substituto vulgar de Daniel, a concorrer com os substitutos recíprocos, assinale a assertiva correta sobre a distribuição da herança caso Antonio venha a falecer.

(A) O seu quinhão será dividido entre Daniel, Benedito e Carlos na mesma proporção fixada, ou seja, 1/6, 2/6 e 3/6.

(B) Benedito, Carlos e Daniel receberão cada um 1/3 da herança deixada pelo *de cujus*.

(C) O quinhão de Antonio (1/6) irá para Daniel, ficando Benedito com 2/6 da herança e Carlos com 3/6 desta.

(D) O quinhão de Antonio (1/6) será dividido em partes iguais por todos os herdeiros, Benedito, Carlos e inclusive Daniel.

(E) A sua cota (1/6) será dividida entre Benedito, que receberá duas partes dela, e Carlos, que ficará com três partes dela.

A alternativa D está correta, pois reflete o disposto no art. 1.950 do CC.

Gabarito "D"

(Ministério Público/SP – 2006) "É o ato pelo qual o testador, conscientemente, torna ineficaz testamento anterior, manifestando vontade contrária à que nele se acha expressa".

"É a inutilização de testamento por perda de validade em razão da ocorrência de fato superveniente previsto em lei". Com relação a testamento, são atos, respectivamente, de:

(A) revogação e rompimento.

(B) caducidade e rompimento.

(C) rompimento e revogação.

(D) revogação e caducidade.

(E) revogação e anulação.

A alternativa A está correta, pois reflete o disposto nos arts. 1.969 e 1.973 do CC.

Gabarito "A"

8.4. INVENTÁRIO E PARTILHA

(Ministério Público/MS – 2009) Em se tratando de colação, é correto afirmar que

(A) o valor dos bens doados, não tendo sido previamente estipulado na doação, será o do momento da colação.

(B) poderá haver dispensa da colação no ato da doação ou em momento posterior no testamento.

(C) quem renunciar à herança não precisará trazer os bens que tenha recebido em doação anteriormente à colação.

(D) quem for excluído da herança não precisará trazer os bens que tenha recebido em doação anteriormente à colação.

(E) Se a doação tiver sido feita por ambos os cônjuges, o bem será trazido à colação no inventário do que primeiro falecer.

A: incorreta, pois o art. 2.004 estipula que o valor da colação equivale ao valor atribuído no momento da liberalidade; **B:** correta, pois aquele que doou ou testou um bem a um de seus descendentes pode dispensar o beneficiário da colação de bens. Na prática isso significa que o descendente receberá o bem doado ou testado sem perder nenhum direito sucessório que normalmente teria. Tal dispensa da colação pode ocorrer tanto na própria escritura de doação quanto em testamento futuro (CC, art. 2.006); **C e D:** incorretas, pois *"Aquele que renunciou a herança ou dela foi excluído, deve, não obstante, conferir as doações recebidas, para o fim de repor o que exceder o disponível"* (CC, art. 2.008); **E:** incorreta, pois *"sendo feita a doação por ambos os cônjuges, no inventário de cada um se conferirá por metade"* (CC, art. 2.012).

Gabarito "B"

9. REGISTROS PÚBLICOS

(Ministério Público/DF – 2013) Acerca da Lei dos Registros Públicos, julgue os itens a seguir:

I. É possível que, vários imóveis, pertencentes a mesmo dono e sendo contíguos, mas situados em duas comarcas/circunscrições imobiliárias distintas sejam objeto de fusão, passando a formar um único imóvel que será matriculado em apenas uma delas.

II. O procedimento inerente à dúvida registrária tem seu fundamento no aspecto formal e material do título apresentado para registro na matrícula do imóvel. Portanto, tem por finalidade apurar a existência do direito material ou declarar a inexistência de ônus que recai sobre o objeto do título apresentado para registro, bem como aferir se o título reúne os elementos formais exigidos por lei.

III. O princípio da especialidade impõe que o imóvel, para efeito de registro público, seja plenamente identificado, a partir de indicações exatas de suas medidas, características e confrontações.

IV. A sentença declaratória de ausência, que nomeou curador, será registrada no Registro Civil de Pessoas Naturais, no cartório do último domicílio do ausente, com as mesmas cautelas e efeitos do registro de interdição, indicando informações sobre o ausente, a sentença, o curador nomeado, o promotor do processo e o tempo da ausência.

V. Considere que foram lavrados dois assentos de nascimento em relação à mesma pessoa; no primeiro, constando na filiação apenas o nome da mãe, e no segundo, o nome desta e do pai biológico, bem como a averbação do casamento e do divórcio da registranda. Nessa situação, diante da duplicidade de registro, deve o julgador, em regra, fazer prevalecer o segundo, em face do princípio da segurança, autenticidade e eficácia dos registros públicos.

Estão CORRETOS os itens:

(A) I e II

(B) III e IV

(C) III e V

(D) II e IV

(E) I e IV

I: incorreta, pois "os registros relativos a imóveis situados em comarcas ou circunscrições limítrofes, que serão feitos em todas elas, devendo os Registros de Imóveis fazer constar dos registros tal ocorrência" (Lei 6.015/73, art. 169, II); **II:** incorreta, pois o procedimento de dúvida, que tem "natureza administrativa e não impede o uso do processo contencioso competente" não se presta a apurar existência de direito material (Lei 6.015/73, art. 204); **III:** correta, pois a assertiva reproduz com fidelidade o conceito de especialidade; **IV:** correta, pois a assertiva reproduz a regra constante do art. 94 da Lei 6.015/73; **V:** incorreta, pois o que deve prevalecer não é necessariamente o mais recente, mas o que reflete a realidade fática.

Gabarito "B"

10. QUESTÕES COMBINADAS E OUTROS TEMAS

(Ministério Público/MG – 2014) Assinale a alternativa CORRETA:

(A) A fundação pode, excepcionalmente, ter fins econômicos desde que instituída por escritura pública ou testamento.

(B) O domicílio da pessoa natural que não tenha residência habitual é o lugar onde for encontrada.

(C) O sobrinho, com fundamento no parentesco consanguíneo, pode exigir alimentos do tio, que serão fixados para o atendimento apenas das necessidades essenciais.

(D) É absoluta a presunção que supre a prova objetivada com a perícia médica recusada.

A: incorreta, pois a fundação não pode ter fins econômicos e *"somente poderá constituir-se para fins religiosos, morais, culturais ou de assistência"* (CC, art. 62, parágrafo único); **B:** correta, pois a assertiva reproduz a regra estabelecida pelo art. 73 do Código Civil; **C:** incorreta, pois *"na falta dos ascendentes cabe a obrigação aos descendentes, guardada a ordem de sucessão e, faltando estes, aos irmãos, assim germanos como unilaterais"* (CC, art. 1.697); **D:** incorreta, pois a presunção estabelecida pelos arts. 231 e 232 é relativa.

Gabarito "B"

(Ministério Público/MG – 2014) Assinale a alternativa INCORRETA:

(A) A prescrição pode ser alegada a qualquer tempo pela parte a quem aproveita.

(B) Entre associados, não há direitos e obrigações recíprocos.

(C) A inviolabilidade da vida privada da pessoa natural é garantia absoluta amparável judicialmente.

(D) A morte presumida na ausência não dissolve o casamento.

A: assertiva correta, pois de acordo com a regra estipulada pelo art. 190 do CC; **B:** assertiva correta, pois não há, entre associados, direitos e obrigações recíprocos (CC, art. 53, parágrafo único); **C:** assertiva correta, pois de acordo com a previsão estabelecida pelo art. 21 do CC; **D:** assertiva incorreta, devendo ser assinalada, pois *"o casamento válido se dissolve pela morte de um dos cônjuges, aplicando-se a presunção estabelecida no Código quanto ao ausente"* (CC, art. 1.571 § 1º).

Gabarito "D"

(Ministério Público/MG – 2014) Assinale a alternativa CORRETA:

(A) A curatela é medida de proteção do menor absolutamente incapaz portador de deficiência mental.

(B) A proteção legal do direito da personalidade cessa com a morte da pessoa natural.

(C) Na ordem de vocação hereditária o cônjuge sobrevivente precede os colaterais.

(D) A usucapião trienal de coisa móvel independe de justo título e boa-fé.

A: incorreta, pois a curatela destina-se ao maior de idade que é incapaz; **B:** incorreta, pois mesmo após a morte ainda há direitos da personalidade que são tuteláveis, protegidos e que – se violados – possibilitam pedido dos herdeiros de reparação por danos morais (CC, arts. 12 parágrafo único e 20 parágrafo único); **C:** correta, pois o cônjuge sobrevivente concorre com descendentes (dependendo do regime de bens), concorre com ascendentes (independentemente do regime de bens) e não havendo descendentes ou ascendentes, ainda prevalece em relação ao colateral; **D:** incorreta, pois a usucapião de bem móvel que se dá no prazo de três anos é da espécie ordinária, a qual exige justo título e boa-fé (CC, art. 1.260).

Gabarito "C"

(Ministério Público/MG – 2014) Assinale a alternativa INCORRETA:

(A) A petição de herança é ação real e o termo inicial da prescrição é a abertura da sucessão.

(B) O regime de bens pode ser modificado mediante pedido fundamentado de ambos os cônjuges mediante autorização judicial que acolha a procedência das razões invocadas, ressalvados os direitos de terceiros.

(C) Os atos emulativos praticados pelo proprietário caracterizam os direitos de usar (*ius utendi*), gozar (*ius fruendi*) e dispor (*ius abutendi*), salvo quando ofensivos à função socioambiental da propriedade.

(D) A incapacidade superveniente do testador não invalida o testamento.

A: assertiva correta, pois trata-se de uma ação que visa proteger o direito real de propriedade que é conferido pela sucessão do *de cujus*. A maioria da doutrina defende que ela tem prazo, cujo termo inicial é mesmo a abertura da sucessão (Súmula 149 do STF: *"É imprescritível a ação de investigação de paternidade, mas não o é a de petição de herança"*; **B:** assertiva correta, pois o art. 1.639 § 2º, do Código Civil permite tal alteração bastando para tanto o *"pedido motivado de ambos os cônjuges, apurada a procedência das razões invocadas e ressalvados os direitos de terceiros"*; **C:** assertiva incorreta, devendo ser assinalada, pois os atos emulativos são os que *"não trazem ao proprietário qualquer comodidade, ou utilidade, e sejam animados pela intenção de prejudicar outrem"* (CC, art. 1.228 § 2º). Tais atos são proibidos pela lei; **D:** assertiva correta, pois a capacidade do testador afere-se no momento em que ele realiza o testamento. Logo, caso ele se torne incapaz após a realização do testamento, suas disposições permanecem válidas (CC, art. 1.861).

Gabarito "C"

(Ministério Público/MG – 2014) É CORRETO afirmar que:

(A) A validade do negócio jurídico é sempre anulável por iniciativa das partes.

(B) A representação legal resultante do poder familiar valida os atos de disposição praticados em nome do representado.

(C) A renúncia da prescrição pode ser suprida pelo juiz, de ofício, quando favorecer o incapaz.

(D) A impotência *coeundi* ou instrumental não é causa elisiva absoluta da presunção de paternidade.

A: incorreta, pois o negócio jurídico pode ser anulado por iniciativa do terceiro interessado. É o que ocorre, por exemplo, na hipótese de o devedor insolvente alienar bens, fraudando os credores. Nesse caso, a venda é anulável (CC, art. 159 e 178) e o terceiro (credor) poderá pleitear sua anulação; **B:** incorreta, pois *"Não podem os pais alienar, ou gravar de ônus real os imóveis dos filhos, nem contrair, em nome deles, obrigações que ultrapassem os limites da simples administração, salvo por necessidade ou evidente interesse da prole, mediante prévia autorização do juiz"* (CC, art. 1.691); **C:** incorreta, pois o Código Civil não contempla esta previsão; **D:** correta, pois apenas a prova da impotência para gerar filhos é que afasta a presunção da paternidade (CC, art. 1.599).

Gabarito "D"

(Ministério Público/MG – 2014) Assinale a alternativa CORRETA:

É possível afirmar que a adoção do sistema de cláusulas gerais no Código Civil de 2002 reverencia:

(A) O principio da boa-fé objetiva.

(B) O principio da eticidade.

(C) O princípio da sociabilidade.

(D) O princípio da operabilidade.

Quando a lei estabelece cláusulas gerais, ela concede ao julgador uma ampla margem de flexibilidade, a fim de que este consiga – diante do caso concreto – estabelecer uma melhor solução para a lide, levando-se em conta fato, valor e norma. Nesse sentido, prestigia-se o princípio da operabilidade, segundo o qual, o Código Civil é um instrumento efetivo e eficiente para encontrar soluções viáveis e sem grandes dificuldades.

Gabarito "D"

(Ministério Público/DF – 2013) A respeito do direito das obrigações e dos negócios jurídicos, sob a ótica do Código Civil, julgue os itens a seguir:

I. Ocorre a solidariedade passiva quando na mesma obrigação concorre mais de um devedor, cada um obrigado pela dívida toda. Tornando-se impossível a prestação por culpa de um dos devedores solidários, os devedores não culpados respondem solidariamente pelo encargo de pagar o equivalente em dinheiro pela prestação que se impossibilitou e pelos juros de mora.

II. A cessão de crédito consiste em um negócio jurídico por meio do qual um sujeito ativo de uma obrigação transfere, com todos os acessórios e garantias, a terceiro a relação obrigacional, excluindo-se o vínculo originário. Para que o negócio produza os efeitos desejados, exige-se o consentimento prévio do devedor.

III. A ocorrência de fraude contra credores depende da prova do conluio fraudulento entre aquele que dispõe o bem e aquele que o adquire, do prejuízo causado ao credor e da anterioridade do crédito em relação ao ato impugnado. Entretanto, para os casos de disposição gratuita de bens, ou de remissão de dívidas, basta o evento danoso ao credor.

IV. Verificando-se que o negócio jurídico está viciado em razão de dolo de terceiro, sem conhecimento da parte a quem aproveite o dolo, impõe-se a anulação do negócio, respondendo o terceiro pela integralidade dos prejuízos causados a quem, induzido por erro, celebrou o ato negocial.

V. Se um terceiro não interessado quitar um débito alheio, em nome próprio, sem consentimento do devedor ou com a sua oposição, ele se sub-roga nos direitos do credor, pois não poderá requerer o reembolso do que voluntariamente pagou.

Estão CORRETOS os itens:

(A) I, II e IV

(B) I e III

(C) I, III e V

(D) II e IV

(E) III, IV e V

I: correta, pois a assertiva reproduz a regra disposta no art. 279 do CC; **II:** incorreta, pois a cessão de crédito apenas altera o credor da relação obrigacional original, a qual fica mantida em todas as demais características; **III:** correta. Há duas regras distintas para que se configure a fraude contra credores. Quando o devedor insolvente vende seus bens, a lei exige que se prove a má-fé do adquirente, ou seja, o conluio fraudulento. Quando, todavia, o devedor insolvente doa os seus bens, a lei dispensa tal prova, adotando o princípio segundo o qual, *"é preferível evitar um prejuízo ao credor do que assegurar um lucro sem causa ao terceiro"* (respectivamente arts. 159 e 158 do CC); **IV:** incorreta, pois havendo dolo de terceiro a lei só admite a anulação se a parte favorecida pelo dolo soubesse ou devesse saber de sua ocorrência (CC, art. 148); **V:** incorreta, pois o pagamento feito pelo terceiro não interessado em seu próprio nome não gera sub-rogação, mas apenas o direito de o terceiro cobrar do devedor o valor desembolsado (CC, art. 305).

Gabarito "B"

(Ministério Público/DF – 2013) A respeito da pessoa natural, assinale a opção CORRETA.

(A) A emancipação voluntária pode ser concedida por ambos os pais, que declaram, por instrumento público ou particular, que o filho maior de dezesseis anos e menor de dezoito anos de idade é apto para exercer todo e qualquer ato da vida civil. Para a eficácia da emancipação voluntária parental é necessária a homologação judicial do ato, ouvindo-se o Ministério Público.

(B) O cônjuge não separado judicialmente ou de fato, os herdeiros e o Ministério Público possuem legitimidade para requerer a declaração judicial de ausência de uma pessoa que desapareceu de seu domicílio, sem que haja notícias de seu paradeiro, e sem deixar procurador para administrar seus bens.

(C) A prodigalidade retira o necessário discernimento da pessoa para a prática dos atos de sua vida civil. Por isso, a lei impõe ao pródigo a abstenção de todos os atos que possam comprometer seu patrimônio e a interdição do pródigo deve ser requerida para declará-lo absolutamente incapaz.

(D) Quanto ao nome da pessoa natural, a lei não faz nenhuma exigência de observância de uma determinada ordem no que tange aos apelidos de família, seja no momento do registro do nome do indivíduo, seja por ocasião da sua posterior retificação.

(E) O direito à imagem qualifica-se como direito de personalidade, extrapatrimonial, de caráter personalíssimo. No entanto, quando ocorrer lesão à imagem de pessoa falecida, terão legitimidade para promover a ação indenizatória os descendentes, ascendentes, o cônjuge, o companheiro e os colaterais até quarto grau.

A: incorreta, pois não há necessidade de ambos os pais emanciparem, pois um pode emancipar na falta do outro. Ademais, a emancipação voluntária não tem participação do MP, nem do Juiz (CC, art. 5º, parágrafo único, I); **B:** incorreta, pois qualquer interessado e o Ministério Público possuem legitimidade para requerer a ausência (CC, art. 22); **C:** incorreta, pois a prodigalidade é causa de incapacidade relativa (CC, art. 4º, IV); **D:** correta, pois não existe ordem ou sequência determinada pela lei quanto aos apelidos de família; **E:** incorreta, pois o Código não insere o colateral como legitimado para tal pretensão (CC, art. 20, parágrafo único).

Gabarito "D"

(Ministério Público/MPU – 2013) SOBRE O DIREITO CIVIL, É CORRETO AFIRMAR QUE:

(A) A aquisição de veículo zero-quilômetro para uso profissional como táxi não afasta a responsabilidade solidária da concessionária e do fabricante.

(B) Quando débito de serviços de energia elétrica originar-se de suposta fraude apurada unilateralmente no medidor de consumo, é legítimo o corte de fornecimento sem aviso prévio.

(C) É possível presumir a existência de dano moral da pessoa jurídica, com base, exclusivamente, na interrupção do fornecimento de energia elétrica.

(D) Aplica-se às pessoas jurídicas, no que couber, a proteção dos direitos da personalidade, de tal modo que o dano moral da pessoa jurídica é o mesmo que se pode imputar à pessoa natural.

A: correta, pois a destinação do veículo para fins profissionais não afasta os direitos de consumidor que o adquirente titulariza; **B:** incorreta, pois o STJ tem posição formada no sentido de que é "ilegítima a suspensão do fornecimento de energia elétrica, quando o débito decorrer de suposta fraude no medidor de consumo de energia, apurada unilateralmente pela concessionária" (AgRg no AREsp 189.780/SP, Rel. Ministra Assusete Magalhães, 2ª Turma, julgado em 09/09/2014, *DJe* 16.09.2014); **C:** incorreta. A mera "interrupção" pode durar poucos segundos ou minutos. Tendo em vista que a questão não menciona o lapso desta interrupção, não é possível concluir pelo dano presumido; **D:** incorreta, pois *"os direitos da personalidade são direitos inerentes e essenciais à pessoa humana, decorrentes de sua dignidade, não sendo as pessoas jurídicas titulares de tais direitos"* (Enunciado 286 do Conselho da Justiça Federal).

Gabarito "A"

(Ministério Público/RO – 2013 – CESPE) Em relação às provas no direito civil, assinale a opção correta.

(A) Não tem eficácia a confissão feita por menor de dezesseis anos de idade.

(B) A vedação à admissão de prova exclusivamente testemunhal em determinado caso não impede que o juiz se utilize da presunção simples.

(C) Ao contrário da testemunha impedida, a testemunha suspeita pode ser ouvida como informante do juízo.

(D) Arquivos eletrônicos não são aceitos como provas documentais.

(E) À confissão não se aplica a proibição de comportamento contraditório.

A: correta, pois "não tem eficácia a confissão se provém de quem não é capaz de dispor do direito a que se referem os fatos confessados" (art. 213 do CC); **B:** incorreta, pois "as presunções, que não as legais, não se admitem nos casos em que a lei exclui a prova testemunhal" (art. 230 do CC); **C:** incorreta, tanto as testemunhas impedidas quanto as suspeitas poderão ser ouvidas pelo Juiz, quando estritamente necessário, conforme preceitua o § 4º do art. 405 do CPC; **D:** incorreta, pois a reprodução eletrônica é admitida pelo art. 225 do CC; **E:** incorreta, pois referida proibição é princípio aplicável a qualquer ato jurídico.

Gabarito "A"

(Ministério Público/SP – 2013 – PGMP) Em tema de prioridade concedida ao idoso na tramitação de procedimentos, judiciais ou administrativos, assinale a afirmação INCORRETA.

(A) A obtenção da prioridade depende da comprovação, nos autos do processo judicial, de que a parte ou interessado tenha idade igual ou superior a 60 anos, devendo o interessado requerê-la ao juiz competente para julgar o feito.

(B) A prioridade de tramitação de processo judicial, em que figure como parte ou interessado pessoa com idade igual ou superior a 60 anos, tem lugar em todas as instâncias.

(C) A prioridade se estende aos processos e procedimentos na administração pública, empresas prestadoras de serviços públicos e instituições financeiras, ao atendimento preferencial junto à Defensoria Pública da União, dos Estados e do Distrito Federal em relação aos Serviços de Assistência Judiciária.

(D) Concedida a prioridade, o benefício cessa se ocorrer a morte do beneficiado, mas pode ser estendido ao herdeiro filho, independentemente de sua idade.

(E) A prioridade da tramitação, em qualquer órgão ou instância, abrange os processos administrativos no âmbito da Administração Pública.

A: assertiva correta (art. 71, § 1º, da Lei 10.741/2003), **B:** assertiva correta (art. 71, *caput*, da Lei 10.741/2003); **C:** assertiva correta (art. 71, § 3º, da Lei 10.741/2003); **D:** assertiva incorreta, devendo a alternativa ser assinalada; segundo o art. 71, § 2º, da Lei 10.741/2003, "a prioridade não cessará com a morte do beneficiado, estendendo-se em favor do cônjuge supérstite, companheiro ou companheira, com união estável, maior de 60 (sessenta) anos"; **E:** assertiva correta (art. 71, § 3º, da Lei 10.741/2003).

Gabarito "D"

(Ministério Público/MG – 2006) Assinale a alternativa **INCORRETA.**

(A) A lei não condiciona o divórcio à prévia partilha de bens na separação, podendo aquela ser exercida em ação ordinária, específica para esse fim.

(B) A instituição do bem de família, feito pelo pai a favor de filho solteiro, visa protegê-lo de infortúnios no casamento e previne a perda do bem doado.

(C) O mandatário responde pelo excesso das obrigações assumidas em dissonância com os poderes conferidos, mas ao mandante pertencem todas as vantagens auferidas pelo mandatário.

(D) A nulidade absoluta do negócio pode ser alegada pelo MP, visando resguardar o interesse público, do menor ou de incapaz.

(E) O testamento particular, escrito pelo testador no cativeiro, sem testemunhas, pode ser validado pelo juiz, a seu critério.

A: correta, pois a lei admite a partilha de bens efetuada após o divórcio (CC, art. 1.581); **B:** incorreta (e deve ser assinalada), pois a instituição do bem de família protegerá o filho contra quaisquer penhoras sobre o bem e não apenas contra "infortúnios" no casamento; **C:** correta, pois de acordo com a regra estabelecida pelos arts. 667 e 668 do Código Civil; **D:** correta, pois de acordo com o art. 168 do CC; **E:** correta, pois o art. 1.879 admite – em circunstâncias excepcionais declaradas no próprio testamento – que o mesmo seja redigido de próprio punho e assinado pelo testador, sem testemunhas.

Gabarito "B"

(Ministério Público/MG – 2006) Assinale a alternativa **INCORRETA.**

(A) O bem de família não se extingue com a dissolução da sociedade conjugal, mas, em caso de morte, o supérstite poderá pedir a extinção, se for o único bem do casal.

(B) É perfeitamente viável a pretensão da família no sentido de, morto por homicídio que a sustentava, ser compelido o autor do crime ao pagamento de lucros cessantes.

(C) Inexistindo fixação de prazo para a operação dos efeitos, o negócio *inter vivos* é exequível imediatamente.

(D) Feitas doações pelo doador, podem deixar de ser colacionadas, contanto que dispensadas e não excedam o disponível, computado o valor à época da liberalidade.

(E) Constituída uma fundação que não seja de fins religiosos, morais, culturais ou de assistência, caberá ao MP a supervisão direta na redação do estatuto.

A: correta, pois de pleno acordo com a regra estabelecida no art. 1.721 e seu parágrafo único; **B:** correta, pois os artigos 949 e 950 podem ser aplicados para a hipótese, estabelecendo-se a condenação por lucros cessantes; **C:** correta, pois a alteração na produção imediata de efeitos do negócio jurídico só é alcançada pela utilização dos elementos acidentais do negócio: condição, termo ou encargo; **D:** correta, pois o pai pode dispensar o filho donatário da colação dos bens doados na própria doação ou em testamento (CC, arts. 2005 e 2006); **E:** incorreta (e deve ser assinalada), pois para esta hipótese, o art. 69 prevê solução distinta, ao determinar que: "*O órgão do Ministério Público, ou qualquer interessado, lhe promoverá a extinção, incorporando-se o seu patrimônio, salvo disposição em contrário no ato constitutivo, ou no estatuto, em outra fundação, designada pelo juiz, que se proponha a fim igual ou semelhante*".

Gabarito "E"

(Ministério Público/PB – 2010) Leia com atenção as proposições abaixo:

I. A obrigatoriedade do decreto se inicia trinta dias depois de oficialmente publicado, salvo disposição em contrário.

II. A *analogia juris* consiste na aplicação de uma norma existente, destinada a reger caso semelhante ao previsto.

III. Na vida intrauterina tem o nascituro personalidade jurídica material, no que tange aos direitos personalíssimos, passando a ter personalidade jurídica formal, alcançando os direitos patrimoniais, somente com o nascimento com vida.

IV. Constitui universalidade de direito a pluralidade de bens singulares que, pertinentes à mesma pessoa, tenham destinação unitária.

A quantidade de proposições certas é igual a:

(A) 0

(B) 1

(C) 2

(D) 3

(E) 4

I: incorreta, pois utilizando-se a analogia, pode-se concluir que há a necessidade de se atender ao disposto no art. 1º da LINDB, o qual prevê que o prazo de *vacatio legis* – no silencio da norma – será de 45 dias; **II:** incorreta, pois na analogia juris a norma é deduzida a partir de um caso singular, mas abstraída de todo o sistema; **III:** incorreta, pois – a despeito de respeitadas opiniões contrárias – o Código parece ter adotado a teoria natalista em seu art. 2º; **IV:** incorreta, pois a universalidade de direito consiste numa reunião de bens realizada pela lei, como ocorre na herança e no patrimônio, por exemplo (CC, art. 91).

Gabarito "A"

(Ministério Público/PB – 2010) Julgue as afirmações abaixo e assinale a alternativa correta.

I. Se a evicção for parcial, mas considerável, ao evicto caberá, cumulativamente, a rescisão do contrato e a restituição da parte do preço correspondente ao desfalque sofrido.

II. A transação não aproveita, nem prejudica, senão aos que nela intervieram, salvo se disser respeito a coisa indivisível.

III. Sem anuência de seu autor, não pode o proprietário da obra introduzir modificação no projeto por ele aprovado, ainda que a execução seja confiada a terceiros, que as alterações sejam de pouca importância e que se mantenha a unidade estética da obra projetada.

IV. O gestor de negócio é obrigado a responder até pelo caso fortuito, se fizer operações arriscadas, ainda que o *dominus negotii* costumasse fazê-las.

(A) Apenas uma das afirmações acima está inteiramente correta.

(B) Apenas duas das afirmações acima estão inteiramente corretas.

(C) Apenas três das afirmações acima estão inteiramente corretas.

(D) Todas as quatro afirmações acima estão inteiramente corretas.

(E) Nenhuma das quatro afirmações acima estão inteiramente corretas.

I: incorreta, pois nessa hipótese, o evicto poderá optar entre a rescisão do contrato e a restituição da parte do preço correspondente ao desfalque sofrido (CC, art. 455); **II:** incorreta, pois segundo o art. 844 do Código Civil, a transação não aproveita, nem prejudica terceiros, mesmo que diga respeito a coisa indivisível; **III:** incorreta, pois o Código Civil permite alterações de pouca monta e que não alterem a unidade estética da obra projetada (CC, art. 621); **IV:** correta, pois em perfeita sintonia com o art. 868 do Código Civil.

Gabarito "A"

(Ministério Público/PB – 2010) Considere as afirmações abaixo e, em seguida, indique a alternativa que contenha o julgamento devido sobre elas:

I. Na linha dos impedimentos por afinidade, não pode haver casamento entre os parentes afins em linha reta, ainda que se extinga o matrimônio, não havendo, porém, tal impedimento, se o relacionamento for proveniente de união estável.

II. Pelo regime da participação final dos aquestos, há para os cônjuges a possibilidade de constituição de um patrimônio particular incomunicável apenas durante o casamento.

III. Sendo negócio jurídico translativo *inter vivos*, a cessão de herança pode ser avençada, ainda que vivo o hereditando.

IV. A aceitação e a renúncia à herança são atos de efeitos imediatos e irretratáveis.

(A) apenas uma das afirmações acima está inteiramente correta.

(B) apenas duas das afirmações acima estão inteiramente corretas.

(C) apenas três das afirmações acima estão inteiramente corretas.

(D) Todas as quatro afirmações acima estão inteiramente corretas.

(E) Nenhuma das quatro afirmações acima estão inteiramente corretas.

I: incorreta, pois o parentesco por afinidade também se estabelece na união estável, bem como os impedimentos daí decorrentes pelo parentesco por afinidade (CC, art. 1.595); **II:** correta, pois durante o casamento existe uma separação de patrimônios, como se fosse um regime de separação convencional de bens (CC, art. 1.672); **III:** incorreta, pois qualquer convenção que tenha por objeto a herança de pessoa viva é fulminado de nulidade absoluta pelo art. 426 combinado com o 166, VII do Código Civil; **IV:** correta, pois aceitação e renúncia de herança são irrevogáveis, não se submetem a condição ou termo (CC, arts. 1.808 e 1.812).

Gabarito "B"

(Ministério Público/SC – 2008) Analise as seguintes assertivas:

I. A propriedade fiduciária que é sempre resolúvel, com o desdobramento da posse, torna o devedor possuidor direto da coisa.

II. O direito aos interditos possessórios é efeito que se produz independentemente da qualidade da posse, mesmo que ela seja precária.

III. As causas que obstam, suspendem ou interrompem a prescrição previstas no Código Civil não se aplicam ao usucapião.

IV. As terras devolutas, como bens públicos que são, não estão sujeitos ao usucapião, conforme torrencial jurisprudência de nossos tribunais.

V. O direito de superfície consiste na concessão onerosa para outrem pelo proprietário, por tempo indeterminado, do direito de construir ou de plantar em seu terreno.

(A) apenas I e II estão corretos

(B) apenas II e IV estão corretos.

(C) apenas I e III estão corretos.

(D) apenas II, III e V estão corretos.

(E) apenas II e V estão corretos.

I: correta, pois se trata de típica hipótese de propriedade resolúvel do credor. O evento futuro e incerto que resolverá a propriedade é justamente o adimplemento total da dívida por parte do devedor. Ademais, ocorre também o desmembramento da posse, ficando o devedor com a posse direta e o credor com a posse indireta; **II:** correta, pois a possibilidade de se utilizar os interditos possessórios é dada a qualquer possuidor. Vale ressaltar, todavia, que a posse do autor da possessória seja melhor do que a do réu, decidindo então o juiz pela melhor posse apresentada; **III:** incorreta, pois o Código diz que tais causas também se aplicam aos prazos de usucapião (art. 1.244). Assim por exemplo, se a criança de 12 anos é – desde o nascimento - proprietária de um terreno invadido há 10 anos, não correu nenhum dia de prazo de usucapião, pois não corre prazo (nem de usucapião) contra o absolutamente incapaz; **IV:** incorreta, pois a jurisprudência recente tem debatido a noção e o conceito de terras devolutas, não havendo firme posição ainda. Nesse sentido, decidiu o STJ: *Recurso Especial. Usucapião. Faixa de Fronteira. Possibilidade. Ausência de Registro acerca da propriedade do imóvel. Inexistência de presunção em favor do Estado de que a terra* é pública. 1. O terreno localizado em faixa de fronteira, por si só, não é considerado de domínio público, consoante entendimento pacífico da Corte Superior. 2. Não havendo registro de propriedade do imóvel, inexiste, em favor do Estado, presunção *iuris tantum* de que sejam terras devolutas, cabendo a este provar a titularidade pública do bem. Caso contrário, o terreno pode ser usucapido. 3. Recurso especial não conhecido. (STJ, REsp 674558/RS, Min. Rel. LUIS FELIPE SALOMÃO – QUARTA TURMA); **V:** incorreta, pois o direito de superfície deve – segundo o art. 1.369 – ter prazo determinado.

Gabarito "A"

(Ministério Público/SC – 2008) Analise as seguintes assertivas:

I. As obrigações de fazer, sejam fungíveis, sejam infungíveis, se resolvem em perdas e danos, que compreendem o que o credor efetivamente perdeu e o que razoavelmente deixou de lucrar.

II. A mora do devedor somente se caracteriza se ele tiver culpa pelo não cumprimento da obrigação.

III. O dolo sempre leva à anulação do negócio jurídico, mesmo o dolo de terceiro, pois ninguém poderá beneficiar-se de condutas dolosas.

IV. Embora o negócio jurídico nulo não possa ser ratificado pelas partes, é perfeitamente possível a confirmação do negócio jurídico meramente anulável, salvo direito de terceiros.

V. Como o contrato faz lei entre as partes, é vedado ao contratante prometer fato de terceiro, dada a impossibilidade jurídica do objeto.

(A) apenas I, III e IV estão corretos.

(B) apenas II e IV estão corretos.

(C) apenas IV está correto.

(D) apenas II, III e V estão corretos.

(E) apenas I,III e V estão corretos.

I: incorreta, pois o Código distingue as obrigações de fazer em fungíveis e infungíveis. O art. 249, por exemplo, estabelece que se a obrigação for fungível, *será livre ao credor mandá-lo executar à custa do devedor, havendo recusa ou mora deste, sem prejuízo da indenização cabível*, solução que não encontra guarida na obrigação infungível; **II:** correta, pois representa a secular regra de Direito Civil, hodiernamente estabelecida pelo art. 396 do Código; **III:** incorreta, pois o dolo de terceiro só anulará o negócio jurídico se a parte beneficiada tiver conhecimento dele. Caso contrário, a hipótese se resolve em perdas e danos (CC, art. 148); **IV:** correta, pois típica característica do negócio anulável (CC, art. 172); **V:** incorreta, pois a promessa de fato de terceiro tem expressa previsão e regulamentação no CC (arts. 439 e 440).

Gabarito "B"

(Ministério Público/SC – 2012) Analise as seguintes assertivas:

I. Segundo a Lei n. 10.406/02 (Código Civil), o poder familiar é extinto nas seguintes hipóteses: a) pela morte dos pais ou do filho; b) pela emancipação; c) pela maioridade; d) pela adoção; e) por decisão judicial.

II. Incumbe ao Ministério Público, respeitando a decorrência de eventual prazo assinado pelo instituidor, ou, não havendo prazo, em cento e oitenta dias, a elaboração de estatuto da fundação projetada quando o seu instituidor assim não procedeu, bem como não tenha sido elaborado por aqueles a quem o instituidor cometeu a aplicação do patrimônio.

III. Na simulação relativa, o negócio simulado (aparente) é nulo, mas o dissimulado será válido se não ofender a lei nem causar prejuízo a terceiros.

IV. O donatário é obrigado a cumprir os encargos da doação, caso forem a benefício do doador, de terceiro, ou do interesse geral. Se desta última espécie for o encargo, o Ministério Público, não terá legitimidade para exigir sua execução, porquanto não é titular da relação jurídica de direito material ou dos interesses em conflito, ainda que haja a morte do doador e este não tenha realizado o referido encargo.

V. As hipotecas serão registradas no cartório do lugar do imóvel, ou no de cada um deles, se o título se referir a mais de um. Tal competência é dos interessados que deverão exibir o título e requerer o registro da hipoteca. As hipotecas legais, em razão de sua natureza, dispensam o registro e especialização.

(A) Apenas as assertivas I e III estão corretas.

(B) Apenas as assertivas I e V estão corretas.

(C) Apenas as assertivas IV e V estão corretas.

(D) Apenas as assertivas I, II e III estão corretas.

(E) Todas as assertivas estão corretas.

I: correta, pois a assertiva reproduz o artigo 1.635 do Código Civil que prevê as hipóteses de extinção do poder familiar; **II:** correta, pois tal encargo é atribuído ao Ministério Público pelo art. 65 parágrafo único; **III:** correta, pois o negócio simulado é sempre nulo, mas o negócio que se escondeu deverá ser analisado isoladamente, podendo ser até mesmo válido (CC, art. 167); **IV:** incorreta, pois a atuação do Ministério Público faz-se possível desde que o encargo beneficie a coletividade de um modo geral e o doador não possa revogá-la, por exemplo, por ter falecido; **V:** incorreta, pois *as hipotecas legais, de qualquer natureza, deverão ser registradas e especializadas* (CC, art. 1.497).

Gabarito "D"

(Ministério Público/SC – 2012) Analise as seguintes assertivas:

I. O pacto antenupcial realizado por instrumento particular, nos termos do disposto no Código Civil, é anulável. Contudo, será ineficaz se não lhe seguir o casamento.

II. No regime de participação final nos aquestos, cada cônjuge possui patrimônio próprio, ou seja, os bens que cada um possuía ao casar e os por ele adquiridos, a qualquer título, na constância do casamento. Neste regime, quando da dissolução da sociedade conjugal, caberá a cada um deles direito à metade dos bens adquiridos pelo casal, a título oneroso, na constância do casamento.

III. A tutela é um conjunto de direitos e obrigações conferidos pela lei a um terceiro, para que proteja a pessoa de um menor não emancipado que não se acha sob o poder familiar, administrando seus bens, representando-o e assistindo-o nos atos da vida civil. Citam-se como exemplos, nos termos do disposto no Código Civil, algumas hipóteses em que a tutela não poderá ser exercida: a) por aqueles que, no momento de lhes ser deferida a tutela, se acharem constituídos em obrigação para com o menor, ou tiverem que fazer valer direitos contra este, e aqueles cujos pais, filhos ou cônjuges tiverem demanda contra o menor; b) os inimigos do menor, ou de seus pais, ou que tiverem sido por estes expressamente excluídos da tutela.

IV. A Legitimação para suceder das pessoas já concebidas no momento da abertura da sucessão é estendida aos embriões formados mediante o uso de técnicas de reprodução assistida, abrangendo assim, a vocação hereditária da pessoa humana a nascer, cujos efeitos patrimoniais se submetem às regras previstas para a petição de herança.

V. O testamento público, segundo o Código Civil, apresenta requisitos essenciais, dentre eles pode-se citar: a) ser escrito por tabelião ou por seu substituto legal em seu livro de notas, de acordo com as declarações do testador, podendo este servir-se de minuta, notas ou apontamentos; b) que o tabelião lavre, desde logo, o auto de aprovação, na presença de duas testemunhas, e o leia, em seguida, ao testador e testemunhas; c) ser o instrumento, em seguida à leitura, assinado pelo testador, pelas testemunhas e pelo tabelião.

(A) Apenas as assertivas II, III e IV estão corretas.

(B) Apenas as assertivas II e IV estão corretas.

(C) Apenas as assertivas III e V estão corretas.

(D) Apenas as assertivas I, II e V estão corretas.

(E) Todas as assertivas estão corretas.

I: incorreta, pois o pacto que não obedecer a forma prescrita em lei será nulo de pleno direito, conforme art. 166, IV, do Código Civil; **II:** correta, pois exata a correspondência com o art. 1.672 do Código Civil; **III:** correta, pois as hipóteses de incapacidade de exercer a tutela mencionadas estão previstas no art. 1.735 do Código Civil; **IV:** correta, pois atende-se assim o direito dos nascituros de herdar, contemplado no art. 1.798; **V:** incorreta, pois o auto de aprovação é solenidade reservada ao testamento cerrado e não ao público (CC, art. 1.868, III).

Gabarito "A"

(Ministério Público/RN – 2009 – CESPE) A respeito do direito das sucessões, dos direitos do consumidor e da prestação alimentícia, julgue os itens que se seguem.

I. O codicilo é um ato de última vontade, instituído a título singular, por meio do qual o codicilante pode instituir herdeiro, reconhecer filhos ou efetuar deserdações, sendo admitida a sua escritura a rogo.

II. Ante o efeito meramente declaratório da partilha, pode-se inferir que a cessão dos direitos hereditários por um dos herdeiros dispensa o consentimento dos demais herdeiros.

III. A obrigação de prestar alimentos é recíproca entre ascendentes, descendentes e colaterais de 2º grau, de modo que o tio, na falta ou impossibilidade de parente de grau mais próximo, fica obrigado a prestar alimentos ao sobrinho.

IV. A pena de sonegação de bens da herança pode ser imputada a quem não detenha a qualidade de herdeiro.

V. É nula de pleno direito cláusula contratual relativa a fornecimento de produtos e serviços que possibilitem a renúncia do direito de indenização ao consumidor por benfeitorias úteis ou voluptuárias.

A quantidade de itens certos é igual a

(A) 1.

(B) 2.

(C) 3.

(D) 4.

(E) 5.

I: incorreta, pois o codicilo limita-se a pequenas "disposições especiais sobre o seu enterro, sobre esmolas de pouca monta a certas e determinadas pessoas, ou, indeterminadamente, aos pobres de certo lugar, assim como legar móveis, roupas ou joias, de pouco valor, de seu uso pessoal" (CC, art. 1.881). A deserdação de um parente necessário não teria lugar numa manifestação codicilar; **II:** incorreta, pois o herdeiro que desejar ceder seus direitos hereditários deverá – segundo o art. 1.794 – dar o direito de preferência aos demais herdeiros. Caso tal direito não seja concedido, o coerdeiro preterido poderá - depositado o preço - haver para si a quota cedida a estranho, se o requerer até cento e oitenta dias após a transmissão (CC, art. 1.795); **III:** incorreta, pois o Código Civil limita a obrigação de prestar alimentos em razão do parentesco até o irmão bilateral ou unilateral (CC, art. 1.697); **IV:** correta, pois há entendimento de que o cônjuge que não é herdeiro, mas apenas meeiro poderia incorrer na referida conduta de sonegar bens da herança; **V:** incorreta, pois o CDC, no art. 51, XVI prevê como nula de pleno direito a cláusula que possibilite a renúncia do direito de indenização por benfeitorias necessárias.

Gabarito "A"

(Ministério Público/RN – 2009 – CESPE) No que concerne a fundações, bens, obrigações, casamento, direito real e sucessório, assinale a opção correta.

(A) Pode ser criada uma fundação por meio de testamento particular mediante dotação de bens livres, determinando-se o fim a que se destina e, facultativamente, o modo de administrá-la.

(B) Deve ter domicílio necessário o preso ainda não condenado.

(C) São pertenças os pneus instalados em um automóvel.

(D) As acessões artificiais são consideradas benfeitorias realizadas no bem imóvel.

(E) As servidões não aparentes podem ser constituídas por meio da usucapião.

A: correta, pois de acordo com o disposto no art. 62 do CC; **B:** incorreta, pois somente o preso já condenado e que esteja cumprindo sentença terá domicílio necessário (CC, art. 76 parágrafo único); **C:** incorreta, pois o pneu de um automóvel não se enquadra na definição do art. 93 para as pertenças: "*São pertenças os bens que, não constituindo partes integrantes, se destinam, de modo duradouro, ao uso, ao serviço ou ao aformoseamento de outro*"; **D:** incorreta, pois acessões artificiais constituem o bem principal e não um acessório deste; **E:** incorreta, pois apenas as servidões aparentes é que ensejam proteção possessória e, portanto, usucapião. Nesse sentido é a súmula 415 do STF: "*Servidão de trânsito não titulada, mas tomada permanente, sobretudo pela natureza das obras realizadas, considera-se aparente, conferindo direito à proteção possessória*".

Gabarito "A"

(Ministério Público/RN – 2009 – CESPE) Acerca de negócios jurídicos, direitos das obrigações e separação judicial, assinale a opção **incorreta**.

(A) Existem direitos patrimoniais que podem ser adquiridos independentemente de ato do adquirente.

(B) A promessa de recompensa sujeita ao implemento de condição suspensiva constitui exemplo de direito futuro não deferido.

(C) Na cessão de crédito, o devedor pode opor contra o cessionário todas defesas pessoais que detinha contra o cedente à época da cessão.

(D) De acordo com o regime de participação final nos aquestos, à época da dissolução da sociedade conjugal, cabe a cada cônjuge o direito à metade dos bens adquiridos pelo casal, a título oneroso, na constância do casamento.

(E) A obrigação do alienante quanto aos vícios redibitórios da coisa qualifica-se como obrigação de meio.

A: correta. Na estipulação em favor de terceiro, por exemplo, o estipulante contrata em favor de terceira pessoa que pode nem saber da existência do contrato (CC, art. 436). É o que ocorre, por exemplo, no seguro de vida cujo beneficiário é o filho; **B:** correta, pois nesse caso o direito a que se visa está subordinado a ocorrência de um evento futuro e incerto; **C:** correta, pois coincidente com a regra estabelecida pelo art. 294 do CC; **D:** correta, pois nesse peculiar regime de bens existe uma separação patrimonial durante o casamento e uma participação ao final, correspondente à metade dos bens adquiridos pelo casal, a título oneroso, na constância do casamento (Art. 1672 CC); **E:** incorreta, devendo ser assinalada, pois tal obrigação é objetiva, portanto, de resultado.

Gabarito "E"

(Ministério Público/RN – 2009 – CESPE) No que se refere aos negócios jurídicos, ao direito de empresa e aos direitos reais de garantia, assinale a opção correta.

(A) Resta caracterizada a lesão ainda que a desproporção entre as prestações ocorra em momento superveniente à declaração da vontade.

(B) A existência de impedimentos suspensivos obsta a constituição válida da união estável.

(C) A forma de realização do negócio e a vontade do agente constituem elementos acidentais do negócio jurídico.

(D) A enfiteuse e o usufruto são modalidades de direitos reais de garantia.

(E) A cooperativa, independentemente de seu objeto, é considerada sociedade simples.

A: incorreta, pois o instituto da lesão tem como ideia principal o fato de o contrato nascer desequilibrado, em virtude de inexperiência ou premente necessidade da parte. Para as hipóteses de o contrato se tornar desequilibrado ao longo do tempo, adota-se a solução dos artigos 317 e 478 do Código Civil (onerosidade excessiva); **B:** incorreta, pois apenas os impedimentos matrimoniais do art. 1.521 é que obstam a constituição válida de uma união estável (CC, art. 1.727); **C:** incorreta, pois a vontade do agente é elemento de existência do negócio jurídico, sendo seu elemento mais importante; **D:** incorreta, pois ambas as espécies citadas constituem direitos reais sobre coisas alheias de fruição, não ensejando qualquer garantia sobre créditos; **E:** correta, em função do disposto no art. 982 parágrafo único.

Gabarito "E"

(Ministério Público/RN – 2009 – CESPE) Com relação ao direito das obrigações, da família, das sucessões e da propriedade imaterial, assinale a opção correta.

(A) Em decorrência do direito de representação, os descendentes de herdeiro excluído sucedem no lugar deste.

(B) Caducará o legado se o legatário falecer depois do legante.

(C) O fideicomisso poderá abranger, no todo ou em parte, a legítima fideicomitente.

(D) Direitos patrimoniais do autor são aqueles em que se reconhece a paternidade da obra, sendo, portanto, inseparáveis de seu autor, perpétuos, inalienáveis, imprescritíveis e impenhoráveis.

(E) O aval posterior ao vencimento do título de crédito é ineficaz.

A: correta. O herdeiro indigno é considerado morto para os efeitos da lei. Logo, eventual exclusão deste herdeiro acarreta o direito de representação ao seu descendente, desde que a concepção deste último tenha ocorrido antes da abertura da sucessão (CC, art. 1.816); **B:** incorreta, pois a caducidade do legado ocorrerá se o legatário falecer antes do legante (CC, art. 1.939, V); **C:** incorreta, pois o fideicomisso implica em grave restrição sobre o bem deixado, o que não se compatibiliza com o direito à legítima; **D:** incorreta, pois os direitos descritos na assertiva são os direitos morais do autor; **E:** incorreta, pois o aval posterior ao título produz os mesmos efeitos do anteriormente dado (CC, art. 900).

Gabarito "A"

(Ministério Público/RR – 2012 – CESPE) Com base no posicionamento do STJ no tocante a atos jurídicos lícitos e ilícitos, negócios jurídicos e contratos em geral, assinale a opção correta.

(A) É abusiva a cláusula de renúncia à indenização das benfeitorias nos contratos de locação.

(B) A fiança prestada sem a autorização de um dos cônjuges implica a invalidade parcial da garantia.

(C) O cancelamento de pensão alimentícia de filho que atinja a maioridade é automático.

(D) A correção monetária do valor da indenização do dano moral incide desde a data de seu arbitramento.

(E) A eficácia da convenção de condomínio entre os condôminos perfaz-se somente após o seu registro no cartório de títulos e documentos.

A: incorreta, pois o entendimento sumulado pelo STJ é no sentido de que "Nos contratos de locação, é válida a cláusula de renúncia à indenização das benfeitorias e ao direito de retenção" (Súmula 335 do STJ); **B:** incorreta, pois a solução dada pela lei nesse caso é de anulabilidade integral da garantia prestada; **C:** incorreta, pois contrária aos termos da Súmula 358 do STJ: *"O cancelamento de pensão alimentícia de filho que atingiu a maioridade está sujeito à decisão judicial, mediante contraditório,* ainda que nos próprios autos"; **D:** correta, pois de acordo com a súmula 362 do STJ, segundo a qual: *"A correção monetária do valor da indenização do dano moral incide desde a data do arbitramento"*; **E:** incorreta, pois a convenção torna-se obrigatória entre os condôminos desde o momento de sua subscrição por dois terços das frações ideais (CC, art. 1.333).

Gabarito "D"

(Ministério Público/SP – 2012 – VUNESP) Nos termos do Código de Defesa do Consumidor (Lei no 8.078/90), são direitos básicos do consumidor:

(A) A proteção da personalidade, da honra, da saúde e da segurança contra os riscos provocados por práticas no fornecimento de produtos e serviços considerados perigosos ou nocivos.

(B) A informação adequada e clara sobre os produtos e serviços, com especificação do fornecedor e do produtor da matéria-prima, inclusive do prazo de validade do bem perecível industrializado.

(C) A proteção contra a publicidade enganosa e abusiva, métodos comerciais coercitivos ou desleais, bem como contra práticas e cláusulas abusivas ou impostas no fornecimento de produtos e serviços.

(D) A adequada e eficaz prestação dos serviços públicos em geral, a identificação do agente ou servidor público, a obtenção de habeas data e o direito de ingresso em todos os edifícios públicos que prestam serviços.

(E) A facilitação da defesa de seus direitos, com a inversão do ônus da prova, a seu favor, no processo judicial e a assistência da Defensoria Pública, pois presumida a sua hipossuficiência.

A: incorreta, pois a proteção da personalidade e da honra do consumidor – a despeito de merecer tutela jurídica – não está previsto no art. 6º, dentro da categoria de direitos básicos do consumidor; **B:** incorreta, pois o CDC não prevê a especificação do produtor da matéria prima como direito básico do consumidor; **C:** correta, pois a assertiva encontra respaldo no art. 6º, IV; **D:** incorreta, pois a identificação do agente ou servidor público e o direito de ingresso em todos os edifícios públicos – a despeito de merecer tutela jurídica – não estão previstos no art. 6º, dentro da categoria de direitos básicos do consumidor; **E:** incorreta, pois a hipossuficiência do Consumidor no Processo Civil não é presumida, devendo ser constatada pelo juiz no caso concreto.

Gabarito "C"

(Ministério Público/TO – 2012 – CESPE) O mundo jurídico confina com o mundo dos fatos (materiais, ou enérgicos, econômicos, políticos, de costumes, morais, artísticos, religiosos, científicos), daí as múltiplas interferências de um no outro. O mundo jurídico não é mais que o mundo dos fatos jurídicos, isto é, daqueles suportes fáticos que logram entrar no mundo jurídico.

F. C. Pontes de Miranda. **Tratado de direito privado**. 4ª ed., São Paulo: RT, 1974, T. II, p. 183 (com adaptações).

Tendo como referência inicial o texto acima, assinale a opção correta a respeito do assunto nele abordado.

(A) Contrato de prestação de serviço celebrado entre partes tem eficácia no mundo jurídico, ainda que presentes os requisitos de relação de emprego tutelada pela Consolidação das Leis do Trabalho.

(B) O reconhecimento de um filho fora do casamento constitui exemplo de ato-fato jurídico qualificado como uma atuação humana motivada pela vontade, que não tem relevância jurídica.

(C) A promessa de recompensa representa negócio jurídico bilateral, oneroso e bifronte.

(D) O fato de constar, em testamento redigido de próprio punho, cláusula que estipule que o herdeiro só receberá o benefício se permanecer uma hora embaixo da água, sem qualquer equipamento ou proteção, caracteriza condição impossível, que, sendo resolutiva, deve ser considerada não escrita.

(E) Pode o comprador de fundo de comércio solicitar e obter a anulação de seu negócio mediante alegação de o faturamento da empresa não ter correspondido ao que lhe tenha sido informado, visto que o motivo constitui razão determinante para o negócio.

A: incorreta, pois nesse caso tem-se o contrato de trabalho com regras, direitos e obrigações previamente estabelecidos na lei especial; **B:** incorreta, pois o exemplo dado é de ato jurídico em sentido estrito, ou seja, aquele ato no qual a vontade do agente é considerada, mas os principais e predominantes efeitos daí decorrentes estão previstos na lei, tal qual ocorre também com o casamento; **C:** incorreta, pois a promessa de recompensa exige apenas uma vontade para se formar no mundo jurídico, sendo, portanto, unilateral; **D:** correta, pois a condição resolutiva impossível tem-se por inexistente (CC, art. 124), mantendo-se válido e eficaz o negócio jurídico em si mesmo, no caso o testamento; **E:** incorreta, pois somente o motivo expresso no negócio como sua causa determinante é que pode ensejar a anulação do negócio jurídico (CC, art. 140).

Gabarito "D"

(Ministério Público/TO – 2012 – CESPE) Em relação aos negócios jurídicos e aos direitos deles decorrentes, assinale a opção correta.

(A) Ao magistrado é possível o reconhecimento, de ofício, da prescrição, assim como da decadência, seja ela legal ou convencional.

(B) Em caso de venda de imóvel de ascendente a descendente, a ausência de autorização dos outros descendentes gera direito potestativo, aplicando-se o prazo geral de prescrição de dez anos para o ajuizamento de ação anulatória.

(C) Em situação de *truck system*, caso o empregador coloque à disposição do empregado mercadorias com preços superiores ao praticado no mercado, identificam-se dois elementos caracterizadores de lesão em relação ao empregado: o subjetivo e o objetivo.

(D) De acordo com o ordenamento jurídico brasileiro, é válido o negócio jurídico realizado por mandatário na venda de imóvel para o próprio mandatário, independentemente de autorização expressa do representado.

(E) O Código Civil brasileiro em vigor expressa claramente o caráter *ex tunc* dos efeitos do implemento do evento condicional.

A: incorreta, pois o juiz só pode conhecer de ofício a prescrição e a decadência legal, não podendo reconhecer de ofício a decadência convencional (CC, art. 210 e CPC, art. 219); **B:** incorreta, pois nesse caso previsto no art. 476, deve-se aplicar a regra estabelecida no art. 179 do Código Civil, que estipula em dois anos o prazo para as hipóteses de anulabilidade nas quais não se estabeleceu prazo; **C:** correta, pois nesse caso além do preço abusivo exigido, verifica-se também a relação de servidão do empregado em razão das dívidas contraídas com o patrão; **D:** incorreta, pois o mandado com a cláusula em causa própria exige autorização do mandante; **E:** incorreta, pois nesse caso operam-se efeitos ex nunc. Isso em decorrência do art. 127 do Código Civil, segundo o qual: *"Se for resolutiva a condição, enquanto esta se não realizar, vigorará o negócio jurídico, podendo exercer-se desde a conclusão deste o direito por ele estabelecido"*.

Gabarito "C"

2. Direito Processual Civil

Murilo Sechieri Costa Neves e Renato Montans*

1. PRINCÍPIOS DO PROCESSO CIVIL

(Ministério Público/MS – 2013 – FADEMS) Considere as seguintes proposições:

I. O princípio processual da congruência ou adstrição está diretamente ligado ao princípio do contraditório.

II. O princípio processual do duplo grau de jurisdição não é previsto expressamente na Constituição Federal, sendo princípio implícito do texto constitucional e limitável por lei infraconstitucional.

III. A competência para as ações fundadas em direito real sobre bem imóvel é relativa e portanto, permite a aplicação do princípio da *perpetuatio jurisdictionis*.

IV. Em qualquer caso, pelo princípio da impugnação específica, o réu deve impugnar um a um os fatos narrados na petição inicial, sob pena de presumir-se a sua veracidade.

São **corretas**:

(A) Somente as proposições I e II.

(B) Somente as proposições III e IV.

(C) Somente as proposições I, III e IV.

(D) Somente as proposições I e IV.

(E) Somente as proposições II e III.

I: correta, porque de acordo com o princípio da congruência, ou da adstrição, cabe ao juiz "decidir a lide nos limites em que foi proposta" (art. 128 do CPC), sendo-lhe defeso "proferir sentença, a favor do autor, de natureza diversa da pedida, bem como condenar o réu em quantidade superior ou em objeto diverso do que lhe foi demandado" (art. 460 do CPC). As limitações impostas pelas regras apontadas estão diretamente ligadas ao princípio do contraditório, uma vez que haveria manifesta ofensa a tal princípio se o juiz pudesse decidir acerca de questões sobre as quais não tenha havida oportunidade de debate entre as partes; **II:** correta, de acordo com entendimento doutrinário amplamente majoritário. Nesse sentido: "O princípio não é garantido constitucionalmente de modo expresso" (**Teoria Geral do Processo**, Antônio Carlos de Araújo Cintra, Ada Pellegrini Grinover e Cândido Rangel Dinamarco, Malheiros, 21ª ed., p. 77). De acordo com Fredie Didier Jr. e Leonardo José Carneiro da Cunha, "a Constituição Federal prestigia o duplo grau de jurisdição como *princípio*, e não como *garantia* (...) sendo assim possível haver exceções ao princípio" (**Curso de Direito Processual Civil**, Ed. JusPodivm, vol. 3, p. 25); **III:** incorreta, porque a competência do foro da situação do imóvel nas ações que versam sobre direito real imobiliário (art. 95 do CPC), é absoluta (STF, 1.ª T., RE 108.596-7/SC, rel. Min. Oscar Corrêa; STJ *RT* 868/192 e *RF* 398/367); **IV:** incorreta, porque a regra geral é mesmo a de que os fatos não impugnados especificadamente pelo réu sejam presumidos verdadeiros (art. 302 do CPC). Há, no entanto, exceções a tal regra. Por exemplo, se o fato não impugnado especificadamente pelo réu for relativo a direito indisponível (circunstância que inviabiliza a confissão sobre ele), não poderá haver qualquer presunção de veracidade. As demais exceções estão descritas nos incisos do art. 302 do CPC.

Gabarito "A"

(Ministério Público/MA – 2009) Analise as assertivas seguintes.

I. Consoante a doutrina tradicional, os princípios informativos do processo são quatro (4), a saber: o princípio *"da fungibilidade recursal"*; o princípio *"da instrumentalidade das formas"*; o princípio *"do aproveitamento dos atos processuais"* e o princípio *"da finalidade"*.

II. O denominado *"princípio da comunhão da prova"* enquanto princípio do processo, consagra a necessidade de se garantir a que o processo não seja objeto de taxações onerosas, de maneira a propiciar a sua utilização somente pelos mais abastados.

III. Os denominados princípios do *"contraditório"* e da *"ampla defesa"* enquanto princípios do processo, não precisam ser observados quando o processo se encontrar em segundo grau de jurisdição.

IV. Os denominados *"princípios constitucionais do processo civil"* são impositivos ao legislador e ao juiz no exercício de função jurisdicional e na prestação da respectiva tutela.

V. O *"princípio da vinculação do juiz ao pedido"*, também denominado *"princípio da adstrição do juiz ao pedido"* e *"princípio da congruência"*, possibilita a que o juiz possa e deva decidir, quando tal lhe parecer de justiça, de maneira a conceder pedido diverso do formulado na petição inicial, obedecendo, assim, ao *"princípio da economia processual"*.

(A) Somente a afirmativa "V" supra é correta, sendo incorretas todas as demais.

(B) Somente a afirmação "I" supra é correta, sendo incorretas todas as demais.

(C) As afirmativas "II" e "III" supra são corretas, sendo incorretas todas as demais.

(D) A afirmativa "IV" supra é correta, sendo incorretas todas as demais.

* **Renato Monstans** comentou as questões do concurso de MP/MG/14, MP/PI/14, MP/DF/13, MP/ES/13, MP/GO/13, MP/MG/13, MPU/2013, MP/PR2013 e MP/RO/2013; **Murilo Sechieri Costa Neves** comentou as demais questões.

(E) A afirmativa "II" supra é correta, sendo incorretas todas as demais.

I: incorreta, pois os chamados princípios informativos do processo que são apontados pela doutrina são outros (lógico, jurídico, econômico e político); **II:** incorreta, porque comunhão da prova significa que a prova, uma vez produzida, pertence ao processo, e, por isso, pode ser utilizada contra aquele que tomou a iniciativa de sua produção (o princípio ao qual o examinador se referiu foi o do acesso à jurisdição); **III:** incorreta, porque contraditório e ampla defesa são de observância obrigatório em qualquer grau de jurisdição; **IV:** está correta; **V:** incorreta, uma vez que o juiz não pode conceder pedido diverso do formulado na petição inicial, salvo nos casos excepcionalmente previstos pela lei (por exemplo, nas ações possessórias, em que o autor pede uma medida de proteção à posse, mas o juiz é livre, por previsão legal, para conceder tutela diversa da que foi requerida).

Gabarito "D"

(Ministério Público/PI – 2008) Não compõe o devido processo legal processual civil brasileiro:

(A) o direito fundamental à paridade de armas.

(B) o direito fundamental ao duplo grau de jurisdição.

(C) o direito fundamental à publicidade do processo.

(D) o direito fundamental à motivação das decisões judiciais.

(E) o direito fundamental ao contraditório.

De todos os princípios apontados na questão, apenas o duplo grau de jurisdição é que pode ser considerado como não integrante ao devido processo legal, uma vez que, ao contrário dos demais princípios, não conta o duplo grau com previsão expressa no texto constitucional. Entende-se, porém, que se trata de princípio implícito, mas que não represente ele natureza de garantia constitucional, motivo pelo qual são legítimas eventuais restrições legais a ele. Portanto, está correta apenas a alternativa "B".

Gabarito "B"

(Ministério Público/RS – 2009) O princípio processual não expressamente enunciado na Constituição Federal é o

(A) Princípio do contraditório.

(B) Princípio do devido processo legal.

(C) Princípio do processo sem dilações indevidas.

(D) Princípio do duplo grau de jurisdição.

(E) Princípio da licitude da prova.

De todos os princípios apontados pela questão, o único que não se encontra expressamente consagrado na Constituição é o do duplo grau de jurisdição. Não obstante isso, afirma-se que se trata de princípio implícito, uma vez que o texto constitucional prevê, na estrutura do Judiciário, os tribunais, e aponta que têm eles competência recursal. Mesmo que se reconheça o duplo grau de jurisdição como princípio constitucional implícito, também se reconhece que não representa ele uma garantia do jurisdicionado, motivo pelo qual pode ser ele limitado pela lei infraconstitucional.

Gabarito "D"

(Ministério Público/SC – 2008)

I. Em face do princípio dispositivo é possível ao juiz, de ofício, ordenar a inquirição de testemunhas referidas nas declarações da parte ou das testemunhas.

II. Em face ao princípio da verdade real ou da máxima probabilidade, a prova pericial, desde que elaborada com rigoroso critério científico, prevalece, no âmbito do direito processual civil, sobre a prova testemunhal.

III. A convenção que distribui de maneira diversa o ônus da prova é válida, salvo quando recair sobre direito indisponível da parte ou tornar excessivamente difícil a uma parte o exercício do direito.

IV. A incapacidade do menor de dezesseis anos, o impedimento do representante legal da pessoa jurídica e a suspeição do inimigo capital da parte não proíbem que o juiz tome seus depoimentos independentemente de compromisso.

V. O perito ou o assistente técnico pode escusar-se ou ser recusado por impedimento ou suspeição; ao aceitar a escusa ou julgar procedente a impugnação, o juiz nomeará novo perito ou assistente técnico.

(A) apenas III e IV estão corretos.

(B) apenas I e II estão corretos.

(C) apenas I está correto.

(D) apenas II e IV estão corretos.

(E) apenas III, IV e V estão corretos

I: Errado. O princípio dispositivo é aquele segundo o qual o juiz, mantendo-se equidistante, aguarda a iniciativa das partes no que se refere à afirmação dos fatos constitutivos de seu direito e a respectiva produção de provas. Vale dizer, o juiz depende das partes no que concerne à afirmação e à prova dos fatos em que os mesmos se fundam; **II:** Errado, pois pelo princípio da verdade real nenhuma prova se sobrepõe à outra, cabendo ao juiz apreciá-las livremente (art. 131 do CPC); **III:** Certo (art. 333, parágrafo único, I e II, do CPC); **IV:** Certo (art. 405, § 4º, do CPC); **V:** Errado (arts. 422 e 423, ambos do CPC).

Gabarito "A"

(Ministério Público/SP – 2006) A dignidade da pessoa humana:

(A) Não é vetor interpretativo do Direito Processual Civil.

(B) Conforma e inspira apenas as lides vinculadas ao art. 4º da Constituição Federal.

(C) É princípio central do sistema jurídico brasileiro sendo significativo vetor interpretativo do direito processual civil.

(D) Conforma e inspira basicamente o direito processual penal.

(E) É basicamente uma "arma" de argumentação, sem qualquer previsão significativa em nosso direito positivo, destinada a interpretar de forma parcial o direito processual civil.

Art. 1º, III, da CF.

Gabarito "C"

(Ministério Público/SP – 2006) O Estado democrático de direito e o juiz natural:

(A) Não exigem necessariamente a imparcialidade do juiz para proferir decisões nos procedimentos de jurisdição voluntária.

(B) Não exigem necessariamente a imparcialidade do juiz para proferir decisões nos processos contenciosos.

(C) Exigem a imparcialidade do juiz para proferir decisões somente nos processos contenciosos (objetivos e subjetivos).

(D) Exigem a imparcialidade do juiz para proferir decisões tanto nos processos contenciosos como nos procedimentos de jurisdição voluntária.

(E) Permitem a parcialidade do juiz destinada a realizar os objetivos fundamentais da República Federativa do Brasil.

Realmente, a imparcialidade do juiz é exigida em qualquer caso e se trata de princípio constitucional.

Gabarito "D"

2. PARTES, PROCURADORES, MINISTÉRIO PÚBLICO E JUIZ. ATOS PROCESSUAIS. PRAZO

(Ministério Público/DF – 2013) A observância dos prazos constitui direito das partes e representa garantia de igualdade e segurança ao longo do processo. Cuidando-se dos prazos processuais e procedimentais, assinale a alternativa **CORRETA**:

(A) Os prazos para a prática de determinados atos processuais são, em regra, fixados na lei. Na ausência de prazo legal específico, o prazo para realização de qualquer ato processual é de cinco dias. Mas, a falta de prazo legal para o ato autoriza o juiz fixá-lo, de acordo com a complexidade do ato a ser praticado.

(B) O prazo para a interposição dos recursos é chamado de impróprio, porque cada recurso tem seu prazo de ajuizamento. Já o prazo para que o Ministério Público manifeste-se na ação de mandado de segurança é chamado de próprio, pertence ao órgão, e não se modifica, seja a ação de cunho individual ou coletivo.

(C) O juiz também tem prazos a cumprir: para proferir despachos de expediente – dois dias, e decisões – dez dias. Mas, por não se tratar de prazo preclusivo, a realização do ato judicial fora do prazo não autoriza a instauração de procedimento administrativo por representação do órgão do Ministério Público ao Presidente do Tribunal de Justiça, para apuração da responsabilidade.

(D) A comunicação eletrônica dos atos processuais no diário de justiça eletrônico é uma realidade inexorável. O termo inicial de contagem do prazo do ato processual assim comunicado é o primeiro dia útil seguinte ao da disponibilização do ato processual eletronicamente.

(E) A defensoria pública e o defensor dativo têm direito a prazos especiais, como o tem o Ministério Público e a Fazenda Pública, ou seja, computar-se-á em quádruplo o prazo para contestar e em dobro para recorrer.

A: correta, conforme artigos 185 e 177, CPC; **B:** incorreta, o prazo para interposição de recursos, como destinado às partes e terceiros, em regra, é prazo próprio e, portanto, sujeito à preclusão. O prazo conferido em lei para o Ministério Público se manifestar no mandado de segurança (art. 12, Lei 12.016/2009) é impróprio, como também o são para os órgãos judiciais; **C:** incorreta, conforme artigo 198 do CPC; **D:** incorreta, conforme artigo 5º, § 1º, da Lei 11.419/2006 "§ 1º Considerar-se-á realizada a intimação no dia em que o intimando efetivar a consulta eletrônica ao teor da intimação, certificando-se nos autos a sua realização"; **E:** incorreta, a defensoria pública e o defensor dativo (que possua cargo público) têm prazo apenas em dobro para todos os atos processuais (art. 5º, § 5º, da Lei 1.060/1950).

Gabarito "A"

(Ministério Público/MG – 2013) São deveres das partes e de todos aqueles que de qualquer forma participam do processo:

I. Expor os fatos em juízo conforme os seus interesses.

II. Proceder com lealdade e boa-fé.

III. Não formular pretensões, nem alegar defesa, cientes de que são destituídas de fundamento.

IV. Não produzir provas, nem praticar atos inúteis ou desnecessários à declaração ou defesa do direito.

V. Cumprir com exatidão os provimentos mandamentais e não criar embaraços à efetivação de provimentos judiciais, de natureza antecipatória ou final.

É **CORRETO** o que se afirma em:

(A) I, II, III e IV

(B) II, IV e V

(C) II, III, IV e V

(D) I, II, III, IV e V

I: incorreta. A exposição dos fatos deve observar a verdade e não o interesse (art. 14, I, CPC); **II:** correta, conforme artigo 14, II, CPC; **III:** correta, conforme artigo 14, III, CPC; **IV:** correta, conforme artigo 14, IV, CPC; **V:** correta, conforme artigo 14, V, CPC.

Gabarito "C"

(Ministério Público/SP – 2013 – PGMP) A citação válida torna prevento o juízo, induz litispendência e faz litigiosa a coisa. Por isso, é CORRETO afirmar:

(A) a estabilidade subjetiva não permite que o adquirente de coisa litigiosa, por ato de alienação, substitua o alienante, parte no processo.

(B) haverá substituição compulsória com o ingresso na ação do adquirente originário da coisa litigiosa.

(C) a aquisição da coisa litigiosa por alienação atribui ao adquirente interesse meramente econômico e, por isso, não admite a assistência litisconsorcial dele ao alienante.

(D) a recusa da parte em consentir com a substituição do alienante da coisa litigiosa pelo adquirente impede o juiz de deferir a substituição subjetiva.

(E) a venda da coisa litigiosa no curso do processo é inválida e ineficaz em relação ao processo.

Cabe destacar que a sucessão processual é a assunção da posição processual por alguém, no curso no processo (apesar de a legislação, no art. 41 e ss., falar em substituição). Já a substituição processual é pleitear direito alheio em nome próprio (CPC, art. 6º). Muitas vezes, as bancas avaliam essa distinção; nesta pergunta, o examinador não usou a terminologia mais técnica.

A: incorreta, pois a legislação permite a sucessão processual pelo adquirente, desde que a parte contrária consinta (CPC, art. 42); **B:** incorreta, nos termos do comentário anterior; **C:** incorreta; se a parte contrária não concordar com a modificação do polo, poderá o adquirente atuar como assistente (CPC, art. 42, § 2º); **D:** correta (CPC, art. 42, § 1º); **E:** incorreta, considerando o exposto nas alternativas anteriores.

Gabarito "D"

(Ministério Público/PR – 2013 – X) Em matéria de **impedimento** e **suspeição**, assinale a alternativa <u>*incorreta*</u>:

(A) O Juiz está impedido de atuar em processo no qual seu parente colateral em 3º grau for parte;

(B) O Juiz, que tenha atuado em um feito quando era Promotor de Justiça, está impedido de atuar nele;

(C) Aplicam-se ao órgão do Ministério Público os motivos de impedimento e suspeição do Juízo quando ele não for parte;

(D) Oposta e recebida exceção de impedimento do Juízo, o processo será imediatamente suspenso, mas se for arguido impedimento do órgão do Ministério Público, o processo não será suspenso;

(E) As regras de impedimento do Juiz não se aplicam ao procedimento de jurisdição voluntária.

A: correta, conforme o art. 134, V, do CPC; **B:** correta, conforme o art. 134, II, do CPC; **C:** correta, conforme o art. 138, I, do CPC; **D:** correta, conforme determinam os arts. 306 e 138, § 1º, do CPC); **E:** incorreta. Não há vedação na lei.

Gabarito "E"

(Ministério Público/PR – 2013 – X) <u>*Não*</u> é hipótese de intervenção de terceiros:

(A) A assistência;

(B) A oposição;

(C) A nomeação à autoria;

(D) A denunciação da lide;

(E) O chamamento ao processo.

A despeito de o gabarito assinalar que a assistência não é modalidade de intervenção de terceiros, trata-se em verdade de modalidade clássica de intervenção (assim como todas as demais). O único erro do legislador foi ter alocado a assistência fora do capítulo da intervenção (que começa no art. 56 do CPC). Contudo, o mero equívoco geográfico não pode comprometer a sua natureza.

Gabarito "A"

(Ministério Público/RO – 2013 – CESPE) Assinale a opção correta em relação aos atos processuais.

(A) De acordo com o entendimento do STJ, realizada a citação por hora certa, o escrivão deve enviar correspondência ao réu dando-lhe ciência do ato, e sua omissão é causa de nulidade relativa.

(B) Consoante o STJ, a contagem dos prazos para a interposição de recursos pelo MP começa a fluir da data da ciência por seu membro no processo.

(C) Haverá presunção de intimação do ato decisório na hipótese em que o procurador, embora intimado para a audiência de instrução e julgamento em que se proferirá a sentença, a ela não comparecer.

(D) As empresas públicas gozam de prazo em dobro para recorrer e em quádruplo para contestar.

(E) O juiz pode recusar cumprimento à carta precatória, alegando não concordar com o conteúdo do ato a ser praticado.

A: incorreta, pois constitui caso de nulidade absoluta, conforme interpretação do art. 229 do CPC e do entendimento do STJ (REsp 280.215/SP, 5ª T., j. 17.05.2001, rel. Min. José Arnaldo da Fonseca, *DJ* 13.08.2001; *RT* 710/192; 629/163; 626/177); **B:** incorreta, "(...) 2. Segundo entendimento assentado pelo Plenário do Supremo Tribunal Federal no julgamento do HC nº 83.255/SP, a contagem dos prazos para interposição de recursos pelo Ministério Público começa a fluir da data do recebimento dos autos em seu setor administrativo, e não da ciência aposta pelo membro do Parquet no processo (...)" (STJ, HC 212222/SP, rel. Min. Laurita Vaz, j. 13.08.2013, *DJe* 23.08.2013); **C:** correta, vide: STJ, EDcl no AgRg no Ag em REsp 226951/GO, 2ª T., j. 06.12.2012, rel. Humberto Martins, *DJe* 17.12.2012; **D:** incorreta, o privilégio previsto no art. 188 do CPC não se estende às empresas públicas; **E:** incorreta, o juiz só poderá recusar cumprimento à carta precatória nos seguintes casos: não revestir-se dos requisitos legais, for incompetente em razão da matéria ou hierarquia ou se tiver dúvida sobre sua autenticidade (art. 209, I a II, do CPC).

Gabarito "C"

(Ministério Público/AC – 2008) Assinale a alternativa correta.

(A) O que determina a intervenção do Ministério Público no processo civil como *custos legis* é o interesse público primário.

(B) É necessária a intervenção do Ministério Público nas execuções fiscais.

(C) A simples presença do Estado em um dos polos do processo justifica a intervenção do Ministério Público.

(D) É impossível litisconsórcio entre o Ministério Público Federal e o Ministério Público Estadual, haja vista a unidade do Ministério Público.

A: correta, uma vez que o interesse público secundário – interesses patrimoniais das pessoas jurídicas de direito público – é defendido em juízo não pelo MP, mas pelos respectivos representantes legais; **B:** incorreta (Súmula n. 189 do STJ); **C:** incorreta (RSTJ 14/448 e 76/157); **D:** incorreta, porque prevê o § 5º do art. 5º da Lei 7.347/1985 que se admitirá "o litisconsórcio facultativo entre os Ministérios Públicos da União, do Distrito Federal e dos Estados na defesa de interesses e direitos de que cuida" a Lei da Ação Civil Pública.

Gabarito "A"

(Ministério Público/AM – 2008 – CESPE) Acerca das hipóteses em que o MP tem legitimidade para atuar como parte ou intervir no processo como fiscal da lei, assinale a opção correta.

(A) A presença de interesse da pessoa jurídica de direito público em um determinado processo justifica por si só a intervenção obrigatória do MP no feito, notadamente quando se trata de interesse patrimonial ou decorrente de atividade administrativa e, ainda, em razão do elevado valor da pretensão deduzida contra o ente público.

(B) Nas causas em que há interesse público, evidenciado pela natureza da lide ou qualidade da parte, é obrigatória, *ab initio*, a atuação do MP. No entanto, a intervenção em grau de recurso afasta a nulidade, ficando, portanto, convalidado o vício mesmo que tenha havido prejuízo para a parte assistida pelo parquet.

(C) No processo que tratar de direito indisponível, caso haja incapazes em ambos os polos, o MP atuará como fiscal da lei e, obrigatoriamente, promoverá a defesa dos interesses daquele que justificou a sua atuação no processo. Como essa é uma situação em que as defesas são conflitantes, haverá necessidade da intervenção de dois promotores, um na defesa da parte autora e outro, na da parte ré.

(D) Em todas as ações em que a lei considera obrigatória a intervenção do MP, a falta de sua manifestação sobre o mérito da lide de interesse público é causa de nulidade absoluta e insanável do processo, a partir do momento em que deveria intervir. Se, apesar de provocada essa intervenção, o promotor sustentar sua desnecessidade ou se limitar a requer o prosseguimento da ação, o juiz deverá determinar o retorno dos autos para a manifestação sobre o mérito da causa.

(E) No processo em que o interesse em litígio é privado e de expressão econômica e no qual há interesse de pessoa relativamente incapaz, ainda que essa tenha representante legal ou curador nomeado à lide, é obrigatória a intervenção do MP no feito na qualidade de *custos legis*. A falta dessa intervenção no momento devido causa prejuízo ao interesse público, impondo a nulidade dos atos subsequentes.

A: incorreta (arts. 82 e 83 do CPC); **B:** incorreta (art. 84 do CPC); **C:** incorreta. O MP atua como fiscal da lei, sendo suficiente um promotor para fiscalizar o cumprimento da lei dentro do processo mesmo que haja dois incapazes, um em cada polo; **D:** incorreta, pois caso o MP entenda desnecessária sua atuação no processo, o juiz não devolverá os autos para manifestação acerca do mérito da questão; **E:** correta (art. 84 do CPC).

Gabarito "E"

(Ministério Público/BA – 2008) Nas hipóteses abaixo elencadas, identifique em que demandas o Ministério Público atua na condição de parte *pro populo*:

(A) Ação direta de inconstitucionalidade de lei ou atos normativos federais ou estaduais, ação rescisória e ação de alimentos.

(B) Ação de anulação de atos judiciais, ação de reparação de dano ambiental e ação para obtenção de vaga hospitalar para pessoa portadora de patologia.

(C) Ação de anulação de matrícula de registro de imóveis, ação de reparação de dano ambiental e ação de impugnação de mandato eletivo.

(D) Ação de improbidade administrativa, ação de investigação de paternidade e ação de destituição de tutela.

(E) Ação para reparação de patrimônio público e social, ação de obtenção de remédio para tratamento de doença e ação de anulação de atos judiciais.

A: incorreta. A atuação "pro populo" do MP ocorre quando ele atua como legitimado ordinário para a tutela de interesses transindividuais. No caso da ação de alimentos, o MP figura como substituto processual; **B:** incorreta, pelo mesmo motivo com relação à ação para obtenção de vaga hospitalar; **C:** correta; **D:** incorreta, porque na investigatória e na destituição de tutela há legitimação extraordinária do MP; **E:** incorreta, uma vez que também há legitimação extraordinária na ação para a obtenção de remédio.

Gabarito "C"

(Ministério Público/BA – 2005) Em matéria de capacidade processual, podemos dizer sempre que:

(A) O juiz, em qualquer caso, dará curador especial ao incapaz.

(B) Nas ações possessórias, sempre será indispensável a participação do cônjuge do autor ou do réu.

(C) A falta de autorização, não suprida pelo juiz, quando necessária, invalida o processo.

(D) Nos casos de ações que versem sobre direitos reais imobiliários, o cônjuge necessitará do consentimento do outro; contudo, as citações poderão se dar apenas na pessoa de um deles.

(E) As sociedades sem personalidade jurídica poderão ser representadas por qualquer dos sócios, mesmo não estando na administração dos bens.

A: incorreta (art. 9º, I, do CPC); **B:** incorreta (art. 10, § 2º, do CPC); **C:** correta (art. 11, parágrafo único, do CPC); **D:** incorreta (art. 10, § 1º, do CPC); **E:** incorreta (art. 12, VII, do CPC).

Gabarito "C"

(Ministério Público/BA – 2005) Assinale a proposição correta:

(A) Em qualquer circunstância e no curso do processo, por vontade expressa das partes ou seus procuradores, será permitida a substituição voluntária das partes.

(B) Independente do consentimento da parte contrária, o adquirente ou cessionário poderá ingressar em juízo substituindo o alienante, ou o cedente.

(C) Duas ou mais pessoas poderão litigar em juízo, no mesmo processo, mesmo não havendo conexão pelo objeto, desde que o fundamento do pedido não diga respeito ao mesmo fato.

(D) Havendo disputa entre autor e réu sobre um determinado bem, terceiro deverá se opor, se lhe interessar, antes de ser proferida a sentença.

(E) A oposição, no caso de intervenção de terceiros, se oferecida antes da audiência, correrá nos próprios autos, para julgamento na mesma sentença.

A: incorreta (art. 41 do CPC); **B:** incorreta (art. 42, § 1º, do CPC); **C:** incorreta (art. 46 do CPC); **D:** correta (art. 56 do CPC); **E:** incorreta (art. 59 do CPC).

Gabarito "D"

(Ministério Público/BA – 2005) Nas assertivas abaixo, assinale a correta:

(A) O Ministério Público tem legitimidade para recorrer, mas somente nos processos em que for parte.

(B) O órgão do Ministério Público, quando intervindo na função de *custos legis*, está obstado, por lei, a juntar documentos e certidões no processo.

(C) O Ministério Público, sob pena de nulidade, intervirá, obrigatoriamente, nas causas relativas à tutela, curatela, interdição e disposições de última vontade.

(D) A intimação do Ministério Público, nas Comarcas onde houver órgão de publicação dos atos oficiais, será feita pela imprensa.

(E) A citação, via de regra, será feita para qualquer Comarca do País pelo correio, ainda que a parte ré seja pessoa de direito público.

A: incorreta (art. 499, § 2º, do CPC); **B:** incorreta (art. 83, II, do CPC); **C:** correta (art. 82, II, do CPC); **D:** incorreta (art. 236, § 2º, do CPC); **E:** incorreta (art. 222, c, do CPC).

Gabarito "C"

(Ministério Público/CE – 2011 – FCC) Pelo sistema da lei processual civil, as nulidades nela previstas

(A) convalidam-se, se o ato processual, realizado de forma diversa à prevista, lhe alcançar a finalidade.

(B) não são passíveis de convalidação, pois o que é nulo não produz nenhum efeito.

(C) não abrangem a atuação do Ministério Público, salvo se atuar no interesse de incapazes.

(D) devem ser sempre alegadas a qualquer tempo, inexistindo preclusão a respeito.

(E) não podem ser declaradas de ofício pelo juiz, vigorando sobre o tema, sem ressalvas, o princípio da iniciativa da parte.

A: correta, porque se trata de tradução do princípio da instrumentalidade das formas, previsto no art. 244 do CPC; **B:** incorreta; **C:** incorreta, porque o art. 246 prevê que é nulo o processo, quando o Ministério Público não for intimado para acompanhar o feito em que deva intervir; **D:** incorreta, porque devem ser alegadas na primeira oportunidade em que couber à parte falar nos autos, sob pena de preclusão (art. 245 do CPC); **E:** incorreta, porque as nulidades que decorrem da ofensa de normas de ordem pública podem ser declaradas de ofício pelo juiz.

Gabarito "A"

(Ministério Público/CE – 2011 – FCC) No processo civil, o Ministério Público

(A) age sempre facultativamente, em obediência a seu poder discricionário.

(B) no exercício de suas funções, não poderá ser responsabilizado civilmente, mas somente nos âmbitos administrativo e criminal.

(C) poderá produzir prova em audiência, mas não juntar documentos e certidões, o que é privativo das partes.

(D) intervirá nas causas em que haja interesses de incapazes, relativas ao estado da pessoa, declaração de ausência e disposições de última vontade.

(E) deverá manifestar-se nas ações que envolvam litígios coletivos e individuais pela posse da terra urbana e rural.

A: incorreta, porque há situações em que não há qualquer discricionariedade para a ação do MP, como, por exemplo, no caso de desistência infundada ou abandono da ação civil pública por associação legitimada, hipótese em que o MP assumirá a titularidade da ação (art. 5º, §3º, da Lei 7.347/1985); **B:** incorreta, porque os membros do MP respondem civilmente por dolo ou fraude (art. 85 do CPC); **C:** incorreta, porque a atuação do MP no processo civil, seja como parte, ou como fiscal da lei, não encontra o limite apontado na alternativa; **D:** correta (art. 82 do CPC); **E:** incorreta, porque só haverá intervenção quando se trata de litígios coletivos pela posse de terra rural (art. 82, III, CPC).

Gabarito "D"

(Ministério Público/CE – 2011 – FCC) O Ministério Público, atuando nas ações civis públicas,

(A) como regra, poderá requisitar quaisquer documentos, informações ou exames de organismos públicos, mas apenas solicitá-los ao Judiciário se concernentes a órgãos privados.

(B) poderá veicular pretensões tributárias ou que envolvam contribuições previdenciárias, cujos beneficiários sejam individualmente determinados ou não.

(C) se houver o convencimento de que inexistem fundamentos para sua propositura, deverá pleitear o arquivamento dos autos do inquérito civil ao juiz competente.

(D) pode requisitar quaisquer documentos para instrução do inquérito civil, mesmo nos casos em que a lei impuser sigilo.

(E) deverá pleitear, em casos de acordo ou condenação com fundamento em dano causado por ato de discriminação étnica, que a prestação em dinheiro seja revertida em fundo legalmente previsto, sendo utilizada para ações de promoção da igualdade étnica.

A: incorreta, porque o MP poderá "requisitar, de qualquer organismo público ou particular, certidões, informações, exames ou perícias" (§ 1º do art. 8º da Lei 7.347/1985); **B:** incorreta, porque "não se admite ação civil pública proposta pelo MP para impedir a cobrança de tributos" (STF-Pleno, RTJ 173/288), e também não se admite a ação civil pública proposta pelo MP para a tutela de benefício previdenciário (STJ, REsp 448.684); **C:** incorreta, porque o arquivamento do inquérito civil não depende de pedido ao juiz. Ao contrário do que ocorre com o arquivamento do inquérito policial, que é requerido ao juiz, o do inquérito civil é promovido diretamente pelo membro do MP (art. 9º da Lei 7.347/1985); **D:** incorreta, porque a única ressalva ao poder de requisição é a do sigilo imposto por lei (§ 2º do art. 8º da Lei 7.347/1985); **E:** correta, porque de acordo com o § 2º do art. 13 da Lei 7.347/1985 (acrescentado pelo art. 63 da Lei 12.288/2010).

Gabarito "E"

(Ministério Público/CE – 2009 – FCC) Ministério Público no Processo Civil.

I. O Ministério Público deve representar judicialmente as entidades públicas, quando não constituam advogados para defender-se.

II. O Ministério Público não pode requerer a nomeação de curador especial para os menores.

III. Cabe ao Ministério Público promover representação para fins de intervenção do Estado em Municípios, nos casos previstos na Constituição do Estado do Ceará.

IV. Os membros do Ministério Público não prestam depoimento pessoal quando o Ministério Público atua como parte.

V. O Ministério Público não detém legitimidade para o requerimento de interdição em caso de doença mental grave ou anomalia psíquica, concorrentemente ou não, com a dos parentes, do cônjuge e do tutor do interditando.

(A) Somente III, IV e V estão corretas.

(B) Somente II, IV e V estão corretas.

(C) Somente III e IV estão corretas.

(D) Somente I e II estão corretas.

(E) I, II, III, IV e V estão corretas.

I: errada, não é papel institucional do Ministério Público representar em juízo as pessoas jurídicas de direito público ("não cabe ao MP, como fiscal da lei, velar pelos interesses das pessoas jurídicas de direito público, mas pela correta aplicação da lei, e muito menos suprir as omissões dos procuradores de tais entidades. A CF, em seu art. 129, IX, parte final, veio expressamente proibir a defesa e a consultoria de entes públicos por parte de membro do *parquet*" – STJ-*RT* 671/210); **II:** errada, uma vez que o MP pode requerer a nomeação de curador especial para menores, sempre que verificar que os interesses deste são conflitantes com os de seus representantes legais (*v.g.*: pedido de suprimento judicial de consentimento para o casamento do menor); **III:** correta (inciso IV do art. 130 da Constituição do Estado do CE); **IV:** correta, pois o depoimento pessoal é destinado à confissão da parte, o que é incompatível com a atuação ministerial no processo; **V:** errada, uma vez que em contradição com o que estabelece o art. 1.769 do Código Civil.

Gabarito "C"

(Ministério Público/CE – 2009 – FCC) O membro do Ministério Público estará sujeito à arguição de suspeição, no processo contencioso, quando, sendo parte principal,

(A) for interessado no julgamento da causa em favor de uma das partes.

(B) receber dádivas depois de iniciado o processo.

(C) nele estiver postulando, como advogado da parte, qualquer parente seu, consanguíneo ou afim, em linha reta.

(D) for parente, consanguíneo ou afim, da parte contrária, em linha reta ou, na colateral, até o terceiro grau.

(E) for parente, consanguíneo ou afim, da parte contrária, em linha reta ou, na colateral, até o quarto grau.

A: errada, porque se o MP atua como parte principal, obviamente terá interesse no julgamento em favor de uma das partes (art. 138, I, do CPC); **B:** correta (art. 135, IV, do CPC); **C:** errada, porque a hipótese tratada pelo item é de impedimento (art. 134, IV), e não de suspeição; **D:** errada, porque esta também é uma hipótese de impedimento, e não de suspeição; **E:** errada, já que o parentesco do MP com a parte contrária constitui motivo de impedimento, e não de suspeição.

Gabarito "B"

(Ministério Público/CE – 2009 – FCC) Compete ao Ministério Público, no processo civil, na defesa do idoso,

(A) impedir a atuação de terceiros, ainda que legitimados para as ações cíveis previstas no Estatuto do Idoso, sempre que o Estatuto do Idoso conferir legitimidade ao Ministério Público nas mesmas ações.

(B) atuar como assistente simples do idoso em situação de risco, por abuso da família, curador ou entidade de atendimento.

(C) promover a revogação de instrumento procuratório do idoso, sempre que os direitos reconhecidos no Estatuto do Idoso forem ameaçados em razão de sua condição pessoal e o interesse público justificar.

(D) homologar transações envolvendo interesses e direitos dos idosos previstos no Estatuto do Idoso.

(E) atuar obrigatoriamente, nos processos em que não for parte, na defesa dos direitos de que cuida o Estatuto do Idoso, hipótese em que terá vista dos autos antes das partes, podendo juntar documentos e requerer diligências.

A: errada, porque o MP não pode impedir que outros legitimados atuem em juízo na defesa dos interesses do idoso, mesmo que se trate de situação em que o MP teria legitimidade para fazê-lo, uma vez que a legitimação é sempre concorrente (art. 81, *caput*, e § 1º do art. 74, ambos do Estatuto do Idoso); **B:** errada, porque o MP atua como substituto processual, e não como assistente simples, nos casos em que o idoso está em situação de risco (art. 74, III, do Estatuto do Idoso); **C:** correta (art. 74, IV, do Estatuto do Idoso); **D:** errada, porque o MP não homologa, mas referenda as transações envolvendo interesses dos idosos (art. 74, X, do Estatuto do Idoso); **E:** errada, porque a vista dos autos ao MP será dada depois (e não antes) das partes (art. 75 do Estatuto).

Gabarito "C"

(Ministério Público/CE – 2009 – FCC) Em ação acidentária, o segurado, assistido por advogado, celebrou transação com o INSS, fixando o valor do benefício mensal a ser recebido pelo segurado. A transação foi homologada judicialmente. Dessa decisão apelou o Ministério Público. Nesse caso, a apelação do Ministério Público

(A) somente poderá ser conhecida se for interposta na forma adesiva ao recurso interposto pelo segurado, por meio de seu advogado.

(B) não deverá ser conhecida, por falta de legitimidade recursal, porque o segurado está assistido por advogado.

(C) não deverá ser conhecida, por falta de interesse recursal, porque houve transação livremente celebrada e homologada judicialmente.

(D) deverá ser conhecida, porque o Ministério Público tem legitimidade e interesse recursais, ainda que o segurado esteja assistido por advogado.

(E) somente poderá ser conhecida se o segurado, por meio de seu advogado, não recorrer.

A e **D:** o MP, como fiscal da lei, tem legitimidade para apresentar recurso independente, nos termos da Súmula 226 do STJ ("O Ministério Público tem legitimidade para recorrer na ação de acidente do trabalho, ainda que o segurado esteja assistido por advogado"); **B:** errada, também em razão da Súmula mencionada; **C:** errada, porque nada impede que a sentença que foi homologada judicialmente seja impugnada por meio de apelação; **E:** errada, porque a legitimidade recursal do MP é plena, e não supletiva ou subsidiária, como quer sugerir a questão.

Gabarito "D"

(Ministério Público/DF – 2009) Acerca do tema da legitimidade ministerial para intervir no processo como fiscal da lei ou atuar como parte, assinale a alternativa incorreta.

(A) No processo que trate de direito indisponível, considerado como tal na Constituição Federal, a atuação ministerial sob a forma de intervenção como *custos legis* é cabível.

(B) Se o processo, entre partes maiores e capazes, versar sobre direito indisponível, ainda que de natureza individual, o Ministério Público deverá atuar sob pena de nulidade.

(C) Se o processo versar sobre direito disponível e, havendo incapazes em pelo menos um dos polos, o Ministério Público deverá intervir sob pena de nulidade.

(D) Em ação ordinária na qual o autor, servidor público, pleiteia o reconhecimento de direito à aposentadoria voluntária, o Ministério Público deverá intervir. Caso não seja intimado, nulo é o processo desde o momento em que deveria ter intervindo.

(E) Na ação de improbidade, o Ministério Público, se não intervir no processo como parte, atuará obrigatoriamente como fiscal da lei, sob pena de nulidade.

A: correta, pois é cabível a intervenção do MP, como fiscal da lei, nos litígios que versam sobre direito indisponível; **B:** correta, nos termos do art. 84 do CPC; **C:** correta, em razão do que dispõe os art. 82, I, e 84 do CPC; **D:** incorreta, pois não há tal previsão na lei processual civil; **E:** correta (art. 17, § 4º, da Lei 8.429/1992).

Gabarito "D"

(Ministério Público/GO – 2010) Analise as proposições abaixo e, após, marque a alternativa correta.

I. Os atos processuais são públicos. Correm, todavia, em segredo de justiça os processos em que o exigir o interesse público ou que dizem respeito a casamento, filiação, separação dos cônjuges, conversão desta em divórcio, alimentos e guarda de menores. O direito de consultar os autos e de pedir certidões de seus atos é restrito às partes e a seus procuradores. O terceiro, que demonstrar interesse jurídico, pode requerer ao juiz certidão do dispositivo da sentença, bem como de inventário e partilha resultante do desquite.

II. Os atos das partes, consistentes em declarações unilaterais ou bilaterais de vontade, produzem imediatamente a constituição, a modificação ou a extinção de direitos processuais. A desistência da ação só produzirá efeito depois de homologada por sentença.

III. Quando se tratar de processo total ou parcialmente eletrônico, os atos processuais praticados na presença do juiz poderão ser produzidos e armazenados de modo integralmente digital em arquivo eletrônico inviolável, na forma da lei, mediante registro em termo que será assinado digitalmente pelo juiz e pelo escrivão ou chefe de secretaria, bem como pelos advogados das partes.

IV. Os atos processuais realizar-se-ão em dias úteis, das 6 (seis) às 20 (vinte) horas. Serão, todavia, concluídos depois das 20 (vinte) horas os atos iniciados antes, quando o adiamento prejudicar a diligência ou causar grave dano. Durante as férias e nos feriados não se praticarão atos processuais. Excetuam-se: a) a produção antecipada de provas; b) a citação, a fim de evitar o perecimento de direito; c) o arresto, o sequestro, a penhora, a arrecadação, a busca e apreensão, o depósito, a prisão, a separação de corpos, a abertura de testamento, os embargos de terceiro, a nunciação de obra nova e outros atos análogos.

(A) Apenas uma das afirmações acima está correta.

(B) Apenas duas das afirmações acima estão corretas.

(C) Apenas três afirmações acima estão corretas.

(D) Todas as quatro afirmações acima estão corretas.

I: correta (art. 155 do CPC); **II:** correta (art. 158 do CPC); **III:** correta (art. 169, § 2º do CPC); **IV:** correta (art. 172 do CPC).

Gabarito "D"

(Ministério Público/GO – 2010) Sobre a substituição processual é incorreto afirmar:

(A) Existe quando alguém defende ou pleiteia direito alheio em nome próprio, cujo fenômeno é conhecido também por legitimação extraordinária.

(B) É admitida nas hipóteses expressamente previstas em lei, podendo excepcionalmente ser levada a efeito por convenção ou ajuste entre as partes (substituição convencional).

(C) Proposta a ação pelo substituto processual, o titular do interesse em litígio poderá manter-se afastado da relação processual ou habilitar-se como assistente litisconsorcial.

(D) A coisa julgada tem eficácia sobre o titular do direito (substituído processual), de sorte que não poderá insurgir-se contra o que ficou decidido na ação em que se operou a substituição.

A: correta; **B:** incorreta (devendo esta ser assinalada), porque a substituição processual decorre exclusivamente da lei, e nunca da convenção das partes; **C:** correta; **D:** correta, porque para o substituído é considerado como parte, no sentido material, motivo pelo qual fica vinculado à coisa julgada.

Gabarito "B"

(Ministério Público/GO – 2010) Analise as proposições abaixo e, após, marque a alternativa correta.

I. Qualquer que seja a posição assumida pelo Ministério Público no processo civil, terá o seu órgão poderes idênticos ao das partes.

II. Figurando como fiscal da lei, o Ministério Público deverá manifestar no processo sempre após as partes, incidindo em nulidade a inobservância desta regra.

III. O Ministério Público tem prazos especiais para a prática de atos, dispondo do dobro para recorrer e em quádruplo para contestar, isto independentemente da natureza de sua atuação no processo.

IV. A intervenção da Procuradoria de Justiça em segundo grau evita a anulação do processo no qual o Ministério Público não tenha sido intimado em primeiro grau, desde que não demonstrado prejuízo ao interesse do tutelado.

(A) Correto apenas o item I.

(B) Corretos apenas os itens I e II.

(C) Corretos apenas os itens I, II e III.

(D) Corretos apenas os itens I, III e IV.

I: correta (art. 81 do CPC); **II:** incorreta, porque não haverá nulidade se não houver prejuízo; **III:** correta (art. 188 do CPC); **IV:** correta (RSTJ 148/185 e VI ENTA-concl. 42).

Gabarito "D"

(Ministério Público/MA – 2009) Leia com atenção as seguintes afirmativas.

I. O Ministério Público, quando intervém no processo civil como *"fiscal da lei"* ou *"custos legis"*, atua de forma necessariamente vinculada ao interesse substancial do móvel (motivo) de sua intervenção (por exemplo, num processo onde exista interesse de um menor absolutamente incapaz), deverá sempre se posicionar, quanto ao *"meritum causae"*, em favor do interesse desse menor.

II. O Ministério somente deverá ser intimado pessoalmente no processo quando neste atuar na qualidade de parte.

III. Os embargos de declaração opostos pelo Ministério Público em processos nos quais oficia como *"custos legis"* suspendem os prazos para a interposição de outros recursos apenas em relação ao Ministério Público.

IV. O Ministério Público tem legitimidade para recorrer nos processos em que é parte e também naqueles em que oficia, por disposição legal, como *"custos legis"*.

V. O Ministério Público, quando atua no processo civil como parte, não desfruta do privilégio do prazo em dobro para recorrer.

(A) Somente a afirmativa "II" supra é correta, sendo incorretas todas as demais.

(B) Dentre todas as afirmativas supra, somente uma delas é correta.

(C) Somente as afirmativas "IV" e "V" supra são corretas, sendo incorretas todas as demais.

(D) As afirmativas "III" e "V" supra são incorretas, sendo corretas todas as demais.

(E) A alternativa "I" supra é a única correta dentre todas as demais.

I: incorreta, uma vez que, embora exista divergência jurisprudencial sobre o tema, já se decidiu que "a intervenção do MP não se subordina aos interesses do incapaz; se estiver convencido de que este não tem direito, deve deduzir seu parecer de acordo com a lei, e não com o interesse do incapaz" (*RSTJ* 180/415); **II:** errada, porque o art. 83 do CPC exige sua intimação de todos os atos do processo quando atuar com fiscal da lei; **III:** errada, porque a interposição dos embargos de declaração, seja pelas partes, ou pelo MP *custos legis*, interrompem o prazo para os demais, para o embargante, e para os outros legitimados a recorrer; **IV:** correta, nos termos do art. 499 do CPC; **V:** errada, porque contrária ao que estabelece o art. 188 do CPC.

Gabarito "B"

(Ministério Público/MA – 2009) Examine atentamente as afirmativas que seguem.

I. Pode-se dizer que possuir capacidade para ser parte (capacidade processual) é possuir a capacidade para ser sujeito de uma relação jurídico-processual.

II. Em matéria probatória, a regra da preclusão, que atinge a parte, afasta de maneira peremptória o poder do juiz de determinar de ofício a realização de provas que, no seu entender, contribuiriam para a formação de seu convencimento.

III. Quando o Código de Processo Civil estabelece expressamente que um dos cônjuges não pode demandar ou for demandado acerca de direitos reais imobiliários sem o consentimento do outro cônjuge, está impondo uma restrição à *"capacidade postulatória"* dos cônjuges.

IV. O *"litisconsórcio facultativo"* é modalidade de *"intervenção de terceiros"* no processo.

V. O incidente de *"intervenção de terceiros"*, que ocorre comumente no *"processo de conhecimento"* pode, em certos casos, também ocorrer no *"processo de execução"*.

(A) Quatro (4) das afirmativas supra são incorretas e somente uma (1) é correta.

(B) Duas (2) das afirmativas supra são incorretas e três (3) são corretas.

(C) Duas (2) das afirmativas supra são corretas, sendo incorretas as demais.

(D) As afirmativas "I", "II" e "III" supra são incorretas, sendo corretas as demais.

(E) Somente uma (1) das afirmativas supra é incorreta, sendo corretas todas as demais.

I: incorreta, porque capacidade processual não se confunde com capacidade para ser parte. O menor, por exemplo, pode ser parte, mas não tem capacidade processual. Logo, deve ser representado ou assistido.; **II:** errada, porque o juiz pode, a qualquer tempo, determinar de ofício a produção de provas que entenda necessárias para a formação de seu convencimento; **III:** errada, porque capacidade postulatória não se confunde com a capacidade processual, essa sim relacionada com a exigência de consentimento para demandar; **IV:** errada, porque litisconsórcio, seja facultativo ou necessário, corresponde ao fenômeno da pluralidade dos sujeitos em cada um dos polos da relação processual, e não sobre intervenção de terceiros; **V:** correta, porque é possível que na execução haja assistência.

Gabarito "A"

(Ministério Público/MG – 2006) No que tange ao exercício das funções ministeriais é **INCORRETO** afirmar que:

(A) oficia na estrita observância do direito objetivo como fiscal da lei.

(B) é civilmente responsável quando, no exercício de suas funções, proceder com culpa, dolo ou fraude.

(C) atua como parte quando age como legitimado ativo na Ação Civil Pública e na Ação Coletiva por improbidade administrativa.

(D) atua como assistente nas Ações Civis Públicas proposta por outro legitimado ativo.

(E) a lei exige que nos casos de intervenção obrigatória as intimações de seus órgãos se façam sempre pessoalmente, entendendo o Pleno do STF que o prazo inicia na data da entrega dos autos a secretaria da instituição.

A: correta; **B:** incorreta (devendo esta ser assinalada), porque só há responsabilidade civil do membro do MP quando proceder ele com dolo ou fraude (art. 85 do CPC); **C:** correta; **D:** correta; **E:** correta (art. 236, § 2º do CPC).

Gabarito "B"

(Ministério Público/MG – 2005) É efeito material da citação válida:

(A) obstar a decadência;

(B) fixar a prevenção, em caso de competência concorrente, do órgão judicial que a ordenou;

(C) produzir a litispendência;

(D) tornar inadmissível, salvo nos casos legalmente previstos, a mudança de partes no processo;

(E) completar a relação jurídica.

A: correta, porque nos termos do que prevê o art. 220 do CPC; **B:** incorreta, porque a fixação da prevenção é efeito processual da citação válida, e, além disso, quando se trata de juízos da mesma competência territorial, é o despacho da petição inicial que fixa torna prevento o juízo (art. 106 do CPC); **C:** incorreta, porque se trata de efeito processual da citação; **D:** incorreta, porque também se trata de efeito processual; **E:** incorreta, pelo mesmo motivo.

Gabarito "A"

(Ministério Público/MG – 2005) *"Como há independência do Ministério Público em relação ao Poder Judiciário, não pode o magistrado obrigar o órgão ministerial a intervir no processo".*

Diante dessa afirmativa, considere as seguintes alternativas:

I. A falta de intimação do Ministério Público, nas hipóteses legais, acarreta anulabilidade do respectivo procedimento;

II. O que enseja a nulidade é a falta de intervenção do Ministério Público e não a falta de intimação;

III. se o processo tiver tramitado sem conhecimento do Ministério Público, o juiz anulará o feito a partir do momento em que o órgão do *parquet* manifesta nos autos a necessidade de sua intervenção;

IV. Cessada a causa de intervenção do Ministério Público no decorrer do processo, a decisão afinal proferida não enseja a intimação do órgão ministerial.

SOMENTE é **CORRETO** o que se afirma em:

(A) I e II

(B) III e IV

(C) II

(D) IV

(E) III

I: incorreta, porque o vício, nesse caso, é de nulidade; **II:** incorreta, porque o contrário é que seria verdadeiro; **III:** incorreta, porque o juiz deverá anular o processo a partir do momento em que o MP devia ter sido intimado (art. 246, parágrafo único, CPC); **IV:** correta.

Gabarito "D"

(Ministério Público/MG – 2010 – FUNDEP) O Ministério Público atuará como substituto processual nas seguintes situações, **EXCETO**,

(A) nas ações coletivas de um modo geral.

(B) nas ações de adoção, quando for do interesse do incapaz.

(C) em defesa dos interesses e direitos do idoso em situação de risco.

(D) para adoção das medidas protetivas de urgência que visem coibir a violência doméstica e familiar contra a mulher.

A, C e **D:** corretas, pois as assertivas cuidam de situações que demandam a atuação do MP como substituto processual; **B:** incorreta (devendo esta ser assinalada), pois não é caso de atuação do MP como substituto processual.

Gabarito "B"

(Ministério Público/MS – 2009) Assinale a alternativa correta.

(A) Denomina-se prazo impróprio aquele fixado pelo juiz, a pedido das partes.

(B) Ausente contestação ofertada no prazo, impõe-se julgamento antecipado da causa.

(C) A inexistência de advertência no mandado citatório inviabiliza a aplicação do efeito material da revelia.

(D) Haverá nulidade, caso ação e reconvenção sejam julgadas em momentos distintos.

(E) Não é possível ao autor alterar o pedido em caso de revelia.

A: incorreta, porque prazo impróprio, ou não preclusivo, é aquele cuja inobservância não acarreta qualquer sanção; **B:** incorreta, porque mesmo diante da revelia, é possível que seja necessária a produção de provas, em particular quando não houver presunção de veracidade, como, por exemplo, no caso de direitos indisponíveis (art. 320 do CPC); **C:** correta; **D:** incorreta, porque não é obrigatório julgamento de ambas ao mesmo tempo, sendo possível, por exemplo, que uma delas mereça extinção sem resolução do mérito, enquanto a outra ainda depende de instrução probatória; **E:** incorreta, porque a possibilidade existe, embora condicionada à nova citação do revel.

Gabarito "C"

(Ministério Público/PB – 2010) Analise as proposições abaixo, assinalando, na sequência, a alternativa que sobre elas contenha o devido julgamento:

I. Na hipótese em que se torna ilícita a finalidade a que visa a fundação, tem legitimidade exclusiva para requerer a sua extinção, por meio de jurisdição voluntária, o Ministério Público.

II. Quando a iniciativa para a extinção de fundação partir do Ministério Público, será necessária a intervenção, como *custos legis*, de outro membro do *Parquet*, a ser designado pelo Procurador-Geral de Justiça.

III. Na hipótese em que a fundação estender suas atividades por mais de um estado, através da instalação de filiais, sua fiscalização caberá ao Ministério Público do local em que tiver sido constituída.

(A) Apenas I e II estão corretas.

(B) Apenas I e III estão corretas.

(C) Apenas II e III estão corretas.

(D) I, II e III estão incorretas.

(E) I, II e III estão corretas.

I: incorreta, porque a legitimidade, nesse caso, será do MP ou de qualquer interessado (art. 69 do CC); **II:** incorreta, porque "não faz sentido tomar parecer do MP em processos em que este atua como parte" (STJ-*RT* 796/207); **III:** incorreta, porque "se estenderem [as fundações] suas atividades por mais de um Estado, caberá o encargo [de sua fiscalização], em cada um deles, ao respectivo Ministério Público" (§ 2º do art. 66 do CC).

Gabarito "D"

(Ministério Público/PI – 2008) Assinale a alternativa **correta**.

(A) O Ministério Público, quando participa como parte, não está sujeito ao ônus de antecipação das despesas processuais em nenhuma hipótese.

(B) No processo de mandado de segurança, o Ministério Público participa obrigatoriamente como representante da autoridade coatora, tendo por função a defesa do ato impugnado.

(C) É obrigatória a intervenção do Ministério Público no processo de execução fiscal.

(D) O interesse público que autoriza a participação do Ministério Público no processo civil brasileiro como *custos legis* é o interesse público primário, não o autorizando o interesse público secundário.

(E) Funcionando como fiscal da ordem jurídica, o Ministério Público está sujeito ao dever de antecipar as despesas processuais.

A: incorreta, de acordo com o gabarito oficial, e com entendimento que vigorava à época da aplicação da prova. Mais recentemente, no entanto, o STJ assim decidiu: "1. Em recente julgado, a divergência existente quanto à responsabilidade do Ministério Público, enquanto autor da ação civil pública em relação ao adiantamento dos honorários periciais, foi superada. A Segunda Turma, no julgamento do REsp 933.079-SC, posicionou-se no mesmo sentido que a Primeira Turma (REsp 933079/SC, Rel. Min. Herman Benjamin, Rel. p/ Acórdão Ministra Eliana Calmon, Segunda Turma, julgado em 12.2.2008, DJe 24.11.2008). 2. Não deve o Ministério Público, enquanto autor da ação civil pública, adiantar as despesas relativas a honorários periciais, por ele requerida" (EREsp 733.456/SP, Rel. Ministro HUMBERTO MARTINS, PRIMEIRA SEÇÃO, julgado em 24/02/2010, DJe 29/04/2011); **B:** incorreta, porque sua participação no mandado de segurança se dá na qualidade de fiscal da lei; **C:** incorreta, nos termos da Súmula n. 189 do STJ; **D:** correta; **E:** incorreta (art. 27 do CPC).

Gabarito "D"

(Ministério Público/PR – 2011) Acerca da intervenção do Ministério Público no processo civil como fiscal da lei, assinale a alternativa correta:

(A) o Ministério Público sempre intervirá nas execuções fiscais;

(B) o Ministério Público sempre intervirá nos procedimentos falimentares, em todas as suas fases;

(C) é obrigatória a participação do Ministério Público em todas as causas onde houver interesse patrimonial econômico da Fazenda Pública;

(D) o Ministério Público, seja na condição de parte, seja na condição de fiscal da lei, sempre goza do benefício do prazo em dobro para recorrer;

(E) o Ministério Público sempre intervirá nas usucapiões coletivas e somente intervirá nas usucapiões individuais quando existir interesse público.

A: incorreta (Súmula 189 do STJ: "é desnecessária a intervenção do Ministério Público nas execuções fiscais"); **B:** incorreta; **C:** incorreta (STJ-RT 671/210); **D:** correta (art. 188 do CPC); **E:** incorreta, por falta de previsão legal.

Gabarito "D"

(Ministério Público/PR – 2009) Assinale a alternativa INCORRETA:

(A) o Ministério Público tem legitimidade para suscitar conflito de competência, no caso desta ser absoluta, mesmo quando não intervir no processo onde restou verificada, ocasião na qual assumirá a posição de parte no incidente processual;

(B) transcorrido um ano da publicação do primeiro edital sem que se saiba do paradeiro do ausente e não havendo absolutamente interessados, cumpre ao Ministério Público requerer a abertura da sucessão provisória;

(C) em mandado de segurança, ainda que a parte não tenha interposto recurso e o Ministério Público apenas esteja intervindo como *custos legis*, tem a Instituição legitimidade para recorrer;

(D) ajuizada ação de interdição pelo Ministério Público, na defesa dos interesses do interditando, mostra-se dispensável nomear a este curador à lide;

(E) na ação que visa a anular negócio jurídico, no qual a usucapião foi simplesmente arguida em defesa, torna-se desnecessária a intervenção do Ministério Público no processo.

A: correta (art. 116 do CPC); **B:** correta, se levada em conta a regra prevista no art. 1.163 do CPC. Porém, o art. 26 do CC estabelece como marco inicial do prazo de um ano, não a publicação do edital, como faz o CPC, mas a data da arrecadação dos bens (tudo indica, no entanto, que o examinador não considerou o fato de que o CC, por ser norma posterior, revogou o CPC nesse ponto); **C:** correta (*RSTJ* 59/389); **D:** incorreta (devendo esta ser assinalada), pois o art. 1.179 do CPC estabelece que "quando a interdição for requerida pelo Ministério Público, o juiz nomeará ao interditando curador à lide (art. 9º)"; **E:** correta, porque a alegação de usucapião como defesa não acarreta alteração no registro do bem, o que torna desnecessária a intervenção do MP.

Gabarito "D"

(Ministério Público/PR – 2009) Assinale a alternativa INCORRETA:

(A) conquanto não tenha legitimidade ativa para ajuizar ação popular, o Ministério Público detém atribuição para apressar a prova, promover a busca da responsabilidade civil ou criminal dos que nela incidirem, exigir o atendimento de requisições, além de recorrer das sentenças e decisões proferidas contra o autor;

(B) prestadas informações pela autoridade apontada como coatora no mandado de segurança, sem a juntada de documentos, os autos deverão ser encaminhados com vista ao Ministério Público, a fim de que seu membro elabore parecer quanto ao processado, no prazo de cinco dias;

(C) durante a averiguação de paternidade, se o suposto pai não atender a notificação judicial que lhe foi encaminhada para se manifestar sobre a paternidade alegada, ou pronunciar-se negando-a, o juiz remeterá os autos ao representante do Ministério Público, o qual terá que, por dever de ofício, obrigatoriamente ajuizar a ação de investigação de paternidade;

(D) se o Ministério Público impugnar pedido de retificação de assento no Registro Civil, o juiz determinará a produção da prova, dentro do prazo de dez dias. Em seguida, depois de ouvidos, sucessivamente, em três dias, os interessados e o Órgão ministerial, o magistrado decidirá a questão em cinco dias;

(E) no procedimento conferido à regularidade do testamento particular, após a apresentação de petição instruída com cédula desse testamento, serão intimados para inquirirem as testemunhas que lhe ouviram a leitura e, depois disso, assinaram-no, aqueles a quem caberia a sucessão legítima, o testamenteiro, os herdeiros e os legatários que não tiverem requerido a publicação e o Ministério Público.

A: correta (art. 6º, § 4º, da Lei 4.717/1965); **B:** correta, se considerado aquilo que dispunha a Lei 1.533/1951, no seu art. 10. Contudo, o prazo que hoje prevê a Lei 12.016/2009 (art. 12) para a manifestação do MP é de 10 dias (e não mais de 5 dias); **C:** errada (devendo esta ser assinalada), porque o MP poderá (e não deverá) propor a ação de investigação de paternidade, se houver elementos suficientes (art. 2º, § 4º, da Lei 8.560/1992); **D:** correta (art. 109, § 1º, da LRP); **E:** correta (arts. 1.130 e 1.131 do CPC).

Gabarito "C"

(Ministério Público/PR – 2009) Dentre as proposições abaixo, assinale a alternativa INCORRETA:

(A) os atos processuais praticados por advogado sem instrumento de mandato, a fim de evitar decadência ou prescrição, caso não ratificados no prazo de quinze dias, prorrogável por outros quinze, por despacho do juiz, serão havidos como nulos;

(B) comparecendo o réu apenas para arguir a nulidade e sendo esta decretada, considerar-se-á feita a citação na data em que ele ou seu advogado for intimado da decisão;

(C) os atos e termos processuais não dependem de forma determinada, senão quando a lei expressamente exigir, reputando-se válidos os que, realizados de outro modo, preencham-lhe a finalidade essencial;

(D) quando a lei prescrever determinada forma, sob pena de nulidade, a decretação desta não pode ser requerida pela parte que lhe deu causa;

(E) quando a lei exigir, como da substância do ato, o instrumento público, nenhuma outra prova, por mais especial que seja, pode suprir-lhe a falta, sob pena de ser considerado inválido e ineficaz.

A: errada (devendo esta ser assinalada), porque o art. 37 do CPC estabelece que os atos praticados pelo advogado que não forem ratificados no prazo, serão considerados inexistentes, e não nulos; **B:** correta (art. 214, § 2º, do CPC); **C:** correta (art. 154, CPC); **D:** correta (art. 243, CPC); **E:** correta (art. 366, CPC).

Gabarito "A"

(Ministério Público/RJ – 2011) Sobre a preclusão, é INCORRETO afirmar que:

(A) trata-se de instituto essencial do processo que visa a evitar o retrocesso procedimental e a insegurança jurídica, limitando o exercício abusivo dos poderes processuais dos sujeitos do processo;

(B) a preclusão lógica decorre da prática de ato incompatível com o exercício da faculdade ou poder processual e, como tradução da boa-fé objetiva, também se aplica ao juiz e ao membro do Ministério Público;

(C) as questões de ordem pública não se sujeitam à preclusão e independem de provocação das partes para o pronunciamento jurisdicional, o que não se confunde com a absoluta dispensa do contraditório;

(D) a preclusão temporal e a preclusão consumativa atingem as partes, mas não atingem o juiz ou o membro do Ministério Público que intervier no processo, cujos prazos para a prática de atos processuais são impróprios;

(E) a prescrição de direitos indisponíveis pode ser conhecida de ofício e a qualquer tempo pelo juiz, ainda que configure julgamento de improcedência *prima facie*.

A: correta; **B:** correta; **C:** correta, porque mesmo diante das matérias de ordem pública, em razão do dever de diálogo entre o juiz e as partes, deve existir possibilidade a sua manifestação antes do pronunciamento judicial; **D:** incorreta (devendo esta ser assinalada), porque a preclusão atinge o MP; **E:** correta.

Gabarito "D"

(Ministério Público/RN – 2009 – CESPE) Acerca do juiz, do MP, dos órgãos auxiliares da justiça, do processo de execução e cumprimento da sentença, assinale a opção correta.

(A) É vedado ao juiz exercer as suas funções no processo contencioso ou voluntário quando receber, antes ou depois de iniciado o processo, dádivas das partes.

(B) No processo civil, o MP não pode renunciar ao poder de recorrer nem desistir de recurso por ele interposto.

(C) No processo civil, compete ao oficial de justiça a prática dos atos processuais de documentação e guarda dos autos.

(D) Cabe a execução forçada da sentença declaratória se, nesta, for reconhecida a existência de relação jurídica já violada pelo devedor.

(E) Na execução por quantia em face do devedor solvente, emprega-se o meio executório denominado coerção patrimonial.

A: incorreta, porque se trata de hipótese de suspeição (art. 135, IV, CPC), e não de impedimento do juiz; **B:** incorreta, porque não incide, no processo civil, tal vedação; **C:** incorreta, uma vez que tais incumbências são do escrivão (art. 141, IV, CPC); **D:** correta (art. 475-N, I, CPC); **E:** incorreta, porque na execução por quantia fica sujeita aos atos de expropriação dos bens do executado (as medidas de coerção ficam reservadas para execução das obrigações de fazer, não fazer e de entrega de coisa).

Gabarito "D"

(Ministério Público/RO – 2010 – CESPE) Considerando que, na legislação processual civil, há prazos especiais para contestar, para recorrer ou para qualquer outra manifestação nos autos, assinale a opção correta.

(A) O MP, quando é parte, dispõe de prazo em quádruplo para recorrer.

(B) Para as fundações públicas, conta-se em dobro o prazo para recorrer.

(C) A defensoria pública dispõe de prazo em quádruplo para contestar.

(D) Em mandado de segurança, conta-se em dobro o prazo para o impetrado apresentar informações.

(E) A fazenda pública dispõe de prazo em dobro para contestar.

A: incorreta, porque o art. 188 do CPC prevê prazo em dobro para recurso do MP; **B:** correta, porque as fundações públicas estão abrangidas pelo conceito de fazenda pública previsto no art. 188 do CPC; **C:** incorreta, porque os prazos para defensoria pública, inclusive para contestar, são em dobro; **D:** incorreta, porque o prazo é simples; **E:** incorreta, porque dispõe de prazo em quádruplo.

Gabarito "B"

(Ministério Público/RO – 2010 – CESPE) Com relação aos atos processuais, assinale a opção correta.

(A) Auto é um termo processual que se refere à narração, por escrito, das audiências.

(B) É defeso às partes, ainda que todas estejam de acordo, reduzir ou ampliar os prazos.

(C) O prazo para o MP contestar deve ser computado em dobro.

(D) Considera-se prorrogado o prazo até o primeiro dia útil subsequente quando o expediente forense for encerrado antes da hora normal.

(E) A estrutura processual baseia-se no princípio da instrumentalidade das formas, de modo que, de acordo com o CPC, não se pode mitigar a incidência desse princípio em nenhuma hipótese.

A: incorreta, porque esse é conceito de termo; **B:** incorreta, porque tal vedação só se aplica aos prazos peremptórios (art. 182 do CPC), mas não atinge os prazos dilatórios (art. 181 do CPC); **C:** incorreta, porque o prazo será em quádruplo (art. 188 do CPC); **D:** correta (art. 184, § 1º, II do CPC); **E:** incorreta, porque o princípio não pode ser aplicado quando a lei estabelecer uma determinada forma, sob pena de nulidade do ato (art. 244 do CPC).

Gabarito "D"

(Ministério Público/RS – 2008) Assinale a alternativa INCORRETA:

(A) O Ministério Público tem legitimidade para recorrer no processo em que é parte e naqueles em que oficiou como fiscal da lei.

(B) O Ministério Público, como o juiz e qualquer das partes, tem legitimidade para suscitar o conflito de competência.

(C) No procedimento ordinário, quando o Ministério Público for a parte recorrente terá prazo em quádruplo.

(D) Na ação de usucapião, é obrigatória a intervenção do Ministério Público.

(E) Quando o usucapião é alegado em defesa, como exceção (Súmula 237 do STF), não é obrigatória a intervenção do Ministério Público.

A: correta (art. 499, § 2º do CPC); **B:** correta (art. 116 do CPC); **C:** incorreta, porque o prazo para o MP recorrer é em dobro (art. 188 do CPC); **D:** correta (art. 944 do CPC); **E:** correta, uma vez que a defesa de usucapião não promove alteração na relação jurídica real, quanto à modificação da titularidade do direito sobre a coisa, bem como contestação da veracidade do que consta no Registro de Imóveis (motivos que justificariam a intervenção do MP).

Gabarito "C"

(Ministério Público/SE – 2010 – CESPE) Acerca da disciplina jurídica das partes e de seus procuradores e da intervenção de terceiros no processo civil, assinale a opção correta.

(A) Em processo de execução, é cabível a intervenção de terceiros, na modalidade da assistência.

(B) O juiz pode limitar a formação do litisconsórcio facultativo com enfoque na célere solução da lide e na facilitação da defesa do réu.

(C) No caso de a nomeação à autoria ter sido requerida de modo temerário, sem que o réu originário também tenha ofertado contestação, o indeferimento da nomeação, pelo juiz, importará em revelia.

(D) A ausência de citação de todos os litisconsortes, na hipótese de litisconsórcio passivo necessário, torna a sentença passível de anulação.

(E) É vedada a substituição voluntária das partes no curso do processo.

A: incorreta, porque a assistência tem espaço quando o terceiro tem interesse jurídico na prolação de sentença que favoreça uma das partes do litígio, o que é incompatível com o processo de execução; **B:** correta (parágrafo único do art. 46 do CPC): **C:** incorreta, porque rejeitada a nomeação à autoria, por mais absurda que ela tenha sido, deve ser restituído ao nomeante o prazo para a contestação (art. 62 do CPC e STJ-*RT* 705/227); **D:** incorreta, porque o art. 47 estabelece que a consequência da falta dos litisconsortes será a ineficácia da sentença; **E:** incorreta, porque é permitida, nos casos expressos em lei, a substituição voluntária das partes no curso do processo (art. 41 do CPC).

Gabarito "B"

(Ministério Público/SP – 2012 – VUNESP) A propósito do Ministério Público no Direito Processual Civil, é correto afirmar

(A) Cabe ao Ministério Público exercer o direito de ação nos casos previstos em lei, militando em seu favor a inversão do ônus da prova.

(B) Nas causas em que a intervenção do Ministério Público se dá como fiscal da lei, não lhe é permitido aditar a inicial ou produzir prova em audiência, em razão do princípio dispositivo do processo.

(C) Quando a lei considerar obrigatória a intervenção do Ministério Público, deixando de se manifestar, quando intimado, haverá nulidade do processo.

(D) Cabe ao Ministério Público intervir nas causas que envolvam litígios coletivos pela posse da terra rural, como nas causas em que haja interesse público demonstrado pela qualidade da parte.

(E) Intervindo como fiscal da lei, o órgão do Ministério Público terá vista dos autos depois das partes não sendo necessária sua intimação dos atos das partes.

A: incorreta, porque não há previsão legal de inversão do ônus da prova em favor do MP; **B:** incorreta, porque o MP, ainda que atue como fiscal da lei, poderá produzir provas em audiência (art. 83, II, CPC); **C:** incorreta, porque a nulidade decorre da falta de intimação do MP, e não da ausência de sua manifestação; **D:** correta (art. 82, III, CPC); **E:** incorreta, porque a intimação é obrigatória para todos os atos do processo (art. 83 do CPC).

Gabarito "D"

(Ministério Público/SP – 2011) A ausência do Ministério Público, por falta de intimação para acompanhar o feito em que deva intervir,

(A) acarreta a nulidade do processo desde o seu início.

(B) pode ser suprida pela intervenção da Procuradoria de Justiça, em segundo grau de jurisdição, quando a falta de manifestação do Promotor de Justiça gerar prejuízo.

(C) torna nulo o processo a partir do momento em que o órgão devia ter sido intimado.

(D) causa nulidade sanável, havendo prejuízo das partes.

(E) resulta em nulidade sanável, independentemente de prejuízo dos litigantes.

A: incorreta, porque a nulidade do processo será reconhecida a partir do momento em que o órgão do Ministério Público devia ter sido intimado (art. 246, parágrafo único, do CPC); **B:** incorreta, porque o vício só fica suprido, nesse caso, se não tiver havido prejuízo ao interesse tutelado (RSTJ 148/185); **C:** correta (art. 246, parágrafo único, do CPC); **D:** incorreta, porque a nulidade será insanável se houver prejuízo; **E:** incorreta, porque só será reconhecido o vício se o interesse que seria tutelado pela presença do órgão ministerial estiver preservado, não obstante a ausência de manifestação (STJ, REsp 26.898-2).

Gabarito "C"

(Ministério Público/SP – 2010) Assinale a alternativa correta:

(A) No processo relacionado com interesse de incapaz, o Ministério Público, como fiscal da lei, manifesta-se, nos debates finais, antes das partes.

(B) O Ministério Público sempre intervém nas ações de desapropriação.

(C) Nos procedimentos de jurisdição voluntária, o Ministério Público não tem a prerrogativa do prazo processual em dobro.

(D) O prazo para o Ministério Público indicar testemunhas, nas ações em que intervém como fiscal da lei, é peremptório.

(E) O Ministério Público, agindo como fiscal da lei, não está vinculado ao interesse da parte que justificou a sua intervenção.

A: incorreta, porque compete ao MP falar depois dos advogados das partes; **B:** incorreta, porque "ressalvados os casos de desapropriação de imóvel rural, por interesse social, para fins de reforma agrária, não é obrigatória a intervenção do MP nas desapropriações, inclusive indiretas" (STJ, AI 493.584-AgRG); **C:** incorreta, porque o prazo em dobro do MP para recorrer se aplica tanto na jurisdição contenciosa, como voluntária; **D:** incorreta, porque "o juiz pode ouvir testemunhas, mesmo arroladas fora do prazo, quando se litigar sobre direito indisponível" (*RT* 613/162); **E:** correta (*RSTJ* 180/415).

Gabarito "E"

(Ministério Público/SP – 2008) Assinale a causa em que o Ministério Público não intervém.

(A) Ação que envolva litígio coletivo pela posse de terra rural.

(B) Ação cautelar de arresto em que o réu restou revel.

(C) Causa concernente ao estado da pessoa.

(D) Processo de inventário em que há herdeiro ausente.

(E) Processo de inventário em que há herdeiro incapaz.

A alternativa B é a única incorreta, pois contrária ao art. 82 do CPC.

Gabarito "B"

(Ministério Público/SP – 2006) Assinale a alternativa correta.

(A) O Ministério Público tem legitimidade ativa para a defesa em juízo do piso vital mínimo.

(B) O Ministério Público não tem legitimidade ativa para a defesa em juízo do piso vital mínimo.

(C) Somente as associações civis têm legitimidade ativa para a defesa em juízo do piso vital mínimo.

(D) Somente os partidos políticos têm legitimidade ativa para a defesa em juízo do piso vital mínimo.

(E) Somente a União, os Estados e os Municípios têm legitimidade ativa para a defesa do piso vital mínimo.

A teoria sobre o piso vital mínimo foi criada com o intuito de atender às necessidades vitais mínimas do homem, tais como moradia, alimentação, educação e saúde, e encontra previsão constitucional no art. 7º, inciso IV, da CF. O art. 103, inciso VIII, da Lei Complementar nº 734/1993 (Lei Orgânica do Ministério Público do Estado de São Paulo) elenca as funções institucionais, nos termos do art. 129 da CF, sendo, por isso, incontestável a legitimidade do Ministério Público para a tutela dos interesses sociais, como é o caso do piso vital mínimo, daí porque ser correta apenas a alternativa "A".

Gabarito "A"

(Ministério Público/SP – 2006) O prejudicado por ato doloso ou fraudulento praticado por representante do Ministério Público:

(A) Não tem direito de ressarcir-se.

(B) Tem direito de ressarcir-se por meio de ação dirigida contra o representante do Ministério Público.

(C) Tem direito de ressarcir-se por meio de ação dirigida contra o poder público sendo certo que o membro do MP não será responsável perante o poder público.

(D) Tem direito de ressarcir-se por meio de ação dirigida contra o poder público ficando o membro do Ministério Público responsável perante o poder público devendo indenizá-lo em regresso se tiver agido dolosamente.

(E) Tem direito de ressarcir-se por meio de ação dirigida contra o poder público ficando o membro do Ministério Púbico responsável perante o poder público devendo indenizá-lo em regresso se tiver agido dolosa ou fraudulentamente no processo.

Art. 85 do CPC.

Gabarito "E"

(Ministério Público/SP – 2006) Responde por perdas e danos o juiz quando:

(A) Retardar, com justo motivo, providência que deva ordenar de ofício.

(B) Em nenhuma hipótese, na medida em que o conteúdo do art. 133 do Código de Processo Civil é inconstitucional.

(C) Independentemente de estar no exercício de suas funções proceder com fraude.

(D) Retardar sem justo motivo providência a requerimento da parte observando-se o que estabelece o parágrafo único do art. 133 do Código de Processo Civil.

(E) Retardar sem justo motivo providência a requerimento da parte independentemente da prévia intimação apontada no parágrafo único do art. 133 do Código de Processo Civil em face do que estabelece o art. 5º, LXXVIII da Constituição Federal.

A alternativa D está correta, pois reflete o art. 133, II, do CPC.

Gabarito "D"

(Ministério Público/TO – 2012 – CESPE) Com relação às causas em que o MP é chamado a intervir como *custos legis*, assinale a opção correta.

(A) O fato de a fazenda pública ser parte caracteriza o interesse público justificador da intervenção do MP.

(B) Em causa na qual a parte seja incapaz, a intervenção do MP não poderá contrariar os interesses daquele.

(C) O MP tem legitimidade processual para alegar a incompetência relativa.

(D) A intervenção obrigatória do MP se satisfaz com sua intimação, ainda que não haja sua expressa manifestação nos autos.

(E) É necessária a atuação do MP como *custos legis* mesmo quando este já atue como parte.

A: incorreta, porque "não cabe ao MP, como fiscal da lei, velar pelos interesses das pessoas jurídicas de Direito Público" (STJ-RT 671/210); **B:** incorreta, ao menos de acordo com parte da doutrina e da jurisprudência. "A intervenção do MP não se subordina aos interesses do incapaz" (RSTJ 180415); **C:** incorreta, porque em se tratando "de competência territorial relativa, e não tendo sido oposta exceção declinatória do foro pela parte ré, falece ao MP legitimidade para, na qualidade de 'custos legis', arguir a incompetência" (STJ-RT 835/164). Deve-se registrar, contudo, que há decisões no sentido contrário (STJ, REsp 100.690); **D:** correta (RSTJ 43/227); **E:** incorreta (STJ-RT 796/207).

Gabarito "D"

(Ministério Público/TO – 2012 – CESPE) É nulo o processo quando o MP não é intimado para se manifestar nos casos em que deveria intervir. A respeito dessa nulidade, assinale a opção correta.

(A) A intervenção do MP em segundo grau não supre a ausência de sua intimação em primeiro grau, quando for obrigatória, implicando a nulidade do processo.

(B) A manifestação do MP como *custos legis* não enseja o direito ao contraditório pelas partes, ainda que haja manifesta contrariedade à tese jurídica defendida por uma delas.

(C) O fato de o parecer apresentado pelo MP estar sem assinatura implicará a impossibilidade de aproveitamento da referida manifestação.

(D) Se, regularmente intimado, o MP não se fizer presente a audiência, essa ausência acarretará a nulidade do ato.

(E) Julgada a causa em benefício de incapaz, sem a intervenção do MP, mesmo assim deve ser reconhecida a nulidade do processo.

A: incorreta (STJ, REsp 175.181); **B:** correta, mesmo porque o MP manifesta-se após as partes; **C:** incorreta, porque "a simples falta de assinatura no parecer do MP não constitui motivo para que se declare nulo o processo" (RSTJ 100/85); **D:** incorreta (STJ, REsp 85.276); **E:** incorreta, porque "não se declara nulidade, por falta de audiência do MP, se o interesse dos menores ser acha preservado, posto que vitoriosos na demanda" (STJ, REsp 26. 898-2).

Gabarito "B"

(Ministério Público/TO – 2012 – CESPE) Tendo em vista que o membro do MP está sujeito às mesmas regras de impedimento e suspeição dos juízes, assinale a opção correta.

(A) Na ação rescisória, estará impedido de intervir o membro do MP que tiver atuado no processo do acórdão rescindendo.

(B) A participação de membro do MP em inquérito civil não impede a sua atuação na ACP.

(C) As causas de impedimento e suspeição somente se aplicam ao MP quando este atua como parte.

(D) A suspeição de membro do MP pode ser alegada mesmo por quem não é parte no processo.

(E) O rol de hipóteses de suspeição de membro do MP previsto no CPC não é taxativo, admitindo-se sua extensão.

A: incorreta, porque não há, na lei, tal vedação; **B:** correta; **C:** incorreta, porque também são aplicáveis quando atua como fiscal da lei (art. 138, II, CPC); **D:** incorreta; **E:** incorreta.

Gabarito "B"

(Ministério Público/TO – 2012 – CESPE) Se o prefeito de um município desviar, para fins particulares, verba pública federal incorporada ao patrimônio da municipalidade, o MP poderá pleitear a condenação do prefeito pelo referido ilícito administrativo. Nesse caso, para encaminhar seu pleito, o MP deverá ajuizar

(A) ACP por improbidade administrativa na justiça federal.

(B) mandado de segurança na justiça estadual de primeiro grau.

(C) mandado de segurança no respectivo tribunal de justiça estadual.

(D) ação popular na justiça estadual de primeiro grau.

(E) ACP por improbidade administrativa na justiça estadual.

A: incorreta, porque não há qualquer motivo para que ser determinada a competência da justiça federal; **B:** incorreta, porque o mandado de segurança não se presta para essa situação; **C:** incorreta, pelo mesmo motivo; **D:** incorreta; **E:** correta.

Gabarito "E"

(Ministério Público/TO – 2012 – CESPE) Considerada apenas a natureza da ação ou do processo, o MP deve atuar na condição de *custos legis* nos casos de

(A) suspensão de execução, justificação quando o interessado não puder ser citado pessoalmente, ação de alimentos, carta de ordem e protesto.

(B) sequestro de execução contra a fazenda pública, arrolamento, uniformização de jurisprudência, entrega de coisa vaga e testamento.

(C) carta precatória, ação rescisória, curatela de interditos, dúvida de registro público, renúncia do encargo pelo testamenteiro e posse em nome do nascituro.

(D) ação popular, mandado de segurança, ação de usucapião, ação demarcatória e ação de divisão.

(E) conflitos de competência, execução de obrigação de fazer, inventário, procedimentos especiais de jurisdição voluntária e ACP.

A: incorreta, por falta de previsão legal; **B:** correta; **C:** incorreta; **D:** incorreta, porque não atua nas ações de divisão e demarcação; **E:** incorreta, porque não participa na execução de obrigações de fazer.

Gabarito "B"

3. LITISCONSÓRCIO, ASSISTÊNCIA E INTERVENÇÃO DE TERCEIROS

(Ministério Público/PI – 2014 – CESPE) Acerca do litisconsórcio, da assistência e da intervenção de terceiros, assinale a opção correta.

(A) Se o autor recusar a nomeação à autoria pleiteada pela ré, esta não terá direito à abertura de novo prazo para contestação.

(B) O regime do litisconsórcio necessário assegura decisão unitária para todos os litisconsortes.

(C) O direito do evicto de indenizar-se do pagamento indevido em face do anterior alienante não se condiciona à denunciação da lide em ação de terceiro reivindicante.

(D) A alienação do objeto litigioso não altera a legitimidade processual das partes, de forma que o legitimado superveniente não poderá, como parte, ingressar no feito como assistente litisconsorcial.

(E) De acordo com o STJ, o cabimento do chamamento ao processo em fase de execução evidencia a aplicação dos princípios da economicidade e celeridade processual.

A: incorreta, pois haverá abertura de novo prazo para defesa, conforme artigo 67 do CPC; **B:** incorreta, porque nem todo litisconsórcio necessário é unitário conforme se depreende da leitura do artigo 47 do CPC. Há casos de litisconsórcio necessário simples (usucapião) e facultativo unitário (condomínio); **C:** correta, conforme artigo 70, I, do CPC. A despeito de a denunciação ser obrigatória (posição adotada pela jurisprudência especificamente nos casos de evicção), a não denunciação faz perder apenas o direito de denunciar, mas não o direito material; **D:** incorreta, conforme artigo 42, § 2º, CPC; **E:** incorreta, não cabe chamamento ao processo em sede de execução. Deverá ser formalizada em sede de contestação.

Gabarito "C"

(Ministério Público/MS – 2013 – FADEMS) A propósito da oposição, considere as proposições abaixo:

I. Sendo o réu revel, a oposição somente poderá ser proposta contra o autor.

II. Não se admite oposição nos Juizados Especiais.

III. A oposição será distribuída por dependência e os opostos serão citados, na pessoa dos seus respectivos advogados, para contestar o pedido, fixando o prazo de quinze dias para cada um.

IV. O opoente, ao utilizar da oposição, obriga-se em exercê-la contra as partes no processo em andamento, as quais são denominadas de opostos, havendo a obrigatória formação de litisconsórcio necessário e unitário.

São **corretas**:

(A) Somente as proposições I e III.

(B) Somente as proposições I, III e IV.

(C) Somente a proposição II.

(D) Somente as proposições III e IV.

(E) Somente as proposições II, III e IV.

I: incorreta, porque não faz diferença, para a oposição, o fato de haver revelia. Ainda assim, na oposição, haverá litisconsórcio passivo necessário entre o autor e o réu da ação originária, ainda que seja ele revel, como, aliás, prevê o parágrafo único do art. 57 do CPC; **II:** correta (art. 10 da Lei 9.099/1995: "Não se admitirá, no processo, qualquer forma de intervenção de terceiro [inclusive a oposição, obviamente] nem de assistência. Admitir-se-á o litisconsórcio"); **III:** incorreta, porque o prazo de 15 dias para contestar será comum (art. 57, *"caput"*, parte final, do CPC); **IV:** incorreta, porque o litisconsórcio formado entre os opostos, embora seja necessário, é simples, e não unitário (Fredie Didier Jr., **Curso de Direito Processual Civil**, Ed. JusPodivm, 11. ed., vol. 1, p. 346).

Gabarito "C"

(Ministério Público/AC – 2008) Assinale a alternativa correta.

(A) Todo litisconsórcio necessário é simples.

(B) A integridade do litisconsórcio facultativo é uma questão de legitimação para causa.

(C) No litisconsórcio unitário, os litisconsortes serão considerados nas suas relações com a parte adversa como litigantes distintos - os atos e as omissões de um não beneficiam nem prejudicam os demais.

(D) A sentença prolatada na ausência de um litisconsorte necessário é *inutiliter datur.*

A: incorreta, porque o litisconsórcio necessário, em regra, é unitário; **B:** incorreta, porque se o litisconsórcio é facultativo, há legitimidade de parte de qualquer dos litisconsortes, ainda que não presentes os demais; **C:** incorreto, porque os atos benéficos favorecem os demais; **D:** correta (art. 47 do CPC).

Gabarito "D"

(Ministério Público/BA – 2010) Em simples palavras, litisconsórcio significa a pluralidade de partes litigantes no processo. É a reunião de vários interessados numa mesma demanda, na qualidade de autor e/ou de réu, para a defesa de interesses comuns. O litisconsórcio não se confunde, evidentemente, com a cumulação de ações, pois se refere a pessoas que integram uma das partes no pleito. Acerca do tema aqui proposto, é incorreto afirmar:

(A) Nas ações possessórias, a participação do cônjuge do autor ou do réu é indispensável.

(B) A ausência de citação de todos os litisconsórcios necessários implica extinção do processo sem destrame do mérito.

(C) O litisconsórcio por afinidade sempre será simples.

(D) O litisconsórcio formado por titulares de direitos individuais homogêneos, necessariamente, será simples.

(E) Quando dois ou mais legitimados extraordinários figurarem em juízo discutindo a mesma relação, tem-se um litisconsórcio unitário.

A: incorreta (devendo esta ser assinalada), porque a participação do cônjuge nas ações possessórias só é indispensável quando se tratar de composse ou de atos praticados por ambos (art. 10, § 2º, CPC); **B:** correta (art. 47, parágrafo único, CPC); C, D e **E:** corretas, pois estão em harmonia com as regras do processo civil brasileiro.

Gabarito "A"

(Ministério Público/CE – 2011 – FCC) No que concerne à intervenção de terceiros é correto afirmar que

(A) são casos catalogados pela lei processual civil a nomeação à autoria, o chamamento ao processo, o litisconsórcio e a denunciação da lide.

(B) a lei pode obrigar terceiro, estranho à lide, a ingressar no processo.

(C) conforme a iniciativa da medida, pode ser espontânea, como na oposição, ou provocada, como na nomeação à autoria.

(D) é cabível em qualquer espécie de procedimento.

(E) o terceiro limita-se a atuar no processo até a sentença, não tendo legitimidade para recorrer.

A: incorreta, porque litisconsórcio não é modalidade de intervenção de terceiros; **B:** incorreta; **C:** correta; **D:** incorreta, porque, por exemplo, no rito sumário só se admite assistência e a intervenção fundada em contrato de seguro; **E:** incorreta (art. 499 do CPC).

Gabarito "C"

(Ministério Público/DF – 2009) Assinale a alternativa incorreta.

(A) Se um dos opostos reconhecer a procedência do pedido, considera-se extinto o processo.

(B) Não cabe oposição em Ação direta de inconstitucionalidade.

(C) O nomeado à autoria que aceitou a nomeação não pode oferecer oposição.

(D) Não se admite oposição nos Juizados Especiais.

(E) A ação de oposição é dirigida contra autor e réu ao mesmo tempo, em litisconsórcio passivo necessário.

A: incorreta (devendo esta ser assinalada), porque se um dos opostos reconhecer a procedência do pedido, contra o outro prosseguirá o opoente (art. 58 do CPC); **B:** correta, porque nas ações destinadas ao controle da constitucionalidade de leis ou atos normativos não há que se falar em "coisa ou direito" sobre o qual controvertem autor e réu, o que deixa clara a incompatibilidade da oposição nesse tipo de demanda; **C:** correta, porque se o nomeado aceitou a nomeação, passa a ser réu, não havendo qualquer motivo para que se tornasse opoente; **D:** correta, porque nos juizados especiais não se admite qualquer forma de intervenção de terceiros (art. 10 da Lei 9.099/1995); **E:** correta (art. 56 do CPC).

Gabarito "A"

(Ministério Público/GO – 2010) Analise as proposições abaixo e, após, marque a alternativa correta.

I. Duas ou mais pessoas podem litigar, no mesmo processo, em conjunto, ativa ou passivamente, quando: a) entre elas houver comunhão de direitos ou de obrigações relativamente à lide; b) os direitos ou as obrigações derivarem do mesmo fundamento de fato ou de direito; c) entre as causas houver conexão pelo objeto ou pela causa de pedir; d) ocorrer afinidade de questões por um ponto comum de fato ou de direito.

II. Há litisconsórcio necessário quando, por disposição de lei ou pela natureza da relação jurídica, o juiz tiver de decidir a lide de modo uniforme para todas as partes. Em tal caso, a eficácia da sentença dependerá da citação de todos os litisconsortes no processo. O juiz ordenará ao autor que promova a citação de todos os litisconsortes necessários, dentro do prazo que assinar, sob pena de declarar extinto o processo.

III. Pendendo uma causa entre duas ou mais pessoas, o terceiro, que tiver interesse jurídico em que a sentença seja favorável a uma delas, poderá intervir no processo para assisti-la. A assistência só tem lugar no procedimento comum ordinário e em primeiro grau de jurisdição. O assistente recebe o processo no estado em que se encontra.

IV. Quem pretender, no todo ou em parte, a coisa ou o direito sobre que controvertem autor e réu, poderá, até ser proferida a sentença, oferecer oposição contra ambos. O opoente deduzirá o seu pedido, observando os requisitos exigidos para a propositura da ação. Distribuída a oposição por dependência, serão os opostos citados, na pessoa dos seus respectivos advogados, para contestar o pedido no prazo comum de 15 (quinze) dias.

(A) Apenas uma das afirmações acima está correta.

(B) Apenas duas das afirmações acima estão corretas.

(C) Apenas três afirmações acima estão corretas.

(D) Todas as quatro afirmações acima estão corretas.

I: correta (art. 46 do CPC); **II:** correta (art. 47 do CPC); **III:** incorreta, porque a assistência terá lugar em todos os graus de jurisdição (art. 50 do CPC); **IV:** correta (arts. 56 e 57 do CPC).

Gabarito "C"

(Ministério Público/MG – 2011) De acordo com o Código de Processo Civil, na parte que trata da intervenção de terceiros, marque a alternativa **CORRETA**.

(A) É obrigatória a denunciação da lide de todos os devedores solidários, quando o credor exigir de um ou de alguns dos devedores solidários, parcial ou totalmente, a dívida comum.

(B) É admissível o chamamento ao processo daquele que estiver obrigado, pela lei ou pelo contrato, a indenizar, em ação regressiva, o prejuízo do que perder a demanda.

(C) Caberá nomeação à autoria em ação de indenização por dano à coisa quando o demandado alegar que praticou o ato por ordem ou em cumprimento de instruções de terceiro.

(D) O terceiro que tiver interesse jurídico em que a sentença seja favorável a uma das partes poderá oferecer oposição contra a parte contrária.

A: incorreta, porque essa seria hipótese de chamamento ao processo, e não de denunciação da lide; **B:** incorreta, porque cabível, nessa hipótese, denunciação da lide; **C:** correta (art. 63 do CPC); **D:** incorreta, porque esse é a hipótese de assistência.

Gabarito "C"

(Ministério Público/MG - 2008) O artigo 56 do Código de Processo Civil preceitua:

"Art. 56. Quem pretender, no todo ou em parte, a coisa ou o direito que controvertem autor e réu, poderá, até ser proferida a sentença, oferecer oposição contra ambos."

Considerando-se o instituto processual de que trata essa norma legal, assinale a resposta CORRETA.

(A) A oposição será oferecida por meio de requerimento dentro dos próprios autos da ação judicial em que litigam os opostos, da qual estes serão intimados para apresentar impugnação.

(B) A existência de constrição judicial sobre a coisa que controvertem autor e réu é pressuposto para o oferecimento da oposição.

(C) Se um dos opostos reconhecer a procedência do pedido do opoente, a oposição continuará contra o outro.

(D) O terceiro que não oferecer oposição em tempo oportuno – antes de proferida sentença – será atingido pelos efeitos da coisa julgada que se formar naquela ação, ficando prejudicado o direito que ele eventualmente possuir sobre a coisa litigiosa.

(E) Na ação judicial que estiver correndo à revelia do réu não será cabível a oposição.

A única alternativa correta é a "C" (art. 58 do CPC).

Gabarito "C"

(Ministério Público/MG – 2006) A respeito da assistência é **INCORRETO** dizer que:

(A) a assistência simples pode ser deferida no despacho que ordena a citação.

(B) é necessária a comprovação de interesse jurídico do terceiro em que uma das partes seja vencedora da demanda.

(C) na assistência simples, a participação do terceiro é meramente acessória e não opositiva a parte assistida.

(D) na assistência adesiva o terceiro tem legitimidade extraordinária já que postula um direito alheio.

(E) a postura do ente da Fazenda Pública lesado no erário em Ação Civil Pública movida pelo Ministério Público é de assistente litisconsorcial, porque defenderá direito próprio.

A: incorreta, porque há necessidade de serem ouvidas as partes sobre o pedido de ingresso do assistente, motivo pelo qual é necessário aguardar vinda do réu aos autos para que se possa apreciar o pedido; **B:** correta (art. 50 do CPC); **C:** correta; **D:** correta; **E:** correta.

Gabarito "A"

(Ministério Público/PI – 2012 – CESPE) Assinale a opção correta a respeito da intervenção de terceiros no processo.

(A) A modalidade de intervenção de terceiros consistente no chamamento ao processo pode ser determinada de ofício pelo juiz.

(B) O autor pode suscitar o chamamento ao processo, enquanto o réu pode provocar a denunciação da lide, a nomeação à autoria e o chamamento ao processo.

(C) No procedimento sumário, são admissíveis, em regra, a denunciação da lide, a oposição, a nomeação à autoria, a assistência e o recurso de terceiro prejudicado.

(D) A oposição, cujo objetivo é corrigir vício de legitimidade passiva, determina a extinção do processo sem resolução de mérito, por falta de condição da ação.

(E) A nomeação à autoria, a denunciação da lide e o chamamento ao processo constituem espécies de intervenção de terceiros forçadas ou impositivas.

A: incorreta, porque há necessidade de manifestação do réu; **B:** incorreta, porque o chamamento ao processo é de iniciativa exclusiva do réu; **C:** incorreta, porque só se admite, no sumário, assistência, recurso do terceiro prejudicado e a intervenção fundada em contrato de seguro; **D:** incorreta, porque corrigir o vício de legitimidade passiva é objetivo da nomeação à autoria; **E:** correta.

Gabarito "E"

(Ministério Público/PR – 2009) Dentre as proposições que seguem, assinale a alternativa INCORRETA:

(A) ao utilizar da oposição, o opoente obriga-se em exercê-la contra as partes no processo que já estava em curso, as quais passam a ser denominadas de opostos, havendo a obrigatória formação de litisconsórcio necessário e unitário;

(B) a nomeação à autoria presume-se aceita quando o autor, devidamente intimado, nada requereu, deixando fluir o lapso temporal dentro do qual deveria manifestar-se a respeito, bem como nas situações em que o nomeado não compareceu aos autos ou, fazendo-se neles presente, não contrariar a nomeação formulada;

(C) o chamamento ao processo dá-se por iniciativa do réu, com o objetivo de chamar o devedor principal ou os codevedores solidários ao feito, ainda que não haja a anuência ou o auxílio do autor;

(D) se qualquer das partes alegar que falece ao assistente interesse jurídico para intervir a bem do assistido, o juiz determinará, sem suspensão do processo, o desentranhamento da petição e da impugnação, a fim de serem autuadas em apenso; autorizará a produção de provas e decidirá, dentro de cinco dias, o incidente;

(E) feita a denunciação da lide pelo autor, o denunciado, comparecendo, assumirá a posição de litisconsorte do denunciante e poderá aditar a petição inicial, procedendo-se em seguida à citação do réu.

A: incorreta, porque o litisconsórcio que se forma entre os opostos, embora seja necessário, é simples (e não unitário); **B:** correta (art. 68 do CPC); **C:** correta (art. 77 do CPC); **D:** correta (art. 51 do CPC); **E:** correta (art. 74 do CPC).

Gabarito "A"

(Ministério Público/RR – 2008 – CESPE) Com respeito ao litisconsórcio e à intervenção de terceiros, julgue os itens que se seguem.

(1) Na denunciação da lide promovida pelo réu, pode a sentença condenar diretamente o denunciado a compor os prejuízos reclamados pelo autor se restar comprovado ter sido ele o causador direto dos danos sofridos por aquele.

(2) Em caso de litisconsórcio unitário, a decisão da causa tem de ser uniforme para todos os litisconsortes. Por isso, a confissão de um deles é ineficaz, inclusive em relação àquele que confessou.

(3) No chamamento ao processo, forma-se um litisconsórcio necessário passivo entre as partes do processo primitivo, visando à condenação do terceiro e à reparação do prejuízo decorrente de sua eventual derrota na causa.

1: errado (art. 76 do CPC); de fato, como a relação existente é entre o réu e o denunciado, deverá o magistrado primeiramente julgar a lide principal, entre autor e réu e, em caso de procedência, integral ou parcial, julgará, na mesma sentença, a denunciação; 2: certo. No **litisconsórcio unitário**, justamente porque a decisão deverá ser igual para todos, a **confissão** de um litisconsorte será ineficaz em relação à determinação do resultado da decisão da causa, conquanto possa ser considerada válida em si mesma, desde que esteja revestida das formalidades; mas, para que se verifique a eficácia no processo, necessário será que todos os litisconsortes unitários igualmente confessem, de forma válida; 3: errado. Na verdade, as hipóteses que permitem o chamamento ao processo são casos de devedores solidários chamados pelo devedor que figura no polo passivo; assim, não se trata de litisconsórcio necessário.

Gabarito 1E, 2C, 3E

(Ministério Público/RJ – 2011) Sobre partes e intervenção de terceiros, é correto afirmar que:

(A) a estabilização subjetiva do processo, instituto típico de processo individual e que tem como limite a citação válida, atinge também a intervenção de terceiros;

(B) o litisconsórcio ulterior facultativo unitário é incompatível com a cumulação imprópria subsidiária ou eventual de pedidos;

(C) no processo coletivo podem figurar no polo passivo alguns legitimados para o polo ativo, o que ensejará extinção do processo pela confusão, por se tratar de legitimidade extraordinária;

(D) no litisconsórcio unitário, em regra os atos de disposição de direito processual praticados por um dos litisconsortes dependem da anuência dos demais para produzir efeitos;

(E) a solidariedade passiva em obrigação indivisível enseja a formação de litisconsórcio unitário passivo facultativo.

A: incorreta, porque a estabilização subjetiva da lide não atinge as intervenções de terceiro; **B:** incorreto, porque é possível que seja formulado um pedido principal em face de um determinado réu, e que, posteriormente, o autor adite a petição inicial para formular um pedido subsidiário em face de outro réu; **C:** incorreta, porque não se fala em confusão entre autor e réu quando um mesmo ente ocupa ambos os polos da relação processual, mas o faz em qualidades diferentes em cada um deles (legitimação ordinária num, e legitimação extraordinária em outro); **D:** incorreta, porque é possível, por exemplo, a renúncia ao direito de recorrer, por um deles, sem o consentimento dos demais; **E:** correta.

Gabarito "E"

(Ministério Público/RS – 2009) Considere as seguintes afirmações, referentes a litisconsórcio e intervenção de terceiros:

I. Há casos de litisconsórcio unitário facultativo, assim como casos de litisconsórcio necessário e comum; na primeira hipótese, insere-se, por exemplo, a ação anulatória de arrematação; na segunda hipótese, insere-se, por exemplo, a ação de declaração de indignidade proposta por um dos coerdeiros.

II. Quando o litisconsórcio passivo é unitário, o juiz decide a lide de modo uniforme para todas as partes requeridas, embora sejam dois ou a mais os réus.

III. A necessariedade do litisconsórcio consiste na indispensabilidade do julgamento uniforme do mérito para todos os litisconsortes.

Quais estão corretas?

(A) I, II e III.

(B) Apenas I.

(C) Apenas II.

(D) Apenas I e II.

(E) Apenas II e III;

I: incorreta, porque na ação de indignidade o litisconsórcio é facultativo e unitário (e não necessário e comum); **II:** correta; **III:** incorreta, porque, além dessa circunstância, também haverá litisconsórcio necessário quando assim o determinar a lei (art. 47 do CPC).

Gabarito "C"

(Ministério Público/SC – 2008)

I. O litisconsórcio, a assistência, a denunciação da lide, a nomeação à autoria, o chamamento ao processo e a oposição são formas da intervenção de terceiros.

II. Quem pretender, no todo ou em parte, a coisa ou o direito sobre que controvertem autor e réu, deverá, até ser proferida a sentença, nomear à autoria o proprietário ou o possuidor.

III. No litisconsórcio facultativo, simples ou unitário, cada um dos litisconsortes é considerado parte distinta e autônoma frente aos demais, sendo que os atos e omissões de um não prejudicarão nem beneficiarão os outros.

IV. A nomeação à autoria gera, em princípio, a substituição do polo passivo da demanda de um sujeito ilegítimo por outro legítimo.

V. A citação do chamado ao processo será requerida, juntamente com a do réu, se o denunciante for o autor, e, no prazo para contestar, se o denunciante for o réu.

(A) apenas I e II estão corretos

(B) apenas I e V estão corretos

(C) apenas III, IV e V estão corretos

(D) apenas II está correto

(E) apenas IV está correto.

I: errado, pois o litisconsórcio não é forma de intervenção de terceiros (vide capítulos V e VI, do Título II, do CPC; **II:** errado, pois esse é o conceito de oposição (art. 56 do CPC); **III:** errado (art. 48 do CPC, "salvo disposição em contrário"); **IV:** certo (art. 66 do CPC); **V:** errado (art. 79 do CPC).

Gabarito "E"

(Ministério Público/SP – 2008) Na demanda ajuizada por sócios de uma sociedade em face desta para a declaração de nulidade de uma deliberação societária, o litisconsórcio existente entre esses sócios é considerado

(A) comum (simples) e facultativo.

(B) comum (simples) e necessário.

(C) unitário e facultativo.

(D) unitário e necessário.

(E) alternativo e facultativo.

No caso proposto, tendo em vista a indivisibilidade do objeto da demanda e a identidade de situações jurídicas dos legitimados, a sentença é necessariamente uniforme para todos os litisconsortes, mas, sendo o litisconsórcio facultativo, qualquer titular do direito de ação pode propor autonomamente sua demanda.

Gabarito "C"

(Ministério Público/SP – 2011) É correto afirmar que, na relação jurídico-processual em que haja litisconsórcio necessário unitário,

(A) o Juiz poderá limitá-lo, a pedido, quanto ao número de litigantes, quando este comprometer a rápida solução do litígio ou dificultar a defesa.

(B) a eficácia da sentença dependerá da citação de todos os litisconsortes no processo.

(C) é dispensável a citação de todos os litisconsortes no processo.

(D) a eficácia da sentença independe da citação de todos os litisconsortes no processo.

(E) o Juiz poderá decidir a lide de modo diferente para cada um dos litisconsortes.

A: incorreta, porque a limitação do litisconsórcio multitudinário só é possível quando se tratar de litisconsórcio facultativo, e não no necessário (art. 46, parágrafo único, do CPC); **B:** correta (art. 47 do CPC); **C:** incorreta, porque é o oposto que decorre da obrigatoriedade do litisconsórcio; **D:** incorreta (art. 47 do CPC); **E:** incorreta, porque no litisconsórcio unitário, a decisão é a mesma para todos os litisconsortes.

Gabarito "B"

4. JURISDIÇÃO E COMPETÊNCIA

(Ministério Público/GO – 2013) Quanto às disposições sobre competência é correto afirmar:

(A) determina-se a competência no momento em que a ação é proposta. São irrelevantes as modificações do estado de fato ou de direito ocorridas posteriormente, salvo quando suprimirem o órgão judiciário ou alterarem a competência em razão da matéria ou da hierarquia.

(B) regem a competência dos tribunais as normas da Constituição da República e do Código de Processo Civil. A competência funcional dos juízes de primeiro grau é disciplinada na Lei de Organização Judiciária.

(C) a ação fundada em direito pessoal e a ação fundada em direito real sobre bens imóveis serão propostas, em regra, no foro do domicilio do réu.

(D) a incompetência absoluta deve ser declarada de oficio e pode ser alegada, em qualquer tempo e grau de jurisdição, por meio de exceção.

A: correta, conforme artigo 87 CPC; **B:** incorreta. A competência funcional é, igualmente regulada pelo CPC (v.g. 736, 806, 132, CPC). A competência material é regulada pela Organização Judiciária; **C:** incorreta. Serão propostas no foro da situação da coisa (art. 95, CPC); **D:** incorreta. Alega-se a incompetência absoluta por meio de objeção.

Gabarito "A"

(Ministério Público/MG – 2013) Assinale a alternativa *INCORRETA*:

(A) Há conflito de competência quando entre dois ou mais juízes surge controvérsia acerca da reunião ou separação de processos.

(B) Pode suscitar conflito a parte que, no processo, ofereceu exceção de incompetência.

(C) O Ministério Público será ouvido em todos os conflitos de competência, mas terá qualidade de parte naqueles que suscitar.

(D) O conflito de competência não obsta, porém, a que a parte, que o não suscitou, ofereça exceção declinatória do foro.

A: assertiva correta, conforme artigo 115, III, CPC; **B:** assertiva incorreta, devendo ser assinalada, conforme artigo 117, CPC; **C:** assertiva correta, conforme artigo 116, parágrafo único, CPC; **D:** assertiva correta, conforme artigo 117, § único, CPC.

Gabarito "B"

(Ministério Público/MS – 2013 – FADEMS) Considere as seguintes proposições:

I. A competência para processar e julgar as ações conexas de interesse de menor é, em princípio, do foro do domicílio do detentor de sua guarda.

II. Compete à justiça estadual julgar causas entre o consumidor e concessionária de serviço público de telefonia, ainda que a Anatel – Agência Nacional de Telecomunicações seja assistente.

III. A presença da União ou de qualquer de seus entes, na ação de usucapião especial, não afasta a competência do foro da situação do imóvel.

IV. Na ação de investigação de paternidade cumulada com alimentos é competente o juízo do foro do domicílio ou da residência do alimentando.

São **incorretas:**

(A) Somente a proposição II.

(B) Somente as proposições II e III.

(C) Somente as proposições I e IV.

(D) Somente as proposições III e IV.

(E) Somente as proposições I e II.

I: correta, porque nos exatos termos da Súmula n. 383 do STJ; **II:** incorreta, porque contrária ao que estabelece a Súmula Vinculante 27 do STF ("Compete à Justiça Estadual julgar causas entre consumidor e concessionária de serviço público de telefonia, quando a Anatel não seja litisconsorte passiva necessária, assistente ou opoente"); **III:** correta, porque se trata de transcrição da Súmula n. 11 do STJ; **IV:** correta, porque nos termos do que dispõe a Súmula 1 do STJ.

Gabarito "A"

(Ministério Público/PR – 2013 – X) Sobre competência, assinale a alternativa <u>*correta*</u>:

(A) Nas ações possessórias, o foro é o da situação da coisa, mas o autor pode optar pelo foro do domicílio;

(B) O foro do domicílio do herdeiro-meeiro, se houver, será o competente para o inventário;

(C) A ação fundada em direito real sobre bem móvel pode ser proposta no foro do domicílio do réu;

(D) A ação em que se pede alimentos deve ser proposta no foro do domicílio do réu;

(E) A ação de reparação de danos causados em acidente automobilístico deve ser proposta, sempre, no foro do local do fato.

A: incorreta, conforme parte final do art. 95 do CPC, que cria a competência "territorial absoluta"; **B:** incorreta. Será do último domicílio do *de cujus* e, em não havendo, do local dos bens conforme estabelece o art. 96 do CPC; **C:** correta, conforme reza o art. 94 do CPC, caso não haja regra especial dispondo o contrário; **D:** incorreta. Será no foro do domicílio do alimentando (art. 100, II, do CPC); **E:** incorreta. Pode ser proposta tanto no local do fato como no domicílio do autor (art. 100, parágrafo único, do CPC).

Gabarito "C"

(Ministério Público/AM – 2008 – CESPE) A respeito da competência, assinale a opção correta.

(A) Ao MP, como órgão interveniente em razão da natureza da lide ou da qualidade de parte, facultam-se todos os recursos e instrumentos processuais oferecidos às partes, o que inclui a legitimidade para arguir exceção de incompetência, ainda que relativa.

(B) O juízo do domicílio do menor é competente para apreciar ação de guarda proposta por um dos pais contra o outro. No entanto, por ser relativa, essa competência pode ser prorrogada e não autoriza declinação da competência de ofício.

(C) A competência para o inventário é definida em razão do lugar onde ocorreu a morte do autor da herança. Quando o autor da herança for servidor público, o juízo competente para processar seu inventário, por força de lei, é o do local onde ele presta serviços ou do lugar de sua última lotação.

(D) A interposição de embargos de terceiros por uma empresa pública federal ou mesmo quando manifesta seu interesse em ingressar em ação que tramita perante a justiça estadual, na qualidade de litisconsorte, assistente ou opositor, acarreta o vício de incompetência absoluta superveniente na ação principal, determinando o deslocamento de ambos os feitos para a justiça federal.

(E) Propostas ações em separado, ocorrendo a continência entre as ações, qualquer das partes poderá suscitar o conflito de competência, perante qualquer um desses juízos, em virtude da proibição da existência de mais de um órgão judiciário competente para julgar duas causas que devam receber a mesma solução jurídica.

A: incorreta, pois o Ministério Público não goza de legitimidade para opor exceção de incompetência quando atua como fiscal da lei, eis que, no caso, não é parte do processo (art. 304 do CPC); **B:** incorreta, pois a ação de guarda não tem o menor como parte e, assim, sua competência reger-se-á pela regra geral (art. 94 do CPC); **C:** incorreta (art. 96 do CPC); **D:** correta, pois, de fato, o princípio da perpetuação da jurisdição comporta exceções, dentre as quais a hipótese tratada de intervenção de empresa pública federal em processo que tramita perante a justiça estadual, sendo fator que desloca a competência para a justiça federal, necessariamente (art. 87 do CPC); **E:** incorreta, porque não é o caso de suscitar conflito de competência, mas somente arguir a existência de continência para que o juiz ordene a reunião dos processos, conforme disposto no art. 105 do CPC.

Gabarito "D"

(Ministério Público/BA – 2005) Em matéria de competência, não podemos fazer a seguinte afirmação:

(A) Será competente a autoridade judiciária brasileira quando o réu, qualquer que seja a sua nacionalidade, estiver domiciliado no Brasil.

(B) Somente poderá ser regida, em razão do valor da causa, pelas normas de organização judiciária.

(C) Regem a competência dos tribunais as normas constitucionais e de organização judiciária.

(D) Nas ações de reparação de dano em razão do delito, será competente o foro do domicílio do autor ou o local do fato.

(E) A competência em razão da matéria é inderrogável por convenção das partes, mas estas poderão modificá-la em razão do valor.

Art. 91 do CPC.

Gabarito "B"

(Ministério Público/CE – 2009 – FCC) Se um bem de empresa pública federal, que não é parte no processo, for apreendido, por determinação judicial, em ação de divisão que tramita perante a Justiça Estadual,

(A) é possível a oposição de embargos de terceiro pela empresa pública federal, na Justiça Estadual, que tem competência funcional para processar e julgar os embargos de terceiro.

(B) não é possível a oposição de embargos de terceiro pela empresa pública federal, em razão da incompetência absoluta da Justiça Estadual.

(C) é possível a oposição de embargos de terceiro pela empresa pública federal, mas a competência desloca-se para a Justiça Federal, que processará e julgará as duas ações.

(D) os embargos de terceiro opostos pela empresa pública federal serão processados e julgados pela Justiça Federal, devendo ser sobrestada na Justiça Estadual a ação onde foi feita a constrição.

(E) a competência é material da Justiça Estadual, portanto, absoluta para o julgamento dos embargos de terceiro opostos pela empresa pública federal, devendo ser sobrestada a ação onde foi realizada a constrição.

A: incorreta, porque se os embargos são "oferecidos pela União, autarquia federal ou empresa pública federal (art. 109-I), (...) a competência para o seu conhecimento será da Justiça Federal, ainda que a ação principal corra na Justiça Estadual" (*RTJ* 98/217); **B:** incorreta, porque a oposição dos embargos é possível, mas não perante a Justiça Estadual; **C:** correta (STJ, CC 54.437, STF-Pleno, *RTJ* 106/946 e *RT* 577/260); **D:** incorreta, porque a oposição dos embargos de terceiro perante a Justiça Federal acarretará a remessa do processo para aquele juízo; **E:** incorreta, pelos motivos já expostos.

Gabarito "C"

(Ministério Público/DF – 2009) Sobre competência, assinale a alternativa correta.

(A) Somente pode suscitar conflito de competência, a parte que no processo ofereceu exceção de incompetência.

(B) Compete à autoridade judiciária brasileira, com exclusão de qualquer outra, proceder a inventário e partilha de bens, situados no Brasil, ainda que o autor da herança seja estrangeiro e tenha residido fora do território nacional.

(C) Em ação de desapropriação é competente o foro da situação da coisa. Pode o autor, entretanto, optar pelo foro do domicílio ou de eleição.

(D) É competente o foro do domicílio do réu, para a ação de reparação de dano.

(E) A reunião de ações propostas em separado, a fim de que sejam decididas simultaneamente, somente ocorre por consequência da conexão.

A: incorreta, porque "não pode suscitar o conflito a parte que, no processo, ofereceu exceção de incompetência (art. 117 do CPC): **B:** correta (art. 89, II, CPC); **C:** incorreta, porque é competente, para a ação de desapropriação, o fora da situação da coisa (*RSTJ*, 46/314); **D:** incorreta, porque a competência nas ações de reparação de dano é do foro do local do fato ou ato (art. 100, V, "a", CPC); **E:** incorreta, porque a reunião também decorre da continência (art. 105 do CPC).

Gabarito "B"

(Ministério Público/MA – 2009) Analise as afirmativas que seguem.

I. A incompetência absoluta deve ser declarada de ofício pelo juiz e, quando tal acontece, rigorosamente todos os atos decisórios proferidos pelo juiz incompetente serão nulos.

II. A incompetência absoluta deve ser declarada de ofício pelo juiz e, quando tal acontece, nem todos os atos decisórios proferidos pelo juiz incompetente serão nulos.

III. O Ministério Público somente poderá ser ouvido nos denominados *"conflitos de competência"* quando atuar no respectivo processo como parte.

IV. Quando, a respeito do conhecimento, processamento e julgamento de um determinado processo, um juiz declina de sua competência em favor de outro juiz que a aceita, há conflito de competência.

V. Reputam-se conexas duas ou mais ações quando lhes forem comuns o objeto, a causa de pedir e as partes litigantes.

(A) A afirmativa "II" supra é correta, sendo incorretas todas as demais.

(B) Dentre as afirmativas supra, duas (2) são corretas e três (3) são incorretas.

(C) As afirmativas "I", "III" e "V" supra são corretas, sendo incorretas todas as demais.

(D) A afirmativa "I" supra é correta, sendo incorretas todas as demais.

(E) As afirmativas "I" e "V" supra são corretas, sendo incorretas as demais.

Embora não tenha havido modificação no gabarito oficial da questão, a impressão que se tem é a de que houve equívoco por parte do examinador. Ao que tudo indica, ao invés da afirmativa "II", correta é a afirmativa "I", o que faria com que a alternativa "D" fosse a adequada. **I:** correta (art. 113 do CPC – no sentido da questão: "quanto aos atos de conteúdo decisório, serão todos nulos" – Patrícia Miranda Pizzol – *Código de Processo Civil Interpretado*, Ed. Atlas, p. 329); **II:** incorreta (art. 113 do CPC); **III:** incorreta, porque o MP é ouvido em todos os conflitos de competência (art. 116, parágrafo único, CPC); **IV:** incorreta, porque não há conflito nesse caso, mas simples remessa dos autos ao juízo competente; **V:** incorreta, porque para a conexão basta que sejam comuns o pedido ou a causa de pedir.

Gabarito oficial "A"/Gabarito nosso "D"

(Ministério Público/MG – 2010 – FUNDEP) Fulano "A", residente em Belo Horizonte (MG), pretendendo adquirir imóvel para veraneio, interessou-se por uma casa localizada em Escarpas do Lago, Município de Capitólio (MG) (Comarca de Piumhi), pertencente à Construtora "B", sediada no Município de Divinópolis (MG). Acertado o preço para pagamento parcelado, os contratantes celebraram compromisso de compra e venda, contendo cláusula de eleição de foro, Comarca de Divinópolis (MG). Depois de quitado o preço, o promitente vendedor recusou-se a outorgar o domínio e, por isso, o comprador ajuizou ação de adjudicação compulsória no Juízo da Comarca de Belo Horizonte.

De acordo com a jurisprudência dos Tribunais Superiores, marque a resposta **CORRETA**.

(A) O foro do domicílio do promitente comprador é o absolutamente competente, visto que a controvérsia envolve relação de consumo.

(B) Não há relação de consumo e, por isso, prevalece o foro do domicílio do réu.

(C) Mesmo havendo cláusula de eleição de foro, o promitente comprador não fica inibido de propor a ação em local diverso e, nesse caso, por se tratar de competência relativa, a modificação somente poderá ocorrer se o réu, por meio de exceção, arguir a incompetência.

(D) Trata-se de ação real imobiliária e, consequentemente, o foro competente é o da situação do imóvel, devendo o juiz, de ofício, reconhecer a sua incompetência.

A: incorreta, porque se fosse competente o foro do domicílio do consumidor, a competência, por ser territorial, não seria absoluta; **B:** incorreta, porque há relação de consumo, embora nesse caso ela não repercuta sobre a competência; **C:** incorreta, porque na hipótese prevalece o foro da situação da coisa sobre a cláusula de eleição; **D:** correta: "Não se admite o foro de eleição na ação de adjudicação compulsória, para a qual prevalece o foro da situação da coisa" (STF-Pleno, RT 514/243).

Gabarito "D"

(Ministério Público/MG – 2010.1) Assinale a alternativa INCORRETA.

(A) A Fazenda Estadual não possui prerrogativa de foro na capital do Estado, podendo ser demandada no domicílio do autor ou no local dos fatos.

(B) A competência para processar e julgar o mandado de segurança decorre da categoria da autoridade coatora ou de sua sede funcional, e não da natureza do ato impugnado ou em razão da pessoa do impetrante.

(C) Tendo-se em vista o disposto no artigo 100, II, do CPC ("É competente o foro do domicílio ou da residência do alimentando, para a ação em que se pedem alimentos"), a incompetência do Juízo poderá ser declarada de ofício quando a ação de alimentos for proposta no foro do domicílio do alimentante.

(D) A competência para processar e julgar mandado de segurança contra decisões de mérito de Juizado Especial é da respectiva Turma Recursal.

(E) Na ação por danos decorrentes de acidente de trânsito, o autor tem a faculdade de propor a ação no foro do seu próprio domicílio, no foro do local do acidente ou, ainda, no foro do domicílio do réu.

A: correta ("O Estado não tem foro privilegiado" – *RSTJ* 136/179); **B:** correta (lei nº 12.016/2009); **C:** incorreta (devendo esta ser assinalada), porque se trata de regra de competência territorial, e como essa é relativa, não pode ser conhecida de ofício pelo juiz; **D:** correta ("O Superior Tribunal de Justiça firmou compreensão no sentido de que compete às Turmas Recursais processar e julgar o mandado de segurança impetrado contra ato de magistrado em exercício no Juizado Especial, assim como do Juiz da própria Turma Recursal. Precedentes" – AgRg no RMS 18.431/MT, Rel. Ministro OG FERNANDES, SEXTA TURMA, julgado em 29/09/2009, DJe 19/10/2009); **E:** correta (art. 100, parágrafo único, do CPC).

Gabarito "C"

(Ministério Público/MG – 2010.1) Assinale a alternativa INCORRETA.

(A) A competência em razão da matéria poderá modificar-se pela conexão ou continência.

(B) Reputam-se conexas duas ou mais ações, quando lhes for comum o objeto ou a causa de pedir.

(C) Dá-se a continência entre duas ou mais ações sempre que há identidade quanto às partes e à causa de pedir, mas o objeto de uma, por ser mais amplo, abrange o das outras.

(D) Havendo conexão ou continência, o juiz, de ofício ou a requerimento de qualquer das partes, pode ordenar a reunião de ações propostas em separado, a fim de que sejam decididas simultaneamente.

(E) Correndo em separado ações conexas perante juízes que têm a mesma competência territorial, considera-se prevento aquele que despachou em primeiro lugar.

A: incorreta (devendo esta ser assinalada), porque se trata de competência absoluta que não é passível de prorrogação; **B:** correta (art. 103 do CPC); **C:** correta (art. 104 do CPC); **D:** correta (art. 105 do CPC); **E:** correta (art. 106 do CPC).

Gabarito "A"

(Ministério Público/PR – 2011) Acerca da competência no processo civil, analise as assertivas abaixo e assinale a alternativa correta:

I. a edição de súmula vinculante determinativa de competência tem aplicação imediata às demandas em curso, independentemente de já haver no processo decisão preclusa acerca da fixação do juízo competente;

II. quando a lei, em abstrato, fixar dois ou mais foros competentes, a competência em concreto será determinada pela prevenção;

III. a conexão é forma de modificação da competência e somente a requerimento da parte ordenará o juiz a reunião dos processos;

IV. em comarca onde existe vara única, a criação de uma vara de família alteraria a competência da vara cível para conhecer e julgar as demandas de família que já haviam sido nela propostas.

(A) somente as alternativas I e III estão corretas;

(B) somente as alternativas I, II e III estão corretas;

(C) somente as alternativas II e IV estão corretas;

(D) somente as alternativas II, III e IV estão corretas;

(E) todas as alternativas estão corretas;

I: incorreta, porque haverá aplicação da súmula na regra prevista na súmula vinculante, nesse caso; **II:** correta, pois nesse caso é a prevenção que determinará o foro competente; **III:** incorreta (art. 105, CPC); **IV:** correta (art. 87 do CPC).

Gabarito "C"

(Ministério Público/RO – 2010 – CESPE) Acerca de jurisdição, competência, processo e ação, assinale a opção correta.

(A) O princípio da indelegabilidade estabelece que a autoridade dos órgãos jurisdicionais, considerados emanação do próprio poder estatal soberano, impõe-se por si mesma, independentemente da vontade das partes ou de eventual pacto para aceitarem os resultados do processo.

(B) A nulidade da cláusula de eleição de foro, em contrato de adesão, não pode ser declarada de ofício pelo juiz, o qual, somente quando provocado, pode declinar de competência para o juízo de domicílio do réu.

(C) O direito brasileiro adota, quanto à causa de pedir, a chamada doutrina da substanciação.

(D) O princípio da inércia, um dos princípios basilares da jurisdição, não admite exceção.

(E) A competência é determinada no momento em que a ação é proposta; portanto, segundo o princípio da perpetuação da jurisdição ("perpetuatio jurisdictionis"), não há alteração da competência quando ocorrem modificações irrelevantes do estado de fato ou de direito efetuadas posteriormente à propositura da ação.

A: incorreta, porque o enunciado trata do princípio a inevitabilidade, e não da indelegabilidade da jurisdição; **B:** incorreta (parágrafo único do art. 112 do CPC); **C:** correta, pois essa é a doutrina adotada; **D:** incorreta, porque há casos em que o juízo pode agir de ofício (inventário, por exemplo); **E:** incorreta, porque há casos em que fica afastada a perpetuação (art. 87 do CPC), embora a redação do enunciado não tenha sido muito feliz.

Gabarito "C"

(Ministério Público/RS – 2009) Havendo conflito negativo de atribuições entre o Ministério Público Federal e o Ministério Público Estadual em inquérito civil, a competência para resolver o conflito será do

(A) Supremo Tribunal Federal.

(B) Superior Tribunal de Justiça.

(C) Conselho Superior do Ministério Público.

(D) Conselho Nacional da Magistratura.

(E) Juiz ao qual seja o inquérito distribuído.

Nesse sentido: "CONFLITO DE ATRIBUIÇÕES - MINISTÉRIOS PÚBLICOS ESTADUAL E FEDERAL. Conforme precedentes do Supremo, cabe a si dirimir conflito de atribuições entre o Ministério Público Estadual e o Federal - Petição nº 3.631-0/SP, relator Ministro Cezar Peluso, acórdão publicado no Diário da Justiça Eletrônico de 6 de março de 2008, e Ação Cível Originária nº 889/RJ, relatora Ministra Ellen Gracie, acórdão veiculado no Diário da Justiça Eletrônico de 27 de novembro de 2008" (Pet 4574 / AL - ALAGOAS Relator(a): Min. MARCO AURÉLIO, Julgamento: 11/03/2010, Órgão Julgador: Tribunal Pleno).

Gabarito "A"

(Ministério Público/SE – 2010 – CESPE) Pedro ajuizou ação em face da empresa de telecomunicações TC, motivado por supostas cobranças de pulso indevidas e postulou, ao final: declaração de inexistência de débito; repetição do indébito, em dobro; danos morais no valor de R$ 5.000,00. Dois meses após a distribuição do feito e da citação da ré, Pedro ajuizou nova ação, contra a mesma empresa, postulando, com base na mesma causa de pedir, danos morais no valor de R$ 5.000,00. Com base nessa situação hipotética, o instituto que corretamente define o enquadramento jurídico-processual da segunda ação ajuizada é denominado

(A) litigância de má-fé.

(B) continência.

(C) coisa julgada.

(D) litispendência parcial.

(E) incompetência em razão do valor da causa.

Na hipótese em questão, verificou-se a litispendência parcial, porque na segunda ação foi repetido um dos pedidos que já havia sido formulado no primeiro processo.

Gabarito "D"

(Ministério Público/SP – 2011) Na ação fundada em direito real sobre imóvel, recaindo o litígio sobre direito de posse de um terreno e benfeitorias situado em mais de uma comarca, o foro competente para a ação é

(A) do detentor do bem.

(B) de eleição das partes contratantes.

(C) do domicílio do réu.

(D) determinado pela prevenção.

(E) do domicílio do autor.

De acordo com o que prevê o art. 107 do CPC, é correta a alternativa "D".

Gabarito "D"

(Ministério Público/SP – 2008) Considere as seguintes assertivas:

I. O conflito de competência pode ser suscitado por qualquer das partes, pelo Ministério Público ou pelo juiz.

II. No julgamento do conflito de competência, é possível a invalidação dos atos decisórios do juiz considerado incompetente.

III. No julgamento do conflito de competência, o tribunal pode, uma vez constatada a ilegitimidade de uma das partes, extinguir o processo sem julgamento do mérito.

Assinale a alternativa correta.

(A) Somente I é verdadeira.

(B) Somente I e II são verdadeiras.

(C) Somente I e III são verdadeiras.

(D) Somente II e III são verdadeiras.

(E) Todas as assertivas são verdadeiras.

I: certa (art. 116 do CPC); **II:** certa (art. 122 do CPC); **III:** errada, porque o Tribunal, ao julgar conflito de competência, não entrará nas questões discutidas no processo, seja quanto às preliminares, seja quanto ao mérito.

Gabarito "B"

5. PRESSUPOSTOS PROCESSUAIS E CONDIÇÕES DA AÇÃO

(Ministério Público/GO – 2013) Analise as proposições abaixo:

I. O objeto formal da jurisdição é a admissibilidade do julgamento de mérito.

II. O objeto material do processo é a pretensão do autor.

III. O Código de Processo Civil, quanto à "causa petendi", adotou a teoria da substanciação.

IV. Para a teoria da "actio" como direito abstrato, o direito de ação é o direito à composição do litígio pelo Estado que, por isso, não depende da efetiva existência do direito material da parte que provoca a atuação do Poder Judiciário.

(A) todas as proposições estão corretas.

(B) todas as proposições estão incorretas.

(C) apenas as proposições I e III estão corretas.

(D) apenas a proposição IV está incorreta.

I: correta conforme pacífico entendimento doutrinário; **II:** correta, conforme pacífico entendimento doutrinário; (Ver, por todos, CINTRA, GRINOVER E DINAMARCO, *Teoria geral do processo*, 6. ed., Malheiros, p. 286; **III:** correta, conforme majoritário entendimento doutrinário (há autores que adotam ainda uma teoria mista com substanciação e individuação: José Ignácio Botelho de Mesquita, Ovídio Baptista, Araken de Assis, José Rogério Crus e Tucci); **IV:** correta, conforme entendimento desenvolvido por Degenkolb e Plosz.

Gabarito "A"

(Ministério Público/PR – 2013 – X) Quanto à petição inicial, é *incorreto* dizer:

(A) É inepta a petição inicial que traz pedidos incompatíveis entre si;

(B) Indeferida a petição inicial, a decisão somente poderá ser reformada, em recurso de apelação, pelo Tribunal competente;

(C) O pedido pode ser alternativo, quando o devedor puder cumprir a prestação por mais de um modo;

(D) Os pedidos devem ser interpretados restritivamente, mas no pedido do principal compreendem-se os juros;

(E) Antes da citação o autor pode aditar o pedido.

A: correta, conforme o art. 295, parágrafo único, II, do CPC; **B:** incorreta, pois admite-se o juízo de retratação pelo juízo *a quo*, conforme estabelecem os arts. 285-A e 296 do CPC; **C:** correta, conforme o art. 288 do CPC; **D:** correta, conforme o art. 293 do CPC; **E:** correta, conforme determinam os arts. 264 e 294 do CPC.

Gabarito "B"

(Ministério Público/RO – 2013 – CESPE) Assinale a opção correta a respeito da petição inicial.

(A) Quando formula pedidos alternativos, o autor deixa à escolha do juiz qualquer um deles, sem ordem de preferência.

(B) De acordo com a jurisprudência do STJ, a falta de um documento indispensável à propositura da ação constitui vício insanável.

(C) De acordo com a doutrina majoritária, o ato pelo qual o juiz ordena a citação tem natureza de decisão interlocutória.

(D) Indeferida a petição inicial, eventual apelação interposta em face dessa decisão não terá efeito regressivo.

(E) O autor não poderá alterar a causa de pedir e o pedido depois do saneamento do processo, ainda que ocorra a anuência do réu, podendo, após essa fase processual, ser incluída em transação eventual matéria não posta em juízo, caso em que a sentença homologatória valerá como título executivo judicial.

A: incorreta. Essa escolha competirá ao réu (art. 288 do CPC); **B:** incorreta. A prova documental não se esgota com a petição inicial, nesse caso ela deve apenas ser apresentada até o momento oportuno (STJ, *RT* 757/142); **C:** incorreta. Majoritária doutrina defende que o "cite-se" constitui despacho e, portanto, irrecorrível. Motivos: i) o réu pode se defender. Seria ilógico pensar que o réu teria dois instrumentos distintos (contestação e agravo) a ser apreciados por órgãos distintos sobre a mesma situação; ii) norma cogente. Os pressupostos de admissibilidade da petição inicial são de ordem pública. Dessa forma, o fato de ordenar a citação não quer dizer que foi o último momento de verificação da sua aptidão. Aliás, é comum no cotidiano forense aguardar a manifestação do réu (por meio das preliminares) para eventualmente indeferir a petição inicial; iii) fundamentação. O sistema brasileiro não admite decisões implícitas. Assim, o ato de citar não pode fazer pressupor ao intérprete que a petição seja apta. É necessária a devida fundamentação; **D:** incorreta. Terá efeito regressivo (retratação) conforme arts. 285-A e 296 do CPC; **E:** correta, conforme arts. 264 e 475-N, III do CPC.

Gabarito "E"

(Ministério Público/AC – 2008) Assinale a alternativa correta:

(A) Tutela jurisdicional é sinônimo de tutela jurisdicional do direito.

(B) As formas de tutela jurisdicional têm por matéria-prima o direito material, mas com ele não se confundem, uma vez que são influenciadas ainda pelas normas principais da segurança e da efetividade.

(C) A tutela inibitória é uma espécie de tutela preventiva do dano.

(D) A tutela jurisdicional declaratória é oriunda do exercício de direito potestativo.

A: incorreta, uma vez a primeira expressão pode ser entendida como gênero, do qual a segunda é espécie; **B:** correta, porque é possível, por exemplo, que uma tutela de urgência seja concedida, mesmo que o direito material não exista naquele caso; **C:** incorreta, porque tutela inibitória e sinônimo de tutela preventiva; **D:** incorreta, porque a tutela jurisdicional que é oriunda do exercício de um direito potestativo direito potestativo (posição jurídica atribuída pelo ordenamento a alguém para que este, por sua vontade, possa extinguir, modificar ou criar uma situação jurídica) pode ser constitutiva ou desconstitutiva

Gabarito "B"

(Ministério Público/CE – 2011 – FCC) No tocante à ação, para nossa lei processual civil,

(A) o reconhecimento da ausência de pressupostos processuais leva ao impedimento da instauração da relação processual ou à nulidade do processo.

(B) a ausência do direito material subjetivo conduz à carência de ação.

(C) a ausência das condições da ação não pode ser aferida de ofício pelo juiz.

(D) não se admite a ação meramente declaratória, se já ocorreu a violação do direito.

(E) o interesse do autor está ligado sempre, e apenas, à constituição de seu direito, com pedido eventual de preceito mandamental.

A: correta uma vez que os pressupostos processuais podem ser de constituição e de desenvolvimento válido e regular do processo; **B:** incorreta, porque a ausência do direito material subjetivo conduz à improcedência do pedido, e não à carência da ação; **C:** incorreta, porque se trata de matéria de ordem pública, cognoscível de ofício pelo juiz; **D:** incorreta (parágrafo único do art. 4º do CPC); **E:** incorreta, pode ter ele interesse na simples declaração, ou até na satisfação de seu direito.

Gabarito "A"

(Ministério Público/DF – 2009) Acerca da Petição Inicial, assinale a alternativa incorreta.

(A) A petição inicial indicará o fato e os fundamentos jurídicos do pedido, além do pedido, com suas especificações e o valor da causa.

(B) Verificando o juiz que a petição inicial não preenche os requisitos exigidos nos artigos 282 e 283 do CPC, ou que apresenta defeitos e irregularidades capazes de dificultar o julgamento de mérito, determinará que o autor a emende ou a complete.

(C) Quando a matéria controvertida for unicamente de direito e no juízo já houver sido proferida sentença de total improcedência em outros casos idênticos, poderá ser dispensada a citação e proferida sentença, reproduzindo-se o teor da anteriormente prolatada.

(D) É lícito formular pedido genérico nas ações de indenização quando o autor poderá optar por especificar o pedido só após a fase instrutória.

(E) No caso de o processo ser sumário, na própria petição inicial o autor apresentará o rol de testemunhas e, se requerer perícia, formulará quesitos, podendo indicar assistente técnico.

A: correta (art. 282 do CPC); **B:** correta (art. 284 do CPC); **C:** correta (art. 285-A do CPC); **D:** incorreta, pois a possibilidade de se formular pedido genérico em ação de indenização (art. 286, III, do CPC) não decorre da opção do autor, mas da impossibilidade de ele precisar, desde logo, a extensão dos danos sofridos; **E:** correta (art. 276 do CPC).

Gabarito "D"

(Ministério Público/GO – 2010) Das teorias sobre a natureza jurídica da ação é correto afirmar:

(A) A teoria civilista de Savigny considera que o direito de ação tem autonomia em relação ao direito material.

(B) A teoria do direito concreto (Büllow e Wach) não reconhece a autonomia do direito processual em relação ao direito material, de maneira que para a mesma tais direitos se identificam no exercitamento da pretensão.

(C) Para Enrico Tulio Liebman (teoria eclética), o direito de ação tem dois aspectos, o direito de demanda ou de acesso ou petição (incondicionado) e o direito de ação propriamente dito, que exige o preenchimento de condições a viabilizar o julgamento efetivo da pretensão deduzida.

(D) A teoria do direito abstrato (Degenkolb e Plósz) preconiza que somente terá havido o exercício da ação se a tutela jurisdicional invocada for concedida.

A: incorreta, porque para a teoria civilista, ou imanentista, a ação seria uma qualidade do próprio direito material, não havendo ação sem direito; **B:** incorreta, porque para a teoria do direito concreto, a ação seria um direito autônomo, não pressupondo necessariamente o direito material violado; **C:** correta; **D:** incorreta, porque para essa teoria, o direito de ação independe da existência efetiva do direito material invocado, havendo ação ainda que a sentença tenha negado a pretensão do autor.

Gabarito "C"

(Ministério Público/GO – 2010) Analise as proposições abaixo e, após, marque a alternativa correta.

I. O juiz dará curador especial ao incapaz, se não houver representante legal, ou se os interesses deste colidirem com os daquele, e ao réu preso, bem como ao revel citado por edital ou com hora certa. Nas comarcas onde houver representante judicial de incapazes ou de ausentes, a este competirá a função de curador especial.

II. O cônjuge somente necessitará do consentimento do outro para propor ações que versem sobre direitos reais imobiliários, mas será despicienda a citação de ambos os cônjuges para ações que tenham por objeto o reconhecimento, a constituição ou a extinção de ônus sobre imóveis de apenas um deles.

III. Nas ações possessórias, a participação do cônjuge do autor ou do réu é sempre indispensável. A autorização do marido e a outorga da mulher podem suprir-se judicialmente, quando um cônjuge a recuse ao outro sem justo motivo, ou lhe seja impossível dá-la.

IV. Verificando a incapacidade processual ou a irregularidade da representação das partes, o juiz, suspendendo o processo, marcará o prazo de 5 (cinco) dias para ser sanado o defeito. Não sendo cumprido o despacho dentro do prazo, se a providência couber ao autor, o juiz conceder-lhe-á novo prazo de 48 (quarenta e oito horas), após o qual, persistindo a irregularidade, decretará a nulidade do processo.

(A) Apenas uma das afirmações acima está correta.

(B) Apenas duas das afirmações acima estão corretas.

(C) Apenas três afirmações acima estão corretas.

(D) Todas as quatro afirmações acima estão corretas.

I: correta (art. 9º do CPC); **II:** incorreta (art. 10 do CPC); **III:** incorreta, porque será exigida quando se tratar de composse, ou de ato praticado por ambos; **IV:** incorreta, porque cabe ao juiz fixar prazo razoável para ser sanado o defeito (art. 13 do CPC), não havendo menção, na lei, ao prazo de 5 dias apontado no item.

Gabarito "A"

(Ministério Público/GO – 2010) Examine as seguintes proposições e assinale a alternativa correta:

(A) Pelo princípio da não taxatividade da ação coletiva, qualquer direito coletivo poderá ser objeto de ação coletiva.

(B) O direito processual coletivo comum destina-se apenas à tutela de direitos ou interesses coletivos em sentido estrito.

(C) O direito processual coletivo não se aplica aos direitos de terceira geração, ou dimensão.

(D) Os direitos individuais homogêneos, por não serem transindividuais, não podem ser tutelados por meio de ação coletiva.

A: correta; **B:** incorreta, porque também se destina à tutela dos interesses difusos e individuais homogêneos; **C:** incorreta, porque é exatamente para a proteção de tais direitos que se destina o processo coletivo; **D:** incorreta, porque se trata de direitos de natureza transindividual.

Gabarito "A"

(Ministério Público/MA – 2009) Examine as afirmativas o quanto segue.

I. Enquanto a *"legislação"* consiste na produção de atos que possuem conteúdo concreto, referindo-se a determinado fato ou caso, a *"jurisdição"* está voltada à produção de normas que vêm a compor o ordenamento jurídico e seus atos têm (de regra) um conteúdo abstrato e geral, porque destinados a regular um número indefinido de casos e fatos futuros.

II. Denomina-se *"jurisdição voluntária"* o complexo de atividades confiadas ao juiz nas quais, ao contrário do que acontece com a *"jurisdição contenciosa"*, não há litígio entre os interessados.

III. Em sendo o *"processo civil"* aquele que se realiza para o desempenho da função jurisdicional em matéria civil, pode-se afirmar que ele (*"processo civil"*) regula tão somente o exercício de uma atividade de caráter unicamente privado.

IV. O *"interesse de agir"* (condição da ação), em resumo, é a identidade entre quem propôs a ação e aquele que, relativamente à lesão de um direito próprio (que afirma existente), poderá pretender para si o provimento de tutela jurisdicional pedido com referência àquele que foi chamado em juízo.

V. A *"litispendência"* e a *"coisa julgada"* são pressupostos processuais intrínsecos, cuja ausência gera a não validade do respectivo processo.

(A) Somente a afirmativa "V" supra é correta, sendo incorretas todas as demais.

(B) As afirmativas "I", "II" e "III" supra são corretas, sendo incorretas as demais.

(C) São corretas as afirmativas "II" e "V" supra, sendo incorretas todas as demais.

(D) Somente a afirmativa "III" supra é correta, sendo incorretas todas as demais.

(E) Somente a afirmativa "II" supra é correta, sendo incorretas todas as demais.

I: incorreta, porque houve, por parte do examinador, inversão sobre as características da "legislação" e da "jurisdição"; **II:** correta, ao menos no que diz respeito à ausência de litígio entre os interessados; **III:** incorreta, uma vez que é notório o caráter público do processo civil; **IV:** incorreto, porque o item traz a ideia de legitimidade de parte, e não de interesse de agir; **V:** incorreta, porque litispendência e coisa julgada são os chamados pressupostos processuais extrínsecos (ou negativos), uma vez que sua ausência é que é necessária para a validade do processo.

Gabarito "E"

(Ministério Público/MG – 2005) *"Para propor ou contestar ação é necessário ter interesse e legitimação"* (artigo 3º do Código de Processo Civil).

Diante desse postulado é **CORRETO** afirmar:

(A) O interesse processual, indispensável no ajuizamento da ação, se ausente no momento da prolação da sentença, não enseja a rejeição do pedido;

(B) Se a parte for manifestamente ilegítima, o juiz deve fixar prazo razoável para que a petição seja emendada;

(C) O réu não precisa demonstrar interesse em contestar, pois este se encontra pressuposto;

(D) Não é suficiente, para a aferição da existência do interesse processual do Ministério Público, a singela demonstração de que se trata de uma hipótese de ação civil pública;

(E) A decisão liminar do juiz determinando a citação, enseja inelutável preclusão, sendo defeso àquele reexaminar questão envolvendo a legitimação passiva.

A: incorreta, porque o desaparecimento do interesse processual, no curso do processo, acarreta a chamada carência superveniente, que é motivo para extinção do processo, sem resolução do mérito; **B:** incorreta, porque a manifesta ilegitimidade de parte acarreta o indeferimento da petição inicial, não havendo espaço, nesse caso, para emenda; **C:** correta; **D:** incorreta; **E:** incorreta, porque as matérias de ordem pública, dentre as quais se encontram as condições da ação, não estão sujeitas à preclusão, o que permite que sejam reapreciadas a qualquer tempo.

Gabarito "C"

(Ministério Público/MT – 2012 – UFMT) Sobre o instituto da Substituição Processual previsto no artigo 6º do Código de Processo Civil, analise as assertivas.

I. Uma das hipóteses de substituição processual ocorre quando a parte, na pendência do processo, aliena a coisa litigiosa ou cede o direito pleiteado em juízo a título particular por ato entre vivos.

II. A substituição processual pode ocorrer tanto no polo passivo quanto no polo ativo da demanda.

III. Uma das hipóteses de substituição processual confere legitimidade ao Ministério Público para mover a ação civil de reparação do dano *ex delicto*, quando o titular do direito à indenização for pobre.

IV. Os poderes do substituto processual são amplos, no que diz respeito aos atos e faculdades processuais, compreendendo, inclusive, os atos de disposição do próprio direito material do substituído.

V. O substituto processual não pode ser sujeito passivo de sanções processuais, como a punição pela litigância de má-fé, e de medidas coercitivas, como a multa diária, pois somente o substituído deve responder pelas sanções processuais, eis que é o seu direito que está sendo defendido em juízo.

Estão corretas as assertivas:

(A) I, III e IV, apenas.

(B) II e V, apenas.

(C) IV e V, apenas.

(D) I e II, apenas.

(E) I, II e III, apenas.

I: correta (art. 42 do CPC), uma vez que, se o adversário do alienante não concordar com a sucessão deste pelo adquirente, surgirá a figura da substituição processual; **II:** correta; **III:** correta; **IV:** incorreta, porque o substituto, embora possa litigar em juízo sobre direito alheio, não está autorizado a praticar atos de disposição material desse direito; **V:** incorreta, porque tais responsabilidades são da parte, no sentido processual, ou seja, do substituto.

Gabarito "E"

(Ministério Público/PI – 2008) Assinale a alternativa **correta**.

(A) A teoria abstrata da ação entende que a ação é um direito a um julgamento favorável.

(B) A teoria concreta entende que todos têm direito de ação, independentemente de ter razão quanto ao direito material alegado em juízo.

(C) A teoria eclética da ação entende que ter ação é ter direito ao processo e a um julgamento de mérito.

(D) A teoria imanentista da ação entende que a ação é contra o Estado.

(E) A teoria abstrata entende que a ação se exerce sempre contra o adversário.

A: incorreta, porque essa é a afirmação da teoria concreta; **B:** incorreta, porque essa é a teoria abstrata; **C:** correta; **D:** incorreta, porque tal teoria defende que o direito de ação é uma qualidade do direito material e é exercido contra o adversário; **E:** incorreta, porque, para tal teoria, a ação é exercida contra o Estado.

Gabarito "C"

(Ministério Público/PR – 2009) Indique a alternativa correta:

(A) a teoria clássica, civilista ou imanentista, além de afastar-se da concepção da *actio romana*, serve para explicar adequadamente a ação declaratória negativa;

(B) a teoria da ação como direito potestativo apresenta a ação como vinculada ao direito material, de natureza estritamente pública, constituindo-se em poder jurídico direcionado em oposição ao Estado, objetivando a atuação da vontade da lei;

(C) a teoria da ação como direito autônomo e abstrato anuncia a ação como direito a um pronunciamento do Estado a respeito do pleiteado pelo autor, apresentando-se autônomo, porque irrelevante ao seu exercício que o provimento jurisdicional tenha sido favorável ou desfavorável ao pretendido pela parte ativa e, abstrato, eis que independente, desvencilhado do direito material;

(D) a teoria da ação como direito autônomo e concreto prega que o direito de agir volta-se exclusivamente contra o Estado, apenas autorizando-se a prestação tutela concretamente solicitada, na situação do pedido mostrar-se certo e determinado;

(E) a teoria eclética ressalta a ação como direito subjetivo de impulsionar o processo, permitindo que o mérito da causa seja julgado, mas desde que restem preenchidas as condições da ação, cuja ausência acarreta a inexistência da própria ação, circunstâncias essas que a diferenciaram do direito de agir garantido constitucionalmente, o qual apenas lhe serve de fundamento.

A: incorreta, porque pela teoria clássica, a ação seria um predicado do direito material, o que se mostra absolutamente incompatível com a ação declaratória negativa, uma vez que nesta, o que se busca é o reconhecimento da inexistência de uma relação ou situação jurídica; **B:** incorreta, uma vez que, pela teoria da ação como direito potestativo, a ação se dirige contra um adversário e não contra o Estado, isto é, o direito potestativo (poder jurídico, direito de poder), enquanto posição jurídica atribuída pelo ordenamento jurídico para que alguém, unilateralmente, possa modificar, extinguir ou criar uma situação jurídica, sujeitando outrem aos efeitos de seu exercício; **C:** incorreta, porque a autonomia do direito de ação diz respeito à sua independência em relação ao direito material e o seu caráter abstrato é que diz respeito à irrelevância do resultado da demanda; **D:** incorreta, porque de acordo com a teoria da ação como direito autônomo e concreto, só se pode afirmar a existência do direito de ação se o pedido for julgado procedente; **E:** correta, pois traz consideração verdadeira sobre a teoria eclética.

Gabarito "E"

(Ministério Público/PR – 2008) Restringindo-se ao pedido, está correto afirmar:

(A) O pedido imediato diz respeito ao bem da vida pretendido pelo autor, enquanto que o pedido mediato refere-se à providência jurisdicional requerida.

(B) O pedido não será alternativo quando, pela natureza da obrigação, o devedor puder cumprir a prestação de mais de um modo.

(C) Perfectibilizada a citação, ainda que em período anterior ao saneamento do processo e haja consentimento do réu, impossível torna-se modificar o pedido.

(D) Mesmo que não tenha havido requerimento do autor, poderá o juiz, de ofício, determinar as medidas necessárias para a efetivação da tutela específica ou, caso procedente o pedido, as providências destinadas à obtenção do resultado prático equivalente ao do adimplemento, em ação que tenha por objeto o cumprimento de obrigação de fazer ou não fazer.

(E) A percepção de que os pedidos são compatíveis entre si, bem como do fato de o juízo ser competente para conhecê-los e o tipo de procedimento escolhido ser adequado a todos, não permitem o reconhecimento da possibilidade de cumulação de pedidos.

A: incorreta, pois a definição está trocada; o pedido imediato indica a natureza da providência solicitada: declaração, condenação, constituição, mandamento, execução; e o pedido mediato é o bem da vida pretendido (quantia em dinheiro, bem que se encontra em poder do réu etc.); **B:** incorreta (art. 288 do CPC); **C:** incorreta (art. 264 do CPC); **D:** correta (art. 461, § 5º, do CPC); **E:** incorreta (art. 292 do CPC).

Gabarito "D"

(Ministério Público/RS – 2008) Assinale a alternativa CORRETA:

(A) O Ministério Público não tem legitimidade para impetrar mandado de segurança contra ato judicial no âmbito criminal.

(B) A ação com conteúdo constitutivo visa a afirmação da existência ou inexistência de relação jurídica.

(C) Na legitimação ordinária para a causa, há coincidência entre a legitimação de direito material e a legitimidade para estar em juízo.

(D) Podem as partes, por cláusula contratual, ajustar as formas de substituição processual.

(E) O substituto processual pode praticar atos de disposição do direito material como a transação, renúncia e reconhecimento jurídico do pedido, em nome do substituído.

A: incorreta, porque não há qualquer vedação nesse sentido; **B:** incorreta, porque essa é a definição de uma ação com conteúdo declaratório; **C:** correta; **D:** incorreta, porque a substituição processual somente é permitida quando houver expressa previsão legal; **E:** incorreta, porque os atos de disposição do direito material são vedados para o substituto.

Gabarito "C"

(Ministério Público/RS – 2008) Assinale a alternativa INCORRETA:

(A) O nascituro não tem capacidade de ser parte, pois, para propor ação de investigação de paternidade, quem tem capacidade de ser parte é sua mãe.

(B) O menor relativamente incapaz deve ser citado pessoalmente, mesmo assistido pelos pais.

(C) O interdito é absolutamente incapaz e deve ser representado em juízo por seu curador.

(D) O eleitor com dezesseis anos é parte legítima para propor ação popular, estando emancipado para o exercício dos demais atos da vida civil.

(E) A citação deve ser feita na pessoa do réu e, se não tiver capacidade processual, deverá estar representado ou assistido no ato de receber a citação.

A: incorreta (devendo esta ser assinalada), porque, embora haja divergência sobre a existência, ou não, de personalidade do nascituro, o fato é que pode ele ser parte no processo; **B:** correta; **C:** correta, com a ressalva de que é possível que tenha sido ele, na interdição, considerado relativamente incapaz, motivo pelo qual será assistido (e não representado) no processo; **D:** correta, porque se houver emancipação, o menor pode propor ação popular; **E:** correta (art. 215 do CPC).

Gabarito "A"

(Ministério Público/RO – 2010 – CESPE) A litispendência resta caracterizada quando se tem ação com

(A) mesma identidade de parte e de causa de pedir, mas com pedido mais amplo que o de ação anteriormente ajuizada.

(B) mesma identidade de parte, causa de pedir e pedido de outra ação em curso, desde que na mesma vara.

(C) mesma identidade de parte, causa de pedir e pedido de outra ação em curso.

(D) mesma identidade de parte, causa de pedir e pedido de outra ação já com trânsito em julgado.

(E) objeto ou causa de pedir comuns aos de outra ação ajuizada.

A: incorreta, porque esse é o conceito de continência; **B:** incorreta, porque a caracterização da litispendência não depende do fato de os processos correrem no mesmo juízo; **C:** correta, pois a alternativa traz o conceito correto de litispendência; **D:** incorreta, porque esse é o conceito de coisa julgada; **E:** incorreta, porque esse é conceito de conexão.

Gabarito "C"

(Ministério Público/SC – 2012) Consoante o código de processo civil:

I. Serão representados em juízo, ativa e passivamente: as pessoas jurídicas, por quem os estatutos designarem, ou, não os designando, pela pessoa a quem couber a administração de seus bens; o Município, por seu Prefeito ou Procurador; a massa falida, pelo síndico; a herança jacente ou vacante, por seu curador; e o espólio, pelo seu inventariante.

II. Quando o inventariante for dativo, todos os herdeiros e sucessores do falecido serão autores ou réus nas ações em que o espólio for parte.

III. Quando a parte arguir o impedimento ou a suspeição, o juiz, suspendendo a causa, mandará processar o incidente em separado, ouvindo o arguido no prazo de 5 dias, facultando a prova quando necessária e julgando o feito.

IV. Nas ações fundadas em direito real sobre imóveis é competente o foro da situação da coisa. Pode o autor, entretanto, optar pelo foro do domicílio ou de eleição, não recaindo o litígio sobre direito de propriedade, vizinhança, servidão, posse, divisão e demarcação de terras e nunciação de obra nova.

V. A alegação de litispendência, perempção, coisa julgada, decadência e prescrição, quando acolhidas e declaradas pelo juiz, são causas de extinção do processo sem resolução de mérito.

(A) Apenas as assertivas II, III, e V estão corretas.

(B) Apenas as assertivas I, II, III e V estão corretas.

(C) Apenas as assertivas I, II, e IV estão corretas.

(D) Apenas as assertivas II e IV estão corretas.

(E) Todas as assertivas estão corretas.

I: incorreta, porque, nos termos do art. 12, VI, quem representa a pessoa jurídica, no caso de omissão no estatuto, são os seus diretores; **II:** correta (art. 12, § 1º, do CPC); **III:** incorreta, porque o prazo em questão é de 10 dias; **IV:** correta (art. 95 do CPC); **V:** incorreta, porque decadência e prescrição acarretam a extinção do processo com resolução do mérito (art. 269, IV, CPC).

Gabarito "D"

(Ministério Público/SC – 2012) Analise as seguintes assertivas:

I. O acesso à justiça está entre as grandes preocupações da sociedade contemporânea. Não se limita à simples petição ao Poder Judiciário, mas ao direito de uma pronta e efetiva resposta, em um prazo razoável, além do julgamento imparcial por um juiz ou tribunal, à observância do devido processo legal e às demais garantias processuais e constitucionais.

II. O acesso à Justiça apresenta finalidades básicas no sistema jurídico, pelo qual as pessoas podem reivindicar seus direitos e/ou resolver seus litígios sob os auspícios do Estado. Citam-se como exemplos duas destas finalidades: a) o sistema deve ser igualmente acessível a todos; b) ele deve produzir resultados que sejam individual e socialmente justos.

III. A origem primária do Direito está relacionada diretamente com suas fontes. Estas fontes podem ser: materiais ou formais.

IV. Na aplicação da lei, o juiz atenderá aos fins sociais a que ela se dirige e às exigências do bem comum. Neste contexto, a ciência do direito, articulada no modelo teórico hermenêutico apresenta, especialmente, as tarefas de: a) interpretar as normas; b) verificar a existência da lacuna jurídica; c) afastar contradições normativas.

V. A hermenêutica é a arte de interpretar. Contudo, não contém regras bem ordenadas quando da fixação de princípios e critérios para interpretação. Pode-se afirmar que a hermenêutica se esgota no campo da interpretação jurídica, por ser apenas um instrumento para sua realização.

(A) Apenas as assertivas I, II, III e IV estão corretas.

(B) Apenas as assertivas II, III e IV estão corretas.

(C) Apenas as assertivas I, III e V estão corretas.

(D) Apenas as assertivas I, II e IV estão corretas.

(E) Todas as assertivas estão corretas.

I: correta; **II:** correta; **III:** correta; **IV:** correta; **V:** incorreta, porque há construção teórica bastante sólida e ordenada sobre os princípios e critérios de hermenêutica.

Gabarito "A"

(Ministério Público/SC – 2008) Analise as seguintes assertivas:

I. É admissível a ação declaratória, ainda que tenha ocorrido a violação do direito.

II. Ninguém poderá pleitear, em nome próprio, direito alheio, salvo o Ministério Público quando autorizado por lei.

III. Nulo é o processo em que o menor não foi citado pessoalmente, mas tão somente seu pai.

IV. Na jurisdição civil, o juiz não é obrigado a dar curador especial ao réu preso.

V. Toda pessoa que se acha no exercício dos seus direitos tem capacidade para estar em juízo, por si ou por seus representantes legais.

(A) apenas II e III estão corretos.

(B) apenas I está correto.

(C) apenas III, IV e V estão corretos.

(D) apenas I e V estão corretos.

(E) apenas V está correto.

I: correto (parágrafo único do art. 4º do CPC); **II:** incorreto, porque não só o MP pode ser autorizado por lei a agir em legitimação extraordinária (art. 6º do CPC); **III:** incorreto, porque o menor é citado através de seu representante legal, não havendo nenhuma nulidade nisso; **IV:** incorreto (art. 9º do CPC); **V:** correto (art. 7º do CPC).

Gabarito "D"

(Ministério Público/SC – 2008) Analise as seguintes assertivas:

I. O cônjuge somente necessitará do consentimento do outro para propor ações que versem sobre direitos pessoais imobiliários.

II. A falta, não suprida pelo juiz, da autorização do marido para propor ação, quando necessária, torna anulável o processo.

III. As sociedades sem personalidade jurídica serão representadas em juízo, ativa e passivamente, pela pessoa a quem couber a administração dos seus bens.

IV. Quando o inventariante for dativo, todos os herdeiros e sucessores do falecido serão autores ou réus nas ações em que o espólio for parte.

V. Nos termos do Código de Processo Civil, o condomínio será representado em juízo pelo administrador, síndico ou procurador.

(A) apenas III e IV estão corretos.

(B) apenas IV e V estão corretos.

(C) apenas I, II e III estão corretos.

(D) apenas V está correto.

(E) nenhum está correto.

I: incorreta, porque a exigência de consentimento liga-se aos direitos reais imobiliários (art. 10 do CPC); **II:** incorreta, porque essa é hipótese de nulidade (art. 11, parágrafo único, do CPC); **III:** correta (art. 12, VII, CPC); **IV:** correta (§ 1º do art. 12 do CPC); **V:** incorreta, porque cabe ao síndico ou administrador representar o condomínio (art. 12, IX, CPC).

Gabarito "A"

(Ministério Público/TO – 2012 – CESPE) Acerca da ação declaratória, assinale a opção correta.

(A) A ação declaratória é apropriada para se obter declaração de falsidade ideológica.

(B) O direito subjetivo declarado pela sentença meramente declaratória constitui título executivo judicial.

(C) Cabe o ajuizamento de ação declaratória para o reconhecimento de relações futuras meramente prováveis.

(D) A ação declaratória pode ser extinta pela prescrição.

(E) Admite-se o ajuizamento da ação declaratória mesmo quando já é possível ao autor ajuizar ação condenatória ou constitutiva.

A: incorreta, porque é tradicional o entendimento de que a falsidade ideológica demanda uma ação de natureza constitutivo-negativa, a fim de que seja rescindido no negócio estampado no documento ideologicamente falso, daí porque não é correto afirmar que o meio processual adequado seria uma ação declaratória; **B:** incorreta, porque se a sentença for meramente declaratória, em geral, não há o que executar, não se falando, por isso, em título executivo. Registre-se, no entanto, que há entendimento no sentido de que, caso se trate de sentença declaratória do direito a um crédito, seria possível reconhecer a eficácia executiva da sentença declaratória; **C:** incorreta, porque nesse caso falta interesse de agir para a declaração; **D:** incorreta, porque as pretensões declaratórias são imprescritíveis; **E:** correta (art. 4º, parágrafo único, do CPC).

Gabarito "E"

(Ministério Público/TO – 2012 – CESPE) Assinale a opção correta com referência à capacidade processual.

(A) A incapacidade processual superveniente implica a imediata extinção do processo.

(B) A incapacidade processual não sanada pelo autor após a oportunidade para fazê-lo é caso de nulidade do processo.

(C) Para se ter legitimidade como parte é necessário ter capacidade processual.

(D) Para se ter capacidade processual é necessário ter capacidade postulatória.

(E) O membro do MP poderá ingressar com ação em nome do interdito a quem tenha sido nomeado curador.

A: incorreta, porque cabe ao juiz, nesse caso, conceder prazo razoável para que o vício seja sanado (art. 13 do CPC); **B:** correta (art. 13, I, CPC); **C:** incorreta, porque legitimidade e capacidade são institutos que não se confundem; **D:** incorreta, porque também se trata de fenômenos distintos. A capacidade processual é a aptidão para a prática de atos processuais, e que equivale à ideia de capacidade civil. A capacidade postulatória é a aptidão para formular pedidos e apresentar defesas em juízo; **E:** incorreta, porque caberá ao curador representar o interdito em juízo e fora dele.

Gabarito "B"

6. FORMAÇÃO, SUSPENSÃO E EXTINÇÃO DO PROCESSO. NULIDADES

(Ministério Público/MG – 2013) No que diz respeito às **NULIDADES PROCESSUAIS:**

I. A nulidade dos atos deve ser alegada na primeira oportunidade em que couber à parte falar nos autos, sob pena de preclusão.

II. Não prevalece a preclusão quando a parte alegar legítimo impedimento.

III. Anulado o ato, reputam-se de nenhum efeito todos os subsequentes, que dele dependam; todavia, a nulidade de uma parte do ato não prejudicará as outras, que dela sejam independentes.

IV. O erro de forma do processo acarreta a anulação de todos os atos.

V. Dar-se-á o aproveitamento dos atos praticados, desde que não resulte prejuízo à defesa.

É **CORRETO** o que se afirma em:

(A) I, III e V

(B) I, II, IV e V

(C) II, III e V

(D) I, II, III e IV

I: correta, conforme artigo 245, CPC; **II:** incorreta, de acordo com o gabarito mas correta conforme artigo 183, CPC; **III:** correta, pelo princípio da concatenação dos atos (art. 248, CPC); **IV:** incorreta. O erro de forma gera a nulificação dos atos especificamente que não puderem ser aproveitados (art. 250, CPC); **V:** correta, conforme artigo 250, parágrafo único, CPC.

Gabarito "A"

(Ministério Público/MG – 2013) Existem várias hipóteses de extinção do processo sem resolução do mérito. Assinale a alternativa que **NÃO** autoriza a extinção do processo sem julgamento do mérito:

(A) Quando as partes transigirem.

(B) Quando o juiz acolher a alegação de perempção, litispendência ou de coisa julgada.

(C) Quando, por não promover os atos e diligências que lhe competir, o autor abandonar a causa por mais de 30 (trinta) dias.

(D) Quando não concorrer qualquer das condições da ação, como a possibilidade jurídica, a legitimidade das partes e o interesse processual.

Nesse caso a resposta correta será a alternativa 'A', que gera extinção do processo com resolução do mérito conforme artigo 269, III, CPC. As demais geram extinção do processo sem resolução do mérito conforme artigo 267, incisos, V, III e VI respectivamente do CPC.

Gabarito "A"

(Ministério Público/PI – 2014 – CESPE) Acerca da extinção do processo e suas causas, assinale a opção correta.

(A) Ocorrerá a desistência tácita, que enseja a extinção do processo, a ausência de promoção pelo autor, por mais de trinta dias, dos atos e diligências que lhe competirem.

(B) A extinção do processo em razão da existência de compromisso arbitral independe de provocação das partes, por ser matéria que o juiz conhece de ofício.

(C) Perempção é a sanção aplicável à prática do ato ilícito consistente no abuso do direito de demandar.

(D) Não há óbice à desistência expressa do processo pelo autor, ainda que após o pronunciamento da sentença, caso o julgamento lhe seja favorável.

(E) Se o processo for abandonado pelas partes por mais de um ano e a citação tiver sido válida, caberá a extinção do processo, independentemente de intimação das partes.

A: incorreta. A desistência não se presume. A parte deverá ser intimada para dar andamento ao feito em 48 horas conforme artigo 267, § 1°, CPC; **B:** incorreta, conforme artigo 301, § 4°, CPC; **C:** correta, conforme artigo 268, parágrafo único, CPC; **D:** incorreta. Para que ocorra a desistência é necessário anuência da partes contrária (art. 267, § 4°, CPC) e autorização judicial (art. 158, parágrafo único, CPC); **E:** incorreta, conforme artigo 267, § 1°, CPC.

Gabarito "C"

(Ministério Público/SP – 2013 – PGMP) Sobre a suspensão do processo, é CORRETO afirmar:

(A) é uma exceção ao processamento normal do processo de cognição e de execução.

(B) a extinção da pessoa jurídica pelo decurso do prazo de sua existência, previsto no contrato social, não suspende o processo em que é ré.

(C) durante a suspensão do processo, os prazos processuais se interrompem.

(D) as partes devem indicar o motivo do pedido de suspensão por elas acordado, devendo o juiz aferi-lo e, conforme o seu livre convencimento, deferi-lo ou não.

(E) a morte da pessoa que seria réu, antes da sua citação na ação já ajuizada, suspende o processo.

A: correta (CPC, arts. 265 e 791); **B:** incorreta. Nesse caso, tem-se uma situação em que ou o processo será de plano extinto (se não for possível correção) ou haverá suspensão do processo (CPC, arts. 12, VII e 265, I); **C:** incorreta, porque durante a suspensão, não fluem prazos; **D:** incorreta, por ausência de previsão legal quanto à possibilidade de o juiz indeferir a suspensão diante de umas das causas legais para tanto; **E:** incorreta, pois a suspensão em virtude de morte ocorre apenas se o processo já foi ajuizado e não antes de seu ajuizamento (CPC, art. 265, I).

Gabarito "A"

(Ministério Público/MS – 2013 – FADEMS) Após sentença de mérito, mas dentro do prazo assinalado em lei para interposição da apelação, as partes ingressam com petição requerendo a suspensão do processo para a tentativa de acordo. Nessa hipótese,

(A) É possível a suspensão do processo, mas deverá ser comprovado o acordo nos autos.

(B) Independe o pedido de suspensão do assentimento do juiz, sendo possível a suspensão do processo até o prazo máximo de seis meses.

(C) Não é possível a suspensão do processo, com ou sem o assentimento do juiz.

(D) O pedido de suspensão depende do assentimento do juiz, sendo admissível até o prazo máximo de seis meses.

(E) É possível a suspensão do processo, inclusive sem a comprovação do acordo nos autos.

De acordo com Theotonio Negrão e outros autores, "a convenção da partes (art. 265-II) somente suspende o prazo dilatória, não o peremptório" ("Código de Processo Civil e Legislação Processual em Vigor", Ed. Saraiva, 45. ed., p. 294, nota 10 ao art. 180). No enunciado da questão consta que o pedido de suspensão do processo foi formulado na fluência do prazo para a interposição de recurso de apelação. Trata-se de prazo peremptório, o que impede a suspensão do processo. Por esta razão, está correta apenas a alternativa "C".

Gabarito "C"

(Ministério Público/AM – 2008 – CESPE) Acerca da formação, suspensão e extinção do processo, assinale a opção correta.

(A) O falecimento de uma das partes e a sucessão entre vivos de bem litigioso são causas obrigatórias de substituição da parte por seu sucessor. Nesses casos, não pode ser recusada a substituição, sob pena de extinção do processo sem resolução do mérito, por perda da capacidade superveniente de uma das partes.

(B) A perempção atinge o direito de ação, mas não o direito material que dela poderia ter sido objeto. Assim, a extinção do processo não impede que o autor volte a propor a mesma ação, em uma nova relação processual.

(C) Extingue-se o processo sem resolução de mérito pela renúncia ao direito em que se funda a ação, com a expressa concordância do réu. Nesse caso, a desistência da ação não impede a reabertura de processo com a mesma lide, em razão da inexistência da eficácia da coisa julgada material.

(D) A ilegitimidade passiva da parte para a causa implica a extinção do processo por carência da ação. A comprovação da inexistência das condições da ação conduz à extinção do processo sem resolução do mérito, que pode ocorrer por provocação da parte ou por iniciativa do juiz a qualquer tempo, enquanto não houver sentença de mérito, ainda mesmo que o saneador reste irrecorrido.

(E) Ocorre a transação entre as partes quando o réu reconhece como procedente em parte o pedido, desde que o autor renuncie de parte desse pedido. Nessa situação, o juiz decide a lide com resolução do mérito, declarando procedente o pedido e, se essa decisão transitar em julgado, inicia-se a fase do cumprimento da sentença.

A: incorreta (art. 43 do CPC); **B:** incorreta (art. 267, V, do CPC); **C:** incorreta (art. 269, V, do CPC); **D:** correta (art. 267, VI, § 3º, do CPC); **E:** incorreta (art. 269, III, do CPC). A sentença que homologa acordo não julga o pedido, mas simplesmente homologa o acordo celebrado pelas partes, sendo que somente se falará em cumprimento de sentença se uma das partes não cumprir o acordo celebrado.

Gabarito "D"

(Ministério Público/DF – 2009) Analise os itens abaixo e assinale a alternativa correta.

I. A ação de investigação de paternidade *post mortem* deve ser proposta contra os herdeiros, os quais são litisconsortes passivos necessários. No caso de improcedência da ação, deverá ser reconhecida a nulidade em favor do herdeiro não citado.

II. Quando não puder decidir do mérito a favor da parte a quem aproveite a declaração da nulidade, o juiz não a pronunciará nem mandará repetir o ato, ou suprir-lhe a falta.

III. As sentenças condenatória, declaratória e mandamental são nulas à míngua de fundamentação.

IV. É nulo o processo, quando o Ministério Público não for intimado a acompanhar o feito em que deva intervir.

V. Quando a lei prescrever determinada forma, sob pena de nulidade, a decretação desta não pode ser requerida pela parte que lhe deu causa.

(A) Os itens I, IV e V estão corretos.

(B) Os itens II, III e V estão incorretos.

(C) Os itens III, IV e V estão corretos.

(D) Os itens I, II e III estão incorretos.

(E) Os itens II, IV e V estão incorretos.

I: incorreta, porque se não foi citado um dos herdeiros do suposto pai, mas o pedido foi julgado procedente, não se pode falar em nulidade pela ausência de um dos réus, precisamente porque para ele não houve qualquer prejuízo; **II:** incorreta, porque é exatamente o contrário o que o juiz deve fazer; **III:** correta, porque todos os atos judiciais, inclusive as sentenças, devem ser fundamentados, sob pena de nulidade (art. 93, IX, CF); **IV:** correta (arts. 84 e 246 do CPC); **V:** correta (art. 243 do CPC).

Gabarito "C"

(Ministério Público/GO – 2005) Constatando, pelo simples exame da petição inicial e documentos apresentados, a ocorrência da decadência convencional, o juiz deverá:

(A) proferir de plano, sentença de extinção do processo com julgamento do mérito

(B) ordenar a citação do réu para apresentar resposta

(C) proferir de plano sentença de extinção do processo sem julgamento do mérito

(D) reconhecer de ofício a decadência e, por consequência, indeferir a petição inicial

A decadência convencional é aquela que surge por acordo entre as partes e não por disposição legal. Assim, não cabe ao juiz reconhecer de ofício a decadência convencional (art. 211 do CC).

Gabarito "B"

(Ministério Público/GO – 2005) Indique a resposta correta:

I. Questão, segundo Luiz Rodrigues Wambier, "é um ponto a respeito do qual não estão de acordo autor e réu". Partindo desse conceito é correto afirmar que as questões podem ser preliminares e prejudiciais

II. É correto afirmar que questão prejudicial é uma relação jurídica cuja existência ou inexistência condiciona a decisão da questão principal

III. Pode-se afirmar que, o magistrado, verificando a existência de questão prejudicial não fica impedido de julgar o mérito

IV. É correto afirmar que, se a questão preliminar não for ultrapassada, o julgamento do mérito fica impossibilitado

V. É certo dizer que as questões prejudiciais, desde que se consubstanciem em relação jurídica, podem ser objeto de ação declaratória incidental

(A) as alternativas I e III estão incorretas

(B) todas as alternativas estão corretas

(C) as alternativas I, II e IV estão corretas

(D) somente a alternativa I está correta

I: correta, pois, de fato, as questões prévias são classificadas em preliminares (são aquelas que podem impedir o julgamento do mérito) e prejudiciais (são aquelas cuja solução condiciona o resultado do julgamento de mérito); **II:** correta, pois realmente, a questão principal fica condicionada à análise da questão prejudicial; **III:** correta. As questões prejudiciais muitas vezes influenciarão o mérito, mas não implicarão impedimento. Exemplo disso é uma ação reivindicatória em que o réu alegue ser o único proprietário do bem, negando a titularidade do autor. É uma questão prejudicial que não impedirá o juiz de decidir o mérito, mas influenciará diretamente em sua decisão; **IV:** correto o entendimento, porquanto, caso seja acolhida a questão preliminar, o mérito não será analisado e o processo será extinto; **V:** correta. As questões prejudiciais podem, nesse caso, ser objeto de ação declaratória incidental para que a parte tenha segurança acerca da decisão sobre esse ponto, eis que caso seja objeto de ação incidental fará coisa julgada; caso contrário será parte do fundamento da sentença e não será atingida pela coisa julgada (art. 469, III, do CPC).

Gabarito "B"

(Ministério Público/MG – 2006) Quanto à suspensão do processo é **INCORRETO** asseverar que:

(A) a suspensão do processo pode converter-se em extinção da relação processual se os herdeiros da parte autora falecida não se habilitarem no tríduo determinado pelo juiz.

(B) a ausência de habilitação dos herdeiros da parte-ré falecida, no caso de falecimento, importará no prosseguimento do processo à revelia do espólio ou sociedade.

(C) se o representante legal da parte-ré (este último um incapaz) falecer e não for substituído dentro do prazo de suspensão, cumpre ao juiz nomear-lhe um curador.

(D) não havendo transação em audiência de instrução e falecendo, posteriormente, a parte autora, o processo será suspenso até a habilitação dos interessados.

(E) em caso de morte do requerido e não habilitação de seus sucessores, a revelia é de caráter *ex nunc*.

A: correta (STJ, REsp. 248.625); **B:** correta; **C:** correta; **D:** incorreta (devendo esta ser assinalada), porque nesse caso, o processo só se suspenderá depois de publicada a sentença ou acórdão (art. 265, § 1º do CPC); **E:** correta.

Gabarito "D"

(Ministério Público/MG – 2007) Em matéria de prescrição é CORRETO afirmar que

(A) a interrupção da prescrição opera-se a partir da citação.

(B) efetuando a citação, haver-se-á por interrompida a prescrição.

(C) o juiz pronunciará, de ofício, a prescrição.

(D) a citação válida torna prevento o juízo, induz litispendência e faz litigiosa a coisa; e, ainda, quando ordenada por juiz incompetente, constitui em mora o devedor e não interrompe a prescrição.

(E) não haverá solução de mérito quando o juiz pronunciar a prescrição (IV, art. 269).

Art. 295, IV, do CPC.

Gabarito "C"

(Ministério Público/MG – 2007) Quanto à extinção do processo é INCORRETO afirmar que

(A) haverá solução de mérito quando o juiz pronunciar a decadência.

(B) o juiz conhecerá diretamente do pedido, proferindo sentença quando a questão de mérito for unicamente de direito, ou, sendo de direito e de fato, não houver necessidade de produzir prova em audiência.

(C) quando a matéria controvertida for unicamente de direito e no juízo já houver sido proferida sentença de total improcedência em outros casos idênticos, poderá ser dispensada a citação e proferida sentença, reproduzindo-se o teor da anteriormente prolatada.

(D) no caso de julgamento improcedente *in limine*, se o autor apelar, é facultado ao juiz decidir, no prazo de 15 (quinze) dias, não manter a sentença e determinar o prosseguimento da ação.

(E) a sentença deve ser certa, ainda quando decida relação jurídica condicional.

A: correta (art. 269, IV, do CPC); **B:** correta (art. 330, I, do CPC); **C:** correta (art. 285-A do CPC); **D:** incorreta (art. 285-A, § 1º, do CPC); **E:** correta (art. 460, parágrafo único, do CPC).

Gabarito "D"

(Ministério Público/PI – 2008) Assinale a alternativa **correta**.

(A) A sentença é o ato do juiz que extingue o processo, resolvendo ou não o mérito da causa.

(B) A desistência da ação e a desistência do recurso só produzirão efeitos depois de homologadas judicialmente.

(C) Correrão da intimação os prazos para o Ministério Público.

(D) A citação torna, sempre, prevendo o juízo.

(E) Os despachos de expediente não podem ser prolatados pelo escrivão em nenhuma hipótese.

A: incorreta, porque o conceito atual de sentença é outro: trata-se de ato do juiz que implica numa das situações descritas nos arts. 267 e 269 do CPC; **B:** incorreta, porque a desistência do recurso não depende de homologação judicial para que gere efeitos ; **C:** correta; **D:** incorreta, porque quando se trata de juízos com a mesma competência territorial, o que torna prevento o juízo é o despacho da petição inicial (art. 106 do CPC); **E:** incorreta (art. 162, § 4º, do CPC).

Gabarito "C"

(Ministério Público/PR – 2009) Dentre as proposições que seguem, assinale a alternativa correta:

(A) ao renunciar, o autor abdica da apreciação do pedido apresentado à função jurisdicional do Estado, mas conserva o direito material, o qual poderá ser reclamado posteriormente, mediante a repropositura da ação;

(B) a perempção constitui-se na perda do próprio direito material, decorrente do autor ter dado causa à extinção do processo, sem julgamento do mérito, por três vezes;

(C) o pedido de desistência da ação somente pode efetivar-se, após a citação válida, com a concordância do réu, servindo a simples resistência da parte passiva, ainda que carente de qualquer fundamentação, como óbice ao seu deferimento;

(D) através do reconhecimento jurídico do pedido, o réu reconhece a propriedade, o acerto da pretensão do autor, podendo verificar-se tanto diante de direitos disponíveis, quanto indisponíveis;

(E) a intransmissibilidade do direito material alegado em juízo, por disposição legal, decorrente da morte de uma das partes, ao invés de constituir-se em causa de suspensão do feito, gera a extinção do processo, sem julgamento do mérito.

A: incorreta, uma vez que a renúncia recai precisamente sobre o direito objeto do processo, e a sentença que a homologa faz coisa julgada material, o que impede a repropositura da ação; **B:** incorreta, pois a perempção, que é a perda do direito de ação, por ter dado causa o autor a três extinções do processo sem resolução do mérito, por abandono, não atinge o direito material, que poderá ser utilizado em outro processo como defesa; **C:** incorreta, porque a discordância do réu quanto ao pedido de desistência formulado pelo autor deve ser fundamentada; **D:** incorreta, porque quando se trata de direito indisponível não são admitidos os atos de autocomposição, dentre os quais se inclui o reconhecimento jurídico do pedido; **E:** correta (art. 267, IX, do CPC).

Gabarito "E"

(Ministério Público/PR – 2009) Dentre as proposições abaixo, assinale a correta:

(A) a sentença proferida na ausência de pressuposto processual de validade é incapaz de ser atingida pelo manto da coisa julgada material;

(B) antes da citação válida, o processo está impedido de servir de instrumento para a produção de efeitos capazes de atingir o réu;

(C) a suspeição do juiz constitui-se causa impeditiva do desenvolvimento válido e regular do processo;

(D) a ausência insanável de pressuposto processual acarretará a extinção do processo, sem julgamento do mérito, quando constatada até a apresentação de contestação pelo réu;

(E) verificada a incapacidade processual, o processo será suspenso para, em prazo razoável, ser sanado o vício. Se, conquanto intimado, o autor não sanar a impropriedade apurada, o juiz decretará a nulidade dos atos processuais praticados, extinguindo o processo, na sequência, sem julgamento do mérito.

A: incorreta, uma vez que a coisa julgada material será formada, ainda que no processo tenha faltado algum pressuposto processual de validade. Tanto que, em casos como esse, só por meio de ação rescisória é que se pode buscar desconstituir a coisa julgada já formada; **B:** incorreta, pois a citação é pressuposto processual de existência do processo em relação ao réu, logo, antes dela, o processo não pode gerar efeitos que o atinjam negativamente; **C:** incorreta, porque a suspeição do juiz não é considerada como ofensa a um pressuposto processual de validade do processo, tanto que, se não alegada pela parte oportunamente, fica preclusa e não é motivo suficiente para a propositura de ação rescisória; **D:** incorreta, porque a consequência será a mesma se o vício for verificado depois da apresentação da resposta; **E:** correta (art. 13, I, do CPC).

Gabarito "E"

7. TUTELA ANTECIPADA E LIMINAR EM CAUTELAR

(Ministério Público/DF – 2013) A preocupação com a efetividade da tutela jurisdicional tem norteado as principais mudanças na esfera processual civil dos últimos anos. Dentre as alterações, passou-se a permitir, nos litígios em geral, que o juiz antecipe a tutela pretendida pelo autor na inicial, total ou parcialmente, desde que presentes alguns requisitos estabelecidos na norma. Sobre o tema, escolha a alternativa **CORRETA**:

(A) Somente o autor pode pedir a antecipação da tutela, total ou parcialmente, desde que estejam presentes a prova inequívoca, que convença o juiz da verossimilhança da alegação, e o fundado receio de dano irreparável ou de difícil reparação.

(B) Nos casos de abuso de direito de defesa ou de manifesto propósito protelatório do réu, constatado pelo juiz no curso da lide, a antecipação da tutela requer a existência de fundado receio de dano irreparável ou de difícil reparação à parte autora, isto é, se a conduta do réu puder resultar, por exemplo, em demora desnecessária na fase de realização de provas.

(C) O juiz pode, de ofício, reconhecer a procedência de pedido incontroverso do autor e antecipar a tutela respectiva, restando ao réu impugnar a decisão, se dela discordar, sob o único fundamento do perigo da irreversibilidade do provimento antecipado.

(D) A tutela cautelar e a tutela antecipatória, embora dispostas em normas diversas em nosso ordenamento processual civil, confundem-se na medida em que ambas são instrumentos para obtenção da tutela definitiva almejada pelo demandante.

(E) Age corretamente o juiz que, ao proferir sentença em que julga procedente a ação do autor e determina ao réu a obrigação de fazer algo, resolve, na mesma ocasião, antecipar a tutela do autor, com a fixação de *astreintes*, caso o réu se atrase na realização do preceito da sentença.

A: incorreta. O réu poderá requerer a tutela antecipada especialmente quando formula pedido no processo (reconvenção, ação declaratória incidental, denunciação da lide etc.); **B:** incorreta. Essa modalidade de tutela antecipada (também denominada punitiva não tem como requisito o *periculum in mora*); **C:** incorreta. Se o juiz antecipa a tutela pela incontrovérsia é possível que o réu se insurja com diversas outros fundamentos (v.g. pode questionar a aplicação da revelia em dado caso que gerou a presunção de veracidade dos fatos); **D:** incorreta. Apesar de algumas divergências doutrinárias, a tutela cautelar não objetiva a tutela definitiva, mas criar mecanismos para que esta possa ser obtida em outro processo; **E:** correta, conforme artigo 461 do CPC.

Gabarito "E"

(Ministério Público/MS – 2013 – FADEMS) Tratando-se de tutela jurisdicional antecipada é **incorreto** afirmar que:

(A) Segundo o entendimento do Superior Tribunal de Justiça é cabível a tutela antecipada em toda ação de conhecimento, seja a ação declaratória, seja constitutiva (negativa ou positiva), condenatória ou mandamental.

(B) É vedado ao juiz conceder *ex officio* a antecipação da tutela.

(C) Caso a tutela antecipada tenha sido concedida *initio litis*, ou mesmo na sentença de mérito, recurso interposto contra sentença definitiva não suspende os seus efeitos em relação à antecipação da tutela.

(D) É possível concessão da antecipação da tutela *initio litis* quando um ou mais dos pedidos cumulados, ou parcela deles, mostrar-se incontroverso.

(E) Se o autor, a título de antecipação de tutela, requerer providência de natureza cautelar, o juiz deverá mandar emendar a petição inicial, para adaptar o pedido aos requisitos da antecipação da tutela, entre os quais a identificação com o pedido definitivo.

A: correta, porque é "cabível (...) a antecipação de tutela, (...) em toda a ação de conhecimento, seja a ação declaratória, seja constitutiva (negativa ou positiva) condenatória, mandamental, se presentes os pressupostos legais (REsp 445.863/SP, Rel. Min. José Arnaldo da Fonseca, 5.ª T., julgado em 05/12/2002, *DJ* 19/12/2002, p. 407); **B:** correta, em termos. Como regra geral, é verdade que haja requerimento para a concessão de tutela antecipada, sendo inviável sua concessão de ofício pelo juiz (STJ, 3.ª T., REsp. 1.178.500/SP, Rel. Min. Nancy Andrighi). Há decisões, no entanto, também do STJ, no sentido de que, em situações excepcionais, o juiz poderia conceder a antecipação, independentemente de pedido. Nesse sentido: "Tutela antecipada de ofício concedida no acórdão. Admissibilidade em hipóteses excepcionais (...) 3. No caso concreto, o Tribunal se vale da ideia de que se pretende conceder salário-maternidade a trabalhadora rural (boia-fria) em virtude de nascimento de criança em 2004. (...) 5. A doutrina admite, em hipóteses extremas, a concessão da tutela antecipada de ofício, nas 'situações excepcionais em que o juiz verifique a necessidade de antecipação, diante do risco iminente de perecimento do direito cuja tutela é pleiteada e do qual existam provas suficientes de verossimilhança' (José Roberto dos Santos Bedaque, Tutela cautelar e tutela antecipada: tutelas sumárias e de urgência, 4. ed., São Paulo, Malheiros, 2006, pp. 384-385). 6. A jurisprudência do STJ não destoa em situações semelhantes, ao reconhecer que a determinação de implementação imediata do benefício previdenciário tem caráter mandamental, e não de execução provisória, e independe, assim, de requerimento expresso da parte (v. AgRg no REsp 1.056.742/RS, Rel. Min. Napoleão Nunes Maia Filho, *DJe* de 11.10.2010 e REsp 1.063.296/RS, Rel. Min. Og Fernandes, *DJe* de 19.12.2008)" (REsp 1.309.137/MG, Rel. Min. Herman Benjamin, 2.ª T., julgado em 08/05/2012, *DJe* 22/05/2012); **C:** correta, porque não há efeito suspensivo na apelação contra o capítulo da sentença que confirma, ou que concede, a tutela antecipada (art. 520, VII, do CPC); **D:** correta, porque nos termos do art. 273, § 6º, do CPC; **E:** incorreta, devendo esta ser assinalada, porque a solução prevista em lei para a hipótese é outra. De acordo com o § 7º do art. 273 do CPC, "se o autor, a título de antecipação de tutela, requerer providência de natureza cautelar, poderá o juiz, quando presentes os respectivos pressupostos, deferir a medida cautelar em caráter incidental do processo ajuizado". Como se vê, não há qualquer necessidade de emenda à inicial. Trata-se da chamada fungibilidade entre as medidas cautelares e de antecipação da tutela.

Gabarito "E"

(Ministério Público/PR – 2013 – X) Em matéria de **antecipação de tutela**, está <u>*incorreto*</u>:

(A) Para a concessão da antecipação dos efeitos da tutela, são requisitos simultâneos, além da verossimilhança da alegação, o fundado receio de dano e o abuso do direito de defesa;

(B) A antecipação não deve ser concedida se houver perigo de irreversibilidade do provimento antecipado;

(C) A tutela antecipada pode ser revogada a qualquer tempo;

(D) A tutela antecipada pode ser deferida, também, quando um dos pedidos cumulados mostrar-se incontroverso;

(E) A antecipação da tutela, quando negada pelo juízo de 1º grau, pode ser concedida em agravo de instrumento.

A: incorreta. O fundado receio de dano e o abuso do direito de defesa para as antecipações com requisito da urgência, são alternativos; **B:** correta, conforme o art. 273, § 2º, do CPC (a despeito de a doutrina e jurisprudência flexibilizarem o rigor do dispositivo com a tese da irreversibilidade recíproca); **C:** correta, conforme o art. 273, § 4º, do CPC; **D:** correta, conforme o art. 273, § 6º, do CPC; **E:** correta, pois trata-se de decisão interlocutória (art. 522 do CPC).

Gabarito "A"

(Ministério Público/AC – 2008) Assinale a alternativa correta.

(A) Inexiste hipótese de antecipação de tutela no processo civil brasileiro sem alegação e comprovação de urgência.

(B) As expressões "dano irreparável ou de difícil reparação" e "receio de ineficácia do provimento final" são sinônimas.

(C) Abusa do direito de defesa, para fins de concessão de tutela antecipatória, quem apresenta contestação inconsistente.

(D) O provimento que concede tutela antecipatória é um provimento temporário.

A: incorreta, porque é possível a concessão de tutela antecipada fundada no abuso de direito de defesa, ou no manifesto propósito protelatório do réu, hipóteses em que não se fala em urgência (art. 273, II, CPC); **B:** incorreta; **C:** correta; **D:** incorreta, porque, embora os provimentos antecipatórios sejam provisórios, isso não quer dizer que sejam eles temporários.

Gabarito "C"

(Ministério Público/AC – 2008) Assinale a alternativa correta.

(A) A tutela inibitória confunde-se com a tutela cautelar.

(B) A tutela cautelar é sempre bastante em si.

(C) Para caracterização da tutela cautelar é essencial a normatização do perigo.

(D) A tutela cautelar jamais pode proporcionar tutela satisfativa do direito acautelado.

A: incorreta, porque a tutela inibitória, que aquela pela qual se busca impedir a prática, a repetição ou a continuação do ato ilícito, tem natureza de antecipação da tutela, e não cautelar propriamente; **B:** incorreta, porque a tutela cautelar, em regra, é instrumento para garantir a eficácia de um outro provimento, de conhecimento ou de execução; **C:** incorreta, porque não há tal exigência; **D:** correta, de acordo com o gabarito oficial, embora algumas medidas cautelares tenham reconhecido o seu caráter satisfativo.

Gabarito "D"

(Ministério Público/BA – 2008) Tocante ao instituto da antecipação de tutela, imersa no art. 273 do Código de Processo Civil, é incorreto dizer:

(A) Não cabe recurso extraordinário contra acórdão que defere medida liminar.

(B) Em se tratando de tutela antecipada, o poder geral de efetivação do magistrado encontra limites na providência judicial requerida pela parte beneficiada.

(C) Aplica-se o princípio da fungibilidade entre medida satisfativa e medida cautelar.

(D) Aquele que se beneficiar da medida antecipatória, se no julgamento definitivo sucumbir, será responsabilizado objetivamente perante aquele que sofrer prejuízos com a efetivação da tutela antecipada.

(E) É providência que consagra a efetividade da jurisdição.

A: correta, porque nos termos da Súmula n. 735 do STF; **B:** incorreta, porque no que toca ao poder geral de efetivação, não fica o juiz vinculado ao que foi requerido pela parte; **C:** correta (art. 273, § 7º, do CPC); **D:** correta (art. 273, § 3º, do CPC); **E:** correta.

Gabarito "B"

(Ministério Público/DF – 2009) A propósito da antecipação da tutela, assinale a alternativa incorreta.

(A) É vedado ao juiz conceder *ex officio* a antecipação da tutela.

(B) A tutela antecipatória não se confunde com o julgamento antecipado da lide.

(C) Admite-se a tutela antecipada quer a demanda trate de direitos disponíveis, quer de indisponíveis.

(D) A antecipação da tutela não tem cabimento quando a ação for processada pelo rito sumário.

(E) Verificando a presença dos requisitos ensejadores, pode o juiz, em sede de antecipação de tutela, deferir medida cautelar em caráter incidental.

A: correta, porque a tutela antecipada depende de requerimento do autor (exceto em matéria previdenciária, em que se admite a sua concessão de ofício); **B:** correta, porque a antecipação representa o simples adiantamento dos efeitos práticos do provimento final, enquanto o julgamento antecipado da lide é a prolação da própria sentença de mérito, nos casos em que não houver necessidade de produção de provas (art. 330 do CPC); **C:** correta, pois ambos direitos podem ser objeto de tutela antecipada; **D:** incorreta, porque não há nenhum óbice à sua concessão em razão do tipo de procedimento; **E:** correta (art. 273, § 7º, do CPC).

Gabarito "D"

(Ministério Público/MS – 2006) Tratando-se de tutela jurisdicional antecipatória, é CORRETO afirmar:

(A) O juiz poderá de ofício antecipar os efeitos da tutela pretendida no pedido inicial, desde que, haja fundado receio de dano irreparável ou de difícil reparação.

(B) Na decisão que antecipar a tutela, o juiz não precisará indicar as razões de seu convencimento.

(C) Será concedida ainda que haja perigo de irreversibilidade de fato do provimento antecipado.

(D) A tutela antecipada também poderá ser concedida quando um ou mais dos pedidos cumulados, ou parcela deles, mostrar-se incontroverso.

Art. 273, § 6º, do CPC.

Gabarito "D"

(Ministério Público/PI – 2008) Assinale a alternativa **correta**.

(A) O juiz não pode impor multa coercitiva de ofício para concessão da tutela inibitória.

(B) O juiz pode, ainda que não haja pedido da parte, converter o pedido de tutela específica em tutela pelo equivalente monetário.

(C) O arresto e o sequestro são exemplos típicos de tutelas satisfativas de urgência.

(D) É possível antecipar a tutela jurisdicional com base na verossimilhança das alegações do demandante, desde que fundadas em prova inequívoca e desde que haja a possibilidade de reversão do resultado do provimento jurisdicional.

(E) A tutela antecipada, em qualquer hipótese, está fundada em cognição parcial e exauriente.

A: incorreta (art. 461, § 5º, do CPC); **B:** incorreta, uma vez que a conversão depende de requerimento do autor (§ 1º do art. 461 do CPC); **C:** incorreta, porque se trata de medidas tipicamente cautelares, e que têm por objetivo garantir a eficácia de outro provimento jurisdicional; **D:** correta (art. 273 do CPC); **E:** incorreta, porque na hipótese de concessão da tutela antecipada quanto ao pedido, ou à parte do pedido incontroversa, a cognição é exauriente.

Gabarito "D"

(Ministério Público/PR – 2008) A partir da tutela antecipatória e da tutela cautelar, mostra-se INCORRETO afirmar:

(A) A tutela antecipatória destina-se a conferir, total ou parcialmente, aquilo que se busca através do pedido formulado na ação de conhecimento, com o objetivo de conceder antecipadamente o próprio provimento jurisdicional ou seus efeitos, apresentando o caráter satisfativo.

(B) A tutela cautelar, por sua vez, visa a afastar situação de perigo, com o propósito de garantir o resultado útil do processo ou, ainda, a frutuosidade do direito afirmado pelo requerente na ação principal.

(C) Ao propiciar imediata execução, a tutela antecipatória promove a superação do princípio da "nulla executio sine titulo", suprimindo a separação entre conhecimento e execução.

(D) Na hipótese do demandado pleitear na petição inicial o deferimento liminar de providência que apontou como antecipatória, mas que, na realidade, apresenta natureza cautelar, mesmo quando presentes os respectivos pressupostos, o juiz está impedido de conhecê-la, ante a presença de expressa vedação legal em nosso ordenamento jurídico.

(E) A tutela cautelar pode ser requerida antes ou no curso do processo principal e deste é sempre dependente.

A: correta (art. 273 do CPC); **B:** correta (art. 798 do CPC); **C:** correta, pois, de fato, a tutela antecipada possibilita a execução da decisão sem a existência do título (sentença com trânsito em julgado); **D:** incorreta (art. 273, § 7º, do CPC); **E:** correta (art. 796 do CPC).

Gabarito "D"

(Ministério Público/SE – 2010 – CESPE) João, menor absolutamente incapaz representado por José, seu pai, ajuizou ação declaratória de inexistência de relação jurídica contra a Escola Arco-íris Ltda., tendo como causa de pedir o pagamento regular de todas as mensalidades do ano letivo, injustamente cobradas pela instituição de ensino. O autor postulou, a título de antecipação da tutela jurisdicional, a sustação liminar do protesto das cambiais vinculadas ao contrato, pois, segundo ele, já teriam sido pagas. Com base nessa situação hipotética, assinale a opção correta.

(A) A providência liminar requerida pelo autor tem nítido conteúdo cautelar e, com esse fundamento, deve ser indeferida pelo juiz.

(B) A antecipação da tutela deve ser indeferida com o fundamento de que, nesse caso, há perigo de irreversibilidade.

(C) A antecipação da tutela deve ser indeferida com o fundamento de que, nesse caso, não há fundado receio de dano irreparável ou de difícil reparação.

(D) Se o autor não tivesse postulado a antecipação da tutela, o MP, ao intervir obrigatoriamente no processo como custos legis, também não poderia fazê-lo.

(E) É cabível ao juiz conceder a antecipação da tutela nesse caso, ainda que o pedido final seja de sentença meramente declaratória.

A: incorreta, não só porque a medida tem natureza antecipatória, mas também porque, em razão da fungibilidade entre as tutelas de urgência, o juiz poderia conceder a medida, ainda que tivesse natureza cautelar (art. 273, § 7º, do CPC); **B:** incorreta, porque não há que se falar em irreversibilidade nesse caso, já que protesto poderá ser renovado, caso a liminar venha a ser cassada; **C:** incorreta, porque é evidente que o protesto indevido representa risco de dano irreparável ou de difícil reparação; **D:** incorreta, porque o MP, como fiscal da lei, também pode formular pedido de antecipação; **E:** correta, porque está superado o entendimento no sentido de que seria incabível a antecipação em processo cujo pedido final fosse declaratório ou constitutivo.

Gabarito "E"

(Ministério Público/SP – 2008) Assinale a alternativa que não contempla requisito para a antecipação da tutela.

(A) Verossimilhança da alegação e fundado receio de dano irreparável ou de difícil reparação.

(B) Verossimilhança da alegação e abuso do direito de defesa.

(C) Verossimilhança da alegação e manifesta intenção protelatória do réu.

(D) Verossimilhança da alegação e autor beneficiário da assistência judiciária gratuita.

(E) Ausência de controvérsia em torno de um ou mais dos pedidos cumulados.

Art. 273 do CPC.

Gabarito "D"

8. PROCESSO DE CONHECIMENTO. RITOS SUMÁRIO E ORDINÁRIO

(Ministério Público/DF – 2013) Analise os itens abaixo e responda em seguida:

I. De acordo com as normas processuais, a falta de pedido ou da causa de pedir é causa de inépcia da petição inicial. Intervindo o Ministério Público, como fiscal da lei, em ação de conhecimento proposta por curatelado, devidamente representado, ao ter vista pessoal do processo, após a apresentação da contestação, constatou que a causa de pedir e o pedido eram insuficientes para o objetivo pretendido. Não pode o órgão ministerial completar a peça de ingresso, suprindo a insuficiência verificada, mas, postular ao juízo que intime o autor para emendar a inicial no prazo de 10 dias.

II. A atividade saneadora do juiz no processo ocorre em momentos distintos: no recebimento da petição inicial, no despacho saneador e na própria sentença que julgar a ação. E, uma vez examinada a existência dos pressupostos processuais e das condições da ação, não poderá o juiz reexaminá-la.

III. O princípio da eventualidade é informador do processo e, de acordo com ele, a contestação e a reconvenção deverão ser apresentadas pelo réu simultaneamente, não sendo aceito que a contestação e a reconvenção sejam apresentadas em datas diversas, ainda que dentro do prazo previsto de defesa. Se assim acontecer, apenas a primeira peça de defesa protocolada será considerada pelo juízo no processo. Quanto à segunda, o direito da parte estará precluso.

IV. Ao receber os autos pela primeira vez, o órgão ministerial, intervindo na lide na qualidade de fiscal da lei, verificou que o valor atribuído pelo autor à causa estava errado e o réu não fez qualquer impugnação por ocasião da sua defesa. Bastará, assim, que o promotor de justiça lance nos autos a discordância quanto ao valor da causa para que a questão seja examinada pelo juiz.

V. No processo de conhecimento, o réu ao ser citado pode apresentar sua resposta sob três formas: contestação, reconvenção e exceção. Não o fazendo, reputar-se-ão verdadeiros os fatos afirmados pelo autor. É a revelia, que tem como necessária consequência a procedência do pedido do autor. Escolha a alternativa **CORRETA**:

(A) São corretos os itens I e IV

(B) São corretos os itens I e III.

(C) São corretos os itens II e III.

(D) São corretos os itens III e IV.

(E) São corretos os itens II e V.

I: correta, conforme sua função de fiscal da lei (art. 82, CPC); **II:** incorreta. A análise dos pressupostos processuais poderá ser feita e reexaminada a qualquer tempo e grau de jurisdição (arts. 267, § 3º e 301, § 4º, CPC); **III:** correta, conforme o gabarito e as informações sobre a apresentação e contestação estão corretas. Contudo, não é o princípio da eventualidade informador dessa regra e sim da consumação; **IV:** incorreta. Apenas as partes ou o juiz podem discutir acerca do valor da causa; **V:** incorreta. A revelia se aplica somente para a não apresentação de contestação (art. 219, CPC).

Gabarito "B"

(Ministério Público/ES – 2013 – VUNESP) Com relação ao procedimento sumário, pode-se afirmar que

(A) é cabível, como forma de intervenção de terceiros, apenas a assistência litisconsorcial.

(B) são cabíveis a assistência e a denunciação da lide fundada em contratos de seguro.

(C) são cabíveis todas as formas de intervenção de terceiros, inclusive o *amicus curae*.

(D) não é cabível nenhuma forma de intervenção de terceiros.

(E) cabe a assistência simples, mas não a litisconsorcial.

A: incorreta. É cabível qualquer modalidade de assistência, bem como o recurso de terceiro prejudicado e a intervenção fundada em contrato de seguro (art. 280, CPC); **B:** correta, conforme artigo 280, CPC; **C:** incorreta. Não são cabíveis oposição, nomeação a autoria, chamamento ao processo, algumas modalidades de denunciação da lide e *amicus curiae* (art. 280, CPC); **D:** incorreta. É cabível assistência, bem como o recurso de terceiro prejudicado e a intervenção fundada em contrato de seguro (art. 280, CPC); **E:** incorreta. É cabível qualquer modalidade de assistência (art. 280, CPC).

Gabarito "B"

(Ministério Público/GO – 2013) Assinale a alternativa correta:

(A) em razão de haver expressa proibição legal, não se admite a intervenção de terceiros no procedimento sumário, ainda que a denunciação da lide tenha como fundamento contrato de seguro.

(B) o autor da oposição (opoente) deve deduzi-la contra os réus (opostos), que são, por força de lei, autor e réu da ação principal, devendo ser formado litisconsórcio necessário.

(C) a nomeação à autoria é dever imposto pela lei ao réu que, se descumprido, sujeita-o a responder por perdas e danos. E, para que o réu-nomeante se retire do processo e o nomeado assuma seu lugar como novo sujeito passivo (réu) da relação processual, exige-se a concordância do autor ou do nomeado à autoria.

(D) o chamamento ao processo dá-se por iniciativa do réu, com o objetivo de chamar o devedor principal ou os codevedores solidários ao feito e depende do assentimento do autor.

A: incorreta. Nessa específica hipótese admite conforme artigo 280, CPC; **B:** correta, conforme artigo 57 do CPC; **C:** incorreta, pois exige-se a concordância de ambos e não de forma alternativa (arts.65 e 66 CPC); **D:** incorreta. O chamamento independe da concordância do autor (art. 77, CPC).

Gabarito "B"

(Ministério Público/MG – 2014) Assinale a opção **INCORRETA** sobre os procedimentos do rito ordinário no CPC:

(A) O incidente de falsidade tem lugar em qualquer tempo e grau de jurisdição, incumbindo à parte, contra quem foi produzido o documento, suscitá-lo na contestação ou no prazo de 10 (dez) dias, contados da intimação da sua juntada aos autos.

(B) Sempre que uma das partes requerer a juntada de documento aos autos, o juiz ouvirá, a seu respeito, a outra, no prazo de 5 (cinco) dias.

(C) Incumbe às partes, no prazo que o juiz fixará ao designar a data da audiência, depositar em cartório o rol de testemunhas, precisando-lhes o nome, profissão, residência e o local de trabalho; omitindo-se o juiz, o rol será apresentado até a data da audiência.

(D) A testemunha é intimada a comparecer à audiência, constando do mandado dia, hora e local, bem como os nomes das partes e a natureza da causa. Se a testemunha deixar de comparecer, sem motivo justificado, será conduzida, respondendo pelas despesas do adiamento.

A: assertiva correta, conforme artigo 390, CPC; **B:** assertiva correta, conforme artigo 398, CPC; **C:** assertiva incorreta, devendo ser assinalada, conforme artigo 407, CPC. No silêncio do juiz o rol deve ser depositado até 10 dias antes da audiência; **D:** assertiva correta, conforme artigo 412, CPC.

Gabarito "C"

(Ministério Público/MG – 2013) Existem várias condutas processuais que importam em litigância de má-fé. Assinale a alternativa que **NÃO** representa litigância de má-fé:

(A) Provocar incidentes claramente desprovidos de fundamentos.

(B) Deduzir pretensão ou defesa contra fato controverso.

(C) Interpuser recurso com intuito manifestamente protelatório.

(D) Deduzir defesa contra texto expresso de lei.

A única que não representa litigância de má-fé é a alternativa 'b' que decorre justamente do exercício postulatório (deduzir pretensão ou defesa diante de fato controverso). As demais vêm tipificadas no artigo 17 do CPC.

Gabarito "B"

(Ministério Público/MG – 2013) A respeito da produção antecipada de provas, considere as seguintes afirmações:

I. O requerente justificará sumariamente a necessidade da antecipação e mencionará com precisão os fatos sobre que há de recair a prova.

II. O juízo indeferirá a perícia em antecipação, se a prova do fato não depender do conhecimento especial de técnico.

III. Tratando-se de inquirição de testemunhas, em antecipação, será facultada a intimação dos interessados a comparecer à audiência em que prestarão o depoimento.

IV. Tomado o depoimento ou feito exame pericial, os autos permanecerão em cartório, sendo lícito aos interessados solicitar as certidões que quiserem.

É **INCORRETO** o que se afirma em:

(A) I

(B) II

(C) III

(D) II e IV

I: correta conforme artigo 848, CPC; **II:** correta, conforme artigo 420, parágrafo único, inciso I, CPC; **III:** incorreta. A intimação é obrigatória conforme artigo 848, parágrafo único, CPC, **IV:** correta, conforme artigo 851, CPC.

Gabarito "C"

(Ministério Público/MG – 2013) Quanto à prova, analise as seguintes alternativas e assinale a assertiva *INCORRETA*:

(A) A confissão é irrevogável, não, porém, se provém de quem não é capaz de dispor do direito a que se referem os fatos confessados.

(B) Os traslados, as certidões, as atas de audiências são considerados instrumentos públicos, extraídos por notários ou perante a autoridade judiciária.

(C) Os livros dos empresários e sociedades provam contra as pessoas a que pertencem e, escrituradas sem rasuras, em seu favor, confirmados por outros subsídios.

(D) Como a escritura pública, lavrada em cartório de títulos e documentos, tem fé pública, fará prova plena se não houver vício de vontade do vendedor ao fazer o ato.

A: assertiva correta, conforme artigo 213 do CC; **B:** assertiva correta, conforme artigo 365 do CPC; **C:** assertiva correta, conforme artigos 378 e 379 do CPC e 226 do CC; **D:** assertiva incorreta, devendo ser assinalada, conforme artigo 215 do CC.

Gabarito "D"

(Ministério Público/MS – 2013 – FADEMS) Marque se as proposições a seguir são falsas (F) ou verdadeiras (V) e assinale a opção **correta**:

I. Incumbe o ônus da prova à parte que contestar a autenticidade da assinatura lançada em documento apresentado pela parte contrária.

II. A expedição de carta precatória suspende o processo até a colheita da prova somente se sua expedição tiver sido requerida antes da decisão de saneamento, e a prova nela solicitada for considerada imprescindível.

III. Na formação do conjunto probatório, a iniciativa do juiz é admitida por expressa disposição legal e implica limitação ao princípio dispositivo.

IV. O ônus probatório não pode ser objeto de convenção que o distribua de maneira diversa à legal.

(A) F, F, V, F.

(B) F, V, V, V.

(C) V, F, V, F.

(D) F, V, V, F.

(E) V, V, V, F.

I: falsa ("Art. 389: Incumbe o ônus da prova quando: (...) II – se tratar de contestação de assinatura, à parte que produziu o documento"); **II:** verdadeira, porque se trata de reprodução do *"caput"* do art. 338 do CPC; **III:** verdadeira, porque vigora, em matéria de iniciativa probatória, o princípio inquisitivo ou inquisitório (que se opõe ao princípio dispositivo). De acordo com o art. 130 do CPC, "caberá ao juiz, de ofício ou a requerimento da parte, determinar as provas necessárias à instrução do processo (...)"; **IV:** falsa, porque a possibilidade de convenção que distribua o ônus da prova de maneira diversa daquela que está prevista pela lei, decorre da leitura *a contrario sensu* do parágrafo único do art. 333 do CPC ("É nula a convenção que distribui de maneira diversa o ônus da prova quando: I – recair sobre direito indisponível da parte; II – tornar excessivamente difícil a uma parte o exercício do direito"). Como se vê, não presentes tais circunstâncias, a inversão convencional do ônus pode ser admitida.

Gabarito "D"

(Ministério Público/RO – 2013 – CESPE) Acerca da defesa do réu, assinale a opção correta.

(A) Não há de se falar em presunção de veracidade ou confissão ficta se o exequente não se opuser à impugnação ao cumprimento de sentença.

(B) Conforme entendimento do STJ, em se tratando de procedimento sumário, o comparecimento do réu à audiência de conciliação desacompanhado de advogado, mas munido da peça contestatória, afasta os efeitos da revelia.

(C) O princípio da concentração de defesa, segundo o qual do réu deve apresentar na contestação todas as matérias que tenha em sua defesa, não admite exceções.

(D) Não se admite a reconvenção em ação declaratória.

(E) O prazo remanescente para contestar suspenso com o recebimento da exceção de incompetência volta a fluir da data da decisão que acolha a exceção.

A: correta, pois em execução não se operam os efeitos materiais da revelia; **B:** incorreta. A revelia no procedimento sumário é mais ampla que no rito ordinário e o não comparecimento do advogado (ainda que a parte venha acompanhada com a defesa) operam os efeitos da revelia; **C:** incorreta. As exceções estão previstas no art. 303 do CPC; **D:** incorreta, conforme Súmula nº 258 do STF; **E:** incorreta. Conta-se depois do julgamento definitivo (art. 306 do CPC), até mesmo o que rejeitou a exceção.

Gabarito "A"

(Ministério Público/RO – 2013 – CESPE) Acerca da ação, do processo e da jurisdição, assinale a opção correta.

(A) Segundo a jurisprudência do STJ, é necessária a intervenção da defensoria pública como curadora especial do menor na ação de destituição de poder familiar ajuizada pelo MP.

(B) Segundo Giuseppe Chiovenda, a jurisdição se caracteriza pela substitutividade e pela atuação da vontade da lei.

(C) A teoria da asserção preceitua que as condições da ação devem ser verificadas conforme as afirmações do autor, mesmo depois de produzidas as provas, ou seja, em cognição exauriente.

(D) As ações declaratórias possuem eficácia *ex nunc*.

(E) O MP tem legitimidade para pleitear, em ACP, a indenização decorrente do DPVAT em benefício do segurado.

A: incorreta, segundo a jurisprudência do STJ o curador é desnecessário (vide o site do STJ: [http://www.stj.gov.br/portal_stj/publicacao/engine.wsp?tmp.area=398&tmp.texto=105008]. Aceso em: 19.04.2014]; **B:** correta, pois, de acordo com Chiovenda (em contraposição à tese de Carnelutti), prevalece a *teoria dualista ou denominada declaratória*. Dessa forma o direito material cria os direitos subjetivos e o processo declara a existência desse direito (substituição da vontade das partes com a declaração da vontade concreta da lei); **C:** incorreta. Após a cognição exauriente (para essa teoria) não se trata de carência, mas de improcedência apta a gerar a extinção do processo com resolução de mérito; **D:** incorreta, tendo em vista que, em regra, essas ações têm eficácia não retroativa; **E:** incorreta, o MP não tem legitimidade (Súmula 470 do STJ).

Gabarito "B"

(Ministério Público/AC – 2008) Assinale a alternativa correta:

(A) O procedimento comum sumário tem cognição sumária.

(B) O procedimento do mandado de segurança tem cognição parcial e sumária *secundum eventum litis*.

(C) O procedimento monitório tem cognição sumária *secundum eventum probationis*.

(D) O procedimento de desapropriação por interesse público tem cognição parcial.

A: incorreta, porque no procedimento sumário, a cognição é exauriente; **B:** incorreta, porque também é exauriente a cognição no mandado de segurança; **C:** incorreta, porque a cognição na monitória é exauriente; **D:** correta, porque só se aprecia a questão ligada ao valor da indenização, daí ser parcial a cognição nesses casos.

Gabarito "D"

(Ministério Público/AC – 2008) Assinale a alternativa correta.

(A) As regras sobre o ônus da prova funcionam sempre como regras de instrução.

(B) É inadmissível no Direito brasileiro a dinamicização do ônus da prova.

(C) Inversão do ônus da prova e dinamicização do ônus da prova são expressões sinônimas.

(D) As regras sobre o ônus da prova possuem dupla finalidade, funcionando ora como regras de instrução, ora como regras de julgamento.

A: incorreta, porque se entende que as regras do ônus da prova são regras de julgamento, e não de instrução; **B:** incorreta, porque nas lides de consumo, a possibilidade de inversão do ônus da prova em favor do consumidor implica na chamada distribuição dinâmica do ônus da prova; **C:** incorreta, porque a inversão do ônus da prova é aplicação do sistema da dinamicização ônus, o que deixa claro que não se trata de expressões sinônimas; **D:** correta, porque as regras do ônus da prova indicam o que cabe a cada uma das partes provar (regra de instrução, portanto) e também funcionam como regra de julgamento para a hipótese de as provas produzidas serem consideradas insuficientes.

Gabarito "D"

(Ministério Público/BA – 2008) Sobre a resposta do réu, pode-se afirmar que:

(A) Computar-se-á em quádruplo o prazo para contestar e em dobro para recorrer, quando a parte for a Fazenda Pública, o Ministério Público, empresa pública ou sociedade de economia mista.

(B) Não se admite reconvenção em ação declaratória.

(C) Não se aplicam os efeitos da revelia quando o autor deixar de juntar instrumento público que a lei considere essencial para a prova do ato.

(D) Depende de intimação pessoal o início do curso do prazo para revel que não tenha patrono constituído nos autos.

(E) Depois da contestação, não é lícito arguir novas alegações, mesmo em se tratando de direito superveniente.

A: incorreta, porque o benefício de prazo previsto no art. 188 do CPC não se aplica às empresas públicas ou sociedades de economia mista; **B:** incorreta (Súmula n. 258 do STF); **C:** correta (art. 320, III, CPC); **D:** incorreta, porque os prazos para o revel sem patrono dos autos correm da publicação do ato em audiência, ou em cartório, dispensada a intimação; **E:** incorreta (art. 303, I, CPC).

Gabarito "C"

(Ministério Público/BA – 2010) É certo afirmar que:

(A) Na fase instrutória, o princípio inquisitivo permeia os poderes do magistrado, independentemente da (in)disponibilidade do bem da vida em disputa.

(B) O sistema tarifado de provas não encontra ressonância no sistema jurídico pátrio.

(C) É válida a distribuição diversa do ônus da prova, ainda que incida sobre direito indisponível.

(D) A parte que alegar direito municipal, estadual, estrangeiro ou consuetudinário deverá, necessariamente, provar os respectivos teor e vigência.

(E) Os fatos notórios não prescindem de provas, se contestados pela parte contrária.

A: correta (art. 130 do CPC); **B:** incorreta, porque há alguns resquícios do sistema da prova tarifada, ou prova legal (quando o valor de um certo meio de prova é previamente fixado pela lei), p. ex.: arts. 366 e 401 do CPC; **C:** incorreta (art. 333, parágrafo único, I, CPC); **D:** incorreta, porque compete ao juiz exigir, ou não, a prova da norma jurídica invocada (art. 337, CPC); **E:** incorreta (art. 334, I, CPC).

Gabarito "A"

(Ministério Público/CE – 2011 – FCC) No que se refere à prova, é correto afirmar:

(A) Vigora entre nós o sistema da prova tarifada, com valor determinado para cada espécie de prova.

(B) Em falta de normas jurídicas particulares, o juiz aplicará as chamadas máximas de experiência, salvo, quanto à experiência técnica, o exame pericial.

(C) Salvo disposição especial em contrário, as provas devem ser produzidas na inicial e na contestação.

(D) É sempre possível convencionar de modo diverso a distribuição do ônus da prova, desde que disponível o direito da parte.

(E) Os fatos notórios dependem apenas de prova consuetudinária.

A: incorreta, porque o que vigora é o sistema da persuasão racional, ou livre convencimento motivado, segundo o qual não há hierarquia entre os meios de prova; **B:** correta (art. 335 do CPC); **C:** incorreto, porque as provas podem ser produzidas, inclusive a documental, em outros momentos do procedimento, além da inicial e da contestação; **D:** incorreta, porque a inversão convencional do ônus da prova também não é admitida quando tornar excessivamente difícil a uma das partes o exercício do direito (art. 333, parágrafo único, II, CPC); **E:** incorreta, porque os fatos notórios não dependem de prova (art. 334, I, CPC).

Gabarito "B"

(Ministério Público/CE – 2009 – FCC) No procedimento comum ordinário, sobre a ordem em que as provas serão produzidas em audiência, aplica-se a seguinte regra:

(A) o juiz tomará os depoimentos pessoais, primeiro do autor e depois do réu, serão inquiridas as testemunhas arroladas pelo réu e pelo autor, finalmente o perito e os assistentes técnicos responderão aos quesitos de esclarecimentos.

(B) o perito e os assistentes técnicos responderão aos quesitos de esclarecimentos, o juiz tomará os depoimentos pessoais, primeiro do autor e depois do réu, finalmente serão inquiridas as testemunhas arroladas pelo autor e pelo réu.

(C) o juiz tomará os depoimentos pessoais, primeiro do autor e depois do réu, serão inquiridas as testemunhas arroladas pelo autor e pelo réu, finalmente o perito e os assistentes técnicos responderão aos quesitos de esclarecimentos.

(D) o juiz tomará os depoimentos pessoais, primeiro do autor e depois do réu; o perito e os assistentes técnicos responderão aos quesitos de esclarecimentos, finalmente serão inquiridas as testemunhas arroladas pelo autor e pelo réu.

(E) o juiz tomará os depoimentos pessoais, primeiro do réu e depois do autor; o perito e os assistentes técnicos responderão aos quesitos de esclarecimentos, finalmente serão inquiridas as testemunhas arroladas pelo réu e pelo autor.

A: incorreta, porque antes da colheita do depoimento pessoal das partes e da oitiva das testemunhas, serão ouvidos perito e assistentes técnicos sobre os quesitos de esclarecimento; **B:** correta, pois essa é a ordem a ser seguida no procedimento comum ordinário (art. 452 do CPC); **C:** incorreta, pelo mesmo motivo da alternativa "A"; D e **E:** incorretas, pois não apresentam a ordem correta (reler a assertiva B).

Gabarito "B"

(Ministério Público/DF – 2009) Assinale a alternativa incorreta.

(A) A prova pericial consiste em exame, vistoria ou avaliação. No entanto, o juiz indeferirá a perícia quando for desnecessária em vista de outras provas produzidas, mesmo que se trate de ação de obrigação de fazer para internação em UTI.

(B) Se o réu, reconhecendo o fato em que se fundou a ação, outro lhe opuser impeditivo, modificativo ou extintivo do direito do autor, este será ouvido no prazo da lei, facultando-lhe o juiz a produção de prova documental.

(C) FULANA DE TAL ingressa pela Assistência Judiciária do DF com ação de obrigação de fazer para compelir o DF a fornecer-lhe tratamento em UTI, diante da falta momentânea de vaga em leito de UTI de hospital da rede pública do DF, vez que necessitava com toda a urgência do dito tratamento em razão de grave doença e risco de morte. A tutela é antecipada e FULANA é internada em UTI da rede privada, onde permanece internada por dez (10) dias e morre. Neste caso, a habilitação pode ser requerida pela parte, em relação aos sucessores da falecida e, pelos sucessores da falecida, em relação à parte. Uma vez requerida a habilitação, o requerido será citado para contestar o pedido, indicando as provas que pretende produzir. No entanto, se a habilitação for requerida por herdeiro necessário, independerá de sentença.

(D) Em uma ação de obrigação de fazer contra o DF, para o recebimento de medicação para o tratamento de câncer, o autor vem a falecer no curso do processo. Cabível, em razão do falecimento, a substituição da parte falecida por seu sucessor, na forma da habilitação.

(E) Nas ações ordinárias e nas de obrigação de fazer sentenciadas com julgamento de mérito, tendo o juiz acolhido apenas um dos pedidos apresentados pelos autores, a apelação devolverá ao tribunal o conhecimento dos demais não examinados.

A: correta (art. 420, II, do CPC); **B:** correta (art. 326, CPC); **C:** correta (arts. 1.056 e 1.060 do CPC); **D:** incorreta, porque a ação, nesse caso é intransmissível e, morto o autor, perdeu-se o objeto da demanda, devendo o processo ser extinto sem resolução do mérito; **E:** correto (art. 515, §§ 1º e 2º, CPC).

Gabarito "D"

(Ministério Público/ES – 2010 – CESPE) Em processo que tramita sob o rito comum ordinário, após a citação do réu e passados dez dias da juntada do mandado devidamente cumprido aos autos, o autor protocolou petição na qual manifestou sua desistência do prosseguimento do feito. Com relação a essa situação hipotética, assinale a opção correta.

(A) Nessa situação, o réu não precisa ser ouvido, mesmo porque não apresentou defesa ainda, apesar de citado.

(B) Nesse caso, não é possível desistir do processo após a citação.

(C) A desistência posterior à citação deve ser entendida como renúncia.

(D) No caso em tela, após a citação, o réu necessariamente deve ser ouvido sobre a desistência.

(E) A desistência, nessa situação, não demanda a oitiva do réu porque é ato unilateral.

A alternativa A é a única correta, porque só se exige a concordância do réu para a desistência da ação se já apresentada contestação (art. 267, § 4º do CPC). As demais alternativas, porque incompatíveis com tal regra, estão incorretas.

Gabarito "A"

(Ministério Público/ES – 2010 – CESPE) Em ação que tramita sob o rito comum ordinário, o autor pretende cobrar de dois réus, com o mesmo procurador, o cumprimento das obrigações contratuais que alega existir entre as partes e que determinariam a cada uma destas a realização de serviços atinentes aos seus ofícios de pedreiro e pintor, respectivamente. Com a fase postulatória encerrada, o juiz designou data para a realização de audiência de instrução e julgamento, intimando as partes dessa decisão. Considerando essa situação hipotética, assinale a opção correta.

(A) Caso não arrolem suas testemunhas no prazo correto, as partes terão de trazê-las no dia da audiência, independentemente de intimação.

(B) O prazo para arrolamento das testemunhas é de dez dias contado em dobro para os réus, já que são litisconsortes passivos.

(C) Considerada a espécie de litisconsórcio existente, cada um dos réus pode arrolar até dez testemunhas.

(D) O arrolamento deve-se sujeitar ao prazo mínimo de dez dias, caso o juiz não determine outro, contado da data da intimação da decisão que designou a audiência.

(E) Os réus podem arrolar juntos, no máximo, dez testemunhas, considerando que são litisconsortes passivos.

A: incorreta, porque o prazo para o depósito em cartório do rol de testemunhas é preclusivo, o que significa dizer que se não forem elas arroladas oportunamente, perde a parte o direito de produzir a prova oral; **B:** incorreta, porque o prazo para a apresentação do rol de testemunhas será aquele que o juiz fixar, e, no silêncio, 10 dias, mas no caso em questão não há prazos em dobro, primeiro porque não se trata de ato que dependa de vista dos autos para ser praticado, e, segundo, porque os réus têm advogado comum; **C:** correta, porque houve cúmulo de demandas, e cada litisconsorte tem direito a utilizar o número máximo de testemunhas previsto em lei para a demonstração de suas alegações; **D:** incorreta, porque o prazo para a apresentação do rol de testemunhas é contado da data designada para a audiência; **E:** incorreta, porque se trata de litisconsórcio simples, tendo cada um dos réus direito de arrolar 10 testemunhas.

Gabarito "C"

(Ministério Público/ES – 2010 – CESPE) Considerando que, ao examinar uma inicial, o juiz tenha detectado a ausência de uma das condições da ação e indeferido seu processamento, antes mesmo de levar ao conhecimento do réu a existência do pedido, e que o autor tenha interposto apelação a essa sentença no prazo legal, assinale a opção correta.

(A) Somente após juízo de admissibilidade positivo o juiz prolator da decisão recorrida pode exercer o juízo de retratação.

(B) A interposição do recurso cabível, por si só, já autoriza o juiz prolator da decisão recorrida a proceder ao juízo de retratação.

(C) Admitido o recurso, o relator pode afastar a causa do indeferimento da inicial e julgar o mérito da ação.

(D) A interposição da apelação determina necessariamente a citação do réu para apresentação de contrarrazões.

(E) O prazo de 48 horas que o juiz prolator da decisão recorrida tem para exercer o juízo de retratação é próprio, de modo que ele não pode mais se retratar se esse prazo for ultrapassado.

A: correta, porque se o juiz considerar inadmissível a apelação, não haverá espaço para o juízo de retratação; **B:** incorreta, porque é necessário que o recurso preencha os requisitos de admissibilidade para que surja a possibilidade de retratação; **C:** incorreta, porque a previsão de julgamento *per saltum* (art. 515, § 3º, do CPC) requer que a causa esteja em condições de julgamento (causa madura), e se ainda não houve o implemento do contraditório, não é possível que o tribunal já aprecie o mérito da causa; **D:** incorreta, porque não se exige a citação do réu para responder a apelação contra a sentença de indeferimento da petição inicial; **E:** incorreta, porque se trata de prazo impróprio, ou seja, não preclusivo.

Gabarito "A"

(Ministério Público/GO – 2012) Sobre o procedimento sumário, marque a alternativa incorreta.

(A) Será excluída a sua observância se houver necessidade de prova técnica de maior complexidade, não estando autorizada a conversão em comum ordinário se a complexidade for jurídica.

(B) É vedada a sua adoção quando se pretender discutir, de modo principal, questões relativas ao estado e à capacidade das pessoas.

(C) É lícito ao réu, na contestação, formular pedido em seu favor, desde fundado nos mesmos fatos essenciais referidos na inicial.

(D) Não é cabível, no procedimento comum sumário, intervenção de terceiros, salvo a assistência, a oposição, o recurso de terceiro prejudicado e a intervenção fundada em contrato de seguro.

A: correta (art. 277, § 5º do CPC); **B:** correta (parágrafo único do art. 275 do CPC); **C:** correta (art. 278, § 1º, CPC); **D:** incorreta, porque a oposição não é cabível no procedimento sumário, em qualquer hipótese (art. 280 do CPC).

Gabarito "D"

(Ministério Público/GO – 2010) Na audiência de instrução e julgamento no procedimento ordinário as provas serão produzidas na seguinte ordem:

(A) O perito e os assistentes técnicos responderão aos quesitos de esclarecimentos, serão inquiridas as testemunhas arroladas pelo autor e pelo réu e finalmente o juiz tomará os depoimentos pessoais, primeiro do autor e depois do réu.

(B) Serão inquiridas as testemunhas arroladas pelo autor e pelo réu, o perito e os assistentes técnicos responderão aos quesitos de esclarecimentos e finalmente o juiz tomará os depoimentos pessoais, primeiro do autor e depois do réu.

(C) O juiz tomará os depoimentos pessoais, primeiro do autor e depois do réu, serão inquiridas as testemunhas arroladas pelo autor e pelo réu e finalmente o perito e os assistentes técnicos responderão aos quesitos de esclarecimentos.

(D) O perito e os assistentes técnicos responderão aos quesitos de esclarecimentos, o juiz tomará os depoimentos pessoais, primeiro do autor e depois do réu e finalmente serão inquiridas as testemunhas arroladas pelo autor e pelo réu.

A: incorreta (art. 452 do CPC); **B:** incorreta; **C:** incorreta; **D:** correta (art. 452 do CPC).

Gabarito "D"

(Ministério Público/MA – 2009) Considere a seguinte situação hipotética.

Como se sabe, o demandado (requerido, réu), não apresentando contestação pode ter decretada a sua revelia, reputando-se verdadeiros, de consequência, os fatos afirmados pelo demandante (requerente, autor).

No caso que ora se examina, o demandante Caio, solteiro, com vinte e oito (28) anos de idade e capaz, aforou, em face de Túlio, também solteiro, com trinta e três (33) anos de idade e capaz, ação relativa à propriedade de um bem imóvel, não acostando à respectiva petição inicial o documento comprobatório da propriedade desse sobredito imóvel (a escritura pública).

Túlio, de sua vez, devida e regularmente citado pessoalmente no processo, todavia, não contestou.

O Escrivão, já tendo decorrido por inteiro o prazo para a resposta, exarou nos autos termo de conclusão ao Juiz, a este encaminhando a seguir o processado.

Nessa oportunidade ao examinar o processo , deverá o Juiz:

(A) nomear "curador especial" a Túlio;

(B) impor a Caio, de ofício, a penalidade por litigância de má-fé;

(C) proferir ato tendente a viabilizar a subsequente efetivação da necessária instrução processual, na forma procedimental pertinente;

(D) em face da ocorrência da revelia de Túlio, conhecer diretamente do pedido, proferindo sentença de mérito favorável a Caio;

(E) julgar extinto o processo sem resolução do mérito, por superveniente perecimento de seu objeto.

A: incorreta, porque só se nomeia curador especial ao revel citado com hora certa, por edital, ou ao preso; **B:** incorreta, pois a ausência do documento comprobatório da propriedade não caracteriza, por si só, litigância de má-fé; **C:** correta, porque o juiz, diante da situação descrita, não poderia considerar verdadeiros os fatos narrados na inicial, em razão do que dispõe o art. 320, III, CPC, daí ser interessante que determine que o autor traga aos autos o documento que comprove o seu direito; **D:** incorreta, porque a revelia não gerou presunção de veracidade (art. 320, III, CPC); **E:** incorreta, pois não há qualquer motivo para que se afirme que houve perecimento do objeto da ação.

Gabarito "C"

(Ministério Público/MA – 2009) Examine atentamente as afirmativas que seguem.

I. O procedimento ordinário é supletivo do sumário.

II. O *"Inventário e Partilha"* é procedimento especial de jurisdição voluntária.

III. O procedimento ordinário é comum, enquanto que o sumário é especial.

IV. O procedimento sumário deve ser sempre observado quando a causa possuir valor excedente a sessenta (60) vezes o valor do salário mínimo.

V. A *"Alienação Judicial"* é procedimento especial de jurisdição contenciosa.

(A) As afirmativas "II" e "V" supra são corretas, sendo incorretas todas as demais.

(B) Somente a afirmativa "II" supra é correta, sendo incorretas todas as demais.

(C) As afirmativas "II", "III" e "V" supra são corretas, sendo incorretas as afirmativas "I" e "IV".

(D) Somente a afirmativa "V" supra é correta, sendo incorretas todas as demais.

(E) Somente a afirmativa "I" supra é correta, sendo incorretas todas as demais.

I: correta, uma vez que só se aplica o rito ordinário se não presente uma das hipóteses do rito sumário; **II:** incorreta, porque se trata de procedimento especial de jurisdição contenciosa; **III:** incorreta, porque o procedimento comum é sumário ou ordinário; **IV:** incorreta, porque é o oposto que estabelece o art. 275, I, CPC; **E:** incorreta, porque se trata de procedimento especial de jurisdição voluntária.

Gabarito "E"

(Ministério Público/MG – 2011) De acordo com o Código de Processo Civil, na parte que trata dos meios de prova, marque a alternativa **INCORRETA**.

(A) A confissão espontânea pode ser feita por mandatário com poderes especiais.

(B) Na confissão, quando judicial, espontânea e efetiva, ocorre o reconhecimento do pedido.

(C) Nas ações que versarem sobre bens imóveis ou direitos sobre imóveis alheios, a confissão de um cônjuge não valerá sem a do outro.

(D) A confissão, quando emanada de erro, pode ser revogada por ação anulatória, se pendente o processo em que foi feita.

A: correta (art. 349, parágrafo único, CPC); **B:** incorreta (devendo esta ser assinalada), a confissão não se confunde com o reconhecimento do pedido, uma vez que ela diz respeito aos fatos tão somente, não importando, por si só, no reconhecimento, pelo confitente, de que o seu adversário tem razão naquilo que pede; **C:** correta (art. 350, parágrafo único, CPC); **D:** correta (art. 353 do CPC).

Gabarito "B"

(Ministério Público/MG – 2006) A fim de se constituir elementos úteis do conhecimento dos fatos da causa na busca da garantia fundamental do direito à prova é **CORRETO** que se considere:

(A) ilimitada a utilização de provas atípicas.

(B) o elenco dos meios como exaustivos.

(C) apropriado o sistema de provas legais.

(D) válida a prova pericial particular extrajudicial produzida sem contraditório.

(E) como ônus de cada parte da qual devem se desincumbir satisfatoriamente.

A: incorreta, porque a utilização das chamadas provas atípicas depende da compatibilidade delas com os princípios que informam o sistema processual; **B:** incorreta, porque o art. 332 do CPC prevê exatamente o contrário; **C:** incorreta, porque o que vigora é o sistema da persuasão racional, e não o da prova legal; **D:** incorreta, porque a validade das provas depende da observância dos princípios do devido processo legal, inclusive do contraditório; **E:** correta (por exclusão, diga-se de passagem).

Gabarito "E"

(Ministério Público/MG – 2010 – FUNDEP) Ao tomar conhecimento de que determinado fornecedor pretende fabricar e colocar no mercado de consumo produto com composição considerada nociva à saúde do consumidor, o Ministério Público ingressa com ação judicial contra o tal fornecedor.

Essa ação terá por finalidade a obtenção de tutela

(A) de remoção de ilícito.

(B) inibitória.

(C) de adimplemento da prestação não cumprida.

(D) de ressarcimento na forma específica.

Tutela inibitória é aquela pela qual se busca impedir a prática, a repetição ou a continuação do ato ilícito. Trata-se de tutela que visa prevenir a lesão de um direito que se encontra ameaçado. Logo, é correta a alternativa "B".

Gabarito "B"

(Ministério Público/MG – 2010.2) A respeito da confissão (meio de prova previsto nos artigos 348 e seguintes do CPC), é INCORRETO afirmar

(A) que, quando extrajudicial, ainda que feita por escrito à parte ou a quem a represente, não terá a mesma eficácia probatória da confissão judicial.

(B) que faz prova contra o confitente, não prejudicando, todavia, os litisconsortes.

(C) que, nas ações que versarem sobre bens imóveis ou direitos sobre imóveis alheios, a confissão de um cônjuge não valerá sem a do outro.

(D) que pode ser feita por mandatário com poderes especiais.

A: incorreta (art. 353 do CPC); **B:** correta (art. 350 do CPC); **C:** correta (art. 350, parágrafo único, do CPC); **D:** correta (art. 349, parágrafo único, do CPC).

Gabarito "A"

(Ministério Público/MS – 2009) É correto afirmar que, no rito sumário, são admissíveis:

(A) a oposição, a intervenção fundada em contrato de seguro, a ação declaratória incidental.

(B) a reconvenção, a assistência, o recurso de terceiro prejudicado.

(C) a intervenção fundada em contrato de seguro, a assistência, o recurso de terceiro prejudicado.

(D) a denunciação da lide, o chamamento ao processo, o litisconsórcio facultativo.

(E) a nomeação à autoria, a oposição, a assistência.

A: incorreta, porque não cabe no sumário a ação declaratória incidental (art. 280 do CPC); **B:** incorreta, porque não cabe reconvenção; **C:** correta (art. 280 do CPC); **D:** incorreta; **E:** incorreta.

Gabarito "C"

(Ministério Público/MS – 2009) Assinale a alternativa correta.

(A) A confissão espontânea pode ser realizada por procurador com poderes gerais para o foro.

(B) A confissão pode ser anulada mediante ação rescisória, sendo indispensável a prova da inexistência do fato confessado e tendo a confissão o fundamento determinante da sentença.

(C) Podem os herdeiros do confidente ajuizar ação visando a anulação da confissão.

(D) Em caso de litisconsórcio passivo unitário, a confissão feita por um dos réus apenas a esse atingirá, sendo ineficaz em relação aos demais, se não tiverem assentido.

(E) É possível confessar fatos relativos a direitos indisponíveis.

A: incorreta, porque são exigidos poderes especiais para confessar (art. 349, parágrafo único, CPC); **B:** correta (art. 352, CPC); **C:** incorreta, porque se trata de ação personalíssima (art. 353, parágrafo único do CPC); **D:** incorreta, porque na hipótese de litisconsórcio unitário, a confissão de um dos litisconsortes, sem a participação dos demais, é ineficaz para todos, inclusive para o próprio confitente; **E:** incorreta (art. 351 do CPC).

Gabarito "B"

(Ministério Público/MS – 2006) A respeito da inspeção judicial, é CORRETO afirmar que:

(A) O juiz, somente a requerimento da parte, pode, em qualquer fase do processo, inspecionar pessoas ou coisas, a fim de se esclarecer sobre fato, que interesse a decisão da causa.

(B) Ao realizar a inspeção direta, o juiz poderá ser assistido de um ou mais peritos.

(C) O juiz irá ao local, onde se encontre a coisa, ainda que esta possa ser apresentada em juízo, sem consideráveis despesas ou graves dificuldades.

(D) As partes têm sempre direito a assistir à inspeção, desde que não façam qualquer observação.

Art. 441 do CPC.

Gabarito "B"

(Ministério Público/MS – 2006) Assinale a alternativa CORRETA

(A) A confissão judicial faz prova contra o confitente, prejudicando os litisconsortes.

(B) A parte e o terceiro não se escusam de exibir, em juízo, o documento ou a coisa, se concernente a negócios da própria vida da família.

(C) Quando a lei exigir, como da substância do ato, o instrumento público, nenhuma outra prova, por mais especial que seja, pode suprir-lhe a falta.

(D) O juiz sempre que determinar a realização de nova perícia, considera-se que a segunda substitui a primeira.

A: incorreta (art. 350 do CPC); **B:** incorreta (art. 363, I, do CPC); **C:** correta (art. 366 do CPC); **D:** incorreta (art. 439, parágrafo único, do CPC).

Gabarito "C"

(Ministério Público/PI – 2008) Assinale a alternativa **correta**.

(A) As máximas de experiência confundem-se, no Direito brasileiro, com os notórios judiciais.

(B) O conceito de relevância da prova não se confunde com o problema da valoração da prova.

(C) As regras sobre o ônus da prova são regras de instrução, não desempenhado, no direito brasileiro, função de regras de julgamento.

(D) A jurisprudência brasileira não conhece nenhum caso de aplicação da teoria da carga dinâmica da prova.

(E) A ação de asseguração de provas e a produção antecipada de provas são providências com idêntica natureza, consoante observa a doutrina brasileira dominante.

A: incorreta, porque as máximas da experiência (art. 335 do CPC) confundem-se com a chamada presunção judicial, comum, ordinária, ou presunção "hominis"; **B:** correta, porque a ideia de relevância da prova está ligada à potencialidade que ela tem de influenciar no resultado da causa, e não ao valor que será atribuído pelo juiz a cada uma das provas produzidas; **C:** incorreta, porque as regras do ônus da prova são regras de julgamento e serão utilizadas pelo juiz sempre que o acervo probatório for insuficiente para o possa ele se convencer sobre as versões oferecidas pelas partes; **D:** incorreta, porque no caso das lides de consumo, a inversão do ônus da prova é expressão da teoria da carga dinâmica da prova (ou do ônus da prova); **E:** incorreta, porque "é tradicional a crítica da doutrina pátria ao nome dado pelo legislador a esse processo cautelar [produção antecipada de provas], considerando-se que a prova não chega a ser produzida antecipadamente, somente assegurando-se que essa produção seja realizada futuramente no momento oportuno. Tratar-se-ia, portanto, de processo de asseguração da prova, e não de produção antecipada da prova" (Daniel Amorim Assumpção Neves, "Manual de Direito Processual Civil", Ed. Método, 2ª ed., p. 1185).

Gabarito "B"

(Ministério Público/PR – 2011) Acerca da propositura da demanda e da petição inicial no processo civil, assinale a alternativa correta:

(A) É defeso ao autor formular pedidos incompatíveis entre si;

(B) Integram a causa de pedir a qualificação jurídica dada pelo autor ao fato em que se apoia sua pretensão e a norma jurídica aplicável à espécie;

(C) É defeso ao juiz corrigir de ofício o valor atribuído pelo autor à causa;

(D) Contra o despacho liminar negativo (indeferimento total da inicial), cabe recurso de apelação com a possibilidade de juízo de retratação.

(E) É nula a sentença que condenar o réu ao pagamento de juros, correção monetária e honorários advocatícios de sucumbência, sem que tais pedidos constem expressamente da petição inicial.

A: incorreta, porque é possível que o autor formule pedidos alternativos (art. 288 do CPC) ou subsidiários (art. 289 do CPC), mesmo que sejam eles incompatíveis entre si; **B:** incorreta, porque a norma jurídica aplicável à espécie não faz parte da causa de pedir; **C:** incorreta, porque o juiz pode corrigir de ofício o valor da causa; **D:** correta (art. 296 do CPC); **E:** incorreta, porque se trata de pedidos implícitos.

Gabarito "D"

(Ministério Público/PR – 2011) Acerca das exceções no processo civil, analise as assertivas abaixo e assinale a alternativa correta:

I. a alegação de prescrição é exemplo de exceção substancial indireta;

II. a alegação de pagamento é exemplo de exceção substancial indireta;

III. a alegação de compensação é exemplo de exceção substancial indireta;

IV. a alegação de coisa julgada é exemplo de exceção substancial direta;

V. a alegação de exceção de contrato não cumprido é exemplo de exceção substancial direta.

(A) apenas as assertivas I, II e III estão corretas;

(B) apenas as assertivas III, IV e V estão corretas;

(C) apenas as assertivas I, III e V estão corretas;

(D) apenas as assertivas I, II, IV estão corretas;

(E) todas as alternativas estão corretas.

I, II e III: corretas, pois são exemplos de exceção substancial indireta (fato impeditivo do direito do autor); **IV:** incorreta, porque coisa julgada é objeção processual (e não exceção substancial); **V:** incorreta, porque se trata de exceção substancial indireta (fato impeditivo do direito do autor).

Gabarito "A"

(Ministério Público/PR – 2011) Acerca da prova no processo civil, assinale a alternativa correta:

(A) as presunções absolutas de veracidade têm como efeito prático a inversão do ônus da prova;

(B) nas demandas que versem sobre relação de consumo, o juiz, sempre a requerimento da parte, poderá inverter o ônus da prova em favor do consumidor;

(C) a existência de prova documental comprobatória da veracidade de uma determinada alegação de fato torna desnecessária a produção de prova pericial com o mesmo propósito;

(D) nos processos em que funciona como fiscal da lei, a iniciativa probatória do Ministério Público é subsidiária à das partes;

(E) o juiz apreciará livremente a prova obtida por meios ilícitos.

A: incorreta. A afirmação seria correta se dissesse respeito às presunções relativas, que são aquelas que admitem prova em contrário pelo litigante prejudicado pelas mesmas; **B:** incorreta, porque a inversão do ônus em favor do consumidor poderá se dar por ato de ofício do juiz (art. 6º, VIII, do CDC); **C:** correta (art. 420, parágrafo único, II, CPC); **D:** incorreta, porque a iniciativa probatória do Ministério Público é autônoma; **E:** incorreta, porque é proibida pela Constituição a utilização de provas obtidas por meios ilícitos (art. 5º, LVI, CF).

Gabarito "C"

(Ministério Público/RJ – 2011) Em matéria probatória, é correto afirmar que:

(A) "prova diabólica" é a alegação ardilosa da parte que, valendo-se das regras de distribuição do ônus da prova, dificulta a atividade instrutória do adversário, desqualificando as provas por ela produzidas;

(B) a distribuição do ônus da prova pode ser invertida pelo juiz, pelo legislador ou pelas partes, neste último caso devendo haver anuência do Ministério Público, em caso de direitos indisponíveis, para a validade da convenção;

(C) a decisão saneadora enseja a denominada estabilização instrutória do processo, não podendo haver inclusões de novos meios de provas, salvo se fatos supervenientes justificarem autorização judicial para essa finalidade;

(D) a confissão gera o reconhecimento jurídico do pedido, sendo defeso ao confitente negar as consequências jurídicas que a outra parte pretende retirar do fato confessado;

(E) é possível a utilização, em uma mesma causa, de prova produzida por juiz incompetente, preservando-se a validade dos atos instrutórios já praticados, permanecendo a eficácia dessa prova emprestada na razão inversa da possibilidade de sua reprodução.

A: incorreta, porque a prova diabólica é aquele cuja produção é impossível pela parte a quem caberia a prova, como, por exemplo, a prova de fatos incertos ou indeterminados; **B:** incorreta, porque a inversão convencional do ônus da prova não é admitida quando o direito objeto do processo for indisponível, ainda que houvesse concordância do MP (art. 333, parágrafo único, I, CPC); **C:** incorreta, porque não há preclusão quanto à instrução; **D:** incorreta, porque a confissão recai apenas e tão somente sobre os fatos afirmados pelo adversário do confitente, sendo perfeitamente possível que ele, apesar de confessar os fatos, recuse as consequências jurídicas que a outra parte pretende retirar do fato confessado; **E:** correta.

Gabarito "E"

(Ministério Público/RR – 2012 – CESPE) No tocante às audiências previstas no CPC, assinale a opção correta.

(A) A produção de provas na audiência de instrução e julgamento segue a seguinte ordem: depoimento pessoal do autor; inquirição das testemunhas; esclarecimentos dos peritos, dos assistentes técnicos; e depoimento pessoal do réu.

(B) No CPC, é expressamente prevista a possibilidade de o juiz, finda a fase de instrução e oferecidas as razões finais, em vez de sentenciar, converter o julgamento em diligência probatória.

(C) No procedimento comum ordinário, a designação da data e da hora da audiência de instrução e julgamento é ato pessoal do juiz.

(D) A audiência de instrução e julgamento é ato processual essencial.

(E) A conciliação em juízo, por não constituir ato postulatório, exige a participação de advogado.

A: incorreta (art. 452 do CPC); **B:** incorreta, porque não há previsão expressa nesse sentido, embora seja possível que o juiz assim aja; **C:** correta; **D:** incorreta, porque se não for necessária a produção de provas orais, ficará dispensada a realização de audiência de instrução; **E:** incorreta, porque não se exige a participação de advogado exatamente porque não se trata de ato postulatório.

Gabarito "C"

(Ministério Público/SC – 2008) Analise as seguintes assertivas:

I. Quando o réu, citado de forma fictícia, não comparecer ao processo para se defender, o juiz lhe dará curador especial, o qual poderá, por negativa geral, impugnar os fatos narrados na petição inicial.

II. Entre juízes com a mesma competência territorial, mesma comarca ou mesma circunscrição judiciária, a prevenção do juízo não se efetiva com a primeira citação válida, mas sim com base na data do primeiro despacho.

III. Nas ações possessórias e nas que versem sobre direitos reais imobiliários a citação de ambos os cônjuges é indispensável.

IV. A intimação do Ministério Público poderá ser efetuada diretamente em cartório, por carta registrada com aviso de recebimento ou de forma eletrônica, conforme regulado em lei própria.

V. A citação ordenada por juiz absolutamente incompetente é nula, não produzindo efeitos.

(A) apenas II e III estão corretos.

(B) apenas I e II estão corretos.

(C) apenas II, IV e V estão corretos.

(D) apenas III e V estão corretos.

(E) apenas I e V estão corretos.

I: correta (arts. 9º e 302, parágrafo único, do CPC); **II:** correta (art. 106 do CPC); **III:** incorreta, porque nas possessórias só haverá litisconsórcio obrigatório entre os cônjuges quando se tratar de composse, ou de atos praticados por ambos (art. 10, § 2º, do CPC); **IV:** incorreta, porque o MP deve ser intimado pessoalmente; **V:** incorreta, porque, nos termos do art. 219 do CPC, pode ela constituir o devedor em mora e interromper a prescrição, ainda que determinada por juízo absolutamente incompetente.

Gabarito "B"

(Ministério Público/SC – 2010)

I. Quando a obrigação consistir em prestações periódicas, considerar-se-ão elas incluídas no pedido, independentemente de declaração expressa do autor.

II. Sempre que na sentença de primeiro grau se reconhecer a paternidade, nela se fixarão os alimentos provisionais ou definitivos do reconhecido que deles necessite.

III. Se, após a propositura da ação, algum fato constitutivo, modificativo ou extintivo do direito influir no julgamento da lide, é vedado ao juiz tomá-lo em consideração no momento de proferir a sentença.

IV. Nos termos do Código de Processo Civil, a revelia não induz a verossimilhança das afirmações do autor, no caso de haverem diversos réus e qualquer um deles contestar a ação.

V. Seguem o procedimento sumário as causas que versem sobre revogação de doação, independente do valor atribuído a causa.

(A) Apenas as assertivas I, II, IV e V estão corretas.

(B) Apenas as assertivas II, III e IV estão corretas.

(C) Apenas as assertivas I, IV e V estão corretas.

(D) Apenas as assertivas II e III estão corretas.

(E) Todas as assertivas estão corretas.

I: correta (art. 290 do CPC); **II:** correta (art. 7º da Lei 8.560/1992); **III:** incorreta (art. 462 do CPC); **IV:** correta (art. 320, I, CPC); **V:** correta (art. 275, II, "g", CPC).

Gabarito "A"

(Ministério Público/SE – 2010 – CESPE) À luz da jurisprudência do STJ, assinale a opção correta quanto ao procedimento de emenda da petição inicial.

(A) Só é possível a emenda da petição inicial, por determinação do juiz, antes da citação do réu.

(B) A emenda da petição inicial por determinação do juiz é vedada, por afrontar o princípio constitucional da inércia, da demanda ou da ação.

(C) Contestada a ação, a petição inicial já não pode ser emendada, quer por iniciativa da parte, quer por determinação do juiz.

(D) É possível a emenda da petição inicial enquanto não forem realizadas todas as citações, desde que com o consentimento dos litisconsortes já citados.

(E) A emenda à petição inicial pode ser determinada pelo juiz mesmo após a contestação e ainda que acarrete alteração no pedido ou na causa de pedir.

A: incorreta, porque é admitida a emenda da inicial até mesmo depois de apresentada a contestação (STJ, REsp 239.561; REsp 101.013, dentre outros); **B:** incorreta (art. 284 do CPC); **C:** a alternativa está incorreta, de acordo com os julgados apontados. Porém, foi considerada como sendo correta, uma vez que existem julgados nos quais foi adotado entendimento divergente, como por exemplo, STJ, REsp. 674.215. A questão, portanto, não foi bem formulada, porque trata de assunto controvertido; **D:** incorreta, uma vez que não se exige o consentimento dos litisconsortes já citados, porque sequer iniciado o prazo para as respostas (art. 241, III, CPC); **E:** incorreta, porque no caso de alteração do pedido ou da causa de pedir, é exigida a concordância do réu.

Gabarito "C"

(Ministério Público/SE – 2010 – CESPE) Com relação aos atos processuais, ao processo, aos procedimentos de cognição e à fase probatória, assinale a opção correta.

(A) O fato negativo não pode ser objeto de prova.

(B) A prova pericial trasladada para os autos de outro processo pela parte interessada, como prova emprestada, não pode ser admitida pelo juiz.

(C) Ao juiz é defeso, em qualquer hipótese, com base no art. 399 do CPC, requisitar informações sujeitas a sigilo bancário ou fiscal, como quanto ao endereço para localização do devedor ou quanto às contas bancárias e aos bens penhoráveis que lhe pertencem e que podem submeter-se à execução.

(D) A existência, em um contrato, de cláusula que preveja a cobrança de juros sobre juros, ou anatocismo, é matéria de direito e, como tal, não pode ser objeto de prova.

(E) O prazo de cinco dias previsto no art. 421, § 1º, do CPC, para que as partes indiquem assistente técnico e formulem quesitos, não é preclusivo, podendo estas fazê-lo até o momento do início da realização da perícia.

A: incorreta, porque o que não se admite é prova sobre fato incerto, indeterminado; fato negativo pode ser provado através da demonstração de um fato positivo que, por lógica, exclua a possibilidade de ocorrência do fato negado; **B:** incorreta, porque a prova emprestada, se observado o contraditório quando de sua produção, ao menos em relação à parte contra quem se pretende utilizar a prova, pode ser admitida, ainda que se trate de perícia; **C:** incorreta, porque sobre esse assunto deve ser aplicado o princípio da proporcionalidade, o que permite que, em certos casos, sejam solicitadas tais informações; **D:** incorreta, porque a previsão de tal disposição no contrato deve ser provada, ainda que a prova em questão seja a documental; **E:** correta (STJ, AI 381.069-AgRg).

Gabarito "E"

(Ministério Público/SP – 2011) O poder instrutório do Juiz no processo civil

(A) depende de requerimento e iniciativa da parte exclusivamente.

(B) é restrito à prova de fatos afirmados por uma parte e confessados pela parte contrária.

(C) é limitado à prova de fatos a cujo favor milita presunção legal de existência e de veracidade.

(D) está adstrito à prova de fatos admitidos, no processo, como incontroversos.

(E) é amplo, cabendo-lhe determinar de ofício as provas necessárias à instrução do processo.

A: incorreta (art. 130 do CPC); **B:** incorreta, porque tais fatos não dependem de prova (art. 334, II, do CPC); **C:** incorreta, porque tais fatos não dependem de prova (art. 334, IV, do CPC); **D:** incorreta (art. 334, III, do CPC); **E:** correta (art. 130 do CPC).

Gabarito "E"

(Ministério Público/SP – 2012 – VUNESP) É correto afirmar:

(A) O pedido será alternativo quando o juiz não podendo acolher o pedido principal possa conhecer do posterior.

(B) É lícito formular pedido genérico na ação civil pública que tenha por objeto indenização por danos ambientais.

(C) Não cabe ação cominatória para compelir-se o réu a cumprir obrigação de dar.

(D) Não é permitida a cumulação de vários pedidos, num único processo, contra o mesmo réu se o tipo de procedimento não for adequado para todos eles.

(E) É lícito formular pedido genérico quando, pela natureza da obrigação, o devedor puder cumprir a prestação de mais de um modo.

A: incorreta, porque esse é o conceito de pedido sucessivo, subsidiário, ou "em ordem sucessiva" (art. 289 do CPC); **B:** correta, porque a extensão dos danos pode ficar relegada para a fase de liquidação; **C:** incorreta (art. 461-A do CPC); **D:** incorreta (art. 292 do CPC); **E:** incorreta, porque essa é a hipótese de pedido alternativo (art. 288 do CPC).

Gabarito "B"

(Ministério Público/SP – 2012 – VUNESP) É INCORRETO afirmar:

(A) A prova pericial consiste em exame, vistoria ou avaliação.

(B) Quando a natureza do fato o permitir, a perícia poderá consistir apenas na inquirição pelo juiz do perito e dos assistentes.

(C) O perito e os assistentes técnicos estão sujeitos a impedimento e suspeição.

(D) O perito e os assistentes técnicos podem, para o desempenho de sua função, ouvir testemunhas e solicitar documentos em poder das partes.

(E) Os peritos serão escolhidos entre profissionais de nível universitário devidamente inscritos no órgão de classe competente que deverão comprovar sua especialidade na matéria.

A: correta (art. 420 do CPC); **B:** correta (art. 421, § 2º do CPC); **C:** incorreta (devendo esta ser assinalada), porque os assistentes técnicos não estão sujeitos a impedimento e suspeição (parte final do art. 422 do CPC); **D:** correta (art. 429 do CPC); **E:** correta (art. 145 do CPC).

Gabarito "C"

(Ministério Público/SP – 2011) Não constando do mandado de citação a advertência de presunção de aceitação pelo réu de veracidade dos fatos articulados pelo autor, se não contestada a ação, versando a lide sobre direitos disponíveis,

(A) o réu não está obrigado, em sua resposta, a contestar especificadamente os fatos narrados na petição inicial.

(B) desatendido pelo réu o ônus da impugnação especificada dos fatos, não ocorrerá o efeito da revelia.

(C) a falta de impugnação precisa sobre os fatos afirmados na petição inicial induz à revelia e a seus efeitos.

(D) decretada a revelia, por falta de contestação precisa dos fatos narrados na petição inicial, o Juiz julgará antecipadamente a lide, conhecendo diretamente do pedido.

(E) reconhecida a revelia, pela confissão ficta, o autor poderá alterar o pedido ou a causa de pedir sem promover nova citação do réu.

A: incorreta, porque o ônus da impugnação especificada, previsto no art. 302 do CPC, não depende de advertência constante do ato citatório; **B:** correta, porque a falta de impugnação precisa não caracteriza a revelia, uma vez que esta é a falta de contestação; **C:** incorreta, porque o réu não pode sofrer os efeitos da revelia, se não deles previamente advertido; **D:** incorreta (reler o comentário sobre a assertiva B); **E:** incorreta, porque ainda que houvesse revelia, o autor deveria promover nova citação para alterar o pedido ou a causa de pedir (art. 321 do CPC).

Gabarito "B"

(Ministério Público/SP – 2010) Assinale a alternativa correta:

(A) O juiz deve indeferir o pedido de produção de prova testemunhal quando já houver prova documental apta a provar a veracidade da alegação de fato feita pela parte.

(B) Não é lícito à parte inocente provar com testemunhas, nos contratos em geral, os vícios de consentimento.

(C) As declarações constantes em documento particular geram presunção absoluta de veracidade em relação aos signatários.

(D) Dependem de prova os fatos em cujo favor milita presunção legal absoluta de existência ou de veracidade.

(E) Nenhuma delas é verdadeira.

A: correta, nos termos do art. 400, I, do CPC; **B:** incorreta (art. 404, II, CPC); **C:** incorreta, porque a presunção é relativa; **D:** incorreta (art. 334, IV, CPC); **E:** incorreta, pois a alternativa A é correta.

Gabarito "A"

(Ministério Público/SP – 2010) Assinale a alternativa correta. João teve negada ação de usucapião por não demonstrado o tempo necessário para a aquisição dominial:

(A) O caso é de carência de ação, não podendo reiterar o pedido.

(B) O caso é de improcedência da ação, o que opera coisa julgada impedindo reproposição da ação.

(C) O caso é de improcedência da ação, que poderá ser reproposta se completado ulteriormente o decurso do tempo.

(D) O caso é de improcedência da ação, podendo ser ajuizada ação rescisória caso, no período de dois anos, se complete o período de tempo aquisitivo.

(E) O caso é de carência da ação, cabendo ação rescisória, caso se complete o período de tempo aquisitivo.

A: incorreta, porque se trata de matéria de mérito e não de falta de uma das condições da ação; além disso, a carência não impede a reiteração do pedido; **B:** incorreta, porque embora seja caso de improcedência, não fica inibida a repropositura da ação, desde que com base em fatos novos, ou seja, quando se alegar – e provar – que o prazo foi cumprido; **C:** correta (reler o comentário sobre a assertiva anterior); **D:** incorreta, porque não será exigida a rescisória quando implementado o prazo; **E:** incorreta, porque se fosse o caso de carência – não é, como dito – não seria cabível a rescisória, porque a sentença não teria sido de mérito.

Gabarito "C"

(Ministério Público/SP – 2010) Assinale a alternativa incorreta:

(A) A petição inicial deve indicar o juiz ou tribunal a que é dirigida.

(B) A petição inicial deve indicar o fato e os fundamentos jurídicos do pedido.

(C) Nas ações declaratórias, deve constar na petição inicial o respectivo pedido de condenação.

(D) Na petição inicial, é indispensável o requerimento de citação do réu.

(E) A petição inicial poderá conter pedidos alternativos.

A: correta (art. 282, I, do CPC); **B:** correta (art. 282, III, do CPC); **C:** incorreta; **D:** correta (art. 282, VII, do CPC); **E:** correta (art. 288 do CPC).

Gabarito "C"

9. SENTENÇA. LIQUIDAÇÃO. CUMPRIMENTO DE SENTENÇA. COISA JULGADA

(Ministério Público/MG – 2014) Sobre o cumprimento de sentença, é correto afirmar, **EXCETO**:

(A) Caso o devedor, condenado ao pagamento de quantia certa ou já fixada em liquidação, não o efetue no prazo de quinze dias, o montante da condenação será acrescido de multa no percentual de dez por cento e, a requerimento do credor e observado o disposto no art. 614, inciso II do CPC, expedir-se-á mandado de penhora e avaliação.

(B) A impugnação não terá efeito suspensivo, podendo o juiz atribuir-lhe tal efeito desde que relevantes seus fundamentos e o prosseguimento da execução seja manifestamente suscetível de causar ao executado grave dano de difícil ou incerta reparação.

(C) Quando o executado alegar que o exequente, em excesso de execução, pleiteia quantia superior à resultante da sentença, deverá o juiz declarar de imediato o valor que entende correto, ou declarar à rejeição liminar dessa impugnação.

(D) É inexigível o título judicial fundado em interpretação de ato normativo considerado pelo Supremo Tribunal Federal incompatível com a Carta Magna.

A: assertiva correta, conforme artigo 475-J, CPC; **B:** assertiva correta, conforme artigo 475-M, CPC; **C:** assertiva incorreta, devendo ser assinalada. Quem deve atribuir esse valor é o executado, conforme artigo 475-L, § 2,° CPC; **D:** assertiva correta conforme, artigo 475-L, § 1°, CPC.

Gabarito "C"

(Ministério Público/RO – 2013 – CESPE) A respeito da coisa julgada, assinale a opção correta.

(A) A coisa julgada material atinge as sentenças de mérito proferidas em cognição sumária.

(B) Os substituídos processuais são titulares do direito e, portanto, sofrem os efeitos da coisa julgada, salvo quando não tenham tido oportunidade de participar da demanda na qual seu direito material houver sido decidido.

(C) Segundo o entendimento do STJ, ofende a coisa julgada a liquidação da sentença realizada de forma diferente da prevista no título judicial.

(D) Segundo a doutrina majoritária, que adota o entendimento de Liebman, a coisa julgada é uma qualidade da sentença, qualidade essa que torna seus efeitos imutáveis e indiscutíveis.

(E) A coisa julgada formal impede a modificação da decisão por qualquer meio dentro e fora do processo em que tenha sido proferida.

A: incorreta. As decisões dadas em cognição sumária não adquirem contornos de definitividade conforme sedimentado na doutrina e jurisprudência; **B:** incorreta. Os limites subjetivos da coisa julgada (art. 472 do CPC) alcançam o substituído pelo efeito ultra partes da *res iudicata*. Nesse caso, majoritária doutrina defende o alcance da imutabilidade, mesmo que não tenha participado do processo; **C:** incorreta. Constitui matéria de ordem pública (Súmula nº 344 do STJ); **D:** correta. Para Liebman, não se pode confundir eficácia com autoridade da decisão. Os efeitos podem surgir antes mesmo da imutabilidade (execução provisória, *v.g.*). Dessa forma, a coisa julgada não pode ser um efeito, mas uma qualidade deste efeito, que se agrega num dado momento do processo, tornando esses efeitos imutáveis e indiscutíveis; **E:** incorreta, pois este é um fenômeno que se aplica à coisa julgada material (eficácia panprocessual).

Gabarito "D"

(Ministério Público/RO – 2013 – CESPE) Assinale a opção correta em relação à liquidação e ao cumprimento de sentença.

(A) Segundo o CPC, as regras do processo de execução por título extrajudicial não podem ser aplicadas ao cumprimento de sentença.

(B) O STJ admite a inclusão de juros remuneratórios e moratórios capitalizados nos cálculos de liquidação, se tal previsão não constar do título executivo.

(C) Em se tratando de procedimento sumário, o juiz pode proferir sentença ilíquida.

(D) As partes podem convencionar no sentido de que a liquidação seja feita por arbitramento.

(E) A garantia do juízo não é pressuposto para o processamento da impugnação ao cumprimento de sentença.

A: incorreta, conforme o art. 475-R do CPC. Há de se ver, contudo, sua compatibilidade. A aplicação não pode ser automática; **B:** incorreta. O STJ já firmou o seguinte posicionamento em sentido contrário: "A inclusão de juros *remuneratórios* e moratórios *capitalizados* nos cálculos de liquidação, *sem que tenha havido tal previsão no título executivo*, implica violação da coisa julgada, e não mero erro de cálculo" (STJ, EInf nos EDcl na AR 3.150/MG, 2ª S., j. 29.02.2012, rel. Min. Massami Uyeda, *DJe* 09.03.2012, informativo STJ nº 492; **C:** incorreta (mas deveria ser parcialmente correta). É vedada a sentença ilíquida no procedimento sumário em apenas duas situações: nas hipóteses dos arts. 275, II, "d" e "e", do CPC (art. 475-A, § 3º, do CPC); **D:** correta, conforme art. 475-C, I, do CPC; **E:** incorreta. Para a apresentação de impugnação é necessária a garantia do juízo, conforme determina o art. 475-J, § 1º, do CPC.

Gabarito "D"

(Ministério Público/AC – 2008) Assinale a alternativa correta.

(A) Eficácia anexa da decisão é aquela que atinge uma relação jurídica conexa àquela deduzida em juízo de modo principal.

(B) Aquele que se encontra suscetível à eficácia direta da sentença legitima-se à participação no processo na qualidade de assistente simples.

(C) A hipoteca judiciária é exemplo de eficácia anexa da sentença.

(D) A eficácia reflexa da sentença atinge tão somente as partes no processo.

A: incorreta, porque se dizem "anexos, ou secundários, os efeitos que decorrem de previsão legal, isto é, não são consequência do conteúdo da decisão, mas uma específica determinação da lei" (Fredie Didier, e outros, "Curso de Direito Processual Civil" vol. 2, ed. Podivm, 2007, p. 295), como, por exemplo, a hipoteca judiciária prevista no art. 466 do CPC; **B:** incorreta, porque a assistência depende de demonstração de interesse jurídico por parte do terceiro que pretende ingressar no processo nessa qualidade. Para tanto, não basta a simples alegação de que a eficácia direta da sentença possa atingi-lo; **C:** correta (art. 466 do CPC); **D:** incorreta, porque a eficácia reflexa da sentença pode atingir terceiros.

Gabarito "C"

(Ministério Público/BA – 2010) Examine cada uma das definições acerca das teorias da coisa julgada, postas abaixo, estabelecendo, em seguida, a respectiva correspondência, para concluir qual das alternativas está correta.

1. Teoria de Liebman ( )

2. Teoria da Extinção da Obrigação Jurisdicional ( )

3. Teoria da Eficácia da Declaração ( )

4. Teoria de Canelutti ( )

5. Teoria da Força Legal ou Substancial ( )

I. Segundo esta teoria, tendo em vista que toda sentença possui um conteúdo declaratório, apenas sobre este incide a autoridade da coisa julgada.

II. Por esta teoria, a autoridade da coisa julgada está no fato de provir do Estado. A sentença contém imperatividade, por constituir um ato estatal.

III. Por meio desta teoria, a coisa julgada criaria um direito novo. Portanto, seria sempre constitutiva de direito.

IV. Esta teoria vê na coisa julgada uma qualidade especial da sentença a reforçar a sua eficácia, consistente na imutabilidade da sentença como ato processual, e na imutabilidade dos seus efeitos.

V. Conforme esta teoria, que teve Rocco como expositor, o conceito de sentença e, pois, de coisa julgada, prende-se, necessariamente, aos conceitos de ação e jurisdição.

(A) I-2; II-1; III-4; IV-5; V-3.

(B) I-3; II-4; III-5, IV-1; V-2.

(C) I-3; II-2; III-5; IV-1; V-4.

(D) I-2; II-5; III-3; IV-1; V-4.

(E) I-4; II-3, III-5, IV-1; V-2

A, B, C, D e **E:** I-3; II-4; III-5; IV-1; V-2.

Gabarito "B"

(Ministério Público/BA – 2008) De acordo com as recentes alterações operadas no Código de Processo Civil, o conceito de sentença sofreu substancial alteração. A partir da vigência da Lei 11232/2005, a sentença passou a ser o ato do juiz "que implica alguma das situações previstas nos art. 267 e 269 do CPC". Numa simples análise terminológica, o que se destaca é que o conceito de sentença desvinculou-se do ato judicial que, necessariamente, põe termo ao processo. Em torno do assunto:

I. A inobservância ao princípio da congruência pode ensejar sentença *extra petita, ultra petita* ou sentença *citra petita*.

II. De acordo com o STJ, formulado pedido certo e determinado, o MP tem interesse recursal em arguir o vício da sentença ilíquida.

III. Mesmo após a propositura da ação, pode o juiz, de ofício ou a requerimento da parte, quando for julgar o pedido, levar em consideração fato constitutivo, modificativo ou extintivo do direito que influir no julgamento da lide.

IV. Em sede de sentença cível, não se cogita de juízo de retratação.

V. A sentença que condenar o réu no pagamento de uma prestação, consistente em dinheiro ou em coisa, valerá como título constitutivo de hipoteca judiciária, cuja inscrição será ordenada pelo juiz na forma prescrita na Lei de Registros Públicos.

Estão corretas as assertivas:

(A) I, II e III.

(B) I, II e IV.

(C) II, III e IV.

(D) I, III e V.

(E) I, II, III e V.

I: correta; **II:** incorreta (Súmula n. 318 do STJ: "formulado pedido certo e determinado, somente o autor tem interesse recursal em arguir o vício da sentença ilíquida"); **III:** correta (art. 462 do CPC); **IV:** incorreta, porque há três casos em que a apelação vem acompanhada do juízo de retratação (arts. 285-A e 296 do CPC, e art. 198, inciso VII do ECA); **V:** correta (art. 466 do CPC).

Gabarito "D"

(Ministério Público/BA – 2008) A coisa julgada traduz, em essência, a impossibilidade de discussão acerca do âmago de determinados provimentos judiciais, incidindo sobre a norma jurídica individualizada no dispositivo do comando decisório definitivo. Entretanto, existem situações previstas pela legislação que se afastam do tema em apreço. Dentre as alternativas abaixo, identifique a situação em que o instituto em comento se coaduna com o ordenamento jurídico processual brasileiro.

(A) O ordenamento jurídico comporta apenas ação rescisória como meio idôneo a mitigar a imutabilidade decorrente da coisa julgada.

(B) A apreciação da questão prejudicial, decidida incidentalmente no processo, não faz coisa julgada, ainda que ajuizada ação declaratória incidental.

(C) A eficácia preclusiva da coisa julgada abrange fato superveniente.

(D) A verdade dos fatos, estabelecida como fundamento da sentença, não é contemplada pela coisa julgada.

(E) Os motivos, se determinantes para o alcance da parte dispositiva, fazem coisa julgada.

A: incorreta, porque além da ação rescisória, também é possível que seja utilizada a impugnação ao cumprimento da sentença, bem como os embargos à execução promovida contra a Fazenda Pública, como instrumentos para questionar a imutabilidade da coisa julgada; **B:** incorreta (art. 470 do CPC); **C:** incorreta, porque a eficácia preclusiva da coisa julgada atinge apenas fatos que ocorreram antes de prolatada a sentença, e que poderiam ter sido, mas não foram alegados pelas partes (art. 474 do CPC); **D:** correta (art. 469 do CPC); **E:** incorreta (art. 469 do CPC).

Gabarito "D"

(Ministério Público/CE – 2011 – FCC) Em relação à sentença, o juiz

(A) proferirá sua decisão de forma concisa, se estiver extinguindo o processo com julgamento de mérito.

(B) sempre poderá proferi-la de modo ilíquido.

(C) poderá proferi-la em quantidade superior, mas não em natureza diversa da pedida.

(D) proferirá a jurisdição correspondente acolhendo ou rejeitando, total ou parcialmente, o pedido formulado pelo autor.

(E) pode deixar de fundamentá-la se proferida de modo conciso.

A: incorreta, porque cabe ao juiz decidir de forma concisa quando extinguir o processo sem resolução do mérito (art. 459, parte final); **B:** incorreta, porque "quando o autor tiver formulado pedido certo, é vedado ao juiz proferir sentença ilíquida" (art. 459, parágrafo único); **C:** incorreta (art. 460); **D:** correta (art. 459, primeira parte); **E:** incorreta, porque mesmo quando autorizado a sentenciar de modo conciso, cabe ao juiz indicar os motivos da decisão (art.165 do CPC).

Gabarito "D"

(Ministério Público/CE – 2009 – FCC) É defesa a sentença ilíquida nos processos sob procedimento comum sumário, cumprindo ao juiz, se for o caso, fixar de plano, a seu prudente critério, o valor devido, nas causas de

(A) ressarcimento por danos em prédio urbano.

(B) cobrança de seguro, relativamente aos danos causados em acidente de veículo.

(C) cobrança ao condômino de quaisquer quantias devidas ao condomínio.

(D) cobrança de honorários de profissionais liberais.

(E) ressarcimento por danos em prédio rústico.

Art. 475-A, § 3º, CPC.

Gabarito "B"

(Ministério Público/GO – 2012) Sobre o Capítulo do cumprimento da sentença previsto no CPC, é correto afirmar:

(A) caso o devedor condenado ao pagamento de quantia certa não o efetue no prazo de 10 dias, o montante da condenação será acrescido de multa de 15%;

(B) a competência para a execução forçada é fixada em razão do critério funcional, sendo em regra, absoluta, motivo pelo qual o cumprimento da sentença efetuar-se-á perante o juízo que processou a causa no primeiro grau de jurisdição, sem exceção;

(C) por processo sincrético entende-se que não são mais necessários dois processos distintos e autônomos (um de conhecimento e outro de execução) para a prestação de uma única tutela do direito à parte, pois, dentro do mesmo processo o órgão jurisdicional reconhece o direito da parte e envida esforços para o cumprimento da decisão;

(D) não sendo requerida a execução no prazo de 03 meses, o juiz mandará arquivar os autos, sem prejuízo de seu desarquivamento a pedido da parte enquanto não operada a prescrição.

A: incorreta, porque a multa é de 10% (art. 475-J); **B:** incorreta, porque o art. 475-P, parágrafo único, prevê que o exequente poderá optar pelo juízo onde se encontram bens sujeitos à expropriação ou pelo atual domicílio do executado; **C:** correta; **D:** incorreta, porque o prazo previsto em lei para o arquivamento é de 06 (seis) meses (art. 475-J, § 5º).

Gabarito "C"

(Ministério Público/GO – 2012) Sobre a sentença é incorreto afirmar:

(A) são requisitos essenciais da sentença: o relatório, a fundamentação e o dispositivo;

(B) sendo a fundamentação da sentença obrigação prevista no artigo 93, IX da Constituição Federal, deve o juiz ao proferir sentença responder a todos os argumentos das partes;

(C) o STF admite a motivação *per relationem* que se caracteriza pela remissão que o ato judicial expressamente faz a outras manifestações ou peças processuais existentes nos autos, mesmo que produzidas pelas partes ou pelo Ministério Público;

(D) o dispositivo da sentença é a parte em que o juiz afirma se acolhe ou rejeita o pedido do autor, sendo a única parte que logra autoridade de coisa julgada.

A: correta (art. 458); **B:** incorreta, porque "o juiz não está obrigado a responder todas as alegações das partes, quando já tenha encontrado motivo suficiente para fundar a decisão, nem se obriga a ater-se aos fundamentos indicados por elas e tampouco a responder um a um todos os seus argumentos" (JTJ 259/14); **C:** correta (STF, 1ª T., HC 86533/SP, rel. Min. Eros Grau); **D:** correta (arts. 458, III, e 469, ambos do CPC).

Gabarito "B"

(Ministério Público/GO – 2012) Quanto ao instituto da coisa julgada é incorreto afirmar:

(A) não se confunde eficácia da sentença, isto é, aptidão para produção de efeitos, com a autoridade da sentença, ou seja, sua indiscutibilidade e imutabilidade, que é a coisa julgada;

(B) a coisa julgada não alcança fatos essenciais não levados ao processo pelas partes. Apenas as questões efetivamente afirmadas pelas partes e que compõem a lide processual é que constituem objeto dos limites objetivos da coisa julgada;

(C) em regra, apenas as partes e seus sucessores se submetem à coisa julgada, ficando os terceiros submetidos à eficácia da sentença;

(D) não faz coisa julgada a resolução de questão prejudicial, mesmo que ajuizada ação declaratória incidental.

A: correta; **B:** correta; **C:** correta (art. 472 do CPC); **D:** incorreta (art. 470 do CPC).

Gabarito "D"

(Ministério Público/MG – 2011) No que diz respeito à liquidação de sentença, marque a alternativa **INCORRETA**.

(A) A liquidação por forma diversa da estabelecida na sentença ofende a coisa julgada.

(B) A liquidação por cálculos pode ser realizada com o auxílio do contador judicial quando o credor for beneficiário da assistência judiciária.

(C) É defeso na liquidação, em qualquer de suas modalidades, rediscutir a causa ou modificar a sentença que a julgou.

(D) A liquidação pode ser feita na pendência de recurso de apelação, mesmo quando este for recebido no efeito suspensivo.

A: incorreta (Súmula n. 344 do STJ); **B:** correta (art. 475-B, § 3º); **C:** correta (art. 475-G); **D:** correta (art. 475-A, § 2º).

Gabarito "A"

(Ministério Público/MS – 2009) Leia as seguintes assertivas:

I. A substituição processual implica submissão de terceiro à coisa julgada.

II. Coisa julgada é o nome dado à eficácia da sentença que a torna inalterável.

III. Julgada improcedente a ação coletiva para a tutela de direito individual homogêneo, qualquer legitimado poderá propor novamente a demanda.

É correto afirmar que está(ão) correta(s) apenas a(s) afirmativa(s)

(A) I e II.

(B) III.

(C) I e III.

(D) II.

(E) I.

I: correta, uma vez que o substituído, embora não tenha sido parte no sentido formal, é o titular do direito discutido em juízo, motivo pelo qual é atingido pela coisa julgada; **II:** incorreta, porque segundo a doutrina francamente majoritária, a coisa julgada não deve ser considerada como sendo uma eficácia da sentença, mas sim, como uma qualidade dela; **III:** incorreta, porque a possibilidade de repropositura só existirá se a improcedência houver se dado por falta ou insuficiência de provas, e não em todo e qualquer caso de improcedência.

Gabarito "E"

(Ministério Público/MS – 2009) Leia as seguintes assertivas:

I. Há sentença *extra petita* quando o juiz, ao analisar o pedido, aplica o direito com fundamentos diversos daqueles contidos na petição inicial.

II. Em ação de alimentos em favor de incapaz, a sentença pode julgar acima do pedido.

III. Pode ser corrigida por meio de embargos de declaração a sentença *extra petita*.

Está(ão) correta(s) apenas a(s) afirmativa(s)

(A) III.

(B) II.

(C) I, II e III.

(D) I.

(E) II e III.

I: incorreta, porque a sentença será *extra petita* quando o juiz analisar pedido diverso do que foi formulado pelo autor; **II:** correta (RSTJ 29/337); **III:** incorreta, em termos, uma vez que a sentença *extra petita* padece de nulidade, em razão do "error in procedendo", motivo pelo qual deve ser invalidada por apelação. No entanto, se houver contradição entre o relatório e a fundamentação/dispositivo, os embargos declaratórios poderão ser manejados, a fim de afastar a contradição.

Gabarito "B"

(Ministério Público/MS – 2009) Marque a assertiva correta.

(A) Não cabe multa coercitiva para compelir o réu a declarar vontade.

(B) Publicada a sentença, o juiz cumpre e acaba o ofício jurisdicional.

(C) O valor devido a título de *astreintes*, conforme jurisprudência majoritária, pode ser modificado em impugnação, após o trânsito em julgado da sentença.

(D) A sentença de improcedência é constitutivo-negativa.

(E) Conforme a jurisprudência do STJ, as astreintes fixadas liminarmente podem ser executadas antes do trânsito em julgado da sentença.

A: incorreta, porque a obrigação de declarar vontade é uma obrigação de fazer, motivo pelo qual, em tese, é possível a imposição de multa coercitiva; **B:** incorreta, porque mesmo depois de publicada a sentença, o juiz ainda pratica atos jurisdicionais tendentes, em especial, à efetivação do que fora decidido; **C:** correta, porque "...orientação jurisprudencial sedimentada no âmbito desta Corte, no sentido de que a multa à qual se refere o § 6º do art. 461 do CPC não faz coisa julgada material, podendo seu valor se revisto, a qualquer tempo, caso se torne insuficiente ou excessivo" (STJ, REsp 1245569/RN); **D:** incorreta, porque a sentença de improcedência é declaratória, e não constitutivo-negativa; **E:** incorreta, em termos. Há decisões no STJ no sentido da alternativa em questão ("Esta Corte proclamou que, fixada multa diária antecipadamente ou na sentença, consoante o § 3º e 4º do art. 461 do CPC só será exigível após o trânsito em julgado da sentença (ou acórdão) que confirmar a fixação da referida multa, sendo devida, todavia, desde o dia em que se deu o descumprimento" - AgRg no REsp 1153033/MG). Há, porém, decisões recentes em que o E. STJ adotou entendimento diverso, nos seguintes termos: "É desnecessário o trânsito em julgado da sentença para que seja executada a multa por descumprimento fixada em antecipação de tutela. Precedentes do STJ."(AgRg no AREsp 50.816/RJ, Rel. Ministro HERMAN BENJAMIN, SEGUNDA TURMA, julgado em 07/08/2012, DJe 22/08/2012).

Gabarito "C"

(Ministério Público/MS – 2009) Leia as seguintes assertivas:

I. No caso de liquidação por cálculo, a homologação da conta é condição para a prática de atos executivos.

II. É inexigível a obrigação, quando o título estiver fundado em lei tida por inconstitucional pelo Supremo Tribunal Federal em controle difuso.

III. A decisão de procedência da impugnação fundada no excesso de execução desafia recurso de agravo.

Está(ão) correta(s) apenas a(s) afirmativa(s)

(A) I e III.

(B) I, II e III.

(C) I e II.

(D) II e III.

(E) II.

I: incorreta, porque a lei não prevê a homologação dos cálculos apresentados pelo exequente; **II:** correta (art. 475-L, § 1º, e art. 741, parágrafo único, ambos do CPC); **III:** correta, porque, nesse caso, seja a decisão de acolhimento, ou de rejeição das alegações do impugnante, a execução prossegue, o que caracteriza a decisão como interlocutória, passível, portanto, de agravo de instrumento.

Gabarito "D"

(Ministério Público/MS – 2006) Assinale a alternativa INCORRETA:

(A) Do requerimento de liquidação de sentença será a parte intimada pessoalmente.

(B) Far-se-á a liquidação por artigos, quando, para determinar o valor da condenação, houver necessidade de alegar e provar fato novo.

(C) Da decisão de liquidação caberá agravo de instrumento.

(D) Quando na sentença houver uma parte líquida e outra ilíquida, ao credor é lícito promover simultaneamente a execução daquela e, em autos apartados, a liquidação desta.

A: incorreta (art. 475-A, § 1º, do CPC); **B:** correta (art. 475-E, do CPC); **C:** correta (art. 475-H, do CPC); **D:** correta (art. 475-I, § 2º, do CPC).

Gabarito "A"

(Ministério Público/PI – 2008) Assinale a alternativa **correta**.

(A) A sentença condenatória é autossuficiente.

(B) A sentença declaratória e a sentença constitutiva são não autossuficientes.

(C) O cumprimento da sentença pode se dar por meios sub-rogatórios ou por meios coercitivos.

(D) Multa coercitiva é sinônimo de multa sancionatória.

(E) Para tutela do direito à coisa o direito brasileiro prevê a sentença desconstitutiva.

A: incorreta, porque a sentença condenatória, caso não seja cumprida voluntariamente pelo condenado, depende da prática de atos executivos para que seja obtida a satisfação do direito já reconhecido; **B:** incorreta, porque em ambos os casos, não há necessidade de uma nova fase processual destinada a dar efetividade às sentenças declaratórias e constitutivas, daí porque se falar que são elas autossuficientes; **C:** correta, porque há duas técnicas executivas previstas pela lei, quais sejam, os meios de sub-rogação, ou seja, aqueles em que o juiz substitui a atuação do devedor e invade o seu patrimônio com o objetivo de buscar a satisfação do credor, e os meios de pressão psicológica para que o devedor sinta motivado a cumprir por si mesmo a prestação; **D:** incorreta, porque a multa coercitiva não tem por finalidade punir, ou castigar o seu destinatário. Ao contrário, tem ela a função de vencer sua resistência e convencê-lo a cumprir a prestação; **E:** incorreta, porque para a tutela do direito à coisa, o direito brasileiro prevê sentenças executivas "lato sensu", ou mandamentais, a depender do caso (art. 461-A do CPC).

Gabarito "C"

(Ministério Público/PR – 2011) Acerca da coisa julgada e da ação rescisória, assinale a alternativa correta:

(A) nas sentenças com múltiplos capítulos, o prazo decadencial para a propositura da ação rescisória conta-se a partir do trânsito em julgado de cada um deles;

(B) as exceções substanciais indiretas não alegadas pelo réu numa determinada demanda poderão, posteriormente ao trânsito em julgado, ser objeto de demanda autônoma com as mesmas partes da anterior;

(C) todos aqueles que no processo intervierem ficam sujeitos à coisa julgada material que nele se formar;

(D) a questão prejudicial, decidida incidentemente no processo, não faz coisa julgada material;

(E) a interposição de recurso intempestivo impede o trânsito em julgado da decisão atacada.

A: incorreta (Súmula 401 do STJ); **B:** incorreta, em razão da chamada eficácia preclusiva da coisa julgada, prevista no art. 474 do CPC; **C:** incorreta, porque a coisa julgada só atinge quem foi parte, e não todos os que tiverem intervindo no processo; **D:** correta (art. 469, III, do CPC); **E:** incorreta, pois apenas a interposição de recurso tempestivo tem o condão de impedir o trânsito em julgado da decisão atacada.

Gabarito "D"

(Ministério Público/PR – 2009) Assinale a alternativa INCORRETA**:**

(A) em ação que tenha por objeto o cumprimento de obrigação de fazer ou não fazer, a conversão em perdas e danos somente ocorrerá em último caso, diante da verificação da impossibilidade material ou jurídica da tutela específica ou de providências que assegurem o resultado prático equivalente ou, se assim o próprio credor fizer a opção;

(B) quando o cumprimento da sentença que trate de obrigação por quantia certa contiver uma parte líquida e outra ilíquida, para o fim de garantir efetividade ao seu cumprimento, permite-se ao credor promover nos mesmos autos, simultaneamente, a execução daquela e a liquidação desta;

(C) o valor da multa diária estabelecida por dia de atraso poderá, de ofício, ser modificado pelo juiz, quando restar concluído que se tornou insuficiente ou excessivo;

(D) o juiz, liminarmente ou na sentença poderá definir multa diária ao réu, ainda que de ofício, se for suficiente ou compatível com a obrigação, fixando-lhe prazo razoável ao cumprimento do preceito, sem que a providência prejudique o direito do autor ao cumprimento específico da obrigação que pretende ver satisfeita;

(E) em homenagem à economia processual, em sede de cumprimento da sentença, no caso do devedor condenado ao pagamento de quantia certa ou já fixada em liquidação não efetuá-lo, no prazo de quinze dias, possibilita-se ao credor apresentar requerimento, instruído com demonstrativo do débito atualizado, indicando, desde logo, os bens a serem penhorados, com o escopo de tornar possível a expedição de mandado de penhora e avaliação.

A: correta (art. 461, § 1º, do CPC); **B:** incorreta (devendo esta ser assinalada), porque a lei fala em autos apartados para cada uma das medidas (art. 475-I, § 2º, do CPC); **C:** correta (§ 6º do art. 461 do CPC); **D:** correta (art. 461, § 4º, do CPC); **E:** correta (art. 475-J e §§, do CPC).

Gabarito "B"

(Ministério Público/RJ – 2011) Sobre a decisão judicial, é correto afirmar que:

(A) em caso de cumulação própria simples de pedidos, será *citra petita* a decisão que deixar de analisar o pedido principal e julgar o pedido subsidiário;

(B) não há que se falar em julgamento *citra petita*, quando não apreciado "pedido implícito", eis que o juiz deve ater-se aos limites objetivos expressos na petição inicial;

(C) a fundamentação da sentença não se submete à coisa julgada material, mas possui eficácia vinculativa em relação ao assistente simples, em caso de derrota do assistido, salvo se houver má gestão processual;

(D) as sentenças que disciplinam relações jurídicas continuativas não se submetem à estabilização da coisa julgada formal, por serem potencialmente submetidas a revisões a qualquer tempo;

(E) as decisões sobre antecipação dos efeitos da tutela dependem de requerimento expresso do autor, não podendo ser requeridas por terceiros intervenientes ou pelo réu, salvo por reconvenção.

A: incorreta, porque há cumulação própria simples quando o autor formula pedidos independentes entre si. Logo, nesse tipo de cumulação não se fala em pedido principal ou subsidiário, motivo pelo qual a alternativa em questão deve ser considerada errada; **B:** incorreta, porque há vício da sentença *citra petita* por não apreciar o juiz os pedidos implícitos, o que autoriza o manejo dos embargos de declaração; **C:** correta, porque nos termos do art. 55 do CPC; **D:** incorreta, porque as sentenças em questão não se submetem à coisa julgada material, mas ficam sujeitas à coisa julgada formal; **E:** incorreta, porque o réu pode pleitear tutela antecipada em ação dúplice, reconvenção, ação declaratória incidental ou quando houver denunciado a lide.

Gabarito "C"

(Ministério Público/RR – 2008 – CESPE) Julgue os itens seguintes, quanto à sentença e à coisa julgada.

(1) Depois de publicar a sentença de mérito e fazer a entrega da prestação jurisdicional, o juiz não pode, de ofício, alterá-la, salvo para sanar omissões ou contradições.

(2) As questões prejudiciais decididas incidentalmente fazem coisa julgada, se a parte o requerer, o juiz for competente em razão da matéria e constituir pressuposto necessário para o julgamento da lide.

1: errado (art. 463 do CPC); **2:** certo (art. 470 do CPC).

Gabarito 1E, 2C

(Ministério Público/RS – 2009) Assinale a alternativa correta.

(A) Sentença condenatória que determine o pagamento de uma prestação, consistente em dinheiro ou em coisa, valerá como título constitutivo da hipoteca judiciária, cuja inscrição será ordenada pelo juiz em forma distinta daquela prescrita na Lei de Registros Públicos.

(B) Sentença condenatória que determine o pagamento de uma prestação, consistente em dinheiro ou em coisa, não valerá como título constitutivo de hipoteca judiciária.

(C) A sentença que vier a condenar o réu no pagamento de uma prestação em dinheiro ou em coisa valerá como um título constitutivo de hipoteca judiciária "interautos", descabendo sua inscrição na forma prescrita na Lei de Registros Públicos.

(D) A sentença que condenar o réu no pagamento de uma prestação, consistente em dinheiro ou em coisa, valerá como título constitutivo de hipoteca judiciária, cuja inscrição será ordenada pelo juiz na forma prescrita na Lei de Registros Públicos.

(E) Nenhuma das alternativas anteriores é correta.

A: incorreta, porque o art. 466 do CPC prevê que a inscrição da hipoteca judiciária será determinada na forma prevista pela Lei dos Registros Públicos; **B:** incorreta (art. 466 do CPC); **C:** incorreta (art. 466); **D:** correta; **E:** incorreta.

Gabarito "D"

(Ministério Público/RS – 2008) Assinale a alternativa INCORRETA:

(A) A norma processual impede ao juiz de proferir sentença genérica, com exceção prevista nas sentenças proferidas nas ações coletivas para defesa de direitos individuais homogêneos, previstas nos artigos 81, parágrafo único, inciso III, e 91 e seguintes, do Código de Defesa do Consumidor.

(B) A sentença proferida nos juizados especiais cíveis não faz coisa julgada.

(C) É vedado ao magistrado proferir sentença ultra petita, extra petita e citra petita.

(D) A tutela específica pode ser adiantada, por força do artigo 461, § 3º, do CPC, desde que seja relevante o fundamento da demanda e haja justificado receio de ineficácia do provimento final.

(E) Somente a sentença de mérito, ainda que julgue parcialmente a lide, faz coisa julgada material.

A: correta (paragrafo único do art. 460); **B:** incorreta, porque a sentença proferida pelo JEC fica sujeita à coisa julgada; **C:** correta (art. 460); **D:** correta; **E:** correta.

Gabarito "B"

(Ministério Público/SE – 2010 – CESPE) Acerca do instituto da coisa julgada, assinale a opção correta.

(A) Para a doutrina majoritária, a eficácia preclusiva da coisa julgada, prevista no art. 474 do CPC, abrange todas as possíveis causas de pedir que poderiam ter embasado o pedido formulado.

(B) Pela nova sistemática, estabelecida pela Lei nº 12.016/2009, a sentença proferida no mandado de segurança coletivo faz coisa julgada *erga omnes*.

(C) Para a jurisprudência do STJ, havendo conflito entre duas coisas julgadas, prevalece a que se formou em primeiro lugar.

(D) Não são extensíveis ao condomínio edilício os efeitos da coisa julgada formada em ação reivindicatória de que foi ou foram parte apenas um ou alguns dos condôminos.

(E) A liquidação por forma diversa da estabelecida na sentença ofende a garantia da coisa julgada.

A: incorreta, porque a eficácia preclusiva da coisa julgada só atinge a causa de pedir que fora apresentada pelo autor na demanda; **B:** incorreta, porque "no mandado de segurança coletivo, a sentença fará coisa julgada limitadamente aos membros do grupo ou categoria substituídos pelo impetrante" (art. 22, "caput", da Lei 12.016/2009); **C:** incorreta, "porque no conflito de sentenças, ambas produzindo coisa julgada, deve prevalecer a segunda, enquanto não rescindida esta" (STJ, REsp 598.148 – com a ressalva de que existem decisões em sentido de que deveria prevalecer a primeira); **D:** correta (STJ, REsp 1.015.652); **E:** incorreta (Súmula 344 do STJ).

Gabarito "D"

(Ministério Público/SP – 2012 – VUNESP) Em relação à Coisa Julgada, é INCORRETO afirmar:

(A) Faz coisa julgada a resolução da questão prejudicial bastando se constituir em pressuposto necessário para o julgamento da lide.

(B) Denomina-se coisa julgada material a eficácia, que torna imutável e indiscutível a sentença não mais sujeita a recurso ordinário ou extraordinário.

(C) Não fazem coisa julgada os motivos ainda que importantes para determinar o alcance da parte dispositiva da sentença e a verdade dos fatos admitida como fundamento da sentença.

(D) A sentença que julgar total ou parcialmente a lide tem força de lei nos limites da lide e das questões decididas.

(E) Nenhum juiz decidirá novamente as questões já decididas, relativas à mesma lide salvo quando sobrevier modificação no estado de fato ou de direito nas relações jurídicas continuativas.

A: incorreta (art. 469, III, do CPC); **B:** correta (art. 467 do CPC); **C:** correta (art. 469, I, CPC); **D:** correta (art. 468, CPC); **E:** correta (art. 471, CPC).

Gabarito "A"

(Ministério Público/SP – 2011) A autoridade da *res judicata* material

(A) é restrita à parte dispositiva da sentença, na qual o Juiz resolve as questões que as partes lhe submetem.

(B) é extensiva à questão prejudicial, decidida incidentemente no processo.

(C) é limitada à *causa petendi,* próxima e remota, contida na petição inicial.

(D) compreende a verdade dos fatos, estabelecida como fundamento da sentença.

(E) abrange os motivos importantes para determinar o alcance da parte dispositiva da sentença.

A: correta (art. 469 do CPC); **B:** incorreta (art. 469, III, do CPC); **C:** incorreta, porque a coisa julgada também se estende sobre tudo aquilo que o autor poderia ter alegado para o acolhimento do pedido, em razão da sua eficácia preclusiva prevista no art. 474; **D:** incorreta (art. 469, II, do CPC); **E:** incorreta (art. 469, I, do CPC).

Gabarito "A"

(Ministério Público/SP – 2008) O juiz pode cassar a própria sentença e determinar o regular prosseguimento do processo em primeira instância diante de apelação interposta contra

(A) a sentença que indefere a petição inicial e a sentença que a qualquer momento extingue o processo sem julgamento do mérito.

(B) a sentença que indefere a petição inicial e a sentença liminar de improcedência da demanda.

(C) a sentença que indefere a petição inicial e a sentença de julgamento antecipado da lide.

(D) a sentença que a qualquer momento extingue o processo sem julgamento do mérito e a sentença liminar de improcedência da demanda.

(E) a sentença liminar de improcedência da demanda e a sentença de julgamento antecipado da lide.

Arts. 296 e 285-A, § 1º, do CPC.

Gabarito "B"

(Ministério Público/SP – 2008) Assinale a alternativa correta.

(A) Nenhum título executivo judicial depende da instauração de um novo processo para a sua execução.

(B) É de valor fixo e invariável a multa coercitiva prevista para estimular o cumprimento de sentença condenatória que tem por objeto obrigação de fazer, não fazer ou entregar coisa.

(C) O juiz não pode impor de ofício a multa coercitiva prevista para o cumprimento da sentença condenatória que tem por objeto obrigação de fazer, não fazer ou entregar coisa.

(D) Não é possível condenação ao pagamento de honorários advocatícios em cumprimento de sentença nem em impugnação.

(E) Independe de embargos e pode ser feita por meio de simples petição a defesa do executado diante do cumprimento de sentença que tem por objeto obrigação de fazer, não fazer ou entregar coisa.

A: incorreta, pois há algumas hipóteses em que ainda haverá necessidade de instauração de um processo de execução, como é o caso de sentença penal condenatória, acordo extrajudicial, sentença estrangeira e sentença arbitral, conforme disposto no art. 475-N do CPC; B e **C:** incorretas (art. 461, § 6º, do CPC); **D:** incorreta. Há grande divergência a respeito do tema, porém a jurisprudência majoritária entende que, caso o devedor tenha apresentado resistência ao pagamento, tendo o causídico atuado no processo buscando bens a serem penhorados, apresentado defesa à eventual impugnação, caberá, sim, a fixação de honorários ao patrono da parte vencedora; **E:** correta. Antes da vigência da Lei 11.232/2005, a defesa do executado deveria ser efetivada por ação de conhecimento, autônoma e incidente sobre o processo de execução, chamada de embargos à execução. Atualmente, para se defender, basta o executado apresentar, nos próprios autos, uma impugnação (art. 475-J, § 1º, do CPC).

Gabarito "E"

(Ministério Público/SP – 2006) A tese da desconsideração da coisa julgada:

(A) Tem previsão claramente estabelecida no art. 467 do Código de Processo Civil.

(B) Tem previsão claramente estabelecida no art. 103, I da Lei nº 8.078/1990.

(C) Tem previsão claramente estabelecida no art. 16 da Lei nº 7.347/1995.

(D) Tem previsão claramente estabelecida no art. 18 da Lei nº 4.717/1965.

(E) Tinha previsão na Lei para a Intervenção do Ministério Público no Processo Civil assinada em 15 de julho de 1941 por Adolf Hitler dando poderes ao *parquet* para dizer se a sentença seria justa ou não, se atendia aos fundamentos do Reich alemão e aos anseios do povo alemão.

Vide nota 27 ao art. 467 do *Código de Processo Civil Comentado*, de autoria de Nelson Nery Junior e Rosa Maria de Andrade Nery, 10ª ed, p. 687, RT.

Gabarito "E"

(Ministério Público/SP – 2006) A ação prevista no art. 461 do Código de Processo Civil:

(A) É condenatória sem caráter inibitório.

(B) É condenatória com caráter inibitório não tendo eficácia executivo-mandamental.

(C) É condenatória com caráter inibitório autorizando a emissão de mandado para execução específica e provisória da tutela de mérito ou de seus efeitos.

(D) É condenatória sem caráter inibitório autorizando a emissão de mandado para execução específica e provisória da tutela de mérito ou de seus efeitos.

(E) Não é condenatória, mas tem caráter inibitório autorizando a emissão de mandado para execução específica e provisória da tutela de mérito e seus efeitos.

Art. 461, *caput* e § 3º, do CPC.

Gabarito "C"

10. AÇÕES ANULATÓRIA E RESCISÓRIA

(Ministério Público/MG – 2013) No que se refere aos institutos da ação rescisória e da ação anulatória, é *INCORRETO* afirmar:

(A) A sentença de mérito, transitada em julgado, pode ser rescindida se fundada em erro de fato (quando a sentença admitir um fato inexistente, ou quando considerar inexistente um fato efetivamente ocorrido).

(B) O Ministério Público tem legitimidade para propor ação rescisória, quando a sentença é o efeito de colusão das partes, a fim de fraudar a lei.

(C) A confissão, mesmo quando emanar de erro, dolo ou coação, não pode ser revogada por ação anulatória, se pendente o processo em que foi feita.

(D) A petição inicial será elaborada com observância dos requisitos essenciais do art. 282 do CPC, devendo o autor cumular ao pedido de rescisão, se for o caso, o de novo julgamento da causa.

A: assertiva correta, conforme artigo 485, IX, CPC; **B:** assertiva correta, conforme artigo 487, III, *b*, CPC; **C:** assertiva incorreta, devendo ser assinalada, conforme artigo 486, CPC; **D:** assertiva correta conforme artigo 488, I, CPC.

Gabarito "C"

(Ministério Público/AC – 2008) Assinale a alternativa correta.

(A) O direito de propor ação rescisória extingue-se no prazo prescricional de dois anos.

(B) A ação rescisória só serve para desconstituição da coisa julgada anterior *(iudicium rescindens)*, não podendo acarretar novo julgamento da causa *(iudicium rescissorium)*.

(C) Admite-se ação rescisória contra sentença transitada em julgado, ainda que contra ela não se tenha esgotado todos os recursos.

(D) A ação anulatória de ato judicial serve para desconstituição de decisão judicial.

A: incorreta, porque se trata de prazo decadencial, e não prescricional (art. 495 do CPC); **B:** incorreta (art. 488, I, CPC); **C:** correta (Súmula n. 514 do STF); **D:** incorreta, porque a ação anulatória prevista no art. 486 do CPC serve para desconstituir o ato das partes que foi homologado judicialmente.

Gabarito "C"

(Ministério Público/BA – 2010) Sobre ação rescisória, ação anulatória e ***querela nulitatis,*** assinale o que se tem por correto.

(A) O ajuizamento de ação rescisória não prescinde do esgotamento das vias recursais ordinárias.

(B) A competência originária dos Tribunais, no trâmite da ação rescisória, justifica o impedimento de delegação de atos instrutórios ao Juízo de 1ª instância.

(C) Em se tratando de ação rescisória, o prazo para apresentação de defesa é variável, nunca inferior a 15 (quinze) dias nem superior a 30(trinta) dias.

(D) O prazo de 2 (dois) anos para ajuizamento da *querela nulitatis* começa a correr a partir do trânsito em julgado da decisão.

(E) Quando a decisão que se pretende rescindir estiver amparada em regra legal de interpretação controvertida dos Tribunais, cabe ação rescisória, por ofensa a literal disposição de lei.

A: incorreta, porque não é requisito para a rescisória que tenha havido prévia interposição dos recursos cabíveis contra a decisão rescindenda; **B:** incorreta, porque é possível a delegação dos atos instrutórios ao juízo de primeiro grau (art. 492 do CPC); **C:** correta (art. 491 do CPC); **D:** incorreta, porque a *querela nulitatis* não se sujeita ao prazo previsto em lei para a propositura da ação rescisória; **E:** incorreta (Súmula 343 do STF).

Gabarito "C"

(Ministério Público/BA – 2008) Acerca da ação rescisória, aprecie os itens a seguir:

I. Decisões proferidas em Ação Civil Pública, ADI, ADPF são passíveis de ação rescisória.

II. De acordo com o STF, o cabimento da ação rescisória dispensa exaurimento da instância recursal.

III. É de 8 (oito) anos o prazo decadencial para ajuizamento de ação rescisória relativo a processos que digam respeito a transferência de terras públicas rurais.

IV. Cabe ação rescisória por ofensa a literal disposição de lei, quando a decisão rescindenda se tiver baseado em texto legal de interpretação controvertida nos tribunais.

V. O terceiro juridicamente interessado é parte legítima a ajuizar ação rescisória.

Estão corretas as assertivas:

(A) II, III e V.

(B) II, III e IV.

(C) I, IV e V.

(D) II, IV e V.

(E) I, III e V.

I: incorreta, porque não cabe ação rescisória contra decisões proferidas em ADI (art. 26 da Lei 9.868/1999); **II:** correta (Súmula n. 514 do STF); **III:** correta (art. 8º-A da Lei 6.739/1979); **IV:** incorreta (Súmula n. 343 do STF); **V:** correta (art. 487, II, CPC).

Gabarito "A"

(Ministério Público/DF – 2009) Relativamente à ação rescisória, assinale a alternativa correta.

(A) Cabem embargos infringentes quando o acórdão não unânime houver julgado improcedente a ação rescisória.

(B) Tratando-se de rescisão de acórdão, a ação rescisória não poderá ser distribuída a desembargador que tenha participado do julgamento da ação ou recurso.

(C) A rescisória não será distribuída a desembargador que em 1º grau houver proferido sentença de mérito relativa à causa rescindenda, não participando do julgamento o desembargador por tal motivo impedido.

(D) Sendo desnecessária a produção de provas, o Relator determinará a remessa dos autos à Procuradoria de Justiça, que exercerá o juízo da conveniência da intervenção ou não, de acordo com o interesse público.

(E) O incidente de Impugnação ao valor da causa será julgado pelo órgão colegiado, juntamente com o exame do mérito.

A: incorreta, porque os embargos infringentes só serão cabíveis se a ação rescisória for julgada procedente por maioria de votos, nos termos do art. 530 do CPC; **B:** incorreta, porque não há qualquer restrição legal a esse respeito; **C:** correta, porque nesse caso, haverá impedimento do desembargador para funcionar na rescisória; **D:** incorreta, porque a intervenção do MP em ação rescisória só será obrigatória quando houver interesse de incapaz ou nas causas de família; **E:** incorreta, porque a impugnação ao valor, se apresentada, deverá ser decidida monocraticamente pelo relator, e não pelo colegiado.

Gabarito "C"

(Ministério Público/PB – 2010) Analise as proposições que se seguem e assinale a alternativa correta:

I. A Fazenda Pública não dispõe de prazo diferenciado para o ajuizamento de ações rescisórias, salvo nos casos relativos aos processos que digam respeito à transferência de terras públicas rurais, em que o prazo é de quatro anos.

II. O relator poderá, monocraticamente, dar provimento ao recurso, desde que a decisão recorrida esteja em desarmonia com súmula ou com jurisprudência dominante do Supremo Tribunal Federal, mas não na hipótese de reexame necessário.

III. Exige-se, para o cabimento da ação rescisória, que tenha havido exceção de impedimento no curso da ação originária.

IV. A norma processual civil confere legitimidade superveniente tanto ao sub-rogado legal quanto ao convencional para promover execução ou nela prosseguir em substituição ao credor, bastando ao sub-rogado demonstrar a existência da sub-rogação.

(A) I, II, III e IV estão erradas.

(B) Apenas I e IV estão corretas.

(C) Apenas III e IV estão erradas.

(D) Apenas I, II e III estão erradas.

(E) I, II, III e IV estão corretas.

I: incorreta, porque o prazo para a Fazenda Pública propor ação rescisória em relação aos processos que digam respeito à transferência de terras públicas é de 8 anos (art. 8º-C da Lei 6.739/1979); **II:** incorreta (Súmula n. 253 do STJ); **III:** incorreta; **IV:** incorreta, de acordo com o examinador, embora o item esteja de acordo com o art. 567, III, do CPC.

Gabarito "A"

(Ministério Público/PB – 2010) Analise as proposições que se seguem e assinale a alternativa correta:

I. O Ministério Público, que detém legitimidade exclusiva para propor ação rescisória quando a sentença é efeito de colusão das partes visando fraudar a lei; deve observar prazo decadencial que começa a fluir a partir do momento em que tiver ciência da fraude.

II. Não promovida pelo autor ou terceiro, no prazo legal, a execução da sentença condenatória transitada em julgado em ação popular, o Ministério Público, revestido de legitimidade extraordinária autônoma concorrente, promoverá a execução devida no prazo de trinta dias.

III. Tem legitimidade o Ministério Público para promover e acompanhar todas as ações e procedimentos em que se discutem direitos individuais dos idosos, em razão da presunção absoluta de sua hipossuficiência.

(A) Apenas III está errada.

(B) Apenas I e III estão erradas.

(C) Apenas I e II estão erradas.

(D) I, II e III estão corretas.

(E) I, II e III estão erradas.

I: errada, porque o marco inicial do prazo de decadência é a data do trânsito em julgado (art. 495 do CPC); **II:** certa (art. 16 da Lei 4.717/1965); **III:** errada, porque o MP só tem legitimidade quando se trata de direitos individuais indisponíveis ou homogêneos (art. 81, I, Lei 10.741/2003).

Gabarito "B"

11. RECURSOS

(Ministério Público/DF – 2013) Sobre recursos, assinale a alternativa **CORRRETA**:

(A) Caracteriza a supressão de instância, o julgamento integral da lide pelo órgão fracionário, em recurso de apelação, que apenas impugnou a parte da sentença monocrática relativa à preliminar de falta de condição da ação, e a extinguiu sem resolução de mérito.

(B) A decisão judicial que não admite o recurso de apelação é de natureza interlocutória, portanto, passível de recurso de agravo retido, sem prejuízo de eventual ajuizamento de ação autônoma de mandado de segurança perante o tribunal.

(C) O juízo de admissibilidade do recurso de apelação tem lugar em apenas dois momentos processuais: após a apresentação do apelo pelo recorrente, declarando os efeitos do recebimento do recurso, e por ocasião do julgamento do recurso de apelação pelo órgão fracionário.

(D) Um dos vícios de congruência da sentença consiste em o juiz omitir-se em julgar um dos pedidos formulados pelo autor. Para corrigir esse vício, faz-se obrigatória a interposição de embargos de declaração, como condição prévia ao recurso de apelação, a fim de que o juiz tenha oportunidade de suprir a omissão. Em caso negativo, o recorrente reiterará a questão na apelação, permitindo, assim, que o órgão fracionário supra, ou não, a omissão da sentença monocrática.

(E) O tribunal pode proferir decisão mais desfavorável ao recorrente que a sentença impugnada, independente de quaisquer pedidos das partes no recurso de apelação, quando acolher questão de ordem pública identificada no processo, por exemplo, a prescrição.

A: incorreta se preenchido, para esse julgamento, os requisitos do artigo 515, § 3°, CPC que versa sobre o julgamento *per saltum*. Em verdade, não deixa de ser uma supressão de instância autorizada pela lei; **B:** incorreta. Nesse caso, a inadmissão da apelação caberá agravo de instrumento (art. 522, CPC) e sendo decisão passível de recurso, não caberá mandado de segurança (art. 5°, Lei 12.016/2009); **C:** incorreta. A atribuição dos efeitos é matéria de ordem pública, podendo ser verificada a qualquer momento (v.g. art. 518, § 2°, CPC); **D:** incorreta. Os embargos consistem na única medida para omissão da sentença. A sua não oposição gera preclusão, não podendo o Tribunal, analisando a apelação suprir a omissão, pena de supressão de instância; **E:** correta. A proibição da *reformatio in pejus* não alcança matérias de ordem pública.

Gabarito "E"

(Ministério Público/GO – 2013) Assinale a alternativa correta:

(A) como o acórdão que dá provimento a recurso substitui a sentença impugnada, só ele está sujeito a ser impugnado por ação rescisória e não a sentença. E, como o acórdão que nega provimento a recurso não substitui a sentença impugnada, a sentença é que poderá ser impugnada pela ação rescisória.

(B) o recorrente não poderá, sem a anuência do recorrido ou dos litisconsortes, desistir do recurso. Já a renúncia ao direito de recorrer independe da aceitação da outra parte.

(C) sendo positivo, o juízo de admissibilidade é revogável, pois o juiz pode, depois do prazo para as contrarrazões do recorrido, reexaminar os requisitos de admissibilidade do recurso, indeferindo o recurso que antes recebera. Sendo negativo, a decisão do juiz a *quo* é impugnável mediante agravo de instrumento.

(D) a apelação devolverá ao tribunal o conhecimento da matéria impugnada. Dessa forma, não serão objeto de apreciação e julgamento pelo tribunal as questões suscitadas e discutidas no processo, ainda que a sentença não as tenha julgado por inteiro.

A: incorreta. O acórdão sempre que julgar o caso substitui a sentença e será ele objeto de rescisória; **B:** incorreta, conforme artigo 501, CPC; **C:** correta, pois o juízo de admissibilidade constitui norma cogente; **D:** incorreta, conforme artigo 515, §§ 1° e 2°, CPC.

Gabarito "C"

(Ministério Público/MG – 2014) Sobre os Recursos Cíveis, é correto afirmar, **EXCETO**:

(A) O recurso interposto por um dos litisconsortes a todos aproveita, salvo se distintos ou opostos os seus interesses.

(B) As questões de fato, não propostas no juízo inferior, poderão ser suscitadas na apelação, se a parte provar que deixou de fazê-lo por motivo de força maior.

(C) Recebida a apelação em ambos os efeitos, é facultado ao juiz inovar no processo; recebida só no efeito devolutivo, o apelado poderá promover, desde logo, a execução provisória da sentença, extraindo a respectiva carta.

(D) Constatando a ocorrência de nulidade sanável, o tribunal poderá determinar a realização ou renovação do ato processual, intimadas as partes; cumprida a diligência, sempre que possível prosseguirá o julgamento da apelação.

A: assertiva correta, conforme artigo 509 do CPC; **B:** assertiva correta, conforme artigo 517 do CPC; **C:** assertiva incorreta, devendo ser assinalada, conforme artigo 521 do CPC. Se recebida no duplo efeito não poderá inovar (dada a suspensividade). Se apenas no efeito devolutivo permitir-se-á a execução provisória; **D:** assertiva correta, conforme artigo 515, § 4°, CPC.

Gabarito "C"

(Ministério Público/MG – 2014) Acerca do processamento do recurso especial, quando houver multiplicidade de recursos com fundamento em idêntica questão de direito, pode-se afirmar, **EXCETO**:

(A) Caberá ao presidente do tribunal de origem admitir um ou mais recursos representativos da controvérsia, os quais serão encaminhados ao Superior Tribunal de Justiça, ficando suspensos os demais recursos especiais até o pronunciamento definitivo do Superior Tribunal de Justiça.

(B) O relator no Superior Tribunal de Justiça, ao identificar que sobre a controvérsia já existe jurisprudência dominante ou que a matéria já está afeta ao colegiado, poderá determinar a suspensão, nos tribunais de segunda instância, dos recursos nos quais a controvérsia esteja estabelecida.

(C) Publicado o acórdão do Superior Tribunal de Justiça, os recursos especiais sobrestados na origem terão seguimento denegado na hipótese de o acórdão recorrido coincidir com a orientação do Superior Tribunal de Justiça ou serão novamente examinados pelo tribunal de origem na hipótese de o acórdão recorrido divergir da orientação do Superior Tribunal de Justiça.

(D) A decisão do recurso especial pelo rito aplicável, quando houver multiplicidade de recursos com fundamento em idêntica questão de direito, possui efeito *erga omnes*.

A: assertiva correta, conforme artigo 543-C, § 1º, CPC; **B:** assertiva correta conforme artigo 543-C, § 2º CPC; **C:** assertiva correta, conforme artigo 543-C, § 7º, CPC; D: assertiva incorreta, devendo ser assinalada, conforme STJ, AgRg na Rcl 16532/RS, 2ª Seção, j. 28.05.2014, rel. Min. Nancy Andrighi, *DJe* 02.06.2014, *in verbis:* "(...) Assim, a decisão proferida em recurso repetitivo não possui efeito vinculante e erga omnes. Vale dizer, a consolidação de tese pelo STJ no julgamento de recurso repetitivo não tem o condão de, *ipso facto*, estender a todos os processos em trâmite no país a eficácia da decisão por meio da qual foi julgado o recurso representativo (...)".

Gabarito "D"

(Ministério Público /MG – 2013) É *INCORRETO* afirmar-se:

(A) O agravo retido não depende de preparo, sendo cabível contra decisões interlocutórias proferidas na audiência de instrução e julgamento, e deve ser interposto oral e imediatamente.

(B) Das decisões interlocutórias, caberá agravo, no prazo de 10 (dez) dias, na forma retida, salvo quando se tratar de decisão suscetível de causar à parte lesão grave e de difícil reparação.

(C) Recebido o agravo de instrumento no tribunal, ao relator é facultado atribuir efeito suspensivo ao recurso, ou deferir, em antecipação de tutela, total ou parcialmente, a pretensão recursal, comunicando ao juiz sua decisão.

(D) Poderá a petição de agravo de instrumento ser instruída da certidão da respectiva intimação e das procurações outorgadas aos advogados do agravante e do agravado.

A: assertiva correta conforme artigos 522, parágrafo único e 523, § 3º, CPC; **B:** assertiva correta conforme artigo 522, CPC; **C:** assertiva correta, conforme artigo 527, III, CPC; **D:** assertiva incorreta, devendo ser assinalada. Primeiro porque também é obrigatório o traslado de cópia da decisão agravada. Segundo porque a instrução com essas peças é obrigatória conforme artigo 525, I, CPC.

Gabarito "D"

(Ministério Público/PI – 2014 – CESPE) Considere que, por ocasião do reexame necessário de sentença proferida em processo de conhecimento, o tribunal decida por maioria. Nessa hipótese,

(A) cabe a interposição de recurso especial ou extraordinário da parte unânime da decisão e de embargos infringentes da não unânime.

(B) caso não sejam opostos embargos infringentes da parte não unânime da decisão, esta transitará em julgado, não cabendo recurso especial ou extraordinário.

(C) a parte interessada deve opor embargos infringentes da parte não unânime da decisão e, após, interpor recurso especial ou extraordinário, conforme o caso.

(D) cabe tão somente a interposição de recurso especial ou extraordinário, conforme o caso, após esgotado o prazo dos embargos infringentes.

(E) cabe a interposição, desde logo, pela parte interessada na reforma da decisão, de recurso especial ou extraordinário, conforme o caso.

A: incorreta, pois não cabem embargos infringentes de julgamento de reexame necessário (Súmula 390, STJ); **B:** incorreta, pois não cabem embargos infringentes de julgamento de reexame necessário (Súmula 390, STJ). Ademais não se aplica nesse caso a regra do artigo 498, CPC; **C:** incorreta, pois não cabem embargos infringentes de julgamento de reexame necessário (Súmula 390, STJ). Ademais, não cabem embargos da parte unânime em nenhuma hipótese; **D:** incorreta, pois não cabem embargos infringentes de julgamento de reexame necessário (Súmula 390, STJ); **E:** correta, conforme artigos 102, III, e 105, III, da Constituição Federal.

Gabarito "E"

(Ministério Público/MPU – 2013) Sobre os recurso excepcionais e outros recurso de competência dos tribunais superiores, é correto afirmar que:

(A) O reconhecimento da deserção no recurso extraordinário independe de intimação da parte interessada.

(B) Não é permitida a comprovação posterior da tempestividade recursal, em virtude de feriados locais ou suspensão de expediente forense, pois opera-se a preclusão consumativa no ato da interposição.

(C) Os embargos de declaração suspendem o prazo para interposição de outros recursos, por qualquer das partes.

(D) Por se um requisito constitucional, o prequestionamento é sempre interpretado da mesma forma pelos tribunais.

A: correta, pois constitui norma cogente que pode ser conhecida de ofício. Esse posicionamento será radicalmente modificado com o NCPC que exigirá em qualquer decisão a prévia participação das partes; **B**: incorreta, conforme artigos 179 e 183 do CPC; **C:** incorreta. Os embargos interrompem a contagem de prazo para a interposição de outros recursos (art. 538, CPC); **D:** incorreta. Cada Tribunal possui sua própria interpretação acerca do prequestionamento. Vide Súmulas 211 do STJ e 356 do STF.

Gabarito "A"

(Ministério Público/MS – 2013 – FADEMS) Considere a hipótese de o juiz indeferir, em audiência de instrução e julgamento, a produção de prova requerida pelo Ministério Público. Assinale a alternativa **correta**:

(A) Caberá agravo, no prazo de vinte dias, na forma retida, uma vez que se trata de decisão interlocutória proferida em audiência.

(B) Caberá agravo, no prazo de 10 dias, por instrumento, uma vez que se trata de decisão interlocutória suscetível de causar à parte lesão grave e de difícil reparação.

(C) É impugnável via agravo, no prazo de dez dias, na forma retida, uma vez que se trata de decisão interlocutória proferida em audiência.

(D) Caberá agravo, no prazo de 10 dias, por instrumento, uma vez que se trata de decisão interlocutória capaz de causar à parte lesão grave e de difícil reparação.

(E) É impugnável via agravo retido, devendo ser interposto oral e imediatamente, uma vez que se trata de decisão interlocutória proferida em audiência.

"Das decisões interlocutórias proferidas na audiência de instrução e julgamento caberá agravo na forma retida, devendo ser interposto oral e imediatamente (...)" (art. 523, § 3º, do CPC). Tendo em vista a regra legal transcrita, está correta exclusivamente a alternativa "E", sendo equivocadas as demais por contrariarem a norma invocada.

Gabarito "E"

(Ministério Público/SP – 2013 – PGMP) É CORRETO afirmar que os embargos infringentes

(A) são cabíveis contra acórdão que, por maioria de votos, julga improcedente a ação rescisória.

(B) são cabíveis contra acórdão cujo voto minoritário reforma na totalidade sentença de procedência do pedido inicial mantida em parte pelos votos vencedores.

(C) são incabíveis contra acórdão que, por maioria de votos, reforma a sentença concessiva da ordem em mandado de segurança.

(D) são recebidos para processamento e julgamento por decisão impugnável, via agravo, em 5 (cinco) dias, para o órgão competente.

(E) recebidos e processados na origem não se submeterão a novo exame de admissibilidade pelo relator a quem eles forem posteriormente distribuídos.

A: incorreta, pois cabíveis no caso de procedência da AR (CPC, art. 530); **B:** incorreta, porque na hipótese narrada não houve reforma da decisão (CPC, art. 530); **C:** correta. Descabem infringentes no MS (Súmulas 512/STF e 105/STJ e Lei 12.016/09, art. 25); **D:** incorreta. Pela letra da lei, cabível o agravo da decisão que não admitir o recurso (CPC, art. 532); **E:** incorreta. Como ocorre com todos os recursos, é possível juízo de admissibilidade no juízo *a quo* (relator do acórdão embargado) e no juízo *ad quem* (turma julgadora, ainda no mesmo tribunal).

Gabarito "C"

(Ministério Público/MS – 2013 – FADEMS) A respeito dos recursos, assinale a alternativa **correta**:

(A) O recurso de apelação, cujo prazo de interposição, de regra, é de quinze dias, somente é cabível da sentença que corporifica julgamento do processo com resolução de mérito, isto é, daquela tida como definitiva.

(B) Os embargos de declaração são cabíveis contra qualquer decisão judicial e, uma vez interpostos, interrompem o prazo recursal.

(C) A insuficiência do valor do preparo do recurso implicará em deserção independentemente de intimação.

(D) Após apresentado o recurso voluntário pela parte sucumbente para modificar a sentença proferida com julgamento de mérito, é incabível a desistência do recurso sem a anuência da parte contrária.

(E) O Ministério Público não tem legitimidade para recorrer nas causas que atua como fiscal da lei quando se trate de discussão a respeito de direitos individuais indisponíveis e as partes estejam assistidas por advogados ou Defensoria Pública.

A: incorreta, porque o art. 513 do CPC prevê que "da sentença caberá apelação (arts. 267 e 269)". Como se vê, para que seja determinado o cabimento do recurso de apelação, é indiferente que se trate de sentença definitiva ou terminativa; **B:** correta, em termos. De fato, está consolidado o entendimento de que os embargos de declaração são cabíveis contra qualquer decisão judicial e a regra é a de que a sua oposição interrompa o prazo para o outro recurso eventualmente cabível contra a decisão embargada. Há uma ressalva, no entanto: no JEC, os embargos de declaração **suspendem** o prazo para o recurso inominado (art. 50 da Lei 9.099/1995); **C:** incorreta, porque na hipótese de insuficiência do preparo, o recorrente terá direito à complementação, em 5 dias, sendo obrigatória sua intimação para tanto (art. 511, § 2º, do CPC); **D:** incorreta, porque "o recorrente poderá, a qualquer tempo, sem a anuência do recorrido ou dos litisconsortes, desistir do recurso" (art. 501 do CPC); **E:** incorreta, porque no julgamento do REsp 434.535/SC, o E. STJ assim decidiu: "Interesse individual (...) Ministério Público Estadual. Interesse de recorrer. Precedentes. Nos termos da Súmula n. 99 deste Superior Tribunal de Justiça, o 'Ministério Público tem legitimidade para recorrer no processo em que oficiou como fiscal da lei, ainda que não haja recurso da parte'. Por outro lado, esta Corte pacificou o entendimento segundo o qual 'o Ministério Público detém legitimidade para recorrer nas causas em que atua como *custos legis*, ainda que se trate de discussão a respeito de direitos individuais disponíveis e mesmo que as partes estejam bem representadas' (REsp 460.425/DF, Rel. Min. Salvio de Figueiredo Teixeira, *DJ* 24.05.1999)" (REsp 434.535/SC, Rel. Ministro Franciulli Netto, 2.ª T., julgado em 16/12/2004, *DJ* 02/05/2005, p. 263).

Gabarito "B"

(Ministério Público/SP – 2013 – PGMP) Assinale a alternativa INCORRETA.

(A) A reclamação prevista no Regimento Interno do Tribunal Estadual não tem natureza jurídica recursal.

(B) O Ministério Público tem legitimidade autônoma plena para recorrer como parte na ação e como fiscal da lei nos processos em que atua por dever de ofício.

(C) O sistema recursal admite a impugnabilidade das decisões interlocutórias via agravo, como regra, na forma retida.

(D) O reexame necessário não tem natureza jurídica recursal e tem cabimento quando sucumbentes as pessoas jurídicas de direito público interno da administração direta e indireta sempre que a condenação ou o direito controvertido for superior a 60 (sessenta) salários-mínimos.

(E) Os princípios fundamentais que inspiram a teoria geral dos recursos são: o duplo grau de jurisdição, a taxatividade, a singularidade, a fungibilidade, a suspensividade e a proibição da *reformatio in peius*.

A: correta, pois reclamação não é recurso (princípio da taxatividade ou singularidade – CPC, art. 496); **B:** correta (CPC, art. 499); **C:** correta (CPC, art. 522); **D:** correta (CPC, art. 475); **E:** incorreta, devendo esta ser assinalada. A fungibilidade não é prevista no sistema recursal brasileiro, sendo admitida somente em situações muito específicas (dúvida objetiva quanto ao recurso, ausência de erro grosseiro e interposição no prazo do recurso para o qual se pretende a conversão).

Gabarito "E"

(Ministério Público/PR – 2013 – X) Em matéria de **recursos**, assinale a alternativa <u>correta</u>**:**

(A) As sentenças proferidas contra o município e suas autarquias não está sujeita ao duplo grau de jurisdição;

(B) A sentença que julga procedentes embargos à execução da dívida ativa da Fazenda Pública está sujeita ao duplo grau de jurisdição, independente do valor da dívida;

(C) O recurso adesivo não está sujeito a preparo;

(D) A desistência de recurso que já esteja no Tribunal depende da concordância do recorrido;

(E) Depois de apresentada a resposta à apelação, o Juiz poderá, no prazo de cinco dias, reexaminar os pressupostos de admissibilidade do recurso.

A: incorreta, pois municípios e autarquias integram-se no conceito de Fazenda Pública e enquadrados, portanto, no art. 475, I, do CPC; **B:** incorreta. O art. 475, § 2º, do CPC, limita o valor do reexame necessário para as condenações acima de 60 (sessenta) salários mínimos; **C:** incorreta, conforme o art. 500, parágrafo único, do CPC; **D:** incorreta, conforme o art. 501 do CPC. Trata-se de negócio jurídico unilateral não receptício; **E:** correta, conforme o art. 518, § 2º, do CPC.

Gabarito "E"

(Ministério Público/PR – 2013 – X) Acerca do agravo de instrumento, assinale a alternativa <u>incorreta</u>**:**

(A) O relator pode negar seguimento ao agravo de instrumento se ele for manifestamente inadmissível;

(B) Se o relator deferir liminar recursal, ela somente poderá ser reformada no julgamento do agravo, mas o próprio relator poderá reconsiderá-la;

(C) O relator, verificando que não é caso de agravo de instrumento, por inexistência de perigo de lesão grave e de difícil reparação, poderá convertê-lo em agravo retido;

(D) O recurso deve ser instruído com cópia integral dos autos onde foi proferida a decisão agravada;

(E) O prazo para interposição é de dez dias, salvo nas hipóteses de prazo em dobro.

A: correta, conforme rezam os arts. 527, I e 557 do CPC; **B:** correta, conforme o art. 527, parágrafo único, do CPC; **C:** correta, conforme o art. 527, II, do CPC; **D:** incorreta, devendo ser assinalada, pois o recurso *pode* ser instruído com a cópia integral dos autos, todavia, as peças obrigatórias estão previstas no art. 525, I, do CPC (decisão agravada, certidão de intimação e procurações); **E:** correta, conforme os arts. 522 e 188 do CPC; e 5º, § 5º, da Lei nº 1.060/1950).

Gabarito "D"

(Ministério Público/PR – 2013 – X) Assinale a alternativa <u>incorreta</u>:

(A) O Mandado de Segurança decidido em única instância por Tribunal Superior está sujeito a Recurso Ordinário para o STF se for denegatória a decisão;

(B) O Recurso Especial e o Recurso Extraordinário devem ser interpostos, em petições distintas, perante o Tribunal onde foi proferia a decisão recorrida;

(C) Admitidos o Recurso Especial e o Recurso Extraordinário, o STJ deverá julgar o Especial e, apenas depois e se não estiver prejudicado o Extraordinário, os autos serão enviados para o STF para apreciar o Recurso Extraordinário;

(D) Cabe Recurso Extraordinário da decisão do Recurso Especial apenas se a questão constitucional surgir no julgamento do Especial pelo STJ;

(E) O Recurso Extraordinário fundado em divergência jurisprudencial deve trazer, além da prova da divergência (por exemplo, reprodução do inteiro teor do acórdão), o cotejo fático-analítico da divergência entre os julgados.

A: correta, conforme o art. 105, II, da CF/1988; **B:** correta, conforme o art. 541 do CPC; **C:** correta, conforme o art. 543 do CPC; **D:** correta, conforme entendimento firmado pelo STF (AgRg no AI 376.041-3/ES, 1ª T., j. 03.09.2002, rel. Min. Ellen Gracie, *DJ* 04.10.2002); **E:** incorreta. Esta hipótese de cabimento aplica-se ao recurso especial conforme os arts. 105, III, *c*, da CF/1988 e 541, parágrafo único, do CPC.

Gabarito "E"

(Ministério Público/RO – 2013 – CESPE) No que diz respeito aos recursos, assinale a opção correta.

(A) Considere que um deficiente físico tenha celebrado, no curso de ação por ele ajuizada em face do plano de saúde que contratara, um acordo pelo qual tenha desistido de tratamento na rede particular de saúde e optado pela rede pública, em troca de pecúnia, tendo sido tal ajuste homologado pelo juiz. Nesse caso, segundo o STJ, o MP tem legitimidade para recorrer pelo simples fato de a ação ter sido proposta por deficiente físico.

(B) Não se admite o recurso adesivo nos juizados especiais estaduais, mesmo em relação ao recurso extraordinário interposto perante o STF.

(C) Expressamente consagrada na CF, a reclamação constitucional, de acordo com o STF, tem natureza recursal, já que, dado o princípio da taxatividade, todos os recursos devem ser previstos em lei em sentido amplo.

(D) De acordo com o entendimento jurisprudencial, compete ao STF conceder medida cautelar para dar efeito suspensivo a recurso extraordinário que ainda não tiver sido objeto de juízo de admissibilidade na origem.

(E) Segundo o entendimento jurisprudencial, o MPE tem legitimidade recursal para atuar no STJ.

A: incorreta. Conforme a jurisprudência do STJ: "A deficiência física, por si só, não tira da pessoa sua capacidade civil e sua aptidão para manifestar livremente sua vontade. Além disso, no acordo objeto de homologação, o deficiente físico não renunciou a um tratamento de saúde, simplesmente optou pelo tratamento na rede pública." (REsp 1.105.663/SP, 3ª T., j. 04.09.2012, rel. Min. Nancy Andrighi, *DJe* 27.09.2012); **B:** incorreta. A questão é controversa. Contudo, o Enunciado nº 88 do FONAJE não autoriza o cabimento de recurso adesivo em sede de Juizado Especial, contudo, como o cabimento de recurso extraordinário é admitido (Súmula nº 640 do STF) e dele há cabimento de recurso adesivo (art. 500, II, do CPC) há que se permitir recurso adesivo para o recurso extraordinário; **C:** incorreta. A doutrina praticamente unânime se posiciona no sentido de a reclamação ostentar natureza de ação e o STF pacificou o entendimento que se trata de direito de petição. Na taxatividade dos recursos (art. 496 do CPC), não consta a reclamação; **D:** incorreta, conforme as Súmulas nºs 634 e 635 do STF; **E:** correta, pois em decisão da Corte Especial (AgRg nos EDcl no AREsp 152.612/SP, 3ª T., j. 11.02.2014, rel. Min. João Otávio de Noronha, *DJe* 24.02.2014) o STJ já sinaliza a mudança de paradigma conforme entendimentos anteriores (AREsp 194.892) decorrente da mudança de posicionamento do STF por meio do RE 593.727.

Gabarito "E"

(Ministério Público/RO – 2013 – CESPE) Com relação ao mandado de segurança, assinale a opção correta.

(A) No caso de um mandado de segurança ter sido impetrado originariamente no tribunal de justiça, se o relator indeferir de plano a petição inicial do *mandamus*, caberá apelação.

(B) É possível a interposição de embargos infringentes de acórdão que, em mandado de segurança, tenha decidido por maioria de votos a apelação.

(C) O impetrante não pode desistir do mandado de segurança sem o consentimento do impetrado.

(D) Em relação ao procedimento do mandado de segurança, a lei exige apenas intimação do MP, sendo dispensável que o *parquet* se manifeste no feito, com efetivo pronunciamento.

(E) A natureza da sentença que concede a segurança é condenatória.

A: incorreta. Caberá Recurso Ordinário (art. 539, II, "a", do CPC); **B:** incorreta, conforme o art. 25 da Lei nº 12.016/2009; **C:** incorreta. O STF entende que a desistência independe do impetrado, de modo que não se aplica o art. 267, § 4º, do CPC (STF, AgRg no MS 26.890/DF, Pleno, j. 16.09.2009, rel. Min. Celso de Mello, *DJe* 23.10.2009); **D:** correta, conforme interpretação dos arts. 12, parágrafo único, da Lei 12.016/2009 e 246 do CPC; **E:** incorreta, a depender da corrente que se adote: se defender a classificação quinária, a sentença do mandado de segurança terá natureza mandamental. Para os que defendem a teoria clássica (ternária) a sentença é condenatória e a efetivação se dá por mandamento.

Gabarito "D"

(Ministério Público/AC – 2008) Assinale a alternativa correta.

(A) O efeito devolutivo e o efeito translativo da apelação visam a compor a cognição do Tribunal no plano vertical.

(B) O efeito devolutivo e o efeito translativo da apelação visam a compor a cognição do Tribunal no plano horizontal.

(C) Inexiste, no Direito brasileiro, hipótese de efeito expansivo subjetivo dos recursos.

(D) Opera-se o efeito substitutivo ainda que o recurso não tenha sido conhecido.

A: incorreta, porque o efeito translativo está relacionado à possibilidade de apreciação pelo Tribunal das matérias de ordem pública, o que não se relaciona com a profundidade de cognição; **B:** correta; **C:** incorreta (art. 509 do CPC); **D:** incorreta, porque o efeito substitutivo depende da apreciação do recurso pelo mérito.

Gabarito "B"

(Ministério Público/AC – 2008) Assinale alternativa correta.

(A) Só é possível outorgar efeitos infringentes aos embargos de declaração, se respeitado o contraditório.

(B) A contradição que autoriza os embargos de declaração pode ser aquela existente entre o acórdão do Tribunal que provê o recurso de apelação e a sentença judicial reformada.

(C) No Direito brasileiro os embargos de declaração não podem ser considerados caso de recurso, haja vista a regra da taxatividade recursal.

(D) Os embargos de declaração suspendem o prazo recursal em qualquer hipótese.

A: correta, uma vez que, "não é possível dar efeito infringente aos embargos de declaração sem a prévia intimação da parte contrária para responder o recurso, sob pena de violação do princípio do devido processo legal" (STF- 2ª T., RE 250.396-7); **B:** incorreta, porque "a contradição que autoriza os embargos de declaração é do julgado com ele mesmo, jamais a contradição com a lei e com o entendimento da Corte" (STJ, REsp 218.528); **C:** incorreta, porque os embargos de declaração estão arrolados, pela lei, dentre os recursos em espécie; **D:** incorreta, porque os embargos de declaração – exceto no JEC – têm por efeito interromper o prazo para os demais recursos (art. 538 do CPC).

Gabarito "A"

(Ministério Público/AC – 2008) Assinale a alternativa correta.

(A) A interpretação de cláusula contratual enseja recurso especial.

(B) A pretensão de reexame de fato dá lugar a recurso especial.

(C) Não se conhece do recurso especial pela divergência, quando a orientação do Tribunal se firmou no mesmo sentido da decisão recorrida.

(D) É admissível recurso especial ainda quando cabíveis e não interpostos embargos infringentes no tribunal de origem.

A: incorreta (Súmula n. 5 do STJ: "a simples interpretação de cláusula contratual não enseja recurso especial"); **B:** incorreta (Súmula n. 7 do STJ); **C:** correta (Súmula n. 83 do STJ); **D:** incorreta (Súmula n. 207 do STJ).

Gabarito "C"

(Ministério Público/BA – 2008) Quanto ao sistema recursal vigente no ordenamento processual civil brasileiro, pode-se afirmar:

I. A apelação e os embargos de declaração são recursos de fundamentação livre.

II. Se, durante o prazo para interposição do recurso, sobrevier morte da parte, do seu advogado, ou ocorrer caso de força maior, que suspenda o curso do processo, será tal prazo restituído em proveito da parte, do herdeiro ou do sucessor, contra quem começará a correr novamente depois da intimação.

III. O recurso especial, o recurso extraordinário e os embargos infringentes são recursos de fundamentação vinculada.

IV. A tempestividade de recurso interposto no Superior Tribunal de Justiça é aferida pelo registro no protocolo da Secretaria e não pela data da entrega na agência do correio.

V. Recurso contra sentença que confirma antecipação de tutela e que condena à prestação alimentícia é dotado de efeito devolutivo.

Estão corretas as seguintes assertivas:

(A) I, II e V.
(B) II, III e IV.
(C) I, III e V.
(D) I e III.
(E) II, IV e V.

I: incorreta, porque os embargos de declaração têm fundamentação vinculada (omissão, contradição ou obscuridade); **II:** correta (art. 507 do CPC); **III:** incorreta, porque os embargos infringentes têm fundamentação livre; **IV:** correta (STF-Pleno, AI 708.621); **V:** correta (art. 520, II e VII do CPC).

Gabarito "E"

(Ministério Público/BA – 2008) Em se tratando de recursos em espécie, marque a alternativa incorreta:

(A) Não cabe recurso extraordinário contra acórdão que defere medida liminar.

(B) No julgamento de recurso extraordinário por amostragem, o Supremo Tribunal Federal STF, ao analisar a existência ou não de repercussão geral, admitirá *amicus curiae*.

(C) Decisão liminar proferida pelo relator em agravo de instrumento, que concede efeito suspensivo à decisão atacada ou antecipa total ou parcialmente a pretensão recursal, não é passível de recurso, podendo ser modificada apenas por pedido de reconsideração endereçado ao relator.

(D) A interposição de recurso extraordinário está condicionada ao prévio esgotamento dos recursos ordinários, inclusive embargos infringentes.

(E) Não cabe recurso especial contra acórdão proferido no julgamento de agravo de instrumento.

A: correta (Súmula n. 735 do STF); **B:** correta (arts. 543-A e 543-B do CPC); **C:** correta (art. 527, parágrafo único, do CPC); **D:** correta; **E:** incorreta (Súmula 86 do STJ).

Gabarito "E"

(Ministério Público/BA – 2010) Em uma ação civil de mandado de segurança, da decisão do relator que deferir a medida liminar, é cabível qual recurso:

(A) Apelação.
(B) Recurso especial.
(C) Agravo de instrumento.
(D) Agravo.
(E) Recurso de ofício.

A alternativa correta é a "D", uma vez que a decisão monocrática do relator, que defere a medida liminar em mandado de segurança, desafia recurso de agravo interno, no prazo de 5 dias (arts. 527, II, c.c 588, do CPC).

Gabarito "D"

(Ministério Público/BA – 2010) Levando em consideração a teoria geral dos recursos, analise as proposições abaixo consignadas.

I. A desistência do recurso é admissível a partir do momento da sua interposição, até o início da respectiva sessão de julgamento, podendo, inclusive, essa manifestação ocorrer oralmente.

II. O cumprimento da decisão extingue o direito de recorrer, por restar caracterizada a preclusão lógica.

III. O reexame necessário tem natureza de recurso, traduzindo exceção ao princípio da voluntariedade.

IV. A ausência de preparo do recurso é defeito sanável que, não sendo corrigido, importa deserção.

V. É requisito do recurso adesivo a sucumbência recíproca e a interposição de recurso pela parte *ex adversa*. Além disso, a desistência do recurso principal importa, necessariamente, a desistência do recurso adesivo.

São consideradas corretas as seguintes afirmações:

(A) I, II e III.
(B) II, III e IV.
(C) III, IV e V.
(D) I, III e IV.
(E) I, II e V.

I: correta (art. 501 do CPC e STJ, REsp 433.290-AgRg); **II:** correta (art. 503 do CPC); **III:** incorreta. O reexame necessário não é recurso, porque não atende aos princípios da voluntariedade, taxatividade e dialética. Além disso, não está sujeito aos pressupostos recursais, como regularidade formal, tempestividades e preparo. O reexame necessário tem natureza de condição de eficácia de certas sentenças; **IV:** incorreta, porque a ausência de preparo acarreta a deserção e a consequente inadmissibilidade do recurso. O recolhimento insuficiente do preparo é que pode ser sanado no prazo de 5 dias; **V:** correta (art. 500 do CPC).

Gabarito "E"

(Ministério Público/BA – 2010) Pode-se afirmar que recurso é o meio pelo qual se provoca o reexame da decisão recorrida, ante a presença de defeitos formais (***error in procedendo***) ou por questões de justiça da decisão (***error in judicando***).

Sobre recursos em espécie, assinale a proposição certa.

(A) Os embargos de declaração têm natureza de recurso de fundamentação livre.

(B) É causa de invalidade o julgamento de agravo de instrumento sem as informações do prolator da decisão recorrida.

(C) Embargos de declaração interpostos com claro propósito de prequestionamento têm caráter protelatório a ensejar a sanção legal preconizada no art. 538, parágrafo único, do CPC.

(D) Admite-se recurso especial quanto à questão que, a despeito de oposição de embargos de declaração, não foi apreciada pelo tribunal *a quo*.

(E) É inadmissível recurso especial quando o acórdão recorrido assenta-se em fundamentos constitucional e infraconstitucional, qualquer deles suficiente, por si só, para mantê-lo, e a parte vencida não manifesta recurso extraordinário.

A: incorreta, porque nos embargos de declaração a fundamentação é vinculada. Neles, só se pode alegar omissão, contradição ou obscuridade na decisão; **B:** incorreta, porque o relator do agravo de instrumento tem discricionariedade para requisitar ou não as informações; **C:** incorreta (Súmula 98 do STJ); **D:** incorreta (Súmula 211 do STJ); **E:** correta (Súmula 126 do STJ).

Gabarito "E"

(Ministério Público/BA – 2010) A apelação, no direito processual civil brasileiro, é o recurso que, por excelência, é interposto contra a sentença proferida por juiz de primeiro grau. Acerca dessa espécie recursal, analise as afirmativas a seguir formuladas.

I. Os recursos de apelação interpostos contra sentença que decreta interdição e julga procedente pedido formulado em mandado de segurança não são dotados de efeito suspensivo.

II. Nos casos de extinção do processo sem julgamento do mérito (art. 267), é vedado ao Tribunal julgar desde logo a lide, cabendo-lhe apenas, na hipótese de provimento recursal, determinar o retorno dos autos ao juízo de origem, para rejulgamento.

III. Constatando a ocorrência de nulidade sanável, o Tribunal poderá determinar a realização ou renovação do ato processual, intimadas as partes; cumprida a diligência, sempre que possível prosseguirá o julgamento da apelação.

IV. A fundamentação livre ínsita à apelação autoriza que questões não alegadas na instância originária sejam deduzidas nesta via recursal, fazendo-se necessária apenas a observância do contraditório e da ampla defesa.

V. A execução provisória da sentença só é permitida quando o recurso de apelação for recebido apenas no efeito devolutivo.

Desse modo, assinale o número de proposição(ões) correta(s)?

(A) 1.

(B) 2.

(C) 3.

(D) 4.

(E) 5.

I: correta (art. 1184 do CPC e § 3º do art. 14 da Lei 12.016/2009); **II:** incorreta (art. 515, § 3º, do CPC); **III:** correta (art. 515, § 4º, do CPC); **IV:** incorreta (art. 517 do CPC); **V:** correta, pois apenas o efeito suspensivo impede a execução provisória da sentença.

Gabarito "C"

(Ministério Público/BA – 2005) Sobre agravo de instrumento assinale a alternativa correta:

(A) É facultativa, nesta modalidade de recurso, a juntada da cópia da decisão agravada.

(B) É facultativa, quando de sua interposição, a juntada de cópias das procurações outorgadas aos advogados do agravante e do agravado.

(C) O agravante requererá, em três (03) dias, a juntada aos autos do processo, de cópia da petição de agravo de instrumento e o comprovante de sua interposição, assim como dos documentos que instruíram o recurso.

(D) O Ministério Público será ouvido em cinco (05) dias.

(E) É recurso que nada obsta seja interposto no juízo "a quo".

A e **B:** incorretas (art. 525, I, do CPC); **C:** correta (art. 526 do CPC); **D:** incorreta (art. 527, VI, do CPC); **E:** incorreta (art. 524 do CPC).

Gabarito "C"

(Ministério Público/BA – 2005) Sobre recursos é correto afirmar-se:

(A) O recorrente poderá, a qualquer tempo, desistir do recurso, entretanto, fica condicionado à anuência do recorrido.

(B) O recurso interposto por um dos litisconsortes não tem o condão de aproveitar os demais.

(C) A insuficiência no valor do preparo não importa em deserção, ainda que o recorrente seja intimado para supri-lo.

(D) Os Estados, o Ministério Público, a União, os Municípios, assim como as respectivas autarquias, não estão dispensados de preparar seus recursos.

(E) O julgamento proferido pelo tribunal substituirá a sentença ou a decisão recorrida, mas somente no que tiver sido objeto do recurso.

A: incorreta (art. 501 do CPC); **B:** incorreta (art. 509 do CPC); **C:** incorreta (art. 511, § 2º, do CPC); **D:** incorreta (art. 511, § 1º, do CPC); **E:** correta (art. 512 do CPC).

Gabarito "E"

(Ministério Público/BA – 2005) Assinale a alternativa correta:

(A) A apelação que decidir o processo cautelar será recebida no efeito suspensivo.

(B) Uma vez interposto o agravo, o juiz poderá reformar seu *decisum*, não havendo necessidade da oitiva da parte contrária.

(C) Cabem embargos de declaração, no prazo de dois (02) dias, quando houver, na sentença ou acórdão, obscuridade ou contradição.

(D) O agravo retido não está condicionado ao preparo.

(E) É de dez (10) dias o prazo para interposição do agravo que inadmitir os embargos.

A: incorreta (art. 520, IV, do CPC); **B:** incorreta (art. 523, § 2º, do CPC); **C:** incorreta (art. 536 do CPC); **D:** correta (art. 522, parágrafo único, do CPC); **E:** incorreta (art. 532 do CPC).

Gabarito "D"

(Ministério Público/CE – 2011 – FCC) A interposição do agravo de instrumento

(A) não admite juízo de retratação.

(B) não obsta o andamento do processo, ressalva feita à possibilidade de concessão de efeito suspensivo ao recurso.

(C) é regra geral do ordenamento processual civil, com hipóteses excepcionais de interposição de agravo retido.

(D) dirigir-se-á ao juiz da causa, a quem caberá o encaminhamento dos autos ao tribunal competente.

(E) dá-se em face de atos processuais ordinatórios e de decisões interlocutórias.

A: incorreta, porque o juiz pode se retratar quando interposto o agravo; **B:** correta, porque não há efeito suspensivo para o recurso de agravo, exceto se expressamente concedido pelo relator; **C:** incorreta, porque a regra geral é interposição do agravo na modalidade retida, sendo o agravo de instrumento a exceção; **D:** incorreta, porque o agravo de instrumento é interposto diretamente no tribunal; **E:** incorreta, porque atos processuais ordinatórios são irrecorríveis.

Gabarito "B"

(Ministério Público/CE – 2009 – FCC) Publicado o acórdão do Superior Tribunal de Justiça que julga em definitivo recurso especial repetitivo, escolhido dentre aqueles que tratam de idêntica questão de direito,

(A) os agravos de instrumento serão julgados pelo Presidente do STJ, se ainda não distribuídos.

(B) os recursos especiais deverão ser encaminhados ao STJ, independentemente do resultado do acórdão recorrido coincidir ou não com a orientação do STJ.

(C) na hipótese de o acórdão recorrido divergir da orientação do STJ, não poderá o tribunal examinar a admissibilidade do recurso especial, que será remetido ao STJ.

(D) o Presidente do STJ não terá competência para julgar os recursos especiais encaminhados após a referida publicação e ainda não distribuídos.

(E) os recursos sobrestados serão novamente examinados pelo tribunal de origem na hipótese de o acórdão recorrido coincidir com a orientação do STJ.

A: correta (art. 5º, II, da Resolução n. 8, de 7/08/2008, do STJ); **B:** incorreta, porque os recursos especiais sobrestados na origem ou terão seguimento denegado na hipótese de acórdão recorrido coincidir com a orientação do STJ, ou serão novamente examinados pelo tribunal de origem na hipótese de o acórdão recorrido divergir da orientação do STJ (art. 543-C, § 7º, CPC); **C:** incorreta, em razão do dispositivo citado; **D:** incorreta, em razão do que dispõe a Resolução n. 8 do STJ acima mencionada; **E:** incorreta, porque na hipótese de o acórdão recorrido coincidir com a orientação do STJ, os recursos sobrestados terão seguimento denegado.

Gabarito "A"

(Ministério Público/CE – 2009 – FCC) O apelante deduziu, como única matéria do recurso, a inconstitucionalidade de lei federal aplicada na sentença. A Câmara julgadora, por maioria de votos, reconheceu a inconstitucionalidade da lei, embora sem declarar expressamente sua inconstitucionalidade e o recurso foi provido, em parte. Nesse caso,

(A) a decisão da Câmara, embora não declare expressamente a inconstitucionalidade da lei, é nula porque viola a cláusula de reserva de plenário.

(B) como o único fundamento do recurso é a inconstitucionalidade de texto de lei, a Câmara tem competência para decidir desde logo o feito, sem declarar a inconstitucionalidade.

(C) a decisão é nula porque não foi unânime.

(D) a Câmara tem a competência e o dever de declarar expressamente a inconstitucionalidade parcial da lei aplicada na sentença.

(E) a decisão é válida, porque se o único fundamento do recurso é a inconstitucionalidade de texto de lei, inexistindo matéria remanescente a ser decidida, a Câmara deve julgar de imediato para evitar procrastinações.

A Súmula Vinculante n. 10 do STF assim dispõe: "Viola a cláusula de reserva de plenário (CF, artigo 97) a decisão de órgão fracionário de tribunal que, embora não declare expressamente a inconstitucionalidade de lei ou ato normativo do poder público, afasta sua incidência, no todo ou em parte"; portanto, a assertiva A está correta e as demais alternativas estão incorretas em razão da Súmula em questão.

Gabarito "A"

(Ministério Público/DF – 2009) A respeito de recursos, assinale a alternativa correta.

(A) Uma vez proferida a sentença com julgamento de mérito e apresentado o recurso voluntário pela parte sucumbente, é incabível a desistência do recurso sem a anuência da parte contrária.

(B) O Ministério Público tem legitimidade para recorrer nos processos em que é parte e nas ações em que atua como fiscal da lei.

(C) Quanto ao recurso de apelação, pelo princípio do *tantum devolutum quantum apelatum*, ficam submetidas ao tribunal as questões anteriores à sentença e ainda não decididas.

(D) Após a publicação da sentença, o juiz só poderá alterá-la, mesmo que para corrigir inexatidões materiais, por meio de embargos de declaração.

(E) Em caso de litisconsórcio, para que o recurso interposto por um aproveite a todos, hão de ser distintos e opostos os interesses objetos da interposição.

A: incorreta, pois a desistência do recurso – ao contrário do que ocorre com a desistência da ação – não depende de concordância do adversário (art. 501 do CPC); **B:** correta (art. 499, § 2º, do CPC); **C:** incorreta, porque, embora seja verdadeira a afirmação de que a apelação devolve ao tribunal as questões anteriores à sentença e ainda não decididas, essa regra não está relacionada com o princípio do *tantum devolutum quantum apelatum*; **D:** incorreta, porque os erros de cálculo ou as inexatidões materiais não dependem de embargos de declaração para que sejam corrigidos pelo juiz; **E:** incorreta, porque o efeito expansivo subjetivo dos recursos só será verificado quando a matéria decidida no recurso interposto por um dos litisconsortes for comum aos demais.

Gabarito "B"

(Ministério Público/GO – 2010) Analise as proposições abaixo e, após, marque a alternativa correta.

I. O recurso pode ser interposto pela parte vencida, pelo terceiro prejudicado e pelo Ministério Público. Cumpre ao terceiro demonstrar o nexo de interdependência entre o seu interesse de intervir e a relação jurídica submetida à apreciação judicial. O Ministério Público tem legitimidade para recorrer assim no processo em que é parte, como naqueles em que oficiou como fiscal da lei.

II. O recorrente não poderá, sem a anuência do recorrido ou dos litisconsortes, desistir do recurso. A renúncia ao direito de recorrer depende da aceitação da outra parte. A parte que aceitar expressa ou tacitamente a sentença ou a decisão não poderá recorrer.

III. Dos despachos não cabe recurso. A sentença, todavia, pode ser impugnada no todo ou em parte. O prazo para a interposição do recurso, na forma da lei, contar-se-á da data: a) da leitura da sentença em audiência; b) da intimação às partes, quando a sentença não for proferida em audiência; c) da publicação do dispositivo do acórdão no órgão oficial.

IV. Interposta a apelação, o juiz, declarando os efeitos em que a recebe, mandará dar vista ao apelado para responder. Todavia, o juiz julgará improcedente o recurso de apelação quando a sentença estiver em conformidade com súmula do Superior Tribunal de Justiça ou do Supremo Tribunal Federal. Apresentada a resposta, é facultado ao juiz, em dez dias, o reexame dos pressupostos de admissibilidade do recurso.

(A) Apenas uma das afirmações acima está correta.

(B) Apenas duas das afirmações acima estão corretas.

(C) Apenas três afirmações acima estão corretas.

(D) Todas as quatro afirmações acima estão corretas.

I: correta (art. 499 do CPC); **II:** incorreta (art. 501 do CPC); **III:** correta (arts. 504, 505 e 506 do CPC); **IV:** incorreta, porque o art. 518 do CPC prevê que o juiz não receberá (e não a julgará improcedente) a apelação quando a sentença estiver em conformidade com Súmula, e, além disso, o prazo para o reexame dos pressupostos de admissibilidade é de 5 dias (a não 10).

Gabarito "B"

(Ministério Público/MA – 2009) Atente para as seguintes afirmativas.

I. O recurso de apelação, cujo prazo de interposição, de regra, é de quinze (15) dias, somente é cabível de sentença definitiva, vale dizer, daquela que corporifica julgamento do processo com resolução de mérito.

II. os denominados *"embargos de declaração"* não são providos de efeito devolutivo.

III. interposta a apelação, o juiz, após declarar os efeitos em que a recebe e determinar a abertura de vista ao apelado para a resposta, depois de apresentada esta (resposta), não mais poderá reexaminar os pressupostos de admissibilidade daquela (apelação por ele recebida em momento procedimental anterior).

IV. à vista do princípio da taxatividade, pode-se afirmar que são recursos: a apelação, o agravo de instrumento, os embargos infringentes, a correição parcial e o reexame necessário.

V. são pressupostos de admissibilidade recursal a *"singularidade"* e a *"irresignação"*.

(A) Somente a afirmativa "I" supra é correta, sendo incorretas todas as demais.

(B) Somente são corretas as afirmativas "IV" e "V" supra, sendo incorretas as demais.

(C) Somente a afirmativa "II" supra é correta, sendo incorretas todas as demais.

(D) As afirmativas "I", "II" e "III" supra são corretas, sendo incorretas todas as demais.

(E) São incorretas as afirmativas "I", e "III" supra e corretas as demais.

I: incorreta, porque apelação é o recurso cabível contra sentença, pouco importando se esta foi definitiva ou terminativa; **II:** correta, desde que se adote uma corrente doutrinária segundo a qual o efeito devolutivo só existiria nos casos em que o recurso é dirigido para órgão jurisdicional diverso daquele que proferiu a decisão. Para essa corrente, como os embargos de declaração são dirigidos ao próprio prolator da decisão embargada, não haveria, de acordo com essa corrente, efeito devolutivo. Sem dúvida, foi a ela que se filiou o examinador nessa questão. Não se pode ignorar, contudo, que existe expressiva quantidade de processualistas que afirma que todos os recursos, sem exceção, têm efeito devolutivo, já que por eles a matéria impugnada é devolvida ao próprio Judiciário, o que não seria diferente no caso dos embargos de declaração; **III:** incorreta, porque o juiz pode – e deve – reapreciar o juízo de admissibilidade da apelação após a apresentação da resposta; **IV:** incorreta, porque correição parcial e reexame necessário não são recursos. A primeira tem natureza de medida administrativo-disciplinar, e o segundo é condição de eficácia das sentenças proferidas contra a fazenda pública; **V:** incorreta, porque singularidade é um dos princípios recursais, e não pressuposto de admissibilidade.

Gabarito "C"

(Ministério Público/MG – 2012 – CONSULPLAN) São legitimados a propor a edição, a revisão ou o cancelamento de enunciado de Súmula Vinculante, **EXCETO**:

(A) o Procurador-Geral da República.

(B) a Mesa da Assembleia Legislativa ou da Câmara Legislativa do Distrito Federal.

(C) o Defensor Público-Geral da União.

(D) o Procurador-Geral de Justiça.

Nos termos do § 2º do art. 103-A da Constituição da República, a aprovação, revisão ou cancelamento de súmula vinculante pode ser provocada por quem tem legitimidade para propor ação direta de inconstitucionalidade, ou seja, as pessoas apontadas pelo 2º da LADIN. Dentre elas, não se encontra o Procurador-Geral de Justiça, motivo pelo qual deve ser assinalada a alternativa "D".

Gabarito "D"

(Ministério Público/MG – 2011) João e Paulo propuseram ação ordinária de obrigação de fazer contra Pedro, protocolizada na Comarca de Belo Horizonte. Na audiência preliminar de conciliação (artigo 331 do CPC), o autor Paulo e o réu Pedro compareceram acompanhados de seus respectivos advogados e, nessa ocasião – não obtida a conciliação –, o Juiz da causa, além de determinar as provas a serem produzidas e de designar audiência de instrução e julgamento, deferiu a antecipação de tutela pleiteada pelos autores. Inconformado, o réu recorreu. Indaga-se: qual o recurso adequado?

(A) Agravo retido, oral e imediatamente.

(B) Agravo retido, no prazo de 10 dias contado da publicação do ato na imprensa oficial.

(C) Agravo de instrumento, no prazo de 10 dias contado da publicação do ato na imprensa oficial.

(D) Agravo de instrumento, no prazo de 10 dias contado da data da audiência de conciliação.

Contra as decisões interlocutórias proferidas em audiência de instrução, o recurso cabível é o agravo retido, de interposição obrigatoriamente oral (art. 523, § 3º do CPC), exceto quando houver urgência na apreciação do recurso, hipótese em que será cabível o agravo de instrumento. No caso em apreço, a decisão foi proferida em audiência preliminar (e não em audiência de instrução) e, além disso, diz respeito à tutela de urgência, motivo pelo qual o recurso cabível é o agravo de instrumento, no prazo de 10 dias, a contar da audiência, já que dela saíram intimadas as partes. Logo, correta é a alternativa "D".

Gabarito "D"

(Ministério Público/MG – 2011) Concedida a ordem no mandado de segurança – em cujo feito foi considerada inválida lei local contestada em face de lei federal – e interposto recurso de apelação, o Tribunal de Justiça, por maioria, reformou a sentença. Indaga-se: qual o meio processual adequado para a impugnação do respectivo acórdão?

(A) Embargos infringentes.

(B) Recurso ordinário.

(C) Recurso especial.

(D) Recurso extraordinário.

A: incorreta, porque "não cabem, no processo de mandado de segurança, a interposição de embargos infringentes" (art. 25 da LMS); **B:** incorreta, porque o recurso ordinário em mandado de segurança só é cabível quando se tratar de decisão denegatória proferida nos casos de competência originária do Tribunal; **C:** incorreta, porque não se trata de hipótese de cabimento de recurso especial; **D:** correta (art. 102, III, "d", CF).

Gabarito "D"

(Ministério Público/MG – 2005) Indique, dentre as alternativas abaixo, o requisito extrínseco de admissibilidade dos recursos em geral:

(A) cabimento;

(B) legitimação para recorrer;

(C) interesse para recorrer;

(D) inexistência de fato impeditivo ou extintivo do poder de recorrer;

(E) preparo.

Muito embora não haja unanimidade na doutrina sobre a classificação dos requisitos de admissibilidade dos recursos, por requisitos extrínsecos, de acordo com parcela considerável da doutrina, entendem-se aqueles que dizem respeito ao modo de exercício do direito de recorrer, ou seja, tempestividade, preparo e regularidade formal. Os demais requisitos são, de acordo com essa classificação, intrínsecos. Assim, correta é apenas a alternativa "E".

Gabarito "E"

(Ministério Público/MG – 2005) É **CORRETO** afirmar em sede de recursos especial e extraordinário:

I. Tem-se como prequestionada a questão objeto de recurso especial aviado pelo Ministério Público, se tal restou suscitada no parecer ministerial e discutida no acórdão objurgado;

II. Os recursos especial e extraordinário não são meios idôneos para se demonstrar o que o tribunal de apelação teve como não comprovado;

III. A valoração jurídica da prova diz respeito ou se equivale ao seu reexame;

IV. Para o aviamento de recurso extraordinário não é indispensável o prévio esgotamento das instâncias ordinárias, eis que aquela irresignação busca a uniformização da aplicação das normas constitucionais, importando, pois, na preservação da ordem pública.

Somente é **CORRETO** o que se afirma em:

(A) II e IV

(B) I e IV

(C) II

(D) I e III

(E) I e II

I: correta; **II:** correta, porque tais recursos não se prestam à apreciação de provas; **III:** incorreta, porque a valoração jurídica da prova está relacionada com o valor legal eventualmente atribuído a ela. Um exemplo pode ilustrar a questão: considerou-se como provado um contrato de valor superior a 10 salários mínimos, exclusivamente por testemunhas. Valoração jurídica da prova é saber se esse fato poderia ter sido considerado por meio dessa prova (o que é vedado pelo art. 401 do CPC). Reexame da prova seria verificar se os depoimentos testemunhais foram sinceros, ou não; **IV:** incorreta, porque o prévio esgotamento das vias ordinárias é exigido tanto para admissibilidade do recurso especial, quanto do extraordinário.

Gabarito "E"

(Ministério Público/MG – 2010 – FUNDEP) Analise as seguintes afirmativas e assinale a alternativa **INCORRETA**.

(A) A sentença sujeita ao reexame necessário (art. 475 do CPC), mesmo quando em conformidade com jurisprudência do plenário do Supremo Tribunal Federal, deverá ser confirmada pelo segundo grau de jurisdição para que produza efeitos válidos e eficazes.

(B) Mesmo depois de recebida a apelação e declarados os seus efeitos, pode o juiz, enquanto os autos não forem remetidos ao tribunal, reexaminar os pressupostos de admissibilidade do recurso e, se for o caso, retificar a sua anterior decisão.

(C) Por meio de decisão singular, o Desembargador Relator, constatando que a apelação confronta com jurisprudência dominante do próprio tribunal, negará seguimento ao recurso.

(D) O juiz de primeiro grau de jurisdição deixará de receber recurso de apelação quando a sentença impugnada estiver em conformidade com súmula do Superior Tribunal de Justiça.

A: incorreta (art. 475, § 3°, do CPC); **B:** correta (art. 518, § 2°, do CPC); **C:** correta (art. 557 do CPC); **D:** correta (art. 518, § 1° do CPC).

Gabarito "A"

(Ministério Público/MG – 2010 – FUNDEP) Analise as seguintes afirmativas e assinale a alternativa **CORRETA**.

(A) Concedido efeito suspensivo ou deferida a tutela recursal no agravo de instrumento, o juiz de primeiro grau não mais poderá exercer o direito de retratação.

(B) Contra ato judicial que julga liquidação de sentença cabe recurso de agravo de instrumento.

(C) Contra a decisão do relator que defere ou indefere antecipação de tutela no recurso de agravo de instrumento cabe recurso ao órgão colegiado do tribunal.

(D) O agravo retido contra decisão proferida em audiência poderá ser interposto de imediato, oralmente, ou no prazo de 10 dias, por meio de petição ao juiz da causa.

A: incorreta, porque o juízo de retratação pode ser exercido enquanto não julgado o recurso de agravo de instrumento; **B:** correta (art. 475-H do CPC); **C:** incorreta, porque se trata de decisão contra a qual não cabe recurso (art. 527, parágrafo único, CPC); **D:** incorreta, porque a interposição oral é obrigatória, sob pena de preclusão (art. 523, § 3°, CPC).

Gabarito "B"

(Ministério Público/MG – 2010.1) Assinale a alternativa CORRETA.

(A) Os embargos de declaração intempestivos, se conhecidos e julgados, interrompem o prazo para a interposição de outros recursos.

(B) Os embargos de declaração considerados protelatórios não interrompem o prazo para a interposição de outros recursos.

(C) Os embargos de declaração não interrompem o prazo para a oposição de embargos declaratórios à decisão já embargada pela parte contrária.

(D) Os embargos de declaração interrompem o prazo para a interposição de outros recursos, mas a interrupção favorece apenas a parte embargante.

(E) Os embargos de declaração suspendem o prazo para a interposição de outros recursos.

A: incorreta, porque a interposição dos embargos de declaração interrompe o prazo para os demais recursos, mas tal efeito não está condicionado ao conhecimento dos embargos; **B:** incorreta, porque o efeito interruptivo será verificado ainda que os embargos sejam protelatórios, mas, nesse caso, ao embargante poderá ser imposta multa (parágrafo único do art. 538 do CPC); **C:** correta, opostos os declaratórios por uma das partes, fica interrompido o prazo para os demais recursos, para ambas as partes, mas não para a interposição dos próprios embargos pelo adversário do embargante; **D:** incorreta, porque esse efeito beneficia ambas as partes; **E:** incorreta, já que ocorre interrupção do prazo, com a ressalva de que haverá suspensão caso se trate de JEC.

Gabarito "C"

(Ministério Público/MG – 2010.1) Assinale a alternativa CORRETA.

(A) Dada a celeridade exigida para o processamento do mandado de segurança e a ausência de previsão de agravo de instrumento na respectiva lei, não se admite a interposição de tal recurso contra decisão que concede ou denega liminar na ação mandamental.

(B) Embora a Lei de Mandado de Segurança não preveja o cabimento de agravo, a doutrina e a jurisprudência, alicerçadas no princípio do duplo grau de jurisdição, admitem a interposição desse recurso contra decisão que concede ou denega liminar, aplicando supletivamente o Código de Processo Civil.

(C) Na Lei de Mandado de Segurança há previsão expressa de cabimento do recurso de agravo, restrito, porém, à hipótese de concessão de liminar.

(D) Mesmo não havendo previsão de recurso de agravo em mandado de segurança, a decisão concessiva de liminar pode ser impugnada por meio de pedido de suspensão ao Presidente do Tribunal.

(E) Há previsão expressa na Lei de Mandado de Segurança do cabimento de agravo contra decisão que concede ou denega liminar.

Está correta a alternativa "E", porque o art. 7°, § 1°, da Lei 12.016/2009 prevê expressamente que "da decisão do juiz de primeiro grau que conceder ou denegar a liminar caberá agravo de instrumento". Em razão disto, estão incorretas as demais alternativas.

Gabarito "E"

(Ministério Público/MG – 2007) Quanto aos recursos NÃO é verdadeiro afirmar que

(A) os prazos para interposição do recurso contar-se-ão da publicação do dispositivo do acórdão no órgão oficial.

(B) no prazo para a interposição do recurso, a petição será protocolada em cartório ou segundo a norma de organização judiciária, ressalvado em caso de Agravo de Instrumento em que poderá ser protocolada no tribunal, ou postada no correio.

(C) constatando a ocorrência de nulidade sanável, o tribunal poderá determinar a realização ou renovação do ato processual, intimadas as partes; cumprida a diligência, sempre que possível prosseguirá o julgamento da apelação.

(D) o juiz receberá o recurso de apelação quando a sentença estiver em conformidade com súmula do Superior Tribunal de Justiça ou do Supremo Tribunal Federal, cabendo ao 1º Vice-Presidente do tribunal de origem realizar o juízo de admissibilidade.

(E) apresentada a resposta, é facultado ao juiz, em cinco dias, o reexame dos pressupostos de admissibilidade do recurso.

A: correta (art. 506, III, do CPC); **B:** correta (art. 506, parágrafo único, do CPC); **C:** correta (art. 515, § 4º, do CPC); **D:** incorreta (art. 518, § 1º, do CPC); **E:** correta (art. 518, § 2º, do CPC).

Gabarito "D"

(Ministério Público/MS – 2009) Leia as seguintes assertivas:

I. A eficácia preclusiva da coisa julgada somente se opera em relação às alegações concernentes ao mérito da causa e relativas à mesma causa de pedir.

II. Procedentes os embargos de devedor em execução de dívida ativa, a decisão transitará em julgado caso não seja interposto recurso voluntário.

III. Conforme a jurisprudência dominante, matéria de ordem pública já examinada em agravo não poderá ser novamente apreciada pelo Tribunal por ocasião do julgamento da apelação.

Está(ão) correta(s) apenas a(s) afirmativa(s)

(A) I e III.

(B) II e III.

(C) I.

(D) II.

(E) I e II.

I: correta, porque a eficácia preclusiva da coisa julgada (ou princípio do deduzido e do dedutível) só alcança os fatos que não foram, mas que poderiam ter sido alegados, em relação à causa de pedir que foi apontada na inicial; **II:** incorreta, uma vez que, nesse caso, haverá reexame necessário, ainda que a Fazenda Pública não interponha recurso voluntário (art. 475, II, CPC); **III:** incorreta, porque não há preclusão sobre as matérias de ordem pública.

Gabarito "C"

(Ministério Público/MS – 2009) Leia as seguintes assertivas:

I. Em recursos especiais repetitivos, o julgamento do recurso paradigma acarreta o provimento, na origem, dos recursos sobrestados, quando o acórdão recorrido estiver em confronto com a orientação firmada pelo Superior Tribunal de Justiça.

II. Em recurso extraordinário, não estará cumprido o requisito do prequestionamento na hipótese de, embora suscitada a questão constitucional em embargos declaratórios, não haver expressa manifestação do tribunal *a quo* sobre a matéria.

III. Não é admissível o recurso especial contra decisão de relator que nega provimento à apelação.

Está(ão) correta(s) apenas a(s) afirmativa(s)

(A) I e II.

(B) II e III.

(C) III.

(D) I.

(E) I e III.

I: incorreta, porque, os recursos sobrestados na origem "serão novamente examinados pelo tribunal de origem na hipótese de o acórdão recorrido divergir da orientação do Superior Tribunal de Justiça" (art. 543-C, § 7º, II, CPC); **II:** incorreta (Súmula n. 356 do STF); **III:** correta, porque o recurso especial, bem como o extraordinário, dependem de prévio esgotamento das vias ordinárias. Assim, só seria viável a sua interposição após o julgamento do agravo interno contra a decisão monocrática proferida pelo relator.

Gabarito "C"

(Ministério Público/MS – 2011 – FADEMS) Em relação a recursos, aponte a alternativa **correta**.

I. Nos casos em que a sentença trouxer em seu conteúdo algo mais do que a resolução exauriente do mérito ou a extinção do processo, por exemplo, deliberação sobre a antecipação de tutela, a parte deve impugnar tudo por meio de um só recurso, qual seja, a apelação. Não se concebe que a parte concomitantemente se insurja contra um mesmo pronunciamento por meio de agravo e de apelação. Ainda que tencione se insurgir apenas contra aquele algo mais, ela também deve lançar mão de apelação.

II. Pode a parte, mesmo que já tenha interposto o recurso, 'complementar' as razões recursais, adicionando elementos ao inconformismo, pois ainda não transcorreu totalmente o prazo recursal.

III. Deve-se distinguir entre a extensão do efeito devolutivo da apelação, limitada pelo pedido daquele que recorre, e a sua profundidade, que abrange os antecedentes lógico-jurídicos da decisão impugnada. Estabelecida a extensão do objeto do recurso pelo requerimento formulado pelo apelante, todas as questões surgidas no processo, que possam interferir no seu acolhimento ou rejeição, devem ser levadas em conta pelo Tribunal.

IV. A rejeição unânime dos embargos de declaração apaga os efeitos do julgamento proferido por maioria de votos no âmbito do recurso de apelação.

V. O recurso especial foi interposto antes do julgamento dos embargos de declaração da parte contrária sem posterior ratificação. É extemporâneo o recurso especial tirado antes do julgamento dos embargos de declaração, anteriormente opostos, sem que ocorra a necessária ratificação.

(A) As alternativas II e V estão corretas;

(B) Todas as alternativas estão incorretas;

(C) As alternativas II e IV estão corretas;

(D) As alternativas I, III e V estão corretas;

(E) Todas as alternativas estão corretas.

I: correta, porque mesmo que a sentença contenha mais de um capítulo decisório, o recurso cabível em relação a todos eles é a apelação, ainda que os efeitos dela sejam diversos em relação a cada um dos capítulos; **II:** incorreta, em razão do princípio da consumação, ou da preclusão consumativa (uma vez interposto o recurso, não pode a parte mais modificá-lo ou o alterar); **III:** correta (art. 515, §§ 1º e 2º, do CPC); **IV:** incorreta, porque os embargos de declaração não substituem a decisão embargada, mas apenas a complementam; **V:** correta (Súmula 418 do STJ).

Gabarito "D"

(Ministério Público/MS – 2006) Assinale a alternativa CORRETA:

(A) No direito processual civil o termo objeção indica a defesa que só pode ser conhecida quando alegada pela parte.

(B) A desistência do recurso formulado por um dos litisconsortes unitários faz cessar os efeitos da interposição apenas em relação ao desistente.

(C) A renúncia ao direito de recorrer independe da aceitação da outra parte.

(D) A petição de agravo de instrumento será instruída facultativamente, com cópias da decisão agravada, da certidão da respectiva intimação e das procurações outorgadas aos advogados do agravante e do agravado.

A: incorreta. No direito processual civil, "objeção" tem por objeto matéria de ordem pública, podendo, inclusive, ser decretada de ofício pelo juiz; **B:** incorreta (art. 501 do CPC); **C:** correta (art. 502 do CPC); **D:** incorreta (art. 525 do CPC).

Gabarito "C"

(Ministério Público/MS – 2006) Assinale a alternativa CORRETA:

(A) A apelação devolverá ao tribunal o conhecimento da matéria impugnada. Serão, porém, objeto de apreciação e julgamento pelo tribunal todas as questões suscitadas e discutidas no processo, ainda que a sentença não as tenha julgado por inteiro.

(B) No caso de reexame necessário não cabe ao relator, com respaldo no artigo 557 do Código de Processo Civil, decidi-lo isoladamente.

(C) A apelação será incluída em pauta antes do agravo de instrumento interposto no mesmo processo.

(D) Os embargos de declaração não interrompem o prazo para a interposição de outros recursos, por qualquer das partes.

A: correta (art. 515, *caput* e § 1º, do CPC); **B:** incorreta (art. 557 do CPC); **C:** incorreta (art. 559 do CPC); **D:** incorreta (art. 538 do CPC).

Gabarito "A"

(Ministério Público/MT – 2012 – UFMT) A interposição de recursos opera, no plano processual e também no fático, inúmeros efeitos, alguns com maior, outros com menor intensidade. Sobre recursos e respectivos efeitos, analise as assertivas.

I. Todos os recursos previstos no direito brasileiro impedem a incidência da preclusão sobre a decisão que estão aptos a atacar.

II. Quando se afirma que determinado recurso possui efeito suspensivo, permite-se que a decisão que por ele possa ser recorrida produza efeitos após sua publicação.

III. Embora os recursos sejam uma via de impugnação de ato judicial, existem outros caminhos que podem ser utilizados para essa mesma finalidade.

IV. O efeito translativo prescinde de expressa manifestação das partes, uma vez que o referido efeito está ligado à matéria que compete ao Judiciário conhecer em qualquer tempo ou grau de jurisdição.

V. O efeito devolutivo conferido aos recursos é corolário do princípio do juiz natural.

Está correto o que se afirma em:

(A) I, III, IV e V, apenas.

(B) I, III e IV, apenas.

(C) I, II e V, apenas.

(D) II e III, apenas.

(E) IV e V, apenas.

I: correta, já que o chamado efeito obstativo (da preclusão e da coisa julgada) é comum a todos os recursos; **II:** incorreta, porque o efeito suspensivo previsto em lei para o recurso cabível contra determinada decisão faz com que ela tenha sua eficácia obstada pela simples sujeição a tal recurso; **III:** correta, uma vez que, além dos recursos, as decisões podem ser impugnadas pelas ações autônomas de impugnação e pelos sucedâneos recursais; **IV:** correta, porque o efeito translativo implica na transferência para o órgão "ad quem" das matérias de ordem pública, independentemente de manifestação do recorrente ou do órgão "a quo"; **V:** correta.

Gabarito "A"

(Ministério Público/PB – 2010) No que pertine aos recursos, analise as proposições que se seguem e assinale alternativa correta:

I. A interposição do recurso especial ou extraordinário não impede a execução provisória do julgado, contudo, se a execução provisória puder causar lesão grave ou de difícil reparação ao recorrente, este poderá ajuizar medida cautelar destinada a dar efeito suspensivo ao recurso excepcional.

II. Nas causas que envolvem estado estrangeiro ou organismo internacional *versus* município ou pessoa residente ou domiciliada no país, decididas por juiz federal, cabe recurso ordinário constitucional perante o Supremo Tribunal Federal, independentemente do tipo da decisão hostilizada e do seu teor.

III. Nos juizados especiais, em nenhuma hipótese, admite-se o recurso adesivo por ser incompatível com os princípios da oralidade, informalidade e celeridade que regem o procedimento sumaríssimo.

IV. A apelação será apreciada nos limites especificados pelo recorrente, contudo a norma permite que o tribunal, reformando a sentença que extinguiu o processo sem exame do mérito, possa avançar na análise do próprio mérito da ação, desde que não haja mais necessidade de dilação probatória e a apelação tenha por fundamento o *error in procedendo.*

(A) Apenas III e IV estão corretas.

(B) Apenas I, II e III estão corretas.

(C) Apenas I e II estão corretas.

(D) Apenas I é correta.

(E) Todas as proposições estão incorretas.

I: correta; **II:** incorreta, porque o recurso ordinário constitucional, no caso das ações internacionais, é de competência do STJ, e não do STF; **III:** incorreta, pois "não cabe recurso adesivo em sede de Juizado Especial, por falta de expressa previsão legal" (FPJC, enunciado 88), e não por incompatibilidade com os princípios apontados no item; **IV:** incorreta, porque o chamado julgamento "per saltum" da causa madura, previsto no § 3º do art. 515 do CPC, não se limita ao "error in procedendo".

Gabarito "D"

(Ministério Público/PR – 2011) Acerca dos recursos cíveis, assinale a alternativa correta:

(A) cabe recurso extraordinário dirigido ao Supremo Tribunal Federal contra a decisão do Tribunal de Justiça que decidir o incidente de declaração de inconstitucionalidade;

(B) a autenticação das peças trasladadas não é pressuposto de admissibilidade do agravo de instrumento que ataca decisão interlocutória do juiz de primeiro grau;

(C) cabe recurso especial contra a decisão da turma recursal dos juizados especiais cíveis estaduais que contrariar tratado ou lei federal, ou negar-lhes vigência;

(D) cabe recurso de embargos infringentes quando o acórdão não unânime houver reformado, em grau de apelação, a sentença de mérito no mandado de segurança.

(E) cabe recurso de agravo contra a decisão do Supremo Tribunal Federal que não conhecer do recurso extraordinário por ausência de repercussão geral.

A: incorreta, porque eventual recurso extraordinário será interposto contra o acórdão que julgar o recurso no bojo do qual a inconstitucionalidade foi alegada, e não contra a decisão que resolveu o incidente em si mesmo; **B:** correta (STJ, REsp 1.111.001); **C:** incorreta, porque não se admite recurso especial contra decisão de turma recursal (embora o recurso extraordinário seja cabível); **D:** incorreta (art. 25 da Lei 12.016/2009); **E:** incorreta, porque se trata de decisão irrecorrível (art. 543-A do CPC).

Gabarito "B"

(Ministério Público/PR – 2009) Registre a alternativa INCORRETA:

(A) as questões de fato surgidas supervenientemente à prolação e publicação da sentença, poderão ser suscitadas, conhecidas e apreciadas pelo Tribunal na apelação interposta, mas somente se a parte lograr provar que não as apresentou anteriormente por motivo de força maior;

(B) quando o dispositivo do acórdão contiver julgamento por maioria de votos e julgamento unânime, e forem interpostos embargos infringentes, o prazo para recurso extraordinário ou recurso especial, relativamente ao julgamento unânime, ficará sobrestado até a intimação da decisão nos embargos;

(C) o agravo, na sua forma retida, apenas será conhecido pelo Tribunal, caso a parte assim o requeira expressamente nas razões ou na resposta da apelação, indicando possuir o recurso a função de evitar a preclusão da matéria questionada, objeto da decisão interlocutória;

(D) a oposição de embargos de declaração não gera efeito devolutivo e interrompe, para ambas as partes, o transcorrer do prazo concedido para a interposição de outros recursos;

(E) indeferida liminarmente a petição inicial e interposto recurso de apelação, o juiz concederá vista ao apelado para responder, com o intuito de, na sequência, exercer o juízo de retratação, quando, então, aceitará a exordial indeferida ou, inexistindo reconsideração, encaminhará os autos imediatamente ao Tribunal competente.

A: correta, nos termos do art. 517 do CPC; **B:** correta (art. 498 do CPC); **C:** correta (art. 523 do CPC); **D:** correta, desde que adotada a corrente doutrinária (não unânime) que defende que os embargos de declaração não teriam efeito devolutivo, já que dirigidos ao mesmo órgão que proferiu a decisão; **E:** incorreta, porque indeferida a petição e tendo o autor apelado dessa sentença, se o juiz não se retratar, remeterá os autos ao tribunal sem que o réu seja citado ou intimado para acompanhar o recurso.

Gabarito "E"

(Ministério Público/PR – 2008) Em matéria de recursos é correto afirmar:

(A) O efeito translativo opera-se independente da expressa manifestação de vontade do recorrente ou do recorrido, permitindo ao tribunal julgar fora do que consta nas razões ou contrarrazões e apreciar matéria não decidida pelo juízo "a quo", posto que referente a questões de ordem pública.

(B) A renúncia ao direito de recorrer depende da aceitação da parte contrária e, portanto, diante de tal característica, deixa o ato de disposição de poder ser considerado potestativo.

(C) Os prazos recursais, ao contrário dos demais, não se sujeitam a causas de suspensão e de interrupção.

(D) O efeito devolutivo adia a produção imediata dos efeitos da decisão, pois impede a eficácia do pronunciamento judicial até que a decisão ou o próprio recurso dele interposto transite em julgado.

(E) O efeito suspensivo consiste em transferir ao órgão *ad quem* o conhecimento da matéria julgada em grau inferior de jurisdição.

A: correta, pois efeito translativo diz respeito exatamente às questões de ordem pública, ainda que não apreciadas pelo juízo *a quo*; **B:** incorreta (art. 502 do CPC); **C:** incorreta (arts. 179 e 180 do CPC). Os prazos recursais, da mesma forma que os demais prazos processuais, estão sujeitos à suspensão e interrupção; **D:** incorreta. O efeito devolutivo diz respeito ao princípio dispositivo, eis que o recurso interposto devolve ao Tribunal a matéria efetivamente impugnada; **E:** incorreta, pois o efeito suspensivo consiste em adiar a produção dos efeitos da decisão recorrida até o seu trânsito em julgado.

Gabarito "A"

(Ministério Público/RJ – 2011) É correto afirmar em matéria de recursos que:

(A) os recursos de fundamentação vinculada são incompatíveis com a aplicação do princípio da fungibilidade;

(B) o agravo se diferencia da apelação em virtude de não prestar para impugnar sentença, por possuir efeito suspensivo e ensejar juízo de retratação;

(C) o denominado efeito translativo do recurso, decorrente de sua devolutividade, não pode ser conhecido de ofício;

(D) o efeito expansivo subjetivo do recurso é típico do litisconsórcio unitário, mas pode incidir o litisconsórcio simples;

(E) cabe a o recorrente a opção pelo agravo retido ou por instrumento, não podendo o julgador converter de ofício um pelo outro.

A: incorreta, porque mesmo nos recursos de fundamentação vinculada, desde que presentes os requisitos, é possível aplicar o princípio da fungibilidade recursal; **B:** incorreta, porque o agravo não possui efeito suspensivo; **C:** incorreta, porque o efeito translativo, que decorre do princípio inquisitivo ou inquisitório, pode ser reconhecido de ofício pelo Tribunal; **D:** correta; **E:** incorreta, porque cabe ao relator converter o agravo de instrumento em agravo retido, nos casos em que não for cabível a primeira modalidade.

Gabarito "D"

(Ministério Público/RN – 2009 – CESPE) No que concerne aos recursos no processo civil, assinale a opção correta.

(A) O reexame necessário possui natureza jurídica de recurso.

(B) A dimensão horizontal do efeito devolutivo refere-se ao objeto do recurso.

(C) Havendo recurso de apelação, diante do silêncio da parte recorrida, as questões de ordem pública são transferidas ao tribunal em razão do efeito devolutivo.

(D) Admite-se a interposição do agravo de instrumento na forma de recurso adesivo.

(E) O efeito expansivo subjetivo diz respeito à dimensão do pedido recursal da parte recorrente.

A: incorreta, porque a natureza do reexame necessário é de condição de eficácia de certas sentenças, e não de recurso; **B:** correta, porque o aspecto horizontal do efeito devolutivo está relacionado aos capítulos da decisão que são objeto de impugnação pelo recorrente; **C:** incorreta, porque a transferência das matérias de ordem pública decorre do efeito translativo, e não do efeito devolutivo; **D:** incorreta, porque a interposição de recurso adesivo, nos termos do art. 500 do CPC, limita-se aos seguintes recursos: apelação, embargos infringentes, recurso especial e recurso extraordinário; **E:** incorreta, porque o efeito expansivo subjetivo é aquele que diz respeito à extensão da decisão proferido no recurso aos litisconsortes do recorrente, ainda que eles não tenham impugnado a decisão.

Gabarito "B"

(Ministério Público/RO – 2010 – CESPE) No que se refere ao duplo grau de jurisdição obrigatório — remessa de ofício, recurso de ofício, reexame necessário ou recurso obrigatório —, assinale a opção correta.

(A) Esse instituto não é admitido no sistema processual brasileiro por violar o princípio da igualdade processual das partes.

(B) Esse instituto não se aplica quando a sentença estiver em conformidade com súmula do STF.

(C) Nos processos em que é parte pessoa jurídica de direito público interno, os acórdãos sujeitam-se ao duplo grau de jurisdição obrigatório.

(D) O duplo grau de jurisdição obrigatório é cabível nas sentenças com resolução de mérito, e incabível nas sentenças sem resolução de mérito.

(E) O duplo grau de jurisdição obrigatório depende da interposição do recurso de apelação para ser submetido ao tribunal.

A: incorreta (art. 475 do CPC); **B:** correta (art. 475, § 3º, do CPC); **C:** incorreta, porque só as sentenças (e não os acórdãos) ficam sujeitas ao reexame necessário; **D:** incorreta, porque ele é aplicável em ambos os casos; **E:** incorreta, porque não existe tal dependência.

Gabarito "B"

(Ministério Público/RO – 2008 – CESPE) Ainda no que tange a recursos, assinale a opção correta.

(A) É permitida a "reformatio in pejus" no reexame necessário.

(B) Segundo o entendimento do STF, admite-se a interposição de embargos infringentes no processo de reclamação constitucional quando a decisão de mérito não for unânime.

(C) A apelação interposta contra sentença que julgar procedente o pedido de instituição de arbitragem tem efeito suspensivo.

(D) Segundo o entendimento do STJ, não cabem embargos de divergência contra acórdão que, em sede de agravo regimental, decide recurso especial.

(E) O acórdão proferido em mandado de segurança, decidido em única ou última instância pelos tribunais regionais federais ou pelos tribunais de justiça dos estados ou do DF, que simplesmente negue o pedido liminar, confirmando a decisão monocrática do relator, em julgamento de agravo regimental, não pode ser impugnado por recurso ordinário.

A: incorreta, pois no reexame necessário é admitida a plena atividade cognitiva do tribunal e, como não há, na verdade, uma parte recorrente, não há falar em *reformatio in pejus*; **B:** incorreta (art. 530 do CPC); **C:** incorreta (art. 520, VI, do CPC); **D:** incorreta (súmula 316 do STJ); **E:** correta (art. 539 do CPC).

Gabarito "E"

(Ministério Público/RR – 2012 – CESPE) Em relação ao juízo de admissibilidade dos recursos, assinale a opção correta.

(A) A legitimidade recursal do MP, dada a sua qualidade de custos *legis*, é subsidiária, ou seja, depende do comportamento das partes.

(B) Nos casos em que a coisa julgada é *secundum eventum probationis* fundada no reconhecimento da ausência de provas, em nenhuma hipótese o réu tem interesse recursal para impugnar o fundamento da decisão.

(C) De acordo com a Lei Federal nº 9.800/1999, é possível a prática de qualquer ato processual escrito por meio de sistema de transmissão de dados e imagens do tipo fac-símile ou outro similar, entendendo o STJ que o prazo de juntada dos originais em juízo deve ser contínuo, não se interrompendo nos sábados, domingos e feriados.

(D) Caso o recurso extraordinário ou especial seja interposto sem procuração nos autos, deve-se intimar o advogado para que regularize a representação, sob pena de não ser admitido o recurso.

(E) O princípio da unirrecorribilidade não comporta exceções.

A: incorreta, porque o MP, na qualidade de fiscal da lei, tem autonomia para a interposição de recursos, e poderá fazê-lo ainda que a parte esteja assistida por advogado e não tenha interposto recurso voluntário (v. Súmulas 99 e 226 do STJ); **B:** incorreta, porque nos casos em que a coisa julgada é "secundum eventum probationis (litis)", a improcedência do pedido por ausência de provas autoriza que a demanda venha a ser novamente proposta, caso surja a prova. Por isso, o réu, embora vitorioso, pode, ao apelar, buscar a alteração do fundamento da sentença, a fim de que se reconheça a efetiva inexistência do direito pleiteado, a fim de, com isso, garantir que seja formada a coisa julgada material sobre a improcedência; **C:** correta; **D:** incorreta, porque a ausência de procuração faz com que o recurso especial seja considerado como inexistente (Súmula n. 115 do STJ), entendimento esse também adotado pelo STF em relação ao recurso extraordinário; **E:** incorreta, porque há exceções ao principio da unirrecorribilidade, como, por exemplo, o cabimento simultâneo de recurso especial e extraordinário contra a mesma decisão.

Gabarito "C"

(Ministério Público/RR – 2008 – CESPE) A respeito dos recursos no processo civil, julgue os itens a seguir.

(1) É cabível recurso especial pela forma retida contra acórdão que julga improcedente agravo interposto contra a decisão que concedeu a antecipação de tutela em ação civil pública. O requerente pode, ainda, ajuizar ação cautelar perante o STJ, objetivando destrancar o recurso, com fundamento no *periculum in mora*, que se traduz na urgência da prestação, bem como no *fumus boni juris* consistente na plausibilidade do direito alegado.

(2) Começa a correr o prazo para recorrer da sentença proferida em audiência no dia útil seguinte ao da audiência em que foi proferida a decisão.

(3) Caso seja indeferida liminarmente a petição inicial, por falta de interesse processual, e o autor apele da sentença, pode o tribunal julgar o mérito, se a causa versar sobre questão exclusivamente de direito.

(4) É possível interpor recurso ordinário ao STJ contra acórdão do tribunal estadual que, julgando improcedente apelação, confirmou sentença de primeiro grau, denegatória de mandado de segurança.

1: certo (art. 542, § 3º, do CPC). Contudo, entende o STJ que, nesses casos, quando se tratar de antecipação dos efeitos da tutela (concedendo ou denegando, frise-se), há que se processar imediatamente o recurso especial, para evitar o esvaziamento da prestação jurisdicional, presentes os requisitos típicos da medida cautelar, exatamente o *fumus boni juris* e o *periculum in mora*. Nesse sentido: "Medida cautelar. Recurso especial. Retenção. Art. 542, § 3º, do Código de Processo Civil. Tutela antecipada. Indisponibilidade total de bens. 1. Na hipótese de requerimento de tutela antecipada, o pedido de mérito pode ser deferido, ou não, prematuramente, antes do resultado final da demanda. Nesse caso, o recurso especial interposto em decorrência do indeferimento, ou não, da referida tutela deve ser apreciado de imediato, também antecipadamente. Não tem aplicação, no caso, a regra do art. 542, § 3º, do Código de Processo Civil, que disciplina a retenção de recurso especial relativa à decisão interlocutória. 2. Presente, ainda, no caso dos autos, o *periculum in mora*, que não pode ser totalmente descartado, já que o não processamento, imediato, do recurso especial, relacionado à reintegração de posse, poderá causar eventuais prejuízos ao requerente. 3. Medida cautelar procedente em parte" (MC n. 3.638/SP); 2: certo (art. 506, I e 184, § 2º, do CPC); 3: errado (art. 515, § 3º, do CPC); 4: errado (art. 539, II, a, do CPC).

Gabarito 1C, 2C, 3E, 4E

(Ministério Público/RS – 2009) Considere as afirmações abaixo, relativas aos recursos no processo civil:

I. Do acórdão que, por maioria, julgar improcedente a ação rescisória, são cabíveis embargos infringentes.

II. É ônus do recorrente, em preliminar formal e explícita da petição recursal, demonstrar a repercussão geral do recurso extraordinário, exceto nos casos de demonstração implícita da repercussão geral, como, por exemplo, na hipótese de já existir, no Supremo Tribunal Federal, ação direta pendente de julgamento pelo Plenário, versando sobre a mesma matéria.

III. Se o juiz extinguir o processo sem resolução de mérito, pode o tribunal desde logo julgar a lide, se a causa versar questão exclusivamente de direito ou se, versando sobre questão de fato, o tribunal converter o julgamento em diligência, para que a prova seja produzida em primeiro grau.

IV. Não é lícito ao juiz, após ter recebido a apelação, reexaminar, à vista das contrarrazões apresentadas, os pressupostos de admissibilidade do recurso, pois, proferida a sentença, o juiz cumpre e encerra o ofício jurisdicional.

Quais estão **INCORRETAS**?

(A) I, II, III e IV.

(B) Apenas I.

(C) Apenas II.

(D) Apenas III.

(E) Apenas IV.

I: incorreta, porque os embargos infringentes somente serão cabíveis quando a ação rescisória houver sido julgada procedente por maioria de votos; **II:** incorreta, porque a hipótese apontada pelo enunciado não equivale à de presunção de repercussão geral; **III:** incorreta, porque o julgamento "per saltum" da causa madura (§ 3º do art. 515 do CPC) somente é admitido quando não houver necessidade de produção de outras provas, além das que já estiverem nos autos; **IV:** incorreta, porque não há preclusão sobre os pressupostos de admissibilidade recursal, cabendo ao juiz reapreciar a matéria após o oferecimento das contrarrazões.

Gabarito "A"

(Ministério Público/RS – 2008) Assinale a alternativa INCORRETA:

(A) No caso de recurso de agravo, quando for o caso de intervenção obrigatória do Ministério Público, este se manifestará depois das partes.

(B) O Ministério Público, quando atuar como fiscal da lei, não tem legitimidade para oferecer recurso adesivo.

(C) O termo inicial do prazo para o Ministério Público oferecer recurso de apelação, quando atuar como parte no processo, começa a correr da intimação pessoal.

(D) O Ministério Público, em regra, tem legitimidade para recorrer no processo em que oficiou obrigatoriamente como fiscal da lei, ainda que não haja recurso da parte.

(E) Como o agravo de instrumento será dirigido diretamente ao tribunal competente, o Ministério Público somente poderá interpor o recurso de agravo através dos Procuradores de Justiça que atuam em segundo grau.

A: correta (art. 83, I, CPC); **B:** correta (RT 611/163); **C:** correta; **D:** correta (Súmulas 99 e 226 do STJ); **E:** incorreta (devendo esta ser assinalada), porque o agravo de instrumento, embora interposto diretamente perante o Tribunal, poderá ser interposto pelos órgãos do MP que atuam em primeiro grau.

Gabarito "E"

(Ministério Público/SC – 2008) Analise as seguintes assertivas:

I. O efeito translativo dos recursos se opera ainda que sem expressa manifestação de vontade do recorrente.

II. Dos recursos enumerados no artigo 496 do Código de Processo Civil, apenas os embargos de declaração e os embargos de divergência em recurso especial e em recurso extraordinário não comportam o efeito devolutivo.

III. Ainda que verse sobre direitos indisponíveis, não se conhecerá do agravo se a parte não requerer expressamente, nas razões ou na resposta da apelação, sua apreciação pelo Tribunal.

IV. Das decisões interlocutórias proferidas na audiência de instrução e julgamento caberá agravo na forma retida, devendo ser interposto oral e imediatamente, bem como constar do respectivo termo, nele expostas sucintamente as razões do agravante e a resposta do agravado.

V. É possível a interposição do recurso extraordinário em relação à parcela unânime do acórdão, ainda que haja voto vencido em relação à outra, da qual não se interpôs os embargos infringentes.

(A) apenas II e IV estão corretos.

(B) apenas I e II estão corretos.

(C) apenas IV está correto.

(D) apenas I, III e V estão corretos

(E) apenas III e IV estão corretos.

I: correta; **II:** incorreta, porque, muito embora exista divergência doutrinária a esse respeito, o fato é que se reconhece, majoritariamente, que todo e qualquer recurso é dotado de efeito devolutivo; **III:** correta, porque a não reiteração do agravo retido, mesmo quando se tratar de direitos indisponíveis, impede a apreciação dele pelo Tribunal; **IV:** incorreta (art. 523, § 3º, CPC); **V:** correta.

Gabarito "D"

(Ministério Público/SE – 2010 – CESPE) Assinale a opção correta acerca do sistema recursal do CPC.

(A) Segundo a jurisprudência do STJ e do STF, nas instâncias extraordinárias, o recurso interposto sem a assinatura do advogado é considerado inexistente.

(B) Segundo entendimento do STJ e do STF, não se conhecerá do recurso extraordinário ou especial quando inexistir, respectivamente, a alegada violação ao texto constitucional ou à legislação federal.

(C) Para a jurisprudência do STJ e do STF, é possível apreciar, em recurso extraordinário ou especial, matéria de ordem pública não prequestionada, ainda que ultrapassado o juízo de admissibilidade por outro fundamento.

(D) O STJ tem entendimento pacífico no sentido de que o tribunal pode agravar a condenação imposta à fazenda pública na remessa necessária, já que sua natureza jurídica é não recursal, de condição de eficácia da sentença.

(E) Na linha do entendimento jurisprudencial do STJ, contra a antecipação de tutela deferida na sentença, é cabível a interposição simultânea do recurso de agravo, do capítulo da antecipação, e de apelação, relativamente às outras matérias.

A: correta (STJ: "consoante entendimento desta Corte, na instância especial, é inexistente o recurso interposto sem a assinatura do advogado" - EDcl no AgRg no REsp 594.130/SP); STF: A jurisprudência majoritária desta Suprema Corte continua firme no sentido de que a ausência de assinatura do advogado na petição do recurso acarreta a sua inexistência, não configurando mera irregularidade sanável. (AI 743595); **B:** incorreta, porque nesses casos o recurso deve ser conhecido, mas a ele deve ser negado provimento (a violação à lei federal ou à Constituição representa o mérito de tais recursos); **C:** incorreta, porque para o STF não há efeito translativo no recurso extraordinário, motivo pelo qual as matérias de ordem pública não prequestionadas não podem ser apreciadas ("1. Ausência de prequestionamento do dispositivo constitucional tido como violado (...) Súmulas STF 282 e 356. 2. Exigência do cumprimento desse requisito recursal, ainda que a questão suscitada seja de ordem pública. Precedentes - RE 567165 AgR, Relator(a): Min. ELLEN GRACIE, Segunda Turma, julgado em 28/09/2010). No STJ, a questão tem sido decidida de modo diferente ("Em sede de recurso especial, é possível examinar, de ofício, questões que envolvam a declaração de nulidade absoluta do processo, ainda que tal exame esteja subordinado ao conhecimento do recurso especial, dado o efeito translativo dos recursos. Nesse sentido: REsp 609.144/SC, 1ª Turma, Rel. Min. Teori Albino Zavascki, *RDR*, vol. 30, p. 333; REsp 701.185/RS, 2ª Turma, Rel. Min. Castro Meira, DJ de 3.10.2005, p. 210" - REsp 1195441/SP, Rel. Ministro MAURO CAMPBELL MARQUES, SEGUNDA TURMA, julgado em 24/08/2010, DJe 30/09/2010); **D:** incorreta, porque é o contrário que estabelece a Súmula 45 do STJ; **E:** incorreta, porque, nesse caso, cabe um único recurso, que é a apelação.

Gabarito "A"

(Ministério Público/SE – 2010 – CESPE) Acerca da repercussão geral, da súmula vinculante e dos recursos repetitivos, assinale a opção correta.

(A) Para os recursos anteriores à aplicação do regime da repercussão geral ou para aqueles que tratem de matéria cuja repercussão geral ainda não tenha sido examinada, a jurisdição cautelar do STF firma-se com a simples interposição.

(B) O advogado-geral da União é um dos legitimados a propor a edição, a revisão ou o cancelamento de enunciado de súmula vinculante.

(C) O STF não pode iniciar de ofício o procedimento de edição de enunciado de súmula vinculante.

(D) No âmbito dos recursos repetitivos no STJ, é viável o acolhimento de pedido de desistência recursal até o início do julgamento do recurso especial representativo da controvérsia.

(E) Aplica-se o regime da repercussão geral às questões constitucionais já decididas pelo STF cujos julgados sucessivos tenham ensejado a formação de súmula ou jurisprudência dominante.

A: incorreta, porque "para os recursos anteriores à aplicação do regime da repercussão geral ou para aqueles que tratem de matéria cuja repercussão geral ainda não foi examinada, a jurisdição cautelar deste Supremo Tribunal somente estará firmada com a admissão do recurso extraordinário ou, em caso de juízo negativo de admissibilidade, com o provimento do agravo de instrumento, não sendo suficiente a sua simples interposição. Precedentes" (AC 2177 MC-QO, Relator(a): Min. ELLEN GRACIE, Tribunal Pleno, julgado em 12/11/2008,); **B:** incorreta, porque não se trata de autoridade apontada pelo art. 3º da Lei 11.417/2006; **C:** incorreta (art. 2º da Lei 11.417/2006); **D:** incorreta, porque "é inviável o acolhimento de pedido de desistência recursal formulado quando já iniciado o procedimento de julgamento do Recurso Especial representativo da controvérsia, na forma do art. 543-C do CPC c/c Resolução nº 08/08 do STJ. Precedente: QO no REsp. n.1.063.343-RS, Corte Especial, Rel. Min. Nancy Andrighi, julgado em 17.12.2008" (REsp 1111148/SP, Rel. Ministro MAURO CAMPBELL MARQUES, PRIMEIRA SEÇÃO, julgado em 24/02/2010, DJe 08/03/2010); **E:** correta, porque nesse caso há previsão expressa de que é presumida a repercussão geral (art. 543-A, § 3º, CPC).

Gabarito "E"

(Ministério Público/SP – 2012 – VUNESP) No processo civil, o promotor de justiça, no Estado de São Paulo, além de agravo de instrumento, pode interpor

(A) embargos de declaração e apelação.

(B) embargos infringentes e apelação.

(C) mandado de segurança e apelação.

(D) apelação e recurso especial.

(E) apelação e recurso extraordinário.

A: correta; **B:** incorreta, porque os embargos infringentes são interpostos por Procurador de Justiça; **C:** incorreta, pelo mesmo motivo em relação ao recurso especial; **D:** incorreta, porque mandado de segurança não é interposto, e sim impetrado; **E:** incorreta, porque o extraordinário será interposto por Procurador de Justiça.

Gabarito "A"

(Ministério Público/SP – 2012 – VUNESP) Considere as seguintes proposições:

I. A sentença de interdição produz efeito desde logo, embora sujeita a apelação, e invalida os atos praticados pelo interdito antes de sua prolação.

II. A sentença é ineficaz para o litisconsorte necessário não citado para o processo, mas se transitada em julgado produz efeitos para as partes.

III. A sentença que declara a extinção da execução não é sujeita a apelação quando o devedor satisfaz a obrigação ou quando tiver havido transação ou remissão da dívida.

IV. A sentença no processo falimentar está sujeita a recurso de agravo de instrumento, mas quando julga improcedente o pedido se sujeita a apelação.

Está correto o que se afirma APENAS em

(A) I e II.

(B) II e III.

(C) II e IV.

(D) I e IV.

(E) I e III.

I: incorreta, porque os atos praticados pelo interdito antes da sentença de interdição somente poderão ser invalidados se, em ação própria, for provada a notoriedade da incapacidade ao tempo da sua prática, a fim de preservar a boa-fé dos terceiros que tenham negociado com o incapaz antes do reconhecimento judicial de sua incapacidade; **II:** correta; **III:** incorreta, porque a sentença que extingue a execução é apelável (STJ, REsp 20.532-7); **IV:** correta (art. 100 da Lei 11.101/2005).

Gabarito "C"

(Ministério Público/SP – 2011) Da decisão que julgar a liquidação de sentença caberá

(A) embargos do devedor, seguro o Juízo.

(B) recurso de apelação.

(C) exceção de executividade.

(D) objeção de executividade.

(E) recurso de agravo de instrumento.

De acordo com o art. 475-H, o recurso cabível contra a decisão que julga a liquidação de sentença é o agravo de instrumento. Correta, portanto, a alternativa "E".

Gabarito "E"

(Ministério Público/SP – 2011) Interposto recurso de apelação pelo vencido,

(A) é facultado ao Juiz declarar os efeitos em que o recebe.

(B) será recebido quando a sentença estiver em conformidade com súmula do Superior Tribunal de Justiça ou do Supremo Tribunal Federal.

(C) apresentada a resposta, é incabível o reexame dos pressupostos de sua admissibilidade.

(D) não será recebido quando a sentença estiver em conformidade com súmula do Superior Tribunal de Justiça ou do Supremo Tribunal Federal.

(E) apresentada a resposta do recorrido, é irretratável a decisão que o recebeu.

A: incorreta, porque os efeitos da apelação são previstos pela lei, não havendo qualquer discricionariedade do juiz a esse respeito; **B:** incorreta, porque é o oposto que prevê o art. 518, § 1º, do CPC; **C:** incorreta (art. 518, § 2º, do CPC); **D:** correta (art. 518, § 1º, do CPC); **E:** incorreta (§ 2º, já referido).

Gabarito "D"

(Ministério Público/SP – 2010) É correto afirmar em sede de embargos declaratórios:

(A) Que a decisão proferida em decorrência de sua interposição não se integra à decisão omissa, porquanto a natureza jurídica desse recurso é tão somente a de esclarecer a decisão embargada.

(B) Que a sua interposição não interrompe o prazo de apelação.

(C) Podem, casualmente, deter caráter infringente, de molde a permitir a impressão de efeitos modificativos no bojo da decisão omissa, contraditória ou materialmente incorreta.

(D) Se manejados com o intuito de suscitar prequestionamento, na eventualidade de o órgão julgador insistir na omissão, é cabível a imposição da multa de que trata o parágrafo único do artigo 538, do Código de Processo Civil.

(E) O Ministério Público não detém a prerrogativa discriminada no artigo 188 do Código de Processo Civil (prazo em dobro), quando agitar embargos declaratórios com a finalidade de aviar recursos especial e/ou extraordinário, eis que a dilação do prazo recursal reside apenas nas instâncias ordinárias.

A: incorreta, porque a decisão proferida nos embargos integra a decisão embargada; **B:** incorreta, porque a interposição dos embargos de declaração interrompe o prazo para os demais recursos, inclusive para a apelação; **C:** correta, pois existe tal possibilidade; **D:** incorreta, pois, de acordo com a Súmula 98 do STJ, "embargos de declaração manifestados com notório propósito de prequestionamento não têm caráter protelatório", motivo pelo qual é incabível a imposição de multa; **E:** incorreta, porque o MP tem prazo em dobro para interpor qualquer recurso, inclusive embargos de declaração, inclusive com finalidade de prequestionamento.

Gabarito "C"

(Ministério Público/SP – 2010) A apelação contra sentença que decreta a improcedência de ação declaratória de título e improcedência dos embargos à execução tem os seguintes efeitos, quanto aos recursos:

(A) Suspensivo e devolutivo para ambos os recursos.

(B) Efeito apenas devolutivo quanto à declaratória e devolutivo/suspensivo quanto aos embargos.

(C) Apenas efeito devolutivo quanto aos dois recursos.

(D) Efeito devolutivo/suspensivo quanto à declaratória e apenas devolutivo quanto aos embargos.

(E) Apenas efeito suspensivo quanto aos dois recursos.

Em regra, a apelação terá duplo efeito. Só se afasta o efeito suspensivo quando houver expressa previsão legal. No caso da apelação contra a sentença proferida em ação declaratória de título, como não há regra especial, conclui-se pelo duplo efeito do recurso. Como no caso da rejeição dos embargos existe a regra do art. 520, V, do CPC, a apelação será recebida apenas no efeito devolutivo, motivo pelo qual é correta a alternativa "D".

Gabarito "D"

(Ministério Público/SP – 2008) Assinale a alternativa em que todas as matérias podem ser oportunamente conhecidas de ofício pelo tribunal no julgamento da apelação.

(A) Ilegitimidade de parte, convenção de arbitragem e litispendência.

(B) Impossibilidade jurídica da demanda, nulidade de cláusula de eleição de foro em contrato de adesão e nulidade da citação.

(C) Coisa julgada, convenção de arbitragem e prescrição.

(D) Prescrição, incompetência absoluta e coisa julgada.

(E) Incompetência absoluta, incompetência relativa e ilegitimidade de parte.

Art. 267, § 3º, do CPC.

Gabarito "D"

(Ministério Público/SP – 2006) São princípios fundamentais dos recursos previstos no Código de Processo Civil:

(A) o duplo grau de jurisdição, a taxatividade, a singularidade, a infungibilidade e a garantia da *reformatio in peius*.

(B) o duplo grau de jurisdição, a taxatividade, a singularidade, a fungibilidade e a *proibição da reformatio in peius*.

(C) o duplo grau necessário de jurisdição, a taxatividade, a singularidade, a fungibilidade e a garantia da *reformatio in peius*.

(D) o duplo grau necessário de jurisdição, a ausência de taxatividade, a singularidade, a infungibilidade e a garantia da *reformatio in peius*.

(E) o duplo grau de jurisdição, a ausência de taxatividade, a singularidade, a infungibilidade e a proibição da *reformatio in peius*.

O princípio do duplo grau de jurisdição está presente em nossa história há séculos e na Constituição Federal de 1988 está previsto implicitamente, como garantia fundamental da prestação jurisdicional, respeitando o contraditório, a ampla defesa e a igualdade processual. Existem somente os recursos previstos em lei, no caso, o art. 496 do CPC enumera os cabíveis, além daqueles previstos em legislação especial, como o recurso inominado no Juizado Especial Cível e os embargos infringentes na Lei de Execução Fiscal. Equivalente ao princípio da unirrecorribilidade, o princípio da singularidade significa dizer que para cada espécie de ato judicial é cabível uma espécie de recurso, com algumas exceções. O princípio da fungibilidade é aquele segundo o qual é permitido ao juiz conceder determinada medida diferente daquela postulada, sem que incorra em uma decisão *extra* ou *ultra petita*. No caso dos recursos, embora o CPC não tenha previsto expressamente a aplicação da fungibilidade, é possível ao magistrado, sem que haja erro grosseiro pela parte, receber um recurso como outro quando houver dúvida objetiva, o que ocorre em geral entre apelação e agravo. A proibição da *reformatio in pejus* é consequência do efeito devolutivo dos recursos, segundo o qual cabe ao órgão *ad quem* apreciar apenas a matéria impugnada.

Gabarito "B"

(Ministério Público/TO – 2012 – CESPE) Assinale a opção correta com referência a recursos.

(A) O reconhecimento expresso da sentença, pela parte, impede o recurso de apelação do MP na qualidade de *custos legis*.

(B) O princípio da unirrecorribilidade — unicidade ou singularidade recursal — é a regra geral e implica a impossibilidade de interposição de mais de um recurso, simultaneamente, contra a mesma decisão.

(C) O recurso interposto pode ser aditado, desde que isso seja feito no próprio prazo recursal.

(D) Para que o recurso adesivo seja conhecido, é necessário que o recorrente tenha apresentado contrarrazões ao recurso principal.

(E) O MP não poderá desistir do recurso que interpuser na qualidade de fiscal da lei.

A: incorreta, porque a legitimidade recursal do MP é autônoma; **B:** correta; **C:** incorreta, porque, em razão do princípio da consumação, uma vez interposto o recurso, não pode mais o recorrente aditá-lo ou o alterar; **D:** incorreta, porque a efetiva apresentação de contrarrazões não é requisito para a interposição de recurso adesivo (art. 500 do CPC); **E:** incorreta, porque no processo civil o MP pode desistir de recurso por ele interposto, seja na qualidade de parte ou de fiscal da lei.

Gabarito "B"

12. EXECUÇÃO

(Ministério Público/ES – 2013 – VUNESP) João promoveu execução contra José para receber o crédito de R$ 50.000,00, representado por um cheque. No entanto, após várias tentativas e esgotados todos os meios para a localização, o executado não foi localizado para a citação, tendo o oficial certificado que José se encontra em local incerto e não sabido. No entanto, João logrou descobrir que o executado possui um único imóvel, que não é utilizado para sua residência e que possui valor superior ao do débito.

Assim, instado a se manifestar sobre a certidão negativa do oficial de justiça, assinale a atitude que João deve tomar, nesse caso, para dar continuidade à execução.

(A) Deverá requerer que o oficial de justiça proceda ao arresto do único bem, mesmo que possua valor superior ao do débito, bem como deverá pleitear que o oficial de justiça procure o devedor por mais três vezes, durante dez dias. Caso o oficial não encontre o devedor, o credor terá dez dias para requerer a citação por edital do devedor.

(B) Ante a impossibilidade de efetivar a penhora, sem a citação do executado, deverá requerer o arquivamento do feito por seis meses, sendo que, após o decurso de tal prazo, deverá requerer o desarquivamento para novas tentativas de citação, a fim de evitar a prescrição intercorrente.

(C) Deverá pleitear a citação por edital e, posteriormente, requerer expedição de ofícios para novas tentativas de localização de outros bens, ante a impossibilidade de penhorar bem com valor superior ao do débito, sob pena de ferir o princípio da máxima utilidade da execução.

(D) Deverá requerer medida cautelar de arresto do bem, pois, para tanto, basta que o devedor não seja localizado. Após o arresto cautelar, o credor terá dez dias para requerer a citação por edital do devedor.

(E) Deverá requerer que o oficial de justiça proceda a penhora do bem imóvel, ainda que possua valor superior ao do débito, bem como pleitear que o oficial de justiça procure o devedor por mais três vezes, durante dez dias. Após, o credor terá três dias para requerer a citação por edital do devedor.

A: correta conforme artigos 653 e 654, CPC; **B**, **C** e **D:** incorretas, conforme artigo 653, CPC.

Gabarito "A"

(Ministério Público/ES – 2013 – VUNESP) Em determinada execução por título extrajudicial, há três executados, João, Pedro e Maria, sendo que esses dois últimos, além de serem casados um com o outro, também têm o mesmo patrono, o qual, por sua vez, não é o mesmo contratado por João. Nesse caso, o prazo para embargos à execução

(A) que é de quinze dias, para todos os executados, será contado da juntada do último mandado de citação aos autos.

(B) será contado em dobro, para cada executado, da juntada do respectivo mandado de citação, aos autos.

(C) será de dez dias, contados da juntada aos autos, do mandado de efetivação da penhora.

(D) que é de quinze dias, será contado para João, da juntada, aos autos, do respectivo mandado de citação, sendo que, para o casal, será contado, entre eles, da juntada do último dos respectivos mandados de citação.

(E) será de quinze dias, contados, para cada executado, da juntada do respectivo mandado de citação, aos autos.

A alternativa correta é a 'D' conforme artigo 738, §§ 1º e 2º, CPC. As demais estão incorretas pelos fundamentos do referido artigo.

Gabarito "D"

(Ministério Público/GO – 2013) Sobre a ação de execução, marque a alternativa correta:

(A) o credor poderá recusar o recebimento da prestação, estabelecida no título executivo, se ela não corresponder ao direito ou à obrigação; caso em que requererá ao juiz a execução, ressalvado ao devedor o direito de embargá-la.

(B) quando o objeto da execução for obrigação de fazer, o devedor será citado para satisfazê-la no prazo que o juiz lhe assinar, ainda que outro esteja determinado no título executivo

(C) é ilícito ao credor, sendo o mesmo o devedor, cumular várias execuções, ainda que fundadas em títulos diferentes, desde que para todas elas seja competente o juiz e idêntica a forma do processo.

(D) na execução de sentença ou de decisão, que fixa os alimentos provisionais, o juiz mandará citar o devedor para, em 10 (dez) dias, efetuar o pagamento, provar que o fez ou justificar a impossibilidade de efetuá-la.

A: correta conforme artigo 581, CPC; **B:** incorreta, pois o prazo estabelecido no título prevalece sobre a fixação judicial conforme artigo 632, CPC; **C:** incorreta, pois é *lícito* ao credor(art. 573, CPC); **D:** incorreta. O prazo será de 3 dias (art. 733, CPC).

Gabarito "A"

(Ministério Público/SP – 2013 – PGMP) Na execução por quantia certa contra devedor insolvente, é CORRETO afirmar que a insolvência

(A) não pode ser presumida.

(B) requerida pelo credor quirografário gera o vencimento antecipado de todas as dívidas do devedor.

(C) É julgada por sentença de natureza declaratória quando requerida pelo próprio devedor.

(D) gera o concurso universal de credores e este, quando instaurado, suspende a prescrição das obrigações que começa a correr do dia do trânsito em julgado da sentença que encerrar o processo de insolvência.

(E) presume-se fraudulenta quando requerida pelo próprio devedor.

A: incorreta, pois a lei prevê hipóteses de insolvência presumida (CPC, art. 750); **B:** incorreta, porque a declaração de insolvência (e não seu requerimento) é que produz o vencimento antecipado das dívidas (CPC, art. 751, I); **C:** correta, pois a natureza da sentença de insolvência, em qualquer caso, é declaratória (CPC, arts. 751 e 759, dentre outros); **D:** incorreta, pois a lei fala que o prazo prescricional *re*começa a correr (distinção em relação ao art. 777 do CPC – cabe destacar que a questão não foi anulada) **E:** incorreta, conforme visto na alternativa "C".

Gabarito "C"

(Ministério Público/RO – 2013 – CESPE) Com relação ao processo de execução, assinale a opção correta.

(A) O instrumento de transação, ainda que referendado pelo MP, não constitui título executivo extrajudicial, por ausência de previsão legal.

(B) Nas ações coletivas, a legitimação do MP para a execução depende de sua participação como autor no processo em que tenha sido formado o título.

(C) Para a cumulação de duas ou mais execuções pelo credor em face do mesmo devedor, não se exige que a obrigação exequenda tenha a mesma natureza, sendo possível cumular execução de título executivo judicial e de título executivo extrajudicial.

(D) Consoante entendimento do STJ, o instrumento de confissão de dívida, ainda que originário de contrato de abertura de crédito, não constitui título executivo.

(E) O cessionário pode promover a execução, ou nela prosseguir, quando o direito resultante do título executivo lhe for transferido por ato entre vivos, mesmo que não tenha havido o prévio consentimento do devedor.

A: incorreta, pois tem previsão no art. 585, II, do CPC; **B:** incorreta. O art. 15 da Lei nº 7.347/1985 estabelece que se associação não promover a execução em até 60 (sessenta) dias após o trânsito em julgado, o Ministério Público deverá fazê-lo; **C:** incorreta, exige-se a mesma forma de processo, e execução de título judicial e extrajudicial se submetem a ritos diferentes (art. 573 do CPC); **D:** incorreta, conforme a Súmula nº 300 do STJ; **E:** correta, conforme o art. 567, II, do CPC.

Gabarito "E"

(Ministério Público/AC – 2008) Assinale a alternativa correta.

(A) Inexiste direito à penhora eletrônica no Direito brasileiro.

(B) O postulado da menor onerosidade da execução possibilita a substituição da penhora em dinheiro pela penhora de bem imóvel.

(C) A adjudicação constitui técnica expropriatória que deve ser realizada apenas em último caso no Direito brasileiro.

(D) A tipicidade da execução por quantia certa constitui densificação do valor segurança no formalismo do processo civil.

A: incorreta (art. 655-A do CPC); **B:** incorreta; **C:** incorreta, porque a adjudicação passou a ocupar o primeiro lugar na ordem dos atos de expropriação; **D:** correta.

Gabarito "D"

(Ministério Público/AC – 2008) Assinale a alternativa correta.

(A) As multas coercitivas visam a punir a parte que desrespeita as ordens judiciais.

(B) Não cabe multa coercitiva para tutela do direito à coisa.

(C) Multa coercitiva é sinônimo de multa sancionatória.

(D) Tutela inibitória negativa só admite imposição de multa fixa.

A: incorreta, porque as multas coercitivas não têm natureza sancionatária, ou punitiva. Servem elas como mecanismos para vencer a resistência do destinatário da ordem judicial e convencê-lo a cumprir a determinação; **B:** incorreta (art. 461-A do CPC); **C:** incorreta; **D:** correta, porque não faz sentido, nas obrigações de não fazer, que a multa seja diária, cabendo ao juiz fixar multa única para incidir na hipótese de prática do ato proibido.

Gabarito "D"

(Ministério Público/CE – 2011 – FCC) É INCORRETO afirmar:

(A) O Ministério Público pode promover a execução forçada, nos casos legalmente previstos.

(B) São sujeitos passivos da execução, entre outros, o fiador judicial e o responsável tributário, como tal definido na legislação própria.

(C) Se fundadas em títulos diferentes, o credor não poderá cumular várias execuções, ainda que o devedor seja o mesmo.

(D) Observados os requisitos legais, o credor tem a faculdade de desistir de toda a execução ou de apenas algumas medidas executivas.

(E) Quando o juiz decidir relação jurídica sujeita a condição ou termo, o credor não poderá executar a sentença sem provar que se realizou a condição ou que ocorreu o termo.

A: correta (art. 566, II, CPC); **B:** correta (arts. 568 do CPC); **C:** incorreta (art. 573 do CPC); **D:** correta (art. 569 do CPC); **E:** correta (art. 572 do CPC).

Gabarito "C"

(Ministério Público/GO – 2010) Assinale a alternativa correta:

(A) A tutela que antecipa pagamento de soma à vítima de ato ilícito é tutela ressarcitória antecipada.

(B) A tutela antecipada não pode ser concedida em face de qualquer modalidade de sentença.

(C) A tutela antecipada não pode ser requerida em procedimento sumário.

(D) O autor, a título de antecipação de tutela não poderá requerer providência de natureza cautelar.

A: correta; **B:** incorreta, porque já está superado o entendimento de seria inviável a concessão de tutela antecipada para certas modalidades de sentença; **C:** incorreta, porque não existe tal restrição; **D:** incorreta (art. 273, § 7º, CPC).

Gabarito "A"

(Ministério Público/MG – 2012 – CONSULPLAN) Assinale a alternativa que destoa das orientações processuais relacionadas às disposições gerais dos **EMBARGOS DO DEVEDOR**:

(A) Quando houver mais de um executado, o prazo para cada um deles embargar conta-se a partir da juntada do respectivo mandado citatório, salvo tratando-se de cônjuges.

(B) A concessão de efeito suspensivo não impedirá a efetivação dos atos de penhora e de avaliação dos bens.

(C) A cobrança de multa ou de indenização decorrentes de litigância de má-fé será promovida no próprio processo de execução, em autos apensos, operando-se por compensação ou por execução.

(D) No caso de embargos manifestamente protelatórios, o juiz imporá ao embargante o pagamento, a título de indenização por litigância de má-fé, de valor não superior a 1% sobre o valor da causa.

A: correta (art. 738, § 1º, CPC); **B:** correta (art. 739-A, § 6º, CPC); **C:** correta (art. 739-B, CPC); **D:** incorreta, porque a multa, nesse caso, de acordo com o que prevê o parágrafo único do art. 740, pode chegar a 20% do valor em execução.

Gabarito "D"

(Ministério Público/MS – 2009) Leia as seguintes assertivas:

I. Será nula de pleno direito a alienação judicial de empresa que opere mediante concessão, se não for intimado o poder público.

II. Não serão devidos honorários de advogado, em ação de execução, caso o executado citado pague integralmente o débito em 3 dias.

III. Podem os bens do executado ser objeto de alienação por iniciativa particular, ainda que seja ele incapaz.

Está(ão) correta(s) apenas a(s) afirmativa(s)

(A) II.

(B) II e III.

(C) I e III.

(D) I.

(E) III.

I: incorreta (art. 678 do CPC); **II:** incorreta, porque, nesse caso, o valor inicialmente fixado a título de honorários será reduzido pela metade (art. 652, parágrafo único, CPC); **III:** correta, uma vez que não existe qualquer restrição legal nesse sentido.

Gabarito "E"

(Ministério Público/PI – 2012 – CESPE) No que se refere à tutela jurisdicional específica e à tutela do processo de execução, assinale a opção correta.

(A) Na hipótese de obrigação de entregar coisa fundada em título extrajudicial, aplica-se o procedimento de tutela específica.

(B) A exceção de pré-executividade enseja ao executado apresentação de defesa, sem necessidade de oposição de embargos ou impugnação, mas circunscrita às matérias de ordem pública ligadas à admissibilidade da execução.

(C) A execução de sentença arbitral pressupõe homologação judicial para a formação de título apto à instauração de processo executivo.

(D) A conversão de obrigação de fazer e de entrega de coisa certa em perdas e danos substitui a tutela específica somente na hipótese de impossibilidade de cumprimento da obrigação.

(E) Em se tratando de obrigações de fazer e não fazer estabelecidas em título judicial, os embargos do executado consubstanciam instrumento processual idôneo para a defesa ou discussão de excessos de execução e nulidades dos atos processuais.

A: incorreta, de acordo com o examinador, provavelmente porque tenha ele considerado que o procedimento de tutela específica fica restrito para as obrigações de entrega previstas em título executivo judicial (art. 461-A do CPC). Não se pode, no entanto, entender que na execução para a entrega de coisa fundada em titulo extrajudicial não se garanta ao credor a tutela especifica da obrigação; **B:** correta, de acordo com entendimento doutrinário e jurisprudencial, uma vez que não há previsão legal para a exceção de pré-executividade; **C:** incorreta, porque a sentença arbitral é título executivo judicial, sem a necessidade de homologação pelo juiz; **D:** incorreta, porque a conversão também pode ocorrer por opção do credor (art. 461, § 1º do CPC, c/c art. 461-A, também do CPC); **E:** incorreta, porque no caso de obrigações de fazer e não fazer estampadas em título executivo judicial, a defesa do devedor pode ser manifestada por petição simples, e não por embargos do executado.

Gabarito "B"

(Ministério Público/PI – 2008) Assinale a alternativa **correta**.

(A) A adjudicação não figura como meio expropriatório no Direito brasileiro.

(B) Em sendo o caso, o juiz tem o dever de ordenar a penhora eletrônica, não havendo aí mera faculdade judicial.

(C) O princípio da colaboração não teve qualquer influência na reforma executiva propiciada pela Lei n. 11.382, de 2006.

(D) A arrematação em praça ou leilão é o meio expropriatório preferencial no Direito brasileiro.

(E) A interposição de embargos à execução suspende o feito executivo.

A: incorreta (art. 647, I, CPC); **B:** correta (art. 655-A do CPC); **C:** incorreta, porque o legislador impôs ao executado o ônus de indicar onde se encontram os bens sujeitos à penhora, sob pena de multa (art. 652, § 3º; art. 600, IV, ambos do CPC); **D:** incorreta, porque antes dela, indica o legislador a adjudicação e a alienação por iniciativa particular (art. 647 do CPC).

Gabarito "B"

(Ministério Público/RR – 2012 – CESPE) Em relação ao processo de execução, assinale a opção correta.

(A) Após a penhora, eventual alienação ou oneração do bem é nula de pleno direito.

(B) O seguro de vida é penhorável.

(C) Segundo a jurisprudência do STJ, ultimada a arrematação, não há possibilidade de alegação da impenhorabilidade do bem de família.

(D) A responsabilidade civil do exequente será subjetiva, quando a sentença passada em julgado declarar inexistente, no todo ou em parte, a obrigação que deu lugar à execução.

(E) É excepcionalmente possível a execução sem o título executivo.

A: incorreta, porque é possível que o adquirente do bem penhora esteja de boa-fé e desconheça o gravame que pesava sobre o bem, hipótese em que não poderá ser reconhecido qualquer vício na aquisição; **B:** incorreta (art. 649, VI, CPC); **C:** correta, em termos, uma vez que "arrematado o bem penhorado, impossível a invocação do benefício da Lei 8.009/1990" (STJ, REsp 468.176). Registre-se, contudo, a existência, no âmbito do STJ, de decisões no sentido que a alegação poderia ser feita através de embargos à arrematação, por se tratar de proteção de ordem pública (STJ-RT 787/215); **D:** incorreta, porque se trata de responsabilidade civil objetiva (art. 574 do CPC); **E:** incorreta, porque, em matéria de execução vigora o princípio do "nulla executio sine titulo", ou seja, não há execução sem título executivo.

Gabarito "C"

(Ministério Público/RS – 2009) Assinale a alternativa correta.

(A) A ação declaratória pressupõe a violação do direito que lhe corresponde.

(B) Não realizada, com êxito, a alienação por iniciativa particular, assiste ao credor a faculdade de adjudicar, em execução, os bens penhorados.

(C) São absolutamente impenhoráveis os recursos públicos do fundo partidário recebidos, nos termos da lei, por partido político.

(D) São absolutamente impenhoráveis os frutos e rendimentos dos bens inalienáveis.

(E) Na execução fundada em título judicial por quantia certa, se o devedor, no prazo de três dias, não nomear bens à penhora, caberá ao credor fazê-lo.

A: incorreta (art. 4º, parágrafo único, do CPC); **B:** incorreta, porque a adjudicação é modalidade expropriatória que está prevista para ocorrer antes da alienação por iniciativa particular. Frustrada a alienação por iniciativa particular, será expedido o edital de hasta pública, nos termos do art. 686 do CPC; **C:** correta (art. 649, XI, CPC); **D:** incorreta, porque podem ser penhorados, à falta de outros bens, daí porque se dizer que a impenhorabilidade, nesse caso, é relativa (art. 650 do CPC); **E:** incorreta, porque não existe mais previsão de prazo para que o executado indique bens à penhora. O próprio exequente poderá fazê-lo, ao requerer a execução (art. 652, § 2º, do CPC).

Gabarito "C"

(Ministério Público/SC – 2008) Analise as seguintes assertivas:

I. o juiz pode, de ofício, declarar nula a execução, ainda que sem a incidência de embargos. A nulidade da execução pode ser reconhecida mesmo depois de extinto o processo executório.

II. Os embargos do executado terão efeito suspensivo. O juiz poderá, a requerimento do embargado, negar o efeito suspensivo dos embargos quando esses forem manifestamente protelatórios.

III. A competência para a execução dos títulos extrajudiciais é a mesma que se estabelece no processo de conhecimento, admitindo a prorrogação.

IV. Indeferido o efeito suspensivo, a impugnação à execução será instruída e decidida nos próprios autos e, caso contrário, em autos apartados.

V. A execução, contra a Fazenda Pública, de título extrajudicial, é inconstitucional.

(A) apenas I e III estão corretos

(B) apenas I e II estão corretos

(C) apenas II, IV e V estão corretos

(D) apenas II e V estão corretos

(E) apenas V está correto

I: correta; **II:** incorreta, porque os embargos não tem efeito suspensivo, em regra (art. 739-A, CPC); **III:** correta (art. 576 do CPC); **IV:** incorreta, porque é o oposto que determina o § 2º do art. 475-M do CPC; **V:** incorreta, porque a Súmula n. 279 do STJ prevê ser possível à execução contra a Fazenda Pública fundada em título executivo extrajudicial.

Gabarito "A"

(Ministério Público/SP – 2011) O compromisso de ajustamento de conduta elaborado nos autos de inquérito civil, instaurado e sob a presidência do Ministério Público, será executado, se inadimplida pelo devedor obrigação certa, líquida e exigível

(A) em ação autônoma de execução de título extrajudicial.

(B) na fase de cumprimento de sentença, com efeito suspensivo.

(C) em ação de liquidação de sentença.

(D) em execução provisória de sentença, sem efeito suspensivo.

(E) em execução definitiva de sentença, sem efeito suspensivo.

Trata-se de título executivo extrajudicial, por isso, está correta a alternativa "A".

Gabarito "A"

(Ministério Público/RO – 2010 – CESPE) Assinale a opção correta com referência à execução.

(A) O depositário, por exercer uma função pública, não pode ser responsabilizado criminalmente pelos atos praticados em detrimento da execução e de seus objetivos.

(B) A objeção de pré-executividade é um incidente processual que pode ser utilizado para arguir a falta de uma das condições da ação ou a ausência de pressupostos processuais.

(C) A sentença arbitral, por ser um título executivo extrajudicial, ocorre fora do Poder Judiciário.

(D) O que formaliza e aperfeiçoa a adjudicação é o auto de adjudicação, que somente será extraído após a sentença de adjudicação.

(E) Quando a nomeação dos bens é feita em juízo, por petição deferida pelo juiz, não há a diligência do oficial de justiça para realizar a penhora. Nessa hipótese, o ato processual será realizado pelo escrivão, que lavrará o auto de penhora e, posteriormente, providenciará a sua juntada.

A: incorreta, pois o depositário pode sim ser responsabilizado criminalmente (art. 168, § 1º, II, CP); **B:** correta, pois, de fato, a objeção de pré-executividade pode ser utilizada nas situações explicitadas na assertiva; **C:** incorreta, porque a sentença arbitral é considerada pela lei como título executivo judicial (art. 475-N, CPC); **D:** incorreta, porque o auto de adjudicação não depende de sentença para que seja extraído; **E:** incorreta, porque nesse caso haverá termo (e não auto) de penhora.

Gabarito "B"

(Ministério Público/ES – 2010 – CESPE) Assinale a opção correta com referência à execução de pensão alimentícia.

(A) Para provocar a suspensão da ordem de prisão, o devedor deve depositar apenas o montante devido até a data da citação.

(B) Se fundado em título extrajudicial, o processo tramita sob o rito especial, mas sem a possibilidade de o devedor justificar-se no prazo de três dias.

(C) Apenas se a pensão alimentícia for fixada em percentual dos rendimentos do devedor, autoriza-se o desconto direto na folha de pagamento do empregador.

(D) Qualquer que seja a quantidade de meses devidos, será possível a execução pelo rito da prisão civil, condicionando-se a suspensão da ordem ao depósito integral.

(E) A justificativa do devedor que prova não ter condições temporárias de pagar o débito não tem a eficácia de encerrar a execução, mesmo que acolhida pelo juiz.

A: incorreta, porque, de acordo com a Súmula 309 do STJ, para evitar a ordem de prisão, caberá ao devedor depositar as três últimas parcelas anteriores ao ajuizamento da execução, bem com aquelas que se vencerem no curso do processo; **B:** incorreta, porque o entendimento jurisprudencial é no sentido de que não será cabível a prisão quando se tratar de título extrajudicial (*RSTJ* 165/288), o que afasta a incidência do rito especial para a execução; **C:** incorreta, porque o desconto em folha também pode ser determinado quando se tenha fixado valor fixo para a pensão; **D:** incorreta, porque a suspensão da ordem de prisão decorrerá do depósito das 3 últimas parcelas anteriores ao ajuizamento da execução e as que se vencerem no seu curso; **E:** correta, porque o efeito do acolhimento da justificativa é tão só de afastar a possibilidade de prisão civil do executado.

Gabarito "E"

(Ministério Público/SP – 2010) Os embargos do devedor, na ação de execução por título extrajudicial contra devedor solvente:

(A) Podem ser opostos independentemente de segurança do juízo.

(B) Podem ser opostos somente após seguro o juízo.

(C) Em regra, terão efeito suspensivo.

(D) Nunca terão efeito suspensivo.

(E) Nenhuma das anteriores.

A: correta (art. 736, CPC); **B:** incorreta (reler o comentário sobre a assertiva anterior); **C:** incorreta (art. 739-A, CPC); **D:** incorreta, porque o juiz poderá concedê-lo quando for relevante a fundamento e o prosseguimento da execução for capaz da causar grave dano ao executado.

Gabarito "A"

(Ministério Público/CE – 2009 – FCC) Em execução de título extrajudicial, o cônjuge do executado poderá

(A) remir o bem penhorado, em qualquer prazo, desde que deposite o preço, juntamente com as despesas havidas na avaliação do bem.

(B) remir o bem penhorado, exercendo este direito no prazo de vinte e quatro horas, respeitando a preferência do ascendente e do descendente.

(C) adjudicar o bem penhorado, mas no caso de igualdade de oferta em procedimento de licitação judicial não terá preferência em relação ao descendente e ao ascendente.

(D) remir o bem penhorado, exercendo este direito no prazo de cinco dias, em igualdade de preferência com o ascendente e com o descendente.

(E) adjudicar o bem penhorado, e no caso de igualdade de oferta em procedimento de licitação judicial, terá preferência em relação ao descendente e ao ascendente.

A: incorreta, porque o cônjuge pode adjudicar o bem penhorado, nos termos do § 2º do art. 685-A do CPC, não existindo mais previsão legal para o instituto da remição; **B:** incorreta (reler o comentário sobre a assertiva anterior); **C:** incorreta, porque o cônjuge tem preferência sobre os descendentes e ascendentes (art. 685-A, § 3º, do CPC); **D:** incorreta (reler o comentário sobre a assertiva A); **E:** correta (art. 685-A, § 3º, do CPC).

Gabarito "E"

(Ministério Público/DF – 2009) Sobre a execução por quantia certa, analise os itens abaixo e assinale a alternativa correta.

I. É admitido a lançar todo aquele que estiver na livre administração de seus bens, com exceção, entre outras, do juiz, membro do Ministério Público e da Defensoria Pública, escrivão e demais servidores e auxiliares da Justiça.

II. Pode o executado, a todo tempo, remir a execução, pagando ou consignando a importância atualizada da dívida, mais juros, custas e honorários advocatícios.

III. Podem ser penhorados, à falta de outros bens, os frutos e rendimentos dos bens inalienáveis, salvo se destinados à satisfação de prestação alimentícia.

IV. O executado pode, no prazo da lei, após intimado da penhora, requerer a substituição do bem penhorado, desde que comprove cabalmente que a substituição não trará prejuízo algum ao exequente e será menos onerosa para ele devedor.

V. O juiz pode conceder ao exequente o usufruto de imóvel, mas não de móvel, quando o reputar eficiente para o recebimento do crédito.

(A) Os itens I, IV e V estão corretos.

(B) Os itens I, II e IV estão incorretos.

(C) Os itens II, III e V estão incorretos.

(D) Os itens I, III e IV estão corretos.

(E) Os itens III, IV e V estão corretos.

I: correta (art. 690-A, III, CPC); **II:** incorreta, porque o direito à remição da execução só pode ser exercido enquanto não adjudicados ou alienados os bens penhorados (art. 651 do CPC); **III:** correta (art. 650 do CPC); **IV:** correta (art. 668 do CPC); **V:** incorreta, uma vez que o usufruto pode recair sobre imóveis ou móveis, nos termos do art. 716 do CPC.

Gabarito "D"

(Ministério Público/MG – 2007) IDENTIFIQUE os princípios que norteiam a penhora on-line normatizada pela recente reforma processual.

(A) Ubiquidade e instrumentalidade.

(B) Instrumentalidade e efetividade.

(C) Piso vital mínimo e efetividade.

(D) Ubiquidade e piso vital mínimo.

(E) Efetividade e ubiquidade.

De fato, a penhora *on line* visa à efetividade da execução com a garantia de um piso mínimo ao executado, ou seja, caso o executado comprove que os valores existentes em conta são fruto de seu salário mensal o bloqueio será imediatamente liberado.

Gabarito "C"

(Ministério Público/MG – 2007) Ao ser citado, o executado deverá efetuar o pagamento da dívida, não o fazendo CABERÁ

(A) ao Juiz proceder à penhora de bens e a sua avaliação, lavrando-se o respectivo auto e de tais atos intimando, na mesma oportunidade, o executado.

(B) ao oficial de justiça de imediato proceder à penhora das quantias depositadas em conta corrente referentes a vencimentos, soldos ou salários.

(C) ao juiz, de ofício ou a requerimento do exequente, determinar, a qualquer tempo, a intimação do executado para indicar bens passíveis de penhora.

(D) ao credor, na inicial da execução, não indicar bens a serem penhorados.

(E) ao oficial de justiça, não encontrando o devedor, arrestar-lhe todos os seus bens.

Art. 652, § 3º, do CPC.

Gabarito "C"

(Ministério Público/BA – 2005) Em matéria de execução, o Código de Processo Civil não admite:

(A) Que se extinga os embargos do devedor, em caso de desistência da ação, se estes versarem apenas sobre questões processuais.

(B) Que na execução fiscal, seja a ação proposta no foro do lugar em que se praticou o ato que deu origem à dívida, quando nele não mais resida o réu.

(C) Como título executivo judicial, a sentença homologatória de conciliação, ainda que verse sobre matéria não posta em juízo.

(D) Que o juiz, para a satisfação de obrigação de fazer, assinale prazo ao devedor, tendo em vista a não determinação no título executivo.

(E) A redução da penhora aos bens suficientes à execução, sem a oitiva da parte contrária.

A: incorreta (art. 569, parágrafo único, a, do CPC); **B:** incorreta (art. 578, par. único, do CPC); **C:** incorreta (art. 475-N, III, do CPC); **D:** incorreta (art. 632 do CPC); **E:** correta (art. 685, I, do CPC).

Gabarito "E"

13. CAUTELAR

(Ministério Público/SP – 2013 – PGMP) Sobre as medidas cautelares, é CORRETO afirmar:

(A) a decadência da medida cautelar não se estende à pretensão material a ser deduzida na ação principal e pode ser repetida sob o mesmo fundamento.

(B) a responsabilidade do requerente do procedimento cautelar pelos prejuízos que a execução deste causar ao requerido é objetiva e concorrente com a responsabilidade das partes por dano processual.

(C) o réu da ação cautelar, intimado da decisão concessiva da liminar, tem interesse processual em dela agravar na forma retida.

(D) a prova produzida em sede de produção antecipada de provas, de caráter preparatório, uma vez homologada tem sua eficácia subordinada ao ajuizamento da ação principal no prazo de 30 (trinta) dias.

(E) a sentença ilíquida pendente de recurso, e que condena o devedor ao cumprimento de prestação que não pode se converter em dinheiro, equipara-se à dívida líquida e certa para fins de arresto.

A: incorreta. Apenas o reconhecimento de prescrição e decadência, na cautelar, impede o ajuizamento da principal (CPC, art. 810); **B:** correta (CPC, art. 811); **C:** incorreta. Não há interesse recursal para se impugnar decisão concessiva ou denegatória de liminar via agravo retido (com a prolação da sentença, já não mais se impugna a decisão interlocutória); **D:** incorreta, considerando que a cautelar de produção antecipada de provas (e de exibição de documento), tendo em vista que discutem aspectos probatórios, não se sujeitam à perda de eficácia prevista no art. 806 do CPC; **E:** incorreta, pois o arresto fundado em sentença demanda uma decisão – líquida ou ilíquida – mas que seja conversível em dinheiro (CPC, art. 814, parágrafo único).

Gabarito "B"

(Ministério Público/ES – 2010 – CESPE) Carlos deseja separar-se judicialmente de seu cônjuge e, já afastado do lar, teve notícia de que os bens amealhados pelo casal correm o risco de dilapidação.

Nessa situação hipotética, para proteger-se contra o referido risco, a medida adequada a ser tomada por Carlos será

(A) o sequestro.

(B) o arrolamento.

(C) o arresto.

(D) a busca e apreensão.

(E) a justificação.

A única alternativa correta é a "B" (art. 855 do CPC).

Gabarito "B"

(Ministério Público/MG – 2010 – FUNDEP) Sobre a medida cautelar de alimentos provisionais, é **INCORRETO** afirmar

(A) que a competência para o aforamento do pedido será sempre do juiz de primeiro grau, ainda que a causa principal penda de julgamento no tribunal.

(B) que, por ser exigida prova pré-constituída da relação de parentesco como pressuposto para o deferimento de alimentos provisionais, não há possibilidade de cumulação desse pedido com a ação de reconhecimento de paternidade.

(C) que os alimentos provisionais deferidos e não pagos podem ser executados mesmo depois de proferida sentença de improcedência na ação principal.

(D) que, não obtidos os alimentos provisionais, sobrevém, ulteriormente, sentença concessiva de alimentos definitivos. Nesse caso, em razão do caráter *ex tunc* do direito a alimentos, expresso no artigo 13, § 2º, da Lei de Alimentos (Lei n. 5.478/1968), os efeitos da sentença devem retroagir à data da citação na medida de alimentos provisionais e, não, à citação na ação principal.

A: correta (art. 853 do CPC); **B:** incorreta, porque somente é exigida prova pré-constituída do vínculo familiar para a propositura da ação de alimentos pelo rito especial, que prevê a fixação dos alimentos provisórios. Os provisionais não dependem de tal requisito. Por isso, a cumulação é possível, e frequente, diga-se de passagem; **C:** correta, porque a cassação dos alimentos provisionais tem eficácia não retroativa, e, por isso, continuam exigíveis as parcelas até então devidas; **D:** correta, pois em consonância com a redação do at. 13, § 2º, da Lei de Alimentos.

Gabarito "B"

(Ministério Público/MG – 2010.2) Levando-se em consideração as medidas cautelares específicas previstas no Código de Processo Civil, marque a resposta CORRETA. Para indisponibilizar o patrimônio do réu, de modo a assegurar futura realização de créditos monetários ou de outras prestações que devam converter-se em prestações pecuniárias, a medida apropriada será

(A) sequestro.

(B) busca e apreensão.

(C) arrolamento de bens.

(D) arresto.

A: incorreta (art. 822, CPC); **B:** incorreta (art. 839, CPC); **C:** incorreta (art. 855, CPC); **D:** correta (art. 813, CPC).

Gabarito "D"

(Ministério Público/MS – 2011 – FADEMS) Aponte a alternativa **correta**.

(A) Um dos limites a adstringir o poder geral de cautela do magistrado está em que, havendo um dispositivo legal específico, prevendo determinada medida com feição cautelar para conter uma ameaçadora lesão a direito, não se há de deferir cautela inominada. Se for o caso de deferi-la, devem ser observadas todas as exigências contidas naquela medida específica;

(B) Equipara-se à prova literal da dívida liquida e certa, para efeito de concessão de arresto, a sentença já liquidada, condenando o devedor ao pagamento de dinheiro;

(C) A cautelar de produção antecipada de provas, por si só, previne a competência para a ação principal;

(D) Tendo a mulher obtido a concessão de alimentos provisionais, através de medida cautelar, a superveniência de sentença favorável ao alimentante, na ação principal de separação judicial lhe afeta o direito de executar as prestações vencidas e não pagas;

(E) A medida cautelar inominada que visa ao afastamento do companheiro do lar conjugal tem caráter satisfativo, tanto que, não precisa ser ajuizada no prazo legal a ação principal, já que não há a necessidade de se preservar o exercício dos direitos e obrigações dos companheiros, como se casados fossem.

A: correta (RSTJ 53/155); **B:** foi considerada incorreta no gabarito oficial, porque no parágrafo único do art. 814 há menção à "sentença líquida ou ilíquida, pendente de recurso". Porém, não se pode dizer que a afirmação contida na questão esteja errada; **C:** incorreta (Súmula 263 do TRF e RSTJ 67/481); **D:** incorreta, porque continuam exigíveis as parcelas dos alimentos provisionais não adimplidas (RSTJ 63/381); **E:** a alternativa foi considerada incorreta, tendo em vista o seguinte julgado: RT 808/234: "a medida cautelar inominada que visa ao afastamento do companheiro do lar conjugal não pode ter caráter satisfativo, devendo, destarte, ser ajuizada no prazo legal ação principal, uma vez que há necessidade de se preservar o exercício dos direitos e obrigações dos companheiros, como se casados fosse". A questão, no entanto, não é pacífica, havendo uma corrente doutrinária e jurisprudencial no sentido de que "não perde a eficácia a separação de corpos concedida, se não for proposta no prazo de trinta dias a ação de separação judicial" (Súmula 10 do TJRS, RJTJERGS 133/425 e RT 824/220).

Gabarito oficial "A"/Gabarito nosso "Anulada"

(Ministério Público/MS – 2009) Assinale a afirmativa correta.

(A) Conforme jurisprudência do STJ, pode ser utilizada a técnica da prisão civil para a tutela do direito aos alimentos derivados de ato ilícito.

(B) É possível a fixação extrajudicial de alimentos em favor do cônjuge, com eficácia de título executivo.

(C) Em ação de rito cautelar destinada à demolição de prédio para resguardo da segurança pública, é indispensável, sob pena de cessação da eficácia da liminar deferida, o ajuizamento de ação principal em 30 dias.

(D) A concessão do arresto a pedido da União, Estado ou Município, independentemente de perigo de dano.

(E) É indispensável para a obtenção de tutela cautelar incidental o ajuizamento da ação competente, sendo inviável a concessão mediante mera petição nos autos da ação principal em curso.

A: incorreta, uma vez que, "segundo a pacífica jurisprudência do Superior Tribunal de Justiça, é ilegal a prisão civil decretada por descumprimento de obrigação alimentar em caso de pensão devida em razão de ato ilícito" (HC 182.228/SP); **B:** correta, uma vez que é possível que o casal promova o divórcio por meio de escritura pública, e que nela seja fixada a pensão alimentícia, com eficácia de título executivo; **C:** incorreta, porque a cautelar, nesse caso, tem caráter satisfativo, não havendo que se propor ação principal; **D:** incorreta, porque a única dispensa que a lei faz, para a hipótese de o arresto ter sido requerido pela Fazenda Pública, é da justificação prévia (art. 816 do CPC), mas "não dispensa a exigência de perigo iminente" (RSTJ 135/123); **E:** incorreta, em razão daquilo que está previsto no art. 273, § 7º, CPC ("se o autor, a título de antecipação da tutela, requerer providência de natureza cautelar, poderá o juiz, quando presentes os pressupostos, deferir a medida cautelar em caráter incidental do processo ajuizado"). "

Gabarito "B"

(Ministério Público/SE – 2010 – CESPE) Assinale a opção correta com relação às medidas cautelares específicas e aos procedimentos especiais de jurisdição contenciosa, seguindo a orientação jurisprudencial do STJ.

(A) Na ação cautelar de exibição de documentos, é cabível a aplicação da multa cominatória prevista no art. 461, § 4º, do CPC.

(B) O arresto cautelar não assegura ao credor que o efetiva, providenciando o devido registro, direito de preferência em relação ao credor que posteriormente penhora o mesmo imóvel.

(C) É cabível ação de depósito para entrega de bens fungíveis em contrato de depósito clássico.

(D) O direito de retenção por benfeitorias, no procedimento especial das ações possessórias, pode ser pleiteado tanto na resposta ao pedido inicial, quanto na fase executiva, pela via dos embargos.

(E) Na ação cautelar de exibição de documentos, aplica-se a presunção de veracidade prevista no art. 359 do CPC, respeitante à confissão ficta quanto aos fatos afirmados.

A: incorreta (Súmula 372 do STJ): **B:** incorreta, porque o art. 821 do CPC prevê que são aplicáveis ao arresto as disposições referentes à penhora, e uma de tais disposições é aquela que estabelece o direito de preferência em favor do credor que tiver realizado a penhora (art. 612 do CPC); **C:** correta (RSTJ 106/313); **D:** incorreta, porque, "nas possessórias, o pedido de indenização por benfeitorias deve ser feito quando da contestação, sob pena de preclusão" (RJTAMG 40/107 e STJ, REsp 424.300); **E:** incorreta, pois "na ação cautelar de exibição, não cabe aplicar a pena prevista no art. 359 do CPC, respeitante à confissão ficta quanto aos fatos afirmados, uma vez que ainda não há ação principal em curso e não se revela admissível, nessa hipótese, vincular o respectivo órgão judiciário, a quem compete a avaliação da prova, com o presumido teor do documento" (STJ, REsp 1.094.846).

Gabarito "C"

14. PROCEDIMENTOS ESPECIAIS

(Ministério Público/ES – 2013 – VUNESP) Mário, residente em Salvador, tem a posse de um imóvel rural situado em São Carlos, há mais de três anos. Romário, que é seu vizinho, há um ano e um dia vem alegando que as linhas de divisa dos imóveis estão erradas e que suas terras avançam para mais de um terço do imóvel de Mário. Este último discorda e diz que está tudo correto. No entanto, há alguns dias, Romário, no auge do conflito, afirmou pretender destruir as divisas e tomar posse da parte que lhe cabe, sendo que, inclusive, parou tratores na porteira do imóvel de Mário, com homens armados vigiando o local. Na hipótese, qual a ação cabível para a defesa dos interesses de Mário?

(A) Ação de manutenção de posse, em São Carlos, com pedido de liminar.

(B) Ação de reintegração de posse, em São Carlos, sem pedido de liminar.

(C) Ação de interdito proibitório, em São Carlos, com pedido de liminar.

(D) Ação de imissão na posse, em Salvador, com pedido de liminar.

(E) Ação de interdito proibitório, em Salvador, sem pedido de liminar.

A resposta correta é a 'c' interdito proibitório (pois constitui ameaça iminente à posse), em São Carlos (local da situação do imóvel, art. 95 CPC) e com pedido de liminar, por se tratar de situação urgente (art. 932, CPC).

Gabarito "C"

(Ministério Público/ES – 2013 – VUNESP) A ação monitória é cabível para exigir cumprimento de obrigação de

(A) pagar quantia certa decorrente de contrato de prestação de serviços, com assinatura das partes, mas não de testemunhas; para exigir dívida reconhecida por declaração do devedor, constante de uma missiva.

(B) pagar quantia certa, representada por contrato escrito, assinado apenas pelas partes, de entrega de coisa fungível ou relativa a bens imóveis ou expressa em declaração firmada por terceiros.

(C) pagar dívida representada por cheque prescrito, de entrega de coisa certa ou semovente ou relativa a bens móveis ou imóveis ou, ainda, expressa em declaração firmada por terceiros.

(D) fazer ou não fazer entrega de coisa fungível ou relativa a bens móveis; para exigir dívida reconhecida por declaração de terceiros ou expressa em duplicata sem aceite.

(E) dívida em dinheiro representada por cheque prescrito, entrega de coisa certa ou incerta, móveis ou semoventes, imóveis, bens fungíveis ou infungíveis ou ainda expressa pelo devedor em uma missiva.

A: correta, conforme artigo 1.102-A, CPC; **B:** incorreta. Conforme artigo 1.102-A, CPC. Não se aplica para imóveis. **C:** incorreta, conforme artigo 1.102-A, CPC. Não se aplica para imóveis nem para semoventes; **D:** incorreta, conforme artigo 1.102-A, CPC, não se aplica para obrigações de fazer ou não fazer; **E:** incorreta, conforme artigo 1.102-A, CPC. Não se aplica para imóveis nem para bens infungíveis.

Gabarito "A"

(Ministério Público/MG – 2013) Segundo dispõe o artigo 987 do CPC, *"a quem estiver na posse e administração do espólio incumbe, no prazo estabelecido no art. 983, requerer o inventário e a partilha"*. Assinale a alternativa *INCORRETA* no que diz respeito à *legitimação concorrente* para requerer inventário e partilha:

(A) O legatário.

(B) O testamenteiro.

(C) A Fazenda Pública, quando tiver interesse.

(D) O Ministério Público, em qualquer hipótese.

A: assertiva correta, conforme artigo 988, III, do CPC; **B:** assertiva correta, conforme artigo 988, IV, do CPC; **C:** assertiva correta, conforme artigo 988, IX, do CPC; **D:** assertiva incorreta, devendo ser assinalada, pois o MP só terá legitimidade havendo herdeiros incapazes (art. 988, VIII).

Gabarito "D"

(Ministério Público/SP – 2013 – PGMP) Considere as seguintes proposições.

I. A fungibilidade dos interditos possessórios é extensiva à ação de imissão de posse e à ação petitória.

II. O caráter dúplice da ação possessória não impede o réu de reconvir relativamente à pretensão conexa com os pedidos possessório e indenizatório correspondente.

III. Consumada a posse do esbulhador há mais de ano e dia, é defeso ao autor da ação possessória reintegrar-se liminarmente na posse; mas lhe é permitido obter a tutela antecipada, desde que preenchidos os requisitos de admissibilidade desta.

IV. A usucapião como matéria de defesa prescinde da comprovação do *animus domini* que se presume pela própria arguição dela.

Está CORRETO o que se afirma apenas em

(A) I e II.

(B) III e IV.

(C) II e III.

(D) I e III.

(E) II e IV.

I: incorreta. Há fungibilidade entre as três ações possessórias (causa de pedir é a posse). A imissão é uma ação petitória (causa de pedir é a propriedade). **II:** correta para a banca. Divergência doutrinária, pois há autores que não admitem a reconvenção na possessória em qualquer hipótese, e há quem entenda ser possível, como afirma o enunciado. **III:** correta. O requisito da liminar possessória é especificamente tempo e prova anterior da posse (CPC, art. 928); se superado o prazo de ano e dias, há possibilidade de antecipação de tutela, conforme requisitos específicos (CPC, art. 273). **IV:** incorreta. A usucapião sempre demanda da comprovação do ânimo de dono (CPC, art. 941).

Gabarito "C"

(Ministério Público/MS – 2013 – FADEMS) Sobre a matéria de inventário e partilha, assinale a alternativa **correta**:

(A) O inventário e a partilha deverão ser requeridos dentro de um prazo máximo de trinta dias a contar da abertura da sucessão, sob pena de imposição de multa sobre o imposto a recolher.

(B) No arrolamento de bens do espólio, a existência de credores impede a homologação da partilha.

(C) O legatário é parte ilegítima para manifestar-se sobre as dívidas do espólio quando o reconhecimento das dívidas importar em mera redução dos legados.

(D) O incidente de remoção de inventariante correrá apenso aos autos do inventário.

(E) Não incumbe ao inventariante trazer à colação os bens recebidos pelo herdeiro ausente, renunciante ou excluído.

A: incorreta, porque o prazo para a abertura do processo de inventário é de 60 dias (art. 983 do CPC); **B:** incorreta, porque "a existência de credores do espólio não impedirá a homologação da partilha ou da adjudicação, se forem reservados bens suficientes para o pagamento da dívida" (art. 1.035, "*caput*", do CPC); **C:** incorreta, porque "o legatário é parte legítima para manifestar-se sobre as dívidas do espólio: (...) II – quando o reconhecimento das dívidas importar redução do legado" (art. 1.020, II, do CPC); **D:** correta (art. 996, parágrafo único, do CPC); **E:** incorreta, porque "o herdeiro que renunciou à herança ou o que dela foi excluído não se exime, pelo fato da renúncia ou da exclusão, de conferir, para o efeito de repor a parte inoficiosa, as liberalidades que houve do doador" (art. 1.015, "*caput*", do CPC). Logo, cabe ao inventariante apontar, nas primeiras declarações, as liberalidades recebidas por tais herdeiros.

Gabarito "D"

(Ministério Público/SP – 2013 – PGMP) Sobre os procedimentos de jurisdição voluntária, é CORRETO afirmar:

(A) eles têm início somente por provocação do interessado.

(B) o juiz pode decidir conforme a equidade em detrimento da legalidade estrita.

(C) a citação do Ministério Público é prescindível no pedido de emancipação feito por tutor do menor com 17 (dezessete) anos completos.

(D) ao juiz é defesa a ordenação de ofício de provas.

(E) a sentença irrecorrida faz coisa julgada material.

A: incorreta, pois o procedimento tem início pelo interessado ou MP (CPC, art. 1.104); **B:** correta (CPC, art. 1.109); **C:** incorreta, pois o MP deverá sempre ser citado na jurisdição voluntária (CPC, art. 1.105 e 1.112, I); **D:** incorreta, pois há previsão em sentido inverso (CPC, art. 1.107); **E:** incorreta, pois – conforme doutrina majoritária – a sentença poderá ser alterada diante de fatos supervenientes (CPC, art. 1.111).

Gabarito "B"

(Ministério Público/SP – 2013 – PGMP) Sobre o procedimento de jurisdição voluntária referente à tutela, é CORRETO afirmar:

(A) o Ministério Público tem a faculdade de promover a especialização da hipoteca legal se o tutor não a tiver requerido no prazo de 10 (dez) dias.

(B) o Ministério Público não tem legitimidade para recorrer da decisão que reconhece a idoneidade do tutor e o dispensa de promover a especialização da hipoteca legal, quando o tutelado tiver mais de 16 e menos de 18 anos.

(C) o pedido de escusa apresentado pelo tutor durante o exercício da tutela não poderá ser decidido de plano pelo juiz, admitida, no entanto, a relativização dos poderes atribuídos ao tutor até decisão final.

(D) cessadas as funções do tutor pelo decurso do prazo, a sua recondução somente será admitida se a requerer dentro dos 10 (dez) dias seguintes ao implemento do termo final.

(E) o Ministério Público tem legitimidade concorrente para requerer a prestação de contas do tutor e, em caso de recusa deste em prestá-las, de requerer a sua remoção.

A: incorreta, pois não se trata de faculdade, mas de determinação legal para que o MP assim proceda (CPC, art. 1.188, parágrafo único); **B:** incorreta, pois se cabe ao MP impugnar, cabe ao MP recorrer (CPC, art. 1.194); **C:** incorreta, prevendo a lei a decisão de plano (CPC, art. 1.193); **D:** incorreta, pois se o tutor não se manifestar, "entender-se-á como reconduzido" (CPC, art. 1.198); **E:** correta. A legitimidade é do MP e de quem tenha "legítimo interesse" (CPC, art. 1.194).

Gabarito "E"

(Ministério Público/AC – 2008) Assinale a alternativa correta.

(A) O mandado de segurança, em determinadas hipóteses, pode substituir a ação popular.

(B) O mandado de segurança, em determinadas hipóteses, pode substituir a ação de cobrança.

(C) Praticado o ato por autoridade, no exercício de competência delegada, contra ela cabe o mandado de segurança.

(D) Controvérsia grave sobre matéria de direito impede concessão de mandado de segurança.

A: incorreta (Súmula n. 101 do STF: "o mandado de segurança não substitui a ação popular"); **B:** incorreta (Súmula n. 269 do STF: "o mandado de segurança não é substitutivo de ação de cobrança"); **C:** correta, porque nos termos da Súmula n. 510 do STF; **D:** incorreta, porque é o oposto que prevê a Súmula n. 625 do STF.

Gabarito "C"

(Ministério Público/BA – 2010) Em relação à concessão de medida liminar na ação civil de mandado de segurança, é incorreto afirmar que:

(A) É vedada a concessão de liminar na ação civil de mandado de segurança que tenha como mérito a compensação de créditos tributários.

(B) No *mandamus* de âmbito coletivo, a medida liminar só poderá ser deferida após a oitiva da pessoa jurídica de direito público.

(C) É vedado deferimento de liminar na ação civil de mandado de segurança que tenha por objeto a reclassificação de servidores públicos.

(D) A liminar perderá os seus efeitos se o impetrante deixar, por mais de 5(cinco) dias úteis, de promover atos processuais do seu mister.

(E) É vedada a concessão de liminar na ação civil de mandado de segurança que tenha como mérito a entrega de mercadorias e bens oriundos do exterior.

A: correta (art. 7º, § 2º, da Lei 12.016/2009); **B:** correta (art. 22, § 2º da Lei 12.016/2009); **C:** correta (art. 7º, § 2º, da Lei 12.016/2009); **D:** incorreta, porque o prazo previsto em lei é 3 dias (art. 8º da Lei 12.016/2009); **E:** correta (art. 7º, § 2º, da Lei 12.016/2009).

Gabarito "D"

(Ministério Público/BA – 2010) João, detentor de considerável patrimônio, formado por fazendas, automóveis e valores aplicados em conta poupança, conviveu em regime de união estável com Maria, durante 06(seis) anos, advindo desse vínculo o nascimento de Pedro, Francisco e José, todos menores impúberes. Em 24 de novembro de 2006, João veio a falecer, vítima de acidente automobilístico. Após sua morte, a companheira sobrevivente aforou inventário dos bens deixados pelo *de cujus*. No curso do procedimento, os interessados foram surpreendidos com a arguição de Rodrigo, de que o falecido seria seu suposto pai, razão pela qual requereu a devida declaração do vínculo, com a respectiva participação na herança. Requerido o inventário, e passado longo período sem que Maria, a inventariante nomeada, cumprisse com os encargos a si impostos por lei, determinou-se sua intimação pessoal, para manifestar o interesse no prosseguimento do feito. Cumprida a diligência intimatória, e persistindo a omissão, o juiz da Comarca, em inspeção, extinguiu o processo sem destrame do mérito, por ausência de interesse de agir, bem assim por inação da parte autora em adimplir os atos necessários, com base no art. 267, II, III, VI, do CPC. Diante do caso descrito, assinale a assertiva incorreta:

(A) A discussão acerca da paternidade deve ser remetida às vias ordinárias, por se tratar de questão de fato de alta indagação.

(B) Na hipótese, o Ministério Público não está legitimado a requerer o inventário, tendo em conta que os incapazes não se encontram em situação de risco, estando devidamente representados por sua genitora.

(C) A legislação processual é transparente no sentido de atribuir como efeito da desídia do Inventariante sua remoção, nunca a extinção do processo, dado que sua atuação não determina o prosseguimento ou desfecho da causa, mas importa apenas sua eventual mudança.

(D) Considerando o interesse jurídico da Fazenda Pública para cobrar o tributo que lhe é devido, encontra-se esta dotada de legitimidade recursal.

(E) É deferida ao magistrado a possibilidade de determinar, de ofício, a abertura do inventário, circunstância que caracteriza exceção ao princípio da inércia da jurisdição.

A: correta, uma vez que não é possível que no procedimento de inventário sejam produzidas as provas necessárias à demonstração do vínculo de filiação e paternidade; **B:** incorreta (devendo esta ser assinalada), porque para a legitimidade do Ministério Público é irrelevante a situação de risco dos incapazes; **C:** correta, em especial quando se verifica que no inventário estão em jogo direitos de outros sujeitos, e não só do inventariante; **D:** correta, pois, de fato, a Fazenda Pública possui legitimidade recursal; **E:** correta (art. 989 do CPC).

Gabarito "B"

(Ministério Público/BA – 2010) Doutrinariamente, entende-se por interdição o procedimento destinado a retirar a capacidade de pessoa maior para a prática de determinados atos da vida civil, e para a regência de si mesma e de seus bens. Sobre o procedimento especial da interdição, é correto afirmar:

(A) A realização de exame pericial do interditando constitui faculdade do magistrado, na empreitada de formar seu convencimento.

(B) Uma vez requerida a interdição pelo órgão do Ministério Público, compete ao juiz designar audiência de justificação prévia para ouvida do interditando.

(C) É vedada a constituição de advogado pelo interditando, já que o objeto litigioso diz respeito à sua capacidade para a prática dos atos da vida civil.

(D) A legitimação do Ministério Público para requerer a interdição é considerada subsidiária, nos termos do art. 1.178, II, do Código de Processo Civil, quando os legitimados ordinários permanecerem inertes ou inexistirem.

(E) A sentença que acolhe o pedido de interdição desafia recurso de apelação, dotado do duplo efeito (suspensivo e devolutivo), ensejando sua inscrição no Registro de Pessoas Naturais, após o trânsito em julgado.

A: incorreta, porque o exame pericial do interditando está previsto pela lei como providência obrigatória nesse tipo de procedimento (art. 1.183, CPC); **B:** incorreta, porque não há previsão de tal providência para a hipótese; **C:** incorreta, porque é possível que constitua ele advogado (art. 1.182, § 2º, CPC); **D:** correta, pois em conformidade com o art. 1178, II, do CPC; **E:** incorreta, porque a apelação não tem efeito suspensivo nesse caso (art. 1.184, CPC).

Gabarito "D"

(Ministério Público/BA – 2008) Sobre Mandado de Segurança pode-se asseverar:

I. Cabe Mandado de Segurança, ainda que tenha sido interposto recurso administrativo com efeito suspensivo, desde que se trate de ato omissivo.

II. Ato judicial passível de correição desafia Mandado de Segurança.

III. A entidade de classe tem legitimação para impetrar mandado de segurança, desde que a pretensão veiculada interesse a toda a categoria.

IV. Decisão denegatória de mandado de segurança, não fazendo coisa julgada contra o impetrante, não impede o uso da ação própria.

V. A impetração de mandado de segurança coletivo, por entidade de classe, em favor dos associados, independe da autorização destes.

Desse modo, quantas alternativas estão corretas?

(A) 2 (duas).

(B) 3 (três).

(C) 4 (quatro).

(D) 5 (cinco).

(E) 1 (uma).

I: correta, porque é no sentido do cabimento do mandado de segurança, nesse caso, a Súmula n. 429 do STF; **II:** incorreta (Súmula n. 267 do STF); **III:** incorreta, porque é viável a impetração ainda que a pretensão veiculada interesse à parte de seus membros; **IV:** correta, porque nos termos da Súmula n. 304 do STF; **V:** correta (Súmula n. 630 do STF e art. 21, "caput", parte final, da Lei 12.016/2009).

Gabarito "B"

(Ministério Público/CE – 2011 – FCC) No tocante ao mandado de segurança, é correto afirmar:

(A) Da decisão do juiz de primeiro grau que conceder ou negar a liminar caberá recurso de apelação.

(B) Para efeito de sua concessão, equiparam-se às autoridades, entre outros, os dirigentes de pessoas jurídicas ou as pessoas naturais no exercício de atribuições do poder público, apenas no que disser respeito a essas atribuições.

(C) Concedida medida liminar, seus efeitos persistirão até o trânsito em julgado da decisão concessiva da segurança.

(D) Não se concederá mandado de segurança de decisão judicial da qual caiba recurso com efeito meramente devolutivo.

(E) A autoridade coatora pode informar e defender a licitude de seu ato, mas não recorrer da concessão da segurança.

A: incorreta, porque o recurso cabível, nesses casos, é o agravo de instrumento (art. 7º, § 1º, da Lei 12.016/2009); **B:** correta (art. 1º, § 1º, da Lei. 12.016/2009); **C:** incorreta, porque "os efeitos da liminar, salvo se revogada ou cassada, persistirão até a prolação da sentença" (art. 7º, § 3º, da Lei 12.016/2009); **D:** incorreta, porque a lei afasta o cabimento do mandado de segurança quando se tratar de decisão judicial da qual caiba recurso com efeito suspensivo (art. 5º, II, Lei 12.016/2009); **E:** incorreta, porque a autoridade coatora também tem legitimidade recursal em matéria de mandado de segurança (art. 14, § 2º, da Lei 12.016/2009).

Gabarito "B"

(Ministério Público/CE – 2009 – FCC) Em ação reivindicatória, o réu, em defesa, arguiu a usucapião especial de terras rurais, denominada usucapião "pro labore", e pleiteou, ainda na contestação, o reconhecimento do domínio. Neste caso, a intervenção do Ministério Público

(A) não é obrigatória, porque a sentença em relação ao pedido de usucapião não fará coisa julgada material.

(B) não é obrigatória por tratar-se de usucapião arguida em defesa.

(C) é obrigatória, porque é inegável o interesse público.

(D) não é obrigatória, em razão da ausência de interesse público.

((E) é obrigatória, porque se o pedido do autor for improcedente a alegação de usucapião servirá como fundamentação da sentença.

A: incorreta, porque há exigência legal expressa de sua presença (art. 5º, § 5º, da Lei 6.969/1981) e também porque a sentença faz coisa julgada (art. 7º do mesmo diploma legal); **B:** incorreta, pelos mesmos motivos; C e **D:** reler o comentário sobre a alternativa A; **E:** incorreta, porque o motivo apontado para a intervenção ministerial é inadequado.

Gabarito "C"

(Ministério Público/DF – 2009) No que respeita às ações possessórias, assinale a alternativa correta.

(A) A propositura de uma ação possessória em vez de outra obstará a que o juiz conheça do pedido.

(B) É lícito ao réu, em ação possessória, cumular ao pedido possessório o de reconhecimento do domínio.

(C) O possuidor tem direito a ser mantido na posse em caso de esbulho e reintegrado no de turbação.

(D) Contra as pessoas jurídicas de direito público não será deferida a manutenção ou a reintegração liminar sem prévia audiência dos respectivos representantes judiciais.

(E) No caso das ações de manutenção e reintegração, o procedimento da justificação prévia é requisito indispensável para concessão de liminar.

A: incorreta, porque nas ações possessórias vigora a fungibilidade, o que permite que formulado determinado pedido de proteção possessória, o juiz poderá conceder medida diversa que considerar mais adequada (art. 920 do CPC); **B:** incorreta, porque não se admite a discussão de domínio em ação possessória; **C:** incorreta, porque no caso de esbulho surge o direito à reintegração, e no caso de turbação surge o direito à manutenção; **D:** correta (art. 928, parágrafo único, do CPC); **E:** incorreta, porque a justificação prévia da posse pode ser determinada apenas na hipótese em que a petição inicial não esteja instruída suficientemente (art. 928 do CPC).

Gabarito "D"

(Ministério Público/DF – 2009) No que respeita às ações de separação consensual e de guarda, assinale a alternativa incorreta.

(A) Na ação de separação consensual, a petição inicial conterá a descrição dos bens e a respectiva partilha; o acordo sobre a guarda dos filhos menores e o regime de visitas.

(B) Convencendo-se o juiz que os cônjuges, livremente e sem hesitações, desejam a separação consensual, mandará reduzir a termo as declarações, ouvirá o Ministério Público e a homologará.

(C) A guarda, unilateral ou compartilhada, poderá ser requerida, por consenso, pelo pai e pela mãe, ou por qualquer deles, em ação autônoma de separação, de divórcio, de dissolução de união estável ou em medida cautelar.

(D) Na audiência de conciliação, o juiz colherá do pai e da mãe o significado da guarda compartilhada, a sua importância, a similitude de deveres e direitos atribuídos aos genitores e as sanções que ambos estabelecerem pelo descumprimento de suas cláusulas.

(E) É lícito às partes, a qualquer tempo, no curso da separação judicial, requererem a conversão em separação consensual.

A: correta (art. 1.121, I e II, do CPC); **B:** correta (art. 1.122, § 1º, CPC); **C:** correta, pois em todas essas ações o pai e a mãe podem requerer a guarda, por consenso ou individualmente; **D:** incorreta, porque o § 1º do art. 1.584 do CC estabelece que o juiz deve informar os pais, e não colher deles, o significado da guarda compartilhada; **E:** correta (art. 1.123 do CPC).

Gabarito "D"

(Ministério Público/ES – 2010 – CESPE) Com relação ao recurso inominado, previsto na Lei dos Juizados Especiais, assinale a opção correta.

(A) Não se coaduna à finalidade dos juizados especiais a possibilidade do recurso à sentença terminativa, razão pela qual não cabe recurso inominado a essa espécie de sentença.

(B) Por se tratar de verdadeira apelação aplicada ao procedimento dos juizados, admite-se recurso inominado interposto adesivamente.

(C) Diante da inexistência de recurso a eventual lesão de direito causada por decisão interlocutória no curso do procedimento dos juizados, é admitida a interposição de recurso inominado a decisão dessa espécie.

(D) É cabível o recurso inominado não só à sentença do processo de conhecimento, mas também à sentença nos embargos do processo de execução.

(E) Toda sentença proferida no procedimento dos juizados é passível de recurso inominado, incluindo-se a sentença que homologa conciliação e a que homologa laudo arbitral.

A: incorreta, porque o recurso inominado é admissível para a sentença, seja ela terminativa ou definitiva (art. 41 da Lei 9.099/95); **B:** incorreta, por falta de previsão legal; **C:** incorreta, por falta de previsão legal; **D:** correta (art. 41 da Lei 9.099/1995); **E:** incorreta (art. 41 da Lei 9.099/1995).

Gabarito "D"

(Ministério Público/MG – 2012 – CONSULPLAN) Assinale a alternativa **INCORRETA:**

A ação monitória compete a quem pretender, com base em prova escrita sem eficácia de título executivo:

(A) Pagamento de soma em dinheiro.

(B) Entrega de coisa fungível.

(C) Determinado bem móvel.

(D) Restituição de imóvel divisível.

A: correta, embora também é cabível se pretende a entrega de coisa fungível ou de determinado bem imóvel (art. 1.102-A do CPC); **B:** correta; **C:** correta; **D:** incorreta (art. 1.102-A); **E:** correta.

Gabarito "D"

(Ministério Público/MG – 2011) Marque a alternativa **INCORRETA.**

(A) Se intempestivo o recurso administrativo com efeito suspensivo, o prazo decadencial para a impetração do mandado de segurança começa a fluir desde o momento em que se encerrou o prazo recursal.

(B) Tratando-se de mandado de segurança preventivo, não se computa prazo decadencial para a sua impetração.

(C) Findando o prazo decadencial em dia que não haja expediente forense, o mandado de segurança poderá ser impetrado no primeiro dia útil subsequente.

(D) A decisão que extingue a ação mandamental, fundada na superação do prazo decadencial ou no reconhecimento de que não houve violação do direito reclamado, não impede a renovação da controvérsia nas vias ordinárias.

A: correta (nesse sentido, STJ, REsp 109.882); **B:** correta (STJ, REsp 46.174-0); **C:** correta (STJ, MS 10.220, mas deve ser registrada a existência de decisões no sentido de que o prazo, por ser decadencial, não se prorroga); **D:** incorreta, porque a decisão que denega a segurança, se aprecia o mérito do pedido e entende que o impetrante não tem direito algum, faz coisa julgada material, impedindo a reapreciação da controvérsia em ação ordinária (RTJ 38/184, dentre outros); por outro lado, o simples reconhecimento da decadência da ação mandamental não compromete o acesso às vias ordinárias (STF, MS 28812/DF).

Gabarito "D"

(Ministério Público/MG – 2012 – CONSULPLAN) A respeito das disposições gerais relacionadas aos procedimentos especiais de jurisdição voluntária, assinale a alternativa **INCORRETA:**

(A) O procedimento terá início por provocação do interessado ou do Ministério Público, cabendo-lhes formular o pedido em requerimento dirigido ao juiz, devidamente instruído com os documentos necessários e com a indicação da providência judicial.

(B) O prazo para responder é de dez dias, e os interessados podem produzir as provas destinadas a demonstrar as suas alegações; mas ao juiz é lícito investigar livremente os fatos e ordenar de ofício a realização de quaisquer provas.

(C) O juiz decidirá o pedido no prazo de dez dias, podendo adotar em cada caso a solução que reputar mais conveniente ou oportuna, observando, entretanto, o critério da legalidade estrita.

(D) A sentença poderá ser modificada, sem prejuízo dos efeitos já produzidos, se ocorrerem circunstâncias supervenientes.

A: correta (art. 1.104 do CPC); **B:** correta (arts. 1.106 e 1.107 do CPC); **C:** incorreta (devendo esta ser assinalada), porque o juiz pode decidir de acordo com a equidade (art. 1.109 do CPC); **D:** correta (art. 1.111 do CPC).

Gabarito "C"

(Ministério Público/MG – 2010.2) De acordo com as disposições do Código de Processo Civil sobre os procedimentos especiais (Livro IV), são considerados de jurisdição contenciosa, EXCETO,

(A) consignação em pagamento.

(B) inventário e partilha.

(C) remoção de tutor ou curador.

(D) juízo arbitral.

Apenas a remoção de tutor ou curador é que se trata de procedimento especial de jurisdição voluntária (arts. 1.194 a 1.198 do CPC). Os demais são de jurisdição contenciosa.

Gabarito "C"

(Ministério Público/MS – 2011 – FADEMS) Assinale a afirmação **falsa**.

(A) A aquisição da posse se dá também pela cláusula *constituti* inserida em escritura pública de compra e venda de imóvel, o que autoriza o manejo dos interditos possessórios pelo adquirente, mesmo que nunca tenha exercido atos de posse direta sobre o bem;

(B) É cabível a ação de usucapião por titular de domínio que encontra dificuldade, em razão de circunstância ponderável, para unificar as transcrições ou precisar área adquirida escrituralmente;

(C) A ordem de nomeação de inventariante, prevista na lei, apresenta caráter absoluto, inclusive, não pode ser alterada mesmo em situação excepcional, quando o juiz tiver fundadas razões para desconsiderá-la, forte na existência de patente litigiosidade entre as partes;

(D) A sentença que se limita a homologar a partilha amigável não pode ser desconstituída por meio de recurso de apelação, pois não possui cunho decisório e há necessidade de produção de prova acerca do vício alegado, sendo necessário o ajuizamento da ação anulatória;

(E) O fato de o devedor principal, não haver figurado no polo passivo do processo de execução, movido tão somente contra o avalista, não lhe atribui a condição de terceiro, uma vez que este, para efeitos da lei, deve ser entendido como alguém que não está juridicamente obrigado a suportar as consequências da relação material litigiosa.

A: verdadeira (RSTJ 36/473 e 115/378); **B:** verdadeira (STJ, REsp 292.356); **C:** falsa (STJ, REsp 1.055.633); **D:** verdadeira (STJ, REsp 695.140); **E:** verdadeira (STJ-RT 867/154).

Gabarito "C"

(Ministério Público/MS – 2006) Assinale a alternativa INCORRETA:

(A) Falecendo o cônjuge meeiro supérstite depois da partilha dos bens do pré-morto, as duas heranças serão cumulativamente inventariadas e partilhadas, se os herdeiros de ambos forem os mesmos.

(B) A sobrepartilha correrá nos autos de inventário do autor da herança.

(C) O testamenteiro será removido e perderá o prêmio se lhe forem glosadas as despesas por ilegais ou em discordância com o testamento.

(D) Os bens com valor de afeição, como retratos, objetos de uso pessoal, livros e obras de arte, só serão alienados depois de declarada a vacância da herança.

A: incorreta (art. 1.043 do CPC); **B:** correta (art. 1.041, parágrafo único, do CPC); **C:** correta (art. 1.140, I, do CPC); **D:** correta (art. 1.156 do CPC).

Gabarito "A"

(Ministério Público/PB – 2010) Relativamente a inventário, analise as proposições que se seguem e assinale a alternativa correta:

I. Os bens da herança vacante são incorporados ao patrimônio dos estados e do Distrito Federal.

II. O juiz poderá ordenar, liminarmente, o sequestro dos bens sujeitos à colação, quando o donatário deixar de cumprir tal obrigação depois de ter sido legalmente intimado a fazê-lo.

III. Antes da declaração da vacância é admissível ao credor reclamar seus direitos, por meio de habilitação, nos próprios autos de arrecadação.

(A) Apenas I e II estão corretas.

(B) I, II e III estão corretas.

(C) Apenas a III está correta.

(D) Apenas a I está errada.

(E) Todas as proposições estão erradas.

I: incorreta, porque serão incorporados ao patrimônio do Município onde estiverem situados, ou ao Distrito Federal (art. 1.822 do Código Civil que substitui o Estado pelo Município na sucessão nas heranças vacantes); **II:** incorreta, porque a atuação do juiz, nesse caso, não se dá de forma liminar, mas depois de ser dada a oportunidade para que o herdeiro donatário se oponha ao pedido de colação (art. 1.016 do CPC); **III:** correta (art. 1.154 do CPC).

Gabarito "C"

(Ministério Público/PB – 2010) Relativamente à usucapião, analise as proposições que se seguem e assinale a alternativa correta:

I. A declaração de utilidade pública, seguida de imissão de posse do expropriante, impede que se desenvolva entre particulares ação de usucapião anterior à efetivação da medida expropriatória.

II. A inércia de terceiros interessados, citados por edital como "incertos e desconhecidos", não caracteriza a situação de revelia, sendo dispensável a nomeação de curador à lide.

III. Na hipótese de ocorrer o falecimento do dono do imóvel usucapiendo e havendo entre os seus herdeiros menor impúbere ou incapaz, ficará suspenso o prazo da prescrição aquisitiva enquanto durar a incapacidade absoluta do herdeiro.

(A) Apenas II e III estão erradas.

(B) Apenas a I está errada.

(C) Apenas a III está errada.

(D) Todas as proposições estão erradas.

(E) Nenhuma proposição está errada.

I: errada, porque "a desapropriação não pode ser invocada como obstáculo ao prosseguimento da ação de usucapião relativa ao imóvel" (RF 307/112); **II:** correta, porque não há necessidade de nomeação de curador especial na hipótese de réus indeterminados, citados por edital" (RJTJESP 120/350); **III:** correta (art. 198, I, CC).

Gabarito "B"

(Ministério Público/RO – 2010 – CESPE) Com relação aos procedimentos especiais, julgue os itens abaixo.

I. Configura aplicação do princípio da fungibilidade a propositura de uma ação petitória, no lugar de outra que não obste a que o juiz conheça do pedido e outorgue a proteção legal correspondente àquela, cujos requisitos estejam provados.

II. Pelo princípio da exclusividade do juízo, na pendência do processo possessório, é defeso tanto ao autor como ao réu intentar a ação de reconhecimento de domínio.

III. É possível ao autor cumular ao pedido possessório a cominação de pena para caso de nova turbação ou esbulho.

IV. Caso seja concedido o mandado de liminar de manutenção da posse, o autor deve promover, nos dez dias subsequentes, a citação do réu para contestar a ação.

Estão certos apenas os itens

(A) I e II.

(B) I e IV.

(C) II e III.

(D) III e IV.

(E) II, III e IV.

I: errada, porque são as ações possessórias – e não as petitórias – que se sujeitam ao princípio da fungibilidade; **II:** certa (art. 923 do CPC); **III:** certa (art. 921, II, CPC); **IV:** errada, porque o prazo é de 5 dias (art. 930 do CPC).

Gabarito "C"

(Ministério Público/RO – 2008 – CESPE) Acerca dos procedimentos especiais no processo civil, julgue os seguintes itens.

I. Se a causa principal estiver no tribunal, em grau de recurso, a medida cautelar será interposta perante o juízo de segundo grau, e não perante o juízo *a quo* que tenha decidido a causa.

II. A ação de prestação de contas pode ser proposta pelo titular de conta-corrente bancária.

III. Segundo o entendimento do STJ, a apelação interposta contra sentença que julga embargos à arrematação tem efeito meramente devolutivo.

IV. Segundo o entendimento do STF, é imprescritível a ação de investigação de paternidade, mas o mesmo não ocorre em relação à ação de petição de herança.

V. Segundo o entendimento do STJ, os embargos de terceiro não constituem meio idôneo para o reconhecimento de eventual fraude contra credores.

A quantidade de itens certos é igual a

(A) 1.

(B) 2.

(C) 3.

(D) 4.

(E) 5.

I: correta (art. 800, parágrafo único, do CPC); **II:** correta (Súmula nº 259 do STJ); **III:** correta (Súmula nº 331 do STJ); **IV:** correta (Súmula nº 149 do STF); **V:** correta (Súmula nº 195 do STJ).

Gabarito "E"

(Ministério Público/SC – 2012) Analise as assertivas a seguir.

I. As entidades autárquicas jamais poderão ser sujeitos passivos em Mandado de Segurança, porque excluídos, pela Lei n. 12.016/2009.

II. Não cabe mandado de segurança contra os atos de gestão comercial praticados pelos administradores de empresas públicas, de sociedade de economia mista e de concessionárias de serviço público.

III. Em caso de urgência, é permitido, observados os requisitos legais, impetrar mandado de segurança por telegrama.

IV. O pedido de mandado de segurança poderá ser renovado dentro do prazo decadencial, se a decisão denegatória não lhe houver apreciado o mérito.

V. Segundo a Lei n. 12.016/2009, poderá ser concedida medida liminar que tenha por objeto a reclassificação ou equiparação de servidores públicos e a concessão de aumento ou a extensão de vantagens ou pagamento de qualquer natureza.

(A) Apenas as assertivas I, II e III estão corretas.

(B) Apenas as assertivas II, III e IV estão corretas.

(C) Apenas as assertivas III, IV e V estão corretas.

(D) Apenas as assertivas II, III e V estão corretas.

(E) Todas as assertivas estão corretas.

I: incorreta (art. 1º, § 1º, da Lei 12.016/2009) **II:** correta, porque nos termos do § 2º do art. 1º da Lei 12.016/2009; **III:** correta (art. 4º da Lei 12.016/2009); **IV:** correta (art. 6º, § 6º, da Lei 12.016/2009); **V:** incorreta (art. 7º, § 2º).

Gabarito "B"

(Ministério Público/SC – 2012) De acordo com o Código de Processo Civil:

I. O processo de inventário e partilha deve ser aberto dentro de 90 (noventa) dias a contar da abertura da sucessão, ultimando-se nos 12 (doze) meses subsequentes, podendo o juiz prorrogar tais prazos, de ofício ou a requerimento de parte.

II. Terá preferência na inventariança o cônjuge ou companheiro sobrevivente, desde que estivesse convivendo com o outro ao tempo da morte deste, independentemente do herdeiro que se ache na posse e administração do espólio.

III. Cabe ao Ministério Público aprovar, indicar modificações ou denegar aprovação ao estatuto de uma fundação no prazo de 15 (quinze) dias após a autuação do pedido. Incumbe, também, ao Ministério Público: promover a extinção da fundação quando for impossível sua manutenção.

IV. O Ministério Público intervirá obrigatoriamente em todos os casos de testamento, exceto nos codicilos, que dependerá da existência de interesse de incapaz.

V. Os pedidos de emancipação, alienação, arrendamento ou oneração de bens dotais, de menores, de órfãos e de interditos, e extinção de usufruto e de fideicomisso, obedecerão as disposições do procedimento especial de jurisdição voluntária.

(A) Apenas as assertivas I, II, III e V estão corretas.

(B) Apenas as assertivas II, III e V estão corretas.

(C) Apenas as assertivas I, III, IV e V estão corretas.

(D) Apenas as assertivas I e IV estão corretas.

(E) Todas as assertivas estão corretas.

I: incorreta, porque o prazo em questão é de 60 dias (art. 983 do CPC); **II:** correta (art. 990 do CPC); **III:** correta (arts. 1.201 e 1.204 do CPC); **IV:** incorreta, porque a lei não faz contém qualquer ressalva, cabendo ao MP se manifestar em qualquer caso de testamento ou codicilos (art. 1.126 e art. 1.134, ambos do CPC); **V:** correta (art. 1.112 do CPC).

Gabarito "B"

(Ministério Público/SC – 2012) Analise as seguintes assertivas:

I. Na Lei 12.016/2009, há previsão de impetração de mandado de segurança através de telegrama, radiograma, fax ou outro meio eletrônico de autenticidade comprovada, desde que o texto original da petição seja apresentado nas 48 (quarenta e oito) horas seguintes.

II. Consoante a Lei 12.016/2009, em mandado de segurança é vedada a concessão de medida liminar que tenha por objeto a compensação de créditos tributários, a reclassificação ou equiparação de servidores públicos e a concessão de aumento ou a extensão de vantagens ou pagamento de qualquer natureza.

III. Prevê a Lei 12.016/2009, que no mandado de segurança, terá o Ministério Público 10 (dez) dias para opinar, sendo que após tal prazo, os autos deverão ir conclusos ao juiz, que terá 15 (quinze) dias para decidir.

IV. Ainda de acordo com a Lei 12.016/2009, o mandado de segurança coletivo poderá ser impetrado para proteger direitos individuais homogêneos, assim entendidos, para efeitos da Lei, os decorrentes de origem comum e da atividade ou situação específica da totalidade ou de parte dos associados ou membros do impetrante.

V. Extrai-se da Lei 8.009/1990, que a impenhorabilidade do bem de família é oponível em qualquer processo de execução civil, fiscal, previdenciária, trabalhista ou de outra natureza, salvo se movido pelo credor de pensão alimentícia, ou em razão dos créditos de trabalhadores da própria residência e das respectivas contribuições previdenciárias, além de outras hipóteses previstas na referida Lei.

(A) Apenas as assertivas II, III e IV estão corretas.

(B) Apenas as assertivas I, II, III e V estão corretas.

(C) Apenas as assertivas II, III, IV e V estão corretas.

(D) Apenas as assertivas I, II, IV e V estão corretas.

(E) Todas as assertivas estão corretas.

I: incorreta, porque o prazo a apresentação do original da petição é de 5 dias (art. 4º, § 2º, da Lei 12.016/2009); **II:** correta (§ 2º do art. 7º da Lei 12.016/2009); **III:** correta, de acordo com o gabarito oficial, porém, a alternativa contém um equívoco: o prazo para o juiz proferir decisão é de 30 dias, e não de 15 como constou (art. 12, parágrafo único da Lei 12.016/2009); **IV:** correta (art. 21, parágrafo único, II); **V:** correta (art. 3º da Lei 8.009/1990).

Gabarito "C"

(Ministério Público/SC – 2012) Analise as seguintes assertivas:

I. Não cabe mandado de segurança contra os atos de gestão comercial praticados pelos administradores de empresas públicas, de sociedade de economia mista e de concessionárias de serviço público.

II. Quando o direito ameaçado ou violado couber a várias pessoas, qualquer delas poderá requerer o mandado de segurança.

III. Da sentença denegatória ou concessiva de mandado de segurança cabe apelação.

IV. A sentença que, julgando procedente a ação popular, decretar a invalidade do ato impugnado, condenará ao pagamento de perdas e danos os responsáveis por sua prática e os beneficiários dele, ressalvada a ação regressiva contra os funcionários causadores do dano, quando incorrerem em culpa.

V. Conceder-se-á mandado de segurança sempre que inviável o exercício de liberdades constitucionais por ausência de norma regulamentadora da Constituição Federal.

(A) Apenas as assertivas I, II, III e IV estão corretas.

(B) Apenas as assertivas II, III, IV e V estão corretas.

(C) Apenas as assertivas II, III e IV estão corretas.

(D) Apenas as assertivas I e V estão corretas.

(E) Todas as assertivas estão corretas.

I: correta (art. 1º, § 2º da Lei 12.016/2009); **II:** correta (§ 3º do art. 1º da Lei 12.016/2009); **III:** correta (art. 14 da Lei 12.016/2009); **IV:** correta (art. 11 da Lei 4.717/1965); **V:** incorreta, porque essa é a hipótese de cabimento de mandado de injunção (art. 5º, inciso LXXI, CF).

Gabarito "A"

(Ministério Público/SP – 2012 – VUNESP) A propósito da organização e fiscalização das fundações, é INCORRETO afirmar:

(A) O instituidor, ao criar a fundação, deve elaborar o seu estatuto ou designar quem o faça, sujeitando-o a controle jurisdicional mediante procedimento especial de jurisdição voluntária.

(B) O estatuto deverá ser submetido ao órgão do Ministério Público, a quem compete sua aprovação, para que verifique se foram observadas as bases da fundação e se os bens são suficientes ao fim a que ela se destina.

(C) O órgão do Ministério Público terá o prazo de 15 (quinze) dias para aprovar o estatuto, indicar as modificações que entender necessárias ou lhe denegar a aprovação.

(D) Caso seja denegada a aprovação do estatuto pelo órgão do Ministério Público pode o interessado, em petição fundamentada, requerer ao juiz o suprimento da aprovação.

(E) Quando o instituidor não fizer o estatuto nem nomear quem o faça, caberá ao órgão do Ministério Público elaborá-lo, submetendo-o à aprovação pelo Conselho Superior do Ministério Público.

A: correta (v. arts. 1.199 a 1.204 do CPC); **B:** correta (art. 1.200 do CPC); **C:** correta (art. 1.201 do CPC); **D:** correta (§ 1º do art. 1.201 do CPC); **E:** incorreta (devendo esta ser assinalada), porque a aprovação do estatuto elaborado pelo órgão do MP será submetida ao juiz, e não ao Conselho Superior do MP (art. 1.202 do CPC).

Gabarito "E"

(Ministério Público/SP – 2010) Marque a alternativa correta:

(A) O possuidor tem direito à retenção por benfeitorias necessárias, úteis e voluptuárias.

(B) O possuidor tem direito a ser mantido na posse em caso de esbulho e reintegrado no de turbação.

(C) Na pendência do processo possessório, é permitido, assim ao autor como ao réu, intentar ação de reconhecimento do domínio.

(D) Para efeitos de concessão de liminar, o Código de Processo Civil não faz distinção entre posse nova e posse velha.

(E) Cabe liminar na ação possessória intentada no prazo de seis meses da violação.

A: incorreta, porque é necessário que se investigue a natureza da posse – se de boa ou de má-fé – para que se possa falar sobre o direito de retenção; **B:** incorreta, porque o esbulho autoriza a reintegração e a turbação é que justifica o pedido de manutenção; **C:** incorreta, porque há expressa vedação legal (art. 923 do CPC); **D:** incorreta, porque se a posse a esbulhar for velha (esbulho ocorrido há mais de ano e dia), não caberá liminar (art. 924 do CPC). Uma ressalva, no entanto, deve ser feita: se superado o prazo de ano e dia da agressão à posse, ainda assim será possível, em tese, a obtenção de liminar de antecipação de tutela, mas, nesse caso, será exigida a demonstração pelo autor dos requisitos do art. 273 do CPC.; **E:** correta, porque, nesse caso (posse nova), como a agressão ocorreu há menos de ano e dia, cabe liminar.

Gabarito "E"

(Ministério Público/SP – 2008) Considere as assertivas seguintes:

I. A pensão alimentícia do filho é automaticamente cancelada com o alcance da maioridade, independentemente de decisão judicial.

II. A prisão civil do alimentante não é possível no caso de inadimplemento de parcelas vencidas após o ajuizamento da execução de prestação alimentícia.

III. O Ministério Público não pode requerer a prisão do alimentante nos processos em que atua como fiscal da lei.

Assinale a alternativa correta.

(A) Somente III é verdadeira.

(B) Somente I e II são verdadeiras.

(C) Somente I e III são verdadeiras.

(D) Somente II e III são verdadeiras.

(E) Todas as assertivas são falsas.

I: incorreta (Súmula nº 358 do STJ); **II:** incorreta. A prisão do alimentante é cabível quando inadimplente com as três parcelas vencidas anteriormente à propositura da execução e as que se vencerem no curso do processo; **III:** correta, pois, de fato, caberá somente à parte requerer a prisão civil do alimentante e ao Ministério Público emitir parecer a respeito da questão quando atuar como fiscal da lei.

Gabarito "A"

(Ministério Público/SP – 2006) A decretação da prisão civil do devedor de alimentos:

(A) É permitida pelo art. 5º, LXVII da Constituição Federal sendo meio coercitivo de forma a obrigá-lo a adimplir a obrigação.

(B) Só pode ser decretada uma única vez.

(C) É sempre decretada de ofício pelo juiz.

(D) Não está autorizada no Pacto de San José da Costa Rica.

(E) Está autorizada pelo Pacto de San José da Costa Rica mas não tem qualquer eficácia em nosso sistema jurídico na medida em que referido pacto não foi subscrito pelo Brasil.

De fato, é cabível a decretação de prisão civil do devedor de alimentos, de acordo com o texto constitucional e pode ser decretada sempre que o devedor estiver inadimplente, observando o procedimento previsto no art. 733 do CPC. O Pacto de San José da Costa Rica foi sim subscrito e dispõe que: *"Ninguém deve ser detido por dívidas. Este princípio não limita os mandados de autoridade judiciária competente, expedidos em virtude de inadimplemento de obrigação alimentar"* (art. 7º, 7).

Gabarito "A"

(Ministério Público/SP – 2006) A ação de usucapião ambiental metaindividual prevista no Estatuto da Cidade:

(A) Visa transformar os chamados bairros "espontâneos" em realidade jurídica sendo instrumento jurídico destinado a ordenar o pleno desenvolvimento das funções sociais da cidade.

(B) Tem como legitimados ativos somente os possuidores em estado de composse.

(C) Tem como legitimados ativos somente as associações de moradores da comunidade.

(D) Autoriza a intervenção do Ministério Público de forma facultativa.

(E) É idêntica à ação de usucapião de terras particulares prevista nos arts. 941 a 945 do Código de Processo Civil.

A: correta (arts. 2º e 4º, do Estatuto da Cidade); B e **C:** incorretas (art. 12 do Estatuto da Cidade); **D:** incorreta (art. 12, § 1º, do Estatuto da Cidade); **E:** incorreta (art. 14 do Estatuto da Cidade).

Gabarito "A"

15. JUIZADOS ESPECIAIS

(Ministério Público/MS – 2013 – FADEMS) Acerca de procedimentos dos juizados especiais, assinale a opção **correta**:

(A) O Juizado Especial Cível tem competência para conciliação, processo e julgamento de ações possessórias sobre bens imóveis de valor não excedente a quarenta vezes o valor do salário-mínimo.

(B) O Ministério Público, no Juizado Especial Cível, não intervirá.

(C) Estando o incapaz devidamente representado por seus pais e sendo observada a necessária intervenção do Ministério Público, é viável que se proponha ação perante o Juizado Especial Cível.

(D) A decisão de turma recursal que define os juizados especiais como competentes para o processo e julgamento de determinada demanda somente pode ser impugnada por recurso extraordinário.

(E) O recurso será interposto no prazo de quinze dias, contados da ciência da sentença e não da juntada do comprovante de intimação.

A: correta, porque nos termos do art. 3º, IV, da Lei 9.099/1995; **B:** incorreta, porque também nos juizados especiais cabe ao Ministério Público intervir nos casos previstos em lei (art. 11 da Lei 9.099/1995); **C:** incorreta, uma vez que a lei exclui expressamente a possibilidade de o incapaz para ser parte no juizado especial (art. 8º da Lei 9.099/1995); **D:** incorreta, porque muito embora seja cabível, em tese, recurso extraordinário contra as decisões proferidas pela turma recursal, será sempre necessário, para o seu cabimento em concreto, que haja alegação de ofensa direta à Constituição. Como no enunciado consta que a matéria decidida pela turma recursal é relacionada exclusivamente com a competência do juizado, não haveria controvérsia constitucional a autorizar o recurso extraordinário; **E:** incorreta, porque, de acordo com o que prevê o inc. II do art. 506 do CPC, o prazo para é contado da intimação das partes, quando a sentença não for proferida em audiência.

Gabarito "A"

16. LEGISLAÇÃO EXTRAVAGANTE

(Ministério Público/MS – 2013 – FADEMS) Tratando-se de Ação Popular de que trata a Lei nº 4.717/65, assinale a alternativa **correta**:

(A) As associações legalmente constituídas há pelo menos um ano tem legitimidade para ajuizar ação popular.

(B) Os servidores públicos, mesmo que tenham ratificado o ato nela impugnado, são partes passivas ilegítimas para figurarem no polo passivo da demanda.

(C) A sentença que nela for proferida terá eficácia de coisa julgada oponível *erga omnes*.

(D) Reconhece a Constituição Federal a legitimidade ativa do cidadão, sendo que a Lei nº 4.717/65 apenas define como prova da cidadania para esse fim ser eleitor, mostrando-se desinfluente para os fins da ação popular o domicílio eleitoral do autor da ação.

(E) Somente após o trânsito em julgado da sentença condenatória proferida em ação popular é que poderá ser adotada medida cautelar contra a parte condenada.

A: incorreta, porque "pessoa jurídica não tem legitimidade para propor ação popular" (Súmula 365 do STF); **B:** incorreta, porque o art. 6º da Lei 4.717/1965 prevê que é parte legítima para figurar no polo passivo da ação o servidor que tiver ratificado, autorizado, aprovado ou praticado o ato impugnado; **C:** incorreta, porque não haverá coisa julgada quando a ação popular for julgada improcedente por deficiência de provas. Nos demais casos, no entanto, como na hipótese de procedência, a coisa julgada será oponível *erga omnes* (art. 18 da Lei 4.717/1965); **D:** correta ("Eleitor com domicílio eleitoral em município estranho àquele em que ocorreram os fatos controversos. Irrelevância. Legitimidade ativa. Cidadão. Título de eleitor. Mero meio de prova" – SJT, REsp 1.242.800/MS, Rel. Min. Mauro Campbell, julgado em 07/06/2011, *DJ* 14/06/2011); **E:** incorreta, porque "a parte condenada a restituir bens ou valores ficará sujeita a sequestro e penhora, desde a prolação da sentença condenatória" (§ 4º do art. 14 da Lei 4.717/1965).

Gabarito "D"

(Ministério Público/MS – 2013 – FADEMS) Considere as seguintes proposições:

I. A denegação de mandado de segurança pela sentença não implica cessação da eficácia da liminar concedida.

II. Na hipótese de o juiz proferir decisão denegatória de mandado de segurança, entendendo inexistente o direito pleiteado pelo impetrante, este poderá, ulteriormente, intentar o reconhecimento do direito pela via ordinária por meio de ação própria.

III. No mandado de segurança é garantida a tutela jurisdicional a direito líquido e certo, entendido este como aquele que, mesmo para o seu reconhecimento, exija deslinde de tese jurídica complexa e controvertida.

IV. No mandado de segurança a pretensão mandamental deve ser dirigida contra a autoridade delegante quando o ato impugnado tiver sido praticado por autoridade no exercício de competência delegada.

São **corretas**:

(A) Somente as proposições I, II e III.

(B) Somente as proposições II e III.

(C) Somente as proposições I e IV.

(D) Somente as proposições II, III e IV.

(E) Somente as proposições III e IV.

I: incorreta, porque "os efeitos da medida liminar, salvo se revogada ou cassada, persistirão até a prolação da sentença" (art. 7º, § 3º, da Lei 12.016/2009). Assim, proferida a sentença que denega a segurança, a medida liminar perde imediatamente sua eficácia; **II:** correta, de acordo com o gabarito oficial, possivelmente porque o examinador tenha se baseado no teor da Súmula 304 do STF, segundo a qual, "decisão denegatória de mandado de segurança, não fazendo coisa julgada contra o impetrante, não impede o uso da ação própria". Ocorre, no entanto, que o art. 19 da Lei 12.016/2009 restringe o cabimento da ação própria se, e desde que, a denegação do mandado de segurança tenha se dado sem resolução do mérito. Logo, a decisão que denega a segurança, "se aprecia o mérito do pedido e entende que o impetrante não tem direito algum (e não que lhe falta direito líquido e certo), faz coisa julgada material, impedindo a reapreciação da controvérsia em ação ordinária" (*RTJ* 38/184, 46/2555, dentre tantos outros julgados no mesmo sentido); **III:** correta, porque, de acordo com a Súmula n. 625 do STF, "controvérsia sobre matéria de direito não impede concessão de mandado de segurança"; **IV:** incorreta, porque "praticado o ato por autoridade, no exercício de competência delegada, contra ela cabe o mandado de segurança ou a medida judicial" (Súmula n. 510 do STF).

Gabarito "B"

(Ministério Público/SP – 2013 – PGMP) Sobre o mandado de segurança, é CORRETO afirmar:

(A) pode ser impetrado, para a defesa de direito líquido e certo próprio violado por ato de autoridade, por quem não tem capacidade postulatória.

(B) o ingresso do litisconsorte ativo necessário não é admitido após o despacho da petição inicial.

(C) o rol dos legitimados para impetrar o mandado de segurança coletivo é taxativo e, portanto, o Ministério Público não poderá impetrá-lo para a defesa dos direitos difusos e coletivos.

(D) a apelação interposta contra a sentença que denega a ordem e revoga a liminar é processada no efeito devolutivo e excepcionalmente no suspensivo também.

(E) denegada a ordem de segurança sem apreciação do mérito, o pedido de mandado de segurança poderá ser renovado no prazo de 120 (cento e vinte) dias, contados do trânsito em julgado da decisão denegatória.

A: incorreta, pois a própria parte não é dotada de capacidade postulatória no MS (não há qualquer dispositivo legal nesse sentido); **B:** incorreta. Apesar de o art. 2º apontar como vedado o ingresso de litisconsorte ativo após o despacho inicial, se a hipótese é de litisconsórcio necessário, isso é de ser admitido, sob pena de extinção do processo; **C:** incorreta. Além dos partidos políticos (mencionados no art. 21 da Lei 12.016/09), cabe o ajuizamento por outros legitimados para o processo coletivo, como o MP; **D:** correta, especialmente por exclusão das demais alternativas. Além disso, no caso de concessão de liminar e da ordem, cabe execução provisória (art. 14, § 3º da Lei 12.016/09); por isonomia, pode-se afirmar que correta a alternativa. **E:** incorreta, tendo em vista que o prazo de 120 é contado da ciência do ato impugnado (art. 23 da Lei 12.016/09).

Gabarito "D"

(Ministério Público/BA – 2010) Como sabido, o Mandado de Segurança é uma garantia cabível em circunstâncias nas quais a ilegalidade, o desrespeito à razoabilidade e à proporcionalidade contaminam o ato administrativo. Sobre referida ação constitucional, pode-se asseverar:

I. Cabe Mandado de Segurança contra decisão judicial transitada em julgado.

II. De acordo com a inovação introduzida pelo art. 5º da Lei 12.016/2009, é incabível mandado de segurança quando a impetração destinar-se a questionar ato disciplinar.

III. O pedido de mandado de segurança poderá ser renovado dentro do prazo decadencial, se a decisão denegatória não lhe houver apreciado o mérito.

IV. A decisão proferida em mandado de segurança de competência originária do Tribunal, que aprecia pedido liminar, é irrecorrível.

V. Nos termos da novel legislação sobre o Mandado de Segurança, a autoridade coatora não é legitimada para recorrer.

Desse modo, assinale o número de alternativa(s) correta(s).

(A) 1.

(B) 2.

(C) 3.

(D) 4.

(E) 5.

I: incorreta (art. 5º, III, Lei 12.016/2009); **II:** incorreta, porque o dispositivo em questão não prevê tal restrição; **III:** correta (art. 6º, § 6º, da Lei 12.016/2009); **IV:** incorreta, porque tal decisão desafia agravo interno (art. 16, parágrafo único, da Lei 12.016/2009); **V:** incorreta (art. 14, § 2º, da Lei 12.16/2009).

Gabarito "A"

(Ministério Público/CE – 2009 – FCC) Ação de improbidade administrativa.

I. No caso de a ação de improbidade ser proposta pelo Ministério Público, a pessoa jurídica de direito público, cujo ato seja objeto de impugnação, poderá atuar ao lado do autor.

II. Tem legitimidade para propor a ação de improbidade a pessoa jurídica de direito público, cujo ato seja objeto de impugnação.

III. Não caberá recurso da decisão que receber a petição inicial.

IV. Recebida a petição inicial, não pode o juiz extinguir o processo sem a resolução do mérito.

V. A propositura de ação de improbidade administrativa não prevenirá a jurisdição do juízo.

(A) Somente III, IV e V estão corretas.

(B) Somente II, IV e V estão corretas.

(C) Somente III e IV estão corretas.

(D) Somente I e II estão corretas.

(E) I, II, III, IV e V estão corretas.

I: correta (art. 17, § 3º, da Lei 8.429/1992, c.c. art. 6º, § 3º, da Lei 4.717/1965); **II:** correta (art. 17 da Lei 8.429/1992); **III:** incorreta, porque contra essa decisão cabe agravo de instrumento (art. 17, § 10, da Lei 8.429/1992); **IV:** incorreta (art. 17, § 11, da Lei 8.429/1992); **V:** incorreta (art. 17, § 5º, da Lei 8.429/1992).

Gabarito "D"

(Ministério Público/CE – 2009 – FCC) Reclamação.

I. A reclamação pode ser prevista na Constituição do Estado, para a correção de decisões contrárias à súmula vinculante.

II. A reclamação para garantir a autoridade da decisão do STF será dirigida ao Presidente do Tribunal de Justiça.

III. Qualquer interessado poderá impugnar o pedido do reclamante.

IV. É ônus, do reclamante, instruir a reclamação com prova documental.

V. É lícito ao relator conceder a suspensão do ato impugnado.

(A) Somente III, IV e V estão corretas.

(B) Somente II, IV e V estão corretas.

(C) Somente III e IV estão corretas.

(D) Somente I e II estão corretas.

(E) I, II, III, IV e V estão corretas.

I: incorreta, porque, embora seja possível a previsão, na Constituição do Estado, de reclamação dirigida ao Tribunal de Justiça, não se pode conceber que o texto local se refira à competência do STF, que é consagrada pela Constituição da República; **II:** incorreta, porque a reclamação deve ser dirigida ao Presidente do próprio STF, nesse caso (art. 13 da Lei 8.038/1990); **III:** correta (art. 15 da Lei 8.038/1990); **IV:** correta, porque na reclamação não é admitida a produção de outras provas, além da documental (art. 13, parágrafo único, da Lei 8.038/1990); **V:** correta (art. 14, II, da Lei 8.038/1990).

Gabarito "A"

(Ministério Público/CE – 2009 – FCC) A sentença que concluir pela procedência de ação popular, em que o Município figura, juntamente com o prefeito, como réus,

(A) não está sujeita ao duplo grau de jurisdição obrigatório.

(B) está sujeita ao duplo grau de jurisdição obrigatório, não produzindo efeito senão depois de confirmada pelo tribunal.

(C) pode ser recorrida pelo Ministério Público.

(D) está sujeita a recurso de apelação, sem efeito suspensivo.

(E) está sujeita a agravo de instrumento, com efeito suspensivo.

A: correta, porque só há reexame necessário na ação popular quando a sentença concluir pela carência ou pela improcedência da ação (art. 19 da Lei 4.717/1965), e não aquela em que o pedido foi julgado procedente; B incorreta (reler o comentário sobre a assertiva anterior); **C:** incorreta, porque o MP só está legitimado a recorrer contra as decisões contrárias ao autor da ação popular, e, como no caso proposto, a ação foi julgada procedente, não há que se falar em legitimidade do recurso do órgão ministerial (art. 19, § 2º, da Lei 4.717/1965); **D:** incorreta (parte final do *caput* do art. 19 da Lei 4.717/1965); **E:** incorreta, porque contra sentença é cabível apelação, e porque o recurso de agravo não tem, como regra, efeito suspensivo.

Gabarito "A"

(Ministério Público/CE – 2009 – FCC) "A", servidor público do Estado, praticou ilícito penal, causando prejuízo ao erário. A Administração promoveu a respectiva ação de ressarcimento quando o prazo de prescrição, estabelecido em lei para o ilícito penal, havia decorrido sem o exercício da pretensão penal contra ele. Em contestação, o servidor alegou a prescrição do direito ao ressarcimento e pediu a extinção do processo com resolução do mérito. Neste caso,

(A) o prazo da ação de ressarcimento de ato ilícito que cause prejuízo ao erário é de decadência e corre juntamente com o de prescrição do ato ilícito, podendo ser declarada de ofício.

(B) a ação de ressarcimento não está prescrita.

(C) a ação de ressarcimento está prescrita, porque o prazo de prescrição para o ilícito praticado já decorreu, mas a prescrição não pode ser declarada de ofício.

(D) a ação de ressarcimento está prescrita, porque o prazo de prescrição para ilícito praticado já decorreu e a prescrição da ação pode ser declarada de ofício.

(E) a ação de ressarcimento somente fica sujeita à decadência que não foi alegada nem pode ser decretada de ofício.

A: incorreta, porque eventual prazo para o ressarcimento dos prejuízos seria prescricional, já que a procedência do pedido acarretaria uma sentença condenatória (só se fala em prazo de decadência quando o exercício bem-sucedido da pretensão, no prazo, acarretasse uma sentença constitutiva ou desconstitutiva); **B:** correta, porque não prescreve a ação de ressarcimento da Fazenda Pública contra o servidor (§ 5º do art. 37 da CR); C e **D:** incorretas (reler o comentário sobre a alternativa anterior); **E:** incorreta (reler o comentário sobre a assertiva A).

Gabarito "B"

(Ministério Público/DF – 2009) Sobre o mandado de segurança, assinale a alternativa correta.

(A) A sentença que conceder a segurança fica sujeita ao duplo grau de jurisdição podendo, entretanto, ser executada provisoriamente.

(B) O pedido de mandado de segurança poderá ser renovado sempre que a decisão que pôs fim ao processo for denegatória.

(C) Cabem as formas de intervenção de terceiros no mandado de segurança.

(D) O erro na indicação da autoridade apontada como coatora leva à extinção do feito com julgamento de mérito.

(E) Embora na ação de mandado de segurança, a legitimidade recursal na apelação seja da pessoa jurídica a cujos quadros pertence a autoridade impetrada, há de ser conhecida a apelação interposta pela Câmara Legislativa do DF.

A: correta (art. 14, §§ 1º e 3º, da Lei 12.016/2009); **B:** incorreta, porque se o mérito da impetração foi apreciado, a decisão faz coisa julgada material, o que impede a renovação do pedido, com base no mesmo fundamento (art. 6, § 6º, da Lei 12.016/2009); **C:** incorreta, pois não existe tal possibilidade; **D:** incorreta, porque a extinção do processo por erro na indicação da autoridade coatora (que nem sempre é decretada) não implicará a resolução do mérito; **E:** incorreta.

Gabarito "A"

(Ministério Público/DF – 2009) Acerca da ação de usucapião, assinale a alternativa correta.

(A) Compete a ação de usucapião ao possuidor e ao comodatário para que se lhes declare, nos termos da lei, o domínio do imóvel ou a servidão predial.

(B) Em ação de usucapião, serão intimados por publicação na imprensa oficial, para que manifestem interesse na causa, os representantes da Fazenda Pública da União, dos Estados, do Distrito Federal e dos Municípios.

(C) O autor requererá a citação daquele em cujo nome estiver registrado o imóvel usucapiendo e, por edital, dos confinantes, réus em lugar incerto e eventuais interessados.

(D) A atuação do Ministério Público na ação de usucapião, enquanto fiscal da lei, corresponde à de curador ao vínculo, considerando-se como vínculo existente entre as partes, a relação de posse e propriedade.

(E) Intervirá obrigatoriamente em todos os atos do processo o Ministério Público.

A: incorreta, porque o comodatário, por não ter posse com ânimo de dono, não pode ajuizar ação de usucapião; **B:** incorreta, porque a intimação das Fazendas Públicas é feita pela via postal (art. 943 do CPC); **C:** incorreta, porque os confinantes serão citados pessoalmente, e não por edital; **D:** incorreta, porque a figura do "curador do vínculo" era própria das ações de invalidade do casamento, o que não existe mais no sistema brasileiro, e nunca foi aplicável ao processo de usucapião; **E:** correta (art. 944 do CPC).

Gabarito "E"

(Ministério Público/DF – 2009) Ainda sobre o mandado de segurança, assinale a alternativa incorreta.

(A) O erro na indicação da autoridade apontada como coatora leva ao indeferimento da inicial por ilegitimidade passiva.

(B) O mandado de segurança pode fazer as vezes de ação de cobrança.

(C) Não cabe mandado de segurança contra lei em tese.

(D) Se a sentença no mandado de segurança declara a invalidade de cláusula editalícia, a empresa proclamada vencedora no certame deve integrar a relação processual como litisconsorte necessária.

(E) A autoridade coatora é quem pratica o ato e não apenas quem estabelece sua prática, desde que tenha poderes para desfazê-lo. No entanto, se a autoridade impetrada responder à notificação e apresentar a defesa do ato, considera-se legitimada por força de encampação.

A: correta (STJ CC 38.008-EDcl.); **B:** incorreta (Súmula 269 do STF); **C:** correta (Súmula 266 do STF); **D:** correta ("Processual civil. Licitação para a realização de obras. Mandado de segurança. visando anular a licitação. Ausência de citação da empresa vencedora da licitação como litisconsorte necessária. nulidade do processo (art. 19 da Lei n. 1.533/1951 [revogada pela Lei 12.016/2009] e art. 47 do CPC). A empresa declarada vencedora, por decisão administrativa, em processo licitatório, para a realização de obras públicas detém legítimo interesse na manutenção do certame. Uma vez impetrada segurança visando a declaração da nulidade da licitação, a empresa vencedora será, acaso deferido o 'mandamus', diferente atingida em seu direito, devendo, por isso mesmo, integrar a relação processual, com a devida oportunidade de formular defesa. a jurisprudência desta corte tem proclamado, vezes seguidas, ser nulo o processo em que não foi citado o litisconsorte necessário" – REsp 56.124/MT, Rel. Ministro Demócrito Reinaldo, Primeira Turma, julgado em 05/02/1995, DJ 26/02/1996, p. 3938); **E:** correta, pois a teoria da encampação no mandado de segurança se aplica nas hipóteses em que a autoridade hierarquicamente superior não se limita a informar sua ilegitimidade passiva, mas adentra no mérito da ação, tornando-se legítima para figurar no polo passivo da demanda.

Gabarito "B"

(Ministério Público/DF – 2009) Considerando-se a ação popular, a ação civil pública e a ação de improbidade, assinale a alternativa incorreta.

(A) Existe divergência doutrinária e jurisprudencial acerca da natureza da legitimidade para a causa em relação ao autor popular. Considerando-se que a legitimidade em questão seja do tipo extraordinária, correndo ações populares conexas em juízos de mesma competência territorial, torna-se competente pela prevenção aquele que despachou em primeiro lugar. No entanto, se as ações foram intentadas contra as mesmas partes, sob os mesmos fundamentos e com o mesmo pedido, a citação válida vai induzir a litispendência, ainda que os autores populares sejam nominalmente diversos.

(B) A ação popular é um instrumento de natureza coletiva e se destina a controlar a atividade administrativa. Sendo a moralidade um princípio da administração pública, o Constituinte de 1988 acrescentou a moralidade administrativa e o meio ambiente como bens a serem tutelados por via de ação popular, já que este último está insculpido na Carta Magna como bem de uso comum do povo e essencial à sadia qualidade de vida.

(C) Em caso de ação civil pública, qualquer pessoa poderá e o servidor público deverá provocar a iniciativa do Ministério Público, ministrando-lhe informações sobre fatos que constituam objeto da ação civil pública e indicando-lhe os elementos de convicção.

(D) Existe divergência doutrinária e jurisprudencial acerca da natureza da legitimidade para a causa do autor popular. Considerando-se que a legitimidade em questão seja do tipo ordinária, tem-se que a propositura da ação popular previne a jurisdição do juízo para todas as ações posteriormente intentadas contra as mesmas partes e sob os mesmos fundamentos.

(E) Em caso de ação de improbidade, a ação principal terá rito especial e será proposta pelo Ministério Público ou pela pessoa jurídica interessada consoante a lei especial que a regula.

A: correta (art. 219 c.c. art. 106 do CPC); **B:** correta (art. 5º, LXXIII, da CF); **C:** correta (art. 6º da Lei 7.347/1985); **D:** correta (reler o comentário sobre a assertiva A); **E:** incorreta (devendo esta ser assinalada), porque a ação terá rito ordinário (art. 17 da Lei 8.429/1992).

Gabarito "E"

(Ministério Público/MA – 2009) Atente para as afirmativas que seguem.

I. Os beneficiários da denominada *"assistência judiciária"* (Lei nº 1.060/1950), quando sucumbentes na causa, jamais poderão ser condenados pela respectiva sentença ao pagamento das custas processuais.

II. Os benefícios da "assistência judiciária" (Lei 1.060/1950), uma vez concedidos pelo juiz, não mais poderão ser revogados.

III. Quando impugnado pela parte contrária o pedido de concessão da *"assistência judiciária"* (Lei nº 1.060/1950), ainda que processado em autos apartados, impõe a necessária suspensão do processo principal, até final decisão, vale dizer, a que deva ser proferida acerca do *"pedido de assistência judiciária"*.

IV. Os benefícios da *"assistência judiciária"* compreendem todos os atos do processo e, portanto, também isentam o beneficiário, quando sucumbente, de efetivar o respectivo preparo do recurso que vier a interpor.

V. Os benefícios da *"assistência judiciária"*, no caso de morte do beneficiário, transmitem-se de direito e automaticamente aos herdeiros deste, independentemente de quaisquer outras providências processuais.

(A) Somente as alternativas "I" e "V" supra são corretas, sendo incorretas todas as demais.

(B) Somente a afirmativa "IV" supra é correta, sendo incorretas todas as demais.

(C) Somente a afirmativa "V" supra é correta, sendo incorretas todas as demais.

(D) Somente a afirmativa "I" supra é correta, sendo incorretas todas as demais.

(E) As afirmativas "I", "II" e "V" supra são corretas, sendo incorretas todas as demais.

I: incorreta, porque há condenação, mas a execução fica suspensa enquanto não for alterada a situação patrimonial do sucumbente (art. 12 da Lei 1.060/1950); **II:** incorreta, porque o benefício pode ser revogado a qualquer tempo (art. 7º da Lei 1.060/1950); **III:** incorreta (art. 6º da Lei 1.060/1950); **IV:** correta (art. 9º da Lei 1.060/1950); **V:** incorreta (art. 10 da Lei 1.060/1950).

Gabarito "B"

(Ministério Público/MA – 2009) Examine as seguintes afirmativas.

I. O *"Juizado Especial Cível"* tem competência para conciliação, processo e julgamento de ações possessórias sobre bens imóveis de valor não excedente a sessenta vezes o salário mínimo.

II. A sentença de primeiro grau proferida pelo Juizado Especial Cível, em nenhuma hipótese, poderá condenar o vencido ao pagamento de custas processuais e honorários advocatícios.

III. As sentenças de mérito proferidas no Juizado Especial, sob pena de absoluta nulidade, deverão possuir, como requisitos essenciais a sua validade, circunstanciado e exaustivo *"relatório"*, *"fundamentos precisos"* e *"conclusão final"*.

IV. No Juizado Especial Cível, a decisão proferida pelo juiz leigo que houver dirigido a instrução poderá ser homologada pelo juiz togado, mas não obrigatoriamente.

V. No Juizado Especial Cível, o Ministério Público, sob pena de nulidade absoluta, intervirá em todos os processos.

(A) Somente a afirmativa "IV" supra é correta, sendo incorretas todas as demais.

(B) Somente a afirmativa "V" supra é incorreta, sendo corretas todas as demais.

(C) São corretas as afirmativas "I" e "II" supra e incorretas todas as demais.

(D) As afirmativas "III" e "V" supra são incorretas e corretas todas as demais.

(E) Somente a afirmativa "I" supra é correta, sendo incorretas todas as demais.

I: incorreta, porque o valor do imóvel não pode exceder 40 salários-mínimos; **II:** incorreta, porque há ressalva para os casos de litigância de má-fé (art. 55 da Lei 9.099/1995); **III:** incorreta, porque é dispensado o relatório (art. 38 da Lei 9.099/1995); **IV:** correta (art. 40 da Lei 9.099/1995); **V:** incorreta, porque o MP só intervirá nos casos previstos em lei (art. 11 da Lei 9.099/1995).

Gabarito "A"

(Ministério Público/MG – 2010 – FUNDEP) Em relação ao mandado de segurança, é **CORRETO** afirmar que

(A) o ingresso de litisconsorte ativo facultativo será admitido enquanto não vencido o prazo para a autoridade impetrada apresentar informações.

(B) a notificação da autoridade impetrada para prestar informações supre a necessidade de se dar ciência do feito ao órgão de representação judicial da pessoa jurídica interessada.

(C) a sentença concessiva em mandado de segurança de competência originária dos tribunais estaduais está sujeita a reexame necessário pelo Superior Tribunal de Justiça.

(D) a interposição de agravo de instrumento em face da decisão que concede liminar não prejudica a formulação de pedido para a suspensão do respectivo cumprimento, dirigida ao presidente do tribunal ao qual caiba conhecer do recurso.

A: incorreta, porque não se admite o ingresso de litisconsorte ativo facultativo após o despacho da petição inicial (art. 10, § 2º, da Lei 12.016/2009); **B:** incorreta, porque ambas as providências são obrigatórias (art. 7º, I e II, da Lei 12.016/2009); **C:** incorreta, uma vez que só se submetem ao reexame necessário as sentenças que concedem mandado de segurança (art. 14, § 1º, da Lei 12.016/2009). "Os acórdãos concessivos de segurança em processo de competência originária do Tribunal não estão sujeitos ao reexame *ex officio* por Tribunal superior" (RTJ 129/1.069); **D:** correta (art. 15, § 3º, da Lei 12.016/2009).

Gabarito "D"

(Ministério Público/MG – 2010.2) Analise a seguinte proposição e assinale a alternativa INCORRETA em relação ao enunciado. Em ação direta de inconstitucionalidade, proposta pelo Procurador-Geral da República, em face da Lei estadual que diminui a extensão das áreas de preservação permanente às margens dos cursos d'água de domínio do Estado, caso o Supremo Tribunal Federal declare a inconstitucionalidade da norma estadual, observar-se-á o seguinte:

(A) terá eficácia imediata quando o STF, por maioria de dois terços dos seus membros, tendo em vista razões de segurança jurídica ou de excepcional interesse social, assim o declarar, afastando-se, no caso, a necessidade de trânsito e julgado da decisão;

(B) terá efeito vinculante em relação aos órgãos da administração ambiental federal, dos estados e dos municípios;

(C) somente será declarada inconstitucional a norma estadual se, pelo menos, seis Ministros tiverem manifestações nesse sentido. Não atingindo a maioria, em caso de ausência, será suspenso o julgamento até que atinja o número necessário à declaração de inconstitucionalidade;

(D) a declaração de inconstitucionalidade pelo STF terá eficácia *erga omnes*. Devem ser observadas as formalidades legais, inclusive a comunicação à autoridade ou órgão responsável pela expedição do ato, no caso, os representantes legais dos Poderes Executivo e Legislativo do Estado.

A: correta (art. 27 da Lei 9.868/1999); **B:** incorreta, porque o efeito vinculante se verifica em relação aos órgãos do Poder Judiciário e à Administração Pública federal, estadual e municipal (art. 28 da Lei 9.868/1999); **C:** incorreta, porque só se suspende o julgamento se houver ausência de Ministros em número que possa influir no julgamento; **D:** incorreta, porque a comunicação deverá ser feita exclusivamente ao órgão responsável pela expedição do ato, ou seja, o legislativo estadual.

Gabarito "A"

(Ministério Público/MS – 2009) Sobre a ação popular, é correto afirmar que

(A) não podem ser rés na ação popular autoridades pertencentes ao Poder Legislativo.

(B) é possível incluir no polo passivo da ação popular, oportunizando a contestação, pessoa que, no curso do processo, se descubra ser beneficiária ou responsável pelo ato impugnado.

(C) a sentença na ação popular tem eficácia *inter partes*, salvo no caso de improcedência por deficiência de prova.

(D) a ação popular prescreve em cinco anos para a anulação do ato e em 10 anos para a reparação de danos.

(E) é vedada a assistência na ação popular.

A: incorreta, porque não há qualquer vedação nesse sentido; **B:** correta (art. 7º, II, Lei 4.717/1965); **C:** incorreta, porque a sentença terá eficácia de coisa julgada oponível "erga omnes", em regra (art. 18 da Lei 4.717/1965); **D:** incorreta, porque a pretensão à reparação do dano ao erário publico é imprescritível; **E:** incorreta (art. 6º, § 5º, da Lei 4.717/1965).

Gabarito "B"

(Ministério Público/MS – 2009) Leia as seguintes assertivas relativas ao mandado de segurança:

I. A existência de recurso administrativo com efeito suspensivo não impede o mandado de segurança contra omissão da autoridade.

II. Não há vedação à impetração de mandado de segurança contra ato disciplinar.

III. Denegada a segurança sem análise do mérito, nova impetração deverá observar o prazo decadencial de 120 dias.

Está(ão) correta(s) apenas a(s) afirmativa(s)

(A) I, II e III.

(B) I e III.

(C) II e III.

(D) I e II.

(E) III.

I: correta (Súmula n. 429 do STF); **II:** correta; **III:** correta.

Gabarito "A"

(Ministério Público/PB – 2010) Sobre antecipação dos efeitos da tutela em ação de improbidade, analise as seguintes assertivas.

I. A antecipação recairá sobre os efeitos mandamentais e condenatórios, mas não sobre os desconstitutivos.

II. O Presidente do Tribunal, em sede de pedido de suspensão, limitar-se-á a avaliar a presença dos riscos previstos em lei, não podendo analisar a juridicidade da decisão antecipatória, o que será objeto de agravo de instrumento.

III. Em ação de improbidade administrativa, não cabe a concessão de tutela antecipada *inaudita altera pars*.

(A) Apenas I e III são verdadeiras.

(B) Apenas I é falsa.

(C) Apenas a II é verdadeira.

(D) Apenas I e II são verdadeiras.

(E) I, II e III são falsas.

I: falsa, porque também é possível antecipar os efeitos da desconstituição dos atos de improbidade; **II:** verdadeira; **III:** falsa, porque não existe qualquer vedação legal nesse sentido.

Gabarito "C"

(Ministério Público/PB – 2010) Avalie as proposições seguintes e assinale a alternativa correta:

I. Produto de indenização do fundo previsto na Lei de Ação Civil Pública jamais se presta à reparação de lesões individuais diferenciadas.

II. O Ministério Público promoverá a liquidação da sentença oriunda de ação civil pública ajuizada por associação civil que tenha abandonado ou desistido da liquidação ou da execução, desde que o objeto da ação não seja relacionado a direito individual homogêneo.

III. Na instrução do inquérito civil público não cabe, em qualquer hipótese, quebra de sigilo de dados telefônicos, porque constitui grave violência ao direito de privacidade e, por conseguinte, prova ilícita.

(A) Apenas I e II são verdadeiras.

(B) Apenas I é verdadeira.

(C) Apenas II é verdadeira.

(D) Apenas I e III são verdadeiras.

(E) I, II e III são verdadeiras.

I: verdadeira (art. 13 da Lei 7.347/1985); **II:** falsa (art. 15 da Lei 7.347/1985); **III:** falsa, porque pode ser admitida a quebra do sigilo telefônico "em nome do interesse público ou do interesse social e para a regular administração da justiça" (STJ, AgRg no Ag 445996/PR).

Gabarito "B"

(Ministério Público/PB – 2010) Considere as proposições abaixo, assinalando, sucessivamente, a alternativa que sobre elas contenha o devido julgamento:

I. Não cabe Mandado de Segurança contra ato de administrador de concessionária de serviço público, ainda que o ato impugnado seja relacionado ao serviço essencial prestado pela empresa.

II. A legitimação para impetrar habeas data tanto pode recair na pessoa física como na pessoa jurídica, e o respectivo processamento é isento de custas e despesas processuais, tendo prioridade sobre os demais procedimentos judiciais, exceto *habeas corpus*.

III. Compete ao Superior Tribunal de Justiça processar e julgar originariamente Mandado de Injunção quando a elaboração da norma regulamentadora for atribuição de qualquer órgão, entidade ou autoridade federal da administração direta ou indireta.

(A) Apenas II e III estão incorretas.

(B) Apenas I e III estão incorretas.

(C) I, II e III estão corretas.

(D) I, II e III estão incorretas.

(E) Apenas I e II estão incorretas.

I: incorreta, porque a impetração é cabível nesse caso (art. 1º, § 1º, da Lei 12.016/2009); **II:** incorreta, porque a ressalva à prioridade também alcança o mandado de segurança, além do *habeas corpus* (art. 19 da Lei 9.507/1997); **III:** correta (art. 105, I, *h*, CF).

Gabarito "E"

(Ministério Público/PB – 2010) Acerca de sentença em sede de ação de improbidade administrativa, julgue as proposições abaixo:

I. Ao julgar procedente o pedido inicial, deve o magistrado, independentemente de pleito expresso, quando cabível, condenar o réu ao pagamento de honorários periciais e advocatícios.

II. Deverá a sentença fixar, em observância ao princípio do dispositivo, os juros legais e a correção monetária incidentes sobre o valor do dano causado ao patrimônio público.

III. A sentença que julga procedente o pedido da ação civil de improbidade está sujeita ao duplo grau obrigatório de jurisdição.

(A) Apenas I é falsa.

(B) Apenas I e II são verdadeiras.

(C) Apenas I é verdadeira.

(D) Apenas III é verdadeira.

(E) I, II e III são falsas.

I: verdadeira, porque se trata de pedido implícito em qualquer demanda; **II:** falsa, porque não se trata de decorrência do princípio dispositivo, mas do princípio inquisitório; **III:** falsa, por falta de previsão legal.

Gabarito "C"

(Ministério Público/PB – 2010) Analise as alternativas que se seguem:

I. A legitimação das associações para propor ação civil pública é extraordinária, em se tratando de representação de interesses ou direitos individuais homogêneos de associados e não associados, exigindo-se, para tanto, que o objeto da ação esteja incluído entre suas finalidades.

II. O sistema processual das ações coletivas possibilita também a tutela individual, entre outras hipóteses, pela habilitação dos interessados em fase de execução

III. Os partidos políticos têm legitimidade ativa para a ação civil pública.

(A) Apenas I é falsa.

(B) Apenas I e II são verdadeiras.

(C) Apenas II é verdadeira.

(D) I, II e III são verdadeiras.

(E) Apenas II e III são verdadeiras.

I: verdadeira (art. 5º, V, *b*, da Lei 7.347/1985); **II:** verdadeira, pois essa é uma das hipóteses de tutela individual; **III:** verdadeira, porque se equiparam, para esse fim, às associações.

Gabarito "D"

(Ministério Público/PR – 2009) Dentre as proposições que seguem, registre a alternativa INCORRETA:

(A) por se mostrarem incompatíveis, diante do mesmo título executivo judicial obtido após o ajuizamento de ação civil pública para a tutela de interesses individuais homogêneos, veda-se a coexistência entre execuções individuais e a execução coletiva;

(B) a legitimidade para o ajuizamento da ação civil pública é concorrente e disjuntiva, pois qualquer dos legitimados pode exercitá-la, sem que, para tanto, precise contar com a participação ou permissão dos demais;

(C) em determinadas hipóteses pode o Ministério Público deixar de propor a ação civil pública. Porém, ao ajuizá-la na busca da tutela de interesse difuso ou coletivo e uma vez obtido título executivo judicial, carente de satisfação, cumpre obrigatoriamente à Instituição dar impulso à execução, não podendo dela desistir;

(D) diversamente do que se verifica no regime recursal disposto no Código de Processo Civil, no sistema da Lei da Ação Civil Pública a apelação deixa de ser recebida, como regra, com efeito devolutivo e suspensivo, posto que o recebimento ordinariamente ocorre na forma meramente devolutiva;

(E) proferido condenação genérica em ação civil pública ajuizada pelo Ministério Público para a tutela de interesses individuais homogêneos, fixando a responsabilidade do réu pelos danos causados, uma vez efetuada sua liquidação, o juízo competente para a execução será o da ação condenatória, quando a tutela executiva apresentar feição transindividual.

A: incorreta (devendo esta ser assinalada), porque há previsão legal das duas modalidades de execução (art. 98 do CDC); **B:** correta (art. 82 do CDC); **C:** correta (arts. 92 e 100 do CDC); **D:** correta (art. 14 da Lei 7.347/1985); **E:** correta (art. 98, § 2º, II, do CDC).

Gabarito "A"

(Ministério Público/RO – 2010 – CESPE) A assistência judiciária gratuita

(A) independe de decisão judicial.

(B) não isenta a parte do pagamento de custas cabíveis nos recursos.

(C) é definida em razão do valor da causa, que não pode ultrapassar vinte salários mínimos.

(D) não isenta a parte assistida do pagamento de honorários advocatícios sucumbenciais em caso de derrota.

(E) pode ser requerida no curso da ação.

A: incorreta (art. 5º da Lei 1.060/1950); **B:** incorreta, porque o benefício abrange todas e quaisquer custas, inclusive o preparo; **C:** incorreta (art. 4º da Lei 1.060/1950); **D:** incorreta, porque a assistência judiciária não isenta a parte assistida de condenação nos honorários de advogado, mas o pagamento deles é inexigível enquanto perdurar a situação de necessidade; **E:** correta (art. 6º da Lei 1.060/1950).

Gabarito "E"

(Ministério Público/RS – 2009) A respeito da ação popular de que trata a Lei nº 4.717/1965, assinale a alternativa correta.

(A) Os servidores públicos, mesmo que tenham ratificado o ato nela impugnado, são partes passivas ilegítimas para figurarem no polo passivo da demanda.

(B) Se o beneficiário do ato lesivo for desconhecido, o autor deverá requerer a sua citação editalícia.

(C) Os partidos políticos, regularmente constituídos, são legitimados a ajuizar ação popular.

(D) São devidos honorários advocatícios em caso de procedência, mas não na hipótese de improcedência da ação popular, salvo, neste caso, comprovada má-fé.

(E) A sentença que nela for proferida terá eficácia de coisa julgada oponível *erga omnes*.

A: incorreta (art. 6º, *caput*, da Lei 4.717/1965); **B:** incorreta, porque nesse caso, a ação será proposta contra as demais pessoas legitimadas (art. 6º, § 1º, da Lei 4.717/1965); **C:** incorreta, porque a ação popular só pode ser proposta por cidadão (art. 1º da Lei 4.717/1965); **D:** correta (art. 12 da Lei 4.717/1965 e art. 5º, LXXIII da CF)); **E:** incorreta porque, no caso de improcedência por deficiência de provas, não haverá coisa julgada (art. 18 da Lei 4.717/1965).

Gabarito "D"

(Ministério Público/SP – 2012 – VUNESP) Em relação à alienação parental, é correto afirmar:

(A) São partes legítimas para o ajuizamento da ação de alienação parental o Ministério Público, a Defensoria Pública e o Conselho Tutelar.

(B) No processo de apuração de indício da prática de ato de alienação parental vigora inteiramente o princípio dispositivo.

(C) O juiz poderá, segundo a gravidade do caso, declarar a extinção da autoridade parental.

(D) Em qualquer ação, autônoma ou incidental, e a qualquer momento processual, poderá ser determinada perícia psicológica ou biopsicossocial, para a apuração de ato de alienação parental.

(E) A alteração de domicílio da criança ou adolescente é determinante da competência relacionada às ações fundadas em direito de convivência familiar.

A: incorreta, porque não há previsão, na lei 12.318/2010, de que tais entes sejam legitimados para propor ação de alienação parental; **B:** incorreta, porque o juiz pode agir de ofício (art. 4º da Lei 12.318/2010), em manifestação do princípio inquisitivo, ou inquisitório; **C:** incorreta, porque a sanção mais grave, prevista em lei, para a alienação parental é a suspensão da autoridade parental (art. 6º, VII, da Lei 12.318/2010); **D:** correta (art. 5º da Lei 12.318/2010); **E:** incorreta, porque a lei prevê que tal circunstância é irrelevante para determinara a competência para ações de alienação parental (art. 8º).

Gabarito "D"

(Ministério Público/SP – 2012 – VUNESP) Quanto ao mandado de segurança, é correto afirmar:

(A) Quando a matéria de direito for controvertida não cabe mandado de segurança, pois não há direito líquido e certo.

(B) Quando o direito ameaçado ou violado couber a várias pessoas, será caso de mandado de segurança coletivo.

(C) No mandado de segurança coletivo, a sentença fará coisa julgada *erga omnes*.

(D) Não se aplica ao mandado de segurança coletivo o prazo decadencial de 120 dias.

(E) É cabível mandado de segurança coletivo para proteção de direitos individuais homogêneos.

A: incorreta (Súmula n. 625 do STF); **B:** incorreta, porque, nesse caso, poderá haver litisconsórcio entre os vários titulares, mas ainda assim o mandado de segurança será individual, porque os direitos tutelados terão natureza individual, e não coletiva; **C:** incorreta, porque "no mandado de segurança coletivo, a sentença fará coisa julgada limitadamente aos membros do grupo ou categoria substituída pelo impetrante" (art. 22 da Lei 12.016/2009); **D:** incorreta, porque o prazo também é aplicável ao mandado de segurança coletivo (art. 23 da Lei 12.016/2009); **E:** correta (art. 21, parágrafo único, II, Lei 12.016/2009).

Gabarito "E"

(Ministério Público/SP – 2011) É correto afirmar que, na ação civil constitucional de mandado de segurança,

(A) pode ser impetrado coletivamente, por entidade de classe ou associação legalmente constituída e em funcionamento há menos de 1 (um) ano, em defesa dos interesses de seus membros ou associados.

(B) a controvérsia sobre matéria de direito não impede a sua concessão.

(C) a ação mandamental coletiva induz litispendência para as impetrações individuais.

(D) a controvérsia sobre matéria de fato não impede a sua concessão.

(E) no mandado de segurança coletivo, a medida liminar pode ser concedida *inaudita altera pars*.

A: incorreta, porque a lei fala em "funcionamento há pelo menos um ano", e não há menos de um ano (art. 21 da Lei 12.016/2009); **B:** correta (Súmula 625 do STF); **C:** incorreta (art. 22, § 1°, da Lei 12.016/2009); **D:** incorreta, porque no mandado de segurança, por ser exigida a demonstração do direito líquido e certo do impetrante, não se admite a produção de provas acerca dos fatos alegados; **E:** incorreta (art. 22, § 2°, da Lei 12.016/2009).

Gabarito "B"

(Ministério Público/SP – 2010) Na chamada "Ação de desapropriação indireta", o desapossado:

(A) Não pode invocar defesa possessória como reintegração de posse, apenas podendo reclamar indenização.

(B) Pode reclamar indenização pela ocupação ilícita decorrente do esbulho feito por autoridade pública.

(C) Pode invocar defesa possessória, vedado reclamar indenização.

(D) Não pode optar entre utilizar a via possessória ou a indenizatória.

(E) Deve aguardar ajuizamento de ação expropriatória pelo poder público, para nela se defender.

A: incorreta, porque é possível o manejo do pedido de proteção possessória; **B:** correta, pois, de fato, pode reclamar indenização; **C:** incorreta, porque não se pode excluir o direito a se buscar a indenização; **D:** incorreta, porque existe essa possibilidade em favor do particular; **E:** incorreta, porque a iniciativa pode ser do particular.

Gabarito "B"

17. TEMAS COMBINADOS

(Ministério Público/MG – 2013) Assinale a alternativa *INCORRETA*:

(A) O assistente atuará como auxiliar da parte principal, exercerá os mesmos poderes e sujeitar-se-á aos mesmos ônus processuais que o assistido.

(B) O STF, em decisão irrecorrível, não conhecerá do recurso extraordinário, quando a questão constitucional nele versada não oferecer *repercussão geral*; para esse fim, será considerada a existência, ou não, de questões relevantes do ponto de vista econômico, político, social ou jurídico, que ultrapassem os interesses subjetivos da causa.

(C) As cartas precatórias, rogatórias, de ordem e, de um modo geral, todas as comunicações oficiais que transitem entre órgãos do Poder Judiciário, bem como entre os deste e os dos demais Poderes, serão feitas preferencialmente por meio eletrônico.

(D) A edição, a revisão e o cancelamento de enunciado de súmula com efeito vinculante dependerão de decisão tomada por maioria simples dos membros do Supremo Tribunal Federal, obrigatoriamente em sessão plenária.

A: assertiva correta, conforme artigo 52 do CPC; **B:** assertiva correta, conforme artigo 543-A do CPC; **C:** assertiva correta, a despeito de a lei não estabelecer expressamente essa preferência, conferindo apenas a oportunidade por esse meio (art. 202, § 3°, CPC); **D:** assertiva incorreta, devendo ser assinalada. É necessária maioria qualificada conforme se depreende do artigo 103-A da CF e artigo 2°, § 3° da Lei 11.417/2006.

Gabarito "D"

(Ministério Público/MPU – 2013) Sobre o direito processual coletivo e a coisa julgada, é correto afirmar que:

(A) A competência para processar e julgar ação civil pública é relativa e se dá em função do domicílio do réu.

(B) O Ministério Público não tem legitimidade para propor ação civil pública por direitos individuais homogêneos.

(C) Em respeito ao prevalecimento do direito fundamental à busca da identidade genética do ser, desde que não exista coisa julgada, é possível a repropositura de demanda para reconhecimento de paternidade.

(D) A responsabilidade por dano ambiental é objetiva e pautada no risco integral, não se admitindo a incidência de excludentes.

A: incorreta. A competência é do local do ato ou fato do dano conforme artigo 2º da Lei 7.347/1985; **B:** incorreta. O artigo 5º da ACP não estabelece essa restrição; **C:** incorreta. A questão constitui *leading case* sobre a denominada relativização da coisa julgada. Ainda que haja coisa julgada é possível a repropositura de nova demanda quando houver nova e mais moderna técnica de apuração genética de paternidade; **D:** correta, conforme entendimento do STJ. A responsabilidade por dano ambiental é objetiva e pautada no risco integral, não se admitindo a aplicação de excludentes de responsabilidade. Conforme a previsão do art. 14, § 1º, da Lei 6.938/1981, recepcionado pelo art. 225, §§ 2º e 3º, da CF, a responsabilidade por dano ambiental, fundamentada na teoria do risco integral, pressupõe a existência de uma atividade que implique riscos para a saúde e para o meio ambiente, impondo-se ao empreendedor a obrigação de prevenir tais riscos (princípio da prevenção) e de internalizá-los em seu processo produtivo (princípio do poluidor-pagador). Pressupõe, ainda, o dano ou risco de dano e o nexo de causalidade entre a atividade e o resultado, efetivo ou potencial, não cabendo invocar a aplicação de excludentes de responsabilidade. Precedente citado: REsp 1.114.398-PR, DJe 16.02.2012 (repetitivo). REsp 1.346.430-PR, Rel. Min. Luis Felipe Salomão, j. 18.10.2012. Informativo de Jurisprudência do Superior Tribunal de Justiça – 0507.

Gabarito "D"

(Ministério Público/MPU – 2013) É correto afirmar que:

(A) Em respeito ao princípio da igualdade entre os cônjuges, não mais se admite foro especial para a mulher nas ações de separação judicial ou conversão em divórcio.

(B) Mesmo os débitos alimentares decorrentes de mandado de segurança submetem-se à ordem cronológica de pagamento de precatórios.

(C) É impenhorável o bem de família do fiador do contrato de locação.

(D) Por ser órgão de controle, o Conselho Nacional de Justiça não pertence ao Poder Judiciário.

A: incorreta. O STF decidiu que o artigo é constitucional à luz do caso concreto, o que, pela máxima de experiência normalmente é a mulher que fica com a prole e depende do marido e, portanto, a parte hipossuficiente na relação judicial; **B:** correta, conforme entendimento pacificado na jurisprudência. Vide: Constitucional. Mandado de segurança. Requisição de pequeno valor. Liberação. Indeferimento. Ordem cronológica própria. Necessidade de obediência. I – Se sobre os créditos de natureza alimentícia, que estão no *caput* do art. 100 da constituição Federal já se pacificou entendimento de que obedecem ordem cronológica própria, com mais razão devem as requisições de pequeno valor obedecer tal critério, porquanto o legislador constituinte, naquilo que as excepcionou das regras dos precatórios, o fez fora do *caput* e sem menção ao seu pagamento, mas apenas à sua expedição. II – Denegou-se a segurança; **C:** incorreta. Constitui uma das exceções à regra conforme se depreende do artigo 3º, VII, da Lei 8.009/1990; **D:** incorreta, conforme artigo 103-B da CF.

Gabarito "B"

(Ministério Público/MPU – 2013) É correto afirmar que:

(A) Compete ao Supremo Tribunal Federal a homologação de sentenças estrangeiras e a concessão de *exequatur* às cartas rogatórias.

(B) Não pode ser causa de suspensão do processo a conexão por prejudicialidade, que ocorre quando a sentença de mérito depender do julgamento de outra causa.

(C) Diante da inafastabilidade da jurisdição, a arguição de nulidade da cláusula arbitral dispensa submissão ao próprio árbitro antes da sua judicialização.

(D) Quando a matéria controvertida for unicamente de direito e no juízo já houver sido proferida sentença de total improcedência em outros casos idênticos, poderá ser dispensada a citação e proferida sentença, reproduzindo-se o teor da anteriormente prolatada.

A: incorreta. Essa competência pertence ao STJ conforme artigo 105, I, i, da CF; **B:** incorreta, pois constitui uma das hipóteses de suspensão conforme artigo 265, IV, a, do CPC; **C:** incorreta, pois a lei de arbitragem (Lei 9.307/1996) foi declarada constitucional pelo STF (SE 5206); **D:** correta, conforme artigo 285-A, CPC.

Gabarito "D"

(Ministério Público/PR – 2013 – X) Não é caso de extinção do processo sem julgamento do mérito:

(A) O indeferimento da petição inicial;

(B) O acolhimento de alegação de litispendência;

(C) Quanto não houver legitimidade das partes;

(D) A confusão entre autor e réu;

(E) A transação entre as partes.

Apenas a transação gera a extinção do processo com resolução de mérito (art. 269, III, do CPC). O indeferimento da petição inicial (art. 267, I, do CPC); litispendência (art. 267, V do CPC); ilegitimidade (art. 267, VI, CPC) e a confusão (art. 267, X, CPC) geram a extinção sem resolução de mérito.

Gabarito "E"

(Ministério Público/RO – 2013 – CESPE) No que se refere ao processo cautelar, assinale a opção correta.

(A) O requerente do procedimento cautelar responde ao requerido pelo prejuízo que lhe causar a execução da medida se a sentença no processo principal lhe for desfavorável, entendendo a doutrina majoritária que essa responsabilidade é do tipo subjetiva.

(B) Efetivada a medida cautelar concedida em procedimento preparatório, a parte beneficiada deve propor a ação principal no prazo prescricional de trinta dias.

(C) O poder geral de cautela, entendido como a concessão de ofício de uma medida cautelar pelo juiz, não afasta a aplicação do princípio dispositivo.

(D) O arresto é medida cautelar consistente na apreensão de bens indeterminados e penhoráveis do devedor para a garantia de execução de crédito monetário ou que se possa converter em monetário.

(E) Caso a medida cautelar seja concedida sem a oitiva do réu, o prazo para a apresentação da contestação deve ser contado da data da juntada aos autos do mandado de citação devidamente cumprido.

A: incorreta. A responsabilidade decorrente do art. 811 do CPC é objetiva, posicionamento tranquilo na doutrina; **B:** incorreta. O prazo do art. 806 do CPC é decadencial (constitui direito potestativo); **C:** incorreta. O poder geral de cautela é a permissão de o juiz conceder medidas distintas daquelas tipificadas no Código (arts. 813-888 do CPC) mediante provocação ou de ofício (art. 798 do CPC). A possibilidade da concessão de ofício vem prevista no art. 797 do CPC; **D:** correta, conforme os arts. 813 e seguintes do CPC; **E:** incorreta. Será da execução da medida cautelar conforme o art. 802, parágrafo único, II, do CPC.

Gabarito "D"

(Ministério Público/BA – 2010) Sobre competência, citação e resposta do réu, assinale a assertiva incorreta:

(A) Em se tratando de citação realizada através de carta de ordem, o prazo para apresentação de defesa começa a fluir a partir de sua juntada aos autos principais.

(B) A demora na realização do ato citatório, por circunstâncias atribuíveis à deficiência judiciária, não justifica o acolhimento da alegação de prescrição e decadência.

(C) Não se aplicam os efeitos da revelia se, havendo pluralidade de réus, algum deles contestar a ação, desde que o interesse do litisconsorte contestante seja comum ao do revel.

(D) O foro do domicílio ou da residência do alimentando é o competente para a ação de investigação de paternidade, quando cumulada com a de alimentos.

(E) O princípio do ônus da impugnação especificada proíbe a oferta de resposta por negativa geral, cabendo ao acionado confrontar um a um os fatos articulados na peça inaugural, não devendo o Promotor de Justiça descurar-se desse inarredável encargo, sob pena de aplicação dos efeitos da revelia.

A: correta (art. 241, IV, CPC); **B:** correta (art. 219, § 2º, CPC); **C:** correta (art. 320, I, CPC); **D:** correta (Súmula 1 do STJ); **E:** incorreta (devendo esta ser assinalada), porque o Ministério Público pode contestar por negativa geral (art. 302, parágrafo único, CPC).

Gabarito "E"

(Ministério Público/BA – 2010) Avalie as proposições abaixo, e assinale o número de assertiva(s) correta(s).

I. Caso o incidente de falsidade documental seja suscitado depois de encerrada a instrução, será autuado em apartado, suspendendo-se o processo principal até o julgamento do incidente, e a decisão que o julga, deferindo-o ou não, tem natureza interlocutória, cujo recurso cabível, portanto, é o agravo de instrumento.

II. A intimação pessoal da sentença e a participação no processo no estado em que ele se encontra são os únicos benefícios a que faz *jus* o réu revel.

III. A eficácia da revelia é *ex tunc*, nascendo no momento em que o indivíduo deixa de contestar tempestivamente a pretensão autoral.

IV. A decisão que indefere a petição reconvencional é interlocutória e, como tal, desafia recurso de agravo retido.

V. Não pode o curador à lide (art. 9º do CPC) reconvir em favor do revel citado por edital ou por hora certa, visto que é seu substituto processual.

(A) 1.

(B) 2.

(C) 3.

(D) 4.

(E) 5.

I: incorreta, porque se o incidente for autuado em apartado, será resolvido por meio de sentença, que é passível de apelação; **II:** incorreta, porque o revel não é intimado pessoalmente da sentença; **III:** incorreta, pois a definição dada é de eficácia *ex nunc*; **IV:** incorreta, porque deve ser interposto agravo de instrumento, em razão da incompatibilidade da sistemática do agravo retido com a hipótese; **V:** correta, pois, de fato, existe tal impossibilidade.

Gabarito "A"

(Ministério Público/BA – 2008) Analise as proposições a seguir expostas, assinalando aquela que se tem como correta.

(A) No processo de interdição, quando patrocinado pelo Ministério Público, é dispensável a nomeação de curador à lide.

(B) Não se aplica o reexame necessário sempre que a condenação ou o direito controvertido for de valor certo, não excedente a 40 (quarenta) salários-mínimos.

(C) Nos casos de extinção do processo sem exame do mérito, tratando-se de questão que versar exclusivamente de direito e estiver em condições de imediato julgamento, o tribunal, em sede de apelação, poderá julgar desde logo a lide.

(D) Uma vez não contestada a pretensão autoral, aplicam-se os efeitos da revelia, independentemente da natureza da demanda.

(E) Caberão embargos infringentes sempre que a decisão do tribunal não for unânime.

A: incorreta, porque haverá nomeação de curador ao interditando, ainda que o pedido tenha sido feito pelo MP (art. 1.179 do CPC); **B:** incorreta, porque o limite legal é de 60 salários-mínimos (art. 475, § 2º, do CPC); **C:** correta (art. 515, § 3º, do CPC); **D:** incorreta, porque se a demanda versar sobre direitos indisponíveis, não haverá presunção de veracidade dos fatos afirmados pelo autor, ainda que haja revelia (art. 320 do CPC); **E:** incorreta, porque o cabimento dos embargos infringentes está restrito às situações descritas no art. 530 do CPC, quais sejam, quando no julgamento de apelação for reformada sentença de mérito, por maioria, ou, quando por maioria for julgada procedente ação rescisória.

Gabarito "C"

(Ministério Público/MG – 2005) Analisando as afirmativas abaixo é **INCORRETO** concluir:

(A) O mandado de segurança é via processual inadequada para se obter controle incidental de constitucionalidade;

(B) Os fatos notórios estão sujeitos à comprovação de sua relevância para o deslinde da controvérsia;

(C) Quando intervém em processo de interdição, busca o Ministério Público a garantia de que somente seja declarada a incapacidade com espeque em prévia autorização legal;

(D) Quando o Ministério Público ajuíza ação civil pública na tutela de interesses difusos, o faz na condição de legitimado autônomo;

(E) Havendo fundada suspeita de incapacidade de um dos litigantes, deve o Ministério Público intervir obrigatoriamente em vista de expressa disposição processual.

A: incorreto (devendo esta ser assinalada), porque o que não se admite é a impetração de mandado de segurança contra lei em tese (Súmula n. 266 do STF), mas nada impede que seja utilizado para o controle difuso quando a lei considerada inconstitucional pelo impetrando tenha gerado efeitos concretos; **B:** correta, porque a demonstração da relevância do fato notório não se confunde com a demonstração do fato notório em si (o que é dispensado pelo inciso I do art. 334 do CPC); **C:** correta; **D:** correta, embora exista corrente doutrinária que sustente tratar-se de legitimação extraordinária; **E:** correta (art. 82, I, do CPC).

Gabarito "A"

(Ministério Público/MS – 2009) Leia as seguintes assertivas:

I. Segundo a jurisprudência dominante, na ação de usucapião há litisconsórcio necessário e unitário entre o titular do imóvel constante do registro imobiliário, confinantes e demais interessados.

II. Pratica fraude contra credores aquele que, embora ainda não citado, aliena imóvel em cuja matrícula foi averbada a distribuição da execução.

III. Somente corre o vencimento antecipado das dívidas cujo montante exceder o valor dos bens do devedor quando da decretação da insolvência.

Está(ão) correta(s) apenas a(s) afirmativa(s)

(A) I e II.

(B) II.

(C) I.

(D) III.

(E) I e III.

I: incorreta, porque o litisconsórcio, embora necessário, é simples na ação de usucapião; **II:** incorreta, porque se trata de ato de fraude de execução, e não contra credores; **III:** a afirmativa foi considerada correta pelo examinador, embora seja contrária ao que expressamente prevê o inciso I do art. 751 do CPC, segundo o qual a declaração de insolvência produz o vencimento antecipado das dívidas do devedor, sem fazer qualquer distinção.

Gabarito "D"

(Ministério Público/MS – 2011 – FADEMS) Assinale a alternativa **correta**.

(A) No litisconsórcio multitudinário, a limitação do número de litigantes, que só incide no facultativo, dependerá, de pedido do réu, quando ocorrer dificuldade da defesa;

(B) No sistema brasileiro de jurisdição una, não há conflito de atribuições entre entidade administrativa e autoridade judiciária, quanto estiver esta no exercício pleno de sua função jurisdicional;

(C) O ajuizamento da ação declaratória incidental enseja uma nova autuação. Tanto é verdade que, primeiramente, o juiz resolverá a questão prejudicial por intermédio de uma sentença; e, em outra decidirá a questão principal;

(D) O juízo do domicílio do menor não é competente para apreciar ação de guarda proposta por um dos pais contra o outro. A regra de competência definida pela necessidade de proteger o interesse da criança não é absoluta;

(E) O pedido será alternativo quando o autor cumular, sucessivamente, o pedido principal com outro sucessivo.

A: incorreta, porque a providência pode ser tomada de ofício pelo juiz (art. 46, parágrafo único, do CPC); **B:** correta, pois a competência da autoridade judiciária está detalhadamente traçada; **C:** incorreta, porque a ação declaratória incidental corre no mesmo processo em que foi levantada a questão prejudicial; **D:** incorreta, porque nesse caso será competente o foro daquele que detém a guarda (RSTJ 114/187); **E:** incorreta, porque pedido alternativo (art. 288 do CPC) não se confunde com pedido sucessivo (quando há entre dois pedidos uma relação de prejudicialidade).

Gabarito "B"

(Ministério Público/MS – 2011 – FADEMS) Atente para os seguintes enunciados.

I. As *astreintes* podem ser fixadas pelo juiz de ofício, mesmo sendo contra pessoa jurídica de direito público, que ficará obrigada a suportá-las caso não cumpra a obrigação de fazer no prazo estipulado.

II. Não há preclusão para o juiz em matéria probatória, razão pela qual não viola a lei o julgado do mesmo Tribunal que, ao julgar apelação, conhece e dá provimento a agravo retido, para anular a sentença e determinar a produção de prova testemunhal requerida pelo autor desde a inicial, ainda que, em momento anterior, tenha negado agravo de instrumento sobre o assunto.

III. A execução provisória da sentença constitui quebra de hierarquia ou ato de desobediência a anterior decisão do Tribunal que deferira à liminar. Assim, a decisão que defere ou indefere liminar, mesmo quando proferida por tribunal, inibe a prolação e condiciona o resultado da sentença definitiva, como também retira dela a eficácia executiva conferida em lei.

IV. A ação rescisória pode ser utilizada para a impugnação de decisões com conteúdo de mérito e que tenham adquirido a autoridade da coisa julgada material. Em que pese incomum, é possível que tais decisões sejam proferidas incidentalmente no processo, antes da sentença, como por exemplo, nos processos regulados pelo CPC em que, por algum motivo, um dos capítulos da sentença a respeito do mérito é antecipadamente decidido de maneira definitiva.

V. A cláusula de reserva de plenário não é aplicável na hipótese de controle difuso, se aplicando aos casos em que se reputam revogadas ou não recepcionadas normas anteriores à Constituição vigente.

Assinale a alternativa **correta**.

(A) Todas as alternativas estão incorretas;

(B) As alternativas I, II e IV estão corretas;

(C) Somente a alternativa III está correta;

(D) As alternativas III, IV e V estão corretas;

(E) Todas as alternativas estão corretas.

I: correta (art. 461 do CPC); **II:** correta, tendo em vista o princípio inquisitório em matéria probatória; **III:** incorreta, porque as decisões liminares são sempre provisórias, e não condicionam o julgamento do mérito, ainda que proferidas por tribunal; **IV:** correta (art. 485 do CPC); **V:** incorreta, porque é exatamente para a hipótese de controle difuso pelos Tribunais que se exige a observância da cláusula de reserva de plenário (art. 97 da CF).

Gabarito "B"

(Ministério Público/MS – 2011 – FADEMS) Observe os seguintes enunciados.

I. É admissível a oposição de embargos de terceiro fundados em alegação de posse advinda do compromisso de compra e venda de imóvel, ainda que desprovido do registro.

II. A causa de pedir na ação monitória terá por conteúdo a afirmada relação jurídica de direito material que vincula autor e réu e a situação de inadimplemento decorrente da conduta comissiva do último.

III. A mulher que renunciou aos alimentos na separação judicial tem direito à pensão previdenciária por morte do ex-marido, comprovada a necessidade econômica superveniente.

IV. O testamenteiro tem direito a um prêmio, tendo como base de cálculo o total da herança líquida, ainda que haja herdeiros necessários, e não apenas a metade disponível, ou os bens de que dispôs em testamento o *de cujus*. Pelo pagamento, entretanto, não responderão as legítimas dos herdeiros necessários, deduzindo-se o prêmio da metade disponível.

V. Para resguardo da boa-fé de terceiros e segurança do comércio jurídico, o reconhecimento da nulidade dos atos praticados anteriormente à sentença de interdição reclama prova inequívoca, robusta e convincente da incapacidade do contratante.

Assinale a alternativa **correta**.

(A) As alternativas III e IV estão incorretas;

(B) Todas as alternativas estão incorretas;

(C) Somente a questão V está correta;

(D) Todas as questões estão corretas;

(E) Somente as questões I e II estão incorretas.

I: correta (Súmula 84 do STJ); II correta (art. 1.102-A do CPC); **III:** correta (Súmula 336 do STJ); **IV:** correta (art. 1.138, *caput* e § 1º, do CPC); **V:** correta (STJ, REsp 9.077).

Gabarito "D"

(Ministério Público/MS – 2011 – FADEMS) Assinale a alternativa **correta**.

(A) É da competência do STJ o julgamento de ação popular em que se tem um conflito entre a União e Estado-membro, onde os autores pretendem agir no interesse do Estado, postulando a anulação de decreto do Presidente da República, ou seja, de ato imputável à União;

(B) Julgada procedente a investigação de paternidade, os alimentos são devidos a partir do trânsito em julgado da sentença que reconheceu a paternidade e não da citação;

(C) Tanto a doutrina como a jurisprudência superaram a complexa construção do direito antigo acerca da prova dos fatos negativos, razão pela qual a afirmação dogmática de que o fato negativo nunca se prova é inexata, pois há hipóteses em que uma alegação negativa traz, inerente, uma afirmativa que pode ser provada. Desse modo, sempre que for possível provar uma afirmativa ou um fato contrário àquele deduzido pela outra parte, tem-se como superada a alegação de prova negativa, ou impossível;

(D) O advogado do beneficiário da assistência judiciária também é alcançado pelo benefício da assistência judiciária concedido ao seu cliente. Assim, se ele recorre em nome próprio para defender seu direito autônomo aos honorários advocatícios, não deve recolher o respectivo preparo;

(E) O divórcio modificará os direitos e deveres dos pais em relação aos filhos. Como também o novo casamento de qualquer dos pais ou de ambos importará em restrição a esses direitos e deveres.

A: incorreta, porque nesse caso já se decidiu que a competência é do STF (STJ-RT 738/206); **B:** incorreta, porque a Súmula 277 do STJ estabelece que é a citação o marco inicial dos alimentos, no caso de procedência da ação investigatória de paternidade; **C:** correta, pois, de fato, a doutrina e a jurisprudência chegaram a tal conclusão; **D:** incorreta, porque o benefício da gratuidade diz respeito à pessoa da parte, e não de seu patrono; **E:** incorreta (art. 1.579 do CC).

Gabarito "C"

(Ministério Público/MS – 2011 – FADEMS) Analise as seguintes afirmações e assinale a alternativa **correta**.

I. O inadimplemento de obrigação alimentícia assumida pelo cônjuge varão quando da separação judicial impede a transformação em divórcio.

II. A lei adotou procedimento semelhante ao do mandado de segurança, exigindo, para o cabimento do *habeas data*, prova pré-constituída do direito do impetrante. Não cabe, portanto, dilação probatória. Em razão da necessidade de comprovação de plano do direito do demandante, mostra-se inviável a pretensão de que, em um mesmo *habeas data*, se assegure o conhecimento de informações e se determine a sua retificação.

III. Pode o magistrado deixar de encaminhar ao Supremo Tribunal Federal o agravo de instrumento interposto da decisão que não admitiu o recurso extraordinário manejado contra sentença proferida no âmbito dos juizados especiais.

IV. O mandado de segurança não se qualifica como sucedâneo da ação direta de inconstitucionalidade, não podendo ser utilizado, em consequência, como instrumento de controle abstrato da validade constitucional das leis e dos atos normativos em geral.

V. O titular de direito líquido e certo decorrente de direito, em condições idênticas, de terceiro não poderá impetrar mandado de segurança a favor do direito originário, se o seu titular não o fizer no prazo legal, quando notificado. E, isso acontece, porque na legislação do mandado de segurança não se permite a figura da substituição processual.

VI. A suspensão da liminar em mandado de segurança, salvo determinação em contrário da decisão que a deferir, vigorará até o trânsito em julgado da decisão definitiva de concessão da segurança ou, havendo recurso, até a sua manutenção pelo Supremo Tribunal Federal, desde que o objeto da liminar deferida coincida, total ou parcialmente, com o da impetração.

(A) As alternativas I, IV e V estão corretas;

(B) Todas as alternativas estão corretas;

(C) Somente as alternativas I e III estão corretas;

(D) As alternativas II, IV e VI estão corretas;

(E) Nenhuma das alternativas estão corretas.

I: incorreta, uma vez que a obtenção do divórcio é direito potestativo e incondicional de qualquer dos cônjuges. Eventual inadimplemento de obrigações assumidas deve ser objeto de execução pelos credores, mas não impede o decreto de divórcio; **II:** correta (STJ, HD 160); **III:** incorreta (Súmula 727 do STF – ressalva feita ao fato de que, de acordo com a nova redação do art. 544 do CPC, o recurso atualmente cabível contra a inadmissibilidade de recurso extraordinário, bem como especial, é o agravo nos próprios autos, e não mais agravo de instrumento); **IV:** correta (Súmula 266 do STF); **V:** incorreta (art. 3º da Lei 12.016/2009); **VI:** correta (Súmula 626 do STF).

Gabarito "D"

(Ministério Público/PB – 2010) Dentre as proposições que se seguem, assinale a alternativa correta:

I. A exceção de pré-executividade é inadmissível na execução fiscal em razão de a natureza da lide não comportar dilação probatória.

II. Não obstante as pessoas formais não gozarem de personalidade jurídica, são admitidas a figurar em relações processuais como parte ativa ou passiva.

III. A não integração do litisconsorte passivo necessário autoriza a intervenção *iussu iudicis*, sob pena de ineficácia da sentença.

(A) I, II e III estão corretas.

(B) I, II e III estão incorretas.

(C) Apenas I e II estão incorretas.

(D) Apenas II e III estão incorretas.

(E) Apenas I e III estão incorretas.

I: incorreta, porque a exceção de pré-executividade, que é defesa informal que o executado apresenta no bojo da execução, e na qual se alega matéria ligada à inadmissibilidade da execução, não admite produção de provas, seja na execução fiscal, ou não. Além disso, é pacífico o entendimento de que é cabível essa modalidade de defesa no executivo fiscal; **II:** correta, porque as pessoas formais (massa falida, espólio, herança jacente) não têm personalidade jurídica, mas podem ser partes no processo; **III:** incorreta, porque a integração do litisconsórcio necessário depende sempre de iniciativa do autor, ainda que provocado pelo juiz. Em nenhum hipótese é admitida a intervenção *iussu iudicis*, ou seja, a convocação dos litisconsortes faltantes por iniciativa de ofício do próprio juiz. A proibição decorre dos princípios da inércia e da demanda.

Gabarito "E"

(Ministério Público/PI – 2008) Assinale a alternativa **correta**.

(A) O Direito brasileiro prevê hipótese de antecipação de tutela baseada na evidência, desvinculadas totalmente da urgência.

(B) Não existe, no Direito brasileiro, qualquer hipótese de fungibilidade entre as tutelas de urgência.

(C) Todas as decisões provisórias são cautelares.

(D) Comete atentado aquele que inova, ainda que com razão, o estado de fato da lide.

(E) O processo possessório tem cognição plenária e sumária.

A: correta, pois é o que ocorre quando a antecipação é deferida em razão do abuso do direito de defesa, ou do manifesto propósito protelatório do réu (art. 273 do CPC); **B:** incorreta, porque é o contrário que prevê o § 7º do art. 273 do CPC; **C:** incorreto, porque também são provisórias as decisões de antecipação da tutela; **D:** incorreta, porque somente a inovação ilegal no estado de fato é que caracteriza o atentado (art. 879, III, CPC); **E:** incorreta, porque a cognição nas possessórias, no plano horizontal, é restrita, porque não se admite discussão sobre propriedade.

Gabarito "A"

(Ministério Público/PI – 2008) Assinale a alternativa **correta**.

(A) No mandado de segurança, há sempre coisa julgada em sentido material.

(B) Na ação civil pública só se podem tutelar direitos individuais homogêneos.

(C) O procedimento da ação de prestação de contas é trifásico.

(D) Não cabe reconvenção no processo monitório.

(E) No processo do mandado de segurança, há eficácia imediata da sentença de procedência.

A: incorreta, porque não haverá coisa julgada material se não for apreciado o mérito da impetração; **B:** incorreta, porque também se presta a ACP para a tutela de interesses difusos e coletivos; **C:** incorreta, porque se trata de procedimento bifásico; **D:** incorreta (Súmula n. 292 do STJ); **E:** correta, uma vez que a apelação contra a concessão da ordem terá efeito devolutivo, em regra (art. 14, § 3º, da Lei 12.016/2009).

Gabarito "E"

(Ministério Público/RN – 2009 – CESPE) Com relação a provas, capacidade, procedimentos especiais, litisconsórcio e juizado especial civil, julgue os itens subsequentes.

I. Apesar de o Código Civil brasileiro arrolar vários meios de provas, vigora, na lei processual, a regra da atipicidade dos meios de provas.

II. A proibição do insolvente civil de figurar como parte no processo regulado pela Lei nº 9.099/1995, que dispõe acerca dos juizados especiais cíveis e criminais, configura hipótese de exclusão da capacidade de gozo ou de direito.

III. Impõe-se a nomeação de curador especial tanto aos réus incertos quanto aos réus desconhecidos citados na ação de usucapião.

IV. A petição da exceção de incompetência pode ser protocolizada pelo excepto no juízo deprecado.

V. O litisconsórcio unitário nem sempre é necessário.

A quantidade de itens certos é igual a

(A) 1.

(B) 2.

(C) 3.

(D) 4.

(E) 5.

I: correta (art. 332 do CPC); **II:** incorreta, porque o insolvente civil, embora não possa ser parte do processo do JEC, ainda conserva, para todos os efeitos, a capacidade de gozo ou de direito, expressões essas que são sinônimas à personalidade jurídica; **III:** incorreta, porque não há nomeação de curador especial em favor deles; **IV:** correta (art. 305, parágrafo único, do CPC); **V:** correta, porque no caso de vários legitimados para a causa o litisconsórcio é facultativo, porém, unitário (por exemplo, os condôminos para a propositura de ação reivindicatória sobre a coisa comum).

Gabarito "C"

(Ministério Público/RN – 2009 – CESPE) Acerca da ação, da legitimidade e do litisconsórcio, assinale a opção correta.

(A) Para que um cônjuge proponha ação fundada em contrato de comodato sobre bem imóvel, é necessário o consentimento do outro, devendo tal permissão ser suprida pelo juiz, sob pena de o processo se tornar inválido.

(B) Ao vencedor da demanda judicial pode ser imputada condenação por litigância de má-fé.

(C) Para se contestar uma ação, é necessária a existência de interesse e legitimidade.

(D) A legitimidade de qualquer condômino para a proposição de ação de cobrança em benefício do condomínio configura hipótese legal de sucessão processual.

(E) Tratando-se de litisconsórcio necessário, o juiz pode limitar o número de litigantes, quando este comprometer a rápida solução do litígio ou dificultar a defesa.

A: incorreta, porque comodato é direito pessoal, e a lei só exige o consentimento do cônjuge quando o objeto da demanda for direito real (art. 10 do CPC); **B:** correta; **C:** incorreta, porque essas são exigências para a propositura de uma demanda. O réu, ainda que seja parte ilegítima para a causa, tem direito a apresentar contestação; **D:** incorreta, porque se trata de substituição processual, ou legitimação extraordinária; **E:** incorreta, porque a limitação do litisconsórcio multitudinário fica restrita aos casos de litisconsórcio facultativo (art. 46 do CPC).

Gabarito "B"

(Ministério Público/RN – 2009 – CESPE) No que se refere a processo de conhecimento, processo de execução, atos e fatos processuais, nulidades processuais e intervenção de terceiros, julgue os itens subsequentes.

I. O chamamento ao processo caracteriza-se como a medida por meio da qual o devedor demandado chama para integrar o mesmo processo os demais coobrigados pela dívida.

II. Observa-se a incidência da preclusão consumativa quando, esgotado o prazo recursal, a parte sucumbente não interpõe o recurso processual cabível.

III. As nulidades processuais absolutas independem de declaração judicial a respeito de sua existência e efeitos.

IV. O decurso do tempo caracteriza-se como espécie de ato processual.

V. É provisória a execução lastreada no título executivo extrajudicial enquanto pendente de julgamento a apelação da sentença de improcedência dos embargos à execução, quando recebidos com efeito suspensivo.

Estão certos apenas os itens

(A) I e II.

(B) I e V.

(C) II e III.

(D) III e IV.

(E) IV e V.

I: certa (art. 77 do CPC); **II:** errada, por se trata de preclusão temporal; **III:** errada, porque mesmo diante de nulidades absolutas, haverá necessidade de pronunciamento judicial; **IV:** errada, porque se trata de fato (e não de ato) processual; **V:** certa (art. 587 do CPC).

Gabarito "B"

(Ministério Público/RN – 2009 – CESPE) Com relação à capacidade processual, aos recursos e à ação, julgue os seguintes itens.

I. Constitui hipótese de incapacidade processual relativa a proibição do indigno de participar da sucessão do autor da herança.

II. No âmbito do STJ, conta-se em dobro o prazo para interposição, pelo MP, do agravo regimental.

III. É cabível a propositura de reconvenção em ação declaratória cujo objetivo seja pleitear outra espécie de tutela jurisdicional.

IV. Na ação de cobrança de dívidas, sempre se aplica o princípio da demanda em relação à contestação da parte ré.

V. A parte ré detém legitimidade para requerer a antecipação de tutela de mérito.

Estão certos apenas os itens

(A) I, II e III.

(B) I, II e IV.

(C) I, IV e V.

(D) II, III e V.

(E) III, IV e V.

I: errada, porque a indignidade opera no plano do direito material, porque representa uma pena civil consistente na perda do direito hereditário pelo indigno, o que não se relaciona com qualquer hipótese de incapacidade processual; **II:** certa (Súmula n. 116 do STJ); **III:** certa (Súmula n. 258 do STF); **IV:** errada, porque a contestação não se relaciona com o princípio da demanda; **V:** correta, em particular quando o réu ofereceu reconvenção, quando formulou pedido contraposto.

Gabarito "D"

(Ministério Público/RR – 2012 – CESPE) No tocante à interpretação do STJ a respeito do processo civil, assinale a opção correta.

(A) A lei que rege a interposição de recurso é a vigente à época da sessão de julgamento na qual tenha sido anunciado o resultado da decisão.

(B) A inclusão de juros remuneratórios e moratórios capitalizados nos cálculos de liquidação, sem a devida previsão no título executivo, não implica violação da coisa julgada, sendo considerada mero erro de cálculo.

(C) Não é possível a extinção de execução ajuizada por exequente pertencente à estrutura do Estado caso seja irrisório o valor em vista do interesse público.

(D) Compete à justiça estadual conhecer execução ajuizada pelo MPE em conjunto com o MPT contra um município, por meio da qual se busque dar efetividade a termo de ajustamento de conduta cujo objeto seja o cumprimento de obrigações inerentes às relações de trabalho.

(E) A isenção de custas e emolumentos deferida a crianças e adolescentes que estejam na condição de autores ou réus perante os juizados da infância e da juventude não são extensíveis aos demais sujeitos processuais que eventualmente figurarem no feito.

A: incorreta, porque, "o recurso rege-se pela lei do tempo em que proferida a decisão" (STJ-RF 385/263); **B:** incorreta, porque, nos termos da Súmula n. 254 do STF, "incluem-se os juros moratórios na liquidação, embora omisso o pedido inicial ou a condenação"; **C:** incorreta, porque é possível a extinção por esse motivo, desde que haja manifestação do órgão exequente; **D:** incorreta, porque a competência, nesse caso, é da Justiça do Trabalho (STJ, CC 120.175/RJ); **E:** correta, uma vez que , "certo é que a jurisprudência desta Corte Superior assentou o entendimento de que a isenção de custas e emolumentos prevista na Lei 8.069/1990 é deferida tão somente às crianças e aos adolescentes quando autoras e réus nas ações movidas perante a Justiça da Infância e Juventude, não alcançando outras pessoas que eventualmente possam participar dessas demandas" (STJ, AgRg no REsp 996558/RJ).

Gabarito "E"

(Ministério Público/RO – 2010 – CESPE) Assinale a opção correta quanto à litispendência e à coisa julgada; à competência; aos prazos; à atuação do MP no processo civil e aos requisitos de admissibilidade dos recursos.

(A) É cabível a pretensão de revisão de contrato findo, mesmo que as partes tenham celebrado, em juízo, termo aditivo de renegociação da dívida, o qual tenha sido homologado por sentença da qual não caiba mais recurso.

(B) A autoridade judiciária brasileira será incompetente para processar e julgar o divórcio se os cônjuges atualmente residirem no exterior, mesmo que o casamento tenha sido celebrado em território nacional.

(C) A ação reivindicatória movida por condômino de condomínio edilício, em caso de assenhoreamento por terceiro de área comum de uso exclusivo seu, induzirá litispendência ou fará coisa julgada em relação a outra, com idêntico pedido e causa de pedir, movida pelo condomínio.

(D) A competência para processar e julgar as ações conexas de interesse de menor é, em princípio, do foro do domicílio do detentor de sua guarda.

(E) É inaplicável a contagem em dobro do prazo recursal quando o MP oficia no processo na qualidade de fiscal da lei.

A: incorreta, porque nesse caso, prevalece a coisa julgada; **B:** incorreta (art. 88, III, CPC); **C:** incorreta, porque não há identidade dos elementos identificadores das demandas (as causas de pedir e os pedidos são distintos); **D:** correta (Súmula 383 do STJ); **E:** incorreta (art. 188 do CPC).

Gabarito "D"

(Ministério Público/RO – 2010 – CESPE) No que concerne aos princípios processuais, aos poderes instrutórios do juiz, aos direitos fundamentais processuais, à atuação do MP no processo civil, aos requisitos e vícios da sentença, aos recursos em espécie, ao ônus da prova e ao processo de execução, aos sujeitos da relação processual e à ação rescisória, assinale a opção correta.

(A) Na fase instrutória, o juiz pode excepcionar o princípio dispositivo quando tratar de causa que tenha por objeto direito indisponível ou na qual haja significativa desproporção econômica ou sociocultural entre as partes.

(B) A sentença que apenas transcreve, em sua fundamentação, trecho do parecer do MP como fiscal da lei ofende os princípios da ampla defesa e da motivação das decisões judiciais.

(C) Conforme exigência do CPC, a parte deve juntar, em primeiro grau, a relação dos documentos que instruíram o recurso de agravo de instrumento. Assim, é imprescindível também, sob pena de não conhecimento, a juntada de cópias de todas as peças e documentos que acompanharam o recurso.

(D) O ônus de provar a penhorabilidade, decorrente da natureza não salarial, dos depósitos em conta-corrente do executado é do autor da execução.

(E) Para propor ação rescisória, o advogado pode se valer da procuração que lhe foi outorgada para propor a ação original do feito em que foi sucumbente.

A: correta, com a ressalva de que não só nesses casos o juiz pode determinar de ofício a produção de provas (art. 130 do CPC); **B:** incorreta, pois não é verdade o dito na alternativa; **C:** incorreta, porque o agravo, acompanhado dos documentos, deve ser interposto diretamente no tribunal; **D:** incorreta, porque será do executado o ônus de provar a natureza salarial dos valores depositados, e sua consequente impenhorabilidade; **E:** incorreta, pois é necessária uma nova procuração.

Gabarito "A"

(Ministério Público/RO – 2010 – CESPE) Com relação ao processo cautelar, ao processo de execução e aos procedimentos especiais de jurisdição contenciosa, assinale a opção correta.

(A) Como a execução provisória realiza-se, no que couber, do mesmo modo que a definitiva, é aplicável ao devedor, em seu bojo, a multa prevista no CPC, de 10% sobre o valor da condenação para a hipótese de atraso no pagamento.

(B) A ausência de ajuizamento da ação principal no prazo legal de trinta dias implica, necessariamente, a extinção do processo cautelar.

(C) É incompatível com o procedimento especial da ação monitória o oferecimento, pelo réu, de reconvenção concomitante aos embargos.

(D) A propositura da ação de usucapião pelo cônjuge masculino depende do consentimento do cônjuge feminino, sob pena de nulidade do processo.

(E) Sob o argumento de aplicação da fungibilidade, não pode o juiz modificar a medida cautelar postulada pela parte autora ou eleger a medida que julgar adequada diante do caso concreto, sob pena de violação do princípio da inércia.

A: incorreta, porque não incide a multa de 10% nas execuções provisórias; **B:** incorreta, porque a consequência da não observância do prazo é a perda da eficácia da medida cautelar, mas não necessariamente a extinção do processo cautelar; **C:** incorreta (Súmula 292 do STJ); **D:** correta, desde que se trate de bem imóvel; **E:** incorreta (art. 798 do CPC).

Gabarito "D"

(Ministério Público/RO – 2010 – CESPE) Assinale a opção correta em relação aos recursos cíveis e ao procedimento do mandado de segurança individual e coletivo.

(A) A remessa necessária prevista no CPC tem natureza jurídica recursal, a ela se aplicando os princípios da teoria geral dos recursos cíveis.

(B) É inadmissível o recurso especial interposto antes da publicação do acórdão dos embargos de declaração, sem posterior ratificação.

(C) A fundamentação levantada pela parte para a demonstração da repercussão geral da questão constitucional debatida no recurso extraordinário vincula o STF, não podendo esse tribunal admiti-lo por fundamento diverso.

(D) A gravidade do ato coator pode determinar o cabimento de mandado de segurança contra ato judicial, mesmo que seu conteúdo não seja teratológico.

(E) O pedido de segurança não pode ser renovado, mesmo que dentro do prazo decadencial de cento e vinte dias e nos casos em que a decisão denegatória não lhe houver apreciado o mérito.

A: incorreta, porque a natureza da remessa necessária é de condição de eficácia da sentença, e não recursal; **B:** correta (Súmula 418 do STJ); **C:** incorreta (art. 543-A do CPC); **D:** incorreta, porque o que autoriza o uso do mandado de segurança contra ato judicial é, além da ilegalidade, o fato de não haver recurso previsto para a sua impugnação; **E:** incorreta(art. 6º, § 6º, da Lei 12.016/2009).

Gabarito "B"

(Ministério Público/RO – 2010 – CESPE) A respeito da assistência judiciária, do procedimento comum sumário, da execução da prestação alimentícia, do pedido, da coisa julgada, do princípio da publicidade e da comunicação dos atos processuais, assinale a opção correta.

(A) Imposta multa à parte como forma de forçar o cumprimento de medida liminar, é desnecessário que conste do mandado de intimação o prazo assinalado para o atendimento da ordem, já que os autos do processo são públicos e estão à disposição dos advogados para carga.

(B) Para que sejam deferidos à pessoa jurídica os benefícios da assistência judiciária gratuita, basta que a interessada declare não ter condições de arcar com as despesas inerentes ao exercício da jurisdição.

(C) É desnecessária a presença do advogado na audiência de conciliação do procedimento sumário, podendo a parte ré, nessa ocasião, ofertar a contestação elaborada e assinada pelo seu defensor.

(D) É cabível a prisão civil por inadimplemento de pensão alimentícia estabelecida por acordo extrajudicial entre as partes.

(E) Com o trânsito em julgado de decisão omissa em relação à fixação dos honorários sucumbenciais, pode o advogado da parte vencedora valer-se ainda de ação própria para pleiteá-los.

A: incorreta, porque a parte tem o direito a ser pessoalmente informada do prazo para o cumprimento da ordem; **B:** incorreta, porque no que toca às pessoas jurídicas, é exigida a prova de tal alegação; **C:** incorreta, porque não se dispensa a presença do advogado para a apresentação da contestação em audiência no rito sumário; **D:** correta, desde que se trate de verba fundada no direito de família; **E:** incorreta ("o trânsito em julgado da decisão omissa quanto à questão dos honorários advocatícios impede que estes venham a ser estabelecidos pelo juízo da execução" - REsp 886178/RS, Rel. Ministro Luiz Fux, Corte Especial, julgado em 2.12.2009, DJe 25.2.2010).

Gabarito "D"

(Ministério Público/SC – 2012) De acordo com o código de processo civil:

I. As causas de alimentos provisionais processam-se durante as férias e não se suspendem pela superveniência delas, destacando-se que o valor da causa, na ação de alimentos, será a soma de 12 prestações mensais, pedidas pelo autor.

II. Depois de decorrido o prazo para resposta ou após saneado o feito, o autor não poderá alterar o pedido ou a causa de pedir sem o consentimento do réu.

III. Quando a matéria controvertida for unicamente de direito e no juízo já houver sido proferida sentença de total improcedência em outros casos idênticos, poderá ser dispensada a citação e proferida sentença, reproduzindo-se o teor da anteriormente prolatada. Todavia, se o autor apelar, é facultado ao juiz decidir, no prazo de 48 horas não manter a sentença e determinar o prosseguimento da ação.

IV. São consideradas incapazes para deporem como testemunhas: o interdito por demência; o que, acometido por enfermidade, ou debilidade mental, ao tempo em que ocorreram os fatos, não podia discerni-los, ou , ao tempo em que deve depor, não está habilitado a transmitir percepções; o menor de 16 (dezesseis) anos; o cego e o surdo, quando a ciência do fato depender dos sentidos que lhes faltam.

V. O cônjuge, o ascendente ou descendente em qualquer grau, bem como aquele que tiver interesse no litígio, são considerados impedidos para deporem como testemunhas.

(A) Apenas as assertivas I , II, IV e V estão corretas.

(B) Apenas as assertivas I, II, III, e V estão corretas.

(C) Apenas as assertivas I e V estão corretas.

(D) Apenas as assertivas I e IV estão corretas.

(E) Todas as assertivas estão corretas.

I: correta (art. 174, II, e art. 259, VI, ambos do CPC); **II:** incorreta, porque após o saneamento, o autor não pode mais alterar o pedido ou a causa de pedir, nem mesmo se houver concordância do réu; **III:** incorreta, porque o prazo legal para o exercício, pelo juiz, do juízo de retratação, é de 5 dias (art. 285-A, § 1º, CPC); **IV:** correta (art. 405 do CPC); **V:** incorreta, porque quem tem interesse no litígio é considerado suspeito para depor como testemunha (art. 405, §§ 2º e 3º do CPC).

Gabarito "D"

(Ministério Público/SC – 2008) Analise as seguintes assertivas:

I. A impetração de mandado de segurança coletivo por entidade de classe em favor dos associados depende da autorização destes.

II. O Ministério Público não tem legitimidade para promover ação civil pública cujo fundamento seja a ilegalidade de reajuste de mensalidades escolares.

III. O divórcio direto pode ser concedido sem que haja prévia partilha dos bens.

IV. Tratando-se de interditando cuja incapacidade absoluta é perceptível de plano pelo juiz, e não ocorrendo no prazo legal a impugnação do pedido, a ausência de laudo pericial não torna nula a decisão que decreta a interdição.

V. Nos juizados especiais, da sentença que homologa o laudo arbitral, caberá recurso, no prazo de 10 (dez) dias, para a turma, que será composta por três juízes togados, em exercício no primeiro grau de jurisdição, reunidos na sede do juizado.

(A) apenas II e V estão corretos.

(B) apenas I e IV estão corretos.

(C) apenas II e IV estão corretos.

(D) apenas III está correto.

(E) apenas III e V estão corretos.

I: incorreta (Súmula n. 629 do STF); **II:** incorreta (Súmula n. 643 do STF); **III:** correta (art. 1.581 do CC); **IV:** incorreta, porque exame pericial é obrigatório no procedimento de interdição (art. 1.183 do CPC); **V:** incorreta, porque no caso de sentença que homologa laudo arbitral, não cabe recurso inominado (art. 41 da Lei 9.099/1995).

Gabarito "D"

(Ministério Público/SC – 2010)

I. Considera-se atentatório à dignidade da Justiça o ato do executado que frauda a execução, se opõe maliciosamente à execução e resiste injustificadamente às ordens judiciais.

II. O juiz ou Tribunal, de ofício ou a requerimento, condenará o litigante de má-fé a pagar multa não excedente a um por cento sobre o valor da causa e a indenizar a parte contrária dos prejuízos que esta sofreu, mais os honorários advocatícios e todas as despesas que efetuou.

III. Mesmo diante de um defeito que gera nulidade absoluta do processo, o magistrado está autorizado a desconsiderá-la, quando puder decidir do mérito a favor da parte a quem aproveite a nulificação.

IV. A ação denominada *querela nullitatis* é imprescritível e deve ser proposta no juízo que proferiu a decisão.

V. É possível a declaração incidental de inconstitucionalidade de lei ou ato normativo do Poder Público, em ação civil pública, desde que a controvérsia constitucional não figure como pedido, mas sim como causa de pedir, fundamento ou simples questão prejudicial, indispensável à resolução do litígio principal.

(A) Apenas as assertivas I, II, III e V estão corretas.

(B) Apenas as assertivas I, II, III estão corretas.

(C) Apenas as assertivas III, IV e V estão corretas.

(D) Apenas as assertivas I, II, IV estão corretas.

(E) Todas as assertivas estão corretas.

I: correta (art. 600 do CPC); **II:** correta (art. 18 do CPC); **III:** correta (art. 249, § 2º, do CPC); **IV:** correta, porque se trata de ação de natureza declaratória, logo, imprescritível; **V:** correta, pois, de fato, existe tal possibilidade.

Gabarito "E"

(Ministério Público/SC – 2010)

I. Pode ser concedida a antecipação de tutela quando fique caracterizado o abuso do direito de defesa ou o manifesto propósito protelatório do réu, desde que exista prova inequívoca da verossimilhança da alegação.

II. A tutela antecipada poderá ser concedida quando um ou mais dos pedidos cumulados, ou parcela deles, mostrar-se incontroverso.

III. O juiz extinguirá o processo, com resolução de mérito, quando acolher a alegação de coisa julgada.

IV. Na ação que tenha por objeto o cumprimento de obrigação de fazer ou não fazer, é lícito ao juiz conceder a tutela liminarmente, desde que seja relevante o fundamento da demanda e havendo justificado receio de ineficácia do provimento final, podendo impor multa diária ao réu, independentemente de pedido do autor.

V. Far-se-á a liquidação de sentença por arbitramento quando, para determinar o valor da condenação, houver necessidade de alegar e provar fato novo.

(A) Apenas as assertivas III, IV e V estão corretas.

(B) Apenas as assertivas I, II, III estão corretas.

(C) Apenas as assertivas I, II e IV estão corretas.

(D) Apenas as assertivas I, II, IV e V estão corretas.

(E) Todas as assertivas estão corretas.

I: correta (art. 273 do CPC); **II:** correta (art. 273, § 6º, do CPC); **III:** incorreta, porque se trata de hipótese de extinção do processo sem resolução do mérito (art. 267, V, CPC); **IV:** correta (art. 461 do CPC); **V:** incorreta, porque essa é a hipótese de liquidação por artigos.

Gabarito "C"

(Ministério Público/SC – 2010)

I. Na visão do STJ, formulado pedido certo e determinado, somente o autor tem interesse recursal em arguir o vício da sentença ilíquida.

II. Quando o dispositivo do acórdão contiver julgamento por maioria de votos e julgamento unânime, e forem interpostos embargos infringentes, o prazo para recurso extraordinário ou recurso especial, relativamente ao julgamento unânime, ficará sobrestado até a intimação da decisão nos embargos.

III. O Ministério Público tem legitimidade para recorrer assim no processo em que é parte, como naqueles em que oficiou como fiscal da lei, ainda que não haja recurso da parte.

IV. Os recursos extraordinário e especial serão recebidos nos efeitos devolutivo e suspensivo.

V. O recurso extraordinário, ou o recurso especial, quando interpostos contra decisão interlocutória em processo de conhecimento, cautelar, ou embargos à execução ficará retido nos autos e somente será processado se o reiterar a parte, no prazo para a interposição do recurso contra a decisão final, ou para as contrarrazões.

(A) Apenas as assertivas III e V estão corretas.

(B) Apenas as assertivas I, II, III e V estão corretas.

(C) Apenas as assertivas I, II e IV estão corretas.

(D) Apenas as assertivas I, II e III estão corretas.

(E) Todas as assertivas estão corretas.

I: correta (Súmula 318 do STJ); **II:** correta (art. 498 do CPC); **III:** correta (art. 499, § 2º, do CPC); **IV:** incorreta, porque tais recursos não têm efeito suspensivo, nos termos do art. 497 do CPC (ressalva feita à sua concessão através de medida cautelar); **V:** correta (art. 542, § 3º, do CPC).

Gabarito "B"

(Ministério Público/SE – 2010 – CESPE) Em atenção à disciplina jurídica da lei processual no tempo, do regime de cumprimento da sentença e da execução de títulos extrajudiciais, assinale a opção correta.

(A) A multa de 10% sobre o montante da condenação, prevista no art. 475-J do CPC, aplica-se também às sentenças condenatórias transitadas em julgado antes da sua vigência, pois as leis processuais têm aplicação imediata.

(B) A superveniência de sentença fixando alimentos definitivos em montante inferior ao dos provisórios não prejudica o direito à execução destes, tal como anteriormente arbitrados.

(C) O fato de se ter alterado a natureza da execução de sentença, que deixou de ser tratada como processo autônomo e passou a ser mera fase complementar do mesmo processo em que o provimento é assegurado, importou em que não são devidos honorários advocatícios na fase de cumprimento da sentença.

(D) O novel art. 655, I, do CPC, com a redação dada pela Lei nº 11.382/2006, exige que o credor comprove haver procurado outros bens penhoráveis para, só então, requerer a penhora de depósito ou aplicação em instituição financeira.

(E) Na execução de título extrajudicial, a concessão, pelo juiz, de efeito suspensivo aos embargos do executado impede a efetivação dos atos de penhora e de avaliação dos bens.

A: incorreta (STJ, REsp 1.019.057, dentre outros); **B:** correta, porque a sentença tem eficácia "ex nunc" nesse caso; **C:** incorreta, porque os honorários são devidos na fase de cumprimento da sentença; **D:** incorreta, porque tal exigência não consta da lei; **E:** incorreta (art. 739-A, § 6º, do CPC).

Gabarito "B"

3. Direito Penal

Arthur Trigueiros e Eduardo Dompieri*

1. CONCEITO, FONTES E PRINCÍPIOS

(Ministério Público/PI – 2014 – CESPE) No tocante aos princípios constitucionais penais, assinale a opção correta.

(A) No que se refere à aplicação do princípio da insignificância, o STF tem afastado a tipicidade material dos fatos em que a lesão jurídica seja inexpressiva, sem levar em consideração os antecedentes penais do agente.

(B) O direito penal constitui um sistema exaustivo de proteção de todos os bens jurídicos do indivíduo, de modo a tipificar o conjunto das condutas que outros ramos do direito consideram antijurídicas.

(C) Uma das vertentes do princípio da proporcionalidade é a proibição de proteção deficiente, por meio da qual se busca impedir um direito fundamental de ser deficientemente protegido, seja mediante a eliminação de figuras típicas, seja pela cominação de penas inferiores à importância exigida pelo bem que se quer proteger.

(D) Segundo entendimento consolidado do STF, a imposição de regime disciplinar diferenciado ao executando ofende o princípio da individualização da pena, visto que extrapola o regime de cumprimento da reprimenda imposta na sentença condenatória.

(E) Prevalece na doutrina o entendimento de que constitui ofensa ao princípio da legalidade a existência de leis penais em branco heterogêneas, ou seja, daquelas cujos complementos provenham de fonte diversa da que tenha editado a norma que deva ser complementada.

A: incorreta, pois, muito embora o STF não analise os antecedentes, não basta que a lesão ao bem jurídico seja inexpressiva, sendo necessário o preenchimento dos seguintes requisitos: 1) a mínima ofensividade da conduta do agente; 2) a ausência de periculosidade social da ação; 3) o reduzido grau de reprovabilidade do comportamento; e 4) a inexpressividade da lesão jurídica causada (STF, 102550, 1ª Turma, *DJ* 08/.11/.2011 e STJ, HC 145.397, *DJ* 19/.12/.2011). Frise-se, por sua vez, que o STJ analisa também a reincidência e os maus antecedentes para a aplicação do princípio da insignificância (HC 173.01, 5ª Turma, *DJ* 28/.11/.2011); **B:** incorreta. Como é sabido e ressabido, o Direito Penal é ramo que tutela os bens jurídicos mais relevantes, e somente quando os demais ramos do Direito são incapazes de, adequadamente, protegê-los. Lembre-se que o Direito Penal é de *ultima ratio* e que nem toda conduta antijurídica é penalmente relevante; **C:** correta. O princípio da proporcionalidade é, em verdade, um limite ao legislador, que deve proteger o bem jurídico de forma eficaz e intervir apenas quando necessário, bem como ao aplicador do direito. Assim, pode-se dizer que modernamente o princípio da proporcionalidade possui dois enfoques: a) proibição do excesso, impedindo um tratamento penal exagerado e desnecessário por parte do Estado; b) proibição de proteção insuficiente de direitos fundamentais, não se admitindo que condutas que ofendam bens jurídicos deixem de merecer a tutela penal; D: incorreta. Embora haja controvérsia doutrinária acerca da (in)constitucionalidade do regime disciplinar diferenciado (RDD), até o presente momento o STF não se manifestou, de forma conclusiva, acerca da eventual violação ao princípio da individualização da pena. Nada obstante o art. 52 da LEP, que trata de referida sanção disciplina no curso da execução penal, traga, de fato, uma série de restrições à liberdade do preso (definitivo ou provisório), não se pode, de antemão, afirmá-lo inconstitucional. Afinal, o referido princípio constitucional (art. 5º, XLVI) dispõe que "a lei regulará a individualização da pena". E, no caso, a LEP regulou adequadamente a individualização da reprimenda, impondo-se o RDD apenas em situações excepcionais, assegurados o contraditório e a ampla defesa; E: incorreta, pois o entendimento majoritário é no sentido de que a norma penal em branco é constitucional, não ofendendo o princípio da legalidade. Neste sentido: *"As normas em branco não ofendem a legalidade porque se pode encontrar o complemento da lei penal em outra fonte legislativa, embora diversa do Direito Penal, previamente determinada e conhecida"* (NUCCI, Guilherme de Souza. *Manual de Direito Penal*).

Gabarito "C"

(Ministério Público/PI – 2014 – CESPE) Considerando o entendimento da doutrina majoritária e do STJ, assinale a opção correta quanto ao princípio da insignificância.

(A) Conforme o entendimento da doutrina majoritária, o princípio da insignificância afeta a tipicidade formal.

(B) Em se tratando do crime de contrabando, é possível a aplicação do princípio da insignificância.

(C) Independentemente do valor do tributo sonegado em decorrência de crime de descaminho, é possível a aplicação do princípio da insignificância.

(D) A reiteração delitiva impede a aplicação do princípio da insignificância em razão do alto grau de reprovabilidade do comportamento do agente.

* **Arthur Trigueiros** comentou as questões dos seguintes concursos: MP/MG/14, MP/PI/14, MP/DF/13, MP/ES/2013, MP/GO/13, MP/MG/13, MP/MS/13 ,MP/SP/13, MP/GO/12, MP/MG/12, MP/MT/12, MP/SC/12, MP/PI/12, MP/RR/12, MP/SP/12, MP/TO/12, MP/CE/11, MP/RJ/11, MP/MG/11, MP/GO/10, MP/PB/10, MP/MS/09, MP/RS/09, MP/RN/09, MP/AC/08, MP/SC/08, MP/RS/08, MP/BA/08, MP/PI/08, MP/MG/06, quando houver. **Eduardo Dompieri** comentou as demais questões.

(E) Para a aplicação do princípio da insignificância, exige-se a satisfação de um único requisito: ausência de periculosidade social da ação.

A: incorreta, pois o princípio da insignificância afeta a tipicidade material e não formal, devendo ser analisado pelo aplicador do direito se a conduta do agente lesou ou causou perigo de lesão de forma relevante ao bem jurídico tutelado; **B:** incorreta. Muito embora haja entendimento em sentido contrário, o STJ já decidiu no sentido de que é incabível a aplicação do princípio da insignificância ao delito de contrabando, em razão do alto grau de reprovabilidade da conduta delituosa, ainda que a mercadoria proibida não possa ser aferida economicamente, já que não se trata de um crime puramente fiscal. *Ao contrário do que ocorre com o delito de descaminho, o bem juridicamente tutelado no crime de contrabando não se limita ao mero valor pecuniário do imposto elidido, pois também visa à proteção do interesse estatal de impedir a entrada e a comercialização de produtos proibidos em território nacional* (STJ, HC 45099/AC, 5ª Turma, *DJ* 04/.09/.2006 e STJ – RHC: 30026 RJ 2011/0073758-1, Relator: Ministra Laurita Vaz, Data de Julgamento: 20/.08/.2013, T5 – Quinta Turma); **C:** incorreta, pois o STJ entende que é possível a aplicação do princípio da insignificância quando o tributo iludido pelo delito de descaminho for de valor inferior a R$ 10.000,00, ante o disposto no artigo 20 da Lei n. 10.522/2002, que dispensa a União de executar os créditos fiscais em valor inferior a esse patamar (STJ, HC 180.993, 5ª Turma, *DJ* 19/.12/.2011). Por sua vez, o STF entende que é possível a aplicação do princípio da insignificância quando o valor for inferior a R$ 20.000,00, levando-se em consideração a atualização pelas Portarias 75 e 130/2012 do Ministério da Fazenda (STF, HC 123479/RS, *DJ* 07/.10/.2014); **D:** correta, pois, de fato, segundo o entendimento majoritário do STJ, deve-se analisar a reincidência e os maus antecedentes para a aplicação do princípio da insignificância. "*Com efeito, a reiteração delitiva impede o reconhecimento da insignificância penal, uma vez ser imprescindível não só a análise do dano causado pela ação, mas também o desvalor da culpabilidade do agente, sob pena de se aceitar, ou mesmo incentivar, a prática repetida de pequenos delitos*". (HC 173.01, 5ª Turma, *DJ* 28/.11/.2011); **E:** incorreta, pois para a aplicação do princípio da insignificância, além de ser irrelevante o valor do bem subtraído, necessário o preenchimento dos seguintes requisitos: 1) a mínima ofensividade da conduta do agente; 2) a ausência de periculosidade social da ação; 3) o reduzido grau de reprovabilidade do comportamento; e 4) a inexpressividade da lesão jurídica causada (STF, 102550, 1ª Turma, *DJ* 08/.11/.2011 e STJ, HC 145.397, *DJ* 19/.12./2011). Conforme já explicitado acima, para o STJ, deve-se analisar também a reincidência e os maus antecedentes para a aplicação do princípio da insignificância(HC 173.01, 5ª Turma, *DJ* 28/.11/.2011).

Gabarito "D"

(Ministério Público/DF – 2013) Examine os itens seguintes, indicando o **CORRETO**:

(A) O princípio da culpabilidade limita-se à impossibilidade de declaração de culpa sem o trânsito em julgado de sentença penal condenatória.

(B) O princípio da legalidade impede a aplicação de lei penal ao fato ocorrido antes do início de sua vigência.

(C) Integram o núcleo do princípio da estrita legalidade os seguintes postulados: reserva legal, proibição de aplicação de pena em hipótese de lesões irrelevantes, proibição de analogia *in malam partem*.

(D) A aplicação de pena aos inimputáveis, dada a sua incapacidade de sensibilização pela norma penal, viola o princípio da culpabilidade.

(E) Os princípios da insignificância penal e da adequação social se identificam, ambos caracterizados pela ausência de preenchimento formal do tipo penal.

A: incorreta. De acordo com o princípio da culpabilidade, ao Estado somente será lícito impor uma sanção penal "(...) *ao agente imputável, com potencial consciência da ilicitude (possibilidade de conhecer o caráter ilícito do seu comportamento), quando dele exigível conduta diversa (podendo agir de outra forma)*" (Rogério Sanches Cunha – *Manual de Direito Penal – Parte Geral*, Juspodivm, 2013, p. 91-92). Diz-se, ainda, que o princípio em comento age sob três aspectos: i) elemento constitutivo do conceito analítico de crime (para os adeptos da concepção tripartida ou tripartite); ii) valoração da pena (a culpabilidade é uma das circunstâncias judiciais previstas no art. 59 do CP); e iii) impossibilidade de punição de agente que tenha agido sem dolo ou culpa (responsabilidade penal subjetiva); B: incorreta. O princípio da legalidade, como sabido e ressabido, enuncia não haver crime sem lei que o defina, nem pena sem cominação legal (art. 5º, XXXIX, CF e art. 1º, CP), expressão máxima da denominada "reserva legal" (somente a lei pode definir crimes e cominar penas). Não se confunde com o princípio da anterioridade, que, para alguns, é subprincípio do princípio da legalidade, donde se extrai não ser possível o reconhecimento da criminalidade de determinado fato se este não tiver sido praticado sob a égide de uma lei penal. Em outras palavras, não haverá crime sem *lei anterior* que assim o defina, nem pena sem a *prévia* cominação legal; **C:** incorreta. Para Rogério Sanches Cunha, o princípio da legalidade desdobra-se em seis postulados, a saber: 1º – não há crime (ou contravenção penal), nem pena (ou medida de segurança) sem lei (princípio da reserva legal); 2º – não há crime (ou contravenção penal), nem pena (ou medida de segurança) sem lei anterior (princípio da anterioridade); 3º – não há crime (ou contravenção penal), nem pena (ou medida de segurança) sem lei escrita (só a lei escrita pode criar infrações penais e cominar as respectivas sanções, não se admitindo, por exemplo, que costumes o façam); 4º – não há crime (ou contravenção penal), nem pena (ou medida de segurança) sem lei estrita (inviável que a analogia crie um tipo penal incriminador); 5º – não há crime (ou contravenção penal), nem pena (ou medida de segurança) sem lei certa (princípio da taxatividade – os tipos penais devem ser claros, certos, precisos); 6º – não há crime (ou contravenção penal), nem pena (ou medida de segurança) sem lei necessária (não se pode criar uma infração penal sem necessidade – desdobramento do princípio da intervenção mínima) (*Manual de Direito Penal – Parte Geral*, Juspodivm, 2013, p. 79-83); **D:** correta. Tal como analisado no comentário à assertiva "A", é decorrência do princípio da culpabilidade a possibilidade de aplicação de pena somente aos imputáveis, vale dizer, àqueles que, ao tempo da ação ou da omissão, sejam plenamente capazes de entenderem o caráter ilícito do fato ou de se determinarem de acordo com esse entendimento. Assim, a se admitir a imposição de pena aos inimputáveis, estar-se-ia violando o referido princípio da culpabilidade; **E:** incorreta. Primeiramente, a insignificância penal não afasta a tipicidade formal (mera relação de adequação do fato praticado pelo agente à norma penal incriminadora), mas, sim, a tipicidade material (o comportamento formalmente típico não é capaz de causar lesão significativa ao bem jurídico penalmente tutelado). Ainda, no tocante ao princípio da adequação social, este se expressa quando o comportamento humano, embora tipificado em lei (tipicidade formal), não seja capaz de afrontar o sentimento social de Justiça.

Gabarito "D"

(Ministério Público/DF – 2013) Indique a alternativa **CORRETA**:

(A) São fontes formais diretas ou imediatas do Direito Penal: costumes, princípios gerais de direito e analogia *in bonam partem*.

(B) A revogação do complemento da lei penal em branco, em sentido estrito, importa a revogação do tipo penal incriminador.

(C) O Código Penal e o Código Penal Militar brasileiros acolheram, em relação ao tempo do crime, a teoria da ubiquidade.

(D) A lei penal brasileira não se aplica a fatos ocorridos no exterior, pois o Código Penal pátrio acolheu os princípios da territorialidade e da soberania.

(E) O princípio da territorialidade regula a aplicação da lei penal brasileira ao crime praticado no interior de navio de guerra de bandeira pátria, quando em porto estrangeiro.

A: incorreta. São fontes formais diretas ou imediatas do Direito Penal, também denominadas de fontes de revelação ou de cognição, apenas as leis, assim consideradas os únicos instrumentos normativos capazes de criar as infrações penais e as respectivas sanções. Os costumes e os princípios gerais de direito, assim como os atos administrativos, são considerados, de acordo com a doutrina tradicional, fontes formais indiretas, mediatas ou secundárias do Direito Penal. A analogia, como se sabe, não é fonte do direito, sequer mediata, mas, sim, forma de integração (complementação) quando se verifica uma lacuna na lei. Em matéria penal, não se admite, como amplamente difundido no cenário jurídico, a analogia *in malam partem*, lembrando-se que a fonte formal direta do Direito Penal é a lei. Caso se admitisse o emprego da analogia para a criação de tipos incriminadores, estar-se-ia vulnerando frontalmente o princípio da legalidade (subprincípio da reserva legal). Todavia, admite-se a analogia *in bonam partem* em caso de lacuna normativa, ampliando-se a uma situação sem definição legal a previsão normativa benéfica ao réu de outra situação expressamente definida; **B:** incorreta. A lei penal em branco em sentido estrito (ou heterogênea) é aquela cujo preceito primário, por ser incompleto, será complementado por fonte normativa diversa (ou seja, não emanará do legislador). Pelo fato de o complemento não integrar propriamente o tipo penal, sua revogação não irá acarretar, propriamente, a revogação do tipo penal, que, por óbvio, dependeria da edição de uma lei federal. Todavia, é certo, a revogação do complemento poderá inviabilizar a aplicação da lei penal incriminadora, podendo, inclusive, retroagir, se se inserir em um contexto de normalidade (ex.: determinada substância deixa de integrar o ato administrativo definidor do rol das "substâncias entorpecentes", caso que irá repercutir beneficamente para o agente que tenha praticado tráfico de drogas); **C:** incorreta. Como sabido e ressabido, o Código Penal Brasileiro adotou, em matéria de tempo do crime, a teoria da atividade (art. 4º, CP), segundo a qual se considera praticado o crime no momento da ação ou da omissão, ainda que outro seja o do resultado. Não se confunde com o lugar do crime (art. 6º, CP), assim considerado o lugar em que ocorreu a ação ou omissão, bem como o lugar em que se produziu ou deveria produzir-se o resultado. Aqui, sim, adotou-se a teoria da ubiquidade. O mesmo se pode dizer no tocante ao Código Penal Militar, que, em seu art. 6º, igualmente adotou a referida teoria; **D:** incorreta. O art. 7º do CP prevê, expressamente, a possibilidade de aplicação da lei penal brasileira aos crimes cometidos no estrangeiro (extraterritorialidade), nada obstante, de fato, a regra seja a territorialidade (art. 5º, CP – aplicação da lei brasileira aos crimes cometidos em território nacional); **E:** correta. De fato, consideram-se extensão do território nacional, para fins de aplicação da lei penal brasileira, as embarcações e aeronaves brasileiras, de natureza pública ou a serviço do governo brasileiro, onde quer que se encontrem (art. 5º, § 1º, CP).

Gabarito "E"

(Ministério Público/MS – 2013 – FADEMS) Relativamente ao princípio da insignificância, assinale a alternativa *correta*:

(A) O princípio da insignificância pode ser aplicado no plano abstrato.

(B) Possuindo o réu antecedente criminal não é possível a aplicação do princípio da insignificância.

(C) O princípio da insignificância atua como instrumento de interpretação restritiva do tipo penal.

(D) Pode se dizer que o fundamento teórico do princípio da insignificância reside no caráter retributivo.

(E) Segundo o Superior Tribunal de Justiça, em caso de apreensão de quantidade ínfima de cocaína é possível o trancamento da ação penal, com base no princípio da insignificância.

A: incorreta. De acordo com Cleber Masson, "o cabimento do princípio deve ser analisado no caso concreto, de acordo com as suas especificidades, e não no plano abstrato" (*Direito Penal Esquematizado – parte geral*, 7. ed. São Paulo: Método, 2013. p. 31). Nessa esteira, o STF, no julgamento do HC 109.183/RS, 1ª Turma, j. 12.06.2012, rel. Min. Luiz Fux, *DJe* 10.09.2012, assim decidiu: "(...) o princípio da insignificância não há de ter como parâmetro tão só o valor da *res furtiva*, devendo ser analisadas as circunstâncias do fato e o reflexo da conduta do agente no âmbito da sociedade, para decidir sobre seu efetivo enquadramento na hipótese de crime de bagatela." Essa é, também, a posição do STJ (REsp 1.224.795/RS, 5ª Turma, j. 13.03.2012, rel. Min. Gilson Dipp, *DJe* 20.03.2012): "(...) a verificação da lesividade mínima da conduta, apta a torná-la atípica, deve levar em consideração a importância do objeto material subtraído, a condição econômica do sujeito passivo, assim como as circunstâncias e o resultado do crime, a fim de se determinar, subjetivamente, se houve ou não relevante lesão ao bem jurídico tutelado"; **B:** incorreta. Embora exista divergência jurisprudencial acerca do tema, há inúmeros precedentes do STJ pela admissibilidade da aplicação do princípio da insignificância a réu reincidente ou portador de maus antecedentes, tendo em vista que referido postulado diz respeito à tipicidade (material) do fato e não à dosimetria da pena. No HC 104.468/MS (exatamente o Estado em que se aplicou a prova ora comentada!), o STF posicionou-se no sentido de que as condições pessoas desfavoráveis do agente não constituem óbice à incidência do princípio da insignificância. No mesmo sentido, o STJ (HC 163.004/MG, 6.ª Turma, j. 05.08.2010, rel. Min. Og Fernandes, *DJe* 29.11.2010): "(...) condições pessoas desfavoráveis, maus antecedentes, reincidência e ações penais em curso não impedem a aplicação desse princípio". Porém, é importante destacar, há precedentes, das mesmas Cortes, desfavoráveis à aplicação do princípio da insignificância aos réus portadores de antecedentes criminais e reincidência (STF: HC 100.367/RS, 1ª Turma, j. 09.08.2011, rel. Min. Luiz Fux, *DJe* 08.09.2011; STJ: HC 195.178/MS, 6ª Turma, j. 07.06.2011, rel. Min. Haroldo Rodrigues - desembargador convocado, *DJe* 01.07.2011); **C:** correta. De fato, o princípio da insignificância constitui instrumento de interpretação restritiva do tipo penal, visto que somente haverá tipicidade penal se a conduta perpetrada pelo agente for revestida de periculosidade social, com grau de reprovabilidade efetivo e expressiva lesão ao bem jurídico tutelado pela norma incriminadora. Assim, à luz do princípio em comento, não bastará que o agente pratique a conduta descrita no tipo penal para que se reconheça a tipicidade penal, sendo de rigor que seu comportamento se revista de tipicidade material (lesividade ao bem jurídico); **D:** incorreta. O princípio da insignificância funda-se em valores de política criminal, atuando como causa excludente da tipicidade (material) do fato, constituindo-se em instrumento de interpretação restritiva do tipo penal. Não diz respeito ao caráter retributivo do Direito Penal, atinente às penas; **E:** incorreta. O STJ não admite, para os crimes previstos na Lei 11.343/2006, a aplicação do princípio da insignificância. Confira-se: "Segundo precedentes do STF e do STJ, o delito de tráfico de drogas não comporta incidência do princípio da insignificância, visto que se cuida de delito de perigo abstrato praticado contra a saúde pública. Dessa forma, para esse específico fim, é irrelevante a pequena quantidade da substância apreendida (no caso, 0,2 decigramas de crack)" (HC 155.391/ES, 6.ª Turma, j. 02.09.2010, rel. Min. Maria Thereza de Assis Moura, *DJe* 27.09.2010). O mesmo se pode dizer a respeito do crime do art. 28 da aludida lei (porte de drogas para consumo pessoal), tendo em vista que tal medida "seria equivalente a liberar o porte de pequenas quantidades de droga *contra legem*" (HC 130.677/MG, 6ª Turma, j. 04.02.2010, rel. Min. Celso Limongi – desembargador convocado, *DJe* 22.02.2010).

Gabarito "C"

(Ministério Público/SP – 2013 – PGMP) É exemplo típico do chamado Direito Penal do Inimigo:

(A) a caça, o sequestro e a condução do oficial nazista (Executor Chefe do III Reich) Adolf Eichmann para Israel em 1960, onde ele foi preso, julgado, condenado e executado por haver contribuído para a "solução final", que vitimou mais de cinco milhões de judeus, durante a II Guerra Mundial.

(B) a prisão e o julgamento (ainda não encerrado) por Tribunal instalado no Camboja, do dirigente do Khmer Vermelho Khieu Samphan (ex-presidente do conselho de estado do Kampuchea Democrático) – que é filho de um juiz e que estudou economia e ciências políticas em Paris, pela prática de crimes de guerra e contra a humanidade, assassinato, tortura e perseguição por razões religiosas e de raça contra a minoria muçulmana cham, a população vietnamita e o monacato, cujo resultado foi a morte de cerca de um quarto da população daquele país (mais de um milhão e meio de pessoas), entre os anos de 1975 e 1979.

(C) a perseguição, prisão e submissão a julgamento (está em curso) do psiquiatra e poeta Radovan Karadzic, de origem sérvia e cristã, que presidiu a Bósnia-Herzegovina durante a Guerra dos Bálcãs, em 1992, acusado perante o Tribunal Internacional da ONU para a ex-Iugoslávia, instalado em Haia, de ter contribuído para o genocídio, a "limpeza étnica" e a prática de crimes contra a humanidade que resultaram na morte de dezenas de milhares mulçumanos bósnios e croatas.

(D) a prisão, o julgamento e a condenação à prisão perpétua (pena máxima permitida), por genocídio e crimes contra a humanidade, em dezembro de 2008, pelo Tribunal Penal Internacional para Ruanda, instalado na Tanzânia, dos três principais dirigentes – Theoneste Bagosora, Aloys Ntabakuze e Anatole Nsengiyumva – do governo daquele país à época, pertencentes à etnia Hutu, que instigaram, colaboraram, permitiram e foram responsabilizados pelo massacre de cerca de oitocentas mil pessoas da etnia Tutsi, ocorrido em 1994.

(E) a procura, localização e a posterior execução (por tropa militar norte-americana – SEALs) do árabe saudita e muçulmano Osama Bin Laden, líder da Al-Qaeda (A Base), ocorrida no Paquistão, em maio de 2011, por ter sido a ele atribuída a prática de crimes contra a humanidade, assassinatos em massa e terrorismo (inclusive o planejamento do ataque aéreo às chamadas "Torres Gêmeas" em Nova Iorque, EUA, em que mais de três mil pessoas morreram).

A teoria do Direito Penal do Inimigo foi professada por Günther Jakobs, professor de Direito Penal e Filosofia do Direito na Alemanha, cujas primeiras linhas foram lançadas nos anos 80, concluída apenas no fim de 1990. Por tais razões, desde logo, as alternativas "A" e "B", de plano, podem ser excluídas, visto que os fatos nelas descritos ocorreram em períodos anteriores à criação da teoria em comento. Quanto às alternativas "C" e "D", igualmente podemos excluí-las, tendo em vista que a submissão de criminosos a julgamento perante Tribunais internacionais legitimamente constituídos não parece coadunar com a noção de "inimigo" que doravante traçaremos. Correta, pois, a alternativa "E". Vejamos. Nas palavras de Cleber Masson, Promotor de Justiça no Estado de São Paulo, "o termo inimigo representa aquele que, em situação de confronto, deve ser enfrentado e a qualquer custo vencido". Explicando didaticamente a Teoria encabeçada por Jakobs, acerca do conceito de inimigo, prossegue afirmando que se trata "de um indivíduo que, não apenas de maneira incidental, em seu comportamento ou em sua ocupação profissional, ou principalmente, por meio de vinculação com organização criminosa, vale dizer, em qualquer caso de forma presumivelmente permanente, abandonou o direito e, por conseguinte, não garante o mínimo de segurança cognitiva do comportamento pessoal e o manifesta por meio de sua conduta". E prossegue, mencionando a obra de Jakobs: "Como exemplos de pessoas identificadas como inimigas, após citar o ataque às torres gêmeas de Nova York, em 11 de setembro de 2001, como conduta inequívoca de indivíduos de tal estirpe, aponta os integrantes de organizações criminosas, delinquentes econômicos, terroristas, autores de crimes contra a liberdade sexual e, residualmente, os responsáveis pela prática de infrações penais graves e perigosas". Nessa esteira, conclui que é "possível, assim, a eliminação de direitos e garantias individuais, uma vez que não paira necessidade de obediência ao devido processo legal, mas um procedimento de guerra, de intolerância e repúdio ao inimigo" (**Direito Penal Esquematizado**, Parte Geral – 2ª edição, 2009, Ed. Método, p. 85). Pelas explicações ora trazidas, vê-se que à pessoa enquadrada como "inimiga" será possível a supressão de direitos e garantias individuais básicas, dentre elas, o devido processo legal. Foi o que ocorreu com o terrorista Osama Bin Laden, "sentenciado" à morte pelos Estados Unidos sem direito a contraditório e ampla defesa. Criticável ou não o evento, o fato é que, a ele – Osama - não se permitiu chance alguma de defesa.

Gabarito "E"

(Ministério Público/PR – 2013 – X) Dos crimes abaixo mencionados, qual não fica sujeito à lei brasileira pela aplicação do princípio da extraterritorialidade incondicionada:

(A) De homicídio cometido no estrangeiro contra o Presidente da República;

(B) De latrocínio cometido no estrangeiro contra o Presidente da República;

(C) De constrangimento ilegal cometido no estrangeiro contra o Presidente da República;

(D) De ameaça cometido no estrangeiro contra o Presidente da República;

(E) De sequestro praticado no estrangeiro contra o Presidente da República.

A: incorreta. O crime contra a vida (ex.: homicídio) ou a liberdade do Presidente da República, ainda que cometido no estrangeiro, sujeitará o agente à lei brasileira, em aplicação do princípio da extraterritorialidade incondicionada (art. 7º, I, "a", do CP); **B:** correta. O latrocínio (art. 157, § 3º, parte final, do CP), ainda que se trate de crime complexo, está inserido no capítulo dos crimes contra o patrimônio, razão pela qual não incidirá a lei brasileira caso o Presidente da República seja vítima de referido crime no estrangeiro, não se aplicando qualquer das hipóteses de extraterritorialidade incondicionada (art. 7º, I, "a" a "d", do CP); **C:** incorreta, pois o constrangimento ilegal é crime contra a liberdade individual (art. 146 do CP), motivo pelo qual, se o Presidente da República for vítima de referido delito no estrangeiro, ao agente será aplicável a extraterritorialidade incondicionada (art. 7º, I, "a", do CP); **D:** incorreta, pois a ameaça é crime contra a liberdade individual (art. 147 do CP), incidindo, portanto, o art. 7º, I, "a", do CP (extraterritorialidade incondicionada); **E:** incorreta, pois o sequestro do Presidente da República é crime contra a liberdade individual (art. 148 do CP), motivo suficiente à aplicação da legislação penal brasileira ainda que tenha sido praticado no estrangeiro (art. 7º, I, "a", do CP).

Gabarito "B"

(Ministério Público/SC – 2008) Analise as seguintes assertivas:

I. O chamado "princípio da insignificância" pode ser admitido quando reduzido o grau de reprovabilidade da conduta, assim considerado pelo valor da "res furtiva" somado a ausência de periculosidade do agente.

II. Pode se dizer que o "crime de bagatela" tem como fundamento teórico o caráter retributivo do direito penal.

III. O Abolicionismo Penal consiste em movimento expressivo no campo da criminologia, cuja formulação teórica e política reside no "encolhimento" da legislação penal.

IV. O Movimento "Lei e Ordem", cuja ideologia é estabelecida pela repressão, fulcrada no velho regime punitivo-retributivo, orienta como solução para o controle da criminalidade, a criação de programas do tipo "tolerância zero".

V. Programas do tipo "tolerância zero" são estimulados pelo fracasso das políticas públicas de ressocialização dos apenados, uma vez que os índices de reincidência a cada dia estão mais altos.

(A) apenas I e IV estão corretos.

(B) apenas II e III estão corretos.

(C) apenas I, IV e V estão corretos.

(D) apenas II e IV estão corretos.

(E) apenas IV e V estão corretos.

I: correta. O princípio da insignificância, de acordo com o STF, somente será reconhecido se presentes alguns requisitos de ordem objetiva, quais sejam: i) mínima ofensividade da conduta; ii) ausência de periculosidade social da ação; iii) reduzido grau de reprovabilidade do comportamento; e iv) inexpressividade de lesão jurídica. Apesar de a assertiva estar incompleta, não está errada!; **II:** incorreta. O "crime de bagatela", ou seja, aquele insignificante, tem como fundamento teórico a fragmentariedade e a intervenção mínima do Estado em matéria penal; **III:** incorreta. O movimento abolicionista no campo penal diz respeito à descriminalização, ou seja, retirar a tipicidade penal e, consequentemente, a pena, de condutas atualmente tidas por criminosas. Não se trata, portanto, de movimento que objetiva o "encolhimento" da legislação penal, mas, sim, sua inaplicabilidade para uma série de condutas atualmente consideradas típicas; **IV:** correta. De fato, criado pelo alemão Ralf Dahrendorf, ganhou força nos EUA o denominado "Movimento da Lei e Ordem" (*Law & Order*) nos anos 70, perdurado até hodiernamente. Prega referido Movimento, que é verdadeira política criminal, que os "homens de bem" merecem toda a proteção, mas os "homens maus", os delinquentes, merecem todo o rigor estatal. Essa doutrina de recrudescimento penal ganhou ainda mais força no início da década de 90, em Nova Iorque, no governo de Rudolph Giuliani, que inaugurou o "Tolerância Zero", punindo com severidade até mesmo delitos mais leves, mas de molde a servir de exemplo e conferir segurança à "população de bem"; **V:** correta. Tal como explicitado na alternativa anterior, o "Tolerância Zero", decorrente do "Movimento da Lei e da Ordem", de fato, é estimulado pelo absoluto fracasso nas políticas públicas de reinserção social e de redução das desigualdades sociais, demonstrando, em verdade, a falência do Estado. E, por tal motivo, a solução "mais fácil" é a de apenar rigorosamente a "bandidagem", retirando-a de cena, e, com isso, dando à "população de bem" uma sensação de tranquilidade e segurança.

Gabarito "C"

(Ministério Público/SC – 2012) Analise as seguintes assertivas:

I. O Direito Penal subjetivo, o direito de punir do Estado, tem limites no próprio Direito Penal objetivo.

II. A integração da norma penal, visando suprir lacunas da lei, apenas é possível em relação às normas penais não incriminadoras.

III. Normas penais em branco são disposições cuja sanção é determinada, porém, com indeterminação de seu conteúdo.

IV. Com previsão constitucional, o princípio da reserva legal para normas penais incriminadoras é fundamental do Direito Penal, não admitindo exceções.

V. Ainda que decididos por coisa julgada, a lei penal posterior aplica-se aos fatos anteriores quando, de qualquer modo, favorecer o agente.

(A) Apenas as assertivas I, III, IV e V estão corretas.

(B) Apenas as assertivas I, II, IV e V estão corretas.

(C) Apenas as assertivas II e III estão corretas.

(D) Apenas as assertivas I, II, III e IV estão corretas.

(E) Todas as assertivas estão corretas.

I: correta. De fato, o Direito Penal subjetivo, que nada mais é do que o poder-dever de punir do Estado (*jus puniendi*), somente entrará em cena se o Direito Penal objetivo (conjunto de regras e princípios) admitir determinada conduta como criminosa ou contravencional; **II:** correta. Suprir lacunas mediante a integração da norma penal far-se-á, de regra, pela analogia, que, como se sabe, somente é admissível, no campo penal, no tocante às normas não incriminadoras, em respeito ao princípio da reserva legal; **III:** correta. As normas penais em branco, também denominadas de cegas ou abertas, são aquelas cujo preceito primário é incompleto, exigindo, portanto, complementação (por lei ou ato infralegal). Porém, no tocante à sanção (preceito secundário), esta será determinada. Fala-se na doutrina em norma penal em branco inversa ou ao avesso, assim caracterizada aquela cujo preceito primário é completo e o secundário, incompleto, exigindo complemento. Porém, sob pena de violação do princípio da reserva legal, referido complemento, obrigatoriamente, terá que ser uma lei; **IV:** correta. De fato, de acordo com o art. 5º, XXXIX, da CF, não há crime sem lei anterior que o defina, nem pena sem prévia cominação legal. Quanto às normas não incriminadoras, não haverá um "absolutismo" na aplicação do princípio da reserva legal; **V:** correta. De acordo com o art. 5º, XL, da CF, a lei penal não retroagirá, salvo para beneficiar o réu (princípio da retroatividade benéfica). E o art. 2º, parágrafo único, do CP esclarece que a lei que de qualquer modo favorecer o agente será aplicada aos fatos anteriores, ainda que decididos por sentença condenatória transitada em julgado. Portanto, a coisa julgada não constitui óbice à aplicação da lei penal mais favorável.

Gabarito "E"

(Ministério Público/RS – 2008) Assinale a alternativa CORRETA:

(A) O crime se caracteriza, sob o aspecto analítico, pelos requisitos do fato típico, da antijuridicidade e da culpabilidade.

(B) O crime se caracteriza, sob o aspecto analítico, pelo requisito do fato típico.

(C) Há crime quando presente a culpabilidade do agente.

(D) O crime se caracteriza, sob o aspecto analítico, pelos requisitos do fato típico e da antijuridicidade, aparecendo a culpabilidade como pressuposto da pena.

(E) Não é necessário que o fato seja ilícito para que sobre ele incida a reprovação do ordenamento jurídico penal.

De início, cumpre-nos tecer crítica à questão, que não apresenta, objetivamente, uma resposta correta. A doutrina brasileira diverge quanto ao conceito analítico de crime, havendo duas grandes concepções: a bipartida e a tripartida. Porém, é certo, a inspiração da questão em tela é a concepção bipartida, como se verá a seguir pelos comentários às alternativas. Vamos a elas! **A:** incorreta, se considerada a concepção bipartida de crime (fato típico e ilicitude/antijuridicidade); **B:** incorreta. Qualquer que seja a concepção adotada acerca do conceito analítico de crime, não bastará, para o seu reconhecimento, apenas o fato típico, sendo também necessária, pelo menos, a antijuridicidade (ou ilicitude); **C:** incorreta. Para a concepção bipartida, haverá crime mesmo sem a culpabilidade; **D:** correta, se adotada a concepção bipartida de crime, segundo a qual este exige a conjugação do fato típico e da antijuridicidade (ou ilicitude). A culpabilidade, não considerada um elemento ou requisito, será indispensável para a imposição da pena, sendo, portanto, seu pressuposto; **E:** incorreta. Ainda que o fato seja típico, para o reconhecimento da incidência do ordenamento jurídico penal, será de rigor que haja ofensa a ele, vale dizer, que o fato seja ilícito (ou antijurídico).

Gabarito "D"

(Ministério Público/GO – 2010) Considere as seguintes proposições:

I. O princípio da intervenção mínima estabelece que o direito penal só deve atuar na defesa dos bens jurídicos imprescindíveis à coexistência pacífica dos homens.

II. Pelo princípio da adequação social tem-se que apesar de uma conduta se subsumir formalmente ao modelo legal, não será considerada típica se for socialmente adequada ou reconhecida.

III. O princípio do *ne bis in idem* veda a incidência de mais de uma punição individual pelo mesmo fato (tríplice identidade entre sujeito, fato e fundamento).

IV. Segundo o princípio da fragmentariedade só devem ser tidas como atípicas as ações ou omissões que afetem infimamente um bem jurídico-penal.

(A) Apenas uma proposição está correta.

(B) Apenas duas proposições estão corretas.

(C) Apenas três proposições estão corretas.

(D) As quatro proposições estão corretas.

I: correta. Pelo princípio da intervenção mínima, como o nome sugere, o Direito Penal somente deverá entrar em cena para a tutela de bens jurídicos mais relevantes. Somente será legítima a intervenção penal quando se vislumbrar a sua indispensabilidade para a proteção de determinados bens ou interesses; **II:** correta, pois, de fato, o princípio da adequação social preconiza que não poderá ser tido por criminoso um comportamento que, mesmo formalmente típico, não contrarie o sentimento social de Justiça; **III:** correta. Pelo princípio do *ne bis in idem*, veda-se que um mesmo fato seja objeto de mais de uma punição. Porém, importante registrar que o princípio em comento pressupõe que se esteja tratando de um mesmo fato, praticando pelo mesmo sujeito, sob o mesmo fundamento; **IV:** incorreta, pois o princípio da fragmentariedade reza que nem todos os ilícitos têm natureza penal, mas, apenas, aqueles que interferirem mais fortemente nos valores fundamentais para a manutenção do seio social. Em outras palavras, o Direito Penal é apenas um dos fragmentos de um bloco protetivo dos bens jurídicos.

Gabarito "C"

(Ministério Público/GO – 2012) Os princípios constitucionais servem de orientação para a produção legislativa ordinária, atuando como garantias diretas e imediatas aos cidadãos, funcionando como critério de interpretação e integração do texto constitucional. Nesse sentido podemos destacar como princípios constitucionais explícitos os seguintes:

(A) legalidade, anterioridade, taxatividade e humanidade;

(B) anterioridade, proporcionalidade, individualização da pena e humanidade;

(C) retroatividade da lei penal benéfica, individualização da pena, humanidade e proporcionalidade;

(D) responsabilidade pessoal, legalidade, anterioridade e individualização da pena

A: incorreta, pois o princípio da taxatividade não tem sede constitucional explícita, sendo uma decorrência do princípio da legalidade; **B:** incorreta, pois o princípio da proporcionalidade é considerado um princípio implícito; **C:** incorreta, pois, como visto na alternativa anterior, a proporcionalidade não é princípio constitucional explícito; **D:** correta, pois, de fato, a CF prevê os princípios da responsabilidade pessoal (art. 5º, XLV), da legalidade e anterioridade (art. 5º, XXXIX) e da individualização da pena (art. 5º, XLVI).

Gabarito "D"

(Ministério Público/GO – 2012) Em relação às causas de exclusão da tipicidade penal, em especial o princípio da insignificância, assinale a alternativa correta:

(A) O princípio da insignificância não conta com reconhecimento normativo explícito da nossa legislação penal, seja comum ou especial;

(B) Mesmo sem lei expressa o princípio da insignificância tem sido reconhecido pelos nossos Tribunais Superiores, em especial o STF, posto que deriva dos valores, regras e princípios constitucionais, que são normas cogentes do ordenamento jurídico;

(C) Infração bagatelar imprópria é a que já nasce sem nenhuma relevância penal, ou porque não há desvalor da ação (não há periculosidade na conduta, isto é, idoneidade ofensiva relevante; ou porque não há desvalor do resultado (não se trata de ataque intolerável ao bem jurídico);

(D) O princípio da insignificância confunde-se com o princípio da irrelevância penal do fato. O primeiro não afasta a tipicidade material, uma vez que o fato será típico (formal e materialmente), ilícito e culpável. O segundo possibilita o arquivamento ou o não recebimento da ação ou a absolvição penal nas imputações de fatos bagatelares próprios, ou seja, os que não possuem tipicidade material.

A: correta. De fato, inexiste regra posta (leia-se: explícita) que reconheça o princípio da insignificância. Este decorre do sistema jurídico-penal, especialmente dos princípios da legalidade e ofensividade; **B:** incorreta, pois os princípios são valores fundamentais que orientam o legislador e, portanto, limitam o poder punitivo estatal; **C:** incorreta. De acordo com Luiz Flávio Gomes (*Direito penal: parte geral*. São Paulo: Ed. RT, 2007. vol. 2, p. 534), "infração bagatelar imprópria é a que nasce relevante para o Direito penal (porque há desvalor da conduta e desvalor do resultado), mas depois se verifica (pelas circunstâncias do caso concreto e pelas condições do autor, também bagatelar) que a incidência de qualquer pena no caso concreto apresenta-se como totalmente desnecessária (princípio da desnecessidade da pena conjugado com o princípio da irrelevância penal do fato)"; **D:** incorreta. Como se sabe, o princípio da insignificância afasta a tipicidade material do fato, que, contudo, será formalmente típico, daí sendo possível ao Ministério Público que, de plano, requeira o arquivamento do inquérito policial ou, se instaurada a ação penal, postule pela absolvição. Por infração bagatelar própria, também nas palavras do mestre Luiz Flávio Gomes (*Direito penal: parte geral* São Paulo: Ed. RT, 2007. vol. 2, p. 534.), entende-se aquela *"que já nasce sem nenhuma relevância penal, ou porque não há desvalor da ação (não há periculosidade na conduta, isto é, idoneidade ofensiva relevante; exemplo: atirar uma bola de papel contra transporte coletivo) ou porque não há desvalor do resultado (não se trata de ataque intolerável ao bem jurídico; exemplo: furtar um alfinete ou um palito de fósforo). A infração bagatelar própria está regida pelo princípio da insignificância (fato atípico – não há tipicidade material)."*

Gabarito "A"

(Ministério Público/CE – 2011 – FCC) Assinale a alternativa correta.

(A) A lesividade do bem jurídico protegido pela lei penal é critério de legalidade material ou substancial e depende da existência da lei para caracterizar o delito.

(B) A culpabilidade significa que será penalmente punido aquele que houver agido com culpa ou dolo o que implica adoção pelo nosso Código Penal da teoria da responsabilidade objetiva.

(C) O princípio da legalidade exige, além da previsão legal do crime e da pena anteriores ao fato praticado, definição de conduta e cominação balizada de punição.

(D) A proporcionalidade é regra constitucional implícita e se utiliza dos subprincípios da adequação, e necessidade, à exceção no direito penal, da proporcionalidade em sentido estrito.

(E) A individualização da pena, na forma prevista na Constituição Federal, apenas se opera no plano judicial.

A: incorreta, pois a lesividade do bem jurídico protegido pela lei penal é critério de tipicidade material; **B:** incorreta, pois, pelo princípio da culpabilidade, ninguém poderá ser punido se não houver cometido a conduta com dolo ou culpa, materializando-se, assim, a responsabilidade penal subjetiva (e não objetiva!); **C:** correta. De fato, de acordo com o princípio da legalidade, não haverá crime sem lei anterior que o defina, nem pena sem prévia cominação legal (art. 5º, XXXIX, da CF e art. 1º do CP); **D:** incorreta, pois é de amplo conhecimento que o princípio da proporcionalidade decorre da utilização dos subprincípios da adequação, necessidade e proporcionalidade em sentido estrito; **E:** incorreta, pois a individualização da pena, de acordo com a doutrina, opera seus efeitos nos planos legal (cominação das penas), judicial (dosimetria da pena) e administrativo (execução da pena).

Gabarito "C"

(Ministério Público/CE – 2009 – FCC) Em decorrência de garantias formalizadas ou não na Constituição Federal, o Direito Penal

(A) é regido pelos princípios da fragmentariedade e da subsidiariedade, não se submetendo à regra de taxatividade.

(B) admite responsabilidade que não seja pessoal.

(C) não está submetido ao princípio da intervenção mínima.

(D) constitui instrumento de controle social regido pela característica da fragmentariedade.

(E) deve obedecer ao princípio da proporcionalidade da pena, sem atentar, porém, para a perspectiva da subsidiariedade.

A: incorreta. O Direito Penal é regido - é verdade - pelos *princípios da fragmentariedade* e *subsidiariedade*. Preconiza o primeiro que o Direito Penal deve sempre ser visto como a *ultima ratio*, isto é, somente deve ocupar-se das condutas mais graves. Representa, por isso, um *fragmento*, uma pequena parcela do ordenamento jurídico. De outro lado, afirmar que o Direito Penal tem *caráter subsidiário* significa dizer que ele somente terá lugar na hipótese de outros ramos do direito se revelarem ineficazes no controle de conflitos gerados no meio social. Da mesma forma, submete-se, sim, ao *princípio da taxatividade*, postulado este vinculado ao da *legalidade*, consagrado nos arts. 5º, XXXIX, da CF e 1º do CP. O ***princípio da taxatividade*** impõe ao legislador o dever de descrever as condutas típicas de maneira pormenorizada e clara, de forma a não deixar dúvidas por parte do aplicador da norma; **B:** incorreta. O art. 5º, XLV, segunda parte, da CF consagrou o *princípio da responsabilidade pessoal*: *"nenhuma pena passará da pessoa do condenado (...)"*. A segunda parte do dispositivo assegura à vítima do crime indenização civil, bem assim autoriza o Estado a confiscar o produto do crime, o que poderá ser estendido aos sucessores, até o limite do valor do patrimônio transferido; **C:** incorreta. É do *princípio da intervenção mínina*, ao qual se submete o Direito Penal, que este deve interferir o mínimo na vida do indivíduo. Com isso, deve-se, tão somente em último caso, recorrer a este ramo do direito com o fito de solucionar conflitos surgidos em sociedade. Desta feita, se determinadas condutas podem ser contidas por meio de outros mecanismos de controle, deve-se evitar o Direito Penal, reservando-o àqueles comportamentos efetivamente nocivos; **D:** correta. *Vide* comentário à alternativa "A"; **E:** incorreta, pois deve obediência a ambos.

Gabarito "D"

(Ministério Público/DF – 2005) Examine as afirmações abaixo, referentes aos princípios constitucionais de Direito Penal, e assinale a alternativa incorreta:

(A) O legislador penal, em atenção ao princípio da intervenção mínima, deverá evitar a criminalização de condutas que possam ser contidas satisfatoriamente por outros meios de controle, formais ou informais, menos onerosos ao indivíduo.

(B) A proibição de decretação do perdimento de bens em desfavor dos sucessores do condenado, independentemente do montante de patrimônio transferido por ele, atende ao princípio constitucional da responsabilidade penal pessoal.

(C) Como decorrência do princípio da ofensividade ou lesividade, não devem ser incriminados meros estados existenciais do indivíduo, inaptos a atingirem bens jurídicos alheios.

(D) O princípio da legalidade, em sua compreensão atual, constitui-se também em alerta ao legislador contra o abuso de expressões imprecisas e obscuras, naquilo que se convencionou denominar de princípio ou postulado da taxatividade.

(E) O repúdio à responsabilidade penal objetiva, a necessidade de reprovação da conduta ao agente e a limitação da resposta penal ao grau dessa reprovação integram o conteúdo do princípio da culpabilidade.

A: correta. Preconiza o ***princípio da intervenção mínima*** que o Direito Penal deve interferir o mínimo possível na vida do indivíduo. Por conta disso, deve-se, tão só em último caso, recorrer à lei penal para dirimir os conflitos gerados na sociedade. Dessa forma, se determinadas condutas podem ser contidas por meio de outros mecanismos de controle, deve-se evitar o Direito Penal, reservando-o àqueles comportamentos efetivamente nocivos, deletérios; **B:** incorreta. Na verdade, o princípio da responsabilidade pessoal impede que a *pena* sobrepuja a pessoa do condenado. Veja que tal princípio se restringe à imposição de pena, não atingindo a obrigação de indenizar e o perdimento de bens, que podem passar da pessoa do condenado e atingir seus sucessores, até o limite do valor do patrimônio transferido (art. 5º, XLV, da CF); **C:** correta. Pelo ***princípio da ofensividade***, o legislador só pode criar tipos penais capazes de causar lesão a bens jurídicos alheios; **D:** correta. O ***princípio da taxatividade*** impõe ao legislador o dever de descrever as condutas típicas de forma pormenorizada e clara, de modo a não deixar dúvidas por parte do aplicador da norma; **E:** correta: art. 18 do CP. Preconiza o ***princípio da culpabilidade*** que ninguém será punido se não houver agido com dolo ou culpa, rechaçando, dessa forma, a responsabilidade penal objetiva.

Gabarito "B"

(Ministério Público/ES – 2005) Assinale a alternativa correta:

(A) Nos crimes permanentes, considera-se praticado o delito no momento em que cessa a permanência e não no instante em que se inicia a execução da conduta proibida;

(B) O princípio da taxatividade é exigência constitucional que não se estende à cominação de penas;

(C) Na sucessão de leis penais excepcionais, cujo fato incriminado seja o mesmo, aplica-se o princípio da retroatividade benéfica.

(D) O crime de lesões corporais dolosas (art. 129, "caput", do CP) é expressamente subsidiário do crime de homicídio (art. 121, "caput", do CP);

(E) A "abolitio criminis" não é uma causa pessoal de extinção da punibilidade; deve ser arguida antes do trânsito em julgado da sentença penal condenatória; não extingue os efeitos extrapenais da condenação; é extra-ativa, ou seja, é retro e ultra-ativa e também alcança aqueles que se encontram submetidos ao cumprimento de medida de segurança.

A: incorreta. Crime permanente é aquele cuja consumação se protrai no tempo por vontade do agente. No crime de sequestro e cárcere privado, capitulado no art. 148 do Código Penal, a consumação se opera no momento em que a vítima é privada de sua liberdade. Essa consumação, que teve início com a privação da liberdade da vítima, prolongar-se-á no tempo; **B:** incorreta. O ***princípio da taxatividade*** tem incidência na cominação de penas; **C:** correta: art. 3º do CP. Lei excepcional é aquela destinada a vigorar durante períodos de anormalidade (calamidade, guerra etc.). Mesmo depois de revogada, continua a produzir efeitos em relação aos fatos ocorridos durante a sua época de vigência. Constitui, pois, exceção ao princípio da retroatividade benéfica. Havendo, entretanto, sucessão de leis penais excepcionais, cujo fato incriminado seja o mesmo, a lei excepcional posterior, mais benéfica, pode alterar, para melhor, lei excepcional anterior; **D:** incorreta. Verificar-se-á a subsidiariedade expressa sempre que a lei fizer alusão à norma como sendo subsidiária de outra. Para tanto, o legislador faz uso de expressões como "se o fato não constitui crime mais grave", o que não se verifica em relação aos arts. 121, *caput*, e 129, *caput*, ambos do CP; **E:** incorreta. Ocorre a *abolitio criminis* (art. 2º, *caput*, do CP) sempre que uma lei nova deixa de considerar crime determinado fato até então criminoso. É, por força do que dispõe o art. 107, III, do CP, causa de extinção da punibilidade, que pode ser arguida e reconhecida a qualquer tempo, mesmo no curso da execução da pena. Além disso, tem o condão de fazer cessar a execução e os efeitos penais da sentença condenatória. Os efeitos extrapenais, no entanto, subsistem (art. 2º, *caput*, do CP).

Gabarito "C"

(Ministério Público/GO – 2005) O Direito Penal não serve para a tutela da moral ou para a realização de pretensões pedagógicas. Essa afirmação está intimamente vinculada a qual princípio constitucional penal?

(A) princípio da legalidade

(B) princípio da razoabilidade

(C) princípio da exclusiva proteção de bens jurídicos

(D) princípio da proporcionalidade

O Direito Penal se presta a tutelar os bens jurídicos mais importantes, mais relevantes. Por conta disso, não é missão do Direito Penal conferir tutela para a moral, para uma determinada religião etc.

Gabarito "C"

(Ministério Público/MG – 2008) Modernamente, o chamado direito penal do inimigo pode ser entendido como um direito penal de:

(A) primeira velocidade.

(B) garantias.

(C) segunda velocidade.

(D) terceira velocidade.

(E) quarta geração.

A Teoria do Direito Penal do Inimigo, idealizada por Günther Jakobs, constitui um direito penal que pune o sujeito pelo que ele é. Na sua concepção, inimigo é aquele que se afasta de forma permanente da norma. É o criminoso contumaz. A este, segundo esta teoria, não deve ser conferido tratamento de cidadão. O Estado não pode deferir-lhe direitos processuais.

Gabarito "D"

(Ministério Público/MG – 2007) O princípio da insignificância atua como instrumento de

(A) mensuração da ilicitude da conduta.

(B) interpretação restritiva do tipo penal.

(C) limitação da culpabilidade do agente.

(D) extinção da punibilidade.

(E) diminuição da pena.

Fala-se em interpretação restritiva do tipo penal porquanto, em determinadas situações, a despeito de a conduta se amoldar a certo tipo penal (tipicidade formal), à míngua de relevante ofensa ao bem jurídico tutelado, não há que se falar em relevância material, tipicidade material. É causa supralegal de exclusão da tipicidade material.

Gabarito "B"

(Ministério Público/MS – 2011 – FADEMS) Em que consiste o conflito aparente de normas?

(A) Conflito aparente de normas é a situação que ocorre quando ao mesmo fato parecem ser aplicáveis duas ou mais normas, formando um conflito aparente entre elas.

(B) O conflito aparente de normas consiste na aplicação de duas regras distintas para fatos delituosos diversos.

(C) O conflito aparente de normas consiste em se aplicar uma só norma para fatos distintos.

(D) O conflito aparente de normas consiste na aplicação de regras semelhantes no caso de concurso de delitos.

(E) O conflito aparente de normas consiste na aplicação simultânea de penas para delitos diferentes.

O chamado ***concurso*** ou ***conflito aparente de normas*** se estabelece quando várias normas são *aparentemente* aplicáveis ao mesmo fato criminoso. Diz-se que o conflito é aparente porque, na realidade, apenas uma das normas, dentre as aparentemente aplicáveis, deverá disciplinar o fato. Para tanto, é necessário lançar mão dos princípios (regras) que visam solucionar esse conflito, a saber: princípio da *consunção*; princípio da *especialidade*; princípio da *subsidiariedade* e princípio da *alternatividade*

Gabarito "A"

(Ministério Público/PR – 2008) Assinale a alternativa INCORRETA:

(A) a criação dos tipos incriminadores e de suas respectivas penas está submetida à lei formal anterior, elaborada na forma constitucionalmente prevista, sendo inconstitucional fazê-lo, por violação ao princípio da legalidade ou da reserva legal (art. 5º, XXXIX, CF), mediante a utilização de medida provisória.

(B) em decorrência da aplicação do princípio da extratividade, a lei nova que incrimina fato não previsto na anterior não retroagirá (irretroatividade); contudo, a lei posterior que não mais criminaliza fato anteriormente punível observará a retroatividade favorável (*abolitio criminis*), enquanto que a lei posterior que pune o mesmo fato mais gravemente que a anterior cede vigência a esta pelo princípio da ultratividade.

(C) quanto ao tempo do crime, a lei penal brasileira acolheu a teoria da ação ou da atividade, critério indicativo de que nos delitos permanentes a conduta se protrai no tempo pela vontade do agente e o tempo do crime é o de sua duração, como se dá no crime de sequestro e cárcere privado.

(D) deduz-se do art. 6º do Código Penal que o direito pátrio adotou, quanto ao lugar do delito, a teoria da ação ou da atividade, estabelecendo-o como sendo aquele onde se realizou a ação ou a omissão.

(E) segundo o critério da especialidade, utilizável para a resolução do concurso aparente de leis, consagrado expressamente no art. 12 do Código Penal, a lei especial derroga, para o caso concreto, a lei geral. Entre a norma geral e a especial, há uma relação hierárquica de subordinação que estabelece a prevalência da última, visto que contém todos os elementos daquela e ainda alguns ditos especializantes, acrescentando elementos próprios à descrição típica prevista na norma geral, ora estabelecendo uma circunstância qualificadora ou agravante, ora prevendo um privilégio.

A: correta. O princípio da legalidade, consagrado nos arts. 1º do CP e 5º, XXXIX, da CF, prescreve que somente a lei, em seu sentido formal, pode descrever condutas criminosas e cominar penas; dessa forma, ficam excluídas outras formas legislativas, entre as quais a ***medida provisória***, *ex vi* do art. 62, § 1º, I, *b*, da CF; **B:** correta. A lei penal, conforme preceitua o art. 5º, XL, da CF, não projeta os seus efeitos para o passado (não retroage), salvo em uma hipótese: para beneficiar o réu; a *abolitio criminis* e seus efeitos têm previsão no art. 2º, *caput*, do CP; a lei posterior que pune o mesmo fato mais gravemente que a anterior cede vigência a esta porque, caso contrário, configuraria retroatividade em prejuízo do réu, o que violaria o art. 5º, XL, da CF; deve, pois, obedecer ao princípio da ultratividade, projetando seus efeitos para o futuro; **C:** correta: art. 4º do Código Penal; **D:** incorreta, devendo ser assinalada. O Código Penal adotou, em seu art. 6º, no que concerne ao lugar do crime, a ***teoria mista ou da ubiquidade***, já que é considerado lugar do crime tanto o da conduta quanto o do resultado (dispositivo com incidência nos chamados crimes a distância ou de espaço máximo); **E:** correta. O chamado ***concurso*** ou ***conflito aparente de normas*** se estabelece quando várias normas são aparentemente aplicáveis ao mesmo fato criminoso. Reputa-se especial a norma que contém todos os elementos da geral mais os denominados ***especializantes***.

Gabarito "D"

(Ministério Público/RO – 2010 – CESPE) Com relação às normas penal e processual penal, assinale a opção correta.

(A) O dispositivo que trata do crime de uso de documento falso é norma imperfeita em seu preceito primário, porque remete o intérprete a outros tipos penais para conceituar os papéis falsificados, e norma penal em branco em seu preceito secundário, por remeter a outro artigo para apurar a pena cominada.

(B) A lei penal e a lei processual penal observam o princípio da irretroatividade, excepcionando os casos em que a lei retroage para beneficiar o réu.

(C) A lei penal e a lei processual penal observam o princípio da territorialidade absoluta em razão de a prestação jurisdicional ser uma função soberana do Estado, que só pode ser exercida nos limites do território nacional.

(D) O dispositivo legal que prevê o estado de necessidade é uma norma penal não incriminadora permissiva justificante porque tem por finalidade afastar a ilicitude da conduta do agente.

(E) Caso haja antinomia entre duas leis penais, devem ser observados os seguintes critérios: especialidade, subsidiariedade, consunção, alternatividade e exclusão.

A: incorreta. O uso de documento falso, previsto no art. 304 do CP, é delito *remetido*, já que faz referência a outro dispositivo de lei que o integra; **B:** incorreta: art. 5º, XL, da CF e art. 2º do CPP. O dispositivo constitucional que estabelece que a lei não retroagirá faz alusão tão somente à lei penal. A lei processual penal, conforme preceitua o art. 2º do CPP, terá aplicação imediata, disciplinando o restante do processo. Não tem, pois, efeito retroativo. Vale, entretanto, fazer uma ressalva. Quando se tratar de uma norma processual dotada de caráter material, a sua eficácia no tempo deverá seguir o regramento do art. 2º, parágrafo único, do CP; **C:** incorreta. No que toca à lei penal, o CP adotou, em seu art. 5º, a *territorialidade temperada*. Significa, portanto, que, aos crimes perpetrados em território brasileiro, será aplicada a lei local, ressalvadas as convenções, tratados e regras de direito internacional. No que se refere à lei processual, em vista do disposto no art. 1º do CPP, esta terá incidência em todo território nacional, ressalvadas eventuais exceções decorrentes de tratado, convenções ou regras de direito internacional (princípio da territorialidade); **D:** assertiva correta. As normas penais podem ser classificadas em incriminadoras e não incriminadoras. As primeiras definem as infrações e estabelecem as respectivas sanções. As segundas podem ser divididas em permissivas e explicativas. Estas são as que, como o próprio nome diz, explicam o significado de determinada norma. Exemplo sempre lembrado é o do art. 327 do CP, que traz a definição, para efeitos penais, de funcionário público. Por fim, permissivas são as que conferem licitude a certos comportamentos. Exemplos: legítima defesa, exercício regular de direito etc.; **E:** incorreta. Antinomia é a incompatibilidade (contrariedade) entre normas que se estabelece no plano real, que não deve, por isso, ser confundida com o conflito *aparente* de normas, solucionável por meio dos princípios contidos na assertiva (menos a exclusão).

Gabarito "D"

(Ministério Público/SC – 2008):

I. O prazo penal conta-se de maneira diversa do prazo processual penal. Enquanto naquele não se inclui o dia do começo, mas sim o do vencimento, neste é incluído o primeiro dia, desprezando-se o último.

II. Dentro dos crimes próprios encontram-se, ainda, os crimes "de mão própria", (ou de conduta infungível), que exigem sujeito ativo qualificado, devendo este cometer direta e pessoalmente a conduta típica. Assim, neste último caso, não admitem coautoria, mas somente participação.

III. Em face do princípio da consunção, se um sujeito é agredido em um boteco e, jurando vingança, dirige-se ao seu domicílio ali nas proximidades, arma-se e retorna ao local, logo em seguida, para matar seu algoz, não responderá pelo porte ilegal e disparo de arma de fogo em concurso com o homicídio doloso.

IV. Se um larápio perambula a noite inteira com um revólver pelas ruas, até que, ao nascer do sol, encontra uma desafortunada vítima, a qual vem a assaltar, haverá concurso de crimes entre o porte ilegal e o roubo, dada a diversidade dos momentos consumativos e dos contextos em que os delitos foram cometidos.

V. Pela aplicação do princípio da consunção, se o agente importa heroína, transporta maconha e vende ópio, não há dúvida de que cometeu apenas um crime e vai responder por ele nos termos da Lei Antitóxico.

(A) apenas II e III e V estão corretos.

(B) apenas I, III e IV estão corretos.

(C) apenas III, IV e V estão corretos.

(D) apenas I, II e IV estão corretos.

(E) apenas II, III e IV estão corretos

I: incorreta. O prazo penal é contado nos moldes do art. 10 do CP, que estabelece que o dia do começo entra no cômputo do prazo, excluindo-se, todavia, o do vencimento; o processual, por sua vez, deve obedecer ao que estabelece o art. 798, § 1º, do CPP, segundo o qual o dia do começo deve ser excluído do cômputo, incluindo-se, entretanto, o do vencimento; **II:** correta. Crime ***próprio*** ou ***especial*** é aquele que exige uma qualidade especial do sujeito ativo; crime ***de mão própria*** é aquele que exige uma atuação pessoal do agente, ou seja, o sujeito ativo não pode fazer uso de interposta pessoa. Não admite, em regra, coautoria; somente participação; **III:** correta. O princípio da consunção (conflito aparente de normas), neste caso, incidirá porque o crime-fim (homicídio) irá absorver os crimes de porte e disparo de arma; **IV:** correta. O princípio da consunção terá aplicação desde que os fatos definidos como crime ocorram no mesmo contexto fático; na hipótese, como o contexto fático era diverso, haverá o concurso de crimes; **V:** incorreta. O princípio a ser aplicado, por se tratar de um tipo misto alternativo (de conteúdo variado ou plurinuclear), é o da ***alternatividade e não o da consunção***; aquele, em verdade, visa a solucionar um conflito dentro da mesma norma.

Gabarito "E"

(Ministério Público/SP – 2010) Assinale a alternativa correta:

(A) ocorre a chamada adequação típica mediata quando o fato se amolda ao tipo legal sem a necessidade de qualquer outra norma.

(B) o princípio da insignificância incide diretamente sobre a punibilidade do agente.

(C) a exigência de um conteúdo material do crime não se satisfaz com a simples subsunção formal das condutas humanas.

(D) a ultratividade *in mellius* da lei penal significa que a lei posterior aplica-se a eventos passados, salvo quando ela beneficia o réu.

A: incorreta. Ao contrário, fala-se em adequação típica mediata sempre que, para que o fato se encaixe no tipo legal, for necessário o uso de uma *norma de extensão*. É o caso do crime tentado, cuja tipicidade é viabilizada pela incidência da norma de extensão prevista no art. 14, II, do CP; **B:** incorreta. O princípio da insignificância (delito de bagatela) constitui causa supralegal de exclusão da tipicidade material; **C:** correta. É imperativo que a tipicidade penal seja concebida não só no plano formal, mas também no material, o que significa atribuir ao tipo penal, *grosso modo*, o que é penalmente relevante; **D:** incorreta. No fenômeno denominado ultratividade *in mellius*, a lei penal, já revogada, projeta seus efeitos para o futuro, visto que a nova, posterior, é prejudicial ao réu. Dito de outro modo, sendo a lei nova prejudicial, ela não retroage, isto é, não alcança os fatos passados. De outro lado, a lei posterior aplicar-se-ia a eventos passados no caso de ser mais benéfica ao acusado. Seria, então, a hipótese de retroatividade em benefício do agente. Tanto um quanto o outro caso constituem espécies do gênero extratividade da lei penal.

Gabarito "C"

(Ministério Público/SP – 2006) Em relação à responsabilidade penal das pessoas jurídicas, analise as seguintes afirmações e assinale a alternativa correta.

I. Não é admitida no Direito Brasileiro, em face da adoção pela lei dos princípios da pessoalidade e da culpabilidade, e da assertiva *societas delinquere non potest*.

II. O reconhecimento da responsabilidade penal de pessoa jurídica por crime de poluição implica, pela impossibilidade de *bis in idem*, na não responsabilização penal pessoal dos diretores da sociedade, pelos mesmos fatos.

III. O Direito Penal Brasileiro admite a responsabilização penal da pessoa jurídica, prevendo a aplicação, exclusivamente, das penas de multa e prestação de serviços à comunidade.

(A) Apenas a afirmação I é incorreta.

(B) Apenas a afirmação II é incorreta.

(C) Todas as afirmações são incorretas.

(D) Apenas a afirmação III é correta.

(E) Apenas as afirmações II e III são corretas.

I: incorreta: art. 225, § 3°, da CF; art. 3° da Lei 9.605/1998 (define sanções penais e administrativas derivadas de condutas e atividades lesivas ao meio ambiente). Embora ainda haja alguma divergência na doutrina, o fato é que o texto constitucional e a legislação ordinária que disciplina a matéria atribuíram à pessoa jurídica a capacidade para ser sujeito ativo de crime ambiental; **II:** incorreta, pois "a responsabilidade das pessoas jurídicas não exclui a das pessoas físicas, autoras, coautoras ou partícipes do mesmo fato", conforme dispõe o art. 3°, parágrafo único, da Lei 9.605/1998; **III:** incorreta, pois, além das penas de multa e prestação de serviços à comunidade, também estão previstas as penas restritivas de direitos. Essas penas são aplicadas isolada, cumulativa ou alternativamente, de acordo com o art. 21, I a III, da Lei 9.605/1998.

Gabarito "C"

(Ministério Público/SP – 2006) Em relação ao princípio da insignificância ou de bagatela, assinale a alternativa incorreta:

(A) seu reconhecimento exclui a tipicidade, constituindo-se em instrumento de interpretação restritiva do tipo penal.

(B) somente pode ser invocado em relação a fatos que geraram mínima perturbação social.

(C) sua aplicação não é prevista no Código Penal, mas é amplamente admitida pela doutrina e jurisprudência.

(D) somente tem aplicabilidade em crimes contra o patrimônio.

(E) exige, para seu reconhecimento, que as consequências da conduta tenham sido de pequena relevância.

A: correta. De fato constitui causa supralegal de exclusão da tipicidade (material), atuando como instrumento de interpretação restritiva do tipo penal. Nesse sentido: STJ, REsp. 1171091-MG, 5ª T., rel. Min. Arnaldo Esteves Lima, 16.03.10; **B:** correta. Ou seja, a sua incidência está condicionada ao requisito "nenhuma periculosidade social da ação"; **C:** correta. O princípio da insignificância não é positivado, porquanto não se encontra previsto na CF tampouco no Código Penal; no entanto, doutrina e jurisprudência já o consagraram; **D:** incorreta, devendo ser assinalada. Há decisões de tribunais reconhecendo o delito de bagatela em crime de contrabando; há, inclusive, incidência do princípio em crimes relacionados a tóxicos, onde o tema gera bastante polêmica; **E:** correta. Trata-se de outro requisito imposto para o reconhecimento do delito de bagatela.

Gabarito "D"

(Ministério Público/TO – 2006 – CESPE) Sobre os princípios do direito penal, aplicáveis ao conflito aparente de normas, assinale a opção correta.

(A) Se um sujeito tem o dolo de causar lesão leve em outra pessoa, mas, após a consumação do ato, resolve causar-lhe lesões graves e, após a consumação desse crime, resolve ainda matar a vítima, também consumando o crime, haverá progressão criminosa, devendo o agente responder por todos os crimes em concurso material, haja vista a diversidade de desígnios.

(B) Quando o falso se exaure no estelionato, sem mais potencialidade lesiva, ele é por este absorvido, aplicando-se o princípio da consunção, na modalidade *antefactum* não punível.

(C) No conflito aparente entre os crimes de constrangimento ilegal e sequestro, aplica-se o princípio da especialidade, *lex specialis derrogat generali*, devendo, portanto, o agente responder apenas pelo crime de constrangimento ilegal, haja vista ser norma mais benéfica ao réu.

(D) Considere que um indivíduo furte o som de um automóvel e posteriormente o venda a terceiro, que sabe da origem ilícita do bem. Nessa situação, o autor do furto responderá pelo furto e por participação na receptação.

A: incorreta. A ***progressão criminosa*** constitui hipótese de incidência do princípio da consunção. O caso narrado de fato trata da chamada ***progressão criminosa***, que, entretanto, tem como consequência a absorção dos crimes de lesão leve e lesão grave pelo crime-fim, o homicídio. Não há, pois, por essa razão, que se falar em concurso material de crimes; **B:** correta. Aqui terá aplicação a Súmula 17 do STJ, cujo teor é o seguinte: "Quando o falso se exaure no estelionato, sem mais potencialidade lesiva, é por este absorvido"; **C:** incorreta. Trata-se de hipótese de incidência do princípio *da subsidiariedade* e não o da especialidade, conforme descrito na alternativa; **D:** incorreta. O autor do furto somente responderá por este. A ele não poderá ser atribuída responsabilidade pelo crime de receptação.

Gabarito "B"

2. APLICAÇÃO DA LEI NO TEMPO

(Ministério Público/MS – 2013 – FADEMS) Considere as assertivas abaixo,

I. O princípio da legalidade, que se desdobra nos princípios da reserva legal e da anterioridade, não é aplicável às medidas de segurança, pois elas não possuem natureza de pena, uma vez que o Código Penal apenas se refere aos crimes e contravenção penal.

II. A *abolitiio criminis*, que possui natureza jurídica de causa de extinção da punibilidade, acarreta a extinção dos efeitos penais e extrapenais da sentença condenatória.

III. Aplicável é a lei penal do tempo da libertação da vítima de sequestro, mesmo que mais gravosa do que aquela vigente ao tempo da ação que levou a vítima para o cativeiro.

IV. Em caso de relevância e urgência, é possível a edição de Medida Provisória em matéria penal, unicamente para beneficiar o réu.

São *incorretas*:

(A) Somente as assertivas I e II.

(B) Somente as assertivas II, III e IV.

(C) Somente as assertivas II e IV.

(D) Somente as assertivas I, III e IV.

(E) Somente as assertivas I e IV.

I: incorreta. A despeito de as medidas de segurança não serem penas, mas, sim, espécie de sanção penal, não há dúvidas de que, a elas, aplica-se o princípio da legalidade (art. 5º, XXXIX, da CF/1988). Há entendimento minoritário que sustenta que referida sanção penal tem caráter estritamente curativo, razão pela qual não estaria submetida aos subprincípios da reserva legal e anterioridade (TOLEDO, Francisco de Assis. **Princípios básicos de direito penal**. 5. ed. São Paulo: Saraiva, 2007. p. 40/42). Assim, pode-se concluir que, muito embora as medidas de segurança não se confundam com as penas, têm elas um conteúdo penoso, nas palavras da Min. Laurita Vaz, no julgamento do HC 226.014/SP, de 19.04.2012. Logo, os postulados fundamentais do Direito Penal, dentre eles o da legalidade, são perfeitamente aplicáveis às medidas de segurança; **II:** correta, de acordo com a banca examinadora. De fato, a *abolitio criminis*, que é causa extintiva da punibilidade (art. 107, III, do CP), opera o afastamento dos efeitos penais principal (pena ou medida de segurança) e secundários de natureza penal. Tal é o que se extrai do art. 2º, *caput*, do CP: "ninguém pode ser punido por fato que lei posterior deixa de considerar crime, cessando em virtude dela a execução e os efeitos penais da sentença condenatória". Assim, a lei supressiva de incriminação afasta apenas os efeitos principal e secundários de *natureza penal*, subsistindo, porém, os de *natureza civil* (considerados, sem prejuízo de outros previstos nos arts. 91 e 92 do CP, de natureza extrapenal). Consideramos, portanto, incorreta a assertiva; **III:** incorreta, de acordo com a banca examinadora. Porém, discordarmos. Nos termos da Súmula 711 do STF, "A lei penal mais grave aplica-se ao crime continuado ou ao crime permanente, se a sua vigência é anterior à cessação da continuidade ou da permanência". Tratando-se o sequestro (art. 148 do CP) de crime permanente, assim considerado aquele cuja consumação se protrai no tempo, sobrevindo à conduta inicial (sequestro da vítima) lei mais gravosa, esta será aplicada ao agente; **IV:** incorreta, pois, de acordo com o art. 62, § 1º, "b", da CF/1988, é vedada a edição de medida provisória em matéria penal.

Gabarito "D"

(Ministério Público/PR – 2013 – X) Quanto ao tempo do crime, é ***correto*** afirmar:

(A) Para nosso Código Penal, considera-se praticado o crime quando o agente atinge o resultado, ainda que seja outro o momento da ação ou omissão, vez que adotamos a teoria da atividade;

(B) Para nosso Código Penal, vez que adotada a teoria da ubiquidade ou mista, considera-se praticado o crime quando o agente atinge o resultado nos crimes materiais, ou no caso dos delitos de mera conduta, no momento da ação ou omissão;

(C) O adolescente Semprônio, um dia antes de completar 18 anos, querendo ainda aproveitar-se de sua inimputabilidade, desfere tiros contra a vítima Heráclito, que somente vem a falecer uma semana após. Neste caso, graças à adoção da teoria do resultado pelo nosso Código Penal, Semprônio não se verá livre de responder pelo crime de homicídio;

(D) No caso dos crimes permanentes – exceções que são à teoria do resultado adotada pelo Código Penal - considera-se praticado o delito no momento do início da execução;

(E) Para nosso Código Penal, considera-se praticado o crime no momento da ação ou omissão, mesmo que ainda seja outro o momento do resultado, vez que adotada a teoria da atividade.

A: incorreta. De acordo com o art. 4º do CP, considera-se praticado o crime no momento da ação ou da omissão, ainda que outro seja o do resultado. Adotou-se, de fato, a teoria da atividade, que, como o próprio nome sugere, afirma que o tempo do crime é o da atividade (ação ou omissão), e não quando o agente atinge o resultado, como afirmado na assertiva; **B:** incorreta. Como visto na alternativa anterior, em matéria de "tempo do crime", que é o objeto da questão, nosso CP adotou a teoria da atividade (art. 4º), importando aferir o momento da ação ou da omissão, seja nos crimes materiais, formais ou de mera conduta; **C:** incorreta. Dado que o tempo do crime é o da ação ou omissão, Semprônio responderá de acordo com a legislação especial (ECA), visto que a ação foi perpetrada antes de completar a maioridade penal, nada obstante o resultado (falecimento da vítima) tenha ocorrido quando já havia alcançado os 18 (dezoito) anos de idade. Lembre-se que o art. 4º do CP adotou a teoria da atividade e não a do resultado; **D:** incorreta. Nos crimes permanentes, que são aqueles cuja consumação se protrai no tempo, considera-se a sua prática enquanto não cessar a permanência. Prova disso é o teor da Súmula 711 do STF, que dispõe que a superveniência de lei mais gravosa, cuja vigência seja anterior à cessação da permanência, incidirá aos agentes; **E:** correta. Nos exatos termos do art. 4º do CP, "considera-se praticado o crime no momento da ação ou omissão, ainda que outro seja o momento do resultado". Adotou-se, claramente, a teoria da atividade.

Gabarito "E"

(Ministério Público/MT – 2012 – UFMT) Relativamente à lei aplicável em matéria penal, analise as assertivas abaixo.

I. Em caso de relevância e urgência, é possível a edição de Medida Provisória em matéria penal, desde que em benefício do réu.

II. Na sucessão de leis penais no tempo, aplica-se a lei mais favorável ao réu, seja ela contemporânea ao fato delituoso ou aquela vigente na data da sentença.

III. Aplica-se a lei penal mais grave ao crime continuado, se a sua vigência é anterior à cessação da continuidade.

IV. Segundo o princípio da territorialidade, aplica-se a lei brasileira ao crime cometido no território nacional brasileiro, salvo se convenção ou tratado firmado pelo Brasil dispuser de forma diversa.

Está correto o que se afirma em:

(A) I, apenas.

(B) I e II, apenas.

(C) II e III, apenas.

(D) II e IV, apenas.

(E) II, III e IV, apenas.

I: incorreta, pois, de acordo com o art. 62, § 1º, "b", da CF, é vedada a edição de medida provisória sobre direito penal, pouco importando a natureza da norma (se benéfica ou prejudicial ao réu); **II:** correta. Como é sabido e ressabido, na sucessão de leis penais no tempo, existente, pois, um conflito acerca de qual lei deverá ser aplicada, prevalecerá a mais benéfica ao réu, nos termos do art. 5º, XL, da CF e art. 2º, parágrafo único, do CP. Trata-se, aqui, da adoção do princípio da retroatividade benéfica (ou irretroatividade prejudicial); **III:** correta (Súmula 711 do STF); **IV:** correta (art. 5º, *caput*, do CP). Lembre-se de que, em matéria de aplicação da lei penal no espaço, o CP adotou o princípio da territorialidade temperada. Em simples palavras, aos crimes praticados em território nacional será aplicada a lei brasileira, salvo tratados, convenções ou regras de direito internacional que disponham de modo contrário.

Gabarito "E"

(Ministério Público/GO – 2010) Assinale a alternativa incorreta.

(A) As leis penais excepcionais e temporárias, mesmo que incriminadoras, aplicam-se após sua autorrevogação, ainda que em momento posterior a conduta anteriormente tipificada não mais seja considerada crime.

(B) Pela aplicação do princípio da especialidade, a norma de caráter especial exclui a de caráter geral. Trata-se de uma apreciação em abstrato e, portanto, independe da pena prevista para os crimes, podendo ser estas mais graves ou mais brandas. Por exemplo, a importação de lança-perfume, que é considerada crime tráfico de drogas e não contrabando.

(C) Há subsidiariedade tácita quando um crime de menor gravidade integra a descrição típica de outro, de maior gravidade.

(D) Ocorre o crime progressivo ou progressão criminosa quando o agente, para alcançar o resultado mais gravoso, passa por outro, necessariamente menos grave.

A: correta (art. 3º do CP). As leis excepcionais e temporárias são ultrativas, vale dizer, aplicam-se aos fatos praticados durante sua vigência mesmo após a autorrevogação; **B:** correta. O princípio da especialidade, um dos mecanismos de resolução do conflito aparente de normas, preconiza que a lei especial afastará a incidência da geral, bastando, para tanto, a comparação abstrata delas. Será considerada especial a lei que contiver todos os elementos da geral, porém, mais alguns, denominados de especializantes; **C:** correta. Diz-se haver subsidiariedade quando, comparadas duas leis penais, constatar-se a existência de graus distintos de ofensa ao mesmo bem jurídico por elas tutelado. A lei será dita subsidiária quando, comparada com a principal, trouxer um grau de violação menor ao bem jurídico. A subsidiariedade poderá ser expressa quando a lei, explicitamente, reconhecer tal situação por meio de expressões como *"se o fato não constituir crime mais grave"*. Fala-se, por outro lado, de subsidiariedade tácita ou implícita quando o fato nela descrito estiver contido (integrar) a lei primária, constituindo elementar, meio executório, qualificadora, causas majorantes ou agravantes; **D:** incorreta, devendo ser assinalada. Crime progressivo e progressão criminosa são situações em que será aplicável o princípio da consunção. Porém, não se confundem. O primeiro se caracteriza pelo fato de o agente, pretendendo resultado mais gravoso, praticar uma série de atos, reiteradamente, com crescente violação ao bem jurídico. Já no segundo caso, o agente, de início, pretende a produção de determinado resultado, mas, após alcançá-lo, pratica nova conduta, gerando um resultado ainda mais grave.

Gabarito "D"

(Ministério Público/BA – 2008) Analise as seguintes assertivas acerca da norma penal:

I. A norma penal pode ter como características a retroatividade e a ultratividade.

II. A lei penal temporária tem vigência apenas durante o estado de emergência.

III. Conforme entendimento sumulado pelo Supremo Tribunal Federal, a lei penal mais grave não se aplica ao crime continuado ou crime permanente, ainda que sua vigência se dê em momento anterior à cessação da continuidade ou da permanência, se o marco inicial de tal vigência ocorrer em momento posterior ao início da execução.

IV. Em relação à eficácia espacial da lei penal, o Código Penal Brasileiro adotou, de forma excepcional, os princípios real ou da proteção, da representação, da competência universal ou cosmopolita, da nacionalidade passiva, e da nacionalidade ativa.

V. As leis penais incriminadoras se dividem em permissivas e explicativas.

Estão corretas as assertivas:

(A) I e II.

(B) I e IV.

(C) II e III.

(D) III e V.

(E) IV e V.

I: correta. De fato, uma normal penal poderá operar seus efeitos retroativamente, desde que, de alguma forma, possa beneficiar o agente (art. 5º, XL, da CF e art. 2º, parágrafo único, do CP). Também poderá gerar efeitos ultrativos em caso de, mesmo revogada, ter sido substituída por lei mais gravosa, irretroativa, portanto; **II:** incorreta, pois a lei temporária, espécie do gênero "leis de vigência temporária", ao lado das leis excepcionais, terá sua vigência "garantida" mesmo após o término do seu prazo de duração. É o que dispõe o art. 3º do CP; **III:** incorreta (Súmula 711 do STF); **IV:** correta, pois, de fato, será admissível a aplicação da lei brasileira com relação aos crimes praticados no estrangeiro nas hipóteses definidas no art. 7º do CP, que, dentre outros, adotou os princípios real ou da proteção (art. 7º, I, "a", "b" e "c", do CP), da representação (art. 7º, II, "c", do CP), da competência universal ou cosmopolita (art. 7º, II, "a", do CP), da nacionalidade passiva (art. 7º, § 3º, do CP) e da nacionalidade ativa (art. 7º, I, "d" e II, "b", do CP); **V:** incorreta, pois as leis penais *não incriminadoras subdividem-se em permissivas* (veiculando causas de exclusão da ilicitude) e *explicativas* (veiculando, como o próprio nome sugere, conceitos e significado de expressões para a correta aplicação da lei). Já as leis penais *incriminadoras* são aquelas que *criam os crimes* e *cominam* as respectivas *penas*.

Gabarito "B"

(Ministério Público/BA – 2005) João da Silva foi denunciado, no ano de 1989, pelo crime cometido no mesmo ano, tipificado no artigo 279 do Código Penal Brasileiro ("vender, ter em depósito para vender ou expor a venda ou, de qualquer forma, entregar a consumo substância alimentícia ou medicinal avariada – pena: detenção de um (01) a três(03) anos, ou multa") e que foi revogado pela Lei n. 8.137/1990 (Crimes contra a Ordem Tributária, Econômica e contra as Relações de Consumo). Em 1995, o Juiz, considerando que o artigo 279 fora revogado, mas que tal conduta está descrita no artigo 7º, inciso IX, da Lei n. 8.137/1990, cuja pena é de detenção de "dois (02) a cinco (05) anos ou multa", condenou João da Silva à pena-base de "quatro (04) anos de detenção" que tornou definitiva, na ausência de atenuantes, agravantes e de causas de aumento e diminuição de pena. Marque a alternativa correta:

(A) O juiz agiu corretamente, pois o artigo 279 do Código Penal, que estabelecia a sanção em abstrato de um (01) a três (03) anos, fora revogado.

(B) O juiz incidiu em erro, porque já havia ocorrido a prescrição da pretensão punitiva.

(C) O juiz agiu corretamente, porque a nova lei, em vigor quando da condenação, estabeleceu sanção superior a do artigo 279, do Código Penal.

(D) Houve equívoco do magistrado, pois deveria ter condenado João da Silva nas penas do artigo 279 do Código Penal, em vigor na época do fato.

(E) O juiz errou, pois deveria ter absolvido o acusado, eis que o artigo 279 do Código Penal foi revogado.

Art. 5º, XL, da CF. Trata-se da chamada *novatio legis in pejus*, em que a lei posterior ao fato foi a ele aplicada em prejuízo do réu, o que é absolutamente vedado. Ou seja, a *lex gravior* não pode ser aplicada a fatos ocorridos antes de sua vigência. Sendo, portanto, a lei em vigor à época dos fatos mais favorável ao réu, deveria o magistrado tê-la aplicado.

Gabarito "D"

(Ministério Público/PR – 2011) Sobre a teoria da lei penal, assinale a alternativa correta:

(A) a analogia *in bonam partem* não possui restrições em matéria penal, sendo admissível, por exemplo, em causas de justificação, causas de exculpação e situações de extinção ou redução da punibilidade, e a analogia *in malan partem* possui menor nível de aceitabilidade em matéria penal, sendo admissível apenas em casos excepcionais;

(B) a proibição da retroatividade da lei penal, como um dos fundamentos do princípio constitucional da legalidade, não admite exceções;

(C) o princípio da insignificância está diretamente relacionado ao princípio da lesividade e sua aplicação exclui a própria culpabilidade;

(D) os crimes de tráfico de drogas (Lei 11.343/2006, art. 33), de porte ilegal de arma de fogo de uso restrito (Lei 10.826/2003, art. 16, *caput*) e de destruição de floresta considerada de preservação permanente (Lei 9.605/1998, art. 38, *caput*), são exemplos típicos de normas penais em branco;

(E) segundo a sistemática adotada pelo art. 3º do Código Penal brasileiro, as leis excepcionais e temporárias não possuem ultra-atividade.

A: incorreta. A analogia, em direito penal, só pode ser aplicada em benefício do réu (*in bonam partem*); veda-se, portanto, em matéria penal, a analogia *in malan partem*; **B:** incorreta. O art. 5º, XL, da CF estabelece que a lei penal não retroagirá, salvo em benefício do agente; **C:** incorreta. A incidência do princípio da insignificância (crime de bagatela) gera a exclusão da tipicidade material; **D:** correta. Norma penal em branco é aquela cujo conteúdo, por ser incompleto, necessita ser integralizado por outra norma; **E:** incorreta. As leis excepcionais e temporárias são, ao contrário, ultra-ativas, já que disciplinam os atos realizados durante sua vigência, mesmo após sua revogação.

Gabarito "D"

(Ministério Público/SP – 2011) Assinale a alternativa que estiver totalmente correta.

(A) Em face do princípio da legalidade constitucionalmente consagrado, a lei penal é sempre irretroativa, nunca podendo retroagir.

(B) Se entrar em vigor lei penal mais severa, ela será aplicável a fato cometido anteriormente a sua vigência, desde que não venha a criar figura típica inexistente.

(C) Sendo a lei penal mais favorável ao réu, aplica-se ao fato cometido sob a égide de lei anterior, desde que ele ainda não tenha sido decidido por sentença condenatória transitada em julgado.

(D) A lei penal não pode retroagir para alcançar fatos ocorridos anteriormente a sua vigência, salvo no caso de *abolitio criminis* ou de se tratar de lei que, de qualquer modo, favoreça o agente.

(E) Se a lei nova for mais favorável ao réu, deixando de considerar criminosa a sua conduta, ela retroagirá mesmo que o fato tenha sido definitivamente julgado, fazendo cessar os efeitos civis e penais da sentença condenatória.

A: incorreta. Regra geral, a lei penal é irretroativa, podendo, todavia, projetar seus efeitos para o passado se for em benefício do réu (art. 5º, XL, da CF). Dessa forma, é incorreta a afirmação segundo a qual a lei penal nunca pode retroagir; **B:** incorreta. A lei penal mais severa (*novatio legis in pejus*), que é aquela que de alguma forma prejudica a situação do réu, é irretroativa – art. 5º, XL, da CF. É dizer, não pode ser aplicada a fato cometido anteriormente à sua vigência. A solução, neste caso, é projetar os efeitos da lei revogada (mais benéfica) para o futuro e aplicá-la aos fatos (ultratividade da lei penal mas benéfica); **C:** incorreta. A lei penal mais benéfica será aplicada ao fato cometido sob a égide de lei anterior, ainda que decidido por sentença condenatória transitada em julgado – art. 2º, parágrafo único, do CP; **D:** correta. O art. 2º do CP estabelece as duas hipóteses em que a lei penal poderá retroagir: *abolitio criminis* e *novatio legis in mellius*. De todo modo, a norma penal só pode atingir fatos passados se for em benefício do réu, na forma estatuída no art. 5º, XL, da CF; **E:** incorreta. A ocorrência de *abolitio criminis* faz desaparecer todos os efeitos penais, principais e secundários; subsistem, no entanto, os civis (extrapenais), por força do que dispõe o art. 2º, *caput*, parte final, do CP

Gabarito "D"

(Ministério Público/SP – 2008) Se em 1º de dezembro de 2008 entrar em vigor uma nova lei penal, alterando as disposições contidas na Parte Geral do Código Penal (arts. 14, parágrafo único, 15, 16, 19 e 26, parágrafo único), qual das normas introduzidas pelo novo diploma, mencionadas nas alternativas a seguir, não se aplicará aos crimes cometidos até 30 de novembro de 2008?

(A) Art. 14, parágrafo único – "Salvo disposição em contrário, pune-se a tentativa com a pena correspondente ao crime consumado, diminuída de metade a dois terços."

(B) Art. 15 – "É isento de pena o agente que, voluntariamente, desiste de prosseguir na execução ou impede que o resultado se produza."

(C) Art. 16 – "Nos crimes cometidos sem violência ou grave ameaça à pessoa, reparado o dano ou restituída a coisa, até o recebimento da denúncia ou da queixa, por ato voluntário do agente, a pena será reduzida de metade até dois terços."

(D) Art. 19 – "Pelo resultado que agrava especialmente a pena, não responde o agente se o houver causado culposamente."

(E) Art. 26, parágrafo único. "A pena pode ser reduzida de um terço a metade se o agente, em virtude de perturbação da saúde mental ou por desenvolvimento mental incompleto ou retardado, não era inteiramente capaz de entender o caráter ilícito do fato ou de determinar-se de acordo com esse entendimento."

A norma contida na alternativa "E" não se aplicará aos crimes cometidos até 30 de novembro de 2008 na medida em que representa *novatio legis in pejus*, porquanto estabelece novos patamares de redução da pena, menos favoráveis ao agente. Não poderá, portanto, projetar seus efeitos para o passado (art. 5º, XL, da CF). Ao contrário, as normas contidas nas outras alternativas estabelecem situações mais favoráveis ao agente, representando autêntica *novatio legis in mellius*.

Gabarito "E"

3. APLICAÇÃO DA LEI NO ESPAÇO

(Ministério Público/SE – 2010 – CESPE) De acordo com a lei penal brasileira, o território nacional estende-se a

(A) embarcações e aeronaves brasileiras de natureza pública ou a serviço do governo brasileiro, onde quer que se encontrem.

(B) embarcações e aeronaves brasileiras de natureza pública, desde que se encontrem no espaço aéreo brasileiro ou em alto-mar.

(C) aeronaves e embarcações brasileiras, mercantes ou de propriedade privada, onde quer que se encontrem.

(D) embarcações e aeronaves brasileiras de natureza pública, desde que se encontrem a serviço do governo brasileiro.

(E) aeronaves e embarcações brasileiras, mercantes ou de propriedade privada, desde que estejam a serviço do governo do Brasil e se encontrem no espaço aéreo brasileiro ou em alto-mar.

Art. 5º do CP. Aplica-se, neste caso, o *princípio da territorialidade*, segundo o qual a lei penal terá incidência no território do Estado que a editou.

Gabarito "A"

4. CONCEITO E CLASSIFICAÇÃO DOS CRIMES

(Ministério Público/GO – 2013) No que concerne à teoria geral do crime, assinale a alternativa correta:

(A) no crime instantâneo, a consumação se protrai no tempo, como no caso do sequestro.

(B) o crime habitual impróprio seria aquele em que o tipo penal descreve um fato que manifesta um estilo de vida do agente, mas para a consumação basta a prática de apenas um ato, sendo os demais apenas reiteração do mesmo crime.

(C) o crime de ímpeto é aquele no qual o agente pratica o delito com premeditação, em momento de extrema frieza e ausência de emoção.

(D) no crime omissivo impróprio, o tipo penal descreve uma conduta omissiva e sua consumação dispensa qualquer resultado naturalístico.

A: incorreta. No crime instantâneo, como o próprio nome sugere, a consumação se verifica em um só dado momento, diversamente do que ocorre no crime permanente, cuja consumação se protrai (prolonga) no tempo, tal como se vê no crime de sequestro (art. 148, CP); **B:** correta. Nas palavras de Guilherme Nucci, *"deve-se distinguir, ainda, o crime habitual próprio do habitual impróprio. Próprio é o delito habitual autêntico (cuida-se da denominada habitualidade constitutiva), que somente se tipifica apurando-se a reiteração de condutas do agente, de modo a configurar um estilo próprio de vida, enquanto o impróprio (a chamada habitualidade delitiva) é a reiteração na prática de crimes instantâneos ou permanentes (ex.: pessoa que vive do cometimento de furtos repetidamente realizados)"* (*Manual de Direito Penal*, 10ª edição, Forense, p. 135). Assim, o crime habitual impróprio não é, verdadeiramente, um crime habitual, revelando, apenas, uma habitualidade delitiva do agente, que faz do crime um meio de vida; **C:** incorreta. Considera-se crime de ímpeto aquele cometido sem premeditação, em decorrência de forte reação emocional, tal como se vê nos denominados delitos passionais. Clássico exemplo de crime de ímpeto é o homicídio privilegiado cometido sob o domínio de violenta emoção, logo em seguida a injusta provocação da vítima (art. 121, § 1º, CP); **D:** incorreta. Os crimes omissivos impróprios (ou impuros, ou comissivos por omissão) decorrem da inobservância, pelo agente, do dever jurídico de agir para impedir determinado resultado, na forma estabelecida pelo art. 13, § 2º, CP. Assim, o tipo penal descreve uma conduta comissiva, que, em verdade, é cometida por omissão penalmente relevante. Daí denominar-se de crime comissivo por omissão. Demais disso, referida espécie de crime exige resultado naturalístico (modificação do mundo exterior provocada pela conduta).

Gabarito "B"

(Ministério Público/PR – 2013 – X) Assinale a alternativa ***correta***:

(A) No crime comissivo por omissão ou omissivo impróprio inexiste o dever jurídico de agir, não respondendo o omitente pelo resultado, mas pela própria prática da conduta omissiva, podendo ser citado, como exemplo, o crime de omissão de socorro. Já no crime omissivo próprio o omitente devia e podia agir para evitar o resultado;

(B) No crime omissivo próprio o agente responde pelo resultado que deu causa. Já no caso do crime omissivo impróprio este se aperfeiçoa com a simples omissão;

(C) Os denominados delitos omissivos próprios, como os omissivos impróprios ou comissivos por omissão, são considerados crimes de mera conduta, posto que a omissão não pode dar causa a qualquer resultado;

(D) Os denominados crimes omissivos próprios admitem tentativa;

(E) No crime omissivo próprio o omitente não responde pelo resultado, perfazendo-se o crime com a simples omissão do agente, podendo ser citado, como exemplo, o crime de omissão de socorro. Já no crime comissivo por omissão ou omissivo impróprio o omitente devia e podia agir para evitar o resultado.

A: incorreta. O crime comissivo por omissão ou omissivo impróprio (ou omissivo espúrio) caracteriza-se pelo fato de o agente, tendo o dever jurídico de agir e podendo fazê-lo para impedir o resultado, nada faz. Neste caso, nos termos do art. 13, § 2º, do CP, o omitente responderá pelo resultado que deixou de evitar. Ademais, o exemplo dado pela assertiva (crime de omissão de socorro – art. 135 do CP) corresponde a uma *omissão própria*, que se caracteriza pela pura e simples inatividade definida em lei. Diferentemente da omissão imprópria, que, como dito, exige a inobservância de um dever jurídico de agir do agente para impedir o resultado, a omissão própria é descrita no próprio tipo penal, consumando-se com a simples inércia do agente. Há um dever genérico de agir a todos imposto; **B:** incorreta. A assertiva embaralha os conceitos de omissão própria e imprópria. Naquela, o crime se aperfeiçoará com a simples omissão descrita no tipo penal, ao passo que nessa última o agente responderá pelo resultado não evitado pela sua omissão (lembrando que deverá existir o dever jurídico de agir e a possibilidade de agir para que a omissão seja penalmente relevante); **C:** incorreta. Os crimes omissivos próprios ou puros são de mera conduta, ou seja, não se exigirá um resultado naturalístico, bastando a inércia do agente e, portanto, sua desobediência ao "dever genérico" de agir previsto no próprio tipo penal incriminador. Já os crimes omissivos impróprios ou impuros são materiais, exigindo-se, para sua caracterização, que o agente deixe de observar o dever jurídico de agir para evitar o resultado. Ora, se se fala em "resultado" é porque se está diante de um crime material; **D:** incorreta. Os crimes omissivos próprios, por pressuporem apenas uma inércia do agente, que descumpre um dever genérico de agir, não admitem tentativa. Lembre-se de que referidos crimes são de mera conduta, os quais, como sabido, não são compatíveis com o *conatus;* **E:** correta. De fato, no crime omissivo próprio, o omitente responde pura e simplesmente por sua inércia, mas não pelo resultado naturalístico eventualmente produzido. É o caso da omissão de socorro (art. 135 do CP), bastando que o agente deixe de prestar socorro nas hipóteses previstas no tipo penal. Aqui, o crime já estará aperfeiçoado, independentemente de a pessoa cujo socorro não se prestou sofrer alguma consequência mais grave. Nos crimes comissivos por omissão (ou omissivos impróprios), diferentemente, o agente responderá pelo resultado que deveria e poderia ter evitado. É o caso da mãe, que, tendo o dever jurídico de agir para impedir a morte do filho recém-nascido, decorrente do próprio poder familiar, deixa de alimentá-lo, causando sua morte. Responderá por referido resultado, tratando-se, pois, de crime material.

Gabarito "E"

(Ministério Público/PR – 2013 – X) Assinale a alternativa ***incorreta***:

(A) Crime unissubsistente é aquele que se consuma com a prática de um único ato, como, por exemplo, a injúria verbal;

(B) Crime unissubjetivo é aquele que possui um único verbo núcleo na descrição típica da conduta, como, por exemplo, o homicídio;

(C) Crime plurissubsistente é aquele que se consuma com a prática de mais de um ato, como, por exemplo, o estelionato;

(D) Crime pluriofensivo é aquele que atinge mais de um bem jurídico, como, por exemplo, o latrocínio;

(E) Crime não transeunte é aquele que deixa vestígios, como, por exemplo, o homicídio.

A: correta. De fato, os crimes unissubsistentes, como o próprio nome sugere, são aqueles que se aperfeiçoam com a prática de um só ato. Portanto, o *iter criminis* não é fracionável, não se admitindo, pois, a tentativa. Clássico exemplo é a injúria verbal; **B:** incorreta. Os crimes unissubjetivos (ou monossubjetivos, ou unilaterais) são aqueles que podem ser cometidos por uma só pessoa. São também conhecidos como crimes de concurso eventual, admitindo-se, pois, a coautoria e/ou a participação. Não se confundem com os crimes de ação simples ou ação única, que são aqueles cujos tipos penais possuem um único verbo núcleo (ex.: homicídio – art. 121 do CP – verbo *matar*), que se contrapõem aos crimes de ação múltipla, cujos tipos penais contemplam duas ou mais ações nucleares (ex.: receptação – art. 180 do CP – *adquirir, receber, ocultar, transportar ou conduzir*); **C:** correta. Crime plurissubsistente é aquele cuja conduta do agente se exterioriza pela prática de dois ou mais atos, contrapondo-se aos crimes unissubsistentes, cuja explicação já foi dada no comentário à alternativa "A"; **D:** correta, pois o crime pluriofensivo, como sugere o nome, é aquele que atinge mais de um bem jurídico, tal como se vê no latrocínio (atinge-se o patrimônio e a vida). Já os crimes uniofensivos (ou mono-ofensivos) são aqueles que atingem um único bem jurídico. É o caso do furto, que ofende apenas o patrimônio da vítima; **E:** correta. Diz-se crime não transeunte (ou de fato permanente) aquele que deixa vestígios materiais (tal como o homicídio), em contraposição aos crimes transeuntes (ou de fato transitório), que não deixam vestígios materiais (ex.: injúria verbal).

Gabarito "B"

(Ministério Público/SP – 2012 – VUNESP) Em relação aos crimes, é INCORRETO afirmar:

(A) Nos crimes materiais, o tipo penal descreve a conduta e o resultado naturalístico exigido.

(B) Preterdoloso se diz o crime em que a totalidade do resultado representa um excesso de fim (isto é o agente quis um *minus* e ocorreu um *majus*), de modo que há uma conjugação de dolo (no antecedente) e de culpa (no subsequente).

(C) Crimes de mera conduta são de consumação antecipada.

(D) Crime progressivo ocorre quando, da conduta inicial que realiza um tipo de crime, o agente passa a ulterior atividade, realizando outro tipo de crime, de que aquele é etapa necessária ou elemento constitutivo.

(E) Nos crimes unissubsistentes, o processo executivo da ação ou a omissão prevista no verbo núcleo do tipo consiste num só ato, coincidindo este, temporalmente com a consumação.

A: correta. Os crimes materiais são também denominados de "crimes de ação e resultado". Sem o resultado naturalístico, não se fala em consumação do crime material; **B:** correta. De fato, fala-se em crime preterdoloso (ou preterintencional) quando o agente, agindo com dolo na conduta inicial (antecedente), excede-se, produzindo um resultado agravador não querido (culpa no consequente); **C:** incorreta, devendo ser assinalada. Os crimes de mera conduta são aqueles em que o resultado naturalístico, além de não estar descrito no tipo penal, é impossível de ocorrer. Já os crimes formais (ou de consumação antecipada) são aqueles em que o resultado naturalístico é até possível de ser verificado, mas não é exigido para a consumação; **D:** correta. O crime progressivo, estudado quando da análise do princípio da consunção (ou absorção), constitui situação em que o agente, querendo produzir um determinado resultado, pratica determinada conduta inicialmente, mas intensifica o grau de violação ao bem jurídico, até alcançar o resultado pretendido; **E:** correta. De fato, os crimes unissubsistentes são aqueles cuja conduta será perpetrada mediante o cometimento de um único ato, que coincidirá com o próprio momento consumativo.

Gabarito "C"

(Ministério Público/PI – 2008) Assinale a alternativa **correta.**

(A) Pai que vê o filho menor afogando-se, mas que, podendo socorrê-lo, se nega a tanto, sob o argumento de que o filho precisa "aprender a ser homem" responde pelo resultado morte, no caso de o adolescente vir a falecer.

(B) Pai que vê o filho menor afogando-se, mas que, podendo socorrê-lo, se nega a tanto, sob o argumento de que o filho precisa "aprender a ser homem" responde por omissão de socorro, no caso de o adolescente vir a falecer.

(C) Os crimes comissivos por omissão não guardam correspondência com os crimes omissivos impróprios.

(D) Os crimes comissivos por omissão correspondem aos crimes omissivos próprios.

(E) Os crimes comissivos por omissão não possuem previsão no Código Penal brasileiro.

A: correta. Neste caso, o pai responderá por crime comissivo por omissão (ou crime omissivo impróprio), visto ter o dever jurídico de agir para impedir o resultado morte (art. 13, § 2º, do CP). Afinal, em virtude do poder familiar, os pais, com relação aos filhos menores, têm o dever de guarda, sustento e vigilância; **B:** incorreta. Dada a condição especial do agente (pai), como visto, responderá por homicídio, e não por omissão de socorro; **C:** incorreta. Crimes comissivos por omissão são aqueles caracterizados pela omissão imprópria (art. 13, § 2º, do CP), que pressupõe um "deixar de agir" do agente que tenha o dever jurídico de fazê-lo para evitar determinado resultado, desde que possa agir; **D:** incorreta. Como visto, os crimes comissivos por omissão correspondem à omissão imprópria. Já os crimes omissivos próprios, por óbvio, correspondem à omissão própria; **E:** incorreta, pois os crimes comissivos por omissão vêm previstos no art. 13, § 2º, do CP.

Gabarito "A"

(Ministério Público/MG – 2011) Analise as seguintes afirmativas sobre a classificação doutrinária dos crimes de intenção e assinale com **V** as **verdadeiras** e com **F** as **falsas**. Denominam-se

( ) delitos de tendência interna transcendente aqueles em que o agente quer um resultado não previsto no tipo, porém o alcança por erro na escolha dos meios de execução, dando origem a punição por crime culposo (culpa imprópria).

( ) delitos de resultado cortado aqueles em que, por obra de terceiro, há o rompimento do nexo de causalidade, daí resultando a punição por crime tentado.

( ) delitos de intenção contida as hipóteses previstas em tipos incongruentes, ou seja, crimes que exigem a complementação do injusto por condições objetivas de punibilidade.

( ) delitos mutilados de dois atos os casos em que, embora haja pluralidade de condutas e de figuras típicas, não se aplicam as regras do concurso de crimes (material, formal ou continuidade delitiva), por força do princípio da consunção.

Assinale a alternativa que apresenta a sequência de letras **CORRETA**.

(A) (V) (F) (V) (V).

(B) (F) (V) (V) (F).

(C) (F) (F) (F) (F).

(D) (V) (V) (F) (V).

I: falsa. Os delitos de intenção, também chamados de delitos de tendência interna transcendente, são aqueles em que o sujeito ativo busca alcançar determinado resultado compreendido no tipo penal, mas que não precisará, necessariamente, ser alcançado. Assim, o tipo penal apresentará um especial fim de agir do agente. Estamos falando, portanto, de uma espécie de crime formal; **II:** falsa. Os delitos de resultado cortado inserem-se no contexto dos delitos de intenção, exigindo-se do agente uma finalidade que transcende o dolo. São aqueles em que o agente deseja que um resultado externo ao tipo penal ocorra, independentemente de sua intervenção direta. É o caso da extorsão mediante sequestro (art. 159 do CP), crime em que o agente almeja o recebimento de um resgate como condição para a libertação da vítima. É claro que o resgate é o fim visado pelo sequestrador, mas tal será pago por terceira pessoa, sem, portanto, a intervenção direta do agente; **III:** falsa. Os tipos penais incongruentes são aqueles em que o agente, além do dolo, deve ter uma intenção especial (um especial fim de agir), não se confundindo com as condições objetivas de punibilidade, que são eventos futuros que condicionam a tipicidade penal; **IV:** falsa. Delito mutilado de dois atos é aquele em que o agente pratica um crime, mas com o propósito de obter um benefício ulterior. Assim, o resultado efetivamente almejado pelo agente depende de um resultado anterior. Daí falar-se em delito mutilado de dois atos. É o caso clássico do cometimento de um crime de falso para a posterior prática de estelionato. Não se fala, aqui, em concurso de crimes (material, formal ou continuado), mas, sim, em conflito aparente de normas, passível de resolução pela aplicação do princípio da consunção.

Gabarito "C"

(Ministério Público/MA – 2002) O infanticídio é espécie de delito:

(A) Qualificado pelo resultado;

(B) Unissubsistente;

(C) De mão própria;

(D) Próprio;

(E) Complexo.

Diz-se que o infanticídio, previsto no art. 123 do CP, é ***crime próprio*** (ou especial) visto que somente pode ser praticado pela mãe da vítima (nascente ou recém-nascido). O tipo penal exige, portanto, uma qualidade especial do sujeito ativo.

Gabarito "D"

(Ministério Público/MS – 2011 – FADEMS) Em que consiste o crime de mão própria?

(A) O crime de mão própria pode ser praticado por qualquer pessoa;

(B) O crime de mão própria somente pode ser praticado mediante paga ou promessa de recompensa;

(C) O crime de mão própria somente pode ser praticado contra criança ou adolescente;

(D) O crime de mão própria é aquele que somente pode ser praticado pela pessoa expressamente indicada no tipo penal;

(E) O crime de mão própria só pode ser praticado por pessoas de certa faixa etária.

A conduta, no chamado *crime de mão própria*, somente pode ser executada por pessoa determinada no tipo penal, isto é, exige-se, nesta modalidade de crime, uma atuação pessoal do sujeito ativo. É por essa razão que o crime de mão própria não comporta coautoria. A doutrina, para ilustrar, normalmente faz referência ao crime capitulado no art. 342 do CP – falso testemunho ou falsa perícia.

Gabarito "D"

(Ministério Público/MS – 2011 – FADEMS) O que vem a ser a norma penal em branco?

(A) Norma penal em branco é aquela que não prevê a sanção a ser aplicada no caso de condenação do autor do delito;

(B) Norma penal em branco é aquela que não descreve expressamente os elementos do tipo;

(C) Norma penal em branco é aquela cujo preceito primário (descrição da conduta) é indeterminado quanto a seu conteúdo, porém determinável, e o preceito sancionador é sempre certo;

(D) Norma penal em branco é aquela que não faz menção à dosagem da pena a ser aplicada;

(E) Norma penal em branco é aquela que não descreve a conduta do coautor do delito em se tratando de crime que admite coautoria.

De fato, norma penal em branco é aquela cujo preceito primário, por ser incompleto, necessita ser integralizado por outra norma, do mesmo nível ou de nível diferente. No primeiro caso, fala-se em *norma penal em branco em sentido lato* ou *amplo* (a norma é complementada por outra de igual nível); se, no entanto, o complemento consistir numa norma de nível diverso (uma portaria, por exemplo), a norma penal em branco será *em sentido estrito*.

Gabarito "C"

(Ministério Público/PB – 2010) Analise as proposições abaixo, assinalando a alternativa que contém o correto julgamento acerca delas:

I. Ocorre crime falho quando o agente é interrompido durante a prática dos atos de execução, sem que tenha esgotado tudo aquilo que entendia necessário à consumação do crime.

II. No Estado Democrático de Direito, sob o aspecto da proteção penal, não há nenhuma preponderância do bem jurídico transindividual, de titularidade de caráter não pessoal, de massa ou universal, sobre o individual, de titularidade do particular que o controla e dele dispõe conforme sua vontade.

III. O crime de evasão mediante violência contra a pessoa traduz hipótese de crime de empreendimento.

IV. Não se admite a aplicação do arrependimento posterior no crime de furto qualificado pela destruição ou rompimento de obstáculo, em razão da violência empregada pelo agente na subtração.

(A) Apenas as proposições I e IV estão erradas.

(B) Apenas a proposição I está errada.

(C) Apenas as proposições II e III estão erradas.

(D) Todas as proposições estão erradas.

(E) Nenhuma das proposições está errada.

I: incorreta. Também chamado de tentativa *acabada, perfeita* ou *frustrada*, é a situação em que o agente lança mão de todos os meios à sua disposição para atingir a consumação do crime, que não sobrevém por circunstâncias alheias à sua vontade. Entenda bem: o sujeito ativo esgota, sim, tudo aquilo que julgava necessário à consumação da infração penal, ao contrário do que se afirma na assertiva. Difere, portanto, da tentativa *imperfeita* ou *inacabada*, em que o agente não chega a praticar tudo o que queria para atingir a consumação. Em comum, nas duas modalidades de tentativa, temos que a consumação do crime não ocorre por circunstâncias alheias à vontade do agente. Dessa forma, podemos concluir que a assertiva está incorreta porque se referiu à tentativa *imperfeita* ou *inacabada*, em que a empreitada criminosa sofre solução de continuidade sem que os atos de execução tenham sido concluídos; **II:** correta. De fato inexiste tal preponderância; **III:** correta. Trata-se de crimes em que o tipo penal equipara a pena da tentativa com a pena do crime consumado. Exemplo sempre lembrado é o crime do art. 352 do CP – evasão mediante violência contra a pessoa. Esta modalidade de crime também é chamada de *delito de atentado*; **IV:** incorreta. O requisito à incidência do art. 16 do CP diz respeito somente à violência ou grave ameaça exercida contra a pessoa. Se esta for empregada conta a coisa, como no caso do furto previsto no art. 155, § 4º, I, do CP, o agente fará jus a esta causa de diminuição de pena, desde que preenchidos os demais requisitos estampados no dispositivo.

Gabarito "A"

(Ministério Público/PB – 2010) Analise as assertivas abaixo, assinalando, em seguida, a alternativa que sobre elas contenha o correto julgamento:

I. O crime de apropriação de coisa achada é exemplo do que a Doutrina denomina de crime a prazo.

II. Os crimes condicionados não admitem tentativa.

III. Crimes vagos são aqueles que não possuem objeto material determinado.

IV. A ameaça praticada verbalmente constitui hipótese de crime não transeunte.

(A) Todas as assertivas estão erradas.

(B) Estão corretas apenas as assertivas I e II.

(C) Nenhuma das assertivas está errada.

(D) Estão corretas apenas as assertivas I e IV.

(E) Apenas a assertiva III está errada.

I: correta. *Crime a prazo* é aquele cuja consumação está condicionada ao transcurso de um interregno. É o caso do delito tipificado no art. 169, II, do CP (apropriação de coisa achada), em que o legislador introduziu um elemento temporal, necessário ao aperfeiçoamento do crime. Dessa forma, o agente que encontrar coisa perdida dispõe do prazo de quinze dias para devolvê-la ao proprietário ou possuidor, ou ainda para entregá-la à autoridade; não o fazendo neste prazo, estará consumado o crime; **II:** correta. *Condicionados* são os crimes que impõem uma condição objetiva de punibilidade. Não comportam tentativa; **III:** incorreta. *Crimes vagos* são aqueles cujo sujeito passivo é uma coletividade destituída de *personalidade jurídica*; **IV:** incorreta. *Não transeunte* é o crime que deixa vestígios. Não é o caso da ameaça praticada de forma verbal, que constitui *crime transeunte*, já que não deixa vestígios.

Gabarito "B"

(Ministério Público/SP – 2010) Assinale a alternativa correta:

(A) crime putativo por erro de tipo pressupõe a suposição errônea do agente sobre a existência da norma penal.

(B) relativamente à tentativa, o Código Penal brasileiro adotou a teoria subjetiva.

(C) crimes funcionais impróprios são aqueles que podem revestir-se de parcial atipicidade.

(D) crimes subsidiários são aqueles para cuja caracterização se faz imprescindível outra norma definidora de suas elementares.

(E) dá-se a ocorrência de crime falho quando o agente, por interferência externa, não consegue praticar todos os atos executórios necessários à consumação.

A: incorreta. No *crime putativo por erro de tipo*, o agente deseja praticar o delito, mas, por uma falsa percepção da realidade, realiza uma conduta atípica. O erro não se refere à *norma*, mas, sim, ao *fato*; **B:** incorreta. No que toca à tentativa, adotou-se a *teoria objetiva*, segundo a qual o autor de crime tentado receberá pena inferior à do autor de crime consumado, nos termos do art. 14, parágrafo único, do CP. A *teoria subjetiva*, ao contrário, que foi acolhida tão somente de forma excepcional, determina que a pena do crime tentado seja a mesma do crime consumado. Leva-se em conta, neste caso, a intenção do sujeito; **C:** correta. Há determinados crimes funcionais em que a ausência da condição de funcionário público leva à absoluta atipicidade da conduta. Neste caso não há crime. São os chamados *crimes funcionais próprios*. Exemplo desta modalidade de crime é a prevaricação. De outro lado, a ausência da qualidade de funcionário público, no caso concreto, pode gerar a inexistência do crime funcional, configurando, no entanto, a conduta uma outra infração penal (parcial atipicidade). São os denominados *crimes funcionais impróprios*, como, por exemplo, o peculato; **D:** incorreta. A norma subsidiária é menos ampla do que a primária, já que representa, em relação à norma primária, um grau menor de violação do bem jurídico. Assim, a lei primária deve ser aplicada em detrimento da subsidiária; **E:** incorreta. O crime falho, também conhecido por tentativa *acabada, perfeita* ou *frustrada*, é a hipótese na qual o agente *faz tudo o que está ao seu alcance* para atingir a consumação do crime, que não sobrevém por circunstâncias alheias à sua vontade. Difere, portanto, da tentativa *imperfeita* ou *inacabada*, em que o agente não chega a praticar tudo o que queria para atingir a consumação.

Gabarito "C"

(Ministério Público/SP – 2008) Assinale a alternativa correta.

(A) Os crimes instantâneos não admitem tentativa.

(B) Nos crimes de ação múltipla, a pluralidade de agentes integra o tipo.

(C) É possível a tentativa em crimes comissivos por omissão.

(D) O crime de exercício arbitrário das próprias razões é crime de mão própria.

(E) Os crimes unissubjetivos não admitem coautoria.

A: incorreta. ***Instantâneo*** é o crime que se consuma num instante determinado, certo. A consumação, neste caso, não se protrai no tempo, como ocorre com o delito permanente. A tentativa é perfeitamente compatível com os crimes instantâneos; **B:** incorreta. ***Crime de ação múltipla*** (plurinuclear ou de conteúdo variado) é aquele em que a lei descreve várias condutas (vários verbos), não pluralidade de agentes. Incide, aqui, o princípio da alternatividade; **C:** correta. ***Crime comissivo por omissão*** (crime omissivo impróprio ou impuro) é aquele em que o sujeito ativo, por uma omissão inicial, gera um resultado posterior, que ele, por força do art. 13, § 2º, do CP, tinha o dever de evitar. A tentativa, neste caso, é perfeitamente possível. Clássico exemplo é o da mãe que deixa de alimentar o filho, o que vem a lhe causar a morte; **D:** o crime de exercício arbitrário das próprias razões (art. 345 do CP) é ***delito comum***. O tipo penal, portanto, não exige nenhuma qualidade especial por parte do sujeito ativo, tampouco sua atuação pessoal; **E:** incorreta. ***Unissubjetivo*** é o crime que pode ser praticado por um só agente. Os ***crimes unissubjetivos*** admitem coautoria. Exemplos: homicídio, roubo, estelionato etc.

Gabarito "C"

(Ministério Público/SP – 2005) Aponte a única alternativa na qual todas as quatro classificações são apropriadas ao delito definido no art. 269 do CP – Deixar o médico de denunciar à autoridade pública doença cuja notificação é compulsória.

(A) Crime omissivo impróprio, norma penal em branco, crime de perigo e crime que admite tentativa.

(B) Crime omissivo puro, crime que não admite tentativa, crime de consumação antecipada, crime de ação múltipla.

(C) Crime omissivo puro, crime próprio, norma penal em branco e crime de mera conduta.

(D) Crime próprio, crime formal, crime de ação única e crime comissivo por omissão.

(E) Crime que não admite nenhuma forma de concurso de pessoas, crime que não admite tentativa, crime permanente e crime formal.

Trata-se de crime omissivo puro (ou próprio) porque o tipo penal cuidou de descrever a omissão. Dessa forma, o crime se perfaz com a mera abstenção, independente de qualquer resultado naturalístico. De outro lado, está-se diante de crime próprio na medida em que somente pode ser praticado por médico (qualidade especial exigida do sujeito ativo). É norma penal em branco, já que o preceito primário deve ser complementado por outra norma (***doença cuja notificação é compulsória***). Constitui, por fim, crime de mera conduta porquanto no tipo penal não consta nenhuma alusão a resultado naturalístico.

Gabarito "C"

5. FATO TÍPICO E TIPO PENAL

(Ministério Público/DF – 2013) Assinale a alternativa **CORRETA**:

(A) Como exceção à teoria da equivalência dos antecedentes causais, para o Código Penal a imputação do resultado ao agente somente pode ser afastada por causa preexistente.

(B) Para o Código Penal, causas preexistentes e concomitantes relativamente independentes, adentrando a esfera de consciência do agente, não excluem a imputação do resultado.

(C) É exemplo de causa superveniente absolutamente independente a situação do passageiro de ônibus colidido com poste de eletricidade, o qual, ileso e no exterior do veículo, morre atingido por fio energizado.

(D) Na omissão própria, o nexo de causalidade normativo é estabelecido pelo legislador penal a partir da posição de garante.

(E) Não caracteriza homicídio, ainda que sobrevenha o resultado morte, a conduta de quem dolosamente interrompe eficaz ação de salvamento da vítima por outrem.

Antes de ingressarmos na análise de cada uma das assertivas, cumpre-nos tratar, ainda que brevemente, do tema "relação de causalidade". Pois bem. Em matéria de nexo causal, o CP adotou a teoria da equivalência dos antecedentes (ou *conditio sine qua non*), para a qual será considerada causa toda ação ou omissão sem a qual o resultado não teria ocorrido (da forma e como ocorreu). Assim, será considerado *causa* todo comportamento humano, positivo (ação) ou negativo (omissão), que tenha efetivamente concorrido para a produção de determinado resultado. Chamam-se de *concausas* aquelas que, externas à vontade do agente delitivo, tenham, de algum modo, influenciado no resultado. São consideradas *causas dependentes* aquelas que se originam, diretamente, da conduta do agente, motivo pelo qual o resultado a ele será atribuído. Já as causas independentes são aquelas que refogem à normalidade do desdobramento da conduta, ou seja, não se incluem na chamada "linha de desdobramento causal". Podem ser *absolutamente independentes*, vale dizer, sem qualquer relação com a conduta perpetrada pelo agente, não se podendo, nesse caso, a ele ser imputado o resultado, ou *relativamente independentes*, tendo, assim, origem, na conduta delituosa. Neste caso, em regra, o resultado será imputado ao agente. Tanto as causas absolutamente independentes quanto as relativamente independentes, de acordo com a doutrina, podem ser preexistentes (anteriores à prática da conduta praticada pelo agente), concomitantes (simultâneas ao comportamento criminoso) ou supervenientes (posteriores ao comportamento delituoso). Em se tratando de causas absolutamente independentes, sejam elas preexistentes, concomitantes ou supervenientes, o resultado não poderá ser imputado ao agente, visto que ocorreria independentemente da conduta delitiva. Já no tocante às causas relativamente independentes, visto guardarem relação direta com o comportamento delituoso, o resultado será imputado ao agente, desde que tenha ciência das causas preexistentes ou concomitantes. Com relação às causas relativamente independentes supervenientes, o CP, em seu art. 13, § 1º, adotou a teoria da causalidade adequada. Assim, somente haverá imputação do resultado se a causa superveniente não tiver produzido, por si só, o resultado. No entanto, se a causa superveniente relativamente independente houver produzido, por si só, o resultado, haverá exclusão da imputação do resultado ao agente. Aqui, como dito, não será adotada a teoria da equivalência dos antecedentes, mas a teoria da causalidade adequada. Apenas a conduta que seja idônea à provocação do resultado é que ensejará sua imputação ao agente. Porém, se a concausa for a única e exclusiva causadora do resultado, não se encontrando no mesmo curso causal do comportamento delitivo, não se poderá imputá-lo ao agente. Agora sim podemos analisar as alternativas! **A:** incorreta, pois, como visto, as causas preexistentes, quando absolutamente independentes da conduta do agente, não permitirão a imputação do resultado. Todavia, em se tratando de causas relativamente independentes, estas gerarão a imputação do resultado ao agente, sejam elas preexistentes ou concomitantes, desde que delas ele tenha ciência; **B:** correta. De fato, as causas relativamente independentes, sejam preexistentes ou concomitantes, desde que ingressem na esfera de conhecimento do agente, não excluirão a imputação do resultado; **C:** incorreta. No exemplo dado na assertiva, temos uma causa relativamente independente, visto que a colisão do ônibus com o poste de eletricidade foi decisiva para a morte do passageiro. Todavia, o resultado "morte" não poderia, por exemplo, ser imputado ao motorista do transporte coletivo, visto que a descarga elétrica, já no meio externo ao veículo, causada por fio energizado, não se encontra na linha normal de desdobramento do comportamento, tratando-se de causa superveniente relativamente independente que, por si só, produziu o resultado, aplicando-se, pois, o art. 13, § 1º, do CP; **D:** incorreta. O nexo de causalidade nos crimes omissivos próprios (ou puros) decorre simplesmente da inatividade do agente, que, frente a um imperativo de comando ("faça algo!"), permanece inerte. A lei tipifica a conduta omissiva e o agente se abstém de qualquer comportamento positivo, incidindo, portanto, na figura delituosa. Já nos crimes omissivos impróprios (ou impuros, ou crimes comissivos por omissão), o nexo de causalidade, que é normativo, é estabelecido pelo legislador, que pune o comportamento negativo do agente quando este tinha o dever de agir e podia agir para evitar o resultado (art. 13, § 2º, CP). As situações de "omissão penalmente relevante" decorrem da inobservância de um dever jurídico de agir (dever legal, obrigacional e por ingerência na norma – alíneas "a", "b", e "c", do referido art. 13, § 2º, CP); **E:** incorreta. Responderá pelo resultado morte o agente que, dolosamente, inviabilizar a concretização do salvamento, por terceiro, de determinada pessoa. Exemplo disso se verifica quando o pai, ao ver o filho menor se afogando em piscina, corre para o local e inicia o salvamento, mas, dolosamente, é contido pela mãe, que, querendo a morte do infante, interrompe o comportamento do genitor da vítima, que, de fato, morre.

Gabarito "B"

(Ministério Público/ES – 2013 – VUNESP) A conduta para a teoria

(A) social constitui um comportamento humano voluntário no mundo exterior, consistente num fazer ou não fazer, sendo estranha a qualquer valoração.

(B) naturalista constitui um comportamento humano voluntário no mundo exterior, consistente num fazer ou não fazer, sendo estranha a qualquer valoração.

(C) naturalista é o comportamento humano, voluntário e consciente (doloso ou culposo) dirigido a uma finalidade.

(D) social é tratada como simples exteriorização de movimento ou abstenção de comportamento, desprovida de qualquer finalidade.

(E) finalista é concebida com um simples comportamento, sem apreciação sobre a sua ilicitude ou reprovabilidade.

A: incorreta, pois a alternativa traz o conceito de conduta para a teoria clássica, naturalista ou causal. Por sua vez, conduta para a teoria social é todo comportamento humano, que tenha por finalidade produzir um resultado socialmente relevante; **B:** correta, pois a conduta para a teoria clássica, naturalista ou causal, idealizada no século XIX por *Liszt*, *Beling* e *Radbruch*, é todo comportamento humano voluntário, que produz uma modificação no mundo exterior, independentemente de dolo ou culpa, sendo a intenção do agente analisada como um dos elementos da culpabilidade; **C:** incorreta, pois a alternativa traz o conceito de conduta para a teoria finalista e não naturalista; **D:** incorreta, pois a alternativa traz o conceito de conduta para a teoria clássica, naturalista ou causal e não social; **E:** incorreta, pois para a teoria final ou finalista, criada por *Hans Welzel* no início da década de 30, a conduta é todo comportamento humano, consciente e voluntário, dirigido a um fim. Assim, deve haver uma valoração da conduta, já que o dolo e a culpa foram deslocados da culpabilidade para o seu interior.

Gabarito "B"

(Ministério Público/GO – 2013) Sobre o consentimento do ofendido, é incorreto dizer que:

(A) na doutrina nacional, prospera o entendimento de que o consentimento do ofendido pode excluir a tipicidade do fato ou a ilicitude.

(B) de acordo com a teoria da imputação objetiva, mesmo quando na redação do tipo penal não contiver o dissenso da vítima, como elementar, o consentimento desta é encarado como forma de exclusão da tipicidade.

(C) para que o consentimento do ofendido possa funcionar como causa supralegal de exclusão de ilicitude bastam que o bem jurídico seja disponível e que o consentimento esteja livre de vícios.

(D) o consentimento do ofendido pode ensejar atipicidade relativa (desclassificação) da conduta.

A: assertiva correta. De fato, o consentimento do ofendido atuará como causa de exclusão da tipicidade do fato quando o elemento "vontade" do sujeito passivo se revele como requisito expresso ou tácito da conduta penalmente típica. É o que se verifica, por exemplo, no estupro (art. 213 do CP), que tem, como pressuposto, o dissenso da vítima no tocante à conjunção carnal ou à prática de atos libidinosos diversos. De outra borda, o consentimento do ofendido poderá atuar como causa de exclusão da ilicitude (causa supralegal), desde que satisfeitos alguns requisitos, que serão melhor analisados logo a seguir; **B:** assertiva correta. Para a teoria da imputação objetiva, ainda que o dissenso da vítima não seja elementar típica, poderá funcionar como causa de exclusão da tipicidade quando a própria vítima se colocar (aceitar) a situação de perigo, colocando-se, pois, em tal situação (ex.: relação sexual desprotegida com parceiro portador de HIV, ciente da existência de tal doença); **C:** assertiva incorreta, devendo ser assinalada. O consentimento do ofendido somente funcionará como causa supralegal de exclusão da ilicitude se preenchidos alguns requisitos cumulativos, quais sejam: i) que tenha sido expresso; ii) que tenha sido concedido de forma livre (sem vícios); iii) que seja moral e respeito aos bons costumes; iv) que seja manifestado previamente à consumação da infração penal; v) que o ofendido seja plenamente capaz; **D:** assertiva correta. Se a vontade for elemento típico (implícito ou explícito), o consentimento do ofendido poderá gerar atipicidade parcial (relativa), daí advindo a desclassificação do crime. É o que se verifica, por exemplo, com o consentimento emanado da vítima para realizar determinado ato sexual com o agente. Embora não se possa cogitar de estupro, poderá configurar-se o crime de perigo de contágio venéreo (art. 130, CP) caso o agente esteja contaminado por alguma moléstia venérea.

Gabarito "C"

(Ministério Público/RN – 2009 – CESPE) Em uma festividade natalina que ocorria em determinado restaurante, o garçom, ao estourar um champanhe, afastou-se do dever de cuidado objetivo a todos imposto e lesionou levemente o olho de uma cliente, embora não tivesse a intenção de machucá-la. Levada ao hospital para tratar a lesão, a moça sofreu um acidente automobilístico no trajeto, vindo a falecer em consequência exclusiva dos ferimentos provocados pelo infortúnio de trânsito.

Com referência a essa situação hipotética e ao instituto do nexo causal no ordenamento jurídico brasileiro, assinale a opção correta.

(A) O garçom deverá responder pelo delito de homicídio culposo.

(B) O garçom poderá responder apenas pelo delito de lesão corporal culposa.

(C) O garçom não deverá responder por nenhum delito.

(D) Em regra, o CP adotou a teoria da causalidade adequada para identificar o nexo causal entre a conduta e o resultado.

(E) Segundo a teoria da imputação objetiva, o garçom, por ter criado um risco absolutamente proibido pela sociedade, deveria responder pelo delito de homicídio doloso.

O enunciado da questão retrata, fielmente, a ocorrência de uma causa superveniente absolutamente independente da conduta do agente, que por si só produziu o resultado. Aplicável ao caso o art. 13, § 1º, do CP, que adota a teoria da causalidade adequada. Assim, muito embora o garçom tenha dado causa à condução da vítima ao hospital, em razão do ferimento provocado pelo estouro – quiçá imprudente – de uma garrafa de champanhe, o fato é que a efetiva causa da morte da moça foi o acidente automobilístico, que não se encontra na linha de desdobramento causal normal da conduta do agente. Logo, deverá ele responder apenas pelos atos anteriores à morte, vale dizer, pela lesão corporal culposa. Frise-se que, como regra, o CP, em seu art. 13, *caput*, adotou a teoria da *conditio sine qua non* (ou teoria da equivalência dos antecedentes causais), segundo a qual causa é tudo aquilo sem o que o resultado não teria ocorrido (da forma e como ocorreu). Porém, tal teoria não é aplicada no caso de causas supervenientes relativamente independentes que por si sós produzam o resultado, havendo, aqui, um rompimento do nexo causal, sendo inviável que se impute o resultado posterior à conduta do agente a este.

Gabarito "B"

(Ministério Público/RN – 2009 – CESPE) Acerca das teorias que regem o direito penal e os seus institutos, assinale a opção correta.

(A) A teoria final da ação foi elaborada por Von Liszt no final do século XIX, tendo sido desenvolvida também por Beling e Radbruch, resultando na estrutura mundialmente conhecida como sistema Liszt-Beling-Radbruch.

(B) A teoria causal da ação teve por mérito superar a taxativa separação dos aspectos objetivos e subjetivos da ação e do próprio injusto, transformando, assim, o injusto naturalístico em injusto pessoal.

(C) Para a teoria constitucional do direito penal, a verificação da ocorrência do fato típico doloso não se resume ao aspecto formal-objetivo, dependendo, ainda, da ocorrência de outros elementos de índole material-normativa e subjetiva.

(D) Para a teoria social da ação, um fato considerado normal, correto, justo e adequado pela coletividade, ainda que formalmente enquadrável em um tipo incriminador, pode ser considerado típico pelo ordenamento jurídico, devendo, no entanto, ser excluída a culpabilidade do agente.

(E) A teoria funcional da conduta está estruturada em duas vertentes: para a primeira, que tem Claus Roxin como principal defensor, a função da norma é a reafirmação da autoridade do direito; a segunda, cujo principal representante é Günther Jakobs, sustenta que um moderno direito penal deve estar estruturado teleologicamente, isto é, atendendo a finalidades valorativas.

A: incorreta. A teoria idealizada no século XIX por Lizst, Beling e Radbruch foi a clássica, também chamada de naturalística, mecanicista ou causal; **B:** incorreta, pois, de acordo com a teoria clássica (ou causal), a conduta era considerada um mero comportamento humano voluntário provocador de modificação no mundo exterior, dando azo à caracterização da conduta criminosa independentemente de o agente ter agido com dolo ou culpa. Em suma, a conduta era analisada de forma absolutamente objetiva, sendo que o elemento subjetivo da ação (dolo ou culpa) estava sediado na culpabilidade; **C:** correta. De acordo com a teoria constitucional (ou constitucionalista) do delito, defendida fortemente, na atualidade, por Luiz Flávio Gomes, inexiste crime se a conduta do agente não ofender ao bem jurídico tutelado penalmente. O fato típico deve ser, segundo esta teoria, bipartido em uma faceta objetiva e outra subjetiva. Na parte objetiva, por sua vez, há nova bipartição, desta feita, uma dimensão formal e outra material (nesta última, encerrar-se-á um juízo valorativo acerca da conduta e do resultado jurídico); **D:** incorreta. De acordo com a teoria social, Johannes Wessels defendeu, em síntese, que o comportamento humano deve ser cotejado com os aspectos sociais que o rodeiam. Assim, um fato não poderá ser considerado típico se for tolerado pela sociedade, sem trazer repercussão social negativa. Logo, o tipo penal conteria um elemento implícito (a referida repercussão social da conduta), que, se ausente, *tornaria o fato atípico*; **E:** incorreta. Segundo Claus Roxin, adepto de um funcionalismo moderado, fundado em uma teoria personalista da ação, o direito penal deve ser estruturado teleologicamente, inaugurando, aí, um sistema funcional-teleológico, baseado em um ponto de vista teleológico (finalístico) e, também, valorativo das normas. Portanto, para Roxin, o Direito Penal deve guiar-se mais pela política criminal do que pelo dogmatismo clássico. Já para Günter Jakobs, adepto ao funcionalismo sistêmico (ou radical), o Direito Penal deve ter sua autoridade (re)afirmada pelas normas, fortalecendo, assim, uma visão de prevenção geral positiva da pena (reafirmação da autoridade e vigência da lei penal), bem como sua função de proteção de objetos jurídicos.

Gabarito "C"

(Ministério Público/MG – 2005) Um médico prescreve a um paciente um medicamento cuja bula registra extensa lista de efeitos colaterais possíveis decorrentes de sua ingestão. A comercialização do medicamento é autorizada pelo órgão público de saúde competente. Mesmo observando rigorosamente as doses e cuidados prescritos pelo médico, o paciente toma o medicamento e sofre efeitos físicos colaterais nocivos com a ingestão do mesmo. No caso:

(A) a autocolocação em perigo realizada pela vítima afasta a tipicidade da conduta do médico.

(B) o consentimento do ofendido é excludente da ilicitude de uma conduta típica do médico.

(C) não se verificam os pressupostos de relevância que autorizam a imputação objetiva.

(D) a inexigibilidade de conduta diversa afasta a culpabilidade da conduta típica e ilícita.

(E) com base na teoria da equivalência dos antecedentes causais, caracteriza-se a tipicidade.

A: incorreta, pois não se vislumbra ter a vítima, por sua exclusiva vontade, se colocado na situação de risco, especialmente em razão da prescrição médica; **B:** incorreta, pois não se identifica, no caso relatado no enunciado, ter havido o consentimento do ofendido, especialmente porque referida causa de justificação deve ser expressa e prévia à consumação da infração, inexistindo dados no enunciado a esse respeito; **C:** correta. Ainda que o medicamento pudesse acarretar efeitos colaterais, é certo que sua comercialização conta com autorização do órgão público de saúde competente, não se reconhecendo, portanto, a criação de um risco proibido pelo Direito, indispensável à imputação do resultado ao agente; **D:** incorreta, não se vislumbrando que o enunciado possa ser solucionado pela análise da culpabilidade, mas, antes disso, pela própria tipicidade; **E:** incorreta. Se analisada a mera causalidade material, o resultado poderia ser imputado ao médico, pois, não fosse a prescrição do medicamento, o paciente não o teria ingerido. Porém, indispensável a análise de um nexo de causalidade normativo, vale dizer, pautado no dolo ou culpa. Na espécie, não haveria dolo do médico em produzir resultados deletérios à saúde do paciente, os quais, inclusive, constavam na bula.

Gabarito "C"

(Ministério Público/GO – 2010) Leia as afirmativas sobre o disposto no artigo 13 do CP e seus parágrafos e, após, responda:

I. Nos crimes omissivos não há nexo causal material, mas tão somente normativo.

II. Não é necessário que se demonstre que a ação omitida impediria a produção do resultado.

III. No que se refere a posição de garantidor, a doutrina não fala mais em *dever contratual*, uma vez que a posição de garantidor pode advir de situações em que não existe relação jurídica entre as partes. O importante é que o sujeito se coloque em posição de *garantidor* da não ocorrência do resultado, haja contrato ou não.

IV. O sujeito que pratica um fato provocador de perigo de dano, tem por obrigação impedir o resultado.

V. A causa superveniente absolutamente independente exclui o nexo causal nos termos do artigo 13, *caput*, do CP e não conforme o § 1º do mesmo artigo.

(A) Apenas duas afirmativas são verdadeiras.

(B) Apenas três afirmativas são verdadeiras.

(C) Apenas quatro afirmativas são verdadeiras.

(D) Todas as afirmativas são verdadeiras.

I: correta. Os crimes omissivos, que se caracterizam por uma inatividade do agente delitivo, não apresentam nexo de causalidade material, ou seja, elo entre a abstenção (não fazer) e o resultado daí decorrente. Afinal, "do nada, nada surge". No entanto, diz-se que o nexo causal é normativo, adotando-se, aqui, a teoria normativa estampada no art. 13, § 2º, do CP, aplicável precisamente à omissão imprópria (decorrente da inobservância de um dever jurídico de agir para o impedimento do resultado); **II:** incorreta. Como visto, o nexo de causalidade nos crimes omissivos é puramente normativo, valorativo, bastando que o agente se omita quando, em verdade, deveria ter agido. Porém, tal afirmação é válida para os crimes omissivos próprios (ou puros). Já nos crimes omissivos impróprios (ou impuros), deve-se demonstrar que a ação omitida (leia-se: aquilo que se deixou de fazer) seria capaz de impedir o resultado (art. 13, § 2º, do CP); **III:** correta. A posição de garante ou garantidor decorre, especialmente, do disposto no art. 13, § 2º, "b", do CP. Sempre que alguém assumir uma posição de "garantia da não produção do resultado naturalístico", seja por uma relação contratual, seja por qualquer relação cotidiana, bastando que tenha angariado a confiança dos possíveis afetados, terá o dever jurídico de agir para impedir referido resultado; **IV:** correta (art. 13, § 2º, "c", do CP). Se o agente, por seu comportamento anterior, criou o risco da ocorrência de determinado resultado, terá o dever de agir para impedi-lo. É o que se denomina de ingerência ou situação precedente; **V:** correta. De fato, a causa superveniente, se for absolutamente independente, excluirá o nexo causal, vale dizer, não se poderá imputar ao agente o resultado naturalístico. Afinal, este terá decorrido de causa absolutamente diversa da conduta por ele praticada. Situação distinta ocorre com as causas supervenientes relativamente independentes, que somente produzirão a exclusão da imputação do resultado quando, por si sós, produzirem o resultado (art. 13, § 1º, do CP). Já se não produzirem por si sós o resultado, este será, sim, imputado ao agente.

Gabarito "C"

(Ministério Público/GO – 2010) Leia as afirmativas de doutrinadores do Direito Penal e, após, assinale a alternativa correta:

I. "... atribuir a alguém a realização de uma conduta criadora de um risco relevante e juridicamente proibido e a produção de um resultado jurídico. Trata-se de um dos mais antigos problemas do Direito Penal, qual seja, a determinação de quando a lesão de um interesse jurídico pode ser considerada 'obra' de uma pessoa..." "...Quem dirige um automóvel, de acordo com as normas legais, oferece a si próprio e a terceiros um risco tolerado, permitido. Se, contudo, desobedecendo as regras, faz manobra irregular, realizando o que a doutrina denomina 'infração de dever objetivo de cuidado', como uma ultrapassagem perigosa, emprego de velocidade incompatível nas proximidades de uma escola, desrespeito a sinal vermelho de cruzamento, 'racha', direção em estado de embriaguez etc., produz um *risco proibido* (desvalor da ação). Esse perigo desaprovado conduz, em linha de princípio, à tipicidade da conduta, seja a hipótese, em tese, de crime doloso ou culposo. Significa que não há um risco proibido para os crimes dolosos e outro para os culposos. O perigo é o mesmo para todas as espécies de infrações penais." (Damásio E. de Jesus – *Direito Penal*, Saraiva, vol. 1);

II. "Todo sujeito age numa circunstância dada e com um âmbito de autodeterminação também dado. Em sua própria personalidade há uma contribuição para esse âmbito de autodeterminação, posto que a sociedade – por melhor organizada que seja – nunca tem a possibilidade de brindar a todos os homens com as mesmas oportunidades. Em consequência há sujeitos que têm um menor âmbito de autodeterminação, condicionado desta maneira por causas sociais. Não será possível atribuir estas causas sociais ao sujeito e sobrecarregá-lo com elas no momento da reprovação de culpabilidade..." (Eugenio Raúl Zaffaroni, *Manual de Direito Penal Brasileiro*, RT).

(A) O primeiro autor refere-se a coculpabilidade; o segundo ao conceito de antijuridicidade material.

(B) O primeiro autor refere-se ao conceito de antijuridicidade material; o segundo desenvolve a teoria da imputação subjetiva.

(C) O primeiro autor refere-se a imputação objetiva; o segundo ao conceito de coculpabilidade.

(D) O primeiro autor refere-se a imputação subjetiva; o segundo ao conceito de coculpabilidade.

I: o excerto transcrito na assertiva em comento trata da imputação objetiva, teoria bem difundida por Claus Roxin a partir da década de 70. Segundo Luís Greco, *"a imputação objetiva enuncia o conjunto de pressupostos genéricos que fazem da causação uma causação objetivamente típica; e estes pressupostos são a criação de um risco juridicamente desaprovado e a realização deste risco no resultado"* (*Um panorama da teoria da imputação objetiva*, Editora Lumen Juris, 2007. p. 5/9); **II:** o excerto transcrito na assertiva em análise trata, inegavelmente, da teoria da coculpabilidade, que, em suma, preconiza que uma parcela da responsabilidade pelo comportamento censurável do agente delitivo se deve ao Estado por sua omissão no cuidado e trato das parcelas menos favorecidas. Trata-se de tema desenvolvido por Zaffaroni, jurista argentino. No Brasil, a aplicação da teoria em apreço pode dar-se por meio da aplicação da circunstância atenuante inominada prevista no art. 66 do CP.

Gabarito "C"

(Ministério Público/GO – 2010) Quanto à teoria do tipo penal, assinale a alternativa incorreta.

(A) Os elementos objetivos do tipo, também conhecidos como elementos descritivos do tipo penal, existem concretamente no mundo e se referem à materialidade da infração. Exemplo: "noite" (CP, art. 155, § 1º).

(B) Os elementos negativos do tipo dependem de um juízo de valor para seu reconhecimento. Ex. "dignidade e decoro" (CP, art.140).

(C) No crime tentado, aplica-se norma de extensão do tipo penal, ampliando-se temporalmente a figura típica (adequação típica de subordinação mediata).

(D) A tipicidade material do fato depende, dentre outros requisitos, da existência de resultado jurídico relevante e da imputação objetiva da conduta.

A: correta. De fato, diz-se que os elementos objetivos do tipo (ou descritivos) são aqueles de fácil compreensão, não exigindo emissão de juízos de valor . Referem-se a dados exteriores divorciados do sujeito que comete o crime (ou contravenção), referindo-se à materialidade da infração, revelando um juízo de certeza; **B:** incorreta, devendo ser assinalada. Os denominados elementos negativos do tipo são aqueles que, como o próprio nome sugere, não devem existir para que o fato seja típico. Segundo Luiz Flávio Gomes, "*o tipo penal é composto de elementos positivos ou expressos (que são as clássicas elementares do tipo penal) mais elementos negativos ou implícitos do tipo (causas excludentes de ilicitude). Para que o fato seja típico, os elementos negativos – excludentes de ilicitude – não podem existir. Aqui também há uma absoluta relação de dependência entre fato típico e ilícito, um pressupondo a existência do outro*". Disponível em: [www.lfg.com.br/public_html/article.php?story=20090309152017708&mode=print]. Acesso em: 11.01.2013; **C:** correta. A norma decorrente do art. 14, II, do CP é considerada de extensão típica, operando uma ampliação temporal, alcançando-se a conduta do agente em momento anterior à consumação do crime. Neste caso, a adequação típica dá-se de forma indireta (ou mediata); **D:** correta. A tipicidade poderá ser formal (mera relação de subsunção ou de enquadramento do fato à norma penal incriminadora) ou material (ofensa ao bem jurídico tutelado pela norma penal incriminadora). Neste último caso, a conduta deverá ser tal capaz de produzir um resultado jurídico relevante.

Gabarito "B"

(Ministério Público/GO – 2012) Em relação à imputação objetiva é correto afirmar:

(A) imputação objetiva ou responsabilidade penal objetiva significa atribuir a alguém a realização de uma conduta criadora de um relevante risco juridicamente proibido e a produção de um resultado jurídico;

(B) o comportamento e o resultado normativo só podem ser atribuídos ao sujeito quando a conduta criou ao bem (jurídico) um risco juridicamente desaprovado e relevante;

(C) para fins de responsabilização do agente, a análise do estado anímico (dolo) precede à análise da imputação objetiva do resultado;

(D) a teoria da imputação objetiva surgiu com a finalidade de limitar o alcance da teoria da equivalência dos antecedentes causais. Por meio dela deixa-se de lado a observação de uma relação de causalidade puramente normativa (jurídica) para se valorar outra de natureza puramente material

A: incorreta, e de plano! A teoria da imputação objetiva, como se sabe, não se confunde com a responsabilidade penal objetiva. Aquela funciona como um limitador ao nexo de causalidade, ao passo que esta última preconiza a punição criminal independentemente de dolo ou culpa; **B:** correta. De fato, um dos requisitos para a imputação objetiva do resultado é que o comportamento praticado pelo agente crie ao bem jurídico tutelado pela norma um risco relevante e proibido; **C:** incorreta. Adotada a teoria da imputação objetiva, a relação de causalidade somente estaria devidamente caracterizada, e, portanto, admitida a imputação do resultado ao agente, se ultrapassadas as seguintes etapas, *nessa ordem*: i) análise do *tipo objetivo* (causalidade, criação de um risco proibido e realização do risco no resultado); ii) análise do *tipo subjetivo* (dolo ou culpa). Portanto, a análise do estado anímico do agente será feita posteriormente à análise da imputação objetiva do resultado; **D:** incorreta. Em verdade, é da teoria da imputação objetiva (e não da teoria da equivalência dos antecedentes) que se extrai o conceito de causalidade normativa (ou jurídica), não bastando a mera causalidade natural ou material, presente na teoria da equivalência dos antecedentes, para a imputação do resultado ao agente.

Gabarito "B"

(Ministério Público/AP – 2005) Joaquim atropela Raimundo que veio a falecer em decorrência da ingestão de veneno, tomado pouco antes de ser atropelado. Do enunciado é certo aduzir:

(A) Joaquim deve ser punido por crime de homicídio culposo.

(B) Há a exclusão da causalidade decorrente da conduta – causa absolutamente independente – mas responderá pela lesão corporal sofrida pelo Raimundo.

(C) Independente do resultado aplica-se a teoria do evento mais gravoso.

(D) É o genuíno caso do crime preterdoloso.

O envenenamento é ***causa preexistente absolutamente independente***, uma vez que, por si só, produz o resultado, ou seja, não se inclui no desdobramento natural da conduta. O nexo causal, por essa razão, é rompido, e Joaquim responderá tão somente pelas lesões corporais decorrentes do atropelamento.

Gabarito "B"

(Ministério Público/BA – 2010) A doutrina brasileira, em matéria de consentimento do ofendido, sinaliza para a existência de dois enfoques possíveis, no que concerne à função dogmática desempenhada pelo mencionado instituto, reportando-se ao cognominado "acordo" ou aquiescência em alguns casos, e simplesmente, ao consentimento em outras situações. Nessa linha de princípio, poderíamos afirmar:

I. Que o acordo ou aquiescência ocorre quando o "consentimento" exclui a tipicidade, enquanto as demais situações são designadas apenas por consentimento do ofendido e excluem a ilicitude da conduta.

II. Que o chamado acordo ou aquiescência exclui também a culpabilidade.

III. O consentimento é, na sistemática brasileira, induvidosamente, uma causa legal de exclusão da tipicidade.

IV. O consentimento, em seu sentido amplo, é, na sistemática brasileira, uma causa supralegal de exclusão da tipicidade e da ilicitude, conforme o caso.

V. O consentimento é, na sistemática brasileira, conforme o caso, uma causa supralegal de exclusão da culpabilidade.

(A) Apenas a alternativa I é verdadeira.

(B) Apenas a alternativa II é verdadeira.

(C) Apenas a alternativa III é verdadeiramente.

(D) As alternativas I e IV são verdadeiras.

(E) A alternativa II e V são verdadeira.

Há de fato duas situações. Se se tratar de bem disponível em que a vítima for capaz, o consentimento funcionará como ***causa supralegal de exclusão da antijuridicidade***; de outro lado, há crimes que só se tipificam diante do dissenso da vítima. Assim, havendo o consentimento do ofendido, opera-se a exclusão da tipicidade. É o caso do crime de violação de domicílio, previsto no art. 150 do CP. O consentimento do morador, neste exemplo, exclui a própria tipicidade.

Gabarito "D"

(Ministério Público/BA – 2010) Relacionar a parte geral com a parte especial do Código Penal é uma importante habilidade prática para um Promotor de Justiça. Levando isso em consideração, examinemos o exemplo a seguir: "Em determinado edifício, observa-se defeito contínuo nos elevadores, a ponto de o ascensorista alertar o síndico para o problema, enfatizando que alguém ali ainda ficaria preso, obtendo, no entanto, como resposta de que tudo não passara de mera fantasia e que nada disso iria acontecer. Certo dia, um profissional liberal, que possui consultório no prédio, precisou trabalhar até mais tarde, vindo a deixar o serviço após 22h, quando no local apenas permanecia um vigia. Toma o elevador e este para no meio dos andares. Imediatamente, aciona o alarme e desperta o vigia. Este, contudo, apesar de sua boa vontade, não sabe como mover o elevador, nem como abrir suas portas. O profissional liberal pede-lhe, então que se comunique com o síndico pelo telefone da portaria, o que é feito. O síndico lhe diz, porém, que nada poderia fazer, que esperasse até o outro dia, de manhã, quando chegasse o ascensorista, ademais, não poderia ir até ao local, porque estaria de saída para uma festa".

Em relação a hipótese acima, seria correto afirmar:

I. O síndico, como administrador do prédio, tem a responsabilidade pelas fontes de perigo nele existentes e, portanto, o dever de impedir os resultados que advierem do seu uso, como forma de ingerência.

II. O síndico, embora administrador do prédio, não tem a responsabilidade pelas fontes de perigo nele existentes, e portanto, não possui o dever de impedir os resultados que advierem do seu uso.

III. A conduta do síndico é atípica.

IV. O síndico cometeu o crime de sequestro por omissão.

V. Todas as alternativas acima são falsas.

(A) Somente a alternativa V é correta.

(B) As alternativas I e IV são corretas.

(C) As alternativas II e II são corretas.

(D) Somente a alternativa II é correta.

(E) Somente a alternativa III é correta.

A inércia do síndico, a quem incumbe o dever jurídico de agir, equipara-se a uma ação (crime omissivo impróprio ou comissivo por omissão). Ele foi alertado sobre o problema no elevador bem assim acerca de seu possível desdobramento, mas nada fez. A omissão do síndico, no caso narrado no enunciado, dado o disposto no art. 13, § 2º, do CP, acarretará sua responsabilização pelo crime de sequestro ou cárcere privado.

Gabarito "B"

(Ministério Público/BA – 2010) No trato de tema de intenso interesse prático, como é o caso dos crimes omissivos, a doutrina brasileira colaciona o seguinte exemplo: "dois irmãos, sem qualquer acordo prévio, estão nadando em águas profundas. Um deles, de repente, acometido de câimbras, começa a afogar-se. O outro nada faz para ajudá-lo. Ao avaliar um caso desta natureza, verifica-se que:

I. Seria o irmão sobrevivente responsável pelo resultado morte.

II. O irmão omitente deve ser responsabilizado somente por omissão de socorro.

III. A simples relação de parentesco, nos termos do art. 13, § 2º, torna o agente garantidor.

IV. A relação entre irmãos gera um vínculo social de proteção maior, mas não o torna garantidor.

V. O irmão omitente cometeu homicídio qualificado.

(A) Apenas a alternativa I está correta.

(B) As alternativas II e IV estão corretas.

(C) Apenas a alternativa V está correta.

(D) As alternativas I, III e V estão corretas.

(E) As alternativas III e V estão corretas.

I: incorreta, na medida em que um irmão não tem em relação ao outro o dever de cuidado e proteção que têm os pais em relação aos filhos; **II:** correta, pois o crime de *omissão de socorro* (art. 135 do CP) é comum e tem como fundamento o dever de solidariedade entre as pessoas, os irmãos inclusive; **III:** incorreta, pois a posição de *garante* pode ser assumida por um familiar ou ainda por um terceiro. A simples relação de parentesco não torna o agente *garantidor*; **IV:** correta. A relação entre irmãos, que sabidamente é marcada por vínculos afetivos fortes e duradouros, difere, no que toca à responsabilidade, daquela entre pais e filhos, decorrente do poder familiar; **V:** incorreta. Teria cometido se tivesse o dever jurídico de evitar o resultado.

Gabarito "B"

(Ministério Público/GO – 2005) Penalmente, durante o séc. 20 foram elaborados vários conceitos de crime: causalista, neokantista, finalista, funcionalista. No Brasil, até a década de 1970 predominou a teoria causalista; depois, a teoria finalista que ainda é predominante, embora cambaleante. Neste início do séc. 21, no Brasil, está sendo elaborado um novo conceito de crime com a teoria constitucionalista do delito. Segundo essa teoria, a imputação objetiva da conduta e do resultado são elementos da:

(A) tipicidade

(B) antijuridicidade

(C) culpabilidade

(D) punibilidade

O campo de atuação da imputação objetiva é notadamente o nexo causal, gerador da ***tipicidade***. Sustenta, em síntese, que um resultado só pode ser atribuído ao agente quando o seu comportamento houver criado, efetivamente, um risco não permitido ao bem jurídico.

Gabarito "A".

(Ministério Público/GO – 2005) Pacífico, pretendendo matar Felizardo, seu colega de faculdade, ministra veneno em seu café, aproveitando-se de um momento de distração deste. Felizardo ingere a bebida mas, antes que o veneno faça efeito, morre em decorrência do desabamento do teto da sala de aula, que lhe esmaga o crânio. Pacífico, neste caso:

(A) responderá por homicídio qualificado pelo emprego de veneno (artigo 121, § 2º , inciso III, do Código Penal)

(B) responderá por tentativa de homicídio qualificado pelo emprego de veneno (artigo 121, § 2º, inciso III c/c 14, inciso II do Código Penal)

(C) responderá por lesões corporais graves pelo perigo de vida (artigo 129, § 1º , inciso III do Código Penal)

(D) não responderá por crime algum, vez que não praticou qualquer fato típico

O desabamento do teto da sala de aula constitui ***causa superveniente absolutamente independente***, apta a romper o nexo causal, já que o resultado decorreu dessa causa independente e não do envenenamento. Assim, Pacífico responderá por tentativa de homicídio qualificado pelo emprego de veneno.

Gabarito "B".

(Ministério Público/MG – 2010 – FUNDEP) Considerando as funções que o consentimento do ofendido desempenha na área penal, assinale a alternativa **INCORRETA**.

(A) Elemento essencial do tipo

(B) Causa de exclusão da tipicidade

(C) Causa de exclusão da ilicitude

(D) Causa de extinção da punibilidade

Há de fato duas situações. Se se tratar de bem disponível em que a vítima for capaz, o consentimento funcionará como ***causa supralegal de exclusão da antijuridicidade***; de outro lado, há crimes que só se tipificam diante do dissenso da vítima. Assim, havendo o consentimento do ofendido, opera-se a exclusão da tipicidade. É o caso do crime de violação de domicílio, previsto no art. 150 do CP. O consentimento do morador, neste exemplo, exclui a própria tipicidade.

Gabarito "D".

(Ministério Público/PR – 2009) Sobre o tipo dos crimes de omissão de ação, assinale a alternativa correta:

(A) a omissão de ação própria se fundamenta na posição de garantidor do bem jurídico.

(B) os tipos de omissão de ação próprios e impróprios, em razão de sua estrutura subjetiva, não admitem figuras culposas.

(C) na omissão de ação imprópria, o omitente responde pelo resultado de lesão do bem jurídico.

(D) os tipos de omissão de ação próprios são incompatíveis com os delitos de perigo abstrato, realizáveis por simples atividade.

(E) o crime de omissão de socorro, previsto no art. 135 do Código Penal, só pode ser praticado por aquele que se encontra na posição de garantidor do bem jurídico protegido pela norma.

A: incorreta. Cabe, aqui, fazer uma distinção: *crime omissivo próprio* ou *puro* é aquele que se consuma com a mera abstenção, com o deixar de fazer, sendo desnecessário, pois, um resultado naturalístico posterior (art. 135 do CP – omissão de socorro). O próprio tipo penal faz menção à omissão. Já a obrigação de agir do ***garantidor*** está contemplada no art. 13, § 2º, *b*, do CP, que somente tem incidência nos chamados crimes *omissivos impróprios* (comissivos por omissão), que são aqueles que não estão em tipos específicos, fazendo-se necessário, portanto, uma norma de extensão para estabelecer a tipicidade (relevância da omissão); **B:** incorreta. As duas espécies de crime omissivo podem se exteriorizar tanto na modalidade culposa quanto na dolosa; **C:** correta. De fato, no crime omissivo impróprio, impuro ou comissivo por omissão (art. 13, § 2º, do CP), o agente responde pelo resultado naturalístico produzido, indispensável nesta modalidade de crime omissivo; **D:** incorreta. O art. 269 do CP – omissão de notificação de doença – constitui exemplo de crime omissivo próprio de perigo abstrato, modalidade de delito rechaçada por parte da doutrina e jurisprudência; **E:** incorreta. O crime de omissão de socorro, de outro lado, por estar contemplado em um tipo específico (art. 135 do CP), constitui delito omissivo puro, não sendo o caso, pois, de recorrer-se à norma geral do art. 13, § 2º, do CP, que faz menção ao dever de agir do *garante*.

Gabarito "C".

(Ministério Público/RN – 2004) A respeito da teoria do crime, é incorreto afirmar:

(A) Pela teoria da tipicidade conglobante, a pequena relevância da ofensa a bem jurídico protegido pela norma penal, é um fato penalmente atípico;

(B) De acordo com a teoria da imputação objetiva, para caracterizar o nexo de causalidade entre o resultado e a conduta do agente, dentre outros fatores, é preciso que este tenha criado uma situação de risco juridicamente proibido;

(C) Uma das diferenças entre crimes qualificados pelo resultado e preterdolosos é que os primeiros podem ocorrer, a partir de uma conduta antecedente dolosa e de um resultado doloso, ao passo que os segundos ocorrem, a partir de uma conduta antecedente dolosa e um resultado culposo;

(D) Culpa imprópria é aquela, na qual o legislador atribui uma pena por crime culposo a agente que pratica um crime doloso, como no erro de tipo vencível;

(E) Em caso de embriaguez acidental completa, exclui-se a imputabilidade do agente pela aplicação da teoria da *actio libera in causa*.

A: correta. ***A tipicidade conglobante*** é integrada pela lesividade e pela imputação objetiva. É um corretivo da tipicidade legal; **B:** correta. Para a ***teoria da imputação objetiva***, para que se possa atribuir responsabilidade penal, é imprescindível a criação de uma situação de risco juridicamente intolerável ao bem jurídico tutelado; **C:** correta. A rigor, o ***crime preterdoloso*** constitui tão só uma das espécies dos chamados ***crimes qualificados pelo resultado***. De fato, o ***crime preterdoloso*** verificar-se sempre que ocorrer dolo no antecedente e culpa no consequente; **D:** correta. Culpa imprópria (culpa com previsão, por extensão, por assimilação, por equiparação) é aquela em que o agente, apesar de a ação ser dolosa, responde por crime culposo, uma vez que teve falsa percepção da realidade (equivocou-se acerca da situação fática); **E:** incorreta, devendo ser assinalada. A teoria da *actio libera in causa* não se aplica às hipóteses de embriaguez acidental (art. 28, § 1º, do CP).

Gabarito "E"

(Ministério Público/SP – 2006) Tendo em vista que, segundo Aníbal Bruno, "o tipo é por definição a fórmula descritiva das circunstâncias objetivas do crime", os tipos anormais:

(A) são os que contêm elementos normativos, como a expressão "sem justa causa".

(B) são os que contêm termos jurídicos, como "cheque".

(C) são os que contêm expressões que exigem juízo de valoração, como "dignidade".

(D) são os que contêm termos relativos a outras ciências, como "saúde".

(E) todas as alternativas acima são hipóteses de tipos anormais.

Tipo normal é o constituído tão somente por elementos descritivos. Anormal é aquele ao qual se acrescentam elementos normativos ou subjetivos.

Gabarito "E"

(Ministério Público/TO – 2006 – CESPE) Bruno, dono de uma loja de armas, em conduta lícita, vendeu um revólver, sem saber das intenções relativas ao uso da arma, a Daniel, que possui porte legal de arma em razão de seu cargo. Com a arma comprada, Daniel, intencionalmente, matou a tiros sua ex-mulher Letícia.

Com base na situação hipotética apresentada, assinale a opção correta.

(A) Pela teoria da equivalência das condições, a conduta de Bruno não é causa do resultado morte de Letícia.

(B) Pela teoria da causalidade adequada, a conduta de Bruno é considerada causa idônea à produção do resultado.

(C) Pela imputação objetiva, difundida especialmente por Günter Jakobs e adotada na Alemanha e Espanha, Bruno responder pelo resultado morte como partícipe do crime.

(D) O Código Penal brasileiro adota a teoria da equivalência das condições, desde que presente o elemento subjetivo o normativo do tipo.

A teoria da equivalência das condições (*conditio sine qua non*), contida no art. 13, *caput*, do CP, prescreve que quaisquer das circunstâncias que integram a totalidade dos antecedentes é causa do resultado. Dessa forma, o dono da loja de armas seria, em princípio, responsabilizado pela morte de Letícia. Ocorre que Bruno (assim como o fabricante da arma) somente seria punido se houvesse agido com dolo ou culpa em relação à provocação do resultado, o que não ocorreu.

Gabarito "D"

6. CRIMES DOLOSOS, CULPOSOS E PRETERDOLOSOS

(Ministério Público/DF – 2013) Em face das seguintes assertivas, indique a que se apresenta CORRETA:

(A) O ordenamento jurídico brasileiro adotou a teoria psicológica do dolo, segundo a qual dolo é a consciência e a vontade de concretizar os elementos do tipo penal.

(B) No conceito finalista de delito, dolo e culpabilidade têm como característica comum a sua natureza normativa.

(C) Para punição do agente, a título de culpa, segundo a teoria finalista da ação, é suficiente a demonstração de conduta realizada com imprudência, negligência ou imperícia.

(D) O "dolo geral" é gênero do qual são espécies o "dolo direto" e o "dolo eventual", responsabilizando-se o agente tanto diante da vontade de produção do resultado quanto da simples aceitação de sua ocorrência.

(E) A teoria normativa do dolo, ínsita à doutrina finalista da ação e acolhida no Código Penal Brasileiro, exige do agente a consciência da ilicitude de sua conduta.

A: correta. Com a criação do finalismo penal, o dolo, que até então estava alojado na culpabilidade – que continha três elementos, quais sejam, a imputabilidade, o dolo ou a culpa e a exigibilidade de conduta diversa (teoria clássica, causal ou mecanicista) – passou a integrar o fato típico, sendo dotado de dois elementos: a consciência e a vontade. Aqui, diz-se que o dolo é natural, em contraposição àquele dolo na teoria clássica, que, integrando a culpabilidade, continha a consciência da ilicitude; **B:** incorreta. Para a teoria finalista, como dito, o dolo é natural, contendo apenas elementos cognitivo (consciência) e volitivo (vontade). Já para a teoria clássica, como o dolo integrava a culpabilidade, continha, também, um terceiro elemento, qual seja, a consciência da ilicitude (o dolo era dito normativo); **C:** incorreta. À luz da teoria finalista da ação, que pressupõe, como o nome sugere, que todo comportamento humano, para ser considerado penalmente relevante, seja dirigido a uma finalidade, não basta, para a punição por um crime culposo, tenha o agente agido com imprudência, negligência ou imperícia (modalidades de culpa). Será indispensável que sua *conduta* tenha sido *voluntária* (não voltada à produção do resultado ou sua aceitação, mas, sim, à prática de uma conduta perigosa, por ele aceita e desejada), que tenha *violado dever objetivo de cuidado* (por imprudência, negligência ou imperícia), daí advindo um *resultado naturalístico involuntário* (se voluntário fosse, estaríamos diante de dolo). Também, será indispensável ao reconhecimento do crime culposo, o nexo de causalidade (entre a conduta voluntária e o resultado involuntário) e a tipicidade (expressa previsão legal da forma culposa do crime), bem como a previsibilidade objetiva (possibilidade de pessoa de mediana prudência e discernimento conseguir prever o resultado); **D:** incorreta. Dolo geral, também chamado de erro sucessivo ou *aberratio causae*, verifica-se quando o agente, por erro nos meios de execução, acredita ter alcançado determinado resultado com um comportamento inicial, quando, em verdade, somente com um comportamento subsequente, dissociado da finalidade inicial, é que consegue alcançá-lo. Trata-se de um erro irrelevante para o Direito penal, devendo o agente ser responsabilizado pelo resultado pretendido de início; **E:** incorreta. Como visto anteriormente, à luz da teoria finalista da ação, o dolo deixou de ser normativo (vale dizer, de integrar a culpabilidade e de conter a consciência da ilicitude), tornando-se natural, tendo como elementos apenas a consciência e a vontade.

Gabarito "A"

(Ministério Público/GO – 2013) Com relação ao tipo culposo, assinale a alternativa correta:

(A) a culpa gravíssima é chamada na doutrina de culpa temerária.

(B) para fins de tipicidade, discute-se unicamente se a previsibilidade deve ser aferida de acordo com a capacidade individual do agente (previsibilidade subjetiva).

(C) na hipótese em que Mélvio, ao limpar sua arma de fogo, de forma imprudente, vem a efetuar um disparo acidental e atinge mortalmente Ticio, que acabara de entrar no recinto, estaria configurada a espécie de culpa denominada "culpa consciente", pois que previsível o disparo da arma.

(D) no crime culposo a conduta é dirigida para um fim ilícito. Ela é sempre bem dirigida para uma finalidade relevante sob o aspecto penal.

A: correta. De fato, de acordo com a doutrina, a culpa pode ser classificada, quanto aos graus, em leve, grave ou gravíssima, esta última denominada de "culpa temerária"; **B:** incorreta. O reconhecimento de um crime culposo exigirá, dentre outros requisitos, a *previsibilidade objetiva*, vale dizer, a possibilidade que uma "pessoa comum" (que se convencionou chamar de "homem médio"), com prudência e inteligência ordinárias, tem de prever o resultado. A capacidade individual do agente em prever o resultado, denominada de previsibilidade subjetiva, será levada em consideração não no momento da tipificação do delito culposo, mas, sim, quando da verificação da culpabilidade. Assim, a depender do caso concreto, a eventual falta de potencial consciência da ilicitude por parte do agente poderá redundar em exclusão da culpabilidade (isenção da pena); **C:** incorreta. Diz-se consciente a culpa quando o agente, embora prevendo um resultado objetivamente previsível, acredita sinceramente em sua inocorrência. O fato de alguém limpar uma arma de fogo, ainda mais se estiver carregada, embora possa trazer uma previsibilidade objetiva do resultado (eventual disparo), não induz pensar tenha este sido previsto pelo agente. No caso relatado na assertiva, a vítima havia acabado de adentrar o recinto, motivo por que não se pode cogitar de culpa consciente (ou culpa com previsão). Estivesse a vítima, desde o início, no recinto em que o agente efetuava a limpeza da arma, aí sim seria possível cogitar da previsão do resultado pelo autor do disparo; **D:** incorreta. À luz da teoria finalista da ação, desenvolvida por Hans Welzel, todo comportamento humano somente será penalmente relevante se dirigido a determinada finalidade. No caso dos crimes culposos, geralmente a finalidade do comportamento é lícita, e não dirigida à causação do resultado. É o que se verifica, por exemplo, em um homicídio culposo de trânsito, no qual o condutor do veículo, querendo chegar rapidamente para um jantar de noivado (finalidade lícita), acaba, por imprudência (excesso de velocidade), atropelando e matando um pedestre. Perceba que a finalidade do comportamento é irrelevante para o Direito Penal (chegar rapidamente a um compromisso), mas o resultado advindo da conduta imprudente, negligente ou imperita é ilícito.

Gabarito "A"

(Ministério Público/MG – 2013) Aquele que, culposamente, deteriora uma pinacoteca particular sabidamente tombada poderá ser responsabilizado:

(A) Por crime de dano, previsto no Código Penal, por atentar contra o patrimônio alheio.

(B) Por crime contra o meio ambiente artificial e cultural.

(C) Por se tratar de fato atípico, não poderá ser responsabilizado criminalmente.

(D) Por crime específico, de dano em coisa de valor artístico, arqueológico ou histórico, tal como previsto no Código Penal.

Nos termos do art. 62, II, da Lei dos Crimes Ambientais (Lei 9.605/1998), incorrerá nas penas de reclusão, de um a três anos, e multa, aquele que destruir, deteriorar ou inutilizar arquivo, registro, museu, biblioteca, *pinacoteca*, instalação científica ou similar protegido por lei, ato administrativo ou decisão judicial. Se o crime for culposo, a pena será de seis meses a um ano de detenção, sem prejuízo da multa (art. 62, parágrafo único). Assim, pelo princípio da especialidade, o agente responderá por crime ambiental, e não por crimes "comuns" definidos no Código Penal.

Gabarito "B"

(Ministério Público/RJ – 2011) Sobre culpa em sentido estrito, é INCORRETO afirmar que:

(A) a responsabilização por crime culposo se fundamenta na inobservância do dever de asseguramento de tráfego;

(B) o grau da culpa influi na quantificação da pena em abstrato;

(C) a quase totalidade dos crimes culposos é composta de delitos materiais e de tipo penal aberto, mas há exceções;

(D) a culpa consciente se caracteriza pela não tolerância do resultado;

(E) nos termos da concepção finalista, a culpa configura elemento normativo do tipo.

A: correta. Quer-nos parecer que a assertiva diz respeito aos crimes culposos de trânsito, que, de fato, pressupõem que o agente deixe de observar o seu dever objetivo de cuidado, no caso, de segurança no tráfego, agindo de forma imprudente, negligente ou imperita; **B:** incorreta, devendo ser assinalada. O grau de culpa (leve, grave ou gravíssima) não influencia na quantificação da pena em abstrato (pena cominada). Para o Direito Penal brasileiro, culpa é culpa! Uma vez presente, o agente será responsabilizado pelo crime culposo; **C:** correta. De fato, como regra, os crimes culposos são materiais, vale dizer, somente se caracterizam diante da ocorrência de um resultado naturalístico (modificação do mundo exterior provocada pela conduta). Outrossim, os tipos penais culposos, também como regra, são abertos, ou seja, o legislador não descreve pormenorizadamente a forma de execução do crime, limitando-se a dizer "se o crime é culposo... pena: ..."; **D:** correta. Na culpa consciente, apesar de o resultado (previsível objetivamente) ser previsto pelo agente, este acredita, sinceramente, em sua inocorrência. Portanto, não tolera (não aceita) a produção do resultado; **E:** correta. De fato, para a teoria finalista, a culpa é elemento normativo do tipo, visto exigir do intérprete-aplicador a emissão de um juízo de valor (necessidade de comparação entre a conduta do agente e a de um homem de prudência e discernimento medianos, daí advindo a ocorrência – ou não – da inobservância do dever objetivo de cuidado).

Gabarito "B"

(Ministério Público/RJ – 2011) As três principais teorias sobre o dolo são as seguintes:

(A) Eventualidade, Assentimento e Vontade;

(B) Assentimento, Representação e Atividade;

(C) Eventualidade, Vontade e Representação;

(D) Representação, Assentimento e Vontade;

(E) Eventualidade, Atividade e Representação.

De fato, o dolo apresenta três principais teorias: a) *representação* – para a configuração do dolo, basta que haja a previsão (representação, antevisão) do resultado, não importando o fato de o agente querer ou assumir o risco de produzi-lo; b) *assentimento* – também chamada de teoria do consentimento ou da anuência, haverá dolo quando o agente quiser o resultado ou assumir o risco de produzi-lo; e c) *vontade* – haverá dolo quando o agente, além de antever o resultado, quiser (tiver a vontade) de produzi-lo.

Gabarito "D"

(Ministério Público/PI – 2008) Assinale a alternativa **correta.**

(A) O dolo do crime tentado não é o mesmo do crime consumado.

(B) O dolo natural abrange a consciência da ilicitude.

(C) Segundo entendimento doutrinário, no dolo de perigo, o agente não admite o dano.

(D) Na concepção da doutrina finalista da ação, o dolo é o mesmo concebido pela doutrina causal-naturalista.

(E) O dolo premeditado qualifica o homicídio.

A: incorreta. O dolo, seja no crime tentado, seja no consumado, é o mesmo. Assim, aquele que inicia a execução de um homicídio, mas, por circunstâncias alheias à sua vontade, não alcança o resultado almejado, terá agido com "dolo homicida". Inexiste, portanto, "dolo de tentativa", mas, sim, "dolo de consumação"; **B:** incorreta. A consciência da ilicitude era abrangida pelo dolo normativo, compatível com a teoria clássica, mecanicista ou causal; **C:** correta. De fato, no dolo de perigo, o agente quer ou assume o risco de causar um perigo ao bem jurídico tutelado pela norma penal incriminadora, diversamente do que ocorre no dolo de dano, no qual o agente, por evidente, quer ou assume o risco de causar lesão ao bem jurídico; **D:** incorreta. Na doutrina finalista, o dolo é natural, ou seja, dissociado de qualquer consciência da ilicitude, abrangida, em seu aspecto potencial, na culpabilidade. Já na doutrina causal-naturalista, o dolo é normativo, contendo a consciência da ilicitude. Daí, à época, o dolo estar sediado na culpabilidade; **E:** incorreta. Não há no rol do art. 121, § 2º, do CP a premeditação como qualificadora do homicídio.

Gabarito "C"

(Ministério Público/AC – 2008) Analise as seguintes assertivas:

I. O Código Penal brasileiro prevê hipótese em que o dolo de dano, em lugar do dolo de perigo, funciona como qualificadora de delito.

II. O dolo eventual é sinônimo de dolo de perigo.

III. Os crimes de perigo abstrato são expressamente considerados inconstitucionais pela Constituição da República Federativa de Brasil de 1988.

IV. Nos crimes qualificados pelo resultado, o crime-base deve necessariamente ser doloso.

Estão corretas somente a(s) alternativa(s)

(A) I e III.

(B) I e IV.

(C) I.

(D) I, II e IV.

I: correta. Por exemplo, no crime de perigo de contágio venéreo (art. 130 do CP), se a intenção do agente for a de transmitir a moléstia à vítima, agindo, portanto, com dolo de dano, restará configurada a qualificadora do § 1º do precitado dispositivo legal; **II:** incorreta. Dolo eventual é espécie de dolo indireto, que se caracteriza pelo fato de o agente assumir o risco de produzir determinado resultado (art. 18, I, do CP). Já dolo de perigo, como o nome sugere, é aquele que se caracteriza pelo fato de o agente, com sua conduta, querer produzir um risco (perigo) ao bem jurídico tutelado pela norma penal incriminadora; **III:** incorreta. Embora uma parcela da doutrina entenda que os crimes de perigo abstrato são inconstitucionais, tendo em vista que o Direito Penal deve pautar-se pela causação de efetivo perigo ao bem jurídico tutelado pela norma penal incriminadora, não há expressa previsão acerca de sua inconstitucionalidade; **IV:** incorreta, pois o crime base também pode ser culposo. Os crimes qualificados pelo resultado podem decorrer das seguintes combinações: a) crime antecedente doloso e resultado agravador doloso (dolo + dolo); b) crime antecedente doloso e resultado agravador culposo (dolo + culpa = preterdolo); c) crime antecedente culposo e resultado agravador doloso (culpa + dolo); d) crime antecedente culposo e resultado agravador culposo (culpa + culpa).

Gabarito "C"

(Ministério Público/BA – 2010) A questão da ***actio libera in causa*** é um tema, ainda hoje, de grande repercussão dogmática, e cujo tratamento e solução relacionam-se modernamente com os princípios:

(A) Da coincidência e da igualdade.

(B) Da lesividade e culpabilidade.

(C) Da insignificância e ofensividade.

(D) Da culpabilidade e da insignificância.

(E) Da efetividade e subsidiariedade.

Segundo a teoria da *actio libera in causa* (ação livre na causa), a imputabilidade do agente deve ser analisada no momento em que este, antes da prática da infração penal, faz uso de álcool ou de substância de efeitos análogos. O que se dá, a rigor, é o deslocamento do momento de aferição da imputabilidade do momento da ação ou omissão para o instante em que o agente se coloca em estado de inimputabilidade, o que ocorre com a ingestão de álcool ou substância de efeitos análogos.

Gabarito "A"

(Ministério Público/DF – 2005) Em face das seguintes assertivas, assinale a alternativa incorreta:

(A) O dolo direto de segundo grau versa sobre as consequências secundárias, decorrentes dos meios elegidos pelo autor para a prática da conduta, desde que por ele representadas como certas ou necessárias, ainda que não desejadas.

(B) O comportamento típico culposo apresenta os seguintes elementos: conduta voluntária; inobservância do dever de cuidado objetivo; produção de resultado naturalístico, não desejado nem consentido; nexo de causalidade; previsão ou previsibilidade objetiva; subsunção a norma penal expressa.

(C) O preenchimento do tipo penal doloso pode exigir, ao lado do dolo, a verificação de outros elementos de natureza subjetiva, sem os quais a conduta será desclassificada para outro tipo penal ou simplesmente considerada atípica.

(D) A combinação entre o dolo (no precedente) e a culpa (no consequente) é essencial para a caracterização dos crimes qualificados pelo resultado.

(E) O Código Penal brasileiro acolheu, no *caput* de seu artigo 13, a teoria da eqüivalência dos antecedentes causais, admitindo, todavia, o rompimento do nexo causal por causa superveniente relativamente independente (artigo 13, § 1º), o que representa limite à amplitude da teoria elegida pelo legislador para regular a causalidade natural no Direito Penal.

A combinação entre o dolo (no precedente) e a culpa (no consequente) é essencial à caracterização do chamado crime ***preterdoloso.*** Este, por sua vez, é tão somente uma das espécies dos chamados ***crimes qualificados pelo resultado***.

Gabarito "D"

(Ministério Público/MA – 2002) Quando o sujeito ativo não age com dolo contemporâneo à ação, porquanto embriagado voluntariamente, mas tem a previsibilidade da ocorrência do fato delituoso agindo dolosamente no início da série causal de eventos que se encerra com o resultado danoso, deve responder pelo resultado que produzir. Tal afirmação encontra respaldo na seguinte teoria:

(A) *Versare in re illicita;*

(B) *Actio libera in causa;*

(C) *Conditio sine qua non;*

(D) *Nullun crimen sine conducta;*

(E) *Error juris nocet.*

Neste caso, por ter feito uso de bebida alcoólica ou droga com o propósito de se colocar em estado de inimputabilidade, o elemento subjetivo, manifestado quando da ingestão da bebida ou da substância, é projetado para o instante da conduta criminosa. A teoria da *actio libera in causa* repousa no princípio *"causa da causa também é causa do que foi causado"*.

Gabarito "B"

(Ministério Público/MS – 2011 – FADEMS) No crime preterdoloso a culpa pode ser reconhecida por presunção?

(A) Sim. No crime preterdoloso a culpa pode ser reconhecida por presunção;

(B) Não, porque no crime preterdoloso a conduta do agente é sempre preordenada;

(C) A culpa no crime preterdoloso não pode ser presumida, deve ser provada;

(D) Não, porque no crime preterdoloso o resultado é sempre almejado pelo agente;

(E) Sim, desde que o agente tenha almejado o resultado.

O crime ***preterdoloso***, espécie dos chamados ***crimes qualificados pelo resultado***, é formado pela combinação entre o dolo (no precedente) e a culpa (no consequente). No mais, o direito penal é informado pelo *princípio da culpabilidade* ou da *responsabilidade subjetiva*, segundo o qual ninguém pode ser punido se não houver agido com dolo ou culpa. É vedada, portanto, em direito penal, a responsabilidade objetiva.

Gabarito "C"

(Ministério Público/PR – 2011) Sobre o tipo dos crimes dolosos de ação, assinale a alternativa incorreta:

(A) a imputação do resultado pressupõe, além da relação de causalidade, a criação de risco para o bem jurídico pela ação do autor e a realização do risco criado pelo autor no resultado de lesão do bem jurídico;

(B) o dolo direto de 2º grau abrange os efeitos colaterais representados como certos ou necessários pelo autor, determinantes de lesões a bens jurídicos, ainda que lamentados ou indesejados por este;

(C) o erro de tipo pode ter por objeto elementos descritivos ou normativos do tipo objetivo e, quanto ao tipo subjetivo, não pode incidir sobre o dolo, mas pode ter por objeto elementos subjetivos especiais, diversos do dolo;

(D) o tipo subjetivo dos delitos de homicídio e lesões corporais é composto somente pelo dolo, e o tipo subjetivo dos delitos de furto, extorsão, falsidade ideológica e prevaricação é composto pelo dolo e por elementos subjetivos especiais, diversos do dolo;

(E) o erro de tipo inevitável sobre elementos objetivos do tipo de homicídio (CP, art. 121, *caput*) e o erro de tipo evitável sobre elementos objetivos do tipo de aborto simples provocado pela gestante (CP, art. 124) não resultam em qualquer responsabilidade penal ao seu autor.

A: correta. Trata-se de componentes da imputação objetiva que nos permite verificar se a conduta e o resultado geraram risco efetivamente relevante ao bem jurídico; **B:** correta. *Dolo direto de segundo grau* (ou indireto) é o que se refere às consequências secundárias, decorrentes dos meios escolhidos pelo autor para a prática da conduta; **C:** incorreta, devendo ser assinalada. É verdadeira a afirmação contida na primeira parte da assertiva de que o erro de tipo – art. 20, *caput*, CP – pode ter por objeto elementos descritivos ou normativos do tipo objetivo, mas é incorreto o trecho em que se faz referência ao tipo subjetivo, visto que em hipótese alguma o erro de tipo alcança o elemento subjetivo do tipo; **D:** correta. No furto, o elemento subjetivo é representando pelo dolo e também pela intenção do agente de apossar-se da coisa subtraída de forma definitiva (*animus rem sibi abendi* ou *animus furandi*); na extorsão, temos que o elemento subjetivo é representado pelo dolo e também pelo elemento especial consistente em "obter para si ou para outrem indevida vantagem econômica"; na falsidade ideológica, por sua vez, o especial fim de agir do agente consiste em "com o fim de prejudicar direito, criar obrigação ou alterar a verdade sobre fato juridicamente relevante"; o crime de prevaricação somente resta caracterizado se o agente realizar as condutas previstas no tipo com o propósito de satisfazer interesse ou sentimento pessoal (elemento especial do tipo subjetivo). Nos crimes de homicídio e lesão corporal, o elemento subjetivo é representado pelo dolo; **E:** correta. O erro de tipo inevitável, invencível ou escusável elide qualquer responsabilidade penal do autor do erro, visto que tem o condão de excluir o dolo e a culpa. O erro de tipo evitável ou vencível sobre elementos objetivos do tipo de aborto simples provocado pela gestante não resulta em responsabilidade para esta porque, embora pudesse, em princípio, haver punição a título de culpa, já que nesta modalidade de erro o dolo é afastado mas a culpa subsiste, inexiste aborto culposo em nosso ordenamento.

Gabarito "C"

(Ministério Público/PR – 2009) Sobre o tipo dos crimes dolosos de ação, assinale a alternativa correta:

(A) o legislador penal brasileiro adotou a teoria da adequação para explicar o nexo de causalidade entre ação e resultado.

(B) o tipo subjetivo de todos os crimes dolosos de ação é constituído por consciência e vontade, que compõem o dolo, e por elementos subjetivos especiais, diversos do dolo.

(C) o autor A faz explodir eletronicamente bomba previamente instalada no veículo do motorista B, com a finalidade de matá-lo, e a explosão da bomba produz, também, a morte de C, que o autor sabia que estava no veículo: a morte de B é atribuível ao autor a título de dolo direto de 1º grau, e a morte de C, representada como necessária pelo autor, é atribuível a este a título de dolo direto de 2º grau.

(D) o erro de tipo não pode recair sobre elementos normativos do tipo objetivo.

(E) a *aberratio ictus* ocorre quando o agente, por acidente ou erro no uso dos meios de execução, atinge pessoa diversa daquela que pretendia, hipótese em que as condições ou qualidades pessoais da pessoa atingida são penalmente relevantes.

A: incorreta. No que tange ao *nexo de causalidade*, o Código Penal adotou, no art. 13, *caput*, a *teoria da equivalência dos antecedentes* (*conditio sine qua non*); **B:** incorreta. O tipo subjetivo dos crimes dolosos deve abranger a *consciência* e a *vontade* de concretizar os requisitos objetivos do tipo que levam ao resultado. Os elementos subjetivos especiais, todavia, só integrarão a dimensão subjetiva da tipicidade penal quando exigidos pelo tipo penal; **C:** correta. Existem, basicamente, três modalidades de dolo, a saber: dolo direto de primeiro grau; dolo direto de segundo grau; e dolo eventual. *Dolo direto de primeiro grau* (ou imediato) é aquele que se refere ao objetivo principal almejado pelo agente. *Dolo direto de segundo grau* (ou indireto) é o que se refere às consequências secundárias, decorrentes dos meios escolhidos pelo autor para a prática da conduta. *Dolo eventual*, por sua vez, ocorre sempre que o agente assume o risco de produzir determinado resultado; **D:** incorreta. O *erro de tipo* pode, sim, recair sobre elementos normativos do tipo, o que ensejará a exclusão do dolo e, consequentemente, da conduta e do fato típico; **E:** incorreta. Na *aberratio ictus* ou erro na execução, o agente, de fato, por acidente ou erro no uso dos meios de execução, no lugar de atingir a pessoa que pretendia, atinge pessoa diversa. Neste caso, em consonância com o disposto no art. 73 do CP, *serão levadas em consideração as características da pessoa contra a qual o agente queria investir mas não conseguiu.*

Gabarito "C"

(Ministério Público/RO – 2010 – CESPE) A respeito da teoria do crime adotada pelo CP, assinale a opção correta.

(A) A ausência de previsão é requisito da culpa inconsciente, pois, se o agente consegue prever o delito, trata-se de conduta dolosa e não culposa.

(B) O CP limitou-se a adotar a teoria do assentimento em relação ao dolo ao dispor que age dolosamente o agente que aceita o resultado, embora não o tenha visado como fim específico.

(C) A conduta do agente que, após iniciar a execução de crime por iniciativa própria, impede a produção do resultado caracteriza arrependimento posterior e tem a mesma consequência jurídica da desistência voluntária.

(D) Na desistência voluntária, o agente poderá responder pelos atos já praticados, pelo resultado ocorrido até o momento da desistência ou pela tentativa do crime inicialmente pretendido.

(E) A previsibilidade subjetiva é um dos elementos da culpa e consiste na possibilidade de ser antevisto o resultado nas circunstâncias específicas em que o agente se encontrava no momento da infração penal.

A: correta. Na ***culpa inconsciente***, embora o resultado lesivo seja previsível, o agente não o prevê (ausência de previsão). Entenda bem: o sujeito, nesta modalidade de culpa, não prevê o que é previsível. A propósito, a previsibilidade objetiva constitui um dos requisitos do crime culposo. Fala-se, de outro lado, em ***culpa consciente*** sempre que o agente, embora preveja o resultado ofensivo, espera, sinceramente, que ele não ocorra. A rigor, o agente, diante do caso concreto, confia em sua habilidade. Embora tenha a previsão do resultado, ele não o deseja, tampouco assume o risco de produzi-lo. Agora, se o agente consegue ter a previsão do resultado, mas pouco se importa com ele (assumi o risco de causá-lo), dando sequência ao seu propósito inicial, é caso então de dolo eventual. A segunda parte da assertiva, a nosso ver, não deixa claro se a previsão se refere à culpa consciente ou ao dolo eventual; **B:** incorreta, visto que, em relação ao dolo, o Código Penal acolheu – art. 18, I – as teorias da *vontade* (dolo direto) e do *assentimento* (dolo eventual), e não somente esta; **C:** incorreta. A situação descrita nesta assertiva se refere ao instituto contemplado no art. 15, segunda parte, do CP (arrependimento eficaz), em que o agente, uma vez realizados todos os atos considerados necessários à consumação do crime, passa a agir para que o resultado não se produza. Assim como na *desistência voluntária*, este somente terá lugar antes da consumação do crime, razão pela qual tem natureza jurídica de *causa excludente de tipicidade*. O *arrependimento posterior*, que, como a própria nomenclatura sugere, deve ser posterior à consumação do crime, tem como natureza jurídica de *causa obrigatória de diminuição de pena*. Sua disciplina está no art. 16 do CP; **D:** incorreta. Na desistência voluntária e no arrependimento eficaz (art. 15 do CP), o agente somente responderá pelos atos então praticados. A tentativa fica afastada na medida em que a consumação não se concretizou por circunstâncias relacionadas à vontade do agente. Como já dito, a natureza jurídica dos dois institutos aqui tratados consiste em *causa excludente de tipicidade*, subsistindo a responsabilidade tão somente pelos atos praticados; **E:** incorreta. Cuida-se da capacidade de o agente, em face as suas condições pessoais (educação, inteligência etc.), antever o resultado. Esta é a previsibilidade subjetiva, que não constitui elemento (requisito) do fato típico culposo. Sua incidência se dá no campo da culpabilidade.

Gabarito "A"

7. ERRO DE TIPO, DE PROIBIÇÃO E DEMAIS ERROS

(Ministério Público/MG – 2014) A queria matar B. Quando este passou próximo ao local em que se postara, disparou um tiro de revólver, errando o alvo e atingindo C, ferindo-o levemente no braço. Deverá responder por:

(A) Lesões corporais culposas contra C.

(B) Homicídio tentado contra C.

(C) Lesões corporais leves contra C.

(D) Homicídio tentado contra B.

O enunciado retrata típico exemplo de *aberratio ictus* (erro na execução), que, nos termos do art. 73 do CP, impõe ao agente que responda como se tivesse praticado o crime contra aquela vítima inicialmente visada ("vítima B"). Por se tratar de erro meramente acidental, nada obstante tenha produzido apenas lesões corporais leves na vítima efetiva ("vítima C"), deverá ser responsabilizado por tentativa de homicídio contra "B", visto ser esta sua intenção ao efetuar o disparo de arma.

Gabarito "D"

(Ministério Público/DF – 2013) Examine os itens que se seguem e assinale a alternativa **CORRETA**:

(A) Nos termos da legislação penal brasileira, a *aberratio ictus* com resultado duplo conduz à aplicação da regra da continuidade delitiva.

(B) O erro de proibição invencível por parte de um dos coautores do delito impede a aplicação de pena aos demais concorrentes.

(C) Na omissão, o erro de mandamento se caracteriza quando o omitente se abstém da ação ordenada pelo direito, na justificável crença de inexistir o dever de agir.

(D) Segundo o Código Penal, atua em erro de proibição o agente que, diante da aproximação de pessoa que acredita tratar-se de um ladrão, desfere-lhe golpes com pedaço de madeira.

(E) Para o finalismo, é erro de tipo o que incide sobre a consciência da ilicitude, que pode ser meramente potencial.

A: incorreta. Havendo *aberratio ictus* (que é espécie de erro de tipo acidental, na qual o agente, por erro na execução, atinge pessoa diversa da pretendida) com duplo resultado (ou com unidade complexa), vale dizer, atingindo o agente pessoa diversa da pretendida e, também, a própria vítima inicialmente visada, responderá em concurso formal de crimes (art. 73, segunda parte, do CP). Afinal, mediante uma única ação ou omissão, terá praticado dois ou mais crimes, incidindo, portanto, a regra do concurso formal (art. 70 do CP); **B:** incorreta. O erro de proibição (erro sobre a ilicitude do fato), quando invencível (ou inevitável, ou escusável), é causa de exclusão da culpabilidade. Assim, se o crime for praticado em concurso de agentes, caso um deles incida em erro de proibição invencível, tal causa não se estenderá aos demais concorrentes, sendo incomunicável (art. 30, CP). Ainda, que não se tratasse de coautora, mas, apenas, de participação, se adotada a teoria da acessoriedade limitada (que é a mais aceita pela doutrina nacional), os demais concorrentes responderiam criminalmente se o agente houvesse praticado um *fato típico* e *ilícito*. Ainda que tenha ele incidido em erro de proibição invencível, por se tratar de causa excludente da culpabilidade, os demais concorrentes não seriam atingidos por referida dirimente; **C:** correta. Verifica-se o erro mandamental (ou erro de mandamento) nos crimes omissivos próprios ou impróprios, desde que o agente tenha uma falsa percepção da realidade quanto ao mandamento implícito contido na norma penal incriminadora (ex.: na omissão de socorro, prevista no art. 135, CP, existe um mandamento implícito, qual seja, "preste socorro"), o que configura verdadeiro erro de tipo, ou, no caso da omissão imprópria, no caso de o agente acreditar não ter o dever jurídico de impedir o resultado, fato caracterizador de verdadeiro erro de proibição.

Gabarito "C"

(Ministério Público/PR – 2013 – X) Segundo a sistemática do Código Penal, assinale a alternativa ***incorreta***:

(A) É isento de pena quem, por erro plenamente justificado pelas circunstâncias, supõe situação de fato que, se existisse, tornaria a ação legítima;

(B) O erro sobre a ilicitude do fato, se inevitável, isenta de pena;

(C) O erro sobre a ilicitude do fato se evitável, diminui a pena em um sexto;

(D) Se o fato é cometido sob coação irresistível ou em estrita obediência a ordem, não manifestamente ilegal, de superior hierárquico, só é punível o autor da coação ou da ordem;

(E) O erro sobre elemento constitutivo do tipo legal de crime exclui o dolo, mas permite a punição por crime culposo, se previsto em lei.

A: correta. A assertiva trata das descriminantes putativas (art. 20, § 1º, do CP); **B:** correta, visto que, de fato, o erro sobre a ilicitude do fato, quando inevitável, isenta o réu de pena (art. 21, *caput*, do CP). Estamos a tratar do erro de proibição escusável, que é causa excludente da culpabilidade; **C:** incorreta, devendo ser assinalada. Se o erro sobre a ilicitude do fato (erro de proibição) for evitável (ou inescusável), a pena do agente será reduzida de *um sexto a um terço* (art. 21, *caput*, parte final, do CP). Assim, a diminuição prevista em lei é variável, e não fixa, como apontado na assertiva; **D:** correta, nos termos do art. 22 do CP, que trata da coação moral irresistível e da obediência hierárquica, ambas as causas excludentes da culpabilidade (por afastar a exigibilidade de conduta diversa); **E:** correta, nos termos do art. 20, *caput*, do CP, que trata do erro de tipo. Lembre-se de que haverá, aqui, a exclusão do dolo e da culpa quando o erro for invencível (ou inevitável, ou escusável), remanescendo, porém, a culpa, se o erro for vencível (ou evitável, ou inescusável), desde que prevista a modalidade culposa em lei.

Gabarito "C"

(Ministério Público/PR – 2013 – X) Assinale a alternativa ***incorreta***:

(A) Semprônio pretendendo matar seu pai Tício, desfere disparos de arma de fogo contra este, enquanto Tício conversava com seu vizinho Esmenio. Entretanto por erro na execução, Semprônio acaba apenas por atingir e matar Esmenio. Neste caso Semprônio responderá pelo crime de homicídio doloso, com a incidência da agravante genérica prevista no art. 61, II, letra "a" do CP (ter praticado o crime contra ascendente);

(B) Semprônio pretendendo matar seu vizinho Esmenio, desfere disparos de arma de fogo contra Esmenio enquanto ele conversava com Tício pai de Semprônio. Entretanto por erro na execução, Semprônio acaba apenas por atingir e matar Tício. Neste caso Semprônio responderá pelo crime de homicídio doloso, sem a incidência da agravante genérica prevista no art. 61, II, letra "a" do CP (ter praticado o crime contra ascendente);

(C) Semprônio pretendendo matar seu vizinho Esmenio, desfere contra ele disparos de arma de fogo, enquanto Esmenio conversava com Tício, pai de Semprônio. Entretanto por erro na execução, além de atingir e matar Esmenio, também atinge e mata seu pai Tício. Neste caso Semprônio responderá por crime de homicídio doloso, com a aplicação da regra prevista para o concurso formal de crimes;

(D) Semprônio pretendendo lesionar seu vizinho Esmenio, e visualizando que este se encontrava na sala distraído, arremessa uma pedra através da vidraça da residência de Esmenio. Entretanto por erro na execução do crime, a pedra acaba por atingir o aparelho de televisão da sala, danificando-o. Neste caso Semprônio responderá por crime de dano;

(E) Semprônio pretendendo lesionar seu vizinho Esmenio, e visualizando que este se encontrava na sala distraído, arremessa uma pedra através da vidraça da residência de Esmenio. Entretanto por erro na execução do crime, além da pedra atingir e lesionar superficialmente Esmenio, acaba também por acertar e danificar o aparelho de televisão da sala. Neste caso Semprônio responderá apenas por crime de lesões corporais leves.

A: correta. A assertiva trata de homicídio doloso praticado com erro na execução (*aberratio ictus*), tendo Semprônio, que tencionava matar o pai, atingido Tício. Neste caso, o agente responderá como se houvesse atingido a pessoa pretendida, levando-se, inclusive, em conta as características dela e não da vítima efetiva (art. 73 do CP); **B:** correta. Considerando que Semprônio pretendia matar seu vizinho Esmenio, mas, por erro na execução (*aberratio ictus*), atingiu o próprio pai (Tício), responderá por homicídio doloso, mas sem incidir a agravante genérica prevista no art. 61, II, "a", do CP (crime praticado contra ascendente). É que, nos termos do art. 73 do CP, verificado o erro na execução, o agente responderá como se houvesse atingido a vítima pretendida (vítima virtual), levando-se em consideração as características desta e não da vítima efetiva. Por isso, nada obstante tenha matado o próprio pai, a Semprônio não incidirá a agravante; **C:** correta. A assertiva contempla o que se denomina de *aberratio ictus* com duplo resultado (ou com unidade complexa). Assim, por erro na execução, Semprônio, além de atingir a vítima visada (o vizinho Esmenio), atingiu pessoa diversa da pretendida (o próprio pai). Portanto, mediante uma única ação, praticou dois crimes, incidindo, na espécie, a regra do concurso formal, nos termos preconizados no art. 73, parte final, do CP; **D:** incorreta, devendo ser assinalada. A assertiva trata, em princípio, da *aberratio criminis* (ou *aberratio delicti*), que se caracteriza pelo fato de o agente, por erro ou acidente na execução, dar causa a resultado diverso do inicialmente pretendido, caso em que, nos termos do art. 74 do CP, deveria responder na forma culposa, se prevista em lei, deste último resultado. Ocorre que, de acordo com a doutrina, inaplicável a regra prevista em referido dispositivo legal na seguinte situação: "se o resultado previsto como crime culposo for menos grave ou se o crime não tiver modalidade culposa, deve-se desprezar a regra delineada pelo art. 74 do Código Penal" (Cleber Masson. *Direito Penal Esquematizado* – Parte Geral. 2. ed. São Paulo: Método. p. 293). É que, se assim não fosse, a tentativa de lesões corporais perpetrada por Semprônio, que arremessou a pedra na vidraça da residência de Esmenio, querendo atingi-lo, seria absorvida pelo dano culposo, que, como é sabido, não é admitido (previsto) no art. 163 do CP. Logo, o agente ficaria sem punição qualquer. Destarte, no caso relatado no enunciado, o agente deverá responder por tentativa de lesões corporais dolosas; **E:** correta. Em complementação ao comentário à alternativa anterior, vê-se que na assertiva em comento ocorreu *aberratio criminis* com duplo resultado, o que ensejaria, em tese, a aplicação da regra do concurso formal de crimes (art. 74, parte final, do CP). Ocorre que Semprônio, além de produzir o resultado almejado (lesões corporais em Esmenio), também, por erro na execução, causou danos no aparelho de televisão de seu vizinho. Dado que este foi um resultado diverso do pretendido, a punição, nos termos do precitado art. 74 do CP, seria a título de culpa. No entanto, inexistente dano culposo, o agente responderá apenas pela lesão corporal leve (art. 129, *caput*, do CP).

Gabarito "D"

(Ministério Público/SP – 2012 – VUNESP) Motorista que, em estacionamento, se apodera de veículo pertencente a terceiro supondo-o seu, em decorrência de absoluta semelhança entre os automóveis, incide em

(A) erro de proibição.

(B) erro de tipo.

(C) crime impossível.

(D) erro determinado por terceiro.

(E) erro na execução.

Nitidamente, o enunciado proposto demonstra que o motorista incidiu em erro de tipo. A absoluta semelhança entre os automóveis fez com que o agente tivesse uma falsa percepção da realidade, vale dizer, da elementar "coisa alheia móvel". Ainda que, no caso, o erro fosse vencível (ou inescusável), haveria a exclusão do dolo, tornando o fato atípico (art. 20, *caput*, do CP).

Gabarito "B"

(Ministério Público/RN – 2009 – CESPE) Abel pretendia tirar a vida do seu desafeto Bruno, que se encontrava caminhando em um parque ao lado da namorada. Mesmo ciente de que também poderia acertar a garota, Abel continuou sua empreitada criminosa, efetuou um único disparo e acertou letalmente Bruno, ferindo levemente sua namorada.

A partir dessa situação hipotética e em relação ao instituto do erro, assinale a opção correta.

(A) Na situação de delito putativo por erro de tipo, o agente não sabe que está cometendo um crime, mas acaba por praticá-lo.

(B) O erro de tipo essencial escusável exclui o dolo, mas permite a punição por crime culposo, se previsto em lei.

(C) O caso hipotético acima caracteriza o que a doutrina denomina de *aberratio ictus*, devendo Abel responder apenas pelo homicídio.

(D) Abel deve responder pelos delitos de homicídio e lesão corporal leve em concurso formal imperfeito.

(E) Abel deve responder pelos delitos de homicídio e lesão corporal leve em concurso ideal.

A: incorreta. Não se cogita, no enunciado, da existência de delito putativo por erro de tipo, assim considerado aquele erroneamente suposto pelo agente. Em outras palavras, diz-se que o crime putativo por erro de tipo existe, apenas, na mente do agente, que, pretendendo cometer um crime, em razão de uma falsa percepção da realidade (erro), comete fato penalmente atípico; **B:** incorreta, pois o erro de tipo essencial, que é aquele que recai sobre elementares, quando invencível (ou inevitável, ou escusável), exclui o dolo e a culpa; **C:** incorreta, pois, no caso relatado no enunciado, Abel, mediante uma única ação, cometeu dois crimes (homicídio e lesão corporal leve), devendo responder por ambos; **D:** correta. Se Abel, mediante uma única ação, provocou dois resultados lesivos, deverá responder por ambos. No caso, deverá ser responsabilizado por homicídio (com relação a Bruno) e por lesão corporal leve (com relação à namorada de Bruno). Considerando ter agido com dolo direto com relação ao seu desafeto e com dolo eventual com relação à namorada dele, caracterizado está o concurso formal imperfeito (ou impróprio), que se caracteriza pelo fato de o agente agir com desígnios autônomos (ou pluralidade de desígnios), na forma do art. 70, *caput*, segunda parte, do CP, devendo as penas ser somadas; **E:** incorreta. A mera informação na alternativa de que Abel deve responder por ambos os crimes em concurso ideal (sinônimo de concurso formal) não expressa a real situação, qual seja, a da incidência do concurso formal imperfeito. A assertiva está, portanto, incompleta.

Gabarito "D"

(Ministério Público/PI – 2008) Assinale a alternativa **correta.**

(A) O erro de tipo diz respeito a elementos fáticos, ao passo que o erro de proibição concerne a elementos normativos.

(B) O antigo binômio erro de fato/erro de direito corresponde ao atual erro de tipo/erro de proibição.

(C) A descriminante putativa não permite a punição por crime culposo.

(D) Sujeito que adentra em compartimento não aberto ao público, onde alguém exerce profissão, sem a permissão e contra a vontade de quem de direito, mas acreditando ser lícita a entrada ainda que em desacordo com a vontade do profissional que exerce sua profissão no local, por supor não se tratar de "casa", do ponto de vista jurídico, incorre em erro de proibição relativamente ao crime de violação de domicílio.

(E) O objeto do erro de tipo é o tipo objetivo.

A: incorreta. O erro de tipo é aquele que recai sobre os elementos constitutivos do tipo, sejam eles objetivos, subjetivos e normativos (art. 20, *caput*, do CP); **B:** incorreta. Na redação original da Parte Geral do Código Penal, o erro de fato atingia, apenas, os elementos objetivos do tipo penal (antigo art. 17, *caput*), sendo certo que, atualmente, à luz do art. 20, *caput*, do CP, com a redação conferida pela Lei 7.209/1984 (Reforma da Parte Geral), o erro de tipo abarca todos os seus elementos constitutivos (objetivos, subjetivos e normativos). Também, o antigo erro de direito, albergado pela redação original do Código Penal de 1940, dizia respeito à ignorância ou a errada compreensão da lei, que não eximiam o agente de pena (antigo art. 16). Com a Reforma da Parte Geral, passou-se a falar em erro de proibição (ou erro sobre a ilicitude do fato), não se tratando da simples *ignorantia legis*, mas de erro que afasta a culpabilidade, quando escusável ou inevitável; **C:** incorreta, pois o art. 20, § 1º, do CP, que trata das descriminantes putativas, permite a punição do agente por crime culposo se o erro deriva de culpa (vale dizer, se o erro pudesse ter sido superado por maior diligência do agente); **D:** incorreta, pois a situação tratada configura erro de tipo, visto que o sujeito, acreditando que o local em que adentrou não se tratava de "casa", incidiu em falsa percepção da realidade sobre elemento do tipo (art. 150 do CP); **E:** correta. De fato, o erro de tipo recai sobre o denominado "tipo objetivo", ou seja, sobre a conduta típica propriamente dita (descrição abstrata do comportamento tipo por ilícito, abarcando todas as suas características).

Gabarito "E"

(Ministério Público/MG – 2006) Assinale a alternativa **FALSA.**

(A) Pela teoria psicológica da culpabilidade, o erro de tipo permissivo afeta o dolo.

(B) O erro de tipo permissivo evitável implica a punição do agente por crime culposo, se previsto em lei.

(C) O erro de permissão afeta a consciência da ilicitude.

(D) Na teoria dos elementos negativos do tipo, o erro de tipo permissivo é tratado como erro de tipo excludente do dolo.

(E) Pela teoria da culpabilidade que remete à consequência jurídica, o erro de tipo permissivo afeta o dolo.

A: verdadeira. De acordo com a teoria psicológica da culpabilidade, idealizada por Franz Von Liszt e Ernst Von Beling, pressuposto indeclinável da culpabilidade é a imputabilidade, assim entendida como o vínculo psicológico que une o sujeito ao fato típico e ilícito por ele perpetrado. Referido vínculo seria representado pelo dolo ou culpa. Logo, para a teoria em comento, o erro de tipo permissivo afetaria o dolo; **B:** verdadeira. De fato, em se tratando de erro de tipo permissivo evitável (ou inescusável), de acordo com o art. 20, § 1º, parte final, do CP, o agente será punido pelo crime na forma culposa, se prevista em lei (estamos, aqui, tratando das descriminantes putativas); **C:** verdadeira. O erro de permissão nada mais é do que o erro que recai sobre os limites ou sobre a existência de uma causa de justificação, sendo tratado como erro de proibição, que, sabidamente, afeta a potencial consciência da ilicitude (art. 21 do CP), se inevitável. Não se confunde com o erro que recai sobre os pressupostos de fato de uma causa de justificação, tratado como erro de tipo permissivo (art. 20, *caput*, do CP); **D:** verdadeira. Pela teoria dos elementos negativos do tipo, desenvolvida por Hellmuth Von Weber, deve-se analisar o tipo penal como um tipo total de injusto, agregando-se as causas de exclusão da ilicitude como seus elementos negativos. Em outras palavras, só haverá tipicidade penal se não existir qualquer causa justificante da conduta do agente (ex.: legítima defesa ou estado de necessidade). Assim, presente a tipicidade, também presente estará, desde logo, a ilicitude. Repise-se: em caso de ausência da ilicitude, o fato será atípico. Logo, um erro que recair sobre um tipo permissivo produzirá a atipicidade do fato, excluindo-se o dolo; **E:** falsa. De acordo com Luiz Flávio Gomes, o art. 20, § 1º, do CP não adotou, puramente, a teoria extremada da culpabilidade ou a teoria limitada da culpabilidade. Haveria, pelo nosso legislador, a adoção da "teoria da culpabilidade que remete às consequências jurídicas". Trata-se de uma fusão das duas teorias anteriormente indicadas. Para a teoria em comento, no erro de tipo permissivo, em relação ao injusto doloso, o agente seria isento de pena (erro invencível ou escusável). Mas se o erro for vencível (ou inescusável), o agente age com culpa.

Gabarito "E"

(Ministério Público/CE – 2011 – FCC) Em razão da concepção normativa do dolo, o erro sobre o elemento constitutivo do tipo legal de crime exclui o dolo se

(A) incidir exclusivamente nos elementos objetivos, normativos e subjetivos da definição legal.

(B) incidir nos elementos objetivos, normativos e subjetivos da definição legal além de outros elementos ou circunstâncias que qualificam o crime ou aumentam a pena.

(C) a concepção normativa do dolo exigir apenas o resultado naturalístico e não se considerar a consciência da ilicitude para a caracterização do erro.

(D) não incidir nos elementos, causas ou circunstâncias que qualificam o crime ou aumentam a pena.

(E) incidir apenas nos elementos normativos do tipo legal do crime.

De fato, o erro de tipo, tal como disciplinado no art. 20 do CP, poderá recair sobre elementos objetivos, subjetivos e normativos que integrem a conduta criminosa. Assim, denomina-se de essencial o erro que recair sobre elementos constitutivos do tipo penal (elementares), ao passo que se chama de acidental o erro que recair sobre circunstâncias da figura típica (qualificadoras e agravantes). Logo, incorretas as alternativas "A", "D" e "E", pois, como visto, o erro de tipo poderá incidir não apenas nos elementos da figura típica, mas, também, em circunstâncias (fatores que influenciam na pena do agente). Também está incorreta a alternativa "C", pois o erro de tipo não se vincula apenas à ocorrência, ou não, de resultado naturalístico (crimes materiais).

Gabarito "B"

(Ministério Público/AC – 2008) Em matéria de erro jurídico-penal, assinale a afirmativa correta.

(A) Para a teoria estrita do dolo, com exceção do erro acidental, todo erro sempre exclui o dolo.

(B) O desconhecimento da lei pode excluir a culpabilidade.

(C) Nas descriminantes putativas, há sempre exclusão do dolo.

(D) O tipo subjetivo constitui o objeto do erro de tipo.

A: correta. De fato, todo erro de tipo essencial, seja escusável, seja inescusável, sempre afastará o dolo (art. 20, *caput*, do CP); **B:** incorreta, pois, como é sabido e ressabido, o desconhecimento da lei não constitui causa de irresponsabilidade penal (art. 21, *caput*, do CP), mas, sim, o erro sobre a ilicitude do fato (erro de proibição), que, se invencível (ou inevitável, ou escusável), isentará o réu de pena; **C:** incorreta, pois as descriminantes putativas, previstas no art. 20, § 1º, do CP, podem decorrer de um erro que recaia sobre os pressupostos fáticos de uma causa de justificação (ou causa de exclusão da ilicitude), hipótese em que será aplicável o mesmo regime do erro de tipo, ou, ainda, poderão ter por origem um erro relativo à existência ou aos limites de uma causa de justificação, tratando-se, pois, de erro de proibição, que, como se sabe, não exclui o dolo, mas, sim, a culpabilidade; **D:** incorreta, pois o erro de tipo poderá recair sobre os elementos objetivos, subjetivos e/ou normativos do tipo penal.

Gabarito "A"

(Ministério Público/BA – 2010) Um dos temas mais delicados da dogmática criminal é o Erro. Vejamos, a propósito, o seguinte exemplo da nossa jurisprudência: "Inspetor de quarteirão que, supondo injusta agressão de multidão que fugindo da polícia corria em sua direção, saca revólver e atira para o alto projétil que vem acertar menor que se encontrava postado na sacada de apartamento, provocando a sua morte". A hipótese ventilada merece ser equacionada no âmbito da figura:

I. Do erro de tipo invencível.

II. Do erro de tipo vencível.

III. Das descriminantes putativas fáticas.

IV. Do erro de proibição indireto.

V. Do erro de proibição evitável.

(A) Apenas a alternativa I é verdadeira.

(B) Apenas a alternativa II é verdadeira.

(C) Apenas a alternativa III é verdadeira.

(D) Apenas a alternativa V é verdadeira.

(E) Apenas as alternativas II é III são verdadeiras.

O inspetor de quarteirão somente sacou o revólver e com ele efetuou um disparo para o alto porque teve uma falsa percepção da realidade, consubstanciada na suposição de iminente agressão injusta que sofreria de multidão que fugia da polícia e corria em sua direção. A hipótese se amolda à chamada legítima defesa putativa (art. 20, § 1º, CP), modalidade de descriminante putativa.

Gabarito "C"

(Ministério Público/ES – 2005) Assinale a alternativa INCORRETA:

(A) para a teoria dos elementos negativos do tipo toda vez que não for ilícita a conduta do agente não haverá o próprio fato típico.

(B) para a doutrina de Liszt o dolo é normativo ao passo que para a doutrina de Welzel o dolo é natural.

(C) na chamada culpa imprópria o resultado é previsto e querido pelo agente, que age em erro de tipo inescusável.

(D) O erro de tipo essencial desculpável exclui o dolo, mas permite a punição por crime culposo, se previsto em lei.

(E) ocorre o dolo geral quando o agente, julgando ter obtido o resultado intencionado, pratica segunda ação com diverso propósito e só então é que efetivamente o dito resultado se produz.

O erro de tipo essencial (incide sobre os elementos constitutivos do tipo) desculpável (inevitável) gera o afastamento do dolo e, quando o caso, da culpa. Neste caso, o agente tomou os cuidados exigíveis nas circunstâncias em que se encontrava. *Não poderá, portanto, responder por crime doloso tampouco culposo*; o erro evitável, entretanto, malgrado tenha o condão de afastar o dolo, permite a punição por crime culposo, se previsto em lei. Aqui o agente poderia ter evitado seu erro, caso tomasse os cuidados necessários.

Gabarito "D"

(Ministério Público/ES – 2005) Dentre as afirmativas abaixo, assinale a falsa:

(A) Descriminantes putativas ocorrem quando o agente supõe que está agindo licitamente, imaginando que se encontra presente uma das causas excludentes de ilicitude previstas em lei;

(B) O erro de proibição ocorre quando o homem não incorre em qualquer falsa apreciação da realidade, mas acredita que o fato não é contrário à ordem jurídica;

(C) Erro invencível ou escusável é aquele no qual o sujeito não age dolosa ou culposamente, motivo pelo qual não responde por crime doloso ou culposo;

(D) O erro de tipo, que incide sobre as elementares ou circunstâncias da figura típica, exclui o dolo;

(E) Erro vencível ou inescusável é o que emana do dolo do agente, pois, para evitá-lo, bastaria a atenção normal do "homem médio".

A: correta: art. 20, § 1º, do CP. Trata-se de excludentes de ilicitude imaginárias, com aparência de realidade; **B:** correta: art. 21 do CP; **C:** correta. De fato, se o sujeito incorreu em erro escusável (inevitável), é porque se cercou de todos os cuidados necessários na situação na qual se achava, razão pela qual não se afigura razoável imputar-lhe sequer a prática de crime culposo (quando previsto em lei); **D:** correta, art. 20, *caput*, do CP; **E:** incorreta, devendo ser assinalada. Não há que se falar em dolo no ***erro vencível*** ou ***inescusável***. O agente, se agisse com mais cuidado e fosse mais diligente, teria dessa forma evitado seu erro. Responderá, portanto, por crime culposo, desde que previsto em lei.

Gabarito "E"

(Ministério Público/MA – 2002) Assinale a alternativa incorreta:

(A) O erro de tipo afeta o dolo enquanto o erro de proibição afeta a compreensão da antijuridicidade;

(B) O erro de tipo elimina a tipicidade dolosa e o erro de proibição invencível elimina a culpabilidade;

(C) Erro de proibição direto é aquele que recai sobre o conhecimento da norma proibitiva;

(D) Erro de proibição indireto é aquele que recai sobre a permissão da conduta e que pode consistir na falsa suposição de existência de uma permissão que a lei não outorga, ou na falsa admissão de uma situação de justificação que não existe;

(E) Não se admite a existência de erro de tipo nos crimes omissivos impróprios.

A e **B:** corretas. O erro de tipo gera a exclusão do dolo e, em consequência, da tipicidade penal (art. 20, *caput*, CP); já o erro de proibição incide sobre a ilicitude do fato, gerando a exclusão da culpabilidade (art. 21, *caput*, CP), desde que escusável; se inescusável, constituirá causa de redução de pena; **C** e **D:** corretas. Erro de proibição direto é de fato o que incide sobre a norma proibitiva; indireto é o erro de proibição que incide sobre uma norma justificante; **E:** incorreta, devendo ser assinalada. O desconhecimento do agente acerca de elemento constitutivo do tipo legal pode se dar inclusive em crimes omissivos impróprios (art. 13, § 2º, do CP).

Gabarito "E"

(Ministério Público/MG – 2008) Supondo ser a sua, o agente retira da esteira de um aeroporto a mala pertencente a outra pessoa. Quando aguardava a chegada de um táxi, o proprietário da mala a reconhece e busca socorro junto à autoridade policial, que prende o agente em flagrante pelo crime de furto. Nesse caso, o agente:

(A) atuou em erro de tipo, afastando-se o dolo e, consequentemente, a tipicidade do fato.

(B) atuou em erro de proibição, pois não tinha conhecimento sobre a ilicitude do fato, afastando-se, outrossim, a sua culpabilidade.

(C) praticou o crime de furto.

(D) praticou o crime de apropriação indébita.

(E) responderá por tentativa de furto simples.

Art. 20, *caput*, 1ª parte, do CP. O equívoco do sujeito recaiu sobre a elementar "coisa *alheia* móvel"; agiu achando tratar-se da sua mala. A doutrina é praticamente unânime: exclui-se o dolo e, consequentemente, a tipicidade penal.

Gabarito "A"

(Ministério Público/PR – 2008) Examine os enunciados abaixo e assinale a resposta integralmente correta:

I. "A" aciona uma arma que crê descarregada, mas está carregada e causa a morte de "B".

II. "A" crê que vai ser morto por um ladrão e nele dispara para defender-se. Na realidade, era seu amigo "B".

III. Uma mulher grávida ingere um tranquilizante que tem propriedades abortivas e acaba provocando em si própria um aborto.

IV. Uma mulher grávida, proveniente de um país em que o aborto não é crime, ingere um abortivo, crendo que não é proibido fazê-lo.

V. Um sujeito leva o casaco de uma outra pessoa pensando ser seu.

(A) as situações descritas em todos os itens acima constituem exemplos de "erros de tipo".

(B) as situações descritas nos itens I, II e III constituem exemplos de "erros de proibição".

(C) as situações descritas nos itens II e IV constituem "erros de tipo".

(D) as situações descritas nos itens I, II, III e V constituem "erros de tipo".

(E) as situações descritas nos itens I, III e V constituem erros de tipo.

I: art. 20, *caput*, do CP. "A", embora não tenha agido com intenção de matar "B", atuou com imprudência. Responderá, portanto, por crime culposo (art. 20, *caput*, última parte, do CP); **II:** art. 20, § 1º, do CP. Há na doutrina divergência acerca da natureza jurídica da descriminante putativa: para uns, trata-se de ***erro de tipo permissivo***; para outros, ***erro de proibição***; **III:** art. 20, *caput*, do CP. A gestante desconhecia as propriedades abortivas do medicamento que ingerira. Inexiste a forma culposa do crime capitulado no art. 124 do CP (aborto provocado pela gestante ou com seu consentimento); **IV:** art. 21 do CP (erro de proibição); **V:** art. 20, *caput*, do CP.

Gabarito "E"

(Ministério Público/SP – 2008) Assinale a alternativa correta.

(A) O erro sobre a ilicitude do fato, se inevitável, determina a redução da pena de um sexto a um terço.

(B) O erro sobre elemento constitutivo do tipo penal não exclui o dolo.

(C) O erro quanto à pessoa contra a qual o crime é praticado determina que se considerem as condições ou qualidades da vítima da infração.

(D) Nas descriminantes putativas, se o erro deriva de culpa, responde o agente por crime culposo, se previsto em lei.

(E) Considera-se evitável o erro se o agente atua ou se omite com consciência da ilicitude do fato, quando não lhe era possível, nas circunstâncias, agir de forma diversa.

A: incorreta. O erro sobre a ilicitude do fato (erro de proibição), se inevitável, acarreta a isenção de pena, nos termos do art. 21, *caput*, primeira parte, do CP; **B:** incorreta. O erro sobre elemento constitutivo do tipo penal exclui, sim, o dolo, permitindo a punição por delito culposo, se previsto em lei, conforme preceitua o art. 20, *caput*, do CP; **C:** incorreta: art. 20, § 3º, do CP. Devem-se levar em consideração as condições ou qualidades da pessoa contra quem o agente queria praticar o crime (erro sobre a pessoa); **D:** correta: art. 20, § 1º, do CP; **E:** incorreta: art. 21, parágrafo único, do CP, que indica a hipótese em que o agente atua ou se omite *sem* consciência da ilicitude, quando *era possível* agir de forma diversa.

Gabarito "D"

8. TENTATIVA, CONSUMAÇÃO, DESISTÊNCIA, ARREPENDIMENTO E CRIME IMPOSSÍVEL

(Ministério Público/MS – 2013 – FADEMS) Assinale a alternativa *correta*:

(A) Relativamente à tentativa, o Código Penal Brasileiro adotou, como regra, a teoria objetiva.

(B) Não admitem a forma tentada, entre outros: crimes culposos, contravenções penais, crimes instantâneos, crimes omissivos próprios e crimes formais.

(C) O critério para a fixação do percentual previsto no art. 14, II, do CP (que trata da tentativa), inclusive quanto ao homicídio, não se baseia somente no *quantum* percorrido do *iter criminis*, de forma que a diminuição da pena não será necessariamente menor pelo simples fato do agente ter ficado próximo da consumação do delito.

(D) O crime de cárcere privado é um exemplo de crime que não admite a tentativa.

(E) Segundo entendimento do STF há crime de latrocínio tentado quando o homicídio se consuma, ainda que não realize o agente a subtração de bens da vítima.

A: correta. De fato, o Código Penal, no tocante à tentativa (art. 14, II e parágrafo único), adotou, como regra, a teoria objetiva (ou realística ou dualista), segundo a qual a sua punibilidade decorre do risco que a conduta do agente proporcionou ao bem jurídico tutelado pela norma penal incriminadora, impondo-se pena mais branda em razão do menor desvalor do resultado. Tanto é que, para o crime tentado, aplicar-se-á a mesma pena do consumado, porém, reduzida de um a dois terços. Contrapõe-se à teoria subjetiva (ou voluntarística, ou monista), que preconiza que a tentativa será punida única e exclusivamente em razão da vontade criminosa do agente, analisando-se apenas o desvalor da ação, em nada importando o desvalor do resultado. Frise-se, porém, que, nos chamados crimes de atentado ou empreendimento, assim considerados aqueles cuja punição às formas consumada e tentada é a mesma (tal como ocorre, por exemplo, nos crimes do art. 3º da Lei 4.898/1965 – Lei de Abuso de Autoridade, ou no crime do art. 352 do CP – evasão mediante violência contra a pessoa), inexistindo, pois, punição mais branda da tentativa; **B:** incorreta. De fato, a rigor, os crimes culposos não admitem tentativa. Porém, na chamada "culpa imprópria" (art. 20, § 1º, do CP), decorrente da incidência de descriminantes putativas, o agente poderá, se o erro for vencível (ou evitável, ou inescusável), ser punido pela forma culposa do crime, se houver, inclusive na forma tentada. É o caso clássico exemplo doutrinário do pai que, acreditando tratar-se de um bandido, que está forçando a porta da sala de sua casa, efetua disparo, atingindo o próprio filho, que se esquecera das chaves. Se a vítima não morrer, o pai responderá por tentativa de homicídio culposo (por culpa imprópria). Ainda, com relação aos crimes instantâneos, que são aqueles cuja consumação se verifica em um só dado momento, se praticados mediante conduta plurissubsistente (comportamento fracionável em diversos atos), será perfeitamente admissível a tentativa. Quanto às contravenções penais, de fato, o art. 4º do Decreto-lei 3.688/1941 prevê a impunibilidade da tentativa. Também não se admite a tentativa nos crimes omissivos próprios ou puros, pois bastará, para sua consumação, que o agente deixe de realizar a conduta prescrita no tipo incriminador, não coadunando com o *conatus*. Por fim, inverídica a afirmação de que os crimes formais não admitem a tentativa. Basta verificar a extorsão mediante sequestro (art. 159 do CP), que será punido na forma tentada se o agente não conseguir arrebatar a vítima do seu meio normal de circulação, apesar de já iniciados os atos executórios (ex.: mediante grave ameaça, consistente na exibição de arma de fogo, o agente anuncia o sequestro, dizendo que a libertação da vítima só ocorrerá mediante pagamento de resgate, mas o sequestro não se efetiva em razão de fuga do sujeito passivo); **C:** incorreta. De início, a redação da alternativa está um pouco truncada. De toda forma, é sabido e ressabido que o critério adotado pela doutrina e jurisprudência para a diminuição pela tentativa (variável de um terço a dois terços, nos termos do art. 14, parágrafo único, do CP) é a distância percorrida pelo agente no *iter criminis*. No HC 95.960/PR, por exemplo, o então Min. Carlos Britto, da 1ª Turma do STF, assim entendeu: "(...) a definição do percentual da redução da pena levará em conta apenas e tão somente o *iter criminis* percorrido, ou seja, tanto maior será a diminuição quanto mais distante ficar o agente da consumação, bem como tanto menor será a diminuição quanto mais se aproximar o agente da consumação do delito"; **D:** incorreta. O crime de cárcere privado ou sequestro (art. 148 do CP), a despeito de ser considerado formal (ou de consumação antecipada), admite o *conatus*, especialmente quando praticado de forma comissiva. Assim, se o agente não conseguir privar a vítima de sua liberdade de locomoção, apesar de ter envidado esforços para tanto, estar-se-á diante de tentativa; **E:** incorreta. Nos exatos termos da Súmula 610 do STF, "Há crime de latrocínio, quando o homicídio se consuma, ainda que não se realize o agente a subtração de bens da vítima".

Gabarito "A"

(Ministério Público/PR – 2013 – X) Assinale a alternativa ***incorreta***:

(A) Diz-se "tentativa imperfeita" ou "propriamente dita", quando o processo executório do crime é interrompido por circunstâncias alheias à vontade do agente;

(B) No dito "crime falho" ou "tentativa perfeita", apesar do agente realizar toda a fase de execução do crime, o resultado não ocorre por circunstâncias independentes de sua vontade;

(C) Os crimes *culposos*, os *omissivos próprios*, *omissivos impróprios*, e os *preterdolosos* não admitem tentativa;

(D) O dolo no crime tentado é o mesmo do crime consumado;

(E) A denominada "tentativa inidônea", ocorre quando, por ineficácia absoluta do meio ou por absoluta impropriedade do objeto, é impossível consumar-se o crime.

A: correta, de acordo com a banca examinadora. A tentativa imperfeita ou inacabada é aquela em que o agente dá início à execução do crime, mas não consegue esgotar todos os atos executórios ao seu alcance por circunstâncias alheias à sua vontade. Assim, entendemos que faltou mais especificidade na assertiva, pois, como visto, a característica marcante da tentativa imperfeita é a de o agente não conseguir esgotar todos os meios de que dispunha para alcançar o resultado almejado; **B:** correta. De fato, na tentativa perfeita, também conhecida como tentativa acabada ou crime falho, o agente, mesmo esgotando todos os meios executórios ao seu alcance, não consegue produzir o resultado almejado por circunstâncias alheias à sua vontade; **C:** incorreta, devendo ser assinalada. Realmente, a rigor, os crimes culposos – exceto a culpa imprópria (art. 20, 1º, do CP) –, os preterdolosos (por serem um "misto" de dolo e culpa) e os omissivos próprios (por serem unissubsistentes, bastando a inatividade do agente para a consumação) não admitem tentativa. Já os crimes omissivos impróprios (ou impuros, ou espúrios, ou comissivos por omissão) admitem a tentativa. Exemplo clássico é o da mãe que, dolosamente, deixa de alimentar o filho recém-nascido, tencionando sua morte, mas o pai, percebendo a situação, passa a alimentar a criança, impedindo sua morte. Aqui, a mãe responderia por tentativa de homicídio doloso por omissão imprópria; **D:** correta. De fato, não há diferença no dolo do crime tentado para o do consumado. O que ocorre é que, na tentativa, nada obstante tencione o agente alcançar determinado resultado, não logra êxito por fatores externos à sua vontade; **E:** correta. O crime impossível é também conhecido por "tentativa impossível", "tentativa inidônea", "tentativa inadequada" ou "quase-crime", verificando-se em duas situações: i) se o agente utiliza meio executório absolutamente ineficaz para a obtenção do resultado ou; ii) se o objeto material do crime é absolutamente impróprio ou inidôneo. Perceba o candidato que o examinador testou o conhecimento sobre as expressões sinônimas para definir o crime impossível.

Gabarito "C"

(Ministério Público/PR – 2013 – X) Assinale a alternativa ***incorreta***:

(A) Segundo a sistemática do Código Penal, a desistência voluntária é compatível com a tentativa perfeita ou crime falho;

(B) O chamado arrependimento posterior, nos moldes previstos no Código Penal, é causa de redução de pena;

(C) Para que o agente somente responda pelos atos já praticados, o chamado arrependimento eficaz deve ser suficiente para impedir a ocorrência do resultado, pouco importando, a voluntariedade do arrependimento do agente ou a reparação posterior do dano, caso o resultado venha a ocorrer;

(D) Segundo a doutrina, para a que ocorra a desistência voluntária ou o arrependimento eficaz, basta voluntariedade por parte do agente, não sendo exigida espontaneidade em sua decisão de abandonar a trajetória criminosa ou de impedir a ocorrência do resultado;

(E) Pode-se afirmar que a desistência voluntária é incabível nos chamados crimes unissubsistentes.

A: incorreta, devendo ser assinalada. Considerando que na tentativa perfeita (ou acabada, ou crime falho) o agente esgota todos os meios de que dispunha para alcançar o resultado, mas este não ocorre por circunstâncias alheias à sua vontade, tal instituto é *incompatível* com a desistência voluntária, visto que nesta o agente, ainda dispondo de mais meios para continuar a execução do crime (ou seja, sem que tenha esgotado toda a sua potencialidade ofensiva), desiste de prosseguir. Assim, vê-se que a tentativa perfeita é compatível com o arrependimento eficaz (que pressupõe o esgotamento dos atos executórios pelo agente), mas não com a desistência voluntária; **B:** correta. De fato, nos termos do art. 16 do CP, a pena será reduzida de um a dois terços se o agente, voluntariamente, nos crimes cometidos sem violência ou grave ameaça à pessoa, reparar o dano ou restituir a coisa até o recebimento da denúncia ou queixa; **C:** correta, de acordo com a banca examinadora. Todavia, discordamos. É que o arrependimento eficaz, assim como a desistência voluntária, ambas espécies de tentativa abandonada ou qualificada, exigirá voluntariedade do agente, vale dizer, que não tenha sido coagido física ou moralmente a praticar conduta impeditiva da consumação. O que não se exige é a espontaneidade, mas, como dito, a voluntariedade, sim. Portanto, entendemos incorreta a assertiva quando consta "pouco importando a voluntariedade do arrependimento do agente"; **D:** correta. De fato, tanto na desistência voluntária, quanto no arrependimento eficaz, exigir-se-á do agente a voluntariedade, sendo desnecessária, contudo, a espontaneidade, vale dizer, que a ideia de não prosseguir na execução do crime ou impedir sua consumação tenha sido originada na mente do sujeito ativo. Tal assertiva comprova o equívoco terminológico empregado na alternativa anterior; **E:** correta. Crimes unissubsistentes são aqueles cuja conduta não pode ser fracionada, aperfeiçoando-se por um único ato perpetrado pelo agente. Assim, não haverá como ele desistir de prosseguir na execução, visto que com a prática de um só ato o crime já estará consumado.

Gabarito "A"

(Ministério Público/RO – 2013 – CESPE) No que se refere ao crime consumado e ao tentado, ao crime impossível, ao arrependimento posterior, à desistência voluntária e ao arrependimento eficaz, assinale a opção correta.

(A) Para a configuração do arrependimento posterior, o agente deve agir espontaneamente, e a reparação do dano ou a restituição do bem devem ser integrais.

(B) No quase crime, segundo a teoria objetiva temperada, absoluta ou relativa, inexiste objeto jurídico em perigo de lesão, não havendo conduta punível.

(C) A pena imposta ao *conatus*, de acordo com a teoria subjetiva, é motivada pelo perigo a que é exposto o bem jurídico.

(D) Ocorre tentativa qualificada na desistência voluntária, no arrependimento eficaz e no arrependimento posterior.

(E) Segundo a teoria sintomática, examina-se, no que se refere à punibilidade da tentativa inidônea, se a realização da conduta do agente é a revelação de sua periculosidade.

A: incorreta. O arrependimento posterior (art. 16 do CP) precisa ser voluntário, ou seja, o agente deve restituir a coisa ou reparar integralmente o dano sem que seja forçado a tanto. No entanto, inexigível a espontaneidade, bastando a voluntariedade, como dito; **B:** incorreta. O quase crime (ou crime impossível, ou tentativa impossível, inidônea ou inadequada), previsto no art. 17 do CP, adotou a teoria objetiva temperada (ou intermediária), segundo a qual apenas a inidoneidade absoluta do meio empregado ou a impropriedade absoluta do objeto material afastam a tentativa. Em se tratando de inidoneidade relativa do meio ou do objeto, caracterizada estará a tentativa. Já para a teoria objetiva pura, independentemente do grau de inidoneidade da ação, se nenhum bem jurídico houver sido lesado, não subsistirá a tentativa. Aqui reside o equívoco da assertiva, que apresenta como sinônimo da teoria objetiva temperada (adotada pelo art. 17 do CP) a teoria objetiva absoluta (ou pura); **C:** incorreta. Como regra, o CP (art. 14, II) adotou a teoria objetiva (também chamada de realística ou dualista), segundo a qual a tentativa será punida em face do perigo gerado ao bem jurídico pela conduta praticada pelo agente, diversamente do que preconiza a teoria subjetiva (ou voluntarística, ou monista), para a qual a tentativa é punida de acordo com a vontade criminosa do agente (punição pela intenção, e não pela exposição do bem jurídico a lesão ou perigo de lesão); **D:** incorreta. São espécies de tentativa abandonada (ou qualificada) a desistência voluntária e o arrependimento eficaz (art. 15 do CP), assim denominada pelo fato de o agente não responder propriamente pela tentativa, mas, sim, pelos atos praticados. Já o arrependimento posterior (art. 16 do CP) é causa de diminuição de pena; **E:** correta. Para a teoria sintomática, que se preocupa com a periculosidade do autor, tanto a tentativa quanto o crime impossível (tentativa inidônea), por materializarem uma personalidade perigosa do agente, são passíveis de punição. No entanto, é bom frisar que não foi a teoria adotada pelo art. 17 do CP. Como visto, adotou-se a teoria objetiva temperada.

Gabarito "E"

(Ministério Público/RJ – 2011) Admite tentativa a seguinte categoria de infração penal:

(A) crimes omissivos puros;

(B) contravenções penais;

(C) crimes omissivos impróprios;

(D) crimes unissubsistentes;

(E) crimes de atentado.

A: incorreta. Os crimes omissivos puros (ou próprios) não admitem a tentativa, especialmente pelo fato de ingressarem no bloco dos crimes unissubsistentes (Cleber Masson. *Direito Penal Esquematizado – Parte Geral.* Ed. Método, vol. 1, p. 313). O clássico exemplo é o da omissão de socorro (art. 135 do CP): se o agente deixar de prestar assistência à vítima que se encontra em risco, terá cometido o crime. Caso preste o socorro, não haverá crime; **B:** incorreta. O art. 4º da Lei das Contravenções Penais (Decreto-lei 3.688/1941) diz ser impunível a tentativa de contravenção; **C:** correta. Os crimes omissivos impróprios (ou impuros, ou comissivos por omissão) admitem a tentativa. Se o agente que tiver o dever jurídico de agir para impedir o resultado se abstiver de determinado comportamento, mas a vítima não suportar o resultado lesivo possível em virtude de intervenção de terceira pessoa, configurada estará a tentativa. É o exemplo da mãe que deixa de amamentar o filho recém-nascido, querendo matá-lo por inanição, mas o vizinho, ouvindo o choro insistente da criança, aciona a polícia que, comparecendo ao local, socorre o infante e o leva ao hospital, salvando-o; **D:** incorreta. Os crimes unissubsistentes são aqueles que se caracterizam por conduta praticada mediante um único ato, não comportando, portanto, fracionamento. Logo, inadmissível a tentativa. Ou o agente pratica o único ato e terá cometido o crime, ou não o pratica; **E:** incorreta. Os crimes de atentado (ou de empreendimento) são aqueles cujo tipo penal abarca a própria tentativa (ex.: art. 352 do CP). Logo, inviável falar-se em *conatus*.

Gabarito "C"

(Ministério Público/RJ – 2011) Em conformidade com a Teoria Geral do Crime, é correto afirmar que:

(A) o excesso culposo nas causas de justificação deriva de erro do agente quanto aos seus limites ou quanto às circunstâncias objetivas do fato concreto;

(B) havendo desistência voluntária ou arrependimento eficaz o agente não responde pelo crime consumado, mas sim por mera tentativa;

(C) segundo a concepção normativa há crimes sem resultado;

(D) havendo crime impossível, não se pune a tentativa, mas o agente responderá pelos atos já praticados;

(E) o erro de tipo essencial, desde que inescusável, exclui dolo e culpa.

A: correta. De fato, no excesso culposo, ou inconsciente, o agente, por imprudência, negligência ou imperícia, que são as três modalidades de culpa, intensifica, desnecessariamente, o fato típico inicialmente acobertado pela causa justificante, que desaparecerá pelo desrespeito aos seus limites ou às circunstâncias objetivas do fato concreto; **B:** incorreta. Tanto na desistência voluntária, quanto no arrependimento eficaz, considerados espécies de tentativa abandonada ou qualificada, o agente somente responderá pelos atos praticados, e não pela forma tentada (art. 15 do CP); **C:** incorreta. De acordo com a concepção naturalística, alguns crimes não têm resultado (ex.: crimes de mera conduta), aqui considerado como a modificação do mundo exterior provocada pela conduta do agente. De outra borda, para a concepção normativa, todos os crimes têm resultado, aqui considerado como a produção de lesão ou perigo de lesão ao bem jurídico penalmente tutelado; **D:** incorreta. Havendo crime impossível, a tentativa será impunível, não respondendo o agente pelos atos praticados (art. 17 do CP); **E:** incorreta. O erro de tipo essencial, seja escusável (ou inevitável), seja inescusável (ou evitável), sempre afastará o dolo. Porém, no primeiro caso, também restará afastada a culpa, o que não ocorrerá no segundo caso (art. 20, *caput*, do CP).

Gabarito "A"

(Ministério Público/PI – 2008) Assinale a alternativa **correta.**

(A) Ao sujeito que empurra a vítima ao mar e depois tenta salvá-la, sem obter êxito apesar de todos os esforços, vindo esta a morrer, aplica-se o instituto do arrependimento eficaz.

(B) O agente que está na iminência de matar a vítima e que chega a brandir seu punhal, mas abruptamente desiste de seu propósito, tomado por medo, e deixa a vítima ilesa, responde por tentativa de homicídio.

(C) O crime falho corresponde à tentativa perfeita.

(D) O flagrante esperado configura crime impossível.

(E) As contravenções penais admitem tentativa.

A: incorreta, pois, como o próprio nome sugere, o arrependimento eficaz pressupõe que o agente, após esgotar os atos executórios, pratique nova conduta impeditiva da consumação (art. 15 do CP). Se empurrada a vítima ao mar, o agente, arrependido, tenta salvá-la, mas sem êxito, seu arrependimento foi ineficaz, respondendo, portanto, por homicídio consumado; **B:** incorreta. O caso relatado na assertiva constitui, se tanto, desistência voluntária (se se entender que o crime de homicídio já havia sido iniciado, desde que adotada a teoria objetivo-individual), não se podendo imputar o crime sequer na forma tentada (art. 15 do CP). Lembre-se de que a tentativa pressupõe que o agente inicie a execução do crime, mas não alcance a consumação por circunstâncias alheias à sua vontade. O fato de o agente ter medo de prosseguir em seu intento criminoso não se traduz nas "circunstâncias alheias" de que trata o art. 14, II, do CP; **C:** correta. Fala-se em tentativa perfeita, acabada, ou crime falho, a conduta do agente que, após esgotar todos os atos executórios tendentes à consumação do crime, não consegue alcançá-lo, por circunstâncias alheias à sua vontade; **D:** incorreta. O flagrante esperado é perfeitamente válido, não se confundindo com o *flagrante preparado*, este sim tratado como crime impossível (Súmula 145 do STF). **E:** incorreta, pois *as contravenções penais não admitem tentativa* (art. 4º da Lei das Contravenções Penais – Decreto-lei 3.688/1941).

Gabarito "C"

(Ministério Público/MS – 2009) Juliano mora embaixo de uma ponte no centro da cidade, espaço que divide com outro morador de rua, Floriano. Juliano, no escopo de passar a ocupar sozinho o local referido, intenta tirar a vida de Floriano. Para tanto, Juliano espera a chegada da noite, aguardando o momento em que a vítima venha a adormecer, a fim de facilitar seu desiderato. Numa noite fria, em torno das 23h30min, Juliano percebe que sua pretensa vítima teria adormecido, e, aproveitando-se de tal situação desfere cinco golpes de punhal, sem encontrar qualquer resistência por parte da vítima. Porém, o laudo do médico perito dá conta de que a morte não foi causada pelos ferimentos decorrentes dos golpes de punhal, e sim por hipotermia agravada por complicações cardíacas preexistentes na vítima. Afirma o laudo que no momento da agressão a vítima já se encontrava morta. Em relação ao ocorrido, é correto afirmar que se trata de

(A) crime impossível por relativa impropriedade do objeto.
(B) homicídio consumado na forma simples.
(C) homicídio consumado na forma qualificada.
(D) crime impossível por ineficácia do meio.
(E) crime impossível por absoluta impropriedade do objeto.

Da leitura do enunciado, extrai-se, facilmente, que Juliano praticou crime impossível pela absoluta impropriedade do objeto material. Ora, estando a vítima morta antes mesmo do início de execução do crime, o homicídio tencionado por Juliano jamais alcançaria sua consumação. Afinal, inviável a morte de pessoa sem vida! Logo, estamos diante de uma tentativa impossível, também chamada de inidônea, ou inadequada, ou quase crime. Registre-se que o crime impossível, definido no art. 17 do CP, pode decorrer de duas situações: a) ineficácia absoluta do meio empregado; ou b) impropriedade absoluta do objeto material. No caso relatado, o crime impossível, repise-se, decorreu da absoluta impropriedade do objeto, qual seja, a vítima do crime, que já se encontrava morta no momento dos golpes de faca desferidos por Juliano. Importante destacar que não se cogita de crime impossível se a impropriedade do objeto ou a ineficácia do meio forem relativas, o que dá margem ao reconhecimento da tentativa. No entanto, apenas para repisar, esse não é o caso do enunciado, que deixou bastante claro que Floriano já não tinha mais vida quando do ataque perpetrado por Juliano. Logo, correta a alternativa "E", estando incorretas as demais pelas razões aduzidas.

Gabarito "E"

(Ministério Público/MT – 2012 – UFMT) Fábio, homem ciumento, depois de três anos juntos, vê rompido seu namoro com Aline. Aline, mulher bela e atraente, após o ocorrido começa a namorar Juliano. Certo dia, Fábio, ao avistar Aline e Juliano andando em uma praça, investe contra este desferindo-lhe uma facada com a intenção de matar a vítima, mas atinge-a apenas no braço, causando-lhe uma lesão corporal. Fábio, tendo a possibilidade de prosseguir golpeando a vítima, desiste de fazê-lo ante a súplica de Aline. Considerando os fatos descritos, assinale a afirmativa correta.

(A) Fábio incorreu no crime de homicídio em sua forma tentada.
(B) Fábio responde por lesão corporal, incorrendo no que, em doutrina, denomina-se "tentativa qualificada".
(C) Fábio está acobertado pelo arrependimento posterior.
(D) Fábio responde por homicídio atenuado em razão da injusta provocação da vítima.
(E) Fábio responde por lesões em concurso formal com tentativa de homicídio.

Considerando o enunciado proposto, vê-se, claramente, que Fábio, podendo prosseguir em seu intento criminoso (eliminação da vida de Juliano), desistiu voluntariamente de nele prosseguir. Frise-se que a desistência de que trata o art. 15 do CP não precisa ser espontânea, bastando que seja voluntária, tal como ocorreu no histórico da questão. Por tais razões, o agente deverá responder apenas pelos atos praticados, quais sejam, lesões corporais por haver esfaqueado o braço da vítima. Doutrinariamente, a desistência voluntária é denominada de "tentativa abandonada" ou "tentativa qualificada", assim como o é o arrependimento eficaz. Não se cogita, aqui, de homicídio tentado, haja vista que o reconhecimento da desistência voluntária afasta o *conatus*. Afinal, podendo prosseguir na execução do crime inicialmente visado (homicídio), Fábio abandonou a prática de atos executórios por sua vontade, caracterizando, repita-se, a desistência voluntária, que constitui aquilo que a doutrina chama de "direito premial" (em razão do abandono da execução do crime, o agente é "premiado" com punição mais leve, qual seja, a correspondente apenas aos atos praticados e não pela tentativa).

Gabarito "B"

(Ministério Público/MG – 2005) Uma pessoa é presa no interior da residência de outra, tendo entrado no local clandestinamente, antes de ter tido a oportunidade de pegar qualquer objeto. O preso confessa sua intenção de subtrair um computador existente no interior da residência. No caso, segundo a teoria:

(A) objetivo-formal, houve tentativa do crime de furto.
(B) objetivo-formal, houve violação de domicílio consumada.
(C) adotada pelo código, não houve a caracterização de crime.

(D) objetivo-individual, houve violação de domicílio consumada.

(E) objetivo-individual, houve tentativa de violação de domicílio.

Acerca da transição dos atos preparatórios para os atos de execução, a fim de que se possa constatar a relevância penal de determinados fatos, inúmeras teorias foram construídas. Assim, de acordo com a teoria objetivo-formal ou lógico-formal, o início de execução de um crime pressupõe que o agente inicie a realização do verbo-núcleo do tipo penal. Já para a teoria objetivo-individual, os atos executórios pressupõem, sim, que haja início da conduta típica, mas também alcança aqueles atos que são imediatamente anteriores, desde que estejam em conformidade com o plano criminoso do autor. No caso relatado no enunciado, adotando-se a teoria objetivo-formal, que, diga-se de passagem, é a "preferida" da doutrina brasileira, a conduta perpetrada pelo agente constitui, se tanto, violação de domicílio consumada, visto que a prisão em flagrante ocorreu quando o sujeito ativo se encontrava, clandestinamente, dentro de residência alheia (correta, pois, a alternativa "B"). Não se poderia, pela teoria em comento, sequer se cogitar de tentativa de furto, ainda que essa fosse a intenção do agente, visto que, como dito, a execução do crime pressupõe que o agente dê início à realização da conduta nuclear, que, no caso do furto, se traduz pelo verbo "subtrair". O enunciado é claro ao dizer que o agente sequer havia conseguido pegar qualquer objeto, tendo sido preso em flagrante antes disso. Logo, não se cogita sequer de furto tentado (alternativa "A" incorreta). Já pela teoria objetivo-individual, ainda que o agente não tenha conseguido subtrair qualquer objeto, é certo que o fato de ingressar em residência alheia com a intenção de cometer furto já constitui ato executório deste crime, razão pela qual se poderia cogitar de tentativa de furto do computador. Logo, incorretas as alternativas "D" e "E". Qualquer que fosse a teoria adotada, para o enunciado proposto, o agente, no mínimo, teria incidido em algum fato típico (ou furto tentado, para a teoria objetivo-individual, ou violação de domicílio consumada, para a teoria objetivo-formal).

Gabarito "B"

(Ministério Público/GO – 2012) Em relação ao arrependimento posterior é correto afirmar:

(A) Considerando que a voluntariedade prevista no artigo 16 do CP não pressupõe espontaneidade, poderá ser beneficiado o autor do delito de furto mesmo que já tenha sido descoberto pela autoridade policial ser beneficiado com a causa geral de aumento de pena caso restitua a coisa ou repare o dano por ele causado à vítima no prazo previsto em lei;

(B) Mesmo depois de encerrado o inquérito policial, com a consequente remessa à justiça, pode o agente, ainda, valer-se do arrependimento posterior, desde que restitua a coisa ou repare o dano por ele causado à vítima até o oferecimento da denúncia;

(C) O agente do crime previsto no artigo 155, § 4º, inciso I (furto qualificado mediante rompimento de obstáculo) não pode ser beneficiado pela causa geral de diminuição de pena, posto que a reparação do dano ou a restituição da coisa só pode se feita nas hipóteses da não ocorrência de violência ou grave ameaça;

(D) O pagamento do cheque antes do recebimento da denúncia, nos termos da súmula 554 do STF, tem força para obstruir a ação penal.

A: incorreta. Primeiramente, cumpre-nos registrar que a redação da alternativa é péssima, de difícil compreensão, parecendo ter havido erro ou falha na digitação pela banca examinadora. De toda forma, se a autoridade policial descobrir quem foi o autor do crime e, por exemplo, ocorrer a apreensão dos bens subtraídos, por óbvio estará afastada a voluntariedade; **B:** incorreta, pois a reparação do dano ou a restituição da coisa, para fins de reconhecimento do arrependimento posterior, poderão ocorrer até o recebimento (e não oferecimento!) da denúncia ou queixa (art. 16 do CP); **C:** incorreta, pois o arrependimento posterior é perfeitamente compatível com o furto qualificado mediante rompimento de obstáculo. Frise-se que a natureza do crime é, sim, decisiva para o reconhecimento da minorante em comento. No tocante à violência, meio de execução impeditivo da concessão do arrependimento posterior, esta deverá ser dirigida à pessoa (a violência contra a coisa não exclui a benesse em tela!); **D:** correta. De fato, o pagamento do cheque emitido sem suficiente provisão de fundos antes do recebimento da denúncia obstará o início da ação penal (Súmula 554 do STF).

Gabarito "D"

(Ministério Público/BA – 2008) Assinale a alternativa correta em relação à tentativa e à consumação delitiva:

(A) A tentativa é impossível nos crimes omissivos próprios e possível nos crimes unissubsistentes.

(B) Para o reconhecimento da desistência voluntária é indispensável a característica da espontaneidade.

(C) Na hipótese da tentativa abandonada, o agente só terá responsabilidade criminal pelos atos já praticados.

(D) Nos crimes formais, iniciado o *iter criminis*, estará configurado, ao menos, o crime tentado.

(E) As alternativas **a**, **b**, **c** e **d** são **incorretas**.

A: incorreta, pois a tentativa é impossível de ser verificada nos crimes omissivos próprios (ou puros), visto que estes se caracterizam por uma inação, um não fazer, sendo inviável o fracionamento do *iter criminis*. O mesmo ocorre com os crimes unissubsistentes, que se caracterizam pela prática de um só ato, sendo, portanto, impassíveis de fracionamento; **B:** incorreta, pois, para o reconhecimento da desistência voluntária (art. 15 do CP), bastará a voluntariedade do agente, não se exigindo espontaneidade; **C:** correta. A desistência voluntária e o arrependimento eficaz, espécies do gênero "tentativa abandonada ou qualificada", gerarão a responsabilização penal do agente apenas pelos atos já praticados (art. 15 do CP); **D:** incorreta, pois, se iniciado o *iter criminis* e realizada a conduta nuclear (verbo do tipo), estaremos diante de consumação e não tentativa. Lembre-se de que os crimes formais são também denominados de "crimes de consumação antecipada"; **E:** incorreta, pois a alternativa "C" está correta.

Gabarito "C"

(Ministério Público/AM – 2008 – CESPE) Admite-se tentativa nos crimes

(A) de mera conduta.

(B) culposos puros.

(C) unissubsistentes.

(D) habituais.

(E) omissivos próprios.

Crimes de mera conduta, que comportam a tentativa, são aqueles em que o resultado naturalístico é impossível, inviável.

Gabarito "A"

(Ministério Público/BA – 2010) O artigo 17 do CP versa sobre crime impossível, que, no direito penal brasileiro, é tratado sob o amparo:

(A) Da teoria subjetiva pura, exigindo apenas a ineficácia absoluta do objeto.

(B) Da teoria da modalidade, exigindo a adequação da modalidade do meio empregada.

(C) Da teoria da moderação, exigindo a moderação no emprego dos meios.

(D) Da teoria objetiva pura, exigindo a ineficácia relativa dos meios e impropriedade absoluta do objeto.

(E) Da teoria objetiva temperada, exigindo a ineficácia absoluta dos meios ou impropriedade absoluta do objeto.

O meio *relativamente* ineficaz (ineficiente) e o objeto *relativamente* impróprio não são aptos a configurar o *crime impossível* (chamado também de quase crime, tentativa impossível, inidônea ou inadequada), em que se exige, por imposição do art. 17 do CP, a ineficácia *absoluta* do meio empregado e a impropriedade *absoluta* do objeto. Dizemos, dessa forma, que o CP, em seu art. 17, acolheu a teoria **objetiva temperada** na medida em que somente haverá o chamado crime impossível se a ineficácia do meio e a impropriedade do objeto forem *absolutas*. Se se tratar de ineficácia ou impropriedade relativa, estaremos diante de *crime tentado*.

Gabarito "E"

(Ministério Público/DF – 2009) A respeito do crime tentado, analise os itens abaixo e responda:

I. Com o objetivo de delimitar o início da execução criminosa, que assinala o começo da punibilidade da ação típica, separando-se das meras ações preparatórias, ainda impuníveis, surgiram as teorias da tentativa, dentre as quais destacam-se as teorias objetiva formal, objetiva material, a subjetiva e a objetivo-subjetiva.

II. Como não há crime culposo sem que ocorra a produção de um resultado naturalístico, não é possível sua prática na forma tentada.

III. Tampouco admitem a tentativa os crimes omissivos próprios e impróprios.

IV. A punibilidade da tentativa se funda no perigo colocado ao bem jurídico, daí não ser punível a tentativa inidônea, a qual sequer chega a impor risco ao bem jurídico.

V. Como o crime tentado não chega a reunir todos os elementos presentes no tipo, não é possível aplicar a respectiva pena em patamar idêntico ao do crime consumado.

O número de itens corretos é:

(A) Cinco.

(B) Quatro.

(C) Três.

(D) Dois.

(E) Um.

I: trata-se, de fato, das principais teorias que procuram estabelecer a distinção entre o começo de execução do crime e os atos preparatórios; **II:** o crime culposo não comporta tentativa, tendo em conta que o resultado naturalístico não é desejado pelo agente. Não se pode tentar fazer o que não quer. Trata-se, por essa razão, de institutos incompatíveis; **III:** o crime *omissivo próprio* de fato não admite a forma tentada, porquanto sua conduta não pode ser fracionada. Já o crime *omissivo impróprio*, em que há a produção de resultado naturalístico, admite, sim, a forma tentada; **IV:** termina a preparação e tem início a execução do crime com a prática de ato considerado idôneo e inequívoco para chegar à consumação. Reputa-se idôneo aquele ato apto, capaz de gerar o resultado contido no tipo penal. A tentativa inidônea é aquela cuja conduta é incapaz de fazer o delito chegar à consumação (art. 17 do CP); **V:** como regra (art. 14, parágrafo único, do CP), o autor de crime tentado receberá pena inferior à do autor de crime consumado. Em determinados casos, porém, o legislador estabeleceu a mesma pena para o delito consumado e tentado. É o que se dá, por exemplo, com o crime do art. 352 do CP – evasão mediante violência contra a pessoa.

Gabarito "C"

(Ministério Público/ES – 2005) Crime falho é:

(A) O mesmo que tentativa inadequada ou inidônea, na qual o crime não pode ser consumado por ineficácia absoluta do meio ou por absoluta impropriedade do objeto;

(B) Aquele no qual o agente acredita que está praticando um crime, que não existe, pois o fato não é típico;

(C) Aquele no qual alguém, insidiosamente, provoca uma situação que leva o agente à prática do crime, mas, antes, toma as devidas providências para que o mesmo não se consume;

(D) Aquele no qual a polícia efetua a detenção do agente no momento da prática delitiva, pois avisada pela vítima, a qual sabia previamente que o crime iria acontecer.

(E) O mesmo que tentativa perfeita, na qual o crime não se consuma por circunstâncias alheias à vontade do agente, embora este pratique todos os atos necessários para a consumação do crime;

Também chamada ***acabada*** ou ***frustrada***, é a hipótese na qual o agente faz tudo que está à sua disposição para atingir a consumação do crime, isto é, lança mão de todos os recursos de que dispõe, mas, ainda assim, o resultado não sobrevém por circunstâncias alheias à sua vontade. Difere, portanto, da tentativa ***imperfeita*** ou ***inacabada***, em que o agente não chega a praticar tudo o que queria para atingir a consumação.

Gabarito "E"

(Ministério Público/GO – 2005) Marque a alternativa certa:

(A) a tentativa idônea ocorre quando por ineficácia absoluta do meio ou por absoluta impropriedade do objeto, também conhecida como "crime impossível";

(B) ocorre o *conatus* (tentativa) quando iniciada a execução o crime não se consuma por circunstâncias ligadas à vontade do agente;

(C) o agente que desiste voluntariamente de prosseguir na execução ou impede que o resultado se produza não responde pelos atos já praticados. É a chamada "ponte de ouro" de Von Liszt;

(D) o delito putativo ocorre quando há erro no campo normativo, concebido por Hans Welzel como "erro de proibição ao revés", ou seja, a crença errônea não pode produzir punibilidade.

A: incorreta. O crime impossível, previsto no art. 17 do CP, é também chamado quase crime, tentativa impossível, inadequada ou ***inidônea***; **B:** incorreta. A tentativa (art. 14, II, CP) ocorre quando, iniciada a execução, o crime não se consuma por circunstâncias ***alheias*** à vontade do agente; **C:** incorreta. Nos moldes do art. 15 do CP, o agente que, voluntariamente, desiste de prosseguir na execução ou impede que o resultado se produza só responde pelos atos já praticados; **D:** correta. É o chamado ***delito putativo por erro de proibição***, em que o sujeito acha que sua conduta está proibida pelo ordenamento quando, na verdade, não está.

Gabarito "D"

(Ministério Público/MA – 2009) O arrependimento posterior constitui:

(A) causa extintiva de punibilidade;

(B) causa de atipicidade da conduta;

(C) causa facultativa de diminuição de pena;

(D) causa de inculpabilidade;

(E) causa obrigatória de redução da pena.

Cuida-se de norma introduzida pela Reforma de 1984 que constitui *causa especial de diminuição de pena*. Sua disciplina está no art. 16 do CP e não deve ser confundida com a atenuante a que alude o art. 65, III, *b*, do CP.

Gabarito "E"

(Ministério Público/MG – 2010) Não admitem a tentativa, EXCETO

(A) os crimes omissivos impróprios.

(B) os crimes culposos próprios.

(C) as contravenções penais.

(D) os crimes preterdolosos.

(E) os crimes unissubsistentes.

A: correta. Admitem o *conatus*, já que, nestes crimes, a omissão constitui meio para se chegar ao *resultado naturalístico*, cuja consumação depende deste para ocorrer, diferente, portanto, da *omissão própria*, em que a mera abstenção por si só já é apta a consumar o crime, não comportando, por isso mesmo, a tentativa; **B:** incorreta. Nos *crimes culposos*, o agente não deseja o resultado, que só é produzido por negligência, imprudência ou imperícia; **C:** incorreta. A tentativa de contravenção penal, a teor do art. 4º da LEP, não é punível; **D:** incorreta, porque, neste caso, o agente não deseja gerar o resultado agravador, produzido a título de culpa; **E:** incorreta. Por serem constituídos por ato único, a conduta, nos *crimes unissubsistentes*, não pode ser fracionada; não é admitida, portanto, a tentativa.

Gabarito "A"

(Ministério Público/MG – 2007) Assinale a alternativa FALSA.

(A) A pessoa que, tendo um revólver com capacidade de seis projéteis, dá cinco tiros em seu desafeto, sem acertar nenhum, e vai embora, pratica desistência voluntária, não respondendo por qualquer delito.

(B) A pessoa que, tendo um revólver com capacidade de seis projéteis, dá cinco tiros em seu desafeto, acertando um tiro, porém se arrepende e vai embora sendo que a vítima, de fato, não morre, pratica arrependimento eficaz, respondendo apenas pelos atos já praticados como as lesões corporais.

(C) A pessoa que, após subtrair uma televisão de uma residência, chega à sua casa e se arrepende, retornando ao local do crime e devolvendo a *res furtiva* incide em arrependimento posterior; respondendo normalmente pelo crime.

(D) A pessoa que, após se envolver em crime de lesões corporais culposas no trânsito, arrepende-se do ocorrido e realiza acordo cível de quitação integral dos danos da vítima tem sua punibilidade extinta.

(E) A pessoa que, após realizar furto de uma televisão em casa de vizinho, chega à sua casa e percebe que a *res furtiva* era, na verdade, sua, comete crime impossível, não sendo cabível a tentativa.

A: correta, nos termos do art. 15, primeira parte, do CP. O agente desistiu de prosseguir na execução porque, mesmo dispondo de meios (um cartucho íntegro) para dar sequência ao seu intento, não o fez (desistiu). Responderia, se fosse o caso, pelos atos até então praticados; **B:** incorreta, devendo ser assinalada. Se o agente ainda dispuser de um cartucho íntegro e, arrependido, desistir de prosseguir na execução do crime, terá incidência o art. 15, primeira parte, do CP (desistência voluntária e não arrependimento eficaz), respondendo tão somente pelos atos que efetivamente praticou; **C:** correta, nos termos do art. 16 do CP; **D:** correta (art. 89 da Lei 9.099/1995); **E:** correta (art. 17 do CP).

Gabarito "B"

(Ministério Público/MG – 2007) Assinale a alternativa FALSA.

(A) A tentativa configura-se pelo início dos atos de execução do crime, que não chega a se consumar por circunstâncias alheias à vontade do agente.

(B) É possível a previsão de delito em que a punição da tentativa seja a mesma do crime consumado.

(C) Há delitos em que a consumação do crime é antecipada para abranger os atos de cogitação (*cogitatio* – delitos de consumação antecipada).

(D) A teoria objetivo-formal indica que os atos de execução são caracterizados pelo início da realização do núcleo do tipo, ou seja, do verbo central previsto no delito.

(E) Algumas infrações não admitem tentativa como os crimes culposos, os preterdolosos, os omissivos próprios, os habituais e as contravenções penais.

A: correta: art. 14, II, do CP; **B:** correta. É o chamado ***crime de atentado***, cujo exemplo sempre lembrado é o do crime do art. 352 do CP; **C:** incorreta, devendo ser assinalada. A fase de cogitação é impunível. Trata-se da fase interna do crime. O pensamento, por força do *princípio da materialização do fato*, jamais pode ser punido pelo Direito Penal; **D:** correta. De fato, sustenta a ***teoria objetivo-formal*** ou ***formal-objetiva*** que há ato executório quando o agente realiza a conduta correspondente ao verbo contido no tipo; **E:** correta. Com efeito, as infrações ***supra*** não comportam a forma tentada.

Gabarito "C"

(Ministério Público/MS – 2011 – FADEMS) Qual a diferença entre desistência voluntária e arrependimento eficaz?

(A) Na desistência voluntária o que ocorre é a desistência no prosseguimento dos atos executórios do crime, feita de modo voluntário, respondendo o agente somente pelo que praticou. No arrependimento eficaz a desistência ocorre entre o término dos atos executórios e a consumação. O agente, neste caso, já fez tudo o que podia para atingir o resultado, mas resolve interferir para evitar a sua concretização.

(B) Entre a desistência voluntária e o arrependimento eficaz, em verdade, não há nenhuma diferença, porquanto em ambas as situações o que se busca é impedir o resultado.

(C) A diferença entre a desistência voluntária e o arrependimento eficaz está em que, na primeira, o agente é impedido de consumar o delito, já no arrependimento eficaz a consumação não ocorre porque o próprio agente a impede.

(D) A diferença entre a desistência voluntária e o arrependimento eficaz reside no fato de que, na desistência voluntária, o agente não chega a iniciar a execução do delito. Já no arrependimento eficaz a execução iniciada é interrompida, impedindo-se a consumação do delito.

(E) A diferença entre a desistência voluntária e o arrependimento eficaz está em que, na primeira, a execução do delito é interrompida por circunstâncias alheias ao domínio do agente. Já no arrependimento eficaz o delito não se consuma em razão da impropriedade dos meios de execução.

No *arrependimento eficaz*, presente no art. 15, segunda parte, do CP, o agente, já tendo realizado tudo que julgava necessário para atingir a consumação do crime, arrepende-se e passa a *agir* para evitar a produção do resultado. Se obtiver sucesso, responde somente pelos atos praticados. Na *desistência voluntária* (presente no art. 15, primeira parte, do CP), diferentemente, o agente, no curso da execução do crime, ainda dispondo de meios para chegar à consumação, desiste, interrompe sua ação. O agente, no primeiro caso, consegue, depois de realizar todos os atos de execução necessários a atingir a consumação do delito, evitar a produção do resultado, visto que, de forma voluntária, agiu para tanto. Note que o **arrependimento eficaz** pressupõe, por parte do agente, uma *ação, um fazer*. Na **desistência voluntária** a situação é diferente. Os atos de execução, neste caso, não são levados a termo. E não são porque o agente, no curso do processo, ainda dispondo de meios para chegar à consumação do crime, desiste. Diz-se, pois, que a desistência voluntária pressupõe um *não fazer*. Aqui, o agente também responde somente pelos atos praticados.

Gabarito "A"

(Ministério Público/PR – 2009) Sobre o tema tentativa e consumação, assinale a alternativa INCORRETA:

(A) a causa de diminuição de pena do arrependimento posterior é aplicável somente aos crimes praticados sem violência ou grave ameaça à pessoa, desde que reparado o dano ou restituída a coisa, até o recebimento da denúncia ou da queixa, por ato voluntário do agente.

(B) a desistência voluntária pode se materializar em hipóteses de tentativa acabada ou de tentativa inacabada.

(C) a tentativa inidônea, também conhecida como crime impossível, pode ocorrer por ineficácia absoluta do meio ou por absoluta impropriedade do objeto.

(D) os crimes culposos não admitem tentativa.

(E) o arrependimento eficaz ocorre quando o autor, após realizar todos os atos necessários à produção do resultado, mediante nova ação impede que este resultado se concretize.

A: correta. São os requisitos do instituto, previstos no art. 16 do CP; **B:** incorreta, devendo ser assinalada. A *desistência voluntária*, segundo a doutrina dominante, é incompatível com a tentativa acabada, sendo, contudo, compatível com a inacabada (imperfeita); **C:** correta: art. 17 do CP; **D:** correta. Não admitem porque o agente não pode tentar fazer aquilo que não deseja; buscar um resultado não querido; **E:** correta: art. 15, 2ª parte, do CP.

Gabarito "B"

(Ministério Público/SP – 2011) Para que se reconheça a incidência do chamado arrependimento posterior, previsto em nossa lei penal. é indispensável que

(A) a reparação do dano, ainda que não voluntária, seja do conhecimento do agente.

(B) a reparação do dano ou a restituição da coisa seja feita até o recebimento da denúncia ou da queixa.

(C) o crime cometido seja de natureza patrimonial e sem violência à coisa.

(D) a reparação do dano ou a restituição da coisa seja feita até o trânsito em julgado da sentença.

(E) a reparação do dano ou a restituição da coisa seja feita por ato espontâneo do agente ou de terceiro.

No *arrependimento posterior*, previsto no art. 16 do CP, que constitui causa obrigatória de redução de pena, é imprescindível que a reparação do dano ou a restituição da coisa seja efetivada até o recebimento da denúncia ou da queixa.

Gabarito "B"

(Ministério Público/SP – 2011) Em relação ao crime culposo, é correto afirmar que:

(A) é sempre possível a tentativa.

(B) só é possível a tentativa na chamada culpa consciente.

(C) nunca é possível a tentativa.

(D) é possível a tentativa na culpa imprópria.

(E) é possível a tentativa na culpa inconsciente.

A: incorreta. O crime culposo não comporta o *conatus*, uma vez que, nesta modalidade de crime, o resultado antijurídico não é desejado pelo agente; **B:** incorreta. A culpa consciente e a inconsciente não admitem a tentativa; **C:** incorreta, pois a culpa imprópria (art. 20, § 1º, CP) comporta a tentativa; **D:** correta. Culpa imprópria (culpa com previsão, por extensão, por assimilação, por equiparação) é aquela em que o agente, apesar de a ação ser dolosa, responde por crime culposo, uma vez que teve falsa percepção da realidade (equivocou-se acerca da situação fática). Nesse caso, é admitida a tentativa, o que não ocorre em relação à culpa própria; **D:** incorreta, pois não é admitida.

Gabarito "D"

(Ministério Público/SP – 2005) É unicamente correto afirmar que

(A) o delito de quadrilha só se consuma com a prática de qualquer delito pelo bando ou por alguns de seus integrantes.

(B) ao dispor sobre crimes tentados, o Código Penal prevê possibilidade de casos com resposta penal equivalente à dos consumados.

(C) em se tratando de contravenção penal, a punibilidade da tentativa segue as regras do Código Penal.

(D) crime falho é outra designação dada à tentativa imperfeita.

(E) o Código Penal condiciona o reconhecimento da modalidade tentada de determinado crime à existência, na Parte Especial, de previsão específica quanto à sua admissibilidade.

A: incorreta. O crime de ***quadrilha ou bando***, previsto no art. 288 do Código Penal, consuma-se com a efetiva associação dos componentes, independentemente do cometimento de algum crime pela quadrilha. É por essa razão que se diz este crime é autônomo. Vale observar que, com o advento da Lei 12.850/2013, o crime de *quadrilha ou bando*, então capitulado no art. 288 do CP, deu lugar ao crime de *associação criminosa*. Além da mudança operada no *nomen juris*, algumas outra alterações foram implantadas. A mais relevante, a nosso ver, diz respeito ao número mínimo de agentes necessários à configuração do crime, que antes era de *quatro* e agora é de *três*. O momento consumativo não sofreu alteração; **B:** correta. É o que ocorre com os chamados ***crimes de atentado*** (art. 352 do CP); **C:** incorreta. A tentativa de contravenção não é punível, conforme dispõe o art. 4° da LCP; **D:** incorreta. ***Crime falho*** é outra designação dada à ***tentativa perfeita*** (acabada, frustrada); **E:** incorreta. A assertiva não procede, na medida em que o Código Penal não faz previsão, para cada delito, da correspondente modalidade tentada, embora a grande maioria, não todos, comporte a modalidade tentada. O legislador optou por usar uma ***fórmula de extensão***: aplica-se a figura do crime consumado em associação com o art. 14, II, da Parte Geral (norma de extensão).

Gabarito "B"

9. ANTIJURIDICIDADE E CAUSAS EXCLUDENTES

(Ministério Público/DF – 2013) Indique a alternativa CORRETA:

(A) A antijuridicidade formal da conduta típica demanda avaliação concreta do grau de lesão ao bem jurídico.

(B) O aborto praticado pelo médico para salvar a vida da gestante caracteriza hipótese de legítima defesa de terceiro.

(C) Entre outros aspectos, diferenciam-se o exercício regular de direito e o estrito cumprimento do dever legal pelo fato de que, enquanto no primeiro é facultativo o exercício do direito assegurado, neste o agente deve cumprir o comando legal.

(D) A possibilidade de fuga não impede o agente de praticar conduta amparada pelo estado de necessidade justificante.

(E) Atua em legítima defesa a pessoa que, para escapar de ataque de animal feroz ordenado por seu desafeto, invade propriedade de terceiro sem autorização do morador.

A: incorreta. Denomina-se de antijuridicidade (ou ilicitude) formal a pura e simples contradição entre o comportamento praticado pelo agente delitivo e aquilo que nosso ordenamento jurídico prescreve ou permite, diversamente da antijuridicidade material, que é aquela em que se avalia se o comportamento antissocial do agente foi capaz de ofender aos valores tutelados pelo Direito Penal; **B:** incorreta. O aborto praticado pelo médico para salvar a vida da gestante, nos termos do art. 128, I, do CP, é causa excludente da ilicitude que se amolda ao estado de necessidade de terceiro. Afinal, se levar a gestação a cabo poderá causar a morte da gestante, permite o ordenamento jurídico, diante desse impasse (vida da gestante x vida do feto ou produto da concepção), o sacrifício de direito alheio para a preservação de direito de terceiro (*in casu*, da gestante); **C:** correta. Tal como bem explicado na assertiva, o exercício regular de direito, que é causa excludente da ilicitude (art. 23, III, do CP), tornará lícito o comportamento, ainda que típico, daquele que agir de acordo com um direito que lhe seja assegurado, ainda que tal exercício seja facultativo. Já no estrito cumprimento de um dever legal, que também exclui a ilicitude do comportamento (art. 23, III, do CP), caberá àquele cujo dever seja imposto pelo ordenamento jurídico, cumpri-lo, não se tratando, pois, de um exercício "facultativo" de um direito, mas, sim, de uma determinação legal; **D:** incorreta. Embora não se tenha compreendido perfeitamente o conteúdo da assertiva em comento, é certo que se o examinador referiu-se ao detento, a fuga não constitui uma causa, ainda que supralegal, de exclusão da ilicitude; **E:** incorreta. Ao praticar violação de domicílio, o agente não repeliu, diretamente, a agressão injusta perpetrada por seu desafeto (incitação de animal ao ataque), acabando por lesionar direito alheio (a inviolabilidade do domicílio). Nada obstante, não será razoável que a vítima da agressão injusta sofra reprimenda por seu comportamento. Pode-se, aqui, sustentar a existência de causa excludente da culpabilidade (inexigibilidade de conduta diversa), apta a afastar a imposição de pena.

Gabarito "C"

(Ministério Público/GO – 2013) A relação de causalidade sempre foi um tema assaz debatido na doutrina. Em sua obra imortal, o mestre Nélson Hungria destacou mais de uma dezena de teorias sobre o ponto. Nesse mote, analise os itens abaixo e marque a alternativa incorreta:

(A) "Dizia Binding, ironicamente, que a teoria da equivalência, a coberto de limites, levaria a punir-se como participe de adultério o carpinteiro que fabricou o leito em que se deita o par amoroso" (HUNGRIA, Nélson. *Comentários ao Código Penal*. Vol. I, Tomo 11, 53 ed., Rio de Janeiro: Forense, 1978, p. 66). Com o escopo de obstar esse *regressus* ***ad infinitum***, deve-se interromper a cadeia causal no instante em que não houver dolo ou culpa por parte daquelas pessoas que tiveram alguma importância na produção do resultado.

(B) durante um assalto, a vítima, apavorada com a arma de fogo que lhe é apontada, morre de ataque cardíaco. Por sua vez, o autor apodera-se do bem e foge. Estando-se diante de uma causa relativamente independente concomitante, que mantém Integra a relação de causalidade, deve o agente responder pelo latrocínio.

(C) o Código Penal acolheu, como regra, a teoria da *conditio sine que non*, que se vale do critério da eliminação hipotética. No entanto, existem situações que não são adequadamente solucionadas pelo emprego da mencionada teoria, sendo o que ocorre, por exemplo, com a dupla causalidade.

(D) as causas absolutamente independentes – preexistentes, concomitantes e supervenientes – não se originam da conduta do agente e, por isso, são aptas ao rompimento do nexo causal.

A: assertiva correta. De fato, de acordo com a teoria da equivalência dos antecedentes (ou *conditio sine qua non*), causa é toda ação ou omissão sem a qual o resultado não teria ocorrido. A tomar como "verdade absoluta" esse conceito, diz-se na doutrina que o crime cometido por um homem atingiria, logicamente, seus pais. Afinal, não fosse a concepção, o agente delitivo não teria cometido aquele determinado crime. Assim, para evitar-se o regresso ao infinito (*regressus ad infinitum*), a cadeia causal seria rompida pela ausência de dolo ou culpa da(s) pessoa(s) que tenha(m) alguma relevância, ainda que física, para a produção do resultado; **B:** assertiva incorreta, devendo ser assinalada. Não sendo previsível ao agente delitivo o resultado morte advindo de seu comportamento (anúncio do assalto e exibição de arma de fogo), haverá rompimento do nexo causal, respondendo, no caso relatado na assertiva, por roubo com emprego de arma, mas não por latrocínio. Ainda que a causa (do resultado) seja relativamente independente (da conduta do agente), o fator externo à vontade do autor do crime (no caso, o ataque cardíaco, quiçá motivado por doença preexistente) deverá ingressar na sua esfera de conhecimento, sob pena de admitir-se a responsabilidade penal objetiva; **C:** assertiva correta. A aplicação pura e simples da teoria da *conditio sine qua non* (ou teoria da equivalência dos antecedentes) não é capaz de solucionar, por exemplo, a questão da dupla causalidade, que se verifica quando duas ou mais causas concorrem para um mesmo resultado, sendo que cada uma delas, por si sós, é capaz de produzi-lo (ex.: "A" e "B", sem que um saiba da existência do outro, ministram veneno no suco de "C", em doses que, isoladamente, seriam suficientes à morte). Assim, no exemplo que acabamos de indicar, utilizado o critério hipotético de eliminação para a verificação de qual comportamento é considerado "causa do resultado", se afastarmos o comportamento de "A", ainda assim o resultado teria ocorrido, em razão da dose de veneno ministrada por "B". Perceba que, nesse caso, a teoria em comento é insuficiente, nada obstante a imputação do resultado, no caso em análise, seja feita àquele cuja dose tenha efetivamente causado a morte da vítima. Se não for possível tal constatação, a solução será a condenação de "A" e "B" por tentativa de homicídio; **D:** assertiva correta. As causas absolutamente independentes são aquelas que, como o próprio nome sugere, não guardam qualquer relação com a conduta praticada pelo agente, sendo capazes de, por si sós, produzirem o resultado. Nesse caso, haverá, evidentemente, rompimento do nexo causal, não se podendo imputar o resultado ao agente.

Gabarito "B"

(Ministério Público/PR – 2013 – X) Assinale a alternativa ***incorreta***:

(A) Cabe legítima defesa real contra legítima defesa putativa;

(B) Cabe legítima defesa real contra quem age sob coação moral irresistível;

(C) Cabe legítima defesa real contra estado de necessidade real;

(D) Cabe legítima defesa real contra agente inimputável;

(E) Cabe legítima defesa real contra quem age com excesso derivado de legítima defesa real.

A: assertiva correta. Na legítima defesa putativa, o agente supõe erroneamente encontrar-se diante de situação que ensejaria reação legítima. Contudo, referida reação, dirigida a terceiro, poderá gerar, de sua parte, a invocação da legítima defesa real (art. 25 do CP), visto que, neste caso, existirá uma injusta agressão, circunstância fática essencial ao reconhecimento da causa de justificação em comento; **B:** assertiva correta. Quem age sob coação moral irresistível, embora fique isento de pena (art. 22 do CP), age injustamente. Tanto que referida espécie de coação não afasta a ilicitude do fato, mas, sim, a culpabilidade. Logo, poderá invocar legítima defesa real quem for injustamente agredido por alguém que atue sob coação moral irresistível; **C:** assertiva incorreta, devendo ser assinalada. Dado que a legítima defesa tem por pressuposto uma *injusta agressão* (art. 25 do CP), não estará amparado pela causa de justificação em tela quem estiver sendo ou na iminência de ser agredido por quem atue em estado de necessidade real (art. 24 do CP). Afinal, aquele que assim se encontrar estará agindo *justamente*, vale dizer, de acordo com o direito; **D:** assertiva correta. O agente inimputável apenas terá excluída a sua culpabilidade, nada obstante cometa um fato típico e ilícito. Portanto, caberá legítima defesa real nesse caso, já que agressão oriunda de inimputável poderá afigurar-se injusta; **E:** assertiva correta. Caberá legítima defesa real contra quem age com excesso derivado de legítima defesa real. É o que se denomina de legítima defesa sucessiva: o agressor original, em razão do excesso na reação do ofendido, torna-se vítima de injusta agressão, podendo, pois, invocar legítima defesa.

Gabarito "C"

(Ministério Público/RO – 2013 – CESPE) No que tange a ilicitude, causas de exclusão e excesso punível, assinale a opção correta.

(A) Segundo a teoria diferenciadora, o estado de necessidade é causa de exclusão de ilicitude em face da razoabilidade da situação fática.

(B) É cabível a legítima defesa real contra a legítima defesa real decorrente de excesso por erro de tipo escusável.

(C) Age no estrito cumprimento de dever legal o motorista de ambulância que, para salvar a vida de paciente conduzido ao hospital, ultrapassa a velocidade permitida na via e colide o veículo, causando lesão a bem jurídico de terceiro.

(D) De acordo com a visão finalista do tipo, a concepção material de ilicitude permite a construção de causas supralegais de justificação.

(E) Age em estado de necessidade agressivo o indivíduo que, ao caminhar em via pública, mata um cachorro que o ataca ao se soltar da coleira de seu dono.

A: incorreta. De acordo com a teoria diferenciadora, se o bem jurídico sacrificado for de menor ou igual valor àquele salvaguardado, caracterizado estará o estado de necessidade (art. 24 do CP). Ainda para a referida teoria, se o bem sacrificado for de maior valor que aquele protegido, haverá estado de necessidade exculpante, que não é causa excludente da ilicitude, mas, sim, da culpabilidade. Já para a teoria unitária, não se cogita de estado de necessidade exculpante, mas, apenas, o justificante (que é causa excludente da ilicitude). Assim, se o agente, para a proteção de determinado bem jurídico, sacrificar outro de igual ou menor valor, poderá beneficiar-se da excludente em comento. Já se não houver razoabilidade no sacrifício do direito ameaçado (vale dizer, o bem protegido é de menor valor do que aquele sacrificado), ficará afastada a causa justificadora, incidindo, apenas, redução da reprimenda; **B:** incorreta. Como é sabido, não se admite legítima defesa real contra legítima defesa real, visto que a causa excludente da ilicitude em questão, prevista no art. 25 do CP, pressupõe a ocorrência de uma agressão injusta, atual ou iminente, a direito próprio ou alheio. Logo, se, de um lado, houver uma injusta agressão, do outro lado haverá aquele que se defende. Tal situação não se confunde com a legítima defesa sucessiva (e não recíproca, que, como visto, é inadmissível), autorizada quando, inicialmente, alguém agir em legítima defesa, mas, em razão do excesso (doloso ou culposo), começar a praticar injusta agressão em face do agressor original. Neste caso, este, inicialmente agressor, torna-se agredido, podendo invocar a legítima defesa contra a vítima inicial; **C:** incorreta. O caso relatado na assertiva retrata situação caracterizadora de estado de necessidade de terceiro, e não estrito cumprimento de dever legal. Afinal, o motorista de uma ambulância não tem o dever imposto por lei de dirigir acima da velocidade para salvar pacientes. No entanto, caso o faça, e venha a lesionar bem jurídico alheio, poderá invocar, como dito, o estado de necessidade de terceiro (art. 24 do CP). Afinal, estando a vida do paciente em perigo, poderá sacrificar direito alheio para proteger o direito de terceiro ameaçado; **D:** correta. Nas palavras de Cleber Masson, "(...) em sede doutrinária, prevalece o entendimento de que a ilicitude é formal, pois consiste no exame da presença ou ausência das suas causas de exclusão. Nesses termos, o aspecto material se reserva ao terreno da tipicidade. Cumpre ressaltar, porém, que somente a concepção material autoriza a criação de causas supralegais de exclusão da ilicitude. De fato, em tais casos há relação de contrariedade entre o fato típico e o ordenamento jurídico, sem, contudo, revelar o caráter antissocial da conduta" (*Direito Penal Esquematizado*, p. 346, 2ª edição, São Paulo: 2009, Editora Método); **E:** incorreta. Age em estado de necessidade agressivo o agente que, tencionando proteger bem jurídico próprio ou alheio, agride bem jurídico de terceiro inocente, vale dizer, que não tenha provocado a situação de perigo. Neste caso, terá o dever de indenizar o dano suportado pelo terceiro, cabendo-lhe, porém, caso queira, demandar regressivamente o causador do perigo (arts. 929 e 930, ambos do CC). Não se confunde com o estado de necessidade defensivo, assim caracterizado pelo fato de o agente, pretendendo proteger bem jurídico próprio ou alheio, invista contra bem jurídico pertencente ao causador da situação de perigo. Na assertiva em análise, vislumbra-se estado de necessidade defensivo, e não o agressivo, como quer a alternativa.

Gabarito "D"

(Ministério Público/PI – 2008) Assinale a alternativa **correta.**

(A) É possível haver legítima defesa de legítima defesa, a fim de propiciar-se uma melhor tutela de bem jurídico pessoal.

(B) Na legítima defesa, faz-se prescindível o elemento subjetivo do agente (*animus defendendi*) para caracterizá-la, visto que não há previsão legal.

(C) O particular que prende autor de crime em flagrante delito beneficia-se da justificante estrito cumprimento do dever legal, pois tem a obrigação de efetuar a prisão.

(D) O estado de necessidade é sempre subsidiário, ao passo que a legítima defesa não o é.

(E) O exercício regular de direito pode acarretar, em determinadas circunstâncias, a responsabilidade penal.

A: incorreta. Inadmissível legítima defesa (real) de legítima defesa (real). Afinal, referida causa excludente da ilicitude pressupõe que alguém seja injustamente agredido, daí advindo a reação de quem quer se defender. Portanto, de um lado, há comportamento ilícito (do agressor), e de outro, comportamento lícito (do agredido). Porém, admite-se legítima defesa real de legítima defesa putativa, pois, neste caso, o comportamento de quem supõe estar amparado pela causa justificante é injusto, cabendo reação da parte agredida; **B:** incorreta. A despeito de o art. 25 do CP não trazer a necessidade de *animus defendendi*, a doutrina penal amplamente majoritária sustenta ser indispensável (imprescindível, portanto) que o agente que invocar para si uma causa excludente da ilicitude o faça sabendo de sua existência (concepção subjetiva). Em outras palavras, o reconhecimento de causas de exclusão da ilicitude reclama, sim, o conhecimento da situação justificante pelo agente; **C:** incorreta. A despeito de a prisão em flagrante poder ser realizada por qualquer pessoa do povo (art. 301 do CPP), tratando-se do flagrante facultativo, é bem verdade que não se trata de um dever a todos imposto. Como o próprio nome sugere, trata-se de flagrante facultativo, motivo pelo qual, quem assim agir, estará amparado pelo exercício regular de um direito (e não estrito cumprimento de dever legal, existente apenas às autoridades policiais e seus agentes, aos quais se impõe o flagrante obrigatório, vale dizer, a obrigatoriedade de prender em flagrante quem assim se encontre – art. 301 do CPP); **D:** correta. De fato, diz-se que o estado de necessidade é sempre subsidiário, visto que o art. 24 do CP, tratando de referida causa excludente da ilicitude, somente admite seu reconhecimento se ao agente não havia outro modo de evitar o perigo. Em suma, se possível a fuga, esta deverá ser a opção do agente, evitando-se, com isso, o sacrifício de direito (ou bem) alheio. Já na legítima defesa, não se exige que a pessoa busque se afastar do perigo, não se falando em *commodus discessus*; **E:** da forma como lançada, a alternativa poderia estar correta. É que o exercício regular de direito, como causa excludente da ilicitude, comporta limites. Afinal, como é sabido, o excesso nas causas de justificação acarretam responsabilidade penal (art. 23, parágrafo único, do CP). Porém, pela banca examinadora, a assertiva foi considerada incorreta.

Gabarito "D"

(Ministério Público/MS – 2009) Observe as seguintes afirmativas:

I. O consentimento do ofendido pode ser aplicado como causa excludente de tipicidade.

II. O consentimento do ofendido pode ser aplicado como causa excludente de ilicitude.

III. O consentimento do ofendido pode ser aplicado como causa excludente de culpabilidade.

No direito penal brasileiro, sob certas circunstâncias, é correto afirmar que está(ão) correta(s) a(s) seguinte(s) afirmativa(s):

(A) I, II e III.

(B) II e III.

(C) I e III.

(D) I e II.

(E) II.

I: correta. De fato, o consentimento do ofendido, a depender da construção do tipo penal, poderá ser aplicado como uma causa excludente da tipicidade. Tal ocorrerá, por exemplo, com o estupro (art. 213 do CP), desde que o consentimento do ofendido seja válido (ou seja, desde que não se trate de pessoa vulnerável), ou, ainda, com a violação de domicílio (art. 150 do CP). O dissenso da vítima em referidos crimes é elemento integrante do tipo. Sem ele, vale dizer, caso haja consentimento, o fato será atípico; **II:** correta. Desde que o dissenso não seja integrante da própria estrutura típica, o consentimento do ofendido funcionará como uma causa supralegal de exclusão da ilicitude (ex.: as tatuagens realizadas pelo tatuador no corpo da vítima, com seu consentimento, afastam a punição por lesões corporais – art. 129 do CP; a destruição de um bem da vítima, com seu consentimento, afasta o crime do art. 163 do CP). Porém, de acordo com a doutrina, imprescindível, para o reconhecimento dessa excludente (supralegal) da ilicitude que: a) o bem jurídico lesionado seja passível de disposição pela vítima; b) o ofendido tenha capacidade para consentir; c) o consentimento tenha sido manifestado de forma livre pela vítima antes ou durante a conduta lesiva; e d) o autor do consentimento seja o titular do bem jurídico disponível lesado ou tenha autorização expressa para dispor de bem jurídico alheio; **III:** incorreta. O consentimento do ofendido terá natureza de causa excludente da tipicidade ou da ilicitude, conforme comentários às assertivas anteriores.

Gabarito "D"

(Ministério Público/MG – 2012 – CONSULPLAN) Analise as seguintes afirmativas sobre o **estado de necessidade** e, de acordo com a parte geral do Código Penal, assinale com **V** as **verdadeiras** e com **F** as **falsas**:

( ) embora o código fale apenas em perigo atual, admite-se, doutrinariamente (princípio da *razoabilidade da exigência de sacrifício*), estado de necessidade justificante em face de perigo iminente, não provocado pela vontade do agente, ainda que possível, de outro modo, evitá-lo.

( ) nos casos em que seja razoável exigir-se o sacrifício do direito ameaçado, embora a ação não se justifique pelo estado de necessidade, o agente condenado terá sua pena reduzida na terceira fase de sua aplicação.

( ) o agente responderá pelo excesso doloso ou culposo, aplicando-se a mesma regra prevista para o excesso na legítima defesa.

( ) no estado de necessidade putativo, tratando-se de erro inescusável, a consequência jurídica será a mesma do estado de necessidade exculpante, desde que este resulte de ponderação metafísica de bens jurídicos transcendentes.

Assinale a alternativa que apresenta a sequência de letras **CORRETA**:

(A) (V) (F) (F) (V)

(B) (F) (V) (V) (F)

(C) (F) (V) (F) (V)

(D) (V) (F) (V) (F)

A primeira assertiva é falsa, pois, de acordo com o Código Penal (art. 24), o estado de necessidade somente é admissível diante da existência de um perigo atual, que não tenha sido provocado pela vontade do agente, nem podia de outro modo evitar, sendo possível que destrua direito alheio para salvaguardar direito próprio ou alheio, cujo sacrifício, nas circunstâncias, não era razoável exigir-se. A arguição do estado de necessidade diante de um perigo iminente decorre de construção doutrinária. Todavia, não poderá ser alegada a excludente de ilicitude em comento se o caso concreto permitir que se afaste a situação de perigo de outro modo. Em outras palavras, é requisito para o reconhecimento do estado de necessidade a inevitabilidade do perigo por outro modo; a segunda assertiva é verdadeira. De fato, se afastada a inevitabilidade do perigo por outro modo, afastado estará o estado de necessidade. No entanto, a pena do agente será reduzida de um a dois terços (art. 24, § 2°, do CP); a terceira assertiva é verdadeira. (art. 23, parágrafo único, do CP); a quarta assertiva é falsa. No estado de necessidade putativo (art. 20, § 1°, do CP), estaremos diante de um erro de tipo permissivo, que poderá constituir erro de tipo (se o erro disser respeito aos pressupostos fáticos da causa de justificação) ou erro de proibição (se o erro disser respeito aos limites ou à existência da causa justificante), ao passo que, no estado de necessidade exculpante, que se caracteriza pelo fato de o bem sacrificado ser de valor superior àquele que foi preservado, restará afastada a culpabilidade. Vê-se que são institutos distintos (o estado de necessidade putativo e exculpante). Outrossim, no primeiro caso, somente restará afastada a punição do agente caso se trate de erro escusável ou inevitável. Em se tratando de erro inescusável ou evitável, a consequência será a punição do agente pela modalidade culposa da infração, se houver.

Gabarito "B"

(Ministério Público/MG – 2007) Assinale a alternativa FALSA.

(A) Há entendimento no sentido de considerar os ofendículos como exercício regular do direito.

(B) O excesso em legítima defesa do agredido pode gerar situação de legítima defesa sucessiva do anteriormente agressor.

(C) O estrito cumprimento do dever legal é causa excludente de ilicitude que se destina primariamente a agentes públicos.

(D) O estado de necessidade exculpante afeta a culpabilidade, e não a ilicitude da conduta.

(E) Há a possibilidade de ocorrência de legítima defesa real em face de outra legítima defesa real anteriormente iniciada.

A: correta. É posição minoritária na doutrina. Prevalece o entendimento que sustenta que os *ofendículos* têm como natureza jurídica ***legítima defesa preordenada***; **B:** correta. Legítima defesa sucessiva é a repulsa contra o excesso de legítima defesa. Assim, é perfeitamente possível que o agressor original se defenda do excesso de legítima defesa praticada pelo agredido; **C:** correta. São ações praticadas em cumprimento de um dever imposto por lei. Regra geral, são realizadas por agentes públicos; **D:** correta. É a hipótese na qual o agente sacrifica bem de maior valor para preservar outro de valor menor. Aplica-se a teoria da inexigibilidade de conduta diversa, excluindo-se, por conseguinte, a culpabilidade, e não a ilicitude; **E:** incorreta, devendo ser assinalada. Não é possível legítima defesa real contra agressão justa. É factível, entretanto, legítima defesa real contra legítima defesa putativa.

Gabarito "E"

(Ministério Público/MG – 2008) Em cumprimento a uma diligência que visava a cumprir um mandado de prisão, determinado policial é recebido a tiros por aquele que, por ele, deveria ser preso. Ato contínuo, sacou sua arma e efetuou um disparo, que atingiu mortalmente o agressor. Nesse caso, podemos afirmar ter o policial agido em:

(A) homicídio simples.

(B) estrito cumprimento do dever legal.

(C) legítima defesa real.

(D) estado de necessidade.

(E) exercício regular de direito.

Art. 25 do CP. O policial, fazendo uso moderado dos meios que julgou necessários (efetuou um único disparo), repeliu a agressão que sofrera. Não há que se falar em estrito cumprimento de dever legal na medida em que a lei não impõe o dever de rechaçar a agressão sofrida.

Gabarito "C"

(Ministério Público/PR – 2011) Sobre as causas de justificação, assinale a alternativa incorreta:

(A) a legítima defesa pode ser utilizada para repelir injusta agressão, atual ou iminente, a bem jurídico próprio ou de terceiro, derivada de ações dolosas ou culposas;

(B) a agressão injusta, atual ou iminente, a bem jurídico, praticada por inimputável portador de doença mental, não autoriza a legítima defesa, mas pode autorizar o estado de necessidade;

(C) o erro de tipo permissivo constitui erro sobre os pressupostos fáticos de uma causa de justificação;

(D) para a teoria dos elementos negativos do tipo, assim como para a teoria bipartida de fato punível, matar alguém em situação de legítima defesa constitui fato atípico;

(E) a ação do guarda penitenciário que mata, com certeiro disparo de arma de fogo, um preso que fugia em direção à mata, após transpor o muro externo da unidade prisional, não é justificável pelo estrito cumprimento do dever legal.

A: assertiva correta, nos termos do art. 25 do CP; **B:** incorreta, devendo ser assinalada, pois a agressão injusta perpetrada por inimputável portador de doença mental autoriza, sim, a legítima defesa, uma vez que não é razoável exigir que alguém se sujeite a tal investida sem nada fazer; **C:** correta: art. 20, § 1º, do CP; **D:** correta. A *teoria dos elementos negativos do tipo* nega autonomia às causas excludentes de antijuridicidade. Devem, por conta disso, estar agregadas ao tipo de delito (*tipos provisórios do injusto* ou *tipos incriminadores*) como requisitos negativos; **E:** correta. A ação do guarda penitenciário revela-se exagerada. Não é o caso de se invocar, por isso, qualquer excludente de ilicitude.

Gabarito "B"

(Ministério Público/PR – 2009) Sobre o tema antijuridicidade e justificação, assinale a alternativa correta:

(A) nem todas as hipóteses legais de justificação admitem o excesso na ação justificada.

(B) o legislador penal brasileiro adotou a teoria diferenciadora para disciplinar o estado de necessidade.

(C) se A desfere golpe mortal no cão feroz de B, para proteger criança do ataque furioso do animal, a ação de A é justificável por legítima defesa de terceiro.

(D) o consentimento do ofendido pode ter natureza de excludente da tipicidade ou de justificação supralegal da ação típica.

(E) o excesso, na legítima defesa, por uso imoderado de meio necessário, só pode ser imputado ao autor a título de dolo.

A: incorreta. Todas as hipóteses legais de justificação comportam, por força do disposto no parágrafo único do art. 23 do CP, o excesso na ação justificada; **B:** incorreta. Se o bem sacrificado for de valor maior do que o bem preservado, estaremos diante do chamado ***estado de necessidade exculpante***, em que ficará excluída a culpabilidade, e não a ilicitude. Se, entretanto, se tratar de bens de valor equivalente ou do sacrifício de um bem de menor valor para preservar outro de maior valor, estaremos diante do chamado ***estado de necessidade justificante***, no qual ficará excluída a ilicitude. Para a *teoria diferenciadora*, não acolhida por nosso Código, que adotou a *teoria unitária* (o estado de necessidade constitui sempre uma causa excludente da antijuridicidade), coexistem o estado de necessidade exculpante e o justificante; **C:** incorreta. A legítima defesa pressupõe uma agressão gerada e perpetrada por um ser humano. Ataques de animais, por isso, não dão margem a esta excludente de ilicitude. Aquele que mata um cão feroz que estava prestes a investir contra determinada criança age em ***estado de necessidade***. ***Mas atenção***: se o cão é instigado a atacar, é cabível, neste caso, a legítima defesa; **D:** correta. Se se tratar de bem disponível e vítima capaz, o consentimento será considerado ***causa supralegal de exclusão da antijuridicidade***; de outro lado, há crimes cuja tipificação somente é possível diante do dissenso da vítima. Neste caso, opera-se a exclusão da tipicidade. É o caso do crime de violação de domicílio, previsto no art. 150 do, CP. O consentimento do morador, neste exemplo, exclui a própria tipicidade; **E:** incorreta. O excesso será imputado ao autor, na forma do art. 23, parágrafo único, do CP, a título de dolo, se se tratar de excesso doloso, ou de culpa, caso o excesso constitua delito culposo e o agente tenha nele incorrido.

Gabarito "D"

10. AUTORIA E CONCURSO DE PESSOAS

(Ministério Público/GO – 2013) Sobre as nuances que circundam o tema "concurso de pessoas", analise as proposições abaixo e indique a alternativa correta:

(A) o funcionalismo penal moderado não se compraz com a teoria do domínio do fato.

(B) o conceito extensivo de autor encontra o seu complemento na teoria subjetiva da participação.

(C) o domínio do fato que se operacionaliza por meio dos chamados "aparatos organizados de poder" é identificado por Roxin como uma espécie de autoria imediata. Em tal hipótese, tanto o agente (hierarquicamente superior dentro do aparato) que ordena o cometimento de determinada conduta delituosa como quem a executa diretamente hão de ser responsabilizados.

(D) a participação de menor importância e a cooperação dolosamente distinta são institutos adstritos aos casos de participação, não tendo incidência em se tratando de coautoria.

A: incorreta. O funcionalismo penal moderado, liderado por Claus Roxin, preconiza, em apertada síntese, que o Direito Penal se ocupe de priorizar valores e princípios garantistas, figurando a política criminal como um critério capaz de solucionar conflitos dogmáticos. Assim, o funcionalismo moderado preocupa-se com os fins do Direito Penal, e não somente com os fins da pena, tal como no funcionalismo radical ou sistêmico capitaneado por Gunther Jakobs. No tocante à teoria do domínio do fato, criada originalmente por Hans Welzel, esta é perfeitamente compatível com o funcionalismo moderado de Roxin, que sustenta ser aludida teoria aplicável aos crimes comuns, comissivos e dolosos; **B:** correta. Para a teoria extensiva, não há distinção entre autor e partícipe, nada obstante seja possível distinguir diversos "graus" de autoria, admitindo, inclusive, a incidência de causas de diminuição de pena. Calcada na teoria da equivalência dos antecedentes, todo aquele que contribui para determinado resultado será considerado autor. O partícipe, à luz da teoria subjetiva, é aquele que, embora contribuindo para o mesmo fato, age com "vontade de partícipe", com comportamento acessório ao autor, que age com "vontade de autor"; **C:** incorreta. Na teoria do domínio do fato, originalmente criada por Hans Welzel, na década de 1930, na Alemanha, e posteriormente desenvolvida por Claus Roxin em sua obra *Täterschaft und Tatherrschaft, publicada em 1963,* *também na Alemanha, embora o autor seja aquele que detenha um controle final sobre o fato delituoso, tendo um poder de decisão sobre ele, não bastando a mera "posição de hierarquia superior", sendo indispensável que se comprove que determinou a prática da ação, sob pena de ser restaurada a responsabilidade penal objetiva. Para a teoria em comento, responderão criminalmente tanto o executor do fato (autor imediato), quando o "homem de trás" (autor mediato), desde que, valendo-se de sua posição de superioridade hierárquica, tenha o controle final sobre a ação perpetrada pelo autor mediato;* **D:** incorreta. A participação de menor importância, como o nome sugere, somente se aplica aos partícipes (art. 29, § 1º, CP). Já a cooperação dolosamente distinta (art. 29, § 2º, CP), por não fazer distinção, é aplicável a qualquer "concorrente" do crime, vale dizer, autor, coautor ou partícipe.

Gabarito "B"

(Ministério Público/MS – 2013 – FADEMS) Mélvio e Tício ajustam entre si a prática de um furto na residência de Joana, pois acreditavam que ela estava viajando, estando o imóvel deserto. Dividem as atividades criminosas da seguinte maneira: Mélvio deveria permanecer nas imediações para observar e vigiar a aproximação de alguém, enquanto Tício ingressaria no imóvel, mediante arrombamento de uma das janelas. Após adentrar, Tício é surpreendido com a presença de Joana, pois ela não havia viajado. Desse modo, Tício domina Joana, utilizando-se de ameaças de morte, ante sua evidente superioridade física e de uma faca que trazia consigo. Com Joana subjugada, Tício a submete à prática de conjunção carnal. Depois de consumar o ato, ainda com Joana rendida, Tício subtrai vários objetos de valor do local. Após se retirar, Tício partilha com Mélvio o produto do crime, contando-lhe dos fatos ocorridos no interior da residência.

Assinale a alternativa *correta* quanto aos crimes cometidos:

(A) Tício responde por roubo qualificado e estupro, enquanto Mélvio responde por furto qualificado, aumentando-se a pena até a metade em razão do resultado ocorrido.

(B) Tício e Mélvio respondem por roubo qualificado e estupro.

(C) Tício e Mélvio respondem por roubo qualificado, enquanto Tício também responde pelo estupro.

(D) Tício responde por roubo qualificado e estupro, enquanto Mélvio responde pelo furto qualificado.

(E) Tício responde por roubo qualificado e estupro, enquanto Mélvio responde pelo furto qualificado e estupro.

A situação retratada no enunciado configura o clássico exemplo de cooperação dolosamente distinta, nos termos do art. 29, § 2º, do CP. Como é sabido, quem, de qualquer modo, concorrer para o crime, por este responderá, na medida de sua culpabilidade (art. 29, *caput*, do CP). Para o reconhecimento do concurso de agentes, indispensável que haja a conjugação dos seguintes requisitos: i) pluralidade de agentes (pelo menos dois); ii) unidade de fato (prática de um mesmo crime); iii) liame subjetivo ou vínculo psicológico (adesão de vontades); e iv) relevância causal (o comportamento de cada agente deve ser decisivo para o resultado pretendido). Pois bem. Na questão, Mélvio e Tício ajustaram a prática de furto em uma residência, o que daria margem ao reconhecimento, caso assim tivesse ocorrido, do furto qualificado pelo concurso de pessoas (art. 155, § 4º, IV, do CP). Dado que os agentes não combinaram a prática de estupro, até pelo fato de acreditarem que a vítima estaria viajando, impossível que tal crime fosse imputado a Mélvio, cuja conduta foi a de permanecer nas imediações do imóvel e observar a aproximação de alguém. Logo, de plano, podemos excluir as alternativas "**B**" e "**E**". O só fato de Mélvio, após a empreitada criminosa, ter tomado conhecimento dos fatos ocorridos no interior da residência de Joana, não induz pensar ser possível a imputação de referido crime contra a dignidade sexual. No tocante ao roubo, apenas Tício deverá por ele responder, tendo em vista ser aplicável ao caso o já citado art. 29, § 2º, do CP, segundo o qual: "*Se algum dos concorrentes quis participar de crime menos grave, ser-lhe-á aplicada a pena deste*; essa pena será aumentada até metade, na hipótese de ter sido previsível o resultado mais grave". Logo, Mélvio, tendo ajustado a prática de crime menos grave (furto qualificado), deverá por este responder. Assim, também se pode excluir a alternativa "**C**". Resta-nos as alternativas "**A**" e "**D**". Na cooperação dolosamente distinta (art. 29, § 2º, do CP), aquele que quis participar de crime menos grave somente terá sua pena majorada até a metade se o resultado mais grave (no caso do enunciado, o roubo) fosse previsível. Na hipótese narrada, não há qualquer possibilidade de Mélvio ter previsto o resultado mais grave, tendo em vista que desconhecia que a vítima se encontrava no interior da residência. Logo, não será possível majorar-lhe a pena. Correta, pois, a alternativa "D", sendo certo que Tício, por haver praticado dois crimes (roubo e estupro), por eles responderá, imputando-se a Mélvio apenas o furto qualificado.

Gabarito "D"

(Ministério Público/SP – 2013 – PGMP) Consta de voto do eminente Ministro Ayres Britto proferido em uma das fases do julgamento da Ação Penal 470/MG:

"O núcleo político tachado pelo Ministério Público como intelectual ou mentor da empreitada criminosa, claro que, dentro dele, com gradações de protagonizações, a legitimar a aplicação da teoria do domínio do fato para responsabilizar, de modo pessoal, porém graduado, os respectivos agentes.

E dois núcleos operacionais a serviço do núcleo político: um núcleo operacional financeiro em torno dos bancos já nominados e um núcleo publicitário operacional serviente do núcleo político..."

Sobre a acima referida Teoria do Domínio do Fato, é CORRETO afirmar:

(A) que ela trata de autoria e coautoria do crime e, aplicada ao Direito pátrio, define que o autor mediato deve ser tido como partícipe porque sua conduta realística não executa o verbo núcleo do tipo.

(B) que é aplicável ao Direito pátrio, em que foi adotada a chamada teoria restritiva, e define o autor como aquele que detém o controle total da empreitada criminosa, com poderes sobre as ações de todos os partícipes e com o próprio controle funcional do fato.

(C) como o Código Penal adotou a teoria restritiva ("na medida de sua culpabilidade"), a adoção da teoria do domínio do fato importa em responsabilização objetiva.

(D) que ela foi adotada de forma explícita na reforma da parte geral do Código Penal (1984) e desde então tem sido aplicada, até de forma exagerada, pela Suprema Corte.

(E) que o mencionado julgamento da Suprema Corte ficou famoso por ter, pela primeira vez, aplicado no Direito pátrio (em que predominava o finalismo) a teoria do domínio do fato.

A: incorreta. Para a teoria do domínio do fato, criada por Hans Welzel no fim da década de 1930, autor é aquele que tem o controle final do fato (empreitada criminosa), decidindo e controlando, desde o início, a forma de execução e demais atos. Distingue autor, que, como dito, é aquele que controla finalisticamente a atividade delituosa, do partícipe, que, acessoriamente, colabora para a empreitada criminosa, mas sem ter o domínio final do fato. O autor mediato, que é aquele que se vale de agente nao culpável ou de pessoa que atue sem dolo ou culpa para a execução de tipo incriminador, à luz da teoria em comento, é tido como autor, e não como partícipe. Afinal, o autor mediato domina finalisticamente a ação executada pelo terceiro; **B:** correta. De fato, o CP adotou a teoria restritiva de autor, segundo a qual assim será considerado aquele que praticar a ação nuclear do tipo penal incriminador, restando ao partícipe a prática de atos acessórios, mas colaboradores da empreitada criminosa (induzimento, instigação ou auxílio); **C:** incorreta. A despeito de ter sido adotada pelo CP a teoria restritiva, a expressão prevista no at. 29, *caput*, do CP ("na medida de sua culpabilidade") não diz respeito ao conceito de autor, mas, sim, ao fato de, em matéria de concurso de agentes, muito embora todos os que concorrem para um mesmo fato criminoso ou contravencional por ele respondam (teoria monista ou unitária), cada qual responderá na medida de sua culpabilidade, ou seja, no tocante às penas, deverá haver a adequada individualização para cada um dos agentes (por exemplo, se um deles for primário e o outro reincidente, ainda que ambos respondam pelo mesmo crime, suas condições pessoais serão levadas em consideração quando da dosimetria da pena); **D:** incorreta. Como visto, o CP não adotou a teoria do domínio do fato, mas, sim, a teoria restritiva; **E:** incorreta. Existe tendência das Cortes Superiores de aplicar a teoria do domínio do fato, utilizada não apenas no julgamento do "Mensalão" (AP 470/STF), mas também em outros casos, especialmente naqueles decorrentes da atuação de criminosos encarcerados no sistema penitenciário, mas que, mesmo nessa condição, continuam a controlar, "do lado de fora", a prática de crimes. É o que se verifica, por exemplo, com narcotraficantes que, mesmo presos, continuam a "chefiar" o tráfico, dando ordens e determinando a forma de organização e execução dos crimes.

Gabarito "B"

(Ministério Público/PR – 2013 – X) Assinale a alternativa ***incorreta***:

(A) Esmenio conduz seu irmão Tício até uma loja de cristais a pretexto de comprar um presente para a mãe de ambos. No interior da loja, que pertence a um desafeto de Esmenio, percebendo que seu irmão Tício encontrava-se bem em frente a uma prateleira repleta de vasos de cristal valiosos, Esmenio repentinamente empurra Tício que, pego de surpresa, desequilibra-se e acaba por cair sobre a prateleira, derrubando os vasos de cristal que se arrebentam no piso. Neste caso, é ***correto*** afirmar que Esmenio agiu como autor direto do delito;

(B) O médico Esmenio pretendendo matar seu pai Tício, que se encontra internado no hospital em que trabalha, antes de sair do hospital, deixa no posto da enfermaria um frasco de remédio antitérmico e a prescrição para as enfermeiras aplicarem via intravenosa o seu conteúdo no paciente do quarto 15, local onde Tício se encontra internado. A enfermeira Venília, sem desconfiar que o médico Esmenio havia anteriormente substituído o líquido do frasco de antitérmico por poderosa substância venenosa, dirige-se até o quarto do paciente para ministrar-lhe o que pensa ser o medicamento prescrito. Entretanto, a enfermeira Venília, não compreendendo a caligrafia do médico Esmenio, confunde o número 15 com 19, e se dirige ao quarto 19 do paciente Josefo, ministrando-lhe a substância venenosa contida no frasco, o que vem a ser a causa de sua morte. Neste caso, podemos afirmar que Esmenio atuou como autor mediato, respondendo pela morte de Josefo, com a incidência da agravante genérica do cometimento do delito contra ascendente;

(C) Esmenio criminoso de alta periculosidade dirige-se até a residência de Tício, gerente do "Banco Mais", onde rende, sob a mira de arma de fogo, Tício, sua esposa e o bebezinho recém-nascido do casal. Esmenio então determina a Tício que se dirija até o banco e traga a ele em uma mala a quantia de cem mil reais, ao tempo em que Esmenio ficará na residência vigiando, sob a mira de arma de fogo, a esposa e o filho de Tício. Caso não traga o dinheiro, ou se Tício noticiar o fato às autoridades policiais, Esmenio promete-lhe que matará sua esposa e o bebê. Tal qual ordenado, Tício se dirige ao banco e retorna com a vultosa quantia que entrega a Esmenio, o qual foge imediatamente do local. Neste caso é ***correto*** afirmar que Esmenio agiu como autor direto em relação ao crime cometido contra Tício e como autor mediato em relação ao crime cometido contra o banco;

(D) Esmenio filho do poderoso empresário Tício, pretendendo o mais brevemente possível receber vultosa herança, contrata o atirador profissional Caronte e encomenda a morte de Tício. Esmenio esclarece a Caronte que Tício, como de costume, se dirigirá no final de semana para sua casa no bosque, local propício para o cometimento do homicídio. No fim de semana Caronte se dirige até o local determinado por Esmenio e de tocaia, ao chegar um homem ao local, atira contra ele. Entretanto, ao se aproximar do corpo, percebe que em razão da pouca claridade vespertina, acabou por atingir Fídio, amigo de Tício, que com ele lá iria se encontrar. Caronte, rapidamente esconde o corpo de Fídio, e se posiciona mais uma vez de tocaia, até a chegada de Tício, o qual Caronte acaba por alvejar mortalmente. Neste caso é correto afirmar que Esmenio responderá pelos crimes praticados contra Tício e Fídio, com a incidência da agravante genérica do cometimento do delito contra ascendente;

(E) Esmenio procurando obter para si o cargo de gerência de Tício, na empresa em que trabalham, ministra-lhe veneno no café. Tício, sentindo-se mal, se dirige até o estacionamento onde havia parado seu veículo, e ao liga-lo, em razão de carga explosiva anteriormente colocada por Licínio (que também almejava o cargo de Tício), o veículo explode e mata Tício, bem como assusta a todos do escritório, inclusive Esmenio, que de nada desconfiava. Neste caso podemos afirmar que este é um exemplo de autoria colateral, respondendo Esmenio na forma tentada, e Licínio na forma consumada, quanto ao crime cometido contra Tício.

A: correta. A assertiva contempla conduta caracterizadora de autoria direta de Esmenio. Este, simplesmente, se valeu do corpo de seu irmão Tício para projetá-lo sobre prateleira repleta de valiosos vasos de cristal. Assim, não restam dúvidas de que Esmenio foi autor direto ou imediato do crime de dano. Se substituirmos o "corpo" de seu irmão Tício por uma arma de fogo ou um taco de beisebol, teríamos a mesma resposta: o agente teria sido autor direto do crime. Perceba o candidato que a alternativa quis tentar levá-lo a acreditar que ocorreu autoria mediata (ou indireta). Porém, como visto, Esmenio não se valeu de seu irmão para o cometimento do crime. Na autoria mediata, o agente se vale de terceiro inculpável ou que atua sem dolo ou culpa, tratando-se de mero instrumento do delito. Não se enxerga autoria mediata na situação exposta na assertiva, mas, sim, autoria direta ou imediata; **B:** correta. A situação narrada no enunciado constitui clássico exemplo de autoria indireta ou mediata, pela qual o agente se vale de terceira pessoa inculpável ou que atue sem dolo ou culpa como "instrumento de ataque". No caso, Esmenio quis se valer da enfermeira Venilia para matar o próprio pai, o que caracterizaria a provocação de erro em terceiro (art. 20, §2°, do CP). É que a enfermeira, acreditando que ministrava antitérmino, em verdade ministrava veneno. No entanto, por erro, Venilia acabou matando (em erro de tipo determinado por terceiro) pessoa diversa daquela visada pelo autor mediato (Esmenio), razão pela qual responderá o agente como se o fato tivesse sido cometido contra a vítima pretendida (no caso, o próprio pai), incidindo, pois, a circunstância agravante do art. 61, II, "e", do CP; **C:** correta. A narrativa contida na assertiva contempla situação caracterizadora de coação moral irresistível, visto que Esmenio se valeu de Tício, gerente do "Banco Mais", para a subtração de cem mil reais de referida instituição financeira. Assim, com relação ao banco, vislumbra-se autoria mediata (Esmenio se valeu de Tício para a prática do furto). Ainda, inegavelmente, o agente também praticou crime de extorsão em detrimento da vítima, que se viu compelida, em razão da grave ameaça, a praticar um crime de furto. Quanto a este segundo delito (extorsão), Esmenio foi autor direto ou imediato; **D:** incorreta, devendo ser assinalada. Considerando que Caronte foi o executor material do crime de homicídio "encomendado" por Esmenio, responderá pelas mortes que produziu, mas sem a incidência da agravante genérica (crime cometido em detrimento de ascendente). É que referida circunstância é de caráter pessoal (subjetiva), não se comunicando a terceiros. Apenas Esmenio deverá responder com a incidência de referida agravante; **E:** correta. A assertiva contempla, de fato, exemplo de autoria colateral (ou coautoria lateral), visto que Esmenio e Licinio, um desconhecendo a conduta do outro, tencionavam produzir o mesmo resultado (a morte de Tício). Neste caso, como o veneno ministrado por Esmenio não foi capaz de causar a morte da vítima, responderá por tentativa de homicídio, sendo que Licinio responderá pela forma consumada, visto que a sua conduta foi a efetiva causadora do resultado lesivo.

Gabarito "D"

(Ministério Público/RO – 2013 – CESPE) A respeito do concurso de pessoas e do erro sobre a ilicitude do fato e sobre os elementos do tipo, assinale a opção correta.

(A) Considera-se partícipe de crime comissivo, com ação omissiva, o gerente de estabelecimento comercial, detentor das chaves do local, que, ao sair do estabelecimento, deixa a porta aberta a fim de facilitar a prática de furto.

(B) Considera-se partícipe o passageiro que em ônibus coletivo, instigue o motorista a empregar velocidade excessiva, o que ocasione atropelamento culposo de vítima que faleça em razão do acidente.

(C) Configura erro de tipo essencial a conduta de um indivíduo que, após estrangular outro, crendo que ele esteja morto, enforque-o para simular suicídio, com comprovação posterior de que a vítima tenha morrido em decorrência do enforcamento.

(D) Considere que um servidor público receba, por escrito, séria ameaça a fim de não realizar ato de ofício e se omita, e verifique, posteriormente, que a carta tenha sido endereçada a outro servidor público em idêntica situação funcional. Nesse caso, a conduta do servidor que recebe a carta configura erro de tipo essencial invencível.

(E) Considere que um médico, de forma negligente, entregue a um enfermeiro substância venenosa imaginando tratar-se de substância medicinal, para ser ministrada a paciente, e que o enfermeiro, mesmo percebendo o equívoco, ministre ao paciente a substância fatal, com a intenção de matá-lo. Nesse caso, ocorre participação culposa em crime doloso.

A: correta. A assertiva trata da participação por omissão, admitida apenas se o omitente tinha o dever jurídico de agir – e podia agir - para impedir o resultado (omissão imprópria – art. 13, § 2°, do CP). No caso em tela, o gerente do estabelecimento comercial, detentor das chaves do local, decerto tem o dever obrigacional de zelar pela sua segurança, na medida em que detém as chaves para trancar as entradas do estabelecimento. Se não o faz, querendo, com isso, facilitar a prática de furto, responderá como partícipe de referido crime; **B:** incorreta. É sabido e ressabido que os crimes culposos não admitem participação, mas, apenas, coautoria. É que todo e qualquer comportamento que contribua para um resultado involuntário previsível caracteriza quebra ou inobservância de um dever objetivo de cuidado, gerando, com isso, a responsabilização do agente como coautor; **C:** incorreta. A assertiva traz hipótese de erro de tipo acidental, mais precisamente, *aberratio causae* (erro sobre o nexo causal), que se caracteriza pelo fato de o agente acreditar que seu comportamento inicial foi capaz de atingir o resultado almejado, e, ato seguinte, ao praticar nova conduta, provoca, efetivamente, o resultado. Responderá, no caso, por homicídio com emprego de asfixia; **D:** incorreta. Ao que tudo indica, o servidor poderia ter sido mais diligente em constatar que a carta fora dirigida a outro colega com idêntica função. Assim, cremos que a assertiva faz alusão a uma situação não de erro de tipo essencial (falsa percepção do agente sobre elemento constitutivo do tipo legal), mas, sim, de coação moral resistível. E resistível pelo fato de o agente poder resistir à ameaça visto que esta não lhe foi direcionada, mas, sim, a terceiro; **E:** incorreta. Não se admite participação culposa em crime doloso, nem participação dolosa em crime culposo. O concurso de agentes exige que cada um dos concorrentes esteja vinculado ao outro com uma vontade homogênea (princípio da convergência). Assim, no caso apresentado, não há vínculo subjetivo entre os agentes, afastando o concurso de pessoas. Responderá pelo crime o enfermeiro.

Gabarito "A"

(Ministério Público/TO – 2012 – CESPE) À luz do entendimento dos tribunais superiores acerca do concurso de pessoas, assinale a opção correta.

(A) Admite-se a participação nos tipos culposos ante a existência de vínculo psicológico na cooperação consciente de alguém na conduta culposa de outrem.

(B) De acordo com a teoria monista, havendo pluralidade de agentes e convergência de vontades para a prática da mesma infração penal, é possível o reconhecimento de que um agente teria praticado o delito na forma tentada e o outro, na forma consumada.

(C) O agente que, previamente, na divisão de trabalho de intento criminoso, tenha o domínio funcional do fato e fuja do local do crime é considerado partícipe.

(D) A participação de somenos corresponde à mera participação menos importante, uma vez que, embora dentro da relação de causalidade, é praticamente dispensável.

(E) Não há obrigatoriedade de redução de pena para o partícipe, em relação à pena do autor, considerada a participação em si mesma, como forma de concorrência diferente da autoria.

A: incorreta. É de conhecimento básico que os crimes culposos não admitem a participação, mas, apenas, a coautoria. Qualquer contribuição de alguém para a produção de um resultado ilícito involuntário, causado em razão da inobservância de um dever objetivo de cuidado, constituirá conduta principal, não se podendo falar em participação (conduta acessória); **B:** incorreta. No concurso de pessoas, a despeito de ser exigida pluralidade de condutas relevantes no plano causal, haverá uma identidade de fato (unidade de infração penal para todos os concorrentes). Logo, todos devem responder pelo mesmo fato; **C:** incorreta. Se o agente tiver o domínio final do fato, responderá como autor, ainda que não execute diretamente a conduta típica; **D:** incorreta. Confira-se a distinção de participação de somenos e participação menos importante no excerto extraído de julgamento no STJ: *"A participação de somenos (§ 1º do art. 29 do CP) não se confunde com a mera participação menos importante (caput do art. 29 do CP). Não se trata, no § 1º, de "menos importante", decorrente de simples comparação, mas, isto sim, de "menor importância" ou, como dizem, "apoucada relevância". (Precedente do STJ). IV – O motorista que, combinando a prática do roubo com arma de fogo contra caminhoneiro, leva os coautores ao local do delito e, ali, os aguarda para fazer as vezes de batedor ou, então, para auxiliar na eventual fuga, realiza com a sua conduta o quadro que, na dicção da doutrina hodierna, se denomina de coautoria funcional. (5ª Turma, Habeas Corpus 20.819/MS, rel. Min. Felix Fischer, decisão unânime, julgado em 02.05.2002, DJ 03.06.2002, p. 230)"*; **E:** correta. O fato de um dos concorrentes do crime ser autor e o outro, partícipe, não induz pensar que este último deva ser punido com pena reduzida, se comparada com aquela imposta ao autor. Afinal, o art. 29 do CP, consagrando a teoria monista ou unitária, enuncia que todos os que concorrem para a prática do crime por ele responderão, na medida de sua culpabilidade. A pena do partícipe somente deverá ser reduzida se considerada de menor importância (art. 29, § 1º, do CP). Caso contrário, autor e partícipe poderão sofrer a mesma pena.

Gabarito "E"

(Ministério Público/RJ – 2011) Tício e Mévio, mediante grave ameaça, exercida com arma de fogo, buscavam subtrair um relógio de Vespúcio, que, entretanto, os repeliu a socos e pontapés assim que o "assalto" foi anunciado. Diante dessa reação, Tício, com intenção de matar e, com isso, garantir a execução do roubo, faz um disparo de arma de fogo contra Vespúcio, atingindo, no entanto, seu comparsa Mévio, que vem a sofrer lesões corporais graves.

Surpreso com o desenrolar do episódio, Tício acaba dominado por Vespúcio, não logrando, assim, consumar a subtração pretendida. Considerando-se que Mévio, apesar dos graves ferimentos, veio a sobreviver e, em consonância com posicionamento jurisprudencial dominante, pode-se concluir do episódio que:

(A) Tício e Mévio responderão em concurso de pessoas por tentativa de roubo qualificado pelo advento de lesão corporal grave;

(B) Tício responderá por tentativa de latrocínio e Mévio deverá ser responsabilizado por crime de roubo tentado, majorado pelo emprego de arma e concurso de pessoas;

(C) Tício e Mévio responderão em concurso de pessoas por tentativa de latrocínio;

(D) Tício responderá por tentativa de roubo qualificado pelo advento de lesão corporal grave e Mévio responderá por tentativa de roubo majorado pelo concurso de agentes e emprego de arma;

(E) Tício e Mévio responderão por tentativa de homicídio qualificado pela conexão teleológica em cúmulo material com tentativa de roubo majorado pelo concurso de pessoas e emprego de arma.

De acordo com a doutrina e a jurisprudência, restará caracterizado o latrocínio se, durante o roubo, advier a morte de *qualquer pessoa,* inclusive de um dos agentes delitivos, por exemplo, por disparo de arma efetuado pelo comparsa. Caso não ocorra a morte, fala-se em latrocínio tentado. No problema relatado, fica claro que o disparo efetuado por Tício tinha a intenção de matar a vítima, que tentava resistir à subtração ("assalto"). Daí ser inviável o reconhecimento de tentativa de homicídio ou roubo qualificado pela lesão corporal grave sofrida pelo comparsa Mévio. Como dito, o latrocínio se consubstancia em um roubo qualificado pela morte, que será executada como forma de assegurar a consumação do crime patrimonial ou garantir a impunidade dos agentes. Não havendo consumação do roubo e do homicídio (morte), fala-se em tentativa de latrocínio.

Gabarito "C"

(Ministério Público/PI – 2008) Funcionário público, valendo-se da facilidade que proporciona a ele a qualidade de funcionário público, subtrai, em proveito próprio, bem particular que se encontra na repartição pública e da qual não tem posse. Considerando a assertiva acima, **assinale a alternativa correta.**

(A) O coautor não enquadrável no conceito de funcionário público (CP, art. 327) responderá, necessariamente, por crime contra o patrimônio.

(B) O funcionário e o coautor respondem pelo crime de furto.

(C) Não se trata de crime contra a Administração Pública.

(D) O coautor não enquadrável no conceito de funcionário público (CP, art. 327) poderá responder por crime contra a Administração Pública.

(E) Os crimes contra a Administração Pública não admitem a forma culposa.

A: incorreta. A despeito de o crime de peculato (art. 312 do CP), em qualquer de suas modalidades (apropriação, desvio ou furto), ser considerado próprio, visto exigir qualidade especial do agente, qual seja, a de funcionário público, admite concurso de agentes (coautoria ou participação). De acordo com o art. 30 do CP, as circunstâncias ou condições de caráter pessoal, quando elementares do crime, comunicam-se aos concorrentes do delito (desde que cientes de determinada circunstância ou condição!). Assim, terceiro (não funcionário) que concorrer para a prática de peculato-furto, desde que conhecedor da qualidade de funcionário do autor, responderá pelo crime funcional (e não patrimonial). Caso contrário (leia-se: se desconhecer a condição de funcionário público de seu comparsa), responderá por furto (crime patrimonial); **B:** incorreta. Ambos responderão por peculato-furto (art. 312, § 1º, do CP), ou, se o particular desconhecer a condição de funcionário do comparsa, responderá por furto (art. 155 do CP). Porém, evidentemente, o funcionário público responderá pelo crime funcional; **C:** incorreta. O peculato-furto é, sim, crime contra a Administração Pública (art. 312 do CP); **D:** correta, pelas razões expostas nos comentários às alternativas "A" e "B"; **E:** incorreta. O peculato admite a forma culposa (art. 312, § 2º, do CP).

Gabarito "D"

(Ministério Público/MT – 2012 – UFMT) Em matéria de participação no concurso de pessoas, segundo o entendimento amplamente reiterado da doutrina penal brasileira, adota-se a teoria da

(A) Acessoriedade mínima.

(B) Acessoriedade máxima.

(C) Acessoriedade limitada.

(D) Hiperacessoriedade.

(E) Ultracessoriedade.

De fato, em matéria de participação no concurso de pessoas, o CP adotou a denominada *"teoria da acessoriedade limitada"*. Segundo referida teoria, para a punição do partícipe, que pratica conduta acessória, visto não realizar o núcleo do tipo penal, bastará que o autor tenha praticado um *fato típico* e *ilícito*, não sendo exigida a demonstração da culpabilidade (teoria da acessoriedade máxima ou extrema). Assim, existem as seguintes teorias acerca da participação no concurso de agentes: a) teoria da acessoriedade mínima (preconiza que o partícipe será punido desde que o autor cometa um fato típico); b) teoria da acessoriedade limitada (como visto, preconiza que o partícipe será punido desde que o autor tenha cometido um fato típico e ilícito); c) teoria da acessoriedade máxima ou extrema (a punição do partícipe reclama que o autor tenha praticado um fato típico e ilícito, e desde que o agente seja culpável); d) teoria da hiperacessoriedade (para a punição do partícipe, o autor culpável deverá ter cometido um fato típico e ilícito pelo qual seja efetivamente punido). Como visto, a teoria mais aceita é a da acessoriedade limitada.

Gabarito "C"

(Ministério Público/MG – 2005) João e José combinam agredir Tião a tiros, para produzir-lhe lesões corporais de natureza gravíssima, pela incapacitação permanente para o trabalho. Ambos se postam de cada lado de uma rua e, quando o desafeto se aproxima, efetuam disparos de arma de fogo contra o mesmo. Apenas um disparo acerta a vítima, que vem a morrer. Ouvidos em juízo, João confessa ter, na hora pretendido matar Tião. José confessa ter previsto a ocorrência da morte de Tião, mas acreditou em sua habilidade e na de João para apenas lesionar a vítima. A perícia não identificou a arma da qual partiu o projétil que acertou a vítima:

(A) ambos os concorrentes devem responder por um homicídio consumado.

(B) ambos os concorrentes respondem por lesão corporal seguida de morte.

(C) João responde por homicídio consumado e José por lesão consumada.

(D) ocorrem tentativas de homicídio para João e de lesão gravíssima para José.

(E) ambos respondem por lesão corporal gravíssima consumada.

De acordo com o enunciado proposto, de plano, não se pode constatar qual disparo foi o causador da morte da vítima. Por essa razão, inviável que João e José respondam por homicídio consumado, estando, portanto, incorretas as alternativas "A" e "C". Também, em virtude da falta de constatação da arma da qual partiu o projétil que matou a vítima Tião, não se pode, sequer, falar em crime consumado, sob pena de se imputar um resultado a quem, eventualmente, não o tenha produzido. Logo, também incorretas as alternativas "B" e "E", que falam de crimes consumados. Resta-nos apenas a alternativa "D", que, de fato, está correta. A despeito de João haver confessado que queria matar Tião, não se poderá puni-lo por homicídio consumado, pois, como dito, a perícia não identificou de qual arma foi disparado o projétil que ceifou a vida da vítima. Daí caracterizar-se a tentativa de homicídio para João. Quanto a José, considerando que sua intenção era a de causar lesões corporais gravíssimas ao ofendido, este será o crime que lhe será imputado, porém, na forma tentada, pelas razões já expendidas.

Gabarito "D"

(Ministério Público/MG – 2005) Sobre a regra da incomunicabilidade das circunstâncias de que trata o art. 30 do Código Penal:

(A) impõe comunicar sempre as características pessoais de um autor aos demais.

(B) promove a extensão da tipicidade objetiva, visando preservar a teoria monista.

(C) tal comunicabilidade é suficiente para a integral caracterização do fato típico.

(D) promove a extensão da culpabilidade, com base em ficção legal de qualidades pessoais.

(E) determina que a responsabilidade seja sempre igual a todos os participantes do crime.

De acordo com o art. 30 do CP, não se comunicam as circunstâncias e as condições de caráter pessoal, salvo quando elementares do crime. Assim, vamos às alternativas. **A:** incorreta, pois, como visto, as características pessoais de um autor somente se comunicam aos demais concorrentes quando elementares do crime; **B:** correta. De fato, o art. 30 do CP é norma de extensão típica, estendendo a coautores e partícipes de um crime as condições ou características pessoais de outro, desde que, repita-se, sejam elementares do crime. Outrossim, doutrina e jurisprudência exigem que referidas características sejam conhecidas pelos demais concorrentes; **C:** incorreta. O art. 30 do CP é norma de extensão típica que não exaure os demais elementos do fato típico. Logo, todos os demais elementos do tipo devem ser verificados no caso concreto, sob pena de atipicidade do fato; **D:** incorreta, pois o art. 30 do CP é norma de extensão típica, e não da culpabilidade; **E:** incorreta, pois o art. 30 do CP é mera norma de extensão típica, não indicando que todos os participantes do crime sejam igualmente responsabilizados. Ao contrário, ainda que adotada a teoria monista ou unitária de concurso de pessoas, não há dúvidas de que cada um dos concorrentes deverá responder na medida de sua culpabilidade (art. 29, *caput*, do CP).

Gabarito "B"

(Ministério Público/GO – 2012) Com relação ao concurso de pessoas, analise os seguintes itens:

I. Coautoria sucessiva é aquela que se daria quando, consumada a infração, ingressaria o coautor, por adesão à conduta criminosa, antes do exaurimento;

II. Nos crimes de mão própria (falso testemunho, v.g.) em regra não se pode falar em coautoria porque o verbo núcleo do tipo exige atuação pessoal do agente;

III. A coautoria exige que todos os coautores tenham o mesmo comportamento;

IV. Não se comunicam as circunstâncias e as condições de caráter pessoal, inclusive quando elementares do crime;

V. Por força do art. 30 do CP, o particular pode ser coautor nos crimes próprios (que exigem uma qualidade especial do agente – peculato, v.g.), desde que tenha ciência dessa elementar.

Está correto apenas o que se afirma em:

(A) I, II e V

(B) I, II e III

(C) II, III e IV

(D) II, III e V

I: correta. De acordo com Cleber Masson, a coautoria sucessiva *"é espécie de coautoria que ocorre quando a conduta, iniciada em autoria única, se consuma com a colaboração de outra pessoa, com forças concentradas, mas sem prévio e determinado ajuste"* (*Direito Penal Esquematizado – Parte Geral*. 2. ed. Editora Método, p. 486); **II:** correta. De fato, os crimes de mão própria, que são aqueles que exigem uma atuação pessoal (e personalíssima) do agente, que deve ostentar determinada qualidade especial, não admitem a coautora, mas, apenas, a participação. É o caso do crime de falso testemunho (art. 342 do CP), que, como dito, não admite coautoria; **III:** incorreta. Os coautores não precisam, necessariamente, praticar a mesma conduta. Importante é que o coautor, juntamente com o autor, realize a conduta típica, total ou parcialmente. É o caso de um roubo perpetrado por duas pessoas. Se uma delas anunciar o roubo e empregar uma arma de fogo para ameaçar as vítimas e o comparsa subtrair o patrimônio delas, ambos terão cometido o mesmo crime (roubo majorado pelo emprego de arma), em coautoria. Daí poder-se dizer que a coautoria poderá ser total (quando todos os coautores realizarem a mesma conduta – ex.: "A" e "B" esfaqueiam, simultaneamente, "C", sendo condenados por homicídio) ou parcial (quando cada um dos coautores executar determinada conduta, mas que, agregada à do outro, resultar na totalidade da figura típica – ex.: "A" anuncia o roubo enquanto "B" subtrai das vítimas os seus pertences. Neste caso, ambos responderão por roubo, em coautoria); **IV:** incorreta, pois, se elementares do crime, as circunstâncias e condições de caráter pessoal se comunicam (art. 30 do CP); **V:** correta. Poderá um particular ser coautor de um crime próprio (ex.: crimes funcionais – arts. 312 a 326 do CP), desde que tenha ciência da qualidade especial do seu comparsa. Tal decorre do art. 30 do CP (circunstâncias ou condições de caráter pessoal não se comunicam a coautores ou partícipes, salvo se elementares do crime).

Gabarito "A"

(Ministério Público/BA – 2008) Analise as seguintes assertivas acerca do concurso de pessoas e concurso de crimes:

I. A teoria objetiva do crime continuado não exige, como requisito, a unidade de resolução criminosa.

II. Na hipótese de *aberratio ictus* com unidade complexa, deve ser utilizado, na aplicação da sanção penal, o mesmo tratamento do concurso formal impróprio.

III. Segundo a teoria monista acerca do concurso de pessoas, adotada por nossa legislação penal, cada agente possui sua própria conduta e seu próprio resultado.

IV. Em caso de concurso formal próprio e de crime continuado, a regra para aplicação da sanção penal é a do uso do sistema de exasperação.

V. O concurso de agentes tem como requisitos a relevância causal de condutas, a pluralidade de agentes, o liame subjetivo entre os agentes, a unicidade de conduta e a identidade do tipo penal.

Estão corretas as assertivas:

(A) I e IV.

(B) I e V.

(C) II e III.

(D) II e V.

(E) III e IV.

I: correta. De acordo com a teoria objetiva, para a caracterização do crime continuado (ou continuidade delitiva), bastará o preenchimento dos requisitos (de ordem objetiva) previstos no art. 71 do CP, diversamente da teoria objetivo-subjetiva, que, como o próprio nome sugere, além dos requisitos objetivos, exige a unidade de desígnios do agente com relação aos delitos parcelares; **II:** incorreta, pois em caso de *aberratio ictus* com unidade complexa (ou com duplo resultado), aplicar-se-á a regra do concurso formal próprio, vale dizer, aplicar-se-á a pena do crime mais grave, aumentada de 1/6 (um sexto) até 1/2 (metade), conforme preconiza o art. 74, 2ª parte, do CP; **III:** incorreta, pois preconiza a teoria monista (ou unitária) que todo aquele que concorrer para a prática do crime responderá pelo mesmo crime, mas na medida de sua culpabilidade (art. 29, *caput*, do CP); **IV:** correta. De fato, no concurso formal próprio, a pena do agente será majorada de 1/6 (um sexto) até a 1/2 (metade), consoante dispõe o art. 70 do CP. Também, na continuidade delitiva (art. 71 do CP), a regra será a da exasperação (ou majoração) da pena de 1/6 (um sexto) a 2/3 (dois terços). Em ambos os casos, aplicar-se-á o critério ou sistema da exasperação. Frise-se que, no concurso formal impróprio e no concurso material, a regra a ser aplicada é a do cúmulo material (soma das penas); **V:** incorreta. Para o reconhecimento do concurso de pessoas (ou concursos de agentes, ou codelinquência), será necessária a conjugação de alguns requisitos, quais sejam, a pluralidade de agentes, a relevância causal de cada conduta, a identidade de fato (ou de infração penal), o liame subjetivo (ou vínculo psicológico) e a existência de fato punível. Não se exige que a conduta dos agentes seja a mesma (unicidade de conduta), bastando que cada um concorra para a prática da mesma infração penal (ex.: "A" subtrai o dinheiro da vítima, enquanto "B" empunha a arma de fogo. As condutas não são idênticas, mas ambos responderão por roubo com emprego de arma).

Gabarito "A"

(Ministério Público/AM – 2008 – CESPE) A respeito do concurso de pessoas, assinale a opção incorreta.

(A) É possível haver participação de participação.

(B) Não há participação dolosa em crime culposo.

(C) É possível haver participação culposa em crime doloso.

(D) É possível haver participação sucessiva.

(E) Admite-se coautoria em crime culposo.

A: correta. É a chamada ***participação em cadeia***. Exemplo: "A" induz "B" a induzir "C". Deve haver início de execução; **B:** correta. Admite-se a coautoria em crime culposo, mas não a participação. O crime culposo tem o seu tipo aberto, razão pela qual não se afigura razoável afirmar-se que alguém auxiliou, instigou ou induziu uma pessoa a ser imprudente, sem também sê-lo; **C:** incorreta, devendo ser assinalada. Não há que se falar em participação culposa em crime doloso por falta de ***liame subjetivo***, ou seja, o partícipe deve ter ciência da sua colaboração; **D:** correta. Dá-se a chamada ***participação sucessiva*** quando o autor é induzido ou estimulado a praticar o ato criminoso e, posteriormente, por outro partícipe é mais uma vez induzido ou estimulado a praticá-lo; **E:** correta. Tal possibilidade já constava da Exposição de Motivos do Código Penal de 1940. Reitere-se: não se admite, todavia, a participação em crimes culposos.

Gabarito "C"

(Ministério Público/CE – 2009 – FCC) Nos chamados crimes monossubjetivos,

(A) o concurso de pessoas é eventual.

(B) o concurso de pessoas só ocorre no caso de autoria mediata.

(C) o concurso de pessoas é necessário.

(D) não há concurso de pessoas.

(E) há concurso de pessoas apenas na forma de participação.

Nesta modalidade de crime, o concurso é *eventual*, isto é, o tipo penal não exige a presença de dois ou mais agentes. A coautoria ou a participação constituem mera eventualidade. Diferente, portanto, do crime de concurso necessário (plurissubjetivo ou coletivo), em que a presença de dois ou mais agentes constitui característica do tipo penal, ou seja, o crime só pode ser praticado por duas ou mais pessoas.

Gabarito "A"

(Ministério Público/MG – 2007) Assinale a alternativa FALSA.

(A) O Código Penal adota a teoria monista do concurso de agentes, eis que, geralmente, considera que há apenas um crime nos casos praticados em concurso de pessoas.

(B) A teoria do domínio do fato no concurso de pessoas define o autor como aquele que tem poder decisório e é fundamental à realização adequada da empreitada criminosa.

(C) O conceito extensivo de autor implica que os partícipes, vez que contribuem à realização da conduta, não devem diferenciar-se do autor.

(D) O *pactum sceleris* é desnecessário à configuração da coautoria, bastando a confluência subjetiva conjunta ao mesmo objetivo final, ainda que fragmentado.

(E) O vínculo subjetivo é necessário no concurso de agentes em crimes culposos, enquanto o vínculo normativo é característico dos crimes dolosos.

A: correta. Trata-se da teoria adotada pelo Código Penal, que, entretanto, comporta exceções, existentes tanto na Parte Geral quanto na Parte Especial do Estatuto Repressivo; **B:** correta. Para a ***teoria do domínio do fato***, autor é quem realiza o verbo contido no tipo penal. Mas não é só. É também autor quem tem o domínio organizacional da ação típica (quem, embora não tenha realizado o núcleo do tipo, planeja, organiza etc.). Além disso, é considerado autor aquele que domina a vontade de outras pessoas ou ainda participa funcionalmente da execução do crime; **C:** correta. A punição, na participação, se dá por meio de uma norma de extensão (art. 29 do CP), já que, a rigor, o partícipe não comete nenhuma conduta típica, mas contribui, de qualquer modo, para o crime; **D:** correta. O ***pactum sceleris*** (acordo do crime, prévio ajuste) é de fato desnecessário à caracterização da coautoria, sendo suficiente o ***liame subjetivo*** (conhecimento da colaboração), além dos outros requisitos; **E:** incorreta, devendo ser assinalada. O vínculo subjetivo é necessário no concurso de pessoas. É um de seus requisitos.

Gabarito "E"

(Ministério Público/MS – 2011 – FADEMS) No concurso de pessoas há necessidade de ajuste prévio entre os colaboradores para a prática do delito?

(A) Sim, pois para que se configure o concurso de pessoas há necessidade do prévio ajuste entre os colaboradores para a prática do delito;

(B) Não, pois havendo convergência de vontade entre os colaboradores estará configurado o concurso;

(C) Basta a convergência de vontade de no mínimo 4 (quatro) pessoas para se configurar o concurso;

(D) Basta a convergência de alguns dos colaboradores para se configurar o concurso;

(E) Basta a convergência, de natureza moral, entre 2 (dois) colaboradores para se configurar o concurso.

O ajuste prévio (*pactum sceleris*), embora possa estar presente, é desnecessário à caracterização do concurso de pessoas, sendo suficiente o *liame subjetivo* (ciência da colaboração), além dos demais requisitos.

Gabarito "B"

(Ministério Público/MS – 2011 – FADEMS) Admite-se a participação em crime culposo?

(A) O crime culposo admite a participação, desde que comprovada a colaboração.

(B) O crime culposo admite a participação em caso de negligência.

(C) O crime culposo admite a participação em caso de imprudência.

(D) O crime culposo admite a participação em caso de imperícia.

(E) O crime culposo não admite a participação.

Não se admite a participação no âmbito do crime culposo na medida em que o tipo penal, nesta modalidade de delito, é aberto. De outro lado, admite-se a coautoria em crime culposo.

Gabarito "E"

(Ministério Público/MS – 2006) Assinale a alternativa CORRETA:

I. Em sintonia com o princípio da exclusiva tutela de bens jurídicos, imanente ao Direito Penal do fato próprio do Estado democrático de direito, a tônica exegética passou a recair sobre a afetação do bem jurídico.

II. A participação por omissão somente é possível se o agente tivesse o dever jurídico de evitar o perigo.

III. O crime plurissubjetivo não demanda a aplicação da norma de extensão do artigo 29, do Código Penal.

IV. Basta à configuração da coautoria a colaboração do agente para o evento, auxiliando a atuação dos executores diretos, não se exigindo hajam todos os partícipes consumado atos típicos de execução.

(A) Somente as assertivas II e III estão corretas.

(B) Somente as assertivas III e IV estão corretas.

(C) Somente as assertivas I, II e III estão corretas.

(D) Todas as assertivas estão corretas.

I: correta. A missão do Direito Penal é tutelar os bens jurídicos mais relevantes; **II:** correta. É o caso do bombeiro que, tendo o dever imposto por lei de agir para combater o incêndio, omite-se. Nesse caso, responde como partícipe do crime de incêndio (participação por omissão); **III:** correta. O art. 29 do CP (concurso de pessoas) aplica-se aos chamados crimes monossubjetivos (concurso eventual), que são as infrações que podem ser praticadas por uma única pessoa; os crimes plurissubjetivos (crimes de concurso necessário), por essa razão, são incompatíveis com a norma de extensão contida no art. 29, CP; **IV:** correta: art. 29 do CP.

Gabarito "D"

(Ministério Público/PR – 2009) Sobre o tema autoria e participação, assinale a alternativa correta:

(A) ocorre a autoria colateral quando ações paralelas de agentes diversos lesionam um mesmo bem jurídico, como resultado de prévio planejamento conjunto.

(B) na autoria mediata, o terceiro utilizado como instrumento pelo autor mediato para a prática do crime, pode ser um sujeito inimputável ou imputável, conforme a hipótese concreta.

(C) no crime de peculato (Código Penal, art. 312), a qualidade de funcionário público do autor não se comunica ao partícipe que não é funcionário público, ainda que aquela qualidade seja de pleno conhecimento deste último.

(D) A, B e C resolvem praticar furto noturno em residência, quando então A, por decisão e execução exclusiva, pratica estupro contra a vítima D, que acordara durante a execução do crime patrimonial. Assim, a prática do crime sexual também é imputável a B e C, ainda que não tenha ingressado na esfera de previsibilidade destes últimos.

(E) a punibilidade da participação, segundo a teoria da acessoriedade limitada, exige que a ação principal, além de típica e antijurídica, também seja culpável.

A: incorreta. Inexiste ***liame subjetivo*** na *autoria colateral*, que, a rigor, não constitui hipótese de concurso de pessoas, porquanto ausente um de seus requisitos. É a hipótese em que duas pessoas praticam um mesmo crime sem que uma saiba da intenção da outra. Não há, pois, "prévio planejamento conjunto"; **B:** correta. Se um médico (autor mediato) utiliza uma enfermeira (autora imediata) como instrumento do crime, está-se diante de um caso de *autoria mediata* em que o terceiro utilizado como meio para a prática criminosa é imputável. A enfermeira, neste caso, porque foi induzida a erro pelo médico, autor mediato, não poderá ser responsabilizada. Não se trata de concurso de pessoas, porque ausente, entre autor mediato e imediato, o ***liame subjetivo***. Da mesma forma, pode figurar como autor imediato um sujeito inimputável (desprovido de capacidade em razão de menoridade ou doença mental). Desta feita, é possível, sim, na autoria mediata ou por determinação, que o terceiro utilizado como instrumento do crime seja inimputável ou imputável, a depender do caso concreto; **C:** incorreta. A qualidade de "funcionário público" constitui elementar do crime de peculato. Reza o art. 30 do CP que as elementares se comunicam aos partícipes, desde que sejam de conhecimento destes. Assim, se o crime de peculato é praticado por um funcionário em concurso por quem não integra os quadros do funcionalismo, ambos responderão pelo crime do art. 312 do CP. É dizer, a condição de caráter pessoal, por ser elementar do crime, comunica-se ao partícipe; **D:** incorreta. O crime de estupro deve ser atribuído exclusivamente a "A", visto que "B" e "C" queriam, desde o início da ação, praticar o crime de furto noturno, pelo que devem responder, fugindo totalmente da esfera de previsibilidade destes a prática do crime sexual; **E:** incorreta. Adotamos á teoria da ***acessoriedade limitada***, segundo a qual, para punir o partícipe, é suficiente apurar que o autor praticou um *fato típico* e *antijurídico*.

Gabarito "B"

(Ministério Público/SE – 2010 – CESPE) Marcelo, Rubens e Flávia planejaram praticar um crime de roubo. Marcelo forneceu a arma e Rubens ficou responsável por transportar em seu veículo os corréus ao local do crime e dar-lhes fuga. A Flávia coube a tarefa de atrair e conduzir a vítima ao local ermo onde foi praticado o crime. Nessa situação hipotética, conforme entendimento do STJ, Rubens

(A) foi partícipe e não coautor do crime de roubo, considerando que não executou o núcleo do tipo.

(B) foi coautor do crime, mas sua atuação foi de somenos importância, donde fazer jus às benesses legais respectivas.

(C) não responderá pelo crime de roubo, mas somente por favorecimento pessoal.

(D) foi partícipe do crime, pois não possuía o controle da conduta, conforme a teoria do domínio do fato, adotada pelo CP.

(E) foi coautor funcional ou parcial do crime, não sendo a sua participação de somenos importância.

O motorista que leva os coautores ao local do crime e ali os aguarda para auxiliá-los na eventual fuga realiza com a sua conduta o quadro que se denomina coautoria funcional, não se tratando de participação de somenos importância. A esse respeito: STJ, 5ª T., HC 20.819/MS, Rel. Min. Felix Fischer, j. 02.05.2002.

Gabarito "E"

(Ministério Público/SP – 2011) Aquele que encoraja a gestante a praticar um aborto, acompanhando-a à clínica médica, mas sem participar fisicamente das manobras abortivas, responde por:

(A) participação em aborto provocado por terceiro, com o consentimento da gestante.

(B) participação na modalidade própria do aborto consensual ou consentido.

(C) participação na modalidade própria do chamado autoaborto.

(D) participação no aborto qualificado, desde que a vítima venha a sofrer lesão grave ou morte.

(E) participação em aborto provocado por terceiro, sem o consentimento da gestante.

Aquele que somente instiga ou ainda induz a gestante a praticar o aborto, acompanhando-a até a clínica onde o ato será realizado, deverá ser responsabilizado como coautor do crime do art. 124 do CP, e não do art. 126 do CP. Neste crime deve incorrer o agente que prestar auxílio ao autor da execução material do aborto. É o caso, por exemplo, da enfermeira.

Gabarito "B"

11. CULPABILIDADE E CAUSAS EXCLUDENTES

(Ministério Público/DF – 2013) Assinale a alternativa **CORRETA**:

(A) Integram o conceito de culpabilidade no sistema finalista ou normativo puro: imputabilidade, dolo ou culpa, consciência da ilicitude, exigibilidade de conduta diversa.

(B) O critério psicológico adotado pelo Código Penal brasileiro para definição da imputabilidade considera unicamente a capacidade do agente para conhecer o caráter ilícito do fato e comportar-se conforme esse entendimento.

(C) É suficiente à exculpação pela embriaguez completa a demonstração da total incapacidade do agente de compreender o caráter ilícito do fato e/ou determinar-se conforme esse entendimento.

(D) Em razão do sistema vicariante acolhido pelo Código Penal brasileiro para o semi-imputável, a este poderá ser imposta medida de segurança quando necessitar de tratamento curativo.

(E) Coação física irresistível e obediência hierárquica são causas de exclusão da culpabilidade relacionadas à inexigibilidade de conduta diversa.

A: incorreta. No sistema finalista, a culpabilidade é composta de imputabilidade, potencial consciência da ilicitude e exigibilidade de conduta diversa, tendo o dolo ou a culpa migrado para o fato típico; **B:** incorreta. O CP adotou, no tocante à inimputabilidade, o critério biopsicológico, não bastando, para seu reconhecimento, que o agente, ao tempo da ação ou da omissão, estivesse acometido por doente mental ou tivesse desenvolvimento mental incompleto ou retardado (fator biológico), sendo indispensável que, em virtude disso, fosse inteiramente incapaz de entender o caráter ilícito do fato ou de determinar-se de acordo com esse entendimento (fator psicológico); **C:** incorreta. A embriaguez, que, em regra, não exclui a imputabilidade (art. 28, II, do CP – teoria da *actio libera in causa*), somente irá isentar o réu de pena se *completa* e *decorrente de caso fortuito ou força maior*; **D:** correta. Com a reforma da Parte Geral do Código Penal pela Lei 7.209/1984, passou-se a adotar o sistema vicariante, segundo o qual, no tocante ao semi-imputável, somente se poderá impor medida de segurança quando recomendado especial tratamento curativo (art. 98, CP). Assim, em regra, 26, parágrafo único, CP. Somente, como dito, se, em perícia, for recomendado especial tratamento curativo, o juiz substituirá a pena pela medida de segurança; **E:** incorreta. A coação *moral* irresistível (e não a *física*, que afasta a própria conduta e, portanto, o *fato típico*), bem como a obediência hierárquica, são causas excludentes da culpabilidade previstas no art. 22 do CP, relacionadas à inexigibilidade de conduta diversa.

Gabarito "D"

(Ministério Público/PR – 2013 – X) Pode excluir a imputabilidade penal:

(A) A embriaguez voluntária;

(B) A embriaguez acidental completa proveniente de caso fortuito;

(C) A paixão;

(D) A emoção;

(E) A embriaguez culposa.

A: incorreta. A embriaguez voluntária não é causa excludente da imputabilidade penal, nos termos do art. 28, II, do CP. Lembre-se de que, em matéria de embriaguez, o CP adotou a teoria da *actio libera in causa*, segundo a qual quem livremente (por dolo ou culpa) ingeriu álcool ou substâncias de efeitos análogos responderá pelo resultado lesivo que venha, nessa condição, a causar; **B:** correta. Somente a embriaguez involuntária (e completa), decorrente de caso fortuito ou força maior, exclui a imputabilidade penal (art. 28, § 1°, do CP); **C** e **D:** incorretas. Tanto a emoção, quanto a paixão, não excluem a imputabilidade penal (art. 28, I, do CP), podendo, porém, atenuar a pena (art. 65, III, "c", do CP); **E:** incorreta, pois, como visto anteriormente, apenas a embriaguez involuntária, desde que completa, isentará o agente de pena (art. 28, § 1°, do CP). A embriaguez, seja voluntária, seja culposa, não excluirá a imputabilidade penal (art. 28, II, do CP).

Gabarito "B"

(Ministério Público/PR – 2013 – X) Assinale a alternativa ***incorreta***:

(A) Para a teoria extrema da culpabilidade, a falta de consciência da antijuridicidade não tem influência sobre a existência do dolo;

(B) Para a teoria extrema da culpabilidade todo erro sobre a antijuridicidade é considerado como erro de proibição;

(C) Para a teoria limitada da culpabilidade há diferença entre o erro que recai sobre os pressupostos fáticos de uma causa de justificação e o erro que recai sobre a existência de uma causa de justificação;

(D) Esmenio acreditando sinceramente como ainda vigente o delito de adultério, pratica relações sexuais com Nícinia, mulher que sabe ser casada. Neste caso podemos afirmar que se trata de um exemplo de delito putativo ou do também chamado erro de proibição às avessas;

(E) Para a teoria limitada da culpabilidade adotada pelo Código Penal, o erro que recai sobre pressupostos fáticos de uma causa de justificação, sendo inevitável, isenta o agente de pena. Mas se o erro for derivado de culpa poderá diminuir a pena de um sexto a um terço.

A: assertiva correta. Para a teoria extrema da culpabilidade (ou teoria normativa pura), inspirada no finalismo de Hans Welzel, a falta de consciência da ilicitude não influencia a existência do dolo, visto que este é natural, integrante da conduta (e, portanto, do fato típico). Difere da teoria psicológico-normativa, proposta por Reinhart Frank, na qual o dolo era normativo, vale dizer, alojava a consciência do caráter ilícito do fato. Daí o dolo integrar a culpabilidade e não o fato típico; **B:** assertiva correta. De fato, para a teoria extrema da culpabilidade, no estudo das teorias do erro, as descriminantes putativas recebem o mesmo tratamento do erro de proibição, diversamente do que ocorre para a teoria limitada, que diferencia o erro de fato, que é aquele que recai sobre os pressupostos fáticos de uma causa de justificação (tratado como erro de tipo) e o erro de direito, que recai sobre a existência ou sobre os limites de uma causa de exclusão da antijuridicidade (tratado como erro de proibição); **C:** assertiva correta. De acordo com a teoria limitada da culpabilidade, trata-se como erro de tipo aquele que recai sobre os pressupostos fáticos de uma causa de justificação (descriminante putativa por erro de tipo), ao passo que será tratado como erro de proibição aquele que recair sobre a existência ou os limites de causas justificantes (descriminante putativa por erro de proibição); **D:** assertiva correta. Quando o agente pratica determinada conduta que crê ser penalmente relevante, mas que, em verdade, é um indiferente penal, comete o que se denominada de crime putativo, que, segundo alguns juristas, configura um erro de proibição às avessas, visto que o agente acredita sinceramente estar cometendo um crime quando, em verdade, não está; **E:** assertiva incorreta, devendo ser assinalada. Quando o erro recair sobre os pressupostos fáticos de uma causa de justificação, o agente ficará isento de pena (art. 20, § 1º, primeira parte, do CP), tratando-se, aqui, de descriminante putativa por erro de tipo (à luz da teoria limitada da culpabilidade, adotada pelo CP). Contudo, se o erro derivar de culpa, o agente será punido pela forma culposa do crime, se prevista em lei (art. 20, § 1º, segunda parte, do CP), e não com a pena reduzida, tal como consta na assertiva.

Gabarito "E"

(Ministério Público/RN – 2009 – CESPE) Quanto às excludentes de ilicitude e de culpabilidade, assinale a opção correta.

(A) Considerando que A, para defender-se de injusta agressão armada de B, desfira tiros em relação ao agressor, mas, por erro, atinja letalmente C, terceiro inocente, nessa situação, a legítima defesa desnaturar-se-á, devendo A responder pelo delito de homicídio culposo pela morte de C.

(B) No ordenamento jurídico brasileiro, não se admite a hipótese de legítima defesa da honra, uma vez que o princípio da dignidade da pessoa humana sobrepõe-se ao sentimento de vingança por parte do agressor.

(C) Para que haja estrito cumprimento do dever legal, a obrigação deve decorrer diretamente de lei *stricto sensu*, não se reconhecendo essa excludente de ilicitude quando a obrigação estiver prevista em decreto, regulamento ou qualquer ato administrativo infralegal.

(D) A coação física, quando elimina totalmente a vontade do agente, exclui a conduta; na hipótese de coação moral irresistível, há fato típico e ilícito, mas a culpabilidade do agente é excluída; a coação moral resistível atua como circunstância atenuante genérica.

(E) Verifica-se a situação de obediência hierárquica tanto nas relações de direito público quanto nas de direito privado, uma vez que, nas duas hipóteses, é possível se identificar o nexo entre o subordinado e o seu superior.

A: incorreta. A assertiva consagra a chamada legítima defesa com *aberratio ictus* (erro na execução), que não desnatura a excludente da ilicitude. Contudo, caberá, por parte dos parentes da vítima (terceiro inocente), buscar a reparação civil em razão da prática do crime, podendo, por sua vez, "A", regressivamente, demandar "B"; **B:** incorreta. A despeito de o assunto ser polêmico, pode-se sustentar que a honra, sendo um direito fundamental consagrado no art. 5º, X, da CF, é inviolável. Referido bem jurídico, quando ligado ao aspecto do respeito pessoal, admite, sim, que se invoque a legítima defesa quando injustamente agredido, desde que haja a necessária moderação exigida no art. 25 do CP. O mesmo se pode dizer com relação à honra vinculada ao aspecto da dignidade sexual, admitindo, também, a invocação da legítima defesa. Porém, no campo puramente da infidelidade conjugal, sob o pretexto de defender a própria honra, não poderá o cônjuge traído matar o traidor, sob pena de caracterização de crime; **C:** incorreta. A excludente da ilicitude decorrente do estrito cumprimento de dever legal abarca não somente a obrigação imposta por lei em sentido estrito, mas, também, aquela oriunda da lei *lato sensu*, compreendendo os atos infralegais (ex.: decretos, regulamentos, atos administrativos em geral). Bastará que o agente que invocar a causa justificante em comento não extrapole os limites previstos na lei (aqui tomada em sentido amplo); **D:** correta. De fato, a coação física irresistível afasta o próprio fato típico, visto que a conduta, elemento daquele, pressupõe o binômio "consciência e vontade". A *vis absoluta* (coação física) afeta a voluntariedade do comportamento humano, inexistindo, portanto, conduta do agente, aqui tomada em sua técnico-jurídica. Já a coação moral irresistível (*vis compulsiva*) afasta a culpabilidade (por inexigibilidade de conduta diversa àquela praticada pelo agente), mantendo íntegros, porém, o fato típico e a ilicitude. Finalmente, com relação à coação resistível, esta é considerada circunstância atenuante genérica (art. 65, III, "c", do CP). **E:** incorreta. De acordo com a doutrina, a obediência hierárquica a ordem não manifestamente ilegal somente afastará a culpabilidade, nos termos do art. 22 do CP, quando a relação entre superior hierárquico e subordinado for de direito público.

Gabarito "D"

(Ministério Público/RJ – 2011) Em matéria de culpabilidade, é incorreto afirmar que:

(A) são elementos da culpabilidade a exigibilidade de conduta diversa, a potencial consciência da ilicitude e a imputabilidade;

(B) foi adotado, quanto à imputabilidade, o critério biológico como regra e o biopsicológico como exceção;

(C) ao inimputável por embriaguez completa, proveniente do fortuito ou força maior, não é aplicada medida de segurança;

(D) as excludentes da culpabilidade são chamadas de dirimentes, sendo certo que cada uma delas exclui determinado elemento daquela;

(E) o erro de proibição, ainda que invencível, não exclui o dolo, mas sim a potencial consciência da ilicitude.

A: correta. De fato, a culpabilidade é composta de três elementos cumulativos (imputabilidade, potencial consciência da ilicitude e exigibilidade de conduta diversa); **B:** incorreta, devendo ser assinalada. O CP, como regra, acerca da imputabilidade, adotou o critério biopsicológico (art. 26), admitindo-se o critério biológico apenas em caso de inimputabilidade pela menoridade (art. 27 do CP); **C:** correta. A medida de segurança pressupõe que o agente delitivo seja acometido de doença mental ou desenvolvimento mental incompleto ou retardado (art. 26, *caput*, do CP), hipótese em que se diz haver "periculosidade presumida", ou em caso de semi-imputabilidade, desde que comprovada a periculosidade ("periculosidade concreta"), nos termos do art. 26, parágrafo único, c/c art. 98, todos do CP; **D:** correta. Também chamadas de causas dirimentes (eximentes ou exculpantes), as causas excludentes da culpabilidade afetam determinado elemento desta. Por exemplo, a doença mental ou o desenvolvimento mental incompleto ou retardado que retirem do agente, por completo, a capacidade de entendimento ou de autodeterminação, excluem a imputabilidade (art. 26 do CP). Já o erro de proibição escusável (ou inevitável) afasta a potencial consciência da ilicitude (art. 21 do CP). Por fim, a obediência hierárquica a ordem não manifestamente ilegal e a coação moral irresistível excluem a exigibilidade de conduta diversa (art. 22 do CP); **E:** correta. O erro de proibição, quando invencível (ou inevitável, ou escusável), isenta o réu de pena, excluindo a potencial consciência da ilicitude. Já se vencível (ou evitável, ou inescusável), não afasta a pena, nem o dolo, mas reduz a pena do agente de um sexto a um terço (art. 21 do CP).

Gabarito "B"

(Ministério Público/RJ – 2011) É correto afirmar que a coação irresistível:

(A) é circunstância atenuante em relação ao coagido e circunstância agravante para o coator;

(B) é causa excludente da antijuridicidade em relação ao coagido;

(C) exclui o próprio fato típico em relação ao coagido, desde que física;

(D) sendo moral, responde pelo fato apenas o coator, a título de autoria imediata;

(E) quando praticada mediante *vis absoluta* exclui a culpabilidade do coagido por inexigibilidade de conduta diversa.

A: incorreta, pois a coação *resistível* (e não irresistível!) é circunstância atenuante (art. 65, III, "c", do CP) com relação ao coagido que comete o crime em tal situação, ao passo que é circunstância agravante no caso de concurso de pessoas (art. 62, II, do CP); **B:** incorreta. A coação irresistível não é causa de justificação de uma conduta típica; **C:** correta. De fato, a coação física irresistível, por afastar a voluntariedade, circunstância imprescindível ao reconhecimento da "conduta" (elemento do fato típico), afasta o próprio fato típico; **D:** incorreta. A coação moral irresistível afasta a culpabilidade, sendo inexigível do coagido conduta diversa (art. 22 do CP). Neste caso, apenas o coator responderá pelo crime cometido pelo coagido, tratando-se de hipótese de autoria *mediata* (ou indireta); **E:** incorreta. A coação irresistível, quando praticada mediante *vis absoluta* (violência física), afasta o fato típico. Já quando praticada mediante *vis compulsiva* (violência moral), afasta a culpabilidade, nos termos do precitado art. 22 do CP.

Gabarito "C"

(Ministério Público/MS – 2009) Relativamente à emoção e à paixão, de acordo com o Código Penal brasileiro, assinale a alternativa correta:

(A) O crime praticado sob influência da emoção e da paixão não contempla tratamento diverso do crime praticado em situação diversa, visto que a emoção e a paixão fazem parte da psicologia do homem normal.

(B) É possível, em certos casos, a emoção e a paixão serem causa de inimputabilidade penal.

(C) A paixão e a emoção nunca levam o agente delituoso a condição de inimputabilidade.

(D) A paixão e a emoção podem ter reflexos na quantidade de pena, somente em situações previstas na Parte Especial do Código Penal.

(E) A paixão e a emoção podem ter reflexos na quantidade de pena, somente em situações previstas na Parte Geral do Código Penal.

A: incorreta. Embora a emoção e a paixão, de acordo com o art. 28, I, do CP, não excluam a imputabilidade penal, a primeira é considerada circunstância atenuante genérica, conforme dispõe o art. 65, III, "c", do CP; **B:** correta. A despeito da regra contida no precitado art. 28, I, do CP, é certo que a emoção e a paixão, caso configurem um estado patológico do agente, poderão ser tomadas como verdadeira doença mental, esta sim causa excludente da imputabilidade penal (art. 26, *caput*, do CP); **C:** incorreta, pelas explicações à alternativa anterior; **D:** incorreta. A emoção, por exemplo, é causa de diminuição de pena prevista no art. 121, § 1º, do CP (homicídio privilegiado pelo fato de o agente estar sob o domínio de violenta emoção, logo em seguida a injusta provocação da vítima), mas, também, circunstância atenuante genérica prevista na Parte Geral (art. 65, III, "c", do CP); **E:** incorreta, pois a emoção, como dito anteriormente, além de estar prevista na Parte Geral como circunstância atenuante, também se encontra prevista na Parte Especial, em caso de homicídio privilegiado (homicídio emocional), previsto no art. 121, § 1º, do CP, bem como em caso de lesão corporal privilegiada (art. 129, § 4º, do CP).

Gabarito "B"

(Ministério Público/MG – 2006) Arnaldo é casado com Marina e residem em Salinas. Certo dia, Arnaldo começa a beber em um bar próximo à residência do casal com amigos. No momento em que está bebendo, Arnaldo não tem nenhum intento criminal em sua consciência. Após ingerir inúmeras doses da famosa cachaça da região, Arnaldo se desentende com seu amigo, que o chamara de chifrudo, insinuando que Marina tinha relações extraconjugais. Arnaldo não consegue responder em virtude de seu grau de embriaguez, que é extremo. Continua a beber da saborosa aguardente por mais três horas e, então, se dirige a sua residência. Chegando lá, Arnaldo abre a porta, desfere inúmeros chutes e socos em Marina, que se queda com lesões leves, e cai desacordado, chegando ao hospital já em coma alcoólico. Como Promotor de Justiça da comarca de Salinas, analise o caso e indique a solução mais adequada:

(A) Arnaldo não responde pelo delito uma vez que não se aplica a teoria da *actio non libera in causa*, o que geraria a responsabilização puramente objetiva do agente.

(B) Arnaldo deve responder por lesão corporal específica da violência doméstica.

(C) Arnaldo deve responder por lesão corporal simples.

(D) Arnaldo deve responder por lesão corporal simples, com causa de diminuição de pena da embriaguez fortuita, em virtude de não possuir, ao tempo da ação, a plena capacidade de autodeterminação.

(E) Arnaldo não responde pelo delito uma vez que, pela teoria da *actio non libera in causa*, o agente só responde quando houver um mínimo de capacidade intelectiva ou volitiva, durante o ato ou anteriormente ao estado de embriaguez.

A compreensão da questão exige a análise, ainda que breve, do instituto da embriaguez em nosso Código Penal, bem como da teoria da *actio libera in causa*. Primeiramente, entende-se por embriaguez a intoxicação aguda e transitória do organismo, decorrente da ingestão de álcool ou de substâncias de efeitos análogos. Pois bem. Se uma pessoa se coloca em tal situação (intoxicação do organismo) voluntariamente, estando consciente, mas, em razão da embriaguez, encontrava-se em estado de inconsciência, ainda assim haverá punição. Afinal, sua ação (de se embriagar) foi livre. Na docência de Vicenzo Manzini, jurista italiano, o sujeito embriagado, ainda que infimamente, tem uma vontade residual, ou seja, um resquício de consciência e autodeterminação, legitimando, portanto, a imputabilidade penal. Com tais esclarecimentos, podemos concluir que Arnaldo, ao agredir violentamente sua esposa, ainda que em estado de embriaguez, deverá ser punido por lesões corporais dolosas, reconhecendo-se ter havido violência doméstica (art. 129, § 9º, do CP). Aplicar-se-á, no caso, a teoria da *actio libera in causa*.

Gabarito "B"

(Ministério Público/AC – 2008) Observe as afirmativas abaixo, quanto à responsabilidade penal do indígena.

I. É considerado, em princípio, semi-imputável.

II. Fica sujeito às normas do CP que regulam a responsabilidade penal em geral.

III. A avaliação de sua imputabilidade faz-se com base no critério biológico.

IV. É imprescindível o exame antropológico para fins de aferição da inimputabilidade.

Consoante a jurisprudência do Supremo Tribunal Federal, estão corretas somente a(s) alternativa(s)

(A) I, III e IV.

(B) I e IV.

(C) II.

(D) IV.

I: incorreta. O indígena tem sua culpabilidade atingida pelo desenvolvimento mental incompleto, sendo, em princípio, inimputável (art. 26, *caput*, do CP). No entanto, é bom destacar, nem sempre os silvícolas assim serão considerados, sendo de rigor, caso venham a cometer um fato típico e ilícito, que se busque, por exame pericial, constatar o seu grau de assimilação dos "nossos" valores. Apenas por curiosidade, referida perícia é chamada de exame antropológico; **II:** correta. Como visto, os indígenas têm sua responsabilidade penal inserida no bojo do CP; **III:** incorreta. A avaliação da imputabilidade do indígena faz-se no plano da integração à vida em sociedade (se integrado, será imputável; se houver uma "divisão" de sua vida entre sua tribo e a sociedade, será semi-imputável; e se completamente incapaz de viver em sociedade e, portanto, de conhecer e assimilar as regras sociais, será inimputável); **IV:** incorreta. Como se viu, a inimputabilidade do indígena decorre da inviabilidade de sua convivência com a "nossa" sociedade. No entanto, se for possível constatar a imputabilidade do indígena, de forma inequívoca, por outros elementos, o exame será dispensado. Confira-se a ementa do HC 85198/MA, da relatoria do então Min. Eros Grau, julgado em 17.11.2005: "Habeas corpus. *Crimes de tráfico de entorpecentes, associação para o tráfico e porte ilegal de arma praticados por índio. Laudo antropológico. Desnecessidade. Atenuação da pena e regime de semiliberdade.* 1. Índio condenado pelos crimes de tráfico de entorpecentes, associação para o tráfico e porte ilegal de arma de fogo. É dispensável o exame antropológico destinado a aferir o grau de integração do paciente na sociedade se o Juiz afirma sua imputabilidade plena com fundamento na avaliação do grau de escolaridade, da fluência na língua portuguesa e do nível de liderança exercida na quadrilha, entre outros elementos de convicção. Precedente. 2. Atenuação da pena (art. 56 do Estatuto do Índio). Pretensão atendida na sentença. Prejudicialidade. 3. Regime de semiliberdade previsto no parágrafo único do artigo 56 da Lei 6.001/1973. Direito conferido pela simples condição de se tratar de indígena. Ordem concedida, em parte."

Gabarito "C"

12. PENAS E EFEITOS DAS PENAS

(Ministério Público/MG – 2014) Dispõe o artigo 44 do Código Penal que "as penas restritivas de direitos são autônomas e *substituem as privativas de liberdade*". São situações previstas em lei que excepcionam o caráter substitutivo das penas restritivas de direito, seja por constituírem penas autônomas, seja por poderem ser aplicadas cumulativamente à pena privativa de liberdade, EXCETO:

(A) No caso do "Código de Trânsito Brasileiro", a suspensão ou a proibição de se obter a permissão ou a habilitação para dirigir veículo automotor.

(B) No caso do "Código do Consumidor", a prestação de serviços à comunidade.

(C) No caso do "Estatuto do Torcedor", a proibição de frequentar locais em que se realize evento esportivo.

(D) No caso da "Lei de Drogas", em caso de compra desautorizada de substância entorpecente para uso pessoal.

A: incorreta. Nos termos do art. 292 do CTB (Lei 9.503/1997), **"a suspensão ou a proibição de se obter a permissão ou a habilitação para dirigir veículo automotor pode ser imposta isolada ou cumulativamente com outras penalidades"**; **B:** incorreta, pois, nos termos do art. 78 do CDC, *"além das penas privativas de liberdade e de multa, podem ser impostas, cumulativa ou alternadamente, observado o disposto nos arts. 44 a 47, do Código Penal: I – a interdição temporária de direitos; II – a publicação em órgãos de comunicação de grande circulação ou audiência, às expensas do condenado, de notícia sobre os fatos e a condenação; III – a prestação de serviços à comunidade"*. Portanto, as penas restritivas de direitos, em matéria de crimes previstos no CDC, podem ter caráter cumulativo ou alternativo, fugindo à regra da substitutividade prevista no art. 44 do CP; **C:** correta. Nos termos do art. 41-B, § 2º, do Estatuto do Torcedor (Lei 10.671/2003), *"na sentença penal condenatória, o juiz deverá converter a pena de reclusão em pena impeditiva de comparecimento às proximidades do estádio, bem como a qualquer local em que se realize evento esportivo, pelo prazo de 3 (três) meses a 3 (três) anos, de acordo com a gravidade da conduta, na hipótese de o agente ser primário, ter bons antecedentes e não ter sido punido anteriormente pela prática de condutas previstas neste artigo"*. Assim, a pena privativa de liberdade, no caso do crime definido no caput de referido dispositivo legal, será convertida em pena restritiva de direitos (proibição de frequentar locais em que se realize evento esportivo ou de comparecimento às proximidades do estádio) se o agente for primário, de bons antecedentes e não ostentar punição pelo mesmo crime (reincidência específica). Aqui, tem-se a manutenção da natureza "clássica" das penas restritivas de direitos, qual seja, a de ser substitutiva à pena de prisão; **D:** incorreta, pois o art. 28 da Lei de Drogas (Lei 11.343/2006) prevê, autonomamente, penas restritivas de direitos pela prática do crime de porte de drogas para consumo pessoal, inexistindo punição com pena de prisão (privativa de liberdade).

Gabarito "C"

(Ministério Público/GO – 2013) Para Haroldo Caetano da Silva, pela remição *"(...) é oferecido um estímulo ao preso para que, desenvolvendo atividade laboral, não apenas veja abreviada a expiação da pena (o que seria de Interesse exclusivo do condenado), mas também para que o trabalho sirva de instrumento para a efetiva e harmoniosa reinclusão à sociedade (o que é de interesse geral). O trabalho e, por consequência, a remição, constituem instrumento que buscam alcançar a finalidade preventiva da pena criminal."* (SILVA, Haroldo Caetano da. *Manual de Execução Penal*, 2. edição, Campinas: Ed. Bookseller, 2002). A respeito da remição, hoje garantida pelo trabalho e pelo estudo (Lei de Execução Penal alterada pela Lei 12.433/2011), analise as proposições abaixo e assinale a alternativa correta:

I. o condenado que cumpre pena em regime aberto ou semiaberto e o que usufrui liberdade condicional poderão remir, pela frequência a curso de ensino regular ou de educação profissional, ou pelo trabalho, parte do tempo de execução da pena ou do período de prova.

II. o tempo a remir em função das horas de estudo será acrescido de metade no caso de conclusão do ensino fundamental, médio ou superior durante o cumprimento da pena, desde que certificada pelo órgão competente do sistema de educação.

III. o preso impossibilitado, por acidente, de prosseguir no trabalho ou nos estudos, continuará a beneficiar- se com a remição.

IV. em caso de falta grave, o juiz poderá revogar até metade do tempo remido, observado o disposto no art. 57 da Lei Execução Penal, recomeçando a contagem a partir da data da infração disciplinar.

(A) somente a alternativa III está certa.

(B) somente a alternativa II está errada.

(C) somente as alternativas I e IV estão erradas.

(D) somente as alternativas III e IV estão certas.

I: incorreta. Nos termos do art. 126, § 6º, da LEP (Lei 7.210/1984), a remição pelo *estudo* será admissível também aos condenados que estejam cumprindo pena em regime semiaberto ou aberto, ou em gozo de livramento condicional, não se falando em remição pelo trabalho aos condenados que cumpram sua reprimenda em regime aberto. Confira-se: *"o condenado que cumpre pena em regime aberto ou semiaberto e o que usufrui liberdade condicional poderão remir, pela frequência a curso de ensino regular ou de educação profissional, parte do tempo de execução da pena ou do período de prova, observado o disposto no inciso I do § 1o deste artigo"*; **II:** incorreta. Nos exatos termos do art. 126, § 5º, da LEP, *"o tempo a remir em função das horas de estudo será acrescido de 1/3 (um terço) no caso de conclusão do ensino fundamental, médio ou superior durante o cumprimento da pena, desde que certificada pelo órgão competente do sistema de educação"*; **III:** correta, nos termos previstos no art. 126, § 4º, da LEP, que autoriza o benefício da remição pelo preso impossibilitado, por acidente, de prosseguir trabalhando ou estudando; **IV:** incorreta, pois, nos termos do art. 127 da LEP, em caso de falta grave, o juiz poderá revogar *até 1/3 (um terço) do tempo remido*.

Gabarito "A"

(Ministério Público/MS – 2013 – FADEMS) Considere as assertivas abaixo,

I. As denominadas teorias absolutas da pena consideram que a pena se esgota na ideia de pura retribuição, tem como fim a reação punitiva, ou seja, responde ao mal constitutivo do delito com outro mal que se impõe ao autor do delito. Kant, um dos seus principais defensores, considerava que a exigência da pena derivava da ideia de justiça.

II. As teorias ecléticas veiculam a dúplice finalidade da pena: presta-se tanto a reprimir o criminoso como a prevenir a prática do crime.

III. Para as teorias relativas a pena tem um fim prático e imediato de prevenção geral ou especial do crime, não se justificando por si mesma, mas apenas na medida em que se cumprem os fins legitimadores do controle de delinquência.

IV. A teoria da prevenção especial negativa da pena busca a segregação do criminoso, com o fim de neutralizar a possível novação delitiva, tendo em Von Liszt um dos seus adeptos.

São *corretas*:

(A) Somente as assertivas I e II.

(B) Somente as assertivas I, II e III.

(C) Somente as assertivas I, III e IV.

(D) Somente as assertivas III e IV.

(E) Todas as assertivas estão corretas.

I: correta. De fato, para as denominadas teorias absolutas da pena, a finalidade maior desta é a retribuição estatal pelo mal injusto provocado pelo agente delitivo, não se importando com sua (re)adaptação social. Os expoentes de referida teoria foram Georg Wilhelm Friedrich Hegel e Emmanuel Kant. Para este último, "o que se deve acrescer é que se a sociedade civil chega a dissolver-se por consentimento de todos os seus membros, como se, por exemplo, um povo que habitasse uma ilha se decidisse a abandoná-la e se dispersar, o último assassino preso deveria ser morto antes da dissolução a fim de que cada um sofresse a pena de seu crime e para que o crime de homicídio não recaísse sobre o povo que descuidasse da imposição dessa punição; porque então poderia ser considerada como cúmplice de tal violação pública da Justiça" (**Doutrina do direito**. trad. Edson Bini. São Paulo: Ícone, 1993. p. 178/179); **II:** correta. Para as teorias ecléticas, mistas ou unificadoras, ambas são as finalidades da pena, quais sejam, a prevenção (geral e especial) e a retribuição; **III:** correta. De acordo com as teorias relativas, a finalidade maior da pena é a prevenção geral (destinada ao controle da violência) e especial (destinada à pessoa do condenado). O aspecto retributivo não tem relevância, pois o que importa é, efetivamente, o controle da delinquência; **IV:** correta. A prevenção especial negativa, vertente do aspecto preventivo propalado pelas teorias relativas, consiste na intimidação do condenado com a aplicação da pena, desestimulando-o a praticar novas infrações penais.

Gabarito "E"

(Ministério Público/MS – 2013 – FADEMS) Analise as assertivas abaixo, considerando o entendimento do Superior Tribunal de Justiça:

I. Não é adequada a utilização de inquéritos policiais e ações penais em curso para agravar a pena-base.

II. Diante do disposto no Código Penal acerca do regime de cumprimento da pena, é inadmissível a adoção do regime semiaberto aos reincidentes condenados a pena igual ou inferior a quatro anos.

III. Havendo previsão em lei especial da cominação cumulativa de pena privativa de liberdade e pecuniária, é vedada a substituição da prisão por multa.

IV. O aumento na terceira fase de aplicação da pena no crime de roubo circunstanciado é justificável pelo número de majorantes.

São *corretas*:

(A) Somente as assertivas I, III e IV.

(B) Somente as assertivas I e III.

(C) Somente as assertivas II, III e IV.

(D) Somente as assertivas I, II e IV.

(E) Todas as assertivas.

I: correta, nos termos da Súmula 444 do STJ, *in verbis*: "É vedada a utilização de inquéritos policiais e ações penais em curso para agravar a pena-base"; **II:** incorreta, pois, nos termos da Súmula 269 do STJ, "É admissível a adoção do regime prisional semiaberto aos reincidentes condenados a pena igual ou inferior a quatro anos se favoráveis as circunstâncias judiciais"; **III:** correta. Nos termos da Súmula 171 do STJ, "cominadas cumulativamente, em lei especial, penas privativas de liberdade e pecuniária, é defeso a substituição da prisão por multa"; **IV:** incorreta, pois, nos termos da Súmula 443 do STJ, "O aumento na terceira fase de aplicação da pena no crime de roubo circunstanciado exige fundamentação concreta, não sendo suficiente para a sua exasperação a mera indicação do número de majorantes".

Gabarito "B"

(Ministério Público/RS – 2008) Assinale a alternativa CORRETA:

(A) As penas privativas de liberdade devem ser cumpridas em regime inicial fechado, depois semiaberto ou aberto.

(B) A pena de detenção deve ser cumprida em regime semiaberto, ou aberto, salvo necessidade de transferência a regime fechado.

(C) A pena de detenção deve ser cumprida em regime semiaberto, ou aberto, não admitida a transferência a regime fechado.

(D) As penas privativas de liberdade deverão ser executadas em forma progressiva, segundo o mérito do condenado, desde que não cumuladas com pena de multa.

(E) As mulheres, por terem garantido o cumprimento da pena em estabelecimento próprio, devem cumprir as penas privativas de liberdade em regime semiaberto ou aberto.

A: incorreta. Tal como escrita a assertiva, tem-se a impressão de que as penas privativas de liberdade devem ser cumpridas, sempre, em regime inicial fechado, passando-se, depois, ao semiaberto e ao aberto. Em verdade, a pena de reclusão (espécie de pena privativa de liberdade) poderá ser cumprida em regime inicial fechado, semiaberto ou aberto, ao passo que a detenção, no regime semiaberto ou aberto, conforme dispõe o art. 33, *caput*, do CP; **B:** correta. De fato, a pena de detenção, espécie de pena privativa de liberdade, poderá começar a ser cumprida em regime inicial semiaberto ou aberto (não no fechado!). Porém, a título de regressão de regime, poderá o condenado permanecer em regime fechado (art. 33, *caput*, parte final, do CP); **C:** incorreta (art. 33, *caput*, parte final, do CP). O que não se admite é a fixação de regime inicial fechado aos condenados por crimes punidos com detenção. Porém, poderá, sim, ser imposto o regime fechado, desde que como sanção (regressão), nos termos do art. 118 da LEP; **D:** incorreta (art. 33, § 2º, do CP e art. 112 da LEP). O fato de ser a pena privativa de liberdade cumulada com multa não impede a progressão de regime penitenciário; **E:** incorreta. Nos termos do art. 37 do CP, as mulheres cumprem pena em *estabelecimento próprio*, observando-se os deveres e direitos inerentes à sua condição pessoal. Tal não significa que não poderão cumprir a pena em regime fechado. O que é indispensável é que a execução penal ocorra em estabelecimento penal que seja compatível com o sexo do apenado (art. 5º, XLVIII, da CF). No caso das mulheres, os estabelecimentos penais que as recebam deverão ser dotados, por exemplo, de berçário, conforme determina o art. 83, § 2º, da LEP, bem como de local para as gestantes e parturientes e de creche (art. 89 da LEP).

Gabarito "B"

(Ministério Público/RS – 2008) Assinale a alternativa CORRETA:

(A) São penas restritivas de direitos a prisão domiciliar, a prestação de serviços à comunidade e limitação de fim de semana.

(B) As penas restritivas de direitos não são autônomas, mas substituem as privativas de liberdade.

(C) A pena restritiva de direitos converte-se em privativa de liberdade quando ocorrer o descumprimento, ainda que justificado, da restrição imposta.

(D) A pena de prestação de serviços à comunidade deve ser cumprida, durante 8 (oito) horas diárias, aos sábados, domingos e feriados.

(E) As penas restritivas de direitos são a prestação de serviços à comunidade, a interdição temporária de direitos e a limitação de fim de semana.

A: incorreta. As penas restritivas de direitos são arroladas no art. 43 do CP, não se incluindo entre suas espécies a prisão domiciliar; **B:** incorreta. As penas restritivas de direitos são autônomas e substitutivas às privativas de liberdade (art. 44, *caput*, do CP); **C:** incorreta (art. 44, § 4º, do CP). Apenas com o descumprimento injustificado é que a pena restritiva de direitos será (re)convertida na privativa de liberdade substituída; **D:** incorreta. O cumprimento da pena restritiva de prestação de serviços à comunidade ocorrerá na forma estabelecida no art. 46, § 3º, do CP, ou seja, uma hora de tarefa por dia de condenação, fixadas de modo a não prejudicar a jornada normal de trabalho do condenado. Portanto, não é verdade que será cumprida durante 8 (oito) horas diárias, nos finais de semana; **E:** as penas restritivas de direitos são (art. 43 do CP): i) prestação pecuniária; ii) perda de bens e valores; iii) prestação de serviços à comunidade; iv) interdição temporária de direitos; e v) limitação de fim de semana. Assim, ao que se vê, todas as alternativas estão incorretas, a despeito de a banca examinadora ter considerado correta a alternativa "E", que, como visto nos comentários, está incompleta. Afinal, não é correto afirmar que as penas restritivas de direitos são a prestação de serviços à comunidade, a interdição temporária de direitos e a limitação de fim de semana. Ficaram faltando, ainda, a prestação pecuniária e a perda de bens e valores

Gabarito "E"

(Ministério Público/RJ – 2011) Levando em conta as regras pertinentes à aplicação e execução das penas, é INCORRETO afirmar que:

(A) no concurso formal perfeito de crimes é observado o sistema de exasperação da pena;

(B) o condenado que for punido por falta grave perderá todo o tempo até então remido, começando nova contagem do período de remição a partir da data da infração disciplinar;

(C) as causas de aumento de pena podem elevar a pena além do máximo abstratamente cominado ao crime;

(D) a superveniência de condenação definitiva por outro crime durante o cumprimento de pena restritiva de direitos pode ser causa de sua conversão;

(E) a pena unificada para atender ao limite de trinta anos de cumprimento, determinado pelo art. 75 do Código Penal, não é considerada para a concessão de outros benefícios, como o livramento condicional ou regime mais favorável de execução.

A: correta. No concurso formal perfeito (ou próprio), assim denominado aquele em que o agente, mediante uma só ação ou omissão, pratica dois ou mais crimes, idênticos ou não, com unidade de desígnios, haverá a exasperação da pena (de um sexto até a metade), nos termos do art. 70, *caput*, primeira parte, do CP; **B:** incorreta, devendo ser assinalada. De acordo com o art. 127 da LEP, com a nova redação que lhe foi conferida pela Lei 12.433/2011, praticada falta grave, o condenado perderá até 1/3 (um terço) dos dias remidos, e não mais a totalidade dos dias, tal como se via antes de referido diploma normativo; **C:** correta. De fato, as causas de aumento, incidentes na terceira fase da dosimetria da pena, podem conduzir à sua fixação além do máximo abstratamente cominado, o que não ocorre com as circunstâncias agravantes; **D:** correta (art. 44, § 5º, do CP); **E:** correta (Súmula 715 do STF).

Gabarito "B"

(Ministério Público/RJ – 2011) Em relação às regras pertinentes à aplicação e execução das penas, é INCORRETO afirmar que:

(A) a prestação de serviços à comunidade ou entidades públicas é modalidade de pena restritiva de direitos aplicável apenas às condenações superiores a seis meses de pena privativa de liberdade;

(B) na pena de multa deve o juiz inicialmente fixar o valor de cada dia multa com base na gravidade do crime, para depois estabelecer a quantidade de dias-multa, levando em consideração a condição econômica do acusado;

(C) ressalvada a reincidência, as agravantes genéricas somente se aplicam aos crimes dolosos;

(D) a detração é o fenômeno que permite o abatimento de um dia de pena por cada três dias de trabalho ou estudo;

(E) ao condenado a pena de detenção é possível regressão para o regime fechado.

A: correta (art. 46, *caput*, do CP); **B:** incorreta, devendo ser assinalada. Na fixação da pena de multa, primeiramente, o juiz fixará a *quantidade de dias-multa*, variável de, no mínimo, 10 (dez), e, no máximo, 360 (trezentos e sessenta) dias-multa (art. 49, *caput*, do CP). Ato seguinte, o magistrado definirá o *valor de cada dia-multa*, variável de, no mínimo, 1/30 (um trigésimo) do salário mínimo, ao máximo de 5 (cinco) vezes o valor do salário mínimo (art. 49, § 1º, do CP), atentando-se à situação econômica do réu (art. 60 do CP); **C:** correta. De fato, as circunstâncias agravantes previstas nos arts. 61 e 62 do CP, como regra, incidem apenas sobre os crimes dolosos, com exceção da reincidência (art. 61, I, do CP), que poderá ser em crime doloso ou culposo; **D:** apesar de ser considerada correta pelo gabarito oficial, a assertiva diz respeito, em verdade, à remição da pena, e não à detração penal, que se caracteriza pelo abatimento, no tempo de pena definitiva, do tempo de prisão provisória ou de internação (art. 42 do CP); **E:** correta (art. 33, *caput*, parte final, do CP). A despeito de não ser admitida a fixação de regime inicial fechado aos condenados por crimes punidos com detenção, será possível a regressão de regime (art. 118 da LEP), inclusive para o fechado.

Gabarito "B"

(Ministério Público/PI – 2008) Assinale a alternativa **correta.**

(A) As penas restritivas de direitos não são autônomas, mas substituem as privativas de liberdade.

(B) A pena restritiva de direito pode converter-se em privativa de liberdade no caso de descumprimento justificado.

(C) São penas restritivas de direito a prestação de serviços à comunidade, a limitação de fim de semana e a prisão domiciliar.

(D) A pena de prestação de serviços à comunidade não é considerada pena alternativa.

(E) Com exceção da pena de morte, as penas corporais são proscritas no Direito brasileiro.

A: incorreta, pois as penas restritivas de direitos, de acordo com o art. 44 do CP, são autônomas e substituem as penas privativas de liberdade, desde que preenchidos os requisitos previstos no referido dispositivo; **B:** incorreta. A conversão (ou reconversão) das penas restritivas de direitos em privativas de liberdade somente ocorrerá diante de descumprimento injustificado (art. 44, § 4º, do CP); **C:** incorreta, pois a prisão domiciliar não é espécie de pena restritiva de direitos prevista no rol do art. 43 do CP (prestação pecuniária, perda de bens e valores, prestação de serviços à comunidade ou entidades públicas, interdição temporária de direitos e limitação de fim de semana); **D:** incorreta (art. 43, IV, e art. 46, ambos do CP); **E:** correta. A CF, em seu art. 5º, XLVII, veda (proíbe, proscreve) as penas corporais, salvo a de morte, desde que em caso de guerra declarada.

Gabarito "E"

(Ministério Público/PB – 2010) São incorretas as seguintes afirmativas, exceto:

(A) A multa não é a única pena pecuniária prevista no ordenamento jurídico-penal brasileiro.

(B) As entidades sociais públicas ou privadas, em razão de sua destinação social, têm prioridade no recebimento da prestação pecuniária fixada pelo juízo criminal.

(C) A decretação da perda de bens e valores, por ter natureza penal, não poderá ser estendida aos sucessores do condenado.

(D) Apenas no concurso de causas especiais de aumento ou de diminuição da pena, o juiz pode limitar-se a um só aumento ou a uma só diminuição, prevalecendo, todavia, a causa que mais aumente ou diminua.

(E) Como efeito da condenação, a incapacidade para o exercício do poder familiar, tutela ou curatela, somente ocorrerá com a prática de crime doloso, punido com reclusão ou detenção, cometido contra filho, tutelado ou curatelado.

A: incorreta. De fato, adotando-se o art. 32 do CP, as penas são privativas de liberdade, restritivas de direitos e multa. Dentre estas, apenas a multa tem natureza estritamente pecuniária, na forma disciplinada no art. 51 do CP; **B:** incorreta (art. 45, § 1º, do CP), pois a prestação pecuniária, espécie de pena restritiva de direitos, será destinada, primeiramente, à vítima ou a seus dependentes. À falta destes, aí sim o montante terá como destinatárias as entidades públicas ou privadas com destinação social; **C:** incorreta. A perda de bens e valores, assim considerada espécie de pena restritiva de direitos, segundo parcela da doutrina, admite o alcance dos sucessores do condenado, nos termos do que dispõe o art. 45, § 3º, do CP, que estaria em consonância com o art. 5º, XLV, da CF, que preconiza que "*nenhuma pena passará da pessoa do condenado*, podendo a obrigação de reparar o dano e a **decretação do *perdimento de bens*** ser, nos termos da lei, **estendidas aos sucessores e contra eles executadas**, até o limite do valor do patrimônio transferido". Alguns aduzem tratar-se de uma exceção constitucional ao princípio da intranscendência. Já para outros, a expressão acima negritada diz respeito ao art. 91, II, "b", do CP, que diz respeito a um dos efeitos automáticos da condenação, qual seja, o confisco do produto do crime, que é efeito extrapenal (civil), podendo, portanto, atingir os sucessores; **D:** correta (art. 68, parágrafo único, do CP); **E:** incorreta. O efeito da condenação de que trata o art. 92, II, do CP, de natureza específica (ou efeito não automático), decorre do fato de o agente haver cometido, em detrimento de filho, tutelado ou curatelado, um crime doloso punido com **reclusão**.

Gabarito "D"

(Ministério Público/MT – 2012 – UFMT) Consoante entendimento do Supremo Tribunal Federal, analise as assertivas.

I. Não se admite a suspensão condicional do processo por crime continuado, se a soma da pena mínima da infração mais grave com o aumento mínimo de um sexto for superior a um ano.

II. A imposição do regime de cumprimento mais severo do que a pena aplicada dá-se de forma automática, sem qualquer outra exigência, se o juiz assim entender.

III. A pena unificada para atender ao limite de trinta anos de cumprimento, determinado pelo art. 75 do Código Penal, é considerada para a concessão de outros benefícios, como o livramento condicional ou regime mais favorável de execução.

IV. É vedada a progressão de regime de cumprimento da pena ou a aplicação imediata de regime menos severo nela determinada, antes do trânsito em julgado da sentença condenatória.

V. O fato de o réu se encontrar em prisão especial impede a progressão de regime de execução da pena, fixada em sentença não transitada em julgado.

Está correto o que se afirma em:

(A) II, apenas.

(B) I e III, apenas.

(C) II e IV, apenas.

(D) I, apenas.

(E) II e V, apenas.

I: correta (Súmula 723 do STF); **II:** incorreta (Súmulas 718 e 719, ambas do STF); **III:** incorreta (Súmula 715 do STF); **IV:** incorreta (Súmula 716 do STF); **V:** incorreta (Súmula 717 do STF).

Gabarito "D"

(Ministério Público/MG – 2006) Assinale a alternativa **FALSA.**

(A) Para as teorias relativas, a pena não se justifica por si mesma, mas somente na medida em que se cumprem os fins legitimadores do controle da delinquência.

(B) As denominadas teorias absolutas entendem que a pena só pode se justificar por razões de justiça ou necessidade moral, figurando Kant e Hegel como dois de seus principais defensores.

(C) As teorias mistas preconizam que a pena estatal é retribuição proporcionada ao delito, com vista a evitar futuros delitos e a propiciar a ressocialização do autor.

(D) A concepção da pena como prevenção geral positiva é defendida pelas teorias de origem funcionalista e sistêmica.

(E) Os postulados teóricos abraçados pela escola positivista levam-na a adotar a teoria da prevenção geral.

Acerca das finalidades da pena, existem, predominantemente, três teorias, a saber: a) absoluta; b) relativa; e c) mista (eclética ou unificadora). Como o próprio nome sugere, a *teoria absoluta* traz como ponto principal das penas a retribuição, vale dizer, ao Estado caberá impor a pena como uma forma de retribuir ao agente o mal praticado. Ao que se vê, por essa teoria, a pena configura mais um instrumento de vingança do que de justiça efetiva. Diversamente da outra, a *teoria relativa* tem por escopo prevenir a ocorrência de novas infrações penais. Para ela, pouco importa a punição (retribuição). A prevenção opera-se de duas formas: a) *prevenção geral* – destina-se ao controle da violência, buscando diminuí-la ou evitá-la (Cleber Masson. *Direito Penal Esquematizado – Parte Geral*. 2. ed. Editora Método, 2009). Pode ser *negativa* ou *positiva*. A prevenção geral positiva tem por objetivo demonstrar que a lei penal é vigente e está pronta para incidir diante de casos concretos. Já a prevenção geral negativa objetiva, no sentir de Feuerbach (o pai do Direito penal moderno), cria no ânimo do agente uma espécie de "coação psicológica", desestimulando-o a delinquir; b) *prevenção especial* – destina-se diretamente ao condenado, diversamente da prevenção geral, cujo destinatário é a coletividade. Pela chamada prevenção especial negativa, busca-se intimidar o condenado a não mais praticar ilícitos penais (evitar-se, assim, a reincidência). Já a prevenção especial positiva busca a ressocialização do condenado, que, após o cumprimento da pena, deverá estar apto ao pleno convívio social (utopia, segundo entendemos!). Por fim, temos a teoria eclética. Trata-se de uma síntese das duas teorias anteriormente referidas. Busca, a um só tempo, que a pena seja capaz de retribuir ao condenado o mal por ele praticado (retribuição), sem prejuízo de desestimular a prática de novos ilícitos penais (prevenção). Assim, para a teoria em comento, há uma tríplice finalidade das penas: retribuição, prevenção e ressocialização. Não há dúvidas de que nossa legislação adotou essa posição intermediária (vide art. 59, *caput*, do CP). Os seguidores da Escola Positiva, dentre eles Lombroso, advogavam a tese de que a pena tinha caráter prático destinado imediatamente ao criminoso, de molde a intimidá-lo a não mais delinquir. Logo, referida Escola adotava a teoria da prevenção especial, motivo pelo qual a única alternativa incorreta é a de letra "E".

Gabarito "E"

(Ministério Público/GO – 2010) Assinale a alternativa incorreta:

(A) Transitada em julgado a sentença condenatória, a multa será considerada como dívida de valor, aplicando-se-lhe as normas da legislação relativa à dívida ativa da Fazenda Pública, exceto no que concerne às causas interruptivas e suspensivas da prescrição.

(B) A prescrição da pena de multa ocorrerá no mesmo prazo estabelecido para a prescrição da pena privativa de liberdade, quando a multa for alternativa ou cumulativamente cominada ou cumulativamente aplicada.

(C) A prescrição da pena de multa ocorrerá em dois anos, quando a multa for a única pena cominada ou aplicada.

(D) O uso do *Habeas Corpus* para discutir questões concernentes à multa é incabível, por ausência de constrangimento à liberdade, notadamente pelo fato de não ser possível a conversão da pena pecuniária em pena privativa de liberdade.

A: incorreta, devendo ser assinalada (art. 51 do CP). A multa, de fato, é considerada dívida de valor, aplicando-se-lhe as normas relativas à dívida ativa da Fazenda Pública, *inclusive* no que concerne às causas interruptivas e suspensivas da prescrição. Aqui foi exigida muita atenção do candidato!; **B:** correta (art. 114, II, do CP); **C:** correta (art. 114, I, do CP); **D:** correta (Súmula 693 do STF).

Gabarito "A"

(Ministério Público/GO – 2012) Na lição de Frederico Marques: "ao lado dos efeitos que a condenação produz como ato jurídico, consequências dela derivam como fato ou acontecimento jurídico. A sentença condenatória, de par com seus efeitos principais, tem o que alguns denominam efeitos 'reflexos e acessórios', ou efeitos indiretos, que são consequência dos efeitos principais, ou efeito da sentença como fato jurídico" (Nucci, Guilherme de Souza. *Manual de direito penal: parte geral*. 6 ed. São Paulo: Editora Revista dos Tribunais, 2009. p. 548). Nesse sentido, analise as proposições abaixo, assinalando a alternativa correta:

(A) O efeito específico da incapacidade para o poder familiar, tutela ou curatela trata-se de efeito automático, que não necessita ser declarado em sentença condenatória;

(B) A condenação criminal por fato praticado na atividade, pode resultar na perda de cargo, função, sendo atribuição do juiz criminal declarar em sentença;

(C) O efeito de perda do Estado de bens e valores de origem ilícita abrange bens diversos, móveis ou imóveis obtidos em proveito do delito;

(D) A inabilitação para dirigir não se confunde com a suspensão de autorização ou de habilitação para dirigir veículo. A primeira, considerado pelo estatuto repressivo efeito da condenação, dependente de declaração judicial motivada, aplicável quando é utilizado algum veículo como meio para a prática de crime doloso. A inabilitação tem efeito permanente, vigorando até que o condenado se reabilite. A segunda, enquanto interdição temporária de direitos, é aplicada em casos de crimes culposos de trânsito.

A: incorreta. A incapacidade para o exercício do poder familiar, tutela ou curatela, nos crimes dolosos, sujeitos à pena de reclusão, cometidos contra filho, tutelado ou curatelado, é considerada um efeito específico (ou não automático) da condenação (art. 92, II, e parágrafo único, do CP), vale dizer, deverá ser declarado motivadamente em sentença; **B:** incorreta, por falta de previsão legal. Porém, para que não se confunda, se um crime for praticado com abuso inerente ao exercício de cargo, função ou atividade pública, a pena privativa de liberdade poderá ser substituída pela proibição do exercício de referido cargo, função ou atividade (art. 47, I, do CP), não se tratando, aqui, de efeito da condenação, mas, sim, de espécie de pena alternativa à prisão; **C:** correta (art. 91, § 1º, do CP), tratando-se de efeito automático da condenação; **D:** incorreta. A inabilitação para dirigir é efeito específico da condenação quando o veículo for utilizado como instrumento para a prática de crime doloso (art. 92, III, do CP), não sendo verdade que se trata de efeito permanente. Uma vez reabilitado, o condenado poderá obter nova carteira de habilitação, não resgatando, por óbvio, a anterior.

Gabarito "C"

(Ministério Público/GO – 2012) Alternativa à pena de prisão, a interdição temporária de direitos, prevista no Código Penal Brasileiro, consiste a proibição dada ao condenado, de em tempo igual ao da pena restritiva de liberdade decretada em sentença, ser privado de exercer determinadas atividades. Nesse sentido, identifique o tipo de interdição incorreta:

(A) proibição do exercício de cargo, função ou atividade pública, bem como de mandato eletivo;

(B) proibição de frequentar determinados lugares;

(C) limitação de fim de semana consistente na obrigação de permanecer, aos sábados e domingos, por 5 (cinco) horas diárias, em casa de albergado ou outro estabelecimento adequado;

(D) proibição de inscrever-se em concurso, avaliação ou exames públicos.

A: correta (art. 47, I, do CP); **B:** correta (art. 47, IV, do CP); **C:** incorreta, devendo ser assinalada. A limitação de fim de semana não constitui subespécie de interdição temporária de direitos (espécie de pena restritiva de direitos), mas, sim, espécie autônoma de pena restritiva de direitos (art. 48 do CP). Em síntese, a interdição temporária de direitos é espécie de pena restritiva de direitos (art. 47 do CP) que, por sua vez, tem subespécies (I – proibição do exercício de cargo, função ou atividade pública, bem como de mandato eletivo; II – proibição do exercício de profissão, atividade ou ofício que dependam de habilitação especial, de licença ou autorização do poder público; III – suspensão de autorização ou de habilitação para dirigir veículo; IV – proibição de frequentar determinados lugares; V – proibição de inscrever-se em concurso, avaliação ou exame públicos). Vê-se que a limitação de fim de semana não é subespécie de interdição temporária de direitos, mas, como dito, espécie autônoma de pena restritiva de direitos (art. 48 do CP); **D:** correta (art. 47, V, do CP).

Gabarito "C"

(Ministério Público/GO – 2012) Mévio de Tal, cumprindo pena na Penitenciária Odenir Guimarães (POG), para cumprimento do restante de uma pena de 24 anos e dois meses de reclusão, formulou pedido de unificação de penas com base no artigo 71 do Código Penal, alegando, em suma, o seguinte: Os delitos praticados foram separados em vários inquéritos, resultando em vários processos e condenações, mas são crimes continuados. O primeiro deles foi praticado em 01.09.2002, sobrevindo-lhe uma condenação de 05 anos e 04 meses; o segundo em 10.09.2002, que foi condenado a 05 anos e 10 meses; o terceiro em 24.09.2004, com condenação de 06 anos, e o quarto também em 24.09.2004, que foi condenado a 07 anos, todos pelo tipo do artigo 157 do Código Penal. Depois de afirmar que são delitos da mesma espécie, praticados mediante mais de uma ação e que, pelas circunstâncias de tempo, lugar e modo de agir, são crimes continuados, Mévio pediu a unificação das penas na forma do artigo 71 do Código Penal. Atento às diretrizes do instituto da continuidade delitiva e do artigo 59 do Estatuto Penal Repressivo, o magistrado aplicou, pelos dois delitos cometidos em 2002 pena de 09 anos; e pelos outros dois delitos 11 anos. Unificadas as penas no total de 20 anos de reclusão, sobreveio nova condenação em desfavor de Mévio a 8 anos de reclusão por crime cometido em 25.09.2002.

A propósito da situação hipotética escolha a alternativa correta:

(A) em face da nova condenação (25.09.2002) seria necessária nova unificação das penas, desprezando-se para esse fim o período de pena cumprido;

(B) considerando hipoteticamente que a última condenação não existisse, e que o réu fosse condenado por fato posterior ao início do cumprimento da pena, poderia, o réu, em tese, cumprir pena superior a 30 anos;

(C) no caso hipotético ou em qualquer outro caso, não haveria possibilidade legal do réu cumprir pena superior a 30 anos;

(D) a concessão de benefícios como o livramento condicional ou regime mais favorável de execução, atenderá, em qualquer caso, ao limite pelo art. 75 do Código Penal.

A: incorreta, pois a nova unificação, desprezando-se o período de pena já cumprido por Mévio, ocorreria apenas se se tratasse de nova condenação por fato posterior à execução já em andamento (art. 75, § 2º, do CP); **B:** correta. De fato, em caso de condenação por fato posterior ao início do cumprimento da pena, nova unificação é feita, desprezado o período anteriormente cumprido (art. 75, § 2º, do CP). Assim, é possível que o réu cumpra, na prática, mais de 30 (trinta) anos de pena caso, durante a execução penal, seja condenado, repita-se, por fato posterior. Neste caso, frise-se uma vez mais, todo o período de pena já cumprido será desprezado, somando-se a nova pena até o limite de 30 (trinta) anos (nova unificação); **C:** incorreta, pelas razões já expostas nos comentários às alternativas antecedentes; **D:** incorreta (Súmula 715 do STF). Leva-se em conta a pena aplicada (ainda que superior a 30 anos), e não a unificada.

Gabarito "B"

(Ministério Público/GO – 2012) São considerados efeitos da reincidência:

(A) impedimento ao livramento condicional, nos casos de crimes hediondos, tortura, tráfico de entorpecentes e terrorismo, tratando-se de reincidência específica;

(B) aumento do prazo da prescrição da pretensão punitiva em um terço;

(C) causa de suspensão do curso da prescrição;

(D) impedimento à obtenção do *sursis* nos casos de reincidência em crime culposo.

A: correta (art. 83, V, do CP); **B:** incorreta. A reincidência tem o condão de aumentar em um terço a prescrição da pretensão executória (art. 110, *caput*, do CP e Súmula 220 do STJ); **C:** incorreta, pois a reincidência é causa interruptiva da prescrição (art. 117, VI, do CP); **D:** incorreta, pois a reincidência impede a obtenção do *sursis* nos casos de crimes *dolosos* (art. 77, I, do CP).

Gabarito "A"

(Ministério Público/GO – 2012) No que diz respeito às penas restritivas de direito previstas no Código Penal é incorreto afirmar:

(A) é vedada a aplicação, nos casos de violência doméstica e familiar contra a mulher, de prestação pecuniária, bem como a substituição de pena que implique o pagamento isolado de multa;

(B) em qualquer fase da execução, poderá o Juiz, motivadamente, alterar, a forma de cumprimento das penas de prestação de serviços à comunidade e de limitação de fim de semana, ajustando-as às condições pessoais do condenado e às características do estabelecimento, da entidade ou do programa comunitário ou estatal;

(C) em relação à prestação de serviços à comunidade, o trabalho terá a duração de 6 (seis) horas semanais e será realizado aos sábados, domingos e feriados, ou em dias úteis, de modo a não prejudicar a jornada normal de trabalho, nos horários estabelecidos pelo Juiz;

(D) as penas restritivas de direitos são autônomas e substituem as privativas de liberdade, quando aplicada pena privativa de liberdade não superior a quatro anos e o crime não for cometido com violência ou grave ameaça à pessoa ou, qualquer que seja a pena aplicada, se o crime for culposo.

A: correta (art. 17 da Lei 11.340/2006 – Lei Maria da Penha); **B:** correta (art. 148 da Lei 7.210/1984 – LEP); **C:** incorreta, devendo ser assinalada. A prestação de serviços à comunidade dar-se-á de forma que as tarefas serão atribuídas conforme as aptidões do condenado, devendo ser cumpridas à razão de uma hora de tarefa por dia de condenação, fixadas de modo a não prejudicar a jornada normal de trabalho (art. 46, § 3º, do CP); **D:** correta (art. 44, I, do CP).

Gabarito "C"

(Ministério Público/AC – 2008) É correto afirmar que, segundo entendimento do Superior Tribunal de Justiça, no caso de haver cominação cumulativa, em lei especial, de penas privativas de liberdade e pecuniária,

(A) é possível a substituição da prisão por multa.

(B) é possível, mas somente sob certas condições, a substituição da prisão por multa.

(C) é possível, mas somente em caso específico, a substituição da prisão por multa.

(D) não é possível a substituição da prisão por multa.

De fato, de acordo com a Súmula 171 do STJ, cominadas, cumulativamente, em lei especial, penas privativas de liberdade e pecuniária, é defeso a substituição da prisão por multa. Segundo Cleber Masson, *"essa súmula foi idealizada para atingir o crime de porte de substância entorpecente para uso próprio, à época definido pelo art. 16 da Lei 6.368/1976. Tinha o propósito de impedir que o usuário, valendo-se da multa substitutiva, fosse condenado somente às penas pecuniárias. Em que pese a revogação do citado diploma legal, a súmula permanece válida e cabível aos casos que se amoldem à sua definição"* (*Direito Penal Esquematizado – Parte Geral*. 2. ed. Editora Método, p. 665).

Gabarito "D"

(Ministério Público/CE – 2009 – FCC) No que concerne à remição, correto afirmar que

(A) cabível apenas para o caso de trabalho do sentenciado, inexistindo decisões que o estendam para o estudo.

(B) admissível para o sentenciado que cumpra pena em regime aberto, semiaberto ou fechado.

(C) também pode obtê-la o condenado que trabalhar durante o livramento condicional.

(D) deve ser declarada por sentença, dispensada a oitiva do Ministério Público.

(E) o tempo remido será computado para a concessão de indulto.

A: incorreta. Ao tempo em que esta questão foi elaborada, a LEP (arts. 126) não contemplava a remição pelo estudo, somente pelo trabalho. A despeito disso, é bom frisar que os tribunais superiores vinham firmando posicionamento no sentido de estender tal possibilidade para a remição pelo estudo, inclusive com a edição, pelo STJ, da Súmula 341. Pois bem. Recentemente, atendendo aos anseios da jurisprudência, foi editada a Lei 12.433/2011, que institui e disciplinou, finalmente, a remição pelo estudo, alterando o dispositivo da LEP que rege o tema (art. 126). Hoje, portanto, a remição se opera tanto pelo trabalho quanto pelo estudo, nos moldes do dispositivo supracitado; **B:** incorreta. A remição somente é admissível para o sentenciado que cumpre a pena em regime fechado ou semiaberto (art. 126, *caput*, da LEP). A propósito, esta realidade não sofreu alteração com a edição da *novel* lei; **C:** incorreta. Não se aplica ao condenado que trabalhar durante o livramento condicional; **D:** incorreta, pois o Ministério Público deverá ser ouvido (art. 126, § 8º, da LEP); **E:** correta, pois de acordo com o art. 128 da LEP *o tempo remido será computado como pena cumprida, para todos os efeitos.*

Gabarito "E"

(Ministério Público/ES – 2005) Diante da falência da reprimenda de prisão, foram inseridas no Código Penal sanções alternativas, denominadas pelo legislador pátrio de restritivas de direitos. Assinale a alternativa adiante que não é classificada pelo mencionado diploma como pena restritiva de direitos.

(A) prestação pecuniária

(B) interdição temporária de direitos

(C) perda de bens e valores

(D) multa

(E) limitação de fins de semana

A única alternativa que não está elencada no art. 43 do CP é a "D" – pena de multa.

Gabarito "D"

(Ministério Público/GO – 2005) Entre as principais teorias relativas ou preventivas ou utilitárias sobre a pena, a teoria da prevenção especial positiva sustenta que a pena tem por finalidade:

(A) reforçar a norma violada assim como a autoridade do Direito

(B) intimidar todos os potenciais delinquentes

(C) reintegrar o condenado no meio social

(D) eliminar o condenado do convívio social

A *teoria da prevenção especial positiva* sustenta que a pena se presta a evitar futuros delitos por meio da ressocialização do delinquente.

Gabarito "C"

(Ministério Público/MA – 2009) O condenado que ficou preso provisoriamente no Brasil ou no estrangeiro, ou internado para tratamento psiquiátrico, tem direito a um desconto na contagem do cumprimento de pena privativa de liberdade ou medida de segurança, que se denomina:

(A) detração;

(B) remição;

(C) reversão;

(D) progressão;

(E) regressão.

Art. 42 do CP.

Gabarito "A"

(Ministério Público/MG – 2010) Sobre as penas restritivas de direitos, de conformidade com a disciplina do Código Penal, assinale a alternativa CORRETA.

(A) São cabíveis em se tratando de crimes culposos, desde que a pena aplicada não exceda a dois anos.

(B) A prestação de serviços à comunidade somente é aplicável às condenações inferiores a dois anos de privação de liberdade.

(C) Podem ser aplicadas nas contravenções penais e nos crimes punidos com detenção, vedada sua admissão se o crime for punido com reclusão.

(D) Se a condenação for a reprimenda superior a um ano, a sanção privativa de liberdade poderá ser substituída por duas penas restritivas de direitos.

A: incorreta: art. 44, I, 2ª parte, do CP; **B:** incorreta. Esta modalidade de pena restritiva de direitos é aplicável às condenações superiores a seis meses de privação de liberdade; **C:** incorreta. A lei não faz qualquer restrição nesse sentido; **D:** correta: art. 44, § 2º, do CP.

Gabarito "D"

(Ministério Público/SP – 2006) Considere os seguintes enunciados, relacionados com o regime das penas privativas da liberdade, aplicadas a autor de crime que não seja hediondo ou a ele equiparado, e assinale a alternativa correta.

I. O condenado a pena igual a 8 anos, ainda que primário, deverá começar a cumpri-la em regime fechado.

II. O condenado, cuja pena seja superior a 4 anos e não exceda a 8 anos, poderá, desde o princípio, cumpri-la em regime semiaberto, ainda que reincidente.

III. O condenado cuja pena seja igual ou inferior a 4 anos, poderá, desde o princípio, cumpri-la em regime semiaberto, salvo se reincidente.

(A) Todas as afirmações estão corretas.

(B) Nenhuma das afirmações está correta.

(C) Apenas as afirmações I e II estão corretas.

(D) Apenas as afirmações I e III estão corretas.

(E) Apenas as afirmações II e III estão corretas.

I: incorreta: art. 33, § 2º, *a* e *b*, do CP. Deverá iniciar o cumprimento da pena em regime fechado o condenado a reprimenda ***superior*** a oito anos; o condenado a pena ***igual*** a oito anos, não reincidente, poderá, desde o início, cumpri-la em regime semiaberto; **II:** incorreta: art. 33, § 2º, *b*, do CP. Somente o condenado não reincidente é contemplado com o benefício; **III:** incorreta: art. 33, § 2º, *c*, do CP.

Gabarito "B"

13. APLICAÇÃO DA PENA

Ministério Público/DF – 2013) Indique a assertiva **CORRETA** entre os itens seguintes:

(A) A teoria da prevenção especial negativa tem por finalidade essencial evitar a reincidência do agente.

(B) Para efeito de reincidência, não prevalece a condenação anterior se, entre a data do trânsito em julgado e a infração posterior, tiver decorrido período de tempo superior a 05 (cinco) anos.

(C) A teor do artigo 68 do Código Penal, que estabelece o sistema trifásico de aplicação da pena, é possível a compensação de circunstâncias judiciais com circunstâncias legais.

(D) A detração de que trata o Código Penal não se aplica à medida de segurança, sendo inviável o cômputo de internação provisória para antecipação da liberação ou da realização do exame de averiguação de periculosidade.

(E) O critério para dosar-se o aumento de pena no crime continuado é o do maior ou menor grau de reprovação da conduta ao agente.

A: correta. De fato, a teoria da prevenção especial negativa, dirigida à pessoa do agente delitivo, almeja, com a imposição da pena, evitar a reincidência, desestimulando-se o condenado a incorrer em novas infrações penais; **B:** incorreta. Não prevalecerá a condenação anterior, para fins de reincidência, se entre a data do *cumprimento ou extinção da pena* (e não a *data do trânsito em julgado*) e a infração posterior, tiver decorrido período de tempo superior a 05 (cinco) anos, nos termos do art. 64, I, CP; **C:** incorreta. O art. 68 do CP não autoriza, em momento algum, a compensação de circunstâncias judiciais (art. 59, CP) com circunstâncias legais (ex.: atenuantes e agravantes); **D:** incorreta. Nos termos do art. 42 do CP, será computado na pena privativa de liberdade e na medida de segurança o tempo de prisão provisória e o de internação (inclusive a provisória, que, à luz do art. 319, VII, do CPP, é medida cautelar diversa da prisão). É assente na doutrina e jurisprudência que o tempo de prisão cautelar e, também, o de internação provisória, serão levados em conta, por exemplo, para a antecipação do exame de cessação de periculosidade, que, em regra, será feito ao término do prazo mínimo de duração da medida de segurança, que é de um a três anos (art. 97, § 1º, CP); **E:** incorreta. Adota-se como critério para a dosagem do aumento de pena decorrente do reconhecimento do crime continuado (art. 71 do CP) a quantidade de crimes ou delitos parcelares. Assim, dado que a exasperação por referida espécie de concurso de crimes é de 1/6 a 2/3, a dosagem da pena será feita da seguinte forma: i) dois crimes = aumento de 1/6; ii) três crimes = aumento de 1/5; iii) quatro crimes = aumento de 1/4; iv) cinco crimes = aumento de 1/3; vi) seis crimes = aumento de 1/2; vii) sete ou mais crimes = aumento de 2/3.

Gabarito "A"

(Ministério Público/DF – 2013) Indique o item **CORRETO**, nos termos da legislação aplicável e da jurisprudência dos Tribunais Superiores:

(A) Para fins de livramento condicional, não poderá o sentenciado valer-se da soma de penas que, isoladamente, não alcancem o patamar de 02 (dois) anos.

(B) O condenado por crimes comuns a penas cujo somatório for superior a 30 (trinta) anos preenche requisito objetivo para progressão ao regime semiaberto ao cumprir 05 (cinco) anos de sua reprimenda em regime fechado.

(C) A aplicação de lei penal superveniente mais benigna ao agente, após o trânsito em julgado da sentença que o condenou, demanda ajuizamento de revisão criminal.

(D) O condenado por crime hediondo praticado no ano de 2006 preenche o requisito objetivo para a progressão, após cumprir, no regime anterior, 1/6 (um sexto) da pena imposta.

(E) Após progredir do regime fechado, deverá o sentenciado não reincidente cumprir ao menos 1/6 (um sexto) de pena no regime semiaberto para obter o direito à saída temporária.

A: incorreta. Para fins de livramento condicional, nos termos do art. 84 do CP, as penas decorrentes de infrações diversas deverão ser somadas. Confira-se, nesse sentido, o posicionamento já pacificado no STJ (AgRg no RHC 43743 / SP – Agravo Regimental no Recurso Ordinario *em Habeas Corpus* 2013/0413084-0, rel. Min. Jorge Mussi, 5ª Turma, 06.11.2014): "Agravo Regimental no Recurso Ordinário *em Habeas Corpus*. Execução criminal. Livramento condicional. Cálculo do tempo necessário ao benefício. Somatório das penas. Art. 84 do CP. Decisão monocrática confirmada. Recurso improvido. 1. É assente neste Tribunal o entendimento de que havendo pluralidade de condenações deve se proceder a soma das penas, realizando-se o cálculo do requisito objetivo exigido à concessão do livramento condicional sobre o montante obtido (art. 84 do Código Penal). 2. Agravo Regimental improvido"; B: incorreta. Em caso de concurso de crimes, se o somatório das penas superar 30 (trinta) anos, que é o limite estabelecido no art. 75 do CP, a progressão de regime, nos termos da Súmula 715 do STF, levará em conta a quantidade de *pequena aplicada*, e não a unificada. Portanto, para crimes "comuns" (leia-se: não hediondos ou equiparados), o decurso de 1/6 (um sexto) da pena terá como base de cálculo a quantidade aplicada na decisão (ex.: réu condenado à pena de 60 anos de reclusão, em razão de diversos homicídios), e não a pena unificada para atender ao limite de 30 (trinta) anos; **C:** incorreta. A superveniência ao trânsito em julgado de lei penal benéfica não exige o ajuizamento de revisão criminal pelo condenado, bastando que o juízo das execuções penais aplique a *lex mitior*, nos termos do art. 66, I, da LEP (Lei 7.210/1984); **D:** correta. Nos termos da Súmula vinculante 26, "para efeito de progressão de regime no cumprimento de pena por crime hediondo, ou equiparado, o juízo da execução observará a inconstitucionalidade do art. 2º da Lei nº 8.072, de 25 de julho de 1990, sem prejuízo de avaliar se o condenado preenche, ou não, os requisitos objetivos e subjetivos do benefício, podendo determinar, para tal fim, de modo fundamentado, a realização de exame criminológico". Assim, considerando que o STF, no julgamento do HC 82.959-SP, em 2006, declarou a inconstitucionalidade incidental do regime integralmente fechado imposto pela Lei dos Crimes Hediondos, passou-se a considerar o art. 112 da LEP como o dispositivo aplicável aos condenados por crimes hediondos ou equiparados que tenham praticado o fato até a entrada em vigor da Lei 11.464/2007, que impõe o cumprimento de 2/5 ou 3/5 da pena, em se tratando, respectivamente, de condenado primário ou reincidente. O STJ, ao editar a Súmula 471, assim assentou: "Os condenados por crimes hediondos ou assemelhados cometidos antes da vigência da Lei n. 11.464/2007 sujeitam-se ao disposto no art. 112 da Lei n. 7.210/1984 (Lei de Execução Penal) para a progressão de regime prisional."; **E:** incorreta. Nos termos da Súmula 40 do STJ, "para obtenção dos benefícios da saída temporária e trabalho externo, considera-se o tempo de cumprimento da pena no regime fechado". Assim, se iniciada a pena no regime fechado, o cumprimento de 1/6 dela, exigido para a progressão ao regime intermediário, já será levado em consideração para a obtenção do direito à saída temporária.

Gabarito "D"

(Ministério Público/PR – 2013 – X) Segundo entendimentos sumulados do Superior Tribunal de Justiça, assinale a alternativa ***incorreta***:

(A) A reincidência não influi no prazo da prescrição da pretensão punitiva;

(B) Em caso de desclassificação do crime de homicídio para o de lesões corporais pelo Tribunal do Júri, a decisão de pronúncia deixa de ser considerada causa interruptiva da prescrição;

(C) É vedada a utilização de inquéritos policiais e ações penais em curso para agravar a pena-base;

(D) A sentença concessiva do perdão judicial é declaratória da extinção da punibilidade, não subsistindo qualquer efeito condenatório;

(E) É inadmissível a fixação de pena substitutiva (art. 44 do CP) como condição especial ao regime aberto.

A: correta (Súmula 220 do STJ); **B:** incorreta, devendo ser assinalada. É que, mesmo se houver a desclassificação do homicídio para o crime de lesões corporais na segunda fase do rito escalonado do Júri, a decisão de pronúncia continua a ser considerada causa interruptiva da prescrição (Súmula 191 do STJ); **C:** correta (Súmula 444 do STJ); **D:** correta (Súmula 18 do STJ); **E:** correta (Súmula 493 do STJ).

Gabarito "B"

(Ministério Público/MS – 2009) Segundo o Superior Tribunal de Justiça, é correto afirmar que

(A) é admissível a adoção do regime prisional semiaberto aos reincidentes condenados à pena igual ou inferior a 4 (quatro) anos, se favoráveis as circunstâncias judiciais.

(B) é inadmissível a adoção do regime prisional semiaberto aos reincidentes condenados à pena igual ou inferior a 4 (quatro) anos, ainda que sejam favoráveis as circunstâncias judiciais.

(C) é admissível a adoção do regime prisional semiaberto aos reincidentes condenados à pena igual ou inferior a 4 (quatro) anos, se favoráveis pelo menos uma circunstância judicial.

(D) é admissível a adoção do regime prisional semiaberto aos reincidentes condenados à pena igual ou inferior a 4 (quatro) anos, desde que o condenado não apresente periculosidade presumida.

(E) é admissível a adoção do regime prisional semiaberto aos reincidentes condenados à pena igual ou inferior a 4 (quatro) anos ,desde que o condenado não apresente periculosidade a ser apreciada no caso concreto pelo juiz.

De fato, de acordo com a Súmula 269 do STJ, é admissível a adoção do regime prisional semiaberto aos reincidentes condenados à pena igual ou inferior a 4 (quatro) anos, desde que favoráveis as circunstâncias judiciais.

Gabarito "A"

(Ministério Público/MG – 2006) Ferdinando, exímio atirador, percebe que Mateus, Marcos, João e Paulo encontram-se em linha reta em relação a seu ângulo de visão. Ferdinando, então, seleciona seu rifle mais potente na intenção de que atinja Mateus e Marcos, seus desafetos. João e Paulo, por sua vez, são desconhecidos de Ferdinando e encontram-se atrás dos alvos. Ferdinando atira e acaba matando os quatro. Como Promotor de Justiça da comarca, analise a questão e informe a solução jurídica para o caso:

(A) Ferdinando responde pelo homicídio doloso consumado de Mateus e Marcos e pelo homicídio culposo de João e Paulo, na forma do crime continuado.

(B) Ferdinando responde pelo homicídio doloso consumado de Mateus e Marcos e por lesão corporal seguida de morte de João e Paulo, na forma do crime continuado.

(C) Ferdinando responde pelo homicídio doloso consumado de Mateus, Marcos, João e Paulo, na forma do concurso formal impróprio ou imperfeito.

(D) Ferdinando responde pelo homicídio doloso consumado de Mateus e Marcos e pelo homicídio culposo de João e Paulo, na forma do concurso material simples.

(E) Ferdinando responde pelo homicídio doloso consumado de Mateus, Marcos, João e Paulo, na forma do crime continuado.

Ferdinando, por óbvio, deverá responder por homicídio doloso consumado com relação a Mateus e Marcos, seus desafetos. Com relação a João e Paulo, ainda que não tencionasse diretamente a morte de ambos, no mínimo, assumiu o risco de produzir o resultado fatal. Afinal, ambos estavam atrás de Mateus e Marcos, sendo certo que o atirador utilizou seu "rifle mais potente", conforme afirma o enunciado. Logo, será caso de reconhecer o cometimento de quatro homicídios dolosos consumados, em concurso formal imperfeito (ou impróprio), que é aquele segundo o qual o agente, mediante uma única ação (ou omissão), pratica dois ou mais crimes, idênticos ou não, com desígnios autônomos (art. 70, *caput*, segunda parte, do CP). A consequência será a soma das penas. Nem se alegue que o concurso formal imperfeito é incompatível com o dolo eventual. Afinal, a lei não fez distinção quanto ao desígnio do agente (se voltado diretamente à produção de determinado resultado – dolo direto – ou se este teve o risco de sua ocorrência assumida – dolo eventual).

Gabarito "C"

(Ministério Público/MG – 2012 – CONSULPLAN) Em relação ao seguinte enunciado, assinale a alternativa INCORRETA. No concurso de agravantes e atenuantes, a pena deve aproximar-se do limite indicado pelas circunstâncias preponderantes, entendendo-se como tais as que resultam:

(A) dos motivos determinantes do crime.

(B) da reincidência.

(C) da conduta social do agente.

(D) da personalidade do agente.

De acordo com o art. 67 do CP, no concurso de agravantes e atenuantes, a pena deve aproximar-se do limite indicado pelas circunstâncias preponderantes, assim entendidas aquelas que decorrem dos motivos determinantes do crime, da personalidade do agente e da reincidência. Logo, a alternativa "C" está incorreta, pois a conduta social do agente não é considerada circunstância preponderante.

Gabarito "C"

(Ministério Público/MG – 2012 – CONSULPLAN) No que se refere à *fase de aplicação da pena* em que incidem, assinale a alternativa que apresenta circunstâncias de natureza jurídica distinta:

(A) Desconhecimento da lei e coação moral resistível.

(B) Erro de tipo evitável e erro de proibição inescusável.

(C) Tentativa e arrependimento posterior.

(D) Reincidência e violência contra a mulher.

A: incorreta. O desconhecimento da lei e a coação moral resistível têm a mesma natureza, qual seja, de circunstâncias atenuantes (art. 65, II e III, "c", do CP), incidentes na segunda fase da dosimetria da pena; **B:** correta. O erro de tipo evitável (ou inescusável), embora afaste o dolo, redundará na condenação do agente pela forma culposa do crime, se previsto em lei. Não se confunde com o erro de proibição inescusável (ou evitável), que, de acordo com o art. 21, *caput*, parte final, propiciará a redução da pena do agente de um sexto a um terço; **C:** incorreta. A tentativa (art. 14, II, do CP) e o arrependimento posterior (art. 16 do CP) são causas de diminuição de pena, incidentes na terceira fase da dosimetria da pena; **D:** incorreta. A reincidência é circunstância agravante genérica (art. 61, I, do CP). A violência contra a mulher é, também, circunstância agravante genérica (art. 61, II, "f", do CP), ambas incidentes na segunda fase da dosimetria da pena.

Gabarito "B"

(Ministério Público/GO – 2010) Leia as afirmativas e após escolha a alternativa correta:

I. Nos crimes apenados com reclusão, cuja pena concreta aplicada for igual a 8 anos, o réu primário poderá, desde o início, cumprir a pena em regime semiaberto.

II. Nos crimes apenados com detenção o regime inicial de cumprimento de pena jamais será o fechado. Nas condenações superiores a 8 (oito) anos de reclusão, o réu sempre iniciará o cumprimento da pena em regime fechado, mesmo sendo primário e de bons antecedentes.

III. O juiz ao aplicar Medida de Segurança ao inimputável, quando o crime for apenado com detenção, poderá deixar de determinar a sua internação, pois previsível em casos tais, o tratamento ambulatorial.

IV. Se a sentença condenar o réu não reincidente a uma pena igual a 4 (quatro) anos, poderá, desde o início, cumprir a pena em regime aberto.

(A) Apenas uma afirmativa é verdadeira.

(B) Apenas duas afirmativas são verdadeiras.

(C) Apenas três afirmativas são verdadeiras.

(D) Todas as afirmativas são verdadeiras.

I: correta (art. 33, § 2º, "b", do CP). Aqui, o candidato deve ter muito cuidado! O réu primário cuja pena for de até 8 (oito) anos cumprirá a pena em regime inicialmente semiaberto. Apenas se a reprimenda fosse superior a 8 (oito) anos, pouco importando a primariedade, o regime seria o inicial fechado; **II:** correta. De fato, aos crimes apenados com detenção, não se imporá regime inicial fechado (art. 33, *caput*, do CP). Frise-se que o regime mais rigoroso, neste caso, será o semiaberto. Já para os crimes punidos com reclusão, como visto no comentário à assertiva anterior, se a pena exceder a 8 (oito) anos, o regime inicial a ser fixado será o fechado, pouco importando a primariedade ou os bons antecedentes (art. 33, § 2º, "a", do CP); **III:** correta (art. 97, *caput*, segunda parte, do CP); **IV:** correta (art. 33, § 2º, "c", do CP).

Gabarito "D"

(Ministério Público/GO – 2012) Com relação à individualização da pena é incorreto afirmar que:

(A) o princípio da individualização da pena consiste na exigência entre uma estreita correspondência entre a responsabilização da conduta do agente e a sanção a ser aplicada, de maneira que a pena atinja as suas finalidades de repressão e prevenção. Assim, a imposição da pena dependeria do juízo individualizado da culpabilidade do agente (censurabilidade de sua conduta);

(B) a culpabilidade prevista no artigo 59 do Código Penal não se confunde com aquela necessária para a caracterização do crime; na verdade, ela diz respeito maior reprovação que o fato ou o autor ensejam no fato concreto;

(C) conduta social diz respeito ao histórico criminal do autor. Pelo princípio constitucional da presunção de inocência, somente condenações anteriores com trânsito em julgado, que não sirva para forjar reincidência é que poderão ser consideradas em seu desfavor;

(D) na fixação da pena de multa o juiz deve atender, principalmente, à situação econômica do réu.

A: correta. De fato, deve existir uma correlação entre a censurabilidade da conduta perpetrada pelo agente e a sanção que lhe será aplicada. Inexistente referida correlação, restará afrontado o princípio da individualização da pena; **B:** correta. A culpabilidade prevista como uma das circunstâncias judiciais (art. 59 do CP) diz respeito à "intensidade de dolo" do agente, ou seja, a uma maior reprovação de sua conduta. Já a culpabilidade necessária à caracterização do crime (para os adeptos da concepção tripartida) diz respeito à somatória da imputabilidade, da potencial consciência da ilicitude e da exigibilidade de conduta diversa, que são os seus requisitos caracterizadores; **C:** incorreta, devendo ser assinalada. A conduta social do autor de um crime não se confunde com os maus antecedentes, assim reconhecidas as condenações criminais transitadas em julgado que não configurem reincidência; **D:** correta (art. 60, *caput*, do CP).

Gabarito "C"

(Ministério Público/CE – 2011 – FCC) Considere as seguintes afirmações sobre o crime continuado:

I. A lei penal mais grave aplica-se ao crime continuado se a sua vigência é anterior à cessação da continuidade.

II. O Código Penal Brasileiro adotou a teoria objetivo-subjetiva na qual exige a presença de requisitos do art. 71 do Código Penal e unidade de desígnios.

III. A objetividade do art. 71 do Código Penal impede que a habitualidade criminosa descaracterize o crime continuado.

Está correto o que se afirma em

(A) I, II e III.

(B) I, apenas.

(C) III, apenas.

(D) I e III, apenas.

(E) II e III, apenas.

I: correta (Súmula 711 do STF); **II:** incorreta. Sustenta a doutrina que o CP adotou a teoria objetiva pura (ou puramente objetiva), segundo a qual basta a presença dos requisitos objetivos trazidos pelo art. 71 do CP para que se caracterize a continuidade delitiva. Esta é, inclusive, a orientação que se extrai do item 59 da Exposição de Motivos da Parte Geral do Código Penal. Em suma, não seria necessária a unidade de desígnios pelo agente, vale dizer, que todos os delitos parcelares resultassem de um prévio plano por aquele elaborado. Porém, é bom frisar, a jurisprudência majoritária sustenta ser necessária a referida unidade de desígnios para a caracterização da continuidade delitiva, sob pena de restar caracterizado o concurso material (art. 69 do CP); **III:** correta. Se adotada a teoria objetiva pura, a continuidade delitiva exigirá apenas a conjugação dos requisitos definidos no art. 71 do CP, pouco importando o fato de o agente fazer do crime uma atividade habitual. Porém, repita-se, não é essa a orientação majoritária do STJ e STF!

Gabarito "D"

(Ministério Público/CE – 2011 – FCC) Na aplicação da pena é correto afirmar:

(A) A reincidência penal pode ser considerada como circunstância agravante e como judicial.

(B) É possível a utilização de inquéritos policiais e ações penais em curso para agravar a pena-base.

(C) Ainda que a pena-base seja fixada no mínimo legal é possível a fixação de regime prisional mais gravoso do que o cabível para a sanção imposta com fundamento na gravidade abstrata do delito.

(D) Ao condenado a pena igual a 8 anos, ainda que primário, não deverá começar a cumpri-la em regime fechado.

(E) Ao contrário das causas especiais de aumento de pena, as qualificadoras incidem na primeira fase de sua fixação, estabelecendo-se a pena-base.

A: incorreta, pois, se assim fosse, restaria caracterizado o *bis in idem*. Por tal razão, o STJ editou a Súmula 241, que dispõe que a reincidência penal não pode ser considerada como circunstância agravante e, simultaneamente, como circunstância judicial; **B:** incorreta, sob pena de violação ao princípio da presunção de inocência (ou de não culpabilidade). Ainda, a Súmula 444 do STJ preconiza que é vedada a utilização de inquéritos policiais e ações penais em curso para agravar a pena-base; **C:** incorreta, pois, fixada a pena-base no mínimo legal, é vedado o estabelecimento de regime prisional mais gravoso do que o cabível em razão da sanção imposta, com base apenas na gravidade abstrata do delito (Súmula 440 do STJ); **D:** incorreta, pois, a despeito de o regime inicial fechado ser obrigatório aos condenados a pena superior a 8 (oito) anos, pouco importando a primariedade ou a reincidência (art. 33, § 2º, "a", do CP), o fato é que a imposição do regime far-se-á de acordo com os critérios definidos no art. 59 do CP (art. 33, § 3º, do CP), motivo pelo qual será, sim, possível que um condenado a pena de exatos 8 (oito) anos inicie o cumprimento dela em regime fechado; **E:** correta. De fato, as causas de aumento de pena incidem na terceira fase da dosimetria da pena (art. 68 do CP), ao passo que as qualificadoras, como definem novos patamares de pena, incidirão desde logo (leia-se: na pena-base).

Gabarito "E"

(Ministério Público/AC – 2008) Segundo entendimento do Superior Tribunal de Justiça, ao reincidente condenado a pena igual a 4 (quatro) anos

(A) é inadmissível a adoção do regime prisional semiaberto.

(B) é inadmissível a adoção do regime prisional aberto.

(C) é admissível a adoção do regime prisional semiaberto, sob determinadas condições.

(D) é obrigatória a adoção do regime prisional semiaberto.

De fato, o Superior Tribunal de Justiça, com o advento da Súmula 269, consolidou o entendimento de que, mesmo aos réus reincidentes, será admissível a imposição de regime inicial semiaberto, desde que a pena imposta não seja superior a 4 (quatro) anos, e desde que as circunstâncias judiciais sejam favoráveis.

Gabarito "C"

(Ministério Público/ES – 2005) Na fixação da pena (art. 59 do Código Penal), deverão ser observados os seguintes critérios, exceto:

(A) intensidade do dolo.

(B) antecedentes, conduta social e personalidade do agente.

(C) motivos, circunstâncias e consequências do crime.

(D) comportamento da vítima.

(E) culpabilidade do agente.

A ***intensidade do dolo*** não está contida no rol do art. 59 do CP, que estabelece as chamadas ***circunstâncias judiciais***.

Gabarito "A"

(Ministério Público/GO – 2005) Tratando-se de hipótese de concurso de crimes da mesma espécie, sem violência à pessoa, praticados nas mesmas condições de tempo, lugar, maneira de execução e outras semelhantes, em comarcas diversas e apurados em processos autônomos, tendo sido proferidas decisões condenatórias em todos, com aplicação de pena, a disciplina relativa à execução penal será:

(A) unificação das penas, aplicando-se a regra do concurso material de crimes, ou seja, somam-se as penas e a execução penal seguirá em qualquer dos juízos

(B) unificação das penas pelo juízo da execução da pena mais grave, aplicando-se a regra do concurso formal de crimes, ou seja, toma-se a pena de um só dos crimes e aumenta-se de 1/6 a 2/3

(C) unificação das penas pelo juízo da execução de qualquer das comarcas, se idênticas as penas, ou pelo juízo da execução da pena mais grave, aplicando-se a regra do concurso formal de crimes (artigo 71 do CP – crime continuado), tomando-se a pena de um só dos crimes, se idênticas, ou a mais grave, se diversas, aumentando-se em qualquer caso de 1/6 a 2/3

(D) não é cabível a unificação das penas, devendo o condenado cumprir cada condenação de forma subsequente ao trânsito em julgado da sentença respectiva

De fato, aplicar-se-á a regra contida no *caput* do art. 71 do CP – crime continuado simples, unificando-se as penas.

Gabarito "C"

(Ministério Público/MA – 2009) O réu pode ser tido como reincidente quando:

(A) comete novo crime, apesar de ainda não julgado pelo primeiro;

(B) comete novo crime depois de transitar em julgado a sentença que o tenha condenado por crime anterior;

(C) o processo relacionado ao crime anterior, necessariamente, esteja em grau de recurso;

(D) comete novo crime antes de passar cinco anos do cometimento do primeiro independente do trânsito em julgado da primeira condenação;

(E) a prática do novo crime deve resultar da mesma qualidade da pena.

Art. 63 do CP.

Gabarito "B"

(Ministério Público/PR – 2008) Examine as afirmativas abaixo e responda:

I. Na fixação da pena-base, além da culpabilidade, dos antecedentes, da conduta social, da personalidade do agente, dos motivos, circunstâncias e consequências do crime, o juiz deverá atender também ao comportamento da vítima.

II. Para efeito de reincidência não prevalece a condenação anterior, se entre a data do cumprimento ou extinção da pena e a infração posterior tiver decorrido período de tempo superior a 5 (cinco) anos, computado o período de prova da suspensão ou do livramento condicional, se não ocorrer revogação.

III. A prescrição superveniente é espécie de prescrição executória porque regulada pela pena *in concreto*, sendo também chamada de intercorrente ou subsequente, e constitui-se em hipótese excepcional, tendo seu marco final, a teor do art. 110 do Código Penal, no trânsito em julgado para a acusação ou no improvimento de seu recurso.

IV. Quando, por acidente ou erro no uso dos meios de execução, o agente, ao invés de atingir a pessoa que pretendia ofender, atinge pessoa diversa, responde como se tivesse praticado o crime contra aquela, não se considerando as condições ou qualidades da vítima, senão as da pessoa contra quem o agente queria praticar o crime, respondendo, entretanto, por concurso formal no caso de atingir também a pessoa que pretendia ofender.

V. A proibição do exercício do cargo, função, atividade pública ou mandato eletivo" e "tornar certa a obrigação de indenizar o dano causado pelo crime", são considerados efeitos secundários extrapenais específicos da condenação e, diversamente dos efeitos genéricos, não são automáticos e devem, em razão disso, ser motivados na sentença.

(A) todas as afirmativas estão corretas.

(B) apenas as afirmativas I, III e V estão corretas.

(C) as afirmativas III e V são as únicas incorretas.

(D) as afirmativas II e III são as únicas incorretas.

(E) todas as afirmativas são incorretas.

I: correta. São as chamadas ***circunstâncias judiciais*** (art. 59 do CP), que servem de norte para o juiz estabelecer a chamada pena-base; **II:** correta: art. 64, I, do CP; **III:** incorreta. A ***prescrição subsequente ou superveniente*** à condenação (art. 110, § 1º, do CP) não constitui espécie de prescrição executória, visto que esta exige o trânsito em julgado de sentença condenatória, inexistente naquela. Trata-se, a rigor, de espécie de ***prescrição da pretensão punitiva***, uma vez que tal modalidade ocorre antes do trânsito em julgado da sentença final. O art. 110 do CP foi modificado pela Lei 12.234/2010; **IV:** correta: art. 73 do CP. Está-se diante do chamado erro na execução ou *aberratio ictus*; **V:** incorreta: arts. 91 e 92 do CP.

Gabarito "C"

(Ministério Público/RO – 2008 – CESPE) Com relação às penas, assinale a opção correta.

(A) De acordo com o CP, a pena restritiva de direitos não pode ser convertida em pena privativa de liberdade, mas constitui título executivo judicial, podendo ser executada pela fazenda pública ou pela vítima e seus representantes legais.

(B) As medidas de segurança são previstas no CP para os inimputáveis, podendo ser detentivas (internação) ou consistirem em tratamento ambulatorial. Em relação aos semi-imputáveis, o CP prevê a redução da pena de um a dois terços, vedada a conversão da pena em medida de segurança.

(C) Segundo recente entendimento do STF, aplica-se a analogia *in bonam partem* para aplicar às penas restritivas de direito o mesmo lapso prescricional previsto no CP para a pena de multa, isto é, dois anos, desde que a pena restritiva de direito seja de natureza pecuniária e seja a única cominada.

(D) Réu condenado definitivamente a pena de detenção superior a oito anos, reincidente e com maus antecedentes, deverá iniciar o cumprimento da pena em regime fechado.

(E) De acordo com o entendimento mais recente do STJ, se o sistema prisional mantido pelo Estado não possui meios para manter, em estabelecimento apropriado, o condenado a pena de detenção em regime aberto, deve-se autorizar, excepcionalmente, que a pena seja cumprida em prisão domiciliar.

A: incorreta: art. 44, § 4º, do CP; **B:** incorreta. Se o semi-imputável (art. 26, parágrafo único, CP) necessitar de internação ou tratamento ambulatorial, o juiz, em vez de aplicar a diminuição na pena privativa de liberdade, poderá, nos termos do art. 98 do CP, proceder à substituição; **C:** incorreta: art. 109, parágrafo único, do CP; **D:** incorreta: art. 33, *caput*, do CP; **E:** correta. Onde não houver estabelecimento adequado ao cumprimento de pena em regime aberto (casa do albergado ou estabelecimento apropriado), o condenado passa para o regime domiciliar, segundo entendimento jurisprudencial dominante.

Gabarito "E"

(Ministério Público/SP – 2011) Existe o chamado concurso formal imperfeito ou impróprio:

(A) quando o agente, mediante mais de uma ação ou omissão, pratica crimes idênticos e subsequentes contra a mesma vítima.

(B) quando o agente, mediante uma única ação ou omissão culposa, pratica crimes não resultantes de desígnios autônomos.

(C) quando o agente, mediante uma única ação ou omissão culposa, pratica crimes resultantes de desígnios autônomos.

(C) quando o agente, mediante uma única ação ou omissão dolosa, pratica crimes não resultantes de desígnios autônomos.

(E) quando o agente, mediante uma única ação ou omissão dolosa, pratica crimes resultantes de desígnios autônomos.

Nos termos do art. 70 do CP, o concurso formal poderá ser *próprio* (perfeito) ou *impróprio* (imperfeito). No primeiro caso (primeira parte do *caput*), temos que o agente, por meio de uma única ação ou omissão (um só comportamento), pratica dois ou mais crimes, idênticos ou não, com *unidade de desígnio*; já no *concurso formal impróprio* ou *imperfeito* (segunda parte do *caput*), a situação é diferente. Aqui, a conduta única decorre de desígnios autônomos, vale dizer, o agente, no seu atuar, deseja os resultados produzidos. Como consequência, as penas serão somadas, aplicando-se o critério ou sistema do *cúmulo material*. No concurso formal perfeito, diferentemente, se as penas previstas forem idênticas, aplica-se somente uma; se diferentes, aplica-se a maior, acrescida, em qualquer caso, de um sexto até metade (sistema da exasperação)

Gabarito "E"

(Ministério Público/SP – 2010) A exposição de motivos da Parte Geral do Código Penal Brasileiro, ao referir-se à finalidade da individualização da pena, à vista de sua necessidade e eficácia para reprovação e prevenção do crime, afirma que "nesse conceito se define a Política Criminal preconizada no Projeto, da qual se deverão extrair todas as suas lógicas consequências". A partir de tal afirmativa, assinale a alternativa correta:

(A) o Código Penal Brasileiro adotou a concepção da pena como imperativo categórico, a qual se amolda à teoria da prevenção geral negativa.

(B) o procedimento de aplicação da pena adotado pelo Código Penal (art. 59) tem como fundamento único o princípio da retribuição.

(C) a concepção da pena como medida de prevenção de delitos, acolhida pelo Código Penal (art. 59), amolda-se às chamadas teorias absolutas.

(D) o procedimento de aplicação da pena adotado pelo Código Penal (art. 59) tem como fundamento único o princípio da prevenção especial.

(E) o Código Penal adotou como um dos fundamentos da aplicação da pena o princípio da prevenção geral (art. 59), preconizado pelas teorias relativas.

Para as chamadas ***teorias relativas***, a pena deve ser vista como um instrumento destinado a prevenir o crime. Não se trata, pois, de uma retribuição, uma compensação. As ***teorias absolutas***, ao contrário, sustentam que pena é castigo, e não meio de prevenção do delito. Já as ***teorias mistas*** (ou ecléticas) afirmam que a pena tem dúplice finalidade: presta-se tanto a reprimir quanto a prevenir.

Gabarito "E"

(Ministério Público/SP – 2010) Assinale a alternativa correta:

(A) a pena de detenção não pode ser cumprida em regime inicialmente fechado.

(B) o condenado, não reincidente, a pena superior a oito anos de reclusão pode começar a cumpri-la em regime semiaberto.

(C) na hipótese de concurso formal imperfeito, aplica-se ao agente a pena mais grave das cabíveis ou, se iguais, só uma delas, aumentada de 1/6 até ½.

(D) a prescrição intercorrente tem como baliza a pena aplicada na sentença condenatória, podendo abranger o período entre a sentença e o recebimento da denúncia.

(E) é facultado ao juiz substituir a pena privativa de liberdade não superior a quatro anos, imposta ao réu reincidente pela prática do mesmo crime ou de diversa espécie, se constituir medida socialmente recomendável.

A: correta. Preleciona o art. 33, *caput*, do CP que a pena de *reclusão* pode ser cumprida em qualquer dos regimes: fechado, semiaberto ou aberto; já a pena de *detenção* será inicialmente cumprida nos regimes prisionais semiaberto ou aberto, salvo a hipótese de transferência, em caráter excepcional, para o fechado; **B:** incorreta: art. 33,

§ 2º, a, do CP; **C:** incorreta. Diante do concurso formal *imperfeito* ou *impróprio*, previsto no art. 70, *caput*, 2ª parte, do CP, a regra a ser aplicada com relação à pena é a do concurso material (art. 69 do CP), isto é, incidirá, aqui, a regra da cumulação de penas; **D:** incorreta: art. 110, § 1º, do CP, dispositivo esse que teve sua redação alterada pela Lei 12.234/2010; **E:** incorreta. Determina o art. 44, § 3º, do CP – que constitui exceção ao disposto no inciso II do dispositivo - que, ainda que se trate de réu reincidente, pode o magistrado proceder à substituição, desde que a medida revele-se socialmente recomendável e a reincidência não se tenha operado em virtude da prática do mesmo crime.

Gabarito "A"

(Ministério Público/SP – 2006) Em relação à aplicação da pena, assinale a alternativa incorreta:

(A) a presença da reincidência não é levada em conta na análise das chamadas circunstâncias judiciais (art. 59 do Código Penal).

(B) os motivos do crime podem constituir uma agravante.

(C) a presença de circunstâncias agravantes não autoriza a aplicação de pena acima do máximo cominado.

(D) o comportamento da vítima não interfere na análise das circunstâncias judiciais (art. 59 do Código Penal).

(E) as consequências do crime são levadas em conta na análise das circunstâncias judiciais (art. 59 do Código Penal).

A: correta. O art. 59 do CP não faz alusão à reincidência, contida no art. 61, I, do CP; **B:** correta: art. 61, II, *a* e *b*, do CP; **C:** correta: de fato, o magistrado, ao fazer incidir a agravante, deverá ficar circunscrito ao limite máximo previsto no tipo penal, sendo a ele defeso ultrapassar tal teto; **D:** incorreta, devendo ser assinalada. O ***comportamento da vítima*** é um dos elementos que compõem o rol do art. 59 do CP (circunstâncias judiciais). Deve, pois, ser levada em conta pelo juiz a forma de agir do ofendido; E: correta. As ***consequências do crime***, a exemplo do comportamento da vítima, estão no art. 59 do CP e representam os efeitos decorrentes da prática do delito.

Gabarito "D"

(Ministério Público/SP – 2008) Assinale a alternativa incorreta.

(A) Promover, ou organizar a cooperação no crime ou dirigir a atividade dos demais agentes é circunstância agravante genérica.

(B) O desconhecimento da lei é circunstância atenuante genérica.

(C) Ter o agente cometido o crime em estado de embriaguez preordenada é circunstância agravante genérica.

(D) No concurso de agravantes e atenuantes, as circunstâncias preponderantes são as que resultam dos motivos determinantes do crime, da personalidade e da conduta social do agente.

(E) No concurso de causas de aumento ou de diminuição de pena previstas na parte especial, pode o juiz, na fixação da pena, limitar-se a um só aumento ou a uma só diminuição, prevalecendo, porém, a causa que mais aumente ou diminua.

A: correta: art. 62, I, do CP; **B:** correta: art. 65, II, do CP; **C:** correta: art. 61, II, *l*, do CP; **D:** incorreta: art. 67 do CP; **E:** correta: art. 68, parágrafo único, do CP.

Gabarito "D"

(Ministério Público/TO – 2006 – CESPE) À luz dos dispositivos da Lei n. 7.210/1984, assinale a opção correta.

(A) O tempo de isolamento ou inclusão preventiva no regime disciplinar diferenciado não será computado no período de cumprimento da sanção disciplinar.

(B) Constituem sanções disciplinares: advertência verbal, repreensão, suspensão e restrição de direitos, isolamento na própria cela ou em local adequado e inclusão no regime disciplinar diferenciado, sendo que as duas primeiras serão aplicadas por ato motivado do diretor do estabelecimento e as demais, somente por prévio e fundamentado despacho do juiz da execução criminal.

(C) As faltas disciplinares previstas na lei de execução penal classificam-se em leves, médias e graves, punindo-se a tentativa com a mesma sanção correspondente à falta consumada.

(D) O condenado a pena privativa de liberdade comete falta média ao provocar acidente de trabalho.

A: incorreta: art. 60, parágrafo único, da Lei 7.210/1984; **B:** incorreta: arts. 53 e 54 da Lei 7.210/1984; **C:** correta: art. 49, *caput* e parágrafo único, da Lei 7.210/1984; **D:** incorreta: art. 50, IV, da Lei 7.210/1984.

Gabarito "C"

14. *SURSIS*, LIVRAMENTO CONDICIONAL, REABILITAÇÃO E MEDIDAS DE SEGURANÇA

(Ministério Público/PI – 2014 – CESPE) A respeito da execução das penas e das medidas de segurança, assinale a opção correta.

(A) O cometimento de falta disciplinar de natureza grave pelo executando interrompe tanto o prazo para a obtenção da progressão de regime, quanto para fins de concessão de livramento condicional.

(B) O agente inimputável desinternado poderá ser novamente internado antes do decurso de um ano, desde que pratique conduta típica e antijurídica.

(C) Atualmente, a remissão de parte do tempo de execução da pena sob regime fechado ou semiaberto, em razão de frequência a curso de ensino formal, só é possível em virtude de construção jurisprudencial, dada a falta de expressa previsão legal acerca da matéria.

(D) A Lei de Execuções Penais autoriza o trabalho externo ao preso provisório somente em serviço ou obras públicas realizadas por órgãos da administração direta ou indireta.

(E) Segundo o STJ, é inadmissível a fixação de pena restritiva de direitos substitutiva da privativa de liberdade como condição especial ao regime aberto.

A: incorreta, pois a prática de falta disciplinar não acarreta a interrupção do prazo do livramento condicional, nem mesmo a sua revogação, a qual se dará nas hipóteses previstas nos artigos 86 e 87 do Código Penal (art. 140, da LEP). Por sua vez, o cometimento da falta grave, além de implicar na regressão do regime prisional, interrompe o prazo para a obtenção da progressão, iniciando-se um novo período aquisitivo (art. 118, I, da LEP); **B:** incorreta, pois nos termos do art. 97, § 3º, do CP, a desinternação ou a liberação serão sempre condicionais, devendo ser restabelecida a situação anterior se o agente, antes do decurso de 1 (um) ano, pratica *fato indicativo de persistência de sua periculosidade*, não sendo necessário que ele pratique novo fato típico e antijurídico; **C:** incorreta, pois com o advento da Lei n. 12.433/2011, a LEP passou a prever expressamente em seus artigos 126 e seguintes a possibilidade de o condenado remir por estudo, além do trabalho, parte do tempo de execução da pena; **D:** incorreta, pois segundo o art. 36, da LEP, o trabalho externo será admissível em serviço ou obras públicas realizadas por órgãos da Administração Direta ou Indireta, bem como em *entidades privadas*, desde que tomadas as cautelas contra a fuga e em favor da disciplina; **E:** correta, pois a alternativa está de acordo com a Súmula n. 493, do STJ, a qual dirimiu a controvérsia existente acerca da impossibilidade de o juiz fixar como condição especial ao regime aberto o cumprimento de pena restritiva de direitos, o que implicaria em permitir que o sentenciado cumprisse duas modalidades de pena pela prática de uma mesma infração penal.

Gabarito "E"

(Ministério Público/ES – 2013 – VUNESP) Com relação à medida de segurança, é correto afirmar que

(A) a decisão que decretar a internação deverá fixar o tempo determinado.

(B) no caso de réu inimputável, sendo o crime apenado com detenção, o juiz deverá aplicar o tratamento ambulatorial.

(C) tem como pressuposto o reconhecimento da prática de fato previsto como infração penal.

(D) há possibilidade de aplicar, mesmo estando extinta a punibilidade.

(E) a espécie detentiva consiste na sujeição a tratamento ambulatorial.

A: incorreta, pois a medida de segurança não possui um prazo certo de duração, persistindo até que haja necessidade do tratamento destinado à cura ou a saúde mental do inimputável. A medida de segurança apenas possui um prazo mínimo de 1 a 3 anos de internação ou tratamento ambulatorial, o qual se destina à realização do exame de cessação de periculosidade (art. 97, § 1º, do CP). Oportuno registrar que, muito embora não haja previsão legal de prazo máximo, a medida de segurança não pode ser uma sanção de caráter perpétuo, ainda que tenha por finalidade a recuperação do agente e o seu tratamento curativo. Daí haver divergência na doutrina e jurisprudência a respeito. O próprio STF, em decisões recentes, entendeu que o limite máximo é o de 30 anos (STF, HC 97621/RS, 2ª Turma, Rel. Ministro Cézar Peluso, j. 02.06.2009). Por sua vez, o STJ decidiu que a duração da medida de segurança não pode ultrapassar o limite máximo da pena privativa de liberdade cominada abstratamente ao delito praticado pelo agente (STJ, HC 147.343/MG, Rel. Ministra Laurita Vaz, 5ª Turma, j. 05/.04/.2011, Inf. 468); **B:** incorreta, pois se o fato é punido com reclusão, o juiz deverá aplicar a medida de segurança detentiva, que consiste na internação do agente em hospital de custódia e tratamento psiquiátrico (art. 96, I, do CP). Todavia, se o fato é punido com detenção, o juiz poderá optar entre a medida de segurança detentiva (internação) ou a restritiva (tratamento ambulatorial), dependendo a escolha do grau de periculosidade do agente (art. 96, II, do CP); **C:** correta, pois a medida de segurança, por ser uma espécie de sanção penal, pressupõe a prática pelo agente de um fato típico e ilícito; **D:** incorreta, pois extinta a punibilidade, não se impõe medida de segurança, nem subsiste a que tenha sido imposta (art. 96, parágrafo único, do CP); **E:** incorreta, pois a medida de segurança detentiva consiste na internação do agente em hospital de custódia e tratamento psiquiátrico (art. 96, I, do CP).

Gabarito "C"

(Ministério Público/MT – 2012 – UFMT) Relativamente à imputabilidade penal e à aplicação de medida de segurança, de acordo com o Código Penal brasileiro, assinale a assertiva correta.

(A) A inimputabilidade constitui pressuposto do comportamento delituoso.

(B) A medida de segurança é consequência inafastável ao agente que tenha praticado fato típico penal sob o manto da inimputabilidade.

(C) O prazo máximo da medida de segurança será estipulado em consonância com o máximo da pena cominada para o crime.

(D) O agente que tenha praticado fato típico penal, mesmo sendo semi-imputável, poderá, em certos casos, ser submetido à medida de segurança.

(E) A inimputabilidade deve ser demonstrada pelo órgão acusador.

A: incorreta. A imputabilidade é requisito para o reconhecimento da culpabilidade. Ao reverso, a inimputabilidade é causa excludente da culpabilidade. Ainda, para os adeptos da concepção tripartida, a inimputabilidade afastará a própria caracterização do crime, visto que a culpabilidade é elemento que o integra; **B:** incorreta. A medida de segurança somente será aplicada para os réus declarados inimputáveis por doença mental ou desenvolvimento mental incompleto ou retardado, na forma do art. 26, *caput*, do CP, ou, ainda, para os semi-imputáveis (art. 26, parágrafo único, do CP), desde que, após perícia, seja recomendado especial tratamento curativo. Com isso, afirma-se que nem toda causa de inimputabilidade conduz à imposição de medida de segurança (ex.: inimputabilidade por menoridade – art. 27 do CP; inimputabilidade por embriaguez acidental e completa – art. 28, § 1º, do CP); **C:** incorreta. De acordo com o art. 97, § 1º, 1ª parte, do CP, o prazo da medida de segurança é indeterminado, perdurando enquanto não for averiguada, por perícia, a cessação da periculosidade. Porém, importa registrar que a posição do STF é no sentido de que o prazo máximo de duração é de 30 (trinta) anos, fazendo-se uma interpretação sistemática entre o precitado art. 97 e o art. 75, ambos do CP; **D:** correta. Como regra, a semi-imputabilidade conduzirá à redução da pena do agente de um a dois terços (art. 26, parágrafo único, do CP). Porém, se, após a perícia, constatar-se que o condenado necessita de especial tratamento curativo, a pena privativa de liberdade poderá ser substituída pela internação ou tratamento ambulatorial, conforme dispõe o art. 98 do CP; **E:** incorreta. A inimputabilidade, por ser matéria que poderá conduzir à absolvição do acusado em razão da exclusão da culpabilidade, deverá ser comprovada pela defesa, caso alegada. Ao órgão acusatório caberá a demonstração da tipicidade e ilicitude do fato cometido pelo agente.

Gabarito "D"

(Ministério Público/MG – 2012 – CONSULPLAN) Sobre a disciplina das **medidas de segurança**, na parte geral do Código Penal, analise as seguintes afirmativas e assinale com **V** as **verdadeiras** e com **F** as **falsas**:

( ) Tratando-se de crime apenado com reclusão, cometido com violência, uma vez comprovada, pericialmente, a periculosidade do agente, impõe-se medida de segurança ainda que constatado o decurso do prazo prescricional.

( ) A desinternação, ou a liberação, possui caráter definitivo, análogo ao cumprimento da pena, devendo ser fundamentada em laudo pericial que ateste a cessação da periculosidade.

( ) Tanto para os inimputáveis quanto para os semi-imputáveis, a internação, ou tratamento ambulatorial, será por tempo indeterminado, com prazo mínimo de 1 (um) a 3 (três) anos, perdurando enquanto não for averiguada, mediante perícia médica, a cessação de periculosidade.

( ) Nos crimes apenados com reclusão, praticados por inimputável, a fixação de prazo mínimo para internação, embora não determinada pela lei, está consagrada na prática forense com base nas circunstâncias judiciais, como forma de compatibilizar a disciplina das medidas de segurança com o princípio da individualização da pena.

Assinale a alternativa que apresenta a sequência de letras **CORRETA**:

(A) (V) (V) (F) (V)

(B) (F) (F) (V) (F)

(C) (F) (V) (F) (F)

(D) (V) (F) (V) (V)

A primeira assertiva é falsa, uma vez que a imposição de medida de segurança, que é espécie de sanção penal, pressupõe que o crime cometido não tenha sido alcançado pela prescrição; a segunda assertiva é igualmente falsa, uma vez que a desinternação ou a liberação, em matéria de medida de segurança, será sempre condicional, vale dizer, deverá ser restabelecida se o agente, antes do decurso de 1 (um) ano, praticar fato indicativo da persistência de sua periculosidade (art. 97, § 3°, do CP); a terceira assertiva é verdadeira, pois, de fato, a medida de segurança é por prazo indeterminado, tendo, porém, duração mínima de 1 (um) a 3 (três) anos, mas perdurando até a cessação da periculosidade (art. 97, § 1°, do CP). Porém, é bom deixar registrado, essa não é a orientação do STF, que sustenta que a medida de segurança fica jungida ao período máximo de 30 (trinta) anos, adotando-se a mesma sistemática do art. 75 do CP (HC 84.219/SP, rel. Min. Marco Aurélio, 1ª Turma, j. 16.08.2005). Observe o candidato, porém, que o enunciado da questão foi claro, remetendo as alternativas ao regime previsto no Código Penal; a quarta assertiva é falsa, pois, como visto anteriormente, a medida de segurança terá duração mínima de 1 (um) a 3 (três) anos, devendo ser fixada pelo juiz (art. 97, § 1°, parte final, do CP).

Gabarito "B"

(Ministério Público/GO – 2012) A propósito da suspensão condicional da pena é incorreto afirmar:

(A) É incabível afirmar que o *sursis* seja pena, pois estas são claramente enumeradas no Código Penal e a suspensão é medida destinada justamente a evitar a aplicação das pena privativa de liberdade;

(B) Doutrinariamente *sursis* humanitário, também conhecido como simples, é aquele consistente na aplicação das condições de prestação de serviços à comunidade ou limitação de fim de semana, além da proibição de ausentar-se da comarca onde reside;

(C) O *habeas corpus* não é meio idôneo, em regra, para discutir a concessão de *sursis*, nem para a análise das condições estipuladas pelo juiz. Excepcionalmente poderá ser manejado o remédio constitucional, visando corrigir a imperfeição de uma decisão de forma eficaz e célere;

(D) A condenação, em sentença irrecorrível, por crime doloso é causa de revogação obrigatória da suspensão condicional da pena.

A: correta. De fato, o *sursis* não é pena, mas, ao contrário, benefício que será concedido, desde que satisfeitos os requisitos legais (arts. 77 e seguintes do CP), evitando, assim, o início da execução da pena privativa de liberdade; **B:** incorreta, devendo ser assinalada. O *sursis* humanitário (ou profilático) será aquele concedido a condenados portadores de problemas de saúde (art. 77, § 2°, do CP). Não se trata, aqui, de sinônimo de *sursis simples*, ao qual se imporá, como condições, a prestação de serviços à comunidade ou limitação de fim de semana, durante o primeiro ano do período de suspensão (art. 78, § 1°, do CP). Apenas ao *sursis especial*, cabível quando o condenado houver reparado o dano, salvo impossibilidade de fazê-lo, e se as circunstâncias judiciais lhe forem favoráveis, é que o juiz poderá substituir as condições adrede referidas por proibição de frequentar determinados lugares, *proibição de ausentar-se da comarca onde reside* e comparecimento pessoal e obrigatório a juízo, mensalmente, para informar e justificar suas atividades (art. 78, § 2°, do CP); **C:** correta. Entende-se que o *habeas corpus* é remédio constitucional que não pode se prestar para impugnar decisão judicial que não tenha concedido o *sursis*, ou, ainda, para discutir as condições legais ou judiciais impostas, pois tal demandaria análise de requisitos subjetivos que não podem ser discutidos na via estreita do *writ*. A correção de "imperfeição" de uma decisão que tenha como objeto o *sursis* deverá dar-se pela via recursal; **D:** correta (art. 81, I, do CP).

Gabarito "B"

(Ministério Público/GO – 2012) Sobre o livramento condicional é incorreto afirmar:

(A) A pena unificada para atender ao limite de trinta anos de cumprimento, determinado pelo art. 75 do Código Penal, não é considerada para a concessão do livramento condicional;

(B) É facultativa a revogação se o liberado vem a ser condenado a pena privativa de liberdade, em sentença irrecorrível por crime cometido durante a vigência do benefício;

(C) O Juiz não poderá declarar extinta a pena, enquanto não passar em julgado a sentença em processo a que responde o liberado, por crime cometido na vigência do livramento;

(D) Insubsistente é o livramento condicional em que o condenado foge do presídio após a concessão do benefício mas antes da cerimônia obrigatória determinada pelo artigo 137 da Lei de Execução Penal.

A: correta (Súmula 715 do STF). O que importa para a concessão do livramento condicional é a quantidade de pena aplicada, mesmo que superior a 30 (trinta) anos, não sendo observada, pois, a regra do art. 75 do CP; **B:** incorreta, devendo ser assinalada. Em caso de condenação a pena privativa de liberdade, em sentença irrecorrível, por crime cometido durante a vigência do benefício, o livramento condicional será obrigatoriamente revogado (art. 86, I, do CP); **C:** correta (art. 89 do CP); **D:** correta. De fato, denomina-se de insubsistente o livramento condicional concedido a condenado que foge do estabelecimento prisional depois da concessão da benesse, mas antes da aceitação das condições da cerimônia solene de que trata o art. 137 da LEP (Lei 7.210/1984).

Gabarito "B".

(Ministério Público/CE – 2011 – FCC) No instituto da medida de segurança

(A) é vedada a sua conversão sobrevindo no curso do cumprimento de uma pena privativa de liberdade.

(B) a periculosidade é sempre presumida.

(C) a sua extinção fica condicionada à ausência de prática, durante um ano, de fato indicativo de persistência da periculosidade.

(D) é desnecessária a prática de fato típico, antijurídico e culpável para sua imposição.

(E) é inviável a internação do paciente no tratamento ambulatorial.

A: incorreta, pois, se ao condenado sobrevier doença mental, deverá ser recolhido a hospital de custódia e tratamento psiquiátrico ou, à falta, a outro estabelecimento adequado (art. 41 do CP; art. 183 da LEP); **B:** incorreta. A periculosidade é dita presumida nos casos de inimputabilidade previstos no art. 26, *caput*, do CP, aplicando-se ao agente medida de segurança. Porém, fala-se em periculosidade real (ou concreta) nos casos de semi-imputabilidade (art. 26, parágrafo único, do CP), caso em que a pena será substituída por medida de segurança se a perícia recomendar um especial tratamento curativo; **C:** correta. Diz-se que a desinternação (em caso de medida de segurança detentiva cumprida sob o regime de internação em hospital de custódia e tratamento psiquiátrico) ou a liberação (em caso de medida de segurança restritiva cumprida sob o regime de tratamento ambulatorial) são condicionadas, vale dizer, poderão ser revogadas caso o agente, antes do decurso de um ano, pratique fato indicativo da manutenção de sua periculosidade (art. 97, § 3º, do CP); **D:** incorreta, pois é pressuposto da medida de segurança (leia-se: para sua imposição) a prática, pelo agente, de um fato típico e antijurídico, bem como a periculosidade (que poderá ser presumida ou concreta nos casos, respectivamente, de inimputabilidade por doença mental ou desenvolvimento incompleto ou retardado ou semi-imputabilidade); **E:** incorreta, pois o art. 97, § 4º, do CP dispõe que, em qualquer fase do tratamento ambulatorial, poderá o juiz determinar a internação do agente, se essa providência for necessária para fins curativos. Tal vem corroborado pelo art. 184 da LEP (Lei 7.210/1984), que preconiza que o tratamento ambulatorial poderá ser convertido em internação se o agente revelar incompatibilidade com a medida.

Gabarito "C".

(Ministério Público/CE – 2011 – FCC) No art. 33 da Lei n. 11.343/2006 (tráfico de drogas) é vedado ao juiz:

(A) conceder *sursis,* comutar a pena e convertê-la para restrição de direitos.

(B) conceder *sursis,* indultar e comutar a pena e convertê-la em restrição de direitos.

(C) conceder *sursis* e converter a pena em restrição de direitos.

(D) conceder *sursis,* indultar a pena e convertê-la para restrição de direitos.

(E) conceder *sursis* e livramento condicional, indultar e comutar a pena e convertê-la em restrição de direitos.

De acordo com o art. 44, *caput*, da Lei 11.343/2006, os crimes previstos nos arts. 33, *caput* e § 1º, e 34 a 37 são inafiançáveis e insuscetíveis de *sursis*, graça, indulto, anistia e liberdade provisória, vedada a conversão de suas penas em restritivas de direitos. Com relação ao livramento condicional, este será admissível desde que o condenado tenha cumprido 2/3 (dois terços) da pena, e desde que não seja reincidente específico. Logo, incorreta a alternativa "E". A única alternativa "mais completa" é a "B", pois, de fato, ao condenado por tráfico de drogas é vedada a concessão de *sursis*, indulto, conversão em penas restritivas de direitos (vide HC 97.256, julgado pelo STF, no qual se reconheceu a inconstitucionalidade de referida vedação, daí advindo a Resolução 5/2012 do Senado Federal que suspendeu a execução da parte final do art. 33, §4º, do diploma legal em comento) e comutação de penas (verdadeiro indulto parcial).

Gabarito "B".

(Ministério Público/BA – 2008) Analise as seguintes assertivas acerca da sanção penal:

I. Nos termos da Lei 9.099/1995, o agente que sofreu condenação anterior, por sentença definitiva, a uma pena de detenção, não pode ser beneficiado com a transação penal.

II. No momento da aplicação da pena, a idade inferior a vinte e um anos à época do fato deve ser considerada em momento posterior aos antecedentes desfavoráveis e ao arrependimento posterior.

III. O *sursis* pode ser concedido ao sentenciado, maior de setenta anos, condenado a uma pena não superior a quatro anos, cuja esposa possua, comprovadamente, doença grave e terminal.

IV. A condenação irrecorrível do sentenciado a uma pena privativa de liberdade durante o período de prova deve obrigatoriamente resultar na revogação do *sursis*.

V. A reabilitação será revogada se o reabilitado for condenado, como reincidente, por decisão definitiva, a uma pena restritiva de direitos.

Estão corretas as assertivas:

(A) I, II e III.

(B) I, II e IV.

(C) I, III e V.

(D) II, IV e V.

(E) III, IV e V.

I: correta (art. 76, § 2º, I, da Lei 9.099/1995). Não caberá transação penal ao autor do fato que já tiver sido condenado, pela prática de crime, à *pena privativa de liberdade*, por sentença definitiva. Portanto, pouco importa a espécie de pena privativa de liberdade (reclusão ou detenção); **II:** incorreta. A menoridade relativa (ter o agente menos de vinte e um anos na data do fato) é circunstância atenuante genérica (art. 65, I, do CP), que incide na segunda fase da dosimetria da pena, ou seja, *depois* da fixação da pena-base, que leva em conta as circunstâncias judiciais (dentre elas, os *antecedentes*), mas *antes* das causas de diminuição e aumento de pena (no caso, o arrependimento posterior, previsto no art. 16 do CP, é causa de diminuição de pena); **III:** correta, pois o fato de o condenado contar com mais de setenta anos e a pena privativa de liberdade aplicada não ser superar quatro anos permite a concessão do *sursis* etário (art. 77, § 2º, do CP); **IV:** incorreta, pois a revogação somente será obrigatória se houver condenação irrecorrível, no curso do benefício, por crime doloso (art. 81, I, do CP). A condenação a uma pena privativa de liberdade não justifica, por si só, a revogação do *sursis*, que será facultativa em caso de condenação irrecorrível por crime culposo ou contravenção, a pena privativa de liberdade ou restritiva de direitos (art. 81, § 1º, do CP); **V:** correta (art. 95 do CP). A reabilitação será revogada se o reabilitado for condenado definitivamente a uma pena que não seja de multa. Logo, a condenação a penas privativas de liberdade ou restritivas de direitos imporá, sim, a revogação da reabilitação.

Gabarito "C"

(Ministério Público/AC – 2008) Em relação à medida de segurança,é correto afirmar que

(A) deve sempre ser imposta quando o acusado é declarado inimputável.

(B) nem sempre deve ser imposta quando o acusado é declarado inimputável.

(C) decorre, em certos casos, do sistema duplo binário.

(D) deve ser imposta nos casos em que o acusado é declarado inimputável aliado ao fato de o juiz decidir pela periculosidade daquele.

A: incorreta, pois nem todas as hipóteses de inimputabilidade penal geram, como consequência, a imposição de medida de segurança. Esta somente será cabível se o agente houver praticado um fato definido em lei como crime ou contravenção penal e desde que, ao tempo do crime, fosse inteiramente incapaz de entender o caráter ilícito do fato ou de determinar-se de acordo com esse entendimento, em razão de doença mental ou de desenvolvimento mental incompleto ou retardado (art. 26, *caput*, do CP); **B:** correta. Como explicitado nos comentários à alternativa anterior, a medida de segurança, espécie de sanção penal, somente será aplicável à inimputabilidade decorrente de doença mental ou de desenvolvimento mental incompleto ou retardado (art. 26, *caput*, do CP), sendo incabível, por exemplo, em caso de inimputabilidade por embriaguez completa decorrente de caso fortuito ou força maior (art. 28, § 1º, do CP); **C:** incorreta, pois, em matéria de medida de segurança, não mais se fala no sistema do duplo binário, existente antes da Reforma da Parte Geral do Código Penal, operada pela Lei 7.209/1984. Atualmente, o sistema vigente é o vicariante, vale dizer, aos semi-imputáveis aplicar-se-á pena reduzida de um a dois terços ou medida de segurança, caso esta seja a mais adequada para o caso (art. 98 do CP); **D:** incorreta, pois, a despeito de a periculosidade ser decisiva para a imposição de medida de segurança, será considerada presumida, e, portanto, independentemente de valoração judicial, em caso de inimputabilidade por doença mental ou desenvolvimento mental incompleto ou retardado (art. 26, *caput*, do CP). Fala-se em periculosidade real (ou concreta) na hipótese de semi-imputabilidade, na qual caberá ao magistrado, no caso concreto, constatar se há periculosidade, mediante, é claro, exame pericial que recomende a substituição da pena pela medida de segurança (art. 26, parágrafo único, do CP).

Gabarito "B"

(Ministério Público/MA – 2009) O livramento condicional para condenado por crime hediondo poderá ser concedido:

(A) pelo Juiz de Execução Penal, ouvidos o Ministério Público e o Conselho Penitenciário, após o cumprimento de metade da pena;

(B) pelo Juiz de Execução Penal, ouvido o Conselho de Comunidade, após o cumprimento de dois terços da pena;

(C) pelo Juiz que prolatou a sentença condenatória, necessariamente, ouvido o Ministério Público, após o cumprimento de dois terços da pena;

(D) pelo Juiz de Execução Penal, após o cumprimento de metade da pena, a pedido do Diretor do estabelecimento penal, desde que comprovados os requisitos estabelecidos em Lei;

(E) elo Juiz de Execução Penal, desde que, dentre outras condições, haja o réu cumprido mais de dois terços da pena e não for reincidente específico em crimes dessa natureza.

Art. 83, V, do CP; art. 131 da Lei 7.210/1984 (Lei de Execução Penal).

Gabarito "E"

(Ministério Público/SP – 2011) Com relação às chamadas medidas de segurança, é correto afirmar que:

(A) a desinternação ou a liberação será sempre de forma condicional, ficando restabelecida a situação anterior se o agente, antes do decurso de um ano, vier a praticar qualquer fato indicativo da persistência de sua periculosidade.

(B) têm caráter retributivo e preventivo, decorrem do reconhecimento da culpabilidade do agente, podendo ser aplicadas, em certos casos, juntamente com as penas privativas de liberdade.

(C) são indeterminadas no tempo, não são aplicáveis aos inimputáveis, pressupondo a sua aplicação a prática de um fato típico e antijurídico, reconhecido em sentença condenatória.

(D) podem ser aplicadas em face de qualquer espécie de crime, punível com reclusão ou detenção, exigindo para sua incidência a existência de uma sentença condenatória que reconheça a existência do crime e a prova da inimputabilidade absoluta do agente.

(E) são aplicadas por tempo indeterminado, com a especificação do prazo mínimo de sua duração, pelo Juiz na sentença, não sendo permitida a realização do exame de cessação de periculosidade antes do término do prazo mínimo fixado.

A: correta. A proposição reflete com exatidão o que prescreve o art. 97, § 3º, do CP. Com efeito, se a perícia médica, ao término do prazo mínimo estabelecido na sentença de absolvição imprópria, concluir pela cessação da periculosidade do inimputável, caberá ao juiz da execução determinar a sua *desinternação*, sempre em caráter condicional. Significa que, se o agente, no período de um ano, praticar fato indicativo de persistência de sua periculosidade, deverá retornar à situação anterior, ou seja, será, mais uma vez, internado; de outro lado, se o agente, dentro do período de prova, nenhum fato praticar que seja indicativo de persistência de sua periculosidade, a medida de segurança será extinta em definitivo; **B:** incorreta. A medida de segurança tem caráter eminentemente preventivo, pois é voltada a evitar a prática de crimes por sujeitos considerados perigosos. Com o advento da Reforma do Código Penal de 1984, filiamo-nos ao *sistema vicariante*, que determina o cumprimento de medida de segurança (na hipótese de periculosidade) ou de pena privativa de liberdade (se houver culpabilidade), sendo vedado que o agente cumpra as duas espécies de sanção penal ao mesmo tempo, pelo mesmo fato, o que ocorria no *sistema do duplo binário*, não mais em vigor; **C:** incorreta. As medidas de segurança são aplicadas, sim, aos inimputáveis e aos semi-imputáveis, por prazo indeterminado (até a cessação da periculosidade). Vale , aqui, fazer uma observação. Se levássemos em conta tão somente a redação do art. 97, § 1°, do CP, chegaríamos à conclusão de que a medida de segurança poderia ser eterna. Em vista da regra que veda as penas de caráter perpétuo, esta não é a melhor interpretação do dispositivo. Tanto que o STF firmou posicionamento no sentido de que o prazo máximo de duração da medida de segurança não pode ser superior a 30 anos (analogia ao art. 75 do CP). O STJ, por sua vez, entende que a medida de segurança deve ter por limite o máximo da pena em abstrato cominada para o crime (STJ, HC 125.342-RS, 6ª T., rel. Min. Maria Thereza de Assis Moura, j. 19.11.2009). A aplicação da medida de segurança tem como pressuposto a prática de um fato típico e antijurídico (ocorrência de crime), reconhecido em sentença absolutória imprópria (o inimputável é absolvido, mas a ele será aplicada medida de segurança); **D:** incorreta. Podem ser aplicadas em face de qualquer espécie de crime, punível com reclusão ou detenção, exigindo para a sua incidência, no entanto, segundo doutrina consagrada, a existência de uma sentença absolutória imprópria que reconheça a existência do crime e a prova da periculosidade do agente; **E:** incorreta. Em vista do disposto nos art. 97, § 2°, do CP e 176 da LEP, pode o juiz da execução, no decorrer do prazo mínimo estabelecido na sentença, determinar a realização de exame a fim de verificar a cessação da periculosidade.

Gabarito "A"

(Ministério Público/SP – 2011) Há previsão legal para a revogação obrigatória da suspensão condicional da pena:

(A) se o réu sofrer condenação recorrível a pena privativa de liberdade, pela prática de crime doloso, praticado no curso do beneficio.

(B) se o réu sofrer condenação irrecorrível a pena privativa de liberdade, pela prática de crime culposo, praticado no curso do beneficio.

(C) se o réu vier a ser condenado, no curso do benefício, em sentença irrecorrível, a pena privativa de liberdade, pela prática de crime doloso.

(C) se o réu vier a ser condenado irrecorrivelmente por crime culposo a pena privativa de liberdade ou restritiva de direitos, cometido no curso do beneficio.

(E) se o réu vier a ser condenado por crime doloso ou culposo, anterior à concessão do benefício, a pena de multa, tendo a condenação transitado em julgado, após o curso do prazo do benefício.

Art. 81, I, do CP.

Gabarito "C"

15. AÇÃO PENAL

(Ministério Público/PR – 2011) Sobre ação penal, assinale a alternativa correta:

(A) o princípio da obrigatoriedade, informador da modalidade de ação penal pública incondicionada, não comporta exceções em sua aplicação;

(B) a ação penal do crime de estupro, em sua forma simples (CP, art. 213, *caput*), é de natureza privada;

(C) a jurisprudência atualmente dominante do Superior Tribunal de Justiça considera a lesão corporal de natureza leve, praticada mediante violência doméstica, como delito de ação penal pública condicionada, admitindo retratação ou renúncia ao direito de representação em audiência perante o Juiz (art. 16 da Lei 11.340/2006), anteriormente ao recebimento da denúncia;

(D) os crimes previstos na Lei 10.741/2003 (Estatuto do Idoso) admitem modalidades de ação penal pública incondicionada e condicionada à representação;

(E) a renúncia expressa ao direito de queixa, manifestada pelo ofendido em relação a um dos ofensores, não impede o exercício do direito de queixa, por parte do mesmo ofendido contra os outros ofensores, relativamente ao fato comum.

A: incorreta. O princípio da obrigatoriedade (legalidade), que tem incidência na ação penal pública (condicionada ou incondicionada), prescreve que, preenchidos os requisitos legais, o Ministério Público está obrigado a propor a ação penal. Diz-se que este postulado comporta exceção (sofre mitigação) porque, no âmbito do Juizado Especial Criminal, preenchidos os requisitos contidos no art. 76 da Lei 9.099/1995, o membro do MP, no lugar de oferecer denúncia, deve propor a transação penal; **B:** incorreta. Atualmente, dadas as modificações implementadas no âmbito dos crimes sexuais pela Lei 12.015/2009, a ação penal, nesses delitos, é pública condicionada à representação, nos moldes da nova redação conferida ao art. 225, *caput*, do CP. As exceções ficam por conta dos crimes cuja vítima seja pessoa vulnerável ou menor de 18 anos, em que a ação será pública incondicionada (art. 225, parágrafo único, do CP). Aboliu-se, pois, para esses crimes, a ação penal de iniciativa privada (exclusiva); **C:** correta. *Vide*: STJ, HC 157.416-MT, 5ª T., rel. Min. Arnaldo Esteves Lima, *DJE* 10.5.10; **D:** incorreta, nos termos do art. 95 do Estatuto do Idoso; **E:** incorreta, nos termos do art. 49 do CPP.

Gabarito "C"

16. EXTINÇÃO DA PUNIBILIDADE EM GERAL

(Ministério Público/MG – 2014) Não se pode deduzir o seguinte efeito da anistia:

(A) Pode ser revogada.

(B) Por não ser pessoal, a anistia do delito cometido pelo autor beneficia também os eventuais partícipes.

(C) A parte da pena cumprida até a descriminalização é considerada ao abrigo do direito vigente à época de sua execução, de modo que não se pode pedir a restituição da multa paga.

(D) Não pode ser repudiada pelo beneficiário.

A: assertiva incorreta, devendo ser assinalada. De acordo com a doutrina, considerando que a anistia é causa extintiva da punibilidade, concedida por lei federal, capaz de excluir fatos criminosos do campo de incidência do Direito Penal, inviável sua revogação. Se o Estado pratica um ato de verdadeira "clemência", não pode, posteriormente, retratar-se, revogando a lei anistiadora; **B:** assertiva correta. De fato, a anistia abrange "fatos" e não "pessoas". Logo, já que há a própria exclusão do fato criminoso, todos os eventuais autores serão beneficiados; **C:** assertiva correta. Se a anistia for concedida apenas após o trânsito em julgado da condenação, o eventual pagamento de pena de multa terá ocorrido sob a égide da legislação anterior, não sendo possível pedir-se a restituição do que se pagou. Cessará, apenas, a continuidade da execução penal; **D:** assertiva correta. A rigor, a anistia, por atingir "fatos" e não "pessoas", não poderá ser rechaçada pelo beneficiário. Contudo, em se tratando da chamada "anistia condicionada", cujos efeitos extintivos da punibilidade somente incidirão se cumpridas determinadas condições. Estas, porém, poderão ser recusadas pelo seu destinatário.

Gabarito "A"

(Ministério Público/ES – 2013 – VUNESP) No tocante à extinção da punibilidade, assinale a alternativa correta.

(A) A retratação é admitida nos crimes de calúnia, injúria e difamação.

(B) O perdão do ofendido é um ato pelo qual o querelado desiste do prosseguimento da ação penal privada.

(C) Na receptação culposa, sendo o criminoso primário, será cabível o perdão judicial.

(D) A renúncia é instituto exclusivo da ação penal privada.

(E) A prescrição não incidirá sobre os crimes de terrorismo e tortura.

A: incorreta, pois a retratação não é admitida no crime de injúria. Assim, o querelado que, antes da sentença, se retrata cabalmente da calúnia ou da difamação, fica isento de pena (art. 143, do CP), extinguindo-se a punibilidade (art. 107, VI, do CP). Todavia, se a retratação ocorrer em fase recursal, após a prolação da sentença condenatória, poderá ser aplicada uma circunstância atenuante (art. 65, III, "b", do CP); **B:** incorreta, pois o perdão do ofendido é o ato pelo qual o querelante desiste do prosseguimento da ação penal privada (art. 105, do CP). Cumpre salientar que o perdão judicial, por ser um ato bilateral, depende da aceitação do querelado, sendo que se concedido a um dos querelados, aproveitará a todos, sem que produza, todavia, efeito em relação ao que o recusar (art. 51, do CPP); **C:** correta, pois, de fato, nos termos do art. 180, § 5º, 1ª parte, do CP, sendo o réu primário, o juiz poderá, levando em consideração as circunstâncias, deixar de aplicar a pena. Oportuno frisar que o perdão judicial está previsto no art. 107, IX, do CP como uma das formas de extinção da punibilidade; **D:** incorreta. De fato, em regra, a renúncia – ato unilateral pelo qual se efetua a desistência do direito de ação pela vítima – ocorre na ação penal exclusivamente privada e na ação penal privada personalíssima, mas não na subsidiária da pública. Todavia, excepcionalmente, admite-se a renúncia tácita na ação penal pública condicionada à representação, de competência do Juizado Especial Criminal, quando houver composição civil entre o autor do fato e a vítima, extinguindo-se a punibilidade do agente (art. 74, parágrafo único, da Lei n. 9.099/1995); **E:** incorreta, pois os únicos crimes imprescritíveis são: 1) racismo (art. 5º, XLII, CF e Lei n. 7.716/1989); e 2) ação de grupos armados, civis e militares, contra a ordem constitucional e o Estado Democrático (art. 5º, XLIV). Ressalte-se que, muito embora prevaleça o entendimento doutrinário de que a legislação ordinária não pode criar outras hipóteses de imprescritibilidade, o STF já decidiu em sentido contrário (RE 460.971/RS, Rel. Ministro Sepúlveda Pertence, 1ª Turma, j. 13.02.2007).

Gabarito "C"

(Ministério Público/MG – 2013) São situações especificamente previstas em lei que permitem o perdão judicial, **EXCETO**:

(A) "Lavagem" ou ocultação de bens, direitos e valores, caso o autor, coautor ou partícipe colaborar espontaneamente com as autoridades, prestando esclarecimentos que conduzam à apuração das infrações penais e de sua autoria ou à localização dos bens, direitos ou valores objeto do crime.

(B) Guarda doméstica de espécie silvestre não considerada ameaçada de extinção, considerando as circunstâncias do caso.

(C) Receptação imprópria, caso seja o autor primário e conforme as circunstâncias do caso.

(D) Injúria, quando o ofendido, de forma reprovável, provocou-a diretamente.

A: incorreta. Na Lei 9.613/1998, admite-se o perdão judicial, nos termos de seu art. 1º, § 5º ("*A pena poderá ser reduzida de um a dois terços e ser cumprida em regime aberto ou semiaberto, facultando-se ao juiz deixar de aplicá-la ou substituí-la, a qualquer tempo, por pena restritiva de direitos, se o autor, coautor ou partícipe colaborar espontaneamente com as autoridades, prestando esclarecimentos que conduzam à apuração das infrações penais, à identificação dos autores, coautores e partícipes, ou à localização dos bens, direitos ou valores objeto do crime*"); **B:** incorreta, pois será admissível o perdão judicial pelo art. 29, § 2º, da Lei 9.605/1998, no caso de guarda doméstica de espécie silvestre não considerada ameaçada de extinção, considerando as circunstâncias do caso; **C:** correta. De fato, para a receptação imprópria (art. 180, *caput*, do CP – influir para que terceiro de boa-fé adquira, receba ou oculta coisa que sabe ser produto de crime), não há previsão de perdão judicial, admissível apenas no caso de receptação culposa, e desde que o criminoso seja primário, levadas em consideração as circunstâncias do caso (art. 180, § 5º, CP); **D:** incorreta, pois será admissível o perdão judicial caso o ofendido, de forma reprovável, tiver provocado diretamente a injúria (art. 140, § 1º, I, CP).

Gabarito "C"

(Ministério Público/SP – 2013 – PGMP) Anistia decorre de lei e é causa de extinção da punibilidade pela renúncia ao direito de punir por parte do Estado que, assim, promove o "esquecimento" da prática da infração penal, em prol da pacificação social ou política. Qual dos itens abaixo NÃO representa classificação de anistia para a doutrina?

(A) Própria ou imprópria.

(B) Geral ou parcial.

(C) Condicional ou incondicional.

(D) Restrita ou irrestrita.

(E) Obrigatória ou facultativa.

De acordo com a doutrina, a anistia, causa de extinção da punibilidade prevista no art. 107, II, primeira figura, do CP, é classificada da seguinte forma: a) anistia *especial* (atinge crimes políticos) ou *comum* (incidente sobre os crimes não políticos); b) anistia *própria* (concedida antes do trânsito em julgado) ou *imprópria* (concedida após o trânsito em julgado da sentença); c) anistia *condicionada* (quando a lei anistiadora impuser algum encargo ao agente) ou *incondicionada* (quando nada exigir do criminoso para produzir efeitos); d) anistia *geral*, ou absoluta, ou *irrestrita* (quando concedida em termos gerais, atingindo indistintamente todos os criminosos) ou *parcial*, ou relativa, ou *restrita* (quando houver exceções entre crimes ou pessoas, exigindo-se determinadas condições, como, por exemplo, a primariedade). Portanto, apenas a alternativa "E" não traz espécies de anistia de acordo com a doutrina.

Gabarito "E"

(Ministério Público/RR – 2012 – CESPE) No que tange à punibilidade, às causas de extinção da punibilidade e às escusas absolutórias, assinale a opção correta à luz da legislação, da doutrina e da jurisprudência.

(A) As condições objetivas de punibilidade, acontecimentos futuros e incertos, são estruturadas de forma positiva, e a sua ausência não exclui a punibilidade do delito em relação aos demais coautores.

(B) As escusas absolutórias excluem a imposição de pena, são estruturadas de modo negativo e não se comunicam aos eventuais partícipes que não apresentem as características personalíssimas exigidas na lei penal.

(C) As escusas absolutórias estão previstas em rol exemplificativo tanto na parte geral quanto na parte especial do CP, ficando o seu reconhecimento e aplicação, assim como ocorre com o perdão judicial, ao prudente critério do juiz ao decidir o caso concreto.

(D) Admite-se a incidência das escusas absolutórias nos delitos contra o patrimônio e contra a pessoa, desde que praticados, sem violência ou grave ameaça, em prejuízo dos sujeitos consignados na norma penal.

(E) As escusas absolutórias são causas expressas de extinção da punibilidade previstas no CP.

A: incorreta. As condições objetivas de punibilidade, de acordo com a doutrina, são, de fato, acontecimentos futuros e incertos, cujo implemento possibilitará a punibilidade do delito. Ausentes as condições, excluída estará a punibilidade para todos os supostos concorrentes do crime. Afinal, trata-se de elementos objetivos, que a todos se estendem; **B:** correta. As escusas absolutórias são causas de imunidade penal absoluta, de caráter subjetivo, razão pela qual não se comunicam aos eventuais concorrentes (coautores ou partícipes) que não ostentem as condições pessoais exigidas na lei. São, de fato, de caráter negativo, ou seja, somente haverá punibilidade pelo fato se as situações descritas na lei não estiverem presentes (ex.: somente responderá por furto o agente que não houver subtraído dinheiro de seu pai, desde que este não seja idoso – art. 181, II, c.c. art. 183, III, do CP); **C:** incorreta. As escusas absolutórias não podem ser aplicadas ao prudente arbítrio do juiz, que somente poderá reconhecê-las diante de expressa previsão legal (tal como ocorre com o perdão judicial, que é causa de extinção da punibilidade – art. 107, IX, do CP); **D:** incorreta. As escusas absolutórias, definidas no art. 181 do CP, são aplicáveis apenas aos crimes contra o patrimônio (arts. 155 a 180 do CP), e não aos crimes contra a pessoa (arts. 121 a 154, todos do CP); **E:** incorreta. As escusas absolutórias não são causas de extinção da punibilidade, mas, sim, imunidades penais absolutas de caráter pessoal.

Gabarito "B"

(Ministério Público/RJ – 2011) Com relação à extinção da punibilidade no Direito Penal Brasileiro, é correto afirmar que:

(A) o maior prazo de prescrição da pretensão punitiva é de 20(vinte) anos;

(B) a extinção da punibilidade de crime que é pressuposto, elemento constitutivo ou circunstância agravante de outro se estende a este;

(C) no crime de peculato culposo a reparação do dano, se precedente à sentença condenatória irrecorrível enseja a extinção da punibilidade;

(D) o perdão tácito concedido a um dos querelados não se comunica aos demais;

(E) a concessão de anistia compete à União, através de lei ordinária, e extingue todos os efeitos da sentença penal condenatória, se já prolatada.

A: incorreta. Pelo Código Penal, o maior prazo de prescrição é de 26 (vinte e seis) anos e 8 (oito) meses. Explica-se: o maior prazo prescricional previsto na "tabela" do art. 109 do CP é de 20 (vinte) anos (inciso I). Caso o agente ostente reincidência, o prazo da prescrição da pretensão executória será aumentado em 1/3 (um terço), daí resultando, em caso de crime que prescreva em 20 (vinte) anos, o aumento de 6 (seis) anos e 8 (oito) meses, correspondentes à terça parte do prazo referido; **B:** incorreta (art. 108 do CP), pois a extinção da punibilidade de crime que é pressuposto, elemento constitutivo ou circunstância agravante de outro crime *não* se estende a este; **C:** correta (art. 312, § 3º, do CP); **D:** incorreta, pois o perdão, seja expresso, seja tácito, a todos se estende (art. 106, I, do CP); **E:** incorreta. A anistia, concedida por lei federal dotada de efeitos retroativos, poderá afetar a pretensão punitiva ou a pretensão executória estatal, a depender de ter sido concedida antes ou depois do trânsito em julgado da sentença. De qualquer forma, é certo que a causa extintiva da punibilidade em comento terá o condão de rescindir a condenação, apagando todos os *efeitos penais* dela advindos. Remanescerão íntegros, porém, os *efeitos civis* da sentença condenatória.

Gabarito "C"

(Ministério Público/MT – 2012 – UFMT) Consoante entendimento do Superior Tribunal de Justiça, a sentença concessiva do perdão judicial é:

(A) Condenatória, com todas as consequências secundárias.

(B) Absolutória.

(C) Condenatória, mas livra o réu das consequências secundárias.

(D) Declaratória da extinção da punibilidade, não subsistindo qualquer efeito condenatório.

(E) Absolutória, mas sem excluir os efeitos civis.

De fato, a sentença concessiva do perdão judicial, consoante a Súmula 18 do STJ, é declaratória de extinção da punibilidade, não subsistindo qualquer efeito condenatório.

Gabarito "D"

(Ministério Público/MG – 2012 – CONSULPLAN) NÃO admite perdão judicial:

(A) a lesão corporal culposa causada na direção de veículo automotor.

(B) a utilização de meio de transporte sem recursos para efetuar o pagamento.

(C) a guarda doméstica de pássaro silvestre cuja espécie não é considerada ameaçada de extinção.

(D) a retorsão imediata à difamação, que consista em outra difamação.

A: incorreta. A despeito de o art. 303 do CTB (Lei 9.503/1997) não tratar, especificamente, do perdão judicial em caso de lesão corporal culposa, o art. 291 do referido diploma legal preconiza que aos crimes cometidos na direção de veículo automotor aplicam-se as normas gerais do Código Penal caso não haja disposição em sentido contrário. Muito embora o perdão judicial tratado no art. 107, IX, do CP exija previsão legal que o admita, é bem verdade que o precitado art. 303 do CTB é verdadeiro "tipo remetido", já que traz a seguinte redação típica: "*praticar homicídio culposo na direção de veículo automotor*". Assim, se o "homicídio culposo" é aquele tratado no art. 121, § 3º, do CP, que permite o perdão judicial, pela mesma razão a causa extintiva da punibilidade em comento será admissível para o homicídio culposo de trânsito; **B:** incorreta (art. 176, parágrafo único, do CP); **C:** incorreta (art. 29, § 2°, da Lei 9.605/1998); **D:** correta, pois, de fato, não se admite o perdão judicial na retorsão imediata à difamação que consista em outra difamação, mas, sim, a retorsão imediata à injúria, que consista em outra injúria (art. 140, § 1°, II, do CP).

Gabarito "D"

(Ministério Público/CE – 2011 – FCC) O rol do art. 107 do Código Penal (extinção de punibilidade) é exemplificativo. Há outras causas previstas na Parte Especial e leis penais especiais, entre elas:

(A) o ressarcimento do dano no peculato culposo; o pagamento do tributo antes do recebimento da denúncia nos crimes de sonegação fiscal e a retratação no crime de falso testemunho.

(B) a retratação no crime de falso testemunho; o aborto quando não há outro meio de salvar a vida da gestante e o furto contra cônjuge, na constância do casamento.

(C) o furto e o roubo impróprio contra cônjuge na constância do casamento; o ressarcimento do dano no peculato culposo e o pagamento do tributo antes do recebimento da denúncia no crime de sonegação fiscal.

(D) o ressarcimento integral do prejuízo no caso de estelionato; a retratação no crime de falso testemunho e a retratação do querelado na calúnia ou difamação.

(E) em todos os casos de crimes cometidos sem violência ou grave ameaça contra a pessoa em que haja reparação do dano.

A: correta (art. 312, § 3°, do CP; art. 9°, § 2°, da Lei 10.684/2003; art. 342, § 2°, do CP); **B:** incorreta, pois o aborto necessário ou terapêutico não é causa extintiva da punibilidade, mas, sim, causa excludente da ilicitude penal (art. 128, I, do CP). Também não é causa extintiva da punibilidade a escusa absolutória tratada no art. 181, I, do CP (crime patrimonial praticado contra cônjuge, na constância da sociedade conjugal); **C:** incorreta, pois o furto contra cônjuge, na constância da sociedade conjugal, não é causa extintiva da punibilidade, mas, sim, escusa absolutória. Com relação ao roubo, por ser crime cometido com violência ou grave ameaça, sequer seria cabível o reconhecimento da escusa absolutória (art. 183, I, do CP); **D:** incorreta, pois o ressarcimento integral do prejuízo no estelionato não é causa extintiva da punibilidade. Se tanto, desde que ocorrido antes do recebimento da denúncia, poderá caracterizar arrependimento posterior, que é causa de diminuição de pena (art. 16 do CP), ou, ainda, circunstância atenuante genérica (art. 65, III, "b", do CP). Já a retratação no crime de falso testemunho (art. 342, § 2°, do CP), bem como a retratação do querelado na calúnia ou difamação (art. 143 do CP), são, de fato, causas extintivas da punibilidade; **E:** incorreta, pois a reparação do dano nos crimes cometidos sem violência ou grave ameaça contra a pessoa não constitui, como regra, causa extintiva da punibilidade, mas, sim, causa de diminuição de pena (art. 16 do CP) ou circunstância atenuante genérica (art. 65, III, "b", do CP).

Gabarito "A"

(Ministério Público/BA – 2008) Analise as seguintes assertivas acerca da extinção de punibilidade:

I. A anistia pode ser concedida antes ou após a condenação, pode ser parcial, diz respeito apenas a fatos, extingue os efeitos penais, e não acarreta o desaparecimento da obrigação de indenização.

II. Iniciada uma ação penal privada com mais de um querelado, a extinção de punibilidade em razão do perdão tácito oferecido a um deles obrigatoriamente acarretará a extinção de punibilidade em relação aos demais.

III. O prazo prescricional é reduzido da metade se, à época da sentença, o sujeito ativo tem setenta e cinco anos.

IV. Nos crimes previstos na Lei 11.101/2005 – Lei de Falências, o prazo prescricional não será superior a oito anos e será interrompido pela decretação da falência do devedor, se iniciado com a concessão da recuperação judicial.

V. A prescrição do crime principal acarreta a prescrição do crime acessório.

Estão corretas as assertivas:

(A) I e III.

(B) I e IV.

(C) II e IV.

(D) II e V.

(E) III e IV.

I: correta. De fato, a anistia, conforme preleciona Cleber Masson, é causa extintiva da punibilidade que consiste na exclusão, por lei ordinária, de um ou mais fatos criminosos do campo de incidência do Direito Penal (*Direito Penal Esquematizado – Parte Geral*. 2. ed. Editora Método, p. 816). Como se vê do conceito ora trazido, a anistia diz respeito a fatos e não a pessoas determinadas, tal como ocorre na graça ou indulto parcial. Ainda, poderá ser concedida antes da condenação (anistia própria) ou após a sentença condenatória (anistia imprópria), operando efeitos *ex tunc*, motivo pelo qual desaparecerão todos os efeitos penais, rescindindo-se a própria condenação. Porém, permanecerão os efeitos civis da sentença condenatória. Por fim, poderá a anistia ser geral ou absoluta, se concedida sem ressalvas, ou parcial ou relativa, quando a lei trouxer exceções entre crimes ou pessoas (op. cit., p. 818); **II:** incorreta, pois o perdão somente produzirá efeitos para os querelados que o aceitarem. Em caso de recusa, por óbvio, não gerará a extinção da punibilidade (art. 106, III, do CP); **III:** correta, pois a prescrição será reduzida pela metade se o agente, à época do fato, for menor de 21 (vinte e um) anos ou, à época da sentença, maior de 70 (setenta) anos (art. 115 do CP); **IV:** incorreta, pois, nos termos do art. 182 da Lei de Falências (Lei 11.101/2005), a prescrição dos crimes nela definidos seguirão as disposições do Código Penal, não havendo limitação em oito anos, tal como prevê a assertiva em análise. Ainda, nos termos do parágrafo único, do precitado dispositivo legal, a decretação da falência do devedor interrompe a prescrição cuja contagem tenha iniciado com a concessão da recuperação judicial ou com a homologação do plano de recuperação extrajudicial; **V:** incorreta (art. 108 do CP).

Gabarito "A"

(Ministério Público/SE – 2010 – CESPE) De acordo com o CP, o curso da prescrição interrompe-se

(A) em virtude da reincidência.

(B) pelo início, mas não pela continuação do cumprimento da pena.

(C) pelo oferecimento da denúncia ou da queixa.

(D) se houver prolação de sentença absolutória.

(E) pela superveniência da confissão do acusado em juízo.

As causas interruptivas da prescrição estão contempladas no art. 117 do CP.

Gabarito "A"

(Ministério Público/TO – 2006 – CESPE) Acerca das causas de extinção da punibilidade, assinale a opção correta.

(A) De acordo com o entendimento do STF, é possível revogação da decisão que extinguiu a punibilidade do réu, com base em certidão de óbito falsa, por inexistência de coisa julgada em sentido estrito, visto que tal decisão é meramente declaratória, não subsistindo se seu pressuposto for falso.

(B) O decreto de indulto coletivo é autoexecutável, isto é, produz efeitos por si mesmo, prescindindo de avaliação judicial e oitiva do MP.

(C) No caso de indulto condicional, o condenado deve apresentar bom comportamento durante certo período, que normalmente é de dois anos, sob pena de não ser reconhecido o perdão concedido, situação em que o indulto perde a eficácia e o condenado volta a cumprir a pena. No período determinado como condição, a superveniência de decisão condenatória que imponha pena restritiva de direitos impede o aperfeiçoamento do indulto.

(D) A anistia ocorre apenas após a condenação definitiva, pode ser condicionada ou não e destina-se a crimes políticos e comuns, sendo vedada para crimes hediondos, tortura, tráfico ilícito de entorpecentes e terrorismo.

A: correta. Com efeito, para essa jurisprudência, a decisão de extinção de punibilidade é meramente ***interlocutória***. Não tem, pois, o condão de gerar coisa julgada material. Ademais disso, se morte não houve, ausente o pressuposto da declaração de extinção da punibilidade. Parte da doutrina, no entanto, entende que o réu poderia ser punido, quando muito, pela falsidade, não havendo, pois, a possibilidade de reabrir a demanda penal, o que equivaleria a revisão *pro societate*; **B:** incorreta. Os decretos presidenciais, por terem condições objetivas e subjetivas, devem ser submetidos a avaliação judicial (juiz da execução), ouvido o Ministério Público. Não são, portanto, autoexecutáveis; **C:** incorreta: Decreto 5.620, de 15 de dezembro de 2005; **D:** incorreta. A anistia pode se dar *antes* ou depois da condenação definitiva. É aplicada, primordialmente, a crimes políticos, nada impedindo que seja concedida a crimes comuns. É inaplicável, nos termos do art. 5º, XLIII, da CF, a crimes hediondos, tortura, tráfico de entorpecentes e terrorismo.

Gabarito "A"

17. PRESCRIÇÃO

(Ministério Público/GO – 2013) Ensina Damásio de Jesus, citado por Rogério Greco, que "a prescrição, em face de nossa legislação penal, tem tríplice fundamento: 1º) o decurso do tempo (teoria do esquecimento do fato); 2º) a correção do condenado; e 3º) a negligência da autoridade" (*Código Penal Comentado*, 6ª edição). Sobre a prescrição, é correto dizer que:

(A) nos Tribunais Superiores admite-se, pacificamente, a extinção da punibilidade em virtude de prescrição da pretensão punitiva com base em previsão da pena que hipoteticamente seria aplicada, independentemente da existência ou sorte do processo criminal.

(B) não é passível de prescrição a pretensão punitiva ou executória se derivada da prática de crimes de racismo, de redução à condição análoga à de escravo, ou de crimes consistentes em ação de grupos armados, civis ou militares, contra a ordem constitucional e o Estado Democrático.

(C) a prescrição superveniente ou intercorrente atinge a pretensão punitiva do Estado, é contada a partir da publicação da sentença ou acórdão condenatórios recorríveis, tomando por base o trânsito em julgado para a acusação ou o improvimento do seu recurso, e regula-se pela pena aplicada.

(D) a prescrição no caso de evasão do condenado ou de revogação do livramento condicional é regulada pelo tempo total da pena imposta.

A: incorreta. Ao contrário do contido na assertiva, a Súmula 438 do STJ dispõe que "*é inadmissível a extinção da punibilidade pela prescrição da pretensão punitiva com fundamento em pena hipotética, independentemente da existência ou sorte do processo penal*". Trata-se da vedação ao reconhecimento da prescrição virtual, também conhecida como prescrição em perspectiva; **B:** incorreta. De acordo com a CF, são imprescritíveis apenas o racismo (art. 5º, XLII) e a ação de grupos armados, civis ou militares, contra a ordem constitucional e o Estado Democrático (art. 5º, XLIV). Já o crime definido no art. 149 do CP (redução à condição análoga à de escravo) não é considerado imprescritível; **C:** correta. De fato, a prescrição superveniente ou intercorrente, que é aquela que se verifica após a publicação da sentença ou acórdão condenatório recorríveis, baseia-se na pena aplicada, tendo como pressuposto o trânsito em julgado da acusação ou o improvimento de seu recurso (art. 110, § 1º, CP); **D:** incorreta. Em caso de evasão do condenado ou de revogação do livramento condicional, a prescrição é regulada pelo tempo que resta da pena (art. 113, CP).

Gabarito "C"

(Ministério Público/MG – 2013) Considere a seguinte situação: Um jovem nascido em 1985, reincidente na prática delitiva, foi denunciado por furto, em sua figura básica, no dia 8 de outubro de 2007, por fato cometido em 15 de agosto de 2005. A denúncia foi recebida em 22 de outubro de 2007 e, em 18 de agosto de 2009, foi publicada decisão condenatória, que aplicou ao acusado a pena de 1 (um) ano de reclusão e 10 (dez) dias-multa, na fração diária mínima, sem que recurso houvesse por qualquer das partes. Levando-se em conta que, logo após a intimação da decisão condenatória, ocorrida em 20 de agosto de 2009, o sentenciado empreendeu fuga, assinale a alternativa *correta*. Para tanto, o candidato deverá levar em conta que o trânsito em julgado para a acusação ocorreu em 9 de setembro de 2009 e na data de 23 de abril de 2013 o acusado foi capturado em razão da existência de mandado de prisão em aberto.

(A) Deverá ser reconhecida a prescrição retroativa, considerando-se o lapso temporal transcorrido entre a data do fato e a do recebimento da denúncia.

(B) Uma vez não ocorrida a prescrição da pretensão punitiva do Estado, deverá ser reconhecida a prescrição da pretensão executória estatal.

(C) Uma vez não ocorrida qualquer prescrição, deverá o sentenciado cumprir a pena que lhe foi imposta.

(D) Deverá ser reconhecida a prescrição intercorrente.

Para a resposta à questão, bastaria ao candidato atentar-se para o seguinte: o fato foi praticado pelo agente em 15.08.2005, ocasião em que ainda era menor de 21 (vinte e um) anos, visto que nascido em 1985. Portanto, aplicável o disposto no art. 115 do CP (a prescrição é reduzida pela metade se o fato é praticado por menor de 21 anos e maior de 70 anos). Pois bem. A condenação foi à pena de 1 (um) ano de reclusão, que, nos termos do art. 109, V, do CP, prescreverá em 4 (quatro) anos. Entre a data do fato (15.08.2005) e o recebimento da denúncia (22.10.2007), transcorreu prazo superior a 2 (dois) anos. Considerando que o agente, ao tempo do crime, era menor de 21 anos, o prazo prescricional deve ser reduzido pela metade. Logo, no caso apresentado no enunciado, operou-se a prescrição retroativa. Importante destacar ao candidato que, com o advento da Lei 12.234/2010, referida espécie de prescrição da pretensão punitiva não mais pode ser reconhecida em momento anterior à denúncia ou queixa (art. 110, § 1º, CP). Todavia, tal disposição penal, por ser prejudicial, tem caráter irretroativo, não podendo alcançar o fato praticado pelo agente, que ocorreu antes do início de vigência de referida lei alteradora.

Gabarito "A"

(Ministério Público/SP – 2013 – PGMP) Assinale a alternativa que segue a Jurisprudência da Suprema Corte sobre a prescrição.

(A) É inadmissível a prescrição em perspectiva ou virtual, fundada na futura e incerta pena a ser aplicada, à míngua de previsão legal.

(B) Se o sentenciado está evadido, suspende-se o curso da prescrição da pretensão executória, a qual é calculada pelo tempo que resta da pena a cumprir e deve ter seu curso reiniciado quando da captura.

(C) A prescrição intercorrente é calculada com base no montante imposto na sentença e extingue a pena aplicada em concreto, remanescendo os demais efeitos da condenação.

(D) É irrelevante para a contagem da prescrição da pretensão punitiva o fato de o delito ter sido tentado, em face da teoria subjetiva ou voluntarística.

(E) No crime continuado, a prescrição retroativa é calculada com base em cada pena concreta para cada delito, observado o acréscimo pela continuidade, devendo os períodos ser medidos, dentre os seguintes marcos: data do fato, data do oferecimento da denúncia e data da publicação da sentença condenatória.

A: correta. De fato, o STF, assim como o STJ, rechaçam a prescrição virtual ou em perspectiva, à míngua de previsão legal. Confira-se a ementa de julgamento do HC 102.439/MT, da relatoria do Min. Gilmar Mendes (j. em 11/12/2012): "1. Habeas corpus. *2. Redução à condição análoga à de escravo – CP 149, caput e § 2º, I. 3. Alegações de falta de justa causa e reconhecimento da prescrição antecipada. Não ocorrência e inadmissibilidade. 4. Satisfeitos os requisitos do CPP 41 e não comprovadas, de plano, atipicidade, incidência de causa extintiva de punibilidade ou ausência de indícios de autoria e materialidade, inviável trancar-se a ação penal. Inadmissível a prescrição punitiva em perspectiva, projetada, virtual ou antecipada à míngua de previsão legal. Jurisprudência reafirmada no RE 602.527/RS. 5. Precedentes. 6. Ordem denegada"*; **B:** incorreta, pois a evasão de sentenciado pela prática de infração penal não constitui causa suspensiva ou impeditiva da prescrição (art. 116 do CP). Contudo, frise-se, a recaptura do sentenciado caracteriza causa interruptiva da prescrição executória, nos termos do art. 117, V, do CP; **C:** incorreta, pois a prescrição intercorrente, modalidade de prescrição da pretensão punitiva, afasta todos os efeitos da condenação, tendo o condão de, na prática, "rescindir" a condenação e, por conseguinte, todos os seus efeitos (penais e extrapenais); **D:** incorreta. A tentativa (art. 14, II e parágrafo único, do CP), por se tratar de causa obrigatória de diminuição de pena, deverá, sim, ser levada em consideração para a contagem da prescrição da pretensão punitiva, utilizando-se a menor redução (um terço, no caso); **E:** incorreta. De fato, no concurso de crimes (material, formal ou continuado), a prescrição atingirá a pena de cada crime, isoladamente, nos termos do art. 119 do CP, não se levando em consideração o aumento imposto nos artigos 70 (concurso formal) e 71 (continuidade delitiva), ambos do CP. É o que enuncia, inclusive, a Súmula 497 do STF (*"quando se tratar de crime continuado, a prescrição regula-se pela pena imposta na sentença, não se computando o acréscimo decorrente da continuação"*).

Gabarito "A"

(Ministério Público/RS – 2008) Assinale a alternativa CORRETA:

(A) A prescrição da pena de multa ocorrerá em 2 (dois) anos se o agente for menor de 21 (vinte e um) anos.

(B) A prescrição da pena de multa ocorrerá em 2 (dois) anos, quando a multa for a única cominada ou aplicada.

(C) Quando a pena de multa for a única cominada, não há aplicação da causas interruptivas de prescrição, mas apenas impeditivas.

(D) Aplicam-se às penas restritivas de direitos os mesmos prazos prescritivos previstos para as privativas de liberdade, reduzidos de metade.

(E) No caso de concurso de crimes, a extinção da punibilidade incidirá sobre a pena de cada um, isoladamente, desde que não seja restritiva de direitos.

A: incorreta. Ser o agente menor de 21 (vinte e um) anos à época do fato é causa de redução do prazo prescricional pela metade (art. 115 do CP). Contudo, não é verdade que a pena de multa, neste caso, vá prescrever em dois anos, e por duas razões. A primeira é que o art. 114, I, do CP preconiza que a prescrição da multa ocorrerá em dois anos quando for a única cominada ou aplicada. Neste caso, se o agente fosse menor de 21 (vinte e um) anos, o prazo prescricional cairia para 1 (um) ano. E a segunda razão é que a pena de multa nem sempre prescreverá em dois anos, nos termos do art. 114, II, do CP (quando for alternativa ou cumulativamente cominada ou cumulativamente aplicada, prescreverá no mesmo prazo da pena privativa de liberdade), não se podendo, portanto, antever, sem que se decline qual o crime praticado, em quanto tempo referida espécie de pena seria atingida pela causa extintiva da punibilidade em tela; **B:** correta (art. 114, I, do CP); **C:** incorreta, por não se enquadrar o conteúdo da assertiva no art. 117 do CP, aplicável "genericamente" à prescrição de qualquer infração penal, seja ela punida abstratamente com pena privativa de liberdade ou multa; **D:** incorreta (art. 109, parágrafo único, do CP). As penas restritivas de direitos prescrevem no mesmo prazo previsto para as privativas de liberdade; **E:** incorreta, por não haver qualquer ressalva no art. 119 do CP.

Gabarito "B"

(Ministério Público/MS – 2009) Segundo o Supremo Tribunal Federal, é correto afirmar que o prazo da prescrição nos crimes contra a ordem tributária, previstos no art. 1º da Lei n. 8.137/1990,

(A) tem seu marco inicial no ano subsequente ao ano-calendário.

(B) tem seu marco inicial no mês de abril do ano subsequente ao ano em que foi gerada a obrigação fiscal.

(C) tem seu marco inicial com a constituição definitiva do crédito tributário.

(D) não tem seu marco inicial com a constituição definitiva do crédito tributário, pois essa é condição de procedibilidade.

(E) não pode ter como marco inicial a constituição definitiva do crédito tributário, por ausência de previsão legal.

De fato, de acordo com posição consolidada na jurisprudência do STF, o termo inicial do prazo prescricional nos crimes materiais contra a ordem tributária (art. 1º da Lei 8.137/1990) é o da constituição definitiva do crédito tributário, na esteira do disposto na Súmula vinculante 24. Confira-se o excerto a seguir: "Crime material contra a ordem tributária (Lei 8137/1990, art. 1º): **lançamento do tributo pendente de decisão definitiva do processo administrativo: falta de justa causa para a ação penal, suspenso, porém, o curso da prescrição enquanto obstada a sua propositura pela falta do lançamento definitivo**. 1. Embora não condicionada a denúncia à representação da autoridade fiscal (MC na ADIn 1571), falta justa causa para a ação penal pela prática do crime tipificado no art. 1º da L. 8.137/1990 – que é material ou de resultado –, enquanto não haja decisão definitiva do processo administrativo de lançamento, quer se considere o lançamento definitivo uma condição objetiva de punibilidade ou um elemento normativo de tipo. 2. Por outro lado, admitida por lei a extinção da punibilidade do crime pela satisfação do tributo devido, antes do recebimento da denúncia (Lei 9.249/1995, art. 34), princípios e garantias constitucionais eminentes não permitem que, pela antecipada propositura da ação penal, se subtraia do cidadão os meios que a lei mesma lhe propicia para questionar, perante o Fisco, a exatidão do lançamento provisório, ao qual se devesse submeter para fugir ao estigma e às agruras de toda sorte do processo criminal. 3. No entanto, **enquanto dure, por iniciativa do contribuinte, o processo administrativo suspende o curso da prescrição da ação penal por crime contra a ordem tributária que dependa do lançamento definitivo**." (HC 81.611, Rel. Min. Sepúlveda Pertence, Tribunal Pleno, julgado em 10.12.2003, *DJ* 13.05.2005).

Gabarito "C"

(Ministério Público/MG – 2005) Um empregado de instituição bancária privada apropriou-se de quantias depositadas no caixa do banco em que trabalhou, em todos os dias de expediente, durante os seis meses em que ficou na empresa. No último dia de trabalho, foi preso em flagrante antes de levar a quantia que havia separado do caixa. A prescrição relativa aos fatos começa a correr do dia em que:

(A) o empregado foi preso em flagrante.

(B) ocorreu a primeira apropriação de valores.

(C) cada crime ocorreu, respectivamente.

(D) foi praticado o último ato de tentativa.

(E) passou-se a desconfiar do empregado.

O termo inicial da prescrição, no caso relatado, será do dia em que cada um dos crimes ocorreu. Ora, a prática de reiteradas condutas (apropriações de dinheiro do caixa diariamente, durante seis meses) configura concurso de crimes, possivelmente continuidade delitiva, nos termos do art. 71 do CP. E assim sendo, a prescrição, nesse caso, conta-se na forma disciplinada no art. 119 do CP, vale dizer, sobre cada um dos crimes praticados.

Gabarito "C"

(Ministério Público/MG – 2012 – CONSULPLAN) Considerando a atual disciplina legal da **prescrição**, analise as seguintes proposições e assinale com **V** as **verdadeiras** e com **F** as **falsas.**

( ) Em relação à infração do art. 28 da Lei n. 11.343/2006 (posse, para consumo pessoal, de droga proibida), para a qual não se comina pena privativa de liberdade, o prazo prescricional é de 02 (dois) anos.

( ) É impossível requerer o arquivamento de inquérito policial com base na prescrição da pretensão punitiva pela pena em perspectiva.

( ) Diversamente do que ocorre com as circunstâncias que reduzem o prazo prescricional, a hipótese de aumento se aplica apenas à prescrição que ocorre depois de sentença condenatória definitiva.

( ) Nos crimes conexos, a extinção da punibilidade pela prescrição de um deles impede, quanto aos outros, a agravação da pena resultante da conexão.

Assinale a alternativa que apresenta a sequência de letras **CORRETA**:

(A) (V) (V) (V) (F)

(B) (F) (F) (F) (V)

(C) (F) (V) (V) (F)

(D) (V) (F) (F) (V)

A primeira assertiva é verdadeira, pois, de fato, a prescrição do crime de porte de drogas para consumo pessoal, definido no art. 28 da Lei 11.343/2006, é de dois anos, consoante art. 30 do mesmo diploma legal; a segunda assertiva é, também, verdadeira. De acordo com a Súmula 438 do STJ, é inadmissível o reconhecimento da prescrição com base em pena hipotética (prescrição virtual ou prescrição em perspectiva). Logo, não se pode requerer o arquivamento do inquérito policial sob o pretexto de que o indicado é primário e, decerto, condenado à pena mínima, o decurso do tempo entre o crime até a presente data redundaria, fatalmente, no reconhecimento da prescrição retroativa. A vedação contida na súmula referida ganhou força com o advento da nova redação que foi dada ao art. 110, § 1º, do CP pela Lei 12.234/2010, que vedou o reconhecimento da prescrição em data anterior à denúncia ou queixa; a terceira assertiva é verdadeira, pois está de acordo com o art. 110, *caput*, parte final (a reincidência tem o condão de aumentar o prazo da prescrição executória em um terço); a quarta assertiva é falsa, pois em descompasso com o disposto no art. 108, segunda parte, do CP.

Gabarito "A"

(Ministério Público/GO – 2012) Analise as seguintes assertivas a propósito da prescrição da pretensão punitiva:

I. A prescrição é interrompida na data do oferecimento da denúncia ou da queixa;

II. prescrição retroativa é a perda do direito de punir do Estado, considerando-se a pena concreta estabelecida pelo juiz, com trânsito em julgado para a acusação, bem como levando-se em conta a própria sentença;

III. prescrição intercorrente (subsequente ou superveniente) é a perda do direito de punir do Estado, levando-se em consideração pena concreta, com trânsito em julgado para a acusação, ou improvido seu recurso, cujo lapso temporal para a contagem tem início na data da sentença e segue até o trânsito em julgado desta para a defesa;

IV. A suspensão condicional do processo, previsto na Lei dos Juizados Especiais, é causa interruptiva da prescrição da pretensão punitiva;

V. os prazos para efeito de cálculo da prescrição em relação às penas restritivas de direitos são reduzidos à metade em relação aos previstos para as penas privativas de liberdade.

Está correto apenas o que se afirma em:

(A) I e III.

(B) II e IIII.

(C) II e IV.

(D) III e IV.

I: incorreta. O que interrompe a prescrição é o recebimento da denúncia ou queixa (art. 117, I, do CP); **II:** correta, pois, de fato, a prescrição retroativa é aquela que se baseia em uma pena concretamente fixada, desde que já tenha havido o trânsito em julgado para a acusação ou o improvimento de eventual recurso dirigido contra a dosimetria da pena (art. 110, § 1º, do CP). A contagem da prescrição retroativa faz-se, como o nome sugere, "da sentença para trás", tendo, lembre-se, como pressuposto, o trânsito em julgado para a acusação; **III:** correta. A prescrição superveniente ou intercorrente é espécie de prescrição da pretensão punitiva estatal, tendo por pressuposto uma pena concretamente fixada, cuja contagem será feita "da sentença para a frente", sendo, porém, indispensável trânsito em julgado para a acusação; **IV:** incorreta. A suspensão condicional do processo (*sursis* processual) terá o condão de suspender o curso da prescrição (art. 89, § 6º, da Lei 9.099/1995); **V:** incorreta, pois a prescrição das penas restritivas de direitos ocorrerá no mesmo prazo previsto para as privativas de liberdade (art. 109, parágrafo único, do CP).

Gabarito "B"

(Ministério Público/CE – 2009 – FCC) No caso de concurso de crimes, a prescrição incidirá

(A) sobre a pena de cada um, isoladamente, apenas na hipótese de prescrição da pretensão executória.

(B) sempre sobre o total da pena.

(C) sobre o total da pena, se o concurso for material, e sobre a pena de cada um, isoladamente, se formal.

(D) sobre a pena de cada um, isoladamente, se corresponder a crime continuado, e sobre total, se o concurso for material ou formal.

(E) sempre sobre a pena de cada um, isoladamente.

Art. 119 do CP.

Gabarito "E"

(Ministério Público/MA – 2009) No caso de concurso de crimes a prescrição se opera:

(A) sobre o total da pena aplicada cumulativamente aos delitos;

(B) somente sobre o *quantum* relativo às agravantes reconhecidas;

(C) somente sobre a pena mais grave aplicada;

(D) sobre a pena de cada um dos crimes, isoladamente;

(E) sobre a pena do primeiro crime praticado.

Art. 119 do CP.

Gabarito "D"

(Ministério Público/SP – 2011) De acordo com a legislação penal vigente, a prescrição, depois da sentença condenatória com trânsito em julgado para a acusação ou depois de improvido seu recurso, regula-se:

(A) pela pena aplicada, não podendo ter por termo inicial data anterior à do recebimento da denúncia ou queixa.

(B) pela pena em abstrato cominada em seu máximo legal ao delito, não podendo ter por termo inicial data anterior à do recebimento da denúncia.

(C) pela pena aplicada, podendo ter por termo inicial o dia em que o crime se consumou.

(D) pela pena em abstrato cominada em seu mínimo legal ao delito, não podendo ter por termo inicial data anterior à da denúncia ou queixa.

(E) pela pena aplicada, não podendo ter por termo inicial data anterior à da denúncia ou queixa.

Art. 110, § 1º, do CP, cuja redação foi alterada pela Lei 12.234/2010.

Gabarito "E"

(Ministério Público/SP - 2005) Considere os seguintes enunciados, relacionados com prescrição:

I. O art. 89, § 6º, da Lei n. 9.099/1995, estabelece causa interruptiva de prescrição ao dispor que "não correrá a prescrição" durante o prazo da suspensão condicional do processo.

II. Reconhecida a prescrição da pretensão punitiva, não prevalece nenhum efeito da sentença condenatória eventualmente existente.

III. Reconhecido crime continuado na sentença condenatória, não se computa o acréscimo da pena decorrente da continuação no cálculo da prescrição retroativa ou intercorrente.

Estão corretos

(A) todos os três.

(B) nenhum dos três.

(C) apenas I e II.

(D) apenas I e III.

(E) apenas II e III.

I: incorreta. O art. 89, § 6º, da Lei 9.099/1995 cuida de uma causa impeditiva da prescrição (não há perda do tempo já computado); **II:** correta. De fato, uma vez reconhecida a prescrição da pretensão punitiva, serão afastados todos os efeitos da condenação; **III:** correta: Súmula 497 do STF.

Gabarito "E"

18. CRIMES CONTRA A PESSOA

(Ministério Público/DF – 2013) Assinale o item **CORRETO:**

(A) Há homicídio privilegiado quando o agente atua sob influência de violenta emoção, provocada por ato injusto da vítima.

(B) Responde por induzimento ao suicídio o agente que se vale da insanidade da vítima para convencê-la a tirar a própria vida.

(C) Verifica-se infanticídio putativo quando a mãe, sob influência de estado puerperal e logo após o parto, mata o neonato de outrem, supondo ser o próprio filho.

(D) A constatação de areia no interior das vias respiratórias da vítima fatal é incompatível com o homicídio qualificado pela asfixia.

(E) No autoaborto, o estado puerperal absorve a situação de perturbação de saúde mental que retira parcialmente à mãe a capacidade de culpabilidade.

A: incorreta. Haverá homicídio privilegiado quando o agente atuar sob o domínio de violenta emoção (homicídio emocional), provocada por injusta provocação da vítima (art. 121, § 1º, CP). Não se confunde o agente que age "sob o domínio de violenta emoção", que, como visto, é causa de diminuição de pena (privilégio) com aquele que age "sob influência de violenta emoção", que, nos termos do art. 65, III, "c", do CP, é circunstância atenuante genérica; **B:** incorreta. Se o agente, tendo conhecimento da incapacidade mental da vítima, convencê-la a tirar a própria vida, responderá por homicídio, como autor mediato. De acordo com a doutrina, o crime do art. 122 do CP exige que a vítima tenha um mínimo de capacidade de resistência ao induzimento, instigação ou auxílio ao suicídio. Se referida "capacidade de resistência" não existir, terá o agente se utilizado de pessoa inculpável para a execução de verdadeiro homicídio. Confira-se o exemplo didático apresentado por Cleber Masson: "*caracteriza o crime tipificado pelo art. 121 do Código Penal a conduta de induzir uma criança de tenra idade ou um débil mental a pular do alto de um edifício, argumentando que assim agindo poderia voar*" (*Direito Penal Esquematizado – Parte Especial*, vol. 2, Método, 5ª edição, p. 58); **C:** correta. O sujeito passivo do infanticídio é o nascente ou o recém-nascido, a depender de o crime ter sido praticado durante ou logo após o parto, e pela própria mãe, desde que sob a influência do estado puerperal (art. 123, CP). Nas exatas palavras de Cleber Masson, "*se a mãe, influenciada pelo estado puerperal e logo após o parto, mata outra criança, que acreditava ser seu filho, responde por infanticídio. É o chamado infanticídio putativo*" (op. cit., p. 65). Nesse caso, acrescentamos, ocorre verdadeiro erro sobre a pessoa contra a vítima visada, pouco importando as características da vítima efetiva. Por essa razão, ainda que a autora tenha matado filho alheio, responderá como se houvesse matado o próprio filho; **D:** incorreta. Considera-se asfixia, que é considerada qualificadora do homicídio (art. 121, § 2º, III, CP), a eliminação criminosa da atividade respiratória da vítima, seja pelo emprego de meios mecânicos, tais como o estrangulamento, a esganadura, o enforcamento ou o soterramento (aqui reside a situação revelada pela assertiva), ou pelo emprego de meios tóxicos (gás asfixiante e confinamento, por exemplo). Assim, a submersão da vítima em meio sólido (ex.: enterrar pessoa viva) se subsume à qualificadora em comento; **E:** incorreta. O autoaborto (art. 124 do CP) é crime que atenta contra a vida humana intrauterina (ou seja, da nidação – implantação do óvulo fecundado no útero materno – até o momento imediatamente antecedente ao início do parto), não se confundindo com o infanticídio (art. 123, CP), que é crime que atenta contra a vida humana extrauterina (do parto em diante). Estar a mulher sob a influência do estado puerperal é elementar típica do infanticídio, opção legislativa que afastou a possível confusão da "perturbação fisiopsíquica" do sujeito ativo com a inimputabilidade ou semi-imputabilidade. Em outras palavras, a eventual perturbação da saúde mental da parturiente não será considerada causa de exclusão da culpabilidade (inimputabilidade) ou de redução de pena (semi-imputabilidade), mas, sim, condição especial para a caracterização do infanticídio.

Gabarito "C"

(Ministério Público/ES – 2013 – VUNESP) Assinale a alternativa correta.

(A) O médico que pratica manobra abortiva, desconhecendo que o feto já está morto, responderá por tentativa de aborto criminoso.

(B) O crime de violação de direito autoral não admite ação penal pública incondicionada.

(C) Incorrerá nas mesmas penas do crime de moeda falsa quem desviar e fizer circular moeda cuja circulação não estava ainda autorizada.

(D) Para a tipificação do crime de quadrilha ou bando, há necessidade de associação, estável ou momentânea, de pelo menos quatro pessoas com o fim de cometer crime ou contravenção.

(E) Os crimes de incêndio e explosão não admitem modalidade culposa.

A: incorreta, pois a hipótese descrita na alternativa configura crime impossível, não se punindo a tentativa, por absoluta impropriedade do objeto (art. 17, do CP); **B:** incorreta, pois o art. 186, II e III, do CP prevê hipóteses em que o crime de violação de direito autoral se procede mediante ação penal pública incondicionada; **C:** correta, pois a alternativa está de acordo com o disposto no art. 289, § 4º, do CP; **D:** incorreta, pois com a alteração do art. 288, do CP pela Lei n. 12.850/2013, o crime de quadrilha passou a ser denominado de associação criminosa, o qual se configura com a associação de 3 (três) ou mais pessoas, para o fim específico de cometer crimes; **E:** incorreta, pois se admite o crime de incêndio e de explosão na modalidade culposa (art. 250, § 2º e art. 251, § 3º, ambos do CP).

Gabarito "C"

(Ministério Público/MG – 2013) Considere a seguinte situação: A, que acabara de ter um filho, que morre logo a seguir, sob a influência do estado puerperal, vai ao berçário e, por erro, já que acreditava tratar-se de seu próprio filho que não sabia estar morto, mata criança diversa. Dispõe o artigo 20, § 3º, do Código Penal, que, em tal caso, não se consideram as condições ou qualidades da vítima, senão as da pessoa contra quem o agente queria praticar o crime. A questão é, então, no ordenamento pátrio, resolvida:

(A) Pela aplicação da teoria da equivalência.

(B) Pela aplicação da teoria da concreção.

(C) Pela aplicação da teoria da concretização.

(D) Como crime impossível.

De fato, a punição de "A" por infanticídio (art. 123 do CP), nada obstante tenha matado filho alheio, sob a influência do estado puerperal, resolve-se pura e simplesmente pelo reconhecimento da relação de causalidade. Não fosse a conduta perpetrada por "A", a despeito de ter incidido em erro sobre a pessoa (art. 20, § 3º, CP), não se verificaria o resultado "morte" da criança.

Gabarito "A"

(Ministério Público/SP – 2013 – PGMP) A Suprema Corte tratou do tema antecipação do parto ou interrupção da gravidez na ADPF 54 em que foi postulada a interpretação dos arts. 124 e 126 do Código Penal – autoaborto e aborto com o consentimento da gestante – em conformidade com a Constituição Federal, quando fosse caso de feto anencéfalo. Após julgar procedente a ação, o Colendo Tribunal declarou que a ocorrência de anencefalia nos dispositivos invocados provoca a

(A) exclusão da antijuridicidade.

(B) exclusão da tipicidade.

(C) exclusão do concurso de crimes.

(D) aplicação de perdão judicial.

(E) inexigibilidade de conduta diversa.

A ADPF 54, ajuizada pela CNTS (Confederação Nacional dos Trabalhadores na Saúde), patrocinada pelo então advogado (e Procurador do Estado do Rio de Janeiro) Luís Roberto Barroso, atualmente Ministro do STF, foi julgada procedente por aquela Corte, contando com a seguinte ementa: "*ESTADO – LAICIDADE. O Brasil é uma república laica, surgindo absolutamente neutro quanto às religiões. Considerações. FETO ANENCÉFALO – INTERRUPÇÃO DA GRAVIDEZ – MULHER – LIBERDADE SEXUAL E REPRODUTIVA – SAÚDE – DIGNIDADE – AUTODETERMINAÇÃO – DIREITOS FUNDAMENTAIS – CRIME – INEXISTÊNCIA. Mostra-se inconstitucional interpretação de a interrupção da gravidez de feto anencéfalo ser conduta tipificada nos artigos 124, 126 e 128, incisos I e II, do Código Penal*". Assentou-se o entendimento de que o feto anencéfalo, por não dispor de vida, sequer potencial, não pode ser tido como sujeito passivo do crime de aborto, já que não goza do direito à vida, assim considerada em consonância com a Lei 9.434/1997 (Lei de Remoção de Órgãos), que considera morte a cessação de atividade cerebral. Destarte, inexistindo vida em seu sentido jurídico, a antecipação do parto em caso de feto anencéfalo é fato atípico visto inexistir ofensa ao bem jurídico tutela pelas normas incriminadoras (arts. 124 e 126, ambos do CP)".

Gabarito "B"

(Ministério Público/MS – 2013 – FADEMS) É *correto* afirmar que:

(A) Em se tratando de crime de trânsito, com resultado morte, cujo elemento subjetivo tenha sido classificado como dolo eventual, em princípio não é possível incluir a qualificadora prevista no artigo 121, § 2º, inciso IV, do Código Penal

(B) Para configurar o crime de homicídio ou infanticídio é necessário que o nascituro tenha respirado, pois em não havendo respiração o crime é de aborto.

(C) Em sede de homicídio culposo, é possível utilizar a causa de aumento de pena constante do artigo 121, § 4º, do Código Penal, relativa à inobservância de regra técnica de profissão, ainda que essa mesma causa tenha sido utilizada para a caracterização do próprio tipo penal.

(D) Em face da adoção, em nosso Código Penal, da teoria monista, quem auxilia a gestante a praticar aborto, responde, em concurso material com ela, pelo mesmo crime, qual seja: artigo 124, do Código Penal.

(E) O parentesco não é agravante no crime de homicídio doloso, mas funciona como qualificadora.

A: correta. De acordo com a doutrina, as qualificadoras do homicídio (art. 121, § 2º, do CP) são compatíveis com o dolo direto ou o dolo eventual, à exceção do motivo torpe (art. 121, § 2º, I), motivo fútil (art. 121, § 2º, II), traição e emboscada (art. 121, § 2º, IV). Essa é a posição de Cleber Masson, por exemplo (*Código Penal comentado*. São Paulo: Método 1ª edição, 2013, p. 475); **B:** incorreta. A distinção entre os crimes de homicídio, infanticídio e aborto não reside no fato de o nascituro ter ou não respirado. O que importa saber é o momento em que o crime foi perpetrado. Em se tratando de vida humana intrauterina (vale dizer, anterior ao parto), fala-se em aborto (arts. 124 a 127 do CP). Já se a conduta voltada à morte do nascituro ocorrer após o parto (vida humana extrauterina), aí sim pode-se aventar de homicídio (art. 121 do CP) ou infanticídio (art. 123 do CP). No entanto, evidente que se a gestante, por exemplo, durante o parto ou logo após, praticar atos tendentes à morte de nascente ou neonato sem vida, restará configurado o crime impossível (art. 17 do CP); **C:** incorreta. De acordo com a jurisprudência, inclusive dos Tribunais Superiores, a majorante contida no art. 121, § 4º, do CP, relativa à inobservância de regra técnica de profissão, não caracterizará *bis in idem* desde que fundada na descrição de fato diverso daquele que constitui o núcleo da ação culposa (STF: HC 95.078/RJ, 2ª Turma, j. 10.03.2009, rel. Min. Cezar Peluso, *DJe* 15.05.2009; STJ: HC 63.929/RJ, 5ª Turma, j. 13.03.2007, rel. Min. Felix Fischer, *DJ* 09.04.2007). Assim, não bastará ao Ministério Público que, na denúncia, impute, por exemplo, a um médico, a morte produzida em razão de imperícia (modalidade de culpa), imprescindível à caracterização do próprio tipo penal (art. 121, § 3º, do CP), sendo necessária a descrição de comportamento caracterizador da inobservância de regra técnica profissional, sob pena de *bis in idem*; **D:** incorreta. Muito embora a teoria monista ou unitária seja a regra adotada pelo Código Penal em matéria de concurso de pessoas (art. 29), é certo que, por vezes, tal não será aplicada. É o que ocorre, por exemplo, na conduta da gestante que consente validamente que terceiro nela provoque aborto. Ela – gestante – responderá pelo crime do art. 124 do CP (autoaborto ou aborto consentido), ao passo que ele – terceiro – responderá pelo crime do art. 126 do CP (aborto com consentimento da gestante). Há, aqui, exceção pluralista à teoria unitária; **E:** incorreta. Não consta no rol de qualificadoras do homicídio (art. 121, § 2º, do CP) o parentesco da vítima com o agente. Todavia, caracteriza-se tal situação circunstância agravante genérica (art. 61, II, "e", do CP).

Gabarito "A"

Art. 121 – Matar alguém (...).

§ 2º Se o homicídio é cometido: (...)

IV – à traição, de emboscada ou mediante dissimulação ou outro recurso que dificulte ou torne impossível a defesa da vítima.

(...)

§ 4º No homicídio culposo, a pena é aumentada de 1/3 (um terço) se o crime resulta de inobservância de regra técnica.

Art. 124 – Provocar aborto em si mesma ou consentir que outrem lho provoque.

(Ministério Público/MS – 2013 – FADEMS) Assinale a opção *incorreta*:

(A) É punível a calúnia contra os mortos.

(B) Resultando da injúria real ou qualificada lesão corporal, a ação penal passa a ser pública incondicionada.

(C) Quem, de modo preconceituoso, afirma que alguém é velho caquético, ciente da idade e deficiência auditiva da pessoa, comete uma das modalidades de crime de racismo.

(D) Caracterizado crime contra a honra de servidor público, em razão do exercício de suas funções, será concorrente a legitimidade do ofendido, mediante queixa, e do Ministério Público, condicionada à representação do ofendido.

(E) Considere que Paulo pratique crime contra a honra de Cezar, imputando-lhe, falsamente, fato definido como crime e que Adalberto, sabendo falsa a imputação, a propale e divulgue. Nessa hipótese, Adalberto incorre na mesma pena de Paulo.

A: correta, nos exatos termos do art. 138, § 2º, do CP; **B:** correta, nos termos do art. 145, *caput*, parte final, do CP. Em regra, os crimes contra a honra são de ação penal privada. No entanto, a ação será pública incondicionada se, da violência praticada no caso do art. 140, § 2º, do CP (injúria real), resultar lesão corporal, e pública condicionada à requisição do Ministro da Justiça nos crimes contra a honra do Presidente da República ou chefe de governo estrangeiro (art. 145, parágrafo único, primeira parte, do CP); **C:** incorreta, devendo ser assinalada. A assertiva contém conduta caracterizadora do crime de injúria racial ou preconceituosa (art. 140, § 3º, do CP – se a injúria consiste na utilização de elementos referentes à raça, cor, etnia, religião, origem ou a *condição de pessoa idosa ou portadora de deficiência*). Os crimes da Lei de Racismo (Lei 7.716/1989) pressupõem que o agente pratique preconceito ou discriminação referente à raça, cor, etnia, religião ou procedência nacional, aqui não incluídos outros elementos, como, por exemplo, sexo (masculino ou feminino), idade ou orientação sexual; **D:** correta, nos exatos termos da Súmula 714 do STF ("É concorrente a legitimidade do ofendido, mediante queixa, e do Ministério Público, condicionada à representação do ofendido, para a ação penal por crime contra a honra de servidor público em razão do exercício de suas funções".); **E:** correta. Quem propala ou divulga a calúnia (art. 138, § 1º, do CP) incorre nas mesmas penas de quem a pratica (art. 138, *caput*, do CP).

Gabarito "C"

(Ministério Público/RO – 2013 – CESPE) Em relação aos crimes contra a pessoa, assinale a opção correta de acordo com o entendimento dos tribunais superiores.

(A) A forma privilegiada do homicídio é compatível com a qualificadora da motivação torpe, em face da ausência de contradição lógica.

(B) Comete o crime de homicídio a mulher que, iniciado o trabalho de parto, não estando sob o estado puerperal, mata o nascituro, ainda que este não tenha respirado.

(C) A consumação dos crimes de calúnia, difamação e injúria ocorre quando terceiro, que não o sujeito passivo, toma conhecimento do fato.

(D) A prática do crime de homicídio sob o estado de embriaguez afasta o reconhecimento da motivação fútil, haja vista que a embriaguez pode reduzir a capacidade do autor de entender o caráter ilícito de sua conduta.

(E) No ato de se desferir, no ímpeto, golpes reiterados com instrumento perfurocortante em indivíduo, com a intenção de matá-lo, causando-lhe a morte por hemorragia, incide a qualificadora do meio cruel.

A: incorreta. O homicídio qualificado pelo motivo torpe (qualificadora de natureza subjetiva) é incompatível com a forma privilegiada, haja vista que todas as "privilegiadoras" previstas no art. 121, § 1º, do CP são de natureza subjetiva (relativas à motivação do crime). Assim, como é sabido e ressabido, somente podem coexistir as qualificadoras de caráter objetivo e qualquer das privilegiadoras. Nesse sentido é o STJ (RT 680/406); **B:** correta. De acordo com o STJ, "(...) iniciado o trabalho de parto, não há falar mais em aborto, mas em homicídio ou infanticídio, conforme o caso, pois não se mostra necessário que o nascituro tenha respirado para configurar o crime de homicídio, notadamente quando existem nos autos outros elementos para demonstrar a vida do ser nascente, razão pela qual não se vislumbra a existência do alegado constrangimento ilegal que justifique o encerramento prematuro da persecução penal (...)" (HC 228998/MG, 5ª Turma, Min. Marco Aurélio Bellizze, *DJe* 30.10.2012, RT 928/727); **C:** incorreta. Por óbvio, o crime de injúria, por atingir a honra subjetiva da vítima, somente se consuma quando ela tenha tomado conhecimento do fato. Situação diversa ocorre no tocante aos crimes de difamação e calúnia, eis que, por afetarem a honra objetiva da vítima, somente se consumam quando terceiros tomarem conhecimento do fato. Nesse sentido o STJ (6ª Turma, RHC 5134/MG, Rel. Min. Luiz Vicente Cernicchiaro, j. 11.03.1996): "RHC – Penal – Processual Penal – Calúnia – Difamação – Injúria - Decadência – Os crimes de calúnia e difamação ofendem a chamada honra objetiva. A consumação ocorre quando terceiro (excluídos autor e vítima) tomam conhecimento do feito. A injúria, ao contrário, porque relativa a – honra subjetiva – quando a irrogação for conhecida do sujeito passivo. A decadência, relativa à injúria, tem o termo *a quo* no dia de seu conhecimento."; **D:** incorreta. O STJ, no julgamento do REsp 908396/MG, 5ª Turma, Min. Arnaldo Esteves Lima, assim entendeu: "Penal e Processo Penal. Recurso Especial. Homicídio Qualificado. Motivo Fútil. Embriaguez. Compatibilidade. Recurso Especial Não Provido. 1. Pela adoção da teoria da *actio libera in causa* (embriaguez preordenada), somente nas hipóteses de ebriez decorrente de "caso fortuito" ou "forma maior" é que haverá a possibilidade de redução da responsabilidade penal do agente (culpabilidade), nos termos dos §§ 1º e 2º do art. 28 do Código Penal. 2. Em que pese o estado de embriaguez possa, em tese, reduzir ou eliminar a capacidade do autor de entender o caráter ilícito ou determinar-se de acordo com esse entendimento, tal circunstância não afasta o reconhecimento da eventual futilidade de sua conduta. Precedentes do STJ."; **E:** incorreta. A reiteração de golpes pode, sim, caracterizar o meio cruel que qualificado o homicídio. Nesse sentido: "Recurso Especial. Penal e Processo Penal. Pronúncia. Reiteração de Golpes. Indícios de Meio Cruel. Decote de Qualificadora. Limites da Competência do Juiz da Pronúncia. 1. Esta Corte Superior de Justiça possui entendimento consolidado No sentido de que o decote de qualificadoras por ocasião da decisão de pronúncia só estará autorizado quando forem manifestamente improcedentes, isto é, quando completamente destituídas de amparo nos elementos cognitivos dos autos. 2. A reiteração de golpes na vítima, ao menos em princípio e para fins de pronúncia, é circunstância indiciária do 'meio cruel' previsto no inciso III do parágrafo 2º do artigo 121 do Código Penal, não se tratando, pois, de qualificadora manifestamente improcedente que autorize o excepcional decote pelo juiz da pronúncia, pena de usurpação da competência constitucionalmente atribuída ao Tribunal do Júri. 3. Recurso provido." (STJ, REsp 1241987/PR, Rel. Maria Thereza de Assis Moura, 6ª Turma, *DJe* 24.02.2014).

Gabarito "B"

(Ministério Público/SP – 2012 – VUNESP) Agente que, mediante paga, fazendo uso de revólver mata a vítima e, após, para assegurar a ocultação e impunidade do crime, com uma faca esquarteja o cadáver e espalha as diversas partes do corpo por locais ermos variados pratica homicídio

(A) triplamente qualificado: art. 121, § 2º, inc. I (mediante paga), inc. III (com emprego de meio cruel) e inc. V (para assegurar a ocultação e impunidade de outro crime), do Código Penal.

(B) duplamente qualificado: art. 121, § 2º, inc. I (mediante paga) e inc. V (para assegurar a ocultação e impunidade de outro crime), do Código Penal.

(C) qualificado: art. 121, § 2º, inc. I (mediante paga) em concurso material com o delito de destruição, subtração ou ocultação de cadáver (art. 211), do Código Penal.

(D) duplamente qualificado: art. 121, § 2º, Inc. I (mediante paga) e inc. III (com emprego de meio cruel) em concurso material com o delito de vilipêndio a cadáver (art. 212), do Código Penal.

(E) duplamente qualificado: art. 121, § 2º, inc. III (com emprego de meio cruel) e inc. V (para assegurar a ocultação e impunidade de outro crime) em concurso material com o crime de destruição, subtração ou ocultação de cadáver (art. 211), do Código Penal.

A: incorreta. Ainda que a qualificadora da "paga", de fato, esteja presente (art. 121, § 2º, I, do CP), não se pode falar em "meio cruel" (art. 121, § 2º, III, do CP), pois matar a vítima com disparo de arma de fogo não produz, desnecessariamente, sofrimento a ela. Frise-se que o esquartejamento ocorreu posteriormente à morte, não se tratando, portanto, de crueldade praticada "em vida" da vítima. Por fim, o esquartejamento do cadáver e sua "distribuição" por locais ermos variados não constitui a qualificadora do art. 121, § 2º, V, do CP (conexão), tendo em vista que esta pressupõe que o homicídio seja praticado para assegurar a execução de outro crime futuro (conexão teleológica) ou para assegurar a ocultação, impunidade ou vantagem de outro crime passado (conexão consequencial). No caso relatado, a ocultação de cadáver não constitui a hipótese de conexão consequencial, que, frise-se, pressupõe que o agente mate a vítima para garantir a ocultação de crime *passado*; **B:** incorreta no tocante à qualificadora da conexão, conforme explicações dadas na alternativa anterior; **C:** correta. De fato, o agente que mata a vítima mediante paga deverá responder por homicídio qualificado (art. 121, § 2º, I, do CP) e, por esquartejar e ocultar o cadáver, pelo crime do art. 211 do CP, em concurso material (art. 69 do CP), visto que duas foram as condutas (morte + ocultação), com ofensa a bens jurídicos distintos (vida e respeito aos mortos); **D:** incorreta no tocante à qualificadora do meio cruel, pelas razões indicadas nos comentários à alternativa "A"; **E:** incorreta, uma vez que as qualificadoras do meio cruel e da conexão, pelas razões expendidas anteriormente, não restaram caracterizadas.

Gabarito "C"

(Ministério Público/SC – 2008) Analise as seguintes assertivas:

I. Para a configuração do crime de homicídio privilegiado o agente deve se encontrar, impelido por motivo de relevante valor moral ou social, ou sob influência de violenta emoção, quando realizada a conduta logo após a provocação.

II. A sepultura e a urna vazia, não são tuteladas pelo artigo 210 do CP, violação de sepultura.

III. O homicídio culposo admite compensação de culpa.

IV. O objeto jurídico tutelado no crime de violação de sepultura não é a paz dos mortos.

V. O Infanticídio é crime próprio e por este motivo não admite participação.

(A) apenas I, II, e III, são incorreto;

(B) apenas II, III e IV são incorreto;

(C) apenas II, IV e V, são incorreto;

(D) ( )apenas II, III e V são incorreto;

(E) apenas I, III e V são incorreto;

I: incorreta. As privilegiadoras do homicídio, previstas no art. 121, § 1º, do CP, decorrem do fato de o agente: a) estar impelido por motivo de relevante valor moral ou social; e b) estar sob o domínio (e não mera influência!) de violenta emoção, logo em seguida a injusta provocação da vítima; **II:** correta. De fato, o crime do art. 210 do CP se caracteriza pelo fato de o agente violar ou profanar sepultura ou urna funerária, que, respectivamente, são os locais onde são enterrados os cadáveres e os reservatórios de cinzas ou partes do cadáver. Logo, se a sepultura e a urna estiverem vazias, não restará caracterizado o crime em tela segundo parte da doutrina (por todos, cite-se Damásio de Jesus); **III:** incorreta. Como se sabe, no Direito penal não se admite a compensação de culpas. Assim, diz-se que a culpa do agente delitivo não pode ser compensada com a eventual culpa da vítima. Cada qual responderá por eventual resultado lesivo praticado; **IV:** correta. De fato, o crime do art. 210 do CP não tutela a "paz" dos mortos (que, por brincadeira, podemos dizer que já estão em paz!), mas, sim, o sentimento de respeito que a eles se dirige; **V:** incorreta. O crime de infanticídio é considerado próprio, visto que exige qualidade especial do sujeito ativo (mãe que atue influenciada pelo estado puerperal). No entanto, será admissível o concurso de pessoas em ambas as modalidades (coautoria e participação), conforme entendimento amplamente majoritário.

Gabarito "E"

(Ministério Público/RS – 2009) Josefino, portador da moléstia denominada Síndrome de Imunodeficiência Adquirida (AIDS), inconformado com a infidelidade de sua namorada, mantém relação sexual com a mesma, fazendo-o sem o uso de preservativo, máxime porque com o propósito deliberado de transmiti-la (moléstia). Entretanto, a namorada em questão já era portadora da indigitada moléstia, fato, porém, que era do desconhecimento de Josefino. Isto posto, deverá o mesmo responder por:

(A) tentativa de homicídio (art. 121, *caput,* c/c art. 14, inc. II, do Código Penal).

(B) perigo de contágio de moléstia grave, sob a forma tentada (art. 131, c/c art. 14, inc. II, do Código Penal).

(C) crime de perigo, sob a forma consumada (art. 132, *caput,* do Código Penal).

(D) crime de perigo tentado (art. 132, *caput,* c/c art. 14, inc. II, do Código Penal).

(E) nenhuma das respostas.

A: incorreta. De acordo com o STJ, a transmissão consciente e voluntária do vírus HIV à vítima configura o crime de lesão dolosa qualificada pela provocação de enfermidade incurável (art. 129, § 2º, II, do CP), tendo em vista que a síndrome da imunodeficiência adquirida se enquadra, ao menos no atual estágio da ciência, como doença incurável (HC 160982/DF – 5ª Turma do STJ); **B:** incorreta, pelas razões expostas anteriormente; **C:** incorreta, pois, como visto, a transmissão de HIV constitui lesão corporal gravíssima; **D:** incorreta, também pelas razões já trazidas na alternativa "A"; **E:** correta. De fato, nenhuma das alternativas encampou o entendimento do STJ. Frise-se que o fato de a vítima já estar contaminada por HIV não afasta o crime de lesão corporal, pois existem várias "espécies" do vitus HIV, podendo a doença ser ainda mais agravada.

Gabarito "E"

(Ministério Público/RS – 2009) Josenaldo, com *animus necandi*, adquiriu uma arma de fogo e com ela se dirigiu até a residência de Petrolino, seu desafeto. Sucede que, quando se encontrava junto ao portão da respectiva residência, um bloco de concreto se desprendeu da parte superior do quarto onde se encontrava Petrolino, causando-lhe a morte por traumatismo craniano. Em decorrência, e tendo em vista o evento morte, a solução correta é:

(A) subsumir a conduta de Josenaldo no crime de homicídio consumado, sob a modalidade de dolo eventual.

(B) enquadrar a conduta de Josenaldo no crime de homicídio culposo.

(C) excluir a responsabilidade de Josenaldo pelo crime de homicídio: seja doloso ou culposo.

(D) subsumir a conduta de Josenaldo no crime de homicídio tentado, já que presente causa superveniente relativamente independente.

(E) enquadrar a conduta de Josenaldo no crime de homicídio consumado (dolo direto), tendo em vista o *animus* subjetivo ou elemento volitivo dirigido à produção do resultado morte.

A, B, D e **E:** incorretas, pelas razões a seguir expostas; **C:** correta. Como se vê no enunciado da questão, Josenaldo sequer deu início à execução do crime de homicídio que tencionava cometer, não se podendo, portanto, cogitar de crime consumado ou tentado. A explicação para tanto se funda na análise do nexo de causalidade. No histórico relatado, temos que a causa da morte de Petrolino foi absolutamente independente da conduta do agente, motivo pelo qual restará excluído o nexo causal, não se podendo imputar o resultado a Josenaldo. Basta, para tanto, verificarmos a redação do art. 13, *caput*, do CP: *"O resultado, de que depende a existência do crime, somente é imputável a quem lhe deu causa. Considera-se causa a ação ou omissão sem a qual o resultado não teria ocorrido"*. Ora, o resultado "morte" não foi causado pelo agente, visto que sua ação, consistente em dirigir-se ao portão da residência da vítima, não pode, obviamente, ser considerada causa do evento letal (desprendimento de bloco de concreto e atingimento da cabeça de Petrolino).

Gabarito "C"

(Ministério Público/RS – 2009) Tibúrcio, com 25 anos de idade, abordou na via pública, Josefa, moça com 18 anos de idade. A seguir, com um revólver calibre 38, bem assim com uma pistola (ambos com potencialidade lesiva, *ut* laudo realizado), compeliu-a, sob ameaça de morte, a acompanhá-lo até um local ermo. Ali, após vocalizar a sua intenção em manter congresso carnal, ordenou que Josefa se despisse, tendo, para tanto, apontado as armas supracitadas. Sucede que Tibúrcio, ao verificar que Josefa tinha um pequeno curativo na região da virilha, acabou, embora isso não impedisse ou dificultasse o ato, por não mais prosseguir na sua execução. Nesse caso, e desconsiderando-se, de pronto, a incidência de quaisquer dos crimes previstos na Lei n. 10.826/2003 (Estatuto do desarmamento), Tibúrcio deverá responder por:

(A) estupro tentado.

(B) ameaça.

(C) constrangimento ilegal simples.

(D) constrangimento ilegal, com causa de aumento de pena.

(E) contravenção penal (importunação ofensiva ao pudor).

A, B, C e **E:** incorretas, pelas razões expostas a seguir; **D:** correta. De fato, Tibúrcio deverá responder por constrangimento ilegal, cuja pena será majorada pelo emprego de armas (art. 146, § 1º, parte final, do CP). Não se pode cogitar de estupro tentado, eis que, pelo relato contido no enunciado, houve a desistência voluntária (art. 15 do CP). Com efeito, ainda que se possa reputar ter havido início de execução do crime sexual (estupro), o próprio agente, por sua vontade, desistiu de prosseguir em seu intento criminoso, não tendo sido interrompido por circunstâncias alheias à sua vontade. Logo, não se cogita de tentativa (art. 14, II, do CP). Também não se pode reconhecer ter havido o crime de ameaça (art. 147 do CP), uma vez que esta foi um meio executório para a prática do crime inicialmente visado por Tibúrcio, qual seja, o estupro. Porém, como já explicitado, em virtude da desistência voluntária, o agente deverá ser responsabilizado apenas pelos atos praticados, e não pela tentativa do crime inicialmente executado. E quais foram os atos praticados por Tibúrcio? Efetivamente, o agente, mediante grave ameaça, com emprego de arma, constrangeu Josefa a fazer aquilo que a lei não manda, vale dizer, despir-se. Configurado, pois, o crime de constrangimento ilegal majorado (art. 146, § 1º, do CP).

Gabarito "D"

(Ministério Público/RR – 2012 – CESPE) Com base no que dispõe o CP e no entendimento doutrinário e jurisprudencial acerca do crime de constrangimento ilegal, assinale a opção correta.

(A) O sujeito passivo do crime de constrangimento ilegal pode ser qualquer pessoa, independentemente de sua capacidade de autodeterminação.

(B) Por ser o delito de constrangimento ilegal tipicamente subsidiário, a violência nela empregada, em qualquer modalidade, absorve sempre o crime.

(C) O constrangimento ilegal é delito de mera atividade, consumando-se mediante grave ameaça ou violência perpetrada pelo sujeito ativo.

(D) No crime de constrangimento ilegal, admite-se a autoria mediata caso a violência ou grave ameaça sejam exercidas contra pessoa diversa da que se pretenda constranger, sendo o agente responsabilizado, em concurso material, pelo constrangimento ilegal e por outra infração que o executor venha a praticar.

(E) O fato de funcionário público ser sujeito ativo do crime de constrangimento ilegal qualifica a infração, aplicando-se a ele a pena em dobro.

A: incorreta. De acordo com a doutrina, somente pode ser sujeito passivo do crime de constrangimento ilegal (art. 146 do CP) a pessoa que possuir capacidades de discernimento e de autodeterminação (de decisão sobre seus atos). Logo, os menores de tenra idade, as pessoas portadoras de doenças psiquiátricas que lhes retirem a capacidade de discernimento, as pessoas em estado avançado de embriaguez, não podem ser vítima de constrangimento ilegal; **B:** incorreta. A violência empregada para a prática do constrangimento ilegal gerará a imposição das penas a ela correspondentes (art. 146, § 2º, do CP), inexistindo absorção. Ao contrário, haverá, em verdade, concurso de crimes. Alguns discutem se será um concurso material (tendo em vista que o dispositivo legal deixa claro que as penas serão somadas) ou concurso formal impróprio ou imperfeito. Entendemos mais técnico o segundo entendimento. Afinal, o agente, mediante uma única conduta, terá perpetrado dois crimes (constrangimento ilegal e lesão corporal); **C:** incorreta, pois o constrangimento ilegal é doutrinariamente classificado como crime material, visto que sua consumação exige que a vítima não faça o que a lei permite ou faça aquilo que ela não determina; **D:** correta. Embora um pouco truncada a redação da assertiva, pode-se afirmar que, de fato, é admissível o reconhecimento da autoria mediata (ou indireta) no crime de constrangimento ilegal, desde que, por óbvio, o agente se valha de terceira pessoa como "instrumento" para a prática do crime, respondendo pelo constrangimento ilegal contra a vítima do executor material do delito, bem como, por exemplo, pelas eventuais lesões corporais por este praticadas; **E:** incorreta. Se o sujeito ativo for funcionário público, restará caracterizado o crime do art. 350 do CP (exercício arbitrário ou abuso de poder) ou de abuso de autoridade (Lei 4.898/1965).

Gabarito "D"

(Ministério Público/RR – 2012 – CESPE) Em relação aos crimes contra a honra, assinale a opção correta com base no que dispõe a legislação de regência e no entendimento jurisprudencial.

(A) A causa de exclusão de crime abrange a calúnia, a difamação e a injúria irrogadas em juízo, na discussão da causa, pela parte ou seu procurador, incluindo-se órgão do MP.

(B) Havendo concurso de crimes e concurso de agentes, a retratação feita por um dos agentes, por ser circunstância de natureza pessoal, não aproveita aos demais, tampouco se admite retração a alguns dos fatos imputados.

(C) A retratação nos crimes contra a honra, cujos efeitos se restringem à esfera criminal, pode ser feita por escrito ou oralmente, exigindo-se, entretanto, que seja completa, inequívoca e incondicional.

(D) Nos crimes contra a honra perpetrados contra pessoa maior de sessenta anos incidirá a agravante de um terço da pena, exceto no caso de injúria.

(E) Constitui crime de ação penal pública incondicionada a injúria praticada mediante a utilização de elementos referentes a raça, cor, etnia, religião ou origem.

A: incorreta. Primeiramente, o art. 142 do CP, cuja natureza jurídica é de causa de exclusão dos crimes de injúria e difamação, não abarca a calúnia. Outrossim, no tocante ao inciso I do referido dispositivo legal, tem-se que haverá a exclusão dos crimes de injúria e difamação em caso de ofensa irrogada em juízo, na discussão da causa, pela parte ou por seu procurador. Trata-se de uma imunidade judiciária. Frise-se que a expressão "parte" abrangerá, evidentemente, o órgão do Ministério Público, evidentemente quando este for autor da ação. No entanto, mesmo quando ocupar a função de *custos legis*, também estará o órgão ministerial abrangido pela imunidade judiciária, inclusive por força do art. 41, V, da Lei Orgânica Nacional do Ministério Público (Lei 8.625/1993); **B:** incorreta. A retratação é admitida, de acordo com o art. 143 do CP, aos crimes de calúnia e difamação, que, exatamente, se caracterizam pela imputação de fatos violadores à honra da vítima, não havendo qualquer restrição na lei. No mais, de fato, a retratação tem caráter subjetivo, não se estendendo aos querelados que não se retratarem; **C:** incorreta. Considerando que a retratação nos crimes contra a honra deve ser cabal, completa, inequívoca, não haverá como se demonstrar referida "certeza" se ela ocorrer, simplesmente, de forma oral. A precisão e clareza exigidas para o reconhecimento da retratação são incompatíveis com a forma oral, motivo pelo qual a causa extintiva da punibilidade em comento deverá ser deduzida de forma expressa, no bojo do processo (e antes da sentença); **D:** correta. De fato, nos crimes contra a honra, a pena será majorada em um terço caso sejam praticados em detrimento de pessoa maior de 60 (sessenta) anos, exceto no caso de injúria (art. 141, IV, do CP). Isto porque haverá injúria qualificada quando a ofensa à dignidade ou decoro da vítima consistir na utilização de elementos referentes a raça, cor, etnia, religião, origem ou condição de *pessoa idosa* ou portadora de deficiência (art. 140, § 3º, do CP); **E:** incorreta. A injúria discriminatória, definida no art. 140, § 3º, do CP, é crime de ação penal pública condicionada à representação (art. 145, parágrafo único, do CP, com a redação que lhe foi dada pela Lei 12.033/2009).

Gabarito "D"

(Ministério Público/RJ – 2011) João induziu José, portador de oligofrenia por idiotia, a cometer suicídio. Diante desse induzimento, José se atirou de um prédio e milagrosamente sofreu apenas lesões corporais leves em razão da queda. João responderá pela prática do crime de:

(A) induzimento ao suicídio na modalidade consumada;

(B) lesões corporais leves;

(C) induzimento ao suicídio na modalidade tentada;

(D) homicídio tentado;

(E) induzimento ao suicídio tentado, na forma qualificada.

Comete homicídio aquele que induz pessoa sem o mínimo de capacidade de discernimento a suicidar-se. De acordo com a doutrina, o crime de induzimento, instigação ou auxílio ao suicídio, previsto no art. 122 do CP, tem como sujeito passivo qualquer pessoa capaz de resistir, ainda que minimamente, à conduta do indutor. Caso contrário, caracterizado estará crime mais grave (*in casu*, repita-se, homicídio). Ademais disso, no tocante à figura típica do art. 122 do CP, a doutrina o denomina de crime condicionado, visto que somente restará caracterizado se a vítima, da tentativa de suicídio, sofrer lesões corporais de natureza grave, ou se morrer (vide o preceito secundário do referido dispositivo legal). Por fim, a despeito de o inciso II, do parágrafo único, do art. 122 do CP prever que as penas serão duplicadas se a vítima for menor ou tiver diminuída, por qualquer causa, a capacidade de resistência, tal circunstância não se confunde com a explicação inicialmente dada. Com efeito, tendo a vítima diminuída a capacidade de resistência, fala-se em induzimento, instigação ou auxílio ao suicídio com pena duplicada. Já a total supressão de sua capacidade acarretará no reconhecimento do homicídio (na forma tentada se não houver a morte da vítima).

Gabarito "D"

(Ministério Público/RJ – 2011) Tício, desejando lesionar Mévio, contra ele desfere violento soco no rosto. Socorrido por terceiros, Mévio é transportado às pressas ao hospital, onde vem a falecer no mesmo dia, em razão de uma parada cardíaca sofrida durante a cirurgia de reparação da fratura óssea causada na face. Tício responderá por:

(A) lesão corporal seguida de morte;
(B) homicídio doloso consumado;
(C) homicídio culposo;
(D) homicídio tentado;
(E) lesão corporal grave.

Tal como formulado o enunciado, infere-se que Tício, agindo com *animus laedendi* (intenção de lesionar), desferiu soco em Mévio. Contudo, durante cirurgia, a vítima sofreu parada cardíaca, falecendo no mesmo dia. No caso narrado, Tício deverá responder por lesão corporal seguida de morte (art. 129, § 3º, do CP), visto que não há qualquer informação sobre ter, eventualmente, assumido o risco de produzir o resultado fatal, o que configuraria homicídio doloso (com dolo eventual). Nem se alegue que o resultado mais gravoso possa ser imputado a Tício a título de dolo, pois ele decorreu de parada cardíaca, que pode ser tida como uma causa superveniente que, por si só, produziu o resultado, aplicando-se, pois, o art. 13, § 1º, do CP. Não se pode cogitar ser a parada cardíaca algo que se encontre dentro da linha de desdobramento causal que usualmente ocorre – ou pode ocorrer. No entanto, tivesse o enunciado dito que a morte decorreu de choque anafilático em razão da anestesia, há posicionamento no sentido de que seria causa superveniente relativamente independente que não rompe o nexo causal, estando na linha de desdobramento causal da conduta.

Gabarito "A"

(Ministério Público/MS – 2009) Observe as seguintes afirmativas relativas ao crime de omissão de socorro:

I. É imprescindível à configuração delituosa o poder de agir.
II. O juiz pode deixar de aplicar a pena, se a vítima não sofrer lesões graves, tampouco vier a morrer.
III. Responderá pelo crime na forma qualificada (CP, art. 135, parágrafo único) o garantidor que deixar de prestar assistência, vindo a vítima a morrer.

É correto afirmar que está (ão) correta(s) apenas a(s) afirmativa(s)

(A) III.
(B) I e III.
(C) I e II.
(D) II.
(E) I.

I: correta. De fato, pela redação do art. 135, *caput*, do CP, caracteriza omissão de socorro o fato de o agente deixar de prestar assistência, *quando possível fazê-lo sem risco pessoal*, à criança abandonada ou extraviada, ou à pessoa inválida ou ferida, ao desamparo ou em grave e iminente perigo, ou não pedir, nesses casos, o socorro da autoridade pública. Vê-se, pois, que o tipo penal somente terá incidência diante de conduta daquele que, podendo agir, opta por não fazê-lo; **II:** incorreta, pois o crime de omissão de socorro é de perigo, vale dizer, não se exige, para sua configuração, que a vítima sofra efetivo dano. Outrossim, em caso de a vítima sofrer lesões graves ou se morrer, a pena do agente será majorada, na forma disciplinada no art. 135, parágrafo único, do CP; **III:** incorreta, pois, em verdade, as hipóteses do parágrafo único, do precitado art. 135 do CP, configuram causas de aumento de pena (e não qualificadoras). De outra borda, não se fala, aqui, em garantidor, termo técnico que diz respeito à omissão imprópria (art. 13, § 2º, do CP). O crime do art. 135 do CP é omissivo próprio (ou puro), não se falando, repita-se uma vez mais, em garantidor.

Gabarito "E"

(Ministério Público/MS – 2009) Observe as seguintes afirmativas:

I. O crime de autoaborto admite o concurso de pessoas na forma de participação.
II. Na hipótese de crime de autoaborto, o partícipe, além de responder por esse crime, responderá por homicídio culposo, no caso de a gestante vir a morrer.
III. Na hipótese de crime de autoaborto, o partícipe, responderá por essa tipificação na forma qualificada, no caso de a gestante vir a morrer.

Consoante a doutrinária penal, está(ão) correta(s) apenas a(s) afirmativa(s)

(A) I.
(B) II.
(C) III.
(D) I e II.
(E) I, II e III.

I: correta. O crime de autoaborto (art. 124, *caput*, primeira parte, do CP), a despeito de ser considerado de *mão própria*, tendo em vista exigir uma atuação personalíssima do sujeito ativo (*in casu*, da gestante, que provoca aborto em si mesma), admite concurso de agentes. Porém, tratando-se de crime de mão própria, inviável a coautoria, sendo possível apenas a participação. Ressalte-se que a caracterização do autoaborto exige que a gestante pratique em si mesma manobras abortivas, podendo, ainda, ser induzida, instigada ou auxiliada por terceira pessoa (partícipe). Caso este terceiro pratique, com o consentimento da gestante, manobras abortivas, responderá na forma do art. 126 do CP (aborto com consentimento da gestante); **II:** correta. De fato, em caso de autoaborto, o partícipe, em caso de morte da gestante, responderá por homicídio culposo. Afinal, seu comportamento é, nitidamente, rompedor do dever objetivo de cuidado, sendo previsível, ainda que não previsto, o resultado morte; **III:** incorreta, pois a forma qualificada tratada no art. 127, parte final, do CP somente é aplicável aos crimes definidos nos arts. 125 (aborto praticado por terceiro sem o consentimento da gestante) e 126 (aborto praticado por terceiro com o consentimento da gestante), não alcançando o autoaborto (art. 124 do CP).

Gabarito "D"

(Ministério Público/MS – 2009) Observe as seguintes afirmativas em relação ao crime de infanticídio.

I. É crime próprio.
II. É crime especial.
III. É crime *sui generis*.

Está(ão) correta(s) apenas a(s) afirmativa(s)

(A) I.
(B) II.
(C) III.
(D) I e II.

(E) I, II e III.

I: correta. De fato, o infanticídio é crime próprio, tendo em vista que exige uma qualidade especial do sujeito ativo, qual seja, a de ser mãe (parturiente), sob a influência do estado puerperal (art. 123 do CP); **II:** correta. Diz-se que o infanticídio é crime especial, visto que a norma do art. 123 do CP, se comparada com a do art. 121, também do mesmo diploma legal, contém elementos "especializantes". A doutrina afirma que o infanticídio é uma forma de homicídio. Porém, deste distingue pelo fato de exigir que o sujeito ativo seja especial (mãe) e que seu estado fisiopsíquico também seja especial (estado puerperal); **III:** correta. O infanticídio é, de fato, um crime *sui generis*, pois o estado puerperal, que é elementar típica, não coloca o sujeito ativo, propriamente, nem em uma situação de completa alienação, semialienação ou normalidade. Colocou-se a mulher (mãe-parturiente) a meio caminho entre a insanidade e o dolo.

Gabarito "E"

(Ministério Público/MS – 2009) Gertrudez, no escopo de ocultar desonra própria, após dar à luz criança em casa abandonada, com auxílio de seu amante, Reginaldo, abandona a criança recém-nascida na porta de residência próxima do local onde a criança nasceu. O recém-nascido não suportando a falta de alimentação a que foi submetido vem a falecer por inanição. Considerando o enunciado, é correto afirmar que

(A) Gertrudez responde pelo crime de infanticídio, ao passo que Reginaldo responde pelo crime de homicídio.

(B) Gertrudez e Reginaldo respondem pelo crime de infanticídio em concurso de pessoas.

(C) Gertrudez responde pelo crime de exposição ou abandono de recém-nascido, ao passo que Reginaldo responde pela prática do crime de homicídio.

(D) Gertrudez e Reginaldo respondem pelo crime de homicídio.

(E) Gertrudez e Reginaldo respondem pelo crime de exposição ou abandono de recém-nascido na forma qualificada.

A conduta praticada por Gertrudez, com a concorrência de Reginaldo, amolda-se ao art. 134, *caput*, e § 2º, do CP. Assim, com a concorrência de seu amante, a agente abandonou recém-nascido para ocultar desonra própria, daí resultando a morte do infante.

Gabarito "E"

(Ministério Público/MG – 2006) Tício e Mévio eram antigos desafetos. Tício resolve, então, ceifar a vida de Mévio e contrata Semprônio, matador de aluguel, acertando duas parcelas de R$ 5.000,00, uma antes e outra após a realização do "serviço". Ficou combinado que este seria realizado em cinco dias do encontro, mediante um único disparo de arma de fogo. Ao chegar em casa, Tício arrepende-se e liga para Semprônio, cancelando a empreitada. Este se recusa a deixar de realizar o serviço, argumentando ser um profissional e que, após a contratação, o negócio não poderia ser desfeito. Tício pondera a Semprônio que este poderia, então, quedar-se com o "sinal" e não realizar a empreitada criminosa, o que é rechaçado por Semprônio que diz que faria um "abatimento do preço" e deixaria todo "contrato" pelos R$5.000,00 já pagos, não havendo a necessidade de outro pagamento após a efetivação. Tício retoma sua vida normal e, após cinco dias, Semprônio efetivamente mata Mévio com emprego de veneno. Como Promotor de Justiça da comarca, analise a questão e informe a solução jurídica para o caso:

(A) Tício não responde pelo evento, em virtude de não ter aumentado o risco da ocorrência do resultado, enquanto Semprônio responde por homicídio qualificado pela paga e pelo emprego de veneno.

(B) Tício não responde pelo evento, em virtude de ter cessado seu dolo de homicídio antes do início da execução (*iter criminis* preparatório), enquanto Semprônio responde por homicídio qualificado apenas pelo emprego de veneno.

(C) Tício responde apenas por tentativa de homicídio, em virtude de ser sua omissão relevante, enquanto Semprônio responde por homicídio qualificado pela paga e pelo emprego de veneno.

(D) Tício responde apenas por homicídio qualificado pela paga, em virtude de ser sua omissão relevante, enquanto Semprônio responde por homicídio qualificado pela paga e pelo emprego de veneno.

(E) Tício e Semprônio respondem em concurso de agentes por homicídio qualificado pela paga e pelo emprego de veneno.

Considerando que Tício, com seu comportamento anterior (contratar Semprônio para matar Mévio), criou uma situação de perigo, mormente sabendo que, mesmo com sua "desistência", o mercenário Semprônio afirmou que iria prosseguir no intento criminoso inicialmente acertado, deverá ser responsabilizado pelo homicídio qualificado pela paga (art. 121, § 2º, I, do CP). Destaque-se que, nesse caso, Tício responderá na forma do art. 13, § 2º, "c", do CP (omissão penalmente relevante por ingerência). Já Semprônio, por óbvio, em razão de haver ceifado a vida de Mévio, responderá por homicídio duplamente qualificado (pela paga e emprego de veneno), nos termos do art. 121, § 2º, I e III, do CP.

Gabarito "D"

(Ministério Público/CE – 2011 – FCC) O crime de perigo para a vida ou saúde de outrem previsto no art. 132 do Código Penal é considerado de perigo

(A) comum.

(B) concreto.

(C) abstrato.

(D) presumido.

(E) omissivo

De acordo com a doutrina, o crime tipificado no art. 132 do CP (perigo para a vida ou saúde de outrem), por óbvio, é considerado como de perigo, bastando a simples probabilidade de dano ao bem jurídico tutelado. Porém, diz-se ser um crime de perigo concreto, ou seja, pessoa certa e determinada deverá ser exposta a um perigo de dano direto, efetivo e iminente (Rogério Sanches Cunha. *Curso de Direito Penal, Parte Geral*. Editora JusPODIVM, p. 139). Não se trata, aqui, de um crime de perigo comum, que é aquele que expõe a perigo um círculo de pessoas e coisas não previamente determinadas. Também, pelas razões já expostas, exigirá, para sua caracterização, a demonstração concreta de que a conduta do agente expôs a perigo a vida ou a saúde da vítima, não se tratando, pois, de crime de perigo abstrato. Por fim, não se trata de crime omissivo.

Gabarito "B"

(Ministério Público/BA – 2008) João, de vinte anos de idade, induz Lúcio, de vinte e cinco anos de idade e inimputável, e Elísio, de trinta anos de idade e imputável, a praticarem suicídio por enforcamento. No instante do fato, Lúcio pratica em si o enforcamento, enquanto Elísio, sem força suficiente, pede que João segure a corda, no que é atendido. Lúcio e Elísio vêm a óbito em razão da situação narrada. Quais os delitos praticados por João?

(A) Homicídio em relação a Lúcio e homicídio em relação a Elísio.

(B) Homicídio em relação a Lúcio e auxílio ao suicídio em relação a Elísio.

(C) Auxílio ao suicídio em relação a Lúcio e homicídio em relação a Elísio.

(D) Auxílio ao suicídio em relação a Lúcio e auxílio ao suicídio em relação a Elísio.

(E) As alternativas **a**, **b**, **c** e **d** são **incorretas**.

Com relação a Lúcio, por se tratar de vítima inimputável e, portanto, sem discernimento algum e sem chance alguma de resistência ao induzimento, João responderá por homicídio. Confira-se a docência de Rogério Sanches Cunha: "Sabendo que o suicídio se dá com a eliminação da própria vida, realizada de forma voluntária e consciente (capacidade de discernimento), claro está que apenas pessoa capaz pode ser sujeito passivo. Tratando-se de 'suicida' incapaz de entender o significado de sua ação e de determinar-se de acordo com esse entendimento, deixa de haver supressão voluntária e consciente da própria vida, logo, não há suicídio. Nesse caso, estaremos diante de um delito de homicídio, encarando-se a incapacidade da vítima como mero instrumento daquele que lhe provocou a morte" (*Curso de Direito Penal – Parte Especial*. Editora JusPodivm, 2012. p. 77). Com relação à vítima Elísio, João, igualmente, responderá por homicídio, visto ter praticado intervenção direta em ato executório tendente à morte daquele (segurou a corda utilizada pela vítima para suicidar-se).

Gabarito "A"

(Ministério Público/PB – 2010) Joana e Jasão, namorados, inconformados com o fato de suas famílias não admitirem o seu romance, resolvem fazer um pacto de morte, optando por fazê-lo por asfixia de gás carbônico. Combinam, então, que Jasão deve abrir o bico de gás, enquanto Joana se responsabiliza pela vedação total do compartimento por eles utilizado. A partir de tal caso empírico, analise as assertivas abaixo, assinalando, em seguida, a alternativa que sobre elas contém o devido julgamento:

I. Se apenas Joana sobreviver, deverá responder pelo crime de homicídio qualificado consumado.

II. Se ambos sobreviverem, deverão responder por tentativa de homicídio.

III. Se apenas Jasão tivesse vedado o compartimento e aberto o bico de gás, responderia, na hipótese de sobrevivência de ambos, por tentativa de homicídio, e Joana, nesse caso, responderia unicamente por instigação a suicídio, desde que ocorresse lesão corporal grave do namorado.

(A) Todas as assertivas estão corretas.

(B) Apenas as assertivas I e II estão corretas.

(C) Apenas as assertivas I e III estão corretas.

(D) Apenas as assertivas II e III estão corretas.

(E) Não há assertiva correta.

Na hipótese de um deles sobreviver, o outro responderá por homicídio na medida em que o ato realizado colaborou de forma direta na morte do parceiro (abertura do bico do gás e vedação do compartimento). Ou seja, se a colaboração se der por meio de ato de execução, o agente incorrerá no crime de homicídio. Assim, se Joana não realizar qualquer ato de execução, responderá somente pelo crime do art. 122 do CP (participação em suicídio), isso se o seu namorado sofrer, no mínimo, lesão corporal grave, pois este crime, que não admite tentativa, comporta dois momentos consumativos: morte da vítima ou ocorrência de lesão corporal grave. No mais, incide, no homicídio, a qualificadora em razão do meio empregado (asfixia).

Gabarito "A"

(Ministério Público/CE – 2009 – FCC) O reconhecimento do homicídio privilegiado é incompatível com a admissão da qualificadora

(A) do motivo fútil.

(B) do emprego de explosivo.

(C) do meio cruel.

(D) do emprego de veneno.

(E) da utilização de meio que possa resultar em perigo comum.

Haverá compatibilidade desde que a qualificadora seja de caráter objetivo. Isso se dá porque as hipóteses legais de privilégio são de caráter subjetivo, incompatíveis, portanto, com as qualificadoras de caráter subjetivo, aquelas ligadas ao motivo do crime (motivo torpe e fútil). As outras alternativas contemplam qualificadoras de caráter objetivo, que, por essa razão, são compatíveis com o homicídio privilegiado.

Gabarito "A"

(Ministério Público/MG – 2008) Após discutir com Lúcia, sua namorada, Augusto perdeu o controle e desferiu-lhe um violento soco no rosto, que a fez cair, batendo com a cabeça no meio fio de uma calçada. Ao perceber que sua namorada havia desmaiado, desesperado, levou-a imediatamente ao pronto-socorro mais próximo. Após ficar internada por uma semana, Lúcia veio a falecer devido ao traumatismo crânioencefálico sofrido. Neste caso, Augusto teria cometido o delito de:

(A) homicídio culposo.

(B) lesão corporal seguida de morte.

(C) homicídio doloso.

(D) lesão corporal simples.

(E) homicídio privilegiado.

Art. 129, § 3º, do CP. Aquele que desfere um soco no rosto de alguém não deseja, em regra, causar-lhe a morte. Trata-se de crime ***preterdoloso***, em que o agente deseja tão só lesionar a vítima, mas, por culpa, acaba por provocar sua morte. Delito preterdoloso é espécie do gênero ***crime qualificado pelo resultado***.

Gabarito "B"

(Ministério Público/MS – 2011 – FADEMS) O crime de rixa na forma tentada quando ocorre?

(A) O crime de rixa na forma tentada ocorre quando um dos rixosos desiste de participar do conflito;

(B) O crime de rixa na forma tentada ocorre quando a maioria dos rixosos propõe a cessação do conflito;

(C) O crime de rixa na forma tentada ocorre quando os rixosos não conseguem consumá-lo por circunstâncias alheias à sua vontade;

(D) O crime de rixa na forma tentada ocorre quando todos os rixosos desistem de prosseguir no conflito;

(E) O crime de rixa na forma tentada ocorre quando os rixosos abandonam o local do conflito.

Seria possível a tentativa na hipótese de a rixa ser preordenada. Exemplo: um grupo combina uma briga em determinado local e a certa hora. A polícia, ciente disso, se antecipa e, antes de a violência ter início, consegue evitá-la.

Gabarito "C"

(Ministério Público/MS – 2011 – FADEMS) Em que circunstância o crime de injúria admite a exceção da verdade?

(A) A exceção da verdade será admitida em crime de injúria se o ofendido for funcionário público;

(B) A exceção da verdade será admitida em crime de injúria no caso de tentativa de tal delito;

(C) A exceção da verdade será admitida em crime de injúria quando ocorrer o perdão judicial;

(D) A exceção da verdade não será admitida em crime de injúria em nenhuma circunstância, porquanto incompatível com tal delito;

(E) A exceção da verdade será admitida em crime de injúria quando o ofendido for menor de idade.

De fato, o delito de injúria não admite a exceção da verdade, pois seria ilógico desmentir um xingamento ou um insulto. Há, portanto, flagrante incompatibilidade entre a exceção da verdade e o crime de injúria.

Gabarito "D"

(Ministério Público/RS – 2009) Tício, com 21 anos de idade e dotado de pleno discernimento, decide dar cabo a sua vida. Por tal, dirige-se até local ermo a fim de viabilizar o propósito preconcebido. Contudo, no trajeto, e antes de cometer o ato, encontra Caio, verbalizando a sua intenção. Caio, então, verificando naquele momento derradeiro, ínfima hesitação de Tício, instiga e reforça o propósito inicial já existente, alcançando-lhe. inclusive. uma corda destinada a auxiliar no ato originariamente pretendido. Caio, embora nas circunstâncias pudesse demover Tício da ideia preconcebida, não faz qualquer esforço nesse sentido, máxime porque, ambos, tinham um pequeno comércio de eletrodomésticos na localidade, sendo concorrentes e rivais (a morte de Tício, inclusive, acarretará vantagem financeira em favor dele Caio). Em decorrência, Tício, utilizando-se inclusive da corda recebida, acabou consumando o intento destinado ao extermínio pessoal, vindo, em decorrência, a falecer, conforme auto de necropsia (enforcamento). Diante disso, Caio deverá responder por:

(A) homicídio simples (artigo 121, *caput*, do Código Penal).

(B) crime único de participação em suicídio (artigo 122, *caput*, do Código Penal), porém, presente causa de aumento de pena.

(C) crime único de participação em suicídio (art. 122, *caput*, do Código Penal).

(D) homicídio qualificado (motivo torpe).

(E) dois crimes, em concurso, de participação em suicídio, já que, no decorrer da execução, foram praticadas duas ações, as quais constituem elementares do tipo penal respectivo.

A conduta praticada por Caio está capitulada no art. 122, *caput*, do CP, já que instigou Tício a levar adiante seu propósito suicida, vislumbrando, inclusive, vantagem financeira que poderia lhe proporcionar esta morte, o que fará com que a pena seja duplicada, nos moldes do inciso I do parágrafo único do dispositivo.

Gabarito "B"

(Ministério Público/SC – 2008)

I. Se admite o aborto necessário, previsto no Código Penal, quando se comprova que o feto nascerá com deformação permanente.

II. A ocupação habitual prevista no artigo 129, § 1º, I, é aquela que possui conotação econômica.

III. O crime de perigo de contágio venéreo, artigo 130 do Código Penal é de perigo individual e abstrato.

IV. O delito previsto no artigo 4º, "a", da Lei 4.898/1965, "ordenar ou executar medida privativa da liberdade individual, sem as formalidades legais ou com abuso de poder", admite tentativa.

V. O crime de injúria se consuma, somente quando a vítima toma conhecimento do fato.

(A) apenas II, III e V, estão corretos;

(B) apenas I, II e III, estão corretos;

(C) apenas II, III e IV, estão corretos;

(D) apenas III, IV e V, estão corretos;

(E) apenas I, II e IV, estão corretos;

I: incorreta. Em conformidade com o disposto no art. 128 do CP, somente é admitido o aborto quando não houver outro meio de salvar a vida da gestante (aborto necessário) e quando a gravidez resultar de estupro e o aborto for precedido de consentimento da gestante ou de seu representante legal (aborto sentimental). O Código Penal não contempla outra forma de aborto. Atenção: no julgamento da ADPF nº 54, o STF declarou a inconstitucionalidade de qualquer interpretação segundo a qual a interrupção da gravidez de feto anencefálico constitui crime previsto no CP; **II:** incorreta. A ocupação habitual, a que se refere o art. 129, § 1º, I, do CP, não tem conotação econômica. Ela diz respeito a qualquer atividade rotineira, podendo, dessa forma, atingir aposentados e crianças; **III:** correta. Nos ***crimes de perigo abstrato*** há uma presunção absoluta de que o bem jurídico, com a prática da conduta, foi exposto a uma situação de risco. O crime do art. 130 do CP se consuma com a prática da relação sexual ou outro ato libidinoso, independentemente de resultado naturalístico (crime formal). A exposição ao risco de contágio é presumida de forma absoluta; **IV:** correta: art. 4º, a, da Lei 4.898/1965 (Abuso de Autoridade); **V:** correta. Trata-se de delito formal (independe da produção de resultado naturalístico) que atinge a honra subjetiva, consumando-se, de fato, no instante em que a ofensa chega ao conhecimento da vítima.

Gabarito "D"

(Ministério Público/SE – 2010 – CESPE) Assinale a opção correta acerca do homicídio privilegiado.

(A) A natureza jurídica do instituto é de circunstância atenuante especial.

(B) Estando o agente em uma das situações que ensejem o reconhecimento do homicídio privilegiado, o juiz é obrigado a reduzir a pena, mas a lei não determina o patamar de redução.

(C) O relevante valor social não enseja o reconhecimento do homicídio privilegiado.

(D) A presença de qualificadoras impede o reconhecimento do homicídio privilegiado.

(E) A violenta emoção, para ensejar o privilégio, deve ser dominante da conduta do agente e ocorrer logo após injusta provocação da vítima.

A: incorreta. A natureza jurídica do instituto é de *causa obrigatória de diminuição de pena*; **B:** incorreta. Embora a lei diga que o juiz *pode* diminuir a pena, é consagrado na doutrina e na jurisprudência o entendimento segundo o qual o juiz está obrigado a proceder à redução, desde que preenchidos os requisitos contidos no art. 121, § 1º, do CP. Estamos, portanto, a falar de um direito subjetivo do réu. Não é verdade, por fim, que a lei não estabelece o patamar de redução. Tais limites vêm explicitados na parte final do dispositivo; **C:** incorreta. O relevante valor social está contemplado no art. 121, § 1º, do CP como hipótese de privilégio; **D:** incorreta. Não impede se a qualificadora for de ordem objetiva, dando origem ao chamado homicídio qualificado-privilegiado, que não é, conforme doutrina e jurisprudência amplamente majoritárias, delito hediondo; **E:** assertiva correta, visto que em consonância com o disposto no art. 121, § 1º, do CP.

Gabarito "E"

(Ministério Público/SE – 2010 – CESPE) Getúlio, a fim de auferir o seguro de vida do qual era beneficiário, induziu Maria a cometer suicídio, e, ainda, emprestou-lhe um revólver para que consumasse o crime. Maria efetuou um disparo, com a arma de fogo emprestada, na região abdominal, mas não faleceu, tendo sofrido lesão corporal de natureza grave. Em relação a essa situação hipotética, assinale a opção correta.

(A) Como o suicídio não se consumou, a conduta praticada por Getúlio é considerada atípica.

(B) Apesar de a conduta praticada por Getúlio ser típica, pois configura induzimento, instigação ou auxílio ao suicídio, ele é isento de pena, porque Maria não faleceu.

(C) Getúlio deve responder por crime de induzimento, instigação ou auxílio ao suicídio, por uma única vez, com pena duplicada pela prática do crime por motivo egoístico.

(D) Getúlio deve responder por crime de lesão corporal grave.

(E) Por ter induzido e auxiliado Maria a praticar suicídio, Getúlio deve responder por crime de induzimento, instigação ou auxílio ao suicídio, por duas vezes em continuidade delitiva, com pena duplicada pela prática do crime por motivo egoístico.

Getúlio cometeu o crime de *participação em suicídio*, previsto no art. 122 do CP, ficando sujeito a uma pena, em razão do resultado, de um a três anos de reclusão, que deverá ser duplicada em virtude do motivo que o levou a praticá-lo. Este crime não comporta a modalidade tentada, somente havendo punição diante dos eventos *morte* ou *lesão corporal de natureza grave*. Entenda bem: este crime comporta dois momentos consumativos possíveis, a saber: morte da vítima ou lesão corporal de natureza grave. Significa que, se a vítima, auxiliada, instigada ou induzida, tentar dar fim à própria vida e, com isso, sofrer lesão corporal de natureza leve, não haverá sequer tentativa do crime do art. 122 do CP.

Gabarito "C"

(Ministério Público/SP – 2011) Pratica o crime de omissão de socorro, previsto no art. 135 do Código Penal:

(A) aquele que deixar de prestar socorro à vítima ferida, ainda que levemente, e desde que seja o causador da situação de perigo a título de dolo ou culpa.

(B) aquele que deixar de prestar socorro à vítima em situação de perigo por ele criada a título de culpa e desde que não haja risco pessoal.

(C) aquele que deixar de prestar socorro à vítima em face de uma situação de perigo a que ele deu causa, sem dolo ou culpa e desde que não haja risco pessoal.

(D) aquele que, por imprudência, der causa à situação de perigo, tendo praticado uma conduta típica culposa e que tenha deixado de atuar sem risco pessoal.

(E) aquele que der causa a uma situação de perigo, por meio da chamada culpa consciente, e tiver deixado de prestar socorro à vítima por perceber que ela poderia ser socorrida por terceiros.

Grosso modo, este crime se verifica em duas situações: quando o agente, podendo prestar o socorro diretamente sem se colocar em situação de risco, se omite; ou quando o agente, impedido, por qualquer razão, de prestar pessoalmente o socorro, deixa de solicitar o auxílio das autoridades.

Gabarito "C"

(Ministério Público/SP – 2008) Com relação ao crime de rixa, descrito no art. 137, *caput*, do Código Penal ("Participar de rixa, salvo para separar os contendores"), assinale a alternativa incorreta.

(A) É crime plurissubjetivo ou de concurso necessário.

(B) Há presunção de perigo, que decorre da simples existência material da contenda.

(C) É possível uma pessoa ser sujeito ativo e passivo do mesmo crime.

(D) É infração de forma livre, podendo ser cometida por qualquer meio eleito pelo agente.

(E) Quem provoca a rixa por imprudência, sem dela participar, responde também pelo crime.

O elemento subjetivo do crime de rixa é o ***dolo de perigo***. Não é admitida, pois, a forma culposa.

Gabarito "E"

19. CRIMES CONTRA O PATRIMÔNIO

(Ministério Público/PI – 2014 – CESPE) Sílvia, interditada para os atos da vida civil por ser portadora de doença mental, foi denunciada pela prática dos crimes de estelionato e de uso de documento público materialmente falso, acusada de ter aplicado o denominado golpe do conto do paco. Sílvia, agindo de forma consciente e voluntária, de prévio acordo e em unidade de desígnios com Júlia, induziu a vítima Paulo a erro, para obter vantagem ilícita em proveito próprio. Em data e local predefinidos, a denunciada deixou cair uma cártula de cheque falsificada, no valor de nove mil e quinhentos reais e na qual estava grampeada uma cédula de vinte reais, supostamente pertencente a uma relojoaria. Paulo, que caminhava logo atrás, recolheu a cártula e a devolveu para a denunciada, que, fingindo estar muito agradecida, disse que ligaria para seu patrão com o objetivo de obter uma recompensa para Paulo. Minutos depois, Sílvia retornou e avisou Paulo de que a recompensa lhe seria dada, desde que todos deixassem seus pertences com Júlia, que ficaria aguardando. A vítima, induzida a erro, deixou sua bolsa com a comparsa da denunciada e dirigiu-se ao suposto estabelecimento comercial, enquanto Sílvia e Júlia fugiram do local com seus pertences, que incluíam R$ 1.000,00 em espécie. Ao fim da instrução, Sílvia foi condenada à pena de três anos e dois meses de reclusão e multa. A pena privativa de liberdade foi substituída por duas penas restritivas de direitos, consistentes em prestação pecuniária em favor da vítima e limitação de fim de semana.

Considerando essa situação hipotética, assinale a opção correta.

(A) A aplicação do estelionato privilegiado ao caso em questão condiciona-se ao fato de os autores do delito serem primários e de bons antecedentes e ao pequeno valor da coisa.

(B) Tendo sido adotado pelo CP o critério biológico para a aferição da inimputabilidade do agente, Sílvia somente em razão de ser interditada por doença mental, está isenta de culpabilidade.

(C) O valor da prestação pecuniária a ser paga por Sílvia será calculado com base em sua capacidade econômica e na extensão do dano causado à vítima.

(D) Ainda que Sílvia e Júlia tivessem utilizado, além da cártula de cheque, cartão de crédito materialmente falso para a perpetração do estelionato, responderam pela prática do crime de uso de documento público falso, pois o cartão de crédito é equiparado a documento público pelo CP.

(E) A torpeza Sílvia, Júlia e Paulo afasta a tipicidade da conduta, já que, para a configuração do delito de estelionato, exige-se a boa-fé da vítima.

A: incorreta, pois nos termos do art. 171, § 1º, do CP, basta que o criminoso seja primário, não se exigindo que tenha bons antecedentes. Ainda, no caso em questão, não era de pequeno valor o prejuízo à vítima, que deve ser menor que um salário mínimo vigente à época da prática do fato (STJ – AREsp: 590421 ES 2014/0256154-6, Data de Publicação: *DJ* 17.11.2014); **B:** incorreta, pois o sistema adotado pelo CP para a identificação da inimputabilidade é o biopsicológico, segundo o qual o agente, para ser considerado inimputável, além da doença mental, não tinha ao tempo da conduta capacidade para entender o caráter ilícito do fato ou de determinar-se de acordo com esse entendimento; **C:** correta, pois o juiz deve levar em consideração para a fixação da prestação pecuniária a capacidade econômica do réu, bem como a extensão do dano causado à vítima. Neste sentido: "(...) A fixação da pena restritiva de direito de prestação pecuniária deve ter ligação com a capacidade econômica do réu, não se podendo olvidar que haverá necessidade de esforço por parte dele para que a referida penalidade cumpra sua função de repressão e prevenção do delito (TJMG – APR: 10625130061967001 MG, Relator: Eduardo Machado, 5ª Câmara Criminal, Data de Publicação: 02.06.2014); **D:** incorreta, pois o cartão de crédito falso não se enquadra na definição de "documento", o qual deve conter três características para fins de aplicação da lei penal, a saber: 1) ser um meio de constatação de seu conteúdo; 2) identificar o seu autor, como forma de garantia de sua autoria; 3) servir como instrumento de prova de seu conteúdo. Assim, como o cartão de crédito não possui tais características, o agente não responderá pelo uso de documento falso, mas poderá responder pelo estelionato, se utilizado como fraude para enganar a vítima; **E:** incorreta, pois segundo o entendimento majoritário, a torpeza do ofendido não afasta a existência do delito de estelionato. Neste sentido ensina Fernando Capez: *"a punição do agente que obteve a vantagem deve ser levada a efeito pelo Direito Penal porque: a) o autor revela maior temibilidade, pois, ilude a vítima e lhe causa prejuízo; b) não existe compensação de condutas no Direito Penal, devendo punir-se o sujeito ativo e, se for o caso, também a vítima; c) a boa-fé do lesado não constitui elemento do tipo do crime de estelionato; d) o dolo do agente não pode ser eliminado apenas porque houve má-fé, pois a consciência e vontade finalística de quem realiza a conduta independe da intenção da vítima"* (*Curso de Direito Penal*, v. 02, p. 477-478).

Gabarito "C"

(Ministério Público/ES – 2013 – VUNESP) O roubo

(A) qualificado pela morte (latrocínio) é considerado hediondo apenas quando consumado.

(B) será qualificado pela morte (latrocínio), se a violência for intencional provocando a morte (dolosa ou culposamente).

(C) poderá ser qualificado pela morte, se a violência não for intencional e o resultado for culposo.

(D) impróprio admite que a violência seja praticada durante a subtração.

(E) qualificado por lesões graves é considerado hediondo. Gabarito "B"

A: incorreta, pois tanto o latrocínio tentado quanto o consumado são considerados hediondos, já que o art. 1º, II, da Lei n. 8.072/1990 não faz qualquer distinção a respeito; **B:** correta, pois o latrocínio é o crime de roubo qualificado pela morte, que pode ocorrer de forma dolosa ou culposa, previsto no art. 157, § 3º, do CP. Muito embora esta alternativa tenha sido assinalada como correta, há entendimento minoritário em sentido contrário, defendido por *Israel Domingos*

Jorio, segundo o qual "*o resultado morte somente pode ser atribuído ao agente a título de culpa, cuidando-se, portanto, de um crime preterdoloso. Caso o agente, segundo o renomado autor, mesmo que com a finalidade de levar a efeito a subtração, viesse a causar, dolosamente, a morte da vítima, deveria ser aplicado o raciocínio correspondente ao concurso de crimes*" (GRECO, Rogério. Código Penal Comentado, 7ª edição, 2013, Ed. *Impetus*); **C:** incorreta, pois o roubo somente poderá ser qualificado pela morte, se a violência for intencional, podendo o resultado ser doloso ou culposo, já que em hipótese alguma se admite que o agente seja responsabilizado pela ocorrência de um resultado que não lhe era ao menos previsível; **D:** incorreta, pois o roubo impróprio se caracteriza pela conduta do agente que realiza a subtração patrimonial não violenta mas que, durante a execução do delito, emprega violência contra pessoa ou grave ameaça, a fim de assegurar a impunidade do crime ou a detenção da coisa para si ou para terceiro (art. 157, § 1º, do CP); **E:** incorreta, pois somente é considerado crime hediondo o latrocínio, que é o roubo qualificado pela morte (art. 1º, II, da Lei 8.072/1990) e não pela lesão corporal de natureza grave.

Gabarito "B"

(Ministério Público/SP – 2013 – PGMP) O Superior Tribunal de Justiça pacificou entendimento no sentido de que a conduta dos agentes que, mediante grave ameaça exercida com emprego de arma, depois de subtrair os pertences da vítima, na mesma circunstância fática, exigem a entrega do cartão bancário e respectiva senha, os quais são por eles utilizados para saque de dinheiro da conta corrente dessa vítima, configura

(A) roubo com dupla majorante somente, porque há crime único.

(B) roubo com dupla majorante em concurso com extorsão simples (para evitar o *bis in idem* do concurso de agentes e do uso de arma).

(C) roubo com dupla majorante e extorsão majorada em continuidade.

(D) roubo com dupla majorante e extorsão majorada em concurso material.

(E) extorsão com dupla majorante somente, em face da consunção.

De acordo com o entendimento do Superior Tribunal de Justiça, configura hipótese de concurso material entre os crimes de roubo e extorsão a conduta do autor que, após subtrair bens de propriedade da vítima, a obriga, também mediante ameaça, a efetuar compras de outros bens, visando à obtenção de indevida vantagem econômica (REsp 437.157/SP, Rel. Min. Arnaldo Esteves Lima, 5ª Turma, j. 05/02/2009). Assim, é do enunciado que os agentes, após subtraírem, com emprego de arma, os pertences da vítima – fato este caracterizador do crime de roubo majorado pelo concurso de agentes e emprego de arma (art. 157, § 2º, I e II, do CP) -, exigiram dela o cartão magnético e senha para o saque de dinheiro de sua conta corrente – fato que se subsume ao tipo penal de extorsão majorada pelo concurso de agentes e emprego de arma (art. 158, § 1º, do CP). Portanto, os agentes, de acordo com o STJ, devem responder por ambos os crimes (roubo duplamente majorado e extorsão majorada), em concurso material.

Gabarito "D"

(Ministério Público/SP – 2012 – VUNESP) Considere:

I. No crime de extorsão mediante sequestro (art. 159, CP), a consumação do crime ocorre com o recebimento do preço do resgate.

II. O consentimento válido do ofendido exclui o delito de sequestro e cárcere privado (art. 148, CP).

III. O crime de extorsão (art. 158, CP) consuma-se independentemente da obtenção da vantagem indevida.

IV. O crime de sequestro e cárcere privado (art. 148, CP) consuma-se quando o sujeito passivo fica privado de sua liberdade de locomoção.

V. O delito de extorsão mediante sequestro (art. 159, CP) é delito continuado, prolongando-se no tempo o seu momento consumativo.

Está correto o que se afirma APENAS em

(A) I e II.

(B) II, IV e V.

(C) I, III e V.

(D) II, III e V.

(E) II, III e IV.

I: incorreta. O crime de extorsão mediante sequestro (art. 159 do CP) é formal, consumando-se no momento em que a vítima é sequestrada, tendo, portanto, sua liberdade de locomoção retirada. O recebimento do preço do resgate é mero exaurimento; **II:** correta. No crime de sequestro ou cárcere privado (art. 148 do CP), o consentimento do ofendido excluirá a ilicitude do fato, desde que, é claro, o consentimento seja válido, expresso, e praticado por pessoa com capacidade; **III:** correta (Súmula 96 do STJ). Trata-se de crime formal; **IV:** correta. De fato, o crime de sequestro ou cárcere privado (art. 148 do CP) consuma-se com a privação da liberdade de locomoção da vítima, que ficará impedida de ir, vir ou permanecer onde quiser; **V:** incorreta. O crime de extorsão mediante sequestro é permanente (e não continuado, como consta na assertiva!), prolongando-se a consumação no tempo pela vontade do agente. Assim, a despeito de o gabarito indicado pela banca examinadora ser a letra "D", em verdade, correta a letra "E".

Gabarito "D"

(Ministério Público/SP – 2012 – VUNESP) Considere:

I. Pratica delito de furto qualificado pela destreza (art. 155, § 4º, inc. II) sujeito que ingressa em casa alheia pelo telhado e de lá subtrai bens de seu proprietário.

II. O crime de roubo próprio previsto no *caput*, do art. 157, do Código Penal, se configura com a subtração da coisa sem grave ameaça ou violência, vindo o agente a empregá-las posteriormente contra a pessoa, com o fim de assegurar a impunidade do crime ou a detenção da coisa para si ou para terceiro.

III. O delito de quadrilha ou bando constitui crime de concurso necessário, pois o tipo penal exige no mínimo 3 (três) pessoas associadas com a finalidade de cometerem crimes.

IV. Pratica o crime de furto qualificado por fraude, o agente que se prontificando a ajudar a vítima a efetuar operação em caixa eletrônico subtrai o seu telefone celular sem que esta perceba.

V. O elemento subjetivo do delito de extorsão é o dolo, sendo prescindível o fim especial de agir.

Está correto o que se afirma APENAS em

(A) I.

(B) IV.

(C) I, II, IV e V.

(D) I e III.

(E) V.

I: incorreta. A qualificadora da destreza (art. 155, § 4º, II, do CP) somente se caracteriza por uma habilidade extraordinária, fazendo, com isso, que a vítima não perceba a subtração de seus bens. Não se confunde a destreza com a escalada, que é qualificadora que pressupõe que o agente ingresse no local em que praticará a subtração por uma via anormal (ex.: telhado ou túnel); **II:** incorreta. O roubo próprio, definido no art. 157, *caput*, do CP, pressupõe que o agente subtraia, para si ou para outrem, mediante agrave ameaça ou violência à pessoa, coisa alheia móvel, ou que pratique a subtração após haver reduzido a vítima à impossibilidade de resistência. Já o roubo impróprio é aquele em que o agente, inicialmente, não emprega a violência ou grave ameaça à pessoa, subtraindo coisa alheia móvel à semelhança do que ocorre no furto. Porém, após a subtração, emprega a grave ameaça ou violência à pessoa, a fim de garantir a impunidade ou a detenção da *res* (art. 157, § 1º, do CP); **III:** incorreta. A despeito de o crime de quadrilha ou bando (atualmente denominado *associação criminosa*) ser, de fato, crime de concurso necessário (ou plurissubjetivo), para sua ocorrência será necessária a associação de no mínimo quatro pessoas (com o advento da Lei 12.850/2013, esse número mínimo foi reduzido para três), para o fim de praticarem crimes (art. 288 do CP); **IV:** correta. De fato, o agente que se prontifica a auxiliar a vítima em caixa eletrônico a efetuar determinada operação, e se aproveita desse momento de "menor vigilância" para subtrair-lhe o celular, cometerá furto qualificado mediante fraude. Fica nítido que o emprego da fraude (auxiliar a vítima a operações bancárias em caixa eletrônico) se deu para distrair a vítima, reduzindo-se, assim, a vigilância sobre seus pertences; **V:** incorreta. O crime de extorsão, além do dolo, exige um especial fim de agir do agente, qual seja, o de obter indevida vantagem econômica (art. 158 do CP). Trata-se de crime formal, que se consuma com a prática do verbo "constranger", pouco importando se a vantagem indevida será – ou não – obtida (Súmula 96 do STJ).

Gabarito "B"

(Ministério Público/SP – 2012 – VUNESP) É correto afirmar:

(A) O crime de receptação é chamado de crime acessório ou parasitário, porque o seu reconhecimento depende da ocorrência de um crime anterior.

(B) Não configura crime impossível, por absoluta impropriedade do objeto, a hipótese de furto em que a vítima não tem consigo qualquer bem ou valor a ser subtraído pelo agente.

(C) O agente que, voluntariamente, desiste de prosseguir na execução do crime ou impede que o resultado se produza, só responde pelos atos já praticados, ocorrendo a hipótese de arrependimento posterior.

(D) Não se admite a aplicação do arrependimento posterior (art. 16, CP) no crime de furto qualificado pela destruição ou rompimento de obstáculo, em razão da violência empregada pelo agente na subtração.

(E) No tocante ao crime culposo, a culpa concorrente da vítima exclui a do acusado.

A: correta. De fato, da simples leitura do art. 180 do CP, verifica-se que a receptação está atrelada ao cometimento de um crime anterior. Daí ser denominada de "crime acessório" ou "crime parasitário"; **B:** incorreta. Configura, sim, crime impossível o fato de a vítima não ter qualquer bem ou valor a ser subtraído pelo agente. Se, de antemão, a vítima não traz consigo qualquer coisa móvel passível de apreciação econômica, não poderá ser vítima de furto (crime patrimonial). Aplicável, portanto, o art. 17 do CP; **C:** incorreta. A assertiva descreve os institutos da desistência voluntária e arrependimento eficaz (art. 15 do CP), que não se confundem com o arrependimento posterior (art. 16 do CP), que é causa de diminuição de pena; **D:** incorreta. O arrependimento posterior será admissível se o agente reparar integralmente o dano ou restituir a coisa, até o recebimento da denúncia ou queixa, desde que o crime por ele praticado não tenha sido cometido com grave ameaça ou *violência à pessoa* (art. 16 do CP). A violência dirigida a *coisas* não afasta o arrependimento posterior; **E:** incorreta. Nos crimes culposos, se agente e vítima agirem com culpa, cada qual responderá pelo resultado lesivo praticado. Inexiste a possibilidade de compensação de culpas.

Gabarito "A"

(Ministério Público/RS – 2008) Assinale a alternativa CORRETA:

(A) O crime de roubo é a subtração de coisa móvel alheia, para si ou para outrem, mediante ameaça a pessoa, ou depois de havê-la, por qualquer meio, reduzido à impossibilidade de resistência.

(B) O crime de roubo é a subtração de coisa móvel alheia, para si ou para outrem, mediante ameaça e destruição ou rompimento de obstáculo à subtração da coisa.

(C) O roubo impróprio ocorre quando o agente, logo depois de subtraída a coisa, emprega violência a pessoa ou grave ameaça, a fim de assegurar a impunidade do crime ou a detenção da coisa para si ou para terceiro.

(D) O furto privilegiado exige a primariedade do criminoso ou o pequeno valor da coisa furtada para possibilitar a aplicação da pena de multa.

(E) O objeto jurídico no crime de receptação culposa é o patrimônio e a boa-fé de quem adquire a coisa.

A: incorreta. O crime de roubo será praticado mediante *grave* ameaça ou *violência* à pessoa, ou depois de havê-la, por qualquer meio, reduzido à impossibilidade de resistência (art. 157, *caput*, do CP); **B:** incorreta. Como visto na alternativa anterior, o crime de roubo tem como meios executórios o emprego da *grave* ameaça ou *violência* à *pessoa* (e não à coisa subtraída!); **C:** correta (art. 157, § 1º, do CP); **D:** incorreta. O furto privilegiado, previsto no art. 155, § 2º, do CP, exige a conjugação da primariedade do agente e o pequeno valor da coisa subtraída. Com isso, o juiz poderá substituir a pena de reclusão pela de detenção, reduzir a pena de um a dois terços ou aplicar somente a pena de multa; **E:** incorreta. O objeto jurídico no crime de receptação culposa é o patrimônio (bem jurídico tutelado). Já o objeto material é a coisa sobre a qual recai a conduta.

Gabarito "C"

(Ministério Público/RS – 2009) Petronildo, condenado por furto simples (art. 155, *caput*, do Código Penal), recebeu a pena reclusiva de 01 (um) ano, acrescida de multa (10 dias-multa, sendo a unidade no valor unitário legal.). Considerando-se que todas as circunstâncias judiciais foram favoráveis, não se tratando, também, de réu reincidente em crime doloso, a pena privativa de liberdade, nesse caso, tendo em vista especialmente o disposto no art. 44, do Código Penal (trata das penas restritivas de direitos; hipóteses de substituição e conversão), e acolhido, ainda, o entendimento que permite a cumulação de duas penas da mesma espécie, poderá ser substituída por:

(A) multa ou uma pena restritiva de direitos (prestação de serviços à comunidade, *verbi gratia*), podendo ser cumprida (restritiva de direitos) em menor tempo da pena que foi substituída.

(B) pena pecuniária ou uma pena restritiva de direitos (prestação de serviços à comunidade, *verbi gratia*), a ser cumprida (restritiva de direitos) no mesmo tempo da pena corporal que foi substituída.

(C) uma pena restritiva de direitos (prestação de serviços à comunidade, *verbi gratia*), cumulada com multa, devendo a primeira ter a mesma duração da pena substituída.

(D) duas penas restritivas de direitos (prestação de serviços à comunidade e limitação de fim de semana, *verbi gratia*), a serem cumpridas no mesmo prazo da pena que foi substituída.

(E) duas penas restritivas de direitos (prestação de serviços à comunidade limitação de fim de semana, *verbi gratia*), cumuladas com pena pecuniária, sendo que, na primeira hipótese, o tempo de cumprimento da pena substitutiva dependerá, exclusivamente" das condições pessoais do sentenciado, a serem verifica das pelo juízo da execução.

A: incorreta. A pena restritiva de direitos, ao substituir a privativa de liberdade, será cumprida no mesmo lapso temporal daquela, especialmente quando falarmos em prestação de serviços à comunidade, interdição temporária de direitos e limitação de fim de semana (art. 55 do CP); **B:** correta (arts. 55 e 44, § 2º, do CP); **C:** incorreta, pois a pena privativa de liberdade de até um ano, desde que preenchidos os requisitos do art. 44 do CP, será substituída por multa *ou* uma pena restritiva de direitos (art. 44, § 2º, do CP); **D:** incorreta. A pena privativa de liberdade, quando *superior a um ano*, será substituída por uma pena restritiva de direitos e multa ou por *duas penas restritivas de direitos* (art. 44, § 2º, do CP). No enunciado, ficou claro que o réu foi condenado à pena de um ano de reclusão; **E:** incorreta, pelas razões expostas na alternativa anterior.

Gabarito "B"

(Ministério Público/RS – 2009) Xenóbio, com o propósito de subtrair um automóvel, convidou Terto para auxiliá-lo no empreendimento subtrativo, declinando a Terto, inclusive, que a investida seria facilitada por conta de uma arma de fogo que pretendia utilizar na empreitada deletéria. Após Terto anuir com a proposta, dirigiram-se até um parque, ensejo em que abordaram um casal que estava no interior de um veículo. Nessa conjuntura, enquanto Xenóbio, com um revólver calibre 38, devidamente municiado, abordou o motorista e proprietário do respectivo veículo, exigindo a entrega daquele automóvel, o assecla Terto ficou ao lado da passageira, controlando-a, verbalizando, ainda, que, caso houvesse reação, tiros seriam efetuados. Em seguida, e depois de intimidadas as vítimas, fugiram os malfeitores na posse do respectivo veículo, levando, ainda, um moletom da respectiva passageira (não recuperado). Cinco minutos depois, as vítimas encontraram aleatoriamente uma viatura da Brigada Militar, comunicando o fato. Os milicianos, então, deram início à atividade persecutória, encontrando os agentes delituosos <u>cerca de 3 (três) minutos</u> depois da comunicação recebida, os quais foram pilhados bebendo num bar, estando o veículo subtraído, ainda, próximo a esse estabelecimento, porém, já sem o rádio, o qual não foi mais localizado. Nesse caso, tendo em vista que a arma, submetida à perícia, apresentou potencialidade lesiva, e considerada a teoria da *amotio ou apprehensio* deverão os agentes ser enquadrados (para fins de denúncia) e responder:

(A) ambos pelo crime de roubo consumado, majorado pelo emprego de arma e concurso de agentes.

(B) ambos pelo crime de roubo consumado, majorado, unicamente, pelo concurso de agentes, máxime porque não realizado nenhum disparo com a arma respectiva.

(C) Xenóbio pelo crime de roubo consumado, majorado pelo emprego de arma e concurso de agentes; e Terto pelo crime de roubo consumado, majorado, unicamente, pelo concurso de agentes.

(D) ambos pelo crime de roubo tentado, majorado pelo emprego de arma e concurso de agentes.

(E) Xenóbio pelo crime de roubo tentado, majorado pelo emprego de arma e concurso de agentes; e Terto pelo crime de roubo tentado, majorado, unicamente, pelo concurso de agentes.

No que tange ao momento consumativo do crime de roubo, há **quatro teorias** a respeito, senão vejamos. A primeira é a **teoria da *contrectatio,*** segundo a qual o momento consumativo se alcança com o mero contato entre o agente e a coisa, independentemente do seu deslocamento. Já para a **teoria da *amotio (apprehensio)*** a consumação exige, além do contato, a apreensão da coisa alheia, independentemente do seu deslocamento, desde que a vítima não possa mais exercer o poder de livre disposição da coisa. Por outro lado, segundo a **teoria da *ablatio***, tem-se a consumação do crime de furto, quando agente, além de realizar o contato e apreensão, também consegue realizar o deslocamento da coisa subtraída. Por fim, para a **teoria da *illatio***, a consumação somente ocorrerá se o agente conseguir deslocar a coisa para o local desejado e seguro. A partir de agora, passemos à análise das alternativas. **A:** correta. Com base na teoria da *amotio* ou *apprehensio*, Xenóbio e Terto deverão ser punidos por roubo consumado, majorado pelo emprego de arma e concurso de agentes (art. 157, § 2º, I e II, do CP). Os Tribunais Superiores sustentam que o roubo se consuma com a subtração (leia-se: apoderamento) da coisa alheia móvel, mediante violência ou grave ameaça, não se exigindo a posse mansa e pacífica dos bens roubados. Frise-se que o STF, no julgamento do HC 1074593/SP, entendeu que, a despeito de o roubo prescindir da posse mansa e pacífica da coisa subtraída, se a ação dos roubadores for controlada pela polícia, obstando a fuga, a consumação estaria frustrada, reconhecendo-se a tentativa. Porém, no enunciado, ficou claro que os milicianos somente conseguiram encontrar os agentes três minutos após as buscas que iniciaram, e após cinco minutos do fato. Portanto, inviável que se reconhecesse a tentativa, até pelo fato de o rádio do automóvel já não mais ter sido localizado, gerando, portanto, efetivo prejuízo ao patrimônio das vítimas; **B:** incorreta. As majorantes do emprego de arma e concurso de pessoas devem ser reconhecidas. Tendo a arma sido apreendida e periciada, com conclusão de aptidão lesiva, não se cogita de afastamento da causa de aumento pelo só fato de não ter havido disparos. Basta o emprego da arma; **C:** incorreta. Ainda que apenas Xenóbio portasse a arma empregada na empreitada criminosa, tratando-se de circunstância objetiva – e conhecida de Terto –, comunica-se ao coautor; **D:** incorreta. Como visto, o roubo foi consumado, visto que os agentes se apoderaram do veículo das vítimas, aplicando-se, pois, a teoria da *amotio*. Ademais, conforme já ressaltado, o rádio do automotor não foi localizado, produzindo-se, assim, efetivo resultado – prejudicial – ao patrimônio das vítimas, que, realmente, foi afetado, ainda que se cogite da recuperação do carro; **E:** incorreta, invocando-se as razões já suscitadas nas alternativas anteriores.

Gabarito "A"

(Ministério Público/RR – 2012 – CESPE) Em relação aos crimes contra o patrimônio, assinale a opção correta com base no disposto no CP e no entendimento doutrinário e jurisprudencial.

(A) As circunstâncias majorantes estabelecidas no CP para o roubo próprio e impróprio são aplicadas integralmente aos crimes de latrocínio.

(B) Configurada a tentativa de morte da vítima pela violência perpetrada pelo agente na tentativa de subtração patrimonial, não sendo consumado, por circunstâncias alheias à vontade do agente, nenhum dos delitos que compõem o crime complexo, o agente será responsabilizado, em concurso formal, por roubo ou homicídio tentados.

(C) Caso um dos comparsas de crime de roubo efetue disparos que atinjam a vítima e esta venha a falecer em decorrência dos ferimentos, todos os agentes envolvidos no delito serão responsabilizados pelo delito de latrocínio, independentemente da identificação do coautor que desferiu os tiros.

(D) O roubo qualificado pela privação da liberdade da vítima, a extorsão comum e a extorsão mediante sequestro, crimes contra o patrimônio com elementar comum de restrição da liberdade da vítima para obtenção da coisa alheia móvel, são considerados crimes hediondos, independentemente de lesão grave ou morte da vítima.

(E) Para a consumação do crime de extorsão, incluído entre os delitos patrimoniais, é imprescindível a obtenção, pelo agente, de indevida vantagem econômica para si ou para outrem.

A: incorreta. De acordo com Rogério Sanches, "deve ser lembrado que as circunstâncias majorantes do § 2º têm exclusiva aplicação aos crimes de roubo próprio (*caput*) e impróprio (§ 1º), não se estendendo às hipóteses tratadas no § 3º, seja por uma questão topográfica – onde não se aplica preceito antecedente ao subsequente, salvo expressa disposição a respeito –, seja porque tal majoração não corresponde ao real anseio do legislador na repressão do delito em questão, posto que já tratado com toda severidade (RT 780/583)" (*Curso de Direito Penal – Parte Especial*. 4. Ed. Editora JusPODIVM, p. 271); **B:** incorreta. Em caso de subtração tentada e morte tentada, não há dúvidas de que o agente deverá responder por tentativa de latrocínio. Tal se extrai, inclusive, da Súmula 610 do STF, que enuncia haver latrocínio quando o homicídio se consuma, ainda que não realize o agente a subtração de bens da vítima. Ora, a consumação, como se vê, está atrelada ao resultado morte, ainda que a subtração não se tenha ultimado. Logo, se subtração e morte são tentadas, o crime a ser imputado ao agente é o latrocínio, na forma tentada (art. 157, § 3º, parte final, c/c o art. 14, II, todos do CP). Não se fala em desclassificação de latrocínio para homicídio quando comprovada a intenção do agente em subtrair coisa alheia móvel mediante violência à pessoa; **C:** correta. Se o latrocínio for perpetrado em concurso de pessoas, todos os que contribuíram para a execução do tipo penal responderão pelo resultado morte, ainda que não tenham agido diretamente para a sua produção. Afinal, no mínimo, assumiram o risco pelo evento mais gravoso (STJ, HC 37583/SP, 5ª T., *DJ* 01.07.2005); **D:** incorreta. O roubo majorado pela restrição da liberdade da vítima (art. 157, § 2º, V, do CP), bem como a extorsão comum (art. 158, *caput*, do CP), não figuram no rol dos crimes hediondos (art. 1º da Lei 8.072/1990). Com relação ao roubo, apenas se presente a qualificadora do § 3º, parte final, do art. 157 do CP, qual seja, a morte (latrocínio), estaremos diante de crime hediondo. Já no tocante à extorsão, apenas a modalidade qualificada pela morte (art. 158, § 2º, do CP) é considerada hedionda. Por fim, de fato, a extorsão mediante sequestro (art. 159 do CP), seja simples, seja qualificada, é considerada crime hediondo; **E:** incorreta (Súmula 96 do STJ). O crime de extorsão se consuma independentemente da obtenção da vantagem econômica indevida pelo agente. Trata-se de crime formal, que se consuma no momento em que o agente pratica o verbo do tipo (constranger), compelindo a vítima, mediante grave ameaça ou violência, que faça, tolere que se faça ou deixar de fazer alguma coisa.

Gabarito "C"

(Ministério Público/RJ – 2011) Helen, escriturária da sociedade empresária Ipilinha S/A, ao elaborar a folha de pagamento dos funcionários, atribuiu, por equívoco, a Sérgio, chefe do departamento pessoal, o salário líquido de R$ 6.000,00 (seis mil reais), quando a importância correta seria de R$ 2.000,00 (dois mil reais). Percebendo o erro que em muito o favorecia, Sérgio encaminhou a aludida folha de pagamento, após aprová-la, ao Banco Ching Ching S/A, agência Castelo. No dia seguinte, já efetuado o crédito em sua conta-corrente, Sérgio sacou do Banco a quantia de R$ 6.000,00 (seis mil reais) em espécie. Diante da situação hipotética apresentada, é correto afirmar que:

(A) Helen cometeu apropriação indébita culposa e Sérgio praticou apropriação indébita de coisa havida por erro;

(B) Sérgio praticou estelionato e Helen cometeu apropriação indébita culposa;

(C) Sérgio praticou furto qualificado pela fraude e Helen não cometeu crime (fato atípico);

(D) Helen não cometeu crime (fato atípico) e Sérgio cometeu apropriação indébita de coisa havida por erro;

(E) Sérgio cometeu estelionato e Helen não cometeu crime (fato atípico).

Com relação a Sérgio, tomando conhecimento do equívoco em que laborou Helen, dele se aproveitou e encaminhou a folha de pagamento ao Banco, recebendo em sua conta montante a maior. Portanto, a conduta de Sérgio se subsume ao tipo penal de estelionato (art. 171 do CP), visto que manteve a vítima (no caso, a sociedade empresária Ipilinha S/A, por meio da escriturária Helen) em erro, daí obtendo vantagem ilícita em prejuízo alheio. Já Helen não cometeu crime (fato atípico), visto que a conduta efetivamente causadora do prejuízo à empresa foi a de Sérgio, chefe do departamento pessoal, que, após constatar o equívoco do lançamento a maior de seu salário, encaminhou a folha de pagamento ao banco para creditamento.

Gabarito "E"

(Ministério Público/PI – 2008) Lépido, exercendo o *munus publico* de inventariante, tomou para si um computador dos bens deixados pelo *de cujus*, e do qual tinha posse em razão da referida condição. Lépido cometeu, em tese, o crime de

(A) roubo.

(B) desvio de bem.

(C) apropriação indébita.

(D) peculato.

(E) furto qualificado.

A conduta praticada por Lépido amolda-se ao crime do art. 168 do CP (apropriação indébita), visto que, tendo a posse desvigiada do bem que lhe foi confiado em virtude de sua condição de inventariante, dele se apropriou. Assim, vamos às alternativas. **A:** incorreta. Como visto, Lépido praticou apropriação indébita e não roubo, visto que este crime pressupõe que haja a subtração de coisa alheia móvel, mediante violência ou grave ameaça; **B:** incorreta, pois sequer existe crime com o *nomen juris* "desvio de bem"; **C:** correta, pelas razões já expostas; **D:** incorreta, visto que a condição de inventariante é múnus público, não se enquadrando Lépido no conceito de funcionário público (art. 327 do CP). O múnus é um encargo, diversamente daqueles que exercem função pública. Nesse sentido, Hungria prelecionava que não são exercentes de função pública os tutores ou curadores dativos e os inventariantes judiciais (*Comentários ao Código Penal*, vol. 9, p. 402/403); **E:** incorreta, visto que o crime de furto exige que o agente subtraia bens cuja posse seja vigiada (confiada com vigilância). No caso, Lépido tinha a posse desvigiada.

Gabarito "C"

(Ministério Público/MS – 2009) Observe as seguintes afirmativas.

I. A minorante prevista no § 2º do art. 155 do CP só é aplicável ao *caput* do artigo, em face da localização topográfica do privilégio.

II. A minorante prevista no § 2º do art. 155 do CP é aplicável ao § 4º do mesmo artigo, ou seja, ao furto qualificado.

III. A minorante prevista no § 2º do art. 155 do CP é incompatível com o furto qualificado (art. 155, § 4º).

Segundo precedente mais recente do Supremo Tribunal Federal, está(ão) correta(s) apenas a(s) afirmativa(s)

(A) I, II e III.

(B) I e III.

(C) I.

(D) II.

(E) III.

I: incorreta. De fato, o STF, já há algum tempo, vem admitindo a possibilidade de coexistência da causa de diminuição de pena prevista no § 2º do art. 155 do CP, com as qualificadoras previstas no § 4º, do mesmo dispositivo. Em suma, a despeito da disposição topográfica do privilégio (§ 2º), que indica ser aplicável apenas à figura simples (*caput*), nada há de incompatível com as formas qualificadas (§ 4º). Nesse sentido segue a ementa do HC 109527/MG, da relatoria da eminente Min. Cármen Lúcia: "Habeas corpus. *Penal. Tentativa de furto qualificado. Alegação da incidência do princípio da insignificância. Compatibilidade entre o privilégio e a qualificadora do crime de furto: possibilidade. Precedentes.* Habeas corpus *concedido*. 1. As causas especiais de diminuição (privilégio) são compatíveis com as de aumento (qualificadora) de pena previstas, respectivamente, nos §§ 2º e 4º do art. 155 do Código Penal. Precedentes. 2. *Habeas corpus* concedido"; **II:** correta, de acordo com o comentário à assertiva anterior; **III:** incorreta. Remetemos às considerações trazidas à primeira assertiva da questão.

Gabarito "D"

(Ministério Público/MS – 2009) Observe as seguintes afirmativas.

I. No crime de roubo, a causa de aumento prevista no art. 157, § 2º, I, do CP, deve ser reconhecida desde que a arma seja apreendida, comprovando-se, dessa forma, sua efetiva utilização

II. No crime de roubo, a causa de aumento prevista no art. 157, § 2º, I, do CP, deve ser reconhecida desde que a arma seja apreendida e periciada, comprovando-se, dessa forma, sua efetiva utilização e eficiência

III. No crime de roubo, a causa de aumento prevista no art. 157, § 2º, I, do CP, deve ser reconhecida ainda que a arma não seja apreendida

IV. No crime de roubo, a causa de aumento prevista no art. 157, § 2º, I, do CP, deve ser reconhecida ainda que a arma não seja periciada.

Segundo entendimento mais recente do plenário do Supremo Tribunal Federal, é correto afirmar que está(ão) correta(s) somente a(s) afirmativa(s)

(A) I.

(B) II.

(C) III.

(D) IV.

(E) III e IV.

I: incorreta. A jurisprudência do STF (e também do STJ) aponta pela desnecessidade de apreensão da arma e respectiva perícia para a configuração da majorante prevista no art. 157, § 2º, I, do CP, podendo tal falta ser suprida por outros meios de prova, tais como as declarações do ofendido e depoimentos de testemunhas (HC 96099-RS); **II:** incorreta, pelas razões expostas no comentário à assertiva anterior. A despeito de a potencialidade lesiva de uma arma de fogo poder ser demonstrada por prova pericial, a jurisprudência recente do STF e STJ vem admitindo que outros meios de prova supram o exame de corpo de delito direto; **III:** correta (HC 96099/RS – STF); **IV:** correta (HC 96099/RS – STF).

Gabarito "E"

(Ministério Público/MG – 2005) Tício e Mévio abordam um casal no interior de uma sala de projeção (cinema) situada em um *shopping center*, com emprego de armas de fogo. O filme já havia começado e todos estavam sentados. Tício obriga a mulher a permanecer no ambiente em que se realiza a projeção enquanto que Mévio exige, sob ameaças de que seu comparsa venha a matar a mulher, que o marido saia do ambiente e o acompanhe até um caixa eletrônico existente no mesmo *shopping*, saque com cartão magnético certa quantia em dinheiro e lhe entregue. O marido sai do cinema, se dirige ao caixa, retira dinheiro e entrega a Mévio. Em seguida, Mévio exige que o marido o acompanhe a uma loja de esportes e pague, com cartão de crédito, a compra de 02 pares de tênis. Mévio escolhe os produtos e faz com que a vítima se dirija ao caixa da loja, entregue seu cartão de crédito e carteira de identidade e se apresente para pagar a conta. A vítima, no entanto, consegue alertar ao segurança da loja que imediatamente prende Mévio. Posteriormente, com a chegada da polícia, Tício é preso no cinema. O dinheiro retirado do caixa eletrônico é devolvido e as vítimas são libertas sem sofrer quaisquer lesões corporais. O fato caracteriza:

(A) um crime de roubo consumado, com privação de liberdade.

(B) um crime de roubo e outro de extorsão mediante sequestro.

(C) um só crime de extorsão mediante sequestro consumado.

(D) um crime de roubo tentado, com privação de liberdade.

(E) um crime de extorsão consumado e outro tentado.

A conduta inicial de Tício e Mévio amolda-se ao crime de extorsão qualificada do art. 158, § 3º, do CP (denominado popularmente de "sequestro relâmpago"), introduzido pela Lei 11.923/2009. À época em que a questão foi formulada, sequer existia a qualificadora em comento, a despeito de o crime ser o mesmo (extorsão). Frise-se que o crime foi cometido mediante a restrição de liberdade da vítima (marido), tendo essa condição sido indispensável para a obtenção da vantagem econômica (saque de dinheiro com o cartão magnético). Também, e ato seguinte, a vítima foi compelida a acompanhar Mévio em uma loja de esportes, determinando-lhe que comprasse dois pares de tênis com cartão de crédito. Porém, alertado o segurança da loja, o agente foi preso imediatamente, tendo as vítimas recuperado o dinheiro retirado do caixa. Neste caso, também restou caracterizado o crime de extorsão, visto que a vítima foi constrangida, mediante grave ameaça, a ingressar na loja para adquirir produtos. Porém, de acordo com a banca examinadora, cujo gabarito apontado foi a letra "E", um dos crimes de extorsão foi tentado. Cremos que, pelo entendimento dos examinadores, a segunda extorsão teria sido tentada, visto que Mévio foi preso, ao que tudo indica, antes da efetiva aquisição dos dois pares de tênis. No entanto, discordamos da solução dada. De acordo com a Súmula 96 do STJ, o crime de extorsão se consuma independentemente da obtenção da vantagem indevida. Logo, no momento em que Mévio exigiu que a vítima ingressasse na loja para adquirir os produtos, fato que efetivamente aconteceu, o crime já havia alcançado seu momento consumativo. Afinal, o agente empregou os meios aptos a constranger a vítima a lhe proporcionar indevida vantagem econômica. Porém, frise-se uma vez mais, esse não foi o entendimento da banca examinadora, motivo pelo qual se apontou como correta a alternativa "E". De qualquer forma, de plano, o candidato poderia excluir as alternativas "A", "B" e "D", uma vez que as condutas perpetradas por Mévio e seu comparsa não se amoldam ao crime de roubo. A grande distinção entre referido crime e a extorsão reside na prescindibilidade – ou não – do comportamento da vítima. Em ambas as condutas perpetradas pelos agentes, vê-se que o comportamento do ofendido seria imprescindível (tanto para efetuar o saque no caixa eletrônico, quanto para pagar os tênis com cartão de crédito), fato suficiente a ensejar o reconhecimento do crime de extorsão. Também está incorreta a alternativa "C", visto que a extorsão mediante sequestro pressupõe que o agente, ao restringir a liberdade da vítima, objetive, com tal proceder, receber um resgate, condição para sua libertação, o que não se vê no crime de extorsão qualificada (sequestro relâmpago), em que a restrição da liberdade é condição para a obtenção da vantagem econômica indevida.

Gabarito "E"

(Ministério Público/MG – 2006) Adamastor comparece ao apartamento de Maria e, afirmando-se instalador de TV a cabo, apresenta seu crachá funcional falso e consegue subtrair, sem que a dona da residência perceba, as joias da vítima. Ao chegar ao andar térreo, Adamastor percebe a sirene da polícia e as joga na tubulação de esgoto, não sendo recuperadas. Nesse momento, Adamastor é preso e confessa o fato. Como Promotor de Justiça da comarca, analise a questão e informe a solução jurídica para o caso:

(A) Adamastor responde por furto consumado qualificado pela fraude.

(B) Adamastor responde por furto tentado qualificado pela fraude.

(C) Adamastor responde por estelionato consumado.

(D) Adamastor responde por estelionato tentado.

(E) Adamastor responde por falsidade material consumada.

A conduta perpetrada por Adamastor se subsume à figura típica prevista no art. 155, § 4º, II, do CP (furto qualificado mediante fraude). Frise-se, de início, que não se pode falar em tentativa, visto que o patrimônio da vítima foi subtraído, não mais retornando a ela. Logo, inviável a configuração do *conatus*, especialmente em razão da efetiva redução patrimonial sofrida por Maria (incorreta, portanto, as alternativas "B" e "D"). Também, aqui, não se cogita da prática do crime de estelionato, visto que este pressupõe que o agente "obtenha" vantagem ilícita em prejuízo alheio, utilizando-se de algum expediente fraudulento. No caso narrado, o que ocorreu foi uma "subtração", que, é certo, contou com a fraude como meio executório apto a diminuir a vigilância da vítima sobre seus bens. Incorretas, pois, as alternativas "C" e "D". Igualmente incorreta a alternativa "E", pois a conduta praticada por Adamastor em nada diz respeito aos crimes contra a fé pública. Logo, correta a alternativa "A".

Gabarito "A"

(Ministério Público/GO – 2012) Com relação ao crime de furto praticado durante o repouso noturno (art. 155, § 1º, do Código Penal), é correto afirmar que:

(A) A causa de aumento de pena somente incide no tocante ao furto simples

(B) Obrigatoriamente deve ser praticado em concurso de agentes

(C) Trata-se de hipótese de delito agravado em razão de se referir a período em que normalmente as pessoas encontram-se em descanso, tornando-se mais vulneráveis

(D) Para se definir o conceito de "repouso noturno", é totalmente irrelevante levar em consideração os costumes de uma determinada localidade

A: a banca examinadora considerou incorreta a alternativa. Porém, os Tribunais Superiores, majoritariamente, orientam-se no sentido de que a majorante prevista no art. 155, § 1º, do CP aplica-se apenas ao furto simples. Confira-se a ementa extraída do julgamento do REsp 940245/RS, da relatoria do Min. Felix Fischer: "*Penal. Recurso especial. Furto qualificado. Causa especial de aumento. Repouso noturno. Estabelecimento comercial. Impossibilidade.* I – Incide a majorante prevista no art. 155, § 1º, do Código Penal se o delito é praticado durante o repouso noturno, período de maior vulnerabilidade inclusive para estabelecimentos comerciais, como ocorreu *in casu* (Precedentes). II – Entretanto, a causa especial de aumento de pena do repouso noturno é aplicável somente às hipóteses de furto simples, sendo incabível no caso do delito qualificado (Precedente). Recurso desprovido." Ainda, se um furto qualificado for praticado durante o repouso noturno, tal condição deverá ser sopesado quando da fixação da pena-base (circunstâncias judiciais desfavoráveis); **B:** incorreta. Não há qualquer correlação entre a majorante do repouso noturno e a qualificadora do concurso de pessoas, vale dizer, uma não depende do reconhecimento da outra; **C:** correta. De fato, a *ratio* de ser majorada a pena pela prática de furto durante o repouso noturno é a maior censurabilidade da conduta ser perpetrada durante o período de descanso das pessoas, período este em que o patrimônio está sob menor vigilância; **D:** incorreta. De acordo com a doutrina, o critério definidor do "repouso noturno" é variável, dependendo da análise dos costumes de determinada localidade no tocante ao recolhimento das pessoas para seu repouso. Decerto, no meio rural, especialmente naquelas regiões menos favorecidas, inclusive sem energia elétrica, o repouso noturno inicia-se anteriormente ao das cidades.

Gabarito "C"

(Ministério Público/BA – 2008) Analise as seguintes assertivas acerca dos crimes contra o patrimônio:

I. O delito de extorsão mediante sequestro pode ser consumado sem obtenção de qualquer vantagem econômica, enquanto a consumação do delito de extorsão só pode ocorrer com a obtenção de vantagem econômica.

II. Com exceção das hipóteses em que figurem como sujeito passivo o cônjuge, ainda que finalizada a relação conjugal, ascendente, descendente e irmão, ainda que ilegítimo, do autor do fato, a ação penal referente ao crime de furto será sempre pública incondicionada.

III. O arrependimento posterior é sempre incabível no crime de roubo.

IV. O coautor do delito de roubo, que compra, por valor inferior ao de mercado, as partes dos demais coautores, não responde pelo crime de receptação.

V. O condômino e o sócio podem figurar como sujeito ativo no delito de apropriação indébita de coisa havida por erro.

Estão corretas as assertivas:

(A) I, II e III.

(B) I, II e IV.

(C) I, IV e V.

(D) II, III e V.

(E) III, IV e V.

I: incorreta, pois os crimes de extorsão (art. 158 do CP) e extorsão mediante sequestro (art. 159 do CP) são considerados formais, consumando-se independentemente da obtenção de vantagem econômica. Inclusive, no tocante ao crime de extorsão, já está pacificado o entendimento segundo o qual se consuma independentemente da obtenção de vantagem indevida (Súmula 96 do STJ); **II:** incorreta, pois se o crime de furto for perpetrado por um cônjuge contra o outro, na constância da sociedade conjugal, bem como contra ascendente ou descendente, sequer deverá existir ação penal, aplicando-se, respectivamente, as imunidades penais absolutas (escusas absolutórias) previstas nos incisos I e II do art. 181 do CP. Já se referido crime for cometido por um irmão contra o outro, ou, ainda, se já tiver finda a sociedade conjugal, a ação penal será pública condicionada à representação (art. 182, I e II, do CP); **III:** correta, pois, de fato, o instituto do arrependimento posterior, previsto no art. 16 do CP, somente será cabível para crimes cometidos sem violência ou grave ameaça à pessoa; **IV:** correta, tratando-se de *post factum* impunível; **V:** correta. O crime do art. 169 do CP é considerado comum, podendo, portanto, ser praticado por qualquer pessoa. Segundo Bento de Faria, citado por Rogério Sanches, é possível que o sujeito ativo seja coproprietário ou condômino (*Curso de Direito Penal – Parte Especial*. 4. Ed. Editora JusPODIVM, p. 321).

Gabarito "E"

(Ministério Público/AC – 2008) Segundo entendimento do Supremo Tribunal Federal, nos crimes de quadrilha armada e de roubo qualificado pelo emprego de arma, é correto afirmar que

(A) a qualificadora do roubo fica absorvida.

(B) se trata de hipótese de concurso material.

(C) a qualificadora do crime de quadrilha fica absorvida.

(D) o juiz terá que optar por somente uma das qualificadoras.

De fato, é entendimento do Supremo Tribunal Federal inexistir *bis in idem* na condenação de um mesmo agente, em concurso material, pelos crimes de roubo majorado pelo emprego de arma e quadrilha armada. Confira-se: *Habeas corpus*. 1. No caso concreto, o paciente foi condenado pelos crimes previstos nos arts. 288, parágrafo único (quadrilha ou bando armado [atualmente denominada associação criminosa]); 157, § 2º, I e II (roubo qualificado pelo emprego de arma e pelo concurso de pessoas), c/c 29 (duas vezes); 157, § 2º, I e II (roubo qualificado pelo emprego de arma e pelo concurso de pessoas), c/c 29 (quatro vezes), do Código Penal, em concurso material (art. 69); e art. 158, § 1º (extorsão qualificada pelo emprego de arma e pelo concurso de pessoas), também do Código Penal, em concurso formal (art. 70). 2. A defesa, em síntese, requer o reconhecimento: i) da continuidade delitiva, nos termos do artigo 71 do Código Penal, entre os crimes de roubo e extorsão qualificados pelo emprego de arma e pelo concurso de pessoas (CP, arts. 157, § 2º, I e II e 158, § 1º); ii) da ocorrência de *bis in idem* na aplicação da sanção do crime de quadrilha armada (CP, art. 288, parágrafo único) e a qualificadora do emprego de arma no roubo (CP, art. 157, § 2º, I). 3. Em princípio, a via do *habeas corpus* é inviável para a análise da alegação de existência de continuidade delitiva entre as condutas imputadas ao paciente, em razão da necessidade de dilação de fatos e provas. Precedentes citados: HC 71.436/SP, Rel. Min. Carlos Velloso, 2ª Turma, unânime, *DJ* 27.10.1994; HC 75.069/SP, Rel. Min. Moreira Alves, 1ª Turma, unânime, *DJ* 27.06.1997; HC 76.381/SP, Rel. Min. Carlos Velloso, 2ª Turma, unânime, *DJ* 14.08.1998; HC 79.503/RJ, Rel. Min. Maurício Corrêa, 2ª Turma, por maioria, *DJ* 18.05.2001; HC 81.472/RJ, Rel. Min. Nelson Jobim, 2ª Turma, unânime, *DJ* 14.06.2002; HC 81.914/SP, Rel. Min. Nelson Jobim, 2ª Turma, unânime, *DJ* 22.11.2002; e HC 82.011/PR, Rel. Min. Celso de Mello, 2ª Turma, unânime, *DJ* 11.03.2005. 4. Ainda que superada a questão do conhecimento do *habeas corpus*, em situação similar a dos autos (cf.: RHC 83.447/SP, Rel. Min. Celso de Mello, 2ª Turma, unânime, *DJ* 26.11.2004), a jurisprudência do STF considera que é adequado o reconhecimento do concurso material entre os delitos de quadrilha armada e o roubo qualificado pelo emprego de arma. 5. Ordem indeferida. (**HC 85183/RJ Rel. Min. Gilmar Mendes,** 2ª Turma, **j. 02.08.2005).**

Gabarito "B"

(Ministério Público/AC – 2008) É correto afirmar que, segundo entendimento do Supremo Tribunal Federal, no crime de estelionato contra a previdência social com recebimento da vantagem indevida de forma parcelada, o crime

(A) consuma-se de forma continuada, aplicando-se o art. 111, inc. III, do CP.

(B) consuma-se de forma permanente, aplicando-se o art. 111, inc. III, do CP.

(C) é instantâneo de efeitos permanentes, não se aplicando o art. 111, inc. III, do CP.

(D) é eventualmente permanente, não se aplicando o art. 111, inc. III, do CP.

De fato, a jurisprudência do Supremo Tribunal Federal é no sentido de que o estelionato previdenciário (art. 171, § 3º, do CP) é crime instantâneo de efeitos permanentes, fluindo a prescrição não a partir da última parcela de benefício recebida, mas, sim, da primeira parcela paga. Confira-se: Habeas corpus. *Penal. Sentença condenatória. Estelionato praticado contra a previdência social (art. 171, § 3º, do Código Penal). Crime instantâneo de efeitos permanentes quando supostamente praticado por terceiro não beneficiário. Prescrição. Ocorrência.* 1. A Paciente não é segurada do INSS, mas funcionária do Sindicato dos Trabalhadores Rurais de João Lisboa/MA, a quem se imputa a prática do delito de estelionato previdenciário. 2. Este Supremo Tribunal Federal assentou que o crime de estelionato previdenciário praticado por terceiro não beneficiário tem natureza de crime instantâneo de efeitos permanentes, e, por isso, o prazo prescricional começa a fluir da percepção da primeira parcela. Precedentes. 3. Considerando que o recebimento da primeira parcela pela Paciente ocorreu em 24.11.1995 e que a pena máxima em abstrato do delito a ela imputado é de seis anos e oito meses, o prazo prescricional é de doze anos e, não havendo nenhuma causa interruptiva, se implementou em 24.11.2007, conforme preceituam os arts. 107, inc. IV, e 109, inc. III, do Código Penal. 4. Ordem concedida. (**HC 112095/MA, Rel. Min. Cármen Lúcia,** 2ª Turma, **j. 16.10.2012).**

Gabarito "C"

(Ministério Público/AC – 2008) Vários agentes participam de roubo à mão armada a estabelecimento bancário, com a morte causada por dois deles, durante a fuga, na tentativa de roubo de veículo ante a resistência oposta pela vítima, sem a participação dos demais no evento morte. Segundo entendimento do Superior Tribunal de Justiça

(A) os agentes que não tiveram participação na morte da vítima respondem por crime de roubo.

(B) os agentes que não tiveram participação na morte da vítima respondem por crime de roubo, sendo a pena aumentada até a metade na hipótese de ter sido previsível a ocorrência da morte.

(C) todos os agentes respondem por crime de latrocínio.

(D) na hipótese de não ser possível a identificação dos autores da morte, todos respondem por crime de roubo.

De fato, de acordo com o entendimento do Superior Tribunal de Justiça, todos aqueles que concorrerem para a empreitada criminosa, ainda que não executem a morte da vítima, responderão por latrocínio. Confira-se: *Recurso especial. Latrocínio. Desclassificação para o crime de roubo circunstanciado, aplicando-se a causa de aumento do art. 29, § 2º, do Código Penal. Impossibilidade. Recurso provido.* 1. Conforme o entendimento desta Corte, "no roubo, mormente praticado com arma de fogo, respondem, de regra, pelo resultado morte, situado evidentemente em pleno desdobramento causal da ação delituosa, todos que, mesmo não agindo diretamente na execução da morte, contribuíram para a execução do tipo fundamental (Precedentes). Se assumiram o risco, pelo evento, respondem" (HC 35.895/DF, Rel. Min. Felix Fischer, DJ de 04.10.2004).

Gabarito "C"

(Ministério Público/AC – 2008) Segundo entendimento do Supremo Tribunal Federal, o agente que, munido de arma de fogo, assaltar diversos passageiros de transporte coletivo no mesmo empreendimento delituoso, responde por

(A) roubo em concurso material, em face da diversidade de vítimas.

(B) roubo continuado.

(C) roubo em concurso formal.

(D) crime único de roubo.

De fato, o entendimento do STF é no sentido de que se o crime de roubo for perpetrado contra diversas vítimas, atingindo patrimônios diversos, mediante uma ação, caracterizado estará o concurso formal. Confira-se a ementa, que demonstra já ser antiga a discussão do tema naquela Corte: "Roubos contra vítimas diversas, cometidos em uma única ação, desdobrada em vários atos. O recorrido, juntamente com comparsas, mediante ameaça de arma de fogo, subtraiu objetos e dinheiro de pessoas que estavam no interior de um estabelecimento comercial. Configura-se concurso formal e não crime único. Dissídio jurisprudencial comprovado. Recurso extraordinário conhecido e provido, restabelecendo-se a sentença." (**RE 103308/SP, 1ª Turma, j. 04.12.1984).**

Gabarito "C"

(Ministério Público/AC – 2008) Consoante a jurisprudência do Supremo Tribunal Federal, pode-se afirmar, relativamente ao crime de latrocínio, que

(A) não é admissível a figura da tentativa.

(B) se o agente não consegue subtrair a coisa alheia móvel, mas mata a vítima, responde por latrocínio consumado.

(C) se o agente não consegue subtrair a coisa alheia móvel, mas mata a vítima, responde por latrocínio tentado.

(D) se o agente consegue subtrair a coisa alheia móvel, e fica com ela por pouco tempo em razão de ser flagrado pela polícia, mas mata a vítima, responde por latrocínio tentado.

De fato, de acordo com a jurisprudência do Supremo Tribunal Federal, com relação ao crime de latrocínio (art. 157, § 3º, parte final, do CP), considerado hediondo, diga-se de passagem, seu momento consumativo ocorrerá com a morte da vítima, ainda que o agente não consiga subtrair coisa alheia móvel da vítima (Súmula 610 do STF). Ocorrerá tentativa de latrocínio se o agente não conseguir subtrair o patrimônio da vítima, nem lograr ceifar-lhe a vida.

Gabarito "B"

(Ministério Público/AC – 2008) Aírton, experiente criminoso, detém Jorge, como vítima, mantendo-o em seu poder, e, restringindo sua liberdade durante uma noite inteira, no objetivo de subtrair de Jorge o pagamento de seu salário, o qual seria creditado em sua conta-corrente na manhã seguinte, sendo Aírton conhecedor desse fato. Ao amanhecer, Aírton conduz Jorge, sob grave ameaça, mediante o emprego de arma de fogo, a um caixa de autoatendimento, do qual Jorge saca R$ 1.000,00, entregando dito valor a Aírton. Considerando a descrição dos fatos, tem-se que Aírton praticou o crime de

(A) extorsão mediante sequestro.

(B) extorsão mediante sequestro na forma qualificada.

(C) roubo duplamente qualificado.

(D) roubo *sui generis* em concurso com sequestro relâmpago.

À época em que formulada a questão, não haveria dúvidas de que a alternativa correta seria a de letra "C". Afinal, Airton, para subtrair o salário de Jorge, precisou mantê-lo durante toda a noite sob seu poder, tendo em vista que seu salário somente seria creditado na manhã seguinte. Incidiria, pois, à espécie, o art. 157, § 2º, V, do CP (roubo majorado pela restrição de liberdade da vítima), sem prejuízo da causa de aumento referente ao emprego de arma (art. 157, § 2º, I, do CP). Contudo, com o advento da Lei 11.923/2009, ao crime de extorsão, definido no art. 158 do CP, foi acrescido o § 3º, com a seguinte redação: *Se o crime é cometido mediante a restrição da liberdade da vítima, e essa condição é necessária para a obtenção da vantagem econômica, a pena é de reclusão, de 6 (seis) a 12 (doze) anos, além da multa; se resulta lesão corporal grave ou morte, aplicam-se as penas previstas no art. 159, §§ 2º e 3º, respectivamente.* Portanto, podemos enquadrar a conduta de Airton no tipo penal referido, conhecido por "sequestro-relâmpago".

Gabarito "C"

(Ministério Público/AP – 2005) Dona Tícia subtraiu um aparelho de som de uma residência e Tácio de Tal, Oficial de Justiça da 21ª Vara de Família da Comarca de Macapá, adquiriu a *res furtiva* por preço justo, entretanto, era sabedor de que se tratava de objeto subtraído de outrem e que Dona Tícia era inimputável, pois foi interditada na referida 21ª Vara de Família. Em face do enunciado acima, marque a opção correta:

(A) O delito praticado por Tícia é de alçada Pública e depende de representação.

(B) O crime perpetrado por Tícia é de natureza eminentemente privada.

(C) Sucedeu o crime de receptação e este é autônomo em relação ao crime de furto.

(D) Não praticou Tícia nenhum crime, somente será responsabilizado no Juízo Cível, apesar da autonomia do crime de receptação, pois deve ser levada em conta a inimputabilidade da Dona Tícia, como autora do crime de furto.

Nos termos do art. 180, § 4º, do CP, é irrelevante, para a punição da receptação, o fato de a autora do crime de furto ser inimputável ou não, pouco importando, da mesma forma, se o autor do crime de receptação tinha conhecimento dessa circunstância ou não. Este, embora tenha pagado o preço justo, sabia da procedência criminosa do aparelho de som. Deve, pois, ser responsabilizado pelo crime previsto no art. 180, *caput*, do CP (receptação dolosa).

Gabarito "C"

(Ministério Público/BA – 2010) A nova redação do CP, decorrente da Lei 11.923/2009, no que pertine à "colaboração" da vítima, e de acordo com os comentadores do novo diploma legal, seria correto afirmar:

I. No roubo, a colaboração da vítima é dispensável.

II. No roubo, a colaboração da vítima é indispensável.

III. Na extorsão, é indispensável.

IV. Na extorsão mediante sequestro, é dispensável.

V. Na extorsão mediante sequestro, é indispensável.

(A) As alternativas I, III e IV são verdadeiras.

(B) As alternativas II, III e IV são verdadeiras.

(C) Somente a alternativa III é falsa.

(D) As alternativas I, II e V são verdadeiras.

(E) As alternativas II, III e V são verdadeiras.

A extorsão (art. 158 do CP) pressupõe uma participação da vítima, que deverá *fazer* algo (entregar a carteira, por exemplo), *tolerar* que se faça ou *deixar de fazer* alguma coisa. No roubo (art. 157 do CP), a situação é diferente. Aqui, a atuação do agente não está condicionada à da vítima. O objeto material do crime é tirado (subtraído) da vítima. Na extorsão, ele é, *grosso modo*, entregue pela vítima. É por isso que se fala que no roubo a colaboração da vítima é dispensável, irrelevante; na extorsão, ao contrário, é indispensável. No âmbito da extorsão mediante sequestro (art. 159 do CP), a colaboração da vítima é dispensável na medida em que a consumação deste crime se dá com a privação da liberdade do ofendido (o que não envolve sua participação ativa).

Gabarito "A"

(Ministério Público/MG – 2008) Em um parque de exposição, um policial, do interior de sua guarita onde se encontrava de plantão, presencia o início da prática de um crime de roubo. Ao perceber que a vítima era um antigo desafeto, mesmo tendo plenas condições de evitar a prática do delito, dolosamente, omite-se, permitindo a consumação da infração penal, com a subtração dos bens pertencentes àquela. Nesse caso, qual o delito praticado pelo policial?

(A) Prevaricação.

(B) Roubo por omissão.

(C) Fato atípico.

(D) Roubo impróprio.

(E) Omissão de socorro.

O policial, em conformidade com o que reza o art. 13, § 2º, do CP, tinha, por dever de ofício, a obrigação legal de agir e evitar o resultado. Assim não o fez. Responderá, dessa forma, por roubo (crime omissivo impróprio).

Gabarito "B"

(Ministério Público/MG - 2008) Fazendo-se passar por um manobrista, o agente faz com que a própria vítima lhe entregue as chaves do carro, oportunidade em que se retira tranquilamente do local, fugindo com o veículo. Nesse caso, podemos afirmar que o agente praticou o delito de:

(A) furto mediante fraude.

(B) furto qualificado pelo abuso de confiança.

(C) estelionato.

(D) apropriação indébita.

(E) furto simples.

Trata-se do crime capitulado no art. 171 do CP (estelionato), na medida em que a vítima, ludibriada, entregou as chaves do veículo. O crime do art. 155 do CP – furto – pressupõe subtração. Já na apropriação indébita – art. 168 do CP – inexiste subtração ou fraude. O agente, depois de adquirir a posse da coisa, passa a agir como se dono dela fosse. Ocorre, a rigor, uma inversão da posse.

Gabarito "C"

(Ministério Público/MG – 2008) Em conversa com Augusto, Ricardo confessa que tinha um plano de subtrair os bens móveis que guarneciam determinada residência, com a finalidade de vendê-los, posteriormente, mas que somente não levaria o plano a efeito em virtude de não ter encontrado, ainda, um local para acondicionar a *res furtiva* após a subtração. Nesse instante, Augusto oferece-lhe um galpão, dizendo, no entanto, que o espaço deveria estar desocupado em 30 dias, quando seria entregue ao futuro locatário do imóvel. Em virtude dessa promessa, Ricardo coloca em prática o plano criminoso, tendo sucesso na subtração dos bens e, ato contínuo, acondiciona-os no local cedido por Augusto. Nesse caso, podemos afirmar que Augusto:

(A) praticou o crime de furto, em concurso com Ricardo.

(B) praticou o crime de favorecimento real.

(C) praticou o crime de favorecimento pessoal.

(D) praticou o crime de receptação.

(E) NDA

Ricardo é autor do crime, já que realizou a figura típica (ação nuclear) do art. 155 do CP; já Augusto, que lhe prestou auxílio material, cedendo-lhe local no qual seria acondicionada a *res furtiva*, é partícipe do mesmo delito, devendo, portanto, incidir nas penas a ele cominadas, na medida de sua culpabilidade, conforme determina o art. 29 do CP.

Gabarito "A"

(Ministério Público/RO – 2008 – CESPE) Julgue os itens subsequentes, relativos a crimes contra o patrimônio.

I. Segundo entendimento mais recente do STJ, para caracterizar a causa de aumento de pena prevista no CP no que concerne ao emprego de arma no crime de roubo, não há a necessidade de se apreender e realizar perícia na arma para constatar sua potencialidade lesiva, podendo o seu emprego ser demonstrado pela prova testemunhal.

II. Responde por furto mediante fraude, e não por estelionato, o agente que transfere valores da conta-corrente da vítima para a sua, por intermédio da Internet, após ter conseguido acessar ilicitamente dados da conta.

III. Conforme previsão legal, somente se admitirá a delação premiada no crime de extorsão mediante sequestro se o crime for cometido em concurso e o delator facilitar a libertação do sequestrado. Nesse caso, o delator terá sua pena reduzida de um a dois terços.

IV. A jurisprudência do STF quanto à consumação do furto é mais rígida que a do STJ, pois exige a saída da coisa da chamada esfera de vigilância da vítima.

V. Se cheques pré-datados emitidos como garantia de dívida forem devolvidos por falta de fundos ao serem apresentados antes da data combinada, o emitente responde por crime de estelionato, na modalidade prevista no CP como emissão de cheque sem suficiente provisão de fundos.

Estão certos apenas os itens

(A) I e II.

(B) I e IV.

(C) II e III.

(D) III e IV.

(E) IV e V.

I: embora considerada incorreta, esta proposição reflete posicionamento jurisprudencial mais recente, segundo o qual a apreensão e a respectiva perícia da arma não é necessária à configuração da majorante presente no art. 157, § 2º, I, do CP, se por outros meios restou comprovado o seu emprego. Nesse sentido: "*É desnecessária a apreensão e a perícia da arma de fogo para caracterizar a majorante prevista no art. 157, § 2º, I, do CP, se por outros meios for comprovado seu emprego na prática criminosa. A 2ª Turma, em homenagem aos princípios da segurança jurídica e da colegialidade, e para evitar decisões díspares entre as Turmas, deliberou acompanhar essa orientação, formalizada pelo Plenário no julgamento do HC 96099/RS (DJe de 5.6.2009) e, em consequência, indeferiu habeas corpus em que sustentada a necessidade de apreensão e perícia de arma de fogo para fins de verificação da sua potencialidade lesiva e consequente incidência da referida causa de aumento. Consignou-se que tal entendimento já vinha sendo adotado pela 1ª Turma e que a 2ª Turma teria, em casos análogos, sufragado tese em sentido diametralmente oposto após a prolação do citado paradigma. Os Ministros Gilmar Mendes, relator, e Celso de Mello ressalvaram sua convicção pessoal. HC 103046/RJ e HC 104984/RS, rel. Min. Gilmar Mendes, 19.10.2010. (HC-103046)* (Inform. STF 605)" ; **II:** correta: STJ, 5ª T., HC 56978-GO, Rel. Min. Gilson Dipp, j. 01.06.2006; **III:** correta: art. 159, § 4º, do CP; **IV:** incorreta. A jurisprudência do STF e do STJ dispensa, para a consumação do furto e do roubo, o critério da saída da coisa da *esfera de vigilância da vítima* e se contenta com a constatação de que, cessada a clandestinidade ou a violência, o agente tenha tido a posse da *res*, mesmo que retomada, em seguida, pela perseguição imediata: STF, HC 92450-DF, 1ª T., Rel. Min. Ricardo Lewandowski, 16.09.2008; STJ, REsp 1059171-RS, 5ª T., Rel. Min. Felix Fischer, j. 02.12.2008; **V:** incorreta. Cheque emitido em garantia de dívida (pré-datado) representa mera *promessa de pagamento*, como se *nota promissória* fosse. Eventual falta de fundos quando da sua apresentação não caracteriza o estelionato na modalidade *fraude no pagamento por meio de cheque* (art. 171, § 2º, VI, CP). No caso narrado não há crime, já que os cheques foram apresentados antes da data combinada.

Gabarito "C"

(Ministério Público/SC – 2008)

I. A extorsão é crime formal e se consuma quando o sujeito ativo recebe a vantagem exigida.

II. O depósito necessário miserável, quando se constitui em figura criminosa, é aquele previsto no artigo 168, I, (necessário) do CP.

III. A figura prevista, no artigo 171, V, do CP, fraude para recebimento de indenização ou valor de seguro é crime formal.

IV. A receptação na modalidade imprópria não admite tentativa.

V. A escusa relativa prevista nas disposições gerais dos crimes contra o patrimônio, extingue a punibilidade do agente ativo do crime.

(A) apenas III, IV e V, estão corretos;

(B) apenas I, II e III, estão corretos;

(C) apenas II, III e IV, estão corretos;

(D) apenas II, III e V, estão corretos;

(E) apenas I, IV e V, estão corretos;

I: incorreta. A extorsão – art. 158 do CP – é crime formal e se consuma independentemente da obtenção da vantagem indevida, conforme entendimento esposado na Súmula 96 do STJ; **II:** correta: art. 168, § 1º, I, do CP (depósito necessário); **III:** correta: trata-se, de fato, de crime formal, que se consuma com a prática das condutas ***destruir***, ***ocultar***, ***lesar*** ou ***agravar***, independentemente do prejuízo causado ao segurador; **IV:** correta. A chamada ***receptação imprópria***, que não comporta a forma tentada (crime formal), está consubstanciada nos seguintes termos: "(...) ***ou influir para que terceiro, de boa-fé, a adquira, receba ou oculte***" (art. 180, *caput*, 2ª parte, do CP); **V:** incorreta. O art. 181 do CP cuida das chamadas ***imunidades penais absolutas*** (causas pessoais de exclusão de pena); já o art. 182 do mesmo diploma trata das ***imunidades relativas***, que não têm o condão de elidir a punibilidade do fato praticado. Limitam-se a estabelecer um obstáculo ao exercício da ação penal, nos casos em que o crime patrimonial tenha sido perpetrado em detrimento do cônjuge separado judicialmente; irmão, legítimo ou não; tio ou sobrinho com quem o agente coabita.

Gabarito "C"

(Ministério Público/SP – 2011) Aquele que, após haver realizado a subtração de bens, ministra narcótico na bebida do vigia local para dali sair com sucesso de posse de alguns dos objetos subtraídos, responde por:

(A) furto consumado.

(B) roubo impróprio.

(C) tentativa de furto.

(D) roubo impróprio tentado.

(E) estelionato.

Não se trata de roubo impróprio (art. 157, § 1º, do CP), visto que este, diferentemente do roubo próprio, somente comporta, em seguida à subtração, o emprego de violência ou grave ameaça contra a pessoa.

Gabarito "A"

(Ministério Público/SP – 2010) Assinale a alternativa correta:

(A) o ato de ter em depósito, no interior da própria residência, no exercício de atividade comercial, coisa que deve saber ser produto de crime de estelionato constitui crime de receptação na modalidade dolosa do art. 180, "caput", do Código Penal.

(B) o crime de receptação, nas modalidades dolosa ou culposa, pressupõe, por expressa disposição legal, a anterior prática de crime contra o patrimônio.

(C) no crime de receptação, a modalidade privilegiada (art. 180, § 5º, c/c art. 155, § 2º, do CP) só pode ser reconhecida quando se tratar da figura culposa do delito.

(D) o crime de receptação imprópria implica necessariamente que o terceiro que adquire ou recebe a coisa esteja de boa-fé.

(E) o perdão judicial aplica-se à receptação culposa, mesmo na hipótese de o réu ser reincidente.

A: incorreta: art. 180, § 1º, do CP; **B:** incorreta. O crime original pode ou não ser contra o patrimônio; **C:** incorreta. O art. 155, § 2º, do CP aplica-se à receptação dolosa (art. 180, *caput* e § 1º, do CP); **D:** correta. A receptação imprópria está na segunda parte do *caput* do art. 180 do CP: "(...) influir para que terceiro, de boa-fé, a adquira, receba ou oculte"; **E:** incorreta. O perdão judicial do art. 180, § 5º, do CP somente terá lugar se se tratar de agente primário.

Gabarito "D"

20. CRIMES CONTRA A DIGNIDADE SEXUAL

(Ministério Público/SP – 2013 – PGMP) A Lei nº 12.015/2009 trouxe alterações nos chamados "crimes sexuais" do Código Penal e buscou, além modernizar algumas tutelas, agravar a situação do agente em vários crimes. É possível concluir assim que NÃO era desejado pelo legislador:

(A) a revogação da posse sexual mediante fraude e sua substituição pela violação sexual mediante fraude.

(B) a introdução da ótica da "dignidade sexual" no lugar da dos "costumes".

(C) o desdobramento do art. 218 em três crimes, dois deles referentes à satisfação da lascívia com o envolvimento de menores de catorze anos.

(D) o afastamento do concurso material entre os antigos estupro e atentado violento ao pudor (arts. 213 e 214), realizados no mesmo contexto fático (*lex in melius*).

(E) a inclusão do favorecimento da prostituição e exploração sexual do vulnerável.

A: incorreta. Com o advento da Lei 12.015/2009, a posse sexual mediante fraude, prevista no art. 215 do CP, passou a ter novo *nomen juris*, qual seja, o de violação sexual mediante fraude, abrangendo não apenas a mulher, mas, sim, qualquer pessoa (homem ou mulher), que com o agente manterá qualquer tipo de ato libidinoso (conjunção carnal ou outros), mediante fraude; **B:** incorreta, pois foi, sim, desejo do legislador trazer uma nova conotação aos crimes sexuais, que deixaram de ter uma ótica moralista (crimes contra os costumes), passando a violar a dignidade sexual da vítima, espectro da própria dignidade da pessoa humana; **C:** incorreta, pois o "antigo" art. 218 do CP, que tinha o nome jurídico de "corrupção de menores", desdobrou-se em três crimes (art. 218, *caput* – corrupção de menores; art. 218-A – satisfação de lascívia mediante a presença de criança ou adolescente; art. 218-B – favorecimento da prostituição ou outra forma de exploração sexual de vulnerável), sendo que, em dois deles (art. 218, *caput*, e art. 218-A, ambos do CP), a vítima é menor de catorze anos; **D:** correta. A despeito de existir polêmica doutrinária e jurisprudencial sobre a questão, o fato é que a Lei 12.015/2009, ao promover a fusão de dois tipos penais (antigos arts. 213 e 214 do CP) em um só (atual art. 213 do CP), deu azo ao reconhecimento de um único crime, qual seja, o de estupro, quando o agente, no mesmo contexto fático, mantiver conjunção carnal com a vítima e, após, com ela praticar atos libidinosos diversos. É essa a posição da 6ª Turma do STJ (HC 144.870/DF; HC 129.398/RJ). Porém, importante registrar que o tema não é pacífico nem mesmo na referida Corte, eis que sua 5ª Turma já decidiu que o art. 213 do CP é tipo misto cumulativo, sendo admissível o concurso de crimes, ainda que os diversos atos libidinosos (conjunção carnal e outros) sejam praticados no mesmo contexto fático, contra a mesma vítima (HC 105.533/PR; HC 78.667/SP); **E:** incorreta, pois a Lei 12.015/2009 promoveu a inclusão de tipo penal específico (art. 218-B do CP), que trata do favorecimento da prostituição ou outra forma de exploração sexual de vulnerável.

Gabarito "D"

(Ministério Público/RR – 2012 – CESPE) Durante operação conjunta das polícias civil e militar, do conselho tutelar e do juizado da infância e juventude de determinada cidade do interior, foram encontrados, em uma boate, dez adolescentes, com idades entre dezesseis e dezessete anos, de ambos os sexos, trabalhando, em trajes minúsculos, como garçons e garçonetes no estabelecimento. Havia, ainda, adolescentes se exibindo em espetáculo de *striptease*.

Considerando a situação hipotética acima apresentada e o que dispõe o CP acerca dos crimes contra a dignidade sexual, assinale a opção correta.

(A) Suponha que algum adulto tenha praticado, com outro adulto, conjunção carnal ou qualquer outro ato libidinoso na presença dos adolescentes, ou que os tenha induzido a presenciar os referidos atos, a fim de satisfazer lascívia própria ou de outrem. Nessa situação, esse adulto deve ser responsabilizado pelo delito de satisfação de lascívia na presença de criança ou adolescente.

(B) O proprietário ou o gerente do estabelecimento deve ser responsabilizado tão somente pelo delito de manutenção de estabelecimento para exploração sexual, haja ou não mediação direta na exploração sexual.

(C) Devem responder penalmente pela prática do delito de favorecimento à exploração sexual de vulnerável o proprietário, o gerente ou o responsável pela boate e, de igual modo, os clientes encontrados no local.

(D) Se algum dos clientes da boate for encontrado mantendo conjunção carnal ou qualquer outro ato libidinoso com algum adolescente, será responsabilizado por estupro de vulnerável, se restar demonstrado o pleno conhecimento da menoridade da vítima, ainda que esta tenha assentido em realizar a conduta.

(E) Caso os adolescentes tenham ingressado voluntariamente no estabelecimento para o exercício das atividades descritas e, ao tentarem deixar o local e cessar as práticas, tenham sido impedidos pelo proprietário e gerente, restará consumado o delito de exploração sexual de vulnerável na forma de impedimento ou dificultação do abandono da atividade, cuja pena será agravada da quarta parte pelo concurso de pessoas, com aplicação de pena de multa, tendo como efeito obrigatório da condenação a cassação da licença de localização e funcionamento da boate.

A: incorreta. O art. 218-A do CP pressupõe que o agente pratique conjunção carnal ou qualquer outro ato libidinoso, para a satisfação da própria lascívia ou de outrem, na presença de menor de 14 (quatorze) anos. Considerando que na boate havia adolescentes com idade entre dezesseis e dezessete anos, não se tipifica a conduta descrita no dispositivo mencionado; **B:** incorreta, pois o proprietário ou gerente da boate em que os adolescentes foram encontrados não responderão, simplesmente, pelo crime do art. 229 do CP (casa de prostituição), mas, sim, em virtude do princípio da especialidade, pelo crime do art. 218-B do CP; **C:** incorreta. O art. 218-B, § 2°, II, do CP é dirigido ao proprietário, gerente ou responsável pelo local em que se realiza a prática da prostituição ou da exploração sexual de vulnerável, e não aos clientes da boate; **D:** incorreta, pois o estupro de vulnerável, descrito no art. 217-A do CP, pressupõe, por óbvio, que a vítima se enquadre em uma das situações de vulnerabilidade. No tocante ao fator "idade", a vulnerabilidade somente será reconhecida se a vítima for menor de quatorze anos. Considerando que os adolescentes encontrados na boate tinham entre dezesseis e dezessete anos, não se pode cogitar de estupro de vulnerável, ainda mais diante do consentimento deles com a prática dos atos libidinosos; **E:** correta (art. 218-B, *caput*, parte final, do CP). Dificultar o abandono da atividade de prostituição ou de qualquer outra forma de exploração sexual, ainda que inicialmente tenha havido consentimento do menor de dezoito anos, caracteriza o crime de favorecimento de prostituição ou outra forma de exploração sexual de vulnerável.

Gabarito "E"

(Ministério Público/RJ – 2011) Na lista negra do crime organizado do Rio de Janeiro, esperava-se que Caio fosse assassinado a qualquer momento. Por essa razão, recolhia-se cedo diariamente. Felisbela, sua esposa, sofria intensamente com a possibilidade de Caio ser morto pelos criminosos. Tanto que ficou apavorada ao distinguir, naquela noite de 02 de agosto de 2011, um vulto que crescia, passo firme, em direção à sua casa. Nem refletiu a temerosa mulher, desesperadamente convencida de que aquele homem, chapéu sobre os olhos, uma capa preta, enorme, a cobrir-lhe o corpo e a carabina 44 nas mãos, seria o algoz de seu consorte. Correu ao seu encontro, e disse-lhe: "Meu marido, não! Deixe-o em paz! Prometa que não o matará! Faça de mim o que quiser!" – Dizia isto agarrando-se ao homem, num abraço convulso, abandonando-se a ele, que ali mesmo com ele praticou o coito anal, sem ritos, sem cerimônia. Após referido ato libidinoso, o estranho arranjou-se, fitou Felisbela bem nos olhos e, com acanhados agradecimentos, deixou-lhe a carabina, então desmuniciada, que Caio lhe havia emprestado para caçar.

O crime (se houve) praticado pelo homem da capa preta em face de Felisbela foi:

(A) estupro de vulnerável por impossibilidade de resistência da vítima;

(B) violação sexual mediante fraude;

(C) estupro;

(D) atentado violento ao pudor mediante fraude;

(E) nenhum, diante da atipicidade do fato.

O crime praticado pelo "homem da capa preta" contra Felisbela foi o de violação sexual mediante fraude (art. 215 do CP). Afinal, com ela manteve coito anal mediante fraude, consistente em mantê-la no erro que ela própria cometera (acreditar que o agente seria o futuro algoz de Caio, "jurado de morte" pelo crime organizado). Não se pode cogitar da prática de estupro (art. 213 do CP), visto que a vítima não sofreu grave ameaça ou violência pelo agente (alternativa "C" incorreta). Também não se pode falar em estupro de vulnerável (art. 217-A do CP), uma vez que Felisbela não se enquadra em qualquer das hipóteses de vulnerabilidade descritas no tipo penal referido (alternativa "A" incorreta). Por fim, não se cogita da prática do crime de atentado violento ao pudor mediante fraude, visto que, previsto no art. 216 do CP, foi expressamente revogado pela Lei 12.015/2009, que alterou sobremaneira o capítulo dos crimes sexuais.

Gabarito "B"

Ministério Público/MS – 2009) Lépido, enfermeiro, é contratado para cuidar de Otávia, em razão de esta ser acometida de esquizofrenia. Otávia (com 18 anos de idade) convida Lépido a manter com ela conjunção carnal, visto estar, segundo ela, necessitando de carinho, ocasião em que se encontrava devidamente medicada e consciente de seus atos. Lépido aquiesce à solicitação de Otávia, mantendo com ela conjunção carnal, em oportunidade em que ficaram sozinhos. Porém, são surpreendidos pelos pais de Otávia que retornavam de um jantar. Os pais de Otávia registram ocorrência policial. Considerando as circunstâncias descritas, é correto afirmar que

(A) a conduta de Lépido é atípica.

(B) Lépido responde por posse sexual mediante fraude.

(C) Lépido responde por crime de estupro.

(D) Lépido responde por crime de sedução.

(E) Lépido responde por crime de estupro em concurso com o crime de sedução.

A: correta. De fato, a conduta perpetrada por Lépido não se amolda ao art. 217-A, § 1º, do CP. A despeito de Otávia ser acometida por esquizofrenia, somente poderá ser considerada vulnerável se em razão da enfermidade ou deficiência mental não tiver o necessário discernimento para a prática do ato. Perceba que a vulnerabilidade da vítima, nesse caso, exige um nexo de interdependência entre o déficit ou enfermidade mental e a compreensão do ato libidinoso. No caso relatado no enunciado, mesmo que a vítima seja esquizofrênica, por ocasião da conjunção carnal, estava medicada e consciente de seus atos. Aqui, portanto, não se cogita de vulnerabilidade; **B:** incorreta, pois ausentes as elementares do art. 215 do CP, especialmente em virtude da inexistência de qualquer fraude perpetrada por Lépido; **C:** incorreta, não se cogitando nem de estupro (art. 213 do CP), em razão da ausência de violência ou grave ameaça, nem estupro de vulnerável (art. 217-A do CP), pelos motivos já expostos anteriormente; **D:** incorreta, até mesmo pelo fato de não mais ser criminosa a conduta existente no art. 217 do CP, revogado expressamente pela Lei 11.106/2005 (operou-se, aqui, *abolitio criminis*); **E:** incorreta, tendo em vista as razões expostas nas alternativas anteriores.

Gabarito "A"

(Ministério Público/MG – 2012 – CONSULPLAN) Dr. José, médico "aposentado" do Hospital Naval, mudou-se para Leopoldina/MG: vendeu sua cobertura em Ipanema (Rio de Janeiro/RJ) e adquiriu uma fazenda com gado leiteiro, na "bucólica" região da zona da mata mineira. Indo à cidade para a missa que mandou rezar em memória de um ano da morte de sua esposa, Dr. José conheceu Mariazinha, que, apesar de contar apenas 16 (dezesseis) anos de idade, celebrava, no mesmo culto religioso, sua prodigiosa aprovação em primeiro lugar no vestibular de Medicina da UFJF. Dr. José se apaixonou por Mariazinha e, naquela noite, após uma festa no clube da cidade, manteve com ela conjunção carnal consentida. Hoje, às vésperas da esperada mudança da adolescente para Juiz de Fora/MG, o pai de Mariazinha recebeu a notícia de que a adolescente está no quinto mês de gravidez. Mariazinha manteve relação sexual exclusivamente com Dr. José – e apenas uma vez! Quanto ao enquadramento jurídico-penal da conduta de Dr. José, que nega ser o pai do nascituro, é **CORRETO** afirmar que se trata de:

(A) assédio sexual.

(B) violação sexual de vulnerável.

(C) corrupção de menor.

(D) indiferente penal.

A conduta perpetrada por Dr. José é atípica. Vejamos, porém, cada uma das alternativas. **A:** incorreta. O crime de assédio sexual, definido no art. 216-A do CP, pressupõe que entre vítima e sujeito ativo exista uma relação de superioridade hierárquica ou ascendência, o que não se vê no caso relatado no enunciado; **B:** incorreta, pois sequer existe o crime de violação sexual de vulnerável. Outrossim, Mariazinha, com 16 (dezesseis) anos de idade, não se enquadra no conceito de vulnerabilidade trazido no art. 217-A, *caput* e § 1º, do CP; **C:** incorreta, pois o crime de corrupção de menores pressupõe que a vítima seja menor de 14 (quatorze) anos e satisfaça a lascívia de outrem (e não a própria, tal como ocorreu no enunciado); **D:** correta. Não se vislumbra que Dr. José tenha cometido crime contra a dignidade sexual de Mariazinha. Esta somente seria considerada vulnerável, e, portanto, seu consentimento seria absolutamente inválido, caso contasse com menos de 14 (quatorze) anos, caso em que restaria caracterizado o estupro de vulnerável.

Gabarito "D"

(Ministério Público/CE – 2011 – FCC) O estupro de vulnerável pressupõe que

(A) a vítima seja menor de 14 anos e do sexo feminino.

(B) a violência seja real e a vítima menor de 14 anos.

(C) haja conjunção carnal e a vítima seja menor de 12 anos.

(D) a vítima seja menor de 12 anos, independentemente do sexo e da natureza da violência, desde que haja conjunção carnal.

(E) a vítima seja menor de 14 anos e haja conjunção carnal ou outro ato libidinoso.

A: incorreta, pois o estupro de vulnerável poderá ser praticado contra vítima menor de 14 (quatorze) anos, ou contra pessoa portadora de enfermidade ou deficiência mental sem o necessário discernimento para a prática de atos libidinosos ou contra quem, por qualquer outra causa, não possa oferecer resistência (art. 217-A, *caput*, e § 1º, do CP), pouco importando o sexo (masculino ou feminino); **B:** incorreta, pois o crime de estupro de vulnerável sequer exige violência (física ou moral), bastando que a vítima, como visto no comentário à alternativa anterior, seja menor de 14 (quatorze) anos ou portadora de enfermidade ou deficiência mental que lhe retire o discernimento para a prática do ato (ainda que houvesse suposto consentimento), ou que, por qualquer causa, não possa oferecer resistência ao ato; **C:** incorreta, pois o crime em comento poderá decorrer da prática de conjunção carnal ou qualquer outro ato libidinoso contra a vítima considerada vulnerável; **D:** incorreta, pois uma das hipóteses de vulnerabilidade decorre da idade da vítima (menor de quatorze anos). Ainda, o estupro em tela poderá ser cometido mediante conjunção carnal ou prática de outros atos libidinosos com a vítima vulnerável; **E:** correta (art. 217-A, *caput*, do CP). Frise-se, porém, que não somente a vítima menor de 14 (quatorze) anos será considerada vulnerável, conforme registramos nos comentários às alternativas anteriores.

Gabarito "E"

(Ministério Público/BA – 2010) Com o advento da Lei 12.015/2009, seria correto afirmar:

I. A prática da conjunção carnal seguida da prática de outros atos libidinosos não caracteriza, necessariamente, concurso material de crimes.

II. A nova lei operou uma espécie de fusão de figuras penais anteriormente autônomas na antiga redação.

III. A nova lei implicou algumas inovações benéficas para os acusados, devendo, por conseguinte, retroagir no particular.

IV. A nova lei inovou sempre para prejudicar os acusados, não devendo, por conseguinte, retroagir.

V. O estupro passou a ser uma figura bicomum no que tange aos sujeitos, após a nova lei.

(A) Apenas a alternativa I é falsa.

(B) Apenas a alternativa II é falsa.

(C) Apenas alternativa III é falsa.

(D) Apenas a alternativa IV é falsa.

(E) Apenas a alternativa V é falsa.

I: correta. Desde que no mesmo contexto fático, o crime será único; **II:** correta. É o caso do estupro/atentado violento ao pudor; posse sexual mediante fraude/atentado ao pudor mediante fraude; **III:** correta. Um exemplo: o fato de a Lei 12.015/2009 ter promovido a união dos crimes de estupro e atentado violento ao pudor, transformando-o em delito de ação múltipla, segundo doutrina dominante, faz com que ela retroaja e atinja fatos ocorridos anteriormente a sua vigência; **IV:** assertiva incorreta, conforme afirmado na proposição anterior; **V:** correta. Bicomum é o crime em que não se exige condição especial para assumir a posição de sujeito ativo tampouco a de sujeito passivo do crime. É o caso, a partir da Lei 12.015/2009, do estupro. Antes disso, era crime próprio.

Gabarito "D"

(Ministério Público/RO – 2010 – CESPE) Acerca dos crimes contra a dignidade sexual, assinale a opção correta.

(A) O crime de estupro de vítima menor de dezoito anos de idade é processado mediante ação penal pública incondicionada.

(B) De acordo com o ordenamento jurídico pátrio, constranger vítima maior de dezoito anos de idade para que ela permita que se pratique nela ato libidinoso somente caracteriza crime sexual se do ato resultarem lesões.

(C) Nos crimes contra a dignidade sexual, a pena será agravada se o ato for cometido com o concurso de duas ou mais pessoas ou se dele resultar gravidez.

(D) A prática de conjunção carnal mediante violência caracteriza crime de estupro, sendo irrelevante a idade exata da vítima para a tipificação do crime.

A: correta, nos termos do art. 225, parágrafo único, do CP; **B:** incorreta. Constranger alguém, maior de dezoito anos, mediante violência ou grave ameaça, a permitir que nela se pratique ato libidinoso caracteriza crime de estupro (art. 213, CP), ainda que do ato não resulte lesão corporal; **C:** incorreta. O aumento de pena previsto no art. 226, I, do CP (concurso de duas ou mais pessoas) refere-se aos crimes contra a liberdade sexual; já o aumento de pena previsto no art. 234-A, III, do CP (se do crime resultar gravidez) refere-se aos crimes contra a dignidade sexual; **D:** incorreta. Se a vítima for menor de 14 anos, o crime será o do art. 217-A – estupro de vulnerável.

Gabarito "A"

(Ministério Público/SE – 2010 – CESPE) Túlio praticou ato libidinoso, ao tocar os seios de Cida, e, nesse momento, decidiu estuprá-la. Túlio acabou, então, consumando ambas as condutas contra a mesma vítima e no mesmo contexto. Nessa situação hipotética, Túlio deverá responder

(A) pelos crimes de estupro e atentado violento ao pudor em concurso formal.

(B) pelos crimes de estupro e atentado violento ao pudor em concurso material.

(C) pelos crimes de estupro e atentado violento ao pudor em continuidade delitiva.

(D) por crime único de estupro.

(E) por crime único de atentado violento ao pudor.

A questão é emblemática, já que, com a edição da Lei 12.015/2009, fez surgir na doutrina grande polêmica acerca do tema. Atualmente, predomina na jurisprudência e na doutrina o entendimento segundo o qual a conjunção carnal e os atos libidinosos ocorridos no mesmo contexto fático constituem crime único (incidência do princípio da alternatividade).

Gabarito "D"

21. CRIMES CONTRA A FÉ PÚBLICA

(Ministério Público/DF – 2013) Examine as assertivas que se seguem e assinale a alternativa **CORRETA**:

(A) A falsificação de documento formalmente público mas substancialmente privado corresponde à falsificação de documento particular (CP, artigo 298).

(B) Para os Tribunais Superiores, é atípica a conduta do agente que, por ocasião de prisão em flagrante, fornece falsos dados qualificativos, objetivando ocultar registros de crimes anteriormente praticados.

(C) Segundo o Superior Tribunal de Justiça, a utilização de fita adesiva para alterar as placas de identificação de automóvel não caracteriza ofensa ao tipo penal do artigo 311 do CP (adulteração de sinal identificador de veículo automotor).

(D) O contrabando próprio distingue-se do contrabando impróprio por consistir em importação ou exportação de mercadoria proibida, ao passo em que este se refere à supressão de direito ou imposto relativo à exportação, importação ou consumo do bem.

(E) É impunível a denunciação caluniosa se o agente se vale de anonimato para dar causa à instauração de termo circunstanciado contra desafeto, imputando-lhe falsamente a prática de contravenção.

A: incorreta. Diz-se público aquele documento criado por funcionário público no desempenho de suas atividades, com observância das formalidades exigidas pela lei. Subdivide-se em: i) documento formal e substancialmente público, cujo conteúdo e relevância jurídica são afetos ao direito público (ex.: atos do Poder Executivo); ii) documento formalmente público e substancialmente privado, que, embora elaborado por funcionário público, no desempenho de suas atribuições, terá conteúdo de natureza privada (ex.: escritura pública de compra e venda de imóvel residencial). Assim, se o objeto material da falsificação for um documento público, seja este formal e substancialmente público ou formalmente público e substancialmente privado, o crime será o de falsificação de documento público (art. 297, CP); **B:** incorreta. Confira-se o posicionamento do STJ, que está em consonância com as decisões do STF no mesmo sentido: "Reclamação. Conduta de utilização de identidade falsa para ocultar maus antecedentes. Conduta típica capitulada no art. 307 do Código Penal. Inexistência de ofensa ao princípio da autodefesa. Decisão monocrática deste Superior Tribunal de Justiça prolatada nos estritos limites da autorização legal contida no art. 557, § 1.º-A,do Código de Processo Civil. Jurisprudência pacificada no âmbito do Supremo Tribunal Federal e deste Superior Tribunal de Justiça. Manifesto descumprimento de decisão prolatada pelo Superior Tribunal de Justiça. Reclamação julgada procedente. 1. Na decisão monocrática prolatada no REsp 1.365.155/MG, transitada em julgada em 23.04.2013, foi expressamente afastada aatipicidade da conduta do Acusado que utiliza identidade falsa paraocultar maus antecedentes, bem como foi determinado o prosseguimentodo feito em relação ao crime de identidade falsa previsto no art. 307 do Código Penal. 2. Alicerçada na orientação pacificada deste Superior Tribunal de Justiça, em consonância com a do Supremo Tribunal Federal firmada em sede de repercussão geral, constata-se que a decisão monocrática foi prolatada dentro dos limites da autorização contida no art. 557, § 1.º-A, do Código de Processo Civil, que estabelece que: "Se a decisão recorrida estiver em manifesto confronto com súmula ou comjurisprudência dominante do Supremo Tribunal Federal, ou de Tribunal Superior, o relator poderá dar provimento ao recurso". 3. O Tribunal de Justiça do Estado de Minas Gerais descumpriu a determinação desta Corte Superior pois, a despeito da expressa determinação de prosseguimento do processo relativamente ao crime deidentidade falsa, insiste no reconhecimento da atipicidade da conduta do Acusado.4. Reclamação julgada procedente para determinar que o Tribunal de Justiça do Estado de Minas Gerais dê prosseguimento ao feito emrelação do crime de identidade falsa, previsto no art. 307 do Código Penal, nos exatos termos em que determinado na decisão prolatada no REsp 1.365.155/MG" (Rcl 15920 / MG – Reclamação 2013/0420643-9, 3ª Seção do STJ, *DJe* 20.05.2014); **C:** incorreta. De acordo com o STJ, constitui crime a utilização de fita adesiva como recurso para a adulteração da identificação de veículo automotor. Confira-se: "Agravo regimental. Recurso especial. Direito penal. Art. 311 do CP. Adulteração de sinal identificador de veículo automotor. Fita adesiva. Conduta típica. Acórdão *a quo* em consonância com a jurisprudência deste tribunal. Incidência da Súmula 83/STJ. Matéria constitucional. STF. 1. Para o Superior Tribunal de Justiça é típica a conduta de adulterar a placa de veículo automotor mediante a colocação de fita adesiva. 2. Incidência da Súmula 83/STJ. 3. A violação de preceitos, dispositivos ou princípios constitucionais revela-se *quaestio* afeta à competência do SupremoTribunal Federal, provocado pela via do extraordinário; motivo pelo qual não se pode conhecer do recurso especial nesse aspecto, emfunção do disposto no art. 105, III, da Constituição Federal. 4. O agravo regimental não merece prosperar, porquanto as razões reunidas na insurgência são incapazes de infirmar o entendimento assentado na decisão agravada. 5. Agravo regimental improvido. (AgRg nos EDcl no REsp 1329449/SP,Rel. Ministro Sebastião Reis Júnior, Sexta Turma, julgado em 18.09.2012, *DJe* 01.10.2012)"; **D:** correta. Denomina-se de "contrabando próprio" a importação ou exportação de mercadorias cuja entrada ou saída no país de mercadoria proibida (art. 334-A, CP). Fala-se, de outro lado, em "contrabando impróprio" a fraude utilizada pelo agente para iludir, total ou parcialmente, o pagamento de imposto devido pela entrada, saída ou consumo de mercadoria (art. 334, CP); **E:** incorreta. Se o agente valer-se do anonimato ou de nome suposto, responderá pelo crime de denunciação caluniosa com a pena majorada (art. 339, § 1º, CP).

Gabarito "D"

(Ministério Público/SP – 2012 – VUNESP) É INCORRETO afirmar:

(A) O crime de uso de documento falso (art. 304, CP) trata-se de delito unissubsistente, que não admite a forma tentada (art. 14, II, CP).

(B) O crime de falsidade ideológica (art. 299, do CP) comporta as modalidades comissiva e omissiva.

(C) No crime de falsificação de documento público (art. 297, CP), a forma do documento é verdadeira, mas seu conteúdo é falso.

(D) A substituição de fotografia em documento de identidade verdadeiro (cédula de identidade) pertencente a outrem, com intenção de falsificá-lo, configura o crime de falsificação de documento público (art. 297, CP).

(E) Quem, tendo recebido de boa-fé, como verdadeira, moeda falsa ou alterada, a restitui à circulação, depois de conhecer a falsidade, pratica o crime de moeda falsa na forma privilegiada (art. 289, § 2º, CP).

A: correta. De fato, o crime de uso de documento falso consuma-se no exato momento em que o agente faz uso (emprega) do documento falso, tratando-se de conduta praticada com um só ato. Logo, inadmissível a tentativa (ou o agente faz uso do documento e o crime estará consumado, ou não o faz); **B:** correta. A falsidade ideológica poderá ser praticada por ação (*inserir* ou *fazer inserir*) ou por omissão (*omitir*), bastando a leitura dos verbos do tipo para tal constatação (art. 299 do CP); **C:** incorreta, devendo ser assinalada. A falsificação de documento público insere-se naquilo que se denomina de "falso material", vale dizer, a falsidade repousará sobre o próprio documento, extrinsecamente considerado, ainda que seu conteúdo seja verdadeiro (art. 297 do CP); **D:** correta. Como a fotografia é parte integrante da cédula de identidade, a sua substituição produz um falso material (RT 603/335); **E:** correta (art. 289, § 2º, do CP).

Gabarito "C"

(Ministério Público/MG – 2005) Sobre a conduta do agente que preenche papel em branco assinado, que achou no escritório, com dizeres que registram uma confissão de dívida para depois vendê-lo para investidor que, conscientemente, paga metade do valor registrado para a dívida e pretende utilizá-lo no futuro:

(A) caracteriza somente o crime de falsidade material.

(B) caracteriza somente o crime de falsidade ideológica.

(C) o posterior estelionato absorve a falsidade material.

(D) o posterior estelionato absorve a falsidade ideológica.

(E) caracteriza somente o crime de apropriação de coisa achada.

A conduta do agente configura aquilo que se convencionou denominar de "abuso de papel em branco". Assim, um papel assinado, porém, sem conteúdo, que acaba sendo "completado" por alguém, vale dizer, preenchido com dizeres, desde que haja relevância jurídica do conteúdo, se amolda ao tipo penal definido no art. 298 do CP, qual seja, falsificação de documento particular, que nada mais é do que uma falsidade material. Não se trata de falsidade ideológica, que somente se caracterizaria se o papel em branco assinado tivesse sido confiado ao agente, que, se aproveitando da situação, o preenche, inserindo conteúdo inverídico ou diverso daquele que deveria constar. Não há que falar, aqui, em estelionato, pois o enunciado é bastante amplo, não dando margem ao seu reconhecimento. Também não se trata de apropriação de coisa achada, definida no art. 169, II, do CP.

Gabarito "A"

(Ministério Público/SP – 2010) Relativamente às assertivas abaixo, assinale, em seguida, a alternativa correta:

I. o crime de falsidade ideológica comporta modalidades comissivas e omissivas;

II. é possível a modalidade culposa do crime de falsificação de documento público;

III. constitui crime de falsidade ideológica inserir dados inexatos em certidão de casamento verdadeira obtida junto ao cartório competente, mediante alteração dos dizeres, com o fim de prejudicar direito de terceiro;

IV. o objeto material do crime de uso de documento falso constitui-se de papéis materialmente ou ideologicamente falsos.

(A) somente a III é verdadeira.

(B) somente a I e III são verdadeiras.

(C) somente a III e IV são verdadeiras.

(D) somente a I e IV são verdadeiras.

(E) somente a II e IV são verdadeiras.

I: correta. O tipo penal faz alusão a três modalidades: omitir, que constitui conduta omissiva; inserir declaração falsa ou diversa da que devia ser escrita; e fazer inserir declaração falsa ou diversa da que devia ser escrita. Estas últimas duas representam condutas comissivas; **II:** incorreta. O crime do art. 297 do CP somente comporta a modalidade dolosa; **III:** incorreta: art. 297 do CP; **IV:** correta: art. 304 do CP.

Gabarito "D"

(Ministério Público/SP – 2008) Diante do que dispõe o art. 297, § 2º, do Código Penal, não se equiparam a documento público, para efeitos penais,

(A) as ações de sociedade comercial.

(B) os títulos não mais transmissíveis por endosso.

(C) os livros mercantis.

(D) os testamentos hológrafos.

(E) os documentos emanados de entidade paraestatal.

O § 2º do art. 297 faz menção, dentre outros, a ***título transmissível por endosso***.

Gabarito "B"

22. CRIMES CONTRA A ADMINISTRAÇÃO PÚBLICA

(Ministério Público/PI – 2014 – CESPE) Miguel, Abel e Laerte, ocupantes de cargos de direção em determinada câmara municipal, previamente ajustados e em união de esforços com Pires, empresário, todos agindo consciente e voluntariamente, associaram-se permanentemente com vistas à apropriação de verbas públicas, simulando operações comerciais entre a referida casa legislativa e empresa de fachada. Para tanto, os referidos servidores públicos determinavam que seus subordinados emitissem ordens de pagamento em valores superiores aos efetivamente contratados. O grupo foi objeto de investigação, que resultou em denúncia pela prática dos crimes de peculato doloso e de quadrilha, recebida por juízo criminal. Antes da prolação da sentença, os acusados efetuaram a reparação do dano ao erário. Em relação à situação hipotética apresentada acima, assinale a opção correta.

(A) Dada a manifesta ilegalidade da determinação dada aos subordinados para a expedição de ordens de pagamento em valores superiores aos efetivamente contratados, o fato de os ocupantes de cargo de direção se valeram de seus subordinados como instrumentos para a prática da infração penal caracteriza caso de autoria mediata.

(B) Na hipótese de impossibilidade de conhecimento da ilicitude do fato pelos subordinados que cumpriram a ordem manifestamente ilegal, ficaria afastado o dolo da conduta, consoante a teoria normativa pura da culpabilidade.

(C) O crime de peculato é delito próprio de agente na função de servidor público, de modo que Pires, por ser empresário, deve responder por delito diverso do praticado pelos servidores da câmara municipal.

(D) A reparação do dano ao erário antes da sentença extingue a punibilidade dos agentes apenas em relação ao delito de peculato doloso, devendo o processo prosseguir quanto ao crime de quadrilha.

(E) É possível ao magistrado fixar a pena-base em conjunto para os corréus servidores públicos, na hipótese em que todos eles sejam funcionários da mesma entidade pública e as circunstâncias judiciais se mostram equivalentes, sem que isso importe em ofensa ao princípio constitucional da individualização da pena, segundo entendimento do STJ.

A: incorreta, pois se a ordem for manifestamente ilegal, mandante e executor respondem pela infração penal, em razão do concurso de pessoas, sendo que a pena do superior hierárquico será agravada (art. 62, II, do CP) e a do subalterno será atenuada (art. 65, III, "c", 1ª parte, do CP). Portanto, não há que se falar em autoria mediata, caso em que não há concurso de pessoas, por inexistir o vínculo subjetivo, já que o agente se utiliza de um inculpável ou de alguém de atua sem dolo ou culpa, como por exemplo, no caso da obediência hierárquica pelo subalterno a uma ordem não manifestamente ilegal emitida pelo superior hierárquico; **B:** incorreta, pois na impossibilidade de conhecimento da ilicitude do fato pelos subordinados que cumpriram a ordem, haverá inexigibilidade de conduta diversa, afastando a culpabilidade (art. 22, do CP). Se, entretanto, a ordem for manifestamente ilegal, mandante e executor respondem pela infração penal, em razão do concurso de pessoas, sendo que a pena do superior hierárquico será agravada (art. 62, II, do CP) e a do subalterno será atenuada (art. 65, III, "c", 1ª parte, do CP); **C:** incorreta, pois como o fato de ser "funcionário público" é uma elementar do crime de peculato, ainda que de caráter subjetiva, comunica-se aos demais agentes, de modo que todos respondem pela prática do mesmo crime, consoante o disposto no art. 30, do CP; **D:** incorreta, pois a reparação do dano ao erário como causa extintiva da punibilidade está prevista apenas no peculato culposo, nos termos do art. 312, § 3º, do CP; **E:** correta, pois, de fato, apesar de não se mostrar recomendável, a fixação das reprimendas dos corréus em conjunto não fere a garantia constitucional da individualização das penas quando os fatores pessoais de cada um são levados em consideração, notadamente quando a maioria deles é idêntica (STJ – HC: 92291 RJ 2007/0238767-1, Data de Julgamento: 15.05.2008, T6 – Sexta Turma).

Gabarito "E"

(Ministério Público/MS – 2013 – FADEMS) Para fins penais, é *correto* afirmar que o conceito de funcionário público:

(A) Não abrange aquele que trabalha para uma empresa particular que mantém convênio com o Poder Público, e para este presta serviço.

(B) Não atinge os titulares e os auxiliares do tabelionato, conforme previsão da Constituição Federal.

(C) Não atinge quem trabalha para empresa prestadora de serviço contratada pela administração pública.

(D) Não abrange quem exerce cargo, emprego ou função pública, ainda que transitoriamente ou sem remuneração.

(E) Não abrange o funcionário comissionado.

A: incorreta, pois, para efeitos penais, também se considera funcionário público aquele que trabalha para empresa prestadora de serviço contratada ou conveniada para a execução de atividade típica da Administração Pública (art. 327, § 1º, do CP). Trata-se, aqui, do que se denomina de funcionário público por equiparação; **B:** incorreta. A despeito de os titulares e auxiliares de tabelionato exercerem atividades de caráter privado, o fazem por delegação do Poder Público, nos termos do art. 236, *caput*, da CF/1988, exigindo-se, inclusivo, concurso público para o provimento de serventias vagas. Logo, inserem-se referidas pessoas no conceito de funcionário público, podendo, inclusive, praticar crimes funcionais, tais como corrupção passiva (art. 317 do CP) e excesso de exação (art. 316, § 1º, do CP); **C:** correta. De fato, simplesmente alguém trabalhar para empresa contratada pela Administração Pública não o transforma, para efeitos penais, em funcionário público, salvo se referida contratação ocorresse para a execução de atividade típica da Administração Pública (art. 327, § 1º, do CP); **D:** incorreta. Nos termos do art. 327, *caput*, do CP, considera-se funcionário público, para efeitos penais, aquele que, embora transitoriamente ou sem remuneração, exerce cargo, emprego ou função pública; **E:** incorreta, pois o funcionário comissionado exerce cargo ou função pública, ainda que não seja concursado. Repare que o art. 327, *caput*, do CP não considera funcionário público somente o titular de cargo ou emprego público efetivo, abrangendo, portanto, os funcionários efetivos ou comissionados, mesmo que seus vínculos com a Administração Pública sejam transitórios e sem remuneração.

Gabarito "C"

(Ministério Público/SP – 2012 – VUNESP) É INCORRETO afirmar:

(A) São incompossíveis os crimes de corrupção ativa (art. 333, CP) praticados pelo particular e os de concussão (art. 316, CP) praticados pelo funcionário público, em face do mesmo contexto fático.

(B) Não há crime de corrupção ativa, na hipótese de motorista de veículo automotor que dirige sem habilitação e, após liberada irregularmente da fiscalização de trânsito, oferece a policial rodoviário vantagem indevida referente a prestação de ato de natureza sexual.

(C) O excesso de exação não é forma privilegiada do crime de concussão.

(D) O particular, estranho ao serviço público, pode ser responsabilizado como partícipe no crime de peculato.

(E) Para a configuração do crime de corrupção passiva (art. 317, CP) é necessário que a solicitação do funcionário público seja correspondida pelo *extraneus*.

A: correta. De fato, se houver a prática de concussão (art. 316 do CP) pelo funcionário público, a exigência dirigida ao particular, se cumprida por ele, em virtude do temor de represália, não constituirá corrupção ativa (art. 333 do CP); **B:** correta. A corrupção ativa pressupõe que o particular ofereça ou prometa a funcionário público vantagem indevida, para determiná-lo a retardar, omitir ou praticar ato de ofício. Logo, a oferta de vantagem após a prática do ato de ofício pelo funcionário público desnatura o crime em tela, tratando-se de fato atípico. Em simples palavras, a oferta ou promessa da vantagem indevida ao funcionário deve ocorrer antes ou durante a prática do ato de ofício; **C:** correta. O excesso de exação, figura prevista no art. 316, § 1º, do CP, é, em verdade, forma qualificada de concussão, pois prevê pena de reclusão de três a oito anos, ao passo que o tipo básico é punido com reclusão, de dois a oito anos; **D:** correta. A despeito de o peculato ser crime próprio, visto exigir a condição de funcionário público do agente delitivo, admite o concurso de pessoas (coautoria ou participação), ainda que com particular (*extraneus*).Tal é possível em razão do art. 30 do CP (comunicabilidade de elementares e circunstâncias); **E:** incorreta. O crime de corrupção passiva é formal, sendo desnecessária que a solicitação de vantagem indevida formulada pelo funcionário seja correspondida pelo particular (*extraneus*). Bastará a solicitação para que o crime se consume.

Gabarito "E"

(Ministério Público/RS – 2008) Assinale a alternativa CORRETA:

(A) Comete crime de corrupção ativa quem promete vantagem indevida a funcionário público, para determiná-lo a retardar ato de ofício.

(B) Considera-se funcionário público, para os efeitos penais, quem, embora transitoriamente, mas necessariamente remunerado, exerce cargo, emprego ou função pública.

(C) Está tipificado o crime de desobediência quando o agente desobedece a ordem de funcionário público.

(D) O crime de peculato configura-se quando o funcionário público subtrai, para si, dinheiro ou bem público.

(E) O advogado que patrocinar interesse privado perante a administração pública, durante o cumprimento da sanção disciplinar de suspensão, imposta pela Ordem dos Advogados do Brasil, comete o crime de advocacia administrativa.

A: correta (art. 333 do CP). De fato, o crime de corrupção ativa traduz-se pela conduta do particular de oferecer ou prometer a funcionário público uma vantagem indevida, para determiná-lo a praticar, omitir ou retardar ato de ofício; **B:** incorreta. O art. 327, *caput*, do CP considera funcionário público mesmo a pessoa não remunerada, desde que exerça cargo, emprego ou função pública; **C:** incorreta.

O crime de desobediência (art. 330 do CP) será praticado quando o agente desobedecer a *ordem legal* de funcionário público. Portanto, só haverá crime diante da legalidade da ordem descumprida por seu destinatário; **D:** incorreta. O peculato (art. 312 do CP) tem como objetos materiais o dinheiro, valores ou bens móveis públicos ou particulares. Outrossim, restará caracterizado tanto quando o agente tenha a posse de referidos objetos, em razão do cargo, deles se apropriando ou os desviando (peculato próprio), ou, ainda que não tenha a posse, valendo-se da facilidade que lhe proporciona a qualidade de funcionário, subtraia, para si ou para outrem, um dos objetos anteriormente descritos (peculato furto); **E:** incorreta. O crime de advocacia administrativa, tipificado no art. 321 do CP, pressupõe que um funcionário público, valendo-se dessa qualidade, patrocine, direta ou indiretamente, interesse privado perante a Administração Pública. Não se trata de crime cometido por advogado (a despeito do *nomen juris* do crime), mas, como dito, por funcionário público, que, em síntese, "advoga" (patrocina) interesse privado, desvirtuando seu papel perante o poder público.

Gabarito "A"

(Ministério Público/MT – 2012 – UFMT) Sobre o crime de peculato culposo tipificado no Código Penal, assinale a afirmativa correta.

(A) A reparação do dano sempre extingue a punibilidade.

(B) A reparação do dano somente extingue a punibilidade se precede à sentença irrecorrível.

(C) A reparação do dano somente extingue a punibilidade se precede à sentença recorrível.

(D) A reparação do dano antes da prolação da sentença reduz a pena pela metade.

(E) A reparação do dano antes ou após a prolação da sentença reduz a pena pela metade.

A: incorreta. A reparação do dano, no peculato culposo, somente extinguirá a punibilidade se anteceder a sentença condenatória irrecorrível (leia-se: até o trânsito em julgado), conforme art. 312, § 3º, do CP; **B:** correta (art. 312, § 3 º, do CP). Se a reparação do dano for posterior à formação da coisa julgada, a pena será reduzida de metade; **C:** incorreta. Como visto, a reparação do dano, se precede a sentença irrecorrível (e não recorrível!), extingue a punibilidade; **D:** incorreta. A reparação do dano no peculato culposo, repita-se, poderá gerar duas consequências, quais sejam, a extinção da punibilidade (se precede a sentença irrecorrível) ou a redução da pena pela metade (se posterior à sentença irrecorrível); **E:** incorreta, pelas razões já expendidas nos comentários às alternativas anteriores.

Gabarito "B"

(Ministério Público/MG – 2005) Um oficial de justiça não promove o despejo de pessoa pobre, no prazo estabelecido pelo juiz no mandado, por ficar com pena de seus filhos menores que ficariam na rua. Depois de alguns dias, após constatar que a pessoa providenciou abrigo para seus filhos, o oficial cumpre o mandado. Considerando o não cumprimento do mandado no prazo estabelecido, o promotor acusa o oficial por crime de desobediência. No caso, a acusação:

(A) deve ser acolhida, pois houve a intenção de contrariar o mandado do juiz.

(B) está errada, porque a ordem do juiz é injusta e não deve ser cumprida.

(C) está correta, pois o oficial não pode alterar o prazo conferido pelo juiz.

(D) está errada, porque no caso o oficial não pode cometer desobediência.

(E) não deve ser acolhida, se provada a inexigibilidade de conduta diversa.

A conduta do oficial de justiça que, no exercício da função, deixou, no prazo estabelecido, de cumprir o mandado judicial, em razão de ter pena dos filhos menores de pessoa pobre, que ficariam na rua se cumprida a ordem de despejo, não se subsume ao tipo penal de desobediência (art. 330 do CP). Ainda que exista certa divergência doutrinária acerca da possibilidade – ou não – de funcionário público responder pelo crime referido, prevalece o entendimento de que sim, desde que a ordem recebida não se refira a suas funções (incorretas, pois, de plano, as alternativas "A" e "C"). Caso contrário, caracterizado estará o crime de prevaricação (art. 319 do CP), que bem se amolda à situação exposta no enunciado. Para satisfazer um sentimento pessoal (pena), o oficial de justiça retardou a prática do ato de ofício, qual seja, a execução do mandado de despejo. Também não se pode acolher a alternativa "B", pois nada há no enunciado que faça concluir que a ordem do juiz é injusta. E, ainda que assim fosse, desde que legal (substancial e formalmente), seu descumprimento poderia caracterizar desobediência (não pelo oficial de justiça, pelas razões já expostas). A alternativa "E" também está incorreta, pois a acusação, pelo crime de desobediência, não deve ser acolhida não em razão de qualquer análise da culpabilidade do agente, mas, sim, pela erronia da imputação a um funcionário público que não acatou ordem judicial relativa ao exercício das próprias funções. Assim, correta a alternativa "D" por todas as razões expostas.

Gabarito "D"

(Ministério Público/MG – 2005) Sobre os crimes contra a administração pública:

(A) o gari que recebe dinheiro do particular, agradecido, no período de natal comete crime.

(B) o estagiário do juiz que exige vantagem indevida de acusado comete corrupção passiva.

(C) o particular que paga dinheiro ao funcionário que anteriormente o exige comete corrupção.

(D) o funcionário público que indiretamente exige vantagem comete crime de corrupção ativa.

(E) o particular que oferece vantagem a funcionário pelo trabalho já realizado não comete crime.

A: incorreta, pois, ainda que o gari possa ser considerado funcionário público, nos termos do art. 327 do CP (seja funcionário público típico, seja atípico ou por equiparação), o certo é que receber dinheiro do particular, pura e simplesmente, em razão de agradecimento, não constitui crime funcional (ex.: corrupção passiva); **B:** incorreta, já que a exigência de vantagem indevida não caracteriza corrupção passiva (art. 317 do CP), mas, sim, concussão (art. 316 do CP); **C:** incorreta, pois o particular que entrega ao funcionário o dinheiro que este anteriormente exigiu não comete corrupção ativa (art. 333 do CP). Afinal, aqui, a entrega de dinheiro não ocorreu de forma deliberada, com a intenção de determinar ao funcionário que se omita, retarde ou pratique ato de ofício, mas, sim, fruto da exigência, que poderá caracterizar concussão (por parte do funcionário, é claro); **D:** incorreta, pois, como visto, exigir vantagem, na condição de funcionário, ainda que indiretamente, constitui concussão (art. 316 do CP); **E:** correta. O art. 333 do CP assim dispõe: *Oferecer ou prometer vantagem indevida a funcionário público, para* ***determiná-lo a praticar, omitir ou retardar ato de ofício***. Se a vantagem indevida for oferecida após a prática do ato de ofício, não se caracteriza o crime em comento. Fala-se, nesse caso, em corrupção ativa subsequente, que, diferentemente da corrupção passiva (que pode, sim, ser antecedente ou subsequente), não tem contornos típicos.

Gabarito "E"

(Ministério Público/GO – 2010) Leia o texto – *Tício* e seus três advogados, de posse de um mandado judicial que autorizava qualquer agência do Banco do Brasil deste Estado a sacar R$ -6.000.000,00 (seis milhões de reais) da conta-corrente de uma empresa de economia mista, decisão inerente à uma cautelar cível com a prestação da devida caução, dirigiram-se até a uma agência desta Capital e, ao conversarem com *Tácito*, gerente geral da mencionada agência, este, ao consultar a Escrivania Cível pertinente, descobriu que a decisão havia sido cassada pelo Tribunal de Justiça, com a ordem de que fosse recolhido o mandado judicial. *Ticio* e seus advogados confessaram que já sabiam da decisão de segunda instância e passaram a oferecer 20% da quantia sacada a *Tácito*, pois ele não estaria obrigado a dizer que tinha conhecimento da cassação da decisão. Aceita a oferta, o gerente com sua senha de funcionário do banco efetuou o saque e anexou em sua pasta a ordem judicial já cassada. Distribuiu-se o dinheiro para as contas correntes dos três advogados e à conta do próprio *Tício*. O sistema de segurança do Banco do Brasil percebera a grande quantia retirada subitamente da conta-corrente da empresa e passou a rastrear o dinheiro administrativamente e recuperou grande parte do montante. Mas a empresa foi lesada em R$-300.000,00 (trezentos mil reais). Agora assinale a alternativa correta:

(A) *Tício* e seus advogados cometeram o crime de corrupção ativa e *Tácito* o delito de corrupção passiva.

(B) *Tício* e seus advogados são partícipes no crime de estelionato e *Tácito* o autor material do delito de estelionato.

(C) *Tício* e seus advogados são partícipes do crime de furto e *Tácito* é o autor material do furto, pois operou como gerente a subtração dos valores da conta-corrente da empresa.

(D) Todos concorreram para o crime de peculato.

De acordo com o enunciado proposto, Tício e seus três advogados concorreram para que Tácito, gerente de agência do Banco do Brasil, instituição financeira pública (sociedade de economia mista), sacasse os seis milhões de reais depositados na conta de uma empresa de economia mista. Assim, vamos às alternativas. **A:** incorreta, pois não se pode reconhecer que a conduta de sacar dinheiro de conta-corrente alheia seja um "ato de ofício" do gerente da agência do Banco do Brasil, não se cogitando, pois, de corrupção ativa (por parte de Tício e seus advogados – art. 333 do CP) e corrupção passiva por parte de Tácito (art. 317 do CP); **B** e **C:** incorretas, pelas razões que serão explicitadas a seguir; **D:** correta. De fato, todos concorreram para a prática do crime de peculato (art. 312 do CP), visto que o gerente da agência do referido Banco, na qualidade de funcionário público, sacou dinheiro da empresa de economia mista, valendo-se das facilidades que a condição de funcionário lhe proporcionam, distribuindo-o entre Tício e seus advogados, e permanecendo com uma parte do montante.

Gabarito "D"

(Ministério Público/CE – 2011 – FCC) O fiscal da Fazenda Pública, aprovado em concurso, nomeado, mas ainda não empossado, que comparece em estabelecimento comercial e a pretexto de exercer fiscalização sobre livros fiscais exige importância em dinheiro para livrar o comerciante da autuação,

(A) pratica crime de corrupção ativa.

(B) pratica crime de corrupção passiva.

(C) pratica crime de excesso de exação.

(D) pratica crime de concussão.

(E) o fato é atípico.

A conduta do agente aprovado em concurso para Fiscal que, mesmo antes de empossado, mas já nomeado, exige importância em dinheiro (vantagem indevida) a pretexto de exercer fiscalização (conduta praticada em razão da função), amolda-se ao crime de concussão (art. 316 do CP).

Gabarito "D"

(Ministério Público/AC – 2008) Considere as seguintes assertivas.

I. Funcionário público, embora não tivesse a posse do dinheiro, o subtrai em proveito próprio, valendo-se da facilidade que lhe proporcionou tal condição. Ocorre que tal funcionário havia sido nomeado por erro, tendo sido sua nomeação anulada. O agente deve responder pela prática de crime de peculato.

II. Funcionário apropria-se, em proveito próprio, de bem móvel particular, do qual tinha a posse em razão de sua função. O funcionário responde por crime de peculato apropriação.

III. Funcionário apropria-se, em proveito da repartição pública em que trabalha, de bem móvel particular, do qual tinha a posse em razão de sua função. O funcionário responde por crime de peculato apropriação.

IV. Funcionário apropria-se, em proveito da repartição pública em que trabalha, de bem móvel particular, do qual tinha a posse em razão de sua função. O funcionário responde por crime de excesso de exação.

Está (ão) correta(s) somente a(s) alternativa(s)

(A) I.

(B) I e III.

(C) I e II.

(D) I, II e IV.

I: correta. Se a conduta foi perpetrada enquanto o agente ostentava a condição de funcionário público, tendo subtraído o dinheiro valendo-se das facilidades que o cargo lhe proporcionava, caracterizada estará a figura do peculato-furto (art. 312, § 1º, do CP), pouco importando a posterior anulação de sua nomeação; **II:** correta (art. 312, *caput*, do CP). O peculato-apropriação restará caracterizado quando o agente, funcionário público, apropriar-se de dinheiro, valor ou bem móvel público ou particular de que tenha a posse em razão do cargo; **III:** incorreta, pois o crime de peculato-apropriação é bastante semelhante à apropriação indébita, que se caracteriza pelo fato de o agente tomar a coisa para si, comportando-se como se dela fosse dono (*uti dominus*). Assim, se a destinatária do bem móvel particular for a própria repartição pública em que o funcionário trabalho, descaracterizar-se-á o tipo subjetivo do crime em comento; **IV:** incorreta, pois o crime de excesso de exação é modalidade de concussão, que se caracteriza pelo fato de o agente exigir tributo ou contribuição social que sabe ou deveria saber indevida, ou emprega meios vexatórios ou gravosos que a lei não autoriza (art. 316, § 1º, do CP).

Gabarito "C"

(Ministério Público/AC – 2008) É correto afirmar que a saída de veículo furtado para o exterior

(A) configura o crime de contrabando.

(B) configura o crime de descaminho.

(C) configura o crime de evasão de divisas.

(D) não configura o crime de descaminho.

De fato, de acordo com a Súmula 238 do extinto Tribunal Federal de Recursos (TFR), a saída de veículo furtado para o exterior não configura o crime de descaminho ou contrabando, competindo à Justiça comum estadual o processo e julgamento dos delitos dela decorrentes. A propósito, impende destacar que, se o agente subtrair veículo automotor e o levar para outro Estado ou país, configurar-se-á a figura qualificada prevista no art. 155, § 5º, do CP, punida com reclusão de 3 (três) a 8 (oito) anos.

Gabarito "D"

(Ministério Público/BA – 2005) Oferecer ou prometer vantagem indevida a funcionário público, para determiná-lo a praticar, omitir ou retardar ato de ofício, conduta tipificada no Código Penal, é a definição de:

(A) Concussão.

(B) Corrupção passiva.

(C) Corrupção ativa.

(D) Peculato.

(E) Prevaricação.

Art. 333 do CP. Este crime contém dois núcleos alternativos (tipo misto alternativo ou plurinuclear): *oferecer* e *prometer*. Cuida-se de crime formal, já que a consumação se dá no instante em que a oferta ou a promessa chega ao conhecimento do funcionário.

Gabarito "C"

(Ministério Público/CE – 2009 – FCC) NÃO constitui crime contra a administração da justiça:

(A) favorecimento real.

(B) patrocínio infiel.

(C) denunciação caluniosa.

(D) exploração de prestígio.

(E) desobediência.

O crime de *desobediência* – art. 330 do CP – está inserido no Capítulo II do Título XI: Dos Crimes praticados por Particular contra a Administração em Geral; os demais fazem parte do Capítulo III: Dos Crimes contra a Administração da Justiça.

Gabarito "E"

(Ministério Público/RN – 2004) Mévio, que não é funcionário público, solicitou a Tício, interessado no licenciamento de um projeto de carcinicultura, a quantia de R$ 5.000,00 (cinco mil reais), a pretexto de usar de sua ascendência junto a determinado técnico de uma autarquia ambiental estadual, a fim de que seu projeto fosse liberado de qualquer forma e de maneira urgente. Neste caso, Mévio cometeu crime de:

(A) Tráfico de influência;

(B) Corrupção ativa;

(C) Exploração de prestígio;

(D) Advocacia administrativa;

(E) Exercício funcional ilegalmente antecipado.

Art. 332 do CP.

Gabarito "A"

(Ministério Público/SP – 2008) Não é modalidade de peculato prevista no Código Penal:

(A) peculato-apropriação.

(B) peculato-furto.

(C) peculato-concussão.

(D) peculato culposo.

(E) peculato mediante erro de outrem.

A: correta. Peculato apropriação (art. 312, *caput*); **B:** correta. Peculato-furto (art. 312, § 1º); **C:** incorreta. Peculato-concussão (forma não prevista no Código Penal); **D:** correta. Peculato culposo (art. 312, § 2º); **E:** correta. Peculato mediante erro de outrem (art. 313).

Gabarito "C"

(Ministério Público/TO – 2006 – CESPE) Assinale a opção correta no que se refere à teoria da pena e aos crimes contra a administração pública.

(A) No peculato doloso, é causa de redução da pena, nos limite de um terço até a metade, a reparação do dano até a sentença penal condenatória transitada em julgado.

(B) No peculato culposo, a reparação do dano antes do trânsito em julgado da sentença penal condenatória é causa de extinção da punibilidade do agente.

(C) No peculato culposo, a reparação do dano após o trânsito em julgado da sentença penal condenatória não interfere na pena imposta ao agente.

(D) O benefício do arrependimento posterior não se aplica aos crimes contra a administração pública, em face do caráter indisponível dos bens públicos.

Segundo dispõe o art. 312, § 3º, do CP, no caso do ***peculato culposo***, reparado o dano antes da sentença irrecorrível, extinta estará a punibilidade do agente. Sendo-lhe posterior, a pena será reduzida de metade. O ***arrependimento posterior***, que tem previsão no art. 16 do CP, tem incidência, em princípio, a todos os crimes, salvo aqueles perpetrados com violência ou grave ameaça contra a pessoa. É ***causa de diminuição de pena*** a que faz jus o agente desde que preenchidos os requisitos contidos no dispositivo, a saber: crime praticado sem violência ou grave ameaça à pessoa; reparação do dano ou restituição da coisa; existência de efeito patrimonial e voluntariedade do agente na reparação ou restituição.

Gabarito "B"

(Ministério Público/TO – 2006 – CESPE) Considerando os crimes contra a administração pública, assinale a opção correta.

(A) O crime de concussão é formal, não se exigindo, para a sua consumação, a efetiva obtenção da indevida vantagem pelo agente.

(B) No crime de modificação ou alteração não autorizada de sistema de informações, a ocorrência de dano à administração pública é mero exaurimento, configurando-se assim *pos factum* impunível.

(C) Configura-se o crime de advocacia administrativa quando o funcionário público patrocina, direta ou indiretamente, interesse privado perante a administração pública, valendo-se de sua função. Em relação à pena aplicada, a legitimidade de interesse patrocinado é indiferente.

(D) Todos os crimes contra a administração pública admitem tentativa e a modalidade culposa.

A: correta. A concussão se consuma com a imposição do pagamento indevido, isto é, com a exigência, não sendo necessário que se concretize o recebimento da vantagem, que configura mero ***exaurimento***; **B:** incorreta. A ocorrência de dano para a Administração Pública constitui, nos termos do art. 313-B, parágrafo único, do CP, causa de aumento de pena; **C:** incorreta. Em se tratando de interesse ilegítimo a ser patrocinado pelo funcionário público, o parágrafo único do art. 321 estabelece uma forma qualificada de advocacia administrativa; **D:** incorreta. Não comportam tentativa, por exemplo, os crimes de condescendência criminosa (art. 320, CP) e abandono de função (art. 323, CP). Os crimes contra a Administração Pública culposos estão previstos nos arts. 312, § 2º, e 351, § 4º, do CP.

Gabarito "A"

(Ministério Público/TO – 2006 – CESPE) Anderson foi abordado por um policial militar encarregado de vistoria de trânsito e recusou-se a exibir seus documentos e os do veículo automotor que dirigia.

Com base nessa situação, assinale a opção correta.

(A) Anderson praticou crime de desacato.

(B) Anderson não praticou crime, visto que não é obrigado a produzir provas contra si mesmo.

(C) A conduta de Anderson está sujeita apenas à sanção prevista no art. 238 do Código de Trânsito Brasileiro, a qual se refere à recusa de entrega à autoridade de trânsito ou a seus agentes, mediante recibo, dos documentos de habilitação, de registro, de licenciamento de veículo e outros exigidos por lei, para averiguação de sua autenticidade.

(D) Anderson praticou crime de desobediência.

É pacífico na doutrina e na jurisprudência o entendimento segundo o qual, para configurar o crime do art. 330 do CP (desobediência), é imprescindível que não exista outro tipo de sanção. Vale dizer, não há que se falar em desobediência se a norma extrapenal, no caso a administrativa, já impõe uma penalidade (art. 238 do CTB) sem ressalvar sua cumulação com a cominada no art. 330 do Código Penal. De outro lado, a conduta de Anderson não se amolda ao tipo do art. 331 do CP (desacato), cuja ação consiste em menosprezar funcionário público no exercício da função ou em razão dela.

Gabarito "C"

23. OUTROS CRIMES E CRIMES COMBINADOS DO CÓDIGO PENAL

(Ministério Público/PI – 2014 – CESPE) No que concerne ao crime de falso testemunho, assinale a opção correta.

(A) De acordo com o entendimento firmado pelo STJ, mostra-se imprescindível, para a configuração do delito de falso testemunho, o compromisso de dizer a verdade.

(B) Não se aplica a causa especial de aumento de pena prevista no CP para o crime de falso testemunho praticado em processo judicial destinado a apurar a prática de contravenção penal.

(C) O STF e o STJ já se posicionaram no sentido de que, em tese, é possível atribuir a advogado a coautoria pelo crime de falso testemunho.

(D) Para a consumação do delito de falso testemunho, é essencial que o depoimento falso seja determinante para o resultado do processo.

(E) A prolação da sentença no processo em que ocorra afirmação falsa é condição de procedibilidade da ação penal pelo crime de falso testemunho.

A: incorreta, pois o compromisso de dizer a verdade não é elementar do crime de falso testemunho. Porém, é possível que, analisando o caso concreto, não se possa exigir da testemunha que fale a verdade, em razão de fortes laços afetivos com o réu (Informativo n. 432, do STJ); **B:** incorreta, pois o art. 342, § 1º, do CP não faz distinção entre as espécies de infração penal, estabelecendo a causa de aumento se o crime de falso testemunho for cometido com o fim de obter prova destinada a produzir efeito em processo penal; **C:** correta, pois o advogado que instrui testemunha a apresentar falsa versão favorável à causa que patrocina responde pelo crime de falso testemunho (STF, HC/SP, 75037, Rel. Marco Aurélio, *DJ* 20.04.2001; STJ REsp, 200.785/SP, Rel. Min. Felix Fischer, *DJ* 21.08.2000). Todavia, a doutrina critica tais julgados por entender que o advogado responde como partícipe e não como coautor, tendo em vista que o crime de falso testemunho é de mão própria, ou seja, de atuação personalíssima do agente; **D:** incorreta, pois o crime de falso testemunho se consuma no momento em que o juiz encerra o depoimento da testemunha. Assim, por se tratar de crime formal, consuma-se com a simples prestação do depoimento falso, sendo irrelevante a sua influência ou não para o resultado do processo; E: incorreta, pois como já explicitado acima, o crime de falso testemunhado é formal, consumando-se com o encerramento do depoimento prestado pela testemunha. Oportuno frisar que, muito embora não haja condição de procedibilidade da ação penal pelo crime de falso testemunho, é certo que se o agente se retrata ou fala a verdade antes da prolação da sentença no processo em que ocorreu a afirmação falsa, o fato deixa de ser punível, nos termos do artigo 342, § 2º, do CP.

Gabarito "C"

(Ministério Público/SP – 2013 – PGMP) Sujeito, casado havia quinze anos, disse para a esposa e aos filhos que saía de casa para viver com Parceiro (indivíduo também do sexo masculino), em uma praia deserta do litoral norte do país, onde o camarada possuía uma pousada. Afirmou, na ocasião, que descobrira ser Parceiro o amor de sua vida. Dez meses depois do início dessa união homoafetiva estável (sem que Sujeito houvesse regularizado a situação da sua condição familiar anterior), foi expedida a Resolução CNJ nº 175, de maio de 2013 – vedando às autoridades a recusa da celebração de casamento civil entre pessoas do mesmo sexo –, e Sujeito vem a aceitar o pedido de Parceiro, com ele contraindo casamento no cartório de registros civis local, em 12 de junho de 2013.

Observado o teor da hipótese acima elaborada, a conduta de Sujeito

(A) será atípica porque a bigamia se encontra no Código Penal, no Capítulo dos crimes contra o casamento, pertencente ao Título dos crimes contra a família, e a hipótese de delito somente ocorreria se Sujeito casasse novamente com outra mulher, já que a união homoafetiva não é considerada entidade familiar pela jurisprudência.

(B) será atípica porquanto embora haja no art. 235 do Código Penal o termo "alguém", o alcance da palavra, que configura norma penal em branco, necessita da complementação do Código Civil, em cujo art. 1.723 descreve a "união estável entre o homem e a mulher".

(C) será típica (preenche todos os elementos do tipo penal) e a de Parceiro será atípica porque, mesmo conhecendo o estado de casado de Sujeito, ele era solteiro ao tempo da ação, circunstância que impede, por coerência, que o solteiro responda por bigamia.

(D) será típica (preenche todos os elementos do tipo incriminador) e a de Parceiro será atípica somente se este último não soubesse que Sujeito era legalmente casado quando eles contraíram as núpcias.

(E) assim como a de Parceiro são irrelevantes para o Direito Penal, que não deve se preocupar com assuntos da vida privada e da intimidade dos dois.

A: incorreta, pois a conduta praticada por Sujeito amolda-se ao crime de bigamia (art. 235 do CP), mormente com o reconhecimento, pela jurisprudência, da possibilidade de casamento entre pessoas do mesmo sexo (casamento homoafetivo), admitido, inclusive, pela Resolução 175 do CNJ. A despeito de o art. 1.514 do CC estabelecer que o casamento se realiza entre homem e mulher, a jurisprudência dos Tribunais Superiores passou a admitir, inicialmente, a união estável homoafetiva (ADPF 132-RJ/STF e ADI 4.277/DF), evoluindo para a admissibilidade do próprio casamento. Confira-se a ementa de julgamento no STJ, REsp 1183378/RS, 4ª T., j. 25/10/2011: *"DIREITO DE FAMÍLIA. CASAMENTO CIVIL ENTRE PESSOAS DO MESMO SEXO (HOMOAFETIVO). INTERPRETAÇÃO DOS ARTS. 1.514, 1.521, 1.523, 1.535 e 1.565 DO CÓDIGO CIVIL DE 2002. INEXISTÊNCIA DE VEDAÇÃO EXPRESSA A QUE SE HABILITEM PARA O CASAMENTO PESSOAS DO MESMO SEXO. VEDAÇÃO IMPLÍCITA CONSTITUCIONALMENTE INACEITÁVEL. ORIENTAÇÃO PRINCIPIOLÓGICA CONFERIDA PELO STF NO JULGAMENTO DA ADPF N. 132/RJ E DA ADI N. 4.277/DF"*; **B:** incorreta, pois, pelas razões trazidas no comentário anterior, tanto STF, quanto STJ, passaram a admitir a união homoafetiva. Portanto, a expressão "casamento" contida como elementar típica no art. 235 do CP abrange, também, o matrimônio entre pessoas do mesmo sexo; **C:** incorreta, pois se Parceiro, que se casou com Sujeito, que já era casado, conhecia o estado deste último, responderá, também, por bigamia (art. 235 do CP), independentemente de, à época do fato, ser solteiro. Tal situação é irrelevante para a caracterização do crime, visto que se trata de crime plurilateral (ou plurissubjetivo, ou de concurso necessário). Assim, bastará que um dos agentes seja casado para que o crime reste caracterizado (desde que, é claro, o outro nubente tenha a ciência do *status* de casado de seu consorte); **D:** correta. Evidente que Sujeito, ciente de sua condição de casado, praticou bigamia ao contrair novo casamento com Parceiro. Este apenas não poderia ser punido pelo crime em comento se desconhecesse a condição de casado de Sujeito, sob pena de responsabilização objetiva; **E:** incorreta, pois o Direito Penal, no crime de bigamia, tutela a família e, também, o caráter monogâmico do matrimônio.

Gabarito "D"

(Ministério Público/RO – 2013 – CESPE) No que se refere aos crimes contra o patrimônio e a propriedade imaterial, assinale a opção correta.

(A) Caso um indivíduo emita fatura não correspondente à mercadoria vendida, a consumação da conduta por ele praticada perfaz-se pela oposição do aceite do sacado, em face da efetividade do proveito econômico.

(B) A compra de um bem com o cartão de crédito pertencente a outrem, sem autorização, ainda que o comprador ressarça, antes do recebimento da denúncia, o proprietário do cartão pelos danos provocados, não constitui causa de extinção da punibilidade.

(C) A conduta de portar grande quantidade de CDs piratas, ainda que o infrator afirme tê-los pegado por engano, imaginando tratar-se de exemplares originais, admite a modalidade de dolo eventual e a culposa.

(D) Considere que João e seu primo José, ambos maiores e capazes, furtem o computador portátil do pai de João enquanto ele dormia, a fim de o trocarem por drogas. Nesse caso, o furto praticado pelos dois agentes está acobertado por escusa absolutória.

(E) Suponha que Genésio adquira veículo furtado por Eustáquio, sabendo da origem ilícita da coisa. Suponha, ainda, que ambos sejam processados e que Eustáquio seja absolvido por ausência de provas. Nessa situação, Genésio também deverá ser absolvido.

A: incorreta. O crime do art. 172 do CP (duplicata simulada) se aperfeiçoa com a colocação do título em circulação, sendo irrelevante, para a consumação do delito, o aceite do sacado; **B:** correta. De fato, a utilização de cartão de crédito alheio, sem autorização, para a aquisição de um bem, ainda que o agente proceda ao ressarcimento da vítima antes do recebimento da denúncia, não afasta a punibilidade do comportamento, caracterizando, se tanto, arrependimento posterior (art. 16 do CP); **C:** incorreta, pois o crime do art. 184 do CP (violação de direito autoral) não admite a forma culposa, por absoluta falta de previsão legal (excepcionalidade do crime culposo); **D:** incorreta. A escusa absolutória prevista no art. 181, II, do CP somente alcança o ascendente ou descendente que haja cometido crime patrimonial sem grave ameaça ou violência, não alcançando o terceiro que participa do crime (art. 183, II, do CP); **E:** incorreta. Apesar de o crime de receptação (art. 180 do CP) ser considerado acessório, visto pressupor a existência de outro crime, para a punição do receptador não se faz necessária a comprovação da autoria do crime precedente, ou mesmo a condenação deste. Bastará a ocorrência do fato precedente, pouco importando, repita-se, tenha o autor do crime anterior sido condenado ou mesmo conhecido. É o que se extrai do art. 180, § 4º, do CP: "A receptação é punível, ainda que desconhecido ou isento de pena o autor do crime de que proveio a coisa".

Gabarito "B"

(Ministério Público/RO – 2013 – CESPE) No que concerne aos crimes contra a organização do trabalho, contra o sentimento religioso e contra o respeito aos mortos, assinale a opção correta.

(A) A violação de túmulos com a consequente retirada dos crânios e de próteses de cadáver ali sepultado configura o crime de violação de sepultura em concurso material com furto.

(B) O crime de atentado contra a liberdade de associação submete-se à ação penal de iniciativa pública, sujeita à representação daquele que pretenda associar-se.

(C) É objeto do crime de destruição, subtração ou ocultação de cadáver a múmia embalsamada, admitindo-se a modalidade tentada.

(D) O cadáver sepultado não é considerado objeto do delito de furto.

(E) A retirada do cadáver do local do crime para outro em que não seja reconhecido caracteriza o crime de vilipêndio a cadáver.

A: incorreta. O crime do art. 210 do CP se aperfeiçoa quando o agente violar (abrir, quebrar, devassar) ou profanar (ofender, desrespeitar) sepultura ou urna funerária. Caso o faça para subtrair objetos enterrados junto ao cadáver (próteses, por exemplo), restará absorvido pelo crime-fim, qual seja, o furto (RT 598/313). Já se o agente profanar ou violar a sepultura com a intenção de subtrair o próprio cadáver, ou parte dele (crânio, por exemplo), o crime não será o do art. 210 do CP, mas, sim, o previsto no art. 211 (destruição, subtração ou ocultação de cadáver); **B:** incorreta, pois o crime do art. 199 do CP (atentado contra a liberdade de associação) é de ação penal pública incondicionada; **C:** incorreta. Nas palavras de Rogério Sanches Cunha, "para que seja considerado cadáver, não basta ao corpo humano estar sem vida, sendo imprescindível que mantenha os traços mínimos identificadores da aparência humana, ou seja, que não tenha sido atingido pela decomposição cadavérica. Assim, não são objetos do crime em estudo [referindo-se ao art. 211 do CP] o esqueleto, as cinzas, as múmias e as partes do corpo incapazes de se reconhecer como tal" (*Manual de Direito Penal – Parte Especial*, 6ª ed., Ed. Juspodivm, p. 461); **D:** correta. O cadáver sepultado, caso seja objeto de subtração, redundará na imputação ao agente do crime do art. 211 do CP (destruição, subtração ou ocultação de cadáver); **E:** incorreta. A retirada do cadáver do local do crime para outro em que não seja reconhecido caracteriza a figura prevista no art. 211 do CP (destruição, subtração ou ocultação de cadáver), não se confundindo com o vilipêndio a cadáver, definido no art. 212 do CP (*vilipendiar cadáver ou suas cinzas*).

Gabarito "D"

(Ministério Público/RO – 2013 – CESPE) A respeito dos crimes contra a dignidade sexual e contra a família, assinale a opção correta com fundamento no disposto no CP e na jurisprudência dos tribunais superiores.

(A) Nos crimes de estupro, é dispensável a existência de lesões corporais para a caracterização da violência real.

(B) O emprego da falsidade ideológica com a finalidade de praticar o crime de bigamia constitui concurso de crimes, haja vista que são delitos do mesmo gênero.

(C) O proxenetismo mercenário não está sujeito à pena de multa.

(D) Em se tratando de crime de violação sexual mediante fraude, caso o ofensor seja padrinho da vítima, ainda que se intitule como um segundo pai para ela, não incide a causa especial de aumento de pena prevista no CP para os casos de relações de autoridade do agente sobre a vítima.

(E) Não há crime de favorecimento da prostituição se a vítima, de quinze anos de idade, revelar já ter percorrido diversos lugares na condição de prostituída.

A: correta. De fato, nos crimes de estupro, especialmente as figuras previstas no art. 213 do CP, a violência real (violência física) se caracterizará não somente pela produção de lesões corporais (de natureza leve, grave ou gravíssima) na vítima, mas, também, qualquer espécie de força física capaz de impedir o ofendido de reagir. Nesse sentido, o STJ, no julgamento do AgRg no REsp 1111919/RS, 5ª Turma, Min. Laurita Vaz, *DJe* 15.12.2009: "(...) O crime de estupro praticado com violência real ou grave ameaça é de ação penal pública incondicionada. Essa violência consistiu na utilização de força física para, contra a vontade da vítima de 14 (cartorze) anos, agarrá-la pelos braços, arrastá-la para seu quarto, jogá-la com violência sobre a cama, despi-la à força e imobilizá-la. Apesar de a conduta do Agravante não ter gerado lesões corporais na vítima, é certo que a impossibilitou de opor resistência à prática criminosa. Inteligência da Súmula nº 608 do Supremo Tribunal Federal. (...)"; **B:** incorreta. Para a compreensão do desacerto da assertiva, basta analisar a ementa a seguir: "*HABEAS CORPUS*. DIREITO PENAL. CRIME DE BIGAMIA E FALSIDADE IDEOLÓGICA. TRANCAMENTO DA AÇÃO PENAL QUANTO AO DELITO DE BIGAMIA DETERMINADO PELO TRIBUNAL *A QUO* POR AUSÊNCIA DE JUSTA CAUSA. IMPOSSIBILIDADE DE SEGUIMENTO DO PROCESSO-CRIME QUANTO À FIGURA DO CRIME DE FALSIDADE. APLICAÇÃO DO PRINCÍPIO DA CONSUNÇÃO. 1. O delito de bigamia exige para se consumar a precedente falsidade, isto é: a declaração falsa, no processo preliminar de habilitação do segundo casamento, de que inexiste impedimento legal. 2. Constituindo-se a falsidade ideológica (crime-meio) etapa da realização da prática do crime de bigamia (crime-fim), não há concurso do crime entre estes delitos. 3. Assim, declarada anteriormente a atipicidade da conduta do crime de bigamia pela Corte de origem, não há como, na espécie, subsistir a figura delitiva da falsidade ideológica, em razão do princípio da consunção. 4. Ordem concedida para determinar a extensão dos efeitos quanto ao trancamento da ação penal do crime de bigamia, anteriormente deferido pelo Tribunal *a quo*, à figura delitiva precedente da falsidade ideológica." (STJ, HC 39583/MS, 5ª Turma, Min. Laurita Vaz, *DJ* 11.04.2005); **C:** incorreta. Tanto o crime do art. 218-B do CP (favorecimento da prostituição ou outra forma de exploração sexual de vulnerável), quanto o do art. 228, também do CP (favorecimento da prostituição ou outra forma de exploração sexual), são praticados pelo denominado "proxeneta", que é aquele que favorece o ingresso da vítima à prostituição. Em um caso ou outro, quando o crime for praticado com o fim de obter vantagem econômica (proxenetismo mercenário), às penas privativas de liberdade cominadas haverá o acréscimo da multa (art. 218-B, § 1º e art. 228, § 3º, ambos do CP); **D:** incorreta. Nos termos do art. 226, II, do CP, a pena do agente será aumentada de metade se for ascendente, padrasto ou madrasta, tio, irmão, cônjuge, companheiro, tutor, curador, preceptor ou empregador da vítima ou por qualquer outro título tem autoridade sobre ela. Assim, se o ofensor for padrinho da vítima, um "segundo pai para ela", como anunciado na assertiva, incidirá a majorante, haja vista a relação de intimidade ou mesmo eventual autoridade que exerça sobre ela; **E:** incorreta. O crime do art. 218-B do CP (favorecimento da prostituição ou outra forma de exploração sexual de vulnerável) se caracteriza pelo fato de o agente submeter, induzir ou atrair à prostituição ou outra forma de exploração sexual alguém menor de 18 (dezoito) anos, ou, ainda, que *facilitar, impedir ou dificultar que a abandone*. Assim, mesmo se a vítima já estiver inserida na prostituição, o crime em comento se configurará quando o agente impedir ou dificultar o abandono da prostituição pelo menor de idade.

Gabarito "A"

(Ministério Público/RO – 2013 – CESPE) No que se refere aos crimes contra a paz pública, a fé pública e a administração pública, assinale a opção correta.

(A) Caracteriza *bis in idem* a condenação por crime de quadrilha armada e roubo qualificado pelo uso de armas e concurso de pessoas.

(B) Para a caracterização do crime de falsificação parcial de documento público, exige-se a produção de dano a terceiro.

(C) Não cometerá o crime de falsidade ideológica o indivíduo que deixar de declarar a verdade para a formação de documento, se o servidor público que receber a declaração estiver adstrito a averiguar, *propiis sensibus*, a veracidade desta.

(D) Ocorre a continuidade delitiva entre os crimes de estelionato, de receptação e de adulteração de sinal identificador de veículo automotor praticados pelo mesmo agente, no mesmo contexto fático.

(E) Para a configuração do crime de favorecimento real, a pessoa a quem o agente auxiliar já deverá ter consumado o crime anterior, sendo-lhe assegurada a fuga.

A: incorreta. A "antiga" quadrilha armada (art. 288, parágrafo único, do CP), atual "associação criminosa" armada (com a redação conferida ao tipo penal pela Lei 12.850/2013), por se tratar de crime contra a paz pública, remanesce íntegra, admitindo punição autônoma, frente ao crime de roubo majorado pelo concurso de agentes e emprego de arma. É que, neste último caso, o que se tutela é o patrimônio. Logo, estamos diante de crimes que atingem a bens jurídicos distintos, não se configurando *bis in idem* a condenação dos agentes por ambos os crimes. Confira-se excerto extraído no julgamento, pelo STJ, do HC 157862/SP, Quinta Turma, Min. Jorge Mussi, *DJe* de 25.11.2011: "(...) É pacífico o entendimento no Superior Tribunal de Justiça acerca da independência dos delitos de quadrilha ou bando qualificado e roubo circunstanciado pelo concurso de pessoas e emprego de arma de fogo, em face da existência de objetos jurídicos distintos. Constituem, ademais, crimes de natureza diversas, pois o tipo penal do art. 288 do CP é delito de perigo abstrato, enquanto que o do art. 157, § 2º, I e II, do CP é de perigo concreto. (...)"; **B:** incorreta. O crime do art. 297 do CP (falsificação de documento público) exige, apenas, que uma das ações nucleares típicas (falsificação ou alteração) tenha potencialidade lesiva, vale dizer, seja capaz de iludir, pouco importando, para sua caracterização, e eventual e posterior uso do documento falsificado ou alterado; **C:** correta. O STJ, a respeito do assunto, manifestou-se, por diversas vezes, no sentido de que "a declaração prestada por particulares deve valer, por si mesma, para a formação do documento, a fim de configurar-se a falsidade mediata. Se o oficial ou o funcionário público que a recebe está adstrito a averiguar, *propiis sensibus*, a fidelidade da declaração, o declarante, ainda quando falte à verdade, não comete ilícito penal" (RT 483/263, 541/341, 564/309-10, 691/342, 731/560; JTJ 183/294); **D:** incorreta. Como é sabido e ressabido, a continuidade delitiva (art. 71 do CP) somente poderá ser reconhecida se o agente praticar, mediante mais de uma ação ou omissão, crimes da mesma espécie. Assim, inviável o reconhecimento de referida espécie de concurso de crimes quando estes forem os de estelionato, receptação e adulteração de sinal identificador de veículo. Afinal, não se trata de crimes da mesma espécie; **E:** incorreta. No favorecimento real (art. 349 do CP), o agente delitivo busca prestar a criminoso auxílio destinado a tornar seguro o proveito do crime, não se confundindo com o favorecimento pessoal (art. 348 do CP), este sim destinado a auxiliar autor de crime a subtrair-se à ação de autoridade pública (fuga, por exemplo).

Gabarito "C"

(Ministério Público/RS – 2009) Fugêncio comete um crime de furto. Na sequência, dirige-se até a casa de seu pai Genilvado, comunicando, nesse momento, o fato ilícito praticado, permanecendo depois e sob a orientação dele Genilvado, no interior daquela residência. O genitor, então, verificando a presença de viatura policial nas imediações, informa falsamente aos milicianos envolvidos na operação de captura que o agente criminoso não passou pelo local, confundindo, assim, a diligência empreendida. Nessa conformidade, deverá o pai do larápio ser enquadrado e receber a pena correspondente ao crime de:

(A) favorecimento pessoal.

(B) favorecimento real.

(C) favorecimento pessoal privilegiado.

(D) furto qualificado (concurso de agentes).

(E) nenhuma das respostas.

A conduta de Genivaldo, não fosse ele o pai de Fugêncio, amoldar-se-ia ao tipo penal de favorecimento pessoal, visto ter havido o auxílio a autor de crime punido com reclusão, a subtrair-se à ação de autoridade pública (art. 348, *caput*, do CP). Porém, aplicável à espécie a escusa absolutória prevista no art. 348, § 2º, do CP, fundado no fato de o agente ser ascendente, descendente, cônjuge ou irmão da pessoa auxiliada. Portanto, Genivaldo não deverá ser punido criminalmente.

Gabarito "E"

(Ministério Público/PB – 2010) Estão corretas as proposições abaixo, exceto:

(A) O crime de violação de sepultura é qualificado doutrinariamente como um crime vago.

(B) No lenocínio questuário, aplica-se ao sujeito ativo cumulativamente pena de multa.

(C) Se, durante um velório, vários indivíduos, por questões pessoais e *ex improviso*, iniciarem uma rixa, perturbando a cerimônia funerária, deverão responder pelo crime de impedimento ou perturbação de cerimônia funerária, aplicando-se-lhes a majorante decorrente do emprego de violência e sem prejuízo da pena a esta correspondente.

(D) O crime de inundação admite a responsabilização criminal do agente a título de dolo ou culpa.

(E) Se o agente, pretendendo fraudar a execução, alienar, desviar, destruir ou danificar bens impenhoráveis, não poderá ser responsabilizado penalmente, já que seu comportamento se traduz em um indiferente penal.

A: correta. De fato, o crime de violação de sepultura, definido no art. 210 do CP, tem como bem jurídico a tutelar o respeito aos mortos. Trata-se de crime cuja sujeição passiva é a coletividade, sendo, portanto, considerado crime vago (sujeito passivo sem personalidade jurídica); **B:** correta. Denomina-se de lenocínio questuário aquele em que o sujeito ativo pretende auferir lucro com sua conduta. Neste caso, aplicável, além da pena privativa de liberdade cominada, a pena de multa (art. 227, § 3º, do CP); **C:** incorreta, devendo ser assinalada. Embora controvertida a existência de elemento subjetivo do tipo no tocante ao crime de impedimento ou perturbação de cerimônia funerária (art. 209 do CP), pode-se entender que indivíduos que iniciem briga generalizada em cerimônia funerária, por questões puramente pessoais, tal como indica a assertiva, não cometem a infração em comento. Afinal, faltar-lhes-ia a vontade livre e consciente de impedir ou perturbar a cerimônia; **D:** correta (art. 254 do CP, com destaque para o seu preceito secundário, que, expressamente, alude à culpa); **E:** correta. Não podendo bem impenhorável ser objeto de constrição judicial e, portanto, de satisfação de dívida executada, a alienação ou desvio, destruição ou danificação de referida espécie de bem é fato atípico. Imprescindível, para a caracterização do crime do art. 179 do CP, que a conduta do agente seja capaz de fraudar a execução, ou seja, torná-la inócua, de molde a tornar insuficiente seu patrimônio para garantir a fase expropriatória. Como dito, se bens impenhoráveis não podem ser constritos judicialmente e, posteriormente, levados à hasta pública, a conduta voltada à destruição, alienação, desvio ou danificação deles constitui indiferente penal.

Gabarito "C"

(Ministério Público/GO – 2012) Analisando o tipo penal incriminador descrito no art. 311-A (Fraudes em certames de interesse público), é correto afirmar que:

(A) Não incide aumento de pena se o fato é cometido por funcionário público

(B) A conduta punível e descrita no tipo penal é somente aquela de "utilizar", indevidamente, com o fim de beneficiar a si ou a outrem, ou de comprometer a credibilidade do certame, conteúdo sigiloso de concurso público, processo seletivo para ingresso no ensino superior ou exame ou processo seletivo previsto em lei

(C) Embora o entendimento predominante no STF seja no sentido de que a "cola eletrônica" não constitui estelionato nem falsidade ideológica, tem preponderado na doutrina mais moderna, a tese de que tal comportamento enquadra-se no tipo penal do art. 311-A do Código Penal

(D) A modalidade culposa somente poderá se configurar quando o sujeito ativo agir com negligência

A: incorreta (art. 311-A, § 3º, do CP); **B:** incorreta, pois, também, o tipo penal abarca a conduta de "divulgar" o conteúdo do certame (art. 311-A, *caput*, do CP); **C:** correta. De acordo com Rogério Sanches, se terceiro que tiver acesso privilegiado ao gabarito da prova revelar ao candidato de um concurso público o conteúdo das respostas às questões, terá praticado, juntamente com o beneficiário da revelação, o crime em comento (*Curso de Direito Penal – Parte Especial*. 4. ed. Editora JusPODIVM, p. 724-725); **D:** incorreta, pois o crime em tela não admite a forma culposa dada a ausência de previsão legal. Portanto, se por culpa o agente divulgar o conteúdo sigiloso de um certame, a conduta será atípica.

Gabarito "C"

(Ministério Público/GO – 2012) No tocante ao delito de destruição, subtração ou ocultação de cadáver (art. 211 do Código Penal), assinale o enunciado incorreto:

(A) Trata-se de crime compatível com o benefício da suspensão condicional do processo (Lei n. 9.099/1995, art. 89), vez que a pena prevista é de reclusão, de um a três anos, e multa.

(B) Segundo consolidada jurisprudência do STF, na modalidade "ocultar", o crime é permanente

(C) Sua consumação dá-se somente com a destruição total do cadáver

(D) A "múmia" não ingressa no conceito de cadáver, vez que o interesse é meramente histórico ou arqueológico, não havendo ofensa ao sentimento de respeito aos mortos

A: correta, visto que a pena mínima cominada ao crime é de um ano de reclusão, admitindo-se, pois, a concessão do *sursis* processual (art. 89 da Lei 9.099/1995); **B:** correta. De fato, a ocultação de um cadáver é considerada crime permanente, visto que sua consumação produzirá efeitos enquanto assim se mantiver, vale dizer, enquanto o agente sonegá-lo. Registre-se que será cabível o flagrante enquanto a ocultação perdurar, bem como o prazo prescricional somente começará a fluir a partir da descoberta do cadáver (art. 111, I, do CP); **C:** incorreta, devendo ser assinalada, pois o crime do art. 211 do CP é considerado de ação múltipla, podendo ser praticado por três formas (*destruir, subtrair* ou *ocultar* cadáver ou parte dele). Em caso de destruição, ainda que parcial do cadáver, o crime já estará consumado; **D:** correta. De fato, o crime em comento pressupõe que o objeto material seja considerado *cadáver*, sendo, portanto, de rigor, que se constatem elementos de identificação da aparência humana. Destaca Rogério Sanches que "*... não são objetos do crime em estudo o esqueleto, as cinzas, as múmias e as partes do corpo incapazes de se reconhecer como tal*" (*Curso de Direito Penal – Parte Especial*. 4. ed. Ed. JusPODIVM, p. 446).

Gabarito "C"

(Ministério Público/SE – 2010 – CESPE) Assinale a opção correta acerca dos crimes de perigo comum.

(A) Tratando-se de crime de explosão, se a substância utilizada não for dinamite ou explosivo de efeitos análogos, o agente será menos severamente punido.

(B) No que concerne a crime de incêndio, a intenção de obter vantagem pecuniária com a conduta constitui fato não punível, pois pertence à fase de cogitação do crime e não pode, assim, ser punida.

(C) Não se pune o incêndio culposo, a menos que o sujeito ativo possua o dever legal de evitar o perigo.

(D) Para que o crime de incêndio se consume, é necessário que haja ao menos lesão corporal leve em uma das vítimas.

(E) O crime de inundação é punido mesmo que a vida, a integridade física ou o patrimônio de outrem não sejam expostos a perigo.

A: assertiva correta, visto que o art. 251, § 1º, do CP prevê figura privilegiada do delito; **B:** assertiva incorreta, pois o propósito de obter vantagem pecuniária constitui, a teor do art. 250, § 1º, I, do CP, causa de aumento de pena, a incidir no incêndio doloso; **C:** assertiva incorreta, já que a figura culposa vem expressamente prevista no art. 251, § 3º, do CP; **D:** assertiva incorreta. A consumação se opera no instante em que um número indeterminado de pessoas, em razão do incêndio, é submetido a uma situação de perigo; **E:** assertiva incorreta. O crime de inundação, do art. 255 do CP, exige, para a sua consumação, a criação de uma situação de perigo concreto.

Gabarito "A"

24. CRIMES DA LEI ANTIDROGAS

(Ministério Público//MS – 2013 – FADEMS) Acerca da Lei 11.343/2006 (Lei Antidrogas), considere as assertivas abaixo:

I. Há distinção entre o traficante e o fornecedor eventual de drogas, tendo a legislação abrandado a punição deste em relação àquele, tratando a questão como crime de menor potencial ofensivo, desde que presentes, além da eventualidade no fornecimento da droga, a ausência de objetivo de lucro, a intenção de consumir droga em conjunto e o oferecimento da diga a pessoa de relacionamento do agente.

II. Quem, depois de consumir cocaína e sob efeito dessa substância, pilota pequena aeronave de sua propriedade, colocando em risco a incolumidade de outrem, com manobras perigosas que fazia, comete ilícito previsto na Lei Antidrogas.

III. Comete o crime de tráfico em concurso formal impróprio (ou imperfeito) o agente que, em um mesmo contexto fático, prepara e mantém em depósito para vender algumas porções de cocaína, sem autorização legal ou em desacordo com determinação legal ou regulamentar, sendo preso em flagrante antes da prática do ato de comércio da substância entorpecente preparada.

IV. Quem, para consumo pessoal, semeia plantas destinadas à preparação de pequena quantidade de substância capaz de causar dependência psíquica pode ser submetido à medida educativa de comparecimento a programa ou curso educativo.

São *corretas*:

(A) Somente as assertivas I, II e IV.

(B) Somente as assertivas I, II e III.

(C) Somente as assertivas II, III e IV.

(D) Somente as assertivas II e III.

(E) Somente as assertivas I e IV.

I: correta. De fato, a Lei 11.343/2006, inovando, tratou de maneira diferenciada – e proporcional – as figuras do traficante e do fornecedor eventual de drogas, assim considerado aquele que oferecê-las, em caráter eventual, sem intenção de lucro, a pessoa de seu relacionamento, para consumo conjunto (art. 33, § 3º). Trata-se de crime de menor potencial ofensivo (pena de detenção, de seis meses a um ano, além de multa); **II:** correta, pois, nos termos do art. 39 da Lei 11.343/2006, pratica crime quem "Conduzir embarcação ou aeronave após o consumo de drogas, expondo a dano potencial a incolumidade de outrem"; **III:** incorreta. Se, no mesmo contexto fático, o agente prepara e mantém em depósito algumas porções de cocaína, responderá por crime único, sendo o art. 33 da Lei Antidrogas um clássico exemplo de crime de ação múltipla (tipo misto alternativo ou de conteúdo variado); **IV:** correta, nos termos do art. 28, § 1º, da Lei 11.343/2006. Trata-se de crime que não se confunde com o tráfico de drogas (art. 33), visto que a intenção do agente com a semeadura de plantas é a futura preparação de substância estupefaciente para o próprio consumo.

Gabarito "A"

(Ministério Público/RO – 2013 – CESPE) Assinale a opção correta acerca do que dispõe a Lei Antidrogas (Lei nº 11.343/2006) e do entendimento dos tribunais superiores a respeito do assunto.

(A) Prescinde da efetiva transposição das fronteiras estaduais a incidência da causa legal de aumento de pena prevista para o tráfico de droga entre estados da Federação.

(B) Configura crime de associação para o tráfico o ato de se associar esporadicamente para a traficância, dada a gravidade da conduta.

(C) Dado o caráter hediondo do crime de tráfico de drogas, é vedada a fixação de regime menos gravoso a condenado, com sentença definitiva, por esse tipo de crime.

(D) No momento da fixação da pena-base prevista para o crime de tráfico de droga, a quantidade de substância entorpecente não é valorada com preponderância nas circunstâncias judiciais.

(E) Ao condenado por tráfico não se aplica a conversão de pena privativa de liberdade por pena restritiva de direitos.

A: correta. A transcrição parcial da ementa do AgRg no REsp 1415170/PR, cuja relatoria foi cometida à Ministra Regina Helena Costa, da Quinta Turma do STJ, bem explana a questão: "AGRAVO REGIMENTAL NO RECURSO ESPECIAL. PENAL. TRÁFICO INTERESTADUAL DE ENTORPECENTES. CAUSA DE AUMENTO DE PENA PREVISTA NO ART. 40, V, LEI N. 11.343/2006. EFETIVA TRANSPOSIÇÃO DE DIVISAS. DESNECESSIDADE. TESE DE INDEVIDA APLICAÇÃO DO PERCENTUAL DE 1/4 NA MAJORAÇÃO DA PENA. INOVAÇÃO RECURSAL. IMPOSSIBILIDADE. I – A incidência da causa de aumento prevista no art. 40, V, da Lei n. 11.343/2006 não exige a efetiva transposição da divisa interestadual, sendo suficiente que fique demonstrado, que a substância entorpecente apreendida teria como destino localidade de outro estado da Federação. Precedentes. (...)"; **B:** incorreta. A associação para o tráfico (art. 35 da Lei 11.343/2006), à semelhança da associação criminosa (art. 288 do CP), exige, por parte dos agentes, ânimo associativo estável e permanente dos agentes para a narcotraficância. Nesse sentido: STJ, HC 254177/SP, Rel. Min. Jorge Mussi, Quinta Turma, DJe de 06/08/2013; **C:** incorreta. Primeiramente, o tráfico de drogas não é crime hediondo, mas equiparado a tal. Demais disso, no julgamento do HC 111.840/ES, o STF declarou a inconstitucionalidade do regime inicial fechado obrigatório previsto no art. 2º, § 1º, da Lei 8.072/1990, admitindo-se a fixação de regime inicial semiaberto (no caso específico de referido *writ*) para condenado por tráfico de drogas. Assim, à luz do princípio da individualização da pena, caberá ao juiz, no caso concreto, verificar qual o regime inicial adequado para o desconto da reprimenda penal, não se falando em obrigatoriedade de fixação de regime inicial fechado para os condenados por crimes hediondos e equiparados; **D:** incorreta. Nos exatos termos do art. 42 da Lei 11.343/2006, o juiz, na fixação das penas, considerará, com preponderância sobre o previsto no art. 59 do Código Penal, a natureza e a quantidade da substância ou do produto, a personalidade e a conduta social do agente; **E:** incorreta. O STF, no julgamento do HC 97.256/RS, declarou, *incidenter tantum*, a inconstitucionalidade do art. 33, § 4º, parte final, da Lei 11.343/2006, que trata da inadmissibilidade de conversão da pena privativa de liberdade em restritiva de direitos em caso do denominado "tráfico privilegiado" (réu primário, de bons antecedentes, que não se dedique a atividades criminosas nem integre organização criminosa), cuja pena pode (leia-se: deve) ser reduzida de um sexto a dois terços. Nessa situação, o precitado art. 33, § 4º, da Lei de Drogas vedava, nada obstante a redução da pena privativa de liberdade, a conversão em pena restritiva de direitos. Como dito, o STF, ao reconhecer a inconstitucionalidade incidental de referida vedação, permitiu a análise de casos concretos pelos magistrados, que poderão, se o caso, admitir a conversão. Inclusive, por força do julgamento, o Senado Federal editou a Resolução nº 5/2012, suspendendo a execução da expressão *"vedada a conversão em penas restritivas de direitos"* do adrede mencionado art. 33, § 4º.

Gabarito "A"

(Ministério Público/MS – 2009) É correto afirmar que o agente delituoso que responde pela prática do crime de tráfico de drogas, previsto no art. 33 da Lei

n. 11.343/2006, desde que seja primário e de bons antecedentes,

(A) não tem direito à redução da pena, apenas em face da primariedade e de bons antecedentes.

(B) tem direito à redução de pena.

(C) tem direito à substituição da pena privativa de liberdade pela pena de multa.

(D) a redução da pena fica a critério do juiz.

(E) a redução da pena, nesses casos, decorre de construção jurisprudencial.

A: correta. A primariedade e os bons antecedentes, ainda que conjugados, são incapazes de conferir ao traficante a benesse contida no art. 33, § 4º, da Lei 11.343/2006, qual seja, a redução de sua pena de um sexto a dois terços. Seria, ainda, necessário que não se dedicasse a atividades criminosas nem integrasse organizações criminosas; **B:** incorreta, pelas razões anteriormente expostas; **C:** incorreta, por falta de previsão legal expressa nesse sentido. No entanto, é bom ressalvar, o art. 33, § 4º, do diploma legal referido, na parte que dizia ser vedada a conversão da pena privativa de liberdade em restritiva de direitos, foi declarado inconstitucional pelo STF no julgamento do HC 97.256/RS. Ato seguinte, foi suspensa pelo Senado Federal, por meio da Resolução 5/2012, a execução da expressão "vedada a conversão em penas restritivas de direitos"; **D:** incorreta, pelo fato de a primariedade e os bons antecedentes serem insuficientes à concessão da causa de diminuição de pena já tratada anteriormente. Porém, fosse o caso de incidência da minorante, não ficaria "a critério" do juiz a sua aplicação, tratando-se de um direito subjetivo do réu, desde que preenchidos os requisitos legais; **E:** incorreta (vide comentários anteriores).

Gabarito "A"

(Ministério Público/MT – 2012 – UFMT) Consoante dispõe a Lei de Drogas (Lei n. 11.343/2006), quanto aos crimes de tráfico ilícito de drogas (art. 33, *caput*), analise as assertivas abaixo.

I. As penas sempre serão reduzidas se o agente for primário e com bons antecedentes.

II. As penas poderão ser reduzidas de um sexto a dois terços, desde que o agente seja primário, de bons antecedentes, não se dedique às atividades criminosas nem integre organização criminosa.

III. É vedada a conversão das penas em penas restritivas de direitos.

IV. As penas poderão ser convertidas em pena restritiva de direito, ainda que o agente seja reincidente.

Está correto o que se afirma em:

(A) II, apenas.

(B) I e III, apenas.

(C) III, apenas.

(D) III e IV, apenas.

(E) IV, apenas.

I: incorreta. No tocante ao tráfico de drogas, se o condenado for primário, de bons antecedentes, não se dedicar a atividades criminosas nem integrar organizações criminosas, sua pena será reduzida de um sexto a dois terços (art. 33, § 4º, da Lei 11.343/2006); **II:** correta (art. 33, § 4º, da Lei 11.343/2006); **III:** incorreta. De acordo com o entendimento do STF no julgamento do HC 97.256/RS, é inconstitucional a vedação contida na "Lei de Drogas" de conversão da pena privativa de liberdade em restritiva de direitos no tocante ao tráfico de drogas. Por tal razão, foi editada a Resolução 5/2012 pelo Senado Federal, no exercício de sua competência definida no art. 52, X, da CF, suspendendo, portanto, a execução da expressão "*vedada a conversão em penas restritivas de direitos*" prevista no art. 33, § 4º, da Lei 11.343/2006; **IV:** incorreta. A Lei 11.343/2006, a despeito de ter sido declarada inconstitucional no que tange à vedação abstrata de conversão da pena privativa de liberdade fixada para réu condenado por tráfico de drogas em restritiva de direitos, é certo que o mesmo diploma legal não autoriza a conversão referida para agentes reincidentes. Nesse caso, pelo próprio CP, art. 44, II, seria vedada a conversão.

Gabarito "A"

(Ministério Público/MG – 2006) A Polícia Civil do Estado de Minas Gerais, após ação criteriosa, abordou pequeno avião em pista de pouso clandestina na comarca de Capelinha. No momento da abordagem, o piloto e seus dois tripulantes descarregavam 500 quilos de substância entorpecente vulgarmente conhecida como maconha (*Cannabis sativa*). Não houve escutas telefônicas ou outras provas. Como Promotor de Justiça da comarca, apresente a solução jurídica para o caso:

(A) O piloto responde por associação para o tráfico de drogas ilícitas (art. 14 da Lei 6.368/1976), enquanto os dois tripulantes respondem pelo tráfico de drogas ilícitas (art. 12 da Lei 6.368/1976).

(B) O piloto e os dois tripulantes respondem por tráfico de drogas ilícitas com causa de aumento de pena da associação (art. 12 c/c art. 18, III, da Lei 6.368/1976).

(C) O piloto e os dois tripulantes respondem pela associação para o fim de praticar tráfico de drogas ilícitas (art. 14 da Lei 6.368/1976).

(D) O piloto e os dois tripulantes respondem por tráfico de drogas ilícitas e associação para o fim de praticar tráfico de drogas ilícitas em concurso formal (art. 12 c/c art. 14 da Lei 6.368/1976).

(E) O piloto responde por tráfico de drogas ilícitas (art. 12 da Lei 6.368/1976), enquanto os dois tripulantes respondem por associação para o tráfico de drogas ilícitas (art. 14 da Lei 6.368/1976).

Muito embora as condutas relativas às drogas estejam definidas em diploma legal diverso àquele existente à época em que a questão em tela foi formulada, a conclusão seria praticamente a mesma. Se o piloto do avião e os dois tripulantes foram flagrados, em pista clandestina, descarregando 500 quilos de maconha, todos são coautores de tráfico de drogas (art. 33 da Lei 11.343/2006, que corresponde ao antigo art. 12 da Lei 6.368/1976). Não restam dúvidas de que todos os três agentes, de alguma forma, concorreram para que a quantidade de droga mencionada seja entregue a consumo de terceiros. Não se pode, em razão da ausência de demonstração no caso apresentado, concluir que o piloto e os dois tripulantes se associaram, de forma estável e permanente, para a prática de tráfico de drogas, motivo pelo qual não resta caracterizada a associação para o tráfico (art. 35 da Lei 11.343/2006, que corresponde ao antigo art. 14 da Lei 6.368/1976). Pelas razões expostas, de plano, já conseguimos eliminar as alternativas "A", "C", "D" e "E". Se tanto, o piloto e os dois tripulantes, à época em que foi formulada a questão, poderiam ter suas penas majoradas pela associação (ou concurso de agentes) eventual, que configurava causa de aumento de pena definida no art. 18, III, da Lei 6.368/1976. Frise-se, porém, que, com o advento da

"Nova Lei de Drogas" (Lei 11.343/2006), referida majorante não foi repetida no rol do seu art. 40, caracterizando *novatio legis in mellius*, e, portanto, com efeitos retroativos.

Gabarito "B"

(Ministério Público/AC – 2008) Segundo o Supremo Tribunal Federal, em se tratando de uso de Substância entorpecente, a aplicação do princípio da insignificância

(A) não é possível, pois se trata de crime de perigo abstrato.

(B) não é possível, pois o bem jurídico tutelado é a saúde pública.

(C) não é possível, pois se trata de crime de consumação antecipada.

(D) é possível.

Como regra, o STF não admite a aplicação do princípio da insignificância ao crime de porte de drogas para consumo pessoal. Confira-se a ementa: *"Penal.* Habeas corpus. *Art. 28 da Lei 11.343/2006. Porte ilegal de substância entorpecente. Extinção da punibilidade. Reconhecimento da prescrição da pretensão punitiva estatal. Ínfima quantidade. Princípio da insignificância. Inaplicabilidade. Periculosidade social da ação. Existência. Crime de perigo abstrato ou presumido. Precedentes.* Writ *prejudicado.* I – Com o reconhecimento da prescrição da pretensão punitiva estatal, não mais subsiste o alegado constrangimento ilegal suportado pelo paciente. II – A aplicação do princípio da insignificância de modo a tornar a conduta atípica exige sejam preenchidos, de forma concomitante, os seguintes requisitos: (i) mínima ofensividade da conduta do agente; (ii) nenhuma periculosidade social da ação; (iii) reduzido grau de reprovabilidade do comportamento; e (iv) relativa inexpressividade da lesão jurídica. III – No caso sob exame, não há falar em ausência de periculosidade social da ação, uma vez que o delito de porte de entorpecente é crime de perigo presumido. IV – É firme a jurisprudência desta Corte no sentido de que não se aplica o princípio da insignificância aos delitos relacionados a entorpecentes. V – A Lei 11.343/2006, no que se refere ao usuário, optou por abrandar as penas e impor medidas de caráter educativo, tendo em vista os objetivos visados, quais sejam: a prevenção do uso indevido de drogas, a atenção e reinserção social de usuários e dependentes de drogas. VI – Nesse contexto, mesmo que se trate de porte de quantidade ínfima de droga, convém que se reconheça a tipicidade material do delito para o fim de reeducar o usuário e evitar o incremento do uso indevido de substância entorpecente. VII – *Habeas corpus* prejudicado." (HC 102940/ES, 1ª Turma, j. 15.02.2011). Assim, a 1ª Turma considerou o crime do art. 28 da Lei de Drogas como de perigo abstrato ou presumido, razão pela qual estaria correta a alternativa "A". Porém, a banca examinadora adotou como correta a alternativa "D", decerto em razão do seguinte entendimento do STF acerca do porte de drogas em instituições militares: *"Crime militar (CPM, art. 290). Posse (ou porte) de substância entorpecente. Quantidade ínfima. Uso próprio. Delito perpetrado dentro de organização militar. Princípio da insignificância. Aplicabilidade. Identificação dos vetores cuja presença legitima o reconhecimento desse postulado de política criminal. Consequente descaracterização da tipicidade penal em seu aspecto material. Pedido deferido.* Aplica-se, ao delito castrense de posse (ou porte) de substância entorpecente, desde que em quantidade ínfima e destinada a uso próprio, ainda que cometido no interior de Organização Militar, o princípio da insignificância, que se qualifica como fator de descaracterização material da própria tipicidade penal. Precedentes." (HC 101759/MG, 2ª Turma, j. 10.08.2010).

Gabarito "D"

(Ministério Público/MG – 2007) Em relação à Lei n. 11.343/2006 (Nova Lei de Tóxicos), assinale a alternativa ERRADA.

(A) A posse de drogas ilícitas para consumo próprio prevê como penas primárias a advertência, a prestação de serviços à comunidade e a medida educativa de comparecimento a programa ou curso educativo.

(B) Há a previsão, na referida lei, de delitos autônomos destinados à repressão à produção não autorizada e ao tráfico ilícito de drogas não previstos na Lei n. 6.368/1976, como a prescrição culposa de drogas, o financiamento do tráfico e a condução de embarcação ou aeronave após o consumo de drogas.

(C) Há a previsão, na referida lei, de figuras autônomas destinadas à repressão à produção não autorizada e ao tráfico ilícito de drogas não previstos na Lei n. 6.368/1976, como a figura da indução ou auxílio ao uso de drogas e o oferecimento eventual e sem objetivo de lucro para consumo conjunto.

(D) O prazo das penalidades previstas para a posse de substância entorpecente para consumo pessoal não pode ultrapassar cinco meses, exceto nos casos de reincidência, em que as penas podem ser aplicadas pelo prazo máximo de dez meses.

(E) No caso de descumprimento das penas primárias da posse de substância entorpecente para uso próprio, poderá o Juiz convertê-las em admoestação verbal ou multa. Havendo descumprimento em reincidência específica, poderá o Juiz aplicar a pena privativa de liberdade.

A: correta: art. 28, I, II e III, da Lei 11.343/2006; **B:** correta: art. 38, *caput*, da Lei 11.343/2006 (prescrição culposa); art. 36 da Lei 11.343/2006 (financiamento do tráfico); e art. 39, *caput*, da Lei 11.343/2006 (condução de embarcação ou aeronave sob efeito de drogas); **C:** correta: art. 33, § 2º, da Lei 11.343/2006 (indução, instigação ou auxílio ao uso de drogas); art. 33, § 3º, da Lei 11.343/2006 (oferecimento eventual e sem objetivo de lucro para consumo conjunto ou cessão gratuita e eventual); **D:** correta: art. 28, §§ 3º e 4º, da Lei 11.343/2006; **E:** incorreta, devendo ser assinalada: art. 28, § 6º, da Lei 11.343/2006. Não há possibilidade de o juiz, havendo descumprimento em reincidência específica, aplicar a pena privativa de liberdade.

Gabarito "E"

(Ministério Público/PR – 2008) O artigo 33, § 3º, da Lei Federal n. 11.343/2006, fez distinção entre o traficante e o fornecedor eventual de droga, abrandando a punição deste em relação àquele. Todavia, além da dita eventualidade no oferecimento da droga, tal dispositivo considerou também elementos necessários para o reconhecimento do mencionado tipo penal privilegiado:

(A) a ausência de objetivo de lucro, a intenção do consumo conjunto e o oferecimento da droga a pessoa de seu relacionamento, independentemente do autor da conduta dispor de antecedentes criminais por delitos da mesma natureza.

(B) a ausência de objetivo de lucro e a intenção do consumo conjunto, independentemente do oferecimento da droga se dar a pessoa de seu relacionamento e independentemente do autor da conduta dispor de antecedentes criminais por delitos da mesma natureza.

(C) a ausência de objetivo de lucro e o oferecimento da droga a pessoa de seu relacionamento, independentemente da intenção ou efetivo consumo conjunto e independentemente do autor da conduta dispor de antecedentes criminais por delitos da mesma natureza.

(D) o efetivo consumo conjunto, o oferecimento da droga a pessoa de seu relacionamento e a ausência de antecedentes criminais por delitos da mesma natureza. E, caso existente o objetivo de lucro, deve ter caráter eventual.

(E) a ausência de objetivo de lucro, a intenção de consumo conjunto, o oferecimento da droga a pessoa do seu relacionamento e a ausência de antecedentes criminais por delito da mesma natureza.

Trata-se de inovação introduzida pela Lei 11.343/2006. É a chamada ***cessão gratuita e eventual***, que, a teor do art. 33, § 3º, da Lei de Drogas, traz os seguintes requisitos: eventualidade no oferecimento da droga; ausência de objetivo de lucro; intenção de consumir a droga em conjunto; e oferecimento da droga a pessoa de relacionamento do agente. É crime de menor potencial ofensivo.

Gabarito "A"

(Ministério Público/SP – 2011) Não constitui causa especial de aumento de pena a prática do tráfico de drogas

(A) dentro de estabelecimento hospitalar.

(B) nas imediações de delegacia de polícia.

(C) nas dependências de complexo penitenciário.

(D) entre municípios de um mesmo Estado.

(E) no exercício de atividade educativa.

A hipótese descrita na assertiva "D" não está contemplada no rol do art. 40 da Lei 11.343/2006, que estabelece as causas de aumento de pena a serem aplicadas aos crimes definidos nos arts. 33 a 37 da Lei de Drogas.

Gabarito "D"

25. CRIMES CONTRA O MEIO AMBIENTE

(Ministério Público/SP – 2013 – PGMP) Dentre as circunstâncias que agravam a pena nos crimes ambientais, NÃO se encontra

(A) a conduta ser perpetrada em área urbana, de assentamento humano, ou sujeita a regime especial de uso.

(B) a conduta ser perpetrada em época de seca, inundação ou período de defeso à fauna.

(C) a conduta ser perpetrada em domingos, feriados ou à noite.

(D) a conduta ser perpetrada por biólogo ou por funcionário de empresa de transporte de carga.

(E) a conduta ser perpetrada com o fim de vantagem pecuniária ou no interesse de pessoa jurídica beneficiada por incentivos fiscais.

À exceção da alternativa "D" (conduta perpetrada por biólogo ou por funcionário de empresa de transporte de carga), todas as demais trazem circunstâncias agravantes previstas no art. 15 da Lei 9.605/1998, quais sejam: I - reincidência nos crimes de natureza ambiental; II - ter o agente cometido a infração: a) para obter vantagem pecuniária; b) coagindo outrem para a execução material da infração; c) afetando ou expondo a perigo, de maneira grave, a saúde pública ou o meio ambiente; d) concorrendo para danos à propriedade alheia; e) atingindo áreas de unidades de conservação ou áreas sujeitas, por ato do Poder Público, a regime especial de uso; f) atingindo áreas urbanas ou quaisquer assentamentos humanos; g) em período de defeso à fauna; h) em domingos ou feriados; i) à noite; j) em épocas de seca ou inundações; l) no interior do espaço territorial especialmente protegido; m) com o emprego de métodos cruéis para abate ou captura de animais; n) mediante fraude ou abuso de confiança; o) mediante abuso do direito de licença, permissão ou autorização ambiental; p) no interesse de pessoa jurídica mantida, total ou parcialmente, por verbas públicas ou beneficiada por incentivos fiscais; q) atingindo espécies ameaçadas, listadas em relatórios oficiais das autoridades competentes; r) facilitada por funcionário público no exercício de suas funções.

Gabarito "D"

(Ministério Público/MG – 2005) Semprônio é preso após retirar das águas de um lago interditado pela autoridade ambiental competente alguns vegetais conhecidos como Vitória-Régia. Posteriormente, é acusado de praticar o crime previsto no art. 35 da Lei 9.605/1998, que trata de pesca proibida. Apurou-se que Semprônio desconhecia o teor do art. 36 da Lei 9.605/1998, que define como pesca a retirada de vegetais hidróbios. No caso:

(A) caracteriza-se o erro de tipo acidental que não traz benefícios ao agente do fato.

(B) a ignorância da lei não lhe traz benefícios, respondendo integralmente pelo fato.

(C) ocorreu um erro de proibição, capaz de reduzir a pena aplicada na condenação.

(D) caracteriza-se o erro de tipo essencial que, apesar de evitável, exclui o dolo do tipo.

(E) ocorreu um erro de proibição inevitável, capaz de isentar integralmente de pena.

De início, cumpre destacar que o enunciado não trouxe maiores informações sobre Semprônio, limitando-se a informar que ele retirou de águas de um lago interditado vitórias-régias, desconhecendo o teor do art. 36 da Lei 9.605/1998, que considera pesca, dentre outros, a retirada de vegetais hidróbios de seu *habitat*. Logo, seria impossível afirmar que lhe faltava potencial consciência da ilicitude, razão pela qual podemos excluir, de plano, as alternativas "C" e "E". Afinal, o erro de proibição exige que o agente, por suas condições pessoais, não pudesse sequer imaginar que sua conduta era errada, profana, ofensiva ao ordenamento jurídico. Assim, Semprônio, por desconhecer que a retirada de vegetais hidróbios caracteriza crime de pesca proibida (vide arts. 35 e 36, ambos da Lei 9.605/1998), incidiu em erro de tipo essencial. Frise-se que o enunciado não informou que Semprônio desconhecia o teor do artigo 35 da Lei em comento, que trata da *pesca proibida*, mas, sim, do art. 36, que é norma explicativa do conteúdo jurídico do termo "pesca", motivo pelo qual já podemos, também, excluir a alternativa "B". Portanto, se o agente desconhecia que a retirada de vitórias-régias do lago caracterizava pesca proibida, errou quanto a um elemento constitutivo do tipo, qual seja, a conduta nuclear "pesca", fato capaz de excluir o dolo de sua conduta, fosse ou não evitável o erro. Errada, portanto, a alternativa "A", que trata do erro acidental. Lembre-se de que o erro sobre elemento constitutivo do tipo legal de crime sempre exclui o dolo, seja evitável, seja inevitável (art. 20, *caput*, do CP). Correta, pois, a alternativa "D".

Gabarito "D"

(Ministério Público/GO – 2010) Assinale a alternativa incorreta, segundo a Lei n. 9.605/1998 (Lei dos Crimes Ambientais).

(A) Poderá ser desconsiderada a pessoa jurídica sempre que sua personalidade for obstáculo ao ressarcimento de prejuízos causados à qualidade do meio ambiente.

(B) Dentre outras, são circunstâncias que atenuam a pena imposta pelo crime ambiental, o baixo grau de escolaridade do agente e a colaboração com os agentes encarregados da vigilância e do controle ambiental.

(C) Para a pessoa jurídica, a proibição de contratar com o Poder Público e dele obter subsídios, subvenções ou doações não poderá exceder o prazo de 10 (dez) anos.

(D) Nos delitos tipificados nessa lei, é admitida a suspensão condicional da pena nos casos de condenação a pena privativa de liberdade não superior a 2 (dois) anos.

A: correta (art. 4º da Lei 9.605/1998 – Lei dos Crimes Ambientais); **B:** correta (art. 14, I e IV, da Lei 9.605/1998); **C:** correta (art. 22, § 3º, da Lei 9.605/1998); **D:** incorreta, devendo ser assinalada, pois será cabível a suspensão condicional da pena (*sursis*) nos casos de condenação à pena privativa de liberdade não superior a 3 (três) anos (art. 16 da Lei 9.605/1998).

Gabarito "D"

(Ministério Público/AC – 2008) Jorge é surpreendido pelo IBAMA quando pescava, em rio brasileiro e em período cuja pesca era proibida, razão por que foi autuado pela Autarquia Federal. Com base no enunciado, assinale a alternativa correta.

(A) Jorge está incurso em crime ambiental, cujo sujeito passivo é o Estado.

(B) Jorge está incurso em crime ambiental, cujo sujeito passivo é a União.

(C) Jorge está incurso em crime ambiental, cujo sujeito passivo é a coletividade.

(D) Jorge está incurso em crime ambiental, cujo sujeito passivo é a ictiofauna.

O crime praticado por Jorge vem definido no art. 34 da Lei 9.605/1998 (Lei dos Crimes Ambientais). Ora, como é sabido, o meio ambiente é um bem de uso comum do povo (art. 225 da CF), cuja titularidade, por óbvio, é difusa. Logo, o sujeito passivo do crime em comento não pode ser o Estado ou a União, ou a ictiofauna, mas, sim, a coletividade. Estamos, pois, tratando de um crime vago.

Gabarito "C"

(Ministério Público/CE – 2009 – FCC) A pena de multa nos crimes ambientais poderá ser aumentada até

(A) quatro vezes, ainda que aplicada no valor máximo, em virtude da situação econômica do réu.

(B) cinco vezes, ainda que aplicada no valor máximo, tendo em vista o valor da vantagem econômica auferida.

(C) três vezes, ainda que aplicada no valor máximo, tendo em vista o valor da vantagem econômica auferida.

(D) três vezes, se não aplicada no valor máximo, em virtude da situação econômica do réu.

(E) cinco vezes, ainda que aplicada no valor máximo, em virtude da situação econômica do réu.

Conforme dispõe o art. 18 da Lei 9.605/1998, a pena de multa nos crimes ambientais "poderá ser aumentada até três vezes, tendo em vista o valor da vantagem econômica auferida".

Gabarito "C"

(Ministério Público/SP – 2008) Indique a conduta que não está descrita na Lei n. 9.605/1998 como crime contra o meio ambiente.

(A) Extrair de florestas de domínio público ou consideradas de preservação permanente, sem prévia autorização, pedra, areia, cal ou qualquer espécie de minerais.

(B) Causar dano direto ou indireto às Unidades de Conservação e às áreas de que trata o artigo 27 do Decreto n. 99.274, de 6 de junho de 1990, independentemente de sua localização.

(C) Introduzir espécime animal no País, sem parecer técnico oficial favorável e licença expedida por autoridade competente.

(D) Fazer ou usar fogo, por qualquer modo, em floresta ou nas demais formas de vegetação, ou em sua borda, sem tomar as precauções necessárias para evitar propagação.

(E) Comercializar motosserra ou utilizá-la em florestas e nas demais formas de vegetação, sem licença ou registro da autoridade competente.

A: correta: art. 44 da Lei 9.605/1998; **B:** correta: art. 40, *caput*, da Lei 9.605/1998; **C:** correta: art. 31 da Lei 9.605/1998; **D:** incorreta, devendo ser assinalada. A conduta consubstanciada em fazer ou usar fogo, por qualquer modo, em floresta ou nas demais formas de vegetação sem os devidos cuidados não constitui crime ambiental. No entanto, o ato de provocar incêndio em mata ou floresta, ainda que culposamente, configura o delito capitulado no art. 41, *caput* e parágrafo único, da Lei 9.605/1998; **E:** correta: art. 51 da Lei 9.605/1998.

Gabarito "D"

26. CRIMES CONTRA A ORDEM TRIBUTÁRIA

(Ministério Público/MG – 2013) Segundo orientação do Supremo Tribunal Federal, não se tipifica crime material contra a ordem tributária antes do lançamento definitivo do tributo, a supressão ou redução deste, ou contribuição social e qualquer acessório, mediante as seguintes condutas, **EXCETO**:

(A) Negar ou deixar de fornecer, quando obrigatório, nota fiscal ou documento equivalente, relativa à venda de mercadoria ou prestação de serviço, efetivamente realizada, ou fornecê-la em desacordo com a legislação.

(B) Fraudar a fiscalização tributária, inserindo elementos inexatos, ou omitindo operação de qualquer natureza, em documento ou livro exigido pela lei fiscal.

(C) Falsificar ou alterar nota fiscal, fatura, duplicata, nota de venda, ou qualquer outro documento relativo à operação tributável.

(D) Elaborar, distribuir, fornecer, emitir ou utilizar documento que saiba ou deva saber falso ou inexato.

À exceção do art. 1º, V, da Lei 8.137/1990, todos os demais crimes materiais contra a ordem tributária, definidos no mesmo dispositivo legal, exigem o prévio esgotamento da esfera administrativa (processo administrativo fiscal), que, diga-se de passagem, é condição objetiva de punibilidade, na forma do que dispõe a Súmula vinculante 24. Confira-se julgado do STF: "Crime contra a ordem tributária – Negativa em fornecer documento obrigatório – Prescindibilidade de processo administrativo. O crime previsto no inciso V do artigo 1º da Lei nº 8.137/1990 – "negar ou deixar de fornecer, quando obrigatório, nota fiscal ou documento equivalente, relativa a venda de mercadoria ou prestação de serviço, efetivamente realizada, ou fornecê-la em desacordo com a legislação" – prescinde do processo administrativo-fiscal e a instauração deste não afasta a possibilidade de imediata persecução criminal." (HC 96200 / PR – Paraná – *Habeas Corpus* – Relator(a): Min. Marco Aurélio – Julgamento: 04.05.2010 – Órgão Julgador: Primeira Turma).

Gabarito "A"

(Ministério Público/PB – 2010) Sobre as proposições abaixo assinale a alternativa correta:

I. O ilícito criminal tributário tem como objeto o ardil ou artifício do agente em atingir o resultado do não recolhimento do tributo, não constituindo crime, portanto, o não recolhimento puro e simples.

II. O ilícito penal tributário está adstrito ao contribuinte ou àquele que por ele se responsabilize, não sendo prevista como conduta típica o ato do funcionário da administração pública que deixa de repassar aos cofres públicos valor tributário por ele recolhido.

III. A exclusão da responsabilidade com o pagamento do tributo, antes do início de qualquer procedimento fiscal referente à infração, impede a punição, quer administrativa, quer criminal.

(A) I, II e III estão corretas.

(B) Apenas II e III estão erradas.

(C) Apenas I e III estão erradas.

(D) Apenas I está errada.

(E) Apenas II está errada.

I: correta. De fato, os crimes contra a ordem tributária, especialmente aqueles considerados materiais (art. 1º da Lei 8.137/1990), exigem, para sua caracterização, que o agente consiga iludir o fisco, empregando algum expediente fraudulento para conseguir reduzir ou suprimir o tributo devido, não bastando, de fato, o não recolhimento puro e simples para a configuração do ilícito penal tributário; **II:** incorreta (art. 3º da Lei 8.137/1990); **III:** correta. De fato, efetuado o pagamento do tributo antes de qualquer ação do próprio fisco, não se poderá falar em responsabilização, seja penal, seja administrativa.

Gabarito "E"

(Ministério Público/AC – 2008) Considere as seguintes assertivas:

I. Em matéria de crime contra a ordem tributária, segundo o STF, o lançamento definitivo do tributo no âmbito administrativo constitui condição objetiva de punibilidade.

II. Em matéria de crime contra a ordem tributária, segundo o STF, o lançamento definitivo do tributo no âmbito administrativo constitui condição objetiva de punibilidade, ficando o curso da prescrição penal suspenso durante o período em que restar obstado oferecimento da denúncia.

III. Em matéria de crime contra a ordem tributária, segundo o STJ, o lançamento definitivo do tributo no âmbito administrativo constitui condição objetiva de punibilidade, não ficando o curso da prescrição penal suspenso, por ausência de previsão legal, durante o período em que restar obstado oferecimento da denúncia.

IV. Em todos os crimes contra a ordem tributária, a pena é agravada de 1/3 (um terço) se o crime for praticado por funcionário público.

É correto afirmar que

(A) somente a alternativa I está correta.

(B) estão corretas as alternativas I e III.

(C) estão corretas as alternativas I e II.

(D) estão corretas as alternativas I, II e IV.

I: correta. De fato, o esgotamento da esfera administrativa nos crimes materiais contra a ordem tributária constitui condição objetiva de punibilidade, conforme, inclusive, preconiza a Súmula vinculante 24; **II:** correta. Ora, se o término da esfera administrativa para fins de lançamento do tributo é condição objetiva de punibilidade, não pode iniciar o curso da prescrição antes de referido marco; **III:** incorreta. Confira-se a posição do STJ: Habeas corpus. *Crime contra a ordem tributária. Artigo 1º da Lei 8.137/1990. Inquérito policial antes do lançamento definitivo do tributo. Impossibilidade. Ausência de justa [sic]. Ordem concedida. 1.* É condição objetiva de punibilidade dos crimes definidos no artigo 1º da Lei 8.137/1990, o lançamento definitivo do crédito tributário, não podendo, antes disso, ter início a persecução penal - por manifesta ausência de justa causa. 2. Enquanto o tributo não se torna exigível também não terá curso a prescrição. 3. Ordem concedida. (HC 49524/RJ, 6ª Turma, rel. Min. Paulo Medina, *DJ* 09.10.2006); **IV:** incorreta, pois o fato de o agente ser funcionário público somente majorará a pena dos crimes previstos nos arts. 1º, 2º, 4º a 7º da Lei 8.137/1990, não incidindo sobre os crimes funcionais contra a ordem tributária definidos no art. 3º do referido diploma legal. Afinal, são crimes que exigem a condição de funcionário público, não podendo a pena ser majorada por tal situação, sob pena de *bis in idem*.

Gabarito "C"

27. CRIMES DE TRÂNSITO

(Ministério Público/SP – 2013 – PGMP) Sujeito foi abordado pela polícia quando se encontrava na direção de veículo automotor, em plena via pública, apresentando sinais de alteração da capacidade psicomotora por embriaguez completa, de acordo com os procedimentos previstos na Resolução nº 432/2013 – CONTRAN, a saber: exame clínico conclusivo firmado por médicos e constatação pelo agente de trânsito. No flagrante, Sujeito admitiu que, embora o uso de bebida alcoólica tivesse sido fruto de vontade livre, ele pensou que a ingestão de meia taça de vinho não iria causar mal, não cuidando assim de perguntar ao médico que receitara o remédio por ele ingerido uma hora antes do fato, conforme sugerido na bula que lera, se tal medicamento podia interagir com álcool. Restou evidenciado na investigação que o medicamento utilizado por Sujeito, embora não fosse do tipo de causar dependência, podia potencializar os efeitos do álcool, produzindo resultado idêntico ao de embriaguez completa; e que o exame de sangue a que ele se submetera ao sair da delegacia, em laboratório particular de renome, mostrou ser a quantidade de álcool por litro de sangue de Sujeito bem inferior ao limite mínimo (seis decigramas) legal.

De acordo com os dados fornecidos, assinale a alternativa que mais bem reveste a conduta perpetrada por Sujeito.

(A) Inimputabilidade decorrente da ignorância.

(B) Erro de tipo (ele devia ter consultado o médico) e, assim, ele só poderia responder pelo crime a título de culpa.

(C) Erro de proibição por não ter consultado o médico.

(D) Isenção de pena por perdão judicial.

(E) Está acobertada por obstáculo invencível à condenação porque a ingestão do medicamento afastou a chamada *actio libera in causa*.

A: incorreta, pois, como é sabido e ressabido, a ignorância (ao que parece, da lei) não é causa de exclusão da imputabilidade penal (art. 21, *caput*, do CP); **B:** correta. Se Sujeito ingeriu bebida alcoólica em patamares inferiores àqueles descritos no art. 306, *caput*, da Lei 9.503/1997 (CTB), e que a constatação da embriaguez decorreu da ingestão de remédio potencializador dos efeitos do álcool, parece-nos que incidiu em erro de tipo, ou seja, passou a conduzir veículo automotor com a capacidade psicomotora alterada em razão da influência de álcool, desconhecendo tal situação. Porém, pelo que se vê do enunciado, a embriaguez decorreu de ato culposo, visto que poderia ter consultado o médico sobre a interação do fármaco anteriormente ingerido e a posterior ingestão de álcool, optando por não fazê-lo. Destarte, tratando-se de erro de tipo vencível (ou evitável, ou inescusável), caberia a punição apenas a título de culpa (art. 20, *caput*, do CP). Contudo, inexistindo a modalidade culposa para o crime em comento, o fato é atípico; **C:** incorreta, pois deixar de consultar o médico sobre a interação entre um medicamento e a ingestão de álcool não caracteriza erro de proibição (art. 21 do CP), não se vislumbrando tenha Sujeito praticado o crime desconhecendo a ilicitude do fato; **D:** incorreta, inexistindo, para o caso, expressa previsão de perdão judicial, que é causa extintiva da punibilidade (art. 107, IX, do CP); **E:** incorreta. Se o agente somente dirigiu seu veículo automotor em estado de embriaguez porque, voluntariamente, ingeriu álcool, inviável o reconhecimento da embriaguez decorrente de caso fortuito ou força maior, que, nos termos do art. 28, § 1º, do CP, isenta o réu de pena, desde que completa. No caso relatado no enunciado, poderia Sujeito ter evitado a embriaguez, tivesse consultado o médico, conforme lera na própria bula do medicamento. Portanto, aqui, vislumbra-se uma embriaguez culposa, e, logo, punível (art. 28, II, do CP).

Gabarito "B"

(Ministério Público/SP – 2012 – VUNESP) Configura o crime do art. 306 do Código de Trânsito Brasileiro conduzir veículo automotor, na via pública, estando

(A) com a concentração de álcool por litro de sangue igual ou superior a 1 (um) grama e 6 (seis) decigramas, ou sob a influência de qualquer outra substância psicoativa que determine dependência.

(B) sob a influência de álcool ou substância de efeitos análogos, expondo a dano potencial a incolumidade de outrem.

(C) com a concentração de álcool por litro de sangue igual ou superior a 6 (seis) decigramas, ou sob a influência de qualquer outra substância psicoativa que determine dependência, expondo a dano potencial a incolumidade de outrem.

(D) com a concentração de álcool por litro de sangue igual ou superior a 1 (um) grama, ou sob a influência de qualquer outra substância psicoativa que determine dependência, expondo a dano potencial a incolumidade de outrem.

(E) com a concentração de álcool por litro de sangue igual ou superior a 6 (seis) decigramas, ou sob a influência de qualquer outra substância psicoativa que determine dependência.

Quando da formulação da questão, vigorava a seguinte redação do art. 306 do CTB: *"Conduzir veículo automotor, na via pública, estando com concentração de álcool por litro de sangue igual ou superior a 6 (seis) decigramas, ou sob a influência de qualquer outra substância psicoativa que determine dependência"*. Assim, correta estaria a alternativa "E". Porém, com o advento da Lei 12.760, de 20 de dezembro de 2012, nova redação foi conferida ao crime de embriaguez ao volante. Confira-se: *"Conduzir veículo automotor com capacidade psicomotora alterada em razão da influência de álcool ou de outra substância psicoativa que determine dependência"*. Para a constatação da embriaguez, será necessária uma das seguintes situações (§ 1º): § 1º As condutas previstas *no caput* serão constatadas por: *I – concentração igual ou superior a 6 decigramas de álcool por litro de sangue ou igual ou superior a 0,3 miligrama de álcool por litro de ar alveolar; ou II – sinais que indiquem, na forma disciplinada pelo Contran, alteração da capacidade psicomotora.*

Gabarito "E"

(Ministério Público/MG – 2006) Daniela dirige seu veículo automotor pela rodovia quando, por sua culpa exclusiva, acaba causando acidente em que são envolvidos os veículos de João e Alcinda. O veículo de João capota. Alcinda e Daniela param no acostamento e, sem descer de seus respectivos veículos, percebem João agonizando. Nesse momento Patrício passa em seu veículo automotor e vê o desastre. Patrício, Alcinda e Daniela seguem imediatamente seus respectivos caminhos e João morre. Como Promotor de Justiça da comarca, analise a questão e informe a solução jurídica para o caso:

(A) Daniela responde por homicídio culposo do Código de Trânsito Brasileiro com causa de aumento de pena, Alcinda responde por afastar-se do local do acidente para fugir à responsabilidade e Patrício responde por omissão de socorro do Código de Trânsito Brasileiro.

(B) Daniela responde por homicídio culposo do Código de Trânsito Brasileiro com causa de aumento de pena, Alcinda e Patrício respondem por omissão de socorro do Código Penal.

(C) Daniela responde por homicídio culposo do Código de Trânsito Brasileiro sem causa de aumento de pena, Alcinda não responde por nada e Patrício responde por omissão de socorro do Código de Trânsito Brasileiro.

(D) Daniela responde por homicídio culposo do Código de Trânsito Brasileiro com causa de aumento de pena, Alcinda e Patrício respondem por omissão de socorro do Código de Trânsito Brasileiro.

(E) Daniela responde por homicídio culposo do Código de Trânsito Brasileiro com causa de aumento de pena, Alcinda responde por omissão de socorro do Código de Trânsito Brasileiro e Patrício responde por omissão de socorro do Código Penal.

Pelo histórico narrado no enunciado, Daniela, responsável pelo acidente, deverá responder por homicídio culposo de trânsito (art. 302 do CTB), visto que, com sua conduta, causou a morte de João. Ressalte-se que, nesse caso, incidirá a causa de aumento de pena de um terço a metade, prevista no § 1º, inciso III, do precitado dispositivo legal, visto que a condutora do veículo, podendo prestar socorro sem risco pessoal, deixou de fazê-lo. Já Alcinda, que também se envolveu no acidente, ao deixar de prestar socorro a João, incidiu no crime previsto no art. 304 do CTB (omissão de socorro), cuja redação típica é a seguinte: *Deixar o condutor do veículo, na ocasião do acidente, de prestar imediato socorro à vítima, ou, não podendo fazê-lo diretamente, por justa causa, deixar de solicitar auxílio da autoridade pública*. Por fim, a conduta de Patrício amolda-se ao disposto no art. 135 do CP: *Deixar de prestar assistência, quando possível fazê-lo sem risco pessoal, à criança abandonada ou extraviada, ou à pessoa inválida ou ferida, ao desamparo ou em grave e iminente perigo; ou não pedir, nesses casos, o socorro da autoridade pública*. Como se vê, Alcinda e Patrício praticaram condutas semelhantes, vale dizer, omitiram socorro à vítima João. No entanto, os tipos penais em que ambos incidiram são distintos (arts. 304 do CTB e 135 do CP). A razão se deve ao seguinte fato: a omissão de socorro descrita no CTB é direcionada às pessoas envolvidas diretamente em acidente automobilístico. Basta verificar a descrição típica: ***Deixar o condutor, na ocasião do acidente***, *de prestar imediato socorro* (...). Por tal motivo, Patrício, que não se envolveu diretamente no acidente, mas, apenas, omitiu socorro à vítima João, responderá pela "regra geral" do CP (art. 135).

Gabarito "E"

(Ministério Público/MG – 2012 – CONSULPLAN) Os crimes previstos no Código de Trânsito Brasileiro (Lei n. 9.503/1997) terão a pena elevada, na segunda fase de sua aplicação, quando o condutor do veículo tiver cometido a infração:

(A) com Carteira de Habilitação de categoria diferente da do veículo.

(B) sob a influência de substância entorpecente de efeitos análogos ao álcool.

(C) participando de corrida, disputa ou competição automobilística não autorizada.

(D) violando suspensão da habilitação para dirigir veículo automotor imposta com fundamento no próprio Código de Trânsito.

A: correta (art. 298, IV, do CTB); **B:** incorreta, pois não consta como circunstância agravante prevista no rol do art. 298 do CTB. Porém, caso o crime de lesão corporal culposa de trânsito seja cometido enquanto o condutor estiver sob a influência de álcool ou outra substância psicoativa que determine dependência, serão incabíveis a composição civil dos danos, a transação penal e a necessidade de representação do ofendido (arts. 74, 76 e 88, todos da Lei 9.099/1995), consoante dispõe o art. 291, § 1º, I, do CTB; **C:** incorreta, pois não consta como circunstância agravante prevista no rol do art. 298 do CTB. Porém, caso o crime de lesão corporal culposa de trânsito seja cometido enquanto o condutor estiver participando de corrida, disputa ou competição automobilística não autorizada, serão incabíveis a composição civil dos danos, a transação penal e a necessidade de representação do ofendido (arts. 74, 76 e 88, todos da Lei 9.099/1995), consoante dispõe o art. 291, § 1º, II, do CTB; **D:** incorreta, pois não consta como circunstância agravante prevista no rol do art. 298 do CTB. Porém, violar a suspensão ou a proibição de se obter a permissão ou a habilitação para dirigir veículo automotor imposta com fundamento no CTB constitui o crime definido em seu art. 307.

Gabarito "A"

(Ministério Público/GO – 2012) São recorrentes na mídia notícias a respeito do trânsito brasileiro, que se destaca como um dos mais violentos do mundo. Diversas medidas, tais como a edição da "Lei Seca", propuseram-se a diminuir o número de mortos e feridos no trânsito, contudo, sem efeitos práticos significativos. A respeito dos crimes de trânsito e procedimentos correlatos, é incorreto dizer que:

(A) poderá o juiz, em qualquer fase da investigação ou da ação penal, havendo necessidade para a garantia da ordem pública, de ofício, decretar, em decisão motivada, a suspensão da permissão ou da habilitação para dirigir veículo automotor, ou a proibição de sua obtenção;

(B) aos crimes de trânsito de lesão corporal culposa aplica-se o disposto nos artigos 74 (composição civil de danos como causa extintiva da punibilidade nas ações penais privadas e condicionadas à representação em razão de renúncia ao direito de queixa e de representação, respectivamente), 76 (aplicação imediata da pena – transação penal) e 88 (dependerá de representação a ação penal relativa aos crimes de lesões corporais leves e lesões culposas), todos da Lei 9.099, de 26 de setembro de 1995, se o agente estiver transitando em velocidade superior à máxima permitida para a via em 50 km/h (cinquenta quilômetros por hora);

(C) a prova da embriaguez poderá ser feita por exame de sangue ou teste em aparelho de ar alveolar pulmonar (etilômetro), ocorrendo o crime de embriaguez ao volante quando o agente estiver, respectivamente, com 6 decigramas de álcool por litro de sangue ou com concentração de álcool igual ou superior a três décimos de miligrama por litro de ar expelido pelos pulmões;

(D) ao condutor de veículo, nos casos de acidente de trânsito de que resulte vítima, não se imporá a prisão em flagrante, nem se exigirá fiança, se prestar pronto e integral socorro àquela.

A: correta (art. 294 do CTB – Lei 9.503/1997). Apenas para registro, da decisão que decretar a suspensão da permissão ou da habilitação para dirigir veículo automotor, ou que proibir sua obtenção, será cabível recurso em sentido estrito (art. 294, parágrafo único, do CTB); **B:** incorreta, devendo ser assinalada. Se o agente transitar em velocidade superior à máxima permitida para a via em 50 km/h *não* será aplicado o disposto nos arts. 74, 76 e 88 da Lei 9.099/1995 (art. 291, § 1º, III, do CTB); **C:** à época em que formulada a questão, vigorava a redação do art. 306 do CTB, conferida pela "Lei Seca" (Lei 11.705/2008), o que a tornava correta. De fato, a prova da embriaguez, inclusive com respaldo em decisões do STJ, seria possível apenas mediante exame de sangue ou teste de alcoolemia por etilômetro (vulgarmente conhecido por bafômetro). Ainda, para a tipificação da conduta, exigia-se que a quantidade de álcool por litro de sangue fosse equivalente a seis decigramas ou mais, ou a três décimos de miligrama por litro de ar pulmonar (conforme art. 2º do Decreto federal 6.488/2008). Porém, com o advento da Lei 12.760/2012, nova redação foi dada ao precitado art. 306 do CTB, admitindo-se, para a prova da embriaguez, o teste de alcoolemia, bem como exame clínico, perícia, vídeo, prova testemunhal ou outros meios de prova em direito admitidos, observado o direito à contraprova (§ 2º do referido dispositivo legal); **D:** correta (art. 301 do CTB).

Gabarito "B"

(Ministério Público/MG – 2011) Ontem, 20 de agosto de 2011, às 18h, em Belo Horizonte/MG, Zé do Pó, habilitado na categoria D, na direção de um veículo automotor, ultrapassou em alta velocidade o sinal vermelho em cruzamento de vias urbanas, atropelando o ciclista José Cidadão Ecológico. Ao perceber a gravidade do acidente, deixou de prestar socorro à vítima, embora pudesse fazê-lo sem risco pessoal. Em consequência das lesões, a vítima morreu, algum tempo depois, ainda no local do fato. Dali, Zé do Pó foi até uma Delegacia de Polícia e confessou o ocorrido, dizendo que provocou o acidente porque se encontrava sob influência de cocaína, o que foi confirmado. Zé do Pó deverá ser denunciado por

(A) três crimes, dois deles previstos no Código de Trânsito Brasileiro e majorados.

(B) dois crimes, ambos previstos no Código de Trânsito Brasileiro, um deles majorado.

(C) um crime previsto no Código de Trânsito Brasileiro, duplamente qualificado.

(D) nenhum crime, pois praticou o fato sob influência de substância psicoativa que causa dependência, hipótese excludente de culpabilidade.

A conduta de Zé do Pó pode ser tipificada da seguinte forma: a) com relação ao atropelamento de José Cidadão Ecológico, inclusive com fuga do local (sem prestação de socorro á vítima), o crime cometido foi o de homicídio culposo na direção de veículo automotor, porém, majorado (art. 302, § 1º, III, do CTB); b) pelo fato de Zé do Pó ter conduzido veículo automotor sob a influência de substância psicoativa causadora de dependência, deverá, também, responder pelo crime do art. 306 do CTB, popularmente denominado de "embriaguez ao volante".

Gabarito "B"

(Ministério Público/MG – 2010 – FUNDEP) Analise as seguintes afirmativas sobre as normas penais previstas no Código Brasileiro de Trânsito (Lei n. 9.503/1997) e assinale com **V** as **verdadeiras** e com **F** as **falsas**.

( ) Em qualquer fase da persecução penal, a pedido do Ministério Público ou da polícia, poderá o juiz decretar a suspensão da habilitação para dirigir veículo automotor, vedada a concessão de ofício da cautelar.

( ) Se o Ministério Público não oferecer a denúncia no prazo legal, o ofendido poderá oferecer queixa em qualquer Delegacia de Polícia com atribuição para apuração de delitos de trânsito, a fim de impedir a extinção da punibilidade pela decadência.

( ) A proibição de se obter a permissão para dirigir veículo automotor pode ser imposta cumulativamente com outras penalidades, mas não isoladamente, como penalidade principal.

( ) A penalidade de suspensão da habilitação para dirigir veículo automotor terá a mesma duração da pena privativa de liberdade.

Assinale a alternativa que apresenta a sequência de letras **CORRETA**.

(A) (V) (V) (F) (V)

(B) (F) (F) (F) (F)

(C) (V) (F) (V) (V)

(D) (F) (V) (V) (F)

1ª) assertiva falsa, em razão do que estabelece o art. 294 da Lei 9.503/1997 – Código de Trânsito Brasileiro; 2ª) a queixa subsidiária, que tem lugar na hipótese de desídia do membro do Ministério Público, deverá ser oferecida em juízo, já que constitui a peça inaugural da ação penal privada subsidiária da pública. Assertiva, portanto, falsa; 3ª) assertiva falsa, em razão do que estabelece o art. 292 da Lei 9.503/1997 – Código de Trânsito Brasileiro; 4ª) assertiva falsa, em razão do que estabelece o art. 293 da Lei 9.503/1997 – Código de Trânsito Brasileiro

Gabarito "B"

(Ministério Público/SP – 2011) Assinale a alternativa em que ambas as situações constituam circunstâncias que sempre agravam as penas no crime de trânsito:

(A) a utilização de veículo sem placas e que esteja trafegando pela contramão de direção.

(B) não possuir permissão para dirigir ou carteira de habilitação e utilizar veículo com placas adulteradas.

(C) imprimir velocidade excessiva ao veículo e não possuir permissão para dirigir ou carteira de habilitação.

(D) praticá-lo perto de faixa de trânsito temporária destinada a pedestres e com a carteira de habilitação vencida.

(E) praticá-lo sobre faixa de trânsito permanentemente destinada a pedestres e sem estar utilizando cinto de segurança.

A: assertiva incorreta, pois, aqui, somente o fato de o agente conduzir o veículo sem placas constitui circunstância agravante, prevista no art. 298, II, Lei 9.503/1997. A outra circunstância contida na assertiva não foi contemplada no dispositivo; **B:** assertiva correta, visto que as duas circunstâncias estão contempladas no art. 298, III e II, do CTB como agravantes; **C:** assertiva incorreta, pois, aqui, somente o fato de o agente não possuir permissão para dirigir ou carteira de habilitação constitui circunstância agravante, prevista no art. 298, III, Lei 9.503/1997. A outra circunstância não foi contemplada no dispositivo; **D:** assertiva incorreta, pois, neste caso, nenhuma das duas circunstâncias está contemplada como circunstância agravante. O art. 298, VII, da Lei 9.503/1997 impõe como agravante o fato de o condutor ter cometido o crime *sobre* a faixa, e não *perto* dela. Além disso, cometer infração de trânsito com a carteira de habilitação vencida é diferente de cometê-la sem ser habilitado. No primeiro caso, não incide a agravante; no segundo, incide, conforme dispõe o art. 298, III; **E:** assertiva incorreta, pois, aqui, somente o fato de o agente praticar o delito sobre a faixa de trânsito permanentemente destinada a pedestres constitui circunstância agravante, prevista no art. 298, VII, Lei 9.503/1997. A outra circunstância não foi contemplada pelo dispositivo.

Gabarito "B"

(Ministério Público/SP – 2008) Não é causa de aumento de pena, de um terço até metade, no crime de homicídio culposo praticado na direção de veículo automotor, a circunstância de o agente

(A) não possuir Permissão para dirigir ou Carteira de Habilitação.

(B) praticá-lo em faixa de pedestres ou na calçada.

(C) deixar de prestar socorro, quando possível fazê-lo sem risco pessoal, à vítima do acidente.

(D) estar sob influência de álcool ou substância tóxica ou entorpecente de efeitos análogos.

(E) no exercício de sua profissão ou atividade, estar conduzindo veículo de transporte de passageiros.

A: correta: art. 302, § 1º, I, da Lei 9.503/1997 (Código de Trânsito Brasileiro); **B:** correta: art. 302, § 1º, II, da Lei 9.503/1997; **C:** correta: art. 302, § 1º, III, da Lei 9.503/1997; **D:** incorreta, não constitui causa de aumento de pena do homicídio culposo na direção de veículo automotor; **E:** correta: art. 302, § 1º, IV, da Lei 9.503/1997.

Gabarito "D"

28. ESTATUTO DO DESARMAMENTO

(Ministério Público/RO – 2013 – CESPE) Com fundamento na Lei nº 10.826/2003 e no entendimento do STJ a respeito da matéria, assinale a opção correta.

(A) Para a configuração do crime de porte ilegal de arma de fogo de uso permitido, é necessária a comprovação pericial da potencialidade lesiva da arma.

(B) Segundo a jurisprudência do STJ, desde 2005, não é possível conceder o benefício da extinção da punibilidade aos detentores de arma com numeração raspada ou suprimida, mesmo que voluntariamente façam a entrega do artefato.

(C) Para a configuração do crime de posse ilegal de arma de fogo de uso restrito, é suficiente o porte de arma de fogo com numeração raspada, independentemente de ser a arma de uso restrito ou proibido.

(D) É atípica a conduta de porte ilegal de munição de uso permitido, em razão de ausência de ofensividade a bem jurídico tutelado.

(E) Conforme jurisprudência sedimentada no STJ, a posse e o porte ilegal de arma de fogo foram abarcados, temporariamente, pela *abolitio criminis*.

A: incorreta. A jurisprudência do STJ é no sentido da desnecessidade da comprovação pericial da potencialidade lesiva da arma para fins de configuração do crime de porte ilegal previsto no art. 14 da Lei 10.826/2003. Confira-se a ementa do AgRg no HC 223043/MS, 5ª Turma, Min. Relator Marco Aurélio Bellizze, *DJe* de 28.06.2012: "AGRAVO REGIMENTAL EM *HABEAS CORPUS*. ART. 14 DA LEI N. 10.826/2003. CRIME DE PERIGO ABSTRATO. POTENCIALIDADE LESIVA DO INSTRUMENTO VULNERANTE. IRRELEVÂNCIA. RECURSO A QUE SE NEGA PROVIMENTO. 1. De acordo com a jurisprudência do Superior Tribunal de Justiça, o tipo penal do art. 14 da Lei n. 10.826/2003 incrimina o mero porte de arma de fogo, de uso permitido, sem autorização ou em desacordo com determinação legal, não fazendo registro quanto à necessidade de se aferir a potencialidade lesiva do artefato. Precedentes. 2. Desse modo, existindo outras provas nos autos capazes de demonstrar a materialidade do crime de porte ilegal de arma de fogo, mostra-se irrelevante a presença de laudo pericial atestando sua inaptidão para realizar disparos, tendo em vista que a consumação do delito, repita-se, não depende da potencialidade lesiva do instrumento vulnerante, razão pela qual não há constrangimento ilegal a ser sanado na espécie. 3. Agravo regimental a que se nega provimento."; **B:** incorreta. O entendimento consolidado do STJ acerca da denominada "abolitio criminis temporalis" operada pelos arts. 30 e 32 do Estatuto do Desarmamento é no sentido seguinte: " (...) 3. Entretanto, a Sexta Turma, a partir do julgamento do HC n. 188.278/RJ, passou a entender que a *abolitio criminis*, para a posse de armas e munições de uso permitido, restrito, proibido ou com numeração raspada, tem como data final o dia 23 de outubro de 2005. 4. Dessa data até 31 de dezembro de 2009, somente as armas/munições de uso permitido (com numeração hígida) e, pois, registráveis, é que estiveram abarcadas pela *abolitio criminis*. 5. Desde 24 de outubro de 2005, as pessoas que possuam munições e/ou armas de uso restrito, proibido ou com numeração raspada, podem se beneficiar de extinção da punibilidade, desde que, voluntariamente, façam a entrega do artefato. 6. Na espécie, o fato ocorrido data de 09.09.2011, não podendo, portanto, se beneficiar da exclusão do crime (*abolitio criminis* temporária) e nem da específica extinção da punibilidade." (HC 267520/RS, Rel. Min. Maria Thereza de Assis Moura, *DJe* de 09.04.2014); **C:** correta. De fato, polêmica havia acerca da correta tipificação do comportamento do agente que mantinha em sua posse uma arma de fogo com numeração raspada, mas de uso permitido, haja vista que o art. 16, parágrafo único, IV, da Lei 10.826/2003 não menciona a espécie de arma de fogo – se de uso permitido ou restrito -, nada obstante o *caput* do dispositivo trate das armas, acessórios ou munições de uso proibido ou restrito. A questão restou assim assentada pelo STJ: "A supressão ou adulteração do número de série, sendo a arma de uso permitido, restrito ou proibido, implica o juízo de tipicidade do crime previsto no artigo 16, parágrafo único, inciso IV, da Lei 10.826/2003." (AgRg no REsp 1281117/SP, 6ª Turma, Min. Maria Thereza de Assis Moura, *DJe* de 28.11.2013); **D:** incorreta. Tanto o porte ilegal de arma de fogo, quanto o de munição, caracterizam crime de perigo abstrato. No caso do só porte de munição, de qualquer espécie que seja (uso permitido ou proibido), haverá incriminação de tal conduta. Confira-se o entendimento do STJ, já consagrado naquela Corte: "Pacificou-se neste Superior Tribunal de Justiça o entendimento de que não se aplica o princípio da insignificância, não havendo falar em ausência de lesividade, aos crimes previstos na Lei n. 10.826/2003, nos quais o objeto jurídico tutelado é a segurança pública e a paz social" (AgRg no REsp 1252964/PR, 6ª Turma, Min. Maria Thereza de Assis Moura, *DJe* de 28.11,2013); **E:** incorreta. A *abolitio criminis* temporária no Estatuto do Desarmamento atingiu apenas a posse irregular de arma de fogo. Nesse sentido: "AGRAVO REGIMENTAL NO AGRAVO EM RECURSO ESPECIAL. PENAL. PORTE ILEGAL DE ARMA DE FOGO DE USO RESTRITO. *ABOLITIO CRIMINIS*. INOCORRÊNCIA. PRECEDENTES DESTA CORTE. I- A *abolitio criminis* temporária, prevista nos arts. 5º, § 3º, e 30 da Lei n. 10.826/2003 e nos diplomas legais que prorrogaram os prazos previstos nesses dispositivos, abrangeu apenas a posse ilegal de arma de fogo, mas não o seu porte. Precedentes. II- Agravo Regimental improvido." (AgRg no AREsp 19219/DF, 5ª Turma, Min. Regina Helena Costa, *DJe* 13.02.2014).

Gabarito "C"

(Ministério Público/PI – 2012 – CESPE) Considerando o Estatuto do Desarmamento, a lei que trata dos crimes contra o meio ambiente, a que dispõe sobre os crimes hediondos e o entendimento dos tribunais superiores acerca dos institutos de direito penal, assinale a opção correta.

(A) O cidadão que possui, em sua residência, para defesa pessoal e de seus familiares, revólver de calibre 38 com numeração raspada e sem registro pratica o crime de posse ilegal de arma de fogo de uso permitido.

(B) O agente de segurança cuja arma seja furtada dentro do banco privado onde trabalhe e que não registre ocorrência policial no prazo de vinte quatro horas estará incurso no crime de omissão de cautela, previsto na Lei n. 10.826/2003.

(C) Superado o prazo da suspensão condicional do processo por crime contra o meio ambiente e comprovado, pelo laudo de constatação de reparação do dano ambiental, não ter sido completa a reparação, o benefício da suspensão condicional do processo será revogado.

(D) A lei posterior que, de qualquer modo, favoreça o agente aplica-se aos fatos anteriores, ainda que decididos por sentença condenatória transitada em julgado. Por essa razão, o agente condenado por crime hediondo em 1998, que não teria direito a progredir de regime por vedação expressa da lei, faria jus à progressão de regime caso tal vedação fosse declarada inconstitucional pelo STF e adviesse lei prevendo progressão de regimes para os crimes hediondos, desde que o agente fosse réu primário e tivesse cumprido dois quintos da pena.

(E) Suponha que João seja preso por porte ilegal de arma de fogo de uso permitido e que, no relatório apresentado pelo delegado de polícia, conste a informação de João ter sido, ao tempo do crime, empregado de empresa de segurança privada e de transporte de valores. Nessa situação, a pena imposta a João deverá ser aumentada da metade.

A: incorreta. Para a conduta do agente que possui em sua residência uma arma de fogo calibre 38 (de uso permitido) com numeração raspada aplicar-se-á o disposto no art. 16, parágrafo único, IV, do Estatuto do Desarmamento (Lei 10.826/2003), que é conduta mais grave do que a constante do art. 12 do mesmo diploma legal (posse irregular de arma de fogo de uso permitido). Pelo princípio da especialidade, ainda que a arma seja encontrada no interior da residência do agente, e seja de uso permitido, por ter sua numeração raspada, observará a regra especial, qual seja, a do precitado art. 16, parágrafo único, IV; **B:** incorreta, pois a omissão de cautela de que trata o art. 13, parágrafo único, do Estatuto do Desarmamento é considerada crime próprio, somente podendo ser cometido pelo proprietário ou diretor responsável por empresa de segurança e transporte de valores que deixarem de comunicar à polícia federal e de registrar ocorrência de perda, furto, roubo ou extravio de armas de fogo, acessórios ou munições que estejam sob sua guarda, nas primeiras vinte e quatro horas depois de ocorrido o fato; **C:** incorreta, pois, findo o prazo de duração da suspensão condicional do processo, e comprovado, por laudo de constatação, não ter sido completa a reparação do dano ambiental, o prazo de suspensão poderá ser prorrogado pelo prazo máximo definido no art. 89 da Lei 9.099/1995, acrescido de mais um ano, suspendendo-se o curso da prescrição (art. 28, II, da Lei 9.605/1998). Findo o prazo de prorrogação, novo prazo poderá ser concedido para a prorrogação da suspensão do processo (art. 28, IV, da Lei 9.605/1998); **D:** incorreta. Se o crime hediondo foi praticado em 1998, época em que não se admitia, por força da redação original do art. 2º, § 2º, da Lei 8.072/1990, a progressão de regime, uma vez declarada pelo STF sua inconstitucionalidade (o que, de fato, ocorreu no ano de 2006, no julgamento do HC 82.959-SP), caberá a concessão de referido benefício com o cumprimento de 1/6 (um sexto) da pena, incidindo a regra geral contida no art. 112 da LEP. Esse é o entendimento materializado na Súmula 471 do STJ, não se podendo aplicar os novos patamares para a progressão de regime inseridos no art. 2º da Lei dos Crimes Hediondos pela Lei 11.464/2007 (dois quintos da pena para réu primário ou três quintos da pena para réu reincidente); **E:** correta (art. 20 c/c art. 7º, ambos do Estatuto do Desarmamento).

Gabarito "E"

(Ministério Público/MS – 2009) Considerando os enunciados, assinale a alternativa correta.

(A) Segundo entendimento uníssono do STF, o porte ilegal de arma de fogo sempre configura crime, ainda que arma esteja desmuniciada.

(B) Segundo entendimento uníssono do STF, o porte ilegal de arma de fogo desmuniciada não configura crime.

(C) Segundo entendimento uníssono do STF, o porte ilegal de arma desmuniciada configurará crime a depender da análise judicial, caso a caso.

(D) Segundo entendimento do STF, o porte ilegal de arma de fogo desmuniciada tanto pode configurar crime, como não configurar crime.

(E) Segundo entendimento do STF, o porte ilegal de arma desmuniciada somente configura crime, se a arma for de uso proibido.

A: incorreta. À época em que formulada a questão, as 1ª e 2ª Turmas do STF tinham posicionamentos distintos acerca da (a)tipicidade do porte de arma desmuniciada. Enquanto a 1ª Turma, reiteradamente, decidia pela configuração do crime, considerado de perigo abstrato, a 2ª Turma posicionava-se em sentido contrário, sustentando que o fato de a arma estar desmuniciada afastava os princípios da lesividade ou ofensividade, tornando atípica a conduta. No entanto, mais recentemente (no ano de 2012), o STF, inclusive por sua 2ª Turma, passou a ter posicionamento basicamente uníssono (à exceção do Min. Celso de Mello), indicando ser típico o fato de o agente portar arma de fogo desmuniciada (HC 102087, 102826 e 103826); **B:** incorreta. Pelas razões anteriormente expostas, vê-se que o STF não é uníssono acerca da atipicidade do porte de arma desmuniciada, especialmente à época em que a questão foi formulada. Ainda hoje, nem todos os Ministros votam no sentido da atipicidade (Min. Celso de Mello, por exemplo), apesar de ambas as Turmas, majoritariamente, serem pela tipicidade do fato; **C:** incorreta, pelos motivos já expostos anteriormente; **D:** correta à época em que a questão foi formulada. Atualmente, como já dissemos, as duas Turmas do STF inclinam-se pela tipicidade do porte de arma desmuniciada; **E:** incorreta, pouco importando, nas discussões travadas no STF, a natureza da arma de fogo (se de uso permitido, restrito ou proibido).

Gabarito "D"

(Ministério Público/MG – 2011) Zé Carabina possuía em sua casa um revólver calibre 38 registrado, embora não tivesse autorização para portar arma de fogo. Certo dia, após efetuar a manutenção (limpeza etc.) da arma e municiá-la com (05) cinco cartuchos, deixou-a sobre a mesa da sala, local onde passaram a brincar seus filhos e alguns colegas, todos menores, com idade média de 08 (oito) anos. O filho mais velho, de 09 (nove) anos de idade, apoderou-se da arma e passou a apontá-la na direção dos amigos, dizendo que era da polícia. Nesse momento, Zé Carabina ingressou na sala, tomando a arma do filho e evitando o que poderia ser uma tragédia. Considerando a hipótese narrada, é **CORRETO** afirmar que Zé Carabina praticou

(A) o crime de perigo para a vida ou saúde de outrem, porém com a atenuante do arrependimento eficaz.

(B) o crime de porte ilegal de arma de fogo de uso permitido.

(C) um crime omissivo próprio.

(D) um fato atípico.

A conduta de Zé Carabina se subsume à figura típica prevista no art. 13 do Estatuto do Desarmamento (Lei 10.826/2003), que assim dispõe: *Deixar de observar as cautelas necessárias para impedir que menor de 18 (dezoito) anos ou pessoa portadora de deficiência mental se apodere de arma de fogo que esteja sob sua posse ou que seja de sua propriedade*. Trata-se de um crime omissivo próprio (basta verificar o verbo-núcleo do tipo – *deixar*). Em razão do princípio da especialidade, inaplicável qualquer disposição do Código Penal (ex.: art. 132 do CP – crime de perigo para a vida ou saúde de outrem). Também não se pode, de acordo com o enunciado, falar em crime de porte ilegal de arma de fogo de uso permitido (art. 14 do Estatuto do Desarmamento), uma vez que o revólver de Zé Carabina permaneceu *"intramuros"*, vale dizer, no interior de sua residência.

Gabarito "C"

(Ministério Público/SP – 2011) No crime de comércio ilegal de arma de fogo, a natureza jurídica do fato de ser a arma ou munição de uso proibido ou restrito constitui:

(A) circunstância agravante genérica.

(B) circunstância judicial.

(C) causa especial de aumento de pena.

(D) circunstância qualificadora.

(E) circunstância agravante específica.

Estabelece o art. 19 da Lei 10.826/2003 – Estatuto do Desarmamento que, sendo a arma de fogo, o acessório ou ainda a munição de uso proibido ou restrito, a pena será aumentada de metade. Este incremento na reprimenda incidirá nos crimes previstos nos arts. 17 (comércio ilegal de arma de fogo) e 18 (tráfico internacional de arma de fogo) do Estatuto.

Gabarito "C"

(Ministério Público/SP – 2006) Em relação ao estatuto do desarmamento, Lei n. 10.826/2003, assinale a alternativa correta:

(A) não prevê a criminalização da posse de arma de fogo de uso permitido, desde que no interior de residência.

(B) prevê a criminalização da posse irregular de arma de fogo em residência, desde que se trate de arma de uso privativo das Forças Armadas.

(C) equipara a conduta de porte de arma de fogo de uso restrito à de porte de arma de fogo de uso permitido que tenha seus sinais identificadores suprimidos ou alterados.

(D) o porte ilegal de arma de fogo de uso permitido é punível com penas mais graves que as cominadas para a posse de munição destinada a arma de fogo de uso permitido.

(E) pune mais severamente o tráfico internacional de armas de fogo que o comércio ilegal de armas de fogo.

A e **B:** incorretas: art. 12 da Lei 10.826/2003; **C:** correta: art. 16, *caput* e parágrafo único, IV, da Lei 10.826/2003; **D:** incorreta: art. 14 da Lei 10.826/2003; E: incorreta: arts. 17, *caput*, e 18 da Lei 10.826/2003.

Gabarito "C"

29. CRIMES RELATIVOS À LICITAÇÃO

(Ministério Público/MS – 2013 – FADEMS) Nos casos de sentença condenatória por prática de crime envolvendo licitação (Lei nº 8.666/1993), quando o réu é servidor público está sujeito à perda

(A) do emprego na hipótese exclusiva do delito ter sido consumado.

(B) do cargo, da função ou do emprego, mesmo que se trate de delito tentado.

(C) da função, mas não do mandato eletivo, mesmo que a hipótese seja delito tentado.

(D) do cargo, somente se consumado o delito.

(E) do cargo, mas não da função, ainda que se trate de delito tentado.

Nos termos do art. 83 da Lei 8.666/1993 (Lei Geral das Licitações), nos crimes nela definidos, *ainda que simplesmente tentados*, os seus autores, quando servidores públicos, além das sanções penais, ficarão sujeitos à perda do *cargo, emprego, função ou mandato eletivo*.

Gabarito "B"

(Ministério Público/CE – 2009 – FCC) O autor de crime envolvendo licitação, quando servidor público, está sujeito à perda

(A) do cargo, mas não da função, ainda que se trate de delito tentado.

(B) do cargo, da função ou do emprego, ainda que se trate de delito tentado.

(C) do cargo apenas se o delito alcançar a consumação.

(D) da função, mas não do mandato eletivo, ainda que se trate de delito tentado.

(E) do emprego no caso exclusivo de o delito atingir a consumação.

Art. 83 da Lei 8.666/1993.

Gabarito "B"

30. CRIME DE TORTURA

(Ministério Público/PR – 2008) Analise as proposições seguintes e, na sequência, assinale a opção correta:

I. Constranger alguém com emprego de violência ou grave ameaça, causando-lhe sofrimento físico ou mental, em razão de discriminação racial ou religiosa, configura crime de tortura, delito esse equiparado a hediondo.

II. Submeter alguém, sob sua guarda, poder ou autoridade, com emprego de violência ou grave ameaça, a sofrimento físico ou mental, como forma de aplicar castigo pessoal ou medida de caráter preventivo, configura crime de tortura, delito esse que admite a progressão de regime de cumprimento de pena.

III. Nos crimes de tortura incide causa de aumento de pena quando o crime é cometido por agente público.

IV. Aquele que se omite em face das condutas tipificadas como tortura, quando tinha o dever de evitá-las ou apurá-las, incide nas mesmas penas a ele cominadas.

V. Nos crimes de tortura incide exceção ao princípio-regra da territorialidade, pois a Lei Federal n. 9.455/1997 expressamente determinou a aplicação de suas disposições mesmo quando o crime não tenha sido cometido em território nacional, sendo a vítima brasileira ou encontrando-se o agente em local sob jurisdição brasileira.

(A) todas as afirmativas estão corretas.

(B) as afirmativas I, II, III e V estão corretas.

(C) as afirmativas I, III e V estão corretas.

(D) as afirmativas II, III e V estão corretas.

(E) as afirmativas II, III e IV estão corretas.

I: correta: art. 1º, I, c, da Lei 9.455/1997. É crime equiparado a hediondo nos termos do art. 5º, XLIII, da CF, e art. 2º da Lei 8.072/1990; **II:** incorreta. O art. 1º, II, da Lei 9.455/1997 exige que o sofrimento físico ou mental seja ***intenso***; **III:** correta: art. 1º, § 4º, I, da Lei 9.455/1997; **IV:** incorreta: art. 1º, § 2º, da Lei 9.455/1997; **V:** correta: art. 2º da Lei 9.455/1997.

Gabarito "C"

(Ministério Público/SP – 2006) Nos termos do que prevê a Lei n. 9.455/1997, que define os crimes de tortura, é correto afirmar que:

(A) a prática de tortura mediante sequestro qualifica o crime.

(B) o homicídio praticado mediante tortura passou a ser disciplinado por esse estatuto legal.

(C) somente se caracteriza a tortura quando dela resultar lesão corporal.

(D) quando a lesão decorrente da tortura for de natureza leve, somente se procede mediante representação da vítima.

(E) o agente ativo do crime deve ser, obrigatoriamente, agente público.

A: correta. A rigor, o sequestro, na tortura, constitui ***causa de aumento de pena***, nos termos do art. 1º, § 4º, III, da Lei 9.455/1997; **B:** incorreta. Temos, atualmente, duas situações: homicídio qualificado pela tortura (art. 121, § 2º, III, do CP). Neste caso, a tortura é empregada como meio para causar a morte, que é desejada, querida; pode ocorrer, entretanto, de o agente, ao torturar a vítima, exceder-se e causar, de forma culposa, sua morte (art. 1º, § 3º, da Lei 9.455/1997). Trata-se de figura preterdolosa. Dessa forma, pode-se afirmar que o homicídio praticado mediante tortura (art. 121, § 2º, III, do CP) continua a ser disciplinado pelo Código Penal; **C:** incorreta. A ocorrência de lesão corporal não é necessária à caracterização do crime de tortura; em ocorrendo lesão de natureza grave ou gravíssima, resultante da tortura, a pena é de reclusão de quatro a dez anos; **D:** incorreta: em todas as figuras delituosas, com ou sem lesão corporal, a ação penal é pública incondicionada. Trata-se de crime equiparado a hediondo; **E:** incorreta. Basicamente há quatro figuras delituosas contempladas na Lei de Tortura. A contida no inciso I do art. 1º constitui delito comum. As outras figuras constituem crime próprio, já que exigem alguma condição especial do sujeito ativo.

Gabarito "A"

31. CONTRAVENÇÕES PENAIS

(Ministério Público/MA – 2009) Consideram-se infrações de menor potencial ofensivo:

(A) as contravenções penais e os crimes a que a lei comine pena máxima não superior a um ano, excetuados os casos em que a lei preveja procedimento especial;

(B) as contravenções penais e os crimes a que a lei comine pena máxima não superior a dois anos, excetuados os casos em que a lei preveja procedimento especial;

(C) as contravenções penais e os crimes a que a lei comine pena máxima não superior a um ano, não se excetuando os casos em que a lei preveja procedimento especial;

(D) as contravenções penais e os crimes a que a lei comine pena máxima não superior a dois anos, cumulada ou não com multa;

(E) as contravenções penais e os crimes a que a lei comine a pena máxima não superior a quatro anos, cumulada ou não com multa.

Com o advento da Lei 10.259/2001, que instituiu o Juizado Especial Federal, alterou-se o conceito de infração de menor potencial ofensivo (todas as contravenções penais, os crimes a que a lei comine pena máxima igual ou inferior a dois anos, bem como os crimes a que a lei comine exclusivamente pena de multa, qualquer que seja o procedimento previsto para eles), aplicável tanto para a Justiça Federal quanto para a Estadual. Ainda, com a edição da Lei 11.313/2006, afastou-se qualquer dúvida a respeito da unificação do conceito de infração de menor potencial ofensivo, alterando-se a redação do art. 61 da Lei 9.099/1995.

Gabarito "D"

(Ministério Público/PR – 2008) Sobre as contravenções penais, previstas no Decreto-lei n. 3.688/1941, é correto afirmar:

(A) o princípio da territorialidade tem aplicação exclusiva em se tratando de contravenção penal e, pois, não comporta a aplicação das regras previstas no art. 7º do Código Penal (extraterritorialidade). Ainda, em matéria de contravenção penal, pune-se a tentativa com a pena correspondente à infração consumada, diminuída de um a dois terços, conforme previsão do art. 14, parágrafo único, do Código Penal.

(B) o princípio da territorialidade tem aplicação em se tratando de contravenção penal, mas a regra da extraterritorialidade se impõe, em caráter excepcional, apenas em relação às infrações cometidas contra o Presidente da República. Ainda, em matéria de contravenção, existe previsão expressa de que não é punível a tentativa.

(C) o princípio da territorialidade tem aplicação exclusiva em se tratando de contravenção penal e, pois, não comporta a aplicação das regras previstas no art. 7º do Código Penal (extraterritorialidade). Ainda, em matéria de contravenção, existe previsão expressa de que não é punível a tentativa.

(D) o princípio da territorialidade não tem aplicação exclusiva em se tratando de contravenção penal e, pois, comporta a aplicação das regras previstas no art. 7º do Código Penal (extraterritorialidade). E, em matéria de contravenção penal, pune-se a tentativa com a pena correspondente à infração consumada, diminuída de um a dois terços, conforme previsão do art. 14, parágrafo único, do Código Penal.

(E) a aplicação da lei no espaço e a tentativa não são matérias tratadas de forma específica no decreto-lei que versa sobre as contravenções penais.

Arts. 2º e 4º do Decreto-lei 3.688/1941 (Lei das Contravenções Penais).

Gabarito "C"

(Ministério Público/SP – 2008) Considerando as disposições contidas na Parte Geral da Lei das Contravenções Penais, assinale a alternativa incorreta.

(A) A lei brasileira só é aplicável à contravenção praticada no território nacional.

(B) Não é punível a tentativa de contravenção.

(C) Nas contravenções, as penas principais são prisão simples e multa.

(D) Verifica-se a reincidência quando o agente pratica uma contravenção depois de passar em julgado a sentença que o tenha condenado, no Brasil ou no estrangeiro, por qualquer crime, ou, no Brasil, por motivo de contravenção.

(E) Nas contravenções, em caso de ignorância ou de errada compreensão da lei, quando inescusáveis, a pena pode deixar de ser aplicada.

A: correta: art. 2º do Dec.-lei 3.688/1941; **B:** correta: art. 4º do Dec.-lei 3.688/1941; **C:** correta: art. 5º, I e II, do Dec.-lei 3.688/1941; **D:** correta: art. 7º do Dec.-lei 3.688/1941; **E:** incorreta, devendo ser assinalada, nos termos do art. 8º do Dec.-lei 3.688/1941 – LCP, no caso de ignorância ou errada compreensão da lei, quando ***escusáveis***, a pena pode deixar de ser aplicada.

Gabarito "E"

32. VIOLÊNCIA DOMÉSTICA

(Ministério Público//MS – 2013 – FADEMS) Considere as seguintes assertivas em relação à Lei nº 11.340/2006 (Lei Maria da Penha):

I. O Superior Tribunal de Justiça entende que não há a necessidade de coabitação para a aplicação da lei, bastando que se configure relação íntima de afeto entre agressor e vítima para atrair o rigor maior da lei.

II. Conforme entendimento do Superior Tribunal de Justiça, não se pode afirmar que a pena mais grave atribuída ao delito de lesões corporais praticado no âmbito das relações domésticas seja aplicável apenas nos casos em que a vítima é mulher, pelo simples fato de essa alteração ter-se dado pela Lei nº 11.340/2006.

III. Enquanto não estruturados os juizados de violência doméstica e familiar contra a mulher, as varas criminais acumularão as competências cível e criminal para conhecer e julgar as causas decorrentes da prática de violência doméstica e familiar contra a mulher.

IV. Ao tomar conhecimento da violência doméstica e familiar contra a mulher, deve a autoridade policial ouvir a ofendida, tomar a representação a termo, colher provas, determinar que se proceda a exame de corpo de delito, ouvir o agressor e testemunhas e remeter, no prazo de 48 horas, expediente apartado ao juiz com o pedido da ofendida, para a concessão de medidas protetivas de urgência.

São *corretas*:

(A) Somente as assertivas I e II.

(B) Somente as assertivas II, III e IV.

(C) Somente as assertivas III e IV.

(D) Somente as assertivas I, II e III.

(E) Todas as assertivas.

I: correta. De fato, de acordo com o STJ, a aplicação da Lei Maria da Penha (Lei 11.340/2006) será possível independentemente de coabitação entre agressor e vítima, bastando que estejam presentes as hipóteses de seu art. 5º, dentre os quais não se insere a coabitação. Nesse sentido: STJ, HC 115857/MG, 6ª Turma, j. 16.12.2008, rel. Min. Jane Silva (desembargadora convocada do TJ/MG, *DJe* 02.02.2009); **II:** correta, pois o art. 129, § 9º, do CP, a este introduzido pela Lei 10.886/2004, com pena originalmente cominada de seis meses a um ano de detenção, alterada para três meses a três anos, também de detenção, pela Lei 11.340/2006, é aplicável não somente à vítima mulher, visto que referido tipo penal trata da lesão praticada contra ascendente, descendente, irmão, cônjuge ou companheiro, ou com quem o agente conviva ou tenha convivido, ou, ainda, prevalecendo-se das relações domésticas, de coabitação ou de hospitalidade, em nenhum momento indicando que o sujeito passivo somente poderá ser a mulher; **III:** correta, pois, nos termos do art. 33 da Lei 11.340/2006, enquanto não estruturados os Juizados de Violência Doméstica e Familiar contra a Mulher, as varas criminais acumularão as competências cível e criminal para conhecer e julgar as causas decorrentes da prática de violência doméstica e familiar contra a mulher, observadas as previsões do Título IV desta Lei, subsidiada pela legislação processual pertinente; **IV:** correta, nos exatos termos do art. 12 e incisos da Lei Maria da Penha.

Gabarito "E"

(Ministério Público/MG – 2007) Em relação à Lei n. 11.340/2006 ("Lei Maria da Penha"), assinale a alternativa ERRADA.

(A) A violência doméstica e familiar contra a mulher pode ser classificada como física, psicológica, sexual, patrimonial ou moral, independente da orientação sexual da vítima.

(B) Ao tomar conhecimento de violência doméstica e familiar contra a mulher, deve a autoridade policial ouvir a ofendida, tomar a representação a termo, colher provas, determinar que se proceda a exame de corpo de delito, ouvir o agressor e testemunhas e remeter, no prazo de 48 horas, expediente apartado ao juiz com o pedido da ofendida, para a concessão de medidas protetivas de urgência.

(C) Aos crimes e contravenções praticados com violência doméstica e familiar contra a mulher, independentemente da pena prevista, não se aplica a Lei n. 9.099/1995.

(D) A partir da Lei Maria da Penha, há corrente que entende que o delito de lesões corporais com violência doméstica contra a mulher é de ação penal pública incondicionada.

(E) Enquanto não estruturados os juizados de violência doméstica e familiar contra a mulher, as varas criminais acumularão as competências cível e criminal para conhecer e julgar as causas decorrentes da prática de violência doméstica e familiar contra a mulher.

A: correta: art. 7º da Lei 11.340/2006; **B:** correta: art. 12 da Lei 11.340/2006; **C:** incorreta, devendo ser assinalada. O art. 41 da Lei 11.340/2006, cuja constitucionalidade foi confirmada pelo STF na ADC nº 19, de 09.2.2012, faz alusão tão somente a crime; **D:** correta: STJ, HC 106.805-MS, 6ª T., Rel. Min. Jane Silva, j. 03.02.2009; **E:** correta: art. 33 da Lei 11.340/2006.

Gabarito "C"

(Ministério Público/SP – 2008) Nos termos da Lei n. 11.340/2006 (Lei contra a violência doméstica e familiar contra a mulher), assinale a alternativa incorreta.

(A) A lei compreende o dano patrimonial à mulher.

(B) A lei compreende o dano moral à mulher.

(C) A coabitação entre os sujeitos ativo e passivo é condição para a aplicação da lei.

(D) A empregada doméstica pode ser sujeito passivo.

(E) O parentesco entre os sujeitos ativo e passivo não é condição para a aplicação da lei.

A: correta: art. 7º, IV, da Lei 11.340/2006; **B:** correta: art. 7º, V, da Lei 11.340/2006; **C:** incorreta, devendo ser assinalada: art. 5º, III, da Lei 11.340/2006; **D:** correta: art. 5º, I, da Lei 11.340/2006; **E:** correta: art. 5º, II, da Lei 11.340/2006.

Gabarito "C"

33. OUTROS CRIMES E CRIMES COMBINADOS DA LEGISLAÇÃO EXTRAVAGANTE

(Ministério Público/DF – 2013) Indique a alternativa **CORRETA**:

(A) O Estatuto da Criança e do Adolescente excluiu expressamente do conceito de ato infracional a prática, por criança, de conduta tipificada como crime ou contravenção penal.

(B) A prática de contravenção penal, pelo agente, após o trânsito em julgado de sentença que o condenou no estrangeiro por motivo de contravenção caracteriza a reincidência.

(C) A punição do agente por crime qualificado pelo resultado está autorizada no ordenamento jurídico brasileiro pela figura do *versari in re illicita*.

(D) Delito pluriofensivo é aquele cujo processo executivo desdobra-se em vários atos.

(E) O delito de lesão corporal seguida de morte tipificado no Código Penal é preterdoloso, não se admitindo o dolo, direto ou eventual, na produção do resultado qualificador.

A: incorreta. O Estatuto da Criança e do Adolescente (ECA), em seu art. 103, sem fazer qualquer distinção, afirma que se considera ato infracional a conduta descrita como crime ou contravenção penal. Em nenhum momento limita a *prática* do ato infracional apenas aos adolescentes. Todavia, o art. 105, do mesmo diploma legal, prescreve que ao ato infracional praticado por crianças, aplicar-se-ão as medidas do art. 101, quais sejam, as *medidas protetivas*. Apenas aos adolescentes é que se poderão aplicar as medidas socioeducativas (art. 112 do ECA). Em suma, crianças e adolescentes podem praticar atos infracionais. Contudo, às crianças, não se imporão medidas socioeducativas, mas, repita-se, apenas as protetivas; **B:** incorreta. Somente gerará reincidência, sem prejuízo do art. 63 do CP, a prática de nova contravenção por agente que já tenha sido irrecorrivelmente condenado por outra contravenção no Brasil, ou por crime no Brasil ou estrangeiro (art. 7º da LCP). Assim, contravenção transitada em julgado no estrangeiro não gera reincidência no Brasil; **C:** incorreta. A punição do agente por crime qualificado pelo resultado (ex.: crimes preterdolosos) é admitida em nosso ordenamento jurídico quando houver expressa previsão legal (art. 19, CP). Assim, não bastará que o agente pratique determinado comportamento ilícito para que lhe seja imputado resultado mais gravoso. Este deverá decorrer de dolo ou culpa. No Direito Canônico, os delitos qualificados pelo resultado geravam a imputação do resultado ao agente, ainda que este não lhe fosse sequer previsível. Decorria do brocardo *versari in re illicita*, segundo o qual a responsabilização penal ocorria como consequência da ação ou omissão delituosa, pelo só "envolvimento no fato ilícito". À luz do princípio da culpabilidade, inviável a adoção desse posicionamento em nosso ordenamento jurídico, nada obstante existam alguns traços que o mantém vivos (ex.: punição do rixoso com pena mais elevada quando se envolver em rixa com resultado morte – art. 137, parágrafo único, do CP); **D:** incorreta. Delito pluriofensivo é aquele que ofende, a um só tempo, mais de um bem jurídico (ex.: extorsão mediante sequestro – art. 159 do CP – viola-se o patrimônio e a liberdade pessoal). Não se confunde com delito plurissubsistente, cujo processo executivo se desdobra em vários atos (ex.: homicídio praticado mediante diversas facadas no corpo da vítima); **E:** correta. De fato, o crime de lesão corporal seguida de morte (art. 129, § 3º, CP) é o clássico exemplo de delito preterdoloso, no qual o agente age com dolo na produção das lesões, mas com culpa no resultado morte. Este, por razões óbvias, não poderá decorrer de dolo (direto ou eventual) do agente, sob pena de este vir a ser responsabilizado por homicídio.

Gabarito "E"

(Ministério Público/GO – 2013) Segundo o texto da Lei n.º 12.850/2013,assinale a alternativa correta:

(A) a infiltração de agentes de polícia ou de inteligência em tarefas de investigação, representada pelo delegado de polícia ou requerida pelo Ministério Público, após manifestação técnica do delegado de polícia quando solicitada no curso de inquérito policial, será precedida de circunstanciada, motivada e sigilosa autorização judicial, que estabelecerá seus limites.

(B) não é punível, no âmbito da infiltração, a prática de crime pelo agente infiltrado no curso da investigação, quando amparada sua conduta na causa de exclusão da ilicitude denominada ""estrito cumprimento do dever legal"".

(C) o juiz poderá, atendendo a requerimento exclusivo do Ministério Público, conceder o perdão judicial, reduzir em até 2/3 (dois terços) a pena privativa de liberdade ou substituí-la por restritiva de direitos daquele que tenha colaborado efetiva e voluntariamente com a investigação e com o processo criminal.

(D) se a ação controlada envolver transposição de fronteiras, o retardamento da intervenção policial ou administrativa somente poderá ocorrer com a cooperação das autoridades dos países que figurem como provável itinerário ou destino do investigado, de modo a reduzir os riscos de fuga e extravio do produto, objeto, instrumento ou proveito do crime.

A: incorreta. Com o advento da Lei 12.850/2013, não mais de fala em infiltração de agentes de polícia ou de inteligência, mas, apenas, em *agentes de polícia*. Confira-se a redação do art. 10 da referida lei federal: "*A infiltração de agentes de polícia em tarefas de investigação, representada pelo delegado de polícia ou requerida pelo Ministério Público, após manifestação técnica do delegado de polícia quando solicitada no curso de inquérito policial, será precedida de circunstanciada, motivada e sigilosa autorização judicial, que estabelecerá seus limites*"; **B:** incorreta. Nos termos do art. 13, parágrafo único, da Lei 12.850/2013, "*não é punível, no âmbito da infiltração, a prática de crime pelo agente infiltrado no curso da investigação, quando inexigível conduta diversa*". Assim, não será punível o crime cometido pelo agente infiltrado apenas quando não lhe for exigível outra conduta que não a de haver praticado o delito; **C:** incorreta. Nos exatos termos do art. 4º da Lei 12.850/2013, "*o juiz poderá, a requerimento das partes, conceder o perdão judicial, reduzir em até 2/3 (dois terços) a pena privativa de liberdade ou substituí-la por restritiva de direitos daquele que tenha colaborado efetiva e voluntariamente com a investigação e com o processo criminal* (...)". Assim, a concessão de referidas benesses poderá advir não apenas de requerimento do Ministério Público, mas de qualquer das partes; **D:** correta, nos precisos termos delineados pelo art. 9º da Lei 12.850/2013: "*Se a ação controlada envolver transposição de fronteiras, o retardamento da intervenção policial ou administrativa somente poderá ocorrer com a cooperação das autoridades dos países que figurem como provável itinerário ou destino do investigado, de modo a reduzir os riscos de fuga e extravio do produto, objeto, instrumento ou proveito do crime.*"

Gabarito "D"

(Ministério Público/PR – 2013 – X) Quanto aos crimes previstos no Código do Consumidor, assinale a alternativa que não corresponde a uma circunstância agravante:

(A) Ter sido o crime cometido contra pessoa analfabeta;

(B) Ter sido o crime cometido por ocasião de calamidade;

(C) Ter o crime ocasionado grave dano individual;

(D) Ter sido o crime cometido por servidor público;

(E) Ter sido o crime cometido em detrimento de rurícola.

As circunstâncias agravantes aplicáveis aos crimes previstos no CDC vêm previstas em seu art. 76. Vejamos: "São circunstâncias agravantes dos crimes tipificados neste código: I – serem cometidos em época de grave crise econômica ou por ocasião de calamidade; II – ocasionarem grave dano individual ou coletivo; III – dissimular-se a natureza ilícita do procedimento; IV – quando cometidos: a) por servidor público, ou por pessoa cuja condição econômico-social seja manifestamente superior à da vítima; b) em detrimento de operário ou rurícola; de menor de dezoito ou maior de sessenta anos ou de pessoas portadoras de deficiência mental interditadas ou não; V – serem praticados em operações que envolvam alimentos, medicamentos ou quaisquer outros produtos ou serviços essenciais". Assim, as alternativas B, C, D e E correspondem, respectivamente, ao art. 76, incisos I, II, IV, "a" e IV, "b". Apenas a alternativa A não encontra correspondência a qualquer das hipóteses caracterizadoras de circunstância agravante dos crimes contra as relações de consumo definidas no CDC (Lei 8.078/1990).

Gabarito "A"

(Ministério Público/RO – 2013 – CESPE) Acerca dos crimes contra as relações de consumo, previstos no CDC, assinale a opção correta.

(A) O fornecedor que, por falta de atenção, utilizar, sem anuência do consumidor, peça recondicionada no reparo de produto cometerá crime contra as relações de consumo.

(B) A condição de hipossuficiência do consumidor na relação de consumo é circunstância agravante prevista no CDC.

(C) A omissão de informações sobre riscos conhecidos posteriormente à introdução do produto no mercado caracteriza-se como crime omissivo puro, não se admitindo a modalidade culposa, e unissubsistente.

(D) Não se aplica o princípio da solidariedade na persecução penal ao crime de fazer afirmação falsa sobre o desempenho de produto ou serviço.

(E) Constitui crime de dano a ação de promover publicidade sabidamente abusiva, sendo tipos subjetivos tanto a conduta dolosa quanto a culposa.

A: incorreta. Comete o crime do art. 70 do CDC o fornecedor que empregar, na reparação de produtos, peça ou componentes de reposição usados, sem autorização do consumidor. Trata-se de crime doloso, razão por que a falta de atenção do agente no emprego de peças usadas para o conserto de produtos caracterizaria culpa. E, repita-se, o crime referido não prevê a forma culposa; **B:** incorreta. O art. 76 do CDC traz rol taxativo das circunstâncias agravantes dos crimes nele definidos, não tratando da hipossuficiência do consumidor como causa modificativa da reprimenda penal; **C:** correta. O art. 64 do CDC dispõe ser crime o fato de o agente "deixar de comunicar à autoridade competente e aos consumidores a nocividade ou periculosidade de produtos cujo conhecimento seja posterior à sua colocação no mercado". Da só leitura do tipo penal, verifica-se tratar-se de crime omissivo puro, que se caracteriza por comportamento negativo do agente ("deixar de comunicar"). Será alcançada a consumação com a pura e simples omissão do sujeito ativo (crime unissubsistente), não se admitindo a modalidade culposa por ausência de previsão legal; **D:** incorreta. Comete crime contra as relações de consumo, definido no art. 66 do CDC, aquele que fizer "afirmação falsa ou enganosa, ou omitir informação relevante sobre a natureza, característica, qualidade, quantidade, segurança, desempenho, durabilidade, preço ou garantia de produtos ou serviços", incorrendo nas mesmas penas quem patrocinar a oferta (§1º do precitado dispositivo legal). Aqui, patente a aplicação do princípio da solidariedade, visto que será atingido pela norma penal incriminadora não apenas aquele que fizer a afirmação falsa ou enganosa, mas, também, aquele que patrocinar a oferta, ampliando-se, com isso, a tutela penal do consumidor; **E:** incorreta. O art. 67 do CDC dispõe: "Fazer ou promover publicidade que sabe ou deveria saber ser enganosa ou abusiva". Trata-se de crime doloso, sendo de rigor, para a imputação da infração penal ao agente, que ele saiba (dolo direto) ou deva saber (dolo eventual) que a publicidade promovida ou feita é enganosa ou abusiva. Não se admite, aqui, a forma culposa.

Gabarito "C"

(Ministério Público/TO – 2012 – CESPE) Com relação aos crimes de abuso de autoridade, previstos na Lei n. 4.898/1965, e à responsabilidade dos prefeitos, de que trata o Decreto-Lei n. 201/1967, assinale a opção correta.

(A) Conforme disposto no Decreto-Lei n. 201/1967, somente os entes municipais, interessados na apuração de crime de responsabilidade praticado pelo prefeito do município, podem intervir no processo como assistentes da acusação.

(B) Os crimes de abuso de autoridade sujeitam-se a ação pública condicionada à representação do ofendido.

(C) Os crimes de abuso de autoridade são de dupla subjetividade passiva: o sujeito passivo imediato, direto e eventual, e o sujeito passivo mediato, indireto ou permanente.

(D) Cometerá abuso de autoridade o guarda municipal que, com a intenção de adentrar em determinado imóvel a fim de procurar documentos de seu interesse pessoal, se fizer passar por delegado de polícia e invada casa alheia.

(E) Considere que um prefeito municipal tenha sido condenado definitivamente, após o trâmite regular da ação contra ele ajuizada, pelo desvio, em proveito próprio, de receitas públicas do município. Nesse caso, de acordo com o Decreto-Lei n. 201/1967, o prefeito não só perderá o cargo, como também estará inabilitado para o exercício de cargo ou função pública, eletivo ou de nomeação, pelo prazo de oito anos.

A: incorreta (art. 2º, § 1º, do Decreto-lei 201/1967). Os órgãos federais, estaduais ou municipais, interessados na apuração da responsabilidade do Prefeito, podem requerer a abertura do inquérito policial ou a instauração da ação penal pelo Ministério Público, bem como intervir, em qualquer fase do processo, como assistente da acusação; **B:** incorreta. A representação de que trata o art. 2º da Lei 4.898/1965 não diz respeito à condição de procedibilidade denominada de "representação", mas, sim, ao exercício do direito de petição (art. 5º, XXXIV, "a", da CF). Portanto, podemos afirmar que os crimes de abuso de autoridade definidos nos arts. 3º e 4º do referido diploma legal são de ação penal pública incondicionada; **C:** correta. De fato, os crimes de abuso de autoridade têm como sujeito passivo imediato o Estado, titular da Administração Pública, e sujeito passivo mediato o cidadão diretamente afetado com a conduta ilícita perpetrada pela autoridade; **D:** incorreta. O guarda municipal que invadir residência para buscar documentos de seu interesse pessoal terá agido "despido" de sua condição de agente público, razão pela qual deverá responder por "crime comum", qual seja, violação de domicílio. Ainda, por se fazer passar por funcionário público que não é (no caso, Delegado de Polícia), poderá responder pela contravenção do art. 45 da LCP (Decreto-lei 3.688/1941); **E:** incorreta (art. 1º, § 2º, do Decreto-lei 201/1967). Em razão da condenação por qualquer dos crimes definidos no art. 1º de referido diploma legal, o agente, ainda, sofrerá a perda de cargo e a inabilitação, pelo *prazo de cinco anos*, para o exercício de cargo ou função pública, eletivo ou de nomeação, sem prejuízo da reparação civil do dano causado ao patrimônio público ou particular.

Gabarito "C"

(Ministério Público/RS – 2008) Assinale a alternativa CORRETA:

(A) Constituem crimes contra as relações de consumo as condutas tipificadas no Código de Defesa do Consumidor e, por se tratar de lei especial, prejudicado o disposto no Código Penal e leis especiais.

(B) Constituem crimes contra as relações de consumo as condutas tipificadas no Código de Defesa do Consumidor, sem prejuízo do disposto no Código Penal e leis especiais.

(C) Comete crime contra as relações de consumo o fornecedor que empregar, na reparação de produto, peças de reposição usadas, ainda que autorizado pelo consumidor, em virtude do princípio da hipossuficiência do consumidor.

(D) O fornecedor que faz afirmação falsa sobre a natureza de produto ou serviço não comete delito contra as relações de consumo, mas viola norma ética da publicidade.

(E) Como o Código de Defesa do Consumidor não estabelece circunstâncias agravantes dos crimes que define, cabe ao juiz escolher dentre as circunstâncias agravantes do Código Penal, no caso concreto.

A: incorreta. Não só o CDC contempla crimes contra as relações de consumo. Apenas à guisa de exemplo, a Lei 8.137/1990, em seu art. 7º, traz crimes contra as relações consumeristas; **B:** correta. De fato, existe verdadeira intersecção de diplomas punitivos no que diz respeito às relações de consumo, havendo crimes dessa natureza previstos no Código Penal (ex.: arts. 171, 175, 272 e 280), na Lei 8.137/1990 (art. 7º) e, por óbvio, no CDC (arts. 61 a 80); **C:** incorreta (art. 70 do CDC). Havendo autorização do consumidor, será possível a reparação de produto com a utilização de peças ou componentes de reposição usados; **D:** incorreta (art. 66 do CDC); **E:** incorreta, pois o art. 76 do CDC traz rol de circunstâncias que agravam a pena dos crimes estabelecidos em referido diploma legal.

Gabarito "B"

(Ministério Público/RS – 2008) Assinale a alternativa CORRETA:

Ficam sujeitos à lei brasileira, embora cometidos no estrangeiro:

(A) os crimes de genocídio, quando o agente for brasileiro ou domiciliado no Brasil;

(B) os crimes contra a vida ou a liberdade do Governador do Distrito Federal;

(C) os crimes que, por tratado ou convenção, o Brasil não se obrigou a reprimir;

(D) os crimes de tortura, sendo a vítima brasileira, ainda que o agente se encontre em local fora da jurisdição brasileira;

(E) os crimes hediondos contra crianças brasileiras.

A: correta (art. 7º, I, "d", do CP). Trata-se de hipótese de extraterritorialidade incondicionada; **B:** incorreta (art. 7º, I, "a", do CP). Apenas os crimes contra a vida ou a liberdade do Presidente da República ficam sujeitos à lei brasileira, tratando-se, também, de hipótese de extraterritorialidade incondicionada; **C:** incorreta (art. 7º, II, "a", do CP). Aplica-se a lei brasileira aos crimes praticados no estrangeiro que, por tratado ou convenção, o Brasil *se obrigou* a reprimir. Aqui, temos hipótese de extraterritorialidade condicionada; **D:** incorreta. O disposto na Lei de Tortura aplica-se ainda quando o crime não tenha sido cometido em território nacional, sendo a vítima brasileira ou *encontrando-se o agente em local sob jurisdição brasileira* (art. 2º da Lei 9.455/1997); **E:** incorreta. Para que um agente que cometa crimes hediondos contra crianças brasileiras no estrangeiro seja punido conforme a lei brasileira, será necessário que sejam preenchidas as condições do art. 7º, § 2º, do CP. Não bastará, portanto, que as vítimas sejam brasileiras.

Gabarito "A"

(Ministério Público/RS – 2009) Assinale a alternativa correta.

(A) No caso de crime resultante de violência doméstica e familiar contra a mulher (Lei n. 11.340/2006), é possível a aplicação, a título de pena, de prestação pecuniária.

(B) Nos termos da lei que define os crimes de tortura (Lei n. 9.455/1997), são causas, entre outras, de aumento de pena: o seu cometimento por parte de agente público; contra criança, gestante, portador de deficiência, adolescente ou maior de 70 anos de idade, devendo a sanção, em decorrência, ser aumentada até o patamar de 1/5 (um quinto).

(C) A prática contravencional consistente em vias de fato constitui infração tipicamente subsidiária, devendo a pena ser aumentada até a fração de 2/5 (dois quintos) quando a vítima respectiva for maior de 70 anos.

(D) Nos termos da Lei n. 4.898/1965 (Crimes de abuso de autoridade), entende-se por autoridade quem exerce cargo, emprego ou função pública, de natureza civil ou militar, ainda que o faça transitoriamente e sem remuneração.

(E) A condenação pela prática de crime falimentar, nos termos da Lei n. 11.101/2005, acarreta, como efeito extrapenal automático, a inabilitação do condenado para o exercício de atividade empresarial pelo prazo de 10 (dez) anos, a contar do respectivo trânsito em julgado do *decisum*.

A: incorreta (art. 17 da Lei 11.340/2006 – Lei Maria da Penha); **B:** incorreta, pois, nos termos do art. 1º, § 4º, da Lei 9.455/1997, a pena será aumentada de um *sexto até um terço* (e não até um quinto, como constante na assertiva!) caso a tortura seja praticada, dentre outros casos, por agente público, ou contra criança, adolescente, gestante, portador de deficiência ou idoso (leia-se: maior de sessenta anos, e não setenta, como consta na assertiva!); **C:** incorreta. Na contravenção de vias de fato, se a vítima é maior de sessenta anos (e não setenta!), a pena será aumentada de um terço até a metade (art. 21, parágrafo único, da Lei das Contravenções Penais – Decreto-lei 3.688/1941); **D:** correta (art. 5º da Lei 4.898/1965 – Lei de Abuso de Autoridade); **E:** incorreta. Em virtude da condenação por crime falimentar, a inabilitação para o exercício da atividade empresarial poderá perdurar até 5 (cinco) anos após a extinção da punibilidade, podendo cessar antes, desde que haja reabilitação (art. 181, I e § 1º, da Lei 11.101/2005). Frise-se que se trata de um efeito não automático da condenação, devendo, portanto, ser declarado – e motivado – na sentença.

Gabarito "D"

(Ministério Público/RS – 2009) Assinale a alternativa correta.

(A) São aspectos inerentes aos crimes de lavagem de capitais (Lei n. 9.613/1998): admitem a tentativa; não punem a forma culposa; o sujeito ativo pode ser qualquer pessoa, não se exigindo qualidade especial.

(B) A lei que define os crimes resultantes de preconceito de raça ou de cor (Lei n. 7.716/1989), por coerência e simetria com o título do respectivo diploma legal, prevê punição apenas para as condutas que traduzam discriminação por conta justamente da raça ou da cor da pele.

(C) Nos termos da Lei n. 11.343/2006 (Crimes de drogas), o juiz, objetivando avaliar se a droga apreendida destina-se ao consumo pessoal ou tráfico, atentará para a natureza e quantidade da substância apreendida, além dos antecedentes do agente, porém, não poderá sopesar, em seu desfavor, as suas circunstâncias sociais e pessoais, sob pena do emprego de subjetivismo.

(D) O crime de genocídio, nos termos da Lei n. 8.072/1990 (Crimes hediondos), só poderá ser rotulado hediondo quando consumado.

(E) Em se tratando de crimes de agentes políticos municipais (Decreto-Lei n. 201/1967), a punição, a título de culpa, ocorre, expressamente, sob a modalidade de negligência.

A: correta. De fato, os crimes de lavagem de dinheiro, definidos no art. 1º da Lei 9.613/1998, admitem a tentativa, que será punida na forma do art. 14, parágrafo único, do CP (art. 1º, § 3º, do referido diploma legal). Ainda, não há previsão da modalidade culposa em qualquer das condutas típicas definidas no precitado art. 1º, *caput*, e §§ 1º e 2º. Finalmente, não exige a lei qualquer qualidade especial do sujeito ativo, tratando-se, portanto, de crime comum; **B:** incorreta. O art. 1º da Lei 7.716/1989 enuncia que serão punidas as condutas que revelem discriminação ou preconceito referente a raça, cor, etnia, religião ou procedência nacional (e não apenas raça ou cor da pele, como consta na assertiva!); **C:** incorreta. Para determinar se a droga destinava-se a consumo pessoal, o juiz atenderá à natureza e à quantidade da substância apreendida, ao local e às condições em que se desenvolveu a ação, *às circunstâncias sociais e pessoais*, bem como à conduta e aos antecedentes do agente (art. 28, § 2º, da Lei 11.343/2006); **D:** incorreta. O art. 1º, parágrafo único, da Lei 8.072/1990 é claro ao prescrever que serão considerados hediondos os crimes previstos nos arts. 1º, 2º e 3º da Lei 2.889/1956, nas formas tentada ou consumada; **E:** incorreta. Não há qualquer conduta culposa definida nos incisos do art. 1º do Decreto-lei 201/1967. Logo, todos os crimes são punidos a título de dolo.

Gabarito "A"

(Ministério Público/RN – 2009 – CESPE) Acerca dos crimes contra os costumes, os idosos e as pessoas portadoras de deficiência, assinale a opção correta.

(A) A mulher não pode ser coautora do delito de estupro.

(B) O delito de atentado violento ao pudor, ao contrário do estupro, não é considerado hediondo.

(C) Todos os crimes definidos no Estatuto do Idoso são de ação penal pública incondicionada.

(D) Impedir ato fiscalizatório de representante do MP em defesa de interesses de pessoas idosas não constitui crime, mas mera infração administrativa sujeita à pena de multa por parte do infrator.

(E) Constitui crime a conduta de negar emprego a alguém, ainda que justificadamente, por motivos derivados de sua deficiência.

A: incorreta. Mesmo antes da alteração da redação típica do estupro (art. 213 do CP), operada pela Lei 12.015/2009, já se entendia ser possível que mulher fosse coautora de referido crime contra a dignidade sexual. Atualmente, não há qualquer dúvida, visto que tanto homens, quanto mulheres, podem ser sujeitos ativo e passivo do crime; **B:** incorreta. À época em que formulada a pergunta, o atentado violento ao pudor era, sim, considerado crime hediondo, figurando no rol do art. 1º da Lei 8.072/1990. Porém, com o advento da precitada Lei 12.015/2009, o art. 214 do CP foi expressamente revogado (mas "reincorporado" no art. 213, que passou a abarcar a violência ou grave ameaça voltadas à prática de conjunção carnal ou atos libidinosos diversos); **C:** correta (art. 95 do Estatuto do Idoso – Lei 10.741/2003); **D:** incorreta, pois a conduta descrita na assertiva constitui o crime do art. 109 do Estatuto do Idoso; **E:** incorreta (art. 8º, III, da Lei 7.853/1989). Apenas haverá crime se a negativa de emprego a pessoa portadora de deficiência for sem justa causa (elemento normativo do tipo). Por exemplo, existirá justa causa na recusa de emprego ao "posto" de empregada doméstica a uma mulher tetraplégica, visto que é da essência de referido trabalho a necessidade de locomoção de uso dos membros superiores e inferiores.

Gabarito "C"

(Ministério Público/RN – 2009 – CESPE) O agente que induz ou instiga dolosamente a prática de esterilização cirúrgica pratica crime

(A) contra a organização do trabalho, previsto no CP.

(B) contra o planejamento familiar.

(C) definido na lei de transplantes.

(D) contra a saúde pública, previsto no CP.

(E) contra os costumes, previsto no CP.

De fato, o agente que induzir ou instigar dolosamente a prática de esterilização cirúrgica incorrerá nas penas do crime definido no art. 17 da Lei 9.263/1996, tratando-se de delito contra o planejamento familiar. Referido diploma legal regulamentou o art. 226, § 7º, da CF.

Gabarito "B"

(Ministério Público/RN – 2009 – CESPE) Acerca dos crimes contra a ordem tributária e econômica, o consumidor e as relações de consumo e o meio ambiente, assinale opção **incorreta**.

(A) Nos crimes previstos na Lei n. 8.137/1990, materiais ou formais, a decisão definitiva do processo administrativo consubstancia uma condição objetiva de punibilidade.

(B) Constitui crime contra a ordem econômica a formação de acordo entre ofertantes, visando ao controle, em detrimento da concorrência, de rede de fornecedores.

(C) A execução de serviço de alto grau de periculosidade, que contraria determinação de autoridade competente, constitui crime contra as relações de consumo e não mera infração administrativa.

(D) Não é crime o desmatamento de floresta nativa em terras de domínio público, sem autorização do órgão competente, quando a conduta for necessária à subsistência imediata e pessoal do agente.

(E) Em relação à responsabilidade penal da pessoa jurídica pela prática de delitos contra o meio ambiente, adotou a Lei n. 9.605/1998 a teoria da realidade ou da personalidade real.

A: incorreta, devendo ser assinalada. Apenas para os crimes materiais contra a ordem tributária, definidos no art. 1º da Lei 8.137/1990, o esgotamento da via administrativa é considerado condição objetiva de punibilidade (*vide* Súmula vinculante 24); **B:** correta (art. 4º, II, "c", da Lei 8.137/1990); **C:** correta (art. 65 da Lei 8.078/1990 – CDC); **D:** correta (art. 50-A, § 1º, da Lei 9.605/1998); **E:** correta. De acordo com a teoria da personalidade real, cujo precursor foi o jurista alemão Otto Gierke, a pessoa jurídica tem vontade própria, sendo uma "verdadeira realidade", com capacidade de deliberação própria, daí podendo ser responsabilizada criminalmente. Apesar de críticas, é uma teoria aceita pelo moderno Direito Penal, que deve visar à punição da macrocriminalidade, especialmente aquela voltada à lesão de bens jurídicos transindividuais.

Gabarito "A"

(Ministério Público/PI – 2012 – CESPE) Considerando as disposições contidas no CP e na doutrina, bem como nas Leis n. 11.340/2006 – Lei Maria da Penha – e n. 7.716/1989, que trata dos crimes resultantes de preconceitos de raça ou de cor, etnia, religião ou procedência nacional, assinale a opção correta.

(A) Considere que Mauro, irritado com a demora no andamento da fila do caixa de um supermercado, tenha proferido xingamentos direcionados à atendente do caixa, atribuindo a demora no atendimento à inferioridade intelectual que, segundo ele, era característica intrínseca da raça a que a moça pertencia. Nessa situação, Mauro deve ser acusado de crime de racismo, previsto na legislação específica, por ter negado à funcionária, por motivo racial, o direito de trabalho no comércio.

(B) Ficará isento de pena o querelado que, antes do trânsito em julgado da sentença condenatória, ainda que após a sentença de primeiro grau, se retrate cabalmente de calúnia ou difamação.

(C) O MP não deve intervir nas causas cíveis decorrentes de violência doméstica e familiar contra a mulher, salvo quando for parte, sendo, contudo, obrigatória sua intervenção nas causas criminais que envolvam violência contra a mulher.

(D) Suponha que, durante uma discussão, Josefa agrida fisicamente Joana, com quem mantenha relacionamento amoroso durante longo tempo. Suponha, ainda, que Joana sofra lesões leves e que Josefa seja processada e condenada pelo crime, com base no CP, a pena privativa de liberdade de dois anos. Nessa situação, sendo a pena inferior a quatro anos e presentes os demais requisitos legais, cabe, a critério do juiz, a substituição da pena privativa de liberdade por pena de doações mensais de cestas básicas, se o entender suficiente para a reprovação da conduta.

(E) Pratica o denominado crime exaurido o agente que, mesmo após atingir o resultado pretendido, continua a agredir o bem jurídico protegido pela norma penal.

A: incorreta. A conduta de Mauro pode caracterizar o crime de injúria racial (art. 140, § 3º, do CP), mas, não, o de racismo (Lei 7.716/1989), que, em apertada síntese, exige a prática de atos segregacionistas, violadores de direitos básicos do cidadão; **B:** incorreta (art. 143 do CP). A retratação nos crimes de calúnia ou difamação somente será admissível se o agente (querelado) o fizer antes da sentença (leia-se: decisão de primeira instância); **C:** incorreta. De acordo com a Lei 11.340/2006 (Lei Maria da Penha), nas causas cíveis, quando não for parte, e também nas criminais, o Ministério Público sempre intervirá (art. 25); **D:** incorreta. Considerando que a lesão corporal praticada por Josefa em face de Joana tem a conotação de "violência doméstica e familiar contra a mulher", aplicando-se, portanto, a Lei Maria da Penha, cuja incidência independe da orientação sexual do casal (art. 5º, parágrafo único), inviável que a pena privativa de liberdade seja substituída por doações mensais de cesta básica, tendo em vista a vedação contida no art. 17 do mesmo diploma legal; **E:** correta. A assertiva contida na alternativa ora analisada corresponde, exatamente, ao conceito de crime exaurido (ou de exaurimento do crime).

Gabarito "E"

(Ministério Público/PI – 2012 – CESPE) Com base no que dispõe o CP sobre a relevância da omissão, no que determina a LEP bem como no que estabelece a lei que trata das organizações criminosas, assinale a opção correta.

(A) Crime vago é aquele cujo resultado naturalístico não é apenas irrelevante, mas, também, impossível, visto que não existe absolutamente resultado que provoque modificação no mundo concreto.

(B) Aquele que deixar de prestar assistência quando dever e puder agir para evitar o crime deverá responder por omissão de socorro.

(C) Os condenados por crimes decorrentes de organização criminosa devem iniciar o cumprimento da pena em regime fechado.

(D) O preso provisório, sujeito a regime prisional análogo ao fechado, deve ser recolhido em penitenciária.

(E) O agente que, na execução do crime, impede que o resultado se produza só responde pelos atos praticados, visto que, no caso, é configurado o arrependimento posterior.

A: incorreta. Crime vago é aquele cujo sujeito passivo é um ente destituído de personalidade jurídica. Não se confunde com crime de mera conduta, que é aquele cujo resultado naturalístico é impossível, tendo em vista que a conduta perpetrada pelo agente não será capaz, jamais, de alterar o mundo concreto (ou mundo exterior); **B:** incorreta. Aquele que deixar de prestar assistência, quando possível fazê-lo sem risco pessoal, nas hipóteses delineadas no art. 135 do CP, cometerá o crime de omissão de socorro (considerado um crime omissivo próprio). Não se confunde tal situação com a omissão imprópria, segundo a qual o agente responderá pelo crime quando, devendo e podendo agir para impedir determinado resultado, nada fizer. Trata-se da aplicação da regra contida no art. 13, § 2º, do CP (omissão penalmente relevante); **C:** correta (art. 10 da Lei 9.034/1995). Vale o registro de que essa lei, posteriormente à elaboração desta questão, foi revogada, na íntegra e de forma expressa, pela Lei 12.850/2013, que conferiu nova conformação jurídica ao tema "organização criminosa"; **D:** incorreta, pois a penitenciária é o estabelecimento penal destinado a receber condenados à pena de reclusão, em regime fechado (art. 87 da LEP). Os presos provisórios não poderão permanecer junto com os condenados por sentença transitada em julgado (art. 84 da LEP). Deverão permanecer, de acordo com o art. 102 da LEP, em cadeias públicas (em alguns Estados, os presos provisórios permanecem nos chamados "Centros de Detenção Provisória"); **E:** incorreta. O agente que, após esgotar todos os atos executórios, impedir a consumação do crime por ele iniciado responderá apenas pelos atos praticados, incidindo, aqui, o arrependimento eficaz (art. 15 do CP), e não o arrependimento posterior, causa de diminuição de pena prevista no art. 16 do CP.

Gabarito "C"

(Ministério Público/PB – 2010) Sobre o Direito Penal Militar, analise as assertivas abaixo, assinalando, em seguida, a alternativa que sobre elas contenha o devido julgamento:

I. Consideram-se crimes militares em tempo de paz os crimes previstos no Código Penal Militar, quando definidos de modo diverso na lei penal comum ou nela não previstos, qualquer que seja o agente, salvo disposição especial.

II. Se dois militares em serviço ativo juntamente com um militar inativo, ainda que não empregado regularmente na Administração Militar, ocuparem um quartel contrariamente à ordem superior, os três, em tese, estarão na prática do motim.

III. O Código Penal Militar prevê o delito de dano culposo.

IV. Consideram-se como extensão do território nacional aeronaves e navios brasileiros, sob comando militar ou militarmente utilizados ou ocupados por ordem legal de autoridade competente, ainda que de propriedade privada, desde que se encontrem em mar territorial nacional ou no espaço aéreo correspondente.

(A) Apenas a assertiva IV é falsa.

(B) Todas as assertivas são falsas.

(C) Não há assertiva falsa.

(D) Apenas as assertivas I e III são falsas.

(E) Apenas as assertivas II e III são falsas.

I: correta (art. 9º, I, do CPM – Decreto-lei 1.001/1969); **II:** correta (art. 149, I, do CPM); **III:** correta (arts. 262 a 265, c/c 266, todos do CPM); **IV:** incorreta (art. 7º, 1º, do CPM).

Gabarito "A"

(Ministério Público/MS – 2009) Assinale a afirmativa correta.

(A) A Lei n. 7.716/1989 prevê punição apenas para condutas que traduzam discriminação ou preconceito de raça, cor, etnia ou procedência nacional, por ela definidas.

(B) A legislação penal infraconstitucional brasileira criminaliza fatos praticados por pessoa jurídica, quando praticados contra a ordem econômica e financeira e contra o meio ambiente, aplicando-se-lhe as penas que forem compatíveis.

(C) A denominada Lei de Lavagem de Dinheiro (Lei n. 9.613/1998) criminaliza a conduta daquele que sonega impostos e depois pratica atos que venham a camuflar a origem de bens adquiridos com o produto da sonegação fiscal.

(D) O eleitor que dolosamente vota duas vezes em eleição para Prefeito Municipal incorre em crime previsto no Código Penal, ficando sujeito à pena de reclusão e multa.

(E) O sujeito que furta automóvel de seu pai (aposentado e com 55 anos de idade) e o vende não responde criminalmente, visto que neste caso é isento de pena.

A: incorreta, pois a Lei 7.716/1989 prevê, em seu art. 1º, que serão punidos os crimes resultantes de discriminação ou preconceito de raça, cor, etnia, *religião* ou procedência nacional; **B:** incorreta. Atualmente, a punição da pessoa jurídica somente é admissível em relação aos crimes praticados contra o meio ambiente, em virtude de expressa previsão infraconstitucional (Lei 9.605/1998), em regulamentação ao art. 225, § 3º, da CF. Com relação aos crimes praticados contra a ordem econômica e financeira, a despeito da regra contida no art. 173, § 5º, da CF, inexiste lei infraconstitucional que, atualmente, atribua responsabilidade penal à pessoa jurídica por atos praticados contra a ordem econômica e financeira e contra a economia popular; **C:** à época em que formulada a questão, incorreta a assertiva segundo a qual constituía crime antecedente à lavagem de dinheiro a sonegação fiscal. Porém, com a atual redação do art. 1º da Lei 9.613/1998, conferida pela Lei 12.683/2012, ocultar ou dissimular a natureza, origem, localização, disposição, movimentação ou propriedade de bens, direitos ou valores provenientes, direta ou indiretamente, de infração penal, configura lavagem de dinheiro. Não se cogita, mais, da necessidade de qualquer crime antecedente específico, tal como ocorria na redação original do precitado art. 1º, cujo rol era taxativo. Assim, atualmente, com a prática de qualquer infração penal (crimes ou contravenções), dá-se margem ao cometimento do crime de lavagem de dinheiro; **D:** incorreta, pois a conduta de votar ou tentar votar duas vezes constitui crime definido no art. 309 do Código Eleitoral (Lei 4.737/1965); **E:** correta (art. 181, II, do CP). Trata-se de situação abarcada por imunidade penal absoluta (escusa absolutória). Porém, é bom frisar, caso o pai do agente contasse com idade igual ou superior a 60 (sessenta) anos, inaplicável seria a isenção de pena (art. 183, III, do CP).

Gabarito "E"

(Ministério Público/BA – 2008) Analise as seguintes assertivas acerca das legislações penais especiais.

I. Para configuração do delito de colaboração, como informante, com o tráfico ilícito de substância entorpecente é indispensável que a informação seja destinada a grupo, associação ou organização destinados à prática delitiva.

II. A pena de suspensão de habilitação para direção de veículo automotor, prevista no Código de Trânsito Brasileiro, pode ser aplicada com duração de quatro anos e seis meses.

III. Incorre no delito de lavagem ou ocultação de bens, direitos e valores o agente que oculta ou dissimula a natureza ou propriedade de bens proveniente, ainda que indiretamente, de crime de tráfico ilícito de substância entorpecente, tráfico de mulheres e tráfico de armas.

IV. Para configuração do delito de associação criminosa para o tráfico é necessário que a associação seja estável e permanente e a participação de pelo menos quatro agentes, ainda que três deles tenham idade inferior a dezoito anos.

V. A progressão de regime de cumprimento de pena nas hipóteses de prática do delito de alteração de produto destinado a fins terapêuticos poderá ocorrer após o cumprimento de quarenta por cento da reprimenda em caso de condenado primário e sessenta por cento da reprimenda em caso de condenado reincidente.

Estão corretas as assertivas:

(A) I, II e IV.

(B) I, II e V.

(C) I, III e IV.

(D) II, III e V.

(E) III, IV e V.

I: correta (art. 37 da Lei 11.343/2006); **II:** correta, pois a pena de suspensão ou de proibição de obter a permissão ou habilitação para dirigir veículo automotor tem duração de dois meses a cinco anos (art. 293 da Lei 9.503/1997 – CTB); **III:** quando da elaboração da questão, a assertiva em análise estava *incorreta*, tendo em vista que o crime de lavagem de dinheiro pressupunha a prática de um dos crimes antecedentes previstos no art. 1º da Lei 9.613/1998, dentre os quais não se incluía o tráfico de pessoas. No entanto, com as alterações promovidas ao referido diploma legal pela Lei 12.683/2012, configura crime de lavagem de dinheiro o fato de o agente ocultar ou dissimular a natureza, origem, localização, disposição, movimentação ou propriedade de bens, direitos ou valores provenientes, direta ou indiretamente, de **infração penal** (leia-se: qualquer infração penal, aqui incluídas, por óbvio, as contravenções penais). Logo, atualmente, estaria correta a assertiva; **IV:** incorreta. A despeito de o crime de associação para o tráfico ser considerado de concurso necessário, bastará que duas ou mais pessoas se associem para o fim de praticar, reiteradamente ou não, qualquer dos crimes previstos no art. 33, *caput* e § 1º, e 34 da Lei 11.343/2006. Não se confunde o crime em comento com o de associação criminosa (antiga quadrilha ou bando), definido no art. 288 do CP, que exige a reunião estável e permanente de, pelo menos, três pessoas, para a prática de crimes (conforme atual redação do dispositivo conferia pela Lei 12.850/2013); **V:** correta, pois o crime indicado na assertiva, definido no art. 273 do CP, é considerado hediondo (art. 1º, VII-B, da Lei 8.072/1990), e, portanto, somente será admissível a progressão de regime após o cumprimento de 2/5 da pena (equivalente a 40%) se o condenado for primário, ou 3/5 da pena (equivalente a 60%) para condenado reincidente (art. 2º, § 2º, da Lei 8.072/1990).

Gabarito "B"

(Ministério Público/MG – 2010 – FUNDEP) Do ponto de vista objetivo, fará jus à suspensão condicional do processo (art. 89, Lei n. 9.099/1995):

(A) o funcionário público que, por imprudência, brincando com uma arma de fogo, mata uma criança com disparo na cabeça.

(B) o comerciante que, por imprudência, conduzindo automóvel em velocidade superior à permitida e sob a influência de álcool, provoca colisão no trânsito e causa a morte de passageiro de outro veículo, único dos envolvidos que se encontrava sem o cinto de segurança.

(C) o funcionário público que compra uma CNH falsa, mediante expectativa de que é produzida com papel autêntico e com prontuário registrado no órgão de trânsito, apresentando-a a policial rodoviário numa *blitz*.

(D) o comerciante que expõe à venda, numa banca do *shopping* Oiapoque, em Belo Horizonte, 400 *CD's piratas*, cópias não autorizadas de álbum fonográfico de músico estrangeiro, com violação de direito de autor.

O único crime que comporta, em tese, dada a pena mínima cominada (art. 121, § 3º, do CP), a suspensão condicional do processo é o homicídio culposo em que incorreu o funcionário público que, por imprudência, ao manusear arma de fogo, veio a atingir a criança com um disparo na cabeça (art. 89, *caput*, da Lei 9.099/1995).

Gabarito "A"

(Ministério Público/PR – 2011) Analise as assertivas relacionadas a crimes previstos na legislação penal especial, e assinale a alternativa incorreta:

(A) o benefício de redução da pena previsto no art. 33, § 4º, da Lei 11.343/2006 (Lei Antidrogas), aplicável ao delito de tráfico de substância entorpecente, não se aplica ao delito de associação ao tráfico, previsto no art. 35, *caput*, da mesma Lei;

(B) de acordo com disposições da Lei 11.340/2006 (Lei Maria da Penha), a lesão corporal de natureza leve, praticada pelo agente contra sua mulher, prevalecendo-se de relações domésticas e de coabitação, constitui circunstância agravante do delito definido no art. 129, *caput*, do Código Penal;

(C) a conduta de portar, simultaneamente, 3 (três) armas de fogo de uso permitido, sem autorização legal, constitui prática de crime único de porte ilegal, previsto no art. 14 da Lei 10.826/2003 (Estatuto do Desarmamento), não caracterizando concurso de crimes: a pluralidade de armas de fogo de uso permitido, nesta hipótese, deve ser valorada nas circunstâncias judiciais do art. 59 do Código Penal;

(D) segundo a Lei 9.503/1997 (Código de Trânsito Brasileiro), o crime de homicídio culposo no trânsito (art. 302, *caput*) não admite os benefícios da transação penal e da suspensão condicional do processo, e o crime de embriaguez ao volante (art. 306) admite apenas o benefício da suspensão condicional do processo.

A: correta a proposição, eis que o redutor em questão, contido no art. 33, § 4º, do CP, somente tem incidência nos crimes definidos no *caput* e no § 1º do mesmo dispositivo. Não se aplica, portanto, ao crime de associação para o tráfico, previsto no art. 35 da Lei de Drogas; **B:** assertiva incorreta, devendo ser assinalada, já que o art. 44 da Lei 11.340/2006 – Lei Maria da Penha – introduziu no Código Penal a chamada lesão dolosa qualificada pela violência doméstica (art. 129, § 9º, do CP); **C:** assertiva correta. Possuir ou mesmo portar mais de uma arma de fogo, desde que no mesmo contexto, constitui crime único; **D:** assertiva correta. No caso do homicídio de trânsito (art. 302 do CTB), não se admite, por conta da pena cominada (detenção de 2 a 4 anos e suspensão...), a transação tampouco o *sursis* processual. Já o crime de embriaguez ao volante (art. 306 do CTB), que estabelece como pena detenção de 6 meses a três anos (...), comporta somente o *sursis* processual, já que a pena mínima cominada não é superior a um ano. Não comporta, todavia, a transação, visto que a pena máxima é superior a dois anos (art. 61 da Lei 9.099/1995).

Gabarito "B"

(Ministério Público/PR – 2008) Para classificar um crime como hediondo ou assemelhado, a Lei Federal n. 8.072/1990:

(A) atribuiu ao órgão julgador a possibilidade de, em virtude da gravidade do fato ou em decorrência da maneira de execução do crime, emoldurar um delito como hediondo ou a ele equiparado.

(B) elencou os delitos considerados hediondos de forma taxativa. Entretanto, em relação aos crimes a eles assemelhados, atribuiu ao órgão julgador a possibilidade da análise do caso concreto para o enquadramento do delito como equiparado a hediondo.

(C) atribuiu ao órgão julgador, em virtude da gravidade do fato ou em decorrência da maneira de execução do crime, a possibilidade de emoldurar um delito como hediondo ou assemelhado, desde que observado o conceito acerca da hediondez previamente estabelecido na própria lei.

(D) elencou os delitos considerados hediondos e assemelhados de forma taxativa. Entretanto, permitiu expressamente ao magistrado, diante do caso concreto, excluir determinados crimes do rol previamente estabelecido na própria lei.

(E) elencou os delitos considerados hediondos e aqueles a eles equiparados de forma taxativa, deixando de fazer qualquer previsão expressa que permita ao magistrado excluir, a partir do caso concreto, determinado crime do rol previamente estabelecido na própria lei.

Somente a lei pode indicar, em rol taxativo, quais são os crimes reputados hediondos. Dessa forma, não cabe ao magistrado, em vista da gravidade concreta do crime, a ele atribuir tal característica; também é defeso ao juiz deixar de considerar hediondo um crime que faça parte do rol legal. Não adotamos, pois, o chamado ***sistema judicial***, e sim o ***sistema legal***, em que cabe à lei, e somente a ela, definir quais crimes são hediondos.

Gabarito "E"

(Ministério Público/RO – 2010 – CESPE) Em relação à Lei de Proteção a Vítimas e Testemunhas, assinale a opção correta.

(A) Ao acusado que tenha colaborado efetiva e voluntariamente com a investigação e com o processo criminal, desde que dessa colaboração tenha resultado identificação dos demais coautores ou partícipes da ação criminosa, o juiz poderá conceder o perdão judicial, independentemente dos antecedentes criminais do beneficiário desse perdão.

(B) O indiciado ou acusado que colaborar voluntariamente com a investigação e com o processo criminal na recuperação total ou parcial do produto do crime ficará isento de pena.

(C) A proteção oferecida pelo programa de proteção a vítimas e testemunhas terá a duração máxima de quatro anos, prorrogável por igual período, quando perdurarem os motivos que autorizaram a admissão do protegido no programa.

(D) O programa de proteção a vítimas e testemunhas compreende, entre outras medidas, ajuda financeira mensal em valor compatível com os ganhos percebidos pelo indivíduo ou pela família antes da sua admissão, até que possa desenvolver atividade laboral regularmente.

(E) Estão excluídos da proteção os indivíduos cuja personalidade seja incompatível com as restrições de comportamento exigidas pelo programa de proteção a vítimas e testemunhas, os condenados que estejam cumprindo pena e os submetidos a prisão cautelar, sendo possível eventual medida de preservação de sua integridade física pela polícia.

A: incorreta. O art. 13, *caput*, da Lei 9.807/1999 estabelece que o perdão judicial, neste caso, será deferido tão somente ao réu primário; **B:** incorreta. O perdão judicial, cuja concessão tem como consequência a extinção da punibilidade, será deferido pelo juiz se a colaboração do agente permitir a recuperação total ou parcial do produto do crime, por exemplo (art. 13, III, da Lei 9.807/1999). Trata-se, portanto, de causa extintiva da punibilidade, na forma estatuída no art. 107, IX, do CP; **C:** incorreta. A proteção oferecida terá a duração máxima de *dois anos*, conforme estabelece o art. 11 da Lei 9.807/1999, admitindo-se prorrogação do prazo em circunstâncias excepcionais, conforme autoriza o parágrafo único do dispositivo; **D:** incorreta, pois contraria o teor do art. 7º, V e parágrafo único, da Lei 9.807/1999; **E:** assertiva correta, pois de acordo com a redação do art. 2º, § 2º, da Lei 9.807/1999.

Gabarito "E"

(Ministério Público/SE – 2010 – CESPE) Valter, ocupante de cargo cujas atribuições incluem fornecer declaração de nascimento, não forneceu esse documento a Gabriela, quando ela recebeu alta médica, após dar à luz seu filho.

Nessa situação hipotética, a conduta de Valter

(A) é atípica.

(B) constitui crime preceituado no ECA, que pode ser punido a título de dolo ou culpa.

(C) constitui crime preceituado no ECA, punido apenas na modalidade dolosa.

(D) constituirá crime se ele puder ser considerado funcionário público, para fins penais.

(E) constitui crime de prevaricação, previsto no CP.

Valter, com a sua conduta, incorreu no crime do art. 228 da Lei 8.069/1990 – Estatuto da Criança e do Adolescente.

Gabarito "B"

(Ministério Público/SE – 2010 – CESPE) No que tange às leis penais especiais, assinale a opção correta.

(A) Tratando-se de crimes praticados contra os idosos, não se admite a aplicação do procedimento da Lei dos Juizados Especiais Criminais, por expressa vedação contida no Estatuto do Idoso.

(B) A simples omissão das cautelas necessárias para que menor de dezoito anos de idade se apodere de arma de fogo de propriedade do agente é conduta atípica, de acordo com o Estatuto do Desarmamento.

(C) Em recente decisão, o STF entendeu que é possível a instauração de inquérito policial para apuração de crime contra a ordem tributária, antes do encerramento do processo administrativo-fiscal, quando isso for imprescindível para viabilizar a fiscalização.

(D) Se uma mulher, após ter seu terceiro filho, fizer esterilização cirúrgica, sem comunicar a seu marido, considerar-se-á atípica a conduta do médico que realizar o procedimento sem o consentimento do cônjuge.

A: assertiva incorreta, visto que foi adotado, para os crimes praticados contra idosos, o procedimento previsto na Lei 9.099/1995 (procedimento sumaríssimo), conforme estabelece o art. 94 da Lei 10.741/2003 (Estatuto do Idoso); **B:** proposição incorreta, uma vez que o art. 13 do Estatuto do Desarmamento prevê o crime de omissão de cautela, que consiste em *deixar de observar as cautelas necessárias para impedir que menor de 18 anos ou pessoa portadora de deficiência mental se apodere de arma de fogo que esteja sob sua posse ou que seja de sua propriedade*; **C:** assertiva correta. A instauração de inquérito policial, nos crimes contra a ordem tributária, pode se dar antes do encerramento do procedimento administrativo-fiscal. Nesse sentido: STF, 2ª T., HC 95.443-SC, rel. Min. Ellen Gracie, j. 02.02.2010; **D:** incorreta. Conduta prevista como crime no art. 15 da Lei 9.263/1996.

Gabarito "C"

(Ministério Público/SP – 2011) Realizar interceptação de comunicações telefônicas sem autorização judicial constitui crime. De acordo com a legislação vigente, tal autorização judicial será possível

(A) em qualquer tipo de infração penal, desde que a ela seja cominada pena privativa de liberdade.

(B) se o pedido for feito verbalmente ao Juiz com os pressupostos que a autorizem.

(C) em decisão fundamentada, não havendo necessidade de ficar indicada a forma de execução da diligência nem a ciência dos procedimentos ao Ministério Público.

(D) nos próprios autos do inquérito policial ou do processo criminal, pelo prazo não renovável de quinze dias.

(E) mesmo que inexistam indícios razoáveis de autoria ou de participação, desde que a infração penal esteja por ocorrer.

A: incorreta, pois somente será admitida se o fato sob investigação constituir infração penal punida com reclusão (art. 2º, III, da Lei 9.296/1996); **B:** assertiva correta, pois em consonância com o que prescreve o art. 4º, § 1º, da Lei 9.296/1996; **C:** incorreta, nos termos do art. 5º da Lei 9.296/1996; **D:** incorreta, nos termos do art. 8º, *caput*, da Lei 9.296/1996; **E:** incorreta, pois contraria o disposto no art. 2º, I, da Lei 9.296/1996.

Gabarito "B"

(Ministério Público/SP – 2011) Praticar o pichardismo para a obtenção de ganhos ilícitos em detrimento de um número indeterminado de pessoas é crime contra

(A) a ordem tributária.

(B) o meio ambiente.

(C) o sistema financeiro.

(D) a propriedade imaterial.

(E) a economia popular.

A conduta está tipificada no art. 2º, IX, da Lei 1.521/1951.

Gabarito "E"

(Ministério Público/SP – 2008) Propaganda eleitoral em língua estrangeira é

(A) expressão da garantia do livre exercício da propaganda eleitoral e do voto.

(B) crime previsto no Código Eleitoral.

(C) atividade que depende de autorização da Justiça Eleitoral.

(D) contravenção penal.

(E) liberdade de expressão assegurada constitucionalmente.

Art. 335 do Código Eleitoral.

Gabarito "B"

(Ministério Público/SP – 2008) Aponte qual das condutas não está descrita como crime contra a criança e o adolescente, nos termos da Lei n. 8.069/1990 (Estatuto da Criança e do Adolescente).

(A) Descumprir, dolosa ou culposamente, os deveres inerentes ao pátrio poder ou decorrentes de tutela ou guarda, bem assim determinação da autoridade judiciária ou Conselho Tutelar.

(B) Impedir ou embaraçar a ação de autoridade judiciária, membro do Conselho Tutelar ou representante do Ministério Público no exercício de função prevista em lei.

(C) Descumprir, injustificadamente, prazo fixado nessa Lei, em benefício de adolescente privado de liberdade.

(D) Submeter criança ou adolescente sob sua autoridade, guarda ou vigilância a vexame ou constrangimento.

(E) Deixar o encarregado de serviço ou dirigente de estabelecimento de atenção à saúde de gestante de manter registro das atividades desenvolvidas, na forma e prazo referidos no art. 10 dessa Lei, bem como de fornecer à parturiente ou a seu responsável, por ocasião da alta médica, declaração de nascimento, onde constem as intercorrências do parto e do desenvolvimento do neonato.

A: incorreta, devendo ser assinalada. O comportamento descrito, embora não constitua crime, é tipificado como ***infração administrativa*** no art. 249 do ECA, sujeitando o infrator a multa de três a vinte salários de referência, aplicando-se o dobro em caso de reincidência; **B:** correta: art. 236 do ECA; **C:** correta: art. 235 do ECA; **D:** correta: art. 232 do ECA; **E:** correta: art. 228, *caput*, do ECA.

Gabarito "A"

34. EXECUÇÃO PENAL

(Ministério Público/SP – 2013 – PGMP) No âmbito da Execução Penal, a falta disciplinar de natureza grave

I. sujeita o condenado à transferência para qualquer dos regimes mais rigorosos;

II. é prevista na lei como causa interruptiva do prazo para obtenção do livramento condicional;

III. configura-se pelo descumprimento, no regime aberto, das condições impostas.

Está correto o que se afirma

(A) apenas em I e III.

(B) apenas em II e III.

(C) apenas em I e II.

(D) apenas em I.

(E) em I, II e III.

I: correta, nos termos do art. 118, I, da LEP; **II:** incorreta, pois não corresponde ao entendimento firmado na Súmula n. 441 do STJ, *in verbis*: "A falta grave não interrompe o prazo para obtenção de livramento condicional"; **III:** correta, pois reflete o disposto no art. 50, V, da LEP (Lei 7.210/1984).

Gabarito "A"

(Ministério Público/MS – 2013 – FADEMS) Assinale a alternativa **correta**:

(A) A falta grave interrompe o prazo para obtenção do livramento condicional.

(B) A frequência a curso de ensino formal é causa de remição de parte do tempo de execução de pena sob regime fechado ou semiaberto.

(C) A posse de componentes de aparelho celular não caracteriza falta grave, uma vez que a Lei de Execução Penal somente prevê como típica a conduta de portar aparelho telefônico, de rádio ou similar, não havendo a possibilidade de ser equiparada a posse de componentes de aparelho celular com o próprio aparelho.

(D) Não se admite exame criminológico pela mera peculiaridade do caso concreto.

(E) Ainda que transitada em julgada a sentença condenatória, compete ao juízo da condenação a aplicação da lei penal mais benigna.

A: incorreta, pois não reflete o entendimento consolidado na Súmula n. 441 do STJ: "A falta grave não interrompe o prazo para obtenção do livramento condicional"; **B:** correta, pois corresponde ao entendimento consolidado na Súmula n. 341 do STJ. A propósito, a remição pelo estudo, antes reconhecida somente pela jurisprudência, atualmente encontra-se contemplada no art. 126 da LEP, dispositivo inserido por meio da Lei 12.433/2011; **C:** incorreta. Nesse sentido: "Com a edição da Lei 11.466, de 29 de março de 2007, passou-se a considerar falta grave tanto a posse de aparelho celular, como a de seus componentes (trata-se de posse de baterias), tendo em vista que a *ratio essendi* da norma é proibir a comunicação entre os presos ou destes com o meio externo. Entender em sentido contrário, permitindo a entrada fracionada do celular, seria estimular uma burla às medidas disciplinares da Lei de Execução Penal" (STJ, HC 226.745-RS, 5ª T., rel. Min. Laurita Vaz, 06.03.2012); **D:** incorreta. A nova redação conferida ao art. 112 da LEP deixou de exigir a realização do exame criminológico. Entretanto, a jurisprudência firmou entendimento no sentido de que o Juízo da Execução, em face das peculiaridades do caso concreto, se assim entender necessário, pode determinar a sua realização. Nesse sentido, a Súmula 439 do STJ e Súmula Vinculante nº 26; **E:** incorreta, pois em desconformidade com o teor da Súmula n. 611 do STF: "Transitada em julgado a sentença condenatória, compete ao juízo das execuções a aplicação de lei mais benigna".

Gabarito "B"

(Ministério Público/SP – 2013 – PGMP) Assinale a alternativa que está em desacordo com disposições previstas na Lei de Execução Penal.

(A) O benefício da saída temporária, sem vigilância direta, para frequência a curso supletivo profissionalizante, não se estende a condenados que cumprem pena no regime fechado.

(B) O direito de remir, pelo trabalho, parte do tempo de execução da pena, é deferido apenas aos condenados que cumprem pena no regime fechado ou semiaberto.

(C) Não se computa o tempo remido para a concessão do livramento condicional.

(D) O preso provisório sujeita-se ao regime disciplinar diferenciado introduzido pela Lei nº 10.792/2003.

(E) O juiz da execução poderá definir a fiscalização por monitoração eletrônica quando autorizar saída temporária no regime semiaberto ou quando determinar a prisão domiciliar.

A: correta, já que descabe a saída temporária para o condenado que cumpre a pena no regime fechado (art. 122, LEP); **B:** correta, porque em conformidade com o que estabelece o art. 126, *caput*, da LEP; **C:** incorreta, devendo ser assinalada, pois contraria o que dispõe o art. 128 da LEP, segundo o qual o tempo remido será computado como pena cumprida para todos os efeitos; **D:** correta. A este regime sujeitam-se tanto presos provisórios quanto condenados (art. 52, *caput*, da LEP); **E:** correta, nos termos do art. 146-B da LEP.

Gabarito "C"

35. TEMAS COMBINADOS DE DIREITO PENAL

(Ministério Público/MG – 2014) São entendimentos sumulados pelo Supremo Tribunal Federal e/ou Superior Tribunal de Justiça (3a Seção-Competência Criminal), ou decididos em recurso extraordinário com repercussão geral ou em recurso especial repetitivo, EXCETO:

(A) A caracterização da majorante prevista no art. 157, § 2º, inciso I, do Código Penal, prescinde-se da apreensão e realização de perícia em arma utilizada na prática do crime de roubo, se por outros meios de prova restar evidenciado o seu emprego.

(B) A circunstância atenuante genérica não pode conduzir à redução da pena abaixo do mínimo legal.

(C) No crime de falsa identidade (artigo 307 do CPB), a arguição do princípio da autodefesa torna atípica a conduta, com o intento de ocultação de maus antecedentes.

(D) Para a configuração do crime de corrupção de menores, atual artigo 244-B do Estatuto da Criança e do Adolescente, não se faz necessária a prova da efetiva corrupção do menor, uma vez que se trata de delito formal.

A: incorreta. De fato, a Terceira Seção do Superior Tribunal de Justiça, no julgamento,em 13.12.2010, do EREsp 961.863/RS (Rel. originário Min. Celso Limongi, Desembargador convocado do TJ/SP, Rel. para acórdão Min. Gilson Dipp, maioria, *DJe* de 05.04.2011), pacificou o entendimento de que, para a incidência da majorante, prevista no art. 157, § 2º, I, do Código Penal, é prescindível a apreensão e perícia da arma, desde que evidenciada a sua utilização por outros meios de prova, tais como a palavra da vítima, ou mesmo pelo depoimento de testemunhas; **B:** incorreta. A impossibilidade de circunstâncias atenuantes conduzirem a fixação da pena aquém do mínimo legalmente previsto está pacificada na Súmula 231 do STJ ("A incidência da circunstância atenuante não pode conduzir à redução da pena abaixo do mínimo legal"); **C:** correta. O STJ, em julgamento da Reclamação 15920/MG, *DJe* de 20.05.2014, da relatoria da Min. Laurita Vaz, por sua 3ª Seção, reafirmou o entendimento exarado na decisão monocrática prolatada no REsp n.º 1.365.155/MG, transitada em julgado em 23.04.2013, no qual foi expressamente afastada a atipicidade da conduta do acusado que utiliza identidade falsa para ocultar maus antecedentes, bem como foi determinado o prosseguimento do feito em relação ao crime de identidade falsa previsto no art. 307 do Código Penal; **D:** incorreta, pois a Súmula 500 do STJ enuncia que "a configuração do crime previsto no artigo 244-B do Estatuto da Criança e do adolescente independe da prova da efetiva corrupção do menor, por se tratar de delito formal".

Gabarito "C"

(Ministério Público/DF – 2013) Examine os itens abaixo e assinale a alternativa **CORRETA**:

(A) Em sede de concurso de pessoas, é admissível a coautoria mediata, caracterizada, por exemplo, quando cada um dos coautores se vale de instrumento distinto.

(B) Atos de tentativa são aqueles compreendidos entre a cogitação da ação ou omissão, pelo autor, e o momento de consumação do delito.

(C) A caracterização de crime impossível impede a aplicação da pena, mas autoriza a imposição de medida de segurança se o agente se encontrava sob influência de transtorno mental que lhe suprimiu a culpabilidade.

(D) A tentativa inidônea é figura que corresponde, no ordenamento jurídico pátrio, ao arrependimento posterior, tratado como circunstância atenuante da pena.

(E) No concurso de pessoas, são exceções à teoria dualista: previsão expressa de conduta de cada concorrente em tipo penal autônomo; cooperação dolosamente distinta.

A: correta. Nas palavras de Cleber Masson, tratando da *autoria mediata*, que se verifica quando alguém se vale de terceiro inculpável (leia-se: sem culpabilidade) ou que atue sem dolo ou culpa, para o cometimento de uma infração penal, "*nada impede, todavia, a coautoria mediata e participação na autoria mediata. Exemplos: 'A' e 'B' pedem a 'C', inimputável, que mate alguém (coautoria mediata)*..." (*Direito Penal Esquematizado*, 2ª edição, Método, p. 488); **B:** incorreta. Somente se pode falar em tentativa se já tiver sido iniciada a execução do crime, mas, antes de sua consumação, o comportamento delituoso for interrompido por circunstâncias alheias à vontade do agente. A cogitação, que é etapa intelectiva do *iter criminis*, é penalmente irrelevante, razão por que os atos de tentativa, que pressupõem, como dito, o início da execução (etapa externa do *iter criminis*), estão situados entre esta e a consumação; **C:** incorreta. Nos termos do art. 17 do CP, não se pude sequer a tentativa quando, pela impropriedade absoluta do objeto, ou pela ineficácia absoluta do meio, a consumação seria impossível. Assim, mesmo que o agente fosse inimputável, a ele não se imporia medida de segurança, visto que esta pressupõe a prática de um fato típico e ilícito. O crime impossível afasta a tipicidade da tentativa do crime inicialmente visado; **D:** incorreta. Tentativa inidônea, tentativa inadequada, tentativa impossível ou quase- crime são expressões sinônimas ao crime impossível (art. 17 do CP), e não ao arrependimento posterior (art. 16, CP); **E:** incorreta. Em matéria de concurso de pessoas, são exceções à teoria unitária (ou monista), e não à teoria dualista, que não é a adotada pelo art. 29 do CP, a previsão expressa de conduta de cada concorrente em tipo penal autônomo (exceção pluralística à teoria monista – ex.: aborto consentido pela gestante – art. 124 do CP e aborto praticado por terceiro com o consentimento da gestante – art. 126 do CP), bem como a cooperação dolosamente distinta (art. 29, § 2º, CP).

Gabarito "A"

(Ministério Público/DF – 2013) Examine os itens que se seguem, assinalando a alternativa **CORRETA**:

(A) As causas de extinção de punibilidade previstas na Parte Geral do Código Penal brasileiro não se comunicam entre coautores ou partícipes do delito, dado o acolhimento da teoria da acessoriedade limitada.

(B) As condições negativas de punibilidade, como condições objetivas exteriores à conduta delituosa, devem ser abrangidas pelo dolo do agente.

(C) Os prazos prescricionais têm natureza processual, não se incluindo o dia do começo no seu cômputo.

(D) O Superior Tribunal de Justiça admite o reconhecimento da prescrição da pretensão punitiva com fundamento na pena hipotética, podendo ser declarada antes do oferecimento da peça de acusação ou ao longo da ação penal.

(E) A reincidência futura, posterior ou subsequente, é a forma interruptiva da reincidência, incidente sobre a prescrição executória já em curso, sem o potencial de dilatar o seu prazo.

A: incorreta. Algumas das causas extintivas da punibilidade, por sua natureza personalíssima, jamais poderiam se estender aos coautores ou partícipes. É o que se verifica, por exemplo, com a morte do agente (art. 107, I, do CP). Por razões óbvias, a morte de um dos concorrentes da infração penal não irá obstar o exercício do *jus puniendi* estatal, que poderá prosseguir com relação aos demais agentes. Porém, outras causas são comunicáveis, tais como a renúncia ao direito de queixa (art. 107, V, CP), que, se dirigida a um dos agentes, a todos se estenderá (art. 49 do CPP), bem como a *abolitio criminis* (art. 107, III, CP), visto que se o fato deixar de ser considerado criminoso, todos os agentes irão, evidentemente, se beneficiar; **B:** incorreta. Não se confundem as condições negativas de punibilidade com as condições objetivas de punibilidade. Estas, como o nome sugere, são causas extrínsecas ao fato tido como delituoso, não abrangidas, portanto, pelo dolo (que alcança os elementos do tipo penal). É o que se verifica, por exemplo, com a sentença que decreta a falência, considerada condição objetiva de punibilidade para alguns crimes falimentares (art. 180 da Lei 11.101/2005). Já as condições negativas de punibilidade são as escusas absolutórias, causas pessoais que não afetam o reconhecimento do crime (tal como se vê com a condição objetiva de punibilidade), mas, sim, inviabilizam a punição. É o que se verifica, por exemplo, no caso de um furto praticado por um descendente contra um ascendente, incidindo o art. 181, II, do CP; **C:** incorreta. O prazo prescricional é, nitidamente, de natureza penal, visto que interfere diretamente no exercício do *jus puniendi* estatal, não tendo mera relevância na relação processual. Por tal motivo, aplica-se o art. 10 do CP (inclusão do dia do começo e exclusão do dia do vencimento). Já os prazos processuais desconsideram o dia do começo, incluindo-se o do vencimento (art. 798, § 1º, CPP); **D:** incorreta. Nos termos da Súmula 438, o STJ pacificou o entendimento de que é inadmissível o reconhecimento da prescrição com base em pena hipotética (prescrição virtual ou em perspectiva), posicionamento reforçado pela Lei 12.234/2010, que, ao alterar a redação do art. 110, § 1º, do CP, não mais permite o reconhecimento da prescrição em data anterior à denúncia ou queixa; **E:** correta. A denominada "reincidência antecedente", vale dizer, aquela que já existia à época da condenação, tem o condão de aumentar em 1/3 o prazo de prescrição da pretensão executória, diversamente do que ocorre com a "reincidência futura" ou "reincidência subsequente", ou seja, aquela que se verifica posteriormente ao trânsito em julgado da sentença penal condenatória, que irá interromper o prazo prescricional já iniciado.

Gabarito "E"

(Ministério Público/DF – 2013) Examine os itens seguintes e assinale a alternativa **CORRETA**:

(A) O crime de injúria discriminatória, consistente na utilização de elementos referentes à raça da vítima, processa-se mediante ação penal pública incondicionada.

(B) Para os Tribunais Superiores, o tipo penal da corrupção de menor previsto no Estatuto da Criança e do Adolescente demanda prova da degeneração moral do jovem.

(C) O estupro somente se consuma se há o contato físico entre a vítima e o agente.

(D) Responde pelos crimes de registro de nascimento inexistente e falsidade ideológica, em concurso formal, aquele que promove, no registro civil, a inscrição de nascimento não existente.

(E) A entrega de filho menor à pessoa sabidamente inidônea se caracteriza ainda quando o agente não tenha intuito de lucro.

A: incorreta. Nos termos do art. 145, parágrafo único, parte final, do CP, a injúria discriminatória, também conhecida como injúria racial, processar-se-á mediante ação penal pública condicionada à representação do ofendido; **B:** incorreta. Confira-se a ementa do julgado a seguir: "Recurso especial representativo da controvérsia. Penal. Corrupção de menores. Prova da efetiva corrupção do inimputável. Desnecessidade. Delito formal. Prescrição da pretensão punitiva declarada de ofício, nos termos do artigo 61 do CPP. 1. Para a configuração do crime de corrupção de menores, atual artigo 244-B do Estatuto da Criança e do Adolescente, não se faz necessária a prova da efetiva corrupção do menor, uma vez que se trata de delito formal, cujo bem jurídico tutelado pela norma visa, sobretudo, a impedir que o maior imputável induza ou facilite a inserção ou a manutenção do menor na esfera criminal. 2. Recurso especial provido para firmar o entendimento no sentido de que, para a configuração do crime de corrupção de menores (art. 244-B do ECA), não se faz necessária a prova da efetiva corrupção do menor, uma vez que se trata de delito formal; e, com fundamento no artigo 61 do CPP, declarar extinta a punibilidade dos recorridos Célio Adriano de Oliveira e Anderson Luiz de Oliveira Rocha, tão somente no que concerne à pena aplicada ao crime de corrupção de menores. (REsp 1127954/DF, Rel. Ministro Marco Aurélio Bellizze, Terceira Seção, julgado em 14.12.2011, *DJe* 01.02.2012)". Ainda, de acordo com a Súmula 500 do STJ, que pôs fim à discussão sobre a natureza da corrupção de menores definida no ECA, "a configuração do crime do art. 244-B do ECA independe da prova da efetiva corrupção do menor, por se tratar de delito forma"; **C:** incorreta. O crime de estupro não exige um efetivo contato físico entre a vítima e o agente. Basta verificar a redação do art. 213 do CP: "Constranger alguém, mediante violência ou grave ameaça, a ter conjunção carnal ou a praticar ou permitir que com ele se pratique outro ato libidinoso". O delito em questão irá consumar-se no momento em que um ato de libidinagem (conjunção carnal ou qualquer outro ato com conotação sexual) for praticado pela vítima nela própria ou em terceiro (*"constranger alguém, mediante violência ou grave ameaça, a praticar outro ato libidinoso"*), ou quando a vítima for constrangida a ter conjunção carnal ou a permitir que nela se pratique um ato libidinoso. Assim, terá sido estuprada a mulher que, mediante violência ou grave ameaça, for constrangida a masturbar terceira pessoa, inexistindo, aqui, contato entre ela e o agente delitivo; **D:** incorreta. Responderá apenas pelo crime do art. 241 do CP aquele que promover no registro civil a inscrição de nascimento inexistente, que, por força do princípio da especialidade, contém, ínsita, a falsidade ideológica; **E:** correta. Nos termos do art. 245, *caput*, do CP, comete crime aquele que "entregar filho menor de 18 (dezoito) anos a pessoa em cuja companhia saiba ou deva saber que o menor fica moral ou materialmente em perigo", havendo a forma qualificada se o agente pratica delito para obter lucro, ou se o menor é enviado para o exterior (art. 245, § 1º).

Gabarito "E"

(Ministério Público/GO – 2013) Marque a alternativa errada:

(A) Zaffaroni, Alagia, Slokar e Nilo Batista aduzem que "a inevitável seletividade operacional da criminalização secundária e sua preferente orientação burocrática (sobre pessoas sem poder e por fatos grosseiros e até insignificantes) provocam uma distribuição seletiva em forma de epidemia, que atinge apenas aqueles que têm baixas defesas perante o poder punitivo". De acordo com essa concepção, o Direito Penal estaria mais vocacionado ao combate dos crimes do colarinho azul.

(B) a diferença apresentada entre a criminalidade real e a criminalidade conhecida e enfrentada pelos órgãos formais de repressão (Ministério Público, Judiciário e Policia), nos crimes socioeconômicos, é chamada de cifra dourada.

(C) a outra face da teoria da coculpabilidade pode ser identificada como a coculpabilidade às avessas, por meio da qual defende-se a possibilidade de reprovação penal mais severa no tocante aos crimes praticados por pessoas dotadas de elevado poder econômico, e que abusam desta vantagem para a execução de delitos.

(D) a práxis tem demonstrado o quão corriqueiras e de difícil elucidação são as condutas consistentes em dispensar ou inexigir licitação, fora das hipóteses previstas em lei, e frustrar ou fraudar, mediante ajuste, combinação ou qualquer outro expediente, o caráter competitivo do procedimento licitatório, com o intuito de obter, para si ou para outrem, vantagem decorrente da adjudicação do objeto da licitação. Assim, com vistas a conferir maior efetividade às investigações desses delitos previstos na Lei n.° 8.666/1993, sem prejuízo de outras medidas cautelares menos gravosas, a prisão temporária dos investigados poderia ser utilizada com mais frequência, desde que necessária e adequada a cada caso.

A: assertiva correta. Nada obstante, em tese, o Direito Penal devesse ser "igual para todos", em prol, inclusive, do princípio da igualdade consagrado constitucionalmente, o fato é que a tutela penal dos bens jurídicos, na prática, se revela de maneira bastante desigual. Aqui surge a seletividade do sistema penal, que acaba incidindo mais gravosamente sobre a parcela menos favorecida da sociedade. As desigualdades sociais, por vezes, forçam ou contribuem para que pessoas de classes "mais baixas" cometam crimes de colarinho azul (alusão à cor azul dos macacões dos trabalhadores, em contraposição aos crimes de colarinho branco, cometidos por pessoas de classe social mais abastada). Assim, a crítica constante na assertiva em comento, realmente, procede. Como visto, a seletividade do sistema criminal, que, pragmaticamente, se direciona muito mais à "ala pobre" (menos favorecida) do que à "ala rica", demonstra que o Direito Penal é muito mais vocacionado ao combate aos crimes de colarinho azul (furto, roubo, tráfico de drogas, estelionato) do que aos crimes de colarinho branco (crimes contra o sistema financeiro, relações de consumo, ordem tributária e econômica etc.); **B:** assertiva correta. Em complementação ao comentário antecedente, denomina-se de cifra dourada a parcela dos crimes de colarinho branco que não chega a ser apurada pelo aparato institucionalizado de repressão penal, enquanto que, para os crimes de colarinho azul, fala-se em cifra negra; **C:** assertiva correta. Inicialmente, denomina-se de coculpabilidade a possibilidade de atenuação da pena, ou até mesmo sua isenção, quando reconhecida a prática de um crime por agente que viva à margem da sociedade, em situação de franca vulnerabilidade socioeconômica e cultural. Fala-se em coculpabilidade às avessas a situação diametralmente oposta àquela preconizada pela coculpabilidade: aos agentes com maior poder econômico e penetração social, a reprovabilidade do comportamento criminoso é mais elevada, merecendo, por isso, maior repreensão. Por tal razão, se à população marginalizada impõe-se, pela coculpabilidade, a atenuação da pena, aos agentes com maior e melhor instrução, de mais alto poder aquisitivo, impor-se-ia reprimenda agravada; **D:** assertiva incorreta, devendo ser assinalada. Para os crimes definidos na Lei de Licitações (Lei 8.666/1993), não se impõe a prisão temporária, modalidade de prisão cautelar prevista na Lei 7.960/1989. Isto porque referida modalidade de segregação somente é admissível para os crimes previstos em seu art. 1º, III, dentre eles não se enquadrando os crimes de licitação.

Gabarito "D"

(Ministério Público/SP – 2013 – PGMP) Sobre a configuração de alguns dos chamados delitos plurissubjetivos, inclusive com respeito ao número legal de agentes exigidos no tipo, assinale a alternativa INCORRETA.

(A) Quadrilha ("fim de cometer crimes" – art. 288 do CP) – é preciso o mínimo de quatro integrantes e, para a Suprema Corte, que ao menos um deles seja maior de idade.

(B) Milícia privada ("finalidade de praticar qualquer dos crimes previstos neste Código" – art. 288-A do CP) – não há previsão da quantidade mínima de integrantes.

(C) Organização criminosa (estruturada com divisão de tarefas, com o objetivo de obter vantagem e com a prática de crimes cuja pena máxima seja igual ou superior a quatro anos – art. 2º da Lei nº 12.694/2012) – três ou mais pessoas.

(D) Homicídio em atividade típica de grupo de extermínio (art. 1º, inciso I, da Lei nº 8.072/1990) – não está definida a quantidade necessária de integrantes.

(E) Associação para o tráfico de entorpecentes (fim de praticar, reiteradamente ou não, qualquer dos crimes previstos nos arts. 33, *caput* e § 1º, 34 e 35 da Lei nº 11.343/2006) – é imprescindível a presença de ao menos duas pessoas.

A: correta. O crime de quadrilha, à época em que formulada a questão, tipificado no art. 288 do CP, exigia, de fato, o mínimo de quatro integrantes, visto que referido tipo penal mencionava a associação de *mais de três pessoas*. Para o STF, o reconhecimento do crime em tela é possível bastando que um dos integrantes seja imputável, visto que o legislador falou em "pessoas" e não "imputáveis". Assim, o menor é contado para fins de cômputo do número mínimo de agentes exigidos pelo legislador (HC 110.425/ES). Impende destacar, por oportuno, que, com o advento da Lei 12.850, de 2 de agosto de 2013, com *vacatio legis* de 45 (quarenta e cinco) dias, seu art. 24 promoveu alteração no já citado art. 288 do CP, cujo nome jurídico passou a ser o de "associação criminosa", exigindo-se, doravante, *três ou mais* pessoas (portanto, bastam três!), para o fim específico de cometer crimes, para que se configure a infração em tela; **B:** correta. De fato, o art. 288-A do CP, introduzido pela Lei 12.720/2012, não previu quantidade mínima de integrantes para a caracterização do crime de constituição de milícia privada. Confira: "Constituir, organizar, integrar, manter ou custear organização paramilitar, milícia particular, grupo ou esquadrão com a finalidade de praticar qualquer dos crimes previstos neste Código"; **C:** correta. De fato, com o advento da Lei 12.694/2012, colocou-se fim à discussão sobre a existência – ou não – de definição legal sobre organização criminosa, passando-se a defini-la da seguinte forma: *"Para os efeitos desta Lei, considera-se organização criminosa a associação, de 3 (três) ou mais pessoas, estruturalmente ordenada e caracterizada pela divisão de tarefas, ainda que informalmente, com objetivo de obter, direta ou indiretamente, vantagem de qualquer natureza, mediante a prática de crimes cuja pena máxima seja igual ou superior a 4 (quatro) anos ou que sejam de caráter transnacional"*. Até então, ante a inexistência de um conceito legal, no Brasil, de crime organizado, utilizava-se a definição contida na Convenção de Palermo, que tratava do crime organizado transnacional. Nesse sentido, o STJ (5.ª Turma), no julgamento do HC 77.771-SP, cuja ementa assim se resume: "*Habeas corpus*. Lavagem de dinheiro. Inciso VII do art. 1º da Lei 9.613/98. Aplicabilidade. Organização criminosa. Convenção de Palermo aprovada pelo Decreto Legislativo 231, de 29 de maio de 2003 e promulgada pelo Decreto 5.015, de 12 de março de 2004. Ação penal. Trancamento. Impossibilidade. Existência de elementos suficientes para a persecução penal". Ocorre que novo diploma legal passou a regular as questões atinentes às organizações criminosas no Brasil, qual seja, a Lei 12.850/2013, que, em seu art. 1º, § 1º, assim definiu: *"Considera-se organização criminosa a associação de 4 (quatro) ou mais pessoas estruturalmente ordenada e caracterizada pela divisão de tarefas, ainda que informalmente, com objetivo de obter, direta ou indiretamente, vantagem de qualquer natureza, mediante a prática de infrações penais cujas penas máximas sejam superiores a 4 (quatro) anos, ou que sejam de caráter transnacional"*. Diferentemente da Lei 12.694/2012, o aludido diploma passou a exigir, pelo menos, *4 (quatro) pessoas* para a caracterização de uma organização criminosa; **D:** incorreta (devendo ser assinalada). O homicídio simples, quando praticado em atividade típica de grupo de extermínio, *ainda que por uma só pessoa*, é considerado crime hediondo (art. 1º, I, primeira parte, da Lei 8.072/1990). Perceba que o legislador, para a caracterização da forma hedionda do homicídio simples, fez constar que bastará o seu cometimento por um só agente; **E:** correta. De fato, nos termos do art. 35 da Lei 11.343/2006, a associação para o tráfico restará caracterizada quando se associarem *duas ou mais pessoas* para o fim de praticar, reiteradamente ou não, qualquer dos crimes previstos nos arts. 33, *caput* e § 1º, e 34 de referida lei.

Gabarito "D"

(Ministério Público/SP – 2013 – PGMP) Sobre a inexistência no Direito brasileiro da previsão de certas condutas criminosas, assinale a alternativa INCORRETA.

(A) Não há previsão de que o Incesto praticado entre maiores de idade seja fato punível.

(B) Não há Lei que tipifique o Terrorismo (ainda que na Lei dos Crimes Hediondos, e em outras normas, haja menção a terrorismo ou a atos de terrorismo).

(C) Não está descrito no Código Penal o *Bullying* como conduta específica.

(D) Não há no Direito brasileiro a punição ao Genocídio (ainda que o delito tenha sido arrolado na Lei dos Crimes Hediondos).

(E) Não está prevista de forma específica a prática de Crime Contra a Humanidade (e a aprovação e promulgação do Estatuto de Roma, em que está previsto esse delito, não possui o condão de introduzir em nosso país a criminalização dessa conduta).

A: correta. De fato, no Direito Penal brasileiro não há tipificação das relações sexuais incestuosas praticadas entre maiores de idade. Assim, inexistindo grave ameaça ou violência, não se pode aventar de estupro praticado entre um pai e uma filha (ou filho) maior. Contudo, em se tratando de menor de 14 (catorze) anos, não se pode deslembrar que, ainda que haja consentimento, configurado estará o estupro de vulnerável (art. 217-A, *caput*, do CP); **B:** correta. A despeito de o terrorismo ser mencionado na CF (art. 5º, XLIII), na Lei dos Crimes Hediondos (art. 2º da Lei 8.072/1990) e na Lei de Segurança Nacional (art. 20 da Lei 7.170/1983), não há tipificação quanto à sua prática, ou seja, inexiste dispositivo legal que defina precisamente o que constitui conduta terrorista; **C:** correta. Realmente, o *bullying*, a despeito de poder caracterizar infrações penais já existentes em nossa legislação penal (ex.: crimes contra a honra, lesões corporais, vias de fato, ameaça etc.), não está descrito como conduta específica; **D:** incorreta, devendo ser assinalada, pois o genocídio é crime previsto na Lei 2.889/1956, equiparado, inclusive, a hediondo (art. 1º, parágrafo único, da Lei 8.072/1990); **E:** correta. Embora o Estatuto de Roma, ratificado pelo Brasil e aqui introduzido pelo Decreto 4.388/2002, em seu art. 7º descreva os atos caracterizadores de crimes contra a humanidade, de competência do TPI (Tribunal Penal Internacional), é certo que não há lei penal brasileira, em sentido estrito e formal, que os preveja.

Gabarito "D"

(Ministério Público/SP – 2013 – PGMP) Segundo a Lei da Lavagem de Dinheiro e Ocultação de Bens, Direitos e Valores, a delação premiada nos crimes nela descritos NÃO possui o efeito de

(A) diminuir a pena do autor na fração de um a dois terços.

(B) permitir que o juiz deixe de aplicar a pena ou possa substituí-la por restritiva de direitos.

(C) permitir que o partícipe repatrie o dinheiro enviado ao exterior, pagando as multas e os impostos devidos.

(D) diminuir a pena do partícipe na fração de um a dois terços.

(E) permitir que o juiz determine o cumprimento da pena em regime aberto.

Nos termos do art. 1º, § 5º, da Lei 9.613/1998, alterado pela Lei 12.683/2012, a pena poderá ser *reduzida de um a dois terços* e ser cumprida em *regime aberto ou semiaberto,* facultando-se ao juiz *deixar de aplicá-la ou substituí-la,* a qualquer tempo, por *pena restritiva de direitos,* se o autor, coautor ou partícipe colaborar espontaneamente com as autoridades, prestando esclarecimentos que conduzam à apuração das infrações penais, à identificação dos autores, coautores e partícipes, ou à localização dos bens, direitos ou valores objeto do crime. Assim, à exceção do disposto na alternativa "C", todas as demais contemplam hipóteses admissíveis em caso de delação premiada por agentes que concorram para a prática de lavagem de dinheiro.

Gabarito "C"

(Ministério Público/RO – 2013 – CESPE) Em relação ao entendimento dos tribunais superiores acerca dos institutos aplicáveis ao direito penal, assinale a opção correta.

(A) O instituto da detração penal não pode ser aplicado em processos distintos, ainda que os crimes praticados pelo réu sejam de mesma natureza.

(B) Não se aplica o princípio da insignificância ao furto de objeto de pequeno valor, considerando-se a lesividade a bem jurídico tutelado.

(C) Configura crime de desobediência o fato de várias notificações do responsável pelo cumprimento da ordem terem sido encaminhadas, por via postal, ao endereço por ele fornecido, tendo os recebimentos sido subscritos por terceiros.

(D) Aplica-se o princípio da adequação social ao crime tipificado como expor à venda CDs falsificados, considerando-se a tolerância das autoridades públicas.

(E) Afasta-se a majorante da ameaça exercida com o emprego de arma de fogo na prática de roubo, ao se constatar, posteriormente, a inaptidão da arma para efetuar disparos, caso em que a conduta deve ser tipificada como furto.

A: incorreta. A detração penal (art. 42 do CP) poderá incidir mesmo diante de processos distintos. Assim, se o agente houver sido submetido a prisão provisória (leia-se: cautelar) em determinado processo, com prolação de sentença absolutória, poderá ver descontados os dias em que permaneceu sob custódia cautelar em outro processo em que haja sido condenado, desde que, neste último caso, a infração penal tenha sido praticada anteriormente àquela que ensejou o processo em que prolatada a sentença absolutória. Nesse sentido: "Não é possível creditar-se ao réu, para fins de detração, tempo de encarceramento anterior à prática do crime que deu origem à condenação atual. Com base nessa jurisprudência, a Turma indeferiu habeas corpus em que se pretendia abater da pena aplicada ao paciente período em que estivera anteriormente custodiado. Asseverou-se que, se acolhida a tese da defesa, considerando esse período como 'crédito' em relação ao Estado, estar-se-ia concedendo ao paciente um 'bill' de indenidade" (HC 93.979/RS, j. 22/04/2008, Informativo 503 do STF). Essa é, também, a posição do STJ (REsp 848.531/RS, 5ª Turma, j. 26/06/2007); **B:** correta. De fato, a insignificância penal somente será reconhecida se a lesão ao bem jurídico for ínfima, incapaz, portanto, de afetar negativamente o objeto jurídico tutelado pela norma penal incriminadora. O furto privilegiado (art. 155, § 2º, do CP) merece reprovabilidade estatal, reconhecido quando o agente for primário e a coisa subtraída for de pequeno valor. O prejuízo, quando pequeno, admite repressão estatal; já quando insignificante, afastada a tipicidade material do fato perpetrado pelo agente (*RT* 834/477); **C:** incorreta. A desobediência (art. 330 do CP) pressupõe que o agente com atribuição ou competência para atender a ordem legal emanada de funcionário público tenha recebido, efetivamente, as notificações. Caso estas tenham sido encaminhadas pela via postal e recebidas por terceiro, não se saberá precisar se chegaram, efetivamente, ao conhecimento do destinatário, inviabilizando, com isso, o reconhecimento da própria ação nuclear (*desobedecer*). Nesse sentido, o STJ, no julgamento do HC 226512/RJ, 6ª Turma, DJe de 30/11/2012: "Penal. Prefeito municipal. Proposta de transação penal. Art. 330 do CP (desobediência). Ciência pessoal da requisição efetivada pelo Ministério Público do Trabalho. Inexistência. Intenção deliberada de descumprir. Falta de demonstração. Responsabilização objetiva. Ausência de justa causa configurada"; **D:** incorreta. O STJ, quando do julgamento do REsp n. 1.193.196/MG (DJe 4/12/2012), por meio de sua Terceira Seção, confirmou ser típica, formal e materialmente, a conduta prevista no art. 184, § 2º, do Código Penal, afastando, assim, a aplicação do princípio da adequação social. Entendeu-se ser intolerável socialmente a conduta de piratear CD´s e DVD´s, comportamento este que causa violação aos direitos autorais, causando prejuízos à indústria fonográfica e ao Fisco, que deixa de arrecadar os tributos incidentes sobre a fabricação e venda de referidos produtos; **E:** incorreta, de acordo com a banca examinadora. Não há dúvidas de que a majorante do emprego de arma de fogo cairá por terra se demonstrada a inaptidão da arma para disparar projéteis. Neste caso, não haveria que incidir maior reprovabilidade ao comportamento do agente, visto que não teria exposto a risco, mais gravemente, a integridade da vítima. Nada obstante, a desclassificação do crime de roubo para o de furto, pelo só fato de a arma empregada para ameaçar a vítima ser inapta, não encontra ressonância na jurisprudência do STJ, que admite, repita-se, apenas o afastamento da majorante, mas não do crime de roubo. Confira-se: "Penal. *Habeas corpus* substitutivo de recurso especial. Decreto condenatório transitado em julgado. Impetração que deve ser compreendida dentro dos limites recursais. Roubo majorado. Dosimetria. Emprego de arma de fogo. Causa de aumento de pena. Arma desmuniciada. Constatação por perícia. Ausência de potencialidade lesiva. Majorante não caracterizada. Constrangimento ilegal. Pena base fixada acima do mínimo legal. Circunstâncias concretas. Regime mais gravoso justificado. Ordem parcialmente concedida. [...] IV. Diante da comprovada ausência de potencialidade lesiva da arma empregada no roubo, atestada em laudo pericial, mostra-se indevida a imposição da causa de aumento de pena prevista no inciso I do § 2º, do art. 157 do CP. V. A utilização de arma desmuniciada, como forma de intimidar a vítima do delito de roubo, caracteriza o emprego de violência, porém, não permite o reconhecimento da majorante de pena, já que esta está vinculada ao potencial lesivo do instrumento, pericialmente comprovado como ausente no caso, dada a sua ineficácia para a realização de disparos. [...] IX. Ordem parcialmente concedida, nos termos do voto do Relator. (HC n. 190.067/MS, Ministro Gilson Dipp, Quinta Turma, *DJe* 01.08.2012)".

Gabarito "B"

(Ministério Público/RO – 2013 – CESPE) No que se refere à classificação dos crimes de acordo com o CP, é correto afirmar que

(A) o crime de extorsão mediante sequestro configura crime de ímpeto.

(B) o crime de evasão mediante violência contra a pessoa é classificado como crime de resultado cortado.

(C) o crime de simulação de autoridade para celebração de casamento caracteriza-se como crime de empreendimento.

(D) o crime de homicídio em sua forma simples classifica-se como crime subsidiário.

(E) o crime de apropriação de coisa achada caracteriza-se como crime a prazo.

A: incorreta. Crime de ímpeto é aquele cometido sem premeditação, vale dizer, de maneira irrefletida pelo agente, relacionando-se, no mais das vezes, aos denominados "crimes passionais". A extorsão mediante sequestro nada tem que ver com crime de ímpeto; **B:** incorreta. São chamados de crimes de resultado cortado aqueles cuja consumação é alcançada com a mera prática da conduta pelo agente. Nada mais são do que os crimes formais ou de consumação antecipada. O crime de evasão mediante violência contra a pessoa, previsto no art. 352 do CP, é considerado um crime de atentado, haja vista que sua consumação ocorrerá com a fuga do agente ou com o mero emprego dos meios necessários para tanto, desde que haja violência; **C:** incorreta, pois o crime de simulação de autoridade para celebração de casamento (art. 238 do CP), que se consuma com o só fato de o agente atribuir-se autoridade para celebrar o matrimônio, nada tem que ver com os crimes de atentado ou de empreendimento, que se verificam quando a lei punir as formas tentada e consumada da mesma maneira, tal como se verifica no já referido crime de evasão mediante violência contra pessoa (art. 352 do CP); **D:** incorreta. Considera-se crime subsidiário aquele cujo fato não constitua um crime mais grave, atuando, nas palavras de Nelson Hungria, como um "soldado de reversa". É o que se verifica, por exemplo, com o crime de dano (art. 163 do CP), subsidiário ao de incêndio (art. 250 do CP); **E:** correta. De fato, a apropriação de coisa achada (art. 169, II, do CP) é denominado doutrinariamente de crime a prazo, haja vista que sua configuração exige a fluência de determinado prazo, sob pena de atipicidade. Confira a redação do tipo: "quem acha coisa alheia perdida e dela se apropria, total ou parcialmente, deixando de restituí-la ao dono ou legítimo possuidor ou de entregá-la à autoridade competente, dentro no prazo de 15 (quinze) dias". Perceba que somente haverá crime se o agente deixar de restituir a coisa achada ao dono ou possuidor legítimo, ou à autoridade competente, após escoados quinze dias.

Gabarito "E"

(Ministério Público/TO – 2012 – CESPE) Considerando as disposições constitucionais aplicáveis ao direito penal, assinale a opção correta.

(A) Assegura-se à instituição do júri o sigilo dos veredictos.

(B) É inafiançável e insuscetível de anistia a prática de racismo.

(C) Deverá responder por tráfico ilícito de entorpecente o agente que, podendo evitar o crime, se omita de fazê-lo.

(D) É imprescritível e insuscetível de graça a prática de tortura.

(E) Às presidiárias serão asseguradas condições para que possam permanecer com seus filhos até que estes completem dois anos de idade.

A: incorreta. Ao júri garante-se a plenitude de defesa, o *sigilo das votações*, a *soberania dos veredictos* e a competência – mínima – para o julgamento dos crimes dolosos contra a vida (art. 5º, XXXVIII, da CF); **B:** incorreta. A prática do racismo constitui crime inafiançável e imprescritível, sujeito a pena de reclusão, nos termos da lei (art. 5º, XLII, da CF); **C:** correta (art. 5º, XLIII, da CF); **D:** incorreta. A tortura, crime equiparado a hediondo, é inafiançável e insuscetível de graça ou anistia, nos termos do art. 5º, XLIII, da CF, mas não é imprescritível; E: incorreta. Às presidiárias serão asseguradas condições para que possam permanecer com seus filhos durante o período de amamentação (art. 5º, L, da CF).

Gabarito "C"

(Ministério Público/TO – 2012 – CESPE) Com relação a aspectos diversos referentes a crimes, ao concurso de pessoas e às teorias a respeito do lugar do crime, assinale a opção correta conforme as disposições do CP e da doutrina pertinente.

(A) Crime de perigo é aquele cujo tipo descreve um resultado que, contudo, não tem de se verificar para que ocorra a consumação. Bastam a ação do agente e a vontade de concretizá-lo, configuradoras do dano potencial, isto é, do *eventus periculi*.

(B) A superveniência de causa relativamente independente excluirá a imputação quando, por si só, essa causa produzir o resultado. Os fatos anteriores, entretanto, imputar-se-ão a quem os praticar.

(C) Crime próprio é aquele que, de acordo com o tipo penal, só pode ser praticado pelo agente pessoalmente, ou seja, sem a utilização de interposta pessoa.

(D) Na participação de menor importância, ocorre o chamado desvio subjetivo de condutas. Isso se dá quando a conduta executada difere daquela idealizada a que aderiu o partícipe, isto é, o conteúdo do elemento subjetivo do partícipe é diferente daquele do crime praticado pelo autor.

(E) De acordo com a teoria da ação ou atividade, lugar do delito é aquele em que, segundo a intenção do agente, deveria ocorrer o resultado.

A: incorreta. A assertiva inicia a descrição dos crimes formais (ou de consumação antecipada), que são aqueles cujo tipo penal prevê o resultado, mas este não é exigido para que se alcance a consumação; **B:** correta (art. 13, § 1º, do CP); **C:** incorreta. A alternativa não trata de crime próprio, mas sim de crime de *mão própria*, que é aquele que, além de exigir uma condição ou qualidade especial do sujeito ativo, não admite a sua prática por interposta pessoa, sendo imprescindível uma atuação pessoal. Daí ser denominado, também, de crime de conduta infungível; **D:** incorreta. O conteúdo da assertiva diz respeito à cooperação dolosamente distinta (art. 29, § 2º, do CP), e não à participação de menor importância (art. 29, § 1º, do CP); **E:** incorreta. A teoria da atividade é aquela segundo a qual o lugar do delito é aquele em que se verificou a ação ou omissão do agente (atividade), pouco importando o local do resultado. Frise-se que não é a teoria adotada por nosso CP, que, em seu art. 6º, em verdade, adotou a teoria mista (ou da ubiquidade). Para esta, lugar do crime será o lugar da ação ou omissão, bem como o lugar em que se verificar o resultado. Somente será aplicável aos crimes à distância ou de espaço máximo.

Gabarito "B"

(Ministério Público/TO – 2012 – CESPE) Assinale a opção correta conforme as disposições do CP e da doutrina penal.

(A) Autor do crime, de acordo com a teoria restritiva, é todo aquele que concorre para o crime. Conforme essa teoria, para se caracterizar a autoria do crime são suficientes a relevância causal e o vínculo psicológico.

(B) No delito putativo, o agente crê haver efetuado uma ação delituosa que existe somente em sua imaginação, ou seja, ele julga punível um fato que não merece castigo. No delito impossível, o agente crê atuar de modo a ocasionar um resultado que, pelo contrário, não pode ocorrer, ou porque falta o objeto, ou porque a conduta não foi de todo idônea.

(C) Conforme a teoria da vontade, haverá dolo quando o sujeito realizar sua ação ou omissão prevendo o resultado como certo ou provável, ainda que não o deseje. Segundo essa teoria, não haveria distinção entre dolo eventual ou culpa consciente.

(D) Segundo a teoria finalista, ação é a atividade neuromuscular que, produzida por energias de um impulso cerebral, provoca modificações no mundo exterior; ou seja, para se afirmar que existe uma ação, basta que se tenha a certeza de que o sujeito atuou voluntariamente.

(E) Culpabilidade, segundo a teoria psicológico-normativa, é o mero vínculo psicológico entre o autor e o fato, por meio do dolo e da culpa.

A: incorreta. Para a teoria restritiva, autor do crime é aquele que realiza o verbo-núcleo do tipo; **B:** correta. O conteúdo da assertiva explica adequadamente o conceito de crime putativo (ou crime imaginário), bem como o conceito de crime impossível (ou tentativa impossível, inidônea, inadequada ou quase crime); **C:** incorreta. A teoria da vontade preconiza que o agente, como o próprio nome sugere, além de antever o resultado, tenha vontade de produzi-lo. Não se confunde com a teoria da representação, segundo a qual o dolo exige, tão somente, a previsão (ou antevisão) do resultado, pouco importando se o agente quis ou assumiu o risco de produzi-lo. Nesse caso, inexiste diferenciação entre o dolo eventual e a culpa consciente, razão pela qual referida teoria não deve ser aceita; **D:** incorreta. Para a teoria finalista, a conduta é todo comportamento humano, positivo ou negativo, consciente e voluntário, dirigido a uma finalidade. Não se confunde com o conceito de conduta dado pela teoria clássica, natural ou mecanicista, segundo a qual a ação é a atividade neuromuscular que, produzida por energias de impulso cerebral, provoca alterações do mundo exterior. Aqui, pouco importa a consciência e vontade de produzir o resultado; **E:** incorreta, pois o conteúdo da assertiva retrata a teoria psicológica da culpabilidade. Já a teoria psicológico-normativa, proposta por Reinhart Frank, relacionou a culpabilidade com a exigibilidade de conduta diversa, que passa a ser seu elemento. Trata-se de teoria aplicável no âmbito da teoria clássica ou naturalista, visto que o dolo e a culpa integram a culpabilidade. Apenas com a teoria normativa pura, surgida com o finalismo de Welzel, a culpabilidade deixou de conter dolo e culpa, que migraram para a conduta, sediada no fato típico.

Gabarito "B"

(Ministério Público/TO – 2012 – CESPE) Com base no entendimento dos tribunais superiores acerca dos institutos de direito penal, assinale a opção correta.

(A) Considere que João, maior e capaz, pretendendo subtrair as bolsas de Ana e Paula, em uma parada de ônibus, ante a resistência de Paula em entregar-lhe a coisa, atire em ambas, matando-as. Nessa situação, João responderá por tentativa de latrocínio apenas em relação a Paula.

(B) Há flagrante ilegalidade do juízo sentenciante que considere, na fixação da pena, condenações pretéritas ante o decurso do lapso temporal superior de cinco anos entre o efetivo cumprimento das penas e a infração posterior.

(C) O período de suspensão do prazo prescricional é regulado pelo máximo da pena *in abstrato*.

(D) Se ocorrer o concurso entre causa da circunstância agravante da reincidência e a circunstância atenuante da confissão espontânea, aquela será circunstância preponderante sobre esta.

(E) A cláusula tutelar da inviolabilidade do sigilo epistolar é relativa.

A: incorreta. Se João, para subtrair a bolsa de Paula, atira nela, matando-a, deverá responder por latrocínio consumado (Súmula 610 do STF). Com relação a Ana, podemos sustentar que deverá responder por homicídio, pois a morte não ocorreu para a subtração de sua bolsa; **B:** incorreta. Age corretamente o magistrado que considera como maus antecedentes as condenações pretéritas cujo lapso temporal supere cinco anos entre o efetivo cumprimento e a infração penal posterior. Assim agindo, o magistrado não reconhecerá condenações trânsitas, simultaneamente, como maus antecedentes e reincidência, o que seria vedado; **C:** incorreta (art. 116 do CP); **D:** incorreta, a despeito do que prescreve o art. 67 do CP, que considera a reincidência como uma das circunstâncias preponderantes em caso de concurso de atenuantes e agravantes. Porém, o STJ, no julgamento dos EREsp n. 1.154.752/RS, proclamou, por sua Terceira Seção, o entendimento de que é possível, na segunda fase do cálculo da pena, a compensação da agravante da reincidência com a atenuante da confissão espontânea, por serem igualmente preponderantes, de acordo com o art. 67 do Código Penal; **E:** correta. Segundo Alexandre de Moraes, *"os direitos humanos fundamentais, dentre eles os direitos e garantias individuais e coletivos consagrados no art. 5º da Constituição Federal, não podem ser utilizados como um* verdadeiro escudo protetivo *da prática de atividades ilícitas, tampouco como argumento para afastamento ou diminuição da responsabilidade civil ou penal por atos criminosos, sob pena de total consagração ao desrespeito a um verdadeiro Estado de Direito" (Direito Constitucional.* 18. ed. São Paulo : Atlas, 2005. p. 27). Com base nesse entendimento, o STF, no julgamento do HC n. 70.814-5/SP, entendeu pela excepcional validade de prova constituída de correspondência de presidiário interceptada pela administração penitenciária, observada a aplicação do art. 41, parágrafo único, da Lei 7.210/1984.

Gabarito "E"

(Ministério Público/TO – 2012 – CESPE) De acordo com as disposições do CP e da doutrina pertinente, assinale a opção correta a respeito da aplicação da lei penal e de aspectos diversos relacionados ao crime.

(A) Sucintamente, pode-se definir imputação objetiva como um conjunto de pressupostos jurídicos que condicionam a relação de imputação de um resultado jurídico a um determinado comportamento penalmente relevante.

(B) Crimes omissivos impróprios, comissivos por omissão ou omissivos qualificados são os que objetivamente são descritos como uma conduta negativa, de não fazer o que a lei determina, consistindo a omissão na transgressão da norma jurídica sem que haja necessidade de qualquer resultado naturalístico. Para a existência do crime, basta que o autor se omita quando deva agir.

(C) Diz-se agressivo o estado de necessidade quando a conduta do agente dirige-se diretamente ao produtor da situação de perigo, a fim de eliminá-la.

(D) Leis temporárias são aquelas que, por expressa previsão, vigem durante situações de emergência.

(E) Conforme o princípio da territorialidade, a lei penal deve ser aplicada a todos os homens, onde quer que se encontrem, aplicando-se a lei nacional a todos os fatos puníveis, sem se levar em conta o lugar do delito, a nacionalidade de seu autor ou do bem jurídico lesado.

A: correta. De fato, a assertiva contém sucintamente uma descrição da teoria da imputação objetiva; **B:** incorreta. Os crimes omissivos próprios, impuros, espúrios, ou comissivos por omissão, são aqueles em que a omissão deriva de pessoa que tem o dever jurídico de agir, e podendo agir, não evita o resultado (art. 13, § 2º, do CP); **C:** incorreta. Diz-se agressivo o estado de necessidade que se dirige a terceiro inocente, vale dizer, o agente, para preservar bem jurídico próprio ou alheio, sacrifica bem jurídico de terceiro que não provocou a situação de perigo. Nesse caso, caberá ao agente indenizar esse terceiro, admitida, porém, ação regressiva contra o efetivo causador do perigo (arts. 929 e 930, ambos do CC); **D:** incorreta. As leis são ditas temporárias quando, nelas próprias, houver prévio estabelecimento de seu período de vigência. Já as leis excepcionais são aquelas que vigem apenas durante situações excepcionais (emergenciais). Frise-se que ambas têm efeitos ultrativos, ou seja, serão aplicadas mesmo após suas autorrevogações; **E:** incorreta. Pelo princípio da territorialidade, a lei brasileira será aplicada aos crimes cometidos no território nacional (art. 5º, *caput*, do CP), sem prejuízo, contudo, das convenções, tratados e regras de direito internacional, dando azo ao reconhecimento de uma *territorialidade temperada ou mitigada*.

Gabarito "A"

(Ministério Público/TO – 2012 – CESPE) Assinale a opção correta de acordo com as disposições do CP e da doutrina penal.

(A) No âmbito do princípio da acessoriedade da participação, a teoria da acessoriedade limitada defende a suficiência da tipicidade da ação principal, em detrimento da juridicidade dessa ação.

(B) A doutrina brasileira, à unanimidade, admite a coautoria e a participação em crime culposo, por considerar que possa existir, em verdade, um vínculo subjetivo na realização da conduta, que é voluntária, inexistindo, contudo, tal vínculo em relação ao resultado, que não é desejado.

(C) Crime a distância ou de espaço máximo é aquele cujo *iter criminis* atinge o território de dois ou mais países.

(D) Conforme o princípio da subsidiariedade, a norma definidora de um crime constitui meio necessário ou fase normal de preparação ou execução de outro crime, ou seja, na relação os fatos não se apresentam em relação a gênero e espécie, mas de *minus* e *plus*, de continente e conteúdo, de todo e parte, de inteiro e fração.

(E) No que diz respeito à punibilidade da tentativa, de acordo com a teoria objetiva, fundamenta-se a punibilidade na vontade do autor, contrária ao direito. Para essa teoria, o elemento moral – a vontade do agente – é decisivo, porque está completo, perfeito. Imperfeito é o delito sob o aspecto objetivo, que não chega a consumar-se.

A: incorreta. A teoria da acessoriedade limitada, adotada no tocante à participação, preconiza que a punição do partícipe dependerá de haver contribuído com o autor para a prática de um fato típico e ilícito. Contrapõe-se à teoria da acessoriedade mínima, que pressupõe que o partícipe colabore com o autor apenas para a prática de um fato típico; **B:** incorreta. Admite-se, apenas, a coautoria nos crimes culposos, visto que não se cogita de conduta acessória tendente à consecução de um resultado culposo. Qualquer contribuição para o resultado constituirá a própria inobservância do dever objetivo de cuidado, tratando-se, pois, de coautoria; **C:** correta. De fato, os crimes à distância ou de espaço máximo são aqueles cuja ação ou omissão acontece em um país, mas o resultado é verificado no exterior. Nesses casos, no tocante à aplicação da lei penal no espaço, adota-se a teoria mista ou da ubiquidade (art. 6º do CP); **D:** incorreta. O conteúdo da assertiva diz respeito ao princípio da consunção ou da absorção; **E:** incorreta. Para a teoria objetiva, também chamada de realística ou dualista, a punição da tentativa decorre do fato de a conduta do agente proporcionar um perigo ao bem juridicamente tutelado pela norma penal incriminadora. Já para a teoria subjetiva, conhecida como voluntarística ou monista, a punição da tentativa repousa no elemento "vontade". O que importa para a teoria em apreço é o desvalor da ação, pouco importando o resultado.

Gabarito "C"

(Ministério Público/TO – 2012 – CESPE) À luz das disposições do CP e da doutrina penal, assinale a opção correta com referência ao agravamento do crime pelo resultado, ao erro sobre elementos do tipo, à imputabilidade penal, ao concurso de pessoas e a aspectos associados às penas.

(A) Será isento de pena o agente que, por embriaguez completa voluntária, era, ao tempo da ação ou da omissão, inteiramente incapaz de entender o caráter ilícito do fato ou de determinar-se de acordo com tal entendimento.

(B) Pelo resultado que agrave especialmente a pena, só responderá o agente que o houver causado ao menos dolosamente.

(C) O erro sobre a ilicitude do fato, se evitável, isenta o agente de pena. Considera-se evitável o erro se o agente atua ou se omite sem a consciência da ilicitude do fato, quando lhe era possível, nas circunstâncias, ter ou atingir essa consciência.

(D) Na medida de segurança, a desinternação, ou a liberação, será sempre condicional, devendo ser restabelecida a situação anterior se o agente, antes do decurso de um ano, praticar fato indicativo de persistência de sua periculosidade.

(E) Não se comunicam as circunstâncias e as condições de caráter pessoal, ainda que elas sejam elementares do crime.

A: incorreta. Somente haverá isenção de pena em caso de embriaguez completa involuntária (ou seja, decorrente de caso fortuito ou força maior), nos termos do art. 28, § 1º, do CP; **B:** incorreta (art. 19

do CP); **C:** incorreta. O erro sobre a ilicitude do fato, se *inevitável* (ou escusável), isenta o agente de pena (art. 21, *caput*, do CP); **D:** correta (art. 97, § 3º, do CP); **E:** incorreta (art. 30 do CP). As circunstâncias ou condições de caráter pessoal somente serão incomunicáveis se não forem elementares do crime.

Gabarito "D"

(Ministério Público/TO – 2012 – CESPE) A respeito de aspectos diversos dos crimes bem como dos princípios aplicáveis ao direito penal, assinale a opção correta de acordo com as disposições do CP e da doutrina penal.

(A) Caracteriza situação de arrependimento eficaz o caso do agente que, durante a ação, diz para si "posso prosseguir, mas não quero" e encerra sua empreitada criminosa.

(B) Chama-se de dolo direto de segundo grau aquele que se dirige em relação ao fim proposto e aos meios escolhidos.

(C) Norma penal em branco homogênea, ou em sentido amplo, é aquela cujo complemento é oriundo da mesma fonte legislativa que editou a norma que necessita desse complemento.

(D) Negligente é o agente que pratica um ato perigoso sem os cuidados que o caso requer.

(E) No erro de tipo essencial incriminador, o erro recai sobre os pressupostos fáticos de uma causa de justificação, isto é, excludente de ilicitude, que se encontra em tipos penais permissivos.

A: incorreta. Se o agente, durante a execução do crime, por ato voluntário, abandoná-la, ainda que pudesse prosseguir, responderá apenas pelos atos praticados, tratando-se de situação correspondente à desistência voluntária (art. 15, 1ª parte, do CP). O arrependimento eficaz pressupõe que o agente, após executar todos os atos tendentes à consumação do crime, arrepende-se e pratica novo ato, mas, desta feita, impeditivo da consumação (art. 15, 2ª parte, do CP); **B:** incorreta. Dolo direto (ou dolo direto de 1º grau) é, exatamente, aquele dirigido ao resultado almejado pelo agente. Já o dolo direto de segundo grau (ou de consequências necessárias) é aquele em que o agente almeja determinado resultado, mas que, para ser alcançado, inclui "efeitos colaterais", ainda que não desejados; **C:** correta. De fato, o conteúdo da assertiva corresponde ao conceito de norma penal em branco homogênea; **D:** incorreta. A negligência pressupõe uma abstenção de comportamento do agente. Ou seja, devendo agir, deixa de fazê-lo. Já a imprudência corresponde à prática de um ato perigoso, sem os cuidados necessários; **E:** incorreta. O erro que recai sobre os pressupostos fáticos de uma causa de justificação é o erro de tipo permissivo. Já o erro sobre os elementos constitutivos do tipo penal é o erro que recai sobre o tipo penal incriminador, que exclui o dolo e a culpa, quando invencível (ou inevitável, ou escusável).

Gabarito "C"

(Ministério Público/TO – 2012 – CESPE) Com relação aos princípios aplicáveis ao direito penal, à distinção entre os crimes tentado e consumado, ao erro sobre elementos do tipo e a aspectos diversos sobre as penas, assinale a opção correta à luz das disposições do CP e da doutrina pertinente.

(A) O ajuste, a determinação ou instigação e o auxílio, salvo disposição expressa em contrário, serão punidos a título de crime tentado.

(B) O erro quanto à pessoa contra a qual o crime é praticado não isenta de pena o agente. No entanto, se consideram, nesse caso, as condições ou qualidades da vítima e não as da pessoa contra quem o agente queria praticar o crime.

(C) A lei, como fonte de cognição imediata, pode ser definida como uma regra de conduta praticada de modo geral, constante e uniforme, com a consciência de sua obrigatoriedade.

(D) As penas restritivas de direito são autônomas e substituem as privativas de liberdade seja qual for a pena aplicada, se o crime for culposo e estiverem presentes os demais requisitos.

(E) Revogado o livramento condicional por crime anterior, não poderá o livramento ser novamente concedido e não se descontará na pena o tempo em que o condenado esteve solto.

A: incorreta. O ajuste, a determinação ou instigação e o auxílio, salvo disposição expressa em contrário, não são puníveis, se o crime não chegar a ser tentado (art. 31 do CP); **B:** incorreta. No erro sobre a pessoa (art. 20, § 3º, do CP), serão levadas em consideração as qualidades da vítima contra quem o agente queria praticar o crime (vítima virtual ou visada), e não as da vítima real (ou efetiva); **C:** incorreta. A assertiva contém o conceito de costumes, que, no Direito Penal, são fontes mediatas (ou indiretas, ou secundárias). Somente a lei é a fonte formal direta ou imediata do Direito Penal; **D:** correta (art. 44, I, do CP). A quantidade de pena privativa de liberdade aplicada, para fins de substituição por restritiva de direitos, somente interessará aos crimes dolosos (lembre-se: até quatro anos!); **E:** incorreta (art. 88 do CP). Revogado o livramento, não poderá ser novamente concedido, e, *salvo quando a revogação resulta de condenação por outro crime anterior àquele benefício*, não se desconta na pena o tempo em que esteve solto o condenado.

Gabarito "D"

(Ministério Público/SP – 2012 – VUNESP) É INCORRETO afirmar:

(A) O Código Penal Brasileiro adotou a teoria da *actio libera in causa*.

(B) As leis temporárias e excepcionais são ultra-ativas.

(C) No crime de apropriação indébita, o dolo do agente é subsequente à posse do bem.

(D) O delito de lesão corporal seguida de morte, previsto no art. 129, § 3º, do Código Penal, contempla hipótese de crime preterdoloso.

(E) A imprudência, a negligência e a imperícia são modalidades da culpa consciente.

A: correta. De fato, em matéria de embriaguez, o CP adotou a teoria da *actio libera in causa*, não havendo exclusão da imputabilidade penal no fato de o agente cometer crime embriagado (desde que estejamos falando de embriaguez voluntária ou culposa – art. 28, II, do CP); **B:** correta (art. 3º do CP); **C:** correta. Na apropriação indébita (art. 168 do CP), o agente recebe o bem de boa-fé, mas, posteriormente, altera o seu ânimo sobre a coisa, dela se apropriando, passando a se comportar como se dono fosse; **D:** correta. De fato, a lesão corporal seguida de morte (art. 129, § 3º, do CP) é o clássico exemplo de crime preterdoloso; **E:** incorreta. Imprudência, negligência e imperícia são modalidades de culpa (pouco importando se consciente ou inconsciente). Apenas para frisar, fala-se em culpa consciente quando o agente, embora preveja o resultado, acredita sinceramente em sua inocorrência.

Gabarito "E"

(Ministério Público/SP – 2012 – VUNESP) É INCORRETO afirmar:

(A) Configura erro sobre a pessoa, a hipótese em que o agente, por erro de pontaria, ao invés de atingir a pessoa que pretendia ofender, atinge pessoa diversa.

(B) Nos termos do art. 21, do Código Penal, o desconhecimento da lei é inescusável. O erro sobre a ilicitude do fato, se evitável, pode diminuir a pena de um sexto a um terço.

(C) Na legítima defesa putativa, o agente supõe, por erro, situação de fato que se existisse tornaria a sua ação legítima.

(D) O excesso culposo na legítima defesa tanto pode verificar-se na escolha dos meios, quanto na moderação de seu uso.

(E) Os crimes de rixa (art. 137, *caput*, CP), formação de quadrilha (art. 288, *caput*, CP) e associação ao tráfico de drogas (art. 35 da Lei n. 11.343/2006) constituem crimes de concurso necessário.

A: incorreta. Quando um agente, por erro de pontaria, atinge pessoa diversa da pretendida, incorre em erro na execução (ou *aberratio ictus*), modalidade de erro de tipo acidental. No erro sobre a pessoa (art. 20, § 3º, do CP), o agente, por uma falsa percepção da realidade, se equivoca quanto à própria vítima do crime, atingindo pessoa diversa da pretendida, mas não por erro de pontaria; **B:** correta (art. 21, *caput*, do CP); **C:** correta (art. 20, § 1º, do CP). Trata-se de situação de descriminante putativa; **D:** correta. O excesso na legítima defesa, que será punível por dolo ou culpa (art. 23, parágrafo único, do CP), irá verificar-se em razão da escolha de meios mais gravosos para repelir a agressão injusta, ou se houver imoderação no uso dos meios, ainda que necessários; **E:** correta. De fato, o crime de rixa somente se tipifica se, pelo menos, três pessoas cometerem a conduta descrita no tipo penal (art. 137 do CP). Já a quadrilha ou bando (atualmente *associação criminosa*) pressupõe a associação de mais de três pessoas (atualmente, dada a modificação operada no art. 288 do CP pela Lei 12.850/2013, bastam, à configuração deste crime, *três* pessoas). Finalmente, a associação para o tráfico de drogas exige a reunião de duas ou mais pessoas (art. 35 da Lei 11.343/2006).

Gabarito "A"

(Ministério Público/SP – 2012 – VUNESP) É correto afirmar:

(A) O crime tipificado como de assédio sexual (art. 216-A, CP) não pode ter como vítima o homem.

(B) O convivente que deixou, sem justa causa, de prover a subsistência do companheiro com quem viveu em união estável, não lhe proporcionando os recursos necessários, pratica o crime de abandono material (art. 244, CP).

(C) Não se pune o incêndio culposo (art. 250, § 2º, CP), salvo se é em edifício público.

(D) No crime de explosão (art. 251, CP), é dispensável para a consumação do crime a efetiva explosão, bastando que da ação do agente ocorra perigo concreto à incolumidade pública.

(E) O estelionato (art. 171, *caput*, CP) é crime formal, que se consuma independentemente da efetiva obtenção de vantagem ilícita, bastando à sua consumação o emprego de artifício, ardil ou qualquer outro meio fraudulento.

A: incorreta. O crime de assédio sexual (art. 216-A do CP) pode ser praticado contra homem ou mulher (a redação típica traz a expressão "constranger alguém", abrangendo, portanto, ambos os sexos); **B:** incorreta, pois o art. 244 do CP fala em deixar de prover a subsistência de "cônjuge" ou filho menor de dezoito anos. Portanto, se o convivente deixou, sem justa causa, de prover a subsistência do companheiro com quem viveu em união estável, não responderá por abandono material, sob pena de ser empregada a analogia *in malan partem*; **C:** incorreta. O art. 250, § 2º, que tipifica o incêndio culposo, não faz distinção se o prédio é público ou privado; **D:** correta, pois, de fato, o crime do art. 251 do CP restará consumado quando o agente expuser a perigo a vida, a integridade física ou o patrimônio alheio, mediante explosão, *arremesso ou simples colocação de engenho de dinamite* ou de substância de efeitos análogos; **E:** incorreta. Sabidamente, o crime de estelionato é material, consumando-se com a obtenção ilícita do agente em prejuízo alheio.

Gabarito "D"

(Ministério Público/SP – 2012 – VUNESP) Considere:

I. O agente que por meio de expiação se autolesiona pratica o crime de lesão corporal previsto no art. 129, do Código Penal.

II. O consumo de maconha em ambiente privado constitui crime, pois o comportamento põe em risco o bem protegido pelo art. 28 da Lei de Drogas (Lei n. 11.343/2006).

III. A contravenção penal de exploração da credulidade pública mediante sortilégios, predição do futuro ou práticas congêneres não admite a punição pela tentativa.

IV. O sujeito ativo no delito de estupro, quando a finalidade for a conjunção carnal, poderá ser tanto o homem quanto a mulher. No entanto, nesse caso, o sujeito passivo, obrigatoriamente, deverá ser do sexo oposto, pressupondo uma relação heterossexual.

V. No furto mediante fraude (art. 155, § 2º, inc. II, CP) o agente emprega ardil, buscando retirar o bem da esfera de vigilância do possuidor.

Está correto o que se afirma APENAS em

(A) I e II.

(B) III e IV.

(C) III, IV e V.

(D) I, IV e V.

(E) II, III, IV e V.

I: incorreta, pois, como é sabido, a autolesão, sem que a intenção do agente seja fraudar uma seguradora (art. 171, § 2º, V, do CP), constitui fato atípico, em virtude do princípio da alteridade ou transcendentalidade; **II:** incorreta. O crime do art. 28 da Lei 11.343/2006 tutela a saúde pública. Portanto, consumir maconha em um "ambiente privado", vale dizer, ocupado somente pelo usuário, não ofende o bem jurídico penalmente tutelado pelo tipo incriminador. Porém, registre-se, se, para tanto, o usuário adquiriu a droga em uma "boca de tráfico", trazendo-a consigo até chegar em sua residência, terá incorrido na figura típica em comento; **III:** correta. O candidato sequer precisaria ter conhecimento da contravenção referida na assertiva. Bastaria recordar da regra segundo a qual é impunível a tentativa de contravenção (art. 4º da LCP); **IV:** correta. Com as alterações promovidas no art. 213 do CP pela Lei 12.015/2009, tanto homem quanto mulher podem ser sujeitos ativos e passivos do crime.

Na modalidade "conjunção carnal", homens ou mulheres poderão cometê-los, mas desde que a vítima seja do sexo oposto. Afinal, a "conjunção carnal" é ato libidinoso que exige dualidade de sexos, tratando-se da cópula vaginal "normal"; **V:** incorreta. No crime de furto mediante fraude, o agente emprega qualquer artifício, ardil ou outro meio fraudulento, com a intenção de reduzir a vigilância da vítima sobre o bem, aproveitando-se, então, para subtraí-lo.

Gabarito "B"

(Ministério Público/SP – 2012 – VUNESP) Considere:

I. Há crime de latrocínio, quando o homicídio se consuma, ainda que não realize o agente a subtração de bens da vítima.

II. O agente que toma conhecimento do estupro de sua filha e, sob a influência de violenta emoção, no dia seguinte encomenda a terceiro, a morte do estuprador – fato que se concretiza posteriormente –, pratica o denominado homicídio privilegiado, previsto no § 1º do art. 121 do Código Penal.

III. O médico que, diante de iminente perigo de vida, efetua uma intervenção cirúrgica no paciente sem o seu consentimento ou de seu representante legal, pratica o crime de constrangimento ilegal.

IV. O policial que depara com um desconhecido empunhando uma faca na iminência de agredir mortalmente a um menor, que acabou de praticar ato infracional, podendo evitar o resultado resolve se omitir, permitindo que o crime se consume, não é partícipe do crime de homicídio, mas pratica o delito de perigo para a vida ou saúde de outrem (art. 132, CP).

V. Configura hipótese de crime de homicídio privilegiado-qualificado o homicídio eutanásico praticado com emprego de veneno.

Está correto o que se afirma APENAS em

(A) II e IV.

(B) I, II e III.

(C) II e V.

(D) I e V.

(E) I, III e V.

I: correta (Súmula 610 do STF); **II:** incorreta, pois o homicídio praticado pelo agente sob o domínio de violenta emoção, para ser considerado privilegiado (art. 121, § 1º, do CP), deve ser cometido logo em seguida a injusta provocação da vítima; **III:** incorreta (art. 146, § 3º, I, do CP). Nesse caso, o médico não poderá ser punido; **IV:** incorreta. O policial, no caso, tem o dever de prestar a segurança pública, e, no caso, de impedir a prática de um crime. Nada fazendo, ou seja, omitindo-se, responderá por omissão penalmente relevante (art. 13, § 2º, do CP), e, portanto, pelo resultado que não impediu; **V:** correta. Admite-se a coexistência do privilégio com as qualificadoras de natureza objetiva do homicídio, vale dizer, aquelas relativas aos meios e modo de execução do crime. Portanto, possível a conjugação do homicídio eutanásico (praticado por motivo de relevante valor moral) e o emprego de veneno (meio de execução).

Gabarito "D"

(Ministério Público/SP – 2012 – VUNESP) É INCORRETO afirmar:

(A) Na hipótese de crime punível com detenção, o tratamento ambulatorial será por tempo indeterminado, perdurando enquanto não for averiguada, mediante perícia médica, a cessação de periculosidade.

(B) A prescrição da pena de multa ocorrerá em 2 (dois) anos, quando a multa for alternativa ou cumulativamente cominada ou cumulativamente aplicada.

(C) No caso de revogação do livramento condicional, a prescrição da pretensão executória é regulada pelo tempo que resta da pena, nos termos do art. 113, do Código Penal.

(D) A reincidência aumenta em um terço o prazo da prescrição da pretensão executória, não tendo qualquer efeito sobre a pretensão punitiva.

(E) A Lei penal mais grave aplica-se ao crime permanente, se a sua vigência é anterior à cessação da permanência.

A: correta (art. 97, § 1º, do CP). Tanto a medida de segurança detentiva (imposta aos inimputáveis ou semi-imputáveis com periculosidade reconhecida que tenham cometido crimes punidos com reclusão), quanto a restritiva (imposta em caso de crimes punidos com detenção), cumpridas, respectivamente, em internação e tratamento ambulatorial, serão por prazo indeterminado, somente cessando após averiguada, em exame pericial, a cessação da periculosidade; **B:** incorreta, devendo ser assinalada (art. 114, I, do CP). A prescrição da pena de multa será de 2 (dois) anos quando for a única cominada ou aplicada; **C:** correta (art. 113 do CP); **D:** correta (art. 110, *caput*, do CP e Súmula 220 do STJ); E: correta (Súmula 711 do STF).

Gabarito "B"

(Ministério Público/SC – 2008) Analise as seguintes assertivas:

I. o crime denominado de invólucro ou recipiente com falsa indicação previsto no artigo 275 do CP, para a sua ocorrência, não se exige qualquer espécie de nocividade, quer positiva, quer negativa.

II. A falsidade visada no crime de falsidade ideológica é aquela que se refere ao conteúdo do documento.

III. O crime de concussão se consuma com a obtenção da vantagem.

IV. O crime de omissão de socorro previsto no Código de Trânsito, se aplica ao condutor do veículo não causador do acidente.

V. O crime de inundação é de perigo abstrato.

(A) apenas I, II e III, estão corretos;

(B) apenas I, II e IV, estão corretos;

(C) apenas II, III e IV, estão corretos;

(D) apenas I, IV e V, estão corretos;

(E) apenas II, IV e V, estão corretos;

I: correta. O art. 275 do CP assim dispõe: *"Inculcar, em invólucro ou recipiente de produtos alimentícios, terapêuticos ou medicinais, a existência de substância que não se encontra em seu conteúdo ou que nele existe em quantidade menor que a mencionada"*. Não há qualquer menção à nocividade dos produtos alimentícios, terapêuticos ou medicinais cujo invólucro dos recipientes tenha indicação falsa; **II:** correta. A falsidade ideológica (art. 299 do CP) é aquela que se traduz em inveracidade do *conteúdo* do documento; **III:** incorreta. O crime de concussão é formal, bastando que o agente faça a exigência da vantagem indevida (art. 316 do CP); **IV:** correta. Basta a leitura do art. 304 do CTB: "*Deixar o condutor do veículo*, na ocasião do *acidente*, de prestar imediato socorro à vítima, ou, não podendo fazê-lo diretamente, por justa causa, deixar de solicitar auxílio da autoridade pública". Ora, resta nítido que o sujeito ativo da omissão de socorro somente poderá ser o condutor do veículo que tiver se envolvido no acidente automobilístico, mas sem ser o seu causador. Caso tenha sido o causador e do evento advier lesão corporal culposa ou homicídio culposo, em caso de omissão, responderá nas formas majoradas dos arts. 302 e 303, também do CTB; **V:** incorreta. De acordo com a doutrina, o crime de inundação é de perigo concreto (art. 254 do CP), exigindo-se, portanto, para sua configuração, que a conduta do agente seja capaz de causar efetivo perigo à integridade física ou a saúde de outrem. Por todos, confira-se Rogério Greco (*Código Penal Comentado*. 2. ed. Editora Impetus, p. 631).

Gabarito "B"

(Ministério Público/SC – 2008) Analise as seguintes assertivas:

I. Há participação quando mais de uma pessoa pratica o comportamento proibido. Há coautoria quando não pratica tal conduta, mas concorre, de alguma forma, para a realização do crime.

II. Um dos princípios orientadores e limitadores do Direito Penal, a alteridade ou transcendentalidade, prevê que o fato típico pressupõe um comportamento que transcenda a esfera individual do autor e seja capaz de atingir o interesse do outro, isto é, ninguém pode ser punido por ter feito mal só a si mesmo. Por esta razão, a autolesão não pode ser considerada crime.

III. Quem pratica uma contravenção penal e depois um crime não será reincidente. No entanto, se comete um crime e depois uma contravenção, haverá reincidência quanto a esta.

IV. A lei processual penal se submete ao princípio da retroatividade em benefício do agente.

V. A União é a fonte de produção do Direito Penal no Brasil. Todavia, segundo a Carta Magna, Lei Complementar Federal poderá autorizar os Estados-Membros a legislar em matéria penal sobre questões específicas, como por exemplo, a proteção da vitória-régia na Amazônia.

(A) apenas III e V estão corretos.

(B) apenas III, IV e V estão corretos.

(C) apenas I, II e III estão corretos.

(D) apenas I, III e V, estão corretos.

(E) apenas II, IV e V, estão corretos.

I: incorreta. Haverá coautoria quando mais de uma pessoa praticar o comportamento previsto no tipo penal incriminador. De outro lado, fala-se em participação quando não houver a realização da conduta típica, mas, sim, comportamento acessório; **II:** incorreta, segundo entendimento da banca examinadora. A despeito de a assertiva aparentar estar correta, não é verdade que ninguém poderá ser punido por ter feito mal a si mesmo. É sabido que a autolesão é impunível, salvo quando o objetivo do agente for o recebimento de seguro (art. 171, § 2º, V, do CP – nas mesmas penas do estelionato simples incorre quem "destrói, total ou parcialmente, ou oculta coisa própria, ou *lesa o próprio corpo ou a saúde*, ou agrava as consequências da lesão ou doença, com *intuito de haver indenização ou valor de seguro*"). Assim, a única explicação para a banca examinadora ter considerado incorreta a assertiva é que a autolesão, nem sempre, será fato atípico; **III:** correta. A reincidência, conjugando-se os art. 63 do CP e art. 7º da Lei das Contravenções Penais, será verificada quando houver as seguintes "combinações": a) crime + crime; b) contravenção + contravenção; e c) crime + contravenção. Porém, "contravenção + crime" não gerará reincidência, por falta de previsão legal; **IV:** incorreta. A lei processual penal tem eficácia imediata, nos termos do art. 2º do CPP, não prejudicando, porém, os atos praticados sob a égide da lei anterior. Já com relação à lei penal, esta sim estará submetida ao princípio da retroatividade benéfica (art. 2º do CP e art. 5º, XL, da CF); **V:** correta. De fato, considera-se como fonte material (de produção ou substancial) do Direito Penal a União (art. 22, I, da CF). Todavia, lei complementar poderá autorizar os Estados a legislar sobre questões específicas das matérias cuja competência legiferante for da União (art. 22, parágrafo único, da CF).

Gabarito "A"

(Ministério Público/SC – 2008) Analise as seguintes assertivas:

I. Dentre outras, são exemplos de infrações penais que não admitem tentativa: preterdolosas, contravenções penais e as habituais.

II. A Lei 9.605/1998 permite a responsabilidade penal das pessoas jurídicas nos crimes ambientais, prevendo a aplicação isolada, cumulativa ou alternativamente das seguintes penas: a) multa; b) restritivas de direitos; c) prestação de serviços à comunidade.

III. No caso de um crime ser praticado em território nacional e o resultado ser produzido no estrangeiro, aplica-se a teoria do resultado. Assim, por exemplo, se o agente envia, de São Paulo, uma carta com Antrax para a vítima em Washington, o foro competente será o da capital norte-americana.

IV. O agente começa a cumprir uma pena às 19h27min do dia 5 de agosto de 2003. Tem 6 anos, 9 meses e 23 dias de pena a cumprir. Segundo se infere do Código Penal, sua pena estará cumprida em 28 de maio de 2010.

V. Os crimes previstos na Lei n. 11.101/2005 são de ação penal pública incondicionada. Se, todavia, decorrido o prazo legal sem que o Ministério Público ofereça denúncia, qualquer credor habilitado ou o administrador judicial poderá oferecer ação penal privada subsidiária da pública, observado o prazo decadencial de 6 (seis) meses.

(A) apenas I, IV e V estão corretos.

(B) apenas I, II e V estão corretos.

(C) apenas II, III e IV estão corretos.

(D) apenas III e IV estão corretos.

(E) apenas I e II, IV e V estão corretos.

I: correta. De fato, não admitem tentativa, dentre outras, as infrações preterdolosas, pois, neste caso, o resultado agravador advém de culpa (e os crimes culposos não admitem o reconhecimento do *conatus*). Também não admitem tentativa, por expressa previsão legal, as contravenções penais (art. 4º da LCP – Decreto-lei 3.688/1941). Por fim, não admitem a forma tentada as infrações penais habituais, que são aquelas cuja tipicidade exige uma reiteração de atos que demonstram um verdadeiro "estilo de vida" do agente delitivo. A tentativa é incompatível com a reiteração de atos, visto que o início de execução de um único ato, como dito, não caracterizará o crime habitual; **II:** correta (art. 21 da Lei 9.605/1998); **III:** incorreta. O crime cuja conduta (ação ou omissão) é praticada em território nacional, mas o resultado é produzido no estrangeiro, é denominado de "crime à distância" ou "de espaço máximo". Neste caso, será aplicável a teoria da ubiquidade (ou mista), segundo a qual se considera praticado o crime tanto no lugar em que foi praticada a ação ou omissão, quanto no local em que se verificou ou que poderia ter se verificado o resultado (art. 6º do CP); **IV:** incorreta. Considerando que o prazo penal inclui o dia do começo, desprezando-se o do vencimento, a pena do agente terminará de ser cumprida em 27 de maio de 2010. Fazendo as contas (acréscimo de 6 anos, 9 meses e 23 dias ao termo inicial de contagem da pena, que é o dia de seu início), chegamos a 28 de maio de 2010. Contudo, como o art. 10 do CP determina que no prazo penal é incluído o dia do começo e desprezado o do vencimento, teremos que *excluir* o dia 28, daí resultando 27 de maio de 2010; **V:** correta (art. 184, parágrafo único, da Lei 11.101/2005). Trata-se da inércia do Ministério Público em promover a ação penal, dando azo ao oferecimento de ação penal privada subsidiária da pública.

Gabarito "B"

(Ministério Público/SC – 2008) Analise as seguintes assertivas:

I. Se duas pessoas deixarem de prestar socorro a uma pessoa ferida, podendo cada uma delas fazê-lo sem risco pessoal, ambas cometerão o crime de omissão de socorro, isoladamente, não se concretizando hipótese de concurso próprio.

II. Segundo prevê a Lei n. 11.101/2005, que regula a recuperação judicial, extrajudicial e a falência do empresário e da sociedade empresária, os crimes falimentares prescrevem em 02(dois) anos.

III. Prevê o Dec-Lei n. 201/1967 ser crime de responsabilidade dos Prefeitos Municipais, sujeitos ao julgamento do Poder Judiciário, independentemente de pronunciamento da Câmara de Vereadores, antecipar ou inverter a ordem de pagamento a credores do Município, mesmo que com vantagem para o erário.

IV. No homicídio culposo cometido na direção de veículo automotor, a pena é aumentada de um terço à metade, se o agente não possuir Permissão para Dirigir ou Carteira de Habilitação, ou praticá-lo em faixa de pedestres ou na calçada, segundo estabelece a Lei n. 9.503/1997.

V. Os crimes definidos na Lei n. 8.666/1993, que instituiu normas para licitações e contratos da Administração Pública, desde que consumados, sujeitam os seus autores, quando servidores públicos, além das sanções penais, à perda do cargo, emprego, função ou mandato eletivo.

(A) apenas I e IV, estão corretos.

(B) apenas III, IV e V, estão corretos.

(C) apenas III e V, estão corretos.

(D) apenas II e IV, estão corretos.

(E) apenas I, II e V estão corretos.

I: correta. De acordo com a docência de Rogério Greco, *"o delito de omissão de socorro traduz um dever solidário, dirigido a todos nós. Assim, se várias pessoas podem, em determinada situação, prestar socorro, tal obrigação é atribuída a todas elas, indistintamente"* (*Código Penal Comentado*. 2. ed. Editora Impetus, p. 279). Logo, extrai-se que se duas pessoas negarem, mesmo sem risco pessoal, socorro a uma pessoa ferida, ambas responderão pelo crime do art. 135 do CP, não se falando, propriamente, em concurso de pessoas. Cada qual responderá pela própria omissão; **II:** incorreta. A prescrição dos crimes falimentares ocorre nos mesmos prazos previstos no Código Penal (art. 182 da Lei 11.101/2005); **III:** incorreta (art. 1º, XII, do Decreto-lei 201/1967). Somente cometerá crime o Prefeito que antecipar ou inverter a ordem de pagamento a credores da Municipalidade, *sem vantagem* ao erário; **IV:** correta (art. 302, § 1º, I e II, do CTB – Lei 9.503/1997); **V:** incorreta, pois o art. 83 da Lei 8.666/1993 dispõe que os crimes nela definidos, ainda que *simplesmente tentados*, sujeitam os seus autores, quando servidores públicos, além das sanções penais, à perda do cargo, emprego, função ou mandato eletivo.

Gabarito "A"

(Ministério Público/SC – 2008) Analise as seguintes assertivas:

I. Ninguém é obrigado a impedir ou denunciar crime alheio, a não ser que tenha o dever legal de impedir ou de comunicar a prática de crime às autoridades.

II. Para efeito de reincidência não se consideram os crimes militares impróprios e os políticos. Assim, a condenação anterior por crime militar que tenha correspondente nas leis penais comuns, não é capaz de gerar reincidência.

III. Crime praticado por civil contra as instituições militares é crime militar impróprio.

IV. Segundo dispõe o Código Penal, são também efeitos da condenação, a perda de cargo, função pública ou mandato eletivo, quando aplicada pena privativa de liberdade por tempo igual ou superior a dois anos, nos crimes praticados com abuso de poder ou violação de dever para com a Administração Pública.

V. Pratica crime omissivo impróprio (ou comissivo por omissão), a mãe que deixa de dar alimento ao recém-nascido, causando-lhe a morte.

(A) apenas III e V estão corretos.

(B) apenas II, III e IV estão corretos.

(C) apenas III, IV e V estão corretos.

(D) apenas I e III estão corretos.

(E) apenas I, III e V estão corretos.

I: correta. A omissão no Direito Penal só terá relevância quando o omitente, salvo no casos dos crimes omissivos próprios ou puros, nos quais a simples abstenção de comportamento configurará o ilícito, quando o agente tiver o dever jurídico de agir e puder agir para evitar o resultado (art. 13, § 2º, do CP). Aqui, fala-se em participação por omissão (desde que, repita-se, o omitente, além de poder agir, tenha o dever jurídico de evitar o resultado). Caso contrário, aquele que, ciente da prática de um crime futuro, nada fizer, terá sido conivente, e a conivência (também chamada de participação negativa) não é punível; **II:** incorreta. O art. 64, II, do CP dispõe que, para efeitos de reincidência, não se consideram os crimes militares próprios e os crimes políticos. Veja que apenas os crimes militares próprios, assim denominados aqueles que são exclusivamente tipificados no Código Penal Militar, sem correspondência no Código Penal "comum", é que não são considerados para fins de reincidência. Já os crimes militares impróprios, contrariamente, são aqueles previstos no Código Penal Militar e, também, no Código Penal "comum". Nesse caso, fala-se que a condenação irrecorrível servirá como pressuposto para a reincidência; **III:** correta. De fato, se um civil comete um crime contra as instituições militares, terá praticado um crime militar impróprio, visto que tal conduta não é tipificada exclusivamente no CPM, mas, também, na legislação penal "comum"; **IV:** incorreta (art. 92, I, "a", do CP). A perda do cargo, função pública ou mandato eletivo ocorrerá quando o agente, nos crimes praticados com abuso de poder ou violação de dever para com a Administração Pública, for punido com pena privativa de liberdade igual ou superior a *um ano*; **V:** correta (art. 13, § 2º, "a", do CP). A mãe, com relação ao filho recém-nascido, em virtude do poder familiar, tem o dever de cuidado, proteção e vigilância. Ao não amamentar o filho, que morre por desnutrição, responderá por homicídio, praticado por omissão imprópria.

Gabarito "E"

(Ministério Público/SC – 2012) Analise as seguintes assertivas:

I. O Código Penal prevê a delação premiada para o crime de extorsão mediante sequestro, prevendo a redução obrigatória da pena se um dos concorrentes denunciar o fato à autoridade, facilitando a libertação do sequestrado.

II. O crime de apropriação indébita consuma-se com a posse ou detenção da coisa alheia móvel, sendo impunível sua inversão em domínio.

III. Por força de expressa previsão do Código Penal, o crime de lesão corporal leve depende de representação para a instauração de inquérito policial e para a deflagração da ação penal respectiva.

IV. Responde por furto aquele que subtrai para si coisa alheia móvel para se pagar ou se ressarcir de prejuízo legítimo.

V. A direção de veículos automotores sem habilitação, nas vias terrestres, tipificada no artigo 309 do Código de Trânsito Brasileiro, é crime de perigo concreto.

(A) Apenas as assertivas II e V estão corretas.
(B) Apenas as assertivas I, II, III e V estão corretas.
(C) Apenas as assertivas III e IV estão corretas.
(D) Apenas as assertivas I e V estão corretas.
(E) Todas as assertivas estão corretas.

I: correta (art. 159, § 4º, do CP); **II:** incorreta. O crime de apropriação indébita (art. 168 do CP) consuma-se exatamente no momento em que o agente inverte o título da posse, passando a agir como dono, recusando-se a devolver a coisa ou praticando algum ato externo típico de domínio, com o ânimo de se apropriar da *res* (STJ, RHC 1216/SP, 5ª Turma, RT 675); **III:** incorreta. A necessidade de representação (condição de procedibilidade para a persecução penal extrajudicial e judicial) para o crime de lesão corporal leve não consta no CP, mas, sim, na Lei 9.099/1995 (art. 88); **IV:** incorreta. A subtração de coisa alheia móvel por alguém que quer se pagar ou se ressarcir de prejuízo legítimo configura o crime de exercício arbitrário das próprias razões (art. 345 do CP); **V:** correta. De fato, pela própria redação típica do crime de direção inabilitada, será necessário que a conduta do agente gere perigo de dano (art. 309 do CTB). Portanto, estamos diante de um crime de perigo concreto, que é aquele que exige a comprovação do perigo de dano, sob pena de atipicidade do fato.

Gabarito "D"

(Ministério Público/SC – 2012) Analise as seguintes assertivas:

I. O crime de associação para o tráfico, previsto no artigo 35 da Lei 11.343/2006, exige para sua configuração, a exemplo do crime de formação de quadrilha, a participação de mais de três pessoas.

II. A ocultação ou dissimulação da natureza, origem, localização, disposição, movimentação ou propriedade de bens, direitos ou valores provenientes, direta ou indiretamente, de crimes de roubo, apenas quando praticados mediante organização criminosa, podem tipificar a prática de crime de lavagem de dinheiro previsto na Lei n. 9.613/1998.

III. Sempre que o Código Eleitoral não indicar qual a pena mínima, entende-se que será ela de quinze dias para os crimes apenados com detenção e de um ano para os apenados com reclusão.

IV. Todos os crimes contra a ordem tributária previstos na Lei 8.137/1990 apenas admitem a modalidade dolosa.

V. Previsão legal expressa impede a aplicação do princípio da insignificância aos crimes contra a ordem tributária, cujo bem jurídico protegido é o patrimônio público.

(A) Apenas as assertivas III, IV e V estão corretas.
(B) Apenas as assertivas I e III estão corretas.
(C) Apenas as assertivas I, II e V estão corretas.
(D) Apenas as assertivas II, III e IV estão corretas.
(E) Todas as assertivas estão corretas.

I: incorreta. O crime de associação para o tráfico, previsto no art. 35 da Lei 11.343/2006, exige a participação de, pelo menos, duas pessoas, diversamente do que ocorre no crime de quadrilha ou bando (atualmente denominado associação criminosa, art. 288 do CP), que, exige a concorrência de mais de duas pessoas (três no mínimo); **II:** quando da formulação da questão, decerto a Lei 12.683, de 9 de julho de 2012, ainda não havia sido publicada. Desde então, o crime de lavagem de dinheiro deixa de exigir um crime antecedente específico, tal como ocorria nos incisos I a VIII, do art. 1º, da Lei 9.613/1998. Atualmente, bastará que o agente oculte ou dissimule a natureza, origem, localização, disposição, movimentação ou propriedade de bens, direitos ou valores provenientes, direta ou indiretamente, de infração penal, para que se caracterize a lavagem. Perceba que qualquer *infração penal* (crimes ou contravenções) pode ser a base do crime de lavagem de dinheiro; **III:** correta (art. 284 do Código Eleitoral – Lei 4.737/1965); **IV:** correta. Não há forma culposa nos crimes contra a ordem tributária previstos na Lei 8.137/1990; **V:** incorreta. Não há previsão legal obstativa da aplicação do princípio da insignificância aos crimes contra a ordem tributária. Ao contrário, há farta jurisprudência dos Tribunais Superiores admitindo o reconhecimento da insignificância, especialmente quando a lesão ao Fisco é inferior a R$ 10.000,00 (dez mil reais), no caso de descaminho, por exemplo (art. 334 do CP).

Gabarito "D"

(Ministério Público/SC – 2012) Analise as seguintes assertivas:

I. Ao contrário do que ocorre no Processo Penal, na contagem dos prazos previstos no Código Penal computa-se o dia do começo e exclui-se o do vencimento. Esta regra deve ser observada para os prazos prescricionais, de decadência e os de duração das penas.

II. O crime preterdoloso é um misto de dolo e culpa, com culpa na conduta antecedente e dolo no resultado consequente.

III. O princípio da consunção é uma forma de solução do conflito aparente de normas a ser aplicado quando um fato definido por uma norma incriminadora constitui meio necessário ou fase normal de preparação ou execução de outro crime.

IV. A identificação do dolo ou da culpa na conduta do agente é uma maneira de limitar o alcance da Teoria da Equivalência dos Antecedentes Causais ("conditio sine qua non").

V. Para configuração do crime impossível exige-se a impropriedade absoluta do objeto e também a ineficácia absoluta do meio.

(A) Apenas as assertivas I, III, IV e V estão corretas.

(B) Apenas as assertivas II, IV e V estão corretas.

(C) Apenas as assertivas I, III e IV estão corretas.

(D) Apenas as assertivas I e II estão corretas.

(E) Todas as assertivas estão corretas.

I: correta (art. 10 do CP). Considerando que os prazos prescricionais, decadenciais e o de duração das penas têm nítido conteúdo material (penal), aplicar-se-á a regra contida no referido art. 10 do CP (inclusão do dia do começo e exclusão do dia do vencimento); **II:** incorreta. O crime preterdoloso é um misto de dolo e culpa. Assim, haverá conduta inicial dolosa (antecedente) e resultado agravador culposo (consequente); **III:** correta. De fato, pelo princípio da consunção, que é um dos princípios solucionadores do concurso (ou conflito) aparente de normas, se uma norma for meio necessário ou fase normal de preparação ou execução de outro crime, ficará absorvida por este. Assim, a norma consuntiva prevalece (leia-se: absorve) sobre a consumida; **IV:** correta. A teoria da *conditio sine qua non* (ou teoria da equivalência dos antecedentes causais) foi adotada, como regra, em matéria de relação de causalidade, pelo art. 13, *caput*, do CP. Destarte, considera-se causa *toda ação ou omissão sem a qual o resultado não teria sido produzido*. A fim de que não haja o que se denomina de "regresso ao infinito", reconhecendo haver nexo de causalidade em acontecimentos muito remotos, haverá a limitação de referido elemento do fato típico pelo dolo ou culpa. Como exemplo clássico, não se pode punir o fabricante da arma de fogo pelo homicídio praticado pelo agente que a adquiriu e a empregou no crime. Afinal, o fabricante não agiu com "dolo" ou "culpa" ao produzir aquela determinada arma, que foi utilizada para aquele determinado crime; **V:** incorreta. O crime impossível poderá decorrer de duas situações distintas: a) em razão da ineficácia absoluta do meio; ou b) em razão da impropriedade absoluta do objeto. Frise-se: são duas hipóteses de caracterização de crime impossível (art. 17 do CP), não precisando estar conjugadas para a sua ocorrência.

Gabarito "C"

(Ministério Público/SC – 2012) Analise as seguintes assertivas:

I. A consumação dos crimes materiais ocorre com o evento natural, enquanto nos formais o resultado naturalístico é dispensável. Os crimes culposos são sempre materiais, apenas havendo consumação com o resultado lesivo típico, sendo, portanto inadmissível a tentativa.

II. O erro de tipo, incidente sobre elementares e circunstâncias, exclui a culpa, mas não o dolo, quando vencível.

III. Para a caracterização do concurso de agentes exige-se que a pessoa concorra com uma causa para o resultado, admitindo-se a participação por omissão em crimes comissivos.

IV. Para caracterização da legítima defesa é imperioso que a agressão seja injusta, atual ou iminente e decorra de uma conduta dolosa.

V. Na fixação da pena de multa o magistrado deve atender exclusivamente à situação econômica do réu, em observância ao princípio da individualização da pena.

(A) Apenas as assertivas III, IV e V estão corretas.

(B) Apenas as assertivas I e III estão corretas.

(C) Apenas as assertivas I, II e IV estão corretas.

(D) Apenas as assertivas II e V estão corretas.

(E) Todas as assertivas estão corretas.

I: correta. De fato, os crimes materiais (ou de ação e resultado) exigem, para o implemento da consumação, a ocorrência do resultado naturalístico (modificação do mundo exterior provocada pela conduta), ao passo que, nos crimes formais (ou de consumação antecipada), aquele é dispensável. Porém, caso ocorra, estaremos diante do exaurimento do crime. Ainda, com relação aos crimes culposos, de fato, são eles materiais, somente se cogitando de consumação com a ocorrência do resultado lesivo previsto em lei, não se admitindo, portanto, a tentativa; **II:** incorreta. O erro sobre elementos constitutivos do tipo legal do crime sempre excluirá o dolo, seja vencível, seja invencível. Porém, remanescerá a culpa, desde que haja previsão legal, se o erro for vencível (ou inescusável); **III:** correta. O concurso de pessoas exige, de fato, que cada um dos concorrentes contribua para o resultado (é a denominada "relevância causal"). Como se sabe, o concurso de agentes (ou de pessoas) admite duas formas: a) coautoria; e b) participação. Com relação à participação (que pressupõe uma conduta acessória praticada pelo agente, que não realizará diretamente o núcleo do tipo penal incriminador), será admissível que se dê por omissão, desde que o omitente possa e tenha o dever de agir para impedir o resultado (art. 13, § 2º, do CP). A assertiva ora analisada está, portanto, incompleta nos dados fornecidos, visto que se limita a afirmar ser possível a participação por omissão em crimes comissivos (por omissão); **IV:** incorreta. A legítima defesa pressupõe, de fato, uma agressão *injusta*, atual ou iminente (art. 25 do CP), seja ela dolosa ou culposa. Embora o CP seja omisso a respeito disso, o fato é que a excludente de ilicitude em comento, repita-se, exige uma agressão *injusta*, ou seja, contrária ao Direito, pouco importando ter sido ela dolosa ou culposa; **V:** incorreta. Na fixação da pena de multa, o juiz atenderá, *principalmente* – e não exclusivamente –, à situação econômica do réu (art. 60, *caput*, do CP).

Gabarito "B"

(Ministério Público/SC – 2012) Analise as seguintes assertivas:

I. No crime continuado, em decorrência da teoria da ficção jurídica, presume-se a existência de um só crime para efeito de sanção penal, todavia, a extinção de punibilidade incidirá sobre a pena de cada um dos crimes isoladamente.

II. A reincidência sempre impede a substituição das penas privativas de liberdade pelas restritivas de direito.

III. Diferentemente do que ocorre no arrependimento eficaz, na desistência voluntária o agente responderá tão somente pelos atos já praticados.

IV. Depois de passada em julgado a sentença condenatória são reduzidos de metade os prazos de prescrição durante o tempo que o condenado está preso por outro motivo.

V. A lei penal mais grave aplica-se ao crime continuado ou ao crime permanente, se a sua vigência é anterior à cessação da continuidade ou da permanência.

(A) Apenas as assertivas I e V estão corretas.
(B) Apenas as assertivas III, IV e V estão corretas.
(C) Apenas as assertivas II, III e IV estão corretas.
(D) Apenas as assertivas I e II estão corretas.
(E) Todas as assertivas estão corretas.

I: correta. Em verdade, na continuidade delitiva, o agente comete dois ou mais crimes da mesma espécie (art. 71 do CP). Porém, por ficção legal, presume-se ter sido praticado um só crime, desde que os crimes parcelares tenham sido cometido em circunstâncias de tempo, lugar e modo de execução semelhantes, reputando-se que os crimes subsequentes são uma continuação do primeiro. Porém, em caso de reconhecimento de extinção da punibilidade, esta incidirá sobre cada um dos crimes, isoladamente (art. 119 do CP); **II:** incorreta. A rigor, a reincidência em *crime doloso* impede a substituição da pena (art. 44, II, do CP). Porém, se a reincidência não tiver se operado pela prática do mesmo crime (reincidência específica) e se a medida for socialmente recomendável, poderá o juiz substituir a pena privativa de liberdade por restritiva de direitos (art. 44, § 3º, do CP); **III:** incorreta. Desistência voluntária e arrependimento eficaz, espécies do gênero "tentativa abandonada ou qualificada", trazem a mesma consequência ao agente, qual seja, a de responder pelos atos já praticados (art. 15 do CP). Assim, não responderão pela tentativa do crime inicialmente executado, mas, como um "prêmio", serão punidos, repita-se, apenas pelos atos já praticados; **IV:** incorreta. Depois de passada em julgado a sentença condenatória, a prescrição não corre durante o tempo em que o condenado está preso por outro motivo (art. 116, parágrafo único, do CP); **V:** correta (Súmula 711 do STF).

Gabarito "A"

(Ministério Público/SC – 2012) Analise as seguintes assertivas:

I. No caso de prática do crime de homicídio qualificado, a ocultação do cadáver é mero exaurimento daquele, não se tratando de concurso material de crimes.

II. Atualmente, tanto o homem quanto a mulher podem ser sujeitos ativos do crime de estupro, mesmo na conduta de constrangimento à conjunção carnal.

III. O peculato impróprio ou peculato-furto ocorre quando o funcionário público, embora não tendo a posse do dinheiro, valor ou bem, o subtrai, ou concorre para que seja subtraído, em proveito próprio ou alheio, valendo-se da facilidade que lhe proporciona a qualidade de funcionário.

IV. Caracteriza a prática do crime de denunciação caluniosa dar causa à instauração de inquérito civil ou ação de improbidade administrativa contra alguém, imputando-lhe qualquer fato relevante de que o sabe inocente.

V. Mesmo no roubo impróprio, o crime é qualificado quando o agente mantém a vítima em seu poder, restringindo sua liberdade.

(A) Apenas as assertivas I, II, III e IV estão corretas.
(B) Apenas as assertivas I e IV estão corretas.
(C) Apenas as assertivas II III e V estão corretas.
(D) Apenas as assertivas I, III, IV e V estão corretas.
(E) Todas as assertivas estão corretas.

I: incorreta. Homicídio (art. 121 do CP) e ocultação de cadáver (art. 211 do CP) são crimes autônomos, violadores de bens jurídicos distintos. Outrossim, são praticados mediante condutas distintas, motivo pelo qual, se praticados, deverão sê-lo em concurso material; **II:** correta. O crime de estupro, com a redação que lhe foi conferida pela Lei 12.015/2009, pode ter como sujeitos ativos e passivo tanto homens, quanto mulheres. No tocante à sujeição ativa, mesmo a mulher poderá ser coautora do crime na modalidade "conjunção carnal", bastando que empregue a grave ameaça ou a violência, a fim de que um homem constranja a vítima (mulher) à referida espécie de ato libidinoso. Aqui, haveria uma coautoria parcial (ou funcional), na qual ocorre a distribuição ou divisão dos atos executórios. Também é possível que mulher seja partícipe do estupro, induzindo, instigando ou auxiliando um homem à conjunção carnal com a vítima; **III:** correta. Denomina-se de peculato impróprio a figura constante no art. 312, § 1º, do CP, também chamada de peculato-furto. Nessa espécie de peculato, o funcionário público, embora não tenha a posse do dinheiro ou bem móvel, irá subtraí-lo, valendo-se das facilidades que a sua condição especial lhe proporciona; **IV:** incorreta. A denunciação caluniosa pressupõe que o agente impute à vítima um *crime* ou *contravenção penal* de que o sabe inocente (art. 339, *caput*, e § 2º, do CP); **V:** correta. A majorante prevista no art. 157, § 2º, V, do CP aplica-se ao roubo simples (art. 157, *caput*) e ao roubo impróprio (art. 157, § 1º), até mesmo em razão de sua disposição topográfica.

Gabarito "C"

(Ministério Público/RS – 2008) Assinale a alternativa CORRETA:

(A) Os crimes definidos no Estatuto da Criança e do Adolescente (Lei n. 8.069, de 13 de julho de 1990) são de ação pública condicionada quando cometidos contra adolescente e de ação pública incondicionada quando cometidos contra crianças.

(B) O perdão do ofendido não obsta ao prosseguimento da ação penal.

(C) A representação será retratável depois de oferecida a denúncia desde que o procurador tenha poderes especiais.

(D) O perdão não produz efeito se o querelado o recusa.

(E) Como a Constituição Federal de 1988 conferiu ao Ministério Público a função institucional de promover, privativamente, a ação penal pública, a figura da ação penal pública condicionada desapareceu do ordenamento jurídico brasileiro.

A: incorreta (art. 227 do ECA). Todos os crimes lá definidos são de ação penal pública incondicionada; **B:** incorreta. O perdão do ofendido, por ser causa extintiva da punibilidade (art. 107, V, do CP), obsta, sim, o prosseguimento da ação penal (art. 105 do CP); **C:** incorreta. A representação é irretratável após o oferecimento da denúncia (art. 102 do CP e art. 25 do CPP); **D:** correta. Muito embora o perdão oferecido a um dos querelados a todos aproveita (art. 106, I, do CP), somente produzirá efeitos (leia-se: obstará o prosseguimento da ação penal, com a consequente extinção da punibilidade) se for aceito. Ou seja, se houver a recusa do perdão, a ação penal privada prosseguirá (art. 106, III, do CP); **E:** incorreta. De fato, o art. 129, I, da CF prevê como função institucional do Ministério Público a promoção da ação penal pública, na forma da lei. No entanto, como é sabido, referida espécie de ação penal poderá ser incondicionada ou condicionada à representação ou requisição do Ministro da Justiça. Assim, o fato de a ação penal exigir uma manifestação do ofendido ou de referida autoridade, nos casos expressos em lei, tal não retira o caráter público da ação, cuja titularidade prossegue nas mãos do MP.

Gabarito "D"

(Ministério Público/RR – 2012 – CESPE) A respeito do concurso de pessoas, do concurso de crimes e do concurso aparente de normas penais, assinale a opção correta com base na doutrina e no entendimento dos tribunais superiores.

(A) Há crime continuado mesmo na circunstância em que haja uma única conduta desdobrada em vários atos.

(B) A pluralidade de fatos e de normas é indispensável à existência de concurso aparente de normas penais.

(C) O concurso de crimes, o concurso aparente de normas e o concurso de pessoas são disciplinados, de forma expressa, no CP.

(D) Caracteriza o concurso de pessoas, para os efeitos penais, a pluralidade de pessoas e condutas, mesmo que um dos agentes seja inimputável.

(E) Na consunção, há indispensável diferença de bens jurídicos tutelados, e a pena cominada na norma consunta deve ser maior e abranger a da norma consuntiva.

A: incorreta, pois o crime continuado, espécie de concurso de crimes definida no art. 71 do CP, pressupõe que o agente, *mediante mais de uma ação ou omissão*, pratique *dois ou mais crimes* da *mesma espécie*, nas circunstâncias definidas em referido dispositivo legal. Logo, o que se exige para a configuração da continuidade delitiva é a pluralidade de condutas (ações ou omissões), não bastando a realização de uma única conduta, ainda que plurissubsistente (vários atos); **B:** incorreta. No concurso (ou conflito) aparente de normas, serão exigidos os seguintes pressupostos: i) unidade de fato; ii) pluralidade de leis penais; e iii) vigência simultânea de todas as leis penais supostamente aplicáveis sobre o mesmo fato; **C:** incorreta, pois o concurso aparente de normas não é disciplinado expressamente no CP, ao passo que o concurso de crimes (arts. 69 a 71) e o concurso de pessoas (arts. 29 a 31), sim. Em verdade, diz-se que o concurso aparente de normas é tema solucionado pela interpretação da lei penal, valendo-se de alguns princípios solucionadores do conflito (especialidade, subsidiariedade e consunção); **D:** correta. O concurso de pessoas pressupõe, por óbvio, pluralidade de pessoas, e, também, pluralidade de condutas perpetradas por cada um dos concorrentes do crime (desde que haja relevância causal de cada uma delas). Frise-se, porém, que essas diversas condutas praticadas por cada um dos agentes deve ser voltada à prática de uma mesma infração penal. Afinal, de acordo com a teoria monista, adotada pelo art. 29 do CP, quem, de qualquer modo, concorrer para a prática de um (mesmo) crime, incidirá nas penas a este (mesmo crime) cominadas; **E:** incorreta. Pelo princípio da consunção (ou da absorção), um fato mais amplo (e grave) consome (absorve) os demais fatos menos amplos e graves. Em suma, a lei consuntiva prefere a lei consumida, vale dizer, a lei penal mais ampla (consunta ou consuntiva) terá preferência sobre a lei menos ampla (consumida), ainda que ambas tutelem o mesmo bem jurídico.

Gabarito "D"

(Ministério Público/RN – 2009 – CESPE) A respeito dos institutos de direito penal, assinale a opção correta.

(A) Conforme jurisprudência unânime do STF, para a caracterização da majorante no delito de roubo exercido com o emprego de arma, exige-se a apreensão da arma para que seja periciada, a fim de se constatar a sua potencialidade lesiva.

(B) Os critérios de progressão de regime estabelecidos em lei nova, ainda que mais gravosos, aplicam-se às penas com execução em curso na data de sua publicação, pois se trata de norma de caráter processual, logo de aplicação imediata.

(C) O indivíduo que, de uma só vez, introduzir no Brasil unidades de CDs musicais, pirateados de artistas brasileiros, e CDs virgens, sem o recolhimento dos tributos devidos, pelo princípio da consunção, deverá responder apenas pelo crime de descaminho.

(D) No tipo de homicídio qualificado pelo fato de o delito ter sido praticado mediante paga ou promessa de recompensa, ou por outro motivo torpe, há espaço para a interpretação analógica.

(E) No delito de furto, são incompatíveis a qualificadora do concurso de pessoas e o privilégio relativo à primariedade do agente e ao pequeno valor da coisa furtada.

A: incorreta. À época em que formulada a questão, divergiam as duas Turmas do STF acerca da (im)prescindibilidade da apreensão e respectiva perícia da arma de fogo, para fins de configuração da majorante prevista no art. 157, § 2º, I, do CP. Porém, atualmente, ambas as Turmas inclinam-se pela desnecessidade da apreensão – e realização de exame pericial – da arma, podendo existir outros meios de prova aptos à demonstração da majorante, tais como as declarações do ofendido e o depoimento de testemunhas; **B:** incorreta. Não há dúvidas de que as normas relativas à progressão de regime têm conteúdo material (penal), e, portanto, quando mais gravosas, não retroagirão para alcançar fatos praticados anteriormente à sua edição; **C:** incorreta, pois a conduta do agente que introduz no Brasil CDs musicais pirateados configura o crime de contrabando (introdução de mercadoria proibida no país), ao passo que os CDs virgens que sejam trazidos do exterior sem o recolhimento dos tributos caracteriza o crime de descaminho. Responderá, pois, o agente, pelo crime do art. 334 e 334-A do CP, por duas vezes, em concurso formal imperfeito; **D:** correta. De fato, a qualificadora definida no art. 121, § 2º, I, do CP contém nítida aplicação do mecanismo da interpretação analógica, visto que o homicídio será qualificado quando o agente o cometer mediante paga ou promessa de recompensa, ou por qualquer outro motivo torpe. Vê-se que o legislador, após enumeração casuísta (paga ou promessa de recompensa), introduziu uma cláusula genérica (ou por outro motivo torpe), a fim de permitir ao intérprete-aplicador do Direito que inclua no campo da tipicidade penal qualquer outra situação que se assemelhe ao "ato mercenário" do agente; **E:** incorreta. Tanto STJ, quanto STF, vêm admitindo a possibilidade de coexistência do furto qualificado e privilegiado, pouco importando a disposição topográfica do privilégio (§ 2º, do art. 155 do CP) e das circunstâncias descritas no § 4º, do mesmo dispositivo legal.

Gabarito "D"

(Ministério Público/PI – 2008) Assinale a alternativa **correta.**

(A) O Código Penal brasileiro não prevê crimes de concurso necessário de agentes, pois o concurso de pessoas sempre pressupõe concordância dos participantes.

(B) O crime de infanticídio constitui hipótese de delito *sui generis*.

(C) Em termos de imputabilidade penal, o Código Penal brasileiro adota o critério psicológico.

(D) A coação moral irresistível é causa supralegal de inexigibilidade de conduta diversa.

(E) No concurso de pessoas, as circunstâncias e as condições de caráter pessoal nunca podem se estender ao coautor do direito.

A: incorreta. O CP prevê, sim, crimes de concurso necessário (ou crimes plurissubjetivos), tais como a rixa (art. 137 do CP) e a associação criminosa (art. 288 do CP); **B:** correta. De fato, aponta a doutrina que o infanticídio é um crime "*sui generis*", visto que se trata de um homicídio "especial" praticado pela mãe, contra o filho (nascente ou neonato), tomada ela pelo estado puerperal (um "meio caminho" entre a insanidade e a imputabilidade); **C:** incorreta. Em matéria de imputabilidade penal, como regra, o CP adotou o critério biopsicológico (art. 26 do CP). Porém, em matéria de inimputabilidade por menoridade, houve a adoção do critério biológico (art. 27 do CP). Isoladamente, o critério psicológico (mera capacidade de compreensão, pelo agente, do caráter ilícito do fato) não foi adotado pelo CP; **D:** incorreta. A coação moral irresistível é causa *legal* de exclusão da culpabilidade por inexigibilidade de conduta diversa. Está expressamente prevista no art. 22 do CP; **E:** incorreta. Nos termos do art. 30 do CP, as condições ou circunstâncias de caráter pessoal, quando elementares do crime, comunicam-se aos coautores ou partícipes.

Gabarito "B"

(Ministério Público/PI – 2008) Assinale a alternativa **correta.**

(A) Para que o consentimento do ofendido exclua a tipicidade ou a ilicitude não é necessário que o titular do bem jurídico seja capaz, nos casos em que o bem jurídico for disponível.

(B) O que faz o contrabandista de drogas responder criminalmente pela Lei de Drogas, e não pelo art. 334 do Código Penal, é a aplicação do princípio da especialidade.

(C) Os crimes qualificados pelo resultado correspondem, inequivocamente, aos chamados crimes *preterdolosos*.

(D) O ordenamento jurídico brasileiro não prevê crimes culposos por omissão.

(E) Nos crimes cometidos por culpa consciente, pode o agente aceitar o resultado, em face de tê-lo previsto.

A: incorreta. O consentimento do ofendido, seja causa excludente da tipicidade (quando o elemento "vontade" for inerente ao tipo penal), seja causa supralegal de exclusão da ilicitude, sempre exigirá que o titular do bem jurídico disponível tenha capacidade para dele dispor, sob pena de ser reputado inválido o consentimento; **B:** correta. De fato, antes do advento da legislação que tratava do combate às drogas, ao contrabandista deste "tipo de produto ou mercadoria proibida" incidia o art. 334 (atualmente 334-A) do CP. Porém, com o advento da antiga "Lei de Tóxicos" (Lei 6.368/76) e da atual "Lei de Drogas" (Lei 11.343/2006), a conduta daquele que traz drogas para o território nacional constitui conduta de tráfico (art. 33 da precitada Lei 11.343/2006); **C:** incorreta. Os crimes qualificados pelo resultado são gênero, tendo como espécie os crimes preterdolosos (ou preterintencionais), nos quais há uma conduta antecedente dolosa, sobrevindo resultado agravador culposo; **D:** incorreta. A doutrina aponta que os crimes culposos podem ser praticados por ação ou por omissão. Tem-se, como exemplo, a conduta negligente da mãe que, deixando o filho recém-nascido próximo a uma piscina, não percebe quando este cai na água e morre afogado. Responderá, no caso, por homicídio culposo (crime comissivo por omissão culposa); **E:** incorreta. Na culpa consciente, ainda que o agente preveja o resultado, não aceita sua ocorrência. Em outras palavras, embora previsível (e previsto) o resultado pelo agente, este acredita sinceramente em sua inocorrência. Tal situação difere do dolo eventual, no qual o agente, prevendo o resultado, aceita sua produção, pouco se importando.

Gabarito "B"

(Ministério Público/PI – 2008) Assinale a alternativa **correta.**

(A) O dolo normativo corresponde ao dolo natural.

(B) É possível aplicar-se a causa de diminuição de pena denominada arrependimento posterior nos casos em que haja violência à pessoa.

(C) Advindo lei nova mais grave ao agente durante o período em que a vítima estiver mantida em cativeiro, no caso do crime de extorsão mediante sequestro, deverá a lei mais grave ser a aplicada.

(D) É possível haver tentativa do crime continuado como tal.

(E) Nos crimes tributários, havendo pagamento da dívida antes da denúncia, será aplicada a regra do art. 16 do CP, que prevê abrandamento da pena, visto tratar-se de crime sem violência à pessoa.

A: incorreta. Para a teoria clássica (causal ou mecanicista), o dolo era normativo, pois, sediado na culpabilidade, continha a consciência da ilicitude do fato. Já para a teoria finalista, o dolo era natural, pois, sediado no fato típico, deixou de abarcar a consciência da ilicitude, que migrou para a culpabilidade (não no plano atual, mas no plano potencial); **B:** incorreta, pois o arrependimento posterior somente é admissível quando estivermos diante de crimes cometidos sem violência ou grave ameaça à pessoa (art. 16 do CP); **C:** correta (Súmula 711 do STF). Considerando que a extorsão mediante sequestro é crime permanente, a sucessão de leis penais no tempo acarreta a aplicação da lei vigente enquanto não cessado o comportamento ilícito, ainda que mais gravosa; **D:** incorreta. Não se admite a tentativa do crime continuado (como um todo considerado), mas, sim, dos crimes que o compõem; **E:** incorreta, pois, como é sabido, o pagamento do tributo, nos crimes fiscais, é causa de extinção da punibilidade (art. 9º, § 2º, da Lei 10.684/2003).

Gabarito "C"

(Ministério Público/PI – 2008) Assinale a alternativa **correta.**

(A) Nos crimes contra os costumes, o casamento do agente com a vítima é causa de extinção da punibilidade.

(B) Funcionário público que comete crime contra a Administração Pública responderá criminalmente pelo fato praticado, ainda que sua nomeação seja anulada, fazendo-o perder a qualidade de funcionário público.

(C) De acordo com a nova Lei de Drogas, quem traz consigo substância entorpecente para uso próprio não responde criminalmente.

(D) Pela doutrina finalista da ação, comportamento humano pode ser definido como o movimento voluntário causador de uma alteração no mundo exterior.

(E) O ordenamento jurídico brasileiro não admite a pena de morte.

A: incorreta. Primeiramente, com o advento da Lei 12.015/2009, não mais se fala em crimes contra os costumes, mas, sim, crimes contra a dignidade sexual. Outrossim, desde a Lei 11.106/2005, o casamento do agente com a vítima de crimes dessa espécie não mais constitui causa extintiva da punibilidade, haja vista a revogação do inciso VII do art. 107 do CP; **B:** correta, pois se a anulação da nomeação ocorreu após a prática do fato, aplica-se a regra do art. 4º do CP (considera-se praticado o crime no momento da ação ou omissão – teoria da atividade). Em outras palavras, se ao tempo do crime o agente estava investido na função, não se afasta a criminalidade da conduta; **C:** incorreta (art. 28 da Lei 11.343/2006). O agente que traz drogas consigo, para uso próprio, incorre, sim, em crime. A "polêmica" surgida quando da edição de referida lei (teria havido *abolitio criminis* do porte de drogas para consumo pessoal?) já foi superada, inclusive com decisão do STF; **D:** incorreta. Para a teoria clássica, causal ou mecanicista, o comportamento humano, inerente à conduta, era definido como um movimento corpóreo produtor de alteração fenomênica; **E:** incorreta. A despeito de a regra ser a da inadmissibilidade da pena de morte, esta será admitida em caso de guerra declarada (art. 5º, XLVII, "a", da CF).

Gabarito "B"

(Ministério Público/PI – 2008) Considere as seguintes proposições:

I. A culpabilidade expressa um aspecto ético do delito.

II. Se ao condenado sobrevém doença mental, deverá ser recolhido a hospital de custódia e tratamento psiquiátrico ou, à falta, a outro estabelecimento adequado.

III. Nos crimes ambientais tipificados na Lei n. 9.605/1998, a responsabilização penal das pessoas jurídicas exclui a responsabilidade penal das pessoas física autoras ou partícipes dos mesmos fatos.

IV. A coação moral irresistível constitui hipótese de *vis absoluta*.

Estão corretas apenas as alternativas:

(A) I e IV.

(B) II, III e IV.

(C) I e II.

(D) I, II e III.

(E) II e IV.

I: correta. De fato, a culpabilidade, sendo um juízo de censura que recai sobre a conduta praticada pelo agente, expressa, em sua essência, um aspecto ético do delito, ou seja, a reprovabilidade, pela sociedade, daquilo que se entende como correto; **II:** correta (art. 41 do CP); **III:** incorreta (art. 3º, parágrafo único, da Lei 9.605/1998), visto que a responsabilidade penal da pessoa jurídica não exclui a das pessoas físicas; **IV:** incorreta. A coação moral irresistível constitui hipótese de violência moral (*vis compulsiva*), ao passo que a coação física irresistível constitui hipótese de *vis absoluta*.

Gabarito "C"

(Ministério Público/PI – 2012 – CESPE) Considerando o disposto no CP, na legislação de regência e no entendimento do STF acerca da caracterização do crime, assinale a opção correta.

(A) Caracteriza-se como crime de bigamia o fato de o agente, sendo casado, contrair novo casamento; anulado, por qualquer motivo, o primeiro casamento, ou o outro por motivo que não a bigamia, considera-se inexistente o crime.

(B) Suponha que João, funcionário de uma funerária, ao preparar o corpo de uma mulher para sepultamento no dia seguinte, tenha percebido que o corpo era de uma atriz famosa por quem sempre fora apaixonado e, tomado de êxtase, tenha mantido conjunção carnal com o cadáver. Nessa hipótese, João deve ser acusado de crime de estupro de vulnerável, dado que a atriz não tinha capacidade de oferecer resistência.

(C) Aquele que constrange alguém com o emprego de violência ou grave ameaça, causando-lhe sofrimento físico ou mental em razão de discriminação racial ou religiosa deve responder pelo crime de racismo.

(D) O agente que mantiver conjunção carnal com menor de quatorze anos mediante fraude ou outro meio que impeça ou dificulte a livre manifestação de vontade da vítima deve responder pelo crime de violação sexual mediante fraude.

(E) O agente que atribui falsa identidade, quando preso em flagrante, para ocultar o fato de estar sendo procurado pela justiça não deve ser acusado, no entendimento do STF, de crime de falsa identidade, dada a aplicação, no caso concreto, do princípio constitucional do exercício da autodefesa.

A: correta (art. 235, *caput* e § 2º, do CP); **B:** incorreta. A conduta de João amolda-se ao crime do art. 212 do CP (vilipêndio de cadáver). Obviamente, o fato de alguém manter conjunção carnal com um cadáver não é capaz de afetar a sua dignidade sexual. Afinal, cadáver não tem vida! Porém, o fato narrado na assertiva constitui inegável desprezo ao morto, dando azo, portanto, à caracterização do crime do já citado art. 212 do CP; **C:** incorreta. Condutas caracterizadoras de crime de racismo vêm definidas na Lei 7.716/1989, que, em suma, somente terá aplicação para os fatos em que se constate o preconceito ou a discriminação referente a raça, cor, etnia, religião ou procedência nacional, e desde que haja, de qualquer modo, em maior ou menor grau, a segregação da vítima por intolerância do agente. Destarte, aquele que constrange alguém, mediante grave ameaça ou violência, causando-lhe sofrimento físico ou mental em razão de discriminação racial ou religiosa, comete o crime de tortura definido no art. 1º, I, "c", da Lei 9.455/1997 (Lei de Tortura); **D:** incorreta. Se o agente mantiver com vítima menor de quatorze anos conjunção carnal ou atos libidinosos diversos, incorrerá nas penas do art. 217-A do CP (estupro de vulnerável), pouco importando o meio executório praticado (grave ameaça, violência, fraude etc.); **E:** incorreta. O STF tem o entendimento segundo o qual a apresentação de identidade falsa perante a autoridade com o objetivo de ocultar maus antecedentes é crime previsto no art. 307 do CP, não estando tal conduta protegida pelo princípio constitucional da autodefesa (RE 640139).

Gabarito "A"

(Ministério Público/PI – 2008) Considerando as seguintes proposições:

I. A teoria da *conditio sine qua non*, adotada pelo Código Penal brasileiro, é suficiente para explicar todas as situações de atribuição de resultado delituoso a determinado agente.

II. Para a teoria normativa pura, a culpabilidade constitui juízo de censura.

III. A tentativa perfeita e a desistência voluntária são categorias que podem ser consideradas como sinônimas.

IV. As descriminantes putativas podem ocorrer tanto em relação a pressupostos fáticos como em relação à existência ou aos limites de uma justificante.

Estão corretas apenas as alternativas

(A) I, III e IV.

(B) I e III.

(C) I, IV e V.

(D) II e IV.

(E) II, III e V.

I: incorreta. A teoria da *conditio sine qua non*, adotada, como regra, pelo CP (art. 13, *caput*), é incapaz de explicar, por exemplo, a consequência jurídico-penal das causas supervenientes relativamente independentes que por si sós produzirem determinado resultado. Neste caso, aplica-se a teoria da causalidade adequada (art. 13, § 1º, do CP); **II:** correta. De fato, segundo a teoria normativa, desenvolvida a partir do finalismo de Hans Welzel, o dolo e a culpa, elementos psicológicos, migraram da culpabilidade para o fato típico, traduzindo-se aquela em puro juízo de reprovação ou de censura acerca da conduta praticada pelo agente; **III:** incorreta. A tentativa perfeita (ou acabada, ou crime falho) é aquela que pressupõe que o agente, após esgotar todos os atos executórios aptos ao implemento da consumação, não consegue alcançar seu intento por circunstâncias alheias à sua vontade. Neste caso, responderá pelo crime na forma tentada. Não se confunde com a desistência voluntária, espécie de tentativa abandonada ou qualificada, segundo a qual o agente, após iniciada a execução do crime, por ato voluntário seu, desiste de prosseguir. Neste caso, não responderá pela tentativa do crime inicialmente visado, mas, sim, pelos atos anteriores (art. 15 do CP); **IV:** correta. As descriminantes putativas podem ser por erro de tipo, quando a falsa percepção da realidade, pelo agente, atingir os pressupostos fáticos de uma causa de justificação (excludentes da ilicitude), ou quando atingir os limites ou a própria existência de uma causa justificante. No primeiro caso, a natureza jurídica da descriminante putativa é de erro de tipo permissivo, ao passo que, no segundo caso, fala-se em erro de proibição.

Gabarito "D"

(Ministério Público/PI – 2012 – CESPE) Considerando as disposições contidas no CP e na doutrina sobre crimes, imputabilidade penal e penas, assinale a opção correta.

(A) A pena imposta para crime de homicídio simples será aumentada em um terço se o agente não procurar diminuir as consequências do seu ato.

(B) Considere que João, no intuito de auxiliar José a ceifar a própria vida, o ajude a colocar a corda ao redor do pescoço, a subir em um banco e, ao final, chute o banco. Nessa situação, João deve responder pelo crime de auxílio ao suicídio, de acordo com o que dispõe o CP, desde que José faleça ou, se sobreviver, sofra lesões corporais de natureza grave.

(C) O crime de mão própria, também chamado de atuação pessoal ou de conduta infungível, só pode ser cometido pelo sujeito em pessoa.

(D) Estará isento de pena o agente que, por embriaguez culposa, seja, ao tempo da ação ou omissão, inteiramente incapaz de entender o caráter ilícito do fato ou de determinar-se de acordo com esse entendimento.

(E) As penas restritivas de direitos são autônomas e substituem as privativas de liberdade quando a pena aplicada não for superior a quatro anos, o crime não for cometido com violência e grave ameaça à pessoa ou, qualquer que seja a pena aplicada, for o crime culposo, bem como a culpabilidade, os antecedentes, a conduta social, a personalidade do condenado, os motivos e as circunstâncias indicarem que a substituição seja suficiente e desde que o réu não seja reincidente em crime doloso, sendo, no último caso, absoluto o impedimento.

A: incorreta. A pena será aumentada em um terço, no caso de homicídio culposo, se o agente, dentre outras hipóteses, não procurar diminuir as consequências de seu ato (art. 121, § 4º, do CP); **B:** incorreta. Considerando que João praticou diretamente atos de execução para a morte de José, deverá responder pelo crime de homicídio (art. 121 do CP), e não pelo induzimento, instigação ou auxílio ao suicídio (art. 122 do CP), que pressupõe que o agente pratique conduta "acessória" à do suicida, sem incidir em qualquer ato executório tendente diretamente à morte da vítima; **C:** correta. De fato, considera-se crime de mão própria (de atuação pessoal ou de conduta infungível), como o próprio nome sugere, aquele que somente poderá ser cometido por pessoa que ostente determinada condição pessoal, exigindo-se uma atuação personalíssima. Daí ser inviável a coautoria nessa espécie de crime, mas, apenas, a participação; **D:** incorreta. A embriaguez é causa excludente da culpabilidade apenas se for involuntária (caso fortuito ou força maior) e completa (art. 28, § 1º, do CP). A embriaguez voluntária ou culposa não exclui a imputabilidade penal (art. 28, II, do CP); **E:** incorreta. A despeito de a regra ser a de que o réu reincidente em crime doloso não faz jus à substituição da pena privativa de liberdade por restritiva de direitos (art. 44, II, do CP), se a reincidência não for específica e se a medida for socialmente recomendável, admitir-se-á, sim, a substituição da pena de prisão pela alternativa (art. 44, § 3º, do CP).

Gabarito "C"

(Ministério Público/PI – 2012 – CESPE) Com base no que dispõe o CP sobre os crimes contra a administração pública, contra a pessoa e contra o patrimônio, bem como sobre as penas, assinale a opção correta.

(A) O agente que comete crime de homicídio sob a influência de violenta emoção provocada por ato injusto da vítima faz jus à redução de um sexto a um terço da pena.

(B) O agente que subtrai, para si ou para outrem, coisa alheia móvel durante o período noturno responde pelo crime de furto qualificado, estando sujeito a pena de reclusão de dois a oito anos e multa.

(C) A exceção da verdade nos crimes de calúnia só será cabível se o ofendido for funcionário público e a ofensa, relativa ao exercício de suas funções.

(D) A reabilitação do preso poderá ser requerida após dois anos contados do dia em que for extinta, de qualquer modo, a pena ou terminar a sua execução, não se computando o período de prova da suspensão ou do livramento condicional.

(E) Considere a seguinte situação hipotética: Júlio foi preso em flagrante pela prática de crime contra o patrimônio, acusado de obter, em seu negócio, vantagem ilícita em prejuízo alheio mediante meio fraudulento. Durante a lavratura do auto de prisão em flagrante, Júlio ofereceu ao delegado de polícia a quantia de cinquenta mil reais para que fosse liberado. Nessa situação hipotética, o delegado de polícia deve lavrar o auto de prisão em flagrante de Júlio pelo crime anterior e também pelo crime de corrupção ativa consumado.

A: incorreta (art. 121, § 1º, do CP). A redução pelo reconhecimento do homicídio privilegiado será de um sexto a um terço, desde que o crime tenha sido praticado pelo fato de o agente estar sob o domínio (e não influência!) de violenta emoção, logo em seguida a injusta provocação da vítima; **B:** incorreta. O furto praticado durante o repouso noturno conduz à imputação, ao agente, da conduta definida no art. 155, § 1º, do CP, não se falando, aqui, em qualificadoras (§§ 4º e 5º, do precitado artigo), mas, sim, em causa de aumento de pena (um terço); **C:** incorreta. A exceção da verdade será cabível no crime de calúnia como regra geral, ressalvadas as hipóteses definidas no art. 138, § 3º, I a III, do CP. Situação diversa ocorre com a difamação, que somente admitirá a exceção da verdade se a imputação de fato desonroso for dirigida a funcionário público, e desde que a ofensa seja relativa ao exercício de suas funções (art. 139, parágrafo único, do CP); **D:** incorreta (art. 94 do CP). A reabilitação poderá ser requerida após dois anos do cumprimento ou extinção da pena, por qualquer modo, computando-se em referido lapso temporal o período de prova do *sursis* ou do livramento condicional, desde que não tenham sido revogados; **E:** correta. O fato de o autuado por estelionato oferecer ao delegado de polícia responsável pela lavratura da prisão em flagrante dinheiro para que ele deixe de cumprir seu ofício, constitui, inegavelmente, o crime de corrupção ativa consumado (art. 333 do CP).

Gabarito "E"

(Ministério Público/PI – 2012 – CESPE) Assinale a opção correta no que se refere ao falso testemunho, à pena e ao entendimento dos tribunais superiores a respeito dos institutos do direito penal.

(A) A sentença que conceder perdão judicial extinguirá a pena e não será considerada para efeitos da reincidência, em que pese a natureza condenatória da sentença concessiva.

(B) O agente que faça afirmação falsa quando inquirido na fase de instrução de processo de crime de homicídio e se retrate quando reinquirido na fase de julgamento pelo plenário do júri não pode ser punido.

(C) Atenua-se a pena imposta ao agente que, na data do fato, seja menor de vinte e um anos de idade ou, na data da sentença, seja maior de sessenta e cinco anos de idade.

(D) Quando o agente for condenado a penas privativas de liberdade cuja soma seja superior a trinta anos, estas devem ser unificadas para atender ao limite máximo previsto em lei, ou seja, o agente cumprirá pena de, no máximo, trinta anos, devendo ser considerado tal prazo para efeitos dos benefícios concedidos na execução da pena.

(E) O agente que, condenado a pena privativa de liberdade, não tenha sido beneficiado com a substituição por penas restritivas de direitos faz jus, desde que preenchidos os requisitos legais, à suspensão da pena privativa de liberdade e da multa, ou seja, ser-lhe-á concedido o *sursis* penal.

A: incorreta. A sentença concessiva do perdão judicial, nos termos da Súmula 18 do STJ, tem natureza declaratória de extinção da punibilidade (e não condenatória, como referido na assertiva); **B:** correta. A retratação do agente no crime de falso testemunho é admissível até a prolação da sentença no processo em que ocorreu o ilícito (art. 342, § 2º, do CP). Considerando que o rito do Júri é escalonado, sendo composto de duas fases, ainda que o falso testemunho tenha ocorrido na fase do "sumário da culpa", se a retratação ocorrer em plenário (antes, portanto, da prolação da sentença pelo Juiz Presidente do Tribunal do Júri), restará extinta a punibilidade; **C:** incorreta (art. 65, I, do CP). A pena será atenuada se o agente, na data do fato, for menor de vinte e um anos de idade, ou, na data da sentença, maior de setenta anos; **D:** incorreta (Súmula 715 do STF). A pena unificada não será considerada para efeito de concessão de benefícios penais, tais como o livramento condicional e a progressão de regime. Para estes, será utilizada a quantidade de pena aplicada (e não a unificada para fins de execução); **E:** incorreta, pois a suspensão condicional da pena (*sursis*) será concedida ao condenado, desde que preenchidos os requisitos legais (art. 77 do CP), ficando suspensa a execução da pena privativa de liberdade (e não a de multa).

Gabarito "B"

(Ministério Público/PI – 2012 – CESPE) Ainda considerando as disposições contidas no CP e na LEP, assinale a opção correta.

(A) Tratando-se de crime de induzimento, instigação ou auxílio ao suicídio, a pena será duplicada se a vítima for menor de quatorze anos ou incapaz, por qualquer causa, de impor resistência ao agente.

(B) A saída temporária é destinada aos presos em regime semiaberto, e a ausência de vigilância direta não impede a utilização de equipamento de monitoração eletrônica pelo condenado quando assim determinar o juiz da execução.

(C) Tratando-se de crimes para os quais a lei exija a representação do ofendido, esta será retratável depois de recebida a denúncia.

(D) Não se comunicam as circunstâncias e condições de caráter pessoal, ainda que elementares do crime.

(E) Em caso de prática de crimes sem violência ou sem grave ameaça à pessoa, reparado o dano ou restituída a coisa até o oferecimento da denúncia ou da queixa, por ato voluntário do agente, a pena será reduzida de um a dois terços.

A: incorreta. A pena do crime de induzimento, instigação ou auxílio ao suicídio, variável de dois a seis anos de reclusão, se o crime se consumar, ou de um a três anos se da tentativa de suicídio resultar lesão corporal de natureza grave, será duplicada se a vítima for menor (leia-se: até dezoito anos incompletos), ou tiver diminuída, por qualquer causa, a capacidade de resistência (art. 122, parágrafo único, II, do CP); **B:** correta (art. 122, *caput* e parágrafo único, da LEP); **C:** incorreta (art. 102 do CP e art. 25 do CPP). Como é sabido, a representação será irretratável após o oferecimento da denúncia. A *contrario sensu*, somente será admissível a retratação da representação até o oferecimento da denúncia; **D:** incorreta (art. 30 do CP). As circunstâncias e as condições de caráter pessoal, quando elementares do crime, comunicam-se a coautores ou partícipes; **E:** incorreta (art. 16 do CP). Será cabível o arrependimento posterior (causa de diminuição de pena) desde que a reparação integral do dano ou a restituição da coisa, por ato voluntário do agente, apenas para os crimes cometidos sem violência ou grave ameaça à pessoa, ocorram até o recebimento da denúncia ou queixa.

Gabarito "B"

(Ministério Público/PI – 2012 – CESPE) Assinale a opção correta com base no que dispõe o CP.

(A) O funcionário público que, por imprudência, deixar aberta a porta do setor em que trabalha, facilitando, assim, a entrada de terceiros que furtem bens da administração pública, deverá responder pelo crime de peculato furto, pois, consoante o CP, terá concorrido de qualquer forma para o crime.

(B) Pelo resultado que agrava especialmente a pena só responde o agente que o houver causado dolosamente.

(C) Revogado o livramento condicional em razão de crime cometido antes ou durante o período de prova, não poderá ele ser novamente concedido e não se descontará na pena o tempo em que o condenado esteve solto.

(D) São reduzidos da metade os prazos de prescrição caso o criminoso seja, ao tempo do cometimento do crime, menor de vinte e um anos de idade, ou, na data da sentença, maior de sessenta e cinco anos de idade.

(E) Considera-se evitável o erro quando o agente atua ou se omite sem a consciência da ilicitude do fato, sendo-lhe possível, nas circunstâncias, ter ou atingir essa consciência.

A: incorreta. Se tanto, a conduta do funcionário público faltoso de diligência se subsume ao art. 312, § 2º, do CP (peculato culposo), visto ter concorrido culposamente para o crime de outrem; **B:** incorreta, pois, de acordo com o art. 19 do CP, o agente só responderá pelo resultado que especialmente agrava a pena se o houver causado, ao menos, *culposamente*; **C:** incorreta (art. 88 do CP). Revogado o livramento condicional, não poderá ser novamente concedido, e, *salvo quando a revogação resulta de condenação por outro crime anterior àquele benefício*, não se desconta na pena o tempo em que esteve solto o condenado; **D:** incorreta (art. 115 do CP). A prescrição será reduzida pela metade caso o agente, ao tempo do crime, seja menor de vinte e um anos ou, à época da sentença, seja maior de *setenta anos*; **E:** correta (art. 21, parágrafo único, do CP). A assertiva trata do erro de proibição (erro sobre a ilicitude do fato) evitável ou inescusável, que não excluirá a culpabilidade, mas atenuará a pena (de um sexto a um terço).

Gabarito "E"

(Ministério Público/PB – 2010) Analise as proposições abaixo, assinalando a alternativa que sobre elas contém o devido julgamento:

I. Indiferente, para o aperfeiçoamento do crime de patrocínio infiel, que este seja exercido remunerada ou gratuitamente, ou que o advogado tenha sido contratado pela parte ou nomeado pelo juiz, podendo, inclusive, figurar como sujeito ativo o defensor público.

II. Constranger alguém, mediante violência ou grave ameaça, a não fornecer a outrem matéria-prima, com o escopo de que esta encerre suas atividades, constitui crime de boicotagem violenta previsto no Código Penal.

III. O crime de duplicata simulada não admite tentativa e somente pode ser cometido dolosamente, prescindindo-se, para sua tipificação, da concreção do dano ou da obtenção da vantagem ilícita.

IV. O crime de fraude à execução, por aviltar a regular Administração da Justiça, é apurado mediante ação penal pública incondicionada.

(A) Todas as proposições estão incorretas.

(B) Nenhuma das proposições está incorreta.

(C) Estão incorretas somente as proposições I e II.

(D) Apenas a proposição I está incorreta.

(E) Estão corretas somente as proposições I, II e III.

I: correta. De fato, da leitura do art. 355 do CP, não se extrai seja necessário que o patrocínio da causa seja remunerado ou gratuito. De acordo com Mirabete, *"é indiferente que se trate de mandato oneroso ou gratuito ou que o agente tenha sido constituído pela parte, nomeado pelo juiz, designado ou indicado por órgãos competentes (...)"* (*Manual de Direito Penal*. Editora Atlas, vol. 3, p. 444/445). Logo, poderá ser sujeito ativo do crime um advogado constituído pela parte assistida, ou, ainda, um defensor público nomeado pelo juiz para a defesa de um hipossuficiente; **II:** correta (art. 198, segunda parte, do CP); **III:** correta. De fato, o crime de duplicata simulada, definido no art. 172 do CP, de acordo com parcela da doutrina, é considerado unissubsistente, não sendo possível o fracionamento do *iter criminis*. Logo, inviável a tentativa (nesse sentido, também, o STJ – RHC 16.053/SP, Rel. Min. Paulo Medina, DJ 12.09.2005, p. 368). Uma vez expedida a fatura, duplicata ou nota de venda que não corresponda à mercadoria vendida, o crime já estará consumado, independentemente do prejuízo que eventualmente seja causado pela conduta; **IV:** incorreta. Primeiramente, o crime definido no art. 179 do CP (fraude à execução) está inserido no capítulo dos crimes patrimoniais, tendo como sujeito passivo o titular do direito que se visa garantir com a execução (leia-se: o credor). De outra borda, o crime somente se procede mediante queixa (art. 179, parágrafo único, do CP), tratando-se, pois, de crime de ação penal privada.

Gabarito "E"

(Ministério Público/PB – 2010) Assinale a alternativa correta:

(A) Nos crimes contra a honra, se a vítima é maior de sessenta anos ou portadora de deficiência, a pena deve ser aumentada de um terço.

(B) O Código Penal Brasileiro admite a calúnia e a difamação contra os mortos, já que a ofensa feita a honra objetiva destes atinge, em verdade, sua memória, cuja proteção interessa sobremaneira aos seus parentes.

(C) A ocorrência de lesão corporal de natureza grave ou morte qualifica o delito de rixa, respondendo por ela, inclusive, a vítima da lesão grave.

(D) Assim como no sequestro e cárcere privado, no crime de redução à condição análoga à de escravo, o consentimento do ofendido, se válido e anterior ou, no mínimo, concomitante à ação delitiva, atua como causa excludente da ilicitude.

(E) Se a injúria consiste na utilização de elementos referentes a raça, cor, etnia, religião, origem ou a condição de pessoa idosa ou portadora de deficiência, a ação penal é publica incondicionada.

A: incorreta, pois a pena será aumentada em um terço, nos termos do art. 141, IV, do CP, se qualquer dos crimes contra a honra for cometido em detrimento de pessoa maior de sessenta anos ou portadora de deficiência, exceto no caso de injúria. Considerando que a alternativa não traz a ressalva contida no dispositivo legal precitado, a assertiva nela contida está, repita-se, incorreta; **B:** incorreta. O CP, no art. 138, § 2º, pune, apenas, a calúnia perpetrada contra os mortos, mas não o faz com relação à difamação; **C:** correta (art. 137, parágrafo único, do CP). Muito embora soe estranho o fato de um dos participantes da rixa responder pela ocorrência de lesão corporal grave que ele próprio sofra, a doutrina explica que o referido dispositivo legal não deixa dúvidas quanto à punição de todos os rixosos, caracterizando resquício de responsabilidade objetiva; **D:** incorreta. A despeito de no crime de sequestro ou cárcere privado (art. 148 do CP) entender-se que o consentimento do ofendido, de fato, exclui a ilicitude da conduta, desde que válido, tal não se reproduz no crime definido no art. 149 do CP (redução à condição análoga à de escravo). De acordo com a doutrina, trata-se de crime que afronta a própria dignidade da pessoa humana, não havendo qualquer "relevância penal" no fato de a vítima supostamente concordar com a prática do fato; **E:** incorreta. Na denominada "injúria racial", a ação penal depende de representação do ofendido (art. 145, parágrafo único, parte final, do CP), tratando-se, pois, de crime de ação pública condicionada.

Gabarito "C"

(Ministério Público/PB – 2010) Considere as assertivas abaixo, assinalando a alternativa que contenha sobre elas o devido julgamento:

I. As doutrinariamente denominadas normas preceptivas estão relacionadas aos crimes omissivos, abrangendo tanto as normas mandamentais, em caso de omissões próprias, quanto as normas proibitivas, na hipótese de omissões impróprias.

II. O Estado, entendido como a própria Federação Brasileira, é a única fonte imediata de conhecimento do Direito Penal pátrio.

III. A atenuante referente à cooperação dolosamente distinta somente se aplica à modalidade de participação, não abrangendo os casos de autoria ou coautoria.

IV. O excesso exculpante, entendido como aquele decorrente de medo, surpresa ou perturbação de ânimo, é uma causa supralegal de exclusão da culpabilidade, estando expressamente prevista no Código Penal Militar Pátrio.

(A) Somente as assertivas II e III são falsas.

(B) Todas as assertivas são falsas.

(C) Nenhuma das assertivas é falsa.

(D) Somente as assertivas I e IV são falsas.

(E) Somente a assertiva I é falsa.

I: verdadeira. De fato, denominam-se normas preceptivas aquelas que impõem ao agente um fazer, um agir, dando azo à criação dos crimes omissivos. Frise-se que no caso de omissão própria, estaremos diante de normas mandamentais, ou seja, normas que impõem uma atividade (ex.: no caso da omissão de socorro, definida no art. 135 do CP, há por trás do tipo penal um mandamento, qual seja, "preste socorro"). Já na omissão imprópria (crimes comissivos por omissão), fala-se em norma proibitiva, visto que o agente, violando um seu dever jurídico de agir para impedir o resultado, ao não agir, responde como se agido tivesse (ex.: a mãe que deixa de alimentar o filho recém-nascido, matando-o por inanição, responderá por homicídio, como se tivesse praticado uma conduta positiva); **II:** falsa. O Estado é a fonte material do Direito Penal, visto competir à União legislar sobre referida matéria (art. 22, I, da CF). Já a fonte formal direta do Direito Penal é a lei (em razão do princípio constitucional da legalidade penal); **III:** falsa, pois o instituto da cooperação dolosamente distinta, previsto no art. 29, § 2º, do CP, tem aplicação a qualquer das modalidades de concurso de pessoas (coautoria ou participação), diferente do que ocorre com a chamada "participação de menor importância", prevista no art. 29, §1, do CP, esta sim aplicável, apenas, à participação; **IV:** verdadeira. De fato, o excesso exculpante é aquele decorrente do medo, surpresa ou perturbação anímica da vítima diante do crime que a atinge, sendo, para o "Direito Penal comum", causa supralegal de exclusão da culpabilidade. Porém, no art. 45, parágrafo único, do CPM (Código Penal Militar), tem-se a previsão do referido excesso exculpante (*não é punível o excesso quando resulta de escusável surpresa ou perturbação de ânimo, em face da situação*).

Gabarito "A"

(Ministério Público/PB – 2010) Considere as assertivas abaixo, assinalando a alternativa que contém sobre elas o devido julgamento:

I. O erro que versa sobre causa pessoal de exclusão de pena, se invencível, exclui o dolo, ensejando a responsabilização do agente a título de culpa, se houver previsão legal.

II. O princípio da irretroatividade da *novatio legis in pejus* impede que esta seja aplicada ao crime permanente, mesmo quando sua vigência seja anterior à cessação da permanência.

III. Com a edição da Lei n. 9.268/1996, que passou a considerar a pena de multa como dívida de valor, aplicando-se-lhe as normas da legislação relativa à divida ativa da Fazenda Pública e, ainda, impedindo a sua conversão em pena privativa de liberdade, tornou-se possível a cobrança do valor correspondente à pena de multa, em caso de morte do condenado, aos seus herdeiros, até o limite das forças de sua herança.

IV. Para os adeptos da teoria dos elementos negativos do tipo, se o agente agir em estado de necessidade, deixará de existir o próprio fato típico.

(A) Todas as assertivas são falsas.

(B) Somente a assertiva IV é verdadeira.

(C) Nenhuma das assertivas é falsa.

(D) Somente a assertiva I é verdadeira.

(E) Somente a assertiva III é falsa.

I: falsa. O erro que versa sobre causa pessoal de exclusão de pena nada mais é do que uma falsa percepção da realidade no que diz respeito a uma escusa absolutória (ou imunidade penal absoluta). O Código Penal não tratou do erro sobre escusas absolutórias, diversamente do tratamento conferido, por exemplo, ao erro de tipo (que, se invencível, exclui o dolo e a culpa, ou somente aquele, remanescendo esta, se vencível, e desde que haja previsão legal); **II:** falsa (Súmula 711 do STF); **III:** falsa. Pelo princípio da intranscendência consagrado no art. 5º, XLV, da CF, a pena não passará da pessoa do condenado. Ainda que a multa seja considerada "dívida de valor", conforme preconiza o art. 51 do CP, é certo que é espécie de pena, não podendo, em caso de morte do agente, ser transferida aos herdeiros ou sucessores. Estes somente arcarão com os efeitos civis decorrentes do crime, mas respeitados os limites da herança; **IV:** verdadeira. De fato, pela teoria dos elementos negativos do tipo, o fato somente será considerado típico se a conduta praticada pelo agente não estiver amparada por alguma causa excludente da ilicitude. O tipo penal é analisado de forma "global" (tipo de injusto total), somente havendo tipicidade se inexistir causa justificante do fato praticado pelo agente (daí o nome *elementos negativos do tipo*).

Gabarito "B"

(Ministério Público/PB – 2010) Analise as assertivas abaixo, assinalando, sucessivamente, a alternativa que contém o devido julgamento sobre elas:

I. No dolo direto de primeiro grau ou imediato, o resultado típico é uma consequência necessária dos meios eleitos, que devem ser abrangidos pela vontade tanto quanto o fim colimado, razão pela qual é doutrinariamente reconhecido como dolo de consequências necessárias.

II. As normas penais em branco são aquelas em que há uma necessidade de complementação para que se possa compreender o âmbito de aplicação de seu preceito secundário.

III. A Exposição de Motivos do Código Penal é considerada pela Doutrina como uma das formas de interpretação autêntica e contextual da lei penal.

IV. A Doutrina denomina de normas penais em branco heterogêneas, próprias ou *stricto sensu,* aquelas cujos complementos provêm de fonte legislativa diversa da que editou a norma que necessita ser complementada, ilustrando, como exemplo, o crime de conhecimento prévio de impedimento, posto que os impedimentos matrimoniais são definidos por meio de diploma legal distinto, qual seja o Código Civil.

(A) Todas as assertivas estão corretas.

(B) Apenas a assertiva II está errada.

(C) Apenas as assertivas I e III estão erradas.

(D) Apenas a assertiva IV está errada.

(E) Todas as assertivas estão erradas.

I: incorreta. Considera-se *dolo direto* (ou *dolo de primeiro grau*), como o próprio nome sugere, aquele que decorre imediatamente da conduta praticada pelo agente, daí advindo um resultado desejado. Fala-se, por outro lado, em *dolo direto de segundo grau* (ou dolo necessário, ou dolo de consequências necessárias) quando o agente, para alcançar o resultado inicialmente (e diretamente) pretendido, produz um "resultado paralelo" necessário, inafastável. É o que se chama de "efeitos colaterais da conduta"; **II:** incorreta. As normas penais em branco são aquelas com *preceito primário* incompleto, razão pela qual, para sua correta compreensão e aplicação, deverão ser complementados; **III:** incorreta. A Exposição de Motivos do Código Penal, por não ser "lei", não é considerada uma espécie de interpretação autêntica, que é, exatamente, aquela conferida pelo próprio sujeito que elaborou a lei. Em verdade, trata-se de interpretação doutrinária; **IV:** incorreta. A despeito de as normas penais em branco heterogêneas serem, de fato, aquelas cujo complemento derivará de fonte de produção diversa à da que editou a norma a ser complementada, errada a afirmação de que o crime de conhecimento prévio de impedimento (art. 237 do CP) é exemplo da já referida norma penal em branco heterogênea. Com efeito, trata-se de norma penal em branco *em sentido homogêneo* (ou amplo, ou lato), tendo em vista que a expressão *"impedimento"*, referente ao casamento, será conhecida pela análise do Código Civil, que tem a mesma hierarquia (e deriva da mesma fonte legislativa) do Código Penal.

Gabarito "E"

(Ministério Público/PB – 2010) Considere as proposições abaixo e, em seguida, indique a alternativa que contenha o julgamento devido sobre elas:

I. No caso de ação penal privada, por medida de política criminal, há uma transferência do *ius puniendi* do Estado ao querelante, permitindo-se-lhe o direito de pleitear em Juízo a acusação de seu suposto agressor.

II. Na concepção garantista defendida por Luigi Ferrajoli, os direitos fundamentais adquirem *status* de intangibilidade, estabelecendo um núcleo inegociável, denominado esfera do não decidível, cujo sacrifício só é legitimado sob a justificativa da manutenção do bem comum.

III. O *jus puniendi* do Estado pode ser exercido tanto pelo Poder Judiciário quanto pelo Poder Legislativo.

IV. A teoria da coculpabilidade ingressa no mundo do Direito Penal para apontar e evidenciar a parcela de responsabilidade que deve ser atribuída à sociedade quando da prática de determinadas infrações penais pelos seus supostos cidadãos.

(A) Apenas I e II estão erradas.

(B) Apenas I e IV estão corretas.

(C) Apenas II e III estão corretas.

(D) Apenas a III está errada.

(E) Todas as proposições estão corretas.

I: incorreta. Na ação penal privada não ocorre a transferência do *jus puniendi*, que **sempre pertence ao Estado**, mas, sim, o *jus accusationis*, ou seja, o "direito de acusar". Trata-se, aqui, de matéria atinente à legitimidade para oferecer a ação penal, e não legitimidade para punir o agente; **II:** incorreta. Segundo Luigi Ferrajoli, autor da consagrada obra "Direito e Razão", revisitando e repensando sobre a esfera pública e as funções de governo e funções de garantia, especificamente no tocante à constitucionalização dos direitos sociais, passou a denominar de *"esfera do indecidível"* aquilo sobre o que nenhuma maioria poderia validamente decidir; **III:** correta. Em razão do "monopólio da jurisdição", ainda mais em matéria penal, o *jus puniendi* pertence, exclusivamente, ao Estado. Assim, para que o Estado-Juiz possa concretizar referido *jus puniendi*, imprescindível que o Poder Legislativo, por meio de lei em sentido estrito (e formal), veicule os crimes e comine as respectivas penas (princípio da legalidade). No tocante ao Poder Legislativo, fala-se em *jus puniendi* em abstrato, que somente se concretiza com a prática do ilícito penal e a deflagração do *jus persequendi in judicio*; **IV:** correta. De fato, de acordo com os ensinamentos de Eugenio Raul Zaffaroni, jurista integrante da Suprema Corte Argentina, pela teoria da coculpabilidade, parte da responsabilidade pela prática do ilícito penal pelo agente deve ser repartida com a coletividade, que, em síntese, não forneceu àquele os meios para que não ingressasse no "mundo da delinquência".

Gabarito "A"

(Ministério Público/MT – 2012 – UFMT) Consoante entendimento do Superior Tribunal de Justiça, analise as assertivas abaixo.

I. Não se admite a adoção do regime prisional semiaberto aos reincidentes condenados à pena igual ou inferior a quatro anos ainda que favoráveis as circunstâncias judiciais.

II. Não é cabível a suspensão condicional do processo na desclassificação do crime e na procedência parcial da pretensão punitiva.

III. A frequência a curso de ensino formal é causa de remição de parte do tempo de execução de pena sob regime fechado ou semiaberto.

IV. É admissível a extinção da punibilidade pela prescrição da pretensão punitiva com fundamento em pena hipotética, independentemente da existência ou sorte do processo penal.

V. A falta grave interrompe o prazo para obtenção de livramento condicional.

Está correto o que se afirma em:

(A) I e II, apenas.

(B) II e III, apenas.

(C) I e IV, apenas.

(D) V, apenas.

(E) III, apenas.

I: incorreta (Súmula 269 do STJ); **II:** incorreta (Súmula 337 do STJ); **III:** correta (Súmula 341 do STJ); **IV:** incorreta (Súmula 438 do STJ); **V:** incorreta (Súmula 441 do STJ).

Gabarito "E"

(Ministério Público/MG – 2011) Analise as seguintes proposições e, com base na Jurisprudência (dominante) do Tribunal de Justiça de Minas Gerais, assinale com **V** as **verdadeiras** e com **F** as **falsas**:

( ) No crime de roubo praticado com grave ameaça à pessoa (sem violência real), sendo ínfimo o valor da coisa e primário o agente, admite-se a exclusão da tipicidade pela incidência do princípio da insignificância.

( ) Para a configuração do crime de uso de documento falso, é necessário que o documento seja apresentado de forma voluntária, restando descaracterizado o crime se ao autor do fato foi determinada a apresentação de CNH (falsa) numa *blitz* de trânsito.

( ) Em regra, para a incidência da causa de aumento de pena do inciso I do § 2° do artigo 157 do Código Penal, são imprescindíveis a apreensão da arma e a realização de perícia; porém, a potencialidade lesiva da arma branca é presumida, dispensando a apreensão e a prova pericial para incidência da majorante.

( ) O agente preso em flagrante que declina nome falso perante a autoridade policial não pratica nem falsidade ideológica nem falsa identidade, constituindo tal conduta um reflexo do direito à ampla defesa, salvo se o nome e a qualificação declinados pertencem a outra pessoa.

Assinale a alternativa que apresenta a sequência de letras **CORRETA**.

(A) (V) (F) (F) (F).

(B) (F) (V) (F) (F).

(C) (F) (F) (V) (F).

(D) (F) (F) (F) (V).

A primeira assertiva é falsa. É amplamente rechaçada pela doutrina e jurisprudência a aplicação do princípio da insignificância penal (causa supralegal de exclusão da tipicidade material), mesmo que ínfimo o valor, com relação ao crime de roubo, que, sabidamente, é crime complexo, lesionando, a um só tempo, o patrimônio e a integridade corporal ou moral da vítima (violência ou grave ameaça); a segunda assertiva é, também, falsa. De acordo com o posicionamento majoritário do STJ e STF, mesmo que a exibição do documento falso decorra de exigência de uma autoridade policial (CNH, por exemplo), ainda assim restará caracterizado o crime do art. 304 do CP (ainda mais em se tratando de CNH, que é documento de porte obrigatório para a condução de veículo automotor); a terceira assertiva é verdadeira, de acordo com a banca examinadora. De fato, a regra será a da realização de exame de corpo de delito na arma apreendida, a fim de que se possa aferir sua potencialidade lesiva. Porém, os Tribunais Superiores (STJ e STF) vêm entendendo, ainda que com alguma divergência interna de Turmas, que a majorante em comento poderá incidir mesmo se não houver laudo pericial, desde que outros meios de prova possam atestar o emprego da arma (prova testemunhal e declarações do ofendido); a quarta assertiva é falsa. A despeito de doutrinadores como Mirabete e Celso Delmanto defenderem a atipicidade da conduta daquele que se atribui falsa identidade para afastar de si responsabilidade por eventual prática criminosa, STF e STJ entendem pela configuração do crime do art. 307 do CP (STF, RE 640139; STJ - HC 151.866/RJ).

Gabarito "C"

(Ministério Público/GO – 2010) Nas proposições abaixo, assinale a alternativa incorreta à luz das decisões sedimentadas pelo Supremo Tribunal Federal;

(A) Não se tipifica crime material contra a ordem tributária, previsto no art. 1°, incisos I a IV, da Lei n. 8.137/1990, antes do lançamento definitivo do tributo.

(B) É direito do defensor, no interesse do representado, ter acesso amplo aos elementos de prova que, já documentados, ou em andamento, em procedimento investigatório realizado por órgão com competência de polícia judiciária, digam respeito ao exercício do direito de defesa.

(C) A pena unificada para atender ao limite de trinta anos de cumprimento, determinado pelo art. 75 do Código Penal, não é considerada para a concessão de outros benefícios, como o livramento condicional ou regime mais favorável de execução.

(D) A extinção do mandato do prefeito não impede a instauração de processo pela prática dos crimes previstos no artigo 1º do Decreto-Lei 201/1967.

A: correta (Súmula vinculante 24 do STF); **B:** incorreta, devendo ser assinalada. É direito do defensor, no interesse do representado, ter acesso amplo aos elementos de prova que, já documentos em procedimento investigatório realizado por órgão com competência de polícia judiciária, digam respeito ao exercício do direito de defesa (Súmula vinculante 14 do STF). Assim, o defensor tem um direito de acesso aos autos de investigação de caráter retrospectivo, vale dizer, de todos os elementos de prova que *já foram documentados* nos autos (e não daqueles que estejam em andamento ou que ainda venham a ser coletados); **C:** correta (Súmula 715 do STF); **D:** correta (Súmula 703 do STF).

Gabarito "B"

(Ministério Público/GO – 2010) No que se refere a delação premiada disposta no parágrafo 4º do artigo 159 do Código Penal, é correto dizer que:

(A) Norma advinda pelo artigo 8º, da Lei 8.072/1990, de 25de julho de 1990, basta a simples delação, não exigindo o tipo a efetiva libertação da vítima. Trata-se de uma causa de diminuição de pena de caráter obrigatório. Exige que o delito seja cometido por concorrentes (coautor ou partícipe), de no mínimo dois agentes.

(B) Norma advinda pelo artigo 7º da Lei n. 8.072, de 25 de julho de 1990, não basta a simples delação, exigindo o tipo a efetiva libertação da vítima. Trata-se de uma causa de diminuição de pena de caráter obrigatório. A expressão "concorrente" refere-se a qualquer participante da quadrilha (coautor ou partícipe). Sendo certo que haja concorrentes para a existência da delação premiada, aproveita ainda quando cometido por apenas dois sequestradores.

(C) Norma advinda pelo artigo 7º da Lei n. 8.072, de 25 de julho de 1990, basta a simples delação, não exigindo o tipo a efetiva libertação da vítima. Trata-se de uma causa de diminuição de pena de caráter obrigatório. A expressão "concorrente" refere-se a qualquer participante da quadrilha (coautor ou partícipe). Sendo certo que haja concorrentes para a existência da delação premiada, aproveita ainda quando cometido por apenas dois sequestradores.

(D) Norma advinda pelo artigo 8º da Lei n. 8.072, de 25 de julho de 1990, não basta a simples delação, exigindo o tipo a efetiva libertação da vítima. Trata-se de uma causa de diminuição de pena de caráter obrigatório. A expressão "concorrente" refere-se a qualquer participante da quadrilha (coautor ou partícipe). Sendo certo que haja concorrentes para a existência da delação premiada, aproveita ainda quando cometido por apenas dois sequestradores.

A delação premiada no crime de extorsão mediante sequestro, prevista no art. 159, § 4º, do CP, dispõe que *"se o crime é cometido em concurso, o concorrente que o denunciar à autoridade, facilitando a libertação do sequestrado, terá sua pena reduzida de um a dois terços"*. Trata-se de norma advinda do art. 7º da Lei 8.072/1990 (Lei dos Crimes Hediondos), sendo uma causa obrigatória de diminuição de pena (ou minorante). Como se vê da leitura do dispositivo em comento, a delação premiada tem como pressupostos: a) prática da extorsão mediante sequestro em concurso de agentes (bastam dois); b) delação do crime à autoridade; e c) libertação da vítima.

Gabarito "B"

(Ministério Público/GO – 2010) Assinale a alternativa incorreta.

(A) O controle social pode ser difuso ou institucionalizado. O sistema penal compõe o controle social punitivo institucionalizado e formalmente punitivo.

(B) Com a expressão 'Direito Penal', são abarcados o conjunto de leis penais e o sistema de interpretação dessas leis, que é o saber do Direito Penal.

(C) A lei penal em sentido amplo é a que relaciona uma conduta a uma pena, estabelecendo um crime ou delito. Pode-se falar que nem todas as condutas antijurídicas são crimes, mas todos os crimes são condutas antijurídicas.

(D) O direito penal deve ter como objeto, para uns, a segurança jurídica (entendida como a tutela de bens jurídicos ou de valores ético-sociais); para outros, a defesa social.

A: correta. Chama-se de controle social difuso (ou informal) aquele de conteúdo não punitivo, oriundo da própria coletividade e decorrente, até mesmo, da educação formal que recebemos. Já o controle social institucionalizado (ou formal), como o próprio nome sugere, é aquele previamente constituído para ter um caráter punitivo. Materializa-se, por exemplo, pela criação de regras de direito penal e das instituições policiais; **B:** correta. De fato, a expressão "Direito Penal" abrange o conjunto de regras e princípios próprios da disciplina, incluindo, por óbvio, todo o sistema interpretativo de referidas regras; **C:** incorreta, devendo ser assinalada. Diz-se lei penal em sentido amplo aquela que define um fato punível, prevendo uma sanção, ou, ainda, aquela que amplia o sistema penal por meio de princípios gerais. Já a lei penal em sentido estrito é aquela que descreve uma conduta considerada antijurídica, cominando-lhe a respectiva pena; **D:** correta. O Direito Penal, de fato, se por um lado tutela bens jurídicos relevantes, por outro lado é instrumento de defesa social, tratando-se de ramo rigoroso do Direito, mas, lembre-se, de *ultima ratio*, ou seja, somente deverá "entrar em cena" em último caso, vale dizer, se todos os outros ramos do Direito forem insuficientes para a tutela do bem jurídico.

Gabarito "C"

(Ministério Público/MG – 2010) Assinale a alternativa INCORRETA.

(A) O direito penal não admite a compensação de culpas.

(B) No erro de tipo essencial, o sujeito não age dolosamente.

(C) É admitido o uso da analogia no direito penal.

(D) A embriaguez completa não exclui a ilicitude do fato.

(E) O arrependimento eficaz é causa de diminuição de pena.

A: correta. De fato, inexiste, no direito penal, compensação de culpas, isto é, uma conduta culposa não anula a outra; **B:** correta. O erro de tipo exclui o dolo – art. 20, CP; **C:** correta. A analogia em matéria penal só é admitida em benefício do réu (*in bonam partem*); **D:** correta. A embriaguez completa do art. 28, § 1º, do CP constitui causa de exclusão da imputabilidade; **E:** incorreta, devendo ser assinalada. O arrependimento eficaz, presente no art. 15, 2ª parte, do CP, tem natureza de excludente de tipicidade.

Gabarito "E"

(Ministério Público/SC – 2010)

I. É impossível a participação mediante omissão no crime de furto.

II. O crime de induzimento à especulação é aquele em que bem jurídico tutelado, é o patrimônio da pessoa simplória, ignorante, que induzida em erro, é levada a prática de jogo ou aposta, ou a especular com títulos ou mercadorias.

III. O crime tipificado no artigo 1º, II, da Lei 8.137/1990, que incrimina a omissão de operação de qualquer natureza em documento ou livro exigido pela lei fiscal é crime formal.

IV. A lesão corporal, qualificada pelo aborto, artigo 129 § 2º, IV, do CP, é crime preterdoloso.

V. O artigo 218-B, do Código Penal, "Favorecimento da Prostituição ou outra forma de exploração sexual de vulnerável", na hipótese de condenação do crime mencionado do proprietário ou gerente do local, em que se verifique a prática delituosa, a lei criou um efeito obrigatório da condenação: a cassação da licença de localização e funcionamento do estabelecimento.

(A) Apenas as assertivas I, II e III estão corretas.

(B) Apenas as assertivas I, III e IV estão corretas.

(C) Apenas as assertivas II, III e V estão corretas.

(D) Apenas as assertivas II, IV e V estão corretas.

(E) Todas as assertivas estão corretas.

I: incorreta, pois é possível, sim, a participação por omissão em crime comissivo; **II:** assertiva correta. Conduta prevista no art. 174 do CP; **III:** assertiva incorreta, visto que as condutas previstas no art. 1º da Lei 8.137/1990 constituem crime material, na medida em que se exige, à sua consumação, prejuízo efetivo para o Estado, representado pela supressão ou redução do tributo. Este é o entendimento firmado na Súmula Vinculante n. 24; **IV:** se a morte do feto foi provocada a título de culpa e o agente tinha ciência da gravidez, incorrerá este no crime do art. 129, § 2º, V, do CP, que de fato é preterdoloso (dolo na lesão e culpa na interrupção da gravidez – aborto). De outro lado, se o agente, além de causar a lesão na gestante, queria, também, interromper a gravidez desta, o crime em que ele irá incorrer é outro, pois, neste caso, resta evidente que ele agiu com dolo, e não com culpa. Seria o caso, então, de responsabilizá-lo por crime de aborto sem o consentimento da gestante – art. 125, CP; **V:** assertiva correta, nos termos do art. 218-B, § 3º, do CP.

Gabarito "D"

4. Direito Processual Penal

Eduardo Dompieri

1. FONTES, PRINCÍPIOS GERAIS, EFICÁCIA DA LEI PROCESSUAL NO TEMPO E NO ESPAÇO

(Ministério Público/DF – 2013) Assinale a opção que **NÃO CORRESPONDE** à história do Direito Processual Penal brasileiro:

(A) A Constituição do Império, de 1824, previu inúmeros direitos ao acusado, tais como o direito a não ser conduzido à prisão ou a não ser mantido preso, se prestada fiança idônea.

(B) Durante boa parte do Império, sobretudo a partir de 1841, a polícia assumiu algumas funções judiciais, sendo tal período conhecido como *policialismo judiciário*.

(C) Em razão do federalismo implementado com a Constituição republicana de 1891, vários estados federados passaram a ter um código de processo penal próprio.

(D) A prisão preventiva obrigatória, instituto introduzido em nosso sistema pelo Código de Processo Penal de 1941, perdurou até a Constituição de 1988.

(E) O Tribunal do Júri, no Brasil, já teve outras competências além do julgamento de crimes dolosos contra a vida.

A: assertiva correta. Segundo estabelecia o art. 179, IX, da Constituição do Império, outorgada, em 25.03.1824, pelo imperador Dom Pedro I, "Ainda com culpa formada, ninguém será conduzido à prisão, ou nela conservado estando já preso, se prestar fiança idônea, nos casos, que a Lei a admite (...)"; **B:** assertiva correta. A partir de 1841, ainda sob a égide da Constituição do Império, algumas mudanças, no processo, foram introduzidas. Uma delas se refere ao chamado *policialismo judiciário*, que deve ser entendido como o sistema em que à polícia eram cometidas as funções de prender, investigar, acusar e pronunciar acusados de determinados crimes de menor importância; **C:** assertiva correta. Com a promulgação, em 1891, da segunda Constituição do Brasil (a primeira republicana), inspirada na Constituição norte-americana, o Estado, até então unitário, passou a ser federal, caracterizado pela autonomia e pela descentralização do poder. Com isso, cada estado passou a legislar determinadas matérias, entre as quais direito penal e processo penal. Importante, aqui, observar que esta Constituição instituiu o Supremo Tribunal Federal e o primeiro sistema judicial de controle de constitucionalidade; **D:** assertiva incorreta, devendo ser assinalada. Isso porque os dispositivos que previam, no Código de Processo Penal de 1941, a chamada prisão preventiva *obrigatória* foram revogados pela Lei 5.349/1967, antes, portanto, da CF/1988; **E:** assertiva correta. Assim que surgiu, em 1822, o tribunal do júri tinha competência para o julgamento dos crimes de imprensa. Com o passar dos anos, a depender da ordem constitucional em vigor, o tribunal do júri ganhou diferentes contornos, até que, em 1988, com a promulgação da Constituição Cidadã, adquiriu *status* de garantia fundamental, com reconhecimento de quatro princípios basilares.

Gabarito "D"

(Ministério Público/DF – 2013) Assinale a alternativa **INCORRETA**:

(A) Na interpretação dos fatos e do direito, e compromissado com a realização da justiça, o magistrado deve empenhar-se na busca da verdade real, que apenas sofre limitações de ordem científica, relacionadas a aspectos internos do processo.

(B) Observa-se, na dinâmica das reformas legislativas levadas a cabo nas últimas décadas, uma preocupação com a criação e o aperfeiçoamento de mecanismos mais severos de combate à macrocriminalidade, ao mesmo tempo em que se introduzem instrumentos de simplificação e de diversificação no enfrentamento da criminalidade de menor complexidade e gravidade.

(C) A possibilidade de acordos processuais penais abrange tanto a criminalidade de menor potencial ofensivo quanto alguns crimes de elevada gravidade, inclusive os hediondos e aqueles a eles assemelhados.

(D) Em um sistema de viés acusatório, cumpre ao juiz manter-se como sujeito suprapartes, conceder ao acusador e ao acusado as mesmas oportunidades processuais, e conduzir o feito assegurando a bilateralidade de audiência e a predominância da oralidade e da publicidade dos atos processuais.

(E) No sistema processual penal brasileiro, o Ministério Público ocupa o polo ativo da relação processual e age comprometido com a verdade processual, o que o autoriza a postular a favor da defesa, se necessário.

A: assertiva incorreta, devendo ser assinalada. É certo que, no processo penal, diferentemente do que se dá no âmbito do processo civil, deve-se buscar a verdade real, assim entendida aquela que mais se aproxima da verdade absoluta (realidade); não deve o magistrado, assim, conformar-se com a verdade formal. Acontece que esta busca pela verdade real, que deve, necessariamente, dar-se por intermédio de um processo judicial, não pode ser ilimitada; é dizer, o juiz não está autorizado a sobrepor-se à lei com o propósito de alcançar a justiça. Embora disponha o juiz de instrumentos para o exercício desta atividade (busca da verdade real), é-lhe vedado sobrepor-se aos limites impostos pelo ordenamento jurídico. Como exemplo podemos citar a vedação da prova ilícita, que constitui garantia de índole constitucional (art. 5º, LVI, da CF). Assim, forçoso concluir que as limitações aqui tratadas não são apenas de ordem científica; **B:** assertiva correta. A alternativa, na sua primeira parte, refere-se ao fenômeno denominado *expansão do direito penal*, tema muito bem abordado por Jesús-María Silva Sánches, em sua célebre obra "A Expansão do Direito Penal – Aspectos da política criminal nas sociedades pós-industriais". Em resumo, argumenta-se que as autoridades, atônitas e pressionadas pelo recrudescimento da criminalidade, sobretudo verificada nas últimas décadas, adotam, como solução para esse mal que acomete a sociedade, a exacerbação do direito penal. Acreditam que, assim, o combate ao flagelo da criminalidade será efetivo. A experiência mostra que não é bem assim. O uso indiscriminado e abusivo do direito penal, com a edição de leis que, muitas das vezes, representam grave violação aos direitos fundamentais, não surte o efeito de diminuir a prática de crimes. Exemplo disso, sempre lembrado pela doutrina, é a famigerada Lei de Crimes Hediondos, editada no final da década de 90, que conferiu tratamento mais severo aos autores de determinados crimes, com diversas violações, conforme já reconheceu, por diversas ocasiões, o STF, a direitos fundamentais. Já a criminalidade de menor gravidade e complexidade tem ganhado, também nas últimas décadas, mecanismos mais simplificados e céleres de combate. Exemplo é a Lei 9.099/1995, que introduziu, em relação às infrações penais de menor potencial ofensivo, medidas *despenalizadoras*; **C:** assertiva correta. Quanto à criminalidade de menor potencial ofensivo, temos, como instrumento de acordo processual, a composição dos danos civis e a transação penal, mecanismos *despenalizadores* previstos na Lei 9.099/1995. No que pertine aos crimes de maior gravidade, podemos citar, como exemplo, a *colaboração* premiada (art. 4º da Lei 12.850/2013); **D:** assertiva correta. São características do *sistema acusatório*: nítida separação nas funções de acusar, julgar e defender, o que torna imprescindível que essas funções sejam desempenhadas por pessoas distintas; o processo é público e contraditório; há imparcialidade do órgão julgador, que detém a gestão da prova (na qualidade de juiz-espectador), e a ampla defesa é assegurada. No *sistema inquisitivo*, que deve ser entendido como a antítese do acusatório, as funções de acusar, defender e julgar reúnem-se em uma única pessoa. É possível, nesse sistema, portanto, que o juiz investigue, acuse e julgue. Além disso, o processo é sigiloso e nele não vige o contraditório. No *sistema misto*, por fim, há uma fase inicial inquisitiva, ao final da qual tem início uma etapa em que são asseguradas todas as garantias inerentes ao acusatório. Embora não haja previsão expressa nesse sentido, acolhemos, segundo doutrina e jurisprudências majoritárias, o sistema acusatório. Alguns doutrinadores, no entanto, sustentam que o sistema adotado é o misto; **E:** assertiva correta. *Vide* art. 385 do CPP.

Gabarito "A"

(Ministério Público/AC – 2008) É correto afirmar que

(A) o princípio da oralidade pode ser representado pelo brocardo *audiatur et altera parte*.

(B) o princípio da oportunidade na ação penal pública pode ser representado pelo brocardo *nemo tenetur se ipsum acusare*.

(C) o princípio do contraditório pode ser representado pelo brocardo *audiatur et altera parte*.

(D) o princípio da oralidade pode ser representado pelo brocardo *iuria novit curia*.

A e **C:** o brocardo *audiatur et altera parte*, que significa ouça-se também a outra parte, corresponde ao postulado do contraditório, que constitui um corolário do princípio do devido processo legal; **B:** incorreta, pois o brocardo *nemo tenetur se ipsum acusare* significa que ninguém é obrigado a acusar a si mesmo; **D:** incorreta, visto que este brocardo traduz-se no dever imposto ao juiz de conhecer as normas jurídicas.

Gabarito "C"

(Ministério Público/BA – 2008) Assinale a alternativa correta em relação à norma processual penal e à aplicação da lei processual penal:

(A) No tocante à aplicação da lei processual penal no espaço, é aplicado, em regra, o princípio da nacionalidade.

(B) A analogia, forma de autointegração da lei, é verificada quando há aplicação extensiva de princípios jurídicos induzidos das normas particulares.

(C) A ação penal pela prática de crime comum praticado por Deputado Federal ou Senador após a diplomação só poderá ser recebida após licença da respectiva Casa Legislativa.

(D) A revogação de uma lei processual penal pode ocorrer de forma parcial, denominada ab-rogação, ou de forma total, denominada derrogação.

(E) As alternativas **a**, **b**, **c** e **d** são **incorretas**.

A: incorreta. No que toca à lei processual penal no espaço, adotamos o *princípio da territorialidade*, já que sua incidência se dá, em regra, no âmbito do território nacional; as exceções ficam por conta das *convenções*, *tratados* **e** *regras de direito internacional* (art. 1º do CPP); **B:** correta (art. 3º do CPP); **C:** incorreta, pois não corresponde ao teor do art. 53, § 3º, da CF, que estabelece que, depois de recebida a denúncia, pelo STF, contra senador ou deputado, por crime praticado após a diplomação, dar-se-á ciência à Casa respectiva; **D:** ao contrário. À revogação total dá-se o nome de *ab-rogação*; à revogação parcial, *derrogação*; **E:** incorreta, em vista do que acima foi exposto.

Gabarito "B"

(Ministério Público/CE – 2011 – FCC) O art. 10 da Declaração Universal dos Direitos do Homem, proclamada pela Assembleia Geral das Nações Unidas, em Paris, aos 10 de dezembro de 1948, consagra que toda pessoa tem direito, em condições de plena igualdade, de ser ouvida publicamente e com justiça por um tribunal independente e imparcial, para a determinação de seus direitos e obrigações ou para exame de qualquer acusação contra ela em matéria penal.

O princípio do processo penal que se adéqua a essa redação é o

(A) do juiz natural.

(B) da ampla defesa.

(C) do contraditório.

(D) do duplo grau de jurisdição.

(E) da publicidade.

O postulado do juiz natural está consagrado, no nosso ordenamento jurídico, no art. art. 5º, LIII, da CF, a seguir transcrito: "Ninguém será processado nem sentenciado senão pela autoridade competente".

Gabarito "A"

(Ministério Público/CE – 2009 – FCC) Quanto à eficácia temporal, a lei processual penal

(A) aplica-se somente aos fatos criminosos ocorridos após a sua vigência.

(B) vigora desde logo, tendo sempre efeito retroativo.

(C) tem aplicação imediata, sem prejuízo da validade dos atos já realizados.

(D) tem aplicação imediata nos processos ainda não instruídos.

(E) não terá aplicação imediata, salvo se para beneficiar o acusado.

A lei processual penal será aplicada desde logo, sem prejuízo dos atos realizados sob o império da lei anterior. É o que estabelece o art. 2º do CPP. A exceção a essa regra fica por conta da lei processual penal dotada de carga material, em que deverá ser aplicado o que estabelece o art. 2º, parágrafo único, do CP. Nesse caso, a exemplo do que se dá com as leis penais, a norma processual nova, se favorável ao réu, deverá retroagir; se prejudicial, aplica-se a lei já revogada (*lex mitior*).

Gabarito "C"

(Ministério Público/PI – 2008) Assinale a afirmativa **correta.**

(A) O brocardo *audiatur et altera parte* é representativo do princípio da oralidade.

(B) O brocardo *nemo tenetur se detegere* é representativo do princípio do contraditório.

(C) O princípio da igualdade de armas não está presente, em sua forma absoluta, no processo penal brasileiro.

(D) Em razão de fazer parte das garantias fundamentais de todo o cidadão, o princípio da publicidade, no processo penal, não comporta qualquer restrição em sua aplicabilidade.

(E) O princípio acusatório diz respeito à presença, no processo penal, dos princípios da oralidade, publicidade e contraditório.

A: incorreta. O brocardo *audiatur et altera parte*, que significa ouça-se também a outra parte, corresponde ao postulado do contraditório, que constitui um corolário do princípio do devido processo legal; **B:** incorreta. A expressão latina *nemo tenetur se detegere* significa que ninguém é obrigado a produzir prova contra si mesmo; **C:** correta. Exemplo disso é a possibilidade, atribuída exclusivamente ao réu, de propor a revisão criminal; **D:** incorreta, já que o princípio da publicidade, que sempre constitui a regra, comporta, sim, exceções, a saber: quando a informação representar risco à defesa do interesse social ou da intimidade do interessado no sigilo (art. 93, IX, da CF); **E:** incorreta. São características imanentes ao sistema (não princípio) acusatório: além de uma nítida separação nas funções de acusar, julgar e defender, o processo é público (ao menos na sua maior parte) e contraditório; ademais, há imparcialidade do órgão julgador, a ampla defesa é assegurada e o processo é predominantemente oral. No sistema inquisitivo, diferentemente, as funções de acusar, defender e julgar reúnem-se em uma única pessoa. Além disso, o processo é sigiloso e nele não vige o contraditório. No *sistema misto*, por fim, há uma fase inicial inquisitiva, ao final da qual tem início uma etapa em que são asseguradas todas as garantias inerentes ao acusatório. Para a maior parte da doutrina, adotamos o sistema acusatório; há, no entanto, doutrinadores que sustentam que o sistema por nós adotado é o misto.

Gabarito "C"

(Ministério Público/PI – 2008) Assinale a afirmativa **correta.**

(A) Os sistemas processuais penais são formados por regras e normas de ordem processual penal, deles não fazendo parte os princípios de igual natureza.

(B) Uma das características do sistema acusatório é o caráter prescindível de um acusador diferente do juiz ao longo de todo o processo.

(C) A Constituição Federal adota, de forma expressa, o acusatório como sistema processual penal em vigor no Brasil.

(D) Uma das características do sistema inquisitivo está na possibilidade de um mesmo juiz investigar, acusar, defender o acusado e julgar.

(E) A definição do sistema processual penal a ser adotado em um país não está diretamente ligada à forma como poderá o juiz atuar ao longo investigação criminal e de todo o processo.

São características do *sistema acusatório*: nítida separação nas funções de acusar, julgar e defender, o que torna imprescindível que essas funções sejam desempenhadas por pessoas distintas; o processo é público e contraditório; há imparcialidade do órgão julgador, que detém a gestão da prova (na qualidade de juiz-espectador), e a ampla defesa é assegurada. No *sistema inquisitivo*, que deve ser entendido como a antítese do acusatório, as funções de acusar, defender e julgar reúnem-se em uma única pessoa. É possível, nesse sistema, portanto, que o juiz investigue, acuse e julgue. Além disso, o processo é sigiloso e nele não vige o contraditório. No *sistema misto*, por fim, há uma fase inicial inquisitiva, ao final da qual tem início uma etapa em que são asseguradas todas as garantias inerentes ao acusatório. Embora não haja previsão expressa nesse sentido, acolhemos, segundo doutrina e jurisprudências majoritárias, o sistema acusatório. Alguns doutrinadores, no entanto, sustentam que o sistema adotado é o misto.

Gabarito "D"

(Ministério Público/RJ – 2011) Na reforma pontual do Código de Processo Penal Brasileiro, recentemente realizada, segundo a Lei e sua interpretação doutrinária, foi adotado um sistema:

(A) de integração entre as funções de acusar e julgar;

(B) de separação entre as funções de acusar e julgar;

(C) adversarial, que prestigia o debate das partes;

(D) de completa equidistância do juiz no processo;

(E) que possibilita ao juiz agir de ofício no procedimento.

As leis de reforma que foram editadas nos anos de 2008 e 2011 promoveram alterações significativas no sentido de reforçar o sistema processual adotado pelo Constituinte – CF/1988 (sistema acusatório). Exemplo disso é a vedação imposta ao juiz de determinar de ofício a prisão preventiva no curso das investigações. Antes de a Lei de Reforma 12.403/2011 promover a alteração na redação do art. 311 do CPP, podia o juiz, no curso do inquérito, determinar a prisão preventiva independente de provocação. Agora, não mais. Somente poderá fazê-lo quando provocado pela autoridade policial, mediante representação, ou pelo Ministério Público, por meio de requerimento. Permanece, todavia, a possibilidade de o juiz, no curso da ação penal, decretar a custódia preventiva.

Gabarito "B"

(Ministério Público/RJ – 2011) Tendo o Brasil ratificado o Pacto de São José da Costa Rica, a determinação de uma necessária duração razoável do processo, estabelecida por essa Convenção, foi incorporada à Constituição Federal. Sobre o tema, é correto afirmar que:

(A) a recente reforma pontual processual penal previu essa duração no Código de Processo Penal, estipulando prazos e sanções;

(B) a jurisprudência brasileira já determinou os prazos e sanções para o descumprimento dessa norma constitucional;

(C) a própria Constituição estipulou sanções, inclusive a indenização;

(D) a norma ainda não foi regulamentada, dependendo de estipulação de prazo se sanções;

(E) em caso de processo com duração não razoável, pode o juiz extinguir o processo.

De fato, tanto a Convenção Americana de Direitos Humanos (Pacto de San José da Costa Rica) quanto a nossa Constituição Federal não estabeleceram prazos máximos de duração para o processo. Adotamos, por isso, a chamada *doutrina do não prazo*. Se inexiste prazo, não há que se falar em sanção pelo seu descumprimento. É fato que a CF incorporou do Pacto de San José da Costa Rica (com a ratificação) o direito de o réu ver-se julgado em um prazo razoável, o que foi reforçado pela inclusão, na CF/1988, do art. 5º, LXXVIII, promovida pela E.C. nº 45, mas tal garantia, por ora inócua e ineficaz, não poderá ser exercitada enquanto não for editada uma lei que estabeleça prazos e sanções. Frise-se que o fato de o Código de Processo Penal haver feito menção a prazos durante os quais hão de tramitar os atos processuais, nenhuma sanção previu pelo não cumprimento desses prazos, assim chamados, por conta disso, de *impróprios*.

Gabarito "D"

(Ministério Público/TO – 2012 – CESPE) Com referência à aplicação da lei processual no tempo e no espaço, aos princípios aplicáveis ao direito processual penal e aos prazos processuais, assinale a opção correta.

(A) O prazo para interposição de apelação começa a correr a partir da juntada da carta precatória ou do mandado ao processo.

(B) No processo penal, incluem-se na contagem dos prazos o dia do início e o dia do final do prazo.

(C) Compete ao tribunal de apelação, em sede de *habeas corpus*, a aplicação de lei mais benigna editada após o trânsito em julgado de sentença que tiver condenado determinado réu.

(D) Se, após decisão que tiver concedido liberdade provisória a determinado preso, entrar em vigor nova lei que proíba a concessão do benefício para condenados por crime da espécie do cometido por esse preso, deverá o juiz da causa revogar a liberdade provisória, em razão da superveniente proibição legal.

(E) Nas ações penais privadas subsidiárias das ações públicas, o prazo decadencial para o oferecimento da queixa-crime inicia-se a partir do encerramento do prazo para o promotor de justiça oferecer a denúncia.

A: incorreta, visto que contraria o entendimento esposado na Súmula nº 710 do STF, segundo a qual os prazos, no processo penal, contam-se da data da intimação, e não da juntada aos autos do mandado ou da carta precatória ou de ordem; **B:** incorreta, pois não reflete o disposto no art. 798, § 1º, do CPP, que estabelece que o dia do começo não será computado no prazo processual, no qual será incluído, no entanto, o do vencimento; **C:** incorreta. A competência para aplicar a lei penal mais benigna editada após o trânsito em julgado de sentença que condenou o réu será do juiz das execuções, conforme entendimento firmado na Súmula nº 611 do STF. Se o processo ainda estiver em primeira instância, tal competência recairá sobre o juiz de primeiro grau a quem incumbe proferir a sentença; se estiver em grau de recurso, competente será o tribunal com atribuição para o julgamento deste recurso; **D:** incorreta, pois as leis processuais que possuem aspectos processuais e penais, assim chamadas *mistas* ou *híbridas*, não retroagirão para prejudicar o réu. Submetem-se, pois, ao regramento estabelecido pelo art. 5º, XL, da CF; **E:** correta. No âmbito da ação penal privada subsidiária, o ofendido ou seu representante legal dispõe do prazo de seis meses para oferecer a queixa subsidiária, a contar do dia em que tem fim o prazo para o oferecimento da denúncia pelo MP (art. 38, parte final, do CPP).

Gabarito "E"

2. INQUÉRITO POLICIAL

(Ministério Público/DF – 2013) Acerca do inquérito policial, assinale a alternativa **CORRETA**:

(A) O ato de instauração de inquérito policial é inerente à Polícia Judiciária, podendo o Ministério Público, excepcionalmente, lavrar a portaria inicial.

(B) A verificação da procedência das informações, providência cabível em seguida ao recebimento da notícia do crime, condiciona a instauração do inquérito policial à plena comprovação da ocorrência da infração penal.

(C) A autoridade policial não poderá instaurar inquérito policial se o crime for de ação penal pública condicionada à representação e esta não estiver formalmente assinada pelo ofendido ou seu representante legal.

(D) O requerimento do ofendido, dirigido à autoridade policial, é bastante para, posteriormente, dar início à ação penal privada.

(E) A autoridade judiciária, ao ler notícia da prática de um crime de ação penal pública incondicionada em um jornal, pode determinar a instauração de inquérito policial.

A: incorreta. A providência consistente em baixar *portaria*, com vistas a dar início a investigação por meio de inquérito policial em crime de ação penal pública incondicionada, constitui atribuição exclusiva da autoridade policial (art. 5º, I, do CPP), a quem cabe, inclusive, a partir daí, a presidência do inquérito policial. Tal providência, portanto, não pode ser tomada pelo MP; deverá o órgão acusatório, se entender que determinado fato é merecedor de apuração, requisitar a instauração de inquérito à autoridade policial (art. 5º, II, do CPP). Neste caso, dispensa-se a portaria, sendo a requisição ministerial a peça inicial do inquérito policial. *Vide* recente Lei 12.830/2013. Cuidado: estamos a falar do inquérito *policial*. Assim, nada impede que o MP baixe portaria em inquérito *criminal* (e não policial!) para apurar a ocorrência de infração penal, a despeito de parte da doutrina sustentar a inviabilidade de tal providência; **B:** incorreta. A instauração de inquérito policial não está condicionada à plena comprovação da ocorrência da infração penal; mesmo porque o inquérito se presta a reunir informações (prova do crime e indícios de autoria) para o ulterior exercício da ação penal, por meio de denúncia ou queixa; **C:** incorreta, já que a representação, que, conforme doutrina e jurisprudência sedimentadas, não exige rigor sacramental, dispensa a assinatura formal do ofendido ou de seu representante legal. Basta, aqui, que a vítima manifeste de forma inequívoca sua vontade de ver processado seu ofensor; **D:** incorreta, uma vez que o requerimento formulado pelo ofendido presta-se tão somente a autorizar a autoridade policial a instaurar o inquérito policial; já para dar início à ação penal, é necessário que o ofendido, depois de concluídas as investigações, ajuíze queixa-crime (dentro do prazo decadencial); **E:** correta, nos termos do art. 5º, II, do CPP.

Gabarito "E"

(Ministério Público/DF – 2013) Assinale a alternativa **CORRETA**:

(A) A promoção de arquivamento do inquérito policial, em crime de ação penal pública, não é ato privativo do Ministério Público.

(B) A decisão judicial de remessa do inquérito policial à chefia do Ministério Público deve ser fundamentada, cumprindo ao magistrado apontar as provas constantes da investigação que autorizam sua discordância em relação à promoção do titular da ação penal.

(C) A independência funcional do membro do Ministério Público impede a submissão do ato de arquivamento ao Procurador-Geral.

(D) Nos crimes de competência originária de tribunais não se aplica o disposto no artigo 28 do CPP.

A: incorreta, uma vez que tal iniciativa (promoção de arquivamento de IP) incumbe com exclusividade ao representante do MP, titular que é da ação penal pública. Assim, é vedado ao delegado de polícia, ao concluir as investigações do inquérito policial, promover o seu arquivamento (art. 17, CPP); deverá, isto sim, fazê-lo chegar ao MP, a quem incumbirá, se o caso, requerer o arquivamento do feito (art. 28, CPP). Tampouco é dado ao juiz tomar a iniciativa de arquivar autos de inquérito; dependerá, para tanto, de requerimento do MP; **B:** incorreta, pois a fundamentação, neste caso, é dispensável. Assim, na hipótese de o magistrado discordar do pleito do MP, e isso é perfeitamente possível, remeterá os autos, independente de fundamentação e na forma estatuída no art. 28 do CPP, ao procurador-geral, a quem incumbirá apreciar se a razão está com o promotor ou com o magistrado. Se entender o chefe do Ministério Público que razão assiste ao promotor, o juiz então estará obrigado a determinar o arquivamento dos autos de inquérito. Outra opção, neste caso, não lhe resta. Se, de outro lado, o procurador-geral entender que é caso de denúncia, poderá ele mesmo oferecê-la, ou ainda designar outro membro da instituição para fazê-lo, o que é mais comum; **C:** incorreta. O procurador-geral, ao se convencer que é caso de denúncia, poderá, ele mesmo, oferecê-la ou ainda designar outro membro da instituição para fazê-lo. Não há que se falar, neste último caso, em desrespeito à independência funcional do membro ao qual foi incumbida tal providência. É que, aqui, ele age em nome do procurador-geral, que lhe delegou tal incumbência, não podendo dela declinar; **D:** correta, uma vez que, neste caso, tendo em conta que o pedido de arquivamento é dirigido diretamente ao tribunal, não lhe é dado recusar o pleito do procurador-geral, não tendo incidência, bem por isso, o art. 28 do CPP.

Gabarito "D"

(Ministério Público/ES – 2013 – VUNESP) Considerando o teor da Súmula vinculante 14 do Supremo Tribunal Federal, no que diz respeito ao sigilo do inquérito policial, é correto afirmar que a autoridade policial

(A) não poderá, em hipótese alguma, negar vista ao advogado, com procuração com poderes específicos, dos dados probatórios formalmente anexados nos autos.

(B) não poderá negar vista dos autos de inquérito policial ao advogado, entretanto a extração de cópias reprográficas fica vedada.

(C) poderá negar vista dos autos ao advogado caso os elementos de prova do procedimento investigatório sejam sigilosos para a defesa.

(D) poderá negar vista dos autos ao advogado caso haja no procedimento investigatório quebra de sigilo bancário ou degravação de conversas decorrentes de interceptação telefônica.

(E) poderá negar vista dos autos ao advogado sempre que entender pertinente para o bom andamento das investigações.

O inquérito policial é, em vista do que dispõe o art. 20 do CPP, *sigiloso*. Ocorre que, a teor do art. 7º, XIV, da Lei 8.906/1994 (Estatuto da Advocacia), constitui direito do advogado, entre outros: "examinar em qualquer repartição policial, mesmo sem procuração, autos de flagrante e de inquérito, findos ou em andamento, ainda que conclusos à autoridade, podendo copiar peças e tomar apontamentos". Sobre este tema, a propósito, o STF editou a Súmula Vinculante 14, a seguir transcrita: "É direito do defensor, no interesse do representado, ter acesso amplo aos elementos de prova que, já documentados em procedimento investigatório realizado por órgão com competência de polícia judiciária, digam respeito ao exercício do direito de defesa".

Gabarito "A"

(Ministério Público/GO – 2013) Sobre o inquérito policial, assinale a alternativa correta:

(A) ainda existe, em casos excepcionais e previstos em lei, a figura do curador para indiciados menores de vinte e um anos.

(B) o sigilo possui dupla função: garantista no sentido de preservar o investigado e utilitarista de assegurar a eficácia da investigação.

(C) nos crimes relacionados ao tráfico de drogas (Lei 11.343/2006), fixou-se o prazo de conclusão do inquérito em 30 dias para o réu preso e 60 dias para réus soltos, podendo haver duplicação pelo juiz mediante pedido justificado.

(D) a Polícia Civil não exerce funções de polícia administrativa.

A: incorreta. Ante a redação do art. 5º do Código Civil de 2002, que estabeleceu que a maioridade civil é alcançada aos dezoito anos, a norma contida no art. 262 do CPP, que impunha que se desse curador ao acusado menor de vinte e um anos, foi tacitamente revogada. Aboliu-se, portanto, no âmbito do processo penal, a figura do curador ao menor de 21 anos; remanesce tal exigência, no entanto, não em razão da idade, mas, sim, quando o acusado for absolutamente incapaz, nos termos do art. 26, *caput*, do CP; **B:** correta. É verdade que o sigilo, no âmbito do inquérito policial, previsto no art. 20 do CPP, se presta a assegurar o sucesso das investigações; se assim não fosse, o inquérito estaria fadado ao fracasso. Além disso, tem como finalidade preservar o investigado; **C:** incorreta. No crime de tráfico de drogas, o inquérito deverá ser ultimado no prazo de 30 dias, se preso estiver o indiciado; e em 90 dias (e não 60), no caso de o indiciado encontrar-se solto. De uma forma ou de outra, pode haver duplicação do prazo mediante pedido justificado da autoridade policial. É o teor do art. 51 da Lei 11.343/2006; **D:** incorreta, dado que, embora a Polícia Civil exerça, em regra, funções de polícia judiciária, também exerce funções de polícia administrativa, atuando na prevenção de crimes.

Gabarito "B"

(Ministério Público/GO – 2013) Na formação da *opinio delicti*, ao receber os autos de inquérito policial que trata de crime cuja ação penal é pública, poderá o Promotor de Justiça requerer novas diligências, requerer o arquivamento ou oferecer denúncia. Acerca do exercício destas atribuições, é incorreto dizer:

(A) da decisão judicial que, acolhendo requerimento do Ministério Público, determina o arquivamento de inquérito policial, não cabe recurso, salvo nos casos de crime contra a economia popular (Lei 1.521/1951), que prevê "recurso de ofício".

(B) no procedimento comum ordinário, admite-se recurso em sentido estrito da decisão que recebe a denúncia; e da decisão que a rejeita cabe recurso de apelação.

(C) é viável a interposição de correição parcial se o juiz indeferir o requerimento do Ministério Público de retorno dos autos à Delegacia de Polícia para novas diligências.

(D) não se admite ação penal privada subsidiária da pública se o Ministério Público formulou pedido de arquivamento do inquérito.

A: assertiva correta. É fato que a decisão judicial que determina, a pedido do MP, o arquivamento dos autos de inquérito policial não comporta recurso algum; a exceção a tal regra fica por conta do recurso de ofício a ser interposto da decisão que manda arquivar o IP em casos de crime contra a economia popular (art. 7º da Lei 1.521/1951); **B:** assertiva incorreta, devendo ser assinalada. Da decisão que recebe a denúncia ou queixa não cabe qualquer recurso. Registre-se que, neste caso, é possível, no entanto, a impetração de *habeas corpus*. Também é incorreto dizer que da decisão que rejeita (não recebe) a inicial acusatória cabe recurso de apelação, uma vez que, neste caso, deverá ser manejado recurso em sentido estrito (art. 581, I, do CPP). Atenção: tal regra não se aplica no âmbito do procedimento comum sumaríssimo, que tem incidência nas infrações penais de menor potencial ofensivo, em que da decisão que rejeita a inicial cabe apelação, e não recurso em sentido estrito (art. 82, *caput* e § 1º, da Lei 9.099/1995); **C:** assertiva correta. É de fato cabível a correição parcial em face da decisão que não remeter os autos de inquérito à polícia para a realização de diligências requeridas pelo MP; **D:** assertiva correta. A *ação penal privada subsidiária da pública* ou *substitutiva*, que encontra previsão nos arts. 5º, LIX, da CF, 100, § 3º, do CP e 29 do CPP, somente terá lugar na hipótese de inércia, desídia do membro do Ministério Público. É unânime a jurisprudência ao afirmar que pedido de arquivamento de inquérito policial ou mesmo de peças de informação não pode ser interpretado como inércia.

Gabarito "B"

(Ministério Público/GO – 2013) Quando nos referimos ao encontro de corpo de delito ou a um noticiário da mídia, estamos nos referindo a qual espécie de notícia crime:

(A) provocada ou mediata

(B) coercitiva

(C) espontânea ou imediata

(D) qualificada

A: incorreta. Diz-se que a *notitia criminis* é provocada ou mediata (ou de cognição indireta) quando a autoridade policial toma conhecimento da infração penal por meio de terceiro. São exemplos: requisição do MP ou do juiz (art. 5º, II, 1ª parte, do CPP); requerimento ou representação do ofendido etc. Em casos assim, a requisição (ou requerimento ou representação) servirá de peça inaugural do MP, dispensando-se a portaria; **B:** incorreta. *Coercitiva* é a modalidade de *notitia criminis* que decorre de prisão em flagrante, em que a autoridade policial dela toma conhecimento por meio da apresentação do autor da infração pelo condutor (art. 302, CPP). Da mesma forma, a peça inicial do inquérito é o auto de prisão em flagrante, e não a portaria; **C:** correta. Espontânea ou imediata é a notícia de crime que chega ao conhecimento da autoridade policial por meio de suas atividades de rotina (jornais e revistas, encontro de cadáver, comunicação da PM etc.). Inicia-se o inquérito, neste caso, por meio de portaria; **D:** incorreta. *Noticia criminis* qualificada é o mesmo que provocada.

Gabarito "C"

(Ministério Público/MG – 2013) Em relação ao inquérito policial, assinale a alternativa **FALSA**:

(A) A requisição judicial de instauração é entendida como *delatio criminis*, em função do sistema acusatório.

(B) A autoridade policial deverá negar-se a instaurar o inquérito, se for condicionada a ação penal e ausente a condição de procedibilidade.

(C) A requisição ministerial é inviável, se confirmado o indeferimento de instauração em recurso administrativo ao Chefe de Polícia.

(D) O defensor constituído tem acesso amplo ao documentado no inquérito e que diz respeito ao exercício do direito de defesa.

A: assertiva correta, conforme gabarito oficial mas incorreta a nosso ver. É que requisição judicial não se confunde com *delatio criminis*, que é a denúncia, formulada por qualquer pessoa do povo (e não por juiz de direito no exercício de suas funções) e dirigida à autoridade policial, que dá conta da prática de infração penal. Está prevista no art. 5º, § 3º, do CPP e comporta a forma verbal e a escrita; **B:** correta. Segundo estabelece o art. 5º, § 4º, do CPP, é indispensável, para que o inquérito possa ser instaurado nos crimes de ação penal pública condicionada, o oferecimento de *representação* por parte do ofendido ou de seu representante legal; **C:** incorreta. Nada impede que o MP, diante da notícia de infração penal, requisite a instauração de inquérito policial, cuja abertura foi indeferida por recurso administrativo interposto junto ao chefe de Polícia (art. 5º, § 2º, do CPP); **D:** correta, pois em conformidade com o disposto no art. 7º, XIV, da Lei 8.906/1994 (Estatuto da Advocacia), segundo o qual constitui direito do advogado, entre outros: "examinar em qualquer repartição policial, mesmo sem procuração, autos de flagrante e de inquérito, findos ou em andamento, ainda que conclusos à autoridade, podendo copiar peças e tomar apontamentos". Sobre este tema, a propósito, o STF editou a Súmula Vinculante 14, a seguir transcrita: "É direito do defensor, no interesse do representado, ter acesso amplo aos elementos de prova que, já documentados em procedimento investigatório realizado por órgão com competência de polícia judiciária, digam respeito ao exercício do direito de defesa".

Gabarito "C"

(Ministério Público/MG – 2013) Sobre a regulamentação da investigação criminal do Ministério Público, assinale a alternativa FALSA:

(A) O procedimento investigatório criminal deverá ser concluído no prazo de 90 (noventa) dias, permitidas, por igual período, prorrogações sucessivas, por decisão fundamentada do Procurador-Geral de Justiça.

(B) O procedimento deverá ser instaurado sempre que houver determinação do Procurador-Geral de Justiça, diretamente ou por delegação, nos moldes da lei, em caso de discordância da promoção de arquivamento de peças de informação.

(C) O membro do Ministério Público, no exercício de suas atribuições criminais, deverá dar andamento, no prazo de 30 (trinta) dias a contar de seu recebimento, às representações, requerimentos, petições e peças de informação que lhe sejam encaminhadas.

(D) As notificações e requisições para instrução de procedimento investigatório criminal, quando tiverem como destinatários o Governador do Estado, os membros do Poder Legislativo e os desembargadores, serão encaminhadas pelo Procurador-Geral de Justiça.

A: assertiva incorreta, devendo ser assinalada, pois contraria a regra presente no art. 12 da Resolução 13 do CNMP, que estabelece que a prorrogação do prazo de 90 dias fixado para a conclusão do procedimento investigatório criminal deverá se dar por decisão fundamentada do próprio membro do MP que conduz as investigações (e não pelo procurador-geral); **B:** assertiva correta (art. 3º, § 1º, da Resolução 13/CNMP); **C:** assertiva correta (art. 3º, § 5º, da Resolução 13/CNMP, alterado pela Resolução 111/2014); **D:** assertiva correta (art. 6º, § 6º, da Resolução n. 13/CNMP).

Gabarito "A"

(Ministério Público/SP – 2013 – PGMP) Assinale a alternativa que está em desacordo com disposições do Código de Processo Penal relacionadas com o inquérito policial.

(A) Diante de comunicação anônima, noticiando crime de ação penal pública incondicionada, a Autoridade Policial poderá instaurar inquérito policial se constatar a procedência das informações.

(B) Nos casos em que a propositura da ação penal pública está condicionada à representação do ofendido, esta também é indispensável para a instauração do inquérito policial.

(C) A juízo da Autoridade Policial, diligências que o indiciado e o ofendido reputem úteis ao esclarecimento de fatos apurados no inquérito podem deixar de ser realizadas, a menos que se trate de exame de corpo de delito.

(D) A decisão de arquivamento do inquérito policial, fundamentada na atipicidade de conduta, pode ser impugnada pelo ofendido por meio de recurso em sentido estrito.

(E) Nos casos de ação penal pública incondicionada, o inquérito policial é dispensável para instruir denúncia, se o Ministério Público dispõe de outros elementos informativos.

A: é majoritário o posicionamento segundo o qual a *denúncia apócrifa*, por si só, não autoriza a instauração de inquérito policial. O delegado de polícia, em casos assim, deverá, antes de proceder a inquérito, promover diligências com o propósito de verificar se os fatos denunciados anonimamente são verossímeis. Apurada a existência do fato, aí sim, instaura-se o inquérito para estabelecer a autoria do crime. *Vide*, a esse respeito, Informativo STF 387. Está correta, portanto, a assertiva; **B:** correta. É do art. 5º, § 4º, do CPP que a instauração de inquérito policial, sendo a ação penal pública condicionada, depende da iniciativa do ofendido, que deverá, por meio de representação, manifestar seu desejo em ver processado o seu ofensor. Perceba que, a despeito dessa condição imposta pela lei, a ação penal permanece pública, cabendo sua promoção ao Ministério Público, seu titular; **C:** correta, pois em conformidade com a regra estampada no art. 14 do CPP; **D:** a decisão que determina o arquivamento dos autos de inquérito não comporta nenhum tipo de recurso. Mesmo porque a decisão que manda arquivar autos de inquérito com fundamento na atipicidade da conduta é definitiva (produz coisa julgada material). Conferir: "Nos crimes de ação pública incondicionada, quando o próprio Ministério Público promover o arquivamento do procedimento investigatório, é irrecorrível a decisão do Juiz que defere o pedido. Precedentes. 2. A pretensa vítima não possui legitimidade para recorrer dessa decisão, buscando compelir o Ministério Público a promover a ação penal. 3. Agravo regimental desprovido." (STJ, Ag. de Inst. 753.890/RJ, 5ª Turma, rel. Min. LAURITA VAZ, D.J. 02/06/2008); **E:** correta, pois reflete uma das característica imanentes ao inquérito policial: a dispensabilidade.

Gabarito "D"

(Ministério Público/SP – 2013 – PGMP) Tendo em vista as disposições legais relacionadas com recursos, é unicamente CORRETO afirmar que

(A) o duplo grau de jurisdição obrigatório é previsto na lei para a hipótese de decisão concessiva de reabilitação.

(B) nos processos por crimes de competência do Tribunal do Júri, a apelação do ofendido só é permitida quando já efetivada sua habilitação como assistente da acusação.

(C) no caso de concurso de agentes, aproveita aos demais a decisão de recurso interposto por um dos réus, fundada em motivos de caráter exclusivamente pessoal.

(D) interposto recurso em sentido estrito contra decisão que julgou procedente exceção de litispendência, se o Magistrado, em juízo de retratação, reformar a decisão atacada julgando improcedente a exceção, pode a parte contrária impugnar essa nova decisão com idêntico recurso, por simples petição e independentemente de novos arrazoados.

(E) o provimento de apelação interposta contra decisão do Tribunal do Júri, fundada unicamente na divergência entre a sentença do Juiz-Presidente com as respostas dos jurados aos quesitos, sujeitará o réu a novo julgamento.

A: correta, pois em conformidade com o que estabelece o art. 746 do CPP; **B:** incorreta, pois contraria o disposto no art. 598 do CPP; **C:** incorreta, pois em desconformidade com o art. 580 do CPP; **D:** incorreta, pois não reflete o disposto no art. 589, parágrafo único, do CPP; **E:** incorreta, pois, neste caso, deverá o tribunal *ad quem* proceder à retificação, sem necessidade de novo julgamento - art. 593, § 1º, do CPP.

Gabarito "A"

(Ministério Público/BA – 2008) Analise as seguintes assertivas acerca da persecução penal:

I. A vedação à incomunicabilidade do preso estende-se aos casos de regime disciplinar diferenciado.

II. O indiciado em inquérito policial pela prática de crime contra o patrimônio cometido com grave ameaça, de cuja identificação civil não existir suspeita de falsificação, poderá ser submetido à identificação criminal.

III. O inquérito policial não está sujeito ao princípio do contraditório.

IV. O inquérito policial deverá ser instaurado por iniciativa da autoridade policial que tomar conhecimento da prática de delito, ressalvados os crimes que ensejem ação penal privada, para os quais é necessário, para instauração do inquérito policial, o requerimento do ofendido ou de seu representante legal.

V. Segundo entendimento sumulado do Supremo Tribunal Federal, o inquérito policial só poderá sofrer desarquivamento mediante efetiva produção de novas provas.

Estão corretas as assertivas:

(A) I, II e III.

(B) I, II e V.

(C) I, III e IV.

(D) II, IV e V.

(E) III, IV e V.

I: correta. Embora haja quem sustente que a incomunicabilidade do indiciado no inquérito policial, prevista no art. 21 do CPP, permanece em vigor, a maioria da doutrina, com razão, a nosso ver, entende que este dispositivo foi revogado, porquanto incompatível com a atual ordem constitucional. A prevalecer este entendimento, a incomunicabilidade não poderia, da mesma forma, ser decretada em relação ao preso que se encontra inserido no chamado regime disciplinar diferenciado. Fato é que, para aqueles que sustentam a sua incompatibilidade à CF/1988 (Guilherme de Souza Nucci, Damásio E. de Jesus, Vicente Greco Filho, entre outros), se a incomunicabilidade do preso não pode ser decretada durante o Estado de Defesa – art. 136, § 3º, IV, da CF -, que constitui um período de *anormalidade*, com muito mais razão não deve ser decretada em pleno período de *normalidade*; **II:** correta. A Lei 10.054/2000, que impunha a necessidade de o civilmente identificado ser submetido à identificação criminal na hipótese, entre outras, de prática de crime contra o patrimônio com emprego de violência ou grave ameaça, foi revogada pela Lei 12.037/2009, que estabeleceu outras hipóteses em que a identificação criminal será de rigor, entre as quais não está a prática de crime contra o patrimônio com emprego de violência ou grave ameaça. Esta questão, ao tempo em que foi elaborada, estava correta, pois em conformidade com o que previa a Lei 10.054/2000, não mais em vigor; **III:** correta, pois o inquérito policial é *inquisitivo*, isto é, a ele não se aplicam os *princípios do contraditório* e da *ampla defesa*. Proposição, portanto, correta; **IV:** incorreta, visto que também deve ser ressalvada a hipótese em que o crime é de ação penal pública *condicionada*, dado que, neste caso, a autoridade policial não poderá dar início ao inquérito sem a representação do ofendido ou a requisição do ministro da Justiça, nos moldes do que estabelece o art. 5º, § 4º, do CPP; **V:** incorreta. Uma vez ordenado o arquivamento do inquérito policial pelo juiz de direito, por falta de base para a denúncia, nada obsta que a autoridade policial proceda a novas pesquisas, desde que de outras provas tenha conhecimento – art. 18 do CPP. Note que, para que isso aconteça, não é necessária a existência de provas substancialmente novas. Ao menos para isso não. A prova substancialmente nova somente será exigida quando do oferecimento da denúncia. Veja, a propósito, o teor da Súmula nº 524 do STF: "Arquivado o inquérito policial, por despacho do juiz, a requerimento do Promotor de Justiça, não pode a ação penal ser iniciada, sem novas provas". Cuidado: se o arquivamento do inquérito se der por ausência de tipicidade, a decisão, neste caso, tem efeito preclusivo, é dizer, produz coisa julgada material, impedindo, dessa forma, o desarquivamento do inquérito. A esse respeito, *Informativo STF* 375.

Gabarito "A"

(Ministério Público/BA – 2005) Considere as assertivas abaixo, que podem ser falsas ou verdadeiras. Sobre o inquérito policial, é correto afirmar que:

I. Nos crimes de ação pública condicionada à representação do ofendido, o inquérito policial poderá ser iniciado, mesmo sem ela, em casos de grande repercussão social.

II. O inquérito deverá terminar no prazo de 10 (dez) dias, se o indiciado tiver sido preso em flagrante, ou estiver preso preventivamente, contado o prazo, nesta hipótese, a partir do dia em que se executar a ordem de prisão, ou no prazo de 30 (trinta) dias, quando estiver solto, mediante fiança ou sem ela.

III. Do despacho da autoridade policial, que indeferir o pedido de abertura de inquérito policial, não caberá qualquer recurso.

(A) I, II e III são verdadeiras.

(B) I e II são verdadeiras e a III é falsa.

(C) I e III são falsas.

(D) II e III são verdadeiras.

(E) Todas são falsas.

I: incorreta. O inquérito policial somente será iniciado de ofício pela autoridade policial quando se tratar de ação penal pública *incondicionada*, a teor do art. 5º, I, do CPP. Se se tratar de ação penal pública *condicionada* à representação, o inquérito não poderá sem ela ser iniciado, ainda que o caso envolva *grande repercussão social*. É o que estabelece o art. 5º, § 4º, do CPP. Da mesma forma, o inquérito não poderá ser instaurado de ofício pela autoridade, nos moldes do art. 5º, § 5º, na ação penal privada. Aqui é imprescindível o *requerimento* de quem tenha qualidade para ajuizá-la; II: a assertiva corresponde ao que estabelece o art. 10, *caput*, do CPP; III: incorreta. Em consonância com o que dispõe o art. 5º, § 2º, do CPP, o despacho que indefere o requerimento de abertura de inquérito comporta recurso para o chefe de polícia.

Gabarito "C"

(Ministério Público/MG – 2012 – CONSULPLAN) Assinale a alternativa **CORRETA**. Sobre o inquérito policial, é possível dizer que:

(A) O interrogatório deve ser feito na presença de advogado, sendo possível a condução do investigado que não comparece.

(B) A confissão mediante tortura obtida no inquérito é nula e invalida a ratificação da confissão obtida em juízo.

(C) É obrigatório o exame de corpo de delito quando houver vestígios, admitindo-se o assistente técnico a partir de sua admissão pelo juiz.

(D) A autoridade policial poderá declarar-se suspeita de ofício, sendo inadmissível a oposição de exceção.

A: incorreta. A lei não impõe a obrigação de o investigado, no ato do interrogatório, fazer-se acompanhar de seu advogado. Trate-se, portanto, de uma faculdade sua. No mais, na dicção do art. 260, *caput*, do CPP, que tem aplicação no âmbito do inquérito, se o investigado deixar de atender a intimação para que seja interrogado, a autoridade policial poderá determinar a sua condução coercitiva. Como se pode notar, a proposição, nesta parte, está correta; **B:** incorreta; embora se trate de prova ilícita, a confissão mediante tortura, ocorrida no inquérito, não tem o condão de contaminar o processo respectivo e invalidar a confissão porventura obtida em juízo; **C:** incorreta. É fato que o exame de corpo de delito, nas infrações que deixam vestígios, é indispensável. É o que prescreve o art. 158 do CPP. Até aqui, a assertiva está correta. Está incorreta, no entanto, quando afirma que o assistente começará a atuar com a sua admissão pelo juiz, dado que sua atuação também está condicionada à conclusão dos exames e elaboração do laudo pelo perito oficial – art. 159, § 4º, CPP; **D:** correta, pois corresponde ao que estabelece o art. 107 do CPP.

Gabarito "D"

(Ministério Público/MG – 2011) Assinale a alternativa **CORRETA**.

(A) O caráter inquisitivo do inquérito policial permite impor o sigilo acerca das diligências não documentadas, inclusive ao defensor constituído.

(B) O princípio da ampla defesa é aplicável ao inquérito policial, por se tratar de procedimento administrativo.

(C) Por razões de interesse público e no interesse da apuração, é possível decretar-se a incomunicabilidade do preso em flagrante delito.

(D) O princípio da publicidade autoriza a divulgação de dados da investigação, inclusive referentes ao ofendido.

A: correta, pois em conformidade com o teor da Súmula Vinculante nº 14, que a seguir transcrevemos: "É direito do defensor, no interesse do representado, ter acesso amplo aos elementos de prova que, já documentados em procedimento investigatório realizado por órgão com competência de polícia judiciária, digam respeito ao exercício do direito de defesa"; **B:** incorreto; por ser *inquisitivo*, o inquérito policial, que é um procedimento administrativo, não se submete ao *contraditório* tampouco à *ampla defesa*, aplicados, aí sim, no âmbito do processo; **C:** incorreta. Embora a maioria da doutrina entenda que a incomunicabilidade do indiciado no inquérito policial, prevista no art. 21 do CPP, esteja revogada, porquanto incompatível com a atual ordem constitucional, há autores que pensam de forma diferente. Fato é que, para aqueles que sustentam a sua incompatibilidade com a CF/1988 (Guilherme de Souza Nucci, Damásio E. de Jesus, Vicente Greco Filho, entre outros), se a incomunicabilidade do preso não pode ser decretada durante o Estado de Defesa - art. 136, § 3º, IV, da CF, com muito mais razão não há como sustentar a sua existência em pleno período de normalidade; **D:** incorreta. O princípio da publicidade, imanente ao processo, não tem incidência no inquérito, que é, portanto, ao menos em regra, sigiloso.

Gabarito "A"

(Ministério Público/MG – 2011) Quanto ao inquérito policial e ao procedimento investigatório criminal, é **CORRETO** afirmar que

(A) o pedido de arquivamento rejeitado é irrecorrível e é insusceptível de controle interno do Ministério Público.

(B) o pedido de arquivamento pode dar-se na ausência das condições da ação ou de justa causa.

(C) o pedido imotivado de desarquivamento é o instrumento para viabilizar a realização de novas diligências.

(D) o pedido de desarquivamento sujeita-se à impugnação através de recurso dirigido ao Chefe de Polícia.

A: incorreto. Em vista do que dispõe o art. 28 do CPP, o juiz, se rejeitar o pleito de arquivamento dos autos de inquérito policial formulado pelo Ministério Público, fará a remessa dos autos ao chefe do Ministério Público, o procurador-geral, que é quem tem atribuição para proceder a nova análise do pedido de arquivamento feito pelo promotor de justiça. A partir daí, pode o procurador-geral, em face da provocação do magistrado, insistir no pedido de *arquivamento do inquérito*, ratificando posicionamento firmado pelo promotor, caso em que o juiz ficará obrigado, por imposição do art. 28 do CPP, a determiná-lo. Se o chefe do *parquet*, de outro lado, entender que é caso de *oferecimento de denúncia*, poderá ele mesmo, o procurador-geral, fazê-lo ou designar outro membro do MP para ofertá-la. Tal incumbência, frise-se, não poderá recair sobre o mesmo promotor, o que implicaria violação à sua livre convicção; **B:** correta. De fato, o pedido de arquivamento pode se dar pela ausência das condições da ação ou de justa causa; **C:** incorreta, já que o pedido de desarquivamento de inquérito deve basear-se em novas pesquisas realizadas pela autoridade; **D:** o pedido de desarquivamento não comporta recurso. Será cabível o recurso para o chefe de Polícia na hipótese de a autoridade policial indeferir requerimento de abertura de inquérito - art. 5º, § 2º, do CPP.

Gabarito "B"

(Ministério Público/MG – 2010.1) De conformidade com a disciplina do Código de Processo Penal quanto ao inquérito policial, assinale a alternativa INCORRETA.

(A) Não se observa o contraditório no inquérito, mas deve ficar assegurado ao cidadão o direito à ampla defesa com a assistência de advogado.

(B) Recebidos os autos do inquérito, o Ministério Público poderá requerer diligências, mesmo que o indiciado tenha sido preso em flagrante delito.

(C) O exame de insanidade mental do indiciado poderá ser determinado na fase de inquérito mediante representação da autoridade policial ao juiz competente.

(D) Nos crimes de ação privada, a autoridade policial somente poderá proceder a inquérito a requerimento de quem tenha qualidade para intentá-la.

(E) Se o réu estiver solto, o inquérito policial deverá terminar no prazo de trinta dias; se estiver preso em flagrante, em dez dias.

A: incorreta. O inquérito policial é ***inquisitivo***, isto é, nele não se aplicam os princípios do ***contraditório*** e da ***ampla defesa***; **B:** art. 16 do CPP; **C:** art. 149, § 1º, do CPP; **D:** art. 5º, § 5º, do CPP; **E:** o art. 10, *caput*, do CPP estabelece o prazo geral de 30 dias para a conclusão do inquérito, quando o indiciado não estiver preso; se preso estiver, o inquérito deve terminar em dez dias. Na Justiça Federal, estando o indiciado preso, o prazo para conclusão do inquérito é de quinze dias, podendo haver uma prorrogação por igual período, conforme dispõe o art. 66 da Lei 5.010/66; se solto, o prazo será de 30 dias, aplicando-se aqui o prazo do CPP.

Gabarito "A"

(Ministério Público/MS – 2009) Assinale a afirmativa correta.

(A) É relativamente nulo o inquérito policial instaurado para apurar fato cometido fora da circunscrição territorial da autoridade policial que o presidiu.

(B) É absolutamente nulo o inquérito policial instaurado para apurar fato cometido fora da circunscrição territorial da autoridade policial que o presidiu.

(C) Pode a autoridade policial empreender investigação relativa a fatos ilícitos ocorridos em circunscrição diversa da sua, independentemente de expedição de carta precatória ou requisição.

(D) Pode a autoridade policial, somente nos crimes de natureza pública condicionada, empreender investigação relativa a fatos ilícitos ocorridos em circunscrição diversa da sua, independentemente de expedição de carta precatória ou requisição.

(E) Pode a autoridade policial, somente nos crimes de natureza pública incondicionada, empreender investigação relativa a fatos ilícitos ocorridos em circunscrição diversa da sua, desde que mediante expedição de carta precatória ou requisição.

A e **B:** conforme jurisprudência pacífica, não há que se falar em vício no inquérito presidido por autoridade policial com atribuição territorial diversa daquela em que o crime ocorreu; **C**, **D** e **E:** art. 22 do CPP.

Gabarito "C"

(Ministério Público/MT – 2012 – UFMT) Quanto ao prazo para a conclusão do inquérito policial, analise as assertivas abaixo.

I. Segundo o Código de Processo Penal, o inquérito policial deverá terminar no prazo de 15 (quinze) dias, se o indiciado tiver sido preso em flagrante, ou estiver preso preventivamente, ou no prazo de 30 (trinta) dias, quando estiver solto, mediante fiança ou sem ela.

II. Conforme o Código de Processo Penal, se o indiciado tiver sido preso em flagrante, ou se estiver preso preventivamente, o prazo para terminar o inquérito policial será contado a partir do dia em que se executar a ordem de prisão.

III. No rito da Lei de Drogas (Lei nº 11.343/2006), o inquérito policial será concluído no prazo de 30 (trinta) dias, se o indiciado estiver preso, e de 90 (noventa) dias, quando solto.

IV. Os prazos para a conclusão do inquérito policial no rito da Lei de Drogas (Lei nº 11.343/2006) podem ser triplicados pelo juiz, ouvido o Ministério Público, mediante pedido justificado da autoridade de polícia judiciária.

V. Os prazos para a conclusão do inquérito policial no rito da Lei de Drogas (Lei nº 11.343/2006) podem ser triplicados pelo juiz, dispensada a oitiva do Ministério Público, mediante pedido justificado da autoridade de polícia judiciária.

Estão corretas as assertivas:

(A) I e II, apenas.

(B) III e IV, apenas.

(C) II, III e IV, apenas.

(D) II, IV e V, apenas.

(E) II e III, apenas.

I: incorreta. O art. 10, *caput*, do CPP estabelece o prazo geral de 30 dias para a conclusão do inquérito, quando o indiciado não estiver preso; se preso estiver, o inquérito deve terminar em dez dias, e não em quinze, como afirmado na assertiva. Na Justiça Federal, estando o indiciado preso, o prazo para conclusão do inquérito é de quinze dias, podendo haver uma prorrogação por igual período, conforme dispõe o art. 66 da Lei 5.010/1966; se solto, o prazo será de 30 dias, aplicando-se aqui o prazo do CPP; II: correta. O mesmo art. 10, *caput*, do CPP estabelece que o prazo de dez dias, na hipótese de o indiciado encontrar-se preso em flagrante ou por força de mandado de prisão preventiva, terá como termo inicial o dia em que a prisão for executada; III, IV e V: pela disciplina estabelecida no art. 51, *caput*, da Lei 11.343/2006 (atual Lei de Tóxicos), o inquérito, estando o indiciado preso, será concluído no prazo de 30 dias; se solto estiver, o prazo será de 90 dias. O parágrafo único do mesmo artigo dispõe que os prazos aludidos no *caput* podem ser duplicados mediante pedido justificado da autoridade policial, sempre ouvido o MP.

Gabarito "E"

(Ministério Público/MS – 2009) Assinale a afirmativa correta.

(A) No caso de o Ministério Público entender por dispensar a instauração de inquérito policial, o prazo para o oferecimento de sua ação penal tem início com a prática do fato delituoso.

(B) O inquérito policial é instrumento de investigação cuja presença é obrigatória somente nos crimes de natureza pública incondicionada.

(C) O inquérito policial é instrumento de investigação cuja presença é obrigatória em todos os crimes de natureza pública.

(D) No caso de o Ministério Público entender por dispensar a instauração de inquérito policial, o prazo para o oferecimento de sua ação penal tem início com o recebimento das peças de informação ou a representação do ofendido.

(E) O inquérito policial é instrumento de investigação cuja presença é obrigatória em todos os crimes, seja de natureza pública ou privada.

O inquérito policial constitui instrumento de investigação cuja presença, tanto nos delitos em que ação penal é publica quanto naqueles em que é privativa do ofendido, não é indispensável, essencial ao oferecimento da denúncia ou queixa, desde que a inicial contenha elementos suficientes (prova da existência do crime e indícios suficientes de autoria) ao exercício da ação penal. Neste caso, o prazo para a propositura da ação penal tem início com o recebimento das peças de informação ou a representação do ofendido - art. 46, § 1º, do CPP.

Gabarito "D"

(Ministério Público/PR – 2008) Assinale a alternativa INCORRETA:

(A) Nos crimes de ação penal pública o inquérito policial será iniciado de ofício.

(B) Nos crimes de ação penal pública o inquérito policial será iniciado mediante requisição da autoridade judiciária ou do Ministério Público, ou a requerimento do ofendido ou de quem tiver qualidade para representá-lo.

(C) O Ministério Público pode requerer a devolução do inquérito policial para novas diligências imprescindíveis ao oferecimento da denúncia.

(D) A autoridade policial poderá mandar arquivar autos de inquérito policial.

(E) A autoridade policial assegurará no inquérito policial o sigilo necessário à elucidação do fato ou exigido pelo interesse da sociedade.

A: correta. Nos crimes em que a ação penal é pública, o inquérito, de fato, deverá ser iniciado de ofício pela autoridade policial, nos termos do que prevê o art. 5º, I, do CPP; **B:** proposição correta, pois reflete o disposto no art. 5º, II, do CPP; **C:** correta, visto que em consonância com o que estabelece o art. 16 do CPP; **D:** incorreta, já que não está a autoridade policial credenciada a mandar arquivar autos de inquérito policial (art. 17 do CPP), o que somente poderá ser feito, a requerimento do MP, pelo juiz de direito (arts. 18 e 28 do CPP); **E:** correta, pois reflete o disposto no art. 20, *caput*, do CPP.

Gabarito "D"

(Ministério Público/RJ – 2011) No sistema processual penal brasileiro, a investigação penal é presidida, em regra, por um delegado de polícia. Em se tratando de inquérito policial, nessa forma de investigação, teremos:

(A) impossibilidade de se iniciar uma a investigação com denúncia anônima, mesmo sendo colhidos elementos posteriores pela autoridade antes da instauração;

(B) coleta de provas que podem levar à condenação, caso sejam contundentes, e demonstrem a verdade real;

(C) sigilo e incomunicabilidade do investigado, caso tal se faça necessário para os fins da investigação;

(D) poder do Delegado de colher subsídios referentes a inquérito arquivado, caso tenha novas informações, desde que com autorização do Procurador-Geral de Justiça;

(E) direito de informação e ciência à defesa do indiciado através de acesso às diligências, após juntadas aos autos.

A: *"A autoridade policial, ao receber uma denúncia anônima, deve antes realizar diligências preliminares para averiguar se os fatos narrados nessa 'denúncia' são materialmente verdadeiros, para, só então, iniciar as investigações"* (STF, HC 95.244, 1ª T., rel. Min. Dias Toffoli, DJE 29.04.2010). Opção, portanto, incorreta; **B:** incorreta. Ainda que contundentes, as provas reunidas no inquérito policial não podem, de forma exclusiva, servir de suporte para fundamentar uma sentença penal condenatória (art. 155 do CPP); **C:** incorreta. O inquérito, porque não é processo, não se submete ao postulado da publicidade. Trata-se, pois, de procedimento sigiloso - art. 20 do CPP. De outro lado, em que pese o art. 21 do CPP prever a possibilidade de o magistrado decretar a incomunicabilidade do indiciado preso, a comunidade jurídica, majoritariamente, entende que este dispositivo não foi recepcionado pela ordem constitucional vigente; **D:** incorreta. O art. 18 do CPP não estabelece como condição, para que o delegado de polícia possa proceder a novas investigações, a autorização do procurador-geral de Justiça; **E:** correta, visto que em conformidade com a Súmula Vinculante nº 14: "É direito do defensor, no interesse do representado, ter acesso amplo aos elementos de prova que, já documentados em procedimento investigatório realizado por órgão com competência de polícia judiciária, digam respeito ao exercício do direito de defesa".

Gabarito "E"

(Ministério Público/RO – 2010 – CESPE) Assinale a opção correta com referência ao IP e suas providências.

(A) Com o advento da CF, que assegurou o contraditório e a ampla defesa nos procedimentos administrativos, o IP atual deve observar tais princípios, apesar da ausência de previsão no CPP.

(B) De acordo com a Lei de Falências, cabe ao juiz responsável pelo processo falimentar presidir o inquérito de apuração dos crimes falimentares e, após a conclusão, remetê-lo ao MP para, se for o caso, este oferecer a denúncia.

(C) O IP é um procedimento sigiloso, não se estendendo o sigilo ao advogado, que poderá ter amplo acesso aos elementos de prova que já estiverem documentados nos autos e se refiram ao exercício do direito de defesa.

(D) A oitiva do indiciado durante o IP deve observar o mesmo procedimento do interrogatório judicial, sendo-lhe assegurado o direito ao silêncio e a assistência de advogado, que poderá fazer perguntas durante a inquirição e acompanhar a oitiva das testemunhas.

(E) A prova pericial, apesar de colhida durante o IP, é prova técnica e se submete ao contraditório diferido, razão pela qual tem valor probatório absoluto e não pode ser desconsiderada pelo juiz no momento da sentença.

A: assertiva incorreta. Não há que se falar em contraditório na fase de inquérito; não há, nessa etapa, acusação; há tão somente investigação; **B:** o inquérito judicial foi extinto pela Lei n. 11.101/2005. A atribuição para apurar crimes falimentares, antes do juiz de direito, passou para a Polícia Judiciária; **C:** correto. O inquérito policial é, em vista do que estabelece o art. 20 do CPP, sigiloso. Ocorre que, a teor do art. 7º, XIV, da Lei 8.906/1994 (Estatuto da Advocacia), constitui direito do advogado, entre outros: "examinar em qualquer repartição policial, mesmo sem procuração, autos de flagrante e de inquérito, findos ou em andamento, ainda que conclusos à autoridade, podendo copiar peças e tomar apontamentos". Sobre este tema, o STF editou a Súmula Vinculante nº 14, a seguir transcrita: "É direito do defensor, no interesse do representado, ter acesso amplo aos elementos de prova que, já documentados em procedimento investigatório realizado por órgão com competência de polícia judiciária, digam respeito ao exercício do direito de defesa"; **D:** incorreto. Estabelece o art. 6º, V, do CPP que a autoridade policial deverá, quando do interrogatório, aplicar as regras do interrogatório judicial no que couber. Seria inviável condicionar o interrogatório do preso à presença de seu advogado, sendo, pois, suficiente que a autoridade a ele garanta a possibilidade de ser assistido por seu patrono; **E:** incorreta. É verdade que a prova pericial, a despeito de ser colhida no curso do inquérito, é submetida ao contraditório diferido ou postergado. Mas não é verdade que ela ostenta valor probatório absoluto, visto que o juiz, fazendo uso da prerrogativa que lhe confere o art. 182 do CPP, poderá rejeitar o laudo elaborado a partir dela, no todo ou em parte.

Gabarito "C"

(Ministério Público/RS – 2008) Assinale a alternativa CORRETA.

(A) O arquivamento do inquérito policial a requerimento do Ministério Público cria a preclusão;

(B) Da decisão que arquiva o inquérito policial, a requerimento do Ministério Público, cabe recurso de apelação;

(C) Da decisão que arquiva o inquérito policial, a pedido do Ministério Público, cabe mandado de segurança;

(D) Da decisão que arquiva o inquérito policial, a pedido do Ministério Público, cabe correição parcial;

(E) Nenhuma das alternativas anteriores está correta.

A: uma vez ordenado o arquivamento do inquérito policial pelo juiz de direito, por falta de base para a denúncia, nada obsta que a autoridade policial proceda a novas pesquisas, desde que de outras provas tenha conhecimento – art. 18 do CPP. Isso porque a decisão que determina o arquivamento do inquérito policial não gera, em regra, coisa julgada material. Agora, se o arquivamento do inquérito se der por ausência de tipicidade, a decisão, neste caso, tem efeito preclusivo, é dizer, produz coisa julgada material, impedindo, dessa forma, o desarquivamento do inquérito. A esse respeito, *Informativo STF* 375; B, C e **D:** incorretas. A decisão que determina o arquivamento do inquérito policial não desafia a interposição de recurso; **E:** correta, em razão do que acima foi afirmado.

Gabarito "E"

(Ministério Público/SP – 2010) Assinale a afirmativa incorreta, em relação ao inquérito policial:

(A) nos crimes de ação penal privada, a autoridade policial somente pode instaurar o inquérito policial a requerimento do ofendido.

(B) o inquérito policial é imprescindível para instruir o oferecimento da denúncia.

(C) a autoridade policial não pode determinar o arquivamento do inquérito policial.

(D) a autoridade policial pode indeferir o pedido de instauração de inquérito policial feito pelo ofendido.

(E) segundo entendimento do Supremo Tribunal Federal, consolidado em Súmula Vinculante, o defensor do investigado pode ter acesso aos elementos de convencimento já documentados em procedimento investigatório realizado por órgão da polícia judiciária, desde que digam respeito ao exercício da defesa e no interesse do seu representado.

A: correta. Em conformidade com o que dispõe o art. 5º, § 5º, do CPP, a autoridade policial somente estará credenciada a instaurar inquérito nos crimes de ação penal de iniciativa privada a requerimento de quem tiver legitimidade para ajuizá-la; **B:** incorreta (devendo esta ser assinalada). O inquérito policial não é imprescindível ao oferecimento da queixa ou denúncia (art. 12 do CPP), desde que o titular da ação penal disponha de elementos suficientes para propô-la; se não dispuser de tais elementos, eles deverão ser reunidos por meio de inquérito policial; **C:** correta. É defeso à autoridade policial determinar o arquivamento de autos de inquérito policial (art. 17 do CPP), somente podendo fazê-lo o juiz a requerimento do Ministério Público (arts. 18 e 28 do CPP); **D:** correto. De fato, o pedido pode ser indeferido e do respectivo despacho caberá recurso ao chefe de polícia (art. 5º, § 2º, do CPP); **E:** correto (Súmula Vinculante nº 14).

Gabarito "B"

(Ministério Público/SP – 2008) Assinale a alternativa correta.

(A) O inquérito policial não é indispensável à propositura da ação penal nos crimes em que se procede mediante queixa do ofendido.

(B) No caso de infração de menor potencial ofensivo, a peça inaugural do inquérito policial é o termo circunstanciado.

(C) Como regra geral, não deve a autoridade policial determinar o indiciamento do autor da infração se este já se identificou civilmente.

(D) Na hipótese de decretação da prisão temporária por crime hediondo ou a este equiparado, a incomunicabilidade do preso não poderá exceder a 30 (trinta) dias, salvo se prorrogada a prisão, por igual prazo, por nova decisão judicial.

(E) Da decisão judicial que determina o arquivamento de autos de inquérito policial, a pedido do Ministério Público, cabe recurso em sentido estrito.

A: correta (art. 12 do CPP). O inquérito policial, seja na ação penal pública, seja na privada, é dispensável; **B:** incorreta (arts. 69, *caput* e parágrafo único, e 77, § 1º, da Lei 9.099/1995); **C:** como regra, não deve a autoridade determinar a identificação criminal do autor da infração se este já se identificou civilmente. As exceções estão contempladas na Lei 12.037/2009; **D:** incorreto. A incomunicabilidade do indiciado, cuja compatibilidade ao texto constitucional é atualmente bastante controvertida, está prevista no art. 21, *caput* e parágrafo único, do CPP; **E:** incorreta. Contra o despacho que determinar o arquivamento de inquérito policial não cabe recurso.

Gabarito "A"

(Ministério Público/TO – 2006 – CESPE) Sobre o inquérito policial, assinale a opção incorreta.

(A) No caso de crime sujeito à ação penal pública condicionada, a requisição do ministro da Justiça ou a representação do ofendido para instauração do inquérito é condição de procedibilidade: sem ela, a autoridade policial não pode dar início ao inquérito.

(B) Nos casos de crimes de tráfico de entorpecentes, o prazo de conclusão do inquérito policial é de quinze dias se o indiciado estiver preso. Esse prazo pode ser duplicado pelo juiz, mediante pedido justificado da autoridade policial.

(C) É possível o desarquivamento do inquérito policial caso haja notícias de novas provas. No entanto, para dar início à ação penal, em tal caso, exige o STF a efetiva produção de novas provas.

(D) O inquérito policial tem como característica a oficialidade, o que significa dizer que os órgãos da persecução criminal agem de ofício, exceto nos casos de crimes sujeitos a ações penais públicas condicionadas ou privadas.

A: correta. De fato, a requisição do Ministro da Justiça e a representação do ofendido constituem *condição de procedibilidade*. O

Código de Processo Penal, no art. 5º, § 4º, reza que o inquérito não poderá ser instaurado sem o oferecimento da representação por parte do ofendido; no que concerne à requisição ministerial, o CPP, no entanto, nada disse. Tem a doutrina entendido que o membro do Ministério Público deverá encaminhar à autoridade policial, juntamente com a requisição para instauração de inquérito, a requisição do Ministro da Justiça, peça sem a qual o inquérito não poderá ser iniciado; **B:** correta. Pela disciplina estabelecida no art. 51, *caput*, da Lei 11.343/06 (atual Lei de Tóxicos), o inquérito, estando o indiciado preso, será concluído no prazo de 30 dias; se solto estiver, o prazo será de 90 dias. O parágrafo único do mesmo artigo dispõe que os prazos aludidos no *caput* podem ser duplicados mediante pedido justificado da autoridade policial, sempre ouvido o MP. A assertiva dada como certa refere-se aos prazos da Lei 10.409/02, em vigor quando da aplicação do certame; **C:** correta. Segundo entendimento esposado na Súmula 524 do STF, não se pode dar início à ação penal sem novas provas que alterem de forma significativa o anterior panorama probatório; **D:** incorreta (devendo esta ser assinalada). Atribuir ao inquérito policial a característica da ***oficialidade*** implica dizer que os órgãos encarregados de realizá-lo, elaborá-lo são oficiais, ou seja, é defeso a um particular a elaboração de um inquérito policial, ainda que se trate de ação penal de iniciativa privada.

Gabarito "D"

3. AÇÃO PENAL

(Ministério Público/DF – 2013) Assinale a alternativa **CORRETA**:

(A) O prazo decadencial excepcionalmente se aplica ao Ministério Público na ação penal privada subsidiária da pública.

(B) É pública condicionada à representação a ação penal por crime contra a dignidade sexual cometido sem violência real, desde que demonstrada a miserabilidade da vítima ou de seu representante legal.

(C) Em sede de juízo de admissibilidade da acusação, a verificação das condições da ação penal e dos pressupostos processuais implica cognição judicial exauriente e ampla.

(D) O aditamento decorrente de mudança da imputação (*mutatio libelli*) serve para corrigir a equivocada classificação dada ao fato criminoso, corretamente descrito na denúncia.

(E) Mantida a descrição do fato contida na denúncia ou queixa, o juiz pode atribuir-lhe definição jurídica diversa e, por conseguinte, aplicar pena mais grave ao acusado, mesmo sem aditamento do Ministério Público.

A: incorreta. No âmbito da ação penal privada subsidiária, o ofendido ou seu represente legal dispõe do prazo decadencial de seis meses para oferecer a queixa-crime, a contar do dia em que tem fim o prazo para o oferecimento da denúncia pelo MP (art. 38, parte final, do CPP), ao qual não se submete o órgão acusatório, que poderá, a qualquer tempo, desde que antes da prescrição, recobrar a ação e oferecer a denúncia; **B:** incorreta. Com o advento da Lei 12.015/2009, a ação penal, nos crimes sexuais, que antes era privativa do ofendido, passou a ser, a partir de então, pública condicionada à representação, nos termos do art. 225, *caput*, do CP. Se se tratar, entretanto, de vítima menor de 18 anos ou de pessoa vulnerável, a ação penal será pública incondicionada, nos termos do parágrafo único do art. 225 do CP. Veja que, neste novo panorama, nenhuma menção foi feita às condições econômicas da vítima ou seu representante legal; **C:** incorreta, na medida em que a cognição, nesta fase, deve ser *superficial*; **D:** incorreta, já que o aditamento, no campo da *mutatio libelli*, decorre de alteração havida, no curso da instrução, na descrição do fato feita na denúncia (art. 384, CPP). Se os fatos permanecerem os mesmos, mas a capitulação, feita na denúncia, estiver equivocada, desnecessário proceder-se ao aditamento, podendo o juiz, neste caso, quando da sentença, atribuir nova definição jurídica (art. 383, CPP – *emendatio libelli*); **E:** correta. A alternativa se refere à *emendatio libelli* (art. 383, CPP), em que o aditamento é dispensável, na medida em que os fatos descritos na inicial acusatória não sofreram modificação.

Gabarito "E"

(Ministério Público/ES – 2013 – VUNESP) X foi indiciado por crime de sonegação fiscal em inquérito policial instaurado na Delegacia de Polícia Fazendária de Vila Velha. No entanto, X havia sido condenado por sentença, não transitada em julgado, proferida pelo juiz da 1.ª Vara Criminal de Vitória pelo mesmo delito.

Considerando esse caso, assinale a medida processual adequada para a defesa dos direitos de X.

(A) Exceção de coisa julgada.

(B) Mandado de segurança pugnando pelo reconhecimento da coisa julgada.

(C) Mandado de segurança pugnando pelo reconhecimento da litispendência.

(D) Exceção de litispendência.

(E) *Habeas corpus* pugnando pelo reconhecimento da ausência de justa causa.

A: incorreta, pois a exceção de *coisa julgada* somente será reconhecida na hipótese de haver, em relação a uma das ações, sentença passada em julgado e, em relação à outra, processo em curso; no caso narrado no enunciado, não há uma coisa nem outra: o que há é uma ação em que a sentença ainda não transitou em julgado (lide pendente). Não há uma segunda demanda em curso; **B:** incorreta, como dito, não há coisa julgada. De mais a mais, o mandado de segurança, no âmbito penal, deve ser manejado em caráter residual; **C:** incorreta, da mesma forma que não há coisa julgada, não há como reconhecer a exceção de *litispendência*. É que esta modalidade de exceção pressupõe a existência simultânea de duas demandadas idênticas em curso. O enunciado retrata a existência de somente uma ação ainda em curso, em que a sentença ainda não transitou em julgado. De ver-se que a exceção em comento somente poderá ser reconhecida a partir do recebimento da denúncia ou queixa na segunda demanda; D: incorreta, pelas razões que já expusemos, não é caso de litispendência; **E:** correta, resta, portanto, a impetração de *habeas corpus* com o propósito de trancar o inquérito policial em curso.

Gabarito "E"

(Ministério Público/MG – 2013) Considerando a formalização da ação penal pública, assinale a alternativa **FALSA**:

(A) Nos crimes de autoria coletiva, aos sócios com poder de gerência e administração podem ser imputados fatos correlatos, não individualizados, desde que sem prejuízo ao exercício da defesa.

(B) A peça acusatória deve delimitar, com precisão, as ações praticadas pelos autores, distinguindo-as das condutas dos partícipes.

(C) É insuficiente, nos crimes societários, a denúncia atribuir responsabilidade penal à pessoa física, considerando apenas o cargo ou função desempenhados na empresa.

(D) A inicial acusatória deve trazer pedido de condenação e de imposição da suspensão dos direitos políticos, viabilizando o contraditório imediato.

A: assertiva correta, embora se trate de questão polêmica e objeto de acalorados debates na doutrina, a jurisprudência dos tribunais superiores inclinam-se em admitir a possibilidade de o titular da ação penal, nos crimes de autoria coletiva (como o delito societário), desde que não se consiga identificar com exatidão a conduta de cada coautor ou partícipe que tomou parte na empreitada criminosa, oferecer denúncia genérica. Conferir: "*Habeas corpus*. Estelionato. Art. 171, *caput*, do Código Penal. 1 – O inquérito policial não é procedimento indispensável à propositura da ação penal (RHC 58.743/ES, Min. Moreira Alves, *DJ* 08.05.1981 e RHC 62.300/RJ, Min. Aldir Passarinho). 2 – Denúncia que não é inepta, pois descreve de forma clara a conduta atribuída aos pacientes, que, induzindo a vítima em erro, venderam a ela um falso seguro, omitindo a existência de cláusulas que lhe eram prejudiciais visando à obtenção de vantagem ilícita, fato que incide na hipótese do art. 171, *caput*, do Código Penal. Alegações que dependem de análise fático-probatória, que não se coaduna com o rito angusto do *habeas corpus*. 3 – Esta Corte já firmou o entendimento de que, em se tratando de crimes societários ou de autoria coletiva, é suficiente, na denúncia, a descrição genérica dos fatos, reservando-se à instrução processual a individualização da conduta de cada acusado (HC 80.204/GO, Min. Maurício Corrêa, *DJ* 06.10.2000 e HC 73.419/RJ, Min. Ilmar Galvão, *DJ* 26.04.1996. 4 – *Habeas corpus* indeferido" (STF, HC 82246, rel. Min. Ellen Gracie, 15.10.2002); **B:** assertiva correta. Exigência que decorre do art. 41 do CPP; **C:** assertiva correta. Nesse sentido: "*Habeas corpus*. Crime de descaminho. Crime societário. Denúncia. Inépcia. Responsabilidade objetiva. Ação penal já trancada quanto aos corréus. Não atende às exigências jurisprudenciais e legais (art. 41 do CPP) a peça de denúncia que extrai a responsabilidade penal do simples exercício do cargo em determinada empresa, sem nenhuma descrição mínima de participação do acusado em eventuais ilícitos societários. Se a responsabilidade de todos os denunciados foi extraída exclusivamente dos cargos por eles ocupados na empresa, então o vício da peça acusatória é de ser alegado em prol de todos os acusados, devendo-se aplicar a regra do art. 580 do CPP. Ordem concedida para fins de trancamento da ação penal." (STF, HC 85618, rel. Min. Carlos Britto, 17.05.2005); **D:** assertiva incorreta, devendo ser assinalada (art. 41, CPP).

Gabarito "D"

(Ministério Público/MS – 2013 – FADEMS) Assinale a alternativa **incorreta**:

(A) Tratando-se de lesões corporais, mesmo que de natureza leve ou culposa, praticadas contra a mulher em âmbito doméstico, a ação penal cabível é a pública incondicionada, permanecendo, entretanto, a necessidade de representação para crimes previstos em leis diversas da Lei n 9.099/95.

(B) Em relação ao princípio da obrigatoriedade, o Ministério Público forma sua *opinio delicti* de modo independente, pelo que não cabe ao Poder Judiciário impor ao *parquet* que compartilhe entendimento acerca da necessidade de inclusão de outras pessoas no polo passivo da ação.

(C) A ação penal será pública sempre, seja qual for o crime, quando cometido em detrimento do patrimônio ou interesse da União, Estado e Município.

(D) Nos crimes contra a dignidade sexual a regra é a ação penal pública condicionada à representação da vítima, comportando como única exceção os casos em que a vítima é pessoa vulnerável, o que torna a ação penal pública incondicionada.

(E) É pública, condicionada à representação, a ação penal por crime de sonegação fiscal.

A: correta. O STF, no julgamento da ADIn nº 4.424, de 09.02.2012, estabeleceu a natureza *incondicionada* da ação penal nos crimes de lesão corporal, independente de sua extensão, praticados contra a mulher no ambiente doméstico; **B:** pelo princípio da obrigatoriedade, o MP, na ação penal pública, tem o dever de promovê-la em face de todos os autores do crime. Se o órgão do MP, ao receber os autos de inquérito, entender que não há elementos suficientes a justificar o ajuizamento da ação penal e pleitear, por isso, o arquivamento dos autos de inquérito policial, não é dado ao juiz impor ao representante do *parquet*, por entender que é caso de denúncia, o seu oferecimento. Neste caso, a teor do que estabelece o art. 28 do CPP, deverá o juiz fazer a remessa dos autos ao procurador-geral de Justiça a fim de que este decida se é caso de denúncia ou de arquivamento. Nesta última hipótese, outra alternativa não restará ao juiz senão acatar a promoção de arquivamento do inquérito; se o chefe do MP entender, no entanto, que é caso de denúncia, promoverá, ele mesmo, a ação penal ou designará outro membro da instituição para fazê-lo. O que não se admite, à luz da independência que deve nortear a atuação do membro do MP, é tal atribuição recair sobre o mesmo promotor que requereu o arquivamento das investigações; **C:** correta, pois retrata a regra presente no art. 24, § 2º, do CPP; **D:** correta. Dadas as modificações implementadas no âmbito dos crimes sexuais pela Lei 12.015/2009, a ação penal, nesses delitos, é, em regra, pública condicionada à representação, nos moldes da nova redação conferida ao art. 225, *caput*, do CP. As exceções ficam por conta dos crimes cuja vítima seja pessoa vulnerável ou menor de 18 anos, em que a ação será pública incondicionada (art. 225, parágrafo único, do CP). Aboliu-se, pois, para os crimes contra a dignidade sexual, a ação penal de iniciativa privada (exclusiva); **E:** incorreta, pois, na dicção do art. 15 da Lei 8.137/1990, a ação penal, nos crimes contra a ordem tributária, é pública incondicionada.

Gabarito "E"

(Ministério Público/AC – 2008) Aponte a resposta correta.

(A) A perempção é causa extintiva da punibilidade que atinge a toda e qualquer ação penal privada em razão do transcurso do tempo para seu ajuizamento.

(B) A perempção atinge as ações penais iniciadas somente por queixa, em que o querelante for tanto pessoa física quanto jurídica.

(C) Havendo dois ou mais querelantes, o fato de um deles permitir a ocorrência da perempção determinará, mesmo assim, a extinção do processo.

(D) A perempção é causa extintiva da punibilidade que atinge a toda e qualquer ação penal privada em razão do transcurso do tempo após seu ajuizamento.

A perempção (art. 107, IV, do CP), instituto exclusivo da ação penal privada exclusiva, constitui um castigo aplicado ao querelante que deixa de promover o bom andamento processual, mostrando-se desinteressado, desidioso. Suas hipóteses estão contempladas no art. 60 do CPP.

Gabarito "B"

(Ministério Público/AC – 2008) Aponte a resposta correta.

(A) Nas ações penais públicas condicionadas, poderá o Ministro da Justiça, a qualquer tempo e nos casos previstos em lei, encaminhar requisição para a instauração da ação respectiva pelo Ministério Público.

(B) O prazo para o Ministro da Justiça encaminhar, nos casos previstos em lei, a devida requisição para instauração de ação penal pública condicionada é de 06 meses, contados da data da consumação do crime.

(C) O prazo para o Ministro da Justiça encaminhar, nos casos previstos em lei, a devida requisição para instauração de ação penal pública condicionada é de 06 meses, contados do dia em que se soube quem é.o autor do crime.

(D) Recebida a representação pela autoridade policial, deixará ela de determinar a instauração de inquérito policial sempre que aquela vier suficientemente instruída para o pronto ajuizamento da acusação, ocasião em que ordenará sua remessa ao Ministério Público para tal fim.

O Código de Processo Penal não fixou, para a ação penal pública condicionada, prazo para a apresentação da requisição pelo Ministro da Justiça, o que poderá ser feito, por essa razão, enquanto o crime não estiver prescrito.

Gabarito "A"

(Ministério Público/AM – 2008 – CESPE) A respeito de denúncia, assinale a opção correta.

(A) Denúncia alternativa é aquela que omite a descrição de comportamento típico e sua atribuição a cada autor individualizado.

(B) Se o promotor denuncia o autor de crime de homicídio por crime qualificado por motivo fútil ou torpe, trata-se de denúncia genérica.

(C) O acórdão que provê recurso contra rejeição da denúncia vale, desde logo, por seu recebimento, se não for nula a decisão de primeiro grau.

(D) É inepta a denúncia que, nos crimes societários, não descreve e individualiza a conduta de cada um dos sócios.

(E) Rejeitada a denúncia por falta de condição da ação, fica obstado posterior exercício da ação penal, em face da coisa julgada material.

A: incorreta. Na denúncia alternativa, confere-se ao titular da ação penal a possibilidade de atribuir, em face da dúvida decorrente das provas coligidas em inquérito policial, duas condutas ao réu de forma alternada; **B:** incorreta. Denúncia genérica é a que deixa de especificar, individualizar a conduta dos agentes no concurso de pessoas; **C:** art. 581, I, do CPP (recurso em sentido estrito); **D:** incorreta. Contudo, há julgados do STF que admitem, nos chamados crimes societários, a narração genérica da conduta dos coautores e partícipes; **E:** incorreta. A rejeição, neste caso, não faz coisa julgada material.

Gabarito "C"

(Ministério Público/BA – 2010) É incorreto afirmar-se que:

(A) A ação penal de iniciativa privada subsidiária da pública tem previsão na Constituição Federal.

(B) No processo penal brasileiro, a ação penal *ex officio* é possível em um único caso.

(C) Quando se tratar de violência doméstica e familiar contra a mulher, nas ações penais públicas condicionadas à representação da ofendida, só será admitida a renúncia ou a retratação da representação perante o Juiz de Direito, em audiência especialmente designada com tal finalidade, antes do recebimento da denúncia e ouvido o Ministério Público.

(D) Se a injúria consiste na utilização de elementos referentes à raça, cor, etnia, religião, origem ou à condição de pessoa idosa ou portadora de deficiência, a ação penal procede-se mediante representação do ofendido.

(E) A decisão que julga extinta a punibilidade não impede a propositura da ação civil *ex delicto*.

A: a *ação penal privada subsidiária da pública* ou *substitutiva*, que encontra previsão nos arts. 5º, LIX, da CF, 100, § 3º, do CP e 29 do CPP, somente terá lugar na hipótese de inércia, de desídia do membro do Ministério Público. Assertiva, portanto, correta; **B:** assertiva incorreta, pois a ação penal *ex officio* é incompatível com a atual ordem constitucional; **C:** correta. Segundo estabelece o art. 16 da Lei 11.340/2006 (Lei Maria da Penha), a renúncia à representação somente poderá ser feita perante o magistrado, em audiência especialmente designada para essa finalidade e até o recebimento da denúncia. Ocorre que o STF, no julgamento da ADIn nº 4.424, de 09.02.2012, estabeleceu a natureza incondicionada da ação penal nos crimes de lesão corporal, independente de sua extensão, praticados contra mulher no ambiente doméstico; **D:** a conduta está tipificada no art. 140, § 3º, do CP, cuja pena cominada é bem superior à do *caput*. A ação penal, neste crime, passou a ser pública condicionada à representação do ofendido. Tal se deu com a edição da Lei 12.033, de 29 de setembro de 2009, que modificou a redação do p. único do art. 145 do Código Penal; **E:** correta, nos termos do art. 67, II, do CPP.

Gabarito "B"

(Ministério Público/BA – 2008) Analise as seguintes assertivas acerca da ação penal.

I. As condições genéricas da ação penal são sempre indispensáveis para as ações penais públicas incondicionadas, pública condicionada e privada, enquanto as condições específicas da ação penal dizem respeito apenas às ações penais pública condicionada e privada.

II. Na ação penal privada, a perempção, e consequente extinção da punibilidade, ocorrerá em caso de morte do querelante, se seu irmão comparece em juízo, visando o prosseguimento do processo, quarenta e cinco dias após o óbito.

III. Segundo entendimento do Supremo Tribunal Federal, nos casos de crimes contra a honra praticados contra funcionário público em razão de suas funções, oferecida a representação pelo ofendido ao Ministério Público, e requisitada instauração de inquérito policial, impossibilitada está a propositura da ação penal privada propriamente dita.

IV. A ação penal pública condicionada é iniciada por representação, que, em caso de morte do ofendido, poderá ser oferecida por seu cônjuge, ascendente, descendente ou irmão.

V. O direito ao exercício da queixa nos casos de ação penal privada subsidiária está sujeito a prazo decadencial.

Estão corretas as assertivas:

(A) I e II.

(B) I e III.

(C) II e IV.

(D) III e V.

(E) IV e V.

I: incorreta, já que as chamadas condições específicas da ação penal dizem também respeito à ação penal pública *incondicionada*; II: incorreta, visto que não reflete o disposto no art. 60, II, do CPP, que estabelece hipótese de perempção; III: correta. Nos termos do disposto no art. 145, p. único, do CP, quando se tratar de crime perpetrado contra a honra de funcionário público em razão de suas funções, a ação penal será *pública condicionada à representação do ofendido*. Ocorre, no entanto, que o STF, por meio da Súmula 714, firmou entendimento no sentido de que, nesses casos, a legitimidade é concorrente entre o ofendido (mediante queixa) e o Ministério Público (ação pública condicionada à representação do ofendido); IV: incorreta. A ação penal pública, condicionada ou incondicionada, será promovida por *denúncia* do Ministério Público, e não por *representação*, que consiste na manifestação de vontade do ofendido no sentido de ver processado o seu ofensor, necessária à propositura da ação penal pública condicionada; V: correta. No âmbito da ação penal privada subsidiária, ocorrerá a decadência do direito de queixa se o ofendido ou seu represente legal não exercê-la dentro do prazo de seis meses, a contar do dia em que tem fim o prazo para o oferecimento da denúncia pelo MP (art. 38, parte final, do CPP).

Gabarito "D"

(Ministério Público/CE – 2011 – FCC) A ação penal privada subsidiária

(A) poderá ser intentada por qualquer do povo quando o requerimento do Ministério Público de arquivamento de inquérito policial não for acolhido pelo Poder Judiciário.

(B) será admitida se a denúncia não for apresentada no prazo legal, cabendo ao Ministério Público aditar a queixa, repudiá-la e oferecer denúncia substitutiva, intervir em todos os termos do processo, fornecer elementos de prova, interpor recurso e, a todo tempo, no caso de negligência do querelante, retomar a ação como parte principal.

(C) será admitida se a denúncia não for apresentada no prazo legal, cabendo apenas ao Ministério Público intervir em todos os termos do processo, fornecer elementos de prova, interpor recurso.

(D) será admitida se a denúncia não for apresentada no prazo legal, cabendo ao Ministério Público apenas retomar a ação como parte principal no caso de negligência do querelante até a sentença de primeiro grau.

(E) será admitida se a queixa crime não for apresentada no prazo legal, cabendo ao querelante titular do direito da ação penal privada aditar a queixa, repudiá-la e oferecer queixa crime substitutiva, intervir em todos os termos do processo, fornecer elementos de prova, interpor recurso e, a todo tempo, no caso de negligência do querelante, retomar a ação como parte principal.

A *ação penal privada subsidiária da pública*, que será intentada pelo ofendido ou seu representante legal, somente terá lugar na hipótese de o membro do Ministério Público revelar-se desidioso, omisso, deixando de cumprir o prazo fixado em lei para a propositura da ação penal pública (art. 29 do CPP). Se falamos em desídia, não há que se falar em propositura da queixa subsidiária diante do pedido de arquivamento do inquérito formulado pelo MP, visto que o representante do *parquet*, após examinar os autos de inquérito, agiu e adotou uma das medidas legais postas à sua disposição. Intentada a ação penal privada subsidiária, caberá ao MP, nos moldes do que prescreve o art. 29 do CPP, "(...) aditar a queixa, repudiá-la e oferecer denúncia substitutiva, intervir em todos os termos do processo, fornecer elementos de prova, interpor recurso e, a todo tempo, no caso de negligência do querelante, retomar a ação como parte principal".

Gabarito "B"

(Ministério Público/CE – 2009 – FCC) Avaliando inquérito policial instaurado para apurar eventual crime de roubo cometido por João, o promotor de justiça decide por requerer o arquivamento, sendo o pedido homologado pelo juiz. Menos de seis meses depois, o ofendido oferece queixa-crime. O juiz deverá

(A) receber a queixa, pois em caso de arquivamento de inquérito é possível ser reaberto com novas provas.

(B) receber a queixa, porque ainda não houve decadência.

(C) rejeitar a queixa, porque o crime de roubo é de ação penal pública e nunca ensejaria queixa subsidiária.

(D) receber a queixa, porque se trata de hipótese de ação penal privada subsidiária da pública e foi ajuizada no prazo legal.

(E) rejeitar a queixa, com o fundamento de que a queixa subsidiária somente é cabível em caso de inércia do promotor, não quando este pede o arquivamento.

Depreende-se do art. 29 do CPP que a *ação penal privada subsidiária da pública* somente terá lugar na hipótese de desídia do membro do Ministério Público. Pedido de arquivamento de autos de inquérito não pode ser entendido como desídia, omissão.

Gabarito "E"

(Ministério Público/MG – 2012 – CONSULPLAN) Assinale a alternativa **CORRETA**.

(A) A representação é condição objetiva de punibilidade exigida do ofendido ou de quem tiver qualidade para representá-lo e, no caso de morte, pode ser exercida pelo cônjuge, ascendente, descendente ou irmão.

(B) A representação não depende de fórmula sacramental prescrita em lei, podendo ser oral ou escrita, dirigida ao juiz, Ministério Público ou autoridade policial e será irretratável, depois de recebida a denúncia.

(C) Tanto o ofendido quanto o Ministério Público, este mediante representação, têm legitimidade para a ação penal no caso de crime contra a honra de servidor público em razão do exercício de suas funções.

(D) Salvo disposição em contrário, o ofendido, ou seu representante, decairá do direito de representar, se não o exercer no prazo de seis meses, contado do dia em que o fato aconteceu.

A: incorreta. A representação constitui uma *condição específica de procedibilidade*, visto que impõe uma condição ao exercício da ação penal. Na sua ausência não há processo; **B:** incorreta. É verdade que a representação, segundo doutrina e jurisprudência pacíficas, não depende de fórmula sacramental prescrita em lei, sendo suficiente que o ofendido manifeste, de forma inequívoca, seu desejo em ver processado seu ofensor. Também é fato que a representação comporta as formas *escrita* e *verbal*, conforme prescreve o art. 39 do CPP, que também estabelece que esta condição de procedibilidade pode ser dirigida ao magistrado, ao promotor ou à autoridade policial. Até aqui, a proposição está correta. Está incorreta, no entanto, quando afirma que a retratação pode se dar até o *recebimento* da denúncia. Isso porque, a teor do que estabelece o art. 25 do CPP, terá lugar a retratação até o *oferecimento* da denúncia; depois disso, portanto, ela passa a ser irretratável, o que inclui a fase de recebimento da inicial; **C:** proposição correta, pois em conformidade com a Súmula nº 714 do STF; **D:** incorreta. O termo inicial, neste caso, é representado pelo dia em que o ofendido ou sem representante vem a saber quem foi o autor da infração penal. É o que estabelece o art. 38 do CPP.

Gabarito "C"

(Ministério Público/MG – 2012 – CONSULPLAN) Assinale a alternativa **CORRETA**.

(A) A perempção é causa de extinção da punibilidade decorrente da perda do prazo para a realização de ato processual.

(B) A perempção acontece quando o autor da ação for pessoa jurídica e esta se extinguir sem deixar sucessor.

(C) A perempção fica caracterizada na ausência do autor da ação em audiência conciliatória, ainda que presente seu procurador.

(D) A perempção ocorre quando o Ministério Público deixa de promover o andamento do processo durante trinta dias seguidos.

A: incorreta. A perempção, que tem como natureza jurídica *causa extintiva da punibilidade*, deve ser entendida como o castigo aplicado ao querelante que, mostrando-se desidioso, deixa de promover o bom andamento processual. Suas hipóteses estão listadas no art. 60 do CPP. Não deve ser confundida com a preclusão, esta sim a perda do prazo para a realização de determinado ato processual; **B:** a proposição – correta – contempla uma das hipóteses de perempção (art. 60, IV, do CPP); **C:** incorreta. A presença do procurador supre a ausência do querelado, mormente quando se tratar de audiência conciliatória; **D:** incorreta. A perempção, como dito antes, constitui uma sanção aplicada ao *querelante* que se mostra desidioso, omisso.

Gabarito "B"

(Ministério Público/MG – 2011) Quanto à representação, assinale a alternativa **CORRETA**.

(A) A representação deve ser expressa, depende de forma específica para produzir efeitos.

(B) A representação admite retratação, que pode ser exercida pela própria vítima até a sentença final.

(C) A representação é direito renunciável, pode ser exercida por procurador com poderes especiais e sujeita-se à decadência.

(D) A representação deve ser manifestada na presença do juiz, nos casos de violência doméstica.

A: incorreta. A representação, embora deva ser expressa, não depende, conforme já dissemos, de forma prescrita em lei. É suficiente que contenha a manifestação inequívoca de vontade do ofendido, ou seu representante legal, em ver processado o autor da infração; **B:** incorreta. A retratação da representação somente poderá ser feita até o oferecimento da denúncia, conforme expressa previsão do art. 25 do CPP; **C:** correta, pois em consonância com os arts. 38 e 39 do CPP; **D:** incorreta. Segundo estabelece o art. 16 da Lei 11.340/2006 (Lei Maria da Penha), a renúncia à representação somente poderá ser feita perante o magistrado, em audiência especialmente designada para essa finalidade e até o recebimento da denúncia. Ocorre que o STF, no julgamento da ADIn nº 4.424, de 09.02.2012, estabeleceu a natureza incondicionada da ação penal nos crimes de lesão corporal, independente de sua extensão, praticados contra mulher no ambiente doméstico.

Gabarito "C"

(Ministério Público/MG – 2005) Quanto à ação penal pública, é **CORRETO** afirmar.

(A) por força do princípio da obrigatoriedade, a representação do ofendido impõe ao Ministério Público o dever de propor a ação penal pública.

(B) nos crimes de ação penal pública condicionada à representação, ocorrendo a retratação do ofendido, antes da prolação da sentença final, o Ministério Público poderá desistir da ação proposta.

(C) o Magistrado poderá receber a denúncia ou queixa mesmo que esteja comprovado no inquérito policial que o indiciado era, ao tempo da infração penal, incapaz de entender o caráter criminoso do fato praticado.

(D) nos casos de ação penal de iniciativa exclusivamente privada, ocorrendo a morte do ofendido que não tenha deixado representante legal, o Ministério Público assumirá a titularidade da ação e prosseguira nos atos processuais, recebendo a causa no estado em que se encontra.

(E) a denúncia oferecida pelo Ministério Público poderá ser aditada pelo assistente para inclusão de qualificadora não constante da inicial acusatória, desde que devidamente comprovada nos autos.

A: incorreta. Com a representação do ofendido, o Ministério Público está autorizado - e não obrigado - a ajuizar a ação penal. A propositura da ação somente se imporá, por força do princípio da *obrigatoriedade* ou *legalidade*, diante da existência de indícios de autoria e prova da materialidade; **B:** incorreta. A retratação somente poderá ser exercida, por força do que dispõe o art. 25 do CPP, até o *oferecimento* da denúncia. Além disso, uma vez ajuizada a ação penal pelo MP, é-lhe vedado dela desistir (art. 42 do CPP); **C:** correta. O art. 397, II, do CPP excepcionou, do rol que admite a absolvição sumária, a hipótese de inimputabilidade. Isso porque o reconhecimento desta dirimente deve se dar somente ao cabo da instrução criminal; **D:** se morrer o ofendido, terão legitimidade para ajuizar ou continuar na ação penal o cônjuge, o ascendente, o descendente e o irmão, nesta ordem, conforme estabelece o art. 31 do CPP, que não contemplou, neste rol, como se pode notar, o MP; **E:** incorreta. O assistente será admitido tão somente no curso do processo. Leia-se: a partir do recebimento da denúncia e até o trânsito em julgado. É o que estabelece o art. 269 do CPP.

Gabarito "C"

(Ministério Público/MS – 2009) Assinale a afirmativa correta.

(A) Nos crimes de ação penal pública condicionada, o prazo para o oferecimento da requisição do Ministro da Justiça é de 6 meses, contados a partir da prática do delito.

(B) Nos crimes de ação penal pública condicionada, o prazo para o oferecimento da requisição do Ministro da Justiça é de 6 meses, contados a partir do dia em que souber quem é o autor do crime.

(C) Nos crimes de ação penal pública condicionada, não há prazo estabelecido para o oferecimento da requisição do Ministro da Justiça, podendo ser apresentada até o término do prazo decadencial.

(D) Nos crimes de ação penal pública condicionada, não há prazo estabelecido para o oferecimento da requisição do Ministro da Justiça, podendo ser apresentada até o término do prazo da perempção.

(E) Nos crimes de ação penal pública condicionada, não há prazo estabelecido para o oferecimento da requisição por parte do Ministro da Justiça.

O Código de Processo Penal não fixou, para a ação penal pública condicionada, prazo para a apresentação de requisição pelo ministro da Justiça, o que poderá ser feito, por essa razão, enquanto o crime não estiver prescrito.

Gabarito "E"

(Ministério Público/MT – 2012 – UFMT) Relativamente ao prazo para o oferecimento de denúncia, analise as assertivas abaixo.

I. Segundo o Código de Processo Penal, no caso de dispensa do inquérito policial pelo órgão do Ministério Público, se com a representação forem oferecidos elementos que habilitem a promoção da ação penal, a denúncia será oferecida no prazo de 30 (trinta dias).

II. Segundo o Código de Processo Penal, a denúncia deverá ser oferecida no prazo de 5 (cinco) dias, estando o réu preso, contado da data em que o órgão do Ministério Público receber os autos do inquérito policial, e de 15 (quinze) dias, se o réu estiver solto ou afiançado.

III. Segundo a Lei nº 4.898/1965 (Abuso de Autoridade), apresentada ao Ministério Público a representação da vítima, aquele, no prazo de 48 (quarenta e oito) horas, denunciará o réu, desde que o fato narrado constitua abuso de autoridade, e requererá ao Juiz a sua citação, e, bem assim, a designação de audiência de instrução e julgamento.

IV. Segundo o Código Eleitoral (Lei nº 4.737/1965), verificada a infração penal, o Ministério Público oferecerá denúncia dentro do prazo de 10 (dez) dias.

V. Segundo a Lei nº 8.038/1990 e a Lei nº 8.658/1993, tratando-se de ação penal de competência originária do Supremo Tribunal Federal, do Superior Tribunal de Justiça, dos Tribunais Regionais Federais e dos Tribunais de Justiça, nos crimes de ação penal pública, o Ministério Público terá o prazo de 10 (dez) dias para oferecer denúncia se o indiciado estiver preso, cujas diligências complementares não interromperão o prazo, salvo se o relator, ao deferi-las, determinar o relaxamento da prisão.

Estão corretas as assertivas:

(A) I, II e III, apenas.

(B) I, III e IV, apenas.

(C) II, III e IV, apenas.

(D) III, IV e V, apenas.

(E) I, II, IV e V, apenas.

I: incorreta. Neste caso, o Ministério Público disporá do prazo de 15 dias para o oferecimento da denúncia (art. 39, § 5º, CPP); II: proposição correta, pois reflete o disposto no art. 46, *caput*, do CPP; III: correta, pois corresponde à redação do art. 13 da Lei 4.898/1965; IV: correta, pois em consonância com o que estabelece o art. 357 do Código Eleitoral; V: incorreta, pois contraria o disposto no art. 1º da Lei 8.038/1990 e art. 1º da Lei 8.658/1993.

Gabarito "C"

(Ministério Público/PI – 2008) Assinale a afirmativa **correta.**

(A) O prazo para o oferecimento da ação penal privada subsidiária da pública tem seu início a partir do pedido de arquivamento do inquérito policial feito pelo Ministério Público.

(B) Nos crimes contra a honra de funcionário público, relacionados ao exercício de suas funções, a legitimidade para a propositura da ação penal é concorrente, podendo ser ajuizada pela vítima (ação penal privada) ou pelo Ministério Público (ação penal pública), desde que provocado mediante representação do ofendido.

(C) A ação penal, em relação aos crimes de abuso de autoridade, depende de prévia representação do ofendido, sem a qual não poderá agir o membro do Ministério Público.

(D) A *mutatio libeli* se caracteriza pela possibilidade de o juiz dar ao fato definição jurídica diversa da quer constar da ação penal, ainda que, como consequência, tenha que aplicar pena mais grave.

(E) Entre os princípios orientadores da ação penal pública estão a oficialidade, obrigatoriedade, indivisibilidade, indisponibilidade e transcendências.

A: incorreta. O pedido de arquivamento de inquérito formulado pelo membro do MP não poderá ensejar a propositura da ação penal privada subsidiária da pública, pois, neste caso, não há que se falar em omissão do representante do *parquet*, que adotou, dentro do prazo estabelecido em lei, a medida que julgou mais acertada. Seria, sim, o caso de omissão se o promotor, depois de transcorrido o prazo legal, deixasse de tomar qualquer providência (*oferecendo* denúncia, *requerendo* a devolução dos autos de inquérito à autoridade policial para a realização de outras diligências consideradas indispensáveis ao exercício da ação penal ou, por fim, *pleiteando* o arquivamento dos autos de inquérito); **B:** assertiva correta, pois corresponde ao teor da Súmula nº 714, STF; **C:** incorreta. A ação penal, nos crimes capitulados na Lei 4.898/1965 (Abuso de Autoridade), é pública *incondicionada*; **D:** incorreta. A proposição descreve o fenômeno da *emendatio libelli*, presente no art. 383 do CPP; **E:** incorreta. A ação penal pública, e também a privada, é informada pelo princípio da *intranscendência*, segundo o qual a demanda deve ser proposta tão somente em face de quem o crime é imputado.

Gabarito "B"

(Ministério Público/PR – 2009) Aponte a opção correta. Se o Promotor de Justiça, de comarca de entrância inicial, promove o arquivamento do inquérito policial, o juiz discorda e remete os autos à Procuradoria-Geral de Justiça:

(A) caso não confirme a promoção de arquivamento, o Procurador-Geral designará outro agente que poderá, assim que receber os autos, ratificar o arquivamento ou oferecer denúncia;

(B) caso ratifique a promoção de arquivamento, o Procurador-Geral submeterá seu pronunciamento ao exame do Tribunal de Justiça;

(C) se o Procurador-Geral insistir no arquivamento, o juiz deverá homologá-lo;

(D) discordando do arquivamento, o Procurador-Geral designará outro representante do Ministério Público, que só poderá oferecer denúncia com base em novas provas;

(E) se o Procurador-Geral discordar da promoção de arquivamento determinará o retorno dos autos ao próprio Promotor de Justiça que obrigatoriamente oferecerá denúncia.

A: na hipótese de o procurador-geral não confirmar a promoção de arquivamento e designar outro promotor para oferecer a denúncia, este, por atuar em nome do chefe da instituição, não poderá se recusar a ajuizar a ação penal. Deve, pois, oferecer a denúncia; B e **C:** se o procurador-geral insistir no pleito de arquivamento, o juiz, neste caso, ficará obrigado a acatá-lo, homologando-o, sendo desnecessário submeter o pronunciamento do procurador a exame do Tribunal de Justiça; **D:** o promotor designado prescinde de novas provas para oferecer denúncia; **E:** se discordar da promoção de arquivamento, o procurador-geral oferecerá denúncia ou designará *outro* promotor para que o faça; não poderá jamais determinar que a denúncia seja oferecida pelo mesmo membro do Ministério Público que requereu o arquivamento dos autos.

Gabarito "C"

(Ministério Público/PR – 2008) Sobre a denúncia, assinale a alternativa correta.

(A) Havendo erro na classificação jurídica do fato imputado ao acusado a denúncia deve ser rejeitada.

(B) Desconhecida a identidade física dos demais participantes do fato delituoso, a denúncia do único indiciado conhecido não se apresenta, por essa circunstância, viciada, de sorte a ensejar nulidade.

(C) A denúncia deve trazer, necessariamente, o rol de testemunhas.

(D) A denúncia deve, necessariamente, estar acompanhada do inquérito policial.

(E) É inepta a denúncia que contém erro gráfico quanto ao patronímico do acusado, ainda que na exposição do fato delituoso ou em outras peças do inquérito policial seja declinado o nome correto do acusado, pois a denúncia é acusação formal feita pelo Estado contra uma pessoa, razão pela qual esta deve estar corretamente identificada.

A: incorreta. A classificação jurídica equivocada do fato imputado ao acusado não tem o condão de invalidar a denúncia, que não poderá, por essa razão, ser rejeitada, uma vez que o juiz não está vinculado à classificação do crime formulada na peça acusatória (art. 383 do CPP – princípio do *jura novit curia*); **B:** correta. Embora não haja previsão expressa, a ação penal pública é informada pelo princípio da *indivisibilidade*. O promotor de justiça, por conta disso, está obrigado a denunciar todos aqueles que cometeram a infração penal. O fato de o promotor oferecer denúncia em relação a um agente e deixar de fazê-lo em relação a outro que até então não havia sido identificado não implica a negação ao princípio da indivisibilidade da ação penal, que, repita-se, é informador também da ação penal pública. Cuidado: para o STF, este princípio tem aplicação exclusiva no âmbito da ação penal privada; **C:** incorreta. Reza o art. 41 do CPP: "A denúncia ou queixa conterá...e, quando necessário, o rol das testemunhas"; **D:** incorreta, nos termos do art. 12 do CPP; **E:** incorreta. O erro gráfico quanto ao patronímico do acusado não tem o condão de anular a denúncia, desde que a peça acusatória contenha elementos que permitam sua perfeita qualificação.

Gabarito "B"

(Ministério Público/PR – 2008) Sobre a queixa-crime, assinale a alternativa INCORRETA.

(A) A queixa contra qualquer dos autores do crime obrigará ao processo de todos, e o Ministério Público velará pela sua indivisibilidade.

(B) O princípio da indivisibilidade da ação penal refere-se aos crimes de ação privada, não alcançando a ação pública, eis que o Ministério Público pode denunciar posteriormente os demais autores do crime.

(C) A renúncia ao exercício da queixa, em relação a um dos autores do crime, a todos se estenderá.

(D) A renúncia do representante legal do menor que houver completado 18 (dezoito) anos não privará este do direito de queixa, nem a renúncia do último excluirá o direito do primeiro.

(E) A queixa poderá ser aditada pelo Ministério Público apenas quando se tratar de queixa-crime subsidiária; quando a ação penal for privativa do ofendido o Ministério Público não poderá aditá-la, pois não tem legitimidade ativa para propositura de ação penal privada.

A: correta (art. 48 do CPP, que proclama o ***princípio da indivisibilidade da ação penal privada***); **B:** correta. Embora não haja disposição expressa de lei, entendemos que o ***princípio da indivisibilidade*** é também aplicável à ação penal pública, uma vez que o promotor de justiça tem o dever de promover a ação penal contra todos os agentes identificados que cometeram a infração penal; **C:** correta (art. 49 do CPP); **D:** correta (art. 50, parágrafo único, do CPP); **E:** incorreta (art. 45 do CPP).

Gabarito "E"

(Ministério Público/RJ – 2011) No que se refere ao poder-dever do Ministério Público de promover e fiscalizar a ação penal e à sua atuação anterior a essa fase, é correto afirmar que:

(A) a garantia da independência funcional do promotor, apesar de não estar elencada na Constituição, é prevista na lei e em regulamentos da Instituição;

(B) na ação pública condicionada, não estão presentes os mesmos princípios reitores da ação pública incondicionada;

(C) o princípio da indivisibilidade da ação penal é exclusivo da ação penal privada e deve ser fiscalizado pelo Ministério Público;

(D) na requisição do Ministro da Justiça para fins de promover a ação penal pública condicionada, o promotor poderá oferecer a denúncia mesmo após o prazo decadencial de 6 meses;

A: a independência funcional do promotor está expressamente prevista no art. 127, § 1º, da CF, o que torna a assertiva incorreta; **B:** incorreta. As duas modalidades de ação penal pública são informadas pelos mesmos postulados, a saber: obrigatoriedade ou legalidade; oficialidade; indisponibilidade; indivisibilidade; e intranscendência; **C:** incorreta. Embora não seja este o entendimento do STF, a doutrina majoritária e o próprio MP/RJ sustentam que a *indivisibilidade* também se aplica no âmbito da ação penal pública; **D:** correta. A ação penal pública condicionada à requisição do ministro da Justiça não se sujeita ao prazo decadencial de seis meses.

Gabarito "D"

(Ministério Público/RR – 2008 – CESPE) Julgue o item que se segue, relativo à ação penal.

(1) Considere a seguinte situação hipotética. Foi instaurado inquérito policial contra Sérgio, visando apurar a prática de crime contra as relações de trabalho. O inquérito foi encaminhado ao promotor de justiça, que promoveu o arquivamento do feito, considerando que o fato em apuração não era típico, argumentação que foi acolhida pelo juiz. Posteriormente, o fato foi levado a conhecimento do procurador da República, que entendeu ter-se configurado crime, sendo a competência da justiça federal, uma vez que teria havido ofensa a direitos coletivos do trabalho. Assim sendo, ofereceu denúncia contra Sérgio. Nessa situação, a denúncia deverá ser recebida, uma vez que o arquivamento foi determinado por juiz absolutamente incompetente.

A decisão que determina o arquivamento de inquérito policial por ausência de tipicidade tem efeito preclusivo (produz coisa julgada material), impedindo, dessa forma, o desarquivamento do feito. A esse respeito, *Informativo STF* 375.

Gabarito 1E

(Ministério Público/RS – 2008) Assinale a alternativa INCORRETA.

(A) A representação não exige forma especial, bastando que o ofendido manifeste o desejo de instaurar contra o autor do fato o pertinente procedimento legal;

(B) Os direitos de queixa e de representação podem ser exercidos, independentemente, pela vítima menor de 21 e maior de 18 anos ou por seu representante legal;

(C) A enumeração contida no artigo 31 do CPP ("no caso de morte do ofendido ou quando declarado ausente por decisão judicial, o direito de oferecer queixa ou prosseguir na ação passará ao cônjuge, ascendente, descendente ou irmão") é taxativa, não admitindo ampliação;

(D) A representação será irretratável depois de recebida a denúncia pelo juiz;

(E) Não oferecida a representação no prazo legal, ocorre a prescrição, causa extintiva da punibilidade.

A: correta, pois retrata, acerca deste tema, posicionamento jurisprudencial pacífico. Com efeito, é consenso que a *representação*, na ação penal pública condicionada, prescinde de forma sacramental, impondo-se apenas que o ofendido manifeste de forma induvidosa a vontade em processar seu ofensor; **B:** a assertiva, a nosso ver, está incorreta. Isso porque, com o advento do Código Civil de 2002, o maior de 18 e menor de 21, até então considerado relativamente incapaz, passou a ser plenamente capaz para o exercício dos atos da vida civil, prescindindo, em razão disso, de representante legal. Dessa forma, a legitimidade para a propositura da queixa (e também da representação) é, atualmente, exclusiva do maior de 18 anos. Por essa razão, o art. 34 do CPP deixou de ter aplicação; **C:** com efeito, o rol estabelecido no art. 31 do CPP é taxativo; **D:** correta. A representação deixa de ser retratável a partir do *oferecimento* da denúncia, e não de seu *recebimento*. A assertiva, elaborada com o propósito de confundir o candidato, está correta, pois se refere a momento posterior à propositura da ação penal (recebimento da inicial), fase em que a reconsideração, de toda forma, não é mais admitida; **E:** incorreta (devendo ser esta assinalada). O não oferecimento da representação (e também da queixa) dentro do prazo estabelecido em lei, que, em regra, é de seis meses, acarreta a *decadência* (não a prescrição), que constitui, assim como a prescrição, causa extintiva da punibilidade (art. 107, IV, do CP).

Gabarito "E"

(Ministério Público/RS – 2008) Assinale a alternativa CORRETA.

No crime de estupro com violência real, a ação penal, segundo o entendimento do Supremo Tribunal Federal, é

(A) Privada plena;

(B) Privada subsidiária da pública;

(C) Pública condicionada à representação da ofendida;

(D) Pública incondicionada;

(E) Nenhuma das alternativas anteriores está correta.

Dadas as modificações implementadas no âmbito dos crimes sexuais pela Lei 12.015/2009, a ação penal, que antes era, em regra, de iniciativa privativa do ofendido, passou a ser pública condicionada à representação, conforme estabelece a nova redação conferida ao art. 225, *caput*, do CP. As exceções ficam por conta dos crimes cuja vítima seja pessoa vulnerável ou menor de 18 anos, em que a ação será pública incondicionada (art. 225, p. único, do CP). Esse novo regramento conferido à ação penal, no âmbito dos crimes sexuais (atualmente denominados crimes contra a dignidade sexual), afastou, para o crime de estupro com violência real, a aplicação da Súmula nº 608 do STF: "No crime de estupro, praticado mediante violência real, a ação penal é pública incondicionada". Note que a elaboração da questão é anterior à edição da Lei 12.015/2009.

Gabarito "D"

(Ministério Público/ SC – 2010)

I. De acordo com o Código de Processo Penal, a suspensão do curso da ação penal em face de questões prejudiciais dependerá de requerimento das partes, não podendo ser decretada de ofício pelo juiz.

II. O perdão concedido a um dos querelados aproveitará a todos, produzindo efeito, inclusive, em relação ao que o recusar.

III. Nos casos de exclusiva ação privada, o querelante poderá preferir o foro de domicílio ou da residência do réu, ainda quando conhecido o lugar da infração.

IV. Os crimes sexuais contra pessoa vulnerável são de ação penal pública condicionada à representação.

V. As exceções serão processadas em autos apartados e não suspenderão, em regra, o andamento da ação penal.

(A) Apenas as assertivas I, IV e V estão corretas.

(B) Apenas as assertivas II e III estão corretas.

(C) Apenas as assertivas III e V estão corretas.

(D) Apenas as assertivas I, II e IV estão corretas.

(E) Apenas as assertivas I, II, III e V estão corretas.

I: assertiva incorreta, em vista do que dispõe o art. 94 do CPP; II: o *perdão* constitui ato por meio do qual o querelante desiste de prosseguir na ação penal privada. Ao contrário da *renúncia*, somente gerará a extinção da punibilidade se aceito for pelo querelado. Trata-se, portanto, de ato bilateral, na forma estatuída no art. 51 do CPP. Assertiva, portanto, incorreta; III: ainda que conhecido o lugar da infração, o querelante, na ação penal privada exclusiva, poderá preferir o foro do domicílio ou da residência do réu – art. 73 do CPP. Assertiva correta; IV: atualmente, dadas as modificações implementadas no âmbito dos crimes sexuais pela Lei 12.015/2009, a ação penal, nesses delitos, é pública condicionada à representação, nos moldes da nova redação conferida ao art. 225, *caput*, do CP. As exceções ficam por conta dos crimes cuja vítima seja pessoa vulnerável ou menor de 18 anos, em que a ação será pública incondicionada (art. 225, p. único, do CP). Aboliu-se, pois, para esses crimes, a ação penal de iniciativa privada (exclusiva). Assertiva, portanto, incorreta; V: correta, pois em consonância com o que estabelece o art. 111 do CPP.

Gabarito "C"

(Ministério Público/SC – 2008) Analise as seguintes assertivas:

I. A titularidade da ação penal pública pelo Ministério Público e a imparcialidade do Juiz são corolários diretos do denominado "Processo Penal Acusatório", modelo adotado pela legislação brasileira.

II. Discordando do Juiz e acatando a manifestação de arquivamento do Promotor de Justiça (art. 28 do CPP), deverá o Procurador-Geral de Justiça oficiar ao Tribunal de Justiça para que designe outro Juiz para conduzir o processo.

III. Tárcio, Guilherme e Joelito, são ofendidos por vizinho que os define como "motoqueiros arruaceiros". No curso da ação penal privada, Tárcio perdoa o vizinho, que o aceita, manifestação essa que se estende a Cássio e Mário, extinguindo-se a punibilidade, e consequentemente o processo contra o vizinho.

IV. O Juiz poderá rejeitar a denúncia quando perceber que a investigação criminal foi desenvolvida não pela autoridade policial, mas pelo próprio Ministério Público.

V. Mesmo tendo sido aditada a queixa pelo Ministério Público, ainda assim poderá o querelante dela dispor, através do perdão ou de sua omissão, caracterizando-se nessa última hipótese a perempção.

(A) apenas I e V estão corretos.

(B) apenas I, II e III estão corretos.

(C) apenas I, IV e V estão corretos.

(D) apenas II e IV estão corretos.

(E) apenas IV e V estão corretos.

I: a proposição faz referência a dois postulados que dão corpo ao sistema processual que acolhemos, o *acusatório*. Além deles, temos a presença, neste sistema, do *contraditório* e *ampla defesa*, e também da *publicidade* dos atos processuais, valores, é bom dizer, não presentes no sistema *inquisitivo*, que representa, por isso, uma antítese do acusatório. Não devemos, ainda, nos esquecer de que a doutrina sustenta a existência de uma terceira modalidade de sistema processual, o *misto*, que consiste na conjugação dos dois sistemas que examinamos. Para parte da comunidade jurídica, este é o sistema em vigor no Brasil, dado que a persecução criminal contempla uma etapa inicial, pré-processual e inquisitiva, representada, em regra, pelo inquérito policial, e outra processual, esta acusatória, pois nela assegurados o contraditório, a ampla defesa, a publicidade dos atos e a distribuição, a pessoas diferentes, das funções de julgar, acusar e defender; II: no caso de o juiz discordar das razões invocadas pelo MP para a promoção de arquivamento do inquérito policial, deverá, nos termos do que estabelece o art. 28 do CPP, remeter os autos ao procurador-geral, a quem caberá decidir se a razão está com o juiz, que rejeitou o arquivamento, ou com o promotor, que o requereu. Neste último caso, o chefe do *parquet* oferecerá, ele próprio, a denúncia, ou designará outro membro da instituição para fazê-lo, o que é mais comum. De todo modo, é vedado ao promotor designado, neste caso, recusar-se a oferecer a denúncia. Pois bem. Feito isso (oferecida a denúncia), os autos retornam ao juiz que discordou do pedido de arquivamento formulado pelo MP, que, agora, em face da manifestação do procurador-geral, está obrigado a acolher o pleito; III: o perdão, que somente tem incidência depois de instaurada a ação penal privada, embora se estenda a todos os querelados, somente surtirá efeitos em relação àqueles que com ele (perdão) concordarem. No caso retratado na assertiva, somente operaria a extinção da punibilidade em relação a Cássio e Mário se estes não recusarem o perdão; IV: o tema não é pacífico na jurisprudência tampouco na doutrina. Prevalece hoje o entendimento no sentido de que o MP tem legitimidade para promover o inquérito criminal. Importante que se diga que o Plenário do STF está prestes a posicionar-se em relação a tão relevante tema. Aguardemos; V: não compromete a disponibilidade, imanente à ação penal de iniciativa privada, o fato de o MP ter aditado a queixa. É dizer, a ação, neste caso, não deixa de ser privativa do ofendido, que poderá, a qualquer momento, se assim considerar conveniente, lançar mão da ação em curso, e o fará por meio do *perdão* ou pela *perempção*.

Gabarito "A"

(Ministério Público/SP - 2012 - VUNESP) É correto afirmar:

(A) O prazo para o oferecimento da denúncia, como regra geral, é de 5 (cinco) dias se o réu estiver preso e de 15 (quinze) dias se estiver solto ou afiançado; tratando-se de crime de tráfico de entorpecentes descrito na Lei nº 11.343/2006, o prazo é de 10 (dez) dias se o réu estiver preso e de 30 (trinta) dias se estiver solto.

(B) O prazo para o aditamento pelo Ministério Público da queixa oferecida na ação penal privada subsidiária é de 5 (cinco) dias.

(C) O número máximo de testemunhas a serem arroladas na denúncia é 8 (oito) no procedimento ordinário e no procedimento relativo aos processos de competência do Tribunal do Júri e 3 (três) no procedimento sumário.

(D) A descrição na denúncia de um fato típico acobertado por uma causa de exclusão da antijuridicidade constitui razão suficiente para sua rejeição.

(E) A ausência de representação do ofendido, nas ações públicas condicionadas, não impede o oferecimento da denúncia, admitindo-se que a omissão seja suprida a qualquer tempo, antes da sentença final.

A: incorreta. Está correto afirmar que o prazo de que dispõe o MP para oferecer a denúncia, se preso estiver o réu, é de cinco dias, e se solto, de quinze. São esses os prazos fixados no art. 46 do CPP. A Lei de Drogas, por sua vez, estabelece prazos diferenciados, o que também ocorre em relação a outras leis especiais. O art. 54 da Lei 11.343/2006 estabelece que, preso ou solto o indiciado, o prazo será de dez dias; **B:** incorreta. A queixa substitutiva deverá ser aditada pelo MP no prazo de três dias, e não de cinco, como constou da assertiva. É o prazo fixado no art. 46, § 2º, do CPP; **C:** incorreta. No procedimento sumário, o legislador limitou em cinco o número de testemunhas que poderá arrolar a acusação. O mesmo número vale para a defesa. É o que estabelece o art. 532 do CPP. O restante da proposição está correto; **D:** correta. A denúncia por fato típico acobertado por uma causa excludente de ilicitude não deve ser recebida, visto que se trata de conduta não criminosa (art. 395, II, do CPP); **E:** incorreta. A representação, na ação penal pública a ela condicionada, constitui condição indispensável ao oferecimento da denúncia (art. 24, *caput*, do CPP).

Gabarito "D"

(Ministério Público/SP – 2012 – VUNESP) É correto afirmar:

(A) O direito de queixa na ação penal privada subsidiária não se sujeita à decadência.

(B) O princípio da indivisibilidade não se aplica à ação penal privada exclusiva.

(C) A retratação da renúncia ao direito de queixa é possível se ainda em curso o prazo decadencial.

(D) A atuação do órgão do Ministério Público, nas ações penais públicas condicionadas à representação do ofendido, não é regida pelo princípio da obrigatoriedade.

(E) A extinção da pessoa jurídica querelante em ação penal privada exclusiva, na ausência de sucessor, é causa de perempção.

A: incorreta. No âmbito da ação penal privada subsidiária, o ofendido ou seu represente legal dispõe do prazo decadencial de seis meses para oferecer a queixa-crime, a contar do dia em que tem fim o prazo para o oferecimento da denúncia pelo MP (art. 38, parte final, do CPP), ao qual, é importante que se diga, não se submete o MP, que poderá, a qualquer tempo, desde que antes da prescrição, recobrar a ação e oferecer a denúncia; **B:** incorreta. Por expressa previsão do art. 48 do CPP, o princípio da indivisibilidade tem incidência, sim, no âmbito da ação penal privada. Embora não haja disposição expressa de lei, o *postulado da indivisibilidade*, em princípio, seria também aplicável à ação penal pública. No que se refere a esta modalidade de ação, seria inconcebível imaginar que o MP pudesse escolher contra quem iria propor a ação penal. O STF, entretanto, sustenta o descabimento deste postulado na ação penal pública. Para o STF, a divisibilidade da ação penal pública reside no fato de o MP ter a liberdade de não ofertar a denúncia contra alguns autores de crime contra os quais ainda não há elementos suficientes e, assim que esses elementos forem reunidos, aditar a denúncia. Assim, a ação deixa de ser indivisível pelo simples fato de a denúncia comportar aditamento posterior; **C:** incorreta. Uma vez renunciado ao direito de dar início à ação penal, o ofendido não poderá mais voltar atrás; **D:** incorreta. O princípio da obrigatoriedade (ou legalidade) é aplicado indistintamente na ação penal pública incondicionada e na condicionada à representação do ofendido ou à requisição do Ministro da Justiça; **E:** correta. A proposição se amolda à perfeição à regra contemplada no art. 60, IV, do CPP.

Gabarito "E"

(Ministério Público/SP – 2010) São princípios que regem a ação penal privada:

(A) disponibilidade e indivisibilidade.

(B) obrigatoriedade e intranscendência.

(C) indivisibilidade e obrigatoriedade.

(D) oportunidade e indisponibilidade.

(E) intranscendência e indisponibilidade.

Prescreve o *princípio da disponibilidade*, informador da ação penal privada, que o querelante tem a faculdade de desistir da ação por ele já proposta. O *princípio da indivisibilidade*, por sua vez, está consagrado no art. 48 do CPP. Embora não haja disposição expressa de lei, a maior parte da doutrina, a nosso ver com razão, sustenta que este princípio é também aplicável à ação penal pública, uma vez que o promotor de justiça tem o dever de promover a ação penal contra todos os agentes identificados que cometeram a infração penal. O *princípio da obrigatoriedade* é exclusivo da ação penal pública, porquanto, preenchidos os requisitos legais, o Ministério Público, seu titular, está obrigado a propô-la. Na ação penal privada vige o *princípio da conveniência* ou *oportunidade*. Pelo *princípio da intranscendência*, a ação penal só será proposta contra quem praticou a infração penal.

Gabarito "A"

(Ministério Público/SP - 2005) Os princípios da ação penal pública são:

(A) obrigatoriedade, indisponibilidade, oficialidade, indivisibilidade e intranscendência.

(B) obrigatoriedade, disponibilidade, oficialidade, indivisibilidade e intranscendência.

(C) oportunidade, disponibilidade, oficialidade, indivisibilidade e transcendência.

(D) oportunidade, disponibilidade, iniciativa da parte, indivisibilidade e transcendência.

(E) oportunidade, indisponibilidade, iniciativa da parte, individualidade e intranscendência.

Diz-se que a ação penal pública é *obrigatória* porque, preenchidos os requisitos legais, o Ministério Público, seu titular, está obrigado a propô-la; é *indisponível*, como já dissemos, na medida em que, uma vez proposta, é defeso ao Ministério Público dela desistir, nos exatos termos do art. 42 do CPP; a *oficialidade* reside no fato de os órgãos aos quais incumbe a persecução penal serem oficiais, públicos; fala-se em *indivisibilidade* porque não pode o membro do MP escolher contra quem será ajuizada a denúncia; por fim, pelo *princípio da intranscendência*, a ação penal só será proposta contra quem praticou a infração penal.

Gabarito "A"

4. SUSPENSÃO CONDICIONAL DO PROCESSO

(Ministério Público/MG – 2014) Sobre a Suspensão Condicional do Processo, é **INCORRETO** afirmar que:

(A) Ela é possível, no caso de ação penal de iniciativa privada, cabendo ao querelante o seu oferecimento, já que é titular do *ius ut procedatur*. Caso, no entanto, o juiz discorde de eventual não oferecimento do benefício, ele poderá valer-se da regra do artigo 28 do Código de Processo Penal.

(B) Ela é cabível na desclassificação do crime e na procedência parcial da pretensão punitiva.

(C) É incabível, por lei, que um mesmo acusado possa, concomitantemente, ser beneficiado com a suspensão condicional do processo em dois processos distintos.

(D) A Lei 9.605/1998 permite, visando à reparação do dano ambiental, que o prazo máximo de Suspensão Condicional do Processo previsto na Lei 9.099/1995 possa ser extrapolado.

A: assertiva incorreta, devendo ser assinalada, dado que a proposta de suspensão condicional do processo somente pode ser formulada, pelo representante do MP, no âmbito da ação penal pública (art. 89, *caput*, da Lei 9.099/1995). Oportuno que se diga que parte significativa da doutrina entende que este benefício pode incidir na ação penal de natureza privada. De qualquer forma, preenchidos os requisitos autorizadores do *sursis* processual e recusando-se a acusação a formular a proposta, aplica-se, por analogia, o art. 28 do CPP, com a remessa do feito ao chefe do MP; B: assertiva correta, porque corresponde ao entendimento firmado na Súmula 337 do STJ: "É cabível a suspensão condicional do processo na desclassificação do crime e na procedência parcial da pretensão punitiva"; **C:** assertiva correta. Veda-se a concessão do *sursis* processual ao acusado que esteja respondendo a outro processo (art. 89, *caput*, da Lei 9.099/1995); **D:** assertiva correta, nos termos do art. 28, II, da Lei 9.605/1998 (crimes contra o meio ambiente).

Gabarito "A"

(Ministério Público/MG – 2013) Sobre a suspensão condicional do processo, assinale a alternativa **FALSA**:

(A) O direito à proposta é possível para aquele que já foi beneficiado por transação penal nos 5 (cinco) anos anteriores.

(B) A formulação de proposta é viável para fatos submetidos ao rito especial do tribunal do júri.

(C) O juiz, ao perceber diversa definição jurídica para o fato descrito na denúncia e a presença dos requisitos legais, deve ensejar a manifestação do Ministério Público.

(D) A causa de aumento de pena e a agravante podem ser consideradas para fins de formulação da proposta, desde que a pena mínima cominada não ultrapasse um ano.

A: assertiva correta, uma vez que nada obsta, neste caso, a formulação de proposta de suspensão condicional do processo; **B:** assertiva correta. Desde que presentes os requisitos autorizadores do art. 89 da Lei 9.099/1995, nada impede que se formule proposta nesse sentido. É o caso do crime de aborto provocado pela gestante ou com o consentimento desta (art. 124, CP), cuja pena mínima cominada é de um ano de detenção, dentro, portanto, do patamar estabelecido no art. 89, *caput*, da Lei 9.099/1995; **C:** art. correta (383, § 1º, do CPP). *Vide* Súmula 337 do STJ; **D:** assertiva incorreta, devendo ser assinalada, uma vez que as circunstâncias agravantes não são consideradas para o fim de formular proposta de suspensão condicional do processo.

Gabarito "D"

(Ministério Público/RN – 2004) De acordo com o art. 89 da Lei nº 9.099/95 (Lei dos Juizados Especiais), nos crimes em que a pena mínima cominada for igual ou inferior a um ano, o Ministério Público, ao oferecer a denúncia, poderá propor a suspensão do processo por dois a quatro anos, desde que o acusado não esteja sendo processado ou não tenha sido condenado por outro crime, presentes os demais requisitos que autorizariam a suspensão condicional da pena. Sobre o referido instituto, é incorreto afirmar:

(A) O benefício da suspensão do processo não é aplicável em relação às infrações penais cometidas em concurso material, concurso formal ou continuidade delitiva, quando a pena mínima cominada, seja pelo somatório, seja pela incidência da majorante, ultrapassar o limite de um 1 ano;

(B) Reunidos os pressupostos legais permissivos da suspensão condicional do processo, mas se recusando o promotor de justiça a propô-la, o juiz, dissentindo, remeterá a questão ao Procurador-Geral, aplicando-se, por analogia, o art. 28 do Código de Processo Penal;

(C) A suspensão será revogada se, no curso do prazo, o beneficiário vier a ser processado por outro crime ou não efetuar, sem motivo justificado, a reparação do dano;

(D) Durante o prazo de suspensão condicional do processo, a prescrição ficará interrompida;

(E) O magistrado não está adstrito à proposta apresentada pelo Ministério Público e nem às condições estabelecidas na lei, pois poderá especificar outras condições, desde que adequadas ao fato e à situação pessoal do acusado.

A: correta (Súmula 243 do STJ); **B:** correta (Súmula 696 do STF); **C:** correta (art. 89, § 3º, da Lei 9.099/1995); **D:** incorreta (art. 89, § 6º, da Lei 9.099/1995); **E:** correta (art. 89, § 2º, da Lei 9.099/1995).

Gabarito "D"

(Ministério Público/SP – 2008) É correto afirmar, em relação à suspensão condicional do processo, que

(A) não se admite a suspensão se, em razão do acréscimo de um sexto decorrente da continuidade delitiva, a pena máxima cominada para a infração excede a dois anos.

(B) a anterior condenação irrecorrível por contravenção penal impede a sua concessão.

(C) a instauração de novo processo por contravenção penal no curso do prazo da suspensão é causa de revogação obrigatória.

(D) o descumprimento injustificado da condição de reparação do dano é causa de revogação obrigatória da suspensão.

(E) a concessão da suspensão é causa interruptiva da prescrição.

A: incorreta (Súmula 723 do STF); **B:** incorreta (art. 89, *caput*, da Lei 9.099/1995); **C:** incorreta (art. 89, § 4º, da Lei 9.099/1995); **D:** correta (art. 89, § 3º, da Lei 9.099/1995); **E:** incorreta (art. 89, § 6º, da Lei 9.099/1995).

Gabarito "D"

5. AÇÃO CIVIL

(Ministério Público/SP – 2013 – PGMP) Assinale a alternativa que está em desacordo com disposições legais relacionadas com reparação de danos causados pelo delito.

(A) É permitido ao juiz, na sentença condenatória criminal, estabelecer valor mínimo para a reparação de danos, considerando os prejuízos sofridos pelo ofendido.

(B) A sentença absolutória criminal, fundamentada no reconhecimento categórico da inexistência material do fato, obsta a propositura da ação civil.

(C) A ação civil para reparação do dano pode ser proposta pelo ofendido ainda que arquivado o inquérito policial instaurado para a apuração do delito.

(D) Tratando-se de ação penal privada ou de ação penal pública condicionada, a homologação do acordo para a reparação do dano decorrente de infração penal de menor potencial ofensivo acarreta para o ofendido a renúncia ao direito de queixa ou de representação.

(E) Impede a propositura da ação civil a sentença absolutória no juízo criminal que decidir que o fato imputado não constitui crime.

A: correta, pois em conformidade com o disposto no art. 387, IV, do CPP; **B:** correta, nos moldes do que estabelece o art. 66 do CPP; **C:** correta, pois reflete o disposto no art. 67, I, do CPP; **D:** correta (art. 74, parágrafo único, da Lei 9.099/1995); **E:** incorreta, pois não reflete o disposto no art. 67, III, do CPP.

Gabarito "E"

(Ministério Público/MG – 2012 – CONSULPLAN) Assinale a alternativa **CORRETA**. Impede o ajuizamento da ação civil para reparação do dano causado por crime:

(A) O acórdão que reconhece a inexistência material do fato.

(B) O despacho de arquivamento do inquérito policial.

(C) A decisão que julga extinta a punibilidade.

(D) A sentença que decide que o fato não constitui crime.

Arts. 66 e 67 do CPP.

Gabarito "A"

(Ministério Público/TO – 2012 – CESPE) Assinale a opção correta a respeito da ação civil.

(A) A responsabilidade civil decorrente da prática de um crime depende da conclusão da ação penal, de modo a afastar o risco de decisões contraditórias, possível se ocorressem paralelamente uma ação penal e uma ação civil sobre o mesmo fato.

(B) Diante de uma causa de excludente de ilicitude reconhecida pela sentença criminal, como, por exemplo, a legítima defesa, afasta-se a possibilidade de ressarcimento, mesmo que o terceiro lesado não tenha sido o causador do perigo.

(C) Não são causas impeditivas da reparação civil as decisões do juízo penal que determinem o arquivamento do inquérito policial, que declarem extinta a punibilidade do réu ou que absolvam o réu por não ser o fato infração penal.

(D) A reparação do dano causado pelo crime pode ser proposta contra o réu do processo criminal, ou contra o seu responsável civil, no caso da impossibilidade de o réu arcar financeiramente com o prejuízo causado.

(E) Poderá o ofendido promover a execução da sentença penal condenatória perante o juízo cível tomando como base, exclusivamente, o valor mínimo fixado na sentença criminal, não cabendo a liquidação da sentença para a apuração do dano efetivamente sofrido.

A: incorreta. Pelo sistema que adotamos (independência das esferas penal e cível), nada impede que aquele que sofreu o dano causado pela prática criminosa persiga a correspondente reparação, em ação de conhecimento instaurada no juízo cível, independente do destino da ação penal e antes do término desta. Bem por isso, as ações podem, sim, tramitar paralelamente. Nada obsta, de outro lado, que o ofendido, se assim preferir, opte por aguardar o desfecho da ação penal para, depois disso, buscar a reparação do dano no juízo cível. Nesta última hipótese, a sentença penal condenatória com trânsito em julgado no juízo penal faz coisa julgada no âmbito civil, encerrando, assim, qualquer discussão atinente à existência do fato e sua respectiva autoria. A discussão, a partir daí, envolverá tão somente o montante devido; **B:** incorreta. Pela regra estabelecida no art. 65 do CPP, é vedada a discussão, no juízo cível, da sentença penal que absolveu o agente com fulcro em uma das causas excludentes de ilicitude. A obrigação de indenizar se impõe, no entanto, na hipótese de o terceiro lesado não ter sido o causador do perigo (art. 929 do CC); **C:** correta, visto que a assertiva corresponde ao que estabelece o art. 67 do CPP; **D:** pode o ofendido voltar-se contra o responsável civil independente de o réu no processo penal estar impossibilitado de fazer frente ao valor a ser indenizado. Registre-se que doutrina e jurisprudência rechaçam a regra trazida pelo art. 64 do CPP. Sustentam a impossibilidade de se impor ao responsável civil a obrigação de reparar o dano apurado em processo do qual não tomou parte; **E:** incorreta, pois não reflete o disposto no art. 63, parágrafo único, do CPP, que confere ao ofendido a prerrogativa de perseguir valor superior ao mínimo fixado nos termos do art. 387, IV, do CPP.

Gabarito "C"

6. JURISDIÇÃO E COMPETÊNCIA. CONEXÃO E CONTINÊNCIA

(Ministério Público/MG – 2014) Assinale a alternativa que, **CORRETAMENTE**, completa a lacuna existente na afirmativa abaixo:

Compete ao ______ dirimir conflito de atribuições entre Ministérios Públicos de dois diferentes Estados da Federação que, diante de inquérito policial já relatado, entendem pertencer ao outro a atribuição para nele funcionar.

(A) Conselho Nacional do Ministério Público.

(B) Supremo Tribunal Federal.

(C) Procurador-Geral da República

(D) Superior Tribunal de Justiça.

Conferir: "Direito processual penal. Conflito negativo de atribuições. Caracterização. Ausência de decisões do poder judiciário. Competência do STF. Local da consumação do crime. Possível prática de extorsão (e não de estelionato). Art. 102, I, f, CF. Art. 70, CPP. 1. Trata-se de conflito negativo de atribuições entre órgãos de atuação do Ministério Público de Estados-membros a respeito dos fatos constantes de inquérito policial. 2. O conflito negativo de atribuição se instaurou entre Ministérios Públicos de Estados-membros diversos. 3. Com fundamento no art. 102, I, f, da Constituição da República, deve ser conhecido o presente conflito de atribuição entre os membros do Ministério Público dos Estados de São Paulo e do Rio de Janeiro diante da competência do Supremo Tribunal Federal para julgar conflito entre órgãos de Estados-membros diversos. 4. Os fatos indicados no inquérito apontam para possível configuração do crime de extorsão, cabendo a formação da opinio delicti e eventual oferecimento da denúncia por parte do órgão de atuação do Ministério Público do Estado de São Paulo. 5. Conflito de atribuições conhecido, com declaração de atribuição ao órgão de atuação do Ministério Público onde houve a consumação do crime de extorsão" (STF, ACO 889, Tribunal Pleno, rel. Min. Ellen Gracie, j. 11.09.2008).

Gabarito "B"

(Ministério Público /MG – 2014) Assinale a alternativa correta: a competência criminal funcional pode estar prevista:

(A) Somente na Constituição Federal.

(B) Na Constituição Federal e em leis ordinárias discutidas e aprovadas no Congresso Nacional.

(C) Na Constituição Federal e nas Constituições Estaduais.

(D) Na Constituição Federal, na Constituição dos Estados e em leis ordinárias federais e estaduais, respeitado o âmbito de aplicabilidade.

A competência funcional refere-se à delimitação de competência, feita pela lei, entre juízes da mesma instância ou de instâncias diferentes, levando-se em conta, para tanto, a etapa de desenvolvimento do processo, o objeto do juízo ou ainda o grau de jurisdição. A lei de organização judiciária pode estabelecer, por exemplo, que as fases de conhecimento e de execução do processo-crime sejam atribuídas a juízos diversos, o que é bem comum nas comarcas maiores (delimitação entre fases do processo). Outro exemplo é a delimitação imposta aos julgamentos perante o tribunal do júri, em que é atribuída ao juiz togado, entre outras, a presidência e condução do julgamento, enquanto que aos jurados caberá o julgamento de mérito (delimitação em razão do objeto do juízo).

Gabarito "D"

(Ministério Público/ES – 2013 – VUNESP) X desferiu três tiros em Y na cidade de Foz do Iguaçu. Ocorre que Y, em razão dos ferimentos, faleceu em um hospital na cidade de Punta del Leste, no Paraguai. Nesse caso, a competência para julgamento do caso será determinada

(A) pelo domicílio ou residência do réu.

(B) pelo lugar em que foi praticado o último ato de execução no território nacional, ou seja, Foz do Iguaçu.

(C) pelo lugar da consumação do delito, ou seja, em Punta del Leste.

(D) pelo lugar em que foi praticado o último ato de execução, ou seja, Punta del Leste.

(E) pela jurisdição que primeiro tomar conhecimento do caso, podendo ser a brasileira ou a paraguaia.

O crime cuja conduta (ação ou omissão) é praticada em território nacional, mas o resultado é produzido no estrangeiro, é denominado "crime à distância" ou "de espaço máximo". Neste caso, será aplicável a teoria da ubiquidade (ou mista), segundo a qual se considera praticado o crime tanto no lugar em que foi praticada a ação ou omissão, quanto no local em que se verificou ou que poderia ter se verificado o resultado (art. 6º do CP). Nesta modalidade de crime (à distância), a competência para julgá-lo é a do local, no Brasil, em que foi praticado o último ato executório, ou seja, Foz do Iguaçu, conforme estabelece o art. 70, § 1º, do CPP.

Gabarito "B"

(Ministério Público/GO – 2013) É correto dizer, sobre o incidente de deslocamento de competência para a Justiça Federal, previsto no § 5º do art. 109 da Constituição Federal, introduzido pela Emenda Constitucional 45/2004, que:

(A) fundamenta-se, essencialmente, nos seguintes pressupostos: existência de grave violação a direitos humanos, risco de responsabilização internacional do Brasil decorrente do descumprimento de obrigações jurídicas assumidas em tratados internacionais; e a incapacidade das instâncias e autoridades locais em oferecer respostas efetivas.

(B) é suscitado pelo Procurador-Geral de Justiça dos respectivos Ministérios Públicos estaduais, perante o Supremo Tribunal Federal.

(C) é suscitado pelo Procurador-Geral de Justiça dos Ministérios Públicos estaduais e o juízo de admissibilidade é feito pelo respectivo Tribunal de Justiça que, admitido o incidente, o remete ao Superior Tribunal de Justiça para julgamento.

(D) tem por requisito a ocorrência de crimes tipificados em normas internacionais de direitos humanos, desde que o Brasil seja signatário do respectivo tratado ou convenção; pode ser suscitado na fase de inquérito ou no curso do processo criminal; e é julgado pelo Supremo Tribunal Federal.

A: correta. Conferir: "1. A teor do § 5.º do art. 109 da Constituição Federal, introduzido pela Emenda Constitucional 45/2004, o incidente de deslocamento de competência para a Justiça Federal fundamenta-se, essencialmente, em três pressupostos: a existência de grave violação a direitos humanos; *o risco de responsabilização internacional decorrente do descumprimento de obrigações jurídicas assumidas em tratados internacionais*; e a incapacidade das instâncias e autoridades locais em oferecer respostas efetivas" e, no ponto específico, decidiu-se que: "4. O risco de responsabilização internacional pelo descumprimento de obrigações derivadas de tratados internacionais aos quais o Brasil anuiu (dentre eles, vale destacar, a Convenção Americana de Direitos Humanos, mais conhecido como 'Pacto de San Jose da Costa Rica') é bastante considerável, mormente pelo fato de já ter havido pronunciamentos da Comissão Interamericana de Direitos Humanos, com expressa recomendação ao Brasil para adoção de medidas cautelares de proteção a pessoas ameaçadas pelo tão propalado grupo de extermínio atuante na divisa dos Estados da Paraíba e Pernambuco, as quais, no entanto, ou deixaram de ser cumpridas ou não foram efetivas. Além do homicídio de Manoel Mattos, outras três testemunhas da CPI da Câmara dos Deputados foram mortos, dentre eles Luiz Tomé da Silva Filho, ex-pistoleiro, que decidiu denunciar e testemunhar contra os outros delinquentes. Também Flávio Manoel da Silva, testemunha da CPI da Pistolagem e do Narcotráfico da Assembleia Legislativa do Estado da Paraíba, foi assassinado a tiros em Pedra de Fogo, Paraíba, quatro dias após ter prestado depoimento à Relatora Especial da ONU sobre Execuções Sumárias, Arbitrárias ou Extrajudiciais. E, mais recentemente, uma das testemunhas do caso Manoel Mattos, o Maximiano Rodrigues Alves, sofreu um atentado a bala no município de Itambé, Pernambuco, e escapou por pouco. Há conhecidas ameaças de morte contra Promotores e Juízes do Estado da Paraíba, que exercem suas funções no local do crime, bem assim contra a família da vítima Manoel Mattos e contra dois Deputados Federais" (STJ, IDC 2/DF, 3.ª Seção, Rel. Min. Laurita Vaz, j. 27.10.2010); **B:** incorreta. Conforme estabelece o art. 109, § 5º, da CF, introduzido pela EC 45/2004, o incidente de deslocamento de competência para a Justiça Federal será suscitado pelo procurador-geral da República (e não pelos procuradores-gerais de Justiça dos MPs estaduais) ao Superior Tribunal de Justiça; **C:** incorreta, tendo em conta o comentário lançado na alternativa anterior; **D:** incorreta. Embora o incidente possa ser suscitado tanto no inquérito quanto no processo, tal deverá ser feito perante o Superior Tribunal de Justiça, e não o Supremo Tribunal Federal, conforme estabelece o art. 109, § 5º, da CF.

Gabarito "A"

(Ministério Público/GO – 2013) Sobre a competência em matéria processual penal é correto afirmar que:

(A) compete ao juízo da infância e da juventude, em razão do princípio da proteção integral, o processamento e julgamento de réu, maior de 18 (dezoito) anos, que pratique crime de estupro de vulnerável (art. 217-A, do Código Penal).

(B) no crime de peculato-desvio, compete ao foro do local para o qual foram destinados os recursos desviados, e não ao foro do local onde efetivamente ocorreu o desvio de recursos públicos, o processamento e julgamento da respectiva ação penal.

(C) tanto pelo Supremo Tribunal Federal, como também pelo Superior Tribunal de Justiça, constitui jurisprudência sumulada que o foro competente para o processo e o julgamento dos crimes de estelionato, sob a modalidade da emissão dolosa de cheque sem provisão de fundos, é o do local onde o agente aufere a vantagem indevida.

(D) nos processos por crime contra a honra, em que for querelante pessoa detentora de foro especial por prerrogativa de função, quando oposta e admitida a exceção da verdade, será esta última julgada pelo juízo especial, que teria competência para julgar a suposta vítima do crime contra honra (querelante).

A: incorreta, uma vez que o Estatuto da Criança e do Adolescente somente terá incidência, no que toca à apuração e processamento de ato infracional, ao adolescente (a partir de 12 anos e menos de 18 anos – arts. 2º e 104, ECA); assim, se o sujeito contar com 18 anos ou mais, o julgamento caberá à Justiça comum, pouco importando a idade da vítima. Cuidado: leva-se em conta, para determinar a incidência das normas do ECA, a idade do sujeito na data do fato (conduta), ainda que a consumação do ato infracional tenha se operado quando ele já atingiu a maioridade. Neste caso, o ECA terá incidência sobre pessoas com idade entre 18 e 21 anos (incompletos), no que concerne às medidas socioeducativas de *semiliberdade* e de *internação* do adolescente, cujo cumprimento deverá, necessariamente, findar até os 21 anos da pessoa, respeitado o período máximo de 3 anos. *Vide*, a esse respeito, Informativo STF 547; **B:** incorreta. Tendo em vista que o *peculato-desvio* (art. 312, *caput*, 2ª parte, do CP) consuma-se no momento em que se dá o efetivo desvio, pouco importando se a vantagem visada é auferida, a competência para o julgamento será do foro do local em que isso ocorreu (desvio), nos termos do art. 70 do CPP; **C:** incorreta, já que não corresponde ao teor das Súmulas 244 do STJ, e 521, do STF, que estabelecem que o foro competente, neste caso, é o do local da *recusa* do pagamento; **D:** correta, nos termos doa art. 85 do CPP.

Gabarito "D"

(Ministério Público/SP – 2013 – PGMP) Assinale a alternativa INCORRETA.

(A) No julgamento pelo Júri, operada a desclassificação do crime doloso contra a vida para outro, de competência do juiz singular, a este o Juiz-Presidente remeterá o processo para o julgamento do delito resultante da nova tipificação.

(B) Transitada em julgado a sentença condenatória, compete ao Juízo das Execuções a aplicação da lei posterior mais benigna.

(C) Tratando-se de crime permanente, praticado em territórios de duas ou mais comarcas, a competência firma-se pela prevenção.

(D) É do Tribunal do Júri a competência para julgar crimes dolosos contra a vida cometidos por policial militar contra civil.

(E) Nos casos de ação penal exclusivamente privada, o querelante pode optar pelo foro do domicílio ou da residência do querelado, ainda que conhecido o local da infração.

A: incorreta, devendo ser assinalada, dado que, a teor do que estabelece o art. 492, § 1º, do CPP, incumbirá ao juiz, neste caso, proferir sentença, aplicando-se, se da desclassificação operada resultar na prática de infração de menor potencial ofensivo, as regras atinentes ao procedimento sumaríssimo (JECRIM); **B:** correta, pois em conformidade com o entendimento sufragado na Súmula n. 611 do STF, a seguir transcrita: "Transitada em julgado a sentença condenatória, compete ao juízo das execuções a aplicação da lei mais benigna"; **C:** correta, pois reflete o que dispõe o art. 71 do CPP; **D:** correta, pois em conformidade com o que dispõe o art. 9º, parágrafo único, do Código Penal Militar; **E:** correta, pois reflete o disposto no art. 73 do CPP.

Gabarito "A"

(Ministério Público/BA – 2008) Analise as seguintes assertivas em relação à competência no processo penal:

I. Em caso de crime praticado por Prefeito de um dos municípios do Estado da Bahia, no respectivo município, em detrimento de bens da União, será competente para processar e julgar o feito o Tribunal Regional Federal com competência para crimes praticados no Estado da Bahia.

II. O *habeas corpus* interposto contra decisão de Turma Recursal dos Juizados Especiais Criminais deve ser processado e julgado originariamente pelo Superior Tribunal de Justiça.

III. Segundo entendimento do Supremo Tribunal Federal, a *exceptio veritatis* oposta no crime de difamação onde o querelante é funcionário público e deve ser julgado originariamente pelo Superior Tribunal de Justiça, deve ser processada e julgada no próprio Juízo originário.

IV. O Juizado Especial Criminal Federal é competente para processar e julgar contravenção penal praticada em detrimento de serviços ou interesse da Caixa Econômica Federal.

V. A competência para processamento e julgamento dos crimes contra a organização do trabalho será da Justiça Estadual se o delito lesionar apenas direito individual do trabalhador.

Estão corretas as assertivas:

(A) I, II e III.

(B) I, III e V.

(C) I, IV e V.

(D) II, III e IV.

(E) II, IV e V.

I: correta, visto que em conformidade com o entendimento firmado na Súmula nº 702, STF: "A competência do Tribunal de Justiça para julgar prefeitos restringe-se aos crimes de competência da Justiça comum estadual; nos demais casos, a competência originária caberá ao respectivo tribunal de segundo grau"; II: incorreta. O STF já consolidou o entendimento no sentido de que não cabe àquela Corte apreciar *habeas corpus* impetrado contra decisões de colegiados recursais. A competência, neste caso, é do Tribunal Regional Federal da região respectiva. A esse respeito: STF, HC 85.240-SP, Tribunal Pleno, Rel. Min. Carlos Britto, j. 14.02.2008; III: correta, pois reflete o disposto no art. 85 do CPP; IV: incorreta. Em vista do que dispõe o art. 109, IV, da CF, compete à Justiça Federal o julgamento e processamento dos crimes praticados contra interesse da União ou de suas entidades autárquicas ou empresas públicas; compete, todavia, à Justiça Estadual comum, e somente a ela, o julgamento das contravenções penais, nos termos do mesmo dispositivo e também da Súmula 38 do STJ, mesmo que praticadas em prejuízo de interesse da União ou de suas entidades autárquicas ou empresas públicas; V: de fato, os crimes contra a organização do trabalho (arts. 197 a 207 do CP) somente serão processados e julgados pela Justiça Federal se a conduta ofender, além da individualidade do trabalhador, a organização geral do trabalho ou os direitos dos trabalhadores coletivamente considerados (art. 109, VI, 1ª parte, CF).

Gabarito "B"

(Ministério Público/BA – 2005) Renato e Cícero, portando dois revólveres, roubaram um veículo de marca Fiat, tipo Palio, na Av. Paralela, em Salvador, que se encontrava na posse de sua proprietária. Fazendo uso desse automóvel, se dirigiram à agência do Banco do Brasil, situada em Camaçari e, utilizando-se das mesmas armas de fogo, subtraíram todo o dinheiro que se encontrava no cofre e nos caixas, no importe de R$ 30.000,00 (trinta mil reais), ferindo gravemente um dos vigilantes que reagiu ao assalto. Após saírem da agência bancária, roubaram de duas senhoras, que transitavam na mesma rua da agência bancária, suas bolsas e relógios. Ingressaram no Palio, e viajaram para Feira de Santana, com o objetivo de vender o veículo para uma oficina de "desmanche". Porém, antes de procederem à venda do automóvel, foram presos, em flagrante, em Feira de Santana, pelo crime de porte ilegal de arma de fogo, tipificado no artigo 12, da Lei nº 10.826, de 22.12.2003. O respectivo auto de prisão foi enviado a um dos Juízes Criminais dessa última Comarca, o qual indeferiu o pedido de fiança formulado pelos flagranteados. Recebendo os autos de inquérito com a denúncia, asseverou ser incompetente para o processo e julgamento do feito, enviando-os para o Juízo que entendeu ser competente. Sobre a competência "ratione loci", no caso em apreço, marque a alternativa correta:

(A) Cada crime deverá ser julgado no foro da Comarca em que foi cometido, atendendo-se ao artigo 70, do Código de Processo Penal, o qual estabelece que a competência será determinada, em regra, pelo lugar em que se consumar a infração.

(B) O juízo competente para processar e julgar o feito será o de Feira de Santana, segundo o critério da prevenção, estabelecido no artigo 83, do Código de Processo Penal.

(C) Será competente para processar e julgar todos os delitos a Vara Crime da Comarca de Camaçari, onde fora cometida a infração cuja pena cominada é mais grave, em face da correta aplicação do artigo 78, inciso II, letra "a", do Código de Processo Penal.

(D) A competência é da Justiça Federal, pois um dos roubos foi perpetrado contra o Banco do Brasil, sendo todas as infrações conexas, utilizando-se da inteligência do artigo 76, do Código de Processo Penal.

(E) Salvador, através de uma de suas Varas Criminais, por distribuição, é o Juízo competente, pois ambos os agentes residem nesta capital, aplicando-se o artigo 72, do Código de Processo Penal.

Por se tratar de infrações penais conexas, é de rigor a junção dos processos. Aqui, será competente, por força do que dispõe o art. 78, II, a, do CPP, o foro do lugar onde foi cometida a infração cuja pena cominada é mais grave.

Gabarito "C"

(Ministério Público/GO – 2010) Leia as afirmativas sobre a competência e, após, escolha a alternativa correta:

I. Compete à Justiça Estadual Comum, na vigência da Constituição de 1988, o processo por contravenção penal, ainda que praticada em detrimento de bens, serviços ou interesse da União ou de suas entidades.

II. Compete ao juízo do local da obtenção da vantagem ilícita processar e julgar crime de estelionato cometido mediante falsificação de cheque.

III. Compete à Justiça Comum Estadual processar e julgar civil acusado de prática de crime contra instituições militares estaduais.

IV. Compete à Justiça Militar processar e julgar o policial militar por crime de promover ou facilitar a fuga de preso de estabelecimento penal.

(A) Apenas três afirmativas são verdadeiras.

(B) Apenas três afirmativas são falsas.

(C) Apenas quatro afirmativas são verdadeiras.

(D) Todas afirmativas são verdadeiras.

I: correta. Em vista do que dispõe o art. 109, IV, da CF, compete à Justiça Federal o julgamento e processamento dos crimes praticados contra interesse da União ou de suas entidades autárquicas ou empresas públicas; compete, todavia, à Justiça Estadual comum, e somente a ela, o julgamento das contravenções penais, nos termos do mesmo dispositivo e também da Súmula 38 do STJ, mesmo que praticadas em prejuízo de interesse da União ou de suas entidades autárquicas ou empresas públicas. Assertiva, portanto, correta; II: correta, pois corresponde ao entendimento firmado na Súmula nº 48 do STJ; III: correta, pois corresponde ao entendimento firmado na Súmula nº 53 do STJ; IV: a competência, neste caso, segundo entendimento sufragado na Súmula nº 75, STJ, é da Justiça Estadual comum.

Gabarito "A"

(Ministério Público/GO – 2005) Em relação à competência jurisdicional decorrente de prerrogativa de função e à competência jurisdicional do Tribunal do Júri, marque a alternativa correta:

(A) caso um Prefeito Municipal venha a cometer um crime de homicídio no exercício do seu mandato deverá ser julgado pelo tribunal do júri do lugar do crime, já que este último é o órgão competente constitucionalmente para o julgamento.

(B) um Promotor de Justiça de Goiás que comete um crime de tentativa de homicídio simples no Estado do Acre deverá ser julgado pelo Tribunal de Justiça do Estado de Goiás, já que tem foro por prerrogativa de função.

(C) um Juiz de Direito de São Paulo que comete um crime de homicídio no Estado de Goiás deverá ser julgado pelo Tribunal de Justiça de Goiás, já que tem foro por prerrogativa de função.

(D) um Deputado Federal de Goiás que comete um crime de homicídio em Brasília deverá ser julgado pelo tribunal do júri do Distrito Federal.

A: incorreto. Os prefeitos municipais serão julgados, pela prática de crimes comuns e dolosos contra a vida, pelo Tribunal de Justiça (art. 29, X, da CF). Serão, no entanto, submetidos a julgamento pelo Poder Legislativo municipal nos casos de cometimento de crime de responsabilidade, previstos no Dec.-lei 201/1967; **B:** correta. A competência originária estabelecida no art. 96, III, da CF se sobrepõe à competência do Júri, ainda que esta também esteja consagrada na Lei Maior; **C:** incorreta. O juiz estadual é sempre julgado pelo Tribunal de Justiça de seu Estado, conforme estabelece o art. 96, III, da CF, mesmo que o crime tenha sido praticado em outra unidade da federação; **D:** incorreta. Os deputados federais, em consonância com o disposto no art. 102, I, *b*, da CF, pela prática de crime comum, serão submetidos a julgamento perante o STF.

Gabarito "B"

(Ministério Público/MG – 2012 – CONSULPLAN) De acordo com o Código de Processo Penal, assinale a alternativa **CORRETA**, considerando como Verdadeiras ou Falsas as proposições abaixo:

( ) Determinarão a competência jurisdicional: o lugar da ação, o domicílio ou residência do réu, a natureza da infração, a distribuição, a conexão ou continência, a prevenção, a prerrogativa de função.

( ) Quando incerta a jurisdição por ter sido a infração consumada ou tentada nas divisas de duas ou mais jurisdições, a competência firmar-se-á pela prevenção.

( ) Se o tribunal do júri desclassificar a infração para outra atribuída à competência do juiz singular, a este serão remetidos os autos para julgamento.

( ) A competência será determinada pela continência no caso de concurso formal, erro na execução e resultado diverso do pretendido.

(A) F, V, F, V.

(B) F, F, F, V.

(C) V, F, V, F.

(D) V, V, V, F.

1ª afirmativa: exceção ao "lugar da ação", os demais critérios fazem parte do rol do art. 69 do CPP. Incorreta, portanto; 2ª afirmativa: correta, pois reflete o que estabelece o art. 70, § 3º, do CPP; 3ª afirmativa: incorreta. Neste caso, a sentença ficará a cargo do juiz-presidente do Tribunal do Júri, que a proferirá de imediato. É o teor do art. 492, § 1º, do CPP; 4ª assertiva: correta, visto que reflete o disposto no art. 77, II, do CPP.

Gabarito "A"

(Ministério Público/MG - 2008) Quanto às regras de competência estabelecidas na Constituição Federal e no Código de Processo Penal, assinale a alternativa CORRETA.

(A) A competência é determinada pela continência quando duas ou mais infrações houverem sido praticadas, ao mesmo tempo, por várias pessoas em concurso.

(B) Nos crimes permanentes, praticados em território de mais de uma jurisdição, a competência firmar-se-á pela regra da distribuição.

(C) A exceção de incompetência do juízo poderá ser oposta, verbalmente ou por escrito, até a prolação da sentença.

(D) Nos conflitos de competência não se faz necessário que as autoridades conflitantes pertençam à estrutura do mesmo Poder estatal.

(E) A competência constitucional do Tribunal do Júri prevalece sobre o foro por prerrogativa de função instituída pela Magna Carta.

A: incorreta (art. 77 do CPP). Verifica-se a continência no concurso de pessoas (art. 29 do CP) e no concurso formal de crimes (art. 70 do CP). Há, nessas hipóteses, uma única infração penal; **B:** incorreta. Em vista do que dispõe o art. 71 do CPP, tratando-se de *crime continuado ou permanente*, em que a ação tenha se desenvolvido em diversos locais, a competência para o processamento e julgamento firmar-se-á pela *prevenção;* **C:** incorreta (art. 108, *caput*, do CPP); **D:** correta (arts. 113 e 114 do CPP); **E:** incorreta. Ao contrário, tratando-se de competência de índole constitucional, prevalece, segundo a jurisprudência, a do foro por prerrogativa de função.

Gabarito "D"

(Ministério Público/MG – 2006) Determinado cidadão, logo depois de ter cometido delito de estupro, é perseguido por Policial Militar. Para assegurar a impunidade do crime praticado, o indivíduo efetua diversos disparos de arma de fogo contra seu perseguidor, produzindo-lhe lesões que dão causa à sua morte. Nesse caso, identificando-se a prática de duas infrações penais cometidas nas circunstâncias retratadas, a competência será determinada pela: Assinale a alternativa CORRETA.

(A) Conexão objetiva, lógica ou material.

(B) Conexão intersubjetiva concursal.

(C) Conexão intersubjetiva por simultaneidade.

(D) Continência por cumulação subjetiva.

(E) Continência por cumulação objetiva.

Art. 76, II, do CPP.

Gabarito "A"

(Ministério Público/MT – 2012 – UFMT) Consoante entendimento do Superior Tribunal de Justiça, analise as assertivas abaixo.

I. Compete ao juízo do local da obtenção da vantagem ilícita processar e julgar crime de estelionato cometido mediante falsificação de cheque.

II. Compete à Justiça Estadual comum, na vigência da Constituição de 1988, o processo por contravenção penal, exceto se praticada em detrimento de bens, serviços ou interesse da União ou de suas entidades.

III. Compete ao foro do local da recusa processar e julgar o crime de estelionato mediante cheque sem provisão de fundos.

IV. Excluído do feito o ente federal, cuja presença levara o juiz estadual a declinar da competência, deve o juiz federal suscitar o conflito.

V. Compete à Justiça Comum estadual processar e julgar delito decorrente de acidente de trânsito envolvendo viatura de polícia militar, salvo se autor e vítima forem policiais militares em situação de atividade.

Está correto o que se afirma em:

(A) I, III e V, apenas.

(B) I e III, apenas.

(C) I, II e III, apenas.

(D) II, IV e V, apenas.

(E) I, III, IV e V, apenas.

I: correta, pois em consonância com o entendimento firmado na Súmula nº 48 do STJ; II: incorreta. Ainda que praticada em detrimento de bens, serviços ou interesse da União ou de suas entidades, a contravenção penal, em qualquer caso, deve ser processada e julgada perante a Justiça Estadual comum (Súmula 38 do STJ); III: correta, já que corresponde ao teor das Súmulas nº 244, do STJ, e 521, do STF; IV: incorreta, pois contraria o entendimento firmado na Súmula nº 224, STJ; V: correta, porquanto em conformidade com o teor da Súmula nº 6 do STJ.

Gabarito "A"

(Ministério Público/PI – 2008) Assinale a afirmativa **correta.**

(A) Os crimes dolosos contra a vida, praticados por funcionários públicos federais, no exercício de suas funções, deverão ser julgados pelo Tribunal do Júri da justiça estadual.

(B) Os crimes praticados em detrimento dos bens de sociedade de economia mista federal serão julgados pela justiça federal.

(C) Compete originalmente ao Supremo Tribunal Federal o julgamento de *habeas corpus* contra decisão de turma recursal de juizados especiais criminais.

(D) A utilização de papel-moeda falsificado de modo grosseiro constitui, em teste, crime de estelionato, a ser julgado pela justiça federal.

(E) As contravenções praticadas contra bens ou interesses da União serão sempre julgadas pela justiça estadual, resguardada a competência da justiça eleitoral e militar.

A: compete à Justiça Federal o julgamento de crime cometido por funcionário público federal, desde que no exercício de suas funções. Se se tratar de crime doloso contra a vida, ainda assim a competência é da Justiça Federal (Súmula n. 172, STJ); **B:** incorreta, pois contraria o entendimento firmado na Súmula nº 42 do STJ; **C:** o STF já consolidou entendimento no sentido de que não cabe àquela Corte apreciar *habeas corpus* impetrado contra decisões de colegiados recursais. A esse respeito: STF, HC 85.240-SP, Tribunal Pleno, Rel. Min. Carlos Britto, j. 14.2.2008; **D:** a competência, neste caso, segundo entendimento firmado na Súmula nº 73 do STJ, é da Justiça Estadual; **E:** em vista do que dispõe o art. 109, IV, da CF, compete à Justiça Federal o julgamento e processamento dos crimes praticados contra interesse da União ou de suas entidades autárquicas ou empresas públicas; compete, todavia, à Justiça Estadual comum, e somente a ela, o julgamento das contravenções penais, nos termos do mesmo dispositivo e também da Súmula 38 do STJ, mesmo que praticadas em prejuízo de interesse da União ou de suas entidades autárquicas ou empresas públicas. Assertiva, portanto, correta.

Gabarito "E"

(Ministério Público/PI – 2008) Assinale a afirmativa **correta.**

(A) Compete à Justiça Estadual processar e julgar crime em que o indígena figure como autor ou vítima, mesmo quando o crime tenha sido praticado em razão de costumes e práticas religiosas da tribo.

(B) Compete à Justiça Estadual processar e julgar militar por crime de abuso de autoridade, desde que praticado fora do horário de serviço.

(C) Compete à Justiça Federal processar e julgar crime envolvendo a falsificação de documento de identidade expedido pelo Conselho Regional de Medicina.

(D) Compete à Justiça Estadual processar e julgar crime relativo à falsificação de porte de arma.

(E) Compete à Justiça Estadual processar e julgar crime de falso testemunho cometido no processo trabalhista, pois o interesse lesado é do empregador.

A: incorreta. A competência para o julgamento de crime que indígena figure como autor ou réu é, em regra, da Justiça Comum estadual (Súmula nº 140, STJ). Agora, se o crime envolver a disputa de direitos indígenas, a competência, neste caso, passa à Justiça Federal (art. 109, XI, da CF); **B:** incorreta. A teor do que preceitua a Súmula nº 172 do STJ, é da competência da Justiça Comum o julgamento do militar por crime de abuso de autoridade, mesmo que praticado em serviço; **C:** correta. Por se tratar de delito que afeta interesse de autarquia federal, a jurisprudência sempre se inclinou no sentido de considerar como competente, para o julgamento deste crime, a Justiça Federal. Assertiva, portanto, correta; **D:** incorreta. Trata-se de competência da Justiça Federal; **E:** incorreta. É da competência da Justiça Federal o processamento e julgamento do crime de falso testemunho praticado em processo trabalhista (Súmula nº 165, STJ).

Gabarito "C"

(Ministério Público/PR – 2008) Entre os critérios de fixação de competência jurisdicional previstos no Código de Processo Penal, não se inclui:

(A) o lugar da infração.

(B) a conexão ou continência.

(C) a prerrogativa de função.

(D) prevenção.

(E) a nacionalidade do réu.

A: correta (art. 69, I, do CPP); **B:** correta (art. 69, V, do CPP); **C:** correta (art. 69, VII, do CPP); **D:** correta (art. 69, VI, do CPP); **E:** incorreta (devendo esta ser assinalada). A nacionalidade do réu não constitui critério de fixação de competência estabelecido no art. 69 do CPP.

Gabarito "E"

(Ministério Público/RJ – 2011) José, prefeito na cidade de Campos, no Estado do Rio de Janeiro, cometeu um crime federal e deverá, portanto, ser julgado no:

(A) Tribunal de Justiça do Rio de Janeiro, em vista de sua prerrogativa de função;

(B) Juízo Federal da Comarca de Campos, em vista da natureza do crime praticado;

(C) Superior Tribunal de Justiça, em vista de reconhecido dissídio jurisprudencial;

(D) Supremo Tribunal Federal, considerando ser esta uma evidente questão federal;

(E) Tribunal Regional Federal da 2ª Região, competente para RJ e ES.

Os prefeitos municipais serão julgados, pela prática de crimes comuns e dolosos contra a vida, pelo Tribunal de Justiça (art. 29, X, da CF). Serão, no entanto, submetidos a julgamento pelo Poder Legislativo municipal nos casos de cometimento de crime de responsabilidade, previstos no Dec.-lei 201/1967. No entanto, se praticar crime eleitoral ou federal, a competência, aqui, será do TRE e TRF, respectivamente. *Vide* Súmula nº 702, STF.

Gabarito "E"

(Ministério Público/RJ – 2011) Pedro cometeu em Niterói um crime federal de roubo em conexão com uma contravenção penal. Considerando as regras sobre conexão do Código Processual Penal e o fato de inexistir na área federal competência para julgar contravenção, pois não há previsão legal de contravenção federal, e ainda a nova tendência jurisprudencial dos Tribunais Regionais Federais, é correto dizer que a competência para julgamento é:

(A) do Juízo Federal Comum da área em que se deu o cometimento das infrações;

(B) do crime, no Juízo Federal Comum; da contravenção, no Juizado Especial Federal;

(C) do Juízo Federal Comum, mas com aplicação de medidas despenalizadoras para a contravenção;

(D) do crime, no Juízo Federal Comum; da contravenção, no Juizado Especial Estadual de Niterói;

(E) da Justiça Comum Estadual para ambas as infrações, mas com aplicação de medidas despenalizadoras.

A assertiva dada como certa não retrata atual posicionamento do STJ acerca desta matéria. *Vide*, a propósito, a seguinte ementa: "AGRAVO REGIMENTAL NO CONFLITO NEGATIVO DE COMPETÊNCIA. CONTRAVENÇÕES PENAIS. ILÍCITOS QUE DEVEM SER PROCESSADOS E JULGADOS PERANTE O JUÍZO COMUM ESTADUAL, AINDA QUE OCORRIDOS EM FACE DE BENS, SERVIÇOS OU INTERESSE DA UNIÃO OU DE SUAS ENTIDADES. SÚMULA Nº 38 DESTA CORTE. CONFIGURAÇÃO DE CONEXÃO PROBATÓRIA ENTRE CONTRAVENÇÃO E CRIME, ESTE DE COMPETÊNCIA DA JUSTIÇA COMUM FEDERAL. IMPOSSIBILIDADE, ATÉ NESSE CASO, DE ATRAÇÃO DA JURISDIÇÃO FEDERAL. REGRAS PROCESSUAIS INFRACONSTITUCIONAIS QUE NÃO SE SOBREPÕEM AO DISPOSITIVO DE EXTRAÇÃO CONSTITUCIONAL QUE VEDA O JULGAMENTO DE CONTRAVENÇÕES PELA JUSTIÇA FEDERAL (ART. 109, INCISO IV, DA CONSTITUIÇÃO DA REPÚBLICA). DECLARAÇÃO DA COMPETÊNCIA DO JUÍZO DE DIREITO DO JUIZADO ESPECIAL CÍVEL DA COMARCA DE FLORIANÓPOLIS/SC PARA O JULGAMENTO DA CONTRAVENÇÃO PENAL PREVISTA NO ART. 68, DO DECRETO-LEI Nº 3.688, DE 3 DE OUTUBRO DE 1941." (STJ, CC 118.814/SC, 3ª Seção, rel. Min. Laurita Vaz).

Gabarito "C"

(Ministério Público/RN – 2009 – CESPE) Em relação à competência no âmbito do direito processual penal, assinale a opção correta.

(A) A competência para julgar conflito negativo de atribuições entre órgãos do MP de estados-membros diversos é do STJ.

(B) Caso determinada autoridade do estado do Rio Grande do Norte, detentora de foro especial por prerrogativa de função no TJRN, cuja previsão encontra-se apenas na respectiva constituição estadual, cometa crime doloso contra a vida, a competência para processá-la e julgá-la deve ser do tribunal do júri.

(C) Por se tratar de hipótese de competência criminal absoluta, verificada a ocorrência de conexão entre delitos diversos, deve ser determinada a reunião dos processos, ainda que um deles já tenha sido julgado, sob pena de nulidade, que pode ser alegada a qualquer tempo e em qualquer grau de jurisdição.

(D) Tratando-se de competência territorial pelo lugar da infração, em regra, o CPP adotou a teoria da atividade.

(E) Em regra, observa-se a teoria do resultado para se firmar a competência no âmbito dos juizados especiais criminais estaduais.

A: incorreta. *Vide*, a esse respeito, a seguinte ementa: "COMPETÊNCIA. Atribuições do Ministério Público. Conflito negativo entre MP de dois estados. Magistrados que se limitaram a remeter os autos a outro juízo a requerimento dos representantes do Ministério Público. Inexistência de decisões jurisdicionais. Oposição que se resolve em conflito entre órgãos de Estados diversos. Feito da competência do Supremo Tribunal Federal. Conflito conhecido. Precedentes Inteligência e aplicação do art. 102, I, "f", da CF. **Compete ao Supremo Tribunal Federal dirimir o conflito negativo de atribuições entre representantes do Ministério Público de Estados diversos. (Pet 3631, Relator: Cezar Peluso, Tribunal Pleno, DJ 07.03.2008)**"; **B:** correta, nos termos da Súmula 721 do STF, a seguir transcrita: "A competência constitucional do Tribunal do Júri prevalece sobre o foro por prerrogativa de função estabelecido exclusivamente pela Constituição estadual"; **C:** incorreta. A reunião de processos por força da conexão não tem lugar se um deles já foi julgado. Nesse sentido: STJ, RE 1.001.820/RJ, rel. Min. Luis Felipe Salomão; **D:** incorreta, visto que o CPP adotou, no que toca à competência em razão do lugar da infração, a chamada *teoria do resultado*, que estabelece que a competência será determinada pelo local em que ocorreu a consumação do crime (art. 70, *caput*, do CPP); **E:** incorreta. O art. 63 da Lei 9.099/1995 estabelece que a competência do Juizado Especial Criminal será determinada em razão do lugar em que foi *praticada* a infração penal. Surgiram, assim, três teorias a respeito do juiz competente para o julgamento da causa: (i) *teoria da atividade*: é competente o juiz do local onde se verificou a ação ou omissão; (ii) *teoria do resultado*: a ação deve ser julgada no local onde se produziu o resultado; e (iii) *teoria da ubiquidade*: é considerado competente tanto o juiz do local em que se deu a ação ou omissão quanto aquele do lugar em que se produziu o resultado. Na doutrina e na jurisprudência, predominam as teorias da atividade e da ubiquidade.

Gabarito "B"

(Ministério Público/RS – 2009) Na véspera da eleição municipal de 2008, a Dra. Promotora de Justiça de Tapera, acompanhada de policiais militares, determinou o fechamento de um bar que vendia bebidas alcoólicas aos eleitores que, alterados, estavam fazendo badernas e criando um clima de animosidade entre grupos políticos rivais. O dono do estabelecimento, de forma acintosa, praticou o crime de desacato contra a representante do Ministério Público.

Em face do exposto, a denúncia contra o agente deverá ser oferecida

(A) no Tribunal de Justiça do Rio Grande do Sul, em razão do privilégio de foro.

(B) na Vara Criminal da comarca de Tapera.

(C) no Tribunal Regional Federal da 4ª região.

(D) na Vara Federal com jurisdição na região.

(E) na Justiça Eleitoral de Tapera.

O crime comum (é o caso do desacato) praticado contra Promotor de Justiça investido de jurisdição eleitoral será processado e julgado pela Justiça Comum Federal. Conferir: TER-RO, INQ. 53/RO, rel. Francisco Martins Ferreira, j. 14.03.2006, DJ 23.032006.

Gabarito "D"

(Ministério Público/RS – 2009) Durante o inquérito policial, o Juiz da 2ª Vara Criminal de Caxias do Sul determinou o sequestro de valores relativos à venda de um bem do investigado. Mais tarde, finalizado, o inquérito policial foi distribuído ao Juiz da 1ª Vara Criminal que, entretanto, não concordando com a sua competência, remeteu-o de volta à origem. O Magistrado da 2ª Vara, então, suscitou o conflito de competência. Neste caso, o suscitante:

(A) tem razão, porque a fase pré-processual não induz a competência.

(B) não tem razão, porque houve a prevenção.

(C) tem razão, porque a urgência da medida cautelar não afeta a posterior livre distribuição dos autos.

(D) tem razão, porque tanto o Código de Organização Judiciária do Estado, como o Código de Processo Penal, determinam que a distribuição fixará a competência quando na mesma comarca houver mais de um Juiz igualmente competente.

(E) não tem razão, porque é próprio do sistema processual brasileiro perpetuar a jurisdição a partir da abertura do inquérito policial, em face do princípio constitucional do juiz natural.

O fato de o magistrado da 2ª Vara, no curso da investigação, haver determinado medida consistente no sequestro de valores relativos à venda de um bem do investigado o torna prevento para julgar o caso, razão por que não deveria suscitar o conflito de competência.

Gabarito "B"

(Ministério Público/RS – 2009) Leia o relato abaixo. Demóstenes, funcionário público federal, quando voltava para casa, praticou crime de lesão corporal culposa com veículo automotor em Novo Hamburgo, cuja pena é detenção de seis meses a dois anos. Como não possuía carteira de habilitação, a sanção pode ser aumentada de um terço à metade. Considerando-se os dados apresentados, é correto afirmar que a ação penal no caso relatado deverá correr

(A) na Vara Criminal da Justiça Comum.

(B) na Vara Criminal da Justiça Federal.

(C) no Juizado Especial Criminal Estadual.

(D) no Juizado Especial Criminal Federal.

(E) no Tribunal Regional Federal da 4a Região, face o conflito de jurisdição.

O servidor público federal que cometer algum delito no âmbito de competência da Justiça Estadual não contará com *foro por prerrogativa de função*. A competência será determinada pelo lugar da consumação do crime, nos termos do art. 70, *caput*, do CPP, sendo, pois, competente para o julgamento o foro do lugar onde se produziu a lesão corporal culposa, isto é, o processo deverá tramitar na Vara Criminal da Comarca de Novo Hamburgo.

Gabarito "A"

(Ministério Público/RS – 2008) Assinale a alternativa CORRETA.

Divergindo dois Promotores de Justiça quanto a quem cabe o oferecimento da denúncia, está-se diante de:

(A) Conflito positivo de jurisdição;

(B) Conflito negativo de jurisdição;

(C) Conflito de competência;

(D) Conflito de atribuições;

(E) Nenhuma das alternativas anteriores está correta.

O *conflito de competência* somente se estabelece entre órgãos jurisdicionais integrantes de uma mesma justiça. É qualificado de *positivo* quando dois ou mais juízes se consideram competentes para o julgamento do mesmo caso; diz-se *negativo* na hipótese de dois ou mais juízes recusarem a competência. Já o *conflito de jurisdição* configura-se quando o embate é travado entre órgãos jurisdicionais de justiças distintas. Por fim, *conflito de atribuições* é aquele que se dá entre autoridades administrativas ou entre estas e autoridades judiciárias. É de atribuições o conflito existente entre Promotores de Justiça. Neste caso, a divergência será solucionada pelo Procurador-Geral de Justiça, sem intervenção do órgão jurisdicional. No CPP, o conflito de jurisdição/competência está disciplinado do art. 113 ao 117.

Gabarito "D"

(Ministério Público/SP – 2012 – VUNESP) A respeito das normas relativas à fixação da competência, contidas no Código de Processo Penal, considere:

I. A competência territorial será, de regra, determinada pelo lugar em que se consumar a infração ou, no caso de tentativa, pelo lugar em que for praticado o último ato de execução; não sendo este conhecido, regular-se-á pelo domicílio ou residência do réu e se este tiver mais de uma residência pela prevenção.

II. É relativa a nulidade decorrente da inobservância da competência firmada pela prevenção.

III. Excetuados os casos de competência do Tribunal do Júri, verificada a reunião dos processos por conexão ou continência, se o juiz, no processo de sua competência, proferir sentença absolutória ou desclassificatória da infração para outra que não se inclua na sua competência, cessará a competência em relação aos demais processos, impondo-se a remessa dos autos ao juiz competente.

IV. Entre outras hipóteses, a competência será determinada pela continência quando duas ou mais pessoas forem acusadas da mesma infração e nos casos de concurso formal e crime continuado.

Está correto o que se afirma APENAS em

(A) I e II.

(B) I e III.

(C) II e III.

(D) II e IV.

(E) III e IV.

I: correta, visto que em conformidade com o que estabelecem os arts. 70, *caput*, e 72, *caput* e § 1º, ambos do CPP; II: correta, já que em consonância com o posicionamento sufragado na Súmula nº 706, STF: "É relativa a nulidade decorrente da inobservância da competência penal por prevenção."; III: incorreta, pois contraria o que estabelece o art. 81 do CPP; IV: incorreta, pois o crime continuado não foi contemplado no art. 77 do CPP, que estabelece que a competência será determinada pela continência tão somente nos casos de concurso de pessoas e concurso formal de delitos.

Gabarito "A"

(Ministério Público/SP - 2005) Haverá conexão material quando

(A) a prova de uma infração ou de qualquer circunstância influir na prova de outra.

(B) os crimes forem praticados para facilitar ou ocultar outros, ou para se conseguir vantagem ou impunidade de outros.

(C) duas ou mais infrações forem praticadas por várias pessoas reunidas.

(D) uma única conduta delituosa gerar pluralidade de eventos típicos.

(E) houver pluralidade de agentes e unidade de infração.

Art. 76, II, do CPP.

Gabarito "B"

(Ministério Público/SP - 2005) Assinale a alternativa incorreta.

(A) Tratando-se de infração permanente, praticada em diversas comarcas, a competência firmar-se-á pela prevenção.

(B) A regra de competência, quando se tratar de crime tentado, é o local onde foi praticado o último ato de execução.

(C) Não sendo conhecido o lugar da infração, a competência regular-se-á pelo domicílio ou residência da vítima.

(D) Tratando-se de infração continuada, praticada em diversas comarcas, a competência firmar-se-á pela prevenção.

(E) Nos crimes a distância, se, iniciada a execução no território nacional, a infração se consumar fora dele, a competência será determinada pelo lugar em que tiver sido praticado, no Brasil, o último ato de execução.

A: art. 71 do CPP; **B:** art. 70, *caput*, 2ª parte, do CPP; **C:** art. 72, *caput*, do CPP; **D:** art. 71 do CPP; **E:** art. 70, § 1º, do CPP.

Gabarito "C"

(Ministério Público/SP – 2006) Assinale a afirmação incorreta.

(A) Compete à Justiça Estadual processar e julgar crime de roubo contra agência do Banco do Brasil estabelecida neste Estado.

(B) O desaforamento é causa modificativa da competência.

(C) Compete à Justiça Comum Estadual o julgamento de policial militar pelo crime de abuso de autoridade cometido no exercício de função de policiamento civil.

(D) Compete ao Tribunal de Justiça o julgamento de crime contra a administração pública imputado a ex-Prefeito Municipal, se proposta a ação penal ainda no curso do mandato eletivo.

(E) Os incidentes da execução são julgados pelo juiz competente do local em que está sendo cumprida a pena.

A: correta. O STJ já pacificou entendimento no sentido de que compete à Justiça comum estadual julgar crime contra agência do Banco do Brasil; **B:** correta. O desaforamento, disciplinado nos arts. 427 e 428 do CPP, constitui de fato causa que altera, modifica a competência fixada nos termos do art. 69 do CPP; **C:** correta, pois corresponde ao entendimento firmado na Súmula 172 do STJ; **D:** incorreta. A Súmula 394 do STF foi cancelada pelo Pleno do próprio tribunal. Além disso, o STF declarou a inconstitucionalidade da Lei 10.628/2002, que acrescentou os §§ 1º e 2º ao art. 84 do CPP; **E:** correta. *Vide* arts. 2º, 65 e 66 da Lei 7.210/84 (Lei de Execução Penal). É a posição adotada no STJ.

Gabarito "D"

(Ministério Público/TO – 2012 – CESPE) A respeito de jurisdição e competência, assinale a opção correta.

(A) Será do tribunal do júri a competência para o processo e o julgamento de membro do MP acusado de praticar crime doloso contra a vida.

(B) No caso de ação penal privada, prevalece, no processo penal, a competência de foro, sendo preponderante o interesse do querelante quando se trata da distribuição territorial da competência.

(C) Não consubstanciam transgressão ao princípio do juiz natural as regras que estabelecem a competência originária dos tribunais para o processo e o julgamento de determinadas pessoas em razão de prerrogativa de função.

(D) A incompetência absoluta do juízo anula somente os atos decisórios, devendo o processo, quando declarada sua nulidade, ser remetido ao juiz competente.

A: incorreta. Magistrados e membros do Ministério Público acusados de crime doloso contra a vida serão processados e julgados perante o tribunal ao qual estão vinculados. É que a jurisprudência consolidou o entendimento segundo o qual, na hipótese de ambas as competências (no caso, Júri e prerrogativa de função) estarem contempladas na Constituição Federal, deverá prevalecer a competência em razão da prerrogativa de função. É o que se infere da leitura da Súmula nº 721, do STF; **B:** incorreta. Neste caso, a ação poderá ser proposta no foro do domicílio ou residência do réu, mesmo que conhecido o lugar em que ocorreu a infração (art. 73 do CPP); **C:** correta. Não há que se falar em violação ao princípio do juiz natural se as regras que estabelecem a competência originária dos tribunais para o processo e julgamento de determinadas pessoas em razão de prerrogativa de função estiverem baseadas em critérios objetivos. Consultar Súmula nº 704 do STF; **D:** incorreta. A regra contida no art. 567 do CPP não tem incidência no âmbito da incompetência absoluta.

Gabarito "C"

7. QUESTÕES E PROCESSOS INCIDENTES

(Ministério Público /MG – 2014) Acerca dos sistemas teóricos de resolução da competência jurisdicional das questões prejudiciais, assinale a alternativa **INCORRETA**:

(A) Denomina-se sistema de cognição incidental aquele em que o juiz que conhece da ação deva conhecer da exceção.

(B) No sistema da prejudicialidade obrigatória, o juiz criminal deve conhecer da exceção.

(C) Prepondera o Juízo de acordo com a natureza da exceção, no sistema da prejudicialidade facultativa.

(D) Na legislação brasileira, prevalece o modelo eclético, implicando soluções da prejudicial tanto pelo juiz penal como extrapenal.

A: assertiva correta. No chamado sistema de *cognição incidental* (ou do predomínio da jurisdição penal), a competência do juízo penal se estende ao exame das questões prejudiciais, mesmo em relação àquelas pertencentes a outro ramo do direito (questão heterogênea); **B:** assertiva incorreta, devendo ser assinalada. Pelo sistema da *prejudicialidade obrigatória* (ou sistema da separação jurisdicional absoluta), ao juiz criminal, diferente do que se afirma na assertiva, é vedado conhecer da questão prejudicial, que será, por essa razão, remetida ao juízo competente; **C:** assertiva correta. No sistema da *prejudicialidade facultativa*, como o próprio nome sugere, é facultado ao juiz decidir sobre a questão prejudicial heterogênea; **D:** assertiva correta. Pelo sistema adotado no Brasil (misto ou eclético), coexistem os sistemas obrigatório (art. 92, CPP) e facultativo (art. 93, CPP).

Gabarito "B"

(Ministério Público /MG – 2014) Sobre as medidas assecuratórias, assinale a alternativa **INCORRETA**:

(A) A hipoteca legal sobre os imóveis do indiciado poderá ser requerida pelo ofendido em qualquer fase do processo, desde que haja certeza da infração e indícios suficientes da autoria.

(B) Caberá ao Ministério Público promover a hipoteca legal e o arresto se o ofendido for pobre e o requerer.

(C) A medida assecuratória de sequestro não é cabível em bens móveis.

(D) O juiz determinará a alienação antecipada dos bens quando houver dificuldade para sua manutenção.

A: assertiva correta, pois corresponde ao disposto no art. 134 do CPP, que estabelece que, para ser decretada a hipoteca legal, são necessários *certeza da infração penal* (prova da materialidade) e *indícios suficientes de autoria*; **B:** assertiva correta, nos termos do art. 142 do CPP; **C:** assertiva incorreta, devendo ser assinalada (art. 132, CPP); **D:** assertiva correta (art. 144-A, *caput*, do CPP).

Gabarito "C"

(Ministério Público/ES – 2013 – VUNESP) De acordo com o Código de Processo Penal, a arguição de suspeição do promotor de justiça suscitada em primeira instância será decidia pelo

(A) procurador-geral de justiça, com direito a recurso.

(B) Tribunal de Justiça, sem a possibilidade de recurso.

(C) juiz de direito, com direito a recurso.

(D) juiz de direito, sem direito a recurso.

(E) procurador-geral de justiça, sem direito a recurso.

Conferir a redação do art. 104 do CPP: "Se for arguida a suspeição do órgão do Ministério Público, o juiz, depois de ouvi-lo, decidirá, sem recurso, podendo antes admitir a produção de provas no prazo de 3 (três) dias".

Gabarito "D"

(Ministério Público /MG – 2013) Assinale a alternativa **FALSA**:

(A) Insatisfeita a parte com a solução do incidente de restituição, ela deverá procurar o juízo cível para provar o seu direito.

(B) Duvidoso ou não o direito existente sobre o objeto apreendido, haverá a prévia manifestação do Ministério Público.

(C) Independentemente do direito do possuidor, deixarão de ser devolvidos os instrumentos do crime cujo porte constitua crime por si.

(D) A coisa apreendida em decorrência da prática criminosa pode ser devolvida ao proprietário pela autoridade policial ou pelo juiz.

A: assertiva falsa, devendo ser assinalada. Insatisfeita a parte com a solução dada ao incidente de restituição, deverá, em vista do que dispõe o art. 593, II, do CPP, interpor recurso de *apelação*; a remessa das partes ao juízo cível será a providência a ser adotada diante da ocorrência de dúvida sobre quem seja o verdadeiro dono da coisa apreendida (art. 120, § 4º, do CPP); **B:** assertiva correta, pois reflete a regra disposta no art. 120, § 3º, do CPP; **C:** assertiva correta (art. 91, II, a, do CP); **D:** assertiva correta (art. 120, caput, do CPP).

Gabarito "A"

(Ministério Público /MG – 2013) Assinale a alternativa **FALSA**:

(A) O juiz que afirmar sua suspeição deverá fazê-lo por escrito e fundamentadamente, anulando os atos decisórios eventualmente praticados e remetendo os autos ao substituto legal.

(B) Sujeitam-se também à arguição de suspeição os peritos, intérpretes, serventuários da justiça e as autoridades policiais, decidindo o juiz de plano, diante da prova imediata.

(C) Se for arguida a suspeição do membro do Ministério Público, este será ouvido, encaminhando-se os autos ao juiz para decisão, podendo antes determinar a produção de prova.

(D) No tribunal do júri, a suspeição de jurado é suscitada oralmente e o juiz decidirá depois de ouvi-lo e, se for o caso, avaliar a comprovação a ser imediatamente apresentada.

A: assertiva correta (arts. 97 e 564, I, do CPP); **B:** assertiva incorreta, devendo ser assinalada, o erro da assertiva está na afirmação de que as autoridades policiais sujeitam-se à arguição de suspeição (art. 107, CPP); **C:** assertiva correta (art. 104, CPP); **D:** assertiva correta (art. 106, CPP).

Gabarito "B"

(Ministério Público/AC – 2008) Aponte a resposta correta.

(A) O oferecimento de exceção de suspeição do juiz provoca a imediata suspensão do processo, devendo ela ser autuada em apartado para pronta remessa ao juízo *ad quem* para seu julgamento.

(B) Oferecida a exceção de suspeição, o processo será suspenso, caso o juiz reconheça sua suspeição, devendo a petição do recusante ser juntada aos autos e ser determinada a remessa deste último ao juiz substituto.

(C) A autuação em apartado da exceção de suspeição só ocorrerá, se o juiz não aceitar a argumentação do recusante, ocasião em que abrirá vista à parte contrária para se manifestar em 10 dias.

(D) A exceção de suspeição admite a produção de prova documental e testemunhal, ao passo que a exceção de impedimento somente admite a produção de prova documental.

A: as exceções, processadas em autos apartados, não suspenderão, em regra, o curso da ação penal (art. 111 do CPP). Incorreta, portanto; **B:** correta, visto que em harmonia com o prescrito no art. 99 do CPP; **C:** incorreta, pois em desconformidade com os arts. 110, *caput*, e 111, ambos do CPP; **D:** a primeira parte da proposição, que se refere à exceção de suspeição, está correta, pois corresponde ao que estabelece o art. 98 do CPP; está incorreta, no entanto, a parte da assertiva que trata da suspeição de impedimento, visto que ao seu processamento serão aplicadas as mesmas regras que disciplinam a exceção de suspeição (art. 112 do CPP).

Gabarito "B"

(Ministério Público/AC – 2008) Aponte a resposta correta.

(A) O incidente de insanidade mental pode ser instaurado, entre outros legitimados, de ofício pelo juiz.

(B) O incidente de insanidade mental somente pode ser instaurado na fase processual, sendo vedada tal ocorrência na fase de investigação.

(C) A instauração do incidente de insanidade mental traz, como consequência, a imediata suspensão de todos os atos do processo, impedindo-se a prática de todo e qualquer ato ou diligência processual.

(D) O incidente de insanidade processar-se-á no próprio processo, tendo os peritos vista obrigatória dos autos para auxiliar na avaliação do acusado.

A: correta. O *incidente de insanidade mental* poderá ser deflagrado a requerimento do MP, do defensor, do curador, do ascendente, do descendente, do irmão ou do cônjuge do acusado, bem assim, na fase de inquérito, mediante representação da autoridade policial. Sempre por ordem do juiz competente, que poderá determiná-lo até de ofício, desde que no curso da ação penal – art. 149, *caput* e § 1º, do CPP; **B:** incorreta. Como dissemos antes, o exame de insanidade mental poderá, sim, a teor do que estabelece o art. 149, § 1º, do CPP, ser determinado na fase de inquérito, sempre mediante representação do delegado de polícia; **C:** incorreta. Se o incidente de insanidade mental for determinado no curso do processo, este ficará suspenso, sendo possível a realização de diligências consideradas urgentes (art. 149, § 2º, do CPP). Cuidado: durante a fase de investigações, o curso do inquérito não é suspenso; **D:** incorreta, visto que em desconformidade com o art. 153 do CPP, que estabelece seja este incidente processado em autos apartados. No mais, o juiz, se entender necessário, autorizará a entrega dos autos aos peritos (art. 150, § 2º, CPP). Inexiste, neste caso, pois, vista obrigatória.

Gabarito "A"

(Ministério Público/AM – 2008 – CESPE) Poderá ser levantado o sequestro de bens

I. se a ação penal não for intentada no prazo de 60 dias, a contar da data da conclusão da diligência.

II. se o terceiro, a quem tiverem sido transferidos os bens, prestar caução idônea.

III. se for extinta a punibilidade do réu, por sentença definitiva.

IV. se o réu for absolvido por sentença definitiva.

A quantidade de itens certos é igual a

(A) 0.

(B) 1.

(C) 2.

(D) 3.

(E) 4.

I: art. 131, I, do CPP; II: art. 131, II, do CPP; III: art. 131, III, 1ª parte, do CPP; IV: art. 131, III, 2ª parte, do CPP.

Gabarito "E"

(Ministério Público/CE – 2011 – FCC) O Código de Processo Penal prevê as seguintes espécies de exceções:

(A) impedimento; suspeição; incompetência de juízo; litispendência e coisa julgada.

(B) incompetência de juízo; litispendência; ilegitimidade de parte e coisa julgada.

(C) suspeição; incompetência de juízo; litispendência e coisa julgada.

(D) impedimento; suspeição; incompetência de juízo; litispendência; ilegitimidade de parte; coisa julgada e da verdade.

(E) suspeição; incompetência de juízo; litispendência; ilegitimidade de parte e coisa julgada.

As exceções estão listadas no art. 95 do CPP. O *impedimento* - é bom que se dita -, embora não contemplado no referido dispositivo legal, deve também ser considerado como exceção.

Gabarito "E"

(Ministério Público/ES – 2005) A respeito das questões e processos incidentes, assinale a alternativa INCORRETA:

(A) Enquanto o curso da ação penal estiver suspenso, em virtude da arguição de questão prejudicial, de que dependa o reconhecimento da existência do crime, a prescrição não corre.

(B) A arguição de suspeição precederá a qualquer outra, inclusive a de incompetência, salvo se fundada em motivo superveniente.

(C) Não tem cabimento legal a restituição de coisas apreendidas na fase de inquérito policial.

(D) Tratando-se de crime de ação penal pública, oposta questão prejudicial à solução do processo principal, cuja competência para apreciação seja do juízo cível, cumpre ao órgão do Ministério Público, o próprio que estiver atuando no crime, diligenciar no cível a rápida solução do litígio, podendo propor ou fazer prosseguiria ação cível.

(E) No processo penal, todas as chamadas "exceções processuais" podem ser alegadas pelo réu, como também ser conhecidas "ex officio".

A: correta (art. 116, I, do Código Penal); **B:** correta (art. 96 do CPP); **C:** incorreta (art. 120, *caput*, do CPP); **D:** correta (art. 93, § 3º, do CPP); **E:** correta. As ***exceções processuais*** estão contidas no art. 95 do CPP. A doutrina as classifica em dilatórias e peremptórias. Registre-se que parte da doutrina lança críticas sobre a nomenclatura ***exceções processuais***. O mais apropriado seria ***objeção processual***, já que podem ser conhecidas de ofício pelo juiz.

Gabarito "C"

(Ministério Público/MA – 2002) Qual a exceção cuja arguição precederá a qualquer outra?

(A) incompetência de juízo;

(B) litispendência;

(C) suspeição;

(D) ilegitimidade de parte;

(E) coisa julgada.

É o que determina o art. 96 do CPP.

Gabarito "C"

(Ministério Público/MG – 2011) Assinale a alternativa **CORRETA**. Há necessidade de curador no Processo Penal

(A) no interrogatório judicial.

(B) no interrogatório do inquérito policial.

(C) no incidente de sanidade mental.

(D) no oferecimento de queixa-crime.

O curador será necessariamente nomeado quando o juiz, no incidente de insanidade mental, determinar a realização do exame – art. 149, § 2º, do CPP.

Gabarito "C"

(Ministério Público/MG – 2010.2) O Juiz dar-se-á por suspeito no processo em que ele

(A) houver servido como testemunha.

(B) tiver funcionado como juiz de outra instância, pronunciando-se, de fato ou de direito, sobre a questão.

(C) tiver aconselhado qualquer das partes.

(D) tiver parente consanguíneo na condição de parte interessada.

A: incorreta. Cuida-se de hipótese de *impedimento* - art. 252, II, do CPP; **B:** incorreta. Trata-se, da mesma forma, de hipótese de *impedimento* – art. 252, III, do CPP; **C:** correta. Constitui, esta sim, hipótese de *suspeição* – art. 254, IV, do CPP; **D:** incorreta. É *impedimento*, nos moldes do art. 252, IV, do CPP.

Gabarito "C"

(Ministério Público/MG – 2010.1) No curso do processo de rito ordinário, realizado o exame pericial para aferir a inimputabilidade do agente (exame de insanidade mental) e verificando-se que a doença mental sobreveio à data da consumação da infração penal versada nos autos, o Juiz de Direito DEVERÁ

(A) proferir decisão de absolvição sumária, quando essa for a única tese sustentada na defesa preliminar.

(B) deliberar que o processo prossiga com a presença do defensor e do curador acusado.

(C) determinar que o processo fique suspenso até que o acusado se restabeleça.

(D) remeter os autos ao Conselho Penitenciário para que seja emitido parecer quanto à inimputabilidade do agente.

(E) se o crime for de competência do Júri, pronunciará o acusado para que o Conselho de Sentença delibere quanto à inimputabilidade.

Art. 152 do CPP.

Gabarito "C"

(Ministério Público/MG – 2005) Assinale a alternativa **CORRETA**.

No Direito Processual Penal as questões preliminares e as questões prejudiciais apresentam, como ponto de semelhança, a característica de que são apreciadas antes do julgamento do fato principal. Por outro lado, as questões preliminares e prejudiciais revelam a seguinte diferença:

(A) as questões preliminares são decididas no juízo penal ou extrapenal, enquanto as prejudiciais devem ser solucionadas exclusivamente na jurisdição penal.

(B) as questões preliminares referem-se a temas relativos ao mérito da causa principal, o que não ocorre em se tratando de questões de natureza prejudicial, porquanto discutem matérias de natureza processual.

(C) as questões preliminares levam à extinção do processo com julgamento do mérito, e as questões prejudiciais extinguem o processo sem julgamento do mérito, quando proferidas no juízo cível por decisão transitada em julgado.

(D) a questão preliminar que suscitar controvérsia a ser dirimida no juízo cível impõe a suspensão do processo criminal, enquanto as prejudiciais, por serem solucionadas no juízo criminal, processam-se incidentalmente ao processo principal e não obstam sua fluência regular.

(E) as questões prejudiciais gozam de autonomia, uma vez que podem existir sem que haja a questão principal e ser solvida em outro processo, enquanto as questões preliminares não prescindem da existência de uma questão principal.

A *questão prejudicial* está umbilicalmente relacionada com o *mérito* da causa; a questão preliminar, por seu turno, diz respeito ao desenvolvimento regular do processo. São questões, portanto, processuais. Sem que sejam decididas, não há como colocar termo ao processo. São exemplos: coisa julgada e decadência. O juiz, na hipótese de a preliminar ser reconhecida, deixa de examinar o mérito, fato que inocorre no âmbito da prejudicial, em que o juiz, ainda assim, apreciará o mérito. As questões prejudiciais têm existência própria, é dizer, são autônomas em relação ao mérito, o que não ocorre com as preliminares, que não têm independência, não têm autonomia.

Gabarito "E"

(Ministério Público/MT – 2012 – UFMT) Relativamente ao impedimento do Juiz previsto no Código de Processo Penal, analise as assertivas abaixo.

I. O Juiz não poderá exercer jurisdição no processo em que tiver funcionado seu cônjuge ou parente, consanguíneo ou afim, em linha reta ou colateral até o segundo grau, inclusive, como defensor ou advogado, órgão do Ministério Público, autoridade policial, auxiliar da justiça ou perito.

II. O Juiz não poderá exercer jurisdição no processo em que ele próprio houver desempenhado as funções de defensor ou advogado, órgão do Ministério Público, autoridade policial, auxiliar da justiça, perito ou servido como testemunha.

III. O Juiz não poderá exercer jurisdição no processo em que tiver funcionado como Juiz de outra instância, pronunciando-se, de fato ou de direito, sobre a questão.

IV. O Juiz não poderá exercer jurisdição no processo em que ele próprio ou seu cônjuge ou parente, consanguíneo ou afim em linha reta ou colateral até o segundo grau, inclusive, for parte ou diretamente interessado no feito.

Estão corretas as assertivas:

(A) I e II, apenas.

(B) II e III, apenas.

(C) I e III, apenas.

(D) II, III e IV, apenas.

(E) I, II, III e IV.

I: assertiva incorreta, pois não corresponde à redação do art. 252, I, do CPP; II: correta, pois em consonância com o disposto no art. 252, II, do CPP; III: correta, pois em conformidade com o que estabelece o art. 252, III, do CPP; IV: incorreta, visto que não reflete o disposto no art. 252, IV, do CPP.

Gabarito "B"

(Ministério Público/PR – 2008) Assinale a alternativa INCORRETA:

(A) Antes de transitar em julgado a sentença final, as coisas apreendidas que tiverem relação com o fato delituoso, não poderão ser restituídos enquanto interessarem ao processo.

(B) O sequestro de bens imóveis poderá ser embargado, pelo terceiro, a quem houverem os bens sido transferidos a título oneroso ou gratuito, sob o fundamento de tê-los adquirido de boa-fé.

(C) Sobre o pedido de restituição das coisas apreendidas será sempre ouvido o Ministério Público.

(D) Para a decretação do sequestro de bens imóveis, bastará a existência de indícios veementes da proveniência ilícita dos bens.

(E) Caberá o sequestro dos bens imóveis, adquiridos pelo indiciado com os proventos da infração, ainda que tenham sido transferidos a terceiro.

A: art. 118 do CPP; **B:** art. 130, II, do CPP; **C:** art. 120, § 3º, do CPP; **D:** art. 126 do CPP; **E:** art. 125 do CPP.

Gabarito "B"

(Ministério Público/RN – 2009 – CESPE) Considerando as disposições do CPP relativas às exceções e às questões prejudiciais, assinale a opção correta.

(A) As exceções de suspeição do juiz e do membro do MP devem ser julgadas pelo tribunal recursal competente.

(B) As exceções serão processadas e julgadas em autos apartados e, em regra, suspendem o andamento da ação penal.

(C) Autoridades policiais exercem atividade meramente administrativa, razão pela qual não podem declarar-se suspeitas.

(D) Quanto ao efeito, a questão prejudicial pode ser obrigatória, quando necessariamente se acarreta a suspensão do processo, ou facultativa, quando o juiz criminal tiver a faculdade de suspender ou não a ação. As duas situações são previstas pelo CPP.

(E) Existindo questão prejudicial ao deslinde da ação penal, deve o juiz suspender o processo pelo prazo improrrogável de seis meses. Expirado tal prazo sem que o juiz cível tenha proferido decisão, o juiz criminal deve fazer prosseguir o processo, decidindo todas as teses de acusação e defesa.

A: incorreta. Está correta a parte da assertiva em que se afirma que a exceção de suspeição do juiz será julgada pelo tribunal competente - art. 100, *caput*, do CPP; merece reparo, no entanto, o trecho que afirma que a exceção de suspeição do membro do MP será julgada pelo tribunal, visto que a competência, neste caso, recairá sobre o próprio juiz que preside o feito - art. 104 do CPP; **B:** incorreta, pois contraria o disposto no art. 111 do CPP, que estabelece que as exceções, que serão processadas em autos apartados, não suspendem, em regra, o andamento da ação penal; **C:** incorreta. Diante da ocorrência de motivo legal, a autoridade policial deve declarar-se suspeita. É o que estabelece o art. 107 do CPP; **D:** correta, nos termos dos arts. 92 e 93 do CPP; **E:** o legislador não fixou prazo durante o qual deve permanecer o processo suspenso, o que ficará ao prudente critério do magistrado.

Gabarito "D"

(Ministério Público/RO – 2008 – CESPE) No que se refere a restituição de coisas apreendidas, medidas assecuratórias, exame de insanidade mental do acusado, questões e processos incidentes, assinale a opção incorreta.

(A) De acordo com o CPP, caberá o sequestro dos bens imóveis, adquiridos pelo indiciado com os proventos da infração, ainda que já tenham sido transferidos a terceiro, bastando, para isso, a existência de indícios veementes da proveniência ilícita dos bens. Poderá o sequestro ser decretado pelo juiz, de ofício, a requerimento do MP ou do ofendido, ou mediante representação da autoridade policial, em qualquer fase do processo ou mesmo antes de oferecida a denúncia ou queixa.

(B) O incidente de falsidade de documento constante dos autos poderá ser requerido por quaisquer das partes, mas o juiz não poderá, de ofício, proceder à verificação da falsidade. Reconhecida a falsidade por decisão irrecorrível, o juiz mandará desentranhar o documento e remetê-lo-á, com os autos do processo incidente, ao MP, fazendo essa decisão coisa julgada em relação a ulterior processo penal ou civil.

(C) Se os peritos concluírem que o acusado era, ao tempo da infração, inimputável por doença mental, o processo-crime prosseguirá, com a presença do curador. Por outro lado, se ficar constatado que a doença mental sobreveio à infração, o processo continuará suspenso até que o acusado se restabeleça, podendo o juiz, nesse caso, ordenar a internação do acusado em manicômio judiciário ou em outro estabelecimento adequado.

(D) Antes de transitar em julgado a sentença final, as coisas apreendidas não poderão ser restituídas enquanto interessarem ao processo.

(E) Com relação ao pedido de restituição de coisa apreendida, em caso de dúvida sobre quem seja o verdadeiro dono, o juiz remeterá as partes para o juízo cível, ordenando o depósito das coisas em mãos de depositário ou do próprio terceiro que as detinha, se for pessoa idônea.

A: correta (arts: 125, 126 e 127 do CPP); **B:** incorreta (arts. 147 e 148 do CPP); **C:** correta (arts. 151 e 152, § 1º, do CPP); **D:** correta (art. 118 do CPP); **E:** correta (art. 120, § 4º, do CPP).

Gabarito "B"

(Ministério Público/RR – 2012 – CESPE) Assinale a opção correta com referência a questões e processos incidentes.

(A) Considera-se questão prejudicial homogênea a exceção da verdade no crime de calúnia.

(B) A medida assecuratória de sequestro tem como finalidade precípua a garantia de ressarcimento dos danos causados pela infração penal à vítima, do pagamento das penas pecuniárias e das despesas do processo, recaindo sobre qualquer bem do réu, móveis ou imóveis.

(C) O incidente de falsidade tem por escopo exclusivo o exame de falsidade material e, qualquer que seja a decisão, não fará coisa julgada em prejuízo de ulterior processo penal ou civil.

(D) Constitui requisito essencial de admissibilidade de incidente de insanidade mental a dúvida manifesta acerca da integridade mental do acusado ou réu, podendo ser instaurado em qualquer fase da persecução penal, ensejando a suspensão do processo e do prazo prescricional.

(E) As questões prejudiciais, controvérsias que se apresentam tanto na fase investigativa quanto na etapa processual e das quais depende a existência do crime, demandam solução antecipada.

A: correta. Diz-se homogênea porquanto a questão prejudicial (exceção da verdade) tem natureza penal; **B:** incorreta. No sequestro, é imprescindível que a medida recaia sobre bens móveis ou imóveis adquiridos com o produto do lucro do crime (proventos da infração). É o teor dos arts. 125 e 132 do CPP. No mais, o sequestro se presta ao ressarcimento ou a reparação civil do dano causado pela infração penal; **C:** incorreta. No incidente de falsidade, esta poderá recair sobre o aspecto material do documento ou ainda sobre o seu conteúdo ideológico. A segunda parte da assertiva, que trata do efeito do reconhecimento da falsidade, está correta, pois de acordo com o que estabelece o art. 148 do CPP; **D:** incorreta. Basta, à admissibilidade do incidente de insanidade mental do acusado, que poderá ser determinado pelo juiz tanto na fase de inquérito quanto no curso da ação penal, a dúvida razoável acerca da imputabilidade do réu. Ademais, a despeito de o processo permanecer suspenso, o prazo prescricional não sofre solução de continuidade; **E:** incorreta. O inquérito policial não comporta a incidência de questão prejudicial.

Gabarito "A"

(Ministério Público/RS – 2009) Otto, além de Magistrado, participa ativamente da vida social e comunitária da sua comarca. Nestas circunstâncias, num processo criminal de tentativa de homicídio incruenta, e sabendo que o conflito entre o agressor Gilmar e a vítima Alaídes não cessava, promoveu um encontro no Fórum para aconselhar a ofendida. Ao saber do ocorrido, indignado, o defensor Altivo, em nome próprio, ingressou com exceção de suspeição. Em face do exposto, ao julgar o incidente, a Câmara deve

(A) decidir que o conselho não afeta a jurisdição, tratando-se de mera infração administrativa, a ser examinada pela Corregedoria-Geral de Justiça.

(B) aceitar a arguição e declarar o Juiz efetivamente suspeito.

(C) decidir que o acontecido não caracteriza a suspeição e manter o Juiz no feito, sem quaisquer outras providências.

(D) decidir que a questão deve ser encaminhada ao Pleno do TJE para apreciar a suspeição.

(E) rejeitar a exceção, considerando-se a ilegitimidade ativa na arguição.

Somente estão credenciados a opor a exceção de suspeição as partes e seus procuradores (em nome das primeiras), desde que a procuração a estes conferida contenha poderes especiais (art. 98 do CPP).

Gabarito "E"

8. PRERROGATIVAS DO ACUSADO

(Ministério Público/DF – 2013) NÃO INTEGRA o ordenamento processual penal brasileiro:

(A) O direito do preso a ser conduzido sem demora à presença de autoridade judiciária.

(B) O direito do acusado a receber comunicação prévia e pormenorizada da acusação formulada em seu desfavor.

(C) O direito a recorrer da sentença monocrática condenatória.

(D) O direito a que, quando realizada por defensor público ou dativo, a defesa técnica seja exercida por meio de manifestação fundamentada.

(E) O direito a ser pessoalmente ouvido pela autoridade judiciária competente antes do recebimento da denúncia.

A: assertiva correta, embora tal garantia não esteja contemplada, de forma expressa, na CF/1988, a Convenção Americana sobre Direitos Humanos (Pacto de San José da Costa Rica), incorporada ao ordenamento jurídico brasileiro, em seu art. 7º (5), assim estabelece: "Toda pessoa presa, detida ou retida deve ser conduzida, sem demora, à presença de um juiz ou outra autoridade autorizada por lei a exercer funções judiciais (...)"; **B:** assertiva correta, garantia contemplada no art. 8º, 2, *b*, da Convenção Americana sobre Direitos Humanos; **C:** assertiva correta, garantia contemplada no art. 8º, 2, *h*, da Convenção Americana sobre Direitos Humanos; **D:** assertiva correta, direito previsto no art. 261, parágrafo único, do CPP; **E:** assertiva incorreta, devendo ser assinalada, garantia não contemplada no ordenamento processual penal brasileiro.

Gabarito "E"

(Ministério Público/PR – 2009) Numa ação penal, com imputação de crime de estupro (art. 213, "caput", do CP), o denunciado é citado por hora certa e não se faz presente nos autos. Conforme previsão do Código de Processo Penal, na fase processual seguinte:

(A) se não for oferecida defesa no prazo legal, decreta-se a revelia do acusado e nomeia-se defensor dativo para representá-lo na audiência de instrução e julgamento;

(B) suspende-se o processo e o prazo de prescrição, não se praticando nenhum ato processual até que o acusado se faça presente nos autos, diretamente ou por meio de seu defensor;

(C) se não for apresentada defesa no prazo legal, o juízo nomeará defensor dativo para oferecer defesa escrita, prosseguindo o processo à revelia do acusado;

(D) suspende-se o prazo de prescrição, eventualmente será produzida prova antecipada a pedido do Ministério Público, mas o processo ficará suspenso até que o denunciado se faça presente nos autos, pessoalmente ou por meio de defensor;

(E) faz-se a citação do denunciado por edital e se não for oferecida defesa no prazo legal, nomeia-se defensor dativo para fazer a defesa escrita, prosseguindo o processo à revelia do acusado.

A Lei 11.719/2008 alterou a redação do art. 362 do CPP e introduziu no processo penal a ***citação por hora certa***, a ser realizada por oficial de Justiça na hipótese de ocultação do réu. Se o denunciado, citado por hora certa, não comparecer, deverá o juiz, em vista do disposto no art. 362, parágrafo único, do CPP, nomear-lhe defensor dativo ou remeter o caso para patrocínio da defensoria pública.

Gabarito "C"

(Ministério Público/RO – 2010 – CESPE) Assinale a opção correta no tocante às garantias individuais do cidadão no processo penal.

(A) Será constitucional e, portanto, não violará o princípio da publicidade dispositivo de regimento interno de tribunal que preveja sessão secreta para o julgamento de autoridade com foro por prerrogativa de função.

(B) A busca e apreensão domiciliar pode ser realizada durante o dia ou a noite quando houver autorização judicial.

(C) A proibição das penas de morte, de caráter perpétuo, de trabalhos forçados, de banimento e cruéis é excepcionada pela própria CF, que admite em caso de guerra declarada, dispõe que o trabalho do condenado é obrigatório, e permite a extradição e o regime disciplinar diferenciado.

(D) O brasileiro, nato ou naturalizado, não pode ser extraditado. Entretanto, o Brasil poderá requerer a extradição de brasileiro a outro país, o que caracteriza a chamada extradição passiva.

(E) O mandado de segurança em processo penal – ao contrário do habeas corpus, que dispensa advogado – deve ser impetrado por advogado e tutela direito líquido e certo, como no caso de decisão arbitrária que não admita a habilitação do assistente de acusação.

A: incorreta. Os julgamentos dos órgãos do Poder Judiciário serão públicos, podendo a lei restringir a presença, em determinadas situações, às partes e aos seus advogados em casos nos quais a *preservação da intimidade* do interessado no sigilo não prejudique o interesse público à informação (art. 93, IX, da CF). Não é este o caso retratado na assertiva, que, portanto, está incorreta; **B:** incorreta. Por força do que dispõe o art. 5º, XI, da CF, sendo a casa asilo inviolável o indivíduo, nela somente poderá se ingressar, a fim de dar cumprimento a mandado de busca e apreensão domiciliar, durante o dia; **C:** incorreta. Não há, na CF/1988, exceção às penas de caráter perpétuo, de trabalhos forçados, de banimento e cruéis. O Código Penal Militar (Decreto-Lei 1.001/1969), em seus arts. 55 a 57, faz alusão à pena de morte, representando, portanto, exceção à regra contida no art. 5º, XLVII, a, da CF. No mais, a pena de trabalhos forçados (não admitida em nosso sistema) não deve ser confundida com o *trabalho obrigatório* (art. 28 da LEP). O fato de o legislador estabelecer sanções àquele que se entrega ao ócio, recusando-se a exercer uma atividade laborativa, não o submete a situação de trabalho forçado. Pelo contrário, o condenado tem o livre arbítrio para optar em trabalhar ou não; **D:** assertiva incorreta, pois não corresponde ao teor do art. 5º, LI, da CF/1988; **E:** correta (art. 5º, LXIX, da CF/1988).

Gabarito "E"

9. PROVAS

(Ministério Público/DF – 2013) Assinale a alternativa **INCORRETA**:

(A) O ônus da prova, na ação penal condenatória, recai sobre a acusação.

(B) O Código de Processo Penal faz distinção entre provas e elementos informativos.

(C) A prova oral pode, em dadas situações, prevalecer sobre a prova pericial, na avaliação judicial dos fatos que são o objeto da imputação.

(D) O Código de Processo Penal considera a "fonte independente" como exceção à proibição de utilização das provas ilícitas por derivação.

(E) Nos termos do Código de Processo Penal, o juiz não pode determinar, de ofício, a produção antecipada de provas urgentes e relevantes, no curso do inquérito policial.

A: assertiva correta. É fato que o *ônus da prova* deve, conforme estabelece o art. 156 do CPP, ser atribuído às partes, que compartilham, portanto, a incumbência de demonstrar o quanto alegado. Sucede que esta regra deve ser compatibilizada com o princípio da presunção de inocência (art. 5º, LVII, da CF). Em assim sendo, pode-se dizer que o ônus da prova, na ação penal condenatória, no que toca à apresentação da imputação em juízo, cabe à acusação. De outro lado, cabe à defesa do acusado demonstrar qualquer circunstância que tenha o condão de refutar a acusação, visto que não pode ser imposta ao autor da ação penal a obrigação de provar fato negativo; **B:** assertiva correta. Os chamados *elementos de informação* são colhidos durante a fase de investigação (art. 155, CPP), em que não vigoram contraditório nem ampla defesa; não há, neste caso, participação das "partes"; já as *provas* são produzidas em processo judicial, sob o crivo do contraditório e com a participação da acusação e da defesa; **C:** assertiva correta. O sistema de valoração de provas que adotamos, o da *livre convicção* ou *persuasão racional* (art. 155, CPP), estabelece que o convencimento do juiz não deve subordinar-se a critérios predeterminados de valoração da prova, nada impedindo, bem por isso, que uma prova oral prevaleça sobre uma prova pericial; **D:** assertiva correta. O art. 157, § 1º, do CPP, cuja redação foi conferida pela Lei 11.690/2008, fez, em relação às provas ilícitas por derivação, a seguinte ressalva: "(...) *salvo quando não evidenciado o nexo de causalidade entre umas e outras, ou quando as derivadas puderem ser obtidas por uma fonte independente das primeiras*"; **E:** assertiva incorreta, devendo ser assinalada, pois não reflete o teor do art. 156, I, do CPP, que confere ao juiz a prerrogativa de ordenar, de ofício, mesmo antes de iniciada a ação penal, a produção antecipada de provas consideradas urgentes e relevantes, sempre observando a necessidade, adequação e proporcionalidade da medida.

Gabarito "E"

(Ministério Público/DF – 2013) Na colheita da prova oral é **INCORRETO** afirmar que:

(A) O juiz exerce papel complementar à atividade das partes, haja vista o sistema do exame direto e cruzado adotado pelo Código de Processo Penal.

(B) Algumas autoridades podem prestar depoimento por escrito.

(C) O juiz que presidiu a instrução será inexoravelmente o mesmo a julgar, salvo na hipótese de declarar-se suspeito ou impedido.

(D) Em julgamento de Repercussão Geral, o STF entendeu, por maioria, que não é nula a audiência de oitiva de testemunha, por carta precatória, de réu preso que não manifestou expressamente intenção de participar da audiência.

(E) Não se estabelece restrição quanto à idade para poder testemunhar em processo penal.

A: assertiva correta. Antes de o Código de Processo Penal ser alterado pela Lei de Reforma 11.690/2008, vigia, entre nós, o *sistema presidencialista*, pelo qual a testemunha, depois de inquirida pelo juiz, respondia, por intermédio deste, às perguntas formuladas pelas partes. Por este sistema, não podiam acusação e defesa formular seus questionamentos diretamente à testemunha, o que somente era feito por meio do juiz. Com a alteração promovida pela Lei 11.690/2006 na redação do art. 212 do CPP, o *sistema presidencialista*, até então em vigor, deu lugar ao chamado sistema *cross examination,* segundo o qual as partes passam a dirigir suas indagações às testemunhas sem a intermediação do magistrado, de forma direta, vedados os questionamentos que puderem induzir a resposta, não tiverem relação com a causa ou importarem na resposta de outra já respondida. Ao final da inquirição, se ainda restar algum ponto não esclarecido, poderá o juiz complementá-la, formulando à testemunha novas perguntas (art. 212, parágrafo único, do CPP). É por essa razão que se diz que a atividade do juiz é complementar à das partes. No mais, diz-se que o sistema é *direto* porque cabe à parte que arrolou a testemunha perquiri-la em primeiro lugar; depois, as perguntas serão formuladas pela outra parte (*cruzado*); **B:** assertiva correta. Tal prerrogativa é conferida às pessoas enumeradas no art. 221, § 1º, do CPP; **C:** assertiva incorreta, devendo ser assinalada. O *princípio da identidade física do juiz,* introduzido pela Lei 11.719/2008 no art. 399, § 2º, do CPP, não tem caráter *absoluto*, uma vez que comporta as exceções impostas pelo art. 132 do Código de Processo Civil: "O juiz, titular ou substituto, que concluir a audiência, julgará a lide, salvo se estiver convocado, licenciado, afastado por qualquer motivo, promovido ou aposentado, caso em que passará os autos ao seu sucessor"; **D:** assertiva correta. Conferir: "Oitiva de Testemunhas por Carta Precatória: Ausência do Réu e Inexistência de Nulidade. O Tribunal, por maioria, reconheceu a existência de repercussão geral no tema objeto de recurso extraordinário interposto contra acórdão de Turma Recursal Criminal de Comarca do Estado do Rio Grande do Sul, reafirmou a jurisprudência da Corte acerca da inexistência de nulidade pela ausência, em oitiva de testemunha por meio de carta precatória, de réu preso que não manifestou expressamente intenção de participar da audiência, e negou provimento ao apelo extremo. Esclareceu-se que, no caso, o defensor fora intimado da data da expedição da precatória e da data da audiência realizada no juízo deprecado, não havendo sequer indício de que o réu desejasse comparecer. Vencidos os Ministros Marco Aurélio e Celso de Mello, que, ao se reportarem ao que decidido no HC 93503/SP (*DJE* 07.08.2009) e no HC 86634/RJ (*DJE* 23.02.2007), proviam o recurso por vislumbrar transgressão ao devido processo legal, asseverando que a presença do acusado na audiência constituiria prerrogativa irrevogável, indisponível, sendo irrelevante o fato de ter sido ele requisitado, ou não, ou, ainda, manifestado, ou não, a vontade de nela comparecer" (RE 602543 QO/RS, rel. Min. Cezar Peluso, 19.11.2009); **E:** assertiva correta, pois reflete a regra disposta no art. 202 do CPP.

Gabarito "C"

(Ministério Público/ES – 2013 – VUNESP) No processo penal, as testemunhas de acusação

(A) responderão às perguntas formuladas pelas partes e reperguntadas pelo juiz diretamente a este.

(B) poderão trazer pequenas anotações por escrito para consulta durante a audiência.

(C) serão inquiridas na presença das outras testemunhas do processo.

(D) não poderão ser contraditadas pela defesa.

(E) caso se sintam ameaçadas pelo réu, poderão deixar de prestar depoimento.

A: incorreta. Não mais se impõe a necessidade de o juiz refazer à testemunha (de acusação ou de defesa) a pergunta formulada pela parte, que poderá dirigi-la diretamente àquela. Como é sabido, antes de o Código de Processo Penal ser alterado pela Lei de Reforma 11.690/2008, vigia, entre nós, o *sistema presidencialista*, pelo qual a testemunha, depois de inquirida pelo juiz, respondia, por intermédio deste, às perguntas formuladas pelas partes. Por este sistema, não podiam acusação e defesa formular seus questionamentos diretamente à testemunha, o que somente era feito por meio do juiz. Com a alteração promovida pela Lei 11.690/2008 na redação do art. 212 do CPP, o *sistema presidencialista,* até então em vigor, deu lugar ao chamado sistema *cross examination,* segundo o qual as partes passam a dirigir suas indagações às testemunhas sem a intermediação do magistrado, de forma direta, vedados os questionamentos que puderem induzir a resposta, não tiverem relação com a causa ou importarem na resposta de outra já respondida; **B:** correta. Embora seja vedado à testemunha trazer seu depoimento por escrito, é-lhe permitido fazer breve consulta a apontamentos (art. 204, CPP); **C:** incorreta, na medida em que o art. 210 do CPP estabelece que as testemunhas serão inquiridas cada uma *de per si* (separadamente); **D:** incorreta (art. 214, CPP). Contradita é o instrumento, colocado à disposição das partes, que se presta a questionar a parcialidade da testemunha que será ouvida. Terá lugar logo em seguida à qualificação da testemunha e antes do início do seu depoimento; E: incorreta. Neste caso, o juiz cuidará para que a inquirição seja feita por meio de videoconferência; não sendo isso possível, determinará a retirada do acusado da sala de audiência (art. 217, CPP).

Gabarito "B"

(Ministério Público/ES – 2013 – VUNESP) X, funcionário público, foi denunciado por prevaricação. Durante o curso da instrução processual, recebe uma carta confidencial de Y, suposta vítima do crime, que comprova sua inocência. X junta aos autos o referido documento, que deverá ser considerado

(A) prova ilícita, tendo em vista que o sigilo de correspondência é inviolável nos termos da Constituição Federal.

(B) prova ilícita, porque fere o princípio do contraditório.

(C) prova lícita, apesar de violar o princípio do contraditório.

(D) prova lícita, tendo em vista que não viola normas constitucionais ou legais.

(E) prova ilícita porque sua utilização fere o princípio constitucional que garante privacidade à vida privada da vítima do crime de prevaricação.

A questão está mal elaborada. Não é possível, pelo enunciado, saber se a carta que chegou às mãos de X era a ele endereçada. Além disso, segundo pensamos, se houver, ainda que para beneficiar o réu, violação da intimidade e vida privada, a prova não deixa de ser ilícita; é verdade que, neste caso, pode ser usada, segundo doutrina e jurisprudência majoritárias, mas não deixa de ser ilícita. Oportunas, sobre este tema, as palavras de Aury Lopes Jr., ao se referir à admissibilidade da prova ilícita a partir da proporcionalidade *pro reo*: "Nesse caso, a prova ilícita poderia ser admitida e valorada apenas quando se revelasse a favor do réu. Trata-se da proporcionalidade *pro reo*, em que a ponderação entre o direito de liberdade de um inocente prevalece sobre um eventual direito sacrificado na obtenção da prova (dessa inocência). Situação típica é aquela em que o réu, injustamente acusado de um delito que não cometeu, viola o direito à intimidade, imagem, inviolabilidade de domicílio, das comunicações etc. de alguém para obter uma prova de sua inocência" (*Direito Processual Penal*, 9. ed. São Paulo: Saraiva, 2012. p. 597).

Gabarito "D"

(Ministério Público/GO – 2013) Com relação ao tema das provas no processo penal, assinale a alternativa correta:

(A) as intervenções corporais no Brasil, ao contrário da classificação feita pela doutrina estrangeira, são tratadas como invasivas e não invasivas.

(B) atualmente, de acordo com a lei brasileira, somente duas medidas podem ser classificadas como intervenções corporais, a busca pessoal (revista) e o uso do bafômetro.

(C) segundo a jurisprudência já pacificada no STF e no STJ, a prova emprestada possui validade, independente de observação de qualquer requisito, vez que se trata de nítida prova documental.

(D) o registro de uma reconstituição do crime, para fins de sua validade processual, somente poderá será feita na fase do inquérito policial e obrigatoriamente instruído por fotos ou desenhos, não se admitindo outra forma de registro.

A: correta. De fato, as intervenções corporais, segundo classificação operada pela doutrina brasileira, podem ser *invasivas,* assim consideradas aquelas que dizem respeito à prova cuja obtenção pressupõe a utilização ou extração de parte do corpo humano, e *não invasivas,* que, ao contrário, são as que não implicam a utilização ou extração de parte do corpo humano; **B:** incorreta. Também constitui hipótese de intervenção corporal, por exemplo, a identificação do perfil genético a que devem se submeter os "condenados por crime praticado, dolosamente, com violência de natureza grave contra pessoa, ou por qualquer dos crimes previstos no art. 1º da Lei 8.072/1990 (...)". É o que estabelece o art. 9º-A da Lei 7.210/1984 (Lei de Execução Penal), com redação dada pela Lei 12.654/2012; **C:** incorreta. A utilização da chamada prova emprestada (ou trasladada), que é o emprego no processo de prova produzida em outro, pressupõe que as partes envolvidas no processo onde se deu a produção da prova sejam as mesmas do processo para o qual foi a prova trasladada. Se as partes envolvidas não forem as mesmas, é imperioso que haja, em relação à parte que não participou da formação da prova no processo de origem, a oportunidade de contraditório. Conferir: "*Habeas corpus*. Processo penal. Substitutivo do recurso constitucional. Inadequação da via eleita. Prova emprestada. Nulidade. inocorrência. Tráfico de drogas. Dosimetria da pena. Causa de diminuição do art. 33, § 4º, da Lei 11.343/2006. Substituição da pena. Impossibilidade. 1. O *habeas corpus* tem uma rica história, constituindo garantia fundamental do cidadão. Ação constitucional que é, não pode ser o *writ* amesquinhado, mas também não é passível de vulgarização, sob pena de restar descaracterizado como remédio heroico. Contra a denegação de *habeas corpus* por Tribunal Superior prevê a Constituição Federal remédio jurídico expresso, o recurso ordinário. Diante da dicção do art. 102, II, a, da Constituição da República, a impetração de novo habeas corpus em caráter substitutivo escamoteia o instituto recursal próprio, em manifesta burla ao preceito constitucional. Precedentes da Primeira Turma desta Suprema Corte. 2. Não há, em princípio, óbice à utilização de prova emprestada de interceptação telefônica realizada no bojo de outra investigação, desde que franqueado à Defesa o acesso a essa prova, garantindo-se o contraditório, como no caso dos autos. 3. Consoante o art. 563 do Código de Processo Penal, não se decreta nulidade sem prejuízo, prejuízo este não demonstrado na hipótese. 4. A dosimetria da pena é matéria sujeita a certa discricionariedade judicial. O Código Penal não estabelece rígidos esquemas matemáticos ou regras absolutamente objetivas para a fixação da pena. Cabe às instâncias ordinárias, mais próximas dos fatos e das provas, fixar as penas. Às Cortes Superiores, no exame da dosimetria das penas em grau recursal, compete apenas o controle da legalidade e da constitucionalidade dos critérios empregados, com a correção de eventuais discrepâncias, se gritantes e arbitrárias, nas frações de aumento ou diminuição adotadas pelas instâncias anteriores. Pertinente à dosimetria da pena, encontra-se a aplicação da causa de diminuição da pena objeto do § 4º do art. 33 da Lei 11.343/2006. Cabe às instâncias inferiores decidir sobre a aplicação ou não do benefício e, se aplicável, a fração pertinente, não se mostrando hábil o habeas corpus para revisão, salvo se presente manifesta ilegalidade ou arbitrariedade. 5. O Plenário do Supremo Tribunal Federal, no HC 111.840/ES, Rel. Min. Dias Toffoli, julgado em 27.06.2012, reputou inválida, por inconstitucionalidade, a imposição compulsória do regime inicial fechado para crimes de tráfico de drogas. Não reconhecido, contudo, direito automático ao regime menos gravoso, ponto a ser apreciado pelo juiz do processo à luz das regras gerais do arts. 33 do Código Penal, não limitada a fixação ao *quantum* da reprimenda, mas também ao exame das circunstâncias judiciais do artigo 59 do Código Penal, conforme remissão do § 3º do mencionado art. 33. 6. *Habeas corpus* extinto sem resolução do mérito, mas com concessão de ofício da ordem para determinar, afastada a vedação legal do § 1º do artigo 2º da Lei 8.072/1990, ao Juízo da execução que avalie a possibilidade de fixação de regime mais brando de cumprimento da pena para o paciente. (HC 114074, 1ª T., rel. Min. Rosa Weber, julgado em 07.05.2013); **D:** incorreta, na medida em que a reprodução simulada dos fatos (art. 7º, CPP) pode ser realizada em qualquer fase da persecução penal, tanto na fase de inquérito quanto no curso da ação penal, devendo ser determinada, neste último caso, pelo juiz de direito.

Gabarito "A"

(Ministério Público/GO – 2013) A respeito do reconhecimento de pessoas, espécie de prova, Aury Lopes Jr. adverte que é "elementar que a confiabilidade do reconhecimento também deve considerar a pressão policial ou judicial (até mesmo manipulação) e a inconsciente necessidade das pessoas de corresponder à expectativa criada, principalmente quando o nível sociocultural da vítima ou testemunha não lhe dá suficiente autonomia psíquica para descolar-se do desejo inconsciente de atender (ou de não frustrar) o pedido da "autoridade" (pal-censor)" (*Direito processual penal*. 9. ed. São Paulo: Saraiva, 2012. p. 688). Com esses dizeres, o professor da PUC-RS defende a fiel observância do procedimento estatuído no art. 226 e seguintes do CPP. Considerando os dispositivos legais pertinentes a este tipo de prova, bem como as lições da doutrina e a jurisprudência predominante nos Tribunais Superiores, é inexato dizer que:

(A) há duas formas de reconhecimento pessoal: o simultâneo e o sequencial, tendo nosso Código de Processo Penal optado pelo sistema simultâneo.

(B) é firme e harmônica a jurisprudência do Superior Tribunal de Justiça no sentido de que a eventual inobservância do art. 226, II, do Código de Processo Penal, constitui nulidade relativa, sendo necessária a demonstração de prejuízo.

(C) na fase da instrução criminal ou em plenário de julgamento, se houver razão para recear que a pessoa chamada para o reconhecimento, por efeito de intimidação ou outra influência, não diga a verdade em face da pessoa que deve ser reconhecida, a autoridade providenciará para que esta não veja aquela.

(D) no procedimento de reconhecimento, se forem várias as pessoas chamadas a efetuar o reconhecimento de pessoa, cada um fará a prova em separado, evitando-se qualquer comunicação entre elas.

A: assertiva correta. De fato, nosso Código de Processo Penal, quanto ao reconhecimento pessoal, adotou o chamado *sistema simultâneo* (art. 226, II, do CPP), em que todos são exibidos de forma simultânea (ao mesmo tempo) a quem tiver de fazer o reconhecimento. Pelo *sistema sequencial*, que não acolhemos, os suspeitos são exibidos um a um, em separado, devendo aquele que tiver de fazer o reconhecimento manifestar-se quanto ao sujeito que lhe é apresentado, dizendo se foi ele o autor do crime, para, somente depois, ser-lhe mostrado o próximo; **B:** assertiva correta. Segundo estabelece o art. 226, II, do CPP, a pessoa a ser reconhecida somente será colocada ao lado de outras que com ela tenham semelhança *se for possível*; não sendo isso possível, o ato não será invalidado, salvo se restar demonstrado prejuízo; **C:** assertiva incorreta, devendo ser assinalada, pois não reflete o disposto no art. 226, parágrafo único, do CPP. Oportuno o registro de que alguns doutrinadores se opõem à impossibilidade, estabelecida em lei, de aplicar-se o art. 226, II, do CPP no âmbito do reconhecimento em juízo; **D:** assertiva correta, pois retrata a regra presente no art. 228 do CPP.

Gabarito "C"

(Ministério Público/GO – 2013) Sobre a realização de busca e apreensão em advogado e no respectivo escritório, é correto dizer que:

(A) o escritório de advocacia é inviolável e, assim, não pode, sem exceção, ser local de cumprimento de mandado de busca e apreensão.

(B) de acordo com a Lei 12.850/2013, que define organização criminosa e dá outras providências, é dispensável a presença de representante da OAB no cumprimento de mandado de busca e apreensão em escritório de advocacia, se investigados crimes tipificados nesta Lei.

(C) no cumprimento do mandado de busca e apreensão em escritório de advocacia podem ser apreendidos documentos que se referem a clientes do advogado investigado que estejam sendo formalmente investigados como seus partícipes ou coautores pela prática do crime que deu causa à diligência.

(D) o mandado de busca e apreensão em escritório de advocacia, conquanto possa ser genérico, deve conter estes requisitos: indicar o local de cumprimento e a pessoa em será realizada a diligência; os motivos e fins da diligência; e ser subscrito pelo escrivão e assinado pela autoridade que o fizer expedir.

A: incorreta, na medida em que a busca e apreensão pode, sim, realizar-se em escritório de advocacia. É o que estabelece o art. 7º, § 6º, da Lei 8.906/1994 (Estatuto da Advocacia): "Presentes indícios de autoria e materialidade da prática de crime por parte de advogado, a autoridade judiciária competente poderá decretar a quebra da inviolabilidade de que trata o inciso II do *caput* deste artigo, em decisão motivada, expedindo mandado de busca e apreensão, específico e pormenorizado, a ser cumprido na presença de representante da OAB (...)"; **B:** incorreta, uma vez que a Lei 12.850/2013 não traz tal previsão, de tal sorte que é imprescindível, ainda que se trate de organização criminosa, a presença de representante da OAB; **C:** correta, pois corresponde ao que estabelece o art. 7º, § 7º, da Lei 8.906/1994 (Estatuto da Advocacia): "A ressalva constante do § 6º deste artigo não se estende a clientes do advogado averiguado que estejam sendo formalmente investigados como seus partícipes ou coautores pela prática do mesmo crime que deu causa à quebra da inviolabilidade"; **D:** incorreta, já que o mandado de busca e apreensão, segundo a regra presente no 7º, § 6º, da Lei 8.906/1994 (Estatuto da Advocacia), deve ser "específico e pormenorizado".

Gabarito "C"

(Ministério Público/GO – 2013) Com relação ao procedimento de acareação, é correto afirmar que:

(A) a acareação somente poderá ser realizada na fase de investigação preliminar.

(B) o investigado, por força de lei, deverá compulsoriamente ser submetido a acareação, sob pena de responder por crime de desobediência (art. 330 do Código Penal).

(C) a lei processual penal brasileira prevê a possibilidade de acareação até entre o acusado e as testemunhas.

(D) não se admite no processo penal brasileiro a acareação por precatória de testemunhas.

A: incorreta, dado que a acareação pode ser realizada tanto na fase *inquisitiva* quanto na *judicial*, neste último caso determinada pelo magistrado do feito, de ofício ou a requerimento das partes. De igual modo, a autoridade policial, se entender pertinente e útil às investigações do inquérito policial, poderá determinar tal providência (art. 6º, VI, do CPP); **B:** incorreta, na medida em que o investigado/acusado, fazendo uso de seu direito à não incriminação e ao silêncio, pode recusar-se a tomar parte na acareação, segundo jurisprudência e doutrina pacíficas; poderá, portanto, calar ou até mesmo dela recusar-se a participar; **C:** correta. Com efeito, a acareação pode ser promovida, segundo se infere da redação do art. 229 do CPP, entre todos os sujeitos que fazem parte do processo, inclusive entre acusado e testemunha; **D:** incorreta, pois tal possibilidade está contemplada no art. 230 do CPP.

Gabarito "C"

(Ministério Público/MG – 2013) Levando-se em conta os princípios orientadores do Processo Penal e a realização de interrogatório por sistema de videoconferência, identifique a alternativa **FALSA**:

(A) A videoconferência ocorre por fundada suspeita de que o interrogando integre organização criminosa ou que possa fugir durante o deslocamento para ser ouvido perante o juízo deprecado.

(B) A videoconferência é exceção à regra e se realiza quando há dificuldade de comparecimento do réu em juízo, em virtude de circunstância pessoal como a residência temporária fora do país.

(C) A videoconferência é medida que protege a vítima ou testemunha em seu ânimo, de possível influência a ser exercida pelo réu, que poderia trazer um temor com a sua presença.

(D) A videoconferência se justifica por necessidade de resposta às gravíssimas questões de ordem pública, como aquelas que justificam o decreto de prisão preventiva.

A: assertiva correta (art. 185, § 2º, I, do CPP); **B:** assertiva incorreta, devendo ser assinada, embora seja correto dizer-se que o interrogatório por videoconferência constitui exceção à regra (só deve realizar-se em caráter excepcional), não procede o que se afirma em seguida, haja vista que a dificuldade de comparecimento do réu há de ser *relevante*, ou seja, não se pode considerar como tal qualquer dificuldade (art. 185, § 2º, II, do CPP); além do que, estando o réu fora do país, ainda que temporariamente, desde que em local conhecido, seu interrogatório será feito por meio de carta rogatória (art. 368, CPP); **C:** assertiva correta (art. 185, § 2º, III, do CPP); **D:** correta (art. 185, § 2º, IV, do CPP).

Gabarito "B"

(Ministério Público/MG – 2013) Sobre as provas no Processo Penal, assinale a alternativa **FALSA**:

(A) É possível o uso de prova obtida fortuitamente através de interceptação telefônica licitamente conduzida, ainda que o crime descoberto, conexo ao que foi objeto da interceptação, seja punido com detenção.

(B) Para a busca e apreensão, o conceito normativo de "casa" revela-se abrangente e pode estender-se a qualquer compartimento privado não aberto ao público, onde alguém exerce profissão ou atividade e compreende os escritórios profissionais, inclusive os de contabilidade.

(C) Se o órgão da persecução penal demonstrar que obteve novos elementos de informação a partir de uma fonte autônoma de prova, que guarde relação de dependência ou decorra da prova originariamente ilegítima, tais dados probatórios revelar-se-ão plenamente admissíveis.

(D) As provas colhidas no bojo de instrução processual penal, desde que obtidas mediante interceptação telefônica devidamente autorizada por Juízo competente, admitem compartilhamento para fins de instruir procedimento criminal ou mesmo procedimento administrativo disciplinar contra outros agentes.

A: assertiva correta. Conferir: "Recurso ordinário em *habeas corpus*. Processual Penal. Interposição contra julgado em que colegiado do Superior Tribunal de Justiça não conheceu da impetração, ao fundamento de ser substitutivo de recurso ordinário cabível. Constrangimento ilegal não evidenciado. Entendimento que encampa a jurisprudência da Primeira Turma da Corte. Precedente. Julgado em que, ademais, se analisou o mérito da impetração. Processual penal. Crimes de estelionato, formação de quadrilha e lavagem de dinheiro. Interceptação telefônica deferida para investigação de crimes diversos em que, fortuitamente, se obteve comprovação da prática de outros delitos. Inexistência de nulidade. Aventada ilegalidade da decisão que autorizou a interceptação telefônica e suas prorrogações. Não ocorrência. Possibilidade de se prorrogar o prazo de autorização para a interceptação telefônica por períodos sucessivos quando a intensidade e a complexidade das condutas delitivas investigadas assim o demandarem. Precedentes. Decisão proferida com a observância das exigências previstas na lei de regência (Lei 9.296/1996, art. 5º). Recurso não provido. 1. O Superior Tribunal de Justiça, quanto ao cabimento do *habeas corpus*, encampou a jurisprudência da Primeira Turma da Corte no sentido da inadmissibilidade do *habeas corpus* que tenha por objetivo substituir o recurso ordinário (HC 109.956/PR, Relator o Ministro Marco Aurélio, *DJe* 11.09.2012). Entretanto, acabou por analisar o seu mérito, concluindo pela licitude das interceptações telefônicas anteriormente deferidas. 2. Embora as interceptações inicialmente realizadas também pudessem estar visando à constatação da ocorrência de crimes tributários (cujos créditos ainda não estavam definitivamente constituídos), as instâncias ordinárias fazem menção à apuração simultânea de crimes de contrabando e descaminho (que permitiriam o afastamento do sigilo constitucional), cuja prática a prova indiciária afastou, porém indicou o cometimento de outros delitos, fortuitamente descobertos, não havendo qualquer ilegalidade no aproveitamento das interceptações realizadas. Precedentes. 3. É da jurisprudência desta Corte o entendimento de ser possível a prorrogação do prazo de autorização para a interceptação telefônica, mesmo que sucessiva, especialmente quando o fato é complexo, a exigir investigação diferenciada e contínua (HC 83.515/RS, Tribunal Pleno, Relator o Ministro Nelson Jobim, *DJ* 04.03.2005). 4. Nesse contexto, considerando o entendimento jurisprudencial e doutrinário acerca da possibilidade de se prorrogar o prazo de autorização para a interceptação telefônica por períodos sucessivos quando a intensidade e a complexidade das condutas delitivas investigadas assim o demandarem, não há que se falar, na espécie, em nulidade da referida escuta e de suas prorrogações, uma vez que autorizada pelo Juízo de piso com a observância das exigências previstas na lei de regência (Lei 9.296/1996, art. 5º). 5. Recurso ordinário a que se nega provimento" (STF, 1ª T., RHC 120.111, rel. Min. Dias Toffoli, j. 11.03.2014); **B:** assertiva correta (art. 150, § 4º, do CP); **C:** assertiva incorreta, devendo ser assinalada. Conferir: "(...) Revelam-se inadmissíveis, desse modo, em decorrência da ilicitude por derivação, os elementos probatórios a que os órgãos da persecução penal somente tiveram acesso em razão da prova originariamente ilícita, obtida como resultado da transgressão, por agentes estatais, de direitos e garantias constitucionais e legais, cuja eficácia condicionante, no plano do ordenamento positivo brasileiro, traduz significativa limitação de ordem jurídica ao poder do Estado em face dos cidadãos. – Se, no entanto, o órgão da persecução penal demonstrar que obteve, legitimamente, novos elementos de informação a partir de uma fonte autônoma de prova – que não guarde qualquer relação de dependência nem decorra da prova originariamente ilícita, com esta não mantendo vinculação causal –, tais dados probatórios revelar-se-ão plenamente admissíveis, porque não contaminados pela mácula da ilicitude originária. – A questão da fonte autônoma de prova ("an independent source") e a sua desvinculação causal da prova ilicitamente obtida – doutrina – precedentes do Supremo Tribunal Federal – jurisprudência comparada (A experiência da suprema corte americana): casos "silverthorne lumber Co. v. United States (1920); segura v. United states (1984); Nix v. Williams (1984); murray v. United states (1988)" (STF, RHC 90376, Celso De Mello); **D:** assertiva correta. Desde que a interceptação tenha se realizado por meio de ordem judicial, é perfeitamente possível que haja o empréstimo dessa prova para fins administrativos, em especial para lastrear procedimento administrativo disciplinar. Nesse sentido, conferir: MS 14.140 (STJ, 3ª Seção, rel. Min. Laurita Vaz, j. 26.09.2012), cuja ementa foi assim publicada: "Administrativo. Processual civil. Processo administrativo disciplinar. Nulidades. Não caracterizadas. Controle jurisdicional. Possibilidade. Utilização de prova emprestada. Precedentes. Arguição quanto a eventuais ilegalidades na obtenção da interceptação telefônica. Sede adequada: Ação penal. Demissão decorrente de ato de improbidade administrativa não expressamente tipificado na Lei 8.492/1992. Processo judicial prévio para aplicação da pena de demissão. Desnecessidade. Preponderância da Lei 8.112/1990. Princípios da proporcionalidade e razoabilidade. Ofensa a esses postulados. Inexistente. Supostas nulidades no processo administrativo disciplinar. Princípio do *pas de nullité sans grief*. Alegação de inocência quanto às condutas imputadas. Dilação probatória. Impossibilidade na via do *writ of mandamus*. 1. No caso de demissão imposta a servidor público submetido a processo administrativo disciplinar, não há falar em juízo de conveniência e oportunidade da Administração, visando restringir a atuação do Poder Judiciário à análise dos aspectos formais do processo disciplinar. Nessas circunstâncias, o controle jurisdicional é amplo, no sentido de verificar se há motivação para o ato demissório, pois trata-se de providência necessária à correta observância dos aludidos postulados. 2. É cabível a chamada "prova emprestada" no processo administrativo disciplinar, desde que devidamente autorizada pelo Juízo Criminal. Assim, não há impedimento da utilização da interceptação telefônica produzida no ação penal, no processo administrativo disciplinar, desde que observadas as diretrizes da Lei 9.296/1996. Precedentes. 3. Eventuais irregularidades atinentes à obtenção propriamente dita das "interceptações telefônicas" – atendimento, ou não, aos pressupostos previstos na Lei 9.296/1996 – não podem ser dirimidas em sede de mandado de segurança, porquanto deverão ser avaliadas de acordo com os elementos constantes dos autos em que a prova foi produzida e, por conseguinte, deverão ser arguidas, examinadas e decididas na instrução da ação penal movida em desfavor da Impetrante. 4. A pena disciplinar aplicada à ex-servidora não está calcada tão somente no conteúdo das degravações das "interceptações telefônicas" impugnadas, mas também em farto material probante produzido durante o curso do Processo Administrativo Disciplinar. 5. O fato de o ato demissório não defluir de condenação do servidor, exarada essa no bojo de processo judicial, não implica ofensa aos ditames da Lei 8.492/1992, nos casos em que a citada sanção disciplinar é aplicada como punição a ato que pode ser classificado como de improbidade administrativa, mas não está expressamente tipificado no citado diploma legal, devendo, nesses casos, preponderar a regra prevista na Lei 8.112/1990. 6. Os comportamentos imputados à Impetrante são aptos a alicerçar a decisão de demissão, porquanto passíveis de subsunção aos tipos previstos nos arts. 117, inciso IX, e 132, incisos IV, IX e XIII, da Lei 8.112/1990 e, portanto, mostra-se perfeitamente razoável e proporcional a pena aplicada à ex-servidora. 7. O processo administrativo disciplinar em questão teve regular processamento, com a estrita observância aos princípios do devido processo legal, do contraditório e da ampla defesa, sem qualquer evidência de efetivo prejuízo à defesa da ex-

-servidora. Assim, aplicável à espécie o princípio do *pas de nullité sans grief*. 8. Não foram trazidas aos autos provas hábeis a descaracterizar as conclusões do Processo Administrativo Disciplinar, as quais firmaram-se no sentido de que as condutas reprováveis da ex-servidora eram aptas a fundamentar a pena de demissão que lhe foi aplicada. Portanto, *in casu*, verificar, se não existiram as condutas imputadas, dependeria do reexame do material fático colhido no bojo do Processo Administrativo Disciplinar, o que é matéria carecedora de dilação probatória impossível de ser realizada na via estreita do *mandamus*. 9. Segurança denegada."

Gabarito "C"

(Ministério Público/MS – 2013 – FADEMS) Analise as seguintes proposições:

I. O princípio *nemo tenetur se detegere* tem aplicação apenas em relação ao mérito do interrogatório, pois o réu tem o dever de informar seu nome e endereço, não sendo aplicável o direito ao silêncio, até porque o direito penal é dos fatos e não do autor.

II. Segundo o Supremo Tribunal Federal, não é vedada a gravação clandestina, inexistindo ferimento ao princípio da proibição de utilização de prova ilícita, pois a despeito de ser reprovável no campo ético, não o é no jurídico, pois as garantias estabelecidas na Constituição em forma de direitos fundamentais, em rigor, estão previstas como forma de proteção à intervenção de terceiros, de modo que, quando um dos interlocutores cuida de registrar a sua conversa com outrem, ainda que sem o consentimento deste, não há que se falar em ofensa ao direito à intimidade.

III. O princípio da proibição de proteção insuficiente pode ser entendido como uma espécie de garantismo positivo, ao contrário do garantismo negativo (que se consubstancia na proteção contra os excessos do Estado) já consagrado pelo princípio da proporcionalidade.

IV. O princípio do *in dubio pro societate* somente é aplicável na fase pronúncia, uma vez que ele não se mostra compatível com o Estado Democrático de Direito.

São **corretas:**

(A) Todas as assertivas.

(B) Somente as assertivas I e IV.

(C) Somente as assertivas I, II e III.

(D) Somente as assertivas II, III e IV.

(E) Somente as assertivas II e III.

I: correta. É nesse sentido o magistério de Guilherme de Souza Nucci: "(...) A modificação no art. 187, *caput*, propicia a introdução, na realidade, de três espécies de interrogatório, ou pelo menos de fases para a oitiva do acusado pela autoridade competente. A primeira etapa é denominada interrogatório de qualificação, como expusemos na nota 13 ao art. 186, cuja finalidade é obter os dados de identificação do réu. Essa colheita deveria ser feita pelo juiz, embora, por prática forense, termine transferida ao funcionário da sala de audiências. De toda forma, nesse ato, o acusado não poderá valer-se do direito ao silêncio, nem poderá mentir sem consequência alguma (...)" (*Código de Processo Penal Comentado*, 12ªed, p. 444); **II:** conferir: "EMENTA: PROVA. Criminal. Conversa telefônica. Gravação clandestina, feita por um dos interlocutores, sem conhecimento do outro. Juntada da transcrição em inquérito policial, onde o interlocutor requerente era investigado ou tido por suspeito. Admissibilidade. Fonte lícita de prova. Inexistência de interceptação, objeto de vedação constitucional. Ausência de causa legal de sigilo ou de reserva da conversação. Meio, ademais, de prova da alegada inocência de quem a gravou. Improvimento ao recurso. Inexistência de ofensa ao art. 5º, incs. X, XII e LVI, da CF. Precedentes. Como gravação meramente clandestina, que se não confunde com interceptação, objeto de vedação constitucional, é lícita a prova consistente no teor de gravação de conversa telefônica realizada por um dos interlocutores, sem conhecimento do outro, se não há causa legal específica de sigilo nem de reserva da conversação, sobretudo quando se predestine a fazer prova, em juízo ou inquérito, a favor de quem agravou" (RE 402717, CEZAR PELUSO, STF); **III:** correta. O princípio da proibição da proteção insuficiente representa, ao lado da proibição de excesso, uma das facetas do princípio da proporcionalidade. O Estado é considerado omisso, para esse postulado, quando deixa de adotar medidas necessárias à proteção de direitos fundamentais. *Vide*: ADC nº 19/DF, rel. Min. Marco Aurélio, 09.02.2012; **IV:** incorreta, visto que o princípio do *in dubio pro societate* é, sim, compatível com o Estado Democrático de Direito. O juiz, na fase de pronúncia (art. 413, CPP), se restringe a realizar um juízo de admissibilidade da acusação, sendo-lhe vedado, nesta etapa, ingressar, de forma aprofundada, no mérito. Havendo dúvida quanto à presença de indícios suficientes de autoria, no lugar de absolver, como se imporia no procedimento comum, encaminha-se o feito para julgamento ao juiz natural (Tribunal Popular).

Gabarito "C"

(Ministério Público/SP – 2013 – PGMP) Tendo em vista as disposições do Código de Processo Penal relacionadas com a prova oral, é unicamente CORRETO afirmar que

(A) descabe condução coercitiva do ofendido quando, intimado para prestar declarações, deixar de comparecer injustificadamente.

(B) ao juiz é facultado ordenar, de ofício, produção antecipada da prova testemunhal urgente, antes mesmo de iniciada a ação penal.

(C) magistrados e membros do Ministério Público estão incluídos entre as autoridades para as quais a lei faculta a opção de, como testemunhas, prestarem depoimento por escrito.

(D) a contradita fundada no fato de a testemunha ser ascendente do ofendido impede o juiz de tomar seu depoimento.

(E) prescinde de motivação a determinação do juiz de retirar o réu da sala de audiência nos casos em que sua presença possa causar temor ou sério constrangimento à testemunha.

A: incorreta, pois o art. 201, § 1º, do CPP permite que, no caso de recalcitrância do ofendido em atender à convocação judicial, o mesmo seja conduzido coercitivamente; **B:** correta, pois reflete o art. 156, I, do CPP; **C:** incorreta, dado que tal prerrogativa somente é deferida às pessoas listadas no art. 221, parágrafo primeiro, do CPP, no qual não estão contemplados juízes e promotores, que poderão, no entanto, conforme estabelece o *caput* deste dispositivo, ajustar, com o juiz da causa, local, dia e hora para que lhes seja tomado o depoimento; **D:** incorreta. Contradita é o instrumento, colocado à disposição das partes, que se presta a questionar a parcialidade da testemunha que será ouvida (art. 214 do CPP). Terá lugar logo em seguida à qualificação da testemunha e antes do início do seu depoimento, que, ainda assim, será tomado; **E:** incorreta, pois o art. 217, parágrafo único, do CPP impõe o dever de o juiz motivar sua decisão de retirar o réu da sala de audiência.

Gabarito "B"

(Ministério Público/BA – 2010) À luz do Código de Processo Penal, deve-se afirmar que:

(A) A prova testemunhal não pode suprir a falta do exame de corpo de delito, ainda que tenham desaparecidos os vestígios do crime.

(B) A confissão será indivisível e retratável, sem prejuízo do livre convencimento do Juiz de Direito, fundado no exame das provas em conjunto.

(C) O ofendido não deve ser comunicado da sentença e respectivos acórdãos que a mantenham ou modifiquem.

(D) As pessoas proibidas de depor em razão da profissão, poderão fazê-lo se, desobrigadas pela parte interessada, quiserem dar o seu testemunho; neste caso, porém, não deverão prestar compromisso.

(E) Todas as afirmativas estão incorretas.

A: proposição incorreta, na medida em que a prova testemunhal poderá, sim, suprir a falta do exame de corpo de delito decorrente do desaparecimento dos vestígios do crime – art. 167 do CPP; **B:** incorreta, pois em desconformidade com o disposto no art. 200 do CPP; **C:** incorreta, pois contraria o disposto no art. 201, § 2º, do CPP; **D:** assertiva incorreta, pois, neste caso, a testemunha prestará o compromisso de dizer a verdade. Se mentir ou omitir, incorrerá nas penas do crime de falso testemunho – art. 342 do CP.

Gabarito "E"

(Ministério Público/CE – 2011 – FCC) A circunstância conhecida e provada, que, tendo relação com o fato, autorize, por indução, concluir-se a existência de outra ou outras circunstâncias, no âmbito do processo penal,

(A) serve como elemento formador de convicção do Promotor de Justiça em matéria de Tribunal do Júri.

(B) tem expressa disposição no Título II do Código de Processo Penal que trata do inquérito policial e a prevê como consideração à autoridade policial no âmbito meramente investigativo.

(C) não tem qualquer valor legal por vedar a Constituição Federal qualquer espécie de presunção por ofensa ao princípio do contraditório.

(D) considera-se indício e é um dos meios de prova.

(E) é expressão legal do princípio acusatório no processo penal.

Art. 239 do CPP.

Gabarito "D"

(Ministério Público/ES – 2010 – CESPE) Assinale a opção correta a respeito das provas no processo penal, considerando os posicionamentos doutrinário e jurisprudencial dominantes.

(A) Nas infrações penais que deixem vestígios, o exame de corpo de delito será indispensável e, se realizado na fase inquisitiva, deverá ser renovado em juízo em observância ao princípio do contraditório.

(B) Considerando que, em determinado processo, após a apresentação das alegações finais pelas partes, os autos tenham sido conclusos ao juiz para sentença, e que o juiz, no entanto, tenha tido dúvidas quanto à autoria do delito de falsificação de documento particular em razão de não ter sido realizado exame grafotécnico, caberá ao referido juiz proferir sentença absolutória, obedecendo ao princípio "in dubio pro reo".

(C) No interrogatório do réu, assegura-se a presença das partes, que podem fazer reperguntas logo após a inquirição pela autoridade judiciária. No entanto, o mesmo princípio não encontra aplicação na fase policial em que o procedimento é inquisitivo, pois, nessa fase, não se aplica o princípio do contraditório.

(D) Havendo indícios razoáveis de autoria ou participação e não podendo a prova ser produzida por outros meios, a interceptação telefônica pode ser deferida pelo juízo criminal em qualquer delito, o que inclui os crimes apenados com detenção e as contravenções penais.

A: incorreta. O exame de corpo de delito (exame necroscópico, por exemplo) é uma prova não repetível, isto é, uma prova que não precisa ser renovada em juízo, embora deva ser submetido a contraditório (diferido, postergado); **B:** incorreta, visto que, neste caso, deve o juiz, fazendo uso da prerrogativa que lhe confere o art. 156, II, do CPP, determinar a realização de exame grafotécnico; **C:** correta, nos termos do art. 188 do CPP. Esta regra, no entanto, não se aplica ao interrogatório prestado no âmbito do inquérito policial, já que neste não vigora o contraditório; **D:** incorreta, visto que a interceptação telefônica somente será deferida se o fato investigado constituir infração penal punida com pena de reclusão – art. 2º, III, da Lei 9.296/1996.

Gabarito "C"

(Ministério Público/ES – 2005) Para que a prova emprestada para o processo no qual se quer fazer a prova tenha a mesma eficácia que teve no processo do qual é originária, há que se exigir alguns requisitos, EXCETO:

(A) Que tenha sido colhida em processo entre as mesmas partes.

(B) Que tenham sido observadas, no processo anterior, as formalidades previstas em lei durante a produção da prova.

(C) Que o fato probando seja o mesmo.

(D) Que tenha havido o contraditório no processo do qual a prova será transferida.

(E) A prova emprestada produzida em processo declarado nulo, por não ter sido a defesa notificada para ofertar alegações finais, não é válida.

Prova emprestada é aquela gerada em um processo e transladada para outro, em ralação ao qual ainda não existe decisão. Sua eficácia, à luz do princípio do contraditório e da ampla defesa, está a depender de sua passagem pelo crivo do contraditório.

Gabarito "E"

(Ministério Público/GO – 2012) Com relação a Lei nº 11.900/2009 (que alterou o texto do art. 185 do Código de Processo Penal), que possibilita o uso da videoconferência, assinale a alternativa correta:

(A) Da decisão que determinar a realização de interrogatório por videoconferência, as partes serão intimadas com 05 (cinco) dias de antecedência.

(B) A única finalidade prevista pelo legislador para utilização da videoconferência diz respeito a prevenir risco à segurança pública, quando exista fundada suspeita de que o preso integre organização criminosa ou de que, por outra razão, possa fugir durante o deslocamento.

(C) Em nenhuma hipótese o Juiz poderá de ofício realizar o interrogatório do réu preso por sistema de videoconferência ou outro recurso tecnológico de transmissão de sons e imagens em tempo real, dependendo obrigatoriamente de provocação do Ministério Público ou de uma das partes.

(D) Em qualquer modalidade de interrogatório, o Juiz garantirá ao réu o direito de entrevista prévia e reservada com o seu defensor; se realizado por videoconferência, fica também garantido o acesso a canais telefônicos reservados para comunicação entre o defensor que esteja no presídio e o advogado presente na sala de audiência do Fórum, e entre este e o preso.

A: incorreta. O art. 185, § 3º, do CPP estabelece que as partes serão intimadas, dentro do prazo de *dez* dias – em não de *cinco*, da decisão do juiz que determinar a realização de interrogatório por meio de videoconferência; **B:** incorreta. O art. 185 do CPP, em seu parágrafo segundo, estabeleceu, além da mencionada na assertiva, outras hipóteses em que o interrogatório do réu preso pelo sistema de videoconferência é de rigor; **C:** incorreta. A decisão que determinar a realização do interrogatório por meio de videoconferência pode ser tomada de ofício pelo juiz (art. 185, § 2º, do CPP); **D:** correta, pois reflete o disposto no art. 185, § 5º, do CPP.

Gabarito "D"

(Ministério Público/GO – 2010) Medida de caráter excepcional no processo penal brasileiro, o interrogatório de réu preso por sistema de videoconferência prevista na Lei 11.900/09, ocorrerá mediante decisão fundamentada do magistrado e atenderá a uma das seguintes finalidades:

I. Proporcionar economia de recursos públicos em casos excepcionais, mediante requerimento das partes ou de ofício pela autoridade judiciária.

II. Viabilizar a participação do réu no interrogatório, quando haja qualquer dificuldade para seu comparecimento em juízo, por enfermidade ou outra circunstância pessoal.

III. Impedir a influência do réu no ânimo de testemunha ou da vítima, desde que não seja possível colher o depoimento destas por videoconferência, nos termos do art. 217 do Código de Processo Penal.

IV. Quando houver interesse público.

(A) Apenas uma proposição está correta.

(B) Apenas duas proposições estão corretas.

(C) Apenas três proposições estão corretas.

(D) As quatro proposições estão corretas.

I: incorreta. Hipótese não contemplada no art. 185, § 2º, do CPP; II: incorreta. O art. 185, § 2º, II, do CPP exige que a dificuldade imposta para o comparecimento do réu em juízo seja *relevante*, o que não corresponde a *qualquer* dificuldade; III: correta. Hipótese contemplada no art. 185, § 2º, III, do CPP (correta, portanto); IV: incorreta. Hipótese não contemplada no art. 185, § 2º, do CP.

Gabarito "A"

(Ministério Público/GO – 2010) Sobre as provas no processo penal, marque a alternativa incorreta.

(A) Quanto ao objeto, as provas podem ser diretas ou indiretas. As provas diretas referem-se imediatamente ao objeto a ser provado (fato probando). Já a prova indireta demonstra a existência de outro fato, que se liga ao fato a ser provado por uma construção lógica. Assim, é possível afirmar que a prova indiciária é sempre indireta.

(B) A prova do estado civil das pessoas está sujeita às limitações impostas pela lei civil. Assim, para que seja declarada extinta a punibilidade, a morte do réu não poderá ser provada por testemunhas.

(C) Prova real é aquela decorrente dos vestígios deixados pelo crime, não necessariamente o objeto material do delito.

(D) São características da confissão no processo penal a retratabilidade, a relatividade de valor e a indivisibilidade.

A: correta. *Direta* é a prova capaz de, por si só, demonstrar, provar o fato principal; será considerada *indireta*, de outro lado, a prova que se refere a um fato secundário, por meio do qual, através de um raciocínio lógico-dedutivo, é possível chegar-se ao fato a ser provado. As *presunções* e *indícios* são provas indiretas; **B:** correta, nos termos do art. 155, parágrafo único, do CPP; **C:** correta. Prova *real* é aquela que não tem a sua origem na pessoa humana. São exemplos: a arma do crime e o cadáver; **D:** incorreta. É fato que a confissão tem, entre as suas características, a *retratabilidade* (possibilidade conferida ao réu de voltar atrás no que afirmou em confissão) e o fato de possuir valor probante *relativo* - art. 197 do CPP (por si só não autoriza um decreto condenatório, devendo, portanto, ser confrontada com as demais provas produzidas no curso do processo). Não é correto, no entanto, afirmar-se que a confissão é *indivisível*, visto que é possível ao réu confessar tão somente parte da conduta que lhe é atribuída.

Gabarito "D"

(Ministério Público/MA – 2002) Quanto à forma, a prova penal classifica-se em:

(A) direta ou indireta;

(B) pessoal ou real;

(C) testemunhal, documental e material;

(D) lícita, ilícita, legítima e ilegítima;

(E) nenhuma das alternativas

Com efeito, no que concerne à sua forma ou aparência, a prova pode ser ***testemunhal, documental*** e ***material*** (instrumento do crime, exames etc.).

Gabarito "C"

(Ministério Público/MG – 2010.2) Salvo quando não for possível, por outro modo, obter-se ou integrar-se a prova do fato e de suas circunstâncias, poderá(ao) recusar a obrigação de prestar depoimento

(A) as pessoas que, em razão de seu ministério, devam guardar segredo.

(B) o menor de dezoito anos.

(C) o filho adotivo do acusado.

(D) o cônjuge do ofendido.

Estão dispensadas de depor as pessoas mencionadas no art. 206 do CPP, entre as quais o filho adotivo do acusado. Cuidado: não se trata de *proibição*, como ocorre no art. 207 do CPP, e sim de *dispensa*.

Gabarito "C"

(Ministério Público/MS – 2009) Assinale a afirmativa correta.

(A) Será computada como testemunha toda pessoa arrolada por uma das partes, ainda que nada saiba sobre fato que interesse à decisão da causa.

(B) Caso ocorra dúvida sobre a identidade da testemunha, o juiz deverá suspender o ato, somente o retomando após tomar pleno conhecimento de seu nome, endereço, parentesco e profissão.

(C) Mesmo que julgue necessário, o juiz não poderá ouvir outras testemunhas além daquelas arroladas pelas partes.

(D) As testemunhas proibidas de depor, em razão de função, ministério, ofício ou profissão, estarão desobrigadas de seu sigilo, caso sejam autorizadas pela parte interessada e queiram dar o seu testemunho.

(E) O depoimento de toda e qualquer testemunha será prestado oralmente, mas pode o juiz trazê-lo por escrito ou consultar apontamentos.

A: incorreta. Não integrarão o número máximo estabelecido em lei as testemunhas *referidas* e também as do juízo, o mesmo ocorrendo em relação às testemunhas que nada souberem sobre os fatos - art. 209, § 2º, do CPP; **B:** a assertiva não reflete o disposto no art. 205 do CPP, que estabelece que, neste caso, o juiz colherá o depoimento da testemunha e, depois disso, cuidará para que a mesma seja identificada. Em outras palavras, nada obsta que o magistrado, diante de testemunha que não esteja devidamente identificada, proceda à sua oitiva para, em seguida, identificá-la com precisão; **C:** incorreta. Se reputar necessário, o juiz poderá, sim, ouvir outras testemunhas, além das arroladas pelas partes. São as chamadas *testemunhas do juízo*; **D:** as pessoas listadas no art. 207 do CPP estão, em regra, proibidas de prestar depoimento. Trata-se de uma imposição legal, e não mera faculdade; poderão, todavia, fazê-lo se a parte que lhe confiou o segredo desobrigá-la e a autorizar a depor. Proposição, portanto, correta; **E:** incorreta, pois não corresponde ao que estabelece o art. 204 do CPP.

Gabarito "D"

(Ministério Público/PI – 2008) Assinale a afirmativa **correta.**

(A) Em razão do princípio da igualdade de armas, a interceptação telefônica realizada de forma ilícita não pode ser utilizada no processo para demonstrar a inocência do réu.

(B) A chamada "contradita de testemunha" diz respeito à possibilidade de uma das partes inquirir as testemunhas compromissadas e arroladas pelo seu adversário, sobre temas ligados ao mérito do processo.

(C) No processo penal, pode a testemunha manifestar suas impressões e opiniões pessoais sobre os temas afeitos ao processo, desde que autorizada pelo juiz.

(D) A produção antecipada de prova não é admitida no processo penal brasileiro, em razão do ferimento ao princípio de não culpabilidade.

(E) Se o crime é de resultado, a prova da materialidade somente pode ser feita pelo auto de exame de corpo de delito.

A: incorreta. É admitido, com base no princípio da proporcionalidade, o uso de prova ilícita em favor do réu, pois, neste caso, a prova, ainda que obtida de forma ilícita, se presta ao resguardo de bem jurídico tutelado pela CF/1988 (STF, HC nº 74.678/DF, rel. Min. Moreira Alves, 1ª Turma); **B:** incorreta. Contradita é o instrumento, colocado à disposição das partes, que se presta a questionar a parcialidade da testemunha que será ouvida (art. 214 do CPP). Terá lugar logo em seguida à qualificação da testemunha e antes do início do seu depoimento; **C:** o juiz somente autorizará a testemunha a fazer apreciações de ordem subjetiva quando estas forem inseparáveis da narrativa do fato (art. 213 do CPP). Assertiva, portanto, correta; **D:** incorreta, pois não reflete o disposto no art. 156, I, do CPP; **E:** o exame de corpo de delito, direto ou indireto, nas infrações que deixam vestígios, é indispensável – art. 158 do CPP. Agora, se estes vestígios, por qualquer razão, se perderem, nosso ordenamento jurídico admite que a prova testemunhal supra essa ausência – art. 167, CPP. A confissão, no entanto, por expressa disposição do art. 158 do CPP, não poderá ser utilizada para esse fim.

Gabarito "C"

(Ministério Público/RO – 2010 – CESPE) Assinale a opção correta a respeito da prova criminal.

(A) Na falta de perito oficial, o exame de corpo delito deverá ser realizado por um profissional idôneo, indicado pelo juiz, que tenha habilitação técnica relacionada com a natureza do exame.

(B) O juiz penal está adstrito ao laudo, não podendo rejeitar suas conclusões em face do princípio da persuasão racional.

(C) O interrogatório é ato privativo do juiz, que, durante sua realização, assegurará o direito do réu ao silêncio e ao privilégio de não ser obrigado a produzir prova contra si, razão pela qual é vedada à acusação e à defesa a elaboração de perguntas.

(D) De acordo com o CPP, os doentes mentais e os menores de quatorze anos de idade podem ser testemunhas não compromissadas.

(E) No reconhecimento de pessoa, aquele que for submetido a reconhecimento deve ser colocado ao lado de, pelo menos, outros dois indivíduos que tenham as mesmas características físicas, sob pena de nulidade do ato.

A: incorreto. A redação anterior do art. 159 do CPP estabelecia que a perícia fosse realizada por *dois* profissionais. Atualmente, com a modificação implementada no dispositivo pela Lei 11.690/2008, a perícia será levada a efeito por *um* perito oficial, portador de diploma de curso superior. À falta deste, determina o § 1º do art. 159 que o exame seja feito por duas pessoas idôneas, detentoras de diploma de curso superior preferencialmente na área específica, dentre aquelas que tiverem habilitação técnica relacionada com a natureza do exame; **B:** incorreta. O juiz, fazendo uso da prerrogativa que lhe confere o art. 182 do CPP, poderá aceitar ou rejeitar o laudo, no todo ou em parte, isto é, o magistrado não ficará vinculado ao laudo; **C:** incorreta, visto que contraria o teor do art. 188 do CPP; **D:** correta, nos moldes dos arts. 202 e 208 do CPP; **E:** incorreta, nos termos do art. 226 do CPP.

Gabarito "D"

(Ministério Público/RR – 2012 – CESPE) Em relação à prova no processo penal, assinale a opção correta.

(A) As justificações, disciplinadas no estatuto processual penal, incluem-se entre as provas documentais produzidas na esfera civil e apresentadas ao juízo criminal por meio dos documentos juntados aos autos.

(B) O CPP, atualmente, dá especial relevância à participação do ofendido na formação do convencimento do julgador, elencando-o entre os meios de provas; entretanto, conforme dispõe o referido código, o ofendido não prestará compromisso nem se sujeitará a processo por falso testemunho, podendo, contudo, ser conduzido à presença da autoridade, caso, intimado para esse fim, deixe de comparecer sem motivo justo.

(C) Entre os meios de prova, que consistem em tudo que possa ser útil para a elucidação dos fatos no processo, destaca-se a denúncia.

(D) A prova emprestada é admitida no processo penal desde que, quando de sua produção, tenham sido observados os princípios indisponíveis do contraditório e da ampla defesa, o que torna prescindível a renovação destes no feito para o qual tenha sido transladada.

(E) No sistema processual brasileiro, é adotada a regra da liberdade probatória, admitindo-se todos os meios de prova legais e moralmente legítimos, ainda que não especificados no CPP, sendo a única restrição probatória o estado das pessoas, salvo a obtenção dessa prova por fonte independente.

A: incorreta. Não prevista no CPP, constitui instrumento apto a produzir, no juízo que proferiu a condenação, a justificação para instruir futuro pedido de revisão criminal. Presta-se, por exemplo, a produzir prova pericial, que servirá de suporte para que o condenado possa ingressar com pedido revisional no tribunal; **B:** correta. O ofendido, por não ser testemunha, não se sujeita a processo por crime de falso testemunho. De outra forma não poderia ser. É que a vítima, dado o seu interesse na condenação do acusado, não pode ser tida como figura imparcial, como deve ser a testemunha, presumidamente desinteressada no deslinde da causa. Assim sendo, não se deve, ao menos em princípio, conferir o mesmo valor probatório às declarações do ofendido e ao depoimento da testemunha. Por fim, estabelece o art. 201, § 1º, do CPP que o ofendido que, depois de intimado, deixar de comparecer sem motivo justo poderá ser conduzido coercitivamente à presença da autoridade; **C:** incorreta. A denúncia não pode ser considerada meio de prova; cuida-se, sim, de fonte de prova; **D:** incorreta. O magistrado somente levará em conta a chamada prova emprestada (ou trasladada), que é a utilização no processo de prova produzida em outro, se as partes envolvidas no processo onde se deu a produção da prova forem as mesmas do processo para o qual foi a prova trasladada; **E:** incorreta. O art. 157, caput, do CPP, por exemplo, impõe outra restrição probatória: provas obtidas por meios ilícitos.

Gabarito "B"

(Ministério Público/RS – 2009) A nova legislação processual penal permite que

(A) as partes façam perguntas diretamente às testemunhas.

(B) o detector de mentiras (polígrafo) seja usado em todos os inquéritos.

(C) o réu seja obrigado a dizer a verdade no interrogatório depois da instrução.

(D) o exame de corpo de delito e outras perícias sejam feitas por um só perito, oficial ou não oficial.

(E) se simplifique a quesitação no Júri com a introdução do seguinte quesito: "O jurado condena o acusado?".

A: correta. Antes de o Código de Processo Penal ser alterado pela Lei de Reforma nº 11.690/2008, vigia, entre nós, o sistema presidencialista, pelo qual a testemunha, depois de inquirida pelo juiz, respondia, por intermédio deste, às perguntas formuladas pelas partes. Por este sistema, não podiam acusação e defesa formular seus questionamentos diretamente à testemunha, o que somente era feito por meio do juiz. Pois bem. Com a alteração promovida pela Lei 11.690/2006 na redação do art. 212 do CPP, o sistema presidencialista, até então em vigor, deu lugar ao chamado sistema cross examination, segundo o qual as partes passam a dirigir suas indagações às testemunhas sem a intermediação do magistrado, de forma direta; **B:** incorreta. O uso do detector de mentidas não foi incorporado ao nosso ordenamento jurídico. A prova obtida com a sua utilização é considerada ilícita; **C:** incorreta. A atual redação do art. 186 do CPP determina que o juiz, antes de dar início ao interrogatório, advirta o acusado do direito que tem de permanecer calado; **D:** incorreta. A redação anterior do art. 159 do CPP estabelecia que a perícia fosse realizada por *dois* profissionais. Atualmente, com a modificação implementada no dispositivo pela Lei de Reforma 11.690/2008, a perícia será levada a efeito por *um* perito *oficial*, portador de diploma de curso superior. Somente à falta deste, o exame será feito por duas pessoas idôneas (peritos não oficiais), detentoras de diploma de curso superior preferencialmente na área específica, dentre aquelas que tiverem habilitação técnica relacionada com a natureza do exame (art. 159, § 1º, CPP); **E:** quesito não inserido pela Lei de Reforma nº 11.689/2008 no rol do art. 483 do CPP.

Gabarito "A"

(Ministério Público/SP – 2012 – VUNESP) Considerando as normas do Código de Processo Penal que regulam a produção das provas pericial e testemunhal, é INCORRETO afirmar:

(A) A faculdade de formular quesitos e indicar assistente técnico, na produção da prova pericial, é conferida ao Ministério Público, ao assistente de acusação, ao ofendido, ao querelante e ao acusado.

(B) A nomeação dos peritos, no exame pericial realizado por carta precatória, far-se-á no juízo deprecante; havendo, porém, no caso de ação privada, acordo entre as partes, essa nomeação poderá ser feita pelo juiz deprecado.

(C) A inquirição da testemunha ou do ofendido que esteja preso pode ser realizada pelo sistema de videoconferência.

(D) O ascendente, o descendente, o afim em linha reta, o cônjuge, o irmão e o pai, a mãe, ou o filho adotivo do acusado podem se recusar a depor como testemunhas.

(E) O defensor do acusado formulará as perguntas antes do Ministério Público na inquirição das testemunhas arroladas pela defesa no plenário do Tribunal do Júri.

A: proposição correta, visto que corresponde ao que dispõe o art. 159, § 3º, do CPP; **B:** incorreta (devendo esta ser assinalada), pois em desconformidade com o disposto no art. 177, *caput*, do CPP; **C:** correta, nos termos dos arts. 185, § 8º, e 222, § 3º, ambos do CPP; **D:** correta, visto que corresponde ao que estabelece o art. 206, CPP; **E:** correta, pois em conformidade com o teor do art. 473, § 1º, do CPP.

Gabarito "B"

(Ministério Público/SP - 2005) Assinale a alternativa correta.

(A) O incidente de insanidade mental do acusado não poderá ser instaurado a pedido do Ministério Público.

(B) Tratando-se de lesões corporais, a realização do exame complementar só poderá ser determinada pela autoridade policial.

(C) O juiz não pode, no curso da instrução ou antes de proferir sentença, determinar, de ofício, diligências.

(D) O exame de corpo de delito é obrigatório, mas quanto às demais perícias, há uma faculdade da autoridade policial ou judiciária na sua realização.

(E) O suposto autor do delito está obrigado a participar da reconstituição simulada dos fatos.

A: incorreta, pois o MP, a teor art. 149, *caput*, do CPP, figura como um dos legitimados a requerer a realização do exame médico-legal de aferição da higidez mental do acusado; **B:** incorreta, na medida em que tanto a autoridade policial quanto a judiciária detêm legitimidade para determinar a realização do exame complementar em casos de lesão corporal. É o que estabelece o art. 168, *caput*, do CPP; **C:** incorreta. Pela sistemática adotada pelo CPP, nada obsta que o magistrado, fazendo uso da prerrogativa que lhe confere o art. 156, II, do CPP, com o propósito de esclarecer dúvida acerca de ponto relevante, determine, no curso da instrução ou antes de proferir sentença, de ofício e em caráter supletivo, diligências com o fito de se atingir a verdade; **D:** correta, nos termos do art. 158 do CPP; **E:** ninguém é obrigado a produzir prova contra si mesmo.

Gabarito "D"

(Ministério Público/SP – 2006) Assinale a afirmação correta.

(A) O princípio da persuasão racional ou livre convicção do juiz não sofre qualquer limitação no processo penal brasileiro.

(B) A imparcialidade do juiz é incompatível com sua iniciativa na produção de prova.

(C) O exame necroscópico é a única prova admissível da materialidade do crime de homicídio.

(D) A incapacidade para as ocupações habituais por mais de trinta dias, para o fim do art. 129, § 1º, I, do Código Penal só pode ser provada por exame complementar realizado no trigésimo primeiro dia após o fato.

(E) O estado das pessoas deve ser provado por certidão do assento do registro civil.

A: o princípio está consagrado no *caput* do art. 155 do CPP, com a nova redação que lhe deu a Lei 11.690/2008. Prescreve que é defeso ao magistrado fazer uso de elementos que não façam parte do processo. Visa-se, dessa forma, impedir julgamentos parciais. Além disso, a fundamentação é de rigor. Constitui verdadeira limitação imposta à atuação do juiz (art. 93, IX, da CF); **B:** incorreta. As modificações implementadas pela Lei 11.690/2008 no art. 156 do CPP ampliaram sobremaneira os poderes do juiz de determinar de ofício a produção da prova. Pode o magistrado, agora, agir antes mesmo de iniciada a ação penal. Não há que se falar em comprometimento da sua parcialidade na medida em que esta faculdade a que alude o dispositivo só o autoriza a atuar em casos excepcionais, em caráter supletivo; **C:** incorreta (art. 162, parágrafo único, do CPP); **D:** incorreta (art. 168, §§ 2º e 3º, do CPP); **E:** correta (art. 155, parágrafo único, do CPP).

Gabarito "E"

(Ministério Público/SP – 2008) De acordo com o que dispõe o Código de Processo Penal, é correto afirmar que

(A) as provas ilícitas são inadmissíveis, salvo se constatado que poderiam ter sido obtidas a partir de uma fonte independente.

(B) no interrogatório em plenário do tribunal do júri, as partes e os jurados podem formular perguntas diretamente ao acusado.

(C) o ascendente e o descendente do ofendido podem se recusar a depor como testemunhas.

(D) em caso de lesões corporais, a falta de exame pericial complementar pode ser suprida pela prova testemunhal.

(E) os documentos em idioma estrangeiro somente devem ser juntados aos autos após a sua tradução por tradutor público, ou, na falta, por pessoa idônea nomeada pela autoridade.

A: incorreta (art. 157 do CPP); **B:** art. 474, § 2º, do CPP; **C:** o ascendente e o descendente do ofendido não integram o rol do art. 206 do CPP; **D:** art. 168, § 3º, do CPP; **E:** art. 236 do CPP.

Gabarito "D"

(Ministério Público/TO – 2012 – CESPE) No que se refere à prova no processo penal, assinale a opção correta.

(A) É absoluta a isenção do dever de depor estabelecida em razão do parentesco da testemunha com o acusado.

(B) Se o acusado, por ocasião de seu interrogatório, assumir a imputação a ele atribuída pela acusação, bem como concordar integralmente com a classificação dos fatos narrados na denúncia, poderá o juiz, por economia processual, antecipar o julgamento da lide.

(C) Como o réu não pode intervir nem formular quesitos na fase inquisitorial, é improcedente pedido da defesa – sob o argumento de desrespeito ao contraditório – para que, em juízo, seja repetido exame pericial, por perito particular por ela indicado, realizado durante o inquérito policial.

(D) Vigora, no Brasil, o sistema de valoração de provas vinculatório em relação ao laudo pericial que instrui os autos.

(E) O arrolamento, por exemplo, de onze testemunhas na denúncia e a oitiva, a critério do juiz da causa, dessas testemunhas na fase de instrução acarretarão a nulidade do processo se a lei processual penal fixar um número inferior de testemunhas para o procedimento.

A: incorreta. Estão dispensadas de depor as pessoas mencionadas no art. 206 do CPP. Cuidado: não se trata de *proibição*, como ocorre no art. 207 do CPP, e sim de *dispensa*. Todavia, impõe-se o dever de depor a essas pessoas se a prova não puder ser obtida por outro meio. Por tal razão, não há que se falar em isenção absoluta do dever de depor, já que o legislador, como vimos, estabeleceu uma exceção; **B:** incorreta. É vedado ao juiz, mesmo diante da confissão do acusado, proceder à antecipação do julgamento, como se verifica no processo civil. Isso porque, no processo penal, busca-se a verdade real dos fatos, com obediência ao procedimento estabelecido em lei; **C:** correta. O exame pericial realizado na fase inquisitiva constitui prova *não repetível* (art. 155, *caput*, do CPP), pois a sua reprodução em juízo é inviável. A submissão dessa modalidade de prova ao contraditório ocorrerá somente no âmbito do processo, chamado, por isso, de *contraditório diferido* ou *postergado*; **D:** incorreta. O juiz, fazendo uso da prerrogativa que lhe confere o art. 182 do CPP, poderá aceitar ou rejeitar o laudo, no todo ou em parte; em outras palavras: o magistrado não está vinculado ao documento elaborado pelo perito. Deverá, todavia, justificar as razões que o levaram a rechaçar o laudo; **E:** incorreta. A inquirição de testemunhas além do número máximo estabelecido em lei é possível, desde que o juiz analise a real necessidade de se proceder à oitiva dessas testemunhas, consideradas "do juízo".

Gabarito "C"

10. SUJEITOS PROCESSUAIS

(Ministério Público/ES – 2013 – VUNESP) Na ação penal pública, o assistente do Ministério Público poderá

(A) substituir o promotor de justiça no plenário do júri.

(B) habilitar-se para atuar no plenário do júri no momento da sessão de julgamento.

(C) propor meios de prova, perguntar às testemunhas, participar do debate oral e até mesmo arrazoar recursos.

(D) intervir desde o inquérito policial.

(E) ser admitido na causa enquanto não passar em julgado a sentença, podendo manifestar-se inclusive sobre atos anteriores da instrução processual, que poderão ser repetidos se necessário.

A: incorreta, uma vez que o art. 271 do CPP, que estabelece as hipóteses em que pode atuar o assistente de acusação, não contempla a *substituição do promotor de justiça no plenário do júri*; **B:** incorreta, pois o ofendido ou seu representante legal já habilitado não precisará uma vez mais habilitar-se para atuar no plenário do júri; **C:** correta, nos termos do art. 271 do CPP; **D:** incorreta, não há que se falar em assistência no curso do inquérito policial, procedimento inquisitivo em que não há sequer acusação. A admissão do assistente somente poderá ser dar a partir do recebimento da denúncia e enquanto não passar em julgado a sentença (art. 269, CPP); **E:** incorreta, na medida em que o assistente somente poderá atuar em relação aos atos praticados a partir de seu ingresso no processo. É claro o art. 269 do CPP ao afirmar que "o assistente receberá a causa no estado em que se achar".

Gabarito "C"

(Ministério Público/MA – 2002) No processo penal, a figura do curador, em relação ao curatelado, é tecnicamente denominada:

(A) Interveniente;

(B) substituto processual;

(C) representante;

(D) assistente;

(E) opoente.

Ante o comando contido no art. 5º do novo Código Civil, o art. 262 do CPP, que manda dar curador ao acusado menor de 21 anos, perdeu sua aplicação.

Gabarito "B"

(Ministério Público/SP – 2008) Assinale a alternativa incorreta.

(A) Admite-se a intervenção do assistente do Ministério Público após a sentença absolutória, na ausência do trânsito em julgado.

(B) Na ausência de recurso do Ministério Público, pode o assistente de acusação recorrer da decisão que rejeita a denúncia por inépcia.

(C) Não cabe recurso em sentido estrito da decisão que admitir ou não admitir o assistente de acusação.

(D) Pode o ofendido, particular, habilitar-se como assistente do Ministério Público em crimes contra a Administração Pública.

(E) Não se aplicam ao assistente de acusação os impedimentos previstos em lei para o juiz e o órgão do Ministério Público.

A: correta (art. 269 do CPP); **B:** incorreta, devendo esta ser assinalada. É defeso ao assistente recorrer da decisão que rejeita a denúncia, na medida em que a sua habilitação não foi até então deferida, o que só ocorrerá após o recebimento da exordial; **C:** correta (art. 273 do CPP); **D:** correta (art. 268 do CPP); **E:** correta. Com efeito, o assistente de acusação não se submete aos impedimentos previstos para o juiz e para o órgão do MP.

Gabarito "B"

11. CITAÇÃO, INTIMAÇÃO E PRAZOS

(Ministério Público/AC – 2008) Verificando-se que o réu se oculta para não ser citado, a citação far-se-á por

(A) edital, com o prazo de 15 dias.

(B) hora certa, desde que o citando esteja se ocultando na comarca onde a diligência de citação será realizada.

(C) hora certa, ainda que o citando esteja-se ocultando em outra comarca diversa daquela onde a diligência de citação será realizada.

(D) edital, com o prazo de 05 dias.

A Lei 11.719/2008 alterou a redação do art. 362 do CPP e introduziu no processo penal a citação por hora certa, até então cabível somente no âmbito do processo civil. Assim, se o oficial de Justiça constatar que o réu se oculta para não ser citado, deverá proceder na forma estabelecida no art. 362 do CPP, certificando a ocorrência e realizando a *citação por hora certa.*

Gabarito "C"

(Ministério Público/AM – 2008 – CESPE) Dispõe o art. 366 do CPP, com a redação dada pela Lei nº 9.271/1996: Se o acusado, citado por edital, não comparecer, nem constituir advogado, ficarão suspensos o processo e o curso do prazo prescricional, podendo o juiz determinar a produção antecipada das provas consideradas urgentes e, se for o caso, decretar prisão preventiva, nos termos do disposto no art. 312. Com referência a esse dispositivo, assinale a opção correta.

(A) O STF pacificou o entendimento de que, no caso, é inconstitucional a suspensão da prescrição por prazo indeterminado.

(B) Constitui constrangimento ilegal a determinação de produção de prova testemunhal antecipada pelo juiz.

(C) A decretação da prisão preventiva do acusado decorre de aplicação automática do art. 366 do CPP, independentemente dos demais requisitos da custódia cautelar.

(D) Em caso de necessidade de produção de provas antecipadas consideradas urgentes, dispensa-se a presença do MP e do defensor dativo, pois, uma vez localizado o réu, as provas serão repetidas.

(E) A regra do art. 366 do CPP somente pode ser aplicada aos fatos praticados após a vigência da Lei nº 9.271/1996.

A regra do art. 366 constitui norma de conteúdo misto (penal e processual penal), razão pela qual, assim tem entendido a jurisprudência, não poder retroagir em prejuízo do réu.

Gabarito "E"

(Ministério Público/BA – 2010) Assinale a afirmação incorreta:

(A) No processo penal, contam-se os prazos da data da juntada aos autos do mandado ou da carta precatória ou de ordem.

(B) O réu preso deverá ser necessariamente citado pessoalmente, ainda que esteja custodiado em outra unidade da federação.

(C) Na hipótese de aplicação do art. 366 do Código de Processo Penal (réu revel citado por edital), o período de suspensão do prazo prescricional é regulado pelo máximo da pena cominada.

(D) Os jurados sorteados para a sessão do Tribunal do Júri poderão ser convocados pelo correio para comparecer no dia e hora designados para a reunião.

(E) Em caso de citação mediante carta rogatória, suspende-se o curso do prazo prescricional até o seu cumprimento.

A: incorreta, devendo esta ser assinalada. De acordo com entendimento esposado na Súmula 710 do STF, os prazos, no processo penal, contam-se da data da intimação, e não da juntada aos autos do mandado ou da carta precatória ou de ordem; **B:** correta. Estando o réu preso, será citado pessoalmente, em vista do que dispõe o art. 360 do CPP; **C:** correta. Prevalece o entendimento firmado na Súmula nº 415 do STJ (prazo máximo em abstrato previsto para o crime); **D:** assertiva correta, nos termos do art. 434, *caput*, do CPP; **E:** correta. Em vista do que estabelece o art. 368 do CPP, estando o acusado no estrangeiro, em local conhecido, será citado por carta rogatória, devendo ser suspenso o curso do prazo prescricional até o seu cumprimento.

Gabarito "A"

(Ministério Público/CE – 2011 – FCC) O art. 366 do Código de Processo Penal, com a redação dada pela Lei nº 9.271, de 17 de abril de 1996, dispõe sobre a suspensão do processo penal. Sobre esse instituto e sua aplicação é correto afirmar que

(A) a suspensão do processo é regra geral em caso de revelia no processo penal.

(B) haverá apenas suspensão dos prazos e do curso do processo, podendo o juiz determinar a produção de provas urgentes antecipadamente.

(C) a prisão preventiva apenas poderá ser decretada diante da impossibilidade de aplicação das medidas cautelares alternativas à prisão.

(D) a suspensão do prazo prescricional interrompe-se pela prática de novo delito pelo acusado.

(E) a decisão que determina a produção antecipada de provas com base no art. 366 do CPP deve ser concretamente fundamentada, não a justificando unicamente o mero decurso do tempo.

Se o réu, citado por *edital* (art. 361 do CPP), não comparecer tampouco constituir advogado, deverá o juiz, com fulcro no art. 366 do CPP, suspender o processo e o curso do prazo prescricional, podendo, além disso, determinar a produção antecipada das provas consideradas urgentes, bem como, presentes os requisitos do art. 312 do CPP, decretar a prisão preventiva do acusado. No que toca às provas urgentes determinadas quando da suspensão do processo e do prazo prescricional, Súmula nº 455, STJ: "A decisão que determina a produção antecipada de provas com base no art. 366 do CPP deve ser concretamente fundamentada, não a justificando unicamente o mero decurso do tempo". No mais, a revelia se dará na hipótese de o réu, citado *pessoalmente* (não por edital!), deixar de comparecer.

Gabarito "E"

(Ministério Público/ES – 2010 – CESPE) O MP ofereceu denúncia contra Cláudio, imputando-lhe a prática dos crimes de desacato e falsa identidade, ambos do CP. Em face de não ter sido localizado, o denunciado foi citado por meio de edital. Cláudio não compareceu ao interrogatório nem indicou advogado para a sua defesa. Na situação hipotética acima apresentada, ocorrerá

(A) o arquivamento do processo até a localização do réu.

(B) a suspensão do processo e do curso do prazo prescricional.

(C) apenas a suspensão do processo.

(D) o prosseguimento regular do feito à revelia do autor.

(E) apenas a suspensão do curso do prazo prescricional, o que possibilitará a produção de provas.

Art. 366 do CPP. *Vide* Súmula nº 415 do STJ, que trata do período durante o qual deve durar a suspensão do prazo prescricional.

Gabarito "B"

(Ministério Público/GO – 2012) Analise as proposições abaixo, todas relativas à citação e à intimação no processo penal, e assinale a alternativa correta:

I. em se tratando de processos criminais que tramitam em meio eletrônico, conforme previsto na Lei 11.419, de 19 de dezembro de 2006, é possível a citação por meio eletrônico (*e-mail* e etc.), desde que a íntegra dos autos seja acessível ao citando;

II. dar-se-á a citação por edital quando o réu não for encontrado ou quando se verificar que o réu se oculta para não ser citado;

III. nos procedimentos comum, sumário e sumaríssimo (artigo 394, §1º, incisos I, II e III do Código de Processo Penal), se, citado pessoalmente, deixar o réu de apresentar resposta à acusação, ser-lhe-á nomeado defensor para apresentar resposta, ficando suspensos o processo e o curso do prazo de prescrição;

IV. a intimação da sentença será feita ao defensor constituído pelo réu, se este, afiançável, ou não, a infração, expedido o mandado de prisão, não tiver sido encontrado, e assim o certificar o oficial de justiça.

(A) somente as alternativas I e IV estão corretas;

(B) somente as alternativas II e III estão incorretas;

(C) somente as alternativas IV e III estão incorretas;

(D) apenas a alternativa IV é correta.

I: estabelece o art. 6º da Lei 11.419/2006 que a citação por meio eletrônico não terá incidência no âmbito do processo criminal. Assertiva, portanto, incorreta; II: de fato, o acusado não localizado será citado por edital (art. 361 do CPP). Agora, se se tratar de réu que se oculta com o propósito de inviabilizar a sua citação, procede-se, neste caso, à citação com hora certa (362 do CPP); III: incorreta, pois não reflete o disposto no art. 396-A, § 2º, do CPP; IV: correta, pois de acordo com o disposto no art. 392, III, do CPP.

Gabarito "D"

(Ministério Público/MG – 2011) Assinale a alternativa **CORRETA**.

(A) Ausente o citado por edital, suspende-se o processo e a prescrição, esta pelo prazo máximo da pena cominada, diante do princípio da prescritibilidade das ações.

(B) Ausente o citado por edital, justifica-se a decretação da prisão preventiva, diante do abandono do distrito da culpa, o que coloca em risco a aplicação da lei penal.

(C) Ausente o citado por edital, é impossível produzir prova, ainda que esta possa perecer, uma vez que se deve respeitar o contraditório efetivo.

(D) Ausente o citado por edital, nos crimes de lavagem de dinheiro, o processo mantém seu curso, graças à excepcionalidade lesiva do crime econômico.

A: correta. De fato, se o réu, citado por edital, não comparece nem nomeia defensor, ficarão suspensos o processo e o prazo de prescrição (art. 366, CPP). No mais, estabelece a Súmula nº 415 do STJ que "O período de suspensão do prazo prescricional é regulado pelo máximo da pena cominada"; **B:** incorreta. A mera ausência do citado por edital não justifica a decretação de sua custódia preventiva, o que somente terá lugar nas hipóteses previstas no art. 312 do CPP; **C:** incorreta. A produção da prova considerada urgente, possível neste caso, deverá se dar em conformidade com o entendimento firmado na Súmula nº 455, STJ: "A decisão que determina a produção antecipada de provas com base no art. 366 do CPP deve ser concretamente fundamentada, não a justificando unicamente o mero decurso do tempo"; **D:** embora a redação do art. 2º, § 2º, da Lei 9.613/1998 tenha sido modificada por força da Lei 12.683/2012, permanece a impossibilidade de aplicar-se, aos crimes de lavagem de dinheiro, o art. 366 do CPP, devendo o processo, por isso, seguir a sua marcha com a nomeação de defensor dativo.

Gabarito "A"

(Ministério Público/MS – 2011 – FADEMS) Acerca das citações e intimações no Direito Processual Penal, assinale a alternativa **correta.**

(A) O fato de o réu não ter sido localizado no endereço declinado para sua citação pessoal é motivo suficiente, por si só, para ensejar sua citação por edital.

(B) O juiz pode determinar a citação por edital de réu que não foi localizado nos endereços constantes nos autos do processo e está preso em unidade federativa diversa da que o magistrado exerce jurisdição.

(C) A citação por edital é admitida no rito dos Juizados Especiais Criminais.

(D) É obrigatória a intimação das partes para a audiência de oitiva de testemunhas a ser realizada no juízo deprecado, mesmo quando já tenham sido notificadas sobre a expedição da carta precatória para tal ato.

A: incorreta. O fato de o réu não ter sido localizado no endereço fornecido para citação não constitui motivo bastante a justificar sua citação por edital, visto que esta modalidade de citação ficta (art. 363, § 1º, do CPP) constitui providência de natureza excepcional, dela só podendo lançar mão o magistrado depois de esgotados os meios para localizar o réu. Essa tem sido a posição consagrada na jurisprudência; **B:** assertiva correta, visto que somente é nula, conforme entendimento firmado na Súmula nº 351 do STF, a citação por edital de réu preso na mesma unidade da Federação em que o juiz exerce a sua jurisdição; **C:** incorreta. No âmbito do juizado, não se procederá à citação por edital. Na hipótese de o autor não ser encontrado para citação pessoal, o juiz encaminhará as peças ao juízo comum para adoção do procedimento previsto em lei – art. 66, parágrafo único, da Lei 9.099/1995; **D:** incorreta, pois contraria entendimento firmado na Súmula nº 273 do STJ.

Gabarito "B"

(Ministério Público/PR – 2008) Assinale a alternativa INCORRETA:

(A) A citação inicial far-se-á por mandado, quando o réu estiver no território sujeito à jurisdição do juiz que a houver ordenado.

(B) Quando o réu estiver fora do território da jurisdição do juiz processante, será citado por precatória.

(C) A citação do militar far-se-á por intermédio do chefe do respectivo serviço.

(D) A citação será feita por edital quando inacessível, em virtude de epidemia, de guerra ou por outro motivo de força maior, o lugar em que estiver o réu.

(E) Verificando-se que o réu se oculta para não ser citado, a citação far-se-á com hora certa.

A: art. 351 do CPP; **B:** art. 353 do CPP; **C:** art. 358 do CPP; **D:** art. 361 do CPP. Antes, as hipóteses eram especificadas; agora, com a alteração legislativa implementada, é suficiente que o réu não seja encontrado (generalizou-se); **E:** art. 362 do CPP. A alternativa está correta, na medida em que a Lei 11.719/2008 alterou a redação do art. 362 do CPP e introduziu no processo penal a ***citação por hora certa***, a ser realizada por oficial de Justiça na hipótese de ocultação do réu.

Gabarito "E"

(Ministério Público/RR – 2012 – CESPE) Em relação às citações e às intimações, assinale a opção correta à luz da legislação de regência e do entendimento doutrinário e jurisprudencial.

(A) Considere que, em determinado dia, um oficial de justiça tenha tomado conhecimento de que o acusado que procurava, havia dias, para citação, assistiria a cerimônia religiosa de casamento no período noturno daquele mesmo dia. Nessa situação, ainda que o acusado esteja em local aberto ao público, o oficial de justiça não poderá efetivar a citação durante o período noturno, sem expressa autorização do juiz.

(B) De acordo com a legislação processual vigente, a intimação da decisão de pronúncia deve ser feita pessoalmente ao réu, ao defensor constituído e ao assistente do MP.

(C) Nas intimações, admite-se, como regra geral estabelecida no CPP, a aplicação das normas processuais atinentes às citações, tanto no que diz respeito à realizada por edital quanto a por hora certa.

(D) A citação de acusado que se encontre em local sabido no exterior deve ser feita por intermédio de carta rogatória, legitimando o juiz, de acordo com o que dispõe o CPP, a ordenar a suspensão do processo e do prazo prescricional, bem como a determinar a produção antecipada de provas.

A: incorreta. Neste caso, nada impede que o oficial de Justiça proceda à citação, independente de autorização do juiz; **B:** incorreta, pois contraria o disposto no art. 420 do CPP; **C:** correta, pois reflete o que estabelece o art. 370 do CPP; **D:** incorreta, já que contraria o disposto no art. 368 do CPP.

Gabarito "C"

(Ministério Público/RR – 2008 – CESPE) Acerca dos atos processuais, julgue o item subsequente.

(1) Considere a seguinte situação hipotética.

Cristiano, ao ser indiciado em inquérito policial, compareceu para prestar depoimento acompanhado de seu advogado, que apresentou procuração, que foi juntada aos autos do procedimento de investigação. Cristiano foi denunciado e o oficial de justiça, ao comparecer no endereço indicado no interrogatório realizado na delegacia, apurou que o acusado havia se mudado. O promotor de justiça, então, requereu a citação do réu por edital, o que foi deferido pelo juiz.

Nessa situação, é correto afirmar que a citação editalícia foi nula.

Não encontrado o réu, deve o juiz determinar sua *citação por edital* (art. 361 do CPP), o que constitui providência de natureza excepcional, dado que o magistrado somente poderá recorrer a esse expediente depois de esgotados todos os meios para localizar o acusado. Essa tem sido a posição consagrada na jurisprudência. Se, ainda assim, o réu, citado por edital, não comparecer tampouco constituir defensor, ficarão suspensos, nos termos do art. 366 do CPP, o processo e o curso do prazo prescricional, podendo o juiz determinar a produção antecipada das provas que repute urgentes e, presentes os requisitos do art. 312 do CPP, decretar a prisão preventiva.

Gabarito 1C

(Ministério Público/SP - 2005) O ato de comunicação processual que convoca as testemunhas para depor e a ciência dos atos processuais que se dá ao réu preso intitulam-se, respectivamente:

(A) intimação e requisição.

(B) notificação e intimação.

(C) notificação e citação.

(D) deliberação e intimação.

(E) convocação e requisição.

Notificação é o conhecimento que se dá à parte ou a terceiro de ato a ser praticado; ***intimação***, por seu turno, é a ciência que se dá à parte de um ato já praticado.

Gabarito "B"

(Ministério Público/SP – 2008) Considere as seguintes assertivas:

I. Admitem-se no processo penal a citação com hora certa e a citação por meio eletrônico.

II. É nula a citação por edital se este indica o dispositivo da lei penal, mas não transcreve a denúncia ou queixa nem resume os fatos em que se baseia a imputação.

III. A Lei nº 9.099, de 26.09.1995, não prevê a possibilidade de citação por correspondência, com aviso de recebimento pessoal, do autor de infração de menor potencial ofensivo.

Assinale, agora, a alternativa correta.

(A) Somente I é verdadeira.

(B) Somente II é verdadeira.

(C) Somente III é verdadeira.

(D) Somente I e II são verdadeiras.

(E) Somente II e III são verdadeiras.

I: incorreta. Somente a citação com hora certa é admitida (art. 362 do CPP); o art. 6º da Lei 11.419/2006 estabelece que a citação por meio eletrônico não terá incidência no âmbito do processo criminal; II: incorreta (Súmula 366 do STF); III: correta (art. 66 da Lei 9.099/1995).

Gabarito "C"

(Ministério Público/TO – 2012 – CESPE) Assinale a opção correta acerca das citações e intimações no processo penal.

(A) Quando não houver órgão de publicação dos atos judiciais no distrito da culpa, a intimação do MP e do defensor constituído será pessoal.

(B) A omissão, no mandado de citação, do teor da acusação constitui irregularidade a ser sanada na primeira oportunidade de comparecimento do réu ou seu advogado em juízo.

(C) Se o acusado estiver fora do território do juízo processante, a citação se dará por edital, com prazo de quinze dias.

(D) Se o acusado, citado por edital, não comparecer em juízo nem constituir advogado, ficarão suspensos o processo e o curso do prazo prescricional.

(E) O réu com menos de vinte e um anos e mais de dezoito anos de idade poderá ser citado pessoalmente ou por meio do seu curador.

A: incorreta, pois não reflete o disposto no art. 370, § 2º, do CPP; **B:** incorreta. O mandado citatório deverá contemplar, sob pena de nulidade, o fim para que é feita a citação, com o resumo da acusação; **C:** incorreta. Neste caso, proceder-se-á à citação por precatória - art. 353 do CPP; **D:** correta. Não encontrado o réu, deve o juiz determinar sua *citação por edital*, o que constitui providência de natureza excepcional, dado que o magistrado somente poderá recorrer a esse recurso depois de esgotados todos os meios para localizar o acusado. Essa tem sido a posição consagrada na jurisprudência. Se, ainda assim, o réu, citado por edital, não comparecer tampouco constituir defensor, ficarão suspensos, nos termos do art. 366 do CPP, o processo e o curso do prazo prescricional, podendo o juiz determinar a produção antecipada das provas que repute urgentes e, presentes os requisitos do art. 312 do CPP, decretar a prisão preventiva. *Vide*, a esse respeito, Súmulas nº 415 e 455 do STJ. Assertiva correta, portanto; **E:** incorreta. Exigência não contemplada em lei.

Gabarito "D"

12. PRISÃO, MEDIDAS CAUTELARES E LIBERDADE PROVISÓRIA

(Ministério Público/DF – 2013) A reforma do sistema de medidas cautelares de 2011 trouxe diversas inovações. Entre elas:

(A) Manteve a fiança como medida de contracautela, destinada a permitir a soltura de pessoa presa em flagrante, desde que o crime perpetrado seja punido com pena privativa de até quatro anos de reclusão.

(B) Previu a possibilidade de intimação do indiciado ou acusado antes da decretação de medida cautelar.

(C) Retirou da autoridade policial a atribuição de fixar fiança em crimes punidos com reclusão.

(D) Proibiu o juiz de decretar de ofício a prisão preventiva, no curso da ação penal.

(E) Eliminou a possibilidade de decretação da prisão preventiva diante de dúvida sobre a identidade civil do preso.

A: incorreta, uma vez que a concessão de fiança não está condicionada à quantidade de pena cominada ao delito praticado (arts. 323 e 324 do CPP); **B:** correta, nos termos do art. 282, § 3º, do CPP, que estabelece, como regra, que o juiz, antes de decretar a medida cautelar, deverá ouvir a parte contrária (indiciado ou acusado), dando-lhe oportunidade de se defender, ressalvada, aqui, a hipótese de urgência e perigo de ineficácia da medida, que, a bem da verdade, constitui a maior parte dos casos; **C:** incorreta. A Lei 12.403/2011 mudou sobremaneira o panorama da fiança. Antes da reforma por ela implementada, a autoridade policial, em vista da revogada redação do art. 322 do CPP, somente estava credenciada a concedê-la nas hipóteses de infração punida com *detenção* ou *prisão simples*. Bem por isso, não podia o delegado de polícia arbitrar fiança nos crimes punidos com *reclusão*, tarefa exclusiva do magistrado. Pela nova redação dada ao art. 322 do CPP, a autoridade policial passou a conceder fiança nos casos de infração cuja pena privativa de liberdade máxima não seja superior a quatro anos, independentemente de ser o crime apenado com reclusão ou detenção (qualidade da pena). Naqueles casos em que a pena máxima superar os quatro anos, somente o magistrado poderá estabelecer a fiança; **D:** incorreta. Com a edição da Lei 12.403/2011, a redação do art. 311 do CPP foi modificada. A prisão preventiva continua a ser decretada em qualquer fase da investigação policial ou do processo penal, mas o juiz, que antes podia determiná-la de ofício também na fase investigatória, somente poderá fazê-lo, a partir de agora, no curso da ação penal. É dizer, para que a custódia preventiva seja decretada no curso da investigação, somente mediante representação da autoridade policial ou a requerimento do Ministério Público; E: incorreta, pois contraria o disposto no art. 313, parágrafo único, do CPP.

Gabarito "B"

(Ministério Público/DF – 2013) Assina a alternativa **INCORRETA**:

(A) Toda e qualquer medida cautelar positivada no Código de Processo Penal deve ajustar-se à gravidade do crime, às circunstâncias do fato e às condições pessoais do indiciado ou acusado.

(B) A decretação de uma prisão preventiva impõe ao juiz analisar se não é suficiente e igualmente eficaz a imposição, ao indiciado ou acusado, de medida cautelar alternativa.

(C) A fiança é uma das cautelares alternativas que podem ser impostas ao acusado mesmo estando ele em liberdade.

(D) A decretação da prisão preventiva contra autor de violência doméstica contra a mulher objetiva garantir a execução das medidas cautelares protetivas de urgência e se condiciona a que o crime praticado seja punido com pena privativa de liberdade máxima superior a quatro anos.

(E) Quebrada a fiança, caberá ao juiz, antes de decretar a prisão preventiva, analisar se é possível e adequado, para os fins cautelares, impor ao acusado outra medida alternativa à cautela extrema.

A: assertiva correta, pois em conformidade com o que estabelece o art. 282, II, do CPP; **B:** assertiva correta. É o que estabelece o art.

282, § 6º, do CPP, cuja redação foi determinada pela Lei de Reforma 12.403/2011. Percebe-se, uma vez mais, o caráter excepcional e subsidiário conferido à custódia preventiva, que somente terá lugar diante da impossibilidade de proceder-se à substituição por medida cautelar diversa (art. 319 do CPP); **C:** assertiva correta (art. 319, VIII, do CPP). A finalidade da fiança, espécie do gênero *medidas cautelares diversas da prisão*, é assegurar o comparecimento aos atos do processo, evitar a obstrução do seu andamento ou ainda na hipótese de resistência imposta ao cumprimento de ordem judicial; **D:** assertiva incorreta, devendo ser assinalada, na medida em que o emprego da custódia preventiva, no contexto da violência doméstica, independe do máximo de pena abstratamente previsto para a infração penal que dá azo à investigação ou processo (art. 313, III, do CPP); **E:** assertiva correta, porque em conformidade com a regra prevista no art. 343 do CPP.

Gabarito "D"

(Ministério Público/GO – 2013) Em recente reforma processual, o legislador ordinário, imbuído do espírito garantista do legislador constituinte, assentou a regra segundo a qual "ninguém poderá ser preso senão em flagrante delito ou por ordem escrita e fundamentada da autoridade judiciária competente, em decorrência de sentença condenatória transitada em julgado ou, no curso da investigação ou do processo, em virtude de prisão temporária ou prisão preventiva" (art. 283, CPP). Em outros termos, foi sedimentada a ideia de que o ato prisional deve ser encarado como exceção, não como regra. Dessarte, no que se refere ao tema prisão e liberdade – talvez o mais sensível da seara processual penal –, é correto afirmar que:

(A) pelo entendimento majoritário da doutrina, na atual sistemática processual penal, para além de configurar-se medida cautelar autônoma, a liberdade provisória é uma espécie de contracautelar substitutiva à prisão em flagrante, não podendo, todavia, ser sucedâneo da prisão preventiva.

(B) de acordo com o entendimento do Pretório Excelso, a difusão vermelha (*red notice*) não é suficiente para que se efetive a prisão do foragido internacional no Brasil, sendo imprescindível o prévio pedido de extradição e decretação de prisão cautelar pelo STF.

(C) não pode o delegado de polícia conceder liberdade provisória com fiança nas infrações penais cometidas com violência ou grave ameaça.

(D) a cassação da fiança tem o condão de acarretar a perda da metade de seu valor.

A: incorreta, na medida em que a liberdade provisória constitui sucedâneo tanto da prisão em flagrante quanto da prisão preventiva (art. 321, CPP); **B:** correta, pois reflete posicionamento adotado, a esse respeito, pelo STF. Conferir: "*Habeas Corpus* preventivo. 2. Mandado de prisão expedido por magistrado canadense contra pessoa residente no Brasil, para cuja execução foi solicitada a cooperação da Interpol – Brasil. Inexistência de pedido de extradição. 3. Competência do STF – Art. 102, I, *g*, da Constituição Federal. 4. Em face do mandado de prisão contra a paciente expedido por magistrado canadense, sob a acusação de haver cometido o ilícito criminal previsto no art. 282, a, do Código Penal do Canadá, e solicitada à Interpol sua execução, fica caracterizada situação de ameaça à liberdade de ir e vir. 5. *Habeas corpus* parcialmente conhecido e, nessa parte, concedido, para assegurar à paciente salvo conduto em todo o território nacional. Em se tratando de pessoa residente no Brasil, não há de sofrer constrangimento em sua liberdade de locomoção, em virtude de mandado de prisão expedido por justiça estrangeira, o qual, por si só, não pode lograr qualquer eficácia no país. 6. Comunicação da decisão do STF ao Ministério da Justiça e ao Departamento de Polícia Federal, Divisão da Interpol, para que, diante da ameaça efetiva à liberdade, se adotem providências indispensáveis, em ordem a que a paciente, com residência em Florianópolis, não sofra restrições em sua liberdade de locomoção e permaneça no país enquanto lhe aprouver. 7. *Habeas corpus* não conhecido, no ponto em que se pede a cessação imediata da veiculação dos nomes e fotografias da paciente e de seus filhos menores no portal eletrônico da Organização Internacional de Polícia Criminal (O.I.P.C.) – Interpol, porque fora do alcance e controle da jurisdição nacional, tendo sido a inclusão das difusões vermelha e amarelas, relativas à paciente e seus filhos, respectivamente, solicitadas pela IP/Ottawa à IPSC, em Lyon, França." (HC 80923, Tribunal Pleno, rel. Min. Néri da Silveira, julgado em 15.08.2001, *DJ* 21.06.2002); **C:** incorreta. Não constitui critério a autorizar a concessão de fiança pela autoridade policial o fato de o crime ser praticado mediante violência ou grave ameaça. Por força da reforma implementada, no campo da prisão processual, pela Lei 12.403/2011, que alterou, entre outros, o art. 322, a autoridade policial passou a conceder fiança nos casos de infração cuja pena privativa de liberdade máxima não seja superior a quatro anos, independentemente de ser o crime cometido mediante violência ou grave ameaça; **D:** incorreta. A *cassação* da fiança se dará na hipótese em que for considerada não cabível e também quando reconhecida a existência de delito inafiançável (arts. 338 e 339 do CPP). Não há que se falar, neste caso, em perda do valor da fiança, que será, portanto, restituída integralmente a quem a prestou. O que acarretará a perda de metade do valor da fiança é o seu *quebramento* (art. 343, CPP), cujas hipóteses estão contempladas no art. art. 341, CPP.

Gabarito "B"

(Ministério Público/MG – 2014) Sobre as medidas cautelares instituídas pela Lei 12.403/2011, assinale a alternativa INCORRETA:

(A) Poderá o juiz substituir a prisão preventiva pela domiciliar quando o agente for maior de 70 (setenta) anos.

(B) Na proibição de ausentar-se do País, deve-se intimar o indiciado para entregar o passaporte, no prazo de 24 (vinte e quatro) horas.

(C) Pode ser determinado o recolhimento domiciliar no período noturno e nos dias de folga quando o investigado ou acusado tenha residência e trabalho fixos.

(D) A prisão preventiva poderá ser decretada em caso de descumprimento de qualquer das obrigações impostas por força de outras medidas cautelares.

A: assertiva incorreta, devendo ser assinalada. Isso porque a *prisão preventiva* somente será substituída pela *domiciliar* na hipótese de o agente ser maior de 80 anos, e não de 70 (art. 318, I, do CPP). Além desta, o art. 318 contempla outras situações em que o juiz poderá proceder à substituição; **B:** assertiva correta, nos termos do art. 320 do CPP; **C:** assertiva correta, pois reflete a regra presente no art. 319, VI, do CPP; **D:** assertiva correta (art. 312, parágrafo único, do CPP).

Gabarito "A"

(Ministério Público/MS – 2013 – FADEMS) Assinale a opção **correta**:

(A) O Ministério Público deverá ser ouvido nos autos antes da concessão da liberdade provisória vinculada, o que é dispensável em se tratando de hipótese de liberdade provisória com fiança.

(B) Em qualquer fase da investigação policial ou do processo penal, caberá a prisão preventiva decretada pelo juiz, de ofício, ou a requerimento do Ministério Público ou por representação da autoridade policial.

(C) Em face de crime de ação penal privada, é incabível a decretação de prisão preventiva.

(D) Na hipótese de o executor do mandado de prisão verificar, com segurança, que o réu tenha entrado em alguma casa, o morador será intimado a entregá-lo, à vista da ordem de prisão. Se não for atendido imediatamente, o executor convocará duas testemunhas e, ainda que seja noite, entrará à força na casa, arrombando as portas, caso seja necessário.

A: correta, nos termos do art. 333 do CPP; **B:** incorreta. Com a edição da Lei 12.403/11, a redação do art. 311 do CPP foi modificada. Com isso, a prisão preventiva continua a ser decretada (sempre pelo juiz) em qualquer fase da investigação policial ou do processo penal, mas o juiz, que antes podia determiná-la de ofício também na fase investigatória, somente poderá fazê-lo, a partir de agora, no curso da ação penal. É dizer, para que a custódia preventiva seja decretada no curso da investigação, somente mediante representação da autoridade policial ou a requerimento do Ministério Público; **C:** incorreta, já que a custódia preventiva tem lugar tanto no âmbito da ação penal pública (condicionada ou incondicionada) quanto no da ação penal de iniciativa privada. É o que se extrai da leitura do art. 311 do CPP; **D:** incorreta, já que o ingresso à força, na hipótese de recalcitrância do morador, somente se efetivará durante o dia; se à noite, diante da recusa do ocupante, o executor da ordem de prisão fará guardar todas as saídas do imóvel até o amanhecer, quando então poderá ingressar no imóvel onde se encontra a pessoa a ser presa, independente da anuência do morador. É o que estabelece o art. 293 do CPP.

Gabarito "A"

(Ministério Público/SP – 2013 – PGMP) Considere as seguintes proposições.

I. É vedado ao juiz conceder liberdade provisória aplicando concomitantemente medida cautelar diversa da prisão prevista no artigo 319, do Código de Processo Penal.

II. Pode o juiz decretar a prisão preventiva quando constatado o descumprimento de qualquer das obrigações impostas à medida cautelar diversa da prisão (artigo 319, do Código de Processo Penal) e não seja cabível imposição de outra, em substituição ou cumulativamente.

III. A lei que disciplina a prisão temporária não contempla a possibilidade de o juiz decretá-la de ofício.

Está CORRETO o que se afirma

(A) apenas em I e II.

(B) apenas em I e III.

(C) apenas em II e III.

(D) apenas em I.

(E) em I, II e III.

I: incorreta, pois não corresponde à regra prevista no art. 321 do CPP; **II:** correta (art. 282, §§ 4º e 6º, do CPP); **III:** correta, nos termos do art. 2º, *caput*, da Lei 7.960/1989.

Gabarito "C"

(Ministério Público/BA – 2010) Sobre a prisão provisória, devemos afirmar que:

(A) Em caso de perseguição pela polícia, após a prisão em flagrante, deve o executor da medida providenciar a imediata remoção do preso, a fim de que seja lavrado o auto de prisão em flagrante pela autoridade policial do lugar onde se consumou o delito, ou, no caso de tentativa, pelo lugar em que foi praticado o último ato de execução.

(B) A prisão temporária poderá ser decretada, nos termos da lei, pelo Juiz de Direito, de ofício, a requerimento do Ministério Público ou em face de representação da autoridade policial.

(C) É possível a decretação da prisão preventiva no crime culposo que envolve violência doméstica e familiar contra a mulher, para garantir a execução das medidas protetivas de urgência, decretadas nos termos da lei específica.

(D) A apresentação espontânea do indiciado à autoridade policial impede a decretação da prisão preventiva nos casos em que a lei a autoriza.

(E) Nenhuma das alternativas anteriores pode ser afirmada.

A: incorreta. Tal medida, em vista do que estabelecem os arts. 290 e 304, § 1º, do CPP, é desnecessária e incorreta, pois terá atribuição para a lavratura do auto de prisão em flagrante a autoridade policial da circunscrição onde foi efetuada a prisão, e não a do local onde o delito se consumou ou mesmo onde foi praticado o último ato de execução; **B:** incorreta. A custódia temporária, em face do que dispõe o art. 2º, *caput*, da Lei 7.960/1989, somente pode ser decretada por juiz de direito, que o fará diante de representação formulada pela autoridade policial ou de requerimento do Ministério Público. É defeso ao juiz, portanto, na prisão temporária, determinar a custódia de ofício; **C:** a prisão preventiva não será admitida no âmbito do crime culposo (art. 313, CPP); **D:** incorreta. Apesar de o art. 317 do CPP ter sido modificado pela Lei 12.403/2011, a apresentação espontânea do acusado não afasta a possibilidade de o juiz decretar-lhe a prisão preventiva, desde que presentes os requisitos legais, contemplados no art. 312 do CPP.

Gabarito "E"

(Ministério Público/CE – 2011 – FCC) No caso de descumprimento de qualquer das obrigações impostas ao se fixar medida cautelar diversa da prisão, o juiz,

(A) depois de ouvir o infrator, deverá decretar a prisão preventiva.

(B) mediante requerimento do Ministério Público, poderá substituir a medida, impor outra em cumulação, dobrar o valor da fiança, cabendo apenas decretar a prisão preventiva em caso de crime doloso cometido por reincidente.

(C) de ofício ou mediante requerimento do Ministério Público, de seu assistente ou do querelante, poderá substituir a medida, impor outra em cumulação, ou, em último caso, decretar a prisão preventiva.

(D) apenas mediante requerimento do Ministério Público poderá substituir a medida, impor outra em cumulação, ou, em último caso, decretar a prisão preventiva.

(E) de ofício ou mediante requerimento do Ministério Público, poderá substituir a medida, impor outra em cumulação, decretar a prisão temporária por até 60 dias ou, em último caso, decretar a prisão preventiva até o término da instrução criminal.

É o que estabelece o art. 282, § 5º, do CPP, cuja redação foi determinada pela Lei de Reforma 12.403/2011. Percebe-se, uma vez mais, o caráter excepcional e subsidiário conferido à custódia preventiva, que somente terá lugar diante da impossibilidade de proceder-se à substituição por medida cautelar diversa (art. 319 do CPP).

Gabarito "C"

(Ministério Público/GO – 2012) A Lei 12.403, de 4 de maio de 2011, que alterou dispositivos do Código de Processo Penal relativos à prisão processual, fiança, liberdade provisória e demais medidas cautelares, provocou significativas mudanças naquilo que podem os denominar *processo penal cautelar*. A respeito dessas mudanças e sobre a nova sistemática das medidas cautelares no Código de Processo Penal, é correto afirmar que:

(A) apesar dos avanços no que se refere às medidas cautelares pessoais aflitivas, o legislador deixou de positivar no Código de Processo Penal o princípio da homogeneidade das prisões cautelares;

(B) para o cumprimento de mandado de prisão em território diverso do da autoridade judiciária que o expediu, é imprescindível o prévio registro do mandado a ser cumprido em banco de dados mantido pelo Conselho Nacional de Justiça. Caso não haja esse registro, o mandado não poderá ser cumprido, tendo em vista a presunção de incerteza quanto à autenticidade deste;

(C) havendo prisão em flagrante, a prisão e o local onde o preso se encontra serão comunicados imediatamente ao juiz competente, ao Ministério Público e à família do preso ou à pessoa por ele indicada e, em até 24 horas, será encaminhado ao juiz competente o auto de prisão em flagrante e, caso o autuado não informe o nome de seu advogado, cópia integral para a Defensoria Pública;

(D) genericamente, é admitida a prisão preventiva decretada, de ofício, pelo juiz, ainda que no curso do inquérito policial, nos crimes dolosos punidos com reclusão.

A: incorreta. *Vide* art. 283, § 1º, do CPP, introduzido pela Lei de Reforma 12.403/2011; **B:** incorreta, pois não reflete o disposto no art. 289-A, § 2º, do CPP, introduzido pela Lei 12.403/2011; **C:** correta, pois em conformidade com o que estabelece o art. 306, *caput* e § 1º, do CPP, que teve a sua redação alterada pela Lei 12.403/2011; **D:** com a alteração promovida pela Lei de Reforma 12.403/2011 na redação do art. 311 do CPP, o juiz, que antes podia, de ofício, determinar a prisão preventiva no curso do inquérito, agora somente poderá fazê-lo, nesta fase da persecução, quando provocado pela autoridade policial, mediante representação, ou pelo Ministério Público, por meio de requerimento; portanto, de ofício, a partir de agora, somente no decorrer da ação penal.

Gabarito "C"

(Ministério Público/MG – 2006) Sobre o tema "prisão e liberdade provisória", é **CORRETO** afirmar:

(A) Lavrado o auto de prisão em flagrante e constatando-se que o agente praticou o fato em situação evidente de legítima defesa, deverá o Delegado de Polícia conceder ao conduzido o direito de livrar-se solto.

(B) O Ministério Público deverá ser ouvido nos autos antes da concessão da liberdade provisória vinculada, exigência dispensável em se tratando de hipótese de pedido de liberdade provisória com fiança.

(C) A Liberdade Provisória assenta-se em fundamento inserto na Constituição Federal, que consagra garantia deferida ao cidadão, segundo a qual toda prisão ilegal deverá ser relaxada pela autoridade competente.

(D) Nos processos por crime de competência do Júri, a prisão preventiva, expedida com fundamento na conveniência da instrução criminal, deverá ser relaxada logo depois de concluída a instrução criminal.

(E) Mesmo em face da proibição legal de concessão liberdade provisória vinculada ao autor de crime hediondo, ela poderá ser concedida em decorrência do excesso de prazo na formação da culpa.

A: incorreta. A autoridade policial, neste caso, fará tão somente um juízo de *tipicidade*. A análise da *antijuridicidade* ficará a cargo do juiz de direito, que o fará assim que comunicado da prisão, conforme estabelece art. 310, parágrafo único, do CPP. De se ver, no entanto, que autores consagrados sustentam a possibilidade de o delegado, em casos assim, relaxar a prisão em flagrante; **B:** correta, nos termos do art. 333 do CPP; **C:** incorreta. Somente será relaxada, pela autoridade judiciária, a prisão considerada ilegal (art. 5º, LXV, da CF); quanto à liberdade provisória, que constitui um sucedâneo da prisão em flagrante, estabelece a CF, em seu art. 5º LXVI, que *ninguém será levado à prisão ou nela mantido, quando a lei admitir liberdade provisória, com ou sem fiança*; **D:** incorreta. Se se revelar necessária ao processo, a prisão preventiva subsistirá após o término da instrução criminal; caso contrário, é de rigor a sua revogação (art. 316, CPP); **E:** incorreto. O art. 5º, XLIII, da Constituição Federal veda, para os crimes hediondos e assemelhados, tão somente a concessão de *fiança*. Com o advento da Lei 11.464/2007, que modificou a redação da Lei de Crimes Hediondos, que antes vedava a concessão de *fiança* e *liberdade provisória*, passou a ser possível a sua concessão sem fiança, já que foi extraída do dispositivo (art. 2º, II, da Lei 8.072/1990). Mais recentemente, a Lei 12.403/2011 promoveu uma série de alterações no âmbito da prisão e da liberdade provisória, entre elas alterou a redação do art. 323 do CPP, que passou a prever que os crimes hediondos e os delitos a eles equiparados são *inafiançáveis*. De se ver que, uma vez mais, vedou-se tão somente a concessão de fiança. Aqui, portanto, não há o que discutir. Mesmo porque o art. 323 do CPP reproduziu as vedações constitucionais (art. 5º, XLIII). Em vista disso, pode-se inferir que a liberdade provisória *sem fiança* pode, sim, ser aplicada aos crimes hediondos e assemelhados. Quanto ao mais, uma vez verificado o excesso de prazo na formação da culpa, impõe-se o relaxamento da prisão, ainda que se trate de crime para o qual a liberdade provisória seja proibida. *Vide* Súmula 697 do STF: "A proibição de liberdade provisória nos processos por crimes hediondos não veda o relaxamento da prisão processual por excesso de prazo".

Gabarito "B"

(Ministério Público/MG – 2005) Assinale a alternativa **INCORRETA**.

(A) Ninguém poderá ser preso senão em flagrante delito ou por ordem escrita e fundamentada da autoridade judiciária competente, salvo os casos de transgressão militar ou crime propriamente militar, definidos em lei.

(B) Mesmo tendo relaxado a prisão em flagrante delito, o Juiz poderá, no curso da instrução criminal, decretar a prisão preventiva.

(C) Lavrado o auto de prisão em flagrante delito, a autoridade policial poderá conceder fiança nos casos de infração punida com detenção ou prisão simples.

(D) A prisão temporária será admissível quando houver fundadas razões, de acordo com qualquer prova permitida na legislação penal, de autoria ou participação do indiciado no crime de rapto violento.

(E) Nos crimes cuja ação penal é publica condicionada à representação, a prisão preventiva somente poderá ser decretada mediante requerimento do ofendido ou de quem tenha qualidade para representá-lo.

A: correta, visto que reproduz o disposto nos arts. 5º, LXI, da CF e 283, *caput*, do CPP; **B:** correta. Nada obsta que o juiz, depois de relaxar a prisão em flagrante em decorrência de ilegalidade, decrete a prisão preventiva do indiciado, desde que presentes os requisitos do art. 312 do CPP; **C:** correta. Outra novidade trazida pela Lei 12.403/2011 é que a autoridade policial pode, agora, arbitrar fiança em qualquer infração penal cuja pena máxima cominada não seja superior a quatro anos (reclusão ou detenção). Pela redação anterior do art. 322 do CPP, o delegado somente estava credenciado a arbitrar fiança nas contravenções e nos crimes apenados com detenção. Ao tempo em que foi elaborada, a questão estava correta, portanto; **D:** correta. A assertiva está em conformidade com o disposto no art. 1º, III, *h*, da Lei 7.960/1989 (prisão temporária). Sucede que o art. 219 do CP, que previa o crime de rapto violento, foi revogado por força da Lei 11.106/2005; **E:** incorreta (devendo esta ser assinalada). A decretação da prisão preventiva, nos crimes sujeitos a ação penal pública condicionada a representação, prescinde de requerimento do ofendido ou de seu representante; basta, aqui, que a instauração do inquérito policial/ação penal tenha sido precedida da manifestação de vontade da vítima em processar o seu ofensor (representação).

Gabarito "E"

(Ministério Público/MS – 2009) Marque a assertiva correta.

(A) "livrar-se solto" é uma expressão utilizada para designar a situação jurídica em que se encontra o indivíduo que não pode ser preso no período eleitoral.

(B) "livrar-se solto" é uma expressão utilizada para designar a situação jurídica em que o agente pratica uma infração penal cuja pena privativa de liberdade é, no máximo, de 03 meses, ou quando a infração penal não prevê pena de prisão.

(C) o quebrantamento da fiança ocorre quando ela foi fixada em valores inferiores ao que indicam os critérios legais, devendo, em razão disso, ser complementada pelo sujeito passivo da persecução penal.

(D) a cassação da fiança ocorre quando o agente, se condenado, não se apresenta à prisão.

(E) a cassação da fiança ocorrerá quando o agente vier a descumprir algumas das condições impostas a ele quando da fixação daquela, acarretando a perda definitiva da metade de seu valor.

O art. 309 do CPP, cuja redação não foi modificada pela Lei de Reforma 12.403/2011, perdeu sua razão de ser, dado que o art. 321 do CPP, que contemplava as hipóteses em que o indiciado deveria *livrar-se* solto, foi modificado pela Lei 12.403/2011, passando a disciplinar tema totalmente diverso.

Gabarito "B"

(Ministério Público/MT – 2012 – UFMT) Quanto à prisão cautelar no sistema jurídico brasileiro, analise as assertivas abaixo.

I. Ninguém poderá ser preso senão em flagrante delito ou por ordem escrita e fundamentada da autoridade judiciária competente, em decorrência de sentença condenatória transitada em julgado ou, no curso da investigação ou do processo, em virtude de prisão temporária ou prisão preventiva.

II. A prisão preventiva poderá ser decretada como garantia da ordem social, da ordem econômica, por conveniência da instrução criminal, ou para assegurar a aplicação da lei penal, quando houver prova da existência do crime e indício suficiente de autoria.

III. Caberá prisão temporária quando imprescindível para as investigações do inquérito policial ou da ação penal.

IV. A prisão temporária será decretada pelo Juiz, em face da representação da autoridade policial ou de requerimento do Ministério Público, e terá o prazo improrrogável de 5 (cinco) dias.

V. Qualquer do povo poderá e as autoridades policiais e seus agentes deverão prender quem quer que seja encontrado em flagrante delito.

Estão corretas as assertivas:

(A) I, II e V, apenas.

(B) II, III e IV, apenas.

(C) III, IV e V, apenas.

(D) II e IV, apenas.

(E) I e V, apenas.

I: correta, visto que reproduz o teor do art. 283, *caput*, do CPP, que teve a sua redação determinada pela Lei 12.403/2011; II: incorreta, pois em desconformidade com o que estabelece o art. 312, *caput*, do CPP, que não contemplou, como fundamento para a decretação da custódia preventiva, a *garantia da ordem social*; III: incorreta, pois a prisão temporária somente terá lugar no curso das investigações do inquérito policial (art. 1º, I, da Lei 7.960/1989); IV: o prazo de cinco dias, estabelecido no art. 2º, *caput*, da Lei 7.960/1989, poderá, sim, ser prorrogado uma única vez e por igual período, desde que comprovada a sua necessidade. Cuidado: se se tratar de crime hediondo ou delito a ele equiparado, o prazo de prisão temporária será de *trin-*

ta dias, prorrogável por mais trinta, também em caso de comprovada e extrema necessidade. É o teor do art. 2º, § 4º, da Lei 8.072/1990 (Crimes Hediondos); V: a autoridade policial e seus agentes, a teor do que dispõe o art. 301 do CPP, *devem* prender quem quer que se encontre em situação de flagrante. Este é o chamado *flagrante obrigatório*. Agora, qualquer pessoa do povo *poderá* (caso queira) efetuar a prisão em flagrante. Este é o chamado *flagrante facultativo*. Assertiva correta.

Gabarito "E"

(Ministério Público/PB – 2010) Considere as proposições abaixo e, em seguida, indique a alternativa que contenha julgamento devido sobre elas:

I. É incabível a concessão de liberdade provisória com fiança nos crimes punidos com reclusão em que a pena mínima cominada for igual ou superior a 2(dois) anos.

II. Fixado o valor da fiança, se assim recomendar a situação econômica do réu, poderá ser reduzido até o máximo de dois terços ou aumentada, pelo juiz, até o décuplo. Nos casos de prisão em flagrante pela prática de crime contra a economia popular ou de crime de sonegação fiscal, poderá ser reduzido em até nove décimos ou aumentada até o décuplo.

III. Será declarada quebrada a fiança quando reconhecida a existência de crime inafiançável, no caso de inovação na classificação do delito.

(A) Apenas a proposição I está correta.

(B) Apenas a proposição II está correta.

(C) Apenas a proposição III está correta.

(D) Todas as proposições estão corretas.

(E) Todas as proposições estão incorretas.

I: com a modificação a que foi submetido o art. 323 do CPP, operada pela Lei 12.403/11, somente são inafiançáveis os crimes ali listados e também aqueles contidos em leis especiais; II: o art. 325 do CPP, que trata do valor da fiança, foi alterado pela Lei 12.403/2011; III: assertiva incorreta, visto que tal hipótese não está contemplada nos arts. 328 e 341 do CPP.

Gabarito "B"

(Ministério Público/PI – 2008) Assinale a afirmativa **correta**.

(A) Nos crimes sujeitos ao procedimento comum, a prisão preventiva, como garantia da instrução criminal, somente pode ser decretada até a fase do artigo 499 do CPP.

(B) Após formalizar a auto de prisão em flagrante, pode a autoridade policial conceder liberdade provisória ao conduzido, com o pagamento de fiança, na hipótese de crime cuja pena seja superior a dois anos e inferior a quatro anos de reclusão.

(C) Na hipótese do artigo 366 do CPP, a revelia do acusado citado por edital legitima, por si só, o decreto de sua previsão preventiva.

(D) Ao examinar pedido de prisão preventiva encaminhado pela autoridade policial, pode o juiz discordar de seus fundamentos e decretar, de ofício, a prisão temporária do investigado em inquérito policial ainda não concluído.

(E) O relaxamento da prisão consiste na decisão judicial que concede ao preso em flagrante o direito à liberdade mediante certas condições.

A: correta. O fundamento *conveniência da instrução criminal* (art. 312 do CPP) está ligado à postura do réu diante da produção da prova. Assim, finda esta fase, que se dá, no procedimento comum, com o término da instrução, não há mais razão para mantê-lo preso sob esse fundamento; **B:** com a nova redação dada pela Lei 12.403/2011 ao art. 322 do CPP, a autoridade policial, a partir de então, poderá conceder fiança nos casos de infração penal cuja pena privativa de liberdade máxima não seja superior a quatro anos (reclusão ou detenção); **C:** incorreta. Suspensos o processo e o prazo prescricional (art. 366, CPP), a prisão preventiva somente será decretada se presentes os requisitos contemplados no art. 312 do CPP. Portanto, o não comparecimento do acusado ou ainda o fato de este deixar de nomear defensor, depois de citado por edital, não autoriza, por si só, a decretação de sua custódia preventiva; **D:** incorreta. A prisão temporária não poderá ser decretada de ofício pelo juiz, que somente poderá determiná-la a requerimento do MP ou diante de representação da autoridade policial (art. 2º, *caput*, da Lei 7.960/1989); **E:** somente será relaxada a prisão ilegal.

Gabarito "A"

(Ministério Público/PR – 2011)

I. A proibição de liberdade provisória nos processos por crimes hediondos não veda o relaxamento da prisão processual por excesso de prazo.

II. É válida a prisão em flagrante se chega à polícia a informação da iminente prática de um delito e esta se desloca para o local onde ocorrerá a suposta infração e aguarda o início da realização dos atos de execução, impedindo sua consumação e exaurimento.

III. A comunicação extemporânea de prisão em flagrante à autoridade judiciária, sujeita a autoridade policial à responsabilização criminal e administrativa, mas não nulifica o auto de prisão em flagrante.

Considerando as assertivas acima se afirma que:

(A) Apenas as assertivas I e II são corretas.

(B) Apenas as assertivas II e III são corretas.

(C) Apenas as assertivas I e III são corretas.

(D) Apenas uma assertiva está correta.

(E) Todas as assertivas são corretas.

I: correta. Súmula 697 do STF: "A proibição de liberdade provisória nos processos por crimes hediondos não veda o relaxamento da prisão processual por excesso de prazo"; II: correta. Neste caso, está-se diante do chamado *flagrante esperado*, em que a polícia aguarda o momento de agir. Constitui hipótese viável de flagrante porquanto, aqui, inexiste induzimento ou instigação, mas mero monitoramento, acompanhamento; III: correta. Depois de efetuada a prisão em flagrante de alguém, incumbe à autoridade policial que presidiu o auto respectivo providenciar, no prazo máximo de 24 horas, a comunicação ao juiz de direito competente. Além do magistrado, devem ser comunicados o MP e a família do preso ou outra pessoa que ele indicar. Não é só. Por imposição da Lei 12.403/2012, que alterou o art. 306, § 1º, do CPP, também deve ser comunicada, caso o autuado não informe o nome de seu advogado, a Defensoria Pública, com remessa de cópia integral das peças (todas as oitivas). Dessa forma, o juiz, ao receber o auto de prisão em flagrante e após examiná-lo, deverá relaxar a prisão se constatar qualquer ausência de formalidade ou mesmo ilegalidade na prisão do autuado. São exemplos: inversão na ordem de inquirição entre condutor/testemunha/conduzido, estabelecida no art. 304, *caput*, do CPP; flagrante preparado ou provocado (Súmula nº 145, STF); não entrega da nota de culpa; entrega da nota de culpa em prazo superior ao estabelecido em lei (24 horas após a prisão-captura); comunicação extemporânea etc.

Gabarito "E"

(Ministério Público/PR – 2008) Assinale a alternativa INCORRETA: Quando houver prova da existência do crime e indício suficiente de autoria, a prisão preventiva poderá ser decretada:

(A) Como garantia da ordem pública.

(B) Por conveniência da instrução criminal.

(C) Para assegurar a aplicação da lei penal.

(D) Como garantia da ordem econômica.

(E) Como garantia da ordem tributária.

Art. 312 do CPP.

Gabarito "E"

(Ministério Público/RJ – 2011) De acordo com a lei, ninguém poderá ser preso a partir do quinto dia antes das eleições e até 48 horas após as eleições. Em vista dessa regra, é correto dizer que:

(A) o agente não pode ser preso em flagrante delito, preventivamente ou por prisão temporária;

(B) a ordem de prisão contra o agente expedida anteriormente a esse período poderá ser executada;

(C) o juiz, estando presente motivo que demonstre o *periculum libertatis*, poderá decretar a prisão;

(D) o agente com prisão preventiva decretada em razão de crime hediondo poderá ser preso;

(E) o estrangeiro com prisão preventiva decretada, se estiver embarcando para o exterior, não poderá ser preso.

A: incorreta. O art. 236 do Código Eleitoral autoriza a prisão em flagrante do eleitor dentro do período mencionado no enunciado; **B:** incorreta. Ainda que a ordem seja determinada antes desse período, a prisão não poderá ser executada; **C:** correta, pois a prisão, nesse período, poderá ser decretada; não poderá, no entanto, ser executada; **D:** incorreta. A lei não faz exceção aos crimes hediondos; **E:** incorreta. A vedação à prisão nas hipóteses do art. 236 do Código Eleitoral diz respeito ao eleitor.

Gabarito "C"

(Ministério Público/RO – 2010 – CESPE) Considere que Paulo tenha sido denunciado pela prática de latrocínio e se encontre submetido à prisão cautelar. Nessa situação hipotética, caso Paulo tenha sido preso

(A) de ofício pelo juiz após o recebimento da denúncia, ele está submetido à prisão temporária.

(B) por ordem judicial a requerimento da autoridade policial durante as investigações, exclui-se a possibilidade de prisão temporária.

(C) de ofício pelo juiz durante o IP, ele está submetido a prisão preventiva.

(D) em flagrante preparado, a defesa poderá requerer a revogação da prisão ou a concessão de liberdade provisória.

(E) em flagrante presumido, a defesa poderá requerer o relaxamento da prisão ou a concessão de liberdade provisória.

Dadas as modificações promovidas pela Lei 12.403/2011 no âmbito da prisão e da liberdade provisória, o juiz, a partir de agora, não mais poderá decretar de ofício, no curso do inquérito policial, a prisão preventiva. Sem provocação, a custódia preventiva somente poderá ser decretada no decorrer da ação penal, conforme estabelece a nova redação do art. 311 do CPP. Ao tempo em que esta questão foi aplicada, ainda não estava em vigor o dispositivo supracitado.

Gabarito "C"

(Ministério Público/RS – 2009) Leia o relato abaixo. Hermenegildo, funcionário público estadual, foi indiciado em inquérito policial na comarca de São Sebastião do Caí, pela prática do delito do art. 213, do Código Penal. A denúncia foi apresentada com a mesma capitulação (estupro). No pé da inicial, o Promotor de Justiça requereu a segregação do denunciado por 15 (quinze) dias para aprofundamento da investigação acerca da autoria e da materialidade, ante indícios da existência de provas ainda ocultas. A postulação foi deferida nos termos do pleito. Considerando-se os dados apresentados, é correto afirmar que se trata de prisão

(A) temporária, que pode ser decretada a qualquer tempo no nosso sistema processual; portanto, é legal.

(B) preventiva, mas que não obedeceu aos pressupostos do art. 312 do CPP; portanto, é ilegal.

(C) administrativa, dada a sua condição de servidor público.

(D) preventiva, que obedeceu aos pressupostos do art. 312 do CPP; portanto, é legal.

(E) temporária, mas que só tem previsão durante o inquérito policial; portanto, é ilegal.

A prisão temporária, cuja disciplina está na Lei 7.960/89, poderá, em se tratando de crime hediondo ou a ele equiparado, ser decretada pelo prazo de 30 dias, prorrogável por igual período, no caso de comprovada e extrema necessidade. É o teor do art. 2º, § 4º, da Lei 8.072/90 (Crimes Hediondos). Ocorre que esta modalidade de prisão provisória presta-se a viabilizar as investigações do inquérito policial. Com a conclusão deste, não há mais que se falar em prisão temporária, que, se perdurar, passa a ser ilegal.

Gabarito "E"

(Ministério Público/RS - 2002) Prova do crime, indícios de autoria, conveniência da instrução criminal, garantia da ordem pública e aplicação da lei penal são pressupostos de:

(A) Prisão temporária.

(B) Prisão em flagrante.

(C) Custódia domiciliar.

(D) Prisão preventiva.

(E) Medida de segurança.

Art. 312 do CPP.

Gabarito "D"

(Ministério Público/SC – 2010)

I. O juiz formará sua convicção pela livre apreciação da prova produzida em contraditório judicial, não podendo fundamentar sua decisão exclusivamente nos elementos informativos colhidos na investigação, ressalvadas as provas cautelares, não repetíveis e antecipadas.

II. A reforma processual operada através da Lei nº 11.690/2008 vedou a utilização no processo penal das provas ilícitas por derivação, não prevendo qualquer ressalva para sua admissibilidade.

III. Os crimes culposos não admitem prisão preventiva

IV. Nos casos de prisão em flagrante, a falta de testemunhas da infração não impedirá a lavratura do auto. Neste caso, no entanto, com o condutor deverão assiná-lo pelos menos duas pessoas que hajam testemunhado a apresentação do preso à autoridade.

V. Segundo o Código de Processo Penal, a fiança que se reconheça não ser cabível na espécie será quebrada em qualquer fase do processo.

(A) Apenas as assertivas II e V estão corretas.

(B) Apenas as assertivas III e IV estão corretas.

(C) Apenas as assertivas II, IV e V estão corretas.

(D) Apenas as assertivas I e III estão corretas.

(E) Apenas as assertivas I, III e IV estão corretas.

I: assertiva correta, visto que corresponde ao teor do 155, *caput*, do CPP; II: a Lei 11.690/2008 fez, em relação às provas ilícitas por derivação (no art. 157, § 1º, do CPP), a seguinte ressalva: "(...) *salvo quando não evidenciado o nexo de causalidade entre umas e outras, ou quando as derivadas puderem ser obtidas por uma fonte independente das primeiras*"; III: a prisão preventiva não terá lugar nos crimes culposos tampouco nas contravenções penais (art. 313 do CPP); IV: correta, nos termos do art. 304, § 2º, do CPP; V: incorreta, pois contraria o estabelecido no art. 338 do CPP.

Gabarito "E"

(Ministério Público/SP – 2010) Assinale a afirmativa incorreta, em relação à prisão preventiva:

(A) a prisão preventiva não é admitida nas contravenções penais e nos delitos culposos.

(B) a prisão preventiva pode ser decretada, quando houver prova da existência do crime e indício suficiente de autoria.

(C) a apresentação espontânea do acusado à autoridade policial não impede a decretação da prisão preventiva.

(D) admite-se a prisão preventiva nos crimes que envolvem violência doméstica e familiar contra a mulher, desde que a infração penal seja dolosa e para garantir a execução das medidas urgentes para a proteção da mulher.

(E) admite-se nos crimes dolosos, punidos com reclusão, desde que a pena mínima cominada seja igual ou superior a dois anos.

A: art. 313 do CPP; **B:** art. 312, parte final, do CPP; **C:** apesar de o art. 317 do CPP ter sido modificado pela Lei 12.403/2011, a apresentação espontânea do acusado não afasta a possibilidade de em seu desfavor ser decretada a prisão preventiva, desde que esta se revele necessária ao processo – art. 312, CPP; **D:** art. 313, III, do CPP; **E:** a assertiva não está em conformidade com a nova redação do art. 313, I, do CPP.

Gabarito "E"

(Ministério Público/SP – 2008) Assinale a alternativa correta.

(A) A caracterização do flagrante presumido não prescinde da perseguição ao agente logo depois da infração.

(B) Não se admite a prisão em flagrante nas infrações de menor potencial ofensivo.

(C) O quebramento da fiança importará a perda de metade do seu valor e a obrigação do acusado de se recolher à prisão.

(D) Admite-se a decretação da prisão preventiva nos casos de contravenção penal e crime culposo se o réu é vadio.

(E) Cabe recurso em sentido estrito da decisão que nega a fiança e da que indefere pedido de revogação da prisão preventiva.

A: assertiva incorreta, visto que, nesta modalidade de flagrante (art. 302, IV, do CPP), inexiste perseguição, sendo o agente encontrado, logo depois do crime, na posse de instrumentos, armas, objetos ou papéis em circunstâncias que revelem ser ele o autor da infração penal. O elemento ***perseguição*** é imprescindível no chamado ***flagrante impróprio, imperfeito*** ou ***quase flagrante***, em que o sujeito é perseguido, logo em seguida ao crime, em situação que faça presumir ser o autor da infração (art. 302, III); **B:** art. 69, p. único, da Lei 9.099/1995; **C:** em vista da nova redação conferida ao art. 343 do CPP pela Lei 12.403/2011, o quebramento ***injustificado*** da fiança implicará a perda de metade do seu valor, devendo o juiz, neste caso, antes de decretar a prisão preventiva, que constitui medida excepcional, verificar se é cabível a imposição de outras medidas cautelares, à luz do disposto no art. 282, § 6º, do CPP; **D:** art. 313 do CPP. O dispositivo afasta a possibilidade de se decretar a prisão preventiva quando se tratar de crime culposo ou contravenção penal; **E:** da decisão que nega a fiança cabe recurso em sentido estrito (art. 581, V, do CPP); e da que indefere pedido de revogação da prisão preventiva cabe *habeas corpus*.

Gabarito "C"

(Ministério Público/SP - 2005) Assinale a alternativa incorreta.

(A) A fiança será concedida sem a prévia audiência do Ministério Público.

(B) Não será concedida fiança nos crimes punidos com reclusão em que a pena mínima cominada for superior a dois anos.

(C) Não será concedida fiança quando presentes os motivos que autorizam a prisão preventiva.

(D) A autoridade policial somente poderá conceder fiança nos casos de infração punida com detenção ou prisão simples.

(E) A fiança só poderá ser prestada até o oferecimento da denúncia.

A: correta, nos termos do art. 333 do CPP; **B:** esta alternativa, dada a modificação ocorrida por força da Lei 12.403/2011, está incorreta, visto que, em razão dela, a nova redação do art. 313 do CPP estabelece que somente são inafiançáveis os crimes de racismo, os delitos definidos como hediondos (Lei 8.072/90) e os a eles equiparados, aqueles cometidos por grupos armados, civis ou militares, contra a ordem constitucional e o Estado Democrático e também os previstos em leis especiais; **C:** art. 324, IV, do CPP; **D:** termos aqui outra alteração promovida pela Lei 12.403/2011. A autoridade policial poderá, agora, conceder fiança nas infrações cuja pena privativa de liberdade não seja superior a quatro anos; nos demais casos, somente o juiz; **E:** a fiança pode ser prestada desde a prisão em flagrante até o trânsito em julgado da sentença condenatória.

Gabarito "E"

(Ministério Público/SP - 2005) A prisão temporária (Lei nº 7.960/89) não poderá ser decretada no crime de

(A) tráfico de drogas.

(B) sequestro ou cárcere privado.

(C) epidemia com resultado morte.

(D) genocídio.

(E) perigo de desastre ferroviário.

Art. 1º, III, da Lei 7.960/1989.

Gabarito "E"

(Ministério Público/TO – 2012 – CESPE) Assinale a opção correta acerca de custódia cautelar e suas modalidades.

(A) A falta de inquérito policial impede a decretação de prisão preventiva, mesmo que embasada em peças de informação oferecidas pelo MP suficientes para demonstrar a existência do crime e de indícios de autoria.

(B) O agente que mantém em depósito substância entorpecente destinada ao tráfico só pode ser preso em flagrante se for encontrado no local em que a droga estiver armazenada.

(C) O flagrante esperado, também conhecido como delito putativo por obra do agente provocador, é aquele em que a vítima ou terceiro provoca ou induz o sujeito à prática do fato delituoso, de modo a tornar impossível a sua consumação.

(D) Ainda que o autor da infração penal demonstre ter bons antecedentes, residência fixa e trabalho lícito no distrito da culpa, poderá ser decretada a sua prisão preventiva se estiver presente um dos requisitos autorizadores da custódia cautelar e restar comprovada a sua real necessidade.

(E) Em se tratando de homicídio culposo, a prisão temporária é cabível se houver, com base em qualquer meio de prova admitida na legislação penal, fundadas razões de autoria ou participação do indiciado.

A: incorreta. A ausência de prévia instauração de inquérito não afasta a possibilidade de decretar-se a prisão preventiva, na medida em que os elementos de convicção podem ser extraídos, além do inquérito policial, de outras peças de informação. Nesse sentido: STJ, HC 124.378/SP, 6ª T., rel. Min. Og Fernandes; **B:** incorreta. Por se tratar de crime cuja consumação se protrai no tempo por vontade do agente (delito permanente), a prisão deste é viável ainda que ausente do local onde permanece armazenada a droga; **C:** incorreta. Não se deve confundir o flagrante *esperado* com o *preparado*. Este restará configurado sempre que o agente provocador levar alguém a praticar uma infração penal. Está-se aqui diante de uma modalidade de crime impossível (art. 17 do CP), consubstanciada na Súmula n. 145 do STF; difere, dessa forma, do chamado *flagrante esperado*, em que a polícia não exerce qualquer tipo de controle sobre a ação do agente; uma vez comunicada, aguarda a ocorrência do crime. Inexiste, neste caso, intervenção policial que leve o agente à prática delituosa. É, por isso, hipótese viável de prisão em flagrante; **D:** correta. Com efeito, o fato de o agente ostentar bons antecedentes, residência fixa e trabalho lícito no distrito da culpa não elide a possibilidade de em seu desfavor ser decretada ou mantida a prisão preventiva, modalidade de prisão cautelar, dado que a sua decretação será determinada em razão dos fundamentos contemplados no art. 312 do CPP (situações que demonstram a necessidade na decretação da medida). Se presente um deles, a custódia preventiva se imporá, ainda que o agente, repita-se, ostente bons antecedentes, residência fixa e trabalho lícito no distrito da culpa, fatores que, no entanto, poderão ser levados em conta na determinação da medida. Assertiva correta, portanto; **E:** incorreta. A prisão temporária somente terá cabimento nos crimes previstos no rol do art. 1º, III, da Lei 7.960/1989, entre os quais não está o homicídio culposo.

Gabarito "D"

(Ministério Público/T O – 2012 – CESPE) Com relação ao benefício da liberdade provisória e seus fundamentos, assinale a opção correta.

(A) Não será concedida liberdade provisória mediante fiança ao suspeito da prática de crime punido com pena privativa de liberdade, se ele já tiver sido condenado, em sentença transitada em julgado, por outro crime doloso ou culposo.

(B) O direito de livrar-se solto, assim como a liberdade provisória sem fiança, vincula o agente ao processo e o obriga a cumprir as condições estipuladas pelo juiz, a exemplo do comparecimento em todos os atos processuais.

(C) A afiançabilidade de infração penal, depois de prolatada a sentença condenatória, verifica-se em função da pena aplicada *in concreto*.

(D) A fiança será cassada caso o representante do MP, no oferecimento da denúncia, tipifique como crime inafiançável conduta provisoriamente considerada afiançável, na fase de inquérito policial inaugurado por força de auto de prisão em flagrante.

(E) Conforme a situação econômica do réu, o juiz, ao fixar o valor da fiança, poderá reduzi-lo até o máximo de dois terços e aumentá-lo até a metade do valor fixado em lei.

A: incorreta. A reincidência e a existência de antecedentes negativos não impedem a concessão de liberdade provisória mediante fiança. Tanto é assim que o art. 326 do CPP estabelece que a autoridade levará em consideração, para estabelecer o valor da fiança, dentre outros fatores, a vida pregressa do investigado/acusado, o que abrange os antecedentes negativos e a reincidência; **B:** incorreta. O art. 309 do CPP, cuja redação não foi modificada pela Lei de Reforma 12.403/2011, perdeu sua razão de ser, dado que o art. 321 do CPP, que contemplava as hipóteses em que o indiciado deveria *livrar-se* solto, foi modificado pela Lei 12.403/2011, passando a disciplinar tema diverso; **C:** incorreta. O valor da fiança, que poderá ser prestada até o trânsito em julgado (art. 334 do CPP), levará em conta os critérios contemplados nos arts. 325 e 326 do CPP; **D:** correta, nos termos do art. 339 do CPP; **E:** incorreta, visto que o art. 325, § 1º, III, do CPP estabelece que o valor da fiança, a depender da situação econômica do preso, poderá ser aumentado em até mil vezes.

Gabarito "D"

13. PROCESSOS E PROCEDIMENTOS

(Ministério Público/MG – 2014) Assinale a resposta que, de acordo com previsões legais, contém a sequência **CORRETA** para os itens abaixo:

( ) O prazo legal para oferecimento de denúncia em caso de prática de infração penal eleitoral é de 10 (dez) dias.

( ) No caso de crimes contra a honra, antes da análise do recebimento da queixa-crime em se tratando de ações penais de competência originária dos Tribunais de Justiça dos Estados, será oferecida a oportunidade às partes para reconciliação.

( ) Na fase de debates no rito do júri, em se tratando o caso de ação penal de iniciativa privada, falará em primeiro lugar o querelante e, em seguida, o Ministério Público, salvo se este houver retomado a titularidade da ação.

( ) As regras de informatização do processo judicial preveem que quando a petição eletrônica for enviada para atender a prazo processual, serão consideradas tempestivas as transmitidas até as 24 (vinte e quatro) horas do seu último dia.

(A) (V) (F) (V) (V).
(B) (F) (F) (V) (V).
(C) (V) (V) (V) (F).
(D) (V) (V) (F) (V).

1° item: correto, nos termos do art. 357, *caput*, da Lei 4.737/1965 (Código Eleitoral); 2° item: incorreto, uma vez que o art. 520 do CPP, que trata da audiência de conciliação, não tem incidência neste caso; 3° item: correto (art. 476, § 2°, do CPP); 4° item: correto (art. 3°, parágrafo único, da Lei 11.419/2006).

Gabarito "A"

(Ministério Público/MG – 2014) Sobre o procedimento comum sumário, assinale a alternativa **INCORRETA**:

(A) Cabível quando a ação penal tiver objeto crime cuja sanção máxima cominada seja igual ou inferior a 4 (quatro) anos.

(B) A audiência de instrução e julgamento deverá ser realizada em até 30 (trinta) dias.

(C) A testemunha que comparecer será inquirida, independentemente da suspensão da audiência.

(D) Poderá ser aplicado nas infrações penais de menor potencial ofensivo, quando o magistrado do juizado especial criminal encaminhar ao juízo comum as peças existentes.

A: assertiva incorreta, devendo ser assinalada. O critério utilizado para se identificar o rito processual a ser adotado é a *pena máxima* cominada ao crime, conforme estabelece o art. 394 do CPP. O *rito ordinário* terá lugar sempre que se tratar de crime cuja sanção máxima cominada for igual ou superior a quatro anos de pena privativa de liberdade (art. 394, § 1°, I, CPP). O *rito sumário*, por sua vez, será adotado quando se tratar de crime cuja sanção máxima seja inferior a quatro anos (e não igual, conforme consta da assertiva) e superior a dois (art. 394, § 1°, II, CPP). Já o *rito sumaríssimo* terá incidência nas infrações penais de menor potencial ofensivo (crimes cuja pena máxima não seja superior a dois anos bem como as contravenções penais), na forma estatuída no art. 394, § 1°, III, CPP; **B:** assertiva correta, pois em conformidade com o que estabelece o art. 531 do CPP; **C:** assertiva correta, pois em conformidade com o que estabelece o art. 536 do CPP; **D:** assertiva correta, pois em conformidade com o que estabelece o art. 538 do CPP.

Gabarito "A"

(Ministério Público/MS – 2013 – FADEMS) Acerca dos procedimentos criminais, considere as assertivas abaixo:

I. Há violação ao princípio da identidade física do juiz, expressamente previsto no direito processual penal brasileiro, na hipótese de juiz substituto tomar os depoimentos das testemunhas de acusação e, posteriormente, ser sucedido pelo juiz titular que toma os depoimentos das testemunhas de defesa e profere sentença de mérito condenando o réu.

II. No processo comum, o acusado pode ser absolvido sumariamente quando o Ministério Público for parte ilegítima para o exercício da ação penal.

III. No processo e julgamento dos crimes previstos na Lei n° 11.343/2006 (Lei Antidrogas), a ausência de apreensão da droga não torna a conduta atípica se existirem outros elementos aptos a comprovarem o crime de tráfico.

IV. A ação penal pela prática de crime falimentar (Lei n° 11.101/05) será proposta perante o juízo da falência, que é universal, tendo, assim, competência para julgá-la.

São **incorretas**:

(A) Somente as assertivas I, II e IV.
(B) Somente as assertivas II e III.
(C) Somente as assertivas II, III e IV.
(D) Somente as assertivas I e III.
(E) Todas as assertivas.

I: a Lei 11.719/08 introduziu no art. 399 do CPP o § 2°, conferindo-lhe a seguinte redação: "O juiz que presidiu a instrução deverá proferir a sentença". O *princípio da identidade física do juiz*, antes exclusivo do processo civil, agora será também aplicável ao processo penal. Como as restrições não foram disciplinadas no Código de Processo Penal, deve-se aplicar, quanto a estas, o que dispõe o art. 132 do Código de Processo Civil: "O juiz, titular ou substituto, que concluir a audiência, julgará a lide, salvo se estiver convocado, licenciado, afastado por qualquer motivo, promovido ou aposentado, caso em que passará os autos ao seu sucessor.". Perceba que o dispositivo legal fala em *concluir a audiência*. No caso retratado no enunciado, a instrução foi concluída pelo juiz titular, a quem caberá proferir sentença. Incorreta, portanto, a proposição; **II:** incorreta – hipótese não contemplada no art. 397 do CPP, que trata dos casos em que cabe a absolvição sumária. O caso tratado no enunciado constitui hipótese de rejeição da denúncia (art. 395, II, do CPP); **III:** correta – de fato, a não apreensão não constitui, por si só, motivo para tornar a conduta atípica; **IV:** incorreta – a competência é do juiz criminal do local onde foi decretada a falência, e não do juiz da falência (art. 183 da Lei 11.101/2005).

Gabarito "A"

(Ministério Público/AC – 2008) Em relação aos procedimentos ordinário e sumário previstos no CPP, oferecida a denúncia ou queixa, será o acusado citado para oferecer resposta no prazo de 10 dias. A ausência dessa resposta implicará

(A) o seguimento normal do feito, com a designação de audiência para oitiva de testemunhas arroladas pela acusação.

(B) a intimação pessoal do acusado para que a apresente.

(C) a nomeação de defensor ao acusado para que essa resposta seja oferecida.

(D) o seguimento normal do feito, com a análise, *ex officio* pelo juiz, da possibilidade de absolvição sumária do acusado.

Neste caso, deverá o juiz, ante a ausência de resposta do acusado, aplicar o disposto no art. 396-A, § 2º, do CPP, dando ao réu defensor, que terá vista dos autos pelo prazo de dez dias.

Gabarito "C"

(Ministério Público/AC – 2008) A absolvição sumária do acusado, nos crimes de procedimento comum, ocorrerá, entre outras causas,

(A) em razão da ausência de justa causa para o oferecimento da ação penal.

(B) em razão da ausência de alguma das condições da ação.

(C) em razão da inimputabilidade do acusado.

(D) quando o fato evidentemente não constituir crime.

As hipóteses que dão ensejo à absolvição sumária, no procedimento comum, estão contempladas no art. 397 do CPP, a saber: existência manifesta de causa excludente da ilicitude do fato; existência manifesta de causa excludente da culpabilidade, salvo a inimputabilidade (que deverá, portanto, ser aferida no curso da instrução); o fato narrado evidentemente não constituir crime; e quando extinta a punibilidade do agente.

Gabarito "D"

(Ministério Público/AC – 2008) Não comparecendo o defensor à audiência de instrução,

(A) o juiz determinará o aditamento do ato e intimará o acusado e seu defensor dessa nova data.

(B) o juiz destituirá o defensor faltoso, designará nova data e nomeará outro para seguir na defesa do acusado ao longo de todo o processo.

(C) o juiz destituirá o defensor faltoso, designará nova data e intimará o acusado para nomear novo defensor.

(D) o juiz dará seguimento normal ao ato, nomeando defensor substituto, ainda que provisoriamente ou só para a audiência que será realizada.

Art. 265, § 2º, do CPP.

Gabarito "D"

(Ministério Público/AC – 2008) Segundo o CPP, aponte a resposta correta.

(A) Ao final da audiência de instrução e julgamento, o ofendido poderá requerer a realização de diligências cuja necessidade se origine de circunstâncias ou fatos apurados na instrução.

(B) Além do assistente de acusação, também o ofendido poderá formular quesitos à prova pericial e indicar assistente técnico para acompanhar os trabalhos dos peritos.

(C) Encerrada a instrução probatória, o ofendido terá o prazo de 10 minutos para oferecer suas alegações finais orais, a serem apresentadas após as alegações do Ministério Público.

(D) Encerrada a instrução probatória, o ofendido terá o prazo de 10 minutos para oferecer suas alegações finais orais, a serem apresentadas após as alegações da defesa.

A: incorreta, na medida em que o art. 402 do CPP não contemplou, como legitimado a formular, ao final da audiência, requerimento de diligências, o ofendido; **B:** correta, pois reflete o disposto no art. 159, § 3º, do CPP; C e **D:** incorretas. Somente poderão oferecer alegações finais orais a acusação, a defesa e o assistente de acusação, na forma estatuída no art. 403 da CPP.

Gabarito "B"

(Ministério Público/CE – 2011 – FCC) No âmbito do Código de Processo Penal o procedimento comum é dividido segundo os seguintes critérios:

(A) ordinário, quando tiver por objeto crime cuja sanção máxima cominada for igual ou superior a 4 (quatro) anos de pena privativa de liberdade; sumário, quando tiver por objeto crime cuja sanção máxima cominada seja inferior a 4 (quatro) anos de pena privativa de liberdade; e sumaríssimo, para as infrações penais de menor potencial ofensivo.

(B) ordinário, quando tiver por objeto crime cuja sanção máxima cominada for igual ou superior a 8 (oito) anos de pena privativa de liberdade; sumário, quando tiver por objeto crime cuja sanção máxima cominada seja superior a 4 (quatro) e inferior a 8 (oito) anos de pena privativa de liberdade; e sumaríssimo, quando tiver por objeto crime cuja sanção máxima cominada seja inferior a 4 (quatro) anos de pena privativa de liberdade.

(C) ordinário, quando tiver por objeto crime cuja sanção máxima cominada for igual ou superior a 4 (quatro) anos de pena privativa de liberdade; sumário, para as infrações penais de menor potencial ofensivo; e do júri para os crimes dolosos contra a vida.

(D) ordinário, quando tiver por objeto crime cuja sanção máxima cominada for igual ou superior a 8 (oito) anos de pena privativa de liberdade; sumário, quando tiver por objeto crime cuja sanção máxima cominada seja inferior a 8 (oito) anos de pena privativa de liberdade; sumaríssimo, para as infrações penais de menor potencial ofensivo; e do júri para os crimes dolosos contra a vida.

(E) ordinário, quando tiver por objeto crime cuja sanção máxima cominada for igual ou superior a 8 (oito) anos de pena privativa de liberdade; sumário, quando tiver por objeto crime cuja sanção máxima cominada seja inferior a 8 (oito) anos de pena privativa de liberdade; sumaríssimo quando tiver por objeto crime cuja sanção máxima cominada seja inferior a 4 (quatro) anos de pena privativa de liberdade; e do júri para os crimes dolosos contra a vida.

Segundo a atual redação do art. 394 do CPP, o procedimento se divide em *comum* e *especial*. O comum é subdividido em *ordinário*, *sumário* e *sumaríssimo*. O procedimento comum sumário será adotado quando se tratar de crime cuja sanção máxima seja inferior a quatro anos e superior a dois (art. 394, § 1°, II, CPP); o rito ordinário, por sua vez, terá lugar sempre que se tratar de crime cuja sanção máxima cominada for igual ou superior a quatro anos de pena privativa de liberdade (art. 394, § 1°, I, CPP); já o sumaríssimo é aplicado ao processamento e julgamento das infrações penais de menor potencial ofensivo (aquelas em que a pena máxima cominada não exceda a dois anos - art. 61 da Lei 9.099/1995).

Gabarito "A"

(Ministério Público/MS – 2011 – FADEMS) Acerca dos procedimentos estabelecidos pela legislação processual penal, analise as afirmativas abaixo:

I. A Lei nº 11.343/06 prevê que o inquérito policial será concluído no prazo de 30 (trinta) dias, se o indiciado estiver preso, e de 90 (noventa) dias, quando solto, sendo certo que ambos poderão ser duplicados pelo juiz, ouvido o Ministério Público, mediante pedido justificado da autoridade policial.

II. O procedimento será sumário quando tiver por objeto crime cuja sanção máxima cominada seja inferior a 4 (quatro) anos, bem como nas infrações penais de menor potencial ofensivo, quando o juizado especial criminal encaminhar ao juízo comum as peças existentes para a adoção de outro procedimento.

III. Na audiência de instrução e julgamento do procedimento ordinário, o Código de Processo Penal prevê, como regra, o oferecimento de alegações finais orais por 20 (vinte) minutos, respectivamente, pela acusação e pela defesa, prorrogáveis por mais 10 (dez) minutos. Admitindo, excepcionalmente, a apresentação de memoriais, no prazo de 10 (dez) dias, na hipótese em que o juiz considerar a complexidade do caso ou o número de acusados.

IV. O Código de Processo Penal estabelece a seguinte ordem a ser observada na audiência de instrução e julgamento nos procedimentos sumário e ordinário: tomada de declarações do ofendido, inquirição das testemunhas arroladas pela acusação e pela defesa, nesta ordem, bem como o reconhecimento de pessoas e coisas, acareações, esclarecimentos dos peritos, interrogando-se, em seguida, o acusado.

(A) a afirmativa II está correta e afirmativa IV está incorreta;

(B) apenas a afirmativa III está incorreta;

(C) apenas a afirmativa I está correta;

(D) a afirmativa III está correta e a afirmativa I está incorreta;

(E) todas as afirmativas estão corretas.

I: pela disciplina estabelecida no art. 51, *caput*, da Lei 11.343/2006 (atual Lei de Drogas), o inquérito, estando o indiciado preso, será concluído no prazo de 30 dias; se solto estiver, o prazo será de 90 dias. O parágrafo único do mesmo artigo dispõe que os prazos aludidos no *caput* podem ser duplicados mediante pedido justificado da autoridade policial, sempre ouvido o MP. Assertiva, portanto, correta; II: assertiva correta, visto que em consonância com o que estabelecem os arts 394, § 1°, II, e 538, ambos do CPP; III: assertiva incorreta, pois, na hipótese de o juiz, em razão da complexidade do caso ou mesmo do número de acusados, conceder às partes a oportunidade para apresentar memoriais, estas disporão do prazo de *cinco* dias para tanto; IV: assertiva incorreta, já que, na ordem estabelecida nos arts. 400, *caput* (rito ordinário), e 531 (rito sumário), o *reconhecimento de pessoas e coisas* é precedido dos *esclarecimentos dos peritos* e também das *acareações*.

Gabarito "A"

(Ministério Público/RR – 2012 – CESPE) Assinale a opção correta com referência aos ritos e procedimentos processuais.

(A) No procedimento especial relacionado aos crimes dolosos contra a vida, a lei processual penal afasta, de forma expressa, a incidência do princípio da identidade física do juiz, porque o julgamento de mérito da causa será efetivado pelo conselho de sentença.

(B) De acordo com o disposto no CPP, é necessário o oferecimento de resposta à acusação, em todos os procedimentos, após o recebimento da denúncia ou queixa; se não for apresentada a resposta ou se o acusado, citado, não constituir defensor, o juiz nomeará um para o oferecimento da resposta, sob pena de nulidade do feito, podendo o defensor apresentar a resposta por escrito ou oralmente, até a audiência de instrução.

(C) A unificação de todos os ritos de primeiro grau possibilitou a rejeição liminar da denúncia ou queixa, o oferecimento de resposta à acusação, bem como a possibilidade, após a apresentação desta, da imediata absolvição sumária do réu, restando manifestos os requisitos.

(D) No procedimento de competência originária do STF e do STJ, é assegurado ao réu o direito de apresentar resposta à acusação, no prazo de quinze dias, após o recebimento da peça acusatória, sendo-lhe garantido, também, o direito de ser interrogado ao final da instrução.

(E) No procedimento para os processos de competência originária do STJ e do STF, preconiza a norma de regência, de forma expressa, a possibilidade de o MP ou o querelante manifestar-se após apresentação da resposta, caso sejam apresentados novos documentos.

A: a Lei 11.719/2008 introduziu no art. 399 do CPP o § 2°, conferindo-lhe a seguinte redação: "O juiz que presidiu a instrução deverá proferir a sentença". O *princípio da identidade física do juiz*, antes exclusivo do processo civil, agora também é aplicável ao processo penal. Como as restrições não foram disciplinadas no Código de Processo Penal, deve-se aplicar, quanto a estas, o que dispõe o art. 132 do Código de Processo Civil: "O juiz, titular ou substituto, que concluir a audiência, julgará a lide, salvo se estiver convocado, licenciado, afastado por qualquer motivo, promovido ou aposentado, caso em que passará os autos ao seu sucessor". Em vista disso, somente está obrigado a proferir sentença, ressalvadas as hipóteses acima, o juiz que presenciou a colheita da prova. Inexiste regra expressa que preveja a não aplicação deste postulado no âmbito do julgamento dos crimes dolosos contra a vida; portanto, ao procedimento especial do Júri deve incidir o princípio da identidade física do juiz; **B:** a *resposta à acusação*, diferentemente da revogada *defesa prévia*, constitui um dever imposto à defesa. Bem por isso, se o acusado, citado pessoalmente, deixar de apresentar a resposta no prazo legal, é de rigor a nomeação, pelo juiz, de defensor, que deverá, dentro do prazo de dez dias, oferecer defesa *escrita*; **C:** as mais recentes leis de reforma não unificaram os ritos de primeiro grau; segundo a atual redação do art. 394 do CPP, o procedimento se divide em *comum* e *especial*. O comum é subdividido em *ordinário*, *sumário* e *sumaríssimo*. O procedimento comum sumário será adotado quando se tratar de crime cuja sanção máxima seja inferior a quatro anos e superior a dois (art. 394, § 1º, II, CPP); o rito ordinário, por sua vez, terá lugar sempre que se tratar de crime cuja sanção máxima cominada for igual ou superior a quatro anos de pena privativa de liberdade (art. 394, § 1º, I, CPP); já o sumaríssimo é aplicado ao processamento e julgamento das infrações penais de menor potencial ofensivo (aquelas em que a pena máxima cominada não exceda a dois anos - art. 61, Lei 9.099/1995); **D:** está correta a assertiva quando afirma que, no procedimento de competência originária do STF e do STJ, é assegurado ao réu o direito de apresentar resposta à acusação, no prazo de quinze dias, após o recebimento da peça acusatória (art. 4º da Lei 8.038/1990); é falsa, no entanto, a afirmação de que o interrogatório será feito ao final da instrução, visto que o art. 7º desta mesma Lei estabelece que o interrogatório é o primeiro ato da fase instrutória; **E:** correta, visto que reflete o disposto no art. 5º da Lei 8.038/1990.

Gabarito "E"

(Ministério Público/RS – 2008) Assinale a alternativa CORRETA.

Um agente da polícia judiciária pratica o crime previsto no artigo 312 do Código Penal (peculato), apropriando-se de vasta quantidade de material existente no almoxarifado da repartição em que está lotado. Com base em farta documentação que presume a existência do delito, o Ministério Público oferece denúncia.

(A) A denúncia será recebida pelo juiz, que determinará a citação do acusado;

(B) A denúncia será recebida pelo juiz, que designará audiência de instrução e julgamento;

(C) O juiz determinará a notificação do acusado, para responder por escrito, no prazo de quinze dias;

(D) A denúncia será recebida pelo juiz, que procederá na forma do artigo 394 do CPP (designação de dia e hora para interrogatório e determinação de citação);

(E) O juiz determinará a notificação do acusado para proceder na forma do artigo 395 do CPP (abertura do prazo de três dias para apresentação de alegações escritas e indicação de testemunhas).

A *defesa preliminar*, prevista no art. 514 do CPP, somente terá incidência nos crimes afiançáveis praticados por funcionário público contra a administração pública (chamados delitos funcionais, como é o caso do peculato). Impende, aqui, registrar que, em face do que enuncia a Súmula nº 330 do STJ, a formalidade imposta por este dispositivo somente se fará necessária quando a denúncia se basear em outras peças de informação que não o inquérito policial (é, portanto, o caso narrado no enunciado). Ademais disso, a *notificação* para apresentação da defesa preliminar não se estende ao particular.

Gabarito "C"

(Ministério Público/SP – 2010) No processo comum, o acusado pode ser absolvido sumariamente (art. 397, Código de Processo Penal) quando:

(A) a denúncia for inepta.

(B) o autor da infração penal agiu manifestamente em legítima defesa.

(C) não existirem suficientes indícios de autoria ou prova da materialidade do fato.

(D) o Ministério Público for parte ilegítima para o exercício da ação penal.

(E) houver dúvida sobre a sua inimputabilidade.

As hipóteses de *absolvição sumária*, contidas no art. 397 do CPP, constituem inovação introduzida pela Lei 11.719/2008. A correspondente à assertiva "B" encontra-se no inciso I do dispositivo. As outras alternativas contêm assertivas que se amoldam às hipóteses de *rejeição da inicial*, descritas no art. 395 do CPP.

Gabarito "B"

14. PROCESSO DE COMPETÊNCIA DO JÚRI

(Ministério Público/DF – 2013) Sobre o Tribunal do Júri, é **INCORRETO** afirmar:

(A) Seu procedimento desdobra-se em juízo da acusação, que analisa a admissibilidade da pretensão punitiva, e juízo da causa, que diz respeito ao mérito da acusação.

(B) Se o acusado houver permanecido preso durante a instrução criminal, a pronúncia do juiz importará em automática manutenção da cautela extrema, sendo, por outro lado, necessária a motivação do decreto de prisão na hipótese de o pronunciado encontrar-se solto.

(C) A decisão de impronúncia não faz coisa julgada formal e material.

(D) Se o advogado do acusado, regularmente intimado, não comparecer à sessão de julgamento, e não houver escusa legítima, o julgamento será adiado uma única vez, cabendo ao juiz-presidente intimar a Defensoria Pública para o novo julgamento.

(E) Nos termos da lei, o sistema de colheita de depoimentos em plenário é, para as partes, o do exame direto e cruzado, ao passo que, para os jurados, o sistema é o indireto, ou presidencialista.

A: assertiva correta. De fato, o procedimento do júri, chamado de *bifásico* ou *escalonado*, é constituído pelo *sumário de culpa* (*judicium accusationis*), em que se faz um juízo de admissibilidade da acusação, e pelo *judicium causae*, em que se julga propriamente o mérito da acusação, também chamada, por isso, de fase do *juízo de mérito*; **B:** assertiva incorreta, devendo ser assinalada. Com a reforma promovida pela Lei 11.689/2008 no CPP, a prisão decorrente de pronúncia, que era automática, restou abolida. Com isso, o juiz, ao pronunciar o acusado, deverá manifestar-se quanto à manutenção da sua prisão; é dizer, se ela for mantida, deverá justificar; o mesmo se diga se o pronunciado encontrar-se solto: se o juiz houver por bem decretar-lhe a prisão preventiva, deverá justificar tal providência, à luz dos requisitos contidos no art. 312 do CPP; **C:** assertiva correta, a decisão de pronúncia não faz coisa julgada material, na medida em que, enquanto não ocorrer a extinção da punibilidade, poderá, se houver prova nova, ser formulada nova denúncia (art. 414, parágrafo único, do CPP); **D:** assertiva correta (art. 456, §§ 1º e 2º, do CPP); **E:** assertiva correta (art. 473, *caput* e § 2º, do CPP).

Gabarito "B"

(Ministério Público/GO – 2013) No que importa à competência e ao procedimento do Júri, leia as alternativas abaixo e marque a incorreta:

(A) Fraga, um conhecido professor de ciência política e militante de partido radical, resolveu partir da cidade do Rio de Janeiro a Brasília-DF, a fim de participar de manifestações populares na capital da república. Contagiado pela multidão que tomava conta da Praça dos Três Poderes, ao ver passar em seu carro oficial o presidente do Senado, e em razão de nutrir uma profunda aversão política por Sua Excelência, Fraga sacou a pistola que trazia consigo e disparou contra a mencionada autoridade, que imediatamente foi levada ao Hospital Sírio Libanês, em São Paulo, onde veio a falecer. Nessa situação, Fraga responderá por seu crime, cometido por razões políticas, perante o Tribunal do Júri de Brasília-DF.

(B) cabe ao magistrado singular, por ocasião da sentença condenatória, e não ao Conselho de Sentença, considerar as circunstâncias agravantes e atenuantes que forem objeto dos debates.

(C) operando-se a desclassificação quanto ao crime doloso contra a vida, ao juiz presidente caberá o julgamento da imputação desclassificada, assim como dos crimes conexos. No entanto, se os jurados votarem pela absolvição do acusado no que concerne ao crime doloso contra a vida, caberá ao Conselho de Sentença, também, o julgamento das infrações conexas.

(D) Caio praticou um homicídio qualificado em 1994. Denunciado pelo Ministério Público, o processo penal seguiu à revelia do réu que, citado por edital, não compareceu em juízo para exercitar o seu direito de defesa e tampouco constituiu advogado. Em 1995 Caio foi pronunciado, tendo-se iniciado a chamada crise de instância. Nessa conjuntura, em razão de Caio jamais ter tido ciência da existência do processo contra si instaurado, em conformidade com a jurisprudência do STJ em torno da questão, não poderá o réu ser intimado da pronúncia por edital, consoante preconiza o art. 420, parágrafo único, do Código de Processo Penal.

A: assertiva incorreta, devendo ser assinalada. O crime praticado por Fraga está capitulado no art. 29 da Lei 7.170/1983 (homicídio praticado contra presidente do Senado). O julgamento, neste caso, caberá à Justiça Militar da União, conforme estabelece o art. 30 do mesmo diploma; **B:** assertiva correta (art. 492, I, *b*, do CPP); **C:** assertiva correta, nos termos do art. 492, §§ 1º e 2º, do CPP; **D:** assertiva correta. Conferir: "Intimação. Pronúncia. Citação por Edital. Há a necessidade de intimação pessoal da sentença de pronúncia quando o réu foi citado por edital. No caso, a citação ocorreu antes de o art. 366 do CPP ser alterado pela Lei 9.271/1996, o qual não determinava a suspensão do processo se o acusado houvesse sido citado por edital, como hoje dispõe. Seguindo a norma então vigente, o processo prosseguiu à revelia da ré até a pronúncia, quando ficou suspenso por ser, naquele momento, essencial a intimação pessoal da acusada, a qual não foi localizada. Com o advento da Lei 11.689/2008, que permite a intimação da pronúncia por edital, o tribunal *a quo* procedeu, assim, à intimação. No entanto, a Turma, por maioria, entendeu que a intimação editalícia da pronúncia somente pode ocorrer quando o réu tomou conhecimento da ação contra ele promovida, de forma inconteste, seja pela sua citação pessoal, pelo seu comparecimento em cartório ou pela constituição de advogado. Portanto, a nova norma (art. 420, parágrafo único, do CPP) deve ser interpretada em consonância com o art. 366 do mesmo Código, ou seja, há impossibilidade da intimação por edital daquele citado fictamente para defender-se. O Min. Relator ressaltou que tal entendimento está em consonância com o Pacto de San José da Costa Rica, que assegura a todo acusado a comunicação prévia e pormenorizada da acusação formulada. Dessa forma, a ordem foi concedida para declarar a nulidade da intimação por edital da pronúncia, devendo serem obstados os atos processuais até a intimação pessoal da paciente. Precedente citado: HC 172.382-RJ, *DJe* 15.06.2011" (HC 152.527-MG, rel. Min. Og Fernandes, julgado em 17.04.2012).

Gabarito "A"

(Ministério Público/MG – 2014) O jurado, integrando o Conselho de Sentença, impôs como obrigação e recebeu do réu polpuda soma para absolver o homicida.

Cometeu crime de:

(A) Extorsão.

(B) Prevaricação.

(C) Concussão.

(D) Corrupção passiva.

É importante que fique claro, de antemão, que o jurado é considerado, para efeitos penais, funcionário público, já que exerce *função* pública (art. 327, *caput*, do CP). Dito isso, cabe, agora, estabelecer em que tipo penal se enquadra a conduta do jurado que impõe ao réu, como condição para votar pela sua absolvição, o pagamento de determinada quantia em dinheiro. Note que o enunciado fala em *imposição*, e não em *solicitação*. Sendo assim, deve ficar afastada a prática do crime de *corrupção passiva* (art. 317, CP), cujo núcleo do tipo é representado pelo verbo *solicitar*, que tem o sentido de *pedir*. Não foi isso que ocorreu: o jurado não solicitou, mas exigiu, impôs, ordenou, como condição para votar a favor do réu, o pagamento de dinheiro, razão por que deve ser-lhe imputado o crime de *concussão*, previsto no art. 316, *caput*, do CP. Veja que a exigência formulada pelo jurado traz ínsita uma ameaça ao réu (vítima, neste caso), que, sentindo-se intimidado, acuado, acaba por ceder, entregando ao agente a vantagem indevida por ele perseguida.

Gabarito "C"

(Ministério Público/MS – 2013 – FADEMS) A respeito do procedimento relativo aos processos da competência do tribunal do júri, assinale a opção **incorreta**:

(A) Pronunciado o réu pelo delito doloso contra vida, de regra, deve o juiz remeter a julgamento pelo Tribunal do Júri os crimes conexos, sem proceder qualquer análise de mérito ou de admissibilidade quanto a eles.

(B) A situação de a vítima, ou o agressor, ou ambos, serem pessoas conhecidas no local da infração, o que, certamente, provocaria o debate prévio na comunidade a respeito do fato, não é suficiente para o desaforamento.

(C) O assistente somente será admitido se tiver requerido sua habilitação até cinco dias antes da data da sessão na qual pretende atuar.

(D) Conforme entendimento do Supremo Tribunal Federal, é nulo o julgamento ulterior pelo júri com a participação de jurado que funcionou em julgamento anterior.

(E) Na elaboração dos quesitos o Juiz de Direito poderá redigi-los livremente, vedada a admissão de teses que não constem expressamente da denúncia ou dos debates orais no Plenário.

A: correta. Acerca dos crimes conexos àqueles de competência do Tribunal do Júri, a lição de Guilherme de Souza Nucci: "Devem ser incluídos na decisão de pronúncia, sem qualquer avaliação de mérito por parte do juiz. Quando se vislumbra a competência do Tribunal do Júri para o delito principal – crime doloso contra a vida – as infrações penais conexas devem ser analisadas, na integralidade, pelos jurados. Não cabe ao magistrado togado qualquer avaliação acerca da tipicidade, ilicitude e culpabilidade no tocante aos conexos" (**Código de Processo Penal Comentado**, 12. ed. São Paulo: Revista dos Tribunais, 2013. p. 820); **B:** correta. Nesse sentido o magistério de Guilherme de Souza Nucci**:** "Notoriedade da vítima ou do agressor: não é motivo suficiente para o desaforamento. Em muitos casos, homicídios ganham notoriedade porque a vítima ou o agressor – ou ambos – são pessoas conhecidas no local da infração, certamente provocando o debate prévio na comunidade a respeito do fato. Tal situação deve ser considerada normal, pois é impossível evitar que pessoas famosas ou muito conhecidas, quando sofrem ou praticam crimes, deixem de despertar a curiosidade geral em relação ao julgamento (...)" (**Código de Processo Penal Comentado**, 12. ed. São Paulo: Revista dos Tribunais, 2013. p. 838); **C:** correta, pois corresponde à redação do art. 430 do CPP; **D:** correta. Conferir o teor da Súmula n. 206 do STF: "É nulo o julgamento ulterior pelo júri com a participação de jurado que funcionou em julgamento anterior do mesmo processo"; **E:** incorreta, devendo ser assinalada, pois não corresponde ao que estabelece o art. 482 do CPP.

Gabarito "E"

(Ministério Público/MS – 2013 – FADEMS) Analise as assertivas referentes aos processos de competência do júri:

I. A impronúncia, uma decisão que encerra a primeira fase do *judicium acusationis* sem inaugurar a segunda, deve ser impugnada através de recurso em sentido estrito.

II. O juiz, ao pronunciar o réu, constatando seus péssimos antecedentes criminais, deverá manter sua prisão ou, tratando-se de réu solto, deverá ordenar sua prisão.

III. Provada nos autos a inexistência do fato, deve o juiz impronunciar o acusado.

IV. Segundo o entendimento atual do Supremo Tribunal Federal, é vedada a *reformatio in pejus* no direito processual penal brasileiro, de modo que decisões posteriores, mesmo que oriundas do Tribunal do Júri, não poderiam impor valores superiores aos da primeira condenação que tenha transitado em julgado para a acusação.

São **corretas:**

(A) Somente as assertivas II e III.

(B) Somente as assertivas III e IV.

(C) Somente as assertivas I, II e IV.

(D) Somente a assertiva IV

(E) Somente as assertivas I e II.

I: incorreta, pois não reflete o disposto no art. 416 do CPP, que estabelece que a impronúncia e a absolvição sumária desafiam recurso de apelação; **II:** a decretação ou manutenção da prisão cautelar (provisória ou processual), assim entendida aquela que antecede a condenação definitiva, deve sempre estar condicionada à demonstração de sua imperiosa necessidade. Bem por isso, deve o magistrado apontar as razões, no seu entender, que a tornam indispensável (art. 312 do CPP). Colocado de outra forma, a prisão provisória ou cautelar somente se justifica dentro do ordenamento jurídico quando necessária ao processo. Deve ser vista, portanto, como um instrumento do processo a ser utilizado em situações excepcionais. É por essa razão que as prisões decorrentes de pronúncia e de sentença penal condenatória recorrível deixaram de constituir modalidade de prisão cautelar. Eram prisões automáticas, já que, com a prolação da sentença condenatória ou com a prolação da decisão de pronúncia, o réu era recolhido ao cárcere (independente de a prisão ser necessária). Nesse contexto, o acusado era considerado presumidamente culpado. A presença de péssimos antecedentes criminais não pode, por si só, autorizar o decreto de prisão preventiva. Com as modificações introduzidas pelas Leis 11.689/2008 e 11.719/2008 e também em razão da atuação dos tribunais, esta modalidade de prisão cautelar deixou de existir, consagrando, assim, o postulado da presunção de inocência. Em vista dessa nova realidade, se o acusado permanecer preso durante toda a instrução, a manutenção dessa prisão somente terá lugar se indispensável for ao processo, pouco importando se, uma vez condenado em definitivo, permanecerá ou não preso. A prisão desnecessária decretada ou mantida antes de a sentença passar em julgado constitui antecipação da pena que porventura seria aplicada em caso de condenação, o que representa patente violação ao princípio da presunção de inocência, postulado esse de índole constitucional – art. 5º, LVII. De se ver ainda que, tendo em conta as mudanças implementadas pela Lei 12.403/11, que instituiu as medidas cautelares alternativas à prisão provisória, esta somente terá lugar diante da impossibilidade de se recorrer às medidas cautelares. Dessa forma, a prisão, como medida excepcional que é, deve também ser vista como instrumento subsidiário, supletivo; **III:** provada a inexistência do fato, deverá o juiz absolver o acusado sumariamente (art. 415, CPP). A impronúncia terá lugar diante da inexistência de prova da materialidade do fato ou da não presença de indícios suficientes de autoria (art. 414, CPP); **IV:** correta. Conferir: STF, HC 89.544-RN, Min. Cezar Peluso, 14.04.2009.

Gabarito "D"

(Ministério Público/SP – 2013 – PGMP) Assinale a alternativa que está em desacordo com disposições legais vigentes relacionadas com a decisão de pronúncia.

(A) Da decisão de pronúncia cabe recurso em sentido estrito.

(B) Na decisão de pronúncia, é dispensável motivação para a manutenção da prisão provisória anteriormente decretada.

(C) A decisão confirmatória de pronúncia constitui causa interruptiva de prescrição.

(D) A intimação da decisão de pronúncia ao acusado solto será procedida por edital, se não encontrado para intimação pessoal.

(E) Ainda que preclusa a decisão de pronúncia, a classificação do crime pode ser alterada ante o advento de circunstância superveniente.

A: correta, nos termos do art. 581, IV, do CPP; **B:** incorreta, devendo ser assinalada, pois contraria a regra estampada no art. 413, § 3º, do CPP; **C:** correta (art. 117, III, do CP); **D:** correta (art. 420, parágrafo único, do CPP); **E:** correta (art. 421, § 1º, do CPP).

Gabarito "B"

(Ministério Público/SP – 2013 – PGMP) Assinale a alternativa que está em desacordo com disposições do Código de Processo Penal relacionadas com procedimentos de competência do Tribunal do Júri.

(A) Não se admite pedido de desaforamento do julgamento pelo Tribunal do Júri estando pendente recurso contra a decisão de pronúncia.

(B) O assistente de acusação tem legitimidade para requerer o desaforamento.

(C) Os jurados excluídos por suspeição ou impedimento não serão computados na formação do *quorum* para instalação da sessão de julgamento do Tribunal do Júri.

(D) Está impedido de servir o jurado que, em caso de concurso de agentes, integrou Conselho de Sentença que julgou anteriormente outro dos acusados no processo.

(E) Na instrução em plenário do Júri, é permitido aos jurados formular perguntas ao ofendido, testemunhas e acusado, desde que por intermédio do Juiz-Presidente.

A: correta, pois em conformidade com o art. 427, § 4º, do CPP; **B:** correta, pois reflete o disposto no art. 427, *caput,* do CPP; **C:** incorreta, devendo ser assinalada, nos termos do art. 463, § 2º, do CPP; **D:** correta (art. 449, II, do CPP); **E:** correta, nos termos dos arts. 473, § 2º, e 474, § 2º, do CPP. Cuidado: tal regra não se aplica no âmbito do procedimento comum, em relação ao qual, dado o que dispõe o art. 212, *caput,* do CPP, as partes formularão suas perguntas diretamente às testemunhas. Antes de o Código de Processo Penal ser alterado pela Lei de Reforma nº 11.690/2008, vigia, entre nós, o *sistema presidencialista,* pelo qual a testemunha, depois de inquirida pelo juiz, respondia, por intermédio deste, às perguntas formuladas pelas partes. Por este sistema, não podiam acusação e defesa formular seus questionamentos diretamente à testemunha, o que somente era feito por meio do juiz. Pois bem. Com a alteração promovida pela Lei 11.690/2006 na redação do art. 212 do CPP, o *sistema presidencialista,* até então em vigor, deu lugar ao chamado sistema *cross examination,* segundo o qual as partes passam a dirigir suas indagações às testemunhas sem a intermediação do magistrado, de forma direta.

Gabarito "C"

(Ministério Público/AC – 2008) Em relação ao processo referente ao Tribunal do Júri, assinale a alternativa correta.

(A) O prazo para o oferecimento de resposta por parte do réu, após o recebimento da denúncia, é de 10 dias contados a partir da juntada do mandado de citação aos autos.

(B) Apresentada a resposta pelo réu, o juiz, de pronto, designará audiência para a inquirição de testemunhas.

(C) O prazo para o Ministério Público se manifestar em alegações finais orais é de 20 minutos, prorrogáveis por mais 10, independentemente do número de acusados constantes no processo.

(D) O assistente de acusação apresentará suas alegações finais após o Ministério Público, pelo prazo de 10 minutos, o que determinará o acréscimo de igual tempo no prazo das alegações finais da defesa.

A: incorreta, pois, na dicção do art. 406, § 1º, do CPP, o prazo de dez dias para o oferecimento da resposta escrita terá como termo inicial o efetivo cumprimento do mandado, e não a juntada deste aos autos; **B:** incorreta. Oferecida a resposta escrita do art. 406, § 3º, do CPP, se esta contiver preliminares e documentos, será o MP ouvido no prazo de cinco dias (art. 409, CPP). Depois disso e dentro do prazo de dez dias, o juiz determinará a inquirição das testemunhas e a realização das diligências requeridas pelas partes (art. 410, CPP); **C:** incorreta, pois não reflete o disposto no art. 411, § 5º, do CPP; **D:** correta, pois reflete o disposto no art. 411, § 6º, do CPP.

Gabarito "D"

(Ministério Público/AC – 2008) Em relação ao processo referente ao Tribunal do Júri, assinale a alternativa correta.

(A) O juiz-presidente, ao invocar, de ofício, questão que envolva a extinção da punibilidade do acusado, deve ouvir o Ministério Público e a defesa antes de pronunciar sua decisão.

(B) O juiz-presidente, ao de ofício invocar questão que envolva a extinção da punibilidade do acusado, deve ouvir unicamente o Ministério Público antes de pronunciar sua decisão, por ser o principal afetado por ela. .

(C) O juiz-presidente, ao de ofício invocar questão que envolva a extinção da punibilidade do acusado, deve ouvir o Ministério Público, o assistente de acusação, o ofendido e a defesa antes de pronunciar sua decisão.

(D) Pode seu juiz-presidente julgar de ofício questão envolvendo a extinção da punibilidade do acusado, sem necessidade de ouvir as partes do processo.

O art. 497 do CPP, que trata das atribuições do juiz-presidente do Tribunal do Júri, estabelece, em seu inciso IX, que ao magistrado cabe decidir, de ofício, depois de ouvidos MP e defesa, ou a requerimento de qualquer destes, a arguição de extinção da punibilidade.

Gabarito "A"

(Ministério Público/AC – 2008) É correto afirmar que, no processo referente ao Tribunal do Júri,

(A) a ausência de comprovação da materialidade do fato ou da existência de indícios suficientes da autoria ou participação autoriza o juiz a absolver sumariamente o acusado.

(B) a ausência de comprovação da materialidade do fato ou da existência de indícios suficientes da autoria ou participação autoriza o juiz a impronunciar o acusado.

(C) contra a sentença de impronúncia ou de absolvição sumária caberá recurso em sentido estrito.

(D) o juiz pronunciará o acusado, desde que esteja convencido da autoria ou de participação e da existência de indícios suficientes da materialidade do fato.

A e **B:** arts. 414 e 415 do CPP, que tratam, respectivamente, da impronúncia e da absolvição sumária; **C:** incorreta, pois não reflete o disposto no art. 416 do CPP, que estabelece que a impronúncia e a absolvição sumária desafiam recurso de apelação; **D:** o juiz somente pronunciará o acusado se convencido da materialidade do fato (não bastam indícios) e da existência de indícios suficientes de autoria (art. 413 do CPP).

Gabarito "B"

(Ministério Público/AC – 2008) A intimação da decisão de pronúncia será feita pessoalmente ao acusado,

(A) ao defensor constituído e ao Ministério Público.

(B) ao defensor nomeado, ao assistente de acusação e ao Ministério Público.

(C) ao defensor nomeado e ao Ministério Público.

(D) ao defensor nomeado, ao querelante e ao Ministério Público.

Art. 420, I, do CPP.

Gabarito "C"

(Ministério Público/AC – 2008) Uma vez preclusa a decisão de pronúncia, e diante da existência de circunstância superveniente que altere a classificação do crime, deve o juiz determinar

(A) a remessa dos autos ao Ministério Público, para a adoção das providências que julgar cabíveis.

(B) a renovação da instrução probatória, a fim de reinquirir as testemunhas já ouvidas anteriormente.

(C) a realização de nova audiência, a fim de que as partes possam apresentar novas alegações finais orais.

(D) ao Ministério Público a emenda da ação penal condenatória, a fim de nela inserir a circunstância superveniente não prevista inicialmente na denúncia.

Art. 421, § 1º, do CPP.

Gabarito "A"

(Ministério Público/AC – 2008) No processo referente ao Tribunal do Júri, o desaforamento pode ser determinado

(A) pelo juiz-presidente, a partir do oferecimento da denúncia, e ser requerido unicamente pelo Ministério Público, pelo querelante, pelo assistente de acusação e pelo acusado.

(B) pelo juiz-presidente, a partir do recebimento da denúncia, e ser requerido pelo Ministério Público, pelo querelante, pelo assistente de acusação e pelo acusado.

(C) pelo Tribunal competente após a decisão de pronúncia, e ser requerido pelo Ministério Público, pelo querelante, pelo assistente de acusação e pelo acusado, sendo vedado ao juiz *a quo* provocá-lo de ofício.

(D) pelo Tribunal competente após a decisão de pronúncia, mediante provocação de ofício pelo juiz *a quo*, bem como a requerimento do Ministério Público, do querelante, do assistente de acusação e do acusado.

A competência para determinar o desaforamento é sempre do Tribunal, que o fará mediante representação do juiz-presidente, ou atendendo a requerimento formulado pelo MP, pelo assistente, pelo querelante ou mesmo pelo acusado – art. 427, *caput*, do CPP.

Gabarito "D"

(Ministério Público/ES – 2005) Ocorrerá despronúncia quando:

(A) o Tribunal de 2ª instância cassar a decisão de pronúncia.

(B) a impronúncia for julgada improcedente pelo Tribunal de 2a instância.

(C) o Conselho de Sentença negar a existência do crime lançado na pronúncia.

(D) o juiz não se convencer da prova da existência do crime ou de indícios de autoria.

(E) o juiz se retratar da decisão de pronúncia em face de recurso de apelação interposto pelo réu.

Consiste a ***despronúncia*** na decisão do tribunal que julga procedente recurso interposto pela defesa em face da decisão de pronúncia. É também a decisão prolatada pelo magistrado ao reformar sua própria decisão de pronúncia.

Gabarito "A"

(Ministério Público/GO – 2012) Com relação ao procedimento relativo aos processos da competência do Tribunal do Júri, é acertado dizer que:

(A) poderá ser determinado o desaforamento, em razão de comprovado excesso de serviço, se o julgamento não puder ser realizado no prazo de 6 (seis) meses, contado do trânsito em julgado da decisão de pronúncia;

(B) a leitura de jornais ou qualquer outro escrito, bem como a exibição de vídeos, gravações, fotografias, laudos, croquis ou qualquer outro meio assemelhado, cujo conteúdo versar sobre matéria de fato submetida à apreciação e julgamento dos jurados, poderão ser feitos durante o julgamento, desde de que a juntada aos autos do documento ou objeto a ser exibido ocorra com a antecedência mínima de 3 (três) dias corridos, dando-se ciência à parte contrária.

(C) a fundamentação da decisão de pronúncia limitar-se-á à indicação da materialidade e da existência de indícios suficientes de autoria ou de participação em crime doloso contra a vida, podendo as partes fazer referências à decisão de pronúncia como argumento de autoridade que beneficie o acusado, como corolário do princípio da plenitude de defesa;

(D) durante os debates, a acusação poderá replicar e a defesa treplicar, vedada a reinquirição de testemunhas já ouvidas em plenário;

A: proposição correta, já que em conformidade com o que prescreve o art. 428, *caput*, do CPP; **B:** incorreta, pois o art. 479, *caput*, do CPP estabelece o prazo em dias úteis, e não em dias corridos; **C:** incorreta, pois em desconformidade com o disposto no art. 478, I, do CPP; **D:** incorreta, pois em desacordo com o estabelecido no art. 476, § 4º, do CPP.

Gabarito "A"

(Ministério Público/MG – 2010.2) Segundo as regras estabelecidas no Código de Processo Penal, na elaboração dos quesitos, o Juiz de Direito

(A) poderá redigi-los livremente, vedada a admissão de teses que não constem expressamente da denúncia ou das alegações emergentes dos debates orais no Plenário.

(B) levará em consideração os termos da pronúncia ou das decisões posteriores que julgaram admissível a acusação, do interrogatório e das alegações das partes.

(C) ficará restrito às teses apresentadas pelas partes durante os debates orais, sob pena de admitir inovação e ofensa indevida ao princípio constitucional da iniciativa das partes.

(D) adotará como sua fonte a denúncia e os requerimentos escritos que as partes deverão apresentar antes de iniciados os debates orais em Plenário.

Art. 482, parágrafo único, do CPP.

Gabarito "B"

(Ministério Público/MG - 2008) Quanto ao rito estabelecido pelo Código de Processo Penal para os crimes de competência do júri, assinale a alternativa INCORRETA.

(A) O jurado deverá ter a idade mínima de dezoito anos.

(B) Nos debates orais, é vedado às partes fazer referências à pronúncia.

(C) Será elaborado quesito obrigatório sobre circunstâncias atenuantes.

(D) O julgamento poderá ser realizado sem a presença do réu.

(E) As partes podem formular perguntas diretamente às testemunhas.

A: art. 436, *caput*, do CPP; **B:** art. 478, I, do CPP; **C:** a reforma implementada pela Lei 11.689/2008 não incluiu no rol do art. 483 do CPP as circunstâncias atenuantes, deixando-as para apreciação do juiz togado (art. 492, I, *b*, do CPP); **D:** arts. 457 e 474, *caput*, do CPP; **E:** art. 472, *caput*, do CPP.

Gabarito "C"

(Ministério Público/MG – 2005) Assinale a alternativa **CORRETA.**

Nos processos por crimes de competência do júri, o desaforamento será admitido quando:

(A) estiver comprovada a parcialidade do Juiz.

(B) houver dúvida sobre a segurança pessoal do réu.

(C) o julgamento não se realizar no período de um ano, contado do recebimento do libelo, desde que o réu ou a defesa tenha concorrido para a demora.

(D) a infração penal for inafiançável e o réu se encontrar preso por mais tempo do que determina a lei.

(E) houver aquiescência do Órgão do Ministério Público, do réu ou do seu defensor.

Art. 427 do CPP, que teve a sua redação determinada por força da Lei 11.689/2008.

Gabarito "B"

(Ministério Público/MS – 2011 – FADEMS) Tício foi denunciado pela prática de homicídio qualificado pelo motivo torpe (art. 121, § 2º, inc. I, Código Penal). A denúncia foi recebida e, no decorrer da instrução processual, a defesa requereu exame de insanidade mental do acusado (art. 149 e seguintes do Código de Processo Penal). Ao final do referido incidente, restou devidamente comprovado que Tício, ao tempo da ação, em razão de doença mental, era inteiramente incapaz de entender o caráter ilícito do fato ou de determinar-se de acordo com esse entendimento. Nos debates, a defesa apresentou como única tese defensiva a inimputabilidade de Tício. Lastreado em tal premissa, responda, respectivamente, a seguinte indagação: Qual decisão deverá ser proferida pelo juiz ao final da primeira fase do procedimento do júri e qual é o recurso cabível?

(A) Impronúncia e apelação.

(B) Desclassificação e recurso em sentido estrito.

(C) Absolvição e apelação.

(D) Pronúncia e recurso em sentido estrito.

(E) Absolvição sumária e apelação.

Arts. 415, IV, e 416 do CPP.

Gabarito "E"

(Ministério Público/PR – 2009) A Constituição Federal assegura, com exclusividade, ao Tribunal do Júri:

(A) soberania dos veredictos, competência para julgar crimes contra a vida, contraditório e plenitude de defesa;

(B) sigilo das votações, soberania dos veredictos, competência para julgar crimes contra a vida e plenitude de defesa;

(C) contraditório, soberania dos veredictos, competência para julgar crimes contra a vida e plenitude de defesa;

(D) competência para julgar crimes contra a vida, sigilo das votações, incomunicabilidade do conselho de sentença e plenitude de defesa;

(E) soberania dos veredictos, contraditório, ampla defesa e sigilo das votações.

Os princípios que regem o Tribunal do Júri estão consagrados no art. 5º, XXXVIII, da CF, a saber: plenitude de defesa; sigilo das votações; soberania dos veredictos; e competência mínima para o julgamento dos crimes *dolosos* contra a vida.

Gabarito "B"

(Ministério Público/RO – 2010 – CESPE) Com relação à primeira fase do procedimento do tribunal do júri, assinale a opção correta.

(A) O juiz absolverá o acusado quando não existir prova de ter este concorrido para a infração penal.

(B) O juiz pronunciará o acusado quando houver indícios suficientes de materialidade e autoria do fato.

(C) O juiz impronunciará o acusado quando restar provado não ser ele autor do fato e não for possível indicar o verdadeiro autor.

(D) As sentenças de pronúncia e impronúncia são impugnáveis por recurso em sentido estrito.

(E) O juiz poderá dar ao fato definição jurídica diversa da constante da acusação, embora, com isso, o acusado fique sujeito a pena mais grave.

A: a assertiva não contempla hipótese de absolvição sumária - art. 415 do CPP; **B:** para que o juiz pronuncie o acusado, a teor do art. 413 do CPP, é necessário que haja *prova da materialidade do fato* (prova de que o fato existiu, aconteceu) e *indícios suficientes de autoria*. Não bastam, portanto, *indícios* de materialidade; indícios de que o fato ocorreu. É necessário mais. O magistrado deve, dessa forma, estar seguro quanto à existência do fato. A dúvida, se existir, deve recair sobre a autoria; **C:** a assertiva, na sua primeira parte, contempla hipótese de absolvição sumária – art. 415, II, do CPP; **D:** com a Lei de Reforma nº 11.689/2008, a decisão de impronúncia passou a ser combatida por meio de apelação – art. 416 do CPP. A pronúncia, por sua vez, deve, sim, ser impugnada por meio de recurso em sentido estrito, nos termos do art. 581, IV, do CPP; **E:** correta, nos termos do art. 383, *caput*, do CPP (*emendatio libelli*).

Gabarito "E"

(Ministério Público/RJ – 2011) Após a reforma pontual operada no processo penal brasileiro, o procedimento do júri sofreu grandes transformações. Quanto ao novo procedimento, pode-se afirmar que:

(A) está previsto na lei dentro dos procedimentos comuns;

(B) está previsto na lei dentro dos procedimentos especiais;

(C) ficou, na lei, fora da previsão clássica dos procedimentos;

(D) podem ser inseridas agravantes e atenuantes na pronúncia;

(E) ao decidir pela absolvição sumária, o juiz deve recorrer de ofício.

O procedimento do júri, voltado ao julgamento dos crimes dolosos contra a vida, antes considerado comum, passou a ser, com as recentes reformas a que foi submetido o CPP, especial, visto que ganhou regramento próprio.

Gabarito "C"

(Ministério Público/SP – 2010) No procedimento do júri, presentes indícios da autoria e prova da materialidade, se ao término da instrução do sumário de culpa ficar provado tecnicamente que o acusado é semi-imputável, o juiz deverá:

(A) pronunciá-lo.

(B) absolvê-lo sumariamente.

(C) impronunciá-lo.

(D) remeter os autos para o juízo comum para a prolação da sentença.

(E) declarar nulo o processo e remeter os autos para o juízo comum.

De fato, se convencido da materialidade do fato e da existência de indícios suficientes de autoria, o juiz deverá *pronunciar* o réu semi-imputável, que, uma vez condenado, fará jus a uma diminuição de pena, não sendo o caso, pois, de *impronunciá-lo*. O réu semi-imputável, dessa forma, não tem direito à absolvição sumária do art. 415 do CPP.

Gabarito "A"

(Ministério Público/SP – 2008) Assinale a alternativa correta.

(A) O procedimento comum sumário deve ser observado nos processos por crimes aos quais a lei comina pena máxima igual ou inferior a 4 (quatro) anos.

(B) Nos processos de competência do tribunal do júri, provada nos autos a inexistência do fato, deve o juiz impronunciar o acusado.

(C) A oitiva do ofendido e das testemunhas antecede ao interrogatório do acusado no procedimento comum ordinário, mas não no procedimento previsto para os processos de competência do tribunal do júri.

(D) Compõem o tribunal do júri 1 (um) juiz togado e 21 (vinte e um) jurados, com idade mínima de 18 (dezoito) anos, dos quais 7 (sete) constituirão o conselho de sentença.

(E) O tempo destinado à acusação e à defesa, nos debates na sessão de julgamento do tribunal do júri, é de uma hora e meia para cada, e de uma hora para a réplica e outro tanto para a tréplica.

A: incorreta (art. 394, § 1º, II, do CPP). Os crimes cuja pena privativa de liberdade seja de quatro anos submetem-se ao procedimento comum ordinário; **B:** incorreta. Provada, nos processos de competência do Tribunal do Júri, a inexistência do fato, deve o juiz absolver o acusado, conforme determina o art. 415, I, do CPP; **C:** incorreta. Tanto em um quanto no outro a oitiva do ofendido e das testemunhas antecede o interrogatório do acusado (arts. 400 e 411 do CPP); **D:** incorreta (arts. 436, *caput*, e 447 do CPP); **E:** correta (art. 477, *caput*, do CPP).

Gabarito "E"

15. JUIZADOS ESPECIAIS

(Ministério Público/DF – 2013) Em processos da competência dos Juizados Especiais Criminais, é **INCORRETO** afirmar:

(A) Nos termos da Lei 9.099/1995, cabe apelação da decisão que recebe a denúncia ou queixa.

(B) O foro competente para o processo por crime de menor potencial ofensivo é o do lugar da prática ilícita.

(C) As intimações de testemunhas se realizam por qualquer meio idôneo de comunicação, mas a citação do acusado é pessoal.

(D) Admite-se, por construção doutrinário-jurisprudencial, a aplicação da transação penal às ações penais privadas.

(E) A Lei 9.099/1995 determina que a competência para julgamento de crime de menor potencial ofensivo é deslocada para o juízo criminal comum, ante a complexidade ou circunstância da causa e ante a não localização do réu para ser pessoalmente citado.

A: assertiva incorreta, devendo ser assinalada. O examinador quis, nesta alternativa, induzir o candidato a erro. É que, como bem sabemos, a decisão que comporta, no âmbito do procedimento sumaríssimo, apelação é a *rejeição* da denúncia ou queixa (e também da sentença), conforme estabelece o art. 82, *caput*, da Lei 9.099/1995; da decisão que *recebe* a denúncia ou queixa não cabe recurso, tanto no procedimento sumaríssimo quanto no ordinário/sumário. Admite-se, quando muito, a impetração de *habeas corpus*; **B:** assertiva correta. O art. 63 da Lei 9.099/1995 estabelece que a competência do Juizado Especial Criminal será determinada em razão do lugar em que foi *praticada* a infração penal. Vale o registro de que, a partir daí, surgiram três teorias a respeito do juiz competente para o julgamento da causa: teoria da atividade: é competente o juiz do local onde se verificou a ação ou omissão; teoria do resultado: a ação deve ser julgada no local onde se produziu o resultado; e teoria da ubiquidade: é considerado competente tanto o juiz do local em que se deu a ação ou omissão quanto aquele do lugar em que se produziu o resultado. Na doutrina e na jurisprudência, predominam as teorias da atividade e da ubiquidade; **C:** assertiva correta, nos termos dos arts. 66 e 67 da Lei 9.099/1995; **D:** assertiva correta. Entre outros consagrados doutrinadores, admitem o emprego da transação penal (art. 76, Lei 9.099/1995) no âmbito dos crimes de ação privada Antonio Scarance Ferandes e Guilherme de Souza Nucci. Segundo este, ao se referir aos crimes de ação privada: "não vemos nenhum sentido em terem eles sido excluídos do contexto da transação. Possivelmente, inspirou-se o legislador na ultrapassada concepção de que a vítima do crime não teria interesse na pena, mas somente na reparação do dano (...)" (*Código de Processo Penal Comentado,* 12ª ed., p. 451). Também nesse sentido tem se inclinado a jurisprudência; **E:** assertiva correta, nos termos do art. 60, parágrafo único, da Lei 9.099/1995.

Gabarito "A"

(Ministério Público/GO – 2013) A Lei dos Juizados Especiais Criminais inaugurou uma nova forma de aplicação do direito penal objetivo por meio da chamada "jurisdição de consenso". Sobre esse diploma tão usual no dia a dia forense, julgue as alternativas abaixo e assinale a correta:

(A) nem todas as infrações penais liliputianas admitem, em tese, a incidência dos institutos despenalizadores previstos na Lei 9.099/1995.

(B) o Supremo Tribunal Federal assentou a inconstitucionalidade sem redução de texto do art. 41 da Lei 11.340/2006, que afastava, em todos os casos, a aplicação da Lei 9.099/1995 aos processos referentes a crimes de violência de gênero contra a mulher.

(C) não acarreta a extinção da punibilidade a celebração da composição civil em crimes de ação penal pública incondicionada, sendo possível, assim, o oferecimento de proposta de transação penal e, em último caso, até mesmo de denúncia.

(D) para além dos institutos despenalizadores, a Lei 9.099/1995 criou uma medida descarcerizadora, por meio da qual foi vedada, em qualquer caso, a lavratura de auto de prisão em flagrante contra o autor de infração penal de menor potencial ofensivo.

A: incorreta conforme gabarito oficial, mas correta, a nosso ver. Infração penal *liliputiana* corresponde à *contravenção penal*. A questão que aqui se coloca é saber se a prática de contravenção penal pode afastar a incidência dos institutos despenalizadores previstos na Lei 9.099/1995. A resposta deve ser afirmativa. Isso porque a contravenção penal praticada contra a mulher no âmbito doméstico (vias de fato, por exemplo) elide a aplicação da Lei 9.099/1995 e, por conseguinte, de seus institutos despenalizadores. É isso que estabelece o art. 41 da Lei 11.340/2006 (Maria da Penha). Assim, forçoso concluir que nem todas as infrações liliputianas (contravenção penal) sujeitam-se aos institutos despenalizadores previstos na Lei 9.099/1995. A esse respeito, conferir: "Violência doméstica – artigo 41 da Lei 11.340/2006 – Alcance. O preceito do artigo 41 da Lei 11.340/2006 alcança toda e qualquer prática delituosa contra a mulher, até mesmo quando consubstancia contravenção penal, como é a relativa a vias de fato (...)" (STF, Pleno, HC 106.212, rel. Min. Marco Aurélio, j. 24.03.2011); **B:** incorreta. O Supremo Tribunal Federal julgou procedente, por unanimidade, a ADC 19, de 09.02.2012, para declarar a constitucionalidade do art. 41 da Lei 11.340/2006; **C:** correta, na medida em que a extinção da punibilidade, como decorrência da renúncia ao direito de queixa ou representação, na composição civil do art. 74 da Lei 9.099/1995, somente se verifica no âmbito da ação penal de natureza privada ou pública condicionada à representação; **D:** incorreta. Na verdade, a medida descarcerizadora consistente na vedação de se impor a prisão em flagrante somente terá lugar se o autor da infração penal de menor potencial ofensivo comparecer à sede do juizado ou firmar compromisso nesse sentido (art. 69, parágrafo único, da Lei 9.099/1995). A contrário senso, será preso em flagrante, pela prática de infração de menor potencial ofensivo, o autor que se recusar a ser encaminhado ao Juizado ou, não sendo isso possível, assumir o compromisso de ali comparecer.

Gabarito "C"

(Ministério Público/SP – 2013 – PGMP) Assinale a alternativa INCORRETA.

(A) Oferecida a denúncia ou a queixa por infração penal de menor potencial ofensivo, o procedimento não prosseguirá perante o Juizado Especial Criminal se o acusado não for encontrado para citação pessoal.

(B) Nas infrações penais ambientais de menor potencial ofensivo, a proposta de transação penal só pode ser formulada desde que tenha havido prévia composição do dano ambiental, ressalvada comprovada impossibilidade.

(C) O artigo 89, § 6º, da Lei nº 9.099/95, estabelece causa interruptiva da prescrição quando dispõe que "não correrá a prescrição" durante o prazo da suspensão condicional do processo.

(D) A lei vigente veda a aplicação dos benefícios da transação penal e suspensão condicional do processo no âmbito da Justiça Militar.

(E) Na ação penal pública, a proposta de transação penal pressupõe o não arquivamento do termo circunstanciado ou peças de informação pelo Ministério Público.

A: correta, pois reflete o teor do art. 66, parágrafo único, da Lei 9.099/1995, que estabelece que, não localizado o acusado para ser citado, as peças serão encaminhadas ao juízo comum para prosseguimento, no qual se procederá, se necessário for, à citação por edital; **B:** correta, pois em conformidade com o que dispõe o art. 27 da Lei 9.605/1998 (Crimes contra do Meio Ambiente); **C:** incorreta, devendo ser assinalada, já que o art. 89, § 6º, da Lei 9.099/1995 contempla hipótese de *suspensão* do prazo prescricional, e não de *interrupção* desse prazo; **D:** correta, pois em consonância com a regra estampada no art. 90-A da Lei 9.099/1995; **E:** correta, nos termos do art. 76, *caput*, da Lei 9.099/1995.

Gabarito "C"

(Ministério Público/ES – 2005) Da decisão de juiz do Juizado Especial Criminal que rejeita a denúncia ou queixa caberá:

(A) recurso em sentido estrito no prazo de 10 dias.

(B) agravo no prazo de 10 dias.

(C) apelação no prazo de 5 dias.

(D) recurso em sentido estrito no prazo de 5 dias.

(E) apelação no prazo de 10 dias.

Art. 82, § 1º, da Lei 9.099/1995.

Gabarito "E"

(Ministério Público/MA – 2002) Em relação ao Juizado Especial Criminal, assinale a alternativa correta:

(A) A competência do Juizado será determinada pelo lugar em que foi praticada a infração penal, bem como, pela prevenção;

(B) A citação será pessoal e far-se-á no próprio Juizado, sempre que possível, por mandado ou edital;

(C) A conciliação será conduzida por juiz togado ou por conciliador que exerça função administrativa na Justiça Criminal;

(D) Tratando-se de ação penal de iniciativa privada ou de ação penal pública condicionada à representação, o acordo homologado acarreta a renúncia ao direito de queixa ou de representação;

(E) Tratando-se de crime de ação penal pública incondicionada, não sendo caso de arquivamento, o Ministério Público não poderá propor a aplicação imediata de pena restritiva de direitos ou multa, a ser especificada na proposta.

A: incorreta (art. 63 da Lei 9.099/1995); **B:** incorreta (art. 66, *caput*, da Lei 9.099/1995); **C:** incorreta (art. 73, parágrafo único, da Lei 9.099/1995); **D:** correta (art. 74, parágrafo único, da Lei 9.099/1995); **E:** incorreta (art. 76, *caput*, da Lei 9.099/1995).

Gabarito "D"

(Ministério Público/MS – 2011 – FADEMS) Analise as afirmativas abaixo relacionadas à Lei de Juizados Especiais (Lei nº 9.099/95):

I. A citação do acusado será sempre pessoal e, sempre que possível, será realizada no próprio Juizado, ou por meio de mandado. Já a intimação será realizada por correspondência, com aviso de recebimento pessoal ou, sendo necessário, por oficial de justiça, independentemente de mandado ou carta precatória, ou ainda por qualquer meio idôneo de comunicação.

II. Não se admitirá a proposta de transação se ficar comprovado ter sido o autor da infração processado pela prática de crime, ter sido o agente beneficiado anteriormente, no prazo de cinco anos, pela aplicação de pena restritiva ou multa e não indicarem os antecedentes, a conduta social e a personalidade do agente, bem como os motivos e as circunstâncias, ser necessária e suficiente a adoção da medida.

III. A suspensão condicional do processo será revogada se, no curso do prazo, o beneficiário vier a ser processado por outro crime ou não efetuar, sem motivo justificado, a reparação do dano. E poderá ser revogada se o acusado vier a ser processado, no curso do prazo, por contravenção, ou descumprir qualquer outra condição imposta.

IV. Caberá apelação, interposta no prazo de dez dias por petição escrita, da qual constarão as razões e o pedido do recorrente, da decisão de rejeição da denúncia ou queixa e da sentença, que será julgada por turma composta de três Juízes em exercício no primeiro grau de jurisdição, reunidos na sede do Juizado.

A análise permite concluir que:

(A) a afirmativa III está verdadeira e a afirmativa IV está incorreta;

(B) as afirmativas I e II estão corretas;

(C) a afirmativa IV está correta e a afirmativa I está incorreta;

(D) apenas a afirmativa II está incorreta;

(E) todas as afirmativas estão corretas.

I: assertiva correta, pois de acordo com o que estabelecem os arts. 66 e 67, *caput*, da Lei 9.099/1995; II: assertiva incorreta. Não fará jus à transação penal, nos termos do art. 76, § 2º, I, da Lei 9.099/1995, o autor dos fatos que tiver sido *condenado*, pela prática de crime, à pena privativa de liberdade, por sentença transitada em julgado. Não basta, pois, para que se negue o benefício ao agente, que o mesmo tenha sido *processado* pela prática de crime, ou seja, o fato de o autor ter sido ou estar sendo submetido a processo por crime não representa óbice à concessão da transação penal; III: assertiva correta, nos termos do art. 89, §§ 3º e 4º, da Lei 9.099/1995; IV: proposição correta, visto que em conformidade com o disposto no art. 82 da Lei 9.099/1995.

Gabarito "D"

(Ministério Público/SP - 2005) No que concerne ao disposto na Lei nº 9.099/95, assinale a alternativa incorreta.

(A) Na apuração das infrações de menor potencial ofensivo, não se admitirá nenhuma espécie de citação ficta.

(B) O interrogatório do autor da infração será realizado após a oitiva da vítima e das testemunhas.

(C) Não se admitirá a proposta de transação penal se ficar comprovado ter sido o autor da infração condenado, pela prática de crime, à pena de multa, por sentença definitiva.

(D) A transação penal só poderá ser proposta ao autor da infração nos casos em que não seja cabível o pedido de arquivamento.

(E) A suspensão condicional do processo (art. 89) poderá ser revogada se o acusado vier a ser processado, no curso do prazo, por contravenção.

A: correta (art. 66, *caput*, da Lei 9.099/1995); **B:** correta (art. 81, *caput*, da Lei 9.099/1995); **C:** incorreta (devendo esta ser assinalada). Somente impedirá a formulação de proposta de transação penal, nos termos do art. 76, § 2º, I, da Lei 9.099/1995, o fato de ser o autor, pela prática de crime, condenado, em sentença definitiva, à pena ***privativa de liberdade***; **D:** correta. Em sendo cabível o pedido de arquivamento do termo circunstanciado, deve o promotor de Justiça deixar de propor a transação penal e promover o arquivamento do feito; **E:** correta (art. 89, § 4º, da Lei 9.099/1995).

Gabarito "C"

(Ministério Público/TO – 2012 – CESPE) Jair, dirigindo de maneira imprudente, causou a colisão de seu veículo com o de Maria, que sofreu lesão corporal grave, consistente na amputação de membro inferior, conforme comprovado por laudo produzido pelo perito que realizou seu exame de corpo de delito.

Com base nessa situação hipotética, assinale a opção correta no que concerne à ação penal.

(A) Em razão da gravidade das lesões sofridas por Maria, o titular da ação penal, nesse caso, é o MP, que deve oferecer denúncia independentemente de manifestação da ofendida.

(B) Maria ou seu representante legal têm o prazo de até seis meses, contado da data do acidente, para oferecer queixa-crime contra Jair, podendo dela se retratar a qualquer tempo.

(C) A ação penal, nessa situação, só pode ser proposta por Maria, não se admitindo a propositura por representante legal nem por seus sucessores, no caso de sua morte ou ausência.

(D) Maria poderá representar criminalmente contra Jair se o MP deixar de oferecer a denúncia no prazo decadencial, caso em que poderá ingressar na relação processual como assistente de acusação.

(E) Nesse caso, a ação penal é pública condicionada à representação da vítima, tendo Maria o prazo decadencial de seis meses, contado da data em que tomou conhecimento de que o autor da lesão foi Jair, para contra ele representar.

A classificação da lesão corporal em *leve* (art. 129, *caput*), *grave* (art. 129, § 1º) e *gravíssima* (art. 129, § 2º) corresponde tão somente à lesão dolosa do Código Penal; a lesão culposa, do CP ou do CTB, não comporta essa classificação, razão por que, em qualquer dessas hipóteses, a ação será pública condicionada à representação do ofendido ou de seu representante legal, conforme expressa previsão do art. 88 da Lei 9.099/1995. No caso de o ofendido falecer ou ser declarado, por decisão judicial, ausente, poderão oferecer a representação, nesta ordem, o cônjuge, o ascendente, o descendente e o irmão. É o que estabelece o art. 24, § 1º, do CPP.

Gabarito "E"

(Ministério Público/TO – 2012 – CESPE) Com base no disposto na Lei nº 9.099/1995 e em suas alterações, assinale a opção correta.

(A) O juiz pode propor a suspensão do processo ainda que o promotor de justiça entenda ser essa medida, em determinado processo, incabível.

(B) No caso, por exemplo, de tentativa de furto qualificado, não é possível a suspensão condicional do processo, pois considera-se, para a concessão do benefício, a redução mínima de um terço em relação ao mínimo da pena cominada, o qual, para a prática de furto qualificado, é de dois anos de reclusão.

(C) O descumprimento de acordo firmado em transação penal já homologado pelo juiz possibilita o oferecimento da denúncia por parte do MP.

(D) O benefício da suspensão condicional é aplicável aos processos de julgamento de infrações penais cometidas em concurso material, visto que as penas mínimas previstas para cada uma dessas infrações não são somadas.

(E) Vencido o prazo da suspensão do processo e não havendo revogação, caberá ao juiz declarar extinta a punibilidade.

A: incorreta. Se o membro do MP se recusar a propor a suspensão condicional do processo, cabe ao magistrado, se discordar, aplicar, por analogia, o comando contido no art. 28 do CPP, remetendo a questão para apreciação do Procurador-Geral de Justiça. É esse o entendimento firmado na Súmula nº 696 do STF; **B:** incorreta. O art. 89 da Lei 9.099/1995 estabeleceu, como critério para a concessão do *sursis* processual, a pena mínima em abstrato prevista para o crime. Se assim é, no crime tentado, só se alcançará a pena mínima se aplicado o redutor do art. 14, parágrafo único, do CP no seu patamar máximo (dois terços), o que levará a pena, no caso da tentativa de furto, a 8 meses de reclusão, dentro, pois, do limite estabelecido no art. 89, *caput*, da Lei 9.099/1995. Nesse sentido: TJ/SC, HC 48823, 2ª Câmara Criminal, rel. Jaime Ramos, j. 24.03.2004. *Vide* Súmula nº 723 do STF; **C:** incorreta. A Lei dos Juizados Especiais não previu nenhum tipo de sanção pelo não cumprimento do acordo firmado na transação penal. Na hipótese de a multa não ser paga, cabe ao MP promover a sua execução, nos termos do que prescreve o art. 164 e seguintes da LEP. Em hipótese alguma poderá a multa ser convertida em prisão. No caso de a pena restritiva de direitos imposta não ser cumprida, à míngua de previsão legal, nada há a ser feito; **D:** incorreta, pois contraria o teor das Súmulas nº 243, do STJ, e 723, do STF; **E:** correta, pois corresponde ao que estabelece o art. 89, § 5º, da Lei 9.099/1995.

Gabarito "E"

16. SENTENÇA, PRECLUSÃO E COISA JULGADA

(Ministério Público/ES – 2013 – VUNESP) X foi denunciado pelas práticas dos crimes de estelionato e falsificação de documento público. Nos memoriais, o Ministério Público requereu a condenação de X nos termos da denúncia, enquanto a defesa requereu a absolvição de X por falta de provas. O juiz da causa, entretanto, por entender que a prova existente nos autos trouxe elementos novos aos fatos narrados na inicial acusatória, condenou X por extorsão. Considerando os fatos apresentados, assinale a alternativa correta.

(A) Tendo em vista o desrespeito ao princípio da *ne reformatio in pejus*, a sentença é nula.

(B) Trata-se de sentença válida, pois o juiz pode decidir livremente, desde que o faça de maneira motivada.

(C) A sentença está perfeita tecnicamente por existirem elementos nos autos que autorizam a condenação por crime mais grave; assim, estão devidamente respeitadas as garantias processuais, em especial o princípio do *nemo tenetur se detegere*.

(D) Trata-se de hipótese de *emendatio libeli*; por esse fundamento, o juiz pode atribuir definição jurídica diversa ao fato, ainda que tenha que aplicar pena mais grave.

(E) Trata-se de hipótese de *mutatio libeli*, e por não ter sido aditada a denúncia nem tampouco ouvida a defesa a sentença é nula.

É hipótese de *mutatio libelli*, já que a prova colhida na instrução aponta para uma nova definição jurídica do fato, diversa daquela contida na inicial. Com o advento da Lei 11.719/2008, que modificou a redação do art. 384 do CPP, se o magistrado entender cabível nova definição jurídica do fato em consequência de prova de elementar ou circunstância não contida na inicial, o aditamento pelo Ministério Público passa a ser obrigatório, ainda que a nova capitulação jurídica implique aplicação de pena igual ou menos grave. No panorama anterior, a participação do Ministério Público não era necessária, ou seja, bastava que o processo baixasse para manifestação da defesa e oitiva de testemunhas. No caso narrado no enunciado, o réu foi denunciado pelos crimes de estelionato e falsificação de documento público e, concluída a instrução, chegou-se à conclusão de que o crime em que ele incorreu foi o de extorsão. É de rigor, neste caso, o aditamento pelo MP. Afasta-se, dessa forma, a ocorrência de *emendatio libelli* (art. 383 do CPP), em que o fato permanece inalterado, sem prejuízo, por isso mesmo, para a defesa. A mudança, aqui (*emendatio libelli*), incide na classificação da conduta, levada a efeito pela acusação, no ato da propositura da ação, e retificada pelo juiz, de ofício, no momento da sentença, sendo desnecessário, em vista disso, ouvir a esse respeito o defensor.

Gabarito "E"

(Ministério Público/RR – 2012 – CESPE) A respeito da sentença penal, da coisa julgada e dos recursos em geral, assinale a opção correta.

(A) De acordo com a atual sistemática recursal, as decisões que extinguem a punibilidade, incluídas entre as decisões interlocutórias mistas, ensejam o manejo do recurso de apelação.

(B) Dos efeitos penais da sentença absolutória com trânsito em julgado, por quaisquer dos motivos ou causas arroladas na parte dispositiva, infere-se o exame das alegações das partes, o que impede nova *persecutio criminis* em juízo sob o mesmo fundamento fático, restando preclusa qualquer via impugnativa de seu conteúdo para a acusação.

(C) Na sentença absolutória imprópria, poderá o juiz fixar valor mínimo para reparação dos danos causados pela infração, considerando os prejuízos sofridos pelo ofendido, independentemente de pedido expresso na peça acusatória.

(D) Caso o juiz, antes de proferir sentença, verifique a possibilidade de atribuir ao fato nova definição jurídica, diversa da capitulação encetada pelo órgão de acusação, sem, contudo, modificar a descrição fática contida na denúncia, ainda que, em consequência, tenha de aplicar pena mais grave, deverá ele baixar os autos para manifestação das partes, por expressa disposição legal, devendo haver produção probatória somente nos casos de *mutatio libelli*.

(E) A decisão concessiva de habeas corpus prolatada pelo juízo de primeiro grau com fundamento na atipicidade do fato investigado ou em razão do reconhecimento de causa extintiva de punibilidade desafia o recurso de apelação pelo órgão acusatório.

A: incorreta, pois a decisão que julga extinta a punibilidade desafia recurso em sentido estrito (art. 581, VIII, CPP), e não recurso de apelação; **B:** correta. Se o mérito da causa já foi decidido em favor do acusado, com o trânsito em julgado da sentença penal absolutória, não poderá o julgado, por óbvio, ser objeto de nova avaliação, visto que a decisão tornou-se, porque passou em julgado, imutável. Não poderá o acusado, portanto, pelos mesmos fatos, ser de novo processado. É o que chamamos de coisa julgada material. Cuidado: a mesma sorte não tem a sentença condenatória, que, mesmo depois do trânsito em julgado, poderá ser reavaliada por meio da revisão criminal; **C:** a sentença absolutória imprópria é a que, a despeito de impingir ao acusado medida de segurança, julga improcedente a acusação. Não cabe, neste caso, a fixação de valor mínimo para a reparação dos danos, visto que se trata, como dito, de sentença absolutória; **D:** a proposição corresponde ao fenômeno da emendatio libelli, presente no art. 383 do CPP. Neste caso, deverá o juiz, em obediência à regra contida neste dispositivo, atribuir ao fato a capitulação jurídica que entender mais adequada. Somente seria o caso de baixar os autos para manifestação das partes se a nova capitulação decorresse de modificação dos fatos descritos na exordial. É a hipótese prevista no art. 384 do CPP, que trata da mutatio libelli; **E:** nesta caso, deverá ser manejado o recurso em sentido estrito - art. 581, X, do CPP. Ademais, dado o que dispõe o art. 574, I, do CPP, é hipótese de recurso de ofício.

Gabarito "B"

(Ministério Público/SP – 2010) Encerrada a instrução criminal de um processo em que o acusado foi denunciado pelo crime de furto (art. 155, *caput*, do Código Penal), o juiz entende que estão presentes provas de que, na verdade, o delito praticado por aquele foi de receptação qualificada (art. 180, §1°, do Código Penal), fato não descrito na denúncia. Em consequência, o juiz deverá:

(A) proferir sentença condenatória pelo crime de receptação.

(B) baixar os autos do processo, a fim de que a defesa, no prazo de 8 (oito) dias, se manifeste e requeira prova, podendo ser ouvidas até três testemunhas.

(C) dar ciência ao Ministério Público e designar novo interrogatório do acusado e audiência de debates e julgamento.

(D) remeter os autos ao Ministério Público para proceder ao aditamento da denúncia, no prazo legal, e ouvir o defensor do acusado sobre a nova imputação.

(E) dar ciência ao Ministério Público e à defesa da nova classificação jurídica da infração penal, proferindo, após, a sentença definitiva.

Art. 384 do CPP – *mutatio libelli.*

Gabarito "D"

(Ministério Público/SP - 2005) A decisão que reconhece a exceção de coisa julgada, extinguindo o processo sem julgamento do mérito, denomina-se

(A) absolvição da instância.

(B) cessação da instância.

(C) substituição da instância.

(D) prejudicial de mérito.

(E) disjunção processual.

Art. 95, V, do CPP.

Gabarito "A"

(Ministério Público/TO – 2012 – CESPE) Com relação a sentença e coisa julgada, assinale a opção correta.

(A) São requisitos mínimos para a sentença de pronúncia a certeza da autoria e a prova da existência do crime.

(B) A coisa julgada formal impede, no âmbito processual penal, que qualquer outro juízo ou tribunal reexamine a causa já decidida.

(C) A sentença absolutória imprópria é assim conceituada pela doutrina porque o juiz, ao prolatá-la, apesar de absolver o réu, impõe-lhe o cumprimento de medida de segurança, que é, em sentido amplo, uma sanção penal.

(D) O relatório, requisito formal da sentença, seja qual for o procedimento processual penal, deverá conter, resumidamente, as teses desenvolvidas pelas partes, sob pena de nulidade do ato decisório.

(E) A sentença absolutória que reconheça ter o réu agido com amparo em qualquer uma das causas excludentes de ilicitude faz coisa julgada no juízo cível, afastando a obrigação de reparação do dano eventualmente causado.

A: incorreta. O juiz, na pronúncia, decisão interlocutória mista, deverá indicar, fundamentadamente, a existência do crime (materialidade) e os indícios suficientes de autoria (art. 413, *"caput"* e § 1º, do CPP). O legislador não exigiu, portanto, a certeza de autoria, necessária somente à condenação; **B:** incorreta. Impedirá o reexame da causa, ao menos em regra, a coisa julgada material, não a formal; **C:** correta, visto que corresponde ao conceito de medida de segurança; **D:** incorreta. Ainda que sucinto, o relatório deverá conter todas as teses desenvolvidas pelas partes, acusação e defesa, sob pena de nulidade. Sucede que o relatório, requisito formal da sentença, é dispensável nas sentenças proferidas no âmbito dos Juizados Especiais, conforme expressa previsão do art. 81, § 3º, da Lei 9.099/1995; **E:** proposição, a nosso ver, correta, visto que em conformidade com o teor do art. 65 do CPP.

Gabarito "C"

17. NULIDADES

(Ministério Público/MG – 2014) Segundo os Tribunais Superiores e posição doutrinária dominante, uma denúncia, sabidamente autêntica, que não contém a assinatura do Promotor de Justiça, é:

(A) Absolutamente nula.

(B) Formalmente correta.

(C) Inexistente.

(D) Meramente irregular.

É necessário que a denúncia contenha a identificação do membro do Ministério Público e sua assinatura, sob pena de inexistência do ato, que, entretanto, somente será reconhecida na hipótese de ser impossível a identificação do autor da peça. A mera ausência de assinatura, se identificável seu autor, não pode levar à inexistência do ato, sendo considerada mera irregularidade. A propósito, a opinião de Guilherme de Souza Nucci: "Falta de assinatura na denúncia ou na queixa: quanto à denúncia, tendo em vista que o representante do Ministério Público é órgão oficial, conhecido – ou passível de sê-lo – dos serventuários, e, consequentemente, terá vista aberta para sua manifestação, a falta de assinatura é mera irregularidade, não impedindo o seu recebimento, especialmente se for imprescindível para evitar a prescrição (...)" (*Código de Processo Penal Comentado,* 12. ed., p. 172).

Gabarito "D"

(Ministério Público/MG – 2013) São casos de nulidade absoluta. Assinale a alternativa **FALSA**:

(A) O recebimento de denúncia pelo Tribunal de Justiça de crime de homicídio praticado em concurso de agentes, sendo um deles diplomado como prefeito municipal.

(B) A publicação de condenação proferida pelo Tribunal de Justiça, depois de processar e julgar deputado estadual que teve o mandato extinto, em caso de crime contra a liberdade sexual.

(C) A ratificação do recebimento da denúncia e dos atos decisórios proferidos no âmbito da Justiça Estadual, decorrentes da remessa de feito originário da Justiça Federal, incompetente em razão da matéria.

(D) A instauração de novo processo com denúncia sobre fato julgado em sentença absolutória transitada em julgado, mas proferida por juiz incompetente em razão da matéria.

A: assertiva correta, é caso de nulidade absoluta. É que tanto a competência para o julgamento de prefeito (pelo TJ) quanto a competência para o julgamento dos crimes dolosos contra a vida estão contempladas na Constituição Federal. O coautor que tem foro especial, neste caso o prefeito, será julgado pelo tribunal competente (TJ); já o agente que não dispõe dessa prerrogativa será julgado pelo seu juiz natural, o Tribunal do Júri. Não se aplicam, neste caso, a o art. 78, III, do CPP e a Súmula 704 do STF; **B:** assertiva correta, também é caso de nulidade absoluta, uma vez que, cessado o cargo/função/mandato, a autoridade deixa de ter foro privilegiado, devendo a ação ser julgada pelas instâncias ordinárias; **C:** assertiva incorreta, devendo ser assinalada. Segundo o STF, não é causa de nulidade. Conferir: "*Habeas corpus*. Denúncia. Ministério público estadual. Ratificação. Procuradoria-geral da república. Inquérito no âmbito do STF. Lei 8.038/1990. 1. "Tanto a denúncia quanto o seu recebimento emanados de autoridades incompetentes *rationae materiae* são ratificáveis no juízo competente". Precedentes. 2. Caso em que a notificação para a apresentação de resposta (art. 4º da Lei 8.038/1990), fase anterior ao julgamento em que o Tribunal deliberará pelo recebimento ou rejeição da denúncia (art. 6º da Lei 8.038/1990), não permite se inferir que tenha o relator do inquérito ratificado o ato de recebimento da denúncia, exarado pelo juízo de origem. 3. Alegações formuladas a respeito da inépcia da denúncia que, além de demandarem o exame de provas, insuscetível de realização em sede de *habeas corpus*, inserem-se no âmbito da deliberação a ser realizado oportunamente pelo Tribunal em julgamento que está previsto no art. 6º da Lei 8.038/1990. Ordem indeferida" (HC 83.006, Ellen Gracie); **D:** assertiva correta, é caso de nulidade absoluta. Nesse sentido: "*Habeas corpus*. Processual penal. Sentença absolutória proferida por juiz da infância e da juventude. Ocorrência de trânsito em julgado. Representado maior de idade. Remessa à justiça comum. Constrangimento ilegal. Ordem concedida. 1. A sentença absolutória transitada em julgado, ainda que emanada de juiz absolutamente incompetente não pode ser anulada e dar ensejo a novo processo pelos mesmos fatos. 2. Incide, na espécie, o princípio do *ne bis in idem*, impedindo a instauração de processo-crime pelos mesmos fatos porque foi o paciente absolvido perante Juízo absolutamente incompetente. 3. Não havendo no ordenamento jurídico brasileiro revisão criminal *pro societate*, impõe-se acatar a autoridade da coisa julgada material, para garantir-se a segurança e a estabilidade que o ordenamento jurídico demanda. 4. Ordem concedida" (STJ, HC 36.091, 6ª T., rel. Min. Hélio Quaglia Barbosa, *DJ* 14.03.2005).

Gabarito "C"

(Ministério Público/MS – 2013 – FADEMS) Analise as assertivas, apontando se são verdadeiras (V) ou falsas (F) e assinalando a alternativa **correta**:

I. O Ministério Público não pode arguir a invalidade da citação, em razão da regra de que nenhuma das partes poderá arguir nulidade de formalidade cuja observância só à parte contrária interesse.

II. Conforme entendimento alicerçado pelo Superior Tribunal de Justiça, a defesa preliminar do funcionário público nos crimes de sua responsabilidade, prevista no artigo 514 do Código de Processo Penal, é desnecessária quando a ação penal vem instruída por inquérito policial.

III. É nula a citação por edital que indica o dispositivo da lei penal, embora não transcreva a denúncia ou queixa, ou não resuma os fatos em que se baseia

IV. É relativa a nulidade do processo criminal por falta de intimação da expedição de precatória para inquirição de testemunha

(A) F, F, V, V.

(B) F, V, F, V.

(C) V, F, V, F.

(D) V, V, F, V.

(E) F, V, V, V.

I: falsa. A ausência de citação ou a sua realização em desacordo com as normas processuais constitui *nulidade absoluta*, razão pela qual deve o MP contra ela insurgir-se; a assertiva contempla regra aplicável tão somente no âmbito das *nulidades relativas* (art. 565, CPP); **II:** correta. Em face do que enuncia a Súmula nº 330 do STJ, a formalidade imposta pelo art. 514 do CPP somente se fará necessária quando a denúncia se basear em outras peças de informação que não o inquérito policial. Sempre bom lembrar que a *defesa preliminar* somente terá incidência nos crimes afiançáveis praticados por funcionário público contra a Administração Pública, chamados, bem por isso, de delitos funcionais, como é o caso do peculato. Ademais disso, a *notificação* para apresentação da defesa preliminar não se estende ao particular que haja concorrido com o *intraneus* na prática criminosa; **III:** falsa, pois não corresponde ao entendimento firmado na Súmula n. 366 do STF, *in verbis*: "Não é nula a citação por edital que indica o dispositivo da lei penal, embora não transcreva a denúncia ou queixa, ou não resuma os fatos em que se baseia"; **IV:** correta, pois em conformidade com o entendimento firmado na Súmula n. 155 do STF, a seguir transcrita: "É relativa a nulidade do processo criminal por falta de intimação da expedição de precatória para inquirição de testemunha".

Gabarito "B"

(Ministério Público/MA – 2009) Em ação penal, uma testemunha de defesa, apenas abonatória da conduta do acusado é ouvida por carta precatória antes da última testemunha da acusação. A defesa faz requerimento oportuno ao magistrado que anula as duas últimas oitivas, diante da inversão na coleta da prova. O Promotor de Justiça recorre pretendendo reverter o decreto de nulidade. Tendo em conta os princípios atinentes às nulidades no processo penal, qual dos listados abaixo pode fundamentar o recurso do Ministério Público?

(A) Princípio da convalidação do ato processual.

(B) Princípio do interesse processual.

(C) Princípio da celeridade.

(D) Princípio do prejuízo.

(E) Princípio da ratificação do ato processual.

Em se tratando de *nulidade relativa*, em que o prejuízo não é presumido, é necessário, para se decretar a nulidade do ato, verificar se o mesmo gerou efeitos prejudiciais. É o *princípio do prejuízo*, consagrado no art. 563 do CPP.

Gabarito "D"

(Ministério Público/RR – 2008 – CESPE) Julgue o item seguinte.

(1) Ana, servidora pública, foi indiciada pelo cometimento do crime de prevaricação, crime afiançável, praticado contra a administração pública. Não sendo cabíveis os benefícios previstos na Lei nº 9.099/1995, foi oferecida a denúncia. O juiz determinou a citação da ré para o interrogatório e não concedeu prazo para a apresentação da resposta prévia, prevista no art. 514 do Código de Processo Penal. Nessa situação, operou-se nulidade absoluta, devendo ser declarada a nulidade de todos os atos decisórios proferidos no processo.

A inobservância da formalidade contida no art. 514 do CPP (defesa preliminar) gera nulidade relativa; é a posição do STF.

Gabarito 1E

(Ministério Público/RS – 2009) Leia o relato abaixo. Fídias, funcionário público estadual em Panambi, foi indiciado na Delegacia local por peculato, e, mais tarde, condenado pelo mesmo crime. Ao examinar os autos para apresentações de razões recursais, observou o novo causídico que ocorrera uma nulidade que passou desapercebida de todas as partes, isto é, a não concessão do prazo para a defesa preliminar. Considerando-se os dados apresentados é correto afirmar que se trata de nulidade

(A) absoluta, devendo o rito ser iniciado novamente com a observância da formalidade prevista na lei adjetiva.

(B) relativa devendo a Câmara Criminal proceder à audiência do acusado no Tribunal, para depois decidir o mérito da apelação.

(C) relativa, que restou sanada pelo inquérito policial e pela preclusão.

(D) absoluta, devendo os autos retornar ao Ministério Público para a confecção de nova ação penal.

(E) absoluta, devendo o feito recomeçar na fase das alegações finais, reaproveitando-se a prova testemunhal colhida.

Com a edição da Súmula nº 330 do STJ, a *defesa preliminar* de que cuida o art. 514 do CPP deixou de ser necessária na ação penal alicerçada em inquérito policial. Dessa forma, a formalidade imposta pelo art. 514 do CPP somente se fará necessária quando a denúncia se basear em outras peças de informação que não o inquérito policial.

Gabarito "C"

(Ministério Público/RS – 2008) Assinale a alternativa CORRETA.

As nulidades ocorridas na instrução do crime de induzimento, instigação ou auxílio a suicídio (artigo 122 do CP), deverão ser arguidas:

(A) No prazo de oferecimento do libelo;

(B) No plenário do Tribunal do Júri, tão logo iniciado o julgamento;

(C) Quando do interrogatório do réu levado a efeito no Plenário do Tribunal do Júri;

(D) No prazo das alegações finais;

(E) Nenhuma das alternativas anteriores está correta.

Art. 571, I, do CPP.

Gabarito "D"

(Ministério Público/RS - 2002) O réu foi absolvido sumariamente e o prolator da decisão recorreu de ofício. O Ministério Público e o defensor silenciaram. No Tribunal, o Procurador de Justiça deu parecer pugnando pelo reconhecimento de nulidade absoluta por falta de fundamentação da sentença. O que deverá fazer o Tribunal?

(A) Deverá anular o processo e devolver ao juiz para pronunciar o réu.

(B) Deverá manter a decisão porque inexistente recurso do Promotor de Justiça.

(C) Deverá manter a decisão para não efetivar "reformatio in pejus".

(D) Deverá acolher o parecer do Procurador de Justiça e declarar a nulidade do processo.

(E) Deverá remeter os autos para exame do primeiro substituto do prolator da decisão.

Art. 93, IX, da CF e art. 564, III, *m*, do CPP.

Gabarito "D"

(Ministério Público/SP – 2012 – VUNESP) Considerando a disciplina das nulidades processuais, contida no Código de Processo Penal, é INCORRETO afirmar:

(A) A nulidade por ilegitimidade do representante da parte poderá ser a todo tempo sanada, independentemente da ratificação dos atos processuais.

(B) Nenhum ato será declarado nulo, se da nulidade não resultar prejuízo para a acusação ou para a defesa.

(C) Os atos, cuja nulidade não tiver sido sanada, serão renovados ou retificados.

(D) É causa de nulidade a falta do recurso de ofício, nos casos em que a lei o tenha estabelecido.

(E) A falta ou a nulidade da citação, da intimação ou notificação estará sanada, desde que o interessado compareça, antes de o ato consumar-se, embora declare que o faz para o único fim de argui-la.

A: incorreta, pois não reflete o que estabelece o art. 568 do CPP, que impõe, nesta hipótese, a ratificação dos atos processuais; **B:** correta. Em se tratando de *nulidade relativa*, em que o prejuízo não é presumido, é necessário, para se decretar a nulidade do ato, verificar se o mesmo gerou efeitos prejudiciais. É o *princípio do prejuízo*, consagrado no art. 563 do CPP; **C:** correta, nos termos do art. 573, *caput*, do CPP; **D:** correta, nos termos do art. 564, III, *n*, do CPP; **E:** correta, já que reflete o disposto no art. 570, CPP.

Gabarito "A"

(Ministério Público/SP - 2005) Assinale a alternativa incorreta.

(A) A nulidade relativa pode ser reconhecida pelo juiz, de ofício, a qualquer tempo do processo.

(B) A nulidade pode atingir todo o processo, desde o seu início, parte do processo ou apenas um ato, sem reflexo em qualquer outro.

(C) A nulidade relativa considera-se sanada pelo silêncio das partes, pela efetiva consecução do escopo visado pelo ato não obstante sua irregularidade e pela aceitação, ainda que tácita, dos efeitos do ato irregular.

(D) O princípio da instrumentalidade das formas não admite o reconhecimento da nulidade que não tenha influído na apuração da verdade substancial ou na decisão da causa.

(E) Nos termos da Súmula 156 do Supremo Tribunal Federal, é absoluta a nulidade do julgamento, pelo Júri, por falta de quesito obrigatório.

A: incorreta (devendo esta ser assinalada). A ***nulidade relativa***, para ser reconhecida pelo juiz, há de ser arguida pela parte *oportuno tempore*, sob pena de preclusão. Não pode, pois, ser reconhecida de ofício pelo juiz; **B:** correta (art. 573 do CPP). Incumbe ao juiz que decretar a nulidade fazer menção àqueles atos que serão mantidos ou não; **C:** correta. A nulidade relativa diz respeito a interesse predominantemente das partes, razão pela qual, não demonstrado o prejuízo no momento oportuno, não há que se falar em nulidade do ato; **D:** correta. Prescreve tal princípio que a forma não pode ser entendida como um fim em si mesma, na medida em que o processo nada mais é do que um instrumento para viabilizar a solução de conflitos de interesses; **E:** correta. Súmula 156, STF: "É absoluta a nulidade do julgamento, pelo júri, por falta de quesito obrigatório".

Gabarito "A"

(Ministério Público/TO – 2012 – CESPE) Assinale a opção correta no que se refere às nulidades no processo penal.

(A) De acordo com a CF, o juiz, sob pena de nulidade, deverá motivar o despacho que receba a denúncia, porquanto sua decisão, nessa fase preliminar da ação penal, reveste-se de conteúdo decisório.

(B) A competência determinada pelo lugar em que se consumar a infração penal é relativa, devendo ser arguida em tempo oportuno, sob pena de preclusão.

(C) Tanto a nulidade absoluta quanto a relativa podem ser reconhecidas de ofício, independentemente de requerimento das partes, já que o ato eivado de vício não se convalida no processo e não há prazo para alegá-lo.

(D) A citação de réu preso no distrito da culpa realizada por requisição, caracterizada como mera irregularidade, supre a citação por mandado, desde que convalidada na primeira oportunidade de comparecimento do réu em juízo.

(E) As nulidades da instrução criminal dos processos comuns deverão ser arguidas ao final da audiência de inquirição das testemunhas, ou, de imediato, tão logo ocorram, sob pena de preclusão.

A: segundo jurisprudência dominante, o pronunciamento judicial que analisa a viabilidade da peça acusatória, denúncia ou queixa, deve ser classificado como *despacho*, razão por que não se impõe qualquer forma de motivação. Registre-se que parte significativa da doutrina se insurge contra esse posicionamento, visto que o ato de recebimento da acusação contém evidente carga decisória; **B:** o art. 70 do CPP estabelece que será competente o juízo do lugar onde ocorreu a consumação do crime, ou, na hipótese de delito tentado, no local em que se deu o derradeiro ato de execução. O desrespeito à regra estampada neste dispositivo acarreta *nulidade relativa*, que poderá, portanto, ser sanada; acarretará *nulidade absoluta*, de outro lado, a violação a regra que cuida da competência em razão da matéria e atinente ao foro por prerrogativa de função (art. 564, I, do CPP); **C:** somente a nulidade absoluta pode ser reconhecida pelo juiz de ofício; o reconhecimento da nulidade relativa está condicionado à iniciativa da parte, que deverá provar o prejuízo experimentado; **D:** o Código de Processo Penal, no seu art. 360, determina que o réu preso seja citado pessoalmente (por mandado); **E:** art. 571, II, do CPP.

Gabarito "B"

18. RECURSOS

(Ministério Público/MG – 2014) Sobre o recurso de apelação de sentenças proferidas no Tribunal do Júri, assinale a alternativa INCORRETA:

(A) Em caso de erro na aplicação da pena, deve a sentença ser anulada pelo Tribunal de Justiça, para que outra seja proferida pelo Juiz Presidente.

(B) Poderá ser interposta pelo ofendido, mesmo que não tenha se habilitado nos autos, caso inerte o Ministério Público.

(C) É adstrito aos fundamentos de sua interposição, não se aplicando o princípio da devolução plena.

(D) Não se admite segunda apelação, sob a alegação da decisão dos jurados ser contrária à prova dos autos.

A: assertiva incorreta, devendo ser assinalada, na medida em que, neste caso, o próprio tribunal de justiça, se julgar procedente o recurso, procederá à retificação da pena fixada erroneamente pelo juiz-presidente do Tribunal Popular (art. 593, III, c, e § 2º, do CPP); **B:** assertiva correta (art. 598, CPP); **C:** assertiva correta, conforme se depreende do teor da Súmula 713 do STF: "O efeito devolutivo da apelação contra decisões do júri é adstrito aos fundamentos da sua interposição"; **D:** assertiva correta (art. 593, § 3º, parte final, do CPP).

Gabarito "A"

(Ministério Público/ES – 2013 – VUNESP) Encerrando a discussão sobre a renúncia ao direito de apelação, a matéria foi tratada por uma das súmulas do Supremo Tribunal Federal (Súmula 705). Assinale a alternativa correta com relação ao tema.

(A) A renúncia do réu ao direito de apelação, manifestada sem a assistência do defensor, não impede o conhecimento da apelação por este interposta.

(B) A renúncia do réu ao direito de apelação, manifestada sem a assistência do defensor, impede o conhecimento da apelação por este interposta.

(C) A apelação interposta por defensor dativo será conhecida ainda que dela discorde o réu. Todavia, a mesma hipótese processual não ocorre se se tratar de defensor constituído.

(D) A apelação interposta pelo réu, seu procurador ou defensor será admitida desde que não haja colidência nas teses apresentadas pela defesa.

(E) Com fundamento na ampla defesa, concede-se legitimação especial ao réu para arrazoar pessoalmente recurso de apelação para suprir a omissão de seu advogado.

Súmula 705: "A renúncia do réu ao direito de apelação, manifestada sem a assistência do defensor, não impede o conhecimento da apelação por este interposta".

Gabarito "A"

(Ministério Público/GO – 2013) Sobre os recursos no processo penal, assinale a alternativa correta:

(A) segundo o princípio da dialeticidade, os recursos devem ter previsão legal, não sendo lícito às partes criarem recursos para sanar o seu inconformismo.

(B) o princípio da variabilidade ou suplementação dos recursos no processo penal brasileiro encontra plena aceitação junto ao Supremo Tribunal Federal.

(C) a *reformatio in pejus* indireta tem lugar quando o réu recorre concomitante ao órgão ministerial e tem a sentença anulada pelo Tribunal, devendo o processo ser julgado por este mesmo órgão.

(D) o efeito iterativo do recurso consiste na possibilidade de o próprio juiz *a quo*, prolator da decisão recorrida, ao tomar conhecimento da matéria impugnada, alterá-la ou mantê-la.

A: incorreta, uma vez que a assertiva contempla a descrição do princípio da taxatividade, segundo o qual somente é possível interpor recurso previsto em lei; o chamado princípio da dialeticidade diz respeito à necessidade de contraditório ao recurso interposto pela parte; **B:** incorreta. Variabilidade refere-se à possibilidade de interpor novo recurso em substituição a outro já interposto; já a suplementação diz respeito à complementação de recurso já interposto; **C:** incorreta. Pelo princípio da proibição da *reformatio in pejus* indireta, anulada a condenação proferida em recurso exclusivo da defesa, a nova decisão a ser prolatada não pode ser mais prejudicial ao réu do que aquela que foi anulada (art. 617, CPP); **D:** correta. Também chamado de regressivo, é o efeito em que é dado ao juiz rever sua decisão antes de ela ser submetida ao exame da instância mais elevada. Exemplo é o recurso em sentido estrito (art. 589, CPP).

Gabarito "D"

(Ministério Público/GO – 2013) O mestre Pontes de Miranda, sobre os embargos infringentes, ensina que *"os melhores julgamentos, os mais completamente lastruídos e os mais proficientemente discutidos são os Julgamentos das Câmaras de embargos. (...) muita injustiça se tem afastado com os julgamentos em grau de embargos"* (trecho extraído do voto do Ministro Celso de Mello na ação penal 470/MG, conhecida como Julgamento do "mensalão"). Analise as proposições abaixo, todas relativas aos embargos infringentes e de nulidade, e assinale a alternativa correta:

I. nos termos do Código de Processo Penal, é pressuposto inarredável e absoluto para a interposição de embargos infringentes e de nulidade a existência de decisão plurânime exarada na segunda instância.

II. a decisão colegiada embargável pode resultar de recurso de apelação interposto pela acusação.

III. embora o meio impugnativo seja privativo da defesa, pode o Ministério Público opor embargos infringentes ou de nulidade em favor do acusado.

IV. é requisito para a interposição de embargos infringentes ou de nulidade que a decisão embargada seja desfavorável ao réu.

(A) somente as alternativas I, III e IV estão corretas.

(B) somente a alternativa III é incorreta.

(C) somente as alternativas IV e III estão incorretas.

(D) as alternativas I, II, III e IV são corretas.

I: correta. Os embargos infringentes e de nulidade, recursos exclusivos da *defesa*, somente podem ser opostos quando a decisão desfavorável ao réu, em segunda instância, não for unânime (decisão plurânime) – art. 609, parágrafo único, CPP; **II: correta**. Os embargos infringentes e de nulidade serão opostos tão somente em sede de apelação, recurso em sentido estrito e agravo em execução. De ver-se que não é consenso na doutrina e na jurisprudência o emprego dos embargos no âmbito do agravo em execução; **III:** correta. Podem os embargos (infringentes e de nulidade) ser manejados tanto pela defesa, uma vez que se trata de recurso privativo do acusado, como pelo Ministério Público, quando de sua atuação como *custos legis*; **IV:** correta. *Vide* comentário à assertiva I.

Gabarito "D"

(Ministério Público/MS – 2013 – FADEMS) Assinale a alternativa **correta**:

(A) O recurso em sentido estrito interposto contra decisão de rejeição da denúncia somente dispensa as contrarrazões quando a rejeição se der antes da citação do acusado.

(B) No processo penal os prazos são contados da juntada aos autos do mandado ou da carta precatória ou de ordem.

(C) A extensão da apelação contra as decisões do júri é conferida pela petição de interposição.

(D) Da decisão que concede ou denega liberdade provisória cabe recurso em sentido estrito.

A: incorreta, pois, ainda assim, será necessário o oferecimento de contrarrazões pelo denunciado; **B:** incorreta, pois contraria o entendimento sufragado na Súmula n. 710 do STF, que estabelece que, no processo penal, os prazos serão contados da data em que ocorreu a intimação, e não do dia em que se deu a juntada do mandado ou da carta precatória aos autos; **C:** correta, conforme se depreende do teor da Súmula n. 713 do STF: "O efeito devolutivo da apelação contra decisões do júri é adstrito aos fundamentos da sua interposição"; **D:** o art. 581 do CPP, que trata do recurso em sentido estrito, não contemplou a decisão de *denegação* da liberdade provisória, podendo a defesa, neste caso, valer-se da ação de *habeas corpus*. Cuidado: embora não caiba em face da decisão que denega a liberdade provisória, poderá o MP, diante da decisão de concessão da liberdade provisória, interpor recurso em sentido estrito (art. 581, V, do CPP). Incorreta, portanto, a proposição.

Gabarito "C"

(Ministério Público/MS – 2013 – FADEMS) A sucumbência reflexa:

(A) Não existe no processo penal pátrio.

(B) Confunde-se com a assistência de acusação.

(C) Prevê enumeração exemplificativa dos legitimados.

(D) Somente é de provocação restrita da instância recursal.

(E) Não permite a interposição do recurso de apelação pelo terceiro que não se habilitou como assistente.

A sucumbência pode ser direta ou reflexa. Será direta quando atingir uma das partes; e será reflexa quando atingir pessoa que não integra a relação jurídica processual.

Gabarito "D"

(Ministério Público/AM – 2005) Assinale a alternativa correta.

(A) O recurso de apelação, em razão do princípio do duplo grau de jurisdição, pode ser interposto de forma a requerer a reforma total ou parcial da sentença.

(B) Havendo dois ou mais apelantes, após, assinados os termos para recorrer, terão o prazo de 08 (oito) dias, sucessivamente, para apresentar as razões.

(C) Os prazos para a interposição do recurso de apelação e para apresentação das razões são fatais.

(D) Fabico de Tal, foi condenado em julgamento perante o Tribunal do Júri da comarca de Macapá a 20 (vinte) anos, pela prática de homicídio, e a 06 (seis) anos e 02 (dois) meses, pela prática de atentado violento ao pudor, inconformado com a sentença condenatória, interpôs recurso de Protesto por novo júri.

Art. 599 do CPP.

Gabarito "A"

(Ministério Público/CE – 2009 – FCC) Contra a decisão que pronunciar e impronunciar o acusado

(A) caberão, respectivamente, apelação e agravo.

(B) caberão, respectivamente, recurso em sentido estrito e apelação.

(C) caberá recurso em sentido estrito, nos dois casos.

(D) caberão, respectivamente, apelação e recurso em sentido estrito.

(E) caberá apelação, nos dois casos.

Arts. 581, IV, e 416 do CPP, respectivamente.

Gabarito "B"

(Ministério Público/DF – 2005) A respeito de recursos, assinale a alternativa incorreta:

(A) Admite-se Recurso Especial para desconstituir a decisão do Tribunal de Justiça que remete o réu a novo julgamento quando, pela simples leitura do acórdão, vê-se que havia duas versões possíveis e os jurados optaram por uma delas.

(B) Para a doutrina que faz distinção entre não recebimento e rejeição da denúncia, contra aquela decisão cabe recurso em sentido estrito e contra a última, apelação.

(C) Ainda que o provimento dos embargos declaratórios resulte em modificação do julgado, não há espaço para manifestação prévia da parte contrária, haja vista a natureza e os fins desse meio de impugnação.

(D) Da decisão que rejeita a denúncia deve o acusado ser cientificado, a fim de que ofereça, se desejar, resposta à impugnação.

(E) A sucumbência deve ser aferida tendo em vista também a vantagem ou benefício a ser obtido com o pretendido provimento do recurso manejado, o que pode justificar, eventualmente, a apelação do acusado contra sentença absolutória.

Não há, nos embargos declaratórios, manifestação da parte contrária, uma vez que tal instrumento se presta a aclarar o conteúdo da sentença nas hipóteses de obscuridade, ambiguidade, contradição e omissão (art. 382 do CPP).

Gabarito "C"

(Ministério Público/GO – 2005) Astrogildo foi condenado à pena de dois anos de reclusão, mais multa, em regime aberto, pela prática de fato tipificado no artigo 155, § 4º, inciso I, do Código Penal, tendo-lhe sido concedida a suspensão condicional da execução da reprimenda, nos termos do artigo 77, do mesmo Diploma Legal. A defesa pretende recorrer apenas desta última parte, pois entende que, ao invés do "sursis", o julgador deveria substituir a pena privativa de liberdade por restritiva de direitos, à luz do disposto no artigo 44 do mesmo Codex. Neste caso, o recurso cabível é:

(A) recurso em sentido estrito

(B) agravo em execução

(C) apelação

(D) embargos infringentes e de nulidade

Arts. 593, I, e 599, ambos do CPP.

Gabarito "C"

(Ministério Público/GO – 2005) Nas hipóteses de cabimento de apelação contra decisão do Tribunal do Júri, apenas uma não admite juízo rescisório, ou seja, se o Tribunal der provimento ao recurso, seu acórdão não substitui o julgamento precedente. Assinale esta hipótese na relação abaixo:

(A) quando houver nulidade posterior à pronúncia

(B) quando a sentença do juiz for contrária à lei expressa ou à decisão dos jurados

(C) quando houver erro ou injustiça na aplicação da pena

(D) quando a decisão dos jurados for manifestamente contrária à prova dos autos

---

Art. 593, III, *d*, do CPP. Não sendo o juízo natural para decidir acerca da culpa do réu, ou ainda se o mesmo é inocente, cabe ao Tribunal *ad quem* tão somente anular o julgamento, se o caso, e remeter o acusado para novo júri, na forma prescrita no art. 593, § 3º, do CPP. Estará, dessa forma, preservada a soberania dos veredictos.

Gabarito "D"

(Ministério Público/MA – 2002) Assinale a alternativa incorreta:

(A) Quando cabível a apelação, poderá ser usado o recurso em sentido estrito, ainda que somente de parte da decisão se recorra;

(B) O recurso em sentido estrito, de regra, não tem efeito suspensivo;

(C) Nos processos por crime contra a organização do trabalho, a apelação criminal nunca terá efeito suspensivo;

(D) A apelação interposta contra decisão do Júri, qualquer que seja o fundamento do recurso devolve ao Juízo ad quem não só o reexame da regularidade processual, mas também o autoriza a decretar de ofício a extinção da punibilidade, se reconhecer ter esta ocorrido;

(E) A carta testemunhável é o recurso interposto quando denegado o recurso em sentido estrito.

Art. 593, § 4º, do CPP.

Gabarito "A"

(Ministério Público/MA – 2002) Qual dos recursos abaixo é de exclusividade do réu, não sendo dado interpô-lo o Ministério Público, o querelante, o ofendido ou o assistente?

(A) "Habeas corpus";

(B) Apelação criminal;

(C) Embargos de declaração;

(D) Embargos infringentes;

(E) Carta testemunhável.

Trata-se do recurso interposto em face da decisão não unânime e desfavorável ao réu prolatada em segunda instância.

Gabarito "D"

(Ministério Público/MS – 2011 – FADEMS) Caberá Recurso em Sentido Estrito da decisão, despacho ou sentença:

(A) que julgar improcedente as exceções, salvo a de suspeição;

(B) que denegar a apelação ou a julgar deserta;

(C) que concluir pela competência do juízo;

(D) que rejeitar a Denúncia ou Queixa no procedimento sumaríssimo;

(E) de impronúncia no procedimento do júri.

A: incorreta, nos termos do art. 581, III, do CPP; **B:** correta, pois corresponde à redação do art. 581, XV, do CPP; **C:** incorreta, nos termos do art. 581, II, do CPP; **D:** incorreta, nos termos do art. 581, I, do CPP; **E:** incorreta, nos termos do art. 581, IV, do CPP.

Gabarito "B"

(Ministério Público/MT – 2012 – UFMT) Relativamente ao recurso em sentido estrito, analise as assertivas abaixo.

I. Caberá recurso em sentido estrito da decisão que receber ou que não receber a denúncia ou a queixa.

II. Caberá recurso em sentido estrito da decisão que conceder, negar, arbitrar, cassar ou julgar inidônea a fiança, indeferir requerimento de prisão preventiva ou revogá-la, conceder liberdade provisória ou relaxar a prisão em flagrante.

III. Caberá recurso em sentido estrito da decisão que julgar quebrada a fiança ou perdido o seu valor.

IV. Caberá recurso em sentido estrito da decisão que deferir ou que indeferir o pedido de reconhecimento da prescrição ou de outra causa extintiva da punibilidade.

V. Caberá recurso em sentido estrito da decisão que conceder ou negar a ordem de *habeas corpus*.

Estão corretas as assertivas:

(A) I, II e V, apenas.

(B) II, III e V, apenas.

(C) III e V, apenas.

(D) II e III, apenas.

(E) II, III e IV, apenas.

I: da decisão que rejeita (não recebe) a inicial acusatória caberá recurso em sentido estrito, conforme expressa previsão contida no art. 581, I, do CPP. Já a decisão que recebe a denúncia ou queixa é irrecorrível. É possível, no entanto, em face da decisão que receber indevidamente a denúncia ou queixa, a impetração de *habeas corpus*; II: correta, pois em conformidade com o que prescreve o art. 581, V, do CPP; III: correta, porque em consonância com o disposto no art. 581, VII, do CPP; IV: incorreta, pois não corresponde ao teor do art. 581, IX, do CPP; V: correta, nos termos do art. 581, X, do CPP.

Gabarito "B"

(Ministério Público/PR – 2008) Assinale a alternativa em que não cabe recurso em sentido estrito.

(A) da decisão que recebe a denúncia ou queixa.

(B) da decisão que não recebe a denúncia ou queixa.

(C) da decisão que decretar a prescrição ou julgar, por outro modo, extinta a punibilidade.

(D) da decisão que pronunciar o réu.

(E) da decisão que impronunciar o réu.

A: incorreta (devendo esta ser assinalada). Em regra, tal decisão não comporta recurso. É possível, em princípio, desde que haja constrangimento ilegal, a impetração de *habeas corpus*; **B:** correta (art. 581, I, do CPP); **C:** correta (art. 581, VIII, do CPP); **D:** correta (art. 581, IV, do CPP); **E:** correta. Com o advento da Lei 11.689/2008, que modificou o art. 581, IV, do CPP, a decisão de impronúncia, que antes comportava ***recurso em sentido estrito***, passou a ser combatida por meio de ***recurso de apelação***.

Gabarito "A"

(Ministério Público/RN – 2009 – CESPE) Com relação às nulidades e aos recursos no âmbito do processo penal, assinale a opção correta.

(A) No processo penal, a falta e a deficiência da defesa técnica constituem nulidade absoluta.

(B) É nula a citação por edital que indica o dispositivo da lei penal, mas não transcreve a denúncia ou a queixa.

(C) O prazo para a interposição de agravo contra decisão do juiz da execução penal é de cinco dias.

(D) Ao MP é concedido prazo em dobro para a interposição dos recursos criminais.

(E) Quando não for unânime a decisão de segunda instância, desfavorável à acusação, admitem-se embargos infringentes e de nulidade a serem interpostos pelo MP.

A: proposição incorreta, pois não reflete o posicionamento firmado na Súmula nº 523 do STF: "No processo penal, a falta de defesa constitui nulidade absoluta, mas a sua deficiência só o anulará se houver prova de prejuízo para o réu"; **B:** incorreta, visto que não corresponde ao entendimento consolidado na Súmula nº 366 do STF: "Não é nula a citação por edital que indica o dispositivo da lei penal, embora não transcreva a denúncia ou queixa, ou não resuma os fatos em que se baseia"; **C:** assertiva correta, pois corresponde ao teor da Súmula nº 700 do STF: "É de cinco dias o prazo para interposição de agravo contra decisão do juiz da execução penal"; **D:** incorreta. O art. 188 do CPC, que concede o prazo em dobro para o MP recorrer, não tem aplicação no âmbito do processo penal; **E:** incorreta. Os embargos infringentes e de nulidade, recursos exclusivos da *defesa*, somente podem ser opostos quando a decisão desfavorável ao réu, em segunda instância, não for unânime - art. 609, parágrafo único, CPP.

Gabarito "C"

(Ministério Público/RR – 2008 – CESPE) Acerca dos recursos, julgue os seguintes itens.

(1) Considere a seguinte situação hipotética. Paulo, que se encontrava preso preventivamente, foi condenado pela prática de crime contra o consumo. Apresentou apelação, mas teve seu recurso denegado pelo juiz prolator da sentença. Nessa situação, visando dar seguimento à apelação para viabilizar o seu processamento, caberá a Paulo apresentar carta testemunhável.

(2) Considere a seguinte situação hipotética. José foi condenado a pena de 20 anos de reclusão pelo crime de homicídio, sendo que os jurados declararam sua responsabilidade pela morte de Francisca e Inês, e reconheceram a ocorrência de crime continuado. Nessa situação, considerando o regulamento legal do protesto por novo júri, é correto afirmar que não será cabível este recurso.

(3) Tanto o recurso em sentido estrito quanto a carta testemunhável admitem o juízo de retratação.

1: a ***carta testemunhável*** (art. 639, CPP) será utilizada para provocar o processamento de um recurso que teve o seu trâmite obstado pelo magistrado de forma indevida. Ocorre que, por força do disposto no art. 581, XV, do CPP, o não recebimento da ***apelação*** comporta interposição de ***recurso em sentido estrito***, o que, de plano, afasta a incidência da carta testemunhável; 2: os arts. 607 e 608 do CPP, que disciplinavam o protesto por novo júri, foram revogados pela Lei 11.689/08; 3: arts. 589 e 643 do CPP.

Gabarito 1E, 2E, 3C

(Ministério Público/RS - 2002) O recurso em sentido estrito é cabível:

(A) Das decisões definitivas de condenação proferidas por juiz singular.

(B) Das decisões do Tribunal do Júri manifestamente contrárias à prova dos autos.

(C) Das decisões do Tribunal do Júri quando a sentença contrariar lei expressa.

(D) Das decisões que reconhecerem a prescrição ou julgarem, por outro modo, extinta a punibilidade.

(E) Das decisões definitivas de absolvição proferidas por juiz singular.

Art. 581, VIII, do CPP.

Gabarito "D"

(Ministério Público/SP – 2012 – VUNESP) É correto afirmar:

(A) O Código de Processo Penal não prevê a possibilidade de impetração de "habeas corpus" pelo Ministério Público.

(B) O direito de recorrer da sentença que concede o mandado de segurança não se estende à autoridade coatora.

(C) Da decisão que denega a apelação cabe recurso em sentido estrito com efeito suspensivo.

(D) A carta testemunhável, como regra, tem efeito suspensivo.

(E) É vedado ao réu renunciar ao direto de apelar e ao Ministério Público desistir do recurso que tenha interposto.

A: incorreta, na medida em que o art. 654, *caput*, do CPP confere, de forma expressa, legitimidade ao MP para a impetração de HC; **B:** incorreta, pois em desconformidade com o art. 14, § 2°, da Lei 12.016/2009, que deu nova conformação ao mandado de segurança, revogando a legislação até então em vigor; **C:** correta, nos termos do art. 581, XV, do CPP; **D:** nos termos do que estabelece o art. 646 do CPP, a carta testemunhável não tem efeito suspensivo. Incorreta, portanto; **E:** é verdade que é defeso ao MP desistir do recurso que houver interposto (art. 576 do CPP); já o réu poderá, se quiser, renunciar ao direito de apelar (voluntariedade dos recursos – art. 574 do CPP).

Gabarito "C"

(Ministério Público/SP – 2006) Assinale a resposta correta.

A observância da proibição da *"reformatio in pejus* indireta" impede:

(A) O agravamento da pena no segundo julgamento quando anulado o primeiro em apelo da acusação.

(B) O reconhecimento no segundo Júri de qualificadora negada no primeiro, anulado em apelo do réu.

(C) O agravamento da pena no segundo julgamento, anulado o primeiro em apelo do réu.

(D) A exacerbação no segundo julgamento da pena-base imposta no primeiro, ficando inalterada a pena final, se anulada a sentença anterior em apelo do réu.

(E) O reconhecimento da prescrição retroativa pela pena concretizada no segundo julgamento, anulado o primeiro em apelo do réu.

De fato, uma vez anulada condenação proferida em recurso exclusivo da defesa, a nova decisão a ser proferida não pode ser mais prejudicial ao réu do que aquela que foi anulada (art. 617 do CPP).

Gabarito "C"

(Ministério Público/SP - 2005) Qual o remédio cabível da denegação de seguimento do agravo em execução?

(A) Recurso em sentido estrito.

(B) "Habeas Corpus".

(C) Carta testemunhável.

(D) Apelação.

(E) Mandado de segurança.

A carta testemunhável – arts. 639 e ss. do CPP – destina-se a suscitar o reexame da decisão que obstar o seguimento do ***recurso em sentido estrito*** ou do ***agravo em execução***.

Gabarito "C"

(Ministério Público/SP - 2005) "Fulano" foi condenado por roubo duplamente qualificado a 6 anos de reclusão e ao pagamento de 15 dias-multa. Em flagrante equívoco, fixou-se o regime aberto para o cumprimento da reprimenda corporal. O Promotor de Justiça opôs embargos de declaração, que foram acolhidos pelo Magistrado, alterando-se para o regime fechado.

Indique a alternativa correta.

(A) O Promotor de Justiça e o Magistrado agiram escorreitamente.

(B) O Promotor de Justiça deveria interpor recurso de apelação, pleiteando a modificação do regime.

(C) O remédio correto para a modificação do regime à disposição do Ministério Público seria o agravo em execução.

(D) Correta seria a interposição do recurso em sentido estrito, uma vez que o Promotor de Justiça discordou apenas do regime fixado na sentença.

(E) Por se tratar apenas de questão atinente a regime prisional, qualquer providência seria inoportuna, devendo-se aguardar a fase da execução da sanção.

Os embargos de declaração – art. 382 do CPP – não se destinam a provocar o reexame do mérito da decisão, e sim corrigir erro material, consubstanciado na obscuridade, ambiguidade, contradição ou omissão. O promotor de Justiça deve interpor recurso de apelação (art. 593, I, do CPP).

Gabarito "B"

(Ministério Público/SP - 2005) Assinale a alternativa incorreta.

(A) Em regra, os recursos serão sempre voluntários.

(B) Os recursos só poderão ser interpostos por petição.

(C) Os efeitos do recurso são: devolutivo, suspensivo, extensivo e regressivo.

(D) O despacho que determina o arquivamento do inquérito policial, a requerimento do Ministério Público, é irrecorrível.

(E) O oferecimento das razões de apelação fora do prazo legal constitui mera irregularidade.

A: correta (art. 574 do CPP); **B:** incorreta (art. 578, *caput*, do CPP); **C:** correta. ***Devolutivo***: transfere-se à instância superior a apreciação da matéria objeto da decisão; ***suspensivo***: até que ocorra o julgamento final do recurso, a decisão não pode ser executada. Ou seja, fica suspensa, pendente; ***extensivo***: diz respeito ao concurso de pessoas (art. 580 do CPP); ***regressivo***: confere ao juiz a oportunidade de retratar-se, alterando sua própria decisão; **D:** correta. De fato, o despacho que determina o arquivamento do inquérito policial não comporta recurso; **E:** correta. Com efeito, a apresentação tardia das razões de apelação não obsta o conhecimento do recurso.

Gabarito "B"

19. *HABEAS CORPUS*, MANDADO DE SEGURANÇA E REVISÃO CRIMINAL

(Ministério Público/PI – 2014 – CESPE) Pedro, que estava preso preventivamente, foi condenado à pena de quinze anos de reclusão pela prática de roubo qualificado, tendo a sentença condenatória mantido sua prisão preventiva. Tendo Pedro apelado, e o tribunal de justiça do estado deu parcial provimento ao recurso, reduzindo o montante da pena privativa de liberdade à qual ele fora condenado. Pedro, então, interpôs recurso especial. Não tendo sido esse recurso admitido na origem, ele impetrou *habeas corpus*, alegando que não havia provas concretas da sua participação no evento criminoso e que a prisão preventiva havia sido decretada em razão da periculosidade abstrata do delito e do clamor público. Pedro é assaltante contumaz e esteve foragido durante parte da instrução. Considerando a situação hipotética acima apresentada, assinale a opção correta conforme a atual jurisprudência do STF a respeito de *habeas corpus*.

(A) Admite-se a utilização do *habeas corpus* para o reexame de pressupostos de admissibilidade de recursos.

(B) Em regra, o estabelecimento da pena-base acima do mínimo legal poder ser revisado em sede de *habeas corpus*, sob a alegação de que a pena é injusta.

(C) As circunstâncias concretas da prática do crime (*modus operandi*) e a fuga de Pedro durante parte da instrução criminal justificam a prisão cautelar para a garantia da ordem pública e salvaguarda da aplicação da lei penal.

(D) O *habeas corpus*, ação autônoma de impugnação, é admissível para aferir a exatidão da dosimetria da pena.

(E) O *habeas corpus* é meio hábil para a verificação da tese de negativa de autoria sustentada por Pedro.

A: incorreta. Conferir: "Agravo regimental. *Habeas corpus*. Cabimento. 1. O *habeas corpus* não pode ser utilizado para o reexame dos pressupostos de admissibilidade de recurso especial. 2. Tratando-se de crime doloso contra a vida, compete ao Tribunal do Júri decidir sobre a existência ou inexistência de circunstâncias qualificadoras, salvo se a imputação for manifestamente improcedente ou incabível. 3. Agravo regimental a que se nega provimento" (STF, HC-AgR 119.548, 1ª T., rel. Min. Roberto Barroso, j. 03.12.2013); **B:** incorreta. Conferir: "*Habeas corpus*. Penal. Processual penal. Pena-base acima do mínimo legal. Observância dos critérios previstos no artigo 59 do Código Penal, tendo em conta as circunstâncias objetivas e subjetivas. Reexame de prova. Impossibilidade. Fixação do regime inicial para cumprimento da pena: CP, art. 33, § 2º, *b*. Ordem denegada. I – Fixação da pena-base. Critérios. O art. 59 do Código Penal permite ao juiz a fixação da pena-base acima do mínimo legal, considerando-se a culpabilidade, a personalidade do agente, as circunstâncias e as consequências do crime. Precedentes: HC 75.983/SP, Redator para o acórdão Min. Nelson Jobim; HC 72.992/SP, Rel. Min. Celso de Mello; HC 73.097/MS, Rel. Min. Maurício Corrêa, *iter alia*. II – O estabelecimento da pena-base acima do mínimo legal, tendo em conta a s circunstâncias objetivas e subjetivas verificadas no processo, somente poderia ser revisado em sede de *habeas corpus* se demonstrada, de plano, a inidoneidade da motivação lançada na decisão penal condenatória. A tanto não equivale a alegação de injustiça ou de falta de razoabilidade, por implicar revolvimento de matéria fático-probatória, incabível no *writ*. III – Fixação do regime inicial semiaberto para o cumprimento da pena a paciente condenado a pena superior a 4 (quatro) anos de reclusão. Aplicação do disposto no art. 33, § 2º, *b*, do Código Penal. IV – Ordem de *habeas corpus* denegada" (STF, 2ª T., HC 115551, rel. Min. Ricardo Lewandowski, j. 03.09.2013); **C:** correta. Conferir: "*Habeas corpus*. Penal. Paciente denunciado pelos crimes de latrocínio tentado e roubo duplamente qualificado. Legitimidade dos fundamentos da prisão preventiva. Garantia da ordem pública. Periculosidade do agente. Réu foragido. Ausência de constrangimento ilegal. Ordem denegada. I – A prisão cautelar mostra-se suficientemente motivada para a preservação da ordem pública, tendo em vista a periculosidade do paciente, verificada pelo *modus operandi* mediante o qual foi praticado o delito. Precedentes. II – A circunstância de o paciente ter se evadido do distrito da culpa logo após a prática do fato delituoso que lhe é imputado mostra-se apta a justificar o decreto de prisão preventiva. Precedentes. III – Ordem denegada." (STF, 2ª T., HC 120.176, rel. Min. Ricardo Lewandowski, j.11.03.2014); **D:** incorreta. Conferir: "Penal. *Habeas corpus* substitutivo de recurso ordinário. Preliminar de não conhecimento. Ausência de situação teratológica a ensejar a substituição da ação autônoma de impugnação pelo recurso cabível. Crime de tráfico de drogas transnacional (art. 33 c/c 40, I, da Lei 11.343/2006). Dosimetria da pena. Pena-base fixada no mínimo legal. Causa especial de diminuição prevista no § 4º do art. 33 da Lei 11.343/2006. Motivação suficiente. Transnacionalidade. Ausência de *bis in idem*. Ausência de ilegalidade ou abuso de poder. Ordem denegada. 1. O *habeas corpus*, ação autônoma de impugnação, não é admissível como substitutivo do recurso próprio, *in casu*, o RHC, tampouco para aferir a exatidão da dosimetria da pena (...)" (STF, 1ª T., HC 99.266, rel. Min. Luiz Fux, j. 25.10.2011); **E:** incorreta. Conferir: "Penal e processual penal. *Habeas corpus*. Roubo qualificado (art. 157, § 2º, I, e II, do CP). Negativa de autoria. Análise de fatos e provas. Vedação. Ordem denegada. 1. A negativa de autoria do delito não é aferível na via do *writ*, cuja análise se encontra reservada aos processos de conhecimento, nos quais a dilação probatória tem espaço garantido (...)" (STF, 1ª T., HC: 118.474-SP, rel. Min. Luiz Fux, j. 1.03.2014).

Gabarito "C"

(Ministério Público/MS – 2013 – FADEMS) Em tema de revisão criminal, é **correto** afirmar que:

(A) Em nenhuma hipótese será admitida a reiteração do pedido de revisão criminal.

(B) Caso venha a ocorrer o falecimento do condenado cuja condenação tiver de ser revista, deverá ser extinta a punibilidade pela morte, com o consequente arquivamento do pedido de revisão criminal.

(C) Compete ao Tribunal de Justiça processar e julgar revisão criminal em que o réu condenado pelo juizado especial criminal pugne pela revisão da condenação.

(D) No pedido de revisão criminal, o requerente não poderá pleitear pedido de indenização pelos prejuízos sofridos, pois tal pedido deverá ser objeto de ação própria na esfera cível.

(E) O pleito de reexame probatório constitui fundamentação idônea para o ajuizamento de revisão criminal.

A: incorreta, já que caberá, sim, a reiteração do pedido de revisão criminal, desde que calcado em novas provas - art. 622, parágrafo único, CPP; **B:** incorreta, pois não reflete o disposto no art. 631 do CPP, que estabelece que, em casos assim, caberá ao presidente do tribunal nomear curador para a defesa; **C:** tema polêmico. Para Ada Pellegrini Grinover e Antonio Scarance Fernandes, deve prevalecer, no que toca à competência para o julgamento de revisão criminal de decisão condenatória proferida no âmbito do Juizado Especial Criminal, a regra estampada no art. 624, II, do CPP, segundo a qual tal julgamento cabe ao Tribunal de Justiça respectivo. Guilherme de Souza Nucci, fazendo um contraponto a esse entendimento, sustenta que tal competência deve ser atribuída às Turmas Recursais em funcionamento nos Juizados; **D:** incorreta, pois não reflete o disposto no art. 630 do CPP; **E:** segundo jurisprudência amplamente majoritária, a revisão criminal não se presta a reavaliar a prova já produzida e apreciada na ação originária. Questão, a nosso ver, incorreta.

Gabarito Oficial "E"

(Ministério Público/GO – 2012) Sobre a revisão criminal, é correto dizer que:

(A) poderá ser requerida, em qualquer tempo, mesmo após a extinção da pena;

(B) se morto o réu, não se admite revisão criminal proposta por eventuais herdeiros deste, por evidente carência de interesse processual;

(C) julgando procedente a revisão, o tribunal poderá absolver o réu, modificar a pena ou anular o processo, sendo-lhe defeso, porém, alterar a classificação da infração;

(D) não se admite revisão criminal em face de decisões absolutórias.

A: correta. De fato, inexiste prazo para ingressar com a revisão criminal, que poderá ser ajuizada mesmo depois de extinta a pena (art. 622, *caput*, do CPP); **B:** incorreta. Ainda que morto o interessado, é admissível a propositura da revisão criminal, sendo legitimados, neste caso, o cônjuge, o ascendente, o descendente e o irmão do falecido (art. 623 do CPP); **C:** incorreta, pois em desconformidade com o art. 626, *caput*, do CPP; **D:** incorreta. É admissível, sim, em face de sentença absolutória imprópria.

Gabarito "A"

(Ministério Público/MG – 2005) No julgamento dos Recursos de Apelação interpostos pelo réu, é **VEDADO** ao Tribunal de Justiça:

(A) proferir juízo de retratação

(B) dar ao fato definição jurídica diversa da que constar da denúncia ou queixa.

(C) proceder a novo interrogatório do acusado.

(D) reinquirir testemunhas da acusação.

A: correta. O chamado efeito *regressivo* (possibilidade de o juiz retratar-se da decisão que prolatou) somente existe no recurso em sentido estrito (art. 589 do CPP); no agravo em execução (que segue o mesmo rito estabelecido para o RESE); e na carta testemunhável; **B:** incorreta. É possível o reconhecimento da *emendatio libelli* em segunda instância (dar ao fato definição jurídica diversa da que constar da inicial, sem modificação fática); o que não se admite é a *mutatio libelli* em segundo grau (art. 617 do CPP e Súmula nº 453, STF); C e **D:** incorretas. Não existe tal vedação (art. 616, CPP).

Gabarito "A"

(Ministério Público/MS – 2009) Marque a assertiva correta.

(A) A revisão criminal será ajuizada perante o juiz singular, devendo ser ajuizada com todos os elementos de prova que corroborem os seus termos.

(B) Somente poderá ser ajuizada ação de revisão criminal no Supremo Tribunal Federal, caso a condenação questionada tenha sido proferida por ele próprio ou pelo Superior Tribunal de Justiça.

(C) A revisão criminal será ajuizada perante o juiz singular, sendo admitida a dilação probatória para a comprovação de seus termos.

(D) No caso de revisão criminal, o juízo competente para seu julgamento poderá, de ofício ou a requerimento da parte interessada, fixar justa indenização pelos prejuízos morais e materiais sofridos.

(E) Somente poderá ser ajuizada ação de revisão criminal no Supremo Tribunal Federal, caso a condenação questionada tenha sido proferida por ele próprio.

A: incorreta. A revisão criminal será ajuizada perante o tribunal competente para ao seu julgamento (art. 624, CPP), sendo de rigor, ademais, que o requerimento seja instruído com a certidão de trânsito em julgado da sentença condenatória e também com as peças necessárias à comprovação dos fatos invocados (art. 625, § 1º, do CPP); **B:** reunirá competência para o processamento e julgamento da revisão criminal o tribunal que proferiu o julgado. Sendo este prolatado pelo STF, a esta Corte caberá, portanto, o julgamento da revisão criminal (art. 102, I, *j*, da CF), o mesmo ocorrendo em relação ao STJ, ao qual caberá o julgamento da revisão de seus julgados (art. 105, I, *e*, da CF); **C:** a revisão será ajuizada perante o tribunal; **D:** tal caberá ao tribunal (art. 630, CPP); **E:** assertiva correta, pois em conformidade com o art. 102, I, *j*, da CF e art. 624, I, do CPP.

Gabarito "E"

(Ministério Público/PR – 2008) Sobre *habeas corpus*, analise as assertivas abaixo e responda.

I. O *habeas corpus* destina-se apenas a proteger a liberdade de locomoção, o direito de ir e vir, não se presta à tutela de outros direitos.

II. Não cabe *habeas corpus* para trancamento de inquérito policial, pois não se trata de direito de locomoção.

III. O *habeas corpus* requer prova pré-constituída, pois não admite dilação probatória. Assim, fundamentada na inocência do paciente a ordem de *habeas corpus* somente pode ser concedida quando a alegada inocência estiver comprovada de plano e cabalmente.

IV. O *habeas corpus* pode ser impetrado por qualquer pessoa, ainda que sem capacidade postulatória, ou pelo próprio Ministério Público.

(A) Todas estão corretas.

(B) Apenas 1ª, 2ª e 4ª estão corretas.

(C) Apenas 1ª, 3ª e 4ª estão corretas.

(D) Apenas 2ª, 3ª e 4ª estão corretas.

(E) Apenas 1ª e 2ª estão corretas.

I: correta (art. 5º, LXVIII, da CF e art. 647 do CPP); II: incorreta. É perfeitamente plausível o trancamento de inquérito policial por meio de *habeas corpus*, desde que fique demonstrada a falta de justa causa para a persecução. Frise-se que a ordem, no entanto, somente será concedida em situações excepcionais; III: correta. O *habeas corpus* constitui medida urgente, incompatível, pois, com um exame mais detalhado das provas que integram os autos; IV: correta (art. 654 do CPP).

Gabarito "C"

(Ministério Público/RN – 2009 – CESPE) A respeito do mandado de segurança criminal, assinale a opção correta.

(A) O MP não tem legitimidade para impetrar mandado de segurança criminal, uma vez que se trata de prerrogativa exclusiva da defesa.

(B) Nos casos urgentes, segundo jurisprudência sumulada do STF, é cabível mandado de segurança contra ato judicial passível de recurso ou correição.

(C) A competência para processar e julgar mandado de segurança contra decisões emanadas dos juizados especiais criminais estaduais é dos respectivos tribunais de justiça.

(D) É inadmissível a interposição de mandado de segurança criminal nas hipóteses em que haja controvérsia acerca da matéria de direito.

(E) O mandado de segurança em matéria penal deve ser julgado por autoridade judicial com competência criminal.

A: é pacífico o entendimento no sentido de que o Ministério Público tem legitimidade para a impetração de mandado de segurança no âmbito criminal, não se tratando, portanto, de instrumento exclusivo da defesa. Sua disciplina encontra-se atualmente na Lei 12.016/2009; **B:** proposição incorreta, visto que contraria entendimento firmado na Súmula nº 267 do STF; **C:** a jurisprudência vem entendendo que a competência para o julgamento de mandado de segurança impetrado em face de decisão emanada dos juizados especiais criminais é do Colégio Recursal encarregado de reavaliar as decisões do juizado; **D:** incorreta, visto que contraria entendimento firmado na Súmula nº 625 do STF; **E:** assertiva correta, visto que detém competência para o julgamento do mandado de segurança em matéria criminal a autoridade judiciária com competência no âmbito criminal.

Gabarito "E"

(Ministério Público/RO – 2010 – CESPE) Acerca dos recursos e das ações penais autônomas, assinale a opção correta.

(A) A soberania dos vereditos no tribunal do júri não é absoluta, pois se admite revisão criminal, ação na qual o réu que foi condenado pelo conselho de sentença poderá ser absolvido.

(B) De acordo com o CPP, têm legitimidade para promover a revisão criminal o próprio réu, seu procurador legal, membro do MP e, em caso de morte do réu, o cônjuge, ascendente, descendente ou irmão do condenado.

(C) A revisão criminal pode ser proposta a qualquer tempo, desde que não esteja extinta a punibilidade, hipótese em que não será possível a revisão por falta de interesse de agir.

(D) É pressuposto da revisão criminal o trânsito em julgado de uma sentença penal condenatória, sendo inadmissível nos casos de sentença penal absolutória, ainda que se aplique medida de segurança.

(E) De acordo com a Lei de Execuções Penais, das decisões proferidas pelo juiz das execuções caberá recurso de agravo no prazo de dez dias, com efeito suspensivo.

A: correta. Atualmente, prevalece na doutrina e na jurisprudência o entendimento segundo o qual a soberania dos veredictos, no Tribunal do Júri, não é absoluta, podendo a decisão do Conselho de Sentença ser modificada por meio da revisão criminal; **B:** incorreta. Os legitimados estão contemplados no art. 623 do CPP. A revisão constitui instrumento exclusivo da defesa, cujo objetivo é rescindir uma sentença condenatória com trânsito em julgado. O Ministério Público carece de legitimidade para ajuizá-la, ainda que em favor do acusado; **C:** incorreta. A teor do art. 622, *caput*, do CPP, a ação revisional pode ser requerida a qualquer tempo, antes ou depois de extinta a pena, ainda que falecido o sentenciado; **D:** incorreta. É admissível, sim, quando se tratar de sentença absolutória imprópria, que é aquela que impõe ao inimputável medida de segurança; **E:** o agravo em execução, previsto no art. 197 da LEP, não comporta, em regra, efeito suspensivo. Este recurso obedece ao rito estabelecido para o recurso em sentido estrito (arts. 582 a 592 do CPP), que tem como prazo para interposição *cinco* dias.

Gabarito "A"

(Ministério Público/RO – 2008 – CESPE) Com relação ao mandado de segurança em matéria penal, assinale a opção correta à luz do entendimento do STJ.

(A) O MP não possui legitimidade para propor ação mandamental com o fim de conferir efeito suspensivo a recurso de agravo em execução.

(B) Cabe mandado de segurança contra decisão que concede, nega ou revoga suspensão condicional do processo.

(C) A competência para a apreciação do mandado de segurança em matéria penal é fixada em razão da competência jurisdicional, e não da autoridade da qual emanou o ato combatido.

(D) A comprovação do direito líquido e certo não é condição intransponível à concessão do mandado de segurança em matéria penal.

(E) É cabível mandado de segurança interposto por pessoa interessada, com a finalidade de impugnar o ato judicial que, acolhendo promoção do MP, determinou o arquivamento de inquérito policial.

Vide: STJ, RMS 25.736-SP, 5ª T., Rel. Laurita Vaz, j. 18.3.2008. As Leis 1.533/1951 e 4.348/1964 foram expressamente revogadas pela Lei 12.016/2009, que estabeleceu nova disciplina para o mandado de segurança (individual e coletivo).

Gabarito "A"

(Ministério Público/SP - 2005) Assinale a alternativa incorreta.

(A) O *Habeas Corpus* não poderá ser interposto quando houver ameaça de violência ou coação à liberdade de locomoção, por abuso de poder ou ilegalidade.

(B) O Promotor de Justiça poderá impetrar ordem de *Habeas Corpus*.

(C) O Magistrado jamais poderá impetrar ordem de *Habeas Corpus* em favor de terceiro, mas poderá conceder de ofício a ordem no processo que preside.

(D) Não caberá intervenção do Assistente do Ministério Público no processo de *Habeas Corpus*.

(E) Não se pode conhecer de impetração de *Habeas Corpus* apócrifa.

A: incorreta. Os arts 5º, LXVIII, da CF e 647 do CPP contemplam duas espécies de *habeas corpus*: ***repressivo***, destinado a afastar o constrangimento já efetivado; e o ***preventivo***, que visa a afastar uma ameaça de violência ou coação à liberdade de locomoção; **B:** correta (art. 654, *caput*, do CPP); **C:** correta. O magistrado jamais poderá impetrar ordem de *habeas corpus* no curso da instrução que preside; poderá, entretanto, com supedâneo no art. 654, § 2º, do CPP, conceder de ofício ordem de *habeas corpus*; **D:** correta. Falta ao assistente de acusação interesse em participar do *habeas corpus*; **E:** correta (art. 654 do CPP). A impetração apócrifa deve ser indeferida de plano.

Gabarito "A"

20. LEGISLAÇÃO EXTRAVAGANTE

20.1 LEI DE DROGAS

(Ministério Público/ES – 2013 – VUNESP) No procedimento da Lei de drogas,

(A) a sentença, absolutória ou condenatória, não se fundamentará nos artigos 386 ou 387 do CPP, mas sim em uma das hipóteses específicas descritas na Lei de drogas.

(B) na audiência de instrução e julgamento após a inquirição das testemunhas da defesa e da acusação, as partes terão 30 minutos cada para sustentação oral, sendo que, diante da complexidade da causa, esse prazo poderá ser prorrogado por mais 10 minutos.

(C) o momento oportuno para a acusação requerer as provas é o da denúncia, e o da defesa, a defesa prévia, entretanto, os princípios da verdade real e da ampla defesa permitem, se necessário, que a prova seja determinada a qualquer tempo.

(D) após a audiência de instrução e julgamento, o Ministério Público e o Defensor do acusado terão o prazo de 10 dias para a entrega de memoriais escritos.

(E) encerrados os debates orais, o juiz terá o prazo máximo de 30 dias para proferir a sentença.

A: incorreta (art. 48, *caput*, da Lei 11.343/2006); **B:** incorreta, uma vez que o art. 57 da Lei 11.343/2006 estabelece, para a sustentação oral, o prazo de 20 minutos (e não de 30), que poderá, a critério do juiz, ser prorrogado por mais 10 minutos; **C:** correta, conforme art. 54, III, e art. 55, *caput* e § 1º, da Lei 11.343/2006; **D:** incorreta, já que a Lei de Drogas não contempla tal possibilidade; **E:** incorreta, pois contraria o que estabelece o art. 58, *caput*, da Lei de Drogas.

Gabarito "C"

(Ministério Público/GO – 2013) No campo da Legislação Penal Especial, julgue as alternativas abaixo e assinale a incorreta:

(A) em conformidade com o disposto no § 4º, do art. 33, da Lei 11.343/2006, "nos delitos definidos no *caput* e no § 1º deste artigo, as penas poderão ser reduzidas de um sexto a dois terços, vedada a conversão em penas restritivas de direitos, desde que o agente seja primário, de bons antecedentes, não se dedique às atividades criminosas nem integre organização criminosa". Em razão de ter sido reconhecida pelo Supremo Tribunal Federal a inconstitucionalidade *incidenter tantum* da expressão "vedada a conversão em penas restritivas de direitos", nos autos do *Habeas Corpus* 97.256/RS, o Senado, com esteio no art. 52, inciso X, da Constituição da República, editou a Resolução 5/2012 e suspendeu a execução da expressão retromencionada.

(B) o Supremo Tribunal Federal, no julgamento do *Habeas Corpus* 104.339, pacificou o entendimento no sentido de que a inafiançabilidade constitucional prevista no art. 5º, inciso XLIII, da Constituição da República, tem força suficiente para obstar não apenas a concessão da liberdade provisória com fiança ao sujeito que tiver sido preso por tráfico de drogas, tal como preceituado no art. 44 da Lei 11.343/2006, mas, também, a liberdade provisória sem fiança. Para tanto, o STF fundamentou-se, dentre outros, no seguinte argumento: se couber a liberdade provisória sem fiança para crimes inafiançáveis, haveria manifesta desigualdade no tratamento dos presos provisórios, já que se destinaria um regime de liberdade menos gravoso (liberdade provisória sem fiança) para crimes mais graves (hediondos e equiparados) enquanto, para crimes menos graves, se poderia impor medidas mais onerosas (liberdade provisória com fiança).

(C) o Supremo Tribunal Federal reconheceu, no julgamento do *Habeas Corpus* 111.840/ES, a inconstitucionalidade do § 1º do art. 2º da Lei 8.072/1990, com a redação dada pela Lei 11.464/2007, que instituiu a obrigatoriedade de imposição do regime inicial fechado para o cumprimento da pena de crimes hediondos e equiparados.

(D) é juridicamente possível um acordo de colaboração premiada que contenha cláusula de não denunciar.

A: assertiva correta. De fato, o Senado Federal, atendendo à decisão do STF tomada no HC 97.256/RS, suspendeu, por meio da Resolução 5/2012, a eficácia do dispositivo da Lei 11.343/2006 que impedia a substituição da pena privativa de liberdade por restritiva de direitos; **B:** assertiva incorreta, devendo ser assinalada. Bem ao contrário, o Pleno do STF, em controle difuso, reconheceu a inconstitucionalidade da parte do art. 44 da Lei de Drogas que proibia a concessão de liberdade provisória nos crimes de tráfico (HC 104.339/SP, Pleno, rel. Min. Gilmar Mendes, 10.05.2012). Com isso, pode-se afirmar que aos investigados/acusados de crime de tráfico pode ser concedida liberdade provisória sem fiança; **C:** assertiva correta. Apesar de o art. 2º, § 1º, da Lei 8.072/1990 estabelecer, para os crimes hediondos e assemelhados, o regime inicial fechado, o STF, por seu Pleno, decidiu, por maioria, no julgamento do HC 111.840, pela inconstitucionalidade incidental deste dispositivo legal, afastando-se, com isso, a obrigatoriedade de o juiz fixar, aos condenados por crimes hediondos e assemelhados, o regime inicial fechado; **D:** assertiva correta, pois reflete o disposto no art. 4º, § 4º, da Lei 12.850/2013.

Gabarito "B"

(Ministério Público/GO – 2012) A respeito das providências e do procedimento relativos aos processos por crimes definidos na Lei 11.343/06 (Lei de Drogas), é incorreto afirmar que:

(A) os prazos para a conclusão do inquérito policial são de 30 (trinta) e 90 (noventa) dias, se o indiciado estiver preso ou solto, respectivamente, podendo tais prazos ser duplicados pelo juiz, ouvido o Ministério Público, mediante pedido justificado da autoridade de polícia judiciária;

(B) o perito que subscreveu o laudo de constatação da natureza e quantidade da droga, elaborado para efeito da lavratura do auto de prisão em flagrante e estabelecimento da materialidade do delito, fica impedido de participar da elaboração do laudo definitivo;

(C) em qualquer fase da persecução penal, são permitidos, mediante autorização judicial e após prévia oitiva do Ministério Público, a infiltração por agentes de polícia, em tarefas de investigação, constituída pelos órgãos especializados pertinentes e a ação controlada;

(D) comprovado o interesse público, os veículos e outros meios de transporte utilizados para a prática dos crimes definidos na Lei 11.343/06, após regular apreensão, poderão ser utilizados pela polícia judiciária, sob sua responsabilidade e com o objetivo de sua conservação, mediante autorização judicial, ouvido o Ministério Público.

A: correta, pois em conformidade com o art. 51 da Lei 11.343/2006; **B:** incorreta, pois em desconformidade com o art. 50, § 2º, da Lei 11.343/2006; **C:** correta, pois em conformidade com o art. 53, I, da Lei 11.343/2006; **D:** correta, pois em conformidade com o art. 62, § 1º, da Lei 11.343/2006.

Gabarito "B"

(Ministério Público/BA – 2008) Assinale a alternativa correta em relação aos aspectos processuais e procedimentais previstos na Lei 11.343/06 – Lei de Drogas:

(A) O inquérito policial referente aos crimes previstos na Lei 11343/06 deverá ser concluído no prazo de quinze dias, em caso de réu preso, e trinta dias, em caso de réu solto.

(B) O interrogatório do réu, nos casos de ação penal por prática do delito de tráfico ilícito de drogas, ocorrerá antes do depoimento das testemunhas.

(C) Recebido o inquérito policial, o Ministério Público poderá requerer o seu arquivamento, requisitar diligências ou oferecer denúncia, no prazo de cinco dias em caso de indiciado preso, ou de dez dias, em caso de indiciado solto.

(D) O perito que subscrever o laudo de constatação preliminar da droga fica impedido de participar da elaboração do laudo definitivo.

(E) As alternativas a, b, c e d são incorretas.

A: incorreta, pois, pela disciplina estabelecida no art. 51, *caput*, da Lei 11.343/2006 (atual Lei de Tóxicos), o inquérito, estando o indiciado preso, será concluído no prazo de 30 dias; se solto estiver, o prazo será de 90 dias. O parágrafo único do mesmo artigo dispõe que os prazos aludidos no caput podem ser duplicados mediante pedido justificado da autoridade policial, sempre ouvido o MP, chegando, respectivamente, a 60 e 180 dias; **B:** o interrogatório do acusado, segundo estabelece o art. 57, *caput*, da Lei de Drogas, constitui o ato inaugural da instrução, antes, portanto, da ouvida das testemunhas. Assertiva, portanto, correta; **C:** incorreta, visto que o art. 54 da Lei de Drogas fixou o prazo único de 10 dias para o oferecimento da denúncia, esteja o réu preso ou solto; **D:** incorreta, pois não reflete o disposto no art. 50, § 2º, do CPP. **E:** incorreta, pois a alternativa "B" está correta.

Gabarito "B"

(Ministério Público/PR – 2008) Sobre a Lei nº 11.343/06 (Lei de Tóxicos), assinale a alternativa correta:

(A) O inquérito policial será concluído no prazo de 30 (trinta) dias, se o indiciado estiver preso, e de 60 (sessenta) dias, quando solto.

(B) Oferecida a denúncia pelo Ministério Público, o juiz ordenará a notificação do acusado para oferecer defesa prévia, por escrito, no prazo de 5 (cinco) dias.

(C) Recebida a denúncia, o juiz designará dia e hora para a audiência de instrução e julgamento, ordenará a citação pessoal do acusado, a intimação do Ministério Público, do assistente, se for o caso, e requisitará os laudos periciais.

(D) A audiência de instrução e julgamento será realizada dentro dos 20 (vinte) dias seguintes ao recebimento da denúncia, salvo se determinada a realização de avaliação para atestar dependência de drogas, quando se realizará em 90 (noventa) dias.

(E) Todas as alternativas estão corretas.

A: incorreta (art. 51 da Lei 11.343/2006); **B:** incorreta (art. 55, caput, da Lei 11.343/2006); **C:** correta (art. 56, *caput*, da Lei 11.343/2006); **D:** incorreta (art. 56, § 2º, da Lei 11.343/2006); **E:** incorreta, pois apenas a alternativa "C" está correta.

Gabarito "C"

(Ministério Público/SP – 2008) Considerando as disposições contidas na Lei nº 11.343, de 23.08.2006 (nova Lei de Tóxicos), assinale a alternativa correta.

(A) A "infiltração" por agentes policiais em tarefas de investigação, nos crimes descritos na referida Lei, depende de autorização do juiz ou do Ministério Público.

(B) Recebidos os autos de inquérito policial, o prazo para o oferecimento da denúncia é de 5 (cinco) dias.

(C) O perito que firmar o laudo de constatação da natureza e quantidade da droga ficará impedido de participar da elaboração do laudo definitivo.

(D) Nos crimes de tráfico de drogas ilícitas e assemelhados (arts. 33, *caput* e § 1º, e 34 a 37), a referida Lei veda a concessão de fiança, sursis, graça, indulto, anistia e liberdade provisória, a progressão de regime e a substituição da pena por sanção restritiva de direitos.

(E) Na fixação da pena, as circunstâncias preponderantes sobre outras circunstâncias previstas no art. 59 do Código Penal são a natureza e a quantidade da substância ou do produto, a personalidade e a conduta social do agente.

A: incorreta. Em conformidade com o disposto no art. 53, I, da Lei 11.343/2006, a infiltração por agentes de polícia em tarefas de investigação somente poderá ser autorizada por juiz, ouvido o Ministério Público; **B:** incorreta (art. 54 da Lei 11.343/2006); **C:** incorreta (art. 50, § 2º, da Lei 11.343/2006); **D:** incorreta. O Pleno do STF, em controle difuso, reconheceu a inconstitucionalidade da parte do art. 44 da Lei de Drogas que proibia a concessão de liberdade provisória nos crimes de tráfico (HC 104.339/SP, Pleno, rel. Min. Gilmar Mendes, 10.05.2012). A possibilidade de progredir de regime está prevista no § 2º do art. 2º da Lei 8.072/1990 (Lei de Crimes Hediondos); E: correta (art. 42 da Lei 11.343/2006).

Gabarito "E"

20.2 INTERCEPTAÇÃO TELEFÔNICA

(Ministério Público/MS – 2013 – FADEMS) Em tema de interceptação telefônica, é correto afirmar que

(A) A gravação que não interessar à prova será inutilizada, incontinenti, por determinação da autoridade policial, durante o inquérito policial.

(B) Em qualquer hipótese, a interceptação telefônica não será admitida quando não for possível a indicação e qualificação dos investigados.

(C) A interceptação telefônica poderá ser determinada pelo juiz a requerimento da autoridade policial ou do Ministério Público, não podendo ser determinada de ofício.

(D) O pedido de interceptação telefônica poderá ser formulado verbalmente, caso em que a concessão será condicionada à sua redução a termo, devendo a autoridade judiciária sobre ela decidir no prazo de vinte e quatro horas.

(E) O crime de constrangimento ilegal (art. 146 do CP), executado por uma só pessoa e sem emprego de arma de fogo, mas mediante grave ameaça, admite a quebra do sigilo telefônico.

A: incorreta, na medida em que a gravação que não mais interessar à prova será, sempre por decisão judicial (e não por determinação da autoridade policial), inutilizada. É o que estabelece o art. 9º da Lei 9.296/1996; **B:** incorreta, pois não corresponde à regra estampada no art. 2º, parágrafo único, da Lei 9.296/1996; **C:** incorreta. A teor do que dispõe o art. 3º da Lei 9.296/1996, o juiz está credenciado, sim, a determinar, de ofício, a interceptação das comunicações telefônicas, o que também poderá ser feito (sempre por ordem judicial) a requerimento do MP ou por meio de representação formulada pela autoridade policial; **D:** correta, pois reflete o disposto no art. 4º da Lei 9.296/1996; **E:** incorreta. Somente poderá ser determinada a interceptação se a pena cominada ao crime sob investigação for de reclusão (art. 2º, III, da Lei 9.296/1996), não sendo este o caso do crime previsto no art. 146, *caput*, do CP (constrangimento ilegal), em que a pena cominada é de detenção (de três meses a um ano) ou multa.

Gabarito "D"

(Ministério Público/PB – 2010) Sobre a medida de interceptação de comunicações telefônicas, prevista na Lei Federal nº 9.296/96, considere as proposições abaixo e, em seguida, indique a alternativa que contenha o julgamento devido sobre elas:

I. Deverá ser determinada pela autoridade judiciária com competência para a ação penal, de ofício ou a requerimento da autoridade policial, na investigação criminal, ou do representante do Ministério Público, na investigação criminal e na instrução processual penal.

II. Será admitida a interceptação das comunicações telefônicas apenas quando houver indícios razoáveis de autoria ou participação em infração penal punida com pena de reclusão e a prova não puder ser feita por outros meios disponíveis.

III. O pedido de intercepção de comunicações telefônicas poderá ser formulado verbalmente, desde que estejam presentes os pressupostos que a autorizem, caso em que a concessão será condicionada à sua redução a termo, devendo a autoridade judiciária sobre ela decidir no prazo de 24(vinte e quatro) horas.

(A) Apenas a proposição I está incorreta.

(B) Apenas a proposição II está incorreta.

(C) Apenas a proposição III está incorreta.

(D) Todas as proposições estão corretas.

(E) Todas as proposições estão incorretas.

I: art. 1º, *caput*, e art. 3º, da Lei 9.296/1996; **II:** art. 2º da Lei 9.296/1990; **III:** art. 4º, §§ 1º e 2º, da Lei 9.296/1990.

Gabarito "D"

(Ministério Público/MS – 2009) Segundo a Lei nº 9.296/96, marque a assertiva correta.

(A) Na fase de investigação, a interceptação telefônica poderá ser determinada de ofício pelo juiz, ou a requerimento da autoridade policial, do Ministério Público ou do ofendido.

(B) Na fase de instrução, a interceptação telefônica poderá ser determinada de ofício pelo juiz, ou a requerimento do Ministério Público, do assistente de acusação ou do ofendido.

(C) Na fase de instrução, a interceptação telefônica poderá ser determinada de ofício pelo juiz, ou a requerimento da autoridade policial ou do Ministério Público.

(D) Na fase de instrução, a interceptação telefônica poderá ser determinada de ofício pelo juiz ou a requerimento do Ministério Público.

(E) Na fase de instrução, não se admite a realização de interceptação telefônica em relação ao acusado.

A interceptação telefônica, desde que preenchidos os requisitos elencados no art. 2º da Lei 9.296/1996, poderá, no curso da instrução, ser decretada de ofício pelo juiz, que não dependerá, bem por isso, de requerimento das partes; determinada pelo juiz (sempre!), poderá a interceptação também ser decretada a requerimento do MP ou mediante representação da autoridade policial (art. 3º da Lei 9.296/1996).

Gabarito "D"

(Ministério Público/MS – 2009) Segundo a Lei nº 9.296/96, marque a assertiva correta.

(A) Quando a interceptação telefônica ocorrer na fase de investigação, a inutilização da gravação que não interessar à prova será determinada pela autoridade policial, sendo assistida pelo Ministério Público, e facultada a presença do investigado ou de seu representante legal.

(B) O incidente de inutilização da gravação que não interessar à prova poderá ser instaurado de ofício, a requerimento do Ministério Público ou da parte interessada.

(C) A gravação que não interessar à prova será inutilizada por decisão judicial, durante o inquérito, a instrução criminal ou após esta, em virtude de requerimento do Ministério Público ou da parte interessada.

(D) O incidente de inutilização da gravação que não interessar à prova poderá ser instaurado a requerimento do Ministério Público, da autoridade policial ou da parte interessada.

(E) A gravação que não interessar à prova será inutilizada por decisão judicial, durante o inquérito, a instrução criminal ou após esta, em virtude de requerimento do Ministério Público ou de qual quer pessoa que tenha sido alvo da interceptação telefônica.

A e **B:** incorretas, pois não refletem o que estabelece o art. 9º da Lei 9.296/1996; **C:** correta, nos termos do art. 9º, caput, da Lei 9.296/1996; **D:** incorreta, pois em desconformidade com o art. 9º, caput, da Lei 9.296/1996; **E:** incorreta, pois não corresponde ao que estabelece o art. 9º, *caput*, da Lei 9.296/1996.

Gabarito "C"

(Ministério Público/RO – 2008 – CESPE) Acerca da interceptação das comunicações telefônicas, com base na legislação pertinente, assinale a opção correta.

(A) A interceptação telefônica poderá ser determinada pelo juiz a requerimento da autoridade policial ou do MP, não podendo ser determinada de ofício.

(B) No caso de a diligência possibilitar a gravação da comunicação interceptada, não há necessidade de sua transcrição, bastando a juntada de CDs com o conteúdo da comunicação.

(C) Deferido o pedido, os procedimentos de interceptação telefônica poderão ser conduzidos pela autoridade policial ou pelo MP, dando-se ciência, em todos os casos, à corregedoria-geral de polícia.

(D) Excepcionalmente, o pedido de interceptação de comunicação telefônica poderá ser feito verbalmente, desde que estejam presentes os pressupostos que autorizem a interceptação, caso em que a concessão será condicionada à sua redução a termo.

(E) Ainda que a gravação não interesse à prova, não se admite a sua inutilização, devendo toda a gravação permanecer arquivada, ao final, junto com os autos principais.

A: incorreta (art. 3º da Lei 9.296/1996); **B:** incorreta (art. 6º, § 1º, da Lei 9.296/1996); **C:** incorreta (art. 6º, *caput*, da Lei 9.296/1996); **D:** correta (art. 4º, § 1º, da Lei 9.296/1996); **E:** incorreta (art. 9º da Lei 9.296/1996).

Gabarito "D"

20.3. CRIMES CONTRA A ORDEM TRIBUTÁRIA

(Ministério Público/GO – 2013) Assinale a alternativa correta.

(A) segundo o STF, não se tipifica crime contra a ordem tributária previsto na Lei 8.137/1990, antes do lançamento definitivo do tributo.

(B) nos termos da legislação vigente, a extinção da punibilidade pelo pagamento do débito tributário tem aplicabilidade apenas aos casos de crime material contra a ordem tributária, quando há efetiva redução ou supressão do tributo.

(C) o prazo prescricional da pretensão punitiva do Estado nos casos de crimes contra a ordem tributária previstos na Lei 8.137/1990 terá por termo inicial a data na qual tomou-se definitiva, no âmbito administrativo, a decisão da autoridade tributária que constituiu o crédito tributário em favor da Fazenda Pública.

(D) a supressão ou redução de tributo mediante negativa em fornecer, quando obrigatório, nota fiscal relativa à venda da mercadoria somente configura crime contra a ordem tributária no caso da operação ter sido, efetivamente, realizada.

A: incorreta, uma vez que o esgotamento da via administrativa somente será considerado condição objetiva de punibilidade, nos termos da Súmula Vinculante 24, quando se tratar de crime material contra a ordem tributária, assim definidos no art. 1º da Lei 8.137/1990; **B:** incorreta, já que a extinção de punibilidade, prevista no art. 34 da Lei 9.249/1995, contempla tanto os crimes materiais (art. 1º da Lei 8.137/1990) quanto os formais (art. 2º da Lei 8.137/1990); **C:** incorreta. Tal somente se aplica no caso do crime material do art. 1º da Lei 8.137/1990. Conferir: "Recurso em *habeas corpus*. Crime contra a ordem tributária. Denúncia. Peça inaugural que atende aos requisitos legais exigidos. Inicial acusatória que descreve crimes em tese. Inépcia não evidenciada. 1. Não pode ser acoimada de inepta a denúncia formulada em obediência aos requisitos traçados no art. 41 do Código de Processo Penal, descrevendo perfeitamente os fatos típicos imputados, crimes em tese, com todas as suas circunstâncias, atribuindo-os ao paciente, terminando por classificá-los, ao indicar os ilícitos supostamente infringidos. 2. Se a vestibular acusatória narra em que consistiu a ação criminosa do réu nos delitos em que lhe incursionou, permitindo o exercício da ampla defesa, é inviável acolher-se a pretensão de invalidade da peça vestibular. Lapso prescricional. Termo *a quo*. Constituição definitiva do crédito tributário. Prescrição não verificada. 1. Consolidou-se nesta Corte Superior de Justiça o entendimento no sentido de que o termo *a quo* para a contagem do prazo prescricional no crime previsto no art. 1º da Lei 8.137/1990 é o momento da constituição do crédito tributário, ocasião em que há de fato a configuração do delito, preenchendo, assim, a condição objetiva de punibilidade necessária à pretensão punitiva (Precedentes). 2. *In casu*, o crédito foi apurado em definitivo em 11.04.2000 – termo inicial da contagem do prazo –, e a denúncia foi recebida em 01.12.2007, portanto, não se constata que tenha transcorrido o lapso temporal de 12 anos necessário à ocorrência da prescrição do delito em questão cuja pena máxima cominada é de 5 anos de reclusão, nos termos do disposto no art. 109, inciso III, do Código Penal. 3. Recurso improvido" (RHC 200900508519, Jorge Mussi, Quinta Turma, *DJE* 28.02.2011); **D:** correta. Por ser crime material, sua consumação está condicionada à ocorrência de prejuízo efetivo para o Estado, o que se dá com a redução ou supressão do valor do tributo devido.

Gabarito "D"

20.4. VIOLÊNCIA DOMÉSTICA

(Ministério Público/PI – 2012 – CESPE) Considerando a jurisprudência do STF, no que se refere ao processo penal e à Lei Maria da Penha, assinale a opção correta.

(A) O legislador, ao considerar o gênero da vítima, utilizando o sexo como critério de diferenciação, para criar, à luz do princípio da igualdade, mecanismos para coibir e prevenir a violência doméstica contra a mulher, pautou-se pelo princípio da proibição de proteção insuficiente dos direitos fundamentais.

(B) Nos casos de lesões corporais culposas praticadas contra a mulher em âmbito doméstico, a ação penal cabível é pública condicionada à representação, conforme o disposto na Lei nº 9.099/1995.

(C) Tratando-se de crime de ameaça e dos cometidos contra a dignidade sexual, a ação penal é pública e incondicionada, dado que não seria razoável ou proporcional deixar a atuação estatal a critério da vítima.

(D) A Lei Maria da Penha, ao prever que, enquanto não estruturados os juizados de violência doméstica e familiar contra a mulher, as varas criminais acumulariam as competências cível e criminal para conhecer e julgar as causas decorrentes da prática de violência doméstica e familiar contra a mulher, criou, para o poder público, a obrigação de instituir os referidos juizados.

(E) O STF julgou procedente, com base no princípio explícito da dignidade humana, ação direta proposta pelo procurador-geral da República para assentar a natureza da ação penal como condicionada à representação da vítima, em caso de crime de lesão corporal leve praticado mediante violência doméstica e familiar contra a mulher.

A: correta. O princípio da proibição da proteção insuficiente representa, ao lado da proibição de excesso, uma das facetas do princípio da proporcionalidade. O Estado é considerado omisso, para esse postulado, quando deixa de adotar medidas necessárias à proteção de direitos fundamentais. Vide: ADC nº 19/DF, rel. Min. Marco Aurélio, 09.02.2012; **B:** art. 41 da Lei 11.340/2006; **C:** incorreta. A ação penal, nesses casos, será pública condicionada; **D:** incorreta. Vide: ADC nº 19/DF, rel. Min. Marco Aurélio, 09.02.2012; **E:** incorreta, visto que o STF, ao julgar procedente a ADIN nº 4.424, de 9/02/2012, entendeu ser incondicionada a ação penal em caso de crime de lesão corporal praticado contra a mulher no ambiente doméstico. A atuação do MP, por essa razão, prescinde de anuência da vítima.

Gabarito "A"

(Ministério Público/CE – 2011 – FCC) Constatada a prática de violência doméstica e familiar contra a mulher, ao ofensor o juiz

(A) de imediato poderá aplicar a proibição de aproximação da ofendida, de seus familiares e das testemunhas, fixando o limite mínimo de distância entre estes e o agressor.

(B) só poderá proibir o contato físico com a ofendida, depois do trânsito em julgado da sentença e se não houver reconciliação do casal.

(C) não poderá, em nenhuma hipótese, estender a proibição de aproximação da ofendida aos dependentes menores, ou restringir-lhe ou suspender-lhe as visitas.

(D) poderá suspender a posse ou restrição de porte de arma de fogo, ainda que se trate de integrante de órgãos policiais, independentemente de comunicação ao órgão competente ou autoridade a que esteja subordinado.

(E) não poderá proibir a frequentação de qualquer outro lugar exceto o ambiente familiar, embora naquele também possa encontrar-se a ofendida.

Art. 22 da Lei 11.340/2006.

Gabarito "A"

(Ministério Público/PR – 2009) Tendo em conta as disposições da Lei nº 11.340/06 (Lei Maria da Penha), assinale a alternativa INCORRETA:

(A) o juiz pode conceder medidas protetivas solicitadas pela ofendida, sem pronunciamento do Ministério Público, desde que este seja prontamente comunicado;

(B) a ofendida tem legitimidade para requerer ao juízo medidas protetivas de urgência por meio de termo lavrado pela autoridade policial;

(C) nos casos de violência doméstica e familiar contra a mulher, é vedada a aplicação de penas de cesta básica ou outras de prestação pecuniária;

(D) o estupro praticado pelo marido contra sua mulher (art. 213, "caput", do CP) configura violência sexual (art. 7º, inciso IV), o que torna a ação penal pública e incondicionada;

(E) constatada a prática de violência doméstica e familiar contra a mulher, o juiz pode determinar liminarmente, entre outras medidas protetivas de urgência, a suspensão das procurações conferidas pela ofendida ao agressor.

A: correta (art. 19, § 1º, da Lei 11.340/2006); **B:** correta (art. 12, III, da Lei 11.340/2006); **C:** correta (art. 17 da Lei 11.340/2006); **D:** incorreta (devendo esta ser assinalada). Com o advento da Lei 12.015/2009, a ação penal, nos crimes sexuais, que até então era, em regra, de iniciativa privada, passou a ser pública condicionada a representação, isso por força do que dispõe a nova redação do art. 225, caput, do CP. Será, entretanto, pública incondicionada se se tratar de vítima menor de 18 anos ou de pessoa vulnerável, conforme dispõe o art. 225, parágrafo único, do CP. Não é o caso tratado na assertiva, em que o crime é praticado por marido contra a esposa. A ação, portanto, neste caso, é pública condicionada à representação da ofendida. Além disso, o estupro praticado pelo marido contra sua esposa configura, em princípio, a forma de violência doméstica e familiar prevista no art. 7º, III, da Lei Maria da Penha (violência sexual); **E:** correta (art. 24, III, da Lei 11.340/2006).

Gabarito "D"

20.5. FALÊNCIA

(Ministério Público/MS – 2009) Segundo a Lei nº 11.101/2005, é correto afirmar que o prazo para o oferecimento da denúncia será de

(A) 15 dias, em caso de réu solto ou afiançado, e de 5 dias, em caso de réu preso, podendo o Ministério Público, somente no caso de estar o réu solto ou afiançado, aguardar a apresentação da exposição circunstanciada por parte do administrador judicial, devendo, em seguida, oferecer a denúncia em 15 dias.

(B) 15 dias, em caso de réu solto, e de 10 dias, em caso de réu preso, podendo o Ministério Público, indistintamente, aguardar a apresentação da exposição circunstanciada por parte do administrador judicial, ocasião em que o prazo para o oferecimento da ação penal será de 20 dias, em caso de réu solto, e de 5 dias, em caso de réu preso.

(C) 15 dias, em caso de réu solto ou afiançado, e de 10 dias, em caso de réu preso, podendo o Ministério Público, somente no caso de estar o réu solto ou afiançado, aguardar a apresentação da exposição circunstanciada por parte do administrador judicial, devendo, em seguida, oferecer a denúncia em 15 dias.

(D) 15 dias, em caso de réu solto, e de 5 dias, em caso de réu preso, podendo o Ministério Público, indistintamente, aguardar a apresentação da exposição circunstanciada por parte do administrador judicial, ocasião em que o prazo para o oferecimento da ação penal será de 15 dias, em caso de réu solto, e de 10 dias, em caso de réu preso.

(E) 15 dias, em caso de réu solto, e de 5 dias, em caso de réu preso, não podendo o Ministério Público, aguardar a apresentação da exposição circunstanciada por parte do administrador judicial.

Art. 187, § 1º, da Lei 11.101/2005.

Gabarito "A"

(Ministério Público/GO – 2005) A ação penal pela prática de crime falimentar será proposta perante:

(A) o juízo criminal da jurisdição onde tenha sido decretada a falência

(B) o juízo da falência que, após recebê-la, determinará sua remessa ao juízo criminal competente

(C) o juízo da falência, que é universal, tendo, portanto, competência para julgá-la

(D) o juízo criminal da jurisdição onde tenha sido decretada a falência ou o juízo da falência, a critério do autor

Art. 183 da Lei 11.101/2005.

Gabarito "A"

20.6. ESTATUTO DO DESARMAMENTO

(Ministério Público/MG – 2014) Assinale a alternativa que contém, segundo a Legislação brasileira em vigor, resposta jurídica adequada para a seguinte situação:

Cidadão que, movido por compaixão, possuidor de licença regular para porte e valendo-se de arma de fogo devidamente registrada, realiza disparo em via pública, matando, deliberadamente, um cachorro de estimação que, há muito, agonizava com um câncer terminal pelo qual muito sofria:

(A) Pratica crime previsto na Lei 10.826/2003.

(B) Pratica, em concurso, crimes previstos nas Leis 10.826/2003 e 9.605/1998.

(C) Pratica crime previsto na Lei 9.605/1998.

(D) Não pratica qualquer crime, em razão da atipicidade dos fatos.

A conduta do agente não se enquadra na Lei de Crimes Ambientais, razão por que deverá responder tão somente pelo crime de disparo de arma de fogo, capitulado no art. 15 da Lei 10.826/2003 (Estatuto do Desarmamento).

Gabarito "A"

(Ministério Público/PI – 2014 – CESPE) A respeito dos crimes previstos no Estatuto do Desarmamento (Lei 10.826/2003), assinale a opção correta com base no entendimento dos tribunais superiores.

(A) Segundo entendimento consolidado do STJ, a potencialidade lesiva da arma é um dado dispensável para a tipificação do delito de porte ilegal de arma de fogo, pois o objeto jurídico tutelado não é a incolumidade física, mas a segurança pública e a paz social, colocados em risco com a posse ou o porte de armas.

(B) Responde pelo crime de porte ilegal de arma de fogo o responsável legal de empresa que mantenha sob sua guarda, sem autorização, no interior de seu local de trabalho, arma de fogo de uso permitido.

(C) Se for possível, mediante o uso de processos físico-químicos, recuperar numeração de arma de fogo que tenha sido raspada, estará desconfigurado o crime de porte ilegal de arma de fogo de uso restrito, devendo a conduta ser classificada como porte ilegal de arma de fogo de uso permitido.

(D) Segundo entendimento do STJ, o porte de arma de fogo desmuniciada configura delito previsto no Estatuto do Desamamento por ser crime de perigo abstrato, entretanto, o porte de munição desacompanhada da respectiva arma é fato atípico, visto que não gera perigo à incolumidade pública.

(E) Os crimes de porte de arma de fogo de uso permitido e de disparo de arma de fogo são delitos inafiançáveis, segundo entendimento do STF.

A: correta. Conferir: "*Habeas corpus*. Penal. Porte ilegal de arma de fogo de uso permitido (art. 14, *caput*, da Lei 10.826/2003). Perícia. Desnecessidade. Perigo abstrato configurado. Ordem de *habeas corpus* denegada. 1. A potencialidade lesiva da arma é um dado dispensável para a tipificação do delito de porte ilegal de arma de fogo, pois o objeto jurídico tutelado não é a incolumidade física, e sim a segurança pública e a paz social, colocados em risco com a posse ou o porte de armas à deriva do controle estatal. Por essa razão, eventual nulidade do laudo pericial ou mesmo a sua ausência não impedem o enquadramento da conduta. Precedentes. 2. Ordem de *habeas corpus* denegada" (HC 201201451575, Laurita Vaz, STJ, Quinta Turma, *DJE* 06.03.2013); **B:** incorreta, já que a assertiva contempla a descrição do crime de posse (e não de porte) irregular de arma de fogo de uso permitido (art. 12 da Lei 10.826/2003); **C:** incorreta. O crime do art. 16, parágrafo único, IV, do Estatuto do Desarmamento (portar arma de fogo com numeração raspada), por ser de mera conduta, consuma-se com a prática da ação nuclear consistente em *carregar consigo*, independente da produção de qualquer resultado naturalístico. Assim, ainda que seja possível, por meio de processos físico-químicos, recuperar a numeração da arma de fogo ilegalmente portada, o agente terá praticado o crime em questão; D: incorreta. Conferir: "(...) A arma de fogo mercê de desmuniciada mas portada sem autorização e em desacordo com determinação legal ou regulamentar configura o delito de porte ilegal previsto no art. 10, *caput*, da Lei 9.437/1997, crime de mera conduta e de perigo abstrato. 2. Deveras, o delito de porte ilegal de arma de fogo tutela a segurança pública e a paz social, e não a incolumidade física, sendo irrelevante o fato de o armamento estar municiado ou não. Tanto é assim que a lei tipifica até mesmo o porte da munição, isoladamente. Precedentes: HC 104206/RS, rel. Min. Cármen Lúcia, 1ª Turma, *DJ* de 26.08.2010; HC 96072/RJ, rel. Min. Ricardo Lewandowski, 1ª Turma, *DJe* 08.04.2010; RHC 91553/DF, rel. Min. Carlos Britto, 1ª Turma, *DJe* 20.08.2009. 3. **In casu**, o paciente foi preso em flagrante, em via pública, portando uma pistola 6.35, marca "Brownings Patent Depose", sendo a arma apreendida, periciada e atestada sua potencialidade lesiva. 4. Recurso ordinário em *habeas corpus* desprovido" (RHC 116280, Luiz Fux, STF). A propósito, a conduta consistente em portar munição, ainda que quando desacompanhada da arma, é fato típico e está prevista no art. 14, *caput*, da Lei 10.826/2003; **E:** incorreta, uma vez que os arts. 14, parágrafo único, e 15, parágrafo único, do Estatuto do Desarmamento, que estabelecem ser os crimes de porte e disparo, respectivamente, inafiançáveis, foram considerados pelo STF como inconstitucionais (ADIn 3.112-DF, Pleno, rel. Min. Ricardo Lewandowski, 02.05.2007).

Gabarito "A"

(Ministério Público/ES – 2013 – VUNESP) Com relação ao Estatuto do Desarmamento, é correto afirmar que

(A) constitui crime a utilização de arma de brinquedo ou simulacro de arma capaz de atemorizar outrem.

(B) para a tipificação do crime de disparo de arma de fogo é necessário provar que determinada pessoa tenha sido exposta a risco.

(C) não poderá ser concedida liberdade provisória ao crime de comércio ilegal de arma de fogo.

(D) para a tipificação do crime de porte ilegal de arma de fogo de uso permitido não é necessário que o armamento esteja municiado.

(E) o crime de tráfico internacional de arma de fogo não admite liberdade provisória.

A: incorreta. A Lei 9.437/1997 (antiga lei de armas) previa, em seu art. 10, § 1º, II, o crime consistente em utilizar arma de brinquedo ou simulacro capaz de aterrorizar outrem, para o fim de cometer crimes. Com o advento da Lei 10.826/2006 (Estatuto do Desarmamento), hoje em vigor, a Lei 9.437/1997 foi revogada na íntegra. Atualmente, portanto, é atípica a conduta de utilizar arma de brinquedo ou simulacro para o fim de aterrorizar outrem; **B:** incorreta. Sendo o crime de disparo de arma de fogo, previsto no art. 15 da Lei 10.826/2006, de perigo abstrato, é desnecessário provar que houve situação de risco. A consumação se dá com o disparo nos locais mencionados no tipo penal; **C:** incorreta. O art. 14, parágrafo único, da Lei 10.826/2006, que vedava a concessão de fiança, foi declarado inconstitucional pelo Pleno do STF, no julgamento da ADIn 3.112-1, de 02.05.07. Atualmente, portanto, este crime é suscetível tanto de fiança quanto de liberdade provisória sem fiança; **D:** correta, na medida em que a jurisprudência atual do STF e do STJ vem entendendo que o porte de arma desmuniciada constitui fato típico. De toda sorte, é importante que se diga que se trata de tema controverso e objeto de divergência, tanto na doutrina quanto na jurisprudência. Conferir: "(...) A arma de fogo mercê de desmuniciada mas portada sem autorização, em desacordo com determinação legal ou regulamentar e com numeração suprimida configura o delito previsto no art. 16, parágrafo único, inciso IV, da Lei 10.826/2003, pois o crime é de mera conduta e de perigo abstrato. 2. O delito de porte ilegal de arma de fogo tutela a segurança pública e a paz social, e não a incolumidade física, sendo irrelevante o fato de o armamento estar municiado ou não. Tanto é assim que a lei tipifica até mesmo o porte da munição, isoladamente (...)" (HC 107957, Luiz Fux, STF); **E:** incorreta, uma vez que o art. 21 do Estatuto do Desarmamento, que vedava a concessão de liberdade provisória, foi declarado inconstitucional pela ADIn 3.112-1 (10.05.2007).

Gabarito "D"

20.7 LAVAGEM DE CAPITAIS

(Ministério Público/MS – 2009) Assinale a afirmativa correta. Os crimes de "lavagem de dinheiro"

(A) serão sempre de competência da Justiça Federal, ainda que o crime antecedente não seja de sua competência.

(B) somente serão de competência da Justiça Federal, quando o crime antecedente também for de sua competência.

(C) somente serão de competência da Justiça Federal, quando versar sobre crimes praticados contra o sistema financeiro e a ordem econômico-financeira, ou em detrimento de bens, serviços ou interesses da União, ou de suas entidades autárquicas ou empresas públicas.

(D) serão sempre de competência da Justiça Estadual, ainda que o crime antecedente não seja de sua competência.

(E) serão de competência da Justiça Federal quando o crime antecedente também for de sua competência ou quando praticados contra o sistema financeiro e a ordem econômico-financeira, ou em detrimento de bens, serviços ou interesses da União, ou de suas entidades autárquicas ou empresas públicas.

A competência para o processamento e julgamento dos crimes de lavagem de dinheiro será da Justiça Federal nas hipóteses estabelecidas no art. 2º, III, da Lei de Lavagem de Capitais; nos demais casos, a competência será da Justiça Estadual.

Gabarito "E"

(Ministério Público/MS – 2009) Assinale a afirmativa correta.

(A) Os crimes de "lavagem de dinheiro" são suscetíveis de fiança, e, em caso de sentença condenatória, o juiz decidirá fundamentadamente se o réu poderá apelar em liberdade.

(B) As medidas assecuratórias atinentes aos crimes de "lavagem de dinheiro" serão levantadas, se a ação penal não for iniciada no prazo de 60 dias, contados da data em que ficar concluída a diligência.

(C) As medidas assecuratórias atinentes aos crimes de "lavagem de dinheiro" serão levantadas se a ação penal não for iniciada no prazo de 120 dias, contados da data em que ficar concluída a diligência.

(D) As medidas assecuratórias atinentes aos crimes de "lavagem de dinheiro" somente poderão ser decretadas pelo juiz, na fase de investigação, mediante requerimento da autoridade policial ou do Ministério Público.

(E) As medidas assecuratórias atinentes aos crimes de "lavagem de dinheiro" somente poderão ser decretadas pelo juiz, na fase processual, mediante requerimento do Ministério Público.

A: incorreta. O art. 3º da Lei de Lavagem de Capitais, que impunha a vedação da liberdade provisória com ou sem fiança, foi revogado pela recente Lei 12.683/2012; dessa forma, não mais subsiste tal proibição; **B** e **C:** o dispositivo que estabelecia o prazo para o ajuizamento da ação penal (art. 4º, § 1º, da Lei 9.613/1998) foi revogado por força da Lei 12.683/2012, razão por que deverá ser aplicado o prazo de 60 dias previsto no CPP (art. 131 do I); **D** e **E:** as medidas assecuratórias serão decretadas pelo juiz, de ofício, a requerimento do MP ou mediante representação da autoridade policial (no curso do inquérito), ouvido, neste último caso, o MP, em 24 horas (art. 4º da Lei 9.613/1998).

Gabarito "C"

20.8. CRIMES DO ESTATUTO DA CRIANÇA E DO ADOLESCENTE

(Ministério Público/ES – 2013 – VUNESP) O adolescente, nos termos da Lei 8.069/1990,

(A) tem o direito de solicitar a presença de seus pais ou responsável em qualquer fase do procedimento.

(B) por estar em desigualdade na relação processual em razão de sua idade, não poderá ser confrontado com a vítima, ou com as testemunhas dos fatos.

(C) não poderá ser preso em flagrante, entretanto será ouvido pelo delegado de polícia competente e indiciado pela prática do ato infracional.

(D) poderá ser privado de sua liberdade, inclusive em situações de flagrante delito, desde que seja reincidente na prática de ato infracional grave.

(E) não será necessariamente representado por advogado nos processos por ato infracional, bastando que compareça em juízo acompanhado pelos pais ou por responsável legal.

A: correta. Garantia processual prevista no art. 111, VI, do ECA; **B:** incorreta, pois não reflete o disposto no art. 111, II, do ECA; **C:** incorreta, o adolescente *apreendido* (e não *preso*) em flagrante não poderá ser *indiciado* pela prática de ato infracional; tal providência, tomada no momento da lavratura do auto de prisão em flagrante ou no curso do inquérito, é reservada tão somente aos imputáveis; **D:** incorreta, o adolescente, quando surpreendido em situação de flagrante de ato infracional (e não flagrante em delito), será encaminhado à autoridade policial (art. 172, ECA), podendo, em razão da gravidade do ato infracional e sua repercussão social, permanecer privado de sua liberdade (internação provisória), conforme estabelece o art. 174 do ECA; **E:** incorreta (art. 184, § 1º, do ECA).

Gabarito "A"

20.9. OUTROS TEMAS DA LEGISLAÇÃO EXTRAVAGANTE

(Ministério Público/PI – 2014 – CESPE) Assinale a opção correta com base no entendimento do STJ a respeito das interceptações telefônicas.

(A) De acordo com a lei que rege as interceptações telefônicas, a competência para deferir esse procedimento no curso do inquérito policial é do promotor de justiça com atribuição para atuar na ação principal.

(B) O investigado possui direito subjetivo não somente ao áudio das escutas telefônicas realizadas, mas também à transcrição, pela justiça, de todas as conversas interceptadas.

(C) A ação penal padecerá de nulidade absoluta, por cerceamento de defesa, caso a defesa não tenha acesso à integralidade do teor das escutas telefônicas antes da colheita da prova oral.

(D) É dispensável que o MP, na condição de fiscal da lei, seja cientificado da necessidade de averiguação da lisura do ato de interceptação telefônica determinada de ofício pelo juiz.

(E) A fim de assegurar a ampla defesa, é necessário apenas que se transcrevam os excertos das escutas telefônicas que tenham servido de substrato para o oferecimento da denúncia.

A: incorreta, na medida em que a interceptação de comunicações telefônicas somente poderá ser determinada, quer no curso do inquérito, quer no da ação penal, pelo juiz de direito competente (arts. 1º, *caput*, e 3º da Lei 9.296/1996); **B:** incorreta. Segundo vem entendendo o STJ, não é necessária a transcrição na íntegra dos diálogos travados entre os interlocutores. Verificar: HC 112.993-ES, 6ª T., rel. Min. Maria Thereza de Assis Moura, 16.03.2010; **C:** incorreta. *Vide*: STJ, RHC 27.997, 6ª T., rel. Min. Maria Thereza de Assis Moura, *DJ* 19.09.2013; D: incorreta (art. 6º, *caput*, da Lei 9.296/1996); **E:** correta. Nesse sentido: "Recurso ordinário em *habeas corpus*. Associação para o tráfico. Disponibilização integral das mídias das escutas telefônicas. Alegada ausência de acesso às interceptações telefônicas. Transcrição parcial constante nos autos desde o oferecimento da denúncia. Transcrição integral. Desnecessidade. Constrangimento ilegal. Não ocorrência. Nulidade. Inexistência. Recurso a que se nega provimento. 1. As mídias das interceptações telefônicas foram disponibilizadas, na íntegra, à Defesa, razão pela qual não há falar em nulidade, inexistindo, portanto, constrangimento ilegal a ser sanado. 2. A cópia das transcrições parciais das interceptações telefônicas constantes dos relatórios da autoridade policial foram disponibilizadas à Defesa desde o oferecimento da exordial acusatória. 3. É pacífico o entendimento nos tribunais superiores no sentido de que é prescindível a transcrição integral do conteúdo da quebra do sigilo das comunicações telefônicas, somente sendo necessária, a fim de se assegurar o exercício da garantia constitucional da ampla defesa, a transcrição dos excertos das escutas que serviram de substrato para o oferecimento da denúncia. 4. Recurso ordinário a que se nega provimento" (STJ, RHC 27.997, 6ª T., rel. Min. Maria Thereza de Assis Moura, *DJ* 19.09.2013).

Gabarito "E"

(Ministério Público/MG – 2014) São resultados previstos na "Lei de Organização Criminosa" como necessários para que aquele que tenha colaborado efetiva e voluntariamente com a investigação e com o processo criminal obtenha o benefício da colaboração premiada, **EXCETO**:

(A) Revelação da estrutura hierárquica e da divisão de tarefas da organização criminosa.

(B) Prevenção de infrações penais decorrentes das atividades de organização criminosa.

(C) Recuperação total ou parcial do produto ou do proveito das infrações penais praticadas pela organização criminosa.

(D) Localização dos instrumentos do crime, desde que consistam em coisas cujo fabrico, alienação, uso, porte ou detenção constitua fato ilícito.

A: assertiva correta (art. 4º, II, da Lei 12.850/2013); **B:** assertiva correta (art. 4º, III, da Lei 12.850/2013); **C:** assertiva correta (art. 4º, IV, da Lei 12.850/2013); **D:** assertiva incorreta, devendo ser assinalada, já que se trata de resultado não contemplado na Lei 12.850/2013.

Gabarito "D"

(Ministério Público/DF – 2013) Assinale a alternativa **INCORRETA**:

(A) A interceptação de comunicações telefônicas não pode ser utilizada para infração penal punida com pena de detenção.

(B) Em processo por crime de lavagem de dinheiro não se aplica, nos termos da lei própria, o disposto no artigo 366 do Código de Processo Penal, devendo o feito seguir até julgamento, com a nomeação de defensor dativo ao acusado citado por edital.

(C) As testemunhas incluídas nos programas de proteção deverão ser ouvidas antecipadamente após a citação do acusado, salvo justificativa judicial que indique a impossibilidade de fazê-lo no caso concreto ou o prejuízo que a oitiva antecipada possa trazer para a instrução criminal.

(D) A jurisprudência recente do Supremo Tribunal Federal, em sua composição plena, passou a entender como ilegal a prorrogação sucessiva da autorização para a interceptação telefônica.

(E) Em processos que tenham por objeto crimes praticados por organizações criminosas, o juiz poderá decidir pela formação de órgão colegiado, integrado por mais dois juízes de primeiro grau, para a prática de qualquer ato processual, entre os quais a decretação de prisão cautelar ou de medidas assecuratórias.

A: assertiva correta. De fato, somente será admitida a interceptação de comunicações telefônicas se o fato sob investigação constituir infração penal punida com reclusão (art. 2º, III, da Lei 9.296/1996); **B:** assertiva correta. Embora a redação do art. 2º, § 2º, da Lei 9.613/1998 tenha sido modificada por força da Lei 12.683/2012, permanece a impossibilidade de aplicar-se, aos crimes de lavagem de dinheiro, o art. 366 do CPP, devendo o processo, por isso, seguir a sua marcha com a nomeação de defensor dativo; **C:** assertiva correta, uma vez que reflete a regra prevista no art. 19-A, parágrafo único, da Lei 9.807/1999; **D:** assertiva incorreta, devendo ser assinalada. Não é verdade que o STF, em sua composição plena, tenha mudado seu entendimento quanto à possibilidade de prorrogar-se de forma sucessiva a autorização para a interceptação telefônica; predomina até hoje o entendimento segundo o qual a intercepção deve perdurar pelo interregno necessário à elucidação do crime sob investigação; comporta, por isso, sucessivos pedidos de renovação; **E:** assertiva correta, conforme art. 1º da Lei 12.694/2012.

Gabarito "D"

(Ministério Público/DF – 2013) Indique a alternativa **CORRETA**:

(A) Na figura privilegiada do tráfico de entorpecentes, em que o agente oferece a substância, para uso compartilhado, à pessoa de seu relacionamento, de forma esporádica e sem intuito de lucro, o crime se consuma ainda que não haja efetivo uso do entorpecente por quem quer que seja.

(B) O agente que conduz veículo automotor com capacidade psicomotora alterada em razão influência de álcool, atingindo e lesionando culposamente pedestre, responde em concurso formal por embriaguez ao volante e lesões corporais culposas, exigindo-se, no último caso, representação do ofendido.

(C) O fornecimento, ainda que gratuito, de "cola de sapateiro" à criança caracteriza o tráfico de entorpecentes.

(D) Para ser sujeito ativo no crime de "lavagem" ou ocultação de bem, direito ou valor, o agente deverá ter concorrido ao menos como partícipe na infração penal da qual proveio referido bem, direito ou valor.

(E) A "promoção de tumulto" prevista pelo Estatuto do Torcedor somente é punida quando havida no interior de local destinado ao evento esportivo.

A: correta. De fato, o crime capitulado no art. 33, § 3º, da Lei 11.343/2006, assim chamado de *cessão gratuita e eventual*, forma privilegiada de tráfico, é considerado *formal*, já que, para a sua consumação, não é necessária a produção de resultado naturalístico consistente no uso efetivo da substância entorpecente; **B:** incorreta (art. 291, § 1º, I, da Lei 9.503/1997); **C:** incorreta, uma vez que a conduta descrita na alternativa se enquadra no tipo penal do art. 243 do ECA; **D:** incorreta, uma vez que as condutas típicas previstas no art. 1º da Lei 9.613/1998 podem ser praticadas por qualquer pessoa, aqui incluídas aquelas que não tenham tomado parte na infração penal antecedente; **E:** incorreta, dado que o crime de promoção de tumulto, na modalidade prevista no art. 41-B, § 1º, I, da Lei 10.671/2003 (Estatuto do Torcedor), pode ser praticado *num raio de 5.000 (cinco mil) metros ao redor do local de realização do evento esportivo.*

Gabarito "A"

(Ministério Público/ES – 2013 – VUNESP) Assinale a alternativa correta.

(A) No caso de abuso de autoridade, a ação penal será iniciada, independentemente de inquérito policial ou justificação por denúncia do Ministério Público, instruída com a representação da vítima do abuso.

(B) Pichardismo constitui crime contra o meio ambiente, no qual a ação penal dependerá de representação da vítima ou de seu representante legal.

(C) Não é crime o abate de animal para proteger lavouras da ação predatória, independentemente de autorização.

(D) Aos crimes previstos no Estatuto do Idoso não se aplica o procedimento previsto na Lei 9.099/1995.

(E) A perda da função pública, nos crimes resultantes de preconceito de raça ou de cor, é efeito automático da condenação.

A: correta (art. 12 da Lei 4.898/1965); **B:** incorreta. O chamado *pichardismo* (*cadeias, bola de neve*) constitui crime contra a economia popular previsto no art. 2º, IX, da Lei 1.521/1951; **C:** incorreta, uma vez que o art. 37, II, da Lei 9.605/1998 impõe, para afastar a ocorrência de crime, a necessidade de autorização; **D:** incorreta. É que o art. 94 da Lei 10.741/2003 (Estatuto do Idoso) estabelece que, aos crimes ali previstos, adotar-se-á o procedimento da Lei 9.099/1995 (sumaríssimo). Digno de registro é o fato de que o STF, no julgamento da ADIn 3.096-5, de 25.06.2010, fixou entendimento no sentido de que, aos crimes previstos no Estatuto, deve se aplicar tão somente o procedimento sumaríssimo previsto na Lei 9.099/1995, e não os benefícios ali contemplados; **E:** incorreta, pois contraria o disposto no art. 18 da Lei 7.716/1989.

Gabarito "A"

(Ministério Público/ES – 2013 – VUNESP) A alienação antecipada de bens é um procedimento admitido expressamente na lei de

(A) Crimes eleitorais.

(B) Crimes contra o consumidor.

(C) Crimes hediondos.

(D) Crimes referentes a licitações e contratos administrativos.

(E) Lavagem de dinheiro.

De fato, dos diplomas acima mencionados, somente a Lei 9.613/1998 (Lavagem de Capitais) contempla, em seu art. 4º, § 1º, a alienação antecipada de bens.

Gabarito "E"

(Ministério Público/GO – 2013) Acerca da Lei 12.694/2012 (que dispõe sobre o processo e o julgamento colegiado em primeiro grau de jurisdição de crimes praticados por organizações criminosas), assinale a alternativa correta:

(A) o órgão colegiado não pode decidir sobre a transferência de preso para estabelecimento prisional de segurança máxima, por tratar-se de decisão relativa à execução penal.

(B) o juiz determinará a alienação antecipada para preservação do valor dos bens sempre que estiverem sujeitos a qualquer grau de deterioração ou depreciação, ou quando houver dificuldade para sua manutenção

(C) diante de provável situação de risco, não decorrente exclusivamente do exercício da função, das autoridades judiciais ou membros do Ministério Público e de seus familiares, o fato será comunicado à polícia judiciária, que avaliará a necessidade, o alcance e os parâmetros da proteção pessoal.

(D) o colegiado será formado pelo juiz do processo e por 3 (três) outros juízes escolhidos por sorteio eletrônico dentre aqueles de competência criminal em exercício no primeiro grau de jurisdição.

A: incorreta, pois não reflete o disposto no art. 1º, VI, da Lei 12.694/2012; **B:** correta, pois em conformidade com o que estabelece o art. 144-A do CPP, cuja redação foi conferida pela Lei 12.694/2012; **C:** incorreta, uma vez que o art. 9º, *caput*, da Lei 12.694/2012 estabelece que a situação de risco há de decorrer exclusivamente do exercício da função; **D:** incorreta, pois em desconformidade com o disposto no art. 1º, § 2º, da Lei 12.694/2012, segundo o qual o colegiado será formado pelo juiz do processo e por 2 (dois) juízes, e não por 3 (três).

Gabarito "B"

(Ministério Público/GO – 2013) No que importa aos crimes praticados por prefeito, é correto afirmar que:

(A) o prefeito que se apropria de bens de que tem posse em razão do cargo não responde pelo crime de peculato, previsto no art. 312 do Código Penal.

(B) o STF, ao interpretar a regra do art. 29, X, da Constituição da República, deixou assente que compete aos Tribunais de Justiça o julgamento dos prefeitos pela prática de crimes comuns, ressalvada apenas a competência da Justiça Eleitoral.

(C) compete ao Tribunal de Justiça o julgamento de prefeito pela prática de crime de competência da Justiça Comum Estadual, após o prévio pronunciamento da Câmara dos Vereadores.

(D) compete ao Tribunal Regional Federal o processo e julgamento de prefeito acusado de apropriação, ou desvio, de verbas recebidas de entidades federais e incorporadas ao patrimônio do município.

A: correta, dado que o prefeito que se apropria de bens dos quais tem a posse será responsabilizado pelo crime específico do art. 1º, I, do Decreto-lei 201/1967, e não por peculato (art. 312 do CP); **B:** incorreta. Os prefeitos municipais serão julgados, pela prática de crimes comuns de competência da Justiça Estadual, pelo Tribunal de Justiça (art. 29, X, da CF). Agora, se o chefe do executivo municipal praticar crime eleitoral ou federal, a competência, aqui, será do TRE e TRF, respectivamente. É a conclusão a que se chega pela leitura da Súmula 702, STF: "A competência do Tribunal de Justiça para julgar prefeitos restringe-se aos crimes de competência da Justiça comum estadual; nos demais casos, a competência originária caberá ao respectivo tribunal de segundo grau"; **C:** incorreta, pois a lei não impõe tal formalidade; **D:** incorreta, na medida em que não reflete o entendimento firmado na Súmula 209 do STJ, que estabelece que a competência, neste caso, é do Tribunal de Justiça, e não do TRF.

Gabarito "A"

(Ministério Público/MG – 2013) Segundo a legislação penal:

(A) O conceito de organização criminosa deve ser extraído da Convenção de Palermo sobre crime organizado transnacional.

(B) Organização criminosa é a associação, de 3 (três) ou mais pessoas, estruturalmente ordenada e caracterizada pela divisão de tarefas, ainda que informalmente, com objetivo de obter, direta ou indiretamente, vantagem de qualquer natureza, mediante a prática de crimes cuja pena máxima seja igual ou superior a 4 (quatro) anos ou que sejam de caráter transnacional.

(C) Organização criminosa é a associação, de mais de 3 (três) pessoas, estruturalmente ordenada e caracterizada pela divisão de tarefas, ainda que informalmente, com objetivo de obter, direta ou indiretamente, vantagem de qualquer natureza, mediante a prática de crimes cuja pena máxima seja igual ou superior a 4 (quatro) anos ou que sejam de caráter transnacional.

(D) Para a caracterização da "associação criminosa" no caso de tráfico de substância entorpecente, exige-se a concorrência de três ou mais pessoas.

A: incorreta, uma vez que, atualmente, o conceito de *organização criminosa* é dado pela Lei 12.850/2013. Bem antes, parte da doutrina e da jurisprudência, à míngua de um conceito legal, sustentava que a definição de organização criminosa deveria ser extraída da chamada Convenção de Palermo. Pondo fim à celeuma até então existente na doutrina e jurisprudência, a Lei 12.694/2012, em seu art. 2º, trouxe o conceito de *organização criminosa*: "(...) associação, de 3 (três) ou mais pessoas, estruturalmente ordenada e caracterizada pela divisão de tarefas, ainda que informalmente, com objetivo de obter, direta ou indiretamente, vantagem de qualquer natureza, mediante a prática de crimes cuja pena máxima seja igual ou superior a 4 (quatro) anos ou que sejam de caráter transnacional". Mais recentemente, a Lei 12.850/2013, que deu nova conformação à organização criminosa e revogou a Lei 9.034/1995 (que disciplinava a matéria), trouxe novo conceito de organização criminosa, que atualmente está em vigor (art. 1º, § 1º), a saber: "Considera-se organização criminosa a associação de 4 (quatro) ou mais pessoas estruturalmente ordenada e caracterizada pela divisão de tarefas, ainda que informalmente, com o objetivo de obter, direta ou indiretamente, vantagem de qualquer natureza, mediante a prática de infrações penais cujas penas máximas sejam superiores a 4 (quatro) anos, ou que sejam de caráter transnacional"; **B:** correta, segundo a Lei 12.694/2012, em vigor à época da elaboração desta questão; **C:** incorreta, pois não corresponde à legislação em vigor ao tempo em que foi aplicada a prova: Lei 12.694/2012; **D:** incorreta, dado que o art. 35 da Lei 11.343/2006, que corresponde ao crime de associação para o tráfico, exige a associação de duas ou mais pessoas.

Gabarito "B"

(Ministério Público/SP – 2010) Assinale a alternativa correta. A ação controlada:

(A) é uma medida prevista nos procedimentos investigatórios que versem sobre ilícitos decorrentes de ações praticadas por organizações ou associações criminosas de qualquer tipo, consistente em realizar interceptações telefônicas pela autoridade policial para identificar os suspeitos da autoria dessas infrações penais.

(B) é uma medida prevista nos procedimentos investigatórios que versem sobre infrações penais de Lavagem de Dinheiro ou de Capitais e consiste em uma ordem judicial permitindo o acesso aos dados, documentos e informações fiscais, bancárias, financeiras e eleitorais dos suspeitos de tais condutas.

(C) é uma medida prevista nos procedimentos investigatórios que versem sobre infrações penais de Lavagem de Dinheiro ou de Capitais e consiste na decretação judicial da apreensão ou sequestro bens, direitos ou valores do suspeito da autoria desses delitos.

(D) é uma medida prevista nos procedimentos investigatórios que versem sobre ilícitos decorrentes de ações praticadas por organizações ou associações criminosas de qualquer tipo e consiste em retardar a intervenção policial do que se supõe fato praticado por organizações criminosas, desde que mantida sob observação e acompanhamento para que a medida legal se concretize no momento mais eficaz do ponto de vista da formação de provas e fornecimento de informações.

(E) é uma medida prevista nos procedimentos investigatórios que versem sobre ilícitos decorrentes de ações praticadas por organizações ou associações criminosas de qualquer tipo, que depende de ordem judicial e visa a captação e a interceptação ambiental de sinais eletromagnéticos, óticos ou acústicos, e o seu registro e análise.

Com a recente revogação da Lei 9.034/1995 pela Lei 12.850/2013 (Crime Organizado), a disciplina da ação controlada, nesta novel legislação, está prevista nos arts. 3º, III, 8º e 9º.

Gabarito "D"

(Ministério Público/MS – 2009) Segundo a Lei Complementar nº 105/2001, marque a assertiva correta.

(A) O sigilo das operações ativas e passivas realizadas pelas instituições financeiras somente poderá ser quebrado, em qualquer fase do inquérito ou do processo judicial, desde que envolva somente a prática dos crimes de terrorismo, tráfico de entorpecentes e drogas afins, de contrabando ou tráfico de armas, munições ou material destinado a sua produção e de lavagem de dinheiro.

(B) O sigilo das operações ativas e passivas realizadas pelas instituições financeiras somente poderá ser quebrado, em qualquer fase do inquérito ou do processo judicial, desde que envolva somente a prática dos crimes de terrorismo, tráfico de entorpecentes e drogas afins, de contrabando ou tráfico de armas, munições ou material destinado a sua produção e contra o sistema financeiro nacional.

(C) Ao contrário do que ocorre na fase do inquérito policial, o sigilo das operações ativas e passivas realizadas pelas instituições financeiras poderá ser quebrado, na fase do processo judicial, em relação a qualquer ilícito.

(D) Ao contrário do que ocorre na fase do processo judicial, o sigilo das operações ativas e passivas realizadas pelas instituições financeiras poderá ser quebrado, na fase do inquérito policial, em relação a qualquer ilícito.

(E) O sigilo das operações ativas e passivas realizadas pelas instituições financeiras poderá ser quebrado quando necessário para a apuração de qualquer ilícito, e em qualquer fase do inquérito ou do processo judicial.

Art. 1º, § 4º, da LC nº 105/2001.

Gabarito "E"

20.10. TEMAS COMBINADOS DA LEGISLAÇÃO EXTRAVAGANTE

(Ministério Público/MS – 2013 – FADEMS) Analise os temas abaixo e assinale a alternativa **correta**:

(A) Conforme a Lei nº 9.807/97 (Programa de Proteção a Vítimas e as Testemunhas), poderá o juiz, de ofício ou a requerimento das partes, conceder a diminuição de pena ao acusado que, sendo primário, tenha colaborado efetiva e voluntariamente com a investigação e com o processo criminal, desde que dessa colaboração tenha resultado: I – a identificação dos demais coautores ou partícipes da ação criminosa; II – a localização da vítima com a sua integridade física preservada; III – a recuperação total ou parcial do produto do crime.

(B) A lavagem de dinheiro (Lei nº 12.683/2012) continua a ser um crime derivado, mas agora depende de uma infração penal antecedente, que somente pode ser um crime.

(C) Tratando-se de tráfico ilícito de substâncias entorpecentes, a infiltração de agentes de polícia em tarefas de investigação pode ser realizada em qualquer fase da persecução criminal, dependendo, entretanto, de oitiva do Ministério Público e autorização judicial.

(D) Segundo o atual entendimento do Superior Tribunal de Justiça, o condenado punido por falta grave sofre a perda da integralidade dos dias remidos.

(E) Em sede de crime hediondo ou a ele equiparado (Lei nº 8.072/90), o participante ou associado que denunciar a quadrilha ou bando para à autoridade poderá receber o perdão judicial, com a consequente extinção da punibilidade, ou terá a pena reduzida de um a dois terços.

A: incorreta, pois, neste caso, o réu colaborador fará jus ao perdão judicial, conforme estabelece o art. 13 da Lei 9.807/1999; **B:** incorreta, pois a conduta antecedente, a partir da entrada em vigor da Lei 12.683/2012, pode ser tanto criminosa quanto contravencional (art. 1º da Lei 9.613/1998); **C:** correta, pois retrata o que estabelece o art. 53, I, da Lei 11.343/2006 (Lei de Drogas); **D:** incorreta. Em vista das alterações promovidas na LEP pela Lei 12.433/11, estabeleceu-se, no caso de cometimento de falta grave, uma proporção máxima em relação à qual poderá se dar a perda dos dias remidos. Assim, diante da prática de falta grave, poderá o juiz, em vista da nova redação do art. 127 da LEP, revogar no máximo 1/3 do tempo remido, devendo a contagem recomeçar a partir da data da infração disciplinar. Antes disso, o condenado perdia os dias remidos na sua totalidade. *Vide* o teor da Súmula Vinculante 9, que, com a edição da Lei 12.433/11, perdeu sua razão de ser; **E:** incorreta, pois não retrata o disposto no art. 8º, parágrafo único, da Lei 8,072/1990 (Crimes Hediondos).

Gabarito "C"

(Ministério Público/SP – 2013 – PGMP) Considere as seguintes proposições relacionadas com disposições processuais previstas em leis especiais.

I. Diante de crimes que se supõem praticados por organizações criminosas, a lei permite o retardamento da intervenção policial, para que a medida legal se concretize em momento mais eficaz do ponto de vista da formação da prova.

II. Relativamente aos crimes de trânsito, a suspensão da habilitação para dirigir veículo automotor é possível de ser decretada pelo juiz, de ofício, como medida cautelar, antes mesmo do início da ação penal.

III. Constitui causa de rejeição da denúncia formulada por crime de lavagem de capitais o fato de ter sido decretada a extinção de punibilidade da infração penal antecedente.

Está CORRETO o que se afirma

(A) apenas em III.

(B) apenas em I e III.

(C) apenas em II e III.

(D) apenas em I e II.

(E) em I, II e III.

I: a ação controlada, nos casos de organização criminosa, encontra-se atualmente regida pelos arts. 8º e 9º da recente Lei 12.850/2013, que revogou, na íntegra, a Lei 9.034/1995 (art. 26 da Lei 12.850/2013). Mesmo diante de tal mudança na conformação jurídica do instituto, a assertiva permanece correta; **II:** correta, nos termos do art. 294 da Lei 9.503/1997 (Código de Trânsito Brasileiro); **III:** art. 2º, § 1º, da Lei 9.613/1998 (modificado pela Lei 12.683/2012).

Gabarito "D"

(Ministério Público/MG – 2007) Quanto à delação premiada, assinale a alternativa INCORRETA.

(A) Tratando-se de crime hediondo ou a ele equiparado, incidirá causa de diminuição de pena para o participante ou associado que denunciar a quadrilha ou bando à autoridade, possibilitando seu desmantelamento.

(B) Nos crimes praticados em organização criminosa, o agente que, espontaneamente, colaborar para o esclarecimento da infração penal e de sua autoria terá direito à redução de pena.

(C) No crime de extorsão mediante sequestro, para a diminuição da pena deve o concorrente denunciar o coautor ou o partícipe à autoridade, facilitando a libertação do sequestrado.

(D) Se o crime se refere à lavagem de dinheiro, para ser beneficiado com a não aplicação da pena, o agente deve colaborar espontaneamente com as autoridades, prestando esclarecimentos que conduzam à apuração das infrações penais, sua autoria ou localização de bens, direitos ou valores objeto do crime.

(E) No tocante à lei de proteção a vítimas e testemunhas, o perdão judicial pode ser concedido ao reincidente que tenha colaborado efetivamente para identificação dos demais envolvidos e na localização da vítima com integridade física preservada.

A: correta (art. 8º, parágrafo único, da Lei 8.072/1990); **B:** correta (art. 6º da Lei 9.034/1995). Atualmente, dada a revogação da Lei 9.034/1995 operada pela Lei 12.850/2013, que deu nova conformação jurídica ao tema organização criminosa, a colaboração premiada passou a ser disciplinada no art. 4º desta nova Lei; **C:** correta (art. 159, § 4º, do CP); **D:** correta (art. 1º, § 5º, da Lei 9.613/1998); **E:** incorreta (art. 13 da Lei 9.807/1999).

Gabarito "E"

(Ministério Público/SC – 2012) Analise as seguintes assertivas:

I. Os atos previstos no Código de Processo Penal serão públicos em regra. Todavia, nos casos em que puder resultar escândalo, inconveniente grave ou perigo de perturbação da ordem, o juiz, ou o tribunal, câmara, ou turma, poderá de ofício ou a requerimento da parte ou do Ministério Público, determinar que o ato seja realizado a portas fechadas, limitando o número de pessoas que possam estar presentes.

II. Segundo o Decreto-Lei n. 1.002/69 o Inquérito Policial Militar será sempre presidido por oficial de posto superior ao do indiciado.

III. Atualmente a progressão de regime, no caso dos condenados por crimes hediondos, dar-se-á após o cumprimento de 2/5 (dois quintos) da pena, se o apenado for primário, e de 3/5 (três quintos), se reincidente.

IV. A transação penal é a aplicação imediata de pena restritiva de direitos ou multas, a ser especificada na proposta do Ministério Público, sendo que sua aplicação impedirá que o autor da infração obtenha o mesmo benefício no prazo de 5 (cinco) anos.

V. A Lei n. 9.034/95 estabeleceu que a ação controlada consiste em retardar a interdição policial do que se supõe ação praticada por organizações criminosas ou a ela vinculado, desde que mantida sob observação e acompanhamento para que a medida legal se concretize no momento mais eficaz do ponto de vista da formação de provas e fornecimento de informações.

(A) Apenas as assertivas I, II, III e V estão corretas.

(B) Apenas as assertivas III, IV e V estão corretas.

(C) Apenas as assertivas I, III, IV e V estão corretas.

(D) Apenas as assertivas I, II, III e IV estão corretas.

(E) Todas as assertivas estão corretas.

I: correta, nos termos do art. 792, § 1º, do CPP; II: incorreta, nos termos do art. 7º, § 2º, do Dec-Lei 1.002/1969; III: correta, pois em conformidade com o que estabelece o art. 2º, § 2º, da Lei 8.072/1990 (Crimes Hediondos); IV: correta, nos moldes do art. 76, *caput* e § 2º, II, da Lei 9.099/1995 (Juizados Especiais); V: correta, porque em conformidade com o disposto no art. 2º, II, da Lei 9.034/1990 (Crime Organizado), em vigor à época em que foi elaborada esta questão. Atualmente, com a recente revogação da Lei 9.034/1995 pela Lei 12.850/2013 (Crime Organizado), a disciplina da ação controlada, nesta novel legislação, está prevista nos arts. 3º, III, 8º e 9º.

Gabarito "C"

(Ministério Público/TO – 2012 – CESPE) Considerando o disposto nas Leis nº 9.807/1999 e nº 9.434/1997, assinale a opção correta.

(A) De acordo com o que dispõe a Lei nº 9.434/1997, constatada a morte encefálica de menor de idade, a remoção *post mortem* de seus órgãos para fins de transplante somente poderá ocorrer após a permissão expressa de um dos pais do menor ou de um de seus responsáveis legais.

(B) A lei brasileira veda à pessoa juridicamente capaz dispor, ainda que gratuitamente, de partes do corpo vivo para fins terapêuticos.

(C) Suponha que Lúcio, condenado a pena privativa de liberdade, seja testemunha de gravíssimo crime, ocorrido antes do início do cumprimento de sua reprimenda. Nessa situação, nos termos da Lei nº 9.807/1999, Lúcio está excluído do programa de proteção especial a testemunhas.

(D) Compete ao MP fiscalizar e supervisionar termos de parceria firmados entre os estados, com vistas à realização de programas de proteção especial a vítimas e testemunhas.

(E) Entre as medidas previstas no programa de proteção especial a testemunhas, destaca-se a mudança do nome da testemunha protegida, podendo a medida abranger, excepcionalmente, filhos menores de idade e cônjuge, mas não ascendentes da mesma.

A: incorreta, visto que o art. 5º da Lei 9.434/1997 estabelece que a permissão, expressa, deve ser dada por ambos os pais ou pelos representantes legais; **B:** incorreta, pois não reflete o disposto no art. 9º da Lei 9.434/1997; **C:** correta (art. 2º, § 2º, da Lei 9.807/1999); **D:** incorreta, pois contraria o que estabelece o art. 1º, § 1º, da Lei 9.807/1999; **E:** incorreta, pois não reflete o disposto no art. 9º, § 1º, da Lei 9.807/1999.

Gabarito "C"

21. TEMAS COMBINADOS E OUTROS TEMAS

(Ministério Público/DF – 2013) Assinale a alternativa **CORRETA**:

(A) Para preservação do princípio da individualização da pena, no crime de roubo, o número de majorantes será computado para elevar a sanção na terceira fase de fixação.

(B) Segundo entendimento pacificado no Superior Tribunal de Justiça, o furto privilegiado é compatível com o furto qualificado, máxime quando a qualificadora é de ordem objetiva.

(C) No latrocínio, o resultado morte que qualifica o roubo deve ser resultante de dolo do agente.

(D) A posse ou detenção legítima do bem é desnecessária à caracterização do crime de apropriação indébita.

(E) Caracteriza-se a extorsão mediante sequestro quando o agente, após ameaçar a vítima com arma de fogo e colocá-la no interior do porta-malas do veículo, abandona-a em local ermo e subtrai-lhe o automóvel.

A: incorreta, visto que não corresponde ao entendimento firmado na Súmula 443 do STJ; **B:** correta, pois em conformidade com o entendimento consolidado na Súmula 511 do STJ: "É possível o reconhecimento do privilégio previsto no § 2º do art. 155 do CP nos casos de crime de furto qualificado, se estiverem presentes a primariedade do agente, o pequeno valor da coisa e a qualificadora for de ordem objetiva"; **C:** incorreta. Conforme é sabido, o resultado morte, no crime de latrocínio (art. 157, § 3º, 2ª parte, do CP), pode ocorrer tanto a título de *dolo* quanto a título de *culpa*; **D:** incorreta. No crime de apropriação indébita (art. 168, CP), temos que o agente ingressa na posse da *res* de forma legítima, ou seja, ele está, no momento da tradição da coisa, de boa-fé. Em momento posterior, o agente inverte o ânimo em relação à coisa, passando a agir como se dono fosse; **E:** incorreta, uma vez que o crime de extorsão mediante sequestro pressupõe que o agente exija, como condição para libertar a vítima sequestrada, o pagamento de resgate (art. 159, *caput*, do CP).

Gabarito "B"

(Ministério Público/PI – 2014 – CESPE) Considerando os entendimentos do STF e do STJ acerca dos princípios processuais penais, do inquérito e das questões e dos processos incidentes, assinale a opção correta.

(A) Ao promotor de justiça é vedado, no curso de processo penal, suscitar o conflito de jurisdição.

(B) A hipoteca legal sobre os imóveis do indiciado poderá ser requerida pelo ofendido em qualquer fase do processo, desde que haja certeza da autoria.

(C) A condenação lastreada em declarações colhidas de testemunhas na fase inquisitorial, bem como em depoimentos prestados em juízo, ainda que garantidos o contraditório e a ampla defesa, resulta em ilegalidade, pois o CPP impede que o juiz, para a formação de sua livre convicção, considere elementos informativos colhidos na fase de investigação criminal.

(D) O CPP prevê que, independentemente da demonstração de boa-fé, o terceiro adquirente tem o direito de opor-se, por meio de embargos, ao sequestro incidente sobre imóvel.

(E) Existindo dúvida razoável quanto à saúde psíquica do acusado, competirá ao juiz da causa averiguar a necessidade de instauração de incidente de insanidade mental.

A: incorreta. Antes de mais nada, valem alguns esclarecimentos sobre o tema. O *conflito de competência* somente se estabelece entre órgãos jurisdicionais integrantes de uma mesma justiça. É qualificado de *positivo* quando dois ou mais juízes se consideram competentes para o julgamento do mesmo caso; diz-se *negativo* na hipótese de dois ou mais juízes recusarem a competência. Já o *conflito de jurisdição* configura-se quando o embate é travado entre órgãos jurisdicionais de justiças distintas. Por fim, *conflito de atribuições* é aquele que se dá entre autoridades administrativas ou entre estas e autoridades judiciárias. É de atribuições o conflito existente entre promotores de Justiça. Neste caso, a divergência será solucionada pelo procurador-geral de Justiça, sem intervenção do órgão jurisdicional. No CPP, o conflito de jurisdição/competência está disciplinado do art. 113 ao 117. Cremos que o examinador se referiu, na verdade, ao conflito de competência (chamado pelo CPP de conflito de jurisdição), que poderá ser suscitado, sim, pelo MP (art. 115, II, do CPP); **B:** incorreta. Segundo estabelece o art. 134 do CPP, para ser decretada a hipoteca legal, são necessários *certeza da infração penal* (prova da materialidade) e *indícios suficientes de autoria*. Não é necessário, portanto, e aqui está a incorreção da assertiva, a presença de *certeza* de autoria; mesmo porque tal somente pode ser exigido na fase de sentença. No mais a proposição está correta; **C:** incorreta. O que se veda é que o juiz forme sua convicção com base exclusiva nas informações colhidas na investigação; disso se infere que é perfeitamente possível que o juiz se baseie, na formação de sua convicção, em provas produzidas em contraditório judicial bem assim em informações colhidas no inquérito policial (art. 155, CPP); **D:** incorreta, pois não reflete o que estabelece o art. 130, II, do CPP; E: correta (art. 149, *caput*, do CPP).

Gabarito "E"

(Ministério Público/AM – 2005) Assinale a alternativa incorreta.

(A) A fiança é uma garantia real, que consiste no pagamento em dinheiro ao Estado, visando assegurar ao agente o direito de permanecer solto, durante o trâmite do processo criminal.

(B) A liberdade provisória tem cabimento restrito, portanto, sendo aplicável somente nos casos de prisão preventiva ou temporária.

(C) A citação por rogatória é realizada quando o réu se encontra em outro país.

(D) É através de requisição do juiz, por ofício, ao superior militar do réu, que se realiza a sua citação.

A: correta. A *fiança*, prevista nos arts. 321 e seguintes do CPP, consiste de fato em uma garantia real, consubstanciada no pagamento em dinheiro ou na entrega de valores ao Estado, com o objetivo de assegurar ao agente o direito de permanecer solto durante o processo; **B:** incorreta (devendo esta ser assinalada). Dada a nova sistemática implementada pela Lei 12.403/2011, a *liberdade provisória* constitui um sucedâneo da prisão em flagrante e uma medida alternativa à decretação da prisão preventiva; **C:** correta (art. 368 do CPP); **D:** correta (art. 358 do CPP).

Gabarito "B"

(Ministério Público/AM – 2005) Assinale a alternativa correta;

(A) Pelo princípio da especialidade, devemos entender que se aplica o procedimento do CPP e, em caráter subsidiário o da lei especial, por ser aquele o procedimento geral.

(B) Os crimes de imprensa previstos na Lei nº 5.250/67, são julgados pela justiça comum, observados os procedimentos do Código de Processo Penal.

(C) A *notitia criminis* é classificada como direta e indireta.

(D) Na Lei do Crime Organizado – Lei nº 9.034/95 – não pode o juiz participar da atividade da colheita do material probatório antes de receber a denúncia.

Notitia criminis direta se dá quando a autoridade policial toma conhecimento da ocorrência de uma infração penal de forma direta, ou seja, por meio de suas atividades de rotina; *notitia criminis* indireta é o conhecimento que tem a autoridade policial de uma infração penal por meio de um ato formal: requisição do juiz, do promotor, representação do ofendido etc.

Gabarito "C"

(Ministério Público/AM – 2005) Assinale a alternativa incorreta.

(A) Em razão do princípio da indisponibilidade do inquérito policial, não pode este ser arquivado pela autoridade policial.

(B) No inquérito policial, segundo o regramento processual penal, haverá sigilo quando houver necessidade para elucidação do fato.

(C) A ação penal quando for vítima a União, o Estado ou o Município é pública condicionada a representação.

(D) O prazo para o Ministério Público ofertar denúncia ou pedir arquivamento é de 15 (quinze) dias, nos crimes de ação penal pública de competência originária nos Tribunais.

A: correta (art. 17 do CPP); **B:** correta (art. 20, *caput*, do CPP); **C:** incorreta (art. 24, § 2º, do CPP); **D:** correta (art. 1º da Lei 8.038/1990).

Gabarito "C"

(Ministério Público/BA – 2010) Assinale a alternativa correta:

(A) O procedimento comum será sumário, quando tiver por objeto crime cuja sanção máxima cominada for 4(quatro) anos de pena privativa de liberdade.

(B) O princípio da identidade física do Juiz não se aplica ao processo penal brasileiro.

(C) No procedimento sumaríssimo, não encontrado o acusado para ser citado, o Juiz de Direito deverá encaminhar as respectivas peças ao juízo comum, onde deverá ser observado o procedimento sumário previsto no Código de Processo Penal.

(D) Se o Delegado de Polícia tiver conhecimento de fato que, embora não constituindo infração penal, possa determinar a aplicação de medida de segurança, deverá instaurar inquérito policial, a fim de apurá-lo e averiguar todos os elementos que possam interessar à verificação da periculosidade do agente.

(E) O jurado excluído por impedimento, suspeição ou incompatibilidade não será considerado para a constituição do número legal exigível para a realização da sessão.

A: incorreta, pois não reflete o contido no art. 394, § 1º, II, do CPP; **B:** a Lei 11.719/08 introduziu no art. 399 do CPP o § 2º e conferiu-lhe a seguinte redação: "O juiz que presidiu a instrução deverá proferir a sentença". O *princípio da identidade física do juiz*, até então exclusivo do processo civil, terá, portanto, também incidência no âmbito do processo penal; **C:** assertiva correta. Na hipótese de o autor dos fatos não ser encontrado para citação pessoal, o juiz encaminhará as peças ao juízo comum para adoção do procedimento previsto em lei – art. 66, parágrafo único, da Lei 9.099/95. É do art. 538 do CPP que, neste caso, o procedimento a ser adotado é o sumário; **D:** a *medida de segurança*, assim como a *pena*, constitui espécie do gênero *sanção* penal. Pressupõe, por isso, a prática de infração penal; **E:** incorreta, pois contraria o contido no art. 451 do CPP.

Gabarito "C"

(Ministério Público/CE – 2009 – FCC) As Comissões Parlamentares de Inquérito, conforme orientação do Supremo Tribunal Federal, têm poderes para

(A) a quebra de sigilo bancário e ouvir testemunhas sobre fatos passíveis de incriminá-las, ainda que não desejem prestar declarações.

(B) a quebra de sigilo telefônico e ouvir testemunhas sobre fatos passíveis de incriminá-las, ainda que não desejem prestar declarações.

(C) a quebra de sigilo bancário e de sigilo telefônico.

(D) a quebra de sigilo telefônico e determinar interceptação telefônica.

(E) a quebra de sigilo bancário e determinar interceptação ambiental ou telemática.

O STF firmou entendimento no sentido de que as Comissões Parlamentares de Inquérito – art. 58, § 3º, da CF – estão credenciadas a determinar a quebra do sigilo bancário, fiscal e telefônico, porquanto contam com poderes próprios de autoridades judiciais, desde que o ato seja fundamentado e revele a necessidade objetiva da medida extraordinária.

Gabarito "C"

(Ministério Público/MA – 2009) Assinale a alternativa INCORRETA.

(A) Comprovado que o acusado se oculta é possível determinar a sua citação por hora certa.

(B) Por previsão legal é vedada a concessão de liberdade provisória ao acusado por crime de tráfico de entorpecente.

(C) Havendo dúvida sobre a imparcialidade do júri ou a segurança pessoal do acusado o Juiz Presidente poderá determinar o desaforamento do julgamento para outra comarca da mesma região.

(D) A denúncia será dirigida a autoridade judiciária e o réu se defenderá do fato criminoso nela contido, delineando a acusação.

(E) Ao Promotor de Justiça se estendem, no que lhe for aplicável, as prescrições relativas à suspeição e aos impedimentos dos Juízes de Direito.

A: correta (art. 362 do CPP); **B:** correta. O Pleno do STF, em controle difuso, reconheceu a inconstitucionalidade da parte do art. 44 da Lei de Drogas que proíbe a concessão de liberdade provisória nos crimes de tráfico (HC 104.339/SP, Pleno, rel. Min. Gilmar Mendes, 10.05.2012); **C:** incorreta (devendo esta ser assinalada). O desaforamento é determinado pelo Tribunal, mediante representação do juiz presidente, ou atendendo a requerimento formulado pelo MP, pelo assistente, pelo querelante ou mesmo pelo acusado – art. 427, *caput*, do CPP; **D:** correta. Com efeito, o réu defende-se dos fatos articulados na inicial, e não de sua capitulação legal atribuída pelo titular da ação; **E:** correta (art. 258 do CPP).

Gabarito "C"

(Ministério Público/MG – 2010.1) Assinale a alternativa CORRETA.

(A) A doutrina denomina decisão absolutória imprópria aquela que condena o réu, mas reconhece a extinção da punibilidade pela prescrição.

(B) No processo penal, contam-se os prazos da data de juntada aos autos do mandado de intimação da parte.

(C) A ação penal pública condicionada somente poderá ser iniciada se houver representação do ofendido ou do seu representante legal.

(D) No rito ordinário, ocorrendo citação por edital, o prazo para a defesa será contado do comparecimento pessoal do acusado ou do defensor constituído.

(E) O processo da Carta Testemunhável na instância superior seguirá o rito do Recurso em Sentido Estrito.

A: *sentença absolutória imprópria* é a que impõe medida de segurança; **B:** os prazos, no processo penal, são contados da data da intimação – Súmula nº 710 do STF; **C:** a ação penal pública será iniciada por denúncia do MP, mas dependerá, quando a lei determinar, de *representação* do ofendido ou de quem tiver qualidade para representá-lo, ou de *requisição* do ministro da Justiça (art. 24, *caput*, do CPP); **D:** art. 396, parágrafo único, do CPP; **E:** art. 645 do CPP.

Gabarito "D"

(Ministério Público/MG – 2007) Assinale a alternativa CORRETA.

(A) Admite-se a prisão em flagrante delito nos crimes em que a ação penal é de iniciativa privada.

(B) Depois de regularmente citado por mandado, o não comparecimento do réu ao interrogatório judicial enseja a suspensão do processo e do prazo prescricional.

(C) Quando um só fato contiver vários crimes, a competência será fixada pela conexão.

(D) A prisão especial somente poderá ser concedida depois de instaurado o processo criminal.

(E) Por se tratar de procedimento de natureza inquisitorial, é vedado o trancamento de inquérito policial por meio de *habeas corpus*.

A: correta. Procede-se à prisão em flagrante e, quando da formalização do ato, colhe-se a autorização da vítima ou de seu representante legal; **B:** incorreta. O art. 366 do CPP somente terá incidência na hipótese de o acusado, citado por edital, não comparecer tampouco constituir advogado. Neste caso, ficarão suspensos o processo e o curso do prazo prescricional. Agora, o acusado que, citado pessoalmente, deixar de comparecer sem motivo justificado, estabelece o art. 367 do CPP que o processo seguirá sem a sua presença; **C:** incorreta: art. 77 do CPP (continência); **D:** incorreta. A prisão especial (art. 295 do CPP) perdurará até o trânsito em julgado da sentença condenatória, após o que o condenado é recolhido a estabelecimento comum; **E:** incorreta. O *habeas corpus* (arts. 647 e ss. do CPP) constitui, sim, instrumento idôneo para trancar o inquérito policial, desde que a investigação se revele, por algum motivo, manifestamente indevida.

Gabarito "A"

(Ministério Público/MT – 2012 – UFMT) NÃO constitui entendimento do Supremo Tribunal Federal:

(A) A renúncia do réu ao direito de apelação, manifestada sem a assistência do defensor, não ofende o conhecimento da apelação por este interposta.

(B) É nula a decisão que determina o desaforamento de processo da competência do júri sem audiência da defesa.

(C) A falta de intimação do denunciado para oferecer contrarrazões ao recurso interposto da rejeição da denúncia, suprindo a nomeação de defensor dativo, não constitui nulidade.

(D) Só é lícito o uso de algemas em casos de resistência e de fundado receio de fuga ou de perigo à integridade física própria ou alheia, por parte do preso ou de terceiros, justificada a excepcionalidade por escrito, sob pena de responsabilidade disciplinar, civil e penal do agente ou da autoridade e de nulidade da prisão ou do ato processual a que se refere, sem prejuízo da responsabilidade civil do estado.

(E) É direito do defensor, no interesse do representado, ter acesso amplo aos elementos de prova que, já documentados em procedimento investigatório realizado por órgão com competência de polícia judiciária, digam respeito ao exercício do direito de defesa.

A: correta (Súmula nº 705, STF); **B:** correta (Súmula nº 712, STF); **C:** incorreta (Súmula n 707, STF); **D:** correta (Súmula Vinculante nº 11); **E:** correta (Súmula Vinculante nº 14).

Gabarito "C"

(Ministério Público/PB – 2010) Considere as proposições abaixo e, em seguida, indique a alternativa que contenha o julgamento devido sobre elas:

I. A proteção oferecida pelo programa especial de proteção a vítimas e testemunhas ameaçadas, previsto na Lei Federal nº 9.807/99, terá a duração máxima de dois anos, podendo, em circunstâncias excepcionais, perdurando os motivos que autorizaram a admissão do beneficiado, a permanência ser prorrogada.

II. O réu que não for encontrado por estar em lugar inacessível, será citado do mesmo modo que aquele não encontrado em razão de estar em paradeiro desconhecido, ou seja, mediante edital, com prazo de 15(quinze) dias.

III. A hipoteca legal, que somente poderá ser decretada durante a tramitação da ação penal, exige certeza da infração e indícios suficientes de autoria, recaindo sobre bens imóveis lícitos pertencentes ao réu, sendo cancelada a especialização nos casos de absolvição e de extinção da punibilidade, por sentença transitada em julgado.

(A) Apenas a proposição I está correta.

(B) Apenas a proposição II está correta.

(C) Apenas a proposição III está correta.

(D) Todas as proposições estão corretas.

(E) Todas as proposições estão incorretas.

I: correta, nos termos do art. 11 da Lei 9.807/99; II: antes, a lei fazia menção às hipóteses em que tinha lugar a citação por edital. Com as mudanças implementadas pela Lei 11.719/08, o legislador deixou de fazer referência a tais situações. De qualquer modo, esta modalidade de citação ficta continua a ser aplicada nos mesmos casos: réu não encontrado por estar em lugar inacessível; réu cujo paradeiro é desconhecido etc. (arts. 361 e 363, CPP); III: correta, nos termos do art. 134 do CPP.

Gabarito "D"

(Ministério Público/PR – 2009) Tendo em conta as assertivas abaixo, responda:

I. a medida de busca e apreensão não pode ser determinada para prender criminosos;

II. o Código de Processo Penal dispõe que a perícia deve ser elaborada por dois peritos oficiais ou, na falta destes, por duas pessoas idôneas, com diploma de curso superior preferencialmente na área específica, dentre as que tiverem habilitação técnica relacionada com a natureza do exame;

III. prova ilícita, em sentido estrito, é aquela colhida sem observância às regras de direito processual;

IV. a prisão preventiva, desde que presentes os seus pressupostos e requisitos, pode ser decretada ainda que o acusado esteja preso em virtude de prisão temporária;

V. ao disciplinar que a sentença é de responsabilidade do juiz que presidiu a instrução, o Código de Processo Penal adotou o princípio da identidade física do juiz.

(A) as assertivas II, IV e V são corretas;

(B) todas as assertivas são incorretas;

(C) as assertivas I, II, IV e V são corretas;

(D) todas as assertivas são corretas;

(E) as assertivas IV e V são corretas.

I: incorreta (art. 240, § 1º, *a*, da CPP); II: incorreta. A redação anterior do art. 159 do CPP estabelecia que a perícia fosse realizada por *dois* profissionais. Atualmente, com a nova redação do dispositivo dada pela Lei 11.690/2008, a perícia será levada a efeito por *um* perito oficial portador de diploma de curso superior. À falta deste, determina o § 1º do art. 159 que o exame seja feito por duas pessoas idôneas, detentoras de diploma de curso superior preferencialmente na área específica, dentre aquelas que tiverem habilitação técnica relacionada com a natureza do exame; III: incorreta. Reputam-se *ilícitas* as provas que violam normas de direito material, e *ilegítimas* as obtidas com desrespeito a norma de direito processual; IV: correta. Desde que presentes os requisitos do art. 312 do CPP, nada obsta que seja decretada a prisão preventiva em desfavor do agente preso por força de custódia temporária; V: correta. A Lei 11.719/2008 introduziu no art. 399 do CPP o § 2º, conferindo-lhe a seguinte redação: "O juiz que presidiu a instrução deverá proferir a sentença". O *princípio da identidade física do juiz*, antes exclusivo do processo civil, doravante será também aplicável ao processo penal.

Gabarito "E"

(Ministério Público/PR – 2008) Avalie as afirmações abaixo e marque a opção que corresponda, na devida ordem, ao acerto ou erro de cada uma (V ou F, respectivamente):

I. Não será permitida a apreensão de documento em poder do defensor do acusado, salvo quando constituir elemento do corpo de delito.

II. Considera-se indício a circunstância conhecida e provada, que, tendo relação com o fato, autorize, por indução, concluir-se a existência de outra ou outras circunstâncias.

III. Considera-se em flagrante delito quem é encontrado, logo, depois, com instrumentos, armas, objetos ou papéis que façam presumir ser ele autor da infração.

IV. Nas infrações permanentes, entende-se o agente em flagrante delito enquanto não cessar a permanência.

(A) F, F, F, F.

(B) V, V, V, V.

(C) V, V, F, F.

(D) F, F, V, V.

(E) V, V, F, F.

I: correta (art. 243, § 2º, do CPP); II: correta (art. 239 do CPP); III: correta (art. 302, IV, do CPP); IV: correta (art. 303 do CPP).

Gabarito "B"

(Ministério Público/SC – 2012) Analise as seguintes assertivas:

I. Cabe prisão temporária no crime de concussão.

II. Uma das medidas cautelares diversas da prisão é a suspensão do exercício de função pública ou de atividade de natureza econômica ou financeira quando houver justo receio de sua utilização para a prática de infrações penais.

III. Nos procedimentos ordinário e sumário, após sua resposta, o Juiz deverá absolver sumariamente o acusado quando verificar que o fato narrado evidentemente não constitui crime.

IV. O inquérito policial poderá ser concluído no prazo de 60 (sessenta) dias, se o indiciado estiver preso, e de 180 (cento e oitenta) dias, quando solto, por ordem do Juiz, ouvido o Ministério Público, mediante pedido justificado da autoridade de polícia judiciária.

V. São impedidos de servir no mesmo Conselho de Sentença, entre outros: tios e sobrinhos; irmãos e irmãs; primos e primas.

(A) Apenas as assertivas I, II, III e IV estão corretas.

(B) Apenas as assertivas I, II, IV e V estão corretas.

(C) Apenas as assertivas II, III e V estão corretas.

(D) Apenas as assertivas II, III e IV estão corretas.

(E) Todas as assertivas estão corretas.

I: incorreta. Descabe a prisão temporária para o crime de concussão, visto que este delito não integra o rol do art. 1º, III, da Lei 7.960/1989; II: correta, visto que a proposição contempla a medida cautelar diversa da prisão prevista no art. 319, VI, do CPP; III: correta, visto que retrata a hipótese de absolvição sumária prevista no art. 397, III, do CPP; IV: o art. 10, *caput*, do CPP estabelece o prazo *geral* de 30 dias para conclusão do inquérito, quando o indiciado não estiver preso; se preso, o inquérito deve terminar em 10 dias. Na Justiça Federal, se o indicado estiver preso, o prazo para conclusão do inquérito é de quinze dias, podendo haver uma prorrogação por igual período, conforme dispõe o art. 66 da Lei 5.010/1966; se solto, o inquérito deve ser concluído em 30 dias, em consonância com o disposto no art. 10, *caput*, do CPP. Outro exemplo de lei que estabelece prazos diferenciados é a de tóxico. Pela disciplina estabelecida no art. 51, *caput*, da Lei 11.343/06 (atual Lei de Tóxicos), o inquérito, estando o indiciado preso, será concluído no prazo de 30 dias; se solto estiver, o prazo será de 90 dias. O parágrafo único do mesmo artigo dispõe que os prazos aludidos no *caput* podem ser duplicados mediante pedido justificado da autoridade policial, sempre ouvido o MP, chegando a 60 e 180 dias. Correta, portanto, a assertiva, que como se pode ver, refere-se aos prazos fixados na Lei de Drogas; V: incorreta, pois não reflete o disposto no art. 448 do CPP.

Gabarito "D"

(Ministério Público/SC – 2012) Analise as seguintes assertivas:

I. A lei processual penal, em benefício do réu, admitirá interpretação extensiva e aplicação analógica, bem como o suplemento dos princípios gerais de direito.

II. A sentença absolutória que decidir que o fato imputado não constitui crime impedirá a propositura da ação civil de reparação do dano.

III. Na competência pelo lugar da infração, quando o último ato de execução for praticado fora do território nacional, será competente o juiz do lugar em que o crime, embora parcialmente, tenha produzido ou devia produzir seu resultado.

IV. Na determinação da competência por conexão ou continência, uma das regras a ser observada é a que estabelece que no concurso de jurisdições de diversas categorias, predominará aquela cuja pena seja mais gravosa.

V. No caso da competência por conexão ou continência, será facultativa a separação dos processos quando as infrações tiverem sido praticadas em circunstâncias de tempo ou de lugar diferentes, ou, quando pelo excessivo número de acusados e para não lhes prolongar a prisão provisória, ou por outro motivo relevante, o juiz reputar conveniente a separação.

(A) Apenas as assertivas I, III, IV e V estão corretas.

(B) Apenas as assertivas I, II, III e IV estão corretas.

(C) Apenas as assertivas II, III, IV e V estão corretas.

(D) Apenas as assertivas I, II, IV e V estão corretas.

(E) Todas as assertivas estão corretas.

I: correta, pois corresponde ao que estabelece o art. 3º do CPP; II: incorreta, pois não reflete o disposto no art. 67, III, do CPP; III: correta, visto que reflete o disposto no art. 70, § 2º, do CPP; IV: correta (art. 78, II, *a*, do CPP); V: correta, pois em conformidade com o que dispõe o art. 80 do CPP.

Gabarito "A"

(Ministério Público/SC – 2010)

I. Compete à Justiça Militar estadual processar e julgar os militares dos Estados, nos crimes militares definidos em lei, ressalvada a competência do júri quando a vítima for civil.

II. Segundo entendimento sumular do Supremo Tribunal Federal, é concorrente a legitimidade do ofendido, mediante queixa, e do Ministério Público, condicionada à representação do ofendido, para a ação penal por crime contra a honra de servidor público em razão do exercício de suas funções.

III. A autorização para saída temporária será concedida por prazo não superior a 7 (sete) dias, podendo ser renovada por mais quatro vezes durante o ano.

IV. A participação de membro do Ministério Público na fase investigatória criminal não acarreta o seu impedimento ou suspeição para o oferecimento da denúncia.

V. O prazo para o oferecimento de denúncia pela prática do crime de tráfico de entorpecente, previsto na Lei nº 11.343/2006, é de 20 dias.

(A) Apenas as assertivas I, III e V estão corretas.

(B) Apenas as assertivas II e V estão corretas.

(C) Apenas as assertivas I, II, III e IV estão corretas.

(D) Apenas as assertivas I, III e IV estão corretas.

(E) Apenas as assertivas II, IV e V estão corretas.

I: correta, pois em conformidade com o disposto no art. 125, § 4º, da CF; II: a assertiva – correta - corresponde à Súmula nº 714 do STF; III: assertiva correta, visto que corresponde ao teor do art. 124, *caput*, da Lei 7.210/1984 – Lei de Execução Penal; IV: a assertiva – correta - corresponde à Súmula nº 234 do STJ; V: incorreta, nos termos do art. 54 da Lei 11.343/2006, que estabelece o prazo de 10 dias para o oferecimento de denúncia.

Gabarito "C"

5. Direito Constitucional

Eduardo Dompieri, Henrique Subi e Fábio Tavares*

1. PODER CONSTITUINTE

(Ministério Público/MS – 2013 – FADEMS) Sobre o Poder Constituinte é **incorreto** afirmar:

(A) o objetivo fundamental do Poder Constituinte Originário é o de criar um novo Estado.

(B) o Poder Constituinte Originário é inicial, não autônomo (segundo a corrente positivista adotada no Brasil) e ilimitado juridicamente.

(C) o Poder Constituinte Derivado também é denominado de Poder Constituinte Instituído, Constituído, Secundário ou de Segundo Grau.

(D) o Poder Constituinte Derivado Decorrente tem como missão estruturar a Constituição dos Estados-Membros.

(E) o Poder Constituinte Derivado é limitado e condicionado.

A: correta. Em um primeiro momento, o examinando pode achar que a assertiva é incorreta, pois está acostumado a interpretar que o objetivo do Poder Constituinte Originário é de criar uma nova ordem constitucional, todavia, a interpretação nos conduz a concluir que se uma nova ordem constitucional foi elaborada é porque a finalidade do poder constituinte originário é de fato criar um novo Estado, diverso do que vigorava em decorrência da manifestação do poder constituinte precedente; **B:** incorreta, devendo ser assinalada. O Poder Constituinte Originário é inicial, autônomo, ilimitado, incondicionado, permanente e soberano. Sem prejuízo, é oportuno deixar consignado que a titularidade do poder constituinte originário em Estados Democráticos é do *povo*, como, aliás, se pode extrair exemplificadamente do texto preambular de nossa Constituição. O indigitado texto, permita-nos repisar, tem a seguinte redação em início: "Nós, representantes do povo brasileiro...". Neste mesmo sentido o teor do parágrafo único, art. 1º, da CF/1988: "*Todo poder emana do povo, que o exerce por meio de representantes eleitos ou diretamente, nos termos desta Constituição*"; **C:** correta. O Poder Constituinte Derivado também é denominado de Poder Constituinte Instituído, Constituído, Secundário ou de Segundo Grau; **D:** correta. O poder constituinte derivado é o responsável pela criação das novas Constituições dos Estados-membros. A título de curiosidade vale dizer que grande parte da doutrina entende que os Municípios não têm poder constituinte decorrente, o que não acontece no Distrito Federal, conforme orientação do Supremo Tribunal Federal. Vejamos: O Distrito Federal é uma unidade federativa de compostura singular, dado que: a) desfruta de competências que são próprias dos Estados e dos Municípios, cumulativamente (art. 32, § 1º, CF/1988); b) algumas de suas instituições elementares são organizadas e mantidas pela União (art. 21, XIII e XIV, CF/1988); c) os serviços públicos a cuja prestação está jungido são financiados, em parte, pela mesma pessoa federada central, que é a União (art. 21, XIV, parte final, CF/1988). Conquanto submetido a regime constitucional diferenciado, o Distrito Federal está bem mais próximo da estruturação dos Estados-membros do que da arquitetura constitucional dos Municípios. Isto porque: a) ao tratar da competência concorrente, a Lei Maior colocou o Distrito Federal em pé de igualdade com os Estados e a União (art. 24); b) ao versar o tema da intervenção, a Constituição dispôs que a 'União não intervirá nos Estados nem no Distrito Federal' (art. 34), reservando para os Municípios um artigo em apartado (art. 35); c) o Distrito Federal tem, em plenitude, os três orgânicos Poderes estatais, ao passo que os Municípios somente dois (inciso I do art. 29); d) a Constituição tratou de maneira uniforme os Estados-membros e o Distrito Federal quanto ao número de deputados distritais, à duração dos respectivos mandatos, aos subsídios dos parlamentares etc. (§ 3º do art. 32); e) no tocante à legitimação para propositura de ação direta de inconstitucionalidade perante o STF, a Magna Carta dispensou à Mesa da Câmara Legislativa do Distrito Federal o mesmo tratamento dado às Assembleias Legislativas estaduais (inciso IV do art. 103); f) no modelo constitucional brasileiro, o Distrito Federal se coloca ao lado dos Estados-membros para compor a pessoa jurídica da União; g) tanto os Estados-membros como o Distrito Federal participam da formação da vontade legislativa da União (arts. 45 e 46) (ADI 3.756, Rel. Min. Carlos Britto, julgamento em 21.06.2007, DJ de 19.10.2007)". Se não bastasse, o preâmbulo da Lei Orgânica do DF estabelece que: "Sob a proteção de Deus, nós, Deputados Distritais, legítimos representantes do povo do Distrito Federal, investidos de Poder Constituinte, respeitando os preceitos da Constituição da República Federativa do Brasil, promulgamos a presente Lei Orgânica, que constitui a Lei Fundamental do Distrito Federal, com o objetivo de organizar o exercício do poder, fortalecer as instituições democráticas e os direitos da pessoa humana". (grifo nosso); **E:** correta, pelos mesmos motivos apresentados nas assertivas anteriores.

Gabarito "B"

(Ministério Público/PR – 2011) Relativamente ao Poder Constituinte originário é correto afirmar:

(A) É limitado apenas pelas cláusulas pétreas da Constituição Federal.

(B) É inicial, autônomo e incondicionado.

(C) Pode ser denominado também como poder reformador.

(D) Se corporifica geralmente por meio do instrumento chamado Emenda à Constituição.

(E) É também identificado pela doutrina como Poder Constituinte constituído.

A: incorreta, pois o Poder Constituinte Originário é ilimitado, ainda que se trate de cláusulas pétreas. Numa análise rigorosamente formal, o poder constituinte originário é incondicionado como potência que atua no período de elaboração constitucional, é a forma de todas as formas, antecedendo a todas as criações legais e humanas, pois transcende a todas elas. Não encontra condicionamentos ao seu exercício. É juridicamente ilimitado e livre de toda e qualquer formalidade; **B:**

* **Eduardo Dompieri** comentou as questões dos seguintes concursos: MP/PI/14, MP/MG/14, MP/ES/13, MP/MG/13; **Henrique Subi** comentou as questões do seguinte concurso: MP/DF/13; Fábio Tavares comentou as demais questões..

correta, já que o Poder Constituinte Originário é inicial porque inaugura uma nova ordem jurídica; ilimitado, porque não se submete aos limites impostos pela ordem jurídica anterior (nem mesmo pelas cláusulas pétreas); autônomo, porque exercido livremente por seu titular (o povo); e incondicionado, por não se submeter a nenhuma forma preestabelecida para sua manifestação. Importante ressaltar que, para a doutrina jusnaturalista, o direito natural impõe limites ao PCO que, por essa razão, não seria totalmente autônomo. Ao contrário do Poder Constituinte Originário (que é inicial, autônomo, ilimitado e incondicionado), o Poder Constituinte Derivado é secundário, subordinado, limitado, e exercido pelos representantes do povo. Daí resulta que o poder constituinte derivado encontra limites nas regras previstas pelo constituinte originário. Como defendido em doutrina, o poder constituinte derivado pode ser exercido por meio da reforma da Constituição Federal ou da Constituição Estadual (poder constituinte derivado reformador), pela revisão da Constituição Federal (poder constituinte derivado revisor, art. 3º do ADCT) ou por intermédio da elaboração das Constituições estaduais e da lei orgânica do Distrito Federal (poder constituinte derivado decorrente). É também chamado de poder constituinte constituído; **C:** incorreta, já que o poder reformador é aquele que altera, formalmente, a constituição. É também chamado de instituído, de segundo grau ou secundário. Responsável pela função renovadora das constituições, cumpre ao poder derivado modificar a forma plasmada quando da elaboração genuína do texto básico, recriando e inovando a ordem jurídica. Nisso, completa e atualiza a obra do constituinte de primeiro grau; **D:** incorreta. As emendas constitucionais são elaboradas pelo Poder Constituinte Derivado Reformador; **E:** incorreta, pelos mesmos fundamentos apresentados na alternativa correta que condenou todas as demais assertivas.

Gabarito "B"

(Ministério Público/SE – 2010 – CESPE) Assinale a opção correta a respeito dos conceitos de mutação constitucional, revisão constitucional e poder constituinte.

(A) Tratando-se de mutação constitucional, o texto da constituição permanece inalterado, e alteram-se apenas o significado e o sentido interpretativo de determinada norma constitucional.

(B) A revisão constitucional prevista no ADCT da CF, que foi realizada pelo voto da maioria simples dos membros do Congresso Nacional, gerou seis emendas constitucionais de revisão que detêm o status de normas constitucionais originárias.

(C) Previsto pelo constituinte originário, o poder constituinte derivado decorrente encontra limitações apenas nas cláusulas pétreas.

(D) Sendo poder de índole democrática, autônomo e juridicamente ilimitado, o poder constituinte originário tem como forma única de expressão a assembleia nacional constituinte.

(E) É expressamente previsto na CF que os Poderes Legislativos dos estados, do DF e dos municípios devem elaborar suas constituições e leis orgânicas mediante manifestação do poder constituinte derivado decorrente.

A: correta, já que a alteração da Constituição pode ocorrer pela via formal (emendas à Constituição) ou pela via informal (mutação constitucional). A mutação permite que o sentido e o alcance da norma constitucional sejam alterados sem que haja qualquer modificação no texto do dispositivo da Constituição. É feita pelos órgãos estatais ou pelos costumes sociais; **B:** incorreta, pois ainda que a revisão constitucional tenha procedimento distinto do aplicado às emendas constitucionais do art. 60 da CF, é também exemplo do poder de reforma da Constituição, pois o fruto do seu trabalho tem igualmente natureza jurídica de emendas à Constituição (embora chamadas de "emendas de revisão). Por isso, mesmo que presente alguma discussão doutrinária a respeito, as emendas de revisão configuram-se exercício do poder constituinte derivado, precisando observar, por isso, os mesmos limites expressos (art. 60 da CF) e implícitos de reforma da CF. Na leitura do art. 3º do ADCT pode-se notar que o quórum de aprovação das emendas de revisão (maioria absoluta) é menos rígido que o prescrito para aprovação das emendas "ordinárias" (maioria de três quintos – art. 60, § 2º, da CF), somando-se a isso o fato de o dispositivo que prevê a revisão constitucional constar do Ato das Disposições Constitucionais Transitórias, o que corrobora a vontade do constituinte originário de realizar a revisão constitucional uma única vez. Dessa forma, tem-se que a revisão constitucional foi concebida pelo Poder Constituinte Originário para ser realizada apenas uma vez, após cinco anos da promulgação da CF, pelo voto da maioria absoluta do Congresso Nacional, em sessão unicameral. Em obediência à determinação constitucional, a revisão ocorreu em 1993/1994 e resultou em 6 emendas de revisão, tendo aí a norma constitucional exaurido sua eficácia; **C:** incorreta, já que o Poder Constituinte Derivado Reformador encontra limites expressos e implícitos. Os limites do poder reformador expressos são: Formais (CF, art. 60, I, II e III, §§ 2º, 3º e 5º); Circunstanciais (CF, art. 60, § 1º)e Materiais (CF, art. 60, § 4º). Em contrapartida, os limites implícitos são classificados: Quanto aos direitos e garantias fundamentais; quanto à titularidade do poder constituinte originário; quanto á titularidade do poder reformador e quanto ao processo legislativo especial de reforma; **D:** incorreta, pois ao contrário do Poder Constituinte Originário (que é inicial, autônomo, ilimitado e incondicionado), o Poder Constituinte Derivado é secundário, subordinado e limitado, e exercido pelos representantes do povo. Daí resulta a conclusão de que o poder derivado encontra limites nas regras previstas pelo constituinte originário, que não se resumem às cláusulas pétreas. Além disso, o Poder Constituinte Originário se manifesta por intermédio de Assembleia Nacional Constituinte ou pelo ato de outorga de uma nova Constituição; **E:** incorreta. Não há previsão constitucional expressa nesse sentido. E, apesar de a elaboração das Constituições estaduais ser exemplo do Poder Constituinte Derivado Decorrente, os Municípios não possuem Poder Constituinte, sendo certo que a elaboração da Lei Orgânica Municipal é ato de *terceiro grau*, ou seja, sua capacidade de auto-organização não decorre diretamente da CF, como no caso dos Estados e do Distrito Federal.

Gabarito "A"

(Ministério Público/CE – 2009 – FCC) O poder constituinte decorrente é próprio das federações. Nesta matéria, no Direito Constitucional brasileiro, e segundo a jurisprudência do Supremo Tribunal Federal,

(A) as normas constantes dos §§ 3º e 4 º do art. 86 da Constituição da República (imunidade à prisão cautelar e imunidade temporária à persecução penal, ambas em favor do Presidente da República) são suscetíveis de extensão aos Governadores de Estado.

(B) as regras básicas do processo legislativo federal são de absorção compulsória pelos Estados-membros em tudo aquilo que diga respeito ao princípio fundamental de independência e harmonia dos poderes, como delineado na Constituição da República.

(C) não se mostra harmônico com a Constituição da República preceito de Constituição estadual que prevê a escolha do Procurador-Geral do Estado apenas entre os integrantes da carreira.

(D) Governador de Estado, ainda que respaldado pela Constituição estadual, não pode editar medidas provisórias em face da excepcionalidade desta espécie normativa deferida exclusivamente ao Presidente da República em casos de relevância e urgência.

(E) a norma do § 4º do art. 57 da Constituição da República que, cuidando da eleição das Mesas das Casas Legislativas federais, veda a recondução para o mesmo cargo na eleição imediatamente subsequente, é de reprodução obrigatória nas Constituições dos Estados-membros.

A: incorreta, o STF julgou, em ADIn, que a prerrogativa é exclusiva do Presidente da República (V. ADI 978/PB, Rel. Min. Celso de Mello). A prisão do Governador do Distrito Federal, em 2010, comprova a inexistência de imunidade dos chefes dos executivos estaduais à prisão; **B:** correta, pois as regras sobre processo legislativo são de reprodução obrigatória pelas Constituições estaduais (V. ADI 805/RS, Rel. Min. Sepúlveda Pertence); **C:** incorreta, contradição a ADI 2682/AP, Rel. Min. Gilmar Mendes: "A forma de provimento do cargo de Procurador-Geral do Estado, não prevista pela Constituição Federal (art. 132), pode ser definida pela Constituição Estadual, competência esta que se insere no âmbito de autonomia de cada Estado-membro. Precedentes: ADI 2.581 e ADI 217. (...). Vencida a tese de que o Procurador-Geral do Estado, e seu substituto, devem, necessariamente, ser escolhidos dentre membros da carreira"; **D:** incorreta, já que o STF admite a adoção de medida provisória por governador de Estado desde que haja previsão na Constituição estadual e sejam observados os princípios e limitações impostos pelo modelo estabelecido na CF; **E:** incorreta, pois o STF decidiu o contrário na ADIn 2371-MC, Rel. Min. Moreira Alves).

Gabarito "B"

(Ministério Público/AM – 2007 – CESPE) Julgue os itens a seguir, relativos ao poder constituinte.

I. Historicamente, o poder constituinte originário representa a ocorrência de fato anormal no funcionamento das instituições estatais, geralmente associado a um processo violento, de natureza revolucionária, ou a um golpe de estado.

II. O poder constituinte originário é inicial, autônomo e incondicionado.

III. O poder constituinte originário retira o seu fundamento de validade de um diploma jurídico que lhe é superior e prévio.

IV. O poder de reforma é criado pelo poder constituinte originário, que lhe estabelece o procedimento a ser seguido e as limitações a serem observadas.

V. Quem tenta romper a ordem constitucional para instaurar outra e não obtém adesão ou sucesso na empreitada não exerce poder constituinte originário e pode vir a se submeter a processo criminal pela prática de crime.

A quantidade de itens certos é igual a

(A) 1.

(B) 2.

(C) 3.

(D) 4.

(E) 5.

I: correta, já que é possível classificar o poder constituinte originário em ***histórico***, que seria o autêntico poder constituinte originário, e ***revolucionário***, que seria aquele que rompe com a ordem já instaurada, inaugurando um novo Estado; **II:** correta, pois de fato, o poder constituinte originário é inicial, autônomo e incondicionado. Além disso, é ilimitado, do ponto de vista jurídico; **III:** correta, já que o poder constituinte originário não se submete a nenhum diploma jurídico. Ele é inicial, havendo, pois, um total rompimento com a ordem jurídica anterior; **IV:** correta, réplica do art. 60 da CF; **V:** incorreta, na exata medida que o poder constituinte originário é o que efetivamente inaugura uma nova ordem jurídica, rompendo com a anterior. Em outras palavras, o poder constituinte originário é a potência que faz a constituição, logo, não é possível falar em tentar romper a ordem constitucional para instaurar uma nova ordem. O poder de fato uma vez provocado instaura uma nova ordem constitucional sem condições ou punições.

Gabarito "D"

(Ministério Público/BA – 2008) Com relação à Constituição do Estado da Bahia, é certo afirmar:

(A) As normas de observância obrigatória da Constituição Federal não limitam a autonomia organizatória do Poder Constituinte Estadual.

(B) O Governador será julgado, nos crimes comuns e de responsabilidade, pelo Superior Tribunal de Justiça, depois de admitida a acusação por dois terços da Assembleia.

(C) Compete ao Tribunal de Justiça julgar os mandados de segurança contra ato dos Secretários de Estado, do Procurador-Geral de Justiça, do Procurador-Geral do Estado, do Presidente do Tribunal de Contas dos Municípios e do Prefeito da Capital.

(D) Apreciada pelo Tribunal de Justiça, a aplicação errônea de norma de imitação constante da Constituição Estadual pode ensejar o controle de constitucionalidade por parte do Supremo Tribunal Federal, via recurso extraordinário ou reclamação.

(E) A vedação da recondução para membros da mesa diretora da Assembleia Legislativa, no primeiro ano da legislatura é norma de observância obrigatória, por isso inserida na Constituição Estadual.

A: incorreta, aos Estados Federados, no atual ordenamento constitucional, foi atribuída autonomia, como ponto comum a toda Federação, manifestando-se por sua capacidade de auto-organização, autogoverno, autoadministração, bem assim autolegislação. Essa auto-organização, ou seja, possibilidade de criação do ordenamento jurídico estadual pelos próprios Estados-membros, é assegurada pela Constituição Federal em seu artigo 25, nos seguintes termos: "Os Estados organizam-se e regem-se pelas Constituições e leis que adotarem, observados os princípios desta Constituição". Tal organização é exercida mediante o seu poder constituinte derivado decorrente, consubstanciando-se na edição das respectivas Constituições Estaduais. Mas referido dispositivo constitucional foi categórico ao definir que, conquanto os Estados tenham capacidade de se auto-organizarem, não podem deixar de observar as regras que foram estabelecidas pelo poder constituinte originário. Fica demonstrado, claramente, o caráter de derivação e vinculação do poder decorrente em relação ao originário; **B:** incorreta, pois o art. 81 da CE/AC, reza: "Admitida a acusação contra o Governador do Estado, por dois terços da Assembleia Legislativa, é ele submetido a julgamento perante o Superior Tribunal de Justiça, nos crimes comuns, ou perante a Assembleia Legislativa, nos crimes de responsabilidade"; **C:** correta, réplica do art. 95, I, "d", da CE/AC, que dispõe: "os mandados de segurança contra os atos do Governador do Estado, do Presidente da Assembleia Legislativa Estadual, dos membros de sua Mesa Diretora, do Presidente e dos Conselheiros do Tribunal de Contas do Estado, do Procurador-Geral da Justiça, do Procurador-Geral do Estado, dos Secretários de Estado e do próprio Tribunal, do seu Presidente, do Vice-Presidente e do Corregedor-Geral de Justiça"; **D:** incorreta; **E:** incorreta, pois a Constituição da República Federativa do Brasil não faz menção a tal hipótese. A alternativa vai de encontro ao art. 45 da CE/AC.

Gabarito "C"

(Ministério Público/GO – 2010) Assinale a alternativa correta.

(A) A mutação constitucional mediante costume pode ocorrer somente nos Estados que adotam constituições não escritas.

(B) A mudança na situação de fato pode conduzir à inconstitucionalidade de norma anteriormente válida.

(C) Não se admite mutação constitucional pela atuação do Legislador, visto que tem ele o mecanismo da reforma constitucional para promover alterações na Constituição.

(D) A mutação constitucional não representa quebra de paradigmas implementados pelo positivismo jurídico.

A: incorreta, já que a mutação constitucional mediante costume pode ocorrer em Estados que adotam constituições escritas e não escritas. Entende-se o costume como sendo a prática reiterada de determinado comportamento, tido por necessário pela coletividade. Por meio do costume, certas condutas são obedecidas diuturnamente na sociedade, havendo convicção generalizada de seu caráter obrigatório.Pode-se notar, portanto, a existência de dois elementos ínsitos ao conceito de costume, a saber: um elemento objetivo, caracterizado pela reiteração da prática de uma conduta (*usus*), aliado a um elemento subjetivo, o qual é representado pelo sentimento coletivo de necessidade de observância daquela prática (*opinio juris et necessitatis*). O costume forma-se espontaneamente no seio da sociedade, sendo originário, advindo da necessidade de regramento de alguma situação específica. Surge, pois, de forma voluntária e não escrita, e é obedecido de forma mais ou menos prolongada no tempo, tendo caráter de definitividade. Ademais, segundo Uadi Bulos, o costume é uniforme, constante, público e geral. Pode-se dizer que ele é uniforme por atuar de maneira homogênea, sendo que sua constância explica-se pelo fato do mesmo perdurar no decorrer de certo espaço de tempo. O costume é público, por sua vez, por ser de conhecimento de todos os sujeitos. A sua generalidade diz respeito ao fato deste a todos atingir. A constituição, enquanto conjunto normativo, não tem o condão de esgotar toda a possibilidade de regulação do que é tido como fundamental para um agrupamento social. Por mais específica que seja, não abrange questões já tratadas pelo senso comum, e tidas como obrigatórias. Assim, resta inconteste a existência, mesmo no texto constitucional, de costumes que refletem uma prática cotidiana e com sentimento de obrigatoriedade, versando sobre assuntos de índole constitucional. O surgimento dos costumes, em sede constitucional, tem por justificativa a própria característica de seus comandos. As constituições tratam, em boa parte, da repartição de competência entre os poderes e os relacionamentos entre eles. Entretanto, como todo ato legislativo, a constituição reflete um forte conteúdo político-ideológico. Assim, o lidar constante entre as forças políticas que se embatem nos espaços criados pela constituição é regido por uma série de costumes, alguns enraizados na configuração política da luta pelo poder institucionalizado. São os costumes constitucionais em sua formatação mais inequívoca, ou seja, no decorrer das relações entre o Parlamento e o Executivo, ou entre estes e a alta corte do Judiciário. Por serem dinâmicos e expressarem um inter-relacionamento entre Poderes, necessitam de uma grande sensibilidade política para serem viabilizados e criam uma série de modos de agir incrustados na vivência destes Poderes. Classifica-se o costume constitucional da mesma forma que o costume em relação à legislação ordinária, ou seja, pode ser *secundum legem, praeter legem* ou *contra legem*; **B:** correta, a constituição contém o estatuto jurídico fundamental de uma sociedade, consubstanciando, assim, toda a estrutura do respectivo Estado. Daí porque se presume seja ela dotada de estabilidade, exigência indispensável à segurança jurídica, à manutenção das instituições e ao respeito aos direitos e garantias fundamentais dos cidadãos. Contudo, observa-se que essa estabilidade não pode significar jamais a imutabilidade das normas constitucionais. Com efeito, o ordenamento jurídico constitucional, além de ser dotado de caráter estático, apresenta, simultaneamente, caráter dinâmico. A realidade social está em constante evolução, e, à medida que isso acontece, as exigências da sociedade, destinatária das normas constitucionais, vão se modificando, de forma que o direito não permanece alheio a esta situação. Consequentemente, a mudança na situação de fato pode conduzir à inconstitucionalidade de norma anteriormente válida. Nesse sentido, Maria Helena Diniz, parafraseando Oliver Wendell Holmes, aduziu que a dedução silogística não é o único elemento que atua no desenvolvimento do direito, "mas sim a experiência, ou seja, as necessidades de cada época, as teorias morais e políticas predominantes, as intuições que inspiraram a ação política". [09] Direito, portanto, é experiência, movimento, vida, e seu processo de evolução está intrinsecamente relacionado às forças de transformação da sociedade à qual ele se destina; **C:** incorreta, pois se admite mutação constitucional pela atuação do Legislador. É precisamente no poder constituinte difuso (mutação constitucional) que as práticas constitucionais encontram esteio. São, em essência, fruto dessa manifestação invisível, latente, por meio da qual **os poderes constituídos (Executivo, Legislativo e Judiciário) continuam a obra do legislador constituinte originário**, interpretando disposições vagas, ambíguas ou obscuras, bem como colmatando lacunas, preenchendo, assim, os espaços em branco do produto constitucional legislado; **D:** incorreta. Conforme entende o Professor Uadi Lammêgo Bulos, é a "mutação constitucional o processo informal de mudança da Constituição, por meio do qual são atribuídos novos sentidos, conteúdos até então não ressaltados à letra da *Lex Legum*, quer através da interpretação, em suas diversas modalidades e métodos, quer por intermédio da construção (*construction*), bem como dos usos e costumes constitucionais". Na verdade é a maior quebra de paradigmas implementados pelo positivismo jurídico, pois como dito anteriormente, não se limita letra fria da norma.

Gabarito "B"

(Ministério Público/TO – 2012 – CESPE) Com referência à CF e ao poder constituinte, assinale a opção correta.

(A) Os princípios constitucionais sensíveis estão previstos implicitamente na CF; os princípios constitucionais taxativamente estabelecidos limitam a ação do poder constituinte decorrente e os princípios constitucionais extensíveis se referem à estrutura da Federação brasileira.

(B) As normas programáticas são dotadas de eficácia jurídica, pois revogam as leis anteriores com elas incompatíveis; vinculam o legislador, de forma permanente, à sua realização; condicionam a atuação da administração pública e informam a interpretação e aplicação da lei pelo Poder Judiciário.

(C) A proposta de emenda constitucional não pode tratar de temas que formem o núcleo intangível da CF, tradicionalmente denominado como cláusulas pétreas, como, por exemplo, a separação de poderes e os direitos e garantias individuais.

(D) A CF pode ser classificada como promulgada, analítica, histórica e rígida.

(E) Poder constituinte derivado decorrente é o poder que os entes da Federação (estados, DF e municípios) têm de estabelecer sua própria organização fundamental, nos termos impostos pela CF.

A: incorreta, pois os princípios constitucionais sensíveis: são expressamente indicados na Constituição como impeditivos da atuação dos Estados-membros, cuja violação autoriza a intervenção federal para assegurar a prevalência da ordem constitucional (art. 34, inc. VII, alíneas "a" a "e" da CF. Já os princípios constitucionais extensíveis (paralelismo, simetria): São as regras de organização da União, obrigatoriamente estendidas aos Estados. Por fim, temos a classe dos princípios constitucionais estabelecidos: limitam a autonomia dos Estados-membros na organização de suas respectivas estruturas. Podem ser expressos e implícitos. Expressos: são limitações que constam da Constituição. Exemplo: art. 19, incs. I a III da Lei Maior. Implícitos: são limitações decorrentes dos princípios adotados pela Constituição. Exemplo: norma que atribua ao Poder Legislativo Estadual funções típicas de um regime parlamentarista (aprovar os nomes do secretariado estadual) será inconstitucional, uma vez que contrasta com o regime político presidencialista adotado pelo Brasil; **B:** correta, de fato as normas programáticas são dotadas de eficácia jurídica, pois revogam as leis anteriores com elas incompatíveis; vinculam o legislador, de forma permanente, à sua realização; condicionam a atuação da administração pública e informam a interpretação e aplicação da lei pelo Poder Judiciário; **C:** incorreta, já que a proposta de emenda constitucional não pode abolir ou reduzir as cláusulas pétreas, mas pode perfeitamente tratar de tais temas; **D:** incorreta, a CF pode ser classificada como promulgada, analítica, dogmática e rígida (nunca histórica); **E:** incorreta, pois o Poder Constituinte Derivado Decorrente só se manifesta nos estados. É o poder de se criar constituições estaduais.

Gabarito "B"

(Ministério Público/RR – 2008 – CESPE) A respeito do poder constituinte, da organização do Estado e dos Poderes no Brasil, julgue os itens a seguir.

(1) No Brasil, o exercício do poder constituinte já foi restrito a determinado grupo ou pessoa, o que resultou em Constituição dita outorgada.

(2) Como o poder constituinte originário dá início à ordem jurídica, todos os diplomas infraconstitucionais perdem vigor com o advento de nova Constituição.

(3) A CF de 1988 prevê expressamente o poder de reforma, o qual materializa o poder constituinte derivado.

(4) Por meio do poder constituinte reformador pode-se mudar a forma federativa do Estado estabelecida pelo poder constituinte originário.

1: correta, outorgada é a Constituição imposta pelo governante ou grupo. Falta-lhe legitimidade. Foram outorgadas as Constituições de 1824, 1937, 1967 e, para alguns, a EC 1/1969; **2:** incorreta, pois com o advento da nova Constituição, a ordem normativa que surgiu sob a égide das Constituições anteriores, se compatível com a nova ordem constitucional, será por ela recebida. É o fenômeno da ***recepção constitucional***; **3:** correta, nos termos do arts. 59, I, e 60 da CF; **4:** incorreta, nos moldes do art. 60, § 4º, I, da CF.

Gabarito 1C, 2E, 3C, 4E

(Ministério Público/MG – 2007) A Constituição Federal adota, em seu texto, para a ação do poder constituinte derivado, limitações

(A) formais, circunstanciais e materiais.

(B) formais e materiais.

(C) materiais e implícitas.

(D) formais, materiais e temporais.

(E) materiais, formais e delegadas.

A alternativa correta é a "A", nos termos dos arts. 59, I, e 60 da CF. Quanto à alterabilidade, as constituições podem ser classificadas como rígidas, semirrígidas (ou semiflexíveis) e flexíveis. As rígidas são aquelas que preveem, para a alteração das normas constitucionais, um mecanismo mais difícil que aquele estabelecido para as normas não constitucionais. As semirrígidas preveem normas constitucionais que só podem ser modificadas por meio de procedimento mais complexo e outras normas constitucionais que podem ser modificadas pelo mesmo processo aplicável às leis infraconstitucionais. As flexíveis, por sua vez, não preveem mecanismo mais dificultoso para a alteração das normas constitucionais, que podem ser modificadas tal como as leis infraconstitucionais. No caso brasileiro, a CF/1988 é rígida, porque seu texto traz expresso qual procedimento para a alteração das normas constitucionais, que é muito mais qualificado que o das leis ordinárias. Para que uma emenda constitucional seja aprovada, é preciso observar todas as regras insculpidas no art. 60 da Constituição, que lista limites materiais (art. 60, § 4º), formais (art. 60, § 2º) e circunstanciais (art. 60, § 1º) ao poder de reforma da Constituição.

Gabarito "A"

(Ministério Público/TO – 2006 – CESPE) Acerca do poder constituinte, julgue os itens que se seguem.

I. Diversamente do que ocorre com as normas constitucionais originárias, as derivadas são passíveis de controle de constitucionalidade, quer na via concentrada, quer por meio de exceção.

II. Uma das funções precípuas de uma constituição é a limitação do exercício do poder, a fim de evitar abusos contra as garantias fundamentais e desrespeito a elas. Nessa perspectiva, e também por força da supremacia das normas constitucionais, o exercício do poder constituinte, originário ou derivado, deve pautar-se pelos limites impostos no texto constitucional.

III. Não obstante o poder constituído derive do povo, o exercício daquele esbarra não apenas em limitações explicitamente contidas na Constituição da República, mas também em limitações implícitas.

IV. As constituições podem sofrer mudança por meio informal.

A quantidade de itens certos é igual

(A) 1.

(B) 2.

(C) 3.

(D) 4.

I: correta, pois de fato, não há que se falar em inconstitucionalidade de ***norma constitucional originária***. Diante de eventuais conflitos, deve-se recorrer aos mecanismos de interpretação; **II:** incorreta, já que o poder constituinte originário não se submete a limites impostos no texto da Constituição. Aliás, não está sujeito a qualquer limite jurídico; **III:** correta. Não é admissível proposta de emenda tendente a abolir as cláusulas pétreas expressas no art. 60, § 4º, da CF, ou implícitas. Apesar de não haver unanimidade na doutrina, a maior parte dos autores reconhece a existência de limites implícitos ao poder de reforma da Constituição. Como exemplo, Nelson de Sousa Sampaio aponta como limites implícitos a titularidade do poder constituinte e as normas relativas ao próprio processo de emenda da Constituição que, apesar de não listados no art. 60, § 4º, da CF, tampouco podem sofrer alteração; **IV:** correta, o processo informal nada mais é a que a *mutação constitucional*.

Gabarito "C"

(Ministério Público/PI – 2008) Sobre Poder Constituinte Derivado afirma-se que sofre limitações de várias ordens. É correto afirmar que a Constituição Federal

(A) não pode ser reformada em caso de guerra declarada.

(B) pode ser alterada por emendas constitucionais qualquer que seja a matéria.

(C) não pode ser emendada durante a intervenção federal, o estado de sítio e o estado de necessidade.

(D) pode ser emenda por iniciativa do Presidente do Congresso Nacional.

(E) exige para sua reforma a discussão e votação em cada casa do Congresso Nacional, em dois turnos, sendo aprovada se obtiver três quintos dos votos dos membros da Câmara dos Deputados e do Senado Federal, em ambos os turnos e será promulgada pelas Mesas da Câmara dos Deputados e do Senado Federal.

A: correta. Em que pese o gabarito afirmar que a alternativa correta é a "E", o autor entende que ambas estão corretas. A declaração de estado de guerra é uma das hipóteses que enseja o Estado de Sítio, nos termos do art. 137, II, da CF: "O Presidente da República pode, ouvidos o Conselho da República e o Conselho de Defesa Nacional, solicitar ao Congresso Nacional autorização para decretar o estado de sítio nos casos de declaração de estado de guerra ou resposta a agressão armada estrangeira. O art. 84, XIX, da CF, reza que compete privativamente ao Presidente da República declarar guerra, no caso de agressão estrangeira, que outra coisa não é senão, a decretação do Estado de Sítio. Consequentemente, por se uma das limitações circunstanciais do poder de reforma, a Constituição Federal não poder ser reformada em caso de guerra declarada; **B:** incorreta, o Poder Constituinte Derivado Reformador tem o poder de criar emendas constitucionais nos termos do arts. 59, I e 60, da CF, todavia, não serão objeto de deliberações as propostas de emendas tendentes a abolir ou reduzir a forma federativa, o voto direto, secreto, universal e periódico, a separação dos poderes e os direitos e garantias individuais, nos termos do art. 60, § 4º, da CF (Limitações Materiais); **C:** incorreta, pois não pode ser emendada durante a intervenção federal, o estado de sítio e o estado de defesa, nos termos do art. 60, § 1º, da CF; **D:** incorreta, a Constituição poder ser emendada mediante proposta de um terço, no mínimo, dos membros da Câmara dos Deputados ou do Senado Federal; do Presidente da República ou de mais da metade das Assembleias legislativas das unidades da Federação, manifestando-se, cada uma delas, pela maioria relativa de seus membros; **E:** correta, já que a proposta será discutida e votada em cada casa do Congresso Nacional, em dois turnos, sendo aprovada se obtiver três quintos dos votos dos membros da Câmara dos Deputados e do Senado Federal, em ambos os turnos e será promulgada pelas Mesas da Câmara dos Deputados e do Senado Federal, conforme art. 60, §§ 3º e 4º, da CF.

Gabarito "E"

2. TEORIA DA CONSTITUIÇÃO E PRINCÍPIOS FUNDAMENTAIS

(Ministério Público/MG – 2014) Assinale a afirmativa INCORRETA:

(A) O federalismo por agregação surge quando Estados soberanos cedem uma parcela de sua soberania para formar um ente único.

(B) O federalismo dualista caracteriza-se pela sujeição dos Estados federados à União.

(C) O federalismo centrípeto se caracteriza pelo fortalecimento do poder central decorrente da predominância de atribuições conferidas à União.

(D) No federalismo atípico, constata-se a existência de três esferas de competências: União, Estados e Municípios.

A: assertiva correta. É o que se deu com a Federação Americana: os Estados Confederados, até então soberanos, cederam parcela desta soberania para formar a Federação dos Estados Unidos. Trata-se, segundo a doutrina, de uma formação que se deu de fora para dentro, num movimento *centrípeto*. Por isso chamado de federalismo por *agregação*. No Brasil, diferentemente, a formação da federação que hoje conhecemos ocorreu por meio de um movimento *centrífugo* (de dentro para fora). Isso porque, a partir de um estado unitário, houve a descentralização para dar origem a unidades federadas autônomas. Chamado, bem por isso, de federalismo *por desagregação* (ou segregação); **B:** assertiva incorreta, devendo ser assinalada, já que, no chamado federalismo dualista, há uma rígida separação de atribuições entre os entres federados. Não há que se falar, portanto, neste modelo de federalismo, em sujeição de um ente a outro; já no federalismo *cooperativo* não há esta rígida separação entre as atribuições dos entes federados; é marcado pela cooperação e aproximação entre os entes; **C:** assertiva correta. Neste caso (federalismo centrípeto), há uma centralização de atribuições na União; **D:** assertiva correta. É o caso brasileiro, em que a federação é formada por entes típicos, que são a União e os Estados, e por entes atípicos, que são o Distrito Federal e municípios.

Gabarito "B"

(Ministério Público/SP – 2013 – PGMP) A repristinação é a possibilidade de uma norma revogada passar novamente a ter vigência pelo fato de a norma revogadora ser revogada. O efeito repristinatório pode ocorrer nos casos:

I. de entrada em vigor de lei que revogue a lei revogadora expressar o restabelecimento da lei revogada.

II. de entrada em vigor de lei que revogue a lei revogadora, ainda que não expresse o restabelecimento da lei revogada.

III. de concessão da medida cautelar em autos de ação direta de inconstitucionalidade perante o Supremo Tribunal Federal, voltada contra a lei revogadora, salvo expressa manifestação em sentido contrário.

IV. de concessão da medida cautelar em autos de ação direta de inconstitucionalidade perante o Supremo Tribunal Federal voltada contra a lei revogadora, exceto nos casos em que a União for interessada.

V. em que o Tribunal declarar a inconstitucionalidade de lei e, por maioria simples de seus membros, determinar o efeito *ex nunc* da decisão.

Está CORRETO apenas o afirmado nos itens:

(A) I e IV.

(B) II e IV.

(C) I e V.

(D) I e III.

(E) IV e V.

I: correta (art. 2º, § 3º, da Lei de Introdução às normas do Direito Brasileiro); **II:** incorreta. Não existe repristinação automática no direito brasileiro. Esse fenômeno jurídico só é admitido quando feito de forma expressa; **III:** correta. O STF já definiu (Informativo 289, 08.11.2002) que a concessão de medida cautelar em autos de ação direta de inconstitucionalidade torna aplicável a legislação anterior acaso existente, salvo expressa manifestação em sentido contrário; **IV:** incorreta. Não há essa exceção; **V:** incorreta. Nessa hipótese não há repristinação. Além disso, a modulação dos efeitos não pode ser feita por maioria simples. O art. 27 da Lei 9.868/1999 traz requisitos, de modo que o STF, ao declarar a inconstitucionalidade de lei ou ato normativo, e tendo em vista razões de segurança jurídica ou de excepcional interesse social, poderá, por maioria de dois terços de seus membros, restringir os efeitos daquela declaração ou **decidir que ela só tenha eficácia a partir de seu trânsito em julgado** (*ex nunc*) ou de outro momento que venha a ser fixado.

Gabarito "D"

(Ministério Público/PR – 2013 – X) Qual a alternativa que ***define de modo mais adequado*** a denominação que o constitucionalismo moderno atribui ao fenômeno pelo qual se opera a alteração do conteúdo e do alcance das normas constitucionais pela via informal, sem alteração do texto normativo, tendo-se em conta a aplicação concreta de seu conteúdo a situações fáticas que se modificam no tempo, à luz de transformações no âmbito da realidade da configuração do poder político, da estrutura social ou do equilíbrio de interesses?

(A) Repristinação constitucional;

(B) Declaração parcial de inconstitucionalidade sem redução de texto;

(C) Recepção constitucional;

(D) Mutação constitucional;

(E) Modulação constitucional.

A: Incorreta. A repristinação ocorre quando uma lei é revogada por outra e posteriormente a própria norma revogadora é revogada por uma terceira lei, que irá fazer com que a primeira tenha sua vigência reestabelecida caso assim determine em seu texto legal. A lei revogada não se restaura apenas por ter a lei revogadora perdido a vigência, pois a repristinação só é admitida se for expressa; **B:** Incorreta. A declaração parcial da nulidade sem redução de texto consiste no reconhecimento da inconstitucionalidade de uma das possíveis hipóteses abrangidas pela norma objeto de controle. Dentro de um grande número de aplicações, uma delas se afigura inconstitucional. E, para esta situação, declara-se a inconstitucionalidade, sem necessidade de reduzir-se o texto da norma, que para as demais hipóteses é compatível com a Constituição. Normalmente, neste tipo de decisão, emprega-se a conjunção "desde que" (soweit), ou seja, a lei será inconstitucional desde que considerada naquela específica hipótese reconhecida como contrária à Lei Fundamental. Pode-se dizer que a declaração de nulidade parcial sem redução de texto é bastante utilizada no Brasil, principalmente, se considerada como gênero da interpretação conforme a Constituição – entendimento predominante na jurisprudência do Supremo Tribunal Federal; **C:** Incorreta. A recepção constitucional ocorre quando a nova ordem Constitucional entra em vigor, revogando tacitamente o ordenamento jurídico que se mostre com ela incompatível e recepciona o ordenamento jurídico infraconstitucional que se mostre compatível. A lei que tenha compatibilidade lógica com a Constituição será recepcionada com a natureza jurídica que a nova norma lhe imprime, ainda que mais rígida. Portanto, a forma com que se reveste o ato não tem a menor importância no fenômeno da recepção. Pode haver uma incompatibilidade formal, mas nunca material. A lei que se mostre incompatível será revogada tacitamente e não considerada como inconstitucional. Não existe inconstitucionalidade superveniente, pois o vício de inconstitucionalidade é congênito (nasce com a norma); **D:** Correta. A reforma constitucional obedece a critérios e limites estabelecidos pelo poder constituinte originário; as mutações constitucionais, por seu turno, não implicam modificações físicas no texto da CF, mas, sim, na interpretação da regra ali contida. Em outras palavras, a mutação constitucional pode ser vista de diversos aspectos, de forma ampla ou restritivamente ou ainda quanto a sua forma e não há consenso na doutrina quanto à sua classificação, assim, faremos uma análise de maneira genérica e nos aprofundaremos nos pontos controvertidos. De maneira mais ampla, a mutação constitucional pode ser entendida como toda e qualquer alteração da constituição seja ela por meio de reforma (atos do poder constituinte derivado) ou alterações interpretativas sem modificação de texto (operadas pelo judiciário). Quanto à mutação em análise estrita, pode ainda ser dividida em mutação formal, que nada mais é do que a alteração formal do texto legal e mutação informal, que se consubstancia na alteração interpretativa sem modificação de texto. Essa última espécie é a utilizada pela maioria dos autores, por vezes a mais polêmica e com amplas ramificações no direito constitucional e como um todo. Passemos então a análise da mutação constitucional (pois mutação pode ocorrer em qualquer espécie normativa) em seu aspecto informal/interpretativo, no âmbito de nossa Corte Constitucional, em que a partir deste momento chamaremos apenas de mutação. Tendo em vista a classificação de nossa constituição como rígida, ou seja, em que seu processo de alteração é mais lento e dificultoso que a alteração de uma legislação ordinária, e a constante evolução da sociedade, não se poderia admitir o engessamento da Constituição frente às necessidades sociais, isso, tendo como base a diferenciação entre texto legal e norma, passou a admitir-se a interpretação das normas constitucionais, possibilitando o dinamismo, mas devendo manter a segurança jurídica. Em relação aos limites da mutação constitucional, tema de várias controvérsias, pode-se entender que não há grandes diferenças entre limites da interpretação e da mutação constitucional se partirmos do pressuposto em que a mutação constitucional seria a alteração do sentido de um texto em decorrência da modificação do contexto. Mas, se considerarmos a mutação como fenômeno complexo, como consequência de diversos fatores sociais, políticos, institucionais etc., seus limites vão além dos limites da interpretação. Neste passo, a interpretação deve buscar no texto legal a vontade do legislador e não a do aplicador do direito e obedecer aos princípios de interpretação, que segundo Manoel Gonçalves Ferreira Filho ao citar Canotilho, exemplifica: *"1) princípio da unidade da Constituição, que exclui contradições, 2) princípio do efeito integrador, ou seja, deve-se preferir a interpretação que dá reforço à unidade política; 3) Princípio da máxima efetividade, quer dizer, deve-se preferir a interpretação que dê maior efetividade à norma; 4) princípio da justeza ou conformidade funcional, que impede a alteração da repartição de funções; 5) princípio* *da concordância prática ou harmonização, pelo qual se deve evitar o sacrifício (total) de um bem jurídico em favor de outro; 6) princípio da força normativa, em razão do qual se deve procurar dar eficácia óptima à lei constitucional etc.";* **E:** Incorreta. Com a aprovação da Lei n. 9.868/1999, que dispõe sobre o processo e julgamento da ação direta de inconstitucionalidade e da ação declaratória de constitucionalidade perante o Supremo Tribunal Federal, no entanto, introduziu-se significativa alteração no cenário brasileiro com relação à técnica de controle de constitucionalidade. Em seu art. 27, a lei prescreve a fórmula segundo a qual "ao declarar a inconstitucionalidade de lei ou ato normativo, e tendo em vista razões de segurança jurídica ou de excepcional interesse social, poderá o Supremo Tribunal Federal, por maioria de dois terços de seus membros, restringir os efeitos daquela declaração ou decidir que ela só tenha eficácia a partir de seu trânsito em julgado ou de outro momento que venha a ser fixado". Eduardo Talamini pondera o seguinte entendimento sobre a modulação de efeitos: "A possibilidade de excepcionalmente restringir os efeitos retroativos ou mesmo atribuir apenas efeitos prospectivos à declaração de inconstitucionalidade – ao contrário do que possa parecer – confere maior operacionalidade ao sistema de controle abstrato. A regra da retroatividade absoluta e sem exceções acaba fazendo com que o tribunal constitucional, naquelas situações de conflito entre os valores acima mencionados, muitas vezes simplesmente deixe de declarar a inconstitucionalidade da norma, para assim evitar gravíssimas consequências que adviriam da eficácia *ex tunc* dessa declaração (2009, p. 439)".

Gabarito "D"

(Ministério Público/MS – 2009) É **incorreto** afirmar que a República Federativa do Brasil tem como fundamento:

(A) o pluralismo político;

(B) a cidadania;

(C) a separação dos Poderes;

(D) os valores sociais do trabalho e da livre-iniciativa;

(E) a soberania.

A: incorreta, nos termos do art. 1º, V, da CF, a República Federativa do Brasil, formada pela união indissolúvel dos Estados e Municípios e do Distrito Federal, constitui-se um Estado Democrático de Direito e tem como fundamentos o pluralismo político, **B:** incorreta, pois trata-se de um dos fundamentos da República Federativa do Brasil, nos termos do art. 1º, II, da CF. A Lei 9.265/1996, estabelece a gratuidade dos atos necessários ao exercício da cidadania. Sem prejuízo, temos ainda, a Lei 10.835/2004, que institui a renda básica de cidadania; **C:** correta, pois o princípio da separação dos poderes, previsto no art. 2º da CF, é *Princípio Fundamental*, mas não fundamento; **D:** incorreta, na exata medida que os valores sociais do trabalho e da livre-iniciativa, são um dos fundamentos da República Federativa do Brasil, nos moldes do art. 1º, IV, da CF. O examinando deve observar, que o examinador exigiu para assinalar a incorreta, que passará a ser a correta no gabarito oficial; **E:** incorreta. O "caput" do art. 1º estabelece a identidade e os fundamentos do Estado Brasileiro. A identidade é expressa no nome: República Federativa do Brasil. Os fundamentos consistem em três bases sólidas, que são a federação brasileira, a democracia e o estado de direito. Quanto à Federação, a Constituição garante, na ordem interna, a indissolubilidade do vínculo federativo sob a soberania da República Federativa do Brasil. Garantindo autonomia aos Estados-membros, ao Distrito Federal e aos Municípios, autonomia esta que não se confunde com soberania. Disso resulta proibida a secessão relativamente ao território nacional. Quanto à Democracia, a Lei Maior estabelece regime político em que o "povo" brasileiro, detentor de todo o poder político, soberano que é, pode exercê-lo diretamente, nos casos nela previstos, como pode fazê-lo por meio de representantes. Quanto ao Estado de Direito, a Carta Magna estrutura os Poderes do Estado, prescrevendo a sua separação em Poder Legislativo, Poder Executivo e Poder Judiciário, e organiza as relações entre eles e a sociedade em termos que limitam sua atuação pela prescrição das liberdades públicas. Cabe ao legislador ordinário ou a lei infraconstitucional especificar os meios e instrumentos pelos quais tenham plena efetividade os institutos preconizados na Constituição.

Gabarito "C"

(Ministério Público/GO – 2010) O preâmbulo é o pórtico da Constituição e revela a síntese do pensamento do legislador constituinte. Acerca de sua natureza jurídica, marque a resposta correta:

(A) Para o STF o preâmbulo constitucional deve ser contado como norma constitucional, integrando o articulado constitucional, possuindo eficácia jurídica plena.

(B) O preâmbulo na CF/1988 é dotado de força normativa cogente, fazendo parte da declaração de direitos e, por isso, tomado como cláusula pétrea.

(C) O preâmbulo, por expressa disposição constitucional, tem como finalidade a resolução das chamadas lacunas ocultas, que são aquelas decorrentes de erro do Poder Constituinte ou de desatualização da Constituição.

(D) Para o STF o preâmbulo constitucional situa-se no domínio da política e reflete a posição ideológica do constituinte. Logo, não contém relevância jurídica, não tem força normativa, sendo mero vetor interpretativo das normas constitucionais, não servindo como parâmetro para o controle de constitucionalidade.

A: incorreta, pois conforme o STF, o preâmbulo da Constituição: não constitui norma central. Não se trata de norma de reprodução obrigatória na Constituição estadual, não tendo força normativa. (ADI 2.076, Rel. Min. Carlos Velloso, julgamento em 15.08.2002, Plenário, *DJ* de 08.08.2003.) No mesmo sentido: ADPF 54, Rel. Min. Marco Aurélio, julgamento em 12.04.2012, Plenário, *Informativo 661*, **B:** incorreta, *já que o STF adota a Teoria Política ou da Irrelevância que denuncia que o preâmbulo não é dotado de força normativa. "O preâmbulo (...) não se situa no âmbito do Direito, mas no domínio da política, refletindo posição ideológica do constituinte. É claro que uma Constituição que consagra princípios democráticos, liberais, não poderia conter preâmbulo que proclamasse princípios diversos. Não contém o preâmbulo, portanto, relevância jurídica. O preâmbulo não constitui norma central da Constituição, de reprodução obrigatória na Constituição do Estado-membro. O que acontece é que o preâmbulo contém, de regra, proclamação ou exortação no sentido dos princípios inscritos na Carta: princípio do Estado Democrático de Direito, princípio republicano, princípio dos direitos e garantias etc. Esses princípios, sim, inscritos na Constituição, constituem normas centrais de reprodução obrigatória, ou que não pode a Constituição do Estado-membro dispor de forma contrária, dado que, reproduzidos, ou não, na Constituição estadual, incidirão na ordem local." (ADI 2.076, voto do Rel. Min. Carlos Velloso, julgamento em 15.08.2002, Plenário, DJ* de 08.08.2003.); **C:** incorreta, pois como noticiado anteriormente, o preâmbulo não se presta a preencher lacunas, mas sim, proclamar ou exortar princípios inscritos na Constituição Federal; **D:** correta, pois enaltece os fundamentos apresentados nas alternativas anteriores. Sendo assim, merece apenas ser transcrito: Para o STF o preâmbulo constitucional situa-se no domínio da política e reflete a posição ideológica do constituinte. Logo, não contém relevância jurídica, não tem força normativa, sendo mero vetor interpretativo das normas constitucionais, não servindo como parâmetro para o controle de constitucionalidade.

Gabarito "D"

(Ministério Público/GO – 2012) A respeito da estrutura da constituição e seus reflexos na jurisdição constitucional e na práxis constitucional, assinale a alternativa correspondente à jurisprudência do Supremo Tribunal Federal:

(A) dado o caráter normativo do preâmbulo da Constituição da República, é correto invocá-lo como parâmetro de controle em sede de ação direta de inconstitucionalidade;

(B) é juridicamente possível, dada a hierarquia axiológica existente entre normas constitucionais, que ação direta de inconstitucionalidade ostente pedido de declaração de inconstitucionalidade de norma constitucional originária;

(C) quaisquer normas constitucionais contidas no Ato das Disposições Constitucionais Transitórias sujeitam-se ao poder de emenda, não se podendo, no entanto, cogitar, em relação a elas, de limites impostos por cláusulas pétreas, cuja proteção se volta, exclusivamente, a normas da parte permanente da Constituição;

(D) o poder de emenda à Constituição encontra limites nas chamadas cláusulas pétreas, independente de a ação reformadora projetar-se sobre normas constantes da parte permanente ou do Ato das Disposições Constitucionais Transitórias.

A: incorreta, pois o preâmbulo não tem caráter normativo. O preâmbulo de uma Constituição pode ser definido como documento de intenções do diploma, e consiste em uma certidão de origem e legitimidade do novo texto e uma proclamação de princípios, demonstrando a ruptura com o ordenamento constitucional anterior e o surgimento jurídico de um novo Estado. É de tradição em nosso Direito Constitucional e nele deve constar os antecedentes e enquadramento histórico da Constituição, bem como suas justificativas e seus grandes objetivos e finalidades. Jorge Miranda aponta a existência de preâmbulos em alguns dos mais importantes textos constitucionais estrangeiros: Estados Unidos (1787), Suíça (1874), Alemanha de Weimar (1949) e da Alemanha Oriental (1968, com as emendas de 07 de outubro de 1974), da Polônia (1952), Bulgária (1971), Romênia (1975), Cuba (1976), Nicarágua (1987), Moçambique (1978), São Tomé e Príncipe (1975) e Cabo Verde (1981). Apesar de não fazer parte do texto constitucional propriamente dito e, consequentemente, não conter normas constitucionais de valor jurídico autônomo, o preâmbulo não é juridicamente relevante, uma vez que deve ser observado como elemento de interpretação e integração dos diversos artigos que lhe seguem. O preâmbulo, portanto, por não ser norma constitucional, não poderá prevalecer contra texto expresso da Constituição Federal, e tampouco poderá ser paradigma comparativo para declaração de inconstitucionalidade, porém, por traçar as diretrizes políticas, filosóficas e ideológicas da Constituição, será uma de suas linhas mestras interpretativas; **B:** incorreta, já que a corrente majoritária da doutrina e do STF apontam: É juridicamente *impossível*, dada a hierarquia axiológica existente entre normas constitucionais, que ação direta de inconstitucionalidade ostente pedido de declaração de inconstitucionalidade de norma constitucional originária; **C:** incorreta, pois algumas normas constitucionais contidas no Ato das Disposições Constitucionais Transitórias sujeitam-se ao poder de emenda, podendo, no entanto, cogitar, em relação a elas, de limites impostos por cláusulas pétreas, cuja proteção se volta, a todas normas contidas na Constituição; **D:** correta, já que enaltece os fundamentos da alternativa anterior.

Gabarito "D"

(Ministério Público/GO – 2012) Quanto ao constitucionalismo brasileiro e à sua história, assinale a alternativa correta:

(A) a Constituição de 1937 foi a primeira a fazer expressa alusão à garantia do direito adquirido, além de conferir a mais ampla autonomia ao Poder Judiciário, explicitamente aludindo ao caráter definitivo das declarações de inconstitucionalidade proferidas pelo Supremo Tribunal Federal;

(B) com a Constituição Imperial de 1824, nasce o controle jurisdicional da constitucionalidade das leis, o qual, porém, somente na República, ganhou, em razão da teorização de Rui Barbosa, maior destaque institucional;

(C) com a alteração imposta à Constituição da República de 1891, por força da Reforma de 1926, melhor se definiram as hipóteses e os pressupostos da intervenção federal, com o objetivo de evitar os abusos no manejo de referido instituto, atribuídos à má redação originária de seu art. 6º;

(D) tem-se, com a Constituição da República de 1891, o delineamento de um federalismo de cooperação e de um Estado Social, nos moldes da famosa Constituição da República de Weimar.

A: incorreta, pois na ordem jurídica brasileira, desde a Constituição de 1934 os direitos adquiridos vêm assegurados em nível constitucional. Omitidos na Carta de 1937, restaurados na de 1946, eles perduram até hoje. Daí o constituinte de 1988 ter enunciado que "a lei não prejudicará o direito adquirido, o ato jurídico perfeito e a coisa julgada" (art.5º, XXXVI, da CF). Optou, claramente, pela doutrina subjetivista da escola italiana, preconizada por Carlo Francesco Gabba (1835-1920) jurista italiano renomado, referência em Direito Adquirido, do mesmo modo que Lei de Introdução às normas do Direito Brasileiro de 1942 (art. 6º, § 2º). Segundo Gabba (*Teoria della retroatività delle leggi*, 1891, 1897 e 1898), é adquirido o direito consequente a fato idôneo a produzi-lo, em virtude da lei do tempo no qual o fato foi consumado, embora a ocasião de fazê-lo valer não se tenha dado antes da atuação de uma lei nova sobre o mesmo direito, e que nos termos da lei sob cujo império se entabulou o fato do qual se origina, entrou imediatamente a fazer parte do patrimônio de quem o adquiriu; **B:** incorreta, a Constituição imperial de 1824 nada versava sobre a possibilidade de controle de constitucionalidade, tendo sido introduzido expressamente na Constituição de 1891. De acordo com Gilmar Ferreira Mendes, a figura prévia ao Controle de Constitucionalidade, ou como chama o autor, controle abstrato de normas, foi a representação interventiva. Já na Constituinte de 1891, já havia sido discutida a possibilidade de outorgar ao Supremo Tribunal Federal a competência para conhecer da alegação de ofensa pelo Estado-Membro a determinados princípios da ordem federativa. Explica o autor: "O regime republicano inaugura uma nova concepção. A influência do Direito norte-americano sobre personalidades marcantes, como a de Rui Barbosa, parece ter sido decisiva para a consolidação do modelo difuso, consagrado já na chamada Constituição Provisória de 1890 (art. 58, § 1º, *a* e *b*). A Constituição de 1891 incorporou essas disposições, reconhecendo a competência do Supremo Tribunal Federal para rever as sentenças das Justiças dos Estados, em última instância, quando se questionasse a validade ou a aplicação de tratados e leis federais e a decisão do Tribunal fosse contra ela, ou quando se contestasse a validade de leis ou atos federais, em face da Constituição ou das leis federais e a decisão do Tribunal considerasse válidos esses atos ou leis impugnadas (art. 59, § 1º *a* e *b*)", **C:** correta, já que a decretação de intervenção federal ficava subordinada a prévia aferição judicial, ideia esta positiva na Constituição de 1934. Nos conflitos entre União e os Estados foi introduzido processo especial perante o Supremo Tribunal Federal, que deveria ser iniciado mediante iniciativa do Procurador-Geral da República, conforme estabelecia o art. 12, § 2º deste diploma legal. A Constituição de 1946 também adotou, com modificações, o modelo de representação interventiva. Como aponta Gilmar Mendes, em vez da constatação da constitucionalidade da lei, deveria o Tribunal aferir diretamente a compatibilidade do direito estadual com os chamados princípios sensíveis. Mesmo que configurasse forma especial de composição de conflitos federativos, a jurisprudência e a doutrina brasileira caracterizaram esse processo como típico processo de controle abstrato de normas. O controle de constitucionalidade só viria a sofrer inovação radical com a Emenda Constitucional n. 16 de 1965, mas já sob o regime militar, tendo sido instituída a ação genérica de inconstitucionalidade, oferecendo competência ao Supremo Tribunal Federal para declarar a inconstitucionalidade de lei ou ato federal, mediante representação que lhe fosse encaminhada pelo Procurador-Geral da República. Neste ponto, há que se chamar atenção para a dupla função exercida pelo Procurador-Geral da República até a promulgação da Constituição de 1988, exercendo o papel recomendado por Hans Kelsen de um advogado da Constituição (Verfassungsanwalt), como explicita Gilmar Mendes: "Embora o constituinte tenha moldado o controle abstrato de normas segundo o modelo de representação interventiva, confiando a instauração do processo ao Procurador-Geral da República, convém assinalar que apenas na forma a nova modalidade de controle apresentava alguma semelhança com aquele processo de composição de conflitos entre o Estado e a União. Enquanto representação interventiva pressupunha uma alegação de ofensa (efetiva ou aparente) a um princípio sensível e, portanto, um peculiar conflito entre a União e o Estado, destinava-se o novo processo à defesa geral da Constituição contra leis inconstitucionais." O controle abstrato de normas na Constituição de 1988 sofre significativas mudanças, principalmente com a ampliação do direito de propositura da ação direta. Anteriormente à Constituição de 1988, havia monopólio da ação direta de inconstitucionalidade apenas por parte do Procurador-Geral da República. A Constituição de 1988 ampliou o leque de legitimados à propositura da ação no art. 103, dentre eles: o Presidente da República, a Mesa do Senado Federal, a Mesa da Câmara dos Deputados, a Mesa da Assembleia Legislativa ou da Câmara Legislativa, o Governador do Estado ou do Distrito Federal, o Procurador-Geral da República, o Conselho Federal da Ordem dos Advogados do Brasil, partido político com representação no Congresso Nacional, as confederações sindicais ou entidades de classe de âmbito nacional. Com esta modificação radical, segundo Gilmar Mendes, a Constituição de 1988 reduziu o significado do Controle de Constitucionalidade incidental ou difuso, ao ampliar, de forma, marcante, a legitimação para propositura da ação direta de constitucionalidade, permitindo que, praticamente, todas as controvérsias constitucionais relevantes sejam submetidas ao Supremo Tribunal Federal mediante processo de controle abstrato de normas. Acrescenta, nesse mesmo sentido, Fabiana Luci de Oliveira[15] que a o sistema de controle de constitucionalidade de leis adotado com a Constituição de 1988 é ainda híbrido porque, embora reserve cada vez mais para o Supremo Tribunal Federal a função de julgar a constitucionalidade das leis (sistema concentrado), permite que os tribunais inferiores julguem casos de constitucionalidade, permanecendo válido o sistema difuso; **D:** incorreta, o Estado Social está assentado em três documentos históricos: Constituição Mexicana, de 1917; Constituição Alemã, de 1919; Declaração dos Direitos do Povo Trabalhador e Explorado, advinda da Rússia revolucionária (socialista) e datada de 1917-1918. O Estado Social, desse modo, é um Estado que já nasceu pautado por pelo menos dois documentos históricos de cunho jurídico, ou seja, teve a garantia legal de duas Constituições (Mexicana e Alemã), além de uma Declaração de direitos proletários e socialistas. Portanto, um importante avanço do Estado Social foi ter conseguido *constitucionalizar* direitos sociais e trabalhistas. O Estado do Bem Estar Social não conheceu documentos propriamente jurídicos, mas sim um programa de recuperação econômica: o Plano Marshall. O que descarta qualquer incidência na Constituição Brasileira de 1891.

Gabarito "C"

(Ministério Público/MT – 2012 – UFMT) Na Constituição brasileira de 1988, a independência nacional constitui:

(A) Objetivo fundamental da República Federativa do Brasil.

(B) Fundamento da República Federativa do Brasil.

(C) Princípio pelo qual a República Federativa do Brasil rege-se nas suas relações internacionais.

(D) Princípio referido no Preâmbulo e reafirmado na disposição atinente à competência do Conselho de Defesa Nacional.

(E) Um dos princípios gerais da atividade econômica.

A: incorreta, já que a independência nacional é um princípio pelo qual a República Federativa do Brasil rege-se nas suas relações internacionais, nos termos do art. 4º, I, da CF. Os objetivos da República Federativa do Brasil estão elencados no art. 3º da CF; **B:** incorreta, pois os fundamentos da República Federativa do Brasil são: a soberania, a cidadania, a dignidade da pessoa humana, os valores sociais do trabalho e da livre-iniciativa e o pluralismo político; **C:** correta, nos termos do art. 4º, I, da CF; **D:** incorreta, pois o preâmbulo dispõe: "Nós, representantes do povo brasileiro, reunidos em Assembleia Nacional Constituinte para instituir um Estado Democrático, destinado a assegurar o exercício dos direitos sociais e individuais, a liberdade, a segurança, o bem-estar, o desenvolvimento, a igualdade e a justiça como valores supremos de uma sociedade fraterna, pluralista e sem preconceitos, fundada na harmonia social e comprometida, na ordem interna e internacional, com a solução pacífica das controvérsias, promulgamos, sob a proteção de Deus, a seguinte *Constituição da República Federativa do Brasil*"; **E:** incorreta, já que a ordem econômica, fundada na valorização do trabalho humano e na livre-iniciativa, tem por fim assegurar a todos existência digna, conforme os ditames da justiça social, observados os seguintes princípios: soberania nacional, propriedade privada, função social da propriedade, livre concorrência, defesa do consumidor, defesa do meio ambiente, redução das desigualdades regionais e sociais, busca do pleno emprego e tratamento favorecido para as empresas de pequeno porte constituídas sob as leis brasileiras e que tenham sua sede e administração no País, segundo o art. 170 da CF.

Gabarito "C"

(Ministério Público/CE – 2011 – FCC) A invocação à proteção de Deus, constante do Preâmbulo da Constituição da República vigente,

(A) é inconstitucional.

(B) é ilícita.

(C) não tem força normativa.

(D) não foi recepcionada pelo texto constitucional.

(E) é expressão de reprodução obrigatória nas Constituições estaduais.

A: incorreta, já que Preâmbulo, do latim *praeambulu*, é a parte introdutória ou preliminar de uma constituição. Na expressão de Peter

Häberle, os preâmbulos são "pontes no tempo", exteriorizando as origens, os sentimentos, os desejos e as esperanças que palmilharam o ato constituinte originário. É o documento de intenções que serve para certificar a legitimidade e a origem do novo texto. Trata-se, pois, de uma proclamação de princípios, que não integra o bloco de constitucionalidade da Carta de 1988, logo, não há que se falar em inconstitucionalidade; **B:** incorreta, pelos mesmos motivos delineados na alternativa anterior; **C:** correta, pois o preâmbulo não tem força normativa, embora provenha do mesmo poder constituinte originário que elaborou toda a constituição. Em certa medida, fornece-nos critérios para o entendimento das linhas gerais que inspiraram o ato de feitura das constituições. Normalmente, o preâmbulo proveio da mesma manifestação constituinte originária responsável pela feitura de qualquer outra prescrição constitucional. Mas não é norma jurídica porque não cria direitos nem estabelece deveres; **D:** incorreta, pois há essa previsão no preâmbulo da CF/1988; **E:** incorreta, pois se assim fosse, as Constituições Estaduais estariam obrigadas a fazer constar em seus preâmbulos a invocação à Divindade. Promulgada a Carta de 1988, dos vinte e cinco Estados membros da Federação brasileira, vinte e quatro fizeram o chamamento a Deus. Apenas o Acre não seguiu a tradição. O fato levou o Partido Social Liberal a ajuizar, na Corte Excelsa, ação direta de inconstitucionalidade contra ato da Assembleia Estadual Constituinte acreana ao argumento de que ela omitiu a expressão "sob a proteção de Deus". Segundo os litigantes, a omissão feriu os arts. 11 e 25 do Ato das Disposições Constitucionais Transitórias, sem falar que o nome de Deus estaria presente nas constituições de quase todo o mundo. O Ministro Carlos Velloso, relator da ação, ao julgá-la improcedente, concluiu que o Preâmbulo não constitui norma central da carta de 1988. Invocar o amparo divino, a seu ver, não consigna algo que deva ser levado ao posto de norma de reprodução obrigatória em constituições estaduais, não tendo força normativa (ADIn 2.076/AC, Rel. Min. Carlos Velloso, v.u., decisão de 15.08.2002).

Gabarito "C"

(Ministério Público/CE – 2011 – FCC) A declaração pelo Supremo Tribunal Federal, em sede de controle concentrado, da inconstitucionalidade de determinado diploma legal, provoca, em relação aos atos normativos anteriores que foram revogados pela lei proclamada inconstitucional, a sua

(A) recepção.

(B) repristinação.

(C) revogação.

(D) desconstitucionalização.

(E) deslegalização.

A: incorreta. Pelo princípio da recepção, continuam válidos todos os atos legislativos editados na vigência do ordenamento anterior, sendo recebidos e adaptados à nova ordem jurídica. Logo, não precisam ser reeditados, recriados ou refeitos, mediante outra manifestação legislativa; **B:** correta, pois a repristinação nada mais é que a possibilidade da nova constituição revalidar leis ou atos normativos por constituições antigas. O prefixo "RE" significa fazer de novo, restaurar, refazer. PRISTINUS, por seu turno, computa ideia de anterioridade, antiguidade, retorno ao que era e deixou de ser. Essa prática deve ser repelida, venha de onde vir, porque compromete a certeza e a segurança das relações jurídicas. Todavia, a Lei de Introdução ás Normas do Direito Brasileiro abre a possibilidade de o legislador instituir, expressamente, a repristinação (art. 2°, § 3°, da CF). Apesar da falta de técnica do examinador vamos considerar esta questão como correta, pois sabemos que o instituto da repristinação, aqui abordado, nada tem que ver com os efeitos repristinatórios do controle abstrato de normas, disciplinados pela Lei 9.868/1999 (art. 11, § 2°) que condiz com o enunciado da questão; **C:** incorreta, pois pelo princípio da revogação, atos legislativos incompatíveis com o novo documento supremo são deste expulsos; **D:** incorreta, já que a desconstitucionalização nada mais é, que normas constitucionais revogadas que podem passar ao nível infraconstitucional. Em outras palavras, a nova constituição recepciona as antigas normas constitucionais, mas na qualidade de leis ordinárias; **E:** incorreta, o fenômeno da deslegalização foi desenvolvido pela doutrina italiana e consiste na possibilidade de o Legislativo rebaixar hierarquicamente determinada matéria para que ela possa vir a ser tratada por regulamento. É, portanto, um instituto que visa a dar uma releitura ao princípio da legalidade, trazendo maior flexibilidade à atuação legiferante, com a alteração do conteúdo normativo, sem necessidade de se percorrer o demorado processo legislativo ordinário. Nesse contexto, o Congresso Nacional estabeleceria os princípios gerais e diretrizes sobre determinada matéria que não esteja sob reserva absoluta de lei, porém, já disposta em lei formal; e, nessa mesma lei deslegalizadora (superveniente), atribuiria competência delimitada ao Executivo para editar decretos regulamentares, o qual acabaria por ab-rogar a lei formal que estava vigente. De acordo, com Canotilho, a deslegalização ocorre quando "uma lei, sem entrar na regulamentação da matéria, rebaixa formalmente o seu grau normativo, permitindo que essa matéria possa vir a ser modificada por regulamento". Não adotamos em nosso ordenamento jurídico tal fenômeno.

Gabarito "B"

(Ministério Público/SP – 2010) Quanto ao grau de sua alterabilidade ou mutabilidade, as Constituições Federais se classificam em:

(A) flexíveis, rígidas, semirrígidas ou semiflexíveis, e super-rígidas.

(B) promulgadas, outorgadas, cesaristas e pactuadas.

(C) analíticas e sintéticas.

(D) escritas e costumeiras.

(E) rígidas e super-rígidas.

A: correta, pois quanto à alterabilidade, as Constituições podem ser classificadas como rígidas, semirrígidas (ou semiflexíveis) e flexíveis. As rígidas são aquelas que preveem, para a alteração das normas constitucionais, um mecanismo mais difícil que aquele estabelecido para as normas não constitucionais. As semirrígidas preveem normas constitucionais que só podem ser modificadas por meio de procedimento mais complexo e outras normas constitucionais que podem ser modificadas pelo mesmo processo aplicável às leis infraconstitucionais. As flexíveis, por sua vez, não preveem mecanismo mais dificultoso para a alteração das normas constitucionais, que podem ser modificadas tal como as leis infraconstitucionais. No caso brasileiro, a CF/1988 é rígida, porque seu texto traz expresso qual procedimento para a alteração das normas constitucionais, que é muito mais qualificado que o das leis ordinárias. Para que uma emenda constitucional seja aprovada, é preciso observar todas as regras insculpidas no art. 60 da Constituição, que lista limites materiais (art. 60, § 4°), formais (art. 60, § 2°) e circunstanciais (art. 60, § 1°) ao poder de reforma da Constituição. No mais, nossa CF é: I) quanto à origem: promulgada (não foi imposta, mas fruto do trabalho de uma Assembleia Nacional Constituinte); II) quanto à forma: escrita (normas reunidas em um único texto solene e codificado); III) quanto à extensão: analítica (trata de todos os temas que os representantes do povo entenderam importantes e, por isso, é extensa e detalhista); IV) quanto ao modo de elaboração: dogmática – ou sistemática –, porque traduz os dogmas, planos e sistemas preconcebidos; **B:** incorreta, promulgadas, outorgadas, cesaristas e pactuadas, dizem respeito a classificação das constituições quanto à origem; **C:** incorreta, dizem respeito ao tamanho da constituição; **D:** incorreta, pois constituições escritas ou positivadas, costumeiras, não escritas ou consuetudinárias, são constituições classificadas quanto à forma; **E:** incorreta, por trazer uma classificação incompleta quanto ao grau de mutabilidade.

Gabarito "A"

(Ministério Público/MS – 2011 – FADEMS) A atual Constituição da República Federativa do Brasil é considerada rígida em razão:

(A) das suas alterações exigirem procedimento para alteração mais qualificado que o das leis ordinárias;

(B) da possibilidade de ser alterada após determinado prazo de sua promulgação;

(C) de não permitir emenda constitucional quando houver violação às denominadas cláusulas pétreas;

(D) da possibilidade de haver modificação da Constituição Federal mediante plebiscito;

(E) Nenhuma das alternativas anteriores.

A: correta, pois são rígidas as constituições em que o mecanismo de alteração das normas constitucionais é mais difícil que aquele previsto para a modificação de normas não constitucionais. A CF/1988 é rígida, pois estabelece em seu texto um procedimento mais qualificado para aprovação de emendas constitucionais que o de alteração das leis em geral (art. 60 da CF); **B:** incorreta, pois as emendas constitucionais podem ser elaboradas a qualquer tempo. Diferentemente do que o corre com as emendas de revisão, que só puderam ser elaboradas após cinco anos da promulgação da Constituição Federal (art. 3º do ADCT); **C:** incorreta. A CF apresenta um núcleo imutável, nos termos do art. 60, § 4º, mas essa não é a razão da atual Constituição Federal ser considerada rígida. Conforme explicado nos comentários à alternativa "A", a classificação como rígida se dá porque a CF só pode ser modificada por meio de processo mais complexo e dificultoso que o processo de elaboração das leis infraconstitucionais; **D:** incorreta, pois é impossível modificar o texto constitucional mediante plebiscito. **E:** incorreta, porque a alternativa "A" é verdadeira.

Gabarito "A"

(Ministério Público/MG – 2010 – FUNDEP) Entre os fundamentos da República Federativa do Brasil, NÃO se pode incluir

(A) a Soberania.

(B) o Pluralismo político.

(C) o trabalho e a livre-iniciativa.

(D) a cidadania.

A: incorreta, pois soberania deve ser incluído com um dos fundamentos da República Federativa do Brasil, nos termos do art. 1º, I, da CF; **B:** incorreta, também é um fundamento, como determina o art. 1º, V, da CF; **C:** correta, pois a o art. 1º, IV, da CF se refere aos *valores sociais* do trabalho e da livre-iniciativa; **D:** incorreta, pois constitui fundamento, segundo o art. 1º, II, da CF.

Gabarito "C"

(Ministério Público/MG – 2010 – FUNDEP) Dentre as formas diretas de exercício da soberania popular, podemos apontar, EXCETO,

(A) a reclamação constitucional.

(B) o plebiscito.

(C) o referendo.

(D) a iniciativa popular.

A alternativa correta é a "A", pois a reclamação visa preservar a autoridade das decisões e impedir a usurpação de competência do Supremo Tribunal Federal e do Superior Tribunal de Justiça. Nesta esteira, o plebiscito, o referendo e a iniciativa popular são formas diretas de exercício da soberania, nos termos do art. 1º, parágrafo único, c/c art. 14, I a III, da CF.

Gabarito "A"

(Ministério Público/SE – 2010 – CESPE) Assinale a opção correta acerca da Federação.

(A) As matérias de competência privativa da União podem ser delegadas por meio de lei complementar que autorize os estados a legislar sobre temas específicos nela previstos.

(B) São requisitos para que os estados se incorporem, se subdividam ou se desmembrem para se anexarem a outros ou para formarem novos estados a aprovação da população diretamente interessada, mediante plebiscito, e lei complementar estadual aprovada pela maioria absoluta das casas legislativas dos estados envolvidos.

(C) A criação, a incorporação, a fusão e o desmembramento de municípios devem preservar a continuidade e a unidade histórico-cultural do ambiente urbano, serão feitos por lei estadual, obedecidos os requisitos de lei complementar estadual, e dependem de consulta prévia, mediante plebiscito, às populações diretamente interessadas.

(D) Não existem, na atualidade, territórios federais no Brasil. Nada impede, entretanto, que voltem a ser criados sob a forma de distritos federais, dotados de autonomia política, mas não administrativa e financeira, constituindo entes *sui generis* do Estado Federal.

(E) Os estados podem, mediante decreto governamental, no período determinado por lei complementar federal, instituir regiões metropolitanas e microrregiões, constituídas por agrupamentos de municípios limítrofes, para integrar a organização, o planejamento e a execução de funções públicas de interesse comum.

A: correta, réplica do art. 22, parágrafo único, da CF; **B:** incorreta, por não refletir o disposto no art. 18, § 3º, da CF; **C:** incorreta, por apresentar uma redação contrária ao art. 18, § 4º, da CF; **D:** incorreta. Realmente não existem territórios federais atualmente, mas podem voltar a ser criados; no entanto, terão natureza de territórios federais (art. 18, § 2º, da CF); **E:** incorreta, não reflete o disposto no art. 25, § 3º, da CF.

Gabarito "A"

(Ministério Público/RO – 2010 – CESPE) Assinale a opção correta com referência ao conceito e à classificação das constituições.

(A) Para a teoria da força normativa da constituição – desenvolvida, principalmente, pelo jurista alemão Konrad Hesse –, a constituição tem força ativa para alterar a realidade, sendo relevante a reflexão dos valores essenciais da comunidade política submetida.

(B) De acordo com a classificação quanto à extensão, no Brasil, a Constituição de 1988 é sintética, pois constitucionaliza aspectos além do núcleo duro das constituições, estabelecendo matérias que poderiam ser tratadas mediante legislação infraconstitucional.

(C) As constituições denominadas rígidas são aquelas que não admitem alteração e que, por isso mesmo, são consideradas permanentes.

(D) Para o jurista alemão Peter Härbele, a constituição de um país consiste na soma dos fatores reais de poder que regulamentam a vida nessa sociedade.

(E) O legado de Carl Schmitt, considerado expoente da acepção jurídica da constituição, consistiu na afirmação de que há, nesse conceito, um plano lógico-jurídico, em que estaria situada a norma hipotética fundamental, e um plano jurídico--positivo, ou seja, a norma positivada.

A: correta, pois para Ferdinand Lassale a Constituição diz respeito ao "fato social", pois é resultado do somatório das "forças reais de poder". Caso não haja correspondência entre a constituição real e esse "fato social", a constituição seria uma mera "folha de papel". Ao contrário, Konrad Hesse desenvolveu a doutrina da "força normativa da Constituição", segundo a qual os fatores reais de poder são limitados pela própria Constituição; **B:** incorreta,quanto à extensão, a CF/1988 é analítica, pois trata de todos os temas que os representantes do povo entendem importantes e, por isso, é extensa e detalhista. A Constituição dos EUA, ao contrário, é sintética; **C:** incorreta, já que as constituições rígidas são aquelas que preveem, para a alteração das normas constitucionais, um mecanismo mais difícil que aquele estabelecido para as normas não constitucionais. Sua alteração é mais difícil, mas não significa que não possam ser alteradas; **D:** incorreta, pelos fundamentos apresentados na alternativa "A"; **E:** incorreta, pois para Carl Schmitt, idealizador da noção de Constituição em sentido político, há diferença entre Constituição e lei constitucional. Constituição refere-se, apenas, "à decisão política fundamental (estrutura e órgãos do Estado, direitos individuais, vida democrática etc.); as leis constitucionais seriam os demais dispositivos inseridos no texto do documento constitucional, mas não contêm matéria de decisão política fundamental." (José Afonso da Silva, *Curso de Direito Constitucional Positivo*, 1998. p. 40). O enunciado da questão reproduz a lição de Kelsen, de que a Constituição é norma jurídica fundamental, desdobrando-se nos aspectos lógico-jurídico e jurídico-positivo, sendo certo que o sentido lógico-jurídico é o fundamento de validade para a elaboração da norma jurídico-positiva.

Gabarito "A"

(Ministério Público/MA – 2009) A Constituição Federal atual pode ser classificada como:

(A) rígida, codificada, outorgada e concisa;

(B) flexível, legal, promulgada e prolixa;

(C) rígida, codificada, promulgada e prolixa;

(D) flexível, legal, outorgada e concisa; e

(E) flexível, codificada, outorgada e concisa.

A, B, D e E: incorretas, na exata medida que a CF/1988 pode ser assim classificada: a) quanto à origem: promulgada (não foi imposta, mas fruto do trabalho de uma Assembleia Nacional Constituinte); b) quanto à forma: escrita (normas reunidas em um único texto solene e codificado); c) quanto à extensão: analítica (ou prolixa), porque trata de todos os temas que os representantes do povo entenderam importantes e, por isso, é extensa e detalhista; d) quanto ao modo de elaboração: dogmática – ou sistemática –, porque traduz os dogmas, planos e sistemas preconcebidos; e) quanto à sistemática: codificada (ou reduzida), pois se resume a um texto único, um código só. A nossa CF/1988 é: I) quanto à origem: promulgada (não foi imposta, mas fruto do trabalho de uma Assembleia Nacional Constituinte); II) quanto à forma: escrita (normas reunidas em um único texto solene e codificado); III) quanto à extensão: analítica (trata de todos os temas que os representantes do povo entenderam importantes e, por isso, é extensa e detalhista); IV) quanto ao modo de elaboração: dogmática – ou sistemática –, porque traduz os dogmas, planos e sistemas preconcebidos.

Gabarito "C"

(Ministério Público/RS – 2009) Leia o texto abaixo.

O liberalismo tem como um dos pressupostos a autorregulação do mercado. A ordenação ou a regulamentação jurídica é preocupação que assume especial relevância no século XX, quando ocorre a passagem do Estado Liberal para o Estado Social. Os conflitos sociais, assim como os direitos sociais fundamentais, passaram a fazer parte da agenda das Constituições, especialmente daquelas surgidas a partir da Segunda Guerra mundial. Uma das questões centrais passou a ser a intervenção do Estado na economia, com regras específicas para a regulamentação das relações econômicas, podendo-se dizer que esse fenômeno pode ser denominado de "constitucionalização da economia, em linha similar ao que se denomina de "constitucionalização das relações privadas, quando tratamos da horizontalização dos direitos fundamentais.

Com base neste texto, considere as afirmações abaixo tendo em vista a Constituição brasileira de 1988.

(1) A institucionalização do Estado Social foi umas das principais preocupações do constituinte.

(2) Erigida à condição de elemento fundante da ordem econômica e a princípio constitucional fundamental, a livre-iniciativa constitui uma das mais importantes normas da Constituição, razão pela qual é possível afirmar que o constituinte fez uma opção pelo modelo econômico capitalista.

(3) O direito do Estado Democrático de Direito assume uma característica nitidamente transformadora da sociedade.

(4) A Constituição do Brasil pode ser classificada como dirigente e compromissória.

(5) A propriedade privada, a função social da propriedade, a livre concorrência e a defesa do consumidor e do meio ambiente foram erigidas a categoria de princípios da ordem econômica.

Quais estão de acordo com o texto?

(A) Apenas 3 e 5.

(B) Apenas 1, 3 e 5.

(C) Apenas 1, 3, 4 e 5.

(D) 1, 2, 3, 4 e 5.

(E) Apenas a 4.

1: correta, pois "os conflitos sociais, assim como os direitos sociais fundamentais, passaram a fazer parte da agenda das Constituições, especialmente daquelas surgidas a partir da Segunda Guerra mundial"; **2:** correta, pois "uma das questões centrais passou a ser a intervenção do Estado na economia, com regras específicas para a regulamentação das relações econômicas"; **3:** correta, na exata medida que "a ordenação ou a regulamentação jurídica é preocupação que assume especial relevância no século XX, quando ocorre a passagem do Estado Liberal para o Estado Social"; **4:** correta, a Constituição dirigente é caracterizada pela existência de normas programáticas em seu texto. As normas programáticas estabelecem um programa de atuação para o legislador infraconstitucional (políticas públicas), indicam os fins a serem alcançados pelos órgãos estatais. E compromissória porque estabelece o equilíbrio das forças pelo estabelecimento de compromissos entre elas, buscando-se o consenso possível; **5:** correta, réplica do art. 170, I a IX, da CF.

Gabarito "D"

(Ministério Público/RJ – 2011) Na evolução político-constitucional brasileira, o voto feminino no Brasil foi expressamente previsto pela primeira vez num texto constitucional na Constituição de

(A) 1891.

(B) 1934

(C) 1937.

(D) 1946.

A: incorreta, pois a Constituição de 1891 inaugurou, em termos constitucionais positivos, o modelo brasileiro de controle jurídico-difuso de constitucionalidade. Ruy Barbosa, inspirado no Direito Constitucional americano, teve especial influência nesse sentido, embora o art. 3º do Decreto 848, de 11 de outubro de 1890, já tivesse previsto a incidental, ao dizer que, "na guarda e aplicação da Constituição e das leis nacionais, a magistratura federal só intervirá em espécie e por provocação da parte". A chamada Constituição Provisória de 1890 também previa a fiscalização judicial (art. 58, 1, *a* e *b*. Foi ela também que reconheceu a competência do STF para rever as sentenças das Justiças dos Estados, em última instância, quando se questionasse a validade ou aplicação de tratados federais. Observem que a Carta de 1891 não fazia menção ao sufrágio feminino; **B:** correta. O movimento pelo sufrágio feminino é um movimento social, político e econômico de reforma, com o objetivo de estender o sufrágio (o direito de votar) às mulheres. Participam do sufrágio feminino, mulheres ou homens, denominados sufragistas. Em 1893, a Nova Zelândia se tornou o primeiro país a garantir o sufrágio feminino, graças ao movimento liderado por Kate Sheppard. A luta mundial dos movimentos feministas inclui em seus registros o nome da cidade de Mossoró, no estado do Rio Grande do Norte. Em 1928, esse estado nordestino era governado por Juvenal Lamartine, a quem coube o pioneirismo de autorizar o voto da mulher em eleições, o que não era permitido no Brasil, mesmo a proibição não constando da Constituição Federal. A Inglaterra alguns meses depois regularizou o voto feminino no mesmo ano. No Consultor Jurídico do jornal *O Estado de São Paulo*, encontra-se a informação de que logo após a proclamação da República, o governo provisório convocou eleições para uma Assembleia Constituinte. Na ocasião, uma mulher conseguiu o alistamento eleitoral invocando a legislação imperial, a "Lei Saraiva", promulgada em 1881, que determinava direito de voto a qualquer cidadão que tivesse uma renda mínima de 2 mil réis. Mas a primeira eleitora do país foi a potiguar Celina Guimarães Viana, que invocou o art. 17 da lei eleitoral do Rio Grande do Norte, de 1926: "No Rio Grande do Norte, poderão votar e ser votados, sem distinção de sexos, todos os cidadãos que reunirem as condições exigidas por lei". Em 25 de novembro de 1927 ela deu entrada numa petição requerendo sua inclusão no rol de eleitores do município. O juiz Israel Ferreira Nunes deu parecer favorável e enviou telegrama ao presidente do Senado Federal, pedindo em nome da mulher brasileira, a aprovação do projeto que instituía o voto feminino, amparando seus direitos políticos reconhecidos na Constituição Federal". Após Celina Guimarães Viana ter conseguido seu título eleitoral, um grande movimento nacional levou mulheres de diversas cidades do Rio Grande do Norte, e de mais outros nove estados da Federação, a fazerem a mesma coisa. Com a mulher eleitora, vieram outras conquistas de espaço na sociedade. Veio a primeira mulher a eleger-se deputada estadual no Brasil, e a luta pela emancipação feminina foi ganhando impulso em todo o país, levando o voto feminino a ser regulamentado em 1934 no governo Vargas. O episódio tem importância mundial, pois mais de uma centena de países ainda não permitia à mulher o direito de voto; **C:** incorreta. A Constituição de 1937 tem como marco a estagnação e o retrocesso do controle de constitucionalidade, pois foi mantido o controle difuso e o quórum especial para se decretar a inconstitucionalidade. Permitiu ao Presidente da República submeter ao Parlamento a lei declarada inconstitucional. Se, pelo voto de 2/3 terços de cada uma das Casas Legislativas, fosse confirmada a validade da lei, tornava-se insubsistente a decisão do Poder Judiciário que decretou a inconstitucionalidade. Estava aberta a porta para se cassar em vereditos jurisdicionais; **D:** incorreta, mas foi ela quem restaurou o controle jurisdicional de constitucionalidade no Brasil.

Gabarito "B"

(Ministério Público /PB – 2010) Com relação ao objeto, aos elementos e aos tipos de constituição, assinale a opção correta.

(A) Quanto ao modo de elaboração, a vigente CF pode ser classificada como uma constituição histórica, em oposição à dita dogmática.

(B) O objeto da CF é a estrutura fundamental do Estado e da sociedade, razão por que somente as normas relativas aos limites e às atribuições dos poderes estatais, aos direitos políticos e individuais dos cidadãos compõem a Constituição em sentido formal.

(C) Por limitarem a atuação dos poderes estatais, as normas que regulam a ação direta de inconstitucionalidade e o processo de intervenção nos estados e municípios integram os elementos ditos limitativos.

(D) Os elementos formais de aplicabilidade são exteriorizados nas normas constitucionais que prescrevem as técnicas de aplicação delas próprias, como, por exemplo, as normas inseridas no Ato das Disposições Constitucionais Transitórias.

(E) Distintamente da constituição analítica, a constituição dirigente tem caráter sintético e negativo, pois impõe a omissão ou negativa de ação ao Estado e preserva, assim, as liberdades públicas.

A: incorreta, pois quanto ao modo de elaboração, a CF é ***dogmática***, visto que é fruto dos dogmas vigentes à época de sua elaboração. A Constituição dogmática é sempre escrita. Constituições históricas ou histórico costumeiras, originam-se da tradição, dos usos e costumes, da religião, da geografia, das relações políticas e econômicas. Nelas, dificilmente conseguiremos identificar o titular do poder constituinte, cujo exercício ocorre de modo difuso; **B:** incorreta, pois o enunciado diz respeito a Constituição em sentido material. Do ponto de vista do conteúdo ou substância as constituições classificam-se em materiais (ou substanciais) e formais (ou procedimentais). Constituições materiais são o conjunto de normas substancialmente constitucionais, escritas ou costumeiras, que podem vir ou não codificadas em um texto exaustivo de todo o seu conteúdo. Curioso anotar que até mesmo as constituições formais possuem um núcleo material, isto é, um cerne substancial identificado com a titularidade do poder. Em contrapartida, constituições formais são os documentos escritos e solenes oriundos da manifestação do constituinte originário; **C:** incorreta, pois para o Professor José Afonso da Silva são cinco os principais elementos das constituições: a) orgânicos; b) limitativos; c) socioideológicos; d) de estabilização constitucional; e) formais de aplicabilidade. Os elementos limitativos correspondem ao rol de direitos e garantias fundamentais, justamente por estabelecerem "freios" à atuação estatal, logo, a ação direta de inconstitucionalidade pertence aos elementos de estabilização constitucional; **D:** correta, corresponde aos elementos formais de aplicabilidade, assim, como o Preâmbulo Constitucional , ao art. 5º, § 1º da CF, o próprio ADCT etc. Tais elementos são apresentados pelo Professor José Afonso da Silva; **E:** incorreta, pois a Constituição dirigente é caracterizada pela existência de normas programáticas em seu texto. As normas programáticas estabelecem um programa de atuação para o legislador infraconstitucional, indicam os fins a serem alcançados pelos órgãos estatais. Por uma questão acadêmica devemos pontuar que a Constituição da República é Dirigente, pois apresenta objetivos fundamentais e direitos sociais que deverão ser viabilizados aos jurisdicionados pela realização de programas sociais e políticas publicas (J.J. Gomes Canotilho).

Gabarito "D"

(Ministério Público/SC – 2012) A República Federativa do Brasil, constituída pela união indissolúvel dos Estados-Membros, Distrito Federal e Municípios, constitui-se em Estado Democrático e de Direito e tem como fundamento:

(A) A independência nacional, a soberania, a sociedade livre, a dignidade da pessoa humana e a liberdade individual.

(B) A soberania nacional, a cidadania, a dignidade da pessoa humana, os valores sociais do trabalho e da livre-iniciativa, o pluralismo político.

(C) A cidadania, a dignidade da pessoa humana, os valores sociais do trabalho e econômicos da livre-iniciativa, o pluralismo político.

(D) A soberania, a cidadania, a dignidade da pessoa humana, os valores sociais do trabalho, a livre concorrência, o pluralismo político e a defesa da paz.

(E) A cidadania, a dignidade da pessoa humana, os valores econômicos e sociais do trabalho, da livre-iniciativa, da livre concorrência, o pluralismo político

A: incorreta, pois a independência nacional é um dos princípios internacionais, nos termos do art. 4º, I, da CF; a soberania e a dignidade da pessoa humana são fundamentos da República Federativa do Brasil, nos termos do art. 1º, I e III, da CF; sociedade livre é um dos objetivos, nos termos do art. 3º, I, da CF, e por fim, a liberdade individual é um dos direitos e garantias individuais; **B:** correta, réplica do art. 1º, I a V, da CF; **C:** incorreta, pois o art. 1º, IV, da CF, faz referência aos valores sociais do trabalho e da livre-iniciativa; **D:** incorreta, pois a defesa da paz é um dos princípios internacionais, nos termos do art. 4º, VI, da CF; **E:** incorreta, pelos mesmos fundamentos apresentados exaustivamente nas alternativas anteriores.

Gabarito "B"

(Ministério Público /SC – 2012) Considerando o texto da Constituição da República e a jurisprudência do Supremo Tribunal Federal, assinale a alternativa **correta**:

I. Considerando a supremacia e a força normativa da Constituição, o seu preâmbulo adquire extrema relevância jurídica, criando direitos e obrigações.

II. O poder constituinte originário é inicial, autônomo, ilimitado juridicamente e soberano em suas decisões, sendo certo que poderá, inclusive, estabelecer a pena de morte. Por sua vez, o poder constituinte derivado deve obedecer às regras colocadas e impostas pelo poder constituinte originário, sendo limitado e condicionado aos parâmetros impostos a ele.

III. A desconstitucionalização é o fenômeno por meio do qual as normas da Constituição anterior, desde que compatíveis com a nova ordem constitucional, permanecem em vigor com *status* de lei infraconstitucional. No sistema jurídico pátrio, o fenômeno somente será percebido quando a nova Constituição expressamente o prever.

IV. As normas constitucionais de eficácia contida estão aptas a todos os seus efeitos desde a promulgação da Constituição da República, podendo a norma infraconstitucional reduzir sua abrangência. Porém, enquanto isso não ocorrer, a norma tem eficácia plena.

(A) Somente as proposições I e III estão corretas.

(B) Somente as proposições III e IV estão corretas.

(C) Somente as proposições II, III e IV estão corretas.

(D) Somente as proposições I e II e IV estão corretas.

(E) Todas as proposições estão corretas.

I: incorreta. O STF já decidiu que o preâmbulo não é de reprodução obrigatória e já declarou sua irrelevância jurídica. Ele serve tão somente como norte interpretativo das normas constitucionais, não tendo o condão, dessa forma, de gerar força obrigatória (STF, ADI 2.076-AC, rel. Min. Carlos Velloso); **II:** correta. Como já visto, o Poder Constituinte Originário é inicial porque inaugura uma nova ordem jurídica; ilimitado, porque não se submete aos limites impostos pela ordem jurídica anterior (nem mesmo pelas cláusulas pétreas); autônomo, porque exercido livremente por seu titular (o povo); e incondicionado, por não se submeter a nenhuma forma preestabelecida para sua manifestação. Importante ressaltar que, para a doutrina jusnaturalista, o direito natural impõe limites ao PCO que, por essa razão, não seria totalmente autônomo. Ao contrário do Poder Constituinte Originário (que é inicial, autônomo, ilimitado e incondicionado), o Poder Constituinte Derivado é secundário, subordinado, limitado, e exercido pelos representantes do povo. Daí resulta que o poder constituinte derivado encontra limites nas regras previstas pelo constituinte originário. Como defendido em doutrina, o poder constituinte derivado pode ser exercido por meio da reforma da Constituição Federal ou da Constituição Estadual (poder constituinte derivado reformador), pela revisão da Constituição Federal (poder constituinte derivado revisor, art. 3º do ADCT) ou por intermédio da elaboração das Constituições estaduais e da lei orgânica do Distrito Federal (poder constituinte derivado decorrente); **III:** correta. O ordenamento brasileiro não admite, como regra geral, o fenômeno da *desconstitucionalização*, segundo o qual as normas da constituição anterior, **materialmente** compatíveis com a nova ordem constitucional, permanecem em vigor com *status* de lei ordinária. Só existirá desconstitucionalização se o próprio Poder Constituinte assim determinar, haja vista sua autonomia; **IV:** correta, pois . de outra forma, as normas constitucionais de eficácia contida são aquelas que, muito embora tenham eficácia direta e aplicabilidade imediata, podem vir a ser restringidas pelo legislador infraconstitucional no futuro.

Gabarito "C"

(Ministério Público /AC – 2008) Para Konrad Hesse, as normas jurídicas e a realidade devem ser consideradas em seu condicionamento recíproco. A norma constitucional não tem existência autônoma em face da realidade, e a constituição não configura apenas a expressão de um ser, mas também de um dever ser. Assim, para ser aplicável, a constituição deve ser conexa à realidade jurídica, social, política; no entanto, ela não é apenas determinada pela realidade social, mas também determinante desta. É correto afirmar que o texto acima aborda o princípio da

(A) unidade da constituição.

(B) força normativa da constituição.

(C) conformidade funcional.

(D) concordância prática ou da harmonização.

(E) eficácia integradora.

A: incorreta, já que o enunciado diz respeito a força normativa da constituição. Todavia, é oportuno explicarmos o princípio da unidade da constituição. A Constituição é o documento hierarquicamente superior a todos os outros existentes, no que diz respeito a um determinado ordenamento jurídico. É direta ou indiretamente a partir dela que são criadas todas as outras normas, ou seja, todas as outras normas tem que estar de acordo com ela, construindo-se, assim, uma unidade na ordem jurídica. Toda e qualquer disposição constitucional não deve ser interpretada isoladamente, deve-se levar em conta todo o conjunto, toda a unidade, afim de que, baseando-se no princípio da unidade da Constituição, que prega a não superposição, ou prevalência de uma norma constitucional sobre outra, sejam evitadas eventuais superposições de normas conflitantes.A possibilidade da decorrência de uma eventual superposição de normas conflitantes, explica-se pela existência de antinomias constitucionais, que é a coexistência de normas constitucionais de sentido contrário. Entretanto, como diz Luís Roberto Barroso, "o direito não tolera antinomias", e para que esse problema seja solucionado são utilizados determinados critérios como o hierárquico, o da especialização, e o cronológico. Porém, como as normas presentes na Constituição estão em um mesmo nível hierárquico, e foram efetivadas simultaneamente, os critérios hierárquico e cronológico não se fazem úteis às antinomias constitucionais. Restando somente o critério da especialização que só se faz útil em alguns eventuais casos. Portanto, resta ao encarregado de interpretar a Constituição, a tentativa de harmonizar as proposições que aparentemente vão de encontro uma à outra, mas sem ignorar completamente quaisquer normas constitucionais para que não seja desrespeitado o princípio da unidade da Constituição. Para que isso seja feito com sucesso é necessário que se faça o uso da "ponderação de bens ou valores", que busca a otimização da aplicação das normas constitucionais por meio da atribuição de um determinado valor ao bem jurídico defendido por cada uma das regras, para aí sim determinar até onde uma norma vai, até onde ela não está ferindo um outro princípio constitucional defendido por uma outra norma. Outro fato que deve ser mencionado é a hierarquia axiológica (ou hierarquia estrutural), que prega uma ordenação dos valores constitucionais, estando no topo dessa hierarquia, no caso brasileiro, os princípios federativo, democrático e republicano, por constituírem a base do Estado brasileiro. Princípios esses que são derivados das cláusulas pétreas (que não podem ser modificadas) citadas no art. 60 da Constituição Federal. Segundo Otto Bachoff seria possível conceber uma "inconstitucionalidade" das normas constitucionais; o paradoxo é explicado por intermédio das seguintes hipóteses: A primeira hipótese é a de inconstitucionalidade de normas constitucionais ilegais, que pode ocorrer se a Constituição desobedecer o ato-condição para sua entrada em vigor, ou se o processo constituinte não levar em conta, que para que a Constituição seja considerada válida ela deve obedecer leis pré-constitucionais. A segunda hipótese defendida por Bachoff é a da inconstitucionalidade de leis de alteração da Constituição, que consiste na possibilidade de uma emenda constitucional infringir formal (quando as disposições processuais prescritas para a alteração da Constituição são desrespeitadas), ou materialmente (quando as chamadas "cláusulas pétreas" são afetadas) a Lei Fundamental. A terceira hipótese e a mais problemática, é a da inconstitucionalidade de normas constitucionais em virtude de contradição com normas constitucionais de grau superior, que não admite a contradição de uma norma constitucional em relação a outra, mas sim, que uma norma secundária, formalmente constitucional, pudesse ir de encontro com uma norma superior a ela, porém, esta última sendo uma norma materialmente constitucional. A quarta e última hipótese é da inconstitucionalidade por infração de direito supralegal positivado na lei constitucional, que compreende a desobediência dos direitos naturais, ou supralegais (direitos como o da liberdade, da dignidade da pessoa humana, entre outros) por parte da Constituição. No entanto, essa última hipótese pode ser desconsiderada no direito brasileiro, pelo fato de a Constituição abranger o direito supralegal em larga escala. Dentre essas quatro hipóteses de "inconstitucionalidade" de normas constitucionais, a única que poderia sustentar a tese de Otto Bachoff é a última, que não deve ser levada em conta no direito brasileiro pelos motivos anteriormente expostos. Diante disso conclui-se que não havendo a possibilidade de existirem normas constitucionais inconstitucionais, todas as antinomias constitucionais são meramente aparentes, ou seja, prevalece o princípio da unidade da Constituição; **B:** correta, pois prescreve tal princípio que, na solução de conflitos, deve-se dar primazia à máxima efetividade das normas constitucionais; **C:** incorreta, pois o princípio da conformidade funcional, também denominado de **exatidão funcional** ou **justeza**, é um dos princípios interpretativos das normas constitucionais. De acordo com o professor Marcelo Novelino, *ele atua no sentido de impedir que os órgãos encarregados da interpretação da Constituição, sobretudo o Tribunal Constitucional, cheguem a um resultado contrário ao esquema organizatório-funcional estabelecido por ela.* Em outras palavras, prescreve o referido princípio que ao intérprete da Constituição, o Supremo Tribunal Federal, é defeso modificar a repartição de funções fixadas pela própria Constituição Federal; **D:** incorreta, na exata medida que segundo Gomes Canotilho, "o princípio da concordância prática impõe a coordenação e combinação dos bens jurídicos em conflito ou em concorrência de forma a evitar o sacrifício total de uns em relação aos outros. O campo de eleição do princípio da concordância prática tem sido, até agora, o dos direitos fundamentais (colisão entre direitos fundamentais ou entre direitos fundamentais e bens jurídicos constitucionalmente protegidos). Subjacente a este princípio está a ideia do igual valor dos bens constitucionais, e não uma diferença de hierarquia que impede, como solução, o sacrifício de uns em relação aos outros, e impõe o estabelecimento de limites e condicionamentos recíprocos, de forma a conseguir uma harmonização ou concordância prática entre estes bens"; **E:** incorreta, pois segundo Canotilho, o princípio do efeito integrador, como tópico argumentativo, não assenta numa concepção integracionista de Estado e da sociedade conducente a reducionismos, autoritarismos, fundamentalismos e transpersonalismos políticos. Antes arranca da conflitualidade constitucionalmente racionalizada para conduzir a soluções integradoras.

Gabarito "B"

(Ministério Público /AC – 2008) Julgue os itens subsequentes, relativos à teoria geral das constituições.

I. Constituição cesarista é aquela formada por dois mecanismos distintos de participação popular: o plebiscito e o referendo.

II. Atribui-se ao abade Emmanuel Sieyès o desenvolvimento da teoria do poder constituinte, com a obra Que é o Terceiro Estado?

III. A constituição flexível não adota o princípio da supremacia da constituição.

IV. Denomina-se mutação constitucional o processo informal de mudança da constituição por meio do qual são atribuídos novos sentidos à letra da lei, sem que haja uma mudança formal do seu texto.

A quantidade de itens certos é igual a

(A) 0.

(B) 1.

(C) 2.

(D) 3.

(E) 4.

I: correta, pois é a constituição em que a participação popular restringe-se a ratificar a vontade do detentor do poder. Nas palavras do Professor Marcelo Novelino: "As constituições outorgadas submetidas a plebiscito ou referendo na tentativa de aparentarem legitimidade são denominadas de constituições cesaristas"; **II:** correta, pois de fato, o abade Emmanuel Joseph Sieyès, a quem se atribui a autoria da obra *Que é o Terceiro Estado?*, desenvolveu a ***teoria do poder constituinte***. Contudo, por uma questão técnica, devemos pontuar que não chegou a ser uma obra, pois tudo foi materializado em singelo folheto; **III:** correta, diante de uma Constituição flexível, não há que se falar em hierarquia entre Constituição e lei infraconstitucional. Dessa forma, uma lei infraconstitucional posterior tem o condão de modificar texto constitucional se assim expressamente o declarar, por exemplo. Não incide, pois, o ***princípio da supremacia da Constituição***; **IV:** correta, na exata medida que a reforma constitucional obedece a critérios e limites estabelecidos pelo poder constituinte originário; as mutações constitucionais, diferentemente, não representam modificações no texto da Constituição, mas, sim, na interpretação da regra ali contida. O texto, saliente-se, permanece inalterado.

Gabarito "E"

(Ministério Público /RN – 2009) A CF é classificada como

(A) outorgada, formal, dogmática e histórica.

(B) formal, escrita, dogmática, rígida e popular.

(C) semirrígida, popular, dogmática e histórica.

(D) semirrígida, histórica, dogmática e promulgada.

(E) rígida, promulgada, histórica e material.

A: incorreta, já que a Constituição da República foi promulgada em Assembleia Nacional Constituinte sob a proteção de Deus, nos termos do preâmbulo; **B:** correta, pois quanto ao conteúdo, nossa Constituição é classificada como ***formal***, já que levamos em consideração o processo de formação de suas normas; no que se refere à forma, classificamos a CF em **escrita**, uma vez que todas as suas normas estão codificadas em um texto escrito; quanto ao modo de elaboração, a CF é ***dogmática***, visto que é fruto dos dogmas vigentes à época de sua elaboração. A Constituição dogmática é sempre escrita; quanto à estabilidade, nossa CF é ***rígida***, na medida em que estabeleceu um processo especial, mais solene para modificação de suas normas; quanto à origem, nossa CF é classificada como ***promulgada*** ou ***popular***, tendo em conta que se originou de uma Assembleia Nacional Constituinte; **C:** incorreta, pois a CF é rígida e dogmática pelos fundamentos já apresentados. Contudo, o Professor Alexandre de Moraes entende que a Constituição Cidadã é super--rígida, pois apresenta um núcleo imutável (art. 60, § 4º, da CF). Por fim, devemos apenas lembrar que a Carta Política do Império de 1824 era semirrígida; **D:** incorreta, pois a Constituição Federal não é semirrígida e nem histórica; **E:** incorreta, já que a CF/1988 não é histórica e nem material. Em síntese, a Constituição da República Federativa do Brasil de 1988 é democrática ou promulgada, nominal (parte da doutrina entende ser normativa), unitária, eclética, analítica, formal, escrita, rígida e dogmática.

Gabarito "B"

(Ministério Público/PI – 2008) Quanto às teorias das formas de governo e da soberania, assinale a opção correta.

(A) Para Maquiavel, as formas de governo são os principados, as repúblicas e as democracias.

(B) Jean Bodin passou para a história do pensamento político como o teórico da soberania. Como para ele soberania significa poder supremo, o soberano não estaria submetido a qualquer regra, salvo as leis naturais, as divinas e o direito privado.

(C) Para Hobbes, o poder soberano deve ser dividido, pois a melhor forma de governo seria a do governo misto.

(D) Para Montesquieu, três são as formas de governo: monarquia, aristocracia e politia ou timocracia, que se degeneram por meio da tirania, da oligarquia e da democracia, respectivamente.

A: incorreta, pois foi com Maquiavel que começaram muitas coisas importantes na história do pensamento político, inclusive uma nova classificação das formas de governo e é tratado em seu livro "O Príncipe". Maquiavel diz: todos os estados que existem e já existiram são e foram sempre repúblicas ou monarquias. As formas de governo passam de três a duas: principados e repúblicas. O principado corresponde ao reino; a república, tanto à aristocracia como a democracia. Os Estados são governados ou por uma pessoa ou por muitas. Essa é a diferença verdadeiramente essencial. Os "muitos" podem ser mais ou menos numerosos. O poder reside na vontade de um só – é o caso do principado – ou numa vontade coletiva, que se manifesta em colegiado e assembleia. O campo das reflexões de Maquiavel não foi o das cidades gregas, mais sim o da republica romana – história secular e gloriosa que parecia especialmente apta, pela sua divisão entre uma república e uma monarquia (excetuados os primeiros séculos), para confirmar a tese de que os estados são sempre ou repúblicas ou principados, como se queria demonstrar. Obsevem, não se fala em democracia; **B:** correta, na exata medida que Jean Bodin foi o primeiro autor a dar ao tema da soberania um tratamento sistematizado, na sua obra *Les six livres de la republique* ("Os Seis livros da República"), publicada em 1576. Para ele, a soberania é um poder perpétuo e ilimitado, ou melhor, um poder que tem como únicas limitações a lei divina e a lei natural. A soberania é, para ele, absoluta dentro dos limites estabelecidos por essas leis. A ideia de poder absoluto de Bodin está ligada à sua crença na necessidade de concentrar o poder totalmente nas mãos do governante; o poder soberano só existe quando o povo se despoja do seu poder soberano e o transfere inteiramente ao governante. Para esse autor, o poder conferido ao soberano é o reflexo do poder divino, e, assim, os súditos devem obediência ao seu soberano. Bodin entende, ainda, que da obediência devida às leis natural e divina deriva uma terceira regra, pela qual o príncipe soberano é limitado pelos contratos que celebra, seja com seus súditos, seja com estrangeiros, e deve respeitar tais acordos. Apenas para enaltecer ainda mais, devemos frisar que a ***soberania*** constitui fundamento do conceito de Estado e princípio da ordem econômica (art. 170, I, da CF); **C:** incorreta, pois Thomas Hobbes não falava em regime misto, mas sim, admitia a existência de três formas de governos (Monarquia, Aristocracia e Democracia). Hobbes optava convictamente pela Monarquia; **D:** incorreta, pois para o referido filósofo apontado, as formas de governo eram o sistema republicano, o monárquico e o despótico.

Gabarito "B"

(Ministério Público/DF – 2009) Assinale a alternativa correta.

(A) O princípio da separação de poderes é inerente exclusivamente à forma republicana de governo.

(B) O princípio da separação de poderes é próprio da democracia representativa

(C) O princípio da separação de poderes somente tem efetividade nos sistemas pluripartidários.

(D) O princípio da separação de poderes é fator determinante do sistema de governo.

(E) O princípio da separação de poderes é criação do Estado pós-segunda guerra, para fazer face às atrocidades daquele conflito.

A alternativa correta é a "D", já que o princípio da separação dos poderes é determinante para os sistemas de governo, uma vez que as funções do Legislativo e do Executivo são muito diferentes no Presidencialismo e no Parlamentarismo. São formas de Estado: Unitário e Federal; Formas de Governo: República ou Monarquia; Sistemas de Governo: Presidencialista ou Parlamentarista; Regimes políticos: Aristrocracia, Oligarquia ou Democracia. Outros falam simplesmente em Democracia ou Ditadura. O Brasil é um Estado Federal, Republicano, Presidencialista e Democrático (art. 1º da CF).

Gabarito "D"

(Ministério Público/MG – 2007) É CORRETO afirmar que a República Federativa do Brasil tem como fundamento

(A) a independência nacional.

(B) a separação dos Poderes.

(C) a igualdade entre os Estados.

(D) o pluralismo político.

(E) a prevalência dos direitos humanos.

A: incorreta, pois a independência nacional é um dos princípios internacionais do art. 4º, I, da CF; **B:** incorreta, trata do princípio da separação dos Poderes, nos termos do art. 2º da CF; **C:** incorreta, já que também é um dos princípios internacionais (art. 4º, V, da CF); **D:** correta, réplica do art. 1º, V, da CF. Os fundamentos da República Federativa do Brasil estão contidos no art. 1º da CF; **E:** incorreta, é um dos princípios internacionais contidos no art. 4º, II, da CF.

Gabarito "D"

(Ministério Público/MG – 2007) A Federação brasileira compreende

(A) a União, os Estados, o Distrito Federal e os Territórios.

(B) a União, os Estados e os Municípios.

(C) a União, os Estados, o Distrito Federal e os Municípios, dependendo estes dos Estados.

(D) a União, os Estados, o Distrito Federal e os Municípios, dependendo o Distrito Federal da União.

(E) a União, os Estados, o Distrito Federal e os Municípios, todos autônomos nos termos da Constituição.

A alternativa correta é a "E", pois a República Federativa do Brasil compreende a União, os Estados, o Distrito Federal e os Municípios, todos autônomos nos termos da Constituição, conforme o art. 18, *caput*, da CF.

Gabarito "E"

3. HERMENÊUTICA CONSTITUCIONAL E EFICÁCIA DAS NORMAS CONSTITUCIONAIS

(Ministério Público/GO – 2013) Sobre a sucessão de ordens constitucionais no tempo e o direito constitucional intertemporal, levando-se em conta as relações entre os fenômenos normativos decorrentes, as relações entre espécies normativas e o princípio federativo, revela-se adequado dizer que:

(A) a superveniência de nova Constituição, que subordine, no plano do Poder Legislativo da União, o trato de determinada matéria à forma da lei ordinária, por implicar, ante o princípio da simetria, a necessidade de que, no trato de idêntica matéria, os Estados manejem a mesma espécie legislativa, resulta em inconstitucionalidade de todas as leis complementares estaduais que, nesse âmbito temático, tenham sido precedentemente editadas.

(B) se a superveniência de nova Constituição Originária implica a revogação completa da Constituição anterior, resulta ela, a fortiori, em idêntica consequência no tocante à obra do poder constituinte decorrente, de sorte tal que, enquanto não se ultimem os trabalhos de nova Assembleia Constituinte Estadual, incidem, em ordem a afastar o vácuo normativo, as normas federais centrais de observância compulsória.

(C) consistindo, perante a Constituição da República, em direito infraconstitucional, as normas constitucionais estaduais não deixam automaticamente de vigorar, desde que materialmente compatíveis com o novo sistema constitucional, quando lhes sobrevenha nova Constituição Originária, impondo-se, todavia, aos órgãos e autoridades estaduais, enquanto não sobrevenha nova Constituição Estadual, a aplicação das normas constitucionais centrais, de observância compulsória.

(D) a superveniência de nova Constituição Originária implica, além de a desconstitucionalização das normas da Constituição precedente, a recepção das leis estaduais anteriores, desde que, além de provenientes de processo legislativo essencialmente idêntico ao do rito novidadeiro, sejam materialmente conformes à nova ordem constitucional.

A: incorreta, uma vez que a incompatibilidade da qual resulta a não recepção de norma infraconstitucional precedente à nova ordem constitucional deve dar-se no plano *material*; **B:** incorreta, na medida em que, com o advento da nova ordem constitucional, as normas integrantes das constituições estaduais, porque consideradas, em relação à lei maior, infraconstitucionais, devem ser submetidas ao processo de adequação às normas da nova constituição, recepcionando-se aquelas que se revelem compatíveis, revogando-se as incompatíveis; **C:** correta, tendo em conta o comentário à alternativa anterior. Conforme já dito, somente serão revogadas (não recepcionadas) pela nova Constituição as normas da constituição estadual precedente que, confrontadas no plano material, se mostrem incompatíveis com a nova lei maior; **D:** incorreta. A *desconstitucionalização* consiste no fenômeno segundo o qual as normas da Constitucional anterior, sendo compatíveis com a nova ordem constitucional, serão por esta recepcionadas como lei ordinária, permanecendo, pois, em vigor. Tal fenômeno, é importante que se diga, não foi, ao menos em regra, incorporado ao direito brasileiro. Isso porque, segundo se entende, a nova Constituição revoga na íntegra a Constituição anterior.

Gabarito "C"

(Ministério Público/MS – 2013 – FADEMS) Relativamente aos princípios de interpretação especificamente constitucionais, é **incorreto** afirmar:

(A) o princípio da interpretação conforme a Constituição não atua no campo do controle de constitucionalidade das leis, porque, declarando o Judiciário que certas aplicações da lei não são compatíveis com a Constituição, está ele apenas conservando a lei no sistema jurídico, evitando a sua não continuidade, ainda que com características diferentes, podendo-se, em razão disso, sustentar-se a atuação do julgador como legislador positivo.

(B) o princípio da supremacia constitucional é resultado da rigidez normativa que ostentam os preceitos de nossa Constituição, impondo ao Poder Judiciário, qualquer que seja a sede processual, que se recuse a aplicar leis ou atos estatais reputados em conflito com a Carta Federal.

(C) o princípio da presunção de constitucionalidade das leis e dos atos do Poder Público também significa que, não sendo evidente a inconstitucionalidade, havendo dúvida ou possibilidade de razoavelmente se considerar a norma como válida, deve o órgão competente abster-se da declaração de inconstitucionalidade.

(D) o princípio da unidade da Constituição tem o efeito prático de harmonizar as normas constitucionais, na medida em que se tem de produzir um equilíbrio, sem negar por completo a eficácia de qualquer delas.

(E) o princípio da razoabilidade traduz limitação material também às atividades normativas do Estado, controlando o arbítrio do legislador.

A: incorreta, devendo ser assinalada. O princípio da interpretação conforme a Constituição ATUA no campo do controle de constitucionalidade das leis. Em outras palavras, a interpretação conforme a Constituição estabelece ao aplicador de determinado texto legal que, quando se encontrar frente a normas de caráter polissêmico ou plurissignificativo, deve priorizar a interpretação que possua um sentido em conformidade com a Constituição. Assim, existindo duas ou mais interpretações possíveis de uma norma, deve-se sempre adotar aquela interpretação que esteja em conformidade com o texto constitucional. Assim, se uma lei possuir duas interpretações, uma em conformidade com a Constituição e outra desconforme, não poderá ela ser declarada nula quando puder ser interpretada em consonância com o texto constitucional. Neste sentido, a interpretação conforme a Constituição só é utilizável quando a norma impugnada admite, dentre as várias interpretações possíveis, uma que a compatibilize com a Carta Magna, e não quando o sentido da norma é unívoco. Nas palavras de Gilmar Ferreira Mendes, "oportunidade para interpretação conforme à Constituição existe sempre que determinada disposição legal oferece diferentes possibilidades de interpretação, sendo algumas delas incompatíveis com a própria Constituição" (MENDES, Gilmar Ferreira. **Jurisdição Constitucional**, São Paulo, Saraiva, 1996, pág. 222); **B:** correta. De fato, o princípio da supremacia constitucional é resultado da rigidez normativa que ostentam os preceitos de nossa Constituição, impondo ao Poder Judiciário, qualquer que seja a sede processual, que se recuse a aplicar leis ou atos estatais reputados em conflito com a Carta Federal; **C:** correta. O princípio da presunção de constitucionalidade das leis e dos atos do Poder Público também significa que, não sendo evidente a inconstitucionalidade, havendo dúvida ou possibilidade de razoavelmente se considerar a norma como válida, deve o órgão competente abster-se da declaração de inconstitucionalidade; **D:** correta. Conforme Canotilho, "o princípio da unidade da Constituição ganha relevo autônomo como princípio interpretativo quando com ele se quer significar que o Direito Constitucional deve ser interpretado de forma a evitar contradições (antinomias, antagonismos) entre as suas normas e, sobretudo, entre os princípios jurídicos políticos constitucionalmente estruturantes. Como 'ponto de orientação', 'guia de discussão' e 'factor hermenêutico de decisão' o princípio da unidade obriga o intérprete a considerar a Constituição na sua globalidade e procurar harmonizar os espaços de tensão [...] existentes entre as normas constitucionais a concretizar. Daí que o intérprete deva sempre considerar as normas constitucionais, não como normas isoladas e dispersas, mas sim como preceitos integrados num sistema interno unitário de normas e princípios (CANOTILHO, J. J. Gomes. **Direito Constitucional**, 5. ed, Coimbra: Almedina, 1991, pág. 162)"; **E:** correta. O princípio da razoabilidade como a tradução da limitação material também às atividades normativas do Estado, controlando o arbítrio do legislador.

Gabarito "A"

(Ministério Público/RS – 2008) É característica da norma de eficácia contida

(A) produzir efeito depois de editada norma que a complemente;

(B) depender, para a sua plenitude eficacial, de regulamentação legal (lei complementar) futura;

(C) não produzir nenhum efeito jurídico;

(D) permitir que lei ordinária posterior venha a inviabilizar sua aplicabilidade;

(E) entrar no mundo jurídico com eficácia plena e aplicabilidade imediata.

A: incorreta, já que a normas de eficácia contida produzem efeitos imediatamente e não dependem de normas regulamentadoras; **B:** incorreta, pois não dependem de normas regulamentadoras; **C:** incorreta, já que todas as normas constitucionais produzem efeitos jurídicos; **D:** incorreta, na exata medida que as normas de eficácia contida têm aplicabilidade imediata, o que impossibilita que qualquer norma venha e inviabilize sua aplicabilidade; **E:** correta, elas entram no mundo jurídico com eficácia plena e têm aplicabilidade imediata. Normas constitucionais de eficácia contida (relativa restringível) são aquelas que produzem a plenitude dos seus efeitos, mas podem ter o seu alcance restringido. Também têm aplicabilidade direta, imediata e integral, mas o seu alcance poderá ser reduzido em razão da existência na própria norma de uma cláusula expressa de redutibilidade ou em razão dos princípios da proporcionalidade e razoabilidade. Enquanto não materializado o fator de restrição, a norma tem eficácia plena.

Gabarito "E"

(Ministério Público/MG – 2005) Segundo o conceito de interpretação das normas jurídicas elaborado por Savigny "interpretação é a reconstrução do conteúdo da lei, sua elucidação, de modo a operar-se uma restituição de sentido ao texto viciado ou obscuro". Assim, sobre alguns dos critérios de interpretação das normas constitucionais é **INCORRETO** afirmar que

(A) a interpretação autêntica é aquela procedida pelo próprio autor intelectual da lei. É o comentário procedido pelo jurista, ou comissão de notáveis que elaborou a lei explicando-lhe o significado quando da sua concepção de acordo com o Direito vigente à época.

(B) a interpretação judiciária ou jurisprudencial materializa-se nas sentenças e arestos dos tribunais. Tanto maior o prestígio e autoridade do julgado quanto mais elevada a instância de onde se origina.

(C) a interpretação autêntica vincula os juízes, no ato interpretativo, sendo de eficácia *erga omnes* e efeito *ex tunc*.

(D) a interpretação doutrinária é aquela que advém dos juristas, materializando-se através de ensaios teóricos ou peças processuais sobre o conteúdo e significado da norma.

(E) a interpretação autêntica é aquela ministrada pelo legislador mesmo, o órgão legislativo elabora uma segunda norma com o propósito de estabelecer o significado e o alcance da norma antecedente, havida por contraditória ou ambígua.

A: incorreta, devendo ser assinalada. A interpretação autêntica é aquela feita pelo próprio órgão do qual emanou a lei. A interpretação autêntica se processa mediante a elaboração de leis interpretativas, ou seja, leis que têm por finalidade a determinação do sentido de uma norma jurídica. Em outras palavras, o comentário não é procedido pelo jurista, ou comissão de notáveis que elaborou a lei; **B:** correta, de fato a interpretação judiciária ou jurisprudencial materializa-se nas sentenças e arestos dos tribunais. Tanto maior o prestígio e autoridade do julgado quanto mais elevada a instância de onde se origina; **C:** correta, a interpretação autêntica vincula os juízes, no ato interpretativo, sendo de eficácia *erga omnes* e efeito *ex tunc*, ou seja, irá retroagir; **D:** correta, a interpretação doutrinária é aquela que advém dos juristas, materializando-se por meio de ensaios teóricos ou peças processuais sobre o conteúdo e significado da norma; **E:** correta, definitivamente a interpretação autêntica é aquela ministrada pelo legislador mesmo, o órgão legislativo elabora uma segunda norma com o propósito de estabelecer o significado e o alcance da norma antecedente, havida por contraditória ou ambígua.

Gabarito "A"

(Ministério Público/MG – 2006) Acerca do método denominado "interpretação conforme à constituição", é **INCORRETO** afirmar que

(A) o Supremo Tribunal Federal repudia essa modalidade, assim como os intérpretes da constituição, porque não é juridicamente possível qualquer redução de texto da norma impugnada quando se trata de controle de constitucionalidade.

(B) a modalidade de redução de texto é admissível, quando for possível em virtude da redação do texto impugnado, declarar o vício de inconstitucionalidade apenas de determinada expressão.

(C) a modalidade sem a redução de texto, confere à norma impugnada uma determinada interpretação que lhe preserve a constitucionalidade, não sendo possível suprimir qualquer expressão para alcançar aquela consequência.

(D) quando se exclui da norma confrontada interpretação que lhe acarrete a inconstitucionalidade, o intérprete excluirá da norma impugnada interpretação antagônica com a constituição. Será reduzido o alcance valorativo da norma, adequando-a ao texto constitucional.

(E) é plenamente aceita e utilizada pelos intérpretes da constituição, no sentido de dar ao texto normativo impugnado compatibilidade com a Constituição da República, mesmo se necessário for a redução do seu alcance.

A: incorreta, devendo ser assinalada; a interpretação conforme a Constituição se constitui fundamentalmente num mecanismo de controle, eis que sua principal função é assegurar um razoável grau de constitucionalidade das normas no exercício de interpretação das leis. Determina ainda, que quando o aplicador de determinado texto legal se encontrar frente a normas de caráter polissêmico ou, até mesmo, plurissignificativo, deve priorizar a interpretação que possua um sentido em conformidade com a Constituição. Por conseguinte, uma lei não pode ser declarada nula quando puder ser interpretada em consonância com o texto constitucional. A interpretação conforme a Constituição pode ter lugar também quando um conteúdo ambíguo e indeterminado de uma norma resultar coerente graças ao conteúdo da Constituição. É sabido que se permite ao magistrado, no exercício de prestação jurisdicional, realizar um juízo de constitucionalidade da lei. No caso de duas ou mais interpretações possíveis, há de se preferir aquela que se revele compatível com a Constituição. Essa função de interpretar conforme a Constituição cabe diretamente ao órgão competente de cada país. No Brasil, por exemplo, cabe ao Supremo Tribunal Federal a tarefa de guardião máximo do texto constitucional. Já na Alemanha, tal tarefa cabe ao Tribunal Constitucional Alemão (*Bundesverfassungsgericht*). É justamente o Tribunal competente, no exercício de suas funções, que declara qual das possíveis interpretações se revela compatível com a Lei Fundamental. Entretanto, interpretar conforme a Constituição não significa alterar o conteúdo da lei. Até mesmo porque, se assim fosse, tratar-se-ia de uma intervenção extremamente drástica na esfera de competência do legislador – mais drástica do que a própria declaração de nulidade dessa mesma lei. Tal hipótese permitiria ao ente legiferante a possibilidade de uma nova conformação da matéria, traindo, portanto, a eminente natureza de sua tarefa primitiva. Nessa acepção, poder-se-ia entender a interpretação conforme a Constituição como uma declaração de nulidade sem redução do texto, na medida em que se restringe as possibilidades de interpretação, reconhecendo a validade da lei com a exclusão da interpretação considerada inconstitucional. No entanto, a declaração de nulidade sem redução de texto e a interpretação conforme a Constituição não se confundem. Tomá-las por iguais significaria considerar a interpretação conforme a Constituição como uma modalidade específica de decisão, e não como uma regra geral de hermenêutica ou princípio amplo e largamente utilizado, que a mesma verdadeiramente se constitui; **B:** correta, a modalidade de redução de texto é admissível, quando for possível em virtude da redação do texto impugnado, declarar o vício de inconstitucionalidade apenas de determinada expressão. Devemos pontuar, que ocorre a chamada declaração de inconstitucionalidade sem redução de texto sempre que o Supremo Tribunal Federal conferir a uma norma um determinado sentido interpretativo que a faça adequar-se ao texto constitucional. Este instituto somente é possível diante de normas plurívocas; **C:** correta, a modalidade sem a redução de texto, confere à norma impugnada uma determinada interpretação que lhe preserve a constitucionalidade, não sendo possível suprimir qualquer expressão para alcançar aquela consequência; **D:** correta, pois de fato, quando se exclui da norma confrontada interpretação que lhe acarrete a inconstitucionalidade, o intérprete excluirá da norma impugnada interpretação antagônica com a constituição. Será reduzido o alcance valorativo da norma, adequando-a ao texto constitucional; **E:** correta, é plenamente aceita e utilizada pelos intérpretes da constituição, no sentido de dar ao texto normativo impugnado compatibilidade com a Constituição da República, mesmo se necessário for a redução do seu alcance. Observem que as questões corretas se completam.

Gabarito "A"

(Ministério Público/MG – 2005) Sobre o conteúdo do *princípio constitucional da simetria* é **CORRETO** afirmar que

(A) está consagrado no verbete n. 473 da Súmula do STF que assegura à Administração Pública anular seus próprios atos, quando eivados de vícios que os tornem ilegais ou revogá-los, por motivo de conveniência ou oportunidade, respeitados os direitos adquiridos e ressalvada a apreciação judicial.

(B) diz respeito à estruturação a Administração Pública em criar uma relação de coordenação e subordinação entre vários órgãos administrativos, o que caracteriza o poder hierárquico pela autoridade chefe sobre seus subordinados no exercício de suas funções estabelecidas em lei.

(C) também é conhecido como princípio da legitimidade e da veracidade, caracterizando-se pela presunção *juris tantum* (relativa) de veracidade de todos os atos praticados pela Administração Pública. E em sendo tais atos de execução simétrica ou imediata, podem criar deveres e obrigações para o particular.

(D) são aqueles que veiculam princípio essencial de reprodução obrigatória nos estatutos fundamentais das entidades federadas.

(E) traduz a ideia da garantia do respeito mínimo invulnerável que todo estatuto jurídico deve assegurar, de modo que apenas excepcionalmente possam ser feitas limitações ao exercício dos direitos fundamentais, evitando toda e qualquer assimetria jurídica.

A: incorreta, a administração pode anular seus próprios atos, quando eivados de vícios que os tornam ilegais, porque deles não se originam direitos; ou revogá-los, por motivo de conveniência ou oportunidade, respeitados os direitos adquiridos, e ressalvada, em todos os casos, a apreciação judicial, conforme a Súmula 473 do STF que se curva ao princípio da legalidade; **B:** incorreta, pois o enunciado diz respeito ao princípio da desconcentração. De uma outra forma, é princípio que impõe que a Administração Pública venha a ser, gradualmente, cada vez mais descentralizada. Recomenda que em cada pessoa coletiva pública as competências necessárias à prossecução das respectivas atribuições não sejam todas confiadas aos órgãos de topo da hierarquia, mas distribuídas pelos diversos níveis de subordinados; **C:** incorreta, pois o princípio da presunção de legalidade diz respeito aos *atos* que foram praticados com obediência à lei é uma presunção relativa. Já a presunção de legitimidade diz respeito ao ato praticado em obediência aos princípios da administração pública. Também é uma presunção relativa. Por fim, da veracidade presume-se que os fatos alegados sejam verdadeiros; **D:** correta, o **Princípio da simetria constitucional** é o princípio federativo que exige uma relação simétrica entre os institutos jurídicos da Constituição Federal e as Constituições dos Estados-Membros. Este princípio postula que haja uma relação simétrica entre as normas jurídicas da Constituição Federal e as regras estabelecidas nas Constituições Estaduais, e mesmo Municipais. Isto quer dizer que no sistema federativo, ainda que os Estados-Membros e os Municípios tenham capacidade de auto-organizar-se, esta auto-organização se sujeita aos limites estabelecidos pela própria Constituição Federal. Assim, por este princípio, os Estados-Membros se organizam obedecendo o mesmo modelo constitucional adotado pela União; **E:** incorreta, já que o enunciado não reflete o princípio da simetria.

Gabarito "D"

(Ministério Público/GO – 2010) Aponte a alternativa verdadeira:

(A) Os princípios da segurança jurídica, da presunção de constitucionalidade das leis, da proporcionalidade e da anterioridade tributária são princípios constitucionais implícitos.

(B) Na lição de Canotilho, os princípios constitucionais não podem ser reputados igualmente importantes, havendo, dessa forma, hierarquia de supra-infra-ordenação entre eles.

(C) Segundo Walter Claudius Rothemburg, quando incompatibilidade surgir entre princípios e regras, estando ambos estampados na Constituição, estas é que deverão prevalecer.

(D) O princípio da unidade normativa da Constituição afasta a hipótese de haver princípios que incidem concomitantemente em relação a um mesmo assunto.

A: incorreta, pois os princípios da segurança jurídica e da anterioridade tributária são princípios constitucionais explícitos. Vejamos: A sociedade faz a escolha de valores que devem ser positivados em seu ordenamento jurídico e, com base nestes valores, é que surgem as regras jurídicas. Pois bem, um dos valores escolhidos pela sociedade brasileira é a proteção da coisa julgada, ideia que vem justificada, usualmente, no princípio da segurança jurídica. Prova desta afirmação, no âmbito constitucional, está atualmente consignada no art. 5º, XXXVI, da CF, cujo dispositivo categoricamente estabelece que a "(...) *lei não prejudicará o direito adquirido, o ato jurídico perfeito e a coisa julgada;*". Por fim, o princípio da anterioridade tributária na legislação brasileira, está regulado pelo art. 150. III, *b* e *c*. da Constituição Federal. A regra geral determina que não poderá ser cobrado tributo no mesmo exercício financeiro em que haja sido publicada a lei que os instituiu ou aumentou e antes de decorridos noventa dias da data em que haja sido publicada a lei. No entanto, o imposto sobre a renda (IR) e as alterações na base de cálculo do IPVA e do IPTU seguem apenas a regra do exercício e o IPI e as contribuições especiais sociais para a seguridade social seguem apenas a anterioridade nonagesimal. As exceções ao princípio da anterioridade estão elencadas no mesmo artigo, em seu § 1º: são os impostos federais de função regulatória (Imposto de importação e Imposto de Exportação, IOF e IPI), imposto extraordinário de guerra (art. 154, II, da CF, empréstimo compulsório destinado a atender a despesas extraordinárias decorrentes de calamidade pública, de guerra externa ou sua iminência (art. 148, I, da CF). O princípio da anterioridade não pode ser confundido com anualidade. A anualidade existiu até a Constituição de 1967, determinando autorização anual para a cobrança de tributos, mas não consta do texto constitucional em vigor; **B:** incorreta, JJ. Canotilho, reconhecendo a difícil tarefa da distinção entre regra e princípio, no âmbito da norma, distingue estes últimos em dois tipos distintos: os hermenêuticos e os jurídicos. Os primeiros têm a função argumentativa, de interpretação, de abstração, pois com ele o operador *"revela normas não expressas, por qualquer enunciado legislativo"* fazendo, assim, a integração e complementação de todo o sistema jurídico, a fim de que, por via direta, o direito não seja interpretado em tiras, como metaforicamente diz Eros Grau. Já os princípios jurídicos têm por qualidade verdadeiras normas, distintas de regras. Estes, são normas jurídicas impositivas de uma otimização, compatíveis com vários graus de concretização, consoante os condicionamentos fáticos e jurídicos, para se usar o exato conceito de Canotilho. Nesta esteira, acentuava que a convivência dos princípios é conflitual. Todavia, este conflito não se dá no sentido de que um perde sua eficácia plena, quando o outro é aplicado. O que realmente ocorre é que o intérprete irá apurar qual dos princípios conflitantes assume, no caso concreto, importância mais significativa em relação aos dados da realidade, como ensina Eros Grau. Observe que o autor não fala em hierarquia. Em outras palavras, e os ensinamentos de Alexy e Canotilho, os princípios contêm deveres de otimização, sendo aplicáveis em níveis diferentes, conforme as possibilidades normativas e fáticas. Haverá colisão entre os princípios, porque eles expressam valores e ideologias heterogêneas, e a solução no caso concreto será encontrada mediante racional ponderação, na tentativa de se alcançar a harmonização no caso concreto, geralmente com a prevalência de um dos princípios colidentes, que servem não só como embasamento de interpretação das leis, mas também e principalmente como norma e *standard* solucionador dos '*hard cases*', nas palavras de Dworkin, na concretização ponderada de sua máxima otimização; **C:** correta, de fato Walter Claudius Rothemburg, entende que quando incompatibilidades surgirem entre princípios e regras, estando ambos estampados na Constituição, estas é que deverão prevalecer. O autor descorda, mas definitivamente o enunciado da alternativa se coaduna com a linha de pesquisa do Doutorando Walter Claudius Rothemburg – Instrumentos constitucionais de efetivação dos direitos fundamentais – Projeto 5: Instrumentos para a tutela da segurança jurídica; **D:** incorreta. A ideia do princípio da Unidade é totalmente inversa, pois a Constituição é o documento hierarquicamente superior a todos os outros existentes, no que diz respeito a um determinado ordenamento jurídico. É direta ou indiretamente a partir dela que são criadas todas as outras normas, ou seja, todas as outras normas têm que estar de acordo com ela, construindo-se assim uma unidade na ordem jurídica. Toda e qualquer disposição constitucional não deve ser interpretada isoladamente, deve-se levar em conta todo o conjunto, toda a unidade, afim de que, baseando-se no princípio da unidade da Constituição, que prega a não superposição, ou prevalência de uma norma constitucional sobre outra, sejam evitadas eventuais superposições de normas conflitantes. A possibilidade da decorrência de uma eventual superposição de normas conflitantes, explica-se pela existência de antinomias constitucionais, que é a coexistência de normas constitucionais de sentido contrários.

Gabarito "C"

(Ministério Público/GO – 2010) A respeito dos princípios de interpretação constitucional, é incorreto dizer que:

(A) O princípio da máxima efetividade constitucional guarda estreita vinculação com o princípio da força normativa da constituição, e termina por orientar os aplicadores da *Lex Legum* a interpretá-la de sorte a lhe conferir máxima efetividade, sem que, com isso, seja preciso alterar seu conteúdo.

(B) O princípio da unidade constitucional preconiza a necessidade de se interpretar os dispositivos constitucionais não como normas hermeticamente estanques, mas como preceitos harmonicamente integrados em um sistema coeso de regras e princípios.

(C) Em havendo situações de concorrência entre bens e valores constitucionalmente protegidos, deve o responsável pela sua aplicação perseguir solução que otimize a concretização de todos eles, mas que, concomitantemente, não determine a negação de nenhum, consoante estabelece o princípio da eficácia integradora.

(D) O princípio da presunção da constitucionalidade de leis e de atos normativos funciona como fator de demarcação da atividade judicial, em prol da preservação do princípio da separação dos poderes, a impedir o juiz ou tribunal que declare a inconstitucionalidade quando esta não for clara e patente, antes existindo tese plausível para a conservação da norma.

A: correta. Segundo o princípio da máxima efetividade, na interpretação das normas constitucionais, deve-se atribuir-lhes o sentido que lhes empreste maior eficácia, ou seja, conforme nos elucida Inocêncio Mártires, "o cânone hermenêutico-constitucional da máxima efetividade orienta os aplicadores da lei maior para que interpretem as suas normas em ordem a otimizar-lhes a eficácia, mas sem alterar o seu conteúdo". Atualmente é costumeiramente utilizado no âmbito dos direitos fundamentais, de forma a reconhecem-lhe a maior eficácia possível. Tanto é que o *princípio da força normativa da constituição* idealizado por Konrad Hesse, considera que toda norma jurídica precisa de um mínimo de eficácia, sob pena de não ser aplicada, assim, este princípio estabelece que, na interpretação constitucional, deve-se dar primazia às soluções que possibilitem a atualização de suas normas, garantindo-lhes eficácia e permanência. Para Konrad Hesse as normas jurídicas e a realidade devem ser consideradas em seu condicionamento recíproco. A norma constitucional não tem existência autônoma em face da realidade. A constituição não configura apenas a expressão de um ser, mas também de um dever ser. Assim, a Constituição, para ser aplicável, deve ser conexa à realidade jurídica, social, política, no entanto ela não é apenas determinada pela realidade social, mas também determinante em relação a ela; **B:** correta, pois de fato o princípio da unidade da Constituição ganha relevo autônomo como princípio interpretativo quando com ele se quer significar que o Direito Constitucional deve ser interpretado de forma a evitar contradições (antinomias, antagonismos) entre as suas normas e, sobretudo, entre os princípios jurídicos-políticos constitucionalmente estruturantes. Como 'ponto de orientação', 'guia de discussão' e 'factor hermenêutico de decisão' o princípio da unidade obriga o intérprete a considerar a Constituição na sua globalidade e procurar harmonizar os espaços de tensão existentes entre as normas constitucionais a concretizar. Daí que o intérprete deva sempre considerar as normas constitucionais, não como normas isoladas e dispersas, mas sim como preceitos integrados num sistema interno unitário de normas e princípios; **C:** incorreta, devendo ser assinalada, orientado por este princípio, o intérprete deverá, ao se deparar com problemas jurídico-constitucionais, ponderar as normas e estabelecer a interpretação mais favorável a uma integração política, social ou que reforce a unidade política e não perseguir solução que otimize a concretização de todos eles; **D:** correta. Em outras palavras, de acordo com esse princípio, as leis e os atos normativos em geral são reputados constitucionais, somente perdendo sua validade e eficácia mediante a declaração judicial em contrário obtida no controle concentrado de constitucionalidade ou por força de Resolução do Senado Federal, na hipótese de a inconstitucionalidade ter sido reconhecida incidentalmente por decisão definitiva do Supremo Tribunal Federal. Importante salientar que um ato normativo apenas poderá ser declarado inconstitucional se sua desconformidade com a Constituição for patente e se constatar que não há nenhuma forma de interpretá-lo de maneira a torná-lo compatível com a Lei Maior. No intuito de demonstrar a aplicação deste princípio pelo Supremo Tribunal Federal, colacionamos o acórdão proferido no julgamento do Inquérito 1864/PI: "*Inquérito. Crime contra a ordem tributária. Parlamentar federal. Pagamento integral do débito. Extinção da punibilidade. Remessa dos autos ao juízo federal competente, para prosseguimento do feito em relação aos corréus.* 1. O art. 9º da Lei 10.684/2003 goza de presunção de constitucionalidade, não obstante esteja em tramitação nesta Corte ação direta de inconstitucionalidade, sem pedido de liminar. 2. Comprovado nos autos, através de ofício da Procuradoria Federal Especializada, o pagamento integral do débito imputado ao parlamentar federal indiciado, é imperativo o reconhecimento da extinção da pretensão punitiva estatal. 3. Denúncia não recebida em relação ao parlamentar, por estar extinta a punibilidade dos fatos a ele imputados, nos termos do art. 9º, § 2º, da Lei 10.684/2003. 4. Os autos devem ser remetidos ao juízo federal competente da Seção Judiciária do Piauí, para regular prosseguimento em relação aos corréus". Segundo Luís Roberto Barroso, "o princípio da presunção de constitucionalidade dos atos do Poder Público, notadamente das leis, é uma decorrência do princípio geral da separação dos Poderes e funciona como fator de autolimitação da atividade do Judiciário, que, em reverência à atuação dos demais Poderes, somente deve invalidar-lhes os atos diante de casos de inconstitucionalidade flagrante e incontestável". Esse princípio, portanto, cria uma limitação para o Poder Judiciário no controle de constitucionalidade, prestigiando a independência e harmonia dos Poderes, pois confere maior efetividade aos atos normativos produzidos pelos Poderes Executivo e Legislativo.

Gabarito "C"

(Ministério Público/CE – 2011 – FCC) Considera-se de eficácia limitada a norma constitucional segundo a qual

(A) ninguém será obrigado a fazer ou deixar de fazer alguma coisa senão em virtude de lei.

(B) é livre o exercício de qualquer trabalho, ofício ou profissão, atendidas as qualificações profissionais que a lei estabelecer.

(C) a lei não prejudicará o direito adquirido, o ato jurídico perfeito e a coisa julgada.

(D) são gratuitos, na forma da lei, os atos necessários ao exercício da cidadania.

(E) não há crime sem lei anterior que o defina, nem pena sem prévia cominação legal.

A: incorreta, já que o princípio da legalidade estampado no art. 5°, II, da CF, é norma de eficácia contida e aplicabilidade imediata; **B:** incorreta, já que o princípio da liberdade de trabalho, ofício ou profissão estampado no art. 5°, XIII, da CF, é norma de eficácia contida e aplicabilidade imediata; **C:** incorreta, já que o art. 5°, XXXVI, da CF, é norma de eficácia contida e aplicabilidade imediata; **D:** correta, pois a lei delimitará quais atos devem ser considerados para receber o aludido benefício, tratando-se, o inc. LXXVII do art. 5° da CF, de norma de eficácia limitada; **E:** incorreta, já que o princípio da reserva legal, tipificado no art. 5°, XXXIX, da CF, é norma de eficácia contida e aplicabilidade imediata. O examinando deve ter em mente que as normas constitucionais de eficácia contida e aplicabilidade imediata são as que podem ser restringidas ou suspensas pelo legislador ordinário. Sob a ótica da aplicabilidade, as normas contidas aproximam-se das plenas por incidirem de imediato e delas se distanciam pela contenção de sua eficácia. Por outro lado, os preceitos contidos assemelham-se aos de eficácia limitada pela possibilidade de regulamentação legislativa. Contudo, são inconfundíveis: normas de eficácia contida: as leis podem restringir-lhes o alcance; normas de eficácia limitada: as leis podem ampliar-lhes o alcance.

Gabarito "D"

(Ministério Público/BA – 2008) A nova hermenêutica constitucional, superando os métodos clássicos, fez surgir novas correntes interpretativas da norma jurídica, entre elas destacando-se o método que, superando o positivismo clássico, postula a não identidade do texto da norma com a norma, sendo o texto da prescrição jurídica tão somente a ponta do Iceberg, onde, na parte mais baixa, profunda e invisível, é que se deve procurar a essência da normatividade, feita dos fatos e relações de natureza estatal e social (*Paulo Bonavides*).Trata-se do método:

(A) Tópico-problemático.

(B) Hermenêutico-concretizador.

(C) Científico-espiritual.

(D) Normativo-estruturante.

(E) Interpretação comparativa.

A: incorreta, já que os métodos de interpretação da constituição inserem-se no tema hermenêutica constitucional e a doutrina aponta para a existência de seis métodos: hermenêutico clássico, científico--espiritual, tópico problemático, hermenêutico-concretizador, normativo estruturante e concretista da constituição aberta. O modo de pensar que foi retomado por Theodor Viehweg, em sua obra *Topik und Jurisprudenz*, tem por principal característica o caráter prático da interpretação constitucional, que busca resolver o problema constitucional a partir do próprio problema, após a identificação ou o estabelecimento de certos pontos de partida. É um método aberto, fragmentário ou indeterminado, que dá preferência à discussão do problema em virtude da abertura textual das normas constitucionais. Nessa Esteira, este texto indica o método de interpretação constitucional tópico problemático. Referido método parte do problema concreto para a norma, conferindo à interpretação uma conotação eminentemente prática; **B:** incorreta, já que se trata de um pensamento de Konrad Hasse que define o **método hermenêutico--concretizador** como parte da ideia de que os aspectos subjetivos do intérprete dão-lhe uma inevitável "pré-compreensão" acerca da norma a ser interpretada. No âmbito constitucional, marcado pela abertura e imprecisão de muitas de suas normas, a busca do sentido delas envolve mais concretização do que interpretação, assumindo, portanto, as pré-compreensões um papel decisivo. Nesse quadro, os defensores da interpretação concretista, dentre os quais Konrad Hesse, pugnam que toda leitura inicial de um texto deve ser reformulada, mediante uma comparação com a realidade, justamente para serem suprimidas interpretações equivocadas. Por isso, o método concretizador funda-se em uma constante mediação entre o problema e a norma, no qual a concretização é lapidada por meio de uma análise mais profunda, em que a norma prevalece sobre o problema; **C:** incorreta, pois o **método científico-espiritual,** produto das concepções de Rudolf Smend, defende que a interpretação deve buscar o conteúdo axiológico último da Lei Maior, por meio de uma leitura flexível e extensiva, onde os valores comunitários e a realidade existencial do Estado se articulam com o fim integrador da Constituição; **D:** correta, já que o enunciando quer dizer que o **método Normativo-Estruturante é** parte da distinção entre "texto constitucional", "norma constitucional" e "norma de decisão". O texto constitucional é a base linguística que contém as proposições a serem interpretadas. A "norma constitucional" é o resultado da interpretação. Sendo ainda genérica e abstrata, ela é formada não apenas por um programa normativo, mas por um âmbito normativo. Já a "norma de decisão" é a norma constitucional concretizada ao caso, pelo legislador, pelo juiz ou pela autoridade administrativa. Em outras palavras, o método normativo-estruturante tem a tarefa de concretização da norma constitucional, o intérprete-aplicador deve considerar tanto os elementos resultantes da interpretação do programa normativo, quanto os decorrentes da investigação do domínio normativo **E:** incorreta, pois o apelo a elementos de direito comparado costuma ser feito, na teoria clássica da interpretação, a propósito do elemento histórico. A interpretação comparativa pretende captar, de forma jurídico-comparatística, a evolução da conformação, diferenciada ou semelhante, de institutos jurídicos, normas e conceitos nos vários ordenamentos jurídicos com o fito de esclarecer o significado a atribuir a determinados enunciados linguísticos utilizados na formulação de normas jurídicas. Em tempos recentes, a comparação jurídica é erguida a "quinto método de interpretação". Essa comparação assume, em geral, uma natureza valorativa, ou seja, reconduz-se a uma comparação jurídica valorativa no âmbito do Estado Constitucional. Por meio dela, é possível estabelecer uma comunicação entre várias constituições (Häberle) e descobrir critério da melhor solução para determinados problemas concretos. A comparação valorativa tem sido utilizada pelo Tribunal de Justiça da Comunidade Europeia em torno dos direitos fundamentais. Em alguns casos, são as próprias constituições que remetem para textos internacionais como acontece com a Convenção Europeia de Direitos Fundamentais (CRP, art. 16). A comparação jurídica pressupõe um *humus* cultural: o direito constitucional comparado converte-se em cultura comparada (Häberle). O "problema do método comparativo" é, assim, o de saber se ele consegue mais do que recortar *standards* (medidas regulativas médias correspondentes a condutas sociais correctas) típicos de determinados modelos culturais.".

Gabarito "D"

(Ministério Público/MG – 2010 – FUNDEP) Quando se afirma que a interpretação constitucional deve submeter-se ao princípio da perfeita ou ótima concretização da norma, tal **NÃO** significa dizer

(A) que a interpretação adequada é aquela que consegue concretizar, com excelência, o sentido da proposição normativa dentro das condições reais dominantes numa determinada situação.

(B) que semelhante princípio só pode ser aplicado com base nos meios fornecidos pela subsunção lógica e pela construção conceitual.

(C) que visa, como corolário lógico, estabelecer a hierarquia dos valores tutelados no ordenamento constitucional, de molde a compatibilizá-los na dimensão objetiva e aplicá-los a situações concretas.

(D) que, com esse postulado, é possível também resolver os entraves teóricos contidos no binômio jurídico valor e norma.

A alternativa que deve ser assinalada é a "B", já que as regras são aplicadas por subsunção, princípios são aplicados por sopesamento.

Gabarito "B"

(Ministério Público /PB – 2010) Acerca dos princípios constitucionais e da classificação e interpretação das normas constitucionais, assinale a opção correta.

(A) É prevalecente, na doutrina constitucional brasileira, o entendimento de que as normas que consagram as cláusulas pétreas estão em nível hierárquico superior às demais normas constitucionais.

(B) Entre as modalidades de eficácia dos princípios constitucionais inclui-se a eficácia negativa, que implica a paralisação de qualquer norma ou ato jurídico que contrarie um princípio.

(C) No que concerne à forma de aplicação, os princípios operam por via do enquadramento do fato no relato normativo, ainda que, tanto quanto as regras, eles comportem a subsunção.

(D) As normas constitucionais programáticas cingem-se a estipular princípios ou programas que devem ser perseguidos pelos poderes públicos, não possuindo eficácia vinculante nem sendo capazes de gerar direitos subjetivos na sua versão positiva ou negativa, embora impeçam a produção de normas que contrariem o direito nelas inserido.

(E) As normas institutivas, que traçam esquemas gerais de organização e estruturação de órgãos, entidades ou instituições do Estado, são dotadas de eficácia plena e aplicabilidade imediata, visto que possuem todos os elementos necessários à sua executoriedade direta e integral.

A: incorreta, pois todas as normas constitucionais possuem a mesma hierarquia formal (inclusive as que veiculam cláusulas pétreas), ainda que possam ter diferentes cargas axiológicas. Vige, no direito brasileiro, o princípio da unidade da Constituição; **B:** correta. De acordo com Ana Paula de Barcellos (*A eficácia jurídica dos princípios constitucionais - O princípio da dignidade da pessoa humana*), a eficácia dos princípios pode ser a) positiva; b) negativa; c) interpretativa; d) vedativa do retrocesso; **C:** incorreta, pois para Alexy, as normas (gênero) se dividem em princípios e regras (espécies). A diferença entre eles consiste justamente na estrutura e na forma de aplicação. Regras são aplicadas por subsunção, princípios por sopesamento (são "mandamentos de otimização"; **D:** incorreta. As normas programáticas estabelecem um programa de atuação para o legislador infraconstitucional e indicam os fins a serem alcançados pelos órgãos estatais. Toda norma constitucional, ainda que programática, possui eficácia para revogar as normas em contrário ou para servir de vetor de interpretação para o legislador ordinário. Não existe norma constitucional sem eficácia alguma; **E:** incorreta, na exata medida que as normas constitucionais *de eficácia limitada* são as que possuem aplicabilidade indireta e eficácia mediata, pois dependem da intermediação do legislador infraconstitucional para que possam produzir seus efeitos jurídicos próprios. De acordo com a doutrina, as normas constitucionais de eficácia limitada podem ser: a) de princípio institutivo (ou orgânico) ou b) de princípio programático. Serão de princípio institutivo se contiverem regras de estruturação de instituição, órgãos ou entidades, como a norma do art. 18, § 2º, da CF. As normas constitucionais de eficácia limitada e de princípio programático veiculam programas a serem implementados pelo Estado (arts. 196, 205 e 215, da CF).

Gabarito "B"

(Ministério Público/PI – 2008) As normas constitucionais de eficácia contida

(A) somente produzem efeitos após a edição de normas complementares.

(B) dependem, para produzir eficácia plena, da disciplina legal.

(C) ingressam no mundo jurídico com eficácia imediata e plena.

(D) admitem lei ordinária impedindo sua eficácia.

(E) não produzem nenhuma eficácia jurídica.

A: incorreta, pois todas as normas produzem efeitos; **B:** incorreta, pois as normas de eficácia plena não dependem de normas regulamentadoras; **C:** correta, pois as normas de eficácia contida, assim como as normas de eficácia plena, têm aplicabilidade imediata e efeitos imediatos; **D:** incorreta, pelos mesmos fundamentos da alternativa "A"; **E:** incorreta, pois todas as normas constitucionais têm eficácia jurídica.

Gabarito "C"

(Ministério Público/CE – 2009 – FCC) As normas constitucionais de

(A) aplicabilidade imediata e de eficácia plena excluem qualquer espécie de regulamentação legal.

(B) aplicabilidade imediata e de eficácia contida são plenamente eficazes até a superveniência de lei regulamentar.

(C) eficácia limitada não impedem a recepção da legislação infraconstitucional anterior com elas incompatíveis.

(D) eficácia limitada não ensejam o ajuizamento de ação direta de inconstitucionalidade por omissão ou a impetração de mandado de injunção.

(E) aplicabilidade imediata e de eficácia plena não podem ser condicionadas por outras normas constitucionais.

A alternativa correta é a "B", pois, de acordo com José Afonso da Silva, há: a) normas constitucionais de eficácia plena (ou absoluta) e aplicabilidade imediata, que produzem efeitos plenos tão logo entram em vigor; b) normas constitucionais de eficácia contida (ou redutível ou restringível) e aplicabilidade mediata, que muito embora tenham eficácia direta e aplicabilidade imediata quando da promulgação da CF, podem vir a ser restringidas pelo legislador infraconstitucional no futuro e c) normas constitucionais de eficácia limitada, que, por sua vez, podem ser: c.1) de princípio institutivo (ou organizativo) ou c.2) de princípio programático. Normas constitucionais de eficácia limitada são as que possuem aplicabilidade indireta e eficácia mediata, pois dependem da intermediação do legislador infraconstitucional para que possam produzir seus efeitos jurídicos próprios. Serão de princípio institutivo se contiverem regras de estruturação de instituição, órgãos ou entidades, como a norma do art. 18, § 2º, da CF. As normas constitucionais de eficácia limitada e de princípio programático veiculam programas a serem implementados pelo Estado (arts. 196, 205 e 215, da CF).

Gabarito "B"

(Ministério Público/CE – 2009 – FCC) Sob a Constituição de 1967, determinada matéria cível era objeto de lei ordinária e, de fato, havia lei ordinária sobre ela. Em momento ulterior, sobreveio a Constituição de 1988, que confiou à lei complementar a matéria em causa. Anos depois, sob a nova ordem constitucional, foi promulgada emenda constitucional que recolocou a matéria em questão no campo da lei ordinária. Neste contexto,

(A) após a emenda constitucional não cabe arguição de descumprimento de preceito fundamental para discutir eventual inconstitucionalidade material superveniente da legislação anterior reportada em relação à nova Constituição.

(B) a emenda constitucional poderia repristinar a legislação anterior aludida se acaso ela não houvesse sido recepcionada, por questões formais em geral, pela nova Constituição.

(C) as eventuais incongruências materiais havidas entre a nova Constituição e a legislação anterior mencionada são sanadas pela recepção.

(D) cabe ação direta de inconstitucionalidade para discutir eventual vício formal superveniente, em face da nova Constituição, da legislação anterior citada.

(E) após a emenda constitucional, uma medida provisória pode revogar no todo ou em parte a legislação anterior referida.

A alternativa correta é a "E", pois a norma, recepcionada pela CF de 1988, apesar de formalmente incompatível, seu conteúdo estava de acordo com o texto da Constituição atual. A partir do momento em que uma emenda constitucional é aprovada para permitir a regulamentação da matéria por lei ordinária, não há óbice para sua modificação por medida provisória.

Gabarito "E"

(Ministério Público/DF – 2009) Assinale a alternativa correta. Na interpretação da Constituição, os princípios

(A) são considerados normas programáticas, por isso inaplicáveis em qualquer circunstância.

(B) não são considerados normas, mas valores sociais cuja função é orientar o legislador.

(C) são considerados normas sem conteúdo específico.

(D) são considerados normas constitucionais dotados de eficácia.

(E) São considerados regras que precisam ser regulamentadas para sua efetividade.

Toda norma constitucional, seja norma-princípio ou norma-regra, possui eficácia para revogar as normas em contrário ou para servir de vetor de interpretação para o legislador ordinário. Assim, mesmo tendo baixa densidade normativa, podem, por exemplo, servir como parâmetro para a declaração de inconstitucionalidade das leis que com elas colidem.

Gabarito "D"

(Ministério Público/TO – 2006 – CESPE) Com respeito à interpretação e à aplicabilidade das normas constitucionais, assinale a opção correta.

(A) A supremacia das normas constitucionais relativamente às demais, em determinado ordenamento jurídico, consiste, essencialmente, em supremacia formal.

(B) No direito constitucional brasileiro, ocorre repristinação quando o Supremo Tribunal Federal (STF) julga inconstitucional uma norma que revogara outra, por ser a norma revogada incompatível com a revogadora.

(C) O direito brasileiro aceita a *vacatio legis*, mas não admite a *vacatio constitutionis*.

(D) A jurisprudência do STF não admite a tese da possibilidade de normas constitucionais inconstitucionais. Isso significa que, se o intérprete da constituição se deparar com duas ou mais normas aparentemente contraditórias, caber-lhe-á compatibilizá-las, de modo a que ambas continuem a considerar-se vigentes.

De fato, não há que se falar em controle de constitucionalidade de normas constitucionais produto do trabalho do poder constituinte originário. Se porventura houver conflito entre normas, cabe ao intérprete harmonizá-lo.

Gabarito "D"

(Ministério Público/GO – 2005) Qual das alternativas reúne exemplos de princípios da interpretação constitucional?

(A) correção funcional, analogia e máxima efetividade

(B) interpretação conforme a constituição, presunção de constitucionalidade das leis e costumes integradores

(C) unidade da Constituição, concordância prática e força normativa da Constituição

(D) proporcionalidade/razoabilidade e analogia

O ***princípio da unidade da Constituição*** prescreve que a Constituição há de ser interpretada como um todo, na sua globalidade; o

princípio da concordância prática determina que, na hipótese de haver conflito entre princípios, deve-se sempre procurar compatibilizá-los, já que inexiste hierarquia entre eles; já pelo ***princípio da força normativa da Constituição***, deve-se dar primazia, na solução de conflitos, à máxima efetividade das normas constitucionais.

Gabarito "C"

(Ministério Público/MT – 2012 – UFMT) Nos termos da célebre classificação sobre a eficácia e aplicabilidade das normas constitucionais de José Afonso da Silva, assinale a afirmativa **INCORRETA**.

(A) A norma "a segurança pública, dever do Estado, direito e responsabilidade de todos, é exercida para a preservação da ordem pública e da incolumidade das pessoas e do patrimônio [...]" (art. 144, *caput*, CF/1988) é de eficácia plena e aplicabilidade imediata.

(B) A norma "A lei disporá sobre a organização administrativa e judiciária dos territórios" (art. 33, *caput*, CF/1988) é de eficácia limitada de princípio institutivo.

(C) A norma "As taxas não poderão ter base de cálculo própria de impostos" (art. 145, § 2º, CF/1988) é de eficácia plena e aplicabilidade imediata.

(D) A norma "às Forças Armadas compete, na forma da lei, atribuir serviço alternativo aos que, em tempo de paz, após alistados, alegarem imperativo de consciência, entendendo-se como tal o decorrente de crença religiosa e de convicção filosófica ou política, para se eximirem de atividades de caráter essencialmente militar" (art. 143, § 1º, CF/1988) é de eficácia limitada.

(E) A norma "são direitos dos trabalhadores urbanos e rurais, além de outros que visem a melhoria de sua condição social: [...] proteção do mercado de trabalho da mulher, mediante incentivos específicos, nos termos da lei" (art. 7º, XX, CF/1988) é de eficácia limitada de princípio programático.

A: incorreta, devendo ser assinalada, pois é norma de eficácia contida e aplicabilidade imediata; **B:** correta, na exata medida que é norma de eficácia limita de princípio orgânico ou institutivo (toda norma Constitucional que dependa de regulamentação de conteúdo material orgânico é norma institutiva); **C:** correta, por serem normas de aplicabilidade imediata e efeitos imediatos; **D:** correta, pois a norma regulamentadora amplia direitos; **E:** correta, pois os direitos sociais são normas de eficácia limitada de princípios programáticos.

Gabarito "A"

(Ministério Público/GO – 2005) A respeito da aplicabilidade das normas constitucionais, numa crítica à visão clássica importada do Direito Norte Americano por Ruy Barbosa, é correto afirmar:

(A) não existem normas constitucionais destituídas de eficácia, posto que mesmo não sendo autoaplicáveis estabelecem os parâmetros para o legislador concretizá-las

(B) somente as normas definidoras de direitos e garantias individuais têm aplicação imediata, no âmbito da CRFB/1988, conforme estabelece o § 1º do artigo 5º do citado diploma legal

(C) as normas de eficácia contida, na visão de José Afonso da Silva, são aquelas que o legislador constituinte regulou suficientemente os itens relativos a determinadas matérias, sem deixar margem à atuação restritiva por parte da competência discricionária do poder público ou nortes gerais nela enunciados

(D) a eficácia jurídica das normas constitucionais, na visão de Ingo Wolfgang Sarlet, não se assemelham à efetividade que as normas constitucionais devem ter

De acordo com José Afonso da Silva, há: a) normas constitucionais de eficácia plena (ou absoluta) e aplicabilidade imediata, que produzem efeitos plenos tão logo entram em vigor; b) normas constitucionais de eficácia contida (ou redutível ou restringível), que muito embora tenham eficácia direta e aplicabilidade imediata quando da promulgação da CF, podem vir a ser restringidas pelo legislador infraconstitucional no futuro e c) normas constitucionais de eficácia limitada, que, por sua vez, podem ser: c.1) de princípio institutivo (ou organizativo) ou c.2) de princípio programático. Normas constitucionais de eficácia limitada são as que possuem aplicabilidade indireta e eficácia mediata, pois dependem da intermediação do legislador infraconstitucional para que possam produzir seus efeitos jurídicos próprios. Serão de princípio institutivo se contiverem regras de estruturação de instituição, órgãos ou entidades, como a norma do art. 18, § 2º, da CF. As normas constitucionais de eficácia limitada de princípio programático veiculam programas a serem implementados pelo Estado (arts. 196, 205 e 215, da CF).

Gabarito "A"

(Ministério Público/BA – 2008) Com relação aos elementos da Constituição, à aplicabilidade e à interpretação das normas constitucionais, assinale a opção correta.

(A) Apenas os dispositivos que versam sobre os direitos e deveres individuais e coletivos, por possuírem todos os elementos necessários à sua executoriedade direta e integral, podem ser considerados normas constitucionais de eficácia plena e aplicabilidade imediata.

(B) Denomina-se hermenêutico-concretizador o método desenvolvido por Rudolf Smend, para quem o intérprete constitucional não pode separar o programa normativo inserido nas constituições da realidade social.

(C) O método hermenêutico-clássico de interpretação constitucional concebe a interpretação como uma atividade puramente técnica de conhecimento do texto constitucional e preconiza que o intérprete da Constituição deve se restringir a buscar o sentido da norma e por ele se guiar na sua aplicação, sem formular juízos de valor ou desempenhar atividade criativa.

(D) Os elementos de estabilização constitucional consubstanciam-se nas normas que regulam a estrutura do Estado e do poder, a segurança pública e as Forças Armadas.

(E) O preâmbulo da CF e as disposições constitucionais transitórias constituem exemplos de elementos limitativos, que restringem a atuação do legislador constituinte derivado e dos titulares do poder estatal.

A: incorreta. O Professor José Afonso da Silva, ao contrário do que entendia a doutrina clássica, afirmou que todas as normas constitucionais, sem exceção, são revestidas de eficácia jurídica, ou seja, de aptidão à produção de efeitos jurídicos, sendo assim todas aplicáveis, em maior ou menor grau, nos termos do art. 5º, §§ 1º e 2º, da CF; **B:** incorreta, pois o método hermenêutico-concretizador foi desenvolvido por Konrad Hasse. O saudoso Rudolf Smend desenvolveu o método científico-espiritual; **C:** correta. O método hermenêutico-clássico ou jurídico foi desenvolvido por Enest Forshoff. Esse autor parte da ideia de "tese da identidade", segundo a qual a constituição nada mais é do que uma lei, como todas as demais, com algumas peculiaridades. Se a constituição é uma lei (tese da identidade), ela deve ser interpretada pelos mesmos métodos clássicos de interpretação das leis, aqueles desenvolvidos por Savigny, sendo suas inegáveis particularidades apenas um elemento adicional,incapaz de afastar a utilização das regras clássicas de interpretação. Quais são os elementos tradicionais desenvolvidos por Savigny? c1)Gramatical ou literal: é importante. É o início de uma interpretação. Além disso, é também o limite para a interpretação. O texto da norma funciona, portanto, como início e limite para a interpretação. Por isso, critica-se o entendimento do STF quanto ao art. 52, X, da CF, pois não há que se falar em mutação constitucional;c2)Histórico**:** no seu desdobramento, entra o elemento histórico evolutivo. Imagine, por exemplo, a Constituição norte-americana, que é a mesma desde 1787, mas sua interpretação não é hoje da mesma forma como se fazia há mais de 200 anos. C3)Lógico**:** Os princípios da lógica formal também devem orientar a interpretação. Ex: princípio da não contradição. C4)Sistemático**:** talvez seja um dos mais importantes. Esse elemento estará presente em vários métodos e em vários princípios interpretativos. O que diz esse elemento? Ele parte da seguinte premissa – se a norma faz parte de um sistema, ela deve ser interpretada de acordo com as demais normas ou em conjunto com as demais normas que compõem o sistema, e não isoladamente. Não existe uma norma jurídica sozinha. Toda norma está dentro de um sistema. É necessário interpretar o dispositivo dentro do sistema ao qual ele pertence. Crítica: Quando Savigny desenvolveu esses elementos, ele o fez pensando exclusivamente no direito privado. O grande problema é que, para o direito privado, eles são suficientes; para o direito público, esses elementos são insuficientes, devido à complexidade da interpretação constitucional; **D:** incorreta, pois os elementos de estabilização constitucional consubstaciam-se nas normas ou mecanismos previstos na própria Constituição Federal, destinados a assegurar a sua supremacia. Ex: Título V (Estado de Defesa e Estado de Sítio, Segurança Pública e Forças Armadas); Intervenção Federal; Ação Direta de Inconstitucionalidade. Todavia, a estrutura do Estado e do Poder não pertence aos elementos de estabilização, mas sim, aos elementos organizacionais ou orgânicos; **E:** incorreta, pois o preâmbulo e as disposições constitucionais transitórias são elementos formais de aplicabilidade.

Gabarito "C"

(Ministério Público /GO – 2010) A doutrina e a prática histórica recente sobre Direito Constitucional intertemporal indicam que

(A) nenhuma proposta de emenda constitucional sobre a separação dos Poderes pode ser objeto de deliberação, ainda que não seja tendente a abolir a referida separação.

(B) lei complementar anterior à Constituição de 1988, sobre matéria que essa confia à lei ordinária, não pode ser modificada por meio de medida provisória.

(C) lei complementar anterior à Constituição de 1988, sobre matéria que essa confia à lei ordinária, não pode ser modificada por meio de lei complementar.

(D) uma emenda constitucional, ressalvada disposição em sentido diverso, nela própria expressa, entra em vigor na data de sua publicação.

(E) uma nova Constituição rompe com a ordem constitucional anterior de modo que não pode ser decorrente de Assembleia Nacional Constituinte convocada por meio de emenda constitucional à Constituição antecedente.

A: incorreta, pois as emendas que tratam do tema para ampliá-lo, sem nenhuma pretensão de abolir o princípio, pode ser discutida e aprovada; **B:** incorreta. Essa lei complementar, ao ser recepcionada pela CF atual, poderá ser modificada por lei ordinária (já que a CF/1988 não exige lei complementar para a matéria). Por isso, não há óbice para sua modificação por medida provisória; **C:** incorreta, pois não há óbice para isso, já que o processo de aprovação de lei complementar é mais dificultoso que o das leis ordinárias; **D:** correta, pois reflete manifestação do Poder Constituinte; **E:** incorreta, já que foi exatamente o que aconteceu com a CF/1988, uma vez que sua Assembleia Constituinte foi convocada pela EC 26/1985, que modificou a Carta de 1969.

Gabarito "D"

(Ministério Público /MT – 2012) Na hermenêutica constitucional, o processo informal de mudança da Constituição, que permite alterar o sentido da norma constitucional, sem alterar o seu texto, denomina-se

(A) fenômeno da relativização transitória da Constituição.

(B) interpretação constitucional elástica.

(C) mutação constitucional.

(D) método da desconstitucionalização das normas constitucionais.

(E) repristinação constitucional.

A: incorreta, pois na hermenêutica constitucional, o processo de mudança da Constituição denomina-se mutação constitucional. O fenômeno da relativização transitória da Constituição é a possibilidade de se utilizar normas constitucionais já exauridas; **B:** incorreta, já que a interpretação constitucional elástica é uma constituição que apresenta uma mobilidade, projetando a sua força normativa na realidade social, política, econômica e cultural do Estado; **C:** correta, pois a alteração da Constituição pode ocorrer pela via formal (emendas à Constituição) ou pela via informal (mutação constitucional). A mutação permite que o sentido e o alcance da norma constitucional sejam alterados sem que haja qualquer modificação no texto do dispositivo da Constituição. É feita pelos órgãos estatais (precisamente pelos membros do Poder Judiciário) ou pelos costumes sociais; **D:** incorreta, pois a desconstitucionalização das normas constitucionais são vedadas no ordenamento jurídico brasileiro, salvo disposição expressa em contrário. A desconstitucionalização nada mais é que normas constitucionais revogadas que podem passar ao nível infraconstitucional. Em outras palavras, a nova constituição recepciona as antigas normas constitucionais, mas na qualidade de leis ordinárias; **E:** incorreta, pois a repristinação nada mais é que a possibilidade da nova constituição revalidar leis ou atos normativos por constituições antigas. O prefixo "RE" significa fazer de novo, restaurar, refazer. PRISTINUS, por seu turno, computa ideia de anterioridade, antiguidade, retorno ao que era e deixou de ser. Essa prática deve ser repelida, venha de onde vir, porque compromete a certeza e as segurança das relações jurídicas. Todavia, a Lei de Introdução ás Normas do Direito Brasileiro abre a possibilidade de o legislador instituir, expressamente, a repristinação (art. 2º, § 3º, da CF.

Gabarito "C"

(Ministério Público /AC – 2008) O modo de pensar que foi retomado por Theodor Viehweg, em sua obra *Topik und Jurisprudenz*, tem por principal característica o caráter prático da interpretação constitucional, que busca resolver o problema constitucional a partir do próprio problema, após a identificação ou o estabelecimento de certos pontos de partida. É um método aberto, fragmentário ou indeterminado, que dá preferência à discussão do problema em virtude da abertura textual das normas constitucionais. O método de interpretação constitucional indicado no texto acima é denominado

(A) tópico-problemático.

(B) hermenêutico-concretizador.

(C) científico-espiritual.

(D) normativo-estruturante.

(E) sistêmico.

A: correta, pois está de acordo com Canotilho, a interpretação das normas constitucionais é um conjunto de métodos, que o mestre português divide em: a) jurídico (ou hermenêutico-clássico); b) tópico-problemático; c) hermenêutico-concretizador; d) científico-espiritual; e) normativo-estruturante; f) da comparação constitucional. O científico-espiritual é o método valorativo, sociológico, segundo o qual a interpretação das normas constitucionais não se fixa à literalidade da norma, mas leva em conta a realidade social e os valores subjacentes ao texto da Constituição. O normativo-estruturante defende que a literalidade da norma deve ser analisada "à luz da concretização da norma em sua realidade social". O método hermenêutico-concretizador difere do tópico-problemático justamente porque, no primeiro, parte-se da Constituição para o problema, valendo-se o intérprete de suas pré-compreensões sobre o tema para obter o sentido da norma. Na tópica, ao contrário, parte-se do caso concreto para a norma. O método hermenêutico-clássico entende a Constituição como lei e, por isso, a interpreta por meio dos métodos tradicionais de hermenêutica (gramatical, lógico, sistemático, histórico, teleológico etc.). Para melhor compreensão do tema v. Pedro Lenza, *Direito constitucional esquematizado*, 2010. p. 132 a 134.

Gabarito "A"

(Ministério Público /MS – 2009) Assinale a afirmativa incorreta.

(A) As normas constitucionais definidoras dos direitos e garantias fundamentais têm aplicação imediata.

(B) As normas constitucionais podem ter eficácia plena, contida e limitada.

(C) As normas constitucionais de eficácia plena são aquelas que desde a entrada em vigor da Constituição produzem, ou podem produzir, todos os efeitos essenciais, relativos aos interesses, comportamentos e situações, que o legislador constitucional, direta e normativamente, quis regular.

(D) As normas constitucionais de eficácia contida são aquelas que apresentam aplicação indireta, mediata e reduzida, porque somente incidem totalmente sobre os interesses, após uma normatividade ulterior que lhes desenvolva a aplicabilidade.

(E) As normas constitucionais programáticas são de aplicação diferida e não de aplicação ou execução imediata.

A: correta, pois está em consonância com o disposto no art. 5º, § 1º, da CF, as normas definidoras dos direitos e garantias fundamentais têm aplicação imediata; **B:** correta, esta classificação foi desenvolvida pelo Professor José Afonso da Silva; **C:** correta, trata-se de normas autoaplicáveis, ou seja, que não precisam ser integradas, complementadas por outras normas, já que receberam do constituinte normatividade suficiente à sua incidência imediata; **D:** incorreta (portanto, assertiva que deve ser pontuada), pois as normas constitucionais de eficácia contida têm aplicabilidade direta, imediata e plena. A eficácia dessas normas, contudo, poderá ser restringida por meio da manifestação do legislador infraconstitucional; **E:** correta. O Professor José Afonso da Silva classifica as normas de eficácia limitada (aplicabilidade diferida) em ***normas de princípio institutivo*** e ***normas de princípio programático***.

Gabarito "D"

4. CONTROLE DE CONSTITUCIONALIDADE

(Ministério Público/MG – 2014) Analise as seguintes assertivas em relação ao controle de constitucionalidade:

I. A inconstitucionalidade formal ocorre quando o conteúdo das leis ou atos emanados dos poderes públicos contraria uma norma constitucional de fundo, que estabelece direitos e deveres.

II. Os Poderes Executivo e Legislativo exercem o controle de constitucionalidade preventivo e repressivo. Por seu turno, o Poder Judiciário exerce tão-somente o controle repressivo.

III. A inconstitucionalidade reflexa ou por via oblíqua resulta da violação de uma norma infraconstitucional interposta entre o ato questionado e a Constituição.

IV. No âmbito do Estado de Minas Gerais, admite-se a ação direta de inconstitucionalidade por omissão.

Somente está CORRETO o que se afirma em:

(A) I e II;

(B) I e IV;

(C) II e III;

(D) III e IV.

I: incorreta. Formal (ou nomodinâmica) é a inconstitucionalidade que diz respeito ao processo de formação da lei ou ato normativo, e não ao seu conteúdo. Em outras palavras, há afronta ao devido processo legislativo. Agora, se a inconstitucionalidade referir-se ao conteúdo da lei ou ato normativo, está-se diante, então, da chamada inconstitucionalidade material (ou nomoestática). É a esta modalidade de inconstitucionalidade que se refere a proposição, que está, portanto, incorreta; **II:** incorreta. Além do controle repressivo de constitucionalidade, exercido, por excelência, pelo Poder Judiciário, é possível, sim, que este também exerça o controle preventivo. É o que se dá quando o parlamentar impetra, no curso do processo legislativo de formação do ato normativo, mandado de segurança; **III:** correta. Neste caso, há incompatibilidade entre o ato normativo e uma lei infraconstitucional, à qual se reporta, e, por via reflexa, à Constituição; **IV:** correta. Os tribunais de justiça dos estados têm legitimidade para exercer o controle de constitucionalidade, por ação ou omissão, de norma estadual ou municipal em face da Constituição Estadual (art. 125, § 2º, da CF).

Gabarito "D"

(Ministério Público/MS – 2013 – FADEMS) Assinale a alternativa **incorreta**, sobre o tema do Controle de Constitucionalidade:

(A) a ação declaratória de constitucionalidade, ajuizada perante o STF, tem como objeto apenas a lei ou ato normativo federal.

(B) as decisões definitivas de mérito, proferidas pelo STF, nas ações diretas de inconstitucionalidade e nas ações declaratórias de constitucionalidade produzirão eficácia contra todos e efeito vinculante, relativamente aos demais órgãos do Poder Judiciário e à administração pública direta e indireta, nas esferas federal, estadual e municipal.

(C) segundo a Constituição, declarada a inconstitucionalidade por omissão de medida para tornar efetiva norma constitucional, será dada ciência ao Poder competente para a adoção das providências necessárias e, em se tratando de órgão administrativo, para fazê-lo em trinta dias.

(D) a ação direta de inconstitucionalidade de lei ou ato normativo, ajuizada perante o STF, tem como objeto a lei ou ato normativo federal ou estadual.

(E) a arguição de descumprimento de preceito fundamental, ajuizada perante o STF, permite o exame apenas da inconstitucionalidade de lei ou ato normativo federal e estadual, incluídos atos anteriores à Constituição.

A: correta. A ação declaratória de constitucionalidade, ajuizada perante o STF, tem como objeto apenas a lei ou ato normativo federal, nos termos do art. 102, I, "a", segunda parte, da CF/1988; **B:** correta. Nos moldes do art. 102, § 2º, da CF/1988 as decisões definitivas de mérito, proferidas pelo STF, nas ações diretas de inconstitucionalidade e nas ações declaratórias de constitucionalidade produzirão eficácia contra todos e efeito vinculante, relativamente aos demais órgãos do Poder Judiciário e à administração pública direta e indireta, nas esferas federal, estadual e municipal; **C:** correta (art. 103, § 2º, da CF/1988); **D:** correta (art. 102, I, "a", da CF/1988); **E:** incorreta. Nos termos do art. 102, § 1º, da CF/1988, a ADPF, decorrente da Constituição Federal, será apreciada pelo Supremo Tribunal Federal, na forma da lei 9.882/1999. Vejamos: A ADPF será proposta perante o Supremo Tribunal Federal, e terá por objeto evitar ou reparar lesão a preceito fundamental, resultante de ato do Poder Público. **Caberá também arguição de descumprimento de preceito fundamental quando for relevante o fundamento da controvérsia constitucional sobre lei ou ato normativo federal, estadual ou municipal, incluídos os anteriores à Constituição.** Podem propor arguição de descumprimento de preceito fundamental os legitimados para a ação direta de inconstitucionalidade (art. 103, da CF/1988). A petição inicial deverá conter: I - a indicação do preceito fundamental que se considera violado; II - a indicação do ato questionado; III - a prova da violação do preceito fundamental; IV - o pedido, com suas especificações e V - se for o caso, a comprovação da existência de controvérsia judicial relevante sobre a aplicação do preceito fundamental que se considera violado. A petição inicial, acompanhada de instrumento de mandato, se for o caso, será apresentada em duas vias, devendo conter cópias do ato questionado e dos documentos necessários para comprovar a impugnação. A petição inicial será indeferida liminarmente, pelo relator, quando não for o caso de arguição de descumprimento de preceito fundamental, faltar algum dos requisitos prescritos nesta Lei ou for inepta. Não será admitida arguição de descumprimento de preceito fundamental quando houver qualquer outro meio eficaz de sanar a lesividade. Da decisão de indeferimento da petição inicial caberá agravo, no prazo de cinco dias. O Supremo Tribunal Federal, por decisão da maioria absoluta de seus membros, poderá deferir pedido de medida liminar na arguição de descumprimento de preceito fundamental. Em caso de extrema urgência ou perigo de lesão grave, ou ainda, em período de recesso, poderá o relator conceder a liminar, *ad referendum* do Tribunal Pleno. O relator poderá ouvir os órgãos ou autoridades responsáveis pelo ato questionado, bem como o Advogado-Geral da União ou o Procurador-Geral da República, no prazo comum de cinco dias. A liminar poderá consistir na determinação de que juízes e tribunais suspendam o andamento de processo ou os efeitos de decisões judiciais, ou de qualquer outra medida que apresente relação com a matéria objeto da arguição de descumprimento de preceito fundamental, salvo se decorrentes da coisa julgada (*Vide* ADIN 2.231-8, de 2000). Apreciado o pedido de liminar, o relator solicitará as informações às autoridades responsáveis pela prática do ato questionado, no prazo de dez dias. Se entender necessário, poderá o relator ouvir as partes nos processos que ensejaram a arguição, requisitar informações adicionais, designar perito ou comissão de peritos para que emita parecer sobre a questão, ou ainda, fixar data para declarações, em audiência pública, de pessoas com experiência e autoridade na matéria. Poderão ser autorizadas, a critério do relator, sustentação oral e juntada de memoriais, por requerimento dos interessados no processo. Decorrido o prazo das informações, o relator lançará o relatório, com cópia a todos os ministros, e pedirá dia para julgamento. O Ministério Público, nas arguições que não houver formulado, terá vista do processo, por cinco dias, após o decurso do prazo para informações. A decisão sobre a arguição de descumprimento de preceito fundamental somente será tomada se presentes na sessão pelo menos dois terços dos Ministros. Julgada a ação, far-se-á comunicação às autoridades ou órgãos responsáveis pela prática dos atos questionados, fixando-se as condições e o modo de interpretação e aplicação do preceito fundamental. O presidente do Tribunal determinará o imediato cumprimento da decisão, lavrando-se o acórdão posteriormente. Dentro do prazo de dez dias contado a partir do trânsito em julgado da decisão, sua parte dispositiva será publicada em seção especial do Diário da Justiça e do Diário Oficial da União. A decisão terá eficácia contra todos e efeito vinculante relativamente aos demais órgãos do Poder Público. Ao declarar a inconstitucionalidade de lei ou ato normativo, no processo de arguição de descumprimento de preceito fundamental, e tendo em vista razões de segurança jurídica ou de excepcional interesse social, poderá o Supremo Tribunal Federal, por maioria de dois terços de seus membros, restringir os efeitos daquela declaração ou decidir que ela só tenha eficácia a partir de seu trânsito em julgado ou de outro momento que venha a ser fixado. A decisão que julgar procedente ou improcedente o pedido em arguição de descumprimento de preceito fundamental é irrecorrível, não podendo ser objeto de ação rescisória. Caberá reclamação contra o descumprimento da decisão proferida pelo Supremo Tribunal Federal, na forma do seu Regimento Interno.

Gabarito "E"

(Ministério Público/PR – 2013 – X) Consoante orientação consolidada no Supremo Tribunal Federal, assinale a alternativa ***incorreta***:

(A) O Supremo Tribunal Federal é competente para conhecer e julgar ação direta de inconstitucionalidade de lei estadual, arguida como incompatível com texto da Constituição Federal, ainda que o invocado dispositivo da Constituição Federal corresponda a idêntico dispositivo da Constituição Estadual;

(B) Os órgãos fracionários dos Tribunais de Justiça dos Estados não têm competência para, em recurso de apelação, reconhecer a constitucionalidade de dispositivo da legislação federal, quando arguida sua incompatibilidade com a Constituição Federal;

(C) O Plenário ou Órgão Especial dos Tribunais de Justiça dos Estados é competente para conhecer e julgar ação direta de inconstitucionalidade de lei estadual, arguida como incompatível com texto da Constituição Estadual, ainda que o invocado dispositivo da Constituição Estadual corresponda a idêntico dispositivo da Constituição Federal;

(D) Os órgãos fracionários dos Tribunais de Justiça dos Estados têm competência para, em recurso de apelação, reconhecer a constitucionalidade de dispositivo da legislação estadual, quando arguida sua incompatibilidade com a Constituição Estadual;

(E) Os órgãos fracionários dos Tribunais de Justiça dos Estados não submeterão ao Plenário, ou ao Órgão Especial, a arguição de inconstitucionalidade, quando já houver pronunciamento destes ou do plenário do Supremo Tribunal Federal sobre a questão.

A: assertiva correta. Nos termos do art. 102, I, "a" da CF "compete ao Supremo Tribunal Federal, precipuamente, a guarda da Constituição, cabendo-lhe: I – processar e julgar, originariamente ação direta de inconstitucionalidade de lei ou ato normativo federal ou estadual e a ação declaratória de constitucionalidade de lei ou ato normativo federal". É importante destacar que a competência do Supremo, presente a prerrogativa de função, é de direito estrito. Não a alteram normas processuais comuns, como são as da continência e da conexão. Como sabemos, no controle concentrado, as decisões têm efeitos "erga omnes" e "ex tunc", contudo, recentemente, o STF decidiu que as decisões proferidas em sede de controle concentrado de constitucionalidade, em regra, passam produzir efeitos a partir da publicação, no veículo oficial, da ata de julgamento (Rcl 6.999-AgR, rel. min. **Teori Zavascki**, julgamento em 17.10.2013, Plenário, *DJE* de 07.11.2013.); **B:** assertiva incorreta, devendo ser assinalada. Nos termos do art. 97 da CF "somente pelo voto da maioria absoluta de seus membros ou dos membros do respectivo órgão especial poderão os tribunais declarar a inconstitucionalidade de lei ou ato normativo do Poder Público". Nesta esteira temos ainda: ""viola a cláusula de reserva de plenário (CF, art. 97) a decisão de órgão fracionário de tribunal que, embora não declare expressamente a inconstitucionalidade de lei ou ato normativo do Poder Público, afasta sua incidência, no todo ou em parte." (**Súmula Vinculante 10**.)". Se não bastasse o STF exerce, por excelência, o controle difuso de constitucionalidade quando do julgamento do recurso extraordinário, tendo os seus colegiados fracionários competência regimental para fazê-lo sem ofensa ao art. 97 da CF (RE 361.829-ED, Rel. Min. Ellen Gracie, julgamento em 02.03.2010,Segunda Turma, *DJE* de 19.03.2010.). Com isso a assertiva está absolutamente equivocada já que os órgãos fracionários dos Tribunais de Justiça dos Estados TÊM competência para, em recurso de apelação, reconhecer a constitucionalidade de dispositivo da legislação federal, quando arguida sua incompatibilidade com a Constituição Federal; **C:** assertiva correta. "Revela-se legítimo invocar, como referência paradigmática, para efeito de controle abstrato de constitucionalidade de leis ou atos normativos estaduais e/ou municipais, cláusula de caráter remissivo, que, inscrita na Constituição estadual, remete, diretamente, às regras normativas constantes da própria CF, assim incorporando-as, formalmente, mediante referida técnica de remissão, ao plano do ordenamento constitucional do Estado-membro. Com a técnica de remissão normativa, o Estado-membro confere parametricidade às normas, que, embora constantes da CF, passam a compor, formalmente, em razão da expressa referência a elas feita, o *corpus* constitucional da unidade política da Federação, o que torna possível erigir-se, como parâmetro de confronto, para os fins a que se refere o art. 125, § 2º, da CRFB (...) cabe aos Estados a instituição de representação de inconstitucionalidade de leis ou atos normativos estaduais ou municipais em face da Constituição Estadual, vedada a atribuição da legitimação para agir a um único órgão) a própria norma constitucional estadual de conteúdo remissivo (Rcl 10.500-MC, Rel. Min. Celso de Mello, decisão monocrática, julgamento em 18.10.2010, *DJE* de 26.10.2010.); **D:** assertiva correta. Os motivos são os mesmos da assertiva "b". Sendo assim, os órgãos fracionários dos Tribunais de Justiça dos Estados têm competência para, em recurso de apelação, reconhecer a constitucionalidade de dispositivo da legislação estadual, quando arguida sua incompatibilidade com a Constituição Estadual; **E:** assertiva correta. O princípio da reserva de plenário assegurado no artigo 97 da CF determina que "somente pelo voto da maioria absoluta de seus membros ou dos membros do respectivo órgão especial poderão os tribunais declarar a inconstitucionalidade de lei ou ato normativo do Poder Público". Assim, a maioria absoluta deve estar presente no Tribunal Pleno ou no órgão especial que lhe fizer as vezes. Essa regra é excepcionada, unicamente, quando se tratar do disposto no artigo 481 do CPC, ou seja, os próprios órgãos fracionários poderão julgar a inconstitucionalidade do ato normativo, não remetendo a questão ao Pleno ou ao órgão especial, quando já houver pronunciamento destes ou do plenário do Supremo Tribunal Federal sobre a questão.

Gabarito "B"

(Ministério Público/PR – 2013 – X) Assinale a alternativa ***incorreta***:

(A) Já pacificada a jurisprudência do STJ no sentido de reconhecer a legitimidade do Ministério Público para propor ação civil pública com o objetivo de tutelar direitos individuais indisponíveis, como no caso do fornecimento de medicamentos à pessoa necessitada, sem que se possa falar em usurpação de competência da defensoria pública ou da advocacia privada, reconheceu o STF a repercussão geral da controvérsia sobre a legitimidade do Ministério Público em tais hipóteses;

(B) Consoante orientação doutrinária que se firmou no Supremo Tribunal Federal, revela-se inviável, em sede de ação civil pública, a pretensão à simples declaração de constitucionalidade de norma ou o controle da constitucionalidade da norma em abstrato, como objetivo essencial da demanda judicial;

(C) Consoante orientação doutrinária que se firmou no Supremo Tribunal Federal, viável, em sede de ação civil pública, a arguição de inconstitucionalidade de norma como fundamento de pedido que recaia sobre uma situação concreta que diz respeito à coletividade e, por isso, resolvido mediante decisão com efeitos *erga omnes*;

(D) Consoante orientação doutrinária que se firmou no Supremo Tribunal Federal, viável a utilização da ação civil pública como instrumento de fiscalização incidental de constitucionalidade, quando a controvérsia constitucional se constitui apenas em questão prejudicial, indispensável à solução do litígio, e não seu pedido único e principal;

(E) Consoante orientação doutrinária que se firmou no Supremo Tribunal Federal, inviável a declaração incidental de inconstitucionalidade, em sede de ação civil pública para a tutela de direitos difusos, ante os efeitos gerais da sentença em tais casos, sob pena de, na prática, equiparar a ação civil pública a verdadeira ação direta de inconstitucionalidade, usurpando competência do STF.

A: assertiva correta. A CF confere relevo ao Ministério Público como instituição permanente, essencial à função jurisdicional do Estado, incumbindo-lhe a defesa da ordem jurídica, do regime democrático e dos interesses sociais e individuais indisponíveis (CF, art. 127). Por isso mesmo detém o Ministério Público capacidade postulatória, não só para a abertura do inquérito civil, da ação penal pública e da ação civil pública para a proteção do patrimônio público e social, do meio ambiente, mas também de outros interesses difusos e coletivos (CF, art. 129, I e III). Interesses difusos são aqueles que abrangem número indeterminado de pessoas unidas pelas mesmas circunstâncias de fato e coletivos aqueles pertencentes a grupos, categorias ou classes de pessoas determináveis, ligadas entre si ou com a parte contrária por uma relação jurídica base. A indeterminidade é a característica fundamental dos interesses difusos e a determinidade a daqueles interesses que envolvem os coletivos. Direitos ou interesses homogêneos são os que têm a mesma origem comum (art. 81, III, da Lei 8.078, de 11.09.1990), constituindo-se em subespécie de direitos coletivos. Quer se afirme interesses coletivos ou particularmente interesses homogêneos, *stricto sensu*, ambos estão cingidos a uma mesma base jurídica, sendo coletivos, explicitamente dizendo, porque são relativos a grupos, categorias ou classes de pessoas, que conquanto digam respeito às pessoas isoladamente, não se classificam como direitos individuais para o fim de ser vedada a sua defesa em ação civil pública, porque sua concepção finalística destina-se à proteção desses grupos, categorias ou classe de pessoas. Assim, no caso do fornecimento de medicamentos à pessoa necessitada, o requerimento do Órgão do Ministério Público é plenamente compatível com a sistemática Constitucional, pois ainda que sejam interesses homogêneos de origem comum, são subespécies de interesses coletivos, tutelados pelo Estado por esse meio processual como dispõe o art. 129, III, da CF. Cuidando-se de tema ligado à saúde, amparada constitucionalmente como dever do Estado e obrigação de todos (CF, art. 196), está o Ministério Público investido da capacidade postulatória, patente a legitimidade *ad causam*, quando o bem que se busca resguardar se insere na órbita dos interesses coletivos, em segmento de extrema delicadeza e de conteúdo social tal que, acima de tudo, recomenda-se o abrigo estatal; **B:** assertiva correta. A jurisprudência do STF tem reconhecido que se pode pleitear a inconstitucionalidade de determinado ato normativo na ação civil pública, desde que *incidenter tantum*, ou seja, somente pela via do CONTROLE DIFUSO (CONTROLE CONCRETO) Veda-se, no entanto, o uso da ação civil pública para alcançar a declaração de inconstitucionalidade com efeitos *erga omnes*, ou seja, pela via do controle abstrato (concentrado). No caso, o pedido de declaração de inconstitucionalidade só pode ser meramente incidental, constituindo-se verdadeira causa de pedir; **C** e **D:** assertivas corretas. O examinador apenas desmembrou a questão, pois os fundamentos são os mesmos da assertiva anterior; **E:** assertiva incorreta, devendo ser assinalada. Consoante orientação doutrinária que se firmou no Supremo Tribunal Federal, É VIÁVEL e não inviável, a declaração incidental de inconstitucionalidade, em sede de ação civil pública para a tutela de direitos difusos, ante os efeitos gerais da sentença em tais casos, sob pena de, na prática, equiparar a ação civil pública a verdadeira ação direta de inconstitucionalidade, usurpando competência do STF.

Gabarito "E"

(Ministério Público/PR – 2013 – X) Assinale a referência que ***não se inclui*** no rol de legitimados pela Constituição do Estado do Paraná a propor ação direta de inconstitucionalidade de lei ou ato normativo estadual ou municipal:

(A) Procurador-Geral do Estado;

(B) Prefeito e Mesa da Câmara de Município paranaense, quando se tratar de lei ou ato normativo local;

(C) Partidos políticos com representação na Assembleia Legislativa;

(D) Federações sindicais e entidades de classe de âmbito estadual ou municipal, quando se tratar de lei ou ato normativo estadual ou municipal, conforme o âmbito de representação;

(E) Deputado Estadual.

A: Incorreta. O Art. 111, II, da Constituição Estadual do Paraná inclui o Procurador-Geral do Estado; **B:** Incorreta. Art. 111, III, da Constituição Estadual do Paraná inclui o Prefeito e Mesa da Câmara de Município paranaense, quando se tratar de lei ou ato normativo local; **C:** Incorreta. Art. 111, V, da CE/PR inclui partidos políticos com representação na Assembleia Legislativa; **D:** Correta. Nos termos do art. 111, VI da CE/PR – as federações sindicais e as entidades de classe de âmbito estadual tem legitimidade, mas o dispositivo supracitado não faz menção as entidades de classe de âmbito municipal; **E:** Incorreta. Deputado Estadual tem legitimidade conforme o art. 111, VII, da CE/PR.

Gabarito "D"

(Ministério Público/PR – 2013 – X) Assinale a alternativa ***correta***:

(A) Não caberá arguição de descumprimento de preceito fundamental, perante o STF, quando for relevante o fundamento da controvérsia constitucional sobre lei municipal;

(B) Somente é inadmissível a arguição de descumprimento de preceito fundamental quando existir meio de tutelar o direito objetivo mediante decisão dotada de efeitos gerais e vinculantes;

(C) É inadmissível a arguição de descumprimento de preceito fundamental, perante o STF, em face de lei ou ato normativo anterior à Constituição;

(D) Qualquer pessoa lesada ou ameaçada por ato do poder público pode propor, perante o STF, arguição de descumprimento de preceito fundamental;

(E) Cabe recurso extraordinário da decisão que julgar procedente ou improcedente o pedido em arguição de descumprimento de preceito fundamental, formulada perante o STF.

A: Incorreta. O art. 1º, I da Lei 9.882/99 dispõe: a arguição prevista no § 1º do art. 102 da Constituição Federal será proposta perante o Supremo Tribunal Federal, e terá por objeto evitar ou reparar lesão a preceito fundamental, resultante de ato do Poder Público. Parágrafo único. Caberá também arguição de descumprimento de preceito fundamental: I – quando for relevante o fundamento da controvérsia constitucional sobre lei ou ato normativo federal, estadual ou municipal, incluídos os anteriores à Constituição; (Vide ADIN 2.231-8, de 2000); **B:** Correta. Nos termos do art. 4º, § 1º, da Lei 9.882/99 não será admitida arguição de descumprimento de preceito fundamental quando houver qualquer outro meio eficaz de sanar a lesividade; **C:** Incorreta. A parte final do parágrafo único do inciso I do art. 1º da Lei 9.882/99 determina: caberá também arguição de descumprimento de preceito fundamental quando for relevante o fundamento da controvérsia constitucional sobre lei ou ato normativo federal, estadual ou municipal, incluídos os anteriores à Constituição; **D:** Incorreta. Somente os legitimados do art. 103, da CF; **E:** Incorreta. Conforme o

Art. 12 da Lei 9.882/99 a decisão que julgar procedente ou improcedente o pedido em arguição de descumprimento de preceito fundamental é irrecorrível, não podendo ser objeto de ação rescisória.

Gabarito "B"

(Ministério Público/RO – 2013 – CESPE) A respeito do controle de constitucionalidade, assinale a opção correta.

(A) Para fins de parâmetro de controle de constitucionalidade concentrado-abstrato realizado pelos tribunais de justiça, devem ser consideradas as normas previstas na Constituição estadual, ressalvadas as normas de reprodução obrigatória.

(B) Compete aos tribunais de justiça processar e julgar a ADI contra lei municipal, caso em que devem ser considerados parâmetros constantes na lei orgânica municipal.

(C) Demonstrado o requisito da pertinência temática, pode o governador de estado ajuizar, perante o STF, ADI, questionando lei estadual em face da CF.

(D) De acordo com a jurisprudência do STF, é cabível ADI em face de lei federal anterior à CF.

(E) Consoante o STF, o decreto autônomo editado pelo presidente da República não pode ser objeto de ADI visto que se qualifica como ato normativo secundário.

A: Incorreta. Para fins de parâmetro de controle de constitucionalidade concentrado-abstrato realizado pelos tribunais de justiça, devem ser consideradas as normas previstas na Constituição estadual, INCLUSIVE as normas de reprodução obrigatória. **B:** Incorreta. Compete aos tribunais de justiça processar e julgar a ADI contra lei municipal, caso em que devem ser considerados parâmetros constantes na CONSTITUIÇÃO ESTADUAL; **C:** Correta. Demonstrado o requisito da pertinência temática, pode o governador de estado ajuizar, perante o STF, ADI, questionando lei estadual em face da CF. Os Governadores, Mesa das Assembleias, Câmara Legislativa, Entidades de Classe de Âmbito Nacional e as Confederações Sindicais são todos legitimados TEMÁTICOS; **D:** Incorreta. Somente ADPF e se a lei tiver sido recepcionada; **E:** Incorreta. Todas as leis e atos normativos se submetem ao controle constitucional, inclusive o decreto autônomo editado pelo presidente da República.

Gabarito "C"

(Ministério Público/RS – 2009) No tocante ao controle de constitucionalidade de leis municipais e estaduais, é INCORRETO afirmar que

(A) não cabe recurso extraordinário de declaração de inconstitucionalidade de lei municipal feita por Tribunal de Justiça de Estado Federado.

(B) o Órgão Especial do Tribunal de Justiça do Estado, em sede de controle concentrado, não é competente para decidir acerca da constitucionalidade de lei municipal sempre que a violação for somente da Constituição Federal.

(C) a lei municipal incompatível com princípios da Constituição Federal, repetidos na Constituição do Estado, pode ser declarada inconstitucional pelo Órgão Especial do Tribunal de Justiça de Estado Federado.

(D) a lei estadual ao mesmo tempo incompatível com a Constituição do Estado e com a Constituição Federal pode ter arguida a sua inconstitucionalidade, em sede de controle concentrado, tanto pelo Órgão Especial do Tribunal de Justiça de Estado federado como pelo STF.

(E) Somente pelo voto da maioria absoluta dos membros do Órgão Especial de Tribunal de Justiça de Estado federado pode ser declarada inconstitucional uma lei.

A: incorreta, devendo ser assinalada, já que compete ao Supremo Tribunal Federal julgar, mediante recurso extraordinário, as causas decididas em único ou última instância, quando a decisão recorrida declarar a inconstitucionalidade (Informativo 405); **B:** correta, o Órgão Especial do Tribunal de Justiça do Estado, em sede de controle concentrado, não é competente para decidir acerca da constitucionalidade de lei municipal sempre que a violação for somente da Constituição Federal; **C:** correta, a lei municipal incompatível com princípios da Constituição Federal, repetidos na Constituição do Estado, pode ser declarada inconstitucional pelo Órgão Especial do Tribunal de Justiça de Estado Federado; **D:** correta, pois de fato a lei estadual incompatível com a Constituição do Estado e com a Constituição Federal, pode ser declarada inconstitucional em sede de controle concentrado, tanto pelo Órgão Especial do Tribunal de Justiça do Estado Federado como pelo STF; **E:** correta, somente pelo voto da maioria absoluta dos membros do respectivo órgão especial poderão os tribunais declarar a inconstitucionalidade de lei ou ato normativo do Poder Público. Viola a cláusula de reserva de plenário (CF, art. 97) a decisão de órgão fracionário de tribunal que, embora não declare expressamente a inconstitucionalidade de lei ou ato normativo do Poder Público, afasta sua incidência, no todo ou em parte (Súmula Vinculante 10).

Gabarito "A"

(Ministério Público/RS – 2008) Nas ações de inconstitucionalidade e em todos os processos de competência do Supremo Tribunal Federal, deverá ser previamente ouvido (a):

(A) O Presidente do Conselho Federal da Ordem dos Advogados do Brasil;

(B) O Presidente do Senado Federal e do Congresso Nacional;

(C) O Procurador-Geral da República;

(D) A maioria das Assembleias Legislativas dos Estados;

(E) O Advogado-Geral da União.

A: incorreta, já que nas ações de inconstitucionalidade e em todos os processos de competência do Supremo Tribunal Federal, deverá ser previamente ouvido o Procurador-Geral da República, nos termos do art. 103, § 1º, da CF; **B:** incorreta, já que o Presidente do Senado Federal – e do Congresso Nacional – não será ouvido previamente pelo Supremo Tribunal Federal; **C:** correta, réplica do art. 103, § 1º, da CF; **D:** incorreta, pois não serão ouvidas; **E:** incorreta, já que o AGU não será ouvido, mas sim citado. Quando o Supremo Tribunal Federal apreciar a inconstitucionalidade, em tese, de norma legal ou ato normativo, citará, previamente, o Advogado-Geral da União, que defenderá o ato ou texto impugnado. Consoante dispõe a norma imperativa do § 3º do art. 103 da CF, incumbe ao advogado-geral da União a defesa do ato ou texto impugnado na ação direta de inconstitucionalidade, não lhe cabendo emissão de simples parecer, a ponto de vir a concluir pela pecha de inconstitucionalidade (ADI 3.413, Rel. Min. **Marco Aurélio**, julgamento em 01.06.2011, Plenário, *DJe* de 01.08.2011).

Gabarito "C"

(Ministério Público/RS – 2009) Leia o exemplo abaixo.

O Tribunal de Justiça de um Estado, apreciando mandado de segurança, decidiu que determinada aposentadoria fulcrada em lei estadual não poderia ter sido indeferida no plano administrativo – portanto, deveria ser concedida – porque a lei estadual que a vedava feria a Constituição Federal. Na ocasião do julgamento, o Ministério Público levantou preliminar requerendo a suspensão do julgamento para que fosse suscitado o respectivo incidente de inconstitucionalidade, forte no Regimento Interno do Tribunal. A tese do Ministério Público foi afastada por dois motivos: (i) porque não caberia ao Ministério Público fazer o pedido de suspensão do julgamento, tendo em vista que isso equivaleria a uma substituição da prerrogativa e/ou dever da parte recorrente (O Estado federado); e (ii) pelo argumento de que embora seja possível a uma Câmara levar ao Órgão Especial uma possível arguição de inconstitucionalidade de lei municipal ou mesmo estadual, frente à Constituição Estadual, o Órgão Especial não tem competência para decidir matéria de lei estadual que fira a Constituição Federal.

Assinale a alternativa correta relativamente a essa decisão.

(A) O Órgão fracionário do Tribunal decidiu de forma equivocada, porque a matéria, em sede de mandado de segurança, não poderia ter sido examinada, pois deveria ter sido arguida a inconstitucionalidade via controle concentrado junto ao órgão Especial do Tribunal.

(B) Somente as partes podem suscitar a inconstitucionalidade.

(C) É irrelevante qualquer discussão acerca da reserva de plenário, porque os Tribunais têm legitimidade para disporem da matéria, em seus regimentos internos.

(D) A decisão do Órgão fracionário foi equivocada porque deveria ter suscitado o incidente de inconstitucionalidade, mesmo em se tratando de lei estadual colidente com a Constituição Federal.

(E) A decisão do Órgão Fracionário foi correta.

A: incorreta, pois o Órgão fracionário do Tribunal decidiu de forma equivocada porque deveria ter suscitado o incidente de inconstitucionalidade; **B:** incorreta, o Tribunal se equivocou ao dizer que não caberia ao Ministério Público fazer o pedido de suspensão do julgamento, tendo em vista que isso equivaleria a uma substituição da prerrogativa e/ou dever da parte recorrente. Cabe a qualquer pessoa, inclusive pode ser reconhecida de ofício pelo julgador; **C:** incorreta, pois viola a cláusula de reserva de plenário (CF, art. 97) a decisão de órgão fracionário de tribunal que, embora não declare expressamente a inconstitucionalidade de lei ou ato normativo do Poder Público, afasta sua incidência, no todo ou em parte (**Súmula Vinculante 10**); **D:** correta, a decisão do Órgão fracionário foi equivocada porque deveria ter suscitado o incidente de inconstitucionalidade, mesmo em se tratando de lei estadual colidente com a Constituição Federal; **E:** incorreta, pois a decisão do Órgão Fracionário foi totalmente descabida. O poder de que dispõe qualquer juiz ou tribunal para deixar de aplicar a lei inconstitucional a determinado processo pressupõe a invalidade da lei e, com isso, a sua nulidade. A faculdade de negar aplicação à lei inconstitucional corresponde ao direito do indivíduo de recusar-se a cumprir a lei inconstitucional, assegurando-se-lhe, em última instância, a possibilidade de interpor recurso extraordinário ao STF contra decisão judicial que se apresente, de alguma forma, em contradição com a Constituição (Cf., Rp 980, Rel. Min. **Moreira Alves,** *RTJ* 96, p. 508). Tanto o poder de o juiz negar aplicação à lei inconstitucional quanto a faculdade assegurada ao indivíduo de negar observância à lei inconstitucional (mediante interposição de recurso extraordinário) demonstram que o constituinte pressupôs a nulidade da lei inconstitucional. Em certos casos, o efeito necessário e imediato da declaração de nulidade de uma norma, na declaração de inconstitucionalidade pelo STF ou pelos Tribunais de Justiça dos Estados, há de ser a exclusão de toda ultra-atividade da lei inconstitucional. A eventual eliminação dos atos praticados com fundamento na lei inconstitucional terá de ser considerada em face de todo o sistema jurídico, especialmente das chamadas fórmulas de preclusão.

Gabarito "D"

(Ministério Público/TO – 2012 – CESPE) Acerca do controle de constitucionalidade concentrado, assinale a opção correta à luz da jurisprudência do STF.

(A) A súmula de jurisprudência e a súmula vinculante são consideradas atos normativos, sujeitos, portanto, ao controle de constitucionalidade concentrado pelo STF.

(B) Com a regulamentação legal das centrais sindicais e sua equiparação às confederações sindicais, passou-se a reconhecer a legitimidade ativa dessas entidades para ajuizar ADI perante o STF.

(C) Estando presentes os requisitos de admissibilidade da ADI, admite-se a conversão de arguição de descumprimento de preceito fundamental em ADI.

(D) A eficácia geral e o efeito vinculante de decisão proferida pelo STF em ação declaratória de constitucionalidade ou ADI, de lei ou ato normativo federal, atingem os demais órgãos do Poder Judiciário e todos os órgãos dos Poderes Executivo e Legislativo.

(E) O STF não tem competência para realizar controle de constitucionalidade concentrado de lei ou ato normativo municipal em face da CF.

A: incorreta, súmulas convencionais e vinculantes são proposições jurídicas que consolidam a jurisprudência de um tribunal acerca de assuntos controvertidos, logo, não apresentam características de ato normativo (STF, Pleno, Adin 594-MC/DF. Carlos Velloso, decisão de 19.02.1992; **B:** incorreta, a legitimidade neste contexto pertence apenas às Confederação Sindicais (art. 103, IX, da CF), que são organizadas com um mínimo de três federações, estabelecidas em pelo menos três Estados, nos termos do art. 535 da CLT; **C:** correta, em nome da instrumentalidade, da economia e da celeridade processuais, além da certeza jurídica, **admite-se fungibilidade entre a ação direta de inconstitucionalidade e arguição de descumprimento de preceito fundamental** (STF, ADI 4163/SP, rel. Min. Cezar Peluso, 29.02.2012, Plenário, informativo 656); **D:** incorreta, pois não atinge o Poder Legislativo; **E:** incorreta, pois o STF tem competência para realizar o controle de constitucionalidade de lei ou ato normativo municipal em face da CF por meio da ADPF, nos termos do art. 102, § 1°, da CF c/c o art. 1° da Lei 9.882/1999.

Gabarito "C"

(Ministério Público/MG – 2006) É **CORRETO** afirmar no exame do procedimento da Ação Direta de Inconstitucionalidade e Constitucionalidade que:

(A) é admitida intervenção de terceiros no processo de Ação Direta de Inconstitucionalidade.

(B) é cabível recurso do despacho do relator que admite o *Amicus Curiae*.

(C) a decisão sobre a constitucionalidade ou a inconstitucionalidade da lei ou do ato normativo proclamará num ou noutro sentido se tiverem manifestado pelo menos quatro Ministros

(D) a propositura de Ação Direta inadmitirá desistência.

(E) a decisão que declara a constitucionalidade ou a inconstitucionalidade da lei ou do ato normativo em Ação Direta ou em Ação declaratória pode ser objeto de ação rescisória.

A: incorreta, nos termos do art. 7º da Lei 9.868/1999, não se admitirá a intervenção de terceiros no processo de Ação Direta de Inconstitucionalidade; **B:** incorreta, na exata medida que o § 2º do art. 7º da Lei 9.868/1999, determina que o relator, considerando a relevância da matéria e a representatividade dos postulantes, poderá, por despacho irrecorrível, admitir a manifestação de outros órgãos ou entidades; **C:** incorreta, pois depende da manifestação de pelo menos seis Ministros (maioria absoluta). A decisão sobre a constitucionalidade ou a inconstitucionalidade da lei ou do ato normativo somente será tomada se presentes na sessão pelo menos oito Ministros. Efetuado o julgamento, proclamar-se-á a constitucionalidade ou a inconstitucionalidade da disposição ou da norma impugnada se num ou noutro sentido se tiverem manifestado pelo menos seis Ministros, quer se trate de ação direta de inconstitucionalidade ou de ação declaratória de constitucionalidade; **D:** correta, nos moldes do art. 5º da Lei 9.868/1999, que indica que uma vez proposta a ação direta, não se admitirá desistência; **E:** incorreta, segundo o art. 26 da Lei 9.868/1999, a decisão que declara a constitucionalidade ou a inconstitucionalidade da lei ou do ato normativo em ação direta ou em ação declaratória é irrecorrível, ressalvada a interposição de embargos declaratórios, não podendo, igualmente, ser objeto de ação rescisória.

Gabarito "D"

(Ministério Público/MG – 2006) Assinale a opção **CORRETA**:

(A) a arguição de inconstitucionalidade, por via de exceção, necessita haver sido ventilada no juízo de primeiro grau, para ser apreciada pela instância recursal.

(B) é inadmissível ação direta de inconstitucionalidade de lei municipal, violadora de dispositivo constitucional estadual que reproduz norma da Constituição da República.

(C) atos estatais de efeitos concretos, veiculados em texto de lei formal, submetem-se à jurisdição constitucional concentrada.

(D) leis pré-constitucionais submetem-se, vigente uma nova Constituição, à tutela jurisdicional de constitucionalidade abstrata.

(E) a medida cautelar, em ação direta de inconstitucionalidade, reveste-se, ordinariamente, de eficácia contra todos e retroativa.

A: incorreta, pois a arguição de inconstitucionalidade, por via de exceção, pode ser ventilada no juízo de primeiro grau ou na instância recursal, ou seja, a qualquer tempo; **B:** correta, é inadmissível ação direta de inconstitucionalidade de lei municipal, violadora de dispositivo constitucional estadual que reproduz norma da Constituição da República. A única ação cabível é a ADPF, nos termos do art. 1º da Lei 9.882/1999; **C:** incorreta, pois atos estatais de efeitos concretos, veiculados em texto de lei formal, *não* se submetem à jurisdição constitucional concentrada; **D:** incorreta, pois leis pré-constitucionais não se submetem, vigente uma nova Constituição, à tutela jurisdicional de constitucionalidade abstrata, salvo se forem recepcionadas, e só poderão ser impugnadas, neste caso, pela via da ADPF; **E:** incorreta, no exato termo que a medida cautelar, em ação direta de inconstitucionalidade, reveste-se, ordinariamente, de eficácia contra todos e "ex nunc".

Gabarito "B"

(Ministério Público/MG – 2006) O prefeito municipal de Divinópolis propôs uma ação direta de inconstitucionalidade visando impugnar texto de uma lei municipal de autoria do legislativo, dispondo sobre o transporte de moto-táxi no território do Município. Ao fundamentar a petição inicial deixou de mencionar qual a norma constitucional estadual violada. Entendeu irrelevante a supressão, ao entendimento de que a norma contrariada está expressamente mencionada na parte da competência privativa do Chefe do Executivo na Constituição da República, razão pela qual preferiu apontar a norma federal paradigma em razão do princípio da simetria. Acerca da questão proposta é **CORRETO** afirmar que

(A) em se tratando de controle de constitucionalidade, cuja norma sindicada seja norma municipal ou estadual, o Tribunal de Justiça possui competência para confrontar o texto impugnado com a Constituição da República.

(B) o Tribunal de Justiça extinguirá o processo sem julgamento do mérito ante a ausência de indicação clara do dispositivo constitucional estadual violado.

(C) havendo norma paradigma federal com aquela de repetição obrigatória, é dispensável a menção da norma constitucional estadual.

(D) sendo a norma da Constituição Estadual espelhada em norma da Constituição da República, o pedido pode ser perfeitamente conhecido.

(E) o Tribunal de Justiça determinará, mediante despacho do relator do feito, que se emende a inicial, *ad referendum* do Órgão Especial, quando da apreciação da medida liminar e aponte a norma constitucional estadual violada.

A: incorreta, pois em se tratando de controle de constitucionalidade, cuja norma sindicada seja norma municipal ou estadual, o Tribunal de Justiça não possui competência para confrontar o texto impugnado com a Constituição da República. O autor deve indicar claramente o dispositivo violado; **B:** correta, o Tribunal de Justiça extinguirá o processo sem julgamento do mérito ante a ausência de indicação clara do dispositivo constitucional estadual violado; **C:** incorreta, pois se há um paradigma com aquela norma de repetição obrigatória, é indispensável a menção da norma constitucional estadual; **D:** incorreta, pois o pedido não pode ser conhecido; **E:** incorreta, pois o Tribunal de Justiça não determinará absolutamente nada, senão vejamos: A petição indicará: o dispositivo da lei ou do ato normativo impugnado e os fundamentos jurídicos do pedido em relação a cada uma das impugnações; o pedido, com suas especificações. A petição inicial, acompanhada de instrumento de procuração, quando subscrita por advogado, será apresentada em duas vias, devendo conter cópias da lei ou do ato normativo impugnado e dos documentos necessários para comprovar a impugnação. A petição inicial inepta, não fundamentada e a manifestamente improcedente serão liminarmente indeferidas pelo relator. O relator pedirá informações aos órgãos ou às autoridades das quais emanou a lei ou o ato normativo impugnado. As informações serão prestadas no prazo de trinta dias contado do recebimento do pedido. O relator, considerando a relevância da matéria e a representatividade dos postulantes, poderá, por despacho irrecorrível, admitir, observado o prazo fixado no parágrafo anterior, a manifestação de outros órgãos ou entidades. Decorrido o prazo das informações, serão ouvidos, sucessivamente, o Advogado-Geral da União e o Procurador-Geral da República, que deverão manifestar-se, cada qual, no prazo de quinze dias.

Gabarito "B"

(Ministério Público/MG – 2006) No tocante à denominada "cláusula de reserva de plenário" é **CORRETO** afirmar que

(A) diz respeito ao controle concentrado de constitucionalidade, sendo reconhecida, quando pela maioria absoluta dos desembargadores do Órgão Especial do respectivo Tribunal de Justiça, é declarada a inconstitucionalidade de uma norma.

(B) significa o quórum especial previsto no Regimento Interno do Tribunal, quando do reconhecimento da inconstitucionalidade *in abstrato*.

(C) é incompatível com a modalidade de controle de constitucionalidade *incidenter tantum*.

(D) é compatível com a modalidade de declaração incidental de inconstitucionalidade.

(E) significa que tanto poderá ser reconhecida a inconstitucionalidade pelo Órgão Especial quanto pela maioria dos desembargadores componentes das Câmaras ou Grupos de Câmaras.

A: incorreta, pois a cláusula de reserva de plenário diz respeito ao controle concentrado e *difuso* de constitucionalidade. Sem prejuízo, a cláusula constitucional de reserva de plenário, insculpida no art. 97 da CF, fundada na presunção de constitucionalidade das leis, não impede que os órgãos fracionários ou os membros julgadores dos tribunais, quando atuem monocraticamente, rejeitem a arguição de invalidade dos atos normativos, conforme consagrada lição da doutrina (MOREIRA, José Carlos Barbosa. *Comentários ao Código de Processo Civil – Arts. 476 a 565*. Rio de Janeiro: Ed. Forense, 2009. vol. V, p. 40) (RE 636.359-AgR-segundo, Rel. Min. **Luiz Fux**, julgamento em 03.11.2011, Plenário, *DJe* de 25.11.2011). A regra da chamada reserva do plenário para declaração de inconstitucionalidade (art. 97 da CF) não se aplica, deveras, às turmas recursais de juizado especial. Mas tal circunstância em nada atenua nem desnatura a rigorosa exigência de juntada de cópia integral do precedente que tenha, ali, pronunciado inconstitucionalidade de norma objeto de recurso extraordinário fundado no art. 102, III, *b*, da Constituição da República, pela mesmíssima razão por que, a igual título de admissibilidade do recurso, não se dispensa juntada de cópia de acórdão oriundo de plenário. (**RE 453.744-AgR**, voto do Rel. Min. **Cezar Peluso**, julgamento em 13.06.2006, 1ª Turma, *DJ* de 25.08.2006.); **B:** incorreta, já que somente pelo voto da maioria absoluta de seus membros ou dos membros do respectivo órgão especial poderão os tribunais declarar a inconstitucionalidade de lei ou ato normativo do Poder Público; **C:** incorreta, pois como já vimos é compatível com a modalidade de controle de constitucionalidade *incidenter tantum*, ou simplesmente, controle difuso; **D:** correta, pelos motivos ora apresentados; **E:** incorreta, pois "viola a cláusula de reserva de plenário (CF, art. 97) a decisão de órgão fracionário de tribunal que, embora não declare expressamente a inconstitucionalidade de lei ou ato normativo do Poder Público, afasta sua incidência, no todo ou em parte" (**Súmula Vinculante 10**). A orientação do STF admite, em situações extremas, o reconhecimento de efeitos meramente prospectivos à declaração incidental de inconstitucionalidade. (AI 631.400-AgR, Rel. Min. Joaquim Barbosa, julgamento em 04.10.2011, 2ª Turma, *DJe* de 02.03.2012.). Alegação de contrariedade à Súmula Vinculante 10 do STF. (...) Indeferimento de medida cautelar não afasta a incidência ou declara a inconstitucionalidade de lei ou ato normativo. Decisão proferida em sede cautelar: desnecessidade de aplicação da cláusula de reserva de plenário estabelecida no art. 97 da CF" (Rcl 10.864-AgR, Rel. Min. **Cármen Lúcia**, julgamento em 24.03.2011, Plenário, *DJe* de 13.04.2011.).

Gabarito "D"

(Ministério Público/MG – 2011) Consoante a Lei 9.868/1999, que dispõe sobre o processo e julgamento da ação direta de inconstitucionalidade e da ação declaratória de constitucionalidade perante o Supremo Tribunal Federal, é **CORRETO** afirmar que

(A) a petição inicial da ação direta de inconstitucionalidade inepta, não fundamentada e a manifestamente improcedente serão liminarmente indeferidas pelo relator, em decisão irrecorrível.

(B) proposta a ação direta de inconstitucionalidade, o proponente poderá, a qualquer tempo, desistir.

(C) no processo de ação direta de inconstitucionalidade, admite-se a intervenção de terceiros.

(D) a decisão sobre a constitucionalidade ou a inconstitucionalidade da lei ou ato normativo somente será tomada se presentes na sessão pelo menos oito Ministros.

A: incorreta, pois da decisão que indeferir a petição inicial cabe agravo, nos termos do art. 4º, parágrafo único, da Lei 9.868/1999; **B:** incorreta, uma vez proposta a ação direta, não se admitirá desistência, como termina o art. 5º da Lei 9.868/1999; **C:** incorreta, já que o art. 7º da Lei 9.868/1999, determina que não se admitirá intervenção de terceiros no processo de ação direta de inconstitucionalidade; **D:** correta, réplica do art. 22 da Lei 9.868/1999, que dispõe que a decisão sobre a constitucionalidade ou a inconstitucionalidade da lei ou do ato normativo somente será tomada se presentes na sessão pelo menos oito Ministros.

Gabarito "D"

(Ministério Público/MG – 2011) Examine as afirmativas abaixo.

I. É inadmissível a propositura de ação direta de inconstitucionalidade que tenha por objeto lei ou ato normativo editado anteriormente à Constituição ou à Emenda Constitucional invocada como paradigma.

II. É admissível a propositura de ação direta de inconstitucionalidade que tenha por objeto atos estatais de efeitos concretos.

III. É inadmissível a propositura de ação direta de inconstitucionalidade que tenha por objeto emenda à Constituição.

IV. É admissível a propositura de arguição de descumprimento de preceito fundamental quando for relevante o fundamento da controvérsia constitucional sobre lei ou ato normativo federal, estadual ou municipal, incluídos os anteriores à Constituição.

Somente está **CORRETO** o que se afirma em:

(A) I e II.

(B) II e IV.

(C) I e IV.

(D) II e III.

I: correta, é inadmissível a propositura de ação direta de inconstitucionalidade que tenha por objeto lei ou ato normativo editado anteriormente à Constituição, já que a medida correta é a ADPF, conforme o art. 1º da Lei 9.882/1999, ou à Emenda Constitucional invocada como paradigma, pois não se admite a inconstitucionalidade superveniente. Em outras palavras, um ato normativo tem inconstitucionalidade originária quando é oposto às normas constitucionais já vigentes no momento de sua criação. Por outro lado, há inconstitucionalidade superveniente quando o ato normativo era, à princípio, constitucional, mas uma alteração posterior na própria constituição torna ela incompatível com as novas normas da Constituição. Em relação ao contexto brasileiro, o mais importante é ressaltar que a chamada inconstitucionalidade superveniente não é aceita pela jurisprudência do Supremo Tribunal Federal (STF). Para o STF, Emendas Constitucionais ou mesmo uma nova Constituição não tornam inconstitucionais as normas anteriores incompatíveis: o que ocorre é uma revogação dessas normas; **II:** incorreta, pois essas leis, embora se enquadrem na definição genérica do que seja ato normativo, não se enquadravam, segundo posição majoritária do STF, no conceito de leis ou atos normativos para efeito de controle de constitucionalidade por meio de ADI ou de ADC. Falta a elas, em grau mais elevado, a abstração, ou generalidade ou impessoalidade e, portanto, segundo a velha orientação do STF, não havia sentido fazer o controle em abstrato (ADI ou ADC) já que a norma careceria de abstração (ADI 3652 / RR – Roraima; ADI-MC 842 / DF – Distrito Federal; ADI – 2347). O autor entende que a questão em tela está correta, mas nos termos da velha orientação do STF, como dito anteriormente, pois *atualmente* o STF não entende assim. Vejamos: Cabe ressaltar que a antiga posição do STF (inadmissibilidade de controle abstrato por ADI de normas de efeitos concretos) já foi superada em dois temas. Primeiro temos as leis de criação, incorporação, fusão ou desmembramento de municípios porque, embora consideradas em geral como leis de efeitos concretos seriam também dotadas de efeitos abstratos subsequentes que viabilizariam o controle concentrado, contra elas o STF tem admitido, em vários casos, o cabimento de ADI. Veja a decisão abaixo: "Não devemos nos esquecer de que esta Corte, em diversos julgados recentes, declarou a inconstitucionalidade – e, portanto, a nulidade – de leis estaduais, posteriores à EC 15/1996, instituidoras de novos municípios, por ausência da lei complementar federal prevista pelo art. 18, § 4º, da Constituição (ADI-MC 2.381/RS, Rel. Min. Sepúlveda Pertence, *DJ* 14.12.2001; ADI 3.149/SC, Rel. Min. Joaquim Barbosa, *DJ* 01.04.2005; ADI 2.702/PR, Rel. Min. Maurício Corrêa, *DJ* 06.02.2004; ADI 2.967/BA, Rel. Min. Sepúlveda Pertence, *DJ* 19.03.2004; ADI 2.632/BA, Rel. Min. Sepúlveda Pertence, *DJ* 12.03.2004)"; **III:** incorreta, já é admissível a propositura de ação direta de inconstitucionalidade que tenha por objeto emenda à Constituição, nos termos do art. 59, I e 60, da CF; **IV:** correta, literalidade do art. 1º, parágrafo único, I, da Lei 9.882/1999, que determina ser admissível a propositura de arguição de descumprimento de preceito fundamental quando for relevante o fundamento da controvérsia constitucional sobre lei ou ato normativo federal, estadual ou municipal, incluídos os anteriores à Constituição.

Gabarito "C"

(Ministério Público/GO – 2010) Analise as assertivas abaixo e assinale a alternativa correta:

I. A doutrina e a jurisprudência nacionais admitem plenamente a teoria da divisibilidade da lei, de modo que somente deve ser proferida a inconstitucionalidade daquelas normas viciadas, não devendo se estender o juízo da censura às outras partes da lei, salvo se elas não puderem subsistir de forma autônoma.

II. Na declaração de nulidade parcial sem redução de texto o Tribunal competente limita-se a considerar inconstitucional apenas determinada hipótese de aplicação da lei, sem proceder a alteração do seu programa normativo.

III. A interpretação conforme a Constituição decorre da hipótese de duas ou mais interpretações possíveis, devendo ser preferida a que se revele mais compatível com o texto constitucional e desde que não atente contra a expressão literal do texto, de modo a não alterar o seu significado normativo.

IV. As decisões proferidas no mandado de injunção e na ação direta de inconstitucionalidade por omissão declaram a mora do órgão legiferante em cumprir seu dever de legislar, compelindo-o a editar a providência requerida.

(A) Há apenas duas assertivas corretas.

(B) Há apenas três assertivas corretas.

(C) Há apenas uma assertiva correta.

(D) Todas as assertivas estão corretas.

I: correta, é realizado de forma abstrata, o controle concentrado de constitucionalidade é regido pelo princípio da parcelaridade ou divisibilidade. Referido princípio possibilita ao STF julgar e declarar inconstitucional apenas parte do texto legal que estiver em conflito com o texto constitucional , mantendo em vigor a parcela que com ela for compatível, desde que autônoma em relação à parte declarada inconstitucional. Trata-se de decorrência direta da teoria da divisibilidade da lei. Diferentemente, o princípio da parcelaridade não rege o veto presidencial, que, se parcial, deve abranger o texto integral de artigo, parágrafo, inciso ou alínea, nos termos do artigo 66, § 2º, da CF; **II:** correta, a declaração parcial da nulidade sem redução de texto consiste no reconhecimento da inconstitucionalidade de uma das possíveis hipóteses abrangidas pela norma objeto de controle. Dentro de um grande número de aplicações, uma delas se afigura inconstitucional. E, para esta situação, declara-se a inconstitucionalidade, sem necessidade de reduzir-se o texto da norma, que para as demais hipóteses é compatível com a Constituição. Normalmente, neste tipo de decisão, emprega-se a conjunção "desde que" (*soweit*), ou seja, a lei será inconstitucional desde que considerada naquela específica hipótese reconhecida como contrária à Lei Fundamental. Pode-se dizer que a *declaração de nulidade parcial sem redução de texto* é bastante utilizada no Brasil, principalmente, se considerada como gênero da *interpretação conforme a Constituição* – entendimento predominante na jurisprudência do Supremo Tribunal Federal. Um exemplo de utilização dessa variante de decisão é o da ADIn 939-7 , em que o Supremo analisou a constitucionalidade da Emenda Constitucional n. 3, de 17.03.1993, a qual autorizava a União a instituir o IPMF sem a observância do princípio da anterioridade (art. 150, III, *b*, da Constituição Federal) e das imunidades previstas no inciso VI do art. 150 da Constituição. A decisão foi no sentido de reconhecer a inconstitucionalidade da Emenda n. 3 e a *inconstitucionalidade sem redução de texto* da lei que instituiu o IPMF, Lei Complementar 77/1993, para que o referido tributo fosse cobrado apenas no exercício seguinte e com respeito às imunidades previstas no art. 150, VI; **III:** correta, a interpretação conforme a Constituição é aquela em que o intérprete adota a interpretação mais favorável à Constituição Federal, considerando-se seus princípios e jurisprudência, sem, contudo, se afastar da finalidade da lei. Ensina o professor Pedro Lenza que esta forma ou princípio de interpretação possui algumas dimensões que deverão ser observadas, quais sejam: a prevalência da Constituição, que é a essência deste método, posto que enfatiza a supremacia da Lei Maior; a conservação da norma, visto que ao adotar a interpretação que vai ao encontro da Constituição propiciamos sua eficácia e evitamos que seja declarada inconstitucional e deixe de ser aplicada; a exclusão da interpretação *contra legem*, o que impossibilita que a lei seja interpretada contrariamente ao seu texto literal com o intuito de considerá-la constitucional; espaço de interpretação, que dita que este método só pode ser aplicado quando houver a possibilidade de opção, ou seja, deve existir mais de uma interpretação para então optar-se por aquela conforme a Constituição; rejeição ou não aplicação de normas inconstitucionais, em que sempre que o juiz analisar a lei utilizando todos os métodos existente e verificar que ela é contrária à Constituição deverá declarar a sua inconstitucionalidade; o intérprete não pode atuar como legislador positivo, ou seja, aquele que interpreta a lei não pode dar a ela uma aplicabilidade diversa daquela almejada pelo legislativo, pois, caso assim proceda, considerar-se-á criação de uma norma-regra pelo intérprete e a atuação deste com poderes inerentes ao legislador, o que é proibido; **IV:** correta, as decisões proferidas no mandado de injunção e na ação direta de inconstitucionalidade por omissão declaram a mora do órgão legiferante em cumprir seu dever de legislar, compelindo-o a editar a providência requerida, nos termos dos arts. 5º, LXXI e 103, § 2º, da CF.

Gabarito "D"

(Ministério Público/GO – 2012) No que se refere ao procedimento da ação direta de inconstitucionalidade e da ação declaratória de constitucionalidade, é correto afirmar que:

(A) o requisito da pertinência temática relaciona-se apenas à legitimidade ativa para a propositura, não podendo servir de empecilho à admissão de *amicus curiae*.

(B) não se admitirá intervenção de terceiros no processo de ação direta de inconstitucionalidade.

(C) a atuação do *amicus curiae* se limita à manifestação escrita, vedada, pois, a sustentação oral, por ocasião do julgamento da ação direta de inconstitucionalidade.

(D) na hipótese de pedido de concessão de medida cautelar em ação direta de inconstitucionalidade, os órgãos ou autoridades dos quais emanou a lei ou o ato impugnado disporão de cinco dias para se manifestar sobre o pedido de liminar, sendo esta a única ocasião em que poderão, por escrito, exercer a defesa do ato ou da lei impugnados.

A: incorreta. O *amicus curiae* ou "amigo da Corte" é modalidade de intervenção assistencial em processos de controle de constitucionalidade por parte de entidades que tenham representatividade adequada para se manifestar nos autos sobre questão de direito pertinente à controvérsia constitucional. Não são partes dos processos; atuam apenas como interessados na causa. Consequentemente, não se relaciona com a legitimidade ativa para a propositura das ações do controle concentrado, já que os legitimados do art. 103 da CF são partes; **B:** correta, pois nos termos do art. 7º da Lei 9.868/1999, não se admitirá intervenção de terceiros no processo de ação direta de inconstitucionalidade; **C:** incorreta, em caso de necessidade de esclarecimento de matéria ou circunstância de fato ou de notória insuficiência das informações existentes nos autos, poderá o relator requisitar informações adicionais, designar perito ou comissão de peritos para que emita parecer sobre a questão, ou fixar data para, em audiência pública, ouvir depoimentos de pessoas com experiência e autoridade na matéria; **D:** incorreta. Proposta a Adi, O relator pedirá informações aos órgãos ou às autoridades das quais emanou a lei ou o ato normativo impugnado. As informações serão prestadas no prazo de trinta dias contado do recebimento do pedido. Como dito anteriormente, não se admitirá intervenção de terceiros no processo de ação direta de inconstitucionalidade. O relator, considerando a relevância da matéria e a representatividade dos postulantes, poderá, por despacho irrecorrível, admitir, observado o prazo fixado no parágrafo anterior, a manifestação de outros órgãos ou entidades. Decorrido o prazo das informações, serão ouvidos, sucessivamente, o Advogado-Geral da União e o Procurador-Geral da República, que deverão manifestar-se, cada qual, no prazo de quinze dias. Vencidos os prazos do artigo anterior, o relator lançará o relatório, com cópia a todos os Ministros, e pedirá dia para julgamento. Em caso de necessidade de esclarecimento de matéria ou circunstância de fato ou de notória insuficiência das informações existentes nos autos, poderá o relator requisitar informações adicionais, designar perito ou comissão de peritos para que emita parecer sobre a questão, ou fixar data para, em audiência pública, ouvir depoimentos de pessoas com experiência e autoridade na matéria. O relator poderá, ainda, solicitar informações aos Tribunais Superiores, aos Tribunais federais e aos Tribunais estaduais acerca da aplicação da norma impugnada no âmbito de sua jurisdição. As informações, perícias e audiências a que se referem os parágrafos anteriores serão realizadas no prazo de trinta dias, contado da solicitação do relator. Por fim, salvo no período de recesso, a medida cautelar na ação direta será concedida por decisão da maioria absoluta dos membros do Tribunal, observado o disposto no art. 22, após a audiência dos órgãos ou autoridades dos quais emanou a lei ou ato normativo impugnado, que deverão pronunciar-se no prazo de cinco dias. O relator, julgando indispensável, ouvirá o Advogado-Geral da União e o Procurador-Geral da República, no prazo de três dias. No julgamento do pedido de medida cautelar, será facultada sustentação oral aos representantes judiciais do requerente e das autoridades ou órgãos responsáveis pela expedição do ato, na forma estabelecida no Regimento do Tribunal. Em caso de excepcional urgência, o Tribunal poderá deferir a medida cautelar sem a audiência dos órgãos ou das autoridades das quais emanou a lei ou o ato normativo impugnado. Concedida a medida cautelar, o Supremo Tribunal Federal fará publicar em seção especial do Diário Oficial da União e do Diário da Justiça da União a parte dispositiva da decisão, no prazo de dez dias, devendo solicitar as informações à autoridade da qual tiver emanado o ato. A medida cautelar, dotada de eficácia contra todos, será concedida com efeito *ex nunc*, salvo se o Tribunal entender que deva conceder-lhe eficácia retroativa. A concessão da medida cautelar torna aplicável a legislação anterior acaso existente, salvo expressa manifestação em sentido contrário. Havendo pedido de medida cautelar, o relator, em face da relevância da matéria e de seu especial significado para a ordem social e a segurança jurídica, poderá, após a prestação das informações, no prazo de dez dias, e a manifestação do Advogado-Geral da União e do Procurador-Geral da República, sucessivamente, no prazo de cinco dias, submeter o processo diretamente ao Tribunal, que terá a faculdade de julgar definitivamente a ação.

Gabarito "B"

(Ministério Público/CE – 2011 – FCC) Considera-se mecanismo de controle político de constitucionalidade, previsto pela Constituição da República dentro da sistemática de freios e contrapesos da separação de poderes que adota,

(A) o veto do Presidente da República a projeto de lei aprovado pelas casas do Congresso Nacional, por motivo de inconstitucionalidade.

(B) a resolução do Congresso Nacional que suspende a eficácia de lei declarada inconstitucional por decisão definitiva do Supremo Tribunal Federal.

(C) o julgamento do Presidente da República, por crime de responsabilidade, pelo Supremo Tribunal Federal.

(D) a aprovação prévia pelo Senado Federal, por voto secreto, após arguição em sessão pública, da escolha dos chefes de missão diplomática de caráter permanente.

(E) a sustação, pelo Senado Federal, dos atos normativos do Poder Executivo que exorbitem do poder regulamentar ou dos limites de delegação legislativa.

A: correta, pois a deliberação executiva é o ato em que o Presidente da República analisa o projeto de lei, aprovado pelo Congresso Nacional, para vetá-lo ou sancioná-lo. Realiza-se no texto formalmente consubstanciado no autógrafo, que, deve retratar, com fidelidade, o projeto de lei aprovado pelo Congresso Nacional. A existência da deliberação executiva é uma manifestação da cláusula de independência e harmonia entre Poderes (CF, art. 2º). No momento em que se submete um projeto de lei, já aprovado pelo Congresso Nacional, ao crivo do Presidente da República, permite-se um contrabalanço no processo de formação dos atos normativos. Deflagra-se, então, um controle recíproco. Sendo assim, o veto é um poder-dever, pois quando o projeto é rejeitado sob o argumento da inconstitucionalidade, temos o exercício do veto em sentido formal. É o veto jurídico propriamente dito; **B:** incorreta, pois não se trata de resolução do Congresso Nacional, mas sim do Senado Federal, conforme art. 52, X, da CF; **C:** incorreta, já que o Presidente da República será processado e julgado pelo Senado Federal nos crimes de responsabilidade após a autorização de dois terços dos membros da Câmara dos Deputados, conforme art. 51, I e 52, II, da CF. O julgamento do Presidente da República, por crime comum, será realizado pelo Supremo Tribunal Federal, nos termos do art. 102, I, "b", da CF; **D:** incorreta, pois a arguição será em sessão secreta, nos moldes do art. 52, IV, da CF; **E:** incorreta, já que compete exclusivamente ao Congresso Nacional, por meio de decreto legislativo sustar os atos normativos do Poder Executivo que exorbitem do poder regulamentar ou dos limites de delegação legislativa, conforme art. 49, V, da CF.

Gabarito "A"

(Ministério Público/BA – 2008) Relativamente ao controle de constitucionalidade, é errôneo afirmar:

(A) Considerando que a ação civil pública tem eficácia *erga omnes*, não é possível, por esta via, o controle difuso de constitucionalidade, que tem eficácia *inter partes*.

(B) O processo de Ação Direta de Inconstitucionalidade não admite intervenção de terceiros, admitindo, porém, a manifestação no processo de órgãos ou entidades não legitimados, passíveis de serem afetados pelo resultado do julgamento.

(C) O decreto autônomo pode ser acoimado de inconstitucionalidade direta.

(D) O chefe do Executivo pode deixar de aplicar lei que entenda inconstitucional, podendo ainda determinar a seus subordinados que assim procedam.

(E) O controle difuso de constitucionalidade é exercido por qualquer órgão do judiciário, podendo o juiz de 1º grau, de ofício ou por provocação das partes, do Ministério Público *custos legis* ou do terceiro interveniente, declarar a inconstitucionalidade incidental de lei ou ato normativo conflitante com a Constituição.

A: assertiva incorreta, devendo ser assinalada, pois de fato não se pode afirmar que não é possível o controle difuso nas ações civis públicas. O controle difuso de constitucionalidade pode efetivar-se por meio da ação civil pública, disciplinada pela Lei 7.347/1985. Daí a competência do Ministério Público para, mediante controle difuso, ajuizar ações civis públicas, pleiteando o exame da constitucionalidade de leis lesivas ao patrimônio público. Aí se enquadram as licitações fraudulentas. Elas também podem ser questionadas na seara da fiscalização incidental de inconstitucionalidade. Tais considerações derivam do entendimento de que, no caso concreto, num litígio envolvendo partes, é possível o juiz ou tribunal declarar a inconstitucionalidade da lei, a fim de resolver a questão prejudicial (STF, Recl. 633-6/SP, Rel. Min. Francisco Rezek, *DJ* 1, de 23.09.1996, p. 34945); **B:** assertiva correta, já que no processo de Ação Direta de Inconstitucionalidade não admite intervenção de terceiros, admitindo, porém, a manifestação no processo de órgãos ou entidades não legitimados, passíveis de serem afetados pelo resultado do julgamento, nos termos do art. 7º, *caput*, da Lei 9.868/1999); **C:** assertiva correta, já que o enunciado traz uma afirmativa correta. O controle jurisdicional pode ser de legalidade ou de constitucionalidade. Tratando-se de decreto que extrapola os limites da lei que pretende regulamentar, o controle jurisdicional terá natureza de controle de legalidade (não de constitucionalidade), e poderá ser feito de forma difusa, por qualquer órgão do Poder Judiciário, tendo em vista o princípio da inafastabilidade da jurisdição, não podendo ser objeto de ação direta de inconstitucionalidade. Cumpre registrar, por fim, que, se o decreto regulamentar assumir, no caso concreto, a natureza de decreto autônomo, abre-se a via para o controle de constitucionalidade, inclusive na via concentrada, devido à violação do princípio da reserva legal; **D:** assertiva correta, pois não é errôneo afirmar que o chefe do Executivo pode deixar de aplicar lei que entenda inconstitucional, podendo ainda determinar a seus subordinados que assim procedam, conforme jurisprudência do STF; **E:** assertiva correta, já que é correto afirmar que o controle difuso de constitucionalidade é exercido por qualquer órgão do judiciário, podendo o juiz de 1º grau, de ofício ou por provocação das partes, do Ministério Público *custos legis* ou do terceiro interveniente, declarar a inconstitucionalidade incidental de lei ou ato normativo conflitante com a Constituição.

Gabarito "A"

(Ministério Público/AC – 2008) É legitimado para propor a Representação de Inconstitucionalidade Interventiva Federal

(A) o Presidente da República.

(B) o Procurador-Geral da República.

(C) A Advocacia Geral da União.

(D) o Presidente do Congresso Nacional.

A ação direta de inconstitucionalidade interventiva é uma criação brasileira, sem precedentes imediatos no Direito Comparado. Nasceu em virtude de inúmeros reclamos, no sentido de criar um instituto capaz de substituir a intervenção – forma drástica para corrigir anomalias detectadas no plano federativo – pela declaração de inconstitucionalidade do Supremo Tribunal Federal. Foi a Carta de 1934 que a implantou no ordenamento pátrio (art. 7º, I, *a* a *h*). Nisso, lançou o embrião do controle concentrado de normas, permitindo ao Brasil ingressar, aos poucos, na seara da fiscalização abstrata. Interessante observar que a decretação de intervenção, com lastro no art. 34, VII, da CF (atual), depende de provimento, pela Corte Suprema, da representação do Procurador-Geral da República. Neste casão, o fundamento da intervenção será a defesa da ordem constitucional. Aí é que surge o controle concreto dos princípios sensíveis realizado pela ação direta interventiva.

Gabarito "B"

(Ministério Público/MS – 2011 – FADEMS) Havendo evidente controvérsia constitucional acerca de importante dispositivo de lei estadual anterior à Constituição Federal de 1988, o Governador do Estado é legitimado a ingressar no Supremo Tribunal Federal com:

(A) mandado de segurança;

(B) ação direta de inconstitucionalidade;

(C) ação declaratória de constitucionalidade;

(D) mandado de injunção;

(E) arguição de descumprimento de preceito fundamental.

O único instrumento capaz de verificar a compatibilidade de leis anteriores à Constituição com a Constituição atual, **em controle concentrado**, é a ADPF (art. 1º, parágrafo único, I, da Lei 9.882/1999).

Gabarito "E"

(Ministério Público/MS – 2011 – FADEMS) Analise os itens abaixo e assinale a alternativa **correta**, segundo a orientação do Supremo Tribunal Federal:

I. O Ministério Público Estadual tem legitimidade para ajuizar reclamação no STF.

II. A ação de descumprimento de preceito fundamental somente poderá ser proposta por aqueles legitimados para a propositura da ação direta de inconstitucionalidade.

III. A ação direta de inconstitucionalidade por omissão, pendente de julgamento, deve ser extinta por perda do objeto se a norma que não tinha sido regulamentada é revogada.

IV. As súmulas vinculantes têm a mesma natureza jurídica das demais súmulas do STF.

(A) Existe apenas uma alternativa correta;

(B) Existem duas alternativas corretas;

(C) Existem três alternativas corretas;

(D) Nenhuma das alternativas está correta;

(E) Todas as alternativas estão corretas.

I: certa, V. Informativo 617/STF (Rcl 7358/SP, rel. Min. Ellen Gracie); **II:** certa, art. 2º, I, da Lei 9.882/1999; **III:** certa. Não há omissão em face do "não jurídico"; **IV:** errada. As súmulas vinculantes, ao contrário das súmulas meramente persuasivas, obrigam os demais órgãos do Poder Judiciário e a Administração Pública direta e indireta, nas esferas federal, estadual e municipal à sua observância, cabendo Reclamação para o STF em caso de desrespeito aos seus preceitos.

Gabarito "C"

(Ministério Público/PR – 2011) Examine as afirmações abaixo e após responda:

I. Projeto de lei de iniciativa de deputado federal visando criação de cargos na administração federal padecerá de vício de inconstitucionalidade material.

II. Lei ordinária que estabeleça a desnecessidade de contraditório em processo administrativo visando a imposição de sanções a servidores da administração direta padecerá de vício de inconstitucionalidade formal.

III. Lei ordinária dispondo sobre normas gerais de direito tributário padece de vício de inconstitucionalidade material.

IV. Há inconstitucionalidade material quando a lei é produzida em desconformidade com as normas de competência ou com o procedimento estabelecido para seu ingresso no mundo jurídico.

V. Há inconstitucionalidade formal quando o conteúdo da lei estiver em contrariedade com norma substantiva integrante da Constituição Federal.

(A) todas as afirmativas são corretas.

(B) apenas as afirmativas I e II são corretas.

(C) a afirmativa III é a única incorreta.

(D) as afirmativas IV e V são as únicas incorretas.

(E) todas as afirmativas são incorretas.

I: errada. O vício é formal, pois a iniciativa é do Chefe do Poder Executivo Federal (art. 61, § 1º, II, "a", da CF); **II:** errada. Inconstitucionalidade seria material, pois viola o conteúdo do art. 5º, LV, da CF; **III:** errada. Inconstitucionalidade formal, pois é matéria reservada à lei complementar (art. 146, III, da CF); **IV** e **V:** erradas. Uma lei será materialmente inconstitucional se o conteúdo da proposição legislativa não estiver em consonância com o texto e com os princípios constitucionais. A inconstitucionalidade formal, por sua vez, refere-se ao processo legislativo, ou seja, aos casos de vício de iniciativa, ao modo de elaboração da lei em desacordo com as regras constitucionais.

Gabarito "E"

(Ministério Público/PR – 2011) Relativamente à ação direta de inconstitucionalidade é incorreto afirmar:

(A) O Supremo Tribunal Federal é órgão competente para o seu julgamento;

(B) É possível a representação de inconstitucionalidade de leis ou atos normativos estaduais ou municipais diante da Constituição Estadual perante os Tribunais de Justiça dos Estados.

(C) Emenda à Constituição Federal está sujeita ao controle de constitucionalidade por essa via.

(D) Leis Municipais impugnadas em face Constituição Federal também estão sujeitas ao controle de constitucionalidade por essa via.

(E) No desenrolar do processo perante o Supremo Tribunal Federal deve ser citado o Advogado Geral da União para proceder a defesa do ato ou texto impugnado.

A: correta, réplica do art. 102, I, "a", da CF; **B:** correta, ao TJ cabe o controle concentrado de lei *municipal* ou de lei *estadual* em face da Constituição *Estadual* (art. 125, § 2º, da CF), mas não tem competência para apreciar representação de inconstitucionalidade (ou ADIn estadual) tendo como parâmetro a Constituição *Federal*, que é realizado pelo STF. **C:** correta, pois é pacífico o entendimento pela possibilidade de controle de constitucionalidade de emendas constitucionais ou de normas oriundas de revisão constitucional (fruto do Poder Constituinte Derivado). Só não cabe declaração de inconstitucionalidade de normas originárias (estabelecidas pelo Poder Constituinte Originário); **D:** incorreta, devendo ser assinalada, na exata medida que só cabe ADIn de lei federal ou estadual (art. 102, I, "a", da CF); **E:** correta, art. 103, § 3º, da CF.

Gabarito "D"

(Ministério Público/ES – 2010 – CESPE) Assinale a opção correta com relação ao controle de constitucionalidade em âmbito estadual e municipal.

(A) Não se admite controle de constitucionalidade de direito estadual mediante a propositura de arguição de descumprimento de preceito fundamental, mesmo porque existe procedimento diverso para o exercício do seu controle de constitucionalidade.

(B) Segundo jurisprudência pacífica do STF, na hipótese de propositura simultânea de ação direta de inconstitucionalidade contra lei estadual perante o STF e o TJ, o processo no âmbito do STF deverá ser suspenso até a deliberação final do TJ estadual.

(C) De acordo com a CF, o monopólio do exercício do controle abstrato de normas estaduais e municipais perante as cortes estaduais é do chefe do MP estadual.

(D) A jurisprudência do STF é pacífica no sentido de que os TJs estaduais poderão exercer o controle de constitucionalidade de leis e demais atos normativos municipais em face da CF.

(E) Segundo jurisprudência majoritária do STF, a decisão proferida em sede de recurso extraordinário interposto contra decisão de mérito proferida em controle abstrato de norma estadual de reprodução obrigatória da CF possui eficácia *erga omnes*.

A: incorreta, cabe ADPF quando for relevante o fundamento da controvérsia constitucional sobre lei ou ato normativo federal, estadual ou municipal, incluídos os anteriores à Constituição (art. 1º, parágrafo único, I, da Lei 9.882/1999); **B:** incorreta, pois o contrário se verifica na hipótese: o processo no âmbito estadual fica suspenso aguardando a decisão do STF; **C:** incorreta, pois a CF não estabeleceu os legitimados ativos para o controle concentrado em âmbito estadual, mas vedou a legitimação para agir a um único órgão (art. 125, § 2º, da CF); **D:** incorreta, já que o controle concentrado de leis ou atos normativos estaduais e municipais em âmbito estadual tem por parâmetro a Constituição Estadual (e apenas ela); **E:** correta, redação de acordo com a jurisprudência do STF (RE 187.142/RJ, Rel. Min. Ilmar Galvão).

Gabarito "E"

(Ministério Público/MG – 2010 – FUNDEP) Analise a seguinte proposição e assinale a alternativa **INCORRETA** em relação ao enunciado.

Em ação direta de inconstitucionalidade, proposta pelo Procurador-Geral da República, em face da Lei estadual que diminui a extensão das áreas de preservação permanente às margens dos cursos d'água de domínio do Estado, caso o Supremo Tribunal Federal declare a inconstitucionalidade da norma estadual, observar-se-á o seguinte:

(A) terá eficácia imediata quando o STF, por maioria de dois terços dos seus membros, tendo em vista razões de segurança jurídica ou de excepcional interesse social, assim o declarar, afastando-se, no caso, a necessidade de trânsito e julgado da decisão;

(B) terá efeito vinculante em relação aos órgãos da administração ambiental federal, dos estados e dos municípios;

(C) somente será declarada inconstitucional a norma estadual se, pelo menos, seis Ministros tiverem manifestações nesse sentido. Não atingindo a maioria, em caso de ausência, será suspenso o julgamento até que atinja o número necessário à declaração de inconstitucionalidade;

(D) a declaração de inconstitucionalidade pelo STF terá eficácia *erga omnes*. Devem ser observadas as formalidades legais, inclusive a comunicação à autoridade ou órgão responsável pela expedição do ato, no caso, os representantes legais dos Poderes Executivo e Legislativo do Estado.

A: incorreta, devendo ser assinalada. O art. 27 da Lei 9.868/1999, que prevê a possibilidade de declarar a inconstitucionalidade *ex nunc* ou a partir de outro momento que venha a ser fixado pelo tribunal, observado o quórum de dois terços, constitui exceção à regra geral, que é a eficácia temporal retroativa; **B:** correta. As decisões em ADIN têm eficácia vinculante em relação a todos os órgãos do Poder Judiciário e à Administração Pública direta e indireta, federal, estadual ou municipal (art. 28, parágrafo único, da Lei 9.868/1999); **C:** correta, arts. 22 e 23 da Lei 9.868/1999; **D:** correta, arts. 25 e 28, parágrafo único, da Lei 9.868/1999.

Gabarito "A"

(Ministério Público/MG – 2010.1) Sobre a ação de descumprimento de preceito fundamental, é INCORRETO afirmar

(A) Está legitimado para a propositura da ação de arguição de descumprimento fundamental o Presidente da República; a Mesa do Senado Federal; a Mesa da Câmara dos Deputados; a Mesa de Assembleia Legislativa ou da Câmara Legislativa do Distrito Federal; V – o Governador de Estado ou do Distrito Federal; VI – os membros do Ministério Público; o Conselho Federal da Ordem dos Advogados do Brasil; partido político com representação no Congresso Nacional; confederação sindical ou entidade de classe de âmbito nacional.

(B) Através do uso da arguição de descumprimento fundamental, é possível ao *Parquet* requerer a suspensão, liminarmente, de ações judiciais ou processos administrativos em curso, os quais deverão acatar o *decisum* da Corte Suprema.

(C) Concebe-se por "preceitos fundamentais" não só os princípios fundamentais, descritos na Carta da República – artigos 1º a 4º, mas também todas as prescrições que dão o sentido básico do regime constitucional, especialmente as designativas de direitos e garantias fundamentais.

(D) Aplica-se à arguição de descumprimento o princípio da subsidiariedade, pois não cabe quando houver outros remédios constitucionais, como o mandado de segurança.

(E) A decisão do Supremo Tribunal Federal é irrecorrível e não pode ser objeto de ação rescisória.

A: incorreta, devendo ser assinalada. Os legitimados para propor ADPF são os mesmos da ADIn (art. 2º, I, da Lei 9.882/1999). Portanto, a alternativa está incorreta porque não reflete o disposto no art. 103 da CF; **B:** correta, art. 5º, § 3º, da Lei 9.882/1999; **C:** correta. Apesar de ainda não haver consenso doutrinário sobre o conceito de "preceito fundamental", a alternativa reflete o entendimento majoritário; **D:** correta, art. 4º, § 1º, da Lei 9.882/1999; **E:** correta, art. 12 da Lei 9.882/1999.

Gabarito "A"

(Ministério Público/PB – 2010) Sobre o controle jurisdicional de constitucionalidade das leis, considerando a jurisprudência dominante do Supremo Tribunal Federal, analise as proposições imediatamente abaixo e, em seguida, assinale a alternativa que contenha o julgamento devido sobre elas:

I. Não pode órgão fracionário de tribunal declarar a inconstitucionalidade de lei, mas pode, de modo fundamentado, afastar-lhe a incidência ao caso concreto.

II. A ordem jurídica vigente não contempla hipótese de controle concentrado de constitucionalidade pelo Supremo Tribunal Federal sobre lei ou ato normativo municipal em face da Constituição da República.

III. O direito infraconstitucional anterior à Constituição é insuscetível a processo de controle normativo objetivo por parte do Supremo Tribunal Federal.

(A) Apenas II e III são erradas.

(B) Apenas I e III são corretas.

(C) Apenas II é correta.

(D) I, II e III são erradas.

(E) Apenas I é errada.

I: incorreta. Afastar a incidência de uma lei sem declarar sua inconstitucionalidade viola o art. 97 da CF (Súmula Vinculante 10 do STF); **II** e **III:** incorretas. Cabe ADPF para questionar leis municipais e direito pré-constitucional (art. 1º, parágrafo único, I, da Lei 9.882/1999).

Gabarito "D"

(Ministério Público/PB – 2010) Sobre o controle jurisdicional da constitucionalidade das leis, considere as asserções imediatamente abaixo e, em seguida, assinale a alternativa que contenha o julgamento devido sobre elas:

I. São insuscetíveis de ser objeto de Ação Direta de Inconstitucionalidade perante o Supremo Tribunal Federal disposições normativas de regimentos internos de tribunal de justiça e de assembleia legislativa estaduais.

II. Ao contrário dos demais órgãos jurisdicionais, que, no controle difuso, só podem declarar a inconstitucionalidade *incidenter tantum* de norma que devesse ser aplicada à hipótese concreta de julgamento, ao Supremo Tribunal Federal, conforme sua jurisprudência dominante, é possível, quando apreciada a inconstitucionalidade em sede de controle difuso, emitir juízo quanto à validade ou invalidade da norma, ainda que a aplicação ou não desta se mostre dispensável à solução concreta da controvérsia.

III. Podem ser objeto de ação direta de inconstitucionalidade o decreto legislativo do Congresso Nacional que aprova tratado internacional, como também o decreto do Presidente da República que o promulga.

(A) Apenas II e III são corretas.

(B) Apenas I e II são corretas.

(C) Apenas II e III são erradas.

(D) I, II e III são erradas.

(E) Apenas III é correta.

I: incorreta, pois não reflete o disposto no art. 102, I, *a*, da CF, que se refere a leis ou atos normativos federais e estaduais. Se encontrarem fundamento de validade diretamente na CF, caberá ADIn; **II:** correta, já que é o entendimento do STF; **III:** correta, pois de acordo com a jurisprudência do STF, a incorporação dos tratados à ordem jurídica interna decorre de um ato subjetivamente complexo, resultante da conjugação de duas vontades homogêneas: a do Congresso Nacional, que resolve, definitivamente, mediante decreto legislativo, sobre tratados, acordos ou atos internacionais (CF, art. 49, I) e a do Presidente da República, que, além de poder celebrar esses atos de direito internacional (CF, art. 84, VIII), também dispõe – na qualidade de Chefe de Estado que é – da competência para promulgá-los mediante decreto. O *iter* procedimental de incorporação dos tratados internacionais – superadas as fases prévias da celebração da convenção internacional, de sua aprovação congressional e da ratificação pelo Chefe de Estado – conclui-se com a expedição, pelo Presidente da República, de decreto, de cuja edição derivam três efeitos básicos que lhe são inerentes: (a) a promulgação do tratado internacional; (b) a publicação oficial de seu texto; e (c) a executoriedade do ato internacional, que passa, então, e somente então, a vincular e a obrigar no plano do direito positivo interno. Daí a necessidade de ajuizar ADIn contra os dois atos normativos.

Gabarito "A"

(Ministério Público/MS – 2009) No âmbito do controle de constitucionalidade por via de ação direta, assinale a opção correta.

(A) Para efeito de legitimação à propositura de ação direta de inconstitucionalidade e de ação declaratória de constitucionalidade, o STF reconhece como entidade de classe de âmbito nacional aquela que possua filiados, ligados entre si pelo exercício da mesma atividade econômica ou profissional, em pelo menos quatorze estados da República Federativa do Brasil.

(B) Segundo a jurisprudência do STF, na propositura da ação direta de inconstitucionalidade e da ação declaratória de constitucionalidade, o Conselho Federal da Ordem dos Advogados do Brasil, os governadores de Estado e do Distrito Federal, as entidades de classe de âmbito nacional e as confederações sindicais deverão satisfazer a exigência da pertinência temática.

(C) A admissão do pedido de participação de órgãos ou entidades na condição de *amicus curiae* é ato de competência do ministro relator do processo, por despacho irrecorrível, e a manifestação, se deferida, deverá ser feita por petição escrita, reconhecendo-se o direito à sustentação oral.

(D) É obrigatória a manifestação do Advogado-Geral da União no processo de ação direta de inconstitucionalidade por omissão.

(E) Por serem incorporados ao ordenamento interno com o *status* de emenda à Constituição, os tratados e as convenções internacionais de direitos humanos não são passíveis de controle de constitucionalidade por via de ação direta.

A: incorreta, pois para efeito de legitimação à propositura de ação direta de inconstitucionalidade e de ação declaratória de constitucionalidade, o STF reconhece como entidade de classe de âmbito nacional aquela que possua filiados, ligados entre si pelo exercício da mesma atividade econômica ou profissional, em pelo menos *nove* estados da República Federativa do Brasil; **B:** incorreta, pois o Conselho Federal da Ordem dos Advogados do Brasil não são legitimados temáticos, mas sim, neutrais. Sendo assim, estão dispensados de demonstrarem a pertinência temática; **C:** correta, a admissão do pedido de participação de órgãos ou entidades na condição de *amicus curiae* é ato de competência do ministro relator do processo, por despacho irrecorrível, e a manifestação, se deferida, deverá ser feita por petição escrita, reconhecendo-se o direito à sustentação oral, como determina do art. 7º, § 2º, da Lei 9.868/1999; **D:** incorreta, pois somente nas ações diretas de inconstitucionalidade e nas arguições de descumprimento de preceitos fundamentais; **E:** incorreta, pois tais tratados internacionais só passam a ter *status* de emenda constitucional se forem de direitos humanos e aprovados nos termos do art. 5º, § 3º, da CF.

Gabarito "C"

(Ministério Público/SP – 2010) Assinale a alternativa que elenca todos os legitimados ativos para a ação direta de inconstitucionalidade e a ação declaratória de constitucionalidade:

(A) o Presidente da República, a Mesa do Senado, a Mesa da Câmara dos Deputados e o Procurador-Geral da República.

(B) o Presidente da República, a Mesa do Senado Federal, a Mesa da Câmara dos Deputados; a Mesa da Assembleia Legislativa ou da Câmara Legislativa do Distrito Federal; o Governador de Estado ou do Distrito Federal, o Procurador- Geral da República, o Conselho Federal da Ordem dos Advogados do Brasil; o partido político com representação no Congresso Nacional; a Confederação Sindical ou entidade de classe de âmbito nacional.

(C) o Presidente da República, a Mesa do Senado Federal, a Mesa da Câmara dos Deputados; o Governador de Estado ou do Distrito Federal, o Procurador-Geral da República, o Conselho Federal da Ordem dos Advogados do Brasil; o partido político com representação no Congresso Nacional; a Confederação Sindical ou entidade de classe de âmbito nacional.

(D) o Presidente da República, a Mesa do Senado Federal, a Mesa da Câmara dos Deputados; a Mesa da Assembleia Legislativa ou da Câmara Legislativa do Distrito Federal; o Governador de Estado ou do Distrito Federal, o Procurador- Geral da República, o Conselho Federal da Ordem dos Advogados do Brasil; os partidos políticos; a Confederação Sindical ou entidade de classe de âmbito nacional.

(E) o Presidente da República, o Presidente do Senado Federal, o Presidente da Câmara dos Deputados; o Presidente da Assembleia Legislativa ou da Câmara Legislativa do Distrito Federal; o Governador de Estado ou do Distrito Federal, o Procurador-Geral da República, o Conselho Federal da Ordem dos Advogados do Brasil; o partido político com representação no Congresso Nacional; a Confederação Sindical ou entidade de classe de âmbito nacional.

Art. 103, I a IX, da CF (que também são os mesmos legitimados para propor ADPF).

Gabarito "B"

(Ministério Público/RO – 2010 – CESPE) A respeito do controle de constitucionalidade na jurisprudência do STF, assinale a opção correta.

(A) O STF está adstrito à fundamentação jurídica (*causa petendi*) invocada na ADI, desde que o proponente a tenha trazido de forma específica, e não genérica.

(B) Não é possível a intervenção de terceiros na ADI e na ADC, em razão da natureza objetiva do controle normativo abstrato, no qual não se discutem interesses ou direitos subjetivos nem há litígio entre as partes.

(C) Quando ato normativo municipal for contestado em face de norma da constituição do estado repetida da CF, por força da reprodução obrigatória, a competência para julgar a ADI será do STF.

(D) Não é cabível o ajuizamento de ADI perante o STF para impugnar ato normativo editado pelo DF, no exercício de competência que a CF tenha reservado aos municípios.

(E) A ação civil pública pode ser manejada para se obter o controle de constitucionalidade de lei, desde que a declaração de inconstitucionalidade seja *incidenter tantum* e tenha eficácia *erga omnes*.

A: incorreta, no exame da constitucionalidade de determinada lei ou ato normativo em controle abstrato de constitucionalidade perante a Constituição Federal, o STF analisa o pedido constante da ADIn em face de todo o texto constitucional, e não apenas do dispositivo apontado pelo autor como violado pela lei que está sendo acoimada de inconstitucional. Por isso, fala-se que a causa de pedir na ADIn é aberta, já que o órgão julgador está, em princípio, limitado ao pedido de inconstitucionalidade formulado, mas não está adstrito ao fundamento da inconstitucionalidade apontado pelo legitimado ativo. Vale dizer, o STF só pode agir se for provocado, se receber um pedido formalmente válido em ADIn, mas pode declarar a inconstitucionalidade da norma por motivo diverso daquele transcrito na petição inicial da ADIn. Isso não significa, por outro lado, que o autor está dispensado de fundamentar seu pedido, deixando de explicitar os motivos pelos quais entende ser a norma inconstitucional. A fundamentação (causa de pedir) é imprescindível e um dos requisitos da petição inicial, mas como a verificação da compatibilidade da lei ou ato normativo se dá diante de toda a Constituição, o STF pode entender que a norma está em desacordo com outro dispositivo constitucional, que não o apontado pelo autor, o que se costumou chamar de "causa de pedir aberta"; **B:** incorreta, pois em regra, não é possível (arts. 7º e 18 da Lei 9.868/1999), mas é admitida a participação de *amicus curiae*; **C:** incorreta, na exata medida que a competência permanece sendo do TJ, mas, nesse caso, cabe a interposição de recurso extraordinário para o STF, pois o parâmetro de controle passa a ser a Constituição Federal. O STF não irá analisar a compatibilidade vertical entre a lei estadual e a Constituição do Estado, mas entre a lei estadual e a Constituição Federal, utilizando, para tanto, um recurso típico do controle difuso. Apesar disso, o controle não perde sua natureza abstrata, razão pela qual a decisão do STF, nesse recurso extraordinário, produzirá os mesmos efeitos da ADIn genérica (*erga omnes*, vinculantes e *ex tunc*); **D:** correta, pois não cabe ADIn em face de lei municipal, mas apenas de lei federal ou estadual (art. 102, I, "a", da CF); **E:** incorreta, o controle de constitucionalidade em ACP é exercido incidentalmente, pois a inconstitucionalidade da norma é apreciada como causa de pedir e não como pedido principal da ação. Assim, os efeitos são *inter partes*, não *erga omnes*.

Gabarito "D"

(Ministério Público/CE – 2009 – FCC) Quando o Direito brasileiro adotou o controle de constitucionalidade de matriz norte-americana, a ele não veio o *stare decisis*, porque é elemento cultural que não se transplanta com facilidade e de pronto. Porém, a partir da Constituição de 1934, diversos sucedâneos normativos ao *stare decisis* foram introduzidos. Sobre eles, pode-se afirmar que a Constituição de

(A) 1988, a teor da Emenda Constitucional n. 3, de 1993, prevê a ação declaratória de constitucionalidade, de lei ou ato normativo federal ou estadual, com "efeito vinculante".

(B) 1988, a teor da Emenda Constitucional n. 45, de 2004, permite súmula com efeito vinculante em relação ao Poder Judiciário, à administração pública, direta e indireta, de todas as esferas da federação, e ao Poder Legislativo.

(C) 1934 confiou ao Congresso Nacional competência para suspender a execução, no todo ou em parte, de qualquer lei ou ato, deliberação ou regulamento, quando hajam sido declarados inconstitucionais pelo Poder Judiciário.

(D) 1946, a teor da Emenda Constitucional n. 16, de 1965, admitiu a representação contra inconstitucionalidade de lei ou ato de natureza normativa, federal, estadual ou municipal, em face da Constituição da República.

(E) 1967, a teor da Emenda Constitucional n. 7, de 1977, adotou a representação para interpretação de lei ou ato normativo federal ou estadual, que tinha, segundo o Regimento Interno do Supremo Tribunal Federal, "força vinculante".

O Brasil adotou o sistema difuso e incidental, de inspiração americana, na Constituição de 1891 (arts. 59 e 60). A Constituição de 1934 deve ser lembrada por ter introduzido a ação direta interventiva, de competência do STF (controle por via principal e concentrado). A ação direta de inconstitucionalidade só veio a ser instituída com a EC 16/1965 (art. 101, I, *k*, da CF 1946). O *stare decisis*, expressão que indica, em linhas gerais, a vinculação dos órgãos judiciais à decisão do tribunal superior, veio previsto pela primeira vez na Constituição de 1967.

Gabarito "E"

(Ministério Público/DF – 2009) A respeito do controle de constitucionalidade, assinale a alternativa correta.

(A) Pela característica especial do Distrito Federal, é possível o controle de constitucionalidade perante o STF mesmo quando a lei advém de sua competência legislativa municipal.

(B) Quando uma lei é declarada inconstitucional, a lei anteriormente revogada não pode voltar a viger, ante a proibição da repristinação de lei no Brasil.

(C) Os Decretos não estão sujeitos a controle de constitucionalidade concentrada, mesmo aqueles dotados de abstração e generalidade, uma vez que na separação de poderes o Poder Legislativo tem o monopólio da função normativa.

(D) A súmula expedida pelo STJ, porque não apresenta as características de ato normativo, não está sujeita à jurisdição constitucional concentrada.

(E) A Ação Civil Pública presta-se ao exercício do controle de constitucionalidade *in* abstrato quando o Procurador-Geral de Justiça não maneja a Ação Direta de Inconstitucionalidade em tempo hábil.

A: incorreta. Nesse caso, a ofensa à CF será reflexa; **B:** incorreta. A repristinação é a regra, podendo ser afastada, total ou parcialmente, por decisão da maioria de 2/3 dos membros do tribunal, em decorrência de razões de segurança jurídica ou de excepcional interesse social; **C:** incorreta. Os decretos autônomos (ou seja, aqueles que a pretexto de regulamentar a lei acabam por estabelecer direitos e/ou obrigações, inovando no mundo jurídico – dotados de abstração e generalidade) podem ser objeto de controle de constitucionalidade, pois a ofensa não seria reflexa no caso; **D:** correta. A súmula da jurisprudência do STF tem caráter meramente persuasivo, não podendo ser objeto de controle concentrado; **E:** incorreta. O STF admite a utilização da ACP como instrumento de fiscalização incidental de constitucionalidade somente quando a controvérsia constitucional não se apresentar como o único objeto da demanda formulada na ACP, mas como questão prejudicial, ou seja, necessária à resolução do conflito principal.

Gabarito "D"

(Ministério Público/MA – 2009) Frente ao texto constitucional assinale a alternativa INCORRETA.

(A) Os atos de improbidade administrativa importarão a suspensão dos direitos políticos, a perda da função pública, a indisponibilidade dos bens e o ressarcimento ao erário.

(B) A publicidade dos atos, programas, obras, serviços e campanhas dos órgãos públicos deverá ter caráter educativo, informativo ou de orientação social, desta não podendo constar nomes, símbolos ou imagens que caracterizem promoção pessoal de autoridade ou servidores públicos.

(C) No Brasil não há previsão constitucional da *"ação declaratória de constitucionalidade"*, mas tão somente da *"ação direta de inconstitucionalidade"*, que tem no Procurador-Geral da República uma das autoridades legitimas a propô-la.

(D) A mesa do Senado, a mesa da Câmara dos Deputados, as mesas das Assembleias Legislativas, o Conselho Federal da OAB e os Governadores de Estado têm legitimidade para a propositura de ação direta de inconstitucionalidade.

(E) A atual redação da Constituição Federal veda aos agentes do Ministério Público o exercício de atividade político partidária.

A: correta. O art. 15, V, da CF, c/c art. 12 da Lei de Improbidade Administrativa (Lei 8.429/1992); **B:** correta, art. 37, § 1º, da CF; **C:** incorreta, devendo ser assinalada. Não reflete o disposto no art. 102, I, *a*, da CF; **D:** correta, art. 103, I a IX, da CF; **E:** correta, art. 128, § 5º, II, *e*, da CF.

Gabarito "C"

(Ministério Público/PR – 2009) Analise as seguintes assertivas e após assinale a alternativa correta:

I. compete ao Superior Tribunal de Justiça processar e julgar, originariamente, nos crimes comuns, os membros dos Tribunais de Contas dos Estados e do Distrito Federal;

II. o Conselho Nacional de Justiça compõe-se de quinze membros com mais de trinta e cinco e menos de sessenta e seis anos de idade, com mandato de dois anos, vedada a recondução;

III. as decisões definitivas de mérito, proferidas pelo Supremo Tribunal Federal, nas ações diretas de inconstitucionalidade e nas ações declaratórias de constitucionalidade produzirão eficácia contra todos e efeito vinculante, relativamente aos demais órgãos do Poder Judiciário e à administração pública direta e indireta, nas esferas federal, estadual e municipal;

IV. a Mesa de Assembleia Legislativa pode propor ação declaratória de constitucionalidade perante o Supremo Tribunal Federal;

V. sem prejuízo do que vier a ser estabelecido em lei, a aprovação, revisão ou cancelamento de súmula vinculante poderá ser provocada por aqueles que podem propor a ação direta de inconstitucionalidade.

(A) Apenas as assertivas I, III, IV e V estão corretas;

(B) Apenas as assertivas I, III e IV estão corretas;

(C) Apenas as assertivas III, IV e V estão corretas;

(D) Apenas as assertivas I, II, III estão corretas;

(E) Todas as assertivas estão corretas.

I: correta, art. 105, I, *a*, da CF; **II:** incorreta. A redação do art. 103-B da CF foi alterada pela EC 61/2009 para suprimir a limitação de idade; **III:** correta, art. 102, § 2º, da CF; **IV:** correta, art. 103, IV, da CF; **V:** correta, art. 103-A, § 2º, da CF e art. 3º da Lei 11.417/2006.

Gabarito "A"

(Ministério Público/RS – 2009) De acordo com a jurisdição constitucional praticada no Brasil, é correto afirmar que

(A) uma lei anterior à promulgação da Constituição não pode ter sua inconstitucionalidade arguida via controle concentrado.

(B) uma decisão que rejeita Ação direta de inconstitucionalidade tem efeito de declaração de constitucionalidade.

(C) o Juiz de Direito pode declarar a inconstitucionalidade de lei, mas o órgão fracionário não pode.

(D) a inconstitucionalidade de uma lei federal não pode ser declarada por Tribunal de Justiça.

(E) de acordo com a jurisprudência do Supremo Tribunal Federal, o Pacto de San José da Costa Rica tem valor de norma constitucional, razão pela qual não mais se admite prisão de depositário infiel.

A: incorreta, pois pode ser questionada por ADPF (art. 1º, parágrafo único, I, da Lei 9.882/1999); **B:** correta, na exata medida que a ADI e ADC tem efeitos dúplice, ou seja, a decisão de mérito de uma das ações influencia os efeitos de mérito da outra ação. Sendo assim, a lei será definitivamente constitucional, e o mesmo ocorre se uma ADC for rejeitada, a lei ou ato normativo impugnado será definitivamente inconstitucional; **C:** incorreta, pois o órgão fracionário pode se pronunciar se já houver decisão do pleno ou do órgão de cúpula do tribunal, ou se já houver pronunciamento do STF, nos termos da jurisprudência do órgão de cúpula do Poder Judiciário e do art. 97 da CF e dos arts. 480 e 481 do CPC; **D:** incorreta, já que o Tribunal de Justiça, como qualquer outro juiz ou tribunal, pode declarar a inconstitucionalidade de lei ou ato normativo pela via do controle difuso; **E:** incorreta, na exata medida que o entendimento atual do STF, tem caráter *supralegal*. Recordando, a prisão civil por dívida é, em regra, vedada pelo nosso ordenamento. A Constituição Federal, entretanto, legitima a prisão civil do devedor que não paga pensão alimentícia e a do depositário infiel (art. 5º, LXVII, da CF). O Pacto de San José da Costa Rica, ratificado pelo Brasil, é ainda mais restritivo: só permite a prisão dos devedores de pensão alimentícia; ou seja, com base na Convenção Americana de Direitos Humanos, o depositário infiel não pode ser preso. O conflito entre a norma internacional e a norma constitucional foi inúmeras vezes analisado pelo STF que, em entendimento tradicional, decidia pela prevalência da Constituição e autorizava a prisão do depositário infiel. Ocorre que, em recente virada jurisprudencial (RE 466.343-1/SP, Rel. Min. Cezar Peluso), o STF acabou por consagrar a tese da *supralegalidade* dos tratados para concluir que a prisão do depositário infiel é ilícita. Com base no entendimento atual do STF, portanto, só é permitida a prisão do devedor de pensão alimentícia, nos termos da Súmula Vinculante 25.

Gabarito "B"

(Ministério Público /BA – 2008) Com relação ao controle de constitucionalidade, assinale a opção correta.

(A) No processo objetivo do controle de constitucionalidade, a intervenção do *amicus curiae* equivale à intervenção de terceiros, o que lhe garante a prerrogativa de interpor recurso para discutir a matéria objeto de análise na ação em que atua.

(B) Contra lei estadual que desrespeitar princípios sensíveis da CF pode o procurador-geral da República impetrar, no STF, ação direta de inconstitucionalidade interventiva, que, acolhida, implicará a nulificação do ato impugnado e, ao mesmo tempo, determinará que o presidente da República decrete a intervenção no estado respectivo.

(C) Todos os tribunais judiciários, com exceção do STF, estão obrigados a seguir a cláusula de reserva de plenário, que prevê que somente pelo voto da maioria absoluta de seus membros, ou dos membros do respectivo órgão especial, poderá ser declarada a inconstitucionalidade de lei ou de ato normativo do poder público.

(D) Embora lei municipal que contrarie a CF não possa ser objeto de ação direta de inconstitucionalidade perante o STF, cabe o controle difuso de constitucionalidade, ou mesmo o controle concentrado, dessa lei, por meio de arguição de descumprimento de preceito fundamental.

(E) No âmbito do Poder Legislativo – federal e estadual –, são legitimados para propor, no STF, a ação direta de inconstitucionalidade e a ação declaratória de constitucionalidade as mesas do Congresso Nacional, do Senado Federal e da Câmara dos Deputados e as mesas de assembleia legislativa e da Câmara Legislativa do DF.

A: incorreta, a figura do *amicus curiae*, encontra fundamento no art. 7º, § 2º, da Lei n. 9.868/1999, que dispõe sobre a ação direta de inconstitucionalidade e da ação declaratória de constitucionalidade perante o Supremo Tribunal Federal. O *amicus curiae* é uma figura no processo objetivo do controle concentrado de constitucionalidade, e diz-se objetivo, pois ao contrário do controle difuso, o controle de constitucionalidade de ato normativo é marcado pelos traços da abstração, generalidade e impessoalidade, portanto, não é possível no processo objetivo defender ou tentar proteger interesses subjetivos. Estabeleceu-se assim, a regra que não se admite no controle concentrado a participação de terceiros, pois assim dispõe a clara redação do art. 7º., "caput", da supracitada lei. Porém, o § 2º do mesmo artigo permitiu que o relator do processo, tendo em vista a relevância da matéria e a representatividade dos postulantes, poderá, por despacho irrecorrível, admitir, observado o prazo de 30 dias contado do recebimento do pedido de informações aos órgãos ou às autoridades das quais emanou a lei ou o ato normativo impugnado, a manifestação de outros órgãos ou entidades. Portanto, a regra é a inadmissibilidade da intervenção de terceiros no controle concentrado, entretanto, cumpridas as exigências do artigo citado, poderá o relator do processo admitir a participação de órgão ou entidades no processo objetivo, permitindo, assim, a presença do *amicus curiae* na demanda; **B:** incorreta, pois nos casos do art. 34, VI e VII, da CF, dispensada a apreciação do Congresso Nacional, o decreto limitar-se á a suspender a execução do ato impugnado, se essa medida bastar ao restabelecimento da normalidade; **C:** incorreta, já que o sistema brasileiro de controle de constitucionalidade é jurisdicional, ou seja, é deferida competência para que o Poder Judiciário declare inconstitucionalidade de lei ou ato normativo do Poder Público. A Constituição Federal adotou dois critérios de controle de constitucionalidade: o controle difuso (realizado por todos os tribunais judiciários, inclusive pelo STF) e o controle concentrado (exclusivo do STF); **D:** correta, pois qualquer modalidade de ato normativo sujeita-se ao controle difuso. Contudo, na via do controle concentrado, o constituinte excluiu as leis municipais do art. 102, I, "a", da CF, mas o poder constituído ao elaborar Lei 9.882/1999, incluiu no seu art. 1º, parágrafo único, I, a hipótese da lei municipal ser objeto de ADPF; **E:** incorreta, pois as mesas do Congresso Nacional não têm legitimidade para propor, no STF, a ação direta de inconstitucionalidade, e muito menos, a ação declaratória de constitucionalidade, nos termos do art. 103 da CF.

Gabarito "D"

(Ministério Público /PI – 2008) Assinale a opção correta acerca do controle de constitucionalidade.

(A) O STF entende que os governadores de estado e as demais autoridades referidas na CF como legitimadas à instauração do controle concentrado de constitucionalidade das leis e atos normativos, mediante ajuizamento de ação direta, não dispõem de capacidade postulatória, devendo estar representados no processo por profissional da advocacia.

(B) A inconstitucionalidade formal caracteriza-se quando o conteúdo de leis ou atos normativos está em desconformidade com o conteúdo das normas constitucionais.

(C) A inconstitucionalidade de lei federal, estadual, distrital ou municipal, reconhecida em controle concreto, pode ser examinada pelo STF por meio de recurso extraordinário, mas somente a ofensa direta, e não a reflexa, autoriza o recurso.

(D) É pacífica, na jurisprudência do STF, a tese da abstrativização do controle difuso, pela qual os efeitos *inter partes* dessa espécie de controle devem ser excepcionalmente transformados em *erga omnes*, sem a necessidade de suspensão da execução da lei pelo Senado Federal.

(E) Não cabe ação direta de inconstitucionalidade contra decretos legislativos, atos normativos destinados a veicular matérias de competência exclusiva do Congresso Nacional, que não se submetem a sanção ou veto do presidente da República.

A: incorreta, pois os únicos legitimados do art. 103 da CF, que não dispõem de capacidade postulatória, devendo estar representados no processo por profissional da advocacia são os partidos políticos com representação no Congresso Nacional, confederação sindical e entidades de classe de âmbito nacional, nos termos do art. 103, VIII e IX, da CF; **B:** incorreta, pois a inconstitucionalidade formal ou nomodinâmica caracteriza-se caso o conteúdo de leis ou atos normativos estejam em desconformidade com devido processo legislativo; **C:** correta, já que o recurso extraordinário é recurso excepcional, que permite ao Supremo realizar o controle difuso (concreto), verificando no caso concreto o exame de validade de decisões que ora contrariam a Constituição sejam elas federais, estaduais, distritais ou municipais. Como se sabe, a jurisprudência do Supremo Tribunal Federal acerca do cabimento de recursos extraordinários é bastante rígida e tem se mantido uniforme ao longo dos anos. Assim é que, dentre outras exigências, o STF não admite recursos extraordinários nos quais se pretenda discutir o que denomina de *inconstitucionalidade reflexa ou indireta*. Esse conceito descreve, de forma geral, hipóteses nas quais a parte interpõe o recurso alegando que a decisão recorrida interpretou equivocadamente a legislação infraconstitucional e, ao fazê-lo, violou normas constitucionais. A Corte já editou súmula de sua jurisprudência dominante (Súmula 636) nesse sentido, no que diz respeito ao princípio constitucional da legalidade, que tem a seguinte dicção: *Não cabe recurso extraordinário por contrariedade ao princípio constitucional da legalidade, quando a sua verificação pressuponha rever a interpretação dada a normas infraconstitucionais pela decisão recorrida*. Temos ainda a Súmula 279 do STF; **D:** incorreta, pois a questão não é pacífica no STF. No controle difuso os efeitos da decisão, como regra geral, valem somente para as partes que litigaram em juízo, não extrapolando os limites estabelecidos na lide. Além disso, a decisão terá efeito retroativo, atingindo a lei desde a sua edição, tornando-a nula de pleno direito. Entretanto, os efeitos da decisão no controle de constitucionalidade concreto poderá atingir terceiros estranhos à lide, desde que o Senado Federal suspenda a execução, no todo ou em parte, da lei levada a controle incidental. Nesse caso a suspensão atingirá a todos a partir do momento em que a resolução for publicada na Imprensa Oficial, conforme estabelecido no art. 52, X, da CF/1988. Não existe previsão constitucional ou legal de efeito vinculante nas decisões de mérito proferidas em sede de controle concreto pelo STF. Ao contrário, o entendimento *dominante* é no sentido de que o efeito da decisão apenas vincula as partes do processo e que ampliar essa vinculação ao resultado do julgamento depende de resolução do Senado Federal. Entretanto, esse entendimento vem sendo modificado timidamente pelo Supremo Tribunal (na verdade esse é um apontamento dado pelo Ministro Gilmar Mendes que entende que o art. 52, X, da CF, sofreu mutação constitucional). Importante ressaltar a paternidade da expressão "abstrativização do controle difuso", a qual foi utilizada pelo doutrinador Fredie Didier Júnior, por ocasião da análise das transformações sofridas pelo recurso extraordinário; **E:** incorreta, pois os decretos legislativos e todo e qualquer ato normativo será alvo de ação direta de inconstitucionalidade, nos termos do art. 102, I, "a", da CF.

Gabarito "C"

(Ministério Público /CE – 2011) No que concerne ao sistema brasileiro de controle da constitucionalidade, assinale a opção correta.

(A) No caso de lesão ou ameaça de lesão, por ato do poder público, a direito relacionado com a soberania, a cidadania, a dignidade da pessoa humana, os valores sociais do trabalho e o pluralismo político, qualquer pessoa atingida estará legitimada a ingressar com arguição de descumprimento de preceito fundamental junto ao STF, desde que faça prova concreta da ofensa, ou de sua iminente concreção.

(B) Mesmo nos tribunais judiciais que dispõem de órgão especial ou órgão fracionário, a inconstitucionalidade de lei ou ato normativo só pode ser declarada pelo tribunal pleno, mediante o voto da maioria absoluta de seus membros.

(C) A doutrina diverge sobre a obrigatoriedade de o Senado Federal suspender a execução de lei declarada inconstitucional pelo STF em um caso concreto e converge no entendimento de que a suspensão total só é cabível em relação a leis federais.

(D) O STF pode conceder medida cautelar em ação direta de inconstitucionalidade por omissão, em caso de excepcional urgência e relevância da matéria, por decisão da maioria absoluta de seus membros, após a audiência dos órgãos ou autoridades responsáveis pela omissão inconstitucional.

(E) Como as ações diretas de inconstitucionalidade têm como objeto leis ou atos normativos federais e estaduais, não é possível, no sistema jurídico brasileiro, a realização do controle de constitucionalidade de lei ou ato normativo municipal em face da CF.

A: incorreta, somente os legitimados do art. 103 da CF podem ingressar com a arguição de descumprimento de preceito fundamental junto ao STF; **B:** incorreta, pois por força da cláusula de reserva de plenário prevista no art. 97 da CF, somente pelo voto da maioria absoluta de seus membros ou dos membros do respectivo órgão especial poderão os tribunais declarar a inconstitucionalidade de lei ou ato normativo do Poder Público (vide Súmula vinculante 10 do STF); **C:** incorreta, pois o art. 52, X, da CF, é expresso: "suspender a execução, no todo em parte, de lei (qualquer lei) declarada inconstitucional por decisão definitiva do Supremo Tribunal Federal". A decisão definitiva do Supremo Tribunal Federal é proveniente do controle difuso, desconcentrado, concreto, incidental, de defesa ou de exceção; **D:** correta, literalidade do art. 12-F, da Lei n. 9.868/1999. Devemos apenas ressaltar que deverão pronunciar-se no prazo de 5 dias; **E:** incorreta, pois com o advento da Lei n. 9.882/1999, toda e qualquer lei ou ato normativo municipal em face da CF pode ser objeto de arguição de descumprimento de preceito fundamental – ADPF, que é uma das ações do controle concentrado.

Gabarito "D"

(Ministério Público /RJ –2011) Considerando o sistema de controle de constitucionalidade das leis e atos normativos no direito brasileiro, é correto a firmar que

(A) para a propositura da ação direta de inconstitucionalidade, incide sobre as agremiações partidárias a restrição jurisprudencial derivada do vínculo de pertinência temática.

(B) em se tratando de ação direta de inconstitucionalidade, o STF firmou o entendimento de que ação dessa natureza não é suscetível de desistência.

(C) a medida cautelar, em ação direta de inconstitucionalidade, reveste-se, ordinariamente, de eficácia *ex tunc*, operando, portanto, desde a edição da lei ou do ato normativo atacado.

(D) quando tramitam paralelamente duas ações diretas de inconstitucionalidade, uma no Tribunal de Justiça local e outra no STF, contra a mesma lei estadual em face de princípios constitucionais estaduais que são reprodução de princípios da CF, a ação direta proposta perante o Tribunal estadual deve ser extinta.

A: incorreta, pois os partidos políticos com representação no Congresso Nacional são legitimados neutrais ou universais, logo, estão dispensados de demonstrarem a pertinência temática, nos termos do art. 103, VIII, da CF; **B:** correta, já que o princípio da indisponibilidade, rege o processo do controle concentrado de constitucionalidade, impede a desistência da ação ajuizada. O art. 169 do RISTF/1980 que veda ao Procurador-Geral da República essa desistência, aplica-se, extensivamente, a todas as autoridades e órgãos legitimados pela Constituição de 1988 para a instauração do controle concentrado de constitucionalidade (art. 103 da CF). Sem prejuízo, o art. 5º da Lei 9.868/1999 veda expressamente; **C:** incorreta, pois uma vez concedida a medida cautelar, o STF fará publicar em seção especial do *Diário Oficial da União* e do *Diário da Justiça da União* a parte dispositiva da decisão, no prazo de dez dias, devendo solicitar as informações á autoridade da qual tiver emanado o ato. Nesse diapasão, a medida cautelar será dotada de eficácia contra todos e será concedida com efeito "ex nunc", salvo se o Tribunal entender que deva conceder-lhe eficácia retroativa; **D:** incorreta, na verdade não se fala em extinção, mas sim em suspensão. Cabe assinalar, neste ponto, por relevante, que esse entendimento acha-se consagrado na jurisprudência do Supremo Tribunal Federal, cuja orientação, no tema, tem sido reafirmada em sucessivas decisões que proclamam a necessidade de suspensão prejudicial do processo de fiscalização normativa abstrata instaurado perante Tribunal de Justiça local, se houver, em tramitação simultânea no Supremo, processo de controle concentrado em que se questione a constitucionalidade do mesmo diploma normativo também contestado na ação direta ajuizada no âmbito local (art. 125, § 2º, da CF). Essa diretriz jurisprudencial acha-se bem sintetizada em decisões emanadas do Plenário deste Supremo Tribunal (RTJ 152/371-373 – RTJ 186/496-497), consubstanciadas em acórdãos assim ementados: Rejeição das preliminares de litispendência e de continência, porquanto, quando tramitam paralelamente duas ações diretas de inconstitucionalidade, uma no Tribunal de Justiça local e outra no Supremo Tribunal Federal, contra a mesma lei estadual impugnada em face de princípios constitucionais estaduais que são reprodução de princípios da Constituição Federal, suspende-se o curso da ação direta proposta perante o Tribunal estadual até o julgamento final da ação direta proposta perante o Supremo Tribunal Federal.

Gabarito "B"

(Ministério Público /RR – 2012) Existindo comprovada controvérsia constitucional sobre dispositivo de lei estadual anterior à Constituição da República, detém o Governador do Estado legitimidade para propor, perante o Supremo Tribunal Federal,

(A) ação direta de inconstitucionalidade.

(B) arguição de descumprimento de preceito fundamental.

(C) ação declaratória de constitucionalidade.

(D) mandado de injunção.

(E) mandado de segurança.

A: incorreta, o Supremo Tribunal Federal possui o poder de decidir sobre a constitucionalidade das normas jurídicas que foram aprovadas antes da entrada em vigor da Constituição de 1988. Note-se que no Brasil adota-se modelo misto de controle de constitucionalidade e, portanto, o tema deve ser analisado nos âmbitos do controle difuso e concentrado. O controle de constitucionalidade de norma pré-constitucional frente à constituição atual é feito por meio do controle concentrado de constitucionalidade. A Constituição de 1988 (art. 102, § 1°, da CF) previu o instrumento da arguição de descumprimento de preceito fundamental (ADPF) que, em acordo ao disposto na Lei Federal de n. 9.882/1999 que a regulamenta, permite que o controle recaia sobre atos normativos editados anteriormente à atual Carta Magna; **B:** correta, é o que dispõe o art. 1°, parágrafo único, I, da Lei n. 9.882/1999, segundo o qual a ADPF é cabível mesmo quando o ato ou lei federal, estadual ou municipal, que seja objeto de controvérsia constitucional, viole a constituição atual (1988): Art. 1°. A arguição prevista no § 1° do art. 102 da Constituição Federal será proposta perante o Supremo Tribunal Federal, e terá por objeto evitar ou reparar lesão a preceito fundamental, resultante de ato do Poder Público. Parágrafo único. Caberá também arguição de descumprimento de preceito fundamental: I – quando for relevante o fundamento da controvérsia constitucional sobre lei ou ato normativo federal, estadual ou municipal,incluídos os anteriores à Constituição; **C:** incorreta, pois compete ao Supremo Tribunal Federal processar e julgar originariamente a ação declaratória de constitucionalidade se comprovada a controvérsia judicial de lei ou ato normativo federal, nos termos do art. 102, I, "a", da CF e da Lei 9.868, de 10 de novembro de 1999; **D:** incorreta, pois o objeto do mandado de injunção é viabilizar o exercício dos direitos, liberdades e prerrogativas constitucionais sempre que faltar norma regulamentadora. Sem prejuízo, o mandado de injunção ataca a omissão daquele que detém o poder dever de regulamentar a norma de eficácia limitada, sendo que, o procedimento se dará exclusivamente na via do controle difuso de constitucionalidade, nos termos do art. 5°, LXXI, da CF; Lei 8.038/1990, art. 24, parágrafo único e Lei 12.016/2009; **E:** incorreta, pois nos termos do art. 5°, LXIX, da CF, o objeto do mandado de segurança é proteger direito líquido e certo não amparado por *habeas corpus* e *habeas data*, exatamente por ser uma garantia constitucional fundamental residual ou supletiva.

Gabarito "B"

(Ministério Público/RS – 2009) Sobre o controle de constitucionalidade nos Tribunais brasileiros, é INCORRETO afirmar que

(A) o STF pode apreciar a inconstitucionalidade de uma lei já por ele declarada constitucional anteriormente.

(B) não se admite desistência em sede de ação direta de inconstitucionalidade.

(C) se passou a admitir, com a aprovação do Instituto do *Amicus Curiae*, intervenção de terceiros em ação direta de inconstitucionalidade.

(D) não existe lide no processo de ação direta de inconstitucionalidade.

(E) uma medida cautelar em sede de ação direta de inconstitucionalidade pode ter efeito *ex tunc*.

A: correta. O STF pode apreciar a inconstitucionalidade de uma lei já por ele declarada constitucional anteriormente em controle difuso, por exemplo; **B:** correta, art. 5° da Lei 9.868/1999; **C:** incorreta, devendo ser assinalada. A possibilidade de admissão de *amicus curiae* na ADIn não significa a legitimação da intervenção de terceiros, que é expressamente vedada (art. 7° da Lei 9.868/1999); **D:** correta, pois se trata de processo objetivo, sem partes processuais propriamente ditas, que visa garantir a higidez do ordenamento jurídico; **E:** correta. Em regra, seus efeitos são *ex nunc*, mas podem ter eficácia *ex tunc* (art. 11, § 1°, da Lei 9.868/1999).

Gabarito "C"

(Ministério Público/RS – 2009) Considere as afirmações abaixo:

I. Enquanto as democracias europeias adotaram, a partir do segundo pós-guerra, o controle concentrado de constitucionalidade, paradoxalmente no Brasil essa modalidade de jurisdição constitucional somente foi instituída em 1965, já sob a égide do regime militar.

II. A ação civil pública é instrumento idôneo de fiscalização incidental de constitucionalidade, pela via difusa, de leis municipais, estaduais e federais, desde que, nesse processo coletivo, a controvérsia constitucional, longe de identificar-se como objeto único da demanda, qualifique-se como simples questão prejudicial, indispensável à resolução do litígio principal.

III. A partir de 1937, com a Constituição "polaca" (Estado Novo), passou-se a exigir a remessa ao Senado da decisão do STF que declarava a inconstitucionalidade de uma lei.

IV. Decisão que deixa de aplicar uma súmula vinculante é passível de Reclamação, mas somente depois de esgotados os recursos processuais disponíveis.

V. O STF, que é composto por duas Turmas, ao contrário dos demais tribunais da República, não suscita incidente de inconstitucionalidade.

Quais estão corretas?

(A) Apenas II, III e V.

(B) Apenas I, II e V.

(C) Apenas II e V.

(D) Apenas I, III e IV.

(E) Apenas I e IV.

I: correta, o controle por ação direta foi instituído pela EC 16/1965, que alterou a Constituição de 1946, já durante o regime militar; **II:** correta, pois a declaração de inconstitucionalidade deve ser causa de pedir e não pedido principal, sob pena de transmudar a ACP em ADIn; **III:** incorreta. Tal previsão já constava do art. 91, IV, da Constituição de 1934; **IV:** incorreta. Não reflete o disposto no art. 103-A, § 3°, da CF; **V:** correta, na medida em que cabe ao Plenário o julgamento do feito (e não apenas da questão constitucional) – v. art. 11, I e II, do RISTF.

Gabarito "B"

(Ministério Público/MG – 2008) Assinale a alternativa CORRETA.

(A) A legitimidade do Presidente da República para propositura de Ação Direta de Inconstitucionalidade deve obedecer à pertinência temática.

(B) Os partidos políticos têm legitimidade para propor Ação Direta de Inconstitucionalidade em relação a quaisquer matérias, devendo, entretanto, obedecer ao requisito da pertinência temática.

(C) A legitimidade do Procurador-Geral da República para a propositura de Ação Direta de Constitucionalidade é universal.

(D) O Conselho Federal da Ordem dos Advogados do Brasil não possui legitimidade para propor Ação Direta de Constitucionalidade, somente Ação Direta de Inconstitucionalidade.

(E) A confederação sindical possui legitimidade universal para propor Ação Direta de Inconstitucionalidade e Ação Direta de Constitucionalidade.

A: incorreta, o Presidente da República é legitimado universal para propositura de ADIn (art. 103, I, da CF); **B:** incorreta, os partidos políticos, desde que tenham representação no Congresso Nacional, têm legitimidade universal para propositura de ADIn (art. 103, VIII, da CF); **C:** correta, a legitimidade do Procurador-Geral da República é ***universal*** para a propositura de ADIn, ou seja, pode propor a ação em qualquer hipótese, sem necessidade de demonstração de pertinência temática; **D:** incorreta, pois em desacordo com o art. 103, VII, da CF; **E:** incorreta. O Governador de Estado, a Mesa de Assembleia Legislativa (ou da Câmara Legislativa do DF), bem como as confederações sindicais ou entidades de classe de âmbito nacional são legitimados ***especiais*** para a propositura de ADIn. Vale dizer: precisam demonstrar pertinência temática entre o objeto da ADIn e sua esfera jurídica (ou a de seus filiados).

Gabarito "C"

(Ministério Público/PR – 2008) De acordo com a jurisprudência consolidada pelo Supremo Tribunal Federal, são considerados "legitimados universais" para a propositura de ação direta de inconstitucionalidade perante aquele Tribunal: (assinale a alternativa correta)

(A) Apenas o Procurador-Geral da República e o Governador de Estado ou do Distrito Federal;

(B) Apenas a confederação sindical ou entidade de classe de âmbito nacional e o Procurador-Geral da República;

(C) Apenas o Presidente da República, o Procurador-Geral da República, o Conselho Federal da Ordem dos Advogados do Brasil e a confederação sindical ou entidade de classe de âmbito nacional;

(D) Apenas a Mesa da Câmara dos Deputados, a Mesa do Senado Federal, o partido político com representação no Congresso Nacional e o Governador de Estado ou do Distrito Federal;

(E) Apenas o Presidente da República, o Procurador-Geral da República, o Conselho Federal da Ordem dos Advogados do Brasil, a Mesa do Senado Federal, a Mesa da Câmara dos Deputados e o partido político com representação no Congresso Nacional.

São legitimados ***universais*** para a propositura de ADIn (= têm legitimidade ativa em qualquer hipótese, sem necessidade de demonstração de pertinência temática): o Presidente da República, as Mesas do Senado e da Câmara, o Procurador-Geral da República, o Conselho Federal da OAB e o partido político com representação no Congresso Nacional. São legitimados ***especiais***, ou seja, precisam demonstrar relação de pertinência temática entre o objeto da ADIn e sua esfera jurídica (ou a de seus filiados): o Governador de Estado, a Mesa de Assembleia Legislativa (ou da Câmara Legislativa do DF), bem como as confederações sindicais ou entidades de classe de âmbito nacional.

Gabarito "E"

(Ministério Público/RO – 2008 – CESPE) Acerca do controle da constitucionalidade, assinale a opção correta.

(A) A ausência de uma lei de competência exclusiva do Congresso Nacional autorizaria, conforme entendimento do STF, que a mesa do Congresso Nacional propusesse, em qualquer hipótese, uma ação direta de inconstitucionalidade por omissão para que o STF editasse a regra do caso concreto.

(B) O requisito da repercussão geral, no recurso extraordinário, há de ser exigido, conforme entendimento do STF, tanto nos recursos interpostos após o advento da lei ordinária que regulamentou a Emenda Constitucional n. 45/1994, quanto nos anteriores, já que constitui pressuposto específico de recorribilidade, matéria processual, que tem de ser aplicada imediatamente.

(C) A concessão da medida liminar, na arguição a descumprimento de preceito fundamental, poderá suspender todos os processos judiciais em curso, mesmo que definitivamente julgados, para que se aguarde o julgamento do mérito pelo STF, o qual deverá ser feito, na hipótese de se julgar procedente o pedido, por meio de maioria absoluta.

(D) O requisito da pertinência temática foi erigido à condição de pressuposto qualificador da própria legitimidade ativa *ad causam* para efeito de instauração do processo objetivo de fiscalização concentrada de constitucionalidade.

(E) Em relação à representação de inconstitucionalidade, no âmbito estadual, a legitimação do procurador-geral de justiça poderá ser a única a ser estabelecida.

A: incorreta. A Mesa do Congresso Nacional não possui legitimidade ativa para a propositura de ADin. A legitimação é conferida apenas à Mesa do Senado Federal e à Mesa da Câmara dos Deputados (art. 103, II e III, CF); **B:** incorreta. O STF entende que a exigência de repercussão geral só se aplica a partir do dia 3 de maio de 2007, data da publicação da Emenda Regimental 21/2007, que dá execução ao disposto na Lei 11.418/2006 (Medida Cautelar no RE 376.852, Pleno, Rel. Min. Gilmar Mendes, *DJ* 13.06.2003). **C:** incorreta, art. 5º, § 3º c/c art. 8º, ambos da Lei 9.882/1999; **D:** correta. Apenas para os legitimados ativos ***interessados*** ou ***especiais***. O requisito da pertinência temática não é exigido para os legitimados ativos ***neutros*** ou ***universais***. **E:** incorreta, art. 125, § 2º, da CF.

Gabarito "D"

(Ministério Público/PR – 2008) Analise as seguintes assertivas e assinale a alternativa correta:

I. a criação de cargo público nos quadros do Poder Executivo, realizada através de lei municipal cuja iniciativa legislativa foi deflagrada por Vereador, não incide em inconstitucionalidade formal;

II. lei municipal que apresenta antinomia direta e frontal, somente com a Constituição Federal, pode ser objeto de ação direta de inconstitucionalidade proposta perante o Tribunal de Justiça Estadual;

III. o controle de constitucionalidade pela via incidental ou difusa só pode ocorrer no bojo de um processo de conhecimento;

IV. atos normativos secundários, tais como decretos regulamentares que não inovam originariamente a ordem jurídica, sempre poderão ser objeto de ação direta de inconstitucionalidade perante o Supremo Tribunal Federal;

V. a ação declaratória de constitucionalidade proposta perante o Supremo Tribunal Federal poderá ter como objeto lei ou ato normativo federal e estadual.

(A) apenas as assertivas I e IV estão incorretas;

(B) apenas as assertivas II e III estão incorretas;

(C) apenas as assertivas I, IV e V estão incorretas;

(D) apenas as assertivas II e V estão incorretas;

(E) todas as assertivas estão incorretas.

I: incorreta. Viola formalmente, por simetria, a regra do art. 61, § 1º, II, *a*, da CF; **II:** incorreta. O controle mediante ADIn no TJ somente pode ter como parâmetro a Constituição estadual (art. 125, § 2º, da CF); **III:** incorreta. O controle difuso ou incidental pode ser realizado em qualquer fase ou processo. **IV:** incorreta. Apenas os decretos ou regulamentos autônomos podem ser objeto de ADIn, pois inovam o ordenamento jurídico, deixando de ser meramente secundários. **V:** incorreta. O objeto da ADC é apenas lei ou ato normativo ***federal***. V. art. 102, I, *a*, da CF.

Gabarito "E"

(Ministério Público/MG – 2007) O Brasil, de acordo com a Constituição de 1988, não adota o controle de constitucionalidade

(A) judicial difuso.

(B) judicial concentrado repressivo.

(C) político preventivo.

(D) judicial concentrado em abstrato.

(E) político repressivo.

Quanto à natureza do órgão que o exerce, o controle de constitucionalidade pode ser ***político*** ou ***judicial***. Quanto ao momento de seu exercício será ***preventivo*** ou ***repressivo***. Quanto ao órgão judicial que o exerce, é ***difuso*** ou ***concentrado***. Quanto ao modo de sua realização, pode ser ***por via incidental*** ou por ***via principal***, também chamado de controle ***por ação direta***. No Brasil, o *controle político é predominantemente preventivo* (ex.: veto do Poder Executivo a projeto de lei que considere inconstitucional e rejeição de projeto de lei pela Comissão de Constituição e Justiça por inconstitucionalidade). A opção deve ser marcada por exclusão das demais, mas há caso de controle político repressivo (como a rejeição, pelo Congresso Nacional, de Medida Provisória inconstitucional).

Gabarito "E"

(Ministério Público/MS – 2006) Sobre o controle da constitucionalidade de lei ou ato normativo, não é correto afirmar que:

(A) Compete ao Supremo Tribunal Federal, processar e julgar, originariamente a ação direta de inconstitucionalidade de lei ou ato normativo federal ou estadual e a ação declaratória de constitucionalidade de lei ou ato normativo federal;

(B) As normas municipais ou estaduais que contrariem a Constituição Estadual poderão sofrer controle concentrado da constitucionalidade no âmbito do Tribunal de Justiça do Estado;

(C) O STF exerce o papel de legislador negativo, limitando-se a exclusão do ordenamento jurídico daqueles atos incompatíveis com a Constituição Federal;

(D) Em sede de ação civil pública poderá o juízo monocrático realizar o controle concentrado da constitucionalidade de lei ou ato normativo municipal.

A: correta, art. 102, I, *a*, da CF; **B:** correta, art. 125, § 2º, da CF; **C:** correta. Ao STF não é lícito editar normas (legislar "positivamente"), mas apenas atuar nos limites da competência constitucional que lhe foi conferida (art. 102, I, *a*, da CF); **D:** incorreta, devendo ser assinalada. O controle de constitucionalidade em ACP é exercido incidentalmente, pois a inconstitucionalidade da norma é apreciada como causa de pedir e não como pedido principal da ação.

Gabarito "D"

(Ministério Público/TO – 2006 – CESPE) Com referência ao controle de constitucionalidade, julgue os itens abaixo.

I. Se o procurador-geral da República ajuizar ação direta de inconstitucionalidade contra ato normativo piauiense e o pedido for julgado procedente, o acórdão do STF deverá ser comunicado ao Senado Federal, para que, após publicar-se resolução, tenha efeito *erga omnes*.

II. Os órgãos judiciais do estado do Piauí detêm competência para apreciar a constitucionalidade de lei ou ato normativo federal em face da Constituição da República.

III. Como normas jurídicas que são, as súmulas do STF constituem atos passíveis de controle concentrado de constitucionalidade.

IV. Importante limitação para o controle de constitucionalidade por parte do Superior Tribunal de Justiça (STJ) está em ele não possuir competência para o controle concentrado de constitucionalidade. Além disso, a parte que, em um processo, interpuser recurso especial não deverá utilizá-lo para discutir a constitucionalidade de normas jurídicas. Observadas essas e outras restrições, o STJ, como outros tribunais, pode exercer o controle de constitucionalidade.

A quantidade de itens certos é igual a

(A) 1.

(B) 2.

(C) 3.

(D) 4.

I: incorreta. A comunicação ao Senado Federal (art. 52, X, CF) ocorre apenas no controle incidental ou difuso de constitucionalidade. No controle concentrado, a própria decisão do STF já possui eficácia ***erga***

omnes (art. 28, parágrafo único, Lei 9.868/1999). **II:** correta. No controle incidental ou difuso, qualquer juiz ou tribunal pode apreciar a constitucionalidade de lei ou ato normativo, visando à solução de um caso concreto. **III:** incorreta. Somente as leis e atos normativos federais ou estaduais podem ser objeto de ADin. Ver ADIn 594/DF, Rel. Min. Carlos Velloso, Pleno, *DJ* 15.04.1994. **IV:** correta. O controle concentrado de constitucionalidade é exercido apenas pelo STF (art. 102, I, a, CF). O STJ pode exercer o controle incidental, como qualquer outro tribunal do país. Além disso, o recurso especial não se presta à análise da constitucionalidade de normas jurídicas (art. 105, III, CF).

Gabarito "B"

(Ministério Público/GO – 2005) Quanto à atuação do Ministério Público no controle incidental de constitucionalidade, não é correto afirmar

(A) como instituição autônoma, essencial à Administração da Justiça, pode e deve o membro do Ministério Público, de qualquer instância, nos feitos submetidos à sua cognição, em processo judicial ou extrajudicial (inquéritos penais e cívis), suscitar, se for o caso, a inconstitucionalidade incidental de qualquer ato jurídico, público ou privado, pois ao *Parquet* deferiu-se a defesa da ordem jurídica

(B) a atuação do Ministério Público dá-se nos casos em que seja parte, autor ou réu, não havendo previsão constitucional ou legal para seu pronunciamento quanto à inconstitucionalidade quando de sua atuação como fiscal da lei

(C) ainda no processo judicial que não tenha atuação como agente ou interveniente, se suscitada a questão de inconstitucionalidade, deverá o membro do Ministério Público com atribuição para funcionar junto ao órgão judicial ser intimado para se manifestar

(D) é extremamente relevante a intervenção ministerial no exame de questão de inconstitucionalidade, pois, ainda que seu parecer sobre tal questão seja rejeitado pelo órgão judicial no controle incidental, poderá o tema ser suscitado novamente, agora em controle concentrado, mediante comunicação ao Procurador-Geral da República ou ao Procurador-Geral de Justiça

A: incorreta, art. 127 da CF; art. 1º da Lei 8.625/1993 e art. 1º da LC 75/1993; **B:** correta, art. 103, § 1º, da CF e art. 480 do CPC; **C:** incorreta, art. 480 do CPC; **D:** incorreta, art. 103, VI e art. 125, § 2º, ambos da CF. V., tb., art. 2º da Lei 4.337/1964.

Gabarito "B"

(Ministério Público/RS – 2008) Lei ordinária anterior à vigência de nova Constituição, e com esta incompatível, ensejará

(A) arguição de inconstitucionalidade;

(B) verificação sobre se foi, ou não, revogada;

(C) indispensabilidade de propositura de ação genérica pelas instituições e pelos órgãos constitucionalmente legitimados;

(D) controle por via incidental;

(E) suspensão de sua executoriedade pelo Senado Federal.

A: incorreta, pois antes de qualquer arguição deve-se verificar se a lei foi ou não revogada; **B:** correta, se o direito ordinário anterior é incompatível com a nova constituição, esta não permitirá que ele ingresse no novo ordenamento constitucional, pois seria uma incongruência a nova constituição permitir que leis antigas, contrárias aos seus princípios, continuassem a ter vida. Assim, todas as leis pretéritas conflitantes com a nova constituição serão revogadas por esta. Esse entendimento vale para todas as espécies normativas pretéritas infraconstitucionais, subconstitucionais, alcançando não só as leis formais, mas os decretos, regimentos, portarias, atos administrativos em geral etc. Esse o entendimento consagrado na jurisprudência do STF. Por isso, a importância de se verificar se a norma foi ou não revogada; **C:** incorreta, pois se a norma já foi revogada, a propositura da ação genérica irá perder o seu objeto. Se fosse o caso, a única ação genérica seria a ADPF; **D:** incorreta, pois como dito anteriormente, só ensejará o controle por via incidental, se a norma não tiver sido revogada, mas para que tenhamos certeza, é necessário a verificação; **E:** incorreta, na exata medida que compete privativamente ao Senado Federal suspender a execução, no todo ou em parte, de lei declarada inconstitucional por decisão definitiva do Supremo Tribunal Federal, segundo o art. 52, X, da CF.

Gabarito "B"

(Ministério Público/SP – 2012 – VUNESP) Em relação à legitimidade para propositura de ação direta de inconstitucionalidade, o Supremo Tribunal Federal exige a comprovação da presença de pertinência temática, por parte dos seguintes colegitimados:

(A) Mesa da Assembleia Legislativa ou da Câmara Legislativa do Distrito Federal, Governador do Estado ou do Distrito Federal e Partidos Políticos com representação no Congresso Nacional.

(B) Mesa da Câmara dos Deputados, Mesa do Senado Federal, Mesa da Assembleia Legislativa ou da Câmara Legislativa do Distrito Federal e confederações sindicais ou entidades de classe de âmbito nacional.

(C) Mesa da Assembleia Legislativa ou da Câmara Legislativa do Distrito Federal, Conselho Federal da Ordem dos Advogados do Brasil e confederações sindicais ou entidades de classe de âmbito nacional.

(D) Mesa da Câmara dos Deputados, Mesa do Senado Federal, Mesa da Assembleia Legislativa ou da Câmara Legislativa do Distrito Federal e Partidos Políticos com representação no Congresso Nacional.

(E) Mesa da Assembleia Legislativa ou da Câmara Legislativa do Distrito Federal, Governador do Estado ou do Distrito Federal e confederações sindicais ou entidades de classe de âmbito nacional.

A: incorreta, pois os Partidos Políticos com representação no Congresso Nacional são legitimados neutrais ou universais; **B:** incorreta, já que as Mesas da Câmara dos Deputados e do Senado Federal têm legitimidade neutral; **C:** incorreta, na exata medida que o Conselho Federal da Ordem dos Advogados do Brasil tem legitimidade neutral ou universal; **D:** incorreta, já que a pertinência temática pertence apenas a Mesa da Assembleia Legislativa ou da Câmara Legislativa do Distrito Federal; **E:** correta, pois elenca acertadamente os legitimados que precisam demonstrar a pertinência temática para propositura de ADIn.

Gabarito "E"

(Ministério Público/SP – 2012 – VUNESP) A decisão do Supremo Tribunal Federal em relação aos limites temporais dos efeitos da declaração de inconstitucionalidade no controle concentrado ou abstrato brasileiro, em regra, terá efeitos

(A) não retroativos (*ex nunc*), uma vez que necessário garantir-se a segurança jurídica, comportando, porém, a modulação dos efeitos para admitir a prospecção dos efeitos com fixação de prazo para que o Congresso Nacional edite nova norma, que revogará aquela declarada inconstitucional ("apelo ao legislador"), desde que por decisão de dois terços dos membros do STF, presentes razões de segurança jurídica ou de excepcional interesse social.

(B) retroativos (*ex tunc*), uma vez que os atos inconstitucionais são nulos e, portanto, destituídos de qualquer carga de eficácia jurídica, comportando, porém, a modulação dos efeitos da decisão, inclusive para admitir a prospecção dos efeitos com fixação de prazo para que o Congresso Nacional edite nova norma, que revogará aquela declarada inconstitucional ("apelo ao legislador"), desde que por decisão de dois terços dos membros do STF, presentes razões de segurança jurídica ou de excepcional interesse social.

(C) não retroativos (*ex nunc*), uma vez que necessário garantir-se a segurança jurídica, comportando, porém, a modulação dos efeitos da decisão, inclusive para admitir a prospecção dos efeitos com fixação de prazo para que o Congresso Nacional edite nova norma, que revogará aquela declarada inconstitucional ("apelo ao legislador"), desde que por decisão de maioria absoluta dos membros do STF, presentes razões de segurança jurídica ou de excepcional interesse social.

(D) retroativos (*ex tunc*), uma vez que os atos inconstitucionais são nulos e, portanto, destituídos de qualquer carga de eficácia jurídica, comportando, somente, a modulação dos efeitos da decisão para admitir a não retroatividade da decisão da Corte, desde que por maioria absoluta dos membros do STF, presentes razões de segurança jurídica ou de excepcional interesse social.

(E) não retroativos (*ex nunc*) ou retroativos (*ex tunc*), desde que fixados por decisão de dois terços dos membros do STF, presentes razões de segurança jurídica ou de excepcional interesse social, comportando, porém, a modulação dos efeitos da decisão, inclusive para admitir a prospecção dos efeitos com fixação de prazo para que o Congresso Nacional edite nova norma, que revogará aquela declarada inconstitucional ("apelo ao legislador").

A: incorreta, pois os efeitos são retroativos (*ex tunc*), uma vez que os atos inconstitucionais são nulos e, portanto, destituídos de qualquer carga de eficácia jurídica, comportando, porém, a modulação dos efeitos da decisão, inclusive para admitir a prospecção dos efeitos com fixação de prazo para que o Congresso Nacional edite nova norma, que revogará aquela declarada inconstitucional ("apelo ao legislador"), desde que por decisão de dois terços dos membros do STF, presentes razões de segurança jurídica ou de excepcional interesse social; **B:** correta, uma vez que os atos inconstitucionais são nulos e, portanto, destituídos de qualquer carga de eficácia jurídica, comportando, porém, a modulação dos efeitos da decisão, inclusive para admitir a prospecção dos efeitos com fixação de prazo para que o Congresso Nacional edite nova norma, que revogará aquela declarada inconstitucional ("apelo ao legislador"), desde que por decisão de dois terços dos membros do STF, presentes razões de segurança jurídica ou de excepcional interesse social; **C:** incorreta, pois os efeitos não são "ex nunc", mas sim, "ex tunc"; **D:** incorreta, pois o quórum será de 2/3 terços de seus membros e não maioria absoluta; **E:** incorreta, já que não é possível tal alternância.

Gabarito "B"

(Ministério Público/SP – 2012 – VUNESP) Em relação ao controle de constitucionalidade no Brasil, é correto afirmar:

(A) A ideia básica de controle de constitucionalidade está ligada à Supremacia da Constituição sobre todo o ordenamento jurídico interno, excetuando os Tratados Internacionais devidamente incorporados, e, também, à de rigidez constitucional e proteção dos direitos fundamentais.

(B) No controle abstrato de constitucionalidade, o Supremo Tribunal Federal fica condicionado ao pedido, porém não a causa de pedir, ou seja, analisará a constitucionalidade dos dispositivos legais apontados pelo autor, porém poderá declará-los inconstitucionais por fundamentação jurídica diferenciada, não estando adstrito aos fundamentos invocados pelo autor, podendo declarar a inconstitucionalidade por fundamentos diversos dos expedidos na inicial.

(C) O controle preventivo de constitucionalidade exercido pelo Supremo Tribunal Federal, por provocação do Presidente da República, Presidente do Senado Federal ou Presidente da Câmara dos Deputados, pretende impedir que proposta de emenda constitucional ou projeto de lei maculados pela eiva de inconstitucionalidade ingressem no ordenamento jurídico.

(D) A Constituição Federal prevê a possibilidade de edição de súmulas vinculantes pela maioria absoluta dos Ministros do Supremo Tribunal Federal, de ofício ou por provocação de qualquer dos colegitimados para a propositura da ação direta de inconstitucionalidade, sempre tendo por objeto a validade, a interpretação e a eficácia de normas determinadas, desde que exista controvérsia atual entre órgãos judiciários ou entre esses e a administração pública que acarrete grave insegurança jurídica e relevante multiplicidade de processos sobre questão idêntica.

(E) A figura do *amicus curiae* ou "amigo da Corte", cuja função primordial é juntar aos autos parecer ou informações com o intuito de trazer à colação considerações importantes sobre a matéria de direito a ser discutida pelo Supremo Tribunal Federal, bem como acerca dos reflexos de eventual decisão sobre a inconstitucionalidade ou constitucionalidade da espécie normativa impugnada pode ser admitida a qualquer tempo, antes do julgamento final, exigindo a maioria de 2/3 dos membros do STF.

A: incorreta, já que o controle de constitucionalidade relaciona-se com a fiscalização da conformidade das leis e atos normativos frente à Constituição. Assim, o objetivo do controle de constitucionalidade é exatamente verificar a observância das normas constitucionais por parte das demais leis, inclusive, dos tratados internacionais. Trata-se de verificar a compatibilidade das demais normas frente à Constituição. Assim, a princípio, todas as leis são válidas. É dizer: as leis e atos normativos estatais são considerados válidos, constitucionais, até que venham a ser formalmente declarados inconstitucionais. Essa noção relaciona-se com o denominado princípio da presunção de constitucionalidade das leis; **B:** correta, no controle concentrado de constitucionalidade, o Supremo Tribunal Federal fica condicionado ao pedido, porém, não a causa de pedir, ou seja, analisará a constitucionalidade dos dispositivos legais apontados pelo autor, no entanto, poderá declará-los inconstitucionais por fundamentação jurídica diferenciada, não estando adstrito aos fundamentos invocados pelo autor, podendo declarar a inconstitucionalidade por fundamentos diversos dos expedidos na inicial. No controle difuso o raciocínio é totalmente inverso, a causa de pedir deverá trazer a arguição da inconstitucionalidade; **C:** incorreta, já que o Poder Judiciário, excepcionalmente, só poderá atuar no controle preventivo se for provocado por parlamentar por meio de mandado de segurança; **D:** incorreta, já que o Supremo Tribunal Federal poderá, de ofício ou por provocação, mediante decisão de dois terços (2/3) dos seus membros, aprovar súmula vinculante, nos termos do art. 103-A da CF; **E:** incorreta, pois o de acordo o § 2º do art. 7º da Lei 9.868/1999, o relator, considerando a relevância da matéria e a representatividade dos postulantes, poderá admitir a manifestação de outros órgãos ou entidades. Esse é o chamado "amicus curiae" (amigo da corte), entidades ou órgãos cuja manifestação possa contribuir com a qualidade da decisão do Supremo sobre determinado assunto, notadamente quando se tratar de tema técnico, complexo ou altamente controverso. Observe que, a rigor, não é caso de intervenção de terceiros. Aliás, o próprio art. 7º da Lei 9.868/1999 não admite intervenção de terceiros no processo de ação direta de inconstitucionalidade (a intervenção de terceiros é figura existente no direito processual civil, mas que visa a assegurar o direito de terceiros interessados na causa ingressarem na lide). Interessante observar que não há direito subjetivo de associações e entidades interessadas em participar como "amicus curiae" de determinado processo. Essa decisão compete ao relator do processo levando em conta a representatividade da entidade e a relevância da matéria. Segundo o Supremo Tribunal Federal, a admissão da figura do *amicus curiae* não lhe assegura o direito de interpor recursos no âmbito do processo. Afinal, ele não é parte. Cabe registrar que o STF já admitiu sustentação oral por parte do *amicus curiae*; ou seja, admite-se que sua participação ocorra na fase de julgamento e não necessariamente por escrito. Ademais, hoje se admite a participação de *amicus curiae* no exame da repercussão geral, no âmbito do recurso extraordinário, bem como no procedimento de aprovação de súmula vinculante pelo Supremo Tribunal Federal.

Gabarito "B"

(Ministério Público /SP – 2012 – VUNESP) Sobre a arguição de descumprimento de preceito fundamental, assinale a alternativa correta.

(A) Será apreciada pelo Supremo Tribunal Federal, ou pelo Superior Tribunal de Justiça conforme a origem, federal, estadual ou municipal, da apregoada lesão.

(B) Poderá ser proposta pelos legitimados para a ação civil pública.

(C) Quando julgada, sua decisão terá eficácia contra todos e efeito vinculante relativamente aos demais órgãos do Poder Público.

(D) Será admitida mesmo quando houver outro meio eficaz de sanação da lesividade.

(E) Poderá ser decidida em sessão à qual presente a maioria simples dos Ministros.

A: incorreta, pois a competência é exclusiva do STF (art. 102, § 1º, da CF); **B:** incorreta, já que os seus legitimados (art. 103 da CF) são os mesmos da ADIn/ADC (art. 2º, I, da Lei 9.882/1999); **C:** correta, réplica do art. 10, § 3º, da Lei 9.882/1999. Devemos pontuar, que a finalidade da ADPF é preservar as vigas-mestras que solidificam o edifício constitucional, buscando dar coerência, racionalidade e segurança ao ordenamento jurídico. Pelo seu uso, é possível suspender, liminarmente, ações judiciais ou administrativas em curso, as quais deverão acatar a sentença geral e vinculante da Corte Suprema, proferida no fim do processo. Lídimo instrumento do controle concentrado, mas que se esparge sua influência no caso concreto (controle difuso), seu raio de ação se circunscreve ao deslinde de questões constitucionais tidas como de iniludível fundamentalidade para a ordem pública; **D:** incorreta, pois o art. 4º, § 1º, da Lei 9.882/1999 prevê o princípio da subsidiariedade da ADPF, ou seja, só é cabível quando não houver outro meio capaz de sanar a lesividade. O princípio da subsidiariedade, ou cláusula de exaurimento de instâncias, é inspirado nos perfis legislativos do recursos constitucionais alemão e espanhol; **E:** incorreta, pois o art. 5º da Lei 9.882/1999 exige maioria absoluta.

Gabarito "C"

(Ministério Público/GO – 2010) Conforme a disciplina do controle de constitucionalidade no ordenamento jurídico brasileiro,

(A) declarada a inconstitucionalidade por omissão de medida para tornar efetiva norma constitucional, será dada ciência ao Poder competente para a adoção das providências necessárias, devendo fazê-lo, sempre, em até trinta dias.

(B) compete ao STF processar, originariamente, a ADI e a ADC de lei ou ato normativo federal ou estadual.

(C) o Governador de Estado e a Mesa de Assembleia Legislativa podem propor ADI, perante o STF, mas não o Governador do Distrito Federal ou a Câmara Legislativa do Distrito Federal.

(D) apenas o Presidente da República, a Mesa da Câmara dos Deputados, a Mesa do Senado Federal e o Procurador-Geral da República podem propor ADC perante o STF.

(E) o Conselho Federal da OAB pode propor ADI, ADC e ADPF, perante o STF, sem exigência de pertinência temática.

A: incorreta, pois não reflete o disposto no art. 103, § 2º, da CF. Uma vez declarada a inconstitucionalidade por omissão de medida para tornar efetiva norma constitucional, será dada ciência ao Poder Competente para a adoção das providências necessárias e, em se tratando de órgão administrativo, para fazê-lo em trinta dias; **B:** incorreta, na exata medida que só cabe ADC para questionar lei federal (art. 102, I, *a*, da CF); **C:** incorreta, porque conforme o disposto no art. 103, IV e V, da CF o Governador do Distrito Federal ou a Câmara Legislativa do Distrito Federal *podem* propor ADI; **D:** incorreta, pois também são legitimados para propor ADI a Mesa de Assembleia Legislativa ou da Câmara Legislativa do Distrito Federal, o Governador de Estado ou do Distrito Federal, o Conselho Federal da Ordem dos Advogados do Brasil, partido político com representação no Congresso Nacional e a confederação sindical ou entidade de classe de âmbito nacional (art. 103, IV, V, VII, VIII, IX, da CF); **E:** correta, já que de acordo com o art. 103, VII, da CF e art. 2º, I, da Lei 9.882/1999 e conforme o STF, são legitimados *neutros* ou *universais* para a propositura de ADIn (= têm legitimidade ativa em qualquer hipótese, sem necessidade de demonstração de pertinência temática): o Presidente da República, as Mesas do Senado e da Câmara, o Procurador-Geral da República, o Conselho Federal da OAB e o partido político com representação no Congresso Nacional. São legitimados *interessados* ou *especiais*, ou seja, precisam demonstrar relação de pertinência temática entre o objeto da ADIn e sua esfera jurídica (ou a de seus filiados): o Governador de Estado, a Mesa de Assembleia Legislativa (ou da Câmara Legislativa do DF), bem como as confederações sindicais ou entidades de classe de âmbito nacional.

Gabarito "E"

(Ministério Público /AC – 2008) No controle de constitucionalidade de ato normativo pela via difusa, discute-se o caso concreto. A respeito desse controle, assinale a opção correta.

(A) Os efeitos da declaração de inconstitucionalidade afetam somente as partes envolvidas no processo, de forma retroativa, em regra, de modo a desfazer, desde sua origem, o ato declarado inconstitucional, juntamente com todas as consequências dele derivadas.

(B) A declaração de inconstitucionalidade terá efeitos *ex tunc* e *erga omnes* por decisão do STF, pois somente a este cabe assegurar a supremacia das normas constitucionais.

(C) Os efeitos devem ser *inter partes*, podendo, entretanto, ser ampliados por motivos de segurança jurídica ou de excepcional interesse social, em decorrência de decisão de dois terços dos membros do STF.

(D) Os efeitos se tornarão *ex tunc* a partir do momento em que o Senado Federal editar uma resolução suspendendo a execução, no todo ou em parte, da lei ou ato normativo declarado inconstitucional por decisão definitiva do STF.

A: correta. Como regra geral, no controle difuso os efeitos são ***inter partes*** e ***ex tunc***. Entretanto, o STF já reconheceu eficácia *ex nunc* (v., e.g., RE 197.917, Rel. Min. Maurício Corrêa). Tecnicamente, são os efeitos modulares da decisão; **B:** incorreta, pois a inconstitucionalidade de lei federal, estadual, distrital ou municipal, reconhecida em controle concreto (difuso), pode chegar ao STF por meio de recurso extraordinário (art. 102, III, "a", "b", e "c", da CF/1988) ou ordinário. Contudo, os efeitos ainda serão ***inter partes*** e ***ex tunc***. É muito comum pensarmos que o STF não pode atuar no controle difuso por meio de sua competência originária, o que é um equívoco, pois se a demanda apresentar matéria incidental, e não sendo ela ADI, ADC ou ADPF, irá tramitar pela via do controle difuso; **C:** incorreta, mas devemos fazer menção a Reclamação n. 4.335, onde o STF sinalizou que decisão anteriormente proferida por aquela Corte no HC n. 82.959 poderia ser estendida para outros casos concretos. **D:** incorreta, pois segundo prevalece, a suspensão pelo Senado se dá com eficácia ***ex nunc*** e ***erga omnes***, por meio de uma resolução (somente a partir da publicação em diário oficial) (art. 52, X, da CF/1988).

Gabarito "A"

(Ministério Público/BA – 2005) Em relação ao controle da constitucionalidade, assinale a alternativa correta:

(A) As leis municipais somente são passíveis de controle concentrado, por via de ação direta de inconstitucionalidade em face da Constituição Federal, se a Carta Estadual for omissa quanto aos preceitos de repetição obrigatória traçados pela Lei Maior.

(B) A chamada "cláusula de reserva de plenário" somente é prevista na Constituição Federal para as ações diretas de inconstitucionalidade, não se aplicando às arguições incidentais, para as quais até mesmo o juiz monocrático tem competência para apreciá-las.

(C) Nas ações diretas de inconstitucionalidade de lei estadual ou municipal em face da Constituição Estadual, a decisão final do Tribunal de Justiça só estará sujeita à apreciação do STF (Supremo Tribunal Federal), via recurso extraordinário, se o preceito da Carta Estadual violado for daqueles de repetição obrigatória, decorrentes da Constituição da República.

(D) Todo e qualquer ato administrativo municipal ou estadual poderá sofrer o controle concentrado em face da Constituição Estadual, desde que, dotado de vigência e eficácia, viole qualquer de seus preceitos.

(E) Os efeitos dos acórdãos, tanto na ação direta de inconstitucionalidade, quanto na arguição incidental, serão sempre *ex tunc* e *ex nunc*, respectivamente.

A: incorreta. Não cabe ADIn contra lei municipal (art. 102, I, a, da CF); **B:** incorreta. O art. 97 da CF, que veicula a cláusula de reserva de plenário, é aplicável a todos os tribunais, em controle difuso ou concentrado de constitucionalidade; **C:** correta. Em regra, não cabe recurso contra decisão do TJ em ADIn estadual, porque o STF é guardião da CF, não da Constituição Estadual. Contudo, nesse caso, o parâmetro da CE nada mais é que uma norma da CF, de reprodução obrigatória pelos Estados, razão por que cabe RE para o STF. V. RE 187.142; **D:** incorreta. Só podem ser objeto de controle leis ou atos normativos estaduais ou municipais; **E:** incorreta. Os efeitos da declaração de inconstitucionalidade são ***ex tunc***, podendo ser aplicado o art. 27 da Lei 9.868/1999 também ao controle difuso.

Gabarito "C"

(Ministério Público/GO – 2005) Assinale a alternativa incorreta:

(A) a supremacia das normas constitucionais conduz a um controle de constitucionalidade, fato característico das constituições rígidas, cabendo controle difuso de constitucionalidade em sede de ação civil pública

(B) no controle por via de exceção, aplicado às inconstitucionalidade legislativas, a decisão não importa o formal cancelamento da Lei em tese ou *in abstracto*, limitando seus efeitos ao caso concreto

(C) no controle por via de ação das normas ditas inconstitucionais os efeitos obtidos com a decisão são *erga omnes*, incidindo a decisão quanto à inconstitucionalidade da norma por sua imediata revogação da ordem jurídica

(D) dentro da visão exposta por Peter Häberle, quanto à sociedade aberta dos intérpretes da constituição, compete ao Poder Executivo exercer um controle preventivo da constitucionalidade, o qual incidirá durante o processo legislativo

A: correta. A supremacia da Constituição e a rigidez constitucional são pressupostos apontados pela doutrina para o controle de constitucionalidade. Cabe controle em ACP, desde que a declaração de inconstitucionalidade constitua causa de pedir, e não pedido principal da ação; **B:** correta. Os efeitos do controle difuso, incidental, concreto ou por via de exceção são ***inter partes***, pois constitui processo subjetivo; **C:** incorreta, devendo ser assinalada. A declaração de inconstitucionalidade não implica imediata revogação, mas perda de eficácia, operando no plano da validade (e não no da vigência). Em tese, nada impede que seja revogada posteriormente; **D:** correta. O Executivo exerce controle preventivo ao vetar projeto de lei por inconstitucionalidade.

Gabarito "C"

5. DIREITOS E DEVERES INDIVIDUAIS E COLETIVOS

(Ministério Público/PI – 2014 – CESPE) No que concerne aos denominados remédios constitucionais, assinale a opção correta.

(A) Compete aos juízes estaduais processar e julgar mandado de segurança contra ato de autoridade federal sempre que a causa envolver o INSS e segurados.

(B) No âmbito do mandado de injunção, a atual jurisprudência do STF adota a posição não concretista em defesa apenas do reconhecimento formal da inércia do poder público para materializar a norma constitucional e viabilizar o exercício dos direitos e liberdades constitucionais e das prerrogativas inerentes à nacionalidade, à soberania e à cidadania.

(C) O *habeas corpus* pode ser impetrado contra ato de coação ilegal à liberdade de locomoção, seja ele praticado por particular ou agente público.

(D) São da competência originária do STF o processamento e o julgamento dos habeas corpus quando o coator ou paciente for governador de estado.

A: incorreta (art. 109, VIII, da CF); **B:** incorreta, na medida em que, atualmente, a nossa Corte Suprema adota a posição concretista geral, em que a decisão, proferida em sede de mandado de injunção, ao conferir exequibilidade às normas constitucionais, produz efeitos erga omnes (atinge a todos). Nesse sentido o Mandado de Injunção n. 758/DF, no qual, depois de reconhecer a omissão legislativa consistente em regulamentar o direito constitucional de greve do setor público, determinou-se que a ele (setor público) se aplicasse a Lei 7.783/1989, que disciplina o direito de greve no âmbito do setor privado; **C:** correta. É tranquilo o entendimento no sentido de que o particular, sendo o causador do ato que implique constrangimento ilegal, figure no polo passivo da ação de habeas corpus; **D:** incorreta, já que o julgamento, neste caso, cabe ao STJ (art. 105, I, c, da CF).

Gabarito "C"

(Ministério Público/PI – 2014 – CESPE) Acerca das garantias processuais previstas no art. 5.º da CF, assinale a opção correta.

(A) De acordo com o entendimento do STF, é possível a quebra do sigilo das comunicações telefônicas no âmbito de processos administrativos disciplinares, em especial quando a conduta investigada causar dano ao erário.

(B) A CF admite em situações específicas, como as que envolvam ação de grupos armados, civis ou militares, contra a ordem constitucional e o Estado democrático, que alguém possa ser julgado por órgão judicial constituído ex post facto.

(C) Em se tratando de crimes de ação pública, o oferecimento da ação penal é de competência privativa do MP, não se admitindo a ação privada, ainda que aquela não seja proposta no prazo legal.

(D) Consoante o STF, configura expressão do direito de defesa o acesso de advogado, no interesse do representado, aos elementos de prova produzidos por órgão com competência de polícia judiciária, desde que já estejam documentados em procedimento investigativo.

(E) Embora não exista norma expressa acerca da matéria, o sigilo fiscal e bancário, segundo o STF, é protegido constitucionalmente no âmbito do direito à intimidade, portanto, o acesso a dados bancários e fiscais somente pode ser feito por determinação judicial, do MP, de comissão parlamentar de inquérito ou de autoridade policial.

A: incorreta. Embora a jurisprudência admita a possibilidade de utilizar-se, no processo administrativo disciplinar, a prova produzida a partir de interceptação telefônica realizada no âmbito do processo penal (prova emprestada), é incorreto afirmar-se que a quebra do sigilo telefônico pode se dar no bojo do processo administrativo. Isso porque tal providência, conforme estabelecem os arts. 5º, XII, da CF e 1º da Lei 9.296/1996, somente pode ser determinada com o fim de instruir investigação criminal ou processo penal; **B:** incorreta, uma vez que a Constituição Federal não contemplou tal possibilidade (art. 5º, XXXVII, CF); **C:** incorreta. Nos casos em que restar configurada, no âmbito da ação penal pública, desídia do órgão acusador, que deixou de promovê-la no prazo estabelecido em lei, poderá o ofendido ou quem o represente ajuizar *ação penal privada subsidiária da pública* ou *substitutiva*, que encontra previsão nos arts. 5º, LIX, da CF, 100, § 3º, do CP e 29 do CPP. Cuidado: o ofendido somente poderá se valer deste instrumento, de índole constitucional, na hipótese de inércia, desídia do membro do Ministério Público; **D:** correta, pois em conformidade com o teor da Súmula Vinculante 14, a seguir transcrita: "É direito do defensor, no interesse do representado, ter acesso amplo aos elementos de prova que, já documentados em procedimento investigatório realizado por órgão com competência de polícia judiciária, digam respeito ao exercício do direito de defesa"; **E:** incorreta. A autoridade policial não está credenciada a determinar a quebra dos sigilos fiscal e bancário.

Gabarito "D"

(Ministério Público/ES – 2013 – VUNESP) Com relação à liberdade de associação, assinale a alternativa que está expressamente de acordo com o texto constitucional.

(A) As associações só poderão ser compulsoriamente dissolvidas ou ter suas atividades suspensas por decisão judicial, exigindo-se, no primeiro caso, o trânsito em julgado.

(B) É plena a liberdade de associação, para fins lícitos, incluindo a de caráter paramilitar.

(C) A criação de associações e a de cooperativas dependem de autorização, sendo vedada a interferência estatal em seu funcionamento.

(D) Ninguém poderá ser compelido a associar-se ou a permanecer associado, a não ser por meio de convenção coletiva.

(E) As entidades associativas, ainda que não expressamente autorizadas, têm legitimidade para exigir contribuição de trabalhadores não filiados, mas que sejam da categoria por elas representada.

A: correta, uma vez que corresponde à redação do art. 5º, XIX, da CF; **B:** incorreta, na medida em que o art. 5º, XVII, da Constituição da República excepciona, no que toca à liberdade de associação para fins lícitos, a entidade de caráter paramilitar; **C:** incorreta. Independe de autorização a criação de associação e de cooperativa (art. 5º, XVIII, CF); **D:** incorreta. Ainda que por meio de convenção coletiva, ninguém será compelido a associar-se nem a permanecer como tal (art. 5º, XX, da CF); **E:** incorreta, visto que a legitimidade para representação deve ser conferida de forma expressa pelos filiados, na forma estabelecida no art. 5º, XXI, da CF.

Gabarito "A"

(Ministério Público/ES – 2013 – VUNESP) Segundo o regime constitucional do *habeas corpus* e o entendimento do Supremo Tribunal Federal sobre o tema, é correto afirmar que é cabível o *habeas corpus*

(A) com o escopo de obter correção da dosimetria da pena imposta pelo magistrado.

(B) em favor de preso com o objetivo de afastar decisão que o impede de receber visitas de familiares.

(C) para discutir confisco criminal de bens do réu.

(D) com a finalidade de atacar afastamento ou a perda do cargo de juiz federal.

(E) contra decisão condenatória a pena de multa, ou relativo a processo em curso por infração penal a que a pena pecuniária seja a única cominada.

A: incorreta. Nesse sentido: "Penal e processual penal – *Habeas corpus*. Dosimetria da pena. Delito de estelionato. Art. 171, *caput*, do Código Penal. Presença da agravante da reincidência, no caso, específica. Majoração da pena-base acima de 1/6. Admissibilidade. Impossibilidade, ademais, de ingressar-se, nesta sede, nos critérios empregados para a dosimetria da pena, salvo flagrante ilegalidade. Precedentes. Ordem denegada. I – O *habeas corpus*, ressalvadas hipóteses excepcionais, não pode servir para a correção da dosimetria da pena imposta pelo magistrado, mormente se observadas as determinações legais pertinentes ao sistema trifásico de cálculo. II – Ausência de limitação legal quanto ao aumento da pena acima da fração mínima. III – A reincidência específica é agravante que sempre determina a exacerbação da pena, inclusive em maior grau do que a recidiva genérica, por evidenciar que o réu persiste na senda do crime. IV – Individualização da pena que, no caso, não desbordou dos lindes da razoabilidade e proporcionalidade. V – Ordem denegada" (HC 101918, Ricardo Lewandowski, STF); **B:** correta. Nesse sentido: "*Habeas corpus*. 2. Direito do paciente, preso há quase 10 anos, de receber a visita de seus dois filhos e três enteados. 3. Cognoscibilidade. Possibilidade. Liberdade de locomoção entendida de forma ampla, afetando toda e qualquer medida de autoridade que possa em tese acarretar constrangimento da liberdade de ir e vir. Ordem concedida. 1. Cognoscibilidade do *writ*. A jurisprudência prevalente neste Supremo Tribunal Federal é no sentido de que não terá seguimento *habeas corpus* que não afete diretamente a liberdade de locomoção do paciente. Alargamento do campo de abrangência do remédio heroico. Não raro, esta Corte depara-se com a impetração de *habeas corpus* contra instauração de inquérito criminal para tomada de depoimento; indiciamento de determinada pessoa em inquérito policial; recebimento da denúncia; sentença de pronúncia no âmbito do processo do júri; sentença condenatória etc. Liberdade de locomoção entendida de forma ampla, afetando toda e qualquer medida de autoridade que possa, em tese, acarretar constrangimento para a liberdade de ir e vir. Direito de visitas como desdobramento do direito de liberdade. Só há se falar em direito de visitas porque a liberdade do apenado encontra-se tolhida. Decisão do juízo das execuções que, ao indeferir o pedido de visitas formulado, repercute na esfera de liberdade, porquanto agrava, ainda mais, o grau de restrição da liberdade do paciente. Eventuais erros por parte do Estado ao promover a execução da pena podem e devem ser sanados via *habeas corpus*, sob pena de, ao fim do cumprimento da pena, não restar alcançado o objetivo de reinserção eficaz do apenado em seu seio familiar e social. *Habeas corpus* conhecido. 2. Ressocialização do apenado. A Constituição Federal de 1988 tem como um de seus princípios norteadores o da humanidade, sendo vedadas as penas de morte, salvo em caso de guerra declarada (nos termos do art. 84, XIX), de caráter perpétuo, de trabalhos forçados, de banimento e cruéis (CF, art. 5º, XLVII). Prevê, ainda, ser assegurado aos presos o respeito à integridade física e moral (CF, art. 5º, XLIX). É fato que a pena assume o caráter de prevenção e retribuição ao mal causado. Por outro lado, não se pode olvidar seu necessário caráter ressocializador, devendo o Estado preocupar-se, portanto, em recuperar o apenado. Assim, é que dispõe o art. 10 da Lei de Execução Penal ser dever do Estado a assistência ao preso e ao internado, objetivando prevenir o crime e orientar o retorno à convivência em sociedade. Aliás, o direito do preso receber visitas do cônjuge, da companheira, de parentes e de amigos está assegurado expressamente pela própria Lei (art. 41, X), sobretudo com o escopo de buscar a almejada ressocialização e reeducação do apenado que, cedo ou tarde, retornará ao convívio familiar e social. Nem se diga que o paciente não faz jus à visita dos filhos por se tratar de local impróprio, podendo trazer prejuízos à formação psíquica dos menores. De fato, é público e notório o total desajuste do sistema carcerário brasileiro à programação prevista pela Lei de Execução Penal. Todavia, levando-se em conta a almejada ressocialização e partindo-se da premissa de que o convício familiar é salutar para a perseguição desse fim, cabe ao Poder Público propiciar meios para que o apenado possa receber visitas, inclusive dos filhos e enteados, em ambiente minimamente aceitável, preparado para tanto e que não coloque em risco a integridade física e psíquica dos visitantes. 3. Ordem concedida" (HC 107701, Gilmar Mendes, STF); **C:** incorreta. Conferir: "*Habeas corpus*. Tráfico de drogas. Confisco de bem. Interceptação telefônica. Competência. Fundamentação. Prorrogações. 1. O *habeas corpus*, garantia de liberdade de locomoção, não se presta para discutir confisco criminal de bem. 2. Durante a fase de investigação, quando os crimes em apuração não estão perfeitamente delineados, cumpre ao juiz do processo apreciar os requerimentos sujeitos à reserva judicial levando em consideração as expectativas probatórias da investigação. Se, posteriormente, for constatado que os crimes descobertos e provados são da competência de outro Juízo, não se confirmando a inicial expectativa probatória, o processo deve ser declinado, cabendo ao novo juiz ratificar os atos já praticados. Validade das provas ratificadas. Precedentes (HC 81.260/ES – Rel. Min. Sepúlveda Pertence – Pleno – por maioria – j. em 14.11.2001 – *DJU* de 19.04.2002). 3. A interceptação telefônica é meio de investigação invasivo que deve ser utilizado com cautela. Entretanto, pode ser necessária e justificada, circunstancialmente, a utilização prolongada de métodos de investigação invasivos, especialmente se a atividade criminal for igualmente duradoura, casos de crimes habituais, permanentes ou continuados. A interceptação telefônica pode, portanto, ser prorrogada para além de trinta dias para a investigação de crimes cuja prática se prolonga no tempo e no espaço, muitas vezes desenvolvidos de forma empresarial ou profissional. Precedentes (Decisão de recebimento da denúncia no Inquérito 2.424/RJ – Rel. Min. Cezar Peluso – j. em 26.11.2008, *DJE* de 26.03.2010). 4. *Habeas corpus* conhecido em parte e, na parte conhecida, denegado" (HC 99619, Marco Aurélio, STF); D: incorreta. Conferir: "(...) O afastamento ou a perda do cargo de juiz federal não são ofensas atacáveis por *habeas corpus*. Precedentes. 4 Exegese do art. 5º, LXVIII, da CF. Não cabe ação de *habeas corpus* contra acórdão que afasta magistrado das funções no curso da ação penal" (HC 99829, Gilmar Mendes, STF); **E:** incorreta, na medida em que não reflete o posicionamento constante da Súmula n. 693, do STF: "Não cabe *habeas corpus* contra decisão condenatória a pena de multa, ou relativo a processo em curso por infração penal a que a pena pecuniária seja a única cominada".

Gabarito "B"

(Ministério Público/ES – 2013 – VUNESP) Assinale a alternativa correta a respeito do mandado de segurança.

(A) É cabível mandado de segurança contra ato judicial ainda que passível de recurso ou correição.

(B) Cabe mandado de segurança contra ato do presidente de Tribunal ainda que dotado de caráter normativo, quando visa disciplinar situações gerais e abstratas.

(C) Por carecer de personalidade jurídica, o Ministério Público não tem legitimidade para propor mandado de segurança, ainda que na defesa de direitos coletivos.

(D) A jurisprudência do STF pacificou entendimento no sentido de que a desistência, no mandado de segurança, não depende de aquiescência do impetrado.

(E) Não cabe mandado de segurança contra lei em tese nem contra ato de particular no exercício de atividade delegada.

A: incorreta, uma vez que contraria o entendimento sufragado na Súmula n. 267, STF: "Não cabe mandado de segurança contra ato judicial passível de recurso ou correição"; **B:** incorreta. Conferir: "agravo Regimental. Mandado de segurança. ato Normativo do presidente do Supremo Tribunal Federal. Portaria n. 177. Não cabimento do *writ*. Agravo improvido. 1. Não cabe mandado de segurança contra ato do Presidente do Supremo Tribunal Federal dotado de caráter normativo, ato que disciplina situações gerais e abstratas. 2. A portaria impugnada neste *writ* produz efeitos análogos ao de uma "lei em tese", contra a qual não cabe mandado de segurança [Súmula n. 266 desta Corte]. Agravo regimental a que se nega provimento" (MS-AgR 28250, Eros Grau, STF); **C:** incorreta, já que o Ministério Público detém, sim, legitimidade para a impetração de mandado de segurança. *Vide* Súmula n. 701 do STF; **D:** correta. Nesse sentido, conferir: "Agravo regimental no recurso extraordinário. Mandado de segurança. Desistência parcial. 1. A jurisprudência do Supremo pacificou entendimento no sentido de que a desistência, no mandado de segurança, não depende de aquiescência do impetrado. 2. Essa regra aplica-se também aos casos em que a desistência é parcial. Precedentes. Agravo regimental a que se nega provimento" (RE-AgR 318281, Eros Grau, STF); **E:** incorreta. Quanto ao descabimento do mandado de segurança contra lei em tese, a assertiva está correta, nos termos da Súmula n. 266, STF; de resto, a proposição está incorreta. Conferir: "Conflito de competência – Mandado de segurança contra ato praticado por agente de instituição particular de ensino superior – Competência da Justiça Federal. 1. Conforme o art. 109, VIII, da Constituição, compete à Justiça Federal processar e julgar os mandados de segurança contra ato de autoridade federal, considerando-se como tal também o agente de entidade particular quanto a atos praticados no exercício de função federal delegada. Nesse sentido também a súmula 15/TFR. 2. No que se refere a entidade particular de ensino superior, seus atos, ou são de mera gestão interna ou são próprios da atividade delegada. Qualquer deles pode ser controlado pela via jurisdicional, mas apenas os da segunda espécie é que podem ser atacados por mandado de segurança. 3. Sendo assim, é logicamente inconcebível hipótese de competência estadual, nestes casos. Com efeito, de duas uma: ou o ato é de autoridade (caso em que se tratará de autoridade federal delegada, sujeita à competência federal), ou o ato é de particular, e não ato de autoridade (caso em que o mandado de segurança será incabível). 4. Ao eleger a via da ação mandamental para tutelar seu direito, o impetrante, ainda que de modo implícito, está afirmando que o ato atacado é ato de autoridade delegada, e não ato de particular. Bem ou mal, portanto, há indicação de que, no polo passivo, figura autoridade federal, o que, por si só, atrai a competência federal. É o princípio que informa as súmulas 60/TFR e 150/STJ. 5. Conflito conhecido para declarar competente o Juízo Federal da 2ª Vara da Seção Judiciária do Estado de Mato Grosso do Sul" (CC 200300074246, Teori Albino Zavascki – Primeira Seção, *DJ* 04.08.2003).

Gabarito "D"

(Ministério Público/ES – 2013 – VUNESP) Assinale a alternativa correta a respeito do devido processo legal.

(A) Se houve o competente parecer do Tribunal de Contas, por se tratar de ato político, pode ser dispensado o direito de defesa de Prefeito no julgamento de suas contas pela Câmara de Vereadores.

(B) Com base no princípio da autotutela, a anulação de ato administrativo que haja repercutido no campo de interesses individuais pode dispensar a observância do contraditório e da ampla defesa.

(C) A denúncia genérica, que não descreve de maneira adequada os fatos imputados ao denunciado, viola o princípio do contraditório e da ampla defesa.

(D) Não é violadora do devido processo legal a sentença que condena o réu, fundamentada exclusivamente em elementos obtidos no inquérito policial.

(E) A sustentação oral pelo advogado no julgamento do processo, após o voto do relator, não afronta o devido processo legal.

A: incorreta. Conferir: "Medida cautelar. Referendo. Recurso extraordinário. Apreciação das contas do prefeito. Observância do contraditório e da ampla defesa pela Câmara Municipal. Precedentes da Corte. 1. A tese manifestada no recurso extraordinário, relativa à necessidade de observância dos princípios constitucionais do contraditório e da ampla defesa pela Câmara Municipal quando da apreciação das contas do prefeito, após parecer prévio do Tribunal de Contas, encontra harmonia na jurisprudência desta Suprema Corte. Presentes o *fumus boni iuris* e o *periculum in mora*. 2. Decisão concessiva da cautelar referendada pela Turma" (STF, 1ª T., AC 2085 MC/MG, rel. Min. Menezes Direito, j. em 21.10.2008); **B:** incorreta. Nesse sentido, conferir: "Agravo regimental no agravo de instrumento. Administrativo. Complementação de aposentadoria. Impossibilidade da análise da legislação estadual (Súmula 280). Ofensa constitucional indireta. Possibilidade de a administração anular ou revogar seus atos. Agravo regimental ao qual se nega provimento. A jurisprudência predominante do Supremo Tribunal Federal firmou-se no sentido de que a Administração Pública pode anular os seus próprios atos quando ilegais, conforme o disposto na Súmula 473 do Supremo Tribunal, desde que observado o devido processo legal, para desconstituir as situações jurídicas consolidadas que repercutem no âmbito dos interesses individuais dos administrados" (AI-AgR 730928, Cármen Lúcia, STF); **C:** incorreta, embora se trate de questão polêmica e objeto de acalorados debates na doutrina e também na jurisprudência dos tribunais superiores, é admitida a possibilidade de o titular da ação penal, nos crimes de autoria coletiva (como o delito societário), desde que não se consiga identificar com exatidão a conduta de cada coautor ou partícipe que tomou parte na empreitada criminosa, oferecer denúncia genérica. Fora do âmbito dos chamados crimes societários e multitudinários, há uma tendência da jurisprudência em não admitir a formulação da chamada denúncia genérica. Conferir: "*Habeas corpus*. Estelionato. Art. 171, *caput*, do Código Penal. 1 – O inquérito policial não é procedimento indispensável à propositura da ação penal (RHC 58.743/ES, Min. Moreira Alves, *DJ* 08.05.1981 e RHC 62.300/RJ, Min. Aldir Passarinho). 2 – Denúncia que não é inepta, pois descreve de forma clara a conduta atribuída aos pacientes, que, induzindo a vítima em erro, venderam a ela um falso seguro, omitindo a existência de cláusulas que lhe eram prejudiciais visando à obtenção de vantagem ilícita, fato que incide na hipótese do art. 171, *caput*, do Código Penal. Alegações que dependem de análise fático-probatória, que não se coaduna com o rito angusto do *habeas corpus*. 3 – Esta Corte já firmou o entendimento de que, em se tratando de crimes societários ou de autoria coletiva, é suficiente, na denúncia, a descrição genérica dos fatos, reservando-se à instrução processual a individualização da conduta de cada acusado (HC 80.204/GO, Min. Maurício Corrêa, *DJ* 06.10.2000 e HC 73.419/RJ, Min. Ilmar Galvão, *DJ* 26.04.1996. 4 – "*Habeas corpus*" indeferido" (STF, HC 82246, rel. Min. Ellen Gracie, 15.10.2002); **D:** incorreta. Isso porque as provas reunidas no inquérito policial não podem, de forma exclusiva, servir de suporte para fundamentar uma sentença penal condenatória. Em outras palavras, é vedado ao magistrado fundamentar sua decisão exclusivamente nos elementos informativos produzidos na investigação (art. 155, *caput*, do CPP). Na jurisprudência do STF: "*Habeas corpus*. Penal. Paciente condenado pela prática de atentado violento ao pudor. Alegação de nulidade da condenação por estar baseada exclusivamente em provas colhidas no inquérito policial. Ocorrência. decisão fundada essencialmente em depoimentos prestados na fase pré-judical. Nulidade. Precedentes. Ordem concedida. I – Os depoimentos retratados perante a autoridade judiciária foram decisivos para a condenação, não se indicando nenhuma prova conclusiva que pudesse levar à responsabilidade penal do paciente. II – A tese de que há outras provas que passaram pelo crivo do contraditório, o que afastaria a presente nulidade, não prospera, pois estas nada provam e são apenas indícios. III – O acervo probatório que efetivamente serviu para condenação do paciente foi aquele obtido no inquérito policial. Segundo entendimento pacífico desta Corte não podem subsistir condenações penais fundadas unicamente em prova produzida na fase do inquérito policial, sob pena de grave afronta às garantias constitucionais do contraditório e da plenitude de defesa. Precedentes. IV – Ordem concedida para cassar o acórdão condenatório proferido pelo Tribunal de Justiça do Estado de São Paulo e restabelecer a sentença absolutória de primeiro grau" (HC 103660, Ricardo Lewandowski); **E:** incorreta. Conferir: "Ação direta de inconstitucionalidade. Lei 8.906, de 4 de julho de 1994. Estatuto da Advocacia e a Ordem dos Advogados do Brasil. Dispositivos impugnados pela AMB. Prejudicado o pedido quanto à expressão "juizados especiais", em razão da superveniência da Lei 9.099/1995. Ação direta conhecida em parte e, nessa parte, julgada parcialmente procedente. I – O advogado é indispensável à administração da Justiça. Sua presença, contudo, pode ser dispensada em certos atos jurisdicionais. II – A imunidade profissional é indispensável para que o advogado possa exercer condigna e amplamente seu múnus público. III – A inviolabilidade do escritório ou do local de trabalho é consectário da inviolabilidade assegurada ao advogado no exercício profissional. IV – A presença de representante da OAB em caso de prisão em flagrante de advogado constitui garantia da inviolabilidade da atuação profissional. A cominação de nulidade da prisão, caso não se faça a comunicação, configura sanção para tornar efetiva a norma. V – A prisão do advogado em sala de Estado Maior é garantia suficiente para que fique provisoriamente detido em condições compatíveis com o seu múnus público. VI – A administração de estabelecimentos prisionais e congêneres constitui uma prerrogativa indelegável do Estado. VII – A sustentação oral pelo advogado, após o voto do Relator, afronta o devido processo legal, além de poder causar tumulto processual, uma vez que o contraditório se estabelece entre as partes. VIII – A imunidade profissional do advogado não compreende o desacato, pois conflita com a autoridade do magistrado na condução da atividade jurisdicional. IX – O múnus constitucional exercido pelo advogado justifica a garantia de somente ser preso em flagrante e na hipótese de crime inafiançável. X – O controle das salas especiais para advogados é prerrogativa da Administração forense. XI – A incompatibilidade com o exercício da advocacia não alcança os juízes eleitorais e seus suplentes, em face da composição da Justiça eleitoral estabelecida na Constituição. XII – A requisição de cópias de peças e documentos a qualquer tribunal, magistrado, cartório ou órgão da Administração Pública direta, indireta ou fundacional pelos Presidentes do Conselho da OAB e das Subseções deve ser motivada, compatível com as finalidades da lei e precedida, ainda, do recolhimento dos respectivos custos, não sendo possível a requisição de documentos cobertos pelo sigilo. XIII – Ação direta de inconstitucionalidade julgada parcialmente procedente" (ADI 1127, Marco Aurélio, STF).

Gabarito "C"

(Ministério Público/ES – 2013 – VUNESP) Considerando a doutrina prevalente no direito brasileiro e a jurisprudência do Supremo Tribunal Federal, assinale a alternativa correta a respeito da inviolabilidade do domicílio.

(A) Não configura violação de domicílio a simples entrada, sem autorização do morador, de funcionários de concessionárias de serviços públicos para leitura de registros de água ou de luz localizados dentro da casa.

(B) A ordem judicial para penetração no domicílio pode ser de cunho geral, para abranger num único mandado ordem para revistar várias casas de um logradouro ou vila.

(C) Será considerada ilícita e contaminada a prova obtida por particular em desafio à inviolabilidade do domicílio, ainda que a invasão não tenha sido praticada por agentes do poder público.

(D) Consideram-se abrangidas pela inviolabilidade domiciliar as partes abertas às pessoas em geral em bares e restaurantes.

(E) A proteção constitucional do domicílio abrange toda habitação privada de uso individual ou familiar, excluindo-se, porém, as habitações de uso coletivo sem caráter definitivo ou habitual.

A: incorreta, na medida em que o ingresso em casa alheira, sem o consentimento do morador, somente poderá dar-se nas hipóteses contempladas no art. 5º, XI, da CF, a saber: flagrante delito; desastre; necessidade de prestar socorro; e, durante o dia, por ordem judicial; **B:** incorreta. Vale conferir, quanto a este tema, o magistério de Guilherme de Souza Nucci: "Mandado judicial certo e determinado: tratando-se de decorrência natural dos princípios constitucionais que protegem tanto o domicílio, quanto a vida privada e a intimidade do indivíduo, torna-se indispensável que o magistrado expeça mandado de busca e apreensão com objetivo certo e contra pessoa determinada. Não é possível admitir-se ordem judicial genérica, conferindo ao agente da autoridade liberdade de escolha e de opções a respeito dos locais a serem invadidos e vasculhados. Trata-se de abuso de autoridade de quem assim concede a ordem e de quem a executa, indiscriminadamente. Note-se que a lei exige *fundadas* razões para que o domicílio de alguém seja violado e para que a revista pessoal seja feita, não se podendo acolher o mandado genérico (...)" (*Código de Processo Penal Comentado*, 12. ed., p. 562); **C:** correta. Com efeito, o art. 5º, LVI, da CF veda, de forma expressa, a utilização, no processo, das provas obtidas por meios ilícitos. No âmbito do processo penal, a Lei 11.690/2008 previu, também de forma expressa, o fato de ser ilícita a prova obtida em violação a normas constitucionais ou legais (art. 157, *caput*, CPP), reputando inadmissíveis (art. 157, § 1º) aquelas derivadas das ilícitas, salvo quando não evidenciado o nexo de causalidade entre umas e outras, ou quando as derivadas puderem ser obtidas por uma fonte independente das primeiras. Em assim sendo, a prova obtida por particular em violação a direitos fundamentais (inviolabilidade domiciliar e devido processo legal) deve ser considerada ilícita. Não pode, portanto, ser utilizada no processo, conforme estabelecem os dispositivos *supra*; **D:** incorreta, embora seja amplo o conceito que tanto doutrina quanto jurisprudência conferem a *domicílio*, é certo que não se insere neste conceito as partes abertas de estabelecimentos comerciais, tais quais bares e restaurantes; **E:** incorreta, dado que, segundo doutrina e jurisprudência pacífica, o conceito de *domicílio* abrange, sim, aposento de habitação coletiva. Conferir: "(...) Para os fins da proteção jurídica a que se refere o art. 5º, XI, da Constituição da República, o conceito normativo de *casa* revela-se abrangente e, por estender-se a qualquer aposento de habitação coletiva, desde que ocupado (CP, art. 150, § 4º, II), compreende, observada essa específica limitação espacial, os quartos de hotel (...)" (STF, RHC 90.376-RJ, 2ª T., rel. Min. Celso de Mello, *DJe* 18.05.2007).

Gabarito "C"

(Ministério Público/MG – 2013) Sobre o mandado de injunção, analise as questões abaixo:

I. O Supremo Tribunal Federal, em reiterados julgados, a fim de impedir o desprestígio da Constituição, admitiu a concessão de medida cautelar em mandado de injunção.

II. O Supremo Tribunal Federal admite a impetração de mandado de injunção coletivo e, nessa hipótese, aplica, por analogia, as normas atinentes ao mandado de segurança coletivo.

III. A legitimidade passiva é atribuída ao órgão ou autoridade estatal que tenha o dever de elaborar a norma regulamentadora, admitindo-se o litisconsórcio passivo entre particulares e entes estatais.

IV. A legitimidade ativa é atribuída ao titular de um direito constitucionalmente assegurado, cujo exercício esteja inviabilizado pela ausência da norma infraconstitucional regulamentadora.

Somente está *CORRETO* o que se afirma em:

(A) I e II.

(B) I e III.

(C) II e III.

(D) II e IV.

I: incorreta. É tranquilo, no STF, o entendimento segundo o qual descabe, no âmbito do mandado de injunção, concessão de medida liminar. Conferir: STF, MI 342, rel. Min. Celso de Mello, *DJ* de 01.08.1991; **II:** correta. Ainda que não tenha sido, até hoje, editada norma disciplinadora, consolidou-se o entendimento no sentido de que o mandado de injunção pode ser ajuizado coletivamente, aplicando-se, no que couber, o procedimento do mandado de segurança; **III:** incorreta, já que o particular não poderá figurar no polo passivo do mandado de injunção, ainda que em litisconsórcio com o ente estatal, já que a ele, particular, não se pode atribuir o dever de regulamentar norma constitucional; tal incumbência recai, isto sim, sobre a pessoa estatal; **IV:** correta. Em princípio, qualquer pessoa cujo direito não puder ser concretizado em razão da falta de regulamentação de preceito da CF dispõe de legitimidade ativa ao ajuizamento do mandado de injunção.

Gabarito "D"

(Ministério Público/SP – 2013 – PGMP) Assinale a alternativa INCORRETA.

Na Constituição Federal,

(A) a defesa do consumidor está inserida expressamente no capítulo dedicado aos direitos e garantias fundamentais, e a competência para legislar em matéria de dano ao consumidor é concorrente entre a União, os Estados e o Distrito Federal.

(B) a defesa do consumidor está inserida expressamente no capítulo dedicado aos direitos e garantias fundamentais e também se estabelece expressamente dentre os princípios gerais da atividade econômica.

(C) a defesa do consumidor está inserida no capítulo dedicado aos direitos e garantias fundamentais, e a competência para legislar em matéria de dano ao consumidor é privativa da União.

(D) a competência para legislar em matéria de dano ao consumidor é concorrente entre a União, Estados e Distrito Federal, e o Ato das Disposições Transitórias da Constituição Federal previu a elaboração do Código de Defesa do Consumidor.

(E) a defesa do consumidor está prevista no Ato das Disposições Transitórias da Constituição Federal e o legislador constitucional também a inseriu de forma expressa dentro dos princípios gerais da atividade econômica.

A: correta. De fato, a defesa do consumidor está inserida expressamente no capítulo dedicado aos direitos e garantias fundamentais, especificamente no art. 5º, XXXII, da CF. Além disso, a competência para legislar sobre dano ao consumidor é concorrente, conforme dispõe o art. 24, VIII, da CF; **B:** correta. De acordo com o art. 170, V, da CF, a defesa da defesa do consumidor também integra os princípios gerais da atividade econômica; **C:** incorreta, devendo ser assinalada. Embora a defesa do consumidor esteja inserida no capítulo dedicado aos direitos e garantias fundamentais, a competência para legislar sobre o assunto, como já mencionado, é concorrente entre a União, Estados e Distrito Federal; **D:** correta. O art. 24, VIII, da CF determina a competência concorrente para a legislação sobre a defesa do consumidor. Além disso, o art. 48 do ADTC, de fato, previu que o Congresso Nacional, dentro de cento e vinte dias da promulgação da Constituição, elaborasse código de defesa do consumidor. Vale lembrar que Lei 8.078/90 criou o Código de Defesa do Consumidor, dando efetividade aos mandamentos constitucionais.

Gabarito "C"

(Ministério Público/SP – 2013 – PGMP) Com relação ao mandado de injunção:

I. É cabível sempre que a falta de norma regulamentadora torne inviável o exercício dos direitos e liberdades constitucionais e das prerrogativas inerentes à nacionalidade, à soberania e à cidadania.

II. É cabível nas hipóteses em que há regra constitucional autoaplicável atinente ao exercício dos direitos e liberdades constitucionais e das prerrogativas inerentes à nacionalidade, à soberania e à cidadania, mas está sendo desrespeitada.

III. É cabível nas hipóteses em que há norma infraconstitucional garantidora ao exercício dos direitos e liberdades constitucionais e das prerrogativas inerentes à nacionalidade, à soberania e à cidadania, mas não está sendo aplicada.

IV. É cabível no âmbito da competência do Superior Tribunal de Justiça, quando a elaboração da norma regulamentadora for atribuição de órgão, entidade ou autoridade federal, da administração direta ou indireta, excetuados os casos de competência do Supremo Tribunal Federal e dos órgãos da Justiça Militar, da Justiça Eleitoral, da Justiça do Trabalho e da Justiça Federal.

V. Não é cabível no âmbito dos Tribunais de Justiça dos Estados.

Está CORRETO apenas o contido nos itens:

(A) I, IV e V.

(B) I, III e IV.

(C) III e V.

(D) III e IV.

(E) I e IV.

I: correta (art. 5º, LXXI, da CF); **II:** incorreta. Se a regra é autoaplicável (plena) não há que se falar em mandado de injunção. Somente a não regulamentação da norma e que inviabiliza o exercício do direito constitucionalmente assegurado é sanada pelo mandado de injunção; **III:** incorreta. Se há norma regulamentadora, ainda que não esteja sendo obedecida, não cabe o mandado de injunção (STF, MI 14-DF, rel. Min. Sydney Sanches); **IV:** correta (art. 105, I, "h", da CF); **V:** incorreta. A justiça estadual tem competência para julgar mandado de injunção, de acordo com o que for determinado nas Constituições Estaduais dos respectivos Estados.

Gabarito "E"

(Ministério Público/SP – 2013 – PGMP) Assinale a alternativa CORRETA.

O Decreto Legislativo 186, de 09 de julho de 2008, aprovou o texto da Convenção sobre os Direitos das Pessoas com Deficiência e de seu Protocolo Facultativo, assinados em Nova Iorque, em 30 de março de 2007. O Decreto 678, de 6 de novembro de 1992, promulgou a Convenção Americana sobre Direitos Humanos (Pacto de São José da Costa Rica), de 22 de novembro de 1969. Tais normas ingressaram no ordenamento jurídico brasileiro com o grau hierárquico de:

(A) norma supralegal e norma constitucional, respectivamente.

(B) norma constitucional e norma supralegal, respectivamente.

(C) ambas com a natureza de norma constitucional.

(D) ambas com a natureza de norma supralegal.

(E) ambas com natureza de lei ordinária.

A: incorreta. É justamente o contrário. **B:** correta. O Decreto Legislativo 186, de 09 de julho de 2008, que aprovou o texto da Convenção sobre os Direitos das Pessoas com Deficiência e de seu Protocolo Facultativo, assinados em Nova Iorque, em 30 de março de 2007, foi incorporado pela forma prevista no art. 5º, § 3º, da CF e, portanto, possui grau hierárquico de norma constitucional. Já o Decreto 678, de 6 de novembro de 1992, que promulgou a Convenção Americana sobre Direitos Humanos (Pacto de São José da Costa Rica), de 22 de novembro de 1969, segundo o STF (RE 466.313-1/SP), tem caráter supralegal, ou seja, está acima das leis e abaixo da CF; **C:** incorreta. Apenas o primeiro tem *status* de norma constitucional; **D:** incorreta. Apenas o segundo tem *status* de norma supralegal; **E:** incorreta. Nenhum possui grau hierárquico de lei ordinária.

Gabarito "B"

(Ministério Público/RO – 2013 – CESPE) Acerca dos direitos sociais, políticos e de nacionalidade, assinale a opção correta.

(A) O direito social à alimentação adequada previsto na CF inclui o dever do Estado de oferecer ao educando, em todas as etapas da educação básica, programas suplementares de alimentação escolar.

(B) Não sendo os direitos sociais dotados de dimensão subjetiva, diferentemente dos direitos civis e políticos, não se exigem do poder público prestações positivas a eles relativas, o que, entretanto, não impede o controle judicial de razoabilidade das políticas públicas sociais.

(C) Compete ao MPE ingressar com ação de cancelamento de naturalização de brasileiro naturalizado que tiver praticado atividade nociva ao interesse nacional.

(D) A suspensão dos direitos políticos decorrente de condenação criminal transitada em julgado somente se encerra com o cumprimento da pena e a prova de reparação dos danos.

(E) Havendo suspeita de corrupção ou fraude durante as eleições para governador de estado, o mandato eletivo do governador poderá ser impugnado judicialmente na justiça eleitoral no prazo de quinze dias contados da diplomação, sendo desnecessária a instrução da ação com provas das condutas ilícitas cometidas.

A: Correta. O Estatuto da Criança e do Adolescente (ECA) diz que é dever da família, da comunidade, da sociedade em geral e do poder público assegurar, com absoluta prioridade, os direitos referentes à vida, à saúde e à alimentação, entre outros (art. 4º do ECA). Além disso, o ECA diz que a criança e o adolescente do ensino em geral devem ter acesso a um programa de alimentação, juntamente com programas de material didático-escolar, transporte e assistência à saúde (art. 54, VII, do ECA); **B:** Incorreta. Os direitos sociais foram incluídos na Constituição de 1988 como direitos fundamentais. Esse fato representou um avanço na busca pela igualdade social, que constitui um dos objetivos fundamentais da República Federativa do Brasil. Entretanto, para que esses direitos sejam efetivados é necessário um esforço simultâneo de variados atores sociais no que diz respeito à interpretação das normas sociais, à definição de seu conteúdo, ao delineamento das necessidades sociais básicas, ao estabelecimento de políticas públicas prioritárias, ao planejamento orçamentário, dentre inúmeros outros aspectos. Essa atuação conjunta de entes políticos faz-se necessária em razão de os direitos sociais demandarem prestações do Estado, que deve fornecer bens e serviços para promoção da saúde, educação, assistência aos desamparados, moradia, dentre outros direitos. Em razão desse caráter prestacional dos direitos sociais, diversos obstáculos são apontados à sua efetivação e geram grande polêmica na doutrina e jurisprudência. Dentre os obstáculos com frequência alegados destacam-se a) o conteúdo indeterminado das normas veiculadoras desses direitos; b) a chamada "reserva do possível", quanto à disponibilidade de recursos orçamentários do Estado; e c) a falta de legitimidade democrática do Judiciário para concretização de políticas públicas. Quanto à definição do conteúdo dos direitos sociais, há quem sustente que são desprovidos de eficácia, de forma que constituiriam normas apenas programáticas, dirigidas ao legislador como um programa de atuação a ser concretizado segundo seu arbítrio e, portanto, não gerariam aos indivíduos direito subjetivo. Outros defendem sua eficácia plena, de que decorre o dever do Estado de implementá-los e, em contrapartida, faz surgir aos destinatários o direito subjetivo de exigir essa implementação. No que toca à disponibilidade de recursos financeiros estatais, destaca-se a doutrina da "reserva do possível", segundo a qual a efetivação dos direitos sociais estaria limitada às possibilidades orçamentárias do Estado. Muitos criticam a aplicação sem restrições dessa teoria, defendendo a possibilidade de intervenção nas escolhas orçamentárias e imposição ao Poder Público de determinadas prestações, em especial aquelas relacionadas ao "mínimo existencial" (MORAES, Daniela Pinto Holtz. *Efetividade dos Direitos Sociais. Reserva do Possível. Mínimo Existencial e Ativismo Judicial*. Monografia de Pós-graduação em Direito Público. Universidade do Sul de Santa Catarina. p. 8, 2009).; **C:** Incorreta. Somente o Ministério Público Federal tem legitimidade; **D:** Incorreta. O art. 15, III, da CF determina: é vedada a cassação de direitos políticos, cuja perda ou suspensão só se dará nos casos de: III – condenação criminal transitada em julgado, enquanto durarem seus efeitos; **E:** Incorreta. Art. 14, § 10, da CF – O mandato eletivo poderá ser impugnado ante a Justiça Eleitoral no prazo de quinze dias contados da diplomação, instruída a ação com provas de abuso do poder econômico, corrupção ou fraude.

Gabarito "A"

(Ministério Público/PI – 2012 – CESPE) Assinale a opção correta com relação ao *habeas corpus*.

(A) Caracteriza-se como repressivo o *habeas corpus* impetrado por alguém que se julgue ameaçado de sofrer violência ou coação em sua liberdade de locomoção por ilegalidade ou abuso de poder.

(B) Denomina-se doutrina brasileira do *habeas corpus* o entendimento atual do STF, reunido em diversas súmulas, acerca da aplicação e cabimento desse instituto.

(C) A jurisprudência do STF não admite impetração de *habeas corpus* em favor de pessoa jurídica, ainda que esta figure como ré em ação de crime contra o meio ambiente.

(D) Considere que um veículo de comunicação seja proibido, por decisão judicial, de divulgar matéria desfavorável ao autor da ação, sendo a proibição estendida a blogues, páginas pessoais, redes sociais e outros sítios da Internet. Considere, ainda, que um cidadão, sentindo-se coagido na sua liberdade de navegar na Internet, impetre *habeas corpus* a fim de garantir sua liberdade de locomoção nessa rede mundial de comunicação. Nessa situação, de acordo com o entendimento do STF, a referida decisão, de fato, viola o livre trânsito do impetrante no mundo virtual, estando a demanda no âmbito de proteção do *habeas corpus*.

(E) Segundo a jurisprudência dominante do STF, é cabível *habeas corpus* contra decisão condenatória à pena de multa.

A: incorreta. Preliminarmente, o *habeas corpus* é uma ação penal popular, de berço constitucional e procedimento sumário. Ora assume o posto de ação cautelar, declaratória ou constitutiva, ora de ação rescisória constitutiva negativa. Não é em todo e qualquer caso que o remédio heroico pode ser usado, visto que somente serve para tutelar a liberdade ambulatória. Sendo assim, o enunciado inverteu as espécies de *habeas corpus*, pois caracteriza-se repressivo o *habeas corpus* impetrado por alguém que já tenha sofrido violência ou coação em sua liberdade de locomoção por ilegalidade ou abuso de poder. Também chamado de *habeas corpus* liberatório; **B:** incorreta, pois as súmulas do STF e do STJ apontam para os casos de descabimento do *habeas corpus* (Exemplos: Súmulas do STF 395, 692, 693, 694); **C:** correta, pessoa jurídica não pode ser beneficiária de *habeas corpus*, porquanto não tem liberdade de locomoção a ser protegida. A medida é privativa do ser humano. O pronome indefinido "alguém", empregado no bojo do art. 5º, LXVIII, da CF, em nada mudou o entendimento de que o instituto só serve para tutelar a liberdade humana. Embora não seja beneficiária do remédio heroico, nada obsta que a pessoa jurídica impetre para a pessoa física (STF, HC 8874 Agr/ES, Rel. Min. Carlos Brito, j. em 15.09.2009); **D:** incorreta, pois a liberdade de locomoção pelos sítios informativos – acesso a sites – existentes no universo virtual não comporta *habeas corpus*, garantia existente para tutelar a liberdade de locomoção física, de todo inconfundível com a liberdade de locomoção irrestrita em sites (STF, HC 100.3231 MC/DF, Rel. Min. Celso de Mello, j. em 07.08.2009); **E:** incorreta, já que não *cabe habeas corpus* contra decisão condenatória a pena de multa, ou relativo a processo em curso por infração penal a que a pena pecuniária seja a única cominada, conforme a Súmula 693 do STF.

Gabarito "C"

(Ministério Público/MT – 2012) De acordo com o que dispõe a Constituição Federal, é crime inafiançável e imprescritível:

(A) o estupro.

(B) a tortura.

(C) o terrorismo.

(D) o racismo.

(E) o crime hediondo.

A: incorreta, pois o estupro é crime inafiançável e prescritível; **B:** incorreta, a tortura é inafiançável e prescritível; **C:** incorreta, o terrorismo é crime inafiançável e prescritível ; **D:** correta, réplica do art. 5º, XLII, da CF; **E:** incorreta, pois todo e qualquer crime hediondo é inafiançável, prescritível e insuscetíveis de graça ou anistia, nos termos do art. 5º, XLIII, da CF.

Gabarito "D"

(Ministério Público/RS – 2008) Considerando o que decorre da Constituição Federal acerca dos direitos e garantias individuais, assinale a assertiva incorreta.

(A) A pequena propriedade rural, assim definida em lei, desde que trabalhada pela família, não poder á ser objeto de penhora para pagamento de débitos decorrentes de sua atividade produtiva.

(B) Nenhum brasileiro nato será extraditado, salvo em caso de comprovado envolvimento em tráfico de entorpecentes.

(C) Pessoa jurídica pode ajuizar mandado de segurança para proteger direito líquido e certo, ameaçado por ato ilegal ou abusivo praticado por autoridade pública.

(D) As associações só podem ter suas atividades suspensas por decisão judicial.

(E) A prática de racismo constitui crime imprescritível.

A: correta, redação do art. 5°, XXVI, da CF; **B:** incorreta, devendo ser assinalada, já que não reflete o disposto no art. 5°, LI, da CF; **C:** correta, réplica do art. 1° da Lei 12.016/2009; **D:** correta, pois o art. 5°, XVII, da CF deve ser interpretado em conjunto com o inciso XIX do mesmo artigo. Assim, só se exige trânsito em julgado para a dissolução compulsória da associação. A suspensão de atividades só pode ser determinada por decisão judicial, mas não se exige o trânsito em julgado da decisão nesse caso; **E:** correta, literalidade do art. 5°, XLII, da CF.

Gabarito "B"

(Ministério Público/RS – 2009) Considere as assertivas abaixo.

I. A arguição de descumprimento de preceito fundamental pode ter por objeto ato normativo municipal.

II. O *habeas data* tem eficácia exclusivamente mandamental e não pode veicular pedido de retificação de dados constantes de registros de entidades de caráter público.

III. O mandado de injunção é de competência privativa do Supremo Tribunal Federal.

Quais são corretas?

(A) Apenas I

(B) Apenas II

(C) Apenas III

(D) Apenas I e II

(E) I, II e II

I: correta, nos termos do art. 1°, parágrafo único, I, da Lei 9.882/1999; **II:** incorreta, pois não reflete o disposto no art. 5°, LXXII, *"b"*, da CF; **III:** incorreta, na exata medida que a competência para processar e julgar o mandado de injunção é determinada de acordo com a autoridade responsável pela edição da norma faltante. Tratando-se de ato omissivo de autoridade submetida à jurisdição do Supremo (vale dizer, do Presidente da República, *ex vi* do art. 61, § 1°, II, *c*, da CF), ao STF cabe processar e julgar originariamente o mandado de injunção, por força do art. 102, I, *q*, da Constituição Federal. A título de exemplo, compete ao Superior Tribunal de Justiça, processar e julgar originariamente o mandado de injunção, quando a elaboração da norma regulamentadora for atribuição de órgão, entidade ou autoridade federal, da administração direta ou indireta, excetuados os casos de competência do Supremo Tribunal Federal e dos órgãos da Justiça Militar, da Justiça Eleitoral, da Justiça do Trabalho e da Justiça Federal.

Gabarito "A"

(Ministério Público/MG – 2005) A Constituição da República estabelece os direitos e garantias fundamentais e fornece os instrumentos para que a tutela destes valores possa ser concretizada.

(A) O mandado de segurança coletivo somente pode ser interposto por associação civil constituída há pelo menos um ano, na defesa de interesses de seus membros.

(B) A ação popular poderá ser ajuizada por qualquer cidadão e não se limita somente a obter a anulação de ato lesivo ao patrimônio público ou de entidade de que participe o Estado e à moralidade administrativa, mas também à defesa do meio ambiente e do patrimônio histórico e cultural.

(C) O mandado de segurança será concedido sempre que a ausência de norma regulamentadora tornar inviável o exercício dos direitos e liberdades constitucionais.

(D) A concessão do *habeas corpus* somente ocorrerá quando alguém sofrer violência ou coação em sua liberdade de locomoção, por ilegalidade ou abuso de poder.

A: incorreta, pois o mandado de segurança coletivo pode ser impetrado por associação civil constituída há pelo menos um anos, na defesa de interesses de seus membros, partidos políticos com representação no Congresso Nacional, entidades de classe e organizações sindicais, nos termos art. 5°, LXX, da CF e da Lei 12.016/2009; **B:** correta, nos termos do art. 5°, LXXIII, da CF e da Lei 4.717/1965; **C:** incorreta, já que o mandado de segurança está previsto no art. 5°, LXIX, da CF, e nos termos do enunciado, sempre que faltar norma regulamentadora que tornar inviável o exercício dos direitos e liberdades constitucionais será concedido o mandado de injunção, conforme art. 5°, LXXI, da CF; **D:** incorreta, conceder-se-á também ***habeas corpus*** quando alguém se achar *ameaçado de sofrer* violência ou coação em sua liberdade de locomoção (***habeas corpus*** preventivo), nos termos do art. 5°, LXVIII, da CF.

Gabarito "B"

(Ministério Público/PR – 2011) Assinale a alternativa correta:

(A) A Constituição Federal assegura, tanto no âmbito judicial quanto no administrativo, a razoável duração do processo e os meios que garantam a celeridade de sua tramitação.

(B) Qualquer cidadão é parte legítima para propor ação civil pública que vise a anular ato lesivo ao patrimônio público ou de entidade de que o Estado participe, à moralidade administrativa, à ordem econômica e à economia popular, à ordem urbanística, ficando o autor, salvo comprovada má-fé, isento de custas judiciais e do ônus da sucumbência.

(C) O mandado de segurança coletivo pode ser impetrado por partido político com representação na Câmara de Vereadores

(D) Quando de eficácia plena, as normas definidoras dos direitos e garantias fundamentais têm aplicação restrita à edição de lei complementar.

A: correta, trata-se do princípio da celeridade processual, que enaltecesse o acesso a jurisdição, nos termos do art. 5°, LXXVIII, da CF; **B:** incorreta, pois as expressões "à ordem econômica e à economia popular" e "à ordem urbanística" não estão inseridas no art. 5°, LXXIII, da CF que cuida da ação popular; **C:** incorreta, já que o mandado de segurança coletivo, nos termos do art. 5°, LXX, "a", da CF, será impetrado por partido político com representação no Congresso Nacional; **D:** incorreta, pois as normas de eficácia plena têm aplicação imediata, logo, não dependem de norma regulamentadora.

Gabarito "A"

(Ministério Público/PR – 2008) Assinale a alternativa correta:

(A) Os direitos fundamentais não são absolutos. Isso posto, a manifestação do pensamento, a criação, a expressão e a informação, sob qualquer forma, processo ou veículo poderão sofrer restrições em face das disposições da Constituição Federal.

(B) A censura de natureza política, ideológica ou artística se justifica quando atende ao princípio da razoabilidade.

(C) Compete à lei estadual regular as diversões e espetáculos públicos, cabendo ao Poder Público informar sobre a natureza deles, as faixas etárias a que não se recomendem, locais e horários em que sua apresentação se mostre inadequada;

(D) A publicação de veículo impresso de comunicação depende de licença de autoridade.

A: correta, pois os direitos fundamentais conforme o STF não são absolutos, até mesmo porque é possível que, por vezes, haja entre os direitos fundamentais, conflitos. Nesses casos, deve o intérprete, em face do caso concreto, decidir qual deles deve prevalecer. Há, pois, uma ***relatividade*** dos direitos fundamentais; **B:** incorreta, pois é livre a expressão da atividade intelectual, artística, científica e de comunicação, independentemente de censura ou licença, nos termos do art. 5º, IX, da CF; **C:** incorreta, pois a competência é da União, nos termos do art. 21, XVI, da CF; **D:** incorreta, nos termos do art. 5º, IX, da CF.

Gabarito "A"

(Ministério Público/TO – 2012 – CESPE) Assinale a opção correta com relação aos direitos e garantias fundamentais.

(A) O *habeas data* configura remédio jurídico-processual de natureza constitucional que se destina a garantir, em favor da pessoa interessada, o exercício de pretensão jurídica discernível em seu tríplice aspecto: direito de acesso aos registros; direito de retificação dos registros e direito de complementação dos registros, neles incluído o direito de obter vista de processo administrativo.

(B) O *habeas corpus* é o remédio constitucional de mais amplo espectro, podendo ser utilizado contra a imposição da pena de exclusão de militar ou de perda de patente ou de função pública.

(C) Ao estrangeiro residente no exterior não é assegurado o direito de impetrar mandado de segurança.

(D) O parlamentar e o partido político com representação no Congresso Nacional têm legitimidade para impetrar mandado de segurança com a finalidade de garantia do devido processo legislativo, a fim de coibir atos praticados no processo de aprovação de leis e emendas constitucionais que não se compatibilizem com o processo legislativo constitucional.

(E) Para o cabimento do mandado de injunção, é imprescindível a existência de um direito previsto na CF que não esteja sendo exercido por ausência de norma infraconstitucional regulamentadora.

A: incorreta, a ação de *habeas data* é criação brasileira, proposta em 1985 por José Afonso da Silva aos constituintes. Segundo o subprocurador-geral da República Pedro Henrique Niess, inspirou-se em previsões constitucionais da China, Portugal e Espanha. O objetivo dessa ação é evitar que o estado armazene informações privadas incorretas ou excessivas a respeito do cidadão. Ao direito de ter a informação relativa a determinada pessoa, corresponde o dever de tê-la certa e assim passá-la, bem como respeitar o direito ao resguardo, ao segredo. Apesar da efervescência inicial, a ação perdeu interesse desde sua criação. No STJ, nos últimos quatro anos, dos 54 pedidos de *habeas data*, somente um foi concedido, em 2009. Apenas em 2006 o número de processos desse tipo passou o número de 20, ficando na média anual de nove casos. Sendo assim, podemos arrematar a questão afirmando que o enunciado se opõe a jurisprudência do STJ, já que não é cabível o *habeas data* para se obter cópia de processo administrativo. Para o Ministro Teori Zavascki, se o impetrante não busca apenas garantir o conhecimento de informações sobre si ou esclarecimentos sobre arquivos ou bancos de dados governamentais, não é caso para *habeas data*, mas de eventual mandado de segurança (REsp 904.447); **B:** incorreta, já que a Súmula 694 do Supremo Tribunal Federal é taxativa: "Não cabe *habeas corpus* contra a imposição da pena de exclusão de militar ou de perda de patente ou de função pública"; **C:** incorreta, pois qualquer pessoa pode impetrar mandado de segurança, basta ser titular de um direito líquido e certo não amparado por *habeas corpus* e *habeas data*. Em suma, podem impetrar mandado de segurança: a pessoa física ou jurídica residente ou sediada no Brasil ou no exterior, a massa falida, a herança, a sociedade sem personalidade jurídica, o condomínio edilício e a massa do devedor civil insolvente, dentre outras; **D:** incorreta, apenas os Deputados Federais e Senadores têm legitimação para impetrar Mandado de Segurança a fim de impedir a tramitação de projeto de lei ou emenda constitucional em que se alegue uma inconstitucionalidade, seja formal, seja material. Ao decidir a esse respeito, o que foi feito nos autos do MS 23.334-RJ, Rel. Min. Celso de Mello, o STF assentou que é direito público subjetivo do parlamentar não participar de um processo legislativo que culminará numa lei ou emenda inconstitucional. É de se ressaltar, ainda, que o controle de constitucionalidade nesta hipótese, versará, segundo o STF, sobre a inconstitucionalidade material ou formal; neste último caso, quando desrespeitar o trâmite legislativo previsto na Constituição da República, ficando de fora da análise judicial prévia os possíveis desrespeitos aos regimentos internos das casas legislativas; **E:** correta, nos moldes do art. 5º. LXXI, da CF, que reza que conceder-se á mandado de injunção sempre que a falta de norma regulamentadora torne inviável o exercício dos direitos e liberdades constitucionais e das prerrogativas inerentes à nacionalidade, à soberania e à cidadania.

Gabarito "E"

(Ministério Público/SP – 2012 – VUNESP) Em observância à inviolabilidade das comunicações telefônicas, prevista no inciso XII do artigo 5º da Constituição Federal, a interceptação telefônica dependerá de ordem judicial expedida pelo juiz competente para a ação principal, em decisão devidamente fundamentada que demonstre sua conveniência e indispensabilidade para fins de

(A) investigação criminal, instrução processual penal ou inquérito civil para apuração de ato de improbidade administrativa, indicando o juiz a forma de execução da diligência, que não poderá exceder o prazo de 15 (quinze) dias, renovável por igual tempo, sempre mediante decisões judiciais fundamentadas.

(B) investigação criminal ou instrução processual penal, indicando o juiz a forma de execução da diligência, que não poderá exceder o prazo de 15

(quinze) dias, renovável por igual tempo, sempre mediante decisões judiciais fundamentadas.

(C) investigação criminal, instrução processual penal ou inquérito civil para apuração de ato de improbidade administrativa, indicando o juiz a forma de execução da diligência, que não poderá exceder o prazo de 15 (quinze) dias, improrrogável.

(D) investigação criminal ou instrução processual penal, indicando o juiz a forma de execução da diligência, que não poderá exceder o prazo de 15 (quinze) dias, improrrogável.

(E) inquérito policial, instrução processual penal ou inquérito civil para apuração de ato de improbidade administrativa, indicando o juiz a forma de execução da diligência, que não poderá exceder o prazo de 15 (quinze) dias, renovável por igual tempo, sempre mediante decisões judiciais fundamentadas.

A: incorreta, pois a Lei 9.296, de 24.07.1996, foi editada para regulamentar o inciso XII, parte final do art. 5º da CF, determinando que a interceptação de comunicações telefônicas, de qualquer natureza, para a prova em investigação criminal e em instrução processual penal, dependerá de ordem do juiz competente da ação principal, sob segredo de justiça. Importante ressaltar, ainda, que somente será possível a autorização para a interceptação quando o fato investigado constituir infração penal punida com reclusão; **B:** correta, pelos mesmos motivos delineados na alternativa anterior. Todavia, é oportuno frisar que o juiz terá o prazo máximo de vinte e quatro horas para decidir, indicando a forma de execução da diligência, que não poderá exceder o prazo de quinze dias, renovável por igual tempo, uma vez comprovada a indispensabilidade do meio de prova. Haverá autuação em autos apartados, preservando-se o sigilo das diligências e transcrições respectivas; **C:** incorreta, já que não é possível a quebra do sigilo das comunicações telefônicas em inquéritos civis. Sem prejuízo, o prazo de quinze dias é renovável por igual tempo, uma vez comprovada a indispensabilidade do meio de prova; **D:** incorreta. Como dito anteriormente, o prazo de quinze dias, renovável por igual tempo, uma vez comprovada a indispensabilidade do meio de prova; **E:** incorreta, pois o texto constitucional, como dito anteriormente, não faz menção a inquérito civil. Se não bastasse, o examinador utilizou a expressão "inquérito policial" como se ela estivesse desassociada da expressão utilizada pela Constituição Federal, "investigação criminal", que é o *momento pré-processual da Administração da Justiça Penal, que se insere na persecutio criminis*, no dizer do saudoso mestre José Frederico Marques (*Tratado de Direito Processual Penal*, Saraiva, 1980. vol. 1, p. 181). Então, podemos afirmar ser a investigação criminal um conjunto de atos administrativos (procedimento) antecipados (preliminar) destinado à apuração das infrações penais e respectiva autoria (formação incipiente da culpa), logo, a investigação criminal é formalizada no inquérito policial.

Gabarito "B"

(Ministério Público/SP – 2012 – VUNESP) São inadmissíveis, no processo, as provas obtidas por meios ilícitos. Elas são

(A) nulas e contaminam as demais provas delas decorrentes, de acordo com a teoria dos frutos da árvore envenenada, acarretando a nulidade do processo, em respeito ao princípio constitucional do devido processo legal.

(B) anuláveis e podem ser desentranhadas dos autos, a critério do juiz, porém não contaminam as demais provas delas decorrentes, em virtude da incomunicabilidade da ilicitude.

(C) nulas e contaminam todas as demais provas do processo, de acordo com a teoria dos frutos da árvore envenenada, não tendo, porém, o condão de anular o processo.

(D) anuláveis e podem ser desentranhadas dos autos e contaminar as demais provas delas decorrentes, a critério do juiz, permanecendo válidas as provas lícitas e autônomas.

(E) nulas e contaminam as demais provas delas decorrentes, de acordo com a teoria dos frutos da árvore envenenada, não tendo, porém, o condão de anular o processo, permanecendo válidas as demais provas lícitas e autônomas.

A: incorreta, pois não anulam o processo. Contudo, como as questões são conexas, ao menos no Estado de São Paulo, iremos exaurir o tema. Por força do princípio da verdade processual (também conhecido como verdade real ou material ou substancial), que consiste na verdade (probatória) que se consegue dentro do devido processo legal, o que importa para o processo penal é a descoberta da verdade dos fatos, ou seja, o que interessa é a demonstração processual do que efetivamente ocorreu (para que a Justiça possa fazer incidir o direito aplicável e suas consequências jurídicas). Ocorre que nem tudo é válido para a obtenção dessa verdade. Princípio da liberdade de provas: do princípio da verdade processual (ou real, como se dizia antigamente) deriva o princípio da liberdade de provas, que não é (de forma alguma) absoluto. As partes contam com liberdade para a obtenção, apresentação e produção da prova (dentro do processo), mas essa liberdade tem limites. Nem tudo que possa ser útil para a descoberta da verdade está amparado pelo direito vigente. O direito à prova não pode (nem deve) ser exercido a qualquer preço. O que vale então no processo penal, por conseguinte, é a verdade processual, que significa a verdade que pode ser (jurídica e validamente) comprovada e a que fica (efetivamente) demonstrada nos autos. O direito à prova conta, efetivamente, com várias limitações. Não é um direito ilimitado. Com efeito, (a) a prova deve ser pertinente (perícia impertinente: CPP, art. 184; perguntas impertinentes: CPP, art. 212; Lei 9.099/1995, art. 81, § 1º); (b) a prova deve ser lícita (prova obtida por meios ilícitos não vale); (c) devem ser observadas várias restrições legais: art. 207 do CPP (direito ao sigilo), 479 do CPP (proibição de leitura de documentos ou escritos não juntados com três dias de antecedência) etc.; (d) e ainda não se pode esquecer que temos também no nosso ordenamento jurídico várias vedações legais (cartas interceptadas criminosamente: art. 233 do CPP) e constitucionais (provas ilícitas, v.g.). De outro lado, provas cruéis, desumanas ou torturantes, porque inconstitucionais, também não valem. Não é admitida a confissão mediante tortura, por exemplo. Princípio da inadmissibilidade das provas ilícitas: a prova ilícita é uma das provas não permitidas no nosso ordenamento jurídico. A CF, no seu art. 5º, inc. LVI, diz: "são inadmissíveis, no processo, as provas obtidas por meios ilícitos". Provas ilícitas, por força da nova redação dada ao art. 157 do CPP, são "as obtidas em violação a normas constitucionais ou legais". Em outras palavras: prova ilícita é a que viola regra de direito material, seja constitucional ou legal, no momento da sua obtenção (confissão mediante tortura, v.g.). Impõe-se observar que a noção de prova ilícita está diretamente vinculada com o momento da obtenção da prova (não com o momento da sua produção, dentro do processo). O momento da obtenção da prova, como se vê, tem seu *locus* fora do processo (ou seja, é sempre extraprocessual). O art. 32, n. 8, da Constituição portuguesa bem explica o que se entende por prova ilícita: "São nulas todas as provas obtidas mediante tortura, coação, ofensa da integridade física ou moral da pessoa, abusiva intromissão na vida privada, no domicílio, na correspondência ou nas telecomunicações". Uma diferença marcante entre a Constituição portuguesa e a nossa é a seguinte: aquela diz que as provas ilícitas são "nulas". A nossa diz que a prova ilícita é "inadmissível". São dois sistemas distintos: no sistema da nulidade a prova ingressa no processo e o juiz declara sua nulidade; no sistema da inadmissibilidade a prova não pode ingressar no processo (e se ingressar tem que ser desentranhada). De qualquer modo é certo que o tema das provas ilícitas tem total afinidade com o dos direitos fundamentais da pessoa. Destinatários das regras: as regras que disciplinam a obtenção das provas estão, desde logo, voltadas para os órgãos persecutórios do Estado. Mas não somente para eles: os particulares também não podem obter nenhuma prova violando as limitações constitucionais e legais existentes. Um pessoa (um particular) não pode invadir um escritório ou consultório e daí subtrair provas. Essa forma de obtenção de provas é ilícita; **B:** incorreta, pois são nulas e contaminam as demais provas delas decorrentes, de acordo com a teoria dos frutos da árvore envenenada, não tendo, porém, o condão de anular o processo, permanecendo válidas as demais provas lícitas e autônomas; **C:** incorreta, já que somente as provas decorrentes são nulas, e não todas do processo; **D:** incorreta, pois são nulas e não podem ser desentranhadas dos autos do processo; **E:** correta, pois são inadmissíveis, devendo ser desentranhadas do processo, as provas ilícitas, assim entendidas as obtidas em violação a normas constitucionais ou legais . São também inadmissíveis as provas derivadas das ilícitas, salvo quando não evidenciado o nexo de causalidade entre umas e outras, ou quando as derivadas puderem ser obtidas por uma fonte independente das primeiras. Considera-se fonte independente aquela que por si só, seguindo os trâmites típicos e de praxe, próprios da investigação ou instrução criminal, seria capaz de conduzir ao fato objeto da prova. Preclusa a decisão de desentranhamento da prova declarada inadmissível, esta será inutilizada por decisão judicial, facultado às partes acompanhar o incidente.

Gabarito "E"

(Ministério Público/SP – 2012 – VUNESP) A Constituição Federal, ao consagrar a inviolabilidade de crença religiosa está também assegurando a proteção

(A) plena à liberdade de culto e as suas liturgias, desde que haja prévia autorização estatal para a realização de atividades em público, na forma e nos termos previstos em lei.

(B) à liberdade de culto e as suas liturgias, na forma e nos termos previstos em lei.

(C) plena à liberdade de culto católico e as suas liturgias, permitindo, porém, que todas as demais religiões realizem seus cultos domésticos ou particulares sem necessidade de expressa autorização.

(D) plena à liberdade de culto e as suas liturgias, bem como o direito de não acreditar ou professar nenhuma fé, devendo o Estado respeito ao ateísmo.

(E) à liberdade de culto e as suas liturgias, desde que haja reconhecimento da existência do monoteísmo, na forma e nos termos previstos em lei.

A: incorreta, pois é inviolável a liberdade de consciência e de crença, sendo assegurado o livre exercício dos cultos religiosos e garantida, na forma da lei, a proteção aos locais de culta e de suas liturgias, nos termos do art. 5°, VI, da CF; **B:** incorreta, já que a liberdade de consciência é a que diz respeito ao estado moral interior do indivíduo, ou seja, é o sentimento subjetivo e intangível de aprovação ou remorso pela prática de determinados atos, já a liberdade de crença é o direito de aderir a qualquer ordem religiosa, logo, não existe espaço para lei definir absolutamente nada; **C:** incorreta, já que tal pensamento se opõe aos princípios constitucionais que não adota uma religião oficial (Estado leigo, laico ou não confessional). Tal assertiva ocorria na Constituição do Brasil Império de 25 de março de 1824 que previa, em seu art. 5°, que a "religião Catholica Apostolica Romana continuará a ser a Religião do Império. Todas as outras religiões serão permitidas em culto doméstico, ou particular em casas para isso destinadas, sem forma algum exterior de Templo"; **D:** correta, todavia, o Estado não impõe, mas por força do Preâmbulo Constitucional o Estado é Teísta; **E:** incorreta, pois como dito anteriormente, o Estado Brasileiro está sob a proteção de um Deus, seja ele Buda, Maomé, Zeus ou Oxalá, a denominação dada por cada indivíduo terrestre é totalmente irrelevante.

Gabarito "D"

(Ministério Público/PR – 2011) Examine as afirmações abaixo e após responda:

I. Quando houver conflito entre dois ou mais direitos e garantias fundamentais, o operador do direito deve interpretá-los de forma a coordenar e combinar os bens jurídicos em dissenso, evitando o sacrifício total de uns em relação aos outros, realizando uma redução proporcional do âmbito de alcance de cada qual, de forma a conseguir uma aplicação harmônica do texto constitucional.

II. De acordo com autorizada doutrina, os interesses transindividuais se inscrevem entre os direitos denominados de primeira geração.

III. Em regra, as normas que definem os direitos fundamentais democráticos e individuais são de eficácia e aplicabilidade imediata.

IV. Embora inserido no inciso II do artigo 5° da Constituição Federal, o princípio da legalidade não se insere entre os direitos e garantias fundamentais, pois é apenas uma regra básica para aplicação das normas jurídicas.

V. A inviolabilidade do domicílio durante o período noturno poderá ser quebrada somente mediante prévia autorização judicial no caso de flagrante delito, ou independentemente dessa autorização em hipóteses de desastre ou para prestação de socorro.

(A) todas as afirmativas são corretas.

(B) apenas as afirmativas I e III são corretas.

(C) a afirmativa III é a única incorreta.

(D) as afirmativas IV e V são as únicas incorretas.

(E) todas as afirmativas são incorretas.

I: correta, pois trata-se da aplicação do princípio da concordância prática ou harmonização; **II:** incorreta, pois apesar da crítica da doutrina em relação à categorização dos direitos fundamentais em gerações ou dimensões, há associação entre tais gerações com o lema da Revolução Francesa. Dessa forma, os direitos de primeira geração equivalem à liberdade (direitos de liberdade e direitos políticos); os de segunda geração à igualdade (direitos sociais, culturais e econômicos) e os de terceira geração à fraternidade (direitos coletivos, à proteção ambiental e à defesa do consumidor – transindividuais). Há, ainda, quem defenda direitos de quarta geração, associados, por exemplo, às pesquisas genéticas; **III:** correta, réplica do art. 5°, § 1°, da CF; **IV:** incorreta, pois todos os direitos e garantias estabelecidos do Título II da CF são fundamentais; **V:** incorreta, pois o art. 5°, XI, da CF, determina que a casa é asilo inviolável do indivíduo, ninguém nela podendo penetrar sem consentimento do morador, salvo em caso de flagrante delito ou desastre, ou para prestar socorro, ou, durante o dia, por determinação judicial.

Gabarito "B"

(Ministério Público /CE – 2009) A respeito dos direitos e garantias fundamentais e das ações constitucionais de tutela desses direitos, assinale a opção correta.

(A) De acordo com decisão do STF, não se admite a prisão civil por infidelidade depositária na modalidade de depósito voluntário, sendo ela admitida, entretanto, na modalidade de depósito necessário, ou depósito judicial, como obrigação legal que estabeleça relação típica de direito público e de caráter processual.

(B) É unânime, na doutrina e na jurisprudência, a compreensão de que o *habeas data* corresponde a ação de caráter personalíssimo, razão por que não pode ser ajuizada por pessoa jurídica, mas somente por pessoa física, brasileira ou estrangeira, com particular e concreta identificação no mundo social.

(C) As comissões parlamentares de inquérito podem, de modo fundamentado, decretar, por iniciativa própria, a quebra do sigilo bancário ou fiscal das pessoas sob sua investigação.

(D) Segundo entendimento do STF, os sindicatos, as entidades de classe e as associações somente podem impetrar mandado de segurança coletivo se estiverem em funcionamento há pelo menos um ano e se pleitearem direito que, sendo peculiar à categoria como um todo, guarde vínculo com os fins próprios da entidade impetrante.

(E) Nas hipóteses excepcionais de instituição do estado de defesa e do estado de sítio, o direito de reunião poderá ser suspenso, salvo se exercido no seio de associações, quando, então, não poderá ser objeto de restrições.

A: incorreta, pois a Súmula Vinculante 25 do STF dispõe que é ilícita a prisão do depositário infiel, qualquer que seja a modalidade de depósito; **B:** incorreta, trata-se de um pensamento há muito ultrapassado, pois o *habeas data* configura remédio jurídico-processual, de natureza constitucional, que se destina a garantir, em favor da pessoa interessada, o exercício de pretensão jurídica discernível em seu tríplice aspecto: (a) direito de acesso aos registros; (b) direito de retificação dos registros e (c) direito de complementação dos registros. Trata-se de relevante instrumento de ativação da jurisdição constitucional das liberdades, a qual representa, no plano institucional, a mais expressiva reação jurídica do Estado às situações que lesem, efetiva ou potencialmente, os direitos fundamentais da pessoa natural, jurídica, nacional ou estrangeira, quaisquer que sejam as dimensões em que estes se projetem. O acesso ao *habeas data* pressupõe, dentre outras condições de admissibilidade, a existência do interesse de agir. Ausente o interesse legitimador da ação, torna-se inviável o exercício desse remédio constitucional. A prova do anterior indeferimento do pedido de informação de dados pessoais, ou da omissão em atendê-lo, constitui requisito indispensável para que se concretize o interesse de agir no *habeas data* (Súmula 2 do STJ). Sem que se configure situação prévia de pretensão resistida, há carência da ação constitucional do *habeas data*, nos termos do art. 5º, LXXII, da CF e a Lei n. 9.507/1997; **C:** correta, a Lei 1.579/52 dispõe que as CPIs terão atuação ampla na apuração dos fatos determinados que deram origem á sua formação. Todavia, o poder de realizar investigações não é ilimitado, tendo sua amplitude de atuação concentrada em fatos específicos, respeitando os mesmos limites formais observados pelo Poder Judiciário, quando da instrução de processo criminal evitando perseguição política e humilhação dos investigados com a devassa desnecessária e arbitrária de sua vida privada e intimidade. AS CPIs podem quebrar o sigilo bancário, fiscal e de dados; inquirir testemunhas, e caso se negarem a comparecer, podem determinar a condução coercitiva; ouvir investigados ou indiciados; realizar perícias e exames, requisitar documentos e buscar provas legalmente admitidas, e determinar buscas e apreensões; **D:** incorreta, pois o art. 5º, LXX, da CF, exige a prova da constituição há pelo menos um ano apenas para as associações; **E:** incorreta, na exata medida que o decreto que instituir o estado de defesa determinará o tempo de sua duração, especificará as áreas a serem abrangidas e indicará, os termos e limites da lei, as medidas coercitivas a vigorarem, dentre as seguintes restrições aos direito de reunião, ainda que exercida no seio das associações. Todavia, em se tratando de estado de sítio decretado por comoção grave de repercussão nacional ou ocorrência de fatos que comprovem a ineficácia de medida tomada durante o estado de defesa, dentre as inúmeras tomadas contra as pessoas, destacamos a suspensão da liberdade de reunião, os termos dos arts. 136, § 1º, I, "a", 137, I e 139, IV, todos da CF.

Gabarito "C"

(Ministério Público /BA – 2008) Acerca dos princípios e dos direitos e garantias fundamentais previstos na CF, assinale a opção correta.

(A) A CF assegura a gratuidade das ações de *habeas corpus* e mandado de segurança, e, na forma da lei, de todos os atos necessários ao exercício da cidadania.

(B) Se um juiz, ao praticar ato de natureza penal, agir de modo negligente e condenar alguém por sentença que contenha erro judiciário, caberá ao Estado a responsabilidade de indenizar essa pessoa.

(C) Assim como os estrangeiros não residentes no Brasil, as pessoas jurídicas também não são destinatárias de direitos fundamentais elencados na CF.

(D) A integração econômica, política, social e cultural dos povos da América do Sul, com vistas à formação de um mercado comum regional, expressamente prevista na CF, materializou-se com a criação do Mercado Comum do Sul (Mercosul) e da União de Nações Sul-Americanas (Unasul).

(E) A República Federativa do Brasil rege-se, nas suas relações internacionais, entre outros princípios, pela erradicação da pobreza e redução das desigualdades entre os povos da América Latina e pelo pluralismo político e igualdade entre os Estados.

A: incorreta, pois, a CF assegura a gratuidade das ações de *habeas corpus* e *habeas data,* nos termos do art. 5º, LXXVII, da CF. A Lei 9.265/1996 dispõe sobre a gratuidade dos atos necessários ao exercício da cidadania; **B:** correta, nos termos do art. 5º, LXXV, da CF. O erro judiciário é, sem dúvida, um dos piores defeitos de atuação do poder público, uma vez que fere precisamente o direito de a pessoa humana buscar a realização de justiça por meio do Judiciário (art. 5º, XXXV, da CF); **C:** incorreta, pois todos são destinatários de direitos fundamentais elencados na CF. Em tese, direitos fundamentais são os valores jurídico-políticos originados da dignidade inerente ao humano, pois atualizam as potencialidades essenciais ao ser, nos termos do "caput" do art. 5º,da CF; **D:** incorreta, já que o constituinte de 5 de outubro de 1988 proclama a intenção de o Estado Brasileiro buscar parceiros para a formação de organismos internacionais que congregue os países da América Latina. O parágrafo único do art. 4º da CF reflete a ideia já posta em prática no continente europeu, onde se busca a realização de objetivos que valem não apenas para uma sociedade política, mas para uma comunidade maior, que vai além das fronteiras do próprio Estado, e que só podem ser obtidos, eficientemente, mediante cooperação. Consoante a isso, materializou-se somente a criação do Mercado Comum do Sul (Mercosul), por meio do Decreto 350, de 21.11.1991. A Unasul é uma união intergovernamental que integra duas uniões aduaneiras existentes na região: o Mercado Comum do Sul e a Comunidade Andina de Nações (CAN), como parte de um contínuo processo de integração sul-americana que foi assinado 23 de maio de 2008, na Terceira Cúpula de Chefes de Estado, realizada em Brasília (atualmente é formada pelos doze países da América do Sul); **E:** incorreta, pois de fato a República Federativa do Brasil rege-se, nas suas relações internacionais, nos termos do art. 4º da CF. Todavia, os princípios fundamentais, da erradicação da pobreza e do pluralismo políticos, não são princípios internacionais, mas sim, respectivamente, objetivos e fundamentos da República Federativa do Brasil, nos termos dos arts. 3º, III e 1º, V, da CF. Por fim, é oportuno destacarmos que o Decreto-Lei 7.935/1945, aprova a Carta das Nações Unidas, assinada em São Francisco, da qual faz parte integrante o anexo Estatuto da Corte Internacional da Justiça que é baseada no princípio da igualdade soberana de todos os membros, e não somente dos povos da América Latina, nos termos do art. 4º, V, da CF.

Gabarito "B"

(Ministério Público/RJ – 2011) Em relação aos instrumentos de tutela dos direitos e garantias constitucionais, assinale a opção correta.

(A) A legitimidade ativa para impetrar mandado de injunção restringe-se às pessoas físicas e ao MP, não podendo, portanto, as pessoas jurídicas e as coletividades, como, por exemplo, os sindicatos e as associações, impetrá-lo.

(B) Embora não possa figurar como paciente na ação de *habeas corpus*, a pessoa jurídica dispõe de legitimidade para ajuizá-lo em favor de pessoa física.

(C) Entre as pessoas jurídicas, somente aquelas regidas pelo direito público podem figurar como sujeitos passivos da ação de *habeas data*.

(D) O mandado de segurança pode ser impetrado contra ilegalidade ou abuso de poder apenas no caso de esses atos serem praticados por autoridade pública no exercício de função de natureza estatal.

(E) Tanto o cidadão quanto o MP dispõem de legitimidade para ajuizar ação popular, cuja proposição está condicionada à ocorrência de lesão ao patrimônio público causada por ilegalidade ou imoralidade.

A: incorreta, pois o mandado de injunção poderá se impetrado por qualquer pessoa cujo exercício de um direito, liberdade ou prerrogativa constitucional esteja sendo inviabilizado em virtude de falta de norma regulamentadora da Constituição Federal. Segundo o STF (MI 102 Rel. Min. Carlos Veloso, *DJ* 25.10.2002), a exemplo do mandado de segurança coletivo, admite a utilização do mandado de injunção coletivo, tendo como legitimados as mesmas entidades legitimadas para o exercício daquela ação, nos termos do art. 5º, LXX e LXXI, da CF c/c a Lei 8.038/1990, art. 24, parágrafo único; **B:** correta, nos termos da jurisprudência do STF (HC 92.921 – BA) que dispõe que a pessoa jurídica não pode figurar como paciente de *habeas corpus*, pois jamais estará em jogo a sua liberdade de ir e vir, objeto que essa medida visa proteger, mas pode ser utilizada em favor de pessoa natural, como é comum nos crimes ambientais (Lei 9.605/1998, art. 3º, parágrafo único; **C:** incorreta, na exata medida que o art. 5º, LXXII, "a", da CF, determina que "conceder-se á *habeas data* para assegurar o conhecimento de informações relativas á pessoa do impetrante, constantes de registros ou bancos de dados de entidades governamentais ou de caráter público; **D:** incorreta, pois o mandado de segurança pode ser impetrado quando o responsável pela ilegalidade ou abuso de poder for autoridade pública ou agente de pessoa jurídica no exercício de atribuições do Poder Público. Reafirma-se que a pessoa jurídica de direito público sempre será parte legítima para integrar a lide em qualquer fase, pois suportará o ônus da decisão proferida em sede de mandado de segurança. Sendo assim, poderão ser sujeitos passivos do mandado de segurança os praticantes de atos ou omissões revestidos de forca jurídica especial e componentes de qualquer dos Poderes da União, Estados e Municípios, de autarquias, de empresas públicas e sociedades de economia mista exercentes de serviços públicos e, ainda, de pessoas naturais ou jurídicas de direito privado com funções delegadas do Poder Público, como ocorre com relação as concessionárias de serviços de utilidade pública; **E:** incorreta, pois a ação popular tem por finalidade exatamente permitir a todo cidadão (somente)(cidadão é todo nacional detentor e na plena posse de seus direitos civis e políticos) postular a anulação de ato praticado pelo poder público em detrimento do seu patrimônio em geral ou da moralidade pública, nos termos do art. 5º, LXXIII, da CF.

Gabarito "B"

(Ministério Público/PI – 2008)

I. Em caso de iminente perigo público a autoridade competente poderá usar a propriedade particular, assegurada ao proprietário a indenização pelo uso.

II. Compete ao Supremo Tribunal Federal conhecer de *habeas corpus* impetrado contra decisão do Relator que, em *habeas corpus* requerido ao Superior Tribunal de Justiça indefere a liminar.

III. O Ministério Público é parte legítima para propor ação popular que vise anular ato lesivo ao patrimônio público ou de entidade de que o Estado participe.

Na folha de respostas, atento ao número da questão, responda:

(A) se somente a assertiva I for correta

(B) se somente a assertiva II for correta

(C) se somente a assertiva III for correta

(D) se nenhuma das assertivas for correta

I: incorreta, pois só haverá indenização se houver dano, nos termos do art. 5º, XXV, da CF; **II:** incorreta, a competência se limita ao próprio Superior Tribunal de Justiça, nos termos do art. 105, I, "c", da CF; **III:** incorreta, somente cidadão é parte legítima para propor ação popular, conforme art. 5º, LXXIII, da CF e a Lei 4.717/1965.

Gabarito "D"

(Ministério Público/RJ – 2011) Analise as seguintes afirmativas:

I. É inviolável o sigilo da correspondência e das comunicações telegráficas, de dados e das comunicações telefônicas, salvo, no primeiro caso, por ordem judicial, nas hipóteses e na forma que a lei estabelecer para fins de investigação criminal ou instrução processual penal.

II. Todos têm direito a receber dos órgãos públicos informações de seu interesse particular, ou de interesse coletivo ou geral, que serão prestadas no prazo da lei, sob pena de responsabilidade, ressalvadas aquelas cujo sigilo seja imprescindível à segurança da sociedade e do Estado.

III. A prática do racismo constitui crime inafiançável e imprescritível,sujeito à pena de detenção, nos termos da lei.

IV. Nenhuma pena passará da pessoa do condenado, podendo a obrigação de reparar o dano e a decretação do perdimento de bens ser, nos termos da lei, estendidas aos sucessores e contra eles executadas, até o limite do valor do patrimônio transferido.

Está correto somente o que se afirma em

(A) I e II.

(B) I e III.

(C) II e IV.

(D) III e IV.

I: incorreta, pois a quebra do sigilo das comunicações telefônicas só poderá ser decretada por ordem judicial, em homenagem a cláusula de reserva jurisdicional. O art. 5º, XII, da CF, é absolutamente claro e não permite nenhuma interpretação diversa. Salvo as comunicações telefônicas (acesso às conversas) que podem ser restringidas e/ou interceptadas com autorização judicial, conforme regulado pela Lei 9.296/1996, a correspondência de cartas, de comunicações telegráficas e de dados, inclusive modernamente por uso de internet, são bens absolutamente invioláveis, e essa inviolabilidade não pode ser suspensa, extinta ou de alguma forma relativizada nem mesmo por ordem judicial ou previsão infraconstitucional. Contudo, identificamos que esse último pensamento doutrinário não é absoluto, pois temos as CPIs que quebram o sigilo das comunicações de dados; **II:** correta, réplica do art. 5º, XXXIII, da CF. O dispositivo diz respeito ao direito da pessoa em ter acesso a informações de seu interesse ou de interesse coletivo. Não se confunde com os pressupostos do "habeas data", que cuida de dados sobre a própria pessoa; **III:** incorreta, já que a prática do racismo constitui crime sujeito à pena de reclusão e não de detenção, nos termos da lei, conforme o art. 5º, XLII, da CF; **IV:** correta: literalidade do art. 5º, XLV, da CF c/c art. 32 e ss. do Código Penal e arts. 932 e 935, do Código Civil.

Gabarito "C"

(Ministério Público/RJ – 2011 – VUNESP) Assinale a alternativa correta a respeito do mandado de segurança, considerando a jurisprudência dominante do Supremo Tribunal Federal.

(A) Reconhece-se o direito de impetração de mandado de segurança a órgãos públicos despersonalizados desde que tenham prerrogativas ou direitos próprios a defender.

(B) O mandado de segurança coletivo a ser impetrado por entidade de classe em favor dos associados depende de autorização destes.

(C) Não é admitida a impetração do *writ* contra lei ou decreto de efeitos concretos.

(D) O Supremo Tribunal Federal é competente para conhecer de mandado de segurança contra atos dos tribunais de justiça dos Estados.

A: correta, o mandado de segurança pode ser impetrado por pessoas naturais ou jurídicas, privadas ou públicas, em defesa de direitos individuais. Nesse caso, a jurisprudência é bastante estrita, recusando a possibilidade de impetração do mandado de segurança para defesa de interesses outros não caracterizáveis como direito subjetivo. Reconhece-se também o direito de impetração de mandado de segurança a diferentes órgãos públicos despersonalizados que tenham prerrogativas ou direitos próprios a defender, tais como as Chefias dos Executivos e de Ministério Público; as Presidências das Mesas dos Legislativos; as Presidências dos Tribunais; os Fundos Financeiros; as Presidências de Comissões Autônomas; as Superintendências de Serviços e demais órgãos da Administração centralizada ou descentralizada contra atos de outros órgãos públicos. Nesses casos, o mandado de segurança destina-se também a resolver conflitos de atribuições entre órgãos públicos, colmatando lacuna relativa à ausência de efetivo instrumento para solução desse tipo de conflito. Tem-se considerado possível também a impetração do mandado de segurança pelo Ministério Público, que atuará, nesse caso, como substituto processual na defesa de direitos coletivos e individuais homogêneos. Também os estrangeiros residentes no País, pessoas físicas ou jurídicas, na qualidade de titulares de direitos, como disposto no art. 5º, *caput*, da Constituição, poderão manejar o mandado de segurança para assegurar direito líquido e certo ameaçado ou lesionado por ato de autoridade pública; **B:** incorreta, segundo a orientação dominante, o mandado de segurança coletivo há de ser impetrado na defesa de interesse de uma categoria, classe ou grupo, independentemente da autorização dos associados. Não se trata, dessa forma, de nova modalidade de ação constitucional, ao lado do mandado de segurança tradicional, mas de forma diversa de legitimação processual *ad causam*. Segundo jurisprudência do Supremo Tribunal Federal, "os princípios básicos que regem o mandado de segurança individual informam e condicionam, no plano jurídico-processual, a utilização do *writ* mandamental coletivo (MS 20.936/DF)"; **C:** incorreta, pois o próprio STF reconhece possibilidade de impetrar mandado segurança contra lei ou decreto de efeitos concretos; **D:** incorreta, na verdade compete ao Superior Tribunal de Justiça, processar e julgar em sede de Recurso Ordinário, os mandados de segurança denegados pelos tribunais de justiça dos Estados, nos termos do art. 105, II, "b", da CF. O STF é competente para conhecer de mandado de segurança somente quando a autoridade coatora for o Presidente da República, das Mesas da Câmara dos Deputados e do Senado Federal, do Tribunal de Contas da União, do Procurador-Geral da República do próprio STF, conforme o art. 102, I, "d", da CF.

Gabarito "A"

(Ministério Público /RN – 2009) Sobre os direitos e garantias fundamentais na Constituição brasileira de 1988 é correto afirmar:

(A) É inviolável o sigilo da correspondência e das comunicações telegráficas, de dados e das comunicações telefônicas, salvo por ordem judicial e para fins de investigação criminal ou instrução processual penal.

(B) No caso de iminente perigo público, a autoridade competente poderá usar de propriedade particular, assegurada ao proprietário indenização ulterior pelo uso e eventual dano.

(C) A pequena propriedade rural, assim definida em lei, desde que trabalhada pela família, não será objeto de penhora para pagamento de débitos decorrentes de sua atividade produtiva.

(D) O mandado de segurança coletivo pode se impetrado por partido político com ou sem representação no Congresso Nacional.

(E) São gratuitos, para os brasileiros, o registro civil de nascimento e a certidão de óbito.

A: incorreta, pois art. 5º, XII, da CF, estabelece: "é inviolável o sigilo da correspondência e das comunicações telegráficas, de dados e das comunicações telefônicas, salvo, *no último caso*, por ordem judicial, nas hipóteses e na forma que a lei estabelecer para fins de investigação criminal ou instrução processual penal"; **B:** incorreta, nos termos do art. 5º, XXV, da CF: "no caso de iminente perigo público, a autoridade competente poderá usar de propriedade particular, assegurada ao proprietário indenização ulterior, se houver dano"; **C:** correta, réplica do art. 5º, XXVI, da CF; **D:** incorreta, pois só por partido político com representação no Congresso Nacional (art. 5º, LXX, "a", da CF) pode impetrar mandando de segurança coletivo; **E:** incorreta, já que o art. 5º, LXXVI, da CF estabelece a gratuidade para os *reconhecidamente pobres, brasileiros ou não.*

Gabarito "C"

(Ministério Público/SC – 2012) Qualquer cidadão em pleno gozo de seus direitos políticos pode invalidar atos ou contratos administrativos ilegais ou lesivos ao patrimônio da União, Estados ou Municípios. Esta afirmação refere-se a:

(A) Mandado de segurança.

(B) *Habeas data.*

(C) Ação popular.

(D) Ação de impropriedade administrativa.

(E) Mandado de injunção.

A: incorreta, nos termos do art. 5º, LXIX, da CF; **B:** incorreta, conforme o art. 5º, LXXII, da CF; **C:** correta, nos termos do art. 5º, LXXIII, da CF; **D:** incorreta, nos termos da Lei 8.429/1992; **E:** incorreta, nos moldes do art. 5º, LXXI, da CF.

Gabarito "C"

(Ministério Público/PR – 2011) Tendo em conta as ações constitucionais, marque a assertiva que está de acordo com o ordenamento jurídico vigente:

(A) Os partidos políticos, que são, hoje, pessoas jurídicas de direito público, têm legitimidade para impetrar mandado de segurança coletivo, desde que, logicamente, tenham representação no Congresso Nacional.

(B) O mandado de injunção só pode ser impetrado por pessoa física (pessoa jurídica, portanto, não tem legitimidade) que se veja impossibilitada de exercer um determinado direito constitucional por ausência de norma regulamentadora. Sempre que a falta de norma regulamentadora tornar inviável o exercício dos direitos e liberdades constitucionais e das prerrogativas inerentes à nacionalidade, à soberania e à cidadania, conceder-se-á mandado de injunção.

(C) Em caso de urgência, é permitido, observados os requisitos legais, impetrar mandado de segurança por telegrama, radiograma, "fax" ou outro meio eletrônico de autenticidade comprovada.

(D) Hodiernamente, qualquer um do povo é parte legítima para ajuizar mandado de segurança coletivo, segundo prescreve o ordenamento constitucional de 1988. Em contrapartida, somente o cidadão é parte legítima para propor ação popular.

A: incorreta, pois os partidos políticos podem impetrar mandado de segurança coletivo (art. 5º, LXX, *a*, da CF), mas são pessoas jurídicas de direito privado (art. 17, § 2º, da CF); **B:** incorreta, já que não há óbice para a impetração por pessoa jurídica; **C:** correta, réplica do art. 4º da Lei 12.016/2009; **D:** incorreta, já que os legitimados para o MS coletivo estão previstos no art. 5º, LXX, *a* e *b*, da CF e na Lei 12.016/2009.

Gabarito "C"

(Ministério Público/MG – 2005) Nas proposições abaixo, marque "V" para as verdadeiras e "F" para as falsas, assinalando-a alternativa CORRETA.

(1) São imprescritíveis e inafiançáveis o crime de racismo e a ação de grupos armados contra a ordem constitucional e o Estado Democrático.

(2) Os brasileiros natos poderão ser extraditados em caso de tráfico ilícito de entorpecentes.

(3) Os brasileiros naturalizados podem ser extraditados em caso de tráfico ilícito de entorpecentes.

(4) As provas obtidas por meio ilícito podem prevalecer, na forma da lei.

(A) F, V, F, V.

(B) V, F, F, V.

(C) V, F, V, F.

(D) V, V, F, F.

1:correta, nos termos do art. 5º, XLII e XLIV, da CF; **2:** incorreta, pois não reflete o disposto no art. 5º, LI, da CF; **3:** correta, réplica do art. 5º, LI, da CF; **4:** incorreta, por se incompatível com o disposto no art. 5º, LVI, da CF.

Gabarito "C"

(Ministério Público/MG – 2011) Considerando o que dispõe o artigo 5º da Constituição da República, que disciplina os direitos e deveres individuais e coletivos, assinale a alternativa **CORRETA**.

(A) A prática do racismo e as ações de grupos armados, civis ou militares, contra a ordem constitucional e o Estado Democrático de Direito, constituem crimes inafiançáveis e imprescritíveis.

(B) A lei considerará crimes inafiançáveis e imprescritíveis, insuscetíveis de graça ou anistia a prática de tortura, o tráfico ilícito de entorpecentes e drogas afins, o terrorismo e os definidos como crimes hediondos, por eles respondendo os mandantes, os executores e os que, podendo evitá-los, se omitirem.

(C) Em relação à instituição do júri, com a organização que lhe der a lei, são assegurados a plenitude de defesa, o sigilo das votações, a soberania dos veredictos e a competência para o julgamento dos crimes dolosos e culposos contra a vida.

(D) O preso será informado de seus direitos, entre os quais o de permanecer calado, sendo-lhe assegurada, somente após o interrogatório judicial, a assistência da família e de advogado.

A: correta, réplica dos incisos XLII e XLIV do art. 5º da CF; **B:** incorreta, a lei considerará crimes inafiançáveis e *prescritíveis*, insuscetíveis de graça ou anistia a prática de tortura, o tráfico ilícito de entorpecentes e drogas afins, o terrorismo e os definidos como crimes hediondos, por eles respondendo os mandantes, os executores e os que, podendo evitá-los, se omitirem, segundo o art. 5º, XLIII, da CF; **C:** incorreta, pois a instituição do júri não julga crimes culposos contra a vida, nos termos do art. 5º, XXXVIII, "a" a "d", da CF; **D:** incorreta, pois o preso será informado de seus direitos, entre os quais o de permanecer calado, sendo-lhe assegurada, a assistência da família e de advogado, conforme art. 5º, LXIII, da CF e a Súmula Vinculante 14 do STF.

Gabarito "A"

(Ministério Público/CE – 2011 – FCC) Como medida de proteção aos direitos fundamentais do indivíduo, a Constituição da República veda à lei

(A) restringir a publicidade de atos processuais, exceto quando a defesa da intimidade ou o interesse social o exigirem.

(B) prever hipóteses em que o civilmente identificado seja submetido a identificação criminal.

(C) estabelecer casos em que a pena passe da pessoa do condenado.

(D) cominar pena de morte ou de caráter perpétuo, exceto no caso de guerra declarada.

(E) estabelecer a possibilidade de se efetuar prisão senão por ordem escrita e fundamentada de autoridade judiciária competente.

A: correta, a lei só poderá restringir a publicidade dos atos processuais quando a defesa a intimidade ou o interesse social o exigirem, conforme art. 5º, LX, da CF; **B:** incorreta, pois o art. 5º, LVIII, da CF dispõe que o civilmente identificado não será submetido a identificação criminal, salvo nas hipóteses previstas em lei; **C:** incorreta, já que a própria Constituição Federal determina que nenhuma pena passará da pessoa do condenado, podendo a obrigação de reparar o dano e a decretação do perdimento de bens ser, nos termos da lei, estendidas aos sucessores e contra eles executadas, até o limite do valor do patrimônio transferido, nos termos do art. 5º, XLV, da CF; **D:** incorreta, a penas de morte poderá ser cominada no caso de guerra declarada, nos termos do art. 84, XIX, da CF, mas a pena de caráter perpétuo em nenhuma hipótese é admitida; **E:** incorreta. A CF no art. 5º, LXI, da CF, determina que ninguém será preso em flagrante delito ou por ordem escrita e fundamentada de autoridade judiciária competente, salvo nos casos de transgressão militar ou crime propriamente, definidos em lei.

Gabarito "A"

(Ministério Público/BA – 2008) Assinale a opção *correta*:

(A) Pode-se afirmar que o disposto no art. 5º, LVIII, da Constituição Federal, segundo o qual *"o civilmente identificado não será submetido a identificação criminal, salvo nas hipóteses previstas em lei"*, é uma norma de eficácia limitada.

(B) A efetivação dos direitos sociais previstos na Constituição encontra limitação na denominada cláusula ou princípio da "reserva do possível".

(C) Os direitos fundamentais de segunda geração desempenham uma função eminentemente de defesa, assumindo o cidadão uma posição negativa (*status negativus*) perante o Estado.

(D) Direitos e garantias fundamentais decorrentes de tratados e convenções internacionais podem ser recepcionados pelo ordenamento jurídico brasileiro, porém, como os demais tratados e convenções, sempre com o *status* de lei ordinária.

(E) Os direitos fundamentais de primeira geração, pela sua natureza universal, não podem ser revogados pelo constituinte originário.

A: incorreta, pois o escopo da identificação civil é certificar a identidade do indivíduo acusado de transgredir a lei penal, logo, o civilmente só será identificado nas hipóteses previstas em lei: I – Lei 9.453/1997 – acrescenta parágrafo ao art. 2º da Lei 5.553/1968 – dispõe sobre a apresentação e uso de documentos de identificação pessoal; II – Lei 12.037/2009 – dispõe sobre a identificação criminal do civilmente identificado, regulamentando o art. 5º, LVIII, da CF. Sendo assim, trata-se de norma de eficácia contida, pois o dispositivo já foi regulamentado; **B:** correta, já que o **Princípio da Reserva do Possível ou Princípio da Reserva de Consistência** é uma construção jurídica germânica originária de uma ação judicial que objetivava permitir a determinados estudantes cursar o ensino superior público embasada na garantia da livre escolha do trabalho, ofício ou profissão. Neste caso, ficou decidido pela Suprema Corte Alemã que, somente se pode exigir do Estado a prestação em benefício do interessado, desde que observados os limites de razoabilidade. Os direitos sociais que exigem uma prestação de fazer estariam sujeitos à **reserva do possível** no sentido daquilo que o indivíduo, de maneira racional, pode esperar da sociedade, ou seja, justificaria a limitação do Estado em razão de suas condições socioeconômicas e estruturais. Segundo o autor alemão *Andreas Krell*, vivendo no Brasil desde 1993, "vários autores brasileiros tentam se valer da doutrina constitucional alemã para inviabilizar um maior controle das políticas sociais por parte dos tribunais. Essa posição é discutível e, na verdade, não corresponde às exigências de um Direito Constitucional Comparado produtivo e cientificamente coerente. O Princípio da Reserva do Possível consiste em uma falácia decorrente de um Direito Constitucional Comparado equivocado, na medida em que a situação social brasileira não pode ser comparada àquela dos países membros da União Europeia (máxima do Princípio da Igualdade Material). "Devemos lembrar que os integrantes do sistema jurídico alemão não desenvolveram seus posicionamentos para com os direitos sociais num Estado de permanente crise social com milhões de cidadãos socialmente excluídos, um grande contingente de pessoas que não acha uma vaga nos hospitais mal equipados da rede pública, crianças e jovens fora da escola, deficiência alimentar, subnutrição e morte". Dirley Cunha Junior afirma: "nem a reserva do possível, nem a reserva de competência orçamentária do legislador podem ser invocados como óbices, no direito brasileiro, ao reconhecimento e à efetivação de direitos sociais originários a prestações". O Princípio da Reserva do Possível representaria, pois, um limitador à efetividade dos direitos fundamentais e sociais; **C:** incorreta, já que os direitos sociais, econômicos e culturais são direitos fundamentais de segunda geração, que surgiram logo após a Primeira Grande Guerra, os quais visam assegurar o bem-estar e a igualdade, impondo ao Estado uma *prestação positiva* (comissiva), no sentido de fazer algo de natureza social em favor do homem; **D:** incorreta, já que com o advento da Emenda Constitucional n. 45, de 8 de dezembro de 2004, os tratados e convenções internacionais sobre direitos humanos que forem aprovados, em cada Casa do Congresso Nacional, em dois turnos, por três quintos dos votos dos respectivos membros, serão equivalentes às emendas constitucionais (art. 5º, § 3º, da CF); **E:** incorreta, pois numa análise rigorosamente formal, o poder constituinte originário caracteriza-se pelos seguintes atributos: inicialidade, soberania – mais do que um poder autônomo, é autossuficiente. Haure sua força em si mesmo, não se vinculando a prescrições jurídico-positivas para embasa-lo. Não constitui um dado interno do mundo do Direito, pois não é um fato jurídico. Logo, não tem como referencial atos normativos; estes é que lhe tomam de parâmetro, pois, para serem válidos devem conformar-se á sua obra-prima; incondicionalidade – não encontra condicionamentos ao seu exercício –, latência, instantaneidade, inalienabilidade e especialidade.

Gabarito "B"

(Ministério Público/AC – 2008) De acordo com a teoria dos direitos fundamentais, é correto afirmar que

(A) os direitos sociais são caracterizados por exigir prestação estatal comissiva.

(B) os direitos individuais exigem do Estado prestação positiva.

(C) os direitos transindividuais vinculam-se à ideia de defesa do indivíduo contra o Estado.

(D) inexiste possibilidade de sua vinculação aos particulares.

A: correta, pois os direitos sociais, econômicos e culturais são direitos fundamentais de segunda geração, que surgiram logo após a Primeira Grande Guerra, os quais visam assegurar o bem-estar e a igualdade, impondo ao Estado uma *prestação positiva* (comissiva), no sentido de fazer algo de natureza social em favor do homem; **B:** incorreta, pois os direitos individuais são direitos fundamentais de primeira geração, surgidos no final do século XVII, inaugurados como florescimento dos direitos e garantis individuais clássicos, os quais encontravam na limitação do poder estatal seu embasamento. Nessa fase, prestigiavam-se as cognominadas prestação *negativas* e não positivas, as quais geravam um dever de não fazer por parte do Estado, com vistas à preservação do direito à vida, à liberdade de locomoção, à expressão, á religião, à associação etc.; **C:** incorreta, na exata medida que os direitos transindividuais, assim denominados por não pertencerem ao indivíduo de forma isolada, podem ser classificados em: direitos difusos, coletivos e individuais homogêneos. Os direitos transindividuais se originaram de conflitos sociais instaurados no último século, obrigando o reconhecimento e a proteção de direitos como a educação, segurança, meio ambiente, saúde, dentre outros de natureza fluída, cuja titularidade compete a todo cidadão. Estão situados entre o interesse público e o interesse privado, pois embora não sejam propriamente estatais, são mais que meramente individuais, porque são compartilhados por grupos, classes ou categorias de pessoas. São interesses que excedem o âmbito individual, mas não chegam a constituir interesse público; **D:** incorreta, já que os direitos fundamentais são o conjunto de normas, princípios, prerrogativas, deveres e institutos, inerentes à *soberania popular*, – logo, não se pode falar que inexiste possibilidade de sua vinculação aos particulares – que garantem a convivência pacífica, digna, livre e igualitária, independentemente de credo, raça, origem, cor, condição econômica ou *status* social.

Gabarito "A"

(Ministério Público/PR – 2011) Relativamente à ação popular constitucional, é correto afirmar:

(A) Somente pode ser proposta por pessoas maiores de 18 anos.

(B) Seu objeto limita-se à anulação ou declaração de nulidade de atos lesivos ao patrimônio público da União, do Distrito Federal, dos Estados e Municípios, de entidades autárquicas, de sociedades de economia mista, de sociedades mútuas de seguro nas quais a União represente os segurados ausentes, de empresas públicas, de serviços sociais autônomos, de instituições ou fundações para cuja criação ou custeio o tesouro público haja concorrido ou concorra com mais de cinquenta por cento do patrimônio ou da receita ânua de empresas incorporadas ao patrimônio da União, do Distrito Federal, dos Estados e dos Municípios, e de quaisquer pessoas jurídicas ou entidades subvencionadas pelos cofres públicos, nos termos do artigo 1º da Lei 4.717/1965.

(C) Nos casos de ação popular movida contra o Presidente da República, a competência originária para o seu julgamento é do Supremo Tribunal Federal.

(D) No caso de ação popular proposta pelo Ministério Público, é desnecessária a sua intervenção na qualidade de fiscal da lei.

(E) Nenhuma das alternativas anteriores é correta.

A e **B:** incorretas, art. 5º, LXXIII, da CF. Pode ser autor popular todo aquele que estiver no pleno gozo dos direitos políticos, ou seja, aquele que tem título de eleitor válido (art. 1º, § 3º, da Lei 4.717/1965); **C:** incorreta. O art. 102, I, "d", da CF traz a competência originária do STF apenas para o julgamento de *habeas corpus*, mandado de segurança e *habeas data* contra o Presidente da República. O STF não tem competência originária para julgar ação popular. Note-se, porém, que o Supremo já decidiu ser de sua competência originária o julgamento de ação popular de que possa acarretar conflito entre Estado e União (Rcl 424-4/RJ, Rel. Min. Sepúlveda Pertence); **D:** incorreta. A intimação do MP é necessária (art. 7º, I, "a", da Lei 4.717/1965). **E:** correta, pois nenhuma alternativa é verdadeira.

Gabarito "E"

(Ministério Público/PR – 2011) Examine as afirmações abaixo e após responda:

I. O *Habeas Corpus* pode ser proposto em favor de pessoa jurídica.

II. O mandado de segurança pode ser utilizado contra ato de juiz criminal, praticado em processo penal.

III. Segundo posicionamento doutrinário e jurisprudencial consolidado entende-se, em regra, que o direito líquido e certo hábil a fundamentar a concessão de mandado de segurança deve vir demonstrado por prova documental pré-constituída.

IV. São requisitos para o mandado de injunção a falta de norma regulamentadora de uma previsão constitucional, bem como a inviabilização de direitos e liberdades constitucionais e das prerrogativas inerentes à nacionalidade, à soberania e à cidadania.

V. *O habeas data* somente pode ser impetrado contra pessoas jurídicas de direito público.

(A) todas as afirmativas são corretas.

(B) as afirmativas I, II e V são as únicas corretas.

(C) a afirmativa V é a única incorreta.

(D) as afirmativas II, III e IV são corretas.

(E) todas as afirmativas são incorretas.

I: incorreta. O STF já decidiu que "a pessoa jurídica não pode figurar como paciente de *habeas corpus*, pois jamais estará em jogo a sua liberdade de ir e vir, objeto que essa medida visa proteger" (HC 92921/BA, Rel. Min. Ricardo Lewandowski); **II:** correta, de acordo com entendimento do STF. E, ainda nesse caso, é considerado ação de natureza civil; **III:** correta. Segundo Hely Lopes Meirelles, direito líquido e certo "é o que se apresenta manifesto na sua existência, delimitado na sua extensão e apto a ser exercitado no momento da impetração", ou seja, é aquele que não demanda dilação probatória, capaz de ser comprovado de plano; **IV:** correta, art. 5º, LXXI, da CF; **V:** incorreta. Não reflete o disposto no art. 5º, LXXII, "a", da CF.

Gabarito "D"

(Ministério Público/PB – 2010) É correto afirmar, exceto:

(A) A restrição a direitos, inclusive políticos, por motivo de crença religiosa ou de convicção filosófica ou política somente se legitima, quando há, cumulativamente, objeção de consciência oposta perante obrigação geral estabelecida por lei e recusa de cumprimento de prestação alternativa legalmente prevista.

(B) Ao livre exercício dos cultos religiosos, a Constituição opõe restrições específicas e expressas.

(C) À entidade estatal que editou certa lei não é legítimo invocar a garantia contra a sua retroatividade.

(D) Compreendem-se no dever constitucional do Estado com a educação, entre outras, as garantias de oferta gratuita de educação básica a adultos e de educação infantil às crianças até cinco anos de idade.

(E) O direito à indenização decorrente de desapropriação indireta tem o mesmo fundamento jurídico-normativo da garantia constitucional da justa indenização nos casos de desapropriação regular.

A: correta, art. 5º, VIII, da CF; **B:** incorreta, devendo ser assinalada. Não reflete o disposto no art. 5º, VI, da CF; **C:** correta. Súmula 654 do STF: "A garantia da irretroatividade da lei, prevista no art. 5º, XXXVI, da Constituição da República, não é invocável pela entidade estatal que a tenha editado"; **D:** correta, art. 208, I e IV, da CF; **E:** correta, pois na desapropriação indireta o proprietário é privado das faculdades do direito de propriedade tal como ocorre na desapropriação regular.

Gabarito "B"

(Ministério Público/PB – 2010) Dentre as proposições seguintes, assinale aquela que exprime o entendimento mais consentâneo com a jurisprudência dominante do Supremo Tribunal Federal:

(A) A proteção dos direitos fundamentais não desconsidera o princípio da supremacia da constituição, de arte tal que a norma convencional internacional sobre direitos humanos não tem aptidão para afetar a eficácia ou a aplicabilidade da norma constitucional interna.

(B) Em matéria de proteção dos direitos fundamentais, o princípio da supremacia interna da constituição deve ceder perante norma convencional internacional, desde que o objeto de proteção diga respeito a direitos fundamentais de primeira dimensão.

(C) Sem prejuízo da supremacia da Constituição sobre os tratados e convenções internacionais, a norma convencional internacional em vigor e aplicável no Brasil e que disponha acerca de direitos humanos, não tendo sido objeto de processo legislativo que a equiparasse a emenda constitucional, tem força jurídico-normativa suficiente para restringir a eficácia e indiretamente obstar a aplicabilidade da norma constitucional paradigma.

(D) A norma convencional internacional de direitos humanos, desde que posterior, e mesmo não submetida a processo legislativo que a equiparasse a emenda constitucional, prevalece em relação à norma constitucional interna, tendo-se em vista a indistinta hierarquia normativa.

(E) A norma convencional internacional de direitos humanos prevalecerá em relação à norma constitucional interna, tendo em vista o seu caráter supraconstitucional.

Em regra, os tratados internacionais *de caráter geral* têm suas regras incorporadas ao direito interno com *status* de lei ordinária, não tendo força para alterar normas constitucionais. Já as normas de tratados e convenções internacionais *sobre direitos humanos* que forem aprovadas, em cada Casa do Congresso Nacional, em dois turnos, por três quintos dos votos dos respectivos membros, serão equivalentes às emendas constitucionais (art. 5º, § 3º, da CF). Os demais tratados sobre direitos humanos, não sujeitos ao procedimento do art. 5º, § 3º, da CF, têm caráter *supralegal*, de acordo com o entendimento fixado pelo STF quando do confronto entre as hipóteses de prisão civil previstas na CF e no Pacto de São José da Costa Rica.

Gabarito "C"

(Ministério Público/SE – 2010 – CESPE) Com referência às ações constitucionais e aos direitos sociais previstos na CF, assinale a opção correta.

(A) *Habeas data* é o remédio constitucional adequado para o caso de recusa de fornecimento de certidões para defesa de direitos e esclarecimento de situações de interesse pessoal, próprio ou de terceiros, assim como para o caso de recusa de obtenção de informações de interesse particular, coletivo ou geral.

(B) Se o autor da ação popular dela desistir, o MP poderá, entendendo presentes os devidos requisitos, dar-lhe prosseguimento.

(C) Diferentemente das organizações sindicais, das entidades de classe e das associações, os partidos políticos não têm legitimidade para impetrar mandado de segurança coletivo.

(D) Os sindicatos não têm legitimidade processual para atuar na defesa de direitos individuais da categoria que representem, mas são parte legítima para defender direitos e interesses coletivos, tanto na via judicial quanto na administrativa.

(E) Os direitos sociais dos trabalhadores urbanos e rurais indicados no texto constitucional são extensíveis, em sua totalidade, aos servidores ocupantes de cargo público.

A: incorreta. O *habeas data* visa a: a) assegurar o conhecimento de informações relativas à pessoa do impetrante, constantes de registros ou bancos de dados de entidades governamentais ou de caráter público, e b) retificar dados, quando não se prefira fazê-lo por processo sigiloso, judicial ou administrativo (art. 5º, LXXII, da CF); **B:** correta, mas precisa ter sido proposta por um cidadão; **C:** incorreta. Há expressa autorização constitucional (art. 5º, LXX, *a*, da CF); **D:** incorreta. Ao sindicato cabe a defesa dos direitos e interesses coletivos ou individuais da categoria, inclusive em questões judiciais ou administrativas (art. 8º, III, da CF); **E:** incorreta. Os servidores públicos têm estatuto próprio e estão sujeitos às regras do art. 39 e ss. da CF.

Gabarito "B"

(Ministério Público/SP – 2010) Assinale a alternativa correta:

(A) é livre a manifestação de pensamento, sendo vedado o anonimato, nos termos da lei.

(B) é assegurado o direito de resposta, além da indenização exclusiva por dano material.

(C) é livre o exercício de qualquer trabalho, ofício ou profissão, atendidas as qualificações profissionais que a lei estabelecer.

(D) a proteção constitucional da liberdade de manifestação do pensamento abrange o direito de expressar-se, oralmente ou por escrito, não englobando o de ouvir, assistir e ler.

(E) todos têm o direito de receber dos órgãos públicos informações de seu interesse particular, ou de interesse coletivo ou geral, que serão prestadas no prazo improrrogável de (30) trinta dias, sob pena de responsabilidade, ressalvadas aquelas cujo sigilo seja imprescindível à segurança da sociedade e do Estado.

A: incorreta. O direito é autoaplicável, não dependendo de lei (art. 5º, IV, da CF); **B:** incorreta. O art. 5º, V, da CF garante a indenização por dano moral, material ou à imagem; **C:** correta, art. 5º, XIII, da CF; **D:** incorreta. A liberdade de pensamento é ampla e garante todas as manifestações possíveis; **E:** incorreta. Não reflete o disposto no art. 5º, XXXIII, da CF.

Gabarito "C"

(Ministério Público/RO – 2010 – CESPE) Acerca dos direitos e garantias fundamentais assegurados na CF, assinale a opção correta.

(A) A garantia constitucional da inviolabilidade do domicílio legal durante o período noturno pode ser afastada por determinação judicial.

(B) As associações podem ser compulsoriamente dissolvidas mediante ato normativo editado pelo Poder Legislativo.

(C) O mandado de injunção é ação constitucional de caráter civil e de procedimento especial, cuja natureza jurídico-processual, segundo entendimento do STF, permite a formação de litisconsórcio passivo, necessário ou facultativo, entre particulares e entes estatais.

(D) Segundo jurisprudência do STF, é constitucional norma legal que vede a progressão do regime de cumprimento de pena para os crimes hediondos.

(E) Segundo pronunciamento do STF, é inconstitucional, por ofender a garantia da liberdade de expressão e do direito à informação, norma legal que determine vedação de divulgação de pesquisas eleitorais quinze dias antes do pleito.

A: incorreta. Não reflete o disposto no art. 5º, XI, da CF; **B:** incorreta. Não reflete o disposto no art. art. 5º, XIX, da CF. Note-se que o dispositivo deve ser interpretado em conjunto com o inciso XVII do mesmo artigo. Assim, só se exige trânsito em julgado para a dissolução compulsória da associação. A suspensão de atividades só pode ser determinada por decisão judicial, mas não se exige o trânsito em julgado da decisão nesse caso; **C:** incorreta. O STF entende ser incabível o litisconsórcio passivo, necessário ou facultativo, entre particulares e entes estatais (V. MI 335); **D:** incorreta. Súmula Vinculante 26 do STF: "Para efeito de progressão de regime no cumprimento de pena por crime hediondo, ou equiparado, o juízo da execução observará a inconstitucionalidade do art. 2º da Lei 8.072, de 25 de julho de 1990, sem prejuízo de avaliar se o condenado preenche, ou não, os requisitos objetivos e subjetivos do benefício, podendo determinar, para tal fim, de modo fundamentado, a realização de exame criminológico"; **E:** correta, STF, ADIn 3741, Rel. Min. Ricardo Lewandowski.

Gabarito "E"

(Ministério Público/MA – 2009) Em relação à extradição a Constituição Federal:

(A) admite sempre em se tratando de naturalizado;

(B) permite caso seja provada a participação de brasileiro nato e de naturalizado em crime de tráfico de ilícito de entorpecentes;

(C) permite se comprovado o envolvimento de brasileiro nato ou naturalizado em crime de tráfico ilícito de entorpecente, mas desde que o delito tenha característica internacional, o que autorizará julgamento por Tribunal Internacional;

(D) o brasileiro nato não é passível de extradição;

(E) o naturalizado poderá ser extraditado nas mesmas hipóteses previstas na Constituição para o brasileiro nato, mas desde que o fato seja posterior à naturalização. Se anterior poderá ser expulso.

Art. 5º, LI, da CF.

Gabarito "D"

(Ministério Público/MA – 2009) Será inconstitucional lei que fixe prazo de prescrição nos crimes:

I. de racismo;

II. de ação de grupos armados contra a ordem constitucional e o Estado Democrático;

III. hediondos;

IV. de tráfico ilícito de entorpecentes;

V. terrorismo.

Estão CORRETOS os itens:

(A) "I" e "II";

(B) "I", "III", "IV" e "V";

(C) "I", "IV" e "V";

(D) "III", "IV" e "V";

(E) "I" e "V".

Art. 5º, XLII, XLIV, da CF. O art. 5º, XLIII, da CF não considera imprescritíveis os crimes hediondos, de tráfico ilícito de entorpecentes e de terrorismo.

Gabarito "A"

(Ministério Público/PR – 2009) Analise as seguintes assertivas e após assinale a alternativa correta:

I. o mandado de segurança coletivo pode ser impetrado por organização sindical, entidade de classe ou associação legalmente constituída e em funcionamento há pelo menos dois anos, em defesa dos interesses de seus membros ou associados;

II. somente se concederá *habeas data* para assegurar o conhecimento de informações relativas à pessoa do impetrante, constantes de registros ou bancos de dados de entidades governamentais ou de caráter público;

III. são gratuitas as ações de *habeas corpus* e *habeas data*;

IV. qualquer cidadão é parte legítima para propor ação popular que vise anular ato lesivo ao patrimônio público ou de entidade de que o Estado participe, à moralidade administrativa, ao meio ambiente e ao patrimônio histórico e cultural, ficando o autor, em qualquer hipótese, isento de custas judiciais e do ônus da sucumbência;

V. conceder-se-á mandado de segurança para proteger direito líquido e certo, ainda que amparado por *habeas corpus* ou *habeas data*, quando o responsável pela ilegalidade ou abuso de poder for autoridade pública ou agente de pessoa jurídica no exercício de atribuições do Poder Público;

VI. os tratados e convenções internacionais sobre direitos humanos que forem aprovados, em cada Casa do Congresso Nacional, em dois turnos, por três quintos dos votos dos respectivos membros, serão equivalentes às emendas constitucionais.

(A) Apenas as assertivas II e III estão corretas;

(B) Apenas as assertivas III e VI estão corretas;

(C) Apenas as assertivas II, III e VI estão corretas;

(D) Apenas as assertivas I, II, III, IV e VI estão corretas;

(E) Apenas as assertivas II, III e IV estão corretas.

I: incorreta. Não reflete o disposto no art. 5º, LXX, *a* e *b*, da CF; **II:** incorreta, também pode ser concedido para retificação de dados (art. 5º, LXXII, *a* e *b*, da CF); **III:** correta, art. 5º, LXXVII, da CF; **IV:** incorreta. Não reflete o disposto no art. 5º, LXXIII, da CF; **V:** incorreta, pois só é cabível o mandado de segurança se o direito não for amparado por *habeas corpus* ou *habeas data* (art. 5º, LXIX, da CF); **VI:** correta, art. 5º, § 3º, da CF.

Gabarito "B"

(Ministério Público/PR – 2008) Assinale a alternativa INCORRETA:

(A) nenhuma pena passará da pessoa do condenado, podendo a obrigação de reparar o dano e a decretação do perdimento de bens ser, nos termos da lei, estendidas aos sucessores e contra eles executadas, até o limite do valor do patrimônio transferido;

(B) nenhum brasileiro será extraditado, salvo o naturalizado, em caso de crime comum, praticado antes da naturalização, ou de comprovado envolvimento em tráfico ilícito de entorpecentes e drogas afins, na forma da lei;

(C) não será concedida extradição de estrangeiro por crime político ou de opinião;

(D) a casa é asilo inviolável do indivíduo, ninguém nela podendo penetrar sem consentimento do morador, salvo em caso de flagrante delito ou desastre, ou para prestar socorro, ou, durante a noite, por determinação judicial;

(E) é assegurado o direito de resposta, proporcional ao agravo, além da indenização por dano material, moral ou à imagem.

A: correta, art. 5º, XLV, da CF; **B:** correta, art. 5º, LI, da CF; **C:** correta, art. 5º, LII, da CF; **D:** incorreta, devendo ser assinalada, por determinação judicial, somente durante o dia, nos exatos termos do art. 5º, XI, da CF; **E:** incorreta, art. 5º, V, da CF.

Gabarito "D"

(Ministério Público/SP – 2008) "Qualquer cidadão, no pleno gozo de seus direitos políticos, pode invalidar atos ou contratos administrativos ilegais ou lesivos ao patrimônio da União, Distrito Federal e Municípios".

Essa afirmação refere-se a

(A) Mandado de segurança.

(B) *Habeas Data*.

(C) Ação popular.

(D) Ação de improbidade administrativa.

(E) Mandado de injunção.

Art. 5º, LXXIII, da CF.

Gabarito "C"

(Ministério Público/SP – 2008) Assinale a alternativa incorreta.

(A) O crime de tortura, que é imprescritível, segundo a legislação penal brasileira somente pode ser praticado por funcionário público ou outra pessoa no exercício de função pública.

(B) A Constituição Federal tem como cláusula pétrea a garantia de que ninguém será submetido a tortura nem a tratamento desumano ou degradante.

(C) A decretação da perda do cargo, função ou emprego público é efeito automático da sentença condenatória dos crimes de tortura.

(D) Define-se como tortura qualquer ato pelo qual dores ou sofrimentos agudos, físicos ou mentais, são infligidos intencionalmente a uma pessoa a fim de obter, dela ou de terceira pessoa, informações ou confissões; de castigá-la por ato que ela ou terceira pessoa tenha cometido ou seja suspeita de ter cometido; de intimidar ou coagir essa pessoa ou outras pessoas; ou por qualquer motivo baseado em discriminação de qualquer natureza.

(E) Aplica-se a lei brasileira ao crime de tortura praticado no exterior, sendo a vítima brasileira ou encontrando-se o agente em local sob jurisdição brasileira.

O crime de tortura (Lei 9.455/1997) – equiparado a hediondo – não é imprescritível. Além disso, não se trata de crime que somente pode ser praticado por funcionário público ou pessoa no exercício de função pública.

Gabarito "A"

(Ministério Público/MG – 2007) É CORRETO afirmar que a sucessão de bens de estrangeiros situados no País será regulada pela

(A) lei estrangeira.

(B) lei pessoal do *de cujus*, desde que não estrangeira.

(C) lei brasileira em benefício do cônjuge ou dos filhos brasileiros, sempre que não lhes seja mais favorável a lei pessoal do *de cujus*.

(D) lei brasileira em benefício do cônjuge ou dos filhos brasileiros.

(E) lei brasileira se mais favorável ao *de cujus*.

Art. 5º, XXXI, da CF.

Gabarito "C"

(Ministério Público/MG – 2007) Constitui crime inafiançável e imprescritível

(A) a prática da tortura.

(B) o tráfico ilícito de entorpecentes e drogas afins.

(C) o terrorismo.

(D) os crimes hediondos.

(E) a prática do racismo.

Art. 5º, XLII, da CF.

Gabarito "E"

(Ministério Público/SP – 2006) Assinale a alternativa incorreta.

O art. 5º da Constituição Federal assegura o seguinte:

(A) é livre a expressão da atividade intelectual, artística, científica e de comunicação, independentemente de censura ou licença.

(B) é reconhecida a instituição do júri, com a organização que lhe der a lei, assegurados a plenitude de defesa, o sigilo das votações, a soberania dos veredictos e a competência para o julgamento dos crimes dolosos contra a vida.

(C) as associações não poderão ser compulsoriamente dissolvidas ou ter suas atividades suspensas.

(D) são assegurados, nos termos da lei, a proteção às participações individuais em obras coletivas e à reprodução da imagem e voz humanas, inclusive nas atividades desportivas e o direito de fiscalização do aproveitamento econômico das obras que criarem ou de que participarem aos criadores, aos intérpretes e às respectivas representações sindicais e associativas.

(E) a lei assegurará aos autores de inventos industriais privilégio temporário para sua utilização, bem como proteção às criações industriais, à propriedade das marcas, aos nomes de empresas e a outros signos distintivos, tendo em vista o interesse social e o desenvolvimento tecnológico e econômico do país.

A: correta, art. 5º, IX, da CF; **B:** correta, art. 5º, XXXVIII, da CF; **C:** incorreta, devendo ser assinalada, as associações poderão, sim, ser compulsoriamente dissolvidas por decisão judicial com trânsito em julgado, ou mesmo ter suas atividades suspensas, não sendo necessário, neste caso, o trânsito em julgado, conforme reza o art. 5º, XIX, da CF; **D:** correta, art. 5º, XXVIII, da CF; **E:** correta, art. 5º, XXIX, da CF.

Gabarito "C"

6. DIREITOS SOCIAIS

(Ministério Público/MG – 2010 – FUNDEP) Constituem direitos sociais previstos na Constituição da República, EXCETO

(A) alimentação.

(B) atividade sexual.

(C) proteção à maternidade.

(D) trabalho.

Art. 6º, *caput*, da CF.

Gabarito "B"

(Ministério Público/GO – 2005) Quanto aos direitos de segunda dimensão, na visão prestacional, sob a análise quanto ao atendimento dentro da disponibilidade orçamentária, também considerada reserva do possível, é correto afirmar:

(A) os direitos sociais previstos no artigo 7º da CRFB/1988, são considerados *numerus clausus* impedindo que outros direitos não alinhados em tratados e convenções sejam incorporados no ordenamento jurídico brasileiro

(B) o direito à seguridade social exige obrigatoriamente a participação no seu financiamento das contribuições sobre aposentadoria e pensões concedidas pelo regime geral de previdência de que trata o artigo 201 da CRFB/1988

(C) os direitos sociais impõem uma atuação positiva do legislador evitando atuações arbitrárias, bem como normas de retrocesso, cujo desrespeito pode ensejar um direito subjetivo, sendo, contudo, necessária a análise do caso concreto, incidindo o princípio da ponderação ante o conflito aparente de princípios

(D) a aplicação de recursos públicos na concretização dos direitos de segunda dimensão, dentro da ideia da reserva do possível, pode indicar a ausência total da implementação do direito, sem que para isto tenha o Poder Judiciário condições de solucionar o conflito

A: incorreta. O rol de direitos sociais previstos na CF não é exaustivo ou ***numerus clausus***, mas ***numerus apertus*** ou exemplificativo (V. art. 5º, § 2º, da CF); **B:** incorreta. A afirmação genérica não é verdadeira. A seguridade social abrange os direitos à saúde, à previdência social e à assistência social. A assistência social (art. 203 da CF), por exemplo, é prestada independentemente de contribuição à seguridade social; **C:** correta, pois exigem prestações a serem implementadas, direta ou indiretamente, pelo Estado. A caracterização dos direitos sociais como direitos subjetivos não é pacífica na doutrina. Assim, pautando-se pelo princípio da proporcionalidade, deve-se ter em vista a disponibilidade de recursos financeiros e as políticas públicas formuladas pelo legislador para estabelecer o que pode ser exigido do Estado; **D:** incorreta. A "reserva do possível" não pode ser utilizada como "desculpa" para a não implementação dos direitos sociais, resultando no que Canotilho denominou "ditadura dos cofres vazios". Assim, não há óbice para a sindicabilidade dos direitos sociais, devendo o Judiciário observar o princípio da razoabilidade na solução dos conflitos.

Gabarito "C"

(Ministério Público/CE – 2009) Nos termos do que dispõe a CF, assinale a opção correta acerca dos direitos sociais, da nacionalidade e dos direitos políticos.

(A) Em decorrência do princípio da unicidade sindical, é vedada a criação de mais de uma organização sindical, em qualquer grau, representativa de categoria profissional ou econômica, na mesma base territorial, que não pode ser inferior à área de um município.

(B) O cargo de ministro de Estado das Relações Exteriores e o de ministro da Defesa são privativos de brasileiros natos.

(C) O presidente da República, os governadores de estado e do DF, os prefeitos e quem os houver sucedido ou substituído no curso dos mandatos poderão ser reeleitos para um único período subsequente, devendo, para participar das eleições, licenciar-se de seus cargos até seis meses antes do pleito.

(D) Os militares com menos de dez anos de serviço são inelegíveis, podendo os com mais de dez anos de serviço ser candidatos a qualquer cargo e, nesse caso, se eleitos, passam automaticamente para a inatividade no ato da diplomação.

(E) Os direitos sociais elencados no texto constitucional são integralmente assegurados aos trabalhadores urbanos, rurais e domésticos.

A: correta, réplica do art. 8º, II, da CF; **B:** incorreta, pois o único cargo de ministro de Estado que é privativo de brasileiro nato é o de Ministro de Estado da Defesa, nos termos do art. 12, § 3º, VII, da CF c/c a Lei Complementar 97, de 9 de junho de 1999, que criou o Ministério da Defesa; **C:** incorreta, pois os chefes do Poder Executivo e quem os houver sucedido ou substituído no curso dos mandatos poderão ser reeleitos par um único período subsequente, mas para *concorrerem* a outros cargos, o Presidente da República, os Governadores de Estado e do Distrito Federal e os Prefeitos devem renunciar aos respectivos mandatos até seis meses antes do pleito, nos termos do art. 14, § 5º e 6º, da CF; **D:** incorreta, pois o militar alistável é elegível, mas se contar menos de dez anos de serviço, deverá afastar-se da atividade, nos termos do art. 14, § 8º, I, da CF. Agora, se o militar alistável contar com mais de dez anos de serviço, será agregado pela autoridade superior e, se eleito, passará automaticamente, no ato da diplomação, para a inatividade, nos termos do art. 14, § 8º, II, da CF; **E:** incorreta, pois os direitos sociais elencados no texto constitucional são integralmente assegurados aos trabalhadores urbanos e rurais, mas não aos domésticos. "São assegurados à categoria dos trabalhadores domésticos os direitos previstos nos incisos IV, VI, VII, VIII, X, XIII, XV, XVI, XVII, XVIII, XIX, XXI, XXII, XXIV, XXVI, XXX, XXXI e XXXIII e, atendidas as condições estabelecidas em lei e observada a simplificação do cumprimento das obrigações tributárias, principais e acessórias, decorrentes da relação de trabalho e suas peculiaridades, os previstos nos incisos I, II, III, IX, XII, XXV e XXVIII, bem como a sua integração à previdência social" (art. 7º, *caput* e parágrafo único, da CF.

Gabarito "A"

(Ministério Público/PR – 2011) Marque a opção que NÃO corresponde ao ordenamento jurídico-constitucional vigente:

(A) A igualdade é a base dos direitos sociais. O "caput" do art. 7º da CF/1988 denota a igualdade estabelecida pelo legislador constituinte entre trabalhadores urbanos e rurais, visando à melhoria de sua condição social. Aos trabalhadores domésticos foram assegurados apenas alguns dos direitos sociais arrolados no art. 7º da CF/1988.

(B) O art. 9º da Constituição Federal de 1988 assegura o direito de greve dos servidores públicos civis e garante a soberania da decisão dos agentes públicos sobre a oportunidade e os interesses que a manifestação visa tutelar. A norma constitucional que trata do direito de greve dos servidores públicos civis é de eficácia plena, não exigindo, portanto, regulamentação pelo legislador ordinário.

(C) O primado do trabalho (direito social) é a base da ordem social, e seus objetivos são o bem-estar e a justiça sociais.

(D) O direito à moradia foi acrescentado ao art. 6º da CF/1988 pela emenda constitucional n. 26/2000. Portanto, no texto originário não havia previsão do "direito à moradia" entre os direitos sociais genéricos.

A: incorreta, já que o art. 7º, *caput* e parágrafo único, da CF, corresponde ao ordenamento jurídico-constitucional vigente; **B:** correta, pois de fato não reflete o disposto no art. 37, VII, da CF. O STF tem reconhecido o direito de greve aos servidores, mesmo sem edição de lei específica, aplicando-lhes, por analogia, a lei de greve da iniciativa privada (Lei 7.783/1989), editada com fundamento no art. 9º, §§ 1º e 2º, da CF. Importante lembrar, ainda, que os militares não possuem direito à greve (art. 142, § 3º, IV, da CF); **C:** incorreta, pois art. 193 da CF, se coaduna ao enunciado; **D:** incorreta, pois o direito à moradia foi incluído pela EC 26/2000 como direito social no art. 6º, *caput*, da CF, assim, corresponde ao ordenamento constitucional vigente. A redação atual do art. 6º, *caput*, foi conferida pela EC 64/2010, que acrescentou, também, o direito à alimentação como direito social: "São direitos sociais a educação, a saúde, a alimentação, o trabalho, a moradia, o lazer, a segurança, a previdência social, a proteção à maternidade e à infância, a assistência aos desamparados, na forma desta Constituição".

Gabarito "B"

7. NACIONALIDADE

(Ministério Público/MG – 2013) O brasileiro naturalizado pode ocupar os seguintes cargos, EXCETO o de:

(A) Presidente do Conselho Nacional de Justiça.

(B) Presidente do Banco Central do Brasil.

(C) Prefeito e Vice-Prefeito.

(D) Governador e Vice-Governador de Estado e do Distrito Federal.

A: correta (a ser assinalada). Tendo em conta que o cargo de presidente do Conselho Nacional de Justiça (CNJ) é ocupado pelo presidente do Supremo Tribunal Federal, conforme estabelece o art. 103-B, § 1º, da CF, que é privativo de brasileiro nato, na forma estatuída no art. 12, § 3º, IV, da CF, o cargo de presidente do CNJ, logo, somente poderá ser ocupado por brasileiro nato; **B:** incorreta, já que o cargo de presidente do Banco Central não foi inserido no rol do art. 12, § 3º, da CF, que estabelece quais os cargos que somente podem ser ocupados por brasileiro nato; **C:** incorreta, já que o cargo de prefeito e vice-prefeito não foi inserido no rol do art. 12, § 3º, da CF, que estabelece quais os cargos que somente podem ser ocupados por brasileiro nato; **D:** incorreta, já que o cargo de governador e vice-governador não foi inserido no rol do art. 12, § 3º, da CF, que estabelece quais os cargos que somente podem ser ocupados por brasileiro nato.

Gabarito "A"

(Ministério Público/MG – 2013) Examine as afirmativas abaixo:

I. Brasileiro naturalizado, com 32 anos de idade, pode se candidatar a Vice- Presidente da República.

II. O Supremo Tribunal Federal decidiu ser inelegível para o cargo de Prefeito de município resultante de desmembramento territorial o irmão do atual chefe do Poder Executivo do "município-mãe".

III. As inelegibilidades legais sujeitam-se à preclusão se não forem arguidas na fase de registro de candidatura, eis que, ultrapassado esse momento, não mais poderão ser discutidas, salvo se supervenientes.

IV. São inelegíveis para qualquer cargo os que forem declarados indignos do oficialato, ou com ele incompatíveis, pelo prazo de 4 (quatro) anos.

Está CORRETO somente o que se afirma em:

(A) I e II.

(B) II e III.

(C) I e III.

(D) III e IV.

I: incorreta. Primeiro porque os cargos de presidente e vice-presidente somente podem ser ocupados por brasileiro *nato*, na forma estatuída no art. 12, § 3º, I, da CF; segundo porque constitui condição de elegibilidade para tais cargos a idade mínima de 35 anos, conforme estabelece o art. 14, § 3º, VI, *a*, da CF; **II:** correta. Conferir: "Matéria eleitoral – Candidato em município desmembrado – Irmão do atual prefeito do município-mãe – Inelegibilidade – Constituição Federal, art. 14, § 7º – Legitimidade da sua interpretação teleológica – Recurso extraordinário não conhecido. É inelegível para o cargo de prefeito de município resultante de desmembramento territorial o irmão do atual chefe do poder executivo do município-mãe. O regime jurídico das inelegibilidades comporta interpretação construtiva dos preceitos que lhe compõem a estrutura normativa. Disso resulta a plena validade da exegese que, norteada por parâmetros axiológicos consagrados pela própria constituição, visa a impedir que se formem grupos hegemônicos nas instâncias políticas locais. O primado da ideia republicana – cujo fundamento ético-político repousa no exercício do regime democrático e no postulado da igualdade – Rejeita qualquer prática que possa monopolizar o acesso aos mandatos eletivos e patrimonializar o poder governamental, comprometendo, desse modo, a legitimidade do processo eleitoral" (RE 158314, Celso de Mello, STF); **III:** correta. Conferir a lição de José Jairo Gomes, ao discorrer acerca das diferenças entre as inelegibilidades constitucionais e legais: "A distinção que se faz entre inelegibilidades constitucionais e legais não é cerebrina, apresentando inegável relevância prática. Basta dizer que não há preclusão quanto às primeiras, as quais podem ser arguidas na fase do registro de candidatura ou posteriormente, antes ou depois das eleições. A arguição posterior pode ser feita no RCED (CE, art. 262, I [referido inciso I foi revogado pela Lei 12.891/2013]). Já as inelegibilidades legais sujeitam-se à preclusão se não forem levantadas na fase de registro de candidatura. Ultrapassado esse momento, não mais poderão ser discutidas, salvo se supervenientes" (Direito Eleitoral. 7. ed. São Paulo: Atlas, 2011); **IV:** incorreta, uma vez que o art. 1º, I, *f*, da Lei Complementar n. 64/1990 estabelece o prazo de 8 anos (e não 4 anos).

Gabarito "B"

(Ministério Público/SP – 2013 – PGMP) No que se refere à Nacionalidade:

I. São brasileiros natos os nascidos no estrangeiro, de pai brasileiro ou mãe brasileira, desde que qualquer deles esteja a serviço da República Federativa do Brasil e se registrados em repartição brasileira competente.

II. São brasileiros natos os nascidos no estrangeiro de pai brasileiro ou de mãe brasileira, que venham os assim nascidos a residir na República Federativa do Brasil e optem, em qualquer tempo, depois de atingida a maioridade, pela nacionalidade brasileira.

III. São brasileiros naturalizados os estrangeiros de qualquer nacionalidade, residentes na República Federativa do Brasil há mais de quinze anos ininterruptos e sem condenação penal, desde que requeiram a nacionalidade brasileira.

IV. Será declarada a perda da nacionalidade do brasileiro no caso de imposição de naturalização, pela norma estrangeira, ao brasileiro residente em estado estrangeiro, como condição para permanência em seu território ou para o exercício de direitos civis.

V. São privativos de brasileiro nato, entre outros, os cargos de Presidente da Câmara dos Deputados; de Presidente do Senado Federal; de Ministro do Supremo Tribunal Federal; Ministro do Superior Tribunal de Justiça; Oficial das Forças Armadas e Ministros de Estado.

Está CORRETO apenas o contido nos itens:

(A) I e II.

(B) II e III.

(C) III e IV.

(D) IV e V.

(E) I e IV.

I: incorreta. Se qualquer dos pais estiver a serviço do Brasil o sujeito já será considerado brasileiro nato, **independentemente de registro** em repartição brasileira competente (art. 12, I, "a", da CF); **II:** correta. Se vierem a residir no Brasil e, após atingirem a maioridade, em qualquer tempo, optarem pela nacionalidade brasileira serão considerados brasileiros natos (art. 12, I, "c", 2.ª parte, da CF); **III:** correta. De fato, os estrangeiros de qualquer nacionalidade, residentes na República Federativa do Brasil há mais de quinze anos ininterruptos e sem condenação penal, desde que requeiram a nacionalidade brasileira, serão considerados brasileiros naturalizados (art. 12, II, "b", da CF); **IV:** incorreta. Nesse caso **não será declarada a perda** da nacionalidade brasileira (art. 12, § 4º, II, "b", da CF); **V:** incorreta. De acordo com o art. 12, § 3º, da CF, os cargos privativos de nato são os seguintes: I - de Presidente e Vice-Presidente da República, II – de Presidente da Câmara dos Deputados, III – de Presidente do Senado Federal, IV - de Ministro do Supremo Tribunal Federal, V - da carreira diplomática, VI - de oficial das Forças Armadas e VII – de Ministro de Estado da Defesa. Além disso, o art. 89, VII, da CF reserva, dentre a composição do Conselho da República, seis cadeiras a cidadãos brasileiros natos, com mais de trinta e cinco anos de idade, sendo dois nomeados pelo Presidente da República, dois eleitos pelo Senado Federal e dois eleitos pela Câmara dos Deputados, todos com mandato de três anos, vedada a recondução. Desse modo, o **Ministro do Superior Tribunal de Justiça não precisa ser brasileiro nato.**

Gabarito "B"

(Ministério Público/MS – 2013 – FADEMS) Sobre a nacionalidade, aponte a alternativa **incorreta:**

(A) são brasileiros natos os nascidos na República Federativa do Brasil, ainda que de pais estrangeiros, desde que estes não estejam a serviço de seu país.

(B) são brasileiros natos os nascidos no estrangeiro, de pai brasileiro ou mãe brasileira, desde que sejam registrados em repartição brasileira competente ou venham a residir na República Federativa do Brasil e optem, em qualquer tempo, depois de atingida a maioridade, pela nacionalidade brasileira.

(C) aos portugueses com residência permanente no País, se houver reciprocidade em favor de brasileiros, serão atribuídos os direitos inerentes ao brasileiro, salvo os casos previstos na Constituição.

(D) são brasileiros naturalizados os que, na forma da lei, adquiram a nacionalidade brasileira, exigidas aos originários de países de língua portuguesa apenas residência por um ano ininterrupto, idoneidade moral e inexistência de condenação penal.

(E) são brasileiros naturalizados os estrangeiros de qualquer nacionalidade residentes na República Federativa do Brasil há mais de quinze anos ininterruptos e sem condenação penal, desde que requeiram a nacionalidade brasileira.

A: correta. São brasileiros natos os nascidos na República Federativa do Brasil, ainda que de pais estrangeiros, desde que estes não estejam a serviço de seu país, nos termos do art. 12, I, "a", da CF/1988; **B:** correta. São brasileiros natos os nascidos no estrangeiro, de pai brasileiro ou mãe brasileira, desde que sejam registrados em repartição brasileira competente ou venham a residir na República Federativa do Brasil e optem, em qualquer tempo, depois de atingida a maioridade, pela nacionalidade brasileira. O art. 12, I, "c", da CF/1988 apresenta modalidade de NACIONALIDADE POTESTATIVA; **C:** correta. Aos portugueses com residência permanente no País, se houver reciprocidade em favor de brasileiros, serão atribuídos os direitos inerentes ao brasileiro, salvo os casos previstos na Constituição. Inteligência do art. 12, § 1º, da CF/1988. É modalidade de QUASE NACIONALIDADE por força do TRATADO INTERNACIONAL DA AMIZADE; **D:** incorreta, devendo ser assinalada. A NACIONALIDADE ORDINÁRIA prevista no art. 12, II, "a", da CF/1988 dispõe que: São brasileiros naturalizados os que, na forma da lei, adquiram a nacionalidade brasileira, exigidas aos originários de países de língua portuguesa apenas residência por um ano ininterrupto e idoneidade moral. A condição de inexistência de condenação penal pertence à modalidade de NACIONALIDADE EXTRAORDIÁRIA, prevista no art. 12, II, "b", da CF/1988; **E:** correta. São brasileiros naturalizados os estrangeiros de qualquer nacionalidade residentes na República Federativa do Brasil há mais de quinze anos ininterruptos e sem condenação penal, desde que requeiram a nacionalidade brasileira, nos termos do art. 12, II, "b", da CF/1988.

Gabarito "D"

(Ministério Público/AC – 2008) O pedido de aquisição de nacionalidade brasileira potestativa é processado perante

(A) a repartição competente no exterior.

(B) a Justiça Federal.

(C) o Ministério das Relações exteriores.

(D) a Embaixada Brasileira de alçada no exterior.

A: incorreta. Conforme determina o art. 12, I, c, da CF, são brasileiros natos: "Os nascidos no estrangeiro de pai brasileiro ou de mãe brasileira, desde que sejam registrados em repartição brasileira competente ou venham a residir na República Federativa do Brasil e optem, em qualquer tempo, depois de atingida a maioridade, pela nacionalidade brasileira. Observem que o registro será realizado em repartição brasileira competente, ou seja, no Consulado Brasileiro; **B:** correta, pois o pedido de opção de nacionalidade potestativa com base no art. 12, I, c, 2ª parte, da CF/1988, tramita por procedimento de jurisdição voluntária perante a Justiça Federal (art. 109, X, da CF/1988). Contudo, se o pedido judicial não for para a opção da nacionalidade, mas apenas se restringir à correção de grafia ou acréscimo de alcunha em registro já transcrito, não configura exercício de opção de nacionalidade, razão porque a competência passa a ser da Justiça Estadual. Não há procedimento específico para o exercício da opção, basta a formulação de pedido pela nacionalidade brasileira por meio de petição veiculando a vontade expressa, acompanhada de comprovação da nacionalidade brasileira de um dos pais, da maioridade do optante e de residência no País. Inclusive é possível cumular com pedido de antecipação de tutela para efeito de expedição de passaporte provisório, se presentes os requisitos autorizadores. Assim, a petição inicial apresenta a seguinte estrutura: a) endereçamento ao Juízo Federal competente na seção judiciária onde reside o optante; b) qualificação completa do optante, informando inclusive a filiação; c) fundamentação fática hábil para demonstrar o enquadramento na hipótese do art. 12, I, c, 2ª parte da CF/1988, e a manifestação expressa pela nacionalidade brasileira; d) pedido de reconhecimento e homologação da opção. A petição inicial deve se fazer acompanhar de todos os documentos comprobatórios, como, por exemplo, termo de nascimento lavrado no estrangeiro, documentos pessoais dos pais, registros hospitalares, comprovantes de residência no Brasil, carteira de trabalho etc. O procedimento finda com a sentença que homologa a opção e determina ao oficial do cartório de registro civil de pessoas naturais a procedência dos registros de nascimento do requerente. A sentença homologatória autoriza o registro da nacionalidade como originária ou primária. O optante adquire a condição definitiva de brasileiro nato, certo que as "sentenças proferidas em processos relativos à opção de nacionalidade não mais se sujeitam à remessa oficial, a teor do art. 7º da Lei 8.197/1991 [revogada pela Lei 9.469/1997], que revogou expressamente a Lei 6.825/1980, cujo art. 1º, § 3º, previa a hipótese do 'duplo grau de jurisdição' nesse caso" (TRF, 1ª Região, 5ª Turma, REO n. 200434000454103/DF e DJF 25.4.2008); **C:** incorreta, o Ministério das Relações Exteriores não guarda nenhuma relação com a nacionalidade potestativa; **D:** incorreta, pois a Embaixada Brasileira de alçada no exterior não guarda nenhuma relação com a disciplina ora estudada.

Gabarito "B"

(Ministério Público/PB – 2010) Pode-se afirmar: Ao nascido no estrangeiro, de pai brasileiro ou de mãe brasileira,...

I. ...mesmo não tendo sido registrado em repartição brasileira competente, mas vindo a residir no Brasil, reconhece-se a qualidade de brasileiro nato, entretanto, sob condição suspensiva, a dependerem os respectivos efeitos da opção pela nacionalidade brasileira, exercitável, em qualquer tempo, depois de atingida a maioridade.

II. ...tendo sido registrado em repartição brasileira competente, ainda que não venha jamais a residir no Brasil, reconhece-se a qualidade de brasileiro nato, não condicionado à opção pela nacionalidade brasileira.

III. ...estando qualquer deles a serviço de entidade da Administração Pública brasileira de qualquer ente federado, inclusive da administração indireta, reconhece-se a qualidade de brasileiro nato, não condicionado à opção pela nacionalidade.

Dentre as proposições acima,

(A) Apenas I e III são corretas.

(B) Apenas II é correta.

(C) Apenas III é correta.

(D) Apenas I é correta.

(E) I, II e III são corretas.

I: correta, nos termos do art. 12, I, segunda parte, "c", da CF. Modalidade de Nacionalidade Potestativa; **II:** correta, nos termos do art. 12, I, "c", primeira parte, da CF. São brasileiros natos os nascidos no estrangeiro, de pai brasileiro ou de mãe brasileira, desde que venham a residir no Brasil e optem, em qualquer tempo, pela nacionalidade brasileira. A opção pode ser feita a qualquer tempo, desde que venha o filho de pai brasileiro ou de mãe brasileira, nascido no estrangeiro, a residir no Brasil. Essa opção somente pode ser manifestada depois de alcançada a maioridade. É que a opção, por decorrer da vontade, tem caráter personalíssimo. Exige-se, então, que o optante tenha capacidade plena para manifestar a sua vontade, capacidade que se adquire com a maioridade. Vindo o nascido no estrangeiro, de pai brasileiro ou de mãe brasileira, a residir no Brasil, ainda menor, passa a ser considerado brasileiro nato, sujeita essa nacionalidade a manifestação da vontade do interessado, mediante a opção, depois de atingida a maioridade. Atingida a maioridade, enquanto não manifestada a opção, esta passa a constituir-se em condição suspensiva da nacionalidade brasileira. (**RE 418.096**, Rel. Min. **Carlos Velloso**, julgamento em 22.03.2005, 2ª Turma, *DJ* de 22.04.2005). **No mesmo sentido**: **RE 415.957**, Rel. Min. **Sepúlveda Pertence**, julgamento em 23.08.2005, 1ª Turma, *DJ* de 16.09.2005; **III:** correta, nos moldes do art. 12, I, "b", da CF.

Gabarito "E"

(Ministério Público/SC – 2010) Em atenção à nacionalidade, analise as seguintes assertivas:

I. São brasileiros naturalizados os nascidos no estrangeiro de pai brasileiro ou de mãe brasileira, desde que qualquer deles esteja a serviço da República Federativa do Brasil.

II. São brasileiros natos os nascidos no estrangeiro de pai brasileiro ou de mãe brasileira, desde que sejam registrados em repartição brasileira competente ou venham a residir na República Federativa do Brasil e optem, em qualquer tempo, depois de atingida a maioridade, pela nacionalidade brasileira.

III. Salvo os casos previstos na Constituição da República, serão atribuídos aos portugueses com residência permanente no País os direitos inerentes ao brasileiro, se houver reciprocidade em favor de brasileiros.

IV. Será declarada a perda da nacionalidade do brasileiro que adquirir outra nacionalidade em decorrência de reconhecimento de nacionalidade originária pela lei estrangeira.

V. Será declarada a perda de nacionalidade do brasileiro que tiver cancelada a sua naturalização, por sentença judicial, em virtude de atividade nociva ao interesse nacional.

De acordo com a Constituição da República:

(A) Apenas as assertivas II, III, IV e V estão corretas.

(B) Apenas as assertivas I, III e IV estão corretas.

(C) Apenas as assertivas II, IV e V estão corretas.

(D) Apenas as assertivas I, III e V estão corretas.

(E) Apenas as assertivas II, III e V estão corretas.

I: incorreta. Hipótese de nacionalidade brasileira nata (art. 12, I, "b", da CF); **II:** correta, art. 12, I, "c", da CF; **III:** correta, art. 12, § 1º, da CF; **IV:** incorreta. Nesse caso há exceção prevista no art. 12, § 4º, II, "a", da CF; **V:** correta, art. 12, § 4º, I, da CF.

Gabarito "E"

8. DIREITOS POLÍTICOS

(Ministério Público/SP – 2012 – VUNESP) A regra da reeleição no Brasil para chefia do Executivo Municipal estabelece que é

(A) elegível o Prefeito que, após exercer dois mandatos em determinado Município, renuncia seis meses antes da eleição e pretende se candidatar a Vice-Prefeito do mesmo Município.

(B) inelegível, para o mandato subsequente de Prefeito, o vice-prefeito que, durante seus dois mandatos substituiu diversas vezes o titular em suas ausências temporárias.

(C) elegível o Prefeito que, tendo sido eleito como vice-prefeito e assumido o cargo pela morte do titular, foi eleito para um novo mandato subsequente e pretende se candidatar a Prefeito do mesmo Município.

(D) inelegível o Prefeito que, após exercer dois mandatos em determinado Município, renuncia seis meses antes da eleição e pretende se candidatar a Prefeito em outro Município.

(E) elegível o Prefeito que, após exercer dois mandatos em determinado Município, renuncia seis meses antes da eleição e pretende se candidatar a Prefeito no mesmo Município.

A: incorreta, pois a Constituição Federal limitou essa possibilidade a apenas uma reeleição. Dessa maneira, se o titular do cargo executivo concorre e vence, estará ele impedido novamente tentar a eleição para cumprir um terceiro período subsequente, ainda que seja para Vice-Prefeito. A finalidade constitucional é impedir que a máquina administrativa seja utilizada em favor do candidato que já é ocupante de cargo eletivo junto ao Poder Executivo. Isso porque é justamente esse Poder que detém a organização da Administração Pública, ou seja, é o Poder que cuida da gestão do dinheiro público; **B:** incorreta, já que o § 5º do art. 14 da CF anuncia que o Presidente da República, os Governadores de Estado e do Distrito Federal, os Prefeitos e quem os houver sucedido ou substituído no curso dos mandatos poderão ser reeleitos para único período subsequente; **C:** incorreta, pelos mesmos motivos delineados nas duas alternativas anteriores; **D:** correta, já que, recentemente, o STF ao analisar o Recurso Extraordinário (RE 637647) interposto por João Félix de Andrade Filho, que pede para voltar ao cargo de prefeito de Campo Maior (PI), o ministro Cezar Peluso aplicou entendimento do Plenário do Supremo Tribunal Federal (STF) em relação ao chamado "prefeito itinerante", conhecido como aquele que exerce mais de dois mandatos consecutivos sendo eleito em municípios distintos. Na sessão do dia 1º de agosto de 2012, os ministros do Supremo decidiram (no julgamento do RE 637485) que cidadão que já exerceu dois mandatos consecutivos de prefeito, ou seja, foi eleito e reeleito, fica inelegível para um terceiro mandato, ainda que seja em município diferente. Na ocasião, o Plenário considerou que a questão tem repercussão geral e, por essa razão, o ministro Cezar Peluso aplicou o entendimento em decisão monocrática. Ainda de acordo com a decisão do Plenário, esse entendimento deve ser aplicado a partir das eleições de 2012 e, portanto, não poderia retroagir para alcançar o mandato de quem foi eleito dessa forma nas últimas eleições municipais; **E:** incorreta, conforme os comentários tecidos anteriormente. É oportuno pontuar que as provas do MP/SP traz alternativas conexas.

Gabarito "D"

(Ministério Público /RJ – 2011 – VUNESP) Dentre as condições de elegibilidade previstas na Constituição Federal, encontra-se o requisito da idade para concorrer aos cargos públicos eletivos. Nesse sentido, a idade mínima para a elegibilidade aos cargos de Presidente da República, Governador e Deputado Estadual é, respectivamente, de

(A) trinta anos; vinte e um anos e dezoito anos.

(B) trinta anos; trinta anos e vinte e um anos.

(C) trinta e cinco anos; trinta anos e vinte e um anos.

(D) trinta e cinco anos; trinta e cinco anos e vinte e um anos.

A: incorreta, pois dentre as condições de elegibilidade do art. 14, § 3º, VI, "b", da CF, a idade mínima de trinta anos para Governador e Vice-Governador de Estado e do Distrito Federal; vinte e um anos para Deputado Federal, Deputado Estadual ou Distrital, Prefeito, Vice-Prefeito e juiz de paz; dezoito anos para Vereador; **B:** incorreta, pelos mesmos fundamentos; **C:** correta, já que o art. 14, § 3º, VI, "a", "b" e "c", da CF, determina que são condições de elegibilidade, na forma da lei, a idade mínima de trinta e cinco anos para Presidente, Vice-Presidente da República e Senador; trinta anos para Governador e Vice-Governador de Estado e do Distrito Federal e vinte e um anos para Deputado Federal, Deputado Estadual ou Distrital, Prefeito, Vice-Prefeito e juiz de paz; **D:** incorreta, pelos fundamentos constitucionais apresentados nas alternativas anteriores.

Gabarito "C"

(Ministério Público /MT – 2012) Tendo em vista o que reza a Carta Magna a respeito dos direitos políticos, é correto afirmar que

(A) o alistamento eleitoral será obrigatório para os maiores de dezoito anos, vedado aos conscritos e facultativo aos estrangeiros e analfabetos.

(B) é uma condição de elegibilidade a filiação partidária dois anos antes do pleito.

(C) são inalistáveis os inelegíveis.

(D) o mandato eletivo poderá ser impugnado na Justiça Eleitoral no prazo de quinze dias contados da diplomação.

(E) a cassação dos direitos políticos poderá ocorrer, entre outros casos, em decorrência de improbidade administrativa.

A: incorreta, pois, segundo dispõe o art. 14, § 1º, da CF: "O alistamento eleitoral e o voto são: I – obrigatórios para os maiores de dezoito anos; II – facultativos para: a) os analfabetos; b) os maiores de setenta anos; c) os maiores de dezesseis e menores de dezoito anos. § 2º Não podem alistar-se como eleitores os estrangeiros e, durante o período do serviço militar obrigatório, os conscritos". Os conscritos são os convocados para a prestação de serviço militar obrigatório, aí incluídos os médicos, dentistas, farmacêuticos e veterinários (MDFV) que, nos termos da Lei 5.292/1967, prestarão o serviço após o término do curso de graduação. Entretanto, caso os MDFV tenham se alistado e adquirido o direito ao voto antes da conscrição, a inscrição eleitoral será mantida, muito embora não possam exercer o direito de voto até o término do serviço militar; **B:** incorreta, já que o art. 14, § 3º, V, da CF não exige tempo mínimo de filiação partidária; **C:** incorreta, pois são inelegíveis os inalistáveis (art. 14, § 4º, da CF); **D:** correta, réplica do art. 14, § 10, da CF; **E:** incorreta, na exata medida que a cassação de direitos políticos é vedada pelo art. 15 da CF, que só prevê hipóteses de perda ou de suspensão. A prática de atos de improbidade administrativa acarreta suspensão de direitos políticos, na forma do art. 12 da Lei de Improbidade Administrativa (Lei 8.429/1992).

Gabarito "D"

(Ministério Público/BA – 2008) A respeito dos direitos políticos, julgue o item abaixo.

(1) A Constituição brasileira tanto prevê casos de simples suspensão dos direitos políticos (como na condenação criminal passada em julgado) quanto de perda deles (a exemplo do cancelamento da naturalização); relativamente às inelegibilidades, existem as absolutas e as relativas, sendo que estas restringem a candidatura apenas a determinados cargos ou em determinadas condições.

1: correta, pois as inelegibilidades atingem a cidadania passiva (o direito de ser votado) e podem ser absolutas (para qualquer cargo eletivo) ou relativas (para alguns cargos ou em determinadas circunstâncias). As absolutas são taxativamente listadas na CF (art. 14, § 4º). As relativas, além de previstas da CF (art. 14, §§ 5º a 8º), podem ser estabelecidas em lei complementar (art. 14, § 9º, da CF). A suspensão e a perda de direitos políticos atingem tanto a cidadania ativa quanto a passiva (o nacional não pode votar nem se eleger). A perda ocorre nas situações arroladas no art. 15, I e IV e no art. 12, § 4º, II, ambos da CF. A suspensão se dá nas hipóteses do art. 15, II, III e V, da CF; do art. 17.3 do Decreto 3.927/2001 e do art. 55, II, e § 1º, da CF, c/c o art. 1º, I, *b*, da LC 64/1990.

Gabarito 1C

(Ministério Público/SC – 2008) Analise as seguintes assertivas:

I. São inelegíveis os analfabetos, os estrangeiros e, durante o período militar obrigatório, os conscritos.

II. As terras tradicionalmente ocupadas pelos índios podem ser alienadas, mediante autorização do Congresso Nacional.

III. A essência do "substantive due process of law", conforme jurisprudência do Supremo Tribunal Federal, reside na necessidade de inibir e neutralizar os abusos do Poder Público no exercício de suas funções e qualifica-se como parâmetro de aferição da constitucionalidade material dos atos estatais.

IV. Conforme jurisprudência do Supremo Tribunal Federal, considera-se direitos fundamentais os elementos integrantes da identidade e da continuidade da constituição, razão pela qual devem ter eficácia imediata e consubstancia-se ilegítima qualquer reforma constitucional tendente a suprimi-los.

V. O art. 4º, II da Constituição Federal preconiza a prevalência dos direitos humanos como princípio das relações internacionais.

(A) apenas I, II, V estão corretos

(B) apenas II, III, IV e V estão corretos

(C) apenas III, IV e V estão corretos

(D) apenas I, III, IV, V estão corretos

(E) todos estão corretos

I: correta, os analfabetos são inelegíveis, nos termos do art. 14, § 4º, da CF e não podem alistar-se como eleitores os estrangeiros e, durante o período do serviço militar obrigatório, os conscritos, como determina o art. 14, § 2º, da CF. Consequentemente, os estrangeiros e os conscritos são inelegíveis; **II:** incorreta, já que as terras tradicionalmente ocupadas pelos índios e as por eles habitada em caráter permanente, as utilizadas para suas atividades produtivas, as imprescindíveis à preservação do recursos ambientais necessários a seu bem-estar e as necessárias a sua produção física e cultural, segundo seus usos, costumes e tradições, são inalienáveis e indisponíveis, e os direitos sobre elas imprescritíveis, nos termos do art. 231, §§ 1º a 3º, da CF; **III:** correta, de fato a essência do "substantive due process of law", conforme jurisprudência do Supremo Tribunal Federal, reside na necessidade de inibir e neutralizar os abusos do Poder Público no exercício de suas funções e qualifica-se como parâmetro de aferição da constitucionalidade material dos atos estatais; **IV:** correta, o STF já se pronunciou inúmeras vezes no sentido de considerar os direitos fundamentais os elementos integrantes da identidade e da continuidade da constituição, razão pela qual devem ter eficácia imediata e consubstancia-se ilegítima qualquer reforma constitucional tendente a suprimi-los; **V:** correta, literalidade do art. 4º, II, da CF. Nota do Autor: O gabarito oficial apontou como alternativa correta a "C", contudo, vimos que o item "I" também está correto, o que justifica a alteração do gabarito oficial.

Gabarito "D"

(Ministério Público/CE – 2011 – FCC) Um militar integrante das Forças Armadas e em atividade desde janeiro de 2003, estando com 27 anos de idade, casado com uma Vereadora do Município em que reside, pretende candidatar-se a Prefeito desse Município no pleito de 2012. Nessa hipótese, o interessado

(A) será inelegível para o cargo pretendido, na medida em que não possuirá a idade mínima para tanto exigida constitucionalmente.

(B) será inelegível para o cargo pretendido, pois sua cônjuge é detentora de mandato eletivo na circunscrição para a qual tem a intenção de candidatar-se à chefia do Executivo.

(C) será inelegível para o cargo pretendido, pois os militares são inalistáveis.

(D) preencherá as condições de elegibilidade para o cargo pretendido, desde que seja agregado pela autoridade militar superior e, se eleito, passe para a inatividade.

(E) preencherá as condições de elegibilidade para o cargo pretendido, desde que se afaste da atividade militar.

A: incorreta, pois para ser prefeito a idade mínima exigida é de 21 anos, nos termos do art. 14, § 3º, VI, "c", da CF; **B:** incorreta, já que o interessado deseja concorrer ao cargo de chefe do Poder Executivo Municipal e no caso da inelegibilidade relativa por parentesco prevista no art. 14, § 7º, da CF, são inelegíveis no território de jurisdição do titular, o cônjuge e os parentes consanguíneos ou afins, até o segundo grau ou por adoção, dos chefes do Poder Executivo, logo, a regra não se aplica inversamente; **C:** incorreta, já que o militar alistável é elegível, nos termos do art. 14, § 8º, da CF; **D:** incorreta, somente será agregado pela autoridade superior se, eleito, contar com mais de 10 anos de serviço, e passará automaticamente, no ato da diplomação, para a inatividade, conforme art. 14, § 8º, II, da CF; **E:** correta, pois o pleito ocorrerá no ano de 2012, logo, o interessado terá apenas 9 (nove) anos de serviço, sendo assim, terá menos de dez anos de serviço e deverá se afastar da atividade, nos termos do art. 14, § 8º, I, da CF.

Gabarito "E"

(Ministério Público/RS – 2008) Suponhamos que determinado candidato a Presidente da República tenha sido eleito, mas seu candidato a Vice, não. Diante do fato,

(A) far-se-ia nova eleição, dentro de 60 dias;

(B) assumiria o Vice com maior votação, mesmo se pertencente a outro partido ou coligação;

(C) a suposição é absurda em face da Constituição Federal;

(D) assumiria o suplente do Vice;

(E) far-se-ia nova eleição dentro de 90 dias.

A suposição é tão absurda em face da Constituição Federal que o autor fica impedido de comentar as demais alternativas. O art. 77 da CF, determina que a eleição do Presidente e do Vice-Presidente da República realizar-se á, simultaneamente, no primeiro domingo de outubro, em primeiro turno, e no último domingo de outubro, em segundo turno, se houver, do ano anterior ao término do mandato presidencial vigente.

Gabarito "C"

(Ministério Público/SE – 2010 – CESPE) Tendo em vista a disciplina constitucional relativa aos direitos de nacionalidade e aos direitos políticos, assinale a opção correta.

(A) A CF veda expressamente a extradição do brasileiro, seja ele nato ou naturalizado.

(B) Os estrangeiros originários de países de língua portuguesa adquirirão a nacionalidade brasileira se mantiverem residência contínua no território nacional pelo prazo mínimo de quatro anos, imediatamente anteriores ao pedido de naturalização.

(C) Mesmo que já sejam detentores de mandato eletivo ou candidatos à reeleição, são absolutamente inelegíveis o cônjuge e os parentes consanguíneos ou afins, até o segundo grau ou por adoção, do presidente da República, do governador de estado, do prefeito ou de quem os haja substituído dentro dos seis meses anteriores ao pleito.

(D) O militar somente pode ser candidato a cargo eletivo se possuir mais de dez anos de serviço.

(E) Para concorrer à reeleição, os detentores de cargos eletivos no Poder Executivo não precisam renunciar ao mandato.

A: incorreta. O nato não pode ser extraditado e o naturalizado sim, na forma do art. 5º, LI, da CF; **B:** incorreta. Não reflete o disposto no art. 12, § 1º, da CF; **C:** incorreta. Não reflete o disposto no art. 14, § 7º, parte final, da CF; **D:** incorreta. Não reflete o disposto no art. 14, § 8º, I e II, da CF; **E:** correta, art. 14, §§ 5º e 6º, da CF (note-se que o § 6º fala em "outros cargos").

Gabarito "E"

(Ministério Público/SP – 2010) Assinale a alternativa correta:

(A) é possível a cassação dos direitos políticos, sua perda ou suspensão, que se dará nos casos de cancelamento da naturalização por sentença transitada em julgado; incapacidade civil absoluta; condenação criminal transitada em julgado, enquanto durarem seus efeitos; recusa de cumprir obrigação a todos imposta ou prestação alternativa, nos termos do art. 5º, VIII (CF); improbidade administrativa nos termos do art. 37, § 4º (CF).

(B) não é possível a cassação dos direitos políticos, cuja perda ou suspensão só se dará nos casos de cancelamento da naturalização por sentença transitada em julgado; incapacidade civil absoluta; condenação criminal transitada em julgado, enquanto durarem seus efeitos; recusa de cumprir obrigação a todos imposta ou prestação alternativa, nos termos do art. 5º, VIII (CF); improbidade administrativa, nos termos do art. 37, § 4º (CF).

(C) a cassação dos direitos políticos só é possível nos casos de improbidade administrativa.

(D) a perda ou a suspensão dos direitos políticos não é possível nem mesmo nos casos de improbidade administrativa e de incapacidade civil absoluta.

(E) não é possível a cassação dos direitos políticos e nem a sua perda ou suspensão.

O art. 15 da CF veda a cassação dos direitos políticos, prevendo as hipóteses de perda ou suspensão. O art. 15, I, da CF traz hipótese de perda dos direitos políticos, sendo certo que a Lei 818/1949 prevê a perda da naturalização nos casos de atividades nocivas ao interesse nacional (art. 22, III). A incapacidade civil absoluta é hipótese de *suspensão* de direitos políticos. A hipótese do art. 15, III, da CF é de *suspensão* de direitos políticos, e não de perda. A *escusa de consciência* só leva à perda dos direitos políticos (art. 15, IV, da CF) se o escusante negar-se a cumprir a prestação alternativa que a lei fixar. O art. 15, V, da CF foi regulamentado pela Lei de Improbidade Administrativa (Lei 8.429/1992), que prevê a penalidade de *suspensão* de direitos políticos nos incisos de seu art. 12.

Gabarito "B"

(Ministério Público/MS – 2006) No âmbito dos direitos políticos resguardados pela Constituição Federal são considerados inelegíveis:

(A) O militar com menos de dez anos de serviço, afastado de suas funções;

(B) Os nascidos no estrangeiro, filhos de pai ou mãe brasileiros que estejam a serviço da República Federativa do Brasil, para os cargos privativos aos brasileiros natos;

(C) Os alfabetizados que não tenham concluído o nível fundamental de ensino;

(D) O cônjuge e os parentes consanguíneos e afins, até o segundo grau ou por adoção, do Prefeito, no território do Município, quando da realização de pleito municipal.

A: incorreta. Não reflete o disposto no art. 14, § 8º, I, da CF; **B:** incorreta. Não reflete o disposto no art. 12, I, *b*, da CF; **C:** incorreta. Não reflete o disposto no art. 14, § 4º, da CF; **D:** correta, art. 14, § 7º, da CF.

Gabarito "D"

(Ministério Público/PI – 2008) São inelegíveis

(A) os inalistáveis e os analfabetos.

(B) os maiores de setenta anos.

(C) os militares alistáveis.

(D) os brasileiros naturalizados.

(E) os maiores de dezoito e menores de vinte e um anos.

A: correta, réplica do art. 14, § 4º, da CF; **B:** incorreta, pois o alistamento eleitoral e o voto são facultativos para os maiores de setenta anos, como determina o art. 14, § 1º, II, "b", da CF; **C:** incorreta, pois os militares são alistáveis e elegíveis, atendidas as condições estabelecidas na Constituição Federal (art. 14, § 8º, da CF); **D:** incorreta, na exata medida que os brasileiros natos e naturalizados são elegíveis, desde que preencham as condições exigidas; **E:** incorreta, nos termos do art. 14, § 1º, da CF.

Gabarito "A"

(Ministério Público/RR – 2012) Nascido em dezembro de 2007, na França, filho de pai brasileiro e mãe argelina, João é registrado em repartição consular brasileira sediada naquele país. Nessa hipótese, nos termos da Constituição da República, João

(A) é considerado brasileiro nato.

(B) será considerado brasileiro nato se vier a residir no Brasil e optar, a qualquer tempo, pela nacionalidade brasileira.

(C) será considerado brasileiro naturalizado, desde que venha a residir por quinze anos ininterruptos no Brasil e não sofra condenação penal.

(D) será considerado brasileiro naturalizado se, na forma da lei, vier a adquirir nacionalidade brasileira.

(E) não será considerado brasileiro.

A: correta, eis que são brasileiros natos os nascidos no estrangeiro de pai brasileiro ou mãe brasileira, desde que sejam registrados em repartição brasileira competente ou venham a residir na República Federativa do Brasil e optem, em qualquer tempo, depois de atingida a maioridade, pela nacionalidade brasileira. Trata-se da Nacionalidade Potestativa prevista no art. 12, I, "c", da CF; **B:** incorreta, já que o mesmo dispositivo exige a maioridade civil; **C:** incorreta, pois como já tido anteriormente não se trata de brasileiro naturalizado, mas sim de brasileiro nato. De toda sorte devemos pontuar o art. 12, II, "b", da CF, que determina, ao Estado Brasileiro, uma obrigação em conceder a nacionalidade brasileira ao estrangeiro, que, residente no Brasil, quinze anos ou mais, a requeira, desde que não tenha incorrido em condenação penal. Dessa forma, as restrições contidas em normas inferiores, como é o caso do art. 21 do Estatuto do Estrangeiro, não se aplicam ao caso em análise; **D:** incorreta, até porque, todo brasileiro nato ou naturalizado, que por liberalidade decidir se naturalizar irá perder sua nacionalidade originária, nos termos do art. 12, § 4º, II, da CF; **E:** incorreta, pelos mesmos fundamentos apresentados na assertiva "a".

Gabarito "A"

(Ministério Público/GO – 2010) Relativamente à nacionalidade brasileira é correto afirmar que

(A) são privativos de brasileiro nato os cargos de Presidente e Vice-Presidente da República, de Presidente da Câmara dos Deputados, de Presidente do Senado Federal, de Ministro do Supremo Tribunal Federal, da carreira diplomática, de oficial das Forças Armadas e de Ministro de Estado da Justiça.

(B) são brasileiros natos os nascidos na República Federativa do Brasil, ainda que de pais estrangeiros que estejam a serviço de seu país.

(C) será declarada a perda da nacionalidade do brasileiro, nato ou naturalizado, que adquirir outra nacionalidade, salvo no casos de reconhecimento de nacionalidade originária pela lei estrangeira ou de imposição de naturalização, pela norma estrangeira, ao brasileiro residente em estado estrangeiro, como condição para permanência em seu território ou para o exercício de direitos civis.

(D) são brasileiros natos os nascidos no estrangeiro, de pai brasileiro ou mãe brasileira, desde que venham a residir na República Federativa do Brasil e optem, em qualquer tempo, pela nacionalidade brasileira.

(E) será declarada a perda da nacionalidade do brasileiro que houver colaborado com atividade nociva ao interesse nacional, desde que assim o reconheça sentença judicial.

A: incorreta, pois não reflete o disposto no art. 12, § 3º, da CF. O Ministro de Estado da Justiça pode ser brasileiro nato ou naturalizado **B:** incorreta, pois o art. 12, I, *a*, da CF exige que o(s) pai(s) estrangeiro(s) não esteja(m) a serviço de seu país para que o filho seja brasileiro nato; **C:** correta, pois em conformidade com o disposto no art. 12, § 4º, II, *a* e *b*, da CF; **D:** incorreta, pois as hipóteses não são cumulativas (o art. 12, I, *c*, da CF utiliza o conectivo "ou") e a opção pela nacionalidade brasileira deve ocorrer depois de atingida a maioridade; **E:** incorreta, pois não reflete o disposto no art. 12, § 4º, I, da CF, já que será declarada a perda da nacionalidade do brasileiro que tiver sua *naturalização cancelada*, por sentença judicial, em virtude de atividade nociva ao interesse nacional.

Gabarito "C"

(Ministério Público/PR – 2011) A respeito do que reza a Constituição da República Federativa do Brasil de 1988 e suas atualizações, assinale a alternativa correta.

(A) A Constituição enumera algumas hipóteses de aquisição de nacionalidade originária, podendo o Congresso Nacional, por meio de Lei Complementar, prever, com base no princípio da dignidade da pessoa humana, outras hipóteses de nacionalidade originária.

(B) Segundo a Constituição, são brasileiros natos os nascidos no estrangeiro, de pai brasileiro ou de mãe brasileira, desde que qualquer deles esteja a serviço da República Federativa do Brasil. A expressão "a serviço da República Federativa do Brasil" há de ser entendida não só como atividade diplomática afeta ao Poder Executivo, mas também como qualquer função associada às atividades da União e dos Estados Federados, excluindo-se, no entanto, os Municípios e suas autarquias e fundações públicas.

(C) Segundo a Constituição, são brasileiros natos os nascidos no estrangeiro de pai brasileiro ou mãe brasileira, desde que sejam registrados em repartição brasileira competente ou venham a residir na República Federativa do Brasil e optem, em qualquer tempo, depois de atingida a maioridade, pela nacionalidade brasileira.

(D) Conforme a Constituição, são privativos de brasileiros natos os cargos de Presidente, Vice-Presidente da República; Presidente da Câmara dos Deputados; Presidente do Senado Federal; Presidente de Assembleia Legislativa; Ministros dos Tribunais Superiores; da carreira diplomática; de oficial das Forças Armadas e de Ministro do Estado e da Defesa.

(E) Será declarada a perda da nacionalidade de brasileiro que adquirir outra nacionalidade, mesmo nos casos de reconhecimento de nacionalidade originária por lei estrangeira, pois nacionalidade é o vínculo político e pessoal que se estabelece entre o Estado e o indivíduo, e, ainda, porque a competência para legislar sobre nacionalidade brasileira é exclusiva do Estado brasileiro.

A: incorreta, pois o art. 12, I, da CF traz hipóteses taxativas de nacionalidade primária ou originária; **B:** incorreta, já que o art. 12, I, "*b*", da CF abrange a administração direta e a indireta, de todos os entes da Federação; **C:** correta, réplica do art. 12, I, *c*, da CF, trata-se da nacionalidade potestativa; **D:** incorreta, pois não reflete o disposto no art. 12, § 3º, da CF, que não inclui o Presidente da Assembleia Legislativa e muito menos os Ministros dos Tribunais Superiores (apenas os Ministros do STF têm que ser brasileiros natos); **E:** incorreta, pois não reflete o disposto no art. 12, § 4º, II, *a*, da CF.

Gabarito "C"

9. ORGANIZAÇÃO DO ESTADO

9.1. DA UNIÃO, ESTADOS, MUNICÍPIOS E TERRITÓRIOS

(Ministério Público/PI – 2014 – CESPE) No que tange à organização político-administrativa brasileira, assinale a opção correta.

(A) Compete à União, aos estados, ao DF e aos municípios legislar concorrentemente sobre educação, saúde, trânsito e transporte, cabendo a cada ente federativo adotar a sua legislação de acordo com as peculiaridades nacional, regional e local.

(B) A aplicação anual de 25% da receita resultante de impostos estaduais na manutenção e desenvolvimento do ensino e a prestação de contas da administração pública são consideradas princípios constitucionais sensíveis, cujo descumprimento autoriza a intervenção federal nos estados.

(C) Perderá o mandato o prefeito que assumir o cargo de secretário estadual de educação, exceto nos casos em que houver autorização da câmara municipal.

(D) Segundo o STF, a previsão do instituto da reclamação nas constituições estaduais viola disposição da CF, pois configura invasão da competência privativa da União para legislar sobre direito processual.

(E) O princípio geral que norteia a repartição de competência entre os entes federativos é o da predominância do interesse, em decorrência do qual seria inconstitucional delegação legislativa que autorizasse os estados a legislar sobre questões específicas das matérias de competência privativa da União.

A: incorreta, pois em desconformidade com o art. 22, XI, da CF; **B:** correta (art. 34, VII, "d" e "e", da CF); **C:** incorreta (arts. 28, § 1º, e 29, XIV, da CF); **D:** incorreta. Conferir: "Ação direta de inconstitucionalidade: dispositivo do Regimento Interno do Tribunal de Justiça do Estado da Paraíba (art. 357), que admite e disciplina o processo e julgamento de reclamação para preservação da sua competência ou da autoridade de seus julgados: ausência de violação dos artigos 125, *caput* e § 1º e 22, I, da Constituição Federal. 1. O Supremo Tribunal Federal, ao julgar a ADIn 2.212 (Pl. 2.10.03, Ellen, *DJ* 14.11.2003), alterou o entendimento – firmado em período anterior à ordem constitucional vigente (v.g., Rp 1092, Pleno, Djaci Falcão, *RTJ* 112/504) – do monopólio da reclamação pelo Supremo Tribunal Federal e assentou a adequação do instituto com os preceitos da Constituição de 1988: de acordo com a sua natureza jurídica (situada no âmbito do direito de petição previsto no art. 5º, XXIV, da Constituição Federal) e com os princípios da simetria (art. 125, *caput* e § 1º) e da efetividade das decisões judiciais, é permitida a previsão da reclamação na Constituição Estadual. 2. Questionada a constitucionalidade de norma regimental, é desnecessário indagar se a colocação do instrumento na seara do direito de petição dispensa, ou não, a sua previsão na Constituição estadual, dado que consta do texto da Constituição do Estado da Paraíba a existência de cláusulas de poderes implícitos atribuídos ao Tribunal de Justiça estadual para fazer valer os poderes explicitamente conferidos pela ordem legal – ainda que por instrumento com nomenclatura diversa (Const. Est. (PB), art. 105, I, e e *f*). 3. Inexistente a violação do § 1º do art. 125 da Constituição Federal: a reclamação paraibana não foi criada com a norma regimental impugnada, a qual – na interpretação conferida pelo Tribunal de Justiça do Estado à extensão dos seus poderes implícitos – possibilita a observância das normas de processo e das garantias processuais das partes, como exige a primeira parte da alínea *a* do art. 96, I, da Constituição Federal. 4.Ação direta julgada improcedente" (ADI 2480, Sepúlveda Pertence, STF); **E:** incorreta (art. 22, parágrafo único, da CF).

Gabarito "B"

(Ministério Público/ES – 2013 – VUNESP) Considerando as regras de repartição de competências constitucionais, pode-se dizer que legislar sobre: (i) trânsito e transporte; e (ii) responsabilidade por dano ao meio ambiente, ao consumidor, a bens e direitos de valor artístico, estético, histórico, turístico e paisagístico; cabe, respectivamente,

(A) à União, aos Estados e ao Distrito Federal, de forma concorrente; e aos Estados, de forma suplementar.

(B) aos Estados, de forma suplementar; e à União, aos Estados e ao Distrito Federal, de forma concorrente.

(C) à União de forma privativa; e à União, aos Estados, ao Distrito Federal e aos Municípios, por competência comum.

(D) aos Municípios, de forma suplementar; e à União de forma privativa.

(E) à União de forma privativa; e à União, aos Estados e ao Distrito Federal, de forma concorrente.

Segundo estabelece o art. 22, XI, da CF, cabe à União, privativamente, legislar acerca de *trânsito e transporte* (item "i"); quanto ao item "ii", a competência para legislar sobre os temas ali contidos é atribuída, concorrentemente, à União, aos Estados e ao Distrito Federal (art. 24, CF).

Gabarito "E"

(Ministério Público/SP – 2013 – PGMP) No título dedicado à Organização do Estado, há temas em que os Estados e o Distrito Federal podem legislar de forma concorrente com a União. Posto isso, considere as seguintes afirmações:

I. Compete aos Estados e ao Distrito Federal legislar de forma concorrente com a União sobre procedimentos em matéria processual.

II. No âmbito da legislação concorrente, a competência da União limitar-se-á a estabelecer normas gerais.

III. Tratando-se de legislação concorrente, a competência da União não se limitará a estabelecer normas gerais.

IV. Ainda que para atender a suas peculiaridades, a ausência de lei federal não concede ao Estado-Membro a competência plena, quando se tratar de competência concorrente.

V. Compete aos Estados e ao Distrito Federal legislar de forma concorrente com a União sobre proteção à infância e à juventude.

Está CORRETO apenas o contido nos itens:

(A) I, II e V.

(B) I, III e IV.

(C) III, IV e V.

(D) II e V.

(E) II e IV.

I: correta (art. 24, XI, da CF); **II:** correta (art. 24, § 1º, da CF); **III:** incorreta. É justamente o contrário (art. 24, § 1º, da CF); **IV:** incorreta. Ao contrário, no âmbito da competência concorrente, a ausência de lei federal sobre normas gerais, faz com que os Estados possam exercer a competência legislativa plena, para atender a suas peculiaridades (art. 24, § 3º, da CF); **V:** correta (art. 24, XV, da CF).

Gabarito "A"

(Ministério Público/SP – 2013 – PGMP) É possível a intervenção da União nos Estados, dentre outras hipóteses:

I. Para assegurar o princípio constitucional da observância à prestação de contas da administração pública direta e indireta.

II. Para assegurar o princípio constitucional dos direitos da pessoa humana.

III. Para garantir o livre exercício de qualquer dos Poderes das Unidades da Federação, neste caso agindo de ofício ou mediante solicitação ou requisição do Poder que está sendo embaraçado no exercício de sua competência.

IV. Para pôr termo a grave comprometimento da ordem pública.

V. Para o caso de desobediência de requisição do Supremo Tribunal Federal, do Superior Tribunal de Justiça ou do Tribunal Superior Eleitoral, dependendo, na hipótese, de representação do Procurador-Geral da República.

Está CORRETO apenas o afirmado nos itens:

(A) III, IV e V.

(B) II, III e IV.

(C) I, II e IV.

(D) I e II.

(E) I e V.

I: correta (art. 34, VII, "d", da CF); **II:** correta (art. 34, VII, "b", da CF); **III:** incorreta. A decretação da intervenção com o objetivo de garantir o livre exercício de qualquer dos Poderes das Unidades da Federação depende, conforme o art. 36, I, da CF, de solicitação do Poder Legislativo ou do Poder Executivo coacto ou impedido, ou de requisição do Supremo Tribunal Federal, se a coação for exercida contra o Poder Judiciário; **IV:** correta (art. 34, III, da CF); **V:** incorreta. Não há essa hipótese prevista no texto constitucional.

Gabarito "C"

(Ministério Público/MS – 2013 – FADEMS) Acerca das competências legislativas das unidades da Federação, é **incorreto** afirmar:

(A) lei complementar poderá autorizar os Estados a legislar sobre questões específicas das matérias de competência privativa da União.

(B) no âmbito da legislação concorrente, compete à União expedir normas gerais (restritas ao estabelecimento de diretrizes nacionais e uniformes sobre determinados assuntos) e normas específicas ou particularizantes federais.

(C) a competência da União para legislar sobre normas gerais exclui a competência suplementar dos Municípios, mas não a dos Estados.

(D) inexistindo lei federal sobre normas gerais, os Estados exercerão a competência legislativa plena, para atender a suas peculiaridades.

(E) os Municípios, além de editarem suas leis orgânicas, também possuem competência para legislar sobre assuntos de interesse local.

A: correta. Nos termos do parágrafo único do art. 22, da CF/1988, a lei complementar poderá autorizar os Estados a legislar sobre questões específicas das matérias relacionadas no próprio dispositivo. A título de exemplo: "A competência legislativa do Estado do Rio de Janeiro para fixar piso salarial decorre da LC federal 103, de 2000, mediante a qual a União, valendo-se do disposto no art. 22, inciso I e parágrafo único, da Carta Maior, delegou aos Estados e ao Distrito Federal a competência para instituir piso salarial para os empregados que não tenham esse mínimo definido em lei federal, convenção ou acordo coletivo de trabalho. Trata-se de lei estadual que consubstancia um exemplo típico de exercício, pelo legislador federado, da figura da competência privativa delegada. A expressão 'que o fixe a maior' contida no *caput* do art. 1º da Lei estadual 5.627/2009 tornou os valores fixados na lei estadual aplicáveis, inclusive, aos trabalhadores com pisos salariais estabelecidos em lei federal, convenção ou acordo coletivo de trabalho inferiores a esse. A inclusão da expressão extrapola os limites da delegação legislativa advinda da LC 103/2000, violando, assim, o art. 22, inciso I e parágrafo único, da CF/1988, por invadir a competência da União para legislar sobre direito do trabalho. (...) Atuar fora dos limites da delegação é legislar sem competência, e a usurpação da competência legislativa qualifica-se como ato de transgressão constitucional." (**ADI 4.391**, Rel. Min. **Dias Toffoli**, julgamento em 02.03.2011, Plenário, *DJE* de 20.06.2011.); **B:** correta. Literalidade do § 1º do art. 24, da CF/1988 – **"no âmbito da legislação concorrente, a competência da União limitar-se-á a estabelecer normas gerais". Vejamos a jurisprudência do STF:** "Nas hipóteses de competência concorrente (CF/1988, art. 24), nas quais se estabelece verdadeira situação de condomínio legislativo entre a União Federal e os Estados-membros (Raul Machado Horta, **Estudos de Direito Constitucional**, p. 366, item 2, 1995, Del Rey), daí resultando clara repartição vertical de competências normativas, a jurisprudência do STF firmou-se no sentido de entender incabível a ação direta de inconstitucionalidade, se, para o específico efeito de examinar-se a ocorrência, ou não, de invasão de competência da União Federal, por parte de qualquer Estado-membro, tornar-se necessário o confronto prévio entre diplomas normativos de caráter infraconstitucional: a legislação nacional de princípios ou de normas gerais, de um lado (CF/1988, art. 24, § 1º), e as leis estaduais de aplicação e execução das diretrizes fixadas pela União Federal, de outro (CF/1988, art. 24, § 2º). Precedentes. É que, tratando-se de controle normativo abstrato, a inconstitucionalidade há de transparecer de modo imediato, derivando, o seu reconhecimento, do confronto direto que se faça entre o ato estatal impugnado e o texto da própria CR" (**ADI 2.344-QO**, Rel. Min. **Celso de Mello**, julgamento em 23-11-2000, Plenário, *DJ* de 02.08.2002). **No mesmo sentido**: **ADI 2.876**, Rel. Min. **Cármen Lúcia**, julgamento em 21.10.2009, Plenário, *DJE* de 20.11.2009; **C:** incorreta, devendo ser assinalada. A competência da União para legislar sobre normas gerais não exclui a competência suplementar dos Estados, nos termos do 24, § 2º, da CF/1988. O art. 24 da CF/1988 compreende a competência estadual concorrente não cumulativa ou suplementar (art. 24, § 2º) e a competência estadual concorrente cumulativa (art. 24, § 3º). Na primeira hipótese, existente a lei federal de normas gerais (art. 24, § 1º), poderão os Estados e o Distrito Federal, no uso da competência suplementar, preencher os vazios da lei federal de normas gerais, a fim de afeiçoá-la às peculiaridades locais (art. 24, § 2º); na segunda hipótese, poderão os Estados e o Distrito Federal, inexistente a lei federal de normas gerais, exercer a competência legislativa plena 'para atender a suas peculiaridades' (art. 24, § 3º). Sobrevindo a lei federal de normas gerais, suspende esta a eficácia da lei estadual, no que lhe for contrário (art. 24, § 4º); **D:** correta. Réplica do art. 24, § 3º, da CF/1988; **E:** correta. Literalidade do art. 30, I, da CF/1988. Vejamos a jurisprudência do STF: I - "É competente o Município para fixar o horário de funcionamento de estabelecimento comercial." (**Súmula 645**); II – "Não vislumbro, no texto da Carta Política, a existência de obstáculo constitucional que possa inibir o exercício, pelo Município, da típica atribuição institucional que lhe pertence, fundada em título jurídico específico (CF/1988, art. 30, I), para legislar, por autoridade própria, sobre a extensão da gratuidade do transporte público coletivo urbano às pessoas compreendidas na faixa etária entre sessenta e sessenta e cinco anos. Na realidade, o Município, ao assim legislar, apoia-se em competência material - que lhe reservou a própria CR - cuja prática autoriza essa mesma pessoa política a dispor, em sede legal, sobre tema que reflete assunto de interesse eminentemente local. Cabe assinalar, neste ponto, que a autonomia municipal erige-se à condição de princípio estruturante da organização institucional do Estado brasileiro, qualificando-se como prerrogativa política, que, outorgada ao Município pela própria CR, somente por esta pode ser validamente limitada" (**RE 702.848**, Rel. Min. **Celso de Mello**, decisão monocrática, julgamento em 29.04.2013, *DJE* de 14.05.2013.); III - "É incompatível com a Constituição lei municipal que impõe sanção mais gravosa que a prevista no Código de Trânsito Brasileiro, por extrapolar a competência legislativa do Município." (**ARE 639.496-RG**, Rel. Min. Presidente **Cezar Peluso**, julgamento em 16.06.2011, Plenário, *DJE* de 31.08.2011, com repercussão geral.) e IV – "O poder constituinte dos Estados-membros está limitado pelos princípios da Constituição da República, que lhes assegura autonomia com condicionantes, entre as quais se tem o respeito à organização autônoma dos Municípios, também assegurada constitucionalmente. O art. 30, I, da Constituição da República outorga aos Municípios a atribuição de legislar sobre assuntos de interesse local. A vocação sucessória dos cargos de prefeito e vice-prefeito põe-se no âmbito da autonomia política local, em caso de dupla vacância. Ao disciplinar matéria, cuja competência é exclusiva dos Municípios, o art. 75, § 2º, da Constituição de Goiás fere a autonomia desses entes, mitigando-lhes a capacidade de auto-organização e de autogoverno e limitando a sua autonomia política assegurada pela Constituição brasileira. Ação direta de inconstitucionalidade julgada procedente" (**ADI 3.549**, Rel. Min. **Cármen Lúcia**, julgamento em 17.09.2007, Plenário, *DJ* de 31.10.2007).

Gabarito "C"

(Ministério Público/MS – 2013 – FADEMS) Aponte a alternativa **incorreta**, sobre o tema da intervenção:

(A) são hipóteses típicas da intervenção da União nos Estados, dentre outras: manter a integridade nacional; deixar de ser paga, sem motivo de força maior, por dois anos consecutivos, a dívida fundada; pôr termo a grave comprometimento da ordem pública; garantir o livre exercício de qualquer dos Poderes nas unidades da Federação; o Tribunal de Justiça der provimento a representação para assegurar a observância de princípios indicados na Constituição Estadual.

(B) segundo a ordem constitucional, sempre em situações excepcionais, a União pode intervir nos Estados e no Distrito Federal; os Estados podem intervir em seus Municípios; a União pode intervir nos Municípios localizados em Territórios Federais.

(C) a decretação da intervenção, no caso de desobediência a ordem ou decisão judiciária, dependerá de requisição do Supremo Tribunal Federal, do Superior Tribunal de Justiça ou do Tribunal Superior Eleitoral.

(D) a decretação da intervenção da União nos Estados, visando assegurar a observância da forma republicana, do sistema representativo e do regime democrático, dependerá do provimento, pelo Supremo Tribunal Federal, de representação do Procurador-Geral da República.

(E) o decreto de intervenção, que especificará a amplitude, o prazo e as condições de execução e que, se couber, nomeará o interventor, será submetido à apreciação do Congresso Nacional ou da Assembleia Legislativa do Estado, no prazo de vinte e quatro horas.

A: incorreta (devendo ser assinalada), pois a decretação da intervenção dependerá de provimento, pelo SUPREMO TRIBUNAL FEDERAL, de representação do Procurador-Geral da República, na hipótese do art. 34, VII, e no caso de recusa à execução de lei federal. Observe que a parte final da assertiva é que está incorreta, nos termos do art. 36, III, da CF/1988; **B:** correta (arts. 34 e 35 da CF/1988); **C:** correta (art. 36, II, da CF/1988); **D:** correta. Redação do art. 36, III, da CF/1988. Vejamos na íntegra o procedimento: A Lei 12.562, de 23 de dezembro de 2011, dispõe sobre o processo e julgamento da representação interventiva prevista no inciso III do art. 36 da Constituição Federal. A representação será proposta pelo Procurador-Geral da República, em caso de violação aos princípios referidos no inciso VII do art. 34 da Constituição Federal, ou de recusa, por parte de Estado-Membro, à execução de lei federal. A petição inicial deverá conter: I - a indicação do princípio constitucional que se considera violado ou, se for o caso de recusa à aplicação de lei federal, das disposições questionadas; II - a indicação do ato normativo, do ato administrativo, do ato concreto ou da omissão questionados; III - a prova da violação do princípio constitucional ou da recusa de execução de lei federal e IV - o pedido, com suas especificações. A petição inicial será apresentada em 2 (duas) vias, devendo conter, se for o caso, cópia do ato questionado e dos documentos necessários para comprovar a impugnação e poderá ser indeferida liminarmente pelo relator, quando não for o caso de representação interventiva, faltar algum dos requisitos estabelecidos nesta Lei ou for inepta. Da decisão de indeferimento da petição inicial caberá agravo, no prazo de 5 (cinco) dias. O Supremo Tribunal Federal, por decisão da maioria absoluta de seus membros, poderá deferir pedido de medida liminar na representação interventiva. O relator poderá ouvir os órgãos ou autoridades responsáveis pelo ato questionado, bem como o Advogado-Geral da União ou o Procurador-Geral da República, no prazo comum de 5 (cinco) dias. A liminar poderá consistir na determinação de que se suspenda o andamento de processo ou os efeitos de decisões judiciais ou administrativas ou de qualquer outra medida que apresente relação com a matéria objeto da representação interventiva. Apreciado o pedido de liminar ou, logo após recebida a petição inicial, se não houver pedido de liminar, o relator solicitará as informações às autoridades responsáveis pela prática do ato questionado, que as prestarão em até 10 (dez) dias. Decorrido o prazo para prestação das informações, serão ouvidos, sucessivamente, o Advogado-Geral da União e o Procurador-Geral da República, que deverão manifestar-se, cada qual, no prazo de 10 (dez) dias. Recebida a inicial, o relator deverá tentar dirimir o conflito que dá causa ao pedido, utilizando-se dos meios que julgar necessários, na forma do regimento interno. Se entender necessário, poderá o relator requisitar informações adicionais, designar perito ou comissão de peritos para que elabore laudo sobre a questão ou, ainda, fixar data para declarações, em audiência pública, de pessoas com experiência e autoridade na matéria. Poderão ser autorizadas, a critério do relator, a manifestação e a juntada de documentos por parte de interessados no processo. A decisão sobre a representação interventiva somente será tomada se presentes na sessão pelo menos 8 (oito) Ministros. Realizado o julgamento, proclamar-se-á a procedência ou improcedência do pedido formulado na representação interventiva se num ou noutro sentido se tiverem manifestado pelo menos 6 (seis) Ministros. Estando ausentes Ministros em número que possa influir na decisão sobre a representação interventiva, o julgamento será suspenso, a fim de se aguardar o comparecimento dos Ministros ausentes, até que se atinja o número necessário para a prolação da decisão. Julgada a ação, far-se-á a comunicação às autoridades ou aos órgãos responsáveis pela prática dos atos questionados, e, se a decisão final for pela procedência do pedido formulado na representação interventiva, o Presidente do Supremo Tribunal Federal, publicado o acórdão, levá-lo-á ao conhecimento do Presidente da República para, no prazo improrrogável de até 15 (quinze) dias, dar cumprimento aos §§ 1º e 3º do art. 36 da Constituição Federal. Dentro do prazo de 10 (dez) dias, contado a partir do trânsito em julgado da decisão, a parte dispositiva será publicada em seção especial do Diário da Justiça e do Diário Oficial da União. A decisão que julgar procedente ou improcedente o pedido da representação interventiva é irrecorrível, sendo insuscetível de impugnação por ação rescisória; **E:** correta, nos moldes do art. 36, § 1º, da CF/1988.

Gabarito "A"

(Ministério Público/SP – 2012 – VUNESP) Em 11 de dezembro de 2011, foram realizados dois plebiscitos no Estado do Pará com consultas para que se decidisse sobre a criação ou não dos novos Estados de Carajás e Tapajós, a serem formados a partir de desmembramento territorial do Estado do Pará. Sobre a previsão constitucional para criação de novos Estados, a consulta prévia às populações diretamente interessadas, por meio de plebiscito, deve ser realizada com os

(A) eleitores diretamente interessados, considerados como tais os eleitores das localidades que pretendam se desmembrar.

(B) habitantes diretamente interessados, considerados como tais os habitantes do Estado.

(C) eleitores diretamente interessados, considerados como tais todos os eleitores do País.

(D) eleitores diretamente interessados, considerados como tais os eleitores do Estado.

(E) habitantes diretamente interessados, considerados como tais os habitantes das localidades que pretendam se desmembrar.

A: incorreta, pois os Estados podem incorporar-se ente si, subdividir-se ou desmembrar-se para se anexarem a outros, ou formarem novos Estados ou Territórios Federais, mediante a aprovação da população diretamente interessada, ou seja, os eleitos do Estado, por meio de plebiscito, e do Congresso Nacional, por lei complementar, nos termos do art. 18, § 3º, da CF; **B:** incorreta, pois a CF/1988 não fala em habitantes do Estado, mas sim, eleitores do Estado; **C:** incorreta, pois não são eleitores do País, mas sim do próprio Estado; **D:** correta, pelos motivos traçados nas alternativas anteriores; **E:** incorreta, pois contradiz a redação do art. 18, § 3º, da CF

Gabarito "D"

(Ministério Público/SP – 2012 – VUNESP) Em relação às imunidades parlamentares, é correto afirmar que a imunidade

(A) material exige relação entre as condutas praticadas pelo parlamentar e o exercício do mandato, tornando-o inviolável pelas palavras, votos e opiniões decorrentes do desempenho das funções parlamentares e possuem eficácia temporal permanente ou perpétua, pois pressupondo a inexistência da infração penal ou ilícito civil, mesmo após o fim da legislatura, o parlamentar não poderá ser investigado, incriminado ou responsabilizado pelos fatos anteriores.

(B) processual parlamentar, a partir da EC 35/2001, determina que recebida à denúncia contra Senador ou Deputado, por crime ocorrido após a diplomação, o Supremo Tribunal Federal dará ciência à Casa respectiva, solicitando prévia licença para dar continuidade ao processo, que poderá ser concedida por maioria absoluta dos membros da Casa Parlamentar.

(C) material exige que as condutas praticadas pelo parlamentar no exercício do mandato sejam realizadas nas comissões ou no plenário do Congresso Nacional, tornando-o inviolável pelas palavras, votos e opiniões decorrentes do desempenho das funções parlamentares e possui eficácia temporal permanente ou perpétua, pois pressupondo a inexistência da infração penal ou ilícito civil, mesmo após o fim da legislatura, o parlamentar não poderá ser investigado, incriminado ou responsabilizado pelos fatos anteriores.

(D) processual parlamentar, a partir da EC 35/2001, determina que recebida à denúncia contra Senador ou Deputado, por crime ocorrido antes da diplomação, o Supremo Tribunal Federal dará ciência à Casa respectiva, que, por iniciativa de partido político nela representado e pelo voto da maioria de seus membros, poderá, até decisão final, sustar o andamento da ação.

(E) material exige relação entre as condutas praticadas pelo parlamentar e o exercício do mandato, tornando-o inviolável pelas palavras, votos e opiniões decorrentes do desempenho das funções parlamentares e possuem eficácia temporal limitada, pois, após o fim da legislatura, o parlamentar poderá ser investigado, incriminado ou responsabilizado pelos fatos anteriores.

A: correta, o "caput" do art. 53 da CF, com redação dada pela EC 35/2001, estabelece que o que a doutrina denomina de inviolabilidade ou imunidade material ou real (*freedom of speech*), segundo a qual a conduta pelo deputado ou pelo Senador dos denominados delitos no exercício da função é constitucionalmente permitida, e os resultados eventualmente produzidos são atípicos, ou seja, o fato típico deixa de constituir crime, porque a norma constitucional afasta, para a hipótese, a incidência da norma penal, exclui a ilicitude, subtrai as responsabilidades penal, civil, disciplinar ou política. Liberdade de expressão, opiniões, palavras e votos os parlamentares só possuem quando estiverem no exercício da função legislativa, dentro ou fora do parlamento. Tais prerrogativas são concedidas para o bom desempenho da função parlamentar, não se tratando de privilégio pessoal, o congressista não tem poder de renúncia da proteção da imunidade, já que não é prerrogativa de caráter subjetivo, mas, sim, de caráter institucional inerente ao Poder Legislativo. Logo, as manifestações do Deputado ou do Senador que não tenham relação alguma com o exercício do mandato não são protegidas pela Constituição; **B:** incorreta, pois o art. 53, § 3º, da CF, dispõem que recebida a denúncia contra Senador ou Deputado, por crime ocorrido após a diplomação, o Supremo Tribunal Federal dará ciência á Casa respectiva, que, por iniciativa de partido político nela representado e pelo voto da maioria de seus membros, poderá, até a decisão final, sustar o andamento da ação, e não, solicitar licença; **C:** incorreta, pelos motivos apontados na alternativa correta; **D:** incorreta, já que vimos que tal hipótese exige que seja após a diplomação; **E:** incorreta, pelos mesmos argumentos tecidos na alternativa "a".

Gabarito "A"

(Ministério Público/SC – 2012) Analise as seguintes assertivas:

I. Os Estados podem incorporar-se entre si, subdividir-se ou desmembrar-se para se anexarem a outros, ou formarem novos Estados ou Territórios Federais, mediante aprovação da população diretamente interessada, através de plebiscito, e do Congresso Nacional, por lei complementar.

II. A criação, a incorporação, a fusão e o desmembramento de Municípios, far-se-ão por lei federal, dentro do período determinado pelo

Congresso Nacional, e dependerão de consulta prévia, mediante plebiscito, às populações dos Municípios envolvidos.

III. Compete à União instituir diretrizes para o desenvolvimento urbano, inclusive habitação, saneamento básico e transportes urbanos.

IV. O plano diretor, aprovado pelo Poder Executivo Municipal, obrigatório para cidades com mais de quarenta mil habitantes, é o instrumento básico da política de desenvolvimento e de expansão urbana.

V. O título de domínio e a concessão de uso serão conferidos ao homem ou à mulher, ou a ambos, independentemente do estado civil.

(A) Apenas as assertivas I, II e V estão corretas.

(B) Apenas as assertivas I, III e IV estão corretas.

(C) Apenas as assertivas II e III estão corretas.

(D) Apenas as assertivas I, III e V estão corretas.

(E) Todas as assertivas estão corretas.

I: correta, nos termos do art. 18, § 3º, da CF; **II:** incorreta, pois criação, a incorporação, a fusão e o desmembramento de Municípios, far-se-ão por lei *estadual*, dentro do período determinado por *lei complementar federal*, e dependerão de consulta prévia, mediante plebiscito, às populações dos Municípios envolvidos, após divulgação dos Estudos de Viabilidade Municipal, apresentados e publicados na forma da lei, nos termos do art. 18, § 4º, da CF; **III:** correta, literalidade do art. 21, XX, da CF; **IV:** incorreta, pois se exige que o plano diretor seja aprovado pela Câmara Municipal, obrigatório para cidades com mais de vinte mil habitantes. É o instrumento básico da política de desenvolvimento e de expansão urbana, nos termos do art. 182, § 1º, da CF; **V:** correta, réplica do art. 183, § 1º, da CF.

Gabarito "D"

(Ministério Público/SC – 2008) Analise as seguintes assertivas:

I. Conforme posição consolidada do Excelso Pretório, o conteúdo do preâmbulo da Constituição Federal não impõe qualquer limitação de ordem material ao poder reformador outorgado ao Congresso Nacional.

II. Ainda de acordo com a jurisprudência do STF, o preâmbulo da Constituição Federal não constitui norma central, não possui natureza normativa e seu conteúdo não é de reprodução obrigatória na Constituição do Estado-membro.

III. Compete privativamente à União estabelecer e implantar política de educação para segurança do trânsito.

IV. Não é possível o início da tramitação da proposta de emenda constitucional no Senado Federal, porque a Constituição Federal confere o poder de iniciativa somente à Câmara dos Deputados.

V. Denomina-se "veto legislativo", a competência exclusiva, atribuída ao Congresso Nacional, de sustar os atos normativos do Poder Executivo que exorbitem do poder regulamentar ou dos limites da delegação legislativa.

(A) apenas I, IV e V estão corretos

(B) apenas II e III estão corretos

(C) apenas I, II e V estão corretos

(D) apenas III, IV, V estão corretos

(E) apenas I e V estão corretos

I: correta, Luiz Pinto Ferreira (*Curso de Direito Constitucional. São Paulo: Saraiva, 1999. p. 71*) informa a raiz latina da expressão preâmbulo moldada da conexão de dois elementos, o prefixo *"pre"* (antes, sobre) e o verbo *"ambulare"* (passear, andar, caminhar, marchar). Esse referido autor acolhe a tese de que o Preâmbulo é parte integrante do texto constitucional e tem o mesmo valor que a Constituição, estando acima das normas infraconstitucionais, pois revela a intenção do legislador constituinte originário. Nada obstante a tese esposada por Luiz Pinto Ferreira, o Supremo Tribunal Federal, no julgamento da Ação Direta de Inconstitucionalidade n. 2.076/AC, decidiu que o Preâmbulo não tem valor jurídico-normativo, pois não se situa no âmbito do Direito, mas no domínio da Política, refletindo posição ideológica do constituinte, sem relevância jurídica. Daí que, segundo o STF, o Preâmbulo tem natureza política, mas não jurídica. Ou seja, para o STF, o Preâmbulo não é norma jurídica, não é norma constitucional, mas um enunciado de princípios políticos, sem força jurídica para obrigar, proibir ou permitir com uma eventual sanção por seu descumprimento. Segundo o STF, conclui-se, o descumprimento ao contido no Preâmbulo não enseja a aplicação de uma sanção jurídica, porquanto o Preâmbulo não seja norma jurídica, **II:** correta, o preâmbulo não é norma jurídica, não é norma constitucional, mas um enunciado de princípios políticos, sem força jurídica para obrigar, proibir ou permitir com uma eventual sanção por seu descumprimento, por força da Teoria Política ou da Irrelevância; **III:** incorreta, é da competência comum da União, dos Estados, do Distrito Federal e dos Municípios estabelecer e implantar política de educação para segurança do trânsito, nos termos do art. 23, XII, da CF, c/c a Lei 9.503/1997 (Código de Trânsito Brasileiro); **IV:** incorreta, a PEC deverá ser proposta na casa iniciadora Senado Federal, quando a proposta partir de um terço no mínimo, dos membros do Senado Federal ou de mais da metade das Assembleias Legislativas das unidades da Federação, manifestando-se cada uma delas, pela maioria relativa de seus membros; **V:** correta, réplica do art. 49, V, da CF. Devemos apenas pontuar que a denominação "veto legislativo" é exclusivamente doutrinária.

Gabarito "C"

(Ministério Público/TO – 2012 – CESPE) Acerca da organização do Estado, assinale a opção correta.

(A) A repartição de competências entre as entidades que compõem o Estado Federal é baseada no princípio geral da predominância do interesse. As matérias objeto da competência legislativa privativa da União podem ser delegadas aos estados e ao DF, desde que a delegação seja feita por lei ordinária federal.

(B) Os estados-membros são autônomos, em razão da capacidade de auto-organização, autogoverno, autoadministração e autolegislação, esta última entendida como a possibilidade de estruturação do Poder Legislativo, do Poder Executivo e do Poder Judiciário.

(C) Os municípios se organizam por lei orgânica, votada em dois turnos – observado o intervalo de, no mínimo, dez dias entre as votações –, sendo necessário, para a sua aprovação, o voto de três quintos dos membros da câmara municipal, que a promulgará.

(D) A República Federativa do Brasil se organiza político-administrativamente pela congregação das comunidades regionais: estados, DF e municípios, todos autônomos entre si.

(E) A União, os estados, o DF e os municípios não podem recusar fé aos documentos públicos, tendo em vista que estes se presumem idôneos.

A: incorreta, A repartição de competências entre as entidades que compõem o Estado Federal é baseada no princípio geral da predominância do interesse, que outra coisa não é senão, à União caberão aquelas matérias e questões de predominante interesse geral, nacional, ao passo que aos Estados e ao DF tocarão as matérias e assuntos de predominante interesse regional, e aos Municípios e ao DF concernem os assuntos de interesse local. Sendo assim, as matérias objeto da competência legislativa privativa da União podem ser delegadas aos estados e ao DF, desde que a delegação seja feita por *Lei Complementar* federal, nos termos do art. 22, parágrafo único, da CF; **B:** incorreta, pois a autolegislação não concede aos Estados soberania, pois devem observar a Constituição Federal, logo não há que se falar em possibilidade estruturação dos Poderes, mas sim, o poder inerente aos Estados de se organizarem e regerem-se pelas Constituições e leis que adotarem, nos termos do art. 25 da CF; **C:** incorreta, os municípios se organizam por lei orgânica, votada em dois turnos, com o interstício mínimo de dez dias, e aprovada por 2/3 (dois terços) dos membros da Câmara Municipal, que a promulgará, atendidos os princípios estabelecidos na Constituição Federal e na Constituição do respectivo Estado, como determina o art. 29 da CF; **D:** incorreta, a organização política-administrativa da Republica Federativa do Brasil compreende a União, Os Estados, o Distrito Federal e os Municípios, todos autônomos, nos termos da Constituição Cidadã, como determina o "caput" do art. 18 da CF; **E:** correta, é vedada à União, aos Estados, ao Distrito Federal e aos Municípios estabelecer cultos religiosos ou igrejas, subvencioná-los, embaraça-lhes o funcionamento ou manter com eles ou seus representantes relações de dependência ou aliança, ressalvada, na forma da lei, a colaboração de interesse público, recusar fé aos documentos públicos e criar distinções entre brasileiros ou preferências entre si, nos termos do art. 19: I a III, da CF.

Gabarito "E"

(Ministério Público/MG – 2011) A teor do que dispõe o artigo 30 da Constituição da República, a competência legislativa dos Municípios caracteriza-se pelo princípio da predominância do interesse local. Assim, é **INCORRETO** afirmar que compete ao Município legislar sobre:

(A) plano diretor.

(B) horário de funcionamento do comércio local.

(C) horário de funcionamento das agências bancárias locais.

(D) tempo máximo de atendimento ao público nas agências bancárias locais.

A: correta, já que o plano diretor será aprovado pela Câmara Municipal, nos termos dos arts. 30, I, c/c 182, § 1º, da CF; **B:** correta, os Municípios têm autonomia para regular o horário do comércio local, desde que não infrinjam leis estaduais ou federais válidas, pois a Constituição lhes confere competência para legislar sobre assuntos de interesse local. (**AI 622.405-AgR**, Rel. Min. **Eros Grau**, julgamento em 22.05.2007, 2ª Turma, *DJ* de 15.06.2007.) No mesmo sentido: **AI 729.307-ED**, Rel. Min. **Cármen Lúcia**, julgamento em 27.10.2009, 1ª Turma, *DJe* de 04.12-2009; **C:** incorreta, devendo ser assinalada, pois a competência é da União, nos termos da Súmula 19 do STJ; **D:** correta, "atendimento ao público e tempo máximo de espera na fila. Matéria que não se confunde com a atinente às atividades fim das instituições bancárias. Matéria de interesse local e de proteção ao consumidor. Competência legislativa do Município" (**RE 432.789**, Rel. Min. **Eros Grau**, julgamento em 14.06.2005, 1ª Turma *DJ* de 07.10.2005.) **No mesmo sentido**: RE 285.492-AgR, rel. Min. **Joaquim Barbosa**, julgamento em 26.06.2012, 2ª Turma, *DJe* de 28.08.2012; RE 357.160-AgR, Rel. Min. **Ayres Britto**, julgamento em 13.12.2011, 2ª Turma, *DJe* de 23.02.2012; RE 610.221-RG, Rel. Min. **Ellen Gracie**, julgamento em 29.04.2010, Plenário, *DJe* de 20.08.2010, com repercussão geral; **AC 1.124-MC**, Rel. Min. **Marco Aurélio**, julgamento em 09.05.2006, 1ª Turma, *DJ* de 04.08.2006; **AI 427.373-AgR**, Rel. Min. **Cármen Lúcia**, julgamento em 13.12.2006, 1ª Turma, *DJ* de 09.02.2007.

Gabarito "C"

(Ministério Público/MG – 2011) Examine as afirmativas abaixo relativas aos Estados Federados.

I. São reservadas aos Estados as competências que não lhes sejam vedadas pela Constituição da República.

II. Os Estados organizam-se e regem-se pelas Constituições e leis que adotarem, observados os princípios da Constituição da República.

III. O número de Deputados à Assembleia Legislativa corresponderá ao dobro da representação do Estado na Câmara dos Deputados e, atingido o número de trinta e seis, será acrescido de tantos quantos forem os Deputados Federais acima de doze.

IV. Os Estados poderão, mediante medida provisória, instituir regiões metropolitanas, aglomerações urbanas e microrregiões, constituídas por agrupamentos de Municípios limítrofes, para integrar a organização, o planejamento e a execução de funções públicas de interesse comum.

A análise permite concluir que estão **CORRETAS** apenas as afirmativas

(A) I e II.

(B) II e IV.

(C) I e III.

(D) II e III.

I: correta, os Estados organizam-se e regem-se pelas Constituições e leis que adotarem, observados os princípios constitucionais. Os Estados são titulares da competência remanescente, ou seja, são reservadas a eles as competências que não lhes sejam vedadas pela Constituição Federa; **II:** correta, literalidade do art. 25 da CF; **III:** incorreta, nos termos do art. 27 da CF, o número de Deputados à Assembleia Legislativa corresponderá ao *triplo* da representação do Estado na Câmara dos Deputados e, atingido o número de trinta e seis, será acrescido de tantos quantos forem os Deputados Federais acima de doze; **IV:** incorreta, já que os Estados poderão, mediante *lei complementar*, instituir regiões metropolitanas, aglomerações urbanas e microrregiões, constituídas por agrupamentos de Municípios limítrofes, para integrar a organização, o planejamento e a execução de funções públicas de interesse comum, como determina o art. 25, § 3º, da CF.

Gabarito "A"

(Ministério Público/GO – 2010) Estado Federal é aquele composto por unidades que, embora dotadas de capacidade de autonomia (auto-organização e autogoverno), não são dotadas de soberania, submetendo-se a uma Constituição Federal. Sobre o tema, marque a resposta errada:

(A) É vedado à União, aos Estados, ao Distrito Federal e aos Municípios criar distinções entre brasileiros ou preferências entre si.

(B) A exemplo do Canadá e dos EUA, a CF/1988 adotou a técnica da enumeração dos poderes dos Estados, com poderes remanescentes para os Municípios e o Distrito Federal.

(C) Ao Distrito Federal são atribuídas as competências legislativas reservadas aos Estados e Municípios, sendo vedada a sua divisão em municípios.

(D) Para a composição das Câmaras Municipais, será observado o limite máximo de 21 (vinte e um) vereadores, nos Municípios de mais de 160.000 (cento e sessenta mil) habitantes e de até 300.000 (trezentos mil) habitantes.

A: correta, nos termos do art. 5º, "caput", da CF, todos são iguais perante a lei, sem distinção de qualquer natureza, garantindo-se aos brasileiros e aos estrangeiros residentes no País a inviolabilidade do direito à vida, à liberdade, à igualdade, à segurança e à propriedade. Sem prejuízo, o § 2º do art. 12 da CF, reza que a lei não poderá estabelecer distinções entre brasileiros natos e naturalizados, salvo nos casos previstos na própria Constituição. Consequentemente, nenhum dos entes federativos, nem mesmo a lei pode criar distinções entre brasileiros ou preferências entre si; **B:** incorreta, devendo ser assinalada, pois A CF/1988 adota a técnica dos poderes remanescentes somente para os Estados, nos termos do art. 25, § 1º, da CF, que dispõe: "São reservadas aos Estados as competências que não lhes sejam vedadas por esta Constituição"; **C:** correta, ao Distrito Federal são atribuídas as competências legislativas reservadas aos Estados e Municípios, sendo vedada a sua divisão em municípios, conforme art. 32, § 1º, da CF; **D:** correta, pois para a composição das Câmaras Municipais, será observado o limite máximo de 21 (vinte e um) vereadores, nos Municípios de mais de 160.000 (cento e sessenta mil) habitantes e de até 300.000 (trezentos mil) habitantes, conforme art. 29, IV, "g", da CF.

Gabarito "B"

(Ministério Público/GO – 2012) A propósito da estrutura federal brasileira e das competências dos entes federados, assinale a alternativa correta:

(A) a anistia de infrações disciplinares de servidores estaduais é da competência do Estado-membro respectivo, não se confundindo, na dicção do Supremo Tribunal Federal, com a anistia de crimes – que se caracteriza como *abolitio criminis* de efeito temporário e só retroativo –, da competência exclusiva da União, conclusão que se harmoniza com a competência federal privativa para legislar sobre Direito Penal;

(B) por poderes remanescentes se entende aqueles que a ordem constitucional atribui à União quando expressamente não os tenha outorgado aos demais entes federados;

(C) É competente o Município para fixar o horário de funcionamento de estabelecimento comercial, inclusive o de agências bancárias situadas no seu domínio territorial;

(D) no plano da conformação constitucional das competências legislativas concorrentes, a superveniência de lei federal sobre normas gerais revoga a eficácia da lei estadual no que lhe for contrário.

A: correta, já que compete privativamente à União legislar sobre direito penal, nos termos do art. 22, I, da CF. Sendo assim, a anistia de infrações disciplinares de servidores estaduais é da competência do Estado-membro respectivo, por se tratar de questão específica. Se não bastasse, o parágrafo único do art. 22 da CF reza que a lei complementar poderá autorizar os Estados a legislar sobre questões específicas das matérias relacionadas no próprio artigo 22 da CF; **B:** incorreta, pois poderes remanescentes se estende aqueles que a ordem constitucional atribuiu aos Estados, nos termos do art. 25, § 1º, da CF. Necessário ressaltar, por imprescindível, que os Estados-membros, embora possuam, em regra, competências remanescentes ou reservadas, foram presenteados com o estabelecimento de duas competências exclusivas, a saber: (i) a competência para a exploração direta, ou mediante concessão, os serviços locais de gás canalizado, na forma da lei, vedada a edição de medida provisória para a sua regulamentação (CF, art. 25, § 2º) e (ii) a possibilidade de instituição, via lei complementar, de regiões metropolitanas, conglomerados urbanos ou microrregiões, constituídas por agrupamentos de municípios limítrofes, para melhor execução da prestação do serviço público (CF, art. 25, § 3º); **C:** incorreta, em que pese a Súmula 645 do STF dispor que "é competente o município fixar o horário de funcionamento de estabelecimento comercial", os municípios têm autonomia para regular o horário do comércio local desde que não infrinjam leis estaduais ou federais válidas, pois a Constituição lhes confere competência para legislar sobre assuntos de interesse local. (**AI 622.405-AgR**, Rel. Min. **Eros Grau**, julgamento em 22.05.2007, 2ª Turma, *DJ* de 15.06.2007.) No mesmo sentido: **AI 729.307-ED**, Rel. Min. **Cármen Lúcia**, julgamento em 27.10.2009, 1ª Turma, *DJe* de 04.12.2009; **RE 189.170**, Rel. p/ o acórdão Min. **Maurício Corrêa**, julgamento em 01.02.2001, Plenário, *DJ* de 08.08.2003; **RE 321.796-AgR**, Rel. Min. **Sydney Sanches**, julgamento em 08.10.2002, 1ª Turma, *DJ* de 29.11.2002; **RE 237.965-AgR**, Rel. Min. **Moreira Alves**, julgamento em 10.02.2000, Plenário, *DJ* de 31.03.2000; **RE 182.976**, Rel. Min. **Carlos Velloso**, julgamento em 12.12.1997, 2ª Turma, *DJ* de 27.02.1998. Vide: **ADI 3.731-MC**, Rel. Min. **Cezar Peluso**, julgamento em 29.08.2007, Plenário, *DJ* de 11.10.2007. Contudo, o cerne da questão está na fixação do horário de atendimento de agência bancária que não integra o rol dos chamados assuntos de interesse local, residindo na União a competência para tal estipulação. A União tratou de legislar sobre o assunto, e o fez por meio da Lei 4.595/1964, que delegou ao Banco Central do Brasil, e somente a este, a específica competência para a fixação do horário de atendimento bancário; **D:** incorreta, pois a superveniência de lei federal sobre normas gerais *suspende* a eficácia da lei estadual, no que lhe for contrário, nos termos do § 4º do art. 24 da CF.

Gabarito "A"

(Ministério Público/GO – 2012) Considerando a Constituição do Estado de Goiás e o Código de Organização Judiciária do Estado de Goiás, marque a alternativa incorreta:

(A) São órgãos do Poder Judiciário Estadual de Goiás o Tribunal de Justiça, os Juízes de Direito, o Tribunal de Justiça Militar, os Conselhos de Justiça Militar, os Juizados Especiais e as Turmas Recursais dos Juizados Especiais, a Justiça de Paz e os Tribunais do Júri.

(B) Todo município goiano, ao atingir população estimada em seis mil habitantes, será erigido à condição de sede de comarca, cabendo ao Tribunal de Justiça promover sua instalação no prazo de dois anos, o que dependerá da existência dos edifícios destinados ao Fórum, cadeia e residência do Juiz, de acordo com plantas aprovadas pela Corregedoria-Geral da Justiça.

(C) As funções de Ministério Público do Estado de Goiás só podem ser exercidas por integrantes da carreira, que deverão, obrigatoriamente, residir na comarca da respectiva lotação.

(D) O Plano Diretor, aprovado pela Câmara Municipal, obrigatório para as cidades goianas com mais de vinte mil habitantes, é o instrumento básico da política de desenvolvimento e expansão urbana, sendo que as áreas urbanas com população inferior a vinte mil habitantes deverão elaborar diretrizes gerais de ocupação do território que garantam as funções sociais da cidade e da propriedade, definindo áreas preferenciais para urbanização, regras de uso e ocupação do solo, estrutura e perímetro urbanos.

A: correta, pois o art. 41 da Constituição Estadual dispõe que são órgãos do Poder Judiciário Estadual de Goiás o Tribunal de Justiça, os Juízes de Direito, o Tribunal de Justiça Militar, os Conselhos de Justiça Militar, os Juizados Especiais e as Turmas Recursais dos Juizados Especiais, a Justiça de Paz e os Tribunais do Júri. Os candidatos de Goiás devem tomar cuidado com a Lei 9.129/1981 (Código de Organização Judiciária do Estado de Goiás), já que o art. 12 da lei ora citada *exclui* os Juízes de Paz, Tribunais de Júri e os Conselhos de Justiça Militar da organização do Poder Judiciário do Estado de Goiás (os incisos III, IV e V do art. 12 da Lei 9.129/1981 foram revogados pela Lei 11.029/1989); **B:** correta, redação do art. 42 da Constituição Estadual de Goiás. Contudo, é o art. 7º, da Lei 9.129/1989 que determina que a instalação da comarca dependerá da existência dos edifícios destinados ao Fórum, cadeia e residência do Juiz, de acordo com plantas aprovadas pela Corregedoria da Justiça; **C:** incorreta, devendo ser assinalada, pois a redação do art. 117, § 2º, da CE/GO, determina que os cargos do Ministério Público são assemelhados aos da Magistratura Estadual, suas funções só podem ser exercidas por integrantes da carreira, que deverão, obrigatoriamente, residir na respectiva comarca. Contudo, está suspensa a eficácia deste parágrafo pela ADIN n. 372-1. Aguardando julgamento de mérito; **D:** correta, réplica do art. 85 da Constituição Estadual de Goiás.

Gabarito "C"

(Ministério Público/GO – 2012) Assinale a alternativa incorreta:

(A) São bens da União, dentre outros, os recursos naturais da plataforma continental e da zona econômica exclusiva, o mar territorial, os terrenos de marinha e seus acrescidos, os potenciais de energia hidráulica e os recursos minerais, inclusive os do subsolo.

(B) Compete privativamente à União legislar sobre direito civil, comercial, penal, processual, eleitoral, agrário, marítimo, aeronáutico, espacial e do trabalho, bem como sobre águas, energia, informática, telecomunicações e radiodifusão.

(C) Compete à União, aos Estados e ao Distrito Federal legislar concorrentemente sobre direito tributário, financeiro, penitenciário, econômico e urbanístico, bem como sobre educação, cultura, ensino, desporto, previdência social, proteção e defesa da saúde.

(D) Compete aos Municípios manter, com a cooperação técnica e financeira da União e do Estado, programas de educação infantil ao ensino médio, inclusive.

A: correta, já que a alternativa em questão apresenta a literalidade dos incisos V a IX do art. 20 da CF. O examinando não pode esquecer que o enunciado exige a questão incorreta, logo, a alternativa não pode ser assinalada por estar em consonância com a Constituição Federal. Sem prejuízo, devemos tecer alguns comentários sobe os bens da União. A Constituição da República, por sua vez, arrola os bens da União no art. 20, contudo, tal rol não é exaustivo, mas exemplificativo, pois o inciso I do citado dispositivo constitucional generaliza e ressalva a possibilidade de novos bens serem atribuídos à União. Em um primeiro momento, utilizando-se apenas das normas civilísticas, tais bens poderiam ser considerados em alguns casos bens públicos de uso comum do povo (como, por exemplo, os rios interestaduais, as praias marítimas etc.) e em outros casos bens dominicais (como as terras devolutas, os recursos minerais, os potenciais de energia hidráulica etc.). No entanto, não se pode desconsiderar que os bens da União listados no art. 20 da Carta Magna são elementos que compõem o meio ambiente natural ou artificial, sendo que eventual lesão a qualquer um deles configura dano ambiental passível de responsabilização administrativa, civil e criminal nos termos do art. 225, § 3º, da Constituição Federal. Além disso, a própria Constituição, no "caput" do art. 225, conceitua o meio ambiente como bem de uso comum do povo, abarcando literalmente não apenas a população atual como também as futuras gerações. Desse modo, verifica-se que o meio ambiente não pode ser classificado simplesmente como bem público de uso comum do povo, mas sim como "bem de natureza difusa", em contraposição à tradicional classificação dos bens em públicos e privados. Esta nova categoria de bens, ainda que não prevista expressamente no atual Código Civil, remonta a meados do século passado, originando-se dos chamados direitos metaindividuais decorrentes dos fenômenos de massa. Portanto, pela simples leitura do art.20 combinado com o art. 225, ambos da Constituição Federal, conclui-se que os bens da União integram o patrimônio ambiental, cuja titularidade recai sobre toda a coletividade e cada um de seus membros de modo indeterminado. Com efeito, tais bens classificam-se como "bens de natureza difusa" e, mesmo sob o domínio jurídico da União, são protegidos pelas limitações expressas no ordenamento jurídico ambiental e é justamente esta realidade que acaba por gerar inúmeras controvérsias entre a Justiça Federal e a Justiça Estadual; **B:** correta, pois trata-se de réplica dos incisos I e IV do art. 22 da CF. É oportuno frisar, que a competência legislativa da União é privativa, logo, a União pode autorizar os Estados a legislar sobre questões específicas, nos termos do parágrafo único do art. 22 da CF; **C:** correta, pois de fato compete à União, aos Estados e ao Distrito Federal legislar concorrentemente sobre direito tributário, financeiro, penitenciário, econômico e urbanístico, bem como sobre educação, cultura, ensino, desporto, previdência social, proteção e defesa da saúde, nos termos do art. 24, I, IX e XII, da CF. O candidato não pode esquecer que no âmbito da legislação concorrente, a competência da União limitar-se á a estabelecer normas gerais. Todavia, a competência da União para legislar sobre normas gerais não exclui a competência suplementar dos Estados; **D:** incorreta, devendo ser assinalada, nos termos do enunciado que exige a incorreta, pois de fato compete aos Municípios manter, com a cooperação técnica e financeira da União e do Estado, programas de educação infantil e de ensino fundamental, mas *não* a do ensino médio, nos termo do art. 30, VI, da CF.

Gabarito "D"

(Ministério Público/BA – 2008) Assinale a opção que não está de acordo com as regras federativas.

(A) Em matéria de competência concorrente, a superveniência de lei federal sobre normas gerais revoga a lei estadual, no que lhe for contrário.

(B) Aos Estados cabe explorar serviços locais de gás canalizado, na forma da lei, vedada a edição de medida provisória para sua regulamentação.

(C) A delegação de competência privativa da União aos estados depende de Lei complementar e somente terá por objeto questão específica das matérias de sua competência.

(D) Do acórdão do Tribunal de Justiça que defere pedido de intervenção estadual em município não cabe recurso extraordinário.

(E) No Estado da Bahia o decreto de intervenção, motivada pelo não pagamento da dívida fundada, depende de representação fundamentada do Tribunal de Contas dos Municípios.

A: correta, a alternativa não está de acordo com as regras federativas, pois compete à União, aos Estados e ao Distrito Federal legislar concorrentemente, sendo que: a competência da União limitar-se á a estabelecer normas gerais, o que não exclui a competência suplementar dos Estados. Todavia, a superveniência de lei federal sobre normas gerais suspende a eficácia da lei estadual, no que lhe for contrário. Observem que o art. 24, § 4º, da CF fala em "suspender" e não revogar; **B:** incorreta, já que o enunciado pede para assinalar a opção que não está de acordo com as regras federativas. Neste caso, a redação é a literalidade do art. 25, § 2º, da CF; **C:** incorreta, pelos mesmos motivos. Réplica do parágrafo único do art. 22 da CF; **D:** incorreta, já que é exatamente o que diz a Súmula 637 do Supremo Tribunal Federal; **E:** incorreta, literalidade do art. 65, § 1º, I, da Constituição Estadual da Bahia.

Gabarito "A"

(Ministério Público/MS – 2011 – FADEMS) Assinale a alternativa **incorreta** no que se refere às causas que autorizam a intervenção do Estado no Município:

(A) quando não tiver sido aplicado o mínimo exigido da receita municipal na manutenção e desenvolvimento do ensino e nas ações e serviços públicos de saúde;

(B) para pôr termo a grave comprometimento da ordem pública;

(C) quando deixar de ser paga, sem motivo de força maior, por 2 (dois) anos consecutivos, a dívida fundada;

(D) quando não forem prestadas contas devidas, na forma da lei;

(E) quando o Tribunal de Justiça der provimento a representação para assegurar a observância de princípios indicados na Constituição Estadual, ou para prover a execução de lei, de ordem ou de decisão judicial.

Art. 35, I a IV, da CF.

Gabarito "B"

(Ministério Público/MS – 2009) No que toca à disciplina constitucional dos municípios, assinale a opção correta.

(A) Para fins de fiscalização do Município, a Constituição Federal permite e autoriza a criação de Tribunais, Conselhos ou órgãos de Contas Municipais.

(B) É de competência do Município a criação, organização e supressão de distritos, observada a legislação estadual.

(C) É de competência dos Municípios instituir regiões metropolitanas, aglomerações urbanas e microrregiões para fins de planejamento e execução de funções públicas de interesse comum.

(D) A criação, a incorporação, a fusão e o desmembramento de Municípios deverão ser aprovados pelas respectivas câmaras municipais, no período estipulado por lei complementar estadual, após Estudos de Viabilidade Municipal e consulta prévia às populações interessadas.

(E) É de competência originária do Superior Tribunal de Justiça o julgamento de prefeitos por infrações penais praticadas contra o patrimônio da União.

A: incorreta, pois o § 4º do art. 31 da CF, veda a criação de Tribunais, Conselhos ou órgãos de Contas Municipais; **B:** correta, literalidade do art. 30, IV, da CF; **C:** incorreta, já que o art. 25, § 3º, da CF, determina que os *Estados* poderão, mediante leio complementar, instituir regiões metropolitanas, aglomerações urbanas e microrregiões, constituídas por agrupamentos de Municípios limítrofes, para integrar a organização, o planejamento e a execução de funções públicas de interesse comum; **D:** incorreta, pois a criação, a incorporação, a fusão e o desmembramento de Municípios, far-se-ão por lei estadual, dentro do período determinado por Lei Complementar Federal, e dependerão de consulta prévia, mediante plebiscito, às populações dos Municípios envolvidos, após divulgação dos Estudos de Viabilidade Municipal, apresentados e publicados na forma da lei, conforme § 4º do art. 18 da CF; **E:** incorreta, já que é da competência originária do Tribunal de Justiça julgar os prefeitos.

Gabarito "B"

(Ministério Público/BA – 2010) Adote como premissa verdadeira que um Estado-membro, através de lei estadual, incentiva a doação de sangue, mediante instituição de ½ (meia) entrada para doadores regulares, em locais públicos de cultura, esporte e lazer, mantidos por entidades e órgãos das administrações direta e indireta.

Sobre esta afirmação, marque a resposta correta:

(A) A norma é inconstitucional porque os Estados-membros não podem legislar sobre comercialização de sangue.

(B) A norma é constitucional porque não estimula a comercialização de sangue.

(C) A norma é constitucional porque o Estado-membro possui competência comum com a União, para legislar sobre saúde.

(D) A norma é inconstitucional porque é privativa da União a competência para legislar sobre comercialização de sangue.

(E) A norma é inconstitucional porque estimula a comercialização de sangue.

É constitucional porque a matéria não é da competência legislativa privativa da União e, de acordo com o art. 25, § 1º, da CF, os Estados possuem competências *legislativas* remanescentes.

Gabarito "B"

(Ministério Público/BA – 2010) Quanto à intervenção federal:

(A) A União não tem legitimidade para intervir em Município situado em Estado-membro.

(B) A União não tem legitimidade para intervir em Estado-membro.

(C) A União possui legitimidade para intervir em qualquer Município.

(D) Para intervir em um Município, a União tem que intervir no Estado-membro.

(E) Para intervir em um Município, a União depende de prévia autorização do Supremo Tribunal Federal.

A União poderá intervir em Estados-membros, nas hipóteses expressamente listadas no art. 34, I a VII, da CF, e somente nos Municípios localizados em territórios federais (art. 35, *caput*, I a IV, da CF). Nos demais municípios só cabe intervenção dos respectivos Estados-Membros.

Gabarito "A"

(Ministério Público/ES – 2010 – CESPE) Acerca do sistema de repartição de competências inserido na CF e do sistema federalista adotado pelo Brasil, assinale a opção correta.

(A) A forma federativa de Estado poderá ser alterada mediante emenda constitucional.

(B) Compete privativamente à União legislar sobre direito financeiro.

(C) O sistema federal adotado pelo Brasil confere autonomia administrativa e política aos estados, ao DF e aos municípios, mas não lhes confere competência para o exercício de sua atividade normativa, em razão dos diversos limites impostos pelas normas de observância obrigatória.

(D) É possível a criação de novos territórios federais, na qualidade de autarquias que integrem a União, na forma regulada por lei complementar.

(E) É da competência exclusiva da União promover programas de construção de moradias e a melhoria das condições habitacionais e de saneamento básico.

A: incorreta, por constituir cláusula pétrea (ou limite material de reforma da Constituição), conforme disposto no art. 60, § 4º, I, da CF; **B:** incorreta. A competência é concorrente (art. 24, I, da CF); **C:** incorreta. A Federação Brasileira difere um pouco do modelo clássico de federalismo, pois nela tanto União, Estados-membros, como também os Municípios, são autônomos. V. art. 18, *caput*, da CF. Segundo a doutrina, a autonomia é a capacidade de auto-organização (cada um dos entes federativos pode elaborar sua própria Constituição), autogoverno (garantia assegurada ao povo de escolher seus próprios dirigentes e de, por meio deles, editar leis) e autoadministração (capacidade assegurada aos Estados de possuir administração própria, faculdade de dar execução às leis vigentes); **D:** correta. Hoje não existem mais territórios (arts. 14 e 15 do ADCT), mas podem vir a ser criados (art. 18, § 2º, da CF); **E:** É competência comum da União, Estados, DF e Municípios, conforme art. 23, IX, da CF.

Gabarito "D"

(Ministério Público/ES – 2010 – CESPE) Acerca da organização do Estado em consonância com a CF, assinale a opção correta.

(A) A faixa de até 50 km de largura, ao longo das fronteiras terrestres, designada como faixa de fronteira é considerada fundamental para a defesa do território nacional, e sua ocupação e utilização serão reguladas em lei.

(B) O DF é entidade federativa que acumula as competências legislativas reservadas pela CF aos estados e aos municípios, sendo permitida sua divisão em municípios, desde que aprovada pela população diretamente interessada, por meio de plebiscito, e pelo Congresso Nacional, mediante a edição de lei complementar.

(C) Compete privativamente à União legislar a respeito da responsabilidade por dano ao consumidor, a bens e direitos de valor artístico, estético, histórico, turístico e paisagístico.

(D) É permitida a edição de medida provisória para regulamentação dos serviços de gás canalizado, cuja exploração, diretamente ou mediante concessão, pertence aos estados, conforme competência constitucionalmente prevista.

(E) A instituição de regiões metropolitanas, aglomerações urbanas e microrregiões, constituídas por agrupamentos de municípios limítrofes, depende de lei complementar.

A: incorreta. A faixa de fronteira mede até 150 km de largura (art. 20, § 2º, da CF); **B:** incorreta. O DF acumula as competências dos Estados e dos municípios, mas é vedada sua divisão em municípios (art. 32, *caput* e § 1º, da CF); **C:** incorreta. As competências são concorrentes (art. 24, VII e VIII, da CF); **D:** incorreta. A matéria não pode ser regulada por medida provisória (art. 25, § 2º, da CF); **E:** correta, art. 25, § 3º, da CF.

Gabarito "E"

(Ministério Público/MG – 2010 – FUNDEP) Segundo a Constituição da República de 1988,

(A) o Distrito Federal é a Capital Federal.

(B) o Rio de Janeiro é a Capital em casos urgentes e de calamidade pública.

(C) Brasília é a Capital Federal.

(D) Goiás é a Capital em casos urgentes e de calamidade pública.

Art. 18, § 1º, da CF.

Gabarito "C"

(Ministério Público/SP – 2010) Assinale a alternativa que inclui em seu rol competência legislativa não privativa da União:

(A) desapropriação; águas, energia, informática; serviço postal; sistema monetário; trânsito e transporte; organização judiciária, do Ministério Público e da Defensoria Pública do Distrito Federal e dos Territórios, bem como organização administrativa destes.

(B) sistemas de consórcios e sorteios; seguridade social, diretrizes e bases da educação nacional; atividades nucleares de qualquer natureza.

(C) normas gerais de licitação e contratação, em todas as modalidades, para as administrações públicas diretas, autárquicas, fundacionais da União, Estados, Distrito Federal e Municípios; propaganda comercial.

(D) defesa territorial, defesa aeroespacial, defesa marítima, defesa civil e mobilização nacional;

registros públicos; direito tributário, financeiro, penitenciário, econômico e urbanístico.

(E) direito civil, comercial, penal, processual, eleitoral, agrário, marítimo, aeronáutico, espacial e do trabalho; telecomunicações e radiodifusão; diretrizes da política nacional de transportes, jazidas minas, outros recursos minerais e metalurgia.

Arts. 22 e 24, I, da CF.

Gabarito "D"

(Ministério Público/DF – 2009) Assinale a alternativa correta. Em relação ao Poder Constituinte dos Estados-membros,

(A) normas constitucionais estaduais de imitação são normas constitucionais federais que deverão constar obrigatoriamente nas Constituições dos Estados-membros.

(B) a proibição da recondução para o mesmo cargo das Mesas do Congresso Nacional, na eleição imediatamente subsequente, é norma de repetição obrigatória pelas Constituições estaduais.

(C) pode o constituinte estadual estender ao Governador a prerrogativa de imunidade à prisão cautelar, prevista para o Presidente da República.

(D) O preâmbulo da Constituição Federal deve ser repetido, inclusive a invocação a Deus, pois trata-se de norma de reprodução obrigatória.

(E) os princípios constitucionais estabelecidos, ou de subordinação normativa, ordenam previamente a atividade do legislador constituinte estadual, e o fazem na medida em que estabelecem o regime normativo a ser adotado em determinadas matérias, vinculando a disciplina a ser eventualmente positivada na Constituição estadual.

A e **B:** incorretas. Normas de imitação são aquelas que o Estado pode optar em repetir ou não em sua Constituição (de acordo com o STF, o art. 57, § 4°, da CF é norma de imitação); **C:** incorreta. De acordo com o STF, a imunidade do Presidente da República, prevista no art. 86, § 3°, da CF, não pode ser conferida aos Governadores de Estado pelas Constituições estaduais; **D:** incorreta. O STF já afirmou o contrário; **E:** correta. Classificação de José Afonso da Silva. Os princípios constitucionais estabelecidos são os presentes na CF que servem de limites à autonomia dos Estados-membros, podendo ser expressos, implícitos ou decorrentes do sistema constitucional adotado.

Gabarito "E"

(Ministério Público/DF – 2009) Assinale a alternativa correta.

(A) O Município pode ser representado em juízo pelo Ministério Público municipal por se cuidar de interesse público.

(B) O Município somente pode ser representado em juízo por Procuradoria municipal constituída em carreiras.

(C) O Município pode ter a sua representação judicial entregue à Procuradoria Geral do Estado de que faça parte, porque os interesses públicos são comuns aos cidadãos.

(D) O Município pode ser demandado diretamente no Supremo Tribunal Federal, conforme o objeto da competência questionada.

(E) O Município tem as suas ações julgadas, exclusivamente, por Vara da Fazenda Pública municipal, em razão das peculiaridades de sua competência.

A: incorreta. Os municípios são representados por advogados públicos municipais e não existe ministério público municipal; **B:** incorreta. Não há essa exigência na CF; **C:** incorreta. A representação é própria, ainda que não organizada em carreira, mesmo porque os conflitos com o Estado de que faz parte costumam ser frequentes; **D:** correta. No caso de ADPF contra lei municipal, por exemplo (art. 1°, parágrafo único, I, da Lei 9.882/1999); **E:** incorreta. Não há essa vinculação em nenhum nível (municipal, estadual ou federal).

Gabarito "D"

(Ministério Público/PR – 2009) Analise as seguintes assertivas e após assinale a alternativa correta:

I. O Município reger-se-á por lei orgânica, votada em dois turnos, com o interstício mínimo de dez dias, e aprovada por maioria absoluta dos membros da Câmara Municipal, que a promulgará, atendidos os princípios e preceitos estabelecidos na Constituição Federal e na Constituição Estadual;

II. A Câmara Municipal não gastará mais de 60% (sessenta por cento) de sua receita com folha de pagamento, incluído o gasto com o subsídio de seus Vereadores;

III. Compete aos Municípios prestar, com a cooperação técnica e financeira da União e do Estado, serviços de atendimento à saúde da população;

IV. Compete aos Municípios suplementar a legislação federal e a estadual no que couber;

V. O parecer prévio, emitido pelo Tribunal de Contas sobre as contas que o Prefeito deve anualmente prestar, só deixará de prevalecer por decisão de dois terços dos membros da Câmara Municipal.

(A) Todas as assertivas estão corretas;

(B) Apenas as assertivas I, II e IV estão corretas;

(C) Apenas as assertivas III, IV e V estão corretas;

(D) Apenas as assertivas I, II, III e IV estão corretas;

(E) Apenas as assertivas II, III, IV e V estão corretas.

I: incorreta. O quórum é de dois terços da Câmara Municipal (art. 29 da CF); **II:** incorreta. O limite é de 70%, de acordo com o art. 29-A, § 1°, da CF; **III:** correta, art. 30, VII, da CF; **IV:** correta, art. 30, II, da CF; **V:** correta, art. 31, § 2°, da CF.

Gabarito "C"

(Ministério Público/PR – 2009) Compete privativamente à União legislar sobre:

(A) proteção à infância e juventude;

(B) direito financeiro;

(C) produção e consumo;

(D) registros públicos;

(E) proteção e integração social das pessoas portadoras de deficiência.

A: incorreta. A competência é concorrente da União, Estados e DF (art. 24, XV, da CF); **B:** incorreta. A competência é concorrente da União, Estados e DF (art. 24, I, da CF); **C:** incorreta. A competência é concorrente da União, Estados e DF (art. 24, V, da CF); **D:** correta, art. 22, XXV, da CF; **E:** incorreta. A competência é concorrente da União, Estados e DF (art. 24, XIV, da CF).

Gabarito "D"

(Ministério Público/AM – 2008 – CESPE) Acerca das regras instituídas pela CF no título referente à organização do Estado, assinale a opção correta.

(A) Lei estadual que fixa o número de vereadores ou a forma como essa fixação deve ser feita não ofende a autonomia dos municípios.

(B) A observância das regras federais pelos entes estaduais fere a garantia de autonomia dos estados-membros.

(C) A autonomia constitucional reconhecida ao DF lhe confere a prerrogativa de dispor sobre o regime jurídico de seus servidores civis. Assim, a política de remuneração estabelecida pela União em favor dos seus agentes públicos não se estende automaticamente aos servidores civis do DF.

(D) É cabível que lei estadual autorize a utilização, por suas polícias civil e militar, de armas de fogo apreendidas e em situação irregular.

(E) Está inserida na competência legislativa dos estados a normatização do uso de película de filme solar nos vidros dos veículos automotores.

A: incorreta. Ofende, por exemplo, o art. 29, IV, da CF; **B:** incorreta. A autonomia dos Estados-Membros é exercida nos limites estabelecidos pela Constituição Federal, cujas regras deve obedecer; **C:** correta, art. 37, X e art. 61, § 1º, II, a (por simetria), ambos da CF; **D:** incorreta, art. 22, XXI, da CF; **E:** incorreta, art. 22, XI, da CF.

Gabarito "C"

(Ministério Público/MG – 2008) Analise as seguintes assertivas quanto aos municípios:

I. podem estabelecer legislativamente outras hipóteses de crime de responsabilidade dos Prefeitos na Lei Orgânica.

II. podem legislar, de forma suplementar à legislação federal e estadual, quanto a danos ao consumidor.

III. são considerados pela Constituição de 1988 como entidade da federação.

IV. poderão instituir e arrecadar tributos de sua competência, desde que haja autorização em legislação estadual.

(A) Apenas a assertiva I está correta.

(B) Apenas a assertiva IV está correta.

(C) Todas as assertivas estão corretas.

(D) Apenas as assertivas II e III estão corretas.

(E) Apenas as assertivas I e III estão corretas.

I: incorreta, Súmula 722 do STF. **II:** correta, art. 24, VIII c/c art. 30, I e II, ambos da CF. **III:** correta, arts. 1º e 18, ambos da CF. **IV:** incorreta, art. 30, III, da CF, que não exige autorização em lei estadual.

Gabarito "D"

(Ministério Público/PR – 2008) São causas que autorizam a intervenção do Estado no Município: (assinale a alternativa INCORRETA)

(A) deixar de ser paga, sem motivo de força maior, por dois anos consecutivos, a dívida fundada;

(B) não forem prestadas contas devidas, na forma da lei;

(C) não tiver sido aplicado o mínimo exigido da receita municipal na manutenção e desenvolvimento do ensino e nas ações e serviços públicos de saúde;

(D) deixar de ser paga, sem motivo de imperiosa relevância pública, dívida ativa da União;

(E) o Tribunal de Justiça der provimento a representação para assegurar a observância de princípios indicados na Constituição Estadual, ou para prover a execução de lei, de ordem ou de decisão judicial.

As causas de intervenção dos Estados nos Municípios são as arroladas no art. 35, I a IV, da CF.

Gabarito "D"

(Ministério Público/PR – 2008) Compete concorrentemente à União, aos Estados e ao Distrito Federal legislar sobre: (assinale a alternativa correta)

(A) Orçamento, produção e consumo, previdência social e serviço postal;

(B) Desapropriação, telecomunicações, orçamento e custas dos serviços forenses;

(C) Proteção à infância e à juventude, ao patrimônio histórico, cultural, artístico, turístico e paisagístico;

(D) Procedimentos em matéria processual, proteção e defesa da saúde, política de crédito e serviço postal;

(E) Águas, energia, juntas comerciais e orçamento.

A: incorreta, art. 24, II, V e XII, da CF. O serviço postal é de competência privativa da União (art. 22, V, da CF); **B:** incorreta, Art. 24, II e IV, da CF. Telecomunicações e desapropriação são de competência privativa da União (art. 22, II e IV, da CF); **C:** correta, art. 24, VII e XV, da CF; **D:** incorreta, art. 24, XI e XII, da CF. Política de crédito e serviço postal são de competência privativa da União (art. 22, V e VII, da CF); **E:** incorreta, art. 24, II e III, da CF. Águas e energia são matérias privativas da União (art. 22, IV, da CF).

Gabarito "C"

(Ministério Público/RR – 2008 – CESPE) Julgue o seguinte item.

(1) No tocante à competência legislativa a ser exercida pelos estados, deve-se considerar que, no âmbito da legislação concorrente, a competência da União limitar-se-á a estabelecer normas gerais e que esta exclui a competência suplementar dos estados.

Art. 24, §§ 1º e 2º, da CF.

Gabarito 1E

(Ministério Público/RR – 2008 – CESPE) Julgue o seguinte item.

(1) A competência concorrente entre a União, os estados e o DF confere a estes últimos autonomia para traçarem normas destoantes de procedimentos já estabelecidos na legislação federal, hierarquicamente superior.

Art. 24, §§ 3º e 4º, da CF.

Gabarito 1E

(Ministério Público/SP – 2006) Assinale a alternativa correta.

Compete privativamente à União:

(A) Registrar, acompanhar e fiscalizar as concessões de direitos de pesquisa e exploração de recursos hídricos e minerais em seus territórios.

(B) Legislar sobre direito tributário, financeiro, penitenciário, econômico e urbanístico.

(C) Cuidar da saúde e assistência pública, da proteção e garantia das pessoas com deficiência.

(D) Legislar sobre trânsito e transporte.

(E) Proteger os documentos, as obras e outros bens de valor histórico, artístico e cultural, os monumentos, as paisagens naturais notáveis e os sítios arqueológicos.

A: incorreta, art. 23, XI, da CF; **B:** incorreta, art. 24, I, da CF; **C:** incorreta, art. 23, II, da CF; **D:** correta, art. 22, XI, da CF; **E:** incorreta, art. 23, III, da CF.

Gabarito "D"

(Ministério Público/MS – 2006) Na fixação do subsídio dos agentes políticos municipais deverá ser observado, dentre outros, o seguinte preceito:

(A) A fixação dos subsídios dos Vereadores, por lei de iniciativa do Prefeito Municipal, de uma legislatura para a subsequente;

(B) A fixação dos subsídios do Prefeito Municipal, do Vice-Prefeito e dos Secretários Municipais, por lei de iniciativa da Câmara Municipal, observado o teto remuneratório estabelecido no art. 37, XI da Constituição Federal;

(C) A fixação dos subsídios do Prefeito Municipal, do Vice-Prefeito, dos Secretários Municipais e dos Vereadores, por lei de iniciativa da Câmara Municipal, promulgada ao final de uma legislatura para a subsequente;

(D) Observação do princípio da anterioridade na fixação de subsídio dos agentes políticos municipais, fixando os valores num exercício para vigência no subsequente.

A: incorreta, art. 29, VI, da CF: lei de iniciativa das câmaras municipais; **B:** correta, art. 29, V, da CF; **C:** incorreta, art. 29, V e VI, da CF; **D:** incorreta. A exigência de fixação em um exercício para vigência no subsequente só se aplica ao subsídio dos vereadores (art. 29, VI, da CF) mas, ainda assim, não corresponde à noção de anterioridade tributária.

Gabarito "B"

(Ministério Público/BA – 2005) Sobre a criação e o desmembramento de Municípios podemos afirmar que:

(A) Far-se-ão por lei federal, obedecidos os requisitos previstos em lei complementar estadual, e dependerão de consulta prévia, mediante plebiscito organizado e apurado pela Justiça Eleitoral, às populações diretamente interessadas.

(B) Preservarão a continuidade e a unidade histórico-cultural do ambiente urbano e rural, far-se-ão por lei estadual, obedecidos os requisitos previstos em lei complementar estadual, e dependerão de consulta prévia, mediante plebiscito às populações carentes diretamente interessadas.

(C) Preservarão a continuidade e a unidade histórico-cultural do ambiente urbano, far-se-ão por lei estadual, obedecidos os requisitos previstos em lei complementar estadual, e dependerão de consulta prévia, mediante plebiscito, às populações diretamente interessadas.

(D) Dependerão de consulta prévia, mediante plebiscito, às populações dos Municípios envolvidos, após a divulgação de Estudos de Viabilidade Municipal, apresentados e publicados na forma da lei, e far-se-ão por lei estadual, dentro do período determinado por lei complementar federal, o mesmo se dando em caso de fusão e incorporação.

(E) Far-se-ão por lei complementar estadual, dentro do período estabelecido por lei complementar estadual, e dependerão de consulta aos municípios e populações diretamente interessados, após Estudos de Viabilidade Econômica, apresentados na forma da lei, que não se aplicará aos casos de fusão e incorporação.

Segundo o art. 18, § 4º, da CF: A criação, a incorporação, a fusão e o desmembramento de Municípios, far-se-ão por lei estadual, dentro do período determinado por Lei Complementar Federal, e dependerão de consulta prévia, mediante plebiscito, às populações dos Municípios envolvidos, após divulgação dos Estudos de Viabilidade Municipal, apresentados e publicados na forma da lei., A referência à preservação da continuidade e da unidade histórico-cultural do ambiente urbano estava presente na redação anterior do § 4º do art. 18, substituída pela EC 15/1996 que, entretanto, não fazia menção ao ambiente rural.

Gabarito "D"

(Ministério Público/GO – 2005) A respeito da repartição de competências dos Entes Federativos, como medida de suas autonomias, a CRFB/1988 estabelece, exceto:

(A) o critério de predominância de interesses é caracterizado pela prevalência da União nos casos de interesses geral, dos Estados Membros nos casos de interesse regional, dos Municípios com a atuação no interesse local e do distrito Federal com atuação em interesses locais e regionais, indicando que poderão ocorrer áreas comuns de atuação administrativa, bem como a possibilidade de delegação

(B) o Município possui competência legislativa exclusiva e suplementar nos termos do artigo 30, incisos I e II, da CRFB/1988

(C) é competência privativa da União legislar a respeito de seguridade social, sendo competência concorrente da União, dos Estados, Distrito Federal e Municípios legislar a respeito das normas de previdência social, nos termos do artigo 24 da CRFB/1988

(D) a competência da União, nos termos do artigo 22 da CRFB/1988, possibilita que Lei Complementar venha autorizar os Estados a legislar sobre matérias específicas relacionadas no referido artigo

A: correta. O princípio geral para a repartição de competências é o da predominância de interesses, tal como descrito no item; **B:** correta, a Constituição de 1988 enumera as competências da União e dos Municípios, reservando aos Estados as competências remanescentes; **C:** incorreta, devendo ser assinalada. Nos termos do art. 24, *caput*, da CF, os Municípios não possuem competência concorrente em matéria de previdência social; **D:** correta, art. 22, parágrafo único, da CF.

Gabarito "C"

9.2. DA ADMINISTRAÇÃO PÚBLICA

(Ministério Público/PI – 2014 – CESPE) Em relação às regras constitucionais aplicáveis à administração pública e ao entendimento do STF sobre a matéria, assinale a opção correta.

(A) De acordo com o entendimento pacificado do STF, a fixação de limite de idade para a inscrição em concurso público viola o princípio constitucional da igualdade, independentemente da justificativa apresentada.

(B) De acordo com a CF, as parcelas de caráter indenizatório devem ser computadas para efeito do cálculo do teto constitucional da remuneração dos servidores públicos.

(C) A exigência constitucional da realização de concurso público não se aplica ao provimento de vagas no cargo de titular de serventias judiciais nem ao ingresso na atividade notarial e de registro, dado o regime jurídico específico aplicável a essas funções.

(D) Ao servidor ocupante, exclusivamente, de cargo em comissão declarado em lei de livre nomeação e exoneração aplica-se o mesmo regime de previdência dos cargos efetivos.

(E) É constitucionalmente permitido o acúmulo de proventos de aposentadoria de servidor aposentado em cargo efetivo estadual com a remuneração percebida em razão de exercício de cargo em comissão, declarado em lei como de livre nomeação e exoneração.

A: incorreta, uma vez que não reflete o entendimento firmado na Súmula n. 683 do STF: "O limite de idade para a inscrição em concurso público só se legitima em face do art. 7º, XXX, da Constituição, quando possa ser justificado pela natureza das atribuições do cargo a ser preenchido"; **B:** incorreta, pois não reflete o disposto no art. 37, § 11, da CF; **C:** incorreta, pois contraria o que estabelece o art. 236, § 3º, da CF; **D:** incorreta, pois contraria o que estabelece o art. 40, § 13, da CF; **E:** correta (art. 37, § 10, da CF).

Gabarito "E"

(Ministério Público/MS – 2013 – FADEMS) Sobre a Administração Pública, é **incorreto** afirmar:

(A) durante o prazo improrrogável previsto no edital de convocação, aquele aprovado em concurso público de provas ou de provas e títulos será convocado com prioridade sobre novos concursados para assumir cargo ou emprego, na carreira.

(B) a administração fazendária e seus servidores fiscais terão, dentro de suas áreas de competência e jurisdição, precedência sobre os demais setores administrativos, na forma da lei.

(C) a remuneração e o subsídio dos ocupantes de cargos, funções e empregos públicos da administração direta, autárquica e fundacional, dos membros de qualquer dos Poderes da União, dos Estados, do Distrito Federal e dos Municípios, dos detentores de mandato eletivo e dos demais agentes políticos e os proventos, pensões ou outra espécie remuneratória ou indenizatória, percebidos cumulativamente ou não, incluídas as vantagens pessoais ou de qualquer outra natureza, não poderão exceder o subsídio mensal, em espécie, dos Ministros do Supremo Tribunal Federal, aplicando-se como limite, nos Municípios, o subsídio do Prefeito, e nos Estados e no Distrito Federal, o subsídio mensal do Governador no âmbito do Poder Executivo, o subsídio dos Deputados Estaduais e Distritais, no âmbito do Poder Legislativo e o subsídio dos Desembargadores do Tribunal de Justiça, limitado a noventa inteiros e vinte e cinco centésimos por cento do subsídio mensal, em espécie, dos Ministros do Supremo Tribunal Federal, no âmbito do Poder Judiciário, aplicável este limite aos membros do Ministério Público, aos Procuradores e Defensores Públicos.

(D) os acréscimos pecuniários percebidos por servidor público não serão computados nem acumulados para fim de concessão de acréscimos ulteriores.

(E) somente por lei específica poderá ser criada autarquia e autorizada a instituição de empresa pública, de sociedade de economia mista e de fundação, cabendo à lei complementar, neste último caso, definir as áreas de sua atuação.

A: correta (art. 37, IV, da CF/1988); **B:** correta (art. 37, XVIII, da CF/1988); **C:** incorreta (devendo ser assinalada), pois o art. 37, XI, da CF/1988 não faz referência a indenizações. Observe: "a remuneração e o subsídio dos ocupantes de cargos, funções e empregos públicos da administração direta, autárquica e fundacional, dos membros de qualquer dos Poderes da União, dos Estados, do Distrito Federal e dos Municípios, dos detentores de mandato eletivo e dos demais agentes políticos e os proventos, pensões ou outra espécie remuneratória **ou indenizatória (...) (a última parte não existe)"**; **D:** correta, nos termos do art. 37, XIV, da CF/1988; **E:** correta (art. 37, XIX, da CF/1988).

Gabarito "C"

(Ministério Público/PR – 2013 – X) Considerando entendimento consolidado no Supremo Tribunal Federal em tema de administração pública, assinale a alternativa ***incorreta***:

(A) O edital do concurso público não pode adotar como critério de desempate o tempo anterior na titularidade do serviço para o qual o concurso público foi realizado;

(B) Viola a Constituição Federal a nomeação de parente, em linha reta, colateral ou por afinidade, até o 3º grau, inclusive, da autoridade nomeante ou de servidor da mesma pessoa jurídica, investido em cargo de direção, chefia ou assessoramento, para o exercício de cargo em comissão ou de confiança, ou, ainda, de função gratificada na administração pública direta e indireta, em qualquer dos Poderes da União, dos Estados, do Distrito Federal e dos Municípios, compreendido o ajuste mediante designações recíprocas;

(C) Não padece de inconstitucionalidade, perante a Constituição Federal, regra inserida em Constituição Estadual que estabelece o sistema eletivo, mediante voto direto e secreto, para escolha dos dirigentes dos estabelecimentos de ensino, com a participação da comunidade escolar;

(D) O edital do concurso público não pode, por si só, fixar limite mínimo de idade para o ingresso no serviço público, sendo indispensável a existência de previsão legal, além de justificada pela natureza das atribuições do cargo a ser preenchido;

(E) O artigo 37, inc. I da Constituição Federal, ao prever que, "na forma da lei", também são acessíveis aos estrangeiros os cargos, empregos e funções públicas, constitui-se em exemplo de preceito constitucional de eficácia limitada ou reduzida, não sendo autoaplicável.

A: Correta. "A exigência de experiência profissional prevista apenas em edital importa em ofensa constitucional" (**RE 558.833-AgR**, Rel. Min. **Ellen Gracie**, julgamento em 8-9-2009, Segunda Turma, *DJE* de 25-9-2009). Não existem critérios de desempate definidos para todos os concursos, cada concurso tem suas especificidades. Por isso é muito importante ler o edital do concurso público. No entanto, existe um critério que está presente em praticamente todos os concursos, confira: I – **Idade** – Segundo o art. 27 da Lei 10.741/2003 – Estatuto do Idoso –, candidatos acima de sessenta anos tem prioridade para ocupação da vaga. Além disso, em seu parágrafo único está estabelecido que o primeiro critério de desempate a ser usado é a idade, dando-se preferência ao de idade mais elevada. Mesmo que ambos os candidatos tenham idade inferior a sessenta anos, aquele que for mais velho será selecionado. Esse é o único critério presente em todos os concursos públicos. II – **Jurado** – Quem atua como jurado em julgamento pode ser priorizado em caso de empate. Mas isso tem que estar estabelecido no edital do concurso, pois não é regra. III – **Mesário** – Quem participa de eleições como mesário também pode ser priorizado em caso de empate. Mas isso tem que estar estabelecido no edital do concurso; IV – **Doador de sangue** – Está em tramitação na Câmara dos Deputados um projeto de lei que pode estabelecer a doação de órgão como critério de desempate. Se aprovada essa lei, em caso de empate, o candidato doador de sangue fica com a vaga; V – **Já ter exercido cargo público** – Alguns concursos usam como critério de desempate a experiência do candidato em cargos públicos, seja no cargo ofertado ou não. Esse critério é RECHAÇADO PELO STF; **B:** Correta. Literalidade da Súmula Vinculante 13 "A nomeação de cônjuge, companheiro ou parente em linha reta, colateral ou por afinidade, até o terceiro grau, inclusive, da autoridade nomeante ou de servidor da mesma pessoa jurídica investido em cargo de direção, chefia ou assessoramento, para o exercício de cargo em comissão ou de confiança ou, ainda, de função gratificada na administração pública direta e indireta em qualquer dos poderes da união, dos estados, do distrito federal e dos municípios, compreendido o ajuste mediante designações recíprocas, viola a constituição federal". Ao editar a Súmula Vinculante 13, a Corte não pretendeu esgotar todas as possibilidades de configuração de nepotismo na Administração Pública, dada a impossibilidade de se preverem e de se inserirem, na redação do enunciado, todas as molduras fático-jurídicas reveladas na pluralidade de entes da Federação (União, estados, Distrito Federal, territórios e municípios) e das esferas de Poder (Executivo, Legislativo e Judiciário), com as peculiaridades de organização em cada caso. Dessa perspectiva, é certo que a edição de atos regulamentares ou vinculantes por autoridade competente para orientar a atuação dos demais órgãos ou entidades a ela vinculados quanto à configuração do nepotismo não retira a possibilidade de, em cada caso concreto, proceder-se à avaliação das circunstâncias à luz do art. 37, *caput*, da CF/88 (MS 31.697 (DJe 2.4.2014) – Dias Toffoli – Primeira Turma); **C:** Incorreta, devendo ser assinalada. É inconstitucional o dispositivo da Constituição Estadual que estabelece o sistema eletivo, mediante voto direto e secreto, para escolha dos dirigentes dos estabelecimentos de ensino. É que os cargos públicos ou são providos mediante concurso público, ou, tratando-se de cargo em comissão, mediante livre nomeação e exoneração do Chefe do Poder Executivo, se os cargos estão na órbita deste (CF, art. 37, II, art. 84, XXV); **D:** Correta. "O limite de idade para a inscrição em concurso público só se legitima em face do art. 7º, XXX, da Constituição, quando possa ser justificado pela natureza das atribuições do cargo a ser preenchido." (Súmula 683 do STF); **E:** Correta, pois uma vez editada a norma regulamentadora os estrangeiros passaram a ter o exercício daquele direito, ou seja, irá ampliar o campo de atuação da norma constitucional.

Gabarito "C"

(Ministério Público/MG – 2005) Um grupo de candidatos inscritos em um concurso público na Área de Educação do Estado para o cargo de Professor do Ensino Básico propuseram uma ação de mandado de segurança. Pretendiam a nulidade de cláusula do edital que previa apenas a realização de provas objetivas. Pleiteavam também a republicação do edital que previsse o concurso sob a modalidade de provas e títulos. Sobre a questão é **CORRETO** afirmar que

(A) é obrigatória a avaliação do tempo de serviço público como título em concurso público, em razão da melhor eficiência na Administração Pública.

(B) é obrigatória a previsão de aferição de títulos em concurso público como fase integrante do próprio certame, uma vez que se trata de ato jurídico complexo.

(C) é liquido e certo o direito de computar os títulos de pós-graduação, mestrado ou doutorado na matéria, por se tratar de concurso na área de Educação e assim para melhor qualificação técnica e eficiência do futuro servidor.

(D) não procede a pretensão dos candidatos eis que presumem-se sempre constitucionais os atos do Poder Público no que se refere a qualificação adequada do candidato selecionado por concurso público.

(E) a questão se insere dentro do critério da discricionariedade administrativa da Administração eleger qual será a modalidade do concurso destinado ao provimento dos seus cargos em razão na natureza do certame.

A: incorreta, pois são estáveis após 3 (três) anos de efetivo exercício os servidores nomeados para cargo de provimento efetivo em virtude de concurso público. Como condição para a aquisição de estabilidade, é obrigatória a avaliação especial desempenho por comissão instituída para essa finalidade. Observe que a avaliação é realizada após a nomeação e não antes; **B:** incorreta, pois não é obrigatória a avaliação do tempo de serviço público como título em concurso público, em razão da melhor eficiência na Administração Pública. A questão se insere dentro do critério da discricionariedade; **C:** incorreta, já que o art. 37, II, da CF, determina que a investidura em cargo ou emprego público depende de aprovação prévia em concurso público de provas *ou* de provas e títulos; de acordo com a natureza e complexidade do cargo ou emprego, na forma previstas em lei, ressalvados as nomeações para cargo em comissão declarado em lei de livre nomeação e exoneração. Não há que se falar em direito líquido e certo se estamos diante de um ato discricionário da administração pública; **D:** incorreta, pois não se presumem sempre constitucionais os atos do Poder Público; **E:** correta, pois, de fato, a questão se insere dentro do critério da discricionariedade administrativa da Administração eleger qual será a modalidade do concurso destinado ao provimento dos seus cargos em razão na natureza do certame. Os atos discricionários, também chamados de atos precários, são atos realizados mediante critérios de oportunidade, conveniência, justiça e equidade, próprios da autoridade pública, e isso ocorre porque a Lei, nestes casos, não atingiu a todos os aspectos da administração púbica, pois a norma jurídica deixa certa margem e não prevê todos as condutas, não tipificando-as na lei. A discricionariedade implica em liberdade de atuação do administrador, que pode fazer ou deixar de fazer algo, pois a lei não é impositiva e imperativa, obrigando que "aquilo" seja feito, entretanto, isso ocorre segundo regras rígidas, específicas e limitadas de atuação do administrador.

Gabarito "E"

(Ministério Público/GO – 2012) A administração pública direta e indireta de qualquer dos Poderes da União, dos Estados, do Distrito Federal e dos Municípios obedecerá aos princípios de legalidade, impessoalidade, moralidade, publicidade e eficiência e, também, ao seguinte:

(A) O prazo de validade do concurso público será de dois anos, prorrogável uma vez, por igual período.

(B) É vedada a vinculação ou equiparação de vencimentos, para o efeito de remuneração de pessoal do serviço público, com a ressalva de que a lei assegurará, aos servidores da administração direta, isonomia de vencimentos para cargos de atribuições iguais ou assemelhados do mesmo Poder ou entre servidores dos Poderes Executivo, Legislativo e Judiciário.

(C) A investidura em cargo ou emprego público depende de aprovação prévia em concurso público de provas ou de provas e títulos, ressalvadas as nomeações para cargo em comissão declarado em lei de livre nomeação e exoneração.

(D) É vedada a acumulação remunerada de cargos públicos, exceto, quando houver compatibilidade de horários, a de dois cargos de professor, a de um cargo de professor com outro técnico ou científico e a de dois cargos privativos de médicos.

A: incorreta, pois o prazo de validade do concurso público será de *até* dois anos, prorrogável uma vez, por igual período, nos termos do art. 37, III, da CF; **B:** incorreta, pois a questão em análise traz uma hipótese em que não será vedada a vinculação, quando na verdade, é vedada a vinculação ou equiparação de *quaisquer espécies* remuneratórias para o efeito de remuneração de pessoal do serviço público, conforme art. 37, XIII, da CF; **C:** correta, literalidade do art. 37, II, da CF, que dispõe: "A investidura em cargo ou emprego público depende de aprovação prévia em concurso público de provas ou de provas e títulos, ressalvadas as nomeações para cargo em comissão declarado em lei de livre nomeação e exoneração"; **D:** incorreta, pois o que se permite é a cumulação de dois cargos ou empregos privativos de profissionais de saúde, com profissões regulamentadas. O enunciado da alternativa restringiu aos médicos, sendo que se aplica a todos os profissionais da saúde. Observem que apenas a parte final da alternativa está incorreta, nos termo do art. 37, XVI, "a", "b" e "c", da CF.

Gabarito "C"

(Ministério Público/CE – 2011 – FCC) Considere as seguintes afirmações a respeito da disciplina constitucional do controle da Administração Pública:

I. O controle externo da Administração Pública, na esfera federal, compete ao Congresso Nacional, que o exercerá com o auxílio do Tribunal de Contas da União, ao qual a Constituição da República atribui competências próprias de fiscalização, bem como para aplicar aos responsáveis, em caso de ilegalidade de despesa ou irregularidade de contas, as sanções previstas em lei.

II. A ação popular e o direito de petição são instrumentos de que dispõe qualquer cidadão para desencadear o controle de atos da Administração que, respectivamente, sejam ofensivos à moralidade administrativa ou configurem abuso de poder.

III. Compete privativamente ao Senado Federal autorizar operações externas de natureza financeira, de interesse da União, dos Estados, do Distrito Federal, dos Territórios e dos Municípios.

Está correto o que se afirma em

(A) I, apenas.

(B) II, apenas.

(C) I e II, apenas.

(D) I e III, apenas.

(E) I, II e III.

I: correta, literalidade do art. 71, VIII, da CF; **II:** correta, a iniciativa popular pode ser exercida pela apresentação à Câmara dos Deputados de projeto de lei subscrito por, no mínimo, um por cento do eleitorado nacional, distribuído pelo menos por cinco Estados, com não menos de três décimos por cento dos eleitores de cada um deles, e direito de petição será exercido independentemente do pagamento de taxas, sendo que o peticionário irá peticionar aos Poderes Públicos em defesa de direitos ou contra ilegalidade ou abuso de poder; **III:** correta, pois compete privativamente ao Senado Federal autorizar operações externas de natureza financeira, de interesse da União, dos Estados, do Distrito Federal, dos Territórios e dos Municípios, segundo o art. 52, V, da CF.

Gabarito "E"

(Ministério Público/PR – 2011) Relativamente à responsabilidade civil do Estado é incorreto afirmar:

(A) Nos termos do artigo 37, § 6º, da Constituição Federal, a responsabilidade civil do Estado em regra é objetiva.

(B) De acordo com autorizada doutrina e jurisprudência, há entendimento de que nos casos de condutas omissivas do Estado, a sua responsabilidade deve ser apurada subjetivamente.

(C) Sendo responsabilizada a administração pública, poderá promover ação regressiva contra o(s) agente(s) responsável(eis) nos casos de dolo ou culpa.

(D) A responsabilidade objetiva do Estado não pode ser afastada em nenhuma hipótese, havendo apenas possibilidade de repartir-se o valor da indenização no caso de culpa concorrente da vítima.

(E) São requisitos para configuração da responsabilidade civil do Estado a ocorrência do dano e a existência do nexo causal entre o dano e a conduta do agente estatal.

A e **E:** corretas, pois o art. 37, § 6º, da CF, traz a regra da responsabilidade civil objetiva do Estado, ou seja, é necessário provar a ação do Estado, o dano e o nexo de causalidade entre a ação e o dano, sem perquirir o elemento subjetivo; **B:** correta, já que nas condutas omissivas, a regra passa a ser a responsabilidade subjetiva do Estado, necessitando-se comprovar dolo ou culpa do agente estatal; **C:** correta, pois o direito de regresso encontra-se previsto no art. 37, § 6º, parte final, da CF; **D:** incorreta, devendo ser assinalada, pois pode ser afastada se decorrer de caso fortuito, força maior, ou de culpa exclusiva da vítima.

Gabarito "D"

(Ministério Público/BA – 2010) Se uma lei estadual nova extinguir vantagem pecuniária que compõe os vencimentos dos servidores públicos civis do Estado:

(A) Só poderá ser aplicada aos servidores admitidos após sua vigência.

(B) Não poderá ser aplicada aos servidores admitidos após sua vigência, que já tenham sido servidores públicos.

(C) Não poderá ser aplicada aos servidores estaduais que percebam, há mais de 5(cinco) anos, a vantagem extinta.

(D) Poderá ser aplicada aos servidores atuais, se não acarretar diminuição pecuniária dos vencimentos.

(E) Será inconstitucional, por violação ao direito adquirido.

A lei não é inconstitucional porque não há direito adquirido a regime jurídico. Entretanto, se importar em redução de vencimentos, não pode ser aplicada, por força do art. 37, XV, da CF.

Gabarito "D"

(Ministério Público/MG – 2011) Em relação à fixação dos subsídios dos agentes políticos, é **CORRETO** afirmar que

(A) os subsídios do Presidente e do Vice-Presidente da República e dos Ministros de Estado serão fixados pela Mesa do Senado Federal, observado o que dispõem os arts. 37, XI, 39, § 4º, 150, II, 153, III, e 153, § 2º, I.

(B) os subsídios dos Deputados Estaduais será fixado por Lei de iniciativa do Governador do Estado, na razão de, no máximo, setenta e cinco por cento daquele estabelecido, em espécie, para os Deputados Federais, observado o que dispõem os arts. 39, § 4º, 57, § 7º, 150, II, 153, III, e 153, § 2º, I.

(C) os subsídios do Governador, do Vice-Governador e dos Secretários de Estado serão fixados por lei de iniciativa do Presidente da República, observado o que dispõem os arts. 37, XI, 39, § 4º, 150, II, 153, III, e 153, § 2º, I.

(D) os subsídios do Prefeito, do Vice-Prefeito e dos Secretários Municipais serão fixados por lei de iniciativa da Câmara Municipal, observado o que dispõem os arts. 37, XI, 39, § 4º, 150, II, 153, III, e 153, § 2º, I.

A: incorreta, já que os subsídios do Presidente e do Vice-Presidente da República e dos Ministros de Estado serão fixados pelo *Congresso Nacional*, nos termos do art. 49, VIII, da CF (a fixação se dará por meio de decreto legislativo); **B:** incorreta, nos termos que os subsídios dos Deputados Estaduais serão fixados por Lei de iniciativa da Assembleia Legislativa, nos termos do art. 27, § 2º, da CF; **C:** incorreta, na exata medida que os subsídios do Governador, do Vice-Governador e dos Secretários de Estado serão fixados por lei de iniciativa da *Assembleia Legislativa*, como determina o art. 28, § 2º, da CF; **D:** correta, réplica do art. 29, V, da CF.

Gabarito "D"

(Ministério Público/MG – 2010 – FUNDEP) Dentre os princípios norteadores da Administração Pública, a Constituição do Estado de Minas Gerais prevê

(A) lealdade.

(B) imediatidade.

(C) legitimidade.

(D) razoabilidade.

Os princípios norteadores da Administração Pública, em geral, estão previstos no art. 37, *caput*, da CF. Além deles, o art. 13 da Constituição do Estado de Minas Gerais prevê, também, a razoabilidade.

Gabarito "D"

(Ministério Público/SE – 2010 – CESPE) Com base nas normas constitucionais referentes à administração direta e indireta e ao instituto da intervenção, assinale a opção correta.

(A) A exigência constitucional de reserva de vaga para portadores de deficiência física em concurso público é exigência de caráter geral que não pode ser afastada, salvo se o número de cargos resultante do percentual legalmente previsto for inferior a um, caso em que a fração poderá ser desprezada.

(B) Em razão da proibição de acumular remuneradamente cargos públicos, não se admite o acúmulo de proventos da inatividade com subsídios ou vencimentos oriundos de cargo, função ou emprego público, mesmo que acumuláveis na atividade.

(C) Somente por lei específica poderá ser criada autarquia e autorizada a instituição de empresa pública, de sociedade de economia mista e de fundação, cabendo à lei complementar, nesse último caso, definir as áreas de sua atuação.

(D) Na intervenção federal, o presidente da República age por provocação e deve decretar o ato interventivo quando se trate de reorganizar as finanças da unidade da Federação que suspender o pagamento da dívida fundada por mais de dois anos consecutivos, ou que deixar de entregar aos municípios receitas tributárias fixadas na CF, nos prazos estabelecidos em lei.

(E) Além das hipóteses descritas na CF, o legislador constituinte estadual pode prever outros casos de intervenção do estado nos municípios.

A: incorreta. Também pode ser afastada nos casos em que as atribuições do cargo sejam incompatíveis com a deficiência (v. art. 5º, § 2º, da Lei 8.112/1990); **B:** incorreta. O art. 37, § 10, da CF excepciona essa hipótese; **C:** correta, art. 37, XIX, da CF; **D:** incorreta. Não reflete o disposto no art. 34, V, *a* e no art. 36, I a III, ambos da CF; **E:** incorreta. As hipóteses foram taxativamente previstas pelo constituinte originário.

Gabarito "C"

(Ministério Público/CE – 2009 – FCC) Sobre a Administração Pública brasileira, conforme configurada em nível constitucional e segundo a leitura que dela faz o Supremo Tribunal Federal, é correto afirmar que

(A) a responsabilidade civil das pessoas jurídicas de direito privado prestadoras de serviço público é objetiva relativamente aos usuários do serviço, não se estendendo a pessoas outras que não ostentem a condição de usuário.

(B) a interpretação do vocábulo "terceiro" contido no § 6º do art. 37 da Constituição ("As pessoas jurídicas de direito público e as de direito privado prestadoras de serviços públicos responderão pelos danos que seus agentes, nessa qualidade, causarem a terceiros, assegurado o direito de regresso contra o responsável nos casos de dolo ou culpa") indica que nele não estão abrangidos os agentes do próprio Estado.

(C) a Administração pode anular seus próprios atos, quando eivados de vícios que os tornem ilegais, porque deles não se originam direitos, ou revogá-los, por motivo de conveniência ou oportunidade, inclusive com revisão de direitos adquiridos.

(D) o direito da Administração de anular os atos administrativos de que decorram efeitos favoráveis para os destinatários decai em dez anos, contados da data em que foram praticados, salvo comprovada má-fé.

(E) o latrocínio cometido por foragido decorrente da negligência estatal na vigilância do criminoso, a inércia das autoridades policiais diante da terceira fuga e o curto espaço de tempo que se seguiu antes do crime não são suficientes para caracterizar o nexo de causalidade entre o ato criminoso referido e a omissão do Estado.

A: correta, pois "a responsabilidade civil das pessoas jurídicas de direito privado prestadoras de serviço público é objetiva relativamente aos usuários do serviço, não se estendendo a pessoas outras que não ostentem a condição de usuário. Exegese do art. 37, § 6º, da CF" (STF, RE 262.651, Rel. Min. Carlos Velloso); **B:** incorreta, pois o Estado pode responder por danos causados inclusive a seus agentes; **C:** incorreta, pois a redação da questão é contrária a Súmula 473 do STF: "A administração pode anular seus próprios atos, quando eivados de vícios que os tornam ilegais, porque deles não se originam direitos; ou revogá-los, por motivo de conveniência ou oportunidade, *respeitados os direitos adquiridos*, e ressalvada, em todos os casos, a apreciação judicial"; **D:** incorreta, inteligência do art. 54 da Lei 9.784/1999: "O direito da Administração de anular os atos administrativos de que decorram efeitos favoráveis para os destinatários decai em *cinco anos*, contados da data em que foram praticados, salvo comprovada má-fé"; **E:** incorreta, pelos seguintes motivos: "1. A negligência estatal na vigilância do criminoso, a inércia das autoridades policiais diante da terceira fuga e o curto espaço de tempo que se seguiu antes do crime são suficientes para caracterizar o nexo de causalidade. 2. Ato omissivo do Estado que enseja a responsabilidade objetiva nos termos do disposto no art. 37, § 6º, da Constituição do Brasil" (RE 573595, Rel. Min. Eros Grau).

Gabarito "A"

(Ministério Público/DF – 2009) Assinale a alternativa correta.

(A) O princípio constitucional da impessoalidade não obriga a Administração Pública enquanto não sobrevier lei para lhe impor os termos de sua aplicação.

(B) O princípio constitucional da publicidade proíbe qualquer divulgação dos entes públicos, mesmo que seja esta de caráter informativo ou de orientação social.

(C) O princípio constitucional da moralidade administrativa tem valor simbólico, não podendo ser aplicado ou exigido autonomamente.

(D) O princípio constitucional da legalidade refere-se à imposição de cumprimento de todas as normas que compõem o sistema jurídico.

(E) O princípio constitucional da igualdade não submete a Administração Pública, por opção do constituinte que o remeteu à legislação infraconstitucional.

A: incorreta, pois o art. 37, *caput*, da CF não depende de intermediação do legislador para produzir efeitos, têm aplicabilidade direta e eficácia imediata; **B:** incorreta, não reflete o disposto no art. 37, § 1º, da CF; **C:** incorreta, pois nenhum princípio constitucional tem caráter simbólico, todos possuem eficácia, ainda que alguns dependam da atuação do legislador; **D:** correta, contudo, é importante notar que a legalidade está dando lugar à juridicidade, princípio mais amplo que o da legalidade, pois engloba a necessidade de observância não só à lei formal, mas a todo *bloco de legalidade*. "Na qualidade de guarda da Constituição, o Supremo Tribunal Federal tem a elevada responsabilidade de decidir acerca da juridicidade da ação dos demais Poderes do Estado. No exercício desse mister, deve esta Corte ter sempre em perspectiva a regra de autocontenção que lhe impede de invadir a esfera reservada à decisão política dos dois outros Poderes, bem como o dever de não se demitir do importantíssimo encargo que a Constituição lhe atribui de garantir o acesso à jurisdição de todos aqueles cujos direitos individuais tenham sido lesados ou se achem ameaçados de lesão." (STF, MS 25579 MC, Rel. p/ acórdão Min. Joaquim Barbosa); **E:** incorreta, pois a igualdade está expressamente listada como princípio da administração pública no art. 37 da CF.

Gabarito "D"

(Ministério Público/BA – 2008) Assinale a opção correta acerca da administração e dos servidores públicos.

(A) Segundo a CF, para a fixação dos padrões de vencimento e dos demais componentes do sistema remuneratório dos servidores públicos, devem ser observados, além da natureza, do grau de responsabilidade e da complexidade dos cargos componentes de cada carreira, os requisitos para a investidura e as peculiaridades dos cargos.

(B) O regime de previdência assegurado aos servidores titulares de cargos efetivos da administração direta da União, dos estados, do DF e dos municípios tem caráter contributivo e solidário, distinto do regime geral de previdência social aplicável aos servidores das autarquias, fundações e entidades de direito privado que integram a administração pública.

(C) A CF prevê que o prazo de validade dos concursos públicos é de até dois anos, prorrogável uma vez por igual período, e determina que a não observância dessa regra constitucional implicará a revogação do ato e a sujeição da autoridade responsável a julgamento por crime de responsabilidade.

(D) A remuneração dos servidores públicos só pode ser fixada ou alterada por lei específica, observada a iniciativa privativa em cada caso, enquanto os subsídios dos membros de poder, dos detentores de mandato eletivo, dos ministros de Estado e dos secretários estaduais e municipais só podem ser fixados por decreto legislativo, instrumento por meio do qual se veiculam as competências exclusivas do Congresso Nacional e das casas legislativas.

(E) O servidor público da administração direta, autárquica ou fundacional investido no mandato de prefeito municipal tem direito a perceber as vantagens de seu cargo ou função e a remuneração do cargo eletivo, se houver compatibilidade de horários, ou a optar pela remuneração de servidor, se não houver compatibilidade.

A: correta, pois o ditame constitucional deve ser analisado não horizontalizando as carreiras, mas verticalizando cada uma delas; vale dizer, dentro de uma mesma carreira, portanto, dentro de um determinado órgão, a hierarquização – e por decorrência a remuneração – deve ser ditada face à complexidade e ao grau de responsabilidade que cada cargo impõe. A questão se coaduna com o art. 39,§ 1º, I, II e III, da CF; **B:** incorreta, pois o art. 40 da CF, inclui suas autarquias e fundações e a alternativa exclui tais entes, chegando a afirmar que o regime é totalmente distinto; **C:** incorreta, na exata medida que a publicação de um concurso público não gera direito do inscrito, oponível à Administração Pública, quanto a sua realização pois, por critérios de oportunidade de conveniência, ela pode anular ou revogar o edital convocatório. O mesmo raciocínio pode ser aplicado durante o após a realização do sobredito certame; ainda, se encerrado e homologado o procedimento, mesmo assim não fica obrigada a Administração Pública a dar provimento ao cargo, podendo, a seu critério, postergar o provimento e as subsequentes nomeação e posse dos candidatos vencedores até o limite máximo de dois anos, prorrogável por igual prazo. Até que o provimento pela nomeação ocorra, não emerge direito concreto ao candidato, mas mera expectativa de direito, reservando-se ao Poder Público, como dito, o juízo valorativo da oportunidade do provimento do cargo (inteligência do art. 37, III e IV, da CF c/c a Súmula 15 do STF); **D:** incorreta, pois a remuneração dos servidores públicos e dos membros de Poder, o detentor de mandato eletivo, os Ministros de Estado, e os Secretários Estaduais e Municipais será exclusivamente por subsídio fixado em parcela única, vedado o acréscimo de qualquer gratificação, adicional, abono, prêmio, verba de representação ou outra espécie remuneratória, obedecido, em qualquer caso, os termos da lei específica, conforme os arts. 37, X e XI, e 39, § 4º, ambos da CF. Devemos ressaltar que os decretos legislativos veiculam as competências exclusivas somente do Congresso Nacional, nos termos do art. 49 da CF, pois as casas legislativas do Congresso Nacional, quais sejam, Câmara dos Deputados e Senado Federal, se veiculam as competências privativas, logo, se utilizam das resoluções, nos termos dos arts. 51 e 52, da CF; **E:** incorreta, pois em se tratando de prefeito municipal, será ele afastado do cargo, emprego ou função, sendo-lhe facultado optar pela sua remuneração, conforme art. 38, II, da CF. Todavia, o enunciado diz respeito aos Vereadores, que uma vez investido no mandato, havendo compatibilidade de horário, perceberá as vantagens de seu cargo, emprego ou função, sem prejuízo da remuneração do cargo eletivo, e, não havendo compatibilidade, será aplicada as regras pertinentes aos Prefeitos, nos termos do art. 38, III, da CF.

Gabarito "A"

(Ministério Público/MG – 2005) Relativamente aos militares dos Estados, prevê a Constituição da República que

(A) a categoria é integrada pelos membros das Polícias Militares, dos Corpos de Bombeiros Militares e das Forças Armadas lotados em serviços estaduais.

(B) a eles não se aplicam as condições de elegibilidade previstas para os militares da União que contem com mais de dez anos de serviço.

(C) cabe à lei estadual específica dispor, entre outros assuntos, sobre seus direitos, deveres, remuneração e prerrogativas.

(D) se lhes aplicam as mesmas regras que aos servidores civis quanto à contagem de tempo de contribuição para efeito de aposentadoria, mas não quanto a tempo de serviço para fins de disponibilidade.

(E) a seus pensionistas aplica-se o que for fixado em lei federal específica.

A: incorreta, pois os membros das Polícias Militares e Corpos de Bombeiros Militares, instituições organizadas com base na hierarquia e disciplina, são militares dos Estados, do Distrito Federal e dos Territórios, nos termos do art. 42 da CF e art. 89 do ADCT. No que diz respeito às Forças Armadas, constituídas pela Marinha, pelo Exército e pela Aeronáutica, são instituições permanentes e regulares, organizadas com base na hierarquia e na disciplina, sob a autoridade suprema do Presidente da República, e destinam-se à defesa da Pátria, à garantia dos poderes constitucionais e, por iniciativa de qualquer destes, da lei e da ordem, conforme art. 142 da CF. Os membros das Forças Armadas são denominados militares (art. 142, § 3º, da CF); **B:** incorreta, já que o art. 14, § 8º, II, da CF, se aplica a todo e qualquer militar, conforme art. 42, § 1º, da CF; **C:** correta, interpretação extraída do art. 42, § 2º, da CF; **D:** incorreta, já que a todos os servidores civis ou militares titulares de cargos efetivos da União, dos Estados, do Distrito Federal e dos Municípios, incluídas suas autarquias de fundações, é assegurado regime de previdência de caráter contributivo e solidário, mediante contribuição do respectivo ente público, dos servidores ativos e inativos e dos pensionistas, observados critérios que preservem o equilíbrio financeiro e atuarial, logo, o tempo de contribuição federal, estadual ou municipal será contado para efeito de aposentadoria e o tempo de serviço correspondente para efeito de disponibilidade, nos termos dos arts. 42, § 1º e 40, § 9º, da CF; **E:** incorreta, pois relativamente ao militares dos Estados, prevê a Constituição da República que a seus pensionistas aplica-se o que for fixado em lei específica do respectivo ente estatal, nos termos do art. 42, § 2º, da CF.

Gabarito "C"

(Ministério Público/MG – 2006) A respeito do Poder Executivo e das atribuições, prerrogativas e responsabilidades do presidente da República, assinale a opção correta.

(A) A CF dedica um capítulo à caracterização dos atos do presidente da República considerados crimes de responsabilidade e apresenta, de forma exaustiva, as normas sobre processo e julgamento desses crimes pelo Senado Federal.

(B) Se, decorridos dez dias da data fixada para a posse, o presidente, salvo motivo de força maior, não tiver assumido o cargo, o vice-presidente da República será chamado a exercer a Presidência, em caráter interino, devendo convocar eleição noventa dias depois da declaração de vacância do cargo presidencial.

(C) Instaurado processo, na Câmara dos Deputados, contra o presidente da República, por crime de responsabilidade, ficará o chefe do Poder Executivo imediatamente suspenso de suas funções.

(D) O presidente e o vice-presidente da República só poderão ausentar-se do país mediante licença do Senado Federal, sob pena de perda do cargo.

(E) Compete ao presidente da República, na condição de chefe de Estado, declarar guerra no caso de agressão estrangeira e celebrar a paz, mediante autorização ou referendo do Congresso Nacional.

A: incorreta, pois o "caput" do art. 85 da CF, dispõe que são crimes de responsabilidade os atos do Presidente da República que atentem contra a Constituição Federal e, elenca os principais atos que configuram crimes de responsabilidade. A Lei 1.079/1950, define os crimes de responsabilidade e a Lei 8.429/1992, dispõe sobre as sanções aplicáveis aos agentes públicos no casos de enriquecimento ilícito no exercício do mandato, cargo, emprego ou função na administração pública direta, indireta ou fundacional; **B:** incorreta, pois o cargo será apenas declarado vago, logo, em caso de impedimento do Presidente ou Vice-Presidente da República, ou vacância dos respectivos cargos, serão sucessivamente chamados ao exercício da Presidência o Presidente da Câmara dos Deputados, o do Senado Federal e o do Supremo Tribunal Federal. Sendo assim, vagando os cargos de Presidente e Vice-Presidente da República, far-se-á a eleição noventa dias depois de aberta a última vaga, conforme arts. 78, parágrafo único, 80 e 81, da CF; **C:** incorreta, pois o Presidente da República ficará suspenso de sua funções nos crimes de responsabilidade, após a instauração do processo pelo Senado Federal, nos termos doa art. 86, § 1º, II, da CF; **D:** incorreta, na exata medida que a licença será concedida pelo Congresso Nacional, nos termos do art. 83 da CF; **E:** correta, pois compete privativamente ao Presidente da República declarar guerra, no caso de agressão estrangeira e celebrar a paz, autorizado em ambos os casos pelo Congresso nacional, nos termo do art. 84, XIX e XX, da CF.

Gabarito "E"

(Ministério Público/RN – 2009) Acerca do Poder Executivo, do Conselho da República e do Conselho de Defesa Nacional e da intervenção federal, assinale a opção correta.

(A) A CF caracteriza como crimes de responsabilidade os atos do presidente da República que atentem contra a lei orçamentária e contra o cumprimento das leis e das decisões judiciais.

(B) Participam do Conselho da República, como membros natos, entre outros, os ministros de Estado da Defesa e das Relações Exteriores, já que o conselho é o órgão consultivo para assuntos relacionados à soberania nacional e à defesa do Estado democrático.

(C) Embora tanto o Conselho de Defesa Nacional quanto o Conselho da República devam opinar sobre a decretação do estado de defesa e do estado de sítio, apenas o pronunciamento do Conselho de Defesa Nacional sobre esses assuntos vincula o presidente da República.

(D) A intervenção federal em estados da Federação somente surtirá efeitos após o decreto de intervenção editado pelo presidente da República ser aprovado pelo Congresso Nacional.

(E) Compete privativamente ao presidente da República nomear, após aprovação pelo Congresso Nacional, os ministros do STF e dos tribunais superiores, os governadores de territórios, o procurador-geral da República e o advogado-geral da União.

A: correta, nos termos do art. 85, VI e VII, da CF; **B:** incorreta, pois o único ministro de Estado que participa do Conselho da República que é o órgão superior de consulta do Presidente da República é o Ministro da justiça, acompanhado do Vice-Presidente da República, o Presidente da Câmara dos Deputados, O Presidente do Senado Federal, os líderes da maioria e da minoria na Câmara dos Deputados e do Senado Federal e seis cidadãos natos, com mais de trinta e cinco anos de idade, sendo dois nomeados pelo Presidente da República, dois eleitos pelo Senado Federal e dois eleitos pela Câmara dos Deputados, todos com mandato de três anos, vedada a recondução, nos termos do art. 89 da CF; **C:** incorreta, pois ambos os Conselhos da República e de Defesa Nacional se pronunciam, opinam sem vincular o presidente da República; **D:** incorreta, na exata medida que o art. 34 da CF apresenta duas modalidade de intervenção federal: a espontânea nos termos do art. 34, I, II, III e V, da CF, e a provocada nos termos do art. 34, IV, VI e VII, da CF. Em ambos os casos, o presidente da República irá decretar a intervenção federal por meio de decreto de intervenção, que especificará a amplitude, o prazo e as condições de execução, que, se couber, nomeará o interventor, será submetido à apreciação do Congresso Nacional no prazo de vinte e quatro horas. Observem, o presidente da República decreta em um primeiro momento e no segundo, comunica o Congresso Nacional; **E:** incorreta, já que compete privativamente ao presidente da República nomear, após aprovação pelo *Senado federal* e não do Congresso Nacional, os Ministros do Supremo Tribunal Federal e dos Tribunais Superiores, os Governadores de Territórios, o Procurador-Geral da República, o Advogado-geral da União, o presidente e os diretores do banco central, os Ministros do Tribunal de Contas da União, conforme o art. 73 da CF, e outros servidores, quando determinado em lei, nos termos do art. 84, XIV, XV e XVI, da CF.

Gabarito "A"

(Ministério Público/DF – 2009) Assinale a alternativa incorreta.

(A) Os servidores públicos brasileiros têm os seus direitos definidos a partir do sistema constitucional.

(B) Os servidores públicos dos entes federados submetem-se ao regime jurídico firmado pelas pessoas políticas às quais se acham vinculadas.

(C) Os servidores públicos distritais submetem-se exclusivamente ao regime jurídico da União, em razão de sua peculiar condição.

(D) Os servidores públicos podem acumular cargos, nos termos da Constituição, vinculando-se a mais de um ente federado.

(E) Os servidores públicos brasileiros têm o teto remuneratório afirmado segundo parâmetro limitador nacional, qualquer que seja o ente empregador.

A: correta, art. 39 e ss. da CF; **B:** correta. No âmbito federal, o regime dos servidores públicos é regido pela Lei 8.112/1990; **C:** incorreta, devendo ser assinalada. Nem todos os serviços públicos distritais são organizados e mantidos pela União; **D:** correta. As hipóteses previstas no art. 37, XVI, da CF também incluem matrículas em outros entes da Federação; **E:** correta, Art. 37, XI, da CF.

Gabarito "C"

(Ministério Público/MA – 2009) A Emenda Constitucional n. 19/1998, encerrando discussões doutrinárias e jurisprudenciais sobre a previsão implícita de determinado princípio de administração pública expressamente o incorporou ao texto constitucional. Qual é esse princípio?

(A) Legalidade.

(B) Eficiência.

(C) Moralidade.

(D) Razoabilidade.

(E) Impessoalidade.

Art. 37, *caput*, da CF.

Gabarito "B"

(Ministério Público/MA – 2009) A proibição de acumulação remunerada de cargos públicos se estende às:

I. autarquias;

II. fundações públicas;

III. empresas públicas; e,

IV. sociedades de economia mista.

Estão CORRETOS os itens:

(A) "I", "II" e "III";

(B) "I", "II", "III" e "IV";

(C) "I" e "II";

(D) "II" e "III";

(E) "I" e "III".

Art. 37, XVII, da CF.

Gabarito "B"

(Ministério Público/PR – 2009) Assinale a alternativa INCORRETA:

(A) o prazo de validade do concurso público será de até dois anos, prorrogável uma vez, por igual período;

(B) são estáveis, após 2 (dois) anos de efetivo exercício, os servidores nomeados para cargo de provimento efetivo em virtude de concurso público;

(C) a lei estabelecerá os casos de contratação por tempo determinado para atender a necessidade temporária de excepcional interesse público;

(D) a proibição de acumular cargos públicos estende-se a empregos e funções e abrange autarquias, fundações, empresas públicas, sociedades de economia mista, suas subsidiárias, e sociedades controladas, direta ou indiretamente, pelo poder público;

(E) depende de autorização legislativa, em cada caso, a criação de subsidiárias de sociedades de economia mista.

A: correta, art. 37, III, da CF; **B:** incorreta, devendo ser assinalada, após três anos de efetivo exercício (art. 41 da CF); **C:** correta, art. 37, IX, da CF; **D:** correta, art. 37, XVII, da CF; **E:** correta, art. 37, XIX e XX, da CF.

Gabarito "B"

(Ministério Público/MG – 2008) É possível ter-se como violação aos princípios constitucionais que norteiam a administração pública direta e indireta de qualquer dos Poderes da União, dos Estados, do Distrito Federal e dos Municípios:

(A) a investidura em cargo ou emprego público dependente de aprovação prévia em concurso público de provas ou de provas e títulos, de acordo com a natureza e a complexidade do cargo ou emprego, na forma prevista em lei, ressalvadas as nomeações para cargo em comissão declarado em lei de livre nomeação e exoneração.

(B) a convocação com prioridade sobre novos concursados do candidato aprovado em concurso público de provas e títulos, durante o prazo improrrogável previsto no edital de convocação, para assumir cargo ou emprego, na carreira.

(C) a nomeação de cônjuge, companheiro ou parente em linha reta, colateral ou por afinidade, até o terceiro grau, inclusive, da autoridade nomeante ou de servidor da mesma pessoa jurídica investido em cargo de direção, chefia ou assessoramento, para o exercício de cargo em comissão ou de confiança ou, ainda, de função gratificada.

(D) a remuneração dos servidores públicos e o subsídio fixados ou alterados por lei específica, observada a iniciativa privativa em cada caso, assegurada revisão geral anual, sempre na mesma data e sem distinção de índices.

(E) a remuneração e o subsídio dos ocupantes de cargos, funções e empregos públicos da administração direta, autárquica e fundacional, dos membros de qualquer dos Poderes da União, dos Estados, do Distrito Federal e dos Municípios, dos detentores de mandato eletivo e dos demais agentes políticos e os proventos, pensões ou outra espécie remuneratória, percebidos cumulativamente ou não, incluídas as vantagens pessoais ou de qualquer outra natureza, não podendo exceder o subsídio mensal, em espécie, dos Ministros do Supremo Tribunal Federal, aplicando-se como limite, nos Municípios, o subsídio do Prefeito, e nos Estados e no Distrito Federal, o subsídio mensal do Governador no âmbito do Poder Executivo, o subsídio dos Deputados Estaduais e Distritais no âmbito do Poder Legislativo e o subsídio dos Desembargadores do Tribunal de Justiça, limitado a noventa inteiros e vinte e cinco centésimos por cento do subsídio mensal, em espécie, dos Ministros do Supremo Tribunal Federal, no âmbito do Poder Judiciário, aplicável este limite aos membros do Ministério Público, aos Procuradores e aos Defensores Públicos.

A, B, D e **E:** incorretas, refletem a observância dos princípios e regras aplicáveis à Administração Pública (art. 37, II, IV, X e XI, da CF); **C:** correta. Contraria a Súmula Vinculante 13 do STF.

Gabarito "C"

(Ministério Público/PR – 2008) Assinale a alternativa INCORRETA:

(A) Os princípios da legalidade, da impessoalidade, da moralidade, da publicidade e da eficiência deverão ser obedecidos pela administração pública direta e indireta de qualquer dos poderes da União, dos Estados, do Distrito Federal e dos Municípios;

(B) As pessoas jurídicas de direito público e as de direito privado prestadoras de serviços públicos responderão pelos danos que seus agentes, nessa qualidade, causarem a terceiros, assegurado o direito de regresso contra o responsável no caso de dolo ou culpa;

(C) A investidura em cargo ou emprego público depende de aprovação prévia em concurso público de provas ou de provas e títulos, de acordo com a natureza e a complexidade do cargo ou emprego, na forma prevista em lei, ressalvadas as nomeações para cargo em comissão;

(D) Os cargos em comissão destinam-se apenas às atribuições de direção, chefia e assessoramento;

(E) Ao servidor ocupante, exclusivamente, de cargo em comissão, declarado em lei de livre nomeação e exoneração, desde que conte com cinco anos de efetivo exercício, será assegurado o regime especial de previdência aplicável ao servidor público titular de cargo efetivo.

A: correta, art. 37, *caput*, da CF; **B:** correta, art. 37, § 6º, da CF; **C:** correta, art. 37, II, da CF; **D:** correta, art. 37, V, da CF; **E:** incorreta, devendo ser assinalada. Não reflete o disposto no art. 40, § 13, da CF.

Gabarito "E"

(Ministério Público/RR – 2008 – CESPE) O controle administrativo corresponde ao exame que a administração pública faz sobre a sua conduta, quanto à legalidade ou ao mérito de seus atos, por iniciativa própria ou mediante provocação. A respeito do controle da administração, dos princípios e dos poderes administrativos, julgue os itens subsequentes.

(1) Os recursos administrativos constituem mecanismos de controle interno, por meio do qual a administração é provocada a fiscalizar seus próprios atos, visando ao atendimento do interesse público e a preservação da legalidade.

(2) A CF assegura, expressamente, a ampla defesa nos processos administrativos.

(3) Quanto ao efeito da interposição do recurso, predomina a regra da suspensividade dos efeitos do ato impugnado, tendo em vista a presunção de legalidade do ato administrativo e a sua autoexecutoriedade.

(4) A CF prevê que as Mesas da Câmara dos Deputados e do Senado Federal poderão encaminhar, por escrito, pedidos de informação a ministros de Estado, importando em crime de responsabilidade o não atendimento do pedido no prazo de 30 dias, bem como a prestação de informações falsas.

(5) No âmbito do controle parlamentar, a CF prevê a possibilidade de criação de comissões parlamentares de inquérito, pela Câmara dos Deputados e pelo Senado Federal, desde que em conjunto.

1: correta. O controle interno é o exercido pela própria Administração e realizado, *e.g.*, por intermédio dos recursos administrativos. **2:** correta. É o que dispõe o art. 5º, LV, da CF. **3:** incorreta. Não reflete o disposto no art. 61 da Lei 9.784/1999. **4:** correta. É o que prevê o art. 50, § 2º, da CF. **5:** incorreta. Não reflete a disposição do art. 58, § 3º, da CF.

Gabarito 1C, 2C, 3E, 4C, 5E

(Ministério Público/RO – 2008 – CESPE) Quanto à organização do Estado, assinale a opção correta.

(A) Se, devido a escavações realizadas pela prefeitura de um município, forem descobertos os pertences de uma antiga família, responsável pela colonização daquele município, nessa hipótese, será de competência comum entre União, estados, DF e municípios promover a proteção do patrimônio histórico-cultural, independentemente da importância local ou não desse patrimônio.

(B) Os integrantes da carreira de policial militar do ex-território federal de Rondônia, que comprovadamente se encontravam no exercício regular de suas funções prestando serviços àquele ex-território na data em que foi transformado em estado, bem como os policiais militares admitidos por força de lei federal, continuarão a ser custeados pela União, constituindo quadro em extinção, mas serão transferidos para o estado.

(C) É um princípio constitucional sensível, expressamente previsto para fins de intervenção federal nos estados, a fixação, na Constituição estadual, do número de vereadores de forma proporcional à população do município.

(D) Para efeitos administrativos, a União poderá articular a sua ação em um mesmo complexo geoeconômico e social, visando a seu desenvolvimento e à redução das desigualdades regionais, inclusive, por meio de isenções tributárias ou mesmo igualdade de tarifas, fretes, seguros e outros itens de custos e preços de responsabilidade do poder público.

(E) Se determinado estado da Federação possui 18 deputados federais, então, conforme determina a CF, esse estado terá 56 deputados estaduais.

A: incorreta. Não reflete o disposto no art. 30, IX, da CF: competência do município; **B:** incorreta. O art. 21, XIV, da CF foi alterado pela EC 18/1998 para retirar da União a responsabilidade pela polícia dos Territórios; **C:** incorreta. Os princípios constitucionais sensíveis são os listados no art. 34, VII, da CF; **D:** correta, art. 43, *caput* e § 2º, I e II, da CF; **E:** incorreta. Não reflete o disposto no art. 27 da CF.

Gabarito "D"

(Ministério Público/TO – 2006 – CESPE) No que concerne à organização do Estado, assinale a opção correta.

(A) Devido ao fato de o Brasil ser país federativo, em que o estados-membros e municípios detêm autonomia com fundamento constitucional, o legislador constituinte estadual pode criar, desmembrar ou remembrar municípios no respectivo território, bastando que siga os procedimento previstos na própria constituição do estado.

(B) A despeito da autonomia que a Constituição assegura ao estados-membros, na Federação brasileira, estes não podem validamente adotar um Poder Legislativo de feição bicameral nem um processo legislativo essencialmente dissociado do moldes aplicáveis à órbita da União.

(C) Em decorrência do princípio da legalidade, os ato administrativos em geral não são imputáveis à pessoa natural que os praticou, mas ao órgão ou ente em nome do qual atua o agente público.

(D) Considere a seguinte situação hipotética.

Um órgão público construiu prédio para sua sede, e presidente do órgão deliberou denominar o bem público em homenagem a seu genitor, ainda vivo, sob o argumento de que este prestara relevantes serviços à sociedade.

Nessa situação, desde que verdadeiros os fatos nos quais baseado o ato de denominação do prédio, isso seria perfeitamente compatível com os princípios constitucionais.

A: incorreta. Não reflete o disposto no art. 18, § 4º, da CF; **B:** correta. A autonomia dos Estados não se confunde com soberania. Por isso, organizam-se nos moldes previstos na Constituição de 1988 e, além disso, obedecem ao princípio da simetria; **C:** incorreta. Essa regra decorre do princípio da impessoalidade; **D:** incorreta. Contraria o disposto no art. 37, § 1º, da CF.

Gabarito "B"

(Ministério Público/BA – 2005) Quando a Constituição Federal estabelece no seu artigo 37, inciso XI, que nos Estados e no Distrito Federal tem-se como limite remuneratório o subsídio mensal do Governador no âmbito do Poder Executivo, o subsídio dos Deputados Estaduais e Distritais no âmbito do Poder Legislativo e o subsídio dos Desembargadores do Tribunal de Justiça, limitado a 90,25% (noventa vírgula vinte e cinco por cento) do subsídio mensal, em espécie, dos Ministros do STF (Supremo Tribunal Federal), no âmbito do Poder Judiciário, aplicável este limite aos membros do Ministério Público, aos Procuradores e aos Defensores Públicos, é incorreto afirmar que:

(A) O Conselheiro do Tribunal de Contas nos Estados e no Distrito Federal não poderá perceber subsídios superiores aos pagos a Deputado Estadual ou Distrital.

(B) O servidor do Ministério Público, nos Estados e no Distrito Federal, tem como teto remuneratório os subsídios de Desembargador, a exemplo do que ocorre com o serventuário da Justiça nos Estados e no Distrito Federal.

(C) O Defensor Público pode perceber subsídios acima daqueles fixados para o Governador, se estes forem inferiores aos estabelecidos para Desembargador, que constituem o seu teto remuneratório.

(D) Os membros do Ministério Público dos Estados e do Distrito Federal não poderão perceber subsídios acima daqueles fixados para Desembargador.

(E) Os servidores do Ministério Público e da Defensoria Pública dos Estados e do Distrito Federal, ao contrário do que ocorre com os serventuários da Justiça estadual e distrital, não terão como limite remuneratório máximo os subsídios pagos a Desembargador, aplicando-se-lhes, como teto, os subsídios do Governador.

A, C, D e **E:** corretas, art. 37, XI, da CF; **B:** incorreta, devendo ser assinalada. Não reflete o disposto no art. 37, XI, da CF.

Gabarito "B"

(Ministério Público/BA – 2005) Com relação à Administração Pública, assinale a resposta incorreta:

(A) Obedecerá aos princípios de legalidade, impessoalidade, moralidade, publicidade e eficiência, seja ela direta ou indireta, da União, Estados, Distrito Federal ou Municípios.

(B) Lei estabelecerá os casos de contratação por tempo indeterminado para atender a necessidade temporária de excepcional interesse público.

(C) É vedada a vinculação ou equiparação de quaisquer espécie remuneratória para efeito de remuneração de pessoal do serviço público.

(D) A proibição de acumulação remunerada de cargos públicos estende-se a empregos e funções nas autarquias, fundações e empresas públicas.

(E) Os cargos, empregos e funções públicas são acessíveis aos brasileiros e aos estrangeiros na forma da lei, desde que preencham os requisitos estabelecidos em lei.

A: correta, art. 37, *caput*, da CF; **B:** incorreta, devendo ser assinalada. Não reflete a redação do art. 37, IX, da CF: contratação por tempo determinado; **C:** correta, art. 37, XIII, da CF; **D:** correta, art. 37, XVII, da CF; **E:** correta, art. 37, I, da CF.

Gabarito "B"

10. ORGANIZAÇÃO DO PODER EXECUTIVO

(Ministério Público/RS – 2009) Assinale, dentre as alternativas abaixo, quais são as corretas.

I. Embora a previsão da Constituição de que o advogado seja indispensável à administração da justiça, o governador do Estado possui capacidade postulatória, não necessitando da assistência de advogado para ingressar com Ação direta de inconstitucionalidade ou declaratória de constitucionalidade.

II. Na hipótese de *impeachment* do Presidente da República e do seu vice, suceder-lhe-ão, pela ordem, o Presidente da Câmara dos Deputados; na hipótese da impossibilidade deste assumir o cargo, será chamado o Presidente do Senado; no impedimento deste, o Presidente do STF.

III. A Câmara dos Deputados autoriza a instauração de processo contra o Presidente da República, mas é o Senado que o julga.

IV. Senador pode propor emenda constitucional

V. O *quórum* para aprovação de uma súmula vinculante é superior ao exigido para a declaração de inconstitucionalidade de uma lei.

(A) Apenas II, III e V.

(B) Apenas I e IV.

(C) Apenas I, III e V.

(D) Apenas II.

(E) I, II, III, IV e V.

I: correta, embora a previsão da Constituição de que o advogado seja indispensável à administração da justiça, o governador do Estado possui capacidade postulatória, não necessitando da assistência de advogado para ingressar com Ação direta de inconstitucionalidade ou declaratória de constitucional idade. Descabe confundir a legitimidade para a propositura da ação direta de inconstitucionalidade com a capacidade postulatória. Quanto ao governador do Estado, cuja assinatura é dispensável na inicial, tem-na o procurador-geral do Estado (ADI 2.906, Rel. Min. **Marco Aurélio**, julgamento em 01.06.2011, Plenário, *DJe* de 29.06.2011.); **II:** incorreta, pois serão sucessivamente chamados em caso de *impedimento* ou *vacância* do respectivos cargos do Presidente e do Vice-Presidente da República, segundo o art. 80 da CF; **III:** correta, já que compete privativamente à Câmara dos Deputados autorizar, por dois terços de seus membros, a instauração de processo contra o Presidente e o Vice-Presidente da República e os Ministros de Estado, e ao Senado Federal, compete privativamente processar e julgar, nos moldes dos arts. 51, I e 52, I, ambos da CF; **IV:** incorreta, já que a Constituição poderá ser emendada mediante proposta de um terço, no mínimo, dos membros do Senado Federal ou da Câmara dos Deputados, do Presidente da República e de mais da metade das Assembleias Legislativas das unidades da Federação, manifestando-se cada uma delas, pela maioria relativa de seus membros; **V:** correta, o Supremo Tribunal Federal poderá, de ofício ou por provocação, mediante decisão de dois terços dos seus membros (8 Ministros), após reiteradas decisões sobre matéria constitucional, aprovar súmula que, a partir de sua publicação na imprensa oficial, terá efeito vinculante em relação aos demais órgãos do Poder Judiciário e à administração pública direta e indireta, nas esferas federal, estadual e municipal, bem como proceder à sua revisão ou cancelamento, na forma estabelecida em lei. Em contrapartida, 6 (seis) Ministros declaram inconstitucional uma lei (maioria absoluta.

Gabarito "C"

(Ministério Público/RS – 2008) As espécies normativas que sobem à sanção presidencial, depois de aprovadas pelo Legislativo, são:

(A) decretos legislativos e resoluções;

(B) projetos de lei ordinária e emendas constitucionais;

(C) leis delegadas e leis de conversão;

(D) projetos de lei ordinária e projetos de lei complementar;

(E) leis delegadas e projetos de lei ordinária.

A: incorreta, já que os decretos legislativos e resolução não se submetem a fase deliberativa constitutiva executiva; **B:** incorreta, projetos de lei ordinária, devidamente aprovados pelo Legislativo serão sancionados ou vetados pelo Chefe do Poder Executivos, mas as emendas constitucionais não; **C:** incorreta, já que as leis delegadas também não se submetem a segunda fase do processo legislativo (fase deliberativa constitutiva executiva); **D:** correta, somente os projetos de lei ordinária e projetos de lei complementar sobem à sanção presidencial, depois de aprovadas pelo Legislativo; **E:** incorreta, já que leis delegadas jamais serão sancionadas e projetos de lei ordinária poderão ser sancionados ou vetados.

Gabarito "D"

(Ministério Público/RS – 2008) A Constituição Federal, ao disciplinar o instituto do veto, permite se lhe delineie uma classificação tipológica quanto à **extensão**, à devolução, à **forma**, ao **fundamento** e ao efeito. Pois bem. Quanto ao fundamento, o veto pode ser

(A) total e parcial;

(B) expresso e tácito;

(C) jurídico e político;

(D) legislativo e translativo;

(E) relativo e absoluto.

A: incorreta, pois o veto total e parcial diz respeito à extensão; **B:** incorreta, já que o veto expresso e tácito diz respeito à forma; **C:** correta, quanto ao fundamento o veto pode ser jurídico e político; **D:** incorreta, pois veto legislativo e translativo é modalidade de veto quanto à devolução; **E:** incorreta, relativo e absoluto se coaduna ao efeito do veto.

Gabarito "C"

(Ministério Público/RS – 2008) Vagando, ao mesmo tempo, os cargos de Presidente e Vice-Presidente da República, será convocado para o exercício da Presidência, em primeiro lugar, o

(A) Presidente do Senado Federal;

(B) Presidente do Supremo Tribunal Federal;

(C) Presidente da Câmara dos Deputados;

(D) Presidente do Congresso Nacional;

(E) Deputado Federal mais votado nas últimas eleições.

Vagando, ao mesmo tempo, os cargos de Presidente e Vice-Presidente da República, será convocado para o exercício da Presidência, em primeiro lugar, o Presidente da Câmara dos Deputados, nos termos do art. 80 da CF.

Gabarito "C"

(Ministério Público/SC – 2012) Analise as seguintes assertivas:

I. Na hipótese de impedimento do Presidente da República e do Vice-Presidente, serão chamados ao exercício da Presidência, sucessivamente, o Presidente do Senado Federal, o Presidente da Câmara dos Deputados e o Presidente do Supremo Tribunal Federal.

II. Compete privativamente ao Senado Federal processar e julgar, originariamente, crimes políticos.

III. Perderá o mandato o Senador que perder ou tiver suspensos os direitos políticos.

IV. A ação declaratória de constitucionalidade poderá ser proposta pelo partido político com representação no Congresso Nacional ou por confederação sindical de âmbito nacional.

V. Compete ao Supremo Tribunal Federal processar e julgar, originariamente, a ação declaratória de constitucionalidade de lei ou ato normativo Federal.

(A) Apenas as assertivas I, II e V estão corretas.

(B) Apenas as assertivas II, IV e V estão corretas.

(C) Apenas as assertivas III, IV e V estão corretas.

(D) Apenas as assertivas II e IV estão corretas.

(E) Todas as assertivas estão corretas.

I: incorreta, já que na hipótese de impedimento do Presidente da República e do Vice-Presidente, serão chamados ao exercício da Presidência, sucessivamente, o Presidente da Câmara dos Deputados, o Presidente do Senado Federal e o Presidente do Supremo Tribunal Federal, nos termos do art. 80 da CF; **II:** incorreta, pois compete aos *Juízes Federais* processar e julgar os crimes políticos, nos moldes do art. 109, IV, da CF; **III:** correta, perderá o mandato o Deputado ou Senador que perder ou tiver suspensos os direitos políticos, nos termos do art. 55, IV, da CF; **IV:** correta, réplica do art. 103, VIII e IX, da CF; **V:** correta, réplica do art. 102, I, "a", da CF.

Gabarito "C"

(Ministério Público/SC – 2008) Analise as seguintes assertivas:

I. No Tribunal de Contas Estadual, composto por sete Conselheiros, quatro devem ser escolhidos pela Assembleia Legislativa e três pelo Chefe do Poder Executivo Estadual, cabendo a este indicar um dentre os Auditores e outro dentre Membros do Ministério Público Estadual e um terceiro a sua livre escolha.

II. A teoria geral do processo legislativo, ao tratar da questão da iniciativa vinculada das leis, adverte que esta só se legitima se houver, no texto da Constituição Federal, dispositivo que, de modo expresso a preveja. Em consequência, nenhuma lei, no direito positivo brasileiro, dispõe de autoridade para impor ao Chefe do Poder Executivo, o exercício compulsório do poder de iniciativa delegada.

III. Lei Complementar poderá autorizar os Estados a legislar sobre questões especificas das matérias relacionadas à propaganda comercial.

IV. Compete privativamente ao Presidente da República prover e extinguir cargos públicos federais, podendo delegar esta atribuição tão somente aos Ministros de Estado e ao Procurador-Geral da República, que observarão os limites traçados na delegação.

V. Cabe aos Estados explorar diretamente ou mediante concessão ou permissão, os serviços locais de gás canalizado, podendo regulamentá-lo através de Medida Provisória.

(A) apenas I e IV estão corretos

(B) apenas II e III estão corretos

(C) apenas II, está correto

(D) apenas I, II e III estão corretos

(E) apenas I, III e V estão corretos

I: incorreta, pois as Constituições Estaduais disporão sobre os Tribunais de Contas respectivos, que serão intergrados por sete Conselheiros. Os Ministros do Tribunal de Contas dos Estados serão escolhidos: Um terço pelo Governador, com aprovação da assembleia legislativa, sendo dois alternadamente dentre auditores e membros do Ministério Público junto ao Tribunal, indicados em lista tríplice pelo Tribunal, segundo os critérios de antiguidade e merecimento e dois terços pela Assembleia Legislativa, como determina os arts. 73, § 2º, I e II e 75, ambos da CF, que são aplicados por simetria; **II:** correta, a teoria geral do processo legislativo, ao tratar da questão da iniciativa vinculada das leis, adverte que esta só se legitima se houver, no texto da Constituição Federal, dispositivo que, de modo expresso a preveja. Em consequência, nenhuma lei, no direito positivo brasileiro, dispõe de autoridade para impor ao Chefe do Poder Executivo, o exercício compulsório do poder de iniciativa delegada, até mesmo por uma questão de harmonia e independência entre os Poderes; **III:** correta, já que a competência para legislar sobre propaganda comercial é privativa da União e ela pode ser delegada aos Estados por meio de lei complementar, nos termos do art. 22, XXIX e seu parágrafo único, da CF; **IV:** incorreta, pois compete privativamente ao Presidente da República dispor mediante decreto sobre organização e funcionamento da administração federal, quando não implicar aumento de despesa nem criação ou extinção de órgãos públicos e a extinção de funções ou cargos públicos, quando vagos. É de sua alçada também, conceder indulto e comutar penas, com audiência, se necessário, dos órgãos instituídos em lei, ainda, prover os cargos públicos federais, na forma da lei. Todas as atribuições citadas poderão ser delegadas aos Ministros de Estado, ao Procurador-Geral da República ou ao Advogado-Geral da União, que observarão os limites traçados na delegação; **V:** incorreta, pois é vedada a edição de medidas provisórias para a regulamentação da exploração ou concessão de serviços locais de gás canalizado, nos termos do art. 25, § 2º, da CF.

Gabarito "B"

(Ministério Público/TO – 2012 – CESPE) Com referência à organização, às competências e ao exercício dos Poderes Executivo e Legislativo, assinale a opção correta.

(A) O decreto presidencial que concede o indulto configura ato de governo, caracterizado pela ampla discricionariedade, sendo vedada, no entanto, a imposição de condições para tê-lo como aperfeiçoada, ainda que em conformidade com a CF.

(B) A definição das condutas típicas configuradoras do crime de responsabilidade e o estabelecimento de regras que disciplinem o processo e julgamento dos agentes políticos federais, estaduais ou municipais envolvidos são de competência concorrente da União, dos estados e do DF.

(C) Nos termos da CF e da interpretação do STF, a imunidade à prisão cautelar é prerrogativa exclusiva dos chefes do Poder Executivo.

(D) O Conselho da República é órgão superior de consulta do presidente da República nos assuntos relacionados com a soberania nacional e a defesa do Estado democrático.

(E) Segundo a jurisprudência do STF, a competência dos presidentes da Câmara dos Deputados e da Mesa do Senado Federal para o recebimento, ou não, de denúncia no processo de *impeachment* contra o presidente da República não se restringe a uma admissão meramente burocrática, cabendo-lhes, inclusive, a faculdade de rejeitá-la, de plano, acaso entendam-na patentemente inepta ou despida de justa causa.

A: incorreta, pois a concessão do benefício do indulto é uma faculdade atribuída ao Presidente da República. Assim, é possível a imposição de condições para tê-lo como aperfeiçoado, desde que em conformidade com a CF (AI 701.673-AgR, Rel. Min. Ricardo Lewandowski, julgamento em 05.05.2009, 1ª Turma, *DJe* de 05.06.2009) No mesmo sentido: HC 96.475, Rel. Min. Eros Grau, julgamento em 14.04.2009, 2ª Turma, *DJe* de 14.08.2009); **B:** incorreta, trata-se de competência privativa da União, nos termos do art. 22 da CF; **C:** incorreta, pois a própria CF no art. 53, § 2º, determina que, desde a expedição do diploma, os membros do Congresso Nacional não poderão ser presos, salvo em flagrante delito de crime inafiançável. Nesse caso, os autos serão remetidos dentro de vinte e quatro horas à Casa respectiva, para que, pelo voto da maioria de seus membros, resolva sobre a prisão; **D:** incorreta, já que o Conselho da República é órgão superior de consulta do Presidente da República, nos termos do art. 89 da CF. Em contrapartida, o Conselho de Defesa Nacional é órgão de consulta do Presidente da República nos assuntos relacionados com a soberania nacional e a defesa do Estado democrático; **E:** correta, o *impeachment* do presidente da República: apresentação da denúncia à Câmara dos Deputados: competência do presidente desta para o exame liminar da idoneidade da denúncia popular, 'que não se reduz à verificação das formalidades extrínsecas e da legitimidade de denunciantes e denunciados, mas se pode estender (...) à rejeição imediata da acusação patentemente inepta ou despida de justa causa, sujeitando-se ao controle do Plenário da Casa, mediante recurso (...). MS 20.941-DF, Sepúlveda Pertence, *DJ* de 31.08.1992." (**MS 23.885**, Rel. Min. **Carlos Velloso**, julgamento em 28.08.2002, Plenário, *DJ* de 20.09.2002) **Vide:** MS 30.672-AgR, Rel. Min. **Ricardo Lewandowski**, julgamento em 15.09.2011, Plenário, *DJe* de 18.10.2011.

Gabarito "E"

(Ministério Público/MG – 2011) Assinale a alternativa **INCORRETA**.

(A) Para concorrerem a outros cargos, o Presidente da República, os Governadores de Estado e do Distrito Federal e os Prefeitos devem renunciar aos respectivos mandatos até seis meses antes do pleito.

(B) O mandato eletivo poderá ser impugnado ante a Justiça Eleitoral no prazo de trinta dias contados da diplomação, instruída a ação com provas de abuso do poder econômico, corrupção ou fraude.

(C) São inelegíveis, no território de jurisdição do titular, o cônjuge e os parentes consanguíneos ou afins, até o segundo grau ou por adoção, do Presidente da República, de Governador de Estado ou Território, do Distrito Federal, de Prefeito ou de quem os haja substituído dentro dos seis meses anteriores ao pleito, salvo se já titular de mandato eletivo e candidato à reeleição.

(D) A ação de impugnação de mandato tramitará em segredo de justiça, respondendo o autor, na forma da lei, se temerária ou de manifesta má-fé.

A: correta, modalidade de inelegibilidade relativa por motivo funcional. Nos termos do art. 14, § 6º, da CF, para concorrerem a outros cargos, o Presidente da República, os Governadores de Estado e do Distrito Federal e os Prefeitos devem renunciar aos respectivos mandatos até seis meses antes do pleito; **B:** incorreta, devendo ser assinalada, já que o art. 14, § 10º, da CF, determina que o mandato eletivo poderá ser impugnado ante a Justiça Eleitoral no prazo de *15 (quinze) dias* contados da diplomação, instruída a ação com provas de abuso do poder econômico, corrupção ou fraude; **C:** correta, modalidade de inelegibilidade relativa por parentesco prevista no art. 14, § 7º, da CF. Sem prejuízo, devemos fazer justiça a Súmula Vinculante 18 que determina que a dissolução da sociedade ou do vínculo conjugal, no curso do mandato, não afasta a inelegibilidade prevista no § 7º do artigo 14 da Constituição Federal; **D:** correta, literalidade do § 11 do art. 14 da CF.

Gabarito "B"

(Ministério Público/MG – 2012 – CONSULPLAN) Assinale a alternativa **INCORRETA**:

(A) Compete privativamente ao Presidente da República dispor, mediante decreto sobre a organização e funcionamento da administração federal, inclusive para criação ou extinção de órgãos públicos e extinção de funções ou cargos públicos, quando vagos.

(B) Substituirá o Presidente da República, no caso de impedimento, e suceder-lhe-á, no de vaga, o Vice-Presidente, que, além de outras atribuições que lhe forem conferidas por lei complementar, auxiliará o Presidente, sempre que por ele convocado para missões especiais.

(C) Compete ao Conselho da República, órgão superior de consulta do Presidente da República, pronunciar-se sobre intervenção federal, estado de defesa, estado de sítio e sobre as questões relevantes para a estabilidade das instituições democráticas.

(D) Admitida a acusação contra o Presidente da República, por dois terços da Câmara dos Deputados, será ele submetido a julgamento perante o Supremo Tribunal Federal, nas infrações penais comuns, ou perante o Senado Federal, nos crimes de responsabilidade.

A: incorreta, devendo ser assinalada, pois compete privativamente ao Presidente da República dispor, mediante decreto sobre a organização e funcionamento da administração federal, quando *não* implicar aumento de despesa nem criação ou extinção de órgãos públicos, como determina o art. 84, VI, "a", da CF; **B:** correta, nos termos do art. 79 e seu parágrafo único, da CF, substituirá o Presidente da República, no caso de impedimento, e suceder-lhe-á, no de vaga, o Vice-Presidente, que, além de outras atribuições que lhe forem conferidas por lei complementar, auxiliará o Presidente, sempre que por ele convocado para missões especiais; **C:** correta, compete ao Conselho da República, órgão superior de consulta do Presidente da República, pronunciar-se sobre intervenção federal, estado de defesa, estado de sítio e sobre as questões relevantes para a estabilidade das instituições democráticas, como determina o art. 90, I e II, da CF; **D:** correta, réplica do art. 86 da CF.

Gabarito "A"

(Ministério Público/GO – 2012) O Poder Executivo é exercido pelo Presidente da República, auxiliado pelos Ministros de Estado. Acerca do tema, assinale as alternativas abaixo:

I. Compete privativamente ao Presidente da República conceder indulto e comutar penas, com audiência, se necessário, dos órgãos instituídos em lei, sendo-lhe vedado delegar referida atribuição aos Ministros de Estado.

II. São crimes de responsabilidade os atos do Presidente da República que atentem contra a Constituição Federal e, especialmente, contra a probidade na administração.

III. Admitida a acusação contra o Presidente da República, por dois terços da Câmara dos Deputados, será ele submetido a julgamento perante o Supremo Tribunal Federal, nas infrações penais comuns, ou perante o Senado Federal, nos crimes de responsabilidade.

IV. O Presidente ficará suspenso de suas funções nas infrações penais comuns, se recebida a denúncia ou queixa-crime pelo Supremo Tribunal Federal, estando sujeito à prisão apenas com o trânsito em julgado da

(A) Apenas as alternativas I e IV estão incorretas.

(B) Todas as alternativas estão corretas.

(C) Todas as alternativas estão incorretas.

(D) Apenas a alternativa I está incorreta.

I: incorreta, pois o Presidente da República poderá delegar as atribuições mencionadas na CF, art. 84, incisos VI (dispor mediante decreto, sobre: a) organização e funcionamento da administração federal, quando não implicar aumento de despesa nem criação ou extinção de órgãos públicos; b) extinção de funções ou cargos públicos, quando vagos), XII (conceder indulto e comutar penas, com audiência, se necessário, dos órgãos instituídos em lei) e XXV, primeira parte (prover os cargos públicos federais, na forma da lei), aos Ministros de Estado, ao Procurador-Geral da República ou ao Advogado-Geral da União, que observarão os limites traçados nas respectivas delegações; **II:** correta, nos termos do art. 85, V, da CF, são crimes de responsabilidade os atos do Presidente da República que atentem contra a Constituição Federal e, especialmente, contra a probidade na administração; **III:** correta, nos termos do art. 86, "caput", da CF, uma vez admitida a acusação contra o Presidente da República, por dois terços da Câmara dos Deputados, será ele submetido a julgamento perante o Supremo Tribunal Federal, nas infrações penais comuns, ou perante o Senado Federal, nos crimes de responsabilidade; **IV:** incorreta, pois na concepção do autor a questão está incompleta. De toda sorte, enquanto não sobrevier sentença condenatória, nas infrações comuns, o Presidente da República não estará sujeito à prisão, nos termos do § 3º do art. 86 da CF.

Gabarito "A"

(Ministério Público/ES – 2010 – CESPE) Com base na organização dos Poderes Executivo, Legislativo e Judiciário em consonância com a jurisprudência do STF, assinale a opção correta.

(A) É inconstitucional norma estadual que subordine a nomeação dos dirigentes de autarquias e fundações públicas à prévia aprovação da assembleia legislativa, por se entender que somente aquelas autoridades constantes no modelo federal estariam submetidas a esse procedimento.

(B) As constituições estaduais poderão fixar a exigência de autorização legislativa nos casos de ausência do chefe do Poder Executivo do país por prazo inferior a quinze dias, por entender que não se aplica o princípio da simetria na espécie.

(C) É inconstitucional norma estadual que determine que o chefe do Poder Executivo promova prestação trimestral de contas à assembleia legislativa.

(D) É inconstitucional norma estadual que confira aos defensores públicos prerrogativas inseridas no estatuto constitucional da magistratura, em especial a garantia da inamovibilidade.

(E) Não ofende a CF norma estadual que estabeleça, na hipótese de vacância dos cargos de governador e vice-governador do estado, no último ano do período governamental, a convocação sucessiva do presidente da assembleia legislativa e do presidente do TJ, para o exercício do cargo de governador.

A: incorreta. "À vista da cláusula final de abertura do art. 52, III, *f*, da CF, consolidou-se a jurisprudência do STF no sentido da validade de normas locais que subordinam a nomeação dos dirigentes de autarquias ou fundações públicas à prévia aprovação da Assembleia Legislativa." (ADI 2.225-MC, Rel. Min. Sepúlveda Pertence); **B:** incorreta. O art. 83 da CF exige autorização no caso de afastamento superior a quinze dias, devendo ser aplicada por simetria federativa aos Estados; **C:** correta. "Prestação trimestral de contas à Assembleia Legislativa. Desconformidade com o parâmetro federal (CF, art. 84, XXIV), que prevê prestação anual de contas do Presidente da República ao Congresso Nacional" (ADI 2.472-MC, Rel. Min. Maurício Corrêa); **D:** incorreta. As garantias estabelecidas pela CF para os defensores públicos podem ser ampliadas pelos Estados, sem que isso configure inconstitucionalidade; **E:** incorreta. "EC 28, que alterou o § 2º do art. 79 da Constituição do Estado de Sergipe, estabelecendo que, no caso de vacância dos cargos de Governador e Vice-Governador do Estado, no último ano do período governamental, serão sucessivamente chamados o Presidente da Assembleia Legislativa e o Presidente do Tribunal de Justiça, para exercer o cargo de Governador. A norma impugnada suprimiu a eleição indireta para Governador e Vice-Governador do Estado, realizada pela Assembleia Legislativa em caso de dupla vacância desses cargos no último biênio do período de governo. Afronta aos parâmetros constitucionais que determinam o preenchimento desses cargos mediante eleição." (ADI 2.709, Rel. Min. Gilmar Mendes).

Gabarito "C"

(Ministério Público/MG – 2010 – FUNDEP) De acordo com as hipóteses previstas na Constituição da República, é CORRETO afirmar que o Presidente da República

(A) poderá expedir decreto autônomo para regulamentar leis, tendo por fim sua fiel execução.

(B) nunca poderá expedir decreto autônomo.

(C) poderá expedir decreto autônomo tendo em vista a organização e funcionamento da administração federal, quando não implicar aumento de despesa nem criação ou extinção de órgãos públicos, bem como extinção de funções ou cargos públicos, quando vagos.

(D) poderá expedir decreto autônomo para regulamentar medidas provisórias, quando o seu texto sofrer modificação no Congresso Nacional.

A: incorreta. O art. 84, IV, da CF prevê a atribuição do Presidente da República para expedir decretos de fiel execução das leis. Assim, os decretos de execução ou de regulamentação não são autônomos; **B:** incorreta, pois poderá expedir decretos autônomos (art. 84, VI, da CF); **C:** correta. Poderá expedir, nas hipóteses expressamente previstas no art. 84, VI, da CF. Nesse caso, são autônomos porque encontram fundamento de validade diretamente na Constituição, e não em uma lei; **D:** incorreta. Só pode nas hipóteses do art. 84, VI, da CF.

Gabarito "C"

(Ministério Público/MG – 2010 – FUNDEP) São crimes de responsabilidade do Presidente da República os atos que atentem

(A) contra a lei orçamentária.

(B) contra os partidos políticos.

(C) contra as leis e as decisões administrativas.

(D) contra a improbidade na administração.

Art. 85, VI, da CF.

Gabarito "A"

(Ministério Público/MG – 2010 – FUNDEP) Quanto ao Poder Executivo da União, é CORRETO afirmar que

(A) é exercido pelo Presidente da República e pelos Ministros de Estado.

(B) é exercido pelo Presidente da República e pelos congressistas escolhidos por aquele.

(C) é exercido pelo Presidente da República, auxiliado pelos Ministros de Estado.

(D) é exercido pelo Presidente da República, auxiliado pelo Congresso Nacional.

Art. 76 da CF.

Gabarito "C"

(Ministério Público/SP – 2006) Assinale a alternativa correta.

É competência privativa do Presidente da República:

(A) Nomear e exonerar Ministros de Estado *ad referendum* do Senado Federal.

(B) Sancionar, promulgar e fazer publicar leis e emendas constitucionais, bem como expedir documentos e regulamentos para sua fiel execução.

(C) Manter relações com Estados estrangeiros e acreditar seus representantes diplomáticos, bem como celebrar tratados e convenções e atos internacionais desde que previamente aprovados pelo Congresso Nacional, com antecedência mínima de 30 dias.

(D) Conceder indulto e comutar penas, com audiência, se necessário, dos órgãos instituídos em lei, podendo delegar tal atribuição ao Procurador-Geral da República.

(E) Editar medidas provisórias com força de lei, podendo delegar tal atribuição a Ministro de Estado, observados os limites traçados na respectiva delegação.

A: incorreta. O art. 84, I, da CF, não exige referendo do Senado Federal; **B:** incorreta. Não reflete o disposto no art. 84, IV, da CF c/c art. 60, § 3º, ambos da CF; **C:** incorreta. V. art. 84, VII e VIII, da CF; **D:** correta, art. 84, XII e parágrafo único, da CF; **E:** incorreta. Não reflete o disposto no art. 84, XXVI e parágrafo único, da CF.

Gabarito "D"

11. ORGANIZAÇÃO DO PODER LEGISLATIVO. PROCESSO LEGISLATIVO

(Ministério Público/MG – 2014) Assinale a alternativa CORRETA:

(A) Os Deputados Federais, Estaduais e Distritais, Senadores e Vereadores gozam de imunidade material e imunidade formal.

(B) Os Deputados e Senadores, desde a expedição do diploma, serão submetidos a julgamento perante o Supremo Tribunal Federal. Essa prerrogativa alcança também os suplentes, diplomados ou não, independentemente de terem assumido o cargo, definitiva ou provisoriamente.

(C) As imunidades de Deputados e Senadores subsistirão durante o estado de sítio, só podendo ser suspensas mediante o voto de dois terços dos membros da Casa respectiva, nos casos de atos praticados fora do recinto do Congresso Nacional, que sejam incompatíveis com a execução da medida.

(D) A incorporação às Forças Armadas de Deputados e Senadores, embora militares, dependerá de prévia licença da Casa respectiva, exceto em tempo de guerra.

A: incorreta, na medida em que a imunidade *formal* ou *processual*, assegurada aos parlamentares federais e estaduais, não se estende, por força do art. 29, VIII, da CF, aos vereadores, aos quais somente é garantida a imunidade *material*; **B:** incorreta. Dado que a imunidade decorre do exercício efetivo da função parlamentar, tal prerrogativa não poderá ser estendida aos suplentes. Nesse sentido: STF, Inq. 2.453-Ag-R, rel. Min. Ricardo Lewandowski, j. 17.05.2007; **C:** correta, pois reflete a regra presente no art. 53, § 8º, da CF; **D:** incorreta, pois não corresponde ao que estabelece o art. 53, § 7º, da CF.

Gabarito "C"

(Ministério Público/MG – 2014) Analise as seguintes assertivas relativas ao processo legislativo estabelecido na Constituição da República de 1988:

I. A iniciativa do processo legislativo pode ser concorrente ou geral e reservada ou exclusiva

II. As regras do processo legislativo, em especial as concernentes à iniciativa legislativa, em razão da autonomia dos Estados, Distrito Federal e Municípios, não são de observância obrigatória para esses entes federativos.

III. O processo legislativo previsto no art. 59 compreende a elaboração de decretos legislativos, leis delegadas, resoluções e portarias.

IV. São fases do processo legislativo ordinário: a iniciativa, discussão, votação, sanção ou veto, promulgação e publicação.

Somente está CORRETO o que se afirma em:

(A) I e II;

(B) I e IV;

(C) II e III;

(D) II e IV.

I: correta. É *geral* sempre que o processo legislativo puder ser deflagrado por qualquer das pessoas ou órgãos elencados no art. 61, *caput*, da CF; diz-se *reservada* quando tal iniciativa couber a órgãos específicos, tal qual a Presidência da República (art. 61, § 1º, da CF); *concorrente*, por sua vez, é aquela em que o processo legislativo é deflagrado por mais de um legitimado. É o caso da iniciativa contemplada no art. 61, § 1º, II, *d*, c/c o art. 128, § 5º, ambos da CF; por fim, fala-se em iniciativa *exclusiva* quando a legitimidade é conferida a tão somente determinado cargo ou órgão. Exemplo disso é a prerrogativa da Presidência da República (e somente ela) para dar início ao processo legislativo atinente a lei que fixe ou modifique os efetivos das Forças Armadas (art. 61, § 1º, I, CF); **II:** incorreta, dado que, à luz do princípio da simetria, as regras atinentes ao processo legislativo, no âmbito federal, devem ser observadas, no que couber, pelos Estados, Distrito Federal e municípios; **III:** incorreta, uma vez que o art. 59 da CF não contempla, como espécie normativa, a *portaria*; **IV:** correta. De fato, o processo legislativo, que é constituído de atos formais preordenados, compreende: iniciativa para deflagrar o processo legislativo; discussão; votação; sanção ou veto; e, por fim, promulgação e publicação.

Gabarito "B"

(Ministério Público/MG – 2013) É *INCORRETO* afirmar que compete privativamente ao Senado Federal:

(A) Processar e julgar o Presidente e o Vice-Presidente da República nos crimes de responsabilidade, bem como os Ministros de Estado e os Comandantes da Marinha, do Exército e da Aeronáutica nos crimes da mesma natureza conexos com aqueles.

(B) Avaliar periodicamente a funcionalidade do Sistema Tributário Nacional, em sua estrutura e seus componentes, e o desempenho das administrações tributárias da União, dos Estados e do Distrito Federal e dos Municípios.

(C) Dispor sobre limites e condições para concessão de garantia da União em operações de crédito externo e interno e estabelecer limites globais e condições para o montante da dívida mobiliária dos Estados, do Distrito Federal e dos Municípios.

(D) Proceder à tomada de contas do Presidente da República, quando não apresentadas ao Congresso Nacional dentro de sessenta dias após a abertura da sessão legislativa.

A: assertiva correta, já que corresponde ao que estabelece o art. 52, I, da CF; **B:** assertiva correta, já que corresponde ao que estabelece o art. 52, XV, da CF; **C:** correta, já que corresponde ao que estabelece o art. 52, VII e VIII, da CF; **D:** assertiva incorreta, devendo ser assinalada, já que a proposição contempla atribuição da Câmara dos Deputados (art. 51, II, CF), e não do Senado Federal.

Gabarito "D"

(Ministério Público/MG – 2013) Assinale a alternativa *CORRETA*:

(A) Em caso de relevância e urgência, o Presidente da República poderá adotar medidas provisórias, com força de lei, devendo submetê-las, até trinta dias após sua edição, ao Congresso Nacional.

(B) A discussão e votação dos projetos de lei de iniciativa do Presidente da República, do Supremo Tribunal Federal e dos Tribunais Superiores terão início no Senado Federal.

(C) No processo legislativo sumário, a apreciação do projeto de lei deverá ocorrer no prazo máximo de noventa dias, podendo ser ampliado por mais dez, caso haja emenda do Senado Federal.

(D) As leis delegadas serão elaboradas pelo Presidente da República, que deverá solicitar a delegação à Mesa da Câmara dos Deputados.

A: incorreta, uma vez que as medidas provisórias, conforme estabelece o art. 62, *caput*, da CF, devem, assim que adotadas pelo chefe do Executivo, ser submetidas, de imediato, ao Congresso Nacional; **B:** incorreta. É que, nessas hipóteses, a discussão e votação terão início na Câmara dos Deputados (e não no Senado Federal). É o que estabelece o art. 64, *caput*, da CF; **C:** correta (deve ser assinalada), pois em conformidade com o que estabelece o art. 64, §§ 2º e 3º, da CF; **D:** incorreta. Isso porque a delegação deverá ser solicitada ao Congresso Nacional (e não à Mesa da Câmara dos Deputados), conforme impõe o art. 68, *caput*, da CF.

Gabarito "C"

(Ministério Público/MS – 2013 – FADEMS) É **incorreto** afirmar, sobre o Tribunal de Contas da União:

(A) o controle externo, a cargo do Congresso Nacional, será exercido com o auxílio do Tribunal de Contas da União, ao qual compete julgar as contas prestadas anualmente pelo Presidente da República.

(B) o controle externo, a cargo do Congresso Nacional, será exercido com o auxílio do Tribunal de

Contas da União, ao qual compete julgar as contas dos administradores e demais responsáveis por dinheiros, bens e valores públicos da administração direta e indireta, incluídas as fundações e sociedades instituídas e mantidas pelo Poder Público federal, e as contas daqueles que deram causa a perda, extravio ou outra irregularidade de que resulte prejuízo ao erário público.

(C) o controle externo, a cargo do Congresso Nacional, será exercido com o auxílio do Tribunal de Contas da União, ao qual compete fiscalizar as contas nacionais das empresas supranacionais de cujo capital a União participe, de forma direta ou indireta, nos termos do tratado constitutivo.

(D) o controle externo, a cargo do Congresso Nacional, será exercido com o auxílio do Tribunal de Contas da União, ao qual compete fiscalizar a aplicação de quaisquer recursos repassados pela União mediante convênio, acordo, ajuste ou outros instrumentos congêneres, a Estado, ao Distrito Federal, ou a Município.

(E) o controle externo, a cargo do Congresso Nacional, será exercido com o auxílio do Tribunal de Contas da União, ao qual compete aplicar aos responsáveis, em casos de ilegalidade de despesa ou irregularidade de contas, as sanções previstas em lei, que estabelecerá, entre outras cominações, multa proporcional ao dano causado ao erário.

A: incorreta, devendo ser assinalada. O controle externo, a cargo do Congresso Nacional, será exercido com o auxílio do Tribunal de Contas da União, ao qual compete APRECIAR as contas prestadas anualmente pelo Presidente da República, mediante parecer prévio de Contas da União. Observe que não é julgar, como determina o art. 71, I, da CF/1988. Contudo, compete privativamente à Câmara dos Deputados PROCEDER à tomada de contas do Presidente da República, quando não apresentadas ao Congresso Nacional dentro de sessenta dias após a abertura da sessão legislativa; **B:** correta (art. 71, II, da CF/1988); **C:** correta (art. 71, V, da CF/1988); **D:** correta (art. 71, VI, da CF/1988); **E:** correta (art. 71, VIII, da CF/1988).

Gabarito "A"

(Ministério Público/MS – 2013 – FADEMS) Sobre o processo legislativo, é **incorreto** afirmar:

(A) a Constituição poderá ser emendada mediante proposta: de um terço, no mínimo, dos membros da Câmara dos Deputados ou do Senado Federal; do Presidente da República; de mais da metade das Assembleias Legislativas das unidades da Federação, manifestando-se, cada uma delas, pela maioria relativa de seus membros.

(B) a matéria constante de proposta de emenda rejeitada ou havida por prejudicada não pode ser objeto de nova proposta na mesma sessão legislativa.

(C) é vedada a edição de medidas provisórias sobre as seguintes matérias, dentre outras: nacionalidade e cidadania; direito penal e processual penal; organização do Ministério Público; reservada a lei complementar.

(D) a Constituição não admite a iniciativa parlamentar em tema de direito tributário, pois se trata de iniciativa privativa do Presidente da República.

(E) as medidas provisórias terão sua votação iniciada na Câmara dos Deputados.

A: correta (art. 60, I, II e III, da CF/1988); **B:** correta (art. 60, § 5º, da CF/1988); **C:** correta (art. 62, § 1º, I, "a", "b", "c", e III, da CF/1988); **D:** incorreta, devendo ser assinalada. A Constituição ADMITE a iniciativa parlamentar em tema de direito tributário. O que é de iniciativa privativa do Presidente da República são os temas relacionados ao plano plurianual, diretrizes orçamentárias e os orçamentos anuais, nos termos do art. 165, I a III, da CF/1988; **E:** correta (art. 62, § 8º, da CF/1988).

Gabarito "D"

(Ministério Público/MS – 2013 – FADEMS) Sobre o instituto da iniciativa popular de projetos de leis, tido como instrumento da soberania popular, é **incorreto** afirmar:

(A) o instituto significa a possibilidade de o eleitorado nacional deflagrar processo legislativo de lei complementar ou ordinária.

(B) pela real importância do instituto, incluído no rol dos direitos políticos com previsão constitucional, esse tipo de projeto de lei não está submetido a emendas parlamentares, devendo ser apenas aprovado ou rejeitado pelo Parlamento.

(C) havendo alteração, por emendas parlamentares, do projeto de lei de iniciativa popular, não se exige referendo popular, para a lei ser válida.

(D) o projeto de lei de iniciativa popular deve ser subscrito por, no mínimo, um por cento do eleitorado nacional, distribuído pelo menos por cinco Estados, com não menos de três décimos por cento dos eleitores de cada um deles.

(E) os projetos de iniciativa popular sempre iniciarão a tramitação na Câmara dos Deputados.

A: correta. Interpretação gramatical da norma extraída dos arts. 14, III c/c 61, *caput* e seu § 2º, todos da CF/1988; **B:** incorreta, devendo ser assinalada. Todos os projetos de lei oriundos da iniciativa popular serão apresentados à Câmara dos Deputados e poderão sofrer emendas parlamentares (casa revisora), inclusive, podendo ser aprovados ou rejeitados pelo Parlamento; **C:** correta. Se isso ocorrer, o projeto será apenas encaminhado pela casa iniciadora com as respectivas emendas parlamentares, ou não, para a fase deliberativa executiva. Observe que a casa revisora tem o poder de emendar o projeto de lei, mas quem decide se elas serão mantidas ou não no projeto de lei é a Casa iniciadora; **D:** correta. O projeto de lei de iniciativa popular deve ser subscrito por, no mínimo, um por cento do eleitorado nacional, distribuído pelo menos por cinco Estados, com não menos de três décimos por cento dos eleitores de cada um deles, nos termos do art. 61, § 2º, da CF/1988; **E:** correta (art. 61, § 2º, da CF/1988).

Gabarito "B"

(Ministério Público/PR – 2013 – X) Assinale a alternativa ***incorreta***:

(A) A matéria constante de proposta de emenda constitucional rejeitada ou havida por prejudicada não pode ser objeto de nova proposta na mesma sessão legislativa;

(B) A Constituição Federal poderá ser emendada mediante proposta de mais da metade das Assembleias Legislativas das unidades da Federação, manifestando-se, cada uma delas, pela maioria relativa de seus membros;

(C) A proposta de emenda constitucional será discutida e votada em cada Casa do Congresso Nacional, em dois turnos, considerando-se aprovada se obtiver, em ambos, três quintos dos votos dos respectivos membros;

(D) Sem que se possa rotular de interferência do Judiciário sobre a atividade legislativa, é doutrinariamente admissível (e encontra precedentes na jurisprudência do STF) o controle jurisdicional da observância de restrições que o constituinte originário impôs ao poder constituído, no tocante a emendas constitucionais;

(E) Ressalvadas as expressas vedações constitucionais, que proíbem a deliberação sobre propostas de emendas constitucionais que objetivem abolir a forma federativa de Estado, o voto direto, secreto, universal e periódico, a separação de poderes e os direitos e garantias individuais, todos os demais pontos da Constituição podem ser emendados.

A: assertiva correta. Literalidade do art. 60, § 5º, da CF: A matéria constante de proposta de emenda rejeitada ou havida por prejudicada não pode ser objeto de nova proposta na mesma sessão legislativa; **B:** assertiva correta. Réplica do art. 60, III, da CF: a Constituição poderá ser emendada mediante proposta de mais da metade das Assembleias Legislativas das unidades da Federação, manifestando-se, cada uma delas, pela maioria relativa de seus membros; **C:** assertiva correta nos termos do art. 60, § 2º, da CF. O que é crucial o candidato memorizar é que a Constituição Federal de 1988 não fixou um intervalo temporal mínimo entre os dois turnos de votação para fins de aprovação de emendas à Constituição (CF, art. 60, § 2º), de sorte que inexiste parâmetro objetivo que oriente o exame judicial do grau de solidez da vontade política de reformar a Lei Maior. A interferência judicial no âmago do processo político, verdadeiro *locus* da atuação típica dos agentes do Poder Legislativo, tem de gozar de lastro forte e categórico no que prevê o texto da CF. (ADI 4.425, rel. p/ o ac. Min. Luiz Fux, julgamento em 14.03.2013, Plenário, *DJE* de 19.12.2013.); **D:** assertiva correta, tanto é que o STF já assentou o entendimento de que é admissível a ação direta de inconstitucionalidade de emenda constitucional, quando se alega, na inicial, que esta contraria princípios imutáveis ou as chamadas cláusulas pétreas da Constituição originária (art. 60, § 4º, da CF). As cláusulas pétreas não podem ser invocadas para sustentação da tese da inconstitucionalidade de normas constitucionais inferiores em face de normas constitucionais superiores, porquanto a Constituição as prevê apenas como limites ao poder constituinte derivado ao rever ou ao emendar a Constituição elaborada pelo poder constituinte originário, e não como abarcando normas cuja observância se impôs ao próprio poder constituinte originário com relação as outras que não sejam consideradas como cláusulas pétreas, e, portanto, possam ser emendadas (ADI 815, Rel. Min. Moreira Alves, julgamento em 28.03.1996, Plenário, *DJ* de 10.05.1996.); **E:** assertiva incorreta, devendo ser assinalada. Além das cláusulas pétreas explicitas, temos as cláusulas pétreas implícitas, por sua vez, são aquelas que, apesar de não estarem discriminadas no art. 60, § 4º, também não podem ser abolidas da Constituição por questões de lógica. Por exemplo, não se pode editar uma emenda para diminuir o número de deputados e senadores necessário para aprovar uma emenda constitucional. Hoje, esse quórum é de 3/5 dos legisladores, em duas sessões de votação. Essa "dificuldade" imposta pela própria constituição para poder-se modificá-la lhe dá uma maior estabilidade, o que é natural que seja em uma Constituição. Outra cláusula pétrea implícita é o próprio § 4º do art. 60, que institui as cláusulas pétreas explícitas.

Gabarito "E"

(Ministério Público/PR – 2013 – X) Considerando a própria Constituição Federal e a orientação doutrinária que hoje se encontra consolidada no Supremo Tribunal Federal, assinale a alternativa ***incorreta***:

(A) Os tratados e convenções internacionais sobre direitos humanos que tenham sido aprovados, em cada Casa do Congresso Nacional, em dois turnos, por três quintos dos votos dos respectivos membros, serão integrados ao ordenamento jurídico brasileiro e equivalerão a emendas constitucionais;

(B) Os tratados e convenções internacionais sobre direitos humanos que não tenham sido aprovados, em cada Casa do Congresso Nacional, em dois turnos, por três quintos dos votos dos respectivos membros, serão integrados ao ordenamento jurídico brasileiro com hierarquia de normas jurídicas de caráter supralegal;

(C) Os tratados e convenções internacionais sobre direitos humanos que não tenham sido aprovados, em cada Casa do Congresso Nacional, em dois turnos, por três quintos dos votos dos respectivos membros, serão integrados ao ordenamento jurídico brasileiro e equivalerão a leis ordinárias;

(D) Nas causas decididas, em única ou última instância, pelos Tribunais Regionais Federais e pelos Tribunais dos Estados e do Distrito Federal, caberá recurso especial, quando a decisão recorrida contrariar tratado internacional sobre direitos humanos, ou lhe negar vigência;

(E) Os tratados e convenções internacionais sobre direitos humanos que forem aprovados, em cada Casa do Congresso Nacional, em dois turnos, por três quintos dos votos dos respectivos membros, poderão ser declarados inconstitucionais por violação a requisitos formais ou, eventualmente, por violação a "cláusulas pétreas" da Constituição Federal.

A: assertiva correta. Literalidade do art. 5º, § 3º, da CF. Devemos pontuar que **QUANTO AO CONTEÚDO as constituições podem ser FORMAL ou procedimental e MATERIAL – (ou substancial). Constituição FORMAL – (adotada pelo constituinte de 1988). Escrevendo sobre essa classificação ensina Pedro Lenza que:** "Materialmente constitucional será aquele texto que contiver as normas fundamentais e estruturais do Estado, a organização de seus órgãos, os direitos e garantias fundamentais. Como exemplo podemos citar a Constituição do Império do Brasil, de 1824, que, em seu art. 178, prescrevia ser constitucional somente o que dissesse respeito aos limites e atribuições respectivos aos poderes políticos e aos direitos políticos e individuais dos cidadãos; tudo o que não fosse constitucional poderia ser alterado, sem as formalidades referidas (nos arts. 173 a 177), pelas legislaturas ordinárias. Formal, por seu turno, será aquela Constituição que elege como critério o processo de sua formação, e não o conteúdo de suas normas. Assim, qualquer regra nela contida terá o caráter de constitucional. A brasileira de 1988 é formal! Cabe observar que, com a introdução do § 3º no art. 5º, pela EC n. 45/2004, passamos a ter uma espécie de conceito misto, já que a nova regra só confere a natureza de emenda constitucional (norma formalmente constitucional) aos tratados e convenções internacionais sobre direitos humanos (matéria), desde que observadas as formalidades de aprovação (forma). Como se sabe (e voltaremos a essa análise), nos termos do art. 5º, § 3º, "os tratados e convenções internacionais sobre direitos humanos que forem aprovados, em cada Casa do Congresso Nacional, em dois turnos, por três quintos dos votos dos respectivos membros, serão equivalentes às emendas constitucionais". Nesse sentido, podemos lembrar o Decreto Legislativo n. 186/2008, que aprova o texto da Convenção sobre os Direitos das Pessoas com Deficiência e de seu Protocolo Facultativo, assinados em Nova York, em 30 de março de 2007, promulgados pelo Decreto n. 6.949, de 25.08.2009, tendo sido, assim, incorporado ao ordenamento jurídico brasileiro com o status de norma constitucional".(LENZA, Pedro. *Direito Constitucional Esquematizado*. 16 ed. São Paulo: Saraiva, 2012. p. 88-89.); **B:** assertiva correta. A teoria da supralegalidade dos tratados sobre direitos humanos firmados pelo Brasil antes da vigência da EC n. 45/2004, ou seja, em um patamar superior à lei, mas inferior à Constituição; **C:** assertiva incorreta, devendo ser assinalada. Como dito anteriormente, serão normas supralegais, ou seja, superiores às leis; **D:** assertiva correta. Réplica do art. 105, III, "a" da CF; **E:** assertiva correta. Todas as leis e atos normativos estão a mercê do grifo do controle de constitucionalidade.

Gabarito "C"

(Ministério Público/PR – 2013 – X) Assinale a alternativa ***incorreta***:

(A) A iniciativa popular pode ser exercida pela apresentação à Câmara dos Deputados de projeto de lei subscrito por, no mínimo, um por cento do eleitorado nacional, distribuído pelo menos por cinco Estados, com não menos de três décimos por cento dos eleitores de cada um deles;

(B) É da competência exclusiva do Congresso Nacional autorizar referendo e convocar plebiscito;

(C) Tanto a Constituição Federal quanto a Constituição do Estado do Paraná preveem a iniciativa popular de projetos de lei de interesse específico do Município, da cidade ou de bairros, por meio da manifestação de, pelo menos cinco por cento do eleitorado;

(D) Mediante referendo, por parte da população diretamente interessada, a lei complementar aprovada pelo Congresso Nacional, os Estados podem incorporar-se entre si, subdividir-se ou desmembrar-se para se anexarem a outros, ou formarem novos Estados ou Territórios Federais;

(E) A criação, a incorporação, a fusão e o desmembramento de Municípios far-se-ão por lei estadual, dentro do período determinado por lei complementar federal, e dependerão de consulta prévia, mediante plebiscito, às populações dos Municípios envolvidos, após divulgação dos estudos de viabilidade municipal, apresentados e publicados na forma da lei.

A: Correta. Literalidade do art. 61, § 2º, da CF. **B:** Correta. Réplica do art. 49, XV, da CF; **C:** Correta. Réplica dos arts. 29, XIII, da CF e 16, XIV da Constituição Estadual do Paraná; **D:** Incorreta, devendo ser assinalada. O art.; 18, § 3º, da CF dispõe: "os Estados podem incorporar-se entre si, subdividir-se ou desmembrar-se para se anexarem a outros, ou formarem novos Estados ou Territórios Federais, mediante aprovação da população diretamente interessada, através de PLEBISCITO (não referendo), e do Congresso Nacional, por lei complementar"; **E:** Correta. Literalidade do art. 18, § 4º, da CF.

Gabarito "D"

(Ministério Público/SP – 2010) Os tratados e convenções internacionais sobre direitos humanos que forem aprovados, em cada Casa do Congresso Nacional, em dois turnos, por três quintos (3/5) dos votos dos respectivos membros, serão equivalentes:

(A) às emendas constitucionais.

(B) às leis complementares.

(C) às leis ordinárias.

(D) às leis delegadas.

(E) aos decretos legislativos.

Art. 5º, § 3º, da CF.

Gabarito "A"

(Ministério Público/RS – 2008) Na técnica de elaboração legislativa, conforme a estruturação das leis, a cláusula **entra em vigor na data da sua publicação** está reservada para as

(A) codificações em geral;

(B) leis sobre crimes de *colarinho* branco e sobre *lavagem* de dinheiro;

(C) leis de pequena repercussão;

(D) resoluções das duas Casas do Congresso Nacional;

(E) emendas constitucionais de revisão.

As leis de pequena repercussão não se submetem ao *vacatio legis*. São aceitáveis e interpretadas facilmente pela sociedade. Em contrapartida, códigos, leis sobre crimes de colarinho branco, lavagem de dinheiro, resoluções, emendas etc. levam um tempo para serem digeridas pela sociedade que precisam de um lapso temporal razoável para serem compreendidas, interpretadas, aplicadas no tempo. *Vacatio legis* é uma expressão latina que significa "vacância da lei", ou seja: "a lei vaga"; designa o período que decorre entre o dia da publicação de uma lei e o dia em que ela entra em vigor, ou seja, tem seu cumprimento obrigatório. A questão diz respeito à aplicação da lei no tempo, como estudo do Direito e do processo legislativo. Desde os romanos que vigia o princípio da irretroatividade da lei – ou seja, nenhuma lei poderia ter seus efeitos aplicados aos fatos e atos já acontecidos. Foi no começo do século XIX que as ideias liberais procuraram salvaguardar o chamado direito adquirido. Considera-se, ainda, que uma lei tenha vigência até o surgimento de uma lei nova; pode, ainda, ser que a lei nova venha a disciplinar um fato pela primeira vez. É neste contexto – o da aplicação da lei nova – que se insere o momento de início da vigência da lei nova, bem como para se apreciar o alcance de seus efeitos sobre os atos praticados até esse momento. No Direito brasileiro, a *vacatio legis* foi disciplinada pela Constituição no parágrafo único do artigo 59, que remete o tema a ser disciplinado por diploma específico: *Lei complementar disporá sobre a elaboração, redação, alteração e consolidação das leis*. Assim, a Lei Complementar 95/1998, com modificações posteriores, disciplina o tema desta forma: Art. 8º A vigência da lei será indicada de forma expressa e de modo a contemplar prazo razoável para que dela se tenha amplo conhecimento, reservada a cláusula "entra em vigor na data de sua publicação" para as leis de pequena repercussão. § 1º A contagem do prazo para entrada em vigor das leis que estabeleçam período de vacância far-se-á com a inclusão da data da publicação e do último dia do prazo, entrando em vigor no dia subsequente à sua consumação integral. (Parágrafo incluído pela Lei Complementar 107, de 26.04.2001). § 2º As leis que estabeleçam período de vacância deverão utilizar a cláusula 'esta lei entra em vigor após decorridos (o número de) dias de sua publicação oficial'.(Parágrafo incluído pela Lei Complementar 107, de 26.04.2001)

Gabarito "C"

(Ministério Público/RS – 2008) O princípio da separação de poderes adotado pela Carta de 1988, que não pode ser abolido por reforma constitucional, caracteriza-se especialmente pelo (a)

(A) independência e harmonia entre os poderes Legislativo, Executivo e Judiciário;

(B) eletividade e temporariedade do Chefe de Estado;

(C) repartição territorial do poder político entre a União, os Estados e o Distrito Federal, e os Municípios;

(D) poder do Supremo Tribunal Federal de declarar a constitucionalidade das leis;

(E) competência do Legislativo de afastar o Chefe de Estado que pratica crime de felonia.

A: correta, réplica dos arts. 2º e 60, § 4º, III, da CF; **B:** incorreta, pois o sistema de governo é o modo como se dá a relação entre os Poderes dentro de um Estado; sobretudo, entre o Poder Executivo e o Poder Legislativo. Diferencia-se da forma de governo, que é definida como o modo em que se dá a relação entre governantes e governados dentro de um Estado. Por adotarmos o Presidencialismo, há uma identidade entre chefia de estado e chefia de governo, já que é a mesma pessoa. Indubitavelmente, vigora a eletividade, temporariedade ou estabilidade de governo, mas não podemos afirmar que não pode ser abolido por reforma constitucional tais características do nosso sistema de governo; **C:** incorreta, não há que se falar em repartição territorial do poder político, já que a organização política-administrativa da República Federativa do Brasil, compreende a União, os Estados, o Distrito Federal e os Municípios, todos autônomos, nos termos da Constituição Federal; **D:** incorreta, pois todas as leis são presumidamente constitucionais, mas, de fato, compete ao STF processar e julgar originariamente a ADC, o que não caracteriza elemento fundamental da separação dos Poderes; **E:** incorreta, pois felonia quer dizer deslealdade, perfídia, traição, e o nosso ordenamento jurídico não permite o afastamento do Chefe do Poder Executivo por tais motivos. Somente a prática de crimes comuns ou de responsabilidade ensejam o afastamento do Chefe do Poder Executivo.

Gabarito "A"

(Ministério Público/SC – 2012) Analise as seguintes assertivas:

I. São de iniciativa privativa do Presidente da República as leis que disponham sobre organização do Ministério Público e da Defensoria Pública da União.

II. O afastamento do Presidente e do Vice-Presidente da República há de ser precedido, em qualquer hipótese, da necessária licença do Congresso Nacional.

III. O Presidente da República poderá adotar medida provisória, com força de lei, sobre matéria relativa à nacionalidade, cidadania e direitos políticos, entretanto, deverá submetê-la, de imediato, ao Congresso Nacional.

IV. Compete ao Procurador-Geral da República promover, privativamente, a ação declaratória de constitucionalidade.

V. À União compete planejar e promover a defesa permanente contra as calamidades públicas, especialmente as secas e as inundações.

(A) Apenas as assertivas II e V estão corretas.

(B) Apenas as assertivas I, II e V estão corretas.

(C) Apenas as assertivas I e V estão corretas.

(D) Apenas as assertivas II, III e IV estão corretas.

(E) Todas as assertivas estão corretas.

I: correta, são de iniciativa privativa do Presidente da República as leis que disponham sobre organização do Ministério Público e da Defensoria Pública da União, bem como normas gerais para a organização do Ministério Público e da Defensoria Pública dos Estados, do Distrito Federal e dos Territórios, como determina o art. 61, § 1º, II, "d", da CF; **II:** incorreta, somente se ausência for superior a quinze dias, nos termos do art. 83 da CF; **III:** incorreta, é vedada a edição de medidas provisórias sobre matéria relativa à nacionalidade, cidadania e direitos políticos, como determina o art. 62, § 1º, I, "a", da CF; **IV:** incorreta, pois a competência é do Procurador-Geral da República e de todos os demais do art. 103 da CF; **V:** correta, literalidade do art. 21, XVIII, da CF.

Gabarito "C"

(Ministério Público/SC – 2008) Analise as seguintes assertivas:

I. Apenas os Deputados Federais e Senadores têm legitimação para impetrar Mandado de Segurança perante o STF, instaurando controle de constitucionalidade incidental ou difuso de proposta de Emenda Constitucional ilegal ou inconstitucional ainda em tramitação no Congresso Nacional.

II. Lei municipal, mesmo claramente contrária à Constituição Federal, não pode ser submetida a controle abstrato de constitucionalidade perante o STF, em hipótese alguma.

III. Somente o Procurador-Geral da Justiça tem legitimidade para propor Ação Direta de Inconstitucionalidade Interventiva por inconstitucionalidade de lei municipal.

IV. O STF já decidiu que não há repercussão geral, para os fins do art. 102, § 3º, da Constituição Federal, na controvérsia sobre a obrigatoriedade de o Poder Público fornecer medicamento de alto custo.

V. Não se admite intervenção de terceiros no processo de ação direta de inconstitucionalidade proposta em Santa Catarina, mas o relator poderá, por despacho recorrível, admitir a manifestação de outros órgãos ou entidades, conforme previsto na Lei Estadual 12.069, de 27 de dezembro de 2001.

(A) apenas I e III estão corretos

(B) apenas II e V estão corretos

(C) apenas III e V estão corretos

(D) apenas I e IV estão corretos

(E) apenas II, IV e V estão corretos

I: correta, trata-se de uma exceção ao sistema do controle preventivo, que é levado a efeito por meio do mandado de segurança; sabe-se que o STF entende plenamente possível a impetração de mandado de segurança por parlamentar a fim de impedir a tramitação de projeto de lei ou emenda constitucional em que se alegue uma inconstitucionalidade, seja formal, seja material. Ao decidir a esse respeito, o que foi feito nos autos do MS 23.334-RJ, Rel. Min. Celso de Mello, o STF assentou que é direito público subjetivo do parlamentar não participar de um processo legislativo que culminará numa lei ou emenda inconstitucional. É de se ressaltar, ainda, que o controle de constitucionalidade nesta hipótese, versará, segundo o STF, sobre a inconstitucionalidade material ou formal; neste último caso, quando desrespeitar o trâmite legislativo previsto na Constituição da República, ficando de fora da análise judicial prévia os possíveis desrespeitos aos regimentos internos das casas legislativas; **II:** incorreta, lei municipal contrária à Constituição Federal, pode ser submetida a controle abstrato de constitucionalidade perante o STF, por intermédio da ADPF, como determina o art. 1º da Lei 9.882/1999; **III:** correta, por força do Princípio da Simetria, pois se compete ao Procurador-Geral da República propor Ação Direta de Inconstitucionalidade Interventiva por inconstitucionalidade de lei estadual que tenha ofendido um dos princípios sensíveis do art. 34, VII, da CF, compete também ao Procurador-Geral de Justiça se opor a inconstitucionalidade de lei municipal que tenha ofendido princípios sensíveis da Constituição Estadual; **IV:** incorreta, pois há repercussão geral. O Plenário do Supremo Tribunal Federal indeferiu nove recursos interpostos pelo Poder Público contra decisões judiciais que determinaram ao Sistema Único de Saúde (SUS) o fornecimento de remédios de alto custo ou tratamentos não oferecidos pelo sistema a pacientes de doenças graves que recorreram à Justiça. Com esse resultado, essas pessoas ganharam o direito de receber os medicamentos ou tratamentos pedidos pela via judicial. O Ministro Gilmar Mendes foi o relator das Suspensões de Tutela (STA) 175, 211 e 278; das Suspensões de Segurança 3724, 2944, 2361, 3345 e 3355; e da Suspensão de Liminar (SL) 47. No seu voto, ele disse que se tem constatado a crescente controvérsia jurídica sobre a possibilidade de decisões judiciais determinarem ao Poder Público o fornecimento de medicamentos e tratamentos – decisões nas quais se discute, inclusive, os critérios para o fornecimento; **V:** incorreta, ao passo que o art. 7º, da Lei Estadual (Santa Catarina) n. 12.069, de 27 de dezembro de 2001, determina: "Não se admitirá intervenção de terceiros no processo de ação direta de inconstitucionalidade. O Relator, considerando a relevância da matéria e a representatividade dos postulantes, poderá, por despacho *irrecorrível*, admitir, observado o prazo fixado no parágrafo anterior, a manifestação de outros órgãos ou entidades".

Gabarito "A"

(Ministério Público/TO – 2012 – CESPE) Acerca da estrutura, do funcionamento e das atribuições do Poder Legislativo, assinale a opção correta.

(A) O Congresso Nacional se reúne, anualmente, na capital federal. Cada legislatura tem a duração de quatro anos, compreendendo oito sessões legislativas, que podem ser interrompidas, ainda que esteja pendente a aprovação do projeto de lei de diretrizes orçamentárias.

(B) Como forma de garantia da independência do Poder Legislativo, a CF estabelece algumas vedações aos parlamentares, denominadas incompatibilidades, entre as quais se insere a impossibilidade de, desde a posse, aceitar ou exercer cargo, função ou emprego remunerado, inclusive os de que sejam demissíveis *ad nutum* em sociedades de economia mista.

(C) As comissões temáticas, criadas em razão da matéria, são permanentes, cabendo-lhes, entre outras atribuições, discutir e votar projeto de lei que dispensar, na forma do regimento, a competência do Plenário, salvo se houver recurso de um décimo dos membros da Casa.

(D) No Congresso Nacional, as decisões são, em regra, tomadas por maioria absoluta de votos, salvo nos casos em que a CF expressamente disponha de forma diversa, para hipóteses específicas.

(E) Para participarem das sessões legislativas extraordinárias do Congresso Nacional, os parlamentares recebem uma parcela indenizatória em valor não superior ao do subsídio mensal.

A: incorreta, pois a sessão legislativa não será interrompida sem a aprovação do projeto de lei de diretrizes orçamentárias, nos termos do art. 57, § 2º, da CF; **B:** incorreta, já que a hipótese ocorre desde a expedição do diploma e não desde a posse, conforme art. 54, I, *b*, da CF; **C:** correta, as comissões temáticas são permanentes e criadas em razão da matéria. Têm por finalidade principal fornecer um parecer técnico ao Plenário. Ex: Comissão de Constituição e Justiça; Comissão da Saúde; Comissão do orçamento. Compete às comissões temáticas: Discutir e votar o projeto de lei que dispensar, na forma do regimento, a competência do Plenário, salvo se houver recurso de 1/10 dos membros da Casa (art. 58, § 2º, I, da CF); **D:** incorreta, pois salvo disposição constitucional em contrário, as deliberações de cada Casa e de suas Comissões serão tomadas por maioria dos votos, presente a maioria absoluta de seus membros, nos termos do art. 47 da CF; **E:** incorreta, na exata medida que na sessão legislativa extraordinária, o Congresso Nacional somente deliberará sobre a matéria para a qual foi convocado, vedado o pagamento de parcela indenizatória, em razão da convocação, conforme art. 57, § 7º, da CF.

Gabarito "C"

(Ministério Público/TO – 2012 – CESPE) Assinale a opção correta com referência às CPIs.

(A) A testemunha ou indiciado, quando convocado, não é obrigado a comparecer à CPI e não precisa responder às perguntas que possam incriminá-lo, em razão do seu direito constitucional ao silêncio e a não autoincriminação.

(B) O princípio da colegialidade traduz diretriz de fundamental importância na regência das deliberações tomadas por qualquer CPI, notadamente quando esta, no desempenho de sua competência investigatória, ordena a adoção de medidas restritivas de direitos, como aquelas que impliquem a revelação das operações financeiras ativas e passivas de qualquer pessoa.

(C) Por constituírem exercício da função político-administrativa do Poder Legislativo, as CPIs, mediante decisões fundamentadas, podem impor sanções administrativas aos infratores.

(D) É vedada a ampliação da atuação de CPI para além da finalidade para a qual ela tenha sido criada, ainda que sejam descobertos elementos novos não previstos originariamente no ato de instauração dessa CPI.

(E) Insere-se na competência da CPI a determinação da quebra de sigilo da comunicação telefônica, sendo-lhe vedado, no entanto, requerer a quebra de registros telefônicos pretéritos, isto é, a lista de ligações efetuadas e recebidas pelo investigado durante determinado período de tempo já transcorrido.

A: incorreta. O dever de comparecer ao recinto da comissão parlamentar de inquérito é impostergável, porque ninguém pode escusar-se de comparecer a ela para depor, sob pena de condução coercitiva, ressalvado, sempre, o exercício do privilégio constitucional contra a autoincriminação (STF, HC 80.427-MC, Rel. Min. Celso de Mello, *DJ* de 13.09.2000). Sem prejuízo, o direito ao silêncio nos depoimentos prestados em comissões parlamentares de inquérito é um corolário da prerrogativa ou privilégio contra a autoincriminação, que impede, inclusive, as CPIs de obrigarem o depoente a assinar termos de compromisso. Trata-se de matéria consubstanciada em convenções ratificadas pelo Brasil e em normas constitucionais – Decreto 678/1992: "Toda pessoa tem o direito de não ser obrigada a depor contra si mesma, nem a declarar-se culpada (art. 8º, § 2º, *g*, do Pacto de San José da Costa Rica). Com efeito, o privilégio contra a autoincriminação é uma manifestação eloquente da dignidade da pessoa humana (CF, art. 1º, III), da cláusula da ampla defesa (CF, art. 5º, LV); do direito de permanecer calado (CF, art. 5º, LXIII) e da presunção de inocência (CF, art. 5º, LVII); **B:** correta, traduz de forma incontestável a jurisprudência do STF; **C:** incorreta, as CPIs não podem nunca impor penalidades ou condenações, compete ao MP promover a responsabilização civil e penal dos infratores; **D:** incorreta, pois as CPIs servem para investigar fatos determinados que impliquem atos de improbidade – é o acontecimento pelo qual torna possível a realização de investigações relacionadas a pessoas ou entidades envolvidas na consumação daquilo que provavelmente aconteceu – que é o ponto culminante da consagração constitucional das CPIs, que não têm poderes ilimitados de investigação. Trata-se de um requisito formal imprescindível para a realização de inquéritos parlamentares. Outros fatos, inicialmente imprevistos, também podem ser aditados aos objetivos da comissão de inquérito, já em ação ou andamento, desde que sejam certos, inconcussos, indiscutíveis, de evidente constatação; **E:** incorreta, pois a quebra do sigilo da comunicação telefônica se submete a cláusula de reserva jurisdicional, nos termos do art. 5º, XII, da CF.

Gabarito "B"

(Ministério Público/MG – 2005) Em se tratando de Medidas Provisórias, com relação aos requisitos da relevância e urgência, é **CORRETO** afirmar que

(A) se houver desvirtuamento dos requisitos é cabível o controle judicial.

(B) o presidente da Câmara dos Deputados pode rejeitar a medida, sempre que entender ausentes tais requisitos.

(C) somente o presidente do Senado Federal poderá recusar o recebimento da medida por motivo de relevante interesse público e deixar de enviá-la à Câmara dos Deputados, utilizando seu poder de presidente do Congresso Nacional.

(D) uma vez reconhecido aqueles requisitos pela Câmara dos Deputados a Casa revisora, neste aspecto, permanece vinculada.

(E) em nenhuma hipótese é cabível o controle judicial, em prestígio ao poder de iniciativa privativa do Presidente da República.

A: correta, pois todo e qualquer lei ou ato normativo se submete ao controle judicial, inclusive as medidas provisórias que têm apenas força de lei; **B:** incorreta, já que as medidas só poderão ser rejeitadas por decisão da maioria absoluta do Congresso Nacional; **C:** incorreta, pois a deliberação de cada uma das Casas do Congresso Nacional sobre o mérito das medidas provisórias dependerá do juízo prévio sobre o atendimento de seus pressupostos constitucionais; **D:** incorreta, pois a casa revisora não se vincula a casa iniciadora, tanto é verdade, que a casa revisora é a única competente para criar emendas parlamentares; **E:** incorreta, pois o controle judicial é uma garantia constitucional.

Gabarito "A"

(Ministério Público/MG – 2006) Quanto ao processo constitucional de formação das leis, é **INCORRETO** afirmar que

(A) a sanção é poder de natureza legislativa atribuído ao Chefe do Executivo pelo qual este manifesta sua aquiescência aos projetos de lei adotados pelo Legislativo.

(B) a sanção, embora ato privativo do Chefe do Executivo, submete-se ao controle jurisdicional.

(C) o veto, instrumento de controle da legislação do ponto de vista de constitucionalidade e também de interesses, é legislativo, relativo ou suspensivo, podendo ser total ou parcial.

(D) o Chefe do Executivo, depois de proceder a devolução de projeto vetado ao Legislativo, não pode retratar-se do veto.

(E) o referendo visa a obter do povo pronunciamento de ratificação ou de rejeição de um projeto de lei aprovado pelo Legislativo.

A: correta, pois o vocábulo **sanção** provém do latim *santio, sanctionis*, de *sancire* (estabelecer por lei), vincula-se ao processo legislativo, onde um membro do executivo, seja presidente, prefeito ou governador, adere ao projeto de lei votado no Poder Legislativo, apondo sua aprovação e encaminhando-o para promulgação e publicação. Nos moldes do art. 66 da CF, a Casa na qual tenha sido concluída votação enviará o projeto de lei ao Presidente da República, que, aquiescendo, o sancionará; **B:** incorreta, devendo ser assinalada, pois não há controle jurisdicional; **C:** correta, já que se o Presidente da República considerar o projeto, no todo em parte, inconstitucional ou contrário ao interesse público, vetá-lo á total ou parcialmente, no prazo de quinze dias úteis, contados da data do recebimento, e comunicará, dentro de quarenta e horas, ao Presidente do Senado Federal os motivos do veto, nos termos do art. 66, § 1º, da CF; **D:** correta, uma das mais relevantes consequências do veto é a sua irretratabilidade. Tal como já acentuado pelo Supremo Tribunal Federal, manifestado o veto, não pode o Presidente da República retirá-lo ou retratar-se para sancionar o projeto vetado; **E:** correta, **referendo** é um instrumento da democracia semidireta por meio do qual os cidadãos eleitores são chamados a pronunciar-se por sufrágio direto e secreto, a título vinculativo, sobre determinados assuntos de relevante interesse à nação. Em Portugal ocorre mediante proposta da Assembleia da República, ou do Governo, ao Presidente da República que decide da sua realização. No Brasil, depende de expedição de decreto legislativo pelo Senado ou pela Câmara dos Deputados, nos termos da Lei 9.709/1998, para que seja realizado. A diferença entre plebiscito e referendo no direito latino é que o plebiscito é convocado **antes** da criação da norma (ato legislativo ou administrativo), e é o povo, por meio do voto, que vai aprovar ou não a questão que lhe for submetida. Já o referendo é convocado **após** a edição da norma, devendo o povo ratificá-la ou não. No direito anglo-saxônico os termos *"plebiscite"* e *"referendum"* são usados quase como sinônimos; sua distinção é enevoada.

Gabarito "B"

(Ministério Público/MG – 2006) O prefeito do Município de Ervália propôs uma ação direta de inconstitucionalidade contra o texto de uma lei local versando sobre a reestruturação de cargos públicos e a criação de órgão na estrutura da Administração Pública. Alegou vício de iniciativa, pois o projeto legislativo originou-se no âmbito da Câmara Municipal. Na defesa ao texto impugnado, o presidente da Câmara de Vereadores sustenta que o prefeito anterior houvera sancionado o projeto nos termos do art. 70, § 2º, da Constituição Estadual (na redação originária: "[...]*a sanção expressa ou tácita supre a iniciativa do Poder Executivo no processo legislativo*". Sobre a assertiva é **CORRETO** afirmar que

(A) o vício de iniciativa está convalidado porque aprovado pela maioria absoluta da Câmara Municipal.

(B) o vício de iniciativa está convalidado visto que sancionado pelo ex-prefeito municipal, e nos termos daquela norma *suprar*referida da Constituição Estadual, estando sanado qualquer vício de iniciativa.

(C) o vício de iniciativa não é suprido pela sanção, uma vez que tal vício macula o devido processo legislativo.

(D) a lei impugnada, uma vez tendo sido sancionada e publicada, obedeceu ao devido processo legislativo, estando perfeita e acabada.

(E) o vício de iniciativa não existe uma vez que haja rejeição do veto pela maioria dos membros do legislativo municipal.

A: incorreta, pois o vício de iniciativa não se convalida, ainda que o projeto tenha sido aprovado ou sancionado; **B:** incorreta, pois quando se tem a iniciativa reservada do Chefe do Poder Executivo e este, em momento posterior, sanciona expressa ou tacitamente o projeto oriundo da iniciativa viciada, a mesma permanece viciada. Nesse caso, a jurisprudência do STF é no sentido de que a sanção do projeto de lei não convalida o direito de iniciativa, que padecerá de inconstitucionalidade formal, cujo reconhecimento poderá ser requerido ao Poder Judiciário; **C:** correta, o vício de iniciativa não é suprido pela sanção, uma vez que tal vício macula o devido processo legislativo; **D:** incorreta, na exata medida que o vício de iniciativa não se convalida pela sanção e muito menos pela publicação; **E:** incorreta, o vício de iniciativa existe, pois integra a primeira fase do processo legislativo (fase da iniciativa ou da propositura),

Gabarito "C"

(Ministério Público/MG – 2011) À luz do que dispõe o artigo 60 da Constituição da República, a Constituição pode ser emendada mediante proposta:

I. do Procurador-Geral da República, após colhida a manifestação de todos os Procuradores-Gerais de Justiça dos Estados.

II. do Presidente da República.

III. dos cidadãos, cuja iniciativa poderá ser exercida pela apresentação à Câmara dos Deputados de projeto subscrito por, no mínimo, dez por cento do eleitorado nacional, distribuído pelo menos por quatro Estados, com não menos de três décimos por cento dos eleitores de cada um deles.

IV. de mais da metade das Assembleias Legislativas das unidades da Federação, manifestando-se, cada uma delas, pela maioria relativa de seus membros.

Somente está **CORRETO** o que se afirma em:

(A) I e II.

(B) II e III.

(C) II e IV.

(D) III e IV.

I: incorreta, já que a Constituição não poderá ser emendada mediante proposta do Procurador-Geral da República; **II:** correta, réplica do art. 60, II, da CF; **III:** incorreta, pois a iniciativa popular pode ser exercida pela apresentação à Câmara dos Deputados de projeto de lei complementar e ordinária, subscrito por, no mínimo, um por cento do eleitorado nacional, distribuído pelo menos por cinco Estados, com não menos de três décimos por cento dos eleitores de cada um deles, segundo o art. 61, § 2º, da CF; **IV:** correta, réplica do art. 60, III, da CF.

Gabarito "C"

(Ministério Público/MG – 2012 – CONSULPLAN) Examine as afirmativas abaixo:

I. Lei municipal, de iniciativa parlamentar, que altera a jornada de trabalho de servidores públicos do Poder Executivo padecerá de inconstitucionalidade formal, por desrespeito à prerrogativa de iniciar o processo legislativo.

II. Nos projetos de leis de iniciativa privativa ou reservada do Poder Executivo, o poder de emenda do Poder Legislativo é ilimitado.

III. Lei estadual, de iniciativa parlamentar, que concede isenção de pagamento de taxa de inscrição em concurso público, padecerá de inconstitucionalidade formal, por desrespeito à prerrogativa de iniciar o processo legislativo.

IV. A iniciativa privativa ou reservada para a deflagração do processo legislativo, por ter caráter excepcional, não se presume e nem comporta interpretação extensiva.

A análise permite concluir que:

(A) apenas as afirmativas I e II estão **CORRETAS**.

(B) apenas as afirmativas I e IV estão **CORRETAS**.

(C) apenas as afirmativas II e III estão **CORRETAS**.

(D) apenas as afirmativas III e IV estão **CORRETAS**.

I: correta, os parlamentares não têm competência para alterar a jornada de trabalho de servidores públicos do Poder Executivo. Conforme o Princípio da Simetria ou do Paralelismo a competência pertence ao Chefe do Poder Executivo Municipal, pois o art. 61, § 1º, II, "c", da CF, determina que, são de iniciativa privativa do Presidente da República as leis que disponham sobre servidores públicos da União e Territórios, seu *regime jurídico*, provimento de cargos, estabilidade e aposentadoria; **II:** incorreta, pois o poder de emenda *não* é ilimitado. O poder de emenda de que é detentor o Poder Legislativo, podemos afirmar que é o poder de modificar os interesses, nos limites da matéria do projeto de lei, a que se refere. Em consequência, não será admissível emenda que vise à rejeição pura e simples do texto formulado por quem detém a exclusividade da iniciativa. De igual forma, não poderá ser considerada emenda que pretenda introduzir conceito completamente estranho ao texto do projeto a que se refere. Em assim agindo, o Legislativo usurpa a competência privativamente atribuída ao Executivo e, com tal atitude, afronta o princípio da Tripartição dos Poderes, do qual é corolário a regra da iniciativa legislativa (art. 2° c/c o art. 61, § 1°, da Constituição Federal). A inserção de emendas substanciais que, por sua natureza, descaracterizam e desnaturam a vontade do titular da iniciativa, constitui afronta ao ordenamento jurídico-constitucional. A extrapolação dos limites do poder de emenda, atinge o Texto Constitucional em seus alicerces, em suas vigas mestras representadas pelos princípios constitucionais norteadores de todo o sistema; **III:** incorreta, pois não padece de inconstitucionalidade, conforme preleciona a jurisprudência: " (...) Com efeito, não mais assiste, ao chefe do Poder Executivo, a prerrogativa constitucional de fazer instaurar, com exclusividade, em matéria tributária, o concernente processo legislativo. Esse entendimento – que encontra apoio na jurisprudência que o STF firmou no tema ora em análise (*RTJ* 133/1044 – *RTJ* 176/1066-1067) – consagra a orientação de que, sob a égide da Constituição republicana de 1988, também o membro do Poder Legislativo dispõe de legitimidade ativa para iniciar o processo de formação das leis, quando se tratar de matéria de índole tributária, não mais subsistindo, em consequência, a restrição que prevaleceu ao longo da Carta Federal de 1969 (art. 57, I) (...)." (RE 328.896, Rel. Min. Celso de Mello, decisão monocrática, julgamento em 09.10.2009, *DJe* de 05.11.2009.); *"Ação direta de inconstitucionalidade. Lei municipal de iniciativa do legislativo. Isenção de taxa de inscrição em concurso público.* Lei que dispõe sobre a isenção de taxa de inscrição em concurso público não é de iniciativa privativa do Chefe do Poder Executivo, por isso, não se mostrando inconstitucional. Ressalva, porém, quanto à sua aplicação ao ano orçamentário em execução. Ação julgada improcedente. (TJRS, Tribunal Pleno, Ação Direta de Inconstitucionalidade 70014644082, rel. Leo Lima, j. 04.12.2006); **IV:** incorreta, apesar de o gabarito oficial tê-la considerada correta, pois plenamente possível a interpretação extensiva. Vejam: A iniciativa é restrita quando seu titular somente pode apresentar projetos de lei sobre matérias específicas apontadas na Constituição. É o caso das iniciativas conferidas ao Procurador-Gral da República (que somente pode apresentar projetos de lei relacionados ao MPU). A iniciativa é reservada quando o projeto de lei relativo a certa matéria somente pode ser proposto por uma determinada autoridade ou órgão (por exemplo: As do Presidente da República, dispostas nos arts. 61, § 1°, 165, I a III (leis orçamentárias), da CF; as do Supremo Tribunal Federal, conforme arts. 93, 96, II, e 48, XV, todos da CF).

Nosso gabarito: questão anulada. Gabarito Oficial "B"

(Ministério Público/GO – 2010) Sobre a possibilidade de emenda à Constituição, assinale a alternativa correta:

(A) A Constituição poderá ser emendada mediante proposta de mais da metade das Assembleias Legislativas das unidades da Federação, manifestando-se, cada uma delas, pela maioria relativa de seus membros.

(B) A Constituição não poderá ser emendada nos seis meses anteriores ao término de cada legislatura, a fim de evitar casuísmos e abusos no exercício do poder reformador.

(C) A matéria constante de proposta de emenda rejeitada pela Comissão de Constituição e Justiça poderá ser reapresentada na mesma sessão legislativa caso seja subscrita por pelo menos um terço dos deputados ou senadores.

(D) Não será objeto de deliberação a proposta de emenda tendente a abolir o voto direto, secreto e obrigatório.

A: correta, a Constituição poderá ser emendada mediante proposta de mais da metade das Assembleias Legislativas das unidades da Federação, manifestando-se, cada uma delas, pela maioria relativa de seus membros, nos termos do art. 60, III, da CF; **B:** incorreta, a matéria constante de proposta de emenda rejeitada ou havida por prejudicada não pode ser objeto de nova proposta na mesma sessão legislativa, nos termos do art. 60, § 5°, da CF. Sem prejuízo, não existe qualquer limitação sobre a edição de PECs nos seis meses anteriores ao término de cada legislatura; **C:** incorreta, a matéria constante de proposta de emenda rejeitada ou havida por prejudicada não pode ser objeto de nova proposta na mesma sessão legislativa, nos termos do art. 60, § 5°, da CF; **D:** incorreta, pois a obrigatoriedade do voto não é uma das cláusulas pétreas do art. 60, § 4°, da CF. A maior fonte da obrigatoriedade do voto encontra-se, expressamente, consubstanciada no artigo 14, § 1°, incisos, da Constituição Federal. Nesse dispositivo, consta a obrigatoriedade do voto e do alistamento eleitoral aos maiores de 18 anos; sendo facultativo aos analfabetos, maiores de 70 anos e aos maiores de 16 e menores de 18 anos. Apesar de ser fonte do voto obrigatório, a Constituição não é a única; visto que o próprio Código Eleitoral, em seu art. 6°, *caput,* trata do voto como uma obrigação dos brasileiros. Destarte, o sufrágio obrigatório está amparado tanto no âmbito constitucional como infraconstitucional, não sendo possível a provocação de inconstitucionalidade, pois, em tal caso, não há que se cogitar na declaração de inconstitucionalidade de uma norma constitucional originária e, além disso, responsável ela por recepcionar a norma infraconstitucional. Diante da Constituição Federal e do Código Eleitoral, descortina-se como indubitável caráter do voto como direito-dever. Direito, por permitir ao cidadão brasileiro que saia da plateia e ganhe os palcos da política nacional; podendo ele escolher livremente, a seu próprio alvedrio, o candidato que desejar. Dever, pois, a própria legislação que trata do assunto assim o estabelece; ademais, caso o indivíduo deixe de votar, sem a devida apresentação da justificativa, aquele incorrerá nas sanções do art. 7°, § 1°, do CE. Não se trata, portanto, apenas de um direito subjetivo, *facultas agendi*, uma faculdade de o seu titular agir se assim desejar, mas, também não se enquadra em um dever jurídico propriamente dito. Eis que a natureza jurídica do voto surge na fronteira entre direito e dever.

Gabarito "A"

(Ministério Público/BA – 2008) Sobre o Poder Legislativo e suas atribuições, assinale a alternativa incorreta:

(A) Compete ao Congresso Nacional o controle externo da atividade contábil, financeira e orçamentária da União, apreciando as contas do Presidente da República e fiscalizando seus atos, inclusive de gestores estaduais que aplicarem recursos repassados pela União mediante convênio, acordo, ajuste ou outros instrumentos congêneres.

(B) É inconstitucional a lei sancionada pelo Presidente da República se houve ofensa ao princípio da reserva constitucional, da iniciativa de lei exclusiva do Chefe do Executivo.

(C) Não havendo vedação expressa na Constituição Federal e observados por simetria os seus princípios e limitações, os Estados podem instituir medidas provisórias, desde que previsto expressamente em suas constituições.

(D) As medidas provisórias, embora originária do Poder Executivo, faz parte do processo legislativo brasileiro.

(E) Em caso de relevância e urgência, não poderá o projeto de lei ser vetado pelo Presidente da República.

A: assertiva correta, já que a alternativa está com consonância com o art. 71, I e VI, da CF; **B:** assertiva incorreta, devendo ser assinalada, pois é constitucional a lei sancionada pelo Presidente da República, ainda que se trate de lei de iniciativa exclusiva do Chefe do Executivo (a título de exemplo podemos citar o arts. 61, § 1º, e 165 da CF); **C:** assertiva correta, pois a alternativa está correta por força do princípio da simetria; **D:** assertiva correta, nos termos do arts. 59, V e 62, da CF; **E:** assertiva correta, pois a alternativa é correta, já o art. 62, "caput", da CF, reza que em caso de relevância e urgência, o Presidente da República poderá adotar medidas provisórias, com força de lei, devendo submetê-las de imediato ao Congresso Nacional.

Gabarito "B"

(Ministério Público/CE – 2011) À luz das disposições constitucionais sobre o processo legislativo, assinale a opção correta.

(A) As leis delegadas serão elaboradas pelo presidente da República após a edição pelo Congresso Nacional de decreto legislativo com a especificação do conteúdo e dos termos de exercício da delegação.

(B) Como regra, os projetos de lei, assim como as propostas de emenda à CF, são submetidos a dois turnos de discussão e votação.

(C) As medidas provisórias devem ser votadas em sessão conjunta do Congresso Nacional, no prazo de sessenta dias a contar de sua publicação, sob pena de imediata perda da sua eficácia.

(D) Não se admite, nos projetos que versam sobre a criação e extinção de ministérios e órgãos da administração pública, emenda parlamentar que gere aumento da despesa prevista.

(E) O veto a projeto de lei deverá ser apreciado em cada uma das casas do Congresso Nacional dentro de trinta dias a contar da decisão presidencial, e sua rejeição dependerá do voto de dois terços dos membros de cada uma delas, em votação nominal.

A: incorreta: na exata medida que de fato as leis delegadas serão elaboradas pelo Presidente da República, que deverá solicitar a delegação ao Congresso Nacional. A delegação ao Presidente da República terá a forma de resolução, nos termos do art. 68, § 2º, da CF; **B:** incorreta, pois os únicos atos legislativos que serão submetidos a dois turnos de discussão e votação são as propostas de emendas á CF. Graças a esse procedimento diferenciado destacamos as emendas constitucionais dos demais atos legislativos, o que indica que a Constituição da República é rígida, conforme a doutrina predominante; **C:** incorreta, pois a deliberação em cada uma das casas do Congresso Nacional sobre o mérito das medidas provisórias dependerá de juízo prévio sobre o atendimento de seus pressupostos constitucionais, nos termos do art. 62 e seus parágrafos; **D:** correta, pois o art. 61, § 1º, II, "e", da CF, reza que compete privativamente ao Presidente da República dispor sobre criação e extinção de ministérios e órgãos da administração pública, observado o dispostos no art. 84, VI, da CF, ou seja, quando não implicar aumento de despesa; **E:** incorreta, pois o veto será apreciado em SESSÃO CONJUNTA, dentro de trinta dias a contar de seu RECEBIMENTO, só podendo ser rejeitado pelo voto da MAIORIA ABSOLUTA dos Deputados e Senadores, nos termos do art. 66, § 4º, da CF.

Gabarito "D"

(Ministério Público/MT – 2012) À luz do disposto na CF, assinale a opção correta acerca da estrutura, do funcionamento e das atribuições do Poder Legislativo.

(A) Os deputados e senadores dispõem de foro privilegiado desde a expedição do diploma, estando, portanto, uma vez diplomados, ainda que ainda não tenham tomado posse, submetidos a julgamento perante o STF.

(B) Se o presidente da República não apresentar ao Congresso Nacional as contas relativas ao exercício anterior até sessenta dias após a abertura da sessão legislativa, caberá ao Senado Federal proceder à tomada de contas.

(C) O número total de deputados federais deve ser estabelecido por lei complementar, enquanto o número de representantes por estado e pelo DF deve ser estabelecido por lei ordinária, proporcionalmente ao número de eleitores.

(D) Cabe ao Congresso Nacional aprovar o estado de defesa e a intervenção federal; entretanto, a suspensão dessas medidas é competência privativa do presidente da República, dispensada a manifestação do Poder Legislativo.

(E) Compete privativamente ao Senado Federal escolher dois terços dos membros do TCU.

A: correta, pois a diplomação é o ato pelo qual, em solenidade previamente marcada, os tribunais eleitorais entregam os títulos que dão os candidatos como eleitos. É na solenidade que é entregue ao candidato eleito documento oficial que reconhece a validade de sua eleição, logo, ainda que não tenham tomado posse, os Deputados e Senadores, desde a expedição do diploma, serão submetidos a julgamento perante o Supremo Tribunal Federal, nos termos do art. 53, § 1º, da CF; **B:** incorreta, já que o art. 51, II, da CF, reza que compete privativamente à Câmara dos Deputados proceder à tomada de contas do Presidente da República, quando não apresentadas ao Congresso Nacional dentro de sessenta dias após a abertura da sessão legislativa; **C:** incorreta, pois quem estabelece o número mínimo e máximo de representantes do povo, dos Estados e do Distrito Federal é a própria CF, sendo que a Câmara dos Deputados compõe-se de representantes do povo, eleitos, pelo sistema proporcional, em cada Estado, em cada Território e no Distrito Federal, nos termos do art. 45 da CF. Já o Senado Federal compõe-se de representantes dos Estados e do Distrito Federal, eleitos segundo o princípio majoritário, conforme art. 46, da CF; **D:** incorreta, pois compete exclusivamente ao Congresso Nacional APROVAR o estado de defesa e a intervenção federal, *autorizar* o estado de sítio, ou *suspender* qualquer uma dessas medidas (inteligência do art. 49, IV, da CF); **E:** incorreta. A competência não é do Senado Federal, mas sim, do Congresso Nacional, conforme art. 49, XIII, da CF. Inclusive, o Decreto Legislativo n. 6, de 22 de abril de 1993, regulamenta a escolha de Ministros do Tribunal de Contas da União pelo Congresso Nacional.

Gabarito "A"

(Ministério Público/RJ – 2011) Considerando o disposto na Carta Magna a respeito do processo legislativo, assinale a alternativa correta.

(A) O projeto de lei aprovado por uma Casa será revisto pela outra, em dois turnos de discussão e votação, e enviado à sanção ou promulgação, se a Casa revisora o aprovar, ou arquivado, se o rejeitar.

(B) Se o Presidente da República considerar o projeto, no todo ou em parte, inconstitucional ou contrário ao interesse público, vetá-lo-á total ou parcialmente, no prazo de quinze dias corridos, contados da data do recebimento, e comunicará, dentro de quarenta e oito horas, ao Presidente do Senado Federal os motivos do veto.

(C) O veto do Presidente da República será apreciado em sessão conjunta, dentro de quinze dias a contar de seu recebimento, só podendo ser rejeitado pelo voto da maioria absoluta dos Deputados e Senadores, em escrutínio secreto.

(D) Na hipótese de rejeição de veto pelo Congresso Nacional, se a lei não for promulgada dentro de quarenta e oito horas pelo Presidente da República, o Presidente do Senado a promulgará e, se este não o fizer em igual prazo, caberá ao Vice-Presidente do Senado fazê-lo.

A: incorreta, pois o art. 65 da CF exige apenas um turno de discussão e votação; **B:** incorreta, pois o art. 66, § 1º, da CF, indica o prazo de quinze dias úteis e não corridos; **C:** incorreta, pois o veto será apreciado em sessão conjunta, dentro de trinta dias a contar de seu recebimento, só podendo ser rejeitado pelo voto da maioria absoluta dos Deputados e Senadores; **D:** correta, réplica do art. 66, § 7º, da CF.

Gabarito "D"

(Ministério Público/RR – 2008) Suponha que tramite perante a Câmara dos Deputados uma proposta de Emenda à Constituição que pretenda excluir do texto constitucional a vedação à instituição de pena de morte, constante de seu artigo 5º, XLVII, *a*. Nessa hipótese, com vistas a impedir que os membros da Casa Legislativa deliberem sobre referida proposta, teria um Deputado Federal legitimidade para impetrar, perante o Supremo Tribunal Federal,

(A) mandado de segurança individual.

(B) ação direta de inconstitucionalidade.

(C) *habeas data*.

(D) *habeas corpus*.

(E) mandado de segurança coletivo.

A: correta, pois a hipótese se coaduna ao controle preventivo de constitucionalidade realizado excepcionalmente pelo Poder Judiciário. Na hipótese de violação do devido processo legislativo previsto na Constituição, todo e qualquer parlamentar, na defesa de seu direito subjetivo de participar de um processo legislativo hígido, poderá impetrar mandado de segurança para se valer de seu direito líquido e certo; **B:** incorreta, pois a ação direta de inconstitucionalidade tramita pela via do controle repressivo ou "a priori" que visa reprimir leis ou atos normativos e não projetos ou propostas de leis ou atos normativos; **C:** incorreta, pois nesse caso não poderíamos falar em interesse de agir, na exata medida que a finalidade do *habeas data* é assegurar o conhecimento de informações relativas à pessoa do impetrante, constantes de registros ou bancos de dados de entidades governamentais ou de caráter público, bem como, para a retificação de dados ou anotações, conforme art. 5º, LXXII, da CF e a Lei 9.507, de 12.11.1997; **D:** incorreta, pelos mesmos fundamentos da alternativa anterior, falta de interesse de agir. Contudo, o objeto do "habeas corpus" é diverso da garantia constitucional fundamental citada anteriormente, pois esta visa proteger a liberdade de locomoção, conforme art. 5º, LXVIII, da CF; **E:** incorreta, pois o enunciado indica como impetrante Deputado Federal, e não um dos legitimados do mandado de segurança coletivo previsto no art. 5º, LXX, da CF e da Lei 12.016/2009, quais sejam, partido político com representação no Congresso Nacional; organização sindical, entidade de classe ou associação legalmente constituída e em funcionamento há pelo menos um ano, em defesa dos interesses de seus membros ou associados.

Gabarito "A"

(Ministério Público /RS – 2008) Projeto de lei ordinária de iniciativa do Presidente da República, visando à criação de cargos e empregos públicos na administração direta e autárquica federal, tramita em regime de urgência, em atendimento à solicitação do próprio Chefe do Poder Executivo federal. Nessa hipótese,

(A) o projeto de lei não deveria submeter-se a procedimento de urgência, pois a Constituição impede que o Presidente da República a solicite em proposições de sua iniciativa.

(B) terão as Casas do Congresso Nacional o prazo de quarenta e cinco dias, cada qual, para se manifestar sobre a proposição, sob pena de sobrestamento das demais deliberações legislativas da Casa respectiva, exceto as que tenham prazo constitucional determinado, até o fim da votação.

(C) padece o projeto de lei de vício de iniciativa, uma vez que não dispõe o Presidente da República de legitimidade para a apresentação de proposições que visem à criação de cargos e empregos públicos na administração autárquica federal.

(D) a matéria sobre a qual versa a proposição legislativa é reservada à lei complementar, sendo por essa razão o projeto de lei incompatível com a Constituição da República.

(E) a discussão e votação do projeto de lei terão início no Senado Federal, por se tratar de proposição legislativa de iniciativa privativa do Presidente da República.

A: incorreta, pois o art. 64, § 1º, da CF, reza que o Presidente da República poderá solicitar urgência para apreciação de projetos de sua iniciativa. Aliás, a doutrina classifica essa possibilidade de Procedimento Legislativo Sumário; **B:** correta, réplica do art. 64, § 2º, da CF; **C:** incorreta, na exata medida que é de competência privativa do Presidente da República a iniciativa das leis que disponham sobre a criação de cargos ou empregos públicos na administração direta e autárquica ou aumento de sua remuneração, nos termos do art. 61, § 1º, II, "a", da CF. Em contrapartida, compete privativamente ao chefe do Poder Executivo Federal dispor, mediante *Decreto*, sobre organização e funcionamento da administração federal, conforme art. 84, VI, "a", da CF; **D:** incorreta, pois a matéria só seria resevada à lei complementar, se a CF indicasse o comando expressamente, logo, se extrai do art. 61, § 1º, II, "a", da CF, que a matéria sobre a qual versa a proposição legislativa é reserva á lei ordinária, razão pelo qual o projeto é absolutamente compatível com a Constituição da República; **E:** incorreta, a discussão e votação do projetos de lei de iniciativa do Presidente da República, do Supremo Tribunal Federal e dos Tribunais Superiores terão início na Câmara dos Deputados (casa iniciadora), logo, o Senado Federal será a casa revisora, nos termos do art. 64 da CF.

Gabarito "B"

(Ministério Público/PB – 2010) Considerando a disciplina constitucional do Congresso Nacional e do processo legislativo, assinale a opção correta.

(A) No Poder Judiciário, cabe ao presidente do STF, com exclusividade, a iniciativa das leis complementares e ordinárias sobre matérias afetas a esse poder.

(B) O veto que o presidente da República apõe a projeto de lei pode ser total ou parcial, devendo, neste caso, abranger texto integral de artigo, de parágrafo, de inciso ou de alínea.

(C) Os estados, o DF e os territórios são representados por três senadores, eleitos, com dois suplentes, para mandatos de oito anos, sendo a representação renovada a cada quatro anos, na proporção de um terço, de acordo com o princípio proporcional e de dois terços, de acordo com o princípio majoritário.

(D) Entre as competências exclusivas do Congresso Nacional incluem-se a de processar e julgar os ministros do STF, os membros do CNJ e do Conselho Nacional do Ministério Público, o procurador-geral da República e o AGU nos crimes comuns e nos de responsabilidade.

(E) Os parlamentares federais possuem imunidade formal para a prisão e para o processo, não podendo, desde a expedição do diploma, ser presos, salvo em flagrante de crime inafiançável, nem processados criminalmente sem prévia licença da respectiva casa.

A: incorreta, pois o art. 93 da CF refere-se apenas à iniciativa do STF para o Estatuto da Magistratura; **B:** correta, literalidade do art. 66, § 1º, da CF; **C:** incorreta, pois o enunciado se opõem ao disposto no art. 46, §§ 1º a 3º, da CF. A eleição para o Senado segue o princípio majoritário e os territórios (se existentes) não elegem senadores; **D:** incorreta. As competências exclusivas no Congresso Nacional encontram-se previstas no art. 49, I a XVII, da CF, que não incluem as listadas na questão; **E:** incorreta, pois a imunidade formal não impede a instauração do processo, não é necessária licença da Casa para que seja processado criminalmente (o que pode ocorrer, se observados os termos da CF, é a sustação do andamento da ação). Desde a expedição do diploma, os congressistas não poderão ser presos, salvo em flagrante de crime inafiançável. Nesse caso, os autos serão remetidos dentro de vinte e quatro horas à Casa respectiva, para que, pelo voto da maioria de seus membros, resolva sobre a prisão (art. 53, § 2º, da CF). Além disso, o § 3º do mesmo artigo determina que "recebida a denúncia contra o Senador ou Deputado, por crime ocorrido após a diplomação, o Supremo Tribunal Federal dará ciência à Casa respectiva, que, por iniciativa de partido político nela representado e pelo voto da maioria de seus membros, poderá, até a decisão final, sustar o andamento da ação".

Gabarito "B"

(Ministério Público/GO – 2010) No que se refere à reforma da Constituição, é correto afirmar que

(A) a revisão constitucional foi realizada após cinco anos, contados da promulgação da Constituição, pelo voto da maioria absoluta dos membros do Congresso Nacional, em sessão conjunta das Casas.

(B) a proposta de emenda constitucional é discutida e votada em cada Casa do Congresso Nacional, em dois turnos, considerando-se aprovada se obtiver, em ambos, três quintos dos votos dos respectivos membros relativamente ao mesmo texto.

(C) a Constituição pode ser emendada na vigência de estado de defesa.

(D) a matéria constante de proposta de emenda rejeitada ou havida por prejudicada não pode ser objeto de nova proposta na mesma legislatura.

(E) a Constituição pode ser emendada mediante proposta de mais da metade das Assembleias Legislativas das unidades da Federação, manifestando- se, cada uma delas, pela maioria de todos os seus membros.

A: incorreta, na exata medida que a revisão constitucional foi concebida pelo Poder Constituinte Originário para ser realizada apenas uma vez, após cinco anos da promulgação da CF, pelo voto da maioria absoluta do Congresso Nacional, em sessão unicameral (art. 3º do ADCT). Em obediência à determinação constitucional, a revisão ocorreu em 1993/1994 e resultou em 6 emendas de revisão, tendo aí a norma constitucional exaurido sua eficácia; **B:** correta, literalidade do art. 60, § 2º, da CF; **C:** incorreta, já que a CF não pode ser emendada na vigência de intervenção federal, de estado de defesa ou de estado de sítio (art. 61, § 1º, da CF), o que corresponde a uma limitação circunstancial ao poder de reforma da Constituição; **D:** incorreta, pois não pode ser objeto de nova proposta na mesma sessão legislativa (art. 60, § 5º, da CF), sendo certo que *legislatura* é o período de quatro anos (art. 44, parágrafo único, da CF), *sessão legislativa* é o ano parlamentar (art. 57 da CF), que pode ser dividido em dois períodos: de 2 de fevereiro a 17 de julho (*primeiro período de sessão legislativa*) e de 1º de agosto a 22 de dezembro (*segundo período de sessão legislativa*); **E:** incorreta, pois se exige a maioria relativa (art. 60, III, da CF).

Gabarito "B"

(Ministério Público/PR – 2011) A respeito do regramento constitucional das medidas provisórias, assinale a afirmativa incorreta.

(A) É vedada a edição de medidas provisórias sobre matéria já disciplinada em projeto de lei aprovado pelo Congresso Nacional e pendente de sanção ou veto do Presidente da República.

(B) A edição de medida provisória para instituição de tributos só será admitida para atender despesas imprevisíveis e urgentes, como as decorrentes de guerra, comoção interna ou calamidade pública.

(C) Apenas excepcionalmente o Poder Judiciário poderá, no controle de constitucionalidade da medida provisória, examinar a adequação dos requisitos de relevância e urgência, por força da regra de separação de poderes.

(D) A medida provisória não apreciada pelo Congresso Nacional podia, até a Emenda Constitucional 32/2001, ser reeditada dentro do seu prazo de eficácia de trinta dias, mantidos os efeitos de lei desde a primeira edição.

(E) É vedada a reedição, na mesma sessão legislativa, de medida provisória que tenha sido rejeitada ou que tenha perdido sua eficácia por decurso de prazo.

A: correta. Literalidade do art. 62, § 1º, IV, da CF; **B:** incorreta, devendo ser assinalada, pois sobre medida provisória em matéria tributária o art. 62, § 2º, da CF, dispõe apenas que: "Medida provisória que implique instituição ou majoração de impostos, exceto os previstos nos arts. 153, I, II, IV, V, e 154, II, só produzirá efeitos no exercício financeiro seguinte se houver sido convertida em lei até o último dia daquele em que foi editada"; **C:** correta. Para o STF, "os pressupostos da urgência e da relevância, embora conceitos jurídicos relativamente indeterminados e fluidos, mesmo expondo-se, inicialmente, à avaliação discricionária do Presidente da República, estão sujeitos, ainda que excepcionalmente, ao controle do Poder Judiciário, porque compõem a própria estrutura constitucional que disciplina as medidas provisórias, qualificando-se como requisitos legitimadores e juridicamente condicionantes do exercício, pelo Chefe do Poder Executivo, da competência normativa primária que lhe foi outorgada, extraordinariamente, pela Constituição da República. (...) - A possibilidade de controle jurisdicional, mesmo sendo excepcional, apoia-se na necessidade de impedir que o Presidente da República, ao editar medidas provisórias, incida em excesso de poder ou em situação de manifesto abuso institucional, pois o sistema de limitação de poderes não permite que práticas governamentais abusivas venham a prevalecer sobre os postulados constitucionais que informam a concepção democrática de Poder e de Estado, especialmente naquelas hipóteses em que se registrar o exercício anômalo e arbitrário das funções estatais." (STF, ADI 2213 MC, Rel. Min. Celso de Mello); **D:** correta, pois a regra atual prescreve que: "As medidas provisórias, ressalvado o disposto nos §§ 11 e 12 perderão eficácia, desde a edição, se não forem convertidas em lei no prazo de sessenta dias, prorrogável, nos termos do § 7º, uma vez por igual período, devendo o Congresso Nacional disciplinar, por decreto legislativo, as relações jurídicas delas decorrentes" (art. 62, § 3º, da CF; **E:** correta, réplica do art. 62, § 10, da CF.

Gabarito "B"

(Ministério Público/AC – 2008) O processo legislativo previsto na CF/1988 confere características distintas às diversas modalidades normativas. Dentre elas, pode-se asseverar como correta:

(A) a ausência de limitações materiais implícitas em sede de Emenda à Constituição.

(B) a possibilidade de uma medida provisória revogada por outra ser reeditada na mesma sessão legislativa.

(C) a necessidade da maioria absoluta para a aprovação das leis ordinárias.

(D) o retomo à Casa de competência originária, para apreciação em sessão única, de lei delegada de forma atípica.

A: incorreta, pois os limites materiais implícitos estão presentes por toda Constituição Federal, logo, não se pode falar em ausência de limitações materiais implícitas. Tais limitações estão contidas e identificadas ao longo do texto constitucional, decorrentes dos princípios, do regime, da forma de governo adotados. Essas limitações são basicamente as que se referem a extensão da reforma, à modificação do processo, mesmo de revisão, e a uma eventual substituição do poder constituinte derivado pelo poder constituinte originário. Sem prejuízo, são as concernentes ao titular do poder constituinte, pois uma reforma constitucional não pode mudar o titular do poder que cria o próprio poder reformador; as referentes ao titular do poder reformador, pois seria despautério que o legislador ordinário estabelecesse novo titular de um poder derivado só da vontade do constituinte originário; as relativas ao processo da própria emenda, distinguindo-se quanto à natureza da reforma, para admiti-la quando se tratar de tornar mais difícil seu processo, não aceitando quando vise atenuá-lo; **B:** incorreta, já que o art. 62, § 10, da CF, veda a reedição, na mesma sessão legislativa, de medida provisória que tenha sido rejeitada ou que tenha perdido sua eficácia por decurso de prazo; **C:** incorreta, pois a necessidade da maioria absoluta pertence às leis complementares, conforme art. 69 da CF. As leis ordinárias serão aprovadas pelo quórum da maioria simples ou relativa como determina o art. 47 da CF. O examinando deve observar que o existem duas espécies de quórum: O quórum de instalação e o quórum de aprovação. O primeiro será sempre da maioria absoluta, ou seja, toda e qualquer sessão exige a presença de no mínimo 157 deputados e 81 senadores, logo, o quórum da maioria simples, corresponde aos 50% mais um dos membros das Casas Legislativas, desde que o quórum de instalação tenha sido observado. É oportuno pontuar que os quóruns de aprovação são o da maioria simples e da absoluta; **D:** correta, pois a lei delegada retorna à Casa de Competência originária se a resolução determinar a apreciação do projeto pelo Congresso Nacional, sendo que este fará em votação única, vedada qualquer emenda. O enunciado utiliza a expressão "de forma atípica" para demonstrar que o Poder Legislativo estará atuando no controle preventivo excepcionalmente.

Gabarito "D"

(Ministério Público/PI – 2008) Com relação aos entes que compõem o Estado Federal brasileiro, à intervenção federal e à intervenção dos estados nos municípios, assinale a opção correta.

(A) Aplicam-se aos deputados estaduais as mesmas regras aplicadas aos deputados federais no que se refere a sistema eleitoral, inviolabilidade, imunidades, remuneração, perda de mandato, licença, impedimentos e incorporação às Forças Armadas.

(B) Ao DF, ente federativo *sui generis*, são atribuídas todas as competências legislativas reservadas tanto aos estados quanto aos municípios.

(C) Compete às constituições estaduais fixar os subsídios dos prefeitos e dos vice-prefeitos, de maneira a evitar anomalias e discrepâncias remuneratórias entre os municípios de um mesmo estado-membro.

(D) Entre os chamados princípios constitucionais sensíveis, que, desrespeitados, dão ensejo a intervenção federal, incluem-se a forma federativa de Estado, a forma republicana de governo e a manutenção da integridade nacional.

(E) Na hipótese de inobservância, pelos municípios, dos princípios indicados na constituição estadual, a iniciativa da representação interventiva, ao tribunal de justiça, será do procurador-geral do estado.

A: correta, réplica do art. 27, § 1º, da CF; **B:** incorreta, pois as competências legislativas atribuídas ao Distrito Federal são competências reservadas tanto aos Estados quanto aos Municípios. A regra contida no art. 32, § 1º, da CF, *não é absoluta*, diante do que dispõe o inciso XVII do art. 22 da CF. O DF, diversamente dos Estados Federados, não pode dispor de sua organização judiciária, do seu Ministério Público e da sua defensoria Pública, nos termos do art. 22, XVII, da CF, já que por esse dispositivo legal tal competência é privativa da União. O Distrito Federal tem competência legislativa reservada tanto a Estado Federado quanto a Município; **C:** incorreta, pois o subsídio do Prefeito, do Vice-Prefeito e dos Secretários Municipais serão fixados por lei de iniciativa da Câmara Municipal, observado o que dispõem os arts. 37, XI, 39, § 4º, 150, II, 153, III, e 153, § 2º,

I, todos da CF (vide art. 29, V, da CF); **D:** incorreta, pois conforme o art. 34, VII, da CF, são princípios constitucionais sensíveis: a forma republicana, sistema representativo, regime democrático, direitos da pessoa humana, autonomia municipal, prestação de contas da administração pública, direta e indireta e a aplicação no mínimo exigido da receita resultante de impostos estaduais, compreendida a proveniente transferências, na manutenção e desenvolvimento do ensino e nas ações e serviços públicos de saúde; **E:** incorreta, pois a iniciativa de representação interventiva, ao tribunal de justiça, será do Procurador-Geral de Justiça (chefe do Ministério Público Estadual) por uma questão de simetria ou paralelismo ao art. 36, III, da CF.

Gabarito "A"

(Ministério Público /MS – 2009) Há três assertivas que podem ser CORRETAS ou INCORRETAS. Responda:

I. Os Estados-membros não possuem competência constitucional enumerada, cabendo-lhes tão só a genérica competência remanescente ou residual.

II. Compete à União, aos Estados, ao Distrito Federal e aos Municípios legislar concorrentemente sobre proteção à infância e à juventude.

III. A Constituição federal estabelece o princípio da prescritibilidade dos ilícitos administrativos, mas ressalva o direito da Administração ao ressarcimento do prejuízo causado ao erário. Logo, mesmo ficando inerte durante o prazo estabelecido em lei a Administração poderá propor ação para se ressarcir do prejuízo causado por servidor ou não.

(A) se somente a assertiva I for correta

(B) se somente a assertiva II for correta

(C) se somente a assertiva III for correta

(D) se nenhuma das assertivas for correta

I: incorreta. Os Estados possuem competências expressamente previstas na Constituição e competências *legislativas* remanescentes (art. 25, § 1º, da CF); **II:** incorreta, pois o art. 24, XV, da CF não se refere aos Municípios; **III:** correta, réplica do art. 37, § 5º, da CF.

Gabarito "C"

(Ministério Público /AC – 2008) A Constituição de 1988, no que se refere à organização federativa aplicada aos Municípios, dispõe que

(A) à eleição do Prefeito e do Vice-Prefeito, em se tratando de Município com mais de duzentos mil habitantes, aplicam-se as normas relativas às eleições em dois turnos.

(B) o pleno ou órgão especial do Tribunal de Justiça tem competência privativa para julgar o Prefeito.

(C) compete ao Município criar, organizar e suprimir distritos, observado o respectivo plano diretor, independentemente da legislação estadual.

(D) compete ao Município organizar e prestar, diretamente ou sob regime de concessão ou permissão, os serviços públicos de interesse local, incluído o de transporte coletivo, que tem caráter essencial.

(E) a criação de Tribunais, Conselhos ou órgãos de Contas Municipais é permitida às Constituições estaduais, mas não às leis orgânicas municipais.

A: incorreta, pois são mais de 200 mil eleitores e não habitantes (art. 29, II, da CF); **B:** incorreta, já que a prerrogativa prevista no art. 29, X, da CF diz respeito à competência penal originária, não abrangendo a competência cível, nos termos da Súmula 702 do STF: "A competência do Tribunal de Justiça para julgar Prefeitos restringe-se aos crimes de competência da Justiça comum estadual; nos demais casos, a competência originária caberá ao respectivo tribunal de segundo grau", como no caso de crimes eleitorais, cuja competência é do Tribunal Regional Eleitoral; **C:** incorreta, pois deve ser observada a legislação estadual (art. 30, IV, da CF); **D:** correta, réplica do art. 30, V, da CF; **E:** incorreta, pois o art. 31, § 4º, da CF veda a criação de conselho ou corte de contas municipais, mas a Constituição ressalva os Tribunais de Contas Municipais já existentes à época de sua promulgação (art. 31, § 1º, parte final, da CF).

Gabarito "D"

(Ministério Público/AC – 2008) Quanto à organização da União, dos estados e dos municípios, assinale a opção correta.

(A) Compete privativamente à União registrar, acompanhar e fiscalizar as concessões de direitos de pesquisa e exploração de recursos hídricos e minerais.

(B) O subsídio do vereador será fixado por lei municipal, de iniciativa da respectiva mesa, no início de cada legislatura. O valor então fixado terá de ser mantido até o final da mesma legislatura.

(C) Caso o estado de Alagoas pretenda criar um tribunal de contas dos municípios, embora seja possível a sua criação, esse tribunal deverá ser composto, conforme súmula do STF, por sete conselheiros, dos quais três devem ser escolhidos pela assembleia legislativa, e quatro pelo chefe do Poder Executivo estadual, cabendo a este indicar um entre auditores, outro entre membros do MP e os outros dois à sua livre escolha.

(D) No âmbito da competência concorrente, conforme preceitua a CF, a competência dos estados, do DF e dos municípios será a de suplementar a legislação federal. Inexistindo lei federal sobre normas gerais, esses entes federativos exercerão a competência legislativa plena, para atender suas peculiaridades.

(E) Os deputados estaduais se submetem ao mesmo regime das imunidades previsto na CF para os deputados federais e senadores.

A: incorreta, pois a competência é *comum* entre a União, Estados, Distrito Federal e Municípios, nos termos do art. 23, XI, da CF; **B:** incorreta, pois o subsídio do vereador será fixado pelas respectivas Câmaras Municipais, observada a Constituição, a Lei Orgânica e os limites máximos estabelecidos no art. 29, VI, *a a f*, da CF. **C:** incorreta, já que o art. 31, § 4º, da CF, veda a criação de novos tribunais, conselhos ou órgãos de contas municipais. Entretanto, o § 1º do mesmo artigo ressalva a manutenção dos Tribunais de Contas Municipais existentes à época da promulgação da Constituição de 1988 (como o Tribunal de Contas do Município do Rio de Janeiro e o Tribunal de Contas do Município de São Paulo). A Súmula 653 do STF diz respeito à composição dos Tribunais de Contas Estaduais que, por força do art. 75 da CF, deve espelhar a do TCU, no que couber; **D:** incorreta, a competência suplementar é dos Estados. Inexistindo lei federal sobre normas gerais, os Estados exercerão a competência legislativa plena, na exata medida do art. 24, §§ 1º a 4º, da CF; **E:** correta, pois o art.

27, § 1º, da CF, determina a aplicação das regras de imunidade aos parlamentares estaduais. A imunidade material está prevista no art. 53, *caput*, da CF, e a formal em seu § 2º. Note-se que, assim como para os congressistas federais, não há imunidade formal para os crimes praticados antes da diplomação (art. 53, § 3º, da CF).

Gabarito "E"

(Ministério Público/MG – 2005) O parágrafo único do art. 23 da CF prevê que leis complementares fixarão normas para a cooperação entre a União e os estados, o DF e os municípios, tendo em vista o equilíbrio do desenvolvimento e do bem-estar em âmbito nacional. Esse dispositivo trata do federalismo

(A) assimétrico.

(B) centrípeto.

(C) centrífugo.

(D) dualista.

(E) horizontalista.

A: correta. Para Dircêo Torrecillas Ramos, o federalismo é simétrico se cada Estado-membro mantiver o mesmo relacionamento com a autoridade central, com igual divisão de poderes entre os governos central e estaduais, idêntica representação no governo central para cada ente federado. Caso isso não ocorra, o federalismo é assimétrico, como na Constituição de 1988; **B:** incorreta, pois centrípeto significa aquele que se dirige para o centro, com predominância de competências da União (centralização); **C:** incorreta, já que centrífugo é aquele que se afasta do centro, com maior autonomia dos Estados-membros (descentralização); **D:** incorreta. Federalismo dualista é aquele com duas esferas de poder rigidamente demarcadas, a da União (poderes enumerados) e a dos Estados (poderes remanescentes); **E:** incorreta, pois de acordo com Charles Sheldon, o federalismo vertical diz respeito à relação entre o poder da União e o poder dos Estados, por intermédio da repartição de competências. O federalismo *horizontal* marca as relações entre os Estados.

Gabarito "A"

(Ministério Público/PR – 2011) Com base na Constituição da República Federativa do Brasil de 1988 e suas atualizações, assinale a afirmativa incorreta.

(A) Não é possível a edição de medidas provisórias pelos governadores dos Estados-membros, mesmo que haja previsão expressa na Constituição Estadual.

(B) A Constituição Federal, ao conferir aos Estados-membros a capacidade de auto-organização e autogoverno, impõe a observância de vários princípios, entre os quais o pertinente ao processo legislativo, de modo que o legislador estadual não pode validamente dispor sobre as matérias reservadas à iniciativa privativa do Chefe do Executivo.

(C) A jurisprudência dos tribunais superiores considera as regras básicas de processo legislativo previstas na Constituição Federal como modelos obrigatórios às leis orgânicas dos Municípios.

(D) O Poder Constituinte Estadual é denominado de "derivado decorrente", pois consiste na possibilidade que os Estados membros têm de se auto-organizarem por meio de suas respectivas constituições estaduais, sempre respeitando as regras limitativas estabelecidas pela Constituição Federal.

(E) A autonomia dos Estados da Federação se caracteriza pela tríplice capacidade de auto-organização e normatização própria, autogoverno e autoadministração.

A: incorreta, devendo ser assinalada, pois, em regra, podem ser editadas, desde que haja autorização na CE e sejam observadas as regras da CF sobre medidas provisórias, por simetria. Exceção: art. 25, § 2º, da CF, que trata de gás canalizado, sem prejuízo, é pertinente citar, da ADIn 2391; **B:** correta. Aplicação do art. 61, § 1º, *a*, da CF, por simetria; **C:** correta, por conclusão do próprio STF na ADIn 425/TO, Rel. Min. Maurício Corrêa; **D:** correta, já que o Poder Constituinte pode ser originário (que inaugura a ordem jurídica) ou derivado (decorre do originário). O derivado, por sua vez, pode ser decorrente (Poder Constituinte Estadual) ou reformador; **E:** correta. Auto-organização (cada um dos entes federativos pode elaborar sua própria Constituição). Autogoverno (garantia assegurada ao povo de escolher seus próprios dirigentes e de, por meio deles, editar leis) e autoadministração (capacidade assegurada aos Estados de possuir administração própria, faculdade de dar execução às leis vigentes).

Gabarito "A"

(Ministério Público/CE – 2011) Com relação à organização político-administrativa do Estado brasileiro, assinale a opção correta.

(A) Compete à União, aos estados e ao DF legislar concorrentemente sobre trânsito e transporte, estando na esfera de competência dos estados explorar, diretamente ou mediante autorização, concessão ou permissão, os serviços de transporte rodoviário interestadual de passageiros.

(B) As regiões metropolitanas, as aglomerações urbanas e as microrregiões são constituídas por agrupamentos de municípios limítrofes, podendo ser instituídas por lei complementar estadual.

(C) Cabe às assembleias legislativas fixar, por meio de decreto legislativo, o subsídio dos deputados dos respectivos estados, o que deve ocorrer a cada legislatura, para a subsequente, observado o limite máximo de noventa por cento do subsídio estabelecido, em espécie, para os deputados federais.

(D) Aos vereadores impõem-se, em igual extensão, as regras, aplicáveis aos deputados estaduais, relativas a inviolabilidade, imunidades, remuneração, perda de mandato, licença, impedimentos e incorporação às Forças Armadas.

(E) Lei complementar federal pode autorizar os estados e o DF a legislar sobre as normas gerais que, no âmbito da competência legislativa concorrente, são de responsabilidade da União.

A: incorreta, pois compete privativamente á União legislar sobre diretrizes da política nacional de transporte e trânsito e transporte, nos termos do art. 22, IX e XI, da CF. Contudo, a lei complementar poderá autorizar os Estados a legislar sobre questões específicas, conforme o art. 22, parágrafo único, da CF; **B:** correta, pois reza o art. 25, § 3º, da CF que os Estados poderão, mediante lei complementar, instituir regiões metropolitanas, aglomerações urbanas e microrregiões, constituídas por agrupamentos de Municípios limítrofes, para integrar a organização, o planejamento e a execução de funções públicas de interesse comum; **C:** incorreta, na exata medida que o subsídio dos Deputados Estaduais será fixado por lei de iniciativa da Assembleia Legislativa, na razão de, no máximo 75% (setenta e cinco por cento) daquele estabelecido, em espécie, para os Deputados Federais, observando o que dispõem os arts. 39, § 4º, 57, § 7º, 150, II, 153, III, e 153, § 2º, I e 27, § 2º, da CF; **D:** incorreta, pois aos vereadores impõem-se apenas a inviolabilidade por suas opiniões, palavras e votos no exercício do mandato e na circunscrição do Município, nos termos do art. 29, VIII, da CF. Em outras palavras, os vereadores são titulares apenas da imunidade material; **E:** incorreta, pois no âmbito da legislação concorrente, a competência da União limitar-se á a estabelecer as normas gerais. Contudo, a competência da União para legislar normas gerais não exclui a competência suplementar dos Estados, nos termos do art. 24, §§ 1º e 2º, da CF.

Gabarito "B"

(Ministério Público/BA – 2008) A respeito da organização político-administrativa do Estado federal brasileiro, assinale a opção correta.

(A) É permitido à União autorizar, por meio de lei complementar, os estados, o DF e os municípios a legislar sobre questões específicas das matérias que são de sua competência legislativa privativa.

(B) A eleição do prefeito e do vice-prefeito realiza-se no primeiro domingo de outubro do ano anterior ao término do mandato daqueles que estão em exercício nesses cargos, devendo haver segundo turno, nos municípios com mais de duzentos mil eleitores, no caso de nenhum candidato alcançar maioria absoluta na primeira votação.

(C) Embora Brasília seja a sede político-administrativa dos poderes da República e das representações estrangeiras, a CF define que a capital da República Federativa do Brasil é, formalmente, o DF.

(D) Os estados podem, mediante lei complementar, instituir regiões metropolitanas, aglomerações urbanas e microrregiões, com o fim de integrar o planejamento e a execução de funções públicas de interesse comum. Dessas formas de organização administrativa, apenas as regiões metropolitanas, constituídas de um conjunto de municípios que se unem em torno de um município-polo, dispõem de personalidade jurídica.

(E) A CF, ao contrário do que dispõe acerca da divisão territorial dos estados-membros, veda a divisão de territórios e do DF em municípios.

A: incorreta, pois é permitido á União autorizar, por meio de lei complementar somente os Estados a legislar sobre questões específicas das matérias relacionadas no art. 22, parágrafo único, da CF; **B:** correta, réplica dos arts. 29, II, e 77 da CF; **C:** incorreta, pois o Rio de Janeiro foi a primeira capital brasileira, mas no dia 21 de abril de 1960 a Capital Federal foi transferida para Brasília que é uma das atuais dezenove regiões administrativas do Distrito Federal e nela se concentra a sede do governo do país ou da República Federativa do Brasil (art. 18, § 1º, da CF), dos órgãos da União (que representam o país externamente) e, por fim, é também a capital do Distrito Federal. Assim, conclui-se que Brasília não é um ente federativo, é uma circunscrição territorial e uma região administrativa, destinada a ser a base territorial da Capital da Federação, nos termos dos arts. 6º a 13 da Lei Orgânica do Distrito Federal; **D:** incorreta, pois o art. 25, § 3º, da CF determina que os Estados poderão, mediante lei complementar, instituir regiões metropolitanas, aglomerações urbanas e microrregiões, *constituídas por agrupamentos de municípios limítrofes*, para integrar a organização, o planejamento e a execução de funções públicas de interesse comum; **E:** incorreta, já que os Estados podem incorporar-se entre si, subdividir-se ou desmembrar-se para se anexarem a outros, ou formarem novos Estados ou Territórios Federais, mediante a aprovação da população diretamente interessada, por meio de plebiscito, e do Congresso Nacional, por lei complementar, nos termos do art. 18, § 3º, da CF. Sem prejuízo, o art. 32 da CF, de fato, veda a divisão do DF em municípios.

Gabarito "B"

(Ministério Público/AC – 2008) Pela Constituição do Estado do Acre, é defeso ao Deputado Estadual,

(A) desde a expedição do diploma, ser titular de mais de um cargo ou mandato público eletivo.

(B) desde a expedição do diploma, ser diretor de empresa que goze favor decorrente de contrato com pessoa jurídica de direito público.

(C) desde a posse, patrocinar causa em que seja parte empresa concessionária de serviço público.

(D) desde a posse, aceitar emprego remunerado em empresa pública.

A alternativa correta é a "C", pois está em consonância com o **Princípio da simetria constitucional** que é o princípio federativo que exige uma relação simétrica entre os institutos jurídicos da Constituição Federal e as Constituições dos Estados-Membros. Este princípio postula que haja uma relação simétrica entre as normas jurídicas da Constituição Federal e as regras estabelecidas nas Constituições Estaduais, e mesmo Municipais. Isto quer dizer que no sistema federativo, ainda que os Estados-Membros e os Municípios tenham capacidade de auto-organizar-se, esta auto-organização se sujeita aos limites estabelecidos pela própria Constituição Federal. Assim, por este princípio, os Estados-Membros se organizam obedecendo o mesmo modelo constitucional adotado pela União. Nesta esteira, a CE do Acre deve replicar os termos da CRFB/1988 no que diz respeito as incompatibilidades (CF, art. 54). Incompatibilidades são impedimentos ou restrições relacionados ao exercício da atividade política, não servem para interditar candidaturas nem anular eleições. Os preceitos constitucionais que consagram imunidades, a exemplo do art. 54, I e II, de nossa Constituição Federal, buscam preservar a independência do Poder Legislativo. Por isso, são autênticas regras de incompatibilidade, que impedem o parlamentar de exercer determinadas ocupações ou praticar atos que se acumulem com o seu mandato. Na Carta de 1988, as incompatibilidades classificam-se em: Incompatibilidades contratuais ou negociais (art. 54, I, "a"); incompatibilidades funcionais (art. 54, I, "b", e II, "b"; Incompatibilidades profissionais (art. 54, II, "a" e "c") – os deputados e senadores não poderão desde a posse ser proprietários, controladores ou diretores de empresa que goze de favor decorrente de contrato com pessoa jurídica de direito público, ou nela exercer função remunerada. De igual modo, não poderão patrocinar causa em que seja interessada pessoa jurídica de direito público, autarquia, empresa pública, sociedade de economia mista ou empresa concessionária de serviço público e incompatibilidades políticas (art. 54, II, "d").

Gabarito "C"

(Ministério Público/PR – 2011) Relativamente ao poder de iniciativa para a proposição de leis, é correto afirmar:

(A) No âmbito dos Estados membros, o poder de iniciativa de leis visando o estabelecimento da organização, atribuições e estatuto de cada Ministério Público é concorrente entre o Procurador-Geral de Justiça e o Governador do Estado.

(B) Os projetos de lei de iniciativa privativa do Presidente da República, em regra, não poderão ser alterados através de emendas apresentadas pelos parlamentares.

(C) A iniciativa popular pode ser exercida pela apresentação à Câmara dos Deputados de projeto de lei subscrito por, no mínimo, um por cento do eleitorado nacional, distribuído pelo menos por cinco Estados, com não menos de três décimos por cento dos eleitores de cada um deles.

(D) É conjunta dos Presidentes da República, da Câmara dos Deputados, do Senado Federal e do Supremo Tribunal Federal, a iniciativa de lei para fixação dos subsídios dos Ministros do Supremo Tribunal Federal e consequente estabelecimento do teto salarial do funcionalismo público, conforme estabelecido pela Emenda Constitucional 19/1998.

(E) todas as alternativas anteriores são incorretas.

A: incorreta. Não reflete o disposto no art. 128, § 5º, da CF; **B:** incorreta. Podem ser alterados por emendas, mas, em regra, não são cabíveis emendas parlamentares que acarretem em aumento de despesa (art. 63, I, da CF); **C:** correta, art. 61, § 2º, da CF; **D:** incorreta. Não reflete o disposto no art. 48, XV, da CF. **E:** incorreta, pois a alternativa "C" é verdadeira.

Gabarito "C"

(Ministério Público/ES – 2010 – CESPE) Acerca do processo legislativo na CF, assinale a opção correta.

(A) De acordo com o STF, a não conversão da medida provisória tem efeito repristinatório sobre o direito com ela colidente.

(B) A CF consagrou, em seu texto, a iniciativa popular, sem restrição de matérias, para promover proposta de emenda constitucional.

(C) É vedada a edição de medidas provisórias relativas a matéria de direito civil.

(D) Projeto de lei de iniciativa do STF e dos demais tribunais superiores deverá ser iniciado, mediante o respectivo depósito junto à mesa, no Senado Federal.

(E) A ausência de sanção pelo chefe do Poder Executivo no prazo constitucional de quinze dias em projeto de lei encaminhado pelo Poder Legislativo faz caducar o projeto, por não existir forma silente de sanção.

A: correta. A medida provisória opera sob condição resolutiva de sua conversão em lei. Assim, se não for convertida, perderá seus efeitos desde a edição (art. 62, § 3º, da CF), restaurando-se o direito anterior; **B:** incorreta. Não há iniciativa popular para emendas constitucionais, cujos legitimados são apenas os listados no art. 60, I a III, da CF; **C:** incorreta. O rol do art. 62, § 1º, da CF não inclui direito civil (por outro lado, não pode ser adotada medida provisória sobre direito processual civil); **D:** incorreta. Terão início na Câmara dos Deputados (art. 64 da CF); **E:** incorreta. Decorrido o prazo de quinze dias, o silêncio do Presidente da República importará sanção (art. 66, § 3º, da CF).

Gabarito "A"

(Ministério Público/MG – 2010 – FUNDEP) Segundo previsão expressa constitucional, compete ao Tribunal de Contas da União, EXCETO:

(A) julgar as contas prestadas anualmente pelo Presidente da República, mediante parecer prévio que deverá ser elaborado em sessenta dias a contar de seu recebimento;

(B) julgar as contas dos administradores e demais responsáveis por dinheiros, bens e valores públicos da administração direta e indireta, acrescentadas as fundações e sociedades instituídas e mantidas pelo Poder Público federal, e as contas daqueles que derem causa a perda, extravio ou outra irregularidade de que resulte prejuízo ao erário público;

(C) apreciar, para fins de registro, a legalidade dos atos de admissão de pessoal, a qualquer título, na administração direta e indireta, acrescentadas as fundações instituídas e mantidas pelo Poder Público, excetuadas as nomeações para cargo de provimento em comissão, bem como a das concessões de aposentadorias, reformas e pensões, ressalvadas as melhorias posteriores que não alterem o fundamento legal do ato concessório;

(D) fiscalizar as contas nacionais das empresas supranacionais de cujo capital social a União participe, de forma direta ou indireta, nos termos do tratado constitutivo.

A: incorreta, devendo ser assinalada. De acordo com o art. 71, I, da CF, cabe ao TCU *apreciar* as contas do Presidente. O julgamento é competência do Congresso Nacional (art. 49, IX, da CF); **B:** correta, art. 71, II, da CF; **C:** correta, art. 71, III, da CF; **D:** correta, art. 71, V, da CF.

Gabarito "A"

(Ministério Público/MG – 2010 – FUNDEP) Consoante o que dispõe o texto constitucional de 1988 em vigor, assinale a afirmativa **CORRETA**.

(A) Os subsídios do Prefeito, Vice-Prefeito e dos Secretários Municipais serão fixados por lei de iniciativa do Poder Executivo, observado o que dispõem os arts. 37, IX, 39, § 4º, 150, II, 153, III, e 153, § 2º, I.

(B) Os subsídios dos Secretários Municipais serão fixados por lei de iniciativa do Poder Executivo, observado o que dispõem os arts. 37, IX, 39, § 4º, 150, II, 153, III, e 153, § 2º, I.

(C) O subsídio dos Vereadores será fixado pelas respectivas Câmaras Municipais em cada legislatura para a subsequente, observado o que dispõe a Constituição.

(D) O subsídio dos Vereadores será fixado pelas respectivas Câmaras Municipais em cada legislatura para a subsequente, por lei de iniciativa do Poder Executivo, observado o que dispõe a Constituição.

A e **B:** incorretas. Não refletem o disposto no art. 29, V, da CF; **C:** correta, art. 29, VI, da CF. **D:** incorreta, a lei não é de iniciativa do Poder Executivo.

Gabarito "C"

(Ministério Público/PB – 2010) Sobre as comissões parlamentares de inquérito (CPI's), considere as asserções imediatamente abaixo e, em seguida, assinale a alternativa que contenha o julgamento devido sobre elas:

I. De acordo com a jurisprudência dominante do Supremo Tribunal Federal, a cláusula constitucional de equivalência com os poderes instrutórios das autoridades judiciais não tem a extensão de legitimar as possibilidades de busca e apreensão domiciliar e de quebra do sigilo telefônico ordenadas por CPI.

II. As CPI's serão criadas pela Câmara dos Deputados e pelo Senado Federal, em conjunto ou separadamente, mediante o requerimento de, pelo menos, um terço de seus membros, aprovado pela maioria absoluta da respectiva Casa.

III. De acordo com a jurisprudência dominante do Supremo Tribunal Federal, interpretando o requisito normativo-constitucional de fato determinado, não se admite a ampliação do objeto da investigação durante o curso dos trabalhos da CPI.

(A) Apenas I e II são erradas.

(B) Apenas I e III são erradas.

(C) I, II e III são erradas.

(D) Apenas II e III são corretas.

(E) Apenas I é correta.

I: incorreta, as CPIs, no desempenho de seus poderes de investigação, estão sujeitas às mesmas normas e limitações que incidem sobre os magistrados, quando no exercício de igual prerrogativa. Vale dizer: as CPIs somente podem exercer as atribuições investigatórias que lhes são inerentes, desde que o façam nos mesmos termos e segundo as mesmas exigências que a Constituição e as leis da República impõem aos juízes, especialmente no que concerne ao necessário respeito às prerrogativas que o ordenamento positivo do Estado confere aos advogados. A presença do advogado em qualquer procedimento estatal, independentemente do domínio institucional em que esse mesmo procedimento tenha sido instaurado, constitui fator inequívoco de certeza de que os órgãos do Poder Público (Legislativo, Judiciário e Executivo) não transgredirão os limites delineados pelo ordenamento positivo da República, respeitando-se, em consequência, como se impõe aos membros e aos agentes do aparelho estatal, o regime das liberdades públicas e os direitos subjetivos constitucionalmente assegurados às pessoas em geral, inclusive àquelas eventualmente sujeitas, qualquer que seja o motivo, a investigação parlamentar, ou a inquérito policial, ou, ainda, a processo judicial. Não se revela legítimo opor, ao advogado, restrições, que, ao impedirem, injusta e arbitrariamente, o regular exercício de sua atividade profissional, culminem por esvaziar e nulificar a própria razão de ser de sua intervenção perante os órgãos do Estado, inclusive perante as próprias CPIs. Todavia, esse não é o cerne da questão, mas sim o tema da quebra do sigilo inerente aos registros bancários, fiscais e telefônicos, por traduzir medida de caráter excepcional, revela-se incompatível com o ordenamento constitucional, quando fundada em deliberações emanadas de CPI cujo suporte decisório apoia-se em formulações genéricas, destituídas da necessária e específica indicação de causa provável, que se qualifica como pressuposto legitimador da ruptura, por parte do Estado, da esfera de intimidade a todos garantida pela Constituição Federal. Ainda neste sentido, o princípio constitucional da reserva de jurisdição – que incide sobre as hipóteses de busca domiciliar (CF, art. 5º, XI), de interceptação telefônica (CF, art. 5º, XII) e de decretação da prisão, ressalvada a situação de flagrância penal (CF, art. 5º, LXI) – não se estende ao tema da quebra de sigilo, pois, em tal matéria, e por efeito de expressa autorização dada pela própria CR (CF, art. 58, § 3º), assiste competência à CPI, para decretar, sempre em ato necessariamente motivado, a excepcional ruptura dessa esfera de privacidade das pessoas. Autonomia da investigação parlamentar. O inquérito parlamentar, realizado por qualquer CPI, qualifica-se como procedimento jurídico-constitucional revestido de autonomia e dotado de finalidade própria, circunstância esta que permite à Comissão legislativa – sempre respeitados os limites inerentes à competência material do Poder Legislativo e observados os fatos determinados que ditaram a sua constituição – promover a pertinente investigação, ainda que os atos investigatórios possam incidir, eventualmente, sobre aspectos referentes a acontecimentos sujeitos a inquéritos policiais ou a processos judiciais que guardem conexão com o evento principal objeto da apuração congressual. (**MS 23.652**, Rel. Min. **Celso de Mello**, julgamento em 22.11.2000, Plenário, *DJ* de 16.02.2001.) **No mesmo sentido**: HC 100.341, Rel. Min. **Joaquim Barbosa**, julgamento em 04.11.2010, Plenário, *DJE* de 02.12.2010; **II:** incorreta, pois as comissões parlamentares de inquérito, que terão poderes de investigação próprios das autoridades judiciais, além de outros previstos nos regimentos das respectivas Casas, serão criadas pela Câmara dos Deputados e pelo Senado Federal, em conjunto ou separadamente, mediante requerimento de um terço de seus membros, para a apuração de fato determinado e por prazo certo, sendo suas conclusões, se for o caso, encaminhadas ao Ministério Público, para que promova a responsabilidade civil ou criminal dos infratores. Observem que basta o requerimento dos parlamentares; **III:** incorreta, pois de acordo com a jurisprudência dominante do Supremo Tribunal Federal, interpretando o requisito normativo-constitucional de fato determinado, *se admite* a ampliação do objeto da investigação durante o curso dos trabalhos da CPI.

Gabarito "C"

(Ministério Público /MS – 2009) Assinale a alternativa correta sobre o Poder Judiciário na Constituição Federal.

(A) O ato de remoção, disponibilidade, demissão e aposentadoria do magistrado, por interesse público,fundar-se-á em decisão por voto da maioria absoluta do respectivo tribunal ou do Conselho Nacional de Justiça, assegurada ampla defesa.

(B) Os julgamentos dos órgãos do Poder Judiciário serão públicos, e fundamentadas todas as decisões, podendo a lei limitar a presença, em determinados atos, às próprias partes e a seus advogados, em casos nos quais a preservação do direito à intimidade do interessado no sigilo não prejudique o interesse da Administração Pública.

(C) Um quinto dos lugares dos Tribunais dos Estados, e do Distrito Federal e Territórios será composto de membros do Ministério Público, com mais de quinze anos de carreira, e de advogados de notório saber jurídico e de reputação ilibada, com mais de quinze anos de efetiva atividade profissional, indicados em lista sêxtupla pelos órgãos de representação das respectivas classes.

(D) Nos tribunais com número superior a vinte e cinco julgadores, poderá ser constituído órgão especial, com o mínimo de onze e o máximo de vinte e cinco membros, para o exercício das atribuições administrativas e jurisdicionais delegadas da competência do tribunal pleno, provendo-se metade das vagas por antiguidade e a outra metade por eleição pelo tribunal pleno.

A: incorreta, pois o art. 93, VIII, da CF, não faz menção à demissão. Assim, a lei complementar, de iniciativa do Supremo Tribunal Federal, disporá sobre o Estatuto da Magistratura, observando o ato de remoção, disponibilidade e aposentadoria do magistrado por interesse público, fundar-se á em decisão por voto da maioria absoluta do respectivo tribunal ou do Conselho Nacional de Justiça, assegurada ampla defesa; **B:** incorreta, pois o que se protege é a intimidade do interessado e que o sigilo não prejudique o interesse público à informação e não o interesse da Administração Pública, nos termos do art. 93, IX, da CF; **C:** incorreta, pois um quinto dos lugares dos Tribunais Regionais Federai, dos Tribunais dos Estados, e do Distrito Federal e Territórios será composto de membros, do Ministério Público, com mais de dez anos (e não 15 anos) de carreira, e de advogados de notório saber jurídico e de reputação ilibada, com mais de dez anos de efetiva atividade profissional, indicados em lista sêxtupla pelos órgãos de representação das respectivas classes, nos termos do art. 94 da CF **D:** correta, literalidade do art. 93, XI, da CF. Devemos citar que a Resolução 16, de 30 de maio de 2006, do Conselho Nacional de Justiça, estabelece critérios para a composição e eleição do Órgão Especial dos Tribunais.

Gabarito "D"

(Ministério Público/RR – 2008) Dispõem o artigo 66, *caput*, e seu § 1°, da Lei Complementar n. 35, de 14 de março de 1979, a Lei Orgânica da Magistratura:

"Art. 66 – Os magistrados terão direito a férias anuais, por sessenta dias, coletivas ou individuais.

§ 1° Os membros dos Tribunais, salvo os dos Tribunais Regionais do Trabalho, que terão férias individuais, gozarão de férias coletivas, nos períodos de 2 a 31 de janeiro e de 2 a 31 de julho. Os Juízes de primeiro grau gozarão de férias coletivas ou individuais, conforme dispuser a lei."

Referidos dispositivos legais

(A) são compatíveis com a disciplina constitucional da matéria.

(B) foram recepcionados pela Constituição da República apenas no que diz respeito ao direito às férias individuais dos Tribunais Regionais do Trabalho.

(C) são formalmente incompatíveis com a Constituição da República, pois lei complementar não pode dispor sobre a matéria.

(D) são inconstitucionais apenas quanto ao prazo de férias anuais, fixado em trinta dias pela Constituição da República.

(E) são incompatíveis com a Constituição da República quanto à previsão de férias coletivas para juízes e membros de Tribunais.

A: incorreta, pois a atividade jurisdicional será ininterrupta, sendo vedado férias coletivas nos juízos e tribunais de segundo grau, funcionando, nos dias em que não houver expediente forense normal, juízes em plantão permanente, nos termos do art. 93, XII, da CF; **B:** incorreta, já que o art. 96, I, "f", da CF, dispõe que compete privativamente aos tribunais conceder licença, férias e outros afastamentos a seus membros e aos juízes e servidores que lhes forem imediatamente vinculados, logo, os referidos dispositivos foram recepcionados pela Constituição da República apenas no que diz respeitos às férias individuais a todos; **C:** incorreta, pois são materialmente incompatíveis com a Constituição da República, e não formalmente incompatíveis, pois somente a lei complementar pode dispor sobre a matéria; **D:** incorreta, pois a Constituição da República não fixa prazo algum sobre o gozo de férias; **E:** correta, na exata medida que o princípio da continuidade do serviço público, com ampla repercussão para a Administração Pública, agora serve também ao Poder Judiciário. O Estado, como gestor da coisa pública, deve satisfazer as diversas necessidades da sociedade. No mais das vezes, essas necessidades são inadiáveis, permanentes. É justamente o caso da atividade jurisdicional. Assim, é fácil perceber que o exercício da jurisdição, mais que um poder, é um dever do Estado para com a sociedade, o que implica o dever de continuidade, conforme art. 93, XII, da CF. É importante deixar consignado que os referidos dispositivos são materialmente incompatíveis, pois a Lei Complementar n. 35, de 14 de março de 1979, promulgada sob a vigência da ordem constitucional anterior, dispõe sobre a Magistratura Nacional até o advento de uma nova Lei Complementar de iniciativa do Supremo Tribunal Federal, que até o presente momento não foi elaborada, nos termos do art. 93 da CF.

Gabarito "E"

(Ministério Público/RJ – 2011) Na hipótese de um Deputado Federal e um membro do Tribunal de Contas do Estado serem pacientes do *habeas corpus*, a competência originária para processar e julgar esse remédio constitucional será, respectivamente,

(A) do Supremo Tribunal Federal e do Superior Tribunal de Justiça.

(B) do Superior Tribunal de Justiça e do Tribunal de Justiça do Estado.

(C) do Supremo Tribunal Federal e do Tribunal de Justiça do Estado.

(D) do Tribunal Regional Federal e do Tribunal de Justiça do Estado.

A: correta, pois o art. 102, I, "d", da CF, dispõe que compete ao STF processar e julgar, originariamente o *habeas corpus*, sendo paciente o Presidente da República, o Vice-Presidente, os membros do Congresso Nacional (Deputados e Senadores), seus próprios Ministros, o Procurador-Geral da República, os Ministros de Estado, os Comandantes da Marinha, do Exército e da Aeronáutica, ressalvado o disposto no art. 52, I, da CF, os membros dos Tribunais Superiores, os do Tribunal de Contas da União e os chefes de missão diplomática de caráter permanente No que diz respeito aos membros do Tribunal de Contas do Estado serem pacientes do "habeas corpus", a competência originária é a do Superior do Tribunal de Justiça, nos termos do art. 105, I, "c" e "a", da CF; **B:** incorreta, pois o Superior Tribunal de Justiça irá processar e julgar os Governadores dos Estados e do Distrito Federal, os desembargadores dos Tribunais de Justiça dos Estados e do Distrito Federal, os membros dos Tribunais de Contas dos Estados, do Distrito Federal e dos Municípios, os membros do Ministério Público da União e dos Tribunais Regionais, nos termos do art. 105, I "a" e "c", da CF. A competência dos Tribunais de Justiça será definida na Constituição do Estado, sendo a lei de organização judiciária de iniciativa do tribunal de justiça, conforme art. 125, § 1°, da CF e art. 70, do ADCT; **C:** incorreta, pelos mesmos fundamentos citados nas duas primeiras alternativas; **D:** incorreta, compete aos Tribunais Regionais Federais processar e julgar, originariamente os "habeas corpus", quando a autoridade coatora for juiz federal, nos termos do art. 108, I, "d", da CF.

Gabarito "A"

(Ministério Público/PB – 2010) É correto afirmar, exceto:

(A) O subsídio dos vereadores sujeita-se aos limites percentuais máximos fixados pela Constituição em relação ao subsídio dos deputados estaduais, mas também não poderá superar o subsídio do prefeito.

(B) O subsídio dos vereadores será fixado, em cada legislatura para a subsequente, por ato da Câmara Municipal, o qual não depende de sanção pelo Prefeito.

(C) Sob a égide da Constituição Federal, os vereadores não gozam de imunidades formais, considerando-se inconstitucional qualquer disposição normativa constante de constituição do Estado-membro ou de lei orgânica municipal que lhes atribua qualquer prerrogativa processual em razão do cargo parlamentar.

(D) As imunidades parlamentares concedidas aos deputados estaduais restringem-se à Justiça do respectivo Estado-membro, somente vinculando órgãos jurisdicionais da União, em fase recursal, quando o respectivo processo tiver sido iniciado perante a Justiça do Estado.

(E) Aos deputados estaduais aplicam-se, sem restrições, as normas constitucionais sobre sistema eleitoral, remuneração e inviolabilidade que incidem em relação aos integrantes do Congresso Nacional.

A: correta, art. 29, VI e art. 37, XI, ambos da CF; **B:** correta, art. 29, VI, da CF; **C:** correta. O art. 29, VIII, da CF só confere aos vereadores a imunidade material; **D:** incorreta, devendo ser assinalada. Apenas a imunidade material dos vereadores limita-se à circunscrição do município. As imunidades dos deputados podem ser opostas em todo território nacional; **E:** correta, art. 27, § 1º, da CF.

Gabarito "D"

(Ministério Público/SP – 2010) Assinale a alternativa correta:

(A) a Constituição Federal poderá ser emendada na vigência do estado de defesa, desde que mediante proposta de um terço, no mínimo, dos membros da Câmara dos Deputados.

(B) a Constituição Federal poderá ser emendada na vigência do estado de sítio, desde que mediante proposta de um terço, no mínimo, dos membros da Câmara dos Deputados e do Senado Federal.

(C) a Constituição Federal poderá ser emendada na vigência do estado de defesa, desde que mediante proposta do Presidente da República.

(D) a Constituição Federal poderá ser emendada na vigência do estado de sítio, desde que mediante proposta do Presidente da República.

(E) a Constituição Federal não poderá ser emendada na vigência do estado de sítio, ainda que mediante proposta de um terço, no mínimo, dos membros da Câmara dos Deputados.

A CF não pode ser emendada na vigência de intervenção federal, de estado de defesa ou de estado de sítio, o que corresponde a uma limitação circunstancial (art. 60, § 1º, da CF).

Gabarito "E"

(Ministério Público/SP – 2010) Dentre os atos normativos abaixo indicados, qual não está compreendido no processo legislativo brasileiro:

(A) emendas à Constituição.

(B) leis ordinárias.

(C) decretos legislativos.

(D) resoluções.

(E) portarias.

Art. 59, I a VII, da CF: "O processo legislativo compreende a elaboração de: I – emendas à Constituição; II – leis complementares; III – leis ordinárias; IV – leis delegadas; V – medidas provisórias; VI – decretos legislativos; VII – resoluções".

Gabarito "E"

(Ministério Público/RO – 2010 – CESPE) Com relação à organização dos poderes na CF, assinale a opção correta.

(A) Suplente de deputado ou senador deve ser convocado nos casos de licença do titular por período superior a sessenta dias.

(B) Na sessão legislativa extraordinária, o Congresso Nacional deve deliberar somente sobre a matéria para a qual foi convocado, não podendo ser incluídas na pauta sequer as medidas provisórias em vigor na data da convocação extraordinária.

(C) O Senado Federal compõe-se de três representantes de cada estado e do DF, com mandato de oito anos, eleitos segundo o princípio proporcional, sendo os representantes renovados de quatro em quatro anos, de forma alternada, por um e dois terços.

(D) A CF prevê a reunião em sessão conjunta da Câmara dos Deputados e do Senado Federal na hipótese, entre outras, de conhecer e deliberar sobre veto.

(E) É de competência do Senado Federal autorizar, por dois terços de seus membros, a instauração de processo contra o presidente e o vice-presidente da República, bem como contra os ministros de Estado.

A: incorreta. Não reflete o disposto no art. 56, § 1º, da CF; **B:** incorreta. Não reflete o disposto no art. 57, § 8º, da CF; **C:** incorreta. Os Senadores são eleitos pelo princípio majoritário (art. 46, *caput*, §§ 1º e 2º, da CF); **D:** correta, art. 57, § 3º, IV, da CF; **E:** incorreta. Competência privativa da Câmara dos Deputados (art. 51, I, da CF).

Gabarito "D"

(Ministério Público/MS – 2009) No que toca ao processo legislativo, assinale a opção correta.

(A) Projeto de lei rejeitado pela Casa revisora não retornará à Casa iniciadora; será arquivado.

(B) Proposição legislativa de autoria de membro ou de comissão do Congresso Nacional sobre matéria reservada ao Presidente da República terá vício de iniciativa sanado, se houver sanção.

(C) Medida provisória expressamente rejeitada pelo Congresso Nacional ou que perdeu eficácia por decurso de prazo não poderá ser reeditada na mesma legislatura.

(D) Na hipótese de medida provisória rejeitada ou que perdeu eficácia por decurso de prazo, se o Presidente do Congresso Nacional não editar resolução dispondo de modo diverso, as relações jurídicas constituídas e decorrentes dos atos praticados durante sua vigência conservar-se-ão regidas pela medida provisória em questão.

(E) É vedada a introdução de emendas parlamentares em projetos de lei de iniciativa reservada ao Presidente da República.

A: correta, pois o projeto de lei aprovado por uma Casa será revisto pela outra, em um só turno de discussão e votação, e enviado à sanção ou promulgação, se a Casa revisora o aprovar, ou arquivado, se o rejeitar, como determina o art. 65 da CF. Sendo o projeto emendado, voltará á Casa iniciadora; **B:** incorreta, pois a sanção não convalida vício de iniciativa; **C:** incorreta, pois a medida provisória expressamente rejeitada pelo Congresso Nacional ou que perdeu eficácia por decurso de prazo não poderá ser reeditada na mesma *sessão legislativa*, conforme art. 62, § 10, da CF; **D:** incorreta, pois não se trata de resolução, mas sim *Decreto Legislativo*, como bem determina o art. 62, § 11, da CF; **E:** incorreta, pois todo e qualquer projeto de lei ordinária ou complementar pode ser emendado pela Casa Revisora.

Gabarito "A"

(Ministério Público/PB – 2010) Considerando a jurisprudência dominante do Supremo Tribunal Federal, analise as proposições imediatamente abaixo e, em seguida, assinale a alternativa que contenha o julgamento devido sobre elas:

I. A lei ordinária que verse sobre matéria reservada a lei complementar é inconstitucional, mas, em hipótese oposta, dispondo sobre assunto que não seja próprio de lei complementar, ainda que com esta conflite, não padece de vício de inconstitucionalidade e, se posterior, prevalecerá em relação a ela.

II. O ato processual de oferecimento de denúncia, praticado pelo promotor de justiça perante o juízo junto ao qual exerce suas funções, prescinde, para ser válido e eficaz, na hipótese em que vier a ser declarada a incompetência relativa daquele juízo, de expressa ratificação pelo promotor, de mesmo grau funcional e integrante do mesmo Ministério Público, com atuação junto ao órgão jurisdicional competente.

III. A iniciativa popular de lei, que poderá ser exercida perante a Câmara dos Deputados ou o Senado Federal, é instrumento da soberania popular.

(A) Apenas II e III são corretas.

(B) Apenas II é errada.

(C) Apenas I e II são corretas.

(D) Apenas I é correta.

(E) I, II e III são corretas.

I: correta, A lei ordinária que verse sobre matéria reservada a lei complementar é inconstitucional, mas, em hipótese oposta, dispondo sobre assunto que não seja próprio de lei complementar, ainda que com esta conflite, não padece de vício de inconstitucionalidade e, se posterior, prevalecerá em relação a ela; **II:** correta, de fato o ato processual de oferecimento de denúncia, praticado pelo promotor de justiça perante o juízo junto ao qual exerce suas funções, prescinde, para ser válido e eficaz, na hipótese em que vier a ser declarada a incompetência relativa daquele juízo, de expressa ratificação pelo promotor, de mesmo grau funcional e integrante do mesmo Ministério Público, com atuação junto ao órgão jurisdicional competente; **III:** incorreta, pois a iniciativa popular de lei só poderá ser exercida perante a Câmara dos Deputados, nos termos do art. 61, § 2º, da CF.

Gabarito "C"

(Ministério Público/SC – 2010) Em atenção às atribuições do Poder Legislativo, analise as seguintes assertivas:

I. É da competência exclusiva do Congresso Nacional sustar os atos normativos do Poder Executivo que exorbitem do poder regulamentar.

II. Compete privativamente à Câmara dos Deputados autorizar o referendo e convocar plebiscito.

III. Compete privativamente ao Senado Federal processar e julgar os membros do Conselho Nacional do Ministério Público nos crimes de responsabilidade.

IV. É da competência exclusiva do Congresso Nacional aprovar por voto secreto, após arguição pública, a escolha do Procurador-Geral da República.

V. Compete privativamente ao Senado Federal autorizar, em terras indígenas, a exploração e o aproveitamento de recursos hídricos e a pesquisa e lavra de riquezas minerais.

De acordo com a Constituição da República:

(A) Apenas as assertivas I, II e III estão corretas.

(B) Apenas as assertivas I e III estão corretas.

(C) Apenas as assertivas II, III e IV estão corretas.

(D) Apenas as assertivas II, IV e V estão corretas.

(E) Apenas as assertivas I, IV e V estão corretas.

I: correta, art. 49, V, da CF; **II:** incorreta. Competência exclusiva do Congresso Nacional (art. 49, XV, da CF); **III:** correta, art. 52, II, da CF; **IV:** incorreta. Competência privativa do Senado Federal (art. 52, III, "e", da CF). **V:** incorreta. Competência exclusiva do Congresso Nacional (art. 49, XVI, da CF).

Gabarito "B"

(Ministério Público/SC – 2010) Em atenção ao processo legislativo, analise as seguintes assertivas:

I. O processo legislativo compreende a elaboração de emendas à Constituição; leis complementares; leis ordinárias; leis delegadas; medidas provisórias; decretos legislativos e resoluções.

II. A Constituição poderá ser emendada por meio do instituto da iniciativa popular, mediante a apresentação de projeto de lei subscrito por, no mínimo, um por cento do eleitorado nacional, distribuído pelo menos por cinco Estados, com não menos de três décimos por cento dos eleitores de cada um deles.

III. A Constituição não poderá ser emendada na vigência de intervenção federal, de estado de defesa ou de estado de sítio.

IV. São de iniciativa privativa do Presidente da República as leis que disponham sobre nacionalidade e direitos políticos.

V. É vedada a edição de medidas provisórias sobre matéria que vise a detenção ou sequestro de bens, de poupança popular ou qualquer outro ativo financeiro.

De acordo com a Constituição da República:

(A) Apenas as assertivas I, II e III estão corretas.

(B) Apenas as assertivas I, III e V estão corretas.

(C) Todas as assertivas estão corretas.

(D) Apenas as assertivas I, II, III e IV estão corretas.

(E) Apenas as assertivas III, IV e V estão corretas.

I: correta, art. 59, I a VII, da CF; **II:** incorreta. A CF só pode ser emendada por iniciativa dos órgãos previstos no art. 60, I a III, da CF; **III:** correta, art. 60, § 1º, da CF; **IV:** incorreta. Matérias não incluídas no rol do art. 61, § 1º, I e II, da CF; **V:** correta, art. 62, § 1º, II, da CF.

Gabarito "B"

(Ministério Público /PR – 2011) A Constituição da República Federativa do Brasil apresenta um extenso catálogo de direitos e garantias fundamentais, tanto individuais como coletivos, sendo que tais normas definidoras de direitos e garantias fundamentais têm aplicação imediata, por expressa previsão constitucional. O texto constitucional também é claro ao prever que direitos e garantias expressos na Constituição não excluem outros decorrentes do regime e dos princípios por ela adotados, ou dos tratados internacionais em que a República Federativa do Brasil seja parte. Por ocasião da promulgação da Emenda Constitucional de n. 45, em 2004, a Constituição passou a contar com um § 3º, em seu art. 5º, que apresenta a seguinte redação: "Os tratados e convenções internacionais sobre direitos humanos que forem aprovados, em cada Casa do Congresso Nacional, em dois turnos, por três quintos dos votos dos respectivos membros, serão equivalentes às emendas constitucionais". Logo após a promulgação da Constituição, em 1988, o Brasil ratificou diversos tratados internacionais de direitos humanos, dentre os quais se destaca a Convenção Americana de Direitos Humanos, também chamada de Pacto de San José da Costa Rica (tratado que foi internalizado no ordenamento jurídico brasileiro pelo Decreto n. 678/1992), sendo certo que sua aprovação não observou o quórum qualificado atualmente previsto pelo art. 5º, § 3º, da Constituição (mesmo porque tal previsão legal sequer existia).

Tendo como objeto a Convenção Americana de Direitos Humanos, segundo a recente orientação do Supremo Tribunal Federal, assinale a alternativa correta sobre o *status* jurídico de suas disposições.

(A) *Status* de Lei Ordinária.

(B) *Status* de Lei Complementar.

(C) *Status* de Lei Delegada.

(D) *Status* de Norma Supralegal.

(E) *Status* de Norma Constitucional.

A: incorreta, as normas de *status* de Lei Ordinária são desprovidas de supremacia, logo, são normas infraconstitucionais (art. 59, III, da CF); **B:** incorreta, pois são normas infraconstitucionais que apresentam apenas um quórum de maioria absoluta, nos termos do art. 69 da CF; **C:** incorreta, já que as leis delegadas serão elaboradas pelo Presidente da República, que deverá solicitar a delegação ao Congresso Nacional. A delegação ao Presidente da República terá a forma de resolução do Congresso Nacional, que especificará seu conteúdo e os termos de seu exercício. Se a resolução determinar a apreciação do projeto pelo Congresso Nacional, este a fará em votação única, vedada qualquer emenda; **D:** correta, já que os tratados internacionais *sobre direitos humanos*, conforme expressa previsão do art. 5º, § 3º, da CF, *podem* ter tratamento diferenciado se aprovados na forma prevista na Constituição, adquirindo o *status* de emenda constitucional. Assim, a depender da opção *discricionária* do Congresso Nacional, somente serão equivalentes às emendas constitucionais os tratados que observarem o procedimento do art. 5º, § 3º, da CF. Os demais tratados internacionais sobre direitos humanos, não aprovados na forma do art. 5º, § 3º, da CF terão *status supralegal*. O tema é de extrema importância e sofreu uma "virada jurisprudencial" no final de 2008. Até então, o STF entendia que os tratados internacionais, mesmo sobre direitos humanos tinham, em regra, força de *lei ordinária*. A partir do julgamento do RE 466.343-1/SP, Rel. Min. Cezar Peluso, o Tribunal passou a reconhecer a *supralegalidade* dos tratados internacionais sobre direitos humanos. Ou seja: não equivalem às normas constitucionais, mas se encontram em patamar normativo superior ao das leis ordinárias. Dessa forma, pela orientação atual do STF, poderão conviver em nosso ordenamento três tipos de tratados internacionais, com diferentes forças normativas: a) os tratados internacionais *gerais*, com força de lei ordinária; b) os tratados internacionais *sobre direitos humanos* com *status* de emenda constitucional, pois aprovados na forma do art. 5º, § 3º, da CF, e c) os tratados internacionais *sobre direitos humanos* que não observaram o procedimento previsto no art. 5º, § 3º, da CF, que gozam de supralegalidade; **E:** incorreta, pois as normas de *status* constitucional são todas providas de Supremacia.

Gabarito "D"

(Ministério Público/CE – 2009 – FCC) Os tratados internacionais sobre direitos e garantias fundamentais, dos quais a República Federativa do Brasil seja parte,

(A) ensejam, perante o Supremo Tribunal Federal, e a juízo do Procurador-Geral da República, incidente de deslocamento de competência para a Justiça Federal.

(B) são materialmente constitucionais, inclusive quando aprovados, em cada Casa do Congresso Nacional, em turno único, por maioria simples dos votos dos respectivos membros, presente a maioria absoluta deles.

(C) são equivalentes a emendas constitucionais apenas quando forem aprovados, em cada Casa do Congresso Nacional, em dois turnos, por dois terços dos votos dos respectivos membros.

(D) admitem emendas modificativas quando da tramitação parlamentar, ainda que não exista a previsão de cláusulas de reserva deferidas ao parlamento doméstico pelo próprio ato internacional.

(E) ensejam recurso especial quando forem contrariados ou tiverem a vigência negada por decisão de Tribunal de Justiça, Tribunal Regional Federal ou Turma Recursal de Juizado Especial.

A: incorreta. De acordo com o art. 109, § 5º, da CF, "nas hipóteses de grave violação de direitos humanos, o Procurador-Geral da República, com a finalidade de assegurar o cumprimento de obrigações decorrentes de tratados internacionais de direitos humanos dos quais o Brasil seja parte, poderá suscitar, perante o Superior Tribunal de Justiça, em qualquer fase do inquérito ou processo, incidente de deslocamento de competência para a Justiça Federal"; **B:** incorreta. São materialmente constitucionais porque tratam de conteúdo próprio de constituição (direitos e garantias fundamentais), mas não serão equivalentes a emendas constitucionais, pois não se observou o procedimento do art. 5º, § 3º, da CF; **C:** correta, art. 5º, § 3º, da CF: "Os tratados e convenções internacionais sobre direitos humanos que forem aprovados, em cada Casa do Congresso Nacional, em dois turnos, por três quintos dos votos dos respectivos membros, serão equivalentes às emendas constitucionais"; **D:** incorreta. A matéria é polêmica na doutrina. Entendeu-se que o processo de internalização de tratados não admite emendas modificativas do texto, uma vez que é celebrado pela República Federativa do Brasil, por intermédio do Presidente da República (art. 84, VIII, da CF); **E:** incorreta. Não cabe Recurso Especial contra acórdão de Turma Recursal de Juizado Especial (art. 105, III, *a*, da CF).

Gabarito "C"

(Ministério Público/MA – 2009) Qual tópico que não reproduz situação por si só impeditiva de emenda à Constituição Federal?

(A) Proposta de unificação dos Poderes.

(B) Exclusão de direito ou garantia individual.

(C) Abolição da forma federativa do Estado.

(D) Proposta cuja matéria já tenha sido objeto de emenda rejeitada na mesma legislatura.

(E) Todas as alternativas anteriores inviabilizam Emenda à Constituição.

A: incorreta. Viola a separação de poderes (art. 60, § 4º, III, da CF); **B:** incorreta. Viola o art. 60, § 4º, IV, da CF; **C:** incorreta. Viola o art. 60, § 4º, I, da CF; **D:** correta. Só não pode ser objeto de nova proposta a matéria rejeitada na mesma sessão legislativa (art. 60, § 5º, da CF), sendo certo que *legislatura* é o período de quatro anos (art. 44, parágrafo único, da CF), *sessão legislativa* é o ano parlamentar (art. 57 da CF), que pode ser dividido em dois períodos: de 2 de fevereiro a 17 de julho (*primeiro período de sessão legislativa*) e de 1º de agosto a 22 de dezembro (*segundo período de sessão legislativa*). **E:** incorreta, pois a alternativa "D" viabiliza emenda à CF.

Gabarito "D"

(Ministério Público/PR – 2009) Analise as seguintes assertivas e após assinale a alternativa correta:

I. É da competência exclusiva do Congresso Nacional sustar os atos normativos do Poder Executivo que exorbitem do poder regulamentar ou dos limites de delegação legislativa;

II. Compete privativamente à Câmara dos Deputados autorizar, por maioria absoluta de seus membros, a instauração de processo contra o Presidente e o Vice-Presidente da República e os Ministros de Estado;

III. Compete privativamente ao Senado Federal aprovar previamente, por voto secreto, após arguição pública, a escolha do Procurador-Geral da República;

IV. É da competência exclusiva da Câmara dos Deputados julgar anualmente as contas prestadas pelo Presidente da República e apreciar os relatórios sobre a execução dos planos de governo;

V. As Mesas da Câmara dos Deputados e do Senado Federal poderão encaminhar pedidos escritos de informação a Ministros de Estado ou a quaisquer titulares de órgãos diretamente subordinados à Presidência da República, importando em crime de responsabilidade a recusa, ou o não atendimento, no prazo de trinta dias, bem como a prestação de informações falsas.

(A) Todas as assertivas estão corretas;

(B) Apenas as assertivas I, III e V estão corretas;

(C) Apenas as assertivas I, II, III e IV estão corretas;

(D) Apenas as assertivas I, II e IV estão corretas;

(E) Apenas as assertivas I, III, IV e V estão corretas.

I: correta, art. 49, V, da CF; **II:** incorreta. O quórum é de dois terços dos membros (art. 51, I, da CF); **III:** correta, art. 52, III, e, da CF; **IV:** incorreta. A competência é do Congresso Nacional (art. 49, IX, da CF); **V:** correta, art. 50, § 2º, da CF.

Gabarito "B"

(Ministério Público/PR – 2009) Analise as seguintes assertivas e após assinale a alternativa correta:

I. É vedada a edição de medidas provisórias sobre matéria relativa a direito processual civil;

II. É vedada a edição de medidas provisórias sobre matéria relativa a direito tributário;

III. A Constituição Federal poderá ser emendada mediante proposta de mais da metade das Assembleias Legislativas das unidades da Federação, manifestando-se, cada uma delas, pela maioria relativa de seus membros;

IV. A matéria constante de proposta de emenda à Constituição Federal rejeitada ou havida por prejudicada não pode ser objeto de nova proposta na mesma sessão legislativa;

V. não será objeto de deliberação a proposta de emenda à Constituição tendente a abolir os direitos e garantias individuais.

(A) Todas as assertivas estão corretas;

(B) Apenas as assertivas I, IV e V estão corretas;

(C) Apenas as assertivas II, IV e V estão corretas;

(D) Apenas as assertivas I, III, IV e V estão corretas;

(E) Apenas as assertivas I, II e III estão corretas.

I: correta, art. 62, § 1º, I, *b*, da CF; **II:** incorreta. Não há vedação para a edição de MP sobre direito tributário, mas, em regra, "só produzirá efeitos no exercício financeiro seguinte se houver sido convertida em lei até o último dia daquele em que foi editada" (art. 62, § 2º, da CF); **III:** correta, art. 60, III, da CF; **IV:** correta, art. 60, § 5º, da CF; **V:** correta, art. 60, § 4º, IV, da CF.

Gabarito "D"

(Ministério Público/MG – 2008) Analise as seguintes assertivas quanto ao processo legislativo previsto na Constituição de 1988.

I. A iniciativa legislativa para a proposição de emenda constitucional é concorrente.

II. Em regra, o processo legislativo inicia-se na Câmara dos Deputados, em homenagem ao princípio democrático.

III. Não poderá haver emendas parlamentares em projeto de lei cuja iniciativa seja exclusiva do chefe do Poder Executivo.

IV. A medida provisória e o decreto presidencial são exemplos de espécies normativas previstas na Constituição de 1988.

(A) As opções I e IV estão corretas.

(B) As opções I e II estão corretas.

(C) As opções II e III estão corretas.

(D) As opções III e IV estão corretas.

(E) As opções I, II e IV estão corretas.

I: correta, art. 60, I, II e III, da CF. **II:** correta, art. 62, § 8º e art. 64, ambos da CF. **III:** incorreta. Não reflete o disposto no arts. 63 e 64 da CF. **IV:** incorreta. Não reflete o disposto no art. 59 da CF, que não inclui os decretos presidenciais.

Gabarito "B"

(Ministério Público/PR – 2008) A Constituição Federal poderá ser emendada: (assinale a alternativa correta)

(A) Mediante proposta de um quarto, no mínimo, dos membros da Câmara dos Deputados;

(B) Na vigência de estado de defesa;

(C) Para criar um Estado unitário;

(D) Mediante proposta de um quarto, no mínimo, dos membros do Senado Federal;

(E) Mediante proposta de mais da metade das Assembleias Legislativas das unidades da Federação, manifestando-se, cada uma delas, pela maioria relativa de seus membros.

A e **D:** incorretas. Não reflete o disposto no art. 60, I, da CF; **B:** incorreta. Não reflete o disposto no art. 60, § 1º, da CF; **C:** incorreta. Não reflete o disposto no art. 60, § 4º, I, da CF; **E:** correta, art. 60, III, da CF.

Gabarito "E"

(Ministério Público/SP – 2006) A partir dos enunciados seguintes assinale a alternativa correta.

(A) É legítima a quebra de sigilo bancário, por determinação de Comissão Parlamentar de Inquérito, desde que demonstrado o interesse público relevante, individualizado o investigado e o objeto da investigação, mantido o sigilo em relação às pessoas estranhas à causa e limitada a utilização de dados obtidos somente para a investigação que lhe deu causa.

(B) A proteção do sigilo bancário não é absoluta, e, pode ser afastada, excepcionalmente, mediante determinação de autoridade estatal, uma vez respeitado o princípio da hierarquia que informa a Administração.

(C) A proteção ao sigilo bancário constitui espécie do direito à intimidade e vida privada garantidos constitucionalmente; garantia absoluta que é, fica assegurada a indenização pelo dano material ou moral decorrente de sua violação.

(D) A inviolabilidade do sigilo bancário e fiscal é uma das garantias do indivíduo contra o arbítrio do Estado, porém, não é absoluta diante do interesse público, e pode ser quebrada, desde que haja determinação de autoridade estatal.

(E) É legítima a quebra de sigilo bancário, por determinação de Comissão Parlamentar de Inquérito, quando há interesse público relevante, desde que individualizado o investigado e mantido o sigilo em relação às pessoas estranhas à causa, sendo possível o fornecimento de dados a outras autoridades que o solicitem para outras investigações.

O ato de quebra está inserido nos poderes investigatórios conferidos às CPIs pela CF (art. 58, § 3º). Entretanto, precisa ser adequadamente fundamentado, demonstrando-se a necessidade da medida (art. 93, IX, da CF); os dados não podem ser divulgados (o sigilo transfere-se para a CPI) e só podem ser utilizados no âmbito da Comissão de Inquérito em que foram obtidos. O sigilo bancário não é direito absoluto, podendo ser quebrado na forma da CF, caso em que não gera indenização.

Gabarito "A"

12. DA ORGANIZAÇÃO DO PODER JUDICIÁRIO

(Ministério Público/MG – 2014) Assinale a alternativa CORRETA:

(A) As decisões administrativas dos tribunais serão motivadas e em sessão pública, sendo as disciplinares tomadas pelo voto da maioria simples de seus membros.

(B) A atividade jurisdicional será ininterrupta, sendo vedado férias coletivas nos juízos e em todos os tribunais do País, funcionando nos dias em que não houver expediente forense normal, juízes em plantão permanente.

(C) A distribuição de processos será imediata, apenas nos juízos de primeiro grau de jurisdição.

(D) Os servidores receberão delegação para a prática de atos de administração e atos de mero expediente sem caráter decisório.

A: incorreta. As decisões disciplinares, diferentemente do que se afirma na proposição, serão tomadas pelo voto da maioria *absoluta* (e não *simples*) dos membros dos tribunais (art. 93, X, da CF); **B:** incorreta, dado que o art. 93, XII, da CF somente contemplou os juízos e tribunais de *segundo grau*, e não *todos* os tribunais; **C:** incorreta, porquanto a distribuição dos processos será imediata em todos os graus de jurisdição (art. 93, XV, da CF); **D:** correta (art. 93, XIV, da CF).

Gabarito "D"

(Ministério Público/PI – 2014 – CESPE) Com relação ao Poder Judiciário, assinale a opção correta.

(A) De acordo com a CF, membro do MPE poderá compor o tribunal regional eleitoral, desde que nomeado pelo presidente da República, devendo atuar pelo prazo mínimo de dois anos e nunca por mais de dois biênios consecutivos.

(B) Desde que haja previsão na constituição estadual, é possível a criação da justiça militar estadual, constituída, em primeiro grau, pelos juízes auditores e, em segundo grau, pelas auditorias militares.

(C) Em casos de crimes dolosos contra a vida, o julgamento de prefeito, de competência da justiça comum estadual, será realizado perante o tribunal de justiça respectivo, dada a previsão constitucional específica, que prevalece sobre a competência geral do tribunal do júri.

(D) As decisões administrativas dos tribunais de justiça em matéria disciplinar devem ser motivadas e podem ser realizadas em sessão secreta por decisão da maioria absoluta de seus membros.

(E) Constituição estadual pode prever representação de inconstitucionalidade de leis ou atos normativos estaduais em face de seu texto, desde que estabeleça a legitimidade exclusiva para o seu oferecimento ao procurador-geral de justiça.

A: incorreta, pois em desacordo com o que preceitua o art. 120, § 1º, da CF, que estabelece as regras concernentes à composição dos tribunais regionais eleitorais; **B:** incorreta (art. 125, § 3º, da CF); **C:** correta. De fato, os prefeitos municipais serão julgados, pela prática de crimes comuns e dolosos contra a vida, pelo Tribunal de Justiça (art. 29, X, da CF). Pela prática de crimes da esfera federal, o julgamento caberá aos Tribunais Regionais Federais. Agora, se se tratar de crimes de responsabilidade, previstos no Dec.-lei 201/1967, o chefe do executivo municipal será submetido a julgamento pelo Poder Legislativo local. Nesse sentido: Súmula 702, STF: "A competência do Tribunal de Justiça para julgar prefeitos restringe-se aos crimes de competência da Justiça comum estadual; nos demais casos, a competência originária caberá ao respectivo tribunal de segundo grau"; **D:** incorreta, pois contraria o disposto no art. 93, X, da CF, que impõe que as decisões administrativas dos tribunais, aqui as incluídas as atinentes a matéria disciplinar, serão tomadas em sessão pública; **E:** incorreta, nos termos do art. 125, § 2º, da CF.

Gabarito "C"

(Ministério Público/SP – 2013 – PGMP) Assinale a alternativa CORRETA.

A expressão "cláusula de reserva de plenário" refere-se à disposição constitucional no sentido de que:

(A) compete ao Supremo Tribunal Federal processar e julgar originariamente, nas infrações penais comuns, o Presidente da República, o Vice-Presidente, os membros do Congresso Nacional, seus próprios Ministros e o Procurador-Geral da República.

(B) compete ao Supremo Tribunal Federal aprovar súmula que, a partir de sua publicação na imprensa oficial, terá efeito vinculante em relação aos demais órgãos do Poder Judiciário.

(C) compete, somente pelo voto da maioria absoluta de seus membros ou dos membros do respectivo órgão especial, aos tribunais declarar a inconstitucionalidade de lei ou ato normativo do Poder Público.

(D) compete ao Supremo Tribunal Federal processar e julgar originariamente os conflitos de competência entre o Superior Tribunal de Justiça e quaisquer tribunais, entre Tribunais Superiores, ou entre estes e qualquer outro tribunal.

(E) compete privativamente ao Senado Federal processar e julgar o Presidente e o Vice-Presidente da República nos crimes de responsabilidade, bem como os Ministros de Estado e os Comandantes da Marinha, do Exército e da Aeronáutica nos crimes da mesma natureza conexos com aqueles.

A: incorreta. Embora o assunto trazido pela alternativa esteja previsto na CF (art. 102, I, "b") trata de uma das competências do STF e não tem a ver com a denominada cláusula de reserva de plenário. Esta, por sua vez, encontra fundamento no art. 97 da CF e na Súmula Vinculante 10 do STF e determina que somente pelo voto da maioria absoluta de seus membros ou dos membros do respectivo órgão especial, aos tribunais declarar a inconstitucionalidade de lei ou ato normativo do Poder Público; **B:** incorreta. O tema diz respeito a súmula vinculante, prevista no art. 103-A da CF e na Lei 11.417/2006; **C:** correta (art. 97 da CF); **D:** incorreta. Mais uma vez, a alternativa trata de uma das competências do STF (art. 102, I, "o", da CF); **E:** incorreta. De acordo com o art. 52, I, da CF, de fato, é da competência do Senado Federal o processo e julgamento desses crimes. Vale lembrar que essa atribuição nada tem a ver com a cláusula de reserva de plenário.

Gabarito "C"

(Ministério Público/MS – 2013 – FADEMS) Assinale a alternativa **incorreta**, sobre o Conselho Nacional de Justiça:

(A) ao CNJ compete o controle da atuação administrativa e financeira do Poder Judiciário e do cumprimento dos deveres funcionais dos juízes.

(B) ao CNJ compete zelar pela autonomia do Poder Judiciário e pelo cumprimento do Estatuto da Magistratura, podendo expedir atos regulamentares, no âmbito de sua competência, ou recomendar providências.

(C) ao CNJ compete a instauração de procedimentos disciplinares contra juízes somente após a atuação da Corregedoria do Tribunal.

(D) ao CNJ compete rever, de ofício ou mediante provocação, os processos disciplinares de juízes e membros de tribunais julgados há menos de um ano.

(E) ao CNJ compete representar ao Ministério Público, no caso de crime contra a administração pública ou de abuso de autoridade.

A: correta. Ao CNJ compete o controle da atuação administrativa e financeira do Poder Judiciário e do cumprimento dos deveres funcionais dos juízes, nos termos do art. 103-B, § 4º, da CF/1988; **B:** correta. Ao CNJ compete zelar pela autonomia do Poder Judiciário e pelo cumprimento do Estatuto da Magistratura, podendo expedir atos regulamentares, no âmbito de sua competência, ou recomendar providências, como determina o art. 103-B, § 4º, I, da CF/1988; **C:** incorreta, devendo ser assinalada. Compete ao CNJ receber as reclamações e denúncias, de QUALQUER INTERESSADO, relativas aos magistrados e aos serviços judiciários, como determina o art. 103-B, § 5º, I, da CF/1988; **D:** correta. Compete ao CNJ REVER, de ofício ou mediante provocação, os processos disciplinares de juízes e membros de tribunais julgados há pelo menos um ano, nos termos do art. 103-B, § 4º, V, da CF/1988; **E:** correta. Ao CNJ compete representar ao Ministério Público, no caso de crime contra a administração pública ou de abuso de autoridade. Inteligência do art. 103-B, § 4º, IV, da CF/1988.

Gabarito "C"

(Ministério Público/SP – 2012 – VUNESP) A EC n. 45/2004 estabeleceu o Conselho Nacional de Justiça, sobre a Presidência do Presidente do Supremo Tribunal Federal, com sede na Capital Federal, como órgão

(A) de cúpula administrativa do Poder Judiciário, com funções administrativas e jurisdicionais, composto por 15 membros, cuja maioria é formada por membros do Poder Judiciário.

(B) externo de fiscalização administrativa do Poder Judiciário, com funções administrativas, composto por 15 membros, cuja maioria é formada por membros indicados pelos Poderes Executivo e Legislativo.

(C) de cúpula administrativa do Poder Judiciário, com funções administrativas, composto por 15 membros, cuja maioria é formada por membros do Poder Judiciário.

(D) externo de fiscalização administrativa do Poder Judiciário, com funções administrativas, composto por 15 membros, cuja maioria é formada por membros do Poder Judiciário.

(E) externo de fiscalização administrativa do Poder Judiciário, com funções administrativas e jurisdicionais, composto por 15 membros, cuja maioria é formada por membros do Poder Judiciário.

A: incorreta, pois compete ao Conselho Nacional de Justiça o controle da atuação administrativa e Financeira do Poder Judiciário e do cumprimento dos deveres funcionais dos juízes, cabendo-lhe, além de outras de outras atribuições que lhe forem conferidas pelo Estatuto da Magistratura. Se não bastasse o CNJ não tem funções jurisdicionais, nos termos dos arts. 92, I e 103-B, § 4º, da CF; **B:** incorreta, já que a maioria é formada por membros do Poder Judiciário; **C:** correta, por força do art. 103-B da CF; **D:** incorreta, pois o CNJ é um dos órgãos do Poder Judiciário, logo, é órgão interno de fiscalização, nos termos do art. 92, I-A, da CF; **E:** incorreta, já que o CNJ não em funções jurisdicionais.

Gabarito "C"

(Ministério Público/DF – 2011)

I. Compete ao Superior Tribunal de Justiça processar e julgar originariamente nos crimes comuns os Governadores dos Estados e do Distrito Federal, os membros do Tribunal de Contas da União, os membros dos Tribunais Regionais Federais e dos Tribunais Regionais Eleitorais.

II. Determinado Estado-membro possui 16 Deputados Federais. Em consequência, o número de Deputados Estaduais na respectiva Assembleia Legislativa será de 46 deputados.

III. O Conselho Nacional de Justiça compõe-se de quinze membros contando-se entre estes o Procurador-Geral da República e dois advogados, indicados pelo Conselho Federal da Ordem dos Advogados do Brasil.

Na folha de respostas, atento ao número da questão, responda:

(A) se somente a assertiva I for correta

(B) se somente a assertiva II for correta

(C) se somente a assertiva III for correta

(D) se nenhuma das assertivas for correta

I: incorreta, pois o Superior Tribunal de Justiça não tem competência para processar e julgar nos crimes comuns os membros do Tribunal de Contas da União, mas sim, o Supremo tribunal Federal, nos termos do art. 102, I, "c", da CF; **II:** incorreta, pois se determinado Estado-membro possui 16 Deputados Federais, o número de Deputados à Assembleia Legislativa corresponderá ao triplo da representação do Estado na Câmara dos Deputados, ou seja, nesse caso, 42 deputados, nos termos do art. 27, da CF; **III:** incorreta, pois o Procurador-Geral da República não compõe o Conselho Nacional de Justiça, ele apenas indica um membro do Ministério Púbico da União, nos termos do art. 103-B, X, da CF.

Gabarito "D"

(Ministério Público/DF – 2011)

I. Compete privativamente ao Senado Federal resolver sobre tratados, acordos ou atos internacionais que acarretem encargos ou compromissos gravosos ao patrimônio nacional.

II. Compete exclusivamente ao Tribunal Regional Federal na Capital da República processar e julgar originariamente nos crimes comuns e de responsabilidade os membros do Ministério Público do Distrito Federal e Territórios.

III. Nos termos da Constituição vigente da decisão de juiz federal nas causas em que forem partes organismo internacional, de um lado e, de outro, Município caberá recurso ordinário ao Superior Tribunal de Justiça.

Na folha de respostas, atento ao número da questão, responda:

(A) se somente a assertiva I for correta

(B) se somente a assertiva II for correta

(C) se somente a assertiva III for correta

(D) se nenhuma das assertivas for correta

I: incorreta, pois compete ao Congresso Nacional, nos termos do art. 49, I, da CF; **II:** incorreta, na exata medida que compete ao Tribunal Regional Federal processar e julgar, originariamente os juízes federais da área de sua jurisdição, incluídos os da Justiça Militar e da Justiça do Trabalho, os crimes comuns e de responsabilidade, e os membros do Ministério Público da União, nos termos do art. 108, I, "a", da CF; **III:** correta, literalidade do art. 105, II, " c", da CF.

Gabarito "C"

(Ministério Público/CE – 2011) No que concerne à organização e às competências dos órgãos do Poder Judiciário e do CNJ, assinale a opção correta.

(A) Em se tratando de crimes comuns, compete aos tribunais de justiça julgar os juízes dos estados e os do DF, bem como os membros do MP estadual; nos casos de crime de responsabilidade, a competência é das assembleias legislativas.

(B) Aos tribunais de justiça é assegurada autonomia para elaborar sua proposta orçamentária, respeitados os limites estipulados na lei de diretrizes orçamentárias, que deve ser encaminhada dentro do prazo convencionado com o Poder Executivo; caso contrário, serão considerados, para fins de consolidação da proposta orçamentária anual, os valores médios dos orçamentos do tribunal nos três últimos anos.

(C) O procurador-geral da República e o advogado-geral da União deverão ser previamente ouvidos em todos os processos de competência do STF, mas apenas aquele é obrigado a se pronunciar nas ações de inconstitucionalidade de competência do tribunal.

(D) O CNJ é presidido pelo presidente do STF e, na ausência ou no impedimento deste, pelo seu vice-presidente; os demais membros do CNJ serão nomeados pelo presidente da República, após aprovação pela maioria absoluta do Senado Federal.

(E) A competência dos tribunais de justiça é definida na Lei Orgânica da Magistratura Nacional, mas sua organização e composição são estabelecidas na lei de organização judiciária estadual, cuja propositura cabe aos governadores, ouvido o tribunal de justiça respectivo.

A: incorreta, pois compete aos tribunais de justiça julgar os juízes estaduais e do Distrito Federal e Territórios, bem como os membros do Ministério Público, nos crimes comuns e de responsabilidade, ressalvada a competência da Justiça Eleitoral, nos termos do art. 96, III, da CF; **B:** incorreta, na exata medida que ao Poder Judiciário é assegurado autonomia administrativa e financeira, assim, os tribunais poderão elaborar suas propostas orçamentárias dentro dos limites estipulados conjuntamente com os demais Poderes na lei de diretrizes orçamentárias. Se os tribunais não encaminharem as propostas orçamentárias dentro do prazo estabelecido na lei de diretrizes orçamentárias, o Poder Executivo considerará, para fins de consolidação da proposta orçamentária anual, os valores aprovados na lei orçamentária vigente, nos termos do art. 99, §§ 1º, 2º, 3º e 4º, da CF; **C:** incorreta: o Procurador-Geral da República deverá ser previamente ouvido nas ações de inconstitucionalidade, salvo quando ele for o autor, e em todos os processos de competência do STF, nos termos do art. 103, § 1º, da CF. Em se tratando do AGU, quando o STF apreciar a inconstitucionalidade, em tese, de norma geral ou ato normativo, citará, previamente, o Advogado-Geral da União, que defenderá o ato ou texto impugnado, salvo se o STF ainda não se pronunciou sobre aquela matéria, ou em se tratando de ação declaratória de constitucionalidade, conforme art. 103, § 3º, da CF; **D:** correta, réplica do art. 103-B, §§ 1º e 2º, da CF; **E:** incorreta, pois a competência dos tribunais será definida na Constituição do Estado, sendo a lei de organização judiciária de iniciativa do Tribunal de Justiça, nos termos do art. 125, § 1º, da CF e o art. 70 do ADCT.

Gabarito "D"

(Ministério Público/BA – 2008) Em relação ao Poder Judiciário, assinale a opção correta.

(A) O CNJ é presidido pelo presidente do STF e, nas suas ausências e impedimentos, pelo vice-presidente do tribunal, cabendo, ainda, ao STF nomear os demais membros do conselho, depois de aprovada a escolha pela maioria absoluta do Senado Federal.

(B) Compete à justiça militar estadual processar e julgar os militares acusados da prática dos crimes militares definidos em lei ou da prática de crimes contra civis, assim como as ações judiciais contra atos disciplinares militares.

(C) O ingresso na carreira da magistratura, cujo cargo inicial é o de juiz substituto, depende de aprovação em concurso de provas e títulos organizado e realizado, ao menos em sua fase preliminar, com a participação do conselho seccional da OAB.

(D) A CF veda a promoção do juiz que, injustificadamente, retiver autos em seu poder além do prazo legal, não podendo devolvê-los ao cartório sem o devido despacho ou decisão.

(E) O ato de remoção do magistrado por interesse público depende de decisão tomada pelo voto de dois terços do respectivo tribunal, conforme procedimento próprio, e desde que lhe seja assegurada a ampla defesa.

A: incorreta. O Conselho será presidido pelo Presidente do Supremo Tribunal Federal, e, nas suas ausências e impedimentos, pelo Vice-Presidente do Supremo Tribunal Federal. Todavia, os demais membros do Conselho serão nomeados pelo Presidente da República, depois de aprovada a escolha pela maioria absoluta do Senado Federal, nos termos do art. 103-B, §§ 1º e 2º, da CF; **B:** incorreta, pois á Justiça Militar de fato tem competência para processar e julgar os crimes militares definidos em lei (art. 9º do Código Penal Militar) e as ações contra atos disciplinares militares, ressalvada a competência do Júri quando a vítima for civil, cabendo ao tribunal competente decidir sobre a perda do posto e da patente dos oficiais e da graduação das praças, conforme art. 125, § 4º, da CF; **C:** incorreta, pois o art. 93, I, da CF, exige a participação da Ordem dos Advogados do Brasil em todas as fases, exigindo-se do bacharel em direito, no mínimo, três anos de atividade jurídica e obedecendo-se, nas nomeações, á ordem de classificação; **D:** correta, já que se trata de réplica do art. 93, II, "e", da CF; **E:** incorreta, já que o ato de remoção, disponibilidade e aposentadoria do magistrado, por interesse público, fundar-se á em decisão por voto da maioria absoluta, e não dois terço, do respectivo tribunal ou do Conselho Nacional de Justiça, assegurada ampla defesa (art. 93, VIII, da CF).

Gabarito "D"

(Ministério Público/RS – 2008) Pela Constituição Federal, um quinto dos lugares dos Tribunais de Justiça dos Estados são reservados a advogados e membros do Ministério Público. Para que estes últimos possam ser indicados ao Tribunal, exige-se:

(A) indicação em lista sêxtupla pelo órgão de classe respectivo;

(B) mais de cinco anos de efetiva atividade profissional;

(C) que sejam maiores de 35 anos;

(D) mais de 15 anos de carreira;

(E) notório saber jurídico e reputação ilibada.

Um quinto dos lugares dos Tribunais Regionais Federais, dos Tribunais dos Estados, e do Distrito Federal e Territórios será composto de membros, do Ministério Público, com mais de dez anos de carreira, e de advogados de notório saber jurídico e de reputação ilibada, com mais de dez anos de efetiva atividade profissional, indicados em lista sêxtupla pelos órgãos de representação das respectivas classes. O quinto constitucional previsto para o provimento de lugares em Tribunal, quando eventualmente não observado, não gera nulidade do julgado, máxime em razão da ilegitimidade da parte para questionar os critérios de preenchimento das vagas nos órgãos do Judiciário, mercê da incidência do princípio *pas de nullité sans grief*, consagrado no art. 499 do CPPM (RE 484.388, Rel. p/ o acórdão Min. **Luiz Fux**, julgamento em 13.10.2011, Plenário, *DJe* de 13.03.2012). Com a promulgação da EC 45/2004, deu-se a extensão, aos tribunais do trabalho, da regra do 'quinto' constante do art. 94 da Carta Federal" (**ADI 3.490**, Rel. Min. **Marco Aurélio**, julgamento em 19.12.2005, Plenário, *DJ* de 07.04.2006). As demais alternativas ficam prejudicadas, já que o comentário da alternativa "A" rechaça qualquer dúvida existente.

Gabarito "A"

(Ministério Público/SC – 2012) Analise as seguintes assertivas:

I. Ao Superior Tribunal de Justiça compete processar e julgar, originariamente, os mandados de segurança contra ato de Ministro de Estado.

II. Ao Supremo Tribunal Federal cabe processar e julgar, originariamente, o *habeas corpus* quando o coator ou o paciente for funcionário cujos atos estejam sujeitos diretamente à jurisdição do Supremo Tribunal Federal.

III. Recebida a denúncia contra o Senador ou Deputado Federal, por crime ocorrido após a diplomação, o Supremo Tribunal Federal dará ciência à Casa respectiva, que, por iniciativa de partido político nela representado e pelo voto da maioria de seus membros, poderá, até a decisão final, sustar o andamento da ação.

IV. Ao Supremo Tribunal Federal compete processar e julgar, originariamente, o pedido de medida cautelar das ações diretas de inconstitucionalidade.

V. Ao Supremo Tribunal Federal compete julgar em recurso ordinário as causas em que forem partes Estado estrangeiro ou organismo internacional, de um lado, e, do outro, pessoa residente ou domiciliada no País.

(A) Apenas as assertivas I, II, III e IV estão corretas.

(B) Apenas a assertiva V está correta.

(C) Apenas as assertivas II e V estão corretas.

(D) Apenas as assertivas I, III e V estão corretas.

(E) Todas as assertivas estão corretas.

I: correta, ao Superior Tribunal de Justiça compete processar e julgar, originariamente, os mandados de segurança contra ato de Ministro de Estado, como determina o art. 105, I, "b", da CF; **II:** correta, ao Supremo Tribunal Federal cabe processar e julgar, originariamente, o *habeas corpus* quando o coator ou o paciente for funcionário cujos atos estejam sujeitos diretamente à jurisdição do Supremo Tribunal Federal, nos termos do art. 102, I, "d", da CF; **III:** correta, recebida a denúncia contra o Senador ou Deputado Federal, por crime ocorrido após a diplomação, o Supremo Tribunal Federal dará ciência à Casa respectiva, que, por iniciativa de partido político nela representado e pelo voto da maioria de seus membros, poderá, até a decisão final, sustar o andamento da ação, conforme art. 53, § 3º, da CF: **IV:** correta, ao Supremo Tribunal Federal compete processar e julgar, originariamente, o pedido de medida cautelar das ações diretas de inconstitucionalidade, nos termos do art. 102, I, "p", da CF; **V:** incorreta, por compete ao *Superior Tribunal De Justiça* julgar em recurso ordinário as causas em que forem partes Estado estrangeiro ou organismo internacional, de um lado, e, do outro, pessoa residente ou domiciliada no País, conforme art. 105, II, "c", da CF.

Gabarito "A"

(Ministério Público/MG – 2005) Sobre a figura da Súmula com efeito vinculante prevista na EC n. 45/2004, é **CORRETO** afirmar que

(A) o STF somente poderá aprovar súmula com efeito vinculante com relação aos demais órgãos do Poder Judiciário, respeitada o princípio da separação e harmonia entre os Poderes.

(B) o STF poderá, de ofício ou por provocação, cujo quórum é de 2/3, aprová-la com aquele efeito tanto em relação ao demais órgãos do Poder Judiciário; quanto em relação à Administração Pública Direta e Indireta, nas esferas federal, estadual e municipal.

(C) uma vez aprovada não poderá proceder à sua revisão ou cancelamento, salvo nova controvérsia no STF, e após 2 (dois) anos da sua aprovação.

(D) cabe ação de descumprimento de preceito fundamental contra ato da Administração Pública ou de decisão que contrariar a súmula vinculante.

(E) somente ação rescisória perante o STF poderá alterar o conteúdo de súmula com efeito vinculante, nos termos e prazos previstos na lei processual específica.

A: incorreta, pois o Supremo Tribunal Federal poderá, de ofício ou por provocação, mediante decisão de dois terços dos seus membros, após reiteradas decisões sobre matéria constitucional, aprovar súmula que, a partir de sua publicação na imprensa oficial, terá efeito vinculante em relação aos demais órgãos do Poder Judiciário e à administração pública direta e indireta, nas esferas federal, estadual e municipal, bem como proceder á sua revisão ou cancelamento, na forma estabelecida na Lei 11.417/2006; **B:** correta, literalidade do art. 103-A da CF; **C:** incorreta, pois sem prejuízo do que vier a ser estabelecido em lei, a aprovação, revisão ou cancelamento de súmula poderá ser provocada por aqueles que podem propor a ação direta de inconstitucionalidade a qualquer tempo; **D:** incorreta, pois as súmulas não são leis e muito menos atos normativos; **E:** incorreta, somente por meio de revisão ou cancelamento.

Gabarito "B"

(Ministério Público/MG – 2011) Assinale a alternativa **CORRETA**.

(A) Compete ao Supremo Tribunal Federal, precipuamente, a guarda da Constituição, cabendo-lhe processar e julgar, originariamente, entre outras, a ação direta de inconstitucionalidade de lei ou ato normativo federal, estadual ou municipal e a ação declaratória de constitucionalidade de lei ou ato normativo federal.

(B) Declarada a inconstitucionalidade por omissão de medida para tornar efetiva norma constitucional, será dada ciência ao Poder competente para a adoção das providências necessárias e, em se tratando de órgão administrativo, para fazê-lo em noventa dias.

(C) O Procurador-Geral da República deverá ser previamente ouvido nas ações de inconstitucionalidade e em todos os processos de competência do Supremo Tribunal Federal.

(D) As decisões definitivas de mérito, proferidas pelo Supremo Tribunal Federal, nas ações diretas de inconstitucionalidade e nas ações declaratórias de constitucionalidade produzirão eficácia contra todos e efeito vinculante, apenas em relação aos demais órgãos do Poder Executivo.

A: incorreta, compete ao Supremo Tribunal Federal, precipuamente, a guarda da Constituição, cabendo-lhe processar e julgar, originariamente, entre outras, a ação direta de inconstitucionalidade de lei ou ato normativo federal e estadual e a ação declaratória de constitucionalidade de lei ou ato normativo federal. No controle concentrado a única forma para impugnar uma lei ou ato normativo municipal é por intermédio da Arguição de descumprimento de Preceito Fundamental, nos termos do art. 102, § 1º, da CF, da Lei 9.868/1999 e Lei 9.882/1999; **B:** incorreta, pois o prazo correto são 30 (trinta) dias, como determina o art. 103, § 2º, da CF; **C:** correta, nos termos do art. 103, § 1º, da CF, o Procurador-Geral da República deverá ser previamente ouvido nas ações de inconstitucionalidade e em todos os processos de competência do Supremo Tribunal Federal; **D:** incorreta, pois as decisões definitivas de mérito, proferidas pelo Supremo Tribunal Federal, nas ações diretas de inconstitucionalidade e nas ações declaratórias de constitucionalidade produzirão eficácia contra todos e efeito vinculante, relativamente aos demais órgãos do Poder Judiciário e à administração pública direta e indireta, nas esferas federal, estadual e municipal, nos termos do art. 102, § 2º, da CF.

Gabarito "C"

(Ministério Público/MG – 2012 – CONSULPLAN) Assinale a alternativa CORRETA em relação às Súmulas Vinculantes:

(A) Qualquer cidadão, representado por advogado, poderá pleitear a aprovação, revisão ou cancelamento de Súmula.

(B) O Supremo Tribunal Federal poderá, de ofício ou por provocação, após reiteradas decisões sobre matéria constitucional, mediante decisão de um terço de seus membros, editar Súmula Vinculante.

(C) A Súmula Vinculante, a partir da data da sessão em que for aprovada, terá efeito vinculante em relação aos demais órgãos do Poder Judiciário e à administração pública direta e indireta, nas esferas federal, estadual e municipal.

(D) O Procurador-Geral de Justiça do Estado de Minas Gerais, ao verificar que acórdão do Tribunal de Justiça local contraria determinada Súmula Vinculante, dispõe, ele próprio, de legitimidade para ajuizar reclamação, em sede originária, perante o Supremo Tribunal Federal, independentemente da ratificação do Procurador-Geral da República.

A: incorreta, os únicos legitimados a propor a edição, a revisão ou o cancelamento de enunciado de súmula vinculante são: O Presidente da República; a Mesa do Senado Federal; a Mesa da Câmara dos Deputados; o Procurador-Geral da República; o Conselho Federal da Ordem dos Advogados do Brasil; o Defensor Público-Geral da União; partido político com representação no Congresso Nacional; confederação sindical ou entidade de classe de âmbito nacional; a Mesa de Assembleia Legislativa ou da Câmara Legislativa do Distrito Federal; o Governador de Estado ou do Distrito Federal; os Tribunais Superiores, os Tribunais de Justiça de Estados ou do Distrito Federal e Territórios, os Tribunais Regionais Federais, os Tribunais Regionais do Trabalho, os Tribunais Regionais Eleitorais e os Tribunais Militares. O Município poderá propor, incidentalmente ao curso de processo em que seja parte, a edição, a revisão ou o cancelamento de enunciado de súmula vinculante, o que não autoriza a suspensão do processo, nos termos do art. 3º da Lei 11.417/2006; **B:** incorreta, o Supremo Tribunal Federal poderá, de ofício ou por provocação, mediante decisão de 2/3 (dois terços) dos seus membros, após reiteradas decisões sobre matéria constitucional, aprovar súmula que, a partir de sua publicação na imprensa oficial, terá efeito vinculante em relação aos demais órgãos do Poder Judiciário e à administração pública e indireta, nas esferas federal, estadual e municipal, bem como proceder à sua revisão ou cancelamento, na forma estabelecida em lei, nos termos do art. 103-A da CF; **C:** incorreta, pois como dito anteriormente, a partir de sua publicação na imprensa oficial; **D:** correta, caberá reclamação para assegurar a devida observância de enunciado de súmula vinculante. Isso quer dizer que caberá a reclamação sempre que a súmula deixar de ser aplicada quando seria o caso de aplicá-la, bem como sempre que ela foi aplicada quando for o caso de não se aplicá-la. A reclamação não se serve, porém, para dirimir dúvidas sobre a sua interpretação – sendo resultado de um processo interpretativo que possui efeitos vinculantes, também ela está sujeita a interpretações; assim, não será o caso de reclamação se o ato reclamado adotou razoável interpretação do enunciado. Desse modo, caberá a reclamação para corrigir o desrespeito frontal ao enunciado de súmula vinculante pelos seus destinatários, bem como o desvio desarrazoado de interpretação. Sendo assim, pode ajuizar a reclamação o órgão do Ministério Público, e qualquer interessado, parte, ou terceiro que tenha interesse na causa, como o assistente (Pontes de Miranda, 1974. p. 388). Nos processos subjetivos, de partes, não há maiores problemas.

Gabarito "D"

(Ministério Público/GO – 2010) Eleja a alternativa incorreta:

(A) Segundo o princípio do *stare decisis*, os juízos ou tribunais devem obediência à orientação oriunda dos órgão judiciais que lhes são superiores, e, no Brasil, tal princípio é manifestado pelo artigo 103-A da Constituição Federal, que deferiu ao Supremo Tribunal Federal competência para editar súmulas vinculantes.

(B) Com a introdução do requisito da repercussão geral (artigo 102, § 3º, da Constituição Federal, com redação dada pela Emenda Constitucional n. 45/2004), o recurso extraordinário experimentou substancial mudança, na medida em que a adoção do instituto intensificou o perfil objetivo do recurso extraordinário.

(C) Não se presume a repercussão geral, mesmo quando já tiver sido reconhecida em caso análogo, ou quando o recurso extraordinário visar a impugnar decisão contrária à jurisprudência do Supremo Tribunal Federal.

(D) Quando se verificar a subida ou a distribuição de múltiplos recursos com fundamento em idêntica controvérsia, é dado ao Supremo Tribunal Federal selecionar um ou mais representativos da questão e determinar a devolução dos demais aos tribunais ou turmas do juizado especial de origem, para aplicação dos parágrafos do artigo 543-B do Código de Processo Civil.

A: correta, *stare decisis* é uma expressão em latim que se traduz como *"ficar com as coisas decididas"*, utilizada no direito para se referir à doutrina segundo a qual as decisões de um órgão judicial criam precedente (jurisprudência) e vinculam as que vão ser emitidas no futuro.

A frase vem de uma locução mais extensa, *stare decisis et non quieta movere*. Esta doutrina é característica do *common law* e não é tão forte em sistemas de direito continental e onde a jurisprudência tem uma obrigatoriedade muito menor e a capacidade do juiz de interpretar a lei segundo seu critério é muito mais ampla. A maioria dos sistemas, no entanto, reconhecem que a jurisprudência deve ligar de alguma forma os juízes como se fossem independentes, é necessário evitar que as suas penas sejam totalmente imprevisíveis ou contraditórias de forma caótica. No Brasil, a Emenda Constitucional 45 de 2004 criou o sistema de súmulas vinculantes, que são editadas pelo Supremo Tribunal Federal e vinculam a Administração Pública e os demais órgãos do Poder Judiciário. Não vinculam o Poder Legislativo, que pode vir a aprovar leis contrárias à orientação sumulada; **B:** correta, a Repercussão Geral é um instrumento processual inserido na Constituição Federal de 1988, por meio da Emenda Constitucional 45, conhecida como a "Reforma do Judiciário". O objetivo desta ferramenta é possibilitar que o Supremo Tribunal Federal selecione os Recursos Extraordinários que irá analisar, de acordo com critérios de relevância jurídica, política, social ou econômica. O uso desse filtro recursal resulta numa diminuição do número de processos encaminhados à Suprema Corte. Uma vez constatada a existência de repercussão geral, o STF analisa o mérito da questão e a decisão proveniente dessa análise será aplicada posteriormente pelas instâncias inferiores, em casos idênticos. A preliminar de Repercussão Geral é analisada pelo Plenário do STF, por meio de um sistema informatizado, com votação eletrônica, ou seja, sem necessidade de reunião física dos membros do Tribunal. Para recusar a análise de um RE são necessários pelo menos 8 votos, caso contrário, o tema deverá ser julgado pela Corte. Após o relator do recurso lançar no sistema sua manifestação sobre a relevância do tema, os demais ministros têm 20 dias para votar. As abstenções nessa votação são consideradas como favoráveis à ocorrência de repercussão geral na matéria; **C:** incorreta, pois como dito anteriormente, a ideia é exatamente contrária; **D:** correta, pois quando houver multiplicidade de recursos com fundamento em idêntica controvérsia, a análise da repercussão geral será processada nos termos do Regimento Interno do Supremo Tribunal Federal (Lei 11.418/2006). Caberá ao Tribunal de origem selecionar um ou mais recursos representativos da controvérsia e encaminhá-los ao Supremo Tribunal Federal, sobrestando os demais até o pronunciamento definitivo da Corte. Negada a existência de repercussão geral, os recursos sobrestados considerar-se-ão automaticamente não admitidos. Julgado o mérito do recurso extraordinário, os recursos sobrestados serão apreciados pelos Tribunais, Turmas de Uniformização ou Turmas Recursais, que poderão declará-los prejudicados ou retratar-se. Mantida a decisão e admitido o recurso, poderá o Supremo Tribunal Federal, nos termos do Regimento Interno, cassar ou reformar, liminarmente, o acórdão contrário à orientação firmada. O Regimento Interno do Supremo Tribunal Federal disporá sobre as atribuições dos Ministros, das Turmas e de outros órgãos, na análise da repercussão geral.

Gabarito "C"

(Ministério Público/GO – 2010) Em relação à sumulação vinculante pelo Supremo Tribunal Federal, assinale a alternativa correta:

I. Salvo nos casos previstos na Constituição, o salário mínimo não pode ser usado como indexador de base de cálculo de vantagem de servidor público ou de empregado, nem ser substituído por decisão judicial.

II. A falta de defesa técnica por advogado no processo administrativo disciplinar ofende a Constituição.

III. Viola a cláusula de reserva de plenário (CF, artigo 97) a decisão de órgão fracionário de tribunal que, embora não declare expressamente a inconstitucionalidade de lei ou ato normativo do poder público, afasta sua incidência, no todo ou em parte.

IV. É direito do defensor, no interesse do representado, ter acesso amplo aos elementos de prova que, já documentados em procedimento investigatório realizado por órgão com competência de polícia judiciária, digam respeito ao exercício do direito de defesa.

(A) Somente as assertivas I, III e IV estão corretas.

(B) Todas as assertivas estão corretas.

(C) Nenhuma das assertivas está correta.

(D) Somente as assertivas II e IV estão corretas.

I: correta, redação da Súmula Vinculante 4 do STF (vide art. 7º, VI, da CF); **II:** incorreta, pois a falta de defesa técnica por advogado no processo administrativo disciplinar *não* ofende a Constituição, nos termos da Súmula Vinculante 5 (vide art. 5º, LV, da CF); **III:** correta, literalidade da Súmula Vinculante 10; **IV:** correta, réplica da Súmula Vinculante 14 (vide art. 5º, XXXIII, LIV e LV, da Constituição Federal.

Gabarito "A"

(Ministério Público/GO – 2012) Sobre o instituto da Súmula Vinculante, assinale a alternativa correta:

(A) revogada ou modificada a lei em que se fundou a edição de enunciado de súmula vinculante, opera-se sua caducidade automática;

(B) o uso da reclamação contra omissão ou ato da administração pública que se mostre contrário ao teor de enunciado de súmula vinculante só será admitido após o esgotamento das vias administrativas;

(C) a todo e qualquer interessado é dado propor a edição, a revisão ou o cancelamento de enunciado de súmula vinculante;

(D) somente os legitimados ativos ao ajuizamento das ações de controle abstrato de constitucionalidade podem propor a edição, a revisão ou o cancelamento de enunciado de súmula vinculante.

A: incorreta, pois não se opera a caducidade automática. Nos termos do art. 5º da Lei 11.417/2006, revogada ou modificada a lei em que se fundou a edição de enunciado de súmula vinculante, o Supremo Tribunal Federal, de ofício ou por provocação, procederá à sua revisão ou cancelamento, conforme o caso; **B:** correta, conforme o art. 7º, § 1º , da Lei 11.417/2006: "da decisão judicial ou do ato administrativo que contrariar enunciado de súmula vinculante, negar-lhe vigência ou aplicá-lo indevidamente caberá reclamação ao Supremo Tribunal Federal, sem prejuízo dos recursos ou outros meios admissíveis de impugnação.Contra omissão ou ato da administração pública, o uso da reclamação só será admitido após esgotamento das vias administrativas"; **C:** incorreta, são legitimados a propor a edição, a revisão ou o cancelamento de enunciado de súmula vinculante somente: o Presidente da República; a Mesa do Senado Federal; a Mesa da Câmara dos Deputados; o Procurador-Geral da República; o Conselho Federal da Ordem dos Advogados do Brasil; o Defensor Público-Geral da União; partido político com representação no Congresso Nacional; confederação sindical ou entidade de classe de âmbito nacional; a Mesa de Assembleia Legislativa ou da Câmara Legislativa do Distrito Federal; o Governador de Estado ou do Distrito Federal; os Tribunais Superiores, os Tribunais de Justiça de Estados ou do Distrito Federal e Territórios, os Tribunais Regionais Federais, os Tribunais Regionais do Trabalho, os Tribunais Regionais Eleitorais e os Tribunais Militares. Os Municípios poderão propor, incidentalmente ao curso de processo em que seja parte, a edição, a revisão ou o cancelamento de enunciado de súmula vinculante, o que não autoriza a suspensão do processo; **D:** incorreta, conforme relatado na alternativa anterior. Fundamentos: art. 103-A, § 2º, da CF e o art. 3º da Lei 11.417/2006.

Gabarito "B"

(Ministério Público/CE – 2011 – FCC) Nos termos da Constituição da República, compete originariamente ao Superior Tribunal de Justiça

(A) processar e julgar os conflitos de competência entre os demais Tribunais Superiores ou entre estes e qualquer outro tribunal.

(B) julgar as causas em que forem partes Estado estrangeiro ou organismo internacional, de um lado, e, do outro, Município ou pessoa residente ou domiciliada no País.

(C) processar e julgar a homologação de sentenças estrangeiras e a concessão de *exequatur* às cartas rogatórias.

(D) julgar as causas em que for contestada a validade de lei local em face de lei federal.

(E) processar e julgar as ações contra o Conselho Nacional de Justiça e contra o Conselho Nacional do Ministério Público.

A: incorreta, já que *compete originariamente ao Supremo Tribunal Federal* os conflitos de competência entre o Superior Tribunal de Justiça e quaisquer tribunais, entre Tribunais Superiores, ou entre estes e qualquer outro tribunal, os termos do art. 102, I, *o*, da CF; **B:** incorreta. *Aos juízes federais compete* processar e julgar as causas entre o Estado estrangeiro ou organismo internacional e Município ou pessoa domiciliada ou residente no País, nos termos do art. 109, II, da CF; **C:** correta, réplica do art. 105, I, *i*, da CF; **D:** incorreta, trata de competência recursal do Supremo Tribunal Federal (art. 102, III, *d*, da CF); **E:** incorreta, pois a competência é do Supremo Tribunal Federal, nos termos do art. 102, I, *r*, da CF.

Gabarito "C"

(Ministério Público/BA – 2008) Assinale a opção correta:

(A) Compete ao Superior Tribunal de Justiça apreciar e julgar recurso quando a decisão recorrida julgar válida lei local contestada em face de lei federal.

(B) A inconstitucionalidade de lei ou ato do Poder Público somente pode ser declarada por voto de 2/3 (dois terços) dos membros do Tribunal.

(C) Declarada a inconstitucionalidade da norma na Ação Direta de Inconstitucionalidade, a decisão é comunicada ao Senado Federal para, entendendo conveniente, suspender a execução da lei.

(D) O Município pode propor, nas ações em que seja parte, a edição, a revisão ou o cancelamento de enunciado de súmula vinculante, o que não autoriza a suspensão do processo.

(E) A inconstitucionalidade declarada no controle concreto tem eficácia *ex nunc,* podendo o Tribunal, em casos especiais, emprestar eficácia retroativa (*ex tunc*), para preservar situações jurídicas.

A: incorreta, já que compete ao Supremo Tribunal Federal julgar, mediante recurso extraordinário, as causas decididas em única ou última instância quando a decisão recorrida julgar válida lei local contestada em face de lei federal, nos termos do art. 102, III, "d", da CF; **B:** incorreta, somente pelo voto da maioria absoluta de seus membros ou dos membros do respectivo órgão especial poderão os tribunais declarar a inconstitucionalidade de lei ou ato normativo do Poder Público, por força da Cláusula de Reserva de Plenário, prevista no art. 97 da CF e da Súmula Vinculante 10 do STF; **C:** incorreta, já que compete privativamente ao Senado Federal, suspender a execução, no todo ou em parte, de lei declarada inconstitucional por decisão definitivamente do Supremo Tribunal Federal pela via do Controle Difuso e não do Controle Concentrado, nos termos do art. 52, X, da CF; **D:** correta, réplica do art. 3º, § 1º, da Lei 11.417/2006; **E:** incorreta, já que a inconstitucionalidade declarada no controle concreto tem eficácia *"ex tunc"*, podendo o Tribunal, em casos especiais, emprestar eficácia *"ex nunc"*, para preservar situações jurídicas. Somente o STF poderá modular os efeitos por decisão de 2/3 de seus membros, nos termos do art. 27 da Lei 9.868/1999.

Gabarito "D"

(Ministério Público/BA – 2010) Analise a veracidade das seguintes frases:

I. O postulado da reserva de plenário, para ter validade, depende de previsão no regime interno do Tribunal.

II. Nenhum órgão fracionário de qualquer Tribunal dispõe de competência para declarar a inconstitucionalidade de leis ou atos emanados do Poder Público.

III. O postulado da reserva de plenário atua como pressuposto de validade e de eficácia jurídicas da declaração jurisdicional de inconstitucionalidade dos atos do Poder Público.

Assinale a(s) frase(s) correta(s):

(A) I.

(B) II.

(C) III.

(D) I e II.

(E) II e III.

I: incorreta. Já encontra-se previsto no art. 97 da CF, devendo ser obrigatoriamente observado, como qualquer norma constitucional; **II:** correta. O gabarito aponta como correta, com base no art. 97 da CF. Entretanto, deve-se registrar que, muito embora o art. 97 da CF determine a cisão de competência funcional, com a remessa (apenas) da questão constitucional para julgamento do pleno ou órgão especial do Tribunal, para que se manifeste sobre a inconstitucionalidade, na hipótese de a questão já ter sido apreciada pelo pleno ou órgão especial anteriormente, os órgãos fracionários podem, com base nessa decisão anterior do pleno ou órgão especial sobre idêntica matéria, declarar a inconstitucionalidade da lei ou ato normativo (v. art. 481, parágrafo único, do CPC); **III:** correta, porque o art. 97 da CF (postulado da reserva de plenário) deve ser observado para que a declaração de inconstitucionalidade seja válida.

Gabarito "E"

(Ministério Público/BA – 2010) Sobre o Supremo Tribunal Federal, é incorreto afirmar que:

(A) Compete processar e julgar, originariamente, o mandado de segurança contra atos do Tribunal de Contas da União.

(B) Compete julgar, em recurso ordinário, o mandado de segurança decidido em única instância pelos Tribunais Superiores, se denegatória a decisão.

(C) Compete processar e julgar, originariamente, os mandados de segurança contra ato de Ministro de Estado.

(D) Compete processar e julgar, originariamente, o mandado de segurança contra atos das Mesas da Câmara dos Deputados.

(E) Compete processar e julgar, originariamente, o mandado de segurança contra atos do Procurador-Geral da República.

A, D e **E:** corretas, art. 102, I, "d", da CF; **B:** correta, art. 102, II, "a", da CF; **C:** incorreta, devendo ser assinalada. Competência do STJ (art. 105, I, "b", da CF).

Gabarito "C"

(Ministério Público/MG – 2010.1) Uma das preocupações do Membro do Ministério Público no controle dos gastos públicos é saber se o pagamento de precatórios pelo Estado e Municípios vem sendo cumprido corretamente, e quanto ao regime especial que rege a matéria é INCORRETO afirmar que:

(A) os pagamentos devidos pelas Fazendas Públicas Federal, Estaduais, Distrital e Municipais, em virtude de sentença judiciária, far-se-ão exclusivamente na ordem cronológica de apresentação dos precatórios e à conta dos créditos respectivos, proibida a designação de casos ou de pessoas nas dotações orçamentárias e nos créditos adicionais abertos para este fim.

(B) os débitos de natureza alimentícia cujos titulares tenham 60 (sessenta) anos de idade ou mais na data de expedição do precatório, ou sejam portadores de doença grave, definidos na forma da lei, serão pagos com preferência sobre todos os demais débitos, até o valor equivalente ao triplo do fixado em lei para os fins do disposto no § 3º deste artigo, admitido o fracionamento para essa finalidade, sendo que o restante será pago na ordem cronológica de apresentação do precatório.

(C) deixarão de obedecer à ordem cronológica de apresentação os pagamentos de obrigações definidas em lei como de pequeno valor que as Fazendas referidas devam fazer em virtude de sentença judicial transitada em julgado, poderão ser fixados, por leis próprias, valores distintos às entidades de direito público, segundo as diferentes capacidades econômicas, sendo o mínimo igual ao valor do maior benefício do regime geral de previdência social.

(D) é permitida a expedição de precatórios complementares ou suplementares de valor pago, bem como o fracionamento, repartição ou quebra do valor da execução para fins de enquadramento de parcela do total como obrigação de pequeno valor.

(E) as dotações orçamentárias e os créditos abertos serão consignados diretamente ao Poder Judiciário, cabendo ao Presidente do Tribunal que proferir a decisão exequenda determinar o pagamento integral e autorizar, a requerimento do credor e exclusivamente para os casos de preterimento de seu direito de precedência ou de não alocação orçamentária do valor necessário à satisfação do seu débito, o sequestro da quantia respectiva.

A: correta, art. 100 da CF e art. 86, § 1º, do ADCT; **B:** correta, art. 100, § 2º, da CF; **C:** correta, art. 100, §§ 3º e 4º, da CF; **D:** incorreta, devendo ser assinalada. Hipóteses vedadas pelo art. 100, § 8º, da CF; **E:** incorreta, art. 100, § 6º, da CF.

Gabarito "D"

(Ministério Público/MG – 2010.1) A súmula vinculante tem por objetivo a validade, a interpretação e a eficácia de normas determinadas frente aos ditames Constitucionais, acerca das quais haja controvérsia atual entre órgãos judiciários ou entre esses e a administração pública que acarrete grave insegurança jurídica e relevante multiplicação de processos sobre questão idêntica. O Supremo Tribunal Federal, por meio delas, superou diversas dessas controvérsias, podendo-se afirmar que

(A) a cobrança de taxa de matrícula nas Universidades Públicas viola o princípio da gratuidade do ensino público disposto no art. 206, IV, da Constituição Federal.

(B) a taxa cobrada exclusivamente em razão dos serviços públicos de coleta, remoção e tratamento ou destinação de lixo ou resíduos provenientes de imóveis ultrapassa a capacidade do ente público de instituir o referido tributo, ainda que em razão de efetiva ou potencial prestação de serviços públicos específicos, conforme disposto no artigo 145, II, da Constituição Federal.

(C) tipifica crime material contra a ordem tributária a omissão de informações, ou prestar declaração falsa às autoridades fazendárias, antes do lançamento definitivo do tributo.

(D) compete à Justiça Estadual julgar causas entre consumidor e concessionária de serviço público de telefonia, mesmo quando a Anatel seja apenas assistente ou oponente.

(E) Todas estão incorretas.

A: correta. Súmula Vinculante 12 do STF: "A cobrança de taxa de matrícula nas universidades públicas viola o disposto no art. 206, IV, da Constituição Federal"; **B:** incorreta. Súmula Vinculante 19 do STF: "A taxa cobrada exclusivamente em razão dos serviços públicos de coleta, remoção e tratamento ou destinação de lixo ou resíduos provenientes de imóveis, não viola o artigo 145, II, da Constituição Federal"; **C:** incorreta. Súmula Vinculante 24 do STF: "Não se tipifica crime material contra a ordem tributária, previsto no art. 1º, incisos I a IV, da Lei n. 8.137/1990, antes do lançamento definitivo do tributo"; **D:** incorreta. Súmula Vinculante 27 do STF: "Compete à Justiça estadual julgar causas entre consumidor e concessionária de serviço público de telefonia, quando a Anatel não seja litisconsorte passiva necessária, assistente, nem opoente"; **E:** incorreta, pois a letra "A" é verdadeira.

Gabarito "A"

(Ministério Público/MA – 2009) Não é da competência do Supremo Tribunal Federal julgar:

(A) mandado de segurança contra ato do Procurador-Geral da República;

(B) os Ministros de Estado e o Presidente da República em infrações penais comuns;

(C) via recurso especial as causas decididas em única ou última instância nas hipóteses previstas constitucionalmente;

(D) via recurso extraordinário as causas decididas em única instância nas situações previstas no texto constitucional;

(E) via recurso extraordinário as causas decididas em última instância, nas situações estampadas no texto constitucional.

Cabe ao STJ processar e julgar recurso especial (art. 105, III, *a* a *c*, da CF). As competências do STF estão listadas no art. 102, I a III, da CF.

Gabarito "C"

(Ministério Público/MA – 2009) No tocante à "súmula vinculante":

(A) podem editá-la o STF e STJ, mediante aprovação de dois terços de seus membros, e ao seu conteúdo estarão vinculados não só os órgãos do Poder Judiciário como também os da administração pública direta e indireta, nas esferas federal, estadual e municipal;

(B) pode editá-la apenas o STF, mediante aprovação de dois terços (2/3) de seus membros e ao seu conteúdo também estará vinculada a administração pública direta e indireta;

(C) pode editá-la apenas o STJ, mediante aprovação de dois terços de seus membros e ao seu conteúdo estarão vinculados apenas os órgãos do Poder Judiciário.

(D) podem editá-la o STF e o STJ, mediante aprovação da maioria absoluta de seus membros e ao seu conteúdo estarão vinculados os órgãos do Poder Judiciário;

(E) pode ser editada pelo STF, mediante aprovação da maioria absoluta de seus membros.

Art. 103-A da CF.

Gabarito "B"

(Ministério Público/PB – 2010) É correto afirmar:

(A) Ao Supremo Tribunal Federal compete dirimir conflitos de competência entre juiz estadual e juiz do trabalho.

(B) Compete ao Tribunal de Justiça estadual dirimir conflitos de competência entre turma recursal de juizados especiais e câmara cível do Tribunal de Justiça, quando se tratar de órgãos do mesmo Estado.

(C) O julgamento do recurso ordinário em mandado de segurança decidido em instância originária pelo Tribunal Superior Eleitoral, salvo se tiver sido denegada a ordem, compete ao Supremo Tribunal Federal.

(D) Compete ao Superior Tribunal de Justiça dirimir conflitos de atribuições entre órgão de Ministério Público dos Estados e órgão do Ministério Público Federal.

(E) Compete à turma recursal de juizados especiais o julgamento de mandado de segurança contra ato judicial da própria turma recursal.

A: incorreta. Competência do STJ (art. 105, I, "d", da CF); **B:** incorreta. A questão generaliza o termo "turma recursal de juizados especiais". Se forem federais, a competência não será do TJ estadual; **C:** incorreta. Não reflete o disposto no art. 102, II, "a", da CF; **D:** incorreta. Não há, na Constituição da República, previsão expressa do tribunal competente para julgar conflito de atribuição entre ramos distintos do Ministério Público; **E:** correta. Súmula 376 do STJ: "Compete a turma recursal processar e julgar o mandado de segurança contra ato de juizado especial".

Gabarito "E"

(Ministério Público/PR – 2008) Analise as seguintes assertivas e assinale a alternativa correta:

I. o Supremo Tribunal Federal poderá, de ofício ou por provocação, mediante decisão da maioria absoluta dos seus membros, após reiteradas decisões sobre matéria constitucional, aprovar súmula que, a partir de sua publicação na imprensa oficial, terá efeito vinculante em relação aos demais órgãos do Poder Judiciário;

II. compete ao Superior Tribunal de Justiça, processar e julgar, originariamente, a homologação de sentenças estrangeiras e a concessão de *exequatur* às cartas rogatórias;

III. funcionarão junto ao Superior Tribunal de Justiça a Escola Nacional de Formação e Aperfeiçoamento de Magistrados e o Conselho da Justiça Federal;

IV. o Supremo Tribunal Federal é composto por onze Ministros, escolhidos dentre cidadãos com mais de trinta e cinco e menos de sessenta anos de idade, de notável saber jurídico e reputação ilibada;

V. compete ao Superior Tribunal de Justiça, processar e julgar, originariamente, os conflitos de atribuições entre autoridades administrativas e judiciárias da União, ou entre autoridades judiciárias de um Estado e administrativas de outro ou do Distrito Federal, ou entre as deste e da União.

(A) apenas as assertivas I, IV e V estão corretas;

(B) apenas as assertivas I, II e IV estão corretas;

(C) apenas as assertivas I, II e V estão corretas;

(D) apenas as assertivas II, III e IV estão corretas;

(E) apenas as assertivas II, III e V estão corretas.

I: incorreta. Não reflete o disposto no art. 103-A da CF; **II:** correta, art. 105, I, *i*, da CF; **III:** correta, art. 105, parágrafo único, I e II, da CF; **IV:** incorreta. Não reflete o disposto no art. 101 da CF; **V:** correta, art. 105, I, *g*, da CF.

Gabarito "E"

(Ministério Público/MG – 2007) Compete ao Supremo Tribunal Federal processar e julgar originariamente

(A) a ação direta de inconstitucionalidade de lei ou ato normativo federal ou municipal.

(B) a ação declaratória de constitucionalidade de lei ou ato normativo federal.

(C) a ação declaratória de constitucionalidade de lei ou ato normativo federal ou estadual.

(D) a ação direta de inconstitucionalidade de lei ou ato normativo federal, estadual ou municipal.

(E) a ação declaratória de constitucionalidade de lei federal, estadual ou municipal.

Art. 102, I, a, da CF.

Gabarito "B"

(Ministério Público/MG – 2012) Assinale a alternativa correta:

(A) Compete ao Superior Tribunal de Justiça julgar as causas e os conflitos entre a União e os Estados-Membros, a União e o Distrito Federal, ou entre uns e outros, incluindo as respectivas entidades indiretas.

(B) Compete ao Supremo Tribunal Federal a homologação de sentença estrangeira e a concessão de *exequatur* às cartas rogatórias.

(C) Compete ao Supremo Tribunal Federal julgar as causas em que forem partes Estado estrangeiro ou organismo internacional de um lado, e do outro, município ou pessoa residente ou domiciliada no país.

(D) Compete ao Superior Tribunal de Justiça julgar mandado de injunção quando a elaboração de norma regulamentadora for atribuição do órgão, entidade ou autoridade federal, da administração direta ou indireta, excetuados os casos de competência do Supremo Tribunal Federal e dos órgãos da Justiça Militar, da Justiça Eleitoral, da Justiça do Trabalho e da Justiça Federal.

(E) Compete ao Conselho Nacional de Justiça, que funciona junto ao Superior Tribunal de Justiça, a supervisão administrativa e orçamentária da Justiça Federal de primeiro e segundo grau, como órgão central do sistema, com poderes correcionais, cujas decisões terão caráter vinculante.

A: incorreta, já que a competência é do STF (art. 102, I, "f", da CF); **B:** incorreta, já que a competência é do STJ (art. 105, I, "i", da CF); **C:** incorreta, pois a competência pertence aos juízes federais (art. 109, II, da CF); **D:** correta, réplica do art. 105, I, "h", da CF; **E:** incorreta, pois o CNJ não funciona junto ao STJ e suas competências estão no art. 103-B, § 4º, da CF.

Gabarito "D"

(Ministério Público/MG – 2007) Ao Superior Tribunal de Justiça compete julgar em recurso ordinário os *habeas corpus* decididos em

(A) única instância pelos Tribunais de 2º grau.

(B) última instância pelos Tribunais federais.

(C) única ou última instância pelos Tribunais de 2º grau, federais e estaduais, quando denegatória a decisão.

(D) única ou última instância pelos Tribunais estaduais.

(E) única instância pelos Tribunais federais.

Art. 105, II, a, da CF.

Gabarito "C"

(Ministério Público/BA – 2005) Assinale a resposta correta:

(A) Compete à Justiça Federal julgar os dissídios trabalhistas sempre que a União, suas autarquias e empresas públicas estiverem no polo passivo da reclamação.

(B) Encerrada a eleição e diplomados os eleitos, esgota-se a competência da Justiça Eleitoral, devendo a Justiça Estadual julgar todo e qualquer questionamento jurídico contra a diplomação.

(C) Compete ao Tribunal de Justiça o julgamento de Desembargadores e Procuradores de Justiça na esfera criminal, com recurso ao STJ (Superior Tribunal de Justiça).

(D) A quinta parte do Tribunal Superior Eleitoral e dos Tribunais Regionais Eleitorais será constituída, alternadamente, por advogados e membros do Ministério Público Federal.

(E) É da competência da Justiça Estadual o julgamento das causas em que a sociedade de economia mista federal for interessada na condição de autora, ré, assistente ou opoente, exceto as sujeitas à Justiça Eleitoral e à Justiça do Trabalho.

A: incorreta. Não reflete o disposto no art. 109, I, c/c o art. 114, I, ambos da CF; **B:** incorreta. Não reflete o disposto no art. 14, § 10, da CF; **C:** incorreta. Não reflete o disposto no art. 105, I, *a*, da CF; **D:** incorreta. Não reflete o disposto nos arts. 119 e 120, § 1º, ambos da CF; **E:** correta. Por ser pessoa jurídica de direito privado, além de não se incluir no rol do art. 109, I, da CF.

Gabarito "E"

(Ministério Público/BA – 2005) Não compete ao STJ (Superior Tribunal de Justiça) julgar:

(A) Originariamente, os Governadores por crimes comuns.

(B) Originariamente, a reclamação para a preservação de sua competência e garantia da autoridade de suas decisões.

(C) Em recurso ordinário, os mandados de segurança decididos em única instância pelos Tribunais Regionais Federais ou pelos Tribunais dos Estados, do Distrito Federal e Territórios, quando denegatória a decisão.

(D) Originariamente, a ação em que todos os membros da Magistratura sejam direta ou indiretamente interessados, e aquela em que mais da metade dos membros do tribunal de origem estejam impedidos ou sejam direta ou indiretamente interessados.

(E) Em recurso ordinário, as causas em que forem partes Estado estrangeiro ou organismo internacional, de um lado, e, de outro, Município ou pessoa residente ou domiciliada no País.

A: correta, art. 105, I, *a*, da CF; **B:** correta, art. 105, I, *f*, da CF; **C:** correta, art. 105, II, *b*, da CF; **D:** incorreta, devendo ser assinalada. Não reflete o disposto no art. 102, I, *n*, da CF; **E:** correta, art. 105, II, *c*, da CF.

Gabarito "D"

13. DAS FUNÇÕES ESSENCIAIS À JUSTIÇA

(Ministério Público/MG – 2014) O Conselho Nacional do Ministério Público (CNMP) foi introduzido em nosso ordenamento jurídico pela Emenda Constitucional n. 45, de 8 de dezembro de 2004.

Analise as seguintes assertivas sobre sua composição e atribuições:

I. O Conselho Nacional do Ministério Público é composto por quatorze membros nomeados pelo Presidente da República, depois de aprovada a escolha pela maioria absoluta do Congresso Nacional, para mandato de dois anos, admitida uma recondução.

II. O Conselho Nacional do Ministério Público é presidido pelo Procurador-Geral da República, e o Presidente do Conselho Federal da Ordem dos Advogados oficiará junto ao Conselho.

III. Ao Conselho Nacional do Ministério Público compete rever, de ofício ou mediante provocação, os processos disciplinares de membros do Ministério Público da União ou dos Estados julgados há menos de um ano.

IV. Entre os seus integrantes, estão três membros do Ministério Público dos Estados e três juízes, dois indicados pelo Supremo Tribunal Federal e outro pelo Superior Tribunal de Justiça.

Está INCORRETO o que se afirma em:

(A) I e II;

(B) I e III;

(C) I e IV;

(D) II e IV.

I: incorreta. Isso porque a *aprovação* a que se refere o art. 130-A, *caput*, da CF, introduzido pela Emenda 45/2004, caberá, depois da nomeação pelo presidente da República, ao *Senado* Federal, e não *Congresso* Federal, como consta da assertiva. Ficou clara, aqui, a intenção do examinador de induzir em erro o candidato que não fizesse uma leitura acurada da alternativa; **II:** correta, pois em conformidade com o disposto no art. 130-A, I, e § 4º, da CF; **III:** correta, pois reflete o que estabelece o art. 130-A, § 2º, IV, da CF; **IV:** incorreta, dado que farão parte do CNMP, segundo estabelece o art. 130-A, IV, da CF, somente dois juízes (e não três), um dos quais indicado pelo STF e o outro, pelo STJ.

Gabarito "C"

(Ministério Público/PI – 2014 – CESPE) De acordo com as normas constitucionais e o entendimento doutrinário e jurisprudencial referentes ao MP, assinale a opção correta.

(A) Compete ao Conselho Nacional do MP o controle da atuação administrativa, financeira e da independência funcional dos membros do MP, competindo-lhe, entre outras atribuições, a revisão, de ofício ou mediante provocação, de processos disciplinares de membros do MPE julgados há menos de um ano.

(B) Cabe ao STF dirimir conflito negativo de atribuições entre o MPF e o MPE, quando não configurado virtual conflito de jurisdição que, por força da CF, seja da competência do STJ.

(C) Desde que previsto em lei estadual, o membro do MPE pode atuar como procurador do MP junto ao tribunal de contas estadual.

(D) Em decorrência do princípio da simetria, é obrigatória a aprovação, pela assembleia legislativa, de indicado pelo governador, em lista tríplice, ao cargo de procurador-geral de justiça.

(E) Por caber privativamente ao procurador-geral da República o exercício das funções do MP junto ao STF, os membros do MPE não podem propor, de forma autônoma, reclamação perante a suprema corte.

A: incorreta, uma vez que não constitui atribuição do CNMP controlar a independência funcional de seus membros (art. 130-A, CF); **B:** correta. Conferir: "Compete ao Supremo Tribunal Federal dirimir conflito de atribuições entre os Ministérios Públicos Federal e Estadual, quando não configurado virtual conflito de jurisdição que, por força da interpretação analógica do art. 105, I, *d*, da CF, seja da competência do Superior Tribunal de Justiça. Com base nesse entendimento, o Tribunal, resolvendo conflito instaurado entre o MP do Estado da Bahia e o Federal, firmou a competência do primeiro para atuação em inquérito que visa apurar crime de roubo (CP, art. 157, § 2º, I). Considerou-se a orientação fixada pelo Supremo no sentido de ser dele a competência para julgar certa matéria diante da inexistência de previsão específica na Constituição Federal a respeito, e emprestou-se maior alcance à alínea *f* do inciso I do art. 102 da CF, ante o fato de estarem envolvidos no conflito órgãos da União e de Estado-membro. Asseverou-se, ademais, a incompetência do Procurador-Geral da República para a solução do conflito, em face da impossibilidade de sua interferência no parquet da unidade federada. Precedentes citados: CJ 5133/RS (*DJU* de 22.05.1970); CJ 5267/GB (DJU de 4.5.70); MS 22042 QO/RR (*DJU* de 24.03.1995). Leia o inteiro teor do voto do relator na seção Transcrições deste Informativo" (Pet 3528/BA, rel. Min. Marco Aurélio, 28.9.2005); **C:** incorreta. Nesse sentido: "Mandado de segurança. Ato do Conselho Nacional do Ministério Público. Atuação de Procuradores de Justiça nos Tribunais de Contas. Ofensa à Constituição. 1. Está assente na jurisprudência deste Supremo Tribunal Federal que o Ministério Público junto ao Tribunal de Contas possui fisionomia institucional própria, que não se confunde com a do Ministério Público comum, sejam os dos Estados, seja o da União, o que impede a atuação, ainda que transitória, de Procuradores de Justiça nos Tribunais de Contas (cf. ADI 2.884, Relator o Ministro Celso de Mello, *DJ* de 20/5/05; ADI 3.192, Relator o Ministro Eros Grau, *DJ* de 18.08.2006). 2. Escorreita a decisão do CNMP que determinou o imediato retorno de dois Procuradores de Justiça que oficiavam perante o Tribunal de Contas do Estado do Rio Grande do Sul às suas funções próprias no Ministério Público estadual, não sendo oponíveis os princípios da segurança jurídica e da eficiência, a legislação estadual ou as ditas prerrogativas do Procurador-Geral de Justiça ao modelo institucional definido na própria Constituição 3. Não se pode desqualificar decisão do Conselho Nacional do Ministério Público que, no exercício de suas atribuições constitucionais, identifica situação irregular de atuação de Procuradores de Justiça estaduais junto ao Tribunal de Contas, o que está vedado em julgados desta Corte Suprema. O argumento de que nasceu o exame de representação anônima, considerando a realidade dos autos, não malfere a decisão do colegiado que determinou o retorno dos Procuradores de Justiça às funções próprias do Ministério Público estadual. 4. Denegação da segurança" (MS 27339, Menezes Direito, STF); **D:** incorreta. conferir: "Ação direta de inconstitucionalidade. Constituição do Estado do Mato Grosso. Competência da assembleia legislativa para aprovar a escolha do procurador-geral de justiça. Inconstitucionalidade. 1. A escolha do Procurador-Geral da República deve ser aprovada pelo Senado (CF, artigo 128, § 1º). A nomeação do Procurador-Geral de Justiça dos Estados não está sujeita à aprovação da Assembleia Legislativa. Compete ao Governador nomeá-lo dentre lista tríplice composta de integrantes da carreira (CF, artigo 128, § 3º). Não aplicação do princípio da simetria. Precedentes. 2. Dispositivo da Constituição do Estado de Mato Grosso que restringe o alcance do § 3º do artigo 128 da Constituição Federal, ao exigir a aprovação da escolha do Procurador-Geral de Justiça pela Assembleia Legislativa. Ação julgada procedente e declarada a inconstitucionalidade da alínea "c" do inciso XIX do artigo 26 da Constituição do Estado de Mato Grosso" (ADI 452, Maurício Corrêa, STF); **E:** incorreta. Nesse sentido: "Reclamação. Execução penal. Restabelecimento dos dias remidos. Contrariedade à Súmula Vinculante n. 9 do Supremo Tribunal Federal. Reconhecida, por maioria, a legitimidade do Ministério Público do Estado de São Paulo para propor reclamação, independentemente de ratificação da inicial pelo Procurador-Geral da República. Decisão reclamada contrária à Súmula Vinculante n. 9 e proferida após a sua publicação. 1. O Supremo Tribunal reconheceu a legitimidade ativa autônoma do Ministério Público estadual para ajuizar reclamação no Supremo Tribunal, sem que se exija a ratificação da inicial pelo Procurador-Geral da República. Precedente: Reclamação n. 7.358. 2. A decisão reclamada foi proferida após a publicação da súmula vinculante n. 9 do Supremo Tribunal, pelo que, nos termos do art. 103-A da Constituição da República, está a ela sujeita. 3. Reclamação julgada procedente" (STF, Cármen Lúcia, 7101).

Gabarito "B"

(Ministério Público/MG – 2013) Em relação à atividade funcional dos membros do Ministério Público do Estado de Minas Gerais, assinale a alternativa INCORRETA:

(A) As inspeções extraordinárias serão realizadas pela Corregedoria-Geral do Ministério Público, independentemente de prévia designação.

(B) As inspeções permanentes serão exercidas pelos Procuradores de Justiça e pela Corregedoria-Geral do Ministério Público.

(C) A Corregedoria-Geral do Ministério Público realizará, anualmente, correições ordinárias em 1/3 (um terço) das Promotorias de Justiça, no mínimo.

(D) As inspeções ordinárias em Procuradorias de Justiça serão realizadas pelo Corregedor-Geral do Ministério Público ou pelos Subcorregedores-Gerais, na forma do regimento interno.

A: assertiva correta, pois em conformidade com o teor do art. 204 da LC 34/2004 (Lei Orgânica do MP de Minas Gerais); **B:** assertiva incorreta, devendo ser assinalada, pois não reflete o que estabelecem os arts. 73 e 203 da LC 34/2004 (Lei Orgânica do MP de Minas Gerais); **C:** assertiva correta, nos termos do art. 205, § 1º, da LC 34/2004 (Lei Orgânica do MP de Minas Gerais); **D:** assertiva correta, nos termos do art. 205, § 2º, da LC 34/2004 (Lei Orgânica do MP de Minas Gerais).

Gabarito "B"

(Ministério Público/SP – 2013 – PGMP) Nos termos da Constituição Federal, pode-se afirmar corretamente que cabe ao Conselho Nacional do Ministério Público:

(A) zelar pela autonomia funcional e administrativa do Ministério Público, no âmbito de sua competência, recomendando providências, vedada a expedição de atos regulamentares.

(B) zelar pela observância dos princípios norteadores das atribuições constitucionais do Ministério Público e apreciar, desde que mediante provocação, a legalidade dos atos administrativos praticados por membros ou órgãos do Ministério Público da União e dos Estados, podendo neste caso desconstituí-los, revê-los ou fixar prazo para que se adotem as providências necessárias ao exato cumprimento da lei.

(C) receber e conhecer das reclamações contra membros ou órgãos do Ministério Público da União dos Estados e dos Tribunais de Contas, inclusive contra seus serviços auxiliares, sem prejuízo da competência disciplinar e correicional da instituição, podendo avocar processos disciplinares já em curso.

(D) rever, de ofício ou mediante provocação, os processos disciplinares de membros do Ministério Público da União ou dos Estados julgados há menos de um ano.

(E) eleger dentre quaisquer de seus componentes um Corregedor Nacional com atribuições, dentre outras, de receber reclamações e denúncias de qualquer interessado, relativas aos membros do Ministério Público e de seus serviços auxiliares.

A: incorreta. Cabe ao Conselho zelar pela autonomia funcional e administrativa do Ministério Público, mas, ao contrário do mencionado, **há possibilidade da expedição de atos regulamentares** (art. 130-A, § 2º, I, da CF); **B:** incorreta. De acordo com o art. 130-A, § 2º, II, cabe ao Conselho Nacional do Ministério Público **zelar pela observância do art. 37** (princípios constitucionais da administração pública: legalidade, impessoalidade, moralidade, publicidade e eficiência, além de outras regras) e apreciar, de ofício ou mediante provocação, a legalidade dos atos administrativos praticados por membros ou órgãos do Ministério Público da União e dos Estados, podendo desconstituí-los, revê-los ou fixar prazo para que se adotem as providências necessárias ao exato cumprimento da lei, sem prejuízo da competência dos Tribunais de Contas; **C:** incorreta. O art. art. 130-A, § 2º, III, da CF **não faz menção aos membros ou órgãos do Ministério Público dos Tribunais de Contas**. Pedro Lenza nos ensina que "o Ministério Público junto ao Tribunal de Contas está estruturalmente ligado ao Tribunal de Contas da União ou do Estado, (ou do Município, onde houver) e não ao Ministério Público da União, ou dos Estados, ou do Distrito Federal e Territórios, devendo ser entendido como **instituição autônoma**" (**Direito Constitucional Esquematizado**, 17.ª ed., 2013, p. 934); **D:** correta (art. 130-A, § 2º, IV, da CF); **E:** incorreta. O **Corregedor** Nacional deve ser **escolhido dentre os membros do Ministério Público que integram o Conselho** Nacional do Ministério Público, vedada a recondução. Uma das atribuições, de fato, é o recebimento de reclamações e denúncias de qualquer interessado, relativas aos membros do Ministério Público e de seus serviços auxiliares (art. 130-A, § 3º, I).

Gabarito "D"

(Ministério Público/SP – 2013 – PGMP) Nos termos da Lei Complementar Estadual 734, de 26 de novembro de 1993, que instituiu a Lei Orgânica do Ministério Público do Estado de São Paulo e deu outras providências, são atribuições do Corregedor-Geral do Ministério Público, dentre outras:

I. Integrar, como membro nato, o Órgão Especial do Colégio de Procuradores de Justiça e o Conselho Superior do Ministério Público.

II. Realizar correições, visitas de inspeção e vistorias nas Procuradorias de Justiça, encaminhando relatório ao Conselho Superior do Ministério Público.

III. Acompanhar o cumprimento das metas estabelecidas pelas Promotorias de Justiça em seus programas de atuação.

IV. Determinar e superintender a organização dos assentamentos relativos às atividades funcionais e à conduta dos membros do Ministério Público e dos estagiários, coligindo todos os elementos necessários à apreciação de seu merecimento.

V. Instaurar processo administrativo disciplinar, precedido ou não de sindicância no caso de falta disciplinar cometida por Membro do Ministério Público, aplicando-lhe a respectiva pena, se consistente em advertência ou censura.

Está CORRETO somente o contido nos itens:

(A) I, II e IV.

(B) I, III e IV.

(C) II, IV e V.

(D) I, III e V.

(E) I, II e V.

I: correta (art. 42, I, da Lei Complementar Estadual 734/1993); **II:** incorreta. De acordo com o art. 36, XIV, da Lei Complementar Estadual 734/1993, solicitar informações ao Corregedor-Geral do Ministério Público sobre a conduta e atuação funcional dos Promotores de Justiça e **sugerir a realização de correições e visitas de inspeção** para a verificação de eventuais irregularidades dos serviços são, além de outras, atribuições do Conselho Superior do Ministério Público; **III:** correta (art. 42, IV, da Lei Complementar Estadual 734/1993); **IV:** correta (art. 42, X, da Lei Complementar Estadual 734/1993); **V:** incorreta. Conforme dispõe o art. 42, V, da Lei Complementar Estadual 734/1993, é atribuição do Corregedor-Geral do Ministério Público instaurar, presidir e decidir o **processo administrativo sumário**, precedido ou não de sindicância, aplicando as sanções cabíveis, de sua atribuição, ou **encaminhando-o ao Procurador-Geral de Justiça.**

Gabarito "B"

(Ministério Público/MS – 2013 – FADEMS) Assinale a alternativa **incorreta**, sobre as funções institucionais do Ministério Público:

(A) promover, privativamente, a ação penal pública, na forma da lei.

(B) zelar pelo efetivo respeito dos Poderes Públicos e dos serviços de relevância pública aos direitos assegurados na Constituição, representando às autoridades competentes para adoção das medidas necessárias a sua garantia.

(C) promover o inquérito civil e a ação civil pública, para a proteção do patrimônio público e social, do meio ambiente e de outros interesses difusos e coletivos.

(D) promover a ação de inconstitucionalidade ou representação para fins de intervenção da União e dos Estados, nos casos previstos na Constituição.

(E) requisitar diligências investigatórias e a instauração de inquérito policial, indicados os fundamentos jurídicos de suas manifestações processuais.

A: correta. São funções institucionais do Ministério Público promover, privativamente, ação penal pública, na forma da lei, nos termos do art. 129, I, da CF/1988; **B:** incorreta, devendo ser assinalada. São funções institucionais do Ministério Público zelar pelo efetivo respeito dos Poderes Públicos e dos serviços de relevância pública aos direitos assegurados na Constituição Federal, PROMOVENDO (e não representando) as medidas necessárias a sua garantia, como determina o art. 129, II, da CF/1988; **C:** correta (art. 129, III, da CF/1988); **D:** correta (art. 129, IV, da CF/1988); **E:** correta (art. 129, VIII, da CF/1988).

Gabarito "B"

(Ministério Público/MS – 2013 – FADEMS) Segundo a Constituição Federal, apenas um dos registros abaixo está **errado**, quanto à composição do Conselho Nacional do Ministério Público:

(A) quatro membros do Ministério Público da União, assegurada a representação de cada uma de suas carreiras.

(B) três membros do Ministério Público dos Estados.

(C) dois juízes, indicados um pelo Supremo Tribunal Federal e outro pelo Superior Tribunal de Justiça.

(D) dois cidadãos de notável saber jurídico e reputação ilibada, indicados pelo Senado Federal.

(E) dois advogados, indicados pelo Conselho Federal da Ordem dos Advogados do Brasil.

A: correta. O Conselho Nacional do Ministério Público (CNMP) atua em prol do cidadão para coibir qualquer tipo de abuso do Ministério Público (MP) no Brasil e de seus membros, respeitando a autonomia da instituição. O órgão de controle externo e de fiscalização do exercício administrativo e financeiro do MP foi criado em 30 de dezembro de 2004, pela Emenda Constitucional n, 45, e tem sede em Brasília (DF). Formado por 14 membros, que representam setores diversos da sociedade, o CNMP tem como objetivo imprimir uma visão nacional ao MP. Ao Conselho cabe orientar e fiscalizar todos os ramos do MP brasileiro: o Ministério Público da União (MPU), que é composto pelo Ministério Público Federal (MPF), Ministério Público Militar (MPM), Ministério Público do Trabalho (MPT) e do Distrito Federal e Territórios (MPDFT); e o Ministério Público dos Estados (MPE). Presidido pelo procurador-geral da República, o Conselho é composto por quatro integrantes do MPU, três membros do MPE, dois juízes, indicados um pelo Supremo Tribunal Federal e outro pelo Superior Tribunal de Justiça, dois advogados, indicados pelo Conselho Federal da Ordem dos Advogados do Brasil e dois cidadãos de notável saber jurídico e reputação ilibada, indicados um pela Câmara dos Deputados e outro pelo Senado Federal. Antes da posse no CNMP, os nomes apresentados são apreciados pela Comissão de Constituição e Justiça e de Cidadania (CCJ), do Senado Federal, depois vão ao plenário do Senado e seguem para a sanção do presidente da República. Pautado pelo controle e transparência administrativa do MP e de seus membros, o CNMP é uma entidade aberta ao cidadão e entidades brasileiras, que podem encaminhar reclamações contra membros ou órgãos do MP, inclusive contra seus serviços auxiliares; **B:** correta (art. 130-A, III, da CF/1988); **C:** correta (art. 130-A, IV, da CF/1988); **D:** incorreta, devendo ser assinalada. Dois cidadãos de notável saber jurídico e reputação ilibada, indicados pela CÂMARA dos DEPUTADOS e outro pelo SENADO FEDERAL, nos termos do art. 130-A, VI, da CF/1988; **E:** correta (art. 130-A, V, da CF/1988).

Gabarito "D"

(Ministério Público/PR – 2013 – X) Considerando o rol de competências do Conselho Nacional do Ministério Público expressamente previstas na Constituição Federal, assinale a alternativa ***incorreta***:

(A) Avocar processos disciplinares ainda em curso perante as Corregedorias dos Ministérios Públicos dos Estados;

(B) Rever, de ofício ou mediante provocação, processos disciplinares de membros do Ministério Público julgados há menos de um ano, não apenas para o controle formal da legalidade, mas para decidir o mérito do processo disciplinar de forma diversa;

(C) Determinar a remoção, a disponibilidade ou a aposentadoria com subsídios proporcionais ao tempo de serviço, bem como aplicar a pena de cassação da aposentadoria ou de disponibilidade, desde que ouvido o Conselho Superior do Ministério Público respectivo e assegurada ampla defesa;

(D) Zelar pela autonomia funcional e administrativa do Ministério Público, podendo expedir atos regulamentares, no âmbito de sua competência, ou recomendar providências;

(E) Zelar pela observância dos princípios constitucionais da administração pública e apreciar, de ofício ou mediante provocação, a legalidade dos atos administrativos praticados por membros ou órgãos do Ministério Público da União e dos Estados, podendo desconstituí-los, revê-los ou fixar prazo para que se adotem as providências necessárias ao exato cumprimento da lei, sem prejuízo da competência dos Tribunais de Contas.

A: Correta. Réplica do art. 130-A, § 2º, III da CF: "receber e conhecer das reclamações contra membros ou órgãos do Ministério Público da União ou dos Estados, inclusive contra seus serviços auxiliares, sem prejuízo da competência disciplinar e correicional da instituição, podendo avocar processos disciplinares em curso, determinar a remoção, a disponibilidade ou a aposentadoria com subsídios ou proventos proporcionais ao tempo de serviço e aplicar outras sanções administrativas, assegurada ampla defesa"; **B:** Correta. Literalidade do art. 130-A, § 2º, IV, da CF. "A competência revisora conferida ao Conselho Nacional do Ministério Público (CNMP) limita-se aos processos disciplinares instaurados contra os membros do Ministério Público da União ou dos Estados (inciso IV do § 2º do art. 130-A da CF), não sendo possível a revisão de processo disciplinar contra servidores. Somente com o esgotamento da atuação correicional do Ministério Público paulista, o ex-servidor apresentou, no CNMP, reclamação contra a pena de demissão aplicada. A CR resguardou o CNMP da possibilidade de se tornar instância revisora dos processos administrativos disciplinares instaurados nos órgãos correicionais competentes contra servidores auxiliares do Ministério Público em situações que não digam respeito à atividade-fim da própria instituição" (MS 28.827, rel. Min. Cármen Lúcia, julgamento em 28-8-2012, Primeira Turma, *DJE* de 9-10-2012); **C:** Incorreta. O CSMP não tem poderes constitucionais para determinar a remoção, a disponibilidade ou a aposentadoria com subsídios proporcionais ao tempo de serviço, bem como aplicar a pena de cassação da aposentadoria ou de disponibilidade; **D:** Correta. Art. 130-A, § 2º, I da CF- zelar pela autonomia funcional e administrativa do Ministério Público, podendo expedir atos regulamentares, no âmbito de sua competência, ou recomendar providências; **E:** Correta. Art. 130-A, § 2º, II, da CF. "Conselho Nacional do Ministério Público. Anulação de ato do Conselho Superior do Ministério Público do Estado do Espírito Santo em termo de ajustamento de conduta. Atividade-fim do Ministério Público estadual. Interferência na autonomia administrativa e na independência funcional do Conselho Superior do Ministério Público no Espírito Santo. Mandado de segurança concedido" (MS 28.028, rel. Min. Cármen Lúcia, julgamento em 30-10-2012, Segunda Turma, *DJE* de 7-6-2013).

Gabarito "C"

(Ministério Público/SP – 2012 – VUNESP) É garantia institucional dos Ministérios Públicos estaduais, visando a sua independência de atuação, o modo de nomeação e destituição do Procurador-Geral de Justiça, que será nomeado

(A) pelo Chefe do Poder Executivo, a partir de escolha em lista tríplice composta por integrantes da carreira, na forma da lei respectiva, para mandato de dois anos, permitidas reconduções sucessivas, e que somente poderá ser destituído por deliberação da maioria absoluta do Poder Legislativo, na forma da lei complementar respectiva.

(B) livremente pelo Chefe do Poder Executivo, dentre integrantes da carreira, para mandato de dois anos, permitida uma recondução e que somente poderá ser destituído por deliberação da maioria absoluta do Poder Legislativo, na forma da lei complementar respectiva.

(C) pelo Chefe do Poder Executivo, a partir de escolha em lista tríplice composta por integrantes da carreira, na forma da lei respectiva, para mandato de dois anos, permitida uma recondução, e que somente poderá ser destituído por deliberação da maioria absoluta do Poder Legislativo, na forma da lei complementar respectiva.

(D) livremente pelo Chefe do Poder Executivo, dentre integrantes da carreira, para mandato de dois anos, permitidas reconduções sucessivas, e que somente poderá ser destituído por deliberação de 3/5 (três quintos) do Poder Legislativo, na forma da lei complementar respectiva.

(E) pelo Chefe do Poder Executivo, a partir de escolha em lista tríplice composta por integrantes da carreira, na forma da lei respectiva, para mandato de dois anos, permitida uma recondução, e que somente poderá ser destituído por deliberação de 3/5 (três quintos) do Poder Legislativo, na forma da lei complementar respectiva.

A: incorreta, pois só se admite uma única recondução, nos termos do art. 128, § 3º, da CF; **B:** incorreta, já que o Procurador-Geral de Justiça só poderá ser nomeado ser for membro do Ministério Público, logo, não se trata de livre nomeação; **C:** correta, réplica do art. 128, §§ 1º, 3º e 4º, da CF; **D:** incorreta, pois não se trata de livre nomeação, sem prejuízo, a redação do art. 128, § 3º, da CF faz menção há uma única recondução e a só poderão ser destituídos por deliberação da maioria absoluta do Poder Legislativo, na forma da lei complementar respectiva, nos termos do § 4º do art. 128 da CF; **E:** incorreta, pois o *quórum* será da maioria absoluta conforme delineado anteriormente.

Gabarito "C"

(Ministério Público/SC – 2012) Analise as seguintes assertivas:

I. Os Procuradores-Gerais de Justiça nos Estados e no Distrito Federal e Territórios poderão ser destituídos por deliberação da maioria absoluta do Poder Legislativo, na forma da lei complementar respectiva.

II. São de iniciativa privativa do Presidente da República as leis que disponham sobre organização administrativa e judiciária, matéria tributária e orçamentária, serviços públicos e pessoal da administração dos Territórios.

III. Segundo a Constituição Federal, aos juízes, quando em disponibilidade, é facultado exercer qualquer outro cargo ou função.

IV. A Constituição do Estado de Santa Catarina atribui à Polícia Civil, entre outras funções, a execução dos serviços administrativos de trânsito e o controle da propriedade e uso de armas, munições, explosivos e outros produtos controlados.

V. Compete ao Tribunal de Justiça de Santa Catarina processar e julgar, originariamente, os mandados de segurança contra atos ou omissões do próprio Tribunal ou de alguns de seus órgãos, segundo a Constituição Estadual.

(A) Apenas as assertivas I, II, III e IV estão corretas.

(B) Apenas as assertivas I, II, IV e V estão corretas.

(C) Apenas as assertivas II e V estão corretas.

(D) Apenas as assertivas II, III, IV e V estão corretas.

(E) Todas as assertivas estão corretas.

I: correta, nos termos do art. 128, II, § 4º, da CF, s Procuradores-Gerais de Justiça nos Estados e no Distrito Federal e Territórios poderão ser destituídos por deliberação da maioria absoluta do Poder Legislativo, na forma da lei complementar respectiva; **II:** correta, pois o art. 61, § 1º, II, "b", da CF determina que são de iniciativa privativa do Presidente da República as leis que disponham sobre organização administrativa e judiciária, matéria tributária e orçamentária, serviços públicos e pessoal da administração dos Territórios.; **III:** incorreta, pois é vedado aos juízes exercer, ainda que em disponibilidade, outro cargo ou função, salvo uma de magistério, nos termos do parágrafo único do art. 95 da CF; **IV:** correta, a Constituição do Estado de Santa Catarina no art. 106, III e V, atribui à Polícia Civil, entre outras funções, a execução dos serviços administrativos de trânsito e o controle da propriedade e uso de armas, munições, explosivos e outros produtos controlados; **V:** correta, réplica do art. 83, XI, "c", da Constituição Estadual de Santa Catarina.

Gabarito "B"

(Ministério Público/TO – 2012 – CESPE) A respeito das funções essenciais à justiça, assinale a opção correta.

(A) O MP pode deflagrar o processo legislativo de lei concernente aos planos de carreira de seus membros e servidores, não podendo, no entanto, fixar ou estabelecer a revisão dos respectivos vencimentos, em razão da iniciativa privativa do chefe do Poder Executivo para essa matéria.

(B) A DPU é regulamentada por lei complementar, e as DPs estaduais, assegurada a autonomia funcional e administrativa, são regulamentadas por lei ordinária própria de cada estado da Federação, cabendo ao Poder Executivo estadual elaborar a proposta orçamentária da instituição.

(C) O advogado é indispensável à administração da justiça, sendo absolutamente inviolável por seus atos e manifestações, inclusive em entrevistas aos meios de comunicação.

(D) Ao MP cabe a defesa da ordem jurídica, do regime democrático e dos interesses sociais e coletivos; para isso, ele possui, por exemplo, legitimidade para ajuizar ACP em defesa do patrimônio público e do meio ambiente.

(E) A Advocacia-Geral da União é instituição que representa a União, em juízo e fora dele, e presta consultoria jurídica e assessoramento ao Poder Executivo e ao Poder Legislativo.

A: incorreta, pois leis complementares da União e dos Estados, cuja iniciativa é facultada aos respectivos Procuradores-Gerais, estabelecerão a organização, as atribuições e o estatuto de cada Ministério Público, nos termos do art. 128, § 5º, da CF. É oportuno citarmos o seguinte julgado do STF: "Atribuições do Ministério Público: matéria não sujeita à reserva absoluta de lei complementar: improcedência da alegação de inconstitucionalidade formal do art. 66, *caput* e § 1º, do CC (Lei 10.406/2002). O art. 128, § 5º, da Constituição, não substantiva reserva absoluta a lei complementar para conferir atribuições ao Ministério Público ou a cada um dos seus ramos, na União ou nos Estados-membros. A tese restritiva é elidida pelo art. 129 da Constituição, que, depois de enumerar uma série de 'funções institucionais do Ministério Público', admite que a elas se acresçam a de 'exercer outras funções que lhe forem conferidas, desde que compatíveis com sua finalidade, sendo-lhe vedada a representação judicial e a consultoria jurídica de entidades públicas'. Trata-se, como acentua a doutrina, de uma 'norma de encerramento', que, à falta de reclamo explícito de legislação complementar, admite que leis ordinárias – qual acontece, de há muito, com as de cunho processual – possam aditar novas funções às diretamente outorgadas ao Ministério Público pela Constituição, desde que compatíveis com as finalidades da instituição e às vedações de que nelas se incluam 'a representação judicial e a consultoria jurídica das entidades públicas'" (**ADI 2.794**, Rel. Min. **Sepúlveda Pertence,** julgamento em 14.12.2006, Plenário, *DJ* de 30.03.2007.); **B:** incorreta, a Defensoria Pública é instituição essencial à função jurisdicional do Estado, incumbindo-lhe a orientação jurídica e a defesa, em todos os graus, dos necessitados, na forma do art. 5º, LXXIV. Sendo assim, a lei complementar organizará a Defensoria Pública da União e do Distrito Federal e dos Territórios e prescreverá normas gerais para sua organização nos Estados, em cargos de carreira, providos, na classe inicial, mediante concurso público de provas e títulos, assegurada a seus integrantes a garantia da inamovibilidade e vedado o exercício da advocacia fora das atribuições institucionais. Em contrapartida, às Defensorias Públicas Estaduais são asseguradas autonomia funcional e administrativa e a iniciativa de sua proposta orçamentária (e não lei ordinária própria de cada Estado) dentro dos limites estabelecidos na lei de diretrizes orçamentárias e subordinação ao disposto no art. 99, § 2º, da CF; **C:** incorreta, o advogado é indispensável à administração da justiça, sendo inviolável (não absolutamente) por seus atos e manifestações no exercício da profissão, nos limites da Lei 8.906/1994; **D:** correta, ao MP cabe a defesa da ordem jurídica, do regime democrático e dos interesses sociais e coletivos; para isso, ele possui, por exemplo, legitimidade para ajuizar ACP em defesa do patrimônio público e do meio ambiente, nos termos art. 129, III, da CF c/c a Lei 7.347/1985; **E:** incorreta, pois a Advocacia-Geral da União é a instituição que, diretamente ou por meio de órgão vinculado, representa a União, judicial e extrajudicialmente, cabendo-lhe, nos termos da lei complementar que dispuser sobre sua organização e funcionamento, as atividades de consultoria e assessoramento jurídico do Poder Executivo e não do Poder Legislativo. É interessante consignarmos que ao titular do cargo de Procurador de autarquia não se exige a apresentação de instrumento de mandato para representá-la em juízo (**Súmula 644** do STF).

Gabarito "D"

(Ministério Público/MG – 2006) Quanto às garantias, vedações e atribuições constitucionais dos membros do Ministério Público, é **CORRETO** afirmar que

(A) é vedado exercer qualquer outra função pública, salvo uma de magistério, observado quanto à cumulação de rendimentos, o limite de que cuida o art. 37, XI, da Constituição da República.

(B) é permitida a filiação partidária e a candidatura para mandatos eletivos, desde que respeitados os prazos de desincompatibilização do exercício funcional.

(C) é crime de responsabilidade, nos termos da lei complementar, ato do Presidente da República que atente contra as garantias constitucionais dos membros do Ministério Público.

(D) é facultado optar pelo regime anterior à Constituição da República de 1988, o membro admitido antes de sua promulgação, observando-se, quanto às vedações, a situação jurídica na data desta.

(E) é vedada a advocacia no juízo ou tribunal do qual se afastou, por aposentadoria ou exoneração, antes de prazo definido em lei.

A: incorreta, pois é vedado exercer, ainda que em disponibilidade, qualquer outra função pública, salvo uma de magistério, nos termos do art. 128, § 5º, II, "d", da CF. Todavia, a vedação não se coaduna à cumulação de rendimentos prevista no art. 37, XI, da CF, que se aplica, de fato, aos membros do Ministério Público, mas não no sentido dos ganhos como docente, mas no sentido de remuneração e subsídio dos ocupantes de cargos, funções e empregos públicos da administração. Sem prejuízo, de acordo com o artigo 1º da Resolução 73/2011, do Conselho Nacional do Ministério Público, ao membro do Ministério Público da União e dos Estados, ainda que em disponibilidade, é defeso o exercício de outro cargo ou função pública, ressalvado o magistério, público ou particular, por, no máximo, 20 (vinte) horas-aula semanais, consideradas como tais as efetivamente prestadas em sala de aula. O exercício de docência deverá ser comunicado pelo membro ao Corregedor-Geral da respectiva unidade do Ministério Público, ocasião em que informará o nome da entidade de ensino, sua localização e os horários das aulas que ministrará. O Corregedor de cada unidade do Ministério Público deverá informar anualmente à Corregedoria Nacional os nomes dos membros de seu órgão que exerçam atividades de docência e os casos em que foi autorizado pela unidade o exercício da docência fora do município de lotação; **B:** incorreta, pois uma das vedações é o exercício de atividade político-partidária, como determina o art. 128, § 5º, II, "e", da CF. **C:** incorreta, já que é crime de responsabilidade, *nos termos do art. 85, II, da Constituição Federal*, ato do Presidente da República que atente contra as garantias constitucionais dos membros do Ministério Público; **D:** correta, é facultado optar pelo regime anterior à Constituição da República de 1988, o membro admitido antes de sua promulgação, observando-se, quanto às vedações, a situação jurídica na data desta. A título de exemplo, podemos citar o caso do Professor e Deputado Estadual Fernando Capez, que optou pelo regime anterior para permanecer na instituição do Ministério Público (Procurador de Justiça licenciado tendo ingressado no Ministério Público em 8 de janeiro de 1988); **E:** incorreta, pois nos termos do art. 128, II, "b" e do seu § 6º, da c/c art. 95, parágrafo único V, da CF, aos membros do Ministério Público é vedado exercer advocacia no juízo ou tribunal do qual se afastou, antes de decorridos três anos do afastamento do cargo por aposentadoria ou exoneração.

Gabarito "D"

(Ministério Público/MG – 2012 – CONSULPLAN) Assinale a alternativa **CORRETA:**

(A) O Ministério Público da União tem por chefe o Procurador-Geral da República, nomeado pelo Presidente da República dentre integrantes da carreira, maiores de trinta e cinco anos, após a aprovação de seu nome pela maioria do Congresso Nacional, para mandato de dois anos, permitida a recondução.

(B) O Conselho Nacional do Ministério Público, cujo presidente será o Procurador-Geral da República, compõe-se de dezesseis membros nomeados pelo Presidente da República, depois de aprovada a escolha pela maioria absoluta do Senado Federal, para um mandato de dois anos, admitida uma recondução.

(C) Ao Colégio de Procuradores de Justiça compete, segundo a Lei n. 8.625/1993, entre outras funções, a destituição do Corregedor-Geral do Ministério Público, pelo voto de dois terços de seus membros, em caso de abuso de poder, conduta incompatível ou grave omissão nos deveres do cargo, por representação do Procurador-Geral de Justiça ou da maioria de seus integrantes, assegurada ampla defesa.

(D) Os Ministérios Públicos dos Estados e do Distrito Federal e Territórios formarão lista tríplice dentre integrantes da carreira, na forma da lei respectiva, para escolha de seu Procurador-Geral que será nomeado pelo Chefe do Poder Executivo, após a aprovação de seu nome pela maioria absoluta da Assembleia Legislativa, para mandato de dois anos, permitida a recondução.

A: incorreta, o Ministério Público da União tem por chefe o Procurador-Geral da República, nomeado pelo Presidente da República dentre integrantes da carreira, maiores de trinta e cinco anos, após a aprovação de seu nome pela maioria do *senado federal*, para mandato de dois anos, permitida a recondução, nos termos do art. 128, § 1º, da CF; **B:** incorreta, o Conselho Nacional do Ministério Público, cujo presidente será o Procurador-Geral da República, compõe-se de 14 (*quatorze*) membros nomeados pelo Presidente da República, depois de aprovada a escolha pela maioria absoluta do Senado Federal, para um mandato de dois anos, admitida uma recondução, nos moldes do art. 130-A, *caput*, I, da CF; **C:** correta, o Colégio de Procuradores de Justiça, órgão da Administração Superior e de Execução do Ministério Público, é integrado por todos os Procuradores de Justiça em exercício e presidido pelo Procurador-Geral de Justiça (artigo 1º do Regimento Interno do Colégio de Procuradores de Justiça do Ministério Público do Estado de Minas Gerais). Para exercer as atribuições do Colégio de Procuradores de Justiça com número superior a 40 (quarenta) Procuradores de Justiça, poderá ser constituído Órgão Especial, cuja composição e número de integrantes a Lei Orgânica fixar. As atribuições do Colégio de Procuradores estão previstas no artigo 12 da Lei 8.625/1993, e no artigo 3º do Regimento Interno do Colégio de Procuradores de Justiça do Ministério Público do Estado de Minas Gerais. Nos termos do art. 12, VI, da Lei 8.625/1993, o Colégio de Procuradores de Justiça é composto por todos os Procuradores de Justiça, competindo-lhe destituir o Corregedor-Geral do Ministério Público, pelo voto de dois terços de seus membros, em caso de abuso de poder, conduta incompatível ou grave omissão nos deveres do cargo, por representação do Procurador-Geral de Justiça ou da maioria de seus integrantes, asseguradas ampla defesa; **D:** incorreta, pois não se exige a aprovação de seu nome pela maioria absoluta da Assembleia Legislativa, conforme art. 128, § 3º, da CF.

Gabarito "C"

(Ministério Público/BA – 2008) Observe as assertivas abaixo:

I. O julgamento do mérito do recurso extraordinário perante o Supremo Tribunal Federal depende, nos termos do art. 102, inc. III, *a*, da ocorrência de ofensa à Constituição Federal, devendo ainda, para ser apreciado, declarar o relator, como requisito de admissibilidade, se há repercussão de matéria de forma geral.

II. Leis Complementares, cuja iniciativa é dos Procuradores-Gerais de Justiça, estabelecerão a organização, as atribuições e as competências de cada órgão, aplicando-se ao Ministério Público todas as garantias e vedações da magistratura, inclusive a irredutibilidade de subsídios, a inamovibilidade, a vitaliciedade e a participação político partidária.

III. Nos termos da Lei Orgânica do Ministério Público é competência indelegável do Procurador-Geral de Justiça: submeter ao Órgão Especial do Colégio de Procuradores de Justiça proposta de criação e extinção de cargos de carreira, dos serviços auxiliares e de orçamento anual; editar atos de aposentadoria e de disponibilidade de membros da instituição e dos seus servidores; comparecer à Assembleia Legislativa, quando convocado, para prestar esclarecimentos de fatos previamente determinados, mantendo os parlamentares informados sobre as providências consideradas necessárias para o aperfeiçoamento da instituição e da administração da Justiça.

IV. A aplicação das sanções disciplinares de advertência, censura e suspensão a membro do Ministério Público é da competência do Corregedor-Geral, sendo a de demissão aplicada àqueles não vitaliciados, nos casos de prática de crime incompatível com o exercício do cargo, após decisão judicial transitada em julgado; de exercício de advocacia, salvo se aposentado; e de abandono do cargo por prazo superior a trinta dias corridos.

V. O Ministério Público que atua perante o Tribunal de Contas, previsto no art. 130 da Constituição Federal, é integrante dos quadros do Ministério Público Estadual, sendo-lhes assegurada as mesmas garantias e vedações, somente podendo perante o órgão de contas atuar, sendo-lhe vedando atribuições criminais.

São corretas:

(A) I e V.

(B) I e III.

(C) II e IV.

(D) III e V.

(E) IV e V.

I: correta, no recurso extraordinário o recorrente deverá demonstrar a repercussão geral das questões constitucionais discutidas no caso, nos termos da lei, a fim de que o Tribunal examine a admissão do recurso, somente podendo recusá-lo pela manifestação de dois terços de seus membros, conforme art. 102, § 3º, da CF; **II:** incorreta, na exata medida que as Leis Complementares da União e dos Estados, cuja iniciativa é facultada aos respectivos Procuradores-Gerais, estabelecerão a organização, as atribuições e o estatuto de cada Ministério Público, observadas, relativamente a seus membros as seguintes garantias: vitaliciedade, após dois anos de exercício, não podendo perder o cargo senão por sentença judicial transitada em julgado; inamovibilidade, salvo por motivo de interesse público, mediante decisão do órgão colegiado competente do Ministério Público, pelo voto da maioria absoluta de seus membros, assegurada a ampla defesa; irredutibilidade de subsídio, fixado na forma do art. 39, § 4º, da CF (art. 128, II, § 5º, da CF); **III:** correta, conforme o art. 15 e incisos, da Lei Orgânica do Ministério Público da Bahia de n. 11, de 18 de janeiro de 1996; **IV:** incorreta, pois a aplicação das sanções disciplinares de advertência, censura e suspensão será de competência do Corregedor-Geral quando o infrator for Promotor de Justiça, e não qualquer membro do Ministério Público, ademais, a pena de demissão também poderá ser imposta ao membro vitalício; **V:** incorreta, já que o art. 130 da CF, reza que aos membros do Ministério Público junto aos Tribunais de Contas aplicam-se as disposições da seção I, do capítulo IV pertinentes a direitos, vedações e forma de investidura. Sendo assim, não há qualquer óbice.

Gabarito "B"

(Ministério Público/BA – 2008) No tocante à atuação do Conselho Nacional do Ministério Público, certamente não podemos afirmar:

(A) Tendo a OAB dois advogados integrantes do Conselho Nacional do Ministério Público, indicados pelo Conselho Federal da Ordem dos Advogados do Brasil, fica impedido o seu presidente – Conselho Nacional da OAB de oficiar perante àquele conselho.

(B) Que o Conselho Nacional do Ministério Público tem entre as suas atribuições o poder de inaugurar procedimento correcional se o fato que o originou sequer foi objeto de apreciação por corregedoria do Ministério Público Estadual.

(C) Que os seus integrantes, não obstante a competência originária do Supremo Tribunal Federal prevista na alínea *r* do art. 102 da Constituição Federal (acrescida pela Emenda Constitucional n. 45/2004), não podem ser réus perante aquela corte em ação popular por ato que tragam prejuízo ao patrimônio público.

(D) Que, na hipótese de ilegalidade de nomeações por parte de membro do Ministério Público Estadual, para cargos públicos no âmbito do Ministério Público, compete ao Conselho Nacional do Ministério Público a desconstituição ou revisão desse ato, sem que isso caracterize invasão de competência privativa de autoridade estadual.

(E) O Conselho Nacional do Ministério Público poderá requisitar Procurador ou Promotor de Justiça

A: correta, pois de fato o Conselho Nacional do Ministério Público compõe-se de quatorze membros nomeados pelo Presidente da República, depois de aprovada a escolha pela maioria absoluta do Senado Federal, para um mandato de dois anos, admitida uma recondução, sendo: O Procurador-Geral da República, que o preside; quatro membros do MPU, assegurada a representação de cada uma de suas carreiras; dois juízes, indicados pelo STF e outro pelo STJ; dois advogados, indicados pelo Conselho Federal da Ordem dos Advogados do Brasil – *que como qualquer outra pessoa poderá oficiar, reclamar, denunciar qualquer um dos membros ou órgãos do Ministério Público*, nos termos do art. 130-A, § 2º, III e § 3º, I, da CF – valendo mencionar que o § 4º do art. 130-A da CF, expressamente dispõe que o Presidente do Conselho Federal da Ordem dos Advogados do Brasil oficiará junto ao Conselho Nacional do Ministério Público; **B:** incorreta, pois de fato compete ao Conselho Nacional do Ministério Público o controle da atuação administrativa e financeira do Ministério Público e do cumprimento dos deveres funcionais de seus membros, cabendo-lhe rever, de ofício ou mediante provocação, os processos disciplinares de membros do Ministério Público da União ou dos Estados julgados há menos de um ano (art. 130-A, § 2º, IV, da CF). Sem prejuízo, poderá ainda exercer funções executivas do Conselho, de inspeção e correição geral (art. 130-A, § 3º, II, da CF); **C:** incorreta, já que o enunciado está em conformidade com a sistemática constitucional. O STF, excepcionalmente, só poderá processar e julgar originariamente a ação popular nas causas que houver conflitos entre a União e os Estados, A União e o Distrito Federal, ou entre uns e outros, inclusive as respectivas entidades da administração indireta (art. 102, I, "f", da CF) ou nos casos em todos os membros da magistratura sejam direta ou indiretamente interessados, e aquela em que mais da metade do tribunal de origem estejam impedidos ou sejam direta ou indiretamente interessados (at. 102, I, "n", da CF). Excluída a hipótese ora citada, a ação popular será processada e julgada pelo juízo de primeira instância, independentemente de quem sejam os réus; **D:** incorreta, já que a alternativa afirma exatamente o que está disposto no art. 130-A, § 2º, II, da CF; **E:** incorreta, pois podemos definitivamente afirmar que compete ao Conselho Nacional do Ministério Público requisitar membros do Ministério Público, delegando-lhes atribuições, e requisitar servidores de órgãos do Ministério Público, conforme art. 130-A, § 3º, III, da CF.

Gabarito "A"

(Ministério Público/AC – 2008) O Ministério Público está inserido na Carta Magna no capítulo das funções essenciais à justiça. Nesse *topos* constitucional, é correto afirmar que

(A) a aprovação da escolha dos membros do Conselho Nacional do Ministério Público é feita pelo Senado Federal mediante voto da maioria simples.

(B) o Conselho Nacional do Ministério Público possui membros com mandato de 2 anos, vedada a recondução.

(C) a revisão de ofício, quando cabível, de processos disciplinares de membros do Ministério Público do Acre é de alçada do Conselho Nacional do Ministério Público em sua atribuição repressiva.

(D) os membros do Conselho Nacional do Ministério Público são nomeados pelo Procurador-Geral da República.

A: incorreta, já que o Conselho Nacional do Ministério Público compõem-se de quatorze membros nomeados pelo Presidente da República, depois de aprovada a escolha pela maioria absoluta (e não simples) do Senado Federal, para um mandato de dois anos, admitida uma recondução, nos termos do art. 130-A da CF; **B:** incorreta, pois o mandado será de dois anos, admitida uma recondução; **C:** correta, pois compete ao CNMP (Conselho Nacional do Ministério Público) o controle de atuação administrativa e financeira do Ministério Público e do cumprimento dos deveres funcionais de seus membros, cabendo-lhe rever, de ofício ou mediante provocação, os processos disciplinares de membros do Ministério Público da União ou dos Estados julgados há menos de um ano, nos termos do art. 130-A, § 2º, IV, da CF; **D:** incorreta, pois os membros são nomeados pelo Presidente da República, conforme art. 130-A da CF.

Gabarito "C"

(Ministério Público/MS – 2011 – FADEMS) Assinale a alternativa **correta**.

Segundo a Constituição Federal o Ministério Público abrange:

(A) O Ministério Público dos Estados e o Ministério Público da União, que compreende o Ministério Público Federal, o Ministério Público do Trabalho, o Ministério Público Militar e o Ministério Público do Distrito Federal e Territórios;

(B) O Ministério Público dos Estados, o Ministério Público do Distrito Federal e Territórios, além do Ministério Público da União, que compreende o Ministério Público Federal, o Ministério Público do Trabalho e o Ministério Público Militar;

(C) O Ministério Público dos Estados, o Ministério Público do Distrito Federal e Territórios, o Ministério Público Militar e o Ministério Público da União, que compreende o Ministério Público Federal e o Ministério Público do Trabalho;

(D) O Ministério Público dos Estados, o Ministério Público Militar e o Ministério Público da União, que compreende o Ministério Público Federal, o Ministério Público do Trabalho e o Ministério Público do Distrito Federal e Territórios;

(E) O Ministério Público dos Estados, o Ministério Público do Trabalho e o Ministério Público da União, que compreende o Ministério Público Federal, o Ministério Público Militar e o Ministério Público do Distrito Federal e Territórios.

Art. 128, I, "a" a "d", e II, da CF.

Gabarito "A"

(Ministério Público/MS – 2011 – FADEMS) Analise os itens abaixo e assinale a alternativa **correta:**

I. Compete ao Superior Tribunal de Justiça julgar conflito de atribuições entre membros do Ministério Público Federal e Estadual.

II. O Conselho Nacional do Ministério Público pode avocar processos disciplinares em curso, determinando, se for o caso, a remoção, a disponibilidade ou a aposentadoria com subsídios ou proventos proporcionais ao tempo de serviço e aplicar outras sanções administrativas, assegurada ampla defesa.

III. O Ministério Público dos Estados, por meio dos Procuradores de Justiça, oficia perante o Tribunal de Contas dos Estados.

IV. O STF reconhece legitimidade ativa *ad causam* para ingressar com reclamação a todos que comprovem ter sofrido prejuízo advindo da decisão judicial, ou ato administrativo, que contrarie decisão anterior em sede de controle abstrato de constitucionalidade.

(A) Existe apenas uma alternativa correta;

(B) Existem duas alternativas corretas;

(C) Existem três alternativas corretas;

(D) Nenhuma das alternativas está correta;

(E) Todas as alternativas estão corretas.

I: incorreta, não há, na Constituição da República, previsão expressa do tribunal competente para julgar conflito de atribuição entre ramos distintos do Ministério Público; **II:** correta, literalidade do art. 130-A, § 2º, III, da CF; **III:** incorreta, pois quem oficia perante os Tribunais de Contas é o Ministério Público junto ao Tribunal de Contas (art. 130 da CF), que não se confunde com o Ministério Público do Estado; **IV:** correta, pois o STF entendia ser cabível a reclamação com fundamento no desrespeito à autoridade de decisão tomada em ADIn apenas quando requerida por um dos legitimados ativos para a propositura da ação direta (art. 103 da CF) e desde que tivesse o mesmo objeto. Entretanto, a orientação atual do STF determina que "nas situações em que a decisão proferida em ação direta de inconstitucionalidade for definitiva, à qual a lei confere efeito vinculante, entende legitimado para a reclamação aquele que tenha contra si provimento diverso do entendimento fixado por este Tribunal, como no caso ocorre, para que seja resguardada a eficácia subordinante dos comandos que derivem do ato descumprido." Dessa forma, "pronunciamentos do Tribunal, especificamente nos casos de inobservância de decisão proferida em ação declaratória de constitucionalidade, com eficácia vinculante, têm admitido a reclamação independentemente da condição de parte no processo, ou mesmo de legitimação concorrente para a sua propositura". Em conclusão, o STF consignou que "a eficácia vinculante legalmente atribuída à decisão de mérito em ação direta de inconstitucionalidade produz, entre outros, reflexos de natureza processual quanto à utilização do instituto previsto no art. 102, I, "l", da Carta da República. O conceito de parte interessada, a que aludem os arts. 13 da Lei 8.038/1990 e 156 do RISTF, ganha abrangência idêntica aos efeitos do julgado a ser preservado, alcançando todos aqueles que comprovem prejuízo em razão do pronunciamento dos demais órgãos do Poder Judiciário, desde que manifestamente contrário ao julgamento da Corte." (STF, Rcl 1880, Rel. Min. Maurício Corrêa).

Gabarito "B"

(Ministério Público/MS – 2011 – FADEMS) A seguinte afirmação não é pertinente ao Ministério Público:

(A) a destituição do Procurador-Geral da República pelo Presidente da República deve ser precedida de autorização da maioria absoluta do Congresso Nacional;

(B) o Poder executivo pode ajustar proposta orçamentária do Ministério Público encaminhada em desarmonia com a Lei de Diretrizes Orçamentárias;

(C) a independência funcional é um princípio institucional do Ministério Público;

(D) o Ministério Público pode propor diretamente ao Poder legislativo a criação de seus cargos;

(E) ressalvado o magistério, ao membro do Ministério Público, ainda que em disponibilidade, é vedado o exercício de qualquer outra função pública.

A: incorreta, devendo ser assinalada. Não reflete o disposto no art. 128, § 2º, da CF; **B:** correta, art. 127, § 5º, da CF; **C:** correta, art. 127, § 1º, da CF; **D:** correta, art. 127, § 2º, da CF; **E:** correta, art. 128, § 5º, II, "d", da CF.

Gabarito "A"

(Ministério Público/MS – 2011 – FADEMS) Analise as assertivas abaixo. É de competência do Colégio de Procuradores de Justiça:

I. julgar recurso, contra decisão que determinou a remoção, disponibilidade e aposentadoria de membro do Ministério Público, por motivo de interesse público;

II. determinar a remoção, disponibilidade e aposentadoria do membro do Ministério Público, por motivo de interesse público, assegurada ampla defesa;

III. homologar ou rejeitar os resultados dos concursos de ingresso na carreira;

IV. rever, pelo voto da maioria absoluta de seus integrantes, nos termos do Regimento Interno, mediante requerimento de legítimo interessado, decisão de arquivamento de inquérito policial ou peças de informação determinada pelo Procurador-Geral de Justiça, nos casos de sua atribuição originária;

V. deliberar, em caso de omissão injustificada do Procurador-Geral de Justiça, pela abertura de ingresso quando o número de vagas atingir a um quinto dos cargos iniciais da carreira.

(A) todos os itens estão corretos;

(B) somente os itens II e IV estão incorretos;

(C) somente os itens I e II estão incorretos;

(D) somente os itens I e IV estão corretos;

(E) todos os itens estão incorretos.

I: correta, art. 12, VIII, "d", da Lei 8.625/1993; **II:** incorreta. Essa competência é do Conselho Nacional do Ministério Público, e não há previsão de motivo por interesse público, de acordo com o art. 130-A, § 2º, III, da CF; **III** e **V:** incorretas. Não constam do rol de atribuições do Colégio de Procuradores, listadas no art. 12, I a XIII, da Lei 8.625/1993. V., tb., art. 59, § 1º, da Lei 8.625/1993; **IV:** correta, art. 12, XI, da Lei 8.625/1993.

Gabarito "D"

(Ministério Público/MS – 2011 – FADEMS) Assinale a alternativa **correta**.

(A) Compete ao Procurador-Geral de Justiça propor a ação civil para a decretação da perda do cargo de membro do Ministério Público vitalício, após autorização do Colégio de Procuradores de Justiça pelo voto de dois terços de seus integrantes;

(B) Cabe ao Corregedor-Geral propor ao Conselho Superior do Ministério Público, fundamentadamente, o não vitaliciamento do membro do Ministério Público que não cumprir as condições do estágio probatório;

(C) É permitido ao Procurador de Justiça, que integra o Conselho Superior do Ministério Público, exercer mandato do Conselho Nacional do Ministério Público ou do Conselho Nacional de Justiça;

(D) O Conselho Superior do Ministério Público será composto pelo Procurador-Geral de Justiça, que o presidirá, pelo Corregedor-Geral do Ministério Público, ambos membros natos, e por nove Procuradores de Justiça eleitos pela primeira instância, permitida uma recondução e observado o mesmo procedimento;

(E) O Plano Estratégico Institucional, com duração mínima de quatro anos, será elaborado pelo Corregedor-Geral do Ministério Público, sendo que o procedimento de sua elaboração e monitoramento será aprovado pelo Colégio de Procuradores de Justiça.

A: incorreta. De acordo com o art. 12, X, da Lei 8.625/1993, compete ao Colégio de Procuradores "deliberar por iniciativa de um quarto de seus integrantes ou do Procurador-Geral de Justiça, que este ajuíze ação cível de decretação de perda do cargo de membro vitalício do Ministério Público nos casos previstos nesta Lei"; **B:** correta, art. 17, III, da Lei 8.625/1993; **C:** incorreta. Não podem se afastar (art. 14, II, da Lei 8.625/1993); **D:** incorreta. Não reflete o disposto no art. 14, I a III, da Lei 8.625/1993; **E:** incorreta. Cada Ministério Público define seu plano estratégico, como o fez o Estado de Goiás (v. Lei Complementar Estadual 25/1998).

Gabarito "B"

(Ministério Público/MS – 2011 – FADEMS) Assinale a alternativa **correta.**

(A) O Conselho Nacional do Ministério Público é composto por catorze membros escolhidos pelo Presidente da República, após indicação pelo Ministério Público da União, dos Estados e do Distrito Federal;

(B) Não compete ao Conselho Nacional do Ministério Público interferir na autonomia administrativa e financeira do Ministério Público;

(C) O Conselho Nacional do Ministério Público escolherá em votação secreta, um Corregedor Nacional dentre os seus integrantes, vedada a recondução;

(D) O Conselho Nacional do Ministério Público poderá rever, de ofício ou mediante provocação, os processos disciplinares de membros do Ministério Público da União ou dos Estados julgados há mais de um ano;

(E) O Conselho Nacional do Ministério Público deve zelar pela autonomia funcional e administrativa do Ministério Público, bem como determinar a remoção, a disponibilidade ou aposentadoria com subsídios ou proventos proporcionais ao tempo de serviço e aplicar outras sanções administrativas aos membros do Ministério Público.

A: incorreta. Não reflete o disposto no art. 130-A, *caput*, da CF; **B:** incorreta. O art. 130-A, § 2º, da CF, confere essa competência ao CNMP; **C:** incorreta. Escolherá *dentre os membros do Ministério Público que o integram* (art. 130-A, § 3º, da CF); **D:** incorreta. Julgados *há menos* de um ano (art. 130-A, § 2º, IV, da CF); **E:** correta, conforme dispõe o art. 130-A, § 2º, I e III da CF.

Gabarito "E"

(Ministério Público/PR – 2011) São garantias constitucionais dos membros do Ministério Público:

(A) Inamovibilidade, vitaliciedade e irredutibilidade de subsídios.

(B) Indivisibilidade, irredutibilidade de subsídios e vitaliciedade.

(C) Vitaliciedade, inviolabilidade e inamovibilidade.

(D) Irredutibilidade de subsídios, inamovibilidade e inviolabilidade.

(E) Inamovibilidade, irredutibilidade de subsídios e indivisibilidade.

Art. 128, § 5º, I, "a" a "c", da CF.

Gabarito "A"

(Ministério Público/BA – 2010) Analise as assertivas abaixo, conforme as disposições da Lei n. 8.625/1993

I. Os Procuradores de Justiça exercerão inspeção permanente dos serviços dos Promotores de Justiça nos autos em que oficiarem, remetendo seus relatórios à Corregedoria-Geral do Ministério Público.

II. A exclusão, inclusão ou outra modificação nas atribuições das Promotorias de Justiça ou dos cargos dos Promotores de Justiça que as integram serão efetuadas mediante proposta do Procurador-Geral de Justiça, aprovada por maioria absoluta do Conselho Superior do Ministério Público.

III. Compete ao Procurador-Geral de Justiça representar aos Tribunais locais por, inconstitucionalidade de leis ou atos normativos federais, em face da Constituição Federal.

IV. A Comissão de Concurso de ingresso na carreira, órgão auxiliar de natureza transitória, a quem incumbe realizar a seleção de candidatos ao ingresso na carreira do Ministério Público, tem seus membros eleitos pelo Conselho Superior do Ministério Público, na forma da Lei Orgânica.

V. Caso o Chefe do Poder Executivo não efetive a nomeação do Procurador-Geral de Justiça nos 15 (quinze) dias que se seguirem ao recebimento da lista tríplice, será investido automaticamente no cargo o membro do Ministério Público mais votado, para exercício do mandato.

Estão corretas as seguintes assertivas:

(A) I – III – V.

(B) II – IV – V.

(C) I – II – IV.

(D) III – IV – V.

(E) I – IV – V.

I: correta, art. 19, § 2º, da Lei 8.625/1993; **II:** incorreta. Não reflete o disposto no art. 23, § 3º, da Lei 8.625/1993; **III:** incorreta. Não reflete o disposto no art. 29, I, da Lei 8.625/1993; **IV:** correta, art. 15, III, da Lei 8.625/1993; **V:** correta, art. 9º, § 4º, da Lei 8.625/1993.

Gabarito "E"

(Ministério Público/BA – 2010) Marque a alternativa correta dentre as assertivas abaixo:

(A) O Procurador-Geral de Justiça pode designar outro Promotor para funcionar em feito determinado, independentemente da concordância de seu Promotor de Justiça titular, desde que assim deliberado por iniciativa de um quarto dos integrantes do Colégio de Procuradores, ou mediante requerimento de legítimo interessado.

(B) A Procuradoria-Geral de Justiça, as Procuradorias de Justiça, o Conselho Superior do Ministério Público e a Corregedoria-Geral do Ministério Público são órgãos da Administração Superior do Ministério Público.

(C) Os Centros de Apoio Operacional são órgãos de execução do Ministério Público, destinados a realizar cursos, seminários, congressos, simpósios, pesquisas, atividades, estudos e publicações visando ao aprimoramento profissional e cultural dos membros da instituição, de seus auxiliares e funcionários, bem como a melhor execução de seus serviços e racionalização de seus recursos materiais.

(D) São exceções constitucionais à autonomia administrativa dos Ministérios Públicos dos Estados a nomeação do Procurador-Geral de Justiça pelo Chefe do Poder Executivo Estadual e sua destituição por deliberação da maioria absoluta do Poder Legislativo, na forma da lei complementar respectiva.

(E) Em caso de extinção do órgão de execução da Comarca, ou mudança da sede da Promotoria de Justiça, será facultado ao Promotor de Justiça remover-se para outra Promotoria de igual entrância ou categoria, ou obter a disponibilidade com subsídios proporcionais ao tempo de serviço, enquanto não for promovido.

A: incorreta. Viola o princípio do promotor natural, extensão dos princípios descritos nos arts. 5º, LIII; 127,§ 1º; e 128, § 5º, I, *b*, todos da CF; **B:** incorreta. As procuradorias de justiça não integram a Administração Superior (art. 5º, I a IV, da Lei 8.625/1993); **C:** incorreta. São órgãos auxiliares (arts. 8º, I e 33, I a V, ambos da Lei 8.625/1993); **D:** correta, arts. 9º, *caput,* da Lei 8.625/1993 e art. 128, § 4º, da CF; **E:** incorreta. Não reflete o disposto no art. 39 da Lei 8.625/1993.

Gabarito "D"

(Ministério Público/BA – 2010) Constitui garantia constitucional dos membros do Ministério Público:

(A) A vitaliciedade, após 5(cinco) anos de exercício.

(B) A inamovibilidade, salvo por motivo de interesse público, mediante decisão do órgão colegiado competente do Ministério Público, pelo voto da maioria absoluta de seus membros, assegurada ampla defesa.

(C) A perda do cargo somente por decisão administrativa de que não caiba mais recurso.

(D) Usar as vestes talares e as insígnias privativas do Ministério Público.

(E) Tomar assento à direita dos Juízes de primeira instância, ou do Presidente do Tribunal, Câmara ou Turma.

Art. 128, § 5º, I, "a" a "c", da CF.

Gabarito "B"

(Ministério Público/ES – 2010 – CESPE) Com relação ao perfil constitucional do MP, assinale a opção correta.

(A) Constitui função institucional do MP promover a ação de inconstitucionalidade ou representação para fins de intervenção da União, nas hipóteses constitucionalmente estabelecidas.

(B) Compete ao STF elaborar a proposta orçamentária do MP em conformidade com os limites estabelecidos na lei de diretrizes orçamentárias.

(C) O Procurador-Geral da República será nomeado pelo presidente da República para mandato de quatro anos, vedada a recondução.

(D) Constitui condição necessária para a destituição do Procurador-Geral da República, por iniciativa do presidente da República, a autorização de um terço dos membros do Senado Federal.

(E) O Procurador-Geral do DF e territórios poderá ser destituído por deliberação da maioria relativa dos membros da Câmara Legislativa do DF.

A: correta, art. 25, II, da Lei 8.625/1993; **B:** incorreta. Não reflete o disposto no art. 127, § 3º, da CF; **C:** incorreta. Não reflete o disposto no art. 128, § 1º, da CF; **D:** incorreta. O art. 128, § 2º, da CF exige maioria absoluta dos membros do Senado Federal; **E:** incorreta. Não reflete o disposto no art. 128, § 4º, da CF.

Gabarito "A"

(Ministério Público/ES – 2010 – CESPE) Com relação a deveres, vedações, impedimentos e suspeições dos membros do MP, assinale a opção correta.

(A) Havendo motivo de ordem íntima que iniba seu ofício, o membro do MP dar-se-á por suspeito.

(B) No MPE/ES, constitui dever do promotor de justiça titular residir na região metropolitana da Grande Vitória.

(C) É vedado ao membro do MP deter cotas de sociedade limitada que atue no ramo de prestação de serviços.

(D) É vedado ao membro do MP emitir juízo depreciativo sobre promoções, pareceres e decisões judiciais ou realizar crítica nos autos e em obras técnicas.

(E) O membro do MP estará impedido de participar de comissão de concurso quando concorrer seu cônjuge ou companheiro; tal impedimento alcança a situação em que parente consanguíneo ou afim em linha reta ou colateral participe do certame, limitando-se nessa situação ao segundo grau.

A: correta, art. 43, VII, da Lei 8.625/1993; **B:** incorreta. Deve residir, se titular, na respectiva comarca (art. 43, X, da Lei 8.625/1993); **C:** incorreta. O art. 44, III, da Lei 8.625/1993 permite a participação como cotista; **D:** incorreta. Vedação dirigida aos magistrados (art. 36, III, da LC 35/1979); **E:** incorreta. Não se encontra entre as vedações previstas em lei, mas ao MP também cabe observar o princípio da moralidade.

Gabarito "A"

(Ministério Público/MG – 2010 – FUNDEP) Segundo dicção expressa da Constituição Federal, compete ao Conselho Nacional do Ministério Público:

I. o controle da atuação administrativa e financeira do Ministério Público e do cumprimento dos deveres funcionais de seus membros;

II. rever mediante provocação, exclusivamente, os processos disciplinares de membros do Ministério Público da União ou dos Estados julgados há menos de um ano;

III. receber e conhecer as reclamações contra membros ou órgãos do Ministério Público da União ou dos Estados, inclusive contra seus serviços auxiliares, apenas no caso de omissão do órgão correicional da instituição;

IV. zelar pela autonomia funcional e administrativa do Ministério Público, podendo expedir atos regulamentares, no âmbito de sua competência, ou recomendar providências.

Está CORRETO o que se afirma

(A) apenas em I e III.
(B) apenas em II.
(C) apenas em I e IV.
(D) apenas em II e III.

I: correta, de acordo com o § 2º do art. 130-A da CF; **II:** incorreta, pode rever também de ofício (art. 130-A, § 2º, IV, da CF); **III:** incorreta, não é apenas no caso de omissão do órgão correicional (art. 130-A, § 2º, III, da CF); **IV:** correta, conforme dispõe o art. 130-A, § 2º, I, da CF.

Gabarito "C"

(Ministério Público/MG – 2010 – FUNDEP) Analise as afirmativas abaixo relacionadas com o Ministério Público, a Constituição Federal de 1988 e a Emenda Constitucional n. 45/2004.

I. Os Procuradores-Gerais nos Estados e no Distrito Federal e Territórios poderão ser destituídos por deliberação da maioria absoluta do Poder Legislativo, na forma da lei complementar respectiva.

II. Leis complementares da União e dos Estados, cuja iniciativa é exclusiva dos respectivos Procuradores-Gerais, estabelecerão a organização, as atribuições e o estatuto de cada Ministério Público.

III. O membro do Ministério Público tem a garantia da inamovibilidade, salvo por motivo de interesse público, mediante decisão do órgão colegiado e competente da Instituição, pelo voto da maioria absoluta de seus membros, assegurada ampla defesa.

IV. Durante a execução orçamentária do exercício, não poderá haver a realização de despesas ou a assunção de obrigações que extrapolem os limites estabelecidos na lei de diretrizes orçamentárias, mesmo se ocorrer prévia autorização.

A análise permite concluir que

(A) apenas as afirmativas I e III estão corretas.
(B) apenas as afirmativas I e II estão corretas.
(C) apenas a afirmativa IV está correta.
(D) todas as afirmativas estão corretas.

I: correta, art. 128, § 4º, da CF; **II:** incorreta. O art. 128, § 5º, da CF faculta a iniciativa aos Procuradores-Gerais; **III:** correta, art. 128, § 5º, I, *b*, da CF; **IV:** incorreta. Não poderá haver a realização de despesas, exceto se previamente autorizadas (art. 127, § 6º, da CF).

Gabarito "A"

(Ministério Público/MG – 2010.1) Considerando os princípios institucionais do Ministério Público, é INCORRETO afirmar

(A) Os Procuradores-Gerais de Justiça poderão ser destituídos por deliberação da maioria absoluta do Poder Legislativo respectivo.

(B) O Ministério Público do Distrito Federal, embora integre o Ministério Público da União, recebeu do constituinte tratamento diferenciado, pois, tal como os Ministérios Públicos dos Estados, seu chefe é desvinculado do Procurador-Geral da República e será escolhido pelo Presidente da República, mediante lista tríplice.

(C) É vedado ao Membro do Parquet o exercício de atividade político-partidária.

(D) Os integrantes do Ministério Público não poderão exercer a advocacia no juízo ou tribunal junto ao qual funcionaram antes de decorridos três anos do afastamento da carreira, por aposentadoria ou exoneração.

(E) Todas são incorretas.

A: correta, "Os Procuradores-Gerais nos Estados e no Distrito Federal e Territórios poderão ser destituídos por deliberação da maioria absoluta do Poder Legislativo, na forma da lei complementar respectiva" (art. 128, § 4º, da CF); **B:** correta, "Os Ministérios Públicos dos Estados e o do Distrito Federal e Territórios formarão lista tríplice dentre integrantes da carreira, na forma da lei respectiva, para escolha de seu Procurador-Geral, que será nomeado pelo Chefe do Poder Executivo, para mandato de dois anos, permitida uma recondução" (art. 128, § 3º, da CF); **C:** correta, pois os membros do MP não podem exercer outra função pública, a não ser uma de magistério (art. 128, § 5º, II, *d*, da CF), nem atividade político-partidária (art. 128, § 5º, II, e, da CF); **D:** correta, réplica do art. 128, § 6º, da CF; **E:** incorreta, devendo ser assinalada, pois todas são corretas.

Gabarito "E"

(Ministério Público/SE – 2010 – CESPE) Quanto ao poder investigatório do MP, segundo a jurisprudência do STF, assinale a opção correta.

(A) A outorga constitucional de funções de polícia judiciária à instituição policial não impede nem exclui a possibilidade de o MP determinar a abertura de inquéritos policiais, requisitar esclarecimentos e diligências investigatórias, sem prejuízo de outras medidas que lhe pareçam indispensáveis à formação da *opinio delicti*, além de conferir ao MP possibilidade de assumir a presidência do inquérito policial.

(B) A cláusula de exclusividade inscrita na CF no sentido de que a Polícia Federal destina-se a exercer, com exclusividade, as funções de polícia judiciária da União inibe a atividade de investigação criminal do MP.

(C) O MP, diante da fiscalização intraorgânica e daquela desempenhada pelo CNMP, não está permanentemente sujeito ao controle jurisdicional dos atos que pratique no âmbito das investigações penais que promova *ex propria auctoritate*.

(D) Há legitimidade constitucional no poder de investigar do MP, pois os organismos policiais (embora detentores da função de polícia judiciária) não têm, no sistema jurídico brasileiro, o monopólio da competência penal investigatória.

(E) Na seara criminal, o MP não possui poder de investigar, por autoridade própria, pois tal possibilidade não se encontra expressa na CF, de onde emergem, de modo taxativo, suas funções institucionais.

A: incorreta, pois a "investigação penal, quando realizada por organismos policiais, será sempre dirigida por autoridade policial, a quem igualmente competirá exercer, com exclusividade, a presidência do respectivo inquérito. A outorga constitucional de funções de polícia judiciária à instituição policial não impede nem exclui a possibilidade de o Ministério Público, que é o *dominus litis*, determinar a abertura de inquéritos policiais, requisitar esclarecimentos e diligências investigatórias, estar presente e acompanhar, junto a órgãos e agentes policiais, quaisquer atos de investigação penal, mesmo aqueles sob regime de sigilo, sem prejuízo de outras medidas que lhe pareçam indispensáveis à formação da sua *opinio delicti*, sendo-lhe vedado, no entanto, assumir a presidência do inquérito policial, que traduz atribuição privativa da autoridade policial" (STF, HC 89.837, Rel. Min. Celso de Mello); **B:** incorreta. "É perfeitamente possível que o órgão do Ministério Público promova a colheita de determinados elementos de prova que demonstrem a existência da autoria e da materialidade de determinado delito. Tal conclusão não significa retirar da Polícia Judiciária as atribuições previstas constitucionalmente, mas apenas harmonizar as normas constitucionais (arts. 129 e 144 da CF) de modo a compatibilizá-las para permitir não apenas a correta e regular apuração dos fatos supostamente delituosos, mas também a formação da *opinio delicti*. O art. 129, I, da CF, atribui ao *Parquet* a privatividade na promoção da ação penal pública. Do seu turno, o CPP estabelece que o inquérito policial é dispensável, já que o Ministério Público pode embasar seu pedido em peças de informação que concretizem justa causa para a denúncia. Ora, é princípio basilar da hermenêutica constitucional o dos 'poderes implícitos' segundo o qual, quando a CF concede os fins, dá os meios. Se a atividade fim – promoção da ação penal pública – foi outorgada ao *parquet* em foro de privatividade, não se concebe como não lhe oportunizar a colheita de prova para tanto, já que o CPP autoriza que 'peças de informação' embasem a denúncia" (STF, HC 91.661, Rel. Min. Ellen Gracie); **C:** incorreta. "O Ministério Público, sem prejuízo da fiscalização intraorgânica e daquela desempenhada pelo Conselho Nacional do Ministério Público, está permanentemente sujeito ao controle jurisdicional dos atos que pratique no âmbito das investigações penais que promova *ex propria auctoritate*, não podendo, dentre outras limitações de ordem jurídica, desrespeitar o direito do investigado ao silêncio (*nemo tenetur se detegere*), nem lhe ordenar a condução coercitiva, nem constrangê-lo a produzir prova contra si próprio, nem lhe recusar o conhecimento das razões motivadoras do procedimento investigatório, nem submetê-lo a medidas sujeitas à reserva constitucional de jurisdição, nem impedi-lo de fazer-se acompanhar de advogado, nem impor, a este, indevidas restrições ao regular desempenho de suas prerrogativas profissionais (Lei 8.906/1994, art. 7º, *v.g.*)" (STF, HC 89.837, Rel. Min. Celso de Mello); **D:** correta. "O poder de investigar compõe, em sede penal, o complexo de funções institucionais do Ministério Público, que dispõe, na condição de *dominus litis* e, também, como expressão de sua competência para exercer o controle externo da atividade policial, da atribuição de fazer instaurar, ainda que em caráter subsidiário, mas por autoridade própria e sob sua direção, procedimentos de investigação penal destinados a viabilizar a obtenção de dados informativos, de subsídios probatórios e de elementos de convicção que lhe permitam formar a *opinio delicti*, em ordem a propiciar eventual ajuizamento da ação penal de iniciativa pública" (STF, HC 89837, Rel. Min. Celso de Mello); **E:** incorreta, pois a jurisprudência do Supremo Tribunal Federal afirma claramente que o Ministério Público tem legitimidade constitucional e infraconstitucional para investigar.

Gabarito "D"

(Ministério Público/SE – 2010 – CESPE) Acerca das autonomias constitucionais, da estrutura organizacional e do regime jurídico do MP na CF, julgue os itens a seguir.

I. É possível a delegação legislativa em matéria relativa à organização do MP, à carreira e à garantia de seus membros.

II. Cabe ao MP zelar pelo efetivo respeito dos poderes públicos e dos serviços de relevância pública aos direitos assegurados na CF e promover as medidas necessárias à sua garantia. Essa é função autenticamente de defensor do povo, o chamado *ombudsman*.

III. A CF conferiu elevado *status* constitucional ao MP, desvinculando-o dos capítulos dos Poderes Legislativo, Executivo e Judiciário.

IV. A CF erigiu à condição de crime de responsabilidade do presidente da República os seus atos que atentem contra o livre exercício do MP.

V. São aplicáveis ao MP os decretos, os regulamentos e os atos normativos derivados que venham a ser expedidos pelo Poder Executivo, pois o MP deve submeter-se ao poder regulamentar do Poder Executivo.

Estão certos apenas os itens

(A) I, II e IV.

(B) I, II e V.

(C) I, III e V.

(D) II, III e IV.

(E) III, IV e V.

I: incorreta, em razão da vedação contida no art. 68, § 1º, I, da CF; **II:** correta, art. 129, II, da CF; **III:** correta. Encontra-se no Capítulo das Funções Essenciais à Justiça, ao lado, por exemplo, da Advocacia--Geral da União; **IV:** correta, art. 85, II, da CF; **V:** incorreta. O MP é instituição autônoma (art. 127, § 2º, da CF).

Gabarito "D"

(Ministério Público/SE – 2010 – CESPE) Julgue os itens abaixo, relativos aos princípios institucionais do MP.

I. Pelo princípio da indivisibilidade, quem está presente em qualquer processo é o MP, ainda que por intermédio de determinado promotor ou procurador de justiça, podendo os membros da instituição ser substituídos uns por outros no processo, nos casos legalmente previstos, sem que isso constitua alteração processual.

II. O Procurador-Geral de justiça pode impor procedimento funcional a membro do MP, mediante recomendação com caráter vinculativo, com vistas a servir aos interesses da lei.

III. O promotor de justiça que substitui outro no transcorrer de um processo fica vinculado ao parecer de seu antecessor.

IV. Nos planos administrativo e funcional, há subordinação hierárquica dos membros do MP à chefia e aos órgãos de direção superior da instituição.

V. Pelo princípio da unidade, todos os membros de determinado MP formam parte de único órgão, sob a direção do mesmo chefe, guiados pelos mesmos fundamentos e com as mesmas finalidades, constituindo, pois, uma única instituição.

Estão certos apenas os itens

(A) I e IV.

(B) I e V.

(C) II e III.

(D) II e IV.

(E) III e V.

I: correta, devendo-se apenas registrar que não há unidade e indivisibilidade entre membros de ministérios públicos diversos; **II** e **III:** incorretas. Violam o princípio da independência funcional (art. 127, § 1º, da CF); **IV:** incorreta. Não se pode falar em hierarquia funcional; **V:** correta. De acordo com Hugo Nigro Mazzilli, *unidade* significa que os membros do MP integram um só órgão, sob a direção de um só chefe.

Gabarito "B"

(Ministério Público/SP – 2010) É incorreto afirmar ser função institucional do Ministério Público:

(A) promover, privativamente, a ação penal pública, na forma da lei.

(B) zelar pelo efetivo respeito dos poderes públicos e dos serviços de relevância pública aos direitos assegurados na Constituição, promovendo medidas necessárias a sua garantia.

(C) promover o inquérito civil e, privativamente, a ação civil pública, para a proteção do patrimônio público e social, do meio ambiente e de outros interesses difusos e coletivos.

(D) defender judicialmente os direitos e interesses das populações indígenas.

(E) exercer o controle externo da atividade policial, na forma de suas leis orgânicas.

A competência para promover ação civil pública não é privativa do membro do Ministério Público (art. 129, III, da CF e art. 5º da Lei 7.347/1985.

Gabarito "C"

(Ministério Público/DF – 2009) Em relação ao Conselho Nacional do Ministério Público, assinale a alternativa correta.

(A) Compete-lhe o controle da atuação administrativa e financeira do Ministério Público e do cumprimento dos deveres funcionais de seus membros.

(B) Compete-lhe zelar pela autonomia funcional e administrativa do Ministério Público, não podendo expedir atos regulamentares ou recomendar providências.

(C) Compete-lhe receber e conhecer as reclamações contra membros ou órgãos do Ministério Público da União ou dos Estados, inclusive contra seus serviços auxiliares, sem prejuízo da competência disciplinar e correicional da instituição, podendo avocar processos disciplinares em curso, determinar a remoção, a disponibilidade ou a aposentadoria com subsídios ou proventos integrais e aplicar outras sanções administrativas, assegurada a ampla defesa.

(D) Compete-lhe rever, de ofício ou mediante provocação, os processos disciplinares de membros do Ministério Público da União ou dos Estados julgados há menos de 5 anos.

(E) Compete-lhe elaborar relatório bienal, propondo as providências que julgar necessárias sobre a situação do Ministério Público no País e as atividades do Conselho.

Art. 130-A, § 2º, I a V, da CF.

Gabarito "A"

(Ministério Público/MA – 2009) Ao lado da vitaliciedade e irredutibilidade de subsídios, os membros do Ministério Público têm como garantia para livre atuação a "inamovibilidade", que por força constitucional atualmente só pode ser rompida:

(A) por interesse público, mediante decisão do órgão colegiado competente do Ministério Público, pelo voto de dois terços de seus membros;

(B) por interesse público, mediante decisão do órgão colegiado competente do Ministério Público, pelo voto da maioria absoluta de seus membros;

(C) por interesse público, comprovada a prática de falta funcional grave, mediante decisão do órgão colegiado competente do Ministério Público, pelo voto de dois terços de seus membros;

(D) por interesse público e cometida falta funcional grave, mediante decisão do órgão colegiado competente do Ministério Público, pelo voto da maioria absoluta de seus membros; e

(E) por interesse público, desde que seja cometida falta funcional grave, mediante decisão do órgão colegiado competente do Ministério Público, pelo voto da maioria simples de seus membros.

Art. 128, § 5º, I, *b*, da CF.

Gabarito "B"

(Ministério Público/PR – 2009) Analise as seguintes assertivas e assinale a alternativa correta:

I. O Conselho Nacional do Ministério Público compõe-se de quatorze membros nomeados pelo Presidente da República, depois de aprovada a escolha pela maioria absoluta do Senado Federal, para um mandato de dois anos, vedada a recondução;

II. o Procurador-Geral da República integra e preside o Conselho Nacional do Ministério Público;

III. incumbe ao Supremo Tribunal Federal indicar dois juízes que integrarão o Conselho Nacional do Ministério Público;

IV. incumbe ao Senado Federal indicar dois cidadãos de notável saber jurídico e reputação ilibada que integrarão o Conselho Nacional do Ministério Público;

V. o Presidente do Conselho Federal da Ordem dos Advogados do Brasil oficiará junto ao Conselho Nacional do Ministério Público.

(A) Todas as assertivas estão corretas;

(B) Apenas as assertivas I, II, III e IV estão corretas;

(C) Apenas as assertivas I e II estão corretas;

(D) Apenas as assertivas II, III e V estão corretas;

(E) Apenas as assertivas II e V estão corretas.

I: incorreta. É admitida uma recondução (art. 130-A, *caput*, da CF); **II:** correta, art. 130-A, I, da CF; **III:** incorreta. Um indicado pelo STF e outro pelo STJ (art. 130-A, IV, da CF); **IV:** incorreta. Um pela Câmara dos Deputados e outro pelo Senado Federal (art. 130-A, VI, da CF); **V:** correta, art. 130-A, § 4º, da CF.

Gabarito "E"

(Ministério Público/MG – 2008) Consagrou a Carta da República o controle externo através do Conselho Nacional do Ministério Público o qual tem desempenhado função de efetivo órgão de democratização e transparência, sendo INCORRETO afirmar que:

(A) compõe-se de quatorze membros nomeados pelo Presidente da República, depois de aprovada a escolha pela maioria absoluta do Senado Federal, para um mandato de dois anos, admitida uma recondução.

(B) tem-se na composição do CNMP o Procurador-Geral da República, que o preside; quatro membros do Ministério Público da União, assegurada a representação de cada uma de suas carreiras; quatro membros do Ministério Público dos Estados; dois juízes, um indicado pelo Supremo Tribunal Federal e outro pelo Superior Tribunal de Justiça; um advogado, indicado pelo Conselho Federal da Ordem dos Advogados do Brasil; e dois cidadãos de notável saber jurídico e reputação ilibada, indicados um pela Câmara dos Deputados e outro pelo Senado Federal.

(C) compete ao Conselho Nacional do Ministério Público o controle da atuação administrativa e financeira do Ministério Público e do cumprimento dos deveres funcionais de seus membros, cabendo-lhe, dentre outras, zelar pela autonomia funcional e administrativa do Ministério Público, podendo expedir atos regulamentares, no âmbito de sua competência, ou recomendar providências.

(D) ao Conselho Nacional do Ministério Público a Constituição Federal deu poderes para, de ofício ou mediante provocação, zelar pela legalidade dos atos administrativos praticados por membros ou órgãos do Ministério Público da União e dos Estados, podendo desconstituí-los, revê-los ou fixar prazo para que se adotem as providências necessárias ao exato cumprimento da lei, sem prejuízo da competência dos Tribunais de Contas.

(E) compete ao Conselho do Ministério Público rever, de ofício ou mediante provocação, os processos disciplinares de membros do Ministério Público da União ou dos Estados julgados há menos de um ano.

A: correta, art. 130-A, *caput*, da CF; **B:** incorreta, devendo ser assinalada. Não reflete o disposto nos incisos do art. 130-A da CF; **C:** correta, art. 130-A, § 2º, I, da CF; **D:** correta, art. 130-A, § 2º, II, da CF; **E:** correta, art. 130-A, § 2º, IV, da CF.

Gabarito "B"

(Ministério Público/RR – 2008 – CESPE) A CF foi o instrumento que representou, no contexto da nova ordem normativa, o elemento decisivo de consolidação jurídico-institucional do Ministério Público (MP). A Carta da República, ao dispensar singular tratamento normativo ao MP, redesenhou o novo perfil constitucional e outorgou a essa instituição e a seus membros atribuições inderrogáveis, explicitando a sua destinação político-institucional, ampliando as suas funções jurídicas e deferindo-lhes, de maneira muito expressiva, garantias e autonomias inéditas na estrutura estatal. Acerca desse assunto, julgue os itens de 6 a 10, de acordo com a doutrina, a CF e a legislação referente ao MP.

(1) Considere a seguinte situação hipotética. Um promotor de justiça lotado na promotoria do júri da capital paulista foi especificamente designado pelo procurador-geral de justiça para atuar, excepcionalmente, em um caso de grande repercussão ocorrido no interior paulista e que, a princípio, seria de atribuição do promotor de São José do Rio Preto – SP. Nessa situação, de acordo com o regime jurídico do MP, a conduta do procurador-geral foi correta.

(2) De acordo com o regime jurídico do MP, poderá ser homologada pelo Procurador-Geral da República, chefe do Ministério Público Federal, solicitação de promotor de justiça do estado da Bahia que deseje permutar seu cargo público com procurador da República lotado em Brasília, desde que ambos concordem com a mudança de trabalho.

(3) Por serem parte do Ministério Público da União, o Ministério Público Federal, o do Trabalho, o Militar e o do DF e Territórios devem ser presididos por um integrante do Ministério Público do DF, por ser o DF sede do poder federal.

(4) Considere que uma candidata seja aprovada em primeiro lugar no concurso para promotora do Meio Ambiente do Ministério Público do DF e deseje atuar, quando entrar em exercício, no âmbito judicial do STJ, como membro do *parquet* que exerce as funções de *custos legis* em turma desse tribunal. Nessa situação, de acordo com o regime jurídico do MP, o procurador-geral da República não pode aceitar a solicitação da candidata.

(5) Mesmo que ministro de Estado seja preso por crime de responsabilidade em Brasília/DF, não cabe a promotor criminal da capital da República denunciar o referido delito perante o STF.

1: incorreta. Viola o princípio do promotor natural, extensão dos princípios descritos no art. 5º, LIII; no art. 127,§ 1º; no art. 128, § 5º, I, *b*, todos da CF; **2:** incorreta. Promotores de Justiça integram o Ministério Público Estadual e Procuradores da República são membros do Ministério Público Federal que, por sua vez, faz parte do Ministério Público da União (art. 128, I, a e II, da CF). O ingresso nos cargos depende de aprovação prévia em concurso público (art. 37, II, da CF); **3:** incorreta. Não reflete o disposto no art. 128, § 1º, da CF; **4:** correta. Reflete o disposto no art. 44, parágrafo único, no art. 47, § 1º e no art. 66, todos da LC 75/1993. **5:** correta, art. 52, I, da CF.

Gabarito 1E, 2E, 3E, 4C, 5C

(Ministério Público/SP – 2008) Com relação ao disposto na Constituição Federal, considere as seguintes afirmações:

I. Os Ministérios Públicos dos Estados e o do Distrito Federal e Territórios formarão lista tríplice dentre integrantes da carreira, na forma da lei respectiva, para escolha de seu Procurador-Geral, que será nomeado pelo Chefe do Poder Executivo, para mandato de dois anos, não sendo permitida a sua recondução.

II. É garantida aos membros do Ministério Público a inamovibilidade, salvo por motivo de interesse público, mediante decisão do órgão colegiado competente do Ministério Público, pelo voto da maioria absoluta de seus membros, assegurada ampla defesa.

III. É vedado ao membro do Ministério Público exercer atividade político-partidária.

IV. A distribuição de processos no Ministério Público será imediata, salvo por motivo relevante, devendo o Procurador-Geral de Justiça, nos casos dos Estados, encaminhar a devida motivação ao presidente do Tribunal Estadual.

Estão corretas somente as assertivas

(A) I e IV.

(B) II e III.

(C) III e IV.

(D) I, II e III.

(E) II, III e IV.

I: incorreta. Não reflete o disposto no art. 128, § 3º, da CF. **II:** correta, art. 128, § 5º, I, *b*, da CF. **III:** correta, art. 128, § 5º, II, e, da CF. **IV:** incorreta. Não reflete o disposto no art. 129, § 5º, da CF.

Gabarito "B"

(Ministério Público/SP – 2006) Assinale a alternativa incorreta.

Além de outras funções cometidas nas Constituições Federal, Estadual, na Lei Orgânica e demais leis, compete ao Ministério Público, dentro de suas esferas de atribuições:

(A) propor ação de inconstitucionalidade de leis ou atos normativos estaduais ou municipais, em face à Constituição Estadual e ingressar em juízo, de ofício, para responsabilizar os gestores do dinheiro público condenados por tribunais e conselhos de contas.

(B) promover, privativamente, a ação penal pública, interpondo recursos cabíveis, inclusive ao Supremo Tribunal Federal e ao Superior Tribunal de Justiça.

(C) ajuizar ações de responsabilidade por danos causados aos investidores no Mercado de Valores Mobiliários ou de responsabilidade de ex-administradores de instituições financeiras sob intervenção ou liquidação extrajudicial, bem como ação revocatória em caso de falência.

(D) exercer a fiscalização dos estabelecimentos prisionais e dos que abriguem idosos, menores, incapazes ou pessoas com deficiência.

(E) oficiar junto à Justiça Eleitoral de primeira Instância, atender a qualquer do povo, tomando as providências cabíveis, sendo-lhe vedada a impetração de *habeas corpus*.

A: correta, art. 25, I e VIII, da Lei 8.625/1993; **B:** correta, art. 25, III e IX, da Lei 8.625/1993; **C:** correta, art. 295, I, da LC 734/1993, do Estado de São Paulo, e art. 46, parágrafo único, da Lei 6.024/1974; **D:** correta, art. 25, VI, da Lei 8.625/1993; **E:** incorreta, devendo ser assinalada. A parte final não reflete o disposto no art. 654 do CPP. A primeira parte está correta (art. 37 da LC 75/1993 e art. 32, II, da Lei 8.625/1993).

Gabarito "E"

(Ministério Público/TO – 2006 – CESPE) No que respeita ao regime constitucional do MP, assinale a opção correta.

(A) De acordo com o entendimento predominante na jurisprudência atual, o MP está legitimado a ajuizar ação civil pública para atacar tributos que padeçam de inconstitucionalidade, pois, assim fazendo, o órgão busca obrigar a administração pública a observar os direitos e garantias fundamentais e as normas constitucionais concernentes à administração e à ordem tributária.

(B) Os membros do MP aprovados em concurso público somente adquirem vitaliciedade após aprovação no estágio probatório; se, porém, um membro do MP for nomeado para vaga no chamado quinto constitucional, passará a ter aquela garantia no momento da posse.

(C) Assim como ocorre com o presidente da República, procurador-geral da República pode ser reconduzido apenas uma vez na função, conquanto não precisa desincompatibilizar-se, como aquele.

(D) Se um promotor de justiça e um procurador da República se considerarem simultaneamente competentes para instaurar procedimento investigatório criminal acerca de determinado fato, caberá ao procurador-geral da República decidir conflito de atribuições que se instaurar para resolver divergência.

A: incorreta. De acordo com jurisprudência do STF e do STJ, não cabe ACP em matéria tributária (art. 1°, parágrafo único, da Lei 7.347/1985); **B:** correta, art. 128, I, a, da CF e art. 22, I, da LC 35/1979; **C:** incorreta. O PGR pode ser reconduzido, na forma do art. 128, § 1°, da CF. Já o Presidente da República pode ser reeleito (art. 14, § 5°, da CF); **D:** incorreta. O STF conferiu maior abrangência ao art. 102, I, *f*, da CF, ante o fato de estarem envolvidos órgão da União e de Estado-membro, para entender que é sua a competência para solução do caso. Ver CJ 5133/RS; CJ 5267/GB; MS 22042 QO/RR, Pet 3528/BA.

Gabarito "B"

(Ministério Público/BA – 2005) Assinale a alternativa correta:

(A) O Ministério Público da União apenas abrange o Ministério Público Federal, o Ministério Público do Trabalho e o Ministério Público Militar.

(B) O Ministério Público da União abrange o Ministério Público Federal, o Ministério Público do Trabalho e o Ministério Público do Distrito Federal e dos Territórios.

(C) O Ministério Público da União abrange o Ministério Público Federal, o Ministério Público do Trabalho, o Ministério Público Militar e o Ministério Público do Distrito Federal e dos Territórios.

(D) O Ministério Público da União abrange apenas o Ministério Público Federal e o Ministério Público do Distrito Federal e dos Territórios, já que os demais são órgãos que atuam perante a Justiça Especial.

(E) O Ministério Público da União, além do disposto no item "b" desta questão, abrange ainda o Ministério Público dos Estados, já que a União engloba todos os Entes da Federação, indistintamente.

Art. 128, I, da CF.

Gabarito "C"

14. DEFESA DO ESTADO

(Ministério Público/TO – 2012 – CESPE) CF estabelece situações em que, excepcionalmente, se admite a intervenção, suprimindo-se, temporariamente, a autonomia de determinados entes da Federação. Sobre esse tema, assinale a opção correta.

(A) A permanência da intervenção federal por prazo superior ao estabelecido no decreto interventivo importa crime de responsabilidade do chefe do Poder Executivo federal, que será julgado pelo STF.

(B) A intervenção federal pode ser espontânea ou provocada; neste último caso, se a provocação for oriunda do Poder Executivo ou do Poder Legislativo, o presidente da República será obrigado a intervir.

(C) A intervenção se exterioriza mediante decreto interventivo de competência do presidente da República ou do governador de estado, conforme o caso. O decreto de intervenção deverá nomear o interventor e terá de ser submetido à apreciação do Congresso Nacional ou da assembleia legislativa do estado, no prazo de quarenta e oito horas.

(D) A decretação da intervenção estadual em município na hipótese de inobservância de princípios indicados na constituição estadual depende de decisão do tribunal de justiça do respectivo estado, sujeita a recurso extraordinário e, portanto, a eventual confirmação pelo STF.

(E) A única hipótese de intervenção da União em municípios prevista na CF se refere aos municípios localizados em território federal. Tendo em vista que, atualmente, não existem territórios federais, uma intervenção federal levada a efeito em um município brasileiro seria inconstitucional.

A: incorreta, pois em se tratando de crime de responsabilidade, será o Presidente da República processado e julgado pelo Senado Federal, após a autorização de 2/3 dos membros da Câmara dos Deputados, nos termos dos arts. 51, I e 52, I, da CF; **B:** incorreta, na exata medida que a intervenção federal provocada por solicitação é decretada para garantir o livre exercício das funções executiva e legislativa, quando coação ou impedimento recaírem sobre elas. Nesse caso, para o Presidente da República decretar a intervenção, é necessário que os Poderes Executivo e Legislativo coactos ou impedidos solicitem (CF, art. 34, IV, c/c o art. 36, I, 1ª parte). Cumpre asseverar que, na intervenção federal provocada por solicitação, o Presidente da República é árbitro da conveniência e oportunidade de decretar o ato interventivo. Ele não está obrigado a intervir, pois age com discricionariedade; **C:** incorreta, pois o decreto interventivo poderá nomear um interventor, cujo nome há de ser submetido à apreciação do Congresso Nacional ou da Assembleia Legislativa, no prazo de vinte e quatro horas (CF, art. 36, §§ 1° e 2°). Escolhido pelo Presidente da Repúbica, o interventor nada mais é do que um elevado servidor público federal, cujas funções federais devem constar no decreto interventivo; **D:** incorreta, já que inexiste a possibilidade de interpor recurso para o STF; **E:** correta, réplica dos artigos 34 e 35, da CF.

Gabarito "E"

(Ministério Público/GO – 2012) A respeito do instituto da Intervenção Federal, marque a alternativa correta:

(A) descabe a propositura de representação interventiva em face de ato normativo de efeito concreto;

(B) na expedição do decreto de intervenção, o Chefe do Poder Executivo, em toda e qualquer hipótese, exerce competência de índole discricionária, subordinada às notas de conveniência e oportunidade;

(C) é da competência exclusiva do Senado Federal, decorrente de sua conformação específica de órgão legislativo de representação dos Estados-membros e do Distrito Federal, aprovar ou suspender a intervenção federal;

(D) segundo a jurisprudência do Supremo Tribunal Federal, o pedido de requisição de intervenção dirigida por Presidente de Tribunal de Justiça ao STF há de ter motivação quanto à necessidade da intervenção.

A: incorreta, pois é plenamente possível a propositura de representação interventiva em face de ato normativo de efeito concreto. É considerada lei de efeitos concretos ou ato normativo de efeito concreto, aquele consignado como lei em sentido formal (espécie normativa primária), porém, não atende aos critérios da generalidade e abstração, ou seja, são Leis Complementares, Ordinárias, Delegadas ou Medidas Provisórias que possuem destinatário certo (não são gerais), sem possibilidade de repetição (não possuem abstração). As leis individuais são marcadas pela falta de generalidade ou impessoalidade. As leis de efeitos concretos e as leis individuais são consideradas pela doutrina como atos administrativos em sentido material dotados de forma de lei porque em essência são atos administrativos que estão na forma de uma lei, no formato de uma lei. As leis de efeitos concretos, embora com conteúdo de ato administrativo, são consideradas leis porque possuem imperatividade (obrigatoriedade) e normatividade (atribuem poder ou dever de fazer ou de não fazer), porém, diferentemente das leis em sentido próprio, possuem concretude e individualização. Leis que criam um Município (art. 18, § 4º) e leis orçamentárias (art. 165) são ótimos exemplos constitucionais para ilustrar o conceito de lei de efeitos concretos, pois não possuem a abstração necessária para se repetirem em infinitas situações. Também podemos citar os Decretos Legislativos e as Resoluções da Câmara ou do Senado como, tipicamente, atos normativos de efeitos concretos, pois, em regra, são emanados não para criar condutas gerais e abstratas e sim para autorizar, aprovar, suspender, fixar. No âmbito infraconstitucional podem ser citadas as leis que estabelecem indenização a determinada pessoa, as leis que concedem anistia, as leis que determinam que tal ou qual imóvel seja área de preservação ambiental, as leis que mudam o nome de um Município. **B:** incorreta, na expedição do decreto de intervenção, o Chefe do Poder Executivo só exerce competência de índole discricionária, subordinada às notas de conveniência e oportunidade, nas hipóteses de intervenção federal provocada por solicitação Em se tratando de intervenção federal provocada por requisição do Poder Judiciário, via STF, para o Presidente da República estará vinculado à requisição. Ou seja, ele deverá decretar a intervenção; **C:** incorreta, já que é da competência exclusiva do Congresso Nacional, e não do Senado Federal, aprovar ou suspender a intervenção federal, nos termos do art. 49, IV, c/c art. 36, § 1º, da CF; **D:** correta, segundo a jurisprudência do Supremo Tribunal Federal, o pedido de requisição de intervenção dirigida por Presidente de Tribunal de Justiça ao STF há de ter motivação quanto à necessidade da intervenção, conforme Informativos 37 e 230 do Supremo Tribunal Federal.

Gabarito "D"

(Ministério Público/GO – 2010) Quanto ao sistema constitucional de crises, assinale a resposta errada:

(A) Na vigência do estado de defesa a prisão por crime contra o Estado, determinada pelo executor da medida, será por este comunicada imediatamente ao juiz competente, que a relaxará, se não for legal, facultado ao preso requerer exame de corpo de delito à autoridade policial.

(B) O tempo de duração do estado de sítio não será superior a trinta dias, podendo ser prorrogado uma vez, por igual período, se persistirem as razões que justificaram a sua decretação.

(C) A Mesa do Congresso Nacional, ouvidos os líderes partidários, designará Comissão composta de cinco de seus membros para acompanhar e fiscalizar a execução das medidas referentes ao estado de defesa e ao estado de sítio.

(D) Decretado o estado de defesa ou sua prorrogação, o Presidente da República, dentro de vinte e quatro horas, submeterá o ato com a respectiva justificação ao Congresso Nacional, que decidirá por maioria absoluta.

A: correta, na vigência do estado de defesa a prisão por crime contra o Estado, determinada pelo executor da medida, será por este comunicada imediatamente ao juiz competente, que a relaxará, se não for legal, facultado ao preso requerer exame de corpo de delito à autoridade policial, conforme art. 136, § 3º, I, da CF; **B:** incorreta, devendo ser assinalada, pois se o estado de sítio for decretado nos casos de comoção grave de repercussão nacional ou ocorrência de fatos que comprovem a ineficácia de medida tomada durante o estado de defesa, não poderá ser decretado por mais de 30 (trinta dias), nem prorrogado, de cada vez, por prazo superior. Todavia, se o estado de sítio for decretado nos casos declaração de estado de guerra ou resposta a agressão armada estrangeira, poderá ser decretado por todo o tempo que perdurar a guerra ou a agressão armada estrangeira; **C:** correta, a Mesa do Congresso Nacional, ouvidos os líderes partidários, designará Comissão composta de cinco de seus membros para acompanhar e fiscalizar a execução das medidas referentes ao estado de defesa e ao estado de sítio, nos termos do art. 140 da CF; **D:** correta, réplica do art. 136, § 4º, da CF.

Gabarito "B"

(Ministério Público/ES – 2010 – CESPE) A respeito da intervenção federal nos estados, assinale a opção correta.

(A) Um dos princípios expressamente consignados na CF que possibilitam o cabimento da representação interventiva pelo procurador-geral da República é o da independência e harmonia entre os poderes.

(B) Segundo o STF, as hipóteses de omissão administrativa e de prática de ato concreto com violação aos direitos da pessoa humana ensejam a possibilidade de manejo da representação interventiva do ente estatal.

(C) De acordo com a CF, na hipótese de recusa à execução de lei federal, a representação interventiva será julgada pelo STJ.

(D) Na hipótese de inobservância dos princípios constitucionais – forma republicana, sistema representativo e regime democrático –, a decretação da intervenção dependerá de solicitação do Poder Legislativo, do Poder Executivo ou de requisição do STF.

(E) A jurisprudência do STF entende que somente caberá representação interventiva para combater ato normativo estadual apto a ofender, de modo efetivo ou potencial, qualquer dos princípios sensíveis elencados na CF.

A: incorreta. O art. 34, VII, da CF lista os "princípios constitucionais sensíveis", dentre os quais não se encontra a separação de poderes;

B: correta. Com fundamento no art. 34, VII, *b*, da CF; **C:** incorreta. A competência é do STF (art. 36, III, da CF); **D:** incorreta. A intervenção por desrespeito aos princípios constitucionais sensíveis (art. 34, VII, da CF) depende de provimento, pelo STF, de representação formulada pelo Procurador-Geral da República (art. 36, III, da CF); **E:** incorreta. As hipóteses de intervenção estadual em municípios estão arroladas no art. 35, I a IV, da CF.

Gabarito "B"

(Ministério Público/MS – 2009) Quanto à defesa do Estado e das instituições democráticas, assinale a opção correta.

(A) Conforme previsão constitucional, se a ordem pública ou a paz social estão ameaçadas por grave e iminente instabilidade institucional, o Presidente da República deverá decretar o estado de defesa.

(B) Antes de decretar o estado de defesa ou estado de sítio, o Presidente da República poderá ouvir ou o Conselho da República, ou o Conselho de Defesa Nacional, respectivamente.

(C) Em matéria de pressupostos formais para a decretação do estado de defesa e do estado de sítio, as razões e o sentido da manifestação do Conselho da República e do Conselho de Defesa Nacional vinculam o Presidente da República.

(D) Sendo ato normativo de competência do Presidente da República, não cabe controle legislativo do decreto de estado de defesa e do decreto de estado de sítio.

(E) Na vigência do estado de sítio, decretado em razão de comoção grave de repercussão nacional ou de ocorrência de fatos que comprovem a ineficácia de medida tomada durante o estado de defesa, poderão ser adotadas medidas de restrição à liberdade de imprensa, radiodifusão e televisão.

A: incorreta, pois o Presidente da República *pode* (não, deve), ouvidos o Conselho da República e o Conselho de Defesa Nacional, decretar estado de defesa para preservar ou prontamente restabelecer, em locais restritos e determinados, a ordem pública ou a paz social ameaçadas por grave e iminente instabilidade institucional ou atingidas por calamidades de grandes proporções na natureza, nos termos do art. 136 da CF; **B:** incorreta, pois ouvirá o Conselho da República e o Conselho de Defesa Nacional; **C:** incorreta, já que em matéria de pressupostos formais para a decretação do estado de defesa e do estado de sítio, as razões e o sentido da manifestação do Conselho da República e do Conselho de Defesa Nacional *não* vinculam o Presidente da República; **D:** incorreta, pois os arts. 140 e 141 da CF determinam que a Mesa do Congresso Nacional, ouvidos os líderes partidários, designará Comissão composta de cinco de seus membros para acompanhar e fiscalizar a execução das medidas referentes ao estado de defesa e ao estado de sítio. Cessado o estado de defesa ou o estado de sítio, cessarão também seus efeitos, sem prejuízo da responsabilidade pelos ilícitos cometidos por seus executores ou agentes. Logo que cesse o estado de defesa ou o estado de sítio, as medidas aplicadas em sua vigência serão relatadas pelo Presidente da República, em mensagem ao Congresso Nacional, com especificação e justificação das providências adotadas, com relação nominal dos atingidos e indicação das restrições aplicadas; **E:** correta, réplica do art. 139, III, da CF.

Gabarito "E"

(Ministério Público/MG – 2010 – FUNDEP) Sobre o Instituto da Intervenção, previsto nos artigos 34, 35 e 36, da Constituição Federal, assinale a afirmativa INCORRETA.

(A) Não obstante tratar-se de ato eminentemente de natureza política, a intervenção pode sujeitar-se ao controle jurisdicional.

(B) O decreto de intervenção, que especificará a amplitude, o prazo e as condições de execução e que, se couber, nomeará o interventor, será submetido à apreciação do Congresso Nacional ou da Assembleia Legislativa do Estado.

(C) A União não intervirá nos Estados nem no Distrito Federal, exceto para, e também, pôr termo a grave comprometimento da ordem pública.

(D) Cessados os motivos da intervenção, as autoridades afastadas de seus cargos a estes voltarão, em qualquer hipótese.

A: correta, ante o princípio da inafastabilidade do controle pelo Poder Judiciário (art. 5º, XXXV, da CF); **B:** correta, art. 36, § 1º, da CF; **C:** correta, art. 34, III, da CF; **D:** incorreta, devendo ser assinalada. As autoridades afastadas de seus cargos a estes voltarão, salvo impedimento legal (art. 36, § 4º, da CF).

Gabarito "D"

(Ministério Público/SE – 2010 – CESPE) Com relação à segurança pública, à polícia ostensiva e à polícia judiciária, assinale a opção correta.

(A) A segurança pública é dever da União e tem como objetivo fundamental a preservação da ordem pública e da incolumidade das pessoas e do patrimônio.

(B) Os municípios que tiverem mais de vinte mil habitantes podem constituir guardas municipais destinadas à proteção de seus bens, serviços e instalações.

(C) Às polícias civis competem, ressalvada a competência da União, as funções de polícia judiciária e a apuração de infrações penais, exceto as militares.

(D) Compete privativamente à União legislar sobre normas de organização, efetivos, material bélico e garantias, convocação e mobilização das polícias militares e dos corpos de bombeiros militares, bem como sobre normas de organização, garantias, direitos e deveres das polícias civis.

(E) As polícias militares e os corpos de bombeiros militares subordinam-se aos governadores dos estados, com exceção do DF, onde a subordinação se dá em relação ao chefe de governo da União.

A: incorreta. É dever do Estado (não apenas da União), direito e responsabilidade de todos (art. 144 da CF); **B:** incorreta. O art. 144, § 8º, da CF não limita a criação de guardas municipais aos municípios com mais de vinte mil habitantes; **C:** correta, art. 144, § 4º, da CF; **D:** incorreta. A primeira parte está correta (art. 22, XXI, da CF), mas quanto às polícias civis a competência é concorrente (art. 24, XVI, da CF); **E:** incorreta. As polícias militares e corpos de bombeiros militares, forças auxiliares e reserva do Exército, subordinam-se, juntamente com as polícias civis, aos Governadores dos Estados, do Distrito Federal e dos Territórios (art. 144, § 6º, da CF).

Gabarito "C"

(Ministério Público/MS – 2009) No âmbito da intervenção da União nos Estados e no Distrito Federal, assinale a opção correta.

(A) A decretação da intervenção da União nos Estados e no Distrito Federal para pôr fim a grave comprometimento da ordem pública depende de provimento, pelo Supremo Tribunal Federal, de representação do Procurador-Geral da República.

(B) A decretação da intervenção da União nos Estados e no Distrito Federal para prover a execução de lei federal depende de provimento pelo Superior Tribunal de Justiça.

(C) A União poderá intervir nos municípios localizados no território dos Estados para assegurar a oferta e o funcionamento de serviços públicos essenciais à população, como saúde e educação.

(D) Compete ao Distrito Federal, nas hipóteses previstas na Constituição, intervir em seus próprios Municípios.

(E) Nas hipóteses em que a intervenção da União nos Estados e no Distrito Federal decorre de provimento judicial não cabe controle político do decreto pelo Congresso Nacional.

A: incorreta, já que a decretação da intervenção da União nos Estados e no Distrito Federal para pôr fim a grave comprometimento da ordem pública é espontânea, nos termos do art. 34, III, da CF; **B:** incorreta, a decretação da intervenção da União nos Estados e no Distrito Federal para prover a execução de lei federal depende de provimento pelo Supremo Tribunal Federal; **C:** incorreta, pois a União não poderá intervir em hipótese alguma nos Municípios, salvo nos Municípios localizados em Território Federal; **D:** incorreta, somente os Estados podem intervir em seus próprios Municípios, conforme art. 35 da CF; **E:** correta, nos termos do § 3º do art. 36 da CF.

Gabarito "E"

(Ministério Público/SP – 2010) Assinale a alternativa em que a intervenção do Estado no Município dispensa apreciação pela Assembleia Legislativa:

(A) quando a dívida fundada deixar de ser paga, sem motivo de força maior, por dois anos consecutivos.

(B) na hipótese de não serem prestadas contas devidas, na forma da lei.

(C) quando não tiver sido aplicado o mínimo exigido da receita municipal na manutenção e desenvolvimento do ensino e nas ações e serviços públicos de saúde.

(D) no caso de o Tribunal de Justiça der provimento a representação para assegurar a observância de princípios indicados na Constituição estadual, ou para prover a execução de lei, de ordem ou de decisão judicial.

(E) em todas hipóteses acima mencionadas.

Art. 36, § 3º, da CF, que remete ao art. 35, IV, da Constituição.

Gabarito "D"

(Ministério Público/RO – 2008 – CESPE) A respeito da organização dos poderes, assinale a opção correta.

(A) Caso um deputado federal, que também seja radialista, ao promover uma mesa de debates no seu programa de rádio, injurie um famoso empresário, nessa hipótese, conforme precedentes do STF, o deputado não poderá ser responsabilizado pela injúria praticada, já que possui imunidade material quanto a suas opiniões, palavras e votos.

(B) Caso o governador de determinado estado tenha sido processado pelo MP estadual perante o STJ por crime comum, nessa hipótese, a previsão, na Constituição estadual, de que o governador somente será processado após licença da respectiva assembleia legislativa não será óbice ao seguimento da ação penal, já que tal dispositivo é inconstitucional.

(C) Diante do parâmetro normativo constitucional relativo ao presidente da República, é constitucional a norma, prevista em Constituição estadual, que assegure ao governador do estado imunidade contra a prisão cautelar penal.

(D) O MP não tem competência para buscar a reparação civil junto aos infratores, assim identificados em uma comissão parlamentar de inquérito.

(E) Conforme preceitua a CF, o presidente da República poderá delegar ao Procurador-Geral da República o poder de extinguir cargos públicos, quando vagos.

A: incorreta. A imunidade parlamentar não aproveita os atos praticados sem vinculação com o exercício do mandato. V. STF, RE 210.917, Rel. Min. Sepúlveda Pertence; **B:** incorreta. Aplicação, por simetria, do disposto no art. 51, I, da CF; **C:** incorreta. O art. 86, § 3º, da CF, não contém regra nesse sentido e, por isso, não há falar em simetria; **D:** incorreta. Não reflete o disposto no art. 58, § 3º, parte final, da CF; **E:** correta, art. 84, parágrafo único, da CF.

Gabarito "E"

(Ministério Público/RO – 2008 – CESPE) Acerca do Poder Judiciário e do MP, assinale a opção correta.

(A) Compete ao STJ julgar o conflito de atribuições entre o MP federal e o estadual.

(B) Caso mandado de segurança impetrado contra ministro de Estado seja concedido, caberá recurso ordinário, contra essa decisão, para a instância superior.

(C) Compete ao STF julgar reclamação contra decisões judiciais ou atos administrativos que venham a contrariar decisão anterior proferida em sede de controle abstrato de constitucionalidade, reconhecendo-se a legitimidade ativa *ad causam* a todos que comprovem prejuízo oriundo das decisões ou atos administrativos impugnados.

(D) Os Procuradores-Gerais de justiça dos estados e do DF serão nomeados pelos respectivos governadores, após formação de lista tríplice escolhida por meio de eleições internas em cada órgão, somente podendo ser destituídos por deliberação da maioria absoluta do Poder Legislativo competente.

(E) Compete ao Conselho Nacional do Ministério Público o controle da atuação administrativa e financeira do MP e do cumprimento dos deveres funcionais de seus membros, inclusive a orientação no que se refere à forma como proceder nos autos judiciais e administrativos de sua competência, com vistas a proporcionar maior padronização e celeridade.

A: incorreta. O STF conferiu maior abrangência ao art. 102, I, *f*, da CF, ante o fato de estarem envolvidos órgão da União e de Estado-membro, para entender que é sua a competência para solução do caso. Ver CJ 5133/RS; CJ 5267/GB; MS 22042 QO/RR, Pet 3528/BA; **B:** incorreta. Em caso de concessão da ordem pelo STJ (art. 105, I, *b*, da CF), não cabe recurso ordinário para o STF (art. 102, II, *a*, da CF); **C:** correta. Após o julgamento da Rcl 1.880/SP, Rel. Min. Maurício Corrêa, o Supremo passou a admitir reclamação proposta por qualquer pessoa afetada pela desobediência à decisão proferida em controle abstrato, desde que comprovasse interesse de agir; **D:** incorreta. Não reflete o disposto no art. 128, § 3º, da CF; **E:** incorreta. Não reflete o disposto no art. 130-A, § 2º, da CF.

Gabarito "C"

(Ministério Público/TO – 2006 – CESPE) No referente à defesa do Estado e das instituições democráticas, assinale a opção correta.

(A) Os mecanismos de defesa da Constituição não estão sujeitos a controle de prazo, pois podem vigorar de acordo com apreciação discricionária do Presidente da República.

(B) A Constituição de 1988 determina que a polícia federal é a polícia judiciária da União, razão pela qual apenas ela pode investigar fatos que constituam delitos contra o poder público federal, conforme entendimento já firmado pelos tribunais superiores.

(C) A fixação dos pressupostos e requisitos de validade para decretação dos chamados estados constitucionais de emergência somente pode ser feita pela própria Constituição, não por normas infraconstitucionais.

(D) Com as últimas reformas da Constituição, os militares adquiriram o direito de sindicalizar-se, mas não pode participar de reuniões fora do serviço portando armas.

A: incorreta. Não reflete o disposto nos arts. 136, § 1º, e 138, ambos da CF; **B:** incorreta. O art. 144, § 1º, IV, da CF, não fez da investigação criminal uma função exclusiva da Polícia Federal, apenas se referindo ao exercício da função de polícia judiciária da União, qual seja, a de auxiliar o Poder Judiciário. A função de apurar infrações penais está prevista no art. 144, § 4º, da CF, que não estabelece nenhuma cláusula de exclusividade; **C:** correta. Só a Constituição pode excepcionar direitos e garantias nela previstos; **D:** incorreta. Não reflete o disposto no art. 142, § 3º, IV, da CF.

Gabarito "C"

15. TRIBUTAÇÃO E ORÇAMENTO

(Ministério Público/PI – 2014 – CESPE) Considerando as normas constitucionais aplicáveis ao sistema tributário nacional, às finanças públicas e à ordem econômica, assinale a opção correta.

(A) Incorrerá em inconstitucionalidade a lei estadual que criar taxa incidente sobre o patrimônio, renda ou serviços de municípios, visto que, na CF, é prevista, para esse caso, a limitação constitucional ao poder de tributar denominada imunidade recíproca.

(B) Em razão do regime de livre mercado estabelecido na CF, é vedado ao Estado explorar diretamente atividade econômica.

(C) De acordo com a CF, não se pode vincular a receita de impostos estaduais a despesas com manutenção e desenvolvimento do ensino e ações e serviços públicos de saúde.

(D) Os municípios, os estados e o DF poderão instituir imposto para custeio do serviço de iluminação pública, desde que o façam com observância ao princípio da legalidade, da anterioridade e da irretroatividade.

(E) Viola disposição da CF o convênio firmado entre estado e município com o objetivo de realizar transferência voluntária de recursos financeiros para pagamento de despesas com professores integrantes da rede pública de ensino.

A: incorreta, já que o art. 150, VI, *a*, da CF somente se referiu a imposto; a taxa, também modalidade de tributo, não foi contemplada; **B:** incorreta, na medida em que o art. 173, *caput*, da CF autoriza o Estado a explorar, diretamente, atividade econômica, desde que necessária aos imperativos da segurança nacional ou a relevante interesse coletivo; **C:** incorreta (art. 167, IV, da CF); **D:** incorreta (art. 149-A, CF); E: correta, pois em conformidade com a regra presente no art. 167, X, da CF.

Gabarito "E"

(Ministério Público/SP – 2010) Não se inclui na competência tributária dos Estados e do Distrito Federal a instituição de impostos sobre:

(A) operações relativas à circulação de mercadorias.

(B) prestações de serviços de transporte interestadual e intermunicipal e de comunicação, ainda que as operações e as prestações se iniciem no exterior.

(C) a propriedade de veículos automotores.

(D) transmissão *"causa mortis"* e doação, de quaisquer bens ou direitos.

(E) produtos industrializados.

Art. 155, I a III, da CF (impostos estaduais). O IPI é imposto da competência da União (art. 153, IV, da CF).

Gabarito "E"

(Ministério Público/RO – 2010 – CESPE) Assinale a opção correta com relação aos preceitos constitucionais e à jurisprudência referentes a tributação e orçamento.

(A) A imunidade tributária conferida aos entes da Federação diz respeito aos impostos, não alcançando as contribuições.

(B) Os estados e o DF podem instituir contribuição, mediante aprovação de lei, para o custeio do serviço de iluminação pública, sendo facultada a cobrança da contribuição na fatura de consumo de energia elétrica.

(C) Segundo decisão do STF, em controle de constitucionalidade abstrato, não ofende o princípio da não confiscatoriedade hipótese normativa que estipule multa fiscal de 300%, desde que se trate de inadimplemento pelo contribuinte de obrigação tributária.

(D) As contribuições sociais e de intervenção no domínio econômico de competência da União não incidem sobre a importação de produtos estrangeiros ou serviços.

(E) Com a finalidade de não ofender o pacto federativo, a CF veda que a União conceda incentivos fiscais às diferentes regiões do país, ainda que sob o argumento de promover o equilíbrio do desenvolvimento socioeconômico.

A: correta, art. 150, VI, "a", da CF; **B:** incorreta. Não reflete o disposto no art. 149-A, *caput*, da CF (v., tb., seu parágrafo único); **C:** incorreta. O STF afastou a multa ao julgar a ADIN-MC 1075, Rel. Min. Celso de Mello: "A proibição constitucional do confisco em matéria tributária – ainda que se trate de multa fiscal resultante do inadimplemento, pelo contribuinte, de suas obrigações tributárias – nada mais representa senão a interdição, pela Carta Política, de qualquer pretensão governamental que possa conduzir, no campo da fiscalidade, à injusta apropriação estatal, no todo ou em parte, do patrimônio ou dos rendimentos dos contribuintes, comprometendo-lhes, pela insuportabilidade da carga tributária, o exercício do direito a uma existência digna, ou a prática de atividade profissional lícita ou, ainda, a regular satisfação de suas necessidades vitais básicas"; **D:** incorreta. Não reflete o disposto no art. 149, § 2º, II, da CF; **E:** incorreta. Não reflete o disposto no art. 151, I, da CF.

Gabarito "A"

(Ministério Público/CE – 2009 – FCC) É vedado à União, aos Estados, ao Distrito Federal e aos Municípios

(A) exigir tributo com base em fato gerador presumido, ainda que a presunção se realize.

(B) instituir isenções de tributos da competência uns dos outros, inclusive, no que se refere à União, em sede de tratados internacionais.

(C) utilizar tributo com efeito confiscatório, efeito esse cuja identificação deve ser feita em função da totalidade da carga tributária, mediante verificação da capacidade de o contribuinte suportar a incidência de todos os tributos que ele deverá pagar, dentro de determinado período, à mesma pessoa política que os houver instituído.

(D) instituir tributos sobre patrimônio, renda ou serviços, uns dos outros.

(E) instituir tributos sobre livros, jornais, periódicos e o papel destinado a sua impressão, o que abrange outros insumos como tintas, filmes ou papéis fotográficos necessários àquelas publicações.

A: incorreta. A substituição tributária para frente apoia-se no conceito de fato gerador presumido; **B:** incorreta. O art. 151, III, da CF veda expressamente a isenção heterônoma (heterotópica), ou seja, aquela concedida por outro ente, que não o titular da competência tributária; **C:** correta, art. 150, IV, da CF; **D:** incorreta. A imunidade recíproca refere-se apenas a impostos e não a todo e qualquer tributo (art. 150, VI, *a*, da CF); **E:** incorreta, art. 150, VI, *d*, da CF. Súmula 657 do STF: "A imunidade prevista no art. 150, VI, *d*, da CF, abrange os filmes e papéis fotográficos necessários à publicação de jornais e periódicos". O STF também já decidiu que a imunidade do papel de impressão não abrange as tintas.

Gabarito "C"

(Ministério Público/CE – 2009 – FCC) De acordo com as normas constitucionais atinentes à matéria orçamentária, inclusive segundo compreendidas pela jurisprudência mais recente do Supremo Tribunal Federal,

(A) o Ministério Público exerce iniciativa legislativa direta ao Congresso Nacional ou à respectiva Assembleia Legislativa, conforme o caso, relativamente ao seu orçamento anual, em razão da autonomia financeira a ele assegurada pela Constituição.

(B) compete ao Supremo Tribunal Federal verificar a imprevisibilidade ou não de um crédito orçamentário para o fim de julgar a possibilidade ou não de ele constar como crédito extraordinário em medida provisória, dado que essa espécie normativa não pode veicular nenhum outro tipo de crédito orçamentário.

(C) os projetos de lei relativos ao plano plurianual, às diretrizes orçamentárias, ao orçamento anual e aos créditos adicionais são apreciados pelas duas Casas do Congresso Nacional em sessões bicamerais e separadas.

(D) o Presidente da República não pode enviar mensagem ao Congresso Nacional para propor modificação nos projetos de lei relativos ao plano plurianual, às diretrizes orçamentárias, ao orçamento anual e aos créditos adicionais, ainda que não tenha sido iniciada a votação, em Comissão mista, da parte cuja alteração seria pretendida.

(E) é constitucional a lei estadual que prevê reajuste automático de vencimentos dos servidores do Estado membro vinculado ao incremento da arrecadação do ICMS e a índice de correção monetária.

A: incorreta. Não reflete o disposto no art. 127, §§ 3º e 4º, da CF; **B:** correta. V. ADIn 4048, Rel. Min. Gilmar Mendes: "Controle abstrato de constitucionalidade de normas orçamentárias. Revisão de jurisprudência. O Supremo Tribunal Federal deve exercer sua função precípua de fiscalização da constitucionalidade das leis e dos atos normativos quando houver um tema ou uma controvérsia constitucional suscitada em abstrato, independente do caráter geral ou específico, concreto ou abstrato de seu objeto. Possibilidade de submissão das normas orçamentárias ao controle abstrato de constitucionalidade. III. Limites constitucionais à atividade legislativa excepcional do poder executivo na edição de medidas provisórias para abertura de crédito extraordinário. Interpretação do art. 167, § 3º c/c o art. 62, § 1º, inciso I, alínea 'd', da Constituição. Além dos requisitos de relevância e urgência (art. 62), a Constituição exige que a abertura do crédito extraordinário seja feita apenas para atender a despesas imprevisíveis e urgentes. Ao contrário do que ocorre em relação aos requisitos de relevância e urgência (art. 62), que se submetem a uma ampla margem de discricionariedade por parte do Presidente da República, os requisitos de imprevisibilidade e urgência (art. 167, § 3º) recebem densificação normativa da Constituição. Os conteúdos semânticos das expressões 'guerra', 'comoção interna' e 'calamidade pública' constituem vetores para a interpretação/aplicação do art. 167, § 3º c/c o art. 62, § 1º, inciso I, alínea 'd', da Constituição.

'Guerra', 'comoção interna' e 'calamidade pública' são conceitos que representam realidades ou situações fáticas de extrema gravidade e de consequências imprevisíveis para a ordem pública e a paz social, e que dessa forma requerem, com a devida urgência, a adoção de medidas singulares e extraordinárias. A leitura atenta e a análise interpretativa do texto e da exposição de motivos da MP n. 405/2007 [convertida na Lei 11.658/2008] demonstram que os créditos abertos são destinados a prover despesas correntes, que não estão qualificadas pela imprevisibilidade ou pela urgência. A edição da MP n. 405/2007 [convertida na Lei 11.658/2008] configurou um patente desvirtuamento dos parâmetros constitucionais que permitem a edição de medidas provisórias para a abertura de créditos extraordinários"; **C:** incorreta. Os projetos de lei relativos ao plano plurianual, às diretrizes orçamentárias, ao orçamento anual e aos créditos adicionais serão apreciados pelas duas Casas do Congresso Nacional, na forma do regimento comum (art. 166 da CF); **D:** incorreta. O Presidente da República poderá enviar mensagem ao Congresso Nacional para propor modificações enquanto não iniciada a votação, na Comissão mista, da parte cuja alteração é proposta (art. 166, § 5º, da CF); **E:** incorreta. "Reajuste automático de vencimentos vinculado à arrecadação do ICMS e a índice de correção monetária. Inconstitucionalidade. Lei Complementar 101/1993 do Estado de Santa Catarina. (...). Ofensa ao disposto nos arts. 37, XIII; 96, II, b, e 167, IV, da Constituição do Brasil. Recurso extraordinário conhecido e provido para cassar a segurança, declarando-se, incidentalmente, a inconstitucionalidade da Lei Complementar 101/1993 do Estado de Santa Catarina." (RE 218.874, Rel. Min. Eros Grau).

Gabarito "B"

(Ministério Público/DF – 2009) Assinale a alternativa incorreta.

(A) As competências tributárias dotam de efetividade o princípio da autonomia federativa.

(B) As competências constitucionais tributárias somente podem ser alteradas por lei complementar.

(C) As competências tributárias somente permitem desigualdade de tratamento nos termos constitucionalmente estabelecidos.

(D) As competências tributárias visam igualar situações de desigualdade entre os contribuintes.

(E) As competências constitucionais tributárias impedem que o domicílio do contribuinte lhe imponha condição de surpresa ou prejuízo em relação aos demais contribuintes brasileiros.

A: correta. O pacto federativo tem por base as competências constitucionalmente fixadas para os entes políticos, dentre elas a tributária; **B:** incorreta, devendo ser assinalada. Não há falar em alteração do texto constitucional por lei complementar, mas apenas por emenda à Constituição, haja vista o princípio da supremacia da Constituição e a rigidez constitucional (v. art. 60 da CF); **C:** correta, art. 146, III, *c* e *d*, da CF, por exemplo; **D:** correta, pois o princípio da igualdade, ao mesmo tempo em que veda as desigualdades, muitas vezes impõe o tratamento desigual; **E:** correta, art. 19, III, da CF.

Gabarito "B"

(Ministério Público/DF – 2009) Assinale a alternativa correta. Em relação ao sistema tributário, podemos afirmar:

(A) Ainda quando alugado a terceiros, permanece imune ao IPTU o imóvel pertencente aos partidos políticos, inclusive suas fundações, às entidades sindicais dos trabalhadores, às instituições de educação e de assistência social, sem fins lucrativos, desde que o valor dos aluguéis seja aplicado nas atividades essenciais de tais entidades.

(B) Conforme entendimento do STF, ao instituir incentivos fiscais a empresas que contratam empregados com mais de quarenta anos, a Assembleia Legislativa extrapolou o caráter extrafiscal que pode ser conferido aos tributos, para estimular conduta por parte do contribuinte, violando os princípios da igualdade e da isonomia.

(C) O entendimento do STF é firme no sentido de que a coisa julgada em matéria fiscal, inclusive quanto ao ICMS, fica delimitada à relação jurídico-material em que debatida, podendo, portanto, ser invocada em exercícios posteriores.

(D) É inconstitucional o regime de substituição tributária 'para frente', em que se exige do industrial, do atacadista ou de outra categoria de contribuinte, na qualidade de substituto, o recolhimento antecipado do ICMS incidente sobre o valor final do produto cobrado ao consumidor, retirando-se do revendedor ou varejista, substituído, a responsabilidade tributária.

(E) Em que pese o artigo 151 vedar à União instituir isenções de tributos da competência dos Estados, do Distrito Federal ou dos Municípios, o STF ratificou a impossibilidade de a União, atuando no campo internacional, disciplinar a isenção de tributo da competência dos Estados e do Distrito Federal.

A: correta, art. 150, VI, *c*, da CF; **B:** incorreta. STF, ADIn 1276, Rel. Min. Ellen Gracie: "Ao instituir incentivos fiscais a empresas que contratam empregados com mais de quarenta anos, a Assembleia Legislativa Paulista usou o caráter extrafiscal que pode ser conferido aos tributos, para estimular conduta por parte do contribuinte, sem violar os princípios da igualdade e da isonomia"; **C:** incorreta. Contraria a Súmula 239 do STF: "Decisão que declara indevida a cobrança do imposto em determinado exercício não faz coisa julgada em relação aos posteriores"; **D:** incorreta. O STF declarou a constitucionalidade da lei paulista que assim previa; **E:** incorreta, STF, RE 229096, Rel. para acórdão Min. Cármen Lúcia: "1. A isenção de tributos estaduais prevista no Acordo Geral de Tarifas e Comércio para as mercadorias importadas dos países signatários quando o similar nacional tiver o mesmo benefício foi recepcionada pela Constituição da República de 1988. 2. O artigo 98 do Código Tributário Nacional 'possui caráter nacional, com eficácia para a União, os Estados e os Municípios' (voto do eminente Ministro Ilmar Galvão). 3. No direito internacional apenas a República Federativa do Brasil tem competência para firmar tratados (art. 52, § 2º, [*sic*] da Constituição da República), dela não dispondo a União, os Estados-membros ou os Municípios. O Presidente da República não subscreve tratados como Chefe de Governo, mas como Chefe de Estado, o que descaracteriza a existência de uma isenção heterônoma, vedada pelo art. 151, inc. III, da Constituição".

Gabarito "A"

(Ministério Público/PR – 2009) Analise as seguintes assertivas e após assinale a alternativa correta:

I. Leis de iniciativa do Poder Executivo estabelecerão o plano plurianual, as diretrizes orçamentárias e os orçamentos anuais;

II. as emendas ao projeto de lei de diretrizes orçamentárias não poderão ser aprovadas quando incompatíveis com o plano plurianual;

III. é vedado o início de programas ou projetos não incluídos na lei orçamentária anual;

IV. os projetos de lei relativos ao plano plurianual, às diretrizes orçamentárias, ao orçamento anual e aos créditos adicionais serão apreciados pelas duas Casas do Congresso Nacional, na forma do regimento comum;

V. cabe à lei complementar dispor sobre o exercício financeiro, a vigência, os prazos, a elaboração e a organização do plano plurianual, da lei de diretrizes orçamentárias e da lei orçamentária anual.

(A) Apenas as assertivas I, III e IV estão corretas;

(B) Apenas as assertivas I, II, III e IV estão corretas;

(C) Apenas as assertivas I, IV e V estão corretas;

(D) Apenas as assertivas II, III e V estão corretas;

(E) Todas as assertivas estão corretas.

I: correta, art. 165, I a III, da CF; **II:** correta, art. 166, § 3º, I, da CF; **III:** correta, art. 167, I, da CF; **IV:** correta, art. 166, *caput*, da CF; **V:** correta, art. 165, § 9º, I, da CF.

Gabarito "E"

(Ministério Público/MG – 2007) Tratando-se de lei instituidora de tributos ou que os majore, ela

(A) não retroagirá exclusivamente para não prejudicar o ato jurídico perfeito.

(B) não retroagirá exclusivamente para não prejudicar a coisa julgada.

(C) não retroagirá porque não poderá atingir fatos geradores ocorridos antes do início de sua vigência.

(D) retroagirá para alcançar fatos geradores de taxas e contribuições.

(E) retroagirá para alcançar fatos geradores de empréstimos compulsórios.

Art. 150, III, *a*, da CF – princípio da irretroatividade.

Gabarito "C"

(Ministério Público/MG – 2007) Medida Provisória que implique instituição ou majoração do imposto de renda e proventos de qualquer natureza

(A) produzirá efeitos no exercício financeiro seguinte.

(B) produzirá efeitos no exercício financeiro seguinte, se houver sido convertida em lei até o último dia daquele em que foi editada.

(C) produzirá efeitos no mesmo exercício financeiro, independentemente de conversão em lei.

(D) perderá eficácia se não editado o decreto legislativo.

(E) perderá eficácia se não iniciada a sua votação no Senado Federal.

A assertiva em B reflete o disposto no art. 62, § 2º, da CF.

Gabarito "B"

(Ministério Público/MS – 2006) Sobre a competência tributária municipal é CORRETO afirmar que:

(A) A Constituição Federal outorgou competência para instituição de taxa para manter o serviço de iluminação pública;

(B) O serviço de iluminação pública poderá ser custeado por meio da arrecadação de contribuição instituída e cobrada pelos Municípios;

(C) A cobrança do tributo instituído para custear a iluminação pública não poderá ser efetuada por meio de lançamento em fatura de consumo de energia elétrica;

(D) Os Municípios não têm competência tributária para instituição de tributo para custear o serviço de iluminação pública.

A, C e D: incorretas. O serviço de iluminação pública não é divisível (é ***uti universi***), o que impede a cobrança de taxa. Os Municípios e o Distrito Federal podem instituir e cobrar a contribuição prevista no art. 149-A da CF; **B:** correta. Isso é admitido expressamente pelo art. 149-A, parágrafo único, da CF.

Gabarito "B"

(Ministério Público/MS – 2006) A Emenda Constitucional n. 42, que também alterou o art. 153 do Sistema Tributário Constitucional, possibilitou, no inc. III do § 4 do mesmo artigo, que os Municípios façam a opção por fiscalizar e cobrar o imposto de competência da União incidente sobre a propriedade territorial rural. Sobre o assunto, é INCORRETO dizer que:

(A) Ainda que os Municípios façam a opção referida, a competência tributária da União sobre o ITR mantém-se integralmente, não sendo transferida para a esfera municipal;

(B) Da opção feita pelos Municípios não poderá ocorrer a redução do imposto ou qualquer outra forma de renúncia fiscal;

(C) Considerando que o art. 158, II, da Constituição Federal estabelece que, na hipótese da opção assinalada no inc. III do § 4º do art. 153, o produto da arrecadação pertencerá integralmente ao Município, a competência tributária do ITR passará para a esfera municipal;

(D) O imposto, ainda que arrecadado pelo Município, continuará sendo progressivo e com alíquota fixada para desestimular a manutenção da propriedade improdutiva.

A: correta. A competência para legislar sobre o ITR é sempre da União, embora a sujeição ativa possa ser transferida para o Município; **B:** correta. A assertiva reflete o dispositivo constitucional; **C:** incorreta, devendo ser assinalada, a competência tributária sempre será da União; **D:** correta. As características de progressividade e de desestímulo da propriedade improdutiva não são alteradas.

Gabarito "C"

(Ministério Público/MS – 2006) Assinale a alternativa INCORRETA:

As limitações constitucionais ao poder de tributar impõem que:

(A) Estados e Municípios não exijam impostos um do outro;

(B) União, Estados, Distrito Federal e Municípios não exijam tributos uns dos outros;

(C) Os Municípios não cobrem imposto sobre a propriedade predial e territorial dos imóveis pertencentes à União e ao Estado;

(D) Seja observada a imunidade recíproca entre União, Estados e Municípios, impedindo que sejam exigidos impostos uns dos outros.

A imunidade recíproca refere-se apenas a impostos (não a qualquer tributo) – art. 150, VI, *a*, da CF.

Gabarito "B"

(Ministério Público/MS – 2006) Considerando que, segundo o art. 157, I e 158, I da CF, pertencem aos Estados e Municípios o produto da arrecadação do imposto da União sobre renda e proventos de qualquer natureza, incidente na fonte, sobre rendimentos pagos, a qualquer título, por eles, suas autarquias e pelas fundações que instituírem e mantiverem, é certo dizer que:

(A) Por força de tal repartição de receitas, os Estados e Municípios dividem com a União a competência tributária para instituição do imposto previsto no art. 153, III da CF (imposto de renda);

(B) Efetuada a retenção pelo Estado ou Município na fonte, do imposto devido sobre rendimentos pagos, a qualquer título, deverão ser remetidos os valores retidos para União, que os devolverá por meio do Fundo de Participação dos Estados e dos Municípios previsto no art. 159 da CF;

(C) A parcela da arrecadação do imposto de renda e proventos de qualquer natureza pertencente aos Estados, ao Distrito Federal e aos Municípios na forma dos artigos 157, I e 158, I, será excluída do montante a ser entregue pela União aos Fundos de Participação de Estados e Municípios, constituídos por parte do produto da arrecadação dos impostos sobre renda e proventos de qualquer natureza e sobre produtos industrializados por ela arrecadados;

(D) As alíquotas do imposto previsto no art. 153, III, no caso da retenção do art. 157, I e 158, I, todos da CF, serão definidas por lei estadual ou municipal.

A e **D:** incorretas. A competência tributária, ou seja, a possibilidade de legislar acerca do imposto de renda, é exclusiva da União; **B:** incorreta. O imposto de renda retido na forma dos arts. 157, I, e 158, I, da CF fica com o Estado, o Distrito Federal ou o Município, independentemente de repasses posteriores; **C:** correta, art. 159, § 1º, da CF.

Gabarito "C"

(Ministério Público/MS – 2006) Compete aos Estados instituir imposto sobre operações relativas à circulação de mercadorias e sobre prestações de serviços de transporte interestadual e intermunicipal e de comunicação. Neste sentido, é correto afirmar sobre o ICMS que:

(A) Nas operações interestaduais, entre contribuintes, com gás natural e seus derivados, e lubrificantes e combustíveis, o imposto será repartido entre os Estados de origem e de destino, mantendo-se a mesma proporcionalidade que ocorre nas operações com as demais mercadorias;

(B) Nas operações interestaduais com gás natural e seus derivados, e lubrificantes e combustíveis, destinadas a não contribuinte, o imposto caberá ao Estado de origem;

(C) O imposto incidirá também sobre a entrada de bem ou mercadoria importados do exterior por pessoa física ou jurídica, ainda que não seja contribuinte habitual do imposto, qualquer que seja a sua finalidade, assim como sobre o serviço prestado no exterior, cabendo o imposto ao Estado onde estiver situado o domicílio ou o estabelecimento do destinatário da mercadoria, bem ou serviço;

(D) Somente incidirá nos serviços de transporte intermunicipal nos casos em que os respectivos Municípios não tributarem a mesma prestação pelo imposto sobre serviços de qualquer natureza, previsto no art. 156, III, da CF.

A: incorreta. A assertiva é imprecisa, pois a repartição proporcional do ICMS não se aplica aos lubrificantes e combustíveis derivados do petróleo – art. 155, § 4º, I e II, da CF; **B:** incorreta. a assertiva é imprecisa, pois, no caso de lubrificantes e combustíveis derivados do petróleo, o imposto é sempre devido ao Estado de destino – art. 155, § 4º, I, da CF; **C:** correta, art. 155, § 2º, IX, *a*, da CF; **D:** incorreta. A assertiva é absolutamente incorreta, pois os Municípios jamais tributam o transporte intermunicipal, considerando que a competência é exclusiva dos Estados e do Distrito Federal.

Gabarito "C"

(Ministério Público/MS – 2006) No tocante à Repartição de Receitas Tributárias disposta no art. 159, I, da Constituição Federal, que regula a partilha do produto da arrecadação do imposto sobre renda e proventos de qualquer natureza e sobre produtos industrializados, está CORRETO dizer que:

(A) A União entregará diretamente aos Estados e ao Distrito Federal suas respectivas quotas;

(B) A quota pertencente aos Municípios será entregue pela União ao Fundo de Participação dos Estados, que repassarão aos respectivos Municípios;

(C) A União entregará vinte e dois inteiros e cinco décimos por cento ao Fundo de Participação dos Municípios;

(D) Não será partilhado o produto da arrecadação do imposto sobre produtos industrializados.

A e **B:** incorretas. A distribuição das cotas se dá por meio do Fundo de Participação dos Estados e do Distrito Federal e do Fundo de Participação dos Municípios – art. 159, I, *a* e *b*, da CF; **C:** correta, art. 159, I, *b*, da CF; **D:** incorreta. O produto da arrecadação do IPI também é partilhado – art. 159, I, da CF.

Gabarito "C"

16. ORDEM ECONÔMICA E FINANCEIRA

(Ministério Público/SP – 2013 – PGMP) Assinale a alternativa INCORRETA.

No que se refere aos princípios gerais da atividade econômica,

(A) as jazidas, em lavra ou não, e demais recursos minerais e os potenciais de energia hidráulica constituem propriedade distinta da do solo, para efeito de exploração ou aproveitamento, e pertencem à União, sendo-lhe garantida a propriedade do produto da lavra.

(B) a empresa pública, a sociedade de economia mista e suas subsidiárias que explorem atividade econômica de produção ou comercialização de bens ou de prestação de serviços sujeitam-se ao regime jurídico próprio das empresas privadas, inclusive quanto aos direitos e obrigações civis, comerciais, trabalhistas e tributários.

(C) as empresas públicas e as sociedades de economia mista não poderão gozar de privilégios fiscais não extensivos às do setor privado.

(D) dentre outros, são princípios gerais da atividade econômica a soberania nacional, a defesa do meio ambiente, a função social da propriedade e a busca do pleno emprego.

(E) não dependerá de autorização ou concessão o aproveitamento do potencial de energia renovável de capacidade reduzida.

A: incorreta, devendo ser assinalada. De acordo com o art. 176 da CF: "As jazidas, em lavra ou não, e demais recursos minerais e os potenciais de energia hidráulica constituem propriedade distinta da do solo, para efeito de exploração ou aproveitamento, e pertencem à União, **garantida ao concessionário a propriedade do produto da lavra**"; **B:** correta (art. 173, § 1º, II, da CF); **C:** correta (art. 173, § 2º, da CF); **D:** correta (art. 170, III, VI e VIII, da CF); **E:** correta (art. 176, § 4º, da CF).

Gabarito "A"

(Ministério Público/MG – 2006) A Constituição Econômica formal brasileira **NÃO** prevê

(A) modelo capitalista socialmente controlado.

(B) ação prioritária do Estado como agente econômico.

(C) planejamento como instrumento de política econômica.

(D) fiscalização como expressão da ação mediata do Estado.

(E) exploração de atividade econômica estatal sob monopólio.

A Constituição econômica é definida, para José Afonso da Silva, a parte da constituição que interpreta o sistema econômico, ou seja, que dá forma ao sistema econômico. Por sua vez, Vital Moreira, considera que a Constituição econômica está constituída pelo conjunto de preceitos e instituições jurídicas que, garantindo os elementos definidores de um determinado sistema econômico, instituem uma determinada forma de organização e funcionamento da economia e caracterizam, por este mesmo motivo, uma determinada ordem econômica. Sem prejuízo, Constituição Econômica Formal, como se costuma fazer com a constituição política, também cabe, com referência à constituição econômica, estabelecer sua conceituação tanto formal como material. Assim, a Constituição econômica formal é o conjunto de normas que, incluídas na constituição, escrita, formal do Estado, versam o econômico. Inexistindo até hoje a formulação da constituição econômica num documento exclusivo, esta constituição aparece nos tetos escritos como uma espécie de complemento, ou apenso, da constituição política. Entretanto, isto é um fenômeno decorrente da história, visto como, bem antes de surgir a preocupação de controlar o poder econômico, já era o poder político objeto de disciplinamento constitucional. A primeira tentativa de dar-se tratamento constitucional sistematizado ao fenômeno econômico está, como se viu acima, na Constituição alemã de Weimar de 11 de agosto de 1919. As constituições liberais não possuíam normas que visassem diretamente à disciplina da economia, conquanto nelas houvesse regras de repercussão econômica. Porém, o modelo de Weimar não importava num tratamento completo da matéria econômica. Longe mesmo fica de abordar todos os pontos fundamentais de uma ordenação jurídica da economia. Contém, sobretudo, afirmações de princípio, não raro declarações cheias de intenções generosas, bem como numerosos lugares comuns. Todavia, é indiscutível que, nessa Constituição, como nas que lhe seguiram os passos, encontra-se uma *Constituição econômica formal*, na medida em que existem regras formalmente constitucionais que definem pontos fundamentais da organização jurídica da economia. Portanto, existe nas constituições que, primeiramente, incluíram uma disciplina mais ou menos completa e sistemática da economia, uma *Constituição econômica formal*. É o que ocorreu com Portugal, em 1976, com a Espanha, em 1978, e com o Brasil, em 5 de outubro de 1988, que prevê: modelo capitalista socialmente controlado, planejamento como instrumento de política econômica, fiscalização como expressão da ação mediata do Estado e exploração de atividade econômica estatal sob monopólio, nos termos dos arts. 170 a 181 da CF.

Gabarito "B"

(Ministério Público/MG – 2006) Quanto às propriedades na Ordem Econômica, é **CORRETO** afirmar que

(A) a funcionalização social restringe-se à propriedade imobiliária urbana e rural.

(B) a União Federal tem a titularidade do subsolo em profundidade que lhe seja útil.

(C) a adequação ao plano diretor, obrigatório para a municipalidade, define o cumprimento da função social do imóvel urbano.

(D) a produtividade define o cumprimento da função social do imóvel situado no plano rural.

(E) a comercialização de radioisótopos, para uso agrícola, é autorizada sob regime de permissão.

O art. 177 da CF, determina que constituem monopólio da União: I – a pesquisa e a lavra das jazidas de petróleo e gás natural e outros hidrocarbonetos fluidos; II – a refinação do petróleo nacional ou estrangeiro; III – a importação e exportação dos produtos e derivados básicos resultantes das atividades previstas nos incisos anteriores; IV – o transporte marítimo do petróleo bruto de origem nacional ou de derivados básicos de petróleo produzidos no País, bem assim o transporte, por meio de conduto, de petróleo bruto, seus derivados e gás natural de qualquer origem; V – a pesquisa, a lavra, o enriquecimento, o reprocessamento, a industrialização e o comércio de minérios e minerais nucleares e seus derivados, **com exceção dos radioisótopos cuja produção, comercialização e utilização poderão ser autorizadas sob regime de permissão, conforme as** alíneas b **e** c do inciso XXIII **do *caput* do art. 21 desta Constituição Federal**.

Gabarito "E"

(Ministério Público/CE – 2011 – FCC) Relativamente à atuação do Estado no domínio econômico, prevê a Constituição da República que

(A) as empresas públicas e sociedades de economia mista poderão gozar de privilégios fiscais não extensivos às do setor privado.

(B) os recursos arrecadados com a contribuição de intervenção no domínio econômico relativa às atividades de importação ou comercialização de petróleo e seus derivados, gás natural e seus derivados e álcool combustível serão destinados, entre outras finalidades, ao financiamento de programas de infraestrutura de transportes.

(C) a exploração direta de atividade econômica pelo Estado somente é permitida quando necessária aos imperativos da segurança nacional, conforme definidos em lei.

(D) o aproveitamento de potenciais de energia hidráulica somente poderá ser efetuado mediante autorização ou concessão da União, o que se aplica inclusive a potenciais de energia renovável de capacidade reduzida.

(E) as atividades a serem exploradas em regime de monopólio pela União não admitem sua contratação com empresas estatais ou privadas.

A: incorreta, as empresas públicas e sociedades de economia mista *não* poderão gozar de privilégios fiscais não extensivos às do setor privado, nos termos do art. 173, § 2º, da CF; **B:** correta, literalidade do art. 177, § 4º, II, "c", da CF; **C:** incorreta, pois, ressalvados os casos previstos na Constituição Federal, a exploração direta de atividade econômica pelo Estado só será permitida quando necessária aos imperativos da segurança nacional ou a relevante interesse coletivo, conforme definidos em lei, como determina o art. 173 da CF; **D:** incorreta, conforme prevê o art. 176 da CF: "as jazidas, em lavra ou não, e demais recursos minerais e os potenciais de energia hidráulica constituem propriedade distinta da do solo, para efeito de exploração ou aproveitamento, e pertencem à União, garantida ao concessionário a propriedade do produto da lavra". § 1º "A pesquisa e a lavra de recursos minerais e o aproveitamento dos potenciais a que se refere o *caput* deste artigo somente poderão ser efetuados mediante autorização ou concessão da União, no interesse nacional, por brasileiros ou empresa constituída sob as leis brasileiras e que tenha sua sede e administração no País, na forma da lei, que estabelecerá as condições específicas quando essas atividades se desenvolverem em faixa de fronteira ou terras indígenas"; **E:** incorreta, pois a União poderá contratar com tais empresas. Senão vejamos: "A União poderá contratar com empresas estatais ou privadas a realização das atividades previstas nos incisos I a IV deste artigo observadas as condições estabelecidas em lei", nos termos do art. 177, § 1º, da CF.

Gabarito "B"

(Ministério Público/PR – 2011) Integram os princípios gerais da ordem econômica:

(A) Soberania nacional, propriedade privada e defesa do consumidor.

(B) Livre concorrência, função social da propriedade e tratamento favorecido para as empresas de pequeno porte constituídas sob as leis brasileiras e que tenham sua sede e administração no País.

(C) Busca do pleno emprego, soberania nacional e livre concorrência.

(D) Redução das desigualdades regionais e sociais, defesa do consumidor e defesa do meio ambiente.

(E) Todas as alternativas anteriores estão corretas.

Art. 170, I a IX, da CF.

Gabarito "E"

(Ministério Público/MG – 2010 – FUNDEP) O artigo 182, da Constituição Federal, assevera expressamente que "[...] a política de desenvolvimento urbano, executada pelo Poder Público municipal, conforme diretrizes gerais fixadas em lei, tem por objetivo ordenar o pleno desenvolvimento das funções sociais da cidade e garantir o bem-estar de seus habitantes".

Considere, portanto, as seguintes afirmativas.

I. A propriedade urbana cumpre sua função social quando atende às exigências fundamentais de ordenação da cidade expressas no plano diretor.

II. O plano diretor, aprovado pela Câmara Municipal, obrigatório para cidades com mais de vinte mil habitantes, é o instrumento básico da política de desenvolvimento e de expansão urbana.

III. É facultado ao Poder Público municipal, mediante lei específica para área incluída no plano diretor, exigir, nos termos da lei federal, do proprietário do solo urbano não edificado, subutilizado ou não utilizado, que promova seu adequado aproveitamento.

IV. Aquele que possuir como sua área urbana de até duzentos e cinquenta metros quadrados, por cinco anos, ininterruptamente e sem oposição, utilizando-a para sua moradia ou de sua família, adquirir-lhe-á o domínio, desde que não seja proprietário de outro imóvel urbano ou rural; certo, também, que o respectivo título de domínio e a concessão de uso serão conferidos ao homem ou à mulher, ou a ambos, independentemente do estado civil.

A esse respeito, pode-se concluir que

(A) apenas a afirmativa I está correta.

(B) apenas as afirmativas I e II estão corretas.

(C) apenas a afirmativa II está correta.

(D) todas as afirmativas estão corretas.

I: correta, art. 182, § 2º, da CF; **II:** correta, art. 182, § 1º, da CF; **III:** correta, art. 182, § 4º, da CF; **IV:** correta, art. 183, *caput* e § 1º, da CF.

Gabarito "D"

(Ministério Público/ES – 2010 – CESPE) Assinale a opção correta com relação à ordem econômica na CF.

(A) Dos diversos postulados da ordem econômica expressos na CF não deriva a adoção do sistema econômico capitalista.

(B) A CF defende a livre concorrência de mercado e não reconhece a simples existência de abuso de poder econômico.

(C) Entre os princípios expressamente consignados na CF está o tratamento favorecido para as microempresas constituídas sob as leis brasileiras e que tenham sua sede e administração no país.

(D) Segundo interpretação sistemática que se dá ao capítulo da ordem econômica na CF, a desigualdade dos agentes econômicos é a característica inerente de uma ordem econômica fundada na livre-iniciativa e que se processa por meio da livre concorrência.

(E) O Estado, na qualidade de agente regulador da atividade econômica, exercerá, na forma da lei, a função de fiscalização, deixando para o setor privado e o livre mercado o próprio planejamento e incentivo da atividade econômica.

A: incorreta. O art. 170 da CF refere-se expressamente à livre-iniciativa e à livre concorrência, além de outros princípios que se ajustam ao sistema capitalista; **B:** incorreta. Não reflete o disposto no art. 173, § 4º, da CF; **C:** incorreta. O art. 170, IX, da CF refere-se a empresas de pequeno porte, não a microempresas; **D:** correta, desde que não haja abuso de poder econômico, devendo o Estado funcionar como agente normativo e regulador da atividade econômica (art. 174 da CF); **E:** incorreta. Não reflete o disposto no art. 174 da CF.

Gabarito "D"

(Ministério Público/SP – 2010) O Plano Diretor, instrumento básico da política de desenvolvimento e de expansão urbana, aprovado pela Câmara Municipal, nos termos da Constituição Federal, é obrigatório:

(A) para cidades com mais de trinta (30) mil habitantes.

(B) para cidades com mais de quinze (15) mil habitantes.

(C) para cidades com mais de vinte (20) mil habitantes.

(D) para cidades com mais de vinte e cinco (25) mil habitantes.

(E) para todas as cidades, independente de sua população.

Art. 182, § 1º, da CF.

Gabarito "C"

(Ministério Público/DF – 2009) A respeito da política de desenvolvimento urbano, assinale a alternativa correta.

(A) A política de desenvolvimento urbano, executada pelo Poder Público municipal, estadual e federal conforme diretrizes gerais fixadas em lei, tem por objetivo ordenar o pleno desenvolvimento das funções sociais da cidade e garantir o bem-estar de seus habitantes.

(B) O plano diretor, aprovado pela Câmara Municipal, Assembleia Legislativa ou Congresso Nacional, obrigatório para cidades com mais de vinte mil habitantes, é o instrumento básico da política de desenvolvimento e de expansão urbana.

(C) A propriedade urbana cumpre sua função social quando atende às exigências fundamentais de ordenação da cidade expressas no plano diretor ou quando atende às exigências elaborados pelos fiscais de postura.

(D) As desapropriações de imóveis urbanos serão feitas com prévia, justa e integral indenização em dinheiro, títulos do tesouro ou precatórios.

(E) É facultado ao Poder Público municipal, mediante lei específica para área incluída no plano diretor, exigir, nos termos da lei federal, do proprietário do solo urbano não edificado, subutilizado ou não utilizado, que promova seu adequado aproveitamento.

A: incorreta. É executada pelo Poder Público Municipal (art. 182 da CF); **B:** incorreta. É aprovado pela Câmara Municipal (art. 182, § 1º, da CF); **C:** incorreta. A propriedade urbana cumpre sua função social quando atende às exigências fundamentais de ordenação da cidade expressas no plano diretor (art. 182, § 2º, da CF); **D:** incorreta. As desapropriações de imóveis urbanos serão feitas com prévia e justa indenização em dinheiro (art. 182, § 3º, da CF); **E:** correta, art. 182, § 4º, da CF.

Gabarito "E"

(Ministério Público/MG – 2008) Dentre os princípios da Ordem Econômica e Financeira estabelecida na Constituição podemos apontar, EXCETO:

(A) defesa do meio ambiente.

(B) propriedade privada.

(C) função social da propriedade.

(D) soberania nacional.

(E) pleno emprego.

O art. 170, VIII, da CF refere-se à ***busca do pleno emprego*** como princípio, e não ao próprio ***pleno "emprego***.

Gabarito "E"

(Ministério Público/MS – 2006) Considerando que a forma de utilização da propriedade é elemento integrante da Política Urbana, é CORRETO afirmar que:

(A) Não poderá ocorrer a desapropriação de imóvel urbano com pagamento por meio de títulos da dívida pública;

(B) Poderá ser exigido de proprietário de solo urbano não edificado, subutilizado ou não utilizado, que promova seu adequado aproveitamento, sob pena de parcelamento ou edificação compulsórios;

(C) O valor venal do imóvel, para efeito de cálculo do IPTU, não será utilizado quando da avaliação para efeito de desapropriação;

(D) O Plano Diretor Municipal constitui principal elemento de regulação da Política Urbana, e será aprovado por ato do Poder Executivo.

A: incorreta. O art. 182, § 4º, III, da CF prevê a possibilidade excepcional de pagamento por meio de títulos da dívida pública, como sanção pelo inadequado aproveitamento do solo; **B:** correta, art. 182, § 4º, da CF; **C:** incorreta. O valor venal do imóvel para fins de IPTU é critério para avaliação do bem expropriado – art. 27 do Decreto 3.365/1941; **D:** incorreta. O plano diretor é veiculado por lei – art. 182, § 1º, da CF.

Gabarito "B"

(Ministério Público/MS – 2006) No âmbito da Política Agrícola e Fundiária e da Reforma Agrária é CORRETO dizer, sobre os imóveis que forem desapropriados para fins de reforma agrária, que:

(A) Todas as operações com imóveis desapropriados estarão protegidas, pela imunidade constitucional, da incidência de tributos;

(B) São isentas de impostos as operações de transferência dos imóveis desapropriados para fins de reforma agrária;

(C) As operações de transferências dos imóveis desapropriados estarão isentas apenas dos impostos federais incidentes;

(D) A desapropriação não gera imunidade nem isenção tributária sobre os imóveis desapropriados para fins de reforma agrária.

A imunidade refere-se a todos os impostos (federais, estaduais e municipais), mas não a qualquer espécie de tributo (como as taxas) – art. 184, § 5º, da CF.

Gabarito "B"

(Ministério Público/MS – 2006) Constitui garantia constitucional, inserida no art. 170 da CF, que a ordem econômica seja fundada na valorização do trabalho humano e na livre-iniciativa, observando-se, entre outros, aos princípios da propriedade privada e da livre concorrência. Contudo, pode-se afirmar que:

(A) O Estado poderá realizar a exploração de atividades econômicas livremente, independente do interesse público, regendo-se, neste caso, pelas normas de direito privado;

(B) Empresas públicas e sociedades de economia mista gozarão de privilégios fiscais editados especificamente para o setor público;

(C) Na exploração de petróleo ou gás natural, de recursos hídricos para fins de geração de energia elétrica e de outros recursos minerais, os Estados, Distrito Federal e os Municípios poderão optar entre participação no resultado da exploração ou compensação financeira por essa exploração;

(D) O Estado, bem como suas autarquias, não poderá exercer a exploração de atividades econômicas.

A e **D:** incorretas. A exploração direta de atividade econômica pelo Estado é excepcional, nos termos do art. 173 da CF; **B:** incorreta. Isso não é possível – art. 173, § 2º, da CF; **C:** correta, art. 20, § 1º, da CF.

Gabarito "C"

17. ORDEM SOCIAL

(Ministério Público/PI – 2014 – CESPE) No tocante à ordem social, assinale a opção correta.

(A) De acordo com a CF, os municípios devem atuar, no âmbito educacional, prioritariamente, nos ensinos fundamental e médio.

(B) Em razão da proibição constitucional de vinculação de receita de impostos a órgão, fundo ou despesa, não podem os estados vincular a fundo estadual de fomento à cultura percentual de sua receita tributária líquida.

(C) O oferecimento de alimentação escolar no âmbito do ensino médio estadual não constitui dever estatal, estando condicionado à discricionariedade e às prioridades do governo no momento da elaboração da política pública de educação.

(D) É direito público subjetivo das crianças de até cinco anos de idade o atendimento em creches e pré-escolas, exceto nos casos de inexistência de recursos orçamentários.

(E) No âmbito da saúde, existe proibição constitucional para o repasse de recursos públicos para auxílios ou subvenções às instituições privadas com fins lucrativos.

A: incorreta, uma vez que em desconformidade com o que estabelece o art. 211, §§ 2º e 3º, da CF; **B:** incorreta (art. 216, § 6º, da CF); **C:** incorreta, pois contraria a regra presente no art. 208, VII, da CF; **D:** incorreta, visto que o exercício do direito público subjetivo, pelas crianças de até cinco anos, de atendimento em creches e pré-escolas não está condicionado à existência de recursos orçamentários (art. 208, IV, da CF); **E:** correta (art. 199, § 2º, da CF).

Gabarito "E"

(Ministério Público/MG – 2013) Analise as seguintes assertivas, relativas à cultura e ao desporto:

I. O Estado protegerá as manifestações das culturas populares, indígenas e afro-brasileiras, e das de outros grupos participantes do processo civilizatório nacional, e a lei disporá sobre a fixação de datas comemorativas de alta significação para os diferentes segmentos étnicos nacionais.

II. É facultado aos Estados e ao Distrito Federal vincular a fundo estadual de fomento à cultura até dez décimos por cento de sua receita tributária líquida, para o financiamento de programas e projetos culturais, permitindo-se a aplicação desses recursos inclusive para o pagamento de despesas com pessoal e encargos sociais e serviços de dívida.

III. O Poder Judiciário só admitirá ações relativas à disciplina e às competições desportivas após esgotarem-se as instâncias, reguladas em lei, da justiça desportiva, a qual terá o prazo máximo de sessenta dias, contados da instauração do processo, para proferir decisão final.

IV. A Constituição Federal brasileira prevê expressamente que ficam tombados todos os documentos e os sítios paleontológicos e os detentores de reminiscências históricas dos antigos quilombos.

Somente é *CORRETO* o que se afirma em:

(A) I e II.

(B) I e III.

(C) I e IV.

(D) II e IV.

I: correta, pois reflete o disposto no art. 215, §§ 1º e 2º, da CF; **II:** incorreta, já que não corresponde ao disposto no art. 216, § 6º, da CF; **III:** correta, pois reflete o disposto no art. 217, §§ 1º e 2º, da CF; **IV:** incorreta, na medida em que a CF não fez menção expressa aos sítios paleontológicos (art. 216, § 5º, da CF).

Gabarito "B"

(Ministério Público/SP – 2013 – PGMP) No que se refere à Educação:

I. É dever do Estado garantir o acesso aos níveis mais elevados do ensino, da pesquisa e da criação artística, segundo a capacidade de cada um.

II. O Distrito Federal atuará prioritariamente no ensino fundamental e educação infantil.

III. A educação básica, a que se refere a Constituição Federal, é obrigatória e gratuita dos quatro aos dezessete anos de idade, e compreende a pré-escola e o ensino fundamental.

IV. O dever do Estado será efetuado, também, mediante a educação infantil, em creche e pré-escola, às crianças até cinco anos de idade.

V. É dever do Estado atendimento especializado aos portadores de deficiência, preferencialmente em escolas voltadas para as suas necessidades especiais.

Está CORRETO somente o contido nos itens:

(A) I, IV e V.

(B) II e III.

(C) I, II e IV.

(D) I e IV.

(E) I, III e V.

I: correta (art. 208, V, da CF); **II:** incorreta. De acordo com o art. 211, § 3º, da CF, os Estados e o **Distrito Federal atuarão prioritariamente no ensino fundamental e médio**; **III:** incorreta. Conforme o art. 208, I, da CF, a educação básica obrigatória e gratuita é garantida dos 4 (quatro) aos 17 (dezessete) anos de idade, assegurada inclusive sua oferta gratuita para todos os que a ela não tiveram acesso na idade própria; **IV:** correta (art. 208, IV, da CF); **V:** incorreta. De acordo com o art. 208, III, da CF, deve ser garantido o atendimento educacional especializado aos portadores de deficiência, **preferencialmente na rede regular de ensino**.

Gabarito "D"

(Ministério Público/TO – 2012 – CESPE) De acordo com a jurisprudência do STF relacionada à ordem social, assinale a opção correta.

(A) Caso se reconheça a ilegalidade do pagamento de benefício previdenciário, as importâncias recebidas devem ser devolvidas, ainda que se comprove a boa-fé do beneficiado.

(B) As diferentes formas de comunicação social são regidas pelo princípio da plena inexistência de restrição e pelo princípio da plena liberdade de informação jornalística; nesse sentido, a liberdade de imprensa compreende, entre outras prerrogativas relevantes que lhe são inerentes, o direito de informar, o direito de buscar a informação, o direito de opinar e, inclusive, o direito de crítica jornalística.

(C) O MP não possui legitimidade para ajuizar ACP contra município com o objetivo de compeli-lo a incluir, no orçamento seguinte, percentual que completaria o mínimo de 25% de aplicação da receita resultante de impostos no ensino.

(D) As crianças com até cinco anos de idade têm direito subjetivo público ao atendimento em creches e pré-escolas, mas, em respeito ao princípio da separação dos poderes, não se admite a intervenção do Poder Judiciário para que seja efetivado esse direito constitucional.

(E) Inexiste a possibilidade de compatibilização da preservação do meio ambiente com a proteção das terras indígenas, se estas estiverem em lugares de conservação e preservação ambiental.

A: incorreta, o Supremo Tribunal Federal reconhece que o julgamento pela ilegalidade do pagamento do benefício previdenciário não importa na obrigatoriedade da devolução das importâncias recebidas de boa-fé." (**AI 746.442-AgR**, Min. **Cármen Lúcia**, julgamento em 25.08.2009, 1ª Turma, *DJe* de 23.10.2009.); **B:** correta, a manifestação de pensamento, criação, expressão e informação, sob qualquer forma, processo ou veículo não sofrerão qualquer restrição, observado o disposto na Constituição Federal. Nenhuma lei conterá dispositivo que possa contribuir embaraço à plena liberdade de informação jornalística que deve ser interpretada em sentido amplo, tais como, buscar a informação, opinar e criticar. Por fim, e vedada toda e qualquer censura de natureza política, ideológica e artística, nos termos dos arts. 220, §§ 1º e 2º; 5º, IV, V, X, XIII e XIV, todos da Constituição Federal; **C:** incorreta, nos termos do art. 212 da CF que deve ser interpretado da seguinte maneira: A União aplicará, anualmente, nunca menos de 18 (dezoito), e os Estados, o Distrito Federal e os Municípios 25 (vinte e cinco) por cento, da receita resultante de impostos, compreendida a proveniente de transferências, na manutenção e desenvolvimento do ensino. Nesta esteira, a Instrução Normativa n. 60, de 4 de novembro de 2009, do Tribunal de Contas da União, dispõe sobre os procedimentos para a fiscalização do cumprimento do disposto no art. 212 da CF. Sem prejuízo, temos ainda o art. 127 da CF, que reza que o Ministério Público é instituição permanente, essencial à função jurisdicional do Estado, incumbindo-lhe a defesa da ordem jurídica, do regime democrático e dos *interesses sociais* e individuais indisponíveis, logo, a questão da educação no Brasil é definitivamente de interesse social, e diante de tal omissão por parte do ente federativo, o representante do "parquet" deve propor a ação civil pública para compelir a cumprir aquilo que foi determinado na Carta Constitucional, como determina o art. 129, III, da CF e a Lei 7.347/1985; **D:** incorreta, pois a educação infantil representa prerrogativa constitucional indisponível, que, deferida às crianças, a estas assegura, para efeito de seu desenvolvimento integral, e como primeira etapa do processo de educação básica, o atendimento em creche e o acesso à pré-escola (CF, art. 208, IV). Essa prerrogativa jurídica, em consequência, impõe, ao Estado, por efeito da alta significação social de que se reveste a educação infantil, a obrigação constitucional de criar condições objetivas que possibilitem, de maneira concreta, em favor das 'crianças até cinco anos de idade' (CF, art. 208, IV), o efetivo acesso e atendimento em creches e unidades de pré-escola, sob pena de configurar-se inaceitável omissão governamental, apta a frustrar, injustamente, por inércia, o integral adimplemento, pelo Poder Público, de prestação estatal que lhe impôs o próprio texto da CF. A educação infantil, por qualificar-se como direito fundamental de toda criança, não se expõe, em seu processo de concretização, a avaliações meramente discricionárias da administração pública nem se subordina a razões de puro pragmatismo governamental." (ARE 639.337-AgR, Rel. Min. **Celso de Mello**, julgamento em 23.08.2011, 2ª Turma, *DJe* de 15.09.2011.) **No mesmo sentido**: **RE 464.143-AgR**, Rel. Min. **Ellen Gracie**, julgamento em 15.12.2009, 2ª Turma, *DJe* de 19.02.2010. A jurisprudência do STF firmou-se no sentido da existência de direito subjetivo público de crianças até cinco anos de idade ao atendimento em creches e pré-escolas. (...) também consolidou o entendimento de que é possível a intervenção do Poder Judiciário visando à efetivação daquele direito constitucional." (**RE 554.075-AgR**, Rel. Min. **Cármen Lúcia**, julgamento em 30.06.2009, 1ª Turma, *DJe* de 21.08.2009.) **No mesmo sentido**: AI 592.075-AgR, Rel. Min. **Ricardo Lewandowski**, julgamento em 19.05.2009, 1ª Turma, *DJe* de 05.06.2009; RE 384.201-AgR, Rel. Min. **Marco Aurélio**, julgamento em 26.04.2007, Segunda Turma, *DJ* de 03.08.2007; **E:** incorreta, pois existe a possibilidade de compatibilização da preservação do meio ambiente com a proteção das terras indígenas, se estas estiverem em lugares de conservação e preservação ambiental. Tanto é verdade, que a jurisprudência do STF aponta que somente o 'território' enquanto categoria jurídico-política é que se põe como o preciso âmbito espacial de incidência de uma dada Ordem Jurídica soberana, ou autônoma. O substantivo 'terras' é termo que assume compostura nitidamente sociocultural, e não política. A Constituição teve o cuidado de não falar em territórios indígenas, mas, tão só, em 'terras indígenas'. A traduzir que os 'grupos', 'organizações', 'populações' ou 'comunidades' indígenas não constituem pessoa federada. Não formam circunscrição ou instância espacial que se orne de dimensão política. Daí não se reconhecer a qualquer das organizações sociais indígenas, ao conjunto delas, ou à sua base peculiarmente antropológica a dimensão de instância transnacional. Pelo que nenhuma das comunidades indígenas brasileiras detêm estatura normativa para comparecer perante a Ordem Jurídica Internacional como 'Nação', 'País', 'Pátria', 'território nacional' ou 'povo' independente. Sendo de fácil percepção que todas às vezes em que a Constituição de 1988 tratou de 'nacionalidade' e dos demais vocábulos aspeados (País, Pátria, território nacional e povo) foi para se referir ao Brasil por inteiro. (...) Áreas indígenas são demarcadas para servir concretamente de habitação permanente dos índios de uma determinada etnia, de par com as terras utilizadas para suas atividades produtivas, mais as 'imprescindíveis à preservação dos recursos ambientais necessários a seu bem-estar' e ainda aquelas que se revelarem 'necessárias à reprodução física e cultural' de cada qual das comunidades étnico-indígenas, 'segundo seus usos, costumes e tradições' (usos, costumes e tradições deles, indígenas, e não usos, costumes e tradições dos não índios). (...) A Constituição de 1988 faz dos usos, costumes e tradições indígenas o engate lógico para a compreensão, entre outras, das semânticas da posse, da permanência, da habitação, da produção econômica e da reprodução física e cultural das etnias nativas. O próprio conceito do chamado 'princípio da proporcionalidade', quando aplicado ao tema da demarcação das terras indígenas, ganha um conteúdo peculiarmente extensivo. (**Pet 3.388**, Rel. Min. **Ayres Britto**, julgamento em 19.03.2009, Plenário, *DJe* de 01.07.2010).

Gabarito "B"

(Ministério Público/MG – 2012 – CONSULPLAN) Sobre a previdência e a assistência social, assinale a alternativa **CORRETA:**

(A) Para efeito de aposentadoria, é vedada a contagem recíproca do tempo de contribuição na administração pública e na atividade privada, rural ou urbana.

(B) A gratificação natalina dos aposentados e pensionistas terá por base o valor dos proventos do mês de novembro de cada ano.

(C) Os ganhos habituais do empregado, a qualquer título, serão incorporados ao salário para efeito de contribuição previdenciária e consequente repercussão em benefícios, nos casos e na forma da lei.

(D) A assistência social será prestada a quem dela necessitar, observando-se o tempo mínimo de doze meses de contribuição à seguridade social.

A: incorreta, pois não existe vedação alguma. Para efeito de aposentadoria, é assegurada a contagem recíproca do tempo de contribuição na administração pública e na atividade privada, rural e urbana, hipótese em que os diversos regimes de previdência social se compensarão financeiramente, segundo critérios estabelecidos em lei, como determina o art. 201, § 9º, da CF. Devemos pontuar que a Lei 9.796/1999, dispõe sobre a compensação entre o Regime Geral de Previdência Social e os Regimes de Previdência do Servidores da União, dos Estados, do Distrito Federal e dos Municípios nos casos de contagem recíproca de tempo de contribuição para efeito de aposentadoria; **B:** incorreta, já que a gratificação natalina dos aposentados e pensionistas terá por base o valor dos proventos do mês de *dezembro* (e não novembro) de cada ano, nos termos do art. 201, § 6º, da CF (sobre gratificação de natal (13º salário): Lei 4.090/1962, Lei 4.749/1965, Decreto 57.155/1965, e de Decreto 63.912/1968); **C:** correta, réplica do art. 201, § 11, da CF; **D:** incorreta, nos termos do art. 203 da CF, a assistência social será prestada a quem dela necessitar, independentemente de contribuição à seguridade social, e tem por objetivos: A proteção à família, à maternidade, à infância, à adolescência e à velhice; o amparo às crianças e adolescentes carentes; a promoção da integração ao mercado de trabalho; a habilitação e reabilitação das pessoas portadoras de deficiência e a promoção de sua integração à vida comunitária; a garantia de um salário mínimo de benefício mensal à pessoa portadora de deficiência e ao idoso que comprovem não possuir meios de prover à própria manutenção ou de tê-la provida por sua família, conforme dispuser a lei.

Gabarito "C"

(Ministério Público/MG – 2012 – CONSULPLAN) Examine as afirmativas abaixo, relativas aos municípios:

I. As receitas dos Estados, do Distrito Federal e dos Municípios destinadas à seguridade social constarão dos respectivos orçamentos, não integrando o orçamento da União.

II. O plano diretor, aprovado pela Câmara Municipal, obrigatório para cidades com mais de vinte mil habitantes, é o instrumento básico da política de desenvolvimento e de expansão urbana.

III. Os Municípios atuarão prioritariamente no ensino fundamental e médio.

IV. Apenas os Municípios com população superior a vinte mil habitantes poderão constituir guardas municipais destinadas à proteção de seus bens, serviços e instalações, conforme dispuser a lei.

A análise permite concluir que:

(A) apenas as afirmativas I e II estão **CORRETAS**.

(B) apenas as afirmativas II e IV estão **CORRETAS**.

(C) apenas as afirmativas I e III estão **CORRETAS**.

(D) apenas as afirmativas II e III estão **CORRETAS**.

I: correta, nos moldes do art. 195, § 1º, da CF, as receitas dos Estados, do Distrito Federal e dos Municípios destinadas à seguridade social constarão dos respectivos orçamentos, não integrando o orçamento da União; **II:** correta, pois o art. 182, § 1º, da CF, dispõe: "O plano diretor, aprovado pela Câmara Municipal, obrigatório para cidades com mais de vinte mil habitantes, é o instrumento básico da política de desenvolvimento e de expansão urbana". A Lei 12.587/2012 (Política Nacional de Mobilidade Urbana), em seu ar. 24, § 1º, determina que, em municípios com mais de 20.000 habitantes e em todos obrigados á elaboração de plano diretor, deverá ser elaborado um Plano de Mobilidade Urbana: **III:** incorreta, já que a União, os Estados, o Distrito Federal e os Municípios organizarão em regime de colaboração seus sistemas de ensino. Os Municípios atuarão prioritariamente no ensino fundamental e na educação infantil, conforme art. 211, § 2º, da CF, e os Estados e o Distrito Federal atuarão prioritariamente no ensino fundamental e médio, nos termos do art. 211, § 3º, da CF; **IV:** incorreta, pois independentemente da população, os Municípios poderão constituir guardas municipais destinadas à proteção de seus bens, serviços e instalações, conforme dispuser a lei, nos termos do art. 144, § 8º, da CF.

Gabarito "A"

(Ministério Público/MS – 2011 – FADEMS) Segundo a Constituição Federal, a ordem social tem como **objetivo**:

(A) a dignidade da pessoa humana;

(B) a prevalência dos direitos humanos;

(C) o bem estar e a justiça sociais;

(D) a consecução do princípio da isonomia;

(E) os valores sociais do trabalho e da livre-iniciativa.

Art. 193 da CF.

Gabarito "C"

(Ministério Público/SC – 2010) Em atenção aos direitos sociais, analise as seguintes assertivas:

I. A saúde e a previdência social serão prestadas a quem delas necessitar, independentemente de contribuição.

II. Entre os benefícios da assistência social há previsão de pagamento de um salário ao idoso e à pessoa portadora de deficiência que sejam carentes de meio de subsistência e gratuidade nos transportes coletivos urbanos.

III. Na manutenção e no desenvolvimento do ensino a União aplicará, anualmente, nunca menos de dezoito, e os Estados, o Distrito Federal e os Municípios vinte e cinco por cento, no mínimo, da receita resultante de impostos, compreendida a proveniente de transferências.

IV. O poder público, com a colaboração da comunidade, promoverá e protegerá o patrimônio cultural brasileiro, por meio de inventários, registros, vigilância, tombamento e desapropriação, e de outras formas de acautelamento e preservação.

V. Os meios de comunicação social não podem, direta ou indiretamente, ser objeto de oligopólio.

De acordo com a Constituição da República:

(A) Apenas as assertivas III, IV e V estão corretas.

(B) Todas as assertivas estão corretas.

(C) Apenas as assertivas II, III, IV e V estão corretas.

(D) Apenas as assertivas I, II, III e IV estão corretas.

(E) Apenas as assertivas I, IV e V estão corretas.

I: incorreta. Apenas a assistência social é prestada independentemente de contribuição (art. 203 da CF); **II:** incorreta. Não reflete o disposto no art. 203, V, da CF; **III:** correta, art. 212 da CF; **IV:** correta, art. 216, § 1º, da CF; **V:** correta, art. 220, § 5º, da CF.

Gabarito "A"

(Ministério Público/MG – 2010 – FUNDEP) Segundo a Constituição Federal de 1988, é INCORRETO afirmar que

(A) a assistência à saúde é livre à iniciativa privada.

(B) é facultada a destinação de recursos públicos para auxílios ou subvenções às instituições privadas com fins lucrativos.

(C) as instituições privadas poderão participar de forma complementar do sistema único de saúde, segundo diretrizes deste, mediante contrato de direito público ou convênio.

(D) é vedada a participação direta ou indireta de empresas ou capitais estrangeiros na assistência à saúde no País, salvo nos casos previstos em lei.

A: correta, art. 199 da CF; **B:** incorreta, devendo ser assinalada. Conduta vedada pelo art. 199, § 2º, da CF; **C:** correta, art. 199, § 1º, da CF; **D:** correta, art. 199, § 3º, da CF.

Gabarito "B"

(Ministério Público/MG – 2010.1) A Constituição Federal, ao conferir a todos o direito ao meio ambiente ecologicamente equilibrado no *caput* do artigo 225 e dispor no § 1º o dever do ente público de preservar e restaurar os processos ecológicos essenciais, acabou por impor à municipalidade autêntica obrigação de não fazer no que toca à poluição ambiental e, em caso de descumprimento, é CORRETO afirmar que

(A) é possível propor em face do ente público ação civil pública com pedido de determinação de obrigação de fazer ou não fazer, sem que a decisão judicial represente invasão à atuação discricionária ou ofensa à garantia constitucional de harmonia e separação de Poderes que assenta, entre nós, a ordem republicana e democrática consagrada pelo sistema de direito constitucional positivo.

(B) as *astreintes* se revestem de função coercitiva, têm por finalidade específica compelir, legitimamente, o devedor, mesmo que se cuide de Poder Público, a cumprir a ordem e assegurar o provimento jurisdicional útil.

(C) estando presentes o *fumus boni iuris*, o *periculum in mora*, e apresentando-se o pleito jurídico verossímil, é possível a concessão de tutela antecipada contra o ente público, por força do artigo 5º, inciso XXXV, da Constituição da República, que expressamente reconhece o poder acautelatório do juiz.

(D) constatando que houve ato ilícito do ente público na contratação de empresa para implementação de saneamento básico, é cabível requerer indenização por dano moral social, uma vez que a moralidade administrativa integra o patrimônio social e, ao mesmo tempo, constitui valor tão importante para a sociedade. O legislador dispensou atenção especial a essa questão permitindo constar expressamente do texto constitucional, deixando de, apenas, implicitamente ser admitido. Dentre outros artigos, há referência nos artigos 5º, inciso LXXIII, n. 37 e seu § 4º e 85, inciso V.

(E) Todas estão corretas.

A: correta. V. art. 1º, I, da Lei 7.347/1985; **B:** correta, e a jurisprudência já firmou entendimento de que não há impedimento à fixação de *astreintes* para o Poder Público; **C:** correta, pois o art. 5º, XXXV, da CF refere-se expressamente a "ameaça a direito"; **D:** correta. V. art. 5º, X, da CF.

Gabarito "E"

(Ministério Público/SP – 2010) O financiamento do sistema único de saúde é feito com recursos dos orçamentos:

(A) da Seguridade Social e da União.

(B) dos Estados, do Distrito Federal e da União.

(C) dos Estados, dos Municípios, e da União.
(D) dos Estados, do Distrito Federal e dos Municípios.
(E) da Seguridade Social, da União, dos Estados, do Distrito Federal e dos Municípios, além de outras fontes.

Art. 198, § 1º, da CF.

Gabarito "E"

(Ministério Público/SP – 2010) Assinale a alternativa incorreta:

(A) para assegurar a efetividade do direito ao meio ambiente ecologicamente equilibrado, incumbe ao poder público, promover a educação ambiental em todos os níveis de ensino e a conscientização pública para a preservação do meio ambiente.
(B) para efeito da proteção do Estado à Família, é reconhecida a união estável entre o homem e a mulher, e entre as pessoas do mesmo sexo, como entidade familiar, devendo a lei facilitar sua conversão em casamento.
(C) fundados no princípio da dignidade da pessoa humana e da paternidade responsável, o planejamento familiar é livre decisão do casal, competindo ao Estado propiciar recursos educacionais e científicos para o exercício desse direito, vedada qualquer forma coercitiva por parte de instituições oficiais ou privadas.
(D) é dever do Estado fomentar práticas desportivas formais e não formais, como direito de cada um.
(E) a Floresta Amazônica brasileira, A Mata Atlântica, a Serra do Mar, o Pantanal Mato-Grossense e a Zona Costeira são patrimônio nacional, e sua utilização far-se-á, na forma da lei, dentro de condições que assegurem a preservação do meio ambiente, inclusive quanto ao uso dos recursos naturais.

A: correta, art. 225, § 1º, VI, da CF; **B:** incorreta, devendo ser assinalada. Não há previsão de união estável para pessoas do mesmo sexo na CF (art. 226, § 3º, da CF), No entanto, em 05.05.2011, os ministros do Supremo Tribunal Federal, ao julgarem a Ação Direta de Inconstitucionalidade 4277 e a Arguição de Descumprimento de Preceito Fundamental 132, reconheceram a união estável para casais do mesmo sexo; **C:** correta, art. 226, § 7º, da CF; **D:** correta, art. 217 da CF; **E:** correta, art. 225, § 4º, da CF.

Gabarito "B"

(Ministério Público/DF – 2009) Assinale a alternativa incorreta. Ao Sistema Único de Saúde compete, além de outras atribuições, nos termos da lei,

(A) controlar e fiscalizar procedimentos, produtos e substâncias de interesse para a saúde e participar da produção de medicamentos, equipamentos, imunobiológicos, hemoderivados e outros insumos.
(B) executar as ações de vigilância sanitária e epidemiológica, bem como as de saúde do trabalhador.
(C) colaborar na proteção do meio ambiente, nele compreendido o do trabalho.
(D) participar da formulação da política e da execução das ações de saneamento básico.
(E) incentivar em todas as áreas o desenvolvimento científico e tecnológico.

Art. 200, I a VIII, da CF.

Gabarito "E"

(Ministério Público/DF – 2009) Assinale a alternativa correta. Dentre os princípios que deverão ser observados para ministrar o ensino, destaca(m)-se

(A) a igualdade de condições para o acesso e permanência na escola.
(B) a liberdade de aprender, ensinar, pesquisar e divulgar o pensamento, a arte e o saber, condicionados à ideologia do Governo.
(C) o pluralismo de ideias e de concepções pedagógicas, e a coexistência de instituições públicas e privadas de ensino, tendo estas últimas de oferecer 40% de vagas gratuitas.
(D) a gratuidade do ensino público em estabelecimentos oficiais, sendo permitida a cobrança de taxa de matrículas, conforme entendimento do STF.
(E) a gestão democrática do ensino público, com contratação direta e sem concurso de professores, conforme decisão das classes interessadas.

A: correta, art. 206, I, da CF; **B:** incorreta, não é condicionado à ideologia do Governo (art. 206, II, da CF); **C:** incorreta, não há previsão de oferecimento de vagas gratuitas nas instituições privadas (art. 206, III, da CF); **D:** incorreta. Segundo o STF, não é permitida a cobrança de taxa de matrícula, conforme Súmula Vinculante 12: "A cobrança de taxa de matrícula nas universidades públicas viola o disposto no art. 206, IV, da Constituição Federal"; **E:** incorreta, gestão democrática do ensino público, *na forma da lei*.

Gabarito "A"

(Ministério Público/DF – 2009) Assinale a alternativa correta. Para assegurar a efetividade do direito ao meio ambiente ecologicamente equilibrado, incumbe ao Poder Público

(A) preservar e restaurar os processos ecológicos essenciais e prover o manejo ecológico das espécies e ecossistemas, possibilitando o aniquilamento de espécies.
(B) preservar a diversidade e a integridade do patrimônio genético do País e fiscalizar as entidades dedicadas à pesquisa e manipulação de material genético.
(C) definir, em todas as unidades da Federação, espaços territoriais e seus componentes a serem especialmente protegidos, sendo a alteração e a supressão permitidas somente através de lei, permitida qualquer utilização que comprometa a integridade dos atributos que justifiquem sua proteção.
(D) promover a educação ambiental somente no nível médio de ensino e a conscientização pública para a preservação do meio ambiente.

(E) proteger a fauna e a flora, permitidas, na forma da lei, as práticas que coloquem em risco sua função ecológica, provoquem a extinção de espécies ou submetam os animais à crueldade.

Art. 225, § 1º, II, da CF.

Gabarito "B"

(Ministério Público/MG – 2008) À luz dos dispositivos constitucionais de regência, assinale a opção INCORRETA.

(A) É entidade familiar a comunidade formada por qualquer dos pais e seus descendentes.

(B) Para efeito da proteção do Estado, é reconhecida a união estável entre pessoas do mesmo sexo como entidade familiar, devendo a lei facilitar sua conversão em casamento.

(C) É dever da família, da sociedade e do Estado assegurar à criança e ao adolescente, com absoluta prioridade, o direito à vida, à saúde, à alimentação, à educação, ao lazer, à profissionalização, à cultura, à dignidade, ao respeito, à liberdade e à convivência familiar e comunitária, além de colocá-los a salvo de toda forma de negligência, discriminação, exploração, violência, crueldade e opressão.

(D) O Poder Judiciário só admitirá ações relativas à disciplina e às competições desportivas após esgotarem-se as instâncias da justiça desportiva, reguladas em lei.

(E) São direitos sociais a educação, a saúde, o trabalho, a moradia, o lazer, a segurança, a previdência social, a proteção à maternidade e à infância, a assistência aos desamparados, na forma desta Constituição.

A: correta, art. 226, § 4º, da CF; **B:** incorreta, devendo ser assinalada. No entanto, em 05.05.2011, os ministros do Supremo Tribunal Federal, ao julgarem a Ação Direta de Inconstitucionalidade 4277 e a Arguição de Descumprimento de Preceito Fundamental 132, reconheceram a união estável para casais do mesmo sexo; **C:** correta, art. 227 da CF; **D:** correta, art. 217, § 1º, da CF; **E:** correta. Atualmente, a letra estaria incompleta, pois a Emenda Constitucional 64/2010 inseriu ao rol do art. 6º da CF o direito à alimentação.

Gabarito "B"

(Ministério Público/MG – 2008) Tratando-se de Sistema Único de Saúde, compete, além de outras atribuições, nos termos da lei:

I. controlar e fiscalizar procedimentos, produtos e substâncias de interesse para a saúde e participar da produção de medicamentos, equipamentos, imunobiológicos, hemoderivados e outros insumos;

II. planejar as ações de vigilância sanitária e epidemiológica, bem como as de saúde do trabalhador;

III. executar a formação de recursos humanos na área de saúde;

IV. participar da formulação da política e da execução das ações de saneamento básico;

V. incrementar em sua área de atuação o desenvolvimento científico e tecnológico;

VI. fiscalizar e inspecionar alimentos, excluído o controle de seu teor nutricional, bem como bebidas e águas para consumo humano;

VII. participar do controle e fiscalização da produção, transporte, guarda e utilização de substâncias e produtos psicoativos, tóxicos e radioativos;

VIII. colaborar na proteção do meio ambiente, nele não compreendido o do trabalho.

(A) Apenas a alternativa VII está correta.

(B) Apenas a alternativa III está incorreta.

(C) As alternativas II e III estão corretas.

(D) Todas as alternativas estão incorretas.

(E) As alternativas I e IV, V e VII estão corretas.

I: correta, arts. 4º, § 1º, e 6º, VII, ambos da Lei do SUS (Lei 8.080/1990); **II:** incorreta. O art. 6º, I, da Lei do SUS refere-se à execução dessas ações, sem prejuízo das competências da direção nacional (art. 16, XVIII); **III:** incorreta. Ao SUS compete a execução da política de recursos humanos e a organização do sistema de formação –27, *caput* e I, da Lei do SUS; **IV:** correta, art. 16, II, *b*, da Lei do SUS; **V:** correta, art. 6º, X, da Lei do SUS; **VI:** incorreta. A fiscalização e a inspeção incluem a vigilância nutricional – art. 6º, IV e VIII, da Lei do SUS; **VII:** correta, art. 6º, IX, da Lei do SUS; **VIII:** incorreta. O conceito de meio ambiente inclui o do trabalho – art. 6º, V, da Lei do SUS.

Gabarito "E"

(Ministério Público/MG – 2008) Dispõe a Constituição que a União, os Estados, o Distrito Federal e os Municípios aplicarão, anualmente, porcentual mínimo da receita resultante de impostos na manutenção e desenvolvimento do ensino, sendo INCORRETO afirmar que:

(A) o percentual fixado à União é de nunca menos de dezoito, e os Estados, o Distrito Federal e os Municípios vinte e cinco por cento, no mínimo, da receita resultante de impostos, compreendida a proveniente de transferências.

(B) o não cumprimento do repasse da complementação de recursos pela União sempre que, no Distrito Federal e em cada Estado, o valor por aluno não alcançar o mínimo definido nacionalmente importará crime de responsabilidade da autoridade competente.

(C) poderão ser contempladas além das escolas públicas integrantes dos sistemas de ensino federal, estadual e municipal, as escolas comunitárias, confessionais ou filantrópicas, definidas em lei, desde que comprovem finalidade não lucrativa e apliquem seus excedentes financeiros em educação ou ainda que assegurem a destinação de seu patrimônio a outra escola comunitária, filantrópica ou confessional, ou ao Poder Público, no caso de encerramento de suas atividades.

(D) os recursos destinados à manutenção e desenvolvimento do ensino não poderão ser destinados a bolsas de estudo para o ensino fundamental e médio.

(E) os Estados, o Distrito Federal e os Municípios deverão assegurar, no financiamento da educação básica, a melhoria da qualidade de ensino, de forma a garantir padrão mínimo definido nacionalmente.

A: correta, art. 212 da CF; **B:** correta, art. 60, XI, do ADCT; **C:** correta, art. 213 da CF; **D:** incorreta, devendo ser assinalada. É possível a destinação dos recursos a bolsas de estudo, nos termos do art. 213, § 1º, da CF; **E:** correta, art. 211, § 1º, da CF.

Gabarito "D"

(Ministério Público/MG – 2008) Todos têm direito ao meio ambiente ecologicamente equilibrado, bem de uso comum do povo e essencial à sadia qualidade de vida, impondo-se ao Poder Público e à coletividade o dever de defendê-lo e preservá-lo para as presentes e futuras gerações. Para assegurar a efetividade desse direito, incumbe ao Poder Público:

I. preservar e restaurar os processos ecológicos essenciais e prover o manejo ecológico das espécies e ecossistemas;

II. preservar a diversidade e a integridade do patrimônio genético do País e fiscalizar as entidades dedicadas à pesquisa e manipulação de material genético;

III. definir, em todas as unidades da Federação, espaços territoriais e seus componentes a serem especialmente protegidos, sendo a alteração e a supressão permitidas aos órgãos ambientais, vedada qualquer utilização que comprometa a integridade dos atributos que justifiquem sua proteção;

IV. exigir, na forma da lei, para instalação de obra ou atividade potencialmente causadora de significativa degradação do meio ambiente, estudo prévio de impacto ambiental, a que se dará publicidade;

V. promover a educação ambiental no nível fundamental de ensino e a conscientização pública para a preservação do meio ambiente;

(A) As opções I, II e IV estão corretas.

(B) Todas as opções estão corretas.

(C) As opções I e II estão corretas.

(D) As opções II e IV estão corretas.

(E) As opções I e IV estão corretas.

I: correta, art. 225, § 1º, I, da CF; **II:** correta, art. 225, § 1º, II, da CF; **III:** incorreta. A alteração ou supressão depende de lei – art. 225, § 1º, III, da CF; **IV:** correta, art. 225, § 1º, IV, da CF; **V:** incorreta. A educação ambiental deve ser promovida em todos os níveis de ensino – art. 225, § 1º, VI, da CF.

Gabarito "A"

(Ministério Público/PR – 2008) Analise as seguintes assertivas e assinale a alternativa correta:

I. a previdência social será organizada sob a forma de regime geral, de caráter contributivo e de filiação obrigatória, observados critérios que preservem o equilíbrio financeiro e atuarial;

II. a assistência social será prestada a quem dela necessitar, independentemente de contribuição à seguridade social;

III. a educação, direito de todos e dever do Estado e da família, será promovida e incentivada com a colaboração da sociedade, visando ao pleno desenvolvimento da pessoa, seu preparo para o exercício da cidadania e sua qualificação para o trabalho;

IV. o Estado garantirá a todos o pleno exercício dos direitos culturais e acesso às fontes da cultura nacional, e apoiará e incentivará a valorização e a difusão das manifestações culturais;

V. o Estado promoverá e incentivará o desenvolvimento científico, a pesquisa e a capacitação tecnológicas.

(A) todas as assertivas estão corretas;

(B) apenas a assertiva I está incorreta;

(C) apenas a assertiva II está incorreta;

(D) apenas a assertiva III está incorreta;

(E) apenas as assertivas IV e V estão incorretas.

I: correta, art. 201 da CF; **II:** correta, art. 203 da CF; **III:** correta, art. 205 da CF; **IV:** correta, art. 215 da CF; **V:** correta, art. 218 da CF.

Gabarito "A"

18. TEMAS COMBINADOS

(Promotor de Justiça/MG – 2013) Assinale a alternativa *INCORRETA*:

(A) Ao declarar a inconstitucionalidade de lei ou ato normativo, no processo de arguição de descumprimento de preceito fundamental, e tendo em vista razões de segurança jurídica ou de excepcional interesse social, poderá o Supremo Tribunal Federal, por maioria de dois terços de seus membros, restringir os efeitos daquela declaração ou decidir que ela só tenha eficácia a partir de seu trânsito em julgado ou de outro momento que venha a ser fixado.

(B) O direito de reunião poderá sofrer restrição em caso de estado de defesa, ainda que exercido no seio das associações, e poderá ser suspenso, em caso de estado de sítio.

(C) A decisão proferida pelo Tribunal de Justiça que julga procedente ou improcedente o pedido da representação interventiva em Município tem natureza político-administrativa e dela cabe recurso extraordinário ao Supremo Tribunal Federal.

(D) É da competência comum da União, dos Estados, do Distrito Federal e dos Municípios, entre outras, estabelecer e implantar política de educação para a segurança do trânsito.

A: assertiva correta, pois corresponde à redação do art. 11 da Lei 9.882/1999, que disciplina o processo e julgamento da arguição de descumprimento de preceito fundamental; **B:** assertiva correta, visto que em conformidade com o que estabelecem os arts. 136, § 1º, I, a, e 139, IV, ambos da CF; **C:** assertiva incorreta, devendo ser assinalada, na medida em que não corresponde ao entendimento firmado na Súmula n. 637 do STF: "Não cabe recurso extraordinário contra acórdão de Tribunal de Justiça que defere pedido de intervenção estadual em município". Nesse mesmo sentido: "Agravo regimental. Intervenção estadual em município. Súmula 637 do STF. De acordo com a jurisprudência deste Tribunal, a decisão de tribunal de justiça que determina a intervenção estadual em município tem natureza político-administrativa, não ensejando, assim, o cabimento do recurso extraordinário. Incidência, no caso, da Súmula 637 deste Tribunal. Agravo regimental a que se nega provimento" (AI-AgR 597327, Joaquim Barbosa, STF); **D:** assertiva correta, pois reflete a regra presente no art. 23, XII, da CF.

Gabarito "C"

(Ministério Público/PB – 2010) É correto afirmar:

(A) De acordo com a Constituição, a pesquisa científica básica voltar-se-á prioritariamente para a solução dos problemas brasileiros e para o desenvolvimento do sistema produtivo nacional e regional.

(B) É compatível com a Constituição a previsão normativa que permita a transferência, para instituição pública ou privada de ensino superior sediada no local do novo domicílio, do estudante de instituição privada, o qual, sendo servidor público (ou seu dependente), haja sido removido *ex officio*.

(C) A garantia constitucional de sigilo das diversas modalidades técnicas de comunicação, considerando que tem o seu alcance limitado ao resguardo das esferas da intimidade ou da privacidade dos interlocutores, depende do conteúdo da mensagem ou dos dados transmitidos.

(D) Por disposição constitucional transitória, ficam convalidados os atos de criação, fusão, incorporação e desmembramento de Municípios, os quais, sem embargo de não terem atendido aos requisitos estabelecidos na legislação do respectivo Estado, tenham sido instrumentalizados por lei publicada até o final do ano de 2006.

(E) São meios constitucionais de tutela do patrimônio cultural brasileiro inventários, tombamento, desapropriação, registros e vigilância.

A: incorreta. Não reflete o disposto no art. 218, §§ 1º e 2º, da CF; **B:** incorreta. STF, ADIn 3324, Rel. Min. Marco Aurélio: "A constitucionalidade do artigo 1º da Lei 9.536/1997, viabilizador da transferência de alunos, pressupõe a observância da natureza jurídica do estabelecimento educacional de origem, a congeneridade das instituições envolvidas – de privada para privada, de pública para pública –, mostrando-se inconstitucional interpretação que resulte na mesclagem – de privada para pública"; **C:** incorreta. Não reflete o disposto no art. 5º, XII, da CF; **D:** incorreta. Não reflete o disposto no art. 96 do ADCT; **E:** correta, art. 216, § 1º, da CF.

Gabarito "E"

(Ministério Público/PB – 2010) Analise as proposições imediatamente abaixo e, em seguida, assinale a alternativa que contenha o julgamento devido sobre elas:

I. De acordo com a jurisprudência dominante do Tribunal Superior Eleitoral, a absolvição criminal imprópria transitada em julgado, com aplicação de medida de segurança a indivíduo inimputável, ainda que não reconhecida formalmente a respectiva incapacidade civil absoluta, é só por si causa apta para a suspensão dos direitos políticos.

II. Segundo a jurisprudência dominante do Supremo Tribunal Federal, a suspensão dos direitos políticos, enquanto efeito da condenação criminal transitada em julgado, persiste mesmo no curso do período de prova da suspensão condicional da pena (*sursis*).

III. Com fundamento no princípio da proporcionalidade, é da jurisprudência dominante do Supremo Tribunal Federal o entendimento segundo o qual a suspensão dos direitos políticos em razão de condenação criminal transitada em julgado não se legitima perante hipóteses como as de não aplicação de pena privativa de liberdade, crime culposo e infrações penais de menor potencial ofensivo.

(A) Apenas I e III são erradas.

(B) Apenas III é errada.

(C) Apenas I é errada.

(D) Apenas I é correta.

(E) I, II e III são corretas.

I: correta. Fundamento no art. 15, II, da CF; **II:** correta. STF, RMS 22470, Rel. Min. Celso de Mello: "A norma inscrita no art. 15, III, da Constituição reveste-se de autoaplicabilidade, independendo, para efeito de sua imediata incidência, de qualquer ato de intermediação legislativa. Essa circunstância legitima as decisões da Justiça Eleitoral que declaram aplicável, nos casos de condenação penal irrecorrível – e enquanto durarem os seus efeitos, como ocorre na vigência do período de prova do *sursis* –, a sanção constitucional concernente à privação de direitos políticos do sentenciado"; **III:** incorreta. Não há como aplicar o princípio da proporcionalidade para afastar norma expressa da Constituição Federal (art. 15, III, da CF).

Gabarito "B"

(Ministério Público/PI – 2008) A respeito dos precatórios, assinale a alternativa **correta**:

I. Os débitos de natureza alimentícia compreendem aqueles decorrentes de salários, vencimentos, proventos, pensões e suas complementações, benefícios previdenciários e indenizações por morte ou por invalidez, fundadas em responsabilidade civil, em virtude de sentença judicial transitada em julgado, e serão pagos com preferência sobre todos os demais débitos.

II. O Presidente do Tribunal competente que, por ato comissivo ou omissivo, retardar ou tentar frustrar a liquidação regular de precatórios incorrerá em crime de responsabilidade e responderá, também, perante o Conselho Nacional de Justiça.

III. O credor poderá ceder, total ou parcialmente, seus créditos em precatórios a terceiros, dependendo o ato da concordância do devedor.

IV. A seu critério exclusivo e na forma de lei, a União poderá assumir débitos, oriundos de precatórios, de Estados, Distrito Federal e Municípios, refinanciando-os diretamente.

(A) Somente as proposições I, III e IV estão corretas.

(B) Somente as proposições I e II estão corretas.

(C) Somente as proposições I, II e IV estão corretas.

(D) Somente as proposições II e III estão corretas.

(E) Somente as proposições II e IV estão corretas.

I: incorreta, há exceção prevista no art. 100, § 2º, da CF (v. art. 100, § 1º, da CF); **II:** correta, literalidade do art. 100, § 7º, da CF; **III:** incorreta, pois o ato não depende da concordância do devedor (art. 100, § 13, da CF); **IV:** correta, réplica do art. 100, § 16, da CF.

Gabarito "E"

(Ministério Público/SP - 2012 - VUNESP) A Constituição Federal define a família como base da sociedade, garantindo ser reconhecida

(A) a união estável entre o homem e a mulher e a união de pessoas do mesmo sexo como entidade familiar apta a merecer proteção estatal como sinônimo de família.

(B) a união estável somente entre o homem e a mulher como entidade familiar apta a merecer proteção estatal, como sinônimo de família.

(C) como entidade familiar a comunidade formada por qualquer dos pais e seus descendentes, excluindo-se uniões de pessoas do mesmo sexo.

(D) a união estável entre pessoas do mesmo sexo, além da união estável entre homem e a mulher, apta a merecer proteção estatal, porém não como entidade familiar, nem como sinônimo de família.

(E) como entidade familiar somente a comunidade formada pelo homem e pela mulher e seus descendentes.

A: correta, já que o Supremo Tribunal Federal, em 5 de maio de 2011, declarou procedente a Ação Direta de Inconstitucionalidade n. 4.277 e a Arguição de Descumprimento de Preceito Fundamental n. 132, com eficácia *erga omnes* e efeito vinculante, conferindo interpretação conforme a Constituição Federal ao art. 1.723 do Código Civil, a fim de declarar a aplicabilidade de regime da união estável às uniões entre pessoas do mesmo sexo. Sem prejuízo, devemos ratificar que o art. 226, § 3º, da CF, reconhece como entidades familiares, a união estável e o casamento, contudo, por força do fenômeno da Mutação Constitucional, a redação se estende às uniões homoafetivas, na exata medida que um dos fundamentos da República Federativa do Brasil é a Dignidade da Pessoa Humana, logo, compete o Estado buscar mecanismos para promover o bem de todos, já que se trata de um dos objetivos, nos termos dos arts. 1º e 3º, IV, da CF; **B:** incorreta, já que o examinador limitou o reconhecimento da união estável somente entre o homem e a mulher; **C:** incorreta, pois a alternativa excluiu as pessoas do mesmo sexo; **D:** incorreta, pois entidade familiar se deve entender toda e qualquer espécie de união capaz de servir de acolhedouro das emoções e das afeições dos seres humanos. O pluralismo das entidades familiares, uma das mais importantes inovações de nossa Constituição Federal, relativa ao direito de família, encontra-se ainda cercada de perplexidades. Ouço a afirmar ainda, que não estamos distantes de reconhecermos as uniões poliafetivas; **E:** incorreta, pelos mesmos motivos expostos anteriormente.

Gabarito "A"

6. Direito Administrativo

Wander Garcia

1. REGIME JURÍDICO ADMINISTRATIVO E PRINCÍPIOS DO DIREITO ADMINISTRATIVO

(Ministério Público/PR – 2013 – X) Quanto ao direito fundamental ao acesso à informação pública, corolário do princípio da publicidade, é ***incorreto*** afirmar:

(A) Quando se tratar de informações essenciais à tutela de direitos fundamentais, os órgãos ou entidades públicas estão obrigados a encaminhar ao Ministério Público os pedidos de informação indeferidos acompanhados das razões da denegação;

(B) Subordinam-se à lei de acesso às informações as entidades privadas sem fins lucrativos que recebam recursos públicos mediante contrato de gestão;

(C) A informação em poder dos órgãos e entidades públicas poderá ser classificada em ultrassecreta, secreta ou reservada, sendo de 25 (vinte e cinco) anos o prazo mais longo previsto na referida classificação;

(D) O pedido de acesso às informações de interesse público não precisa ser justificado, devendo conter apenas a identificação do requerente e a especificação da informação solicitada;

(E) As informações que puderem colocar em risco a segurança do Presidente da República, Vice-Presidente e seus cônjuges e filhos serão classificadas no grau reservado e ficarão sob o sigilo até o término do mandato em exercício ou do último mandato, em caso de reeleição.

A: assertiva incorreta, devendo ser assinalada. Nesse caso, a Lei 12.527/2011 proíbe o indeferimento do pedido em se tratando de informação dessa natureza necessária à tutela judicial ou administrativa de direitos fundamentais (art. 21, *caput*); **B:** assertiva correta (art. 2º, *caput*, da Lei 12.527/2011); **C:** assertiva correta (art. 24, *caput* e § 1º, I, da Lei 12.527/2011); **D:** assertiva correta (art. 10, §§ 1º e 3º, da Lei 12.527/2011); **E:** assertiva correta (art. 24, § 2º, da Lei 12.527/2011).

Gabarito "A"

(Ministério Público/AM – 2008 – CESPE) Acerca da principiologia do direito administrativo, assinale a opção correta.

(A) Explícita ou implicitamente, os princípios do direito administrativo que informam a atividade da administração pública devem ser extraídos da CF.

(B) Os princípios que regem a atividade da administração pública e que estão expressamente previstos na CF são os princípios da legalidade, impessoalidade, moralidade e publicidade.

(C) A lei que trata dos processos administrativos no âmbito federal previu outros princípios norteadores da administração pública. Tal previsão extrapolou o âmbito constitucional, o que gerou a inconstitucionalidade da referida norma.

(D) O princípio da legalidade no âmbito da administração pública identifica-se com a formulação genérica, fundada em ideais liberais, segundo a qual ninguém é obrigado a fazer ou deixar de fazer alguma coisa senão em virtude de lei.

(E) Os princípios da moralidade e da eficiência da administração pública, por serem dotados de alta carga de abstração, carecem de densidade normativa. Assim, tais princípios devem ser aplicados na estrita identificação com o princípio da legalidade.

A: correta, pois, de fato, os princípios ou estão expressos ou decorrem do texto constitucional; **B:** incorreta, pois faltou o princípio da eficiência (art. 37, *caput*, da CF); **C:** incorreta, pois a Lei 9.784/1999 não foi considerada inconstitucional por trazer expressamente outros princípios do Direito Administrativo; **D:** incorreta, pois o princípio da legalidade, no âmbito da Administração Pública, significa que ela só pode fazer o que a lei determina ou permite; **E:** incorreta, pois os princípios citados são autônomos e têm densidade normativa suficiente para serem aplicados de modo independente.

Gabarito "A"

(Ministério Público/GO – 2010) Sobre os princípios constitucionais da administração pública, analise as assertivas abaixo e assinale a alternativa correta:

I. Pode-se afirmar que, em decorrência do princípio da impessoalidade, os efeitos dos atos e provimentos administrativos são imputáveis não ao agente público que os pratica, mas sim ao órgão ou entidade administrativa em nome do qual aquele age.

II. A suspensão dos direitos políticos por improbidade administrativa pode ser aplicada independente da existência de um processo criminal.

III. O princípio da eficiência administrativa não decorre de conceituação jurídica e sim econômica e qualitativa, que pode ser mensurado por meio da aplicação dos princípios da participação do usuário na administração pública e da autonomia gerencial, orçamentária e financeira dos órgãos e entidades da administração direta e indireta.

IV. Objetivando verificar a conformação das atividades da Administração Pública ao princípio da legalidade, impõe-se a esta o controle administrativo, o legislativo e o jurisdicional.

(A) Há somente uma assertiva correta.

(B) Há somente duas assertivas corretas.

(C) Nenhuma das assertivas está correta.

(D) Todas as assertivas estão corretas.

I: correta, pois essa é uma das três facetas do princípio da impessoalidade; a primeira é o respeito à igualdade; a segunda, ao princípio da finalidade; e a terceira, a imputação dos atos do agente diretamente ao órgão ou entidade em nome do qual age (Teoria do Órgão); **II:** correta, pois as instâncias civil, administrativa e penal são independentes da instância de improbidade administrativa (art. 37, § 4º, da CF e art. 12, *caput*, da Lei 8.429/1992); **III:** correta, pois esse conceito está intimamente ligado aos resultados que a Administração alcança em termos de economicidade e eficácia de sua ação, o que está muito mais ligado ao plano fático do que ao plano jurídico; **IV:** correta, pois, de fato, a Administração está sujeita a um controle interno (administrativo), a um controle legislativo (aqui, com o auxílio, ao Legislativo, do Tribunal de Contas), ambos decorrentes dos arts. 70, *caput*, e 71, *caput*, da CF e ao controle jurisdicional, este por conta do princípio da inafastabilidade da jurisdição (art. 5º, XXXV, da CF).

Gabarito "D"

(Ministério Público/GO – 2005) O regramento que inibe a oposição pelo particular, em face da Administração, da "exceção de contrato não cumprido" está afeto aos princípios:

(A) da eficiência e moralidade

(B) da legalidade e publicidade

(C) da supremacia do interesse público e continuidade do serviço público

(D) alternativas 'a' e 'c' estão corretas

De fato, a previsão em tela visa evitar que o serviço público seja descontinuado (princípio da continuidade do serviço público), reclamo que é valorizado em função da supremacia do interesse público sobre o privado (art. 78, XIV e XV, da Lei 8.666/1993).

Gabarito "C"

(Ministério Público/MA – 2009) A respeito dos princípios administrativos, assinale a assertiva CORRETA.

(A) O princípio da legalidade, basilar do sistema jurídico administrativo, pressupõe a submissão do Estado (gênero) a atos normativos administrativos.

(B) O princípio da impessoalidade significa boa administração e se encontra relacionada com o da legalidade, porque, a inobservância da lei, além de outras consequências torna ineficiente a Administração.

(C) Em face do princípio da moralidade, não está somente obrigado o administrador à obediência à lei, mas, também, aos princípios éticos, lealdade, boa-fé, probidade, bem assim aos valores pertinentes à sinceridade, lhaneza, urbanidade, dentre outros, sendo-lhe vedado o comportamento malicioso.

(D) O princípio da publicidade dispensa a necessidade de transparência da Administração, sob pena de malferir o sigilo, pressuposto do Estado Democrático de Direito, o qual, nessas circunstâncias, não pode contemplar, também, o direito à informação sobre matéria de ordem pública.

(E) O princípio da eficiência significa que a Administração tem o dever de tratar os administrados sem discriminações, perseguições, favoritismos, animosidades, ou sectarismo.

A: incorreta, pois tal princípio impõe a submissão da *Administração Pública* às *leis* e aos demais atos legislativos; **B:** incorreta, pois a alternativa confunde o princípio da *impessoalidade* com o da *eficiência*; **C:** correta, pois a alternativa traduz exatamente o princípio da *moralidade*; **D:** incorreta, pois a publicidade determina transparência total, sendo o sigilo medida excepcional; **E:** incorreta, pois, agora, a questão confunde o princípio da *eficiência* com o da *impessoalidade*.

Gabarito "C"

(Ministério Público/MG – 2008) Assinale a alternativa INCORRETA. O Princípio da Supremacia do Interesse Público sobre o Particular

(A) conjuga-se com o postulado da indisponibilidade, porquanto irrenunciável a ação do Estado diante do dever de atuação.

(B) permite a existência das chamadas cláusulas exorbitantes no bojo dos contratos administrativos, em prol da Administração Pública.

(C) busca imprimir eficácia aos atos administrativos.

(D) não se compatibiliza com a dimensão pública dos interesses individuais.

(E) não possui preeminência em relação ao postulado da legalidade.

Todas as alternativas estão de acordo com o princípio, salvo a letra "D", pois essa alternativa afirma que a supremacia do interesse público sobre o particular **não** se compatibiliza com o próprio conceito de interesse público ("dimensão pública dos interesses individuais").

Gabarito "D"

(Ministério Público/MG – 2008) Assinale a alternativa CORRETA.

(A) O Princípio da Moralidade, não obstante proeminente – porque impõe ao administrador público laborar com probidade – não está expressamente discriminado na Constituição Federal.

(B) para a validade do ato administrativo, basta a aplicação do postulado da legalidade, restando dispensável observar o aspecto ético da respectiva conduta administrativa.

(C) Para José Afonso da Silva, eficiência significa fazer acontecer com racionalidade, o que implica medir os custos que a satisfação das necessidades públicas importam em relação ao grau de utilidade alcançado.

(D) A proibição de acumular estende-se a empregos e funções, não alcançando, porém, as fundações, empresas públicas e sociedades de economia mista.

(E) Os meios utilizados no exercício da atividade administrativa prescindem de qualquer adequação para os fins pretendidos.

A: incorreta, o citado princípio está expresso no caput do art. 37 da CF; **B:** incorreta, pois não basta respeitar a legalidade; é necessário respeitar a moralidade também (art. 37, *caput*, da CF); **C:** correta, pois, de fato, esse é o conceito de eficiência adotado pelo autor. Tal afirmação está na sua obra *Curso de Direito Constitucional Positivo* (ed. Malheiros); que completa a afirmação dizendo que o princípio da eficiência "orienta a atividade administrativa no sentido de conseguir os melhores resultados com os meios escassos de que se dispõe e a menor custo"; **D:** incorreta, pois a proibição *alcança* as fundações, empresas públicas e sociedades de economia mista (art. 37, XVI e XVII, da CF); **E:** incorreta, a adequação entre meios e fins *deve* ser observada (art. 2º, parágrafo único, VI, da Lei 9.784/1999).

Gabarito "C"

(Ministério Público/MG – 2008) Segundo Celso Antônio Bandeira de Mello, os princípios do Direito Administrativo Brasileiro representam diretrizes de acatamento obrigatório para a Administração; isto é, significam postulados que dimanam do próprio sistema jurídico, a saber, dentre outros:

I. publicidade; oficialidade; obediência à forma e aos procedimentos.

II. lealdade, boa-fé e verdade material.

III. pluralidade de instâncias; economia processual.

IV. audiência do interessado; acessibilidade aos elementos do expediente.

(A) É VERDADEIRO o que consta apenas em I e III.

(B) É FALSO o que consta apenas em IV.

(C) É FALSO o que consta apenas em II e IV.

(D) Todos os incisos são FALSOS.

(E) Todos os incisos são VERDADEIROS.

Todos os postulados estão corretos, pois decorrem ou são princípios expressos na CF (arts. 5º, LIV e LV, e 37) e na Lei 9.784/1999 (art. 2º).

Gabarito "E"

(Ministério Público/MG – 2005) A respeito dos princípios que regem a Administração Pública, considere as seguintes afirmações.

I. O instituto da requisição (CF, art. 5º, inciso XXV) tem pertinência com o princípio da finalidade pública ou supremacia do interesse público sobre o interesse privado.

II. O princípio da hierarquia deve ser observado por todos os Poderes do Estado, tendo em vista a necessidade da manutenção da ordem, da disciplina e da unidade de direcionamento de suas respectivas funções típicas.

III. A União pode editar medida provisória em matéria de Direito Administrativo, desde que observe as condições e os limites previstos no art. 62 da Constituição da República e nas demais normas pertinentes.

IV. O princípio da impessoalidade está ligado ao princípio da igualdade ou isonomia constitucional, enquanto que o princípio da moralidade relaciona-se com os princípios da lealdade e boa-fé.

V. É inconstitucional decreto do Presidente da República que extingue, em qualquer hipótese, cargo público regularmente criado por lei.

Somente é **CORRETO** o que se afirma em:

(A) todas estão certas.

(B) I, II e III.

(C) I, III e IV.

(D) II, III e V.

(E) III, IV e V.

I: correta; com efeito, quando se está diante de situação de iminente perigo público, a autoridade pública, com a finalidade de acautelar o interesse público, tem a prerrogativa (decorrente da supremacia do interesse público sobre o privado), de usar a propriedade particular, mediante indenização posterior, se houver dano (art. 5º, XXV, da CF); **II:** incorreta, pois não há que se falar em hierarquia em certas relações dentro de um Poder; por exemplo, não existe esse conceito entre os parlamentares, não havendo hierarquia entre estes; **III:** correta, diferente do que ocorre, por exemplo, em Direito Penal, em relação ao qual é vedada a edição de medida provisória (art. 62, § 1º, I, "b", da CF); **IV:** correta, pois uma das facetas do princípio da impessoalidade é justamente o dever de tratamento igualitário às pessoas; de mesma forma, agir consoante à moralidade administrativa é agir segundo a lealdade e boa-fé; **V:** incorreta, pois, caso o cargo esteja vago, é possível extingui-lo por decreto (art. 84, VI, "b", da CF).

Gabarito "C"

(Ministério Público/RR – 2012 – CESPE) Considerando o conceito de administração pública e os princípios que a regem, assinale a opção correta em conformidade com a doutrina e a jurisprudência.

(A) Em se tratando de processo administrativo disciplinar, não configura ofensa ao princípio da legalidade, consoante posicionamento do STJ, a instauração de comissão processante provisória em hipótese para a qual esteja legalmente prevista apuração por comissão permanente.

(B) Embora a administração pública esteja submetida ao princípio da legalidade estrita, o STJ admite que a administração pública institua sanção restritiva de direito ao administrado por meio de ato administrativo de hierarquia inferior à lei.

(C) Segundo jurisprudência do STJ, a administração, por estar submetida ao princípio da legalidade, não pode levar a termo interpretação extensiva ou restritiva de direitos, quando a lei assim não o dispuser de forma expressa.

(D) No direito brasileiro, não há previsão expressa dos princípios da segurança jurídica e da proteção à confiança.

(E) Segundo a doutrina, em sentido formal ou orgânico, a expressão administração pública, que abrange a natureza da atividade exercida pelos entes públicos, representa a própria função administrativa.

A: incorreta, pois, segundo o STJ, "a instauração de comissão provisória, nas hipóteses em que a legislação de regência prevê expressamente que as transgressões disciplinares serão apuradas por comissão permanente, inquina de nulidade o respectivo processo administrativo por inobservância dos princípios da legalidade e do juiz natural" (MS 13.148/DF, *DJe* 01.06.2012); **B:** incorreta, pois, segundo o STJ, "somente a Lei, em razão do princípio da estrita adstrição da Administração à legalidade, pode instituir sanção restritiva de direitos subjetivos; neste caso, a reprimenda imposta ao recorrente pela Agência Nacional de Saúde-ANS não se acha prevista em Lei, mas apenas em ato administrativo de hierarquia inferior (Resolução Normativa 11/2002-ANS [revogada pela Instrução Normativa 311/2012]), desprovido daquela potestade que o sistema atribui somente à norma legal" (AgRg no REsp 1287739, *DJe* 31.05.2012); **C:** correta, pois, segundo o STJ, "a atuação da Administração Pública é cingida ao princípio da legalidade estrita, devendo obediência aos preceitos legais, sendo-lhe defeso proceder interpretação extensiva ou restritiva, onde a lei assim não o determinar" (RMS 26.944, *DJe* 21.06.2010); **D:** incorreta, pois o princípio da segurança jurídica está expresso no art. 2°, *caput*, da Lei 9.784/1999; **E:** incorreta, pois a administração em sentido formal ou orgânico (ou subjetivo) significa o *conjunto de órgãos e pessoas jurídicas administrativas*; a *função administrativa*, ao contrário, diz respeito à administração em sentido material, objetivo ou funcional.

Gabarito "C"

(Ministério Público/RS – 2009) Considere as afirmações abaixo, referentes aos princípios que fundamentam a administração pública.

I. O princípio da razoabilidade, que impõe que o administrador ao atuar em sua zona de atuação discricionária obedeça a critérios aceitáveis do ponto de vista racional, não possui, no ordenamento constitucional, expressa e explícita previsão.

II. O fundamento constitucional da obrigação de motivar os atos administrativos está implícito tanto no art. 1° da Carta Federal, que indica a cidadania como um dos fundamentos da República, quanto no parágrafo único desse preceptivo, segundo o qual todo o poder emana do povo, como ainda no art. 5°, que assegura, entre um de seus incisos, o direito à apreciação judicial nos casos de ameaça ou lesão de direito.

III. Pelo princípio da indisponibilidade do interesse público, que é inerente à função estatal, mantém-se este princípio independente de os serviços públicos serem exercidos pelos particulares, mediante delegação.

IV. A moralidade administrativa, exigível também do particular, é pressuposto do ato administrativo e serve de fundamento, inclusive, para o reconhecimento de inconstitucionalidade em ação direta.

V. O princípio da impessoalidade nada mais é do que o clássico princípio da finalidade.

Assim:

(A) São verdadeiras **apenas** as respostas inseridas nos itens II e III.

(B) É **incorreta apenas** a resposta alocada no item I.

(C) **Todas** as assertivas são **verdadeiras**.

(D) São **incorretas** as assertivas postas nos itens I e V.

(E) São verdadeiras **apenas** as assertivas apostas nos itens II, III e IV.

I: incorreta, pois a Constituição acaba tratando do princípio ao impor a razoável duração do processo (art. 5°, LXXVIII, da CF); **II:** correta, pois a cidadania implica em conhecer os direitos (individuais e coletivos) e exercitá-los; para tanto, é preciso conhecer as razões dos atos públicos praticados, o que implica no dever de motivação dos atos administrativos; da mesma forma, para que se faça valer o princípio republicano (o Poder emana do povo), quem age em nome do povo (agentes públicos) precisa motivar adequadamente seus atos, pois está atuando na administração de coisa alheia, o que impõe que seja tudo muito bem explicado quando da prática de atos administrativos; por fim, de que adiantaria a Constituição impor o princípio da inafastabilidade do controle jurisdicional sem que os atos fossem devidamente motivados? A motivação é essencial para que se possa verificar no caso concreto se um ato viola ou não direitos; **III:** correta, pois o interesse público, mesmo quando o particular esteja fazendo parte de sua gestão, continua indisponível; **IV:** correta, pois é pressuposto de validade do ato administrativo o respeito aos princípios administrativos, inclusive ao princípio da moralidade; no mais, esse princípio não é mera retórica, podendo-se invocá-lo inclusive em sede de ADI; imagine, por exemplo, uma lei que regulamentasse a contratação de parentes na Administração Pública; essa lei, que hoje violada uma Súmula Vinculante (Súmula Vinculante STF n. 13), por violar o princípio da moralidade (invocado pelo STF para editar a súmula citada) estaria inquinada de inconstitucionalidade, ficando sujeita a controle de constitucionalidade, sem prejuízo de outras formas de controle, por violar uma súmula vinculante; **V:** correta, pois o princípio da impessoalidade tem três facetas, quais sejam, igualdade, imputação de atos à Administração (Teoria do Órgão) e respeito a *finalidade*.

Gabarito "B"

(Ministério Público/SP – 2006) A Constituição Federal, em seu artigo 37, *caput*, indica, de maneira expressa, os princípios da Administração Pública (direta e indireta), que são:

(A) legalidade, veracidade, publicidade e motivação.

(B) impessoalidade, razoabilidade e continuidade do serviço público.

(C) legalidade, moralidade, publicidade e discricionariedade.

(D) legalidade, impessoalidade, moralidade, publicidade e eficiência.

(E) publicidade, veracidade, moralidade, discricionariedade e eficiência.

Trata-se do famoso LIMPE (cada letra de LIMPE é a primeira dos princípios expressos na CF), previsto no art. 37, *caput*, da CF.

Gabarito "D"

(Ministério Público/SP – 2011) O princípio da motivação que, entre outros, informa a Administração Pública

(A) é de observância obrigatória apenas para os atos administrativos vinculados.

(B) está previsto expressamente na Constituição Federal.

(C) incide obrigatoriamente somente na edição de atos administrativos discricionários.

(D) está previsto de maneira explícita na Constituição do Estado de São Paulo.

(E) é facultativo, na elaboração de atos administrativos complexos.

A: incorreta, pois, nos atos discricionários, por maior razão que nos atos vinculados, a motivação se faz necessária; **B:** incorreta, pois não há previsão genérica (para a Administração Pública de todos os poderes) do princípio da motivação; há previsão apenas da motivação para a Administração Pública do Judiciário (art. 93, X, da CF): **C:** incorreta, pois os atos vinculados também devem ser motivados, até porque a motivação é um princípio (art. 2º, *caput*, da Lei 9.784/1999), e, como tal, orienta os atos administrativos em geral; **D:** correta, pois há essa previsão no art. 111 da Constituição do Estado de São Paulo; **E:** incorreta, pois o fato de um ato ser complexo, ou seja, praticado por mais de órgão, não exonera seus autores do dever de motivação.

Gabarito "D"

(Ministério Público/TO – 2006 – CESPE) Acerca dos princípios do direito administrativo, julgue os itens seguintes.

I. Apesar do princípio da publicidade e do direito de acesso do cidadão a dados a seu respeito, nem toda informação pode se transmitida ao interessado, mesmo que se relacione com sua pessoa.

II. Os princípios do direito administrativo são monovalentes, isto é, aplicam-se exclusivamente a esse ramo do direito.

III. A despeito do princípio da supremacia do interesse público, nem sempre o interesse público secundário deverá prevalecer sobre o direito de um cidadão individualmente considerado.

IV. O princípio da presunção de legitimidade dos atos administrativos abrange apenas os aspectos jurídicos desses atos, mas não diz respeito aos fatos nos quais eles supostamente se basearam.

Estão certos apenas os itens

(A) I e III.

(B) I e IV.

(C) II e III.

(D) II e IV.

I: o item está certo, pois há casos em que se admite o sigilo (vide, p. ex., o art. 5º, XXXIII, da CF); **II:** o item está errado; no direito tributário, por exemplo, também há atividade administrativa, de modo que o respeito à legalidade, à impessoalidade, à moralidade, à publicidade e à eficiência também devem ser observados nesse ramo do direito; **III:** o item está certo, pois o interesse público secundário (aquele que diz respeito aos interesses da administração em si, e não ao interesse da coletividade) nem sempre prevalecerá sobre o direito de um cidadão; p. ex., é interesse público secundário aumentar a arrecadação do ente público, mas isso não pode se sobrepor ao dever de respeitar os direitos e garantias dos indivíduos em relação à atividade de tributar; **IV:** errado, pois a presunção de legitimidade abrange a presunção de legalidade (ligada ao direito) e a presunção de veracidade (ligada aos fatos).

Gabarito "A"

1.1. PRINCÍPIOS ADMINISTRATIVOS EXPRESSOS NA CONSTITUIÇÃO

(Promotor de Justiça/MG – 2014) Segundo dispõe o artigo 37, da Constituição Federal, a administração pública direta e indireta de qualquer dos Poderes da União, dos Estados, do Distrito Federal e dos Municípios obedecerá aos princípios de legalidade, impessoalidade, moralidade, publicidade e eficiência.

Assinale a alternativa **INCORRETA** no que diz respeito às restrições excepcionais ao princípio constitucional da legalidade:

(A) A edição de medidas provisórias.

(B) A expedição de portarias.

(C) A decretação do estado de defesa

(D) A decretação do estado de sítio.

A: assertiva correta, pois a Constituição admite a edição de medidas provisórias, com força de lei (art. 62); **B:** assertiva incorreta, devendo ser assinalada; a portaria não tem o condão de inovar na ordem jurídica, estabelecendo direitos ou deveres não previstos na lei; **C:** assertiva correta, pois a Constituição admite a decretação de estado de defesa, no qual são admitidas certas medidas restritivas de direito além das previstas nas leis correntes (art. 136); **D:** assertiva correta, pois a Constituição admite a decretação de estado de defesa, no qual são admitidas certas medidas restritivas de direito além das previstas nas leis correntes (art. 138).

Gabarito "B"

1.2. PRINCÍPIOS ADMINISTRATIVOS EXPRESSOS EM OUTRAS LEIS OU IMPLÍCITOS E PRINCÍPIOS COMBINADOS

(Ministério Público/MG – 2014) Sobre o princípio da boa-fé, no âmbito da administração pública, é INCORRETO afirmar:

(A) O postulado da boa-fé detém presunção *jures tantum*.

(B) É apropriado dizer que os princípios da boa-fé e da segurança jurídica são excludentes.

(C) Com base nos princípios da confiança, lealdade e verdade, que constituem elementos materiais da boa-fé, é possível temperar o princípio da estrita legalidade.

(D) É admissível afirmar que os postulados da boa-fé e da segurança jurídica visam obstar a desconstituição injustificada de atos ou situações jurídicas.

A: assertiva correta, pois a presunção de boa-fé (presunção que o Direito estabelece em relação à conduta das pessoas) é relativa, admitindo prova em contrário, ou seja, admitindo prova que determinada pessoa age de má-fé; **B:** assertiva incorreta, devendo ser assinalada; isso porque o princípio da segurança jurídica tem dois aspectos, o objetivo (ligado à irretroatividade das leis e das novas interpretações) e o subjetivo (ligado ao princípio da proteção à confiança legítima), sendo que o aspecto subjetivo corresponde ao princípio da boa-fé, que não pode, assim, ser considerado excludente do princípio da segurança jurídica. **C** e **D:** assertivas corretas; isso porque, de acordo com esses princípios, quando o Estado expede um ato conclusivo capaz de gerar confiança no administrado, levando este a praticar determinada conduta no sentido da expectativa criada pelo Estado, este fica adstrito a manter a sua palavra mesmo se o ato for ilegal, salvo má-fé do administrado, mantendo-se o ato tal como foi expedido, daí porque se tem um temperamento ao princípio da legalidade; um exemplo é a situação em que a Administração outorga ao particular permissão de serviço público por 4 anos, sendo que, 2 anos depois, a permissão vem a ser revogada; nesse caso, mesmo havendo previsão legal de que a permissão de serviço público é precária, podendo, assim, ser revogada a qualquer tempo independentemente de indenização, o fato é que o particular recebeu um ato conclusivo (permissão) que gerou a confiança legítima de que seria mantido até o final do período de 4 anos (por conta do prazo específico no documento, da necessidade de 4 anos para amortizações e lucros e da inexistência de má-fé pelo particular), devendo o Estado manter sua promessa, sua palavra, não revogando a permissão antes do tempo.

Gabarito "B"

(Ministério Público/PI – 2014 – CESPE) Com relação aos princípios que regem a administração pública, assinale a opção correta.

(A) Constatadas a concessão e a incorporação indevidas de determinada gratificação especial aos proventos de servidor aposentado, deve a administração suprimi-la em respeito ao princípio da autotutela, sendo desnecessária a prévia instauração de procedimento administrativo.

(B) Segundo o entendimento do STF, para que não ocorra violação do princípio da proporcionalidade, devem ser observados três subprincípios: adequação, finalidade e razoabilidade *stricto sensu*.

(C) O princípio da razoabilidade apresenta-se como meio de controle da discricionariedade administrativa, e justifica a possibilidade de correção judicial.

(D) O princípio da segurança jurídica apresenta-se como espécie de limitação ao princípio da legalidade, prescrevendo o ordenamento jurídico o prazo decadencial de cinco anos para a administração anular atos administrativos que favoreçam o administrado, mesmo quando eivado de vício de legalidade e comprovada a má-fé.

(E) Ferem os princípios da isonomia e da irredutibilidade dos vencimentos as alterações na composição dos vencimentos dos servidores públicos, mediante a retirada ou modificação da fórmula de cálculo de vantagens, gratificações e adicionais, ainda que não haja redução do valor total da remuneração.

A: incorreta, pois o STF impõe respeito ao contraditório e à ampla defesa no caso (MS 26.085/DF, DJ 13.06.2008); o STF também expressou esse entendimento ao editar a Súmula Vinculan-te 3; **B:** incorreta, pois os três subprincípios são adequação, necessidade e proporcionalidade em sentido estrito (STF, RE 466.343-1); **C:** correta, valendo salientar que o Judiciário pode controlar não só a legalidade em sentido estrito, como também a moralidade e a razoabilidade; **D:** incorreta, pois o prazo de 5 anos para anulação dos atos existe apenas quando o beneficiá-rio do ato age de boa-fé, sendo que, quando se comprova que o beneficiário age de má-fé, não incide esse prazo (art. 54, *caput*, da Lei 9.784/1999); **E:** incorreta, pois, segundo o STF, desde que mantido montante global da remuneração, não há ofensa aos princípios citados em caso de alterações na composição dos vencimentos dos servidores públicos, não havendo direito adquirido a um determinado regime jurídico-funcional (ARE 678082/DF, *DJ* 14.09.2012).

Gabarito "C"

2. PODERES DA ADMINISTRAÇÃO PÚBLICA

Para resolver as questões deste item, vale citar as definições de cada *poder* administrativo apresentadas por Hely Lopes Meirelles, definições estas muito utilizadas em concursos públicos. Confira:

a) **poder vinculado** – "é aquele que o Direito Positivo – a lei – confere à Administração Pública para a prática de ato de sua competência, determinando os elementos e requisitos necessários à sua formalização";

b) **poder discricionário** – "é o que o Direito concede à Administração, de modo explícito, para a prática de atos administrativos com liberdade na escolha de sua conveniência, oportunidade e conteúdo";

c) **poder hierárquico** – "é o de que dispõe o Executivo para distribuir e escalonar as funções de seus órgãos, ordenar e rever a atuação de seus agentes, estabelecendo a relação de subordinação entre os servidores do seu quadro de pessoal";

d) **poder disciplinar** – "é a faculdade de punir internamente as infrações funcionais dos servidores e demais pessoas sujeitas à disciplina dos órgãos e serviços da Administração";

e) **poder regulamentar** – "é a faculdade de que dispõem os Chefes de Executivo (Presidente da República, Governadores e Prefeitos) de explicar a lei para sua correta execução, ou de expedir decretos autônomos sobre matéria de sua competência ainda não disciplinada por lei";

f) **poder de polícia** – "é a faculdade de que dispõe a Administração Pública para condicionar e restringir o uso e gozo de bens, atividades e direitos individuais, em benefício da coletividade ou do próprio Estado".

(Direito Administrativo Brasileiro, 26ª ed., São Paulo: Malheiros, p. 109 a 123)

2.1. PODER DE POLÍCIA

(Ministério Público/SP – 2013 – PGMP) O Poder de Polícia NÃO contém

(A) os atributos de autoexecutoriedade e de coercibilidade.

(B) a faculdade da Administração de restringir o direito constitucional de manifestação do pensamento, limitando o seu exercício.

(C) a possibilidade de agentes administrativos fiscalizarem as medidas de prevenção à dengue, vistoriando residências.

(D) a permissão aos Poderes de restringir o ingresso e a permanência de pessoas em suas sedes.

(E) a possibilidade de ação repressiva quando, extravasados os limites do exercício da garantia constitucional de reunião, houver violência contra prédios ou pessoas.

A: incorreta, pois a doutrina aponta que o poder de polícia contém os atributos da autoexecutoriedade, da coercibilidade e da discricionariedade, de modo que os dois atributos mencionados estão, sim, no rol de atributos desse poder administrativo; **B:** correta, pois esse direito está previsto como cláusula pétrea na Constituição da República e, como tal, não pode sofrer restrição; de qualquer forma, é bom lembrar que o abuso nesse exercício pode ensejar pedido indenizatório futuro, em favor do injustamente lesado; **C:** incorreta, pois os atributos da autoexecutoriedade e da coercibilidade permitem sim esse tipo de fiscalização, que, por sinal, é indispensável para que a fiscalização em tela seja eficaz e atinja seus objetivos; **D:** incorreta, pois há casos em que tal medida será necessária, para garantir, por exemplo, que os serviços públicos possam ser efetivamente executados, sem embaraço ao seu regular desempenho; **E:** incorreta, pois extravasados os limites do exercício de direitos, está-se diante de abuso de direito, que enseja sim atuação repressiva estatal, servindo de exemplo situação em que vândalos estiverem a depredar bens públicos, hipótese em que, com o devido respeito ao princípio da proporcionalidade, podem os agentes estatais competentes atuar no sentido de conter esse tipo de violência.

Gabarito "B"

(Ministério Público/MG – 2011) Um agente fiscal de determinado órgão da Administração Pública deparou-se com a venda de produtos aparentemente impróprios ao consumo e que causam risco à vida e à saúde das pessoas. A empresa responsável foi autuada por prática infrativa e os produtos tidos como impróprios foram imediatamente apreendidos.

Partindo do pressuposto de que a atividade fiscalizatória levada a efeito se desenvolveu de maneira regular sob todos os aspectos, assinale a assertiva **CORRETA**.

(A) A apreensão dos produtos, nesse caso, deriva do poder de polícia administrativo.

(B) A apreensão dos produtos foi possível graças ao poder hierárquico inerente à Administração e que decorre do princípio da supremacia do interesse público.

(C) A apreensão dos produtos foi possível graças aos poderes normativo e regulador exercidos pelo agente fiscal na ocasião.

(D) A apreensão dos produtos, nesse caso, é derivada da intervenção do Estado sobre a propriedade e bens particulares em razão da inobservância de sua função social.

A: correta, pois a conformação dos comportamentos às limitações administrativas nada mais é do que o poder de polícia; **B:** incorreta, pois se trata do *poder de polícia* e não do *poder hierárquico*; **C:** incorreta, pois se trata do *poder de polícia* e não do *poder normativo e regulador*; **D:** incorreta, pois se trata do *poder de polícia*, que não se confunde com a intervenção do estado em caso de não cumprimento da função social da propriedade, que, em nosso direito, tem regulamentação específica no que tange a imóveis urbanos e rurais, estabelecendo a ordem jurídica que tais imóveis serão objetos de desapropriação com pagamento por meio de títulos, cumpridos certos requisitos e formalidades.

Gabarito "A"

(Ministério Público/MG – 2011) Em relação ao poder de polícia administrativo, é **CORRETO** afirmar que

(A) a discricionariedade, a autoexecutoriedade e a coercibilidade podem ser apontados como seus atributos.

(B) constitui prerrogativa exclusiva de órgãos da administração direta da União, dos Estados e do Distrito Federal, ressalvadas as Polícias Legislativas e as Guardas Municipais, onde houver.

(C) os órgãos administrativos que o exercem atuam sempre de modo preventivo, ficando seus atos sujeitos ao controle de legalidade exercido pelas polícias judiciárias.

(D) segundo a Lei, as sanções impostas em decorrência de seu regular exercício são imprescritíveis, impenhoráveis e impassíveis de oneração.

A: correta, pois de fato, a doutrina aponta tais características como atributos do poder de polícia e esse tipo de pergunta é muito comum em concursos; porém, caso a prova se revele mais crítica e continue a frase dizendo que, em algumas situações de poder de polícia não há discricionariedade (margem de liberdade pra a prática de atos) e coercibilidade (possibilidade de uso da força) é a resposta mais acertada, pois há situações em que esses atributos não estão previstos em lei que regule dado exercício de poder de polícia; **B:** incorreta, pois a polícia administrativa também existe no âmbito da administração direta dos Municípios e da administração indireta de todos os entes políticos, neste caso em relação a pessoas jurídicas de direito público que tenham tal função, como é o caso do IBAMA; as polícias legislativas e as guardas municipais também exercem poder de polícia; **C:** incorreta, pois o poder de polícia pode ser preventivo ou repressivo (exemplo do último é a aplicação de uma multa contra alguém que tenha desrespeitado uma lei trânsito); no mais, a polícia judiciária tem por finalidade investigar crimes, não tendo por função controlar a polícia administrativa; aliás, ainda que cuidassem dessa temática (poder de polícia), a polícia judiciária não pode controlar a legalidade de atos administrativos, vez que esse papel pertence ao Judiciário; **D:** incorreta, pois essas características dizem respeito aos bens públicos e não ao poder de polícia.

Gabarito "A"

(Ministério Público/MG – 2006) Assinalar a alternativa **INCORRETA:**

(A) são atributos do poder de polícia: a discricionariedade, a autoexecutoriedade e a coercibilidade.

(B) no Direito brasileiro, o poder de polícia está conceituado no art. 78 do Código Tributário Nacional.

(C) poder de polícia é a faculdade de que dispõe a Administração Pública para condicionar e restringir o uso e o gozo de bens, atividades e direitos individuais, em benefício da coletividade ou do próprio Estado.

(D) o poder de polícia impede que o particular, diante da ação da Administração, busque a tutela na via judicial.

(E) a União, os Estados, o Distrito Federal e os Municípios poderão instituir taxas, em razão do exercício do poder de polícia.

A: assertiva correta, pois, de fato, a doutrina aponta essas características, como regra; **B:** assertiva correta, pois o conceito legal de poder polícia está justamente no art. 78 do CTN; **C:** assertiva correta, pois esse é justamente o conceito doutrinário de poder de polícia; **D:** assertiva incorreta (devendo ser assinalada), pois tal concepção está em total contrariedade ao princípio da inafastabilidade da jurisdição, previsto no art. 5º, XXXV, da CF; **E:** assertiva correta, nos termos do art. 145, II, da CF.

Gabarito "D"

(Ministério Público/RN – 2009 – CESPE) Tavares é dono de um bar em local de intensa atividade noturna. Devido ao reduzido espaço na parte interna de seu estabelecimento, Tavares costuma colocar mesas na calçada em frente ao bar e na área lateral deste.

Com o passar do tempo, visando proporcionar maior conforto aos seus clientes, Tavares decidiu cercar e cobrir a área pública, incorporando-a ao seu estabelecimento. Informados da situação, os fiscais da prefeitura autuaram Tavares por invasão de área pública, concedendo-lhe prazo para que sanasse a ilegalidade. Tavares, contudo, quedou-se inerte. Vencido o prazo concedido pela prefeitura para a regularização da situação, observados os devidos procedimentos legais, os fiscais demoliram a construção em área pública.

Tendo como referência a situação hipotética acima, assinale a opção correta.

(A) No caso apresentado, a administração pública valeu-se de seu poder hierárquico.

(B) Os fiscais agiram acertadamente, visto que, após juízo de discricionariedade, praticaram o ato que entenderam mais apropriado para o caso.

(C) A prefeitura deveria ter ingressado com ação demolitória em juízo, uma vez que, em estado democrático de direito, ninguém deve ser privado de seus bens sem o devido processo legal.

(D) A prefeitura agiu com acerto, pois a administração pública pode valer-se de seus poderes administrativos para impor limites ao exercício de direitos e liberdades individuais e, assim, evitar danos à coletividade, sem ter de recorrer ao Poder Judiciário.

(E) Caso Tavares estivesse ocupando a área por mais de cinco anos, o direito de a administração pública questionar a ocupação estaria prescrito, e Tavares poderia incorporar a área pública a seu estabelecimento.

A: incorreta, pois a Administração se valeu de seu poder de polícia; **B:** incorreta, pois os fiscais devem obedecer à lei e não ao juízo pessoal sobre o que é de interesse público ou não; naturalmente que a lei, em certos casos, confere margem de liberdade ao agente público, mas a alternativa não mencionada que foi a lei que estabeleceu a discricionariedade aos agentes públicos; **C:** incorreta, pois no caso se tem invasão a um *bem público*, invasão essa que, como se sabe, não gera *posse* em favor do invasor (com todos os efeitos típicos da *posse*), mas mera *detenção*, de modo que a Administração pode agir sem ter de buscar apreciação jurisdicional; naturalmente, em casos mais complexos (por exemplo, uma ocupação de área pública por grande número de pessoas que passam a habitar o local), recomenda-se, na prática, o ingresso com ação de reintegração de posse; **D:** correta, principalmente em homenagem ao princípio do interesse público sobre o particular, aliado ao poder de polícia, não havendo necessidade, no caso narrado, de ingresso em juízo para regularizar a situação; **E:** incorreta, já que a área ocupada, por ser pública, não se sujeita à prescrição aquisitiva (art. 102 do CC)

Gabarito "D"

(Ministério Público/RJ – 2011) Tendo em vista orientação de sua Procuradoria, Prefeito edita decreto que passa a proibir a instalação de mais de duas farmácias em cada rua do perímetro central urbano da cidade. O decreto municipal:

(A) é inconstitucional, porque agride o princípio da livre concorrência;

(B) é constitucional, porque editado sob o influxo do poder de polícia municipal;

(C) é inconstitucional, porque ofende o princípio da função social da propriedade;

(D) é constitucional, porque a o Município cabe implementar apolítica de desenvolvimento urbano;

(E) é inconstitucional, porque intervenções dessa natureza são da competência dos Estados-membros.

De acordo com a Súmula STF n. 646, "ofende o princípio da livre concorrência lei municipal que impede a instalação de estabelecimentos comerciais do mesmo ramo em determinada área". Assim, o decreto municipal em questão é inconstitucional, pois viola o princípio da livre concorrência. Ademais, ainda não violasse, seria necessária uma lei para impor obrigação desse tipo, em virtude do princípio da legalidade.

Gabarito "A"

(Ministério Público/RR – 2012 – CESPE) Com relação aos poderes da administração pública, assinale a opção correta de acordo com o entendimento do STJ e da doutrina.

(A) O exercício do poder de polícia é passível de delegação a pessoa jurídica de direito privado, a qual somente poderá aplicar sanções administrativas ao administrado quando o ato praticado estiver previamente definido por lei como infração administrativa.

(B) O ato administrativo decorrente do exercício do poder de polícia é autoexecutório porque dotado de força coercitiva, razão pela qual a doutrina aponta ser a coercibilidade indissociável da autoexecutoriedade no ato decorrente do poder de polícia.

(C) A administração pública, no exercício do poder de limitar o exercício dos direitos individuais em benefício do interesse público, pode condicionar a renovação de licença de veículo ao pagamento de multa, ainda que o infrator não tenha sido notificado.

(D) O termo inicial do prazo prescricional da ação disciplinar é a data em que o fato foi praticado.

(E) Nas situações em que a conduta do investigado configure hipótese de demissão ou cassação de aposentadoria, a administração pública dispõe de discricionariedade para aplicar penalidade menos gravosa que a de demissão ou de cassação.

A: incorreta, pois não se admite delegação do poder de polícia a pessoa de direito privado; **B:** correta, pois a coercibilidade ou executoriedade (possibilidade de uso da força pela própria Administração) pressupõe autoexecutoriedade (no sentido de a Administração não ter de buscar o Judiciário para executar suas decisões); **C:** incorreta, pois, de acordo com a Súmula STJ n. 127, "é ilegal condicionar a renovação da licença de veículo ao pagamento de multa, da qual o infrator não foi notificado"; **D:** incorreta, pois o prazo de prescrição começa a correr da data em que o fato se tornou conhecido (art. 142, § 1º, da Lei 8.112/1990); **E:** incorreta, pois a Administração está adstrita aos comandos legais, não havendo margem de liberdade fora do que determina a lei.

Gabarito "B"

(Ministério Público/RS – 2009) Ao apreender determinado produto sem autorização judicial, com a finalidade de fiscalizar se ele está de acordo com os itens expressos na sua embalagem, a administração pública

(A) comete abuso de direito, porquanto o poder .de polícia não prescinde, quando afeta direito de propriedade, de autorização do Poder Judiciário para seu exercício.

(B) atua legitimamente, podendo-se dizer que se trata de ato de polícia administrativa.

(C) atua legitimamente, valendo afirmar que os atos praticados sob este pressuposto – exercício do poder de polícia judiciária – são vinculados.

(D) está excedendo seus poderes, muito embora os atos administrativos por ela praticados, segundo o descrito no enunciado, possam ser vinculados ou discricionários.

(E) age adequadamente, porque o poder de polícia tanto pode ser exercido pela administração como pelo ***particular a quem* a administração delegue – por ato administrativo – eventuais** atribuições.

A atitude narrada no enunciado se dá em razão dos atributos da autoexecutoriedade e da coercibilidade, próprios do poder de polícia. Não há outra maneira eficaz de fazer a fiscalização que mediante a apreensão do produto. Exigir autorização judicial para tanto não é razoável e não está em acordo com os atributos citados, de modo que a alternativa "b" está correta.

Gabarito "B"

(Ministério Público/SE – 2010 – CESPE) No que concerne à responsabilidade civil do Estado e aos poderes administrativos, assinale a opção correta.

(A) Para efeito de responsabilidade civil do Estado, considera-se agente o servidor que, em sua atuação, causar dano a terceiros. Exclui-se, assim, dessa noção as pessoas que não têm vínculo típico de trabalho com a administração e os agentes colaboradores e sem remuneração.

(B) Direito de regresso é o assegurado ao Estado no sentido de dirigir sua pretensão indenizatória contra o agente responsável pelo dano, independentemente de este ter agido com culpa ou dolo.

(C) O poder regulamentar formaliza-se por meio de decretos e regulamentos. Nesse sentido, as instruções normativas, as resoluções e as portarias não podem ser qualificadas como atos de regulamentação.

(D) O poder de polícia administrativa consubstancia-se por meio de determinações de ordem pública, de modo a gerar deveres e obrigações aos indivíduos. Nesse sentido, os atos por intermédio dos quais a administração consente o exercício de determinadas atividades não são considerados atos de polícia.

(E) Na esfera da administração pública federal, direta ou indireta, a ação punitiva, quando se tratar do exercício do poder de polícia, prescreve em cinco anos contados a partir da data da prática do ato ou, em se tratando de infração permanente ou continuada, a partir do dia em que esta tiver cessado.

A: incorreta, pois basta ser agente público (de qualquer natureza) para que a Administração tenha de se responsabilizar pelos atos por este praticado contra terceiros; **B:** incorreta, pois o Estado só terá direito de regresso contra o agente responsável pelo dano em caso de culpa ou dolo deste (art. 37, § 6º, da CF); **C:** incorreta, pois os últimos atos podem ser atos de regulamentação em sentido amplo, ou simplesmente *atos normativos*; **D:** incorreta, pois os atos em que a Administração consente o exercício de atividades estão no contexto do poder de polícia, já que importam na prévia fiscalização sobre a possibilidade de o particular praticar ou não determinados atos; **E:** correta (art. 1º da Lei 9.873/1999).

Gabarito "E"

2.2. PODERES ADMINISTRATIVOS COMBINADOS

(Ministério Público/RO – 2013 – CESPE) Assinale a opção correta com relação aos poderes da administração pública.

(A) O exercício do poder de polícia pela União exclui o seu exercício pelos estados, mas não pelos municípios, em razão do interesse local.

(B) O exercício do poder disciplinar pelo Estado está sujeito ao prévio encerramento da ação penal que venha a ser instaurada perante órgão competente do Poder Judiciário.

(C) Conforme entendimento do STF, o poder de polícia administrativa pode ser delegado, mediante edição de lei, a pessoa jurídica de direito privado.

(D) Conforme previsão constitucional, o poder hierárquico, que permite à autoridade superior a possibilidade de punição disciplinar independentemente de expressa previsão legal, pode ser qualificado, em determinadas situações, como autônomo e originário.

(E) A licença é um meio de atuação do poder de polícia da administração pública e não pode ser negada se o requerente satisfizer os requisitos legais para a sua obtenção.

A: assertiva incorreta; há casos em que a competência para dado poder de polícia é só da União ou só dos Estados ou só dos Municípios, situação em que só o ente competente poderá exercê-lo; por outro lado, há outros casos em que se tem uma competência comum dos entes políticos, em que todos poderão atuar concomitantemente, prevalecendo a primeira autuação feita, como é o caso de boa parte das competências em matéria ambiental; assim, a afirmação trazida na afirmativa é falsa; **B:** assertiva incorreta, pois a instância administrativa é independente da instância criminal; **C:** assertiva incorreta, pois o STF entende que o poder de polícia não pode ser delegado para uma pessoa jurídica de direito privado (STF, ADI 1.717-6/DF, Pleno, j. 07.11.2002, rel. Min. Sydney Sanches, *DJ* 28.03.2003); **D:** assertiva incorreta, pois o poder hierárquico permite apenas que o superior determine, oriente e revise os atos do subordinado, mas não permite a punição disciplinar; essa competência depende de expressa previsão legal; **E:** assertiva correta, pois a licença é um ato unilateral e vinculado da Administração, não havendo discricionariedade em favor desta, que, diante dos requisitos preenchidos pelo requerente, é obrigada a conceder a licença solicitada por este.

Gabarito "E"

(Ministério Público/GO – 2005) "Atividade da Administração Pública que, limitando ou disciplinando direito, interesses ou liberdades individuais, regula a prática de ato ou abstenção de fato em razão do interesse público, nos limites da lei e com observância do devido processo legal". Este conceito caracteriza:

(A) poder disciplinar

(B) autotutela da Administração Pública

(C) poder de polícia

(D) poder regulamentar

Trata-se da definição de poder de polícia.

Gabarito "C"

(Ministério Público/MG – 2010.1) Sobre os princípios e poderes da administração pública, segundo o direito pátrio, é INCORRETO afirmar que:

(A) a aplicação dos princípios da segurança jurídica e boa-fé permite a regulação dos efeitos já produzidos pelo ato ilegal.

(B) é possível considerar inconstitucional uma lei que não guarde proporção adequada entre os meios que emprega e a finalidade pública almejada.

(C) uma das consequências do atual sistema constitucional é a ampliação do controle judicial sobre os atos administrativos discricionários, que devem ser confrontados não só diante da lei, mas também perante o Direito.

(D) o poder de polícia tanto pode ser discricionário como vinculado.

(E) no exercício de seu poder normativo derivado, pode o Poder Executivo limitar e regular a prática de ato ou abstenção de fato, em razão de interesse público concernente à segurança, à higiene, meio ambiente, costumes, tranquilidade pública e propriedade.

A: correta, pois a ilegalidade deve ser sanada na medida em que também se preserva valores como segurança jurídica e boa-fé; um exemplo disso é o disposto no art. 54 da Lei 9.784/1999, pelo qual, após 5 anos, um ato administrativo ilegal não pode ser anulado se beneficia alguém que estava de boa-fé; **B:** correta, pois uma lei dessa natureza fere os princípios da razoabilidade e da proporcionalidade; de qualquer forma, na prática, haverá grande dificuldade em demonstrar a ofensa direta à Constituição Federal; **C:** correta, pois os atos discricionários devem respeitar não só a lei (princípio da legalidade), como o Direito com um todo, incluindo a razoabilidade e a moralidade administrativa; **D:** correta, pois a lei que estabelece o condicionamento à liberdade e à propriedade das pessoas pode tanto trazer conceitos claros e objetivos, ensejando uma competência vinculada (ex.: "o recuo de frente dos imóveis residenciais deve ser de 4 metros"), como trazer conceitos fluidos e vagos e/ou mais de uma opção ao agente público, ensejando competência discricionária (ex.: "em caso de violação da presente lei, será aplicada multa de R$ 1.000,00 a R$ 5.000,00, de acordo com a gravidade da infração"); **E:** incorreta, pois o poder normativo derivado, que está situado abaixo da lei, poder esse típico do Executivo, não pode inovar na ordem jurídica, em virtude do princípio da legalidade, de modo que não pode limitar e regular a prática de atos.

Gabarito "E"

(Ministério Público/MG – 2007) Assinalar a alternativa INCORRETA.

(A) Segundo o princípio da legalidade, na Administração Pública, os atos administrativos estão sempre previstos na lei.

(B) O poder discricionário vincula o administrador à forma e à finalidade do ato.

(C) As autarquias e as sociedades de economia mista são consideradas pessoas jurídicas de direito público.

(D) O poder de regulamentar uma lei é exclusivo do chefe do Poder Executivo.

(E) A Administração Pública pode submeter-se a regime jurídico de direito privado ou a regime jurídico de direito público.

A: está correta, pois os atos administrativos devem estar previstos em lei para serem expedidos; **B:** está correta, pois, segundo parte expressiva da doutrina, a competência, a ***forma*** e a ***finalidade*** do ato são sempre vinculadas, mesmo num ato discricionário; **C:** está incorreta, pois as sociedades de economia mista são pessoas de direito privado estatais; **D:** está correta (art. 84, parágrafo único, da CF); **E:** está correta, pois na Administração Pública Indireta há pessoas de direito privado estatais, que se submetem a regime de direito privado; as demais pessoas da Administração Pública se submetem a regime de direito público.

Gabarito "C"

(Ministério Público/RN – 2009 – CESPE) Assinale a opção correta com relação ao decreto.

(A) O presidente da República pode, mediante decreto, extinguir cargos públicos quando vagos.

(B) O presidente da República pode, mediante decreto, extinguir órgãos e entes públicos.

(C) O presidente da República pode dispor, por meio de decreto, sobre o aumento de salário para os servidores públicos.

(D) O decreto autônomo é, em regra, admitido no ordenamento jurídico brasileiro, desde que não viole direitos fundamentais.

(E) O decreto, no ordenamento jurídico brasileiro, não pode inovar na ordem jurídica, visto que tem natureza secundária, e deve sempre regulamentar uma lei.

A: correta (art. 84, VI, "b", da CF); B e **C:** incorretas, pois é possível, por decreto, que o Presidente da República disponha sobre a organização e funcionamento da administração, desde que não haja criação ou extinção de órgãos públicos, nem aumento de despesa (art. 84, VI, "a", da CF); **D:** incorreta, pois a regra é que o decreto seja só de *execução de lei* e não *autônomo de lei*; assim, um decreto não pode inovar na ordem jurídica, mas apenas explicar a lei; os decretos autônomos de lei são excepcionais e previstos no art. 84, VI, da CF; **E:** incorreta, pois a palavra "sempre" não se coaduna com a exceção prevista no art. 84, VI, da CF, pela qual, nos casos lá previstos, cabe decreto autônomo de lei.

Gabarito "A"

(Ministério Público/RS – 2008) Assinale a alternativa CORRETA.

(A) Poder vinculado é aquele derivado de delegação de autoridade administrativa hierarquicamente superior, e se vincula às ordens desta autoridade.

(B) O poder regulamentar é aquele atribuído aos chefes de poder para a interpretação de lei no âmbito de suas competências e pode ser delegado por Decreto.

(C) O poder discricionário é aquele que o direito concede à administração para a prática de atos administrativos com liberalidade de escolha quanto a conveniência, oportunidade e conteúdo.

(D) Poder hierárquico é aquele que dá ao Executivo a possibilidade de distribuir e escalonar as funções de seus órgãos, mas não poderá rever a atuação dos agentes que ocupam este órgão, que somente poderão ser modificados por ordem judicial.

(E) Todas as assertivas estão corretas.

A: incorreta, pois o instituto em questão significa que a autoridade não tem margem de liberdade para atuar, situação que pode ocorrer tanto no caso de delegação de competência, como no caso em que esta não estiver presente; o que define se o poder é vinculado ou não é o texto legal; se este fixar cada passo da competência de forma clara e objetiva, tem-se poder vinculado; do contrário, poder discricionário; **B:** incorreta, pois o poder regulamentar é da alçada exclusiva do Chefe do Executivo, não podendo ser delegado; **C:** correta, pois o poder discricionário é justamente aquele em que a lei confere margem de liberdade à Administração quanto à escolha da conveniência, oportunidade e conteúdo do ato; **D:** incorreta, pois o poder hierárquico inclui também a possibilidade daquele que tem esse poder rever a atuação dos agentes públicos que estão sob seu comando hierárquico; **E:** incorreta, já que estão incorretas as letras "A", "B" e "D".

Gabarito "C"

3. ATOS ADMINISTRATIVOS

3.1. CONCEITO, PERFEIÇÃO, VALIDADE E EFICÁCIA

(Ministério Público/MS – 2006) O regime jurídico administrativo consiste em um conjunto de princípios e regras que balizam as atividades da administração pública, tendo por objetivo a realização do interesse público. Vários institutos jurídicos integram este regime. Assinale entre as situações abaixo aquela que não decorre da aplicação de tal regime:

(A) Cláusulas exorbitantes dos contratos administrativos.

(B) Autoexecutoriedade do ato de polícia administrativa

(C) Veto presidencial à proposição de lei.

(D) Concessão de imissão provisória na posse em processo expropriatório.

A letra "C" não está correta, pois retrata situação em que há prática de ***ato político***, ato que não se enquadra no regime jurídico-administrativo.

Gabarito "C"

3.2. REQUISITOS DO ATO ADMINISTRATIVO (ELEMENTOS, PRESSUPOSTOS)

Para resolver as questões sobre os requisitos do ato administrativo, vale a pena trazer alguns elementos doutrinários. Confira:

Requisitos do ato administrativo (são requisitos para que o ato seja válido)

- **Competência:** *é a atribuição legal de cargos, órgãos e entidades*. São vícios de competência os seguintes: a1) usurpação de função: alguém se faz passar por agente público sem o ser, ocasião em que o ato será inexistente; a2) excesso de poder: alguém que é agente público acaba por exceder os limites de sua competência (ex.: fiscal do sossego que multa um bar que visita por falta de higiene); o excesso de poder torna nulo ato, salvo em caso de incompetência relativa, em que o ato é considerado anulável; a3) função de fato: exercida por agente que está irregularmente investido em cargo público, apesar de a situação ter aparência de legalidade; nesse caso, os atos praticados serão considerados válidos, se houver boa-fé.
- **Objeto:** *é o conteúdo do ato, aquilo que o ato dispõe, decide, enuncia, opina ou modifica na ordem jurídica*. O objeto deve ser lícito, possível e determinável, sob pena de nulidade. Ex.: o objeto de um alvará para construir é a licença.
- **Forma:** *são as formalidades necessárias para a seriedade do ato*. A seriedade do ato impõe a) respeito à forma propriamente dita; b) motivação.
- **Motivo:** *fundamento de fato e de direito que autoriza a expedição do ato*. Ex.: o motivo da interdição de estabelecimento consiste no fato de este não ter licença (motivo de fato) e de a lei proibir o funcionamento sem licença (motivo de direito). Pela Teoria dos Motivos Determinantes, o motivo invocado para a prática do ato condiciona sua validade. Provando-se que o motivo é inexistente, falso ou mal qualificado, o ato será considerado nulo.
- **Finalidade:** *é o bem jurídico objetivado pelo ato*. Ex.: proteger a paz pública, a salubridade, a ordem pública. Cada ato administrativo tem uma finalidade. **Desvio de poder (ou de finalidade):** *ocorre quando um agente exerce uma competência que possuía, mas para alcançar finalidade diversa daquela para a qual foi criada*. Não confunda o excesso de poder (vício de sujeito) com o desvio de poder (vício de finalidade), espécies do gênero abuso de autoridade.

(Ministério Público/AC – 2008) Os atos administrativos podem apresentar vícios. Naqueles que dizem respeito ao sujeito, podem ser de duas categorias: incapacidade e incompetência. Nesse sentido, são vícios de competência:

(A) usurpação de função, excesso de poder e função "de fato".

(B) impedimento, suspeição e presunção relativa.

(C) impedimento, usurpação de função e excesso de poder.

(D) excesso de poder, impedimento e suspeição.

A: correta, pois os três vícios apontados dizem respeito à competência; **B:** incorreta, pois a presunção relativa (de veracidade e legalidade) é um atributo do ato administrativo e não um vício deste; C e **D:** incorretas, pois o impedimento e a suspeição não são vícios de competência; não se deve confundir a incompetência (falta de atribuição legal para apreciar determinada questão administrativa), com o impedimento e a suspeição, que dizem respeito à ilegitimidade de alguém para apreciar a mesma questão administrativa, por exemplo, por parentesco próximo com o titular do direito em questão (impedimento) ou por inimizade capital com essa mesma pessoa (suspeição); assim, uma pessoa pode ser, ao mesmo tempo, competente para apreciar uma questão administrativa, mas impedida para tanto.

Gabarito "A"

(Ministério Público/BA – 2010) Marque a opção que não corresponde aos sintomas denunciadores do desvio de poder:

(A) Motivação insuficiente ou contraditória.

(B) Excesso de motivação.

(C) Contradição do ato com as consequências.

(D) Inadequação entre motivos e efeitos.

(E) Racionalidade do procedimento, acompanhada da edição do ato.

O único sintoma trazido nas alternativas, que não revela problema no ato administrativo é a "racionalidade do procedimento, acompanhada da edição do ato", pois é justamente isso que se espera quando da prática dos atos administrativos, pois a racionalidade afasta subjetivismos, afasta a violação ao princípio da isonomia e impõe a obediência à legalidade.

Gabarito "E"

(Ministério Público/MA – 2009) Assinale a assertiva INCORRETA, acerca de atos administrativos.

(A) A "competência", um dos requisitos do ato administrativo, pode ser delegada ou avocada na conformidade com a delimitação prevista pela lei de regência, sendo, portanto, impossível seu deslocamento discricionário.

(B) A "finalidade", também requisito do ato administrativo, sempre deve se dirigir ao atendimento do interesse público.

(C) A revogação ou a modificação de um dado ato administrativo expedido na "forma" escrita pode se dar verbalmente.

(D) O "motivo ou causa" do ato administrativo não se confunde com sua motivação.

(E) O objeto consiste no enunciado, na prescrição, na disposição, vale dizer, o efeito jurídico sem o qual o ato administrativo não pode ter existência material.

A: correta, pois tanto a delegação como a avocação devem obedecer aos requisitos legais (arts. 11 e ss. da Lei 9.784/1999); **B:** correta, pois a finalidade última de todo ato administrativo é atender ao interesse público; **C:** incorreta, pois a mesma forma utilizada para produzir o ato deve ser utilizada para extingui-lo; **D:** correta, pois o *motivo* é fundamento de fato e de direito que autoriza a prática do ato, não se confundindo com a *causa*, que é relação de adequação, de proporcionalidade entre o motivo invocado e o ato praticado; ambos (motivo e causa) são requisitos do ato administrativo; há problema no motivo quando o fato ou o direito invocados são falsos ou inadequados, respectivamente; há problema na causa quando o ato praticado é desproporcional aos motivos invocados, em função da finalidade do ato; **E:** correta, pois o objeto é justamente o que o ato dispõe, enuncia, modifica na ordem jurídica.

Gabarito "C"

(Ministério Público/MS – 2006) A revogação por seu caráter discricionário pode atingir os seguintes elementos do ato administrativo:

(A) Finalidade e objeto

(B) Objeto e motivação

(C) Forma e objeto

(D) Motivo e finalidade

Parte da doutrina aponta que os atos discricionários têm sempre uma parte vinculada (competência, forma e finalidade) e outra parte em que pode haver margem de liberdade (objeto e motivo). Assim, a revogação tem por fundamento questões afetas ao motivo e ao objeto do ato administrativo. O correto era que constasse da alternativa "B" o seguinte: "objeto e motivo", e não "objeto e motivação".

Gabarito "B"

(Ministério Público/MG – 2011) Assinale a alternativa **INCORRETA.**

(A) Dá-se a revogação quando a Administração pública extingue um ato administrativo válido por razões de conveniência e oportunidade.

(B) Opera-se a convalidação (ou saneamento) quando a Administração pública supre ou corrige o vício existente em um ato administrativo.

(C) Apresenta-se o vício da incompetência quando o resultado do ato administrativo importar em violação de lei, regulamento ou outro ato normativo.

(D) Ambienta-se o vício de forma na omissão ou na observância incompleta ou irregular de formalidades indispensáveis à existência ou seriedade do ato administrativo.

A: assertiva correta, pois a revogação depende de o ato ser válido (pois do contrário é caso de anulação) e o motivo dela são justamente razões de *conveniência e oportunidade* (pois razões relacionadas à *ilegalidade* dão ensejo à anulação); **B:** assertiva correta, valendo salientar que essa providência é possível segundo o art. 55 da Lei 9.784/1999; **C:** assertiva incorreta (devendo ser assinalada); no caso, apresenta-se vício no *objeto* (art. 2º, parágrafo único, "c", da Lei 4.717/1965) e não na *competência*; **D:** assertiva correta (art. 2º, parágrafo único, "b", da Lei 4.717/1965).

Gabarito "C"

(Ministério Público/PR – 2008) Em relação ao ato administrativo, assinale a alternativa correta:

(A) O ato administrativo discricionário é aquele que possibilita ao agente público competente posicionar-se, livre e incondicionalmente, sobre determinada questão.

(B) O ato praticado pelo "agente de fato" é sempre nulo, independentemente da aparência de legalidade.

(C) O ato administrativo composto é aquele que se forma pela conjugação de vontades de mais de um órgão administrativo.

(D) A administração pública, para anular ato próprio, em razão da constatação de ilegalidade, deverá necessariamente buscar o provimento jurisdicional nesse sentido.

(E) O ato discricionário, quando motivado, fica vinculado ao motivo que lhe serviu de suporte, com o que, se verificado ser o mesmo falso ou inexistente, deixa de subsistir.

A: incorreta, pois discricionariedade é ***margem de liberdade***, e não ***liberdade incondicional***; **B:** incorreta, pois o ato praticado por agente de fato é válido se houver aparência de legalidade, boa-fé e conformidade ao direito quanto aos demais aspectos; **C:** incorreta, pois ato composto é o que resulta da manifestação de dois ou mais órgãos, em que a vontade de um é instrumental em relação à de outro, que edita o ato principal; repare que há mais de um ato; **D:** incorreta, pois a administração pode anular ato próprio, independentemente de apreciação judicial (art. 53 da Lei 9.784/1999 e Súmula 473 do STF); **E:** é correta a afirmativa, em virtude da Teoria dos Motivos Determinantes.

Gabarito "E"

(Ministério Público/RJ – 2011) Autoridade estadual de trânsito decide emitir autorizações para que menores de dezesseis anos possam dirigir veículos, desde que com o consentimento dos responsáveis legais. Considerando a proibição legal relativa à idade, pode-se afirmar que tais atos administrativos contêm vício no elemento:

(A) competência;

(B) finalidade;

(C) forma;

(D) motivo;

(E) objeto.

De acordo com o art. 2º, parágrafo único, "c", da Lei 4.717/1965, quando o resultado de um ato importa em violação da lei (justamente o que ocorreu no caso narrado no enunciado), tem-se vício no *objeto*.

Gabarito "E"

(Ministério Público/RO – 2008 – CESPE) Maria, servidora pública federal, requereu a sua aposentadoria, que foi inicialmente deferida pelo órgão de origem, após emissão de dois pareceres da respectiva consultoria jurídica, um negando e outro concedendo a aposentadoria. Seis anos depois, o TCU negou esse registro, determinando ainda o imediato retorno de Maria ao serviço público e a restituição das quantias recebidas a título de aposentadoria.

Considerando a situação hipotética apresentada no texto, assinale a opção correta acerca dos atos administrativos e dos princípios de direito administrativo.

(A) Maria terá de restituir as quantias recebidas indevidamente, pois, sendo o ato administrativo de concessão da aposentadoria ilegal, não poderia gerar quaisquer efeitos.

(B) O ato inicial de concessão de aposentadoria não será considerado ilegal, por falta de motivação, se apenas fizer referência a anterior parecer jurídico que fundamente esse entendimento.

(C) O ato de aposentadoria é considerado, conforme entendimento do STF, como ato composto, visto que o TCU apenas atua homologando o que já foi feito, não participando da formação do ato.

(D) O retorno de Maria ao serviço público denomina-se tecnicamente como reversão.

(E) O acórdão do TCU constitui em título executivo judicial.

A: incorreta, pois salvo má-fé, as verbas alimentares são irrepetíveis; **B:** correta, pois, de fato, a lei admite a motivação *aliunde*, ou seja, a motivação que faz referência a anterior parecer ou manifestação (art. 50, § 1º, da Lei 9.784/1999); **C:** incorreta. Confira a seguinte decisão: "O Supremo Tribunal Federal pacificou entendimento de que, sendo a aposentadoria ato complexo, que só se aperfeiçoa com o registro no Tribunal de Contas da União, o prazo decadencial da Lei 9.784/1999 tem início a partir de sua publicação. Aposentadoria do Impetrante não registrada: inocorrência da decadência administrativa. A redução de proventos de aposentadoria, quando concedida em desacordo com a lei, não ofende o princípio da irredutibilidade de vencimentos. Precedentes. Segurança denegada." (STF, MS 25.552/DF, Rel. Min. Cármen Lúcia, *DJ* 30.05.2008); **D:** incorreta, pois o caso não se enquadra em qualquer das hipóteses do art. 25 da Lei 8.112/1990; **E:** incorreta, pois as decisões do Tribunal de Contas de que resulte imputação de débito ou multa terão eficácia de título executivo (art. 71, § 3º, da CF, e arts. 23 e 24 da Lei 8.443/1992 – Lei Orgânica do Tribunal de Contas da União); trata-se de título executivo **extrajudicial**, por não se tratar o Tribunal de Contas um órgão judicial.

Gabarito "B"

3.3. ATRIBUTOS DO ATO ADMINISTRATIVO

Confira elementos doutrinários sobre o tema:

Atributos do ato administrativo (são as qualidades, as prerrogativas dos atos)

- **Presunção de legitimidade** *é a qualidade do ato pela qual este se presume verdadeiro e legal até prova em contrário*; ex.: uma multa aplicada pelo Fisco presume-se verdadeira quanto aos fatos narrados para a sua aplicação e se presume legal quanto ao direito aplicado, a pessoa tida como infratora e o valor aplicado.
- **Imperatividade** *é a qualidade do ato pela qual este pode se impor a terceiros, independentemente de sua concordância*; ex.: uma notificação da fiscalização municipal para que alguém limpe um terreno ainda não objeto de construção, que esteja cheio de mato.
- **Exigibilidade** *é a qualidade do ato pela qual, imposta a obrigação, esta pode ser exigida mediante coação indireta*; no exemplo anterior, não sendo atendida a notificação, cabe a aplicação de uma multa pela fiscalização, sendo a multa uma forma de coação indireta.
- **Autoexecutoriedade** *é a qualidade pela qual, imposta e exigida a obrigação, esta pode ser implementada mediante coação direta, ou seja, mediante o uso da coação material, da força*; no exemplo anterior, já tendo sido aplicada a multa, mais uma vez sem êxito, pode a fiscalização municipal ingressar à força no terreno particular, fazer a limpeza e mandar a conta, o que se traduz numa coação direta. A autoexecutoriedade não é a regra. Ela existe quando a lei expressamente autorizar ou quando não houver tempo hábil para requerer a apreciação jurisdicional.

Obs. 1: a expressão autoexecutoriedade também é usada no sentido da qualidade do ato que enseja sua imediata e direta execução pela própria Administração, independentemente de ordem judicial.

Obs. 2: repare que esses atributos não existem normalmente no direito privado; um particular não pode, unilateralmente, valer-se desses atributos; há exceções, em que o particular tem algum desses poderes; mas estas, por serem exceções, confirmam a regra de que os atos administrativos se diferenciam dos atos privados pela ausência nestes, como regra, dos atributos acima mencionados.

(Ministério Público/MS - 2006) No âmbito do regime jurídico administrativo, a presunção de legitimidade dos atos da administração pública não se caracteriza por:

(A) Classificar-se por presunção absoluta.

(B) Admitir a execução imediata da decisão administrativa.

(C) Ter o efeito de inverter o ônus da prova

(D) Criar obrigações para o particular independente de sua aquiescência.

Todas as alternativas são verdadeiras, salvo a de letra "A", pois a presunção de legitimidade é relativa, ou seja, existe até prova em contrário (presunção *juris tantum*).

Gabarito "A"

3.4. VINCULAÇÃO E DISCRICIONARIEDADE

(Ministério Público/MG – 2008) Em relação ao controle dos atos administrativos, é **CORRETO** afirmar que:

(A) a adequação dos atos administrativos do Poder Judiciário à ordem jurídica é mister reservado, também, ao Ministério Público.

(B) para a licitude do ato, faculta-se à Administração Pública observar as limitações externas perante a finalidade e as internas que se impõem no regime de competência.

(C) trata-se a discricionariedade administrativa de efetiva liberdade para a Administração decidir a seu talante, visando tornar perfeito o desiderato normativo.

(D) ao Poder Judiciário é defeso analisar e decidir acerca de ato administrativo discricionário.

(E) a atividade administrativa não pode, em sede de controle jurisdicional, ser objeto de consideração sob o crivo da legalidade.

A: correta, pois, de fato, o Ministério Público deve velar pela legalidade dos atos praticados por todos os poderes, afinal, estamos num Estado de Direito e todos devem obedecer à lei; **B:** incorreta, pois para a licitude do ato, ***determina-se*** (e não ***faculta-se***) à Administração que observe as limitações externas e internas para a prática do ato; **C:** incorreta, pois discricionariedade não é ***liberdade***, é ***margem de liberdade***; **D:** incorreta, pois os atos discricionários podem, sim, ser analisados pelo Judiciário, referente aos aspectos de legalidade, moralidade e razoabilidade; **E:** incorreta, pois o Judiciário pode, sim, julgar a legalidade dos atos administrativos.

Gabarito "A"

(Ministério Público/PR – 2008) Assinale a alternativa correta:

(A) Os bens dominicais caracterizam-se por estarem afetados a finalidades públicas específicas e, portanto, não podem ser alienados, salvo na hipótese de desafetação;

(B) Os bens de uso especial podem ser alienados, independentemente de desafetação.

(C) Enfrentando o tema do controle jurisdicional sobre as políticas públicas, o Supremo Tribunal Federal admitiu o provimento jurisdicional no sentido de obrigar o poder público a ofertar atendimento às crianças, em creche e em pré-escola.

(D) É vedado ao poder concedente, em razão das normas gerais sobre a delegação de serviço público, intervir na concessão.

(E) Nenhuma das alternativas anteriores.

A: incorreta, pois bens dominicais são aqueles que não estão afetados a qualquer destinação pública; são mero patrimônio estatal; assim, são alienáveis (art. 101 do Código Civil) e não há que se falar em desafetação; **B:** incorreta, pois os bens de uso especial têm afetação e não são alienáveis, num primeiro momento (art. 100 do Código Civil); para que possam ser alienados são necessários interesse público justificado, autorização legislativa, desafetação, avaliação e licitação pública (art. 17 da Lei 8.666/1993); **C:** correta, pois, de fato, o STF vem decidindo nesse sentido – *"Constitucional. Matrícula de criança de zero a cinco anos de idade em creche e pré-escolas municipais. Direito assegurado pela Constituição (art. 208, IV, da CF). I – O Estado tem o dever constitucional de assegurar a garantia de atendimento em creche e pré-escola às crianças de zero a cinco anos de idade (art. 208, IV, da CF). II – Agravo regimental improvido."* (AI 592075, AgR, Rel. Min. Ricardo Lewandowski, 1ª T., *DJ* 05.06.2009); **D:** incorreta, pois o poder concedente pode intervir na concessão (arts. 32 a 34 da Lei 8.987/1995); **E:** incorreta, a alternativa "C" está correta.

Gabarito "C"

3.5. EXTINÇÃO DOS ATOS ADMINISTRATIVOS

Segue resumo acerca das formas de extinção dos atos administrativos

– **Cumprimento de seus efeitos:** como exemplo, temos a autorização da Prefeitura para que seja feita uma festa na praça de uma cidade. Este ato administrativo se extingue no momento em que a festa termina, uma vez que seus efeitos foram cumpridos.

– **Desaparecimento do sujeito ou do objeto sobre o qual recai o ato:** morte de um servidor público, por exemplo.

– **Contraposição:** *extinção de um ato administrativo pela prática de outro antagônico em relação ao primeiro.* Ex.: com o ato de exoneração do servidor público, o ato de nomeação fica automaticamente extinto.

– **Renúncia:** extinção do ato por vontade do beneficiário deste.

– **Cassação:** *extinção de um ato que beneficia um particular por este não ter cumprido os deveres* *para dele continuar gozando*. Não se confunde com a revogação – que é a extinção do ato por não ser mais conveniente ao interesse público. Também difere da anulação – que é a extinção do ato por ser nulo. Como exemplo desse tipo de extinção tem-se a permissão para banca de jornal se instalar numa praça, cassada porque seu dono não paga o preço público devido; ou a autorização de porte de arma de fogo, cassada porque o beneficiário é detido ou abordado em estado de embriaguez ou sob efeito de entorpecentes (art. 10, § 2º, do Estatuto do Desarmamento – Lei 10.826/2003).

- **Caducidade.** *Extinção de um ato porque a lei não mais o permite*. Trata-se de extinção por invalidade ou ilegalidade *superveniente*. Exs.: autorização para condutor de perua praticar sua atividade que se torna caduca por conta de lei posterior não mais permitir tal transporte na cidade; autorizações de porte de arma que caducaram 90 dias após a publicação do Estatuto do Desarmamento, conforme reza seu art. 29.
- **Revogação.** *Extinção de um ato administrativo legal ou de seus efeitos por outro ato administrativo, efetuada somente pela Administração, dada a existência de fato novo que o torne inconveniente ou inoportuno, respeitando-se os efeitos precedentes* (efeito "ex nunc"). Ex.: permissão para a mesma banca de jornal se instalar numa praça, revogada por estar atrapalhando o trânsito de pedestres, dado o aumento populacional, não havendo mais conveniência na sua manutenção.

O **sujeito ativo da revogação** é a *Administração Pública*, por meio da autoridade administrativa competente para o ato, podendo ser seu superior hierárquico. O Poder Judiciário nunca poderá revogar um ato administrativo, já que se limita a apreciar aspectos de legalidade (o que gera a anulação), e não de conveniência, salvo se se tratar de um ato administrativo da Administração Pública dele, como na hipótese em que um provimento do próprio Tribunal é revogado.

Quanto ao tema **objeto da revogação**, tem-se que este recai sobre o ato administrativo ou relação jurídica deste decorrente, salientando-se que o ato administrativo deve ser válido, pois, caso seja inválido, estaremos diante de hipótese que enseja anulação. Importante ressaltar que não é possível revogar um ato administrativo já extinto, dada a falta de utilidade em tal proceder, diferente do que se dá com a anulação de um ato extinto, que, por envolver a retroação de seus efeitos (a invalidação tem efeitos "ex tunc"), é útil e, portanto, possível.

O **fundamento da revogação** *é a mesma regra de competência que habilitou o administrador à prática do ato que está sendo revogado*, devendo-se lembrar que só há que se falar em revogação nas hipóteses de ato discricionário.

Já o **motivo da revogação** é a *inconveniência ou inoportunidade* da manutenção do ato ou da relação jurídica gerada por este. Isto é, o administrador público faz apreciação ulterior e conclui pela necessidade da revogação do ato para atender ao interesse público.

Quanto aos efeitos da revogação, esta suprime o ato ou seus efeitos, mas respeita os efeitos que já transcorreram. Trata-se, portanto, de eficácia "ex nunc".

Há **limites ao poder de revogar**. São atos irrevogáveis os seguintes atos: os que a lei assim declarar; os atos já exauridos, ou seja, que cumpriram seus efeitos; os atos vinculados, já que não se fala em conveniência ou oportunidade neste tipo de ato, em que o agente só tem uma opção; os meros ou puros atos administrativos (exs.: certidão, voto dentro de uma comissão de servidores); os atos de controle; os atos complexos (praticados por mais de um órgão em conjunto); e atos que geram direitos adquiridos. Os atos gerais ou regulamentares são, por sua natureza, revogáveis a qualquer tempo e em quaisquer circunstâncias, respeitando-se os efeitos produzidos.

- **Anulação (invalidação):** *extinção do ato administrativo ou de seus efeitos por outro ato administrativo ou por decisão judicial, por motivo de ilegalidade, com efeito retroativo* ("ex tunc"). Ex.: anulação da permissão para instalação de banca de jornal em bem público por ter sido conferida sem licitação.

O **sujeito ativo da invalidação** pode ser tanto o *administrador público* como o *juiz*. A Administração Pública poderá invalidar de ofício ou a requerimento do interessado. O Poder Judiciário, por sua vez, só poderá invalidar por provocação ou no bojo de uma lide. A possibilidade de o Poder Judiciário anular atos administrativos decorre do fato de estarmos num Estado de Direito (art. 1º da CF), em que a lei deve ser obedecida por todos, e também por conta do princípio da inafastabilidade da jurisdição ("a lei não poderá excluir da apreciação do Poder Judiciário lesão ou ameaça de lesão a direito" – artigo 5º, XXXV) e da previsão constitucional do mandado de segurança, do "habeas data" e da ação popular.

O **objeto da invalidação** é o ato administrativo inválido ou os efeitos de tal ato (relação jurídica).

Seu **fundamento** é o dever de obediência ao princípio da legalidade. Não se pode conviver com a ilegalidade. Portanto, o ato nulo deve ser invalidado.

O **motivo da invalidação** é a *ilegalidade* do ato e da eventual relação jurídica por ele gerada. Hely Lopes Meirelles diz que o *motivo da anulação é a ilegalidade ou ilegitimidade* do ato, diferente do *motivo da revogação*, que é a inconveniência ou inoportunidade.

Quanto ao **prazo** para se efetivar a invalidação, o art. 54 da Lei 9.784/1999 dispõe *"O direito da Administração de anular os atos administrativos de que decorram efeitos favoráveis para os destinatários decai em 5 (cinco) anos, contados da data em que foram praticados, salvo comprovada má-fé"*. Perceba-se que tal disposição só vale para atos administrativos em geral de que decorram efeitos favoráveis ao agente (ex.: permissão, licença) e que tal decadência só aproveita ao particular se este estiver de boa-fé. A regra do art. 54 contém ainda os seguintes parágrafos: § 1º: *"No caso de efeitos patrimoniais contínuos, o prazo de decadência contar-se-á da percepção do primeiro pagamento"*; § 2º: *"Considera-se exercício do direito de anular qualquer medida de autoridade administrativa que importe impugnação à validade do ato"*.

No que concerne aos **efeitos da invalidação**, como o ato nulo já nasce com a sanção de nulidade, a declaração se dá retroativamente, ou seja, com efeito "ex tunc". Invalidam-se as consequências passadas, presentes e futuras do ato. Do ato ilegal não nascem direitos. A anulação importa no desfazimento do vínculo e no retorno das partes ao estado anterior. Tal regra é atenuada em face dos terceiros de boa-fé. Assim, a anulação de uma nomeação de um agente público surte efeitos em relação a este (que é parte da relação jurídica anulada), mas não em relação aos terceiros que sofreram consequências dos atos por este praticados, desde que tais atos respeitem a lei quanto aos demais aspectos.

(Ministério Público/SP – 2013 – PGMP) Analise as seguintes assertivas a respeito do ato administrativo:

I. Sua formulação não precisa observar o conteúdo de Súmulas Vinculantes, as quais não obrigam a Administração Pública.

II. A imperatividade, como seu maior atributo, é a ele essencial e inerente, sem exceção.

III. Se apresentar defeito sanável, pode ser convalidado pela própria Administração, evidenciada a ausência de lesão ao interesse público ou de prejuízo a terceiros.

IV. Pode ser revogado, por motivo de conveniência ou oportunidade, respeitados os direitos adquiridos.

Está CORRETO o contido apenas em

(A) I e III.

(B) III e IV.

(C) I e II.

(D) II e III.

(E) II, III e IV.

I: incorreta, pois as súmulas vinculantes não só obrigam aos demais órgãos do Judiciário, como também obrigam à administração pública direta e indireta de todas as esferas federativas (art. 103-A, *caput*, da CF); **II:** incorreta, pois a imperatividade (atributo pelo qual os atos administrativos se impõem a terceiros independentemente de sua concordância) não está presente em todo administrativo, não ocorrendo, por exemplo, em relação aos atos enunciativos; **III:** correta, nos termos do disposto no art. 55 da Lei 9.784/1999; **IV:** correta, nos termos do art. 53, parte final, da Lei 9.784/1999.

Gabarito "B"

(Ministério Público/ES – 2010 – CESPE) Assinale a opção correta com referência à teoria dos atos administrativos.

(A) Como faculdade de que dispõe a administração para extinguir os atos que considera inconvenientes e inoportunos, a revogação pode atingir tanto os atos discricionários como os vinculados.

(B) Ato administrativo simples é o que emana da vontade de um só órgão administrativo, sendo o órgão singular, não colegiado.

(C) Todos os atos administrativos dispõem da característica da autoexecutoriedade, isto é, o ato, tão logo praticado, pode ser imediatamente executado, sem necessidade de intervenção do Poder Judiciário.

(D) A perfeição do ato administrativo diz respeito à conformidade do ato com a lei ou com outro ato de grau mais elevado, e, nesse sentido, ato imperfeito é o ato praticado em dissonância com as normas que o regem.

(E) Pela conversão, a administração converte um ato inválido em ato de outra categoria, com efeitos retroativos à data do ato original.

A: incorreta, pois somente se revoga atos discricionários, pois tais atos são os únicos em que há mais de uma possibilidade de atuação para o agente público, que, portanto, pode praticar o ato hoje e, amanhã, por fato novo, pode revogá-lo; nos atos vinculados o agente está *vinculado* a tomar um tipo de medida somente, de modo que não cabe revogar um ato vinculado, já que ou o ato foi praticado conforme a lei (e será mantido para sempre assim) ou o ato violou a lei (e será anulado, e não revogado); **B:** incorreta, pois ato simples é aquele praticado por um órgão somente, seja esse órgão simples (uma autoridade), seja colegiado (uma comissão de licitação, com três integrantes); **C:** incorreta, pois a autoexecutoriedade só existe quando a lei expressamente autorizar ou quando não houver tempo de buscar a prestação jurisdicional; **D:** incorreta, pois a *perfeição* significa que o ato já completou o ciclo para a sua *formação* (sua *existência*), não tendo relação alguma com a *validade* do ato, ou seja, com a conformidade do ato com a lei; há três planos distintos, quais sejam, existência, validade e eficácia, e a perfeição diz respeito ao primeiro plano; **E:** correta, valendo lembrar que a conversão incide sobre atos nulos, e não os aproveita na situação original, mas sim em uma situação em que o ato será válido (ex.: converte-se uma permissão de uso de bem público, concedida sem licitação, numa autorização de uso de bem público, que não requer licitação); a convalidação, por sua vez, incide sobre atos anuláveis, e mantém o ato na situação original (ex.: convalida-se uma permissão de uso de bem público, concedida por uma autoridade com incompetência relativa, mantendo-se a própria permissão de uso concedida, mediante ratificação pela autoridade competente).

Gabarito "E"

(Ministério Público/GO – 2010) Em relação à extinção dos atos administrativos, assinale a alternativa correta:

I. A extinção do ato administrativo é aquela que resulta somente quando cumpre seus efeitos.

II. A cassação é forma extintiva que se aplica quando o beneficiário descumpre condições que permitam a manutenção dos atos e seus efeitos.

III. A invalidação é forma extintiva por razões de oportunidade e conveniência.

IV. A caducidade ocorre quando há o desaparecimento do objeto e do sujeito que se beneficiou do ato.

(A) Todas as assertivas estão corretas.

(B) Há apenas uma assertiva correta.

(C) Há apenas duas assertivas corretas.

(D) Há apenas três assertivas corretas.

I: incorreta, pois o ato administrativo fica extinto não só quando cumpre os seus efeitos, como também quando é anulado, revogado, cassado e retirado, bem como quando se opera a contraposição e a caducidade ou decadência; **II:** correta, pois, de fato, a cassação é extinção do ato pelo beneficiário não mais estar cumprindo os requisitos para continuar se beneficiando do ato; **III:** incorreta, pois a invalidação é a extinção do ato por motivo de *ilegalidade* e não de *conveniência*; **IV:** incorreta, pois o caso narrado consiste na contraposição; caducidade (ou decadência) é a extinção do ato pela superveniência de lei que não mais o admite.

Gabarito "B"

(Ministério Público/MT – 2012 – UFMT) NÃO pode ser considerada hipótese de extinção das licenças administrativas:

(A) a revogação.

(B) a invalidação.

(C) a cassação.

(D) a caducidade.

(E) o interesse público superveniente, desde que ocorra prévia e justa indenização.

As licenças são atos vinculados. Dessa forma, não há que se falar em revogação, já que esta só incide sobre atos discricionários.

Gabarito "A"

(Ministério Público/PI – 2012 – CESPE) Acerca dos atos administrativos, assinale a opção correta.

(A) A revogação do ato administrativo tem efeitos *ex tunc*.

(B) É legítima a verificação, pelo Poder Judiciário, da regularidade do ato discricionário da administração, no que se refere às suas causas, motivos e finalidade.

(C) Todos os atos administrativos são exigíveis e executórios.

(D) De acordo com entendimento do STF, opera-se a decadência quando decorrido o prazo de cinco anos entre o período compreendido entre o ato administrativo concessivo de aposentadoria e o julgamento de sua legalidade e registro pelo Tribunal de Contas da União.

(E) Para o fim de anulação do ato administrativo, o conceito de ilegalidade ou ilegitimidade restringe-se à violação frontal da lei.

A: incorreta, pois tem efeito *ex nunc*, ou seja, não retroage; **B:** correta, pois o ato discricionário é, sempre, parcialmente regrado, devendo obedecer aos comandos legais objetivamente definidos na lei que estabelecer a competência, bem como aos princípios da moralidade e da razoabilidade, aspectos esses que adensam os requisitos *causa*, *motivo* e *finalidade* do ato discricionário; **C:** incorreta, pois os atributos da exigibilidade (que permite o uso da coação indireta) e da executoriedade (que permite o uso da coação direta, da força) não estão presentes em todos os atos administrativos, sendo necessário previsão legal, no caso do primeiro atributo, e, quanto ao segundo, previsão legal ou existência de situação em que não haja tempo hábil para buscar o Judiciário; **D:** incorreta, pois o prazo decadencial de 5 anos só se inicia após o registro da aposentadoria no Tribunal de Contas; entre a concessão da aposentadoria e o registro desta não corre o referido prazo; nesse sentido, confira a seguinte decisão do STF: *"1. Esta Suprema Corte possui jurisprudência pacífica no sentido de que o Tribunal de Contas da União, no exercício da competência de controle externo da legalidade do ato de concessão inicial de aposentadorias, reformas e pensões (art. 71, inciso III, CF/1988), não se submete ao prazo decadencial da Lei 9.784/1999, iniciando-se o prazo quinquenal somente após a publicação do registro na imprensa oficial. 2. O TCU, em 2008, negou o registro da aposentadoria do ora recorrente, concedida em 1998, por considerar ilegal 'a incorporação de vantagem de natureza trabalhista que não pode subsistir após a passagem do servidor para o regime estatutário'. Como o ato de aposentação do recorrente ainda não havia sido registrado pelo Tribunal de Contas da União, não há que se falar em decadência administrativa, tendo em vista a inexistência do registro do ato de aposentação em questão. 3. Sequer há que se falar em ofensa aos princípios da segurança jurídica, da boa-fé e da confiança, pois foi assegurado ao recorrente o direito ao contraditório e à ampla defesa, fato apresentado na própria inicial, uma vez que ele apresentou embargos de declaração e também pedido de reexame da decisão do TCU. 4. Agravo regimental não provido"*(MS 27746 ED, *DJ* 06.09.2012); **E:** incorreta, pois a ilegitimidade também alcança os atos que ferem princípios e outras normas jurídicas.

Gabarito "B"

(Ministério Público/RJ – 2011) Ato administrativo foi praticado com vício de legalidade há sete anos. Nesse caso, a Administração Pública:

(A) pode anular o ato, mas deve recorrer ao Poder Judiciário para promover a ação anulatória;

(B) é obrigada a manter o ato como se fosse válido, tendo em vista ter ocorrido a prescrição de sua pretensão;

(C) pode legitimamente anular o ato, sem recorrer ao Poder Judiciário, por ser dotada da prerrogativa de autotutela;

(D) tem que manter o ato com sua eficácia normal, porque foi extinto o direito do administrado;

(E) está impedida de anular o ato em virtude da decadência, desde que não tenha havido comprovada má-fé.

A: incorreta, pois, pelo princípio da autotutela, caso a Administração possa anular o ato, tal medida deve ser tomada sem necessidade de submeter a decisão ao Judiciário (art. 53 da Lei 9.784/1999); **B:** incorreta, pois, ultrapassado o prazo legal para a anulação do ato, opera-se a *decadência* (art. 54, *caput*, da Lei 9.784/1999) e não a *prescrição*; **C:** incorreta, pois, ultrapassados os 5 anos previstos em lei e não havendo notícia (e demonstração) de má-fé do beneficiário do ato, não é possível mais que se anule este (art. 54, *caput*, da Lei 9.784/1999); **D:** incorreta, pois o que foi extinto é o direito de a Administração anular o ato e não o direito do administrado; **E:** correta, nos termos do art. 54, *caput*, da Lei 9.784/1999.

Gabarito "E"

(Ministério Público/RR – 2012 – CESPE) Com base na doutrina e na jurisprudência, assinale a opção correta a respeito dos atos administrativos.

(A) Segundo o STJ, a possibilidade de a administração poder anular ou revogar os seus próprios atos quando eivados de irregularidades não se estende ao desfazimento de situações constituídas com aparência de legalidade, sem a necessária observância do devido processo legal e da ampla defesa.

(B) Conforme a classificação dos atos administrativos quanto aos seus efeitos, a anulação do ato administrativo configura exemplo de ato constitutivo, por criar, modificar ou extinguir um direito ou situação do administrado.

(C) A falta da aprovação da autoridade competente para o ato administrativo produzir efeitos configura hipótese de ato administrativo pendente de exequibilidade, visto que está sujeito a condição ou termo para o início da produção de seus efeitos.

(D) Estando o servidor impedido ou sob suspeição ao praticar o ato administrativo, resta configurada hipótese de vício insanável.

(E) De acordo com o entendimento do STJ, o administrador, consoante a teoria dos motivos determinantes, vincula-se aos motivos elencados para a prática do ato administrativo, porém o vício de legalidade resta configurado quando inexistentes ou inverídicos os motivos suscitados pela administração, independentemente da existência de coerência entre as razões explicitadas no ato e o resultado obtido.

A: correta, pois, segundo o STJ, "o princípio de que a administração pode anular (ou revogar) os seus próprios atos, quando eivados de irregularidades, não inclui o desfazimento de situações constituídas com aparência de legalidade, sem observância do devido processo legal e ampla defesa. A desconstituição de ato de nomeação de servidor provido, mediante a realização de concurso público devidamente homologado pela autoridade competente, impõe a formalização de procedimento administrativo, em que se assegure, ao funcionário demitido, o amplo direito de defesa" (AgRg no AREsp 150441, *DJe* 25.05.2012); **B:** incorreta, pois, em se tratando de um ato nulo, a decisão é meramente declaratória, pois a nulidade se dá de pleno direito; **C:** incorreta, pois a aprovação da autoridade é evento futuro e incerto, tratando-se, assim, de condição e não de termo; **D:** incorreta, pois o vício é sanável; com efeito, a doutrina aponta que tanto o impedimento como a suspensão de alguém para a prática de um ato administrativo tornam este anulável, passível, portanto, de convalidação por autoridade que não esteja na mesma situação de impedimento ou suspeição; **E:** incorreta, pois, segundo o STJ, configura-se vício de legalidade a falta de coerência entre as razões expostas no ato e o resultado nele contido (MS 13948, *DJe* 07.11.2012).

Gabarito "A"

(Ministério Público/RS – 2009) Sobre o ato administrativo lícito da administração pública, é correto dizer que

(A) ele pode ser revogado desde que não tenha operado efeitos no patrimônio do seu titular.

(B) ele é passível de revogação a qualquer tempo, tendo a revogação efeito declaratório.

(C) ele, segundo boa parte da doutrina, pode levar à reparação dos danos que venha a representar para terceiros.

(D) quando ato vinculado – em regra – é suscetível à revogação.

(E) sua revogação pode atingir àqueles atos denominados como meros atos administrativos, tais como, a expedição de certidões, de pareceres e de atestados.

A: incorreta, pois, mesmo que um ato tenha operado efeitos no patrimônio do seu titular, caso passe a ser inconveniente, pode ser revogado (ex.: revogação de uma permissão de uso de bem público); caso a Administração queira revogar um vínculo mais forte, como é uma concessão, mesmo assim o concessionário tem que aceitar a revogação, havendo como diferença apenas o fato de que o concessionário terá direito de ser indenizado; por fim, vale ressaltar que a revogação só não é possível quando opera efeito no patrimônio do titular do ato, caso os efeitos operados gerem direito adquirido; **B:** incorreta, pois a revogação desconstitui o ato administrativo revogado, de modo que seu efeito não é *declaratório*, mas *constitutivo negativo*; **C:** correta, valendo trazer como exemplo a revogação de um ato com natureza contratual, como é o da concessão de serviço público; **D:** incorreta, pois somente os atos discricionários são passíveis de revogação, porque só estes permitem mais de uma opção ao administrador público; **E:** incorreta, pois tais atos são irrevogáveis, segundo a doutrina; aliás, é bom lembrar que são irrevogáveis os seguintes atos: os que geram direitos adquiridos, os vinculados, os exauridos, os ilegais (pois a ilegalidade impõe a anulação, e não a revogação) e os meros atos administrativos (certidões, pareceres, atestados etc.).

Gabarito "C"

(Ministério Público/RS – 2008) Complete a assertiva com a opção correta:

O ato administrativo poderá:

(A) ser revisto pelo Poder Judiciário quanto a seu mérito, conveniência e oportunidade

(B) ser revisto pelo Poder Judiciário somente quanto a legalidade e conveniência.

(C) ser revisto pelo Poder Judiciário somente quanto à conveniência e forma.

(D) ser revisto pelo Poder Judiciário somente quanto a sua forma e legalidade.

(E) ser revisto pela própria administração somente antes de produzir seus efeitos.

A a **C:** incorretas, pois o Judiciário não pode invadir o mérito administrativo (conveniência e oportunidade), podendo apenas verificar os aspectos de legalidade, aí inclusos o respeito à lei e aos princípios administrativos, como o da moralidade e da razoabilidade; **D:** correta, pois o Judiciário pode verificar os aspectos relacionados à forma e à lei, esta em sentido amplo, abrangendo também as normas constitucionais; **E:** incorreta, pois a Administração também pode rever seus atos após estes produzirem efeitos.

Gabarito "D"

3.6. CONVALIDAÇÃO E CONVERSÃO

(Ministério Público/GO – 2010) Julgue as seguintes proposições:

I. Em sede administrativa, não se há de falar em coisa julgada, razão pela qual a autoridade unipessoal disposta em nível superior pode rever ou determinar a revisão do decidido pelo órgão colegiado, pois o organograma administrativo, deferindo aos agentes diferentes patamares hierárquicos faz pressupor que aos superiores é outorgada habilitação ideal para enfrentamento de questões já solvidas.

II. A convalidação é suprimento da invalidade de um ato administrativo, sem que se lhe atribua efeito retroativo.

III. Pode o agente administrativo convalidar um ato administrativo viciado, mesmo que este já tenha sido impugnado, tratando-se tal função de consequência do poder de autotutela deferido à Administração Pública.

IV. Sempre que a Administração estiver diante de ato viciado suscetível de convalidação, e que não tenha sido objeto de impugnação, compete a ela convalidá-lo, ressalvando-se a hipótese de vício de competência em ato de conteúdo discricionário.

(A) Apenas uma alternativa é correta.

(B) Apenas duas alternativas são corretas.

(C) Apenas três alternativas são corretas.

(D) Todas as alternativas são corretas.

I: incorreta, pois existe a chamada coisa julgada administrativa, que consiste não impossibilidade de a decisão administrativa sofrer modificação na esfera administrativa; **II:** incorreta, pois a convalidação tem efeito retroativo; **III:** incorreta, pois a doutrina é assente no sentido de que, uma vez impugnado o ato inquinado de vício de legalidade, não mais será possível sua convalidação, ainda que tal ato tenha defeito sanável; **IV:** correta, pois, cabendo a convalidação no caso concreto, esta é um imperativo; porém, caso se esteja diante de vício de competência em ato discricionário, a convalidação não é obrigatória, já que a discricionariedade da competência justifique que o agente efetivamente competente possa analisar, no caso concreto, da conveniência ou não da manutenção do ato.

Gabarito "A"

(Ministério Público/MS – 2006) A convalidação de ato administrativo decorre de certos pressupostos. Não se inclui entre esses pressupostos:

(A) Não acarretar lesão ao interesse público.

(B) Não causar prejuízos a terceiros.

(C) Autorização judicial quando se tratar de matéria patrimonial.

(D) O defeito ter natureza sanável.

Art. 55 da Lei 9.784/1999.

Gabarito "C"

3.7. CLASSIFICAÇÃO DOS ATOS ADMINISTRATIVOS E ATOS EM ESPÉCIE

Antes de verificarmos as questões deste item, vale trazer um resumo das principais espécies de atos administrativos.

Espécies de atos administrativos segundo Hely Lopes Meirelles:

- **Atos normativos** *são aqueles que contêm comando geral da Administração Pública, com o objetivo de executar a lei*. Exs.: regulamentos (da alçada do chefe do Executivo), instruções normativas (da alçada dos Ministros de Estado), regimentos, resoluções etc.
- **Atos ordinatórios** *são aqueles que disciplinam o funcionamento da Administração e a conduta funcional de seus agentes*. Ex.: instruções (são escritas e gerais, destinadas a determinado serviço público), circulares (escritas e de caráter uniforme, direcionadas a determinados servidores), avisos, portarias (expedidas por chefes de órgãos – trazem determinações gerais ou especiais aos subordinados, designam alguns servidores, instauram sindicâncias e processos administrativos etc.), ordens de serviço (determinações especiais ao responsável pelo ato), ofícios (destinados às comunicações escritas entre autoridades) e despacho (contém decisões administrativas).
- **Atos negociais** *são declarações de vontade coincidentes com a pretensão do particular*. Ex.: licença, autorização e protocolo administrativo.
- **Atos enunciativos** *são aqueles que apenas atestam, enunciam situações existentes*. Não há prescrição de conduta por parte da Administração. Ex.: certidões, atestados, apostilas e pareceres.
- **Atos punitivos** *são as sanções aplicadas pela Administração aos servidores públicos e aos particulares*. Ex.: advertência, suspensão e demissão; multa de trânsito.

Confira mais classificações dos atos administrativos:

- **Quanto à liberdade de atuação do agente**

  Ato vinculado *é aquele em que a lei tipifica objetiva e claramente a situação em que o agente deve agir e o único comportamento que poderá tomar*. Tanto a situação em que o agente deve agir, como o comportamento que vai tomar são únicos e estão clara e objetivamente definidos na lei, de forma a inexistir qualquer margem de liberdade ou apreciação subjetiva por parte do agente público. Exs.: licença para construir e concessão de aposentadoria.

  Ato discricionário *é aquele em que a lei confere margem de liberdade para avaliação da situação em que o agente deve agir ou para escolha do melhor comportamento a ser tomado.*

  Seja na situação em que o agente deve agir, seja no comportamento que vai tomar, o agente público terá uma margem de liberdade na escolha do que mais atende ao interesse público. Neste ponto fala-se em mérito administrativo, ou seja, na valoração dos motivos e escolha do comportamento a ser tomado pelo agente.

  Vale dizer, o agente público fará apreciação subjetiva, agindo segundo o que entender mais conveniente e oportuno ao interesse público. Reconhece-se a discricionariedade, por exemplo, quando a regra que traz a competência do agente traz conceitos fluídos, como *bem comum, moralidade, ordem pública* etc. Ou ainda quando a lei não traz um motivo que enseja a prática do ato, como, por exemplo, a que permite nomeação para cargo em comissão, de livre provimento e exoneração. Também se está diante de ato discricionário quando há mais de uma opção para o agente quanto ao momento de atuar, à forma do ato (ex.: verbal, gestual ou escrita), sua finalidade ou conteúdo (ex.: advertência, multa ou apreensão).

A discricionariedade sofre alguns temperamentos. Em primeiro lugar é bom lembrar que todo ato discricionário é parcialmente regrado ou vinculado. A competência, por exemplo, é sempre vinculada (Hely Lopes Meirelles entende que *competência, forma* e *finalidade* são sempre vinculadas, conforme vimos). Ademais, só há discricionariedade nas situações marginais, nas zonas cinzentas. Assim, se algo for patente, como quando, por exemplo, uma dada conduta fira veementemente a moralidade pública (ex.: pessoas fazendo sexo no meio de uma rua), o agente, em que pese estar diante de um conceito fluído, deverá agir reconhecendo a existência de uma situação de imoralidade. Deve-se deixar claro, portanto, que a situação concreta diminui o espectro da discricionariedade (a margem de liberdade) conferida ao agente.

Assim, o Judiciário até pode apreciar um ato discricionário, mas apenas quanto aos aspectos de legalidade, razoabilidade e moralidade, não sendo possível a revisão dos critérios adotados pelo administrador (mérito administrativo), se tirados de dentro da margem de liberdade a ele conferida pelo sistema normativo.

– **Quanto às prerrogativas da administração**

  Atos de império são os *praticados no gozo de prerrogativas de autoridade*. Ex.: interdição de um estabelecimento.

  Atos de gestão são os *praticados sem uso de prerrogativas públicas, em igualdade com o particular, na administração de bens e serviços*. Ex.: contrato de compra e venda ou de locação de um bem imóvel.

  Atos de expediente *são os destinados a dar andamentos aos processos e papéis que tramitam pelas repartições, preparando-os para decisão de mérito a ser proferida pela autoridade*. Ex.: remessa dos autos à autoridade para julgá-lo.

  A distinção entre ato de gestão e de império está em desuso, pois era feita para excluir a responsabilidade do Estado pela prática de atos de império, de soberania. Melhor é distingui-los em atos regidos pelo direito público e pelo direito privado.

– **Quanto aos destinatários**

  Atos individuais *são os dirigidos a destinatários certos, criando-lhes situação jurídica particular*. Ex.: decreto de desapropriação, nomeação, exoneração, licença, autorização, tombamento.

  Atos gerais *são os dirigidos a todas as pessoas que se encontram na mesma situação, tendo finalidade normativa*.

São diferenças entre um e outro as seguintes:

– só ato individual pode ser impugnado individualmente; atos normativos, só por ADIN ou após providência concreta.

– ato normativo prevalece sobre o ato individual

– ato normativo é revogável em qualquer situação; ato individual deve respeitar direito adquirido.

– ato normativo não pode ser impugnado administrativamente, mas só após providência concreta; ato individual pode ser impugnado desde que praticado.

– **Quanto à formação da vontade**

  Atos simples: *decorrem de um órgão, seja ele singular ou colegiado*. Ex.: nomeação feita pelo Prefeito; deliberação de um conselho ou de uma comissão.

  Atos complexos: *decorrem de dois ou mais órgãos, em que as vontades se fundem para formar um único ato*. Ex.: decreto do Presidente, com referendo de Ministros.

  Atos compostos: *decorrem de dois ou mais órgãos, em que vontade de um é instrumental à vontade de outro, que edita o ato principal*. Aqui existem dois atos pelo menos: um principal e um acessório. Exs.: nomeação do Procurador-Geral da República, que depende de prévia aprovação pelo Senado; e atos que dependem de aprovação ou homologação. Não se deve confundir *atos compostos* com *atos de um procedimento*, vez que este é composto de vários atos acessórios, com vistas à produção de um ato principal, a decisão.

– **Quanto aos efeitos**

  Ato constitutivo *é aquele em que a Administração cria, modifica ou extingue direito ou situação jurídica do administrado*. Ex.: permissão, penalidade, revogação e autorização.

  Ato declaratório *é aquele em que a Administração reconhece um direito que já existia*. Ex.: admissão, licença, homologação, isenção e anulação.

  Ato enunciativo *é aquele em que a Administração apenas atesta dada situação de fato ou de direito*. Não produz efeitos jurídicos diretos. São juízos de conhecimento ou de opinião. Ex.: certidões, atestados, informações e pareceres.

– **Quanto à situação de terceiros**

  Atos internos são *aqueles que produzem efeitos apenas no interior da Administração*. Ex.: pareceres, informações.

  Atos externos *são aqueles que produzem efeitos sobre terceiros*. Nesse caso, dependerão de publicidade para terem eficácia. Ex.: admissão, licença.

– **Quanto à estrutura.**

  Atos concretos *são aqueles que dispõem para uma única situação, para um caso concreto*. Ex.: exoneração de um agente público.

Atos abstratos *são aqueles que dispõem para reiteradas e infinitas situações, de forma abstrata.* Ex.: regulamento.

Confira **outros atos administrativos, em espécie**:

- **Quanto ao conteúdo:** a) **autorização**: *ato unilateral, discricionário e precário pelo qual se faculta ao particular, em proveito deste, o uso privativo de bem público ou o desempenho de uma atividade, os quais, sem esse consentimento, seriam legalmente proibidos.* Exs.: autorização de uso de praça para festa beneficente; autorização para porte de arma; b) **licença**: *ato administrativo unilateral e vinculado pelo qual a Administração faculta àquele que preencha requisitos legais o exercício de uma atividade.* Ex.: licença para construir; c) **admissão**: *ato unilateral e vinculado pelo qual se reconhece ao particular que preencha requisitos legais o direito de receber serviço público.* Ex.: aluno de escola; paciente em hospital; programa de assistência social; d) **permissão**: *ato administrativo unilateral, discricionário e precário, pelo qual a Administração faculta ao particular a execução de serviço público ou a utilização privativa de bem público, mediante licitação.* Exs.: permissão para perueiro; permissão para uma banca de jornal. Vale lembrar que, por ser precária, pode ser revogada a qualquer momento, sem direito à indenização; e) **concessão**: *ato bilateral e não precário, pelo qual a Administração faculta ao particular a execução de serviço público ou a utilização privativa de bem público, mediante licitação.* Ex.: concessão para empresa de ônibus efetuar transporte remunerado de passageiros. Quanto aos bens públicos, há também a *concessão de direito real de uso*, oponível até ao poder concedente, e a *cessão de uso*, em que se transfere o uso para entes ou órgãos públicos; f) **aprovação**: *ato de controle discricionário.* Vê-se a conveniência do ato controlado. Ex.: aprovação pelo Senado de indicação para Ministro do STF; g) **homologação**: *ato de controle vinculado.* Ex.: homologação de licitação ou de concurso público; h) **parecer**: *ato pelo qual órgãos consultivos da Administração emitem opinião técnica sobre assunto de sua competência.* Podem ser das seguintes espécies: *facultativo* (parecer solicitado se a autoridade quiser); *obrigatório* (autoridade é obrigada a solicitar o parecer, mas não a acatá-lo) e *vinculante* (a autoridade é obrigada a solicitar o parecer e a acatar o seu conteúdo; ex.: parecer médico). Quando um parecer tem o poder de *decidir* um caso, ou seja, quando o parecer é, na verdade, uma decisão, a autoridade que emite esse parecer responde por eventual ilegalidade do ato (ex.: parecer jurídico sobre edital de licitação e minutas de contratos, convênios e ajustes – art. 38 da Lei 8.666/1993).
- **Quanto à forma:** a) **decreto**: é a forma de que se revestem os atos individuais ou gerais, emanados do Chefe do Poder Executivo. Exs.: nomeação e exoneração (atos individuais); regulamentos (atos gerais que têm por objeto proporcionar a fiel execução da lei – art. 84, IV, da CF); b) **resolução e portaria**: são as formas de que se revestem os atos, gerais ou individuais, emanados de autoridades que não sejam o Chefe do Executivo; c) **alvará**: forma pela qual a Administração confere licença ou autorização para a prática de ato ou exercício de atividade sujeita ao poderes de polícia do Estado. Exs.: alvará de construção (instrumento da licença); alvará de porte de arma (instrumento da autorização).

(Ministério Público/MS – 2013 – FADEMS) Os atos administrativos de licença, permissão, autorização, admissão, visto, aprovação, homologação, dispensa e renúncia, constituem espécies de:

(A) Atos negociais.

(B) Atos normativos.

(C) Atos ordinatórios.

(D) Atos enunciativos.

(E) Atos punitivos.

Tais atos são negociais, pois reclamam um pedido do particular e uma aceitação pela Administração, caracterizando um tipo de negócio.

Gabarito "A"

(Ministério Público/BA – 2010) No tocante a teoria do ato administrativo, assinale a alternativa correta.

(A) Ato administrativo coletivo é o que se concretiza pela manifestação da vontade de mais de um Órgão da Administração Pública.

(B) Ato administrativo discricionário é aquele que a autoridade é obrigada a praticar, querendo ou não, após preenchidos os requisitos por parte do destinatário da medida.

(C) Os atos administrativos da nomeação e da demissão envolvem apenas aquisição de direitos para o nomeado ao cargo público.

(D) A nomeação de Ministro do Supremo Tribunal Federal classifica-se como um ato simples.

(E) A escolha do Procurador-Geral de Justiça pelo Chefe do Executivo é um ato discricionário e complexo.

A: incorreta, pois essa definição é de ato administrativo complexo; **B:** incorreta, pois essa definição é de ato vinculado; **C:** incorreta, pois após a nomeação, o nomeado, caso queira ingressar no serviço público, deverá cumprir deveres como tomar posse no prazo legal, apresentar declaração de bens, entre outros; **D:** incorreta, pois ato simples é aquele praticado por apenas um órgão, ao passo que a nomeação de Ministro do STF envolve atos praticados por diversos órgãos, sendo necessária a indicação do Presidente da República, depois a aprovação pelo Senado e, por fim, nomeação pelo Presidente da República; **E:** correta, pois a nomeação do PGJ envolve mais de um órgão e trabalha com conceitos vagos, de modo que é ato discricionário.

Gabarito "E"

(Ministério Público/BA – 2008) A respeito dos atos administrativos assinale a resposta correta:

(A) Nos termos da lei Federal 9.784/1999 (Lei de Processo Administrativo) o direito da administração de anular os atos administrativos de que decorreram efeitos favoráveis para os destinatários prescreve em 05 (cinco) anos, contados da data em que foram praticados, salvo comprovada má-fé.

(B) Concedida uma licença para construir, sob determinadas condições previstas em lei, se o administrado vier a descumprir as condições estabelecidas, a administração deverá revogar a licença concedida.

(C) O mérito administrativo integra a esfera de discricionariedade administrativa, sendo insindicável ao controle jurisdicional o exame dos motivos do ato.

(D) A permissão de serviço público é formalizada por contrato de adesão, a título precário e mediante licitação.

A: incorreta, pois o caso é de *decadência* (art. 54, *caput*, da Lei 9.784/1999) e não de *prescrição*; **B:** incorreta, pois o caso é de *cassação* e não de *revogação*; **C:** incorreta, pois os motivos do ato (fatos que justificam a sua prática) podem ser verificados pelo juiz quanto a sua efetiva existência no plano concreto, bem como quanto à sua adequação ao caso concreto; **D:** correta (art. 40, *caput*, da Lei 8.987/1995).

Gabarito "D"

(Ministério Público/MS – 2009) Em relação aos atos administrativos, assinale a opção correta.

(A) Permissão é o ato administrativo editado no exercício de competência vinculada por meio do qual a Administração Pública formaliza o direito de um particular ao exercício de uma profissão ou atividade.

(B) Licença é o ato administrativo produzido em regra de forma unilateral no exercício de competência discricionária, tendo por objeto prestação de serviço público ou a utilização de um bem público para fins específicos.

(C) Alvará é o meio utilizado para formalizar a concessão e a permissão.

(D) O silêncio da Administração Pública, mesmo que indicativo de uma manifestação de vontade por atuação omissiva, não gera efeitos jurídicos de ato administrativo.

(E) Ato administrativo putativo refere-se às hipóteses em que se configura uma situação externa aparente que induz terceiros a presumir a existência de um ato administrativo regular.

A: incorreta, pois a permissão é *discricionária* e não *vinculada*; **B:** incorreta, pois a licença é *vinculada* e não *discricionária*; ademais, a licença diz respeito à outorga do direito de praticar uma atividade e não de utilizar um bem público; **C:** incorreta, pois o alvará é o meio utilizado para formalizar a licença e a autorização; **D:** incorreta, pois o silêncio administrativo, pode, sim, ter efeitos jurídicos; **E:** correta, pois traz adequado conceito do ato administrativo putativo.

Gabarito "E"

(Ministério Público/PR – 2011) Examine as afirmações abaixo e após responda:

I. Um dos atributos do ato administrativo é a presunção de legitimidade, que consiste em admitir que se presumem verdadeiros e que se conformam com o Direito. Tem o caráter de presunção *juris et de jure*, decorrente da natureza pública e estatal da administração.

II. O Regulamento do Imposto de Renda é um ato administrativo abstrato.

III. São atos administrativos discricionários aqueles que outorgam a permissão de uso de um bem público.

IV. São atos administrativos vinculados aqueles que concedem aposentadoria a servidor público.

V. É ato administrativo constitutivo aquele que certifica o nascimento de uma pessoa.

(A) todas as afirmativas estão corretas.

(B) as afirmativas II, III e IV são corretas.

(C) a afirmativa V é a única incorreta.

(D) as afirmativas I, III e V são incorretas.

(E) todas as afirmativas são incorretas.

I: incorreta, pois essa presunção não é absoluta (*juris et de jure*), mas relativa (*juris tantum*); **II:** correta, pois se trata de um ato normativo, e, como os atos normativos em geral, são atos abstratos e gerais; **III:** correta, pois a permissão de bem público é um ato unilateral, *discricionário* e precário, pelo qual se faculta ao particular o uso de um bem público, mediante licitação; **IV:** correta, pois esses atos são vinculados, já que a lei estabelece, de modo objetivo, todos os requisitos para a concessão de uma aposentadoria; **V:** incorreta, pois esse ato administrativo é meramente enunciativo ou declaratório.

Gabarito "B"

4. ORGANIZAÇÃO ADMINISTRATIVA

4.1. TEMAS GERAIS (ADMINISTRAÇÃO PÚBLICA, ÓRGÃOS E ENTIDADES, DESCENTRALIZAÇÃO E DESCONCENTRAÇÃO, CONTROLE E HIERARQUIA, TEORIA DO ÓRGÃO)

Segue um resumo sobre a parte introdutória do tema Organização da Administração Pública:

O objetivo deste tópico é efetuar uma série de distinções, de grande valia para o estudo sistematizado do tema. A primeira delas tratará da relação entre pessoa jurídica e órgãos estatais.

Pessoas jurídicas estatais *são entidades integrantes da estrutura do Estado e dotadas de personalidade jurídica*, ou seja, de aptidão genérica para contrair direitos e obrigações.

Órgãos públicos *são centros de competência integrantes das pessoas estatais instituídos para o desempenho das funções públicas por meio de agentes públicos*. São, portanto, parte do corpo (pessoa jurídica). Cada órgão é investido de determinada competência, dividida entre seus cargos. Apesar de não terem personalidade jurídica, têm prerrogativas funcionais, o que admite até que interponham mandado de segurança, quando violadas. Tal capacidade processual, todavia, só têm os órgãos independentes e os autônomos. Todo ato de um órgão é imputado diretamente à pessoa jurídica da qual é integrante, assim como todo ato de agente público é imputado diretamente ao órgão à qual pertence (trata-se da chamada "teoria do órgão", que se contrapõe à teoria da representação ou do mandato). Deve-se ressaltar, todavia, que a representação legal da entidade é atribuição de determinados agentes, como o Chefe do Poder Executivo e os Procuradores. Confiram-se algumas classificações dos órgãos públicos, segundo o magistério de Hely Lopes Meirelles:

Quanto à **posição**, podem ser órgãos *independentes* (originários da Constituição e representativos dos Poderes do Estado: Legislativo, Executivo de Judiciário – aqui estão todas as corporações legislativas, chefias de executivo e tribunais, e juízos singulares); *autônomos* (estão na cúpula da Administração, logo abaixo dos órgãos independentes, tendo autonomia administrativa, financeira e técnica, segundo as diretrizes dos órgãos a eles superiores – cá estão os Ministérios, as Secretarias Estaduais e Municipais, a AGU etc.), *superiores* (detêm poder de direção quanto aos assuntos de sua competência, mas sem autonomia administrativa e financeira – ex.: gabinetes, procuradorias judiciais, departamentos, divisões etc.) e *subalternos* (são os que se acham na base da hierarquia entre órgãos, tendo reduzido poder decisório, com atribuições de mera execução – ex.: portarias, seções de expediente):

Quanto à **estrutura**, podem ser *simples* ou *unitários* (constituídos por um só centro de competência) e *compostos* (reúnem outros órgãos menores com atividades-fim idênticas ou atividades auxiliares – ex.: Ministério da Saúde).

Quanto à **atuação funcional**, podem ser *singulares* ou *unipessoais* (atuam por um único agente – ex.: Presidência da República) e *colegiados* ou *pluripessoais* (atuam por manifestação conjunta da vontade de seus membros – ex.: corporações legislativas, tribunais e comissões).

Outra distinção relevante para o estudo da estrutura da Administração Pública é a que se faz entre desconcentração e descentralização. Confira-se.

Desconcentração *é a distribuição interna de atividades administrativas, de competências*. Ocorre de órgão para órgão da entidade Ex.: competência no âmbito da Prefeitura, que poderia estar totalmente concentrada no órgão Prefeito Municipal, mas que é distribuída internamente aos Secretários de Saúde, Educação etc.

Descentralização *é a distribuição externa de atividades administrativas, que passam a ser exercidas por pessoa ou pessoas distintas do Estado*. Dá-se de pessoa jurídica para pessoa jurídica como técnica de especialização. Ex.: criação de autarquia para titularizar e executar um dado serviço público, antes de titularidade do ente político que a criou.

Na descentralização **por serviço** a lei atribui ou autoriza que outra pessoa detenha a *titularidade* e a execução do serviço. Depende de lei. Fala-se também em *outorga* do serviço.

Na descentralização **por colaboração** o contrato ou ato unilateral atribui a outra pessoa a *execução* do serviço. Aqui o particular pode colaborar, recebendo a execução do serviço, e não a titularidade. Fala-se também em *delegação* do serviço e o caráter é transitório.

É importante também saber a seguinte distinção.

Administração direta *compreende os órgãos integrados no âmbito direto das pessoas políticas (União, Estados, Distrito Federal e Municípios)*.

Administração indireta *compreende as pessoas jurídicas criadas pelo Estado para titularizar e exercer atividades públicas (autarquias e fundações públicas) e para agir na atividade econômica quando necessário (empresas públicas e sociedades de economia mista)*.

Outra classificação relevante para o estudo do tema em questão é a que segue.

As **pessoas jurídicas de direito público** *são os entes políticos e as pessoas jurídicas criadas por estes para exercerem típica atividade administrativa, o que impõe tenham, de um lado, prerrogativas de direito público, e, de outro, restrições de direito público, próprias de quem gere coisa pública.*[1] Além dos entes políticos (União, Estados, Distrito Federal e Municípios), são pessoas jurídicas de direito público as *autarquias*, *fundações públicas*, *agências reguladoras* e *associações públicas* (consórcios públicos de direito público).

As **pessoas jurídicas de direito privado estatais** *são aquelas criadas pelos entes políticos para exercer atividade econômica, devendo ter os mesmos direitos e restrições das demais pessoas jurídica privadas, em que pese terem algumas restrições adicionais, pelo fato de terem sido criadas pelo Estado*. São pessoas jurídicas de direito privado estatais as *empresas públicas*, as *sociedades de economia mista*, as *fundações privadas criadas pelo Estado* e os *consórcios públicos de direito privado*.

Também é necessário conhecer a seguinte distinção.

Hierarquia *consiste no poder que um órgão superior tem sobre outro inferior, que lhe confere, dentre outras prerrogativas, uma ampla possibilidade de fiscalização dos atos do órgão subordinado*.

Controle (tutela ou supervisão ministerial) *consiste no poder de fiscalização que a pessoa jurídica política tem sobre a pessoa jurídica que criou, que lhe confere tão somente a possibilidade de submeter a segunda*

1. *Vide* art. 41 do Código Civil. O parágrafo único deste artigo faz referência às *pessoas de direito público com estrutura de direito privado*, que serão regidas, no que couber, pelas normas do CC. A referência é quanto às fundações públicas, aplicando-se as normas do CC apenas quando não contrariarem os preceitos de direito público.

ao cumprimento de seus objetivos globais, nos termos do que dispuser a lei. Ex.: a União não pode anular um ato administrativo de concessão de aposentadoria por parte do INSS (autarquia por ela criada), por não haver hierarquia; mas pode impedir que o INSS passe a comercializar títulos de capitalização, por exemplo, por haver nítido desvio dos objetivos globais para os quais fora criada a autarquia. Aqui não se fala em subordinação, mas em vinculação administrativa.

Por fim, há entidades que, apesar de **não fazerem** parte da Administração Pública Direta e Indireta, colaboram com a Administração Pública e são estudadas no Direito Administrativo. Tais entidades são denominadas *entes de cooperação* ou *entidades paraestatais*. São entidades que não têm fins lucrativos e que colaboram com o Estado em atividades não exclusivas deste. São exemplos de paraestatais as seguintes: a) *entidades do Sistema S* (SESI, SENAI, SENAC etc. – ligadas a categorias profissionais, cobram contribuições parafiscais para o custeio de suas atividades); b) *organizações sociais* (celebram *contrato de gestão* com a Administração); c) *organizações da sociedade civil de interesse público* – OSCIPs (celebram *termo de parceria* com a Administração).

(Ministério Público/MG – 2012 – CONSULPLAN) Analise as assertivas abaixo:

I. As sociedades de economia mista são pessoas jurídicas de direito privado e integram a Administração Pública indireta.

II. As empresas públicas são pessoas jurídicas de direito privado, têm capital inteiramente público e podem ser organizadas sob qualquer forma admitida em Direito (civil ou comercial).

III. O poder de polícia não pode ser exercido pelas agências reguladoras por se tratar de prerrogativa indelegável e exclusiva dos entes da Administração Pública direta.

IV. Quarentena é o mecanismo pelo qual o ex-dirigente de uma agência reguladora, seu cônjuge, companheiro ou parente em linha reta, colateral ou por afinidade, até o terceiro grau, inclusive, ficam impedidos de desempenhar funções públicas, pelo período de quarenta dias a contar da data de sua exoneração.

Pode-se afirmar que:

(A) apenas as assertivas I e II estão **CORRETAS**.

(B) apenas as assertivas II e III estão **CORRETAS**.

(C) apenas as assertivas III e IV estão **CORRETAS**.

(D) apenas as assertivas I e IV estão **CORRETAS**.

I: correta (art. 5º, III, do Dec.-lei 200/1967); **II:** correta (art. 5º, II, do Dec.-lei 200/1967); **III:** incorreta, pois as agências reguladoras, por serem pessoas jurídicas de direito público, podem praticar atividades típicas de Estado, tal como é o poder de polícia; basta que a lei atribua tal competência a uma agência reguladora, como é o caso da ANVISA que recebe competência para o exercício do poder de polícia em matéria de vigilância sanitária; **IV:** incorreta, pois a lei faz referência apenas ao ex-dirigente e o prazo não é necessariamente de 40 dias, variando de acordo com o tipo de agência reguladora; na Lei Geral de Agências Reguladoras, que se aplica quando não disposição específica na lei que trata de determinada agência, a quarentena foi fixada em quatro meses (art. 8º, *caput*, da Lei 9.986/2000).

Gabarito "A"

(Ministério Público/RS – 2008) Assinale a alternativa INCORRETA:

(A) As autarquias são pessoas jurídicas de direito público, de natureza meramente administrativa, criadas por lei específica.

(B) Os municípios são pessoas jurídicas de direito público, de natureza administrativa, instituídos por legislação específica.

(C) As sociedades de economia mista são pessoas jurídicas de direito privado, com criação autorizada por lei específica e se destinam à realização de obras e serviços de interesse coletivo.

(D) As fundações estatais são pessoas jurídicas de direito público, criadas por lei específica, e com as atribuições estabelecidas no seu ato de instituição.

(E) As empresas públicas são pessoas jurídicas de direito privado, cuja criação é autorizada por lei específica, para realização de obras e serviços.

A: assertiva correta (art. 37, XIX, da CF c/c art. 5º, I, do Dec.-lei 200/1967); **B:** assertiva incorreta, pois os municípios têm natureza *política* e não meramente *administrativa*; quanto à sua criação, vide o disposto no art. 18, § 4º, da CF); C e **E:** assertivas corretas quanto à criação dessas entidades (art. 37, XIX, da CF); quanto à sua destinação, a redação das alternativas não está muito boa, mas não chega a estar completamente errado; com efeito, seria melhor dizer que tais empresas estatais são criadas para explorar atividade econômica ou prestar serviços públicos, mas não é incorreto dizer que elas poderão realizar obras (ex: uma empresa municipal de urbanismo) ou prestar serviços de interesse coletivo; **D:** assertiva correta, pois, de fato, as fundações públicas de direito público são criadas por lei específica; vale salientar que o Poder Público poderá criar, também, fundações de direito privado, respeitando o disposto na parte final do art. 37, XIX, da CF.

Gabarito "B"

4.2. AUTARQUIAS

(Ministério Público/GO – 2010) Julgue as seguintes proposições:

I. Autarquias podem ser definidas como pessoas jurídicas de Direito Público de capacidade exclusivamente administrativa.

II. O Estado é solidariamente responsável pelas obrigações contraídas por suas autarquias.

III. As agências reguladoras são autarquias sob regime especial, criadas para disciplinar e controlar certas atividades, entre elas atividades de fomento e incrementação de atividade privada.

IV. Para receber a distinção de agência executiva, a autarquia deve, necessariamente, celebrar contrato de gestão com o órgão que a supervisiona.

(A) Apenas uma alternativa é correta.

(B) Apenas duas alternativas são corretas.

(C) Apenas três alternativas são corretas.

(D) Todas as alternativas são corretas.

I: correta (art. 5º, I, do Dec.-lei 200/1967); **II:** incorreta, pois a responsabilidade estatal, no caso, é *subsidiária* e não *solidária*; III; correta, pois, de fato, agências reguladoras são autarquias sob regime especial; ademais, existe sim agência reguladora com finalidade de fomento de atividade privada, conforme se verifica da medida provisória que criou a ANCINE (art. 5º, *caput*, da MP 2.228/2001); **IV:** correta (art. 51, II, da Lei 9.649/1998).

Gabarito "C"

(Ministério Público/MT – 2012 – UFMT) A condição de "agência executiva", na administração publica federal, é situação que pode ser concedida pela Presidência da República a que tipo de entes?

(A) Autarquias e órgãos da administração direta.

(B) Apenas autarquias.

(C) Fundações e órgãos da administração direta.

(D) Apenas órgãos da administração direta.

(E) Autarquias e fundações.

De acordo com o art. 51, *caput*, da Lei 9.649/1998 apenas autarquias e fundações podem ser qualificadas como agência executiva.

Gabarito "E"

4.3. AGÊNCIAS REGULADORAS

(Ministério Público/ES – 2010 – CESPE) Tendo em vista os conceitos acerca da administração pública direta e indireta, das agências reguladoras, das fundações de direito público e privado e das organizações sociais, assinale a opção correta.

(A) As pessoas qualificadas como organizações sociais, às quais incumbe a execução de serviços públicos em regime de parceria com o poder público, formalizado por contratos de gestão, devem ter personalidade jurídica de direito privado e não podem ter fins lucrativos.

(B) Como compartimentos internos da pessoa pública, os órgãos públicos, diferentemente das entidades, são criados e extintos somente pela vontade da administração, sem a necessidade de lei em sentido formal.

(C) As autarquias destinam-se a executar serviços públicos de natureza social e administrativa e atividades de cunho econômico ou mercantil.

(D) As agências reguladoras, como autarquias de regime especial, dispõem de uma disciplina legal única, expressa em lei federal aplicável a todas as esferas de governo.

(E) As fundações de direito público e as de direito privado detêm alguns privilégios que são próprios das autarquias, como o processo especial de execução, a impenhorabilidade dos seus bens, o juízo privativo, prazos dilatados em juízo e duplo grau de jurisdição.

A: correta, pois traz definição precisa das organizações sociais; **B:** incorreta, pois, em virtude do princípio da legalidade, a criação de órgãos deve ser feita por meio de lei; **C:** incorreta, pois as autarquias não têm por objeto realizar atividade de cunho econômico ou mercantil, mas sim atividades típicas de Estado; **D:** incorreta, pois cada agência reguladora tem uma lei específica com o regime jurídico aplicável, valendo salientar que existe também uma lei com preceitos comuns a todas as agências reguladoras (Lei 9.986/2000); **E:** incorreta, pois apenas as fundações de direito público têm tais privilégios.

Gabarito "A"

(Ministério Público/MG – 2010.1) São características das agências reguladoras existentes no ordenamento jurídico pátrio, EXCETO

(A) Podem exercer típico poder de polícia, impondo de limitações administrativas, fiscalização e repressão, conforme previsão legal.

(B) Podem, nos termos da lei, controlar as atividades que constituem objeto de concessão ou permissão de serviço público ou de atividade econômica monopolizada do Estado.

(C) Seus servidores são admitidos segundo o regime de trabalho celetista.

(D) Substituem o poder executivo com relação às funções que o poder concedente exerce nos contratos de concessão ou permissão de serviços públicos.

(E) Seus dirigentes são nomeados para mandato fixo, afastada, em regra, a possibilidade de exoneração *ad nutum*.

A: correta, pois há agências reguladoras cujo objeto é o exercício de *poder de polícia* (ex.: ANVISA); **B:** correta, pois há agências reguladoras cujo objeto é o *controle de concessões e permissões de serviço público* (ex.: ANEEL, ANATEL, ANTT, ANAC) ou de *atividade econômica monopolizada do Estado* (ex.: ANP); **C:** incorreta, pois, segundo o STF, tais entidades, por serem pessoas jurídicas de direito público, devem contratar pelo regime estatutário; **D:** correta, pois fazem o papel típico que os entes políticos faziam antes de criar a agência reguladora, qual seja, de regulação e fiscalização das concessões e permissões de serviço público; **E:** correta, devendo-se respeitar o mandato dos dirigentes dessas agências, que só podem ser desligados a pedido ou pelo cometimento de falta que enseje processo disciplinar com pena de desligamento, ou pelo cometimento de crime ou ato de improbidade administrativa.

Gabarito "C"

(Ministério Público/PR – 2011) Relativamente às agências reguladoras, é correto afirmar:

(A) Integram a administração direta, caracterizadas como fundações.

(B) Integram a administração indireta, caracterizadas como sociedades de economia mista.

(C) Integram a administração direta, caracterizadas como empresas públicas.

(D) Integram a administração indireta, caracterizadas como autarquias de regime especial.

(E) Seus servidores sujeitam-se ao regime de trabalho da Consolidação das Leis do Trabalho.

A: incorreta, pois integram a administração *indireta*, e são caracterizadas como *autarquias especiais*; **B:** incorreta, pois são autarquias especiais (pessoas jurídicas de direito público) e não sociedades de economia mista (pessoas jurídicas de direito privado estatais); **C:** incorreta, pois integram a administração *indireta*, e são caracterizadas como *autarquias especiais*; **D:** correta, conforme já mencionado nas alternativas anteriores; **E:** incorreta, pois, como são pessoas jurídicas de direito público, seus agentes, como regra, são estatutários.

Gabarito "D"

4.4. CONSÓRCIOS PÚBLICOS

(Ministério Público – MPU – 2013) Sobre os consórcios públicos, é correto afirmar que:

(A) Consórcio público será obrigatoriamente constituído por associação pública.

(B) A execução das receitas e despesas do consórcio público deverá obedecer às normas de direito financeiro aplicáveis às entidades públicas.

(C) Consórcio público será constituído por contrato independente de prévia subscrição de protocolo de intenções.

(D) Os entes da Federação consorciados, ou os com eles conveniados, poderão ceder-lhe servidores, na forma e condições da legislação federal.

A: incorreta, pois pode ser tanto uma associação pública, que é uma pessoa de direito público, como um consórcio público de direito privado (art. 1º, § 1º, da Lei 11.107/2005); **B:** correta (art. 9º, *caput*, da Lei 11.107/2005); **C:** incorreta, pois o consórcio público será constituído por contrato, mas que é dependente da prévia subscrição de protocolo de intenções (art. 3º da Lei 11.107/2005); **D:** incorreta, pois essa cessão de servidores se dará na forma e condições da legislação de cada ente consorciado, e não da legislação federal (art. 4º, § 4º, da Lei 11.107/2005).

Gabarito "B"

(Ministério Público/CE – 2011 – FCC) A Lei de Consórcios Públicos, Lei n. 11.107/2005,

(A) permite a participação da União em consórcio formado unicamente por Municípios.

(B) condiciona a alteração de contrato de consórcio público à aprovação de instrumento pela assembleia geral, dispensada a ratificação mediante lei dos entes consorciados.

(C) estatui que a retirada do ente consorciado implica necessariamente na reversão dos bens que ele destinou ao consórcio.

(D) admite que os consórcios públicos possam outorgar concessão, permissão ou autorização de obras ou serviços públicos, desde que haja previsão dessa competência no contrato de sua formação.

(E) exige que a execução de desapropriações e a instituição de servidões necessárias ao consórcio seja realizada por cada um dos entes consorciados, nos bens situados em seu território.

A: incorreta, pois, segundo o art. 1º, § 2º, da Lei 11.107/2005, "a União somente participará de consórcios públicos em que também façam parte todos os Estados em cujos territórios estejam situados os Municípios consorciados"; **B:** incorreta, pois é necessária também a ratificação mediante lei por todos os entes consorciados (art. 12 da Lei 11.107/2005); **C:** incorreta, pois, segundo o art. 11, § 1º, da Lei 11.107/2005, "os bens destinados ao consórcio público pelo consorciado que se retira somente serão revertidos ou retrocedidos no caso de expressa previsão no contrato de consórcio público ou no instrumento de transferência ou de alienação" (g.n.); **D:** correta (art. 2º, § 3º, da Lei 11.107/2005); **E:** incorreta, pois o próprio consórcio público poderá promover desapropriações e instituir servidões nos termos de declaração de utilidade ou necessidade pública, ou interesse social, realizada pelo Poder Público (art. 2º, § 1º, II, da Lei 11.107/0205).

Gabarito "D"

(Ministério Público/MG – 2010.1) Sobre a Lei n. 11.107/2005, que dispõe sobre contratação de consórcios públicos, é INCORRETO afirmar

(A) O consórcio público, constituído como associação pública, havendo previsão no contrato de consórcio, poderá promover desapropriações nos termos de declaração de utilidade pública, necessidade pública ou interesse social, realizada pelo Poder Público.

(B) O consórcio público, se constituído com personalidade jurídica de direito público, integra a administração indireta de todos os entes da Federação consorciados.

(C) O consórcio público constituído como pessoa jurídica de direito privado deverá atender aos requisitos da legislação civil, contratar pessoal pelo regime celetista, mediante concurso público, e observar as normas previstas na Lei n. 8.666/1993.

(D) O contrato de consórcio deverá prever as contribuições financeiras ou econômicas de cada ente da Federação consorciado ao consórcio público.

(E) Os consórcios públicos poderão outorgar concessão, permissão ou autorização de obras e serviços públicos, mediante autorização prevista no contrato de consórcio, que deverá indicar os requisitos.

A: correta (art. 2º, § 1º, II, da Lei 11.107/2005); **B:** correta (art. 6º, § 1º, da Lei 11.107/2005); **C:** correta (art. 6º, § 2º, da Lei 11.107/2005); **D:** incorreta (art. 4º, § 3º, da Lei 11.107/2005), pois o *contrato de consórcio público* não trará tal disposição; no entanto, anualmente, será feito o *contrato de rateio*, que tratará dos recursos a serem entregues ao consórcio pelos entes políticos consorciados; **E:** correta (art. 2º, § 3º, da Lei 11.107/2005).

Gabarito "D"

(Ministério Público/MT – 2012 – UFMT) Segundo a Lei 11.107/2005, a União Federal poderá ser parte integrante de consórcios públicos. Essa participação somente ocorrerá quando

(A) fizerem parte dele apenas Estados, sem a participação de municípios.

(B) fizerem parte dele apenas municípios situados em Estados diferentes.

(C) fizer parte dele mais de um Estado.

(D) fizerem parte dele Estados situados em diferentes regiões da federação.

(E) fizerem parte dele todos os Estados a que pertencerem os municípios consorciados.

Segundo o art. 1º, § 2º, da Lei 11.107/2005, "a União somente participará de consórcios públicos em que também façam parte todos os Estados em cujos territórios estejam situados os Municípios consorciados".

Gabarito "E"

(Ministério Público/RJ – 2011) A União Federal, um Estado-membro e doze Municípios de uma mesma região firmaram protocolo de intenções, expressando seu objetivo de implementar a gestão associada de determinado serviço público, e constituíram uma associação pública após a ratificação do protocolo por lei. Diante desses elementos, foi constituído:

(A) convênio personalizado;

(B) convênio de cogestão;

(C) consórcio público;

(D) convênio administrativo;

(E) consórcio despersonalizado.

Trata-se de consórcio público, nos termos do disposto na Lei 11.107/2005, especialmente os arts. 3º (protocolo de intenções), 4º, XI (gestão associada de serviço público), art. 1º, § 1º (associação pública – uma das espécies de consórcio público) e 5º(ratificação do protocolo por lei).

Gabarito "C"

4.5. EMPRESAS ESTATAIS

(Ministério Público/MS – 2011 – FADEMS) Sobre o tema Administração Pública Indireta, é **correto** afirmar:

I. somente lei específica criará autarquia e autorizará a instituição de empresa pública, de sociedade de economia mista e de fundação, cabendo à lei complementar, neste último caso, definir as áreas de sua atuação.

II. a competência para julgar ações que tenham a empresa pública federal como interessada na condição de autora, ré, assistente ou oponente é da Justiça Federal, ressalvando as causas de falência, as de acidentes de trabalho e as sujeitas à Justiça Eleitoral e à Justiça do Trabalho.

III. as empresas públicas e as sociedades de economia mista podem falir, nos termos do art. 2º, inc. I, da Lei n. 11.101/2005.

IV. a criação/permissão de as empresas públicas e as sociedades de economia mista que tenham como finalidade a exploração direta de atividade econômica só ocorrerão quando necessárias aos imperativos da segurança nacional ou relevante interesse econômico, observada definição legal.

(A) apenas a afirmativa III está incorreta;

(B) apenas as afirmativas I e II estão corretas;

(C) apenas as afirmativas III e IV estão incorretas;

(D) a afirmativa III está correta e a afirmativa IV está incorreta;

(E) todas as alternativas estão corretas.

I: correta (art. 37, XIX, da CF); **II:** correta (art. 109, I, da CF); **III:** incorreta, pois o art. 2º, I, da Lei 11.101/2005 (Lei de Falências) dispõe que essa lei não se aplica a empresa pública e sociedade de economia mista; **IV:** correta (art. 173, *caput*, da CF).

Gabarito "A"

(Ministério Público/MT – 2012 – UFMT) Qual a natureza jurídica da sociedade de economia mista?

(A) Entidade dotada de personalidade jurídica de direito público.

(B) Entidade dotada de personalidade jurídica de direito privado e de direito público.

(C) Entidade dotada de personalidade específica.

(D) Entidade dotada de personalidade jurídica de direito privado.

(E) Entidade dotada de personalidade jurídica de direito privado de capacidade específica.

As alternativas **A**, **B**, **C** e **E** são incorretas, pois a sociedade de economia mista é qualificada expressamente como pessoa jurídica de direito privado (art. 5º, III, do Dec.-lei 200/1967), não havendo na lei, portanto, a qualificação dessas entidades como sendo de direito público ou de capacidade específica.

Gabarito "D"

(Ministério Público/RJ – 2011) Empresas públicas e sociedades de economia mista:

(A) atuam como agências reguladoras, quando visam ao controle e fiscalização de serviços públicos;

(B) são criadas por lei cuja regulamentação se exterioriza por meio de decreto do Chefe do Executivo;

(C) podem ter natureza de fundação governamental de direito público, no desempenho de atividade social;

(D) sujeitam-se a mandado de segurança, no caso de impugnação de atos em processo de licitação;

(E) litigam na justiça fazendária, ainda que instituídas para o desempenho de atividades econômicas.

A: incorreta, pois as empresas estatais, por terem personalidade de direito privado, não podem praticar atividades típicas de Estado, como o controle e fiscalização de serviços públicos; quanto a estes, tais entidades podem, no máximo, prestar (executar) os serviços; **B:** incorreta, pois a lei específica apenas autoriza a criação de tais entidades (art. 37, XIX, da CF); em seguida, os atos constitutivos delas devem ser registrados no Registro Público competente; **C:** incorreta, pois não se deve confundir o regime das "sociedades", com o regime das "fundações', já que a primeira atua e atividade econômica, e a segunda, não; **D:** correta, nos termos da Súmula STJ 333 ("Cabe mandado de segurança contra ato praticado em licitação promovida por sociedade de economia mista ou empresa pública"); **E:** incorreta, pois, no desempenho de atividades econômicas, a justiça não fazendária é que conhece das causas dessas entidades; assim, a título de exemplo, uma ação contra uma empresa estatal de um Município deve ser promovida no Juízo Civil e não no Juizado da Fazenda Pública.

Gabarito "D"

(Ministério Público/SC – 2010) Em atenção à estrutura da Administração Pública: Administração Direta e Indireta, analise as seguintes assertivas:

I. Somente por lei específica poderá ser criada a empresa pública e autorizada a instituição de autarquia e de fundação, cabendo à lei complementar, neste último caso, definir as áreas de sua atuação.

II. As empresas públicas e as sociedades de economia mista são criadas com personalidade jurídica de direito privado para a prestação de serviços públicos ou para o desenvolvimento de atividade econômica em sentido estrito.

III. As sociedades de economia mista e as empresas públicas que explorem atividade econômica em sentido estrito estão sujeitas ao regime jurídico próprio das empresas privadas, inclusive quanto aos direitos e obrigações civis, comerciais, trabalhistas e tributários.

IV. As autarquias são criadas com personalidade jurídica de direito público e submissão hierárquica ao órgão da Administração Direta em cuja área de competência estiver enquadrada sua principal atividade.

V. As empresas públicas são criadas com personalidade jurídica de direito público e sujeitam-se à fiscalização contábil, financeira, orçamentária, operacional e patrimonial exercida pelos Tribunais de Contas.

De acordo com a Constituição da República:

(A) Apenas as assertivas I e IV estão corretas.

(B) Apenas as assertivas II, III e V estão corretas.

(C) Apenas as assertivas II e III estão corretas.

(D) Apenas as assertivas I, IV e V estão corretas.

(E) Apenas as assertivas I, II e III estão corretas.

I: incorreta, pois é o contrário, ou seja, somente por lei específica poderá ser criada autarquia e autorizada a criação de empresa pública, sociedade de economia mista e fundação, cabendo à lei complementar, neste último caso, definir as áreas de sua atuação (art. 37, XIX, da CF); **II:** correta (art. 173, § 1º, da CF); **III:** correta (art. 173, § 1º, II, da CF); **IV:** incorreta, pois as autarquias, assim com as demais pessoas jurídicas criadas pelos entes políticos, estão sujeitas à controle (tutela ou supervisão ministerial), e não à hierarquia; **V:** incorreta, pois as empresas públicas têm personalidade jurídica de direito privado estatal (art. 5º, II, do Dec.-lei 200/1967); de qualquer forma, é bom lembrar que a alternativa é verdadeira no ponto em que assevera que tais entidades estão sujeitas à fiscalização dos Tribunais de Contas (arts. 70 e 71 da CF).

Gabarito "C"

4.6. ENTES DE COOPERAÇÃO

(Ministério Público/SC – 2012) De acordo com a Lei n. 9.790/1999:

I. As instituições hospitalares privadas não gratuitas e suas mantenedoras, desde que sem fins lucrativos, podem qualificar-se como Organizações da Sociedade Civil de Interesse Público.

II. Em termos de OSCIP, considera-se sem fins lucrativos a pessoa jurídica de direito privado que não distribui, entre os seus sócios ou associados, conselheiros, diretores, empregados ou doadores, eventuais excedentes operacionais, brutos ou líquidos, dividendos, bonificações, participações ou parcelas do seu patrimônio, auferidos mediante o exercício de suas atividades, e que os aplica integralmente na consecução do respectivo objeto social.

III. As fundações públicas, as fundações, sociedades civis ou associações de direito privado criadas por órgão público ou por fundações públicas somente poderão constituir uma OSCIP se forem autorizadas pelo Ministério da Justiça, hipótese em que os respectivos Tribunais de Contas tomarão as medidas para fiscalização efetiva do exercício de suas atividades.

IV. Para qualificarem-se como Organizações da Sociedade Civil de Interesse Público, as pessoas jurídicas interessadas devem ser regidas por estatutos cujas normas expressamente disponham sobre a observância dos princípios da legalidade, impessoalidade, moralidade, publicidade, economicidade e da eficiência.

V. Perde-se a qualificação de Organização da Sociedade Civil de Interesse Público, a pedido ou mediante decisão proferida em processo administrativo ou judicial, de iniciativa popular ou do Ministério Público, no qual serão assegurados, ampla defesa e o devido contraditório, ressalvando-se que, vedado o anonimato, e desde que amparado por fundadas evidências de erro ou fraude, qualquer cidadão, respeitadas as prerrogativas do Ministério Público, é parte legítima para requerer, judicial ou administrativamente, a perda da qualificação de OSCIP.

(A) Apenas as assertivas II e IV estão corretas.

(B) Apenas as assertivas I, II, IV e V estão corretas.

(C) Apenas as assertivas I, II, III, e V estão corretas.

(D) Apenas as assertivas II, IV e V estão corretas.

(E) Todas as assertivas estão corretas.

I: incorreta, pois as instituições hospitalares privadas não gratuitas e suas mantenedoras não são passíveis de qualificação como OSCIPs (art. 2º, VII, da Lei 9.790/1999); **II:** correta (art. 1º, § 1º, da Lei 9.790/1999); **III:** incorreta, pois as fundações, sociedades civis ou associações de direito privado criadas por órgão público ou por fundações públicas não são passíveis de qualificação como OSCIPs (art. 2º, XII, da Lei 9.790/1999); **IV:** correta (art. 4º, I, da Lei 9.790/1999); **V:** correta (arts. 7º e 8º da Lei 9.790/1999).

Gabarito "D"

(Ministério Público/SC – 2008) Analise as afirmativas.

I. As organizações sociais podem ser denominadas de "Organizações da Sociedade Civil de Interesse Público" quando estiverem constituídas como pessoas jurídicas de direito privado, sem fins lucrativos, desde que os respectivos objetivos sociais e normas estatutárias atendam os requisitos instituídos pela Lei n. 9.790/1999 (Lei das Organizações da Sociedade Civil de Interesse Público).

II. A execução do objeto do Termo de Parceria, nos termos da Lei n. 9.790/1999 (Lei das Organizações da Sociedade Civil de Interesse Público), será acompanhada e fiscalizada por órgão do Ministério Público da área de atuação correspondente à atividade fomentada, e pelos Conselhos de Políticas Públicas das áreas correspondentes de atuação existentes, em cada nível de governo.

III. Entende-se por Termo de Parceria o instrumento firmado entre o Poder Público e a entidade qualificada como organização social, com vistas à formação de parceria entre as partes para fomento e execução de atividades que sejam dirigidas ao ensino, à pesquisa científica, ao desenvolvimento tecnológico, à proteção e preservação do meio ambiente, à cultura e à saúde.

IV. Os responsáveis pela fiscalização da execução de Contrato de Gestão, ao tomarem conhecimento de qualquer irregularidade ou ilegalidade na utilização de recursos ou bens de origem pública por organização social, representarão ao Ministério Público, à Advocacia-Geral da União ou à Procuradoria da entidade para que requeira ao juízo competente a decretação da indisponibilidade dos bens da entidade e o sequestro dos bens dos seus dirigentes, bem como de agente público ou terceiro, que possam ter enriquecido ilicitamente ou causado dano ao patrimônio público, sob pena de responsabilidade solidária.

V. Instituições federais de ensino superior e de pesquisa científica e tecnológica poderão contratar, nos termos do inciso XIII do art. 24 (dispensabilidade de licitação) da Lei n. 8.666/1993 (Lei de Licitação), e por prazo determinado, instituições criadas com a finalidade de dar apoio a projetos de pesquisa, ensino e extensão e de desenvolvimento institucional, científico e tecnológico de interesse das instituições federais contratantes, desde que sejam constituídas sob a forma de fundações de direito privado, sem fins lucrativos, e sujeitas à fiscalização do Ministério Público.

(A) apenas III está correto

(B) apenas IV e V estão corretos

(C) apenas I, II, IV e V estão corretos

(D) apenas V está correto

(E) todos estão corretos

I: incorreta (art. 2º, IX, da Lei 9.790/1999); **II:** incorreta (art. 11 da Lei 9.790/1999); **III:** incorreta, pois o termo de parceria é celebrado com as ***organizações da sociedade civil de interesse público*** (art. 9º da Lei 9.790/1999), ao passo que o contrato de gestão é celebrado com ***organizações sociais*** (art. 5º da Lei 9.637/1998); **IV:** incorreta (art. 12 da Lei 9.790/1999); **V:** correta (art. 24, XIII, da Lei 8.666/1993), valendo observar que o dispositivo em questão não exige que a instituição a ser contratada seja uma fundação fiscalizada pelo Ministério Público; o que se exige é que a instituição não tenha fins lucrativos, o que poderá ensejar a contratação de uma associação civil.

Gabarito "D"

4.7. TEMAS COMBINADOS

(Ministério Público/MS – 2006) Em relação a organização administrativa federal, assinale a opção CORRETA:

(A) O contrato de gestão só pode ser celebrado entre a União e suas empresas estatais.

(B) É possível na esfera federal uma empresa pública ser organizada sob a forma de sociedade anônima sendo a União sua única proprietária.

(C) As fundações públicas, não podem exercer poder de polícia administrativa.

(D) As agências reguladoras representam uma nova categoria jurídica no âmbito da administração direta, distinta de autarquias e fundações.

A: incorreta, pois o contrato de gestão pode ser celebrado com qualquer órgão ou entidade da administração pública (art. 37, § 8º, da CF), bem como com entidades paraestatais, isto é, entidades do terceiro setor, atendidas as disposições da Lei 9.637/1998 (art. 5º e ss.); **B:** correta (art. 5º, II, do Dec.-lei 200/1967); **C:** incorreta, pois as fundações públicas, por terem personalidade de direito público, podem exercer atividade típica da administração, o que inclui o exercício do poder de polícia, nos termos do previsto na lei que a tiver criado; **D:** incorreta, pois agências reguladoras, autarquias tradicionais e fundações públicas fazem parte de uma ***mesma*** categoria, a de autarquias, pessoas jurídicas de direito público; a diferença é que as agências reguladoras têm características especiais, daí porque são consideradas ***autarquias especiais***; de qualquer forma, as agências não pertencem à administração ***direta***, e sim à ***indireta***.

Gabarito "B"

5. SERVIDORES PÚBLICOS

5.1. VÍNCULOS (CARGO, EMPREGO E FUNÇÃO)

(Ministério Público/MG – 2010.1) Sobre as disposições constitucionais e legais atinentes à Administração Pública, está CORRETA a seguinte afirmação

(A) As funções de confiança devem ser exercidas prioritariamente por servidores ocupantes de cargo efetivo.

(B) A proibição de acumulação de cargos públicos não se estende às agências reguladoras.

(C) A administração poderá admitir agentes comunitários de saúde e agentes de endemias pelo regime estatutário.

(D) A proibição ao nepotismo é direcionada a impedir a contratação de parentes para cargos comissionados, não abrangendo as funções de confiança exercidas por servidores efetivos.

(E) Conforme a proibição inserta na Súmula Vinculante 13 do STF, a esposa do prefeito municipal não pode ocupar cargo de secretária de ação social no âmbito daquele mesmo município.

A: incorreta, pois tais funções devem ser *exclusivamente* exercidas por servidores ocupantes de cargo efetivo (art. 37, V, da CF); **B:** incorreta, pois tal proibição alcança toda a Administração Direta e Indireta (art. 37, XVII, da CF); **C:** correta, pois o art. 198, §§ 4º ao 6º, da CF não determina um regime jurídico específico, podendo este até ser um regime jurídico estatutário; **D:** incorreta, pois a Súmula Vinculante 13 do STF também se aplica às funções de confiança; **E:** incorreta, pois a Súmula em questão não se aplica para a nomeação para os cargos de secretário municipal e estadual, bem como de Ministro de Estado.

Gabarito "C"

(Ministério Público/PR – 2011) A regra geral para investidura em cargos públicos é a prévia aprovação em concurso público (artigo 37, inciso II, da CF), constituindo a livre nomeação para o provimento dos cargos em comissão uma exceção constitucional a essa regra geral (artigo 37, incisos II e V, da CF). portanto, é correto afirmar que:

(A) Para que um cargo ou emprego em comissão se caracterize licitamente como tal, basta que assim esteja definido em lei local;

(B) A nomeação de parente colateral ou por afinidade, até o terceiro grau, inclusive, da autoridade nomeante, para o exercício de cargo em comissão ou de confiança, ou, ainda, de função gratificada na administração pública, viola a Constituição Federal;

(C) Os cargos em comissão e as funções de confiança destinam-se apenas às atribuições de direção, chefia e assessoramento, devendo a lei definir, em ambas as hipóteses, os casos, condições e percentuais mínimos de seu preenchimento por servidores de carreira;

(D) Caso se afigure irregular a admissão para o exercício de cargo em comissão criado por lei municipal, o Promotor de Justiça poderá ingressar com ação civil pública visando à nulidade da nomeação, mas não poderá formular, em qualquer hipótese, pedido de ressarcimento dos valores despendidos com a remuneração do cargo em face do administrador responsável pela admissão irregular, ainda que comprovada a sua má-fé;

(E) A admissão irregular para o exercício do cargo em comissão, mesmo quando causa dano ao erário, não é passível de caracterizar a prática de ato de improbidade administrativa, pois a força de trabalho do servidor não poderá mais ser restituída.

A: incorreta, pois a lei local deve estabelecer um percentual mínimo de cargos em comissão, que devem ser preenchidos por servidores de carreira; ademais, somente é possível criar cargos em comissão para atribuições de chefia, direção e assessoramento (art. 37, V, da CF); **B:** correta (Súmula Vinculante 13 do STF); **C:** incorreta, pois a lei só deve definir o percentual mínimo de cargos a serem providos por servidores de carreira, no que diz respeito aos cargos em comissão; quanto às funções em confiança, estas devem ser preenchidas *exclusivamente* por servidores de cargo efetivo (art. 37, V, da CF); **D:** incorreta, pois o agente público responsável pela contratação ilegal responderá por seus atos; **E:** incorreta, pois o ato de improbidade administrativa se configura quando há enriquecimento ilícito do agente ímprobo, prejuízo ao erário ou violação a princípios da Administração, de modo que pouco importa se a força de trabalho do servidor não poderá mais ser restituída.

Gabarito "B"

5.2. PROVIMENTO

(Ministério Público/CE – 2011 – FCC) Dentre as formas de provimento derivado de cargos públicos, tradicionalmente praticadas na Administração brasileira, NÃO foi recepcionada pela Constituição Brasileira de 1988 a

(A) ascensão.

(B) promoção.

(C) readaptação.

(D) recondução.

(E) reintegração.

A ascensão funcional é a progressão funcional entre cargos de carreiras distintas. Como a Constituição Federal exige concurso público para prover qualquer cargo efetivo (art. 37, II, da CF), não é possível que alguém que tenha cargo numa carreira passe para cargo de outra carreira sem concurso público. O STF vem reconhecendo reiteradamente a inconstitucionalidade desse tipo de medida (ex: ADI 368/ES, *DJ* 02.05.2003).

Gabarito "A"

(Ministério Público/GO – 2010) Considerando que a prática de nepotismo caracteriza violação aos princípios da administração pública, de acordo com o entendimento do STF configura situação de nepotismo:

(A) O Governador do Estado nomear seu irmão como Secretário de Estado da Saúde, pois, se trata de cargo de natureza política.

(B) O Prefeito Municipal nomear seu primo para cargo em comissão de assessor de imprensa.

(C) O Presidente da Câmara Municipal nomear seu concunhado para cargo em comissão de chefe de departamento.

(D) O Prefeito Municipal nomear sua mulher para cargo em comissão de direção.

A: incorreta, pois o STF abriu uma exceção à Súmula Vinculante n. 13 (que veda o nepotismo), para o fim de admitir a nomeação de parentes para cargos de natureza política, como é o cargo de Secretário de Estado da Saúde; vide o Rcl 6.650 MC-AgR, *DJ* 21.11.2008; **B:** incorreta, pois primo é parente de 4ª grau e a vedação se estende apenas até o parente de 3º grau; **C:** incorreta, pois concunhado (diferentemente de cunhado) não é considerando parente por afinidade; **D:** correta, pois a nomeação de cônjuge para o cargo em questão (que não é considerando cargo de natureza política, como são os cargos de Secretário Municipal e Estadual, e de Ministro) é vedada pela Súmula Vinculante STF n. 13.

Gabarito "D"

(Ministério Público/MS – 2009) Em relação aos servidores públicos, assinale a opção correta.

(A) Os servidores fiscais da administração fazendária terão, no âmbito de suas áreas de competência e jurisdição, precedência sobre os demais setores administrativos.

(B) Todo cargo público de provimento efetivo está condicionado, para o provimento, à observância de requisitos objetivos avaliados, sempre, mediante concurso público prévio de provas ou de provas e títulos.

(C) O cargo em comissão e a denominada "função de confiança" são conceitos jurídicos idênticos.

(D) Ato de provimento e ato de investidura de cargo público são conceitos jurídicos idênticos, ou seja, referem-se a um mesmo fenômeno jurídico.

(E) A vitaliciedade é garantia de titularidade do cargo por toda a vida.

A: correta (art. 37, XVIII, da CF); **B:** incorreta, pois é quase impossível que se estabeleça requisitos absolutamente objetivos; uma prova discursiva, por exemplo, acaba tento uma boa carga de subjetividade na seleção, o que acaba sendo mitigado pela possibilidade se interpor recursos administrativos contra a correção; **C:** incorreta, pois o cargo em comissão pode ser provido por alguém que não seja servidor de carreira, ao passo que a função de confiança só pode ser preenchida por servidor de carreira (art. 37, V, da CF); **D:** incorreta, pois provimento significa designação para o cargo (ex: nomeação) e o fenômeno da investidura decorre da aceitação do cargo, também chamada de posse; **E:** incorreta, pois aos 70 anos o detentor de cargo vitalício o perde pela aposentadoria compulsória (art. 40, § 1º, II, da CF).

Gabarito "A"

(Ministério Público/MS 2006) O retorno do servidor estável ao cargo anteriormente ocupado decorrente de inabilitação em estágio probatório relativo em outro cargo, denomina-se:

(A) Reversão.

(B) Aproveitamento.

(C) Readaptação.

(D) Recondução.

Trata-se de recondução. Na esfera federal o instituto está previsto no art. 29 da Lei 8.112/1990.

Gabarito "D"

(Ministério Público/SP – 2008) Assinale a alternativa incorreta.

(A) O servidor público que, após regular concurso, é nomeado para cargo de provimento efetivo, adquire estabilidade após dois anos de exercício e será destituído por sentença judicial ou por processo administrativo no qual lhe seja assegurada ampla defesa.

(B) A readaptação é a investidura do servidor em cargo de atribuição e responsabilidades compatíveis com a limitação que tenha sofrido em sua capacidade física ou mental, verificada em inspeção médica.

(C) O Ministério Público é competente para prover os cargos de seus membros e os dos serviços auxiliares.

(D) O provimento derivado por reingresso é aquele em que o servidor retorna ao serviço ativo do qual estava afastado e compreende as seguintes modalidades: reversão, aproveitamento, reintegração e recondução.

(E) São cargos vitalícios unicamente os de magistrado, os de ministro ou conselheiro do Tribunal de Contas e os de membro do Ministério Público, sendo que o vitaliciamento dar-se-á após dois anos de exercício em cargo da Magistratura e do Ministério Público, por concurso, e em seguida à posse, nos casos de nomeação direta para os Tribunais.

A: incorreta, pois a estabilidade só se dá após ***três*** anos de efetivo exercício, somada à aprovação em ***avaliação especial de desempenho*** (art. 41, *caput* e § 4º, da CF); **B:** correta (na esfera federal a readaptação está prevista no art. 24 da Lei 8.112/1990); **C:** correta (art. 127, § 2º, da CF); **D:** correta, pois todas as formas de provimento citadas são ***derivadas*** (ocorrem após o provimento originário, que é a nomeação) e por ***reingresso*** (importam no retorno do agente afastado); **E:** correta (arts. 95, I, 73, § 3º, e 128, § 5º, I, "a", da CF).

Gabarito "A"

5.3. VACÂNCIA

(Ministério Público/MS – 2006) A estabilidade do servidor público constitui direito assegurado na Constituição Federal, sendo estendida àquele que for investido no respectivo cargo público através de concurso público. Dessa forma, é CORRETO afirmar que:

(A) A estabilidade é adquirida depois de decorridos mais de cinco anos de efetivo exercício do cargo;

(B) Ocorrendo a extinção do cargo ou declarada sua desnecessidade, o servidor estável será colocado em disponibilidade, com remuneração integral, até seu aproveitamento em outro cargo;

(C) O servidor estável poderá perder o cargo por insuficiência de desempenho, apurada na forma da lei e garantido o contraditório e a ampla defesa;

(D) A única hipótese do servidor estável perder o cargo ocorre em virtude de sentença judicial transitada em julgado.

A: incorreta, pois a estabilidade é adquirida após 3 anos (art. 41 da CF); **B:** incorreta, pois a remuneração será proporcional (art. 41, § 3º, da CF); **C:** correta (art. 41, § 1º, III, da CF); **D:** incorreta (art. 41, § 1º, da CF).

Gabarito "C"

(Ministério Público/RJ – 2011) A perda do cargo de servidores públicos:

(A) não pode resultar de avaliação periódica de desempenho, relativa às funções do cargo;

(B) impõe que a Administração instaure processo administrativo, não sendo, contudo, exigida defesa técnica por advogado;

(C) resulta de sentença judicial transitada em julgado, desde que tenha havido prévio processo administrativo;

(D) aplica-se também a empregados de sociedades de economia mista e empresas públicas;

(E) deve decorrer de processo administrativo, com apuração preliminar por meio de sindicância.

A: incorreta (art. 41, § 1º, III, da CF); **B:** correta, pois o processo administrativo é regra nesse sentido (salvo perda de cargo por decisão judicial), sendo certo que o STF não entende indispensável a presença de advogado para que se tenha um processo disciplinar regular (Súmula Vinculante STF n. 5); **C:** incorreta, pois, em havendo decisão judicial transitada em julgado (em processo penal ou por improbidade, por exemplo), não é necessário processo administrativo (art. 41, § 1º, I, da CF); **D:** incorreta, pois nessas entidades não há "cargo", mas "emprego"; **E:** incorreta, pois a perda do cargo pode se dar por processo judicial também (art. 41, § 1º, I, da CF); ademais, o processo disciplinar não requer, necessariamente, apuração preliminar por meio de sindicância, para que seja válido.

Gabarito "B"

5.4. ACESSIBILIDADE E CONCURSO PÚBLICO

(Ministério Público/GO – 2013) Em tema de nepotismo, é correto, consoante a jurisprudência dominante do Supremo Tribunal Federal, afirmar que:

(A) resolução emitida por Chefia de Poder ou de órgão integrante do arcabouço constitucional que define hipóteses de nepotismo consubstancia ato administrativo de efeitos concretos, porquanto leva ao desligamento de servidores de seus cargos ou funções, sendo ipso facto passível de correção por intermédio de mandado de segurança.

(B) levando em consideração que os princípios da moralidade e da impessoalidade contêm textura aberta e conceitos jurídicos indeterminados, necessário é que os casos de nepotismo que devam ser banidos da Administração Pública sejam disciplinados por lei em sentido formal.

(C) o cargo de Secretário Municipal tem natureza essencialmente política, não sendo apanhado pelas normas jurídicas que proíbem a prática de nepotismo. Daí por que é juridicamente acertada a nomeação de irmão do Prefeito para o cargo de Secretário Municipal da Fazenda

(D) não desafia as normas que proíbem a prática de nepotismo a nomeação de servidor público efetivo de Secretaria Estadual para cargo de provimento em comissão de assessoria de Tribunal Regional do Poder Judiciário da União à época em que era parente seu o vice-presidente do Tribunal.

A: incorreta, pois se trata de *ato normativo* e não de *ato concreto*; **B:** incorreta, pois o STF editou a Súmula Vinculante 13 proibindo o nepotismo com fundamento no princípio da moralidade administrativa; **C:** correta (STF, Rcl 6650 MC-AgR, *DJ* 21.11.2008); **D:** incorreta, pois o servidor nomeado não tem cargo efetivo no Tribunal Regional, no qual é nomeado para um cargo em comissão, estando um parente seu (o vice-presidente do Tribunal) em cargo de direção, violando assim a Súmula Vinculante 13.

Gabarito "C"

(Ministério Público/DF – 2013) Assinale a opção INCORRETA:

(A) A vedação do nepotismo não exige a edição de lei formal que o coíba, uma vez que decorre diretamente dos princípios encartados no art. 37 da Constituição do Brasil.

(B) Segundo entendimento do Supremo Tribunal Federal, o ordenamento brasileiro ampara a remoção de servidor para acompanhar cônjuge empregado da administração indireta, não regido pela Lei 8.112, de 1990.

(C) As regras relativas à proibição do nepotismo não são aplicáveis a situações que envolvam cargos de natureza política.

(D) Pela natureza dos direitos normalmente em jogo, a teoria do ***venire contra factum proprium non potest*** não é aplicável às relações que envolvam a administração pública.

(E) A exigência de experiência profissional prevista apenas em edital de concurso não se compadece com os cânones constitucionais que regem a administração pública.

A: assertiva correta, pois o STF editou a Súmula Vinculante 13 proibindo o nepotismo com fundamento no princípio da moralidade administrativa; **B:** assertiva correta (MS 23.058/DF); **C:** assertiva correta (STF, Rcl 6650 MC-AgR, *DJ* 21.11.2008); **D:** assertiva incorreta, devendo ser assinalada; isso porque a proibição de comportamento contraditório no âmbito da Administra-ção Pública é imperativo face ao reconhecimento jurisprudencial do princípio da proteção da confiança; **E:** assertiva correta, pois somente mediante prévia previsão legal é que se pode fazer qualquer exigência de acessibilidade em edital de concurso público.

Gabarito "D"

(Ministério Público/GO – 2005) No que concerne a concurso público, qual dos enunciados abaixo não corresponde a uma Súmula do Supremo Tribunal Federal?

(A) o limite de idade para a inscrição em concurso público só se legitima em face do art. 7º, XXX, da Constituição, quando possa ser justificado pela natureza das atribuições do cargo a ser preenchido

(B) é constitucional o veto não motivado à participação de candidato a concurso público

(C) é inconstitucional toda modalidade de provimento que propicie ao servidor investir-se, sem prévia aprovação em concurso público destinado ao seu provimento, em cargo que não integra a carreira na qual anteriormente investido

(D) só por lei se pode sujeitar a exame psicotécnico a habilitação de candidato a cargo público

A: correta (Súmula 683 do STF); **B:** incorreta, pois contraria a Súmula 684 do STF; **C:** correta (Súmula 685 do STF); **D:** correta (Súmula 686 do STF).

Gabarito "B"

(Ministério Público/MG – 2008) No dizer de Hely Lopes Meirelles, "[...] o concurso é o meio técnico posto à disposição da Administração para obter-se moralidade, eficiência e aperfeiçoamento do serviço público, e, ao mesmo tempo, propiciar igual oportunidade a todos os interessados que atendam os requisitos da lei". A propósito do tema, assinale a alternativa **INCORRETA.**

(A) Somente por lei se pode sujeitar ao exame psicotécnico a habilitação de candidato a cargo público.

(B) O limite de idade para a inscrição em concurso público só se legitima quando possa ser justificado pela natureza das atribuições do cargo a ser preenchido.

(C) É inconstitucional toda modalidade que propicie ao servidor investir-se, sem prévia aprovação em concurso público destinado a seu provimento, em cargo que não integra a carreira na qual anteriormente investido.

(D) É peremptoriamente vedada qualquer discriminação entre brasileiros natos ou naturalizados.

(E) NDA

A: correta (Súmula 686 do STF); **B:** correta (Súmula 683 do STF); **C:** correta (Súmula 685 do STF); **D:** incorreta. A princípio, não é possível fazer distinções entre brasileiros natos e naturalizados (art. 12, § 2º, da CF); porém, as discriminações feitas pela própria Constituição são válidas; e uma delas estabelece que é privativo de brasileiro nato os cargos de carreira diplomática e de oficial das Forças Armadas (art. 12, § 3º, V e VI, da CF); **E:** como a letra "D" é incorreta, a letra "E" não deve ser marcada.

Gabarito "D"

(Ministério Público/PI – 2012 – CESPE) Paulo, aprovado em concurso público para provimento de cargo em determinado órgão da administração pública direta, não foi nomeado, apesar da existência de cargo vago e da necessidade administrativa de provê-lo, dada a publicação, pelo citado órgão, de edital de novo certame. Considerando a situação hipotética acima apresentada, assinale a opção correta com base na jurisprudência do STF acerca da matéria.

(A) Se a administração tiver recusado a nomeação do candidato sob o argumento da inexistência de vaga, revelando-se essa motivação factualmente equivocada, em face da constatação da existência de cargo vago, o candidato aprovado terá direito à nomeação, com fundamento na teoria da vinculação do administrador ao motivo determinante do seu ato.

(B) Não havendo vacância do cargo para cujo provimento Paulo foi aprovado no citado concurso público, poderá a administração nomeá-lo para outro cargo, presente a necessidade administrativa após a realização do certame, ainda que sem previsão no edital, desde que haja semelhança entre os cargos e estes sejam oferecidos no mesmo órgão administrativo.

(C) Causaria grave lesão à ordem pública decisão judicial que determinasse a observância da ordem classificatória no concurso público em questão, a fim de evitar a preterição de Paulo pela contratação de temporários em razão da necessidade do serviço.

(D) O não provimento, pela administração pública, do cargo vago em detrimento da aprovação de Paulo no concurso público deve ser motivado; entretanto, tal motivação, por veicular razões de oportunidade e conveniência, não é suscetível de apreciação jurisdicional, sob pena de vulneração do princípio da separação dos poderes.

(E) É incabível, no caso relatado, a impetração de mandado de segurança, visto que a participação e a aprovação em concurso público não geram, em relação à nomeação, direito líquido e certo, mas mera expectativa de direito.

A: correta; diante de alguns abusos da Administração Pública, os tribunais começaram a reconhecer o direito à nomeação em situações em que a Administração Pública, no prazo de validade do concurso, externa de alguma maneira que tem interesse em nomear novos servidores; um exemplo é justamente o citado na alternativa, ou seja, quando se abre novo concurso no prazo de validade de concurso anterior; **B:** incorreta, pois tal conduta viola os princípios da obrigatoriedade de concurso público e da vinculação ao edital; **C:** incorreta, pois é vedada a nomeação de outro servidor para o cargo (inclusive agentes terceirizados temporários – STJ, AgRg no RMS 33.893, *DJ* 30.11.2012) para exercer as mesmas funções do cargo para o qual um candidato fora aprovado, estando em validade o concurso realizado por este; **D:** incorreta, pois no caso se aplica a teoria dos motivos determinantes; como a Administração já externou a necessidade de nomeação de servidor, não há como inventar uma desculpa retroativa para não mais nomeá-lo; cuidado para confundir essa situação com aquela em que há aprovados nos limites das vagas previstas no edital, mas logo em seguida a Administração, motivada em fato novo idôneo (o que não se coaduna com a publicação de novo edital de concurso), decide que não poderá nomear os aprovados, circunstância excepcionalíssima, que depende de demonstração cabal da possibilidade, com ônus da prova a cargo da Administração; vide, a respeito, decisão do STF proferida no RE 227.480, *DJ* 21.08.2009 em que se traz essa exceção em favor da Administração, mas com a lembrança de que o Judiciário poderá controlar esse ato, verificando detalhadamente se o motivo invocado é verdadeiro e pertinente; **E:** incorreta, nos termos do comentário à alternativa "a"; vale salientar, outrossim, que o mandado de segurança é cabível no caso, pois é possível levar em juízo provas documentais, não sendo necessário dilação probatória.

Gabarito "A"

(Ministério Público/PI – 2008) A exigência constitucional de prévia aprovação em concurso público de provas ou de provas e títulos, para a investidura de cargo ou emprego público.

(A) gera ao aprovado direito adquirido à nomeação.

(B) não admite a reserva de percentual de cargos ou empregos públicos para as pessoas portadoras deficiência.

(C) está vinculada ao princípio constitucional da impessoalidade.

(D) é incompatível com a existência de prazo de validade para os concursos públicos.

(E) admite a convalidação do vício da ausência de concurso público, por necessidade de serviço.

A: incorreta, pois somente o aprovado no limite das vagas previstas no edital é que tem direito subjetivo à nomeação; **B:** incorreta, pois a própria Constituição Federal que determina tal reserva (art. 37, VIII, da CF); **C:** correta, pois a impessoalidade impõe tratamento igualitário às pessoas, o que só se pode garantir, em matéria de seleção de pessoas para trabalhar na Administração Pública, mediante concurso público; **D:** incorreta, pois uma coisa é exigência constitucional de que só pode ingressar no serviço público quem for aprovado em concurso público (art. 37, II, da CF); outra coisa é a disposição constitucional que estabelece que todo concurso terá um prazo de validade (art. 37, III, da CF); assim, é possível que alguém seja aprovado num concurso, mas numa posição muito além do número de vagas previstos no edital e, por não ter sido chamada no prazo de validade do certame, acabar não podendo mais ser nomeada; **E:** incorreta, pois a ausência de concursos público gera a nulidade absoluta da nomeação respectiva.

Gabarito "C"

(Ministério Público/SC – 2010) Em atenção à disciplina dos servidores públicos, analise as seguintes assertivas:

I. A lei poderá estabelecer requisitos diferenciados de admissão de servidores públicos, quando a natureza do cargo o exigir, mas o limite de idade para a inscrição em concurso público só se legitima quando possa ser justificado pela natureza das atribuições do cargo a ser preenchido.

II. Regra geral, o prazo de validade do concurso público será de até 4 anos, prorrogável uma vez, por igual período.

III. As funções de confiança e os cargos em comissão destinam-se apenas às atribuições de direção, chefia e assessoramento.

IV. A fixação dos vencimentos dos servidores públicos não pode ser objeto de convenção coletiva.

V. É constitucional a vinculação do reajuste de vencimentos de servidores estaduais a índices federais de correção monetária.

De acordo com a Constituição da República e a jurisprudência dominante do Supremo Tribunal Federal:

(A) Apenas as assertivas I, III e V estão corretas.

(B) Todas as assertivas estão corretas.

(C) Apenas as assertivas III e IV estão corretas.

(D) Apenas as assertivas I, III e IV estão corretas.

(E) Apenas as assertivas I, II e V estão corretas.

I: correta (Súmula 683 do STF: "O limite de idade para a inscrição em concurso público só se legitima em face do art. 7º, XXX, da Constituição, quando possa ser justificado pela natureza das atribuições do cargo a ser preenchido"; **II:** incorreta, pois o prazo de validade é de até 2 anos (art. 37, III, da CF); **III:** correta (art. 37, V, da CF); **IV:** correta (Súmula 679 do STF); **V:** incorreta (Súmula 681 do STF).

Gabarito "D"

5.5. EFETIVIDADE, ESTABILIDADE E VITALICIEDADE

(Ministério Público/MG – 2014) No que diz respeito à aquisição de estabilidade e a perda do cargo pelo servidor público, avalie o seguinte:

I. O procedimento de avaliação periódica de desempenho é indispensável, na forma de lei complementar, sendo desnecessária, por isso mesmo, a ampla defesa.

II. A perda do cargo dar-se-á em virtude de sentença judicial, ainda que facultado o aviamento de recursos especial e/ou extraordinário.

III. Invalidada por sentença judicial a demissão do servidor estável, será ele reintegrado, e o eventual ocupante da vaga, se estável, reconduzido ao cargo de origem, sem direito a indenização, aproveitado em outro cargo ou posto em disponibilidade com remuneração proporcional ao tempo de serviço.

IV. Como condição para a obtenção da estabilidade pelo servidor, é obrigatória a avaliação especial de desempenho por comissão instituída para essa finalidade.

É **CORRETO** o que se afirma em:

(A) I e II

(B) II e III

(C) II

(D) III e IV

I: incorreta, pois esse procedimento requer respeito à ampla defesa (art. 41, § 1º, III, da CF); **II:** incorreta, pois a perda do cargo de servidor estável depende ou de processo administrativo disciplinar com ampla defesa ou de sentença judicial transitada em julgada, não sendo suficiente sentença judicial ainda pendente de confirmação pela pendência de recurso especial ou extraordinário (art. 41, § 1º, I e II, da CF); **III:** correta (art. 41, § 2º, da CF); **IV:** correta (art. 41, § 4º, da CF).

Gabarito "D"

(Ministério Público/SP – 2013 – PGMP) Em quais das formas de provimento (originário ou derivado) de cargo, emprego ou função públicos o agente público investido não terá estabilidade constitucional ou vitaliciedade?

(A) Por eleição e nomeação para cargo em comissão.

(B) Por reversão ou readaptação.

(C) Por promoção ou remoção.

(D) Por recondução ou aproveitamento.

(E) Por nomeação em caráter efetivo ou reintegração.

A: correta, pois tal nomeação é de livre provimento e livre exoneração (art. 37, II, da CF); **B:** incorreta, pois essas formas de provimento são típicas de servidores estáveis; no caso da reversão, como se trata do retorno do aposentado, presume-se tratar-se de aposentadoria pelo regime próprio (específico para quem tem cargo efetivo), já o ocupante de cargo em comissão não tem seu cargo vago pelo simples fato de se aposentar pelo regime geral da previdência (regime ao qual pertence), diferentemente do servidor ocupante de cargo efetivo, que sofre vacância automática de seu cargo, em caso de aposentadoria pelo regime público de previdência; **C:** incorreta, pois a remoção não é forma de provimento; ademais, a promoção depende da existência de cargos estruturados em carreira, o que não é o caso de cargos em comissão, que são isolados, até, porque o vínculo do cargo em comissão é temporário, sendo incompatível com a ideia de carreira; **D:** incorreta, pois a recondução e o aproveitamento são formas de provimento exclusivos de quem é estável; a recondução, por conta do disposto no art. 29, *caput*, da Lei 8.112/1990 e o aproveitamento, por conta desse provimento depender de prévia colocação do servidor em disponibilidade, sendo que esta é direito exclusivo do servidor estável (art. 41, § 3º, da CF); **E:** incorreta, pois a nomeação em caráter efetivo é exclusiva de cargos efetivos (e não de cargos em comissão) e a reintegração é própria do servidor já estável (art. 28, *caput*, da Lei 8.112/1990).

Gabarito "A"

(Ministério Público/RO – 2010 – CESPE) A partir das considerações constantes na CF e da jurisprudência dos tribunais superiores acerca dos servidores públicos, assinale a opção correta.

(A) Consoante jurisprudência pacífica do STJ, servidor estável que for investido em novo cargo estará dispensado de cumprir novo período de estágio probatório.

(B) De acordo com a jurisprudência majoritária do STF, a estabilidade dos servidores públicos deve ser estendida aos empregados de sociedade de economia mista contratados mediante concurso público, razão pela qual esses empregados somente poderão ser dispensados por justa causa.

(C) Segundo decisão do STF, servidor público que obteve determinada vantagem funcional, ainda que por ato administrativo com vício de legalidade, mas que não tenha lhe dado causa, tem, após o prazo de cinco anos, direito à manutenção da vantagem, não podendo a administração pública exercer o poder de autotutela.

(D) O subteto determinado pela CF estipula que os membros do MP, os procuradores, os defensores e os delegados de polícia recebam subsídio mensal limitado a 90,25% do subsídio mensal dos ministros do STF.

(E) De acordo com a CF, a vedação de acúmulo remunerado de cargos, empregos e funções públicas não atinge a sociedade de economia mista, mas tão somente as empresas públicas.

A: incorreta, pois cada cargo tem suas atribuições e competências, de modo que o estágio probatório de cada cargo levará em conta critérios de avaliação diferentes, fazendo com que seja necessário que o servidor empossado em novo cargo cumpra o estágio probatório específico para esse cargo, mesmo que, no passado, já tenha cumprido um estágio probatório referente à outro cargo; **B:** incorreta, pois, segundo o art. 41, *caput*, da CF somente aquele que tem *cargo* público, poderá vir a ter estabilidade; assim, alguém que trabalhe numa sociedade de economia mista (pessoa jurídica de direito privado estatal), como detém apenas um *emprego* público, regido pela CLT, não tem esse mesmo direito; a única exceção é quanto aquele que tem um emprego público numa pessoa jurídica de direito público; nesse caso, a Súmula 390 do TST é no sentido de que essa pessoa tem direito à estabilidade; **C:** correta, por conta do princípio da segurança e do prazo decadencial para anular atos que beneficiam terceiro de boa-fé (5 anos – art. 54 da Lei 9.784/1999); **D:** incorreta, pois os delegados não estão nesse subteto (art. 37, XI, da CF); **E:** incorreta, a vedação se estende à toda Administração Direta e Indireta.

Gabarito "C"

5.6. ACUMULAÇÃO REMUNERADA E AFASTAMENTO

(Ministério Público/MG – 2014) Assinale a alternativa **CORRETA**: Ao servidor público da administração direta, autárquica e fundacional, no exercício de mandato eletivo, aplicam-se as seguintes disposições, a saber:

(A) Em qualquer caso que exija o afastamento para o exercício de mandato eletivo, seu tempo de serviço será contado para todos os efeitos legais, exceto para promoção por merecimento.

(B) Investido no mandato de Vereador, não havendo compatibilidade, perceberá as vantagens de seu cargo, emprego ou função, sem prejuízo da remuneração do cargo eletivo.

(C) Investido no mandato de Prefeito, será afastado do cargo, emprego ou função, sendo-lhe obrigado optar pela sua remuneração.

(D) Tratando-se de mandato eletivo federal, estadual ou distrital, facultar-se-á ao servidor o afastamento de seu cargo, emprego ou função.

A: correta (art. 38, IV, da CF); **B:** incorreta, pois, não havendo compatibilidade de horários, o eleito será afastado do cargo e poderá apenas escolher qual remuneração receberá, se a do cargo de onde se afastou ou a de vereador (art. 38, III, da CF); **C:** incorreta, pois o eleito não é obrigado, mas sim terá faculdade de optar pela remuneração (art. 38, II, da CF); **D:** incorreta, pois o eleito ficará necessariamente afastado de seu cargo, emprego ou função (art. 38, I, da CF).

Gabarito "A"

(Ministério Público/PB – 2010) É correto afirmar, exceto:

(A) É vedada a percepção de vencimentos de cargo efetivo ou em comissão com proventos da inatividade, salvo quando os cargos de que decorram as respectivas remunerações forem acumuláveis na atividade.

(B) O tempo de serviço prestado pelo professor do ensino médio, no exercício da função de diretor da escola, assim como de coordenação e assessoramento pedagógico, pode ser computado para a contagem de tempo exclusivo de efetivo exercício nas funções de magistério, para o efeito de aposentadoria especial.

(C) A proibição de acumulação de cargos públicos estende-se a cargos em comissão.

(D) Em regra, é vedada a acumulação de cargo e emprego público entre si, bem como a de dois ou mais empregos públicos.

(E) A vedação de acumulação de cargos públicos se aplica em relação a entes e níveis diversos da Federação entre si.

A: incorreta, pois, nesse caso, é possível a acumulação (art. 37, § 10, da CF); **B:** correta, pois o STF vem interpretando o § 5º do art. 40 da CF de modo ampliativo; **C:** correta, pois a proibição alcança qualquer tipo de cargo, inclusive o cargo em comissão (art. 37, XVI, da CF); **D:** correta, pois a proibição alcança os empregos públicos também; **E:** correta, pois a proibição alcança todas as entidades da administração direta e indireta (art. 37, XVI e XVII, da CF).

Gabarito "A"

5.7. REMUNERAÇÃO, SUBSÍDIO E PREVIDÊNCIA

(Ministério Público/MS – 2011 – FADEMS) No tocante às disposições constitucionais e legais pertinentes à Administração Pública, assinale a alternativa **correta**:

(A) os vencimentos dos cargos do Poder Executivo e do Poder Judiciário não poderão ser superiores aos pagos pelo Poder Legislativo;

(B) é admitida a vinculação ou equiparação de quaisquer espécies remuneratórias para o efeito de remuneração de pessoal do serviço público;

(C) lei complementar reservará percentual dos cargos e empregos públicos para as pessoas portadoras de deficiência e definirá os critérios de sua admissão;

(D) consoante previsão inserida na Súmula Vinculante n. 13, não viola a Constituição Federal a nomeação do tio paterno do Presidente da República para o exercício de cargo em comissão no Poder Executivo Federal;

(E) a administração fazendária e seus servidores fiscais terão, dentro de suas áreas de competência e jurisdição, precedência sobre os demais setores administrativos, na forma da lei.

A: incorreta, pois os vencimentos dos cargos do Legislativo e do Judiciário não poderão ser superiores aos pagos pelo *Executivo* (art. 37, XII, da CF); **B:** incorreta, pois a vinculação ou equiparação remuneratória é *vedada* (art. 37, XIII, da CF); **C:** incorreta, pois basta uma lei *ordinária*, para que essa regulamentação se dê, vez que o art. 37, VIII, da CF não exige lei complementar; **D:** incorreta, pois tio paterno é parente de 3º grau, de modo que a nomeação é vedada pela súmula mencionada; o tio do Presidente só poderia ser nomeado caso fosse para cargo político, como é o cargo de Ministro de Estado, já que o acórdão que deu ensejo a essa súmula abre essa exceção; **E:** correta (art. 37, XVIII, da CF).

Gabarito "E"

(Ministério Público/SC – 2008) Analise as seguintes assertivas:

I. A remuneração dos servidores públicos e os subsídios somente poderão ser fixados ou alterados por lei complementar, assegurada a iniciativa privativa em cada caso, a revisão geral anual, sempre na mesma data e sem distinção de índices.

II. Os proventos de aposentadoria por invalidez permanente serão sempre proporcionais ao tempo de contribuição.

III. É garantido ao professor e aos diretores de escolas públicas o direito à redução dos requisitos de idade e tempo de contribuição para fins de aposentadoria.

IV. Ao membro do Ministério Público Estadual, ainda que em disponibilidade, é defeso o exercício de outro cargo ou função pública, ressalvado o magistério público e o exercício de cargo ou função de direção nas entidades de ensino superior.

V. Ao Ministério Público caberá acompanhar a ação popular e promover a responsabilidade civil dos que nela incidirem, sendo-lhe facultada assumir a defesa do ato impugnado.

(A) apenas I e II estão corretos
(B) apenas I, III, IV e V estão corretos
(C) apenas I e V estão corretos
(D) apenas I, II e V estão corretos
(E) todos estão incorretos

I: incorreta, pois a expressão correta é "lei específica" e não "lei complementar" (art. 37, X, da CF); **II:** incorreta, pois não serão proporcionais, mas sim integrais, se a aposentadoria for decorrente de acidente em serviço, moléstia profissional ou doença grave, contagiosa ou incurável, na forma da lei (art. 40, § 1º, I, da CF); **III:** incorreta, pois a garantia se limita ao "professor que comprove exclusivamente tempo de efetivo exercício das funções de magistério na educação infantil e no ensino fundamental e médio" (art. 40, § 5º, da CF); ou seja, não é em relação a qualquer professor que a garantia existe; quando aos diretores de escola, há decisões do STF no sentido de que podem somar o tempo de direção com o tempo de professor, para o fim de aproveitar o benefício; **IV:** incorreta, pois a Constituição admite que o membro do Ministério Público atue numa função de magistério (art. 128, § 5º, II, "d", da CF), sendo que a Resolução 73/2011 do CNMP admite tanto o magistério público, como o magistério privado (art. 1º, *caput*); quanto a outras funções em instituições de ensino, a resolução só admite as estritamente acadêmicas (art. 1º, §§ 1º e 3º), como coordenação de ensino ou de curso, não se admitindo as atividades de natureza administrativo-institucional e outras atribuições relacionadas à gestão da instituição de ensino (art. 1º, § 4º); **V:** incorreta, pois o Ministério Público não pode assumir a defesa do ato impugnado (art. 6º, § 4º, da Lei 4.717/1965).

Gabarito "E"

5.8. DIREITOS, VANTAGENS, DEVERES E PROIBIÇÕES DO SERVIDOR PÚBLICO

(Ministério Público/GO – 2013) Sobre servidores e empregados públicos, é incorreto afirmar, com fundamento na jurisprudência dominante do Supremo Tribunal Federal, que:

(A) o desvio de função ocorrido em data posterior à promulgação da Constituição da República de 1988, embora não enseje reenquadramento, legitima a percepção, como indenização, da diferença das remunerações, sob pena de enriquecimento sem causa do Estado.
(B) os servidores públicos em estágio probatório também titularizam o direito constitucional de greve.
(C) as greves de âmbito local ou municipal serão dirimidas pelo Tribunal de Justiça com jurisdição sobre o local da paralisação quando se trate do seu exercício por servidores municipais ou estaduais.
(D) os empregados das sociedades de economia mista não estão submetidos ao teto salarial previsto no art. 37, XI, da Constituição da República.

A: Assertiva correta (Súmula STJ 378); **B:** assertiva correta, não podendo o servidor ser punido pelo exercício regular de greve só porque ainda não é estável; **C:** assertiva correta, pois os servidores (estatutários) têm sua relação com a administração submetida à jurisdição da justiça estadual, salvo os empregados regidos pela CLT, que têm suas relações profissionais julgadas pela justiça do trabalho; **D:** assertiva incorreta, devendo ser assinada; os empregados das empresas estatais estão sujeitos sim ao teto previsto no art. 37, XI, da CF, ressalvadas as empresas estatais que não dependem de recursos dos entes políticos para o pagamento de despesas de pessoal ou de custeio em geral (art. 37, § 9º, da CF).

Gabarito "D"

5.9. INFRAÇÕES E PROCESSOS DISCIPLINARES

(Ministério Público/PI – 2014 – CESPE) Acerca do entendimento do STJ sobre o processo administrativo disciplinar, assinale a opção correta.

(A) Não é obrigatória a intimação do interessado para apresentar alegações finais após o relatório final de processo administrativo disciplinar.
(B) Não é possível a utilização, em processo administrativo disciplinar, de prova emprestada

produzida validamente em processo criminal, enquanto não houver o trânsito em julgado da sentença penal condenatória.

(C) No processo administrativo disciplinar, quando o relatório da comissão processante for contrário às provas dos autos, não se admite que a autoridade julgadora decida em sentido diverso do indicado nas conclusões da referida comissão, mesmo que o faça motivadamente.

(D) Considere que se constate que servidor não ocupante de cargo efetivo tenha-se valido do cargo comissionado para indicar o irmão para contratação por empresa recebedora de verbas públicas. Nessa situação, a penalidade de destituição do servidor do cargo em comissão só será cabível caso se comprove dano ao erário ou proveito pecuniário.

(E) Caso seja ajuizada ação penal destinada a apurar criminalmente os mesmos fatos investigados administrativamente, deve haver a imediata paralisação do curso do processo administrativo disciplinar.

A: correta, pois não há previsão legal nesse sentido (MS 18.090-DF, *DJ* 08.05.2013); **B:** incorreta, pois o STJ admite a utilização dessa prova, em processo disciplinar, na qualidade de "prova emprestada", caso tenha sido produzida em ação penal, e desde que devidamente autorizada pelo juízo criminal e com a observância das diretrizes da Lei 9.296/1996 (MS 16.146, j. 22.05.2013); **C:** incorreta, pois, desde que o faça motivadamente, a autoridade não fica vinculada ao relatório da comissão processante; **D:** incorreta, pois aqui se tem violação aos arts. 117, IX, e 132, XIII, da Lei 8.112/1990, sujeito a demissão no caso de servidor ocupante de cargo público (art. 132, IV, da Lei 8.112/1990) e a destituição do cargo em comissão no caso de servidor ocupante deste (art. 135, *caput*, da Lei 8.112/1990); **E:** incorreta, pois as instâncias em questão são independentes entre si (art. 125 da Lei 8.112/1990).

Gabarito "A"

(Ministério Público/GO – 2012) O regime disciplinar e o processo administrativo disciplinar são institutos de que dispõe a administração para, diante de ilícitos administrativos cometidos por seus servidores, exercer seu *ius puniendi* com o fim não só de restabelecer a ordem interna afetada pela infração como também com efeito didático-intimidador sobre o corpo funcional vinculado. Acerca do tema e considerando a Lei 8.112/1990, é correto afirmar:

(A) Ao servidor é proibido participar de gerência ou administração de sociedade privada, personificada ou não personificada, exercer o comércio, exceto na qualidade de acionista, cotista ou comanditário, ainda que em gozo de licença para trato de interesses particulares.

(B) O servidor responde civil, penal e administrativamente pelo exercício irregular de suas atribuições, sendo que a obrigação de reparar o dano estende-se aos sucessores e contra eles será executada, sem ressalvas.

(C) A responsabilidade administrativa do servidor será afastada no caso de absolvição criminal por falta de prova da existência do fato e por falta de prova de ter o réu concorrido para a infração penal.

(D) São penalidades disciplinares a advertência, a suspensão, a demissão, a cassação de aposentadoria ou disponibilidade, a destituição de cargo em comissão e a destituição de função comissionada, sendo que na aplicação das penalidades serão consideradas a natureza e a gravidade da infração cometida, os danos que dela provierem para o serviço público, as circunstâncias agravantes ou atenuantes e os antecedentes funcionais.

A: incorreta (art. 117, X e parágrafo único, II, da Lei 8.112/1990); **B:** incorreta, pois a obrigação se estende aos sucessores até o limite do valor da herança recebida (art. 122, § 3º, da Lei 8.112/1990); **C:** incorreta, pois somente a absolvição por negativa de autoria ou de existência do fato é que ensejam o afastamento mencionado (art. 126 da Lei 8.112/1990); a absolvição "por falta de prova" não tem esse condão; **D:** correta (arts. 127 e 128 da Lei 8.112/1990).

Gabarito "D"

(Ministério Público/SP – 2011) No processo administrativo disciplinar:

(A) a falta de defesa técnica por advogado é inconstitucional, de acordo com o verbete 5 da Súmula vinculante do Supremo Tribunal Federal.

(B) a presença de advogado é obrigatória, a partir da fase de instrução, segundo o verbete 343 da Súmula do Superior Tribunal de Justiça.

(C) é obrigatória a presença de advogado para oferecimento de alegações finais, conforme o verbete 343 da Súmula do Superior Tribunal de Justiça.

(D) a falta de defesa técnica por advogado não ofende a Constituição, nos termos do verbete 5 da Súmula vinculante do Supremo Tribunal Federal.

(E) a presença de advogado é facultativa, de acordo com o verbete 343 da Súmula do Superior Tribunal de Justiça.

A: incorreta, pois é justamente o contrário, ou seja, a falta de defesa técnica por advogado em processo disciplinar, por si só, não ofende a Constituição (Súmula Vinculante 5 do STF); B e **C:** incorretas, pois a Súmula 343 do STJ, cujo teor é até mais abrangente que o das alternativas ora em comento ("é obrigatória a presença de advogado em todas as fases do processo administrativo disciplinar"), ficou prejudicada com a edição da Súmula Vinculante 5 do STF; **D:** correta, pois está de acordo com a súmula vinculante mencionada; **E:** incorreta, pois essa súmula está prejudicada, e seu teor tinha outra sentido, conforme já visto.

Gabarito "D"

(Ministério Público/SP – 2008) Assinale a alternativa correta.

(A) Ante a discricionariedade da Administração no ato disciplinar, o controle jurisdicional é restrito aos aspectos formais do processo administrativo.

(B) O *habeas corpus* é instrumento adequado para a revisão do mérito de processo administrativo que haja implicado a pena de suspensão do servidor.

(C) A demissão por ilícito administrativo, que configura também ilícito penal, só é cabível após o trânsito em julgado da ação penal instaurada contra o servidor para a apuração do crime.

(D) A falta de defesa técnica por advogado no processo administrativo disciplinar não ofende a Constituição.

(E) Condenado o servidor por ilícito praticado contra a Administração, comprovada a culpa em regular processo administrativo, ele sofrerá execução direta para ressarcimento do dano ao erário, independentemente da anuência à sanção administrativa.

A: incorreta, pois o controle jurisdicional se atém aos aspectos de legalidade, razoabilidade e moralidade, abarcando questões formais e materiais; **B:** incorreta, pois a suspensão não interfere na liberdade de locomoção do servidor público (art. 5º, LXVIII, da CF); **C:** incorreta, pois na esfera federal a questão está prevista nos arts. 125 e 126 da Lei 8.112/1990; **D:** correta, nos termos da Súmula Vinculante 5 do STF; **E:** incorreta, pois a responsabilidade se efetiva mediante ação regressiva ou autorização de desconto pelo servidor (na esfera federal a questão está prevista nos arts. 45 e 122, § 1º, da Lei 8.112/1990.

Gabarito "D"

5.10. TEMAS COMBINADOS DE SERVIDOR PÚBLICO

(Ministério Público/DF – 2013) Assinale a opção INCORRETA:

(A) A eliminação de candidato de concurso público que esteja respondendo a inquérito ou ação penal, sem decisão condenatória transitada em julgado, fere o princípio constitucional da presunção da inocência.

(B) É vedada a vinculação ou equiparação de quaisquer espécies remuneratórias para o efeito de remuneração de pessoal do serviço público.

(C) As exceções à acumulação de cargos, constitucionalmente previstas são (i) a de dois cargos de professor; (ii) a de um cargo de professor com outro técnico científico; (iii) a de dois cargos de médico.

(D) É garantido ao servidor público o direito de greve, mas a fixação de seus vencimentos não pode ser objeto de convenção coletiva.

(E) O direito de greve do servidor público é, até o momento, regulado pela Lei 7.701, de 1988, e Lei 7.783, de 1989, que tiveram seu âmbito de vigência elastecido, por força de decisão do Supremo Tribunal Federal.

A: assertiva correta, pois "na fase de investigação social em concurso público, o fato de haver instauração de inquérito policial ou propositura de ação penal contra candidato, por si só, não pode implicar a sua eliminação" (STJ, AgRg no RMS 39.580-PE, j. 11.02.2014); **B:** assertiva correta (art. 37, XIII, da CF); vale aproveitar e citar a Súmula Vinculante STF 37, pela qual "Não cabe ao Poder Judiciário, que não tem função legislativa, aumentar vencimentos de servidores públicos sob o fundamento de isonomia"; **C:** assertiva incorreta, devendo ser assinalada; essas eram as exceções previstas antes da EC 34/2001, que agora permite a acumulação de dois cargos não só para médicos, mas para qualquer profissional da saúde com profissão regulamentada (art. 37, XVI, "c", da CF); **D:** assertiva correta, pois o direito de greve está previsto na CF para os servidores (art. 37, VII), mas as convenções coletivas para servidores são vedadas pelo STF, fundamentado na ideia de que a Administração Pública está sujeita ao princípio da legalidade, não se autorizando que se conceda por convenção ou acordo coletivo vantagens a servidores públicos, já que essas concessões dependem de lei de iniciativa do Executivo (art. 61, § 1º, II, "a" e "c") e de prévia dotação orçamentária (art. 169, §. 1º, I e II). Vide a respeito a decisão proferida pelo STF na ADI 554/MT; E: assertiva correta, pois, em 2007, o STF, rompendo com sua tradição em mandado de injunção, adotou a teoria concretista geral, julgando procedente novos mandados de injunção sobre o assunto (MIs 670/ES, 708/DF e 712/PA), para declarar mora legislativa abusiva e conceder ao servidor o direito de exercer greve, observados os preceitos da Lei 7.783/1989, que trata da greve na iniciativa privada.

Gabarito "C"

(Ministério Público/PR – 2008) A respeito do tema agentes públicos, assinale a alternativa INCORRETA:

(A) Os cargos, empregos e funções públicas são acessíveis aos brasileiros que preencham os requisitos estabelecidos em lei, assim como aos estrangeiros, na forma da lei.

(B) As funções de confiança devem ser exercidas, exclusivamente, por servidores ocupantes de cargos efetivo.

(C) É vedada a acumulação de proventos de aposentadoria decorrente do exercício de atividade pública com a remuneração de cargos públicos, ainda que em comissão.

(D) Compete privativamente ao chefe do poder executivo a iniciativa de lei que disponha sobre criação de cargos, funções ou empregos públicos na administração direta.

(E) O Supremo Tribunal Federal entendeu que, enquanto não disciplinado em lei o direito de greve do servidor público civil, aplica-se, no que couber, a Lei 7.783/1989, que dispõe sobre o exercício do direito de greve na iniciativa privada.

A: correta (art. 37, I, da CF); **B:** correta, pois não se deve confundir cargo em comissão, que admite a escolha de alguém de fora da Administração, com função de confiança, que exige a escolha de alguém da carreira para exercer a função (art. 37, V, da CF); **C:** incorreta, nos termos do art. 37, § 10, da CF; **D:** correta (art. 61, § 1º, II, a, da CF); **E:** correta (STF, Mandado de Injunção 712).

Gabarito "C"

6. BENS PÚBLICOS

6.1. CONCEITO E CLASSIFICAÇÃO

(Ministério Público/AM – 2008 – CESPE) Julgue os itens a seguir, acerca dos bens públicos.

I. Os bens públicos não dispensam, no que diz respeito a sua defesa, a utilização de instrumento do qual pode se valer o particular para a defesa de seu patrimônio esbulhado ou turbado.

II. Se o bem público objeto de eventual esbulho for de uso comum ou de uso especial, é cabível a retomada por meio de atos autoexecutórios.

III. Os bens de uso especial são aqueles destinados à execução dos serviços públicos, a exemplo de um edifício onde esteja instalada uma cadeia pública.

IV. Os bens dominiais, ou dominicais, estão disponíveis à alienação, desde que condicionados a certos requisitos previstos em lei.

A quantidade de itens certos é igual a

(A) 0.
(B) 1.
(C) 2.
(D) 3.
(E) 4.

I e **II:** corretas, pois a Administração pode se valer de todos os instrumentos judiciais e extrajudiciais próprias de um possuidor que deseja proteger sua posse; **III:** correta (art. 99, II, do Código Civil); **IV:** correta (art. 101 do Código Civil).

Gabarito "E"

(Ministério Público/SE – 2010 – CESPE) Assinale a opção correta a respeito de bens públicos.

(A) Consideram-se bens dominicais todas as coisas, móveis ou imóveis, corpóreas ou incorpóreas, utilizadas pela administração pública para realização de suas atividades e consecução de seus fins.

(B) Os bens de uso comum do povo são aqueles que se destinam à utilização geral pelos indivíduos e podem ser federais, estaduais ou municipais.

(C) São bens patrimoniais disponíveis os de uso especial, que, entretanto, só podem ser alienados nas condições que a lei estabelecer.

(D) Diz-se afetado o bem utilizado para determinado fim público, desde que a utilização se dê diretamente pelo Estado.

(E) Os bens de uso comum do povo, os de uso especial e os dominicais têm como característica a inalienabilidade e, como decorrência desta, a imprescritibilidade, a impenhorabilidade e a impossibilidade de oneração.

A: incorreta, pois os *bens dominicais* são aqueles que são mero patrimônio do Estado, não havendo destinação alguma para a realização de suas atividades e consecução de seus fins; **B:** correta, pois os *bens de uso comum do povo* são aqueles de uso geral das pessoas, tais como ruas, praças, mares e rios, e podem ser de todas as esferas federativas; **C:** incorreta, pois os *bens de uso especial* são inalienáveis (art. 100 do Código Civil), portanto, são considerados indisponíveis; **D:** incorreta, pois um bem pode estar afetado a um fim público, sem que a utilização se dê diretamente pelo Estado; por exemplo, um orelhão (cabine telefônica) está afetado a um serviço público, mas o usuário direto não é o Estado, mas sim os indivíduos; **E:** incorreta, pois os bens dominicais são alienáveis (art. 101 do Código Civil), apesar de serem impenhoráveis e imprescritíveis (art. 102 do Código Civil).

Gabarito "B"

(Ministério Público/TO – 2012 – CESPE) O conceito de patrimônio público, segundo a lei, abrange

(A) apenas os bens que atendam a destinação pública relativa a seus atributos, componentes e elementos formadores.

(B) não só os bens materiais e imateriais pertencentes às entidades da administração pública, mas também aqueles bens materiais e imateriais que pertencem a todos, de uma maneira geral, como o patrimônio cultural, o patrimônio ambiental e o patrimônio moral.

(C) os bens públicos pertencentes à administração pública, exclusivamente.

(D) apenas o conjunto de bens e direitos de valor econômico pertencentes aos entes da administração pública direta e indireta.

(E) os bens públicos, excetuando-se os bens do domínio nacional pertencentes às pessoas jurídicas de direito público interno.

O conceito de patrimônio público em sentido amplo abrange os bens pertencentes às pessoas jurídicas de direito público (bens públicos – art. 98 do CC) e os bens materiais e imateriais mencionados na alternativa "b", por força do disposto nos arts. 216, *caput*, e 225, *caput*, da CF.

Gabarito "B"

(Ministério Público/TO – 2012 – CESPE) A respeito dos bens públicos e do controle da administração pública, assinale a opção correta.

(A) Os bens, da mesma forma que as coisas, se caracterizam pelos mesmos atributos: escassez, valor econômico e livre circularidade.

(B) No caso de sentença judicial transitada em julgado que imponha créditos contra a fazenda pública, o pagamento efetuar-se-á por meio de precatórios, conforme o disposto na CF, uma vez que os bens públicos não estão sujeitos aos efeitos jurídicos do regime da penhora.

(C) Os bens públicos de uso comum do povo e os de uso especial são os únicos imprescritíveis, isto é, insuscetíveis de aquisição da propriedade mediante usucapião.

(D) A transferência do direito real de propriedade dos bens públicos imóveis, em qualquer dos poderes da República, dependerá de autorização do chefe máximo do poder a que estiver submetido o órgão alienante.

(E) Os bens públicos de uso comum do povo e aqueles que tenham natureza jurídica especial serão passíveis de alienação, ainda que se mantenha incólume a sua qualificação, na forma que a lei determinar.

A: incorreta; pois as coisas podem ser *bens* (que tem as características mencionadas) ou não (que não tem essas características); um grão de areia, por exemplo, é uma coisa que não é considerada *bem*; **B:** correta; de fato, os bens públicos, inclusive os dominicais (que são alienáveis), são impenhoráveis; também é verdade que o regime constitucional impede a penhora, impondo o pagamento mediante precatório, salvo pagamentos de pequeno valor, que são feitos independentemente da expedição de precatório (art. 100, *caput* e § 3º, da CF); **C:** incorreta, pois todo e qualquer bem público é imprescritível, por disposição expressa não só do Código Civil (art. 102), como também da Constituição (arts. 183, § 3º, e 191, parágrafo único); **D:** incorreta, pois a alienação de bens imóveis depende de autorização legislativa (art. 17, I, da Lei 8.666/1993); **E:** incorreta, pois um dos requisitos para a alienação desses bens é justamente que deixem de ter essa qualificação (art. 100 do CC).

Gabarito "B"

6.2. REGIME JURÍDICO (CARACTERÍSTICAS)

(Ministério Público/SP – 2011) Os bens imóveis públicos, rurais ou urbanos,

(A) sujeitam-se à prescrição aquisitiva, qualquer que seja sua área.

(B) não podem ser adquiridos por usucapião.

(C) estão sujeitos à usucapião *pro labore*.

(D) atendida a função social da propriedade, podem ser usucapidos.

(E) se urbanos, até 250 m², e rurais, até 50 ha, atendidos os requisitos temporal, de posse ininterrupta e sem oposição, sujeitam-se à prescrição aquisitiva.

A: incorreta, pois não cabe usucapião em bens públicos (arts. 183, § 3º, e 191, parágrafo único, ambos da CF); **B:** correta, conforme mencionado na afirmativa anterior; C a **E:** incorretas, pois, conforme já dito, não cabe qualquer tipo de usucapião em bens públicos.

Gabarito "B"

6.3. USO DOS BENS PÚBLICOS

(Ministério Público/PI – 2014 – CESPE) No que se refere aos bens públicos, assinale a opção correta.

(A) Nas hipóteses em que a alienação de bens públicos imóveis depender da realização de procedimento licitatório, em regra, a modalidade será o leilão.

(B) Admite-se a aquisição, por usucapião, de bem público imóvel submetido a regime de aforamento, desde que a ação seja ajuizada em face de pessoa jurídica de direito público e do foreiro.

(C) A concessão de direito real de uso de bem público pode ser outorgada por prazo indeterminado, não sendo transmissível por ato inter vivos ou causa mortis.

(D) São bens públicos as florestas, naturais ou plantadas, localizadas nos entes públicos e nas entidades da administração indireta, excetuadas as que estejam sob o domínio das sociedades de economia mista.

(E) Como forma de compatibilizar o direito de reunião, previsto na CF, e o direito da coletividade de utilizar livremente dos bens públicos de uso comum, a administração, previamente comunicada a respeito do fato, pode negar autorização para a utilização de determinado bem público de uso comum, ainda que a finalidade da reunião seja pacífica, desde que o faça por meio de decisão fundamentada e disponibilize aos interessados outros locais públicos.

A: incorreta, pois em matéria de alienação de imóveis públicos, a regra é a realização de concorrência e a exceção é a possibilidade de realização de leilão (arts. 23, § 3º, e 19, III, da Lei 8.666/1993); **B:** incorreta, pois os bens públicos não são passíveis de usucapião (art. 102 do Código Civil); **C:** incorreta, pois pode ser transferida por ato *inter vivos* (art. 7º, § 4º, do Dec.-lei 271/1967); **D:** incorreta, pois bens públicos são os pertencentes às pessoas jurídicas de direito público (art. 98 do CC), sendo que os demais são privados; assim, bens de outras entidades da administração indireta que sejam pessoas jurídicas de direito privado, como é o caso das empresas públicas, são também bens privados; ou seja, são bens privados, ainda que sejam florestas, não só bens das sociedades de economia mista, como também os bens das empresas públicas; **E:** correta; o direito em questão não é absoluto, de modo que é possível, em circunstâncias excepcionais e devidamente motivadas, a providência mencionada na questão; aliás, a própria Constituição já traz uma exceção, ao dispor que esse direito cede se for frustrar outra reunião anteriormente convocada para o mesmo local (art. 5º, XVI, da CF).

Gabarito "E"

(Ministério Público/PB – 2010) Analise as proposições imediatamente abaixo e, em seguida, assinale a alternativa que contenha o julgamento devido sobre elas:

I. A concessão de uso pode recair sobre bem de uso comum do povo.

II. A concessão especial de direito real de uso de bem imóvel para fim de moradia é modalidade de usucapião que representa exceção temporalmente limitada à regra da imprescritibilidade dos bens públicos.

III. As terras devolutas, igualmente aos demais bens públicos, são insuscetíveis de qualquer modalidade de usucapião.

(A) Apenas II e III são corretas.

(B) Apenas II é errada.

(C) Apenas I e II são corretas.

(D) Apenas III é correta.

(E) I, II e III são corretas.

I: correta, desde que não impeça totalmente o uso comum do bem pela população; **II:** incorreta, pois não se trata de usucapião, vez que não cabe usucapião em bem público, mas de uma concessão para fins de moradia; aliás, essa concessão pode até ser extinta, caso o concessionário dê ao imóvel destinação diversa da moradia para si ou para sua família, ou adquira a propriedade ou a concessão de outro imóvel urbano ou rural (art. 8º da Medida Provisória 2.220/2001); **III:** correta, pois os bens públicos não são passíveis de usucapião (arts. 183, § 3º, e 191, parágrafo único, ambos da CF).

Gabarito "B"

6.4. BENS PÚBLICOS EM ESPÉCIE

(Ministério Público/CE – 2011 – FCC) Sobre os bens públicos, é INCORRETO afirmar que sejam bens de titularidade da União por força de mandamento constitucional

(A) quaisquer correntes de água que banhem mais de um Estado.

(B) as terras indígenas de aldeamentos extintos, ocupada sem passado remoto.

(C) os recursos minerais, inclusive os do subsolo.

(D) os potenciais de energia hidráulica, independentemente de onde se localizem os cursos d'água.

(E) as cavidades naturais subterrâneas e os sítios arqueológicos e pré-históricos, mesmo que localizado sem terrenos particulares.

A: assertiva correta (art. 20, III, da CF); **B:** assertiva incorreta (devendo ser assinalada); somente as terras tradicionalmente ocupadas pelos índios é que são da União (art. 20, XI, da CF); **C:** assertiva correta (art. 20, IX, da CF); **D:** assertiva correta (art. 20, VIII, da CF); **E:** assertiva correta (art. 20, X, da CF).

Gabarito "B"

(Ministério Público/DF – 2009) Em matéria de bens públicos, assinale a alternativa correta.

(A) São bens da União os rios que se estendam a território estrangeiro ou dele provenham.

(B) São bens dos Estados e do Distrito Federal os potenciais de energia hidráulica.

(C) Não pode ser retribuído o uso comum dos bens públicos.

(D) Não é assegurada compensação financeira ou a participação aos Estados, ao Distrito Federal e aos Municípios no resultado da exploração de recursos minerais oriundos da plataforma continental e do mar territorial.

(E) Os bens públicos dominicais não podem ser excepcionalmente alienados.

A: correta (art. 20, III, da CF); **B:** incorreta, pois tais potenciais pertencem à União (art. 20, VIII, da CF); **C:** incorreta, pois pode ser retribuído, nos termos da lei (art. 103 do Código Civil), valendo usar como exemplo o pedágio em estradas, sendo estas bens de uso comum do povo; **D:** incorreta (art. 20, § 1º, da CF); **E:** incorreta, pois os bens públicos dominicais podem ser alienados (art. 101 do Código Civil).

Gabarito "A"

(Ministério Público/RO – 2008 – CESPE) Julgue os próximos itens, a respeito de bens públicos.

I. Pelo instituto do indigenato, as áreas indígenas são bens dos índios, aos quais serão destinados os frutos pela exploração econômica dessas áreas.

II. As áreas de fronteira são bens da União considerados de uso público de uso especial, obedecidas as restrições impostas em face da soberania nacional.

III. Os recursos minerais, mesmo que localizados na superfície, são bens da União, mas se assegura o pagamento de *royalties* aos estados e municípios onde esses recursos naturais forem encontrados.

IV. É constitucional a cobrança de taxa na utilização de bens públicos.

V. O município poderá exercer o direito de preempção na alienação onerosa de imóveis urbanos, entre particulares, quando tiver o interesse em destinar essa área à proteção de interesse histórico, cultural ou paisagístico.

A quantidade de itens certos é igual a

(A) 1.

(B) 2.

(C) 3.

(D) 4.

(E) 5.

I: incorreta (arts. 20, XI, e 231, § 1º, da CF); **II:** incorreta (art. 20, II, da CF); não se trata de bens de uso especial, mas de uso comum; **III:** correta, nos termos do art. 20, IX e § 1º, da CF; **IV:** incorreta, pois a taxa é cobrada em razão da prestação de um serviço público ou do exercício de poder de polícia (art. 145, II, da CF); no caso, pode-se cobrar um ***preço*** público; **V:** correta, nos termos dos arts. 25, *caput*, e 26, VIII, do Estatuto da Cidade (Lei 10.257/2001).

Gabarito "B"

6.5. ALIENAÇÃO DOS BENS PÚBLICOS

(Ministério Público/MS – 2013 – FADEMS) Em se tratando de alienação de imóvel da administração pública, havendo interesse público justificado, serão observadas as seguintes providências e normas:

(A) Será precedida de avaliação, e de autorização do Poder Executivo para órgãos da administração direta e entidades autárquicas e fundacionais.

(B) Se for para todos, inclusive as entidades paraestatais, dependerá de avaliação prévia, e via de regra, de licitação na modalidade de leilão.

(C) Dependerá de avaliação prévia e licitação, na modalidade de tomada de preços, se a venda se dirigir a outro órgão ou entidade da administração pública, de qualquer esfera de governo.

(D) Será dispensável a avaliação prévia e a licitação, na modalidade de leilão, se se tratar de permuta por outro imóvel que atenda aos requisitos do inciso X, do artigo 24 da Lei 8.666/1993.

(E) Será precedida de avaliação, e de autorização do Poder Legislativo para órgãos da administração direta e entidades autárquicas e fundacionais.

A: incorreta, pois é necessário autorização do Poder Legislativo e não do Executivo (art. 17, I, da Lei 8.666/1993); **B:** incorreta, pois, via de regra, a licitação se dará na modalidade concorrência (art. 17, I, da Lei 8.666/1993); **C:** incorreta, pois, se a venda se dirigir a outro órgão ou entidade da administração pública, a licitação é dispensada (art. 17, I, "e", da Lei 8.666/1993); **D:** incorreta, pois será dispensada a concorrência (e não o leilão) no caso mencionado (art. 17, I, "c", da Lei 8.666/1993); **E:** correta (art. 17, I, da Lei 8.666/1993).

Gabarito "E"

6.6. TEMAS COMBINADOS DE BENS PÚBLICOS

(Ministério Público/ES – 2010 – CESPE) A respeito dos serviços públicos, da concessão e permissão e da classificação dos bens públicos, assinale a opção correta.

(A) Bens públicos de uso especial são todas as coisas, móveis ou imóveis, corpóreas ou incorpóreas, utilizadas pela administração pública para a realização de suas atividades e a consecução de seus fins.

(B) As atividades materiais que são consideradas serviços públicos estão, todas elas, indicadas na legislação infraconstitucional, com a CF apontando apenas as atividades de que o Estado deve-se abster de prestar diretamente, em atenção ao princípio da livre concorrência.

(C) São classificados como serviços públicos delegáveis os que só podem ser prestados por particulares, sujeitos a autorização e controle do Estado, não sendo possível, ao poder público, prestá-los por intermédio de seus órgãos e entidades descentralizadas.

(D) A permissão e a concessão de serviço público podem ser atribuídas a pessoas físicas ou jurídicas, bem como a consórcio de empresas.

(E) Os bens públicos podem ser objeto de uso comum ou de uso especial, mas somente os bens de uso especial podem estar sujeitos a uso remunerado.

A: correta, pois está compatível com o disposto no art. 99, II, do Código Civil; **B:** incorreta, pois a CF elege uma série de serviços como públicos, como o de transporte coletivo, o postal, entre outros; **C:** incorreta, pois o Poder Público pode, sempre que quiser, prestar diretamente serviços públicos, apesar de ser muito comum hoje o Poder Público, quanto aos serviços delegáveis, delegá-los a terceiros; **D:** incorreta, pois a concessão só pode ser atribuída a pessoas jurídicas ou a consórcio de pessoas jurídicas (art. 2ª, II, da Lei 8.987/1995); **E:** incorreta, pois o uso dos bens de uso comum do povo também pode ser remunerado (art. 103 do Código Civil), como é o caso do pedágio nas estradas.

Gabarito "A"

(Ministério Público/MG – 2007) Assinalar a alternativa CORRETA.

(A) A Avenida Álvares Cabral, onde está localizada a sede do Ministério Público do Estado de Minas Gerais, constitui bem público municipal de uso especial.

(B) Bens comuns de uso do povo, por determinação legal, podem ser utilizados por todos, havendo necessidade, contudo, de consentimento por parte da Administração.

(C) A alienação ou a concessão, a qualquer título, de terras públicas com área superior a mil e quinhentos hectares a pessoa física ou jurídica, ainda que por interposta pessoa, dependerá de prévia aprovação do Congresso Nacional.

(D) A Constituição Federal proíbe qualquer tipo de usucapião de imóvel público, seja ele urbano ou rural.

(E) A faixa de até duzentos e cinquenta quilômetros de largura, ao longo das fronteiras terrestres, designada como faixa de fronteira, é considerada fundamental para defesa do território nacional, e sua ocupação e utilização serão reguladas em lei.

A: incorreta, pois as avenidas são bem de uso comum do povo (art. 99, I, do Código Civil); **B:** incorreta, pois são bens de uso indistinto de todos; todavia, lei pode estabelecer restrições ao uso, inclusive cobrança (art. 103 do Código Civil); **C:** incorreta (art. 49, XVII, da CF); **D:** correta (arts. 183, § 3º, e 191, parágrafo único, da CF); **E:** incorreta (art. 20, § 2º, da CF).

Gabarito "D"

(Ministério Público/RR – 2008 – CESPE) Julgue os próximos itens.

(1) Segundo a CF, os bens públicos não podem ser adquiridos por usucapião.

(2) Enquadram-se como bens públicos da União, de acordo com previsão constitucional, os lagos, rios e quaisquer correntes de água em terrenos de seu domínio ou do DF, desde que não banhem mais de um estado.

1: certo (arts. 183, § 3º, e 191, parágrafo único, da CF); 2: errado (art. 20, III, da CF).

Gabarito 1C, 2E

7. INTERVENÇÃO DO ESTADO NA PROPRIEDADE

7.1. DESAPROPRIAÇÃO

(Ministério Público/ES – 2013 – VUNESP) A autorização dada ao Poder Público para ingressar em bem imóvel, objeto de desapropriação, para realizar medições, em decorrência da expedição do decreto expropriatório, é um

(A) termo inicial que autoriza a produção de efeitos do ato após evento futuro e certo.

(B) elemento de mérito da relação jurídica principal.

(C) efeito atípico prodrômico do ato administrativo.

(D) efeito típico do ato que desencadeia sua exequibilidade.

(E) aspecto do ato administrativo que diz respeito à conveniência de sua prática.

A: incorreta, pois essa autorização, conferida pelo art. 7º do Dec.-lei 3.365/1941, é um dos *efeitos* do decreto expropriatório, e não *condição* ou *termo*, que são elementos acidentais do ato administrativo; **B:** incorreta, pois, conforme mencionado, a autorização em questão é mero efeito do ato administrativo, no caso, do decreto expropriatório; **C:** correta, pois esse autorização legal (art. 7º do Dec.-lei 3.365/1941) é efeito atípico (secundário) do decreto expropriatório, cujo efeito típico (principal) é, indicando que o poder público tem intenção de adquirir o bem, autorizar que este tome medidas concretas para adquirir o bem, seja tentando acordo extrajudicial com o proprietário deste, seja ingressando com ação de desapropriação; a expressão "prodrômico" indica que se trata de um efeito preliminar do ato, ficando este pendente de outras medidas para aperfeiçoar, o que de fato acontece na desapropriação, pois neste o primeiro ato (decreto expropriatório), que já gera esse efeito atípico prodrômico de permitir que o Poder Público ingresse no imóvel, não é suficiente para aperfeiçoar a desapropriação, sendo neces-sário um sendo ato, que é o acordo com o proprietário ou o ingressos com ação de desapropriação; **D:** incorreta, pois, como se viu do comentário anterior, é efeito atípico do decreto expro-priatório; **E:** incorreta, pois essa autorização não é *aspecto* do ato, mas *efeito atípico* do ato.

Gabarito "C"

(Ministério Público/ES – 2013 – VUNESP) Assinale a alternativa que corretamente trata da desapropriação como forma de intervenção do Estado na propriedade.

(A) A expedição do decreto expropriatório possui como efeito, dentre outros, a fixação do estado da coisa para fins de indenização, devendo as benfeitorias voluptuárias realizadas após a expedição do decreto serem indenizadas.

(B) A desapropriação por interesse social para política urbana tem função sancionatória, pois recai sobre imóveis que desatendem sua função social, mas a indenização, ainda em títulos da dívida pública, terá valor real, refletindo o valor da base de cálculo do IPTU e computando lucros cessantes e juros compensatórios.

(C) A desapropriação por zona poderá ser realizada em qualquer região do País onde forem encontradas culturas ilegais de plantas psicotrópicas, sendo imediatamente destinadas ao assentamento de colonos para cultivo de produtos alimentícios e medicamentosos.

(D) São isentas de impostos federais, estaduais e municipais as operações de transferência de imóveis desapropriados para fins de reforma agrária e de interesse social para política urbana.

(E) Na hipótese de desapropriação por interesse social, o prazo de caducidade é de 2 (dois) anos, contados da expedição do decreto. Nas desapropriações por necessidade ou interesse público, o prazo é de 5 (cinco) anos.

A: incorreta, pois somente as benfeitorias úteis autorizadas pelo Poder Público e as benfeitorias necessárias é que serão indenizadas pelo Estado (art. 26, § 1°, do Dec.-lei 3.365/1941); **B:** incorreta, pois só são cabíveis os juros legais, à base de 6% ao ano, não computando expectativas de ganhos, lucros cessantes e juros compensatórios (art. 8°, § 2°, da Lei 10.257/2001); **C:** incorreta, pois a desapropriação por zona diz respeito à desapropriação de área contígua para uso futuro, pela Administração, dessa área adicional desapropriada ou à desapropriação de área do entorno à que se deseja desapropriar, para revenda dessa área adicional no futuro em caso de extraordinária valorização da área em consequência da realização de serviço (art. 4° do Dec.-lei 3.365/1941); **D:** incorreta, pois a regra em questão, que está na Constituição, não se aplica à transferência mencionada quando se tratar de desapropriação para política urbana; **E:** correta (arts. 10 do Dec.-lei 3.365/1941 e 3° da Lei 4.132/1962).

Gabarito "E"

(Ministério Público/PI – 2014 – CESPE) O prefeito de determinado município realizou a desapropriação de um imóvel para fins de implantação de um parque ecológico, tendo a prefeitura instalado posteriormente, na área expropriada, um conjunto habitacional popular. Nesse caso hipotético,

(A) como a área expropriada não foi utilizada para a implantação do parque ecológico, cabe indenização dos expropriados por perdas e danos sofridos, desde que devidamente comprovados.

(B) não houve desvio de finalidade, dado o atendimento do interesse público, estando configurada a tredestinação lícita.

(C) embora tenha ocorrido desvio de finalidade, o bem expropriado foi incorporado ao patrimônio público, o que torna inviável a retrocessão, cabendo, entretanto, indenização por perdas e danos.

(D) houve desvio de finalidade, dado o descumprimento dos objetivos que justificaram a desapropriação, cabendo a retrocessão.

(E) houve desvio de finalidade, devendo ser decretada a nulidade do ato expropriatório com a reintegração dos expropriados na posse do imóvel e indenização em lucros cessantes.

A: incorreta, pois se a mudança de finalidade da desapropriação se dá para outra finalidade que também é de interesse público, essa mudança é considerada lícita, o que a doutrina e a jurisprudência denominam tredestinação lícita; **B:** correta, pois, preservada a atuação em prol do interesse público, o ato deve ser mantido, configurando o instituto da tredestinação lícita; **C** a **E:** incorretas, pois o ato da Administração é considerado regular (tredestinação lícita) e não cabe qualquer indenização em favor do expropriado ou pedido de anulação do ato.

Gabarito "B"

(Ministério Público/AC – 2008) A desapropriação possui um elemento formal necessário: o procedimento administrativo. Ele é composto de fases, que, no caso específico,são:

(A) declaratória e executória.

(B) declaratória e mandamental.

(C) decretatória e executória.

(D) declaratória e caducidade.

São **fases** da desapropriação a **declaratória,** em que o ente declara de utilidade pública determinada área a ser desapropriada, e a **executória**, em que são tomadas providências concretas para efetivar a manifestação de vontade anterior. Tenta-se, em primeiro lugar, fazer um acordo com o proprietário (desapropriação extrajudicial). Não sendo frutífera tal tentativa, ingressa-se com ação de desapropriação.

Gabarito "A"

(Ministério Público/AM – 2008 – CESPE) Paulo ajuizou mandado de segurança em face do presidente da República em virtude de este, por meio da publicação de decreto, ter declarado a fazenda Roseirinhas de interesse social para fins de reforma agrária. Paulo é um dos herdeiros da fazenda Roseirinhas, juntamente com seus dois filhos. Cada um dos três detém parte ideal do imóvel, em virtude da herança deixada por Aline, esposa de Paulo e mãe de seus dois filhos. Paulo alega que cada uma das frações ideais que cada um dos herdeiros possui deve ser considerada como unidade autônoma, e que se isso fosse levado em conta, cada uma das propriedades seria considerada uma propriedade pequena e não uma grande propriedade improdutiva, descumpridora de sua função social. Paulo alegou ainda que nenhum dos herdeiros possui outra propriedade rural. Considerando a situação hipotética descrita e que a partilha ainda não foi realizada nem de fato nem de direito, assinale a opção correta.

(A) Paulo não pode, sozinho, ajuizar o mandado de segurança para tentar invalidar o decreto expropriatório, pois, como coerdeiro, ele deveria estar acompanhado de todos os demais para dar início ao litígio.

(B) A titularidade do imóvel identifica-se com a sua integridade física. A existência de um condomínio entre os coerdeiros deve agir para que se tome a parte ideal como capaz de repercutir na propriedade imobiliária, gerando a divisão da propriedade comum como se três unidades autônomas houvesse.

(C) A existência de condomínio sobre o imóvel rural não impede a desapropriação-sanção prevista na CF, cujo alvo é o imóvel rural que não esteja cumprindo sua função social.

(D) A inexistência da partilha, seja de fato, seja de direito, não repercute negativamente no direito dos herdeiros, pois o que deve ser levado em consideração é o elemento volitivo presente, ou seja, a deliberada vontade dos herdeiros de realizar uma divisão do imóvel em partes ideais.

(E) Não é possível decretar-se a desapropriação-sanção, mesmo que se trate de pequena ou de média propriedade rural, se resultar comprovado que o proprietário afetado pelo ato presidencial possui outra propriedade imobiliária rural.

No caso, o imóvel é um só e há um condomínio entre os herdeiros. Portanto, enquanto não dividido o bem, as argumentações não procedem.

Gabarito "C"

(Ministério Público/BA – 2008) Sobre o instituto da desapropriação assinale a opção correta:

(A) Se o expropriante der ao bem destinação pública diversa da declarada no ato expropriatório, cabe a retrocessão em favor do expropriado.

(B) A desapropriação por descumprimento da função social da propriedade urbana é da competência exclusiva dos municípios, desde que tenham Plano Diretor aprovado por lei, sendo o valor da indenização pago em títulos da dívida pública, aprovados pelo Senado Federal.

(C) Contra a lei que declara a utilidade pública de imóvel não cabe mandado de segurança, visto que incabível mandado de segurança contra lei em tese.

(D) Na desapropriação para reforma agrária é previsto o direito de extensão, consistente no direito que tem o expropriado de incluir na desapropriação o valor das benfeitorias úteis e necessárias, pagas em dinheiro.

(E) Para a imissão provisória na posse, o expropriante deve comprovar a urgência alegada, sob pena de indeferimento pelo juiz.

A: incorreta, pois a retrocessão só será cabível nesses casos na hipótese de a nova destinação dada não ser de interesse público; **B:** correta (art. 182, § 4º, III, da CF); **C:** incorreta, pois, apesar de realmente não caber mandado de segurança contra lei em tese, no caso não temos uma lei em tese (genérica e abstrata), mas uma lei de efeitos concretos, hipótese em que cabe mandado de segurança; **D:** incorreta, pois o direito de extensão é outra coisa; tal direito consiste na faculdade do expropriado de exigir que na desapropriação se inclua a parte restante do bem que se tornou inútil ou de difícil utilização. Deve ser exercido quando da realização do acordo administrativo ou no bojo da ação de desapropriação, sob pena de se considerar que houve renúncia; **E:** incorreta, pois basta que o expropriante alegue urgência, não sendo necessário que esta seja comprovada (art. 15, *caput*, do Dec.-lei 3.365/1941).

Gabarito "B"

(Ministério Público/DF – 2009) Em tema de função social da propriedade, assinale a alternativa correta.

(A) Observância das disposições que regulam as relações de trabalho e exploração que favoreça o bem-estar dos proprietários e dos trabalhadores são requisitos necessários ao cumprimento da função social da propriedade rural.

(B) Os Estados e o Distrito Federal podem desapropriar por interesse social, para fins de reforma agrária, o imóvel rural que não esteja cumprindo sua função social, mediante prévia e justa indenização em títulos da dívida agrária.

(C) Na desapropriação para fins de reforma agrária, apenas as benfeitorias necessárias serão indenizadas em dinheiro.

(D) O Poder Público municipal pode exigir do proprietário do solo urbano não edificado, subutilizado ou não utilizado, que promova seu adequado aproveitamento, sob pena, sucessivamente, de imposto sobre a propriedade predial e territorial urbana progressivo no tempo, parcelamento ou edificação compulsórios e desapropriação com pagamento em dinheiro.

(E) As glebas de qualquer região do País onde forem localizadas culturas ilegais de plantas psicotrópicas serão imediatamente expropriadas e especialmente destinadas ao assentamento de colonos, para o cultivo de produtos alimentícios e medicamentosos, indenizando-se o proprietário apenas quanto ao valor da terra nua.

A: correta (art. 186, III e IV, da CF); **B:** incorreta, pois somente a União pode ingressar com a desapropriação sancionatória em imóvel rural (art. 184 da CF); **C:** incorreta, pois as benfeitorias úteis também serão indenizadas em dinheiro (art. 184, § 1º, da CF); **D:** incorreta, pois a ordem é outra, qual seja, primeiro vem o *parcelamento e edificação compulsórios*, e só depois o IPTU progressivo e a desapropriação com pagamento em *títulos* da dívida pública; vale salientar que, na desapropriação, o pagamento é em títulos da dívida pública, e não em *dinheiro*; **E:** incorreta, pois na expropriação não haverá indenização alguma (art. 243 da CF).

Gabarito "A"

(Ministério Público/PR – 2011) Relativamente à desapropriação, é incorreto afirmar:

(A) As desapropriações podem se realizar por necessidade pública, utilidade pública ou interesse social.

(B) Somente bens de natureza privada podem ser objeto de desapropriação, tendo em vista que os bens públicos são inalienáveis.

(C) São requisitos constitucionais para proceder-se a desapropriação a prévia e justa indenização em dinheiro, salvo dos casos de expropriação para reforma agrária e para urbanização, hipóteses em que a indenização pode ser paga com títulos da dívida agrária e da dívida pública municipal.

(D) É entendimento predominante na doutrina e jurisprudência que a aquisição de propriedade pela desapropriação é originária.

(E) Parte da doutrina e inúmeros julgados entendem que a retrocessão é um direito pessoal que proporciona ao expropriado tão somente perdas e danos, caso o expropriante não lhe ofereça o bem quando desistir de utilizá-lo num fim de interesse público.

A: assertiva correta (art. 5°, XXIV, da CF); **B:** assertiva incorreta, devendo ser assinalada; os bens públicos, salvo os da União, também podem ser desapropriados (art. 2°, § 2°, do Dec.-lei 3.365/1941); **C:** assertiva correta (art. 5°, XXIV, da CF); **D:** assertiva correta, pois a desapropriação é forma originária de aquisição da propriedade, não se vinculando, portanto, ao título anterior; isso significa, por exemplo, que as dívidas do imóvel ficam sub-rogadas no preço pago pela desapropriação e não mais neste (art. 31 do Decreto-lei 3.356/1941); ademais, mesmo que se tenha desapropriado imóvel de pessoa que não era seu dono, não haverá invalidade (ou seja, não há direito de reivindicação por terceiro – art. 35 do Decreto-lei 3.365/1941), ressalvado o direito de o verdadeiro dono se insurgir contra o que se supunha dono do imóvel; **E:** assertiva correta, valendo salientar, todavia, que outra parte expressiva da doutrina e da jurisprudência entendem que se trata de direito real, podendo o antigo proprietário da coisa persegui-la em caso de não uso desta em finalidade pública decorrido dado tempo previsto na lei, ou no caso de tredestinação ilícita.

Gabarito "B"

(Ministério Público/RO – 2008 – CESPE) O governador do estado de Rondônia, em atendimento a um pleito de organizações da sociedade civil, que atuam na defesa do meio ambiente, criou uma reserva florestal no estado. Pedro, que possui uma fazenda no local, na qual se desenvolve atividade pecuária e de ecoturismo, entendendo que houve prejuízo econômico em decorrência desse ato, ingressou com ação na justiça. Com base nessa situação hipotética, assinale a opção correta a respeito da intervenção do estado na propriedade.

(A) O governador do estado de Rondônia não tem competência para declarar uma área como de interesse social para criar uma reserva florestal, já que essa matéria é de competência da União.

(B) A natureza jurídica dessa espécie de intervenção do estado na propriedade é de desapropriação indireta.

(C) Pedro fará jus a indenização somente se houver comprometimento na exploração econômica de sua propriedade com a criação da reserva florestal.

(D) Os juros compensatórios, se devidos, têm de ser calculados na taxa de 12% ao ano, a contar do trânsito em julgado da sentença condenatória.

(E) Os juros moratórios, na espécie, se devidos, têm de ser fixados em 1% ao mês, a contar da data do trânsito em julgado da respectiva sentença.

A desapropriação indireta, que enseja indenização completa e cabal, só restará caracterizada se houver esvaziamento econômico da propriedade, ou seja, se houver comprometimento na sua exploração econômica. E os juros compensatórios devidos, de 12% ao ano (Súmula 618 do STF e ADI 2.332-2, do STF, em que houve suspensão da regra que estipulava juros de 6% ao ano, prevista no art. 15-A, *caput*, do Dec.-lei 3.365/1941), devem ser computados desde a ocupação do imóvel pela Administração Pública.

Gabarito "C"

(Ministério Público/RR – 2008 – CESPE) Julgue os itens a seguir, que versam sobre a intervenção do Estado na propriedade, a desapropriação e os direitos e garantias fundamentais.

(1) Podem ser sujeitos ativos da desapropriação por utilidade pública a União, os estados, os municípios e o DF.

(2) A indenização, no processo de desapropriação, deve ser sempre prévia, justa e em dinheiro.

(3) A desapropriação é forma originária de aquisição da propriedade.

(4) O instituto da desapropriação e o do confisco são idênticos, uma vez que ambos constituem transferência compulsória da propriedade, expressando o poder ilimitado de exercício do domínio eminente pelo poder público.

1: certa (art. 2°, § 2°, do Dec.-lei 3.365/1941); 2: incorreta. Cuidado com a palavra "sempre"; a indenização é paga por meio de títulos, e não por dinheiro, em alguns casos (arts. 182, § 4°, III, e 184, *caput*, da CF); 3: certa (vide arts. 31 e 35 do Dec.-lei 3.365/1941); 4: errada, pois no confisco não há indenização (vide art. 243 da CF).

Gabarito 1C, 2E, 3C, 4E

(Ministério Público/RS – 2009) Em processo de desapropriação movido pelo Estado, com fulcro no Decreto-lei n. 3365/1941, busca o poder público impor ao proprietário do imóvel desapropriado perda de apenas uma parte deste bem. Queixa-se o desapropriado, todavia, que restará praticamente sem valor o restante do imóvel não submetido ao processo, em face do esvaziamento do conteúdo econômico da área remanescente, pretendendo, assim, que a desapropriação abranja a totalidade de seu imóvel. Argumenta, ainda, que a obra que se anuncia como motivadora é diversa da que se efetivamente pretende realizar. Considerando-se o sistema legal vigente, a jurisprudência dominante nos Tribunais e a doutrina que trata da espécie, é correto afirmar que

(A) o desvio de finalidade na desapropriação é vulgarmente chamado de tredestinação. Todavia, ultimada a desapropriação, utilizando-se a administração do imóvel para fim diverso do que aquele inicialmente declarado, preservando-se, entretanto, a finalidade pública, este aspecto não será nodal para fins de nulificar o ato de desapropriação.

(B) os honorários advocatícios, eventualmente concedidos, sofrem limitação de 5% do valor total da desapropriação

(C) os juros compensatórios, uma vez fixados, avultam ao percentual de 12% ao ano sobre o valor determinado como justo preço.

(D) os juros moratórios, a sua vez, limitam-se a 12% ao ano, fixados a partir de 1° de janeiro do ano seguinte ao que o pagamento deveria ser efetuado.

(E) somente em ação autônoma poderá ser obtido o ressarcimento integral do imóvel, em face das limitações processuais da espécie, de cognição restrita, segundo precedentes do Tribunal de Justiça do Rio Grande do Sul e do Superior Tribunal de Justiça.

A: correta, pois há dois tipos de tredestinação, a lícita, quando se mantém alguma finalidade de interesse público, e a ilícita, quando a coisa não é utilizada em alguma atividade de interesse público, ocasião em que o antigo proprietário da coisa tem direito de retrocessão; **B:** incorreta, pois, apesar de tais honorários serem à base de 0,5% a 5%, esse percentual não incide sobre o valor total da condenação, mas sobre a diferença entre o que foi fixado na sentença e o que foi ofertado pelo Poder Público; **C:** incorreta, pois tais juros são de exatamente 12%, e incidem sobre a diferença entre o valor fixado na sentença e o valor levantado pelo expropriado, e não sobre o valor fixado na sentença (art. 15-A do Dec.-lei 3.365/1941); **D:** incorreta, pois os *juros moratórios* são de 6%, e não de 12% (art. 15-B do Dec.-lei 3.365/1941); **E:** incorreta, pois vem se admitindo que se peça o reconhecimento do *direito de extensão* na própria contestação da ação de desapropriação.

Gabarito "A"

7.2. REQUISIÇÃO ADMINISTRATIVA, SERVIDÃO ADMINISTRATIVA, OCUPAÇÃO TEMPORÁRIA, TOMBAMENTO E LIMITAÇÃO ADMINISTRATIVA

(Ministério Público/BA – 2008) Ato administrativo unilateral, autoexecutório e oneroso, consistente na utilização de bens ou de serviços particulares pela administração, para atender a necessidades coletivas em tempo de guerra ou em casos de perigo público iminente" (Di Pietro). Trata-se de:

(A) Servidão administrativa.

(B) Requisição administrativa.

(C) Servidão militar.

(D) Ocupação temporária.

(E) Servidão temporária.

Trata-se da definição de requisição administrativa, que tem previsão no constitucional nos arts. 5º, XXV e 22, III, da Lei Maior.

Gabarito "B"

(Ministério Público/SE – 2010 – CESPE) Assinale a opção correta a respeito da intervenção do Estado na propriedade privada e do instituto da desapropriação.

(A) O tombamento implica limitação precária e temporária ao direito de propriedade em benefício do interesse coletivo e incide apenas sobre bens imóveis.

(B) A servidão administrativa, que impõe ao proprietário a obrigação de suportar ônus parcial sobre o imóvel de sua propriedade, é direito real instituído tanto em favor do Estado quanto de particulares.

(C) Requisição é a modalidade de intervenção estatal por meio da qual o Estado utiliza bens móveis, imóveis e serviços particulares em situação de perigo público iminente, tanto para fins militares quanto civis.

(D) A ocupação temporária é direito de caráter real que tem natureza de permanência e exige situação de perigo público iminente, tanto quanto a requisição.

(E) Quaisquer entes federativos podem desapropriar bens públicos uns dos outros, desde que devidamente autorizados pelo Poder Legislativo de seu âmbito.

A: incorreta, pois o tombamento não é uma limitação temporária e precária, e pode incidir sobre bens imóveis, móveis e até imateriais; **B:** incorreta, pois é direito real instituído apenas em favor do Estado; **C:** correta, conforme os arts. 5º, XXV, e 22, III, da CF; **D:** incorreta, pois a ocupação temporária, como o próprio nome diz, é temporária (e não permanente), destinando-se ao mero uso de terreno não edificado, vizinho a uma obra pública (art. 36 do Dec.-lei 3.365/1941); **E:** incorreta, pois não é possível desapropriar bens da União; além disso, um Município não pode desapropriar bens dos Estados (art. 2º, § 2º, do Dec.-lei 3.365/1941).

Gabarito "C"

(Ministério Público/GO – 2010) Em relação às restrições do Estado sobre a propriedade privada, assinale a alternativa errada:

(A) A ocupação temporária é a forma de limitação do Estado à propriedade privada que se caracteriza pela utilização transitória, gratuita ou remunerada, de imóvel de propriedade particular, para fins de interesse público.

(B) A requisição administrativa é a forma de limitação à propriedade privada e de intervenção estatal no domínio econômico.

(C) A servidão administrativa é o direito real de gozo de natureza privada, instituído sobre o imóvel de propriedade alheia em favor de um serviço público.

(D) O tombamento é a forma de intervenção estatal na propriedade privada, que tem por objetivo a preservação do patrimônio histórico e artístico nacional.

A: assertiva correta (art. 36 do Dec.-lei 3.365/1941); **B:** assertiva correta, pois, de fato, o instituto previsto no art. 5º, XXV, da CF promove essa limitação por força de intervenção estatal; **C:** assertiva incorreta (devendo ser assinalada); a servidão administrativa é direito real de natureza pública e não de natureza privada; **D:** correta, nos termos do art. 1º do Dec.-lei 25/1937.

Gabarito "C"

(Ministério Público/RO – 2010 – CESPE) No que se refere às restrições estatais sobre a propriedade privada, assinale a opção correta.

(A) É possível que determinado município institua servidão administrativa sobre imóvel pertencente ao estado, desde que a autorização tenha sido concedida por lei municipal.

(B) A instituição de uma servidão administrativa é permanente e não admite extinção.

(C) O tombamento incide somente sobre bens imóveis, dada a sua natureza.

(D) Na desapropriação por utilidade pública, o prazo de caducidade do decreto expropriatório é de cinco anos, contado a partir da data da sua expedição.

(E) Compete à União desapropriar propriedades rurais, por interesse social e para fins de reforma agrária, mediante o pagamento prévio e justo da indenização em dinheiro.

A: incorreta, pela mesma razão pela qual a desapropriação não pode ocorrer nesse caso (arts. 2º, § 2º, e 40, do Dec.-lei 3.365/1941); **B:** incorreta, pois a servidão pode ser com termo final; **C:** incorreta, pois incide sobre bens móveis ou imóveis, conforme o art. 1º do Dec.-lei 25/1937; **D:** correta (art. 10 do Dec.-lei 3.365/1941); **E:** incorreta, pois o pagamento, no caso, será em títulos da dívida agrária, salvo quanto às benfeitorias úteis e necessárias, que serão pagas em dinheiro (art. 184, *caput* e § 1º, da CF).

Gabarito "D"

(Ministério Público/BA – 2008) Se lei municipal determina, para a construção de imóveis residenciais em determinado logradouro, que o proprietário obedeça ao recuo mínimo de 1, 5m (um metro e meio) do logradouro público, assinale a alternativa correta:

(A) O dispositivo é exemplo de desapropriação indireta de terreno urbano.

(B) Estamos diante de limitação administrativa.

(C) A faixa *non aedificandi* citada é espaço de servidão administrativa.

(D) Tem caráter supressivo de direito de uso, mas é não indenizável.

(E) Por ser uma delimitação administrativa, pressupõe a indenizabilidade.

A e **C:** incorretas, pois tanto a desapropriação como a servidão administrativa atingem pessoas determinadas e o dispositivo mencionado atinge pessoas indeterminadas; **B:** correta, pois o dispositivo se encaixa na definição de limitação administrativa que é imposição geral (atinge pessoas indeterminadas) e gratuita (não enseja indenização) que delimita o direito das pessoas; **D:** incorreta, pois não há supressão do direito de usar, mas apenas delimitação desse direito; **E:** incorreta, pois a limitação administrativa tem caráter gratuito, vale dizer, não enseja indenização.

Gabarito "B"

(Ministério Público/MT – 2012 – UFMT) Assinale a alternativa que apresenta o instituto com característica de limitação administrativa.

(A) Desapropriação por utilidade pública

(B) Desapropriação por interesse social

(C) Requisição

(D) Ocupação temporária

(E) Área de preservação permanente

A limitação administrativa é uma imposição geral (atinge pessoas indeterminadas) e gratuita (não enseja indenização) que delimita o direito das pessoas. No caso, os institutos mencionados nas alternativas "a" a "d" atingem pessoas determinadas e ensejam indenização, de modo que não são limitações administrativa, diferente da área de preservação permanente, que é instituída de forma geral e gratuita pelo Código Florestal (arts. 4º e 6º da Lei 12.651/2012), atingindo, assim, pessoas indeterminadas.

Gabarito "E"

7.3. TEMAS COMBINADOS DE INTERVENÇÃO NA PROPRIEDADE

(Ministério Público/MG – 2014) Relativamente ao tratamento que a Constituição Federal conferiu às restrições do Estado sobre a propriedade privada, é INCORRETO afirmar:

(A) O Poder Público, com a colaboração da comunidade, promoverá e protegerá o patrimônio cultural brasileiro, por meio de inventários, registros, vigilância, tombamento e desapropriação, e de outras formas de acautelamento e preservação.

(B) Estão tombados todos os documentos e os sítios detentores de reminiscências históricas dos antigos quilombos.

(C) O decreto que garantir tratamento especial à propriedade produtiva também fixará normas para o cumprimento dos requisitos relativos à sua função social.

(D) São isentas de impostos federais, estaduais e municipais as operações de transferência de imóveis desapropriados para fins de reforma agrária.

A: assertiva correta (art. 216, § 3º, da CF); **B:** assertiva correta (art. 216, § 5º, da CF); **C:** assertiva incorreta, devendo ser assinalada; tal regulação deve se dar por "lei" e não por "decreto" (art. 185, parágrafo único, da CF); **D:** assertiva correta (art. 184, § 5º, da CF).

Gabarito "C"

(Ministério Público/MG – 2013) Assinale a alternativa que entender *CORRETA* quanto à modalidade de Intervenção do Estado na propriedade privada:

(A) A servidão administrativa constitui ônus real sobre bem imóvel, em prol de uma utilidade pública e caracteriza-se como espécie de restrição parcial da propriedade.

(B) O tombamento transfere a propriedade em razão da utilidade pública ou interesse social, podendo recair sobre bens imóveis ou móveis que tenham valor patrimonial, razão pela qual é passível de indenização.

(C) A desapropriação pode recair sobre bens móveis, imóveis ou serviços, quando caracterizada a existência de perigo público iminente, de natureza transitória, e a indenização será ulterior.

(D) A requisição administrativa tem por finalidade proteger o patrimônio cultural, não gera direito à indenização e representa restrição parcial do bem.

A: correta, pois traz adequada definição de servidão administrativa; **B:** incorreta, pois o tombamento apenas gera restrições ao uso do bem tombado, não transferido a propriedade deste para o bem público; quanto à indenização, nem sempre é cabível, só sendo o caso quando a restrição for de tamanha monta que gere prejuízo econômico ao proprietário da coisa; **C:** incorreta, pois essa definição não é de *desapropriação*, mas de *requisição administrativa*; **D:** incorreta, pois a definição não é de *requisição administrativa*, mas de *tombamento*.

Gabarito "A"

8. RESPONSABILIDADE DO ESTADO

8.1. EVOLUÇÃO HISTÓRICA E TEORIAS

(Ministério Público/MA – 2009) Em se tratando de responsabilidade civil do Estado (gênero), CORRETO é afirmar que:

(A) a responsabilidade subjetiva estatal decorrente de ato omissivo de seu preposto não se fundamenta nas modalidades negligência, imprudência, ou imperícia, todavia, exige verificação da culpa ou dolo administrativo;

(B) a responsabilidade objetiva por ato comissivo de seus agentes, ou atos predatórios de terceiros não contratados, sob a ótica da teoria do risco administrativo moderado ou mitigado, nada obstante dispensar a prova da culpa administrativa permite à Administração demonstrar a culpa da vítima como atenuação ou exclusão da indenização;

(C) a responsabilidade objetiva, pela teoria exacerbada do risco integral, obriga a Administração a reparar qualquer dano, inadmitindo causa excludente da responsabilidade, à exceção daqueles danos decorrentes de atividades nucleares e outros especificados em lei;

(D) em se tratando de responsabilidade objetiva escorada na teoria do risco administrativo, independentemente de se tratar de ato ilícito, basta para sua caracterização a ação do agente, o nexo de causalidade e o resultado lesivo, inadmitindo-se, contudo, ação regressiva em face do agente público causador do prejuízo;

(E) a responsabilidade subjetiva decorrente da *faute du service* dos franceses (culpa anônima) apresenta-se nas modalidades falta objetiva do serviço, mau funcionamento, ou seu retardamento como fato gerador da obrigação de indenizar o dano causado a terceiro.

A: incorreta, pois a responsabilidade subjetiva estatal não se funda nem na culpa do agente público, nem na culpa ou dolo administrativos; a responsabilidade subjetiva do Estado é fundamentada na *culpa anônima do serviço*, ou seja, verifica-se se o serviço foi ou não prestado, ou se foi mal prestado ou se prestado tardiamente; **B:** incorreta, pois a responsabilidade objetiva estatal não guarda relação com os "atos predatórios de terceiros não contratados"; **C:** incorreta, pois a responsabilidade objetiva do Estado não é fundamentada na teoria do *risco integral*, mas sim na teoria do *risco administrativo*; ademais, a responsabilidade por dano nuclear é, excepcionalmente, um caso de responsabilidade objetiva pelo risco integral; **D:** incorreta, pois admite-se, sim, ação regressiva em face do agente causador do prejuízo (art. 37, § 6º, da CF); **E:** correta, pois a afirmativa descreve corretamente os casos que caracterizam a *falta do serviço*.

Gabarito "E"

(Ministério Público/SP – 2006) No Brasil, adotou-se a responsabilidade objetiva do Estado, na modalidade "teoria do risco administrativo". Assim, é correto dizer que:

(A) a vítima deve comprovar a culpa ou o dolo do agente público no evento lesivo.

(B) a vítima terá direito de regresso em relação ao agente público causador do dano.

(C) em nenhuma hipótese será perquirida a culpa ou dolo da vítima.

(D) a indenização será devida independentemente da comprovação do dano.

(E) deve ser comprovado o nexo causal entre o dano e a conduta do agente público.

A: incorreta, pois não se discute culpa do agente público na responsabilidade objetiva; **B:** incorreta, pois o Estado é que tem direito de regresso em relação ao agente público, quando este agir com culpa ou dolo (art. 37, § 6º, da CF); **C:** incorreta, pois a culpa exclusiva exclui a responsabilidade do Estado (há, na verdade, ausência de nexo de causalidade); a culpa concorrente faz com que a indenização seja atenuada; **D:** para que haja responsabilidade é necessário conduta, ***dano*** e ***nexo de causalidade***. **E:** correta, conforme comentários à alternativa anterior.

Gabarito "E"

8.2. MODALIDADES DE RESPONSABILIDADE (OBJETIVA E SUBJETIVA). REQUISITOS DA RESPONSABILIDADE OBJETIVA

(Ministério Público/ES – 2013 – VUNESP) Considerando a responsabilidade objetiva do Estado prevista no art. 37, § 6º da Constituição Federal, assinale a alternativa correta.

(A) É aplicável aos casos de danos causados pela ação ou omissão do Estado, em responsabilidade extracontratual.

(B) Atinge os atos praticados pelo agente público dentro e fora do exercício de suas funções.

(C) É atenuada pela ocorrência de caso fortuito, força maior, ou se caracterizada culpa exclusiva da vítima.

(D) As pessoas jurídicas de direito público responderão pelos danos que seus agentes, nessa qualidade, causarem a terceiros, assegurado o direito de regresso contra o responsável nos casos de dolo ou culpa.

(E) Não se aplica às pessoas jurídicas de direito privado prestadoras de serviços públicos, como fundações governamentais de direito privado.

A: incorreta, pois esse dispositivo constitucional diz respeito à responsabilidade do Estado por condutas comissivas (ação), responsabilidade essa que é objetiva; a responsabilidade por condutas omissivas decorre de outras normas do sistema jurídico; **B:** incorreta, pois só atinge os atos praticados pelos agentes públicos, nessa qualidade (de agente público), nos termos do próprio texto do art. 37, § 6º, da CF; **C:** incorreta, pois esses casos "excluem" a responsabilidade estatal, e não "atenuam" tal responsabilidade; **D:** correta, pois traz o próprio texto do art. 37, §. 6º, da CF; **E:** incorreta, pois se aplica às pessoas jurídicas de direito privado prestadoras de serviço público (art. 37, § 6º, da CF), seja elas concessionárias de serviço público estatais (como empresas públicas e sociedades de economia mista) ou não estatais (como as concessionárias privadas de telefonia, energia, transporte coletivo etc.).

Gabarito "D"

(Ministério Público/MG – 2013) Sobre Responsabilidade Civil, assinale a alternativa *CORRETA*:

(A) Os atos jurisdicionais típicos não geram responsabilidade civil objetiva do Estado.

(B) O servidor encarregado do controle interno de determinado órgão público que tomar conhecimento de prática de irregularidade deverá comunicá-la ao Tribunal de Contas, sob pena de responsabilidade subsidiária.

(C) Os notários e oficiais de registro responderão pelos danos que eles e seus prepostos causem a terceiros, na prática de atos próprios da serventia, assegurado aos primeiros direito de regresso no caso de dolo ou culpa dos prepostos.

(D) A responsabilidade objetiva estatal não atinge os danos causados a terceiros por agentes das Agências Reguladoras de serviços públicos.

A: incorreta, pois geram responsabilidade civil em casos excepcionais, como quando há erro judiciário; **B:** incorreta, pois, no caso, a responsabilidade do servidor é "solidária" e não "subsi-diária" (art. 51, caput, da Lei 8.443/1992); **C:** correta, nos termos do art. 37, § 6º, da CF); **D:** incorreta, pois as agências reguladoras são pessoas jurídicas de direito público e, assim, estão compreendidas no art. 37, § 6º, da CF.

Gabarito "C"

(Ministério Público/PI – 2014 – CESPE) Acerca da responsabilidade civil do Estado, assinale a opção correta.

(A) Para que se configure a responsabilidade civil objetiva do Estado, o dano deve ser causado por agente público, não abrangendo a regra a categoria dos agentes políticos.

(B) Embora seja cabível a responsabilidade do Estado por atos praticados pelo Poder Judiciário, em relação a atos judiciais que não impliquem exercício de função jurisdicional, não é cabível responsabilização estatal.

(C) Segundo a CF, a responsabilidade civil do Estado abrange prejuízos causados pelas pessoas jurídicas de direito público e as de direito privado que integram a administração pública indireta, não abarcando atos danosos praticados pelas concessionárias de serviço público.

(D) Segundo entendimento do STJ, é imprescritível a pretensão de recebimento de indenização por dano moral decorrente de atos de tortura ocorridos durante o regime militar de exceção.

(E) De acordo com a jurisprudência do STJ, é objetiva a responsabilidade civil do Estado nas hipóteses de omissão, devendo-se demonstrar a presença concomitante do dano e do nexo de causalidade entre o evento danoso e o comportamento ilícito do poder público.

A: incorreta, pois a regra inclui os agentes políticos, que são espécies de agentes públicos; **B:** incorreta, pois os atos jurisdicionais geram responsabilidade civil estatal, ainda que em casos excepcionais, como em caso de erro judiciário; **C:** incorreta, pois o texto do art. 37, § 6º, da CF abarca a responsabilidade das pessoas jurídicas prestadoras de serviço público (ou seja, concessionárias de serviço público); **D:** correta (STJ, AgRg no REsp 1.424.680/SP, *DJ* 09.04.2014); **E:** incorreta, pois a questão da responsabilidade objetiva do Estado por condutas omissivas é ainda controversa, havendo decisões pela responsabilidade subjetiva no caso e também pela responsabilidade objetiva.

Gabarito "D"

(Ministério Público/SP – 2013 – PGMP) O ingresso da Polícia Militar em um presídio, em face de motim de presos ali existente, faz com que os detentos se desarmem e a retornem para suas celas. A posterior subida de policiais até as celas onde os presos já se encontravam pacificados para executá-los por meio de rajadas aleatórias de metralhadora provoca a

(A) responsabilização objetiva do Estado, desde que o abuso de cada agente público seja comprovado.

(B) não responsabilização do Estado porque houve concorrência de culpa das vítimas e os atos dos agentes decorreram do denominado poder extroverso da Administração.

(C) responsabilização objetiva do Estado em face da chamada teoria do risco.

(D) responsabilização subjetiva do Estado com necessidade de comprovação da culpa do comando da Polícia Militar e responsabilidade subjetiva de cada policial envolvido.

(E) responsabilização subjetiva do Estado, caso haja norma específica do Regimento Interno Padrão das Unidades Prisionais de São Paulo que tenha sido desrespeitada.

A: incorreta, pois a responsabilidade objetiva do Estado independe de demonstração de conduta abusiva (culposa ou dolosa) dos agentes públicos, bastando que haja conduta estatal, dano (certo, anormal e especial) e nexo de causalidade entre a conduta e o dano; **B:** incorreta; como o enunciado da questão deixa claro que os detentos se desarmaram e retornaram para suas celas, não há que se falar em concorrência de culpa das vítimas, muito menos em não responsabilização da Administração; aliás, ainda que houvesse concorrência de culpas, esta não afasta a responsabilidade da Administração, tendo o efeito apenas de diminuir o *quantum* indenizatório; **C:** correta, nos termos do art. 37, § 6º, da CF; vale lembrar que o caso contém os requisitos da responsabilidade objetiva estatal (conduta, dano e nexo de causalidade) e que adotamos no Brasil a Teoria do Risco Administrativo, pelo qual o Poder Público responde objetivamente, mas com excludentes de responsabilidade, que, no caso, não se configuram, de modo que a responsabilização estatal é de rigor; **D:** incorreta, pois a responsabilidade estatal no caso é objetiva (art. 37, § 6º, da CF) e não subjetiva, sendo desnecessário comprovar a culpa dos agentes públicos; quanto à responsabilidade civil de cada policial envolvido, de fato é subjetiva (sendo necessário comprovar culpa ou dolo de cada um), porém, tais agentes não podem sofrer ação por parte da vítima (que deve ingressar com ação única e exclusivamente em face da pessoa jurídica estatal), ficando sujeito apenas à ação regressiva, para o caso de condenação estatal na ação movida pela vítima; **E:** incorreta, pois a responsabilização estatal no caso (que inclusive envolve conduta comissiva do Estado) é objetiva, e não subjetiva, não sendo necessário averiguar o conteúdo das normas do regimento interno mencionado.

Gabarito "C"

(Ministério Público/AM – 2008 – CESPE) José, morador de um bairro periférico, foi recrutado informalmente, por policiais do posto policial presente naquele bairro, para exercer, em cooperação à polícia militar, atividades como diligências, rondas, plantões e vigilância de presos. Certo dia, durante um plantão, Antônio, esposo de Maria, julgando que José fosse amante de sua esposa, adentrou o posto policial e desferiu um tiro em José, deixando-o paraplégico. Acerca da situação hipotética descrita acima e da responsabilidade civil do Estado, assinale a opção correta.

(A) Está configurada a responsabilidade civil do Estado pela falta do serviço, ou seja, a responsabilidade subjetiva, pois a administração pública tolerava a atividade ilegal exercida por José.

(B) A responsabilidade civil do Estado, no caso, é a objetiva, pois foi o Estado que recrutou José e este ficou paraplégico em serviço.

(C) No caso concreto, não está configurado o nexo de causalidade necessário à configuração da responsabilidade civil do Estado.

(D) Apenas a adoção da teoria do risco integral, adotada pela CF na atualidade, é capaz de gerar a responsabilização do Estado em casos como esse.

(E) Como a conduta danosa praticada contra José foi realizada por agente que não é servidor público, tal fato é motivo suficiente para excluir qualquer responsabilidade do Estado, não sendo necessário indagar qualquer outro aspecto para solucionar a controvérsia.

No caso, como a motivação do crime é de ordem pessoal, nada tendo a ver com a função exercida por José, não é o caso de responsabilizar o Estado. Há de se consignar também que a hipótese é de omissão do Estado, e não está configurada a falta do serviço, pois não é possível dizer, diante do enunciado, que era possível ao Estado evitar o crime.

Gabarito "C"

(Ministério Público/DF – 2009) Em matéria de responsabilidade civil extracontratual do Estado, assinale a alternativa correta.

(A) A responsabilidade civil do Estado por danos nucleares depende de culpa.

(B) Quando há culpa exclusiva da vítima, o Estado não responde.

(C) É objetiva a responsabilidade das pessoas de direito privado exploradoras de atividades econômicas.

(D) No texto constitucional de 1988 (artigo 37, § 6º), o vocábulo "agentes" merece interpretação coincidente com a noção de funcionário público em sentido estrito.

(E) À míngua de direito de regresso, em relação ao agente causador do dano, nos casos de dolo ou culpa, não há falar em responsabilidade civil extracontratual do Estado.

A: incorreta, pois, nesse caso, a responsabilidade é objetiva e, mais do que isso, sem que se possa alegar excludentes de responsabilidade, encerrando verdadeira adoção da teoria do risco integral, exceção no sistema da responsabilidade objetiva no Brasil; **B:** correta, pois a culpa exclusiva da vítima retira o nexo de causalidade quanto à conduta estatal, afastando a responsabilidade do Estado; **C:** incorreta, pois, segundo o art. 37, § 6º, da CF, é objetiva a responsabilidade das pessoas de direito privado *prestadoras de serviço público* (ex.: Correios), e não das pessoas de direito privado *exploradoras da atividade econômica* (ex.: Banco do Brasil); estas não respondem objetivamente pelo texto constitucional, mas podem responder objetivamente em razão da aplicação de outras leis (ex.: Lei Ambiental, CDC, arts. 927, parágrafo único, e 931, ambos do CC etc.); **D:** incorreta, pois a expressão abrange os agentes públicos em geral, tais como os agentes políticos, os agentes honoríficos, os funcionários de empresas concessionárias de serviço público etc.; **E:** incorreta, pois à míngua (à falta) de possibilidade de acionar regressivamente o agente público, não fica a vítima impossibilitada de acionar o Estado; em outra palavras, o particular pode acionar o Estado mesmo quando este não possa acionar regressivamente o agente público causador do dano.

Gabarito "B"

(Ministério Público/GO – 2012) Em tema de responsabilidade civil do Estado é correto afirmar que:

(A) a morte de detento por colegas de carceragem deve ser reparada pelo Estado em razão do dever constitucional de guarda, exonerando-se a Administração da obrigação de indenizar na hipótese de restar inequivocamente demonstrada a ausência de culpa dos agentes carcerários.

(B) A responsabilidade civil do Estado funda-se no risco administrativo, decorrendo, daí a responsabilidade objetiva, que não pode ser invocada em caso de licitude da ação administrativa.

(C) Fundada na teoria do risco integral ou do risco social, a Constituição da República, art. 37, § 6º, averbou que as pessoas jurídicas de direito público e as de direito privado prestadoras de serviços públicos responderão pelos danos que seus agentes, nessa qualidade, causarem a terceiros.

(D) Tratando-se de ato omissivo do poder público, a responsabilidade civil por tal ato converte-se em subjetiva, pelo que exige dolo ou culpa, esta numa de suas três vertentes, a negligência, a imperícia ou a imprudência, não sendo, entretanto, necessário individualizá-la, dado que pode ser atribuída ao serviço público, de forma genérica, a falta do serviço.

A: incorreta; nesse caso, o STF tem reconhecido a responsabilidade objetiva do Estado, que tem por missão zelar pela integridade física do preso(ARE 662.563 AgR/GO, *DJ* 02.04.2012); assim, não há que se falar em necessidade de demonstração do elemento subjetivo para que haja obrigação de indenizar; **B:** incorreta, pois, na responsabilidade objetiva não se discute a licitude ou não do ato, mas apenas se houve conduta estatal comissiva, dano certo e anormal e nexo de causalidade entre a primeira e o segundo; **C:** incorreta, pois a Constituição adotou a teoria do risco administrativo (responsabilidade objetiva + admissão de excludentes de responsabilidade) e não a teoria do risco integral (responsabilidade objetiva + não admissão de excludentes de responsabilidade); **D:** correta, pois, em caso de conduta omissiva estatal, o STF continua entendendo que a responsabilidade é subjetiva (vide, por exemplo, RE 721.996 AgR/PB, *DJ* 18.02.2013), responsabilidade essa que, para se configurar, depende da demonstração da chamada "falta do serviço" ou "culpa genérica do serviço" ou "culpa anônima do serviço", caracterizada quando o serviço não funciona, funciona tarde ou funciona mal.

Gabarito "D"

(Ministério Público/MG – 2006) Relativamente à responsabilidade civil da Administração Pública, assinalar a alternativa **CORRETA.**

(A) As sanções civis, penais e administrativas não poderão ser cumuladas, a fim de se evitar múltipla punição.

(B) O particular que dirige seu automóvel na mão contrária de direção, ao colidir com viatura policial, sofre perda de membro superior, tem o direito de ser indenizado pelo Estado, em razão da "teoria do risco administrativo".

(C) A responsabilidade civil do servidor decorrerá apenas de ato doloso, seja este comissivo ou omissivo.

(D) Não comprovada a culpa do agente e inexistindo culpa do particular, subsiste a obrigação do Estado de reparar o dano causado: entretanto, cabe ação regressiva da Administração contra aquele.

(E) Nos casos de prejuízos causados a particulares, as empresas privadas prestadoras de serviços públicos submetem-se às mesmas regras de responsabilidade civil aplicáveis aos entes públicos.

A: incorreta, pois tais sanções são independentes entre si, podendo cumular-se (art. 125 da Lei 8.112/1990); **B:** incorreta, pois a "teoria do risco administrativo", adotada no Brasil, admite excludentes de responsabilidade estatal e uma delas e justamente a culpa exclusiva da vítima, que efetivamente se deu no caso concreto, já a afirmativa narrada que o particular estava dirigindo na mão contrária de direção; **C:** incorreta, pois decorre tanto de ato doloso, como de ato culposo (art. 122, *caput*, da Lei 8.112/1990); **D:** incorreta, pois não cabe ação regressiva contra o agente público se este não agiu com culpa ou dolo (art. 37, § 6º, da CF); **E:** correta, nos termos do art. 37, § 6º, da CF, que estabelece responsabilidade objetiva também em desfavor das pessoas jurídicas de direito privado prestadoras de serviço público.

Gabarito "E"

(Ministério Público/MG – 2005) Quanto à responsabilidade civil ou extracontratual do Estado e o controle dos atos administrativos, assinale a opção **INCORRETA**:

(A) A culpa anônima pode ser invocada para caracterizar a responsabilidade subjetiva do Estado quanto aos danos que, por omissão, der causa a terceiros.

(B) A distinção dos atos administrativos em exclusivamente políticos, quase políticos ou *interna corporis* é irrelevante para excluir do controle judicial os administrativos que ostentem, em tese, lesão ou ameaça de lesão a direito individual ou coletivo.

(C) O Supremo Tribunal Federal, levando em conta a finalidade do controle de constitucionalidade dos atos da Administração Pública, exerce função de legislador negativo quanto aos preceitos de Direito Administrativo constitucionalizados.

(D) O direito positivo brasileiro consagra a prescrição quinquenal da pretensão indenizatória por danos causados por agentes de pessoas jurídicas de direito privado prestadoras de serviços públicos.

(E) A denunciação a lide do agente público que, por dolo ou culpa, tenha causado dano à terceiro, é obrigatória para fins do direito de regresso do Estado.

A: assertiva correta, pois, de fato, a responsabilidade do estado por conduta omissiva é subjetiva, demandando demonstração da "culpa anônima do serviço", também chamada de "falha do serviço"; **B:** assertiva correta, pois, havendo efetiva "lesão ou ameaça de lesão a direito individual ou coletivo", o ato causador dessa lesão, qualquer que seja a sua natureza, não está imune ao controle jurisdicional, nos termos do art. 5º, XXXV, da CF; **C:** assertiva correta, pois o Judiciário deve se limitar a atuar como legislador negativo, ou seja, como Poder que se limita a afastar normas inconstitucionais (aspecto negativo) e que está proibido de criar e inovar no sistema jurídico (aspecto positivo); vale salientar que, atualmente, o STF vem sendo criticado por alguns juristas por estar saindo do papel negativo e fazendo um pouco de papel positivo; exemplo disso foi a decisão tomada no mandado de injunção que tratou do direito de greve do servidor público, decisão essa que determinou a aplicação da Lei de Greve do Setor Privado, para a greve dos servidores públicos, enquanto não for aprovada e entrar em vigor uma Lei de Greve do Servidor Público; essa postura do STF também vem sendo chamada de ativismo judicial; **D:** assertiva correta (art. 1º-C da Lei 9.494/1997); **E:** assertiva incorreta, pois o STJ é pacífico no sentido de que a ação de denunciação da lide não importa na perda do direito do Estado de ingressar com ação de regresso contra o servidor, já que o Estado tem garantido o direito de se ressarcir na própria Constituição Federal (art. 37, § 6º, da CF).

Gabarito "E"

(Ministério Público/MS – 2009) Em relação à responsabilidade civil do Estado, assinale a opção correta.

(A) Responsabilidade administrativa do Estado e responsabilidade civil do Estado são conceitos que se referem a fenômenos jurídicos idênticos.

(B) Não se aplica no âmbito da responsabilidade civil do Estado a distinção entre responsabilidade contratual e responsabilidade extracontratual.

(C) A responsabilidade civil do Estado decorre, usualmente, de ação ou omissão dos seus agentes, mas também poderá decorrer de conduta de terceiros na hipótese da ocorrência de danos a bens e pessoas, passageiros ou não, provocados por atentados terroristas, atos de guerra ou eventos correlatos, ocorridos no Brasil ou no exterior, contra aeronaves de matrícula brasileira operadas por empresas brasileiras de transporte aéreo público.

(D) Por ser responsabilidade objetiva, caso fortuito e força maior não são excludentes de responsabilidade civil do Estado.

(E) Cabe responsabilização civil do Estado tão somente por ações e omissões praticadas no exercício de funções administrativas.

A: incorreta, pois a responsabilidade civil diz respeito à reparação de danos causados pelo Estado, ou seja, tem por objeto o pagamento de indenização, ao passo que responsabilidade administrativa diz respeito à violação de uma norma administrativa pelo Estado, por exemplo, o cometimento de uma infração administrativa ambiental por parte do Estado; **B:** incorreta, pois os dois institutos têm origem e regime jurídico diverso; a responsabilidade contratual tem origem no descumprimento de contratos, cujos efeitos estão quase todos regulados na Lei 8.666/1993, ao passo que a responsabilidade extracontratual tem origem no dever do Estado de respeitar a lei (legalidade) e a igualdade, indenizando aqueles que, por conduta estatal, tiverem sem direito violado; tal responsabilidade está regulamentada no art. 37, § 6º, da CF; **C:** correta (art. 1º, *caput*, da Lei 10.744/2003); **D:** incorreta, pois adotamos a teoria do risco administrativo, que admite excludentes da responsabilidade objetiva do Estado; **E:** incorreta, pois também cabe quando o Estado pratica funções jurisdicionais e legislativas, situações nas quais a responsabilidade civil estatal é bem mais difícil de se caracterizar, apesar de possível, como quando ocorre erro judiciário (responsabilidade por ato judicial) ou quando ocorre de uma lei que causa prejuízo ser declarada inconstitucional (responsabilidade por ato legislativo).

Gabarito "C"

(Ministério Público/PI – 2008) A respeito da responsabilidade civil do Estado, é correto afirmar que

(A) atos lícitos, ilícitos ou omissões podem ensejar o pagamento de indenização.

(B) a vítima deve comprovar a existência do dano, no nexo casual e a ausência de culpa.

(C) a Constituição Federal adota a responsabilidade objetiva, com base na teoria de risco integral.

(D) são causas excludentes de responsabilidade do Estado apenas o caso fortuito e a força maior.

(E) se exige que o ato danoso tenha sido praticado por agente público.

A: correta (art. 122, *caput*, da Lei 8.112/1990); **B:** incorreta, pois a vítima só precisa provar que houve conduta estatal, dano e nexo entre a primeira e o segundo, não sendo necessário demonstrar a ausência de culpa; **C:** incorreta, pois é adotada a responsabilidade objetiva com base na teoria do risco administrativo, já que são admitidas excludentes de responsabilidade; **D:** incorreta, pois é causa excludente de responsabilidade do Estado, além do caso fortuito e força maior, por exemplo, a culpa exclusiva da vítima; **E:** incorreta, pois o ato danoso deve ter sido praticado por agente público *ou por quem proceder nessa qualidade* (art. 37, § 6º, da CF).

Gabarito "A"

(Ministério Público/SP – 2011) O motorista de uma ambulância de um hospital público, transportando um paciente em situação de emergência médica, envolve-se em acidente de trânsito, causando danos materiais e pessoais a terceiros. Nesse caso, é correto afirmar que:

(A) é indevida a indenização pela Administração Pública por haver o seu agente agido em estado de necessidade.

(B) a Administração Pública responde objetivamente pelos danos que o seu agente, nessa qualidade, causar a terceiros.

(C) a indenização pelos danos ocorridos será devida pela Administração Pública em caso de culpa de seu agente pelo sinistro.

(D) havendo culpa concorrente, de ambos os motoristas, a indenização é devida integralmente pela Administração Pública.

(E) a inexistência de culpa do condutor do veículo oficial pelo evento danoso exclui o dever de indenizar da Administração Pública.

A: incorreta, pois a responsabilidade do estado é objetiva (art. 37, § 6º, da CF); **B:** correta (art. 37, § 6º, da CF); **C:** incorreta, pois a responsabilidade do estado é objetiva, ou seja, independe da existência de culpa ou dolo; **D:** incorreta, pois, em caso de culpa concorrente, a indenização será proporcional à culpa de cada um; **E:** incorreta, pois não se discute a culpa ou dolo na análise da existência de responsabilidade do estado por condutas comissivas (art. 37, § 6º, da CF).

Gabarito "B"

8.3. RESPONSABILIDADE DAS CONCESSIONÁRIAS DE SERVIÇO PÚBLICO

(Ministério Público/SC – 2010) Em atenção à teoria da responsabilidade civil da Administração, analise as seguintes assertivas:

I. A responsabilidade civil das pessoas jurídicas de direito privado prestadoras de serviço público é objetiva relativamente a terceiros usuários, e não usuários do serviço.

II. O servidor público causador do dano apenas responderá perante a Fazenda Pública, por dano causado a terceiro, em ação regressiva, desde que tenha ocorrido a sua denunciação à lide no processo principal.

III. Quando demandado regressivamente, o agente causador do prejuízo responderá de forma objetiva perante a Administração Pública.

IV. As ações de ressarcimento propostas pela Fazenda Pública em face do agente causador do dano são imprescritíveis.

V. Em face dos prejuízos causados a particulares, as empresas privadas prestadoras de serviços públicos submetem-se às mesmas regras de responsabilidade civil aplicáveis aos entes públicos.

De acordo com a Constituição da República:

(A) Apenas as assertivas II, III e IV estão corretas.

(B) Apenas as assertivas I, III, IV e V estão corretas.

(C) Todas as assertivas estão corretas.

(D) Apenas as assertivas I, IV e V estão corretas.

(E) Apenas as assertivas II, III e V estão corretas.

I: correta, estando a questão pacificada hoje no STF; **II:** incorreta, pois o Estado poderá exercer seu direito de regresso em ação autônoma, pois se trata de um direito constitucional previsto no art. 37, § 6º, da CF, não sendo possível qualquer restrição a esse direito; **III:** incorreta, pois o agente público só responde regressivamente se tiver agido com culpa ou dolo, conforme o texto do próprio art. 37, § 6º, da CF; **IV:** correta, conforme interpretação que o STF tem feito do art. 37, § 5º, da CF; **V:** correta, pois tantos as pessoas jurídicas de direito público, como as pessoas jurídicas de direito privado prestadoras de serviço público respondem objetivamente, nos termos do art. 37, § 6º, da CF.

Gabarito "D"

9. LICITAÇÃO

9.1. CONCEITO, OBJETIVOS E PRINCÍPIOS

(Ministério Público/MS – 2013 – FADEMS) "O ajuste administrativo pelo qual a Administração adquire coisas móveis, necessárias à realização das suas obras ou à manutenção dos seus serviços", denomina-se:

(A) Contrato de serviço.

(B) Contrato de obra pública.

(C) Contrato de fornecimento.

(D) Contrato de concessão.

(E) Contrato de servidão.

A: incorreta, pois o serviço é uma atividade e não uma coisa móvel (art. 6º, II, da Lei 8.666/1993); **B:** incorreta, pois a obra é toda construção, reforma, fabricação, recuperação ou ampliação, realizada por execução direta ou indireta (art. 6º, I, da Lei 8.666/1993); **C:** correta, pois o fornecimento se dá em relação a coisas móveis e não a atividades, serviços ou obras; **D:** incorreta, pois na concessão há outorga de um direito de exploração de bem público ou de serviço público, em favor do particular; **E:** incorreta, pois a servidão consiste em um ônus real numa coisa alheia.

Gabarito "C"

(Ministério Público/MG – 2008) São princípios fundamentais do instituto da Licitação, dentre outros:

I. julgamento subjetivo.

II. igualdade.

III. publicidade.

IV. gratuidade.

Está CORRETO:

(A) Apenas o que se afirma em I.

(B) Apenas o que se afirma em I e II.

(C) Apenas o que se afirma em II e III.

(D) Apenas o que se afirma em III e IV.

(E) Todos os incisos estão corretos.

Art. 3º da Lei 8.666/1993.

Gabarito "C"

(Ministério Público/MS – 2006) A licitação destina-se a garantir a observância do princípio constitucional da isonomia e a selecionar a proposta mais vantajosa para a Administração, sendo processada e julgada em estrita conformidade com os princípios básicos da:

(A) legalidade, impessoalidade, moralidade, igualdade, publicidade, probidade administrativa, da vinculação ao instrumento convocatório, do julgamento objetivo e dos que são correlatos.

(B) legalidade, impessoalidade, moralidade, igualdade, probidade administrativa, da vinculação ao instrumento convocatório, do julgamento objetivo e dos que são correlatos.

(C) legalidade, impessoalidade, moralidade, igualdade, publicidade, da vinculação ao instrumento convocatório, do julgamento objetivo e dos que são correlatos.

(D) impessoalidade, moralidade, igualdade, publicidade, probidade administrativa, da vinculação ao instrumento convocatório, do julgamento objetivo e dos que são correlatos.

Art. 3º da Lei 8.666/1993.

Gabarito "A"

9.2. CONTRATAÇÃO DIRETA (LICITAÇÃO DISPENSADA, DISPENSA DE LICITAÇÃO E INEXIGIBILIDADE DE LICITAÇÃO)

(Ministério Público/ES – 2013 – VUNESP) Quanto à contratação pelo Poder Público, verifica-se que

(A) é inexigível a licitação para a concessão de serviços públicos por particulares.

(B) quando se tratar de caso de emergência, sendo caso de dispensa de licitação, pressupõe que essa situação esteja devidamente comprovada e com a formalização adequada do processo de modo a trazer demonstração razoável para a escolha da empresa e dos preços adotados.

(C) é dispensável a licitação na hipótese de alienação direta de bens públicos, especificamente lotes e moradias em áreas públicas de perímetro urbano.

(D) é constitucional disposição estadual, em hipótese de privatização de empresas públicas e sociedades de economia mista, que confira preferência a seus empregados para assumi-las sob forma de cooperativa.

(E) não é possível o reajustamento de preços em casos de prorrogação de prazo, em razão de força maior ou caso fortuito, porque o contrato está adstrito à vigência dos respectivos créditos orçamentários.

A: incorreta, pois a Lei 8.987/1995 exige licitação para a outorga dessa concessão; **B:** correta (art. 24, IV, da Lei 8.666/1993); **C:** incorreta, pois a regra é a realização de licitação para a alienação de imóveis públicos e os casos de *licitação dispensada* previstos no art. 17, I, da Lei 8.666/1993 não contemplam hipótese tão geral como a trazida na alternativa; **D:** incorreta, pois tal regra fere o princípio da igualdade; **E:** incorreta, pois a prorrogação de prazo contratual em caso de força maior ou caso fortuito é legítima e, consequentemente, autoriza o reajustamento dos preços pelo alongamento do prazo.

Gabarito "B"

(Ministério Público/MG – 2013) Em matéria de Licitações, é *INCORRETO* afirmar-se que:

(A) A realização de audiência pública é exigível sempre que o valor estimado para uma licitação ou conjunto de licitações simultâneas ou sucessivas for superior a R$ 150 milhões, devendo ser realizada com antecedência mínima de 15 dias úteis da data prevista para a publicação do edital.

(B) Caracteriza a dispensa da licitação sempre que houver impossibilidade jurídica de competição.

(C) Em matéria de inexigibilidade de licitação, não há possibilidade de o administrador enquadrar nessa contratação outras situações senão as elencadas pelo legislador pátrio.

(D) O pregão é modalidade licitatória de aquisição de bens e serviços comuns da administração pública, independente do valor.

A: assertiva correta (art. 39, *caput*, c/c art. 23, I, "c", da Lei 8.666/1993); **B:** assertiva incorreta, devendo ser assinalada; esse caso, que representa inviabilidade de licitação, é de *inexigibilidade* de licitação e não de *dispensa* de licitação (art. 25, *caput*, da CF); **C:** assertiva correta, devendo ser realizada licitação para os casos de contratação que não se enquadrarem nas hipóteses de inexigibilidade de licitação; **D:** assertiva correta (art. 1o da Lei 10.520/2002).

Gabarito "B"

(Ministério Público/SP – 2013 – PGMP) Em quais hipóteses NÃO há dispensa e inexigibilidade de licitação?

(A) Inviabilidade de competição para a contratação de serviços técnicos de natureza singular, desde que comprovada a notória especialização do contratado, e compra de materiais fornecidos exclusivamente por uma única empresa.

(B) Contratação de empresa diversa da vencedora do certame original em consequência de rescisão contratual, atendida a ordem e condições aceitas da licitação anterior, e contratação de escritório de arquitetura reconhecido internacionalmente por sua excelência nos projetos de estádios de futebol.

(C) Dação em pagamento de bem imóvel com prévia avaliação e autorização legislativa e contratação de professor universitário, ex-ministro da Suprema Corte, para elaboração de parecer jurídico na sua área específica do Direito.

(D) Contratação de serviços de publicidade e concessão da coleta do lixo escolar.

(E) Concessão de direito real de uso de imóvel para outro órgão da administração pública e contratação de profissional do setor artístico consagrado pela opinião pública.

A: incorreta, pois esses casos são de inexigibilidade de licitação, nos termos do art. 25, II e I, respectivamente, da Lei 8.666/1993; **B:** incorreta, pois esses casos são de dispensa de licitação (art. 24, XI, da Lei 8.666/1993) e de inexigibilidade de licitação (art. 25, II, da Lei 8.666/1993), respectivamente; **C:** incorreta, pois esses casos são de licitação dispensada (art. 17, I, "a", da Lei 8.666/1993) e de inexigibilidade (art. 25, II, da Lei 8.666/1993), respectivamente; **D:** correta, pois a lei é expressa ao impedir a contratação sem licitação de serviços de publicidade e propaganda (art. 25, II, da Lei 8.666/1993); no mais, quanto ao segundo caso (coleta de lixo escolar), também não há autorização geral de não fazer licitação na espécie; **E:** incorreta, pois esses casos são de licitação dispensada (art. 17, § 2º, I, da Lei 8.666/1993) e de inexigibilidade de licitação (art. 25, III, da Lei 8.666/1993), respectivamente.

Gabarito "D"

(Ministério Público/MS – 2013 – FADEMS) No caso de contratação pela Administração Pública de serviço de coleta, processamento e comercialização de resíduos sólidos urbanos recicláveis, em áreas com sistema de coleta seletiva de lixo, efetuados por associações ou cooperativas formadas exclusivamente por pessoas físicas de baixa renda reconhecidas pelo poder público como catadores de materiais recicláveis, com o uso de equipamentos compatíveis com as normas técnicas, ambientais e de saúde, **é correto** afirmar que se trata de hipótese de:

(A) Inexigibilidade de licitação.

(B) Exigibilidade de licitação.

(C) Vedação de licitação.

(D) Dispensa de licitação.

(E) Licitação deserta.

Trata-se de caso de dispensa de licitação (art. 24, XXVII, da Lei 8.666/1993).

Gabarito "D"

(Ministério Público/BA – 2008) Assinale a opção correta:

(A) Havendo no município três bandas de forró, todas consagradas pela crítica e pela opinião pública, o prefeito, para contratar uma delas para comemoração dos festejos juninos, deve proceder à abertura de licitação, não podendo alegar inexigibilidade de licitação pela inviabilidade de competição.

(B) No contrato administrativo é vedada a subcontratação, no todo ou em parte, da execução da obra, serviço ou fornecimento.

(C) A licitação dispensada situa-se na âmbito da discricionariedade administrativa, podendo a administração optar por realizar ou não a licitação.

(D) A contratação de profissional da área de publicidade se enquadra na hipótese de contratação direta sem licitação, uma vez que a criatividade é um atributo do profissional dessa área.

(E) É vedada a realização de licitação cujo objeto inclua bens de marca, ressalvada a hipótese de padronização por questões de natureza técnica.

A: incorreta, pois o caso em tela enseja inexigibilidade de licitação (art. 25, III, da Lei 8.666/1993); **B:** incorreta, pois é possível a subcontratação, até o limite admitido pela Administração (art. 72 da Lei 8.666/1993); **C:** incorreta, pois a *licitação dispensada* (prevista no art. 17 da Lei 8.666/1993) é imperativa, diferentemente da *dispensa de licitação* (prevista no art. 24 da Lei 8.666/1993), na qual, aí sim, a Administração tem discricionariedade no sentido de poder optar pela realização ou não do certame; **D:** incorreta, pois a contratação direta (sem licitação) no caso é expressamente vedada pelo art. 25, II, da Lei 8.666/1993; **E:** correta (art. 7º, § 5º, da Lei 8.666/1993).

Gabarito "E"

(Ministério Público/BA – 2005) Assinale a alternativa correta:

(A) Tanto na dispensa quanto na inexigibilidade da licitação há a possibilidade de competição. Contudo, a lei faculta ao administrador, no exercício de seu poder discricionário, adotá-las em face do interesse público concreto.

(B) Os casos de guerra ou de grave perturbação da ordem, de emergência ou calamidade públicas, são situações excepcionais que permitem a inexigibilidade do processo licitatório.

(C) A dispensa da licitação poderá ser lastreada quando a aquisição de materiais, equipamentos ou gêneros só possam ser fornecidos por produtor, empresa ou representante comercial exclusivo, vedada a preferência de marca, e com a devida comprovação da exclusividade por atestado fornecido pelo órgão de comércio do local.

(D) Havendo dispensa ou inexigibilidade, a empresa a ser contratada será escolhida pela modalidade convite.

(E) Pela modalidade da tomada de preços, a licitação se realiza entre interessados previamente cadastrados ou que preencham os requisitos para cadastramento até o terceiro dia anterior à data do recebimento das propostas, observada a necessária qualificação.

A: incorreta, pois na inexigibilidade não há possibilidade de competição; esta é inviável (art. 25, *caput*, da Lei 8.666/1993); **B:** incorreta, pois são casos de ***dispensa*** de licitação, e não de ***inexigibilidade*** (art. 24, III e IV, da Lei 8.666/1993); **C:** incorreta, pois trata-se de hipótese de ***inexigibilidade***, e não de ***dispensa*** (art. 25, I, da Lei 8.666/1993); **D:** incorreta, pois havendo dispensa ou inexigibilidade, não será feita a licitação, portanto, não se pode falar em qualquer modalidade de licitação; **E:** correta (art. 22, § 2º, da Lei 8.666/1993).

Gabarito "E"

(Ministério Público/DF – 2009) No campo das licitações públicas, **assinale a alternativa correta**.

(A) É dispensável a licitação para contratação de profissional do setor artístico, desde que consagrado pela crítica especializada ou pela opinião pública.

(B) É inexigível a licitação quando a União tiver que intervir no domínio econômico para regular preços ou normalizar o abastecimento.

(C) A concorrência é facultativa para concessões de direito real de uso.

(D) O leilão é a modalidade de licitação utilizada para a alienação de bens imóveis.

(E) A doação com encargo será licitada e de seu instrumento constarão obrigatoriamente os encargos, o prazo de seu cumprimento e cláusula de reversão.

A: incorreta, pois esse caso é de *inexigibilidade* de licitação (art. 25, III, da Lei 8.666/1993); **B:** incorreta, pois esse caso é de *dispensa* (art. 24, VI, da Lei 8.666/1993); **C:** incorreta, pois é obrigatória nesse caso (art. 23, § 3º, da Lei 8.666/1993); **D:** incorreta, pois o *leilão* é utilizado para alienação de bens *móveis* inservíveis ou legalmente apreendidos ou penhorados (art. 22, § 5º, da Lei 8.666/1993), devendo-se utilizar a *concorrência* para a alienação de bens imóveis (art. 23, § 3º, da Lei 8.666/1993); apenas os imóveis adquiridos por procedimento judicial ou por dação em pagamento podem ser alienados por *leilão* (art. 19, III, da Lei 8.666/1993); **E:** correta (art. 17, § 4º, da Lei 8.666/1993).

Gabarito "E"

(Ministério Público/MG – 2008) Sobre a inexigibilidade da licitação, assinale a opção **INCORRETA**.

(A) É legalmente vedada a inexigibilidade da licitação para contratação de serviços de publicidade e divulgação.

(B) É inexigível a licitação para contratação de profissional de qualquer setor artístico, diretamente ou através de empresário exclusivo, desde que consagrado pela crítica especializada ou pela opinião pública.

(C) É inexigível a licitação para aquisição de materiais, equipamentos, ou gêneros que só possam ser fornecidos por produtor, empresa, ou representante comercial exclusivo, vedada a preferência de marca.

(D) É taxativo o rol de causas de inexigibilidade contido na legislação de regência.

(E) NDA

A: correta (art. 25, II, parte final, da Lei 8.666/1993); **B:** correta (art. 25, III, da Lei 8.666/1993); **C:** correta (art. 25, I, da Lei 8.666/1993); **D:** está incorreta, pois o rol de inexigibilidades não é taxativo, como deixa claro o próprio *caput* do art. 25, que usa a expressão "em especial"; **E:** correta, pois como já existe uma alternativa incorreta, não há por que marcar a alternativa "E".

Gabarito "D"

(Ministério Público/MS – 2011 – FADEMS) Dentre as modalidades de licitação, aquela utilizada para a venda de bens móveis inservíveis ou de produtos legalmente apreendidos e aquela utilizada entre interessados devidamente cadastrados ou que atenderem a todas as condições exigidas para cadastramento até o terceiro dia anterior à data do recebimento das propostas, observada a necessária qualificação são, respectivamente, definidas pela Lei n. 8.666/1993 como:

(A) pregão e tomada de preços;

(B) leilão e convite;

(C) concorrência e leilão;

(D) leilão e tomada de preços;

(E) leilão e pregão.

Art. 22, §§ 5º e 2º, respectivamente, da Lei 8.666/1993.

Gabarito "D"

(Ministério Público/MS – 2006) É caso de inexigibilidade de licitação:

(A) contratação de remanescentes de obra, serviço ou fornecimento em consequência de rescisão contratual.

(B) contratação de serviço técnico de natureza singular.

(C) contratação nos casos de emergência ou de calamidade pública.

(D) contratação de valor inferior a determinado limite estabelecido.

A: incorreta, pois é caso de ***dispensa*** (art. 24, XI, da Lei 8.666/1993); **B:** é a alternativa correta, pois esse é um caso de inexigibilidade (art. 25, II, da Lei 8.666/1993); **C:** incorreta, pois é caso de ***dispensa*** (art. 24, IV, da Lei 8.666/1993); **D:** incorreta, pois é caso de ***dispensa*** (art. 24, I e II, da Lei 8.666/1993).

Gabarito "B"

(Ministério Público/RO – 2008 – CESPE) Em cada uma das opções abaixo, é apresentada uma situação hipotética com relação a licitações públicas, seguida de uma assertiva a ser julgada. Assinale a opção que apresente a assertiva correta.

(A) O estado de Rondônia editou uma lei disciplinando o sistema de registro de preços. Nessa situação, a referida lei é inconstitucional, já que é de competência privativa da União legislar acerca de licitações públicas.

(B) O prefeito de determinado município pretende contratar uma empresa de publicidade para divulgar as ações de seu governo. Nessa situação, mesmo diante da notória especialidade, o contrato não poderá ser firmado com inexigibilidade de licitação.

(C) Determinado estado fez publicar edital no qual consta que um projeto executivo será elaborado pela empresa contratada. Nessa situação, houve frontal violação à lei geral de licitações, a qual veda que a mesma empresa que irá fazer o projeto executivo venha a executá-lo.

(D) A receita estadual apreendeu 100 computadores em uma operação de seus agentes. Uma escola particular, que atua junto à sociedade carente, solicitou a doação desses computadores. Nessa situação, conforme a lei de regência, essa doação dependerá de lei autorizadora específica e de avaliação prévia, sendo dispensada apenas a licitação.

(E) Devido a uma inesperada enchente do principal rio de um bairro, um município adquiriu alimentos, vestuário, cobertores e remédios, utilizando-se, para tanto, da dispensa de licitação. Na mesma oportunidade, a entidade municipal resolveu contratar uma empresa de construção civil para construir duas escolas para proteger as pessoas desabrigadas e, depois de passada a situação emergencial, atender aos alunos daquela comunidade. Nessa situação, mesmo que a obra mencionada tenha previsão de ser concluída em dois anos, o referido município poderá se utilizar da dispensa de licitação.

A: está incorreta, pois compete privativamente à União editar apenas as ***normas gerais*** em matéria de licitação (art. 22, XXVII, da CF); **B:** está correta, nos termos do art. 25, II (parte final), da Lei 8.666/1993; **C:** incorreta (art. 9º, § 2º, da Lei 8.666/1993); **D:** incorreta (art. 17, II, a, da Lei 8.666/1993); **E:** incorreta, pois a dispensa de licitação pela situação de emergência não permite que o contrato supere 180 dias (art. 24, IV, da Lei 8.666/1993).

Gabarito "B"

(Ministério Público/SC – 2010) Em atenção à licitação, considere as seguintes assertivas:

I. O autor do projeto, básico ou executivo, não poderá participar, direta ou indiretamente, da licitação ou da execução de obra ou serviço e do fornecimento de bens a eles necessários.

II. É inexigível a licitação para contratação de serviços de publicidade.

III. A licitação é dispensável na contratação de instituição ou organização, pública ou privada, com ou sem fins lucrativos, para a prestação de serviços de assistência técnica e extensão rural no âmbito do Programa Nacional de Assistência Técnica e Extensão Rural na Agricultura Familiar e na Reforma Agrária, instituído por Lei Federal.

IV. Os tipos de licitação "melhor técnica" ou "técnica e preço" serão utilizados exclusivamente para serviços de natureza predominantemente intelectual.

V. A autoridade competente somente poderá revogar a licitação por razões de interesse público decorrente de fato superveniente devidamente comprovado, pertinente e suficiente para justificar tal conduta e através de processo administrativo, assegurando, assim, o contraditório e a ampla defesa dos licitantes.

De acordo com a Lei Federal n. 8.666/1993, em sua redação atual:

(A) Apenas as assertivas IV e V estão corretas.

(B) Todas as assertivas estão corretas.

(C) Apenas as assertivas II, IV e V estão corretas.

(D) Apenas as assertivas II, III e V estão corretas.

(E) Apenas as assertivas I, III, IV e V estão corretas.

I: correta (art. 9º, I, da Lei 8.666/1993); **II:** incorreta, pois há expressa determinação legal em sentido contrário (art. 25, II, da Lei 8.666/1993); **III:** correta (art. 24, XXX, da Lei 8.666/1993); **IV:** correta (art. 46 da Lei 8.666/1993); **V:** correta (art. 49, *caput* e § 3º, da Lei 8.666/1993).

Gabarito "E"

9.3. MODALIDADES DE LICITAÇÃO E REGISTRO DE PREÇOS

(Ministério Público/GO – 2013) As leis gerais de licitação trazem, como modalidades licitatórias, a concorrência, a tomada de preços, o convite, o concurso, o leilão e o pregão, embora alguns autores afirmem a existência da modalidade consulta, prevista apenas para as agências reguladoras. No que pertine às modalidades licitatórias, aponte o item incorreto:

(A) a Lei 8.666/1993 veda o fracionamento de despesas, como forma de escapar de modalidade licitatória mais rigorosa, embora excepcione as parcelas de natureza especifica que possam ser executadas por pessoas ou empresas de especialidade diversa daquela do executor da obra ou serviço.

(B) da mesma forma que o fracionamento de despesas, a Lei 8.666/1993 veda o parcelamento do objeto da licitação.

(C) se o gestor, ao assumir a Administração, pretender locar 05 (cinco) caminhões para atender às necessidades do município, poderá lançar mão de uma licitação para cada um dos veículos, embora tenha o dever de observar a modalidade licitatória decorrente da soma de todos eles.

(D) é possível substituir uma modalidade licitatória por outra, desde que a substituição importe naquela mais rigorosa.

A: assertiva correta, nos termos do disposto no arts. 8º, parágrafo único, e 23, § 5º, da Lei 8.666/1993; **B:** assertiva incorreta, devendo ser assinalada; isso porque o parcelamento das contratações, desde que para aproveitar as peculiaridades do mercado e visando à economicidade, não só é admitido, como é obrigatório, sempre que possível (arts. 15, IV, 23, §§ 1º e 2º, da Lei 8.666/1993); **C:** assertiva correta (art. 23, § 2º, da Lei 8.666/1993); **D:** assertiva correta (art. 23, § 4º, da Lei 8.666/1993).

Gabarito "B"

(Ministério Público/PR – 2013 – X) Quanto às modalidades de licitação, assinale a alternativa ***correta***:

(A) Concorrência é a modalidade de licitação entre interessados devidamente cadastrados ou que atenderem a todas as condições exigidas para cadastramento até o terceiro dia anterior à data do recebimento das propostas, observada a necessária qualificação;

(B) Tomada de preços é a modalidade de licitação entre quaisquer interessados que, na fase inicial de habilitação preliminar, comprovem possuir os requisitos mínimos de qualificação exigidos no edital para execução de seu objeto;

(C) Pregão é a modalidade de licitação para aquisição de bens e serviços comuns, quais sejam aqueles cujos padrões de desempenho e qualidade possam ser objetivamente definidos pelo edital, por meio de especificações usuais no mercado;

(D) Concurso é a modalidade de licitação entre interessados do ramo pertinente ao seu objeto, cadastrados ou não, escolhidos e convidados em número mínimo de três pela unidade administrativa, a qual fixará, em local apropriado, cópia do instrumento convocatório e o estenderá aos demais cadastrados na correspondente especialidade que manifestarem seu interesse com antecedência de até 24 (vinte e quatro) horas da apresentação das propostas;

(E) Convite é a modalidade de licitação entre quaisquer interessados para escolha de trabalho técnico, científico ou artístico, mediante a instituição de prêmios ou remuneração aos vencedores, conforme critérios constantes de edital publicado na imprensa oficial com antecedência mínima de 45 (quarenta e cinco) dias.

A: assertiva incorreta, pois a definição dada é a de tomada de preços (art. 22, § 2º, da Lei 8.666/1993) e não de concorrência; **B:** assertiva incorreta, pois a definição dada é de concorrência (art. 22, § 1º, da Lei 8.666/1993) e não de tomada de preços; **C:** assertiva correta (art. 1º da Lei 10.520/2002); **D:** incorreta, pois a definição dada é de convite (art. 22, § 3º, da Lei 8.666/1993) e não de concurso; **E:** assertiva incorreta, pois a definição dada é de concurso (art. 22, § 4º, da Lei 8.666/1993) e não de convite.

Gabarito "C"

(Ministério Público/SP – 2013 – PGMP) É CORRETO afirmar que, na administração centralizada, são admitidas as seguintes modalidades de licitação:

(A) concorrência, tomada de preços, convite, concurso, leilão, pregão e consulta.

(B) concorrência, convite, tomada de preços, certame, leilão e pregão.

(C) concorrência, tomada de preços, convite, certame, concurso e leilão.

(D) concorrência, tomada de preços, convite, concurso, leilão e pregão.

(E) concorrência, tomada de preços, convite, concurso, consulta, certame, leilão e pregão.

A: incorreta, pois a consulta não está prevista como modalidade admitida na administração centralizada, existindo, todavia, na ANTAL (Administração Indireta), nos termos dos arts. 54 a 57 da Lei 9.472/1997; **B, C** e **E:** incorretas, pois o certame não é uma modalidade de licitação, mas apenas um sinônimo de licitação e a consulta não está prevista como modalidade admitida na administração centralizada; **D:** correta, pois a cinco primeiras são modalidades previstas no art. 22 da Lei 8.666/1990 e a última, na Lei 10.520/2002.

Gabarito "D"

(Ministério Público/GO – 2012) Considerando as normas que disciplinam as licitações e os contratos da Administração Pública, marque a alternativa incorreta:

(A) Leilão é a modalidade de licitação entre quaisquer interessados para a venda de bens móveis inservíveis para a administração ou de produtos legalmente apreendidos ou penhorados, a quem oferecer o maior lance, igual ou superior ao valor da avaliação.

(B) Será adotada a modalidade de licitação convite para obras e serviços de engenharia de até R$ 150.000,00 (centro e cinquenta mil reais).

(C) É dispensável a licitação para a aquisição, por pessoa jurídica de direito público interno, de bens produzidos ou serviços prestados por órgão ou entidade que integre a Administração Pública e que tenha sido criado para esse fim específico em data anterior à vigência desta Lei, desde que o preço contratado seja compatível com o praticado no mercado.

(D) É inexigível a licitação quando houver inviabilidade de competição, em especial para a contratação de serviços técnicos profissionais especializados, de natureza singular, com profissionais ou empresas de notória especialização, inclusive para serviços de publicidade e divulgação.

A: assertiva correta (art. 22, § 5º, da Lei 8.666/1993); **B:** assertiva correta (art. 23, I, "a", da Lei 8.666/1993); **C:** assertiva correta (art. 24, VIII, da Lei 8.666/1993); **D:** assertiva incorreta (devendo ser assinalada), pois, em relação a "serviços de publicidade e divulgação", há vedação expressa à contratação sem licitação (art. 25, II, da Lei 8.666/1993).

Gabarito "D"

(Ministério Público/RR – 2008 – CESPE) Julgue os próximos itens.

(1) Em razão de situações excepcionais, a dispensa de licitação é possível nos casos de guerra ou de grave perturbação da ordem.

(2) A modalidade de licitação denominada pregão é de utilização exclusiva da União.

(3) Obedece aos preceitos da Lei de Licitações a aquisição de bens feita por responsável pela aquisição de materiais de escritório de determinada repartição que, após processo licitatório na modalidade convite, do qual participaram dois interessados, adquire os bens com o uso de cartão corporativo, nos limites previstos.

1: certa (art. 24, III, da Lei 8.666/1993); 2: incorreta, pois não há essa limitação na Lei 10.520/2002; 3: incorreta, pois realizada a licitação, o adjudicatário (o vencedor) tem preferência em relação a outros fornecedores.

Gabarito 1C, 2E, 3E

(Ministério Público/SE – 2010 – CESPE) No que se refere às modalidades de licitação e aos contratos administrativos, assinale a opção correta.

(A) Leilão é a modalidade de licitação entre quaisquer interessados, na qual a administração tem por objetivo único a venda de bens móveis inservíveis.

(B) Na tomada de preços, os participantes interessados devem ser previamente cadastrados nos registros dos órgãos públicos, ou devem atender a todas as exigências para cadastramento até o terceiro dia anterior à data do recebimento das propostas.

(C) Em razão do formalismo que inspira as atividades da administração, a Lei n. 8.666/1993 determina que os contratos administrativos sejam formalizados sempre por meio de instrumento escrito, sendo nulo e de nenhum efeito o contrato verbal.

(D) O instrumento de contrato é obrigatório em todas as modalidades de licitação; não pode a administração substituí-lo por outros instrumentos, sob pena de nulidade.

(E) A duração dos contratos fica adstrita à vigência dos respectivos créditos orçamentários, razão pela qual a lei não lhes admite a prorrogação.

A: incorreta, pois o leilão se destina a outras alienações também, como a alienação de produtos legalmente apreendidos ou penhorados (art. 22, § 5º, da Lei 8.666/1993); **B:** correta (art. 22, § 2º, da Lei 8.666/1993); **C:** incorreta, pois há exceção em que se admite o contrato verbal (art. 60, parágrafo único, da Lei 8.666/1993); **D:** incorreta, pois há exceções no art. 62 da Lei 8.666/1993; **E:** incorreta, pois nos contratos de prestação de serviços contínuos admite-se prorrogação por iguais e sucessivos períodos (art. 57, II, da Lei 8.666/1993).

Gabarito "B"

(Ministério Público/SP – 2011) Para a escolha de trabalho técnico, científico ou artístico, mediante a instituição de prêmios ou remuneração aos vencedores, condicionada à obtenção dos direitos patrimoniais sobre a obra:

(A) é dispensável o processo licitatório.

(B) deverá ser realizada a licitação, na modalidade convite.

(C) é inexigível a licitação.

(D) deverá ser realizado o processo licitatório, na modalidade concorrência.

(E) é exigível a licitação, na modalidade concurso.

Deve-se utilizar a modalidade de licitação concurso, nos termos do art. 22, § 4º, da Lei 8.666/1993.

Gabarito "E"

9.4. FASES DA LICITAÇÃO E QUALIFICAÇÃO

(Ministério Público/ES – 2013 – VUNESP) A fim de incrementar a competitividade, o art. 33 da Lei Federal 8.666/1993 permite que o edital admita a oferta de propostas por meio de consórcios. Assim, torna-se possível que empresas diversas, detentoras de atributos específicos, formulem uma proposta unitária para a Administração. Assinale a alternativa correta sobre a participação de consórcios em certames licitatórios.

(A) No consórcio de empresas brasileiras e estrangeiras, a liderança caberá, obrigatoriamente, à empresa estrangeira.

(B) O ato convocatório tem que autorizar expressamente a constituição de consórcios específicos para o objeto licitado, pois a autorização para a participação de consórcio reveste-se de natureza discricionária, cabendo à Administração, em vista das peculiaridades do certame, decidir acerca da matéria.

(C) A apresentação da proposta por meio de um consórcio de empresas não implica a responsabilidade de todas e por todos os atos praticados na licitação e na futura execução do contrato, não sendo solidárias e sim individual e isoladamente responsabilizadas.

(D) Nos casos de consórcios formados, em sua totalidade, por micro e pequenas empresas, em relação à qualificação econômico-financeira, a Lei 8.666/1993 autoriza que a Administração exija, para o consórcio, um acréscimo de até 30% (trinta por cento) dos valores exigidos para licitante individual.

(E) É necessário que haja subordinação entre as empresas que constituem o consórcio, havendo uma hierarquia entre as empresas componentes do consórcio em relação à empresa líder.

A: incorreta, pois nesse caso a liderança cabe à empresa brasileira (art. 33, § 1º, da Lei 8.666/1993); **B:** correta, pois art. 33, *caput*, da Lei 8.666/1993 dispõe que empresas em consórcios só poderão participar de uma licitação "quando permitida" essa hipótese pela Administração; **C:** incorreta, pois é solidária a responsabilidade dos integrantes do consórcio pelos atos praticados neste âmbito (art. 33, V, da Lei 8.666/1993); **D:** incorreta, pois esse acréscimo não poderá ser exigido para consórcios formados, em sua totalidade, por micro e pequenas empresas (art. 33, III, da Lei 8.666/1993); **E:** incorreta, pois a lei não faz essa exigência (art. 33 da Lei 8.666/1993), tratando-se de questão interna do consórcio, sem prejuízo de que a empresa líder assuma os compromissos e condições de liderança a serem previstos no edital que admitir a participação de empresas em consórcio no certame (art. 33, II, da Lei 8.666/1993).

Gabarito "B"

(Ministério Público/CE – 2011 – FCC) É admissível, em editais de licitação, a fixação de cláusula que estabeleça

(A) isenção tributária aos produtos e serviços produzidos no território do ente licitante.

(B) margem de preferência para produtos manufaturados e para serviços nacionais que atendam a normas técnicas brasileiras.

(C) como critério de desempate a preferência por bens e serviços produzidos por empresa de capital nacional.

(D) exigência, nos contratos de compra para entrega futura e na execução de obras e serviços, de que os licitantes ostentem capital mínimo de 20% do valor estimado da contratação.

(E) preferência em favor da produção de bens em âmbito local, de maneira a favorecer a criação de empregos na região do órgão contratante e diminuir o custo ambiental da produção dos bens contratados.

A: incorreta, pois tal cláusula fere o princípio da igualdade entre os licitantes; **B:** correta (art. 3º, § 5º, da Lei 8.666/1993); **C:** incorreta, pois no art. 3º, § 2º, III, da Lei 8.666/1993, não há referência a "capital nacional", mas a "empresa brasileira" (constituída no Brasil, sob as leis brasileiras), pouco importando se o capital para a sua criação veio do exterior; **D:** incorreta, pois capital mínimo exigido não poderá exceder a 10% do valor estimado da contratação (art. 31, § 3º, da Lei 8.666/1993); **E:** incorreta, pois tal cláusula também fere o princípio da igualdade entre os licitantes.

Gabarito "B"

(Ministério Público/RN – 2009 – CESPE) A fase da licitação na qual se atribui ao vencedor o objeto da licitação é a

(A) adjudicação.

(B) homologação.

(C) contratação.

(D) habilitação.

(E) classificação.

Trata-se da adjudicação, nos termos do art. 43, VI, da Lei 8.666/1993. A *adjudicação* (que é a atribuição do objeto do certame ao vencedor da licitação) não se confunde com a *homologação* (que é a verificação da regularidade formal do certame), nem com a *contratação* (que acontece depois da adjudicação – vide arts. 64, *caput*, e 81, ambos da Lei 8.666/1993 – e consiste não celebração do contrato), muito menos com a *habilitação* (que é a declaração de que o licitante preenche condições de qualificação para continuar no certame) e a *classificação* (que é a declaração de que o licitante tem proposta apta).

Gabarito "A"

(Ministério Público/TO – 2006 – CESPE) Em relação ao regime jurídico das licitações, assinale a opção correta.

(A) Por força dos princípios da economicidade e da finalidade, que têm assento constitucional, o julgamento das licitações devem sempre privilegiar a obtenção da melhor proposta, considerada sob o enfoque econômico.

(B) No caso de contratações complexas, em que haja objetos com diferentes características, deve o administrador combinar, de maneira adequada, uma ou mais modalidades de licitação, conforme se mostre necessário, com a cautela de sempre adotar os procedimentos que ensejem a maior competitividade e a mais ampla participação possível dos interessados.

(C) O ato final do procedimento de licitação, mediante o qual poder público atribui o objeto do contrato ao licitante vencedor, denomina-se homologação.

(D) Em determinados casos, a dispensa de licitação pode ocorrer de maneira válida, independentemente do valor da contratação.

A: incorreta, pois a melhor proposta deve levar em conta não só o preço, mas também a adequação aos objetivos da Administração; **B:** incorreta, pois não é possível a combinação de modalidades de licitação (art. 22, § 8º, da Lei 8.666/1993); **C:** incorreta, pois o ato pelo qual se atribui o objeto do certame ao licitante vencedor é a adjudicação; **D:** correta, pois só há limitação de valores na dispensa de licitação nos casos previstos nos incisos I e II do art. 24 da Lei 8.666/1993.

Gabarito "D"

(Ministério Público/MG – 2007) O ato final do procedimento licitatório, pelo qual se atribui ao vencedor o objeto licitado, denomina-se

(A) adjudicação.

(B) contratação.

(C) julgamento final.

(D) classificação.

(E) habilitação.

A alternativa "A" é a correta, já que o enunciado trouxe a definição doutrinária de adjudicação.

Gabarito "A"

9.5. MICROEMPRESA E EMPRESA DE PEQUENO PORTE

(Ministério Público/AM – 2008 – CESPE) Acerca das licitações públicas, julgue os itens a seguir.

I. Para dar aplicabilidade ao princípio da igualdade entre os licitantes, a lei proíbe que os atos de convocação da licitação prevejam cláusulas e condições que comprometam, restrinjam ou frustrem o caráter competitivo, estabelecendo preferências ou distinções em razão da naturalidade, da sede ou domicílio dos licitantes ou qualquer outra circunstância impertinente ou irrelevante para o específico objeto do contrato.

II. Nas licitações, será assegurada, como critério de desempate, preferência de contratação para as microempresas e empresas de pequeno porte.

III. Inicialmente prevista como modalidade de licitação aplicável apenas à União, o pregão foi, mais tarde, estendido como modalidade que pode ser utilizada pelos estados, pelo DF e pelos municípios.

IV. As hipóteses de licitação dispensável encontram-se enumeradas na lei de licitações de forma exemplificativa.

A quantidade de itens certos é igual a

(A) 0.

(B) 1.

(C) 2.

(D) 3.

(E) 4.

I: correta (art. 3º, § 1º, da Lei 8.666/1993); **II:** correta (art. 44 da Lei Complementar 123/2006); **III:** correta, pois a medida provisória original que tratava do assunto previa que o pregão era aplicável apenas à União, diferente do que restou previsto na Lei 10.520/2002; **IV:** incorreta, pois as hipóteses de dispensa de licitação (art. 24 da Lei 8.666/1993) estão previstas em rol taxativo, ao passo que as de inexigibilidade estão previstas em rol exemplificativo (art. 25 da Lei 8.666/1993).

Gabarito "D"

9.6. TEMAS COMBINADOS E OUTROS TEMAS

(Ministério Público/DF – 2013) No que concerne a licitações e contratos administrativos, **NÃO É CORRETO** afirmar:

(A) A participação de Município como um dos patrocinadores de evento esportivo não caracteriza a presença do ente público como contratante de ajuste administrativo sujeito a prévia licitação.

(B) No entendimento do Supremo Tribunal Federal, não cabe transferir à administração pública os encargos trabalhistas, fiscais e comerciais resultantes do contrato, em caso do inadimplemento do outro contratante, ressalvadas as hipóteses de culpa *in vigilando, in eligendo* ou *in omittendo* do ente público contratante.

(C) A lei pode, sem violação do princípio da igualdade, distinguir situações a fim de conferir a uma tratamento diverso do que atribui a outra. Para que possa fazê-lo, contudo, sem que tal violação se manifeste, é necessário que a discriminação guarde compatibilidade com o conteúdo do princípio. A Constituição exclui quaisquer exigências de qualificação técnica e econômica que não sejam indispensáveis à garantia do cumprimento das obrigações.

(D) As modalidades de licitação previstas na lei de regência não excluem a criação de outras modalidades que se façam necessárias em razão da especificidade do objeto a ser licitado.

(E) Em não ocorrendo hipótese de inexigibilidade, a modalidade concorrência é a que deve ser utilizada nos casos de alienação de bens imóveis, qualquer que seja seu valor, ressalvadas as hipóteses em que os bens em questão tenham sido adquiridos em decorrência de procedimentos judiciais ou dação em pagamento.

A: assertiva correta, pois a figura do patrocínio não está prevista nos arts. 37, XXI, da CF e 1º, caput, da Lei 8.666/1993, como hipótese que enseja licitação; nesse sentido, inclusive, confira o entendimento do STF a respeito, no caso em que o Município de São Paulo foi patrocinador da São Silvestre: "*Recursos Extraordinários. Constitucional e Administrativo. Alegação de contrariedade aos arts. 5º, inc. II, 37,* caput, *e inc. XXI, e 93, inc. IX, da Constituição da República. Realização de evento esportivo por entidade privada com múltiplo patrocínio: Descaracterização do patrocínio como contratação administrativa sujeita à licitação. A participação de município como um dos patrocinadores de evento esportivo de repercussão internacional não caracteriza a presença do ente público como contratante de ajuste administrativo sujeito à prévia licitação. Ausência de dever do patrocinador público de fazer licitação para condicionar o evento esportivo: objeto não estatal; Inocorrência de pacto administrativo para prestar serviços ou adquirir bens. Acórdão recorrido contrário à Constituição. Recursos Extraordinários interpostos contra acórdão do Tribunal de Justiça do Estado de São Paulo providos. Recurso Extraordinário contra acórdão do Superior Tribunal de Justiça julgado prejudicado por perda de objeto*" (STF, Rel. Min. Cármen Lúcia, RE nº 574636/SP, 1ª T., julgado em 16.08.2011); **B:** assertiva correta, já que o STF, na ADC 16/DF, assim decidiu sobre essa temática: "*entendeu-se que a mera inadimplência do contratado não poderia transferir à Administração Pública a responsabilidade pelo pagamento dos encargos, mas reconheceu-se que isso não significaria que eventual* ***omissão*** *da Administração Pública, na obrigação de fiscalizar as obrigações do contratado, não viesse a gerar essa responsabilidade*" (g.n.); **C:** assertiva correta, pois a traduziu exatamente a essência do princípio da igualdade, qual seja, a de que é possível tratar desigualmente os desiguais desde que a discriminação seja pertinente; quanto a exclusão, na própria CF, de discriminações não pertinentes em matéria de qualificação técnica e econômica em licitação, de fato existe e está no art. 37, XXI, do Texto Maior; **D:** assertiva incorreta, devendo ser assinalada; isso porque o art. 22, § 8º, da Lei 8.666/1993 proíbe expressamente a criação, pela Administração, de outras modalidades de licitação ou a combinação delas; **E:** assertiva correta (art. 23, § 3º, c/c art. 19, III, ambos da Lei 8.666/1993).

Gabarito "D"

(Ministério Público/PI – 2014 – CESPE) No que concerne à licitação e aos contratos administrativos, assinale a opção correta.

(A) A penalidade de suspensão e a de declaração de inidoneidade, em caso de irregularidades na execução do contrato administrativo, aplicadas pela União não produzem efeitos perante estado da Federação.

(B) Para fim de habilitação nas licitações, a administração pública não deve exigir dos licitantes a apresentação de certidão de quitação de obrigações fiscais, mas a mera prova de sua regularidade.

(C) No que se refere à documentação relativa à qualificação econômico-financeira para compras para entrega futura e execução de obras e serviços, a administração não pode exigir das licitantes capital social mínimo, patrimônio líquido mínimo ou garantias que assegurem o adimplemento do contrato a ser celebrado.

(D) Segundo entendimento do STJ, deve-se reconhecer a nulidade, em processo licitatório, do julgamento de recurso administrativo por autoridade incompetente, ainda que tenha havido posterior homologação do certame pela autoridade competente.

(E) A CF autoriza a gestão associada de serviços públicos por meio de convênios, mas não a transferência total ou parcial de serviços, de pessoal e de bens essenciais à continuidade dos serviços transferidos.

A: incorreta; o art. 6º, XI e XII, da Lei 8.666/1993 traz as definições, para efeito da aplicação dessa lei, de "Administração Pública" (que abrange toda a Administração Direta e Indireta, de todas as esferas federativas) e de "Administração" (que diz respeito ao órgão ou entidade que atua no caso concreto); já o art. 87, III e IV, da Lei 8.666/1993 estabelece que a sanção de suspensão temporária de participação da licitação diz respeito à "Administração" e a sanção de inidoneidade para licitar ou contratar diz respeito à "Administração Pública"; assim, parte da doutrina entende que a penalidade de suspensão produz efeito apenas ao ente concreto que a tiver aplicado (no caso, a União) e a penalidade de declaração de inidoneidade produz efeito em relação à Administração Pública de todos os entes federativos; porém, o STJ tem decidido que as duas sanções se aplicam às diferentes esferas federativas (STJ, MS 19.657/DF, *DJ* 14.08.2013), entendimento com o qual concordamos, considerando a interpretação teleológica dos dispositivos à luz do princípio da moralidade administrativa; **B:** correta, estando de acordo com a Súmula TCU 283 ("Para fim de habilitação, a Administração Pública não deve exigir dos licitantes a apresentação de certidão de quitação de obrigações fiscais, e sim prova de sua regularidade"); **C:** incorreta, pois a Administração pode fazer essas exigências, conforme o art. 31, § 2º, da Lei 8.666/1993); **D:** incorreta, pois o STJ entendeu que "O vício na competência poderá ser convalidado desde que não se trate de competência exclusiva, o que não é o caso dos autos. Logo, não há falar em nulidade do procedimento licitatório ante o saneamento do vício com a homologação" (Resp 1.348.472/RS, *DJ* 28.05.2013); E: incorreta, pois o art. 241 da CF autoriza a gestão associada de serviços públicos por meio de convênios, inclusive com transferência total ou parcial de encargos, serviços, pessoal e bens essenciais à continuidade dos serviços transferidos.

Gabarito "B"

(Ministério Público/PR – 2013 – X) Sobre licitações e contratações públicas é ***incorreto*** afirmar:

(A) Nas licitações públicas, a comprovação de regularidade fiscal das microempresas e empresas de pequeno porte somente será exigida para efeito de assinatura do contrato;

(B) O objeto dos contratos de serviços de publicidade prestados por intermédio de agências de propaganda (fundamentalmente disciplinados pela Lei 12.232/2010) poderá incluir, a título de atividades complementares, os serviços especializados pertinentes à produção e execução técnica de peças e projetos publicitários, assessoria de imprensa, comunicação e relações públicas;

(C) O Regime Diferenciado de Contratações Públicas (RDC), originariamente criado pela Lei 12.462/2011 para as licitações e contratos necessários à realização de eventos como a Copa das Confederações (2013), a Copa do Mundo de Futebol (2014), Jogos Olímpicos e Paraolímpicos de 2016, hoje é também aplicável às licitações e contratos necessários à realização de obras e serviços de engenharia no âmbito do Sistema Único de Saúde (SUS) e no âmbito dos sistemas públicos de ensino;

(D) Não poderá participar da licitação ou da execução de obra ou serviço e do fornecimento de bens a eles necessários o autor do projeto, básico ou executivo, pessoa física ou jurídica, salvo como consultor ou técnico, nas funções de fiscalização, supervisão ou gerenciamento, exclusivamente a serviço da Administração interessada;

(E) Dispensa-se a licitação na contratação de remanescente de obra, serviço ou fornecimento, em consequência de rescisão contratual, desde que atendida a ordem de classificação da licitação anterior e aceitas as mesmas condições oferecidas pelo licitante vencedor, inclusive quanto ao preço, devidamente corrigido.

A: assertiva correta (art. 42 da LC 123/2006); **B:** assertiva incorreta, devendo ser assinalada. O art. 2º, § 2º, da Lei 12.232/2010 veda a inclusão de outras atividades nos contratos de serviços de publicidade (que não as previstas no *caput* e no § 1º do art. 2º mencionado), em especial as de assessoria de imprensa, comunicação e relações públicas ou realização de eventos festivos; **C:** assertiva correta (art. 1º, I, II e V, e § 3º, da Lei 12.462/2011); **D:** assertiva correta (art. 9º, I e § 1º, da Lei 8.666/1993); **E:** assertiva correta (art. 24, XI, da Lei 8.666/1993).

Gabarito "B"

(Ministério Público/GO – 2010) Quanto aos recursos administrativos nas licitações é incorreto afirmar exceto:

(A) No que se refere à licitação, cabe recurso hierárquico, no prazo de três dias úteis, a contar da intimação do ato.

(B) A representação é prevista como recurso contra decisão relacionada com o objeto da licitação, da qual não caiba recurso hierárquico, no prazo de três dias úteis, contados da intimação.

(C) O pedido de reconsideração deve ser interposto, no prazo de cinco dias, quando o administrado for punido com penalidade de declaração de inidoneidade para licitar ou contratar com a administração pública.

(D) Apenas os recursos contra habilitação ou inabilitação e contra julgamento das propostas têm efeito suspensivo.

A: assertiva incorreta, pois o prazo recursal é de *5 dias* úteis, sendo contato da intimação do ato *ou da lavratura da ata* (art. 109, I, da Lei 8.666/1993); **B:** assertiva incorreta, pois a representação deve se dar no prazo de *5 dias* úteis, contados da decisão relacionada com o objeto da licitação ou do contrato, de que não caiba recurso hierárquico (art. 109, II, da Lei 8.666/1993); **C:** assertiva incorreta, pois o pedido de reconsideração deve ser feito no prazo de *10 dias* úteis da intimação do ato (art. 109, III, da Lei 8.666/1993); **D:** assertiva correta (devendo ser assinalada), nos termos do art. 109, § 2º, da Lei 8.666/1993.

Gabarito "D"

(Ministério Público/MG – 2012 – CONSULPLAN) Em relação à licitação, à luz da legislação de regência, é **INCORRETO** dizer que:

(A) A alienação de bens da Administração Pública deve ser precedida de avaliação, sendo dispensada a licitação quando se tratar de permuta de bens móveis entre órgãos ou entidades integrantes do próprio Poder Público.

(B) Nos casos em que couber a tomada de preços, a Administração poderá utilizar convite e, em qualquer caso, a concorrência.

(C) A licitação não será sigilosa, sendo públicos e acessíveis ao público os atos de seu procedimento, salvo quanto ao conteúdo das propostas, até a respectiva abertura.

(D) É dispensável a licitação na contratação de associação de portadores de deficiência física, sem fins lucrativos e de comprovada idoneidade, por órgãos ou entidades da Administração Pública, para a prestação de serviços ou fornecimento de mão de obra, desde que o preço contratado seja compatível com o praticado no mercado.

A: assertiva correta (art. 17, II, "b", da Lei 8.666/1993); **B:** assertiva incorreta (devendo ser assinalada), pois, não caberá convite em caso de tomada de preços; neste caso, além da tomada de preços, cabe apenas concorrência, já que esta é mais abrangente, valendo a máxima "quem pode o mais, pode o menos"; **C:** assertiva correta (art. 3º, § 3º, da Lei 8.666/1993); **D:** assertiva correta (art. 24, XX, da Lei 8.666/1993).

Gabarito "B"

(Ministério Público/MS – 2009) Quanto às licitações e aos contratos administrativos que delas resultam, assinale a opção correta.

(A) A fiel observância do procedimento licitatório previsto em lei constitui, para todos aqueles que participam de licitação promovida por órgão ou entidade do Poder Público, direito público subjetivo.

(B) São modalidades de licitação a concorrência, o convite, o leilão, o menor preço e a melhor técnica.

(C) São tipos de licitação a tomada de preços, o concurso e o maior lance ou oferta.

(D) A inadimplência de contrato administrativo, regido pela lei de licitações, transfere à Administração Pública a responsabilidade pelo pagamento de encargos trabalhistas e previdenciários.

(E) A Administração Pública poderá alterar unilateralmente e sem qualquer justificativa contrato administrativo regido pela lei de licitações, quando houver modificação do projeto ou das especificações, para melhor adequação técnica aos seus objetivos.

A: correta, tendo em vista os princípios da legalidade e da vinculação ao instrumento convocatório; **B:** incorreta, pois o "menor preço" e a "melhor técnica" são *tipos* de licitação (art. 45, § 1º, da Lei 8.666/1993) e não *modalidades* de licitação; **C:** incorreta, pois a tomada de preços e o concurso são modalidades de licitação (art. 22, *caput*, II e IV, da Lei 8.666/1993); **D:** incorreta, pois segundo o art. 71, § 1º, da Lei 8.666/1993, "a inadimplência do contratado, com referência aos encargos trabalhistas, fiscais e comerciais não transfere à Administração Pública a responsabilidade por seu pagamento, nem poderá onerar o objeto do contrato ou restringir a regularização e o uso das obras e edificações, inclusive perante o Registro de Imóveis"; **E:** incorreta, pois são necessárias "as devidas justificativas" para essa medida (art. 65, *caput* e I, "a", da Lei 8.666/1993).

Gabarito "A"

(Ministério Público/PR – 2011) Relativamente às Licitações, é correto afirmar:

(A) A autoridade competente para a aprovação do procedimento licitatório poderá revogar a licitação por razões de interesse público decorrente de fato superveniente devidamente comprovado, pertinente e suficiente para justificar tal conduta.

(B) Na contratação de serviços de publicidade, poderá ser dispensada a licitação em se tratando de hipóteses que exijam a contratação de profissionais ou empresas de notória especialização, conforme previsto no artigo 25 da Lei 8.666/1993.

(C) O concurso para ingresso em carreira no serviço público é uma modalidade de licitação.

(D) Havendo empate em procedimento licitatório, impõe a legislação vigente que sempre se resolva pelo critério do sorteio, como forma de garantir a isonomia e lisura no procedimento.

(E) Todas as alternativas anteriores são corretas.

A: correta (art. 49 da Lei 8.666/1993); **B:** incorreta, pois não cabe nem dispensa, nem inexigibilidade (art. 25, II, da Lei 8.666/1993); **C:** incorreta, pois o concurso de que trata a Lei de Licitações é destinado à premiação de trabalho técnico, científico ou artístico (art. 22, § 4º, da Lei 8.666/1993), e não para contratar servidores públicos; **D:** incorreta, pois, em primeiro lugar, deve-se observar os critérios previstos no art. 3º, § 2º, da Lei 8.666/1993; **E:** incorreta, pois apenas a alternativa "A" está correta.

Gabarito "A"

(Ministério Público/RN – 2009 – CESPE) Assinale a opção correta a respeito da Lei n. 8.666/1993.

(A) Esta lei define projeto básico como sendo o conjunto dos elementos necessários e suficientes à execução completa da obra, de acordo com as normas pertinentes da Associação Brasileira de Normas Técnicas (ABNT).

(B) A venda de bens imóveis das autarquias deve ser precedida de autorização legislativa.

(C) Segundo a lei em apreço, é vedado, em caso de empate na licitação, dar preferência a bens produzidos por empresas brasileiras.

(D) A tomada de preços e o concurso são tipos de licitação.

(E) Na venda de bens imóveis, a administração deve utilizar a modalidade maior lance ou oferta.

A: incorreta, pois essa definição é de projeto executivo (art. 6º, X, da Lei 8.666/1993); a definição de projeto básico está no art. 6º, IX, da Lei 8.666/1993; **B:** correta, pois as autarquias são pessoas jurídicas de direito público (art. 41, IV, do CC) e, assim, seus bens são públicos (art. 98 do CC), e os bens públicos dependem de autorização legislativa para serem alienados (art. 17, I, da Lei 8.666/1993); **C:** incorreta (art. 3º, § 2º, III, da Lei 8.666/1993); **D:** incorreta, pois são *modalidades* de licitação (art. 22 da Lei 8.666/1993); os *tipos* de licitação são menor preço, melhor técnica etc. (art. 45, § 1º, da Lei 8.666/1993); **E:** incorreta, pois esses são *tipos* de licitação; as *modalidades* cabíveis para venda de imóveis são concorrência e leilão (vide arts. 19 e 23, § 3º, da Lei 8.666/1993).

Gabarito "B"

(Ministério Público/RN – 2009 – CESPE) Com relação a licitações e contratos, assinale a opção correta à luz da Lei n. 8.666/1993 e suas alterações.

(A) Concorrência é a modalidade de licitação entre interessados devidamente cadastrados ou que tenham atendido a todas as condições exigidas para cadastramento até o segundo dia anterior à data do recebimento de propostas.

(B) Exige-se a licitação para o fornecimento de bens e serviços, produzidos ou prestados no país, que envolvam, cumulativamente, alta complexidade tecnológica e defesa nacional, mediante parecer de comissão especialmente designada pela autoridade máxima do órgão.

(C) As compras da administração pública, sempre que possível, devem ser processadas por meio de sistema de registro de preço.

(D) Para obras e serviços de engenharia acima de R$ 1.500.000,00, a modalidade de licitação indicada deve ser a tomada de preços.

(E) É dispensável a licitação quando há inviabilidade de competição para contratação de profissional de qualquer setor artístico.

A: incorreta, pois para participar da *concorrência* não é necessário estar previamente cadastrado; esse prévio cadastrado diz respeito à modalidade *tomada de preços* (art. 22, § 2º, da Lei 8.666/1993), que permite a participação de não cadastrados apenas se preencherem as condições exigidas para cadastramento até o *terceiro* dia anterior à data do recebimento das propostas; **B:** incorreta, pois, nesse caso, tem-se dispensa de licitação (art. 24, XXVIII, da Lei 8.666/1993); **C:** correta (art. 15, *caput* e inciso II, da Lei 8.666/1993); **D:** incorreta, pois deve ser concorrência (art. 23, I, "c", da Lei 8.666/1993) e não tomada de preços; **E:** incorreta, pois, nesse caso, tem-se inexigibilidade de licitação (art. 25, III, da Lei 8.666/1993) e não dispensa de licitação.

Gabarito "C"

(Ministério Público/RR – 2012 – CESPE) Assinale a opção correta relativamente ao instituto da licitação.

(A) Em regra, o procedimento licitatório fica a cargo de comissão cujos membros terão mandato de até um ano, admitida a recondução de todos os membros para a mesma comissão no período subsequente.

(B) No pregão, a fase da habilitação deve preceder a de classificação.

(C) Contra o ato de anulação ou revogação do procedimento licitatório cabe, por força de lei, recurso dotado de efeito suspensivo.

(D) A alienação de bens imóveis em se tratando de dação em pagamento configura situação de dispensa de licitação determinada por lei, razão pela qual não há discricionariedade administrativa quanto ao ato de dispensa.

(E) A legislação de regência admite a dispensa de licitação para a contratação de coleta, processamento e comercialização de resíduos sólidos urbanos recicláveis ou reutilizáveis, em áreas com sistema de coleta seletiva de lixo, efetuados por cooperativas formadas por pessoas físicas de baixa renda ou por empresas de pequeno porte.

A: incorreta, pois a investidura dos membros de comissão permanente é de até 1 ano, **mas** é vedada a recondução da totalidade de seus membros para a mesma comissão no período subsequente (art. 51, § 4º, da Lei 8.666/1993); **B:** incorreta, pois, no pregão, há uma inversão de fases, de modo que a fase de julgamento das propostas e classificação ocorre primeiro que a fase de habilitação (art. 4º, VII e XII, da Lei 10.520/2002); **C:** incorreta, pois o recurso, nesses casos, não está dentre as hipóteses em que lei impõe automaticamente o efeito suspensivo (art. 109, § 2º, da Lei 8.666/1993); **D:** correta (art. 17, I, "a", da Lei 8.666/1993); **E:** incorreta, pois a parte final da alternativa, que faz referência a "empresas de pequeno porte" não se encontra prevista na lei (art. 24, XXVII, da Lei 8.666/1993).

Gabarito "D"

(Ministério Público/RS – 2009) Considere a hipótese abaixo.

Dado município do interior contratou, sem licitação, serviços de publicidade relativos a programas institucionais de saúde, a serem realizados/executados por renomado publicitário, pelo preço de R$ 10.000,00 mensais, pelo período de doze meses. Frente à hipótese, pode-se dizer:

(A) Trata-se do caso de inexigibilidade e/ou dispensa de licitação; é, portanto, correta a ação da administração, já que em face do contrato firmado e dos valores despendidos, não haveria necessidade de processo licitatório.

(B) Se a administração adotasse a contratação pelo sistema de convite, haveria, em face da espécie de processo utilizado e do sistema de contratação, respeito à legislação vigente.

(C) É possível qualificar o trabalho do publicitário como de um artista, de acordo com a legislação relativa às licitações.

(D) A eventual responsabilização civil do administrador que infringe a Lei n. 8.666/1993, e que causa prejuízo à administração na hipótese apresentada configura-se apenas se comprovado o dolo.

(E) Nenhuma das afirmações anteriores está correta.

A: incorreta, pois a lei é expressa no sentido de não caber contratação direta na contratação de serviços de publicidade (art. 25, II, da Lei 8.666/1993); **B:** incorreta, pois o valor limite para o convite na contratação de serviços comuns é de R$ 80.000,00 e, no caso, tem-se uma contratação de R$ 120.000,99 (= 12 meses x R$ 10.000,00); **C:** incorreta, pois a lei não define o trabalho do publicitário como de um artista (v. art. 25, II e III, da Lei 8.666/1993); **D:** incorreta, pois os agentes públicos podem ser acionados em caso de culpa ou dolo; **E:** correta, pois, não havendo outra assertiva condizente com a lei, esta deve ser assinalada.

Gabarito "E"

(Ministério Público/SC – 2012) Analise as seguintes assertivas:

I. Ao Poder Judiciário compete revogar atos administrativos por razões de mérito, no atendimento do interesse público.

II. É vedada a inclusão no objeto da licitação a obtenção de recursos financeiros para sua execução, qualquer que seja sua origem.

III. O princípio da vinculação ao instrumento convocatório estabelece que o edital e a carta-convite contêm as regras a serem observadas no processo licitatório. Em caso de modificação do edital que afete as propostas, as novas regras valerão apenas para os concorrentes já habilitados.

IV. É dispensável a licitação quando houver inviabilidade de competição, sendo inexigível em algumas situações legalmente previstas em que há competição, mas sua realização é facultada.

V. As autarquias submetem-se ao controle administrativo realizado pelos órgãos da cúpula da Administração direta, denominada de "tutela".

(A) Apenas as assertivas I, III e IV estão corretas.

(B) Apenas a assertiva IV está correta.

(C) Apenas as assertivas II e V estão corretas.

(D) Apenas a assertiva V está correta.

(E) Todas as assertivas estão corretas.

I: incorreta, pois a revogação é da exclusiva alçada da Administração Pública que tiver expedido o ato, não podendo o Judiciário fazê-la em seu lugar; **II:** incorreta, pois tal medida é possível "nos casos de empreendimentos executados e explorados sob o regime de concessão, nos termos da legislação específica" (art. 7º, § 3º, da Lei 8.666/1993); **III:** incorreta, pois a modificação do edital, que afete as propostas, impõe a reabertura do prazo para apresentação destas (art. 21, § 4º, da Lei 8.666/1993), valendo, assim, para todos os concorrentes; **IV:** incorreta, pois a inviabilidade de competição leva à inexigibilidade de licitação (art. 25, *caput*, da Lei 8.666/1993) e não à dispensa desta; no mais, é bom que fique claro que, havendo caso de inexigibilidade, não há possibilidade de se fazer licitação, de modo que esta não é facultada; **V:** correta, pois a autarquia (pessoa jurídica) está, de fato, sujeita a "tutela", também chamada de "controle" ou "supervisão ministerial", diferentemente de um mero órgão estatal, que está sujeito à "hierarquia".

Gabarito "D"

(Ministério Público/SP – 2011) A pena de suspensão temporária de participação em licitação e impedimento de contratar com a Administração, por prazo não superior a 2 (dois) anos, pela inexecução total ou parcial do contrato:

(A) é restrita ao órgão licitante, que impôs a penalidade.

(B) estende-se à pessoa jurídica de direito público a que pertence o órgão licitante.

(C) abrange toda a Administração, em qualquer unidade da Federação.

(D) pode ser aumentada, para prazo superior a 2 (dois) anos, dependendo da extensão do dano causado pelo particular.

(E) só pode ser aplicada em ação judicial, de rito ordinário.

A e **B:** incorretas, a pena abrange toda a Administração (art. 87, III, da Lei 8.666/1993); **C:** correta, conforme art. 87, III, da Lei 8.666/1993; **D:** incorreta, pois o prazo é de até 2 anos (art. 87, III, da Lei 8.666/1993); **E:** incorreta, pois é aplicada pela própria Administração.

Gabarito "C"

10. CONTRATOS ADMINISTRATIVOS

10.1. CONCEITO, CARACTERÍSTICAS PRINCIPAIS, FORMALIZAÇÃO E CLÁUSULAS CONTRATUAIS NECESSÁRIAS

(Ministério Público/MG – 2014) A respeito dos contratos administrativos, considere as seguintes afirmativas:

I. Admitem a existência ou o estabelecimento de prerrogativas especiais em prol da administração pública.

II. Admitem sua extinção unilateral nos casos admitidos em lei.

III. A garantia do contratado ao equilíbrio econômico-financeiro do contrato administrativo não pode ser afetado nem mesmo por força de lei.

IV. Somente o prazo de entrega do contrato administrativo admite prorrogação e, mesmo assim, quando expressamente justificada e autorizada.

É CORRETO o que se assevera apenas em:

(A) I e IV

(B) II e IV

(C) I, II e III

(D) II, III e IV

I: correta, tratando-se das chamadas cláusulas exorbitantes, exemplificadas no art. 58 da Lei 8.666/1993; **II:** correta (art. 58, II, da Lei 8.666/1993); **III:** correta, pois essa garantia está na própria Constituição, quando dispõe "mantidas as condições efetivas da proposta"; **IV:** incorreta, pois também admitem prorrogação os prazos de início de etapas de execução e de conclusão, sempre condicionados a que ocorra algum dos motivos expressamente previstos no art. 57, § 1º, da Lei 8.666/1993.

Gabarito "C"

(Ministério Público/MG – 2013) O Decreto 7.892/2013 regulamentou o Sistema de Registro de Preços – SRP para as contratações de serviços e a aquisição de bens no âmbito da administração pública federal direta, autárquica e fundacional, fundos especiais, empresas públicas, sociedades de economia mista e demais entidades controladas, direta ou indiretamente pela União. São hipóteses que a norma admite a utilização do SRP, com **EXCEÇÃO** de:

(A) Quando, pelas características do bem ou serviço, houver necessidade de contratações frequentes.

(B) Quando, pela natureza do objeto, for possível definir previamente o quantitativo a ser demandado pela Administração.

(C) Quando for conveniente a aquisição de bens ou a contratação de serviços para atendimento a mais de um órgão ou entidade, ou a programas de governo.

(D) Quando for conveniente a aquisição de bens com previsão de entregas parceladas ou contratação de serviços remunerados por unidade de medida ou em regime de tarefa.

A: incorreta, pois admite a utilização do SRP (art. 3º, I, do Decreto 7.892/2013); **B:** correta, pois NÃO admite a utilização do SRP, que pode ser utilizado justamente na hipótese contrária, ou seja, quando não for possível definir previamente o quantitativo a ser demandado pela Administração (art. 3º, IV, do Decreto 7.892/2013); **C:** incorreta, pois admite a utilização do SRP (art. 3º, III, do Decreto 7.892/2013); **D:** incorreta, pois admite a utilização do SRP (art. 3º, II, do Decreto 7.892/2013).

Gabarito "B"

(Ministério Público/AM – 2008 – CESPE) Acerca dos contratos administrativos, assinale a opção correta.

(A) A disciplina contratual estabelecida pela lei de licitações e contratos é aplicável à administração pública, portanto, a expressão administração, sempre que referida de modo generalizado no mencionado diploma normativo, deve ser entendida como Poder Executivo.

(B) O contrato administrativo sujeita-se integralmente ao regime dos contratos privados.

(C) A isonomia veda qualquer diferenciação entre os particulares para contratação com a administração pública.

(D) O contrato administrativo tem íntima relação com a democratização do Estado, pois, em um Estado autoritário, os bens e serviços podem ser requisitados compulsoriamente ou apropriados pelos governantes sem maiores formalidades.

(E) A doação de bens em favor da administração pública exige licitação prévia.

A: incorreta (art. 6º, XI e XII, da Lei 8.666/1993); **B:** incorreta (art. 54 da Lei 8.666/1993); **C:** incorreta, pois podem ser feitas diferenciações pertinentes (art. 3º, § 1º, da Lei 8.666/1993), quanto à nacionalidade (art. 3º, § 2º, da Lei 8.666/1993) e em relação a microempresas e empresas de pequeno porte (arts. 42 e ss. da Lei Complementar 123/2006); **D:** correta, pois o contrato administrativo, por ser um contrato (acordo de vontades), depende da concordância da outra parte (expressada quando esta participa da licitação) para que aconteça; **E:** incorreta, pois a lei determina que haja licitação em relação a compras e alienações feitas pela Administração, e não em relação a doações em seu favor; todavia, doações com encargos, quando for de interesse da Administração e houver mais de um interessado em fazer contrato dessa natureza, gera uma competição que determina a realização do certame licitatório (art. 17, I, *b*, e § 4º, da Lei 8.666/1993).

Gabarito "D"

(Ministério Público/TO – 2006 – CESPE) No que concerne aos contratos administrativos, assinale a opção correta.

(A) Em virtude do princípio *pacta sunt servanda*, a administração pública não pode rescindir unilateralmente um contrato administrativo.

(B) Se o poder público necessitar adquirir, para compor o acervo de um museu, um objeto histórico do qual somente exista um exemplar, estará autorizado a contratar diretamente com proprietário, mediante dispensa de licitação.

(C) A nota de empenho pode ser instrumento idôneo par consubstanciar a formalização de um contrato administrativo.

(D) Por força do princípio do controle e da necessidade de segurança jurídica, o poder público não pode realiza contratos verbais no direito brasileiro.

A: incorreta (art. 58, II, da Lei 8.666/1993); **B:** incorreta (art. 25 da Lei 8.666/1993 – é caso de inviabilidade de competição); **C:** correta (art. 62 da Lei 8.666/1993); **D:** incorreta (art. 60, parágrafo único, da Lei 8.666/1993).

Gabarito "C"

(Ministério Público/PB – 2010) Considere as proposições imediatamente abaixo e, em seguida, assinale a alternativa que contenha o julgamento devido sobre elas:

I. Pode a Administração Pública contratar sob normas predominantes do direito privado, atuando em posição ordinária de igualdade com o particular contratado.

II. Ainda que ausente no contrato administrativo cláusula expressa a respeito, a atualização monetária é devida a partir do vencimento da respectiva obrigação.

III. O atraso superior a noventa dias nos pagamentos devidos pelo Poder Público contratante por obrigações já adimplidas pelo particular contratado autoriza este a suspender unilateralmente o cumprimento de suas obrigações sucessivas, até que se normalize a situação, sendo desnecessário trilhar-se a via jurisdicional.

(A) Apenas II e III são erradas.

(B) Apenas I e III são corretas.

(C) Apenas II é correta.

(D) Apenas I é errada.

(E) I, II e III são corretas.

I: correta (art. 62, § 3º, I, da Lei 8.666/1993); **II:** correta (art. 55, III, da Lei 8.666/1993); **III:** correta (art. 78, XV, da Lei 8.666/1993).

Gabarito "E"

(Ministério Público/RS – 2008) Complete a assertiva com a opção correta:

O contrato administrativo:

(A) somente pode ser realizado com prévio processo de licitação.

(B) não poderá possuir cláusulas exorbitantes que concedam vantagem à administração como uma das partes cuja licitude inexiste nos contratos eminentemente privados.

(C) poderá ser realizado sem prévio processo de licitação.

(D) somente poderá ser rescindido ou alterado se tal previsão existir em cláusula específica.

(E) é em tudo idêntico ao contrato privado.

A: incorreta, pois há casos de licitação dispensada (art. 17 da Lei 8.666/1993), dispensa de licitação (art. 24 da Lei 8.666/1993) e inexigibilidade de licitação (art. 25 da Lei 8.666/1993); **B:** incorreta, pois o que caracteriza um contrato administrativo é justamente a existência de cláusulas exorbitantes em favor da Administração (v. o incisos do art. 58 da Lei 8.666/1993; **C:** correta, nos termos da explicação dada à alternativa "A"; **D:** incorreta, pois a lei prevê tais possibilidades (ex: art. 65 da Lei 8.666/1993), não sendo necessário que haja previsão em cláusula contratual específica; **E:** incorreta, pois o contrato administrativo é dotado de cláusulas exorbitantes, que não são encontradas em contratos privados (v. art. 58 da Lei 8.666/1993).

Gabarito "C"

10.2. ALTERAÇÃO DOS CONTRATOS

(Ministério Público/RJ – 2011) Em contrato administrativo de obra pública, para reforma de edifício, o Estado pode ampliar o objeto e rever o preço, elevando-o até 50 % (cinquenta por cento) do valor inicial atualizado do contrato, obrigando-se, contudo, a ter a anuência do contratado. Em tal cenário, pode afirmar-se que a proposição está:

(A) incorreta, porque o limite de alteração, nessa hipótese, não pode ultrapassar a 25%(vinte e cinco por cento);

(B) correta, não sendo admitida, entretanto, nova ampliação do objeto e revisão do valor inicial;

(C) incorreta, porque a reforma de edifício se caracteriza como serviço, cujo limite de revisão do preço é inferior;

(D) incorreta, porque esse tipo de alteração é prerrogativa da Administração, sendo dispensável a anuência do contratado;

(E) correta, admitindo-se nova elevação do preço inicial se a alteração resultar de acordo entre os pactuantes.

A: incorreta, pois, de fato o limite de alteração para mais é de 50% em caso de reforma (art. 65, § 1º, da Lei 8.666/1993); **B:** incorreta, pois a lei admite a alteração no valor inicial para fazer frente à alteração contratual (art. 65, § 1º, da Lei 8.666/1993); **C:** incorreta, pois o art. 65, § 1º, da Lei 8.666/1993 permite expressamente essa revisão; **D:** correta, pois, de fato, a lei deixa claro que, no caso, "o contratado fica obrigado a aceitar" tal alteração (art. 65, § 1º, da Lei 8.666/1993), ou seja, não é necessária a anuência; **E:** incorreta, pois não é necessária a anuência do contratado (art.65, § 1º, da Lei 8.666/1993).

Gabarito "D"

10.3. EXECUÇÃO DO CONTRATO

(Ministério Público/RN – 2009 – CESPE) Assinale a opção correta com relação aos contratos administrativos e à Lei de Licitações.

(A) Os contratos administrativos são caracterizados, via de regra, por sua imutabilidade.

(B) Cláusulas exorbitantes são aquelas que não constavam do contrato administrativo quando de sua elaboração, mas que foram posteriormente acrescentadas por meio de aditivo contratual firmado entre as partes.

(C) Segundo a lei em tela, a subcontratação total ou parcial do seu objeto, a associação do contratado com outrem, a cessão ou transferência, total ou parcial, bem como a fusão, cisão ou incorporação, não admitidas no edital e no contrato, são motivos para a rescisão do contrato.

(D) Contratos administrativos são aqueles em que uma das partes é uma pessoa jurídica de direito público.

(E) Fato da administração são medidas de ordem geral não relacionadas diretamente com o contrato, mas que nele repercutem, provocando desequilíbrio econômico-financeiro em detrimento do contratado.

A: incorreta, pois podem ser alterados quando há interesse público (art. 58, I, da Lei 8.666/1993); **B:** incorreta, pois são as cláusulas que, presentes ou não no contrato, conferem prerrogativas especiais em favor da Administração (vide exemplos dessas cláusulas no art. 58 da Lei 8.666/1993); **C:** correta (art. 78, VI, da Lei 8.666/1993); **D:** incorreta, pois isso não é suficiente para que um contrato seja administrativo; contratos em que uma pessoa jurídica é locatária de um imóvel ou tomadora de um empréstimo ou segurada, por exemplo, não são contratos administrativos, pois são regidos pelo direito privado; **E:** incorreta, pois essa definição é de *fato do príncipe* e não de *fato da administração*; este é fato que se dirige especificamente sobre o contrato, retardando ou impedindo a sua execução.

Gabarito "C"

(Ministério Público/RO – 2010 – CESPE) Assinale a opção correta acerca dos contratos administrativos.

(A) A administração pública pode obrigar determinado contratado a aceitar, nas mesmas condições contratuais, os acréscimos ou supressões que se fizerem nas obras, serviços ou compras, em valor correspondente a até 50% do valor inicial atualizado do contrato.

(B) A criação e a alteração de quaisquer tributos ou encargos legais, quando ocorridas após a data da apresentação da proposta, não implicarão a revisão dos preços para mais, ainda que comprovada a repercussão nos preços contratados originariamente, por se tratar de risco previsível para a atividade econômica.

(C) De acordo com a Lei n. 8.666/1993, o atraso igual ou superior a sessenta dias dos pagamentos devidos pela administração decorrentes de obras, serviços ou fornecimento de bens assegura ao contratado o direito de optar pela suspensão do cumprimento de suas obrigações até que seja normalizada a situação.

(D) A responsabilidade pelos encargos previdenciários resultante da execução do contrato é da empresa contratada, de forma que a administração pública não possui qualquer responsabilidade solidária em caso de inadimplência.

(E) Segundo dispõe a Lei n. 8.666/1993, a inadimplência do contratado, referente aos encargos trabalhistas, fiscais e comerciais, não transfere à administração pública a responsabilidade por seu pagamento.

A: incorreta, pois esse limite é de 25%, salvo para reformas, em que o acréscimo (só o acréscimo) pode chegar a 50% (art. 65, § 1º, da Lei 8.666/1993); **B:** incorreta (art. 65, § 2º, da Lei 8.666/1993); **C:** incorreta, pois o atraso deve ser superior a 90 dias (art. 78, XV, da Lei 8.666/1993); **D:** incorreta, pois a Administração responde solidariamente em caso de débitos previdenciários (art. 71, § 2º, da Lei 8.666/1993); **E:** correta (art. 71, § 1º, da Lei 8.666/1993).

Gabarito "E"

10.4. EXTINÇÃO DO CONTRATO

(Ministério Público/MG – 2011) Em relação à rescisão do contrato administrativo, é **CORRETO** dizer que:

(A) no caso do contrato derivar de regular processo licitatório, a rescisão não pode ser feita amigável ou administrativamente, mas somente pela via judicial.

(B) pode ser determinada por ato unilateral e escrito da Administração, no caso de atraso injustificado no início da obra, serviço ou fornecimento por parte da empresa contratada.

(C) pode ser determinada por ato unilateral e escrito da empresa contratada no caso da não liberação, por parte da Administração, de área, local ou objeto para execução de obra, serviço ou fornecimento, nos prazos contratuais.

(D) a inexecução apenas parcial do contrato por parte da empresa contratada não enseja a sua rescisão.

A: incorreta, pois essas duas possibilidades (rescisão amigável e administrativa) estão previstas expressamente no art. 79, I e II, da Lei 8.666/1993; **B:** correta (art. 78, IV, da Lei 8.666/1993); **C:** incorreta, pois em caso de culpa da Administração, o contratado precisa ingressar em juízo para que se proceda à rescisão do contrato (art. 79, III, da Lei 8.666/1993); **D:** incorreta, pois enseja, sim, nos termos do art. 77 da Lei 8.666/1993.

Gabarito "B"

(Ministério Público/MS – 2006) Sobre a declaração de nulidade do contrato administrativo assinale a opção CORRETA:

(A) Só pode ser declarada até o início das obras

(B) Opera a partir do ato declaratório ressalvando-se o que já foi executado.

(C) Produz efeito retroativo desconstituindo efeitos já produzindo mas obrigando-se a administração a indenizar os prejuízos que o contratante sofreu, desde que a causa da nulidade não lhe seja imputada.

(D) Só pode ser declarada por decisão judicial.

Art. 59 da Lei 8.666/1993.

Gabarito "C"

(Ministério Público/RR – 2012 – CESPE) Assinale a opção correta acerca dos contratos administrativos, conforme a lei, a doutrina e a jurisprudência.

(A) Conforme a legislação de regência, admite-se a exigência de prestação de garantia em diversas modalidades nas contratações de obras, serviços e compras, cabendo ao contratante a escolha da modalidade de garantia.

(B) Segundo a doutrina, a natureza *intuito personae* não se insere, em regra, entre as peculiaridades do contrato administrativo.

(C) De acordo com o STJ, a rescisão de contrato administrativo por ato unilateral da administração, com fundamento no interesse público, impõe ao contratante a obrigação de indenizar o contratado pelos prejuízos decorrentes do ato, entre os quais se incluem os danos emergentes, mas não os lucros cessantes.

(D) A rescisão amigável ou administrativa mediante acordo entre as partes não é cabível nas hipóteses configuradoras dos chamados fatos da administração.

(E) Os contratos administrativos em sentido próprio e restrito são lavrados nas repartições interessadas, com exceção dos contratos relativos a direitos reais sobre imóveis, os quais devem ser formalizados por instrumento lavrado em cartório de notas.

A: incorreta, pois cabe ao contratado essa escolha (art. 56, § 1°, da Lei 8.666/1993); **B:** incorreta, pois o contrato administrativo é considerado *intuito personae*, já que não pode ser cumprido por terceiros que não o contratado, ressalvadas as exceções legais (ex: art. 72 da Lei 8.666/1993); **C:** incorreta, pois, segundo o STJ, "esta Corte Superior já se pronunciou no sentido de que a rescisão do contrato administrativo por ato unilateral da Administração Pública, sob justificativa de interesse público, impõe ao contratante a obrigação de indenizar o contratado pelos prejuízos daí decorrentes, como tais considerados não apenas os danos emergentes, mas também os lucros cessantes. Precedentes. É que, sob a perspectiva do Direito Administrativo Consensual, os particulares que travam contratos com a Administração Pública devem ser vistos como parceiros, devendo o princípio da boa-fé objetiva (e seus corolários relativos à tutela da legítima expectativa) reger as relações entre os contratantes público e privado" (REsp 1240057/AC, *DJe* 21.09.2011); **D:** incorreta, pois a única condicionante legal a que se faça a rescisão amigável é que "haja conveniência para a Administração" (art. 79, II, da Lei 8.666/1993), situação que não é incompatível com a ocorrência de um fato da administração a justificar resilição bilateral do contrato; **E:** correta (art. 60, *caput*, da Lei 8.666/1993).

Gabarito "E"

11. SERVIÇOS PÚBLICOS

11.1. CONCEITO, CARACTERÍSTICAS PRINCIPAIS, CLASSIFICAÇÃO E PRINCÍPIOS

(Ministério Público/MG – 2014) De acordo com a Constituição Federal, existem atividades e/ou serviços sobre os quais o Estado não possui titularidade exclusiva; assim, independente de tratarem de um dever do Estado, é permitido que particulares os executem, desde que observada a legislação aplicável, a **EXCEÇÃO** de:

I. Saúde.

II. Previdência social.

III. Educação.

IV. Defesa nacional.

Está(ão) **CORRETO**(S) o(s) inciso(s):

(A) I e II

(B) II e IV

(C) III

(D) IV

A atividade de defesa nacional é privativa do Estado. Já as atividades de saúde, previdência social e educação podem ser executadas pelo particular, que, todavia, devem respeitar regime especial regulado pelo Estado, que inclui inclusive certas autorizações para o exercício dessas atividades.

Gabarito "D"

(Ministério Público/MG – 2006) Assinalar a alternativa **INCORRETA:**

(A) os serviços públicos gerais são prestados a toda a coletividade, indistintamente, ou seja, seus usuários são indeterminados e indetermináveis.

(B) serviços públicos não essenciais são prestados no interesse da comunidade e remunerados mediante taxas, que incidirão sobre a utilização efetiva ou potencial do serviço, sendo exemplo os serviços de distribuição de energia elétrica.

(C) em qualquer hipótese, sejam serviços prestados direta ou indiretamente, a regulamentação e o controle dos serviços públicos são sempre atribuições do Poder Público.

(D) incumbe ao Poder Público, na forma da lei, diretamente ou sob regime de concessão ou permissão, sempre através de licitação, a prestação de serviços públicos.

(E) a concessão de serviço público é formalizada por meio de contrato administrativo e a delegação de sua prestação é feita pelo poder concedente, mediante licitação, na modalidade de concorrência, à pessoa jurídica ou consórcio de empresas que demonstrem capacidade para seu desempenho, por sua conta e risco e por prazo determinado.

A: assertiva correta, pois traz adequada definição de serviços públicos gerais; **B:** assertiva incorreta (devendo ser assinalada); os serviços não essenciais não são remunerados por taxa, mas por preço público; **C:** assertiva correta, pois a titularidade do serviço impõe que o poder concedente, sempre, regulamente e controle tais serviços; apenas a execução (a prestação) dos serviços é que pode ser destacada, para o fim de se dar pelo particular; **D:** assertiva correta (art. 175, *caput*, da CF); **E:** assertiva correta (art. 2º, II, da Lei 8.987/1995).

Gabarito "B"

(Ministério Público/SP – 2011) Os serviços notariais e de registro

(A) são exercidos em caráter privado, por delegação do Poder Público.

(B) são exercidos em caráter privado, sujeitos à fiscalização do Poder Legislativo.

(C) são de natureza pública, sujeitos ao regime de concessão de serviço público.

(D) são exercidos em caráter público, dependendo de concurso público de provas e títulos o ingresso em sua atividade.

(E) são exercidos em caráter privado, sujeitos à fiscalização do Poder Executivo.

Segundo o art. 236 da Constituição, os serviços notariais e de registro são exercidos em caráter privado, por delegação do Poder Público.

Gabarito "A"

11.2. AUTORIZAÇÃO E PERMISSÃO DE SERVIÇO PÚBLICO

(Ministério Público/GO – 2012) Concessão e permissão são instrumentos através dos quais se descentraliza a prestação de serviços públicos para particulares. Considerando o disposto na Lei 8.987/1995, que dispõe sobre o regime de concessão e permissão da prestação de serviços públicos, é incorreto afirmar:

(A) Considera-se concessão de serviço público a delegação de sua prestação, feita pelo poder concedente, mediante licitação, na modalidade de concorrência, à pessoa jurídica ou consórcio de empresas que demonstre capacidade para seu desempenho, por sua conta e risco e por prazo determinado.

(B) Toda concessão ou permissão pressupõe a prestação de serviço adequado ao pleno atendimento dos usuários, tomando-se como serviço adequado o que satisfaz as condições de regularidade, continuidade, eficiência, segurança, atualidade, generalidade, cortesia na sua prestação e modicidade das tarifas.

(C) Incumbe à concessionária a execução do serviço concedido, cabendo-lhe responder por todos os prejuízos causados ao poder concedente, aos usuários ou a terceiros, sendo que a fiscalização exercida pelo órgão competente pode atenuar essa responsabilidade.

(D) Toda concessão de serviço público, precedida ou não da execução de obra pública, será objeto de prévia licitação, nos termos da legislação própria e com observância dos princípios da legalidade, moralidade, publicidade, igualdade, do julgamento por critérios objetivos e da vinculação ao instrumento convocatório.

A: assertiva correta (art. 2º, II, da Lei 8.987/1995); **B:** assertiva correta (art. 6º, *caput* e § 1º, da Lei 8.987/1995); **C:** assertiva incorreta (devendo ser assinalada); a fiscalização exercida pelo órgão competente não atenua essa responsabilidade (art. 25, *caput*, da Lei 8.987/1995); **D:** assertiva correta (art. 14 da Lei 8.987/1995).

Gabarito "C"

11.3. CONCESSÃO DE SERVIÇO PÚBLICO

(Ministério Público/RO – 2013 – CESPE) Assinale a opção correta acerca dos serviços públicos.

(A) Apesar da previsão de obrigatoriedade de licitação, a concessão, um dos tipos de delegação da prestação de serviços públicos, não possui natureza contratual, podendo ser realizada se da exploração do serviço não decorrer lucro ao concessionário.

(B) Classifica-se como permissão qualificada a delegação, a título precário, da prestação de serviços públicos feita, mediante licitação, pelo poder concedente a pessoa física ou jurídica que demonstre capacidade para seu desempenho, por sua conta e risco, com fixação de prazo.

(C) Denominam-se consórcio os acordos firmados por entidades públicas de qualquer espécie, ou entre estas e organizações particulares, para a realização de objetivos de interesse comum dos partícipes.

(D) Os serviços públicos podem ser classificados de acordo com os critérios de essencialidade, adequação, finalidade e destinatários, sendo a atividade policial, por exemplo, classificada, quanto à sua essencialidade, como serviço de utilidade pública.

(E) A concessão de serviços públicos somente poderá ser anulada se o concessionário praticar infração contratual que configure violação de dispositivo normativo, o que eiva a relação de vício de ilegalidade.

A: assertiva incorreta, pois a concessão de serviço público tem natureza contratual (art. 4º da Lei 8.987/1995); **B:** assertiva correta; a permissão de uso de bem público, por ser ato discricionário e precário, pode ser revogada a qualquer tempo, independentemente de indenização ao permissionário; todavia, quando a Administração resolve colocar um prazo determinado para a concessão, ela acaba por criar uma expectativa junto ao permissionário, expectativa essa que gera consequências jurídicas, face ao princípio da proteção da confiança. Nesse sentido, a doutrina vem entendendo que se está diante de uma permissão qualificada ou condicionada, que justifica o respeito ao prazo nela estabelecido, ficando esta equiparada a uma concessão; **C:** assertiva incorreta, pois os consórcios públicos são pessoas jurídicas criadas por entes políticos entre si e não entre estas e organizações particulares (art. 1º, *caput*, da Lei 11.107/2005); **D:** assertiva incorreta, pois os serviços de utilidade pública são os que podem ser delegados ao particular, o que não é caso da atividade policial, que não pode ser delegada; **E:** assertiva incorreta, pois a concessão de serviço público pode ser anulada toda vez que houve alguma ilegalidade na sua concessão, como no caso de ter sido outorgada sem licitação ou com vício insanável no certame licitatório. O caso mencionado na alternativa não é de ilegalidade da concessão, mas de inadimplência do concessionário, que pode levar à extinção da concessão pela caducidade (e não pela anulação), nos termos do art. 38 da Lei 8.987/1995.

Gabarito "B"

(Ministério Público/SP – 2013 – PGMP) Qual alternativa NÃO está de acordo com a Lei Federal n. 8.987, de fevereiro de 1995, que dispõe sobre o regime de concessão e permissão de prestação de serviços públicos?

(A) Serviço público adequado é o que satisfaz as condições de regularidade, continuidade, eficiência, segurança, atualidade, generalidade e cortesia na sua prestação.

(B) Atualidade é um elemento da adequação do serviço público e compreende a modernidade das técnicas, do equipamento, das instalações e também a melhoria e a expansão do serviço.

(C) Não descaracteriza o princípio da continuidade do serviço público a sua interrupção em situação de emergência nem, desde que com prévio aviso, nos casos de interrupção por razões de ordem técnica ou de segurança das instalações.

(D) No atendimento às peculiaridades do serviço, poderá a Administração possibilitar outras fontes de receitas complementares ou acessórias, com vistas a favorecer a modicidade das tarifas.

(E) As tarifas devem ser igualitárias mesmo em face de características técnicas diferenciadas e de custos específicos do atendimento aos distintos grupos de usuários.

A: incorreta, pois tal disposição está na Lei 8.987/1995 (art. 6º, § 1º); **B:** incorreta, pois tal disposição está na Lei 8.987/1995 (art. 6º, § 2º); **C:** incorreta, pois tal disposição está na Lei 8.987/1995 (art. 6º, § 3º); **D:** incorreta, pois tal disposição está na Lei 8.987/1995 (art. 11); **E:** correta, pois as tarifas podem ser diferenciadas (e não igualitárias) em função dessas características e custos (art. 13 da Lei 8.987/1995).

Gabarito "E"

(Ministério Público/MS – 2013 – FADEMS) O serviço público pode ser coativamente retomado pelo poder concedente por motivo de interesse público, tratando-se de direito de:

(A) retrocessão.

(B) rescisão.

(C) reversão.

(D) encampação.

(E) reintegração.

Trata-se de encampação ou resgate, nos termos do art. 37 da Lei 8.987/1995, consistindo na retomada do serviço pelo poder concedente durante o prazo da concessão, por motivo de interesse público, mediante lei autorizativa específica e após prévio pagamento da indenização.

Gabarito "D"

(Ministério Público/CE – 2011 – FCC) No que tange ao regime das concessões de serviços públicos estabelecido na Lei n. 8.987/1995, é correto afirmar:

(A) É admitida a delegação da prestação dos serviços por prazo indeterminado.

(B) A rescisão unilateral do contrato, em razão do inadimplemento do concessionário, é condicionada à prévia edição de lei autorizativa específica.

(C) O contrato deve prever a repartição objetiva de riscos entre as partes.

(D) O aumento da carga tributária referente ao imposto sobre a renda não autoriza a revisão da tarifa contratada.

(E) A celebração do contrato de concessão depende de prévia licitação, na modalidade pregão.

A: incorreta, pois a lei exige que a concessão de serviço público tenha prazo determinado (arts. 2º, II, 18, I, e 23, I, da Lei 8.987/1995); **B:** incorreta, pois somente em caso de encampação ou resgate é que é necessária lei autorizativa específica (art. 37 da Lei 8.987/1995), não sendo necessário tal lei em caso de caducidade (extinção da concessão por inadimplemento do concessionário), conforme se vê da leitura do art. 38 da Lei 8.987/1995; **C:** incorreta, pois tal previsão não existe na Lei 8.987/1995, que trata da concessão comum de serviço público, apesar de existir a possibilidade de repartição de riscos na Lei de Parceria Público-Privada (art. 4º, VI, da Lei 11.079/2004); **D:** correta (art. 9º, § 3º, da Lei 8.987/1995); **E:** incorreta, pois a prévia licitação deve se dar na modalidade concorrência (art. 2º, II, da Lei 8.987/1995).

Gabarito "D"

(Ministério Público/MG – 2012 – CONSULPLAN) Nos termos da legislação em vigor, assinale a alternativa **CORRETA**:

(A) Bens reversíveis são aqueles que foram objeto de desapropriação pela União, Estados, Distrito Federal ou Municípios e que anteriormente integravam o patrimônio de outro órgão ou entidade estatal ou paraestatal da administração direta, indireta ou fundacional.

(B) Encampação consiste na estatização da empresa concessionária, após expirado o prazo da concessão, mediante prévia declaração de utilidade ou interesse público, através de decreto específico do poder concedente.

(C) Não se caracteriza como descontinuidade do serviço a sua interrupção em situação de emergência ou após prévio aviso, quando motivada por razões de ordem técnica ou de segurança das instalações; ou, ainda, por inadimplemento do usuário, considerado o interesse da coletividade.

(D) A tarifa do serviço público concedido será fixada pela proposta de menor preço apresentada no processo de licitação, sendo vedada sua diferenciação em função das características técnicas e dos custos específicos provenientes do atendimento aos distintos segmentos de usuários.

A: incorreta, pois são os bens aplicados na execução do serviço público concedido e que o contrato de concessão determina que sua utilização passará a se dar pelo poder concedente (art. 35, § 1º, da Lei 8.987/1995); **B:** incorreta, pois consiste tão somente na extinção da concessão outorgada a concessionária, por motivo de interesse público, não passando a empresa concessionária a ser estatal; **C:** correta (art. 6º, § 3º, da Lei 8.987/1995); **D:** incorreta, pois as tarifas poderão ser diferenciadas em função dos elementos citados na alternativa (art. 13 da Lei 8.987/1995).

Gabarito "C"

(Ministério Público/SP – 2008) Assinale a alternativa correta sobre a prestação de serviços públicos.

(A) A essencialidade dos serviços e o vínculo imediato com os direitos fundamentais são fatores que indicam o dever de gratuidade na prestação, pela concessionária, aos usuários que, por qualquer razão de fato ou de direito, simplesmente aleguem estar sem condições de pagar a respectiva contraprestação.

(B) O direito do consumidor não pode ser aplicado no âmbito dos serviços públicos, em virtude da solidariedade existente entre os usuários, pois a vantagem especial assegurada a um deles poderia comprometer a prestação aos demais.

(C) Diante do princípio da transparência, constitui dever, seja do concedente seja do concessionário, o de fornecer aos usuários as informações para defesa de interesses individuais e coletivos. Cabe aos usuários, ainda, como sujeitos interessados na boa prestação do serviço, o direito de representação no sistema de fiscalização dos serviços concedidos.

(D) Quando prestado por meio de concessão, o regime passa a ser exclusivamente de direito privado, única forma de assegurar a continuidade, a generalidade e a adequação do serviço público, e também de garantir o acesso a um maior número de usuários.

(E) A concessão transfere integralmente para o concessionário os poderes de polícia inerentes ao concedente.

A: incorreta, pois a única garantia que se tem é a modicidade das tarifas (art. 6º, § 1º, da Lei 8.987/1995); gratuidades dependerão de previsão legal (art. 9º, § 1º, da Lei 8.987/1995); **B:** incorreta (art. 7º, *caput*, da Lei 8.987/1995 e art. 22 do CDC); **C:** correta (art. 7º, I, IV e V, da Lei 8.987/1995); **D:** incorreta, pois o regime do serviço público, por óbvio, é de direito público; já o regime interno da empresa concessionária, é de direito privado; **E:** incorreta, pois o poder de polícia só pode ser exercido pelo Poder Público; o particular só pode contribuir materialmente para o exercício do poder de polícia.

Gabarito "C"

(Ministério Público/DF – 2009) Sobre o serviço público, assinale a alternativa incorreta.

(A) Na forma da Lei n. 8.987/1995, considera-se encampação a retomada do serviço pelo poder concedente durante o prazo da concessão, por motivo de interesse público, mediante lei autorizativa específica e após prévio pagamento da indenização.

(B) As parcerias público-privadas, na modalidade concessão patrocinada, serão utilizadas quando envolver, adicionalmente à tarifa cobrada dos usuários, contraprestação pecuniária do parceiro público ao parceiro privado.

(C) A concessionária está legitimada a interromper o fornecimento de energia elétrica se, após aviso prévio, o consumidor de energia elétrica permanecer inadimplente no pagamento da respectiva conta.

(D) Serviço adequado é o que satisfaz as condições de regularidade, continuidade, eficiência, segurança, atualidade, generalidade, cortesia na sua prestação, modicidade das tarifas e gratuidade aos usuários de baixa renda.

(E) Em Direito Administrativo, extrai-se do princípio da subsidiariedade a primazia da iniciativa privada sobre a iniciativa estatal. A ação do Estado deve estar focada nas atribuições que só ele pode desempenhar como ente soberano (segurança, defesa, justiça, relações exteriores, legislação, polícia), cabendo-lhe, nos demais setores, fomentar, estimular, coordenar e integrar as ações dos particulares.

A: correta (art. 37 da Lei 8.987/1995); **B:** correta (art. 2º, § 1º, da Lei 11.079/1995); **C:** correta (art. 6º, § 3º, II, da Lei 8.987/1995); **D:** incorreta, pois a lei não estabelece a "gratuidade aos usuários de baixa renda", mas sim a "modicidade das tarifas", que significa que estas terão valores acessíveis, e não gratuidade (art. 6º, § 1º, da Lei 8.987/1995); **E:** correta, pois, pelo princípio da *subsidiariedade*, o Estado deve atuar como ente soberano apenas quando for necessário (segurança, defesa, justiça, relações exteriores, legislação, polícia), devendo, nos demais setores, atuar como agente regulador e fomentador.

Gabarito "D"

(Ministério Público/TO – 2006 – CESPE) No que diz respeito aos serviços públicos, assinale a opção correta.

(A) Nas concessões de serviço público, o Estado pode impor à concessionária a redução da tarifa cobrada dos usuários, a depender das circunstâncias.

(B) No direito brasileiro, para determinada atividade ser tida como serviço público, é necessária a conjunção de três elementos: o subjetivo (referente à pessoa jurídica que realiza a atividade), o material (concernente à atividade propriamente dita) e o formal (relativo ao regime jurídico aplicável).

(C) No Brasil atual, os serviços de segurança podem se corretamente classificados como serviço público impróprio, porquanto também são prestados por empresas privadas e até por particulares.

(D) No vigente regime jurídico das concessões, não é admissível a figura da encampação.

A: correta, pois o Estado tem esse direito, preservado o equilíbrio econômico-financeiro do contrato (art. 9º, § 4º, da Lei 8.987/1995); **B:** incorreta, pois o elemento subjetivo não é exigido; **C:** incorreta, pois os serviços de segurança pública são serviços públicos próprios, ao passo que os de segurança privada são de natureza privada, apesar de fiscalizados pelo Poder Público; **D:** incorreta (art. 37 da lei 8.987/1995).

Gabarito "A"

11.4. PARCERIAS PÚBLICO-PRIVADAS (PPP)

(Ministério Público/MG – 2013) O legislador introduziu a Lei 11.079 no âmbito federal, possibilitando a criação das Parcerias Público-Privadas (PPP's), gerando grande repercussão e significativa mudança no Direito Público devido à interação do capital privado na Administração Pública Brasileira, para execução de serviços públicos. Nessa matéria, assinale a afirmativa *INCORRETA*:

(A) É admitida a celebração de contrato de parceria público-privada somente quando o valor do contrato seja inferior a R$ 20.000.000,00 (vinte milhões de reais).

(B) Na contratação de parceria público-privada, será observada a responsabilidade fiscal na celebração e execução das parcerias.

(C) As cláusulas dos contratos de parceria público-privada devem também prever a repartição de riscos entre as partes, inclusive os referentes a caso fortuito, força maior, fato do príncipe e álea econômica extraordinária.

(D) As obrigações pecuniárias contraídas pela Administração Pública em contrato de parceria público-privada poderão ser garantidas mediante garantia prestada por organismos internacionais ou instituições financeiras que não sejam controladas pelo Poder Público.

A: assertiva incorreta, devendo ser assinalada; pois o valor deve ser igual ou superior a R$ 20 milhões (art. 2º, § 4º, da Lei 11.079/2004); **B:** assertiva correta (art. 4º, IV, da Lei 11.079/2004); **C:** assertiva correta (art. 4º, VI, da Lei 11.079/2004); **D:** assertiva correta (art. 8º, IV, da Lei 11.079/2004).

Gabarito "A"

(Ministério Público/MS – 2013 – FADEMS) É **correto** afirmar que a parceria público-privada (PPP), é um contrato de concessão firmado entre empresa privada e o governo federal, por valor não inferior a:

(A) R$ 5 milhões.

(B) R$ 10 milhões.

(C) R$ 20 milhões.

(D) R$ 30 milhões.

(E) R$ 40 milhões.

Para ser uma parceria público-privada – PPP, o contrato não pode ter valor inferior a R$ 20 milhões (art. 2º, § 4º, I, da Lei 11.079/2004). Vale lembrar que o contrato não pode, também, ter prazo inferior a 5 anos e ter como único objeto o fornecimento de mão de obra, o fornecimento e instalação de equipamentos ou a execução de obra pública.

Gabarito "C"

(Ministério Público/MG – 2011) Nos termos da legislação específica (Lei n. 11.079/2004), na contratação de parceria público-privada (PPP) devem ser observadas algumas diretrizes. Assinale a opção **INCORRETA**, ou seja, aquela que não traduz uma dessas diretrizes legais.

(A) Indelegabilidade das funções de regulação, jurisdicional, do exercício do poder de polícia e de outras atividades exclusivas do Estado.

(B) Sustentabilidade financeira e vantagens socioeconômicas dos projetos de parceria.

(C) Respeito aos interesses e direitos dos destinatários dos serviços e dos entes privados incumbidos da sua execução.

(D) Eliminação de riscos e securitização de eventuais prejuízos em relação ao contratante público.

A: assertiva correta; de fato tais funções são típicas de Estado e não podem ser delegadas ao particular (art. 4º, III, da Lei 11.079/2004); **B:** assertiva correta (art. 4º, VII, da Lei 11.079/2004); **C:** assertiva correta (art. 4º, II, da Lei 11.079/2004); **D:** assertiva incorreta (devendo ser assinalada), pois a diretriz correta a respeito é de "repartição objetiva de risco entre as partes" (art. 4º, VI, da Lei 8.987/1995).

Gabarito "D"

(Ministério Público/PB – 2010) Sobre o regime legal das parcerias público-privadas, é correto afirmar, exceto:

(A) Admite-se, excepcionalmente, delegação do exercício do poder de polícia ao parceiro privado, quando se tratar da concessão administrativa.

(B) Para a contratação de parcerias público-privadas, exige-se licitação na modalidade de concorrência.

(C) A exigência de autorização legislativa específica não se aplica à concessão administrativa.

(D) Estende-se a todos os âmbitos: federal, estadual, distrital e municipal.

(E) A concessão patrocinada admite, como parceiro privado, consórcio de empresas.

A: incorreta, pois o poder de polícia é privativo da autoridade pública; **B:** correta (art. 10, *caput*, da Lei 11.079/2004); **C:** correta, valendo lembrar que, quanto à *concessão patrocinada*, aquelas "em que mais de 70% (setenta por cento) da remuneração do parceiro privado for paga pela Administração Pública dependerão de autorização legislativa específica" (art. 10, § 3º, da Lei 11.079/2004); **D:**

correta (art. 1º da Lei 11.079/2004); **E:** correta, pois são aplicadas a essas concessões o disposto na Lei de Concessões Comuns (art. 3º, § 1º, da Lei 11.079/2004), lei essa que admite que a concessão seja conferida a um consórcio (art. 2º, II, da Lei 8.987/1995).

Gabarito "A"

(Ministério Público/GO – 2005) São características básicas dos contratos de concessão especial, previstos na Lei 11.079/2004, exceto:

(A) compartilhamento dos riscos
(B) financiamento do setor privado
(C) delegabilidade da função estatal de regulação
(D) pluralidade compensatória

A: correta (art. 4º VI, da Lei 11.079/2004); **B:** correta (arts. 5º, IX, e 24, da Lei 11.079/2004); **C:** incorreta (art. 4º, III, da Lei 11.079/2004); **D:** correta, pois a pluralidade compensatória também é chamada de variabilidade remuneratória e decorre do fato de que a contraprestação da Administração Pública pode ser feita de variadas formas, conforme o disposto no art. 6º da Lei 11.079/2004.

Gabarito "C"

(Ministério Público/SP – 2006) A Lei n. 11.079, de 30.12.2004, criou a parceria público-privada (PPP). Por definição legal, a parceria público-privada é:

(A) contrato administrativo de permissão.
(B) contrato administrativo de concessão.
(C) contrato administrativo de execução de obra pública.
(D) ato administrativo de permissão.
(E) ato administrativo de autorização.

Art. 2º, *caput*, da Lei 11.079/2004.

Gabarito "B"

(Ministério Público/SP – 2008) Considere as seguintes assertivas sobre a parceria público-privada:

I. É o contrato administrativo de concessão de serviço ou obra pública que, na modalidade patrocinada, envolve contraprestação pecuniária do contratante público ao contratante privado, ambos denominados parceiros.

II. Entre suas cláusulas, o contrato deve prever os riscos compartilháveis entre as partes, inclusive os decorrentes de caso fortuito, força maior, culpa de terceiro, fato do príncipe e álea econômica ordinária.

III. A implantação e a gestão do objeto da parceria serão efetuadas por sociedade constituída com propósito específico antes da contratação, sendo vedada ao Poder Público a titularidade da maioria do capital votante, salvo se a aquisição se der por instituição financeira por ele controlada, diante da inadimplência dos contratos de financiamento.

Sobre as assertivas, pode-se dizer que

(A) somente I e II são corretas.
(B) somente I e III são corretas.
(C) somente II e III são corretas.
(D) somente III é correta.
(E) todas são corretas.

I: correta (art. 2º, *caput* e § 1º, da Lei 11.079/2004); **II:** incorreta (art. 5º, III, da Lei 11.079/2004); **III:** correta (art. 9º da Lei 11.079/2004).

Gabarito "B"

12. CONTROLE DA ADMINISTRAÇÃO PÚBLICA

12.1. CONTROLE INTERNO – PROCESSO ADMINISTRATIVO

(Ministério Público/MG – 2013) Nos processos administrativos regidos pela Lei Federal 9.784/1999, há expressa determinação de critérios a serem observados, com **EXCEÇÃO** de:

(A) Divulgação oficial dos atos administrativos, ressalvadas as hipóteses de sigilo previstas na Constituição.
(B) Adoção de formas simples, suficientes para propiciar adequado grau de certeza, segurança e respeito aos direitos dos administrados.
(C) Proibição de cobrança de despesas processuais, ressalvadas as previstas em lei.
(D) Inércia oficial, do processo administrativo, sem prejuízo da atuação dos interessados.

A: incorreta (art. 2º, parágrafo único, V, da Lei 9.784/1999); **B:** incorreta (art. 2º, parágrafo único, IX, da Lei 9.784/1999); **C:** incorreta (art. 2º, parágrafo único, XI, da Lei 9.784/99); **D:** correta (art. 2o, parágrafo único, XII, da Lei 9.784/1999); o texto legal traz a seguinte redação: "impulsão, de ofício, do processo administrativo, sem prejuízo da atuação dos interessados".

Gabarito "D"

(Ministério Público/PI – 2014 – CESPE) A respeito do processo administrativo e dos institutos da delegação e avocação de competência administrativa, assinale a opção correta.

(A) Não se exige que o ato de delegação, que deve especificar as matérias e poderes transferidos, bem como sua revogação sejam publicados no meio oficial.
(B) Nos processos administrativos, devem-se observar, entre outros, os critérios de atendimento a fins de interesse geral, permitida a renúncia parcial de competências, independentemente de autorização em lei.
(C) A delegação e a avocação de competência são atos ligados ao poder de polícia administrativo.
(D) A delegação de competência administrativa pode ser realizada ainda que não haja subordinação hierárquica.
(E) Inexistindo competência legal específica, o processo administrativo deverá ser iniciado perante a autoridade de maior grau hierárquico de decisão.

A: incorreta, pois o ato de delegação deve sim especificar as matérias e os poderes transferidos (art. 14, § 1º, da Lei 9.784/1999); além disso, sua revogação deve ser publicada em diário oficial (art.

14, *caput*, da Lei 9.784/1999); **B:** incorreta, pois a alternativa repete o texto que está na lei, mas, no final, deveria constar "salvo autorização em lei" e não "independentemente de autorização em lei" (art. 2o, parágrafo único, II, da Lei 9.784/1999); **C:** incorreta, pois a delegação e a avocação de competências são institutos que se aplicam às competências em geral, e não ao determinadas competências especificas, como a citada; uma vez obedecidos os requisitos para a aplicação desses institutos (vide arts. 11 a 15 da Lei 9.784/1999), eles estarão disponíveis, independentemente de se tratarem de atos ligados à polícia administrativa ou não; **D:** correta, pois a delegação da competência pode se dar em favor de órgãos ou titulares, ainda que estes não estejam hierarquicamente subordinados (art. 12, *caput*, da Lei 9.784/1999); **E:** incorreta, pois, nesse caso, o processo administrativo deverá ser iniciado perante a autoridade de "menor" grau hierárquico para decidir (art. 17 da Lei 9.784/1999).

Gabarito "D"

(Ministério Público – MPU – 2013) Sobre o processo administrativo no âmbito da administração federal, é correto afirmar que:

(A) A Administração deve anular seus próprios atos, quando eivados de vício de legalidade, bem como por motivo de conveniência ou oportunidade.

(B) Das decisões administrativas cabe recurso com base em razões de legalidade, mas nunca por razões de mérito.

(C) Caso inexista ofensa ao interesse público ou prejuízo a terceiros, os atos que apresentarem defeitos sanáveis poderão ser convalidados pela própria Administração.

(D) Recurso administrativo tramitará no máximo por duas instâncias administrativas, salvo disposição legal diversa.

A: incorreta, pois de fato os atos *ilegais* devem ser *anulados*, mas os atos que não tenham mais *conveniência ou oportunidade* devem ser *revogados* (art. 53 da Lei 9.784/1999); **B:** incorreta, pois os recursos poderão veicular razões de legalidade e de mérito também (art. 56, *caput*, da Lei 9.784/1999); **C:** correta (art. 55 da Lei 9.784/1999); **D:** incorreta, pois tramitará por no máximo "três" instâncias administrativas (art. 57 da Lei 9.784/1999).

Gabarito "C"

(Ministério Público/PR – 2013 – X) Sobre processo administrativo, é ***incorreto*** afirmar:

(A) Da decisão administrativa que contrariar enunciado de súmula vinculante, negar-lhe vigência ou aplicá-lo indevidamente caberá reclamação ao Supremo Tribunal Federal, sem prejuízo dos recursos ou outros meios admissíveis de impugnação;

(B) Segundo a Lei 9.784/1999, que regula o processo administrativo no âmbito da administração pública federal, das decisões administrativas cabe recurso, em face de razões de legalidade e de mérito, devendo o recurso ser dirigido à autoridade que proferiu a decisão, a qual, se não a reconsiderar no prazo de cinco dias, o encaminhará à autoridade superior;

(C) O "princípio do formalismo moderado", que alguns também denominam de "princípio do informalismo", consiste, de um lado, na previsão de ritos e formas simples, suficientes para propiciar um grau de certeza, segurança, respeito aos direitos dos sujeitos, o contraditório e a ampla defesa e, de outro lado, na exigência de interpretação flexível e razoável quanto a formas, prestigiando-se o caráter instrumental do processo administrativo. Particularmente por esta última acepção, alguns o denominam de "princípio da utilidade ou efetividade do processo";

(D) Segundo súmula vinculante do STF, a falta de defesa técnica por advogado, no processo administrativo, ofende a Constituição;

(E) Segundo súmula vinculante do STF, nos processos perante o Tribunal de Contas da União asseguram-se o contraditório e a ampla defesa quando da decisão puder resultar anulação ou revogação de ato administrativo que beneficie o interessado, excetuada a apreciação da legalidade do ato de concessão inicial de aposentadoria, reforma e pensão.

A: assertiva correta (art. 7º, *caput*, da Lei 11.417/2006); **B:** assertiva correta (art. 56, *caput* e § 1º, da Lei 9.784/1999); **C:** assertiva correta, pois retrata fielmente o que se entende atualmente sobre o princípio do formalismo moderado, que prestigia, de fato, a ideia de instrumentalidade das formas; **D:** assertiva incorreta, devendo ser assinalada, uma vez que a Súmula Vinculante nº do STF se posiciona em sentido contrário, ou seja, a falta de defesa técnica por advogado no processo administrativo disciplinar não ofende a Constituição Federal; **E:** assertiva correta (Súmula Vinculante nº 3 do STF).

Gabarito "D"

(Ministério Público/SP – 2013 – PGMP) Assinale a alternativa INCORRETA a respeito dos processos e recursos administrativos.

(A) Considerado o princípio da impessoalidade, não podem ser alegados o impedimento ou a suspeição do servidor ou autoridade para atuar no processo administrativo, podendo ele próprio, se assim o entender, afastar-se de ofício.

(B) A Administração tem o dever de resolver os processos administrativos de forma célere e motivada.

(C) Havendo justo receio de prejuízo de difícil reparação, a autoridade recorrida ou a imediatamente superior poderá, de ofício ou a pedido, conceder efeito suspensivo ao recurso.

(D) Salvo disposição legal em contrário, o recurso administrativo não tem efeito suspensivo.

(E) São inadmissíveis no processo administrativo as provas obtidas por meios ilícitos e, quando a matéria envolver assunto de interesse geral, pode ser efetuada consulta pública com a manifestação de terceiros, se não houver prejuízo para a parte interessada.

A: assertiva incorreta, devendo a alternativa ser assinalada; as leis de processo administrativo costumam prever os institutos do impedimento e da suspeição, com regramento também acerca da possibilidade de o interessado que não seja a própria autoridade, possa arguir esse tipo de vício, como se percebe, por exemplo, do art.

20 da Lei 9.784/1999; **B:** assertiva correta, já que os princípios da eficiência e da motivação, que impõem a celeridade e a decisão motivada, são próprios do Direito Administrativo, valendo citar como exemplo, em matéria de processo administrativo, o disposto no art. 2º, *caput*, da Lei 9.784/1999; **C:** assertiva correta; no plano federal essa regra está no art. 61, *caput*, da Lei 9.784/1999; **D:** assertiva correta (arts. 30 e 31 da Lei 9.784/1999).

Gabarito "A"

(Ministério Público/CE – 2011 – FCC) No que tange aos processos administrativos, a Lei n. 9.784/1999

(A) não admite a recusa motivada do recebimento de documentos pela Administração.

(B) dispõe que, caso o requerente da instauração do processo venha dele desistir ou renunciar ao direito ou interesse nele veiculado, fica a Administração impedida de dar prosseguimento ao processo.

(C) impede a delegação de poderes de um órgão a outro que não lhe seja subordinado hierarquicamente.

(D) considera suspeito, para fins de atuação em processo administrativo, o agente público que tenha participado ou venha a participar como perito, testemunha ou representante nesse mesmo processo.

(E) considera legítima a participação de agentes públicos nos processos administrativos, na qualidade de interessados.

A: incorreta, pois o que é vedada a recusa imotivada (art. 6º, parágrafo único, da Lei 9.784/1999); **B:** incorreta, pois "a desistência ou renúncia do interessado, conforme o caso, não prejudica o prosseguimento do processo, se a Administração considerar que o interesse público assim exige" (art. 51, § 2º, da Lei 9.784/1999); **C:** incorreta, pois a delegação pode se dar em favor de órgão ou titular de cargo, ainda que estes não sejam hierarquicamente subordinados àquele que delega (art. 12, *caput*, da Lei 9.784/1999); **D:** incorreta, pois esse caso é de impedimento (art. 18, II, da Lei 9.784/1999) e não de suspeição; **E:** correta; desde que se trate de interessado (art. 9º da Lei 9.784/1999), o fato de se tratar de agente público (conceito, aliás, extremamente amplo, que engloba até concessionários de serviço público) não torna ilegítima a participação dessa pessoa num processo administrativo; naturalmente que se o agente público for o próprio responsável por apreciar o processo administrativo por ele mesmo iniciado para tratar de assunto particular seu, haverá impedimento do agente público para apreciar o processo administrativo em questão, mas nada impede que o processo administrativo mencionado tramite e receba decisão final.

Gabarito "E"

(Ministério Público/DF – 2009) Sobre o tema do controle da administração pública, no contexto da Lei n. 8.112/1990, assinale a alternativa correta.

(A) Não retroagem à data do ato impugnado os efeitos da decisão de provimento do pedido de reconsideração ou do recurso.

(B) O pedido de reconsideração e o recurso, quando cabíveis, não obstam a fluência da prescrição.

(C) Cabe pedido de reconsideração à autoridade que houver expedido o ato ou proferido a primeira decisão, podendo ser renovado.

(D) Cabe recurso do indeferimento do pedido de reconsideração.

(E) O direito de requerer prescreve em 5 (cinco) anos, quanto aos atos de demissão e cassação de aposentadoria, e em 2 (dois) anos nos demais casos.

A: incorreta, pois há retroação no caso (art. 109, parágrafo único, da Lei 8.112/1990); **B:** incorreta, pois o pedido de reconsideração e o recurso interrompem a prescrição (art. 111 da Lei 8.112/1990); **C:** incorreta, pois o pedido de reconsideração não pode ser renovado (art. 106 da Lei 8.112/1990); **D:** correta (art. 107, I, da Lei 8.112/1990); **E:** incorreta, pois, nos demais casos, a prescrição se dá em 120 dias, e não em 2 anos (art. 110 da Lei 8.112/1990).

Gabarito "D"

12.2. CONTROLE EXTERNO

12.2.1. CONTROLE PARLAMENTAR

(Ministério Público/AM – 2008 – CESPE) Assinale a opção correta acerca do controle da administração pública.

(A) O controle que os chefes exercem sobre os seus subordinados, na estrutura de um órgão público, é uma modalidade de controle externo.

(B) A sustação, pelo Congresso Nacional, de atos normativos do Poder Executivo que exorbitem do poder regulamentar configura controle externo.

(C) O controle popular dos atos da administração pública só se consolida por intermédio da atuação do MP.

(D) Os agentes públicos responsáveis pelo controle interno, ao tomarem conhecimento de qualquer irregularidade ou ilegalidade, devem dar ciência do fato ao TCU, sob pena de responsabilidade subsidiária.

(E) A necessidade de obtenção de autorização do Senado Federal para que os estados possam contrair empréstimos externos configura controle repressivo da administração pública.

A: incorreta, pois trata-se de controle interno; **B:** correta, nos termos do art. 49, V, da CF; **C:** incorreta, pois há outras formas de controle, como por meio do ingresso com ação popular, cujo legitimado ativo é o cidadão (art. 5º, LXXIII, da CF); **D:** incorreta (art. 74, § 1º, da CF); **E:** incorreta, pois trata-se de controle preventivo (art. 52, V, da CF).

Gabarito "B"

12.2.2. CONTROLE PELO TRIBUNAL DE CONTAS

(Promotor de Justiça/ES – 2013 – VUNESP) Assinale a alternativa que corretamente descreve um instrumento de controle da administração previsto na Constituição Federal e que deve ser manejado pelo Poder Legislativo.

(A) Analisar as contas prestadas trimestralmente pelo Presidente da República.

(B) Sustar os atos normativos do Poder Executivo que exorbitem do poder regulamentar ou dos limites de delegação legislativa.

(C) Analisar e dar provimento a recurso hierárquico próprio de atos praticados por servidores públicos do Poder Executivo.

(D) Exercer a supervisão das entidades descentralizadas e o controle hierárquico dos órgãos da Administração Indireta.

(E) Sustar a execução de contrato administrativo, exercendo controle financeiro, sem necessidade de impugnação do contrato no âmbito do Tribunal de Contas.

A: incorreta, pois essa competência é do Tribunal de Contas (art. 71, I, da CF); vale salientar que essa análise é anual e não trimestral; **B:** correta (art. 49, V, da CF); **C** e **D:** incorretas, pois essa competência não está prevista na Constituição e fere o princípio da independência dos Poderes; **E:** incorreta, pois essa competência se inicia por atuação do Tribunal de Contas (art. 71, X e § 1º, da CF).

Gabarito "B"

13. LEI DE ACESSO À INFORMAÇÃO

(Promotor de Justiça/MG – 2013) Visando regular os procedimentos a serem observados pela União, Estados, Distrito Federal e Municípios, quanto ao acesso a informações previsto no inciso XXXIII do artigo 5º, no inciso II do § 3º do artigo 37 e no § 2º do artigo 216, todos da Constituição da República, foi editada a Lei Federal 12.527/2011, que prevê, **EXCETO**:

(A) As informações ou documentos que versem sobre condutas que impliquem violação dos direitos humanos praticada por agentes públicos ou a mando de autoridades públicas não poderão ser objeto de restrição de acesso.

(B) A informação em poder dos órgãos e entidades públicas, observado o seu teor e em razão de sua "imprescindibilidade à segurança da sociedade ou do Estado", poderá sofrer restrição de acesso, de acordo com a classificação de ultrassecreta, secreta, confidencial e reservada e nos prazos máximos respectivos de 25, 20, 15 e 5 anos.

(C) O disposto na referida lei não exclui as demais hipóteses legais de sigilo e de segredo de justiça, nem as hipóteses de segredo industrial decorrentes da exploração direta de atividade econômica pelo Estado ou por pessoa física ou entidade privada que tenha qualquer vínculo com o poder público.

(D) Os cinco princípios que regem a Lei de Acesso à Informação são: observância da publicidade como preceito geral e do sigilo como exceção; divulgação de informações de interesse público, independentemente de solicitações; utilização de meios de comunicação viabilizados pela tecnologia da informação; fomento ao desenvolvimento da cultura de transparência na administração pública; e desenvolvimento do controle social da administração pública.

A: incorreta, pois está previsto na Lei 12.527/2011 (art. 21, parágrafo único); **B:** correta, pois não está previsto na Lei 12.527/2011 (art. 24), já que não existe, na classificação prevista no dispositivo, a categoria "confidencial"; **C:** incorreta, pois está previsto na Lei 12.527/2011 (art. 22); **D:** incorreta, pois está previsto na Lei 12.527/2011 (art. 3º).

Gabarito "B"

14. OUTROS TEMAS E QUESTÕES DE CONTEÚDO VARIADO

(Ministério Público/RR – 2012 – CESPE) No que concerne à administração pública, ao servidor público e à competência administrativa, assinale a opção correta.

(A) De acordo com a legislação aplicável à matéria, a decisão de recursos administrativos pela autoridade competente não pode ser objeto de delegação.

(B) Os servidores que trabalham em serviços auxiliares da justiça ocupam função pública, não cargo público.

(C) Na classificação dos órgãos públicos segundo a posição estatal, consideram-se autônomos, sem subordinação hierárquica, os órgãos situados na cúpula da administração.

(D) A competência administrativa é derrogável e passível de delegação ou avocação.

(E) A ausência de lei que fixe a competência administrativa impede a prática do ato no âmbito da administração pública.

A: correta (art. 13, II, da Lei 9.784/1999); **B:** incorreta, pois os servidores judiciais possuem cargo público e os servidores dos serviços extrajudiciais (Cartórios) possuem emprego privado regido pela CLT; **C:** incorreta, pois os órgãos da cúpula da administração são órgãos independentes; **D:** incorreta, pois, apesar de a competência ser passível de delegação ou avocação, ela é inderrogável, ou seja, não passível de renúncia (art. 11 da Lei 9.784/1999); **E:** incorreta, pois é possível que um agente público receba parte de competência por delegação (art. 12, *caput*, da Lei 9.784/1999).

Gabarito "A"

(Ministério Público/TO – 2012 – CESPE) Assinale a opção correta a respeito de administração pública e poderes dessa administração, atos administrativos, serviços públicos, contratos administrativos e controle da administração pública, agentes públicos e servidores públicos.

(A) É denominado termo de cooperação o instrumento jurídico formal de natureza administrativa com base no qual se processa a transferência de recursos financeiros por intermédio de instituição ou agente financeiro público federal que atue como mandatário da União.

(B) A criação de novo território federal e a criação da Fundação Instituto Brasileiro de Geografia e Estatística (IBGE), responsável pela prestação de serviços de estatísticas, geologia e cartografia de âmbito nacional, representam, do ponto de vista da organização administrativa brasileira, fenômenos de desconcentração e descentralização, respectivamente.

(C) Devido à obrigatoriedade de observância da exigência constitucional de concurso público, os consórcios e convênios estabelecidos entre os entes da Federação não podem contemplar a cessão de servidor.

(D) Em conformidade com a Lei n. 8.666/1993, para atender à exigência de prestação de garantias para a contratação de obras, serviços e compras, o contratado pode optar por uma das seguintes modalidades: caução em dinheiro ou em títulos da dívida pública, seguro garantia ou fiança bancária.

(E) As informações oficiais do governo federal sobre celebração, liberação de recursos, acompanhamento da execução e prestação de contas de convênios, contratos de repasse e termos de parceria, via Internet, são prestadas na página específica denominada Transparência Brasil.

A: incorreta, pois essa definição é de contrato de repasse (art. 1º, § 1º, II, do Decreto 6.170/2007, redação anterior ao Decreto 8.180/2013); **B:** incorreta, pois a desconcentração constitui a distribuição interna de competências (ou seja, no interior de uma mesma pessoa jurídica, atuando de órgão para órgão), o que não acontece quanto à criação de um território, que consiste na criação de uma nova pessoa jurídica; **C:** incorreta, pois, segundo o art. 4º, § 4º, da Lei 11.107/2005, "os entes da Federação consorciados, ou os com eles conveniados, poderão ceder-lhe servidores, na forma e condições da legislação de cada um"; **D:** correta (art. 56, § 1º, da Lei 8.666/1993); **E:** incorreta, pois os dados devem ser registrados no SICONV (Sistema de Gestão de Convênios e Contratos de Repasse), que será aberto ao público, via rede mundial de computadores – Internet, por meio de página específica denominada Portal dos Convênios (art. 13 do Decreto 6.170/2007).

Gabarito "D"

(Ministério Público/TO – 2012 – CESPE) Com relação à administração pública, a licitações e contratos administrativos, a agentes e servidores públicos e à responsabilidade civil do Estado, assinale a opção correta.

(A) Como medida cautelar, em processo administrativo disciplinar, a autoridade competente, instauradora do processo, poderá, no âmbito de suas atribuições, afastar de suas funções o servidor público implicado, pelo prazo de sessenta dias, sem prejuízo da remuneração, para evitar, dessa maneira, que ele possa influenciar na apuração das irregularidades.

(B) A administração fazendária e seus servidores fiscais não terão, nas suas áreas de competência e jurisdição, definidas por lei, precedência de qualquer natureza sobre os demais setores da administração.

(C) Para garantir o fiel e estrito cumprimento dos contratos de mútuo de longo prazo, particularmente aqueles destinados a investimentos relativos a contratos de concessão, em qualquer de suas modalidades, não se permite que as concessionárias transfiram ou cedam ao mutuante parcelas de seus créditos operacionais futuros em caráter fiduciário.

(D) Diferentemente das empresas públicas, das companhias seguradoras, das cooperativas e das sociedades administradoras de planos de saúde, as sociedades de economia mista subordinam-se às normas da Lei de Recuperação de Empresas.

(E) Os vencimentos dos ocupantes dos cargos do Poder Executivo e do Poder Legislativo não poderão ser superiores aos pagos a ocupantes de cargos do Poder Judiciário.

A: correta (art. 147, *caput*, da Lei 8.112/1990); **B:** incorreta, pois existe essa precedência, na forma da lei (art. 37, XVIII, da CF); **C:** incorreta, pois é permitida tal transferência ou cessão de créditos operacionais futuros em caráter fiduciário (art. 28-A da Lei 8.987/1995); **D:** incorreta, pois, segundo o art. 2º, I, da Lei 11.101/2005, a lei de recuperação judicial, extrajudicial e falência não se aplica a empresas públicas e *sociedades de economia mista*; **E:** incorreta, pois a regra prevista na constituição tem outro teor, qual seja, "os vencimentos dos cargos do poder legislativo e do poder judiciário não poderão ser superiores aos pagos pelo poder executivo" (art. 37, XII, da CF).

Gabarito "A"

7. Direito Tributário

Fernando Castellani e Robinson Sakiyama Barreirinhas*

1. COMPETÊNCIA TRIBUTÁRIA

(Ministério Público/CE – 2011 – FCC) São impostos de competência da União e do Distrito Federal, respectivamente, os impostos

(A) de importação e sobre a propriedade territorial rural.

(B) sobre circulação de mercadorias e sobre a propriedade de veículos automotores.

(C) de exportação e sobre operações de seguro.

(D) sobre a renda e proventos de qualquer natureza e sobre serviços de qualquer natureza.

(E) sobre operações de crédito e câmbio e sobre grandes fortunas.

Nos termos dos art. 153 a 156 da CF, a competência tributário para instituição de impostos é assim distribuída:

Impostos Federais (CF, art. 153 e 154): imposto sobre importação, imposto sobre exportação, imposto sobre a renda, imposto sobre produtos industrializados, imposto sobre operações de crédito, câmbio, títulos e valores mobiliários – IOF, imposto territorial rural, imposto sobre grandes fortunas, imposto residual e imposto extraordinário em caso de guerra;

Impostos estaduais e do DF (CF, art. 155 cc art. 147): imposto sobre transmissão causa mortis e doação, impostos sobre circulação de mercadorias e serviços e impostos sobre propriedade de veículos automotores;

Impostos Municipais e do DF (CF, art. 156 cc art. 147): impostos sobre propriedade predial e territorial urbana, imposto sobre transmissão onerosa de bens imóveis e direitos reais e imposto sobre serviços;

A: incorreto, pois ambos são federais; **B:** incorreto, pois ambos são estaduais; **C:** incorreto, pois ambos são federais; **D:** correto, pois o IR é de competência federal e o ISS de competência municipal e distrital; **E:** incorreto, pois ambos são federais.

Gabarito "D"

(Ministério Público/SE – 2010 – CESPE) Considere que um estado tenha instituído imposto sobre o consumo de água tratada, por meio de lei complementar estadual; um município do mesmo estado tenha instituído contribuição para o custeio de iluminação pública, por meio de lei ordinária; e a União tenha instituído, por meio de lei complementar, imposto sobre grandes fortunas. Nessa situação, agiu(ram) em conformidade com a CF somente

(A) o município.

(B) o estado.

(C) a União.

(D) a União e o município.

(E) o estado e o município.

O STF já decidiu que o fornecimento de água encanada é serviço público essencial, não circulação de mercadoria, de forma que não incide ICMS – ver RE 552.948 AgR/RJ. Ademais, o Estado não tem competência para tributar diretamente o consumo, mas apenas a circulação de mercadoria. O Município tem competência para instituir a contribuição para custeio do serviço de iluminação pública, nos termos do art. 149-A da CF, bastando lei ordinária para isso (como, em regra, exige-se simples lei ordinária para o exercício da competência tributária em relação a todos os tributos, com exceção de alguns federais). A União detém competência tributária para instituir o imposto sobre grandes fortunas, nos termos de lei complementar. Há entendimento no sentido de que é preciso lei complementar para definir o que sejam grandes fortunas, mas a efetiva instituição, alteração ou mesmo extinção poderiam ser feitas por lei ordinária – não há jurisprudência, evidentemente, pois o tributo jamais foi instituído.

Por essas razões, somente os tributos municipal e federal são válidos, de modo que a alternativa correta é a "D".

Gabarito "D"

(Ministério Público/ES – 2010 – CESPE) Salvo disposição de lei em contrário, a pessoa jurídica de direito público que se constituir pelo desmembramento territorial de outra

(A) adota as diretrizes do Senado Federal até que entre em vigor a própria legislação.

(B) pode, excepcionalmente, exigir imediatamente os tributos que instituir, independentemente do princípio da anterioridade.

(C) recebe subvenções do governo federal até que entre em vigor a própria legislação.

(D) aplica a legislação tributária da pessoa jurídica de direito público da qual se desmembrou até que entre em vigor a própria legislação.

(E) não pode exigir, em respeito ao princípio da anterioridade, o pagamento de tributos no mesmo exercício financeiro de sua constituição.

Nos termos do art. 120 do CTN, salvo disposição de lei em contrário, a pessoa jurídica de direito público, que se constituir pelo desmembramento territorial de outra, sub-roga-se nos direitos desta, cuja

* **Fernando Castellani** comentou as questões dos seguintes concursos: MP/AC/08, MP/BA/08, MP/CE/11, MP/GO/10, MP/GO/12, MP/MG/06, MP/MG/11, MP/MG/12, MP/MS/09, MP/MT/12, MP/PB/10, MP/PI/08, MP/PI/ 12, MP/RJ/11, MP/RN/09, MP/RR/12, MP/ RS/08, MP/RS/09, MP/SC/08, MP/SC/12, MP/SP/12, MP/TO/12, MP/RO/2013 e MP/PR/2013 quando houver. **Robinson Sakiyama Barreirinhas** comentou as demais questões.

legislação tributária aplicará até que entre em vigor a sua própria. **A:** incorreta, pois não há subordinação às diretrizes do Senado; **B:** assertiva incorreta, pois não há exceção ao princípio da anterioridade em relação a tributos que venham a ser instituídos ou majorados posteriormente ao surgimento da pessoa jurídica de direito público; **C:** incorreta, pois não há subvenções federais previstas para a hipótese de constituição de pessoa jurídica de direito público; **D:** correta, conforme o art. 120 do CTN; **E:** a sub-rogação prevista no dispositivo do CTN torna essa assertiva incorreta. Como salientado no comentário à alternativa B, a anterioridade atinge os tributos criados ou majorados **após** o surgimento da pessoa jurídica de direito público.

Gabarito "D"

(Ministério Público/MA – 2009) Dos seguintes impostos:

I. Sobre a Propriedade Territorial Rural;

II. Sobre Serviços de Transporte Intermunicipal;

III. Sobre a Propriedade Territorial Urbana.

São da competência tributária do Município os indicados nas assertivas:

(A) "I" e "II"

(B) "II" e "III";

(C) "III" e "I";

(D) somente a "II";

(E) somente a "III".

O Município tem competência para tributar serviços de qualquer natureza, não incluídos na competência dos Estados e definidos em lei complementar (ISS), propriedade predial e territorial urbana (IPTU) e transmissão onerosa *inter vivos* de bens imóveis e direitos reais, exceto os de garantia (ITBI). **I:** incorreta, pois o ITR é da competência federal; **II:** incorreta, pois o ICMS estadual incide sobre a prestação de serviços de transporte interestadual e intermunicipal; **III:** assertiva correta, pois o IPTU é imposto municipal.

Veja a seguinte tabela com as competências dos entes políticos em relação aos impostos, para estudo e memorização:

Competência em relação aos impostos		
União	**Estados e DF**	**Municípios e DF**
– imposto de importação – imposto de exportação – imposto de renda – IPI – IOF – ITR – Imposto sobre grandes fortunas – Impostos extraordinários – Impostos da competência residual	– ITCMD – ICMS – IPVA	– IPTU – ITBI – ISS

Gabarito "E"

(Ministério Público/MG – 2011) Assinale a assertiva **INCORRETA.**

(A) Aos Municípios compete instituir impostos sobre transmissão *inter vivos*, a qualquer título, por ato oneroso, de bens imóveis, por natureza ou acessão física, e de direitos reais sobre imóveis, exceto os de garantia, bem como cessão de direitos a sua aquisição.

(B) Aos Municípios compete instituir impostos sobre transmissão *causa mortis* e doação, de quaisquer bens ou direitos.

(C) Aos Municípios pertence o produto da arrecadação do imposto da União sobre renda e proventos de qualquer natureza, incidente na fonte, sobre rendimentos pagos, a qualquer título, por eles, suas autarquias e pelas fundações que instituírem e mantiverem.

(D) Aos Municípios compete instituir impostos sobre propriedade predial e territorial urbana.

A: correto, pela expressa competência constitucional (CF, art. 155, II); **B:** incorreto, pois o ITCMD, imposto descrito na questão, é de competência dos Estados e DF (CF, art. 155, I); **C:** correto, por expressa previsão constitucional (CF, art. 157, I); **D:** correto, pela expressa competência constitucional (CF, art. 156, I).

Gabarito "B"

(Ministério Público/MG – 2006) É **INCORRETO** afirmar que cabe à Lei Complementar, em matéria tributária

(A) regular as limitações constitucionais ao poder de tributar.

(B) dispor sobre conflitos de competência, em matéria tributária, entre a União, os Estados, o Distrito Federal e os Municípios.

(C) estabelecer normas gerais em matéria tributária, especialmente sobre obrigação, lançamento, crédito, prescrição e decadência tributários.

(D) os Municípios, mediante lei complementar, poderão instituir empréstimos compulsórios para atender a despesas extraordinárias, decorrentes de calamidade pública.

(E) definição de tratamento diferenciado e favorecido para as microempresas e para as empresas de pequeno porte.

Nos termos do art. 146 da CF, cabe à lei complementar, em matéria tributária: I – dispor sobre conflitos de competência, em matéria tributária, entre a União, os Estados, o Distrito Federal e os Municípios; II – regular as limitações constitucionais ao poder de tributar; III – estabelecer normas gerais em matéria de legislação tributária, especialmente sobre: a) definição de tributos e de suas espécies, bem como, em relação aos impostos discriminados nesta Constituição, a dos respectivos fatos geradores, bases de cálculo e contribuintes; b) obrigação, lançamento, crédito, prescrição e decadência tributários; c) adequado tratamento tributário ao ato cooperativo praticado pelas sociedades cooperativas; d) definição de tratamento diferenciado e favorecido para as microempresas e para as empresas de pequeno porte, inclusive regimes especiais ou simplificados no caso do imposto previsto no art. 155, II, das contribuições previstas no art. 195, I e §§ 12 e 13, e da contribuição a que se refere o art. 239. **A:** correto, por expressa previsão legal; **B:** correto, por expressa previsão legal; **C:** correto, por expressa previsão legal; **D:** incorreto, pois empréstimos compulsórios somente podem ser instituídos pela União (CF, art. 148); **E:** correto, por expressa previsão legal;

Gabarito "D"

(Ministério Público/RO – 2008 – CESPE) A lei estadual estabelece os critérios para cobrança de tributos em conformidade com as diretrizes constitucionais. No que se refere a esse assunto, assinale a opção correta.

(A) A criação do tributo se dá pela capacidade tributária ativa do ente da Federação que por lei estabelece a cobrança do tributo.

(B) A instituição do tributo ocorre em função da competência tributária do ente da Federação.

(C) O nascimento da obrigação tributária para o contribuinte ocorre com a distribuição da competência tributária disciplinada na CF.

(D) O Poder Legislativo local é que possui a capacidade tributária.

(E) O Poder Executivo local é que possui a competência tributária.

Os entes políticos (União, Estados, Distrito Federal e Municípios) detêm competência tributária, ou seja, podem legislar acerca de seus tributos. A legislação tributária, que trata, entre outras coisas, da instituição, majoração, modificação e extinção de tributos, decorre do exercício da competência tributária. A lei determina quem exigirá e fiscalizará o tributo, ou seja, quem detém a capacidade tributária ativa.

Gabarito "B"

(Ministério Público/RR – 2008 – CESPE) Julgue os itens seguintes, que tratam do poder de tributar e de estabelecer normas em matéria tributária.

(1) Consoante a jurisprudência firmada pelo STF, o poder que tem o Estado de tributar sofre limitações que são tratadas como cláusulas pétreas.

(2) Uma medida provisória que estabeleça nova hipótese de fato gerador de um imposto contraria a CF.

(3) A competência tributária abrange o poder de legislar plenamente, incluindo-se o estabelecimento de normas gerais em matéria tributária, desde que não existam normas gerais impostas pela União sobre a mesma matéria.

(4) Considere que o estado de Roraima tenha atribuído à União as funções de arrecadar ou fiscalizar tributos, ou de executar leis, serviços, atos ou decisões administrativas em matéria tributária. Nessa situação, tal atribuição não compreenderá as garantias e os privilégios processuais que competem àquele estado.

1: As limitações constitucionais ao poder de tributar referem-se a direitos e garantias individuais, o que representa cláusula pétrea (não podem ser reduzidos ou suprimidos, nem mesmo por emenda constitucional) – art. 60, § 4º, IV, da CF; 2: MP pode veicular norma tributária, nos termos do art. 62, § 2º, da CF. Entretanto, os fatos geradores dos impostos previstos na Constituição devem ser fixados por lei complementar – art. 146, III, a, da CF; 3: Arts. 24, I, e § 3º, e 30, II, ambos da CF; 4: Art. 7º, § 1º, do CTN.

Gabarito 1C, 2C, 3C, 4E

2. PRINCÍPIOS

(Promotor de Justiça/MG – 2014) Relativamente às limitações constitucionais ao poder de tributar, assinale a alternativa CORRETA:

(A) Sem prejuízo de outras garantias asseguradas ao contribuinte, é vedado à União, e facultado aos Estados, ao Distrito Federal e aos Municípios, estabelecer limitações ao tráfego de pessoas ou bens, por meio de tributos interestaduais ou intermunicipais, ressalvada a cobrança de pedágio pela utilização de vias conservadas pelo Poder Público.

(B) A lei não poderá atribuir a sujeito passivo de obrigação tributária a condição de responsável pelo pagamento de imposto ou contribuição, cujo fato gerador deva ocorrer posteriormente.

(C) É vedado aos Estados, ao Distrito Federal e aos Municípios estabelecer diferença tributária entre bens e serviços, de qualquer natureza, em razão de sua procedência ou destino.

(D) É permitido à União, objetivando reequilibrar a tributação vigente entre os entes federados, instituir tributo que não seja uniforme em todo o território nacional.

A: incorreta, pois essa vedação se aplica a todos os entes políticos, não apenas à União – art. 150, V, da CF; **B:** incorreta, pois é possível a chamada substituição tributária "para frente" – art. 150, § 7º, da CF; **C:** correta, nos termos do art. 152 da CF; **D:** incorreta, pois essa não é exceção admitida ao princípio da uniformidade territorial – art. 151, I, da CF.

Gabarito "C"

(Ministério Público/PR – 2013 – X) Em tema de garantias e limitações constitucionais ao poder de tributar, qual das seguintes alternativas se revela _correta_?

(A) Segundo o princípio da anualidade, consagrado na vigente Constituição Federal, lei que institua ou majore tributos somente pode ter eficácia no exercício financeiro seguinte ao da publicação da lei e desde que previamente autorizado na lei orçamentária anual;

(B) Segundo o princípio da anterioridade, consagrado na vigente Constituição Federal, lei que institua ou majore tributos somente pode ter eficácia no exercício financeiro seguinte ao da publicação da lei e desde que previamente autorizado na lei orçamentária anual;

(C) Segundo o princípio da anualidade, consagrado na vigente Constituição Federal, lei que institua ou majore tributos somente pode ter eficácia no exercício financeiro seguinte ao da publicação da lei, independentemente da data desta publicação;

(D) Segundo o princípio da anterioridade, consagrado na vigente Constituição Federal, lei que institua ou majore tributos somente pode ter eficácia no exercício financeiro seguinte ao da publicação da lei, e ao menos noventa dias após tal publicação, ressalvadas expressas exceções constitucionais;

(E) A consagração do princípio da anterioridade, na vigente Constituição Federal, impede que Estados membros, no exercício de seus poderes constituintes decorrentes, estipulem, em suas Constituições, o princípio da anualidade.

A: incorreta, pois o princípio da anualidade não possui mais previsão na Constituição Federal; **B:** incorreta, pois o princípio da anterioridade exige, para a vigência da lei tributária, apenas o decurso de prazo mínimo previsto na Constituição Federal, independente da previsão na lei orçamentária anterior (art. 150, III, da CF/1988); **C:** incorreta, pois não há previsão do princípio da anualidade na vigente Constituição Federal; **D:** correta, pois trata-se de expressa previsão constitucional (art. 150, III, "b" e "c" da CF/1988); **E:** incorreta, pois a previsão do princípio da anterioridade não é incompatível com o princípio da anualidade, havendo, atualmente, apenas falta de previsão, mas não vedação aos entes. Vale dizer, ainda, que seria uma garantia adicional aos contribuintes.

Gabarito "D"

(Ministério Público/CE – 2011 – FCC) Sobre os princípios constitucionais tributários é correto afirmar que

(A) a lei que modifica tributos só pode ser aplicada no exercício seguinte ao da sua publicação por força da regra da irretroatividade da lei tributária.

(B) os tributos sempre deverão ser pessoais e atender às condições econômicas dos contribuintes, por força do princípio da capacidade contributiva.

(C) salvo exceções a lei que cria ou majora tributo terá eficácia no exercício financeiro seguinte ao da sua publicação, como expressão da anterioridade tributária.

(D) como exceção à legalidade tributária, pode o Presidente da República instituir, por decreto, impostos de importação, de exportação, sobre produtos industrializados e sobre operações financeiras.

(E) a instituição de empréstimo compulsório, imposto extraordinário, imposto residual e impostos de natureza extrafiscal são exceções à anterioridade nonagesimal.

A: incorreto, pois nem toda alteração por lei tributário deverá se submeter a determinado prazo para a produção de seus efeitos, além do que o princípio que estabelece tal limitação é o princípio da anterioridade, não da irretroatividade (CF, art. 150, III); **B:** incorreto, pois o princípio da capacidade contributiva deve ser aplicado, nos termos da CF, sempre que possível, que demonstra que o sistema reconhece a impossibilidade, em algumas situações de aplicação da tal regra. Para os chamados impostos indiretos, ou mesmo para as taxas, tal princípio mostra-se inaplicável (CF, art. 145, § 1º); **C:** correto, pois essa é exatamente a definição do princípio da anterioridade ou da não surpresa, que tem por objetivo impedir que o sujeito passivo seja surpreendido com a nova, e maior, carga tributária (CF, art. 150, III); **D:** incorreto, pois a exceção ao princípio da legalidade estabelece a possibilidade de alteração de alíquota por decreto, mas não a instituição do tributo (CF, 153, § 1º); **E:** incorreto, pois as exceções a anterioridade nonagesimal, previstas na CF, não alcançam os impostos residuais, nem mesmo todos os extrafiscais.

Gabarito "C"

(Ministério Público/MG – 2012 – CONSULPLAN) Analise as assertivas abaixo:

I. Com base nos princípios da capacidade contributiva, da modicidade tributária e do não confisco, o Supremo Tribunal Federal vem autorizando, independentemente de lei específica, a atualização monetária da tabela progressiva do imposto de renda e das respectivas deduções.

II. A instituição de contribuições de intervenção no domínio econômico é da competência exclusiva da União, não podendo ser delegada aos Estados e Distrito Federal, tampouco aos Municípios.

III. Em relação ao tributo, nos termos da legislação de regência, a destinação legal do produto de sua arrecadação e a sua denominação legal constituem critérios relevantes para determinação de sua natureza jurídica.

IV. A lei tributária aplica-se a ato ou fato pretérito, em qualquer caso, quando seja expressamente interpretativa, excluída a aplicação de penalidade à infração dos dispositivos interpretados.

Pode-se afirmar que:

(A) apenas as assertivas I e III estão **CORRETAS.**

(B) apenas as assertivas I e IV estão **CORRETAS.**

(C) apenas as assertivas II e III estão **CORRETAS.**

(D) apenas as assertivas II e IV estão **CORRETAS.**

I: incorreto, pois o STF tem entendido pela necessidade de lei específica para tal atualização (STF, RE 388312/MG, rel. Min. Marco Aurélio, 23.6.2010); **II:** correto, por definição da CF e pela impossibilidade de delegação de competência tributária (CF, art. 149); **III:** incorreto, pois o CTN estabelece a irrelevância dos critérios da denominação e da destinação para a definição da espécie de tributo (CTN, art. 4º); **IV:** correto, por expressa previsão da legislação, que estabelece, nesse artigo, uma suposta exceção ao princípio da irretroatividade da lei (CTN, art. 106).

Gabarito "D"

(Ministério Público/MG – 2012 – CONSULPLAN) Analise as proposições que complementam a frase abaixo.

"Desconsiderando as discussões envolvendo as medidas provisórias, em relação ao tema princípio da legalidade, depreende-se da legislação tributária em vigor que somente a lei pode estabelecer":

I. a alteração de alíquota tributária.

II. a regulamentação de obrigação tributária acessória.

III. a extinção de tributo permanente.

IV. a instituição de tributo.

A frase em referência fica **CORRETAMENTE** complementada:

(A) apenas pelas proposições I e II.

(B) apenas pelas proposições III e IV.

(C) apenas pelas proposições I e IV.

(D) apenas pelas proposições II e III.

I: incorreto, pois existem tributos, por força de previsão constitucional, que podem ter suas alíquotas alteradas por ato do poder executivo (CF, art. 153, § 1º); **II:** incorreto, pois obrigações acessórias podem ser definidas pela legislação tributária, termo que engloba figuras infralegais (CTN, art. 113 e 96); **III:** correto, pois não há previsão constitucional de exceção a legalidade para a extinção de tributos (CTN, art. 97); **IV:** correto, pois não há previsão constitucional a rega da legalidade na instituição de tributos, mas apenas em sua alteração (CTN, art. 97).

Gabarito "B"

(Ministério Público/MS – 2009) No campo das limitações do poder de tributar, assinale a opção correta:

(A) A regra da anterioridade não se aplica à instituição de empréstimos compulsórios no caso de investimento público de caráter urgente e de relevante interesse nacional.

(B) A regra da anterioridade se aplica à instituição de empréstimos compulsórios para atender despesas extraordinárias decorrentes de calamidade pública.

(C) A regra da anterioridade não se aplica à instituição de impostos sobre importação de produtos estrangeiros.

(D) Em virtude da regra da legalidade e da regra da anterioridade, é vedada a edição de medida provisória em matéria tributária.

(E) A Constituição proíbe a instituição de impostos sobre patrimônio, renda ou serviços dos partidos políticos, mas autoriza a instituição sobre quaisquer patrimônios, rendas ou serviços das fundações vinculadas aos partidos políticos.

A: incorreto, pois a exceção ao princípio da anterioridade, prevista para os empréstimos compulsórios, refere-se apenas aos casos de guerra ou calamidade; **B:** incorreto, pois há previsão de exceção a anterioridade nesse caso (CF, art. 150, § 1º); **C:** correto, pois há previsão de exceção ao princípio da anterioridade aos impostos sobre comercio exterior (153, §1º); **D:** incorreto, pois medidas provisórios podem ser usadas para a instituição de quaisquer tributos, com exceção dos que exigem lei complementar (CF, art. 62); **E:** incorreto, pois há expressa extensão da regra de imunidade dos partidos às suas fundações (CF, art. 150, VI, c).

Gabarito "C"

(Ministério Público/MS – 2011 – FADEMS) As afirmações abaixo referem-se às limitações dos entes federados no exercício da tributação:

I. os tributos somente poderão ser instituídos e majorados por lei em sentido amplo que respeite o princípio da anterioridade.

II. é proibido o tratamento desigual a contribuintes que se encontrem em situação equivalente.

III. as denominadas Contribuições Sociais não se caracterizam como tributos.

IV. é vedada a cobrança de tributos em relação a fatos geradores ocorridos antes do início da vigência da lei que os houver instituído ou aumentado.

Com base nessas afirmações, assinale a resposta **correta**:

(A) as afirmações I e III estão incorretas;

(B) as afirmações I e III estão corretas;

(C) as afirmações III e IV estão incorretas;

(D) as afirmações I, II e IV estão corretas;

(E) apenas a afirmação I está incorreta.

I: Assertiva correta, lembrando que é possível a utilização de Medida Provisória ou Lei Delegada em substituição à lei ordinária em sentido estrito, para a instituição dos tributos (entretanto, não cabe MP ou LD no caso de tributo que exija lei complementar) – art. 150, I, c/c art. 62, § 2º, da CF e art. 68 da CF; **II:** Correta, pois reflete o princípio da isonomia – art. 150, II, da CF; **III:** Incorreta, pois as contribuições sociais têm natureza tributária – art. 149 da CF e art. 3º do CTN; **IV:** Correta, pois descreve o princípio da irretroatividade – art. 150, III, *a*, da CF.

Gabarito "D"

(Ministério Público/PB – 2010) Considerando a limitação do poder de tributar, assinale a alternativa correta:

I. Apenas para efeito de iniciar o processo legislativo, pode-se instituir ou majorar tributos por meio de medidas provisórias.

II. Em decorrência de inflação, deflação ou outro aspecto que atinja de algum modo o valor do bem, há que se editar lei, periodicamente, para atualizar a base de cálculo do tributo que incida sobre o mesmo.

III. Dentro de uma atuação discricionária, a autoridade administrativa da União pode alterar as alíquotas dos impostos sobre importação de produtos estrangeiros, operações de crédito, propriedade territorial rural e produtos industrializados.

(A) Apenas I está correta.

(B) I, II e III estão corretas.

(C) Apenas I e III estão corretas.

(D) I, II e III estão erradas.

(E) Apenas II e III estão corretas.

I: Incorreta, pois não se trata apenas de iniciar o processo legislativo, pois a MP tem força de lei, inclusive em matéria tributária, observado o disposto no art. 62, § 2º, da CF; **II:** Incorreta, pois a simples atualização monetária da base de cálculo do tributo não se sujeita à legalidade, podendo ser veiculada por norma infralegal, desde que repeitados os limites do índice oficial de inflação adotado – art. 97, § 2º, do CTN e Súmula 160/STJ; **III:** Incorreta, pois as alíquotas do ITR não podem ser alteradas por norma infralegal. É importante salientar que as alterações das alíquotas do II, do IE, do IPI e do IOF por norma infralegal devem observar as condições e os limites fixados em lei – art. 153, § 1º, da CF.

Gabarito "D"

(Ministério Público/ES – 2010 – CESPE) Lei estadual, que determine a majoração das alíquotas e da base de cálculo do imposto sobre a propriedade de veículos automotores, publicada no dia 31 de dezembro, com cláusula de vigência imediata, produzirá efeitos

(A) no dia 1º de janeiro do ano seguinte, apenas em relação à majoração da base de cálculo do imposto.

(B) no dia 1º de janeiro do ano seguinte, em relação à majoração das alíquotas e da base de cálculo.

(C) 45 dias após a data da publicação da lei, em relação apenas à majoração da base de cálculo.

(D) noventa dias após a data da publicação da lei, apenas em relação à majoração das alíquotas.

(E) no dia 1º de janeiro do ano seguinte, apenas em relação à majoração das alíquotas.

Somente a alteração da base de cálculo do IPVA é exceção ao princípio da anterioridade nonagesimal, embora se sujeitando à anterioridade anual. A alteração da alíquota submete-se tanto à anterioridade anual como à nonagesimal. **A:** Correta, conforme comentário inicial; **B** e **D:** Incorretas, pois a majoração das alíquotas terá efeito apenas após 90 dias da publicação da lei; **C:** Incorreta, pois a majoração da base de cálculo vale já em 1º de janeiro do ano seguinte; **D:** Imprecisa, pois 90 dias após a publicação da lei, tanto a majoração da alíquota como a da base de cálculo estarão produzindo efeitos. Perceba que o examinador não afirma *"somente* a partir de noventa dias...", sendo que, como visto, a majoração da base de cálculo já estava valendo desde o primeiro dia do ano e continua, evidentemente, após 90 dias da publicação da lei. Obs.: a *pegadinha* na alternativa "D" é bastante questionável, mas o candidato deve estar atento para esse tipo de questão.

Gabarito "A"

(Ministério Público/SC – 2010)

I. Todos os impostos estão sujeitos ao Princípio da Legalidade, da Anterioridade Anual e da Anterioridade Nonagesimal, simultaneamente.

II. O IPI, IOF, ITR e ICMS-Combustível são exceções ao princípio da anterioridade anual.

III. O II, IE, IR e IOF são exceções ao princípio da anterioridade nonagesimal.

IV. A previsão de alíquota, fato gerador, base de cálculo, sujeito passivo e cominação das penalidades, que devem fazer parte do Auto de Infração Tributária, são exemplos do respeito ao princípio da legalidade.

V. Pelo princípio da legalidade insculpido no art. 150, I da CF e 97 I e II do CTN, é vedado à União, Estados e DF e Municípios – exigir tributo sem lei que o estabeleça.

(A) Apenas as assertivas II, IIII e V estão corretas.

(B) Apenas as assertivas I, IV e V estão corretas.

(C) Apenas as assertivas II, III e V estão corretas.

(D) Apenas as assertivas I, III e V estão corretas.

(E) Apenas as assertivas III, IV e V estão corretas.

I: Incorreta, pois há diversas exceções ao princípio da anterioridade anual e nonagesimal, além de mitigação do princípio da legalidade estrita em relação às alíquotas de determinados tributos – arts. 150, § 1º, e 153, § 1º, da CF; **II:** Incorreta, pois o ITR não é exceção à anterioridade anual ou à nonagesimal – arts. 150, § 1º, e 155, § 4º, IV, c, da CF; **III:** Assertiva correta, lembrando que o IR é exceção apenas à anterioridade nonagesimal, mas não à anual – art. 150, § 1º, da CF; **IV:** Imprecisa, pois a necessidade de indicação desses elementos no auto de infração não tem relação direta com o princípio da legalidade; **V:** Assertiva correta, conforme os dispositivos mencionados.

Gabarito "Anulada"

(Ministério Público/PB – 2010) Considere as assertivas abaixo e assinale a alternativa correta:

I. Pelo princípio da recepção, a norma tributária anterior tem vigência garantida quando não houver previsão sobre matéria idêntica na nova norma e for com esta materialmente compatível.

II. O fato gerador do tributo, uma vez proveniente de ato ilícito, necessariamente impede a tributação.

III. A contribuição de melhoria, tributo não vinculado, está sujeito ao princípio da anterioridade.

(A) Apenas II e III estão incorretas.

(B) Apenas I e II estão corretas.

(C) Apenas I e III estão incorretas.

(D) I, II e III estão corretas.

(E) I, II e III estão incorretas.

I: a assertiva descreve adequadamente a recepção, termo normalmente utilizado em relação ao sistema constitucional (por exemplo, recepção do CTN como norma nacional pela CF de 1988); **II:** incorreta, pois o tributo jamais decorre de fato ilícito, por definição – art. 3º do CTN; **III:** a contribuição de melhoria é considerada tributo vinculado, pois seu fato gerador decorre de uma atividade estatal específica voltada, ainda que mediatamente, ao contribuinte (obra pública que implica valorização imobiliária). A taxa é outro tributo vinculado, enquanto o imposto é tributo não vinculado.

Gabarito "A"

(Ministério Público/MG – 2006) É **INCORRETA** a afirmativa:

(A) é vedado à União, aos Estados, ao Distrito Federal e aos Municípios estabelecer limitações ao tráfego de pessoas ou bens, por meio de tributos interestaduais ou intermunicipais, ressalvada a cobrança de pedágio pela utilização de vias conservadas pelo Poder Público.

(B) a lei poderá atribuir a sujeito passivo de obrigação tributária a condição de responsável pelo pagamento de imposto ou contribuição, cujo fato gerador deva ocorrer posteriormente, assegurada a imediata e preferencial restituição da quantia paga, caso não se realize o fato gerador presumido.

(C) pertencem aos Estados e ao Distrito Federal o produto da arrecadação do imposto da União sobre renda e proventos de qualquer natureza, incidente na fonte, sobre rendimentos pagos, a qualquer título, por eles, suas autarquias e pelas fundações que instituírem e mantiverem.

(D) é vedado aos Estados, ao Distrito Federal e aos Municípios estabelecer diferença tributária entre bens e serviços, de qualquer natureza, em razão de sua procedência ou destino.

(E) é permitido à União instituir tributo variável ou não uniforme em todo o território nacional, objetivando promover o equilíbrio do desenvolvimento socioeconômico entre as diferentes regiões do País.

A: correto, pela expressa previsão constitucional da imunidade de tráfego (CF, art. 150, IV); **B:** correto, por expressa previsão constitucional da figura da substituição tributária para frente, ou também chamada antecipação do fato gerador. Nesse sistema, a rigor, o substituto tributário recolhe tributo relativo a operação que ainda não ocorreu, pois de responsabilidade de terceiro na cadeia produtiva. Esse sistema é muito usado no setor de combustíveis, veículos e cigarros (CF, art. 150, § 7º); **C:** correto, por expressa previsão constitucional de partilha de receitas tributárias (CF, art. 157, I); **D:** correto, pela previsão do chamado principio da não diferenciação ou não discriminação, ou ainda, por forca do próprio princípio da isonomia (CF, art. 152 e 150, II); **E:** incorreto, pois tal conduta violaria o princípio da uniformidade geográfica (CF, art. 151, I).

Gabarito "E"

(Ministério Público/MG – 2006) É **INCORRETO** afirmar:

(A) sem prejuízo de outras garantias asseguradas ao contribuinte, é vedado à União, aos Estados, ao Distrito Federal e aos Municípios instituir tratamento desigual entre contribuintes que se encontrem em situação equivalente, proibida qualquer distinção em razão de ocupação profissional ou função por eles exercida, independentemente da denominação jurídica dos rendimentos, títulos ou direitos.

(B) a base de cálculo do imposto sobre a renda e proventos de qualquer natureza é apenas o montante real da renda ou dos proventos tributáveis, não podendo ser arbitrada ou tampouco presumida.

(C) o não exercício da competência tributária não a defere a pessoa jurídica de direito público diversa daquela a que a Constituição a tenha atribuído.

(D) imposto é o tributo cuja obrigação tem por fato gerador uma situação independente de qualquer atividade estatal específica, relativa ao contribuinte.

(E) as taxas cobradas pela União, pelos Estados, pelo Distrito Federal ou pelos Municípios, no âmbito de suas respectivas atribuições, têm como fato gerador o exercício regular do poder de polícia, ou a utilização, efetiva ou potencial, de serviço público específico e divisível, prestado ao contribuinte ou posto a sua disposição.

A: correto, pois trata-se do conceito expresso na constituição acerca do princípio da isonomia; **B:** incorreto, pois o imposto sobre a renda tem por base de cálculo a renda real, arbitrada ou presumida, na qual a renda real é a regra geral, calculada com base na totalidade das entradas, abatidas as despesas permitidas pela lei. A renda arbitrada somete pode ser usada pela administração nos casos de impossibilidade de apuração da renda real, enquanto a presumida é uma opção do sujeito passivo, decorrente e menor rigor documental para apuração (CTN, art. 44); **C:** correto, pois o exercício da competência tributária é facultativo, de forma que o não exercício não poderá implicar em qualquer tipo de perda ou sanção (CTN, art. 7º); **D:** correto, por adequação ao conceito legal de imposto (CTN, art. 16); **E:** correto, por adequação ao conceito legal de taxa (CF, art. 145, II e CTN, art. 77).

Gabarito "B"

(Ministério Público/MG – 2005) Quanto aos tributos e às limitações constitucionais ao poder de tributar, considere as seguintes hipóteses.

I. O IPTU é imposto da competência municipal, de natureza essencialmente fiscal, admitindo a Constituição da República a sua instituição com alíquotas progressivas fiscais e extrafiscais.

II. O ICMS é um imposto estadual plurifásico, não cumulativo e facultativamente seletivo, havendo imunidade para as prestações de serviço de comunicação nas modalidades de radiodifusão sonora e de sons e imagens de recepção livre e gratuita.

III. O IPVA é um imposto da competência estadual, de natureza real, cujas alíquotas podem ser diferenciadas em função do tipo e utilização do veículo, não havendo nenhuma imunidade específica para ele no art. 155 da Constituição da República.

IV. O ITBI é um imposto da competência municipal, de natureza real, que não incide sobre a transmissão de imóveis em realização de capital, não podendo ter alíquotas progressivas, sejam fiscais ou extrafiscais.

V. O ISS é um imposto municipal, cujas alíquotas máximas e mínimas são fixadas por Lei Complementar, havendo isenção heterônoma na exportação de serviços para o exterior.

Somente é **CORRETO** o que se afirma em:

(A) todas as afirmativas estão certas.

(B) I, II e III.

(C) I, II e IV.

(D) I, III e IV.

(E) I, III e V.

I: correto, pois o IPTU, de fato, é de competência dos municípios e do DF, submetendo-se a progressividade fiscal, pelo valor do imóvel, e extrafiscal, pela utilização com violação da função social do imóvel (CF, art. 156, I e § 1º e art. 182); **II:** correto, pois o ICMS incide em cadeias produtivas e se sujeita a uma série de imunidades específicas, dentre elas, a indicada na alternativa (CF, art. 155, II e §2º, I, III e X); **III:** correto, pois o IPVA incide sobreo bem, isoladamente considerado, podendo ser seletivo, apenas em função do tipo do veículo, jamais pela procedência (CF, art. 155, I e § 6º); **IV:** correto, pois também é um imposto que incide com base em um bem, isoladamente considerado, não admitindo a progressividade sob pena de violação do princípio da isonomia (CF, art. 156, II e § 2º e STF, súmula 656); **V:** correto, por expressa previsão constitucional, tanto da limitação das alíquotas, quanto pela isenção concedida pela lei complementar federal (CF, art. 156, III e § 3º).

Gabarito "A"

(Ministério Público/MG – 2008) Analise as afirmativas relacionadas com as instituições do Direito Tributário pátrio:

I. O Princípio da Anterioridade Tributária guarda pertinência com o postulado da não surpresa tributária.

II. O Princípio da Legalidade Tributária não significa um direito do Fisco, visto que traduz uma limitação em sua ação, conforme dispõe o artigo 150 da Constituição Federal.

III. Compete aos Estados instituir impostos sobre transmissão *inter vivos*, a qualquer título, por ato oneroso, de bens imóveis, por natureza ou acessão física, e de direitos reais sobre imóveis, exceto os de garantia, bem como cessão de direitos a sua aquisição.

IV. A incidência do Imposto sobre a Renda e Proventos de Qualquer Natureza depende da denominação da receita ou do rendimento, da localização, condição jurídica ou nacionalidade da fonte, da origem e da forma de percepção.

É **CORRETO** o que se afirma:

(A) Apenas em IV.

(B) Nenhum dos incisos está correto.

(C) Apenas em III e IV.

(D) Apenas em I.

(E) Apenas em I e II.

I: o art. 150, III, da CF, busca resguardar a segurança jurídica e a não surpresa do contribuinte; **II:** o princípio da legalidade é considerado limitação constitucional do poder de tributar; **III:** o ITBI é tributo municipal; **IV:** a incidência do IR **não** depende disso – art. 150, II, *in fine*, da CF e art. 43, § 1º, do CTN.

Gabarito "E"

(Ministério Público/PI – 2012 – CESPE) A respeito das limitações do poder de tributar, assinale a opção correta.

(A) O princípio da vedação do confisco é extensível às multas, apesar de estas terem natureza jurídica diversa dos tributos.

(B) Em razão do princípio da imunidade recíproca, é vedado à União, aos estados, ao DF e aos municípios instituir impostos sobre patrimônio, renda ou serviços uns dos outros, inclusive quando houver contraprestação ou pagamento de preços ou tarifas pelo usuário.

(C) O princípio da isonomia não se inclui entre os princípios que limitam o poder de tributar, mas entre os princípios universais de justiça.

(D) O princípio da legalidade, o mais importante no âmbito do direito tributário, não comporta exceções ou mitigações.

(E) É vedada, em razão da aplicação do princípio da anterioridade, a cobrança de tributos em relação a fatos geradores ocorridos antes do início da vigência da lei que os houver instituído ou aumentado.

A: correto, pois apesar da literalidade da norma constitucional, referir-se apenas a tributo, o STF tem entendimento no sentido da ampliação para as multas tributárias (STF, RE 582.461); **B:** incorreto, pois a imunidade recíproca sofre uma regra de limitação de seu alcance, exatamente nas situações em que o ente atua desprovido de sua função típica, ou seja, quando atua na atividade tipicamente privada, mediante remuneração. Nessas situações, afasta-se o benefício da imunidade (CF, art. 150, § 2º); **C:** incorreto, pois há expressa previsão no sistema tributário nacional (CF, art. 150, II); **D:** incorreto, pois há limitações expressa no texto constitucional, para o II, IE, IPI, IOF, ICMS – combustíveis – e CIDE – combustíveis (CF, art. 153, § 1º, art. 155, § 4º e art.177, § 4º); **E:** incorreto, pois tal limitação é imposta pelo princípio da irretroatividade, não da anterioridade (CF, art. 150, III, a).

Gabarito "A"

(Ministério Público/RJ – 2011) Tem efeito retroativo, aplicando-se a ato ou fato pretérito, a lei tributária que:

(A) estabeleça penalidade menos severa do que a prevista na lei vigente ao tempo da prática do ato;

(B) beneficie o contribuinte tanto em relação à penalidade quanto aos juros de mora, nos casos definitivamente julgados;

(C) disponha sobre suspensão do crédito tributário;

(D) estabeleça hipóteses de redução de alíquota ou de base de cálculo;

(E) defina as obrigações acessórias do contribuinte.

A: correto, pois há previsão expressa no CTN de aplicação retroativa para leis meramente interpretativas e leis que estabeleçam sanção menor, desde que tratando-se de situação ainda não definitivamente julgada (CTN, art. 106, I e II); **B:** incorreto, pois a retroatividade refere-se apenas as multas, não englobando os juros de mora; **C:** incorreto, pois suspensão de crédito tributário depende de previsão legal (CTN, art. 97); **E:** incorreto, pois definição de obrigações acessórias, apesar de não depender de lei, deverá respeitar o princípio da irretroatividade (CF, art. 150, III, a).

Gabarito "A"

(Ministério Público/RJ – 2011) Analise as afirmativas abaixo relativamente às garantias constitucionais em matéria tributária, segundo o entendimento do STF:

I. É inconstitucional a exigência de depósito prévio como requisito de admissibilidade de ação judicial na qual se pretenda discutir a exigibilidade do crédito tributário.

II. A exigência de depósito prévio em dinheiro como condição de admissibilidade de recursos administrativos é inconstitucional, mas não o arrolamento prévio de bens.

III. O princípio da anualidade tributária encontra guarida na Constituição da República.

Está(ão) correta(s) a(s)afirmativa(s):

(A) somente I;

(B) somente I e II;

(C) somente I e III;

(D) somente II e III;

(E) I, II e III.

I: correto, pois o depósito é faculdade do sujeito passivo, que pretenda gozar do benefício da suspensão da exigibilidade do crédito STF, súmula vinculante 28); **II:** incorreto, pois a jurisprudência entende que ambas as medidas violação o princípio da ampla defesa (STF, súmula vinculante 21); **III:** incorreto, pois a CF apenas estabelece o princípio da anterioridade, não mais o da anualidade, que estabelecia a necessidade de prévia definição na lei orçamentária da receita decorrente do novo tributo.

Gabarito "A"

(Ministério Público/RN – 2009 – CESPE) A instituição de tributo com alíquotas progressivas sem ser exageradamente oneroso, não podendo, portanto, ser considerado confisco, faz transparecer, no direito tributário, na instituição do referido tributo, o cuidado com o princípio da

(A) seletividade.

(B) não diferenciação tributária.

(C) legalidade estrita.

(D) capacidade contributiva.

(E) igualdade tributária, em sentido jurídico.

A: incorreto, pois tal princípio refere-se a possibilidade de diferenciação da tributação a partir de uma seleção; **B:** incorreto, pois tal princípio refere-se a impossibilidade dos tributos estaduais e municipais estabelecerem tributação diferenciada a partir da origem ou destino do produto ou serviço; **C:** incorreto, pois tal princípio refere-se a exigência de lei; **D:** correto, pois tal princípio estabelece a necessidade da tributação ser definida a partir da capacidade econômica do sujeito passivo; **E:** incorreto, pois tal princípio refere-se a definição do tratamento de diferentes contribuintes e não um isoladamente.

Gabarito "D"

(Ministério Público/RR – 2012 – CESPE) Com relação ao princípio da legalidade, assinale a opção correta.

(A) Para atender a situação de calamidade pública decorrente de enchentes, o Poder Executivo estadual poderá receber delegação legislativa para, mediante resolução, conceder crédito presumido de ICMS às empresas afetadas.

(B) As alíquotas do imposto de exportação podem ser alteradas pelo Poder Executivo federal por decreto, desde que obedecidos os limites e condições estabelecidos por lei.

(C) A remissão poderá ser concedida pela autoridade administrativa por despacho fundamentado, consideradas a equidade da imposição tributária e as condições de penúria do sujeito passivo, independentemente de lei.

(D) Lei delegada poderá estabelecer que o Poder Executivo possa outorgar isenção tributária por meio de decreto, não podendo fazê-lo quando tal exija a edição de lei complementar.

(E) Cabe ao Poder Legislativo municipal editar lei outorgando ao Poder Executivo competência para dispor, mediante decreto, sobre redução de base de cálculo do imposto sobre serviço, em face de benefícios concedidos por outro ente federado.

A: incorreto, pois a concessão de benefícios de ICMS, dentre eles o crédito presumido, depende de lei complementar e deliberação dos Estados (CF, art. 155, § 2º, XII); **B:** correto, por expressa previsão da exceção ao princípio da legalidade (CF, art. 153, § 1º); **C:** incorreto, pois a remissão, por ser causa de extinção do crédito, depende de previsão legal, cabendo a autoridade administrativa, apenas, a verificação da presença dos requisitos para sua concessão no caso concreto (CTN, art. 97 e 172); **D:** incorreto, pois a concessão de isenção depende, também de lei, não cabendo delegação (CTN, art. 176); **E:** incorreto, pois tal competência é de lei complementar (CF, art. 156, § 3º).

Gabarito "B"

3. IMUNIDADES

(Ministério Público/CE – 2011 – FCC) Sobre a imunidade, analise os itens a seguir:

I. As imunidades tributárias vêm fixadas na Constituição Federal ou em lei complementar federal.

II. As imunidades alcançam apenas os impostos.

III. O patrimônio, a renda e os serviços relacionados às finalidades essenciais dos templos de qualquer culto são imunes de impostos.

IV. A previsão de que o cidadão ficará isento de custas judiciais na ação popular é hipótese de imunidade de taxa.

V. As imunidades somente terão eficácia após regulamentação por lei complementar.

Está correto o que se afirma SOMENTE em

(A) I e II.

(B) III e IV.

(C) IV e V.

(D) I, II e III.

(E) III, IV e V.

I: incorreto, pois as imunidades, necessariamente, decorrem de norma constitucional, podendo, quando necessário, a ei complementar regular as limitações constitucionais ao poder de tributar, ou seja, princípios e imunidades (CF, art. 146, II); **II:** incorreto, pois as imunidades podem alcançar qualquer espécie tributária, desde que prevista. Importante lembrar que as chamadas imunidades genéricas, especificamente, referem-se apenas a impostos, contudo, há previsão de imunidades para contribuições, por exemplo (CF, art. 150, VI e art. 149, § 2º); **III:** correto, pois há expressa previsão constitucional de tal benefício (CF, art. 150, VI, b); **IV:** correto, pois tal benefício tem previsão constitucional, conferindo, portanto, imunidade, apesar da utilização do termo isenção (CF, art. 5º, LXXIII); **V:** incorreto, pois somente em casos específicos se exige lei complementar para sua regulação, valendo, pois, a regra de eficácia plena.

Gabarito "B"

(Ministério Público/SE – 2010 – CESPE) Relativamente à não incidência tributária, segundo a CF, assinale a opção correta.

(A) Há expressa definição de imunidade dos templos de qualquer culto, quanto aos impostos sobre o patrimônio, a renda e os serviços.

(B) A imunidade recíproca, ou seja, entre os entes federados, não está limitada a certos tipos de impostos.

(C) A autarquia federal que preste serviços de educação está imune ao imposto sobre serviços.

(D) As editoras que têm como única atividade a produção de livros e jornais estão imunes ao imposto incidente sobre a renda.

(E) Sobre transferência de imóvel do setor privado para a União, destinado à reforma agrária, incide o ITBI, o que não ocorre quando a União transfere o imóvel para os beneficiários da reforma agrária.

A: Correta, conforme o art. 150, VI, *b*, da CF; **B:** Incorreta, pois a imunidade recíproca, na dicção do art. 150, VI, *a*, e § 2º, da CF, refere-se aos impostos sobre patrimônio, renda e serviços; **C:** Imprecisa. Há imunidade desde que o serviço prestado seja vinculado às finalidades essenciais da autarquia, ou seja delas decorrente – art. 150, § 2º, da CF. Se houver simples exploração de atividade econômica, nos termos do art. 150, § 3º, da CF, inexiste imunidade; **D:** Incorreta, pois a imunidade relativa a livros, jornais, periódicos e o papel utilizado é objetiva, vale dizer, afasta a tributação apenas em relação à produção e comercialização desses bens (ICMS, IPI etc.), mas não em relação ao lucro da empresa – art. 150, VI, *d*, da CF; **E:** Incorreta, pois a União jamais recolheria ITBI sobre a transferência de imóveis para ela, ainda que não se tratasse de reforma agrária, por conta da imunidade recíproca – art. 150, VI, *a*, da CF. A imunidade relativa à transferência de imóveis prevista no art. 184, § 5º, da CF refere-se exatamente à transmissão para os particulares agraciados na reforma agrária.

Gabarito "Anulada"

4. DEFINIÇÃO DE TRIBUTO E ESPÉCIES TRIBUTÁRIAS

(Ministério Público/AM – 2008 – CESPE) Se um indivíduo é notificado a pagar um tributo, por natureza, não vinculado, é correto afirmar que essa exação é um(a)

(A) imposto.
(B) taxa.
(C) contribuição de melhoria.
(D) empréstimo compulsório.
(E) contribuição parafiscal.

Art. 16 do CTN – o imposto é considerado tributo não vinculado, pois não tem relação com atividade estatal específica voltada ao contribuinte.

Gabarito "A"

(Ministério Público/GO – 2010) É correto afirmar:

(A) Em caso de calamidade pública, os estados podem instituir empréstimos compulsórios através de lei complementar.
(B) Os municípios, opcionalmente, podem exercer fiscalização e cobrança do Imposto Territorial Rural – ITR e conceder renúncia fiscal do imposto, através de lei complementar, em razão de competência especificamente delegada na Constituição Federal.
(C) No imposto previsto no art. 155, I, da Constituição Federal (transmissão *causa mortis),* a competência estadual é limitada, pois as alíquotas máximas são fixadas pelo Senado Federal.
(D) O Imposto Territorial Rural – ITR é regressivo, razão pela qual o ente tributante está jungido ao dever de fixar alíquotas crescentes de modo a desestimular a manutenção de propriedades improdutivas.

A: incorreto, pois os empréstimos compulsórios são de competência exclusiva da União (CF, art. 148); **B:** incorreto, pois será fiscalizado e cobrado pelos Municípios que assim optarem, na forma da lei, desde que não implique redução do imposto ou qualquer outra forma de renúncia fiscal (CF, art. 153, § 4º, III); **C:** correto, pois caberá ao Senado, por resolução, definir as alíquotas máximas de tal imposto. Na prática, a resolução 09/92 estabelece o teto de 8% (CF, art. 155, § 1º, IV); **D:** incorreto, pois ao prever a possibilidade de estabelecer alíquotas crescentes, adota, a CF, o princípio da progressividade, não da regressividade (CF, art. 156, § 2º, I).

Gabarito "C"

(Ministério Público/GO – 2010) Examine as afirmativas e assinale uma das alternativas abaixo.

I. Compete aos Municípios o imposto sobre a cessão, a título oneroso, de direitos à aquisição, por ato oneroso, de bens imóveis, por natureza ou acessão física, e de direitos reais sobre imóveis.
II. Aos Estados e Distrito Federal compete instituir contribuições de intervenção no domínio econômico e de interesse das categorias profissionais e econômicas, desde que para o custeio de serviços em benefício dos sujeitos passivos e limitado ao território do ente tributante.
III. A União pode instituir impostos além dos enumerados na Constituição Federal, desde que destine aos Estados um quinto da arrecadação do imposto instituído.
IV. Os Municípios, quanto ao imposto incidente sobre a propriedade predial e territorial urbana, podem instituir tratamento diferenciado em razão da localização ou uso do imóvel, fixando alíquotas diferentes, por força de expressa permissão constitucional.

(A) Apenas uma é falsa.
(B) Apenas três são falsas.
(C) Apenas duas estão corretas.
(D) Todas estão corretas.

I: correto, por expressa previsão constitucional (CF, art. 156, II); **II:** incorreto, pois as contribuições citadas são de competência exclusiva da União (CF, art. 149); **III:** correto, pois no caso de instituição de impostos residuais, a União deverá partilhar a receita auferida, obedecendo esse percentual (CF, art. 157, II); **IV:** correto, pois o princípio da progressividade e seletividade permite tal diferenciação (CF, art. 156, § 1º).

Gabarito "A"

(Ministério Público/MG – 2012 – CONSULPLAN) Assinale a assertiva **CORRETA.**

(A) Os Municípios podem cobrar taxas, no âmbito de suas atribuições, tendo como fato gerador o exercício regular do poder de polícia.
(B) A União, os Estados, o Distrito Federal e os Municípios poderão instituir contribuição de melhoria, no âmbito de suas respectivas atribuições, em decorrência dos serviços públicos prestados junto ao Sistema Único de Saúde (SUS).
(C) A taxa não pode ter como fato gerador a utilização apenas potencial de serviço público específico e divisível posto à disposição do contribuinte.
(D) Os serviços públicos são considerados divisíveis quando puderem ser destacados em unidades autônomas de intervenção, de unidade, ou de necessidades públicas.

A: correto, pois a CF estabelece, expressamente, a possibilidade de instituição de taxas de serviço, que tem por fato gerador a prestação de serviços públicos, e taxas de polícia, que tem por fato gerador o exercício regular do poder de polícia. O CTN define e estabelece as regras para a instituição da taxa de polícia (CF, art. 145, II e CTN, art. 78); **B:** incorreto, pois o fato gerador da contribuição de melhoria é a valorização imobiliária decorrente de uma obra pública (CF, art. 145, III e CTN, art. 81); **C:** incorreto, pois a CF estabelece a possibilidade de instituição de taxas pelo uso efetivo ou apenas potencial do serviço público (CF, art. 145, II); **D:** incorreto, pois considera-se o serviço divisível quando suscetíveis de utilização, separadamente, por parte de cada um dos seus usuários (CTN, art. 79).

Gabarito "A"

(Ministério Público/MG – 2006) Assinalar a alternativa **INCORRETA.**

(A) A aplicação dos recursos provenientes de empréstimo compulsório pode ser vinculada à despesa que fundamentou sua instituição.

(B) Os Municípios e o Distrito Federal poderão instituir contribuição, na forma das respectivas leis, para o custeio do serviço de iluminação pública, observados os termos da Constituição Federal.

(C) Competem à União, em Território Federal, os impostos estaduais e, se o Território não for dividido em Municípios, cumulativamente, os impostos municipais; ao Distrito Federal cabem os impostos municipais.

(D) Os Estados, o Distrito Federal e os Municípios instituirão contribuição, cobrada de seus servidores, para o custeio, em benefício destes, do regime previdenciário de que trata o art. 40 da CF, cuja alíquota não será inferior à da contribuição dos servidores titulares de cargos efetivos da União.

(E) Sem prejuízo de outras garantias asseguradas ao contribuinte, é vedado à União, aos Estados, ao Distrito Federal e aos Municípios cobrar tributos antes de decorridos noventa dias da data em que haja sido publicada a lei que os instituiu ou aumentou.

A: incorreto, pois a aplicação dos recursos, por imposição constitucional, deve ser destinada a despesa que fundamentou sua instituição, não caracterizando mera faculdade do poder público (CF, art. 148, parágrafo único); **B:** correto, pois há expressa previsão constitucional de tal competência (CF, art. 149-A); **C:** correto, pois há expressa previsão constitucional, como forma de manutenção do principio da isonomia, garantindo que todos os cidadãos seja tributados pela mesma carga tributária, em todo o território nacional (CF, art. 147); **D:** correto, pois no caso de sistema previdenciário próprio, é natural que a fonte de custeio, de arrecadação, pertença ao ente que tem o custo específico (CF, art. 149, § 1º); **E:** correto, pois pelo princípio da anterioridade, é assegurado ao contribuinte ter um prazo razoável para se preparar, e adaptar sua atividade econômica, a nova carga tributária (CF, art. 150, III, b, c).

Gabarito "A"

(Ministério Público/PI – 2008) A natureza jurídica específica do tributo é determinada

(A) pelo fato gerador da respectiva obrigação.

(B) pela dominação legal.

(C) pela destinação legal do produto de sua arrecadação.

(D) pelas características formais adotadas pela lei.

(E) pelo órgão arrecadador.

Nos termos do CTN, a natureza específica do tributo é definida pelo fato gerador da obrigação, sendo irrelevante, para sua definição, a nomenclatura, as características formais, ou mesmo a destinação das receitas (CTN, art. 4º). **A:** correto, nos termos da lei (CTN, art. 4º); B, C, D e **E:** incorretas, por contrariarem a redação expressa da lei (CTN, art. 4º).

Gabarito "A"

(Ministério Público/PR – 2011) Relativamente às taxas, é incorreto afirmar:

(A) Podem ser cobradas em decorrência do exercício do poder de polícia e da prestação efetiva ou potencial de serviço público, específico e divisível.

(B) As denominadas taxas de serviço decorrem da prestação específica e divisível de um serviço público e pressupõem a mensuração da atividade prestada.

(C) As taxas têm enumeração taxativa e estão todas previstas na Constituição Federal.

(D) As taxas não podem ter a mesma base de cálculo ou fato gerador idênticos aos que correspondam a impostos.

(E) Entende-se haver prestação potencial do serviço, quando, sendo de utilização compulsória, seja posto à disposição do contribuinte mediante atividade administrativa em efetivo funcionamento.

A: Correta, conforme o art. 145, II, da CF e o art. 77 do CTN; **B:** Assertiva correta, nos termos do art. 79 do CTN; **C:** Essa é a alternativa incorreta, já que a Constituição Federal apenas indica as duas espécies de taxa (pela prestação de serviço público específico e divisível e pelo exercício do poder de polícia). Cabe à lei de cada ente político instituir efetivamente a taxa, indicando qual o serviço ou qual a fiscalização dá ensejo à exação – art. 145, II, da CF; **D:** Assertiva correta, pois reflete o disposto no art. 77, parágrafo único, do CTN, embora o art. 145, § 2º, da CF refira-se à base de cálculo *própria* de imposto; **E:** Correta, nos termos do art. 79, I, *b*, do CTN.

Gabarito "C"

(Ministério Público/ES – 2010 – CESPE) Assinale a opção correta com relação aos conceitos e à classificação dos tributos.

(A) A contribuição para o custeio do serviço de iluminação pública é de competência dos estados e do DF.

(B) Para atender a despesas extraordinárias decorrentes de calamidade pública, a União pode instituir empréstimo compulsório, mediante lei complementar, sem a observância dos princípios da anterioridade e da irretroatividade.

(C) A taxa pode ter como fato gerador a utilização potencial de serviço público específico e divisível, posto à disposição do contribuinte mediante atividade administrativa em efetivo funcionamento, desde que tal serviço seja de utilização compulsória.

(D) A contribuição de melhoria, cujo fundamento ético-jurídico é o não enriquecimento injusto, tem como fato gerador a realização de obra pública.

(E) O imposto sobre a transmissão *causa mortis* e doação, de quaisquer bens ou direitos, de competência dos estados e do DF, tem suas alíquotas máxima e mínima fixadas pelo Senado Federal.

A: Incorreta, pois essa contribuição é da competência exclusiva dos Municípios e do Distrito Federal – art. 149-A da CF; **B:** Incorreta, pois o empréstimo compulsório para despesa extraordinária é exceção apenas ao princípio da anterioridade anual e nonagesimal, mas não ao da irretroatividade – arts. 148, I, e 150, § 1º, da CF. A rigor, não há exceção ao princípio da irretroatividade em relação à instituição de tributos, mas apenas em relação às penalidades pecuniárias mais benéficas ao infrator – *lex mitior* – art. 106, II, do CTN; **C:** Correta, conforme o art. 145, II, da CF e o art. 79, I, *b*, do CTN; **D:** Incorreta, pois o fato gerador da contribuição de melhoria é a valorização imobiliária decorrente da obra pública (não basta a obra, é preciso que haja valorização do imóvel do contribuinte) – art. 145, III, da CF e art. 81 do CTN; **E:** Incorreta, pois compete ao Senado fixar apenas as alíquotas máximas do ITCMD, não as mínimas – art. 155, § 1º, IV, da CF.

Gabarito "C"

(Ministério Público/MA – 2009) Em relação à contribuição de melhoria, *incorreto* é afirmar:

(A) ser necessária sua aprovação pela via legislativa;

(B) ter como limite individual o custo total da obra;

(C) pode ser cobrada pela União, Estados e Municípios;

(D) que decorre de obra pública;

(E) que somente poderá ser exigida se a obra resultar valorização imobiliária.

A: assertiva correta, pois, como todo tributo, a contribuição de melhoria deve ser prevista em lei – art. 150, I, da CF; art. 97, I, do CTN; **B:** essa é a assertiva incorreta, pois o limite individual é a valorização em relação a cada imóvel. O limite total ou global é a despesa com a obra – art. 81 do CTN; **C:** correta, pois a competência é comum – art. 145, III, da CF; D e **E:** corretas, pois a contribuição de melhoria é cobrada pela valorização imobiliária decorrente da obra pública – art. 145, III, da CF.

Gabarito "B"

(Ministério Público/MA – 2009) Constitui tributo não vinculado a qualquer atividade específica, relativa ao contribuinte:

(A) taxa;

(B) contribuição previdenciária;

(C) imposto;

(D) contribuição de melhoria;

(E) tarifa.

A não vinculação é característica que define o imposto – art. 16 do CTN.

Gabarito "C"

(Ministério Público/MG – 2008) As taxas, não raro, são instituídas indevidamente pelos legisladores das três esferas de governo, com a preocupação de preencher depressões financeiras do Erário. Sobre essa espécie tributária, assinale a opção **INCORRETA.**

(A) O serviço de iluminação pública não pode ser remunerado mediante taxa.

(B) Possui natureza compulsória, isto é, basta estar o serviço público específico e divisível à disposição do contribuinte para sua cobrança.

(C) Enquadra-se na imunidade recíproca entre os entes federados.

(D) Proíbe-se a cobrança da taxa cuja base de cálculo seja idêntica à dos impostos.

(E) NDA

A: o serviço de iluminação pública é indivisível, o que impede a remuneração por taxa; **B:** somente os serviços de utilização compulsória permitem a cobrança de taxa pela utilização potencial – art. 79, I, *b*, do CTN; **C:** a imunidade recíproca refere-se apenas a impostos – art. 150, VI, a, da CF; **D:** art. 145, § 2º, da CF.

Gabarito "C"

(Ministério Público/MG – 2007) É CORRETO afirmar.

(A) O serviço de segurança pública repressivo deve ser custeado por taxa, porquanto fracionado em unidades individuais.

(B) Para que o imposto seja devido, mister uma contraprestação determinável porque se trata de pagamento lastreado na soberania estatal.

(C) O imposto deve ser compreendido como fundamento econômico, vez que é um instrumento para as reformas econômicas e sociais.

(D) Os Municípios podem, na forma da lei, cobrar Imposto sobre Propriedade Territorial Rural, estipulando sobre eventuais formas de renúncia fiscal.

(E) NDA.

A: incorreta, pois o serviço de segurança pública é indivisível, o que impede a remuneração por meio de taxa; **B:** incorreta, pois o fato gerador do imposto é uma situação que não envolve qualquer tipo de atividade ou contraprestação estatal (CTN, art. 16); **C:** correta, pois o imposto não é vinculado a atividade estatal específica voltada ao contribuinte, tendo por fato gerador uma situação independente de qualquer atividade estatal (CTN, art. 16); **D:** embora seja possível a cobrança, os Municípios não podem estipular medidas que impliquem renúncia fiscal relativa ao ITR (CF, art. 153, § 4º, III,): **E:** incorreta, pois existe alternativa anterior correta.

Gabarito "C"

(Ministério Público/MG – 2007) O poder de polícia

I. é a faculdade discricionária de condicionar o uso e o gozo de bens, atividades, serviços e direitos individuais, em prol do interesse público.

II. não impõe a preexistência de uma atividade pública para fins de imposição da respectiva taxa – apenas enseja a ocorrência de uma despesa.

III. não exige precedente norma de polícia para a execução da respectiva fiscalização, desde que feita por órgão competente.

IV. naturalmente justifica – por si e em si (eis que insígnia da soberania do Estado) – a criação e a imposição da respectiva taxa.

Somente é CORRETO o que se afirma em

(A) I

(B) II

(C) III

(D) III e IV

(E) NDA.

I: art. 78 do CTN; **II:** art. 145, II, da CF e art. 77 do CTN – a taxa somente pode ser exigida quando houver regular e efetivo exercício do poder de polícia; III e **IV:** art. 78, parágrafo único, do CTN.

Gabarito "A"

(Ministério Público/SC – 2012) Analise as seguintes assertivas:

I. A natureza jurídica específica do tributo é determinada pelo fato gerador da respectiva obrigação, sendo irrelevantes para qualificá-la: a denominação e demais características formais adotadas pela lei; e a destinação legal do produto da sua arrecadação.

II. É vedado à União, aos Estados, ao Distrito Federal e aos Municípios, cobrar impostos, de qualquer natureza, sobre o patrimônio, a renda ou os serviços uns dos outros.

III. Segundo o Código Tributário Nacional é permitido à União instituir tributo que não seja uniforme em todo o território nacional, ou que importe distinção ou preferência em favor de determinado Estado ou Município, com o fito de alavancar desigualdades regionais.

IV. Os Estados e o Distrito Federal, em situações excepcionais, podem instituir Empréstimos Compulsórios.

V. Os impostos sobre a importação, sobre a exportação, sobre a propriedade territorial rural, sobre a renda e proventos de qualquer natureza, sobre produtos industrializados, sobre operações de crédito, câmbio e seguro, e sobre operações relativas a títulos e valores mobiliários, sobre serviços de transportes e comunicações, e sobre operações relativas a combustíveis, lubrificantes, energia elétrica e minerais do País, são todos de competência da União.

(A) Apenas as assertivas I e III estão corretas.

(B) Apenas as assertivas II e III estão corretas.

(C) Apenas as assertivas I, IV e V estão corretas.

(D) Apenas as assertivas I e II estão corretas.

(E) Todas as assertivas estão corretas.

I: correto, pois trata-se de expressa previsão legal (CTN, art. 4º); **II:** correto, pois nos termos literais da CF, é vedada a cobrança de impostos sobre patrimônio, rendas e serviços, um dos outros (CF, art. 150, VI, a); **III:** incorreto, pois, de fato, permite-se a instituição de impostos federais não uniformes, desde que para promover o equilíbrio socioeconômico entre as regiões, não para alavancar as desigualdades (CF, art. 151, I); **IV:** incorreto, pois os empréstimos compulsórios são de competência exclusiva da União, em qualquer hipótese (CF, art. 148); **V:** incorreto, pois impostos sobre serviços de transportes e comunicações, e sobre operações relativas a combustíveis, lubrificantes, energia elétrica e minerais são de competência dos Estados e DF (CF, art. 155).

Gabarito "D"

(Ministério Público/TO – 2012 – CESPE) Para a validade de uma norma, é necessária sua adequação aos princípios constitucionais, o que se tem convencionado chamar Estado de Constituição. Nesse sentido, o Sistema Tributário Nacional tem sua regulamentação constitucional com uma série de princípios, que são utilizados para regular diversas situações de incidência tributária.

Em relação a esse assunto, assinale a opção que corresponde a correta aplicação do princípio constitucional indicado.

(A) Se, em dezembro, for editada lei que aumente a alíquota de imposto de renda, esta não poderá incidir na declaração de ajuste a ser apresentada no ano seguinte, já que incidirá sobre o total da renda do ano de sua edição, vindo a ferir o princípio da anterioridade.

(B) Instituído por lei o prazo para recolhimento do tributo, sua antecipação deverá atender ao princípio da anterioridade.

(C) Em respeito ao princípio da anterioridade nonagesimal, as taxas instituídas pela municipalidade em decorrência do poder de polícia só poderão ser exigidas noventa dias após a publicação da lei que as tiver instituído.

(D) A obrigação imposta ao contribuinte pelo município de apurar o tributo devido, informar ao fisco o montante apurado e recolhê-lo no dia vinte do mês posterior à ocorrência do fato gerador está sujeita ao princípio da legalidade.

(E) Norma estadual que conceda incentivo fiscal a empresa que contratar empregado com idade superior a cinquenta anos vai de encontro ao princípio da isonomia, constituindo discriminação em virtude da idade.

A: incorreto, pois nos termos do entendimento do STF, ao imposto de renda calculado sobre os rendimentos do ano-base, aplica-se a lei vigente no exercício financeiro em que deve ser apresentada a declaração (STF, Súmula 584); **B:** incorreto, pois nos termos do CTN e da interpretação do STF, a definição de data de pagamento não se sujeita ao princípio da legalidade e da anterioridade (CTN, art. 113); **C:** correto, pois nos termos da CF, todos os tributos, salvo os expressamente excluídos, devem respeitar a anterioridade dos 90 dias (CF, art. 150, III, c); **D:** incorreto, pois nos termos do CTN, a definição de obrigações acessórias não se sujeitam ao princípio da legalidade, pois definidas pela legislação tributária (CTN, art. 113 e 96); **E:** incorreto, pois tal medida visa estimular a contratação e manutenção no mercado de trabalho trabalhadores que, em situações normais, tem mais dificuldade de recolocação profissional, tendo, tal medida, amparo no princípio da isonomia (CF, art. 150, II).

Gabarito "C"

5. LEGISLAÇÃO TRIBUTÁRIA – FONTES

(Ministério Público/MS – 2011 – FADEMS) Em relação à legislação tributária, a autoridade competente, na falta de disposição expressa, poderá utilizar sucessivamente:

(A) a equidade, os princípios gerais de direito e a analogia;

(B) os princípios gerais de direito, a analogia e a equidade;

(C) a analogia, os princípios gerais de direito tributário, os princípios gerais de direito público e a equidade;

(D) a analogia, os princípios gerais de direito público, os princípios gerais de direito tributário e a equidade;

(E) a analogia, os princípios gerais de direito público, a equidade e os princípios gerais de direito tributário.

O art. 108 do CTN determina a utilização das seguintes ferramentas de integração, nesta ordem, em caso de lacuna legislativa: a analogia, os princípios gerais de direito tributário, os princípios gerais de direito público e a equidade. Por essa razão, a alternativa "C" é a correta.

Gabarito "C"

(Ministério Público/ES – 2010 – CESPE) No ordenamento jurídico interno brasileiro, tratado internacional acerca de matéria tributária celebrado entre a República Federativa do Brasil e outro Estado da sociedade internacional passa a vigorar na data

(A) da rubrica do texto negociado pelos plenipotenciários.

(B) de início da vigência do decreto legislativo que aprovar o respectivo projeto de tratado.

(C) de assinatura do projeto desse tratado.

(D) da troca dos instrumentos de ratificação.

(E) de início da vigência do decreto que o promulgar.

O tratado é celebrado pelo Presidente da República (art. 84, VIII, da CF), muitas vezes por meio do plenipotenciário. Posteriormente submete-se ao referendo do Congresso Nacional (art. 49, I, da CF), que pode aprová-lo por meio de decreto legislativo. A seguir, o Presidente ratifica o tratado, manifestando, aos demais países, o consentimento. Finalmente, o Presidente promulga o tratado por decreto, cuja publicação insere-o no sistema jurídico nacional. Por essa razão, a alternativa "E" é a correta.

Veja a seguinte tabela, que indica a produção do tratado e sua introdução no sistema jurídico interno brasileiro (em princípio, não há "acordos executivos", sem referendo pelo Congresso Nacional, em matéria tributária):

1º O Presidente da República celebra o tratado, muitas vezes por meio de plenipotenciário – art. 84, VIII, da CF;
2º O Congresso Nacional referenda o tratado, aprovando-o por decreto legislativo – art. 49, I, da CF;
3º O Presidente ratifica o tratado, manifestando o consentimento aos demais países;
4º O Presidente promulga o tratado, por decreto, cuja publicação insere-o no sistema jurídico interno.

Gabarito "E"

6. VIGÊNCIA, APLICAÇÃO, INTERPRETAÇÃO E INTEGRAÇÃO

(Ministério Público/AM – 2008 – CESPE) Antes de falecer, Ruben, viúvo, sem convivente e domiciliado em Manaus, transferiu todas as cotas que detinha sobre o capital da empresa Griffo Ltda., também sediada em Manaus, para seu único filho, Gustavo, com vistas a não fazê-lo pagar o ITCMD, após seu falecimento. Relativamente a essa situação, assinale a opção correta.

(A) Uma vez que o negócio foi praticado com a finalidade de dissimular a ocorrência do fato gerador do tributo, a Secretaria da Fazenda poderá desconstituir o ato.

(B) Na interpretação da definição legal do fato gerador do imposto citado, deve-se considerar a validade jurídica daquele ato, já que praticado pelo contribuinte.

(C) Na interpretação da definição legal do fato gerador do imposto citado, não se deve abstrair a validade jurídica daquele ato, já que praticado pelo filho, como responsável.

(D) Na interpretação da definição legal do fato gerador do imposto citado, deve-se considerar a validade jurídica da natureza do seu objeto.

(E) Na interpretação da definição legal do fato gerador do imposto citado, não se devem considerar os efeitos dos fatos efetivamente ocorridos.

A: não houve dissimulação, pois não se pretendeu esconder um fato gerador efetivamente ocorrido, mas sim evitar a ocorrência do fato gerador do ITCMD – há incidência do imposto sobre doação (e não *causa mortis*); B, C e **D:** art. 118, I, do CTN; **E:** art. 118, II, do CTN.

Gabarito "E"

(Ministério Público/AM – 2008 – CESPE) Se o secretário de Fazenda do estado do Amazonas profere uma decisão com eficácia normativa, é correto afirmar que

I. tal decisão somente tem efeitos jurisdicionais se assim previr a lei.

II. tal decisão terá eficácia normativa independentemente de lei que assim preveja.

III. os efeitos normativos da decisão, se houver, iniciar-se-ão depois de 30 dias após exarada, caso ela não contenha dispositivo sobre sua vigência.

Assinale a opção correta.

(A) Todos os itens estão certos.

(B) Apenas dois itens estão certos.

(C) Apenas o item I está certo.

(D) Apenas o item II está certo.

(E) Apenas o item III está certo.

I e **II:** a eficácia normativa das decisões administrativas depende de previsão legal – art. 100, II, *in fine*, do CTN; **III:** 30 dias após a **publicação** da decisão – art. 103, II, do CTN.

Gabarito "C"

(Ministério Público/MG – 2007) Assinalar a alternativa INCORRETA.

Em relação a conceitos ou institutos definidos em outros ramos jurídicos, o Direito Tributário

(A) recepciona-os, mas promove os ajustamentos indispensáveis para o seu implemento, compreensão e aperfeiçoamento.

(B) deve sempre respeitar as configurações adotadas ou preconizadas pela Constituição Federal, limitadoras da competência tributária.

(C) não pode afetar os direitos capitais da pessoa humana, bem como outras garantias de índole constitucional.

(D) permite que o Município, no âmbito de sua competência, promova alterações do conceito de propriedade, para legislar sobre o IPTU.

(E) NDA

Nos termos do art. 110 do CTN, os conceitos de direito privado, utilizados, explicita ou implicitamente pela CF para a definição de competência tributário não podem ter seu conteúdo, alcance e significado alterados pela lei tributária. Isso significa, em apertada síntese, que o legislador deve respeitar tais conceitos no momento da definição dos fatos geradores dos tributos. A, B e **C:** correta; **D:** incorreta, pois o Município não poderá alterar o conceito de propriedade, já que usado pela própria norma constitucional (CF, art. 156, I).

Gabarito "D"

(Ministério Público/MG – 2007) Assinale a alternativa CORRETA.

(A) Quando se serve de outros institutos jurídicos, pode o Direito Tributário deixar de delimitar o alcance daqueles na aplicação da norma tributária.

(B) Segundo o Código Tributário Nacional, o emprego da equidade não poderá resultar na dispensa do pagamento do tributo devido.

(C) O poder fiscal – como conceito integrante da soberania política do Estado – é sempre limitado ou restrito.

(D) A competência de fiscalizar e arrecadar tributos é indelegável, conforme dispõe o Código Tributário Nacional.

(E) NDA.

A: a definição, o conteúdo e o **alcance** dos institutos de direito privado são analisados à luz dos princípios gerais daquele ramo (direito privado, não tributário) – art. 109 do CTN; **B:** art. 108, § 2º, do CTN; **C:** art. 150 da CF (dispositivo inserido nas limitações constitucionais do poder de tributar); **D:** a competência tributária (para legislar) é indelegável, mas não a prerrogativa de fiscalizar e arrecadar tributos – art. 7º do CTN.

Gabarito "B"

7. FATO GERADOR E OBRIGAÇÃO TRIBUTÁRIA

(Ministério Público/PB – 2010) Analise as proposições abaixo e assinale a alternativa correta:

I. Uma vez implementada a condição, ato ou negócio jurídico, produzir-se-á o efeito de gerar a obrigação tributária, independente de ser a condição suspensiva ou resolutiva, salvo os casos de isenção ou imunidade.

II. Em sendo a responsabilidade tributária repassada a terceiro, não pode a lei incluir o contribuinte, sujeito passivo, na condição supletiva de adimplir ou complementar o pagamento do tributo cobrado àquele.

III. A interrupção da prescrição sempre atingirá todos os coobrigados.

(A) Somente II está correta.

(B) Somente II está errada.

(C) Apenas I e II estão erradas.

(D) I, II e III estão corretas.

(E) Apenas I e II estão corretas.

I: assertiva incorreta, pois a condição resolutiva ou resolutória é irrelevante para a configuração do fato gerador, que ocorre desde a celebração do negócio ou da prática do ato. Já no caso da condição suspensiva, o fato gerador ocorre apenas no momento de seu implemento – art. 117, I e II, do CTN; **II:** assertiva incorreta, pois é possível atribuir ao contribuinte a responsabilidade supletiva em relação ao responsável tributário – art. 128, *in fine*, do CTN; **III:** assertiva correta, nos termos do art. 125, III, do CTN. Embora o dispositivo legal ressalve a hipótese de disposição legal em contrário, é preciso considerar que somente lei complementar federal poderia dispor sobre a matéria – art. 146, III, *b*, da CF.

Obs.: o gabarito oficial apontava a alternativa B, mas parece-nos que a assertiva I é também incorreta.

Gabarito "C"

(Ministério Público/RN – 2009 – CESPE) O fisco local constatou que determinada empresa estava fraudando a fiscalização tributária e a autuou em valor correspondente ao tributo e a uma penalidade pecuniária. Após a revisão administrativa do referido auto de infração, a penalidade pecuniária foi majorada.

Nessa situação,

(A) a obrigação acessória não pode ser revista administrativamente.

(B) a obrigação tributária não se altera com a alteração do crédito tributário.

(C) o auto de infração fiscal constituiu o crédito tributário e, por isso, a revisão não poderia alterar o valor da penalidade para majorá-lo.

(D) o valor do auto de infração acabou constituído pelo tributo e penalidade pecuniária, que se referem à obrigação acessória.

(E) a obrigação acessória não pode ser convertida em obrigação principal.

A: incorreto, pois a obrigação tributária acessória, apesar de não ter conteúdo pecuniário, pode ser objeto de impugnação; **B:** correto, pois a obrigação, a rigor, não se confunde com o crédito tributário (CTN, art. 140); **C:** incorreto, pois a revisão administrativa implica na possibilidade de refazimento do próprio auto, nos casos previstos em lei (CTN, art. 149); **D:** incorreto, pois tributo e multa, por terem conteúdo pecuniário, são consideradas obrigações principais (CTN, art. 113, § 1º) **E:** incorreto, pois a eventual não satisfação de obrigação acessória poderá ser sancionada com multa pecuniária, que constitui-se obrigação principal (CTN, art. 113, § 3º).

Gabarito "B"

(Ministério Público/RO – 2008 – CESPE) Assinale a opção correta a respeito da obrigação tributária.

(A) A obrigação acessória surge com a ocorrência do fato gerador.

(B) A obrigação principal surge com a ocorrência do fato gerador ou em decorrência da legislação tributária.

(C) A obrigação tributária nasce com a publicação da lei instituidora do tributo.

(D) A obrigação principal refere-se ao pagamento de tributo, mas não de uma penalidade pecuniária.

(E) Inscrever-se no Cadastro Nacional de Pessoa Jurídica (CNPJ) antes de iniciar a atividade econômica é uma obrigação acessória.

A: a expressão fato gerador é normalmente utilizada com relação à obrigação tributária principal, e não acessória, mas a afirmação é correta à luz do art. 115 do CTN; **B:** a obrigação principal decorre do fato gerador que, por sua vez, é previsto em lei (e não simplesmente em legislação, que abarca decretos e normas complementares – art. 114 do CTN); **C:** a obrigação nasce com o fato gerador – arts. 114 e 115 do CTN; **D:** a obrigação principal pode ter por objeto tributo e penalidade pecuniária (art. 113, § 1º, do CTN); **E:** qualquer dever que não seja entregar dinheiro ao fisco (tributo ou penalidade) e refira-se à tributação é objeto de obrigação acessória (art. 113, § 2º, do CTN).

Gabarito "E"

(Ministério Público/RR – 2012 – CESPE) Acerca das obrigações tributárias, assinale a opção correta.

(A) O descumprimento de obrigação acessória pode gerar penalidade pecuniária, que não se confunde com a obrigação principal, não podendo, por conseguinte, converter-se nessa obrigação.

(B) As obrigações acessórias não têm autonomia em relação à obrigação principal.

(C) Ainda que em gozo de imunidade tributária, a pessoa jurídica não está dispensada de cumprir obrigações acessórias e de se submeter à fiscalização tributária.

(D) Após a edição de lei que conceda benefício fiscal às empresas de pequeno porte, não poderá o fisco editar portaria que obrigue o contribuinte a consolidar os resultados mensais para usufruir do benefício.

(E) Pode o fisco baixar instrução normativa exigindo a regularidade fiscal do sócio para deferir a inscrição de sociedade comercial no cadastro fiscal.

A: incorreto, pois apesar das obrigações tributárias serem chamadas de principal e acessória, não apresentam relação de dependência entre si, havendo previsão expressa na lei que o descumprimento de obrigação acessória poderá implicar em aplicação de sanção pecuniária e, portanto, obrigação principal (CTN, art. 113, § 3º); **B:** incorreto, pois são independentes; **C:** correto, pois a eventual imunidade e isenção afasta, apenas, a obrigação principal, não dispensando do cumprimentos dos deveres instrumentais (CTN, art. 175, parágrafo único); **D:** incorreto, pois tal medida configura-se em mero dever instrumental, que não depende de lei, mas de mera legislação tributária (CTN, art. 113 e 96); **E:** incorreto, pois tal medida configuraria sanção indireta, não prevista em lei.

Gabarito "C"

8. LANÇAMENTO E CRÉDITO TRIBUTÁRIO

(Ministério Público/CE – 2011 – FCC) Segundo o Código Tributário Nacional, o lançamento

(A) constitui a obrigação tributária.

(B) não pode ser modificado após a notificação válida ao sujeito passivo.

(C) por homologação ou misto é aquele em que o sujeito passivo declara a prática do fato gerador e o Fisco constitui o crédito para pagamento.

(D) é atividade discricionária quanto à sua realização em situações de calamidade pública.

(E) reporta-se à data da ocorrência do fato gerador da obrigação e rege-se pela lei então vigente, ainda que revogada ou modificada posteriormente.

A: incorreto, pois o lançamento é procedimento constitutivo do crédito tributário, enquanto que a obrigação decorre diretamente do próprio fato gerador (CTN, art. 142); **B:** incorreto, pois a legislação estabelece expressamente a legitimidade para iniciar procedimento de revisão do lançamento (CTN, art. 145); **C:** incorreto, pois no lançamento por homologação o sujeito passivo declara o credito, já calculado e definido, realizando, na sequência, o próprio pagamento e extinção do crédito, o que diferencia tal modalidade do lançamento por declaração, no qual o sujeito passivo declara, apenas, a ocorrência do fato gerador (CTN, art. 150 e 147); D incorreto, pois o lançamento sempre é ato vinculado (CTN, art. 142); **E:** correto, pois o lançamento apenas formaliza obrigação definida no momento do fato gerador, devendo, então, retratar o direito material naquele momento vigente, ainda que posteriormente alterado; o mesmo não valerá para normas que regulem o procedimento do lançamento (CTN, art. 144).

Gabarito "E"

(Ministério Público/ES – 2010 – CESPE) Se uma nova lei for publicada após a ocorrência do fato gerador de imposto não lançado por período certo de tempo, ampliando os poderes de investigação das autoridades administrativas, o lançamento será regido pela lei em vigor na data

(A) mais favorável ao sujeito passivo.

(B) de pagamento do tributo.

(C) da feitura do lançamento.

(D) da ocorrência do fato gerador.

(E) da cobrança do tributo.

A legislação que amplia poderes de investigação das autoridades administrativa não implica instituição ou majoração de tributo. A exigência tributária continua a mesma, apenas aumentando-se a possibilidade de o fisco receber o montante correspondente. Por essa razão, essa lei pode ser aplicada no momento do lançamento, ainda que relativamente a fatos pretéritos, conforme reconhecido expressamente pelo art. 144, § 1º, do CTN (o § 2º exclui a hipótese de tributo lançado por período certo de tempo, em determinada situação). A alternativa "C" é a correta, portanto.

Gabarito "C"

(Ministério Público/PB – 2010) Das indicações abaixo, assinale a que não formaliza o crédito tributário:

(A) Lançamento por ato de ofício a autoridade administrativa.

(B) Lançamento homologatório.

(C) Lançamento homologatório tácito.

(D) Lançamento por declaração.

(E) Lançamento por meio de lei.

Somente o lançamento constitui o crédito tributário e há apenas três modalidades: lançamento por declaração (ou misto – art. 147 do CTN), lançamento de ofício (ou direto – art. 149 do CTN) e lançamento por homologação (ou autolançamento – art. 150 do CTN). A homologação do lançamento, nessa última modalidade, pode ser expressa ou tácita. Perceba, portanto, que não existe lançamento por meio de lei, razão pela qual a alternativa "E" deve ser apontada pelo candidato.

Gabarito "E"

(Ministério Público/RO – 2008 – CESPE) O fisco de um estado da Federação verificou que um estabelecimento comercial não emitia notas fiscais, não escriturava os livros obrigatórios e não recolhia o tributo de ICMS devido nas operações comerciais. Diante disso, lavrou auto de infração contra a empresa e notificou seu representante para que efetuasse o pagamento do débito. Considerando a situação hipotética apresentada, assinale a opção correta.

(A) O procedimento adotado pelo fisco é denominado lançamento por homologação.

(B) O fisco local utilizou de sua prerrogativa e realizou o lançamento misto.

(C) O lançamento foi efetuado irregularmente, uma vez que o fisco deveria ter notificado o contribuinte antes de ter realizado o procedimento administrativo.

(D) Ao lavrar o auto de infração tributária contra a empresa sonegadora, o fisco fez o lançamento de ofício, uma vez que se comprovou que o sujeito passivo agiu com fraude.

(E) O procedimento do fisco é denominado extemporâneo, dado que foi realizado sem auxílio do contribuinte.

A assertiva descreve a autuação fiscal, mediante a lavratura de Auto de infração, que corresponde ao lançamento de ofício previsto no art. 149, V a VII, do CTN. **A:** incorreta, pois o lançamento por homologação decorre de atividade de iniciativa do sujeito passivo; **B:** incorreta, pois o lançamento misto, ou por declaração, decorre de iniciativa do sujeito passivo, com posterior atividade estatal; **D:** correto, pois a autuação decorre de atividade de iniciativa do sujeito ativo, sem participação odo sujeito passivo no procedimento; **E:** incorreto, por absoluta falta de previsão legal para tal instituto.

Gabarito "D"

(Ministério Público/GO – 2005) No que concerne ao lançamento é correto afirmar:

(A) é título executivo extrajudicial

(B) é ato administrativo constitutivo, pois dá nascimento a crédito tributário

(C) é o ato por meio do qual se formaliza o crédito tributário nascido em virtude da ocorrência do fato gerador

(D) depende sempre da atuação do contribuinte

A: o lançamento constitui o crédito (art. 142 do CTN) que, se não pago, é inscrito em dívida ativa (a certidão de inscrição é título executivo extrajudicial – art. 585, VI, do CPC); **B:** art. 142 do CTN; **C:** o CTN adota o entendimento de que o crédito é constituído (não apenas formalizado ou declarado) pelo lançamento; **D:** trata-se de atividade privativa da administração tributária (art. 142 do CTN) e não há participação do contribuinte no caso de lançamento de ofício (art. 149 do CTN).

Gabarito "B"

(Ministério Público/GO – 2005) O IPTU é um imposto cuja competência de sua arrecadação é do município. Sendo assim, a constituição do crédito tributário é efetuado mediante:

(A) lançamento *ex officio*

(B) lançamento por declaração

(C) autolançamento

(D) lançamento por homologação

Apesar da expressão "sendo assim", a modalidade de lançamento decorre da legislação local, e não da competência tributária. De qualquer forma, os Municípios costumam lançar de ofício o IPTU, pois essa é a modalidade normalmente adotada pelo legislador municipal.

Gabarito "A"

(Ministério Público/RN – 2009 – CESPE) O fisco, ao exercer o seu poder de polícia, encontrou empresa que sonegava tributos, o que propiciou a lavratura de auto de infração contra a empresa e a cobrança dos tributos devidos e das penalidades relativas aos fatos constatados, sendo o auto entregue imediatamente na empresa. Com relação a essa situação, assinale a opção correta.

(A) A lavratura de auto de infração apenas cria a obrigação de pagar o tributo por parte do contribuinte infrator e não a penalidade nele imposta.

(B) A circunstância descrita constituiu o crédito tributário.

(C) O fato descrito não é considerado lançamento tributário.

(D) Esse fato é caso de lançamento por homologação.

(E) Começa a contagem da prescrição a partir da lavratura do auto de infração, não se suspendendo com a impugnação do referido auto por parte do contribuinte infrator.

A: incorreto, pois o auto de infração é ato de lançamento tributário que constitui o crédito tributário referente aos tributos, juros, correção monetária e multas; **B:** correto, pois essa é a função principal do lançamento tributário (CTN, art. 142); **C:** incorreto, pois o auto de infração é modalidade de lançamento direto ou de ofício (CTN, art. 149); **D:** incorreto, pois trata-se de lançamento feito diretamente pela autoridade administrativa, configurando, com isso, lançamento direto ou de ofício (CTN, art. 149); **E:** incorreto, pois a prescrição é contada a partir da data da constituição definitiva do crédito, que somente ocorre no momento em que não mais se sujeita a alteração administrativa, o que implica reconhecer que a impugnação administrativa suspende o prazo prescricional (CTN, art. 174).

Gabarito "B"

(Ministério Público/RN – 2009 – CESPE) Acerca do lançamento na constituição do crédito tributário, assinale a opção correta.

(A) O lançamento se torna eficaz, via de regra, com a notificação do sujeito passivo da obrigação tributária.

(B) O lançamento é atividade administrativa vinculada e discricionária.

(C) O lançamento é regido por lei vigente na data da ocorrência do fato gerador da obrigação, mesmo que outra lei posterior imponha penalidade menos severa ao fato.

(D) A alteração de critério jurídico adotado pelo fisco autoriza a revisão de lançamento já realizado.

(E) A modalidade é, via de regra, a do lançamento direto, no caso dos contribuintes do ICMS.

A: correto, pois somente com a notificação do sujeito passivo se completa o ato administrativo; **B:** incorreto, pois o lançamento é atividade administrativa plenamente vinculada, não se aplicando a discricionariedade (CTN, art. 142); **C:** incorreto, pois no caso de cominação de penalidade menos severa, aplica-se a chamada retroatividade benéfica, para todos os atos não definitivamente julgados (CTN, art. 106); **D:** incorreto, pois a alteração dos critérios jurídicos, chamado por alguns de erro de direito, somente poderá ser aplicado a fatos ocorridos posteriormente a alteração, não podendo, com isso, ter aplicação retroativa, atingidos atos já lançados (CTN, art. 146); **E:** incorreto, pois o ICMS, em regra, sujeita-se a lançamento por homologação, cabendo ao sujeito passivo realizar a apuração e recolhimento dos valores.

Gabarito "A"

9. SUJEIÇÃO PASSIVA, CAPACIDADE E DOMICÍLIO

(Ministério Público/GO – 2013) Sobre a sujeição passiva da obrigação tributária, assinale a opção correta.

(A) a solidariedade existente entre pessoas que tenham interesse comum na situação que constitua o fato gerador da obrigação principal comporta benefício de ordem nos casos em que o interessado efetuar o depósito do montante integral do débito.

(B) a lei pode permitir que as convenções particulares, relativas à responsabilidade pelo pagamento de tributos, possam ser opostas à Fazenda Pública, para modificar a definição legal do sujeito passivo das obrigações tributárias correspondentes.

(C) a capacidade tributária passiva exige, dentre outros requisitos, capacidade civil e pleno uso dos direitos de exercer atividades civis, comerciais ou profissionais, no caso de pessoas naturais, e regularidade de constituição, no casos das pessoas jurídicas.

(D) no caso de haver obrigados solidários, a concessão de isenção ou remissão de crédito aproveita a todos, salvo se outorgada pessoalmente a um deles, caso em que remanesce a solidariedade quanto aos demais pelo total do débito.

A: incorreta, pois a solidariedade tributária não comporta benefício de ordem – art. 124, parágrafo único, do CTN; B: melhor alternativa, conforme a literalidade do art. 123 do CTN, segundo o qual "salvo disposição de lei em contrário", as convenções particulares não podem ser opostas ao fisco para modificar a sujeição passiva, mas isso é bastante questionável, pois parece-nos violar o princípio da legalidade (a sujeição passiva é definida por lei, não cabendo alteração por ato de vontade entre particulares); **C:** incorreta, pois a capacidade tributária passiva não depende disso, conforme o art. 126 do CTN; **D:** incorreta, pois a solidariedade dos demais restringe-se ao saldo (não ao total).

Gabarito "B"

(Ministério Público/AM – 2008 – CESPE) Entre as situações apresentadas nas opções abaixo, assinale aquela que indica a ocorrência da responsabilidade pessoal, nos atos relativos às obrigações tributárias.

(A) Um tutor é pessoalmente responsável pelos tributos devidos por seus tutelados.

(B) Um inventariante é pessoalmente responsável pelos tributos devidos pelo espólio.

(C) Um tabelião é pessoalmente responsável pelos tributos devidos sobre os atos praticados perante ele, em razão do seu ofício.

(D) Um síndico é pessoalmente responsável pelos tributos devidos pela massa falida.

(E) Um cônjuge meeiro é pessoalmente responsável pelos tributos devidos pelo de cujus, até a data da partilha, limitados ao montante da meação.

A, B, C e D: a responsabilidade prevista no art. 134 do CTN é solidária (não pessoal), e ocorre quando é impossível exigir a obrigação do contribuinte e com relação às omissões de que forem responsáveis e aos atos que praticarem; **E:** a responsabilidade do cônjuge meeiro é pessoal, nos termos e limite do art. 131, II, do CTN.

Gabarito "E"

(Ministério Público/CE – 2011 – FCC) A responsabilidade por infrações à legislação tributária

(A) independe da intenção do agente ou do responsável e da efetividade, natureza e extensão dos efeitos do ato, salvo disposição de lei em contrário.

(B) é pessoal apenas quanto às infrações que decorram direta e exclusivamente de dolo específico.

(C) é pessoal apenas quanto às infrações em cuja definição o dolo específico do agente seja elementar.

(D) não pode ser afastada pela denúncia espontânea da infração se o agente fizer o pagamento do tributo devido.

(E) depende de conceituação legal como crime ou contravenção para que gere a responsabilidade tributária.

A: correto, pois a lei expressamente estabelece a responsabilidade objetiva pelas infrações à legislação tributária (CTN, art. 136); **B:** incorreto, pois será pessoal em todos os casos previstos na lei, especialmente aos crimes tributários (CTN, art. 137); **C:** incorreto, pois incorreto, pois será pessoal em todos os casos previstos na lei, especialmente aos crimes tributários (CTN, art. 137); **D:** incorreto, pois no caso de pagamento anterior ao início de procedimento de fiscalização dá ensejo a aplicação do benefício de exclusão da multa (CTN, art. 138); **E:** incorreto, pois os casos de responsabilidade previstos no CTN refere-se as infrações à legislação tributária, que não implicam, necessariamente, em crime (CTN, art. 136 e 137).

Gabarito "A"

(Ministério Público/GO – 2012) Leia e responda:

I. O civilmente incapaz não possui capacidade tributária, razão pela qual não pode ser sujeito passivo de obrigação tributária.

II. Contribuinte é o sujeito passivo que tem relação direta com o fato gerador da obrigação tributária.

III. Existindo solidariedade entre sujeitos passivos, o que possuir menor capacidade contributiva poderá pleitear benefício de ordem, de modo que a obrigação tributária seja exigida primeiro daquele que possuir maior capacidade contributiva para suportar o ônus econômico.

IV. Ocorrendo solidariedade, o pagamento efetuado por um aproveita aos demais sujeitos passivos da obrigação tributária, exceto nos casos em que houver disposição legal expressa em contrário.

(A) As afirmativas I e IV estão corretas;

(B) As afirmativas II e III estão corretas;

(C) As afirmativas II e IV estão corretas;

(D) As afirmativas I, II, III e IV estão corretas.

I: incorreto, pois a capacidade tributária passiva independe de capacidade civil (CTN, art. 126); **II:** correto, pois o conceito de contribuinte é dado, exatamente, ao sujeito passivo que tenha relação pessoal e direta com o fato gerador (CTN, art. 121); **III:** incorreto, pois entre devedores solidários não há benefício de ordem (CTN, art. 124, parágrafo único); **IV:** correto, pois há expressa previsão legal de tal efeito (CTN, art. 125, I).

Gabarito "C"

(Ministério Público/GO – 2012) João de Deus adquiriu de Maria de Jesus um imóvel urbano (lote) situado no Município de Céu Azul, no ano de 2011, ocasião em que avençaram que Maria de Jesus ficava responsável pelo pagamento do Imposto Territorial Urbano e Contribuição de Melhoria em atraso, referentes a fatos geradores ocorridos nos exercícios de 2008 e 2009, o que restou expressamente consignado na escritura pública de compra e venda. No ano de 2012, o Município de Céu Azul cobrou de João de Deus créditos tributários referentes aos mencionados fatos geradores. Inconformado, João de Deus procurou o Representante do Ministério Público: Ante a situação fática supra- apresentada, na condição de Promotor de Justiça responsável pelo atendimento, o concursando explicaria a João de Deus:

(A) Que no caso houve sub-rogação exclusivamente quanto ao Imposto Territorial Urbano – ITU, por se tratar de imposto sobre a propriedade, razão pela qual é lícito ao Município de Céu Azul exigir os créditos tributários relativos ao ITU da pessoa de João de Deus.

(B) Que em razão dos fatos geradores serem anteriores à compra e venda do imóvel entre João de Deus e Maria de Jesus, não se operou sub-rogação dos créditos tributários, os quais devem ser exigidos da pessoa de Maria de Jesus, sujeito passivo na época da ocorrência dos fatos geradores.

(C) Que em razão do avençado entre Maria de Jesus e João de Deus não houve sub-rogação, sendo sujeito passivo responsável pelo pagamento dos créditos tributários Maria de Jesus.

(D) Que no caso operou-se sub-rogação dos créditos tributários (ITU e Contribuição de Melhoria), pelo que o Município de Céu Azul pode licitamente cobrar de João de Deus, pois a avença celebrada por ocasião da compra e venda não é oponível ao Município.

A: incorreto, pois no caso de aquisição de bens imóveis, há sub-rogação na pessoa do adquirente de todos os impostos sobre a propriedade, assim como taxas e contribuições de melhoria vinculadas ao imóvel (CTN, art. 130); **B:** incorreto, pela existência da sucessão (CTN, art. 130); **C:** incorreto, pois as eventuais convenções privadas, decorrentes de contrato, não são oponíveis ao fisco, em matéria de definição de sujeito passivo (CTN, art. 123); **D:** correto, pois a lei expressamente estabelece a sub-rogação na aquisição do bem (CTN, art. 130 e 123).

Gabarito "D"

(Ministério Público/MS – 2011 – FADEMS) Para se fixar a capacidade tributária passiva, **é relevante**:

(A) a capacidade civil das pessoas naturais;

(B) não estar a pessoa natural sujeita a medidas que impliquem privação ou limitação do exercício de direitos civis;

(C) não estar a pessoa natural privada dos direitos de administração direta de seus bens;

(D) ter a pessoa realizado o fato previsto na norma tributária;

(E) estar a pessoa jurídica constituída regularmente.

A, B, C e **E:** Incorretas, pois a capacidade civil, eventuais limitações ou a regularidade da pessoa jurídica são irrelevantes para a capacidade tributária – art. 126 do CTN; **D:** Correta, pois, embora não essencial, a realização do fato gerador é relevante para a capacidade tributária do contribuinte. Perceba que há casos em que há sujeição passiva mesmo sem que a pessoa tenha realizado o fato gerador (caso da responsabilidade tributária).

Gabarito "D"

(Ministério Público/MS – 2011 – FADEMS) De regra, o contribuinte tem domicílio fiscal ou tributário:

(A) no local que estabelecer residência com vontade definitiva ou, caso tenha diversas residências, naquela que fique a maior parte do tempo;

(B) onde é sua residência habitual;

(C) no lugar onde eleger, desde que não recusado pela autoridade administrativa;

(D) no lugar da situação de seus bens;

(E) onde a autoridade administrativa indicar, quando se tratar de pessoa jurídica de direito privado.

A regra é a eleição do domicílio pelo contribuinte, embora possa ser recusada pelo fisco, caso dificulte ou impossibilite a fiscalização ou a cobrança do tributo – art. 127 do CTN. Os incisos desse dispositivo legal, além do § 1º, indicam regras subsidiárias, para o caso de não haver eleição do domicílio, ou se ele for recusado. Por essa razão, a alternativa "C" é a correta.

Gabarito "C"

(Ministério Público/PB – 2010) São pessoalmente responsáveis pela obrigação tributária, perante a Fazenda Pública, exceto:

(A) o cônjuge meeiro.

(B) o locatário, cujo contrato prevê a responsabilidade tributária.

(C) o sucessor a qualquer título.

(D) o adquirente.

(E) o remitente.

A, C, D e **E:** Todos eles podem ser responsáveis tributários, nos termos do art. 131 do CTN (a rigor, o meeiro não é responsável em relação à meação, que já era dele antes do falecimento do cônjuge); **B:** Essa é a alternativa a ser indicada, pois o acordo entre particulares (contrato) não altera a sujeição passiva, não podendo, portanto, ser oposto contra a fazenda – art. 123 do CTN.

Gabarito "B"

(Ministério Público/RJ – 2011) José celebrou contrato de locação de imóvel com João no qual, como locatário, responsabilizou-se pelo pagamento de todos os encargos referentes à locação. O locador recebia o valor do aluguel, e as quotas de condomínio e tributos eram supostamente pagos pelo locatário. Algum tempo depois, o locador recebeu a cobrança de valores de IPTU não recolhidos ao fisco municipal, verificando que tais valores referiam-se ao período em que o locatário era José. Buscando o cumprimento do contrato celebrado, José foi informado por seu advogado que o locatário:

(A) seria um devedor solidário, podendo a fazenda pública municipal exigir o imposto de qualquer das partes contratantes;

(B) estaria obrigado a pagar o tributo, tendo em vista que a responsabilidade assumida por contrato lhe transfere a responsabilidade pelo pagamento;

(C) poderia recusar-se a pagar o tributo, alegando que a responsabilidade pelo pagamento do tributo remanesce com o proprietário, apesar do contrato celebrado;

(D) estaria obrigado ao pagamento do tributo, tendo em vista o princípio geral do direito das obrigações, segundo o qual quem paga mal, paga duas vezes;

(E) poderia recusar-se a pagar o tributo, vez que o contrato de locação é absolutamente ineficaz e inválido por conter obrigação nula de pleno direito.

A: incorreto, pois não há previsão de solidariedade no presente caso, podendo, o locador, simplesmente executar o contrato não cumprido (CTN, art. 124); **B:** incorreto, pois a eventual transferência de responsabilidade pelo recolhimento dos tributo, no contrato, não gera qualquer efeito perante a administração (CTN, art. 123); **C:** correto, pois a obrigação tributária é definida pela lei, elegendo como sujeito passivo, no caso, o proprietário locador, não o locatário (CTN, art. 123); **D:** incorreto, pois não se aplica aqui tal regra; **E:** incorreto, pois o contrato é valido e eficaz, somente não gerando efeitos perante o fisco, no que se refere apenas a definição de sujeito passivo.

Gabarito "C"

(Ministério Público/SE – 2010 – CESPE – adaptada) Determinado contribuinte adquiriu imóvel sobre o qual foi constituída obrigação tributária relativa ao IPTU, à taxa de iluminação pública e a uma contribuição de melhoria, pelo tempo anterior à aquisição. Da escritura não constava quitação de tributos sobre o imóvel. Nesse caso, a obrigação do adquirente quanto ao pagamento desses tributos recairá sobre

(A) o imposto e a taxa, e não sobre a contribuição de melhoria.

(B) o imposto e a contribuição de melhoria, e não sobre a taxa.

(C) a taxa e a contribuição de melhoria, e não sobre o imposto.

(D) o imposto, e não sobre a taxa e a contribuição de melhoria.

(E) o imposto, a taxa e a contribuição de melhoria.

Como o adquirente não teve a cautela de fazer constar do título translativo a prova de quitação, responde por todos os créditos tributários relativos ao imóvel, nos termos do art. 130 do CTN, o que inclui o IPTU, a contribuição de melhoria e eventuais taxas de serviços relacionados ao bem. Entretanto, é pacífico o entendimento de que a taxa de iluminação pública é inconstitucional, pois não se trata de serviço divisível (é impossível quantificar a utilização por contribuinte), de modo que não há falar em responsabilidade tributária em relação a ela – Súmula 670/STF. Atualmente, os Municípios e o DF podem cobrar contribuição para custeio desse serviço – art. 149-A da CF, mas nunca taxa. Adaptamos a questão, pois o gabarito oficial indicava a alternativa E como correta.

Gabarito "B"

(Ministério Público/SE – 2010 – CESPE) Determinada empresa contratou os serviços de um contador e entregou a ele, regularmente, todos os cheques para a quitação dos impostos devidos. Certo dia, essa empresa recebeu do fisco estadual e do federal a informação de que estava devendo impostos aos quais se destinavam aqueles cheques, bem como multas. Nessa situação, acerca da responsabilidade de pagamento perante o fisco, assinale a opção correta.

(A) O pagamento dos tributos estaduais é de responsabilidade do contador, e o dos tributos federais, da própria empresa.

(B) Em ambos os casos, a responsabilidade pelo pagamento dos tributos é do contador.

(C) Em ambos os casos, a responsabilidade pelo pagamento dos tributos é da empresa, ao passo que o pagamento das multas cabe ao contador.

(D) A única responsabilidade do contador é o pagamento das multas incidentes sobre os tributos federais.

(E) Em ambos os casos, a responsabilidade pelo pagamento dos tributos e das multas é da empresa.

A sujeição passiva é sempre aquela fixada pela lei. Dessa forma, a empresa responde pelo débito tributário relativo aos tributos federais e estaduais, incluindo as multas. Ressalte-se que o contador pode ser responsabilizado nas esferas penal e cível.

Gabarito "E"

(Ministério Público/MG – 2010.2) Analise as seguintes afirmativas e assinale a alternativa INCORRETA.

(A) Fato gerador da obrigação tributária principal é a situação definida em lei como necessária e suficiente à sua ocorrência.

(B) Sujeito ativo da obrigação tributária é a pessoa jurídica de direito público, titular da competência para exigir o seu cumprimento.

(C) A lei pode atribuir de modo expresso a responsabilidade pelo crédito tributário a terceira pessoa, vinculada ao fato gerador da respectiva obrigação, excluindo a responsabilidade do contribuinte ou atribuindo-a a este em caráter supletivo do cumprimento total ou parcial da referida obrigação.

(D) A capacidade tributária passiva depende da capacidade civil das pessoas naturais.

A: assertiva correta, conforme o art. 114 do CTN; **B:** correta, pois essa é a definição de sujeito ativo da obrigação tributária dada pelo art. 119 do CTN. Interessante notar que há entendimento no sentido de que pessoas de direito privado (inclusive naturais) podem, excepcionalmente, ser sujeitos ativos, como é o caso dos notários, que cobram emolumentos (= taxas) pela prestação de serviços cartorários; **C:** correta, conforme o art. 128 do CTN; **D:** essa é a assertiva incorreta, pois a capacidade tributária independe da capacidade civil das pessoas naturais – art. 126, I, do CTN.

Gabarito "D"

(Ministério Público/MA – 2009) Assinale a alternativa que, sequer hipoteticamente retrata situação capaz de derivar na responsabilização solidária em relação à obrigação tributária principal não paga pelo contribuinte:

(A) o administrador de bens de terceiros, pelos tributos devidos por estes;

(B) o inventariante, pelos tributos devidos pelos herdeiros;

(C) o síndico, pelos tributos devidos pela massa falida;

(D) os tabeliães pelos tributos devidos sobre os atos praticados por eles, ou perante eles, em razão de seu ofício;

(E) os pais, pelos tributos devidos por seus filhos menores.

A, C, D e **E:** a responsabilidade solidária dessas pessoas é prevista no art. 134, I, III, V e VI, do CTN; **B:** o inventariante pode vir a ser solidariamente responsável pelos tributos devidos pelo espólio, e não, em princípio, por aqueles devidos pelos herdeiros – art. 134, IV, do CTN.

Gabarito "B"

(Ministério Público/PR – 2009) Sobre a responsabilidade tributária, é *INCORRETO* dizer:

(A) No caso de impossibilidade de exigência do cumprimento da obrigação tributária do contribuinte, respondem solidariamente com este nos atos em que intervierem, ou pelas omissões de que forem responsáveis, os pais pelos tributos devidos por seus filhos menores.

(B) São pessoalmente responsáveis pelos créditos correspondentes a obrigações tributárias resultantes de atos praticados com excesso de poderes, infração de lei, contrato social, ou estatutos, os sócios, administradores ou não, de sociedades de responsabilidade limitada.

(C) A pessoa jurídica que adquirir de outra, por qualquer título, estabelecimento comercial, industrial ou profissional, responde pelos tributos relativos ao fundo ou estabelecimento adquirido, devidos até a data do ato, subsidiariamente com o alienante, se este iniciar dentro de 06 (seis) meses, a contar da alienação, nova atividade, no mesmo ou em outro ramo.

(D) A responsabilidade por infração à Lei Tributária é excluída pela denúncia espontânea da infração, acompanhada, se for o caso, do pagamento do tributo devido e dos juros de mora.

(E) A lei pode atribuir de modo expresso a responsabilidade pelo crédito tributário a terceira pessoa, vinculada ao fato gerador da respectiva obrigação.

A: assertiva correta, pois reflete o disposto no art. 134, I, do CTN; **B:** essa é a assertiva incorreta, pois somente os gestores da sociedade (gerentes, diretores, administradores, representantes) podem ser responsabilizados nos termos do art. 135 do CTN; **C:** correta, conforme o art. 133 do CTN; **D:** correta, nos termos do art. 138 do CTN; **E:** assertiva correta, conforme o art. 128 do CTN.

Gabarito "B"

(Ministério Público/RJ – 2011) Pessoa física A adquire pizzaria de pessoa física B, sendo certo que o adquirente altera a razão social, mas continua a exploração da mesma atividade. No caso de o alienante retomar a atividade empresarial doze meses após a data da alienação:

(A) o alienante terá responsabilidade integral pelo pagamento dos tributos devidos, vez que iniciou outra atividade empresarial doze meses depois da data de alienação;

(B) o alienante terá responsabilidade exclusiva pelos tributos devidos até a data da alienação vez que deu azo à dívida;

(C) o adquirente terá responsabilidade subsidiária pelo pagamento dos tributos devidos, visto que a dívida foi contraída antes da alienação;

(D) o adquirente terá responsabilidade integral pelo pagamento dos tributos devidos até a data da alienação;

(E) o adquirente e o alienante serão solidariamente responsáveis pelo pagamento dos tributos devidos, visto que o adquirente deveria ter exigido o pagamento da dívida para a realização do negócio jurídico.

Nos termos do CTN, a alienação de estabelecimento empresarial implica em sucessão obrigacional, referente ao passivo tributário da atividade. Tal sucessão implicará em responsabilidade subsidiaria do adquirente nos casos de continuação da atividade econômica por parte do alienante, ou mesmo no caso de retomada no prazo de até 6 meses, e implicará em responsabilidade integral, o que implica solidariedade, no caso de não continuação da atividade econômica por parte do alienante, ou sua retomada após o prazo de 6 meses. (CTN, art. 133). **A:** incorreto, pois a responsabilidade integral refere-se ao adquirente, não ao alienante (CTN, art. 133); **B:** incorreto, pois há previsão de responsabilidade do adquirente (CTN, art. 133); **C:** incorreto, pois como o alienante não prosseguiu com a exploração dentro do prazo limite dos 6 meses, aplica-se a regra da não continuação, que implica em responsabilidade integral/solidária pelo adquirente (CTN, art. 133); **D:** correto, pois como o alienante não prosseguiu com a exploração dentro do prazo limite dos 6 meses, aplica-se a regra da não continuação, que implica em responsabilidade integral/solidária pelo adquirente (CTN, art. 133); **E:** incorreto, pois não há tal exigência na legislação.

Gabarito "D"

(Ministério Público/RO – 2008 – CESPE) O administrador não sócio de uma sociedade limitada, para pagar funcionários, deixou de recolher o ICMS devido, fato constatado pelo fisco local pela análise dos livros fiscais, em que se pôde verificar que a escrituração contábil e fiscal estava correta, mas não havia sido feito o recolhimento. Após o devido processo administrativo e o não pagamento do débito, ocorreram a inscrição em dívida ativa e a cobrança judicial. Durante o processo judicial, ficou constatado que a empresa não possuía nenhum bem ou valor para fazer face ao pagamento do débito, motivo pelo qual a execução fiscal foi redirecionada contra os seus sócios. A respeito da situação hipotética acima apresentada e da responsabilidade tributária, assinale a opção correta.

(A) A responsabilidade tributária pelo não recolhimento do tributo devido a título de ICMS não pode ser cobrada pessoalmente dos sócios, uma vez que o administrador não era sócio e também não teriam, os sócios, agido com abuso de poder ou infringido a lei, o contrato ou o estatuto.

(B) Não cabe falar em responsabilidade pessoal dos sócios, uma vez que se trata de uma sociedade de responsabilidade limitada e não havia mais bens da empresa para fazer face ao pagamento do tributo.

(C) A responsabilidade tributária será sempre dos sócios e não do administrador.

(D) A solidariedade na situação apresentada é legal e por isso os sócios serão alvos de cobrança.

(E) Cabe a aplicação da tese da despersonalização da pessoa jurídica para a cobrança dos sócios da empresa.

O STJ entende que o simples inadimplemento tributário não gera a responsabilidade prevista no art. 135 do CTN. Ademais, no caso, houve simples privilégio ao pagamento de salários, o que não é infração à lei ou aos estatutos ou contratos sociais. Finalmente, os sócios, contra quem foi redirecionada a execução, nada fizeram para ensejar a aplicação do art. 135 do CTN (o administrador não era sócio).

Gabarito "A"

(Ministério Público/RR – 2008 – CESPE) Julgue os itens a seguir, que tratam de obrigação, de responsabilidade e de crédito tributários, consoante o Código Tributário Nacional.

(1) Se um agente tributário detecta, no dia de hoje, a ocorrência de uma importação ocorrida há um mês e cujo imposto foi sonegado, ele deverá, em regra, efetuar o lançamento tributário calculando o respectivo valor pela taxa de câmbio de hoje.

(2) O prazo para lançamento de determinado tributo por homologação sem prazo fixado pela lei a ele relativa será de cinco anos, a contar do pagamento regular.

(3) Se, por meio de lei, a União estabelecer, cumprindo determinadas condições legais, moratória a ser concedida em caráter individual, esta poderá ser concedida simultaneamente a estados e municípios.

(4) Em determinado município, em que a legislação tributária do IPTU não fixe data do vencimento para o pagamento do imposto, se um contribuinte for notificado em maio de 2008 para pagamento do IPTU de 2008 e não houver prazo previsto no corpo da notificação, poderá ele efetuar o pagamento no prazo de até 31 de dezembro de 2008.

(5) Caso uma lei crie para o contribuinte obrigação de fazer, mensalmente, determinada declaração para o fisco e imponha multa de R$ 1.000,00 por seu descumprimento, nesse caso, é correto afirmar que aquela obrigação é considerada acessória.

(6) Para que dois contribuintes sejam solidariamente responsáveis pelo pagamento de um tributo, é necessário que tal situação seja expressamente designada em lei.

(7) Uma criança recém-nascida já tem capacidade tributária para ser devedora de IPTU.

(8) É admissível que a lei atribua a um contribuinte a responsabilidade supletiva parcial pelo pagamento de determinado tributo.

(9) Se, em 2008, um cidadão adquire um imóvel e se à escritura é anexada a prova do pagamento e quitação do IPTU relativo a 2008, eventual crédito de 2007 se sub-roga em sua pessoa.

(10) Se um empregado frauda um negócio jurídico em prejuízo de seu empregador, a responsabilidade tributária será pessoal dele e subsidiária da empresa.

1: art. 143 do CTN – o câmbio é do dia do fato gerador, salvo disposição em contrário; 2: A homologação terá ocorrido após cinco anos contados do fato gerador, exceto em caso de dolo, fraude ou simulação (art. 150, § 4º, do CTN); 3: a União somente poderá conceder moratória de caráter geral (não individual) com relação a tributos estaduais e municipais no caso excepcionalíssimo e nas condições do art. 152, I, *b*, do CTN; 4: Se não houver prazo na lei local, vale a regra subsidiária de trinta dias a partir da notificação, prevista no art. 160 do CTN; 5: Qualquer dever relacionado à tributação que não corresponda ao recolhimento de dinheiro ao fisco é considerado obrigação acessória, como é o caso da entrega de declarações; o descumprimento da obrigação acessória gera obrigação principal (pecuniária) de recolher a multa (art. 113, § 3º, do CTN); 6: Existe também a solidariedade comum (além da legal), prevista no art. 124, I, do CTN; 7: A capacidade tributária independe da civil (art. 126, I, do CTN); 8: Existe a possibilidade dessa solidariedade legal (art. 124, II, do CTN); 9: Para que fosse afastada a responsabilidade do adquirente em relação ao exercício de 2007 seria necessário que constasse da escritura a certidão negativa correspondente àquele ano, pois o pagamento de 2008 não faz presumir a quitação dos anteriores – art. 130, *caput, in fine*, c/c art. 158, II, ambos do CTN; 10: Em princípio, a empresa não realizou fato gerador, de modo que o tributo eventualmente devido deve ser recolhido exclusivamente pelo empregado; ademais, a penalidade é sempre responsabilidade pessoal do infrator (exclusiva), no caso de dolo contra o empregador (art. 137, III, b, do CTN).

Gabarito 1E, 2E, 3E, 4E, 5C, 6E, 7C, 8C, 9C, 10E

(Ministério Público/GO – 2005) Assinale a alternativa correta:

(A) o sujeito passivo da obrigação tributária é o responsável para pagar apenas o tributo

(B) o sujeito passivo da obrigação tributária confunde-se com o responsável

(C) o responsável, mesmo sem ser contribuinte, tem uma relação pessoal e direta com o fato gerador

(D) o sujeito passivo da obrigação tributária é o responsável para pagar o tributo ou a penalidade pecuniária

A e **D:** nos termos do art. 113, § 1º, do CTN, a obrigação tributária principal, a que está vinculado o sujeito passivo (devedor), refere-se ao tributo e à penalidade pecuniária; **B:** o sujeito passivo da obrigação tributária principal pode ser contribuinte ou responsável – art. 121, parágrafo único, I e II, do CTN; **C:** somente o contribuinte tem relação pessoal e direta com o fato gerador – art. 121, parágrafo único, I e II, do CTN.

Gabarito "D"

(Ministério Público/GO – 2005) A lei pode atribuir de modo expresso a responsabilidade pelo pagamento do crédito tributário a terceira pessoa, cujo fato gerador apenas ocorrerá posteriormente. Este evento refere-se ao instituto da:

(A) responsabilidade tributária objetiva

(B) responsabilidade tributária solidária

(C) substituição tributária

(D) sub-rogação tributária

Trata-se de substituição tributária "para frente", prevista no art. 150, § 7º, da CF.

Gabarito "C"

(Ministério Público/GO – 2005) No que diz respeito ao domicílio tributário assinale a alternativa correta:

(A) o domicilio tributário eleito pelo contribuinte em nenhuma hipótese poderá ser recusado pela autoridade administrativa

(B) a autoridade administrativa pode recusar o domicílio eleito, no caso de impossibilitar a fiscalização do tributo

(C) o lugar da situação dos bens ou da ocorrência dos atos ou fatos que deram origem à obrigação será, em qualquer hipótese, o domicílio tributário

(D) a residência das pessoas físicas não pode ser escolhida como domicílio tributário

A e **B:** o domicílio eleito pode ser recusado caso impossibilite ou dificulte a arrecadação ou a fiscalização do tributo, nos termo do art. 127, § 2°, do CTN; **C:** esses lugares **poderão** corresponder ao domicílio quando não houver eleição pelo contribuinte ou quando o escolhido for recusado pelo fisco, nos termos do art. 127, *caput* e §§ 1° e 2°, do CTN; **D:** a residência pode ser escolhida como domicílio (art. 127, *caput* e I, do CTN).

Gabarito "B"

(Ministério Público/RN – 2009 – CESPE) A lei pode atribuir a terceiro responsabilidade tributária originária pelo cumprimento da obrigação tributária como sujeito passivo direto, a fim de facilitar a fiscalização e o recolhimento do tributo devido. A respeito desse assunto, é correto afirmar que

(A) o enunciado corresponde a responsabilidade por sucessão.

(B) o enunciado cuida de responsabilidade por solidariedade.

(C) a lei não pode impor a terceiro a referida responsabilidade.

(D) o enunciado trata de responsabilidade por substituição, cujas modalidades são de substituição para frente e substituição para trás.

(E) a atribuição de responsabilidade a terceiro, pelo pagamento de obrigação tributária, pode ser instituída por ato administrativo, desde que haja previsão de todos os fatos que a geraram.

A matéria de responsabilidade tributária é tratada no CTN, dos art. 128 a 138, dividindo-se em quatro grupos: responsabilidade por sucessão (CTN, art. 130 a 133), responsabilidade de terceiros (CTN, art. 134 e 135), responsabilidade por infrações (CTN, 136 a 138) e responsabilidade por substituição (apesar de não haver menção a tal nomenclatura na lei, a doutrina identifica como fundamento o CTN, art. 128). **A:** incorreto, pois na responsabilidade por sucessão, temos caso de sujeição indireta, pois o terceiro surge em momento diverso ao nascimento da obrigação, por força de um fato novo; **B:** incorreto, pois na responsabilidade solidária, não temos tipo de sujeito passivo, mas mera relação entre sujeitos, que respondem em conjunto, pela totalidade da obrigação; **C:** incorreto, pois a legislação expressamente prevê tal possibilidade (CTN, art. 128); **D:** correto, pois essa é a exata definição da substituição tributária, que nada mais é do que uma técnica que visa a eficiência arrecadatória, pela troca do sujeito passivo, desde o nascimento da obrigação (CF, art. 150, § 7°, CTN, art. 128); **E:** incorreto, pois sujeição passiva é matéria adstrita ao princípio da legalidade (CTN, art. 121 e CF, art. 150, I).

Gabarito "D"

(Ministério Público/RN – 2009 – CESPE) Empregado de uma empresa mercantil emitiu nota fiscal de uma operação comercial, destacando o valor do tributo devido em patamar inferior ao que seria correto, em virtude da aplicação equivocada de percentual inferior ao estabelecido pelo fisco. Em função disso, foi lavrado auto de infração contra a empresa e se impôs o pagamento do valor do tributo somado à multa e penalidades cabíveis para o caso. Tal fato foi notificado ao sócio-gerente responsável pela administração da empresa, que se dirigiu para o fisco, declarou e pagou apenas o tributo devido, sem incluir os valores da multa e das penalidades que foram aplicadas.

Com base nessa situação, assinale a opção correta.

(A) A autuação não poderia ter ocorrido em virtude da existência de equívoco praticado pelo empregado da empresa e, não, pelo sócio-gerente.

(B) A autuação poderia ter ocorrido, mas perdeu a validade e a eficácia quando o responsável pela empresa fez a denúncia de forma espontânea.

(C) Não há que se falar em denúncia espontânea, uma vez que já iniciado o procedimento administrativo.

(D) A autuação fiscal está correta, pois a responsabilidade tributária por infrações ocorre, desde que comprovado o dolo na prática do ato.

(E) A responsabilidade por infrações administrativas é sempre pessoal e do agente que a praticou, independentemente da situação.

A: incorreto, pois o ato praticado pelo preposto ou empregado gera responsabilidade tributária do administrador (CTN, art. 135); **B:** incorreto, pois a denúncia somente se considera espontânea quando ocorre antes do início de qualquer procedimento administrativo em face do sujeito passivo, o que, obviamente, está afastado, já que ocorreu o próprio ato de lançamento (CTN, art. 138); **C:** correto, por expressam previsão legal (CTN, art. 138); **D:** incorreto, pois a responsabilidade pela infração a legislação tributária independe da vontade do agente, sedo irrelevante o dolo para caracterizá-la (CTN, art. 136); **E:** incorreto, pois somente será pessoal a responsabilidade nos casos previstos na lei, em que se exige dolo específico (CTN, art. 137).

Gabarito "C"

(Ministério Público/RR – 2012 – CESPE) Determinado consumidor, ávido por conseguir abatimento no preço de determinado produto, adquiriu a mercadoria de estabelecimento comercial, aceitando nota fiscal emitida, por um dos sócios da sociedade comercial, no valor da metade da venda efetivamente realizada, o que reduziu os tributos incidentes sobre a operação comercial e possibilitou a concessão do desconto.

Com base na situação hipotética acima apresentada, assinale a opção correta.

(A) O consumidor passou a ser substituto tributário da sociedade comercial no pagamento da diferença advinda da sonegação, porquanto foi o principal beneficiário da fraude.

(B) O consumidor é contribuinte de fato do tributo, razão por que é responsável direto pela satisfação do débito tributário, respondendo a sociedade comercial subsidiariamente.

(C) Os sócios cotistas da sociedade comercial responderão solidariamente com a sociedade comercial pelo débito tributário decorrente da sonegação fiscal.

(D) Além de responder pessoalmente pela dívida da sociedade, o sócio que realizou a venda subfaturada responderá pela prática de crime contra a ordem tributária.

(E) A responsabilidade tributária do consumidor prevê o benefício de ordem no cumprimento da obrigação tributária principal.

A: incorreto, pois não há previsão legal de tal responsabilidade; **B:** incorreto, pois apesar de ser contribuinte de fato, isso não gera qualquer responsabilidade pelo recolhimento do tributo; **C:** incorreto, pois no caso em tela caracteriza-se responsabilidade pessoal, somente atingindo o sócio responsável pela prática do ato ilícito (CTN, art. 135); **D:** correto, pois caracteriza-se a responsabilidade pelo ato ilícito, além da configuração da conduta típica prevista na lei (CTN, art. 135 e 137); **E:** incorreto, pois não há previsão de responsabilidade tributária do consumidor, no caso em tela.

Gabarito "D"

10. SUSPENSÃO, EXTINÇÃO E EXCLUSÃO DO CRÉDITO

10.1. SUSPENSÃO

(Ministério Público/PI – 2014 – CESPE) Considerando a concessão, por lei, de parcelamento de débitos tributários e a aplicação das regras da moratória à concessão do parcelamento, assinale a opção correta.

(A) Caso o tributo devido seja o ICMS, o parcelamento deve ser autorizado por convênio firmado entre os estados e o Distrito Federal no âmbito do CONFAZ, antes da edição da lei de concessão do parcelamento.

(B) Por estar previsto em lei complementar federal, o parcelamento, causa de suspensão do crédito tributário, não pode ser concedido em âmbito estadual.

(C) O parcelamento poderá ser concedido a contribuinte que tenha praticado conduta fraudulenta contra o fisco, dada a aplicação das regras da moratória.

(D) A moratória, por ser causa de extinção do crédito tributário, não pode servir de base para a concessão do parcelamento.

(E) O parcelamento pode ser concedido por lei específica ordinária estadual, ainda que se contrariem as regras previstas na lei complementar federal, dada a competência tributária exclusiva dos entes da Federação.

A: correta, pois os benefícios fiscais de ICMS dependem de convênio entre os Estados e o Distrito Federal – art. 155, § 2º, XII, g, da CF; **B:** incorreta, pois o parcelamento deve ser concedido por lei do respectivo ente tributante (apenas a descrição dessa modalidade de suspensão do crédito e as normas gerais estão reguladas no CTN, que tem força de lei complementar federal); **C:** incorreta, pois nesses casos o parcelamento não pode ser concedido – art. 154, parágrafo único, c/c art. 155-A, § 2º, do CTN; **D:** incorreta, pois a moratória é modalidade de suspensão do crédito, e o parcelamento é, a rigor, espécie de moratória – art. 151, I e VI, do CTN; **E:** incorreta, pois as leis estaduais de parcelamento devem observar as normas gerais veiculadas pela lei complementar federal (CTN, no caso) – art. 146, III, da CF e art. 155-A, § 4º, do CTN.

Gabarito "A"

(Ministério Público/RJ – 2011) A suspensão da exigibilidade do crédito tributário é obtida:

(A) por meio do deferimento de medida liminar em mandado de segurança ou tutela antecipada em ação ordinária e possibilita a emissão de certidão positiva de débitos tributários;

(B) em razão da compensação homologada de débitos tributários e possibilita a emissão de certidão positiva com efeitos de negativa de débitos tributários;

(C) em razão da adesão do contribuinte ao parcelamento dos débitos tributários e possibilita a emissão de certidão negativa de débitos tributários;

(D) em razão da interposição de impugnação ou recurso administrativo e possibilita a emissão de certidão positiva com efeitos de negativa de débitos tributários;

(E) em razão da declaração retificadora de tributos e possibilita a emissão da certidão positiva de débitos tributários.

A: incorreto, pois a existência de créditos com exigibilidade suspensa permite a emissão de certidão positiva com efeitos de negativa (CTN, art. 206); **B:** incorreto, pois a homologação de compensação gera extinção do crédito e consequente certidão negativa; **C:** incorreto, pois a existência de créditos com exigibilidade suspensa permite a emissão de certidão positiva com efeitos de negativa (CTN, art. 206); **D:** correto, pois a existência de créditos com exigibilidade suspensa permite a emissão de certidão positiva com efeitos de negativa (CTN, art. 206); **E:** incorreto, pois a certidão retificadora não suspende a exigibilidade do crédito tributário (CTN, art. 151).

Gabarito "D"

(Ministério Público/RO – 2008 – CESPE) Um contribuinte inadimplente de determinado tributo requereu na secretaria de fazenda o pagamento integral do débito, incluindo os juros e multas, em parcelas mensais e iguais, o que foi aceito pelo fisco. Considerando a situação hipotética apresentada, assinale a opção correta.

(A) O contribuinte requereu moratória, uma vez que incluiu no pagamento os juros e multas.

(B) O instituto tributário a que se refere a questão chama-se moratória, uma vez que a dívida foi parcelada em prestações mensais e iguais.

(C) O contribuinte requereu o instituto denominado parcelamento, uma vez que o débito já está vencido.

(D) O instituto da moratória é aplicado em débitos vencidos ou não.

(E) O parcelamento é causa de extinção do crédito tributário.

A: incorreto, pois moratória é uma dilação de prazo, por iniciativa do fisco, decorrente de previsão legal, (CTN, art. 152); **B:** incorreto, pois incorreto, pois moratória é uma dilação de prazo, por iniciativa do fisco, decorrente de previsão legal, em regra, para pagamento integral (CTN, art. 152); **C:** correta, pois a característica básica do parcelamento é o pagamento em parcelas, de débitos já vencidos (CTN, art. 155); **D:** incorreta, pois é comum referir-se à moratória como favor legal concedido antes do vencimento do tributo; **E:** incorreto, pois a moratória e parcelamento são causas suspensivas do crédito (art. 151, I e VI, do CTN).

Gabarito "C"

(Ministério Público/RR – 2012 – CESPE) Celebrada transação penal em face da prática de crime contra a ordem tributária, o autor do fato, que se comprometera a reparar o dano, procurou a fazenda pública para efetuar o pagamento do débito tributário, tendo solicitado parcelamento da dívida, única forma de poder cumprir a condição imposta.

Em face da situação hipotética acima apresentada, assinale a opção correta.

(A) Concedido o parcelamento do crédito tributário, estará suspensa a pretensão punitiva do estado, cuja extinção está condicionada ao pagamento integral do débito tributário.

(B) Concedido o parcelamento por despacho fundamentado da autoridade administrativa, estará extinto o crédito tributário, caso não tenha sido proposta execução.

(C) Como o pleito se refere a cumprimento de condição imposta em juízo, a administração tributária deve conceder o parcelamento, independentemente da existência de lei autorizadora.

(D) Por ter como finalidade a reparação do dano causado, o parcelamento deve ser concedido, excluindo-se as multas que incidam pela prática da sonegação.

(E) Concedido pela autoridade administrativa, o parcelamento requerido não pode ser revogado, ainda que se apure não ter sido cumprida condição objetiva em face do direito adquirido.

A: correto, pois a lei estabelece tal suspensão como efeito da suspensão pelo parcelamento (Lei 12.382/2011); **B:** incorreto, pois o parcelamento apenas suspende a exigibilidade (CTN art. 151); **C:** incorreto, pois parcelamento, assim como todas as demais causas de suspensão do crédito dependem de previsão legal (CTN, art. 97); **D:** incorreto, pois não há previsão legal de tal exclusão; **E:** incorreto, pois no caso de descumprimento de suas condições, o parcelamento deve ser imediatamente rescindido (CTN, at. 155).

Gabarito "A"

10.2. EXTINÇÃO

(Ministério Público/AC – 2008) A extinção do crédito tributário faz que ele não mais possa ser cogitado. Nesse sentido, o Código Tributário Nacional prevê suas possibilidades extintivas. Dentre elas, pode-se assinalar como correta:

(A) decisão administrativa liminar.

(B) dação em pagamento de bens móveis.

(C) penhora.

(D) conversão do depósito em renda.

A: incorreto, pois somente decisão definitiva extingue o crédito (CTN, art. 156); **B:** incorreto, pois não há previsão de dação em bens móveis, mas apenas imóveis (CTN, art. 156); **C:** incorreto, pois a penhora não extingue o crédito, mas apenas garante a execução fiscal (Lei 6.830/80); **D:** correto, pois há previsão expressa na legislação (CTN, art. 156).

Gabarito "D"

(Ministério Público/GO – 2010) Sobre crédito tributário, é correto afirmar:

(A) Se lançado sobre rendimentos advindos do jogo do bicho e da exploração do lenocínio, o crédito tributário é indevido, posto que estas atividades não são tributáveis, por que ilícitas.

(B) Realizada a inscrição em dívida ativa, a Fazenda Pública Estadual tem prazo de 05 (cinco) anos, contados da data de inscrição, para cobrar o crédito tributário, sob pena de prescrição.

(C) O crédito tributário pode ser consignado judicialmente pelo sujeito passivo se houver subordinação do pagamento deste ao pagamento de outro tributo ou penalidade.

(D) O sujeito passivo tem direito à restituição do valor pago, nos casos em que ocorrer destruição da estampilha e o pagamento do crédito tributário for previsto por esta forma, independentemente de erro imputável à autoridade administrativa ou expressa previsão legal.

A: incorreto, pois a eventual ilicitude dos antecedentes do fato gerador não se comunicam com ele, sendo lícita tal tributação (CTN, art. 118); **B:** incorreto, pois o prazo prescricional é contado da data do despacha que determina a citação na execução fiscal, não na data de eventual inscrição (CTN, art. 174, parágrafo. único); **C:** correto, pois em caso de recusa indevida por parte da administração, será cabível a propositura da ação de consignação (CTN, art. 164); **D:** incorreto, pois no caso de pagamento realizado por estampilha, não será possível restituição (CTN, art. 162, § 4º).

Gabarito "C"

(Ministério Público/MS – 2011 – FADEMS) São modalidades que extinguem o crédito tributário, **exceto**:

(A) a compensação;

(B) a concessão de liminar em ação cautelar inominada;

(C) a dação em pagamento de bens imóveis, na forma e condições estabelecidas em lei;

(D) a decisão administrativa irreformável, assim entendida a definitiva na órbita administrativa;

(E) a conversão de depósito em renda.

A, C, D e E: Essas alternativas indicam modalidades de extinção do crédito tributário – art. 156, II, VI, IX e XI, do CTN; **B:** Essa é a alternativa a ser indicada, pois a concessão de liminar é modalidade de suspensão do crédito tributário, não de extinção – art. 151, V, do CTN.

Gabarito "B"

(Ministério Público/MA – 2009) Leia com atenção os enunciados abaixo.

I. A ação para cobrança do crédito tributário prescreve em cinco (5) anos, contados da data da sua constituição definitiva.

II. Referida prescrição é interrompida pelo despacho do Juiz que ordena a citação em execução fiscal.

III. Aludida prescrição é interrompida apenas com a citação válida em execução fiscal, mas seus efeitos retroagem à data do despacho judicial que determinou a citação.

IV. A mesma prescrição é interrompida por qualquer ato judicial que constitua em mora o devedor.

Em face da atual redação do CTN, assinale a alternativa *CORRETA*.

(A) "III" e "IV" estão incorretas;

(B) "I" e "II" estão incorretas;

(C) "II" e "IV" estão incorretas;

(D) "II" está incorreta;

(E) "III" está incorreta.

I: assertiva correta, conforme o art. 174, *caput*, do CTN; **II:** correta, conforme o art. 174, parágrafo único, I, do CTN; **III:** incorreta, pois o texto atual do CTN prevê que o despacho que ordena a citação tem o efeito de interromper a prescrição; **IV:** correta, conforme o art. 174, parágrafo único, III, do CTN.

Gabarito "E"

(Ministério Público/MA – 2009) Assinale a alternativa que não indica situação extintiva do crédito.

(A) Transação.

(B) Parcelamento.

(C) Remissão.

(D) Compensação.

(E) Decadência.

Das alternativas, apenas o parcelamento não extingue o crédito, pois é modalidade de suspensão. Veja a tabela anteriormente apresentada, para estudo e memorização.

Gabarito "B"

(Ministério Público/MG – 2006) A sociedade empresarial Ajax Ltda., inscrita no cadastro de contribuintes do Estado, propôs uma ação de mandado de segurança em face do Sr. Secretário de Estado da Fazenda e alegou que é titular de direito de crédito resultante da aquisição de um precatório de terceiro. Portanto, sustenta que lhe é assegurada a compensação do seu crédito com débito proveniente do não recolhimento do ICMS, produzindo a liberação da sua dívida tributária. Sobre a assertiva é **CORRETO** afirmar que

(A) o encontro de contas produzindo a liberação do débito do ICMS e encargos tributários, é seu direito líquido e certo.

(B) em razão da obrigatoriedade da compensação tributária, a Fazenda Pública Estadual não pode impor qualquer limitação tributária ou administrativa como, por exemplo, a impressão de documentos fiscais para o exercício do comércio.

(C) a compensação tributária insere-se no âmbito das modalidades especiais de extinção do crédito tributário, encontrando-se prevista no art. 170 do Código Tributário Nacional e, por haver esta previsão legal, não pode ser obstada pela Fazenda.

(D) a Fazenda Pública pode recusar a compensação tributária por ausência dos requisitos legais objetivos aplicáveis à espécie.

(E) o crédito decorrente da aquisição de precatório, à semelhança dos Títulos da Dívida Pública, não pode ser recusado para quitação de tributos.

A: incorreto, pois a compensação depende de previsão legal do ente tributante, estando, ainda, condicionada as regras dispostas em tal legislação (CTN, art. 170); **B:** incorreto, pois a compensação tributária, como causa de extinção do crédito, depende de regulação legal (CTN, art. 170); **C:** incorreto, pois é modalidade ordinária de extinção do crédito e pode, sim, ser disciplinada pela lei, podendo, com isso, ser obstada pela Fazenda (nos estritos termos da lei); **D:** correto, pois a lei instituidora da compensação definirá seus requisitos e limites (CTN, art. 170), devendo a autoridade administrativa verificar o preenchimento dos requisitos, aceitando-a ou não, podendo, ainda, o sujeito passivo, valer-se de mandado de segurança como forma de declaração de seu direito a realização de compensação no caso concreto (CTN, art. 170 e 170 A e STJ, súmula 213); **E:** incorreto, pois a extinção com títulos de dívida é uma espécie de compensação, que pode sofrer limitações pela lei.

Gabarito "D"

(Ministério Público/PR – 2009) Acerca da decadência e da prescrição no Direito Tributário, pode-se afirmar:

(A) Nos tributos sujeitos ao denominado lançamento por homologação, uma vez efetuado o pagamento da obrigação pelo contribuinte, dispõe a autoridade fiscal de 05 (cinco) anos para a homologação expressa ou tácita, contando-se o prazo a partir do primeiro dia útil do exercício seguinte.

(B) O direito da Fazenda Pública constituir o crédito tributário, através do lançamento, extingue-se após 05 (cinco) anos, contados do primeiro dia do exercício seguinte, no caso de decisão administrativa que houver anulado, por vício formal, o lançamento anteriormente efetuado.

(C) O direito de pleitear a repetição de indébito tributário extingue-se em 10 (dez) anos, contados da data da efetivação do pagamento, pelo contribuinte.

(D) A prescrição da ação de cobrança do crédito tributário considera-se interrompida, no caso do contribuinte reconhecer a dívida e aderir a parcelamento, no âmbito extrajudicial.

(E) n.d.a.

A: incorreta, pois o prazo para homologação é contado da data do fato gerador – art. 150, § 4º, do CTN; **B:** incorreta, pois na hipótese de anulação do lançamento por vício formal, o prazo decadencial inicia-se da data em que se tornar definitiva a decisão correspondente – art. 173, II, do CTN; **C:** incorreta, pois o prazo para repetição do indébito tributário é, em regra, de 5 anos – art. 168 do CTN; **D:** assertiva correta, já que o reconhecimento inequívoco da dívida é causa interruptiva da prescrição – art. 174, parágrafo único, IV, do CTN.

Gabarito "D"

(Ministério Público/PI – 2012 – CESPE) Com relação ao crédito tributário, assinale a opção correta.

(A) Existindo simultaneamente débitos vencidos referentes à taxa no valor de R$ 700,00 e a imposto sobre propriedade de veículos automotores no valor de R$ 1.000,00 do mesmo contribuinte, ambos devidos ao estado do Piauí, a autoridade administrativa determinará a imputação, em primeiro lugar, da taxa.

(B) Considere que determinado crédito tributário tenha sido anulado por vício da notificação de lançamento. Nesse caso, a obrigação tributária, por estar vinculada ao referido crédito fiscal, é automaticamente declarada nula.

(C) A atividade administrativa de lançamento é balizada pelo juízo de conveniência e oportunidade da autoridade fiscal competente.

(D) Compete privativamente à autoridade administrativa a constituição do crédito tributário pela concretização da hipótese descrita em lei, o que dá origem à obrigação tributária.

(E) Considere que, em janeiro de 2006, determinado contribuinte tenha efetuado pagamento indevido de tributo sujeito a lançamento por homologação. Nessa situação, de acordo com a legislação brasileira vigente, a homologação tácita teria ocorrido cinco anos depois (janeiro de 2011) do pagamento, iniciando-se o prazo prescricional quinquenal para o pedido de repetição do indébito, cujo termo final ocorrerá em janeiro de 2016, regra conhecida como cinco mais cinco.

A: correto, pois a lei estabelece os critérios de prioridades na imputação, prevalecendo, dentre as espécies, a taxa (CTN, art. 163); **B:** incorreto, pois no caso de anulação por vício formal, atinge-se apenas o crédito, mas não a obrigação, de forma que o lançamento poderá ser refeito (CTN, art. 173, II); **C:** incorreto, pois o lançamento é ato administrativo vinculado (CTN, art. 142); **D:** incorreto, pois o lançamento tributário tem por efeito a constituição do crédito tributário (CTN, art. 142); **E:** incorreto, pois a legislação vigente determina a contagem do prazo de repetição, inclusive para tributos sujeitos a lançamento por homologação, da data do pagamento, não mais se aplicando a tese dos cinco mais cinco (LC 118/2005, art. 3º).

Gabarito "A"

(Ministério Público/RJ – 2011) De acordo com o recente julgamento do RE nº 566621/RS, sob a sistemática de repercussão geral no STF, a Lei Complementar nº 118/05, que trata do prazo para restituição de tributos se aplica:

(A) aos pagamentos efetuados a partir da sua entrada em vigor, em 09.06.2005;

(B) às ações ajuizadas a partir da sua entrada em vigor, em 09.06.2005;

(C) às ações ajuizadas a partir do exercício seguinte a sua entrada em vigor, nos termos do princípio da anterioridade;

(D) a nenhuma situação haja vista que a referida norma foi declarada inconstitucional pelo STF;

(E) aos pagamentos efetuados a partir do exercício seguinte a sua entrada em vigor, nos termos do princípio da anterioridade.

Nos termos da decisão citada, pacificou-se o entendimento, tanto para o STJ, quanto para o STF, no sentido de que aplica-se o prazo de cinco nãos, disposto na Lei Complementar 118/2005, para todas as ações propostas a partir de sua vigência, ou seja, a partir de 09 de junho de 2005. **A:** incorreto, conforme explicação anterior; **B:** correto, conforme explicação anterior; **C:** incorreto, conforme explicação anterior; **D:** incorreto, conforme explicação anterior; **E:** incorreto, conforme explicação anterior.

Gabarito "B"

(Ministério Público/RN – 2009 – CESPE) Com base na CF e considerando que lei ordinária estadual tenha criado contribuição previdenciária e estabelecido em 10 anos o prazo prescricional do crédito tributário, assinale a opção correta.

(A) A lei estadual pode alterar o prazo de prescrição, tendo em vista a competência tributária.

(B) É inconstitucional a alteração do prazo prescricional, que deveria ser realizada por lei complementar estadual.

(C) É inconstitucional a alteração do prazo prescricional, pois a alteração deveria ser feita apenas por lei complementar federal.

(D) O prazo de prescrição em matéria tributária não tem previsão constitucional e, por isso, pode ser alterado por lei ordinária.

(E) A prescrição é matéria de lei complementar estadual, pois é regulamentada no CTN.

A: incorreto, pois o prazo prescricional é norma geral em matéria tributária e, nos termos da CF, é matéria reservada a lei complementar nacional (CF, art. 146, III); **B:** incorreto, pois o prazo prescricional é norma geral em matéria tributária e, nos termos da CF, é matéria reservada a lei complementar nacional (CF, art. 146, III); **C:** correto, pois o prazo prescricional é norma geral em matéria tributária e, nos termos da CF, é matéria reservada a lei complementar nacional (CF, art. 146, III, b); **D:** incorreto, pois o prazo prescricional é norma geral em matéria tributária e, nos termos da CF, é matéria reservada a lei complementar nacional (CF, art. 146, III); **E:** incorreto, pois o prazo prescricional é norma geral em matéria tributária e, nos termos da CF, é matéria reservada a lei complementar nacional (CF, art. 146, III).

Gabarito "C"

(Ministério Público/RR – 2012 – CESPE) Determinado estado, por ter débitos constituídos por precatórios pendentes de pagamento e por não conseguir receber dívidas tributárias, instituiu o direito de compensação entre os débitos e os créditos.

Com base nessa situação hipotética, assinale a opção correta.

(A) Sendo o contribuinte credor do estado por precatório não pago, poderá ele efetuar o lançamento de seu crédito na apuração mensal do ICMS.

(B) Sendo negada administrativamente a compensação requerida pelo contribuinte, este poderá ingressar com mandado de segurança para exercer o seu direito, por não envolver dilação probatória.

(C) A compensação, modalidade de suspensão do crédito tributário, depende de lei regulamentadora que a autorize.

(D) A possibilidade de compensação entre débitos e créditos está prevista no Código Tributário Nacional, independentemente de lei que regularize o seu exercício.

(E) Se a compensação fosse estabelecida e regulada pela União, a legislação teria aplicação aos tributos estaduais e municipais.

A: incorreto, pois a apuração mensal do ICMS somente pode ser feita considerando os créditos da sistemática da não cumulatividade (CF, art. 155, § 2º, I); **B:** correta, pois a jurisprudência reconhece a possibilidade de utilização de mandado de segurança como forma de declaração de direito a compensação (STJ, súmula 213); **C:** incorreto, pois a compensação é modalidade de extinção do crédito, não de suspensão; **D:** incorreto, pois o CTN somente estabelece as chamadas normas gerais sobre compensação, dependendo de lei própria para a regulação do procedimento (CTN, art. 170); **E:** incorreto, pois como cada ente tem autonomia administrativa e financeira, somente a lei própria poderia regular o procedimento de compensação, pelo evidente impacto no orçamento do ente.

Gabarito "B"

(Ministério Público/AM – 2008 – CESPE) Suponha que uma lei isente de IPTU os proprietários de imóveis nascidos há mais 60 anos. Nessa situação, tal isenção

(A) é extensiva à taxa de limpeza pública.

(B) é extensiva a eventual contribuição de melhoria que venha a ser instituída sobre o imóvel.

(C) deve ser efetivada por despacho da autoridade administrativa, em requerimento com o qual o interessado prove o cumprimento dos requisitos previstos na lei.

(D) não exige renovação anual.

(E) somente gera direito líquido e certo por meio de despacho da autoridade administrativa.

A e **B:** incorretas, pois os benefícios fiscais devem ser interpretados estritamente (literalmente, na dicção do CTN, art. 111); **C:** correta, pois a lei prevê a hipótese para a concessão do benefício, cabendo, a autoridade administrativa, analisar o caso concreto e conceder, apenas formalizando, para aqueles que satisfaçam as condições exigidas (CTN, art. 179); **D:** incorreta, pois as isenções pessoais devem ser renovadas a cada período de apuração do tributo (CTN, art. 179, § 1º); **E:** incorreta, pois o despacho da autoridade não gera direito adquirido (CTN, art. 179, § 2º).

Gabarito "C"

(Ministério Público/RO – 2008 – CESPE) Um estado da Federação deliberou em isentar o tributo de ISS de categoria profissional importante para a localidade, a fim de incentivar a ida de mais profissionais para aquela localidade. Dessa forma, instituiu um decreto e regulamentou a questão. Considerando a situação apresentada e o Sistema Tributário Nacional, assinale a opção correta.

(A) O ente da Federação não pode regulamentar isenção de qualquer tributo por meio de decreto, mesmo havendo lei concedendo o benefício.

(B) A isenção, para ser concedida, necessita de um ato normativo por parte do Poder Executivo local e por isso foi correto o procedimento do ente da Federação.

(C) Qualquer isenção ou subsídio relativos a impostos só poderão ser concedidos por meio de lei específica, que regule exclusivamente a respectiva matéria.

(D) O ente da Federação deveria ter regulamentado a concessão do benefício fiscal por lei, a qual não necessita ser específica.

(E) O tributo de ISS não pode ser isentado por estados, mas somente pela União.

A, B, C e **D:** a isenção exige lei específica que trate exclusivamente da matéria ou do tributo (art. 150, § 6º, da CF). A simples regulamentação pode ser feita por decreto do Executivo; **E:** inviável a concessão de isenção heterônoma – art. 151, III, da CF. Somente o Município pode conceder, por lei própria, isenção relativa aos tributos de sua competência.

Gabarito "C"

(Ministério Público/CE – 2011 – FCC) Sobre anistia e remissão é correto afirmar que

(A) a anistia é causa de extinção e a remissão é causa de exclusão do crédito tributário.

(B) a multa só é alcançada pelo perdão concedido na anistia.

(C) enquanto a anistia é perdão da infração, afastando a constituição do crédito tributário relativamente à multa, a remissão é perdão do crédito tributário, extinguindo-o.

(D) a remissão é o perdão do crédito tributário apenas em relação ao tributo; a anistia é o perdão da multa, exclusivamente.

(E) tanto a anistia como a remissão são causas de extinção do crédito tributário, sendo concedidas por lei, que poderá fazer a concessão em caráter geral ou limitadamente.

A: incorreto, pois a remissão é causa de extinção e a anistia, causa de exclusão (CTN, art. 156 e 175); **B:** incorreto, pois a remissão poderá atingir a totalidade ou parte do crédito, englobando, obviamente, a mula (CTN, art. 172); **C:** correto, por definição dos institutos (CTN, at. 172 e 180); **D:** incorreto, pois a remissão pode atingir a totalidade do crédito, não apenas tributo (CTN, art. 172); **E:** incorreto, pois a anistia é causa de exclusão do crédito (CTN, art. 175).

Gabarito "C"

(Ministério Público/MS – 2011 – FADEMS) A **anistia** em matéria tributária:

(A) se aplica aos atos qualificados como crimes ou contravenções;

(B) extingue a obrigação tributária;

(C) igualmente às isenções, exclui o crédito tributário, nos termos do Código Tributário Nacional;

(D) não pode ser concedida em caráter geral;

(E) não pode ser limitada a determinada região do território do ente tributante.

A: Incorreta, pois a tipificação da infração tributária também como crime ou contravenção afasta a possibilidade de anistia – art. 180, I, do CTN; **B:** Incorreta, pois a anistia é modalidade de exclusão do crédito tributário, não de extinção – art. 175, II, do CTN; **C:** Adequada, pois anistia e isenção são as duas modalidades de exclusão do crédito tributário prevista no CTN – art. 175 do CTN. Entretanto, não parece exato o uso do termo *igualmente*, pois são institutos bastante diversos; **D:** Incorreta, pois a anistia pode ser concedida em caráter geral ou limitadamente – art. 182 do CTN; **E:** Incorreta, pois é possível essa delimitação – art. 181, II, *c*, do CTN.

Gabarito "C"

(Ministério Público/MT – 2012 – UFMT) No que tange à legislação tributária e às isenções de tributos, assinale a assertiva correta.

(A) Segundo o STF, não pode um tratado internacional isentar tributos estaduais ou municipais, tendo em vista ser vedado à União instituir isenções de tributos da competência dos Estados, do Distrito Federal e dos Municípios (art. 151, III, CF/88).

(B) Segundo o STF, é possível haver isenção de tributos estaduais ou municipais por meio de tratados internacionais dos quais a República Federativa do Brasil é parte, não se aplicando ao caso a regra do art. 151, III, da Constituição, que veda à União instituir isenções de tributos da competência dos Estados, do Distrito Federal e dos Municípios.

(C) O STF ainda não se posicionou sobre a questão das isenções de tributos estaduais ou municipais pela via dos tratados internacionais, mas há decisões do STJ a respeito, todas no sentido da impossibilidade de tais isenções, por se tratar de violação do art. 151, III, da Constituição.

(D) O STF ainda não se posicionou sobre a questão das isenções de tributos estaduais ou municipais pela via dos tratados internacionais, mas há decisões do STJ a respeito, todas no sentido da possibilidade de tais isenções, por se tratar de exceção à regra do art. 151, III, da Constituição.

(E) O art. 151, III, da Constituição, ao impedir a União de instituir isenções de tributos estaduais, distritais ou municipais, estende-se também às isenções concedidas por meio de tratados bilaterais firmados pela União com outra potência estrangeira.

A: incorreto, pois o STF reconhece a legitimidade de isenção concedida por intermédio de tratados internacionais , nos termos da ADI nº 1.600-8; **B:** correto, pois o STF reconhece a legitimidade de isenção concedida por intermédio de tratados internacionais, nos termos da ADI nº 1.600-8; **C:** incorreto, pois o STF reconhece a legitimidade de isenção concedida por intermédio de tratados internacionais, nos termos da ADI nº 1.600-8; **D:** incorreto, pois o STF reconhece a legitimidade de isenção concedida por intermédio de tratados internacionais; **E:** incorreto, pois o STF reconhece a legitimidade de isenção concedida por intermédio de tratados internacionais, nos termos da ADI nº 1.600-8.

Gabarito "B"

(Ministério Público/RJ – 2011) De acordo com o disposto no Código Tributário Nacional, é correto afirmar a respeito da isenção tributária:

(A) se concedida por prazo certo e em função de determinadas condições, poderá ser revogada ou modificada por lei a qualquer tempo;

(B) é modalidade de extinção parcial ou integral da exigibilidade do crédito tributário;

(C) extingue o crédito tributário de forma integral, quando a legislação tributária não dispuser a respeito;

(D) afasta o cumprimento das obrigações acessórias, vez que não há obrigação principal;

(E) é modalidade de exclusão do crédito tributário.

A: incorreto, pois a livre revogação somente se aplica as isenções concedidas por prazo indeterminado e de forma incondicionada (CTN, art. 78); **B:** incorreto, pois é definida, pela lei, como causa de exclusão do crédito (CTN, art. 175); **C:** incorreto, pois é causa de exclusão de crédito (CTN, art. 175), **D:** incorreto, pois as eventuais causas modificativas do crédito não tem o condão de afastar as obrigações acessórias (CTN, art. 175, parágrafo único); **E:** correto, pois está expressamente prevista na lei (CTN, art. 175).

Gabarito "E"

(Ministério Público/RN – 2009 – CESPE) Considerando que o Poder Legislativo de um estado da Federação discuta projeto de lei que conceda perdão às infrações tributárias cometidas por contribuinte que tenham praticado fraude perante a fiscalização tributária, assinale a opção correta.

(A) A concessão desse benefício seria legal, uma vez que se trata de anistia, a qual se aplica apenas aos casos de perdão às infrações tributárias.

(B) Seria ilegal a concessão desse benefício, uma vez que se trata de remissão.

(C) Seria ilegal a concessão desse benefício, uma vez que a concessão de anistia não pode abranger atos praticados com fraude.

(D) O Poder Legislativo estadual tem competência privativa para legislar a respeito de anistia, mesmo alterando o CTN.

(E) O benefício que se pretende conceder causa extinção do crédito tributário.

A: incorreto, pois a lei não permite a concessão da anistia para as infrações praticadas com fraude (CTN, art. 180); **B:** incorreto, pois, caso fosse permitido, seria, de fato, anistia, já que trata-se de exclusão do crédito; **C:** correto, pois a lei limita a concessão de anistia nos casos de atos qualificados em lei como crimes ou contravenções e aos que, mesmo sem essa qualificação, sejam praticados com dolo, fraude ou simulação pelo sujeito passivo ou por terceiro em benefício daquele, assim como, salvo disposição em contrário, às infrações resultantes de conluio entre duas ou mais pessoas naturais ou jurídicas (CTN, art. 180); **D:** incorreto, pois tal competência decorre da própria competência tributária, sendo titulares todos os entes, em relação aos seus créditos; **E:** incorreto, pois a anistia é causa de exclusão do crédito tributário (CTN, art. 175).

Gabarito "C"

(Ministério Público/SC – 2010)

I. A Isenção e Anistia, pelo CTN, são causas de exclusão do crédito tributário, isto é, no primeiro caso o contribuinte fica exonerado do pagamento do tributo e no segundo da penalidade imposta;

II. A Isenção tem como regra a generalidade e, deste modo, não pode ser concedida para uma determinada região em respeito ao princípio da isonomia;

trializados, quando a operação, realizada entre contribuintes e relativa a produto destinado à industrialização ou à comercialização, configure fato gerador dos dois impostos.

(E) Terá alíquotas interestaduais estabelecidas por resolução do Senado Federal.

A: assertiva correta, nos termos do art. 155, § 2º, III, da CF; **B:** correta, conforme o art. 155, § 2º, III, da CF; **C:** assertiva correta, pois reflete o disposto no art. 155, § 2º, IX, *b*, da CF; **D:** essa é a assertiva incorreta, já que o valor do IPI **não** compõe a base de cálculo do ICMS, nessa hipótese – art. 155, § 2º, XI, da CF; **E:** correta, conforme o art. 155, § 2º, IV, da CF.

Gabarito "D"

(Ministério Público/PI – 2012 – CESPE) No que se refere ao ICMS, assinale a opção correta.

(A) Não incide ICMS sobre as prestações de serviço de comunicação nas modalidades de radiodifusão sonora e de sons e imagens de recepção livre e gratuita.

(B) A base de cálculo do ICMS compreende o montante do IPI, quando a operação, realizada entre contribuintes e relativa a produto destinado à industrialização ou à comercialização, configure simultaneamente fato gerador de IPI e de ICMS.

(C) Esse imposto é o único tributo incidente sobre operações relativas a energia elétrica, serviços de telecomunicações, derivados de petróleo, combustíveis e minerais do Brasil.

(D) É facultado ao Senado Federal, mediante resolução de iniciativa da maioria absoluta de seus membros e aprovada por dois terços deles, o estabelecimento das alíquotas mínimas nas operações internas.

(E) Incide ICMS sobre as operações de importação e as que destinem mercadorias para o exterior.

A: correto, pois há previsão constitucional de tal imunidade (CF, art. 155, §2º, X, d); B incorreto, pois a CF expressamente exclui da base do ICMS o IPI, nessa situação (CF, at. 155, § 2º, XI); **C:** incorreto, pois a CF veda a incidência de outro imposto, além do ICMS, II e IE, mas nada estabelece sobre outros tributos, como contribuições, por exemplo (CF, art. 155, § 3º); **D:** incorreto, pois essa resolução depende de iniciativa de um terço da casa e aprovação pela maioria absoluta (CF, art. 155, § 2º, V); **E:** incorreto, pois há previsão de imunidade de ICMS na exportação de mercadorias e serviços (CF, art. 155, § 2º, X, a).

Gabarito "A"

(Ministério Público/RO – 2008 – CESPE) Um estado da Federação, com a finalidade de melhorar a sua situação financeira, encaminhou projeto de lei ordinária ao Poder Legislativo local alterando critérios na cobrança do ICMS, como a base de cálculo e o fato gerador, os quais não estavam previstos na CF. Com base na situação hipotética acima apresentada, assinale a opção correta.

(A) O estado pode alterar os critérios estabelecidos na CF para cobrança do ICMS, uma vez que possui capacidade tributária.

(B) O estado somente poderia fazer as citadas alterações por meio de lei complementar estadual.

(C) O princípio da privatividade, como característica da competência tributária, garante ao ente da Federação a autonomia para proceder como descrito na situação em apreço.

(D) O estado não pode alterar alíquota de nenhum tributo.

(E) O estado da Federação não poderia fazer as mencionadas alterações. Caberia à lei complementar federal dispor diferentemente sobre base de cálculo e fato gerador do ICMS.

A base de cálculo e o fato gerador do ICMS, assim como de todos os impostos previstos na Constituição, devem ter suas normas gerais definidas por lei complementar federal – art. 146, III, *a*, da CF.

Gabarito "E"

(Ministério Público/RN – 2009 – CESPE) Lei complementar estadual, de forma autônoma e sem outro fundamento anterior, instituiu benefício fiscal para os contribuintes do ICMS, em virtude da necessidade de se aumentar as receitas desse estado, o que ocasionou a redução da alíquota abaixo da alíquota mínima já estabelecida e cobrada nas operações geradoras do referido tributo e a diminuição da arrecadação de ICMS nos estados vizinhos. Com relação a essa lei, assinale a opção correta.

(A) A lei é inconstitucional, pois não pode o estado legislar a respeito de nenhum aspecto do ICMS.

(B) O ICMS é um tributo que tem importância nacional e, por isso, deve seguir regulamentação estabelecida na CF, o que não ocorreu no referido caso.

(C) Lei estadual poderia ter instituído o benefício fiscal descrito na hipótese, caso se tratasse de lei ordinária estadual.

(D) O ICMS é um imposto de competência estadual e, portanto, pode o estado instituir benefício fiscal na sua cobrança, independentemente de acordo feito com os estados e o DF.

(E) A lei é constitucional e válida, pois a diminuição da arrecadação de estados vizinhos com a concessão de benefício fiscal ao ICMS não gera a chamada guerra fiscal.

A: incorreto, pois a lei estadual pode legislar, com absolta liberdade e autonomia, acerca de uma série de aspectos do ICMS, salvo aqueles limitados pela própria CF; **B:** correto, pois a CF estabelece uma série de balizas que os Estados devem respeitar ao legislar sobre o ICMS (CF, art. 155, § 2º, XII); **C:** incorreto, pois tal benefício dependeria de regulamentação em lei complementar; **D:** incorreto, pois a concessão de benefício depende de lei complementar e de deliberação dos estados (CF, art. 155, § 2º, XII); **E:** incorreto, pois a concessão de benefício depende de lei complementar e de deliberação dos estados (CF, art. 155, § 2º, XII).

Gabarito "B"

(Ministério Público/RN – 2009 – CESPE) Acerca do ICMS, segundo a CF e o CTN, assinale a opção correta.

(A) O tributo é de competência estadual e municipal.

(B) O tributo pode ser cobrado considerando a essencialidade das mercadorias objeto da operação comercial.

(C) O tributo é classificado como direto, pois é pago pelo consumidor final.

(D) Benefício fiscal poderá ser concedido em relação à sua cobrança, por meio de lei ordinária estadual, independentemente de acordo no Conselho Nacional de Política Fazendária.

(E) A alíquota interna do ICMS, via de regra, será inferior às alíquotas interestaduais.

A: incorreto, pois compete exclusivamente aos Estados (CF, art. 155); **B:** correto, pois o ICMS submete-se, de maneira facultativa aos estados, ao principio da seletividade, com base na essencialidade (CF, art. 155, § 2º, III); **C:** incorreto, pois é classificado como indireto, já que permite a transferência do ônus financeiro; **D:** incorreto, pois a concessão de benefício depende de lei complementar e de deliberação dos estados (CF, art. 155, § 2º, XII); **E:** incorreto, pois a alíquota interna, como regra, é superior a alíquota interestadual (CF, art. 155, § 2º, VI).

Gabarito "B"

(Ministério Público/RR – 2012 – CESPE) Após apurar o ICMS devido em razão das notas fiscais de entrada e saída de mercadoria, determinado contribuinte declarou ao fisco o montante do imposto devido.

Com base nessa situação hipotética, assinale a opção correta.

(A) A única declaração unilateral constitutiva do crédito tributário é a do contribuinte, por força do lançamento compulsório.

(B) O fisco dispõe do prazo de cinco anos para realizar lançamento complementar, se for o caso, sob pena de prescrição.

(C) O débito tributário declarado e não pago poderá ser executado em cinco anos, contados da data da declaração.

(D) Caso não seja recolhido valor devido, o fisco deverá promover o lançamento tributário para viabilizar a execução fiscal.

(E) É decadencial o prazo para o fisco efetuar a cobrança judicial do tributo declarado e não pago pelo contribuinte.

A: incorreto, pois a constituição do crédito pelo lançamento direto ou de ofício também é um ato unilateral (CTN, art. 149); **B:** incorreto, pois no caso de revisão de lançamento anterior, o fisco dispõe de prazo de decadência, de cinco anos (CTN, art. 149, parágrafo único e 173); **C:** correto, pois a declaração apresentada pelo contribuinte tem o condão de constituir o crédito tributário, iniciando-se, com isso, o prazo prescricional (CTN, art. 174); **D:** incorreto, pois a declaração apresentada pelo contribuinte tem o condão de constituir o crédito tributário, podendo, com isso, o valor ser imediatamente inscrito e m dívida e ajuizada a execução fiscal (CTN, art. 174); **E:** incorreto, pois a declaração apresentada pelo contribuinte tem o condão de constituir o crédito tributário, não mais se falando, então, em decadência, mas sim em prescrição para a cobrança do crédito (CTN, art. 174).

Gabarito "C"

(Ministério Público/TO – 2012 – CESPE) Acerca do ICMS, assinale a opção correta.

(A) Lei complementar que imponha, para a concessão de isenção do ICMS, prévia celebração de convênio entre os estados e o DF atenta contra a autonomia dos estados.

(B) É vedado ao comerciante incluir o valor do ICMS na base de cálculo para apurar o ICMS devido.

(C) O valor do ICMS cobrado sobre mercadoria importada cabe ao Estado onde ocorre o desembaraço aduaneiro, independentemente do destino da mercadoria, e, sendo o destino da mercadoria diverso do local do desembaraço, incidirá sobre ela a alíquota interestadual.

(D) O estado não pode exigir o ICMS do comerciante no momento do desembaraço aduaneiro de mercadoria importada, por não ter sido, até então, realizado o fato imponível.

(E) Como o estabelecimento das alíquotas mínimas e máximas aplicáveis às operações de exportação compete ao Senado Federal, é vedado aos estados fixar redutores das alíquotas estabelecidas.

A: incorreto, pois a CF estabelece expressamente essa necessidade (CF, art. 155, § 2º, XII); **B:** incorreto, pois a CF determina tal conduta, chamada de "calculo por dentro" do ICMS; **C:** incorreto, pois o imposto é devido ao Estado em que se encontre o destinatário da mercadoria (CF, art. 155, § 2º, IX, a); **D:** incorreto, pois a CF estabelece expressamente essa incidência (CF, art. 155, § 2º, IX, a); **E:** correto, pois tal medida seria uma forma de burlar a regra constitucional (CF, art. 155, § 2º, XII).

Gabarito "E"

11.2. IPVA

(Ministério Público/MS – 2011 – FADEMS) É **incorreto** afirmar, em relação ao imposto de competência estadual sobre a propriedade de veículos automotores, que:

(A) pode ser instituído pelo Distrito Federal, nos termos do artigo 155 da CF;

(B) as alíquotas são fixadas pelo Estado que aprovar a lei instituidora do imposto;

(C) pode ter alíquotas diferenciadas em função do tipo e utilização dos veículos;

(D) as alíquotas mínimas são fixadas pelo Senado Federal;

(E) as bases de cálculo devem ser as mesmas em todos os Estados brasileiros para idênticos veículos.

A: Assertiva correta, pois o Distrito Federal acumula as competências tributárias estadual e municipal – art. 147, *in fine*, da CF; **B:** Correta, pois cada Estado e o Distrito Federal têm a competência legislativa plena em relação ao IPVA, lembrando que compete ao Senado Federal fixar alíquotas mínimas – art. 155, § 6º, I, da CF; **C:** Correta, conforme o art. 155, § 6º, II, da CF; **D:** Correta, conforme o art. 155, § 6º, I, da CF; **E:** incorreta, pois a base de cálculo dos impostos, a exemplo do contribuinte e do fato gerador, deve ser fixada por lei complementar federal (norma nacional, a ser observada por todos os Estado e pelo Distrito Federal) – art. 146, III, *a*, da CF. É interessante ressaltar, entretanto, que até hoje não foi produzida lei complementar federal relativa ao IPVA, e o STF entende que, nesse caso, os Estados e o Distrito Federal exercem a competência legislativa plena, nos termos do art. 24, § 3º, da CF – ver RE 191.703 AgR/SP.

Gabarito "E"

11.3. IPTU

(Ministério Público/BA – 2005) Assinale a alternativa correta:

(A) A função do IPTU (Imposto sobre Propriedade Predial e Territorial Urbana) é tipicamente fiscal, já que o seu objetivo primordial é a obtenção de arrecadação de recursos financeiros para os Municípios. Todavia, a Constituição Federal também prevê uma função extrafiscal no IPTU (Imposto sobre Propriedade Predial e Territorial Urbana), que pode taxar progressivamente a propriedade do solo urbano não edificada, não utilizada ou subutilizada, desestimulando assim a especulação imobiliária e a criação de obstáculos ao crescimento normal das cidades.

(B) As alíquotas do IPTU (Imposto sobre Propriedade Predial e Territorial Urbana) são delimitadas pela Constituição Federal e pelo Código Tributário Nacional.

(C) Somente a propriedade sobre prédio ou território localizado na área urbana constitui fato gerador do IPTU (Imposto sobre Propriedade Predial e Territorial Urbana), que não engloba os detentores de domínio útil ou de posse de bem imóvel, que são contribuintes apenas da TLF (Taxa de Localização e Funcionamento).

(D) A base de cálculo do IPTU (Imposto sobre Propriedade Predial e Territorial Urbana) é o valor venal do imóvel, fixado livremente pelos contratantes na compra e venda do imóvel urbano, sobre o qual incidirá a alíquota estabelecida por lei municipal.

(E) No Distrito Federal, a arrecadação do IPTU (Imposto sobre Propriedade Predial e Territorial Urbana) cabe ao Município de Brasília.

A: art. 182, § 4º, II, da CF; **B:** as alíquotas do IPTU são fixadas por cada município – não há limitação por norma nacional (apenas o princípio do não confisco); **C:** o IPTU incide sobre a propriedade, o domínio útil e a posse de imóvel urbano – art. 32 do CTN; **D:** valor venal é o de mercado – preço que supostamente seria alcançado em uma venda normal, a vista; **E:** não há municípios no Distrito Federal – art. 147, *in fine*, da CF.

Gabarito "A"

(Ministério Público/RR – 2012 – CESPE) Preocupado com o alto índice de migração da população do município para a capital do estado, o Poder Executivo municipal revogou toda a legislação que instituía o IPTU.

Em face dessa situação hipotética, assinale a opção correta.

(A) O município poderia isentar da cobrança as pequenas glebas situadas em zonas rurais onde incidisse tributo sobre propriedade, dada a arrecadação do ITR.

(B) Sendo do município a competência para instituir tributo, é legítimo que ele deixe de instituí-lo, não sendo o exercício dessa competência transferível a outra pessoa jurídica de direito público.

(C) O município não poderia revogar a legislação referente ao IPTU, já que a competência para instituí-lo é do estado.

(D) A União, por possuir competência residual, poderá instituir o IPTU, sempre que a sua instituição não seja exercida por quem tenha competência tributária.

(E) O município poderia ter estabelecido progressividade do IPTU para os fins almejados, em vez de revogá-lo, porque este imposto não tem caráter extrafiscal.

A: incorreto, pois no caso de glebas rurais o município nem sequer tem competência para tributar (CF, art. 153, VI); **B:** correto, pois a competência tributário para o IPTU é expressamente atribuída aos municípios (CF, art. 156); **C:** incorreto, pois a competência tributário para o IPTU é expressamente atribuída aos municípios (CF, art. 156); **D:** incorreto, pois a competência residual exige a definição de fato gerador e base de cálculos diferentes dos já previstos na CF, de forma que a propriedade urbana não poderia ser objeto de impostos residual federal (CF, art. 154, I); **E:** incorreto, pois a progressividade do IPTU deve ser instituída, no âmbito extrafiscal, apenas para coibir a utilização indevida da propriedade urbana, em desrespeito ao plano diretor (CF, art. 182, § 4º, IV).

Gabarito "B"

11.4. ITBI

(Ministério Público/RN – 2009 – CESPE) Comprador adquiriu imóvel residencial urbano em construção por contrato de compromisso de compra e venda registrado no cartório de títulos e documentos e o vendeu para terceira pessoa, mediante cessão de direitos sobre o contrato de compromisso de compra e venda, o qual foi registrado no cartório de registro de imóveis.

Acerca dessa situação e de acordo com a jurisprudência dominante do STJ, assinale a opção correta.

(A) O ITBI incide tanto no registro feito no cartório de títulos e documentos quanto no cartório de registro de imóveis.

(B) O fato gerador do ITBI é a transmissão da posse feita no cartório de títulos e documentos.

(C) Não há fato gerador do ITBI no caso em tela.

(D) O fato gerador do ITBI é a transmissão da propriedade, o que não ocorreu quando o contrato de compromisso de compra e venda foi registrado no cartório de títulos e documentos.

(E) Qualquer ato jurídico que manifeste a transmissão da propriedade é hábil para servir de fato gerador do ITBI, até mesmo uma procuração em causa própria devidamente registrada no cartório de títulos e documentos.

A: O ITBI incide sobre a transmissão onerosa, entre vivos, de bens imóveis e direitos reais, salvos os de garantia. Nos termos do entendimento do STJ, não incidirá ITBI na mera transmissão de direitos sobre contrato de compromisso de compra e venda, mas apenas na efetiva transmissão da propriedade. **A:** incorreto, pois ausente o fato gerador do tributo, nos termos da jurisprudência do STJ; **B:** incorreto, pois ausente o fato gerador do tributo, nos termos da jurisprudência do STJ; **C:** incorreto, pois há fato gerador do ITBI, apenas na transmissão da propriedade; **D:** correto, nos termos da jurisprudência do STJ; **E:** incorreto, pois a transmissão de propriedade somente ocorre com o registro no órgão competente (Registro de imóveis).

Gabarito "D"

11.5 ISS

(Ministério Público/PI – 2014 – CESPE) Determinada faculdade particular deixou de recolher ISS por mais de três anos. Notificada pelo fisco a apresentar prova de que poderia não recolher o tributo, a referida entidade alegou que estava amparada por dispositivo constitucional autoaplicável e não apresentou qualquer outra prova. Acerca da situação hipotética apresentada, assinale a opção correta.

(A) Lei ordinária estadual pode dispor sobre os requisitos gerais exigidos na CF para o usufruto da imunidade alegada.

(B) Trata-se de isenção de ISS, prevista na CF, por isso exclui-se a necessidade de apresentação de qualquer outra prova para o exercício do direito à isenção.

(C) Trata-se de imunidade recíproca, uma vez que entidade privada não pode ser cobrada por ente da Federação.

(D) Para usufruir da imunidade constitucional alegada, a faculdade deve demonstrar ao fisco que atende a todos os requisitos dispostos no CTN.

(E) Estando a imunidade prevista na CF, nenhuma outra norma poderá dispor sobre seu usufruto.

A: incorreta, pois a regulamentação da imunidade se dá por lei complementar federal – art. 150, VI, c, c/c art. 146, II, da CF. Atualmente, art. 14 do CTN; **B:** incorreta, pois se trata de imunidade, a ser regulada por lei complementar federal, conforme comentário à alternativa anterior; **C:** incorreta, pois a imunidade recíproca refere-se a impossibilidade de cobrança de impostos de outro ente político, autarquias e fundações públicas – art. 150, VI, a, da CF; **D:** correta, conforme comentário à alternativa "A"; **E:** incorreta, conforme comentário à alternativa "A".

Gabarito "D"

11.6. TEMAS COMBINADOS DE IMPOSTOS E CONTRIBUIÇÕES

(Ministério Público/BA – 2005) Assinale a resposta incorreta:

(A) É da competência exclusiva da União instituir contribuições sociais, de intervenção no domínio econômico e de interesse das categorias profissionais e econômicas, bem como o empréstimo compulsório.

(B) Tributo é toda prestação pecuniária compulsória instituída em lei e cobrada mediante atividade administrativa vinculada, que não constitua sanção de ato ilícito.

(C) A contribuição de melhoria é o tributo cuja obrigação tem por fato gerador a valorização de imóveis do contribuinte em decorrência da execução de obras públicas tão somente pelo Município.

(D) O imposto sobre a renda e proventos de qualquer natureza é da competência da União, tem função nitidamente fiscal e como fato gerador o auferimento de renda acima de determinado parâmetro, alíquotas variadas e tem como contribuintes tanto a pessoa física quanto a pessoa jurídica.

(E) O ICMS (Imposto sobre a Circulação de Mercadorias e Serviços) também incide sobre os bens destinados a consumo ou ativo fixo.

A: art. 149 da CF; **B:** art. 3º, do CTN; **C:** todos os entes políticos (União, Estados, DF e Municípios) podem instituir e cobrar contribuição de melhoria, em relação às obras que realizem – art. 145, III, da CF; **D:** art. 153, III, da CF e art. 43 do CTN; **E:** a destinação a ser dada à mercadoria pelo adquirente é, em princípio, irrelevante para a incidência do ICMS (pode ter importância para ao creditamento).

Gabarito "C"

(Ministério Público/MS – 2009) No âmbito dos impostos da União, assinale a opção correta.

(A) O imposto sobre a propriedade territorial rural não incidirá sobre pequenas glebas rurais se exploradas por proprietário que não possua outro imóvel.

(B) A União só poderá instituir impostos para os quais haja expressa e específica autorização constitucional.

(C) A Constituição autoriza a União a instituir impostos sobre grandes fortunas, desde que o faça por meio de lei ordinária.

(D) Impostos sobre produtos industrializados incidirão tanto sobre os produtos destinados ao mercado interno quanto aos destinados ao mercado externo.

(E) Orientada pelo postulado da competitividade, a Constituição veda a instituição de impostos sobre exportação de produtos nacionais ou nacionalizados.

A: correto, pela expressa previsão de imunidade (CF, art. 153, § 4º); **B:** incorreto, pois cabe à União os chamados impostos residuais e extraordinários, para os quais não há expressa definição do fato gerador (CF, art. 154, I e II); **C:** incorreto, pois exige-se lei complementar para tal instituição (CF, art. 153, VII); **D:** incorreto, pois há previsão de imunidade de IPI na exportação de produtos industrializados (CF, art. 153, § 3º, III); **E:** incorreto, pois há previsão expressa de tal competência (CF, art. 153, II).

Gabarito "A"

(Ministério Público/PI – 2012 – CESPE) Com relação ao fato gerador dos impostos em espécie, assinale a opção correta com base na CF, na legislação específica e na jurisprudência.

(A) O saque em caderneta de poupança não atrai a incidência do imposto sobre operações de crédito, câmbio e seguro, nem sobre operações relativas a títulos e valores mobiliários, visto que a referida operação não se enquadra em seu fato gerador.

(B) O fato gerador do imposto sobre a renda e proventos de qualquer natureza ocorre, entre outras hipóteses, com a expectativa do direito a renda

prevê apenas a repartição dos impostos arrecadados, excluídos da repartição os demais tributos.

(B) As receitas tributárias devem ser repartidas sempre, de forma direta, entre as pessoas políticas destinatárias, sendo expressamente vedado na CF o repasse a qualquer fundo de participação vinculado aos entes federativos.

(C) Pertencem aos municípios cinquenta por cento do produto da arrecadação do imposto do estado sobre a propriedade de veículos automotores licenciados em seu território.

(D) A determinação constitucional de repartição das receitas tributárias infirma o pacto federativo.

(E) De acordo com o princípio federativo adotado pela CF, a União, os estados, o DF e os municípios deverão realizar repasses e repartir suas respectivas receitas tributárias.

A: incorreto, pois há expressa previsão constitucional de partilha de receitas decorrentes de contribuições interventivas (CF, art. 159, III); **B:** incorreto, pois há previsão de formação de fundos de participação, abastecidos com repasses dos tributos indicados no texto constitucional (CF, art. 159); **C:** correto, pois há expressa previsão constitucional de tal percentual (CF, art. 157); **D:** incorreto, pois tal repartição afirma e consolida o pacto federativo, na medida em eu garante a autonomia financeira dos entes; **E:** incorreto, pois não há previsão de partilha das receitas dos municípios para com os demais entes (CF, art.157 a 162).

Gabarito "C"

(Ministério Público/RR – 2012 – CESPE) Com base na CF, assinale a opção correta acerca do Sistema Tributário Nacional, dos impostos e da repartição das receitas tributárias.

(A) Compete à União instituir o imposto sobre renda e proventos de qualquer natureza, mas pertence aos estados e ao DF o produto da arrecadação desse imposto, incidente na fonte, sobre rendimentos pagos, a qualquer título, por tais entes federativos, suas respectivas autarquias e fundações.

(B) A União, os estados, o DF e os municípios podem cobrar taxas em razão do exercício do poder de polícia ou pela utilização de serviços públicos, devendo tais serviços estar sendo efetivamente prestados, pois não se admite a cobrança de taxa em razão de serviços potencialmente postos à disposição do contribuinte.

(C) A vedação constitucional da cobrança de tributos no mesmo exercício financeiro em que haja sido publicada a lei que os tenha instituído ou aumentado alcança, de modo indeterminado, os diversos tributos de todos os entes federativos.

(D) Pertence aos municípios a competência para instituir impostos sobre transmissão *causa mortis* e doação de quaisquer bens ou direitos.

(E) Sempre que possível, os impostos devem ter caráter pessoal e ser graduados segundo a capacidade econômica do contribuinte, mas a administração tributária não pode identificar o patrimônio, os rendimentos e as atividades econômicas do contribuinte sem, antes, dar ciência da investigação correspondente à autoridade judicial.

A: correto, pois há previsão constitucional expressa da repartição das receitas dos impostos federais e, entre eles, consta o IR incidente na fonte sobre os pagamentos realizados aos funcionários públicos (CF, art. 157); **B:** incorreto, pois há autorização constitucional expressa para a cobrança de taxa pela utilização potencial de serviços públicos, ainda que não efetivamente utilizados pelo sujeito passivo (CF, art. 145, II); **C:** incorreto, pois o principio da anterioridade sujeita-se a uma série de exceções, o que afasta a o alcance indeterminado da regra (CF, art. 150, § 1º); **D:** incorreto, pois o imposto sobre transmissão causa mortis e doação é de competência dos estados (CF, art. 155); **E:** incorreto, pois apesar da enunciação do principio da capacidade contributiva estar correto, a eventual investigação, no âmbito da administração, não precisa ser comunicada à autoridade judicial, salvo para a realização de diligencias que dependam de autorização judicial.

Gabarito "A"

16. AÇÕES TRIBUTÁRIAS

(Ministério Público/ES – 2013 – VUNESP) A medida cautelar fiscal poderá ser requerida contra sujeito passivo de crédito tributário ou não tributário, quando o devedor adota certas condutas previstas na lei que regula a matéria. Assinale a alternativa em que está presente uma dessas situações.

(A) O devedor possui débitos, inscritos ou não da Dívida Ativa, que somados ultrapassem 10% (dez por cento) do seu patrimônio líquido.

(B) O devedor aliena bens ou direitos, ainda que proceda à devida comunicação ao órgão da Fazenda Pública competente, quando exigível em virtude de lei.

(C) O devedor, notificado pela Fazenda Pública para que proceda ao recolhimento do crédito fiscal, deixa de pagá-lo no prazo legal, ainda que suspensa sua exigibilidade.

(D) O devedor possui débitos, inscritos ou não da Dívida Ativa, que somados ultrapassem 20% (vinte por cento) do seu patrimônio conhecido.

(E) O devedor tem sua inscrição no cadastro de contribuintes declarada inapta pelo órgão fazendário.

A: incorreta, pois o limite mínimo é de 30% – art. 2º, VI, da Lei 8.397/1992; **B:** incorreta, pois a comunicação devida à fazenda pública afasta a possibilidade de cautelar – art. 2º, VII, da Lei 8.397/1992; **C:** incorreta, pois a suspensão da exigibilidade do crédito afasta a possibilidade de cautelar – art. 2º, V, *a*, da Lei 8.397/1992; **D:** incorreta, conforme comentário à alternativa "A"; **E:** correta, conforme o art. 2º, VIII, da Lei 8.397/1992.

Gabarito "D"

(Ministério Público/AM – 2008 – CESPE) Leandro, em dívida com o fisco estadual do Amazonas, foi regularmente citado em processo de execução fiscal e, ainda assim, não pagou nem apresentou bens à penhora no prazo legal e não foram encontrados bens penhoráveis. O juiz, então, determinou a indisponibilidade dos bens e direitos de Leandro. A propósito da situação hipotética acima, assinale a opção que, consoante o Código Tributário Nacional, não corresponde a um conjunto de órgãos ou entidades a quem deve o juiz comunicar sua decisão.

(A) órgãos e entidades que promovem registros de transferência de bens

(B) cartórios de registro de protesto

(C) cartórios de registro público de imóveis

(D) autoridades supervisoras do mercado bancário

(E) autoridades supervisoras do mercado bancário de capitais

Somente os cartórios de protestos não estão listados no art. 185-A do CTN, dentre as assertivas.

Gabarito "B"

(Ministério Público/PI – 2012 – CESPE) Com base no que dispõe a Lei nº 6.830/1980, assinale a opção correta.

(A) O prazo para a substituição da certidão de dívida ativa prescreve na data de citação do executado.

(B) Na execução fiscal, será feita a intimação da penhora ao executado, mediante publicação, no órgão oficial, do ato de juntada do termo ou do auto de penhora, sendo, entretanto, prevista, também, a possibilidade da intimação pessoal da penhora, ou, ainda, pelo correio.

(C) Os embargos na execução fiscal independem da garantia da execução e, em regra, não têm efeito suspensivo, havendo a necessidade de pedido e comprovação, pelo executado, de dano grave de difícil reparação, dada a aplicação subsidiária do CPC.

(D) A citação, na execução fiscal, deve ser feita, obrigatoriamente, por oficial de justiça, não havendo previsão de citação pelo correio.

(E) Na execução fiscal, a dívida executada, definida, exclusivamente, como tributária, abrange atualização monetária, juros e multa de mora; a dívida não tributária não integra a dívida ativa da fazenda pública.

A: incorreto, pois permite-se alterar a certidão da dívida ativa até a prolação da sentença dos embargos (STJ, Súmula 392); **B:** correto, por expressa previsão lega (LEF, art. 12); **C:** incorreto, pois os embargos na execução fiscal tem efeito suspensivo (LEF, art. 18 e 19); **D:** incorreto, pois há previsão de citação pela via postal (LEF, art. 8º); **E:** incorreto, pois integra a dívida ativa todos os créditos passíveis de inscrição, dentre eles, as dívidas não tributárias (LEF, art. 2º).

Gabarito "B"

(Ministério Público/PI – 2012 – CESPE) No que diz respeito ao processo judicial tributário, assinale a opção correta.

(A) Na ação declaratória, o contribuinte requer a anulação do procedimento administrativo de constituição do crédito tributário.

(B) De acordo com o Código Tributário Nacional, as hipóteses que autorizam o ajuizamento da ação de consignação em pagamento limitam-se à consignação judicial da importância do crédito tributário em face de recusa de recebimento, ou subordinação deste ao pagamento de outro tributo ou de penalidade, ou ao cumprimento de obrigação acessória.

(C) O MP tem legitimidade para propor ACP com o objetivo de anular acordo realizado entre o contribuinte e o poder público para pagamento de dívida tributária, na defesa do erário.

(D) A lei permite que a sentença que conceda mandado de segurança para fins de compensação tributária seja executada provisoriamente.

(E) A execução fiscal obsta o ajuizamento de ação declaratória pelo contribuinte.

A: incorreto, pois na ação declaratória ainda não se tem ato administrativo de lançamento produzido, de forma que se requer a declaração de existência ou inexistência da relação jurídica; **B:** incorreto, pois há expressa previsão de cabimento em situação de exigência em duplicidade do crédito, por mais de um sujeito ativo (CTN, art. 164); **C:** correto, nos termos de entendimento da jurisprudência (STF, R Extraordinário 586.089); **D:** incorreto, pois não se admite compensação de créditos litigiosos antes do transito em julgado da decisão (CTN, art. 170A); **E:** incorreto, pois a mera existência da execução não é causa de suspensão da exigibilidade (CTN, art. 151).

Gabarito "C"

(Ministério Público/RO – 2010 – CESPE) Quanto às normas que regem a matéria tributária em juízo, assinale a opção correta.

(A) Antes da decisão judicial de primeira instância, não se admite a substituição da certidão de dívida ativa.

(B) É cabível a concessão de liminar, em sede de mandado de segurança, cujo objeto seja a compensação de créditos tributários.

(C) No processo de falência, os créditos tributários têm preferência em relação aos créditos extraconcursais.

(D) Caberá penhora eletrônica quando o devedor tributário, devidamente citado, não apresentar bens à penhora ou não efetuar o pagamento e quando não forem identificados bens penhoráveis.

(E) A ação para a cobrança do crédito tributário prescreve em cinco anos, prazo que pode ser suspenso, por exemplo, pela via do protesto judicial.

A: Incorreta, pois se admite a emenda ou a substituição da CDA até a decisão de primeira instância – art. 203 do CTN; **B:** Incorreta, pois isso é vedado – art. 170-A do CTN e Súmula 212/STJ; **C:** Incorreta, pois, como diz o nome, créditos extraconcursais não entram no concurso de credores, ou seja, preferem aos créditos tributários anteriores à quebra – art. 186, parágrafo único, I, do CTN; **D:** Correta, nos termos do art. 185-A do CTN; **E:** Incorreta, pois o protesto judicial interrompe o prazo prescricional (não o suspende) – art. 174, parágrafo único, II, do CTN.

Gabarito "D"

(Ministério Público/RR – 2012 – CESPE) No que diz respeito ao processo judicial tributário, assinale a opção correta.

(A) Em ação cautelar que vise à autorização da compensação de créditos tributários, deverá ser concedida medida liminar caso estejam presentes os pressupostos legais.

(B) As sentenças proferidas contra a fazenda pública estão sujeitas ao reexame necessário, podendo o procurador da fazenda, em situações específicas, dispensar o recurso.

(C) Em ação de repetição de indébito tributário, não é necessária a prova documental do recolhimento do tributo, uma vez que a fazenda pública tem o dever de controlar sua arrecadação.

(D) Tratando-se de ação de restituição de indébito do imposto sobre produto industrializado, a concessionária de veículo é contribuinte de fato e a montadora, de direito, tendo, portanto, a montadora a legitimidade ativa na referida ação.

(E) Proposta ação por meio da qual tenha sido requerida declaração de direito a compensação de tributo pago indevidamente, não pode o contribuinte alterar a forma de crédito quando da execução.

A: incorreto, pois não se admite medida liminar para a autorização de compensação de crédito litigioso (CTN, art. 170A); **B:** correto, por expressa previsão legal (CPC, art. 475); **C:** incorreto, pois faz-se necessária a comprovação do recolhimento para fins de definição do montante a ser repetido; **D:** incorreto, pois no caso de tributos indiretos, como o IPI, o contribuinte de direito é a montadora, por substituição tributária, sendo o contribuinte de fato o consumidor final que adquire o carro, o que gera a legitimidade aquele que suportou o ônus financeiro, ou seja, o consumidor (CTN, art. 166); **E:** incorreto, pois poderá o contribuinte optar por quaisquer das formas (repetição ou compensação).

Gabarito "B"

17. PROCESSO ADMINISTRATIVO FISCAL

(Ministério Público/PI – 2012 – CESPE) Assinale a opção correta com relação ao processo administrativo tributário.

(A) O depósito prévio é condição de admissibilidade para a interposição de recurso administrativo no âmbito desse processo.

(B) A consulta acerca desse processo consiste na formulação de questionamento de cunho informal, dada a inexistência de disciplina legal que regule tal procedimento.

(C) O referido processo, embora considerado, sob o ponto de vista formal, de natureza jurisdicional, constitui atividade desenvolvida no âmbito do processo administrativo fiscal.

(D) Tal processo consiste em atividade, sempre vinculada, desenvolvida pela autoridade da administração tributária, conforme determinação extraída do próprio conceito de tributo.

(E) Esse processo administrativo destina-se, em sentido amplo, à criação de tributos, conforme determinação e exigência do crédito tributário.

A: incorreto, pois a exigibilidade prévia de depósito compromete o princípio da ampla defesa (CTF, Súmula Vinculante 21); **B:** incorreto, pois o processo de consulta é procedimento formal (Decreto 70.235/64, art. 46 e CTN, art. 161, § 2º); **C:** incorreto, pois não tem natureza jurisdicional; **D:** correto, pois o processo administrativo fiscal constitui etapa do procedimento constitutivo do crédito, em sentido amplo, devendo ser desenvolvido nos exatos termos da lei; **E:** incorreto, pois o processo administrativo tem por objetivo realizar a revisão de lançamento, seja para mantê-lo, seja para anulá-lo.

Gabarito "D"

18. MICROEMPRESAS – ME E EMPRESAS DE PEQUENO PORTE – EPP

(Ministério Público/PI – 2012 – CESPE) Com relação ao que dispõe a Lei Complementar nº 123/2006, que institui o Estatuto Nacional da Microempresa e da Empresa de Pequeno Porte, assinale a opção correta.

(A) O recolhimento mensal, mediante documento único de arrecadação de impostos e contribuições sociais, de empresa de pequeno porte incluída no Simples Nacional não exclui a incidência do imposto sobre serviços nem a do ICMS, que deverão ser pagos separadamente, sendo a possibilidade de unificação restrita a impostos da União.

(B) O ato de desenquadramento de sociedade simples como empresa de pequeno porte implica restrições a contratos que tenham sido anteriormente firmados pela empresa.

(C) A microempresa optante do SIMPLES Nacional poderá utilizar ou destinar qualquer valor a título de incentivo fiscal.

(D) A empresa de pequeno porte que pretenda participar de licitação pública deverá comprovar a regularidade fiscal para efeito de recebimento de sua proposta.

(E) Empresa de pequeno porte que requerer o arquivamento, nos órgãos de registro, de seus atos constitutivos estará dispensada da prova de quitação, de regularidade ou de inexistência de débito referente a tributo de qualquer natureza para a realização do referido arquivamento.

A: incorreto, pois o Simples Nacional engloba os seguintes tributos: IRPJ, IPI, CSSL, COFINS, PIS/PASEP, Contribuição sobre folha, ICMS e ISS (LC 123/2005, art. 13); **B:** incorreto, pois o desenquadramento não gera efeitos retroativos, mantendo-se válidos os contratos anteriormente firmados (LC 123/2005, art. 3º, § 3º); **C:** incorreto, pois há vedação expressa na lei acerca da utilização de recursos a título de incentivo fiscal pelas EPP e ME (LC 123/2005, art. 24); **D:** incorreto, pois há previsão legal de exigência de tal regularidade para as pequenas empresas somente no momento de assinatura do contrato, não como requisito para a participação na licitação, como forma de estímulo a seu desenvolvimento (LC 123/2005, art. 42); **E:** correto, pois há a previsão legal expressa de dispensa de uma série de obrigações formais normalmente exigidas, como forma de facilitar e estimular as pequenas empresas (LC 123/2005, art. 9º, § 1º).

Gabarito "E"

19. CRIMES TRIBUTÁRIOS

(Ministério Público/PI – 2014 – CESPE) Um empresário deixou de emitir nota fiscal ao consumidor e de registrar nos livros fiscais obrigatórios, com o auxílio do contador, que tinha consciência das condutas do contribuinte, as informações referentes às vendas realizadas durante doze meses, o que resultou na supressão do tributo de ICMS devido aos cofres públicos. Nessa situação hipotética,

(A) o empresário e o contador deverão ser considerados pelo fisco responsáveis tributários, e não contribuintes.

(B) para a caracterização da conduta como crime contra a ordem tributária, é necessária a inscrição do empresário em dívida ativa.

(C) o contador não poderá ser responsabilizado na esfera penal, pois não atuou diretamente na infração.

(D) o contador deverá ser considerado pelo fisco responsável tributário pela infração fiscal praticada.

(E) o empresário e o contador praticaram crime contra a ordem tributária.

A e **D:** incorretas, pois o contador não é, em princípio, responsável pelo débito tributário – arts. 134 e 135 do CTN; **B:** incorreta, pois a inscrição é irrelevante para a caracterização do crime; **C:** incorreta, pois qualquer pessoa que concorre com os crimes contra a ordem tributária incide nas penas cominadas, na medida de sua culpabilidade – art. 11 de Lei 8.137/1990; **E:** correta, nos termos dos arts. 1º, V, e 11 de Lei 8.137/1990.

Gabarito "E"

(Ministério Público/MS – 2011 – FADEMS) As condutas: I) omitir informação à fiscalização tributária da qual decorra redução do tributo e II) deixar de recolher tributo devido:

(A) não constituem crimes contra a ordem tributária;

(B) são tipificados como crimes à ordem tributária;

(C) a primeira conduta constitui crime contra a ordem tributária, a segunda, não;

(D) a primeira conduta não constitui crime contra a ordem tributária, a segunda, sim;

(E) a segunda conduta será sempre tipificada como apropriação indébita.

A omissão de informação à autoridade fazendária que implique suprimir ou reduzir tributo ou qualquer acessório é crime tipificado pelo art. 1º, I, da Lei 8.137/1990. O simples inadimplemento tributário não é crime, entretanto. Por essa razão, a alternativa "C" é a correta.

Gabarito "C"

(Ministério Público/PB – 2010) Sobre as proposições adiante assinale a alternativa correta:

I. O ilícito criminal tributário tem como objeto o ardil ou artifício do agente em atingir o resultado do não recolhimento do tributo, não constituindo crime, portanto, o não recolhimento puro e simples.

II. O ilícito penal tributário está adstrito ao contribuinte ou àquele que por ele se responsabilize, não sendo prevista como conduta típica o ato do funcionário da administração pública que deixa de repassar aos cofres públicos valor tributário por ele recolhido.

III. A exclusão da responsabilidade com o pagamento do tributo, antes do início de qualquer procedimento fiscal referente à infração, impede a punição, quer administrativa, quer criminal.

(A) I, II e III estão corretas.

(B) Apenas II e III estão erradas.

(C) Apenas I e III estão erradas.

(D) Apenas I está errada.

(E) Apenas II está errada.

I: Assertiva correta, pois o simples inadimplemento tributário não é qualificado como crime; **II:** Incorreta, pois há tipos cujo agente é funcionário público (crimes funcionais contra a ordem tributária – por exemplo, no art. 3º da Lei 8.137/1990). A assertiva descreve o peculato, crime cometido por funcionário público, nos termos do art. 312 do Código Penal; **III:** Em princípio, a afirmativa é correta para os crimes materiais ou de resultado (em que o inadimplemento tributário compõe o tipo penal) – ver Súmula Vinculante 24/STF – ver também arts. 168-A e 337-A do CP, art. 15 da Lei 9.964/2000 e art. 9º da Lei 10.684/2003.

Gabarito "E"

20. DIREITO FINANCEIRO

(Ministério Público/SE – 2010 – CESPE) Com relação às normas atinentes à responsabilidade na gestão fiscal, assinale a opção correta.

(A) É competência privativa da União legislar sobre orçamento, podendo lei complementar federal autorizar os estados e os municípios a legislar sobre questões específicas relacionadas com o tema.

(B) As disposições da Lei de Responsabilidade Fiscal (Lei Complementar nº 101/2000) obrigam a União, os estados e o DF, aplicando-se aos municípios apenas as normas relativas à execução orçamentária e ao cumprimento de metas.

(C) A despesa total com pessoal nos estados e municípios não pode exceder 60% da receita corrente líquida respectiva.

(D) A CF proíbe terminantemente a transposição, o remanejamento ou a transferência de recursos de uma categoria de programação para outra ou de um órgão para outro.

(E) O investimento cuja execução ultrapasse um exercício financeiro só pode ser iniciado se tiver sido previamente aprovado pelo Poder Legislativo respectivo, mediante decreto legislativo.

A: incorreta, pois a competência da União é concorrente, não privativa, cabendo a ela dispor sobre as normas gerais em matéria financeira – art. 24, I e § 1º, da CF; **B:** incorreta, pois a LRF aplica-se amplamente aos Municípios – art. 1º, § 2º, da LRF; **C:** assertiva correta, conforme os arts. 19, II e III, da LRF; **D:** incorreta, pois a CF admite a transposição, o remanejamento e a transferência de recursos, desde que haja autorização legislativa – art. 167, VI, da CF; **E:** incorreta, pois o investimento cuja execução ultrapasse um exercício financeiro somente poderá ser iniciado se houver prévia inclusão no plano plurianual, ou lei que autorize a inclusão (não decreto legislativo), sob pena de crime de responsabilidade – art. 167, § 1º, da CF.

Para estudo e memorização, veja a seguinte tabela com os limites para despesas com pessoal em relação à receita corrente líquida de cada ente político, com a repartição entre Executivo, Legislativo e Judiciário (arts. 19 e 20 da LRF):

Limites para despesas com pessoal % sobre a receita corrente líquida		
União	50%	2,5% para o Legislativo, incluindo o Tribunal de Contas da União
		6% para o Judiciário
		40,9% para o Executivo
		0,6% para o Ministério Público da União
Estados e Distrito Federal	60%	3% para o Legislativo, incluindo o Tribunal de Contas Estadual
		6% para o Judiciário
		49% para o Executivo
		2% para o Ministério Público Estadual
Municípios	60%	6% para o Legislativo, incluindo o Tribunal de Contas Municipal, quando houver
		54% para o Executivo.

Gabarito "C"

(Ministério Público/RO – 2010 – CESPE) A legislação vigente sobre responsabilidade fiscal contempla aspectos importantes da política tributária. Acerca desse assunto, assinale a opção correta.

(A) Os municípios, respeitando-se a sua autonomia financeira, estão obrigados a instituir e prever, mas não a arrecadar, todos os tributos que são de sua competência constitucional.

(B) Nos estados, admite-se a majoração ou criação de tributos, bem como a elevação de alíquotas, para custear despesas criadas por lei e que devam ser executadas ao longo de um período de três anos.

(C) Em razão da repartição de receitas tributárias com os demais entes federados, os recursos advindos dos impostos não são computados para fins de apuração da receita corrente líquida da União.

(D) O Poder Legislativo municipal está autorizado a reestimar a previsão das receitas de taxas ou impostos feita pelo Poder Executivo, no âmbito da tramitação da respectiva lei orçamentária anual, desde que haja prévia manifestação do tribunal de contas.

(E) É vedada a realização de transferências voluntárias ao município que não instituir legalmente determinada taxa, em razão do exercício do poder de polícia.

A: Incorreta, pois constituem requisitos essenciais da responsabilidade na gestão fiscal a instituição, previsão e efetiva arrecadação de todos os tributos da competência constitucional do ente da Federação – art. 11, *caput*, da Lei de Responsabilidade Fiscal – LRF (LC 101/2000); **B:** Correta, pois as despesas de caráter continuado (despesa corrente cuja obrigação se estende por mais de 2 exercícios) deve ser acompanhada da demonstração da origem dos recursos para seu custeio, como criação de tributos ou aumento de alíquotas – art. 17, § 1º, da LRF; **C:** Incorreta, pois a receita dos impostos é uma das importantes receitas (se não a mais importante) que compõem a receita corrente líquida da União – art. 2º, IV, da LRF; **D:** Incorreta, pois a reestimativa de receita por parte do Poder Legislativo só será admitida se comprovado erro ou omissão de ordem técnica ou legal – art. 12, § 1º, da LRF; **E:** Incorreta, pois a vedação às transferências voluntárias refere-se apenas à omissão na instituição e efetiva arrecadação de impostos (não de outras espécies tributárias) – art. 11, parágrafo único, da LRF.

Gabarito "B"

(Ministério Público/GO – 2012) Nos termos da Lei de Responsabilidade Fiscal é correto afirmar:

(A) a despesa total com pessoal, não poderá exceder os percentuais da receita corrente líquida, a seguir discriminados: a) União: 49%; b) Estados: 60%; e, c) Municípios: 60%;

(B) na esfera estadual, a repartição dos limites globais das despesas não poderá exceder os seguintes percentuais: a) 3% para o Legislativo, incluído o Tribunal de Contas do Estado; b) 6% para o Judiciário; c) 49% para o Executivo; e, d) 2% para o Ministério Público;

(C) é vedado ao titular de Poder, nos últimos dois trimestres do seu mandato, contrair obrigação de despesa que não possa ser cumprida integralmente dentro dele, ou que tenha parcelas a serem pagas no exercício seguinte sem que haja suficiente disponibilidade de caixa para este efeito;

(D) a operação de crédito por antecipação de receita destina-se a atender insuficiência de caixa durante o exercício financeiro e estará proibida nos 02 últimos anos de mandato do Presidente, Governador ou Prefeito Municipal.

A: incorreto, pois nos termos da LRF, o percentual máximo para a União é de 50% (LRF, art. 19); **B:** correto, pois trata-se da exata distribuição constante da lei (LRF, art. 20); **C:** incorreto, pois a legislação impõe tal restrição aos dois últimos quadrimestres, não trimestres (LRF, art. 42); **D:** incorreto, pois tal operação é proibida apenas no último não de mandato (LRF, art. 38).

Gabarito "B"

(Ministério Público/GO – 2012) De acordo com a Lei 4.320/1964, é incorreto afirmar:

(A) como regra, a execução de despesa pública pressupõe 03 fases: a) empenho; b) liquidação; e, c) pagamento;

(B) é vedada a realização de despesa sem prévio empenho, não sendo admitida pela legislação a dispensa da emissão da nota de empenho;

(C) a ordem de pagamento é o despacho exarado por autoridade competente, determinando que a despesa seja paga;

(D) a liquidação da despesa consiste na verificação do direito adquirido pelo credor tendo por base os títulos e documentos comprobatórios do respectivo crédito.

A: correto, pois trata-se exatamente das fases definidas pela legislação (Lei 6.430/64 e LRF); **B:** incorreto, pois a legislação autoriza casos excepcionais de pagamento sem prévio empenho (Lei 4.320/64, art. 60); **C:** correto, pela própria definição legal (Lei 4.320/64, art. 64); **D:** correto, pela própria definição legal (Lei 4.320/64, art. 62).

Gabarito "B"

(Ministério Público/GO – 2010) Em relação à Lei de Responsabilidade Fiscal assinale a alternativa incorreta:

(A) O titular de Poder ou órgão referido no art. 20, nos últimos dois quadrimestres do seu mandato, está proibido de contrair obrigação de despesa que não possa ser cumprida integralmente dentro dele, ou que tenha parcelas a serem pagas no exercício seguinte sem que haja suficiente disponibilidade de caixa para este efeito.

(B) É nulo de pleno direito o ato de que resulte aumento da despesa com pessoal expedido nos 150 dias anteriores ao final do mandato do titular do respectivo Poder ou órgão referido no art. 20.

(C) Considera-se obrigatória de caráter continuado a despesa corrente derivada de lei, medida provisória ou ato administrativo normativo que fixem para o ente a obrigação legal de sua execução por um período superior a dois exercícios.

(D) Ao final de cada quadrimestre, os titulares dos Poderes e órgãos referidos no art. 20 estão obrigados a emitir o Relatório de Gestão Fiscal.

A: correto, pois trata-se de proteção definida pela lei visando garantir o equilíbrio orçamentário da nova gestão (LRF, art. 20); **B:** incorreto, pois a lei estabelece a nulidade do aumento que ocorra no período de 180 dias anteriores ao término do mandato (LRF, art. 21); **C:** correto, nos exatos termos da lei (LRF, art. 17); **D:** correto, nos exatos termos da lei (LRF, art. 54).

Gabarito "B"

(Ministério Público/MG – 2012 – CONSULPLAN) O respeito às contas públicas (receitas e despesas) ganhou destaque no final do início do século XXI como medida de eficiência e de democrática repartição do tesouro federativo para as multifárias ações do Estado. Enquanto as leis tributárias cuidam em arrecadar, a Lei de Responsabilidade Fiscal tem o especial obséquio de distribuir os valores arrecadados, vinculando o administrador neste propósito. A propósito da Lei Complementar 101/00, é **INCORRETO** afirmar:

(A) a lei de diretrizes orçamentárias dos entes federados deverá conter demonstrativo de compatibilidade da programação dos orçamentos com objetivos e metas fixados no plano plurianual e lei orçamentária anual.

(B) a lei de diretrizes orçamentárias conterá anexo de riscos fiscais, onde serão avaliados os passivos contingentes e outros riscos capazes de afetar as contas públicas, informando as providências a serem tomadas, caso se concretizem.

(C) deve integrar o projeto de lei de diretrizes orçamentárias anexo de metas fiscais, em que serão estabelecidas metas anuais, em valores correntes e constantes, relativas a receitas, despesas, resultados nominal e primário e montante da dívida pública, para o exercício a que se referirem e para os dois seguintes.

(D) o projeto de lei orçamentária anual deve conter reserva de contingência, cuja forma e o montante, definido com base na receita líquida, serão estabelecidos na lei de diretrizes orçamentárias.

A: incorreto, pois é a lei orçamentária anual que será elaborada de forma a ser compatível com o Plano Plurianual e com a Lei de Diretrizes (LRF, art. 5º); **B:** correto, por expressa previsão legal (LRF, art. 4º, §3º); **C:** correto, por expressa previsão legal (LRF, art. 4º, § 1º); **D:** correto, por expressa previsão legal (LRF, art. 5º, III).

Gabarito "A"

(Ministério Público/MG – 2011) Analise as assertivas abaixo.

I. A Lei de Responsabilidade Fiscal (Lei Complementar nº 101/2000) estabelece normas de finanças públicas voltadas para a responsabilidade na gestão fiscal. Suas disposições obrigam a União, os Estados, o Distrito Federal e os Municípios.

II. Os Tribunais de Contas, o Poder Judiciário e o Ministério Público não se sujeitam às obrigações da Lei de Responsabilidade Fiscal (Lei Complementar nº 101/2000) em razão de sua autonomia administrativa e financeira garantidas pela Constituição.

III. Se a despesa total com pessoal exceder a 95% (noventa e cinco por cento) do limite prudencial previsto na Lei de Responsabilidade Fiscal (Lei Complementar nº 101/2000), o decreto do Chefe do Poder Executivo que cria novos cargos, empregos ou funções terá sua eficácia condicionada à aprovação pelo Tribunal de Contas.

IV. Nos termos da Lei de Responsabilidade Fiscal (Lei Complementar nº 101/2000), constituem requisitos essenciais da responsabilidade na gestão fiscal a instituição, previsão e efetiva arrecadação de todos os tributos da competência constitucional do ente da Federação.

Pode-se afirmar que estão **CORRETAS** as assertivas:

(A) I e III.

(B) I e IV.

(C) II e III.

(D) II e IV.

I: correto, por expressa previsão legal (LRF, art. 1º); **II:** incorreto, por expressa previsão legal (LRF, art. 1º); **III:** incorreto, pois nesse caso, será vedada a contratação, não se admitindo a exceção mediante autorização do tribunal de contas (LRF, art. 22); **IV:** correto, nos exatos termos da lei (LRF, art. 11).

Gabarito "B"

(Ministério Público/MG – 2011) Em relação às finanças públicas, assinale a alternativa **CORRETA**.

(A) Nas três esferas federativas, a abertura de crédito suplementar, por ser indicativo de aumento de despesa sem o devido lastro arrecadatório, exige prévia autorização legislativa, o que é prescindível nas hipóteses de transposição, remanejamento ou transferência de recursos de um ente federativo para outro ou de uma categoria de programação para outra.

(B) Os fundos especiais são aqueles instituídos através de resolução ou portaria de órgãos da administração direta, indireta ou fundacional e se constituem pelo produto de taxas para fiscais que se vinculam à realização de determinados objetivos ou serviços.

(C) Fundamentalmente e nos limites das possibilidades financeiras, a concessão de subvenções sociais visará à prestação de serviços essenciais de assistência social, médica e educacional, sempre que a suplementação de recursos de origem privada aplicados a esses objetivos, revelar-se mais econômica.

(D) As subvenções econômicas são repasses de dinheiro público concedidos para cobrir as despesas de pessoal e garantir a lucratividade mínima das microempresas de caráter assistencial, cultural, agrícola ou pastoril.

A: incorreto, pois a transposição, remanejamento ou transferência de recursos exige, por previsão constitucional, prévia autorização legislativa (CF, art. 167, VI); **B:** incorreto, pois fundos especiais devem ser criados por lei (Lei 4.320/64, art. 71); **C:** correto, por expressa previsão legal (Lei 4.320/64, art. 16); **D:** incorreto, por expressa previsão legal (Lei 4.320/64, art. 12, § 3º).

Gabarito "C"

(Ministério Público/MG – 2005) Sobre a Lei de Responsabilidade Fiscal (LC 101/00) é **INCORRETO** afirmar que

(A) a fiscalização do cumprimento das normas contidas na referida lei é atribuída ao Ministério Público, concorrentemente com outros órgãos.

(B) da prestação de contas do Poder Executivo endereçada ao Tribunal de Contas, constarão, além das suas próprias contas, as dos Poderes Legislativo, Judiciário e as do Ministério Público.

(C) é vedado a Estados e Municípios editarem legislação para fixação de limites inferiores aos estabelecidos na LC 101//00, no que concerne às suas dívidas consolidada e mobiliária.

(D) os valores de contratos de terceirização de mão de obra não são computados para efeito do cálculo dos limites estabelecidos para execução de despesas de pessoal.

(E) é nulo o ato que importe em aumento de despesa com pessoal realizado nos 180 (cento e oitenta) dias anteriores ao final do mandato do titular do Poder ou órgão.

A: correto, pois cabe ao MP fiscalizar os atos relacionados a observância dos princípios aplicáveis as finanças públicas (LC 75/93); **B:** correto, por expressa previsão legal (LRF, art. 56); **C:** incorreto, por expressa previsão legal (LRF, art. 18); **D:** correto, por expressa previsão legal (LRF, art. 21).

Gabarito "C"

(Ministério Público/RN – 2009 – CESPE) A lei orçamentária anual exige que se aglutinem os orçamentos fiscal, de investimentos das empresas e da seguridade social em busca da inclusão de todas as rendas e despesas dos poderes, fundos, órgãos e entidades da administração direta e indireta. A respeito desse princípio, assinale a opção correta.

(A) O princípio enunciado na hipótese é o da exclusividade.

(B) Trata-se do princípio do equilíbrio orçamentário.

(C) Cuida-se, no caso, do princípio da legalidade estrita.

(D) O princípio enunciado, analisado exclusivamente, é o da unidade.

(E) Trata-se do princípio da universalidade.

A lei orçamentária anual sujeita-se ao princípio da universalidade, por intermédio do qual todas as peças orçamentárias devem estar concentradas no mesmo diploma, facilitando seu controle e fiscalização. **A:** incorreto, pelos argumentos expostos; **B:** incorreto, pelos argumentos expostos; **C:** incorreto, pelos argumentos expostos; **D:** incorreto, pelos argumentos expostos; **E:** correto, pelos argumentos expostos;

Gabarito "E"

21. TEMAS COMBINADOS E OUTRAS MATÉRIAS

(Ministério Público/PR – 2013 – X) Em decisão de 12.08.2010, o STF, em sua composição plenária, julgou o Recurso Extraordinário nº 576155/DF, em que se discutia a legitimidade do Ministério Público para propor ação civil pública em matéria tributária, em hipótese em que o Ministério Público do Distrito Federal questionava judicialmente Termo de Acordo de Regime Especial (TARE), firmado pelo Governo do Distrito Federal e determinada empresa, estabelecendo regime especial de apuração do ICMS.

Qual das alternativas abaixo corresponde à decisão majoritária do Pleno do STF no aludido caso?

(A) Concluiu pela legitimidade do Ministério Público para propor referida ação civil pública, apoiando-se, basicamente, nas funções institucionais do MP genericamente estabelecidas na Constituição Federal;

(B) Concluiu pela ilegitimidade do Ministério Público para propor referida ação civil pública, por aplicação extensiva da Súmula 470 do STJ, que dispõe que "o Ministério Público não tem legitimidade para pleitear, em ação civil pública, a indenização decorrente do DPVAT em benefício do segurado", sem prejuízo de o Ministério Público do DF arguir ou representar, em sede e via próprias, pela declaração de inconstitucionalidade da lei distrital e consequentes decretos, que estabeleceram e regulamentaram os "TAREs";

(C) Concluiu pela ilegitimidade do Ministério Público para propor referida ação civil pública, realçando que a ação não trata de interesses difusos ou coletivos, mas de questão de índole meramente tributária de interesse individualizado, nem envolve partes vulneráveis, as quais o Ministério Público possa se substituir;

(D) Concluiu pela ilegitimidade do Ministério Público para propor referida ação civil pública, ao argumento de que o acordo contou com a anuência da Procuradoria-Geral do Distrito Federal e Assessoria Técnica da Secretaria de Fazenda do DF, e foi lastreado em decreto regulamentar, por sua vez baseado em então vigente lei do Distrito Federal, aprovada sem qualquer vício formal e no âmbito da competência do DF para instituir o ICMS (artigo 155, II da Constituição Federal) e regulamentar suas formas de tributação, arrecadação e fiscalização, inclusive atendendo às diretrizes da "Lei Kandir" (Lei Complementar nº 87/1996);

(E) Concluiu pela ilegitimidade do Ministério Público, tendo em vista o disposto no artigo 1º, parágrafo único da Lei de Ação Civil Pública (Lei nº 7.347/1985), prevendo que "não será cabível ação civil pública para veicular pretensões que envolvam tributos, contribuições previdenciárias, o Fundo de Garantia do Tempo de Serviço – FGTS – ou outros fundos de natureza institucional cujos beneficiários podem ser individualmente determinados".

Nos termos do RE 576.155/DF, Plenário, j. 12.08.2010, rel. Min. Ricardo Lewandowski, DJe 01.02.2011, decidiu-se, de maneira genérica, pela legitimidade do Ministério Público, com base em suas funções institucionais.

Gabarito "A"

(Ministério Público/MG – 2005) Assinale a opção **INCORRETA**.

(A) A doutrina caracteriza a obrigação tributária acessória como destituída de conteúdo econômico.

(B) As infrações fiscais estão para o Direito Penal Tributário assim como os crimes contra a ordem tributária estão para o Direito Tributário Penal.

(C) A expressão fato gerador alberga duas realidades: uma abstrata e outra concreta.

(D) O fato gerador do IPI é instantâneo; do ITR, periódico; e do IR, complexo ou complexivo.

(E) O adquirente de imóvel sobre o qual recaem pendências tributárias é sujeito passivo indireto, na modalidade transferência, por sucessão.

A: correto, pois a obrigação acessória é definida como obrigações de fazer ou não fazer, sem conteúdo pecuniário (CTN, art. 113); **B:** incorreto, pois as infrações fiscais referem-se a descumprimento de norma tributária, não caracterizada como crime (CTN, art. 137); **C:** correto, pois a expressão fato gerador pode ser usada para referir-se a descrição legal ou ao fato efetivamente ocorrido; **D:** correto, para aqueles que admitem tal classificação, já que o fato gerador do IPI é a industrialização do bem, considerado o momento da saída do produto, do ITR é a propriedade em determinado momento, repetindo-se anualmente, e do IR, o acréscimo patrimonial ao final de um período; **E:** correto, por expressa previsão legal (CTN, art. 130).

Gabarito "B"

(Ministério Público/MG – 2005 – Adaptada) Nos termos do Código Tributário Nacional (CTN) em vigor, da doutrina e jurisprudência pertinentes, assinale a opção **CORRETA**.

(A) O despacho do Juiz que ordenar a citação interrompe a prescrição.

(B) O prazo prescricional do FGTS é de cinco anos.

(C) O lançamento da contribuição de melhoria normalmente é feito por homologação (autolançamento).

(D) Para a caracterização da fraude na alienação de bens, por sujeito passivo em débito para com o Fisco, basta que o crédito tributário esteja regularmente inscrito como dívida ativa.

A: correto, pois, a partir da LC 118/2005, a redação do CTN foi alterada, passando a dispor de forma similar a Lei de Execução Fiscal, estabelecendo a interrupção a partir do despacho que determina a citação, equiparando a redação do CTN a LEF (Lei 6.830/1980, art. 8º, § 2º); **B:** incorreto, pois o prazo prescricional do FGTS não é de natureza tributaria, sendo, nos termos da jurisprudência, de 30 anos (STJ, Súmula 310); **C:** incorreto, pois normalmente tal tributo utiliza a modalidade de lançamento de ofício, já que os elementos são de conhecimento da administração (CTN, art. 147); **D:** incorreto, pois a presunção de fraude pressupõe a configuração do estado de insolvência com a operação (CTN, art. 185A).

Gabarito "A"

(Ministério Público/MS – 2011 – FADEMS) Assinale a alternativa **correta**:

(A) a legislação tributária pode ser aplicada a fatos geradores pendentes;

(B) a lei que reduz isenção de impostos que gravam o patrimônio e a renda entra em vigor na data de sua publicação;

(C) não é possível a revisão de ofício do lançamento, em nenhuma circunstância, por ser ato administrativo vinculado;

(D) a subordinação do recebimento de certo tributo ao cumprimento de exigências administrativas previstas em lei, autoriza a consignação judicial;

(E) o prazo prescricional para anular decisão administrativa que denega a restituição é de 05 (cinco) anos.

A: Assertiva correta, conforme o art. 105 do CTN; **B:** Incorreta, pois isso é vedado pelo art. 104, III, do CTN, segundo o qual essas normas entram em vigor apenas no primeiro dia do exercício seguinte ao da publicação; **C:** Incorreta, pois o art. 149 do CTN prevê diversas hipóteses que permitem a revisão de ofício do lançamento – art. 145, III, do CTN; **D:** Incorreta, pois somente a exigência administrativa sem fundamento legal dá ensejo à consignação judicial – art. 164, II, do CTN; **E:** Incorreta, pois o prazo, no caso, é de apenas 2 anos – art. 169 do CTN.

Gabarito "A"

(Ministério Público/PR – 2011) Assinale a alternativa correta:

(A) Fato gerador é a previsão abstrata do nascimento da obrigação tributária.

(B) Imunidade tributária significa a não incidência do tributo em decorrência de norma legal específica.

(C) As isenções tributárias devem sempre ser concedidas sob contraprestação ou obrigação do contribuinte, de acordo com o artigo 176 e seguintes do Código Tributário Nacional.

(D) No sistema tributário nacional previsto no artigo 145 e seguintes da Constituição Federal existem apenas três modalidades de tributos: impostos, taxas e contribuições de melhoria.

(E) Todas as alternativas anteriores são incorretas.

A: Imprecisa, pois fato gerador da obrigação principal, na dicção do CTN, é a situação definida em lei como necessária e suficiente à sua ocorrência – art. 114 do CTN. A assertiva descreve a chamada *hipótese de incidência*, ou *fato gerador em abstrato* (a expressão *fato gerador* é utilizada por parte da doutrina com esse sentido, daí porque a assertiva é imprecisa); **B:** Incorreta, pois imunidade é norma constitucional que afasta a competência tributária; **C:** Incorreta, pois pode haver isenção sem exigência de contraprestação ou obrigação específica do contribuinte – art. 176 do CTN; **D:** Incorreta, pois, embora o art. 145 da CF refira-se apenas a essas três espécies (teoria tripartida), os dispositivos constitucionais seguintes referem-se às demais (empréstimos compulsórios e contribuições especiais); **E:** Essa é a alternativa a ser indicada, já que as anteriores são, de fato, incorretas (com a observação feita em relação à alternativa "A").

Gabarito "E"

(Ministério Público/RO – 2010 – CESPE) A respeito das regras constitucionais e legais que orientam o vigente Sistema Tributário Nacional, assinale a opção correta.

(A) O estado de Rondônia, nas hipóteses previstas pela CF, tem competência para instituir contribuição de intervenção no domínio econômico, referente às atividades do setor de mineração.

(B) Os municípios do estado de Rondônia estão impedidos de editar leis que criem tributos específicos para custear o serviço de iluminação pública local.

(C) Parte da receita do imposto sobre a propriedade de veículos automotores arrecadado pelo estado de Rondônia pode ser aplicada em quaisquer programas a seu cargo, como os da área de educação, saúde ou segurança pública.

(D) A atividade de edição de listas telefônicas não está amparada pelo benefício constitucional da imunidade tributária.

(E) Nos termos do Código Tributário Nacional, o fisco de Rondônia está autorizado a aplicar a norma antielisão fiscal, de maneira a evitar excessos na prática do planejamento tributário, tendo sido essa norma recentemente regulamentada.

A: Incorreta, pois as CIDEs são da competência exclusiva da União – art. 149 da CF; **B:** Incorreta, pois os Municípios e o Distrito Federal detêm a competência para essa contribuição – art. 149-A da CF; **C:** Assertiva correta, pois, em princípio, a receita de impostos não é vinculada a despesa específica. A rigor, a vinculação é vedada, nos termos e com as exceções previstas no art. 167, IV, da CF; **D:** Incorreta, pois o STF entende que a imunidade dos periódicos abrange as listas telefônicas – ver AI 663.747 AgR/SP; **E:** Incorreta, pois o disposto no art. 116, parágrafo único, do CTN não está regulamentado no âmbito federal (houve a MP 66/2002, mas os dispositivos relativos à norma antielisão não foram mantidos na conversão para a Lei 10.637/2002).

Gabarito "C"

(Ministério Público/SC – 2010)

I. A privatividade ou exclusividade, indelegabilidade, incaducabilidade, inalterabilidade, irrenunciabilidade e facultabilidade podem ser consideradas características da competência tributária.

II. A exceção de pré-executividade é um meio jurídico colocado à disposição do executado a fim de obstar e/ou impugnar a execução fiscal, sem a necessidade de garantia de juízo, tendo sua previsão processual legal, consoante assentado na doutrina e jurisprudência, espeque no artigo 267, § 3º do CPC.

III. Segundo o disposto no art. 128 do CTN, a lei pode atribuir à terceira pessoa a responsabilidade pela obrigação tributária, excluindo a responsabilidade do contribuinte, independentemente desta terceira pessoa estar vinculada ao fato gerador da respectiva obrigação.

IV. A saída física de máquinas, utensílios e implementos, a título de comodato, caracteriza operação mercantil passível da incidência de ICMS, conforme assentado na Súmula 573 do STF.

V. A moratória, o depósito do seu montante integral, as reclamações e os recursos, nos termos das leis reguladoras do processo tributário administrativo, a concessão de medida liminar em mandado de segurança e a concessão de medida liminar ou de tutela antecipada, em outras espécies de ação judicial, são formas de suspensão do crédito tributário previsto no artigo 156 do CTN.

(A) Apenas as assertivas IV e V estão corretas.

(B) Apenas as assertivas II, III e V estão corretas.

(C) Apenas as assertivas I, II e IV estão corretas.

(D) Apenas as assertivas II e IV estão corretas.

(E) Apenas as assertivas I e II estão corretas.

I: Assertiva correta, conforme acatada lição doutrinária; **II:** Adequada, pois há entendimento nesse sentido. Outros autores defendem que se trata de pura construção jurisprudencial ou, ainda, norma derivada do art. 3º, parágrafo único, da Lei 6.830/1980 (que se refere ao afastamento da presunção de liquidez pelo *executado*, não pelo embargante, necessariamente) – Súmula 393/STJ; **III:** Incorreta, pois o responsável deve estar vinculado (ainda que indiretamente) à situação que constitui o fato gerador da obrigação – art. 128 do CTN; **IV:** Incorreta, pois no comodato (empréstimo) não há circulação de mercadoria, não incidindo, portanto, o ICMS – Súmula 573/STF; **V:** Imprecisa, pois o dispositivo do CTN que prevê as modalidades de suspensão da exigibilidade do crédito é o art. 151, não o 156 (que trata das modalidades de extinção) – essa espécie de questão (*pegadinha*) é absurda, em nosso entender, mas o candidato deve estar atento e preparado (se essa assertiva fosse considerada verdadeira, não haveria alternativa correta, o que pode ajudar a perceber a *pegadinha*).

Gabarito "E"

(Ministério Público/SC – 2010)

I. O adquirente do imóvel, por expressa determinação legal, **ex vi** art. 130 do CTN, é o responsável legal pelos créditos tributários relativos a impostos cujo fato gerador seja a propriedade, o domínio útil ou a posse dos bens imóveis.

II. O lançamento regulamente notificado ao sujeito passivo não pode ser modificado em respeito ao princípio da segurança jurídica e inalterabilidade

III. a importância do crédito tributário não pode ser consignada judicialmente pelo sujeito passivo.

IV. O Princípio da seletividade, previsto no art. 155, § 2º, III, da CF, cujo teor encerra autorização legal para que as mercadorias e os serviços de primeira necessidade sejam menos onerados que os supérfluos ou suntuários é de observância obrigatória.

V. No caso de arrematação de um imóvel em hasta pública o adquirente do bem o receberá, livre e desembaraçado, após o pagamento dos créditos tributários relativos aos impostos incidentes sobre dito imóvel, descontando-se tal valor do montante do lanço ofertado.

(A) Apenas as assertivas I e II estão corretas.

(B) Apenas as assertivas II e V estão corretas.

(C) Apenas as assertivas II, III e V estão corretas.

(D) Apenas as assertivas I, III e IV estão corretas.

(E) Apenas as assertivas I e V estão corretas.

I: Correta, conforme o dispositivo legal, observadas as exceções nele previstas (certificação de inexistência de débitos no título translativo ou aquisição em hasta pública); **II:** Incorreta, pois o lançamento notificado pode ser modificado em caso de impugnação do sujeito passivo, recurso de ofício ou por iniciativa do fisco nas hipóteses do art. 149 do CTN – art. 145 do CTN; **III:** Incorreta, pois é possível a consignação judicial nos casos previstos no art. 164 do CTN; **IV:** Incorreta, pois, no caso do ICMS (art. 155, § 2º, da CF), a seletividade não é obrigatória (o ICMS pode ser seletivo, enquanto o IPI deve ter alíquotas seletivas conforme a essencialidade do produto); **V:** Assertiva correta, conforme o art. 130, parágrafo único, do CTN.

Gabarito "E"

(Ministério Público/SE – 2010 – CESPE) As ações governamentais destinadas a proteger o direito do consumidor incluem

I. fazer propaganda de alerta sobre tema de interesse do consumidor.

II. apoiar, por meio de incentivos, a criação de associação representativa dos consumidores.

III. indenizar o consumidor por defeitos dos produtos que tenham provocado grave dano à saúde.

Assinale a opção correta.

(A) Apenas o item I está certo.

(B) Apenas o item II está certo.

(C) Apenas os itens I e II estão certos.

(D) Apenas os itens II e III estão certos.

(E) Todos os itens estão certos.

I e **II:** Corretas, conforme o art. 4º, II, *a* e *b*, do Código de Defesa do Consumidor – CDC (Lei 8.078/1990); **III:** Incorreta, pois esse dever de indenização não é, em princípio, imputado ao governo – arts. 4º e 12 do CDC.

Gabarito "C"

(Ministério Público/MG – 2008) Compete aos Estados e ao Distrito Federal instituir impostos sobre operações relativas à circulação de mercadorias e sobre prestações de serviços de transporte interestadual e intermunicipal e de comunicação, ainda que as operações e as prestações se iniciem no exterior. Sobre este tributo, assinale a alternativa **CORRETA**.

(A) Não poderá ser seletivo, ainda que em função da essencialidade das mercadorias e dos serviços.

(B) Alguns aspectos de sua disciplina são regulados por atos normativos que não têm a natureza de lei em sentido formal.

(C) Incidirá sobre o valor total da operação, quando mercadorias forem fornecidas com serviços compreendidos na competência tributária dos Municípios.

(D) Quando o destinatário da operação interestadual não for contribuinte do ICMS, a alíquota a ser praticada é a interestadual.

(E) NDA

A: o ICMS pode ser seletivo – art. 155, § 2º, III, da CF; **B:** os benefícios fiscais são concedidos por convênios interestaduais – art. 155, § 2º, XII, *g*, da CF. Ademais, resoluções do Senado regulam determinadas alíquotas – art. 155, § 3º, V, da CF; **C:** o ICMS incidirá apenas se o serviço não estiver compreendido na competência municipal, ou seja, se a atividade não estiver listada na LC 116/2003 – art. 155, § 2º, IX, *b*, da CF; **D:** nessa hipótese, a alíquota será a interna – art. 155, § 2º, VII, *b*, da CF.

Gabarito "B"

(Ministério Público/PR – 2008) É correto afirmar:

(A) A União pode instituir tributos sobre o patrimônio, renda ou serviços, de outros entes, sendo vedado apenas a tributação das autarquias e das fundações instituídas e mantidas pelo Poder Público, no que se refere ao patrimônio, à renda e aos serviços, vinculados a suas finalidades essenciais ou às delas decorrentes.

(B) O STF tem entendido que a imunidade recíproca, aplicável à União, aos Estados, ao Distrito Federal e aos Municípios, é extensível à Empresa Brasileira de Correios e Telégrafos, ainda que esta seja empresa pública.

(C) No ICMS, a compensação do que for devido em cada operação relativa à circulação de mercadorias ou prestação de serviços de transporte interestadual e intermunicipal e de comunicação com o montante cobrado nas anteriores pelo mesmo ou por outro Estado, em relação à energia elétrica, quando consumida no processo de industrialização, somente poderá ser feita a partir do ano de 2010.

(D) Segundo a Constituição da República, em nenhum caso as alíquotas internas, nas operações relativas à circulação de mercadorias e nas prestações de serviços, poderão ser inferiores às previstas para as operações interestaduais.

(E) Compete aos municípios instituir impostos sobre transmissão "inter vivos", a qualquer título, por ato oneroso, de bens imóveis, por natureza ou acessão física, e de direitos reais sobre imóveis, exceto os de garantia, bem como cessão de direitos a sua aquisição. Este tributo também incide sobre a transmissão de bens ou direitos incorporados ao patrimônio de pessoa jurídica em realização de capital, bem como, em todos os casos em que haja a transmissão de bens ou direitos decorrente de fusão, incorporação, cisão ou extinção de pessoa jurídica.

A: isso violaria a imunidade recíproca, em relação aos impostos – art. 150, VI, *a*, da CF; **B:** o STF decidiu que a imunidade recíproca aproveita aos Correios e à Infraero (empresas públicas), cujos serviços são de prestação obrigatória e exclusiva pelo Estado; **C:** já era possível, antes de 2010, o imediato creditamento do ICMS relativo à energia elétrica consumida em processo industrial – art. 33, II, *b*, da LC 87/1996; **D:** existe possibilidade de alíquota interna inferior que a interestadual, no caso de deliberação dos Estados e do Distrito Federal – art. 155, § 2º, VI, da CF; **E:** não incide, em regra, ITBI na realização de capital ou em transformações societária, nos termos do art. 156, § 2º, I, da CF.

Gabarito "B"

(Ministério Público/PR – 2008) É INCORRETO afirmar:

(A) De acordo com o Código Tributário Nacional, a responsabilidade é pessoal ao agente quanto às infrações conceituadas por lei como crimes ou contravenções, salvo quando praticadas no exercício regular de administração, mandato, função, cargo ou emprego, ou no cumprimento de ordem expressa emitida por quem de direito. Se enquadram na mesma situação, as infrações em cuja definição o dolo específico do agente seja elementar.

(B) De acordo com o Código Tributário Nacional, nos casos de impossibilidade de exigência do cumprimento da obrigação principal pelo contribuinte, respondem solidariamente com este nos atos em que intervierem ou pelas omissões de que forem responsáveis os pais, pelos tributos devidos por seus filhos menores; os tutores e curadores, pelos tributos devidos por seus tutelados ou curatelados; os administradores de bens de terceiros, pelos tributos devidos por estes; o inventariante, pelos tributos devidos pelo espólio; o síndico e o comissário, pelos tributos devidos pela massa falida ou pelo concordatário; além de outros casos previstos por aquele Código.

(C) No lançamento por homologação, se a lei não fixar prazo para a homologação, será ele de cinco anos, a contar da ocorrência do fato gerador; expirado esse prazo sem que a Fazenda Pública se tenha pronunciado, considera-se homologado o lançamento e definitivamente extinto o crédito, salvo se comprovada a ocorrência de dolo, fraude ou simulação.

(D) O direito de a Fazenda Pública constituir o crédito tributário extingue-se após 5 (cinco) anos, contados: do primeiro dia do exercício seguinte àquele em que o lançamento poderia ter sido efetuado; da data em que se tornar definitiva a decisão que houver anulado, por vício formal, o lançamento anteriormente efetuado. Um dos casos de interrupção deste prazo se dá pelo despacho do juiz que ordenar a citação em execução fiscal.

(E) Segundo o Código Tributário Nacional, as autoridades administrativas federais poderão requisitar o auxílio da força pública federal, estadual ou municipal, e reciprocamente, quando vítimas de embaraço ou desacato no exercício de suas funções, ou quando necessário à efetivação dê medida prevista na legislação tributária, ainda que não se configure fato definido em lei como crime ou contravenção.

A: art. 137, I e II, do CTN; **B:** art. 134 do CTN; **C:** art. 150, § 4º, do CTN; **D:** o despacho do juiz que ordena a citação interrompe o prazo prescricional para a cobrança, não o prazo decadencial para constituir o crédito – art. 174, parágrafo único, I, do CTN; **E:** art. 200 do CTN.

Gabarito "D"

(Ministério Público/SC – 2008)

I. Na ausência de disposição expressa, a autoridade competente para aplicar a legislação tributária pode valer-se do princípio da equidade, empregando-a, inclusive, e se for o caso, para a dispensa do pagamento do tributo devido.

II. A competência tributária, que é indelegável, distingue-se da capacidade tributária ativa, que pode ser transferida a outrem.

III. O simples processamento de ação judicial em que se discute a existência ou inexistência de relação jurídico-tributário tem o condão de impedir o Fisco de constituir o crédito tributário.

IV. Verificada a hipótese de responsabilidade tributária por solidariedade, é defeso ao Fisco demandar isoladamente um dos obrigados.

V. Nas hipótese de autolançamento ou autoimposição, ainda que feito o pagamento antecipado do tributo, a extinção deste somente poderá ser cogitada após a ratificação da atividade referida pela Administração Tributária, expressa ou tacitamente.

(A) apenas I e IV estão corretos.

(B) apenas III e V estão corretos.

(C) apenas II e V estão corretos.

(D) apenas I, III e IV estão corretos.

(E) apenas II e IV estão corretos.

I: o emprego da equidade não pode afastar o dever de recolher tributo – art. 108, § 2º, do CTN; **II:** art. 7º do CTN; **III:** o ajuizamento de ações não suspende, por si, a exigibilidade do crédito (é necessário depósito, liminar, antecipação de tutela etc.); **IV:** é o oposto, a solidariedade permite a cobrança imediata contra qualquer dos devedores – art. 124, parágrafo único, do CTN; **V:** art. 150 do CTN.

Gabarito "C"

(Ministério Público/BA – 2005) Marque a alternativa incorreta:

(A) A base de cálculo ou o fato gerador da taxa não poderão coincidir com os do imposto.

(B) A suspensão da exigibilidade do crédito tributário ocorrerá nas hipóteses de moratória, de depósito de seu montante integral, de interposição de reclamações e recursos (nos termos das leis reguladoras do processo tributário administrativo) e de concessão de medida liminar em mandado de segurança.

(C) A lei, que dispõe sobre normas do IPTU (Imposto sobre Propriedade Predial e Territorial Urbana) no Distrito Federal, poderá ser questionada no STF (Supremo Tribunal Federal), por ação direta de inconstitucionalidade, se violar preceito tributário da Constituição Federal.

(D) A imunidade tributária se distingue da isenção porque é uma forma qualificada de não incidência, prevista pela Constituição Federal, que impede a aplicação da lei tributária infraconstitucional; já a isenção, que sempre decorre da lei, é parcela que esta retira da hipótese de incidência.

(E) Embora o Município goze de autonomia para fixar as alíquotas do ISSQN (Imposto Sobre Serviços de Qualquer Natureza), a União poderá, por lei complementar, fixar alíquotas máximas para esse imposto.

A: art. 145, § 2º, da CF, Súmula Vinculante 29/STF e art. 4º do CTN; **B:** art. 151 do CTN; **C:** a lei distrital que trata de IPTU equipara-se a lei municipal, que não se sujeita ao controle concentrado de constitucionalidade pelo STF – art. 102, I, da CF; **D:** a assertiva descreve corretamente a imunidade e a isenção; **E:** art. 156, § 3º, I, da CF.

Gabarito "C"

(Ministério Público/SC – 2012) Analise as seguintes assertivas:

I. Para o conceito de Taxa, segundo o explicitado no Código Tributário Nacional, os serviços públicos são específicos quando suscetíveis de utilização, separadamente, por parte de cada um dos seus usuários.

II. A lei federal pode cometer aos Estados, ao Distrito Federal ou aos Municípios o encargo de arrecadar os impostos de competência da União cujo produto lhes seja distribuído no todo ou em parte.

III. a lei pode atribuir de modo expresso a responsabilidade pelo crédito tributário a terceira pessoa, vinculada ao fato gerador da respectiva obrigação, excluindo a responsabilidade do contribuinte ou atribuindo-a a este em caráter supletivo do cumprimento total ou parcial da referida obrigação.

IV. A responsabilidade tributária é excluída pela denúncia espontânea da infração, mesmo a realizada após medida de fiscalização, acompanhada, se for o caso, do pagamento do tributo devido e dos juros de mora, ou do depósito da importância arbitrada pela autoridade administrativa, quando o montante do tributo dependa de apuração.

V. Se a lei não fixar prazo a homologação, será ele de cinco anos, a contar da ocorrência do fato gerador; expirado esse prazo sem que a Fazenda Pública se tenha pronunciado, considera-se homologado o lançamento e definitivamente extinto o crédito, salvo se comprovada a ocorrência de dolo, fraude ou simulação.

(A) Apenas as assertivas I, II, III e V estão corretas.

(B) Apenas as assertivas I, II, III e IV estão corretas.

(C) Apenas as assertivas II, III e V estão corretas.

(D) Apenas as assertivas II, III, IV e V estão corretas.

(E) Todas as assertivas estão corretas.

I: incorreto, pois o aso considerados serviços específicos aqueles que possam ser destacados em unidades autônomas de intervenção, de unidade, ou de necessidades públicas e divisíveis, aqueles que possam ser suscetíveis de utilização, separadamente, por parte de cada um dos seus usuários (CTN, art. 79); **II:** correto, pois a capacidade tributária ativa é passível de delegação, o que não significa delegação da competência (CTN, art. 7º); **III:** correto, pois trata-se da definição geral de responsabilidade tributária prevista na lei (CTN, art. 128); **IV:** incorreto, pois a denúncia espontânea somente pode ser feita anteriormente ao início de qualquer medida de fiscalização por parte da administração (CTN, art. 138); **V:** correto, pois trata-se do prazo específico previsto na lei para o chamado lançamento por homologação (CTN, art. 150, § 4º).

Gabarito "C"

(Ministério Público/SC – 2012) Analise as seguintes assertivas:

I. O parcelamento é uma das formas de se suspender a exigibilidade do crédito tributário.

II. O crédito tributário prefere a qualquer outro, seja qual for sua natureza ou o tempo de sua constituição, ressalvados os créditos decorrentes da legislação do trabalho ou do acidente de trabalho.

III. Segundo entendimento sumular do Supremo Tribunal Federal a norma legal que altera o prazo de recolhimento da obrigação tributária não se sujeita ao princípio da anterioridade.

IV. Segundo entendimento sumular do Superior Tribunal de Justiça, a Fazenda Pública pode substituir a certidão de dívida ativa (CDA) até a prolação da sentença de embargos, quando se tratar de correção de erro material ou formal, vedada a modificação do sujeito passivo da execução.

V. Compete privativamente à autoridade administrativa constituir o crédito tributário pelo lançamento, assim entendido o procedimento administrativo tendente a verificar a ocorrência do fato gerador da obrigação correspondente, determinar a matéria tributável, calcular o montante do tributo devido, identificar o sujeito passivo e, sendo caso, propor a aplicação da penalidade cabível. O lançamento é ato administrativo vinculado e obrigatório.

(A) Apenas as assertivas I, II, III e V estão corretas.

(B) Apenas as assertivas II, III, IV e V estão corretas.

(C) Apenas as assertivas I, II, III e IV estão corretas.

(D) Apenas as assertivas I, II, IV e V estão corretas.

(E) Todas as assertivas estão corretas.

I: correto, por expressa previsão legal (CTN, art. 151); **II:** correto, por expressa previsão legal, lembrando que, em caso de falência, a ordem de prioridade é alterada (CTN, art. 186); **III:** correto, pois alteração de data de pagamento não implica em aumento ou instituição de tributo (STF, súmula 669); **IV:** correto, conforme expresso entendimento jurisprudencial (STJ, Súmula 392); **V:** correto, pois tratar-se da expressa definição legal (CTN, art. 142).

Gabarito "E"

(Ministério Público/SC – 2008) Analise as seguintes assertivas:

I. Nos termos do artigo 136 do CTN, para a configuração da infração tributária faz-se imprescindível à comprovação de dolo ou culpa.

II. O instituto da denúncia espontânea, prevista no artigo 138 do CTN, pelo qual o contribuinte quita espontaneamente o tributo em atraso, antes de iniciado qualquer procedimento administrativo ou medida de fiscalização relacionada com a infração, exclui não só a multa como também os juros de mora do cálculo do respectivo pagamento.

III. A imunidade tributária recíproca (CF, artigo 150 VI, a) somente é aplicável aos impostos, não alcançando as taxas.

IV. A imposição do princípio da imunidade tributária entre pessoas jurídicas de direito público alcança o ICMS exigido do Município por empresas concessionárias de serviços de telefonia ou de fornecimento de energia elétrica.

V. A remissão atinge o crédito já constituído (principal, multas e demais acessórios), total ou parcialmente, enquanto a anistia incide somente sobre as infrações (penalidades), impedindo a constituição do crédito.

(A) apenas II e IV estão corretos

(B) apenas I e III estão corretos

(C) apenas IV e V estão corretos

(D) apenas III e V estão corretos

(E) apenas I e IV estão corretos

I: incorreto, pois a responsabilidade pela infração tributária é objetiva (CTN, art. 136); **II:** incorreto, pois a denúncia espontânea somente afasta a exigência das multas, restando, portanto, tributo, correção e juros moratórios (CTN, art. 138); **III:** correto, pois as imunidades genéricas, dentre elas a recíproca, somente refere-se a impostos, restando plena a possibilidade de exigência dos demais tributos (CF, art. 150, VI); **IV:** incorreto, pois há expressa previsão de exclusão da regra de imunidade nesses casos (CF, art. 150, § 2º); **V:** correto, pois remissão está elencada como causa de extinção do crédito, ao passo que a anistia, como causa de exclusão (CTN, art. 156 e art. 175).

Gabarito "D"

8. Direito Empresarial

Fernando Castellani, Robinson Sakiyama Barreirinhas e Henrique Subi*

1. TEORIA GERAL

1.1. EMPRESA, EMPRESÁRIO, CARACTERIZAÇÃO E CAPACIDADE

(Ministério Público/PI – 2014 – CESPE) Considerando a evolução histórica do direito empresarial, assinale a opção correta.

(A) A teoria dos atos de comércio foi adotada, inicialmente, nas feiras medievais da Europa pelas corporações de comerciantes que então se formaram.

(B) A edição do Código Francês de 1807 é considerada o marco inicial do direito comercial no mundo.

(C) Considera-se o marco inicial do direito comercial brasileiro a lei de abertura dos portos, em 1808, por determinação do rei Dom João VI.

(D) É de origem francesa a teoria da empresa, adotada pelo atual Código Civil brasileiro.

(E) O direito romano apresentou um corpo sistematizado de normas sobre atividade comercial.

A: incorreta. A Teoria dos Atos de Comércio nasceu junto com o liberalismo econômico e foi um dos motes da Revolução Francesa; **B:** incorreta. O Direito Comercial ganha corpo, ainda que dotado de grande subjetividade, na Idade Média, com as corporações de ofício; **C:** correta. A ela se seguiu a elaboração de nosso Código Comercial em 1850; **D:** incorreta. A Teoria da Empresa é italiana, de forte conotação fascista; **E:** incorreta. O Direito Romano nunca se preocupou tanto com o Direito Comercial. Naquela época, as normas aplicáveis ao comércio eram fundadas nos costumes.

Gabarito "C"

(Ministério Público/MG – 2013) No que respeita a função social da empresa, é *INCORRETO* dizer:

(A) No Código Comercial do século XIX, já era possível observar a adoção pela norma de critério de objetivação da mercancia, com destaque aos atos de comércio, caso em que concedia-se maior relevância ao comportamento mercadológico do comerciante do que ao inerente registro ou filiação a alguma corporação de ofício.

(B) A empresa pode ser compreendida como atividade juridicamente organizada, o que expressa grande relevância na aferição do nexo de imputação pelo risco quanto à responsabilidade civil pelos danos causados.

(C) Consoante León Duguit, a noção de função social substitui completamente aquela de direito subjetivo, porque esse último é meramente individualista, possibilitando o exercício ilegítimo e inadmissível de posição jurídica, especialmente no campo da propriedade.

(D) A função social da empresa corresponde à recente etapa de maior conscientização do empresariado no que diz respeito aos problemas sociais e ao seu potencial papel na resolução dos mesmos, principalmente em virtude da crescente falta de capacidade e de credibilidade do Estado.

A: assertiva correta. A Teoria dos Atos de Comércio, que enumerava de forma taxativa as atividades consideradas de mercancia e sua regência, destarte, pelo Direito Comercial, já apresentava a supremacia da atividade realizada sobre a forma. O registro de empresa, apesar de obrigatório, sempre constituiu um dever acessório em relação primeiro ao comerciante e depois ao empresário; **B:** assertiva correta. A adoção da teoria da responsabilidade objetiva por diversas normas aplicáveis à empresa, principalmente pelo Código de Defesa do Consumidor, expõe a tendência do legislador de atribuir o risco do negócio àquele que explora a atividade de forma organizada e com fins lucrativos; **C:** assertiva correta. Função social é justamente pensar o exercício de um direito na forma que melhor atenda aos interesses de toda a sociedade. É um limitador dos poderes inerentes ao detentor do direito, principalmente o de propriedade, um dos campos mais individualistas do direito contemporâneo; **D:** assertiva incorreta, devendo ser assinalada. A função social da empresa não decorre da conscientização do empresariado, mas de disposições legais cogentes que determinam o exercício da atividade econômica visando aos maiores benefícios para a sociedade como um todo e não somente para o empresário.

Gabarito "D"

(Ministério Público/SP – 2013 – PGMP) Sobre a capacidade do empresário, é CORRETO afirmar:

(A) A incapacidade absoluta superveniente do empresário extingue a empresa e sujeita ao resultado dela os bens a ele pertencentes anteriormente.

* **Fernando Castellani** comentou as questões dos seguintes concursos: MP/AC/08, MP/BA/08, MP/CE/11, MP/GO/10, MP/GO/12, MP/MG/06, MP/MG/11, MP/MG/12, MP/MS/09, MP/MT/12, MP/PB/10, MP/PI/08, MP/PI/ 12, MP/RJ/11, MP/RN/09, MP/RR/12, MP/RS/08, MP/RS/09, MP/SC/08, MP/SC/12, MP/SP/12 e MP/TO/12, quando houver; **Henrique Subi** comentou as questões dos seguintes concursos: MP/PI/14, MP/DF/13, MP/ES/13, MP/GO/13, MP/MG/13. **Robinson Sakiyama Barreirinhas** comentou as demais questões.

(B) O sócio capaz é o representante legal do sócio relativamente incapaz nos atos de administração que este vier a praticar.

(C) O menor de 18 e maior de 16 anos, casado, pode exercer a atividade de empresário. Mas, se praticar ato tipificado como crime falimentar, submeter-se-á às regras do ECA.

(D) O exercício de fato de atividade empresária que propicia ao seu autor, menor de 18 e maior de 16 anos, estabelecer-se por economia própria não induz a capacidade empresária.

(E) O empresário, casado pelo regime da comunhão universal de bens, precisa da outorga uxória para alienar bens imóveis integrantes do patrimônio da empresa.

A: incorreta, pois a incapacidade absoluta superveniente do empresário não impede a continuidade da atividade empresarial por meio de representante, desde que haja autorização judicial, nos termos do art. 974, *caput* e § 1º, do CC; **B:** incorreta, pois não há previsão dessa representação automática pelo sócio capaz – art. 974 do CC; **C:** correta. O casamento do maior de dezesseis anos faz cessar sua incapacidade civil – art. 5º, parágrafo único, II, do CC. Entretanto, a maioridade penal somente é atingida com os dezoito anos – art. 228 da CF; **D:** incorreta, pois a cessação da incapacidade civil, no caso (art. 5º, parágrafo único, V, do CC), coincide com a capacidade para exercer a atividade empresarial – art. 972 do CC; **E:** incorreta, pois a alienação de bens imóveis que integrem o patrimônio da empresa não depende de outorga conjugal, qualquer que seja o regime de bens do empresário casado – art. 978 do CC.

Gabarito "C"

(Ministério Público/SP – 2013 – PGMP) É INCORRETO afirmar:

(A) A disciplina legal do direito de empresa está assentada nos princípios da socialidade, eticidade e operabilidade.

(B) São atividades negociais não empresárias a do empresário rural não inscrito no Registro de Empresas e a dos que exercem profissão intelectual com concurso de auxiliares, que tenha natureza científica, literária ou artística, desde que o exercício da profissão não constitua elemento da empresa.

(C) No direito de empresa, são cláusulas gerais que informam seu regime jurídico a dignidade da pessoa humana, a livre concorrência, a função social da propriedade, a função social da empresa e a função social do contrato.

(D) O Código Civil de 2002 substituiu a noção de ato de comércio pela de empresa, e a de fundo de comércio pela de estabelecimento.

(E) O Código Civil de 2002 unificou o direito privado.

A: correta. A socialidade refere-se à função social da empresa, da atividade empresarial. A eticidade refere-se à ética, à boa-fé objetiva que deve orientar as relações empresariais. A operabilidade refere-se à razoabilidade na aplicação das normas, de maneira justa e eficaz; **B:** correta. O empresário rural será equiparado ao empresário sujeito a registro (ou seja, ao empresário em sentido estrito) somente caso requeira sua inscrição no Registro Público de Empresas Mercantis, nos termos do art. 971 do CC. Conforme o art. 966, parágrafo único, do CC, não se considera empresário quem exerce profissão intelectual, de natureza científica, literária ou artística, ainda com o concurso de auxiliares ou colaboradores, salvo se o exercício da profissão constituir elemento de empresa; **C:** correta. A dignidade da pessoa humana é diretriz a que se submete todo o Direito, não apenas o direito de empresa, sendo fundamento da República – art. 1º, III, da CF. A livre concorrência é princípio geral que orienta a ordem econômica – art. 170, IV, da CF. A função social da propriedade, da empresa e do contrato referem-se ao princípio da socialidade, conforme comentário à alternativa "A"; **D:** correta, nos termos dos arts. 966 e 1.142 do CC; **E:** incorreta, devendo ser assinalada. Embora haja concentração das normas civilistas e empresariais no CC atual, há diretrizes essenciais de outros ramos do direito privado em leis especiais (o CDC, por exemplo, concentra as principais normas consumeristas).

Gabarito "E"

(Ministério Público/CE – 2009 – FCC) Em relação ao empresário, é INCORRETO afirmar que:

(A) se a pessoa legalmente impedida de exercer atividade empresarial assim agir, responderá pelas obrigações contraídas.

(B) de sua definição legal, destacam-se as noções de profissionalismo, atividade econômica organizada e produção ou circulação de bens ou serviços.

(C) a profissão intelectual, de natureza científica ou artística pode ser considerada empresarial, se seu exercício constituir elemento de empresa.

(D) a atividade empresarial pode ser exercida pelos que estiverem em pleno gozo da capacidade civil, não sendo impedidos legalmente.

(E) ainda que representado ou assistido, não pode o incapaz continuar a empresa antes exercida por ele enquanto capaz, por seus pais ou pelo autor da herança.

A: correta, nos termos do art. 973 do CC; **B:** correta. De fato, essas características são indicadas no art. 966 do CC; **C:** correta, conforme o art. 966, parágrafo único, *in fine*, do CC; **D:** correta, pois reflete o disposto no art. 972 do CC; **E:** incorreta, pois o incapaz pode, excepcionalmente, por meio de representante ou devidamente assistido, continuar a empresa antes exercida por ele enquanto capaz, por seus pais ou pelo autor de herança – art. 974 do CC.

Gabarito "E"

(Ministério Público/CE – 2011 – FCC) Se o empresário tornar-se incapaz

(A) poderá, por meio de representante ou devidamente assistido, continuar a empresa antes exercida por ele enquanto capaz, independentemente de autorização judicial, que estará implícita nos poderes conferidos ao curador nomeado pelo juiz.

(B) não poderá, ainda que por meio de representante, continuar a empresa, salvo, por intermédio deste, até a liquidação, e os bens que possuir, estranhos à atividade empresarial, não responderão pelas dívidas contraídas para o funcionamento dela.

(C) poderá, por meio de representante ou devidamente assistido, continuar a empresa antes exercida por ele enquanto capaz, devendo, para isso, preceder autorização judicial que é revogável e não ficam sujeitos ao resultado da empresa os bens que o incapaz possuía ao tempo da interdição, desde que estranhos ao acervo daquela.

(D) somente poderá continuar a empresa, se o curador nomeado pelo juiz puder exercer atividade de empresário, respondendo a caução, que este prestar, pelas dívidas que assumir durante o exercício da empresa, se os bens do incapaz vinculados à atividade empresarial forem insuficientes para o pagamento das dívidas caso venha a ser decretada a falência do incapaz.

(E) só poderá continuar a exercer atividade empresária como sócio não administrador e desde que autorizado pelo juiz no processo de interdição, não ficando, porém, outros bens, exceto as cotas societárias, sujeitos ao pagamento das dívidas contraídas no exercício da empresa.

A: incorreta, pois nos termos da legislação, a continuação da empresa pelo incapaz depende, necessariamente, de autorização judicial, em atividade discricionária, na qual o juiz analisará a conveniência para a manutenção na exploração (CC, art. 974); **B:** incorreta, pois como forma de privilegiar o princípio da preservação da empresa, a legislação permite a continuidade, desde que atendidos determinados requisitos (CC, art. 974); **C:** correta, pois trata-se da expressa previsão legal, tanto na questão da possibilidade de continuação, quanto na questão da responsabilidade limitada apenas aos bens relacionados a exploração da atividade (CC, art. 974); **D:** incorreta, pois a continuação será feita mediante representante ou assistente, sem exigência de caução ou garantia (CC, art. 974); **E:** incorreta, pois na condição de sócio o incapaz não continuaria com a exploração da atividade, já que, nesse caso, a exploração seria feita pela sociedade, não por ele.

Gabarito "C"

(Ministério Público/GO – 2005) A doutrina brasileira costuma apresentar quatro teorias relativas à conceituação do Direito Comercial/Empresarial. Qual foi adotada pelo novo Código Civil/2002:

(A) direito Comercial/Empresarial como Direito do Comerciante

(B) direito Comercial/Empresarial como Direito dos Atos de Comércio

(C) direito Comercial/Empresarial como Direito de Empresa

(D) direito Comercial/Empresarial como Direito do Comerciante e dos Atos de Comércio.

O Livro II, da Parte Especial do Código Civil de 2002, é denominado "Do Direito de Empresa", o que indica a adoção do conceito subjetivo de empresa (= atividade desenvolvida pelo empresário – art. 966 do CC) como objeto desse ramo do Direito Brasileiro.

Gabarito "C"

(Ministério Público/GO – 2005) Por ser de risco, a atividade empresarial normalmente é vedada aos incapazes. Contudo, o Código Civil brasileiro de 2002 (art. 974, *caput*) prevê três hipóteses em que este, por meio de representante ou devidamente assistido, pode continuar a empresa. Isto ocorrerá quando a empresa:

(A) era antes exercida por ele enquanto capaz, por seus pais ou pelo autor da herança

(B) foi adquirida com dinheiro exclusivamente do incapaz

(C) era antes exercida por parente até o segundo grau, em linha reta ou colateral

(D) era antes exercida por ele, enquanto capaz, ou por seus pais.

O art. 974, *caput*, do CC dispõe que o incapaz poderá, por meio de representante ou devidamente assistido, continuar a empresa antes exercida (1) por ele enquanto capaz, (2) por seus pais ou (3) pelo autor de herança.

Gabarito "A"

(Ministério Público/GO – 2005) A disciplina jurídica societária hodierna parte das seguintes premissas, exceto:

(A) a empresa não respeita as fronteiras da sociedade – pessoa jurídica, abrangendo sócios, administradores, empregados, credores, fornecedores e consumidores, e caracterizando-se pela orientação dos recursos segundo uma lógica de autoridade e de direção

(B) o poder de controle constitui o elemento central da empresa (fator de orientação dos recursos) podendo ser alocado, em graus diversos e a cada momento, a todos os participantes do empreendimento econômico, independentemente da propriedade do capital, devendo ser atribuídos ao respectivo titular, em última instância, os deveres e responsabilidades decorrentes do exercício da atividade empresarial

(C) a empresa apresenta concepção jurídica estreita, açambarcando pequeno complexo de relações internas, daí a grande relevância do poder de controle do capital, única instância de poder a ser considerada

(D) o equilíbrio do binômio poder-responsabilidade, que vigorava no direito societário clássico, deve ser reencontrado, pois dele depende a distribuição dos riscos entre os diversos participantes da atividade empresarial, de forma consentânea com os princípios gerais de direito e com as exigências inerentes ao ideal de justiça.

O direito empresarial tem por objeto a empresa, ou seja, toda a atividade do empresário e da sociedade empresária (conceito subjetivo moderno) – arts. 966 e 981 do CC. No caso das sociedades, a atividade é exercida por meio do administrador (relacionado ao poder de controle), figura, portanto, essencial para o direito empresarial brasileiro. O administrador pode ou não ser sócio e os limites de seu poder são definidos pela sociedade – arts. 997, VI, 1.016, 1.060 do CC, entre outros. A responsabilidade dos sócios (limitada ou não à respectiva participação no capital social) depende primordialmente do tipo societário adotado. O administrador, seja ou não sócio, responde solidariamente em caso de culpa no exercício de suas funções (art. 1.016 do CC), especialmente na seara tributária (arts. 134, II e VII, e 135, III, ambos do CTN).

Gabarito "C"

(Ministério Público/PI – 2012 – CESPE) Assinale a opção correta a respeito de empresa, empresário, estabelecimento e locação empresarial.

(A) De acordo com a lei civil, é obrigatória a inscrição, no registro público de empresas mercantis, do empresário que desenvolva atividade rural.

(B) O adquirente do estabelecimento responde pelos débitos anteriores à transferência, estejam, ou não, tais débitos contabilizados na escrituração.

(C) A natureza jurídica do estabelecimento empresarial é de universalidade de direito.

(D) Em relação ao empresário individual, é possível a desconsideração da personalidade jurídica.

(E) Por meio de representação ou assistência, o menor não emancipado pode continuar a atividade empresarial exercida por seus pais.

A: incorreta, pois na exploração de atividade rural, o registro é opcional, tendo, ainda, natureza constitutiva (CC, art. 971); **B:** incorreta, pois a regra para os débitos cíveis e empresariais, regulados pelo CC, somente serão objeto de sucessão se contabilizados, ou seja, se escriturados de alguma forma que o adquirente tenha condições de conhecer tais débitos (CC, art. 1.144); **C:** incorreta, pois nos termos do CC, trata-se de uma universalidade de bens (CC, art. 1.142); **D:** incorreta, pois o empresário individual não possui personalidade jurídica distinta da pessoa física, pois trata-se exatamente da mesma pessoa e o instituto da desconsideração exige a existência de pessoa jurídica para ser desconsiderada (CC, art. 50); **E:** correta, pois nos termos da legislação, como forma de privilegiar o princípio da preservação da empresa, o incapaz poderá dar continuidade à empresa, em casos de sucessão ou incapacidade superveniente (CC, art. 974).

Gabarito "E"

(Ministério Público/RR – 2012 – CESPE) Assinale a opção correta a respeito do registro de empresas.

(A) Incumbe às juntas comerciais solucionar dúvidas decorrentes da interpretação de leis, regulamentos e demais normas relacionadas com o registro de empresas, expedindo instruções para esse fim.

(B) O registro compreende o arquivamento dos atos concernentes a empresas estrangeiras autorizadas a funcionar no Brasil, sendo facultativo o comprovante de pagamento dos serviços correspondentes, a fim de instruir o citado pedido de arquivamento.

(C) Os recursos previstos na legislação dos registros de empresa devem ser interpostos no prazo de dez dias úteis, podendo ter efeitos suspensivos mediante despacho fundamentado da autoridade competente.

(D) Não podem ser arquivados os documentos de constituição ou alteração de empresas mercantis de qualquer espécie ou modalidade em que figure como titular ou administrador pessoa condenada pela prática de contravenção penal com pena que vede o acesso à atividade mercantil.

(E) Das decisões do plenário das juntas comerciais cabe, como última instância administrativa, recurso ao ministro competente, cuja capacidade decisória pode ser delegada, no todo ou em parte.

A: incorreta, pois tal função compete ao Departamento Nacional de Registros do Comércio (DNRC), órgão federal que regulamenta a atividade dos registros estaduais, que são chamadas de Juntas Comerciais (Lei 8.934/1994, art. 3º); **B:** incorreta, pois o registro somente se processará com a comprovação dos pagamentos dos serviços correspondentes (Lei 8.934/1994, art. 37, IV); **C:** incorreta, pois há previsão expressa na lei de ausência de efeito suspensivo dos recursos (Lei 8.934/1994, art. 49); **D:** incorreta, pois a proibição de arquivamento somente ocorre nos casos de condenação por crime (Lei 8.934/1994, art. 37); **E:** correta, nos exatos termos da lei (Lei 8.934/1994, art. 47).

Gabarito "E"

(Ministério Público/RO – 2008 – CESPE) João exercia, profissionalmente, atividade rural organizada para a produção de bens, tendo conseguido, por meio dessa atividade, comprar três fazendas, que destinam ao mercado, anualmente, 100.000 unidades de diferentes animais. João, divorciado e pai de Francisco, de 15 anos de idade, nunca se inscreveu no Registro Público de Empresas Mercantis (RPEM). Recentemente, uma doença o incapacitou para o exercício pessoal dos atos da vida civil. Com base nessa situação hipotética, assinale a opção correta.

(A) Como não houve inscrição no RPEM, as referidas fazendas não integram estabelecimento empresarial, compondo tão somente patrimônio civil de João, na qualidade de pessoa natural.

(B) Se provada a insolvência de João quanto a débitos de natureza mercantil, os credores estarão autorizados a pedir em juízo sua falência, já que ele atuava como empresário irregular.

(C) Francisco, se judicialmente autorizado, poderá continuar a atividade empresarial em questão, exercendo-a em nome de João, mas com a necessária participação de seu representante legal.

(D) Caso seja judicialmente permitido a Francisco continuar a referida atividade empresarial, ele deverá inscrever tanto a autorização judicial como nova firma no RPEM.

(E) A autorização judicial para Francisco prosseguir a atividade de João implica necessariamente emancipá-lo, cessando sua incapacidade, em decorrência de estabelecimento civil ou comercial em nome próprio.

A: incorreta, o indivíduo que exerce atividade econômica descrita no art. 966 do CC, ainda que rural, é empresário (caracterizado pela atividade exercida, e não pelo registro); **B:** incorreta, o registro do empresário rural é opcional, nos termos do art. 971 do CC (João não é empresário irregular); **C:** incorreta, pois a autorização para a continuidade da atividade, pelo incapaz, implica em exercício em nome próprio da atividade, ou seja, não a exercerá em nome de João; **D:** correta, pois o juiz poderá autorizar o filho menor a continuar a empresa do pai, por meio de representante (art. 974, *caput* e § 1º, do CC). A autorização será inscrita no registro público, assim como a nova firma (art. 976, *caput* e parágrafo único, do CC); **E:** incorreta, não é possível a emancipação do menor de dezesseis anos nessa hipótese (art. 5º, parágrafo único, I e V, do CC).

Gabarito "D"

(Ministério Público/RR – 2008 – CESPE) Em relação às inovações trazidas pelo Código Civil de 2002 à disciplina da atividade empresarial, julgue os itens que se seguem.

(1) O Código Civil, para identificar quem será ou não considerado empresário, apoia-se ora em critérios subjetivos, ora em critérios objetivos, qualificando o sujeito de acordo com a sua natureza jurídica ou em razão da atividade que profissionalmente exerce.

(2) O conceito de empresário poderá envolver profissional intelectual de natureza científica, se caracterizado que ele exerce a atividade como elemento de empresa, significando isso exercê-la com o concurso de auxiliares ou colaboradores objetivando lucro.

(3) O Código Civil organizou as sociedades contratuais em dois grupos, as empresárias, que exercem atividade econômica, e as simples, para os demais casos.

1: correta. Em princípio, o empresário é caracterizado pela atividade que desempenha (art. 966 do CC), o que pode ser considerado critério objetivo; no entanto, há previsões específicas que focam o sujeito de direito (critério subjetivo), sendo irrelevante o objeto empresarial: a sociedade por ações será sempre empresária e a sociedade cooperativa será sempre simples (art. 982, parágrafo único, do CC); 2: incorreta. O concurso de auxiliares ou colaboradores não caracteriza o profissional intelectual como empresário – art. 966, parágrafo único, do CC; 3: incorreta. O exercício de atividade econômica, por si, não caracteriza a sociedade empresária (é preciso que essa atividade seja organizada para a produção ou a circulação de bens ou de serviços) – art. 966, *caput*, c/c art. 982, ambos do CC.

Gabarito 1C, 2E, 3E

(Ministério Público/SP – 2008) Assinale a alternativa incorreta.

(A) Considera-se empresário quem exerce profissionalmente atividade econômica organizada para a produção ou a circulação de bens.

(B) É obrigatória a inscrição do empresário no Registro Público de Empresas Mercantis da respectiva sede, antes do início da sua atividade.

(C) A incapacidade superveniente não impede o empresário de dar continuidade à empresa exercida até então, desde que representado ou assistido.

(D) O empresário casado não pode alienar imóveis que integram o patrimônio da empresa sem a outorga conjugal.

(E) A sentença que decreta ou homologa a separação judicial do empresário não pode ser oposta a terceiros antes de arquivada e averbada no Registro Público de Empresas Mercantis.

A: correta, art. 966, *caput*, do CC; **B:** correta, art. 967 do CC; **C:** correta, art. 974 do CC (é necessária autorização judicial e inscrição no registro público – art. 976 do CC); **D:** incorreta (devendo ser assinalada), pois é possível a alienação sem outorga conjugal – art. 978 do CC; **E:** correta, art. 980 do CC.

Gabarito "D"

1.2. DESCONSIDERAÇÃO DA PERSONALIDADE JURÍDICA

(Ministério Público/PR – 2009) A propósito da teoria da desconsideração da pessoa jurídica, pode-se dizer:

(A) O Ministério Público, agindo como fiscal da lei, não poderá pleitear a desconsideração da pessoa jurídica, providência que somente as partes poderão postular no processo judicial.

(B) A desconsideração da pessoa jurídica, no caso de sociedade empresária, poderá levar, conforme o caso, à responsabilização pessoal do sócio ou de administrador não sócio.

(C) A desconsideração da pessoa jurídica, em relação jurídica regida pelo Direito Comercial, pode ser aplicável a qualquer tempo, bastando a prova da inadimplência da obrigação e dos prejuízos causados.

(D) A desconsideração da pessoa jurídica, quando aplicada em processo judicial, importará no reconhecimento da invalidade do ato constitutivo, por ilicitude do objeto, conduzindo à imediata extinção da personalidade jurídica da entidade.

(E) n.d.a.

A: incorreta, pois o MP pode requerer a desconsideração, quando lhe couber intervir no processo – art. 50 do CC; **B:** correta, conforme o art. 50, *in fine*, do CC; **C:** incorreta, pois não basta a prova da inadimplência da obrigação e dos prejuízos causados para a desconsideração, sendo necessário, em regra, o abuso da personalidade jurídica, caracterizado pelo desvio de finalidade, ou pela confusão patrimonial – art. 50 do CC. Interessante ressaltar que a desconsideração foi positivada também no art. 28 do CDC e no art. 34 da Lei 12.529/2011, além de disposições específicas quanto a atos culposos ou dolosos praticados pelos administradores com efeitos em relação à sua responsabilidade pessoal (por exemplo, art. 1.016 do CC e arts. 134, II e VII, e 135, III, ambos do CTN); **D:** incorreta, já que a desconsideração da personalidade jurídica não extingue a sociedade, apenas estende os efeitos de certas e determinadas relações de obrigações aos bens particulares dos administradores ou sócios da pessoa jurídica – art. 50 do CC.

Gabarito "B"

(Ministério Público/RJ – 2011) Os sócios de uma sociedade limitada praticam atos fraudulentos e em flagrante desvio de finalidade da pessoa jurídica. Diante de tal situação, em ação judicial própria proposta pelos credores, restou decretada a desconsideração da personalidade jurídica da referida sociedade.

Diante da situação apresentada, pode-se afirmar que a desconsideração da personalidade jurídica da sociedade:

(A) é medida severa que importa na ineficácia dos atos ulteriores aos praticados sem desconformidade com os objetivos empresariais;

(B) é decisão judicial que importará na extinção da sociedade, com a posterior liquidação de seus bens materiais e imateriais, vez que é nulificada sua personalidade;

(C) não poderia ter sido decretada, visto que, consoante a disciplina do novo Código Civil, deverá ser precedida do encerramento irregular da pessoa jurídica;

(D) não é aplicável, *in casu*, mas sim a sua dissolução, total ou parcial, em decorrência dos atos fraudulentos praticados pelos sócios;

(E) importará na retirada, no caso *sub judice*, da autonomia patrimonial da sociedade,para estender os efeitos de suas obrigações aos bens particulares de seus sócios.

A: incorreta, pois a desconsideração tem, apenas, efeitos patrimoniais, incidentes sobre a pessoa física dos sócios ou administradores, não implicando em qualquer efeito em relação aos atos praticados (CC, art. 50); **B:** incorreta, pois a desconsideração não afeta a validade ou a regularidade da sociedade, mas apenas estende os efeitos patrimoniais para o patrimônio do sócio ou administrador (CC, art. 50); **C:** incorreta, pois a desconsideração poderá ser definida durante ou posteriormente a ato extintivo da sociedade, não sendo, a desconsideração em si, um ato desconstitutivo da personalidade (CC, art. 50); **D:** incorreta, pois sua aplicação típica se dá, exatamente, nas situações de utilização indevida da personalidade, durante a atividade regular da empresa (CC, art. 50); **E:** correta, pois se trata exatamente da definição do instituto, cujo único grande efeito é apenas a extensão de responsabilidade patrimonial pelas dívidas da sociedade (CC, art. 50).

Gabarito "E"

(Ministério Público/SP – 2011) A teoria da desconsideração da personalidade jurídica vem sendo, nos últimos anos, disciplinada por diversos textos legais. Todavia, é incorreto afirmar que:

(A) a falência é hipótese de incidência da desconsideração da personalidade jurídica, conforme o Código de Defesa do Consumidor.

(B) a desconsideração da personalidade jurídica, nas hipóteses de infração à ordem econômica, é prevista para os casos de abuso de direito.

(C) na disciplina legal da responsabilidade por lesões ao meio ambiente, há expressa previsão de desconsideração da personalidade jurídica para as hipóteses de fraude, erro substancial e violação a estatuto e contrato social.

(D) o desvio de finalidade e a confusão patrimonial são os únicos caracterizadores do abuso da personalidade jurídica, nos termos do art. 50 do Código Civil.

(E) a legitimação do Ministério Público para as hipóteses de abuso da personalidade jurídica está expressamente estabelecida em nossa Lei Civil.

A: correta, conforme o art. 28 do CDC (Lei 8.078/1990); **B:** correta, nos termos do art. 34 da Lei Antitruste – LAT (Lei 12.529/2011); **C:** incorreta (devendo ser assinalada), pois a Lei 9.605/1998 prevê a desconsideração da pessoa jurídica sempre que sua personalidade for obstáculo ao ressarcimento de prejuízos causados à qualidade do meio ambiente – art. 4º; **D:** correta, nos termos do dispositivo legal citado; **E:** correta, pois tanto a parte quanto o Ministério Público, quando lhe couber intervir no processo, podem requerer ao juiz a desconsideração, nos termos do art. 50 do CC.

Gabarito "C"

1.3. NOME EMPRESARIAL

(Ministério Público/AP – 2005) Assinale a alternativa correta:

Sabendo-se que uma empresa pode adotar nome comercial do tipo firma individual, firma social e denominação, assinale a alternativa correta entre os seguintes nomes comerciais:

(A) Vivante Tecidos S.A (firma social);

(B) Refinaria de Petróleo do Brasil LTDA (denominação);

(C) Pereira, Alves e Cia (firma individual);

(D) Cia de Tecidos da Amazônia (firma social).

A: incorreta, sociedades anônimas (S.A.) não podem ter firma – art. 1.160 do CC; **B:** correta, a firma indica, necessariamente, nome de pessoa física (um ou mais sócios) – a assertiva indica, portanto, denominação social – art. 1.158, § 2º, do CC; **C:** incorreta, há nomes de duas pessoas físicas (além de haver mais sócios, indicados pela expressão "e companhia"), de modo que não pode ser firma individual – art. 1.156 do CC; **D:** incorreta, "Companhia" ou "Cia." refere-se à sociedade anônima, que não pode funcionar sob firma – art. 1.160 do CC.

Gabarito "B"

1.4. INSCRIÇÃO, REGISTROS, ESCRITURAÇÃO E LIVROS

(Ministério Público/GO – 2005) Caso: A empresa "A" pretende obter empréstimo junto a uma instituição financeira. Esta exige comprovação da capacidade de pagamento das parcelas pactuadas no contrato. Ciente de que a escrituração contábil de sua empresa denunciará o contrário, o empresário combina com seu contador a lavratura de demonstrativos contábeis fraudulentos, a fim de convencer a instituição financeira a aprovar o crédito. Pergunta: Analise a conduta do contador e, com base no art. 1.177 e seu parágrafo único do Código Civil/2002, marque a resposta correta:

(A) tendo havido dolo (fato possível de ser demonstrado por uma perícia contábil), o credor poderá, se não paga a dívida, exigi-la do empresário e/ou contador.

(B) o contador não poderá ser responsabilizado pelo credor, pois responde, por dolo ou culpa, só perante seu cliente (o empresário).

(C) o contador não poderá ser responsabilizado pelo credor, porquanto aquele somente pode ser acionado quando demonstrada sua participação dolosa em sonegação de tributos.

(D) há total isenção de responsabilidade do contador, haja vista caracterizar-se como mero auxiliar do comerciante/empresário.

Em caso de dolo por parte do contador (preposto), ele e o empresário (preponente) respondem solidariamente perante terceiros – art. 1.177, *caput* e parágrafo único, do CC.

Gabarito "A"

1.5. ESTABELECIMENTO

(Ministério Público/AP – 2005) Assinale a alternativa correta:

(A) O adquirente do estabelecimento responde pelo pagamento dos débitos anteriores à transferência, desde que estejam regularmente contabilizados, sendo que, a responsabilidade do credor primitivo permanecerá pelo prazo de um ano, a contar da publicação da transferência, quando se referir a créditos vencidos, ou a contar da data do vencimento da dívida, quando se tratar de outros créditos;

(B) O estabelecimento comercial é composto por bens corpóreos e incorpóreos, sendo um complexo de bens organizados, podendo ser descentralizados, desde que com o mesmo valor econômico que se traduz em um sobrepreço do estabelecimento cujo valor agregado dá-se o nome de aviamento;

(C) O fundo de comércio é o conjunto de bens corpóreos e incorpóreos operado pelo empresário, sendo sujeito de direito, portanto, tendo poder para ingressar em juízo na defesa de seus interesses;

(D) A natureza jurídica do estabelecimento empresarial é uma universalidade de direito.

A: correta, art. 1.146 do CC; **B:** incorreta, o aviamento não se inclui no conceito de estabelecimento empresarial (embora haja discussão doutrinária). O termo refere-se à aptidão da empresa para dar lucro (a mais-valia decorrente da exploração do estabelecimento empresarial); **C:** incorreta, o fundo de comércio ou estabelecimento empresarial, como complexo de bens (art. 1.142 do CC), é objeto de direito, e não sujeito de direito; **D:** incorreta, no direito brasileiro, universalidade de direito refere-se a complexo de relações jurídicas (art. 91 do CC), enquanto o estabelecimento é complexo de bens corpóreos e incorpóreos (art. 1.142 do CC).

Gabarito "A"

(Ministério Público/GO – 2005) Inspirado no Código Civil italiano/1942 (arts. 2.555 a 2.562), o legislador brasileiro resolveu, pela primeira vez, dar um tratamento legal consistente à matéria estabelecimento comercial/empresarial, o que certamente resultará em maior estabilidade às relações comerciais/empresariais, principalmente àquelas envolvendo sua transferência. Nesse diapasão, pode-se afirmar que sua natureza jurídica é, nos termos do Código Civil/2002 (especialmente art. 1.143):

(A) universalidade de fato

(B) universalidade de direito

(C) bem imaterial

(D) bem corpóreo

Considerando que o estabelecimento é um complexo de bens organizado para o exercício da empresa (art. 1.142 do CC), que pode ser objeto unitário de direitos e de negócios jurídicos (art. 1.143 do CC), pode-se classificá-lo com universalidade de fato (art. 90 do CC).

Gabarito "A"

(Ministério Público/SP – 2006) É correto afirmar que o estabelecimento pode ser:

(A) objeto unitário de direitos e de negócios jurídicos translativos, que sejam compatíveis com a sua natureza; e, no caso de alienação, se ao alienante não restarem bens suficientes para solver o seu passivo, a eficácia da alienação do estabelecimento depende do pagamento de todos os credores, ou do consentimento destes, de modo expresso, em trinta dias a partir de sua notificação.

(B) objeto unitário de direitos e de negócios jurídicos translativos, que sejam compatíveis com a sua natureza; e, no caso de alienação, se ao alienante não restarem bens suficientes para solver o seu passivo, a eficácia da alienação do estabelecimento depende do pagamento de todos os credores, ou do consentimento destes, de modo expresso ou tácito, em trinta dias a partir de sua notificação judicial.

(C) objeto unitário de direitos e de negócios jurídicos, translativos ou constitutivos, que sejam compatíveis com a sua natureza; e, no caso de alienação, se ao alienante não restarem bens suficientes para solver o seu passivo, a eficácia da alienação do estabelecimento depende do pagamento de todos os credores, ou do consentimento destes, de modo expresso ou tácito, em trinta dias a partir de sua notificação.

(D) objeto unitário de direitos e de negócios jurídicos, translativos ou constitutivos, que sejam compatíveis com a sua natureza; e, no caso de alienação, ainda que ao alienante restem bens suficientes para solver o seu passivo, a eficácia da alienação do estabelecimento depende do pagamento de todos os credores, ou do consentimento destes, de modo expresso, em trinta dias a partir de sua notificação judicial.

(E) objeto unitário de direitos e de negócios jurídicos translativos, que sejam compatíveis com a sua natureza; e, no caso de alienação, ainda que ao alienante restem bens suficientes para solver o seu passivo, a eficácia da alienação do estabelecimento depende do pagamento de todos os credores, ou do consentimento destes, de modo expresso, em trinta dias a partir de sua notificação judicial.

A: incorreta, pois o consentimento dos credores pode ser expresso ou tácito (CC, art. 1.145); **B:** incorreta, pois a lei não exige notificação judicial (CC, art. 1.145); **C:** correta, nos exatos termos da lei (CC, art. 1.145); **D:** incorreta, pois a lei não exige notificação judicial (CC, art. 1.145); **E:** incorreta.

Gabarito "C"

2. DIREITO SOCIETÁRIO

2.1. SOCIEDADE SIMPLES

(Ministério Público/PR – 2013 – X) Em relação à sociedade simples cujos sócios sejam exclusivamente pessoas jurídicas, assinale a alternativa ***incorreta***:

(A) O contrato de sociedade deve mencionar a denominação, nacionalidade e sede dos sócios;

(B) O contrato de sociedade pode ter forma pública;

(C) O direito brasileiro não admite sociedade simples exclusivamente com sócios pessoas jurídicas;

(D) O contrato deve mencionar a pessoa natural incumbida de administrar a sociedade;

(E) Mesmo tendo apenas pessoas jurídicas como sócios, o contrato deve mencionar se os sócios respondem, ou não, subsidiariamente pelas obrigações sociais.

A: correta, pois trata-se de requisito legal a informação detalhada da composição societária (art. 997, I e II, do CC/2002); **B:** correta, pois a legislação permite que o contrato seja firmado mediante instrumento público ou privado (art. 997, *caput*, do CC/2002); **C:** incorreta, devendo ser assinalada, pois não há tal exigência na legislação, mas sim, pelo contrário, previsão expressa sobre a possibilidade de sócios pessoas físicas ou jurídicas (art. 997, I, do CC/2002); **D:** correta, pois a identificação do administrador é requisito legal (art. 997, VI, CC/2002); **E:** correta, por expressa previsão legal (art. 1.023 do CC/2002).

Gabarito "C"

(Ministério Público/PR – 2011) Acerca da sociedade simples, assinale a alternativa correta.

(A) O Ministério Público pode postular a dissolução da sociedade no caso de cessação de sua autorização de funcionamento.

(B) Cabe ao Ministério Público a fiscalização das atividades da sociedade, participando de suas deliberações.

(C) O Ministério Público tem o dever de postular a extinção da sociedade nos casos de não haver pluralidade de sócios.

(D) Caberá ao Ministério Público postular em juízo a dissolução da sociedade nos casos de desacordo entre os sócios que ponha em risco a sua continuidade.

(E) Nenhuma das alternativas anteriores está correta.

A: correta, conforme o art. 1.037 do CC; B, C e **D:** incorretas, pois o Ministério Público não tem essas atribuições em relação às sociedades simples; **E:** incorreta, já que a alternativa "A" é verdadeira.

Gabarito "A"

2.2. SOCIEDADE EMPRESÁRIA

(Ministério Público/CE – 2009 – FCC) A sociedade empresária, como pessoa jurídica, é sujeito de direito personalizado. Posta a premissa, é FALSA a consequência seguinte:

(A) a responsabilização patrimonial, solidária e direta dos sócios, em relação aos credores, pelo eventual prejuízo causado pela sociedade.

(B) sua titularidade negocial, ou seja, é ela quem assume um dos polos na relação negocial.

(C) sua titularidade processual, isto é, pode demandar e ser demandada em juízo.

(D) sua responsabilidade patrimonial, ou seja, tem patrimônio próprio, inconfundível e incomunicável com o patrimônio individual de seus sócios.

(E) extingue-se por um processo próprio, que compreende as fases de dissolução, liquidação e partilha de seu acervo.

A: incorreta (devendo ser assinalada), pois a premissa de que a sociedade empresária é pessoa jurídica, sujeito de direito personalizado, não pode levar à conclusão de que seus sócios, que são pessoas distintas, respondem solidária e diretamente pelos prejuízos causados pela sociedade aos seus credores; B, C, D e **E:** corretas. As assertivas decorrem da personalização da sociedade, distinta da pessoa de seus sócios.

Gabarito "A"

2.3. SOCIEDADES EM COMUM, EM CONTA DE PARTICIPAÇÃO, EM NOME COLETIVO, EM COMANDITA

(Ministério Público/SP – 2008) Na ____________, a atividade constitutiva do objeto social é exercida unicamente pelo sócio ostensivo, em seu nome individual e sob sua própria e exclusiva responsabilidade, participando os demais dos resultados correspondentes.

Assinale a alternativa que preenche corretamente a lacuna.

(A) sociedade em conta de participação;

(B) sociedade em nome coletivo;

(C) sociedade cooperativa;

(D) sociedade em comandita simples;

(E) sociedade em comum.

Art. 991 do CC.

Gabarito "A"

(Ministério Público/SP – 2012 – VUNESP) É INCORRETO afirmar:

(A) Na sociedade em nome coletivo todos os sócios são limitada e solidariamente responsáveis pelas obrigações sociais.

(B) Nas sociedades em comandita simples, os sócios comanditados pessoas físicas, respondem solidária e ilimitadamente pelas obrigações sociais, e os comanditários obrigam-se somente pelo valor de suas cotas.

(C) Na sociedade em comandita simples o sócio comanditário pode ser pessoa jurídica, desde que constituída a sociedade de acordo com o disposto no art. 1045, do Código Civil.

(D) A sociedade em conta de participação não é irregular, muito embora não tenha razão social ou firma; não se revele publicamente em face de terceiro e nem tenha patrimônio próprio.

(E) O contrato societário das denominadas sociedades simples deverá necessariamente conter dentre outros requisitos a participação de cada sócio nos lucros e nas perdas (art. 997, CC).

A: correta, pois a sociedade em nome coletivo é uma sociedade de responsabilidade ilimitada (CC, art. 1.039); **B:** correta, por expressa previsão legal, tendo o sócio comanditado tratamento similar ao sócio da sociedade em nome coletivo, e o comanditário, tratamento similar a um sócio de limitada (CC, art. 1.045); **C:** correta, pois a sociedade em comandita poderá ter sócio comanditário pessoa jurídica, desde que possua ao menos um sócio comanditado pessoa física (CC, at. 1.045); **D:** correta, pois tal sociedade tem previsão legal, sendo uma sociedade despersonificada (CC, art. 991); **E:** incorreta (devendo ser assinalada), pois a previsão de lucros e perdas posse ser definida de maneira implícita, prevalecendo a participação no capital social (CC, art. 997, VII).

Gabarito "E"

2.4. DISSOLUÇÃO DAS SOCIEDADES EM GERAL

(Ministério Público/SP – 2006) Em relação à dissolução da sociedade, o Ministério Público atuará se:

(A) ocorrer a extinção, na forma da lei, de autorização para funcionar e, tão logo lhe comunique a autoridade competente, promoverá a liquidação judicial da sociedade, se os administradores não o tiverem feito nos trinta dias seguintes à perda da autorização, ou se o sócio não houver requerido a liquidação judicial.

(B) exaurido o fim social, ou verificada a sua inexequibilidade, e, tão logo tome conhecimento por qualquer interessado, promoverá a liquidação judicial da sociedade, se os administradores não o tiverem feito nos trinta dias seguintes à perda da autorização, ou se o sócio não houver requerido a liquidação judicial.

(C) ocorrer a falta de pluralidade de sócios, não reconstituída no prazo de cento e oitenta dias, e, tão logo tome conhecimento, promoverá a liquidação judicial da sociedade, se os administradores não o tiverem feito nos trinta dias seguintes à perda da autorização, ou se o sócio não houver requerido a liquidação judicial.

(D) exaurido o fim social, ou verificada a sua inexequibilidade, ou se ocorrer a falta de pluralidade de sócios, não reconstituída no prazo de cento e oitenta dias, e, tão logo tome conhecimento, promoverá a liquidação judicial da sociedade, se os administradores não o tiverem feito nos trinta dias seguintes à perda da autorização, ou se o sócio não houver requerido a liquidação judicial.

(E) ocorrer a extinção, na forma da lei, de autorização para funcionar ou se exaurido o fim social, ou verificada a sua inexequibilidade, e, tão logo lhe comunique a autoridade competente, promoverá a liquidação judicial da sociedade, se os administradores não o tiverem feito nos trinta dias seguintes à perda da autorização, ou se o sócio não houver requerido a liquidação judicial.

A: correta, por expressa previsão legal, já que a legislação estabelece a participação do MP somente nos casos de extinção de autorização de funcionamento, nos casos em que necessária (CC, art. 1.037 c/c art. 1.033, V,). **B:** incorreta, pois não há previsão para atuação do MP nessa hipótese de extinção (CC, art. 1.037); **C:** incorreta, pois não há previsão para atuação do MP nessa hipótese de extinção (CC, art. 1.037); **D:** incorreta, pois não há previsão para atuação do MP nessa hipótese de extinção (CC, art. 1.037); E; incorreta, pois não há previsão para atuação do MP nessas hipóteses de extinção (CC, art. 1.037).

Gabarito "A"

2.5. SOCIEDADE LIMITADA

(Ministério Público/BA – 2008) Na sociedade limitada:

(A) Todos os administradores são necessariamente sócios dessa modalidade de sociedade. O Contrato Social não pode permitir, em nenhuma hipótese, que a sociedade venha a ser administrada por pessoa que não integre como sócio a composição do quadro societário.

(B) Em nenhuma hipótese, em uma sociedade limitada pode o sócio ser excluído da sociedade, nem judicial nem extrajudicialmente.

(C) Nessa modalidade de sociedade, o sócio não pode ceder as suas quotas, total ou parcialmente, a quem não seja sócio, uma vez que a sociedade por quotas é uma sociedade de pessoas.

(D) É possível, através de expressa disposição contratual excluir o sócio de participar dos lucros e das perdas.

(E) Os administradores da sociedade limitada respondem solidariamente perante a sociedade e perante terceiros prejudicados, por culpa no desempenho das suas funções.

A: incorreta, pois a lei permite, na sociedade limitada, a designação de administradores estranhos ao capital social, chamados de administradores não sócios (CC, art. 1.060 e 1.061); **B:** incorreta, pois existem diversas hipóteses de exclusão de sócio nas sociedades contratuais, dentre elas a limitada; podemos lembrar da exclusão do sócio remisso, justa causa, incapacidade superveniente, falência e pedido de liquidação por parte dos credores do sócio (CC, art. 1.058, p. ex); **C:** incorreta, pois a cessão de quotas para não sócio poderá ser feita, desde que haja anuência parcial dos demais sócios (CC, art. 1.057); **D:** incorreta, pois será nula cláusula contratual que estabeleça a não participação nos resultados de algum dos sócios; **E:** correta, por expressa previsão de responsabilidade na lei (CC, art. 1.016).

Gabarito "E"

(Ministério Público/RJ – 2011) Marcos, Pedro, Marcela e Letícia constituíram uma sociedade empresária de informática e engenharia, sob a forma de sociedade limitada, para prestação de serviços na área de engenharia elétrica e de computação. No contrato constitutivo consta que o capital social monta em R$ 240.000,00 (duzentos e quarenta mil reais), dividido em 1.200 (mil e duzentas) quotas de R$ 200, 00 (duzentos reais) cada, integralizadas no ato constitutivo, divididas as quotas entre os sócios na seguinte proporção: ao sócio Marcos 22%, à sócia Marcela 22%, à sócia Letícia 32% e ao sócio Pedro 24%.

Com base nessa situação hipotética, é correto afirmar que:

(A) sendo omisso o contrato social quanto à matéria, Letícia não poderá ceder suas quotas a terceiro estranho ao corpo societário, mesmo com a anuência de Marcos e Marcela, caso haja discordância de Pedro;

(B) em razão do caráter *intuitu personae* da sociedade limitada, as quotas não podem ser cedidas, salvo se houver expressa previsão contratual e autorização de todos os sócios;

(C) uma vez integralizado o capital social, os sócios Marcos, Pedro, Marcela e Letícia nada mais devem cada qual individualmente à sociedade, nem solidariamente aos credores da pessoa jurídica;

(D) não permite o novo Código Civil a nomeação de administrador da sociedade não sócio, posto que implicaria a quebra da *affectio societatis;*

(E) caso não estivesse integralizado o capital social, poderia o sócio Marcos contribuir para sua formação com bens móveis ou imóveis, dinheiro ou prestação de serviços.

A: incorreta, pois a legislação estabelece como condição para a circulação a inexistência de oposição de percentual superior a 25%, e Pedro possui apenas 24% (CC, art. 1.057); **B:** incorreta, pois há previsão legal de possibilidade de circulação independente de concordância de todos os sócios (CC, art. 1.057); **C:** correta, pois na sociedade limitada a responsabilidade dos sócios é limitada a sua participação no capital social, de forma que devidamente integralizado o capital, não mais se falará em possibilidade de cobrança dos sócios, salvo se caracterizada a fraude necessária para a desconsideração da personalidade jurídica (CC, art. 1.052); **D:** incorreta, por expressa previsão legal (CC, art. 1.060); **E:** incorreta, pois a legislação não admite a integralização de capital, na sociedade limitada, em forma de prestação de serviços (CC, art. 1.053).

Gabarito "C"

(Ministério Público/RJ – 2011) Com relação aos procedimentos de reorganização societária de uma sociedade limitada, é correto afirmar que:

(A) a transformação é a operação pela qual a sociedade muda seu tipo societário, independentemente, porém, de sua dissolução e liquidação, e dependerá da aprovação de no mínimo 4/5 (quatro quintos) dos sócios cotistas;

(B) a fusão é a operação pela qual se unem duas ou mais sociedades para formar sociedade nova, que lhes sucederá em todos os direitos e obrigações, sendo reservado ao sócio dissidente o direito de recesso;

(C) a cisão inadmite via de regra e por força de lei, em qualquer de suas modalidades, transferência total do patrimônio da empresa cindida, posto que sua concretização importa na extinção da sociedade;

(D) os procedimentos de reorganização societária das sociedades limitadas têm como requisito legal o decurso de um ano do registro das sociedades envolvidas no registro do comércio e após a integralização do capital social;

(E) a incorporação é a operação pela qual uma ou mais sociedades são absorvidas por outra, surgindo daí nova sociedade com personalidade jurídica distinta da incorporadora e incorporada(s).

A: incorreta, pois, como regra geral, a transformação exige unanimidade para sua aprovação (CC, art. 1.114); **B:** correta, pois na fusão as sociedades fundidas deixam de existir, havendo a efetiva sucessão e direito de recesso (CC, art. 1.077); **C:** incorreta, pois na cisão parcial, a sociedade original continua existindo, de forma que admite-se a transferência patrimonial (Lei 6.404/1976, art. 243); **D:** incorreta, pois não há tal exigência na lei; **E:** incorreta, pois na incorporação mantém-se a personalidade da sociedade incorporadora, extinguindo-se apenas as incorporadas (CC, art. 1.116).

Gabarito "B"

(Ministério Público/SP – 2012 – VUNESP) É INCORRETO afirmar:

(A) Nas sociedades limitadas, o contrato social restringe a responsabilidade dos sócios ao valor de suas contribuições ou à soma do capital social.

(B) Sociedade de capital fixo cujo capital é determinado e estável e só pode ser modificado por alteração do contrato.

(C) A sociedade em conta de participação, em razão de sua estrutura econômica é reputada sociedade de capitais.

(D) As sociedades irregulares, denominadas "em comum" pelo Código Civil, são sociedades não personificadas.

(E) As sociedades ilimitadas são aquelas em que todos os sócios assumem responsabilidade ilimitada e solidária relativamente às obrigações.

A: correta, pois na sociedade limitada a responsabilidade dos sócios é restrita ao capital social, existindo a solidariedade entre todos pela integralização do capital geral (CC, art. 1.052); **B:** correta, pois o capital social nas sociedades personificadas decorre da expressa previsão no contrato social, de forma que somente com eventual modificação contratual se permitirá a alteração no valor do capital; **C:** incorreta (devendo ser assinalada), pois a sociedade em conta de participação nem sequer possui personalidade jurídica (CC, art. 991); **D:** correta, pois as sociedades em comum, nova nomenclatura para as sociedades irregulares ou de fato, por não possuírem registro, não gozam de personalidade jurídica (CC, art. 986); **E:** correta, pois se trata de sua própria definição doutrinária.

Gabarito "C"

2.6. SOCIEDADE ANÔNIMA

2.6.1. ASSEMBLEIA GERAL, CONSELHO DE ADMINISTRAÇÃO, DIRETORIA, ADMINISTRADORES E CONSELHO FISCAL

(Ministério Público/RS – 2009) A respeito das sociedades em geral, assinale a alternativa correta.

(A) É competência da assembleia geral definir a exclusão do direito de o acionista participar do acervo da companhia em caso de sua liquidação.

(B) O capital de sociedade anônima não pode ser formado exclusivamente com bens.

(C) Poderá ser indicada como forma de integralização do capital a sua realização com lucros futuros que o sócio venha a auferir na sociedade.

(D) O conselho fiscal é órgão privativo das sociedades anônimas, podendo a sociedade limitada, porém, instituir conselho de administração.

(E) Tratando-se de sociedade em conta de participação, a falência do sócio ostensivo acarreta a dissolução da sociedade e a liquidação da respectiva conta, cujo saldo constituirá crédito quirografário.

A: incorreta, pois é vedada essa exclusão, nos termos do art. 109, II, da Lei da Sociedade Anônima – LSA (Lei 6.404/1976); **B:** incorreta, já que o capital social poderá ser formado com contribuições em dinheiro ou em qualquer espécie de bens suscetíveis de avaliação em dinheiro – art. 7º da LSA (Lei 6.404/1976). Não é possível a integralização com serviços. Importante lembrar que a constituição da companhia exige realização imediata de 10%, no mínimo, do preço de emissão das ações subscritas em dinheiro – art. 80, II, da LSA (Lei 6.404/1976); **C:** incorreta, pois a expectativa de lucros futuros não é aceita para a integralização do capital; **D:** incorreta, pois as limitadas também podem ter conselho fiscal – art. 1.066 c/c art. 1.078, ambos do CC; **E:** correta, conforme o art. 994, § 2º, do CC.

Gabarito "E"

2.6.2. QUESTÕES COMBINADAS SOBRE SOCIEDADE ANÔNIMA

(Ministério Público/AP – 2005) Assinale a alternativa correta:

(A) A responsabilidade objetiva do agente ocorre quando os administradores das S/As causam prejuízo à empresa, respondendo por culpa ou dolo, no âmbito de seus poderes ou quando violarem a lei ou o estatuto social;

(B) As partes beneficiárias são títulos emitidos pelas sociedades anônimas de capital fechado, desde que autorizadas pela Assembleia Geral e caracterizam-se por serem estranhos ao capital social e por conferirem aos seus proprietários direito de crédito apenas eventual contra a companhia;

(C) As ações das sociedades anônimas são endossáveis, preferenciais, nominativas e ordinárias;

(D) A composição do Conselho Fiscal de sociedade por ações não será inferior a três nem superior a cinco membros efetivos e suplentes em igual número, eleitos dentre aqueles que compõem os órgãos de administração.

A: incorreta, pois não se trata de responsabilidade objetiva – art. 158, I e II, da LSA (Lei 6.404/1976); **B:** correta, arts. 46 e 47, parágrafo único, ambos da LSA (Lei 6.404/1976); **C:** incorreta, as ações podem ser ordinárias, preferenciais ou de fruição (art. 15 da LSA – Lei 6.404/1976) e, quanto à forma, são sempre nominativas (art. 20 da LSA – Lei 6.404/1976); **D:** incorreta, os conselheiros fiscais não podem ser membros dos órgãos de administração da companhia – art. 162, § 2º, da LSA (Lei 6.404/1976).

Gabarito "B"

2.7. QUESTÕES COMBINADAS SOBRE SOCIEDADES E OUTROS TEMAS

(Ministério Público/ES – 2013 – VUNESP) Assinale a alternativa correta acerca da sociedade cooperativa.

(A) Dentre suas características, figura a variabilidade ou a dispensa do capital social.

(B) O quorum para a assembleia geral funcionar e deliberar é fundado no capital social representado.

(C) Independentemente de seu objeto, é considerada empresária por força de lei.

(D) A transferibilidade das quotas do capital a terceiros estranhos à sociedade ocorrerá, exclusivamente, por herança.

(E) A responsabilidade dos sócios somente é admitida na forma limitada.

A: correta, nos termos do art. 1.094, I, do Código Civil; **B:** incorreta. Como o capital social pode até mesmo ser dispensado, as deliberações da assembleia geral são tomadas por maioria de votos contados por cabeça (art. 1.094, V, do Código Civil); **C:** incorreta. A sociedade cooperativa é considerada simples por força de lei, independentemente de seu objeto (art. 982, parágrafo único, do Código Civil); **D:** incorreta. Nem mesmo a herança autoriza a transferência das quotas do capital a terceiros estranhos à sociedade (art. 1.094, IV, do Código Civil); **E:** incorreta. Caberá ao estatuto definir a responsabilidade dos cooperados, que poderá ser limitada ou ilimitada (art. 1.095 do Código Civil).

Gabarito "A"

(Ministério Público/ES – 2013 – VUNESP) A operação pela qual a sociedade passa, independentemente de dissolução e liquidação, de um tipo para outro, é a

(A) cisão total.

(B) incorporação.

(C) cisão parcial.

(D) fusão.

(E) transformação.

A operação societária descrita no *caput* é a transformação. Cisão é a divisão da empresa criando uma ou mais empresas novas, deixando a empresa original de existir (cisão total) ou não (cisão parcial). Incorporação é a operação societária na qual uma sociedade absorve integralmente o patrimônio (bens, direitos e dívidas) de outra, que deixa de existir. Fusão, por fim, é a operação societária resultante da união de duas ou mais empresas, após a qual todas deixam de existir e criam uma nova.

Gabarito "E"

(Ministério Público/AP – 2005) Assinale a alternativa correta:

(A) Dissolve-se a sociedade por deliberação dos sócios, por maioria absoluta, na sociedade de prazo determinado.

(B) Na administração da sociedade simples, o sócio-gerente passa a ter uma função secundária na empresa, passando a ser preposto do Administrador;

(C) Os Livros Especiais na Sociedade Limitada são o Livro de Atas da Administração, o Livro de Atas da Assembleia, o Livro de Reuniões e o Diário;

(D) O empresário casado em comunhão universal de bens necessita de outorga do cônjuge para vender ou dar em garantia os imóveis da empresa.

A: incorreta, a sociedade por tempo determinado dissolve-se no vencimento do prazo de duração, salvo se não houver liquidação e oposição de sócio – art. 1.033, I, do CC; **B:** correta, o art. 1.172 do CC define o gerente como "o preposto permanente no exercício da empresa, na sede desta, ou em sucursal, filial ou agência". No entanto, é importante salientar que o próprio sócio pode ser investido na administração da empresa – art. 1.019 do CC; **C:** incorreta, a legislação não faz referência a esses livros especiais das sociedades limitadas – art. 1.179, § 1º, do CC; **D:** incorreta, não é necessária outorga conjugal, qualquer que seja o regime do casamento – art. 978 do CC.

Gabarito "B"

(Ministério Público/AP – 2005) Assinale a alternativa correta:

(A) O direito brasileiro arrola como sociedade empresária, a sociedade limitada, a sociedade anônima, a sociedade em comandita por ações, a sociedade em comandita simples, a sociedade

Tanto o local de emissão e de pagamento, quando não indicados no título, são considerados como o do domicílio do emitente (art. 889, § 2º, do CC); **D:** incorreta. A uma, porque o título de crédito não consubstancia necessariamente uma promessa: pode estar estruturado na forma de ordem de pagamento, na qual o sacador determina que um terceiro pague certa quantia ao beneficiário. A duas, porque, em regra, os títulos de crédito devem ser nominais, ou seja, deve ser indicado o credor do direito nele previsto. Apenas excepcionalmente se reconhece o título ao portador (cheque com valor inferior a cem reais ou título circulando mediante endosso em branco); **E:** incorreta. O negócio jurídico original permanece íntegro por força do princípio da abstração dos títulos de crédito e do disposto no art. 888 do CC.

Gabarito "B"

(Ministério Público/GO – 2013) A abstração do título de crédito não se aplica à:

(A) letra de câmbio.

(B) nota promissória.

(C) duplicata.

(D) letra financeira do tesouro.

A princípio da abstração, que estabelece a total autonomia do título de crédito em relação ao negócio jurídico que lhe deu origem e permite sua livre circulação por meio de endosso, é mitigado no caso dos títulos causais, aqueles sacados em decorrência de uma situação específica. Dentre todos os título listados, apenas a duplicata é causal (é emitida para representar uma compra e venda mercantil com pagamento a prazo maior que 30 dias ou prestação de serviços), portanto, será nula se essa compra e venda inicial também o for.

Gabarito "C"

(Ministério Público/MG – 2013) Quanto aos títulos de crédito, analise as seguintes alternativas e assinale a assertiva *INCORRETA*:

(A) Enquanto o título de crédito estiver em circulação, só ele poderá ser dado em garantia, ou ser objeto de medidas judiciais, e não, separadamente, os direitos ou mercadorias que representa.

(B) Aquele que, sem ter poderes, ou excedendo os que tem, lança a sua assinatura em título de crédito, como mandatário ou representante de outrem, fica pessoalmente obrigado, e, pagando o título, tem ele os mesmos direitos que teria o suposto mandante ou representado.

(C) O título de crédito pode ser reivindicado do portador que o adquiriu de boa-fé e na conformidade das normas que disciplinam a sua circulação.

(D) A omissão de qualquer requisito legal, que tire ao escrito a sua validade como título de crédito, não implica a invalidade do negócio jurídico que lhe deu origem.

A: assertiva correta, nos termos do art. 895 do CC; **B:** assertiva correta, nos termos do art. 892 do CC; **C:** assertiva incorreta, devendo ser assinalada. Nesse caso, não é possível reivindicar o título, por força do disposto no art. 896 do CC e do próprio princípio da autonomia das relações cambiais; **D:** assertiva correta, nos termos do art. 888 do CC.

Gabarito "C"

(Ministério Público/SP – 2013 – PGMP) Sobre os títulos de crédito, é CORRETO afirmar:

(A) A cláusula que dispensa a observância de formalidades legais nulifica o título de crédito em que inserta.

(B) O emitente de um título de crédito que não contém data de vencimento considerar-se-á em mora quando for notificado pelo credor para pagar e não o fizer no prazo que for assinalado na notificação.

(C) A não inclusão do lugar de emissão e de pagamento do título constitui preterição de formalidade essencial e, por isso, nulifica-o de pleno direito.

(D) Aval é negócio jurídico unilateral de garantia, celebrado em favor de quaisquer dos obrigados cartulares, informal, pessoal e gerador de obrigação subsidiária.

(E) O credor, no vencimento do título, não pode recusar o pagamento parcial.

A: incorreta, pois a cláusula é que poderá ser, nesse caso, nula, já que a formalidade legal não pode, em princípio, ser dispensada por acordo das partes; **B:** incorreta. O título que não contenha indicação de vencimento é à vista – art. 889, § 1º, do CC. A mora do devedor (emitente), no caso, é comprovada pelo protesto – art. 44 da Lei Uniforme – LU (promulgada pelo Decreto 57.663/1966); **C:** incorreta, pois se considera lugar de emissão e de pagamento, quando não indicado no título, o domicílio do emitente – art. 889, § 2º, do CC; **D:** incorreta, pois o aval não é informal (exige escrita na cártula) e, ademais, gera obrigação do avalista equivalente à do avalizado, garantido o direito de regresso – arts. 898 e 899 do CC; **E:** correta, nos termos do art. 902, § 1º, do CC.

Gabarito "E"

(Ministério Público/CE – 2009 – FCC) Quanto aos títulos de crédito, é correto afirmar:

(A) a emissão de duplicata mercantil que não corresponda à mercadoria vendida, em quantidade ou qualidade, corresponde a ilícito civil, sem consequências criminais.

(B) emitida a letra de câmbio pelo sacador, nasce de imediato a obrigação cambial de pagamento do título ao sacado.

(C) embora não admitam aceite, as notas promissórias podem ser emitidas com vencimento a certo termo da vista, devendo o credor, nessa hipótese, apresentar o título ao visto do emitente no prazo de um ano do saque.

(D) o credor do cheque pode responsabilizar o banco sacado pela inexistência ou insuficiência de fundos disponíveis, dada a responsabilidade objetiva do estabelecimento bancário.

(E) a divergência nos prazos ou nos preços ajustados com o vendedor não é motivo de recusa de aceite de uma duplicata mercantil pelo comprador.

A: incorreta, pois o ilícito é tipificado criminalmente (duplicata simulada) – art. 172 do CP; **B:** incorreta, pois a obrigação do devedor principal (sacado) surge apenas com o aceite; **C:** correta, conforme o art. 78 c/c art. 23 da Lei Uniforme de Genebra – LUG (promulgada pelo Decreto 57.663/1966); **D:** incorreta, pois o banco sacado não responde pela insuficiência de fundos – art. 4º da Lei do Cheque – LC (Lei 7.357/1985); **E:** incorreta, pois essas são causas válidas para recusa do aceite – art. 8º, III, da Lei das Duplicatas – LD (Lei 5.474/1968).

Gabarito "C"

(Ministério Público/CE – 2011 – FCC) Sobre o endosso da letra de câmbio e da nota promissória analise as afirmações abaixo:

I. No endosso pignoratício, os coobrigados não podem invocar contra o portador as exceções fundadas sobre as relações pessoais deles com o endossante, a menos que o portador, ao receber a letra, tenha procedido conscientemente em detrimento do devedor.

II. O endosso, que pode ser parcial, deve ser puro e simples, não se admitindo subordiná-lo a condição.

III. O mandato que resulta de um endosso por procuração não se extingue por morte, ou sobrevinda incapacidade legal do mandatário.

IV. O endossante, salvo cláusula em contrário, não é garante da aceitação ou do pagamento da letra.

V. O endossante pode proibir novo endosso, e neste caso, não garante o pagamento às pessoas a quem a letra for posteriormente endossada.

Está correto o que se afirma em

(A) I, II e III.

(B) I, III e V.

(C) II, III e IV.

(D) II, III e V.

(E) II, IV e V.

I: correta, pois pelo princípio da abstração, com a circulação, o título desliga-se do negócio jurídico original, não sendo, com isso, cabível a alegação de exceção pessoal relacionada a o emitente ou endossante; II: incorreta, pois o endosso parcial é nulo (CC, art. 912, parágrafo único); III: correta, por força do princípio da abstração dos títulos de crédito; IV: incorreta, pois por previsão expressa o endossante é garante da aceitação ou pagamento da letra (Decreto 57.663/1969, art. 15); V: correta, por expressa previsão legal. Nesse caso ele praticará endosso (Decreto 57.663/1969, art. 15).

Gabarito "B"

(Ministério Público/DF – 2009) No que concerne aos títulos de crédito, assinale a alternativa correta.

(A) A duplicata só pode ser emitida para documentar uma compra e venda mercantil ou um contrato de prestação de serviços. A regra específica para a duplicata é que o endossante responde pelo cumprimento da prestação constante do título, mas, se ele pagar o valor do título, tem ação de regresso contra os coobrigados anteriores.

(B) De acordo com o Código Civil, a cártula do título à ordem pode ser endossada a mais de uma pessoa, solidaria ou conjuntamente. Nessa hipótese, em que ambos serão credores de obrigação divisível, eles devem se apresentar separados ou conjuntamente para exigir o pagamento do devedor, na proporção do crédito que lhes foi transferido.

(C) Ocorrendo o inadimplemento do avalizado estabelece-se uma relação de solidariedade passiva entre o avalista e o avalizado, diante do credor. No entanto, se a obrigação do avalizado se tornar nula ou for atingida por algum vício, este se transmite para a obrigação do avalista e o aval deixa de existir.

(D) Deve o título de crédito conter a data da emissão, a indicação precisa dos direitos que confere e a assinatura do emitente. A omissão de qualquer um desses requisitos legais implica na invalidade do título de crédito e do negócio jurídico que lhe deu origem.

(E) Tem-se um título de crédito à ordem quando a cártula não traz inscrito o nome do beneficiário do crédito ali inscrito, permitindo-se que o pagamento se faça àquele que apresentá-lo e exigir o cumprimento da obrigação.

A: correta, conforme os arts. 2º, 18, § 2º, e 20 da LD (Lei 5.474/1968); **B:** incorreta, pois não há previsão no Código Civil nesse sentido, mas sim vedação ao endosso parcial – art. 912, parágrafo único, do CC; **C:** incorreta, pois a responsabilidade do avalista subsiste, ainda que a obrigação do avalizado seja nula, a menos que a nulidade decorra de vício de forma – art. 899, § 2º, do CC; **D:** incorreta, pois a invalidade do título não afeta o negócio jurídico que lhe deu origem – art. 888 do CC; **E:** incorreta, pois o título à ordem é aquele transferível por endosso – art. 910 do CC.

Gabarito "A"

(Ministério Público/MG – 2012 – CONSULPLAN) Quanto aos títulos de crédito, é **INCORRETO** afirmar que:

(A) consideram-se não escritas no título a cláusula de juros, a proibitiva de endosso, a excludente de responsabilidade pelo pagamento ou por despesas, a que dispense a observância de termos e formalidade prescritas, e a que, além dos limites fixados em lei, exclua ou restrinja direitos e obrigações.

(B) aquele que, sem ter poderes, ou excedendo os que tem, lança a sua assinatura em título de crédito, como mandatário ou representante de outrem, fica pessoalmente obrigado, e, pagando o título, tem ele os mesmos direitos que teria o suposto mandante ou representado.

(C) o pagamento de título de crédito, que contenha obrigação de pagar soma determinada, não pode ser garantido por aval.

(D) enquanto o título de crédito estiver em circulação, só ele poderá ser dado em garantia, ou ser objeto de medidas judiciais, e não, separadamente, os direitos ou mercadorias que representa.

A: correta, por expressa previsão da lei (CC, art. 890); **B:** correta, por expressa previsão legal (CC, art. 892); **C:** incorreta (devendo ser assinalada), pois o aval é a forma típica de garantia nos títulos de crédito (CC, art. 897); **D:** correta, por expressa previsão legal (CC, art. 895).

Gabarito "C"

(Ministério Público/PI – 2012 – CESPE) Com referência aos títulos de crédito, assinale a opção correta.

(A) Em virtude de ser lícito o aval em cheque, é possível a proposição de ação monitória contra avalista de cheque prescrito.

(B) Nenhum dos cônjuges pode, sem autorização do outro, exceto no regime da separação absoluta, prestar fiança ou aval.

(C) A nota promissória vinculada a contrato de abertura de crédito goza de autonomia em razão da liquidez do título que a originou.

(D) Em razão da existência de dispositivo legal que não admite cheque "a data certa" ou "a certo termo de vista", a jurisprudência não acolhe pedido de dano moral em virtude de apresentação antecipada de cheque pré-datado.

(E) A simples devolução indevida do cheque não caracteriza dano moral, pois, para tanto, se exige prova de que o ato tenha causado angústia e aborrecimento sério ao prejudicado pela conduta.

A: incorreta, pois o aval é uma garantia cambial, de forma que com a extinção da característica de título de crédito do documento, não se poderá mais falar na existência da garantia cambial e seus efeitos; **B:** correta, por previsão legal expressa (CC, art. 1.647, III); **C:** incorreta, pois por entendimento jurisprudencial, a vinculação do título o faz perder a característica da abstração (STJ, Súmula 258); **D:** incorreta, pois é pacífico na jurisprudência a configuração de responsabilidade pela apresentação antecipada do título (STJ, Súmula 370); **E:** incorreta, pois é pacífico na jurisprudência a configuração do dano pela simples devolução (STJ, Súmula 388).

Gabarito "B"

(Ministério Público/RJ – 2011) Caio emitiu em 29 de abril de 2011 uma nota promissória em favor de Ticio no valor de R$ 100. 000, 00 (cem mil reais), com vencimento para 29 de setembro de 2011. Na véspera do vencimento Ticio endossou a nota promissória para Griselda, menor impúbere, a qual, ainda na véspera do vencimento, endossou-a parcialmente para Felipe, endosso este no valor de R$ 6. 500,00 (seis mil e quinhentos reais). A endossante Griselda foi avalizada por Paulo, maior e capaz. Face às características cambiais dessa nota promissória, é correto afirmar que:

(A) por ser menor impúbere e não possuir o pleno gozo da capacidade civil, o endosso feito por Griselda descaracterizou a nota promissória como título de crédito;

(B) avalista é um responsável cambial da mesma forma que a pessoa por ele avalizada. Assim, como Paulo figurou na cártula como avalista de Griselda, avalizando uma obrigação nula, não poderá ser executa do cambiariamente por Felipe;

(C) o endossatário Felipe poderá propor ação cambial em face de Paulo pelo valor do aval por ele prestado;

(D) o endosso firmado por Griselda foi parcial. Segundo a Lei Uniforme de Genebra – LUG – sobre letras de câmbio e notas promissórias, o endosso parcial é proibido, gerando a invalidade do título cambial;

(E) caso Caio não quite o título cambial no seu vencimento, o credor poderá ajuizar contra Caio execução por título extrajudicial, desde que antecedida pelo protesto cambial da cártula em tempo hábil e respeitada a prescrição cambial de três anos a partir do vencimento do título.

A: incorreta, pois o vício do ato, pela incapacidade, não invalida o título, pela autonomia das obrigações cambiais; **B:** incorreta, pois a nulidade da obrigação do avalizado, não se comunica com a obrigação do avalista, sendo, portanto, independentes, por força do princípio da autonomia das obrigações cambiais; **C:** correta, pois a obrigação cambial de Paulo é perfeita e, portanto, o vincula ao título; **D:** incorreta, pois a legislação veda o endosso parcial (CC, art. 912, parágrafo único); **E:** incorreta, pois o protesto não é requisito para a cobrança do devedor principal do título, mas apenas dos coobrigados.

Gabarito "C"

(Ministério Público/RR – 2012 – CESPE) Assinale a opção correta com relação às ações cambiárias e os títulos de créditos.

(A) Se um dos coemitentes pagar a soma cambiária, ele só poderá acionar o outro emitente para haver a sua cota, tendo essa ação natureza cambiária.

(B) As pessoas acionadas em virtude de uma letra de câmbio não podem, em nenhuma circunstância, opor ao portador exceções fundadas sobre as relações pessoais delas com o sacador ou com os portadores anteriores.

(C) O ingresso da ação cambiária do portador contra os aceitantes e emitentes de uma letra prescreve em um ano a contar da data do protesto; havendo cláusula sem protesto, a prescrição ocorre a partir da data do vencimento do título.

(D) O que diferencia os títulos de crédito dos demais títulos executivos extrajudiciais é a limitação quanto às matérias que possam ser apresentadas em embargos à execução.

(E) O portador de uma letra de câmbio deve obedecer à ordem de preferência para a propositura da ação de execução contra os legitimados passivos.

A: incorreta, pois tal ação não terá natureza cambial; **B:** incorreta, pois há previsão dessa possibilidade de oposição, nas situações em que o tomador tem conhecimento dos eventuais vícios ou exceções (Decreto 57.663/1966, art. 17); **C:** incorreta, pois a lei prevê prazo prescricional de 3 anos contra o aceitante e 6 meses contra os demais (Decreto 57.663/1966, art. 70); **D:** correta, pois se trata de uma das características próprias dos títulos de crédito decorrente da característica da autonomia e da literalidade; **E:** incorreta, pois o portador da letra, após a frustração do recebimento do devedor principal, comprovada pelo protesto tempestivo, poderá valer-se da cobrança de quaisquer dos coobrigados, em situação de solidariedade.

Gabarito "D"

(Ministério Público/RR – 2012 – CESPE) Com relação ao protesto de títulos e outros documentos de dívida, assinale a opção correta.

(A) O protesto por falta de aceite somente poderá ser efetuado depois do vencimento da obrigação e após o decurso do prazo legal para o aceite ou a devolução.

(B) Revogada a ordem de sustação de protesto, será necessário proceder a nova intimação do devedor, sendo a lavratura e o registro do protesto efetivados até o primeiro dia útil subsequente ao do recebimento da revogação.

(C) O protesto de nota promissória deve ser tirado no lugar onde deva ser efetuado o pagamento do título e, na ausência de indicação de local para pagamento, considera-se o lugar do domicílio do sacado.

(D) A averbação de retificação de erros materiais pelo serviço poderá ser efetuada de ofício ou a requerimento do interessado, sendo devidos os emolumentos pela citada averbação.

(E) Cláusula sem protesto inserida no título pelo sacador produz efeitos em relação a todos os obrigados pela letra; inserida pelo endossante ou avalista somente produzirá efeitos em relação a esse endossante ou avalista.

A: incorreta, pois o protesto por falta de aceite somente poderá ser feito antes do prazo de vencimento (Lei 9.492/1997, art. 21); **B:** incorreta, pois há previsão legal expressa pela desnecessidade de nova intimação (Lei 9.492/1997, art. 17, § 2º); **C:** incorreta, pois na falta de indicação, considera-se o local designado ao lado do nome do sacado (Decreto 57.663/1966, art. 2º); **D:** incorreta, pois na retificação de erros materiais, não são devidos emolumentos (Lei 9.492/1994, art. 25, § 2º); **E:** correta, por expressa previsão legal (Decreto 57.663/1966, art. 46).

Gabarito "E"

3.2. TÍTULOS EM ESPÉCIE

3.2.1. NOTA PROMISSÓRIA

(Ministério Público/BA – 2008) Em uma nota promissória:

(A) O avalista do emitente da nota promissória é equiparado ao emitente, nessa condição é um obrigado direto. Pode, portanto, esse título ser cobrado, em juízo, do avalista do emitente, independentemente de levado a protesto.

(B) Por ser o avalista do emitente de uma nota promissória um obrigado indireto esse título cambiário terá de ser levado a protesto antes de cobrado judicialmente do emitente.

(C) O direito cambiário brasileiro não admite aval parcial. A garantia do aval jamais poderá ser dada por um dos signatários do título.

(D) O endosso de uma nota promissória poderá ser subordinado a uma condição contida no título podendo também ser parcial.

(E) A ação contra o emitente de uma nota promissória prescreve no prazo de dez anos conforme norma expressa contida no art. 205 do Código Civil.

A: correta, pois a obrigação da avalista é equivalente a obrigação do avalizado (Decreto 57.663/1966, art. 32 e CC, art. 899); **B:** incorreta, pois a obrigação do emitente independe, para sua efetivação, de protesto do título; tal medida somente é requisito para a configuração da responsabilidade dos coobrigados; **C:** incorreta, pois a legislação geral dos títulos de crédito admite, expressamente, o aval parcial (CC, art. 897); **D:** incorreta, pois se considera não escrita qualquer cláusula limitativa da circulação dos títulos de crédito (CC, art. 890); **E:** incorreta, pois a prescrição cambial, executiva, das notas promissórias ocorrerá no prazo de 3 anos (Decreto 57.663/1966, art. 70).

Gabarito "A"

3.2.2. DUPLICATA

(Ministério Público/ES – 2013 – VUNESP) A duplicata, quando não for à vista, deverá ser devolvida pelo comprador ao apresentante dentro do prazo previsto em lei, contado da data de sua apresentação, devidamente assinada ou acompanhada de declaração, por escrito, contendo as razões da falta de aceite. Referido prazo é de

(A) 2 dias.

(B) 30 dias.

(C) 10 dias.

(D) 15 dias.

(E) 5 dias.

O prazo para aceite do sacado na duplicata não emitida à vista é de 10 dias, nos termos do art. 7º da Lei 5.474/1968.

Gabarito "C"

(Ministério Público/AP – 2005) Assinale a alternativa correta:

(A) O protesto judicial é o ato formal e solene pelo qual se comprova a recusa do aceite de um título cambial;

(B) A data do vencimento das letras a um certo termo de vista, se conta a partir do aceite e, na falta deste, a partir do protesto do título;

(C) A falta de aceite tanto no cheque quanto na nota promissória acarreta vencimento antecipado;

(D) A duplicata pode ser protestada por indicação do credor, ou seja, sem a apresentação do título no cartório, por se tratar de uma exceção à característica da literalidade.

A: incorreta, o protesto comprova a inadimplência e o descumprimento de obrigação originada em títulos e outros documentos de dívida – art. 1º da Lei 9.492/1997; **B:** correta, art. 35 da LUG (promulgada pelo Decreto 57.663/1966); **C:** incorreta, o cheque e a nota promissória não admitem aceite – art. 6º da Lei LC (Lei 7.357/1985) e art. 78 da LUG (promulgada pelo Decreto 57.663/1966); **D:** incorreta, trata-se de exceção à cartularidade – art. 13, § 1º, *in fine*, da LD (Lei 5.474/1968).

Gabarito "B"

(Ministério Público/PB – 2010) Considere as asserções a seguir e assinale a opção correta:

I. Na cédula de crédito bancário, o protesto é dispensado para garantir direito de regresso contra endossantes, avalistas e terceiros garantidores.

II. A cédula de crédito bancário será transferível mediante endosso em preto, ao qual se aplicarão, no que couberem, as normas do direito cambiário, caso em que o endossatário, mesmo não sendo instituição financeira ou entidade a ela equiparada, poderá exercer todos os direitos por ela conferidos, inclusive, cobrar os juros e demais encargos na forma pactuada na cédula.

III. Independentemente de ter agido com má-fé ou intuito fraudatório, o credor que em ação judicial cobrar o valor do crédito exequendo em desacordo com o expresso na cédula de crédito bancário fica obrigado a pagar ao devedor o dobro do cobrado a maior.

(A) Apenas I e II estão corretas.

(B) Apenas I e III estão corretas.

(C) Apenas II e III estão corretas.

(D) Todas as asserções estão erradas.

(E) Todas as asserções estão corretas.

I: correta, nos termos do art. 44 da Lei 10.931/2004; II: correta, conforme o art. 29, § 1º, da Lei 10.931/2004; III: correta, pois reflete o disposto no art. 28, § 3º, da Lei 10.931/2004.

Gabarito "E"

(Ministério Público/SP – 2011) Considere as seguintes assertivas, relacionadas com Títulos de Crédito:

I. o aval dado, na duplicata, após o vencimento produz o mesmo efeito daquele prestado anteriormente ao vencimento;

II. a ação de execução do cheque prescreve em 6 (seis) meses da data do vencimento da cártula;

III. na Nota Promissória, seu subscritor não responde da mesma forma que o aceitante da Letra de Câmbio;

IV. a Cédula de Produto Rural (CPR) é Título de Crédito próprio, sendo exigível o protesto para assegurar o direito de regresso contra avalistas.

Pode-se afirmar que está correto apenas o contido em:

(A) I.

(B) II.

(C) I e II.

(D) II e III.

(E) III e IV.

I: correta, conforme o art. 900 do CC e art. 12, parágrafo único, da LD (Lei 5.474/1968); II: incorreta, pois o prazo prescricional para a ação de execução do cheque é de 6 meses contados da expiração do prazo de apresentação (que é de 30 ou 60 dias contados da emissão, se for emitido no lugar do pagamento ou fora dele, respectivamente) – art. 59 c/c art. 33 da LC (Lei 7.357/1985) – ou seja, o prazo prescricional é de aproximadamente 210 a 240 dias contados da emissão do cheque; III: incorreta, pois o emitente ou subscritor da nota promissória é o devedor principal (quem promete pagar o valor), assim como o aceitante da letra de câmbio (que aceita pagar); IV: incorreta, pois, a exemplo das cédulas de crédito comercial, industrial e rural, é dispensável o protesto da cédula de produto rural para assegurar o direito de regresso contra os avalistas – art. 10, III, da Lei 8.929/1994 – ver também art. 52 do DL 413/1969 e art. 60 do DL 167/1967.

Gabarito "A"

(Ministério Público/SP – 2008) Considere as assertivas seguintes:

I. É admissível a ação monitória fundada em cheque prescrito, independentemente de indicação da causa de emissão.

II. É admissível a execução fundada em cheque prescrito, desde que a causa de emissão seja indicada.

III. Não é admissível execução fundada em nota promissória vinculada a contrato de abertura de crédito, dada a falta de autonomia e, consequentemente, de liquidez.

Assinale a alternativa correta.

(A) Somente I é verdadeira.

(B) Somente I e II são verdadeiras.

(C) Somente I e III são verdadeiras.

(D) Somente II e III são verdadeiras.

(E) Todas as assertivas são verdadeiras.

I: correta, o cheque prescrito pode ser cobrado por ação monitória – Súmula 299/STJ; II: incorreta, a prescrição do cheque impede a execução – art. 59 da Lei LC (Lei 7.357/1985); III: correta, a nota promissória vinculada a contrato de abertura de crédito não goza de autonomia em razão da iliquidez do título que a originou (Súmula 258/STJ) e o contrato de abertura de crédito, ainda que acompanhado do extrato da conta-corrente, não é título executivo (Súmula 233/STJ).

Gabarito "C"

(Ministério Público/SP – 2006) Assinale a alternativa incorreta.

(A) O comprador só poderá deixar de aceitar a duplicata por motivo de avaria ou não recebimento das mercadorias, quando não expedidas ou não entregues por sua conta e risco; vícios, defeitos e diferenças na qualidade ou na quantidade das mercadorias, devidamente comprovados; divergência nos prazos ou nos preços ajustados.

(B) Uma letra de câmbio pode ser sacada à vista, a um certo termo de vista, a um certo termo de data e pagável num dia fixado, com vencimentos diferentes e vencimentos sucessivos.

(C) A nota promissória vinculada a contrato de abertura de crédito não goza de autonomia em razão da iliquidez do título que a originou.

(D) O avalista do título de crédito vinculado a contrato de mútuo também responde pelas obrigações pactuadas, quando no contrato figurar como devedor solidário.

(E) O contrato de abertura de crédito, ainda que acompanhado de extrato da conta-corrente, não é título executivo.

A: correta, art. 8º da LD (Lei 5.474/1968); **B:** incorreta (devendo ser assinalada), a letra de câmbio não pode apresentar vencimentos diferentes ou sucessivos – art. 33 da LUG (promulgada pelo Decreto 57.663/1966); **C:** correta, Súmula 258/STJ; **D:** correta, Súmula 26/STJ; **E:** correta, Súmula 233/STJ.

Gabarito "B"

3.2.3. CHEQUE

(Ministério Público/PI – 2014 – CESPE) A respeito do cheque, assinale a opção correta.

(A) Em caso de cheque não pago pelo sacado, é desnecessário o protesto para cobrar de avalista do emitente do cheque.

(B) A revogação da ordem de pagamento consubstanciada no cheque pode ser feita pelo emitente e pelo portador legitimado.

(C) É nulo o cheque em que se insira cláusula de juros compensatórios.

(D) Para se valer de ação monitória contra o emitente, usando como prova da obrigação um cheque prescrito, deve o requerente declinar, na petição inicial, do negócio jurídico subjacente.

(E) Antes de pagar o cheque a endossatário, a instituição bancária deve averiguar a regularidade e autenticidade das assinaturas constantes da cadeia de endossos.

A: correta. Como o emitente do cheque é o seu devedor principal, o protesto contra seu avalista, que ocupa posição equivalente, é facultativo para a cobrança do valor representado pela cártula (art. 47, I, da Lei 7.357/1985); **B:** incorreta. Apenas o emitente pode emitir a contraordem de pagamento (art. 35 da Lei 7.357/1985); **C:** incorreta. O cheque não é nulo, só a cláusula que se considera não escrita (art. 10 da Lei 7.357/1985); **D:** incorreta. O cheque é título de crédito não causal, de forma que, por força do princípio da abstração dos títulos de crédito, desvincula-se totalmente do negócio jurídico que lhe deu origem; **E:** incorreta. Não cabe ao sacado verificar a autenticidade das assinaturas, somente a regularidade da cadeia de endossos (art. 39 da Lei 7.357/1985).

Gabarito "A"

3.2.4. *OUTROS TÍTULOS E TEMAS COMBINADOS*

(Ministério Público /PI – 2014 – CESPE) João, durante viagem de Maceió – AL a Rio Branco – AC, perdeu uma pasta que continha títulos ao portador, que seriam apresentados a Paulo, e títulos da dívida pública ao portador, emitidos pelo estado do Acre e cujo valor pretendia resgatar. Ao constatar a perda, João retornou a Maceió – AL, e procurou um advogado. Este resolveu propor duas ações de anulação e substituição dos títulos, elegendo como foro a cidade de Maceió – AL, domicílio do credor. Ao indagar ao advogado se deveria providenciar alguma prova imediata, João foi informado de que Paulo e o estado do Acre seriam citados para apresentar contestação e para não efetuar o pagamento dos referidos títulos e que, só então, seria necessário produzir provas. João perguntou, ainda, se haveria necessidade de citação de terceiros interessados, tendo o advogado respondido que não e que bastaria a citação por edital do detentor do título. Considerando essa situação hipotética, assinale a opção correta.

(A) É procedente a informação de que o procedimento padrão é a citação de Paulo e do estado do Acre para apresentarem contestação.

(B) É procedente a informação do advogado a respeito da citação, por edital, do detentor do título e da desnecessidade de citação de terceiros interessados.

(C) Agiu corretamente o advogado ao eleger a comarca de Maceió – AL, foro do credor, para a propositura das demandas.

(D) Agiu corretamente o advogado ao propor demanda para anular e substituir os títulos ao portador da dívida pública do estado do Acre.

(E) Equivocou-se o advogado ao dispensar João da produção imediata de provas a respeito de suas alegações, dada a necessidade de justificação do alegado.

A: incorreta. São citados para a ação de anulação e substituição de títulos ao portador o detentor do título e eventuais terceiros interessados (art. 908, I, do Código de Processo Civil); **B:** incorreta. O detentor do título será citado conforme as regras usuais do CPC (por correio ou pessoalmente) e os terceiros interessados devem ser citados por edital (art. 908, I, do Código de Processo Civil); **C:** incorreta. A ação de anulação e substituição de títulos ao portador segue a regra geral de competência e deve ser proposta, portanto, no foro do domicílio do réu (art. 94 do Código de Processo Civil); **D:** incorreta. O art. 71 da Lei 4.728/1965, que regula o mercado de capitais, afasta a possibilidade de anulação e substituição de títulos da dívida pública federal, estadual ou municipal; **E:** correta. A justificação das razões alegadas pelo autor da ação de anulação e substituição de títulos ao portador precede à citação do detentor e demais interessados (art. 909 do Código de Processo Civil), a fim de que não se instaure o processo e se perturbe a circulação do título sem um mínimo de comprovação da verossimilhança do alegado.

Gabarito "E"

(Ministério Público/RR – 2012 – CESPE) Com relação aos títulos de crédito comercial, industrial, à exportação, rural e imobiliário, assinale a opção correta.

(A) A cédula e a nota de crédito à exportação são títulos causais resultantes de financiamento à exportação ou à produção de bens destinados à exportação, não constitutivos de meras promessas de pagamento, em razão do caráter especialíssimo de tais cártulas.

(B) A nota promissória e a duplicata rural são títulos de crédito rural fundados em operações de compra e venda de natureza rural, contratadas a prazo, constitutivas de financiamentos no âmbito do crédito rural.

(C) A letra de crédito imobiliário é título causal emitido por instituição financeira como promessa de pagamento, com lastro em crédito imobiliário decorrente de hipoteca ou alienação fiduciária.

(D) A nota de crédito comercial é um título causal resultante do financiamento obtido por empresas no mercado financeiro, com promessa de pagamento e garantia real, incorporada à própria cártula.

(E) A cédula de crédito industrial é um título causal resultante de financiamento obtido por empresas nas bolsas de valores, com promessa de pagamento, mas sem garantia real.

A: incorreta, pois a nota de crédito a exportação é promessa de pagamento em dinheiro, assim como a nota promissória, sem garantia real, que ostenta privilégio especial sobre determinados bens (Lei 6.313/1975, art. 5º); **B:** incorreta, pois são títulos representativos de dívida, não constitutivos de financiamento (Decreto-lei 167/1967, art. 9º); **C:** correta, por expressa definição legal (Lei 10.931/2004, art. 12; **D:** incorreta, pois a nota comercial não possui garantia real, mas apenas privilégio especial em relação a determinados bens (Lei 6.840/1980, art. 5º); **E:** incorreta, pois a cédula de crédito industrial goza de garantia real (Decreto-lei 413/1969, art. 9º).

Gabarito "C"

(Ministério Público/SP – 2012 – VUNESP) Considere:

I. Nota promissória é promessa escrita de pagamento de certa soma em dinheiro; nasce com a assinatura do devedor.

II. O aceite é instituto típico da letra de câmbio; é o ato de vontade materializado pela oposição de assinatura no título, mediante a qual o sacado concorda com a ordem do sacador, tornando-se o principal responsável da quantia expressa na letra de câmbio na data de seu vencimento.

III. O prazo de apresentação do cheque ao banco, para pagamento é 60 dias.

IV. A letra de câmbio é ordem de pagamento à vista ou a prazo de quantia determinada.

V. A duplicata comercial é título de crédito de emissão obrigatória pelo vendedor, representando o crédito decorrente de uma venda mercantil.

Está correto o que se afirma APENAS em:

(A) II e III.

(B) I, II e III.

(C) I.

(D) I, II e IV.

(E) III, IV e V.

I: correta, pois se trata do próprio conceito de nota promissória, configuradora de promessa de pagamento (Decreto 57.663/1966, art. 75); II: correta, pois o aceite nada mais é do que a aceitação formal, pelo sacado, indicado na letra, com a materialização da obrigação indicada no documento (Decreto 57.663/1966, art. 25); III: incorreta, pois o prazo de apresentação pode ser de 30 ou 60 dias, a depender de ser cheque pagável na mesma praça de emissão, ou em praça distinta (Lei 7.357/1985, art. 33); IV: correta, por definição legal (Decreto 57.663/1966, art. 1º); V: incorreta, pois a duplicativa é título de crédito de emissão facultativa, já que o credor a emite apenas se pretender circular seu crédito.

Gabarito "D"

4. DIREITO CONCURSAL – FALÊNCIA E RECUPERAÇÃO

4.1. ASPECTOS GERAIS

(Ministério Público/PI – 2014 – CESPE) No que se refere à atuação do MP no processo de falência e recuperação judicial, assinale a opção correta.

(A) O MP assume a legitimidade para a propositura da ação revocatória de atos do falido apenas se, no prazo de três anos, não a propuserem a própria massa falida ou os credores.

(B) A lei falimentar não prevê a participação obrigatória do MP na fase pré-falimentar do processo.

(C) É desnecessária a intimação pessoal do MP caso a alienação dos bens do ativo do falido se faça na forma de propostas fechadas, bastando intimação posterior à abertura das propostas.

(D) O MP não pode, a fim de apontar crédito não incluído, apresentar impugnação à primeira relação de credores preparada pelo administrador, visto que, de acordo com previsão legal, a legitimidade é exclusiva do credor.

(E) O MP não tem legitimidade para recorrer da decisão que defira o processamento do pedido de recuperação judicial.

A: incorreta. Três anos é justamente o prazo prescricional para a propositura da ação revocatória. Cabe ao Ministério Público propô-la antes desse interregno (art. 132 da Lei 11.101/2005); **B:** correta. Com efeito, o Ministério Público passa a atuar somente após a decretação da quebra pelo juiz. Antes disso, entende-se que se trata de uma lide individual entre credor e devedor; **C:** incorreta. É obrigatória a intimação pessoal do membro do Ministério Público (art. 142, § 7º, da Lei 11.101/2005); **D:** incorreta. A legitimidade do MP está prevista no art. 8º da Lei 11.101/2005; **E:** incorreta. A legitimidade recursal do MP está prevista no art. 59, § 2º, da Lei 11.101/2005.

Gabarito "B"

(Ministério Público/MG – 2013) Quanto à recuperação judicial, a extrajudicial e a falência do empresário e da sociedade empresária, analise as seguintes alternativas e assinale a assertiva *INCORRETA*:

(A) O devedor, qualquer credor ou o Ministério Público poderá requerer ao juiz a substituição do administrador judicial ou dos membros do Comitê de Credores nomeados em desobediência aos preceitos legais.

(B) O administrador judicial, o Comitê de Credores, qualquer credor ou o representante do Ministério Público poderá, até o encerramento da recuperação judicial ou da falência, observado, no que couber, o procedimento ordinário previsto no CPC, pedir a exclusão, outra classificação ou a retificação de qualquer crédito, nos casos de descoberta de falsidade, dolo, simulação, fraude, erro essencial ou, ainda, documentos ignorados na época do julgamento do crédito ou da inclusão no quadro-geral de credores.

(C) São revogáveis os atos praticados com a intenção de prejudicar credores, provando-se o conluio fraudulento entre o devedor e o terceiro que com ele contratar e o efetivo prejuízo sofrido pela massa falida, cabendo a interposição de ação revocatória que deverá ser proposta pelo administrador judicial, por qualquer credor ou pelo Ministério Público no prazo de cinco anos contado da decretação da falência.

(D) No prazo e na forma legal, o Comitê de Credores, qualquer credor, o devedor ou seus sócios ou o Ministério Público podem apresentar ao juiz impugnação contra a relação de credores, apontando a ausência de qualquer crédito ou manifestando-se contra a legitimidade, importância ou classificação de crédito relacionado.

A: assertiva correta, nos termos do art. 30, § 2º, da Lei 11.101/2005; **B:** assertiva correta, nos termos do art. 19 da Lei 11.101/2005; **C:** assertiva incorreta, devendo ser assinalada. O prazo prescricional para a propositura da ação revocatória é de **três** anos (art. 132 da Lei 11.101/2005); **D:** assertiva correta, nos termos do art. 8º da Lei 11.101/2005.

Gabarito "C"

(Ministério Público/PR – 2011) Acerca da atuação do Ministério Público e a Lei de Recuperação Judicial de Empresas e Falências, assinale a alternativa correta:

(A) o Ministério Público deve participar em todas as fases do processo sob pena de nulidade dos atos praticados;

(B) o Ministério Público nunca atua em qualquer fase dos processos de recuperação judicial ou falências;

(C) o Ministério Público deve ser intimado pessoalmente para opinar sobre a indicação do administrador judicial;

(D) o Ministério Público pode impugnar o quadro geral de credores e promover a ação revocatória dos atos praticados com a intenção de prejudicar credores;

(E) o Ministério Público deve emitir parecer sobre a fixação de remuneração do administrador judicial.

A e **B:** incorretas, pois o Ministério Público atua em determinadas fases do processo de falência e de recuperação, conforme a LF (Lei 11.101/2005); **C** e **E:** incorretas, pois não há essa determinação legal – arts. 21 e 24 da LF (Lei 11.101/2005); **D:** correta, nos termos dos arts. 8º e 132 da LF (Lei 11.101/2005).

Gabarito “D”

(Ministério Público/SP – 2011) A atual Lei de Falências, que regula a Recuperação Judicial, a Extrajudicial e a Falência do empresário e da sociedade empresária, instituída por meio da Lei 11.101, de 9 de fevereiro de 2005, trouxe uma profunda reforma no direito falimentar brasileiro. Das alternativas a seguir, a única correta é:

(A) a suspensão das ações de execução contra o devedor, na Recuperação Judicial, não excederá o prazo de 180 (cento e oitenta) dias, contados do deferimento do processamento da Recuperação, prorrogáveis uma única vez por 60 (sessenta) dias, a critério do Juiz.

(B) a remuneração do administrador judicial não pode exceder a 10% (dez por cento) do valor devido aos credores submetidos à Recuperação Judicial.

(C) a constituição do Comitê de Credores é obrigatória, na Falência e na Recuperação Judicial, e, dentre suas responsabilidades, estão a fiscalização e o exame das contas do administrador judicial.

(D) havendo objeção ao Plano de Recuperação Judicial, o Juiz deverá deliberar sobre o assunto, após parecer do Comitê de Credores, administrador judicial e Ministério Público.

(E) a intimação do Ministério Público será realizada, no processo de Recuperação Judicial, após o deferimento do processamento da Recuperação Judicial.

A: incorreta, pois o prazo de 180 dias é improrrogável – art. 6º, § 4º, da LF (Lei 11.101/2005); **B:** incorreta, pois é de 5% o limite para a remuneração do administrador, calculado sobre o valor devido aos credores na recuperação ou sobre o valor de venda dos bens na falência – art. 24, § 1º, da LF (Lei 11.101/2005); **C:** incorreta, pois somente em caso de deliberação de classe de credores na assembleia geral é que se constitui o comitê de credores – art. 26 da LF (Lei 11.101/2005). Inexistindo comitê de credores, caberá ao administrador judicial ou, na incompatibilidade deste, ao juiz exercer suas atribuições – art. 28 da LF (Lei 11.101/2005); **D:** incorreta, pois, havendo objeção de qualquer credor, o juiz convocará a assembleia geral de credores para deliberar sobre o plano de recuperação. Caso a assembleia geral rejeite o plano, o juiz decretará a falência do devedor – art. 56 da LF (Lei 11.101/2005); **E:** correta, conforme os arts. 58 e 59, § 2º, da LF (Lei 11.101/2005).

Gabarito “E”

(Ministério Público/SC – 2012) Analise as seguintes assertivas:

I. A Lei 11.101/2005, que trata da recuperação e falência da empresa, disciplina que é competente para homologar o plano de recuperação extrajudicial, deferir a recuperação judicial ou decretar a falência o juízo do local do principal estabelecimento do devedor ou da filial de empresa que tenha sede fora do Brasil.

II. De acordo com a Lei 11.101/2005, o administrador judicial, tanto para a recuperação judicial quanto para a falência, será nomeado pelo juiz e deverá ser um profissional idôneo, preferencialmente advogado, economista, administrador de empresas ou contador. Por outro lado, a referida lei admite que, tanto na falência quanto na recuperação judicial, seja nomeada uma pessoa jurídica especializada para exercer as atividades de administrador judicial.

III. Segundo a Lei 11.101/2005, o proprietário de bem arrecadado no processo de falência ou que se encontre em poder do devedor na data da decretação da falência poderá pedir sua restituição. Se a coisa não mais existir ao tempo do pedido de restituição, o requerente receberá o valor da avaliação do bem, ou, no caso de ter ocorrido a venda, o respectivo preço, em ambos os casos o montante será atualizado. Em qualquer das hipóteses acima, a restituição será efetuada com preferência a todos os demais créditos previstos na lei que dispõe sobre a recuperação judicial, extrajudicial e a falência do empresário e da sociedade empresária.

IV. A Lei 11.101/2005 dispõe que o credor empresário, no ato do pedido de falência, apresentará certidão do Registro Público de Empresas Mercantis que comprove a regularidade de suas atividades. Acolhido o pedido de falência, a lei exige que o credor solicitante apresente caução referente às custas e eventual pagamento da indenização. Esta exigência legal de caução independe do domicílio do credor.

V. A decisão que decreta a falência da sociedade com sócios ilimitadamente responsáveis, segundo a Lei 11.101/05, também acarreta a falência destes, que ficam sujeitos aos mesmos efeitos jurídicos produzidos em relação à sociedade falida e, por isso, deverão ser citados para apresentar contestação, se assim o desejarem. Desta forma, estes sócios passam a ser considerados falidos e, portanto, os seus bens tornam-se indisponíveis.

(A) Apenas as assertivas I e III estão corretas.

(B) Apenas as assertivas III, IV e V estão corretas.

(C) Apenas as assertivas I, II e V estão corretas.

(D) Apenas as assertivas II e IV estão corretas.

(E) Todas as assertivas estão corretas.

I: correta, por expressa previsão legal, considerando que o principal estabelecimento, para fins de falência, é aquele em que se encontra o poder da empresa, no aspecto econômico e administrativo (Lei 11.101/2005, art. 3º); II: correta, por expressa previsão legal (Lei 11.101/2005, art. 21); III: incorreta, pois a restituição dos bens ou o pagamento dos valores correspondentes aos bens não passíveis de restituição não tem preferência em relação à antecipação de verbas trabalhistas, salariais, limitada a cinco salários mínimos por empregado (Lei 11.101/2005, art. 151); IV: incorreta, pois a necessidade de prestação de caução somente se aplica aos casos de credor com domicílio no exterior (Lei 11.101/2005, art. 97, § 2º); V: correta, pois a lei estabelece a extensão dos efeitos da falência aos sócios de responsabilidade ilimitada, ou seja, sócios de sociedades em comum, em nome coletivo, em comandita simples e em comandita por ações (Lei 11.101/2005, art. 81).

Gabarito "C"

4.2. FALÊNCIA

(Ministério Público/ES – 2013 – VUNESP) Julgadas as contas do administrador judicial, ele apresentará o relatório final da falência, indicando o valor do ativo e o produto de sua realização, o valor do passivo e o dos pagamentos feitos aos credores e especificará justificadamente as responsabilidades com que continuará o falido. O prazo fixado em lei para que o administrador judicial apresente o referido relatório é de

(A) 45 dias.

(B) 15 dias.

(C) 10 dias.

(D) 5 dias.

(E) 60 dias.

O prazo para o administrador judicial entregar seu relatório final é de 10 dias (art. 155 da Lei 11.101/2005).

Gabarito "C"

(Ministério Público/GO – 2013) Caso o falido não apresente, no prazo máximo de 05 dias, relação nominal dos credores, Indicando endereço, importância, natureza e classificação dos respectivos créditos:

(A) terá sua prisão administrativa decretada.

(B) terá sua prisão civil decretada.

(C) estará sujeito à desobediência.

(D) não estará sujeito a qualquer tipo de penalidade.

No caso proposto, incidirá o falido no crime de desobediência (art. 99, III, da Lei 11.101/2005).

Gabarito "C"

(Ministério Público/AM – 2008 – CESPE) A instituição de juízo universal, atrativo das ações que envolvam o devedor falido, como previsto na Lei 11.101/2005, é efeito notório da decretação da falência. Com relação a essa regra e suas exceções, assinale a opção correta.

(A) As ações de competência da justiça do trabalho serão integralmente processadas nesse foro, cabendo ao juiz da execução requisitar ao juízo falimentar a quantia necessária para o pagamento dos valores apurados, ocorrendo o posterior adimplemento perante a justiça especializada.

(B) As ações em curso que se refiram a questões patrimoniais, tais como cobrança de títulos de crédito ou indenização por dano moral, terão prosseguimento no juízo falimentar, que solucionará as demandas que envolvam quantias ilíquidas e qualificará os créditos resultantes.

(C) As ações em que a massa falida for autora, ou litisconsorte ativo, como, por exemplo, ação revocatória ou pedido de restituição, afastam a competência do juízo falimentar, nelas se adotando as regras fixadas pelas demais leis aplicáveis a cada caso.

(D) As cobranças judiciais de crédito tributário, em curso ou oferecidas após a decretação da falência, serão integralmente processadas no juízo falimentar.

(E) A cobrança de débitos patrimoniais do devedor falido, tal como o crédito decorrente de pensão alimentícia, será processada no juízo falimentar, ressalvadas as exceções legais.

A: incorreta, o valor determinado na sentença trabalhista será inscrito no quadro geral de credores – art. 6º, § 2º, da LF (Lei 11.101/2005); **B:** incorreta, as ações relativas a quantias ilíquidas prosseguirão no juízo em que se estiverem processando – art. 6º, § 1º, da LF (Lei 11.101/2005); **C:** incorreta, o juízo da falência não tem competência para as ações não reguladas pela Lei de Recuperações e Falências, em que o falido figure como autor ou litisconsorte ativo – art. 76 da LF (Lei 11.101/2005); **D:** incorreta, as execuções fiscais tramitam no juízo próprio – art. 76 da LF (Lei 11.101/2005); **E:** correta, art. 76 da LF (Lei 11.101/2005).

Gabarito "E"

(Ministério Público/AP – 2005) Assinale a alternativa correta:

(A) Pela nova lei, quem por dolo requerer a falência de outrem será condenado, na sentença que julgar improcedente o pedido, a indenizar o devedor, apurando-se as perdas e danos em liquidação de sentença;

(B) Na falência, o administrador judicial poderá, sem autorização judicial, após ouvidos o Comitê e o devedor no prazo comum de 2 (dois) dias, transigir sobre obrigações e direitos da massa falida e conceder abatimento de dívidas, ainda que sejam consideradas de difícil recebimento;

(C) A decretação da falência não determina o vencimento antecipado das dívidas do devedor e dos sócios ilimitada e solidariamente responsáveis, com o abatimento proporcional dos juros, e não converte todos os créditos em moeda estrangeira para a moeda do País, pelo câmbio do dia da decisão judicial;

(D) O plano de recuperação judicial poderá prever prazo superior a 01 (um) ano para pagamento dos créditos derivados da legislação do trabalho ou decorrentes de acidentes de trabalho vencidos até a data do pedido de recuperação judicial.

A: correta, art. 101 da LF (Lei 11.101/2005); **B:** incorreta, essas transações dependem de autorização judicial – art. 22, § 3º, da LF (Lei 11.101/2005); **C:** incorreta, é o oposto – a decretação de falência tem esses efeitos – art. 77 da LF (Lei 11.101/2005); **D:** incorreta, o prazo para pagamento dos débitos trabalhistas e acidentários, vencidos até a data do pedido de recuperação, não pode ser superior a um ano – art. 54 da LF (Lei 11.101/2005).

Gabarito "A"

(Ministério Público/CE – 2009 – FCC) Na falência, na recuperação judicial e na recuperação extrajudicial de sociedades, os seus sócios, diretores, gerentes, administradores e conselheiros, de fato ou de direito, bem como o administrador judicial, equiparam-se ao devedor ou falido para todos os efeitos penais decorrentes desta Lei, na medida da sua culpabilidade. Este texto, em face da Lei 11.101/2005, é:

(A) parcialmente verdadeira, pela não abrangência da situação exposta nas recuperações extrajudiciais de sociedades.

(B) inteiramente verdadeira.

(C) parcialmente verdadeira, pela não abrangência dos conselheiros de sociedades na equiparação ao devedor ou falido para efeitos penais.

(D) parcialmente verdadeira, pela não abrangência do administrador judicial na equiparação ao devedor ou falido para efeitos penais.

(E) inteiramente falsa, pois inexiste qualquer equiparação, para efeitos penais, no que concerne ao devedor ou falido.

O texto é inteiramente verdadeiro à luz da LF (Lei 11.101/2005), pois é transcrição exata do seu art. 179.

Gabarito "B"

(Ministério Público/CE – 2009 – FCC) Na falência e na recuperação judicial,

(A) embora funcione como fiscal da lei, da decisão que conceder a recuperação judicial o Ministério Público não poderá agravar, cabendo tal recurso apenas a qualquer credor, por se tratar de interesse patrimonial.

(B) não há legitimidade ministerial para a propositura de ação revocatória, após a falência, por se tratar de procedimento civil.

(C) deferido o processamento da recuperação judicial, faculta-se ao juiz intimar o Ministério Público para oficiar no feito.

(D) alienado o ativo da sociedade falida, em qualquer modalidade, o Ministério Público será intimado pessoalmente, sob pena de nulidade.

(E) na modalidade de alienação do ativo da sociedade falida por leilão, dada sua publicidade, não é necessária a intimação pessoal do Ministério Público.

A: incorreta, pois o MP pode agravar a decisão que concede a recuperação judicial – art. 59, § 2º, da LF (Lei 11.101/2005); **B:** incorreta, pois o MP tem legitimidade para propor ação revocatória, assim como o administrador judicial e qualquer credor – art. 132 da LF (Lei 11.101/2005); **C:** incorreta, pois o juiz deve obrigatoriamente intimar o MP no mesmo ato em que defere o processamento da recuperação judicial – art. 52, V, da LF (Lei 11.101/2005); **D:** correta, já que em qualquer modalidade de alienação, o Ministério Público será intimado pessoalmente, sob pena de nulidade - art. 142, § 7º, da LF (Lei 11.101/2005); **E:** incorreta, pois em qualquer modalidade, de alienação o Ministério Público será intimado pessoalmente, sob pena de nulidade - art. 142, § 7º, da LF (Lei 11.101/2005).

Gabarito "D"

(Ministério Público/CE – 2011 – FCC) Inexistindo, na falência, outros créditos, exceto os mencionados nas alternativas abaixo, classificam-se na seguinte ordem, sucessivamente:

(A) os créditos derivados da legislação do trabalho, limitados a 150 (cento e cinquenta) salários mínimos por credor, e os decorrentes de acidentes de trabalho; créditos tributários, independentemente da sua natureza e tempo de constituição, excetuadas as multas tributárias; créditos com garantia real até o limite do valor do bem gravado; os créditos quirografários; os créditos com privilégio geral; os créditos com privilégio especial.

(B) os créditos derivados da legislação do trabalho, limitados a 150 (cento e cinquenta) salários mínimos por credor, e os decorrentes de acidentes de trabalho; créditos com garantia real até o limite do valor do bem gravado; créditos tributários, independentemente da sua natureza e tempo de constituição, excetuadas as multas tributárias; os créditos com privilégio geral, os créditos com privilégio especial, os créditos quirografários.

(C) créditos tributários, independentemente da sua natureza e tempo de constituição, excetuadas as multas tributárias; créditos com garantia real até o limite do valor do bem gravado; os créditos derivados da legislação do trabalho, limitados a 150 (cento e cinquenta) salários mínimos por credor, e os decorrentes de acidentes de trabalho; os créditos quirografários, os créditos com privilégio especial, os créditos com privilégio geral.

(D) os créditos derivados da legislação do trabalho, limitados a 150 (cento e cinquenta) salários mínimos por credor, e os decorrentes de acidentes de trabalho; créditos com garantia real até o limite do valor do bem gravado; créditos tributários, independentemente da sua natureza e tempo de constituição, excetuadas as multas tributárias; os créditos com privilégio especial; os créditos com privilégio geral; os créditos quirografários.

(E) créditos com garantia real até o limite do valor do bem gravado; os créditos derivados da legislação do trabalho, limitados a 150 (cento e cinquenta) salários mínimos por credor, e os decorrentes de acidentes de trabalho; créditos tributários, independentemente da sua natureza e tempo de constituição, excetuadas as multas tributárias; os créditos com privilégio geral, os créditos com privilégio especial.

Os créditos, na falência, serão pagos conforme a ordem estabelecidas nos artigos 83 e 84 da Lei, demonstrada na tabela abaixo. **A:** incorreta, pois o credo com garantia real tem prioridade sobre o tributário; **B:** incorreta, pois os créditos com privilégio especial têm preferência sobre os créditos com privilégio geral; **C:** incorreta, pois os créditos com garantia tem prioridade sobre os créditos tributários; **D:** correta, pois respeitam a exata disposição legal; **E:** incorreta, pois os créditos trabalhistas tem prioridade sobre os garantia real.

Gabarito "D"

Ordem de classificação dos créditos na falência (art. 83 da LF)
1º – os créditos derivados da legislação do trabalho, limitados a 150 (cento e cinquenta) salários mínimos por credor, os decorrentes de acidentes de trabalho. Também os créditos equiparados a trabalhistas, como os relativos ao FGTS (art. 2º, § 3º, da Lei 8.844/1994) e os devidos ao representante comercial (art. 44 da Lei 4.886/1965).
2º – créditos com garantia real até o limite do valor do bem gravado (será considerado como valor do bem objeto de garantia real a importância efetivamente arrecadada com sua venda, ou, no caso de alienação em bloco, o valor de avaliação do bem individualmente considerado).
3º – créditos tributários, independentemente da sua natureza e tempo de constituição, excetuadas as multas tributárias.
4º – com privilégio especial (= os previstos no art. 964 do CC; os assim definidos em outras leis civis e comerciais, salvo disposição contrária da LF; aqueles a cujos titulares a lei confira o direito de retenção sobre a coisa dada em garantia e aqueles em favor dos microempreendedores individuais e das microempresas e empresas de pequeno porte de que trata a LC 123/2006).
5º – créditos com privilégio geral (= os previstos no art. 965 do CC; os previstos no parágrafo único do art. 67 da LF; e os assim definidos em outras leis civis e comerciais, salvo disposição contrária da LF).
6º – créditos quirografários (= aqueles não previstos nos demais incisos do art. 83 da LF; os saldos dos créditos não cobertos pelo produto da alienação dos bens vinculados ao seu pagamento; e os saldos dos créditos derivados da legislação do trabalho que excederem o limite estabelecido no inciso I do *caput* do art. 83 da LF). Ademais, os créditos trabalhistas cedidos a terceiros serão considerados quirografários.
7º – as multas contratuais e as penas pecuniárias por infração das leis penais ou administrativas, inclusive as multas tributárias.
8º – créditos subordinados (= os assim previstos em lei ou em contrato; e os créditos dos sócios e dos administradores sem vínculo empregatício).
Lembre-se que os **créditos extraconcursais** (= basicamente os surgidos no curso do processo falimentar, que não entram no concurso de credores) são pagos com precedência sobre todos esses anteriormente mencionados, na ordem prevista no art. 84 da LF: **(i)** remunerações devidas ao administrador judicial e seus auxiliares, e créditos derivados da legislação do trabalho ou decorrentes de acidentes de trabalho relativos a serviços prestados após a decretação da falência; **(ii)** quantias fornecidas à massa pelos credores; **(iii)** despesas com arrecadação, administração, realização do ativo e distribuição do seu produto, bem como custas do processo de falência; **(iv)** custas judiciais relativas às ações e execuções em que a massa falida tenha sido vencida; e **(v)** obrigações resultantes de atos jurídicos válidos praticados durante a recuperação judicial, nos termos do art. 67 da LF, ou após a decretação da falência, e tributos relativos a fatos geradores ocorridos após a decretação da falência, respeitada a ordem estabelecida no art. 83 da LF.

(Ministério Público/CE – 2011 – FCC) A prescrição dos crimes previstos na Lei 11.101, de 09/02/2005, que regula a recuperação judicial, a extrajudicial e a falência do empresário e da sociedade empresária,

(A) começa a fluir somente a partir do dia da decretação da falência, que é a condição objetiva de punibilidade das infrações penais descritas na Lei 11.101, de 09/02/2005.

(B) rege-se exclusivamente pelas disposições da Lei 11.101, de 09/02/2005, porque ela disciplinou integralmente essa matéria.

(C) tem o seu prazo interrompido apenas pelo recebimento da denúncia ou da queixa, ainda que tenha começado a fluir com a concessão da recuperação judicial.

(D) rege-se pelas disposições do Código Penal, começando a correr do dia da decretação da falência, da concessão de recuperação judicial ou da homologação do plano de recuperação extrajudicial.

(E) tem o seu prazo suspenso pela decretação da falência, se houver iniciado com a concessão da recuperação judicial ou com a homologação de plano da recuperação extrajudicial.

Nos termos do art. 182, da LF (Lei 11.101/2005), a prescrição dos crimes previstos nesta Lei reger-se-á pelas disposições do Decreto-Lei 2.848, de 7 de dezembro de 1940 – Código Penal, começando a correr do dia da decretação da falência, da concessão da recuperação judicial ou da homologação do plano de recuperação extrajudicial. Haverá, ainda, interrupção da contagem, com a decretação da falência do devedor cuja contagem tenha iniciado com a concessão da recuperação judicial ou com a homologação do plano de recuperação extrajudicial. **A:** incorreta, pois no caso de concessão de recuperação judicial anterior, a prescrição já terá se iniciado; **B:** incorreta, pois há previsão expressa de aplicação das regras do Código Penal; **C:** incorreta, pois tem seu prazo interrompido pela decretação da falência; **D:** correta, por expressa previsão legal; **E:** incorreta, pois a decretação da falência é causa de interrupção e não de suspensão.

Gabarito "D"

(Ministério Público/DF – 2009) A respeito do direito falimentar, assinale a alternativa correta.

(A) A inabilitação do falido para qualquer atividade empresarial se dá a partir do trânsito em julgado da sentença de sua condenação por crime falimentar e enquanto não se der a sua reabilitação penal.

(B) O juízo da falência é indivisível e competente para conhecer todas as ações sobre bens, interesses e negócios do falido, exceto as causas em que ele figurar como autor ou litisconsorte ativo ou passivo necessário.

(C) As dívidas menores, de até quarenta salários mínimos, não são, por si sós, suficientes para caracterizar uma situação de inviabilidade da empresa e requerer a decretação de sua falência. Mas, podem esses credores somar seus créditos a fim de que a soma ultrapasse o equivalente a quarenta salários mínimos e pedir, em litisconsórcio, a falência do devedor.

(D) Segundo precedentes do STJ, a Fazenda Pública tem legitimidade para requerer a falência do devedor fiscal, pois conforme dispõe a lei específica, qualquer credor poderá requerer a falência do devedor.

(E) Contra a sentença que decreta a falência ou a que julga a improcedência do pedido de falência é cabível o recurso de apelação, que será recebido no efeito devolutivo.

A: incorreta, pois a inabilitação decorrente de crime falimentar, motivadamente declarada na sentença, perdurará até 5 anos após a extinção da punibilidade (esse é o erro da assertiva), embora possa cessar antes pela reabilitação penal – art. 181, § 1º, da LF (Lei 11.101/2005); **B:** incorreta, pois a exceção à competência do juízo da falência refere-se às causas **não reguladas pela LF** em que o falido figurar como **autor** ou litisconsorte **ativo** (não passivo necessário, como consta da assertiva) – art. 76, *caput*, da LF (Lei 11.101/2005); **C:** correta, pois o pedido de falência por impontualidade injustificada refere-se a débitos de pelo menos 40 salários mínimos, admitindo-se a reunião de credores em litisconsórcio para perfazer o limite mínimo – art. 94, § 1º, da LF (Lei 11.101/2005); **D:** incorreta, pois embora o fisco possa habilitar crédito tributário na falência (é prerrogativa, não imposição), não é legitimado para requerer a quebra – ver REsp 1.103.405/MG.

Gabarito "C"

(Ministério Público/ES – 2010 – CESPE) Assinale a opção correta relativamente à falência, levando em consideração o entendimento do STJ sobre a matéria.

(A) Quem exerce o comércio em prédio locado pela falida não possui legitimidade para opor embargos de terceiro contra o ato de arrecadação do imóvel.

(B) Não será decretada a falência do devedor que, sem relevante razão de direito, não pagar, no vencimento, a obrigação líquida materializada em título ou títulos executivos protestados cuja soma ultrapasse o equivalente a quarenta salários mínimos na data do pedido de falência, se demonstrar a cessação das atividades empresariais um ano antes do pedido de falência, comprovada por documento hábil do registro público de empresas, o qual não prevalecerá contra a prova de exercício posterior ao ato registrado.

(C) A decretação da falência não interfere no exercício do direito de retenção sobre os bens sujeitos à arrecadação.

(D) As transações realizadas pelo falido continuam tendo eficácia enquanto não forem declaradas ineficazes, o que somente pode ser obtido por meio da propositura da competente ação revocatória.

(E) Para a cobrança em juízo dos créditos tributários e equiparados, o ente de direito público tem a prerrogativa de optar entre o ajuizamento de execução fiscal ou a habilitação de crédito na falência, mas, escolhida uma via judicial, ocorre a renúncia com relação à outra.

A: incorreta, pois o STJ reconhece a legitimidade do locador, que pretende preservar sua atividade empresarial – ver REsp 579.490/MA; **B:** incorreta, pois a cessação das atividades deve ter ocorrido mais de 2 anos antes do pedido de falência, para afastar a decretação da quebra – art. 96, VIII, da LF (Lei 11.101/2005); **C:** incorreta, pois a decretação de falência suspende o exercício do direito de retenção sobre os bens sujeitos à arrecadação, os quais deverão ser entregues ao administrador judicial – art. 116, I, da LF (Lei 11.101/2005); **D:** incorreta, pois há determinados atos que são ineficazes em relação à massa falida, independentemente de ação revocatória – art. 129 da LF (Lei 11.101/2005); **E:** correta, pois o STJ entende que o art. 187 do CTN e o art. 29 da Lei 6.830/1980 (a cobrança de crédito tributário não se sujeita à habilitação em falência) definem prerrogativa do fisco, não imposição a ele, de modo que é possível optar pela habilitação – ver REsp 1.103.405/MG.

Gabarito "E"

(Ministério Público/GO – 2012) Sobre a falência e a recuperação judicial, leia as afirmações abaixo e, em seguida, assinale a alternativa correta.

I. A decretação da falência ou o deferimento do processamento da recuperação judicial suspende o curso da prescrição e de todas as ações e execuções em face do devedor, exceto aquelas dos credores particulares do sócio solidário.

II. Da decisão que decretar a falência cabe agravo, e da sentença que julga a improcedência do pedido cabe apelação.

III. O devedor não poderá desistir do pedido de recuperação judicial após o deferimento de seu processamento, salvo se obtiver aprovação da desistência na assembleia geral de credores.

IV. A sentença de cumprimento de recuperação judicial é declaratória de extinção das obrigações do devedor.

V. A Lei de Recuperação das Empresas estabelece um procedimento para falência calcada na impontualidade e outro, para a falência arrimada nos atos presuntivos de insolvência.

(A) Somente as afirmativas II e III estão corretas.

(B) Somente as afirmativas I, II e V estão corretas.

(C) Somente as afirmativas III, IV e V estão corretas.

(D) Todas as afirmativas estão corretas.

I: incorreta, pois a execução fiscal não será afetada, nem pela falência e nem pela recuperação judicial (Lei 11.101/2005, art. 6º); II: correta, por expressa previsão legal (Lei 11.101/2005, art. 100); III: correta, por expressa previsão legal (Lei 11.101/2005, art. 52, § 4º); IV: incorreta, pois a sentença de extinção da recuperação somente implica na extinção do processo, não significando, necessariamente, que todas as obrigações constantes do plano de recuperação estejam extintas (Lei 11.101/2005, art. 63); V: incorreta, pois os procedimentos do processo de falência são pela legitimidade ativa, não pelo fundamento da insolvência falimentar, ou seja, haverá um procedimento no caso de pedido feito pelo próprio empresário e outro para pedidos feitos por terceiros (Lei 11.101/2005, art. 105).

Gabarito "A"

(Ministério Público/GO – 2010) Na falência, na moldura do art. 35, inciso II, da Lei 11.101/2005, a assembleia geral de credores terá por atribuições deliberar sobre, EXCETO:

(A) a constituição do Comitê de Credores, a escolha de seus membros e sua substituição.

(B) a adoção de outras modalidades de realização do ativo, na forma do art. 145 do diploma legal apontado (Lei nº 11.101/2005).

(C) a substituição do administrador judicial e a indicação do substituto.

(D) qualquer outra matéria que possa afetar os interesses dos credores.

A: correta, por expressa previsão legal (Lei 11.101/2005, art. 35, II, b); **B:** correta, por expressa previsão legal (Lei 11.101/2005, art. 35, II, c); **C:** incorreta, pois tal providencia cabe ao juiz (Lei 11.101/2005, art. 21); **D:** correta, por expressa previsão legal (Lei 11.101/2005, art. 35, II, *d*).

Gabarito "C"

(Ministério Público/PB – 2010) Leia com atenção as proposições abaixo:

I. A sociedade em comum, sucedânea da sociedade de fato, está sujeita à falência, que acarretará, igualmente, a falência de seus respectivos sócios.

II. Na ordem preferencial dos créditos falimentares, aqueles com privilégio especial gozam de preferência sobre os tributários.

III. Na falência, uma das atribuições da assembleia geral de credores é fiscalizar as atividades do administrador judicial.

IV. Não se inclui no crédito habilitado em falência, a multa fiscal simplesmente moratória.

A quantidade de proposições corretas é igual a:

(A) 0

(B) 1

(C) 2

(D) 3

(E) 4

I: correta. Embora haja debate, entende-se que a sociedade despersonalizada se sujeita à falência, desde que exerça atividade empresária. Assim, considerando que os sócios respondem solidária e ilimitadamente pelas obrigações sociais, a quebra da sociedade implica falência deles também – art. 81 da LF (Lei 11.101/2005); II: incorreta, pois os créditos com privilégio especial vêm abaixo dos tributários, na ordem de preferência – art. 83, III e IV, da LF (Lei 11.101/2005); III: incorreta, pois o art. 27, I, a, da LF (Lei 11.101/2005) prevê essa competência especificamente para o comitê de credores (ou ao juiz, caso não haja comitê – art. 28 da LF). Entretanto, é importante salientar que cabe à assembleia geral deliberar sobre qualquer matéria de interesse dos credores, o que pode incluir as atividades do administrador – art. 35, I, *f* e II, *d*, da LF (Lei 11.101/2005); IV: incorreta, pois em relação aos processos falimentares regidos pela legislação anterior (art. 23, parágrafo único, III, do DL 7.661/1945), não se admite a inclusão da multa fiscal moratória no crédito habilitado em falência, por ser considerada pena administrativa – Súmulas 192 e 565/STF. Ocorre que esse entendimento ficou ultrapassado em relação aos processos falimentares regidos pela atual Lei 11.101/2005, que classifica as multas tributárias como créditos exigíveis da massa, na forma do seu art. 83, VII.

Gabarito "B"

(Ministério Público/PR – 2009) Nos processos de falência e de recuperação judicial, é correto afirmar:

(A) A sociedade de economia mista tem legitimidade ativa para deduzir pedido de autofalência e de recuperação judicial.

(B) Decretada a falência ou deferido o processamento da recuperação judicial de empresário, ficam suspensas todas as ações propostas em seu desfavor, ainda que envolvam pretensão por crédito ilíquido.

(C) O devedor, demandado em ação de falência proposta por credor, poderá a qualquer tempo formular pedido de recuperação judicial, desde que o faça antes da prolação de sentença.

(D) Os processos de falência ou de concordata ajuizados antes do início da vigência da Lei 11.101/2005 serão concluídos nos termos do Decreto-lei 7.661/45, vedada porém a concessão de concordata suspensiva.

(E) n.d.a.

A: incorreta, pois a sociedade de economia mista, a exemplo da empresa pública, não se sujeita à falência e à recuperação judicial – art. 2º, I, da LF (Lei 11.101/2005); **B:** incorreta, pois as ações que demandam quantia ilíquida continuam no juízo originário. Uma vez reconhecido líquido o direito, o crédito correspondente será incluído na classe própria no processo falimentar – art. 6º, §§ 1º e 3º, da LF (Lei 11.101/2005); **C:** incorreta, pois o pedido de recuperação deve ser formulado no prazo da contestação (10 dias contados da citação) – arts. 95 e 98 da LF (Lei 11.101/2005); **D:** correta, nos termos do art. 192, *caput* e § 1º, da LF (Lei 11.101/2005).

Gabarito "D"

(Ministério Público/RJ – 2011) Em matéria de intervenção nas falências e recuperações judiciais, sob a égide da Lei de Quebras, Lei 11. 101/2005, é correto afirmar que o Ministério Público:

(A) não tem legitimidade para a propositura de ação revocatória, após a decretação da falência, posto que o direito imediato a ser tutelado integra a esfera jurídica da massa falida, representada por seu administrador;

(B) não poderá apresentar impugnação contra a relação de credores, apontando ausência de qualquer crédito, ante a inexistência de interesse público a tutelar;

(C) não poderá recorrer da decisão que conceder a recuperação judicial, cabendo tal faculdade aos credores, em vista do interesse patrimonial;

(D) será intimado pessoalmente, sob pena de nulidade, em qualquer modalidade de alienação do ativo da sociedade falida;

(E) poderá interpor o recurso de apelação contra a decisão concessiva da recuperação judicial.

A: incorreta, pois há previsão expressa de legitimidade para o MP (Lei 11.101/2005, art. 132); **B:** incorreta, pois há previsão expressa de legitimidade para o MP (Lei 11.101/2005, art. 8º); **C:** incorreta, pois há previsão expressa de legitimidade para o MP (Lei 11.101/2005, art. 59, § 2º); **D:** correta, por expressa previsão legal (Lei 11.101/2005, art. 142, § 7º); **E:** incorreta, pois contra a decisão concessiva de recuperação é cabível recurso de agravo (Lei 11.101/2005, art. 59).

Gabarito "D"

(Ministério Público/SP – 2008) Considere as assertivas seguintes:

I. A sociedade cooperativa e a sociedade em nome coletivo não estão sujeitas a falência.

II. Nos casos em que não couber no processo falimentar pedido de restituição, fica resguardado o direito dos credores de opor embargos de terceiro.

III. A declaração de ineficácia de atos em relação à massa falida depende da propositura de ação revocatória.

Assinale a alternativa correta.

(A) Somente I é verdadeira.

(B) Somente II é verdadeira.

(C) Somente III é verdadeira.

(D) Somente I e III são verdadeiras.

(E) Todas as assertivas são falsas.

I: incorreta, pois somente a sociedade cooperativa está excluída da falência, por sua natureza não empresarial – arts. 982, parágrafo único, e 983 do CC e art. 4º da Lei 5.764/1971; II: correta, conforme o art. 93 da LF (Lei 11.101/2005); III: incorreta, pois a ineficácia pode ser declarada de ofício pelo juízo falimentar, alegada em defesa ou pleiteada no curso do processo, além da possibilidade de ação revocatória – art. 129, parágrafo único, da LF (Lei 11.101/2005). Obs.: discordamos do gabarito oficial, pois as assertivas I e II são corretas.

Gabarito "B"

(Ministério Público/SP – 2006) A decretação da falência:

(A) não suspende o exercício do direito de retenção sobre os bens sujeitos à arrecadação, os quais deverão ser entregues ao administrador judicial, mas suspende o exercício do direito de retirada ou de recebimento do valor de suas quotas ou ações, por parte dos sócios da sociedade falida.

(B) suspende o exercício do direito de retenção sobre os bens sujeitos à arrecadação, os quais deverão ser entregues ao administrador judicial, mas não suspende o exercício do direito de retirada ou de recebimento do valor de suas quotas ou ações, por parte dos sócios da sociedade falida.

(C) não suspende o exercício do direito de retenção sobre os bens sujeitos à arrecadação, os quais deverão ser entregues ao administrador judicial, nem o exercício do direito de retirada ou de recebimento do valor de suas quotas ou ações, por parte dos sócios da sociedade falida.

(D) suspende o exercício do direito de retenção sobre os bens sujeitos à arrecadação, os quais deverão ser entregues ao administrador judicial, e o exercício do direito de retirada ou de recebimento do valor de suas quotas ou ações, por parte dos sócios da sociedade falida.

(E) suspende o exercício do direito de retenção sobre os bens sujeitos à arrecadação, os quais deverão ser entregues ao juiz da falência em 10 dias da decretação, e o exercício do direito de retirada ou de recebimento do valor de suas quotas ou ações, por parte dos sócios da sociedade falida.

A decretação de falência suspende o direito de retenção dos bens sujeitos à arrecadação (que devem ser entregues ao administrador judicial) e o direito de retirada ou de recebimento do valor das cotas e ações, por parte dos sócios da sociedade falida – art. 116, I e II, da LF (Lei 11.101/2005).

Gabarito "D"

(Ministério Público/SP – 2006) Considere os seguintes enunciados:

I. A falência do locador não resolve o contrato de locação e, na falência do locatário, o administrador judicial pode, a qualquer tempo, denunciar o contrato, proibida a desistência em ação renovatória.

II. Na promessa de compra e venda de imóveis, aplicar-se-á a legislação respectiva.

III. Os patrimônios de afetação, constituídos para cumprimento de destinação específica, obedecerão ao disposto na legislação respectiva, permanecendo seus bens, direitos e obrigações separados dos do falido até o advento do respectivo termo ou até o cumprimento de sua finalidade, ocasião em que o administrador judicial arrecadará o saldo a favor da massa falida ou inscreverá na classe própria o crédito que contra ela remanescer.

IV. Na falência do espólio, sem suspensão do processo de inventário, caberá ao administrador judicial a realização de atos pendentes em relação aos direitos e obrigações da massa falida.

V. O mandato conferido pelo devedor, antes da falência, para a realização de negócios, cessará seus efeitos com a decretação da falência, cabendo ao mandatário prestar contas de sua gestão e o mandato conferido para representação judicial do devedor continua em vigor até que seja expressamente revogado pelo administrador judicial.

(A) Os enunciados I e II são falsos.

(B) Os enunciados II, III e V são verdadeiros.

(C) O enunciado I é verdadeiro e os enunciados II e III são falsos.

(D) Os enunciados IV e V são falsos.

(E) O enunciado I é falso e os enunciados II e IV são verdadeiros.

I: incorreta, não há proibição com relação à renovatória – art. 119, VII, da LF (Lei 11.101/2005); **II:** correta, art. 119, VI, da LF (Lei 11.101/2005); **III:** correta, art. 119, IX, da LF (Lei 11.101/2005); **IV:** incorreta, o processo de inventário fica suspenso, na falência do espólio – art. 125 da LF (Lei 11.101/2005); **V:** correta, art. 120, *caput* e § 1º, da LF (Lei 11.101/2005).

Gabarito "B"

(Ministério Público/SP – 2012 – VUNESP). Em relação à falência, considere:

I. São excluídas da falência as sociedades de economia mista, as empresas públicas, as câmaras de compensação e de liquidação financeira e as entidades fechadas de previdência complementar.

II. Para se decretar a falência da sociedade empresária exige-se a comprovação da insuficiência do ativo para a solvência do passivo.

III. Na falência requerida com fundamento na tríplice omissão a lei não exige que o título objeto da execução tenha valor mínimo.

IV. Configura ato de falência (art. 94, inc. III, da Lei 11.101/2005) a transferência do estabelecimento comercial a terceiro, credor ou não, com o consentimento de todos os credores.

V. A competência para a apreciação do processo falimentar, quando a empresa possui mais de um estabelecimento comercial situados em locais abrangidos por diferentes foros, é aquele em que se localiza a matriz da sociedade, assim indicada no contrato societário.

Está correto o que se afirma APENAS em:

(A) I e IV.

(B) I e III.

(C) II, III e IV.

(D) IV e V.

(E) V.

I: correta, por expressa previsão legal (Lei 11.101/2005, art. 2º); II: incorreta, pois não há qualquer procedimento de mensuração de ativos e de passivos do empresário na faze pré-falencial, mas somente na fase posterior à decretação da falência, não se podendo falar que tal demonstração seja requisito (Lei 11.101/2005, art. 94); III: correta, pois o valor mínimo de 40 salários mínimos somente se aplica aos casos de impontualidade injustificada (Lei 11.101/2005, art. 94, I); IV: incorreta, pois somente se configura o ato de falência a venda sem o consentimento dos credores (Lei 11.101/2005, at. 94, III); V: incorreta, pois se considera o local do principal estabelecimento, considerado o aspecto econômico, e não necessariamente o jurídico, indicado no contrato (Lei 11.101/2005, art. 3º).

Gabarito "B"

4.3. RECUPERAÇÃO JUDICIAL E EXTRAJUDICIAL

(Ministério Público/AM – 2008 – CESPE) Entre as inovações promovidas pela Lei 11.101/2005, destaca-se a disciplina da recuperação judicial, que incorpora o objetivo de preservar a empresa em razão de sua função econômica e social. A respeito da disciplina dos créditos do devedor em recuperação judicial, assinale a opção correta.

(A) Abrange os créditos empresariais em geral, como os decorrentes de compra e venda, locação e arrendamento mercantis.

(B) Não envolve os créditos com privilégio especialíssimo, assim denominados os trabalhistas e os previdenciários.

(C) Ordena a precedência do pagamento dos créditos com garantia real ante os créditos quirografários.

(D) Privilegia os créditos decorrentes de obrigações contraídas pelo devedor durante a recuperação judicial, qualificando-os como extraconcursais no caso de falência.

(E) Obriga a Fazenda Pública a parcelar seus créditos oponíveis ao devedor em recuperação judicial, devendo-se adotar, para tanto, os critérios previstos na lei tributária.

A: incorreta, os créditos decorrentes de arrendamento mercantil e de promessa de venda de imóvel (desde que haja cláusula de irrevogabilidade ou irretratabilidade), entre outros, não são abrangidos pela recuperação judicial – art. 49, § 3º, da LF (Lei 11.101/2005); **B:** incorreta, os créditos trabalhistas são abrangidos pela recuperação judicial – art. 49, *caput*, da LF (Lei 11.101/2005); **C:** incorreta, não há essa preferência na recuperação judicial; **D:** correta, art. 67 da LF (Lei 11.101/2005); **E:** incorreta, o parcelamento de créditos tributários é prerrogativa (não dever) do Fisco – art. 68 da LF (Lei 11.101/2005).

Gabarito "D"

(Ministério Público/BA – 2008) No procedimento de recuperação judicial:

(A) Qualquer credor poderá manifestar ao juiz sua objeção ao plano de recuperação judicial se o fizer no prazo de 30 (trinta) dias, contados da publicação da relação de credores.

(B) Em nenhuma hipótese pode o credor manifestar objeção ao plano de recuperação judicial isso porque somente o devedor pode aquilatar a possibilidade ou não da recuperação judicial da sua empresa.

(C) Somente os credores trabalhistas e tributários podem manifestar sua objeção ao plano de recuperação da empresa, em face dos aspectos sociais que envolvem esses créditos.

(D) O plano de recuperação judicial pode prever prazo superior a 1 (um) ano para pagamento dos créditos derivados da legislação do trabalho isto porque acima do interesse do crédito de natureza trabalhista o legislador priorizou a salvação da empresa.

(E) Durante o procedimento da recuperação judicial o devedor não poderá ser mantido na condução da sua atividade empresarial uma vez que essa atribuição passa a ser representada pelo síndico.

A: correta, por expressa previsão legal (Lei 11.101/2005, art. 55); **B:** incorreta, pois há previsão legal expressa de tal legitimidade (Lei 11.101/2005, art. 55); **C:** incorreta, pois qualquer credor poderá apresentar objeção (Lei 11.101/2005, art. 55); **D:** incorreta, pois a lei estabelece a necessidade dos credores trabalhistas, nos valores oferecidos e homologados no plano, sejam pagos no primeiro ano de vigência do plano. Importante perceber que o valor a ser pago não é, necessariamente, todo o passivo trabalhista, mas sim o passivo trabalhista previsto no plano, ou seja, o valor oferecido e aceito pelos credores (Lei 11.101/2005, art. 54); **E:** incorreta, pois há previsão desse efeito na lei apenas em situações especiais (Lei 11.101/2005, art. 64).

Gabarito "A"

(Ministério Público/DF – 2009) Quanto à recuperação judicial, assinale a alternativa correta.

(A) A decisão que defere o processamento da recuperação judicial suspende, pelo prazo de até um ano, o curso da prescrição e de todas as ações e execuções movidas contra o empresário, inclusive a execução fiscal e aquelas promovidas por seus credores particulares.

(B) As novações e outras renegociações realizadas na recuperação judicial valem e são eficazes para todos os efeitos. Assim, caso se verifique a convolação da recuperação judicial em falência, os credores serão pagos no processo falimentar como renegociado no plano de recuperação e não como na dívida originária.

(C) Depois de deferido o pedido de recuperação judicial, o devedor poderá dele desistir, sem a aquiescência da assembleia de credores, exigindo-se, no entanto, a aprovação do pedido pelo Ministério Público e que seja comprovado a inexistência de débito tributário.

(D) Convolada a recuperação judicial em falência, por qualquer razão, os credores quirografários e os com garantia real posteriores à distribuição do pedido serão reclassificados e serão tratados na falência como credores extracontratuais.

(E) Se o empresário for beneficiário da recuperação judicial e deixar de cumprir, no prazo estabelecido, sem justificativa, uma das obrigações assumidas no plano de reorganização, será decretada a sua falência, pois o seu inadimplemento, a qualquer tempo, caracteriza-se como um ato de falência.

A: incorreta, pois a suspensão é de até 180 dias contados do deferimento do processamento da recuperação – art. 6°, § 4°, da LF (Lei 11.101/2005); **B:** incorreta, pois, com a decretação da falência, os credores terão reconstituídos seus direitos e garantias nas condições originalmente contratadas, deduzidos os valores eventualmente pagos e ressalvados os atos validamente praticados no âmbito da recuperação judicial – art. 61, § 2°, da LF (Lei 11.101/2005); **C:** incorreta, pois, após o deferimento do processamento da recuperação judicial, a desistência do devedor deve ser aprovada pela assembleia geral de credores – art. 52, § 4°, da LF (Lei 11.101/2005); **D:** incorreta, pois os créditos relativos a obrigações posteriores ao pedido de recuperação não estavam incluídos nela (art. 49, *caput*, da LF – Lei 11.101/2005), ou seja, não há reclassificação, mas sim inclusão como créditos extraconcursais na falência – art. 67 da LF (Lei 11.101/2005); **E:** assertiva correta, conforme o art. 73, IV, da LF (Lei 11.101/2005).

Gabarito "E"

(Ministério Público/GO – 2010) Na recuperação judicial, na forma prevista no art. 53 da Lei 11.101/2005, o plano de recuperação será apresentado pelo devedor em juízo no prazo improrrogável:

(A) de 90 (noventa) dias da publicação da decisão que deferir o processamento da medida postulada em juízo, sob pena de arquivamento do processo.

(B) de 60 (sessenta) dias da publicação da decisão que deferir o processamento da recuperação judicial, sob pena de convolação em falência.

(C) de 45 (quarenta e cinco) dias da publicação da decisão que deferir o processamento da recuperação judicial, sob pena de convolação em falência.

(D) de 30 (trinta) dias da publicação da decisão que deferir o processamento da recuperação judicial, sob pena de arquivamento do processo.

O citado artigo estabelece o prazo de 60 dias, sob pena de convolação do processo em falência. A, C e **D:** incorretas. **B:** correta, por expressa previsão legal (Lei 11.101/2005, art. 53).

Gabarito "B"

(Ministério Público/PB – 2010) Sobre a convolação da recuperação judicial em falência, analise as proposições abaixo e, após, marque a alternativa correta:

I. Na fase postulatória, o juiz decretará a falência do devedor, por deliberação da assembleia geral de credores.

II. Na fase postulatória, o juiz decretará a falência se o devedor não apresentar o plano de recuperação no prazo legal.

III. O juiz decretará a falência durante o processo de recuperação judicial, quando houver rejeição do plano de recuperação judicial, nos termos previstos em lei.

IV. Na fase executória, o juiz decretará a falência, quando houver descumprimento de qualquer obrigação assumida no plano de recuperação.

(A) Apenas I, III e IV estão corretas.

(B) Todas estão corretas.

(C) Apenas I e III estão corretas.

(D) Apenas II e IV estão corretas.

(E) Apenas III e IV estão corretas.

I: correta, pois a assembleia, ao analisar o plano proposto pelo empresário poderá deliberar pela sua rejeição e consequente falência do empresário (Lei 11.101/2005, art. 35, I, a); II: correta, por expressa previsão legal (Lei 11.101/2005, art. 53); III: correta, por expressa previsão legal (Lei 11.101/2005, art. 56, § 4°); IV: correta, por expressa previsão legal (Lei 11.101/2005, art. 61, § 1°).

Gabarito "B"

(Ministério Público/PB – 2010) Dentre as alternativas abaixo, assinale aquela que contenha a indicação de créditos abrangidos pela recuperação extrajudicial:

(A) Créditos trabalhistas e decorrentes de acidente de trabalho.

(B) Créditos garantidos com arrendamento mercantil.

(C) Créditos tributários.

(D) Créditos garantidos com alienação fiduciária.

(E) Créditos com garantia real, até o limite do valor do bem gravado.

Não se aplica a recuperação extrajudicial a titulares de créditos de natureza tributária, derivados da legislação do trabalho ou decorrentes de acidente de trabalho, assim como àqueles previstos nos arts. 49, § 3°, (credor fiduciário, arrendador mercantil etc.) e 86, II, (adiantamento a contrato de câmbio para exportação) da LF – art. 161, § 1°, da LF (Lei 11.101/2005). **A, B, C, D:** incorretas. Essas alternativas indicam créditos não incluídos na recuperação extrajudicial, conforme comentário inicial; **E:** correta. Essa é a melhor alternativa, embora o limite do bem gravado seja relevante apenas para fins de preferência (todo o crédito pode, em princípio, ser incluído na recuperação, se não for hipótese do art. 161, § 1°, da LF) – art. 163, § 1°, c/c art. 83, II, da LF (Lei 11.101/2005).

Gabarito "E"

(Ministério Público/RR – 2008 – CESPE) A Lei 11.101/2005, que regula a recuperação judicial, a extrajudicial e a falência do empresário e da sociedade empresária, trouxe substanciais mudanças à disciplina da matéria.

Com base nessas novas disposições, julgue os itens a seguir.

(1) A lei permite que a recuperação judicial seja requerida pelo cônjuge de empresário falecido, embora ela não identifique expressamente quem será o eventual empresário em recuperação judicial, caso deferido o requerimento.

(2) Deferido o processamento de recuperação judicial, o devedor terá sessenta dias para apresentar o plano de recuperação judicial, que só será submetido à assembleia geral de credores se sofrer objeção por qualquer credor.

(3) A verificação e a habilitação dos créditos consubstancia-se em procedimento restrito às situações de falência, visando estabelecer quem são os credores do devedor falido, bem como a liquidez e certeza dos respectivos créditos, para então consolidá-los no quadro geral de credores assim habilitados.

1: correta. Art. 48, § 1º, da LF (Lei 11.101/2005); 2: correta. Arts. 53 e 56 da LF (Lei 11.101/2005); 3: incorreta. A sistemática de verificação e habilitação dos créditos é normatizada de forma unificada, para recuperações e falências, pelos arts. 7º e 20 da LF (Lei 11.101/2005).

Gabarito 1C, 2C, 3E

4.4. TEMAS COMBINADOS DE DIREITO CONCURSAL

(Ministério Público/DF – 2013) A respeito da falência e da recuperação de empresa, assinale a opção **CORRETA**.

(A) O credor do sócio ilimitadamente responsável deve habilitar seu crédito e pode tê-lo impugnado como se credor fosse da própria sociedade. A importância do crédito deve ser avaliada na data do requerimento da recuperação judicial ou decretação da falência e observada a ordem de classificação dos créditos.

(B) O deferimento do pedido de processamento de recuperação judicial à empresa coexecutada autoriza a suspensão da execução em relação a seus avalistas, aos sócios solidários e demais coobrigados do devedor.

(C) O gestor judicial tem amplas atribuições no procedimento de recuperação judicial. Compete-lhe a representação da sociedade em crise para todos os fins e, ainda, gerir os negócios da empresa e administrar a atividade empresarial conjuntamente com o devedor, sob a fiscalização do comitê de credores.

(D) Durante a fase de postulação de recuperação judicial, bem como depois de aprovado o plano pelo juiz, a assembleia geral de credores poderá deliberar pela decretação da falência do devedor, bastando para isso que tal ato encontre apoio de credores que representem mais da metade do valor total dos créditos presentes à assembleia geral.

(E) Os credores com garantia real integram a classe mais elevada na ordem de preferência de classificação dos créditos na falência, por terem créditos com privilégio especial, não serem sujeitos a rateio e o crédito satisfeito integralmente com o produto da venda dos bens sobre os quais recai a garantia real.

A: correta, nos termos dos arts. 18, parágrafo único, e 20 da Lei 11.101/2005; **B:** incorreta. A jurisprudência do STJ é firme no sentido de que o deferimento da recuperação judicial não suspende a execução contra os avalistas, por se tratar de obrigação cambial autônoma (AgRg nos EDiv em REsp 1095352/SP); **C:** incorreta. O gestor judicial é nomeado quando é necessário o afastamento dos sócios ou administradores da empresa em crise, seja por má gestão ou porque tal medida foi prevista no plano de recuperação. Com isso, ele não administra a atividade conjuntamente com o devedor, mas no lugar desse (art. 65 da Lei 11.101/2005); **D:** incorreta. Tendo sido aprovado o plano de recuperação, enquanto o devedor estiver seguindo fielmente suas disposições não poderá ter sua falência decretada. Aceitar o inverso seria deitar por terra todo o sistema de recuperação de empresas em crise trazido pela Lei 11.101/2005 e conferir imenso poder à assembleia geral de credores, maiores, até mesmo, que os do juiz. Por tais razões, o art. 73, I, da Lei de Falências deve ser interpretado restritivamente, pois disse mais do que pretendia dizer; **E:** incorreta. Os credores com garantia real estão abaixo, dentro dos créditos concursais, dos credores trabalhistas até o limite de 150 salários mínimos e os decorrentes de acidente de trabalho (art. 83 da Lei de Falências).

Gabarito "A"

(Ministério Público/SP – 2013 – PGMP) Sobre a falência e a recuperação judicial das empresas, considere as seguintes proposições:

I. A alienação dos ativos do devedor falido é determinada pelo juiz, ouvido o administrador judicial, e será realizada, dentre outras modalidades, via leilão por lances orais, propostas fechadas e pregão.

II. O plano de recuperação judicial aprovado implica em remissão dos créditos anteriores ao pedido e obriga o devedor e todos os credores a ele sujeitos.

III. A decretação da falência ou o deferimento do processamento da recuperação judicial são causas interruptivas da prescrição.

IV. A recuperação judicial tem por objetivo viabilizar a superação da situação de crise econômica do devedor, a fim de permitir a manutenção da fonte produtora, do emprego dos trabalhadores e dos interesses dos credores, promovendo, assim, a preservação da empresa, sua função social e o estímulo à atividade econômica.

Está CORRETO o que se afirma apenas em:

(A) I e II.

(B) II e III.

(C) III e IV.

(D) I e IV.

(E) II e IV.

I: correta, nos termos do art. 142 da LF; **II:** incorreta, pois não há perdão (= remissão), mas sim novação dos créditos anteriores ao pedido de recuperação – art. 59 da LF; **III:** incorreta, pois há suspensão, não interrupção, do prazo prescricional – art. 6º da LF; **IV:** correta, pois reflete o disposto no art. 47 da LF.

Gabarito "D"

(Ministério Público/PR – 2013 – X) A Lei nº 11.101/2005, que regula a recuperação judicial, extrajudicial e falência:

I. Não se aplica às sociedades de economia mista;

II. Não se aplica às instituições financeiras privadas;

III. Não se aplica às sociedades de capitalização;

IV. Não se aplica às cooperativas de crédito.

(A) Estão corretas apenas as assertivas I, II e III;

(B) Está correta apenas a assertiva I;

(C) Está correta apenas a assertiva IV;

(D) Todas as assertivas estão corretas;

(E) Nenhuma assertiva está correta.

A Lei nº 11.101/2005, no seu art. 2º, expressamente determina a exclusão dos processos de falência, recuperação judicial e extrajudicial, de uma série de pessoas ou atividades específicas. Dentre as exclusões, constam as sociedades de econômica mista, empresas públicas, instituições financeiras, públicas e privadas, cooperativas, sociedades de capitalização, dentre outras.

Gabarito "D"

(Ministério Público/PB – 2010) Analise as proposições abaixo e, após, marque a alternativa correta.

I. Na recuperação judicial, a suspensão das ações e execuções em face do devedor, em nenhuma hipótese, excederá o prazo improrrogável de cento e oitenta dias, contado do deferimento do processamento de recuperação.

II. As sociedades seguradoras, as instituições financeiras, as companhias securitizadoras e as sociedades exploradoras de serviços aéreos são impedidas de impetrar recuperação judicial e extrajudicial.

III. A recuperação judicial de microempresas e empresas de pequeno porte somente atinge os créditos trabalhistas e quirografários, e o seu pedido não acarreta a suspensão do curso da prescrição, nem das ações e execuções por créditos não abrangidos pelo plano.

IV. São efeitos automáticos da condenação por crime falimentar: a inabilitação para o exercício de atividade empresarial; o impedimento para o exercício de cargo ou função em conselho de administração diretoria ou gerência das sociedades sujeitas a Lei 11.101/2005 e a impossibilidade de gerir empresa por mandato ou por gestão de negócio.

(A) Apenas duas das proposições acima estão inteiramente corretas.

(B) Apenas três das proposições acima estão inteiramente corretas.

(C) Todas as quatro proposições acima estão inteiramente corretas.

(D) Apenas uma das proposições acima está inteiramente correta.

(E) Todas as quatro proposições acima estão inteiramente erradas.

I: correta, por expressa previsão legal (Lei 11.101/2005, art. 6º, § 4º); **II:** incorreta, pois as empresas aéreas poderão se valer do benefício (Lei 11.101/2005, art. 199); **III:** incorreta, pois o plano especial para a ME e EPP abrangerá todos os créditos existentes na data do pedido (Lei 11.101/2005, art. 71, I); **IV:** incorreta, pois tais efeitos dependem de expressa indicação pela sentença (Lei 11.101/2005, art. 181).

Gabarito "D"

(Ministério Público/SC – 2008) Julgue as alternativas abaixo, indicando a correta:

I. Embora a habilitação de créditos tenha feição administrativa, a impugnação é de natureza contenciosa, exigindo atividade jurisdicional.

II. O falido, dada a sua incapacidade de gerenciar negócios não pode ser testamenteiro.

III. Como a fraude contra credores implica a nulidade do negócio jurídico, qualquer interessado atual poderá alegá-la, mesmo que não fosse credor à época da fraude.

IV. São nulos os registros de imóveis efetuados após sentença de abertura de falência, ou do termo legal nele fixado, salvo se a apresentação tiver sido feita anteriormente. Trata-se de nulidade por definição legal e não importa se o falido teve ou não intenção de fraudar credores.

V. Decretada a falência ou homologada a recuperação judicial, o Ministério Público, constatando a existência de crime falimentar, oferecerá denúncia no Juízo universal da falência.

(A) apenas I e III estão corretos

(B) apenas II e IV estão corretos.

(C) apenas I e IV estão corretos.

(D) apenas II, III e V estão corretos.

(E) apenas I,II e V estão corretos.

I: correta, as habilitações são apresentadas diretamente ao administrador judicial, mas as impugnações são dirigidas ao juiz – arts. 7º, § 1º, e 8º, ambos da LF (Lei 11.101/2005); II: incorreta, a inabilitação do falido refere-se apenas à atividade empresarial – art. 102 da LF (Lei 11.101/2005); III: incorreta, nos termos do art. 130 da LF (Lei 11.101/2005), são revogáveis (não nulos) os atos praticados com a intenção de prejudicar credores (decorrentes de conluio fraudulento e que impliquem efetivo prejuízo sofrido pela massa). O administrador judicial, o comitê de credores, qualquer credor ou o membro do Ministério Público poderá pedir a exclusão, a reclassificação ou a retificação de crédito, no caso de fraude – art. 19 da LF (Lei 11.101/2005); IV: correta, art. 129, VII, da LF (Lei 11.101/2005); V: incorreta, o conhecimento dos crimes falimentares compete ao juiz criminal da jurisdição onde tenha sido decretada a falência, concedida a recuperação judicial ou homologado o plano de recuperação extrajudicial – art. 183 da LF (Lei 11.101/2005).

Gabarito "C"

(Ministério Público/SP – 2008) Assinale a alternativa correta.

(A) O Ministério Público não tem legitimidade para impugnar a relação de credores que instrui o pedido de recuperação judicial.

(B) O devedor pode, unilateralmente e a qualquer momento, desistir do pedido de recuperação judicial, em razão do princípio dispositivo.

(C) O Ministério Público tem legitimidade para a ação revocatória, que deve ser proposta no prazo de três anos da decretação da falência.

(D) É vedada a reunião de credores em litisconsórcio para alcançar o valor mínimo exigido pela lei para o requerimento de falência, em razão do princípio da continuidade da empresa.

(E) Não é admissível a nomeação de pessoa jurídica para a função de administrador judicial, que deve ser necessariamente desempenhada por profissional de nível universitário, inscrito no órgão de classe competente.

A: incorreta, o Ministério Público tem legitimidade para impugnar a relação de credores – art. 8º da LF (Lei 11.101/2005); **B:** incorreta, o devedor não pode desistir do pedido de recuperação judicial após o deferimento de seu processamento, exceto se houver concordância por parte da assembleia geral de credores – art. 52, § 4º, da LF (Lei 11.101/2005); **C:** correta, art. 132 da LF (Lei 11.101/2005); **D:** incorreta, é possível essa reunião de credores, para alcançar o valor mínimo para pedido de falência por inadimplemento – art. 94, § 1º, da LF (Lei 11.101/2005); **E:** incorreta, o administrador judicial pode ser pessoa jurídica especializada – art. 21 da LF (Lei 11.101/2005).

Gabarito "C"

(Ministério Público/SP – 2006) Considere os seguintes enunciados:

I. A decretação da falência das concessionárias de serviços públicos implica extinção da concessão, na forma da lei.

II. O devedor poderá requerer a homologação em juízo do plano de recuperação extrajudicial que obriga a todos os credores por ele abrangidos, desde que assinado por credores que representem mais de 3/5 de todos os créditos de cada espécie por ele abrangidos.

III. No procedimento para a decretação de falência, citado, o devedor poderá apresentar contestação no prazo de 15 dias, podendo, ainda, no mesmo prazo, depositar o valor correspondente ao total do crédito, acrescido de correção monetária, juros e honorários advocatícios, hipótese em que a falência não será decretada.

IV. Os créditos derivados de legislação trabalhista, ainda que cedidos a terceiros, terão preferência sobre os demais, limitados os valores, porém, a 150 salários mínimos por credor.

V. Na falência, as cláusulas penais dos contratos unilaterais não serão atendidas se as obrigações neles estipuladas se vencerem em virtude da quebra.

(A) São verdadeiros os enunciados I e II, mas o enunciado V é falso.

(B) São verdadeiros os enunciados I, II e IV.

(C) São falsos os enunciados III e IV.

(D) São falsos os enunciados I, IV e V.

(E) São verdadeiros os enunciados II, III e IV.

I: correta, art. 195 da LF (Lei 11.101/2005); II: correta, art. 163 da LF (Lei 11.101/2005); III: incorreta, o prazo para contestação é de 10 dias (não 15) – art. 98 da LF (Lei 11.101/2005); IV: incorreta, os créditos trabalhistas cedidos a terceiros são classificados como quirografários – art. 83, § 4º, da LF (Lei 11.101/2005); V: correta, art. 83, § 3º, da LF (Lei 11.101/2005).

Gabarito "C"

5. INTERVENÇÃO E LIQUIDAÇÃO EXTRAJUDICIAL

(Ministério Público/AP – 2005) Assinale a alternativa correta:

(A) A Liquidação Extrajudicial é a modalidade de ato administrativo discricionário, sendo o Banco Central o órgão da administração indireta federal competente para sua decretação;

(B) O ato de decretação da liquidação extrajudicial não torna exigível a cláusula penal dos contratos unilaterais antecipadamente vencidos, os juros posteriores à decretação, se não pago integralmente o passivo;

(C) Os administradores das instituições financeiras em intervenção, em liquidação extrajudicial, ficarão com parte de seus bens indisponíveis podendo na parte desobrigada, por qualquer forma, direta ou indireta, aliená-los ou onerá-los;

(D) A indisponibilidade dos bens decorrente do ato que decretar a intervenção, atinge a todos os administradores que tenham estado no exercício das funções nos doze meses anteriores ao mesmo ato.

A: incorreta, a liquidação é, primordialmente, ato vinculado, pois deve ser decretada nas hipóteses previstas no art. 15 da Lei 6.024/1974, embora haja alguma margem para a decisão do Banco Central (§ 1º); **B:** incorreta, apesar do disposto no art. 18, *c* e *d*, da Lei 6.024/1974 e de alguns precedentes em sentido contrário (ver REsp 848.905/BA), a jurisprudência majoritária admite a cobrança de juros moratórios na liquidação extrajudicial – ver AgRg no Ag 987.423/RJ-STJ; **C:** incorreta, pois os casos de decretação de indisponibilidade referem-se a totalidade dos bens– art. 36, *caput*, e § 1º, da Lei 6.024/1974; **D:** a indisponibilidade atinge todos os bens dos administradores que tenham estado no exercício das funções nos doze meses anteriores à decretação da intervenção ou da liquidação extrajudicial – art. 36, *caput*, e § 1º, da Lei 6.024/1974.

Gabarito "D"

(Ministério Público/RJ – 2011) A instituição financeira XYZ INVESTIMENTOS S/A, por encontrar-se em sérias dificuldades e com patrimônio líquido negativo, resolveu requerer os benefícios da recuperação extrajudicial, buscando seu reequilíbrio econômico e financeiro de modo a salvaguardar os interesses de seus credores.

Diante da situação hipotética exposta, é correto afirmar que a solução encontrada pela instituição financeira XYZ INVESTIMENTOS S/A:

(A) não é viável porque as instituições financeiras não estão autorizadas a requerer a recuperação extrajudicial;

(B) é viável, uma vez que se trata de uma sociedade empresária, uma vez que o prévio ajuste de seus credores atende aos princípios consumeristas;

(C) não é viável porque a Lei de Quebras a ela reserva a via da recuperação judicial;

(D) não é viável porque a Lei de Quebras reserva aos seus credores a possibilidade de requerer recuperação extrajudicial;

(E) é viável porque a recuperação extrajudicial é um instrumento legal que visa à melhor proteção dos credores de qualquer sociedade empresária.

A: correta, pois, por expressa previsão legal, as instituições financeiras são excluídas da falência e da recuperação. Apesar disso, há lei específica que permite a decretação da falência das instituições financeiras em caso de insucesso da liquidação, não existindo qualquer dispositivo que autorize recuperação seja judicial, seja extrajudicial (Lei 11.101/2005, art. 2º); **B, C, D** e **E:** incorretas, por expressa previsão legal (Lei 11.101/2005, art. 2º).

Gabarito "A"

6. SISTEMA FINANCEIRO NACIONAL

(Ministério Público/AM – 2008 – CESPE) Acerca da competência e da natureza jurídica das entidades que compõem o Sistema Financeiro Nacional, assinale a opção correta.

(A) Compete ao Conselho Monetário Nacional, autarquia de caráter especial vinculada ao Ministério da Fazenda, disciplinar o crédito, em todas as suas modalidades, e as operações creditícias, em todas as suas formas, inclusive aceites, avais e prestações de quaisquer garantias por parte das instituições financeiras.

(B) Compete ao Banco Central da República do Brasil, autarquia federal, emitir moeda-papel e moeda metálica, nas condições e limites autorizados pelo Conselho Monetário Nacional.

(C) Compete à Comissão de Valores Mobiliários, órgão especial da Presidência da República, disciplinar e fiscalizar a auditoria das companhias abertas.

(D) Compete ao Conselho Nacional de Seguros Privados, autarquia federal, fixar as diretrizes e normas da política de seguros privados e regular as operações de seguros e resseguros.

(E) Compete à Superintendência de Seguros Privados, órgão especial do Ministério da Fazenda, fiscalizar o mercado de seguro, previdência complementar aberta e capitalização.

A: incorreta, o Conselho Monetário Nacional (CMN) não tem natureza autárquica – trata-se de órgão formado pelo Ministro da Fazenda, pelo Ministro do Planejamento, Orçamento e Gestão e pelo Presidente do Banco Central do Brasil (art. 8º da Lei 9.069/1995). A assertiva, no entanto, indica corretamente competências do CMN – art. 4º, VI, da Lei 4.595/1964; **B:** correta, arts. 8º e 10, I, da Lei 4.595/1964; **C:** incorreta. A Comissão de Valores Mobiliários (CVM) é entidade autárquica especial, vinculada ao Ministério da Fazenda (não é órgão da Presidência) – art. 5º da Lei 6.385/1976. A assertiva, no entanto, indica corretamente competências da CVM – art. 8º, V, da Lei 6.385/1976; **D:** incorreta, o Conselho Nacional de Seguros Privados (CNSP) não tem natureza autárquica – trata-se de órgão formado pelo Ministro da Fazenda, ou seu representante, pelo Superintendente da Superintendência de Seguros Privados (SUSEP) e pelos representantes do Ministério da Justiça, do Ministério da Previdência e Assistência Social, do Banco Central do Brasil e da CVM – art. 33 do DL 73/1966. A assertiva, no entanto, indica corretamente competências do CNSP – art. 32 do DL 73/1966; **E:** incorreta, a SUSEP é entidade autárquica especial vinculada ao Ministério da Fazenda (não é órgão do Ministério da Fazenda). A assertiva, no entanto, indica corretamente competências do CNSP – art. 36, *h*, do DL 73/1966.

Gabarito "B"

(Ministério Público/RO – 2008 – CESPE) Em relação à estruturação do Sistema Financeiro Nacional e à regulação concernente às instituições financeiras privadas, assinale a opção correta.

(A) As instituições financeiras privadas constituir-se-ão unicamente sob a forma de sociedade anônima, devendo o seu capital com direito a voto ser representado por ações nominativas.

(B) As instituições financeiras privadas terão suas atividades, capacidade e modalidade individualmente reguladas pelo CMN, devendo submeter à prévia aprovação desse órgão os seus programas de recursos e aplicações.

(C) As instituições financeiras privadas serão fiscalizadas pela Comissão de Valores Mobiliários (CVM), à qual competirá autorizar-lhes o funcionamento e verificar se observam as normais legais e regulamentares sobre seu funcionamento.

(D) As instituições financeiras privadas não poderão conceder empréstimos e adiantamentos aos seus diretores ou aos membros de seus conselhos administrativo e fiscal, bem como aos respectivos cônjuges e parentes de primeiro e segundo graus.

(E) As instituições financeiras privadas, exceto as de investimento, só poderão participar de capital de quaisquer outras sociedades se prévia e individualmente autorizadas pelo CMN, ressalvados os casos de garantia de subscrição.

A: incorreta, as cooperativas de crédito não se submetem a essa restrição – art. 25 da Lei 4.595/1964; **B** e **C:** incorretas, as instituições financeiras submetem-se à autorização e à fiscalização pelo Banco Central do Brasil – arts. 10, IX e X, e 18, ambos da Lei 4.595/1964; **D:** correta, art. 34, I e II, da Lei 4.595/1964; **E:** incorreta, exige-se autorização do Banco Central do Brasil, na hipótese – art. 30 da Lei 4.595/1964.

Gabarito "D"

7. CONTRATOS EMPRESARIAIS

7.1. ALIENAÇÃO FIDUCIÁRIA

(Ministério Público/SP – 2008) Assinale a alternativa correta.

(A) A notificação destinada à comprovação da mora em dívida garantida por alienação fiduciária deve trazer o valor total do débito para a devida ciência do devedor.

(B) O protesto do título para a comprovação da mora em dívida garantida por alienação fiduciária não pode ser feito por edital.

(C) No caso de mora em obrigação garantida mediante alienação fiduciária, o credor não pode vender a coisa a terceiros antes da avaliação judicial do bem.

(D) É vedada a concessão liminar da busca e apreensão do bem alienado fiduciariamente, em respeito ao princípio do contraditório.

(E) Na resposta à ação de busca e apreensão fundada em obrigação garantida por alienação fiduciária, o devedor pode discutir a legalidade de cláusulas contratuais.

A: incorreta, não é necessária a indicação do valor do débito – Súmula 245/STJ; **B:** incorreta, não há essa restrição – art. 2º, § 2º, do Decreto-Lei 911/1969; **C:** incorreta, é possível a venda, independentemente de avaliação prévia – art. 2º, *caput*, do Decreto-Lei 911/1969; **D:** incorreta, a concessão de liminar é prevista expressamente no art. 3º, *caput*, do Decreto-Lei 911/1969; **E:** correta, art. 3º, § 3º, do Decreto-Lei 911/1969.

Gabarito "E"

(Ministério Público/SP – 2006) Assinale a alternativa incorreta.

(A) A cobrança antecipada do valor residual garantido (VRG) não descaracteriza o contrato de arrendamento mercantil.

(B) A notificação destinada a comprovar a mora nas dívidas garantidas por alienação fiduciária dispensa a indicação do valor do débito.

(C) A purga da mora, nos contratos de alienação fiduciária, só é permitida quando já pagos pelo menos 40% do valor financiado.

(D) A terceiro de boa-fé não é oponível a alienação fiduciária não anotada no Certificado de Registro do veículo automotor.

(E) O contrato de alienação fiduciária em garantia não pode ter por objeto bem que já integrava o patrimônio do devedor.

A: correta, Súmula 293/STJ; **B:** correta, não é necessária a indicação do valor do débito – Súmula 245/STJ; **C:** correta, a partir da Lei 10.931/2004, o art. 3º do DL 911/1969 não mais prevê expressamente a purga da mora quando já pagos 40% do valor financiado (norma ratificada pela Súmula 284/STJ). A redação atual do art. 3º, § 2º, do DL 911/1969 prevê apenas a possibilidade de pagamento integral da dívida pendente, para fins de restituição do bem, livre de ônus; **D:** correta, art. 1.361, § 1º, do CC – a inexistência de registro implica inoponibilidade do contrato a terceiro de boa-fé; **E:** incorreta (devendo ser assinalada), o contrato pode ter por objeto bem que já pertencia ao devedor, anteriormente ao negócio – Súmula 28/STJ.

Gabarito "E"

(Ministério Público/AP – 2005) Assinale a alternativa correta:

(A) A busca e apreensão de bem alienado fiduciariamente constitui processo autônomo e independente de qualquer procedimento posterior;

(B) Se o bem alienado fiduciariamente não for encontrado ou não se achar na posse do devedor, o credor poderá requerer a conversão do pedido de busca e apreensão, em ação de depósito, em autos separados;

(C) A mora e o inadimplemento de obrigações contratuais garantidas por alienação fiduciária ou a ocorrência legal ou convencional de algum dos casos de antecipação de vencimento da dívida facultarão ao credor considerar, de pleno direito, vencidas todas as obrigações contratuais, apenas dependendo de aviso ou notificação judicial ou extrajudicial, para legalidade do ato;

(D) No caso de inadimplemento da obrigação garantida em alienação fiduciária, o proprietário fiduciário somente poderá vender a coisa a terceiros e aplicar preço da venda no pagamento do seu crédito e das despesas decorrentes da cobrança, entregando ao devedor o saldo porventura apurado, se houver, desde que autorizado judicialmente.

A: correta, art. 3º, § 8º, do Decreto-Lei 911/1969; **B:** incorreta, a conversão dá-se nos mesmos autos – art. 4º do Decreto-Lei 911/1969; **C:** incorreta, essa faculdade do credor não depende de aviso ou notificação – art. 2º, § 3º, do Decreto-Lei 911/1969; **D:** incorreta, não se exige autorização judicial para a alienação, na hipótese – art. 2º, *caput*, do Decreto-Lei 911/1969.

Gabarito "A"

7.2. ARRENDAMENTO MERCANTIL/ *LEASING*

(Ministério Público/CE – 2011 – FCC) Descumprida a obrigação pecuniária pelo arrendatário, no contrato de *leasing* financeiro,

(A) o arrendante apenas pode cobrar a dívida, mas não pleitear a rescisão do contrato ou a sua reintegração na posse, dada a existência de opção de compra.

(B) não se admite em nenhuma hipótese a ação de reintegração de posse, se nas parcelas tiver sido incluído o denominado Valor Residual Garantido (VRG), de acordo com a jurisprudência mais recente consolidada em súmula do Superior Tribunal de Justiça.

(C) admite-se a reintegração do arrendante na posse, caso haja no contrato cláusula resolutória expressa e tenha sido o arrendatário devidamente notificado de sua mora.

(D) perde o arrendatário o direito de usar o bem enquanto não purgar a mora, independentemente de notificação do arrendante, mas não fica sujeito à retomada do bem antes do trânsito em julgado da sentença que rescindir o contrato.

(E) a reintegração na posse pelo arrendante prescinde de cláusula resolutória expressa e de notificação prévia do arrendatário, vencendo-se a dívida por inteiro, e será o bem vendido para seu pagamento e o arrendatário ficará pessoalmente responsável pelo saldo devedor se o valor obtido com a venda for insuficiente.

A: incorreta, pois no leasing o bem pertence ao arrendante, podendo, pois, em caso de rescisão, retomar a coisa pela busca a apreensão; **B:** incorreta, pois o recebimento antecipado do VRG não desnatura o contrato, devendo, apenas, tal valor ser restituído; **C:** correta, pois se exige a presença da cláusula resolutória e demonstração da mora, para reintegração em sede, inclusive, de liminar; **D:** incorreta, pois a retomada do bem poderá se dar a partir da constituição da mora; **E:** incorreta, pois a reintegração depende de cláusula resolutória expressa e de notificação

Gabarito "C"

(Ministério Público/CE – 2011 – FCC) Se o bem móvel alienado fiduciariamente a um banco não for encontrado ou não se achar na posse do devedor, poderá o credor fiduciário:

(A) apenas alterar o pedido formulado na ação de busca e apreensão para o de execução por quantia certa.

(B) requerer a conversão do pedido de busca e apreensão, nos mesmos autos, em ação de depósito, e o devedor ficará sujeito a prisão civil, se não restituir o bem ou seu equivalente em dinheiro.

(C) se o fiduciante estiver em mora, somente executar o fiador, que se sub-rogará, de pleno direito, no crédito e na garantia constituída pela alienação fiduciária.

(D) recorrer apenas à execução contra o devedor, penhorando-lhe outros bens suficientes para assegurar a execução.

(E) requerer a conversão do pedido de busca e apreensão, nos mesmos autos, em ação de depósito, mas o devedor não ficará sujeito a prisão civil.

A: incorreta, pois poderá optar pela conversão em ação de depósito (CPC, art. 901); **B:** incorreta, pois nos termos do entendimento da jurisprudência, não será cabível prisão nesse caso (STF, HC 106.975); **C:** incorreta, pois poderá valer-se de ação de busca e apreensão, ação de depósito ou execução; **D:** incorreta, pois poderá se valer de busca e apreensão ou ação de depósito; **E:** correta, pois apesar da previsão legal da prisão, por depositário infiel, a jurisprudência do STF, por reconhecer os termos do Pacto de San Jose da costa Rica, não mais admite essa possibilidade.

Gabarito "E"

7.3. FRANQUIA

(Ministério Público/SP – 2006) A Circular de Oferta de Franquia deverá ser entregue ao candidato a franqueado no prazo mínimo de:

(A) 15 dias antes da assinatura do contrato de franquia ou ainda do pagamento de qualquer tipo de taxa pelo franqueado ao franqueador ou a empresa ou pessoa ligada a este, sob pena de nulidade do contrato e obrigação de devolução de todas as quantias que o franqueado já houver pago ao franqueador, devidamente corrigidas pela variação da remuneração básica dos depósitos de poupança mais perdas e danos.

(B) 15 dias antes da assinatura do contrato ou pré-contrato de franquia ou ainda do pagamento de qualquer tipo de taxa pelo franqueado ao franqueador ou a empresa ou pessoa ligada a este, sob pena de nulidade do contrato e obrigação de devolução de todas as quantias que o franqueado já houver pago ao franqueador, devidamente corrigidas pela variação da remuneração básica dos depósitos de poupança mais perdas e danos.

(C) 30 dias antes da assinatura do contrato de franquia ou ainda do pagamento de qualquer tipo de taxa pelo franqueado ao franqueador ou a empresa ou pessoa ligada a este, sob pena de nulidade do contrato e obrigação de devolução de todas as quantias que o franqueado já houver pago ao franqueador ou a terceiros por ele indicados, devidamente corrigidas pela variação da remuneração básica dos depósitos de poupança mais perdas e danos.

(D) 10 dias antes da assinatura do contrato ou pré-contrato de franquia, ou, ainda, do pagamento de qualquer tipo de taxa pelo franqueado ao franqueador, ou, a empresa ou pessoa ligada a este, sob pena de anulabilidade do contrato e obrigação de devolução de todas as quantias que o franqueado já houver pago ao franqueador, ou, a terceiros por ele indicados, devidamente corrigidas pela variação da remuneração básica dos depósitos de poupança mais perdas e danos.

(E) 10 dias antes da assinatura do contrato de franquia ou ainda do pagamento de qualquer tipo de taxa pelo franqueado ao franqueador ou a empresa ou pessoa ligada a este, sob pena de nulidade do contrato e obrigação de devolução de todas as quantias que o franqueado já houver pago ao franqueador, devidamente corrigidas pela variação da remuneração básica dos depósitos de poupança mais perdas e danos.

Art. 4º da Lei 8.955/1994. A, B e **C:** incorretas, o prazo é de 10 dias (não 15 ou 30); **D:** correta, a assertiva descreve a previsão legal; **E:** incorreta, trata-se de anulabilidade (não nulidade) do contrato, que pode ser arguida pelo franqueado.

Gabarito "D"

7.4. OUTROS CONTRATOS E QUESTÕES COMBINADAS

(Ministério Público/CE – 2009 – FCC) Em relação a contratos mercantis, é correto afirmar que:

(A) por sua natureza, o mandato mercantil pode ser oneroso ou gratuito.

(B) a compra e venda é mercantil quando o vendedor ou comprador são empresários, podendo uma das partes sê-lo ou não.

(C) a alienação fiduciária em garantia tem sua abrangência restrita a bens móveis.

(D) as empresas de faturização, ou fomento mercantil, a exemplo das instituições financeiras, devem manter sigilo sobre suas operações.

(E) o arrendamento mercantil é a locação caracterizada pela compra compulsória do bem locado ao término da locação.

A: incorreta, pois o mandato mercantil, a exemplo da generalidade dos contratos empresariais, é oneroso; **B:** incorreta, pois os contratos mercantis ou empresariais caracterizam-se por haver comerciantes ou empresários nos dois polos da relação obrigacional; **C:** incorreta, pois é possível (e mais comum, inclusive) a alienação fiduciária em relação a bens móveis – art. 66-B da Lei 4.728/1965, DL 911/1969 e arts. 22 a 33 da Lei 9.514/1997; **D:** correta, nos termos do art. 1º, § 1º, VII, da LC 105/2001; **E:** incorreta, pois a aquisição do bem ao término do contrato é opção (não obrigação) do arrendatário.

Gabarito "D"

(Ministério Público/RR – 2012 – CESPE) Em relação aos contratos mercantis, assinale a opção correta.

(A) O contrato de faturização é consensual, não sendo necessária nenhuma formalidade para ser firmado, senão a própria manifestação das partes; ele pode, inclusive, ser verbal.

(B) Se do contrato de comissão constar a cláusula *del credere*, o comissionário não responderá solidariamente com as pessoas com que houver tratado em nome do comitente.

(C) O contrato-tipo, como o de seguro, é instrumento utilizado por fornecedores de serviços ou produtos destinados a um grande número de pessoas.

(D) O contrato de compra e venda mercantil é comutativo, conhecendo os contratantes, desde o início, exatamente o preço e o bem a ser recebido, razão pela qual não se vislumbra a existência de contrato de compra e venda mercantil aleatório.

(E) As circunstâncias que constituem, de acordo com a lei, motivos justos para a rescisão do contrato de representação comercial são meramente exemplificativas, razão por que as partes podem contratualmente estipular novas cláusulas rescisórias.

A: correta, pois não há forma prevista na lei; **B:** incorreta, pois em caso de presença de tal cláusula, o comissário responderá solidariamente com as pessoas que houver contratado, motivo pelo qual terá comissão mais elevada, em função do maior risco (CC, art. 698); **C:** incorreta, pois o contrato de seguro somente pode ser firmado por pessoas expressamente autorizadas (CC, art. 757); **D:** incorreta, pois há autorização legal para existência de contrato aleatório (CC, art. 483); **E:** incorreta, pois as causas são previstas de maneira taxativa (CC, art. 716 e 717).

Gabarito "A"

8. PROPRIEDADE INDUSTRIAL

(Ministério Público/RR – 2012 – CESPE) Acerca da propriedade industrial, assinale a opção correta.

(A) Os recursos decididos pelo presidente do INPI, considerados finais e irrecorríveis na esfera administrativa, encerram essa instância e serão recebidos, após despacho fundamentado, apenas no efeito devolutivo.

(B) O processo de nulidade da patente pode ser instaurado de ofício ou mediante requerimento de qualquer pessoa com legítimo interesse, no prazo de seis meses contados da concessão da patente, e prosseguirá ainda que extinta a patente.

(C) Somente configura crime contra a patente o fato de a violação atingir todas as reivindicações da patente ou se restringir à utilização de meios equivalentes ao objeto da patente.

(D) Cabe recurso ao presidente do INPI contra decisão que determine o arquivamento definitivo de pedido de patente ou de registro, bem como contra a que defira pedido de patente, de certificado de adição ou de registro de marca.

(E) Todos os atos do INPI nos processos administrativos referentes à propriedade industrial produzem efeitos a partir da sua publicação no respectivo órgão oficial.

A: incorreta, pois nos termos da legislação, os recursos administrativos no Instituto Nacional da Propriedade Industrial – INPI tem como última instância a presidência do órgão (Lei 9.279/1996, art. 212, § 3º); **B:** correta, por expressa previsão legal (Lei 9.279/1996, art. 51); **C:** incorreta, pois se configura crime ainda que a violação não atinja todas as reivindicações (Lei 9.279/1996, art. 186); **D:** incorreta, pois há vedação expressa de recurso administrativo nesse caso (Lei 9.279/1996, art. 212, § 2º); **E:** incorreta, pois há previsão de que o prazo somente se inicia no dia seguinte à intimação, feita pela publicação do ato (Lei 9.279/1996, art. 223).

Gabarito "B"

(Ministério Público/RS – 2009) Considere as afirmações abaixo, relativas à propriedade industrial:

I. Para os fins e efeitos da Lei 9.279, de 14/05/1996, que regula os direitos e obrigações relativos à propriedade industrial, programas de computador em si são considerados invenções ou modelos de utilidade, conforme a sua utilidade funcional;

II. É patenteável como modelo de utilidade a forma plástica ornamental de um objeto ou o conjunto ornamental de linhas e cores que possa ser aplicado a um produto, proporcionando resultado visual novo e original na sua configuração externa e que possa servir de tipo de fabricação industrial.

III. O fato de o inventor, 15 (quinze) meses antes da data do depósito do pedido de patente, ter detalhado o seu objeto, em palestra proferida em evento científico, não exclui seu direito de obter a respectiva patente, dado que a divulgação, nesse caso, foi procedida pelo próprio inventor.

Quais estão INCORRETAS?

(A) Apenas I.

(B) Apenas II.

(C) Apenas II e III.

(D) Apenas III.

(E) I, II e III.

I: incorreta, pois os programas de computador em si não são considerados invenção, nem modelo de utilidade – art. 10, V, da LPI (Lei 9.279/1996); II: incorreta, pois a assertiva se refere a desenho industrial, e não a modelo de utilidade – art. 95 da LPI (Lei 9.279/1996); III: incorreta, pois a palestra tornou o invento acessível ao público, incluindo-o no estado da técnica e impossibilitando a patente. Não seria considerado como estado da técnica e, portanto, seria patenteável o invento caso o inventor tivesse divulgado a invenção durante os 12 meses que precederam a data de depósito ou a da prioridade do pedido de patente (no caso, houve a divulgação 15 meses antes) – art. 12, I, da LPI (Lei 9.279/1996).

Gabarito "E"

(Ministério Público/AM – 2008 – CESPE) Arnaldo, editor gráfico, percebeu um aumento expressivo no mercado de jogos de mesa infantis. Entusiasmado, criou um conjunto de regras inéditas para jogo de tabuleiro com enorme potencial de sucesso. Precavido, resolveu requerer a patente dessa invenção ao INPI. Considerando essa situação hipotética, assinale a opção correta.

(A) Se comprovado que a invenção de Arnaldo é nova, dotada de atividade inventiva e aplicabilidade industrial, a patente deverá ser concedida obrigatoriamente pelo INPI, por se tratar de atividade administrativa vinculada.

(B) Durante o período anterior ao deferimento ou indeferimento do privilégio temporário pelo INPI, Arnaldo poderá ceder a terceiros o pedido da patente em questão.

(C) Por se tratar de pretensão a patente válida apenas no território nacional, para a sua concessão basta que seja provado o ineditismo do objeto no Brasil, sendo irrelevante se ele foi divulgado em países estrangeiros anos antes da data do pedido.

(D) Uma vez deferido, o direito de patente será temporário, vigorando por até 20 anos, contados da data de sua concessão pelo INPI.

(E) Revelando-se que o direito de patente foi concedido com nulidade, o INPI poderá, de ofício, promover sua anulação no prazo de duração do privilégio, em decorrência do poder de autotutela da administração.

A: incorreta, regras de jogo não são patenteáveis – art. 10, VII, da LPI (Lei 9.279/1996); **B:** correta, é possível ceder o pedido de patente – art. 58 da LPI (Lei 9.279/1996); **C:** incorreta, a divulgação de invenção no exterior pode representar estado da técnica, que afasta a novidade – art. 11, § 1º, da LPI (Lei 9.279/1996); **D:** incorreta, a patente de invenção vigora por 20 anos contados da data do depósito do pedido (não da concessão da patente) – art. 40 da LPI (Lei 9.279/1996); **E:** incorreta, o INPI poderá instaurar de ofício o processo administrativo de nulidade no prazo de 6 meses contados da concessão da patente (art. 51 da LPI – Lei 9.279/1996) ou propor a ação judicial de nulidade a qualquer tempo da vigência da patente (art. 56 da LPI – Lei 9.279/1996).

Gabarito "B"

(Ministério Público/AM – 2008 – CESPE) No Brasil, há conhecido debate a respeito da natureza jurídica do regime de proteção às marcas de indústria e comércio. Nesse âmbito, pergunta-se se a propriedade das marcas, como prevista na CF, iguala-se à propriedade regulada pelo Código Civil, assim permitindo a utilização de figuras como a aquisição por ocupação e a usucapião. Um ponto central nesse debate decorre do fato de que, de acordo com as leis em vigor,

(A) a propriedade de marca é adquirida pelo efetivo uso, independentemente de registro no INPI. Nessa hipótese, o posterior deferimento do pedido pela autarquia ocasionará apenas os efeitos declaratório e probatório da titularidade antes adquirida.

(B) no caso de duas pessoas disputarem marcas idênticas ou semelhantes, para identificar produtos idênticos ou semelhantes, terá precedência ao registro o usuário de boa-fé que provar uso prévio da marca por, no mínimo, seis meses anteriores à data do depósito da marca disputada.

(C) se ficar provado que a marca não está sendo usada há pelo menos dois anos pelo titular do registro do INPI, outra pessoa poderá registrá-la para si, desde que prove que a utiliza regularmente e sem oposição.

(D) a característica central da propriedade da marca é a presença de absoluto direito *erga omnes*, o qual ordinariamente confere ao respectivo titular o poder de impedir terceiros de utilizá-la para identificar outros produtos e serviços de quaisquer ramos de atividade.

(E) em face da disciplina do direito de marcas se organizar por meio de registro público, equivalente ao registro de imóveis, tal direito é considerado, para todos os efeitos legais, bem imóvel.

A: incorreta, a propriedade da marca adquire-se pelo registro validamente expedido – art. 129 da LPI (Lei 9.279/1996); **B:** correta, art. 129, § 1º, da LPI (Lei 9.279/1996); **C:** incorreta, o prazo para caducidade do registro da marca é de 5 anos, nos termos e nas condições do art. 143 da LPI (Lei 9.279/1996); **D:** incorreta, o direito não é absoluto e, em princípio, refere-se apenas à atividade efetivamente exercida pelo titular – art. 128, § 1º, da LPI (Lei 9.279/1996); **E:** incorreta, os direitos de propriedade industrial (incluindo marcas) são considerados bens móveis – art. 5º da LPI (Lei 9.279/1996).

Gabarito "B"

(Ministério Público/AM – 2008 – CESPE) Um tema recorrente relativo à disciplina das patentes refere-se ao licenciamento compulsório, atualmente objeto de crescente interesse nacional e internacional. No que concerne às opções implementadas pelo legislador brasileiro para discipliná-lo, é correto afirmar que o licenciamento compulsório:

(A) pressupõe, necessariamente, prova de conduta ilícita cometida pelo titular da patente, por exercer seus direitos de modo abusivo.

(B) exige procedimento judicial prévio, garantindo-se ampla defesa e o contraditório ao titular da patente.

(C) será sempre concedido sem exclusividade, não se admitindo o sublicenciamento.

(D) é obrigatório no caso de patentes de interesse nacional.

(E) será extinto no caso de ocorrer cessão, alienação ou arrendamento do empreendimento autorizado a explorar a patente.

A: incorreta, é possível licenciamento compulsório sem que haja conduta ilícita, nos casos de falta ou insuficiência de exploração ou de comercialização, conforme previsto no art. 68, § 1º, da LPI (Lei 9.279/1996); **B:** incorreta, admite-se licenciamento compulsório decidido administrativamente – art. 68, *caput, in fine*, da LPI (Lei 9.279/1996); **C:** correta, art. 72 da LPI (Lei 9.279/1996); **D:** incorreta, é possível (não obrigatório) o licenciamento compulsório no caso de interesse público não atendido pelo titular da patente (ou pelo licenciado) – art. 71 da LPI (Lei 9.279/1996); **E:** incorreta, há cessão da licença compulsória, na hipótese – art. 74, § 3º, da LPI (Lei 9.279/1996).

Gabarito "C"

(Ministério Público/RO – 2008 – CESPE) A legislação brasileira de proteção às patentes de invenção:

(A) permite o patenteamento de qualquer invenção nova e com aplicabilidade industrial, protegendo, assim, produtos e processos para a sua respectiva obtenção, como ocorre, por exemplo, nos casos de programas de computador e medicamentos.

(B) estabelece como fato jurídico constitutivo do direito de patente o momento em que o inventor expressa a ideia inventiva em um objeto tangível, exteriorizando, dessa maneira, a invenção.

(C) concebe o direito de patente como um monopólio temporário, pelo qual se impede, de modo geral, fabricar, importar e vender produto, ou usar processo, devidamente patenteado, sem que haja a autorização do titular da patente, ressalvadas as exceções de ordem pública.

(D) institui a patente como direito de vigência temporária, com termo inicial de 25 anos, renovável por igual período.

(E) concede, de ofício, quando diante de patente de interesse da defesa nacional, licença compulsória, temporária e não exclusiva para a sua exploração, sem prejuízo dos direitos do respectivo titular.

A: incorreta, os programas de computador em si não são patenteáveis – art. 10, V, da LPI, Lei 9.279/1996 (os direitos autorais, no entanto, são protegidos – art. 7º, XII, da Lei 9.610/1998); **B:** incorreta, a proteção dos direitos relativos às invenções depende da concessão de patente – arts. 2º, I, e 42, ambos da LPI (Lei 9.279/1996); **C:** correta, a assertiva descreve adequadamente os caracteres do direito de patente – art. 42 da LPI (Lei 9.279/1996); **D:** incorreta, pois a patente de invenção vigorará pelo prazo de 20 anos – art. 40 da LPI (Lei 9.279/1996); **E:** incorreta, a patente de interesse da defesa nacional submete-se a procedimento sigiloso, nos termos do art. 75 da LPI (Lei 9.279/1996), e não, necessariamente, ao licenciamento compulsório. É possível (não obrigatório) o licenciamento compulsório no caso de interesse público não atendido pelo titular da patente (ou pelo licenciado) – art. 71 da LPI (Lei 9.279/1996).

Gabarito "C"

(Ministério Público/RR – 2008 – CESPE) Acerca da disciplina brasileira sobre propriedade industrial e intelectual, julgue os itens subsequentes.

(1) A patente de invenção e os direitos autorais são caracterizados como bens incorpóreos que decorrem da criação humana. Sua elaboração, uma vez expressa em suporte tangível, causa a imediata aquisição daqueles direitos, sendo o registro da obra no órgão competente resguardado para fins probatórios.

(2) O direito sobre marcas de indústria e comércio não exige que o seu titular tenha criado novo sinal visual. Assim, o antigo objeto pode ser registrado como marca por outra pessoa, por exemplo, após ser declarada a caducidade do registro, dessa maneira extinguindo o direito do titular anterior.

(3) Considera-se desenho industrial a forma ou conjunto de linhas e cores que possa ser aplicado a um produto, proporcionando resultado que crie efeito técnico relevante, apto a lhe oferecer nova função industrial ou ampliar função anterior já conhecida.

(4) A propriedade de segredo industrial ou comercial independe de registro, mas a sua negociação só valerá se os respectivos contratos forem averbados no Instituto Nacional da Propriedade Industrial (INPI).

1: incorreta. Diferentemente do que ocorre no direito autoral (art. 18 da Lei 9.610/1998), a proteção dos direitos relativos à propriedade industrial (o que inclui as invenções) depende de patentes e registros – arts. 2º, 42, 109 e 129 da LPI (Lei 9.279/1996). Ademais, a obra intelectual, protegida pelo direito autoral, prescinde de suporte tangível – art. 7º da Lei 9.610/1998; 2: correta. A inércia quanto ao uso da marca durante 5 anos, nos termos e nas condições do art. 143 da LPI, implica caducidade e permite novo registro por terceiro; 3: incorreta. A criação de efeito técnico relevante, de nova função industrial ou de ampliação da função anterior é irrelevante para a caracterização do desenho industrial; considera-se desenho industrial a forma plástica ornamental de um objeto ou o conjunto ornamental de linhas e cores que possa ser aplicado a um produto, proporcionando resultado visual novo e original na sua configuração externa e que possa servir de tipo de fabricação industrial – art. 95 da LPI (Lei 9.279/1996); 4: incorreta. O segredo industrial não é objeto de domínio protegido pela legislação especial – art. 2º da LPI (Lei 9.279/1996).

Gabarito 1E, 2C, 3E, 4E

9. DIREITO CONCORRENCIAL. LEI ANTITRUSTE

(Ministério Público/MG – 2010 – FUNDEP) A respeito do regime da livre concorrência, considere as seguintes assertivas.

I. Na defesa da livre concorrência, o Ministério Público Estadual poderá propor ação civil pública para obter a cessação de práticas que constituem infrações da ordem econômica definidas na Lei 8.884/94, bem como para o recebimento de indenização por lesão a direitos transindividuais.

II. As empresas ou entidades integrantes de grupos econômicos, de direito ou de fato, que cometem infração da ordem econômica definida na lei antitruste são solidariamente responsáveis.

III. A prática de infração à ordem econômica definida na lei antitruste provoca a responsabilidade da empresa e acarreta a responsabilidade individual e solidária de seus dirigentes ou administradores.

IV. As empresas públicas e as empresas de economia mista sujeitam-se ao regime jurídico das empresas privadas, no que se refere aos direitos e obrigações civis e concorrenciais.

Pode-se concluir que estão **CORRETAS:**

(A) apenas as assertivas I e II.

(B) apenas as assertivas II e IV.

(C) apenas as assertivas I e IV.

(D) todas as assertivas.

I: correta, conforme os arts. 1º, V, e 5º, I, da Lei 7.347/1985; II: correta, pois reflete o disposto no art. 33 da LAT (Lei 12.529/2011); III: correta, em conformidade com o disposto no art.. 33 da LAT (Lei 12.529/2011); IV: assertiva correta, conforme o art. 15 da LAT (Lei 8.884/1994).

Gabarito "D"

(Ministério Público/MG – 2012 – CONSULPLAN – adaptada) Os princípios gerais da atividade econômica inseridos na Carta de 1988, no parágrafo 4º do artigo 173 asseveram que: "a lei reprimirá o abuso do poder econômico que vise à dominação dos mercados, à eliminação da concorrência e ao aumento arbitrário dos lucros". Tal dispositivo constitucional foi regulamentado pela Lei 12.529/2011, que estabelece o Sistema Brasileiro de Defesa da Concorrência, a qual tem por escopo prevenir e reprimir as infrações contra a ordem econômica. Assinale a alternativa **INCORRETA**:

(A) Se aplica às pessoas físicas ou jurídicas de direito público ou privado, bem como a quaisquer associações de entidades ou pessoas, constituídas de fato ou de direito, ainda que temporariamente, com ou sem personalidade jurídica, mesmo que exerçam atividade sob regime de monopólio legal.

(B) As diversas formas de infração da ordem econômica implicarão responsabilidade da empresa e responsabilidade individual de seus dirigentes ou administradores, de modo solidário.

(C) A responsabilidade das empresas ou entidades integrantes de grupo econômico, de fato ou de direito, que praticarem infração da ordem econômica, não se opera solidariamente.

(D) A personalidade jurídica do responsável por infração da ordem econômica poderá ser desconsiderada quando houver da parte deste abuso de direito, excesso de poder, infração da lei, fato ou ato ilícito ou violação dos estatutos ou contrato social. A desconsideração também será efetivada quando houver falência, estado de insolvência, encerramento ou inatividade da pessoa jurídica provocados por má administração.

A: correta, nos expressos termos da lei (Lei 12.529/2011, art. 31); **B:** correta, por expressa previsão legal (Lei 12.529/2011, art. 32); **C:** incorreta (devendo ser assinalada), pois há previsão de solidariedade na lei (Lei 12.529/2011, art. 33); **D:** correta, por expressa previsão legal da desconsideração da personalidade (Lei 12.529/2011, art. 34).

Gabarito "C"

10. TEMAS COMBINADOS

(Ministério Público/PR – 2008) É correto afirmar:

(A) São consideradas sociedades empresárias aquelas que exercem profissionalmente atividade econômica organizada para a produção ou a circulação de bens ou de serviços. Entretanto não são consideradas empresárias as sociedades que exercem profissão intelectual, de natureza científica, literária ou artística, ainda com o concurso de auxiliares ou colaboradores, salvo se o exercício da profissão constituir elemento de empresa.

(B) Na sociedade em comum todos os sócios respondem solidária e ilimitadamente pelas obrigações sociais, não podendo ser alegado em nenhum caso o benefício de ordem.

(C) Pela lei que regula os direitos e obrigações relativos à propriedade industrial. É crime reproduzir ou imitar, de modo que possa induzir em erro ou confusão, armas, brasões ou distintivos oficiais nacionais, estrangeiros ou internacionais, sem a necessária autorização, no todo ou em parte, em marca, patente, modelo de utilidade, desenho industrial, nome comercial, insígnia ou sinal de propaganda, ou usar essas reproduções ou imitações com fins econômicos. A punição aplicada para tal crime é a de detenção, de 1 (um) a 3 (três) anos, ou multa.

(D) Segundo o Código Civil, o estabelecimento, para fins do direito empresarial, pode ser considerado como o imóvel utilizado pelo empresário para o exercício de empresa.

(E) Sobre as disposições do Código Civil a respeito do nome empresarial, a sociedade em que houver sócios de responsabilidade ilimitada operará sob firma ou denominação, mas a sociedade anônima opera sob denominação apenas, podendo constar da denominação da S.A. o nome do fundador, acionista, ou pessoa que haja concorrido para o bom êxito da formação da empresa.

A: correta, art. 982 c/c art. 966, ambos do CC; **B:** incorreta, somente aquele que contratou em nome da sociedade em comum é excluído do benefício de ordem – art. 990 do CC; **C:** incorreta, o tipo definido no art. 191 da LPI (Lei 9.279/1966) não inclui a reprodução em patente, modelo de utilidade ou desenho industrial. Ademais, a pena é de 1 a 3 meses (não anos) de detenção ou multa; **D:** incorreta, o estabelecimento empresarial não se confunde com o imóvel utilizado para o exercício da empresa – art. 1.142 do CC; **E:** incorreta, a sociedade em que há sócio de responsabilidade ilimitada opera sob firma, apenas (nunca sob denominação) – art. 1.157 do CC.

Gabarito "A"

(Ministério Público/PR – 2008) É INCORRETO afirmar:

(A) Com a publicação da Lei 11.101, de 9 de fevereiro de 2005, o Decreto-Lei 7.661, de 21 de junho de 1945 foi revogado, com exceção aos processos de falência ou de concordata ajuizados anteriormente ao início da vigência daquela Lei, quais serão concluídos nos termos do citado Decreto-Lei.

(B) Conforme o Código Civil, no caso de omissões das normas previstas para a sociedade limitada, reger-se-á ela supletivamente pelas normas da sociedade simples. Contudo, é possível o contrato social prever a regência supletiva da sociedade limitada pelas normas da sociedade anônima.

(C) A deliberação dos sócios para modificação do contrato social da sociedade limitada requer no mínimo mais da metade dos votos representantes do capital social.

(D) Independentemente de seu objeto, considera-se empresária a sociedade por ações; e, simples, a cooperativa.

(E) Começa a existência legal das pessoas jurídicas de direito privado com a inscrição do ato constitutivo no respectivo registro, precedida, quando necessário, de autorização ou aprovação do Poder Executivo, averbando-se no registro todas as alterações por que passar o ato constitutivo. Assim, para que comece a existência legal de uma sociedade empresária, é necessária sua inscrição na Junta Comercial.

A: correta, arts. 192 e 200 da Lei 11.101/2005; **B:** correta, art. 1.053, *caput* e parágrafo único, do CC; **C:** incorreta (devendo ser assinalada), exige-se o voto representativo de no mínimo três quartos do capital para modificação do contrato social – art. 1.076, I, c/c art. 1.071, V, ambos do CC; **D:** correta, art. 982, parágrafo único, do CC; **E:** correta, art. 45 do CC c/c arts. 8º e 32 da Lei 8.934/1994.

Gabarito "C"

9. DIREITO ELEITORAL

Robinson Sakiyama Barreirinhas e Savio Chalita*

1. DIREITOS POLÍTICOS, ELEGIBILIDADE

(Ministério Público/PI – 2014 – CESPE) Assinale a opção correta acerca dos princípios constitucionais relativos aos direitos políticos.

(A) O alistamento eleitoral e o voto são facultativos para os analfabetos, os maiores de sessenta e cinco anos e os maiores de dezesseis e menores de dezoito anos de idade.

(B) O alistamento eleitoral e o voto são facultativos para os estrangeiros de qualquer nacionalidade, residentes no Brasil por período superior a quinze anos ininterruptos e sem condenação penal.

(C) O pleno exercício dos direitos políticos e o domicílio eleitoral na circunscrição pelo prazo mínimo de um ano antes do registro da candidatura são condições de elegibilidade.

(D) O militar alistável é elegível e, contando menos de dez anos de serviço, deve ser agregado pela autoridade superior; se eleito, passará, automaticamente, no ato da diplomação, para a inatividade.

(E) A soberania popular é exercida pelo sufrágio universal e pelo voto direto e secreto, com valor igual para todos, e, nos termos da lei, mediante plebiscito, referendo e iniciativa popular.

A: incorreta, pois o voto será facultativo aos maiores de setenta anos, sendo esta a única afirmação errônea na assertiva, conforme se depreende na leitura do art. 14, § 1º, II, *b*, CF; **B:** incorreta, uma vez que os estrangeiros não podem se alistar por determinação expressa do art. 14, § 2º, CF. Destaque especial ao caso dos portugueses residentes há mais de três anos no Brasil, que em razão do Tratado da Amizade (vide Decreto 3.927/2001), ou seja, havendo reciprocidade de tratamento aos brasileiros residentes em Portugal, poderão exercer no Brasil seus direitos políticos ativos e passivos (portanto, poderá se inscrever como eleitor), observadas apenas as restrições de concorrer a cargos privativos de brasileiros natos; **C:** incorreta, pois a exigência de anterioridade anual será contado tendo-se em referência a data das eleições a que se pretende concorrer, e não a do Pedido de Registro de Candidatura; **D:** incorreta, uma vez que o art. 14, § 8º, I, CF, dispõe que o militar alistável é elegível, sendo que, se contar menos de dez anos de serviço, deverá afastar-se da atividade. Apenas será agregado aquele que contar com mais de dez anos de serviço, art. 14, § 8º, II, CF; **E:** correta, conforme dispõe o *caput* do art. 14, CF.

Gabarito "E"

(Ministério Público/ES – 2013 – VUNESP) Com relação às condições de elegibilidade, pode-se afirmar:

(A) o candidato deverá possuir domicílio eleitoral na circunscrição que pretende concorrer a determinado cargo eletivo pelo prazo mínimo de seis meses antes do pleito e deve estar com filiação partidária deferida pelo partido e devidamente comunicada à Justiça Eleitoral no mesmo prazo.

(B) a idade mínima exigida constitucionalmente para concorrer a determinado cargo eletivo deve ser verificada na data da diplomação.

(C) a idade mínima para que o nacional possa concorrer a um cargo eletivo é de 35 anos para Presidente, Vice-Presidente da República e Senador; 30 anos para Governador e Vice-Governador de Estado e do Distrito Federal; 21 anos para Deputado Federal, Deputado Estadual ou Distrital, Prefeito, Vice-Prefeito e juiz de paz, e de 18 anos para Vereador.

(D) a idade mínima exigida constitucionalmente para concorrer a determinado cargo eletivo deve ser verificada na data do registro.

(E) o militar alistável pode ser elegível desde que se afaste da atividade, se contar com mais de dez anos de serviço, ou agregue-se pela autoridade superior, se contar com menos de dez anos de serviço, passando automaticamente para a inatividade no ato da posse, se eleito.

A: incorreta, uma vez que o art. 9º, Lei das Eleições, dispõe que para concorrer às eleições, o candidato deverá possuir domicílio eleitoral na respectiva circunscrição pelo prazo de, pelo menos, um ano antes do pleito e estar com a filiação deferida pelo partido no mesmo prazo; **B:** incorreta, uma vez que o § 2º, art. 11, Lei das Eleições, dispõe que a idade mínima constitucionalmente estabelecida como condição de elegibilidade é verificada tendo por referência a data da posse e não da diplomação, que será anterior àquela; **C:** correta, conforme dispõe o art. 14, 3º, VI, CF; **D:** incorreta, pois a idade mínima estabelecida como condição de elegibilidade será aferida na data da posse, § 2º, art. 11, Lei das Eleições; **E:** incorreta, pois o art. 14, § 8º, da CF dispõe que o militar alistável é elegível, atendidas as seguintes condições: I – se contar menos de dez anos de serviço, deverá afastar-se da atividade; II – se contar mais de dez anos de serviço, será agregado pela autoridade superior e, se eleito, passará automaticamente, no ato da diplomação, para a inatividade.

Gabarito "C"

* **Savio Chalita** comentou as questões dos seguintes concursos: MP/MG/14, MP/PI/14, MP/ES/13, MP/GO/13, MP/MG/13, MP/AC/08, MP/BA/08, MP/CE/11, MP/GO/10, MP/GO/12, MP/MG/06, MP/MG/11, MP/MG/12, MP/MS/09, MP/MT/12, MP/PB/10, MP/PI/08, MP/PI/ 12, MP/RJ/11, MP/RN/09, MP/RR/12, MP/RS/08, MP/RS/09, MP/SC/08, MP/SC/12, MP/SP/12, MP/TO/12, MP/MS/2013 e MP/PR/2013 quando houver. As demais questões foram comentadas por **Robinson Sakiyama Barreirinhas**.

(Ministério Público/GO – 2013) Sobre a capacidade eleitoral passiva, é correto, segundo a jurisprudência dominante do Supremo Tribunal Federal, afirmar que:

(A) diversamente do que sucede ao militar com mais de dez anos de serviço, deve afastar-se definitivamente da atividade, é dizer, desligar-se das fileiras, vedado posterior retomo, a não ser pelos modos ordinários de seleção, o servidor militar que, contando com menos de dez anos de serviço, pretenda candidatar-se a cargo eletivo.

(B) as condições de elegibilidade, enquanto requisitos que se devem preencher para que se possa concorrer a eleições, revelam-se insuscetíveis de válida disciplinação senão mediante lei complementar, consoante expressa exigência constitucional.

(C) considerando que a investigação judicial eleitoral e a representação por captação ilícita de sufrágio seguem idêntico rito procedimental, o julgamento de procedência desta última implica necessariamente a declaração de inelegibilidade do representado, por prática de abuso do poder econômico, corrupção ou fraude.

(D) tratando-se de normas restritivas de direitos, as hipóteses de inelegibilidade dependem de taxativa previsão na lei local para serem aplicadas à eleição indireta para Governador e Vice- Governador do Estado, realizada pela Assembleia Legislativa em caso de dupla vacância desses cargos executivos no último biênio do período de governo.

A: correta, conforme art. 14, § 8º, CF; **B:** incorreta, pois as condições de elegibilidade estão dispostas na Constituição Federal, sem possibilidade de inserções por legislação complementar, como sugere a assertiva; **C:** incorreta, em plena consonância com o ordenamento específico quanto com a jurisprudência. A captação ilícita de sufrágio é apurada por meio de representação processada de acordo com o art. 22, incisos I a XIII, da LC 64/1990, que não se confunde com a ação de investigação judicial eleitoral, nem com a ação de impugnação de mandato eletivo, pois não implica a declaração de inelegibilidade, mas apenas a cassação do registro ou do diploma. (STF – ADIn 3592/DF, rel. Gilmar Mendes, j. 26.10.2006, Tribunal Pleno, *DJ* 02.02.2007); **D:** incorreta, uma vez que as hipóteses de inelegibilidade são taxativas e expressamente previstas no art. 14, §§ 4º ao 9º, CF, e também na LC 64/1990, com as devidas modificações trazidas pela LC 135/2010 (Lei da Ficha Limpa) não competindo às Assembleias Legislativas legislarem sobre o assunto, que apenas será tratado por Lei Complementar ou pela própria Constituição Federal.

Gabarito "A"

(Ministério Público/GO – 2013) Sobre o alcance do princípio constitucional da anterioridade eleitoral, julgue, com base na jurisprudência dominante do Supremo Tribunal Federal, as assertivas seguintes:

I. O princípio da anterioridade eleitoral, previsto no art. 16 da Constituição da República, é direito fundamental e cláusula pétrea, que também abrange, na sua extensão, as emendas constitucionais.

II. Leis complementares veiculadoras de novas hipóteses de inelegibilidade não se submetem ao princípio da anterioridade eleitoral, notadamente quando vocacionada a restrição à capacidade eleitoral passiva, nelas traduzida, à proteção da moralidade para o exercício de mandato,

III. Na interpretação do texto do art. 16 da Constituição da República, a locução "processo eleitoral" aponta para a realidade que se pretende proteger, pelo princípio da anterioridade eleitoral, de deformações oriundas de modificações que, casuisticamente introduzidas pelo Parlamento, culminem por romper a necessária igualdade de chances dos protagonistas – partidos políticos e candidatos – no pleito iminente.

IV. O princípio da anterioridade eleitoral condiciona a vigência da lei eleitoral a que não haja eleição a menos de um ano de sua publicação.

(A) As assertivas I e II estão corretas

(B) As assertivas I e III estão corretas.

(C) As assertivas III e IV estão corretas.

(D) As assertivas II e IV estão corretas.

I: correta, uma vez que o art. 16 da CF foi declarado cláusula pétrea pelo STF, na ADI 3685, por representar expressão da segurança jurídica contemplada no art. 5º, *caput*, CF, logo, vedada mera deliberação contrária às suas disposições (art. 60, § 4º, IV, CF), inclusive por emenda constitucional; **II:** incorreta, pois através do princípio da anualidade eleitoral é possível compreender que "toda lei que vier a alterar o processo eleitoral entrará em vigor na data de sua publicação, porém, apenas será aplicada ao pleito que correr até uma ano após a data de sua vigência. Segundo o STF, a concepção de lei abrangeria tanto leis infraconstitucionais quanto as leis constitucionais (Emenda Constitucional)" (CHALITA, Savio. *Manual completo de direito eleitoral*. São Paulo: Foco: 2014. p. 31); **III:** correta. A interpretação acerca de "processo eleitoral" deve ser guiado na esteira de que "consiste num complexo de atos que visa a receber e transmitir a vontade do povo e que pode ser subdividido em três fases: a fase pré-eleitoral, que vai desde a escolha e apresentação das candidaturas até a realização da propaganda eleitoral; a fase eleitoral propriamente dita, que compreende o início, a realização e o encerramento da votação; e a fase pós-eleitoral, que se inicia com a apuração e a contagem dos votos e finaliza com a diplomação dos eleitos" (Min. Sepúlveda Pertence, RE 129.392-6/DF, In: Chalita, Savio. *Manual completo de direito eleitoral*. São Paulo: Foco: 2014. p. 32); **IV:** incorreta. O princípio da anualidade eleitoral dispõe que a lei que alterar o processo eleitoral entrará em vigor na data de sua publicação, não se aplicando à eleição que ocorra até um ano da data de sua vigência, na mesma dicção do disposto pelo art. 16, CF.

Gabarito "B"

(Ministério Público/BA – 2008) Assinale a alternativa correta:

(A) Para concorrerem a outros cargos eletivos, os Governadores de Estado e os Prefeitos devem renunciar aos respectivos mandatos até seis meses antes do pleito.

(B) Para concorrer a cargo eletivo somente os servidores públicos estatutários das administrações direta ou indireta, dos entes da Federação, deverão afastar-se de seu cargo três meses antes do pleito.

(C) Para concorrer ao cargo de prefeito ou vice-prefeito, o secretário de estado deverá observar o prazo de seis meses para desincompatibilizar-se.

(D) Os magistrados e membros do Ministério Público necessitam de licença de suas funções institucionais para dedicar-se à atividade político partidária.

(E) São inelegíveis, apenas para cargos no território de jurisdição do titular, o cônjuge, parentes consanguíneos ou afins até o terceiro grau, do Prefeito e do Vice-Prefeito, salvo se titular de mandato eletivo ou candidato a reeleição.

A: correta, uma vez que em plena consonância com o que dispõe o art. 1º, § 1º, da LC 64/1990; **B:** incorreta, uma vez que o dispositivo legal a que se é feito menção nesta assertiva, art. 1º, II, "l", da LC 64/1990, dispõe, na realidade, acerca de servidores públicos estatutários ou não estatutários; **C:** incorreta, uma vez que quanto à candidatura do secretário de estado a necessidade de descompatibilização refere-se aos cargos de presidente e vice-presidente da república, como bem assegura o art. 1º, II, item 12, da LC 64/1990; **D:** incorreta, uma vez que é necessário o afastamento definitivo e não licença de suas funções, como é possível verificar no art. 1º, II, "a", item 8, da LC 64/1990. Quanto aos membros do Ministério Público resta válido ressaltar o dispositivo inaugurado pela Emenda Constitucional 45, de 08 de dezembro de 2004, a qual, dentre outras providências, conferiu nova redação ao inciso II, "e", do § 5º do artigo 128, da Constituição Federal, passando a vedar aos membros do Ministério Público o exercício de qualquer atividade político-partidária. Caso emblemático é o do Deputado Estadual Fernando Capez, que trouxe à baila a discussão acerca da inatingibilidade da EC 45/2004 àqueles membros do Ministério Público diplomados em período anterior a 1988, o que lhe concederia o benefício dedicar-se a atividades político-partidárias sem o afastamento, bastando a licença de suas funções institucionais. Situação esta expressamente vedada aos magistrados, em atenção ao que disciplina a Constituição Federal no art. 95, parágrafo único, III; **E:** incorreta, uma vez que a assertiva não representa o disposto pelo art. 1º, § 3º, da LC 64/1990.

Gabarito "A"

(Ministério Público/CE – 2011 – FCC) Segundo a Constituição Federal o alistamento eleitoral e o voto são:

(A) obrigatórios para os maiores de dezesseis anos.

(B) facultativos para os estrangeiros residentes no país há mais de três anos.

(C) facultativos para os analfabetos e os conscritos durante o serviço militar obrigatório.

(D) obrigatório o alistamento e facultativo o voto dos maiores de dezesseis e menores de dezoito anos.

(E) facultativos para os maiores de setenta anos.

De fato a única alternativa correta é a trazida pela assertiva E, uma vez que o art. 14, § 1º da Constituição Federal dispõe que o alistamento eleitoral e o voto são obrigatórios para os maiores de dezoito anos e facultativos para os analfabetos, maiores de setenta anos e maiores de dezesseis e menores de dezoito anos.

Gabarito "E"

(Ministério Público/CE – 2011 – FCC) São condições de elegibilidade para o cargo de Vice-Governador de Estado:

(A) nacionalidade brasileira, pleno exercício dos direitos políticos, alistamento eleitoral, domicílio eleitoral na circunscrição, filiação partidária e idade mínima de trinta anos.

(B) naturalidade brasileira, pleno exercício dos direitos políticos, domicílio eleitoral na circunscrição, filiação partidária e idade mínima de trinta anos.

(C) nacionalidade brasileira, pleno exercício dos direitos políticos, alistamento eleitoral, domicílio eleitoral no território nacional, filiação partidária e idade mínima de trinta e cinco anos.

(D) nacionalidade brasileira, pleno exercício dos direitos políticos, alistamento eleitoral, domicílio eleitoral na circunscrição e idade mínima de vinte e cinco anos.

(E) naturalidade brasileira, pleno exercício dos direitos políticos, alistamento eleitoral, filiação partidária e idade mínima de trinta e cinco anos.

De fato, em atenção ao que questiona o enunciado, as condições de elegibilidade ao pretendente a concorrer ao cargo de Vice-Governador de Estado são encontradas ao longo do art. 14, § 3º c.c art. 14, § 3º, VI, "b", da CF.

Gabarito "A"

(Ministério Público/MA – 2009) Assinale a alternativa *INCORRETA*.

(A) Exercer plenamente os direitos políticos significa estar habilitado a ser eleitor e a ser candidato a cargos eletivos. Enquanto a perda ou suspensão dos direitos políticos implica na restrição a ser eleitor e a ser candidato, a inelegibilidade restringe apenas parcela dos direitos políticos relativa a de se candidatar a cargos públicos eletivos.

(B) Há perda dos direitos políticos nos casos de cancelamento da naturalização por sentença transitada em julgado e perda voluntária da nacionalidade brasileira.

(C) A suspensão dos direitos políticos só se dará nos casos de incapacidade civil absoluta, condenação criminal transitada em julgado, enquanto durarem seus efeitos, recusa de cumprir obrigação a todos imposta ou prestação alternativa e improbidade administrativa.

(D) A suspensão da inscrição eleitoral dar-se-á, ainda, nos casos de conscrição e outorga a brasileiros do gozo dos direitos políticos em Portugal, de acordo com o Estatuto da Igualdade entre Brasileiros e Portugueses.

(E) São inelegíveis para qualquer cargo os que tenham contra sua pessoa representação julgada procedente pela Justiça Eleitoral, transitada em julgado, em processo de apuração de abuso do poder econômico ou político, para a eleição na qual concorrem ou tenham sido diplomados, bem como para as que se realizarem 3 (três) anos seguintes; e os que forem condenados criminalmente, com sentença transitada em julgado, pela prática de crime contra a economia popular, a fé pública, a administração pública, o patrimônio público, o mercado financeiro, pelo tráfico de entorpecentes e por crimes eleitorais, pelo prazo de 3 (três) anos, após o cumprimento da pena.

A: correta, conforme os arts. 14 e 15 da CF; **B:** correta, conforme os arts. 14, § 3º, I, e 15, I, da CF; **C:** incorreta (devendo esta ser assinalada), pois, para a doutrina majoritária, a recusa de cumprir obrigação a todos impostas é considerada causa de **perda** de direitos políticos, assim como o cancelamento da naturalização por sentença transitada em julgado e a perda voluntária da nacionalidade, e não simples **suspensão** dos direitos políticos – art. 15 da CF; **D:** correta, conforme o art. 7º, § 3º, do Estatuto da Igualdade (promulgado pelo Decreto 70.391/1972); **E:** correta. Muitíssimo importante, com a chamada Lei da Ficha Limpa (LC 135/2010, que alterou a LC 64/1990), a simples decisão proferida por órgão colegiado do Judiciário torna a pessoa inelegível – art. 1º, I, *d* e *e*, da Lei da Inelegibilidade – LI (LC 64/1990).

Gabarito "C"

(Ministério Público/MA – 2002) Sobre as condições constitucionais de elegibilidade é incorreto afirmar:

(A) O candidato deverá possuir domicílio eleitoral na respectiva circunscrição pelo prazo de, pelo menos, um ano antes do pleito.

(B) O candidato a Presidente da República deverá ter, no mínimo, trinta e cinco anos de idade.

(C) O candidato a Deputado Federal e a Senador da República deve ser brasileiro nato.

(D) O candidato deverá estar com filiação deferida pelo partido político no prazo de um ano antes do pleito, se por um tempo maior não estiver previsto no estatuto da agremiação.

(E) O candidato a Deputado Estadual deverá ter, no mínimo, vinte e um anos de idade.

A: art. 14, § 3º, IV, da CF e art. 9º da LE (Lei 9.504/1997); **B:** art. 14, § 3º, VI, *a*, da CF; **C:** somente as presidências da Câmara e do Senado são privativas de brasileiros natos (não o cargo de deputado ou de senador) – art. 12, § 3º, II e III, da CF; **D:** arts. 18 e 20 da Lei dos Partidos Políticos – LPP (Lei 9.096/1995); **E:** art. 14, § 3º, VI, *c*, da CF.

Gabarito "C"

(Ministério Público/MS – 2011 – FADEMS) Assinale a alternativa **incorreta**. É vedada a cassação de direitos políticos,

(A) salvo se for decretada a incapacidade civil absoluta;

(B) salvo escusa de consciência, invocada por quem pretende eximir-se do adimplemento de obrigação legal a todos imposta (art. 5º, VIII, da CF);

(C) salvo se houver condenação criminal transitada em julgado, enquanto durarem seus efeitos;

(D) salvo condenação por improbidade administrativa, nos termos do art. 37, § 4º da CF;

(E) todas as alternativas são corretas.

É vedada a cassação de direitos políticos, cuja perda ou suspensão só se dará nos casos de: (i) cancelamento da naturalização por sentença transitada em julgado, (ii) incapacidade civil absoluta, (iii) condenação criminal transitada em julgado, enquanto durarem seus efeitos, (iv) recusa de cumprir obrigação a todos imposta ou prestação alternativa, nos termos do art. 5º, VIII, da CF, (v) improbidade administrativa, nos termos do art. 37, § 4º, da CF – art. 15 da CF. Como visto, todas as alternativas são corretas, de modo que a "E" deve ser indicada.

Gabarito "E"

(Ministério Público/MS – 2011 – FADEMS) Analise as assertivas abaixo.

I. A perda ou suspensão dos direitos políticos pode acarretar várias consequências jurídicas, e será automática, não cabendo mais recurso visando à manutenção dos direitos políticos do cidadão.

II. Uma das consequências jurídicas da perda ou a suspensão de direitos políticos é o cancelamento do alistamento.

III. Não é automática a exclusão do corpo de eleitores, em caso de perda ou suspensão dos direitos políticos, devendo seguir um procedimento próprio na Justiça Eleitoral.

IV. O eleitor que teve suspenso seus direitos políticos não tem legitimidade para propor ação popular, enquanto perdurar esta situação.

V. O cidadão tem direito a ampla defesa, antes de ser excluído do corpo de eleitores, podendo, se for o caso, requerer produção de prova visando manter os seus direitos políticos.

(A) todos os itens estão corretos;

(B) somente os itens I, III e V estão incorretos;

(C) somente os itens II, III, IV e V estão corretos;

(D) somente os itens I, II e IV estão incorretos;

(E) todos os itens estão incorretos.

I: incorreta, pois da decisão do juiz eleitoral de exclusão do eleitor cabe recurso no prazo de três dias para o Tribunal Regional – art. 80 do CE; II: assertiva correta, conforme o art. 71, II, do CE; III: correta, conforme o art. 77 do CE; IV: assertiva correta, pois a propositura da ação popular depende do pleno exercício da cidadania – art. 1º, § 3º, da Lei 4.717/1965; V: correta, conforme o art. 77, III, do CE.

Gabarito "C"

(Ministério Público/MS – 2011 – FADEMS) Embora eleitores, não podem votar:

(A) os eleitores analfabetos;

(B) os oficiais, aspirantes a oficiais, subtenentes ou suboficiais, sargentos ou alunos das escolas militares de ensino superior para formação de oficiais;

(C) os eleitores conscritos;

(D) os estrangeiros naturalizados;

(E) nenhuma das alternativas anteriores.

A: incorreta, pois os analfabetos podem votar – art. 14, § 1º, II, *a*, da CF; **B:** incorreta, pois, atualmente, qualquer militar é, em princípio, alistável, com exceção dos conscritos (convocados para o serviço militar obrigatório), já que essa é a única vedação prevista na Constituição atual – art. 14, § 2º, da CF, ver o art. 5º, p. único, do CE, que refletia restrições vigentes antes da atual Constituição; **C:** essa é a assertiva correta, pois o conscrito (aquele convocado para o serviço militar obrigatório) que já possuía título de eleitor não pode votar durante o serviço militar obrigatório – ver Resolução 20.165/1998 do TSE. Se o cidadão ainda não possuía o título, não poderá se alistar como eleitor durante o período do serviço militar obrigatório – art. 14, § 2º, da CF; **D:** incorreta, pois o brasileiro naturalizado pode votar e ser votado – arts. 12, § 2º, e 14, § 3º, da CF, embora não para determinados cargos – art. 12, § 3º, da CF. Os estrangeiros, é bom lembrar, não podem se alistar como eleitores nem, muito menos, serem eleitos – art. 14, § 2º, e 3º, I, da CF; **E:** incorreta, pois a alternativa "C" é verdadeira.

Gabarito "C"

(Ministério Público/RN – 2009 – CESPE) A CF e as leis eleitorais brasileiras estabelecem a disciplina da nacionalidade do candidato, que pode ter particularidades conforme o cargo pretendido. A esse respeito, assinale a opção correta.

(A) Um cidadão português que goze do estatuto da reciprocidade pode ser candidato a presidente da República.

(B) Em qualquer caso, a dupla nacionalidade de um cidadão brasileiro impõe a inelegibilidade.

(C) Brasileiro que se naturalizar alemão em virtude de imposição legal da Alemanha perde a capacidade eleitoral passiva.

(D) Estrangeiro nacionalizado brasileiro somente pode ser candidato a cargos legislativos.

(E) Cidadão brasileiro nascido no exterior e registrado no consulado do Brasil pode ser candidato a presidente da República.

A: incorreta, uma vez que para concorrer ao cargo de presidente da república é necessário mais do que a nacionalidade ou o *status* de nacionalidade garantido pela reciprocidade estatutária de tratamento. O art. 12, § 3º, I da Constituição Federal dispõe que será privativo ao brasileiro nato o cargo de presidente da república; **B:** incorreta, pois o art. 12, § 4º, da CF dispõe sobre situações em que, mesmo o cidadão de nacionalidade brasileira vindo a adquirir nova nacionalidade, não perderá a nacionalidade brasileira; **C:** incorreta, uma vez que nesta situação o cidadão não perderá sua nacionalidade em atenção ao que lhe garante o art. 12, § 4º, da CF; **D:** incorreta, pois o cidadão naturalizado brasileiro poderá concorrer a todos os cargos, observadas as vedações constantes no art. 12, § 3º, da CF; **E:** correta, já que estamos diante de um cidadão brasileiro nato, em conformidade com o que dispõe o art. 12, I, "c", da CF.

Gabarito "E"

(Ministério Público/SP – 2011) Constituem garantias eleitorais:

I. a prioridade postal aos partidos políticos nos 60 (sessenta) dias anteriores à realização das eleições;

II. o exercício do sufrágio;

III. o salvo-conduto em favor do eleitor;

IV. a presença de força pública no edifício em que funcionar mesa receptora;

V. a proibição da prisão em flagrante de candidatos nos 15 (quinze) dias que antecedem a eleição.

Está correto apenas o que se afirma em

(A) I, II e III.

(B) I, IV e V.

(C) II, III e IV.

(C) II, IV e V.

(E) III, IV e V.

I: assertiva correta, conforme o art. 239 do Código Eleitoral – CE (Lei 4.737/1965); II: correta, pois ninguém poderá impedir ou embaraçar o exercício do sufrágio – art. 234 do CE; III: assertiva correta, pois o juiz eleitoral, ou o presidente da mesa receptora, pode expedir salvo-conduto com a cominação de prisão por desobediência de até 5 dias, em favor do eleitor que sofrer violência, moral ou física, na sua liberdade de votar, ou pelo fato de haver votado; IV: incorreta, pois é proibida, durante o ato eleitoral, a presença de força pública no edifício em que funcionar mesa receptora, ou nas imediações – art. 238 do CE. A força armada conservar-se-á a cem metros da seção eleitoral e não poderá aproximar-se do lugar da votação, ou dele penetrar, sem ordem do presidente da mesa – art. 141 do CE; V: incorreta, pois a garantia de impossibilidade de detenção ou prisão em favor dos candidatos, desde 15 dias antes da eleição, não se aplica em caso de flagrante delito – art. 236, § 1º, do CE.

Gabarito "A"

2. INELEGIBILIDADE

(Ministério Público/ES – 2013 – VUNESP) São inelegíveis

(A) a pessoa física que realizou doação de 10% de seu rendimento bruto auferido no ano da disputa eleitoral ou os dirigentes da pessoa jurídica que efetivou doação de 2% do faturamento bruto auferido no ano das eleições, mediante constatação em prestação de contas de campanha do partido, coligação ou candidato.

(B) os que forem excluídos ou suspensos pelo prazo de 01 ano do exercício da profissão, mediante decisão sancionatória do órgão profissional competente, em decorrência de infração ético profissional, pelo prazo de 08 anos, salvo se o ato houver sido anulado ou suspenso pelo Poder Judiciário.

(C) os candidatos condenados por decisão de órgão colegiado da Justiça Eleitoral, transitada em julgado ou não, por corrupção eleitoral, por captação ilícita de sufrágio, por doação, captação ou gastos ilícitos de recursos de campanha ou por conduta vedada aos agentes públicos em campanhas eleitorais que impliquem cassação do registro ou do diploma, pelo prazo de 08 anos a contar da eleição.

(D) os condenados criminalmente com trânsito em julgado, desde a condenação até o transcurso de 08 anos após o cumprimento da pena de crimes de tráfico de entorpecentes e drogas afins, quadrilha ou bando, administração pública, contra o meio ambiente e saúde pública, sistema financeiro, o mercado de capitais e os previstos na lei que regula a falência, de lavagens ou ocultação de bens, direitos e valores.

(E) os Delegados de Polícia, ainda que com exercício em outra circunscrição do pleito, que não se desincompatibilizarem dentro de 06 meses anteriores ao pleito para se candidatarem aos cargos de Prefeito e Vice-Prefeito.

A: incorreta, vez que a doação neste patamar é autorizado por lei. No caso de pessoa física, previsto no art. 23, § 1º, I, Lei das Eleições. No caso de pessoas jurídicas, previsto no art. 81, § 1º, Lei das Eleições; **B:** incorreta, vez que o art. 1º, I, *m*, LC 64/1990 não prevê a inelegibilidade àqueles que forem apenados com suspensão. Referido dispositivo disciplina que os que forem excluídos do exercício da profissão, por decisão sancionatória do órgão profissional competente, em decorrência de infração ético-profissional, pelo prazo de 8 (oito) anos, salvo se o ato houver sido anulado ou suspenso pelo Poder Judiciário; **C:** incorreta, uma vez que conforme art. 1º, I, *j*, LC

64/1990, é necessário que haja o trânsito em julgado da decisão; **D:** correta, nos exatos termos do que dispõem as hipóteses trazidas pelo art. 1º, I, e, 1 a 10, LC 64/1990; **E:** incorreta, uma vez que o prazo de desincompatibilização disposto no art. 1º, IV, c, LC 64/1990, é de 4 (quatro) meses.

Gabarito "D"

(Ministério Público/MS – 2013 – FADEMS) É incorreto afirmar sobre as hipóteses de inelegibilidades contidas na Lei Complementar Federal 64/1990, após suas seguidas alterações legislativas:

(A) são inelegíveis para quaisquer cargos os que forem condenados, em decisão transitada em julgado ou proferida por órgão judicial colegiado, desde a condenação até o transcurso do prazo de 8 anos após o cumprimento da pena, pelos crimes (dentre outros) contra o meio ambiente e a saúde pública, eleitorais, para os quais a Lei comine pena privativa de liberdade; de redução à condição análoga à de escravo; contra a vida e a dignidade sexual; praticados por organização criminosa, quadrilha ou bando.

(B) são inelegíveis para quaisquer cargos os que tiverem suas contas relativas ao exercício de cargos ou funções públicas rejeitadas por irregularidade insanável que configure ato de improbidade administrativa, e por decisão irrecorrível do órgão competente, salvo se esta houver sido suspensa ou anulada pelo Poder Judiciário, para as eleições que se realizarem nos 8 anos seguintes, contados a partir da data da decisão.

(C) os detentores de cargo na administração pública direta, indireta ou fundacional, que beneficiarem a si ou a terceiros, pelo abuso do poder econômico ou político, que forem condenados em decisão transitada em julgado ou proferida por órgão judicial colegiado, para a eleição na qual concorrem ou tenham sido diplomados, bem como para as que se realizarem nos 8 anos seguintes.

(D) os que forem condenados, em decisão transitada em julgado ou proferida por órgão colegiado da Justiça Eleitoral, por corrupção eleitoral, por captação ilícita de sufrágio, por doação, captação ou gastos ilícitos de recursos de campanha ou por conduta vedada aos agentes públicos em campanhas eleitorais que impliquem cassação do registro ou do diploma, pelo prazo de 8 anos a contar da eleição.

(E) os que forem excluídos do exercício da profissão, por decisão sancionatória do órgão profissional competente, em decorrência de infração ético-profissional, pelo prazo de 8 anos, salvo se o ato houver sido anulado ou suspenso pelo Poder Judiciário.

A: correta, uma vez que a assertiva faz referência expressamente à hipótese trazida pelo art. 1º, I, e, itens 1, 3, 4, 8, 9 e 10 da LC 64/1990; **B:** incorreta, devendo ser assinalada, uma vez que se trata da hipótese de inelegibilidade trazida pelo art. 1º, I, g, da LC 64/1990, onde em seu texto observa-se a necessidade de que as irregularidades insanáveis ensejadoras da rejeição de contas do candidato configure ato doloso de improbidade administrativa, ou seja, é necessário que haja a presença o dolo. Lembrando que a inexigibilidade encerra-se como verdadeira limitação aos direitos políticos do cidadão, não é possível estender interpretativamente a hipótese trazida pelo referido dispositivo, sendo necessário que, para que incorra na hipótese do caso em questão, haja configurado o dolo no ato; **C:** correta, conforme disposto no art. 1º, I, *h*, da LC 64/1990; **D:** correta, conforme o disposto no art. 1º, I, *j*, da LC 64/1990; **E:** correta, conforme disposto no art. 1º, I, *m*, da LC 64/1990.

Gabarito "B"

(Ministério Público/GO – 2012) Considerando o disposto na Lei Complementar nº 64/90, que estabelece, de acordo com a Constituição da República, os casos de inelegibilidade, a qual foi recentemente alterada pela Lei Complementar 135/2010, qual das alternativas abaixo é incorreta:

(A) São inelegíveis, para qualquer cargo, os que tenham contra sua pessoa representação julgada procedente pela Justiça Eleitoral, em decisão transitada em julgado ou proferida por órgão colegiado, em processo de apuração de abuso do poder econômico ou político, para a eleição na qual concorrem ou tenham sido diplomados, bem como para as que se realizarem nos 8 (oito) anos seguintes.

(B) Não poderão se candidatar os que forem condenados, em decisão transitada em julgado ou proferida por órgão judicial colegiado, desde a condenação até o transcurso do prazo de 8 (oito) anos após o cumprimento da pena, pelos crimes, dolosos ou culposos, contra a economia popular, a fé pública, a administração pública e o patrimônio público, contra o patrimônio privado, o sistema financeiro, o mercado de capitais e os previstos na lei que regula a falência e contra o meio ambiente e a saúde pública, os eleitorais, para os quais a lei comine pena privativa de liberdade e os de abuso de autoridade, nos casos em que houver condenação à perda do cargo ou à inabilitação para o exercício de função pública, dentre outros.

(C) São inelegíveis os que, em estabelecimentos de crédito, financiamento ou seguro, que tenham sido ou estejam sendo objeto de processo de liquidação judicial ou extrajudicial, hajam exercido, nos 12 (doze) meses anteriores à respectiva decretação, cargo ou função de direção, administração ou representação, enquanto não forem exonerados de qualquer responsabilidade.

(D) Não poderão se candidatar os magistrados e os membros do Ministério Público que forem aposentados compulsoriamente por decisão sancionatória, que tenham perdido o cargo por sentença ou que tenham pedido exoneração ou aposentadoria voluntária na pendência de processo administrativo disciplinar, pelo prazo de 8 (oito) anos.

A: correta (art. 1º, I, "d", da LC 64/1990); **B:** incorreta, uma vez que a correta previsão legal é encontrada no art. 1º, I, "e", itens de 1 a 10 da LC 64/1990. Importantíssimo ressaltar a disposição contida no art. 1º, § 4º, da LC 64/1990 que traz clareza quanto à inelegibilidade prevista neste excerto (art. 1º, I, "e" LC 64/1990) ao dispor que não se aplica aos crimes culposos e àqueles definidos em lei como de menor potencial ofensivo, nem aos crimes de ação penal privada; **C:** correta, conforme art. 1º, I, "i", da LC 64/1990; **D:** correta, conforme disposto no art. 1º, I, "q", da LC 64/1990.

Gabarito "B"

(Ministério Público/MA – 2002) Com relação à inelegibilidade, no Direito Brasileiro, é correto afirmar:

(A) Decorre exclusivamente da Constituição Federal e do Código Eleitoral.

(B) Decorre exclusivamente da Constituição Federal e de Lei Complementar.

(C) Decorre exclusivamente da Constituição Federal.

(D) Decorre exclusivamente de Lei Complementar.

(E) Decorre exclusivamente do Código Eleitoral.

A **Constituição Federal** traz hipóteses de inelegibilidade, em seu art. 14, e prevê que a **lei complementar federal** estabelecerá outros casos e os prazos de sua cessação, a fim de proteger a probidade administrativa, a moralidade para exercício de mandato, considerada a vida pregressa do candidato, e a normalidade e legitimidade das eleições contra a influência do poder econômico ou o abuso do exercício de função, cargo ou emprego na administração direta ou indireta – art. 14, § 9º, da CF e LI (LC 64/1990).

Gabarito "B"

(Ministério Público/MG – 2006) Com base na Lei Complementar Federal nº 64, de 18.05.90, é CORRETO afirmar:

(A) a arguição de inelegibilidade do candidato ao Senado será feita perante o Tribunal Superior Eleitoral.

(B) a impugnação de pedido de registro do candidato, por parte de candidato, do partido político ou da coligação, impede que o Ministério Público Eleitoral promova a impugnação no mesmo sentido.

(C) a declaração de inelegibilidade do candidato à Presidência da República, Governador de Estado e do Distrito Federal, e Prefeito Municipal atingirá, de igual modo, o candidato a Vice-Presidente, Vice-Governador, ou Vice-Prefeito.

(D) não se permite que o partido político ou coligação que requerer o registro de candidato considerado inelegível lhe dê substituto, caso a decisão passada em julgado tenha sido proferida após o término do prazo de registro.

(E) nas eleições municipais, o Juiz Eleitoral será competente para conhecer e processar a representação que determine a instauração de investigação judicial para apurar uso indevido, desvio ou abuso de poder econômico.

A: incorreta, pois a competência é do TRE – art. 2º, parágrafo único, II, da LI; **B:** incorreta, pois não há esse impedimento – art. 3º, § 1º, da LI; **C:** incorreta, já que a inelegibilidade não atinge o vice – art. 18 da LI; **D:** incorreta, pois é possível a substituição – art. 17 da LI, observados o art. 13, § 3º, da LE e o art. 101, § § 1º e 5º, do CE; **E:** essa é a assertiva correta, nos termos do art. 24 da LI.

Gabarito "E"

(Ministério Público/MG – 2010.1) As inelegibilidades em matéria eleitoral são disciplinamentos, regras restritivas que vão implicar condições obstativas ou excludentes da participação passiva na atividade de sufrágio, reconhecidos privados de concorrer a cargos eletivos. Dentre essas, é INCORRETO afirmar

(A) O Presidente da República, os Governadores de Estado e do Distrito Federal, os Prefeitos e quem os houver sucedido, ou substituído no curso dos mandatos poderão ser reeleitos para um único período subsequente.

(B) Inata é a inelegibilidade resultante do ordenamento jurídico, que apanha o nacional em situação para as quais não tenha contribuído com um comportamento antijurídico. Não se trata de sanção, mas meio de equilíbrio da disputa eleitoral. Tal impedimento alcança os parentes do Chefe do Poder Executivo, até 3º grau.

(C) Cominada é a inelegibilidade sanção. Quem comete um crime de tráfico de entorpecentes e tem contra si sentença condenatória transitada em julgado não pode se candidatar.

(D) Os conscritos não podem sequer se alistarem.

(E) Na inelegibilidade cominada potencial há projeção de inelegibilidade por algum tempo no futuro, caso em que o impedimento alcançará outras eleições, além daquela em que o ilícito foi cometido.

A: assertiva correta, conforme o art. 14, § 5º, da CF; **B:** incorreta (devendo esta ser assinalada), pois a inelegibilidade atinge os parentes do chefe do Executivo até o segundo grau (não terceiro, como consta da assertiva) – art. 14, § 7º, da CF; **C:** assertiva correta. A inelegibilidade pode ser inata ou cominada. A inata refere-se à pessoa que não preenche algum requisito ou condição para elegibilidade (por exemplo, art. 14, § 3º, da CF). A inelegibilidade cominada é sanção pelo cometimento de ilícito. A inelegibilidade cominada simples restringe-se à eleição em que o ilícito foi cometido, enquanto a inelegibilidade cominada potenciada estende-se a outras eleições, posteriores ao pleito em que o ilícito foi cometido. Entretanto, é muito importante lembrar que, com a chamada Lei da Ficha Limpa (LC 135/2010, que alterou a Lei da Inelegibilidade – LI – LC 64/1990), a simples decisão proferida por órgão colegiado do Judiciário (não é preciso trânsito em julgado) torna a pessoa inelegível – art. 1º, I, e, 7, da Lei da Inelegibilidade – LI (LC 64/1990); **D:** correta, pois o conscrito (aquele convocado para o serviço militar obrigatório) não poderá se alistar como eleitor durante o período do serviço militar obrigatório – art. 14, § 2º, da CF. Se o cidadão já possuía título de eleitor, não poderá votar durante o serviço militar obrigatório – ver Resolução 20.165/1998-TSE; **E:** assertiva correta, conforme o art. 1º da LI.

Gabarito "B"

(Ministério Público/MG – 2010.2) Analise as afirmativas abaixo.

I. A lei que alterar o processo eleitoral entrará em vigor na data de sua publicação, não se aplicando à eleição que ocorra até um ano da data de sua vigência (princípio da anualidade).

II. São inelegíveis, no território de jurisdição do titular, o cônjuge e os parentes consanguíneos ou afins, até o segundo grau ou por adoção, do Presidente da República, de Governador de Estado ou Território, do Distrito Federal, de Prefeito ou de quem os haja substituído dentro dos seis meses anteriores ao pleito, salvo se já titular de mandato eletivo e candidato à reeleição.

III. Para concorrerem a outros cargos, faculta-se ao Presidente da República, aos Governadores de Estado e do Distrito Federal e aos Prefeitos, renunciar aos seus respectivos mandatos até seis meses antes do pleito.

IV. Não obstante a garantia da presunção de não culpabilidade, a norma inscrita no artigo 14, § 9º, CF autoriza restringir o direito fundamental à elegibilidade, em reverência aos postulados da moralidade e da probidade administrativas.

É INCORRETO o que se afirma

(A) apenas em I.

(B) apenas em I e II.

(C) apenas em III.

(D) apenas em III e IV.

I: assertiva correta, pois reflete o princípio da anualidade previsto no art. 16 da CF; II: correta, pois reflete exatamente a inelegibilidade inata prevista no art. 14, § 7º, da CF. É interessante anotar o entendimento do TSE, no sentido de que o cônjuge e os parentes do chefe do Executivo são elegíveis para o mesmo cargo do titular, quando este for reelegível e tiver se afastado definitivamente até seis meses antes do pleito – ver Resolução nº 20.931/2001-TSE; III: incorreta, pois não se trata de faculdade, mas sim imposição constitucional. Ou seja, caso não renunciem aos respectivos cargos, os chefes do Executivo não podem concorrer a outros – art. 14, § 6º, da CF; IV: correta, pois, de fato, o art. 14, § 9º, da CF dispõe que a lei complementar estabelecerá outros casos de inelegibilidade e os prazos de sua cessação, a fim de proteger a probidade administrativa, a moralidade para exercício de mandato, considerada a vida pregressa do candidato, e a normalidade e legitimidade das eleições contra a influência do poder econômico ou o abuso do exercício de função, cargo ou emprego na administração direta ou indireta. A LC 135/2010 (Lei da Ficha Limpa) alterou a LI prevendo hipóteses de inelegibilidade por condenações ainda não transitadas em julgado, desde que haja decisão por órgão colegiado.

Gabarito "C"

(Ministério Público/MS – 2011 – FADEMS) Um eleitor pretende ser candidato a prefeito de uma determinada cidade, porém, ele teve suspenso seus direitos políticos pelo prazo de cinco anos por ter sido condenado por ato doloso de improbidade administrativa, com sentença confirmada por órgão colegiado. Analise as assertivas abaixo.

I. Ele poderá candidatar-se a cargo eletivo se na sentença da ação de improbidade administrativa não tenha constado expressamente a condenação relativa a suspensão dos direitos políticos.

II. Ele somente poderá candidatar-se ao cargo majoritário de prefeito depois de transcorridos cinco anos da data de cumprimento da pena aplicada no processo judicial.

III. Ele não poderá ser candidato a prefeito se ele foi condenado por ter enriquecido ilicitamente e ainda não tenha transcorrido o período de 13 anos da data de cumprimento da pena aplicada no processo judicial.

IV. Ele poderá ser candidato a prefeito se ele foi condenado por ter infringido o disposto no art. 11 da Lei nº 8.429/92.

V. Ele não poderá candidatar-se ao cargo de prefeito se for condenado por ato doloso de improbidade administrativa que importe lesão ao patrimônio público.

(A) todos os itens estão corretos;

(B) somente os itens I e V estão incorretos;

(C) somente os itens II e V estão incorretos;

(D) somente os itens I, IV e V estão corretos;

(E) todos os itens estão incorretos.

São inelegíveis para qualquer cargo os que forem condenados à suspensão dos direitos políticos, em decisão transitada em julgado ou proferida por órgão judicial colegiado, por ato doloso de improbidade administrativa que importe lesão ao patrimônio público (art. 10 da Lei de Improbidade Administrativa – LIA – Lei 8.429/1992) e enriquecimento ilícito (art. 9º da LIA), desde a condenação ou o trânsito em julgado até o transcurso do prazo de 8 anos após o cumprimento da pena - art. 1º, I, *l*, da LI. I: correta, pois a inelegibilidade, no caso, ocorre apenas se houver condenação à suspensão dos direitos políticos; II e III: incorretas, pois o prazo da inelegibilidade vai até 8 anos após o cumprimento da pena; IV: assertiva correta, pois o art. 11 da LIA trata dos atos de improbidade que atentam contra os princípios da administração pública, e não aqueles que importam enriquecimento ilícito (art. 9º da LIA) ou prejuízo ao erário (art. 10 da LIA); V: correta, conforme comentário inicial.

Gabarito "D"

(Ministério Público/MS – 2011 – FADEMS) Assinale a alternativa **incorreta**.

(A) De acordo com a Lei Complementar nº 64/90, os magistrados, se pretenderem concorrer ao cargo de Presidente ou de Vice-Presidente da República, somente são considerados elegíveis se afastarem temporariamente das suas funções até seis meses anteriores ao pleito;

(B) Os membros do Ministério Público que ingressaram na carreira antes de 5 de outubro de 1988 podem exercer a atividade político-partidária, desde que tenham exercido a opção pelo regime anterior;

(C) Os membros do Ministério Público que ingressaram na carreira antes da aprovação da EC nº 45/2004 podem exercer atividade política partidária, em face da interpretação extraída da Resolução nº 5 do Conselho Nacional do Ministério Público;

(D) No regime anterior a CF 88, não eram considerados inelegíveis os membros do Ministério Público;

(E) Os membros do Ministério Público, com a aprovação da EC nº 45/2004, foram equiparados aos magistrados quanto à atividade político-partidária.

A: essa é a assertiva incorreta (devendo esta ser assinalada), pois o magistrado deve se afastar definitivamente (não temporariamente) de seus cargos e funções até 6 meses antes do pleito, conforme o art. 1º, II, a, 8, da LI; **B:** correta, nos termos do art. 29, § 3º, do ADCT; **C:** correta, pois, nos termos da Resolução 5/2006 do Conselho Nacional do Ministério Público – CNMP, estão proibidos de exercer atividade político-partidária os membros do Ministério Público que ingressaram na carreira após a publicação da EC 45/2004 (art. 1º da Resolução). Ademais, estão proibidos de exercer qualquer outra função pública, salvo uma de magistério, exceto aqueles que integravam o *parquet* em 5.10.1988 e que tenham manifestado a opção pelo regime anterior (art. 2º da Resolução); **D:** assertiva correta – ver art. 29, § 3º, do ADCT e Resolução 5/2006 do CNMP; **E:** assertiva correta, pois a EC 45/2004 excluiu a ressalva "salvo exceções previstas em lei" do art. 128, § 5º, II, e, da CF, que veda o exercício de atividade político-partidária pelo membro do *parquet*. Atualmente, portanto, vige em relação aos membros do Ministério Público a mesma vedação absoluta imposta aos magistrados (art. 95, p. único, III, da CF).

Gabarito "A"

(Ministério Público/MS – 2011 – FADEMS) Recentemente o Supremo Tribunal Federal decidiu pela não aplicação da Lei da Ficha Limpa, referente aos candidatos considerados fichas sujas, e que foram eleitos no processo eleitoral de 2010. Não obstante tratar-se de decisão judicial recente, qual seria o principal embasamento jurídico para impedir a aplicação da Lei Complementar nº 135/2010, nas eleições para presidente, federal e estadual de 2010?

(A) Por conta do processo eleitoral já ter sido deflagrado, e não haveria tempo de os partidos escolherem outros candidatos, considerados ficha limpa, desrespeitando, assim, o procedimento estabelecido na Lei nº 9.504/97;

(B) Ofensa aos princípios individuais da segurança jurídica (CF, art. 5º, *caput*);

(C) Ofensa ao princípio do devido processo legal (CF, art. 5º, LIV);

(D) Ofensa ao princípio da anterioridade eleitoral, disposto no art. 16 da Constituição Federal;

(E) Nenhuma das alternativas anteriores.

O STF, ao julgar o RE 633.703/MG, afastou a aplicação da LC 135/2010 às eleições gerais de 2010, em face do princípio da anterioridade eleitoral (art. 16 da CF). Por essa razão, a alternativa "D" é a correta.

Gabarito "D"

(Ministério Público/MS – 2009) Em matéria de inelegibilidade, assinale a opção correta.

(A) Compete privativamente ao Ministério Público, após provocação de partido, coligação ou terceiro interessado, a arguição de inelegibilidade de candidato a ser conhecida e decidida pela Justiça Eleitoral.

(B) A arguição de inelegibilidade de candidato a Prefeito e Vice-Prefeito será feita diretamente perante o Tribunal Regional Eleitoral.

(C) Para concorrer a outros cargos, o Presidente da República, os Governadores de Estado e do Distrito Federal e os Prefeitos devem licenciar-se dos respectivos cargos até seis meses antes do pleito.

(D) São inelegíveis, no território de jurisdição do titular, o cônjuge e os parentes, consanguíneos até o terceiro grau e os afins até o primeiro grau, do Presidente da República, de Governador de Estado ou Território, do Distrito Federal, de Prefeito ou de quem os substituiu dentro dos seis meses anteriores ao pleito, salvo se já titular de mandato eletivo e candidato à reeleição.

(E) O Vice-Presidente, o Vice-Governador e o Vice-Prefeito poderão candidatar-se a outros cargos, preservando os seus mandatos respectivos, desde que, nos últimos seis meses anteriores ao pleito, não tenham sucedido ou substituído o titular.

A: incorreta, uma vez que o art. 3º da LC 64/1990 dispõe que caberá a qualquer candidato, a partido político, coligação ou ao Ministério Público, no prazo de 5 (cinco) dias, contados da publicação do pedido de registro do candidato, impugná-lo em petição fundamentada; **B:** incorreta, pois o art. 2º, III, da LC 64/1990 disciplina que serão competentes os Juízes Eleitorais, quando a arguição perseguir candidato a Prefeito, Vice-Prefeito e Vereador; **C:** incorreta, uma vez que o dispositivo legal determina que seja renunciado o cargo e não simplesmente licenciado, conforme se denota do art. 1º, § 1º, da LC 64/1990; **D:** incorreta, vez que a vedação estende-se até o cônjuge e os parentes, consanguíneos ou afins, até o segundo grau ou por adoção, conforme art. 1º, § 3º, da LC 64/1990; **E:** correta, conforme art. 1º, § 2º, da LC 64/1990.

Gabarito "E"

(Ministério Público/MT – 2012 – UFMT) Está inelegível para concorrer ao cargo de Procurador-Geral de Justiça, de acordo com a Lei Orgânica Estadual do Ministério Público de Mato Grosso, o Promotor de Justiça que tenha ocupado cargo de coordenador em centro de apoio funcional

(A) menos de 60 dias antes da data da eleição.

(B) menos de 90 dias antes da data da eleição.

(C) menos de 180 dias antes da data da eleição.

(D) menos de 30 dias antes da data da eleição.

(E) em qualquer dia do ano em que ocorrer a eleição.

De fato a alternativa correta é encontrada na assertiva 'D', uma vez que o prazo de 30 dias a que se refere é encontrado no art. 8, § 4º, VI da Lei Orgânica Estadual do Ministério Público de Mato Grosso.

Gabarito "D"

(Ministério Público/PB – 2010) Analise as assertivas abaixo e assinale a alternativa que sobre elas contenha o devido julgamento:

I. De acordo com entendimento pacífico do Tribunal Superior Eleitoral, não se exige do militar da ativa a condição de elegibilidade referente à necessidade de filiação partidária há pelo menos um ano da data das eleições, bastando o pedido de registro de candidatura, após prévia escolha em convenção partidária.

II. A suspensão dos direitos políticos, decorrente de condenação criminal transitada em julgado, cessa com o cumprimento ou a extinção da pena, desde que o condenado se reabilite ou, em sendo o caso, comprove a reparação dos danos causados pelo ilícito penal.

III. A investigação judicial eleitoral julgada antes da eleição possui os efeitos de inelegibilidade e cassação do registro e, eventualmente, desde que fundamentado na captação ou gastos ilícitos de recursos para fins eleitorais, a negação do diploma.

(A) Todas as assertivas estão corretas.

(B) Apenas as assertivas I e III estão corretas.

(C) Todas as assertivas estão erradas.

(D) Apenas as assertivas II e III estão corretas.

(E) Apenas a assertiva III está correta.

I: assertiva correta, conforme a jurisprudência do TSE – ver RESPE 20.285/AM; II: incorreta, pois, nos casos dos crimes indicados no art. 1º, I, e, da LI, a inelegibilidade vai até 8 anos após o cumprimento da pena; III: correta, conforme o art. 1º, I, *j*, da LI.

Gabarito "B"

(Ministério Público/PR – 2009 – adaptada) *A Lei Complementar 064/90* estabelece, de acordo com o art. 14, § 9º, da Constituição Federal, casos de inelegibilidade, prazos de cessação e determina outras providências. Em relação ao tema, assinale a alternativa *INCORRETA*:

(A) são inelegíveis para qualquer cargo os que tiverem suas contas relativas ao exercício de cargos ou funções públicas rejeitadas por irregularidade insanável e por decisão irrecorrível do órgão competente, salvo se a questão houver sido ou estiver sendo submetida à apreciação do Poder Judiciário, para as eleições que se realizarem nos 8 (oito) anos seguintes, contados a partir da data da decisão.

(B) o Vice-Presidente, o Vice-Governador e o Vice--Prefeito poderão candidatar-se a outros cargos, preservando os seus mandatos respectivos, desde que, nos últimos 6 (seis) meses anteriores ao pleito, não tenham sucedido ou substituído o titular.

(C) caberá a qualquer candidato, a partido político, coligação ou ao Ministério Público, no prazo de 5 (cinco) dias, contados da publicação do pedido de registro do candidato, impugná-lo em petição fundamentada.

(D) a declaração de inelegibilidade do candidato à Presidência da República, Governador de Estado e do Distrito Federal e Prefeito Municipal não atingirá o candidato a Vice-Presidente, Vice-Governador ou Vice-Prefeito, assim como a destes não atingirá aqueles.

(E) caberá exclusivamente ao Ministério Público Eleitoral representar à Justiça Eleitoral, diretamente ao Corregedor-Geral ou Regional, relatando fatos e indicando provas, indícios e circunstâncias e pedir abertura de investigação judicial para apurar uso indevido, desvio ou abuso do poder econômico ou do poder de autoridade, ou utilização indevida de veículos ou meios de comunicação social, em benefício de candidato ou de partido político.

A: correta, pois essa inelegibilidade cominada é prevista no art. 1º, I, *g*, da LI. Com a Lei da Ficha Limpa, o prazo aumentou para 8 anos (o texto original referia-se a 5 anos, razão pela qual a questão foi adaptada); **B:** correta, conforme o art. 1º, § 2º, da LI; **C:** correta, pois reflete exatamente o disposto no art. 3º da LI; **D:** assertiva correta, nos termos do art. 18 da LI; **E:** incorreta, pois a abertura de investigação judicial pode ser pedida por qualquer partido político, coligação ou candidato, além do Ministério Público Eleitoral (= legitimados para propor a ação de investigação judicial eleitoral – AIJE) – art. 22 da LI.

Gabarito "E"

(Ministério Público/RS – 2009 – adaptada) São considerados inelegíveis frente à legislação vigente:

I. Na eleição municipal, para o cargo de vereador, o sobrinho – não detentor de mandato eletivo – do Chefe do Poder Executivo.

II. Na eleição municipal, para o cargo de vereador, a cunhada - titular do mandato na Câmara Municipal - do Chefe do Poder Executivo.

III. O condenado criminalmente pela prática de peculato, passados dois anos após o efetivo cumprimento da pena.

IV. O Presidente de uma autarquia cujas contas foram rejeitadas pelo Tribunal de Contas, sob o fundamento de ter ocorrido desvio de verbas públicas, passados oito anos do trânsito em julgado desta decisão, sem que, entretanto, os valores desviados tenham sido devolvidos ao erário.

V. Para o cargo de vice-prefeito, no mesmo município, o irmão do Prefeito reeleito.

(A) Estão corretas apenas respostas III e V.

(B) Apenas as respostas dos itens I e III se apresentam corretas.

(C) Estão corretas as assertivas IV e V.

(D) Apenas as respostas II e IV podem ser tidas como corretas.

(E) Apenas as respostas I e IV podem ser tidas como corretas.

I: incorreta, pois o sobrinho é parente de 3º grau do Prefeito, e a inelegibilidade inata prevista no art. 14, § 7º, da CF atinge apenas os parentes até o 2º grau; II: incorreta, pois o parente que já seja titular de mandato eletivo e candidato à reeleição não é inelegível – art. 14, § 7º, *in fine*, da CF; III: correta, pois a inelegibilidade do condenado por crime contra a administração pública (caso do peculato – art. 312 do CP) estende-se até 8 anos após o cumprimento da pena – art. 1º, I, e, da LI; IV: incorreta, pois a inelegibilidade daquele que teve suas contas rejeitadas por irregularidade insanável que configure ato doloso de improbidade administrativa, e por decisão irrecorrível do órgão competente, estende-se por até 8 anos contados da decisão (a Lei da Ficha Limpa aumentou o prazo que era, anteriormente, de 5 anos, como constava da assertiva, razão pela qual ela foi adaptada) – art. 1º, I, *g*, da LI; V: correta, pois o irmão do Prefeito é inelegível no território do Município, nos termos do art. 14, § 7º, da CF.

Gabarito "A"

3. SISTEMA ELEITORAL

(Ministério Público/AM – 2008 – CESPE) A CF e o Código Eleitoral, ao tratarem das eleições para os diferentes cargos do Poder Legislativo, determinam que o sistema eleitoral brasileiro

(A) seja sempre proporcional, de listas abertas.

(B) seja distrital ou majoritário nas eleições municipais.

(C) varie de acordo com a circunscrição do pleito.

(D) seja, em regra, proporcional, de lista fechada.

(E) ocorra no sistema majoritário nas eleições para o Senado Federal.

O sistema proporcional com listas abertas aplica-se às eleições para a Câmara dos Deputados, para as Assembleias Legislativas e Câmara Distrital, e para as Câmaras de Vereadores – arts. 45, 27, § 1º, e 32, § 3º, todos da CF e art. 84 do CE. As eleições do Presidente, dos Senadores, dos Governadores e dos Prefeitos seguem o sistema majoritário – arts. 28, 29, I, 46, e 77, todos da CF.

Gabarito "E"

(Ministério Público/RN – 2009 – CESPE) O sistema eleitoral brasileiro, proporcional de listas abertas, contempla o quociente eleitoral e o partidário. Com relação a esse assunto, assinale a opção correta.

(A) O quociente partidário é definido pela divisão do número total de votos válidos pelo número de lugares a preencher.

(B) Somente partido ou coligação que alcançar o quociente eleitoral participa do rateio das sobras, se houver.

(C) São realizadas novas eleições caso nenhum partido ou coligação alcance o quociente eleitoral.

(D) Os votos de legenda conferidos aos partidos são contados apenas para o cálculo do quociente partidário, mas descartados para o cálculo do quociente eleitoral.

(E) Não há distinção entre quociente eleitoral e quociente partidário, em termos práticos.

A: incorreta, uma vez que de acordo com o art. 107 do CE o quociente partidário é obtido a partir da divisão do número de votos válidos dados sob a mesma legenda ou coligação de legenda pelo quociente eleitoral, desprezada a fração; **B:** correta, conforme disposto no art. 109, § 2º, do CE; **C:** incorreta, vez que o art. 111 do CE prevê que se nenhum Partido ou coligação alcançar o quociente eleitoral, considerar-se-ão eleitos, até serem preenchidos todos os lugares, os candidatos mais votados; **D:** incorreta, uma vez que tomada a premissa trazida pelo art. 5º da Lei 9.504/1997 ao dispor que nas eleições proporcionais, contam-se como válidos apenas os votos dados a candidatos regularmente inscritos e às legendas partidárias. Desta forma, de conhecimento que para determinar-se o quociente eleitoral divide-se o número de votos válidos apurados pelo número de lugares a preencher em cada circunscrição eleitoral, depreende-se a imprescindibilidade da contagem dos votos de legenda para o cálculo tanto do quociente partidário como do eleitoral; **E:** incorreta, uma vez que se trata de quocientes distintos, inclusive é de verificar-se que para obtenção do quociente partidário é preciso ter esclarecido o quociente eleitoral, como bem se observa da regra exposta pelo art. 107 do CE.

Gabarito "B"

(Ministério Público/RR – 2008 – CESPE) De 1935 até agora, o sistema brasileiro para a eleição de deputados e vereadores traz essa característica que tanto o distingue dos modelos proporcionais empregados em todo o mundo: a escolha uninominal, pelos eleitores, a partir de listas apresentadas pelos partidos. Sessenta e tantos anos decorridos da introdução desse modelo de escolha uninominal no Brasil – desde a reforma trazida ao Código de 1932 e pela Lei nº 48/1935 –, somam-se as queixas de políticos e estudiosos contra a experiência, no dizer de Giusti Tavares, "singular e estranha". Walter C. Porto. A mentirosa urna. São Paulo: Martins Fontes, 2004, p. 121 (com adaptações). A partir das informações do texto acima, julgue os itens que se seguem, acerca do sistema eleitoral brasileiro nas eleições para deputado e vereador.

(1) No sistema proporcional de lista aberta, o eleitor, ao votar em um candidato, contribui para a eleição de todos os demais candidatos do mesmo partido.

(2) Conforme as regras brasileiras, o voto conferido a um candidato é unipessoal e intransferível, e, por essa razão, não pode colaborar na eleição de outro candidato.

(3) No caso de coligações, o voto conferido à legenda de um partido cujo único candidato tenha sido excluído da eleição pela justiça é computado para a coligação.

(4) O candidato a vereador mais votado em uma cidade é eleito, independentemente do desempenho dos demais candidatos da mesma legenda.

(5) De acordo com o princípio da fidelidade partidária, é nulo o voto conferido a candidato a vereador filiado a partido de coligação oposta à do candidato em quem o mesmo eleitor votou para prefeito.

1: A assertiva é verdadeira. No sistema proporcional de lista aberta (adotado para deputados federais, estaduais e distritais, e para vereadores), todos os votos dados a candidatos do partido ou da coligação (além dos votos dados diretamente às legendas) são somados para apuração do quociente partidário (= votos conseguidos pelo partido ou pela coligação ÷ pelo quociente eleitoral), que determinará o número de vagas a serem preenchidas pela legenda – arts. 107 a 109 do CE. 2: A assertiva é falsa. No sistema proporcional de lista aberta, todos os votos dados a candidatos do partido ou da coligação (além dos votos dados diretamente às legendas) são somados para apuração do quociente partidário (= votos conseguidos pelo partido ou pela coligação ÷ pelo quociente eleitoral), que determinará o número de vagas a serem preenchidas pela legenda – arts. 107 a 109 do CE. 3: Arts. 175, § 4º, e 176, ambos do CE. 4: A eleição no sistema proporcional depende do desempenho da legenda, necessariamente, pois as vagas são preenchidas com base no quociente partidário (= votos conseguidos pelo partido ou pela coligação ÷ pelo quociente eleitoral). Se o partido não atingir o mínimo de votos correspondente ao quociente eleitoral (= número de votos válidos ÷ número de vagas), nenhum de seus candidatos será eleito, ainda que tenha sido o vereador mais votado da cidade – arts. 106, 107, 108 e 109, § 2º, todos do CE. 5: Não há essa vinculação.

Gabarito 1C, 2E, 3C, 4E, 5E

(Ministério Público/SC – 2008)

I. Será considerado eleito o candidato a Presidente ou a Governador que obtiver a maioria absoluta de votos, não computados os em brancos e os nulos.

II. Se nenhum candidato alcançar a maioria absoluta na primeira votação, far-se-á nova eleição no último domingo de outubro, concorrendo os dois candidatos mais votados, e considerando-se eleito o que obtiver a maioria dos votos válidos.

III. Se, antes de realizado o segundo turno, ocorrer morte, desistência ou impedimento legal de candidato, convocar-se-á o respectivo vice para concorrer ao pleito.

IV. O impedimento legal ocorrerá sempre que houver declaração de inelegibilidade, com trânsito em julgado, por parte do órgão competente da Justiça Eleitoral, superveniente ao registro da candidatura.

V. Nas eleições proporcionais, contam-se como válidos apenas os votos dados a candidatos regularmente inscritos e às legendas partidárias.

(A) apenas I, II e IV estão corretos.

(B) apenas III, IV e V estão corretos.

(C) apenas I, II, IV e V estão corretos.

(D) apenas II, III, e IV estão corretos.

(E) Todos estão corretos.

I: correta, conforme o art. 77, § 2°, da CF; II: correta, pois essa é a regra para a eleição de Presidente, Governador e Prefeito em município com mais de 200 mil eleitores – art. 77, § 3°, da CF e arts. 2°, § 1°, e 3°, § 2°, ambos da LE; III: incorreta, pois, nessa hipótese, convoca-se o candidato seguinte, mais bem votado – art. 2°, § 2°, da LE; IV: a assertiva continua correta, mas, com a Lei da Ficha Limpa (LC 135/2010), é importante lembrar que não é mais necessário o trânsito em julgado, bastando a publicação da decisão proferida por órgão colegiado que declarar a inelegibilidade do candidato, para que o registro da candidatura seja cancelado – art. 15 da Lei da Inelegibilidade – LI (LC 64/1990); V: correta, conforme o art. 5° da LE.

Gabarito "C"

4. ALISTAMENTO ELEITORAL, DOMICÍLIO

(Ministério Público/RN – 2009 – CESPE) Pedro, com nove anos de serviço, é militar alistável e teve o seu nome aprovado em convenção partidária para ser candidato a deputado estadual. Nessa situação hipotética, Pedro

(A) deve ser afastado do serviço militar.

(B) deve ser agregado, podendo retornar ao serviço militar após a eleição.

(C) perderá o cargo apenas se for eleito e empossado.

(D) deve ser afastado temporariamente, podendo retornar ao cargo após o fim do mandato.

(E) pode permanecer no serviço militar com todos os direitos.

De fato, o art. 98, II, do CE dispõe que nesta situação, uma vez cumprido mais de 5 anos de atividade, o militar será afastado, temporariamente, do serviço ativo, como agregado, para tratar de interesse particular.

Gabarito "A"

(Ministério Público/RN – 2009 – CESPE) No Brasil, o alistamento e o voto são obrigatórios nos termos constitucionais. No que se refere a esse assunto, assinale a opção correta.

(A) O eleitor que não votar em duas eleições consecutivas terá cancelada a sua inscrição.

(B) O óbito do eleitor deve ser comunicado à justiça eleitoral pelos herdeiros necessários.

(C) A pluralidade de inscrições eleitorais é resolvida mediante o cancelamento de ofício das inscrições mais antigas.

(D) Qualquer eleitor tem legitimidade para requerer da justiça eleitoral a exclusão de eleitor que tiver suspensos os direitos políticos.

(E) Eleitor objeto de processo por alistamento fraudulento tem a sua inscrição suspensa cautelarmente.

A: incorreta, vez que o art. 7°, § 3°, do CE dispõe que será cancelada a inscrição do eleitor que não votar em 3 (três) eleições consecutivas, não pagar a multa ou não se justificar no prazo de 6 (seis) meses, a contar da data da última eleição a que deveria ter comparecido; **B:** incorreta, pois a comunicação deverá ser feita pelos Oficiais do Registro Civil competente, como se depreende da cogência trazida pelo art. 71, § 3°, do CE; **C:** incorreta, pois o cancelamento a ser feito será o da inscrição mais recente, conforme art. 40, I da Res. TSE 21.538/2003; **D:** correta, de acordo com o que dispõe o art. 71, § 1°, do CE; **E:** incorreta, uma vez que o art. 72 do CE dispõe que durante o processo e até a exclusão pode o eleitor votar validamente.

Gabarito "D"

5. PARTIDOS POLÍTICOS, CANDIDATOS

(Ministério Público/PI – 2014 – CESPE) Assinale a opção correta com relação aos partidos políticos.

(A) A responsabilidade, inclusive civil e trabalhista, cabe solidariamente ao órgão partidário municipal, estadual ou nacional que tiver dado causa a descumprimento da obrigação, a violação de direito, a dano a outrem ou a qualquer ato ilícito.

(B) A sanção de suspensão do repasse de novas quotas do fundo partidário, por desaprovação total da prestação de contas de partido, não pode ser aplicada por meio de desconto, do valor a ser repassado, da importância apontada como irregular.

(C) É assegurada aos partidos políticos autonomia para adotar os critérios de escolha e o regime de suas coligações eleitorais, sem obrigatoriedade de vinculação entre as candidaturas em âmbito nacional, estadual, distrital ou municipal.

(D) Os órgãos de direção nacional, estadual e municipal do partido político podem receber doações de pessoas físicas e jurídicas, inclusive entidades de classe ou sindicais, para constituição de seus fundos.

(E) A personalidade jurídica é adquirida, nos termos da lei civil, após o registro do estatuto do partido político no TSE.

A: incorreta, uma vez que o art. 15-A da Lei dos Partidos Políticos dispõe que a responsabilidade, inclusive civil e trabalhista, cabe exclusivamente ao órgão partidário municipal, estadual ou nacional que tiver dado causa ao não cumprimento da obrigação, à violação de direito, a dano a outrem ou a qualquer ato ilícito, excluída a solidariedade de outros órgãos de direção partidária; **B:** incorreta, uma vez que o art. 37, § 3º da Lei dos Partidos Políticos dispõe que a sanção de suspensão do repasse de novas quotas do Fundo Partidário, por desaprovação total ou parcial da prestação de contas de partido, deverá ser aplicada de forma proporcional e razoável, pelo período de 1 (um) mês a 12 (doze) meses, ou por meio do desconto, do valor a ser repassado, da importância apontada como irregular, não podendo ser aplicada a sanção de suspensão, caso a prestação de contas não seja julgada, pelo juízo ou tribunal competente, após 5 (cinco) anos de sua apresentação; **C:** correta, nos exatos termos do disposto no *caput* e parágrafo único do art. 3º da Lei dos Partidos Políticos; **D:** incorreta, uma vez que há o proibitivo expresso do art. 31, IV, Lei dos Partidos Políticos que veda ao partido receber, direta ou indiretamente, sob qualquer forma ou pretexto, contribuição ou auxílio pecuniário ou estimável em dinheiro, inclusive através de publicidade de qualquer espécie, procedente, dentre outros, de entidade de classe ou sindical; **E:** incorreta. A personalidade jurídica do partido político é adquirida com o registro junto ao Registro Civil das Pessoas Jurídicas, da Capital Federal, conforme depreende-se da leitura dos arts. 7º e 8º, Lei dos Partidos Políticos.

Gabarito "C"

(Ministério Público/PI – 2014 – CESPE) Considere que, no exercício do mandato de senador, Ivo seja escolhido pela coligação integrada por seu partido para disputar o cargo de prefeito no ano de 2016. Em face dessa situação, assinale a opção correta à luz das disposições constitucionais e da legislação eleitoral hoje em vigor.

(A) Se o pedido de registro da candidatura for indeferido e o partido renunciar ao direito de preferência, Ivo poderá ser substituído por filiado a qualquer partido integrante da coligação em até dez dias contados da notificação da decisão judicial.

(B) O pedido de registro da candidatura de Ivo deve ser apresentado pela coligação ao juiz eleitoral até às 18 horas do nonagésimo dia anterior à data marcada para a eleição.

(C) Na hipótese de o partido ou coligação não requerer o registro de Ivo, ele mesmo pode fazê-lo perante o TRE, observado o prazo máximo de 48 horas seguintes à publicação da lista dos candidatos pela justiça eleitoral.

(D) A impugnação ao pedido de registro de candidatura de Ivo pode ser feita por candidato, partido político, coligação, MP, ou qualquer eleitor, em petição fundamentada.

(E) Se o pedido de registro da candidatura for indeferido, Ivo poderá efetuar atos relativos à campanha eleitoral, e seu nome poderá ser mantido na urna eletrônica, ficando a validade dos votos a ele atribuídos condicionada a registro válido de substituto.

A: correta, nos exatos termos do que dispõe o art. 13, §§ 1º e 2º da Lei 9.504/1997, Lei das Eleições; **B:** incorreta, já que o art. 11, Lei das Eleições, dispõe que os partidos e coligações solicitarão à Justiça Eleitoral o registro de seus candidatos até as dezenove horas do dia 5 de julho do ano em que se realizarem as eleições; **C:** incorreta, uma vez que na hipótese de o partido ou coligação não requerer o registro de seus candidatos, estes poderão fazê-lo *perante a Justiça Eleitoral*, observado o prazo máximo de quarenta e oito horas seguintes à publicação da lista dos candidatos pela Justiça Eleitoral, conforme dispõe o art. 11, § 4º, Lei das Eleições; **D:** incorreta, pois o art. 3º, LC 64/1990, dispõe que caberá a qualquer candidato, a partido político, coligação ou ao Ministério Público, no prazo de 5 (cinco) dias, contados da publicação do pedido de registro do candidato, impugná-lo em petição fundamentada; **E:** incorreta, uma vez que Ivo só poderá agir desta forma caso tenha recorrido (Embargos ou Recurso Especial ao Tribunal Superior Eleitoral), estando, portanto, dentro do que dispõe o art. 16-A, Lei das Eleições, ao disciplinar que o candidato cujo registro esteja *sub judice* poderá efetuar todos os atos relativos à campanha eleitoral, inclusive utilizar o horário eleitoral gratuito no rádio e na televisão e ter seu nome mantido na urna eletrônica enquanto estiver sob essa condição, ficando a validade dos votos a ele atribuídos condicionada ao deferimento de seu registro por instância superior.

Gabarito "A"

(Ministério Público/AM – 2008 – CESPE) A Lei nº 9.504/1997, ao dispor acerca da escolha e do registro de candidaturas às eleições para os cargos proporcionais, estabelece diversos critérios, como o percentual máximo de candidatos que os partidos podem lançar e a proporção de candidatos em razão de gênero. Quanto a esse tema, assinale a opção correta.

(A) Em uma câmara municipal que tenha 10 integrantes, o número de candidatos de cada partido poderá ser, no máximo, de vinte candidatos.

(B) Em uma câmara municipal que tenha 10 integrantes, cada coligação poderá ter, no máximo, vinte candidatos.

(C) Em uma assembleia legislativa que conte com 24 integrantes, o número total de candidatos de uma coligação será, no máximo, de 48.

(D) Decorrido o prazo para registro de candidaturas, caso não se apresentem mulheres que queiram ser candidatas, o partido poderá preencher todas as candidaturas com homens.

(E) Caso o estatuto do partido seja omisso, cabe à justiça eleitoral definir as normas para a escolha de seus candidatos.

O partido não coligado pode lançar número de candidatos correspondente a uma vez e meia (150%) a quantidade de vagas no legislativo. A coligação pode lançar o dobro de candidatos, em relação ao número de vagas. Nos Estados em que a Assembleia contar com até 20 vagas, os partidos não coligados poderão lançar o dobro de candidatos e as coligações poderão lançar esse número acrescido de mais 50%, para as eleições para a Câmara dos Deputados, e para a Câmara Distrital ou para a Assembleia Legislativa. Finalmente, nesses totais deve haver um mínimo de 30% de candidatos de cada sexo – art. 10, *caput*, e §§ 1º a 3º, da LE.

Gabarito "B"

(Ministério Público/CE – 2011 – FCC) A Constituição Federal assegura que é livre a criação, fusão, incorporação e extinção de partidos políticos, resguardados a soberania nacional, o regime democrático, o pluripartidarismo, os direitos fundamentais da pessoa humana. No plano de sua estrutura interna é correto afirmar:

(A) As coligações eleitorais poderão dispor sobre a organização e funcionamento dos partidos políticos e adotar os critérios de escolha de candidaturas, com obrigatoriedade de vinculação entre as candidaturas em âmbito nacional, estadual, distrital ou municipal.

(B) É assegurada aos partidos políticos autonomia para definir sua estrutura interna, organização e funcionamento e para adotar os critérios de escolha e o regime de suas coligações eleitorais, sem obrigatoriedade de vinculação entre as candidaturas em âmbito nacional, estadual, distrital ou municipal, devendo seus estatutos estabelecer normas de disciplina e fidelidade partidária.

(C) Os partidos políticos e as coligações partidárias são livres para definir sua organização e funcionamento e para adotar os critérios de escolha de candidaturas avulsas, sem obrigatoriedade de vinculação entre as candidaturas em âmbito nacional, estadual, distrital ou municipal, devendo seus estatutos estabelecer normas de disciplina e fidelidade partidária.

(D) É assegurada aos partidos políticos autonomia para definir as condições de alistamento e elegibilidade, organização e funcionamento e para adotar os critérios de escolha e o regime de suas coligações eleitorais, sem obrigatoriedade de vinculação entre as candidaturas em âmbito nacional, estadual, distrital ou municipal, devendo seus estatutos estabelecer normas de disciplina e fidelidade partidária.

(E) É assegurada aos partidos políticos autonomia para definir sua organização e funcionamento e para adotar os critérios de escolha de filiados e o regime de suas coligações eleitorais, bem como obrigatoriedade de vinculação entre as candidaturas em âmbito nacional, estadual, distrital ou municipal, vedado aos seus estatutos estabelecer normas de disciplina e fidelidade partidária.

A alternativa "B" reproduz o disposto no art. 17, § 1º, da CF, norma que confere autonomia aos partidos políticos, destacando-se a não obrigatoriedade de vinculação entre candidaturas nos diferentes entes federativos, o que impede a chamada "verticalização obrigatória", resultante de interpretação da Resolução 20.993/2002 do TSE. Antes da Emenda Constitucional 52/2006, entendia-se que a coligação estadual, por exemplo, eram obrigadas a seguir as orientações das coligações nacionais.

Gabarito "B"

(Ministério Público/CE – 2011 – FCC) O registro dos candidatos a vereador

(A) deve ser feito junto ao Tribunal Regional Eleitoral da unidade da Federação respectiva até 4 (quatro) meses antes da eleição.

(B) deve ser feito perante qualquer juízo eleitoral onde o partido ao qual estiver filiado o candidato possua diretório devidamente registrado.

(C) far-se-á sempre em chapa única e indivisível, ainda que resulte a indicação de aliança de partidos.

(D) deve ser feito no juízo eleitoral até 6 (seis) meses antes da eleição, desde que filiado a partido político na circunscrição em que concorrer.

(E) deve ser dirigido ao Tribunal Regional Eleitoral nos casos em que o partido político não possuir diretório devidamente registrado na circunscrição em que se realizar a eleição.

De fato a única alternativa correta é exposta pela assertiva 'D', uma vez que de acordo com o que dispõe o art. 87, parágrafo único e art. 94, ambos do CE.

Gabarito "D"

(Ministério Público/ES – 2010 – CESPE) Assinale a opção correta a respeito de partidos políticos.

(A) O exame da prestação de contas dos órgãos partidários tem caráter jurisdicional.

(B) Do total do fundo partidário, 1% é destinado, em partes iguais, a todos os partidos que tenham seus estatutos registrados no Tribunal Superior Eleitoral e 99% são distribuídos aos partidos na proporção dos votos obtidos na última eleição geral para a Câmara dos Deputados.

(C) A responsabilidade, incluindo a civil e a trabalhista, entre qualquer órgão partidário municipal, estadual ou nacional, é solidária ante o caráter nacional dos partidos políticos.

(D) Os recursos do fundo partidário recebidos por partido político, nos termos da lei, são créditos penhoráveis para pagamento de débitos de natureza trabalhista.

(E) A sanção de suspensão do repasse de novas quotas do fundo partidário, devido à desaprovação total ou parcial da prestação de contas de partido, deve ser aplicada necessariamente pelo período de doze meses. Caso a prestação de contas não seja julgada, pelo juízo ou tribunal competente, após cinco anos de sua apresentação, a sanção de suspensão não poderá ser aplicada.

A: assertiva correta, conforme o art. 34 da Lei dos Partidos Políticos – LPP (Lei 9.096/1995); **B:** incorreta, pois o art. 41, I e II, da LPP foi declarado inconstitucional pelo STF – ver ADI 1.351/DF e ADI 1.354/DF; **C:** incorreta, pois a responsabilidade, inclusive civil, cabe exclusivamente ao órgão partidário municipal, estadual ou nacional que tiver dado causa ao não cumprimento da obrigação, à violação de direito, ao dano a outrem ou a qualquer ato ilícito, excluída a solidariedade de outros órgãos de direção partidária – art. 15-A da LPP; **D:** incorreta, pois os recursos recebidos do fundo partidário são absolutamente impenhoráveis – art. 649, XI, do CPC; **E:** incorreta, pois a sanção deverá ser aplicada de forma proporcional e razoável, pelo período de 1 mês a 12 meses – art. 37, § 3º, da LPP.

Gabarito "A"

(Ministério Público/GO – 2010) A filiação partidária é condição indispensável para a elegibilidade. Visando candidatar-se, um nacional filiou-se ao partido político A, mas no ano seguinte, desentendendo-se com os correligionários, filiou-se ao partido político B, sem qualquer comunicação ao partido A ou ao juiz eleitoral. Consultando o Cadastro Eleitoral, foi verificada a dupla filiação e cientificados os representantes dos partidos políticos A e B e o nacional duplamente filiado, sem que nenhuma das partes se manifestasse. Diante disto:

(A) Prevalece a primeira filiação, uma vez que era válida no momento de sua realização.

(B) Prevalece a segunda filiação, uma vez que indica a manifestação última da vontade do filiado.

(C) As duas filiações são consideradas nulas, uma vez que é vedada a dupla filiação.

(D) Cometeu o nacional o crime do artigo 320 do CE, que reza: "Inscrever-se o eleitor, simultaneamente, em 2 (dois) ou mais partidos".

De fato a alternativa C era a única correta à época em que a questão foi elaborada, uma vez que a Lei 9.096/1995 prescrevia, no parágrafo único do art. 22, que quem se filia a outro partido deve fazer comunicação ao partido e ao juiz de sua respectiva Zona Eleitoral, para cancelar sua filiação; se não o fizer no dia imediato ao da nova filiação, fica configurada dupla filiação, sendo ambas consideradas nulas para todos os efeitos. Atualmente, a Lei 12.891/2013 deu nova redação ao citado parágrafo único, que assim dispõe: "Havendo coexistência de filiações partidárias, prevalecerá a mais recente, devendo a Justiça Eleitoral determinar o cancelamento das demais".

Gabarito "C"

(Ministério Público/MA – 2002) Dadas as assertivas abaixo:

I. O partido político tem autonomia para definir sua estrutura interna, organização e funcionamento.

II. É livre a criação, fusão e extinção de partidos políticos.

III. O partido político é pessoa jurídica de direito privado.

IV. O partido político adquire a sua personalidade jurídica com o registro na forma da lei civil.

V. Após registrar seus estatutos no Tribunal Superior Eleitoral, os partidos políticos podem receber recursos de entidades ou governo estrangeiros.

VI. É vedado ao partido político ministrar instrução militar ou paramilitar.

É correto afirmar:

(A) Todas as alternativas estão certas.

(B) Apenas as alternativas I e II estão certas.

(C) Todas estão erradas.

(D) Apenas a alternativa V está errada.

(E) Apenas as alternativas V e VI estão erradas.

I: art. 17, § 1º, da CF; II: art. 17, "caput", da CF; III: art. 44, V, do CC; IV: arts. 44, V, e 45, ambos do CC; V: não é possível o recebimento de recursos de entidades ou de governos estrangeiros – art. 17, II, da CF; VI: art. 17, § 4º, da CF.

Gabarito "D"

(Ministério Público/PI – 2012 – CESPE) Com relação às disposições constitucionais e legais acerca dos partidos políticos, assinale a opção correta.

(A) Organização da sociedade civil constituída como pessoa jurídica de direito público, o partido político destina-se a assegurar, no interesse do regime democrático, a autenticidade do sistema representativo e a defender os direitos fundamentais.

(B) A prestação de contas dos partidos políticos à justiça eleitoral é feita por meio do envio do balanço contábil do exercício findo até 30 de abril do ano seguinte, e, em anos eleitorais, por meio do envio de balancetes mensais durante os quatro meses anteriores e os dois meses posteriores ao pleito.

(C) No Brasil, é livre a criação, a fusão, a incorporação e a extinção de partidos políticos, desde que resguardados os objetivos fundamentais do país e observados preceitos como caráter nacional e cooperação entre os povos para o progresso da humanidade.

(D) O caráter nacional dos partidos políticos é garantido com a vinculação das candidaturas, em âmbito estadual, distrital ou municipal, às escolhas e ao regime das coligações eleitorais estabelecidas pela direção partidária nacional.

(E) Os partidos políticos, após adquirirem personalidade jurídica com o registro de seus estatutos no TSE, possuem autonomia para definir sua estrutura interna, organização e funcionamento na forma da lei civil.

A: incorreta, uma vez que os partidos políticos são considerados pessoas jurídicas de direito privado, como preceitua o art. 44, V Código Civil e também em atenção ao que dispõe o art. 1º da Lei 9.096/1995; **B:** correta, conforme art. 32, § 3º, da Lei 9.096/1995; **C:** incorreta, uma vez que o art. 2º da Lei 9.096/1995 dispõe que é livre a criação, fusão, incorporação e extinção de partidos políticos cujos programas respeitem a soberania nacional, o regime democrático, o pluripartidarismo e os direitos fundamentais da pessoa humana; **D:** incorreta, uma vez que o art. 5º da Lei 9.096/1995 dispõe que a ação do partido tem caráter nacional e é exercida de acordo com seu estatuto e programa, sem subordinação a entidades ou governos estrangeiros; **E:** incorreta, uma vez que o art. 7º da Lei 9.096/1995 dispõe que o partido político adquire a personalidade jurídica com o registro na forma da lei civil, só então deverá registrar seu estatuto junto ao TSE, situação onde passará a ter a autonomia garantida.

Gabarito "B"

(Ministério Público/RN – 2009 – CESPE) Os partidos políticos, no sistema constitucional brasileiro e nos termos da Lei dos Partidos Políticos (Lei nº 9.096/1995) e da Lei Eleitoral (Lei nº 9.504/1997), constituem pessoa jurídica de direito privado e são elementos fundamentais da democracia brasileira. Com relação à disciplina do funcionamento dessas organizações, assinale a opção correta.

(A) Conforme imposição da Lei dos Partidos, o diretório nacional de partido político é composto por 101 pessoas.

(B) Não se permitem coligações partidárias na eleição majoritária para senador.

(C) Na mesma eleição, pode um partido fazer coligações distintas para governador e para deputado estadual.

(D) A verticalização é imposta pela lei partidária e se aplica, no que couber, às eleições municipais.

(E) Compete aos partidos políticos organizar estrutura paramilitar para a proteção de seus candidatos.

De fato a única alternativa contendo a resposta correta é a assertiva C, uma vez que em consonância com o que dispõe o art. 6º da Lei 9.504/1997 ou seja, que é facultado aos partidos políticos, dentro da mesma circunscrição, celebrar coligações para eleição majoritária, proporcional, ou para ambas, podendo, neste último caso, formar-se mais de uma coligação para a eleição proporcional dentre os partidos que integram a coligação para o pleito majoritário. Neste sentindo, vale trazer a conhecimento que nas eleições federais e estaduais, circunscrição será respectivamente o país e o Estado, como restou claro pelo Ministro Marco Aurélio em julgado perante o TSE (TSE, Recurso 11.991, Cl. 4ª, Rel. Min. Marco Aurélio).

Gabarito "C"

(Ministério Público/SE – 2010 – CESPE) Assinale a opção correta quanto à disciplina legal dos partidos políticos.

(A) Como entidade de direito privado, para participar das eleições, o partido político deve registrar seus estatutos no registro civil de pessoas jurídicas de qualquer cidade brasileira.

(B) O partido adquire personalidade jurídica na forma da lei civil e registra seus estatutos no TSE.

(C) Admite-se o registro de partido que comprove o apoiamento do número bastante de eleitores, desde que distribuído em pelo menos cinco unidades da Federação.

(D) O partido político tem direito à propaganda partidária após participar de, pelo menos, uma eleição.

(E) A exclusão de filiado das listas partidárias depende de autorização judicial específica.

A: incorreta, pois o requerimento do registro de partido político deve ser dirigido ao cartório competente do Registro Civil das Pessoas Jurídicas da Capital Federal – art. 8º da LPP; **B:** assertiva correta, pois reflete exatamente o disposto no art. 17, § 2º, da CF e no art. 7º da LPP; **C:** incorreta, pois o apoiamento de eleitores deve se dar em pelo menos um terço dos Estados e DF, ou seja, em pelo menos 9 deles – art. 7º, § 1º, da LPP; **D:** incorreta, já que o partido político registrado no TSE tem direito à realização de propaganda – art. 49, I, da LPP; **E:** incorreta, pois a filiação partidária pode ser cancelada pelo partido na forma do seu estatuto, independentemente de autorização judicial – art. 22, III e IV, da LPP.

Gabarito "B"

(Ministério Público/RR – 2012 – CESPE) A respeito da disciplina constitucional e legal das coligações partidárias, assinale a opção correta.

(A) Partidos coligados nas eleições proporcionais podem apoiar formalmente candidatos diferentes para a chefia do Poder Executivo.

(B) Nas eleições gerais, uma coligação partidária para a eleição do presidente da República impõe coerência nas coligações para a eleição de governador de estado.

(C) São vedadas coligações diferenciadas para prefeito e para vereador.

(D) Partido que lança candidato a prefeito deve repetir a mesma coligação para vereador.

(E) Um partido que lança candidato a prefeito não pode coligar-se, para a eleição de vereador, com outro partido que tenha candidato majoritário nessa eleição.

De fato a única alternativa correta é apresentada pela assertiva E, uma vez que reproduz o teor da Resolução TSE 23.260 que inteligência que "somente se admite a pluralidade de coligações para a eleição proporcional. Na eleição majoritária, é admissível a formação de uma só coligação. Os partidos que compuserem coligação para a eleição majoritária só poderão formar coligações entre si para a eleição proporcional".

Gabarito "E"

(Ministério Público/SE – 2010 – CESPE) Acerca das finanças e da contabilidade dos partidos políticos, assinale a opção correta.

(A) O partido pode receber recursos de governos estrangeiros, desde que o Brasil mantenha relações diplomáticas regulares com os países de origem desses recursos.

(B) As entidades sindicais somente podem auxiliar partidos políticos mediante publicidade partidária em seus meios de comunicação institucionais.

(C) O diretório nacional é solidariamente responsável pelas obrigações assumidas pelos diretórios estaduais.

(D) O exame da prestação de contas dos órgãos partidários tem caráter jurisdicional.

(E) O recurso do partido contra decisão sobre prestação de contas tem apenas efeito devolutivo.

A: incorreta, pois o partido jamais pode receber recursos de governos estrangeiros – art. 17, II, da CF e art. 31, I, da LPP; **B:** incorreta, pois é vedado receber, direta ou indiretamente, sob qualquer forma ou pretexto, contribuição ou auxílio pecuniário ou estimável em dinheiro, inclusive através de publicidade de qualquer espécie, procedente de entidade de classe ou sindical – art. 31, IV, da LPP; **C:** incorreta, pois, nos termos do art. 15-A da LPP, a responsabilidade, inclusive civil e trabalhista, cabe exclusivamente ao órgão partidário municipal, estadual ou nacional que tiver dado causa ao não cumprimento da obrigação, à violação de direito, a dano a outrem ou a qualquer ato ilícito, excluída a solidariedade de outros órgãos de direção partidária; **D:** correta, conforme o art. 34 da LPP; **E:** incorreta, pois o recurso tem efeito suspensivo – art. 37, § 4º, da LPP.

Gabarito "D"

6. ELEIÇÕES, VOTOS, APURAÇÃO, QUOCIENTES ELEITORAL E PARTIDÁRIO

(Ministério Público/AM – 2008 – CESPE) A votação eletrônica, importante inovação do sistema eleitoral brasileiro, tem merecido amplo reconhecimento. A esse respeito, assinale a opção que corresponde ao que define a Lei 9.504/1997.

(A) Compete ao candidato escolher em que seção votará.

(B) O voto em trânsito não pode ser realizado em urna eletrônica.

(C) Nas eleições para vereador, será nulo o voto que registre apenas o número do partido.

(D) Nas eleições para governador e deputado estadual, o eleitor votará primeiro no candidato ao cargo majoritário.

(E) Juízes eleitorais e fiscais de partido podem votar na seção onde exercem suas funções.

A, B e **E:** na votação eletrônica, não há exceção à regra de que a votação deve ocorrer na seção em que o eleitor está inscrito (mesmo no caso do voto em trânsito para Presidente é preciso o cadastro prévio) – art. 62 da LE; **C:** nesse caso, o voto será atribuído ao partido correspondente – art. 59, § 2º, da LE; **D:** é o oposto, primeiro vota-se na eleição proporcional (deputado estadual) – art. 59, § 3º, da LE. A Lei 12.976/2014 deu nova redação ao § 3º do art. 59 da LE, que atualmente, prevê a seguinte ordem: "I – para as eleições de que trata o inciso I do parágrafo único do art. 1º, Deputado Federal, Deputado Estadual ou Distrital, Senador, Governador e Vice-Governador de Estado ou do Distrito Federal, Presidente e Vice-Presidente da República; II – para as eleições de que trata o inciso II do parágrafo único do art. 1º, Vereador, Prefeito e Vice-Prefeito".

Gabarito "B"

(Ministério Público/BA – 2010) No dia da eleição poderá fazer transporte de eleitores o veículo, ou embarcação:

I. Coletivos fretados para este fim pelos partidos políticos.

II. Pertencentes à União, Estados, Municípios e suas autarquias e sociedades de economia mista, mesmo sem credenciamento da Justiça Eleitoral, já que são públicos.

III. De uso individual do proprietário, para o exercício do próprio voto e dos membros de sua família, desde que devidamente credenciado pela Justiça Eleitoral.

Assinale a(s) frase(s) correta(s):

(A) I.

(B) II.

(C) III.

(D) I e II.

(E) Nenhuma delas.

Nenhum veículo ou embarcação poderá fazer transporte de eleitores desde o dia anterior até o posterior à eleição, salvo: (i) a serviço da Justiça Eleitoral, (ii) coletivos de linhas regulares e não fretados, (iii) de uso individual do proprietário, para o exercício do próprio voto e dos membros da sua família e (iv) o serviço normal, sem finalidade eleitoral, de veículos de aluguel não atingidos por requisição da justiça eleitoral – art. 5º da Lei 6.091/1974. I: incorreta, pois não se admite transporte de eleitores por coletivos fretados; II: incorreta, pois somente os coletivos de linhas regulares e não fretados podem transportar eleitores no dia da eleição; III: incorreta, pois não se exige credenciamento do veículo particular utilizado para o exercício do voto pelo próprio proprietário ou dos membros de sua família.

Gabarito "E"

(Ministério Público/CE – 2009 – FCC) Dispõe a legislação eleitoral brasileira:

(A) O quociente eleitoral resulta da divisão do número de votos válidos apurados pelo de lugares a preencher em cada circunscrição eleitoral, contando-se como válidos os votos em branco.

(B) É nula a eleição quando mais da metade dos eleitores vota "nulo".

(C) Nas eleições presidenciais e federais, a circunscrição eleitoral é o país; nas eleições estaduais, o Estado; e nas municipais, o respectivo Município.

(D) Nas unidades da Federação que têm o mínimo de Deputados – oito – a cláusula de barreira é 12,5% dos votos válidos.

(E) Para distribuir os lugares não preenchidos com a aplicação dos quocientes partidários, divide-se o número de votos válidos de cada Partido ou coligação pelo número de lugares obtidos, cabendo ao Partido ou coligação que apresentar a maior média o primeiro lugar, e assim sucessivamente segundo a ordem de maiores médias.

A: incorreta, pois os votos nulos e em branco não são considerados válidos – art. 106 do CE; **B:** incorreta, pois não se trata de caso de nulidade ou anulabilidade – arts. 220 a 224 do CE; **C:** incorreta, pois a circunscrição nas eleições federais corresponde ao Estado (a eleição de deputados federais e senadores se dá no âmbito de cada Estado e do Distrito Federal) – art. 86 do CE; **D:** essa é a assertiva correta. A rigor, a alternativa não se refere à cláusula de barreira declarada inconstitucional pelo STF (ADI 1.351/DF e ADI 1.354/DF), ou seja, não se trata do percentual mínimo de 5% de votos válidos, distribuídos em pelo menos um terço dos Estados, com mínimo de 2% de cada um deles. O examinador se referiu ao percentual do quociente eleitoral, que, se não for atingido pelo partido ou coligação, impede a eleição de qualquer candidato (essa seria a "cláusula de barreira"). O quociente eleitoral corresponde à divisão do total de votos válidos pelo número de vagas em disputa – art. 106 do CE. Se o Estado conta com 8 vagas na Câmara, o quociente eleitoral será de 12,5% dos votos válidos (100% dos votos divididos por 8 vagas corresponde a 12,5% de quociente eleitoral); **E:** incorreta, pois as vagas restantes serão distribuídas entre os partidos e coligações que atingiram o quociente eleitoral, conforme a regra do art. 109 do CE, ou seja, divide-se o número de votos válidos dados ao partido pelo número de vagas conseguidas mais um, sendo que o partido que conseguir a maior média leva mais uma vaga – esse passo é repetido até que se preencham todas as vagas.

Gabarito "D"

(Ministério Público/ES – 2010 – CESPE) Com relação ao quociente eleitoral, ao quociente partidário e à distribuição dos restos, assinale a opção correta.

(A) Os partidos e as coligações que não tiverem obtido quociente eleitoral podem concorrer somente à distribuição das sobras dos lugares a preencher.

(B) O quociente eleitoral é determinado dividindo-se o número de votos válidos apurados pelo número de lugares a preencher em cada circunscrição eleitoral, desprezando-se sempre a fração.

(C) O quociente partidário, para cada partido ou coligação, é determinado dividindo-se o número de votos válidos, dados sob a mesma legenda ou coligação de legendas, pelo quociente eleitoral, desprezada a fração, se igual ou inferior a meio, ou considerada um, se superior.

(D) Os lugares não preenchidos com a aplicação dos quocientes partidários devem ser distribuídos por meio da divisão do número de votos válidos atribuídos a cada partido ou coligação de partido pelo número de lugares por ele obtido, mais um, cabendo um dos lugares a preencher ao partido ou à coligação que apresentar a maior média. Tal operação deve ser repetida para a distribuição de cada um dos lugares existentes.

(E) Caso haja empate na média entre dois ou mais partidos ou coligações, o candidato mais idoso deve ser considerado eleito.

A: incorreta, pois somente poderão concorrer à distribuição dos lugares os partidos e as coligações que tiverem obtido quociente eleitoral – art. 109, § 2º, do CE; **B:** incorreta, pois, para o quociente eleitoral, despreza-se somente a fração igual ou inferior a meio – art. 106 do CE; **C:** incorreta, pois, para o quociente partidário, a fração é sempre desprezada – art. 107 do CE; **D:** assertiva correta, pois assim se dá o preenchimento das vagas restantes – art. 109 do CE; **E:** incorreta, pois o candidato mais idoso será considerado eleito se houver empate entre dois candidatos, e não "empate na média", como consta da assertiva.

Gabarito "D"

(Ministério Público/GO – 2012) Assinale a alternativa correta

(A) O quociente eleitoral indica o número de vagas alcançado pelos partidos, sendo calculado pela divisão do número de votos conferidos ao partido, diretamente, ou a seus candidatos, pelo quociente partidário, desprezando-se a fração.

(B) O quociente partidário corresponde ao índice de votos a ser obtido que determina a distribuição das vagas, por meio da divisão do número de votos válidos pelos lugares a preencher na Câmara dos Deputados, no Senado Federal, nas Assembleias Legislativas ou nas Câmaras de Vereadores.

(C) O quociente eleitoral tem por finalidade estabelecer a distribuição das vagas entre os partidos na Câmara dos Deputados, no Senado Federal, nas Assembleias Legislativas e nas Câmaras de Vereadores.

(D) Acaso nenhum partido atinja o quociente eleitoral, hão de ser considerados eleitos os candidatos mais votados, desconsiderados quaisquer critérios de proporcionalidade.

A: incorreta, uma vez que o quociente eleitoral irá indicar o número mínimo necessário para que o partido eleja um candidato para o respectivo cargo. O art. 106 do CE dispõe que se determina o quociente eleitoral dividindo-se o número de votos válidos apurados pelo de lugares a preencher em cada circunscrição eleitoral, desprezada a fração se igual ou inferior a meio, equivalente a um, se superior; **B:** incorreta, uma vez que o quociente partidário é o índice obtido a partir da divisão do número de votos válidos dados sob a mesma legenda ou coligação pelo quociente eleitoral, conforme dispõe o art. 107 do CE; **C:** incorreta, uma vez que o quociente eleitoral tem a função de estabelecer quantos votos são necessários para que cada partido ou coligação eleja um candidato, por seu turno, o quociente partidário irá estabelecer quantas vagas cada coligação ou partido atingiu; **D:** correta, conforme art. 111 do CE.

Gabarito "D"

(Ministério Público/MT – 2012 – UFMT) Nos termos do Código Eleitoral, a votação será NULA quando

(A) houver extravio de documento considerado essencial.

(B) viciada de fraude.

(C) viciada de coação.

(D) encerrada antes das 17 horas.

(E) for negado ou sofrer restrição o ato de fiscalização.

A: incorreta, vez que de acordo com o art. 221, I do CE, nestas circunstancias a votação é considerada anulável; **B:** incorreta, pois de acordo com o art. 222 do CE, trata-se de situação onde a votação será considerada anulável; **C:** incorreta, nos exatos termos da assertiva anterior, vez que o art. 222 do CE considera a situação como votação anulável; **D:** correta, em atenção ao art. 220, III do CE, vez que dispõe que a votação será nula quando realizada em dia, hora, ou local diferentes do designado ou encerrada antes das 17 horas; **E:** incorreta, uma vez que o art. 221, II do CE dispõe se tratar de votação anulável.

Gabarito "D"

(Ministério Público/RN – 2009 – CESPE) Um processo eleitoral marcado pela alta ocorrência de votos nulos ou anulados pode ser objeto de questionamento judicial. Acerca desse assunto, assinale a opção correta.

(A) Eleição para prefeito em que 30% dos votos sejam anulados por fraude e 21% dos eleitores votem nulo será considerada nula.

(B) Eleição para prefeito da qual se abstenham mais da metade dos eleitores é nula.

(C) Eleição para prefeito deve ser repetida caso mais da metade dos votos seja declarada nula pela justiça eleitoral.

(D) Caso 25% dos eleitores votem nulo e 26% se abstenham de votar, a eleição será considerada nula pela justiça eleitoral.

(E) Somente a anulação da maioria dos votos por abuso de poder econômico importa nova eleição.

De fato a alternativa C é a única correta, vez que em plena consonância com o que dispõe o art. 224 do CE que disciplina que se a nulidade atingir a mais de metade dos votos do país nas eleições presidenciais, do Estado nas eleições federais e estaduais ou do município nas eleições municipais, julgar-se-ão prejudicadas as demais votações e o Tribunal marcará dia para nova eleição dentro do prazo de 20 (vinte) a 40 (quarenta) dias.

Gabarito "C"

(Ministério Público/RN – 2009 – CESPE) O Brasil adota, com pioneirismo, o sistema eletrônico de votação. A respeito da disciplina legal de exercício do sufrágio e suas circunstâncias, assinale a opção correta.

(A) A urna eletrônica apresenta ao eleitor, para o primeiro voto, os painéis relativos às eleições majoritárias.

(B) O voto em trânsito é admitido, desde que justificada sua necessidade.

(C) Parente de candidato não pode ser indicado como fiscal de partido político.

(D) Servidores de uma mesma repartição pública são proibidos de integrar uma mesa receptora como presidente e mesário.

(E) Cada fiscal partidário somente pode atuar perante uma única seção eleitoral.

A: incorreta, uma vez que o art. 59, § 3º, da Lei 9.504/1997 determinava que a urna eletrônica exibirá para o eleitor, primeiramente, os painéis referentes às eleições proporcionais e, em seguida, os referentes às eleições majoritárias. Atualmente, prevê a seguinte ordem: "I – para as eleições de que trata o inciso I do parágrafo único do art. 1º, Deputado Federal, Deputado Estadual ou Distrital, Senador, Governador e Vice-Governador de Estado ou do Distrito Federal, Presidente e Vice-Presidente da República; II – para as eleições de que trata o inciso II do parágrafo único do art. 1º, Vereador, Prefeito e Vice-Prefeito"; **B:** incorreta, uma vez que não é preciso justificativa, basta que o eleitor se habilite perante qualquer cartório eleitoral no período de 15 de julho a 15 de agosto, com título de eleitor e documento de identificação. A votação poderá ser apenas para presidente da República e desincumbirá o eleitor de justificar o voto para votação aos demais cargos. O eleitor poderá votar em qualquer capital brasileira, conforme dispõe o art. 233-A do CE; **C:** incorreta, uma vez que a proibição não recai sobre o parentesco indicado. O art. 65 da Lei 9.504/1997 dispõe que a escolha de fiscais e delegados, pelos partidos ou coligações, não poderá recair em menor de dezoito anos ou em quem, por nomeação do Juiz Eleitoral, já faça parte de Mesa Receptora; **D:** correta, conforme disposição do art. 64 da Lei 9.504/1997; **E:** incorreta, pois o art. 65, § 1º, da Lei 9.504/1997 dispõe sobre a possibilidade do fiscal nomeado poder atuar com sua fiscalização em mais de uma Seção Eleitoral, no mesmo local de votação

Gabarito "D"

(Ministério Público/RO – 2010 – CESPE) Acerca das mesas receptoras de votos, assinale a opção correta.

(A) Qualquer partido político pode reclamar da nomeação da mesa receptora de votos ou de justificativas ao juiz eleitoral, no prazo de dois dias a contar da audiência, devendo a decisão do juiz ser proferida em até cinco dias.

(B) O partido político que não reclamar contra a composição da mesa receptora de votos não poderá arguir, sob nenhum fundamento, a nulidade da seção respectiva.

(C) Membro de mesa receptora de votos ou de justificativas que não comparecer ao local em dia e hora determinados para a realização das eleições terá quinze dias, contados a partir da data da eleição, para apresentar justa causa ao juiz eleitoral acerca de sua ausência, para efeito de afastamento de multa.

(D) Se o mesário faltoso for servidor público ou autárquico, a pena decorrente da falta será de suspensão de até dez dias.

(E) Cabe recurso de decisão de juiz eleitoral sobre reclamação de nomeação de mesa receptora para o TRE, sendo o prazo para sua interposição de três dias, igual ao prazo para sua resolução.

A: incorreta, pois o prazo para reclamar ao juiz eleitoral da nomeação da mesa receptora é de 5 dias (não 2 dias, como consta da assertiva), devendo a decisão ser proferida em 48 horas – art. 63, *caput*, da LE (norma posterior que derrogou o art. 121, *caput* e § 1º, do CE). O recurso contra a decisão do juiz deve ser interposto em 3 dias, devendo ser resolvido em igual prazo – art. 63, § 1º, da LE; **B:** incorreta, pois a vedação à arguição de nulidade refere-se apenas ao fundamento da composição da mesa (a assertiva refere-se, incorretamente, a "sob nenhum fundamento") – art. 121, § 3º, do CE; **C:** incorreta, pois o prazo para apresentação da justa causa ao juiz eleitoral é de 30 dias contados da datada da eleição – art. 124 do CE; **D:** incorreta, pois se o faltoso for servidor público (inclusive autárquico), a pena será de suspensão até 15 dias – art. 124, § 2º, do CE; **E:** essa é a assertiva correta, conforme comentário à alternativa "A" – art. 63, § 1º, da LE.

Gabarito "E"

(Ministério Público/RO – 2008 – CESPE) No que concerne à disciplina do processo eleitoral, nos termos definidos no Código Eleitoral, assinale a opção correta.

(A) Eleitor domiciliado no exterior poderá votar nas eleições municipais, desde que cadastrado tempestivamente na respectiva embaixada.

(B) As mesas eleitorais do exterior serão organizadas pela seção consular do TSE.

(C) Se, em determinada eleição, os eleitores anularem 25% dos votos e os votos anulados por fraude somarem 25% mais um, a justiça eleitoral deve anular a eleição e convocar outra.

(D) Quando houver recurso contra a diplomação de um candidato eleito, o seu mandato será suspenso, por se encontrar "sub judice".

(E) Nulidade do processo eleitoral não pode ser alegada por quem lhe deu causa ou por quem dela se aproveitou.

A: incorreta, uma vez que o eleitor domiciliado no exterior somente poderá votar nas eleições para Presidente e vice – art. 225 do CE; **B:** incorreta, pois as seções eleitorais serão instaladas nas sedes das Embaixadas e dos Consulados-gerais, em regra – art. 225, § 1º, do CE; **C:** incorreta. Somente há nova eleição se houver nulidade (o que não inclui votos anulados pelos eleitores) de votos correspondentes a mais de 50% do total – art. 224 do CE; **D:** incorreta. Enquanto o TSE não julgar o recurso interposto, o eleito exercerá plenamente o seu mandato – art. 216 do CE; **E:** correta (art. 219, parágrafo único, do CE).

Gabarito "E"

(Ministério Público/TO – 2012 – CESPE) Assinale a opção correta a respeito de fiscalização das eleições, material e lugares destinados à eleição, início da votação e apuração nas juntas eleitorais, nos tribunais regionais eleitorais e no Tribunal Superior Eleitoral.

(A) A propriedade particular será obrigatória e gratuitamente cedida para o fim de funcionamento das mesas receptoras, sendo expressamente vedado o uso, para esse fim, de propriedade pertencente a autoridade policial.

(B) Às sete horas do dia da eleição, supridas as possíveis deficiências, deve o presidente declarar iniciados os trabalhos, procedendo-se em seguida à votação, começando-se pelos candidatos e eleitores presentes.

(C) Compete às juntas eleitorais dos locais de votação apurar os votos relativos aos candidatos a deputado estadual.

(D) Um fiscal não pode ser nomeado para fiscalizar mais de uma seção eleitoral no mesmo local de votação.

(E) Tratando-se de seções de zonas eleitorais em que o alistamento se fizer pelo processamento eletrônico de dados, os juízes eleitorais devem enviar ao presidente de cada mesa receptora, pelo menos setenta e duas horas antes da eleição, as folhas individuais de votação dos eleitores da seção, devidamente acondicionadas.

A: correta, conforme art. 135, § § 3º e 4º, do CE; **B:** incorreta, uma vez que o art. 143 do CE dispõe que às 8 (oito) horas, supridas as deficiências declarará o presidente iniciados os trabalhos, procedendo-se em seguida à votação, que começará pelos candidatos e eleitores presentes; **C:** incorreta, uma vez que todos os votos serão apurados pela junta, conforme art. 173 do CE; **D:** incorreta, uma vez que o art. 65, § 1º, da Lei 9.504/1997 autoriza que o fiscal seja nomeado para fiscalizar mais de uma Seção Eleitoral, no mesmo local de votação; **E:** Questão Polêmica: O gabarito indica como errada esta alternativa, muito embora esteja nitidamente em conformidade com o que disciplina o art. 133, III, do CE. Entende-se que o art. 12 da Lei 6.996/1982 trouxe dispositivo especial no tocante ao sistema eleitoral eletrônico, vigente no país.

Gabarito "A"

7. PROPAGANDA ELEITORAL E RESTRIÇÕES NO PERÍODO ELEITORAL

(Ministério Público/MG – 2014) Com relação às seguintes alternativas:

I. Não serão consideradas propaganda antecipada e poderão ter cobertura dos meios de comunicação social, inclusive via internet, a manifestação e o posicionamento pessoal sobre questões políticas nas redes sociais.

II. Nos bens cujo uso dependa de cessão ou permissão do Poder Público, ou que a ele pertençam, e nos de uso comum, inclusive postes de iluminação pública e sinalização de tráfego, viadutos, passarelas, pontes, paradas de ônibus e outros equipamentos urbanos, é vedada a veiculação de propaganda de qualquer natureza, inclusive pichação, inscrição a tinta, fixação de placas, estandartes, faixas, cavaletes e assemelhados.

III. A veiculação de propaganda eleitoral em bens particulares deve ser espontânea e gratuita, sendo vedado qualquer tipo de pagamento em troca de espaço para esta finalidade.

IV. Sem a prova de que votou na última eleição, pagou a respectiva multa ou de que se justificou devidamente, em regra, não poderá o eleitor obter passaporte ou mesmo a carteira de identidade.

É **CORRETO** somente o que se afirma em:

(A) I e III.

(B) I e II.

(C) I, II e III.

(D) I, II, III e IV.

I: correta, conforme transcrição encontrada no art. 36-A, V, Lei das Eleições; **II:** correta, conforme art. 37, Lei das Eleições; **III:** correta, pois se trata de transcrição do disposto no art. 37, § 8º, Lei das Eleições; **IV:** incorreta, pois a disposição de impossibilidade de obter passaporte e carteira de identidade é expressa, dentre outras hipóteses prevista no art. 7º, § 1º, Código Eleitoral. O termo "em regra", tornou a assertiva incorreta.

Gabarito "C"

(Ministério Público/ES – 2013 – VUNESP) Em relação à propaganda eleitoral partidária e/ou de campanha, assinale a alternativa correta.

(A) É permitida a locação de espaço para veiculação de propaganda eleitoral em bens particulares, desde que os valores afetos à referida locação constem da prestação de contas dos candidatos, mediante a demonstração de competente recibo de aluguel desse gasto de campanha.

(B) A distribuição de material gráfico, caminhada, carreata, passeata ou carro de som que divulguem mensagens de candidatos são permitidas até as vinte horas do dia que antecede a eleição.

(C) Pode ser realizada por partido político em favor de pré-candidato no primeiro semestre das eleições a que este pretende concorrer.

(D) Se o Ministério Público não for o autor da representação por propaganda irregular, deverá intervir no feito como *custos legis* e pronunciar-se nos autos em até 48 horas.

(E) O candidato com registro indeferido e pendente de recurso poderá realizar atos de propaganda, inclusive no horário eleitoral gratuito no rádio e na televisão, enquanto não solucionado o recurso por força do trânsito em julgado.

A: incorreta, por vedação expressa trazida pelo art. 37, § 8º, Lei das Eleições; **B:** incorreta, uma vez que o art. 39, § 9º, Lei das Eleições, dispõe que até as vinte e duas horas do dia que antecede a eleição, serão permitidos distribuição de material gráfico, caminhada, carreata, passeata ou carro de som que transite pela cidade divulgando jingles ou mensagens de candidatos; **C:** incorreta, uma vez que o art. 36, Lei das Eleições, disciplina que a propaganda eleitoral somente é permitida após o dia 5 de julho do ano da eleição; **D:** incorreta, uma vez que o art. 12, Resolução TSE 23.367 dispõe que o Ministério Público Eleitoral terá o prazo de 24 horas; E: correta, com fundamento no art. 16-A, Lei das Eleições.

Gabarito "E"

(Ministério Público/GO – 2013) informe o item incorreto quanto à propaganda eleitoral:

(A) nos bens cujo uso dependa de cessão ou permissão do Poder Público, ou que a ele pertençam, e nos de uso comum, é vedada a veiculação de propaganda de qualquer natureza.

(B) bens de uso comum, para fins eleitorais, são os definidos como tais no Código Civil, com exceção daqueles de propriedade privada a que a população em geral tem acesso, tais como cinemas, clubes, lojas, templos etc.

(C) a veiculação de propaganda eleitoral em bens particulares deve ser espontânea e gratuita.

(D) é permitida, em nosso ordenamento jurídico, a veiculação de propaganda eleitoral nas dependências do Poder Legislativo, condicionada ao consentimento da Mesa Diretora.

A: correta, conforme disposto pelo art. 37, Lei das Eleições; **B:** incorreta, vez que a correta redação do art. 37, § 4º, Lei das Eleições, referido na assertiva, dispõe que "Bens de uso comum, para fins eleitorais, são os assim definidos pela Lei no 10.406, de 10 de janeiro de 2002 – Código Civil e também aqueles a que a população em geral tem acesso, tais como cinemas, clubes, lojas, centros comerciais, templos, ginásios, estádios, ainda que de propriedade privada"; **C:** correta, conforme disciplina o art. 37, § 8º, Lei das Eleições; **D:** correta, uma vez que o art. 37, § 3º dispõe que nas dependências do Poder Legislativo, a veiculação de propaganda eleitoral fica a critério da Mesa Diretora.

Gabarito "B"

(Ministério Público/ES – 2010 – CESPE) Assinale a opção correta referente à legislação aplicável à propaganda eleitoral.

(A) É vedada a veiculação de propaganda eleitoral na Internet, em sítio do partido, ainda que gratuitamente.

(B) A veiculação de propaganda eleitoral com qualquer dimensão em bens particulares, por meio da fixação de faixas, placas, cartazes, pinturas ou inscrições, independe da obtenção de licença municipal e de autorização da justiça eleitoral.

(C) É vedada a utilização de trios elétricos para a sonorização de comícios eleitorais.

(D) O direito de resposta a propagandas eleitorais veiculadas por meio de comunicação interpessoal mediante mensagem eletrônica não é legalmente assegurado.

(E) No anúncio de propaganda eleitoral veiculado na imprensa escrita, deve constar, de forma visível, o valor pago pela inserção.

A: incorreta, pois a propaganda em sítio do partido na internet é permitida, nos termos do art. 57-A a 57-C, II, da LE; **B:** incorreta, pois a possibilidade de propaganda em bens particulares sem autorização ou licença restringe-se a faixas, placas, cartazes etc. de até 4 m^2 – art. 37, § 2º, da LE; **C:** incorreta, pois a vedação de trios elétricos não se aplica à sonorização de comícios – art. 39, § 10, da LE; **D:** incorreta, pois há previsão legal nesse sentido – art. 57-D da LE; **E:** essa é a assertiva correta, nos termos do art. 43, § 1º, da LE.

Gabarito "E"

(Ministério Público/MA – 2002) Nas afirmações abaixo quantas estão corretas?

I. A representação por propaganda eleitoral contra os candidatos a cargo eletivo federal, estadual e distrital é julgada pelo Tribunal Regional Eleitoral através do seu Pleno.

II. É competente para intentar representação por propaganda irregular, exclusivamente, o partido político, a coligação ou o candidato.

III. O prazo para recurso em caso de reclamação por propaganda irregular é de 03 (três) dias.

IV. O julgamento da representação por propaganda antecipada na eleição presidencial deve ser do Tribunal Regional Eleitoral.

V. O juiz eleitoral pode, de ofício, usando o poder de polícia, aplicar multa por propaganda irregular.

VI. Nas eleições municipais, quando a circunscrição abranger mais de uma zona eleitoral, o Tribunal Regional Eleitoral designará um juiz para apreciar as reclamações referentes à propaganda eleitoral.

(A) Todas estão corretas.

(B) Todas estão erradas.

(C) Apenas a V está correta.

(D) Apenas a VI está correta.

(E) Apenas a III está errada.

I: incorreta; o pleno do TRE julga o recurso interposto contra a decisão dos juízes auxiliares – art. 96, § 4º, da LE; II: incorreta; a competência não é exclusiva (o MP pode promover a representação) – art. 96, *caput*, da LE e art. 72 da LC 75/1993; III: incorreta; o prazo é de 24 horas – art. 96, § 8º, da LE; IV: incorreta; a competência é do TSE, na hipótese – art. 96, III, da LE; V: incorreta; isso não é possível – Súmula 18/TSE; VI: correta (art. 96, § 2º, da LE).

Gabarito "D"

(Ministério Público/MG – 2010.1 – adaptada) Concebe-se por propaganda eleitoral um conjunto de técnicas de divulgação de ideias e informações, cujo objetivo é influenciar pessoas a tomar decisões em disputa eleitoral, devendo ser respeitado, sempre e, precipuamente, o princípio da igualdade dos candidatos. Nesses termos, é INCORRETO

(A) A propaganda eleitoral somente é permitida após o dia 5 de julho do ano da eleição, sendo certo que no segundo semestre do ano da eleição, não será veiculada propaganda partidária gratuita prevista em lei nem permitido qualquer tipo de propaganda política paga no rádio e na televisão.

(B) Nos bens cujo uso dependa de cessão ou permissão do Poder Público, ou que a ele pertençam, e nos de uso comum, inclusive postes de iluminação pública e sinalização de tráfego, viadutos, passarelas, pontes, paradas de ônibus e outros equipamentos urbanos, é permitida a veiculação de propaganda, apenas a fixação de placas, estandartes, faixas e assemelhados.

(C) Independe da obtenção de licença municipal e de autorização da Justiça Eleitoral a veiculação de propaganda eleitoral pela distribuição de folhetos, volantes e outros impressos, os quais devem ser editados sob a responsabilidade do partido, coligação ou candidato.

(D) A realização de qualquer ato de propaganda partidária ou eleitoral, em recinto aberto ou fechado, não depende de licença da polícia, porém deverá comunicar a autoridade policial em, no mínimo, 24 horas de antecedência à realização do evento, a fim de que seja garantida a realização do ato e ao funcionamento do tráfego e dos serviços públicos que o evento possa afetar.

(E) A realização de comícios e a utilização de aparelhagem de sonorização fixa são permitidas no horário compreendido entre as 8 (oito) e as 24 (vinte e quatro) horas.

A: assertiva correta, pois reflete exatamente o disposto no art. 36, *caput* e § 2º, da LE; **B:** incorreta (devendo esta ser assinalada), pois nos bens cujo uso dependa de cessão ou permissão do Poder Público, ou que a ele pertençam, e nos de uso comum, inclusive postes de iluminação pública e sinalização de tráfego, viadutos, passarelas, pontes, paradas de ônibus e outros equipamentos urbanos, é vedada a veiculação de propaganda de qualquer natureza, inclusive pichação, inscrição a tinta, fixação de placas, estandartes, faixas, cavaletes e assemelhados – art. 37 da LE; **C:** correta, pois reflete exatamente o disposto no art. 38 da LE, que com o advento da Lei 12.891/2013, também contempla os adesivos; **D:** correta, pois é o que dispõe o art. 39, *caput* e § 2º, da LE; **E:** correta, conforme o art. 39, § 4º, da LE, que, com a Lei 12.891/2013, acrescentou o seguinte texto ao § 4º do art. 39 da LE: "com exceção do comício de encerramento da campanha, que poderá ser prorrogado por mais 2 (duas) horas"..

Obs.: a questão foi adaptada, pois a pergunta referia-se, erroneamente, à assertiva correta.

Gabarito "B"

(Ministério Público/MG – 2007) Assinale a única alternativa CORRETA, no que diz respeito à Lei Complementar nº 64/90 e às Leis nºs 9.504/97 e 11.300/06.

(A) Em ano de eleições municipais, nos 3 (três) meses que antecedem ao pleito, é vedado ao Chefe do Executivo local a nomeação ou exoneração de cargos em comissão.

(B) Qualquer cidadão, candidato, partido político, coligação ou o Ministério Público poderão impugnar registro de candidatura, com fundamento na LC nº 64/90.

(C) A veiculação de propaganda eleitoral, através de "outdoors", é permitida, contudo, somente após a realização de sorteio pela Justiça Eleitoral.

(D) Nos postes de iluminação pública, viadutos, pontes e passarelas, é vedada a veiculação de propaganda eleitoral, sendo esta permitida nos bens de uso comum.

(E) A realização de propaganda eleitoral em recinto aberto independe de autorização da autoridade policial.

A: incorreta, pois a vedação não se aplica aos cargos em comissão – art. 73, V, a, da LE; **B:** assertiva incorreta, pois não é qualquer cidadão que detém essa legitimidade, apenas candidatos, partidos políticos, coligações e o Ministério Público – art. 3º, da LI; **C:** incorreta, pois, atualmente, é vedada a propaganda eleitoral por meio de *outdoors* – art. 39, § 8º, da LE. Importante notar que a minirreforma eleitoral inseriu o termo "inclusive eletrônicos" (outdoors eletrônicos). Também minimizou a multa prevista, no caso de descumprimento, sendo que antes variava entre 5 a 15 mil UFIRs, e atualmente, entre 5 e 15 mil reais; **D:** incorreta, já que a vedação inclui todos os bens de uso comum – art. 37 da LE; **E:** essa é a assertiva correta, pois a propaganda eleitoral (seja em recinto aberto ou fechado) não depende de licença policial – art. 39 da LE.

Gabarito "E"

(Ministério Público/MG – 2011) Analise as seguintes assertivas a respeito da propaganda eleitoral.

I. É permitida, no dia das eleições, a manifestação individual e silenciosa da preferência do eleitor por partido político, coligação ou candidato, revelada exclusivamente pelo uso de bandeiras, broches, dísticos e adesivos.

II. É permitida na campanha eleitoral a confecção, utilização, distribuição por comitê, candidato, ou com a sua autorização, de camisetas, chaveiros, bonés, canetas, brindes, cestas básicas ou quaisquer outros bens ou materiais que possam proporcionar vantagem ao eleitor.

III. É permitida a realização de showmício e de evento assemelhado para promoção de candidatos, bem como a apresentação, remunerada ou não, de artistas com a finalidade de animar comício ou reunião eleitoral.

IV. Serão permitidos, até às vinte e duas horas do dia que antecede a eleição, a distribuição de material gráfico, caminhada, carreata, passeata ou carro de som que transite pela cidade divulgando jingles ou mensagens de candidatos.

Pode-se concluir que somente estão **CORRETAS** as assertivas

(A) I e II.

(B) II e III.

(C) III e IV.

(D) I e IV

I: correta, conforme art. 39-A da Lei 9.504/1997; II: incorreta, uma vez que o art. 39, § 6º, da Lei 9.504/1997 proíbe expressamente este tipo de propaganda eleitoral; III: incorreta, vez que é expressamente proibido pelo art. 39, § 7º, da Lei 9.504/1997; IV: correta, conforme disposição contida no art. 39, § 9º, da Lei 9.504/1997.

Gabarito "D"

(Ministério Público/MG – 2005) Assinale a única alternativa **CORRETA**, no que diz respeito à legislação que baliza as eleições para os diversos cargos no país.

(A) É livre a realização de pesquisas de opinião pública relativas às eleições ou candidatos, para conhecimento público, bastando, para tanto, a prévia comunicação aos partidos políticos, candidatos e coligações, até 5 (cinco) dias úteis da divulgação de seus resultados.

(B) É vedada, em qualquer hipótese, a divulgação, pelos candidatos, de propaganda intrapartidária, em data anterior ao dia 05 de julho do ano da eleição.

(C) É possível a veiculação de propaganda eleitoral em bens públicos, desde que observados alguns requisitos estipulados pela legislação eleitoral.

(D) É permitida a veiculação de propaganda eleitoral em bens particulares, desde que previamente comunicada à Justiça Eleitoral.

(E) Nos 3 (três) meses que antecedem ao pleito, é vedada, em qualquer hipótese, a veiculação de publicidade institucional dos atos, programas, obras e serviços dos entes públicos, da administração direta e indireta, da União, Estados e Municípios.

A: incorreta, uma vez que as regras estabelecidas para a realização e divulgação de pesquisas eleitorais encontram-se ao longo do art. 33 e seguintes da Lei 9.504/1997; **B:** incorreta, uma vez que o art. 36, § 1º, da Lei 9.504/1997 autoriza que ao postulante a candidatura a cargo eletivo é permitida a realização, na quinzena anterior à escolha pelo partido, de propaganda intrapartidária com vista à indicação de seu nome, vedado o uso de rádio, televisão e "outdoor"; **C:** correta, conforme art. 37, § 6º, da Lei 9.504/1997; **D:** incorreta, já que a veiculação de propaganda em bens particulares não depende de licença municipal e de autorização da Justiça Eleitoral para a veiculação de propaganda eleitoral por meio da fixação de faixas, placas, cartazes, pinturas ou inscrições, desde que não excedam a 4m² (quatro metros quadrados) e que não contrariem a legislação eleitoral, conforme é possível verificar do disposto no art. 37, § 2º da Lei 9.504/97; **E:** incorreta, uma vez que o próprio dispositivo proibitivo traz exceções, quais sejam situações de grave e urgente necessidade pública, conforme art. 73, VI, b, da Lei 9504/97.

Gabarito "C"

(Ministério Público/MS – 2009) No que toca ao direito de resposta no contexto do processo eleitoral, assinale a opção correta.

(A) Não há direito de resposta do ofendido em propaganda eleitoral na internet.

(B) A resposta será veiculada no horário destinado ao partido ou coligação responsável pela ofensa, devendo necessariamente dirigir-se aos fatos nela veiculados, e em tempo nunca inferior a um minuto.

(C) No contexto das normas que regem o processo eleitoral, o direito de resposta de candidato, partido ou coligação atingidos por informação inverídica e ofensiva a sua imagem ou honra, veiculada por qualquer meio de comunicação social, somente está assegurado após o início da propaganda eleitoral gratuita no rádio e na televisão.

(D) No horário eleitoral gratuito, somente terão direito de resposta candidato, partido ou coligação ofendidos.

(E) No horário eleitoral gratuito, o ofendido usará, para a resposta, tempo em dobro ao da ofensa.

De fato a única alternativa correta é encontrada na assertiva B, em conformidade com o que dispõe o art. 58, § 3º, III, da Lei 9.504/1997, sendo imperioso ressaltar que independentemente do meio de comunicação utilizado pelo ofensor (art. 58, § 3º, da Lei 9.504), o processamento do direito de resposta deverá obedecer ao disposto no § 2º do mesmo artigo.

Gabarito "B"

(Ministério Público/GO – 2005) Assinale a alternativa incorreta:

(A) a propaganda eleitoral somente será permitida após o dia 05 de julho do ano da eleição.

(B) a realização de qualquer ato de propaganda partidária ou eleitoral, em recinto aberto ou fechado, não depende de licença da polícia.

(C) em bens particulares, independe de obtenção de licença municipal e de autorização da Justiça Eleitoral, a veiculação de propaganda eleitoral por meio de faixas, placas, cartazes, pinturas ou inscrições.

(D) depende de obtenção de licença municipal e de autorização da Justiça Eleitoral a veiculação de propaganda pela distribuição de folhetos volantes ou impressos, após o período permitido de sua divulgação, sob pena de responsabilidade exclusiva do candidato.

A: correta (art. 36 da LE); **B:** correta (art. 39 da LE); **C:** correta (art. 37, § 2º, da LE); **D:** incorreta (devendo está ser assinalada), pois não há previsão de licença municipal ou autorização judicial, até porque a propaganda eleitoral não é permitida fora do período legalmente fixado – arts. 36, *caput*, e 38 da LE.

Gabarito "D"

(Ministério Público/PR – 2009) Sobre o tema *propaganda eleitoral*, assinale a alternativa *correta*:

(A) a propaganda eleitoral mediante *outdoors* é admissível, desde que após o dia 5 de julho do ano da eleição.

(B) no dia da eleição, constitui infração administrativa a divulgação de qualquer espécie de propaganda de partidos políticos ou de seus candidatos, mediante publicações, cartazes, camisas, bonés, broches ou dísticos em vestuário.

(C) constitui crime o uso, na propaganda eleitoral, de símbolos, frases ou imagens, associadas ou semelhantes às empregadas por órgão de governo, empresa pública ou sociedade de economia mista.

(D) a realização de comícios, de *showmícios* e de eventos assemelhados para promoção de candidatos é permitida no horário compreendido entre as 8 (oito) e as 24 (vinte e quatro) horas.

(E) nos postes de iluminação pública e sinalização de tráfego, viadutos, passarelas, pontes, paradas de ônibus e outros equipamentos urbanos, é permitida a veiculação de propaganda eleitoral, desde que não lhes cause dano e não dificulte ou impeça o uso ou o bom andamento do tráfego.

A: incorreta, pois é vedada a propaganda eleitoral mediante *outdoor*, inclusive eletrônicos – art. 39, § 8º, da LE; **B:** incorreta, pois é permitida, no dia das eleições, a manifestação individual e silenciosa da preferência do eleitor por partido político, coligação ou candidato, revelada exclusivamente pelo uso de bandeiras, broches, dísticos e adesivos – art. 39-A da LE; **C:** assertiva correta, pois o crime é previsto no art. 40 da LE; **D:** incorreta, pois é vedada a realização de *showmícios* em qualquer horário – art. 39, § 7º, da LE; **E:** incorreta, pois é completamente vedada a propaganda eleitoral de qualquer natureza em bens de uso comum do povo, inclusive postes de iluminação pública e sinalização de tráfego, viadutos, passarelas, pontes, paradas de ônibus e outros equipamentos urbanos – art. 37 da LE.

Gabarito "C"

(Ministério Público/RJ – 2011) Em eleições para o cargo eletivo de Prefeito Municipal, o candidato de oposição, durante a propaganda eleitoral gratuita na televisão, faz críticas veementes à administração do Prefeito atual, afirmando que este priorizou a urbanização da cidade e a construção de praças, em vez de aplicar a verba na melhoria dos serviços de saúde e educação. O Prefeito, também candidato ao cargo eletivo, ingressa em juízo com pedido de reconhecimento de direito de resposta. O Promotor Eleitoral deve:

(A) opinar pela concessão do direito de resposta através dos mesmos meios utilizados para a propaganda, uma vez que houve ofensa à honra do atual Prefeito;

(B) opinar pela não concessão do direito de resposta, mas oferecer denúncia pela prática de crime eleitoral pelo candidato que perpetrou as ofensas;

(C) devolver os autos sem manifestação, diante da ausência de atribuição para o feito, por tratar-se de contenda pessoal entre os candidatos, a ser dirimida no juízo cível;

(D) opinar pela concessão do direito de resposta e pela aplicação da exceção da verdade, ajuizando ação de investigação judicial eleitoral em face do Prefeito caso se comprove que este desviou as verbas destinadas à saúde e à educação;

(E) opinar pela não concessão do direito de resposta, eis que a mera crítica ao desempenho do administrador por seus equívocos não caracteriza ofensa à honra, mas atitude aceitável dos opositores políticos num regime democrático.

De fato, a única alternativa correta é encontrada na assertiva E, vez que inerente ao ocupante de cargo de tamanha estirpe que esteja diante de críticas quanto à sua postura administrativa, desta forma, resta evidente não ter sido ultrapassado o direito de crítica e da livre manifestação, no mesmo entender solidificado do TSE (Representações TSE 352.972; RP 348.723; RP 350.459; RP 354.611; RP 354.793).

Gabarito "E"

(Ministério Público/RO – 2008 – CESPE) Quanto às restrições impostas pela Lei Eleitoral – Lei nº 9.504/1997 – ao Poder Executivo em função da proximidade de eleições, assinale a opção correta.

(A) É vedado ao presidente da República usar cadeia nacional de rádio e TV no ano em que ocorrem eleições municipais.

(B) No ano eleitoral, deputados e senadores são proibidos de divulgar seu mandato com materiais custeados pela Casa Legislativa, ainda que limitados à sua cota.

(C) O uso de avião oficial pelo presidente candidato a eleição presidencial é permitido, inclusive em campanha eleitoral, condicionado a ressarcimento.

(D) O descumprimento por agente público das condutas vedadas pode implicar inelegibilidade, mas não configura improbidade.

(E) Nos três meses que antecedem o pleito, é vedado ao presidente da República realizar transferências voluntárias de recursos aos estados e municípios destinadas ao pagamento de obrigação formal preexistente relativa a obras em andamento.

A: incorreta, pois as vedações referem-se à esfera em que ocorre a eleição (municipal), não impedindo, em princípio, que o Presidente da República faça pronunciamento em rede nacional – art. 73, VI, c, da LE; **B:** incorreta, uma vez que, se não há excesso em relação à cota fixada pelos regimentos e normas internas, não há vedação – art. 73, II, da LE; **C:** correta (arts. 73, § 2º, e 76, § 1º, ambos da LE); **D:** incorreta; a prática de conduta vedada caracteriza ato de improbidade administrativa – art. 73, § 7º, da LE; **E:** incorreta; pois a vedação não se aplica em caso de obrigação formal preexistente relativa a obra em andamento – art. 73, VI, a, da LE.

Gabarito "C"

(Ministério Público/RR – 2008 – CESPE) A Lei Eleitoral institui as condutas vedadas aos agentes públicos durante o processo eleitoral. Conforme um analista, elas "deveriam ter a serventia de impedir o uso da máquina administrativa em benefício daqueles que, sem obrigatoriedade de desincompatibilização, disputam a renovação de seus mandatos de prefeito, governador e presidente da República". Lauro Barreto. In: Condutas vedadas aos agentes públicos pela Lei das Eleições e suas implicações processuais. Bauru: Edipro, 2006, p.12.

Considerando as disposições da Lei Eleitoral nº 9.504/1997 a respeito das condutas vedadas aos agentes públicos, julgue os itens seguintes.

(1) É permitido ao prefeito municipal ceder imóvel de propriedade do município para a realização de convenção de partido político para a escolha de candidato à prefeitura.

(2) A Lei Eleitoral, ao dispor sobre as condutas vedadas, admite que servidores públicos municipais atuem em comitês de campanha de partidos, desde que o façam após o horário de expediente.

(3) Pode o prefeito, durante a campanha eleitoral, nomear servidores públicos, especialmente para cargos em comissão, bem como exonerá-los.

(4) Pode o prefeito convocar cadeia de rádio e televisão para anúncio de seu posicionamento político quanto à eleição, se este for controverso.

(5) É permitida a revisão geral da remuneração dos servidores públicos do município, por iniciativa do prefeito, desde que o percentual não ultrapasse o da inflação do ano da eleição.

1: correta. É possível ceder ou usar bens públicos exclusivamente para a realização de convenções partidárias – art. 73, I, *in fine*, da LE. 2: correta. A vedação refere-se apenas ao horário de expediente normal – art. 73, III, da LE. 3: correta. A vedação às nomeações nos três meses anteriores ao pleito até a posse do eleito não se aplica aos cargos em comissão – art. 73, V, a, da LE. 4: errado. É vedado o pronunciamento em cadeia de rádio ou de televisão fora do programa eleitoral gratuito, nos três meses antes do pleito – art. 73, VI, c, da LE. Ademais, anúncio de posicionamento político não é motivo para convocação de cadeia de rádio e televisão, qualquer que seja o período (mesmo não eleitoral), podendo configurar improbidade administrativa – art. 11 da Lei 8.429/1992. 5: correta. (Art. 73, VIII, da LE).

Gabarito 1C, 2C, 3C, 4E, 5C

(Ministério Público/RR – 2012 – CESPE) Constitui conduta vedada aos agentes públicos durante campanhas eleitorais

(A) ceder imóvel público para a realização de convenção partidária.

(B) ceder servidor público para comitê de campanha eleitoral.

(C) exonerar ocupante de cargo de livre provimento.

(D) nomear assessor de órgãos da Presidência da República.

(E) fazer pronunciamento em cadeia de rádio e televisão, ainda que em caso de necessidade pública.

De fato a única alternativa, assertiva B, encontra respaldo na disposição contida no art. 73, III da Lei 9.504/1997.

Gabarito "B"

(Ministério Público/RR – 2012 – CESPE) Assinale a opção correta com base na disciplina legal do direito de resposta durante o processo eleitoral.

(A) O direito de resposta vincula-se a eventuais ofensas proferidas no horário eleitoral gratuito.

(B) Em caso de ofensa veiculada por trinta segundos, em rádio ou TV, a resposta terá de durar um minuto, no mínimo.

(C) Em caso de ofensa à honra de partido ou coligação, o prazo para peticionar direito de resposta é de cinco dias.

(D) O tempo usado para o exercício do direito de resposta será acrescido ao tempo geral da propaganda.

(E) O direito de resposta restringe-se ao caso de a afirmação caluniosa ser veiculada por adversário eleitoral.

De fato a alternativa correta é representada pela assertiva B, uma vez que em plena consonância com o que dispõe o art. 58, § 3º, II, *c*, da Lei 9.504/1997, ou seja, independentemente do tempo de veiculação da ofensa veiculada, o direito de resposta concedido nunca será menor do que um minuto.

Gabarito "B"

(Ministério Público/SE – 2010 – CESPE) A legislação eleitoral brasileira permite a propaganda eleitoral a partir de determinada data e proíbe a propaganda eleitoral antecipada. Conforme tais normas, constitui propaganda antecipada, ainda que não exista pedido formal de voto,

(A) a participação do pré-candidato em entrevistas e debates no rádio e na televisão para expor seu projeto político.

(B) a realização, pelo partido político, de seminário em local fechado para tratar de plano de governo.

(C) a divulgação das prévias partidárias pelos instrumentos de comunicação do partido.

(D) a divulgação de debate legislativo de que tome parte um pré-candidato.

(E) a divulgação do nome de pessoa vinculado a cargo em disputa.

A: incorreta , pois, nesse caso, somente se houver pedido de voto será considerada propaganda eleitoral antecipada. Com a minirreforma ocorrida com a Lei 12.891/2013, o inc. I do art. 37 não contempla a vedação de pedido de votos – art. 36-A, I, da LE; **B** e **C:** incorretas, pois não há propaganda antecipada, nesses casos, independentemente de haver pedido de voto – art. 36-A, II e III, da LE; **D:** incorreta, pois a divulgação do debate legislativo somente será considerada propaganda eleitoral antecipada se houver menção a possível candidatura ou pedido de votos ou de apoio eleitoral – art. 36-A, IV, da LE; **E:** essa é a alternativa a ser indicada, pois se trata de propaganda eleitoral antecipada – art. 36 da LE.

Gabarito "E"

(Ministério Público/SE – 2010 – CESPE) Para conter o uso da máquina pública nas eleições, a legislação eleitoral institui as chamadas condutas vedadas aos agentes públicos, servidores ou não. Condutas vedadas são aquelas que tendem a afetar a igualdade de oportunidades entre os candidatos nos pleitos eleitorais. Conforme a Lei nº 9.504/1997, constitui conduta vedada

(A) o parlamentar divulgar o mandato usando recursos da Casa Legislativa, seguindo a disciplina do respectivo regimento interno.

(B) o governador ceder servidor público licenciado para trabalhar em comitê eleitoral de candidato ou partido.

(C) o ministro determinar a exoneração de servidor ocupante de função comissionada.

(D) o prefeito fazer pronunciamento, nos três meses anteriores à eleição, em cadeia de rádio e televisão para esclarecimento dos eleitores quanto ao pleito.

(E) o servidor ceder imóvel público para a realização de convenção partidária destinada a escolher os candidatos e a coligação.

A: incorreta, pois, se a divulgação do mandato se dá nos termos do respectivo regimento interno, não há vedação da conduta – art. 73, II, da LE; **B:** incorreta, pois, se o servidor ou empregado estiver licenciado, não há vedação à sua cessão – art. 73, III, da LE; **C:** incorreta, pois a vedação não se aplica à dispensa ou exoneração do servidor de função de confiança ou de cargo em comissão – art. 73, V, *a*, da LE; **D:** correta, pois não cabe ao prefeito fazer esclarecimentos em rádio e televisão quanto ao pleito. A vedação seria afastada apenas se, a critério da justiça eleitoral, o pronunciamento tratasse de matéria urgente, relevante e característica das funções do governo, o que não é o caso – art. 73, VI, *c*, da LE; **E:** incorreta, pois a cessão de bens móveis e imóveis exclusivamente para a realização de convenção partidária é admitida – art. 73, I, da LE.

Gabarito "D"

(Ministério Público/SE – 2010 – CESPE) A legislação eleitoral brasileira regula o transporte e a alimentação dos eleitores residentes nas áreas rurais, visando coibir o abuso do poder econômico ou administrativo no dia da eleição. A esse respeito, assinale a opção correta quanto à disciplina legal da matéria.

(A) Veículos e embarcações militares devem ser usados com prioridade no transporte gratuito dos eleitores das áreas rurais.

(B) A cessão de veículo de particulares à justiça eleitoral é relevante serviço público, sem necessidade de ressarcimento.

(C) Os partidos políticos devem fornecer refeições aos eleitores, como entes privados em colaboração com a justiça eleitoral.

(D) As deficiências do transporte coletivo constituem justificativa bastante para o não comparecimento do eleitor à seção eleitoral.

(E) O transporte dos eleitores deve ser feito no âmbito do território do município.

A: incorreta, pois os veículos e as embarcações de uso militar não ficam à disposição da justiça eleitoral para o transporte gratuito de eleitores em zonas rurais – art. 1º, *caput*, da Lei 6.091/1974; **B:** incorreta, pois, se houver requisição de veículos e embarcações particulares, serão priorizados os de aluguel. De qualquer forma, haverá pagamento dos serviços requisitados – art. 2º da Lei 6.091/1974; **C:** incorreta, pois somente a justiça eleitoral poderá, quando imprescindível, em face da absoluta carência de recursos de eleitores da zona rural, fornecer-lhes refeições, correndo, nesta hipótese, as despesas por conta do Fundo Partidário – art. 8º da Lei 6.091/1974. É facultado aos partidos fiscalizar o fornecimento de refeições aos eleitores – art. 9º da Lei 6.091/1974; **D:** incorreta, pois a indisponibilidade ou as deficiências do transporte não eximem o eleitor do dever de votar – art. 6º da Lei 6.091/1974; **E:** essa é a assertiva correta, pois o transporte de eleitores somente será feito dentro dos limites territoriais do respectivo município e quando das zonas rurais para as mesas receptoras distar pelo menos dois quilômetros – art. 4º, § 1º, da Lei 6.091/1974.

Gabarito "E"

(Ministério Público/SP – 2011) Analise as seguintes assertivas com relação ao direito de resposta assegurado pela legislação eleitoral a candidato, partido ou coligação atingidos, ainda que de forma indireta, por conceito, imagem ou afirmação caluniosa, difamatória, injuriosa ou sabidamente inverídica, difundidos por qualquer veículo de comunicação social:

I. o direito de resposta é assegurado a partir do dia 5 de julho do ano eleitoral;

II. quando se tratar da programação normal das emissoras de rádio e televisão, o prazo para pedir o exercício do direito de resposta à Justiça Eleitoral é de 24 horas;

III. o candidato ofendido que usar o tempo concedido sem responder aos fatos veiculados na ofensa terá subtraído tempo idêntico do seu programa eleitoral;

IV. no caso de ofensa veiculada em órgão da imprensa escrita, a resposta deverá ser divulgada no mesmo dia da semana em que ocorreu a ofensa;

V. no horário eleitoral gratuito, o ofendido usará, para a resposta, tempo nunca inferior a um minuto.

Está correto apenas o que se afirma em

(A) I e II.

(B) I e IV.

(C) II e V.

(D) III e IV.

(E) III e V.

I: incorreta, pois o direito de resposta é assegurado a partir da escolha dos candidatos em convenção – art. 58, *caput*, da LE; II: incorreta, pois é de 48 horas o prazo para o pedido de resposta, no caso de programação normal das emissoras de rádio e televisão – art. 58, § 1º, II, da LE; III: assertiva correta, no caso de direito de resposta relativo ao horário eleitoral gratuito – art. 58, § 3º, III, *f*, da LE; IV: incorreta, pois a divulgação da resposta ocorrerá em até 48 horas após a decisão, em regra, ou na próxima vez que circular, no caso de veículo com periodicidade superior a 48 horas. A resposta poderá ser feita no mesmo dia da semana em que a ofensa foi divulgada, ainda que fora das 48 horas, por solicitação do ofendido – art. 58, § 3º, I, *b* e *c*, da LE; V: correta, pois o ofendido usará, para resposta, tempo igual ao da ofensa, mas nunca inferior a 1 minuto – art. 58, § 3º, III, *a*, da LE.

Gabarito "E"

(Ministério Público/SP – 2012 – VUNESP) A legislação estabelece que é vedada a veiculação de propaganda eleitoral, de qualquer natureza, nos bens cujo uso dependa de cessão ou permissão do Poder Público, ou que a ele pertençam e nos de uso comum. Para fins eleitorais, são bens de uso comum:

(A) Aqueles a que a população em geral tem acesso, excluindo-se a propriedade privada que é garantida pela Constituição Federal de 1988.

(B) Os assim definidos no Código Civil e também aqueles a que a população em geral tem acesso, tais como cinemas, clubes, lojas, centros comerciais, templos, ginásios, estádios, ainda que de propriedade privada.

(C) As árvores e os jardins localizados em áreas públicas, bem como os muros, cercas e tapumes divisórios de propriedades privadas.

(D) Os de uso comum do povo e os de uso especial, tais como rios, mares, estradas, ruas, jardins, praças, escolas e demais logradouros previstos no Estatuto da Cidade (Lei Federal 10.257/2001).

(E) Os assim definidos pela Lei Federal 10.406/2002.

De fato a única alternativa correta é a apresentada pela assertiva B, vez que em consonância com o que disciplina o art. 37, § 4º da Lei 9.504/1997, ao dispor que bens de uso comum, para fins eleitorais, são os assim definidos pela Lei 10.406, de 10 de janeiro de 2002 - Código Civil e também aqueles a que a população em geral tem acesso, tais como cinemas, clubes, lojas, centros comerciais, templos, ginásios, estádios, ainda que de propriedade privada.

Gabarito "B"

8. PRESTAÇÃO DE CONTAS, DESPESAS, ARRECADAÇÃO, FINANCIAMENTO DE CAMPANHA

(Ministério Público/MS – 2013 – FADEMS) Assinale a alternativa incorreta, relativamente aos temas do registro de candidatura e da prestação de contas, conforme eles são regulados pela Lei Federal 9.504/1997, após suas seguidas alterações legislativas:

(A) o pedido de registro deve ser instruído, dentre outros documentos, com a certidão de quitação eleitoral, que abrangerá exclusivamente: a plenitude do gozo dos direitos políticos, o regular exercício do voto, o atendimento a convocações da Justiça Eleitoral para auxiliar os trabalhos relativos ao pleito, a inexistência de multas aplicadas, em caráter definitivo, pela Justiça Eleitoral e não remitidas, e a aprovação das contas de campanha eleitoral.

(B) o pedido de registro deve ser instruído, dentre outros documentos, com a certidão de quitação eleitoral, que abrangerá exclusivamente: a plenitude do gozo dos direitos políticos, o regular exercício do voto, o atendimento a convocações da Justiça Eleitoral para auxiliar os trabalhos relativos ao pleito, a inexistência de multas aplicadas, em caráter definitivo, pela Justiça Eleitoral e não remitidas, e a apresentação de contas de campanha eleitoral.

(C) a Justiça Eleitoral verificará a regularidade das contas de campanha, decidindo (dentre outras situações) pela aprovação com ressalvas, quando verificadas falhas que não lhes comprometam a regularidade.

(D) a Justiça Eleitoral verificará a regularidade das contas de campanha, decidindo (dentre outras situações) pela desaprovação, quando verificadas falhas que lhes comprometam a regularidade.

(E) a Justiça Eleitoral verificará a regularidade das contas de campanha, decidindo (dentre outras situações) pela não prestação, quando não apresentadas as contas após a notificação emitida pela própria Justiça Eleitoral, na qual constará a obrigação expressa de prestar as suas contas, no prazo de 72 horas.

A: incorreta, devendo ser assinalada. A assertiva apresenta falha ao mencionar "aprovação de contas da campanha eleitoral", pois conforme dispõe o art. 11, § 1º da Lei das Eleições (Lei 9.504/1997) é necessário apenas a apresentação das referidas contas. Importante destacar que com as alterações trazidas pela Minirreforma Eleitoral (Lei 12.891/13), especificamente o § 13, art. 1º da Lei das Eleições, fica dispensada a apresentação pelo partido, coligação ou candidato de documentos produzidos a partir de informações detidas pela justiça Eleitoral, entre eles os indicados nos incisos III, V e VI do art. 11, § 1º, Lei das Eleições. São eles, respectivamente: prova de filiação partidária, cópia do título eleitoral ou certidão, fornecida pelo cartório eleitoral, de que o candidato é eleitor na circunscrição ou requereu sua inscrição ou transferência de domicílio no prazo legal, certidão de quitação eleitoral; **B:** incorreta, em razão das alterações trazidas pela Minirreforma Eleitoral, analisada na assertiva anterior, não é mais obrigatória a apresentação de alguns documentos (é obrigatório o preenchimento da condição), vez se tratar de documentos produzidos a partir de informações detidas pela própria Justiça Eleitoral, conforme disposto no art. 11, § 1º da Lei das Eleições (Lei 9.504/1997); **C:** correta, conforme art. 30, II da Lei das Eleições; **D:** correta, conforme art. 30, III da Lei das Eleições; **E:** correta, conforme art. 30, IV da Lei das Eleições.

Gabarito "A" e "B"

(Ministério Público/AC – 2008) Assinale a assertiva correta.

(A) os candidatos a prefeitos de todos os municípios do Brasil devem abrir conta bancária específica para fins de registro de movimentação financeira da campanha.

(B) a prestação de contas dos candidatos às eleições proporcionais é feita exclusivamente pelo comitê financeiro.

(C) é nula a doação depositada em dinheiro.

(D) os comitês financeiros podem ser criados em até 10 dias após o registro da candidatura.

A: incorreta, uma vez que a determinação não se restringe aos candidatos a prefeito, mas sim obrigatório para todos os candidatos e partidos políticos abrir conta bancária específica para registrar todo o movimento financeiro da campanha, conforme art. 22 da Lei 9.504/1997; **B:** incorreta, vez que o art. 28, § 2º, da Lei 9.504/1997 dispõe que poderá ser feita tanto pelo comitê financeiro quanto pelo próprio candidato; **C:** incorreta, uma vez que autorizada nos termos do art. 23 da Lei 9.504/1997. Porém, a mesma legislação, no art. 24 veda a doação em dinheiro, ou estimável em dinheiro, de pessoas ou entidades enumeradas ao longo dos incisos; **D:** correta, de acordo com o art. 19 da Lei 9.504/1997.

Gabarito "D"

(Ministério Público/AM – 2008 – CESPE) Considerando que a Lei nº 9.504/1997 estipula diversos critérios, restrições e limites ao financiamento das campanhas eleitorais, assinale a opção correta.

(A) Nas eleições proporcional ou majoritária, pessoa física pode doar a candidatos até 10% de seus rendimentos brutos auferidos no ano anterior ao da eleição.

(B) As doações realizadas por pessoa jurídica limitam-se a 10% do seu faturamento bruto no ano anterior ao da eleição.

(C) Pessoa jurídica que deseje doar recursos a candidatos a governador deve doar igualmente a todos os candidatos, sem discriminação de qualquer natureza.

(D) Pessoa física somente pode doar recursos a candidatos de um mesmo partido ou a candidatos que integram a mesma coligação.

(E) O responsável legal pelas finanças da campanha é o tesoureiro indicado à justiça eleitoral pelo partido ou pela coligação.

A: correta (art. 23, § 1º, I, da LE); **B:** para as pessoas jurídicas, o limite é de dois por cento do faturamento bruto do ano anterior à eleição – art. 81, § 1º, LE; **C** e **D:** não há essas restrições – arts. 23 e 81 da LE; **E:** o candidato é sempre responsável pelas finanças da campanha, solidariamente com a pessoa por ele indicada para essa função (tesoureiro), se houver – arts. 20 e 21 da LE.

Gabarito "A"

(Ministério Público/CE – 2011 – FCC) É vedado, a partido e candidato, receber direta ou indiretamente doação em dinheiro ou estimável em dinheiro, inclusive por meio de publicidade de qualquer espécie, procedente de

(A) entidade ou governo estrangeiro; concessionário ou permissionário de serviço público; entidade de utilidade pública; entidades beneficentes e religiosas; entidades esportivas.

(B) organizações da sociedade civil de interesse público; pessoa jurídica sem fins lucrativos que receba recursos do exterior; indústria de material bélico; universidades privadas de qualquer natureza.

(C) organizações não governamentais que recebam recursos públicos; concessionário ou permissionário de serviço público; consórcio de empresas administradora de bens de capital; instituições bancárias e financeiras.

(D) cooperativas cujos cooperados não sejam concessionários ou permissionários de serviços públicos; pessoa física inscrita em dívida ativa do poder público; entidade ou classe sindical.

(E) órgão da Administração Pública direta e indireta ou fundação mantida com recursos provenientes do Poder Público; instituições bancárias, financeiras ou administradora de valores; entidade de direito privado que receba, na condição de beneficiária, contribuição compulsória em virtude de disposição legal.

De fato a alternativa A comporta a única correta, uma vez que em plena consonância com o que disciplina o art. 24 e incisos, da Lei 9.504/1997.

Gabarito "A"

(Ministério Público/MG – 2010.1) Sobre a arrecadação e a aplicação de recursos por candidatos e comitês financeiros e prestação de contas nas eleições municipais, é INCORRETO afirmar que

(A) é obrigatório para o partido e para os candidatos abrir conta bancária específica para registrar todo o movimento financeiro da campanha.

(B) são vedadas quaisquer doações em dinheiro, bem como de troféus, prêmios, ajudas de qualquer espécie feitas por candidato, entre o registro e a eleição, a pessoas físicas ou jurídicas.

(C) o uso de recursos financeiros para pagamentos de gastos eleitorais que não provenham da conta bancária específica implicará a desaprovação da prestação de contas do partido político ou candidato, sem, contudo, implicar cancelamento do registro da candidatura ou cassação do diploma, se já houver sido outorgado.

(D) é vedado a partido e candidato receber direta ou indiretamente doação em dinheiro ou estimável em dinheiro, inclusive por meio de publicidade de qualquer espécie, procedente de, entre outros, órgãos da administração pública direta ou indireta ou fundação mantida com recurso proveniente do Poder Público.

(E) Todas estão incorretas.

A: assertiva correta, pois a obrigatoriedade de conta bancária específica é prevista no art. 22 da Lei das Eleições – LE (Lei 9.504/1997); **B:** correta, pois a vedação consta do art. 23, § 5º, da LE; **C:** essa é a assertiva incorreta, pois, se for comprovado abuso de poder econômico, será cancelado o registro da candidatura ou cassado o diploma, se já houver sido outorgado – art. 22, § 3º, da LE; **D:** correta, pois a vedação é prevista expressamente no art. 24, II, da LE; **E:** como visto, há diversas assertivas corretas.

Gabarito "C"

(Ministério Público/GO – 2005) Em relação às prestações de contas dos candidatos às eleições, marque a alternativa incorreta:

(A) as prestações de contas dos candidatos às eleições serão feitas por intermédio dos comitês financeiros, exceto no caso das eleições proporcionais que poderão ser feitas também pelos próprios candidatos.

(B) o prazo para encaminhamento das prestações de contas vai até o trigésimo dia posterior à data das eleições.

(C) a inobservância do prazo para encaminhamento das prestações de contas não impede a diplomação, impedindo tão somente a posse.

(D) a decisão que julgar as contas dos candidatos, eleitos ou não, será publicada em sessão até oito dias antes da diplomação.

A: incorreta (art. 28, §§ 1º e 2º, da LE); **B:** incorreta (art. 29, III e IV, da LE); **C:** a inobservância do prazo, enquanto perdurar, impede a diplomação e, por consequência, a posse – art. 29, § 2º, da LE; **D:** incorreta (art. 30, § 1º, da LE).

Gabarito "C"

(Ministério Público/GO – 2005) A respeito das normas gerais das eleições, previstas pela Lei nº 9.504/97, é correto afirmar:

(A) é obrigatório, apenas, em municípios com mais de trinta mil eleitores, aos partidos políticos e candidatos a abertura de conta bancária específica para registro das movimentações financeiras de campanha, devendo a prestação de contas ser realizada diretamente à Justiça Eleitoral.

(B) as doações em dinheiro realizadas por pessoas físicas, após instituídos os comitês financeiros, ficarão limitadas a 50% (cinquenta por cento) dos rendimentos líquidos auferidos no ano anterior às eleições.

(C) é facultado ao partido político e ao candidato receber indiretamente doação em valor estimável em dinheiro, por meio de publicidade de qualquer espécie, procedente de permissionário de serviço público.

(D) os candidatos que descumprirem as normas referentes à arrecadação e aplicação de recurso fixados na Lei nº 9.504/97, que indiquem prejuízos ou quebra dos princípios básicos que regem o pleito eleitoral, perderão o direito ao recebimento da quota do fundo partidário.

A: a conta bancária específica é obrigatória, exceto na eleição para Prefeito e vereador em município onde não haja agência bancária ou na eleição para vereador em município com menos de 20 mil eleitores – art. 22, § 2º, da LE; **B:** o limite é de 10% do rendimento bruto auferido no ano anterior ao da eleição (não 50% e não do rendimento líquido) – art. 23, § 1º, I, da LE; **C:** isso é proibido – art. 24, III, da LE; **D:** art. 25 da LE.

Gabarito "D"

9. JUSTIÇA ELEITORAL

(Ministério Público/MS – 2013 – FADEMS) Assinale a alternativa incorreta, sobre a forma de escolha e sobre os profissionais que integram os Tribunais Regionais Eleitorais, na condição de juízes, segundo previsão constitucional:

(A) os TRE's compor-se-ão (dentre outros) de dois juízes dentre os Desembargadores do Tribunal de Justiça.

(B) os TRE's compor-se-ão (dentre outros) de um juiz do Tribunal Regional Federal com sede na Capital do Estado ou no Distrito Federal, ou, não havendo, de juiz federal, escolhido, em qualquer caso, pelo Tribunal Regional Federal respectivo.

(C) os TRE's compor-se-ão (dentre outros) de dois juízes, dentre juízes de direito, escolhidos pelo Tribunal de Justiça.

(D) os TRE's compor-se-ão (dentre outros), por nomeação, pelo Presidente da República, após listas tríplices encaminhadas pela OAB e aprovadas pelo Tribunal de Justiça, de dois juízes dentre seis advogados de notável saber jurídico e idoneidade moral.

(E) deverá haver eleição, pelo voto secreto, quanto à indicação dos juízes da classe dos desembargadores do Tribunal de Justiça, bem como quanto aos juízes da classe dos juízes de direito escolhidos pelo Tribunal de Justiça.

A: correta, conforme art. 120, § 1º, I, *a*, CF/1988; **B:** correta, conforme art. 120, § 1º, II, CF/1988; **C:** correta, conforme art. 120, § 1º, I, *b*, CF/1988; **D:** incorreta, devendo ser assinalada, uma vez que o art. 120, § 1º, III, CF/1988 dispõe que a lista sêxtupla será composta por advogados indicados pelo Tribunal de Justiça do Estado correspondente; **E:** correta, conforme art. 120, § 1º, I, *a* e *b*, CF/1988.

Gabarito "D"

(Ministério Público/AM – 2005) Sobre o Ministério Público Eleitoral é correto afirmar:

(A) Compete ao Procurador-Geral de Justiça indicar ao Procurador Regional Eleitoral, Promotor de Justiça para oficiar perante zona eleitoral, pelo prazo mínimo de dois anos, permitida uma recondução.

(B) As atribuições de Corregedor Regional Eleitoral, em cada Estado, são exercidas pelo Corregedor-Geral do Ministério Público.

(C) Cabe ao partido político, coligação, candidato e ao Ministério Público Eleitoral representar diretamente ao Juiz Presidente da Junta Eleitoral, relatando fatos e indicando provas, indícios e circunstâncias, pedindo abertura de investigação judicial para apurar abuso do poder econômico, nas eleições municipais.

(D) A interposição de recurso contra diplomação interposto pelo autor da representação, impede a atuação do Ministério Público Eleitoral no mesmo sentido.

A: a indicação ocorre apenas quando não há promotor de justiça que oficie perante a zona eleitoral, ou há impedimento ou recusa justificada – art. 79, parágrafo único, da LC 75/1993; **B:** o Corregedor Regional é um dos desembargadores do TRE – art. 26 do CE; **C:** correta (arts. 22 e 24 da LI e arts. 35, V, e 237, § 2º, do CE); **D:** não há esse impedimento – art. 22, parágrafo único, da LI.

Gabarito "C"

(Ministério Público/AM – 2008 – CESPE) Com relação à composição e às atribuições do TSE, conforme definição constitucional e legal, assinale a opção correta.

(A) O corregedor-geral eleitoral deve ser um ministro oriundo do MPF.

(B) O procurador-geral deve ser um ministro indicado pelo STJ.

(C) O vice-presidente do TSE deve sempre ser ministro do STF.

(D) O MPF deve indicar dois ministros do TSE.

(E) As reuniões do TSE devem ser secretas, salvo deliberação em contrário da maioria dos seus integrantes.

A: o Corregedor Geral será escolhido pelo TSE dentre seus membros – art. 17 do CE; **B:** a função de Procurador-Geral junto ao TSE é exercida pelo Procurador-Geral da República – art. 18 do CE; **C:** art. 17 do CE; **D:** não há essa indicação – art. 16 do CE; **E:** as sessões são públicas – art. 19 do CE.

Gabarito "C"

(Ministério Público/ES – 2010 – CESPE – adaptada) Assinale a opção correta acerca do MPF.

(A) O procurador regional eleitoral poderá ser reconduzido ao cargo, em caso de necessidade de serviço, por mais de uma vez.

(B) Caso membro do MPF decida candidatar-se a cargo eletivo previsto em lei, durante o período entre a escolha como candidato a cargo eletivo em convenção partidária e a véspera do registro da candidatura na justiça eleitoral, o afastamento do exercício de suas funções será facultativo e sem remuneração.

(C) O procurador regional eleitoral pode ser destituído, antes do término do mandato, por decisão exclusiva do procurador-geral eleitoral.

(D) As funções eleitorais do MPF perante os juízes e as juntas eleitorais são exercidas pelo procurador regional eleitoral.

(E) O procurador regional eleitoral, juntamente com o seu substituto, deve ser designado para um mandato de dois anos pelo procurador-geral eleitoral. Sua escolha ocorre entre os procuradores regionais da República no estado e no DF, ou, onde não os houver, entre os procuradores da República substitutos.

A: incorreta, pois o procurador regional eleitoral poderá ser reconduzido apenas uma vez ao cargo – art. 76, § 1º, da LC 75/1993; **B:** essa é a assertiva correta, conforme o art. 204, IV, *a*, da LC 75/1993; **C:** incorreta, pois a destituição do procurador regional eleitoral antes do término do mandato poderá ocorrer por iniciativa do procurador-geral eleitoral, mas dependerá da anuência da maioria absoluta do Conselho Superior do Ministério Público Federal – art. 76, § 2º, da LC 75/1993; **D:** incorreta, pois as funções eleitorais perante o juiz e a junta eleitorais serão exercidas pelo promotor eleitoral (membro do Ministério Público Estadual local) – art. 78 da LC 75/1993; **E:** incorreta, pois o Procurador da República deve ser vitalício (não simples substituto), para que possa ser nomeado excepcionalmente procurador regional eleitoral (na falta de procuradores regionais) – art. 76, *caput*, da LC 75/1993. Obs.: a questão havia sido anulada, por incongruência entre o enunciado e as alternativas, razão pela qual foi adaptada.

Gabarito "B"

(Ministério Público/MG – 2012 – CONSULPLAN) O Ministério Público Eleitoral exerce suas funções perante os órgãos da Justiça Eleitoral, incumbindo-lhe atuar nas causas de sua competência, velar pela fiel observância da legislação eleitoral e partidária e promover a ação penal nos casos de crimes eleitorais. Assim, assinale a alternativa **INCORRETA:**

(A) O Promotor de Justiça, no exercício de suas funções eleitorais, atua na primeira instância e perante o Tribunal Regional Eleitoral e poderá, ainda, ser designado pelo Procurador-Geral Eleitoral, por necessidade de serviço, para oficiar, sob sua coordenação, perante o Tribunal Superior Eleitoral.

(B) O Promotor de Justiça, no exercício de suas funções eleitorais, tem atribuição para propor ação de investigação judicial eleitoral (AIJE), a qual poderá ser ajuizada até a data da diplomação dos eleitos e intervirá como autor ou *custos legis* nas representações por propaganda eleitoral ilícita.

(C) O Promotor de Justiça, no exercício de suas funções eleitorais, tem atribuição para propor, no prazo de quinze dias contados da diplomação, a ação de impugnação ao mandato eletivo, que tramitará em segredo de justiça e será instruída com provas do abuso do poder econômico, corrupção ou fraude.

(D) O Promotor de Justiça, no exercício de suas funções eleitorais, tem atribuição para propor ação de impugnação de registro de candidatura no prazo de cinco dias, contados da publicação do pedido do registro.

De fato, apenas a alternativa A apresente resposta incorreta, uma vez que perante o Tribunal Regional Eleitoral atuará o Procurador Regional, conforme disciplina o art. 27 do CE.

Gabarito "A"

(Ministério Público/MT – 2012 – UFMT) Segundo a Constituição Federal de 1988, antes do final do seu mandato, o Procurador-Geral da República pode ser destituído pelo Presidente da República. Para que isso ocorra, o Senado Federal precisa emitir autorização

(A) por maioria simples.

(B) por maioria de dois terços de seus componentes.

(C) por maioria de três quintos de seus componentes.

(D) por maioria absoluta.

(E) por maioria de três quartos de seus integrantes.

De fato a única alternativa correta é encontrada na assertiva D, vez que em acordo com o que dispõe o art. 52, XI Constituição Federal.

Gabarito "D"

(Ministério Público/PB – 2010) Considere as proposições abaixo, assinalando, em seguida, a alternativa correta:

I. As Zonas Eleitorais não são órgãos da Justiça Eleitoral.

II. Para cada Zona Eleitoral somente pode haver uma Junta Eleitoral.

III. Desde a diplomação, é vedado ao parlamentar contratar com pessoa jurídica de direito público, autarquia, empresa pública, sociedade de economia mista ou empresa do serviço público, ainda que o contrato estabeleça cláusulas uniformes.

(A) Todas as proposições estão erradas.

(B) Todas as proposições estão corretas.

(C) Estão erradas apenas as proposições II e III.

(D) Estão erradas apenas as proposições I e II.

(E) Somente a proposição II está errada.

I: correta, conforme art. 118, IV da Constituição Federal; II: incorreta, pois o art. 37 do CE dispõe que poderão ser organizadas tantas Juntas quantas permitir o número de juízes de direito que gozem das garantias do art. 95 da Constituição, mesmo que não sejam juízes eleitorais; III: incorreta, uma vez que o art. 54, I, "a", da Constituição Federal, o qual dispõe sobre tal proibição, prevê, em sua parte final, a exceção justamente de contratos com cláusulas uniformes.

Gabarito "C"

(Ministério Público/RO – 2008 – CESPE) Acerca da organização e do funcionamento da justiça eleitoral e do Ministério Público Eleitoral, assinale a opção correta.

(A) O procurador-geral da República acumula o cargo de procurador-geral eleitoral.

(B) Juiz eleitoral irmão de candidato a vereador na circunscrição poderá permanecer no cargo caso tenha sido nomeado antes da convenção partidária que indicou o candidato.

(C) Advogado indicado pelo STF ocupará a vice--presidência do TSE.

(D) Todos os tribunais eleitorais terão, no mínimo, um integrante indicado pelo MP.

(E) O mandato dos juízes eleitorais, inclusive no TSE, é de três anos, vedada a recondução.

A: correta (art. 18 do CE); **B:** isso não é possível – art. 14, § 3º, do CE; **C:** a vice-presidência do TSE é ocupada por Ministro do STF – art. 17 do CE; **D:** não há essa previsão – arts. 16 e 25, § 2º, ambos do CE; **E:** o mandato é de 2 anos, permitida uma única recondução – art. 14 do CE.

Gabarito "A"

(Ministério Público/RN – 2004) O promotor eleitoral é o membro do Ministério Público local que oficia junto ao juízo incumbido do serviço eleitoral de cada Zona. Na inexistência do promotor de justiça que oficie perante a Zona Eleitoral, é correto afirmar que:

(A) O Procurador Regional Eleitoral indicará outro membro;

(B) O Procurador-Geral da República, como chefe do Ministério Público Eleitoral indicará um Procurador Regional;

(C) O chefe do Ministério Público local indicará ao Procurador Regional Eleitoral o substituto a ser designado;

(D) O Procurador Regional Eleitoral designará um promotor "ad hoc" para a respectiva Zona Eleitoral;

(E) O Presidente do Tribunal Regional Eleitoral designará um promotor de justiça para a respectiva Zona Eleitoral.

O chefe do Ministério Público local indicará substituto ao Procurador Regional Eleitoral quando não houver promotor de justiça que oficie perante a zona eleitoral, ou houver impedimento ou recusa justificada – art. 79, parágrafo único, da LC 75/1993.

Gabarito "C"

(Ministério Público/SP – 2012 – VUNESP) Nos termos da Constituição Federal de 1988, são órgãos da Justiça Eleitoral:

(A) O Tribunal Superior Eleitoral, os Tribunais Regionais Eleitorais, os Juízes e Promotores Eleitorais e as Seções Eleitorais.

(B) O Tribunal Superior Eleitoral, os Tribunais Regionais Eleitorais, os Juízes Eleitorais, os Cartórios Eleitorais e as Seções Eleitorais.

(C) O Supremo Tribunal Federal, o Tribunal Superior Eleitoral, os Tribunais Regionais Eleitorais, as Zonas Eleitorais e as Juntas Eleitorais.

(D) O Tribunal Superior Eleitoral, os Tribunais Regionais Eleitorais, as Zonas Eleitorais e as Juntas Eleitorais.

(E) O Tribunal Superior Eleitoral, os Tribunais Regionais Eleitorais, os Juízes Eleitorais e as Juntas Eleitorais.

De fato a única alternativa correta é apresenta pela assertiva E, pois descreve os órgãos componentes da Justiça Eleitoral conforme se verifica na leitura do disposto no art. 118 incisos I a IV da Constituição Federal.

Gabarito "E"

10. AÇÕES, RECURSOS, IMPUGNAÇÕES

(Ministério Público/GO – 2013) A respeito de temas de Direito Processual afetos à Justiça Eleitoral, é correto, à luz da jurisprudência dominante do Tribunal Superior Eleitoral, afirmar que:

(A) decisão interlocutória prolatada no curso de ação de investigação judicial eleitoral deve ser impugnada, em três dias, por meio de agravo de instrumento, não se podendo, sob pena de preclusão, deixar para suscitar a matéria apenas no recurso contra a sentença.

(B) em devoção à estabilidade das relações sociais e ao princípio constitucional da segurança jurídica, a ação rescisória, no âmbito da Justiça Eleitoral, tem serventia apenas para desconstituir julgados que versem sobre causa de inelegibilidade, não se prestando, verbi gratia, para desconstituir decisão de desaprovação de contas de campanha.

(C) o princípio da fungibilidade recursal autoriza o Tribunal Superior Eleitoral a imprimir cognoscibilidade a recurso extraordinário interposto contra acórdão de Tribunal Regional Eleitoral cujos fundamentos enfrentam temas de natureza constitucional.

(D) a intimação do Parquet nos processos que tramitam na Justiça Eleitoral deve ser feita, em todos os casos, por mandado, iniciando-se o prazo com o recebimento do feito na Secretaria do Ministério Público Eleitoral, e não com a aposição de ciente, nos autos, pelo membro do Ministério Público.

A questão exigia que o candidato tivesse conhecimento de contexto jurisprudencial do TSE. Vejamos o julgado seguinte com teor explicativo à opção da alternativa B como correta: "Ação Rescisória. Decadência. Configuração. Cabimento. Hipótese de inelegibilidade. 1. Conforme prevê o art. 22, inciso I, alínea *j*, do Código Eleitoral, a ação rescisória, no âmbito da Justiça Eleitoral, deve ser proposta no prazo de 120 dias da decisão irrecorrível, não tendo sido respeitado tal prazo, no caso. 2. A rescisória somente é admissível para desconstituir julgados que versem sobre causa de inelegibilidade, não se prestando para desconstituir decisão de desaprovação de contas de campanha. Agravo regimental a que se nega provimento." (Ac. de 2.10.2013 no AgR-AR 59017, rel. Min. Henrique Neves."

Gabarito "B"

(Ministério Público/PR – 2013 – X) Quanto à matéria eleitoral, assinale a alternativa ***incorreta***:

(A) Sempre que a lei não fixar prazo especial, o recurso deverá ser interposto em cinco dias da publicação do ato, resolução ou despacho;

(B) Por disposição expressa de lei, os recursos eleitorais não têm efeito suspensivo;

(C) Cabe recurso contra a expedição de diploma no caso de inelegibilidade ou incompatibilidade de candidato;

(D) Dos atos, resoluções ou despachos dos juízes ou juntas eleitorais caberá recurso ao Tribunal Regional Eleitoral;

(E) O recurso contra a expedição de diploma deve ser interposto no prazo de três dias.

A: Incorreta, uma vez que o art. 258 do Código Eleitoral dispõe que sempre que a lei não fixar prazo especial, o recurso deverá ser interposto em três dias da publicação do ato, resolução ou despacho; **B:** Correta, conforme art. 257 do Código Eleitoral; **C:** Incorreta, pois em razão da minirreforma eleitoral (Lei 12.891/2013) o art. 262 do Código Eleitoral passou a dispor que o Recurso contra a Expedição de Diploma caberá somente nos casos de inelegibilidade superveniente ou de natureza constitucional e de falta de condição de elegibilidade; **D:** Correta, conforme art. 29, II, a, b, do Código Eleitoral; **E:** Correta, conforme art. 264 do Código Eleitoral.

Gabarito "A" e "C" (Questão com duas respostas em razão das alterações trazidas pela minirreforma).

(Ministério Público/AC – 2008) Na ação de impugnação de mandado eletivo, é correto afirmar que

(A) é indispensável o reexame necessário.

(B) o Ministério Público Eleitoral possui legitimidade secundária para sua proposição.

(C) deve ser proposta em até 15 dias contados da apuração dos votos do candidato.

(D) pode ser interposta em função de sentença condenatória transitada em julgado antes da posse do candidato.

A: correta, oportuno mencionar que a jurisprudência inclina-se para o entendimento de afastar a aplicação analógica dos arts. 475, II, do CPC e 19 da Lei 4.717/1965, e admitir a não sujeição das decisões de primeiro grau de AIME ao reexame necessário, em vista do princípio da taxatividade dos recursos. ; **B:** incorreta, uma vez que o art. 3º da LC 64/1990 dispõe sobre a legitimidade concorrente entre Ministério Público, qualquer candidato, partido político ou coligação; **C:** incorreta, uma vez que o prazo de 15 dias será contado a partir da diplomação do candidato, conforme se depreende da leitura do art. 14, § 10º, da Constituição Federal; **D:** incorreta, uma vez que o art. 15 da LC 64/1990 dispõe que transitada em julgado ou publicada a decisão proferida por órgão colegiado que declarar a inelegibilidade do candidato, ser-lhe-á negado registro, ou cancelado, se já tiver sido feito, ou declarado nulo o diploma, se já expedido. Ou seja, como a ação se trata de impugnação de mandato eletivo e seu prazo apenas se inicia após a diplomação, não é possível impugnar o mandato eletivo antes da diplomação do candidato.

Gabarito "A"

(Ministério Público/BA – 2010) A ação de impugnação de mandato eletivo:

(A) Não pode ser ajuizada pelo Ministério Público, por falta de previsão legal.

(B) Depende de prova pré-constituída.

(C) Pode ser ajuizada antes ou depois da eleição.

(D) Não pode ser ajuizada por conduta vedada aos agentes públicos.

(E) Segue o rito ordinário do CPC, por falta de previsão constitucional.

A: incorreta, pois se aplica o art. 22 da LI em relação à legitimidade ativa para a Ação de Impugnação de Mandato Eletivo – AIME – prevista no art. 14, § 10, da CF, podendo ser ajuizada por partido político, coligação, candidato ou Ministério Público Eleitoral – ver RESPE 11.835/PR-TSE; **B:** incorreta. A AIME deve ser instruída com provas de abuso do poder econômico, corrupção ou fraude, mas o TSE tem entendimento de que não se trata de prova pré-constituída, sendo exigidos apenas indícios idôneos do cometimento desses ilícitos – ver RESPE 16.257/PE-TSE; **C:** incorreta, pois a AIME serve exatamente para impugnar o mandado eletivo (após a eleição, portanto), devendo ser ajuizada até 15 dias após a diplomação – art. 14, § 10, da CF; **D:** essa é a melhor alternativa, pois a AIME refere-se especificamente a casos de abuso do poder econômico, corrupção ou fraude (art. 14, § 10, da CF) e não, especificamente, a condutas vedadas aos agentes públicos (art. 73 da LE), para as quais cabe a Representação prevista no art. 30-A da LE; **E:** incorreta, pois a AIME segue o rito da LI, embora a cassação de mandato tenha efeito imediato (não se aplica o art. 15 da Lei de Inelegibilidade).

Gabarito "D"

(Ministério Público/CE – 2011 – FCC) O candidato a prefeito eleito, assim como o seu vice, receberá diploma assinado pela autoridade judiciária competente. Sobre a expedição do diploma é correto afirmar:

(A) Para os prefeitos das capitais será expedido pelo Presidente do Tribunal Superior Eleitoral.

(B) Enquanto o Tribunal Superior não decidir o recurso interposto contra a expedição do diploma, poderá o diplomado exercer o mandato em toda a sua plenitude.

(C) Para os prefeitos das capitais será expedido pelo Presidente do Tribunal Regional Eleitoral, não havendo previsão de recurso contra sua expedição.

(D) Admite recurso com efeito suspensivo se demonstrado abuso de poder econômico no curso da campanha ou em prestação de contas.

(E) Pode ter sua expedição suspensa pela propositura de ação penal por crime doloso cometido anteriormente ao registro da candidatura.

A: incorreta, uma vez que o art. 215 do CE disciplina que os candidatos eleitos, assim como os suplentes, receberão diploma assinado pelo Presidente do Tribunal Regional ou da Junta Eleitoral, conforme o caso; **B:** correta, conforme art. 216 do CE; **C:** incorreta, uma vez que a diplomação é regida pelos dispositivos contidos no art. 215 do CE; **D:** incorreta, uma vez que se admite efeito suspensivo ao recurso do candidato face à impugnação contra sua diplomação e não à própria impugnação, vez que o art. 216 garante o diploma, posse e exercício do mandato eletivo até que seja provida definitivamente a demanda; **E:** incorreta, apenas se julgada procedente a ação penal poderá ter cassado seu diploma bem como declarada sua inelegibilidade pelo prazo 8 anos, conforme art. 22, XIV, da LC 64/1990.

Gabarito "B"

(Ministério Público/ES – 2010 – CESPE) Em relação à diplomação, ao registro de candidaturas e à impugnação, assinale a opção correta.

(A) O eleitor em regular situação eleitoral, o MP, qualquer candidato, partido político e coligação têm legitimidade para oferecer impugnação de registro de candidatura.

(B) Caso um indivíduo requeira o cancelamento do registro do seu nome como candidato, o presidente de tribunal eleitoral ou o juiz, conforme o caso, deve dar ciência imediata do ocorrido ao partido que tenha feito a inscrição, ao qual ficará ressalvado o direito de substituir por outro o nome cancelado, observadas todas as formalidades exigidas para o registro e desde que o novo pedido seja apresentado até sessenta dias antes do pleito.

(C) Considerando que, das quinhentos e treze cadeiras da Câmara dos Deputados, o estado do Espírito Santo tenha direito a preencher dez cadeiras, então, para concorrer a elas, cada partido pode registrar até vinte candidatos a cargo de deputado federal e, cada coligação, até trinta candidatos para esse mesmo cargo.

(D) As propostas defendidas pelo candidato não constituem documentação obrigatória à instrução de pedido de registro de candidatura para governador de estado.

(E) Na hipótese de o partido ou a coligação não requererem o registro de seus candidatos, estes poderão fazê-lo perante a justiça eleitoral nas quarenta e oito horas seguintes ao encerramento do prazo previsto em lei, qual seja, dezenove horas do dia cinco de julho do ano eleitoral.

A: incorreta, pois o eleitor, que não seja candidato, não tem legitimidade ativa para a impugnação do pedido de registro – art. 3º da LI; **B:** incorreta, pois tanto nas eleições majoritárias como nas proporcionais, a substituição só se efetivará se o novo pedido for apresentado até 20 (vinte) dias antes do pleito, exceto em caso de falecimento de candidato, quando a substituição poderá ser efetivada após esse prazo, conforme disposto no § 3º do art. 3º da Lei das Eleições; **C:** correta, pois, nos termos do art. 10, § 2º, da LE, nas unidades da Federação em que o número de lugares a preencher para a Câmara dos Deputados não exceder de vinte, cada partido poderá registrar candidatos a Deputado Federal e a Deputado Estadual ou Distrital até o dobro das respectivas vagas. Havendo coligação, estes números poderão ser acrescidos de até mais cinquenta por cento; **D:** incorreta, pois o documento com as propostas defendidas pelos candidatos a Prefeito, Governador e Presidente deve instruir o pedido de registro da candidatura – art. 11, § 1º, IX, da LE; **E:** incorreta, pois o prazo de 48 horas para os candidatos requererem o registro, no caso de omissão do partido ou coligação, é contado a partir da publicação da lista dos candidatos pela Justiça Eleitoral – art. 11, § 4º, da LE.

Gabarito "C"

(Ministério Público/GO – 2010) Assinale a alternativa correta:

(A) No processo de registro de candidatos, o partido que não o impugnou não tem legitimidade para recorrer da sentença que o deferiu, salvo se se cuidar de matéria constitucional.

(B) Das decisões das juntas eleitorais não cabem recursos.

(C) Enquanto o Tribunal Superior não decidir o recurso interposto contra a expedição do diploma, não poderá o diplomado exercer o mandato em toda sua plenitude.

(D) Sempre que a lei não fixar prazo especial, o recurso deverá ser interposto em 5 (cinco) dias da publicação do ato, resolução ou despacho.

A: correta, uma vez que não se consubstanciará como parte na impugnação ao registro de candidatura, conforme lhe atribui legitimidade o art. 3º da LC 64/1990; **B:** incorreta, uma vez que o art. 265 do CE dispõe que dos atos, resoluções ou despachos dos juízes ou juntas eleitorais caberá recurso para o Tribunal Regional; **C:** incorreta, uma vez que o art. 216 do CE dispõe que enquanto o Tribunal Superior não decidir o recurso interposto contra a expedição do diploma, poderá o diplomado exercer o mandato em toda a sua plenitude; **D:** incorreta, uma vez que o art. 264 do CE fixa o prazo em 3 dias.

Gabarito "A"

(Ministério Público/MA – 2002) Em relação à Ação Rescisória Eleitoral é correto afirmar:

(A) É admitida no prazo de 30 (trinta) dias perante o juiz eleitoral.

(B) É admitida no prazo de 120 (cento e vinte) dias perante Tribunal Regional Eleitoral.

(C) É admitida no prazo de 180 (cento e oitenta dias) perante o Tribunal Superior Eleitoral.

(D) Não é admitida na Justiça Eleitoral em nenhuma hipótese, em razão do princípio da celeridade.

(E) É admitida somente em casos de inelegibilidade.

Admite-se Ação Rescisória Eleitoral proposta no TSE nos casos de inelegibilidade, desde que intentada dentro de 120 dias da decisão irrecorrível, possibilitando-se o exercício do mandato eletivo até o seu trânsito em julgado – art. 22, I, *j*, do CE.

Gabarito "E"

(Ministério Público/MA – 2009) Assinale a alternativa *INCORRETA*.

(A) Não sendo aceita ou homologada a transação ou suspensão condicional do processo, ou sendo revogado o benefício, o processo seguirá em seus ulteriores termos nos moldes previstos no processo criminal eleitoral, com depoimento pessoal do acusado e citação para contestar em dez (10) dias. As citações e intimações seguirão o disposto no Código de Processo Penal. A citação deve ser feita diretamente ao acusado, mas também se admite seja feita ao seu representante legal.

(B) As sentenças no processo eleitoral devem ser proferidas no prazo de dez (10) dias. Das decisões finais de condenação ou absolvição cabe recurso para o Tribunal Regional, a ser interposto no prazo de dez (10) dias. Os prazos relativos às representações da Lei Eleitoral são contínuos e peremptórios, não se suspendendo aos sábados, domingos e feriados, desde a data do encerramento do prazo para registro de candidatos e a proclamação dos eleitos, inclusive em segundo turno.

(C) Os feitos eleitorais, no período entre o registro das candidaturas até cinco dias após a realização do segundo turno das eleições, terão prioridade para a participação do Ministério Público e dos Juízes de todas as Justiças e instâncias, ressalvados os processos de habeas corpus e mandado de segurança, sendo defeso às mencionadas autoridades deixar de cumprir qualquer prazo legal em razão do exercício das funções regulares, sob pena de crime de responsabilidade sujeito a anotação funcional para efeito de promoção na carreira.

(D) No processamento das representações, reclamações e pedidos de resposta previstos na Lei das Eleições, o prazo para o representado apresentar defesa é de 48 horas, exceto quando se tratar de pedido de resposta, cujo prazo será de vinte e quatro (24) horas. Apresentada a resposta ou decorrido o respectivo prazo, é de vinte e quatro (24) horas o prazo para o Ministério Público emitir parecer. Findo o prazo, com ou sem parecer do Ministério Público, o juiz dever decidir no prazo de vinte e quatro (24) horas, exceto quando se tratar de pedido de resposta, cuja decisão deverá ser proferida no prazo máximo de setenta e duas setenta (72) horas da data em que for protocolado o pedido.

(E) A inobservância dos prazos previstos para as decisões da autoridade judiciária constitui crime eleitoral e sujeitará a autoridade judiciária às penas previstas no Código Eleitoral.

A: incorreta (devendo esta ser assinalada), conforme o art. 89, § 7º, da Lei 9.099/1995 e arts. 359 e ss. do CE; **B:** assertivas corretas, conforme os arts. 361 e 362 do CE e art. 16 da LI; **C:** correta, conforme o art. 94 da LE; **D:** correta, conforme os arts. 96, §§ 5º e 7º, e 58, § 2º, da LE; **E:** correta, conforme o art. 345 do CE e o art. 58, § 7º, da LE.

Gabarito "A"

(Ministério Público/PB – 2010) São incorretas as seguintes asserções, exceto:

(A) A demonstração da potencialidade lesiva é necessária tanto para a prova do abuso do poder econômico, como para a comprovação da captação ilícita de sufrágio.

(B) É assente no Supremo Tribunal Federal o entendimento de que as sanções de cassação do registro ou do diploma previstas na Lei Federal nº 9.504/1997 constituem novas hipóteses de inelegibilidade.

(C) A prova pré-constituída é exigida, tanto para a propositura da Ação de Impugnação de Mandato Eletivo, quanto para o Recurso contra a Diplomação.

(D) Declarada a nulidade de mais da metade dos votos válidos no pleito majoritário, a realização de novas eleições municipais, nos últimos dois anos do quadriênio mandatício, deve ocorrer na forma indireta, esclarecendo-se que, para a caracterização de tal percentual, dever-se-ão somar aos votos nulificados por terem sido atribuídos a candidatos inelegíveis os votos nulos decorrentes de expressa vontade do eleitor.

(E) Durante o período eleitoral, é permitido aos agentes públicos usar serviços custeados pelos Governos e Casas Legislativas, desde que não excedam as prerrogativas consignadas nos regimentos e normas dos órgãos que integram.

A: incorreta, pois a demonstração da potencialidade lesiva é exigida apenas para a prova do abuso do poder econômico, mas não para a comprovação de captação ilícita de sufrágio (= compra de votos) – ver RCED 774/SP-TSE e RO 1.461/GO; **B:** incorreta; é o oposto, pois o STF entende que as sanções de cassação de registro ou de diploma, previstas no art. 41-A da LE, não constituem novas hipóteses de inelegibilidade, até porque não foram veiculadas por lei complementar federal. Por essa razão, a captação ilícita de sufrágio é apurada por meio de representação processada de acordo com o art. 22, incisos I a XIII, da LI, que não se confunde com a ação de investigação judicial eleitoral – AIJE, nem com a ação de impugnação de mandato eletivo – AIME, uma vez que não implica a declaração de inelegibilidade, mas apenas a cassação do registro ou do diploma – ver ADI 3.592/DF; **C:** incorreta. A ação de impugnação de mandato deve ser instruída com provas de abuso do poder econômico, corrupção ou fraude – art. 14, § 10, da CF, mas o TSE tem entendimento no sentido de que não se trata de prova pré-constituída, sendo exigidos apenas indícios idôneos do cometimento desses ilícitos – ver RESPE 16.257/PE-TSE. No caso do recurso contra expedição de diploma, não há, tampouco, o requisito da prova pré-constituída – ver RCED 767/SP; **D:** incorreta, pois "a nulidade dos votos dados a candidato inelegível não se confunde com os votos nulos decorrentes de manifestação apolítica do eleitor, a que se refere o art. 77, § 2º, da CF, e nem a eles se somam, para fins de novas eleições" AgR-RESPE 35.888/AM-TSE. Ver também o art. 224, do CE, e o art. 81, § 1º, da CF, aplicável a eleições municipais e estaduais, conforme o ARESPE 27.104/PI-TSE; **E:** essa é a assertiva correta, pois o uso de materiais ou serviços somente será considerado conduta vedada se exceder as prerrogativas consignadas nos regimentos e normas dos órgãos respectivos – art. 73, II, da LE.

Gabarito "E"

(Ministério Público/PR – 2011) Sobre elegibilidade e inelegibilidade e ações judiciais eleitorais, assinale a alternativa correta:

(A) a Lei Complementar 135/10 (Lei da Ficha Limpa) – não aplicável às eleições de 2010, conforme precedentes do STF – estabeleceu que são inelegíveis para qualquer cargo os que forem condenados, em decisão transitada em julgado ou proferida por órgão judicial colegiado, por prática, dentre outros, de crimes contra a economia popular, a fé pública, a administração pública e o patrimônio público, não se aplicando tal regra, entretanto, aos crimes ambientais;

(B) as ações de impugnação de registro de candidatura aos cargos de Prefeito Municipal e Vereador deverão ser dirigidas ao Tribunal Regional Eleitoral e, ao cargo de Senador, por exemplo, deverão ser dirigidas ao Superior Tribunal Eleitoral;

(C) qualquer eleitor possui legitimidade ativa para ingressar em juízo com ação de impugnação de registro de candidatura, desde que esteja em situação regular perante a justiça eleitoral;

(D) a ação de impugnação de mandato eletivo possui previsão na Lei Complementar 064/90, e deve ser ajuizada no prazo de até 3 (três) meses, contados da diplomação, com fundamento em provas de abuso do poder econômico, corrupção ou fraude;

(E) o recurso contra a diplomação possui previsão no Código Eleitoral, e também pode ter por fundamento, dentre outras hipóteses, inelegibilidade ou incompatibilidade de candidato.

A: incorreta, pois a condenação por crime contra o meio ambiente é também causa de inelegibilidade, conforme o art. 1º, I, e, 3, da LI (incluído pela LC 135/2010); **B:** incorreta, pois a competência em relação ao candidato a prefeito ou vereador é do juiz eleitoral, e a competência em relação ao candidato a Senador é do TRF – art. 2º, p. único, II e III, da LI; **C:** incorreta, pois a legitimidade ativa para a Ação de Impugnação de Registro de Candidatura – AIRC – é de candidato, partido político, coligação ou Ministério Público – art. 3º da LI; **D:** incorreta, pois o prazo para ajuizamento da Ação de Impugnação de Mandato Eletivo – AIME – é de até 15 dias contados da diplomação – art. 14, § 10, da CF; **E:** essa é a assertiva correta, pois o Recurso contra a Expedição de Diploma – RCED – é previsto no art. 262 do CE, incluindo a hipótese indicada (inelegibilidade ou incompatibilidade do candidato – inciso I do dispositivo). A Lei 12.891/2013 modificou o art. 262, excluindo seus incisos, assim dispondo o *caput*: "O recurso contra expedição de diploma caberá somente nos casos de inelegibilidade superveniente ou de natureza constitucional e de falta de condição de elegibilidade".

Gabarito "E"

(Ministério Público/GO – 2005) Contra decisão cível do juiz eleitoral cabe:

(A) apelação cível eleitoral.

(B) agravo de instrumento eleitoral, em se tratando de decisão interlocutória.

(C) recurso inominado.

(D) recurso de revista eleitoral.

Cabe recurso inominado – art. 29, II, do CE.

Gabarito "C"

(Ministério Público/GO – 2005) Assinale a alternativa incorreta:

(A) os partidos políticos ou coligações não estão legitimados à propositura da ação de investigação judicial eleitoral, restando a legitimação exclusiva do Ministério Público.

(B) a ação de impugnação de pedido de registro de candidatura poderá discutir fatos que tenham envolvimento com o candidato, até a data do registro de sua candidatura, não podendo ser manejada antes de se efetivar o registro.

(C) o recurso contra diplomação poderá ter como causa de pedir fatos ocorridos antes e depois da eleição, porém só poderá ser manejada após a diplomação.

(D) a ação de investigação judicial eleitoral poderá apurar fatos que envolvam o candidato antes do registro de sua candidatura até a eleição, importando a sua decisão, antes da eleição, em decretação de inelegibilidade e cassação de seu registro, nos termos do artigo 22, inciso XIV, da Lei Complementar 64/90.

A: incorreta (devendo estar ser assinalada). Qualquer partido político, coligação, candidato ou o Ministério Público Eleitoral poderá pedir abertura de investigação judicial – art. 22 da LI; **B:** correta (art. 3º da LI); **C:** correta (art. 262 do CE). A Lei 12.891/2013 modificou o art. 262, assim dispondo: "O recurso contra expedição de diploma caberá somente nos casos de inelegibilidade superveniente ou de natureza constitucional e de falta de condição de elegibilidade"; **D:** correta (art. 22 da LI). Quanto ao cabimento das ações eleitorais, ver RO 1.540/PA-TSE.

Gabarito "A"

(Ministério Público/RJ – 2011) Com relação às ações, aos recursos e a outras medidas judiciais eleitorais, analise as seguintes afirmações:

I. A ação de impugnação de pedido de registro de candidatura se fundamenta na ausência de condições de elegibilidade com relação àquele que pretende o registro, ou na presença de causas que o tornem inelegível.

II. A prática de atos que configurem abuso de poder econômico em benefício de candidato pode ensejar o ajuizamento de investigação judicial eleitoral, bem como de ação de impugnação de mandato eletivo, cada qual em seu momento oportuno.

III. As causas de inelegibilidade não suscitadas em sede de ação de impugnação de pedido de registro de candidatura sujeitam-se, como regra, à preclusão, ressalvadas aquelas que versem sobre matéria de ordem constitucional, as quais ainda podem ser suscitadas, juntamente com as causas de inelegibilidade supervenientes, em sede de recurso contra a diplomação.

IV. As ações de impugnação de pedido de registro de candidatura e de investigação judicial eleitoral podem ser propostas por quaisquer candidatos, eleitores, partidos políticos ou coligações, bem como pelo Ministério Público Eleitoral.

V. Ao Tribunal Superior Eleitoral e aos Tribunais Regionais Eleitorais compete o processo e julgamento de ação rescisória de seus próprios julgados, nos casos de inelegibilidade, desde que intentada no prazo de cento e vinte dias da decisão irrecorrível.

Estão corretas somente as afirmações:

(A) I, II e III;

(B) I, II e IV;

(C) I, III e IV;

(D) II, III e V;

(E) III, IV e V.

I: correta, uma vez que a Constituição Federal dispõe em seu art. 14, § 3º as condições necessárias a coexistirem àquele cidadão que se pretende candidatar-se a um cargo eletivo. Dentre as condicionantes é possível encontrar o pleno exercício dos direitos políticos. A Constituição também cuidou de elencar as principais causas de inelegibilidade, certamente por se tratarem das mais perversas ao ordenamento que se inaugurava nos idos de 1988, porém cuidou de dispor no art. 14, § 9º que Lei Complementar disporia sobre outras situações de inelegibilidade, o que abriu azo à edição da LC 64/1990 e suas alterações, em especial a 135/2010 (Lei do Ficha Limpa). Desta forma, a LC 64/1990 trouxe procedimento próprio à impugnação ao pedido de registro de candidatura, inclusive enumerando tantas outras hipóteses não trazidas pela Constituição Federal, visando, tal procedimento de impugnação, excluir do pleito eleitoral todos aqueles que não possuam as condições de elegibilidade e aqueles que tragam ao seu desabono causas de inelegibilidades; II: correta, vez que se consubstancia no objetivo da Constituição Federal, sendo esta complementada pelos procedimentos da LC 64/1990. A depender do momento do processo eleitoral que se encontre o candidato, a medida será a impugnação ou a cassação do diploma do candidato averiguado; III: correta, pois o prazo para a impugnação será o de 5 dias após o registro de candidatura ou de 15 após a diplomação, a depender do caso. Em ambas as situações, tratando-se das causas elencadas pela legislação. Caso não impugnada no tempo estabelecido, o direito precluirá, salvo na hipótese da matéria versar sobre matéria de ordem constitucional; IV: incorreta, vez que os legitimados estão elencados no art. 3º da LC 64/1990, sendo eles qualquer candidato, partido político, coligação ou ao Ministério Público; V: incorreta, pois a competência será do Tribunal Superior Eleitoral, conforme art. 22, "j", do CE.

Gabarito "A"

11. DAS CONDUTAS VEDADAS AOS AGENTES PÚBLICOS

(Ministério Público/PI – 2014 – CESPE) Assinale a opção correta com base no que dispõe a legislação eleitoral acerca das condutas dos agentes públicos durante a campanha.

(A) É permitido o uso, pelo candidato a reeleição de prefeito da residência oficial para a realização de contatos, encontros e reuniões pertinentes à própria campanha, desde que tenham caráter de ato público.

(B) É proibido ceder ou usar, em benefício de candidato, partido político ou coligação, bens móveis ou imóveis pertencentes à administração direta ou indireta da União, dos estados, do DF e dos municípios para a realização de convenção partidária.

(C) É proibida a cessão de servidor público licenciado da administração direta ou indireta federal, estadual ou municipal do Poder Executivo a comitês de campanha eleitoral de candidato, partido político ou coligação.

(D) São permitidas, até três meses antes do pleito, a nomeação ou exoneração de cargos em comissão, a nomeação para cargos do Poder Judiciário, do MP e dos órgãos da Presidência da República e a nomeação dos aprovados em concursos públicos homologados.

(E) É proibido fazer pronunciamento em cadeia de rádio e televisão, fora do horário eleitoral gratuito, nos três meses antes do pleito, salvo quando, a critério da Presidência da República, tratar-se de matéria urgente, relevante e característica das funções de governo.

A: incorreta, já que a ressalva da parte final do § 2º do art. 73, Lei das Eleições, é de que desde a realização de contatos, encontros e reuniões pertinentes à própria campanha não tenham caráter de ato público; **B:** incorreta, já que o art. 73, I, Lei das Eleições, traz a ressalva de cessão ou uso de bens pertencentes à administração pública, qual seja, justamente para a utilização em convenções partidárias; **C:** incorreta, já que o art. 73, III, Lei das Eleições, prevê expressamente a exceção aos casos em que o servidor ou empregado estiver licenciado; **D:** correta, conforme art. 73, V, c, Lei das Eleições; **E:** incorreta, já que o art. 73, VI, c, Lei das Eleições, dispõe que *a critério da Justiça Eleitoral* haverá exceção à proibição quando tratar-se de matéria urgente, relevante e característica das funções de governo;

Gabarito "D"

12. CRIMES ELEITORAIS

(Ministério Público/PI – 2014 – CESPE) Diva, prefeita candidata à reeleição, foi denunciada por ter difamado e injuriado Helen, candidata opositora, durante a propaganda eleitoral gratuita veiculada na mídia, tendo-lhe imputado fato ofensivo à sua reputação de servidora pública. Em face dessa situação hipotética, assinale a opção correta à luz das disposições constitucionais e da legislação eleitoral.

(A) O juiz pode deixar de aplicar pena caso Helen, de forma reprovável, tenha provocado diretamente os crimes, assim como no caso de extorsão imediata que consista em outros crimes da mesma espécie.

(B) Se o promotor de justiça eleitoral promover o arquivamento, o juiz poderá encaminhar os autos ao procurador regional eleitoral, que deverá designar outro promotor para oferecer a denúncia.

(C) Se a denúncia for recebida por juiz eleitoral, Diva poderá invocar, em seu favor, como matéria de defesa, a incompetência do juízo, tese que tem sido acolhida pela justiça eleitoral, ao fundamento de que crime cometido por prefeito deve ser julgado pelo tribunal de justiça.

(D) A exceção da verdade é admitida para ambos os fatos, na medida em que Helen é servidora pública e a ofensa foi relativa ao exercício das funções de agente público.

(E) Verificadas as infrações penais, o MP tem prazo de dez dias para oferecer denúncia, independentemente de representação, uma vez que os crimes eleitorais são de ação pública.

A: incorreta, uma vez que as circunstâncias apresentadas pela alternativa não se enquadram no permissivo para este mesmo sentido, só se aplica ao crime de injúria, e não ao de difamação, conforme se verifica na leitura dos incisos I e II, § 1º, art. 326, Código Eleitoral; **B:** incorreta, uma vez que o art. 357, § 1º, Código Eleitoral, dispõe que neste caso o Procurador Regional Eleitoral oferecerá a denúncia, designará outro Promotor para oferecê-la, ou insistirá no pedido de arquivamento, ao qual só então estará o juiz obrigado a atender; **C:** incorreta, pois Diva deverá ser julgada pelo TRE, por se tratar de crime eleitoral e pela prerrogativa de foro prevista no art. 84, Código de Processo Penal. Neste sentido, a jurisprudência do TSE: "Competência. Crime eleitoral praticado por prefeito. Nexo de causalidade. A existência de nexo de causalidade, considerado o exercício de mandato e o crime, é conducente, de início, à atuação do Tribunal Regional Eleitoral. Competência. Crime eleitoral praticado por prefeito. Nexo de causalidade. Cassação do mandato. Com a cassação do mandato, tem-se o afastamento da prerrogativa de foro no que voltada à proteção do cargo, e não do cidadão. Inconstitucionalidade do § 1º do art. 84 do Código de Processo Penal, com a redação imprimida pela Lei 10.628/2002 – ADI 2.797, relator Ministro Sepúlveda Pertence, julgamento de 15.9.2005." (Ac. nº 519, de 15.9.2005, rel. Min. Marco Aurélio.)"; **D:** incorreta, uma vez que a exceção de verdade apenas é admitida no crime de difamação. Expressamente, dispõe o art. 325, parágrafo único, Código Eleitoral, que a exceção da verdade somente se admite se ofendido é funcionário público e a ofensa é relativa ao exercício de suas funções; **E:** Correta, vez que assim disciplinado pelo art. 357 do Código Eleitoral.

Gabarito "E"

(Ministério Público/GO – 2013) Em tema de captação ilícita de sufrágio, é correto, consoante a jurisprudência dominante do Tribunal Superior Eleitoral, afirmar que:

(A) a exposição de plano de governo e a promessa de campanha feita pelo candidato a eleitor individualmente considerado, relativamente ao problema de moradia, a ser cumprida após as eleições, não configura a prática de captação ilícita de sufrágio.

(B) para a caracterização de captação ilícita de sufrágio é necessária a prova de pedido explicito, ainda que por gestos ou por códigos, de votos, não bastando somente a anuência do candidato e a evidência do especial fim de agir de remover a liberdade de voto.

(C) a realização de churrasco, com a oferta gratuita de comida e bebida, no qual esteja presente o candidato, que aproveita o evento para discursar e pedir votos, caracteriza, desenganadamente, captação ilícita de sufrágio, pois que é vedada a realização de propaganda eleitoral por meio de oferecimento de dádiva ou vantagem de qualquer natureza.

(D) os princípios da economia processual e pás de *nullité sans grief* permitem que a condenação por abuso de poder, com subsequência declaração de inelegibilidade, seja reconhecida pela Justiça Eleitoral não só por meio de investigação judicial eleitoral como também por meio de impugnação de mandato eletivo.

A questão exige do candidato um prévio conhecimento do posicionamento do TSE acerca da captação ilícita de Sufrágio. O entendimento pacificado acena que a exposição de plano de governo e a mera promessa de campanha feita pelo candidato relativamente ao problema de moradia, a ser cumprida após as eleições, não configura a prática de captação ilícita de sufrágio. Vide Ac. de 30.11.2010 no AgR-AI 196558, rel. Min. Arnaldo Versiani.

Gabarito "A"

(Ministério Público/PR – 2013 – X) Assinale a alternativa correta:

(A) Sempre que Código Eleitoral não indicar o grau mínimo da pena abstratamente prevista, entende-se que será ele de seis meses para a pena de detenção e de um ano para a de reclusão. Quando determinada a agravação ou atenuação da pena sem mencionar o "quantum", deve o juiz fixá-lo entre um quinto e um terço, guardados os limites da pena cominada ao crime;

(B) Sempre que Código Eleitoral não indicar o grau mínimo da pena abstratamente prevista, entende-se que será ele de seis meses para a pena de detenção e de um ano para a de reclusão. Quando determinada a agravação ou atenuação da pena sem mencionar o "quantum", deve o juiz fixá-lo entre um terço e um sexto, guardados os limites da pena cominada ao crime;

(C) Sempre que Código Eleitoral não indicar o grau mínimo da pena abstratamente prevista, entende-se que será ele de quinze dias para a pena de detenção e de um ano para a de reclusão. Quando determinada a agravação ou atenuação da pena sem mencionar o "quantum", deve o juiz fixá-lo entre um terço até a metade, guardados os limites da pena cominada ao crime;

(D) Sempre que Código Eleitoral não indicar o grau mínimo da pena abstratamente prevista, entende-se que será ele de quinze dias para a pena de detenção e de um ano para a de reclusão. Quando determinada a agravação ou atenuação da pena sem mencionar o "quantum", deve o juiz fixá-lo entre um quinto e um terço, guardados os limites da pena cominada ao crime;

(E) Sempre que Código Eleitoral não indicar o grau mínimo da pena abstratamente prevista, entende-se que será ele de seis meses. Quando determinada a agravação ou atenuação da pena sem mencionar o "quantum", deve o juiz fixá-lo entre um terço e um sexto, guardados os limites da pena cominada ao crime.

A alternativa D é a única correta, uma vez que o art. 284 do Código Eleitoral dispõe que sempre que não for indicado o grau mínimo, entende-se que será ele de quinze dias para a pena de detenção e de um ano para a de reclusão. No mesmo sentido, o art. 285 dispõe que quando a lei determina a agravação ou atenuação da pena sem mencionar o "quantum", deve o juiz fixá-lo entre um quinto e um terço, guardados os limites da pena cominada ao crime.

Gabarito "D"

(Ministério Público/PR – 2013 – X) Em matéria eleitoral, assinale a alternativa ***incorreta***:

(A) Cabe ação penal subsidiária da pública em crime eleitoral;

(B) Segundo entendimento do Tribunal Superior Eleitoral, para a configuração do crime de corrupção eleitoral previsto no art. 299 do Código Eleitoral, não se exige pedido expresso de voto, bastando a comprovação da finalidade de obter o voto;

(C) Não existem crimes eleitorais de ação penal pública condicionada à representação;

(D) A improcedência da ação de investigação judicial eleitoral obsta a propositura de ação penal quando tratarem dos mesmos fatos;

(E) Em matéria de crimes eleitorais há possibilidade de aplicação dos institutos da transação penal e da suspensão condicional do processo.

A: assertiva correta. A ação penal privada subsidiária à ação penal pública foi elevada à condição de garantia constitucional, prevista no art. 5º, LIX, da Constituição Federal. Desta forma, como a própria Constituição não dispôs sobre qualquer restrição quanto à aplicação da ação penal privada subsidiária à pública, nos casos previstos na legislação eleitoral (crimes eleitorais), é admitida a intervenção particular em consonância com o art. 29 do CPP e art. 364 do Código Eleitoral; **B:** assertiva correta, segundo o entendimento do TSE a corrupção eleitoral é crime formal e não depende do alcance do resultado para que se consuma. Descabe, assim, perquirir o momento em que se efetivou o pagamento pelo voto, ou se o voto efetivamente beneficiou o candidato corruptor. Essa é a mensagem do legislador, ao enumerar a promessa entre as ações vedadas ao candidato ou a outrem, que atue em seu nome (art. 299, *caput*, do Código Eleitoral); **C:** assertiva correta, uma vez que o art. 355 do Código Eleitoral dispõe que as infrações penais definidas neste Código são de ação pública; **D:** assertiva incorreta, devendo ser assinalada, conforme o parágrafo único do art. 358, Código Eleitoral, ao dispor que a rejeição da denúncia não obstará ao exercício da ação penal, desde que promovida por parte legítima ou satisfeita a condição; **E:** assertiva correta, conforme art. 76 e 89 da Lei 9.099/1995 e art. 77 do CP.

Gabarito "D"

(Ministério Público/AC – 2008) No processo penal eleitoral,

(A) o rito é comum.

(B) a instrução criminal possui processamento específico.

(C) em não sendo recebida a denúncia, o recurso cabível é o de apelação.

(D) não há interrogatório do réu.

De fato, a única alternativa correta é encontrada na assertiva D, vez que o art. 359 do Código Eleitoral dispõe que, recebida a denúncia, o juiz designará dia e hora para o depoimento pessoal do acusado, o que equivale ao interrogatório do procedimento penal ordinário, só que deslocado para o início do processo, em vez de ocorrer após a produção das provas cabíveis..

Gabarito "D"

(Ministério Público/ES – 2005) Com relação aos crimes eleitorais é INCORRETO afirmar:

(A) Nos crimes eleitorais cometidos por meio da imprensa, do rádio ou da televisão, aplicam-se exclusivamente as normas do Código Eleitoral e as remissões a outra lei, nele contempladas.

(B) Verificada a infração penal, o Ministério Público oferecerá a denúncia dentro do prazo de 10 (dez) dias.

(C) Nos crimes de calúnia, injúria e difamação (arts. 323, 324 e 325 do Código Eleitoral) somente se procede mediante queixa. Procede-se mediante representação do ofendido se este for funcionário público e a ofensa é relativa ao exercício de suas funções.

(D) Sempre que o Código Eleitoral não indicar o grau mínimo, entende-se que será ele de quinze dias para a pena de detenção e de um ano para a de reclusão.

(E) Se o órgão do Ministério Público não oferecer a denúncia no prazo legal, representará contra ele a autoridade judiciária, sem prejuízo da apuração da responsabilidade penal.

A: art. 288 do CE; **B:** art. 357 do CE; **C:** os crimes eleitorais são de ação pública – art. 355 do CE, embora o TSE admita a ação privada subsidiária – ver RESPE 21.295/SP-TSE; **D:** art. 284 do CE; **E:** art. 357, § 3º, do CE.

Gabarito "C"

(Ministério Público/MG – 2012 – CONSULPLAN) Analise as seguintes assertivas em relação aos crimes eleitorais, previstos no Código Eleitoral, e assinale a alternativa **CORRETA:**

(A) Os crimes eleitorais são de ação penal pública condicionada à representação do ofendido.

(B) Os crimes eleitorais praticados por Governadores de Estado e do Distrito Federal são de competência do Tribunal Superior Eleitoral.

(C) Os crimes eleitorais praticados por prefeitos municipais são processados e julgados pelo Tribunal Regional Federal.

(D) Os crimes eleitorais praticados por juízes eleitorais são processados e julgados pelo Tribunal Regional Eleitoral.

De fato a única alternativa correta é encontrada na assertiva D, vez que todas as autoridades que possuem foro por prerrogativa de função no Tribunal de Justiça, serão processadas e julgadas pelo Tribunal Regional Eleitoral quando praticarem crimes eleitorais. Esse é o caso, por exemplo, dos Juízes, Promotores e Prefeitos.

Gabarito "D"

(Ministério Público/MS – 2011 – FADEMS) Analise as assertivas a seguir.

I. É cabível a ação penal privada subsidiária no âmbito da Justiça Eleitoral, por tratar-se de garantia constitucional, prevista na CF/88, art. 5º, LIX.

II. A denúncia nos crimes eleitorais deve ser oferecida no prazo de quinze dias, aplicando-se na hipótese o disposto no art. 46 do CPP.

III. Não apresentar o órgão do Ministério Público, no prazo legal, denúncia ou deixar de promover a execução de sentença condenatória, será punido com detenção até 2 meses ou pagamento de 60 a 90 dias-multa.

IV. No processo-crime eleitoral, o juiz, ao receber a denúncia, designará dia e hora para o depoimento pessoal do acusado, ordenando a citação deste a notificação do Ministério Público.

V. Discordando o juiz eleitoral do pedido de arquivamento formulado pelo Ministério Público Eleitoral, o inquérito deverá ser remetido ao Procurador-Geral de Justiça, que designará outro Promotor para oferecer denúncia, ou insistirá no arquivamento, ao qual só então estará o magistrado obrigado a atender (art. 357, § 1º, CE).

(A) todos os itens estão corretos;

(B) somente os itens I, III e IV estão incorretos;

(C) somente os itens II, IV e V estão incorretos;

(D) somente os itens I, III e IV estão corretos;

(E) todos os itens estão incorretos.

I: assertiva correta, conforme o art. 5º, LIX, da CF; II: incorreta, pois o prazo para denúncia por crime eleitoral é de 10 dias – art. 357 do CE; III: assertiva correta, pois a omissão é tipificada e apenada na forma do art. 342 do CE; IV: correta, conforme o art. 359 do CE; V: incorreta, pois, ao discordar do arquivamento, o juiz fará remessa de comunicação ao procurador regional (não ao procurador-geral) – art. 357, § 1º, do CE.

Gabarito "D"

(Ministério Público/MS – 2011 – FADEMS) Assinale a alternativa **correta**.

(A) O Deputado Estadual, condenado pelo cometimento de crime, com sentença transitada em julgado, perderá automaticamente o seu mandato, desde que o juiz suspenda seus direitos políticos;

(B) Condenado pela prática de crime, com sentença transitada em julgado, o deputado federal não perderá automaticamente seu mandato, que dependerá de decisão da Câmara Federal, por votação secreta e com quórum da maioria absoluta de seus integrantes;

(C) O Deputado Distrital, condenado pelo cometimento de crime inafiançável, com sentença transitada em julgado, perderá automaticamente seu mandato;

(D) Os vereadores e os prefeitos, com exceção dos governadores, serão cassados automaticamente, após serem condenados por sentença transitada em julgado;

(E) Os prefeitos, com exceção dos governadores, perderão seus mandatos automaticamente, após serem condenados pela prática de crime contra a administração pública, com sentença transitada em julgado.

A: assertiva incorreta, pois a perda de mandado de deputado ou senador por condenação criminal em sentença transitada em julgado será decidida pela Câmara dos Deputados ou pelo Senado Federal, por voto secreto e maioria absoluta, mediante provocação da respectiva mesa ou de partido político representado no Congresso Nacional, assegurada a ampla defesa – art. 55, VI, e § 2º, da CF; **B:** essa é a assertiva correta, conforme comentário à alternativa anterior; **C, D** e **E:** incorretas, pois a perda de mandato eletivo, como efeito da condenação criminal, ocorre (i) quando aplicada pena privativa de liberdade por tempo igual ou superior a um ano, nos crimes praticados com abuso de poder ou violação de dever para com a administração pública ou (ii) quando for aplicada pena privativa de liberdade por tempo superior a 4 anos nos demais casos – art. 92, I, do Código Penal – CP, ver também o art. 1º, § 2º, do DL 201/1967 e os arts. 2º e 78 da Lei 1.079/1950.

Gabarito "B"

(Ministério Público/PR – 2009) Relativamente a *crimes eleitorais*, assinale a alternativa *INCORRETA*:

(A) as modalidades de crimes eleitorais previstas no Código Eleitoral admitem algumas figuras culposas.

(B) se a falsificação de documento público, a falsificação de documento particular ou a falsidade ideológica forem praticadas para fins eleitorais, o agente respectivo não responde por crime comum, previsto no Código Penal, mas por prática de crime eleitoral, em razão de tipificação específica de cada um daqueles crimes no Código Eleitoral (Lei 4.737/1965).

(C) os crimes contra a honra, praticados na propaganda eleitoral, ou visando a fins de propaganda, tipificados nos arts. 324 a 326 do Código Eleitoral (Lei 4.737/1965), admitem, em tese, a incidência de causas de aumento de pena especiais.

(D) as modalidades de crimes eleitorais estão previstas no Código Eleitoral (Lei 4.737/1965) e em legislação eleitoral especial.

(E) os crimes previstos no Código Eleitoral contam com procedimento especial previsto na própria Lei 4.737/1965.

A: incorreta, pois o CE não prevê crime na modalidade culposa – ver o art. 18, parágrafo único, do Código Penal, segundo o qual, salvo os casos expressos em lei, ninguém pode ser punido por fato previsto como crime, senão quando o pratica dolosamente; **B:** correta, conforme os arts. 348 e 349 do CE; **C:** assertiva correta, pois as hipóteses de aumento das penas são previstas no art. 327 do CE; **D:** correta, pois, além dos crimes previstos no CE, há também aqueles da LE (art. 68, § 2°, 72, 87, § 4° etc.) e da Lei da Inelegibilidade – LI (LC 64/1990 - art. 25), por exemplo; **E:** assertiva correta, pois o CE prevê o processo das infrações penais em seus arts. 355 a 364.

Gabarito "A"

(Ministério Público/PR – 2008) Analise os enunciados abaixo e assinale a alternativa correta:

I. O crime formal de corrupção eleitoral tipificado no art. 299 do Código Eleitoral, contrariamente ao que ocorre no Código Penal, abrange tanto a corrupção ativa (nas modalidades de dar, oferecer e prometer) quanto a corrupção passiva (solicitar e receber).

II. Crimes eleitorais, sob o aspecto formal, e em decorrência do princípio da reserva legal, são apenas aquelas condutas consideradas típicas e definidas no Código Eleitoral.

III. Caracterizando-se a propaganda eleitoral como uma das formas de liberdade de pensamento e de liberdade de expressão, representa um direito a ser resguardado, mas pressupõe, de outro lado, em relação ao eleitor, o direito de não receber informações distorcidas, falsas, irreais. Este constitui o bem jurídico tutelado pelo art. 323 do Código Eleitoral, que erige à condição de delito "divulgar, na propaganda, fatos que sabe inverídicos, em relação a candidatos e capazes de exercerem influência perante o eleitorado".

IV. A regra legal disciplina que a ação penal eleitoral é pública (incondicionada), cabendo, segundo entendimento do Tribunal Superior Eleitoral, a ação penal privada subsidiária no âmbito da Justiça Eleitoral, por tratar-se de garantia constitucional, prevista no art. 5°, LIX, CF. É inadmissível a ação penal pública condicionada à representação do ofendido, em virtude do interesse público que envolve a matéria eleitoral.

V. As decisões do Tribunal Superior Eleitoral são irrecorríveis, salvo as que contrariem a Constituição Federal e as denegatórias de *habeas corpus* ou mandado de segurança.

(A) todas as alternativas estão corretas.

(B) todas as alternativas estão incorretas.

(C) apenas a alternativa II está incorreta.

(D) apenas a alternativa III está incorreta.

(E) as alternativas II e IV estão incorretas.

I: correta (art. 299 do CE); II: há condutas tipificadas em outras leis (*v.g.* art. 90 da LE); III: correta (art. 323 do CE); IV: a assertiva é verdadeira. Os crimes eleitorais são de ação pública – art. 355 do CE, mas o TSE admite a ação privada subsidiária – ver RESPE 21.295/SP--TSE; V: correta (art. 22, parágrafo único, c/c art. 281, ambos do CE).

Gabarito "C"

(Ministério Público/PR – 2011) Sobre crimes eleitorais, assinale a alternativa incorreta:

(A) os crimes previstos na Lei 4.737/65 (Código Eleitoral) e na Lei 9.504/1997 (Lei das Eleições) são todos de ação penal pública incondicionada;

(B) a transação penal e a suspensão condicional do processo, como institutos despenalizadores previstos na Lei 9.099/1995, possuem restrições para sua aplicação relativamente aos crimes eleitorais;

(C) a Lei 4.737/65 (Código Eleitoral) prevê figura típica criminal que pode ser praticada exclusivamente por membros do Ministério Público;

(D) as penas privativas de liberdade cominadas aos crimes previstos na Lei 4.737/65 (Código Eleitoral) e na Lei 9.504/1997 (Lei das Eleições) aparecem, em cada um dos diplomas legais, sob as formas de detenção e reclusão;

(E) a divulgação de pesquisa pré-eleitoral sem o prévio registro perante a Justiça Eleitoral constitui infração eleitoral punível com multa, e a divulgação de pesquisa pré-eleitoral fraudulenta constitui crime punível com pena privativa de liberdade e multa.

A: assertiva correta, conforme o art. 355 do CE e o art. 90 da LE; **B:** essa é a assertiva incorreta, pois não há essa restrição; **C:** assertiva correta – ver art. 342 do CE; **D:** assertiva correta, conforme os arts. 289 a 354 do CE e os arts. 33, § 4°, 34, § 2°, 39, § 5° da LE, entre outros; **E:** correta, conforme o art. 33, §§ 3° e 4°, da LE.

Gabarito "B"

(Ministério Público/RN – 2009 – CESPE) Com relação ao papel do Ministério Público Eleitoral nos processos relativos a crimes eleitorais, assinale a opção correta.

(A) Ocorrendo infração penal, o MP deve agir de acordo com o delito, e sua ação depende de representação do ofendido.

(B) Não são admitidas denúncias verbais, devendo a comunicação do delito ser subscrita por eleitor da mesma circunscrição em que ocorre a eleição.

(C) As infrações penais tipificadas no Código Eleitoral são de ação pública.

(D) Verificada infração penal, o MP conduz investigação reservada e propõe a ação caso o candidato acusado seja eleito.

(E) A inação do MP, quando provocado, é punida com o imediato afastamento do promotor responsável das lides eleitorais.

A: incorreta, uma vez que o art. 355 do CE dispõe que todas as infrações por ele definidas são de ação penal pública, não sendo necessário representação; **B:** incorreta, pois o art. 356, § 1º, do CE admite esta possibilidade; **C:** correta, conforme art. 355 do CE; **D:** incorreta, vez que o art. 357 do CE dispõe que verificada a infração penal, o Ministério Público oferecerá a denúncia dentro do prazo de 10 (dez) dias; **E:** incorreta, vez que o art. 357, § 3º, do CE disciplina que se o órgão do Ministério Público não oferecer a denúncia no prazo legal representará contra ele a autoridade judiciária, sem prejuízo da apuração da responsabilidade penal.

Gabarito "C"

(Ministério Público/RN – 2009 – CESPE) Com relação às disposições legais inscritas no Código Eleitoral e aos crimes eleitorais, assinale a opção correta.

(A) Juiz de direito, ainda que não seja juiz eleitoral, pode ser considerado, para efeitos penais, membro da justiça eleitoral, caso colabore com as eleições.

(B) A liberdade de expressão assegurada aos candidatos exclui os crimes contra a honra do processo eleitoral.

(C) Cidadãos estrangeiros podem participar do processo eleitoral brasileiro, desde que autorizados por partido político regularmente registrado.

(D) O abandono do serviço eleitoral por mesário implica a prática de mera infração administrativa.

(E) É admitida a prova da verdade na hipótese de crime de calúnia contra chefe de Estado estrangeiro.

A: correta, já que o art. 283, § 1º, do CE dispõe que se considera funcionário público, para os efeitos penais, além dos indicados no presente artigo, quem, embora transitoriamente ou sem remuneração, exerce cargo, emprego ou função pública; **B:** incorreta, uma vez que previstas as condutas contra a honra do art. 242, IX e 324, ambos do CE; **C:** incorreta, uma vez que o art. 14, § 2º, da Constituição Federal dispõe que não podem se alistar como eleitores os estrangeiros e, durante o período do serviço militar obrigatório, os conscritos; **D:** incorreta, vez que o art. 344 do CE traz a tipificação da recursa ou o abandono do serviço eleitoral sem justa causa, dispondo como pena a detenção até dois meses ou pagamento de 90 a 120 dias-multa; **E:** incorreta, uma vez que o art. 324, § 2º, II, do CE disciplina sobre a não admissão da prova da verdade nestas circunstâncias.

Gabarito "A"

(Ministério Público/RN – 2004) Constituem crimes eleitorais, exceto:

(A) O uso de alto-falantes e amplificadores de som no dia da eleição;

(B) O uso, na propaganda eleitoral, de imagens associadas às empregadas pelos órgãos de governo;

(C) Impedir o exercício de propaganda;

(D) Fazer pronunciamento fora do horário eleitoral gratuito, em cadeia de rádio ou televisão;

(E) Tentar violar o sigilo da urna ou dos invólucros.

A: art. 39, § 5º, I, da LE; **B:** art. 40 da LE; **C:** art. 332 do CE; **D:** a conduta não é tipificada como crime, embora possa, caso realizada nos três meses anteriores ao pleito, dar ensejo à multa, à cassação de registro ou diploma e às sanções relativas à improbidade administrativa – art. 73, VI, c, e §§ 4º a 7º, da LE; **E:** art. 317 do CE.

Gabarito "D"

(Ministério Público/RO – 2010 – CESPE) A respeito dos crimes eleitorais e do processo penal eleitoral, assinale a opção correta.

(A) Os recursos especiais relativos aos processos criminais eleitorais de competência originária dos TREs devem ser interpostos no prazo de três dias perante o presidente do tribunal recorrido.

(B) Para efeitos penais, o cidadão que integra temporariamente órgãos da justiça eleitoral e o cidadão nomeado para compor as mesas receptoras ou juntas apuradoras não são considerados membros nem funcionários da justiça eleitoral.

(C) Na instrução dos processos criminais eleitorais, poderão ser inquiridas até cinco testemunhas arroladas pela acusação e cinco arroladas pela defesa, independentemente de o crime ser apenado com multa, detenção ou reclusão.

(D) O fato de o órgão do MP não apresentar, no prazo legal, denúncia de crime eleitoral configura crime apenado com detenção de até um mês e multa.

(E) Tratando-se de crimes eleitorais, cabe apelação, no prazo de cinco dias, das sentenças definitivas de condenação ou absolvição proferidas por juiz singular, sendo de oito dias o prazo para oferecimento das razões.

A: assertiva correta, conforme o art. 276, § 1º, do CE; **B:** incorreta, pois o cidadão é considerado, nesse caso, funcionário da justiça eleitoral, para fins penais – art. 283, II e III, do CE; **C:** incorreta, pois o número de testemunhas na instrução é, em regra, de até 8 para acusação e mesmo número para a defesa – art. 401 do Código de Processo Penal – CPP, ver art. 532 do CPP; **D:** incorreta, pois a pena para a omissão é de até 2 meses de detenção ou pagamento de multa – art. 342 do CE; **E:** incorreta, pois o prazo é de 10 dias – art. 362 do CE.

Gabarito "A"

(Ministério Público/RS – 2009) João Alberto, escolhido candidato à vereança na convenção de seu partido, em dado município do interior do Estado, prometeu a um grupo determinado de eleitores – em reunião realizada na sede da associação comunitária dos ferroviários – que, uma vez eleito, garantiria a eles vaga em sua assessoria, utilizando-se de cargos em comissão de que seu futuro gabinete poderia dispor. Tal fato se deu antes do encaminhamento do pedido do registro da candidatura, e tinha por escopo obter os votos daqueles eleitores.

Com base nesses dados, é correto afirmar que

(A) a ação do candidato constitui captação ilícita de sufrágio, prevista no art. 41-A, da Lei n. 9.504/1997, capaz de levar a cassação de registro ou mesmo do diploma em caso da eleição do candidato.

(B) em não se tendo certeza quanto a sua eleição, o crime não se poderia configurar em caso de insucesso eleitoral.

(C) o fato não se caracteriza como crime eleitoral porque praticado em período anterior ao registro da candidatura.

(D) o candidato, pela simples promessa levada a cabo, cometeu, em tese, o crime de corrupção eleitoral (art. 299 do Código Eleitoral).

(E) Nenhuma das alternativas propostas está correta em face do ordenamento vigente.

De fato a única alternativa correta é a apresentada pela assertiva D, vez que basta a conduta para a caracterização do crime, nos exatos termos que dispõe o referido art. 299 do CE.

Gabarito "D"

(Ministério Público/SP – 2012 – VUNESP) Em relação ao Ministério Público Eleitoral, é correto afirmar:

(A) Se o órgão do Ministério Público, ao invés de apresentar a denúncia, requerer o arquivamento da investigação de infração penal eleitoral, o juiz, no caso de considerar improcedentes as razões invocadas, fará remessa do pedido ao Procurador-Geral de Justiça.

(B) Ouvidas as testemunhas da acusação e da defesa e praticadas as diligências requeridas pelo Ministério Público, o Juiz Eleitoral encerrará a instrução e abrirá vista ao Promotor Eleitoral para que, no prazo de 48 (quarenta e oito) horas, apresente as alegações finais.

(C) Verificada a infração penal eleitoral, o Ministério Público oferecerá a denúncia dentro de 10 (dez) dias.

(D) As funções de Procurador-Geral Eleitoral, perante o Tribunal Superior Eleitoral, serão exercidas pelo Procurador Geral da República e, perante os Tribunais Regionais Eleitorais dos Estados, pelos Procuradores-Gerais de Justiça.

(E) O Promotor Eleitoral será o membro do Ministério Público Federal que oficie junto ao Juízo incumbido do serviço eleitoral de cada Zona.

A: incorreta, pois o art. 357, § 1º, do CE dispõe que se o órgão do Ministério Público, ao invés de apresentar a denúncia, requerer o arquivamento da comunicação, o juiz, no caso de considerar improcedentes as razões invocadas, fará remessa da comunicação ao Procurador Regional, e este oferecerá a denúncia, designará outro Promotor para oferecê-la, ou insistirá no pedido de arquivamento, ao qual só então estará o juiz obrigado a atender; **B:** incorreta, uma vez que a disposição correta do art. 360 do CE é no sentido de que ouvidas as testemunhas da acusação e da defesa e praticadas as diligências requeridas pelo Ministério Público e deferidas ou ordenadas pelo juiz, abrir-se-á o prazo de 5 (cinco) dias a cada uma das partes - acusação e defesa - para alegações finais; **C:** correta, conforme art. 357 do CE; **D:** incorreta, vez que dispõe o art. 27 do CE que servirá como Procurador Regional junto a cada Tribunal Regional Eleitoral o Procurador da República no respectivo Estado e, onde houver mais de um, aquele que for designado pelo Procurador Geral da República; **E:** incorreta, uma vez que funcionará como membro do ministério público eleitoral o promotor de justiça local (membro do ministério público estadual), conforme art. 79 da LC 75/1993 ao dispor que o Promotor Eleitoral será o membro do Ministério Público local que oficie junto ao Juízo incumbido do serviço eleitoral de cada Zona.

Gabarito "C"

13. COMBINADAS E OUTRAS MATÉRIAS

(Ministério Público/MG – 2014) Quanto às afirmações que se seguem:

I. O Presidente da República, os Governadores de Estado e do Distrito Federal, os Prefeitos e quem os houver sucedido ou substituído no curso dos mandatos poderão ser reeleitos para um único período subsequente.

II. O Tribunal Superior Eleitoral elegerá seu Presidente, o Vice-Presidente e o Corregedor Eleitoral dentre os Ministros do Supremo Tribunal Federal.

III. São inelegíveis, para qualquer cargo, os que forem condenados, em decisão transitada em julgado ou proferida por órgão judicial colegiado, desde a condenação até o transcurso do prazo de 8 (oito) anos após o cumprimento da pena, por crimes de ação penal privada.

IV. Nas árvores e nos jardins localizados em áreas públicas, bem como em muros, cercas e tapumes divisórios, não é permitida a colocação de propaganda eleitoral de qualquer natureza, mesmo que não lhes cause dano.

É **INCORRETO** o que se afirma em:

(A) I e II.

(B) II e III.

(C) II e IV.

(D) III e IV.

I: correta, nos termos do art. 14, § 5º, CF; **II:** incorreta, já que o art. 17 do Código Eleitoral dispõe que o Tribunal Superior Eleitoral elegerá para seu presidente um dos ministros do Supremo Tribunal Federal, cabendo ao outro a vice-presidência, e para Corregedor Geral da Justiça Eleitoral um dos seus membros; **III:** incorreta, já que o rol do art. 1º, I, e, LC 64/1990 é exaustivo, não contemplando a hipótese trazida pela assertiva (crimes de ação penal privada). **IV:** correta, conforme art. 37, § 5º, Lei das Eleições.

Gabarito "B"

(Ministério Público/ES – 2013 – VUNESP) Assinale a alternativa correta.

(A) O TSE é competente originariamente para julgar os processos de perda de cargo eletivo por infidelidade partidária de mandatos federais, cabendo aos TRE's a competência originária para julgar os processos de perda de cargo eletivo por infidelidade partidária de mandatos estaduais e, por fim, às Zonas Eleitorais originariamente para julgar os processos de perda de cargo eletivo por infidelidade partidária de mandatos municipais.

(B) São pressupostos autorizadores para decretação da perda de cargo eletivo por infidelidade: a efetiva desfiliação partidária e a ausência de justa causa para a desfiliação.

(C) Consideram-se "justa causa" para o não reconhecimento da perda do cargo eletivo por infidelidade partidária: a incorporação ou fusão do partido; a grave discriminação pessoal; a criação de novo partido; a mudança substancial ou desvio reiterado do programa partidário e a assiduidade nas reuniões partidárias.

(D) O prazo para ajuizamento da ação de perda de cargo eletivo por infidelidade partidária deve ser exercido em até 90 dias contados da desfiliação; decorrido esse prazo, ocorrerá a decadência.

(E) O Ministério Público Eleitoral possui competência exclusiva para propor a representação para perda de cargo eletivo por infidelidade partidária.

A: incorreta, uma vez que a competência, no caso dos mandatos municipais, também será dos Tribunais Regionais Eleitorais, em atenção ao que dispõe o art. 2º, Resolução TSE 22.610, ao disciplinar que o Tribunal Superior Eleitoral é competente para processar e julgar pedido relativo a mandato federal; nos demais casos, é competente o tribunal eleitoral do respectivo estado; **B:** correta, conforme apresentado pelo art. 1º, Resolução TSE 22.610, ao dispor que o partido político interessado pode pedir, perante a Justiça Eleitoral, a decretação da perda de cargo eletivo em decorrência de desfiliação partidária sem justa causa; **C:** incorreta, vez que não consta no rol taxativo apresentado pelo art. 1º, § 1º, Resolução TSE 22.610 a assiduidade nas reuniões partidárias; **D:** incorreta, pois o art. 1º, § 2º, Resolução TSE 22.610, dispõe acerca do prazo de 60 dias (30 dias + 30 dias), ao disciplinar que quando o partido político não formular o pedido dentro de 30 (trinta) dias da desfiliação, pode fazê-lo, em nome próprio, nos 30 (trinta) subsequentes, quem tenha interesse jurídico ou o Ministério Público Eleitoral; **E:** incorreta, já que o dispositivo invocado na alternativa anterior (art. 1º, § 2º, Resolução TSE 22.610) é claro ao colocar a titularidade do Ministério Público em segundo plano, conjuntamente com demais interessados (em tese, o candidato suplente), após a não manifestação, neste sentido, pelo partido político.

Gabarito "B"

(Ministério Público/MG – 2013) Assinale a alternativa *INCORRETA*:

(A) Ao postulante a candidatura a cargo eletivo é permitida a realização, na quinzena anterior à escolha pelo partido, de propaganda intrapartidária com vista à indicação de seu nome, vedado o uso de rádio, televisão e *outdoor*.

(B) Na seara eleitoral, são inaplicáveis as regras dos artigos 188 e 191 do Código de Processo Civil, que duplicam ou quadruplicam os prazos do Ministério Público, da Fazenda Pública e de litisconsortes com diferentes procuradores.

(C) Os feitos eleitorais, no período entre o registro das candidaturas até cinco dias após a realização do segundo turno das eleições, terão prioridade para a participação do Ministério Público e dos Juízes de todas as Justiças e instâncias, ressalvados os processos de *habeas corpus* e mandado de segurança.

(D) Depende da obtenção de licença municipal e de autorização da Justiça Eleitoral a veiculação de propaganda eleitoral para distribuição de folhetos, volantes e outros impressos, os quais devem ser editados sob a responsabilidade do partido, coligação ou candidato.

A: assertiva correta, nos termos do que dispõe o art. 36, § 1º, Lei das Eleições, tratando-se da propaganda intrapartidária com vistas à escolha em convenção partidária, onde a agremiação escolherá os candidatos/coligações para o pleito sequente; **B:** assertiva correta. Não há na legislação eleitoral a previsão contida nos artigos 188, 191 do CPC. Ao contrário, existe previsão geral quanto aos prazos a serem obedecidos pelas partes. Neste sentido, a jurisprudência do TSE já se manifestou: "Agravo de instrumento. Representação. Propaganda irregular. Recurso contra sentença interposto pelo Ministério Público. Prazo de 24 horas. § 8º do art. 96 da Lei 9.504/1997. Não aplicação do art. 188 do CPC". (TSE – AgIn 1945/MG); **C:** assertiva correta, conforme dispõe o art. 94 da Lei da Eleições; **D:** assertiva incorreta, devendo ser assinalada, uma vez que o art. 38, Lei das Eleições dispõe o contrário, ao dizer que independe da obtenção de licença municipal e de autorização da Justiça Eleitoral a veiculação de propaganda eleitoral pela distribuição de folhetos, adesivos, volantes e outros impressos, os quais devem ser editados sob a responsabilidade do partido, coligação ou candidato.

Gabarito "D"

(Ministério Público/BA – 2005) Assinale a alternativa correta:

(A) A propaganda eleitoral somente é permitida após o dia 5 de julho do ano da eleição; contudo, ao postulante ao cargo eletivo é permitida a realização, na quinzena anterior à escolha pelo partido, de propaganda intrapartidária com vista à indicação de seu nome, vedado o uso de rádio, televisão e outdoor.

(B) A propaganda eleitoral exercida nos termos da legislação eleitoral poderá ser objeto de multa, decorrente do exercício do poder de polícia do Município, para a preservação das praças, viadutos e do patrimônio público, bem como para preservar a limpeza da cidade e a fachada do patrimônio histórico.

(C) A partir da escolha de candidatos em convenção, é assegurado o direito de resposta somente a candidato (e não aos partidos políticos e as coligações) que tiver sido atingido, ainda que de forma indireta, por conceito, imagem ou afirmação caluniosa, difamatória, injuriosa ou sabidamente inverídica, difundidos por qualquer meio de comunicação social.

(D) As correspondências e as despesas postais não são considerados gastos eleitorais e, portanto, sujeitos a registro e aos limites da lei, ao contrário do que ocorre com a confecção de material impresso, propaganda e publicidade e despesas com transporte e deslocamento.

(E) O agente público, servidor ou não, está proibido de beneficiar qualquer candidato, partido ou coligação, com bens móveis ou imóveis pertencentes à administração direta ou indireta de qualquer das Entidades Federativas, até mesmo para a realização de convenção partidária.

A: correta (art. 36, *caput* e § 1º, da LE); **B:** incorreta; a propaganda realizada nos termos da lei não pode ser objeto de multa nem cerceada sob alegação do exercício do poder de polícia – art. 41 da LE; **C:** incorreta; o direito de resposta é reconhecido em favor não apenas de candidatos, mas também de partidos e coligações – art. 58 da LE; **D:** incorreta; todos esses são gastos sujeitos à legislação eleitoral – art. 26 da LE; **E:** incorreta; é possível ceder ou usar bens públicos exclusivamente para a realização de convenções partidárias – art. 73, I, *in fine*, da LE.

Gabarito "A"

(Ministério Público/MA – 2009) Assinale a alternativa *INCORRETA*.

(A) A inelegibilidade consiste na restrição ao direito político de se candidatar a cargo eletivo, ou seja, não retira a capacidade de votar (a não ser para os inalistáveis), mas apenas a de ser votado para cargo público eletivo.

(B) A inelegibilidade decorrente de condenação pelos crimes contra a economia popular, a fé pública, a administração pública, o patrimônio público, o mercado financeiro, pelo tráfico de entorpecentes e por crimes eleitorais, persiste por cinco (5) anos após a extinção da punibilidade pelo cumprimento da pena, mesmo depois do restabelecimento da inscrição eleitoral.

(C) São hipóteses de cancelamento de inscrição eleitoral a ausência de domicílio eleitoral, duplicidade e pluralidade de inscrições, falecimento do eleitor; alistamento de estrangeiro e alistamento efetuado mediante fraude.

(D) Somente poderá filiar-se a partido o eleitor que estiver no pleno gozo de seus direitos políticos.

(E) Considera-se deferida a filiação partidária, para todos os efeitos, com o atendimento das regras estatutárias do partido.

A: assertiva correta, pois descreve adequadamente a inelegibilidade – ver art. 14 da CF e Lei da Inelegibilidade – LI (LC 64/1990); **B:** assertiva incorreta. Perceba que, com a Lei da Ficha Limpa (LC 135/2010), o art. 1º, I, *g*, 1, da LI prevê a inelegibilidade dos que forem condenados, em decisão transitada em julgado ou proferida por órgão judicial colegiado, desde a condenação até o transcurso do prazo de 8 anos após o cumprimento da pena, pelos crimes contra a economia popular, a fé pública, a administração pública e o patrimônio público, dentre outros; **C:** correta, pois, nos termos do art. 71 do CE, são causas de cancelamento (i) a infração dos arts. 5º (pessoas que não sabem se exprimir na língua nacional ou que estejam privadas dos direitos políticos) e 42 (indicação errada do domicílio eleitoral) do CE, (ii) a suspensão ou perda dos direitos políticos, (iii) a pluralidade de inscrição, (iv) o falecimento do eleitor e (v) deixar de votar em 3 (três) eleições consecutivas; **D:** correta, conforme o art. 16 da Lei dos Partidos Políticos – LPP (Lei 9.096/1995); **E:** assertiva correta, pois reflete exatamente o disposto no art. 17 da LPP.

Gabarito "B"

(Ministério Público/MA – 2009) Assinale a alternativa *CORRETA*.

(A) Para concorrer a cargo eletivo, o eleitor deverá estar filiado ao respectivo partido pelo menos três (3) anos antes da data fixada para as eleições majoritárias ou proporcionais.

(B) Constatada a ocorrência de duplicidade de filiação partidária, o Juiz Eleitoral não deverá declarar a nulidade, pois a questão é considerada *"interna corporis"* dos próprios partidos políticos.

(C) Quem se filia a novo partido deverá comunicar ao órgão de direção municipal do partido anterior e ao Juiz da sua respectiva zona eleitoral, solicitando o cancelamento da sua filiação até o dia imediato ao da nova filiação, sob pena de configurar-se dupla filiação, sendo ambas consideradas nulas para todos os efeitos.

(D) Nos processos relativos à apuração das infrações penais eleitorais, não é cabível a aplicação dos institutos da transação penal e da suspensão condicional do processo, na forma da Lei nº 9.099/1995.

(E) Nos processos relativos à apuração das infrações penais eleitorais, as medidas alternativas de transação penal e de suspensão condicional do processo, desde que aceitas, poderão consistir em prestação pecuniária e prestação de serviços voluntários à comunidade. A transação penal acarreta reincidência, pois sua aceitação importa em reconhecimento de responsabilidade, mas não gera efeitos civis e não constará de certidão de antecedentes criminais, salvo se para efeitos criminais, quando requisitada por autoridade judiciária ou Ministério Público.

A: incorreta, pois o período mínimo de filiação é de um ano antes da data das eleições (não três anos, como consta da assertiva), para que o cidadão possa concorrer a cargo eletivo pelo partido – art. 18 da LPP; **B:** incorreta, pois conforme a Lei 12.891/2013 (Minirreforma eleitoral) que alterou o parágrafo único do art. 22, Lei 9.096/1995, resta disposto que havendo coexistência de filiações partidárias, prevalecerá a mais recente, devendo a Justiça Eleitoral determinar o cancelamento das demais.; **C:** assertiva correta, pois reflete o disposto no art. 22, parágrafo único, da LPP; **D:** incorreta, pois a transação penal e a suspensão condicional do processo, previstas na Lei 9.099/1995, aplicam-se aos casos de crimes eleitorais – ver RESPE 28.077/RJ e HC 600/MT-TSE; **E:** assertiva incorreta. A transação penal implica pena restritiva de direitos ou multa, e não acarreta reincidência – art. 76, *caput* e §§ 4º e 6º, da Lei 9.099/1995.

Gabarito "C"

(Ministério Público/MA – 2009) Assinale a alternativa *INCORRETA*.

(A) A publicidade dos atos, programas, obras, serviços e campanhas dos órgãos públicos deve ter caráter educativo, informativo ou de orientação social, dela não podendo constar nomes, símbolos ou imagens que caracterizem promoção pessoal de autoridades ou servidores públicos.

(B) Constitui crime eleitoral inutilizar, alterar ou perturbar meio de propaganda devidamente empregado ou, ainda, impedir o exercício de propaganda eleitoral.

(C) A divulgação de pesquisa sem o prévio registro das informações no juízo eleitoral ao qual compete fazer o registro dos candidatos, com no mínimo cinco dias de antecedência da divulgação, sujeita os responsáveis apenas a aplicação de penalidade administrativa de multa.

(D) A divulgação de pesquisa eleitoral fraudulenta constitui crime pelo qual são responsáveis os representantes legais da empresa ou entidade de pesquisa, mas não os representantes legais do órgão veiculador da pesquisa.

(E) Nenhuma autoridade poderá, desde cinco (5) dias antes e até quarenta e oito (48) horas depois do encerramento da eleição, prender ou deter qualquer eleitor, salvo em flagrante delito ou em virtude de sentença criminal condenatória por crime inafiançável, ou, ainda, por desrespeito a salvo-conduto. Os candidatos, desde quinze (15) dias antes da eleição, gozam da garantia de não poderem ser, detidos ou presos, salvo o caso de flagrante delito.

A: assertiva correta, pois reflete exatamente o disposto no art. 37, § 1º, da CF; **B:** assertiva correta, pois essas condutas são tipificadas nos arts. 331 e 332 do CE; **C:** assertiva correta, nos termos do art. 33, § 3º, da LE. Note que a divulgação de pesquisa fraudulenta constitui crime – art. 33, § 4º, da LE; **D:** incorreta, pois os representantes legais da empresa ou entidade de pesquisa e do órgão veiculador podem ser responsabilizados pelo crime de divulgação de pesquisa fraudulenta – art. 35 c/c art. 33, § 4º, da LE; **E:** assertiva correta, conforme o art. 236, *caput* e § 1º, *in fine*, do CE.

Gabarito "D"

(Ministério Público/MG - 2008) Assinale a única alternativa **INCORRETA**, no que diz respeito à legislação que norteia as eleições para os diversos cargos no País.

(A) As despesas com transporte ou deslocamento de candidato e de pessoal a serviço das candidaturas são consideradas gastos eleitorais, sujeitos a registro e aos limites fixados na lei.

(B) Na propaganda eleitoral em geral, é permitida a realização de *showmício* e de evento assemelhado para promoção de candidatos, desde que autorizados previamente pela Justiça Eleitoral.

(C) No ano em que se realizar eleição, é possível a distribuição gratuita de bens, valores ou benefícios por parte da Administração, no caso de algumas hipóteses excepcionais estabelecidas pela norma eleitoral.

(D) Nos 3 (três) meses que antecedem o pleito eleitoral, é permitida ao agente público a nomeação ou exoneração de cargos em comissão e designação ou dispensa de funções de confiança.

(E) Nos termos da Lei Complementar nº 64/1990, o cidadão não possui legitimidade para pedir a Justiça Eleitoral a abertura de investigação judicial eleitoral para apurar uso indevido, desvio ou abuso do poder econômico ou de autoridade, em benefício de candidato ou de partido político.

A: art. 26, IV, da LE, devendo ser observados as limitações impostas pelo parágrafo único do mesmo artigo, inaugurado pela Minirreforma Eleitoral; **B:** atualmente, não é permitida a realização de showmícios ou de eventos assemelhados – art. 39, § 7º, da LE; **C:** a vedação não se aplica aos casos de calamidade pública, de estado de emergência ou de programas sociais autorizados em lei e já em execução orçamentária no exercício anterior – art. 73, § 10, da LE; **D:** art. 73, V, a, da LE; **E:** não é qualquer cidadão que detém essa legitimidade, apenas candidatos, partidos políticos, coligações e o Ministério Público Eleitoral – art. 22, da LI.

Gabarito "B"

(Ministério Público/MS – 2011 – FADEMS) Assinale a alternativa **correta**. Por força da Resolução nº 30/2008 do CNMP, O Promotor de Justiça Eleitoral será designado:

(A) pelo Procurador-Geral de Justiça, no âmbito do Ministério Público Estadual, considerando ser o Chefe da Instituição;

(B) pelo Procurador-Geral da República, devendo o ato ser publicado no Diário Oficial da União;

(C) pelo Procurador Regional Eleitoral, com atribuição junto ao Tribunal Regional Eleitoral;

(D) pelo Corregedor-Geral do Ministério Público, após indicação pelo Procurador-Geral de Justiça, mediante sistema de rodízio, no exercício da titularidade de função eleitoral, devendo ser observada a ordem decrescente de antiguidade no exercício da titularidade de função eleitoral;

(E) sendo o Promotor de Justiça o único titular na Comarca, não há necessidade de designação, considerando ser ele o Promotor de Justiça com atribuições em todas as áreas de intervenção do Ministério Público.

A designação de membros do Ministério Público Estadual de primeiro grau para atuar perante a justiça eleitoral de primeira instância será feita pelo procurador regional eleitoral (do Ministério Público Federal, que atua perante o TRE), com base em indicação do chefe do Ministério Público local (do estado), conforme o art. 1º da Resolução 30/2008 do Conselho Nacional do Ministério Público – CNMP. Por essa razão, a alternativa "C" é a correta.

Gabarito "C"

(Ministério Público/MS – 2011 – FADEMS) Analise as assertivas a seguir.

I. O Ministério Público Eleitoral pode requerer à Justiça Eleitoral a decretação de perda de cargo eletivo em decorrência de desfiliação partidária sem justa causa, ainda que a agremiação partidária interessada não o tenha feito.

II. É considerada infidelidade partidária a desfiliação do mandatário de determinada agremiação partidária para outro partido, ainda que se trate de novo partido.

III. A agremiação partidária interessada terá o prazo de vinte dias para ingressar com a ação visando a decretação de perda de mandato do infiel, contados da desfiliação (Resolução nº 22.610/2007/TSE).

IV. Cabe ao órgão partidário estabelecer em seu estatuto normas de disciplina e fidelidade partidária, por força de norma constitucional e infraconstitucional.

V. É de competência dos juízes eleitorais a decretação de perda do cargo de mandatos municipais cujo pedido tenha como fundamento a infidelidade partidária.

(A) todos os itens estão corretos;

(B) somente os itens II, III e V estão incorretos;

(C) somente os itens I e III estão incorretos;

(D) somente os itens II, III e IV estão corretos;

(E) todos os itens estão incorretos.

I: assertiva correta, pois, se o partido político não formular o pedido de decretação de perda do cargo eletivo em caso de desfiliação partidária sem justa causa, no prazo de 30 dias contados da desfiliação, poderá fazê-lo, nos 30 dias subsequentes, quem tenha interesse jurídico ou o Ministério Público Eleitoral – art. 1º, § 2º, da Resolução 22.610/2007-TSE; II: incorreta, pois se considera justa causa e, portanto, afasta a sanção de perda do mandato: (i) incorporação ou fusão do partido, (ii) criação de novo partido, (iii) mudança substancial ou desvio reiterado do programa partidário e (iv) grave discriminação pessoal – art. 1º, § 1º, da Resolução 22.610/2007-TSE; III: incorreta, pois o prazo é de 30 dias contados da desfiliação – art. 1º, § 2º, da Resolução; IV: correta, conforme o art. 17, § 1º, da CF e o art. 15, V, da LPP; V: incorreta, pois a competência é do TSE, em relação a mandato federal, e dos TREs, quanto aos demais casos – art. 2º da Resolução 22.610/2007-TSE.

Gabarito "B"

(Ministério Público/PB – 2010) Considere atentamente as proposições abaixo:

I. A emancipação civil não supre a idade mínima constitucionalmente exigida como condição de elegibilidade.

II. Se, em uma determinada eleição proporcional, nenhum dos partidos atingir o quociente eleitoral, seguir-se-á o sistema majoritário, devendo o número de cadeiras ser colmatado pelos candidatos mais votados.

III. Na ação declaratória de existência de justa causa, é possível que o partido político formule, em sede de contestação, pretensão de declaração de perda de mandato eletivo.

IV. Têm legitimidade para propor a Ação de Impugnação ao Pedido de Registro de Candidatura o pré-candidato o eleitor, o partido político, a coligação e o Ministério Público.

V. Classifica-se de inelegibilidade cominada, secundária ou própria a restrição sancionatória aplicada em determinada eleição, em virtude da prática de fato com revestimento de ilicitude eleitoral.

A quantidade de proposições corretas é igual a:

(A) 0

(B) 1

(C) 2

(D) 3

(E) 4

I: assertiva correta, pois a emancipação não mitiga ou afasta a exigência de idade mínima prevista no art. 14, § 3º, VI, da CF – ver RESPE 20.059/TO-TSE; II: assertiva correta, pois essa hipótese excepcional é prevista no art. 111 do CE; III: adequada, desde que a ação declaratória tenha sido proposta após a desfiliação; IV: incorreta, pois a legitimidade ativa para a Ação de Impugnação de Registro de Candidatura AIRC – é apenas de candidato, partido político, coligação e Ministério Público – art. 3º da LI; V: assertiva correta. A inelegibilidade pode ser inata ou cominada. A inata refere-se à pessoa que não preenche algum requisito ou condição para elegibilidade (por exemplo, art. 14, § 3º, da CF). A inelegibilidade cominada é sanção pelo cometimento de ilícito. A inelegibilidade cominada simples restringe-se à eleição em que o ilícito foi cometido, enquanto a inelegibilidade cominada potenciada estende-se a outras eleições, posteriores ao pleito em que o ilícito foi cometido.

Gabarito "E"

(Ministério Público/PB – 2010) Analise as assertivas abaixo, assinalando a alternativa que sobre elas contenha o devido julgamento:

I. A ação de impugnação ao mandato eletivo tem natureza puramente eleitoral, sendo a diplomação seu requisito jurígeno constitucional, e a posse do candidato eleito, o termo *a quo* de sua propositura.

II. A heterodesincompatibilização é vedada pelo ordenamento jurídico pátrio.

III. É permitido ao Presidente da República, aos Governadores e Prefeitos, no caso de transporte oficial, o uso, em campanha eleitoral, de bens móveis pertencentes à Administração Pública, desde que haja o ressarcimento das despesas pelo partido ou coligação a que estejam vinculados.

(A) Todas as assertivas estão erradas.

(B) Não há assertiva errada.

(C) Apenas a assertiva I está errada.

(D) Apenas a assertiva III está errada.

(E) Apenas as assertivas II e III estão erradas.

I: incorreta. A doutrina divide-se em duas posições, a primeira de que a impugnação prevista no artigo 14, §§ 10 e 11 da Constituição Federal de 1988, formulada na ação de impugnação de mandato eletivo guarda consigo natureza civil eleitoral. A inelegibilidade tem o caráter de simples restrição constitucional temporária ao exercício de cargos públicos eletivos. Outra, de que a Ação de Impugnação de Mandato Eletivo reveste-se de índole constitucional e caráter civil eleitoral, é ação de conhecimento que, na classificação tripartida perfilhada pela doutrina tradicional, ganha a categoria de ação constitutiva negativa. Há o direito de exigir a desconstituição judicial de uma relação jurídica, o que se realiza com a sentença de procedência - que extingue um estado jurídico indevidamente criado - com efeitos projetados para o futuro; II: incorreta, vez que é permitido pelo ordenamento jurídico brasileiro. Exemplo disto podemos citar a LC 64/1990 que ao prever maneiras de candidatos inelegíveis conseguirem se desvencilhar desta condição (prazos para descompatibilização, por exemplo) assume abraçar a possibilidade que a assertiva traz. Importa frisar que a desincompatibilização é o ato através do qual o candidato afasta de si circunstancias que o tornam inelegível, isto a tempo de poder participar do pleito a que se pretende; III: incorreta, uma vez que tal conduta é expressamente vedada pelo art. 73, I da Lei 9.504/1997.

Gabarito "A"

(Ministério Público/PB – 2010) Considere as assertivas abaixo, assinalando, em seguida, a alternativa que sobre as mesmas contenha o devido julgamento:

I. Na hipótese em que não houver realizado campanha, fica desobrigado da prestação de contas à Justiça Eleitoral o candidato que renunciar à candidatura, dela desistir, for substituído ou tiver seu registro indeferido.

II. O militar alistável que contar com mais de dez anos de serviço será agregado pela autoridade superior e, se eleito, passará automaticamente, no ato da posse, para a inatividade.

III. O valor da multa paga em virtude de condenação por crime eleitoral é recolhido ao Fundo Partidário.

(A) Todas as assertivas são falsas.
(B) Não há assertiva falsa.
(C) Apenas a assertiva II é falsa.
(D) Apenas as assertivas I e II são falsas.
(E) Apenas a assertiva III é falsa.

I: incorreta, pois o candidato que renunciar à candidatura, dela desistir, for substituído ou tiver o seu registro indeferido pela Justiça Eleitoral deverá prestar contas correspondentes ao período em que participou do processo eleitoral, mesmo que não tenha realizado campanha, em conformidade com o que dispõe o art. 25 da Resolução TSE 23.217/2010; II: incorreta, uma vez que será a partir da diplomação que o militar passará para a inatividade, conforme disciplina o art. 14, § 8º, da Constituição Federal; III: correta, conforme art. 105, § 1º, da Lei 9.504/1997.

Gabarito "D"

(Ministério Público/PI – 2012 – CESPE) O presidente do TRE do Piauí autorizou a cessão de urnas eletrônicas e determinou o fornecimento de listagem impressa com os nomes de todos os cidadãos com domicílio eleitoral na capital – Teresina – divididos por seção eleitoral (folhas de votação), para utilização nas eleições dos conselheiros tutelares do município.

Com referência à situação hipotética acima apresentada, assinale a opção correta.

(A) Segundo resolução específica do TSE, para o conselheiro tutelar se candidatar a outro cargo eletivo, ele deverá desincompatibilizar-se no prazo mínimo de seis meses da realização das eleições.
(B) Conforme o disposto no Código Eleitoral, são considerados de relevância os serviços prestados pelos mesários e componentes das juntas apuradoras nas eleições para conselheiros tutelares.
(C) A fiscalização das referidas eleições não é exclusiva do promotor com atribuições para infância e juventude ainda que não haja previsão legal nesse sentido.
(D) Apesar de não serem oficiais, as referidas eleições regulam-se por resolução específica aprovada pelo TSE para participação obrigatória da justiça eleitoral.
(E) De acordo com o Código Eleitoral, as citadas eleições serão realizadas sob a presidência de juiz eleitoral e fiscalização do MP.

A: incorreta, vez que os membros de Conselhos Tutelares, de acordo com o TSE (Ac. 16.878/2000), deverão se desincompatibilizar no prazo de três meses antes das eleições; **B:** incorreta, uma vez que o art. 139 da Lei 8.069/90, "o processo de escolha dos membros do Conselho Tutelar será estabelecido por lei municipal e realizado sob a responsabilidade do Conselho Municipal dos Direitos da Criança e do Adolescente, e a fiscalização do Ministério Público". Importante ponderar que, sobre o assunto, o Código Eleitoral não possui dispositivos específicos; **C:** correta, vez que o art. 139 da Lei 8.069/90 dispõe que o processo para a escolha dos membros do Conselho Tutelar será estabelecido em lei municipal e realizado sob a responsabilidade do Conselho Municipal dos Direitos da Criança e do Adolescente, e a fiscalização do Ministério Público; **D:** incorreta, pois as eleições são oficiais, porém não reguladas pelo CE tampouco pelo TSE, obedecendo a legislação própria de caráter municipal; **E:** incorreta, uma vez que o art. 139 da Lei 8.069/1990, "o processo de escolha dos membros do Conselho Tutelar será estabelecido por lei municipal e realizado sob a responsabilidade do Conselho Municipal dos Direitos da Criança e do Adolescente, e a fiscalização do Ministério Público". Importante reiterar que sobre o assunto, o código eleitoral não possui dispositivos específicos.

Gabarito "C"

(Ministério Público/PI – 2012 – CESPE) Acerca de eleições, assinale a opção correta.

(A) É permitida a veiculação gratuita de propaganda eleitoral na Internet, em sítios de pessoas jurídicas sem fins lucrativos.
(B) O não julgamento das prestações de contas dos candidatos no prazo de até oito dias antes da diplomação não acarreta aprovação tácita das contas.
(C) É proibida a divulgação de pesquisas eleitorais por qualquer meio de comunicação, a partir do décimo quinto dia anterior ao pleito até as dezoito horas do dia do pleito.
(D) Não se considera propaganda eleitoral antecipada a divulgação de prévias partidárias por meio de página na Internet.
(E) É permitida a veiculação de propaganda eleitoral por meio da fixação de faixas em bens de propriedade privada, tais como lojas e centros comerciais.

A: incorreta, uma vez que tal conduta é expressamente vedada pelo art. 57-C, § 1º, I, da Lei 9.504/1997; **B:** correta, conforme posicionamento do TSE: Ac.-TSE, de 6.6.2006, no Ag nº 4.523: o não julgamento das prestações de contas dos candidatos oito dias antes da diplomação não acarreta aprovação tácita das contas. O prazo fixado neste dispositivo tem por objetivo harmonizar o julgamento do exame das contas com a diplomação dos candidatos, à vista do que dispõe o art. 29 desta lei; **C:** incorreta, ainda que o art. 35-A da Lei 9.504/1997 disponha que é vedada a divulgação de pesquisas eleitorais por qualquer meio de comunicação, a partir do décimo quinto dia anterior até as 18 (dezoito) horas do dia do pleito, é importante notar que tal dispositivo fora considerado inconstitucional pelo STF nos autos da ADIn 3.471, de 06.09.2006; **D:** incorreta, uma vez que de acordo com o art. 36-A da Lei nº. 9.504/97 não será considerada propaganda eleitoral antecipada: "(...) III – a realização de prévias partidárias e sua divulgação pelos instrumentos de comunicação intrapartidária". No entanto, cabe salientar que a minirreforma eleitoral inaugurou o parágrafo único deste referido art. 36-A dispondo ser vedada a transmissão ao vivo por emissoras de rádio e de televisão das prévias partidárias; **E:** incorreta, conforme proibição expressa pelo art. 37 da Lei 9.504/1997. Importante notar que o mesmo dispositivo, em seu § 4º, disciplina que lojas e centros comerciais trata-se de bens de uso comum, ainda sejam propriedades privadas.

Gabarito "B"

(Ministério Público/PR – 2011) A Lei 9.504/1997 estabelece normas para as eleições. Sobre o tema, assinale a alternativa incorreta:

(A) a doação de valores em dinheiro para candidatos e partidos políticos em campanhas eleitorais é vedada a entidades de utilidade pública e a organizações não governamentais que recebam recursos públicos, mas é permitida a entidades esportivas e religiosas;

(B) é vedada a veiculação de propaganda de qualquer natureza, inclusive pichação, inscrição a tinta, fixação de placas, estandartes, faixas e assemelhados, em ginásios e estádios, por exemplo, ainda que sejam de propriedade privada;

(C) até as vinte e duas horas do dia que antecede a eleição, serão permitidos distribuição de material gráfico, caminhada, carreata, passeata ou carro de som que transite pela cidade divulgando *jingles* ou mensagens de candidatos;

(D) é proibido a qualquer candidato comparecer, nos 3 (três) meses que precedem o pleito, a inaugurações de obras públicas;

(E) a nomeação para cargos de membros do Poder Judiciário e do Ministério Público não sofre restrições em quaisquer períodos do processo eleitoral.

A: essa é a assertiva incorreta, pois é vedada a doação também por entidades esportivas e religiosas – art. 24, VIII e IX, da LE; **B:** assertiva correta, pois os bens a que a população em geral tenha acesso, inclusive privados (como cinemas, clubes, lojas, centros comerciais, templos, ginásios, estádios), são considerados bens de uso comum, com vedação de veiculação de propaganda de qualquer natureza – art. 37, § 2º, da LE; **C:** correta, conforme o art. 39, § 9º, da LE; **D:** correta, pois reflete a vedação prevista no art. 77 da LE; **E:** correta, pois a nomeação para o judiciário ou para o Ministério Público não é conduta vedada, conforme o art. 73, V, *b*, da LE.

Gabarito "A"

(Ministério Público/PR – 2008) Analise as afirmativas abaixo e assinale a alternativa correta:

I. A lei que alterar o processo eleitoral entrará em vigor na data de sua publicação, não se aplicando à eleição que ocorra até 1 (um) ano da data de sua vigência.

II. O mandato eletivo poderá ser impugnado ante a Justiça Eleitoral no prazo de quinze dias contados da diplomação, instruída a ação com provas de abuso do poder econômico, corrupção ou fraude.

III. Zonas Eleitorais são unidades territoriais municipais, de natureza administrativa e jurisdicional, criadas para controle de alistamento/transferência eleitoral e recepção de registros de candidaturas, bem assim para definição de competência jurisdicional, cuja titularidade cabe ao Juiz de Direito na função de Juiz Eleitoral.

IV. A Constituição Federal, com a redação determinada pela Emenda Constitucional nº 45/2004, veda o exercício de atividade político partidária ao membro do Ministério Público.

V. O Procurador Regional Eleitoral, membro do Ministério Público Federal, exerce as funções nas causas de competência do Tribunal Regional Eleitoral, enquanto o Promotor Eleitoral, membro do Ministério Público local (estadual ou distrital), atua, pelo princípio da delegação, perante os Juízes e Juntas Eleitorais.

(A) apenas as alternativas I, II e V estão corretas.

(B) apenas as alternativas III, IV e V estão corretas.

(C) as alternativas I e II estão incorretas.

(D) todas as alternativas estão incorretas.

(E) todas as alternativas estão corretas.

I: correta (art. 16 da CF); II: correta (art. 14, § 10, da CF); III: a assertiva está correta – art. 32 do CE; IV: correta (art. 128, § 5º, II, e, da CF); V: correta (arts. 77 a 79 da LC 75/1993).

Gabarito "E"

(Ministério Público/PR – 2008) Assinale a alternativa INCORRETA:

(A) é assegurada aos partidos políticos autonomia para definir sua estrutura interna, organização e funcionamento e para adotar os critérios de escolha e o regime de suas coligações eleitorais, observada obrigatoriamente a vinculação entre as candidaturas em âmbito nacional, estadual, distrital ou municipal, devendo seus estatutos estabelecer normas de disciplina e fidelidade partidária.

(B) o alistamento se faz mediante a qualificação e inscrição do eleitor. Para o efeito da inscrição, é domicílio eleitoral o lugar de residência ou moradia do requerente, e, verificado ter o alistando mais de uma, considerar-se-á domicílio qualquer delas.

(C) nenhuma autoridade poderá, desde 5 (cinco) dias antes e até 48 (quarenta e oito) horas depois do encerramento da eleição, prender ou deter qualquer eleitor, salvo em flagrante delito ou em virtude de sentença criminal condenatória por crime inafiançável, ou, ainda, por desrespeito a salvo-conduto.

(D) os feitos eleitorais, no período entre o registro das candidaturas até cinco dias após a realização do segundo turno das eleições, terão prioridade para a participação do Ministério Público e dos Juízes de todas as Justiças e instâncias, ressalvados os processos de habeas corpus e mandado de segurança, sendo defeso às autoridades mencionadas deixar de cumprir qualquer prazo desta Lei, em razão do exercício das funções regulares. O descumprimento de tal disposição constitui crime de responsabilidade e será objeto de anotação funcional para efeito de promoção na carreira.

(E) a realização de qualquer ato de propaganda partidária ou eleitoral, em recinto aberto ou fechado, não depende de licença de polícia.

A: incorreta (devendo esta ser assinalada), pois não subsiste a regra da verticalização (vinculação das candidaturas nos diversos âmbitos) – art. 17, § 1º, da CF; **B:** correta (art. 42 do CE); **C:** correta (art. 236 do CE); **D:** correta (art. 94 da LE); **E:** correta (art. 39 da LE).

Gabarito "A"

(Ministério Público/RJ – 2011) No tocante às condições de elegibilidade e às causas de inelegibilidade, analise as seguintes proposições:

I. Enquanto as condições de elegibilidade podem estar previstas na Constituição Federal e em leis ordinárias, as causas de inelegibilidade devem estar contempladas na Constituição Federal e em leis complementares.

II. Nos termos da Constituição Federal, são sempre inelegíveis os inalistáveis e os analfabetos.

III. O alistamento eleitoral é pressuposto para o exercício do direito de votar, não sendo exigido, contudo, para que o cidadão possa se eleger, bastando para esta última hipótese sua prévia filiação partidária.

IV. Nos termos da legislação vigente, são inelegíveis para qualquer cargo aqueles que forem condenados por crimes eleitorais para os quais a lei comine pena privativa de liberdade, desde a condenação até o transcurso do prazo de 08 (oito) anos após o cumprimento da pena, impondo-se, todavia, prévio trânsito em julgado da condenação criminal para configuração da inexigibilidade, em respeito ao princípio constitucional do estado de inocência.

V. Constitui crime eleitoral a arguição de inelegibilidade deduzida de forma temerária ou de manifesta má-fé.

Estão corretas somente as proposições:

(A) I, II e III;

(B) I, II e V;

(C) II, III e IV;

(D) II, IV e V;

(E) III, IV e V.

I: correta, uma vez que a Constituição Federal prevê em seu art. 14, § 3º, as condições de elegibilidade e no art. 14, § 4º e seguintes elenca situações de inelegibilidade. No entanto, por não serem esgotadas ali todas as situações que o constituinte julgava necessárias e, principalmente, por se tratar de assunto que demandaria complementação em razão da atualidade contemporânea aos pleitos, foi inserido o § 9º no citado art. 14, esclarecendo que lei complementar estabelecerá outros casos de inelegibilidade e os prazos de sua cessação, a fim de proteger a probidade administrativa, a moralidade para exercício de mandato considerada vida pregressa do candidato, e a normalidade e legitimidade das eleições contra a influência do poder econômico ou o abuso do exercício de função, cargo ou emprego na administração direta ou indireta; II: correta, conforme art. 14, § 4º, da CF; III: incorreta, pois o alistamento eleitoral é uma das condições de elegibilidade previstas no art. 14, § 3º, III, da CF; IV: incorreta, uma vez que a Lei da Ficha Limpa, como ficou conhecida (LC 135/2010), inseriu no art. 1º da LC 64/1990 a alínea 'e', item 4, dispondo que os que forem condenados, em decisão transitada em julgado ou proferida por órgão judicial colegiado, são inelegíveis desde a condenação até o transcurso do prazo de 8 (oito) anos após o cumprimento da pena, pelos crimes arrolados nos incisos subsequentes. Desta forma, de posse do que disciplina a legislação, não prescinde que inexista possibilidade recurso, basta que a condenação tenha sido proferida por órgão judicial colegiado ou que tenha simplesmente transitado em julgado; V: correta, conforme art. 25 da LC 64/1990.

Gabarito "B"

(Ministério Público/RO – 2010 – CESPE) Com base na Lei n. 9.504/1997, assinale a opção correta.

(A) Até trinta dias antes da data das eleições, todos os pedidos de registro de candidatos, inclusive os impugnados e os respectivos recursos, devem estar julgados em todas as instâncias, assim como devem estar publicadas as decisões a eles relativas.

(B) O candidato cujo registro esteja *sub judice* poderá efetuar todos os atos relativos à campanha eleitoral, exceto utilizar o horário eleitoral gratuito no rádio e na televisão.

(C) Eventuais débitos de campanha não quitados até a data de apresentação da prestação de contas não podem ser assumidos pelo partido político.

(D) É vedado a partido e a candidato receber, direta ou indiretamente, doação em dinheiro ou estimável em dinheiro, inclusive por meio de publicidade de qualquer espécie, procedente de entidades esportivas.

(E) Para fins de expedição da certidão de quitação eleitoral, serão considerados quites aqueles que, condenados ao pagamento de multa, tenham, até a data de prazo assinalado pelo juízo responsável pelo registro de sua candidatura, efetuado o respectivo pagamento.

A: incorreta, pois o prazo é o septuagésimo (70º) dia anterior à data da eleição – art. 93, § 1º, do CE; **B:** incorreta, pois o candidato cujo registro esteja *sub judice* poderá efetuar todos os atos relativos à campanha eleitoral, inclusive utilizar o horário eleitoral gratuito no rádio e na televisão e ter seu nome mantido na urna eletrônica enquanto estiver sob essa condição, ficando a validade dos votos a ele atribuídos condicionada ao deferimento de seu registro por instância superior – art. 16-A da LE; **C:** incorreta, pois os débitos poderão ser assumidos pelo partido político, por decisão do seu órgão nacional de direção partidária – art. 29, § 3º, da LE; **D:** essa é a assertiva correta, pois a vedação consta do art. 24, IX, da LE; **E:** assertiva incorreta, já que o prazo para pagamento ou parcelamento da dívida regularmente cumprido, para fins de certidão de quitação eleitoral, é até a data da formalização do pedido de registro da candidatura – art. 11, § 8º, I, da LE.

Gabarito "D"

(Ministério Público/RR – 2012 – CESPE) Considerando a disciplina constitucional e complementar de elegibilidade e inelegibilidades, assinale a opção correta.

(A) O condenado por calúnia e difamação permanece inelegível pelo prazo de oito anos.

(B) Advogado excluído, pela OAB, do exercício da profissão, por infração ético-profissional, é inelegível pelo prazo de oito anos.

(C) A Lei da Ficha Limpa admite a candidatura de pessoa condenada por crime contra a administração pública, desde que o acórdão respectivo penda de recurso.

(D) É elegível o militar conscrito, desde que ele se afaste da atividade.

(E) Ocupante do cargo de prefeito pode ser candidato a deputado estadual sem se afastar do exercício do cargo.

A: incorreta, uma vez que não há previsão na LC 64/1990; **B:** correta, em plena consonância com o que dispõe o art. 1º, I, "m", da LC 64/1990; **C:** incorreta, uma vez que a Lei da Ficha Limpa, como ficou conhecida (LC 135/2010) inseriu no art. 1º da LC 64/1990 a alínea "e", dispondo que os que forem condenados, em decisão transitada em julgado ou proferida por órgão judicial colegiado, desde a condenação até o transcurso do prazo de 8 (oito) anos após o cumprimento da pena, pelos crimes arrolados nos incisos subsequentes, entre eles, os crimes contra a administração pública. Desta forma, de posse do que disciplina a legislação, não prescinde que inexista possibilidade recurso, basta que a condenação tenha sido proferida por órgão judicial colegiado ou que tenha simplesmente transitado em julgado; **D:** incorreta, uma vez que o art. 98 do CE disciplina a situação ilustrada ao dispor que os militares alistáveis são elegíveis, atendidas as seguintes condições: I - o militar que tiver menos de 5 (cinco) anos de serviço, será, ao se candidatar a cargo eletivo, excluído do serviço ativo; II - o militar em atividade com 5 (cinco) ou mais anos de serviço ao se candidatar a cargo eletivo, será afastado, temporariamente, do serviço ativo, como agregado, para tratar de interesse particular; III - o militar não excluído e que vier a ser eleito será, no ato da diplomação, transferido para a reserva ou reformado; **E:** incorreta, o art. 1º, VI, da LC 64/1990 dispõe, quanto a inelegibilidade, que para a Câmara dos Deputados, Assembleia Legislativa e Câmara Legislativa, no que lhes for aplicável, por identidade de situações, consideram-se os mesmos inelegíveis para o Senado Federal, nas mesmas condições estabelecidas, observados os mesmos prazos. As regras de inelegibilidade para os candidatos a cargo no Senado Federal, previstas no art. 1º, V, fazem, por seu turno, remetência às mesmas causas de inelegibilidades aos candidatos à presidência da República. Deste modo, importante notar o art. 1º, II, item 13, de forma a deixar clarividente que no caso hipotético seria necessário que o candidato a deputado estadual, ocupante do cargo majoritário municipal deveria se afastar de suas funções até 6 meses antes do pleito.

Gabarito "B"

(Ministério Público/SC – 2010)

I. São inelegíveis para qualquer cargo os que forem condenados, em decisão transitada em julgado ou proferida por órgão judicial colegiado, desde a condenação até o transcurso do prazo de 3 (três) anos após o cumprimento da pena, pelos crimes contra a economia popular, a fé pública, a administração pública e o patrimônio público;

II. São inelegíveis para qualquer cargo os magistrados e os membros do Ministério Público que forem aposentados compulsoriamente por decisão sancionatória, que tenham perdido o cargo por sentença ou que tenham pedido exoneração ou aposentadoria voluntária na pendência de processo administrativo disciplinar, pelo prazo de 8 (oito) anos.

III. A propaganda eleitoral antecipada pode ficar configurada não apenas em face de eventual pedido de votos ou de exposição de plataforma ou aptidão política, mas também ser inferida por meio de circunstâncias subliminares, aferíveis em cada caso concreto.

IV. É permitida a propaganda eleitoral em bens particulares por meio de placas ou engenhos que não ultrapassem a dimensão de $8m^2$.

V. A propaganda eleitoral somente é permitida após o dia 5 de julho do ano da eleição. Entretanto, ao postulante a candidatura a cargo eletivo é permitida a realização, inclusive por meio do rádio e da televisão, na quinzena anterior à escolha pelo partido, de propaganda intrapartidária com vista à indicação de seu nome, vedado o uso de *outdoor*.

(A) Apenas as assertivas II, IV e V estão corretas.

(B) Apenas as assertivas II e III estão corretas.

(C) Apenas as assertivas I e II estão corretas.

(D) Apenas as assertivas I, III e IV estão corretas.

(E) Apenas as assertivas III e V estão corretas.

I: incorreta, pois a inelegibilidade se estende por até 8 anos após o cumprimento da pena, nesse caso – art. 1º, I, e, 1, da LI; II: correta, nos termos do art. 1º, I, *q*, da LI; III: assertiva adequada, conforme a jurisprudência do TSE – ver AgR-RESPE 197.990/GO-TSE; IV: incorreta, pois o limite é de 4 m^2 para propaganda em bens particulares, sem necessidade de licença municipal e de autorização pela justiça eleitoral, conforme o art. 37, § 2º, da LE; V: assertiva incorreta, pois é permitida apenas a propaganda intrapartidária com vista à indicação do nome do postulante à candidatura, vedado o uso de rádio, televisão e *outdoor* – art. 36, § 1º, da LE.

Gabarito "B"

(Ministério Público/SC – 2012) Analise as seguintes assertivas:

I. Na propaganda dos candidatos a cargo majoritário, deverão constar, também, o nome dos candidatos a vice ou a suplentes de Senador, de modo claro e legível, em tamanho não inferior a 10% (dez por cento) do nome do titular.

II. Definiu o Tribunal Superior Eleitoral que o prazo final para o ajuizamento de representação, por propaganda eleitoral antecipada ou irregular, é a data da eleição.

III. Nas árvores e nos jardins localizados em áreas públicas é permitida a colocação de propaganda eleitoral de qualquer natureza.

IV. É permitida a realização de showmício e de evento assemelhado para promoção de candidatos, bem como a apresentação, remunerada ou não, de artistas com a finalidade de animar comício e reunião eleitoral.

V. Conquanto investido de poder de polícia, não tem legitimidade o juiz eleitoral para, de ofício, instaurar procedimento com a finalidade de impor multa pela veiculação de propaganda eleitoral em desacordo com a Lei nº 9.504/1997.

(A) Apenas as assertivas I, II e III estão corretas.

(B) Apenas as assertivas III e IV estão corretas.

(C) Apenas as assertivas I, II e V estão corretas.

(D) Apenas as assertivas II, IV e V estão corretas.

(E) Todas as assertivas estão corretas.

I: correta (art. 36, § 4 º, da Lei 9.504/1997); II: correta, conforme se denota da observância de julgados notáveis do Tribunal Superior Eleitoral, tais como: Ac. de 25.4.2012 na Rp nº 125198, rel. Min. Nancy Andrighi, red. designado Min. Marcelo Ribeiro; no mesmo sentido os Ac. de 5.4.2011 no R-Rp 189711, rel. Min. Joelson Dias, o Ac. de 22.4.2008 no AgRgREspe 27763, rel. Min. Carlos Britto, o Ac. de 23.8.2007 no AgRgREspe 25.893, rel. Min. Gerardo Grossi e o Ac. de 30.11.2006 na Rp 1.346, rel. Min. Menezes Direito); III: incorreta, já que a permissão inferida pela assertiva é na verdade expressamente proibida pela legislação pertinente, qual seja art. 37, § 5º, da Lei 9.504/1997; IV: incorreta, vez que a proibição é expressa inequivocamente pelo art. 39, § 7º, da Lei 9.504/1997; V: correta, conforme disposto no art. 41, §§ 1º e 2º, da Lei 9.504/1997.

Gabarito "C"

(Ministério Público/SC – 2012) Analise as seguintes assertivas:

I. Cabe privativamente ao Ministério Público, no prazo de 5 (cinco) dias, contados da publicação do pedido de registro de candidato, impugná-lo em petição fundamentada.

II. O eleitor não reúne legitimidade para impugnar registro de candidatura, mas nada impede que apresente notícia de inelegibilidade à autoridade competente.

III. A declaração de inelegibilidade do candidato a Prefeito Municipal atingirá, por extensão, o candidato a Vice-Prefeito, assim como a destes atingirá aqueles.

IV. Somente partido político e o Ministério Público eleitoral poderão representar à Justiça Eleitoral requerendo abertura de investigação judicial para apurar uso indevido, desvio ou abuso do poder econômico ou do poder de autoridade, em benefício de candidato ou de partido político.

V. Constitui crime eleitoral a arguição de inelegibilidade deduzida de forma temerária ou de manifesta má-fé, punido com pena de detenção de seis meses a dois anos e multa.

(A) Apenas as assertivas I, III e IV estão corretas.

(B) Apenas as assertivas II e V estão corretas.

(C) Apenas as assertivas III, IV e V estão corretas.

(D) Apenas as assertivas III e V estão corretas.

(E) Todas as assertivas estão corretas.

I: incorreta, vez que o art. 3º da LC 64/1990 dispõe que caberá a qualquer candidato, a partido político, coligação ou ao Ministério Público, no prazo de 5 (cinco) dias, contados da publicação do pedido de registro do candidato, impugná-lo em petição fundamentada; II: correta, pois o art. 3º da LC 64/1990, o qual arrola os legitimados a impugnarem registro do candidato, não traz a legitimidade ao eleitor comum. No entanto, bem como elucida a assertiva, o eleitor poderá noticiar o fato impugnante a um dos legitimados interessados para que então promova o que não lhe é permitido; III: incorreta, uma vez que o art. 18 da LC 64/1990 dispõe que a declaração de inelegibilidade do candidato à Presidência da República, Governador de Estado e do Distrito Federal e Prefeito Municipal não atingirá o candidato a Vice-Presidente, Vice-Governador ou Vice-Prefeito, assim como a destes não atingirá aqueles; IV: incorreta, pois o art. 22 da LC 64/1990 disciplina o assunto ao dispor que qualquer partido político, coligação, candidato ou Ministério Público Eleitoral poderá representar à Justiça Eleitoral, diretamente ao Corregedor-Geral ou Regional, relatando fatos e indicando provas, indícios e circunstâncias e pedir abertura de investigação judicial para apurar uso indevido, desvio ou abuso do poder econômico ou do poder de autoridade, ou utilização indevida de veículos ou meios de comunicação social, em benefício de candidato ou de partido político; V: correta, conforme art. 25 da LC 64/1990.

Gabarito "B"

(Ministério Público/SC – 2008) Analise as seguintes assertivas:

I. A Seção Eleitoral é a menor fração de uma Zona Eleitoral, sendo aquela criada à medida que aumenta em 1.000 o número de deferimentos de pedidos de inscrição.

II. As Juntas Eleitorais são órgãos colegiados de segunda instância, gozando seus membros, no exercício de suas funções, de plenas garantias da Magistratura de carreira.

III. O voto é obrigatório para os maiores de 18 anos e facultativo para os analfabetos, maiores de 70 anos, inválidos e os maiores de 16 e menores de 18 anos.

IV. Iniciada a apuração, os trabalhos não poderão ser interrompidos, mesmo aos sábados, domingos e feriados, devendo a Junta funcionar, pelo menos, das 8 às 18 horas,

V. À medida em que os votos forem sendo apurados, poderão os fiscais e delegados de partido ou coligação, assim como os candidatos e o Ministério Público apresentar impugnações, precluindo esse direito, se já elaborado e assinado o Boletim de Urna.

(A) apenas II e IV estão corretos.

(B) apenas II, III e IV estão corretos.

(C) apenas III, IV e V estão corretos.

(D) apenas IV e V estão corretos.

(E) apenas I e V estão corretos.

I: incorreta, uma vez que o art. 117 do CE disciplina que as seções eleitorais, organizadas à medida em que forem sendo deferidos os pedidos de inscrição, não terão mais de 400 (quatrocentos) eleitores nas capitais e de 300 (trezentos) nas demais localidades, nem menos de 50 (cinquenta) eleitores; II: incorreta, vez que a junta eleitoral, em atenção ao que disciplina o art. 36 e seguintes do CE, é composto por um juiz de direito além de 2 ou 4 cidadãos de notória idoneidade; III: correta, conforme art. 14, § 1º, da Constituição Federal; IV: correta, conforme art. 159, § 1º, do CE; V: correta, conforme arts. 169 e 171 do CE.

Gabarito "C"

10. Processo Coletivo

Marcos Destefenni, Vanessa Tonolli Trigueiros e Wander Garcia*

1. INTERESSES DIFUSOS, COLETIVOS E INDIVIDUAIS HOMOGÊNEOS E PRINCÍPIOS

(Ministério Público/RN – 2004) Assinale a alternativa correta:

(A) São direitos difusos, ainda que fora das relações de consumo, os transindividuais, de natureza indivisível, de que sejam titulares pessoas indeterminadas, embora determináveis, e ligadas por circunstâncias de fato ou por uma relação jurídica base;

(B) A moralidade administrativa e seus desvios, com consequências patrimoniais para o erário, enquadram-se na categoria dos direitos difusos, o que habilita o Ministério Público a demandar, em juízo, na defesa da probidade administrativa;

(C) O Ministério Público tem legitimidade para ajuizar ação civil pública, com o fim de obter a declaração de nulidade de cláusula abusiva constante de determinado contrato de locação residencial, realizado por uma imobiliária, com consequente reparação de danos ao locatário;

(D) Em caso de direitos metaindividuais, por sua essência não patrimonial, apresenta-se, em tese, a tutela jurisdicional reparatória, como mais eficiente à preservação do direito;

(E) O mandado de segurança coletivo, diante dos estreitos limites constitucionais, não é meio de proteção judicial de direitos difusos.

A: incorreta, pois os titulares são sempre *indetermináveis*, além de serem ligados apenas por mera *circunstância de fato* (art. 81, parágrafo único, I, do CDC), diferentemente dos interesses coletivos (ex: de condôminos de um edifício), cujos titulares são determináveis e ligados por relação jurídica (no caso, pela copropriedade e pela convenção de condomínio), tudo nos termos do art. 81, parágrafo único, II, do CDC; **B:** correta, pois os tribunais superiores já se pacificaram no sentido de que o interesse na preservação da moralidade administrativa é difuso, já que seus titulares (toda a população) são indetermináveis e ligados por mera relação de fato; **C:** incorreta, pois o caso trata de mero interesse individual disponível e, de acordo com a Constituição, o Ministério Público só pode defender interesses difusos e coletivos (art. 129, III), podendo também defender interesses individuais homogêneos, quando houver relevância social, o que não ocorre no caso presente; **D:** incorreta, pois, conforme mencionado, os interesses em questão não são patrimoniais, portanto, não será com patrimônio (indenização) que eles serão reparados; assim, quando se causa um dano ambiental, o objetivo principal da responsabilização é desfazer o dano ambiental (reparação específica) e não recolher indenização; **E:** incorreta, pois o mandado de segurança coletivo pode envolver pretensão de defesa de interesses *difusos*, conforme entendimento do STF (Pleno, RE 196.184, j. em 27.10.2004: "À agremiação partidária, não pode ser vedado o uso do mandado de segurança coletivo em hipóteses concretas em que estejam em risco, por exemplo, o patrimônio histórico, cultural ou ambiental de determinada comunidade. Assim, se o partido político entender que determinado direito difuso se encontra ameaçado ou lesado por qualquer ato da administração, poderá fazer uso do mandado de segurança coletivo, que não se restringirá apenas aos assuntos relativos a direitos políticos e nem a seus integrantes". Todavia, é importante mencionar que o art. 21, parágrafo único, da Lei 12.016/2009 estabelece que o mandado de segurança coletivo só é cabível para defender interesses *coletivos* e *individuais homogêneos*, ficando excluído, portanto, a defesa de interesses difusos, o que, para alguns doutrinadores, é inconstitucional, por não haver tal limitação na Constituição Federal, mas o candidato deve ter essa informação, pois, nas questões de concursos posteriores a 2009, tende a ser perguntado o texto da lei, que, de fato, não admite a proteção de interesses difusos por meio de mandado de segurança coletivo.

Gabarito "B"

(Ministério Público/SC – 2008) Considere que a um portador de necessidades especiais foi prescrito o uso indispensável de medicação específica, mas que não se encontra padronizada pelo Sistema Único de Saúde. Deste modo, após provocação da instância administrativa, o requerimento do paciente foi indeferido pela Secretaria Municipal de Saúde.

I. O direito em questão é individual homogêneo, eis que assemelhado aos direitos transindividuais porque demanda, da mesma forma, tutela coletiva. Assim, é homogêneo porque deriva da mesma situação, tem a mesma origem, decorrente da característica de massa da atual sociedade.

II. O Ministério Público está legitimado para a propositura de ação em desfavor do Estado, posto versar primordialmente sobre direitos e interesses difusos e coletivos.

III. A demanda diz respeito a interesse individual homogêneo, manifesto que é o interesse social da atuação ministerial, por tratar de tema ligado à saúde, cujo resguardo é obrigação do Estado e direito de todos.

* **Marcos Destefenni** comentou as questões dos seguintes concursos: MP/AC/08, MP/BA/08, MP/CE/11, MP/GO/10, MP/GO/12, MP/MG/06, MP/MG/11, MP/MG/12, MP/MS/09, MP/MT/12, MP/PB/10, MP/PI/08, MP/PI/ 12, MP/RJ/11, MP/RN/09, MP/RR/12, MP/RS/08, MP/RS/09, MP/SC/08, MP/SC/12, MP/SP/12 e MP/TO/12, quando houver. **Vanessa Tonolli Trigueiros** comentou as questões do concurso de MP/SP/2013 e MP/MS/2013, **Wander Garcia** comentou as demais questões.

IV. A Lei Federal n. 8.080/1990 delegou aos Estados da federação a administração dos recursos orçamentários e financeiros destinados à saúde.

V. Segundo as diretivas constitucionais, as ações e serviços públicos de saúde integram uma rede regionalizada e hierarquizada, de modo a constituir um sistema único, que é financiado com recursos do orçamento da seguridade social, da União, dos Estados, do Distrito Federal e dos Municípios, além de outras fontes, o que impõe à União, aos Estados e aos Municípios a aplicação anual de recursos mínimos nessa área.

(A) apenas V está correto

(B) apenas I e II estão corretos

(C) apenas II, IV e V estão corretos

(D) apenas III, IV e V estão corretos

(E) todos estão corretos

I e **III:** corretas, pois o direito em questão é individual homogêneo, por envolver coletividade de pessoas prejudicadas por uma origem comum, qual seja, a não padronização do medicamento pelo Sistema Único de Saúde (art. 81, parágrafo único, III, do CDC); **II:** correta, pois, em sentido amplo, a questão versa sobre interesses difusos e coletivos, tratando de questão que envolve coletividade de pessoas, interesse social e interesse indisponível, por envolver a saúde; **IV:** correta (art. 15, II, da Lei 8.080/1990), sem prejuízo do papel dos Municípios nessa seara também; **V:** correta (art. 198 da CF).

Gabarito "E"

(Ministério Público/SP – 2011) Considere as seguintes situações:

I. responsabilidade do fornecedor em relação a vício de qualidade na pintura de um modelo de veículo por ele produzido;

II. responsabilidade do Estado pelo fornecimento de um medicamento indispensável para um idoso;

III. responsabilidade do loteador pelo contrato de venda de lotes de um loteamento popular clandestino;

IV. responsabilidade do fornecedor em relação a vício de segurança nos freios de um modelo de veículo por ele produzido;

V. responsabilidade do empreendedor imobiliário quanto à cláusula de reajuste de um contrato de venda de lotes de um condomínio fechado de luxo.

Indique a alternativa que expressa corretamente a classificação legal do interesse envolvido e a afirmação quanto à legitimidade de agir do Ministério Público.

(A) I Individual homogêneo; não tem legitimidade (disponibilidade e falta de interesse social). II. Individual; não tem legitimidade (disponibilidade e falta de interesse social). III. Individual homogêneo; tem legitimidade (disponibilidade com presença de interesse social). IV. Difuso; tem legitimidade (indisponibilidade e interesse social). V. Individual homogêneo; não tem legitimidade (disponibilidade e falta de interesse social).

(B) I. Individual homogêneo; não tem legitimidade (disponibilidade e falta de interesse social). II. Individual; não tem legitimidade (disponibilidade e falta de interesse social). III. Coletivo; tem legitimidade (disponibilidade com presença de interesse social); IV. Difuso; tem legitimidade (indisponibilidade e interesse social). V. Individual homogêneo; não tem legitimidade (disponibilidade e falta de interesse social).

(C) I. Individual homogêneo; não tem legitimidade (disponibilidade e falta de interesse social). II. Individual; não tem legitimidade (disponibilidade e falta de interesse social). III. Coletivo; tem legitimidade (disponibilidade com presença de interesse social); IV. Difuso; tem legitimidade (indisponibilidade e interesse social). V. Coletivo; não tem legitimidade (disponibilidade e falta de interesse social).

(D) I. Individual homogêneo; não tem legitimidade (disponibilidade e falta de interesse social). II. Individual; tem legitimidade (indisponibilidade e interesse social). III. Individual homogêneo; tem legitimidade (disponibilidade com presença de interesse social); IV. Difuso; tem legitimidade (indisponibilidade e interesse social). V. Individual homogêneo; não tem legitimidade (disponibilidade e falta de interesse social).

(E) I. Individual homogêneo; não tem legitimidade (disponibilidade e falta de interesse social). II. Difuso; tem legitimidade (indisponibilidade e interesse social). III. Individual homogêneo; tem legitimidade (disponibilidade com presença de interesse social); IV. Difuso; tem legitimidade (indisponibilidade e interesse social). V. Individual homogêneo; não tem legitimidade (disponibilidade e falta de interesse social).

I: trata-se de interesse *individual homogêneo*, pois todos os compradores do carro têm direitos decorrentes de uma origem comum (art. 81, parágrafo único, III, do CDC), no caso, o problema na pintura dos veículos produzidos; o MP não tem legitimidade, pois os interesses envolvidos são disponíveis e o caso não envolve questão de interesse social, como são as questões relativas à saúde, segurança, educação e moradia; **II:** trata-se de interesse *individual*, pois diz respeito a apenas um idoso; todavia, o Ministério Público tem legitimidade, pois o direito relacionado à saúde de um idoso é considerado indisponível e revela interesse social; vale lembrar que o art. 74, I, do Estatuto do Idoso (Lei 10.741/2003) admite o ajuizamento de ação civil pública para defender interesse *individual* do idoso, desde que se trate de interesse indisponível; **III:** trata-se de interesse *individual homogêneo*, pois os compradores do lote têm direitos decorrentes de uma origem comum, no caso, a existência de um loteamento clandestino (art. 81, parágrafo único, III, do CDC); o MP tem legitimidade, pois os interesses dos compradores, apesar de disponíveis, dizem respeito ao direito à moradia popular, de modo que está presente o interesse social); **IV:** além do interesse dos compradores do veículo no saneamento desse vício (interesse individual homogêneo) a questão envolve, também, interesses *difusos*, já que pessoas indeterminadas, ligadas por uma relação de fato, estão sujeitas à sofrer danos por conta do problema no freio dos veículos; assim, o MP tem legitimidade, já que há interesse social e interesses indisponíveis em jogo, como o direito à segurança, e à preservação da saúde e da vida; **V:** trata- se de interesse *individual homogêneo*, pois todos os compradores dos imóveis têm direitos decorrentes de uma origem comum (art. 81, parágrafo único, III, do CDC), no caso, o problema no reajuste do contrato de compra e venda; o MP não tem legitimidade, pois os interesses envolvidos são disponíveis e o caso não envolve questão de interesse social, pois se trata de moradia de luxo, e não de moradia popular.

Gabarito "D"

(Ministério Público/SP – 2008) Relativamente aos interesses transindividuais, de acordo com o disposto no Código de Defesa do Consumidor, é correto afirmar que

(A) os titulares dos interesses difusos estão ligados por uma origem em comum.

(B) os titulares dos interesses individuais homogêneos estão ligados por uma circunstância de fato.

(C) os titulares dos interesses coletivos estão ligados por uma origem em comum ou por uma circunstância de fato.

(D) os titulares de interesses difusos estão ligados por uma relação jurídica base.

(E) os titulares de interesses coletivos estão ligados por uma relação jurídica base.

A e **B:** incorretas, pois a origem dos interesses difusos é uma *situação de fato*, ao passo que a *origem comum* diz respeito aos interesses individuais homogêneos; **C:** incorreta, pois a origem dos interesses coletivos é uma *relação jurídica*; **D:** incorreta, pois a *relação jurídica base* diz respeito aos interesses coletivos; **E:** correta, nos termos do art. 81, parágrafo único, III, do CDC.

Gabarito "E"

(Ministério Público/GO – 2010) Analise as proposições abaixo e, após, assinale a alternativa correta:

I. O processo civil tradicional é vocacionado para resolução dos conflitos individuais. Por outro lado, o processo coletivo volta-se ao conhecimento de demandas envolvendo conflitos de grupos, classes ou categorias de lesados, nominados como interesses difusos, coletivos e individuais homogêneos. Ação popular não se presta a defesa de interesses difusos e coletivos.

II. Difusos são os interesses que envolvem um grupo indeterminável de lesados, reunidos por uma situação de fato comum, tendo objeto indivisível, v.g. lesão ao meio ambiente de uma região.

III. Interesses coletivos, em sentido estrito, são os que envolvem um grupo determinável, reunido por uma relação jurídica básica comum, tendo também um objeto indivisível, v.g. a nulidade de uma cláusula abusiva em contrato de adesão.

IV. Individuais homogêneos são aqueles que envolvem um grupo determinável, reunido por uma lesão de origem comum, tendo um objeto divisível, v.g. a aquisição de um produto de série com o mesmo defeito.

(A) Todas alternativas são verdadeiras.

(B) Apenas uma alternativa é verdadeira.

(C) Apenas uma alternativa é falsa.

(D) Todas as alternativas são falsas.

I: incorreta, pois a ação popular é considerada a primeira ação voltada à tutela de interesses difusos no direito brasileiro; **II:** correta, pois conforme o art. 81, parágrafo único, I, do CDC; **III:** correta, pois corresponde ao conceito do art. 81, parágrafo único, II, do CDC; **IV:** correta, nos termos do art. 81, parágrafo único, III, do CDC.

Gabarito "C"

(Ministério Público/MG – 2011) A tutela jurisdicional dos interesses difusos, coletivos e individuais homogêneos é considerada pela doutrina uma das conquistas mais expressivas do Direito brasileiro, dada sua relevância política e inegável dimensão social. Em relação aos direitos individuais homogêneos, definidos no artigo 81, III, da Lei n. 8.078/1990, pode-se afirmar que

I. o adjetivo "homogêneos" indica que o fato gerador é único, já que a dimensão qualitativa ou quantitativa do direito pode variar em razão do indivíduo.

II. a origem comum caracterizadora dos direitos individuais homogêneos é identificada com maior intensidade nas causas remotas e diz respeito às circunstâncias de fato comuns às pessoas a elas ligadas.

III. a categoria dos interesses e direitos individuais homogêneos guarda semelhança em relação aos interesses coletivos, na medida em que em ambas as espécies os titulares são identificados ou identificáveis.

IV. os direitos difusos e coletivos são indivisíveis e seus titulares são indeterminados ou apenas determináveis, ao passo que os individuais homogêneos são divisíveis e seus titulares são determinados.

V. a característica da divisibilidade significa, em termos práticos, que a satisfação do direito de um só dos titulares implica a satisfação de todos, assim como a lesão de um só constitui a lesão de toda a coletividade.

Apenas estão **CORRETAS** as opções:

(A) I, IV e V.

(B) II, III, e V.

(C) I, III e IV.

(D) II, III e IV.

I: incorreta, pois não é necessário que o fato gerador seja único. A expressão indica que a origem deve ser comum; **II:** correta, pois a causa remota diz respeito aos fatos (a causa próxima se refere aos fundamentos jurídicos. E, de fato, a origem comum diz respeito aos fatos; **III:** correta, pois são indetermináveis os titulares de direitos difusos. Os titulares de direitos coletivos e individuais homogêneos são passíveis de determinação; **IV:** correta, pois o que caracteriza e justifica a tutela de direitos *genuinamente* coletivos é o fato da indivisibilidade do objeto. Os titulares de direitos difusos são indeterminados e indetermináveis, enquanto que os titulares de direitos individuais homogêneos serão determinados na fase de liquidação da sentença. Ademais, a divisibilidade do objeto é característica da tutela coletiva de direitos individuais; **V:** incorreta, pois a assertiva se refere à característica da indivisibilidade e não da divisibilidade.

Gabarito "D"

(Ministério Público/MG – 2011) Direitos difusos são direitos metaindividuais, que, não tendo atingido o grau de agregação e organização necessário à sua afetação institucional junto a certas entidades ou órgãos representativos dos interesses já socialmente definidos, restam em estado fluido, dispersos pela sociedade civil como um todo. A respeito dessa categoria jurídica, é **CORRETO** afirmar:

I. Na conceituação de interesses difusos, optou o Código de Defesa do Consumidor pelos critérios da indeterminação dos titulares, existência entre eles de relação jurídica base, no aspecto subjetivo, e indivisibilidade do bem jurídico, no aspecto objetivo.

II. Um dos traços que distingue direitos e interesses difusos dos individuais homogêneos é a indeterminação dos titulares.

III. A relação jurídica base que liga o grupo, categoria ou classe de pessoas que titularizam os direitos difusos há que ser preexistente à lesão ou ameaça de lesão do interesse ou direito.

IV. A indivisibilidade que caracteriza tanto direitos difusos como coletivos implica que, satisfeita a pretensão de um, todos os demais titulares serão beneficiados, na medida do dano sofrido por cada um.

V. A veiculação de propaganda enganosa pode ser considerada ofensa a direitos difusos, uma vez que não é possível identificar as pessoas atingidas e, uma vez coibida a prática ilegal, todos se beneficiarão da mesma forma.

Apenas estão **CORRETAS** as opções:

(A) I, II e V.

(B) I, IV e V.

(C) III e IV.

(D) II e V.

I: incorreta, pois não há relação jurídica base entre os titulares; **II:** correta, pois, na hipótese de direitos difusos há indeterminabilidade dos titulares, enquanto nos direitos individuais homogêneos há determinabilidade na fase de liquidação da sentença; **III:** incorreta, pois não há relação jurídica base ligando os titulares de direitos difusos; **IV:** incorreta, pois a indivisibilidade referente aos direitos difusos não determina que, satisfeita a pretensão de um, todos serão beneficiados. A indivisibilidade diz respeito ao direito difuso (meio ambiente ecologicamente equilibrado, por exemplo), não em relação à satisfação das pretensões individuais, isto é, aos direitos individuais homogêneos que podem ser decorrentes do mesmo fato; **V:** correta, pois a assertiva faz referência a interesse difuso dos consumidores. Existe interesse difuso em coibir a prática enganosa. Após a lesão, surgem direitos individuais homogêneos das vítimas.

Gabarito "D"

(Ministério Público/MG – 2005) Analise as assertivas abaixo:

I. o interesse individual homogêneo caracteriza-se pela incindibilidade do objeto.

II. o interesse difuso mantém dentre seus fundamentos a indeterminabilidade das pessoas envolvidas assim como uma conflituosidade máxima.

III. o interesse coletivo estrito senso demonstra-se através de pessoas pelo menos determináveis e pelo objeto divisível.

IV. o interesse público é caracterizado pela presença predominante do Estado.

V. o interesse social pode ter como acepção aquilo que consulta a maioria da sociedade civil, ou seja, o bem-comum, equivalendo-se ao exercício coletivo de interesses coletivos, assim como o exercício da atividade organizada empresarial.

Quanto às alternativas acima:

(A) os itens I, II e V estão incorretos;

(B) apenas o item IV é correto;

(C) apenas o item II é incorreto;

(D) os itens I, III e V são corretos;

(E) os itens II, IV e V são corretos.

I: incorreta, pois o que caracteriza os direitos individuais homogêneos é exatamente a divisibilidade do objeto; **II:** correta, pois os titulares dos direitos difusos são indetermináveis e há conflituosidade na própria coletividade quanto à forma de se tutelar os interesses difusos. Por exemplo, vimos o grande debate que a tramitação do projeto do novo Código Florestal provocou no país; **III:** incorreta, pois o objeto é indivisível no caso de direitos coletivos pertencentes a um grupo, classe ou categoria de pessoas; **IV:** correta, pois é o conceito clássico do interesse público; **V:** correta, pois o interesse social diz respeito àquilo que é anseio da maioria da sociedade civil, tanto que é possível, por exemplo, a desapropriação com fundamento no interesse social. Ou seja, para satisfazer o interesse da maioria há limitação do direito de propriedade de alguma pessoa.

Gabarito "E"

(Ministério Público/MT – 2012 – UFMT) Leia atentamente as situações abaixo descritas.

Situação A: Divulgação de propaganda enganosa sobre determinado produto ou serviço.

Situação B: Cobrança ou aumento ilegal de mensalidade escolar de um determinado estabelecimento educacional.

Em relação a essas situações, analise as assertivas.

I. Na situação A, o ajuizamento de ação coletiva objetivando a suspensão liminar e a cessação definitiva de divulgação trata-se de pretensão difusa; com base no mesmo fato lesivo (divulgação da propaganda enganosa), é cabível a cumulação de pedido condenatório de cunho patrimonial (devolução do preço, indenização) em favor dos consumidores lesados (pretensão individual homogênea).

II. Na situação B, o ajuizamento de ação coletiva objetivando cessar a prática ilegal ou inconstitucional e atender às exigências e parâmetros legais trata-se de pretensão difusa; com base no mesmo fato lesivo (cobrança ilegal), é cabível a cumulação de pedido de devolução da diferença ou do total pago indevidamente pelos alunos (pretensão individual homogênea).

III. Na situação A, o ajuizamento de ação coletiva objetivando a suspensão liminar e a cessação definitiva de divulgação trata-se de pretensão difusa; no entanto, com base no mesmo fato lesivo (divulgação da propaganda enganosa), não é cabível a cumulação de pedido condenatório de cunho patrimonial (devolução do preço, indenização) em favor dos consumidores lesados (pretensão individual homogênea).

IV. Na situação B, o ajuizamento de ação coletiva objetivando cessar a prática ilegal ou inconstitucional e atender às exigências e parâmetros legais trata-se de pretensão coletiva, em sentido estrito; no entanto, com base no mesmo fato lesivo (cobrança ilegal), não é cabível o pedido de devolução da diferença ou do total pago indevidamente pelos alunos (pretensão individual homogênea).

V. Na situação B, o ajuizamento de ação coletiva objetivando cessar a prática ilegal ou inconstitucional e atender às exigências e parâmetros legais trata-se de pretensão coletiva, em sentido estrito; com base no mesmo fato lesivo (cobrança ilegal), é cabível a cumulação de pedido de devolução da diferença ou do total pago indevidamente pelos alunos (pretensão individual homogênea).

Estão corretas as assertivas:

(A) II, III e IV, apenas.

(B) III e V, apenas.

(C) I, II e V, apenas.

(D) III e IV, apenas.

(E) I e V, apenas.

I: correta, pois o interesse à cessação da divulgação é difuso, podendo ser protegido pela imposição de obrigação de não fazer (arts. 3º, 11 e 12 da LACP e art. 84 do CDC). Pode haver cumulação de pedidos, conforme o atual entendimento do STJ, de tal forma que pode ser pleiteada a condenação dos responsáveis na mesma demanda; II: incorreta, pois a pretensão, no caso, é de tutela de direitos coletivos *lato sensu* (há uma relação jurídica das vítimas com a parte contrária); III: incorreta, pois é possível a cumulação de pedidos; IV: incorreta, pois é cabível o formulação dos pedidos mencionados na assertiva; V: correta, pelas razões expostas.

Gabarito "E"

(Ministério Público/MS – 2009) Analise as afirmativas abaixo, sobre os interesses ou direitos coletivos *lato sensu*:

I. Transindividualidade, indivisibilidade e titularidade indeterminada são características dos interesses ou direitos difusos.

II. O que diferencia os interesses ou direitos coletivos *stricto sensu* dos interesses ou direitos difusos é o fato de que, mesmo ambos sendo de titularidade indeterminada, aqueles são determináveis pelo fato de seus titulares serem grupos, categorias ou classes de pessoas ligadas entre si ou com a parte contrária por relação jurídica base.

III. Os interesses individuais homogêneos são considerados pela doutrina predominante como acidentalmente coletivos, em contraposição aos interesses ou direitos difusos e coletivos *stricto sensu*, definidos como genuinamente ou essencialmente coletivos.

IV. O que determina a natureza de um dano coletivo *lato sensu* é a natureza do direito violado, ou seja, enquanto, por exemplo, a lesão ao meio ambiente gerará apenas danos de natureza difusa, a lesão aos preceitos de proteção do consumidor gerará tão só danos coletivos *stricto sensu*.

Estão corretas apenas as afirmativas

(A) I, II e III.

(B) I,III e IV

(C) II, III e IV.

(D) I,II e IV.

(E) I, II, III e IV.

I: correta, pois é o que estabelece o art. 103, I, do CDC; II: correta, pois os titulares dos direitos difusos são indeterminados e indetermináveis, isto é, como o número de titulares é extremamente disperso na sociedade, não há possibilidade e nem interesse na identificação de todos os titulares. Já os titulares de direitos coletivos são indeterminados, mas existe a possibilidade de determinação; III: correta, pois os direitos individuais homogêneos, na verdade, são direitos individuais que podem ser tutelados coletivamente, desde que os fatos sejam de origem comum e haja um número significativo de pessoas lesadas. Exige-se, também, a predominância dos aspectos comuns; IV: incorreta, pois a lesão a preceitos de proteção do consumidor também pode ofender direitos difusos (p. ex., o interesse na cessão de publicidade enganosa) ou individuais homogêneos (p. ex, vítimas de um mesmo acidente de consumo).

Gabarito "A"

(Ministério Público/PI – 2012 – CESPE) Com base no direito processual civil, assinale a opção correta.

(A) Na ação coletiva, vigoram os princípios da disponibilidade motivada e da obrigatoriedade da execução, em relação a todos os colegitimados.

(B) Na ACP, o princípio da máxima efetividade confere ao juiz amplos poderes instrutórios, independentemente de iniciativa das partes, além de concessão de liminares, sem justificação prévia, antecipação de tutela e utilização de medidas de apoio, destinadas a assegurar resultado prático equivalente à tutela pretendida.

(C) O princípio da adstrição da sentença, corolário do princípio da demanda, aplica-se à tutela jurisdicional específica das obrigações de fazer, não fazer e entregar coisa.

(D) Na atividade jurisdicional desenvolvida pelo STF em sede de recurso extraordinário, admite-se a invocação do princípio *jura novit curia*, ou seja, do princípio de que o juiz conhece o direito.

(E) Em jurisdição constitucional, no âmbito do processo de controle abstrato de constitucionalidade, aplica-se o princípio da demanda ou da adstrição das sentenças ao pedido.

A: incorreta, pois não há disponibilidade motivada e obrigatoriedade da execução em relação a todos os legitimados. Por exemplo, em relação às associações não há qualquer obrigatoriedade; **B:** correta, pois se trata de uma ótima definição do princípio da máxima efetividade da perspectiva do Poder Judiciário. Deve-se lembrar, ainda, o cabimento de qualquer ação para a tutela dos direitos transindividuais (art. 83 do CDC); **C:** incorreta, pois o art. 84 do CDC (art. 461 do CPC) autoriza o juiz a conceder a tutela específica, bem como, se for o caso, adotar providências que assegurem um resultado prático equivalente ou, ainda, a conceder a tutela genérica se for impossível a tutela específica. Ou seja, o princípio da congruência ou da adstrição é mitigado no caso da tutela das obrigações de fazer, não fazer e entrega de coisa; **D:** incorreta, pois o STF tem afirmado a inaplicabilidade desse princípio no caso de recurso extraordinário: "O brocardo latino que diz *da mihi factum, dabo tibi jus* não pode ser aplicado ao recurso extraordinário" (AI 68283 AgR/RJ). No mesmo sentido: ARE 639337 AgR/SP; **E:** incorreta, pois no caso de ADI, o STF não está vinculado aos fundamentos invocados pelo autor: "O Tribunal não está adstrito aos fundamentos invocados pelo autor, podendo declarar a inconstitucionalidade por fundamentos diversos dos expendidos na inicial" (ADI 2396 MC/MS).

Gabarito "B"

(Ministério Público/RJ – 2011) Sobre o princípio da indisponibilidade da demanda coletiva, pode-se afirmar que:

(A) não admite discricionariedade para que o autor coletivo avalie se é conveniente e oportuno propor a demanda ou nela intervir, podendo ser considerado um corolário da legitimidade concorrente e disjuntiva;

(B) não é absoluta a indisponibilidade da demanda coletiva, conjugando-se a obrigatoriedade com um juízo de conveniência e oportunidade para o ajuizamento da ação, ainda que o autor coletivo seja o Ministério Público, que deve avaliar o que melhor atende ao interesse público;

(C) impõe que o Ministério Público, quando não for o autor, deva intervir como fiscal da lei na demanda coletiva, bem como deva assumir e continuar no processo, no caso de desistência do autor originário;

(D) opõe-se ao princípio da disponibilidade motivada da ação coletiva, segundo o qual o Ministério Público pode deixar de propor a ação coletiva ou desistir de demanda infundada ou temerária proposta por outro, desde que o faça de forma motivada;

(E) impõe o dever de o Ministério Público recorrer no caso de improcedência do pedido formulado na demanda coletiva, bem como de propor ação de execução em caso de procedência, parcial ou total, dos pedidos formulados na ação coletiva.

A: incorreta, pois o princípio da indisponibilidade da demanda coletiva não é corolário da legitimidade concorrente e disjuntiva; **B:** correta, pois o princípio realmente não é absoluto, falando-se em indisponibilidade mitigada, tanto que o MP, por exemplo, não é obrigado a assumir a titularidade ativa da ação coletiva em caso de desistência por parte da associação autora; **C:** incorreta, pois apesar da redação legislativa "assumirá" (art. 5º, § 3º, da LACP), não se pode concluir que em caso de abandono ou desistência da ação por um colegitimado esteja o MP obrigado a assumir a titularidade; **D:** incorreta, pois não há oposição entre os princípios; **E:** incorreta, pois o MP não está obrigado a recorrer em todo caso. Imagine, por exemplo, a situação em que o próprio *Parquet* se manifestou pela improcedência de demanda.

Gabarito "B"

(Ministério Público/TO – 2012 – CESPE) Com relação à teoria constitucional e à tutela dos direitos difusos e coletivos, assinale a opção correta.

(A) São considerados interesses coletivos os transindividuais, de natureza indivisível, de que sejam titulares pessoas indeterminadas e ligadas por circunstâncias de fato.

(B) Direitos ou interesses transindividuais não possuem titulares individuais determinados e pertencem a uma comunidade ou coletividade.

(C) O interesse público secundário é o interesse social, o da sociedade ou da coletividade, assim como a proteção ao meio ambiente.

(D) Os interesses relacionados a condôminos de um edifício excedem o âmbito estritamente individual, constituindo interesses públicos.

(E) Direitos difusos e direitos coletivos distinguem-se pela coesão como grupo, categoria ou classe anterior à lesão, própria dos direitos difusos, e não dos coletivos *stricto sensu*.

A: incorreta, pois a definição corresponde aos direitos difusos (art. 81, parágrafo único, I, do CDC); **B:** correta, pois os interesses ou direitos transindividuais genuínos (difusos e coletivos) pertencem a pessoas indetermináveis ou indeterminadas. No caso dos coletivos no sentido estrito, a titularidade é de um grupo, classe ou categoria de pessoas (art. 81, parágrafo único, II, do CDC); **C:** incorreta, pois, no caso, a definição é do interesse público primário. O interesse público secundário é o interesse patrimonial do Estado enquanto pessoa jurídica; **D:** incorreta, porque não se trata de interesse público, que é o interesse de toda a coletividade. Pode haver interesse coletivo ou social; **E:** incorreta, pois a coesão anterior à lesão é própria dos direitos coletivos no sentido estrito e não dos difusos.

Gabarito "B"

(Ministério Público/PI – 2012 – CESPE) A respeito dos direitos coletivos, considerados em sentido amplo, assinale a opção correta.

(A) Os direitos transindividuais e metaindividuais, direitos coletivos em sentido amplo, abrangem os direitos difusos, coletivos, individuais homogêneos e o individual indisponível.

(B) Os bens que integram o patrimônio financeiro do Estado inserem-se no âmbito do interesse público primário.

(C) A lei confere exclusividade ao MP na defesa judicial do interesse público primário.

(D) O interesse público secundário é protegido pelos denominados direitos difusos, coletivos, individuais homogêneos e individuais indisponíveis, pertencentes à sociedade.

(E) Em regra, o MP tem legitimidade para a defesa dos interesses público e particular.

A: correta, segundo o gabarito. Todavia, a assertiva permite discussão. Ocorre que o direito individual, ainda que indisponível, não é metaindividual; **B:** incorreta, pois o interesse público primário diz respeito aos interesses da coletividade, em sentido amplo, relacionados ao bem-comum. O interesse público secundário diz respeito aos interesses patrimoniais do Estado, enquanto pessoa jurídica de direito público; **C:** incorreta, pois a legitimidade, no caso, é concorrente e disjuntiva, nos termos do art. 5º da LACP e do art. 82 do CDC; **D:** incorreta, pois, conforme mencionado nos comentários à alternativa B, a assertiva se refere ao interesse público primário; **E:** incorreta, pois o MP, em regra, não tem legitimidade para defender interesse particular.

Gabarito "A"

(Ministério Público/PI – 2012 – CESPE) Com relação aos direitos difusos, coletivos e individuais homogêneos, assinale a opção correta.

(A) Os direitos individuais homogêneos são indivisíveis, embora seus titulares sejam determinados.

(B) Os titulares dos direitos difusos podem ser individualmente determinados.

(C) Tanto os interesses difusos quanto os direitos coletivos são de natureza indivisível.

(D) Os direitos coletivos correspondem aos direitos metaindividuais, cujos titulares são pessoas indeterminadas.

(E) É vedada a investigação de afronta a direitos individuais homogêneos por meio de inquérito civil.

A: incorreta, pois os direitos individuais homogêneos são divisíveis; **B:** incorreta, pois os titulares são indetermináveis; **C:** correta, pois se trata da característica comum aos direitos difusos e coletivos no sentido estrito apontada pelo art. 81, parágrafo único, incisos I e II, do CDC; **D:** incorreta, pois os direitos coletivos são os transindividuais, de natureza indivisível de que seja titular grupo, categoria ou classe de pessoas ligadas entre si ou com a parte contrária por uma relação jurídica base. A assertiva, contudo, permite discussões, pois os titulares do direito material coletivo não precisam ser determinados; **E:** incorreta, pois o inquérito civil pode ser instaurado no caso da tutela de direitos individuais homogêneos, por força do art. 90 do CDC.

Gabarito "C"

2. COMPETÊNCIA, CONEXÃO, CONTINÊNCIA E LITISPENDÊNCIA

(Ministério Público/MG – 2010.1) Em relação às ações coletivas, pode-se afirmar

I. Será competente o foro do lugar onde ocorreu ou deva ocorrer o dano, quando de âmbito local; ou da capital do Estado ou no Distrito Federal, para os danos de âmbito nacional ou regional.

II. Será competente para a execução o juízo da liquidação da sentença ou da ação condenatória, no caso de execução coletiva; e o juízo da ação condenatória, quando individual a execução.

III. Poderão os legitimados ativos promover a liquidação e execução da indenização devida, decorrido o prazo de um ano sem habilitação de interessados em número compatível com a gravidade do dano.

IV. A coisa julgada terá somente efeitos *erga omnes* ou ultra partes.

V. Se o Ministério Público não ajuizar a ação, obrigatoriamente oficiará no feito, inclusive em se tratando de direitos ou interesses individuais homogêneos.

Marque a opção CORRETA.

(A) II e V estão corretas.

(B) I, II e V estão corretas.

(C) I, III e V estão corretas.

(D) I, III e IV estão corretas.

(E) IV e V estão corretas.

I: correta (art. 93 do CDC); **II:** incorreta, pois houve inversão das regras, ou seja, no caso de execução coletiva, a competência é do juízo da ação condenatória, ao passo que no caso de execução individual, a competência é do juízo da liquidação da sentença ou da ação condenatória (art. 98, § 2º, do CDC); **III:** correta (art. 100 do CDC); **IV:** incorreta, pois a coisa julgada pode ser "*erga omnes*", "*ultra partes*" e "*erga omnes* para beneficiar vítimas e sucessores" (art. 103 do CDC); **V:** correta (art. 92 do CDC).

Gabarito "C"

(Ministério Público/MG – 2008) No tocante à ação civil coletiva de responsabilidade pelos danos individualmente sofridos, é **INCORRETO** afirmar que:

(A) os entes e as pessoas legitimadas a proporem a ação agem como substitutos processuais.

(B) a competência para as causas da justiça estadual, tratando-se de dano de âmbito regional e estendendo-se por várias comarcas, será do foro da Capital do Estado.

(C) os titulares do direito pleiteado na ação coletiva poderão ingressar no polo ativo como litisconsortes; e os que nela ingressarem serão atingidos pelos efeitos da coisa julgada material na hipótese de o pedido ser, no mérito, considerado improcedente, não podendo renovar a ação a título individual.

(D) as ações individuais ajuizadas pelos titulares do direito serão obrigatoriamente reunidas à ação coletiva por determinação *ex officio* do juiz, a fim de se evitarem julgados dissidentes.

(E) julgado procedente o pedido e estabelecida a obrigação de indenizar, a condenação será genérica, transferindo-se a apuração do *quantum debeatur* e dos destinatários para a fase de liquidação.

A: correta, pois os legitimados agem em nome próprio, defendendo interesse alheio, configurando substituição processual ou legitimação extraordinária, na linguagem tradicional do processo civil; **B:** correta (art. 93, II, do CDC); **C:** correta (art. 103, § 2º, do CDC); **D:** incorreta, pois o CDC dá outra solução para a hipótese; no caso, os autores das ações individuais poderão requerer a suspensão de suas ações, para aproveitar a sentença a ser proferida na ação coletiva; do contrário, não poderão aproveitar a sentença proferida na ação coletiva (art. 104 do CDC); **E:** correta (arts. 95 e 97 do CDC).

Gabarito "D"

(Ministério Público/MS – 2006) Ressalvadas as competências da Justiça Federal e a competência dos Tribunais Superiores, a competência para as ações civis públicas que versem interesses transindividuais relativos à Justiça da Infância e da Juventude é:

(A) Do local do dano;

(B) Do local onde ocorreu ou deva ocorrer a ação ou omissão;

(C) Do local da sede da pessoa jurídica contra a qual for dirigida a ação;

(D) Nenhuma das alternativas anteriores.

Diferentemente da competência para as ações civis públicas em geral, que é fixada segundo o local do *dano* (art. 2º da Lei 7.347/1985), no caso de ações civis públicas relativas aos direitos da criança e do adolescente, a competência é do local da *ação ou omissão* (art. 209 do ECA).

Gabarito "B"

(Ministério Público/PR – 2011) Diante das disposições da Lei n. 7.347/1985, que disciplina a ação civil pública, é INCORRETO afirmar que:

(A) Considerando que as ações serão propostas no foro do local onde ocorrer o dano, cujo juízo terá competência funcional para processar e julgar a causa, está-se diante de competência absoluta, a qual pode ser declarada de ofício em qualquer tempo e grau de jurisdição;

(B) Poderá ser ajuizada ação cautelar na hipótese em que o dano é iminente, sendo que a tutela de urgência pode ser pleiteada antes ou no curso da ação civil pública;

(C) Os órgãos públicos legitimados poderão tomar dos interessados compromisso de ajustamento de sua conduta às exigências legais, no qual é possível a eleição de foro diverso do local onde ocorrer o dano, afastando-se, assim, a competência funcional para a execução do título extrajudicial;

(D) A ação civil pública poderá ter por objeto o cumprimento de obrigação de fazer ou não fazer, hipótese em que o juiz determinará o cumprimento da prestação da atividade devida ou a cessação da atividade nociva, sob pena de execução específica, ou de cominação de multa diária, independentemente de requerimento do autor;

(E) Na ação civil pública, assim como na ação popular, a sentença será ou não acobertada pela autoridade da coisa julgada dependendo do resultado da lide, de tal modo que, caso o pedido seja julgado improcedente por insuficiência de provas, qualquer legitimado poderá intentar outra ação com idêntico fundamento, valendo-se de nova prova.

A: assertiva correta, pois o art. 2º da Lei 7.347/1985, ao dispor que a competência, na ação civil pública, é *funcional*, está a dizer, segundo a doutrina e a jurisprudência, que se trata de competência absoluta, e não relativa; em se tratando de competência absoluta, o juiz deverá, em caso de incompetência, declará-la de ofício, em qualquer tempo e grau de jurisdição (art. 113 do CPC); **B:** assertiva correta (art. 4º da Lei 7.347/1985); **C:** assertiva incorreta, devendo ser assinalada, pois, em matéria de competência absoluta (art. 2º da Lei 7.347/1985), não há como, por vontade das partes, alterar a competência originária predeterminada de modo absoluto pela lei; **D:** assertiva correta (arts. 3º e 11 da Lei 7.347/1985); **E:** assertiva correta; em se tratando de interesses difusos, por exemplo, a coisa julgada, caso a ação seja julgada *procedente* ou *improcedente*, terá efeito material *erga omnes*, ao passo que, no caso de *improcedência por falta de provas*, a coisa julgada será apenas formal, possibilitando que qualquer outro legitimado ingresse com ação com idêntico fundamento, desde que se valendo de nova prova (art. 18 da Lei de Ação Popular – Lei 4.717/1965; art. 16 da Lei de Ação Civil Pública – Lei 7.347/1985).

Gabarito "C"

(Ministério Público/RO – 2008 – CESPE) Por meio de inquérito civil público, apurou-se dano ambiental em córrego que corta o município A (a montante) e o município B (a jusante). O promotor de justiça do município A entrou com ação civil pública (ACP) para reparação do dano e cessação da atividade poluidora. Dois dias depois, o promotor de justiça do município B também entrou com ACP com o mesmo conteúdo e objetivo. Considerando a situação hipotética apresentada e à luz da legislação federal da ACP, bem como da jurisprudência dominante, assinale a opção correta.

(A) Como o dano ocorreu no território de mais de uma comarca, as duas comarcas são competentes para julgamento da questão, que deverá ter pronunciamento duplo.

(B) Como o dano ocorreu no território de mais de uma comarca, resolve-se a questão da competência pela prevenção, sendo competente para o trato da questão o juiz que primeiro receber a inicial.

(C) Como o primeiro promotor de justiça que ajuizou a ACP foi o do município A, a ação deverá ser julgada nesse município somente.

(D) O tribunal de justiça deve avocar e julgar essa questão.

(E) Nesse caso, a matéria torna-se de competência do STJ.

Art. 2º, parágrafo único, da Lei 7.347/1985.

Gabarito "B"

(Ministério Público/BA – 2008) Marque a alternativa correta:

(A) Proposta ação civil pública por um dos legitimados, pode outro legitimado intervir na ação como litisconsorte ou assistente litisconsorcial, à exceção do Ministério Público, que intervirá sempre como *custos legis*, por expressa determinação legal.

(B) Ao contrário do que ocorre com os direitos coletivos e individuais homogêneos, os titulares dos direitos difusos são indeterminados e indetermináveis. Por isso, em caso de procedência de ação civil pública destinada à tutela de direitos difusos, a sentença de procedência não poderá ser liquidada e executada por beneficiários individuais.

(C) Em qualquer ação civil pública ajuizada por entidade associativa, a petição inicial deverá estar instruída com a ata da assembleia que autorizou a propositura da demanda, acompanhada da relação nominal dos seus associados e indicação dos respectivos endereços.

(D) Proposta uma ação civil pública objetivando a tutela de direitos coletivos e outra objetivando a tutela de direitos individuais homogêneos, uma vez se constatando a identidade na causa de pedir remota de ambas, será cabível o reconhecimento da conexão.

(E) Todos os legitimados para a ação civil pública devem demonstrar tanto a legitimidade *ad causam* quanto a pertinência temática, pois uma não implica necessariamente a outra.

A: incorreta, pois o MP não atua sempre como *custos legis* nas ações coletivas. O *Parquet* desempenha três funções no processo coletivo (autor; órgão interveniente obrigatório; órgão incumbido de assumir a titularidade ativa no caso de abandono ou desistência injustificada); **B:** incorreta, pois a eficácia da coisa julgada é *erga omnes*. Por isso, é possível o transporte da coisa julgada coletiva para beneficiar as vítimas ou interessados, que podem ser valer da sentença proferida na ação coletiva para a tutela de direitos difusos. Ocorre, no caso, o que se chama de "ampliação legal do objeto do processo coletivo"; **C:** incorreta, pois, como já decidiu o STJ, "independentemente de autorização especial ou da apresentação de relação nominal de associados, as associações civis, constituídas há pelo menos um ano e que incluam entre seus fins institucionais a defesa dos interesses e direitos protegidos pelo CDC, gozam de legitimidade ativa para a propositura de ação coletiva" (REsp 805.277/RS); **D:** correta, pois é perfeitamente possível a conexão no caso de ações coletivas; **E:** incorreto. O MP, por exemplo, é considerado um legitimado universal e, por isso, pode pedir a tutela de toda espécie de direito coletivo. Há expressa exigência de pertinência temática em relação às associações.

Gabarito "D"

(Ministério Público/CE – 2011 – FCC) A ação civil pública será proposta

(A) facultativamente no local onde ocorreu o dano ou no domicílio do réu, mas sua propositura não prevenirá a jurisdição para as ações posteriormente intentadas, ainda que tenham a mesma causa de pedir ou o mesmo objeto, porque a hipótese se qualifica como de ações concorrentes.

(B) sempre no domicílio do réu e, havendo mais de um, no de qualquer deles, mas sua propositura prevenirá a jurisdição do juízo para todas as ações posteriormente intentadas que possuam a mesma causa de pedir ou o mesmo objeto.

(C) no foro do local onde ocorrer o dano, cujo juízo terá competência funcional para processar e julgar a causa e sua propositura prevenirá a jurisdição do juízo para todas as ações posteriormente intentadas que possuam a mesma causa de pedir ou o mesmo objeto.

(D) facultativamente, quando a competência for da Justiça Estadual, no foro do local onde ocorreu o dano ou no da Capital do Estado, e, quando neste último, prevenirá a jurisdição para as ações posteriormente intentadas que possuem a mesma causa de pedir e o mesmo objeto.

(E) no foro do domicílio do autor, qualquer que seja o domicílio do réu ou o local dos fatos, e prevenirá a jurisdição do juízo para todas as ações posteriormente intentadas que possuem a mesma causa de pedir ou o mesmo objeto.

A: incorreta, pois a ação deve ser proposta no foro do local do dano (art. 2º da LACP). A hipótese é de competência absoluta. Além disso, há prevenção para as ações conexas posteriormente intentadas; **B:** incorreta, conforme anotado no item anterior; **C:** correta, pois é o que estabelece o art. 2º da LACP; **D:** incorreta, pois, conforme mencionado, a competência do foro do local do dano é absoluta; **E:** incorreta, pelo que já foi comentado.

Gabarito "C"

(Ministério Público/GO – 2012) Em relação à competência em matéria de interesses transindividuais, é correto afirmar:

(A) de acordo com o instituído pelo artigo 2º da Lei 7.347/1985, a competência para as ações civis públicas que versem direitos difusos ou coletivos, é estabelecida em razão do local do dano, sendo, portanto, competência territorial relativa;

(B) como o artigo 2º da Lei 7.347/1985 refere-se, expressamente, ao local do dano, na hipótese de atuação preventiva na tutela de direitos difusos ou coletivos, a ação será proposta sempre na Capital do Estado ou no Distrito Federal, incidindo a regra do artigo 93, II, do CDC;

(C) na defesa de interesses individuais homogêneos, se os danos forem regionais ou nacionais, a ação será proposta, alternativamente, no foro da Capital do Estado ou no do Distrito Federal, aplicando-se as regras do CPC, nos casos de competência concorrente;

(D) considerando o microssistema de tutela coletiva formado pela integração da Lei 7.347/1985 com a Lei 8.078/1990, nas ações civis públicas fundadas no ECA – Estatuto da Criança e do Adolescente, a competência é do local do dano, conforme previsto no artigo 2º da Lei da Ação Civil Pública.

A: incorreta, pois a competência, no caso, é considerada absoluta; **B:** incorreta, pois a ação preventiva deverá ser ajuizada no foro do local onde possa ocorrer o dano, nos termos do art. 93, II, do CDC; **C:** correta, pois é o que estabelece o art. 93, II, do CDC; **D:** incorreta, pois, no caso, há regra específica no art. 209 do ECA, no sentido de que *as ações previstas neste Capítulo serão propostas no foro do local onde ocorreu ou deva ocorrer a ação ou omissão, cujo juízo terá competência absoluta para processar a causa, ressalvadas a competência da Justiça Federal e a competência originária dos tribunais superiores.*

Gabarito "C"

(Ministério Público/GO – 2010) Quanto às regras de competência para as ações civis públicas, assinale a alternativa incorreta:

(A) Na defesa de direitos difusos ou coletivos em sentido estrito, a regra geral é a competência absoluta em razão do local do dano, ou, onde este deva ou possa ocorrer.

(B) Nas ações civis públicas fundadas no ECA é competente o foro do local onde ocorreu ou deva ocorrer a ação ou omissão.

(C) Na defesa de interesses difusos ou coletivos de caráter regional ou nacional, não há previsão normativa específica, de sorte que, por analogia, deve-se aplicar a regra do CDC, isto é, as ações civis públicas deverão ser ajuizadas no foro da Capital do Estado ou no do Distrito Federal.

(D) Quando o dano ocorrer no território de mais de uma Comarca, resolve-se a questão da competência pela prevenção, ou seja, a citação que primeiro se efetivar prevenirá o juízo competente.

A: correta, pois conforme o art. 2º da LACP e o art. 93 do CDC; **B:** correta, pois assim estabelece o art. 209 do ECA; **C:** correta, pois o art. 93 do CDC está no capítulo que trata da ação coletiva para a tutela de direitos individuais homogêneos. O STJ, porém, tem afirmado sua aplicabilidade nas demais ações coletivas; **D:** incorreta, pois a prevenção, no caso de ações coletivas, decorre da propositura da ação e não da citação (LACP, art. 2º, parágrafo único).

Gabarito "D"

(Ministério Público/PI – 2012 – CESPE) Com relação à ACP para a defesa de direitos coletivos em sentido amplo, assinale a opção correta.

(A) De acordo com a concepção tripartite estabelecida legalmente para a caracterização dos interesses e direitos coletivos, os critérios identificadores desses interesses e direitos residem no pedido e na causa de pedir.

(B) O arquivamento de inquérito civil induz os efeitos da preclusão e de coisa julgada e impede a propositura de ACP.

(C) A legitimidade para a propositura da ACP é concorrente e disjuntiva, todavia, verificando-se pertinência temática do objeto litigioso aos fins institucionais de mais de um ente legitimado, forma-se litisconsórcio ativo necessário.

(D) Na ACP, admite-se a dedução de pedido reconvencional pelo réu.

(E) A ACP segue procedimento especial definido na Lei de Ação Civil Pública. Entretanto, se existir, para o pedido, procedimento especial definido no CPC, prevalecem as disposições da legislação processual civil, por expressa previsão legal.

A: correta, pois esses são os critérios adotados no art. 81 do CDC, que define três espécies de direitos e interesses transindividuais (difusos, coletivos no sentido estrito e individuais homogêneos). Para a definição da natureza do direito material tutelado é imprescindível verificar o fundamento da demanda (causa de pedir) e o pedido (se a favor da coletividade ou de determinados indivíduos); **B:** incorreta, pois o arquivamento do IC não induz os efeitos da coisa julgada, considerando que qualquer colegitimado pode ingressar com ação, bem como o próprio MP pode desarquivar a investigação, havendo novas provas; **C:** incorreta, pois não já litisconsórcio ativo necessário entre os colegitimados. Ao contrário, a legitimidade, sendo disjuntiva, é dada a diversos entes sem que a atuação de um condicione a atuação do outro; **D:** incorreta, pois a reconvenção não é admitida quando o autor demanda a proteção de direito alheio (CPC, art. 315, parágrafo único); **E:** incorreta, pois a LACP não trata do aspecto procedimental da ação.

Gabarito "A"

(Ministério Público/RJ – 2011) Cidadão, em pleno gozo de seus direitos políticos, ajuizou ação popular ambiental, figurando no polo passivo, entre outros, o Estado, o Governador e o Secretário de Fazenda. Nas respostas aos termos da inicial, os réus informaram que, poucos dias depois da propositura da ação popular, o Ministério Público, por meio de Promotor de Justiça, no exercício de suas atribuições ordinárias, ajuizou ação civil pública essencialmente sobre a mesma situação jurídica coletiva, com os mesmos fundamentos e pedidos, figurando as mesmas partes no polo passivo. Constatando-se a veracidade das informações sobre a identidade daqueles elementos, sabe-se também que as comarcas são distintas e que a ação civil pública foi despachada em primeiro lugar, mas a citação válida se deu primeiramente na ação popular. Diante desse quadro, é correto afirmar que:

(A) não há litispendência entre as ações em virtude de os autores serem entes distintos, inexistindo a tríplice identidade, devendo haver reunião das ações por conexão na comarca em que foi despachada a ação civil pública;

(B) há conexão de causas, inexistindo identidade jurídica entre os autores, devendo ser extinta a ação civil pública e prosseguir a ação popular no foro em que foi proposta, podendo o Promotor de Justiça ingressar no polo ativo por meio de litisconsórcio facultativo unitário ulterior;

(C) há conexão de causas, mas não haverá reunião das ações em virtude de o Governador fazer jus a foro por prerrogativa de funções, além de não haver litisconsórcio entre indivíduo e Ministério Público em ação coletiva ambiental;

(D) há litispendência, estando presente a identidade entre as partes e entre a situação jurídica das demandas, mas, se não houver emenda da inicial, a ação civil pública deverá ser extinta por ausência de atribuição do Promotor de Justiça, sem prejuízo do prosseguimento da ação popular com intervenção do Ministério Público;

(E) a ação popular deve ser extinta, porque não se presta para a tutela ambiental e também, considerando-se a proeminência da legitimidade do Ministério Público, prevalece a ação civil pública.

A: incorreta, pois, no processo coletivo, é possível a litispendência quando há diferença formal de autor. Ocorre que o autor não defende direito próprio, de tal formal que o direito material tutelado é exatamente o mesmo. E o enunciado deixa claro que há identidade entre os elementos identificadores da demanda; **B:** incorreta, pois está configurada a litispendência, conforme mencionado; **C:** incorreta, pois há, no caso, verdadeira situação de litispendência pela identidade dos elementos identificadores; **D:** correta, pois há litispendência e o Promotor de Justiça não tem atribuição para ajuizar ação civil pública em face do Governador do Estado. Ocorre que a Lei Complementar n. 106, de 3 de janeiro de 2003, que institui a Lei Orgânica do MP do RJ, estabelece, em seu art. 39, VIII, ser atribuição do Procurador-Geral de Justiça *exercer as atribuições previstas no art. 129, II e III, da Constituição da República, quando a autoridade reclamada for o Governador do Estado, o Presidente da Assembleia Legislativa ou os Presidentes de Tribunais, bem como quando contra estes, por ato praticado em razão de suas funções, deva ser ajuizada a competente ação*; **E:** incorreta, pois a ação popular, após a CF de 1988, pode ter por objeto a tutela ambiental. E também não se pode falar em prevalência da ACP sobre a ação popular ou na proeminência da legitimidade do MP.

Gabarito "D"

(Ministério Público/RS – 2008) Assinale a alternativa INCORRETA:

Na ação civil pública proposta para reparação de dano ambiental:

(A) Quando o dano ocorrer no território de mais de uma comarca resolve-se a questão da competência pela prevenção.

(B) Havendo conexão entre mais de uma ação, impõe-se a reunião de todas para que seja proferida sentença uniforme, com o fim de evitar-se decisões conflitantes.

(C) O foro competente é o do local do fato onde ocorreu ou deva ocorrer o dano.

(D) O juiz pode, liminarmente, determinar a imediata cessação da atividade que coloque em risco a higidez do meio ambiente.

(E) Compete ao Supremo Tribunal Federal julgar conflito de competência, em segundo grau, envolvendo Tribunal Regional Federal e Tribunal de Justiça estadual.

A: correta, pois é o que determina o art. 93, II, do CDC, quando manda aplicar as regras do CPC aos casos de competência concorrente; **B:** correta, pois é perfeitamente possível a conexão no caso de ações coletivas; **C:** correta, pois é o que determina o art. 93, I, do CDC; **D:** correta, pois o poder de conceder liminares está previsto, expressamente, no art. 12 da LACP; **E:** incorreta, pois compete ao STF (CF, art. 102, I, "o") decidir *os conflitos de competência entre o Superior Tribunal de Justiça e quaisquer tribunais, entre Tribunais Superiores, ou entre estes e qualquer outro tribunal*. Dirimir o conflito entre os demais tribunais compete ao STJ (CF, art. 105, I, "d").

Gabarito "E"

(Ministério Público/SP – 2012 – VUNESP) Numa ação civil pública que tenha por objeto a condenação de loteador no cumprimento de obrigações de fazer e não fazer, e indenização por danos ambientais, quando a gleba se situa em diferentes Estados vizinhos, a competência é

(A) da Justiça Federal e o juízo competente será determinado junto à seção judiciária ou comarca em que tramitou o inquérito civil.

(B) de foro e será determinada pela prevenção, isto é, pelo juízo em que se der a citação válida.

(C) territorial e será determinada pela prevenção, isto é, pelo juízo que despachar a inicial em primeiro lugar.

(D) relativa e será determinada pelo foro do domicílio do réu.

(E) relativa e será determinada pelo lugar em que se situar a maior parte do loteamento irregular.

A questão foi anulada pela Banca Examinadora, sob o seguinte argumento: "Reconhece-se a existência de erro de revisão na elaboração dessa questão, pois não há uma alternativa correta. Com efeito, as alternativas (B) e (C) (que traziam o cerne da solução: a prevenção como critério de modificação da competência) não contemplam a hipótese do parágrafo único do artigo 2º da LACP que estabeleceu – diferentemente do que [ocorre] nas ações individuais – a propositura da ação como fato jurídico determinante da prevenção". De acordo com o enunciado da questão, pode-se dizer que, no caso, a competência é concorrente (existe mais de um foro competente) e será determinada pela prevenção, que decorre da propositura da ação, por força do art. 93, II, do CDC. O fato de o dano atingir mais de um Estado, por si só, não determina que a ação seja proposta na Capital do Estado. De observar que o dano é localizado, pois incide em uma determinada gleba. A ação, por ser reparatória, deve ser proposta no foro do local do dano (art. 2º da LACP e 93 do CDC), sendo que há consenso no sentido de que a competência é absoluta. Há divergência se a competência é territorial absoluta ou funcional.

Gabarito "Anulada"

3. LEGITIMAÇÃO, LEGITIMADOS, MINISTÉRIO PÚBLICO E LITISCONSÓRCIO

(Ministério Público/MS – 2013 – FADEMS) Analise as proposições abaixo,

I. O Ministério Público não tem legitimidade para pedir, em ação civil pública, a indenização do DPVAT (Seguro Obrigatório de Veículos Automotores Terrestres) em benefício do segurado, ainda que o caso se refira a diversas vítimas de acidente de trânsito que perceberam indenização inferior ao previsto em lei, pois apesar de ser hipótese de defesa de direitos individuais e homogêneo, tal não se reveste de relevância social.

II. Não possui legitimidade o Ministério Público para contestar o pagamento de impostos, contribuições e taxas mediante ação civil pública.

III. O Ministério Público não percebe honorários de sucumbência na hipótese de procedência da ação civil pública ajuizada.

IV. O Ministério Público tem legitimidade para ajuizar ação civil pública para a proteção do patrimônio público, podendo postular, inclusive, a reparação direta do dano eventualmente causado a ente da Administração Pública.

São **corretas**:

(A) Somente as proposições I e II.

(B) Somente as proposições I, II e III.

(C) Somente as proposições II, III e IV.

(D) Somente as proposições III e IV.

(E) Todas as proposições.

I: correta, pois nos termos da Súmula n. 470 do STJ, "o Ministério Público não tem legitimidade para pleitear, em ação civil pública, a indenização decorrente do DPVAT em benefício do segurado". Como noticiou o Informativo nº 359, decidiu a 2ª Seção do STJ: "Ação civil pública. Ilegitimidade. MP. DPVAT. Trata-se de recurso especial remetido à Seção sobre ilegitimidade do Ministério Público para ajuizar ação civil pública em desfavor de seguradora, ao fundamento de que as indenizações de DPVAT foram pagas em valores inferiores aos previstos em lei, fato que causa danos materiais e morais aos consumidores. Para o Min. Relator, na hipótese dos autos, os direitos defendidos são autônomos e disponíveis, sem qualquer caráter de indisponibilidade. O fato de a contratação desse seguro (DPVAT) ser obrigatória e atingir parte da população não lhe confere relevância social a ponto de ser defendida pelo Ministério Público. Além disso, tal seguro é obrigatório, sua contratação vincula a empresa de seguro e o contratado, relação eminentemente particular, tanto que, na ocorrência do sinistro, o beneficiário pode deixar de requerer a cobertura ou dela dispor. Ademais, os precedentes deste Superior Tribunal são nesse mesmo sentido. Com esse entendimento, a Seção, prosseguindo o julgamento, deu provimento ao recurso. Precedentes citados: AgRg no Ag 701.558/GO, DJ 14/05/2007; EDcl no AgRg no REsp 495.915/MG, DJ

05/09/2005, e REsp 629.079/RJ, DJ 04/04/2005". (REsp 858.056/GO, Rel. Min. João Otávio de Noronha, julgado em 11/06/2008); **II:** correta, pois a restrição encontra respaldo no parágrafo único do art. 1º da Lei n. 7.347/1985 e amparo no que tem decidido o STJ: "O Ministério Público não possui legitimidade ativa para ajuizar ação civil pública que tenha como objeto matéria tributária, uma vez que se caracteriza a defesa de direitos individuais privados e disponíveis, desiderato que refoge à competência reservada ao *Parquet*" (REsp 712.824/RS, Rel. Min. José Delgado, Primeira Turma, DJ 10/10/2005); **III:** correta, pois a proibição é constitucional (art. 128, § 5º, II, "a", da CF); **IV:** correta, pois a legitimidade foi consagrada pela Súmula n. 329 do STJ: "O Ministério Público tem legitimidade para propor ação civil pública em defesa do patrimônio público".

Gabarito "E"

(Ministério Público/MS – 2013 – FADEMS) Tratando-se de ação civil pública, é **correto** afirmar que:

(A) Um dos princípios que norteiam a ação civil pública é o princípio dispositivo.

(B) O Ministério Público não é parte legítima na propositura de ação civil pública para questionar relação de consumo resultante de ajuste a envolver cartão de crédito.

(C) É vedada a concomitância entre a ação civil pública e a ação popular.

(D) O Ministério Público não tem legitimidade ativa para ajuizar ação civil pública na defesa do patrimônio público e social, visando a extinção de carteira de previdência dos vereadores e prefeito.

(E) Os entes públicos desprovidos de personalidade jurídica podem ajuizar ação civil pública, desde que tenham como finalidade institucional a defesa de um dos direitos objeto de proteção pela lei da ação civil pública.

A: incorreta, pois a ação é regida pelo princípio da indisponibilidade. Como decidiu o STJ (REsp 200.289/SP, Rel. Min. Vasco Della Giustina, Terceira Turma, DJe 15/09/2010), "nos termos dos arts. 5º, § 3º, e 15, da Lei nº 7.347/85, nos casos de desistência infundada ou de abandono da causa por parte de outro ente legitimado, deverá o Ministério Público integrar o polo ativo da demanda. Em outras palavras, homenageando-se os princípios da indisponibilidade e obrigatoriedade das demandas coletivas, deve-se dar continuidade à ação civil pública, a não ser que o *Parquet* demonstre fundamentalmente a manifesta improcedência da ação ou que a lide revele-se temerária"; **B:** incorreta, pois a legitimidade do Ministério Público já foi reconhecida pelo STJ: "A cobrança unilateral do serviço denominado 'proteção adicional' aos proprietários de cartão de crédito confere legitimidade ao Ministério Público para o ajuizamento de ação civil pública, na apuração de pretensa ilicitude, diante da existência do interesse coletivo, conforme estatuído pelo art. 129, III, da Constituição da República Federativa do Brasil, combinado com os arts. 81 e 82 do Código de Defesa do Consumidor, com o fito de salvaguardar os direitos (interesses) difusos, coletivos e individuais homogêneos. Precedentes" (REsp 556.618/DF, Rel. Min. Fernando Gonçalves, Quarta Turma, DJ 16/08/2004); **C:** incorreta, pois é possível a concomitância e, consequentemente, o reconhecimento da conexão ou da continência. A espécie de ação coletiva não é fator que impede o reconhecimento da conexão. Tanto que o Superior Tribunal de Justiça já a reconheceu, por exemplo, no caso de ação civil pública e ações populares que tinham como objetivo comum anular processo de licitação, como se vê do acórdão lançado no julgamento do conflito de competência n. 36.439/SC (Rel. Min. Luiz Fux, Primeira Seção, DJ 17/11/2003); **D:** incorreta, pois a legitimidade foi consagrada pela Súmula n. 329 do STJ: "O Ministério Público tem legitimidade para propor ação civil pública em defesa do patrimônio público"; **E:** correta, pois é o que estabelece o art. 82, III, do CDC.

Gabarito "E"

(Ministério Público/MS – 2013 – FADEMS) Em matéria de legitimidade e competência em sede de ação civil pública, é **correto** afirmar que:

(A) É competente a Justiça Eleitoral para julgar de ação civil pública que visa apurar ato praticado por prefeito municipal no decorrer de mandato eletivo, quando utilizou símbolos pessoais na publicidade de obras e serviços realizados pela prefeitura.

(B) Possuindo o partido político natureza associativa e preenchendo os requisitos da lei da ação civil pública, ele possui legitimidade ativa para ajuizamento desse tipo de ação coletiva.

(C) A legitimação das associações para propor ação civil pública é ordinária, em se tratando de representação de interesses ou direitos individuais homogêneos de associados ou não associados, exigindo-se, para tanto, esteja constituída há pelo menos um ano e que o objeto da ação esteja incluído entre suas finalidades.

(D) A fundação instituída pelo poder público não possui legitimidade para ajuizamento da ação civil pública, pois somente a fundação privada detém legitimidade ativa, desde que tenha em suas finalidades institucionais a defesa de um dos direitos protegidos pela lei da ação civil pública.

(E) Havendo litisconsórcio facultativo entre o Ministério Público Estadual e o Federal no ajuizamento da ação civil pública, a competência para julgamento é do juiz estadual do local onde ocorreu o dano.

A: incorreta, pois a competência, no caso, é da Justiça Comum. Não se trata de questão relacionada ao processo eleitoral. Assim decidiu a Primeira Seção do STJ (Informativo nº 203): "Competência. Ato. Prefeito. Justiça eleitoral. Trata-se de ação civil pública para apurar ato praticado por prefeito no decorrer do mandato eletivo, quando utilizou símbolos pessoais na publicidade de obras e serviços realizados pela prefeitura. Diante disso, resta incompetente a Justiça Eleitoral, pois sua competência restringe-se às controvérsias ligadas ao processo eleitoral e cessa com a diplomação definitiva dos eleitos, com exceção da ação de impugnação de mandato (art. 14, § 10 e § 11, da CF/1988). Com esse entendimento, a Seção, prosseguindo o julgamento, declarou competente o Tribunal de Justiça estadual. Precedentes citados: CC 10.903/RJ, DJ 12/12/1994, e CC 5.286/CE, DJ 04/10/1993" (CC 36.533/MG, Rel. Min. Luiz Fux, julgado em 24/03/2004); **B:** correta, pois os partidos políticos têm, de fato, estrutura equiparada à das associações; **C:** incorreta, pois a legitimação daquele que, em nome próprio, pleiteia direitos alheios, como é o caso, é extraordinária; **D:** incorreta, pois a legitimidade das fundações está prevista, expressamente, no art. 5º, IV, da Lei n. 7.347/1985; **E:** incorreta, pois a jurisprudência tem entendido que a ação, nesse caso, deve tramitar na Justiça Federal, considerando que o Ministério Público Federal é órgão da União. Assim, a hipótese é a do art. 109, I, da CF. A propósito, assim já decidiu o STJ: "Em ação proposta pelo Ministério Público Federal, órgão da União, somente a Justiça Federal está constitucionalmente habilitada a proferir sentença que vincule tal órgão, ainda que seja sentença negando a sua legitimação ativa" (CC 40.534/RJ, Rel. Min. Teori Albino Zavaski, Primeira Turma, DJU 17/05/2004).

Gabarito "B"

(Ministério Público/BA – 2010) Analise a veracidade das seguintes frases:

I. O Ministério Público possui legitimidade para ajuizamento de ação civil pública, quando houver relação de consumo.

II. O Ministério Público possui legitimidade para ajuizamento de ação civil pública que verse sobre tributos.

III. O Ministério Público não possui legitimidade para ajuizamento de ação civil pública destinada a requerer intervenção compulsória, de pessoa vítima de alcoolismo, para tratamento de saúde.

Assinale a(s) frase(s) correta(s):

(A) I.

(B) II.

(C) III.

(D) I e III.

(E) Todas.

I: correta (art. 82, I, do CDC); II: incorreta, pois o art. 1º, parágrafo único, da Lei 7.347/1985 estabelece que não cabe ação civil pública que envolva tributo; isso porque, normalmente esse tipo de questão envolve interesses disponíveis, com beneficiários individualmente determinados, o que afasta a legitimidade do MP para ingressar com ação civil pública que verse sobre o assunto; porém, se a ação não tiver sido proposta para assegurar o direito de determinados contribuintes, pode caber ação civil pública; um exemplo é a ação civil pública movida pelo Ministério Público questionando o deferimento de regime especial para apuração do ICMS (TARE – Termo de Acordo de Regime Especial), que, ao beneficiar uma empresa, pode, lesar, em tese, o patrimônio público, notadamente o erário e a higidez do processo de arrecadação de tributos, institutos que envolvem interesses difusos (STF, RE 586.089, *DJ*. 17.02.2012); III: correta, pois o Ministério Público, salvo em matéria de idoso e de criança e adolescente, não pode, como regra, ingressar com ação para defesa de interesse individual.

Gabarito "D"

(Ministério Público/RO – 2010 – CESPE) A respeito dos direitos difusos e coletivos e da atuação do MP, assinale a opção correta.

(A) Os interesses coletivos são aqueles que abrangem número indeterminado de pessoas unidas pelas mesmas circunstâncias de fato.

(B) De acordo com entendimento do STF, as mensalidades escolares, quando abusivas ou ilegais, não podem ser impugnadas pelo MP por intermédio da ação civil pública ante a natureza individual do direito envolvido.

(C) Segundo o STJ, o MP possui legitimidade ativa para promover a defesa dos direitos difusos e coletivos dos consumidores, bem como dos interesses ou direitos individuais homogêneos destes, exceto no que se refere à prestação de serviços públicos.

(D) Na defesa dos interesses transindividuais, o MP não possui legitimação ativa para a impetração de mandado de segurança coletivo.

(E) Consoante o entendimento do STJ, após a constatação da importância e dos inconvenientes da legitimação isolada do cidadão, é de se reconhecer a *legitimatio ad causam* do MP para a ação popular, na defesa dos interesses difusos e coletivos.

A: incorreta, pois os interesses coletivos são aqueles que dizem respeito a um grupo, uma categoria, uma classe, de modo que envolve pessoas determinadas; além disso, nos interesses coletivos essas pessoas não estão ligadas por mera circunstância de fato, mas sim por relação jurídica base, entre si ou com a parte contrária (art. 81, parágrafo único, II, do CDC); **B:** incorreta (Súmula 643 do STF); **C:** incorreta, pois, no caso dos interesses individuais homogêneos, é necessário que se tenha direitos indisponíveis ou interesse social, sob pena de ilegitimidade do Ministério Público; **D:** incorreta, pois já houve caso em que o STJ reconheceu a legitimidade ativa do MP para o mandado de segurança coletivo (Resp 736.524, *DJ* 03.04.2006); **E:** correta; o STJ entende que há um microssistema de tutela de interesses difusos e o MP é legitimado para as ações coletivas respectivas; confira: "a Carta de 1988, ao evidenciar a importância da cidadania no controle dos atos da Administração, com a eleição dos valores imateriais do art. 37 da CF/1988 como tuteláveis judicialmente, coadjuvados por uma série de instrumentos processuais de defesa dos interesses transindividuais, criou um microssistema de tutela de interesses difusos referentes à probidade da administração pública, nele encartando-se a Ação Cautelar Inominada, **Ação Popular**, a Ação Civil Pública e o Mandado de Segurança Coletivo, como instrumentos concorrentes na defesa desses direitos eclipsados por cláusulas pétreas. 3. Deveras, é mister concluir que a nova ordem constitucional erigiu um autêntico 'concurso de ações' entre os instrumentos de tutela dos interesses transindividuais e, *a fortiori*, legitimou o Ministério Público para o manejo dos mesmos" (REsp 817.710, *DJ* 17.05.2007).

Gabarito "E"

(Ministério Público/SE – 2010 – CESPE) Com referência ao tema de legitimação para a tutela coletiva no ordenamento jurídico brasileiro, assinale a opção correta.

(A) É legitimado à ação coletiva o membro do grupo, categoria ou classe para a defesa de interesses ou direitos difusos de que seja titular um grupo, categoria ou classe de pessoas ligadas entre si com a parte contrária por uma relação jurídica base.

(B) O PROCON de Sergipe, Coordenadoria Estadual de Proteção e Defesa do Consumidor, órgão público destituído de personalidade jurídica, tem legitimidade apenas para ajuizar demandas objetivando a tutela individual dos consumidores.

(C) Em se tratando de legitimidade das associações para a propositura de demanda coletiva, somente pode ser dispensado pelo juiz o requisito da pré-constituição após a anuência do MP.

(D) A interação entre as normas da Lei da Ação Civil Pública, do CDC e da Lei da Ação Popular admite a legitimidade para agir do cidadão, em defesa de interesses individuais homogêneos de que sejam titulares pessoas ligadas por circunstâncias de fato.

(E) O MPE tem legitimidade processual extraordinária para promover a execução de título extrajudicial originário de tribunal de contas estadual, em caso de falha no sistema ordinário de representação da administração pública.

A: incorreta, não sendo possível, no Brasil, que um membro do grupo ingresse com ação para a defesa dos interesses difusos correspondentes, diferente do sistema norte-americano das *class actions*; no

Brasil são legitimados para ingressar com ação civil pública apenas aqueles relacionados no art. 5º da Lei 7.347/1985 e no art. 82 do CDC; **B:** incorreta, pois o PROCON, como *órgão público* destinado à defesa do consumidor, pode ingressar com ação para defender interesses difusos, coletivos e individuais homogêneos do consumidor (art. 82, *caput* e inciso III, do CDC); **C:** incorreta, pois a dispensa não requer prévia anuência do Ministério Público (art. 82, § 1º, do CDC e art. 5º, § 4º, da Lei 7.347/1985); **D:** incorreta, pois o cidadão só pode defender o patrimônio público, a moralidade administrativa, o meio ambiente e o patrimônio histórico e cultural, todos interesses difusos (art. 5º, LXXIII, da CF); **E:** correta, nos termos da jurisprudência do STJ ("Pacificou-se na Primeira Seção desta Corte Superior o entendimento segundo o qual o Ministério Público tem legitimidade para promover execução de título executivo extrajudicial decorrente de decisão do Tribunal de Contas, ainda que em caráter excepcional" – REsp 1189576/MG, DJ 18/06/2010).

Gabarito "E"

(Ministério Público/SE – 2010 – CESPE) No que se refere à adequação e ao alcance atualmente conferidos pela legislação, doutrina e jurisprudência relativamente à ação civil pública e à tutela dos direitos difusos, coletivos, individuais indisponíveis e individuais homogêneos, bem como à legitimação do MP, assinale a opção correta.

(A) A ação civil pública é instrumento hábil conferido ao MP contra a cobrança excessiva de taxas que alcancem expressivo número de contribuintes.

(B) Ao MP não se permite a utilização de ação civil pública com o escopo de impedir aumento abusivo de mensalidades escolares por estabelecimentos privados de ensino fundamental de certo município brasileiro.

(C) O MP tem legitimação para, mediante ação civil pública, compelir o poder público a adquirir e fornecer medicação de uso contínuo, de alto custo, não disponibilizada pelo SUS, mas indispensável e comprovadamente necessária e eficiente para a sobrevivência de um único cidadão desprovido de recursos financeiros.

(D) A proteção da moralidade administrativa, objeto precípuo da ação popular, somente tem lugar em ação civil pública movida pelo MP em caráter subsidiário.

(E) O MP está legitimado a agir, por meio de ação civil pública, em defesa de condôminos de edifício de apartamentos contra o síndico, objetivando o ressarcimento de parcelas de financiamento pagas para reformas afinal não efetivadas.

A: incorreta, pois, segundo o STJ, "o Ministério Público não tem legitimidade para promover ação civil pública com o objetivo de impedir a cobrança de tributos na defesa de contribuintes, pois seus interesses são divisíveis, disponíveis e individualizáveis, oriundos de relações jurídicas assemelhadas, mas distintas entre si. Contribuintes não são consumidores, não havendo como se vislumbrar sua equiparação aos portadores de direitos difusos ou coletivos. Precedentes." (AgRg no REsp 969.087/ES, *DJ* 09.02.2009); tal proibição também decorre do art. 1º, parágrafo único, da Lei 7.347/1985; **B:** incorreta, pois a questão envolve interesse social, relacionado à educação, de modo que o STJ entende que "o Ministério Público tem legitimidade para promover ação civil pública na defesa de interesses coletivos da comunidade de pais e alunos de estabelecimento escolar" (REsp 118.725/PR, *DJ* 11.03.2002); **C:** correta, nos termos da jurisprudência do STJ, que entende que isso é possível quando se tratar de cidadão desprovido de recursos financeiros e quando se tratar de não disponibilização adequada dos medicamentos; vide o seguinte precedente – *Legitimidade ativa do Ministério Público para propor Ação Civil Pública em defesa de direito indisponível, como é o direito à saúde. É possível a fixação, pelo juízo ou a requerimento da parte, de astreintes contra a Fazenda Pública pelo inadimplemento de obrigação de dar, nos termos do art. 461, § 4º, do CPC.* (AgRg no Ag 1247323/SC, *DJ* 01.07.2010); **D:** incorreta, pois a proteção da moralidade administrativa é considerada interesse difuso, sendo o Ministério Público parte legítima para promover originariamente ação civil pública, conforme jurisprudência pacífica do STF e do STJ; **E:** incorreta, pois o caso trata de interesse individual disponível, não havendo relevância social para a atuação do Ministério Público.

Gabarito "C"

(Ministério Público/MS – 2006) Em caso de abandono da ação civil pública proposta por associação legitimada:

(A) imediato, o juiz deve extinguir o processo, sem julgamento do mérito;

(B) O Ministério Público ou outro legitimado assumirá a titularidade ativa;

(C) Apenas o Ministério Público poderá assumir a titularidade ativa;

(D) Somente poderá assumir a titularidade ativa outra associação com idêntica finalidade institucional.

Conforme dispõe o art. 5º, § 3º, da Lei 7.347/1985, "em caso de desistência infundada ou abandono da ação por associação legitimada, *o Ministério Público ou outro legitimado* assumirá a titularidade ativa".

Gabarito "B"

(Ministério Público/SP – 2005) Considerando as hipóteses em que: a) haja cobrança indevida de taxa condominial em prédio de apartamentos; e b) haja aumento indevido de mensalidade escolar em instituição privada de educação infantil, é lícito afirmar que o Ministério Público

(A) está legitimado a mover ação civil pública, porquanto ambos os casos envolvem questão coletiva, atinente a interesses individuais homogêneos.

(B) está legitimado a mover ação civil pública, porquanto ambos os casos envolvem interesses difusos.

(C) não está legitimado a mover ação civil pública, uma vez que as hipóteses consideradas versam sobre interesse individual disponível, de natureza privada.

(D) está legitimado a mover ação civil pública somente na primeira hipótese, de cobrança indevida de taxa condominial em prédio de apartamentos.

(E) está legitimado a mover ação civil pública somente na segunda hipótese, de aumento indevido de mensalidade escolar em instituição privada de educação infantil.

Somente situações em que há interesses indisponíveis ou há interesse social é que se justifica a atuação do Ministério Público. No caso em tela, há reconhecimento jurisprudencial no sentido da legitimidade ativa do Ministério Público apenas quanto à segunda situação, conforme Súmula 643 do STJ: "O Ministério Público tem legitimidade para promover ação civil pública cujo fundamento seja a ilegalidade de reajuste de mensalidades escolares".

Gabarito "E"

(Ministério Público/GO – 2012) No tocante à legitimidade para propor a ação civil pública na defesa dos direitos coletivos em sentido amplo, é incorreto afirmar:

(A) nas ações civis públicas o interesse de agir do Ministério Público é presumido pela própria norma que lhe impõe a atribuição;

(B) como o artigo 5º, inciso V, da Lei 7.347/1985 refere-se apenas à associação, os legitimados públicos não estão sujeitos ao requisito de pré-constituição há pelo menos 01 ano, de sorte que um Município ou autarquia criado há menos de 01 ano possui legitimidade para ajuizar ação civil pública antes deste prazo;

(C) a representatividade adequada da associação depende do preenchimento de dois requisitos: 1) pré-constituição, ou seja, que esteja constituída há pelo menos 1 (um) ano nos termos da lei civil; e, 2) pertinência temática, ou seja, a finalidade institucional da associação deve ser compatível com a defesa judicial do interesse. Porém, havendo manifesto interesse social evidenciado pela dimensão ou característica do dano ou pela relevância do bem jurídico a ser protegido, poderá o Juiz dispensar ambos os requisitos.

(D) para o ajuizamento de ações coletivas a associação deverá estar expressamente autorizada, seja pelo estatuto, o que dispensa autorização em assembleia, seja por deliberação da assembleia, e, independentemente de ser reconhecida como organização social ou organização da sociedade civil de interesse público.

A: correta, pois, como ensinam Nelson e Rosa Nery (*Código de Processo Civil comentado*, 12. ed. São Paulo: Revista dos Tribunais, 2012. p. 207), "quando o legislador legitima o MP para a propositura da ação civil é porque identificou previamente o interesse processual, que deriva da própria outorga da legitimação; **B:** correta, pois o requisito da pré-constituição é específico das associações e objetiva impedir o ajuizamento de ações temerárias; **C:** incorreta, pois o juiz pode dispensar o requisito da pré-constituição e não *ambos os requisitos*; **D:** correta, pois o art. 82, IV, do CDC é expresso no sentido de que não é necessária autorização assemblear para o ajuizamento de ação coletiva, mas exige o estatuto inclua entre seus fins institucionais a defesa dos interesses e direitos transindividuais. O ajuizamento de ação também não depende do reconhecimento como organização social ou de interesse público, que tem outros fins, como o recebimento de incentivos financeiros.

Gabarito "C"

(Ministério Público/GO – 2012) No tocante à tutela judicial de interesses difusos, coletivos e individuais homogêneos, pelo Ministério Público, é incorreto afirmar que:

(A) A legitimação é genérica, porque o órgão ministerial pode propor qualquer ação civil pública com praticamente qualquer pedido, quando atue em defesa de interesses transindividuais, desde que essa iniciativa consulte aos interesses gerais da coletividade.

(B) É vedada toda e qualquer atuação fora de sua vocação institucional e, no caso de interesses individuais, só poderá exercitar a sua defesa se forem indisponíveis ou se tiverem expressão social, como se dá no caso de interesses individuais homogêneos de larga abrangência ou relevância social.

(C) A Constituição vedou ao órgão a representação das entidades públicas, mas seus membros agem como representantes da Fazenda quando propõem ações em defesa do patrimônio público.

(D) Quando a lei confere ao Ministério Público legitimidade para agir ou intervir na defesa de um interesse, está igualmente conferindo-lhe capacidade postulatória, a ser exercitada pelos seus órgãos.

A: correta, pois; de fato, o MP pode defender interesses transindividuais de forma genérica. Além disso, o art. 83 do CDC dispõe que são admissíveis todas as espécies de ações capazes de propiciar a adequada e efetiva tutela dos direitos e interesses metaindividuais; **B:** correta, pois o MP não pode, por exemplo, tutelar direitos individuais disponíveis; **C:** incorreta, pois o MP, quando defende o patrimônio público, atua em prol da coletividade, defendendo direito que é difuso. Não há atuação do MP como representante da Fazenda Pública; **D:** correta, pois, conforme já decidiu o STJ (1ª Turma, REsp 749.988/SP), "o Ministério Público está legitimado a defender os interesses públicos patrimoniais e sociais, ostentando, a um só tempo, *legitimatio ad processum* e capacidade postulatória que pressupõe aptidão para praticar atos processuais. É que essa capacidade equivale a do advogado que atua em causa própria. Revelar-se-ia *contraditio in terminis* que o Ministério Público legitimado para a causa e exercente de função essencial à jurisdição pela sua aptidão técnica fosse instado a contratar advogado na sua atuação pro populo de custos legis".

Gabarito "C"

(Ministério Público/GO – 2012) Quanto à ação civil pública, marque a alternativa incorreta.

(A) Para o Ministério Público, identificada uma hipótese em que deva agir, não poderá haver a recusa em fazê-lo, embora tenha ampla liberdade para apreciar se ocorre hipótese em que sua ação se torna obrigatória.

(B) O atual perfil do Ministério Público impõe a recusa de sua intervenção em hipóteses em que, embora exigida pelo ordenamento jurídico anterior, essa intervenção não se justifique, como nos direitos individuais homogêneos que não tenham suficiente expressão para a coletividade.

(C) Em regra, só oficia um membro do Ministério Público no processo, ressalvadas duas exceções: atuação conjunta, harmônica e integrada de membros do mesmo Ministério Público; e atuação litisconsorcial de membros de Ministérios Públicos diferentes.

(D) O Ministério Público, como órgão do Estado, não tem personalidade jurídica; logo o órgão ministerial e os demais legitimados ativos à ação civil pública não podem ser réus em ação civil pública ou coletiva, bem como naquelas que consistam em seus desdobramentos.

A: correta, pois a atuação do MP, no processo coletivo, é regida pelo princípio da obrigatoriedade. De outro lado, o MP, como instituição autônoma, pode decidir, internamente, se é o caso ou não de sua intervenção; **B:** correta, pois, mesmo no âmbito do Ministério Público, acabou consagrada a tese de que a intervenção não deve ocorrer em todos os casos, mas só naqueles em que haja interesse público evidenciado pela natureza da lide ou qualidade da parte. Em São Paulo, por exemplo, o Ato n. 313/2003, da Procuradoria-Geral de Justiça e da Corregedoria-Geral do Ministério Publico, trata da questão da *racionalização* da intervenção do *Parquet* no processo civil; **C:** correta, pois o enunciado bem retrata a regra e as exceções. A LACP admite o litisconsórcio entre Ministérios Públicos (art. 5º, § 5º); **D:** incorreta, pois o MP pode ser réu no processo civil. Além disso, é bastante comum o fato de o MP ser réu em Ação Rescisória de decisão proferida em ação civil pública por ele movida. Sobre a questão, vide Marcos Destefenni. *Manual de processo civil coletivo e individual*. São Paulo: Saraiva, 2012.

Gabarito "D"

(Ministério Público/MG – 2011) Em Ação Civil Pública proposta pelo órgão de execução do Ministério Público na Comarca de Belo Horizonte, foi requerida e deferida a intimação por edital dos quase 500 litisconsortes nos cânones do artigo 94 do CDC. Assinando pelo Juiz o prazo de dilação em 30 dias e levando-se em consideração a multiplicidade de manifestações a serem apresentadas, os prazos para oferecimento de contestações contam-se:

Marque a opção **CORRETA**.

(A) de 15 dias a partir da publicação.

(B) de 15 dias a partir do término do prazo dilatório.

(C) de 30 dias a partir da publicação.

(D) de 30 dias a partir do término do prazo dilatório.

Havendo litisconsortes com procuradores diferentes, o prazo para contestar é dobrado, nos termos do art. 191 do CPC. Portanto, o prazo é de trinta dias, após o término do prazo dilatório.

Gabarito "D"

(Ministério Público/MG – 2011) Em matéria de direito processual coletivo, afirma-se:

I. Em caso de desistência infundada ou abandono da ação por associação legitimada, o Ministério Público ou outro legitimado assumirá a titularidade ativa.

II. O requisito da pré-constituição, esteja constituída há pelo menos 1 (um) ano e inclua, entre suas finalidades institucionais a proteção a direitos difusos, poderá ser dispensado pelo juiz, quando haja manifesto interesse social evidenciado pela dimensão ou característica do dano, ou pela relevância do bem jurídico a ser protegido.

III. Fica facultado ao Poder Público e a outras associações legitimadas habilitarem-se como litisconsortes de qualquer das partes, porém inadmitir-se-á o litisconsórcio entre os Ministérios Públicos da União, do Distrito Federal e dos Estados na defesa dos interesses e direitos difusos e coletivos.

IV. Qualquer dos órgãos legitimados poderão celebrar TAC às exigências legais, mediante combinações, que terá eficácia de título executivo extrajudicial.

Apenas são **CORRETAS** as afirmativas:

(A) I, II e IV.

(B) III e IV.

(C) I e II.

(D) III e IV.

I: correta, pois é o que estabelece o art. 5º, § 3º, da LACP; II: correta, pois assim dispõe o art. 82, § 1º, do CDC, bem como o art. 5º, § 4º, da LACP; III: incorreta, pois art. 5º, § 5º, da LACP permite o litisconsórcio entre Ministérios Públicos; IV: correta, segundo o gabarito oficial. Porém, é de observar que só podem tomar o TAC os órgãos *públicos* (art. 5º, § 6º, da LACP).

Gabarito "A"

(Ministério Público/GO – 2012) Em relação ao instituto do litisconsórcio nas ações civis públicas é incorreto afirmar:

(A) em consequência da legitimação concorrente para as ações civis públicas, é possível litisconsórcio ativo inicial;

(B) se um colegitimado ingressar com ação civil pública já proposta por outro colegitimado, poderá ocorrer litisconsórcio ulterior ou assistência litisconsorcial, dependendo da alteração ou não do pedido e da causa de pedir da ação;

(C) em regra, a lei não legitima extraordinariamente o indivíduo a defender interesses difusos, coletivos e individuais homogêneos;

(D) em nenhuma hipótese será admitido o litisconsórcio ulterior após a citação do réu.

A: correta, pois a atuação em litisconsórcio pode representar maior efetividade, tanto que a LACP admite até o litisconsórcio entre Ministérios Públicos (art. 5º, § 5º); **B:** correta, pelas próprias razões da assertiva. A possibilidade de ingresso de colegitimado está expressa no art. 5º, § 2º da LACP; **C:** correta, pois o indivíduo só tem legitimidade para propor ação popular. Não tem para as demais ações coletivas; **D:** incorreta, pois, conforme mencionado na alternativa "b",

Gabarito "D"

(Ministério Público/MT – 2012 – UFMT) Quanto à legitimidade ativa *ad causam* do Ministério Público, marque a assertiva **INCORRETA**.

(A) A Lei n. 8.429/1992 atribui ao Ministério Público legitimidade exclusiva para o manejo da ação de responsabilidade pelos atos de improbidade administrativa.

(B) A Lei n. 10.741/2003 (Estatuto do Idoso) autoriza a atuação do Ministério Público como substituto processual do idoso, ainda que para a defesa individual.

(C) A Lei n. 7.347/1985 atribui ao Ministério Público legitimidade concorrente e disjuntiva para o manejo da ação civil pública, bem como a outros órgãos e pessoas jurídicas de direito público e privado indicados no art. 5º desta lei e no art. 82 da Lei n. 8.078/1990.

(D) A Lei n. 4.717/1965 atribui legitimidade ativa *ad causam* a qualquer cidadão, de forma concorrente e disjuntiva, impondo ao Ministério Público a assunção do polo ativo da ação popular, como legitimado subsidiário, além da possibilidade de interpor recurso de decisão desfavorável ao autor popular.

(E) A superveniência do prazo de 30 dias para o Ministério Público manejar a execução da sentença condenatória proferida em ação popular pode acarretar sanção de ordem administrativa ao representante do *parquet* e não a perda de legitimidade ativa do órgão ministerial.

A: incorreta, pois a legitimidade também é conferida à pessoa jurídica atingida pelo ato de improbidade administrativa; **B:** correta, pois o art. 74 do Estatuto do Idoso, em seus incisos II e III, estabelece competir ao Ministério Público promover e acompanhar as ações de alimentos, de interdição total ou parcial, de designação de curador especial, em circunstâncias que justifiquem a medida e oficiar em todos os feitos em que se discutam os direitos de idosos em condições de risco e atuar como substituto processual do idoso em situação de risco (art. 43 do Estatuto); **C:** correta, pois a legitimidade, no caso de ação civil pública, é concorrente e disjuntiva; **D:** correta, pois o MP, no caso de ação popular, atua como *custos legis* e é incumbido de assumir a titularidade ativa no caso de desistência infundada ou abando da ação, conforme dispõe o art. 9º da LAP. A possibilidade de recorrer está expressa no art. 19, § 2º, da LAP; **E:** correta, pois, conforme estabelece o art. 16 da LAP, *caso decorridos 60 (sessenta) dias da publicação da sentença condenatória de segunda instância, sem que o autor ou terceiro promova a respectiva execução, o representante do Ministério Público a promoverá nos 30 (trinta) dias seguintes, sob pena de falta grave.*

Gabarito "A"

(Ministério Público/PB – 2010) Analise as alternativas que se seguem:

I. A legitimação das associações para propor ação civil pública é extraordinária, em se tratando de representação de interesses ou direitos individuais homogêneos de associados e não associados, exigindo-se, para tanto, que o objeto da ação esteja incluído entre suas finalidades.

II. O sistema processual das ações coletivas possibilita também a tutela individual, entre outras hipóteses, pela habilitação dos interessados em fase de execução.

III. Os partidos políticos têm legitimidade ativa para a ação civil pública.

(A) Apenas I é falsa.

(B) Apenas I e II são verdadeiras.

(C) Apenas II é verdadeira.

(D) I, II e III são verdadeiras.

(E) Apenas II e III são verdadeiras.

I: correta, pois é o entendimento predominante, considerando que a associação não é titular do direito material que pleiteia em juízo e, portanto, atua como substituta processual dos titulares; II: correta, pois a possibilidade de liquidação e execução individual é afirmada pelo art. 97 do CDC; III: correta, pois os partidos políticos estão na mesma condição das associações, são uma espécie de associação. Vide, no tocante à legitimidade ativa para a ação civil pública dos partidos políticos: TJSP, AgIn 7891355900, Câmara Especial do Meio Ambiente, rel. Lineu Penteado, j. 09.10.2008, *DJ*. 17.10.2008.

Gabarito "D"

(Ministério Público/PI – 2008) Assinale a alternativa **correta**.

(A) A legitimação ativa para as ações coletivas é exclusivamente disjuntiva.

(B) São legitimados à ação civil pública o Ministério Público, a Defensoria Pública, a União, os Estados, o Distrito Federal, os Municípios, a autarquia, a empresa pública, a fundação, a sociedade de economia mista e todas as associações civis.

(C) Verificada a ausência do requisito implícito da *pertinência temática* entre as finalidades institucionais do autor da ação coletiva e o objeto litigioso, não poderá o Ministério Público assumir a titularidade ativa.

(D) Os interesses e direitos individuais homogêneos só poderão ser articulados em juízo por seus legitimados ordinários, em litisconsórcio ativo necessário.

(E) Em determinadas hipóteses, os órgãos públicos desprovidos de personalidade jurídica também são legitimados à proposição de ação civil pública.

A: incorreta, pois a legitimidade é concorrente e disjuntiva. No caso da ação popular, predomina o entendimento segundo o qual só o cidadão eleitor tem legitimidade ativa; **B:** incorreta, pois nem todas as associações civis são legitimadas. Só aquelas que estejam constituídas há pelo menos um ano e incluam entre as suas finalidades a defesa dos interesses e direitos transindividuais; **C:** incorreta, pois o MP pode assumir a titularidade ativa. No processo coletivo o MP tem as seguintes funções: a) autor de ações coletivas; b) órgão interveniente obrigatório nas ações coletivas propostas por outros legitimados; c) órgão incumbido de assumir a titularidade ativa; **D:** incorreta, pois, com o advento do CDC, os direitos individuais homogêneos se tornaram passíveis de tutela coletiva pelos legitimados do art. 82 do mencionado estatuto, que atuam, para boa parte da doutrina, na condição de substitutos processuais; **E:** correta, pois é o que estabelece o CDC, no art. 82, III.

Gabarito "E"

(Ministério Público/RJ – 2011) Sobre a defesa de interesses metaindividuais pelo Ministério Público do Estado do Rio de Janeiro, analise as afirmativas a seguir:

I. Não há legitimidade, por falta de interesse social, para fazer cessar a poluição sonora por uso anormal da propriedade, se ficar comprovado, no curso da investigação, que os ruídos lesionam interesses de um determinado grupo de vizinhos.

II. Não há legitimidade para tutelar interesse de classe de servidores públicos na obtenção de reajuste remuneratório, não lhe cabendo deflagrar ações que beneficiem titulares de direitos individuais disponíveis que possam se organizar adequadamente, ou mesmo atuar de forma individual.

III. Há atribuição para investigar o mau uso de verbas públicas repassadas, por convênio, pela União a um Município Fluminense, para a compra de ambulâncias, diante da possível prática de ato de improbidade administrativa, que, caso comprovado, deve seu autor receber a devida sanção punitiva.

IV. Embora disponível, o interesse dos consumidores de uma loja de artigos de luxo, que pratica cobrança abusiva e indevida de juros, traduz-se como interesse social, ensejando a atuação do Ministério Público através da Ação Civil Pública para o ressarcimento de danos morais e materiais.

Estão corretas somente as afirmativas:

(A) I e II;

(B) I e III;

(C) II e III;

(D) II e IV;

(E) III e IV.

I: correta, pois o MP não tem legitimidade para tutelar, em qualquer situação, direitos individuais homogêneos. Há necessidade, por exemplo, da relevância social, da verificação da indisponibilidade do direito. A hipótese retratada se aproxima de um conflito de vizinhança; II: correta, pois, como se disse, não cabe ao MP proteger direitos disponíveis, sobretudo pela inexistência de um número significativo de interessados; III: incorreta, segundo o gabarito oficial. Todavia, é decisivo saber se a verba foi ou não incorporada ao patrimônio do município ou se há obrigação de prestar contas a órgão federal ou se a conduta está sujeita à fiscalização do Tribunal de Contas da União. Como estabelece a Súmula 208 do STJ, *compete à Justiça Federal processar e julgar prefeito municipal por desvio de verba sujeita à prestação de contas perante órgão federal*. A Súmula 209 do mesmo Tribunal, por sua vez, dispõe que *compete à Justiça Estadual processar e julgar prefeito por desvio de verba transferida e incorporada ao patrimônio municipal*; IV: incorreta, pois não se vislumbra interesse social no caso.

Gabarito "A"

(Ministério Público/RJ – 2011) Tendo tomado conhecimento, através da imprensa, de que o município de Oba-oba comprou duzentos bebedouros para as unidades de ensino locais, pelo valor unitário de R$1.000, 00 (mil reais), sendo certo que o valor médio de mercado deste produto, segundo consulta realizada no sítio eletrônico do Tribunal de Contas do Estado, seria de R$ 200,00 (duzentos reais), a Associação de Defesa da Probidade – ADP ajuizou ação civil de Improbidade Administrativa em face do Prefeito municipal e do Secretário Municipal de Educação, postulando a devolução ao erário dos valores pagos a maior, assim como a aplicação das sanções previstas na Lei 8.429/1992. Antes de determinar a notificação dos demandados, o magistrado remeteu os autos ao Ministério Público para manifestação. O Promotor de Justiça com atribuição deve, em sua promoção, aduzir que:

(A) o juízo da comarca de Oba-oba é absolutamente incompetente para julgar ações civis de improbidade administrativa em face do Prefeito municipal, diante do foro por prerrogativa de função;

(B) o Ministério Público, quando atua com o fiscal da lei, manifesta-se após as partes, de modo que devem os demandados ser notificados para defesa prévia, retornando os autos posteriormente para a devida análise pelo Promotor de Justiça;

(C) a Associação de Defesa da Probidade não possui legitimidade para figurar no polo ativo de ação civil de improbidade administrativa, devendo o feito ser extinto sem julgamento do mérito, sem prejuízo de providências outras pelo Ministério Público;

(D) a petição inicial deve ser emendada para adir pedido de afastamento cautelar dos demandados de seus respectivos cargos;

(E) a petição inicial deve ser emendada para a inclusão no polo passivo da sociedade empresarial contratada pelo município de Oba-oba, na qualidade de beneficiária do superfaturamento.

A: incorreta, pois não há foro privilegiado, no caso de prefeito municipal, para a ação de improbidade administrativa, conforme tem decidido o STJ. O informativo n. 405 do STJ relatou julgamento da Segunda Turma, sobre a aplicabilidade da Lei de Improbidade Administrativa a Prefeito Municipal, consignando que o STF afastou a aplicação da LIA a Ministro de Estado em julgamento de efeito *inter pars*, "mas lá também ficou claro que apenas as poucas autoridades com foro de prerrogativa de função para o processo e julgamento por crime de responsabilidade, elencadas na Carta Magna (arts. 52, I e II; 96, III; 102, I, c; 105, I, *a*, e 108, I, *a*, todos da CF/1988), não estão sujeitas a julgamento também na Justiça cível comum pela prática da improbidade administrativa"; **B:** incorreta, pois o MP deve manifestar-se imediatamente diante da ilegitimidade ativa da entidade autora da ação; **C:** correta, pois predomina o entendimento no sentido de que a legitimidade ativa é restrita ao MP e à pessoa jurídica atingida pelo ato de improbidade administrativa; **D:** incorreta, pois, conforme mencionado, a autora é carecedora do direito de ação por falta de legitimidade *ad causam*; **E:** incorreta, pelas razões anteriores.

Gabarito "C"

(Ministério Público/PI – 2012 – CESPE) Assinale a opção correta a respeito da tutela em juízo dos interesses individuais homogêneos, difusos e coletivos.

(A) A multa indenizatória decorrente da violação a direitos difusos e coletivos do trabalho deve ser revertida ao Fundo de Reparação dos Bens Lesados, enquanto a penalidade decorrente do efeito da violação a direitos individuais indisponíveis deve ser revertida em favor dos próprios lesados.

(B) A ACP que vise à proteção de direitos difusos e coletivos induz litispendência para as ações individuais.

(C) Se a associação autora da ACP formular pedido de desistência, o *parquet* poderá assumir a legitimidade ativa extraordinária da ação.

(D) Em ACP cujo objeto seja direito difuso, coletivo, individual homogêneo ou individual indisponível, os efeitos da coisa julgada material são *erga omnes* e *ultra partes*.

(E) Segundo entendimento do STJ, o interesse patrimonial da fazenda pública identifica-se, por si só, com o interesse público a que se refere a lei quando dispõe sobre a intervenção do MP.

A: incorreta, pois o Fundo do art. 13 da LACP prevê que sejam revertidos os valores referentes às condenações por danos causados ao meio ambiente, ao consumidor, a bens e direitos de valor artístico, estético, histórico, turístico, paisagístico, por infração à ordem econômica e a outros interesses difusos e coletivos, mas não há referência expressa à reparação de danos causados ao trabalhador. Por isso, tem sido determinado, no âmbito da Justiça do Trabalho, o recolhimento ao Fundo de Amparo ao Trabalhador; **B:** incorreta, pois contraria o disposto no art. 104 do CDC, no sentido de que a ação coletiva não induz litispendência para as ações individuais; **C:** correta, pois se a desistência for infundada, cabe ao MP ou a outro legitimado assumir a titularidade ativa (LACP, art. 5º, § 3º); **D:** incorreta, pois no caso de direito individual indisponível o efeito é *inter partes* (CPC, art. 472); **E:** incorreta, pois se trata de interesse público secundário, cabendo aos respectivos procuradores públicos defende-los. Esse o fundamento da Súmula 189 do STJ, segundo a qual *é desnecessária a intervenção do Ministério Público nas execuções fiscais.*

Gabarito "C"

(Ministério Público/PI – 2012 – CESPE) O estado do Piauí celebrou TARE com empresa privada, visando conferir regime especial de apuração do ICMS, para incentivar a instalação de empresas no estado. O MPE/PI, em sede de inquérito civil público aberto para investigar a celebração do contrato, constatou que o ajuste causara prejuízo aos cofres públicos, razão por que ajuizou ACP com o objetivo de anular acordos firmados com base nesse termo.

A partir dessa situação hipotética, assinale a opção correta à luz da jurisprudência recente do STF.

(A) O MPE/PI pode ajuizar ACP cujo objeto sejam as pretensões que envolvam tributos, desde que seja possível a identificação pessoal dos beneficiários do regime especial.

(B) Como o dano ao patrimônio público causado pela realização da avença repercute em toda a economia nacional, caberia ao MPF, e não ao MPE/PI, ajuizar a ACP.

(C) A defesa da integridade do erário público e da higidez do processo de arrecadação tributária consiste em direito metaindividual do contribuinte, o que legitima a atuação do MPE/PI nesse caso.

(D) Como a celebração do TARE pelo estado do Piauí é ato administrativo, a atuação do MPE/PI nesse caso ocorreu de forma contrária à legislação em vigor.

(E) O MPE/PI não tem legitimidade para ajuizar a ACP para anular o TARE, por simples ausência de previsão legal.

A: incorreta, pois de acordo com o parágrafo único do art. 1º da LACP (incluído pela Medida Provisória 2.180-35, de 2001), *não será cabível ação civil pública para veicular pretensões que envolvam tributos...*; **B:** incorreta, pois se trata de acordo entre o Estado do Piauí e empresa privada, de tal forma que não é o caso de competência da Justiça Federal; **C:** correta, pois o STF decidiu que "o *Parquet* tem legitimidade para propor ação civil pública com o objetivo de anular Termo de Acordo de Regime Especial – TARE, em face da legitimação *ad causam* que o texto constitucional lhe confere para defender o erário. Não se aplica à hipótese o parágrafo único do artigo 1º da Lei 7.347/1985" (RE 576.155/DF); **D:** incorreta, pois o MP pode impugnar atos administrativos por meio de ação civil pública e, até, por meio de ação de improbidade administrativa; **E:** incorreta, pois o MP tem legitimidade por força do art. 129, III, da CF, além da legislação ordinária.

Gabarito "C"

(Ministério Público/PI – 2012 – CESPE) No que se refere à atuação do MP nos processos judiciais de natureza civil, assinale a opção correta.

(A) O MP, na fiscalização do cumprimento da lei, não detém legitimidade para oficiar ação de acidente do trabalho.

(B) Segundo a jurisprudência do STJ, é nula a sentença homologatória de acordo que resulte em redução de prestação alimentícia – em prejuízo evidente do incapaz – celebrado em audiência da qual não tenha participado membro do MP, tendo esse apresentado, antecipadamente, justificativa para sua ausência.

(C) O MP pode ajuizar ACP pleiteando, em benefício do segurado maior e capaz, a indenização decorrente do DPVAT.

(D) O MP não tem legitimidade para promover ACP cujo objeto seja a discussão da legalidade de reajuste de mensalidades escolares.

(E) Somente se houver recurso da parte, o MP terá legitimidade para recorrer em processo no qual tenha oficiado como fiscal da lei.

A: incorreta, pois o MP pode atuar, como fiscal da lei, em ação que envolva acidente do trabalho. Não confundir com o fato de que "compete à Justiça Obreira o julgamento de ação civil pública onde se discute o cumprimento, pelo empregador, de normas atinentes ao meio ambiente de trabalho. Precedente do C. STF. (RE 206.220/MG, 2ª Turma, Rel. Min. Marco Aurélio, *DJU* de 17.09.1999)" (STJ, REsp 697.132/SP); **B:** correta, pois, de fato, "é nula a sentença homologatória de acordo celebrado em audiência quando o representante do MP justificou antecipadamente sua ausência e dela resultou a redução de prestação alimentícia em prejuízo evidente da menor, pois cabe ao MP velar pelo interesse de incapaz. Logo, a Turma concluiu pela anulação do processo a partir da audiência em que prolatada a referida sentença, determinando que se atue nos moldes do devido processo legal, com a necessária intervenção do Ministério Público nos atos processuais. Precedentes citados: REsp 88.021-SP, *DJ* 27.10.1997, e REsp 299.153-SP, *DJ* 13.08.2001; REsp 1.058.689-RJ, Rel. Min. Nancy Andrighi, j. 12.05.2009"; **C:** incorreta, pois, nos termos da Súmula 470 do STJ, *o Ministério Público não tem legitimidade para pleitear, em ação civil pública, a indenização decorrente do DPVAT em benefício do segurado*; **D:** incorreta, pois o STJ admite a legitimidade do MP nessa hipótese: "*Agravo regimental. Recurso especial. Ação civil pública. Mensalidades escolares. Legitimidade do Ministério Público. Precedentes da Corte. Decisão agravada mantida. Improvimento.* 'O Ministério Público, como já está bem assentado em precedentes de ambas as Turmas que compõem a Segunda Seção, tem legitimidade ativa para ajuizar ação civil pública com o fim de impedir a cobrança abusiva de mensalidades escolares, presente o art. 21 da Lei 7.347/1985' (REsp 239.960/ES, Rel. Min. Carlos Alberto Menezes Direito, *DJe* 18.06.2001)" (AgRg no REsp 1.311.156/SE); **E:** incorreta, pois a assertiva afronta a Súmula 99 do STJ: *O Ministério Público tem legitimidade para recorrer no processo em que oficiou como fiscal da lei, ainda que não haja recurso da parte.*

Gabarito "B"

4. OBJETO

(Ministério Público/SP – 2008) Com relação à sistemática da ação civil pública, assinale a alternativa correta.

(A) Havendo condenação em dinheiro, a indenização pelo dano causado deverá ser destinada diretamente à reconstituição dos bens lesados.

(B) Na ação que tenha por objeto o cumprimento de obrigação de fazer ou não fazer, o juiz determinará o cumprimento da prestação da atividade devida ou a cessação da atividade nociva, sob pena de execução específica, ou de cominação de multa diária, desde que haja requerimento do autor.

(C) Poderá ser cumulado pedido na ação civil pública para condenação em dinheiro ou cumprimento de obrigação de fazer ou não fazer.

(D) Decorridos sessenta dias do trânsito em julgado da sentença condenatória, sem que a associação autora lhe promova a execução, deverá fazê-lo exclusivamente o Ministério Público.

(E) Havendo concessão de medida liminar com imposição de multa, esta só será devida após o trânsito em julgado da decisão favorável ao autor.

A: incorreta, pois a indenização reverterá, num primeiro momento, ao fundo de interesses difusos, sendo seus recursos, posteriormente, aplicados para a reconstituição dos bens lesados (art. 13 da Lei 7.347/1985); **B:** incorreta, pois tal medida pode ser concedida *independentemente de requerimento do autor* (art. 11 da Lei 7.347/1985); **C:** correta (art. 3º da Lei 7.347/1985); **D:** incorreta, pois outros legitimados poderão fazê-lo (art. 15 da Lei 7.347/1985); **E:** incorreta, pois a multa será *devida* desde o dia do descumprimento da liminar, mas só poderá ser *cobrada* após o trânsito em julgado da decisão favorável ao autor.

Gabarito "C"

(Ministério Público/PI – 2008) Assinale a alternativa **correta**.

(A) A ação civil pública é a única via para a defesa interesses e direitos coletivos *lato sensu* em juízo.

(B) Qualquer interesse difuso ou coletivo poderá ser objeto de ação civil pública.

(C) A condenação em dinheiro e a imposição de obrigações de fazer ou não fazer são os únicos provimentos judiciais admitidos nas ações coletivas.

(D) Tendo em vista a existência de interesse público em todas as ações coletivas, é vedada a antecipação de tutela.

(E) Sempre que houver sentença de improcedência em ação civil pública, não haverá condenação da parte autora ao pagamento de honorários, custas e despesas processuais.

A: incorreta, pois existem várias ações coletivas, isto é, ações que têm por objeto a tutela dos direitos transindividuais como, por exemplo, a ação popular, o mandado de segurança coletivo, a ação coletiva do CDC (arts. 91 e ss. e a ação de improbidade administrativa); **B:** correta, segundo o gabarito oficial, pois, em tese, a ação civil pública é voltada à tutela de direitos e interesses difusos, coletivos e individuais homogêneos. O cabimento da ação, de forma genérica, é previsto no art. 129, III, da CF. Porém, é importante observar que existem algumas restrições, como no art. 1º, parágrafo único da LACP; **C:** incorreta, pois, em tese, são admitidas todas as espécies de ações, isto é, de pretensões, em função do princípio da máxima amplitude previsto no art. 83 do CDC; **D:** incorreta, pois o juiz poderá conceder tutela antecipada, com ou sem justificação prévia, nos termos do art. 12 da LACP e no art. 273 do CPC; **E:** incorreta, pois a condenação é possível no caso de litigância de má-fé (LACP, art. 18). Adota-se o princípio da responsabilidade subjetiva.

Gabarito "B"

(Ministério Público/RJ – 2011) A Promotoria de Justiça de Tutela Coletiva de Salve-se-quem-puder instaurou inquérito civil para apurar notícia de despejo de produtos químicos em lagoa local por uma indústria de alimentos. No curso das investigações, foi apurado que efetivamente a investigada lançava efluentes sem qualquer tratamento, poluindo o referido corpo hídrico. Foi, ainda, verificado que a água contaminada era utilizada pelos agricultores locais para irrigar suas plantações, sendo que o consumo destes vegetais poderia causar sérios danos à saúde dos consumidores. Por fim, constatou-se que a mortandade de peixes havia acarretado enormes prejuízos aos pescadores, que, agora, não tinham mais sua fonte de subsistência. A empresa poluidora, ao ser notificada, afirmou não ter qualquer informação a prestar ao Ministério Público, vez que já havia firmado Termo de Ajustamento de Conduta com o Município, pelo qual se comprometera a fornecer alimentos aos pescadores pelo prazo de dez anos, a fornecer água para irrigação das lavouras vizinhas por meio de caminhões-pipa, bem como a isolara área da lagoa, evitando que desavisados pudessem vir a ser contaminados pelo contato com as águas. Diante de tal cenário, o Promotor de Justiça deve adotar a seguinte providência:

(A) arquivar o inquérito civil, diante da solução do problema investigado;

(B) ajuizar ação anulatória do Termo de Ajustamento de Conduta celebrado, vez que o município não tem legitimidade para tomar tais compromissos;

(C) executar o Termo de Ajustamento de Conduta, para garantir a entrega das prestações a que se obrigou a indústria poluidora;

(D) ajuizar ação civil pública para obrigar a indústria poluidora a adotar medidas reparadoras e compensatórias do dano ambiental;

(E) manter o inquérito civil em tramitação, até o cumprimento integral das prestações a que se obrigou a indústria.

A: incorreta, pois há necessidade de ação civil pública para, por exemplo, pleitear a reparação dos danos ambientais ao corpo hídrico; **B:** incorreta, pois a municipalidade, sendo legitimada à propositura de ação civil pública pelo art. 5º, III, da LACP, pode tomar o compromisso de ajustamento de conduta; **C:** incorreta, pois as medidas ainda são insuficientes; **D:** correta, pois, diante da recusa da empresa poluidora em atender à notificação do MP, é necessária a ação em relação aos danos ambientais ; **E:** incorreta, pois, como se disse, as medidas obtidas com o compromisso de ajustamento são insuficientes.

Gabarito "D"

(Ministério Público/RN – 2009 – CESPE) Acerca de ação civil pública, assinale a opção correta.

(A) O foro competente para processar e julgar ação civil pública deve ser o do domicílio do autor da infração.

(B) Ação civil pública não pode ter por objeto a condenação em dinheiro.

(C) Sociedade de economia mista não tem legitimidade para propor ação civil pública.

(D) É cabível ação civil pública de responsabilidade por danos morais e patrimoniais causados por infração da economia popular.

(E) Em ação civil pública, o poder público não pode habilitar-se como litisconsorte em ações propostas por associação legitimada.

A: incorreta, pois a ação deve ser proposta no foro do local do dano (art. 2º da LACP). A hipótese é de competência absoluta; **B:** incorreta, pois há possibilidade do pedido, conforme previsto no art. 3º da LACP; **C:** incorreta, pois a legitimidade está afirmada, expressamente, no art. 5º, IV, da LACP; **D:** correta, pois o cabimento da ação, no caso, está previsto no art. 1º, V, da LACP; **E:** incorreta, pois a possibilidade de habilitação, como litisconsorte, por parte do poder público, está afirmada no art. 5º, § 2º, da LACP.

Gabarito "D"

5. COMPROMISSO DE AJUSTAMENTO

(Ministério Público/AM – 2008 – CESPE) Acerca do termo de ajustamento de conduta, assinale a opção correta.

(A) O instrumento de transação, previsto na Lei dos Juizados Especiais, quando referendado pelo MP, equivale ao termo de ajustamento de conduta.

(B) A corrente doutrinária que identifica o termo de ajustamento de conduta com a transação realça o caráter típico que o instrumento assume nessa condição.

(C) A legitimidade ativa para a celebração do termo de ajustamento de conduta é concorrente e disjuntiva.

(D) O Poder Judiciário tem legitimidade para celebrar termo de ajustamento de conduta com a finalidade de evitar o litígio judicial.

(E) O termo de ajustamento de conduta é aceitável tanto na seara criminal, como na seara da improbidade administrativa.

A: incorreta, pois o acordo extrajudicial referendado pelo Ministério Público, previsto no art. 57, parágrafo único, da Lei 9.099/1995, diz respeito à composição de interesses que não se enquadram na categoria de difusos, coletivos e individuais homogêneos, de modo que esse tipo de acordo tem eficácia, no que tange à sua presunção de legitimidade, apenas em relação às partes que o assinaram; já o termo de ajustamento de conduta (TAC), tem eficácia, em relação à sua presunção de legitimidade, em relação à coletividade envolvida, o que não impede, todavia, que legitimados ao ingresso com ação coletiva e detentores de interesses individuais prejudicados questionem em juízo algum aspecto do compromisso firmado; ademais, o acordo previsto na Lei 9.099/1995 pressupõe a presença de advogado, ao passo que o TAC, não; por fim, no acordo previsto na Lei de Juizados Especiais é possível fazer concessões de direito material, ao contrário do que pode se dar num TAC; **B:** incorreta, pois tal corrente identifica o TAC como uma transação atípica, valendo lembrar das diferenças apontadas no comentário à alternativa "a" da presente questão; **C:** correta, pois a legitimidade ativa para a celebração do termo de ajustamento (assim como para o ingresso com ação civil pública) é *concorrente*, pois há mais de uma pessoa qualificada para agir, ou seja, há mais de um legitimado e não um legitimado exclusivo (no caso, qualquer órgão público pode celebrar o TAC) e *disjuntiva*, pois cada um dos legitimados concorrentes podem agir isoladamente, ou seja, sem necessidade de atuarem em conjunto; inclusive, é bom deixar claro que basta a presença de um órgão público, para a celebração de um TAC, não sendo necessária a participação do Ministério Público; **D:** incorreta, podendo o Poder Judiciário apenas homologar um TAC celebrado entre as partes, o que ocorre quando já há ação coletiva aforada e as partes resolvem encerrá-la por meio de um acordo; **E:** incorreta, pois, na esfera penal existe instituto próprio (transação penal) e na esfera da improbidade administrativa a transação é expressamente vedada (art. 17, § 1º, da Lei 8.429/1992).

Gabarito "C"

(Ministério Público/BA – 2010) Em relação ao Termo de Ajustamento de Conduta (TAC), identifique com V ou F, conforme o caso, as afirmativas verdadeiras e falsas.

I. A realização ou não de TAC no Inquérito Civil reveste-se de discricionariedade do Ministério Público.

II. O objetivo do TAC é readequar a conduta do degradador ou potencial degradador ao ordenamento jurídico vigente, a fim de afastar o risco ambiental intolerável e/ou reparar o dano ambiental.

III. No exercício regular de suas funções, os membros do Ministério Público responderão pelos danos decorrentes de sua ação na tomada do Termo de Ajustamento de Conduta.

IV. Na instrução do Inquérito Civil, o Ministério Público pode requisitar documentos e informações de quaisquer autoridades e/ou organismos particulares, à exceção dos casos de sigilo.

V. A eficácia do TAC está condicionada à homologação do arquivamento do inquérito civil pelo Conselho Superior do Ministério Público, conforme previsão expressa da Resolução n. 23/2007, do Conselho Nacional do Ministério Público.

A alternativa que contém a sequência correta, de cima para baixo, é a:

(A) V V F F F.

(B) F F F V V.

(C) V V F V V.

(D) V F V F V.

(E) F F V F V.

I: verdadeira, não havendo norma determinando ao Ministério Público a celebração de um TAC; II: verdadeira, já que a função do TAC na área ambiental é justamente readequar condutas e promover a reparação ambiental; III: falsa, pois a questão fala em "exercício *regular*" de funções, de modo que o membro do MP não pode responder por qualquer tipo de dano; IV: falsa; o MP pode requisitar documentos e informações sigilosos; a única coisa é que, aquele que recebe a requisição, *pode* negar a informação (art. 8º, § 2º, da Lei 7.347/1985); V: falsa, pois o arquivamento deve se dar quando o Ministério Público se convença da inexistência de fundamento para a propositura da ação civil pública (art. 10 da Resolução CNMP n. 23/2007); porém, é bom informar que, no Estado de São Paulo, existe a previsão contida na afirmativa em análise, previsão essa que não é repetida na Resolução CNMP n. 23/2007.

Gabarito "A"

(Ministério Público/MG – 2006) Em matéria de Ação Civil Pública é INCORRETO afirmar que:

(A) o Termo de Ajustamento de Conduta é possível ser celebrado por todos os legitimados ativos.

(B) o Inquérito Civil, tal qual os atos processuais, está submetido ao princípio da publicidade, podendo, nos casos estabelecidos pela Constituição da República, estabelecer limites dessa publicidade para resguardar a privacidade e o sigilo da correspondência, das comunicações telegráficas, de dados e das comunicações telefônicas.

(C) a coisa julgada em matéria coletiva resta superada quando se der a improcedência por insuficiência de provas.

(D) o ajustamento de conduta tem significado de reconhecimento prévio por parte da pessoa ou ente responsável pelo dano causado a interesse ou direito coletivo.

(E) a ação civil pública e a ação popular têm em seu polo ativo diferença de caráter formal, pois materialmente as partes são as mesmas, ou seja, a comunidade titular do direito difuso que se pretende seja tutelado.

A: incorreta (devendo ser marcada pelo candidato), pois apenas os *órgãos públicos*, inclusive o Ministério Público, podem celebrar um TAC; as associações, apesar de serem legitimadas para ingressar com ação civil pública, não podem tomar um compromisso de ajustamento; **B:** correta (art. 8º, § 2º, da Lei 7.347/1985); **C:** correta (art. 16 da Lei 7.347/1985); **D:** correta, tratando-se de reconhecimento prévio à formação de um título executivo judicial contra o responsável pelo dano, por meio de uma ação civil pública a ser promovida ou em curso; **E:** correta, valendo salientar que quando houver uma ação civil pública e uma ação popular com a mesma causa de pedir e o mesmo pedido, deve-se reconhecer litispendência quando do ajuizamento da segunda ação.

Gabarito "A"

(Ministério Público/SE – 2010 – CESPE) Assinale a opção correta acerca do compromisso de ajustamento de conduta.

(A) O termo de ajustamento de conduta firmado pelo MP e por pessoa jurídica de direito público ou privado responsável por dano ou ameaça a interesse coletivo, para revestir-se de eficácia executiva, dispensando ulterior processo de conhecimento, deve ser precedido e fundamentado em inquérito civil público.

(B) As associações civis de defesa do consumidor estão legitimadas a celebrar compromisso de ajustamento de conduta com o autor do dano ou de sua ameaça.

(C) Incumbe ao MP a fiscalização do cumprimento das obrigações firmadas em termo de ajustamento de conduta celebrado por fundação de direito privado e interessados.

(D) O termo de ajustamento de conduta, sem embargo de possuir força executiva, pode conter cláusula cominatória não consubstanciada necessariamente em multa diária, abrangendo qualquer outro tipo de obrigação.

(E) Para a configuração do termo de ajustamento de conduta como título executivo extrajudicial, no caso de assunção de obrigação de pagar quantia certa, é necessária a assinatura de duas testemunhas, ao lado das dos interessados e da entidade legitimada.

A: incorreta, pois o inquérito civil é mero procedimento investigativo, não sendo requisito nem para ingressar com ação civil pública, nem para a celebração de um TAC; **B:** incorreta, pois somente órgãos públicos podem tomar um compromisso de ajustamento (art. 5º, § 6º, da Lei 7.347/1985); **C:** incorreta, pois uma fundação de direito privado, por não ser um *órgão público*, não pode tomar um compromisso de ajustamento; **D:** correta, pois a cláusula cominatória pode, por exemplo, tratar-se de multa única, e não de multa diária, não havendo limitação, no art. 5º, § 6º, da Lei 7.347/1985 do tipo de comunicação cabível; **E:** incorreta, pois, para a formalização do TAC, não é necessária a presença de testemunhas; vale lembrar que também não é necessária a presença de advogado e do Ministério Público.

Gabarito "D"

(Ministério Público/SP – 2011) Relativamente ao compromisso de ajustamento de conduta, assinale a alternativa que expressa corretamente suas características.

(A) Trata-se de acordo, de atribuição dos órgãos públicos legitimados para a ação civil pública, pelo qual as partes transigem quanto à forma e ao prazo para atendimento do interesse difuso, coletivo ou individual homogêneo, sem dispor do interesse em questão, revestindo-se de eficácia de título executivo extrajudicial.

(B) Trata-se de transação formulada nos termos da legislação civil, de atribuição dos órgãos públicos legitimados para a ação civil pública, pela qual as partes realizam concessões mútuas, para atendimento do interesse difuso, coletivo ou individual homogêneo, revestindo-se de eficácia de título executivo extrajudicial.

(C) Trata-se de acordo, de atribuição exclusiva do Ministério Público, pelo qual as partes transigem quanto à forma e ao prazo para atendimento do interesse difuso, coletivo ou individual homogêneo, sem dispor do interesse em questão, revestindo-se de eficácia de título executivo judicial.

(D) Trata-se de transação formulada nos termos da legislação civil, de atribuição exclusiva do Ministério Público, pela qual as partes realizam concessões mútuas, para atendimento do interesse difuso, coletivo ou individual homogêneo, revestindo-se da eficácia de título executivo judicial.

(E) Trata-se de acordo, de atribuição dos órgãos públicos legitimados para a ação civil pública, pelo qual as partes transigem quanto à forma e ao prazo para atendimento do interesse difuso, coletivo ou individual homogêneo, sem dispor do interesse em questão, revestindo-se de eficácia de título executivo extrajudicial quando assinado por 2 (duas) testemunhas instrumentárias.

A: correta (art. 5º, § 6º, da Lei 7.347/1985); **B:** incorreta, pois o MP ou o órgão público não podem fazer *concessões*, não podem dispor do interesse, de modo que não há que se falar em concessões mútuas; **C** e **D:** incorretas, pois não só o MP, como também os órgãos públicos legitimados têm atribuição para tomar dos interessados compromisso de ajustamento (art. 5º, § 6º, da Lei 7.347/1985); **E:** incorreta, pois não é necessária a assinatura de duas testemunhas.

Gabarito "A"

(Ministério Público/SP – 2006) Assinale a alternativa incorreta.

O compromisso de ajustamento de conduta:

(A) precisa ser homologado em juízo.

(B) dispensa a participação de advogados das partes envolvidas.

(C) se constitui em título executivo extrajudicial.

(D) deve ser tomado por termo por órgão público legitimado à ação civil pública.

(E) não exige a presença de testemunhas instrumentárias.

A: incorreta, pois o TAC não precisa ser homologado em juízo; **B:** correta, pois não é necessária a presença de advogados, bastando que o TAC seja tomado por um órgão público, que inclui o Ministério Público; **C:** correta (art. 5º, § 6º, da Lei 7.347/1985); **D:** correta (art. 5º, § 6º, da Lei 7.347/1985); **E:** correta, pois o art. 5º, § 6º, da Lei 7.347/1985 não exige a presença de testemunhas.

Gabarito "A"

(Ministério Público/BA – 2008) Marque a alternativa incorreta a respeito do compromisso de ajustamento de conduta:

(A) O compromisso de ajustamento de conduta no qual não conste a imposição de multa cominatória em caso de descumprimento é inexequível.

(B) As fundações públicas poderão tomar dos interessados compromisso de ajustamento de conduta às exigências legais.

(C) O compromisso de ajustamento de conduta pode ser celebrado extrajudicialmente ou judicialmente.

(D) Quando celebra compromisso de ajustamento de conduta, o Promotor de Justiça não pode transigir com relação ao direito material que subjaz à questão, efetuando concessões que impliquem em renúncia ao direito transindividual em jogo.

(E) O compromisso de ajustamento de conduta celebrado pelo Promotor de Justiça no bojo de um inquérito civil pode ser apenas parcial, de forma a obter a composição relativamente a algumas das ilicitudes apuradas, caso em que o procedimento investigatório deverá prosseguir relativamente às demais ilicitudes que não foram objeto de composição no compromisso.

A: incorreta, pois a multa, que é estipulada como garantia do cumprimento da obrigação principal, não é da essência do compromisso. Afinal, a falta de estipulação da multa não impede o cumprimento da obrigação. Não lhe retira a exigibilidade; **B:** correta, pois o art. 5º, § 6º, da LACP, dá aos órgãos públicos legitimados à propositura da ação a possibilidade de tomar dos interessados compromisso de ajustamento de conduta. E as fundações estão legitimadas pelo art. 5º, IV, da LACP, à propositura de ação civil pública; **C:** correta, pois nada impede que o compromisso seja celebrado em juízo e homologado. Nesse caso, porém, a eficácia será de título judicial; **D:** correta. De fato, o compromisso diz respeito a aspectos relacionados à forma e ao prazo para o cumprimento das obrigações. Não há disposição quanto ao direito material; **E:** correta, pois, conforme Marcos Destefenni: "A celebração de Termo de Ajustamento de Conduta nem sempre encerra o inquérito civil, pois é possível que ele seja meramente procedimental, isto é, estabeleça conduta referente à apuração dos fatos, um compromisso do próprio investigado, por exemplo, à produção de determinada prova relevante para a formação de convicção" (*Manual do processo civil individual e coletivo*. São Paulo: Saraiva, 2012).

Gabarito "A"

(Ministério Público/CE – 2011 – FCC) Os órgãos públicos legitimados à propositura de ação civil pública

(A) poderão tomar dos interessados compromisso de ajustamento de sua conduta às exigências legais, mediante cominações, que terá eficácia de título executivo extrajudicial.

(B) não poderão tomar dos interessados compromisso de ajustamento de conduta às exigências legais, exceto o Ministério Público ao qual a lei atribui essa competência com exclusividade.

(C) poderão tomar dos interessados compromisso de ajustamento de sua conduta às exigências legais, mediante cominações, que terá eficácia de título executivo judicial.

(D) poderão tomar dos interessados compromisso de ajustamento de sua conduta às exigências legais, mediante cominações, que terá eficácia de título executivo extrajudicial, exceto se houver interveniência do Ministério Público, quando lhe será atribuída eficácia de título executivo judicial.

(E) só poderão tomar dos interessados compromisso de ajustamento de sua conduta às exigências legais, em audiência de tentativa de conciliação prevista no artigo 331, do Código de Processo Civil e terá eficácia de título executivo judicial.

A: correta, pois o art. 5º, § 6º, da LACP, dá aos órgãos públicos legitimados à propositura da ação a possibilidade de tomar dos interessados compromisso de ajustamento de conduta, que terá eficácia de título extrajudicial. Se for homologado em juízo, o compromisso tem eficácia de título judicial; **B:** incorreta, pois a legitimidade para celebrar o compromisso é dos órgãos públicos e não apenas do MP; **C:** incorreta, pois a eficácia é de título extrajudicial; **D:** incorreta, pois, conforme mencionado, a eficácia de título judicial decorre da homologação em juízo e não da intervenção do MP; **E:** incorreta, pois o compromisso pode ser celebrado extrajudicialmente.

Gabarito "A"

(Ministério Público/MT – 2012 – UFMT) Sobre o microssistema processual coletivo, assinale a afirmativa **INCORRETA**.

(A) O compromisso de ajustamento de conduta, segundo a doutrina, possui, no mínimo, duas grandes vantagens sobre a via judicial; a primeira consiste em equacionar de forma mais rápida e efetiva a irregularidade e a segunda consiste na previsão de mecanismos de sanções exigíveis desde logo para o caso de descumprimento das obrigações.

(B) A multa imposta em sede de Ação Civil Pública só é exigível do réu após o trânsito em julgado da decisão favorável ao autor, ainda que seja devida desde o dia em que se configurou o descumprimento.

(C) O compromisso de ajustamento de conduta é uma negociação que se estabelece entre os órgãos públicos legitimados a propor a Ação Civil Pública e os descumpridores da legislação de regência da matéria.

(D) Em sede de improbidade administrativa, o Termo de Ajustamento de Conduta se mostra incabível tendo em vista a vedação expressa do artigo 17, § 1º, da Lei n. 8.429/1992 no que se refere aos agentes ímprobos, não sendo descartada a possibilidade de firmar compromisso na matéria estranha à improbidade, quando cabível.

(E) O compromisso de ajustamento de conduta, quando firmado no curso de uma ação civil pública, está sujeito à homologação do Conselho Superior do Ministério Público como condição de validade do próprio compromisso.

A: correta, pois se trata de um importante mecanismo de composição alternativa do litígio; **B:** correta, à luz do que estabelece o art. 12, § 2º, da LACP, embora o mencionado dispositivo legal seja questionado doutrinariamente por aqueles que defendem uma exigibilidade imediata da multa, que não comprometa sua efetividade; **C:** correta, pois o compromisso tem caráter negocial, é fundado no consenso. E só os órgãos públicos legitimados podem celebrar o Compromisso de Ajustamento de Conduta; **D:** correta, pois o citado dispositivo legal realmente veda a celebração de compromisso para a aplicação das sanções ao agente ímprobo. Existe reserva de jurisdição; **E:** incorreta, pois o compromisso firmado em juízo não está sujeito à homologação do CSMP e sim à homologação judicial.

Gabarito "E"

(Ministério Público/MS – 2009) Sobre o compromisso de ajustamento de conduta, assinale a alternativa correta.

(A) Segundo entendimento preconizado pelo Superior Tribunal de Justiça, a celebração e o integral cumprimento de termo de ajustamento de conduta, tendente a promover a recuperação de dano ambiental causado, elide a possibilidade de propositura de ação penal por crime ambiental relativo aos mesmos fatos, desde que tal se consume antes do recebimento da denúncia.

(B) Por ser título executivo oriundo de composição entre as partes envolvidas, a ação de embargos oponível contra a execução de compromisso de ajustamento de conduta tem corte sumário de cognição, podendo ser alegadas apenas as matérias cabíveis nos embargos manejados contra ação executiva de título judicial.

(C) Sendo a proteção do patrimônio histórico, interesse jurídico de natureza difusa, não há que se falar na possibilidade de firmatura de compromisso de ajustamento de conduta a respeito, já que inexiste disponibilidade, por parte do órgão legitimado à sua defesa, sobre o direito em causa.

(D) É possível, quando da celebração de compromisso de ajustamento de conduta, a cumulação de obrigações de fazer e não fazer, além, ainda, de obrigação de pagar quantia, inclusive para o caso de descumprimento da(s) obrigação(ões) principal(is) pactuada(s).

(E) Nos termos do que preconiza o artigo 5º, § 6º, da Lei Federal n. 7.347/1985 (Lei da Ação Civil Pública), com a redação que lhe foi dada pela Lei Federal n. 11.448/2007, para que o compromisso de ajustamento de conduta tenha eficácia de título executivo, é necessário seja assinado pelas partes envolvidas e por duas testemunhas devidamente identificadas no termo e presentes no ato.

A: incorreta, pois o STJ entende que "a assinatura de termo de ajustamento de conduta, com a reparação do dano ambiental são circunstâncias que possuem relevo para a seara penal, a serem consideradas na hipótese de eventual condenação, não se prestando para elidir a tipicidade penal" (HC 187.043/RS); **B:** incorreta, pois na execução de título extrajudicial (compromisso de ajustamento de conduta), os embargos à execução podem versar sobre qualquer matéria, não havendo limite prévio à cognição judicial; **C:** incorreta, pois não há impedimento à celebração de TAC, uma vez que o compromisso não representa disposição do direito material, mas sim pacto sobre circunstâncias secundárias, como a forma e o prazo para a reparação do dano; **D:** correta, pois, além de possível, é recomendável a previsão de obrigações no caso de descumprimento; **E:** incorreta, pois a presença de testemunhas instrumentárias, embora possa ser recomendável, não é da essência do compromisso e não lhe retira a eficácia executiva.

Gabarito "D"

(Ministério Público/RR – 2012 – CESPE) Em relação ao inquérito civil, ao compromisso de ajustamento de conduta e ao dispõe a Lei Complementar n. 75/1993, assinale a opção correta.

(A) A assinatura do termo de ajustamento de conduta não obsta a instauração da ação penal, pois esse procedimento ocorre na esfera cível, que é independente da penal.

(B) O inquérito civil público, embora previsto como função institucional do MP, não pode ser utilizado como elemento probatório hábil para embasar a propositura de ação penal.

(C) É atribuição exclusiva do procurador-geral da República, como chefe do MPU, dirimir conflitos de atribuição entre integrantes de ramos diferentes do MPU.

(D) É conferido prazo em dobro ao MP para interpor recurso, inclusive na hipótese de recurso especial criminal.

(E) Em conformidade com o STJ, o MPE tem legitimidade para interpor agravo regimental perante os tribunais superiores, uma vez que a atuação perante essas Cortes não é restrita ao MPF.

A: correta, pois o STJ entende que "a assinatura de termo de ajustamento de conduta, com a reparação do dano ambiental são circunstâncias que possuem relevo para a seara penal, a serem consideradas na hipótese de eventual condenação, não se prestando para elidir a tipicidade penal" (HC 187.043/RS); **B:** incorreta, pois já decidiu o STJ: "Habeas corpus. *Penal e processual penal. Crime praticado por prefeito. Inquérito penal. Inexistência. Inquérito civil público. Utilização para lastrear acusação penal. Possibilidade. Justa causa configurada*" (HC 123.855/SP); **C:** incorreta, pois ao PGR cabe dirimir conflitos de atribuição entre integrantes de ramos diferentes do Ministério Público da União (Lei Complementar 75/1993, art. 26, VII). A atribuição, contudo, não é exclusiva, pois, nos termos do § 1º do art. 26 da Lei Complementar 75/1993, *o Procurador-Geral da República poderá delegar aos Procuradores-Gerais as atribuições previstas nos incisos VII e VIII deste artigo*; **D:** incorreta, pois, como decidiu a 5ª Turma do STJ (RMS 8021/MG), "na esfera criminal não se aplica ao MP o disposto no art. 188 do CPC"; **E:** incorreta, segundo o gabarito oficial. Esse entendimento, realmente, era o do STJ. Porém, o STJ, recentemente, decidiu que o Ministério Público Estadual tem legitimidade recursal no âmbito do STJ (AgRg no AgRg no AREsp 194.892-RJ, Rel. Min. Mauro Campbell Marques, j. 24.10.2012)".

Gabarito "A"

(Ministério Público/SP – 2012 – VUNESP) Com relação ao compromisso de ajustamento de conduta, é correto afirmar:

(A) Não se admite, ainda que em caráter excepcional, que seja celebrada sua novação nos termos da lei civil.

(B) Admite-se que seja celebrado com característica de ajuste preliminar.

(C) Admite-se a dispensa parcial das obrigações reclamadas para a efetiva satisfação do interesse ou direito lesado.

(D) Admite-se sua celebração em qualquer fase do inquérito civil, ainda que o fato não esteja devidamente esclarecido.

(E) Não se admite a dispensa de multa cominatória como garantia do cumprimento da obrigação principal.

A: incorreta, como o compromisso de ajustamento de conduta é consensual, nada impede que fato superveniente leve as partes a entabular novo acordo; **B:** correta, pois a celebração de Termo de Ajustamento de Conduta nem sempre encerra o inquérito civil, pois é possível que ele seja meramente procedimental, isto é, estabeleça conduta referente à apuração dos fatos, um compromisso do próprio investigado, por exemplo, à produção de determinada prova relevante para a formação de convicção. A possibilidade de ajuste preliminar está prevista na Súmula 20 do Conselho Superior do Ministério Público de São Paulo: "*Quando o compromisso de ajustamento tiver a característica de ajuste preliminar, que não dispense o prosseguimento de diligências para uma solução definitiva, salientado pelo órgão do Ministério Público que o celebrou, o Conselho Superior homologará somente o compromisso, autorizando o prosseguimento das investigações*. Fundamento: O parágrafo único do art. 112 da Lei Complementar estadual n. 734/1994 condiciona a eficácia do compromisso ao prévio arquivamento do inquérito civil, sem correspondência com a Lei Federal n. 7.347/1985. Entretanto, pode acontecer que, não obstante ter sido formalizado compromisso de ajustamento, haja necessidade de providências complementares, reconhecidas pelo interessado e pelo órgão ministerial, a serem tomadas no curso do inquérito civil ou dos autos de peças de informação, em busca de uma solução mais completa para o problema. Nesta hipótese excepcional, é possível, ante o interesse público, a homologação do ajuste preliminar sem o arquivamento das investigações (Pt. n. 9.245/1994 e 7.272/1994)"; **C:** incorreta, pois o TAC não representa disposição quanto ao direito material. Ele se refere a aspectos secundários como o prazo e a forma da reparação do dano; **D:** incorreta, pois a celebração do compromisso pressupõe que os fatos tenham sido devidamente apurados no bojo no inquérito civil; **E:** incorreta, pois a multa não é da essência do compromisso. Embora recomendável não é obrigatória sua estipulação.

Gabarito "B"

6. INQUÉRITO CIVIL E RECOMENDAÇÃO

(Ministério Público/SP – 2013 – PGMP) No Inquérito Civil:

I. Se o órgão do Ministério Público, esgotadas todas as diligências, se convencer da inexistência de fundamento para a propositura da ação civil, promoverá o arquivamento dos autos do inquérito civil ou das peças informativas, fazendo-o fundamentadamente, hipótese em que as peças de informação arquivadas ou os autos do inquérito civil serão remetidos, sob pena de se incorrer em falta grave, no prazo de 3 (três) dias, ao Conselho Superior do Ministério Público.

II. A promoção de arquivamento do inquérito civil será submetida a exame e deliberação do Conselho Superior do Ministério Público, conforme dispuser o seu Regimento, sendo certo que deixando o Conselho de homologar a promoção de arquivamento, determinará, desde logo, que o órgão do Ministério Público que promoveu o arquivamento, ajuíze a ação.

III. A Lei de Ação Civil Pública (Lei 7.347/85) prevê expressamente que o Conselho Superior do Ministério Público, ao tomar conhecimento em primeira mão de fatos que possam ensejar a propositura de ação civil pública, determine de ofício ao Promotor de Justiça, com atribuição para tanto, a instauração de inquérito civil objetivando o ingresso da ação.

IV. Nos autos do inquérito civil, ou procedimento preparatório, o Ministério Público poderá expedir recomendações devidamente fundamentadas, visando à melhoria dos serviços públicos e de relevância pública, bem como aos demais interesses, direitos e bens cuja defesa lhe caiba promover.

V. Diante de suficientes elementos de convicção extraídos de autos de inquérito civil ou procedimento preparatório, no tocante à deficiência de serviços públicos e de relevância pública, tendo em vista o princípio da indisponibilidade da ação civil pública, deverá o Ministério Público promover desde então a respectiva ação civil pública para a garantia de tais interesses.

Está CORRETO somente o que se afirma nos itens:

(A) I e IV.

(B) II e III.

(C) IV e V.

(D) I e III.

(E) I e V.

I: correta (art. 9º, *caput* e § 1º, da Lei 7.347/1985); **II:** incorreta, pois, deixando o Conselho Superior de homologar a promoção de arquivamento, designará, desde logo, outro órgão do Ministério Público para o ajuizamento da ação, em razão do princípio da independência funcional (art. 9º, § 4º, da Lei 7.347/1985); **III:** incorreta, pois não há previsão legal neste sentido. A lei da ação civil pública somente prevê que qualquer pessoa poderá e o servidor público deverá provocar a iniciativa do Ministério Público, ministrando-lhe informações sobre fatos que constituam objeto da ação civil e indicando-lhe os elementos de convicção. Ainda, no exercício de suas funções, os juízes e tribunais que tiverem conhecimento de fatos que possam ensejar a propositura da ação civil, remeterão peças ao Ministério Público para as providências cabíveis (art. 6º e 7º, da Lei 7.347/1985); **IV:** correta (art. 6º, XX, da LC 75/1993 e art. 113, § 1º, da LOMPSP); **V:** incorreta, pois o princípio que vigora quando da propositura da ação civil pública, em havendo elementos de convicção, é o da obrigatoriedade. Por sua vez, o princípio da indisponibilidade diz respeito à impossibilidade de desistência da ação já proposta, salvo motivo fundamentado.

Gabarito "A"

(Ministério Público/MS – 2013 – FADEMS) Tratando-se de inquérito civil, analise as proposições abaixo e assinale a alternativa **incorreta**:

(A) As provas colhidas no inquérito civil tem valor probatório relativo, porque colhidas sem a observância do contraditório, mas só devem ser afastadas quando há contraprova de hierarquia superior, ou seja, produzida sob a vigilância do contraditório.

(B) A abertura de inquérito civil não é condição preliminar ao ajuizamento de ação civil pública.

(C) A análise prévia sobre a necessidade das informações requisitadas pelo Ministério Público no âmbito de inquérito civil é da competência exclusiva dessa instituição, que tem autonomia funcional garantida constitucionalmente, não sendo permitido ao Poder Judiciário ingressar no mérito a respeito do ato de requisição.

(D) Em nenhuma hipótese poderá ser negada certidão ou informações requisitadas pelo Ministério Público para instrução de inquérito civil.

(E) Eventual irregularidade praticada na fase pré-processual não é capaz de inquinar de nulidade a ação civil pública, assim como ocorre na esfera penal, se observadas as garantias do devido processo legal, da ampla defesa e do contraditório.

A: correta, pois não há incidência do contraditório no inquérito civil. Assim, as provas nele colhidas têm valor relativo, podendo ser impugnadas no caso de eventual ação civil pública. Ilustra a questão a seguinte decisão da 2ª Turma do STJ (Informativo nº 440): "Na ação de responsabilidade por ato de improbidade administrativa, utilizou-se prova emprestada constante de inquérito civil público consistente de laudo pericial produzido administrativamente, sem a observância de contraditório e ampla defesa. Conforme precedentes, essa circunstância, por si só, não é capaz de nulificar a prova, pois se deve contrapô-la às demais postas nos autos. Sucede que esses outros elementos, com ênfase na prova testemunhal (genérica e sem convicção), não conduzem à conclusão de que possa haver prática de ato de improbidade pelos réus, solução também adotada pelo tribunal *a quo*, que não pode ser revista pelo STJ (Súmula n. 7-STJ). Precedentes citados: REsp 849.841-MG, DJ 11/09/2007, e HC 141.249-SP, DJe 03/05/2010." (REsp 1.189.192/GO, Rel. Min. Eliana Calmon, julgado em 22/06/2010); **B:** correta, pois o inquérito civil não é indispensável à propositura de ação civil pública. Como estabelece o art. 1º da Resolução n. 23/2007 do CNMP, o inquérito civil tem natureza unilateral e facultativa. Acrescenta o parágrafo único do art. 1º da Resolução CNMP n. 23/2007: "O inquérito civil não é condição de procedibilidade para o ajuizamento das ações a cargo do Ministério Público, nem para a realização das demais medidas de sua atribuição própria"; **C:** correta, pois se trata de trecho de decisão proferida pela 1ª Turma do STJ (RMS 33.392/PE, Rel. Min. Benedito Gonçalves, DJe 10/06/2011): "(...) 2. A requisição de informações e documentos para a instrução de procedimentos administrativos da competência do Ministério Público, nos termos do art. 129 da Constituição Federal de 1988, é prerrogativa constitucional dessa instituição, à qual compete a defesa da ordem jurídica, do regime democrático e dos interesses sociais e individuais indisponíveis. No âmbito da legislação infraconstitucional, essa prerrogativa também encontra amparo no § 1º do artigo 8º da Lei n. 7.347/1985, segundo o qual 'o Ministério Público poderá instaurar, sob sua presidência, inquérito civil, ou requisitar, de qualquer organismo público ou particular, certidões, informações, exames ou perícias, no prazo que assinalar, o qual não poderá ser inferior a 10 (dez) dias úteis'. 3. Tanto o Procedimento de Investigação Preliminar, quanto o inquérito civil, servem à formação da convicção do Ministério Público a respeito dos fatos investigados e o resultado consequente pode dar ensejo ao ajuizamento de qualquer das ações judiciais a cargo do *Parquet*. 4. A 'análise prévia' (conforme referiu a Corte de origem) a respeito da necessidade das informações requisitas pelo Ministério Público é da competência exclusiva dessa instituição, que tem autonomia funcional garantida constitucionalmente, não sendo permitido ao Poder Judiciário ingressar no mérito a respeito do ato de requisição, sob pena de subtrair do parquet uma das prerrogativas que lhe foi assegurada pela Constituição Federal de 1988"; **D:** incorreta, devendo esta alternativa ser assinalada, pois já se decidiu que "não consubstancia crime de desobediência a negativa de atendimento a requisição do Ministério de informações sobre o assunto protegido pelo sigilo bancário" (STJ, REsp 79.026/DF, Rel. Min. Vicente Leal, Sexta Turma, DJ 03/05/1999); **E:** correta, pois já decidiu a 1ª Turma do STJ que "eventual irregularidade praticada na fase pré-processual não é capaz de inquinar de nulidade a ação civil pública, assim como ocorre na esfera penal, se observadas as garantias do devido processo legal, da ampla defesa e do contraditório" (REsp 1.119.568/PR, Rel. Ministro Arnaldo Esteves Lima, Primeira Turma, DJe 23/09/2010).

Gabarito "D"

(Ministério Público/MS – 2013 – FADEMS) É **incorreto** afirmar que o inquérito civil no âmbito do Ministério Público do Estado de Mato Grosso do Sul pode ser instaurado por:

(A) determinação do Conselho Superior do Ministério Público, quando desacolher a promoção de arquivamento de peças de informação.

(B) determinação do Procurador-Geral de Justiça, na hipótese de delegação de sua atribuição originária.

(C) requisição do Poder Judiciário.

(D) representação formulada por qualquer pessoa.

(E) determinação do Conselho Superior do Ministério Público, quando prover recurso contra a não instauração de inquérito civil.

A: correta, pois cabe ao Conselho Superior do Ministério Público rever a promoção de arquivamento. E, nos termos do art. 26, § 5º, da Resolução Normativa n. 15/2007, que modifica e consolida as normas que regulamentam o Inquérito Civil no âmbito do Ministério Público do Estado de Mato Grosso do Sul, na área dos interesses difusos, coletivos, individuais homogêneos e individuais indisponíveis, as audiências públicas, os compromissos de ajustamento de conduta e as recomendações "deixando o Conselho Superior do Ministério Público de homologar a promoção de arquivamento, comunicará, desde logo, ao Procurador-Geral de Justiça para a designação de outro órgão do Ministério Público para o ajuizamento da ação (...)"; **B:** correta, pois, conforme o art. 17 da Resolução Normativa n. 15/2007, que diz respeito à atribuição para a instauração do Inquérito Civil, "o Procurador-Geral de Justiça poderá delegar, parcial ou totalmente, sua atribuição originária a membro do Ministério Público"; **C:** incorreta, devendo esta alternativa ser assinalada, pois a atribuição para a instauração do Inquérito Civil é do Ministério Público, órgão autônomo e independente, conforme determina o art. 129, III da CF: "São funções institucionais do Ministério Público: (...)promover o inquérito civil e a ação civil pública, para a proteção do patrimônio público e social, do meio ambiente e de outros interesses difusos e coletivos"; **D:** correta, pois qualquer pessoa pode representar ao Ministério Público para fins de instauração do Inquérito Civil; **E:** correta, pois cabe ao Conselho Superior do Ministério Público, conforme o art. 15, XXVII, da Lei Complementar Estadual do MS n. 72/1994, com redação dada pela Lei Complementar Estadual 145/2010, "ao Conselho Superior do Ministério Público compete conhecer e julgar recurso contra decisão que indeferir representação para instauração de inquérito civil".

Gabarito "C"

(Ministério Público/BA – 2010) Em relação ao Inquérito Civil e o Termo de Ajustamento de Conduta (TAC), identifique com V ou F, conforme o caso, as afirmativas verdadeiras e falsas.

I. O Inquérito Civil constitucionalizado é mero procedimento administrativo de cunho inquisitorial, sem imposição de contraditório ou exigência de participação obrigatória do investigado.

II. O Inquérito Civil é instrumento de investigação conferido aos colegitimados para propositura da Ação Civil Pública, configurando-se forte instrumento da tutela coletiva.

III. O TAC firmado pelo Ministério Público, que passou pelo crivo do Conselho Superior da instituição, ficará sujeito à imutabilidade.

IV. A subscrição do TAC irradia efeitos *erga omnes* e *intra partes*.

V. O TAC preliminar pode ter como objeto a obtenção de meios que viabilizem a continuidade das investigações ou obter parcialmente as medidas necessárias para o resguardo do bem jurídico ambiental tutelado.

A alternativa que contém a sequência correta, de cima para baixo, é a:

(A) V V F F V.

(B) F F V F V.

(C) F V F V F.

(D) V F F F V.

(E) V V V V V.

I: verdadeira, pois o inquérito civil está previsto na CF (art. 129, III, da CF) e se trata, de fato, de um procedimento inquisitório; II: falsa, pois somente o MP pode instaurar o inquérito civil (art. 8º, § 1º, da Lei 7.347/1985), não existindo essa prerrogativa para os demais legitimados para a ação civil pública; III: falsa, pois nenhuma lesão ou ameaça de lesão a direito pode ser subtraída da apreciação do Poder Judiciário (art. 5º, XXXV, da CF); assim, o lesado ou qualquer outro legitimado poderá ingressar em juízo com vistas à anulação de um TAC com problema de legalidade; IV: falsa, pois há uma contradição na afirmação; ou os efeitos são *erga omnes*, ou são *intra partes*; V: verdadeira; o instituto do "TAC Preliminar" é bem comum na prática; ele decorre das situações em que o órgão legitimado para tomar o TAC tem interesse em obter providências que não resultem, necessariamente, no encerramento das investigações, como ocorre, por exemplo, na celebração de TAC para a elaboração de um estudo de impacto ambiental, que irá verificar, v. g, se um empreendimento pode ou não ser realizado.

Gabarito "D"

(Ministério Público/BA – 2010) Sobre a ação civil pública e o inquérito civil, é correto afirmar que:

(A) O requisito da pré-constituição, há pelo menos 1(um) ano, nos termos da lei civil, exigido para a legitimidade de associação para propor a ação principal e a ação cautelar, poderá ser dispensado pelo juiz, quando haja manifesto interesse social evidenciado pela dimensão ou característica do dano, ou pela relevância do bem jurídico a ser protegido.

(B) Em caso de desistência infundada ou abandono da ação por associação legitimada, a titularidade ativa somente pode ser assumida pelo Ministério Público.

(C) Cabe recurso administrativo do indeferimento de pedido de instauração de inquérito civil, a ser protocolado, no prazo de 15 (quinze) dias, junto ao Conselho Superior do Ministério Público ou à Câmara de Coordenação e Revisão respectiva.

(D) Em caso de improcedência da ação, a associação autora e os diretores responsáveis pela propositura da ação serão solidariamente condenados em honorários advocatícios e ao décuplo das custas, sem prejuízo da responsabilidade por perdas e danos.

(E) A falta ao trabalho, decorrente de atendimento à notificação ou requisição expedida pelo Ministério Público para instrução de inquéritos civis ou procedimentos administrativos, autoriza desconto de vencimentos ou salário.

A: correta (art. 5º, § 4º, da Lei 7.347/1985); **B:** incorreta, pois a ação pode ser assumida por qualquer legitimado (art. 5º, § 3º, da Lei 7.347/1985); **C:** incorreta, pois o recurso deve ser protocolado no prazo de 10 (*dez*) dias, e não de 15 dias (art. 5º, § 1º, da Resolução CNMP 23/2007); **D:** incorreta, pois há isenção de custas e honorários em favor da associação autora, salvo comprovada má-fé (art. 18 da Lei 7.347/1985); **E:** incorreta, pois quem falta ao trabalho para atender a uma notificação ou requisição está no estrito cumprimento de um *dever legal*, não podendo ser sancionado por isso.

Gabarito "A"

(Ministério Público/BA – 2010) Sobre o inquérito civil e sua regulamentação pela Resolução n. 23/2007, do Conselho Nacional do Ministério Público, não é correto afirmar que:

(A) Durante a condução de um inquérito civil, o membro do Ministério Público que o está presidindo pode aditar a portaria ou determinar a extração de cópias para a instauração de outro inquérito civil, se novos fatos indicarem a necessidade de investigação de objeto diverso do que está sendo investigado.

(B) O Procurador-Geral de Justiça não pode deixar de dar encaminhamento a notificações e requisições do membro do Ministério Público endereçadas a Conselheiros do Conselho Nacional de Justiça e do Conselho Nacional do Ministério Público, sob nenhum pretexto.

(C) Mesmo tendo o Conselho Nacional do Ministério Público normatizado, através da Resolução n. 23/2007, o prazo do inquérito civil, cada Ministério Público pode, no âmbito de sua competência administrativa, estabelecer prazo inferior ou limitar a prorrogação mediante ato administrativo do Órgão da Administração Superior competente.

(D) O desarquivamento do inquérito civil, diante de novas provas ou para investigar fato novo relevante só pode ocorrer dentro do prazo de seis meses após o arquivamento.

(E) No caso de ausência de recurso administrativo ao indeferimento de pedido para instauração de inquérito civil, os autos serão arquivados na origem, sem apreciação pelo Conselho Superior do Ministério Público ou pela Câmara de Coordenação e Revisão respectiva.

A: é correta (art. 4º, parágrafo único, da Resolução CNMP 23/2007); **B:** não é correta, devendo ser assinalada; o Procurador-Geral de Justiça poderá deixar de fazer o encaminhamento caso o ofício não contenha os requisitos legais ou não empregue o tratamento protocolar devido ao destinatário (art. 6º, § 8º, da Resolução CNMP 23/2007); **C:** é correta (art. 9º, parágrafo único, da Resolução CNMP 23/2007); **D:** é correta (art. 12, parágrafo único, da Resolução CNMP 23/2007); **E:** é correta (art. 5º, § 4º, da Resolução CNMP 23/2007).

Gabarito "B"

(Ministério Público/ES – 2005) Assinale a alternativa correta.

(A) Em obediência a Constituição Federal, o inquérito civil deverá obedecer ao princípio do contraditório.

(B) O inquérito civil é indispensável à propositura da ação civil pública.

(C) Qualquer dos colegitimados à ação civil pública pode instaurar o inquérito civil, através de seus organismos administrativos.

(D) Dentre os colegitimados, apenas o Membro do Ministério Público pode instaurar e presidir o inquérito civil.

(E) O arquivamento do inquérito civil instaurado pelo Ministério Público impede que os colegitimados possam propor ação civil pública sobre a questão ali tratada.

A: incorreta, pois o inquérito civil é mero procedimento informativo e inquisitivo, não sendo necessário respeito à ampla defesa e ao contraditório, seja porque não há acusados no procedimento (não incidindo o art. 5º, LV, da CF), seja porque é mero instrumento de convencimento para o órgão do Ministério Público; **B:** incorreta, pois, quanto ao inquérito civil, vige o *princípio da disponibilidade*, pelo qual o procedimento não é indispensável para a propositura de ação civil pública; **C:** incorreta, pois somente o Ministério Público pode instaurar inquérito civil (art. 8º, § 1º, da Lei 7.347/1985 e art. 129, III, da CF); **D:** correta (art. 8º, § 1º, da Lei 7.347/1985 e art. 129, III, da CF); **E:** incorreta, pois o inquérito civil é mero procedimento destinado ao convencimento do órgão do MP para propositura da ação, não vinculando os demais legitimados; ademais, se até uma sentença de improcedência por insuficiência de prova não faz coisa julgada na ação civil publica, quanto mais o arquivamento de um mero inquérito civil.

Gabarito "D"

(Ministério Público/MS – 2011 – FADEMS) Analise as assertivas abaixo:

I. Se os mesmos fatos investigados no inquérito civil foram objeto de ação popular julgada improcedente pelo mérito e não por falta de provas, o caso é de arquivamento do procedimento instaurado.

II. O procedimento preparatório deverá ser autuado com numeração sequencial à do inquérito civil, devendo ser concluído no prazo improrrogável de noventa dias (Res. n. 23/2007 do CNMP).

III. O conhecimento de manifestação anônima, justificada, não implicará ausência de providências, desde que forneça, por qualquer meio legalmente permitido, informações sobre o fato e seu provável autor, bem como a qualificação mínima que permita sua identificação e localização (Res. n. 23/2007 do CNMP).

IV. A nulidade de uma cláusula contratual abusiva invalida o contrato, uma vez que o legislador não adotou o princípio da conservação dos contratos no Código de Defesa do Consumidor.

V. O Ministério Público agirá em defesa do consumidor dependendo do interesse a ser defendido, fazendo-o sempre quando se tratar de interesses difusos, e, em se tratando de interesses individuais homogêneos, atuará sempre que haja manifesto interesse social evidenciado pela dimensão ou pelas características do dano, ainda que potencial.

(A) todos os itens estão corretos;

(B) somente os itens I e III e IV estão incorretos;

(C) somente os itens II, III e V estão incorretos;

(D) somente os itens I, III e V estão corretos;

(E) todos os itens estão incorretos.

I: correto, pois o caso já estará coberto pelo manto da coisa julgada *erga omnes*; II: incorreto, pois o prazo de 90 dias poderá ser prorrogado por igual período, uma única vez, em caso de motivo justificável (art. 2º, § 6º, Resolução CNMP 23/2007); III: correto (art. 4º, parágrafo único, da Resolução CNMP 23/2007); IV: incorreto, pois a nulidade de uma cláusula abusiva *não* invalida o contrato, exceto quando de sua ausência, apesar dos esforços de integração, decorrer ônus excessivo a qualquer das partes (art. 51, § 2º, do CDC); V: correto, pois, em caso de interesses individuais homogêneos, têm-se interesses disponíveis, de modo que somente se houver um manifesto interesse social por trás, é que se justificará a atuação do MP na defesa do consumidor.

Gabarito "D"

(Ministério Público/PR – 2011) Nos autos do inquérito civil ou do procedimento preparatório, visando à tutela dos interesses ou direitos a cargo do Ministério Público, este poderá expedir recomendações administrativas no âmbito das atribuições inerentes às suas funções institucionais. Portanto, é correto afirmar que:

(A) A recomendação é medida eminentemente substitutiva ao compromisso de ajustamento de conduta, mas não afasta a necessidade da propositura de ação civil pública;

(B) A recomendação visa à melhoria dos serviços públicos e de relevância pública, bem como aos demais interesses, direitos e bens cuja defesa caiba ao Ministério Público promover, motivo pelo qual goza de coercibilidade;

(C) A recomendação poderá ser expedida apenas mediante o encerramento dos atos de instrução do inquérito civil;

(D) A recomendação pode ser expedida com o intuito de advertir o agente público acerca da violação de seu dever de probidade, hipótese em que a conveniência de sua utilização ficará sujeita à análise discricionária do Ministério Público;

(E) O Ministério Público, ao expedir a recomendação, deverá fazê-lo fundamentadamente, fixando prazo razoável para adoção das providências cabíveis, mediante cominação de multa.

A: incorreta, pois a recomendação *não* é medida substitutiva nem da ação civil pública, nem do compromisso de ajustamento (art. 15, parágrafo único, da Resolução CNMP 23/2007); **B:** incorreta, pois a recomendação, como o próprio nome diz, não se trata de uma ordem, de uma decisão coercitiva, mas de uma recomendação; **C:** incorreta, pois a recomendação é expedida nos autos do inquérito civil ou do procedimento preparatório (art. 15 da Resolução CNMP 23/2007); **D:** correta, pois a recomendação tem, também, por objetivo prevenir que agentes públicos cometam atos de improbidade; **E:** incorreta; de fato, a recomendação deve ser feita de forma fundamentada; porém, a recomendação não é uma ordem, não é coercitiva, não se falando em cominação de multa em caso de descumprimento da recomendação.

Gabarito "D"

(Ministério Público/RO – 2010 – CESPE) Com referência ao instituto do inquérito civil público, assinale a opção correta.

(A) O inquérito civil constitui procedimento de instauração obrigatória pelo MP, destinado a coligir provas e quaisquer outros elementos de convicção, de forma a viabilizar o exercício responsável da ação civil pública.

(B) De acordo com a jurisprudência, é lícito negar ao advogado constituído o direito de ter acesso aos autos do inquérito civil, em especial aos elementos já documentados nos autos pertinentes ao investigado, desde que analisadas a natureza e a finalidade do acesso.

(C) O inquérito civil, em que não há, em regra, a necessidade de se atender aos princípios do contraditório e da ampla defesa, constitui procedimento meramente informativo, que visa à investigação e à apuração de fatos.

(D) Uma vez constatada a ocorrência de ilícitos penais, é vedado ao MP oferecer denúncia com base em elementos de informação obtidos em inquéritos civis instaurados para a apuração de ilícitos civis e administrativos.

(E) De acordo com entendimento do STF, o *habeas corpus* é meio hábil para se questionar aspectos ligados ao inquérito civil público.

A: incorreta, pois a instauração de inquérito civil não é requisito para o ajuizamento de ação civil pública (art. 1º, parágrafo único, da Resolução CNMP 23/2007); caso o membro do Ministério Público já tenha elementos para ajuizar a ação civil pública, não será necessário instaurar um inquérito civil; **B:** incorreta, pois se aplica ao inquérito civil o princípio da publicidade dos atos, princípio que cede apenas quando a publicidade puder causar prejuízo às investigações, hipótese em que poderá ser decretado o sigilo, mediante a devida motivação; segundo o art. 7º, § 2º, V, da Resolução CNMP 23/2007, a publicidade importará, também, na concessão de vistas dos autos ao advogado regularmente constituído; **C:** correta, estando de acordo com o conceito e o regime jurídico do inquérito civil; **D:** incorreta, pois, assim como não é indispensável o inquérito civil para ajuizar uma ação civil pública, não é necessário o inquérito policial para o ajuizamento de uma ação penal; se o membro do Ministério Público já tiver os elementos para ajuizar uma ação penal, poderá fazê-lo, mesmo que esses elementos tenham sido coligidos num inquérito civil; **E:** incorreta, pois o inquérito civil, por ser um procedimento meramente informativo, não tem o condão de constranger a liberdade de locomoção de alguém.

Gabarito "C"

(Ministério Público/RN – 2004) Sobre o inquérito civil, assinale a alternativa incorreta:

(A) Dentre os legitimados para a ação civil pública, o inquérito civil é atribuição exclusiva do Ministério Público;

(B) Os autos do inquérito civil arquivados serão remetidos, sob pena de falta grave, no prazo de 3 dias, ao Conselho Superior do Ministério Público;

(C) Admite-se a interceptação telefônica para fins de instrução de inquérito civil;

(D) Os órgãos públicos legitimados poderão tomar dos interessados compromisso de ajustamento de sua conduta às exigências legais, mediante cominações, que terá eficácia de título executivo extrajudicial;

(E) Qualquer pessoa poderá e o servidor público deverá provocar a iniciativa do Ministério Público, ministrando-lhe informações sobre fatos que constituam objeto da ação civil e indicando-lhe os elementos de convicção.

A: correta (art. 8º, § 1º, da Lei 7.347/1985 e art. 129, III, da CF); **B:** correta (art. 9º, § 1º, da Lei 7.347/1985); **C:** incorreta, pois a interceptação telefônica só pode ser dar no bojo de uma ação judicial, conforme dispõe o art. 5º, XII, da CF; **D:** correta (art. 5º, § 6º, da Lei 7.347/1985); **E:** correta (art. 6º da Lei 7.347/1985).

Gabarito "C"

(Ministério Público/SP – 2011) Analise as seguintes afirmações a respeito do Inquérito Civil:

I. aplica-se a publicidade dos atos praticados, com exceção dos casos em que haja sigilo legal ou em que a publicidade possa acarretar prejuízo às investigações, casos em que a decretação do sigilo legal deverá ser motivada;

II. o membro do Ministério Público responsável pelo Inquérito poderá prestar informações, inclusive aos meios de comunicação social, a respeito das providências adotadas para apuração de fatos em tese ilícitos, externando, desde logo, seu posicionamento quanto aos fatos em apuração;

III. a publicidade inclui o direito de vista dos autos em Secretaria, mas não a extração de cópias, que poderá ser suprida por certidão a ser deferida mediante requerimento fundamentado do interessado;

IV. a restrição à publicidade deverá ser decretada em decisão motivada, para fins do interesse público, e poderá ser, conforme o caso, limitada a determinadas pessoas, provas, informações, dados, períodos ou fases, cessando quando extinta a causa jurídica que a motivou.

Está correto apenas o contido em

(A) I e II.

(B) I, II e III.

(C) I e IV.

(D) II, III e IV.

(E) III e IV.

I: correta (art. 7º, *caput*, da Resolução CNMP 23/2007); II: incorreta, pois o membro do MP poderá prestar tais informações, mas desde que não antecipe juízos de valor a respeito de apurações ainda não concluídas; III: incorreta, pois há até regulamentação da extração de cópias em inquérito civil (art. 7º, § 1º, da Resolução CNMP 23/2007); IV: correta (art. 7º, § 4º, da Resolução CNMP 23/2007).

Gabarito "C"

(Ministério Público/SP – 2011) Assinale a alternativa correta acerca do arquivamento do Inquérito Civil.

(A) Encerradas as investigações com a propositura de ação civil pública, quando esta não abranger todos os fatos e pessoas mencionados na portaria inicial do inquérito civil, deverá ser promovido, em decisão fundamentada, o arquivamento em relação a eles perante o Conselho Superior do Ministério Público.

(B) A designação de outro membro à vista da recusa de homologação de promoção de arquivamento ou de provimento de recurso contra o indeferimento de representação é ato exclusivo do Procurador Geral de Justiça, independentemente da decisão do Conselho Superior do Ministério Público.

(C) Recebida representação e obtida a satisfação do interesse por ela veiculado, no prazo de 30 (trinta) dias, e não havendo outra providência a tomar, o órgão do Ministério Público que a recebeu está dispensado de promover seu arquivamento perante o Conselho Superior do Ministério Público.

(D) Celebrado o compromisso de ajustamento, o presidente do inquérito civil adotará as providências para verificação de seu cumprimento, após o qual lançará nos autos promoção de arquivamento e os remeterá à análise do Conselho Superior do Ministério Público.

(E) Celebrado e homologado o compromisso de ajustamento de conduta, em caráter excepcional, poderá ser celebrada a novação, nos termos da lei civil, caso em que o presidente do inquérito civil deverá motivá-la, sem, no entanto, promover novo arquivamento do inquérito civil, pois, como no ajuste homologado, não poderá ocorrer disponibilidade do interesse objeto do inquérito civil.

A: correta (art. 92 do Ato Normativo 484-CPJ/2006, do Ministério Público do Estado de São Paulo); **B:** incorreta, pois é por conta da decisão do Conselho Superior do Ministério Público, no sentido de aceitar o arquivamento, que o Procurador Geral de Justiça terá essa atribuição de designar outro membro do MP para ajuizamento da ação ou prosseguimento das investigações (art. 100, § 2º, do Ato Normativo 484-CPJ/2006, do Ministério Público do Estado de São Paulo); **C:** incorreta, pois o art. 17, § 2º, do Ato Normativo 484-CPJ/2006, do Ministério Público do Estado de São Paulo estabelece que o órgão do MP promoverá o arquivamento, sem que haja, no dispositivo, dispensa de sua submissão ao Conselho Superior do Ministério Público; **D:** incorreta, pois a eficácia do compromisso ficará condicionada à homologação da promoção do arquivamento do inquérito civil pelo Conselho Superior do Ministério Público (art. 83, § 4º, do Ato Normativo 484-CPJ/2006, do Ministério Público do Estado de São Paulo); **E:** incorreta, pois, em caso de novação, o presidente do inquérito civil deverá submetê-lo à aprovação pelo Conselho Superior do Ministério Público, na hipótese de compromisso de ajustamento preliminar, ou promover novo arquivamento do inquérito civil, na hipótese de compromisso de ajustamento definitivo (art. 89 do Ato Normativo n. 484-CPJ/2006, do Ministério Público do Estado de São Paulo).

Gabarito "A"

(Ministério Público/BA – 2008) Tendo em vista o contido na Resolução n. 23/2007 do Conselho Nacional do Ministério Público, que disciplina o inquérito civil, é incorreto afirmar:

(A) O Ministério Público pode instaurar a investigação com base em notícia anônima, desde que esta contenha informações sobre o fato e seu provável autor, bem como a qualificação mínima que permita sua identificação e localização.

(B) Se, no curso do inquérito civil, novos fatos indicarem a necessidade de investigação de objeto diverso do que estiver sendo investigado, o membro do Ministério Público poderá aditar a portaria inicial ou determinar a extração de peças para instauração de outro inquérito civil, o qual ficará vinculado ao primeiro por dependência.

(C) Do indeferimento do requerimento de instauração de inquérito civil cabe recurso administrativo pelo interessado, a ser interposto, no prazo de dez dias, perante o órgão que indeferiu a representação. Deste recurso serão notificados os interessados para, querendo, oferecer contrarrazões.

(D) A decretação do sigilo no inquérito civil poderá ser parcial, limitando-se, por exemplo, a atingir apenas determinadas pessoas, ou a incidir somente sobre algumas informações.

(E) Exarada promoção de arquivamento pelo Promotor de Justiça, o inquérito civil apenas será remetido para homologação pelo órgão competente depois que os interessados sejam cientificados, ciência esta que deve preferencialmente ser pessoal.

A: correta, pois o art. 2º, § 3º, da mencionada Resolução dispõe: *O conhecimento por manifestação anônima, justificada, não implicará ausência de providências, desde que obedecidos os mesmos requisitos para as representações em geral, constantes no artigo 2º, inciso II, desta Resolução*; **B:** incorreta. O parágrafo único do art. 4º da Resolução 23/2007, do Conselho Nacional do Ministério Público nada dispõe sobre a vinculação ao primeiro inquérito civil por dependência, devendo ser respeitadas as normas incidentes quanto à divisão de atribuições; **C:** correta, pois assim dispõe o art. 5º, § 1º, da citada resolução: *Do indeferimento caberá recurso administrativo, com as respectivas razões, no prazo de dez dias*. Acrescenta o § 3º: *Do recurso serão notificados os interessados para, querendo, oferecer contrarrazões*; **D:** correta, pois é possível a decretação do sigilo, que poderá recair apenas sobre determinados dados ou informações. Por isso que o art. 7º, § 4º, da Resolução 23/2007, assim dispõe: *A restrição à publicidade deverá ser decretada em decisão motivada, para fins do interesse público, e poderá ser, conforme o caso, limitada a determinadas pessoas, provas, informações, dados, períodos ou fases, cessando quando extinta a causa que a motivou*; **E:** correta, pois conforme o art. 10, § 1º, da Resolução 23/2007: *Os autos do inquérito civil ou do procedimento preparatório, juntamente com a promoção de arquivamento, deverão ser remetidos ao órgão de revisão competente, no prazo de três dias, contado da comprovação da efetiva cientificação pessoal dos interessados, através de publicação na imprensa oficial ou da lavratura de termo de afixação de aviso no órgão do Ministério Público, quando não localizados os que devem ser cientificados*.

Gabarito "B"

(Ministério Público/GO – 2012) Em relação ao Inquérito Civil Público, assinale a alternativa correta.

(A) O Inquérito Civil é um instrumento de atuação privativa do Ministério Público.

(B) No Inquérito Civil serão colhidos os elementos prévios e indispensáveis ao exercício responsável da ação civil pública, devendo o órgão do Ministério Público acolher peças de contestação, indicação de testemunhas de defesa, pedido de alegações escritas ou orais e outros semelhantes, tudo em obediência ao princípio da busca da verdade real.

(C) É nula a homologação de pedido de arquivamento de Inquérito Civil Público destinado a apurar dano ambiental, pelo Conselho Superior do Ministério Público, à míngua de análise da inconformidade manifestada pelo compromitente quanto ao teor do ajuste.

(D) Ao rejeitar a promoção de arquivamento o Conselho Superior desde logo designará outro órgão do Ministério Público para propor a ação.

A: incorreta segundo o gabarito oficial. Atenção para o detalhe: a *instauração* é privativa do MP, mas não há *atuação* privativa do MP; **B:** incorreta, pois não há incidência do contraditório no inquérito civil e, por isso, não é obrigatório ao MP colher contestação, indicação de testemunhas de defesa e outros; **C:** correta, pois o direito de apresentar razões escritas ou documentos, que serão juntados aos autos do inquérito ou do procedimento preparatório, até a sessão do Conselho Superior do Ministério Público ou da Câmara de Coordenação e Revisão respectiva, para que seja homologada ou rejeitada a promoção de arquivamento, é reconhecido pelo § 3º do art. 10 da Resolução 23/2007 do CNMP. Assim, cabe ao órgão revisor, sob pena de nulidade, decidir fundamentadamente, isto é, analisar as razões apresentadas; **D:** incorreta, pois o Conselho Superior, ao rejeitar o pedido de arquivamento, nem sempre designará outro órgão para propor ação. É possível que o Conselho, por exemplo, entenda necessária a realização de alguma diligência. Ou seja, poderá converter o julgamento em diligência para a realização de atos imprescindíveis à sua decisão (Resolução 23/2007 do CNMP, art. 10, § 4º).

Gabarito "C"

(Ministério Público/GO – 2012) Assinale a alternativa correta

(A) Os motivos de impedimentos e suspeição previstos na legislação processual não se aplicam ao membro do Ministério Público durante o Inquérito Civil Público, já que se trata de procedimento pré-processual meramente informativo.

(B) Inexiste impedimento do membro do Ministério Público que arquivou o Inquérito Civil oficiar como *custos legis* na ação ajuizada por colegitimado, com base nos mesmos fundamentos de fato e de direito que embasaram o arquivamento.

(C) O membro do Ministério Público que promoveu o arquivamento do Inquérito Civil ou de peças de informações não está impedido de propor a Ação Civil Pública, se surgirem novas provas em decorrência da conversão do julgamento em diligência.

(D) No caso de necessidade para se apurar a omissão do Poder Público no controle da dengue na cidade em que reside o Promotor de Justiça com atribuições para o Inquérito Civil, haverá impedimento deste par atuar, devido ao seu interesse pessoal na solução do problema.

A: incorreta, pois é possível a verificação do impedimento ou da suspeição do membro do MP, ainda na fase do inquérito civil. Por exemplo, o Ato Normativo 484/2006, que disciplina o inquérito civil e demais investigações do Ministério Público na área dos interesses difusos, coletivos e individuais homogêneos, no âmbito do MP de SP, estabelece, em seu art. 25, que *o presidente do inquérito civil, havendo causa suficiente, declarará, em qualquer momento, seu impedimento ou sua suspeição*. Além disso, o art. 26 do mesmo Ato dispõe: *Em qualquer momento da tramitação da investigação, o interessado poderá arguir o impedimento ou a suspeição do presidente do inquérito civil*; **B:** incorreta, pois, conforme Hugo Nigro Mazzilli (*O inquérito civil*. 3. ed. São Paulo: Saraiva, 2008. p. 272 e 273), "aquele membro do Ministério Público que tinha promovido o arquivamento do inquérito civil ou das peças de informação estará logicamente impedido de oficiar: a) na ação civil pública que venha a ser ajuizada por um colega seu, em decorrência da não homologação do arquivamento pelo Conselho Superior da instituição; b) na ação civil pública ou na ação coletiva ajuizada por qualquer colegitimados de que cuidam o art. 5º, II, da Lei da Ação Civil Pública, e o art. 82 do Código de Defesa do Consumidor", No mesmo sentido o art. 11 da Resolução 23 do CNMP; **C:** correta, pois é possível o desarquivamento do IC no caso de novas provas, bem como esse fato não gera qualquer impedimento para o membro que promoveu o arquivamento. A questão do desarquivamento está disciplinada no art. 12 da Resolução 23 do CNMP; **D:** incorreta, pois a hipótese não configura interesse pessoal do membro do MP. O interesse, no caso, é genérico.

Gabarito "C"

(Ministério Público/MG – 2012 – CONSULPLAN) No princípio da década de 80, a Ação Civil Pública ingressou no ordenamento jurídico pátrio através da Lei Complementar n. 40/1981 que instituiu a Lei Orgânica do Ministério Público. Dentre as funções dos representantes ministeriais, foi inserida a promoção da ação civil pública disposta no artigo 3º, inciso III. Naquele mesmo ano, a Política Nacional do meio ambiente foi regulamentada pela Lei 6.938 e previa como atributo do Ministério Público, da União e dos Estados a propositura de ação de responsabilidade civil para reparação dos danos causados ao meio ambiente.

Porém, somente em 1985, foi publicada a Lei 7.347 que disciplinou a ação civil pública de responsabilidade por danos , inserindo no ordenamento jurídico o Inquérito Civil Público. Tratando-se do procedimento do Inquérito Civil, é **CORRETO** afirmar que:

(A) Os autos do inquérito civil ou das peças de informação arquivadas serão remetidos, sob pena de se incorrer em falta grave, no prazo de 10 (dez) dias, ao Conselho Superior do Ministério Público.

(B) Até 15 (quinze) dias antes da sessão do Conselho Superior do Ministério Público, na qual o Inquérito Civil seja homologada ou rejeitada a promoção de arquivamento, poderão as associações legitimadas apresentar razões escritas ou documentos, que serão juntados aos autos do inquérito ou anexados às peças de informação.

(C) A promoção de arquivamento será submetida a exame e deliberação do Conselho Superior do Ministério Público.

(D) Deixando o Conselho Superior de homologar a promoção de arquivamento, remeterá os autos do Inquérito Civil para que o órgão do Ministério Público que o presidiu, a fim de que ajuíze a ação.

A: incorreta, pois o prazo para remessa é de três dias (art. 9º, § 1º, da Lei 7.347/1985); **B:** incorreta, pois não há especificação de prazo para as razões, que devem ser apresentadas antes da sessão do CSMP (art. 9º, § 2º, da Lei 7.347/1985); **C:** correta, nos termos do art. 9º, § 3º, da Lei 7.347/1985; **D:** incorreta, pois se não for homologada a promoção de arquivamento, deve ser designado outro órgão para o ajuizamento de ação (art. 9º, § 4º, da Lei n. 7.347/1985).

Gabarito "C"

(Ministério Público/MG – 2005) Analise os enunciados abaixo.

I. O *arquivamento implícito* do inquérito civil público é possível apenas quando, havendo pluralidade de eventos, o Promotor de Justiça resolva propor ação civil pública em relação a um ou alguns dos objetos.

II. Constatado o *arquivamento implícito* é lícito ao juiz, no recebimento da ação civil pública, determinar a emenda da petição inicial ao representante do Ministério Público, fazendo assim o controle jurisdicional do inquérito civil público.

III. Proposta a ação civil pública concomitantemente ao *arquivamento implícito*, já não é cabível aos interessados (colegitimados) provocar a obrigatória revisão por parte do Conselho Superior do Ministério Público.

IV. Mesmo na hipótese de *arquivamento implícito* do inquérito civil público podem os colegitimados propor a ação coletiva omitida pelo órgão ministerial.

Quanto às assertivas acima:

(A) apenas os itens I, II e III estão corretos;

(B) somente os itens I e II estão corretos;

(C) apenas os itens II e IV estão corretos;

(D) apenas o item I está correto;

(E) somente o item IV está correto.

I: incorreta, pois é vedado o arquivamento implícito nos termos do art. 13 da Resolução 23/2007 do CNMP; II: incorreta. É o membro do MP que não propôs a ação civil pública em relação a todos os fatos que submeterá a promoção do arquivamento ao órgão de controle do MP, sob pena de falta grave. Não há controle judicial; III: incorreta, pois o art. 13 da Resolução 23 do CNMP afirma que *o disposto acerca de arquivamento de inquérito civil ou procedimento preparatório também se aplica à hipótese em que estiver sendo investigado mais de um fato lesivo e a ação civil pública proposta somente se relacionar a um ou a algum deles*. E no caso de arquivamento, dispõe o § 3º do art. 10 da citada Resolução, que poderão as pessoas colegitimadas apresentar razões escritas ou documentos ao Conselho Superior do Ministério Público ou à Câmara de Coordenação e Revisão; IV: correta, pois a atuação do MP não impede o ajuizamento de ação pelos demais colegitimados. Nem mesmo no caso de arquivamento homologado pelo órgão revisor.

Gabarito "E"

(Ministério Público/MS – 2009) Sobre o inquérito civil, assinale a alternativa correta.

(A) Consoante jurisprudência consolidada do Superior Tribunal de Justiça, o inquérito civil é procedimento informativo, destinado à formação da *opinio actio* do Ministério Público, tendo, pois, natureza inquisitiva.

(B) Nos termos do preconizado pela Lei n. 7.347/1985, em se convencendo da ausência de fundamento para a propositura de ação civil pública, o Promotor de Justiça responsável pela presidência do inquérito civil promoverá o seu arquivamento, remetendo-o, após, para exame e deliberação do Colégio de Procuradores de Justiça.

(C) Em caso de não homologação da promoção de arquivamento lançada por Promotor de Justiça, os autos do inquérito civil lhe serão devolvidos para que promova a respectiva ação civil pública, atendendo, assim, o agente com atribuições no primeiro grau de jurisdição, determinação de órgão superior do Ministério Público.

(D) Após promovido o arquivamento do inquérito civil pelo Promotor de Justiça que o presidir, cessa a possibilidade de que as associações legitimadas apresentem razões escritas ou documentos, pois já evidenciada a ausência de fundamento à propositura de ação civil pública.

(E) Segundo o Supremo Tribunal Federal, as informações obtidas em Inquérito Civil instaurado para a apuração de ilícitos civis e/ou administrativos, no curso do qual se vislumbrou a suposta prática de ilícito penal, não legitima o Ministério Público, sem a prévia instauração de inquérito policial, a oferecer denúncia no Juízo Criminal competente.

A: correta. "O inquérito civil público, que é um procedimento administrativo e inquisitivo, previsto como função institucional do Ministério Público, nos termos do art. 129, inciso III, da Constituição Federal" (STJ, REsp 750.591/GO); **B:** incorreta, pois o órgão de controle é o Conselho Superior do MP e não o Colégio; **C:** incorreta, pois deverá ser designado outro Promotor de Justiça para o ajuizamento da ação; **D:** incorreta, pois, dispõe o § 3º, do art. 10 da Resolução 23/2007 do CNMP, que poderão as pessoas colegitimadas apresentar razões escritas ou documentos ao Conselho Superior do Ministério Público ou à Câmara de Coordenação e Revisão após a promoção de arquivamento e antes da deliberação pelo órgão revisor; **E:** incorreta, pois as informações obtidas em inquérito civil podem embasar ação penal, sem a instauração de inquérito policial. Por exemplo, o STF, no julgamento do RHC 66.293/SP, concluiu ser possível o oferecimento de denúncia com base em novas provas, colhidas em processo civil, sem a necessidade da instauração de inquérito policial.

Gabarito "A"

(Ministério Público/RJ – 2011) Sobre o Inquérito Civil, é correto afirmar:

(A) trata-se de procedimento administrativo de caráter inquisitivo, cuja instauração é medida preparatória obrigatória para a propositura de Ação de Improbidade Administrativa, em razão da necessidade de colheita de provas que fundamentem o juízo preliminar acerca da admissibilidade desta demanda;

(B) trata-se de procedimento de titularidade exclusiva do Ministério Público, não podendo ser emprestadas as provas nele obtidas a outro colegitimado, para que este possa ajuizar isoladamente a demanda coletiva;

(C) são efeitos da instauração do inquérito civil: i) a interrupção da decadência, mas não da prescrição; ii) a possibilidade de expedição de requisições e notificações, estando restrita à ordem judicial a condução coercitiva em caso de não comparecimento; iii) responsabilização do Promotor de Justiça pelo uso deste procedimento mediante má-fé, abuso de poder ou fraude;

(D) não há sigilo oponível ao Ministério Público, sendo possível a requisição de informações financeiras e dados bancários, em sede de inquérito civil e independentemente de autorização judicial, de contas de pessoas jurídicas de direito público e acerca da movimentação de verbas públicas;

(E) embora inquisitivo, o inquérito civil não é secreto, devendo ser dada ciência da instauração ao investigado e dispensada sua oportunidade de ter vista e manifestar-se acerca de todas as provas produzidas, sempre que a investigação possa produzir, ainda que reflexamente, danos à sua imagem ou *status*.

A: incorreta, pois o inquérito civil não é indispensável à propositura de ação civil pública. Como estabelece o art. 1º da Resolução 23/2007 do CNMP, o inquérito civil tem natureza unilateral e facultativa; **B:** incorreta, pois nada impede que outro legitimado se valha das provas obtidas pelo MP, em inquérito civil, para a propositura da ação coletiva, ainda que o MP tenha promovido o arquivamento do procedimento investigatório; **C:** incorreta, pois o MP, por força do art. 26, I, "a", da Lei 8.625/1993, pode, no exercício de suas funções, expedir notificações para colher depoimento ou esclarecimentos e, em caso de não comparecimento injustificado, requisitar condução coercitiva, inclusive pela Polícia Civil ou Militar; **D:** correta, pois, conforme a Lei Complementar 75/1993, que dispõe sobre a organização, as atribuições e o estatuto do Ministério Público da União, em seu art. 8º, § 2º *nenhuma autoridade poderá opor ao Ministério Público, sob qualquer pretexto, a exceção de sigilo, sem prejuízo da subsistência do caráter sigiloso da informação, do registro, do dado ou do documento que lhe seja fornecido*. No caso de informações financeiras e dados bancários, pode haver sigilo. Porém, não quando se trata de dinheiro público. Felipe Martins de Azevedo (*O poder investigatório do Ministério Público e seus limites na tutela da probidade administrativa*. Porto Alegre: Livraria do Advogado, 2010. p. 154) bem explica a questão: "Apesar de normas previstas no art. 129, inc. VI, da Constituição da República, no art. 8º, § 2º, da Lei Complementar n. 75/1993, e nos arts. 26, § 2º, e 80, ambos da Lei 8.625/1993, autorizarem o Ministério Público a realizar a requisição direta de dados, informações e documentos protegidos por sigilo legal, o que é aceito por vários doutrinadores, a jurisprudência atualmente dominante não admite a possibilidade de o Ministério Público ter acesso direto aos dados referentes às movimentações bancárias dos investigados, ressalvadas aquelas oriundas de verbas públicas"; **E:** incorreta. Pode ser decretado o sigilo no bojo da investigação. A concessão de vistas dos autos deve ocorrer no caso de requerimento fundamentado do interessado ou de seu procurador legalmente constituído e por deferimento total ou parcial do presidente do inquérito civil (art. 7º, § 2º, V, da Resolução 23/2007 do CNMP).

Gabarito "D"

(Ministério Público/RJ – 2011) A recomendação expedida pelo Ministério Público:

(A) tem caráter vinculativo, na medida em que impõe a adequação da prestação de um serviço de relevância pública, podendo ser expedida para órgãos públicos e empresas privadas;

(B) tem caráter vinculativo, uma vez que é exarada por órgão que tem legitimação para o ajuizamento das ações coletivas e da persecução penal, podendo ser destinada apenas para órgãos públicos;

(C) não tem caráter vinculativo, pois sua finalidade é apenas notificar o infrator de que ele está sob investigação, como forma de garantia de seus direitos fundamentais, podendo ser destinada para pessoas físicas e jurídicas;

(D) tem eficácia apenas admonitória, em razão de sua natureza extrajudicial, podendo ser destinada apenas para órgãos públicos encarregados da regulação ou prestação de serviços de relevância pública;

(E) tem eficácia apenas admonitória, podendo ser destinada para pessoas físicas e jurídicas, públicas e privadas, cujas condutas que estejam em desconformidade com a recomendação serão, após o seu recebimento, considera das dolosas.

A: incorreta, pois não há caráter vinculativo; **B:** incorreta, pois, como dito, não há caráter vinculativo; **C:** incorreta, pois sua finalidade não é apenas a ade notificar o infrator, mas visa à melhoria dos serviços públicos e de relevância pública, bem como aos demais interesses, direitos e bens cuja defesa lhe caiba promover (Lei Complementar 75/1993, art. 6º, inciso XX, Lei 8.625/1993, art. 27, parágrafo único, IV, e art. 15 da Resolução 23 do CNMP); **D:** incorreta, pois a recomendação não se destina apenas a órgãos públicos. Nos termos da Lei 8.625/1993, art. 27, a recomendação pode ser dirigida aos poderes estaduais ou municipais; aos órgãos da Administração Pública Estadual ou Municipal, direta ou indireta; aos concessionários e permissionários de serviço público estadual ou municipal; às entidades que exerçam outra função delegada do Estado ou do Município ou executem serviço de relevância pública; **E:** correta, pois, como mencionado no item anterior, a recomendação pode ser dirigida a diversas pessoas.

Gabarito "E"

(Ministério Público/SP – 2012 – VUNESP) No curso do inquérito civil, o promotor de Justiça NÃO deve

(A) expedir recomendações e relatórios anuais ou especiais para que sejam observados os direitos que lhe incumba defender ou para a adoção de medidas destinadas à prevenção ou controle de irregularidades.

(B) sugerir à esfera de poder competente a edição de normas ou a alteração da legislação em vigor.

(C) apurar falta disciplinar ou ilícito administrativo e requisitar à autoridade administrativa competente a aplicação das sanções cabíveis sob pena de prevaricação.

(D) notificar a autoridade competente para que, em prazo razoável, adote as providências legais, no âmbito de seu poder de polícia, a fim de assegurar o respeito a interesses sociais.

(E) receber petições, reclamações, representações e queixas de qualquer pessoa, por desrespeito aos direitos assegurados nas Constituições Federal e Estadual e ordenamento jurídico, as quais serão encaminhadas à autoridade competente para resposta e a devida solução, nos termos deste ato normativo e da legislação específica.

A: correta, pois assim estabelece o Ato Normativo 484-CPJ, de 5 de outubro de 2006, que, no âmbito do MP de SP, disciplina o inquérito civil e demais investigações do Ministério Público na área dos interesses difusos, coletivos e individuais homogêneos, as audiências públicas, os compromissos de ajustamento de conduta e as recomendações (art. 6º, I); **B:** correta, pois corresponde ao disposto no art. 6º, II, do Ato Normativo 484/2006; **C:** incorreta, pois o Ato Normativo 484/2006 estabelece, no art. 6º, V, que o Promotor de Justiça deve *propor à autoridade administrativa competente a instauração de sindicância ou processo administrativo para a apuração de falta disciplinar ou ilícito administrativo*; **D:** correta, pois assim dispõe art. 6º, II, do Ato Normativo 484; **E:** correta, pois é o que estabelece o art. 6º, IV, do Ato Normativo 484/2006.

Gabarito "C"

(Ministério Público/SP – 2012 – VUNESP) É correto afirmar:

(A) Quando houver representação, o inquérito civil não poderá ser instaurado enquanto não for identificado o representante, ainda que o fato seja determinado.

(B) Do indeferimento da representação caberá sempre recurso ao Conselho Superior do Ministério Público.

(C) A representação para instauração do inquérito civil deverá ser apresentada por escrito, não devendo o Promotor de Justiça aceitá-la se for de outra forma.

(D) A representação poderá ser indeferida sem necessidade de motivação, quando apócrifa.

(E) Quando a representação formalmente em ordem, e sem peças de informação, for manifestamente improcedente, deverá ser autuada e arquivada, remetendo-se os autos de ofício ao Conselho Superior do Ministério Público para homologação do arquivamento.

A: incorreta, pois a Resolução 23/2007 do CNMP, no art. 2º, § 3º, dispôs que o conhecimento por manifestação anônima, justificada, não implicará ausência de providências, desde que obedecidos os mesmos requisitos para as representações em geral. O Manual de Atuação Funcional dos Promotores de Justiça do Estado de São Paulo prevê, em seu art. 344, § 3º, que e a representação incompleta que aponte fato concreto passível de atuação do Ministério Público, deverá ser analisada e, se recebida, deve ser instaurado o procedimento adequado. Por sua vez, dispõe o § 4º do mesmo Manual que: Adota-se o mesmo procedimento do parágrafo anterior caso a notícia encaminhada à Promotoria de Justiça, denunciando fato concreto passível de investigação, tenha sido de feita forma anônima. No mesmo sentido o parágrafo único do art. 12 do Ato Normativo 484/2006, que disciplina o inquérito civil e demais investigações do Ministério Público de São Paulo: O membro do Ministério Público poderá instaurar inquérito civil, ainda que não identificado o representante, tratando-se de fato determinado; **B:** correta, pois o cabimento de recurso está previsto artigo 107, § 1º, da Lei Complementar Estadual 734/1993 e no art. 5º, § 1º, da Resolução 23/2007 do CNMP; **C:** incorreta, pois o art. 2º, II, da Resolução 23/2007 do CNPM dispõe que o inquérito civil poderá ser instaurado em face de requerimento ou representação formulada por qualquer pessoa ou comunicação de outro órgão do Ministério Público, ou qualquer autoridade, desde que forneça, *por qualquer meio legalmente permitido*, informações sobre o fato e seu provável autor, bem como a qualificação mínima que permita sua identificação e localização; **D:** incorreta, pois toda decisão, ainda que administrativa, deve ser fundamentada. Além disso, todas as manifestações do membro do MP devem ser fundamentadas; **E:** incorreta, pois do indeferimento da representação, deve o órgão do MP dar ciência ao autor da representação para eventual recurso ao Conselho Superior do Ministério Público, no prazo de 10 (dez) dias. Se houver recurso, poderá o membro do MP reconsiderar a decisão recorrida. E se não houver recurso, os autos serão arquivados na própria origem, conforme o art. 5º, § 4º, da Resolução 23/2007 do CNMP.

Gabarito "B"

(Ministério Público/SP – 2012 – VUNESP) Com relação ao inquérito civil, é correto afirmar:

(A) Se o órgão do Ministério Público, esgotadas todas as diligências, se convencer da inexistência de fundamento para a propositura da ação civil, promoverá o arquivamento dos autos do inquérito civil ou das peças informativas, sem necessidade de fundamentação.

(B) Os autos do inquérito civil ou das peças de informação arquivadas serão remetidos, sob pena de se incorrer em falta grave, no prazo de 30 (trinta) dias, ao Conselho Superior do Ministério Público.

(C) A instauração do inquérito civil prescinde de uma portaria inicial que fixe o seu objeto e justifique a necessidade de sua instauração.

(D) A promoção de arquivamento será submetida a exame e deliberação do Conselho Superior do Ministério Público, conforme dispuser o seu Regimento.

(E) Deixando o Conselho Superior de homologar a promoção de arquivamento, determinará ao mesmo órgão do Ministério Público o ajuizamento da ação.

A: incorreta, pois há necessidade de fundamentação. Aliás, como já se afirmou, todas as manifestações do MP devem ser fundamentadas, razão pela qual o artigo 10 da Resolução 23/2007 CNMP dispõe que a promoção do arquivamento deve ser fundamentada; **B:** incorreta. O artigo 9º, § 1º, da LACP determina que os autos do inquérito civil ou das peças de informação arquivadas serão remetidos, sob pena de se incorrer em falta grave, no *prazo de 3 (três) dias*, ao Conselho Superior do Ministério Público; **C:** incorreta. A instauração de Inquérito civil pressupõe justa causa, isto é, a apuração de fato certo e determinado especificado na imprescindível portaria a ser lançada pelo órgão com atribuições e que deve conter os requisitos do artigo 4º da Resolução 23/2007 do CNMP; **D:** correta, é o que dispõe o artigo 9º, § 3º da LACP. O CSMP é o órgão de controle no caso dos Ministérios Públicos estaduais. No caso do MP Federal, por exemplo, o controle é feito pelas Câmaras de Coordenação e Revisão; **E:** incorreta. O artigo 9º, § 4º, da LACP determina que, "deixando o Conselho Superior de homologar a promoção de arquivamento, designará, desde logo, *outro órgão do Ministério Público* para o ajuizamento da ação. Isso deve em função da autonomia e independência do membro do Ministério Público.

Gabarito "D"

(Ministério Público/SP – 2012 – VUNESP) NÃO corresponde à definição e natureza jurídica do inquérito civil:

(A) procedimento administrativo.

(B) de natureza inquisitorial.

(C) de caráter obrigatório.

(D) de caráter unilateral.

(E) privativo do Ministério Público.

A: correta, pois conforme a Resolução 23/2007, alterada pelas Resoluções 35/2009 e 59/2010 do CNMP o inquérito civil é investigação administrativa a cargo do Ministério Público, destinada a colher elementos de convicção para eventual propositura de ação civil pública. Trata-se de procedimento administrativo e não de processo administrativo; **B:** correta. De acordo com Marcos Destefenni, *Manual de Processo Civil Individual e coletivo,* São Paulo: Saraiva, p. 536, "trata-se de um procedimento investigatório, inquisitório, no sentido de que durante a sua tramitação não é obrigatória a observância do contraditório". Se fosse processo, haveria incidência obrigatória do contraditório; **C:** incorreta, pois, como reconhece o artigo 1º da Resolução 23/2007 do CNMP, o inquérito civil tem natureza facultativa, isto é, não é imprescindível para o ajuizamento de ação civil pública; **D:** correta. Conforme o artigo 1º, da Resolução 23/2007 CNMP, o inquérito civil tem natureza unilateral e nele não se aplica a bilateralidade inerente ao contraditório; **E:** correta. Segundo Marcos Destefenni, *Manual de Processo Civil Individual e coletivo*. São Paulo: Saraiva, p. 536, "a instauração do inquérito civil, por força de norma constitucional (CF 129, III) é função institucional do Ministério Público". Não há previsão legal que confira o poder de instaurar o inquérito civil a outro órgão ou instituição. Interessante observar: a) para a propositura de ação civil pública, a legitimidade é concorrente e disjuntiva; b) a possibilidade de celebrar o Compromisso de Ajustamento de Conduta é conferida aos órgãos públicos legitimados à propositura da ação (não às associações, p. ex.); c) a instauração de IC é privativa do MP.

Gabarito "C"

7. AÇÃO, PROCEDIMENTO, TUTELA ANTECIPADA, MULTA, SENTENÇA, COISA JULGADA, RECURSOS, CUSTAS E QUESTÕES MISTAS

(Ministério Público/BA – 2010) Em relação a Ação Civil Pública (ACP), identifique com V ou F, conforme o caso, as afirmativas verdadeiras e falsas.

I. Na ACP para defesa dos direitos difusos, a sentença fará coisa julgada *erga omnes*, sendo restrita sua abrangência, entretanto, aos limites do órgão prolator da sentença ou da liminar.

II. A Defensoria Pública tem legitimidade para ajuizar ACPs em matéria ambiental, sempre que se configurar hipossuficiência econômica do grupo lesado ou ameaçado. Nestes casos o Ministério Público poderá ingressar como litisconsorte ativo ulterior ou atuar como *custus juris*.

III. Na ACP, a conversão da prestação de fazer ou não fazer em indenização pecuniária somente se dará se por ela optar o Ministério Público, ou se impossível a tutela específica ou medida compensatória equivalente.

IV. A decretação incidental de inconstitucionalidade de lei em ACPs é obrigatória quando a lei determinar práticas em descompasso com a Constituição, pois não é correto, do ponto de vista técnico, deixar de observar a existência de lei presumidamente válida, até a decretação de sua inconstitucionalidade.

V. Na ACP proposta pelo Ministério Público, é necessária a intervenção de outro representante da instituição, como fiscal da lei.

A alternativa que contém a sequência correta, de cima para baixo, é a:

(A) V V V V V.

(B) F F F V V.

(C) F V F V F.

(D) V V F V F.

(E) V F F F V

I: verdadeira (art. 16 da Lei 7.347/1985); porém, o STJ está relativizando essa regra, conforme se depreende do seguinte precedente: "*Direito processual. Recurso representativo de controvérsia (art.*

543-C, CPC). Direitos metaindividuais. Ação civil pública. Apadeco x Banestado. Expurgos inflacionários. Execução/liquidação individual. Foro competente. Alcance objetivo e subjetivo dos efeitos da sentença coletiva. **Limitação territorial. Impropriedade.** *Revisão jurisprudencial. Limitação aos associados. Inviabilidade. Ofensa à coisa julgada.* 1. Para efeitos do art. 543-C do CPC: 1.1. A liquidação e a execução individual de sentença genérica proferida em ação civil coletiva pode ser ajuizada no foro do domicílio do beneficiário, porquanto os efeitos e a eficácia da sentença não estão circunscritos a lindes geográficos, mas aos limites objetivos e subjetivos do que foi decidido, levando-se em conta, para tanto, sempre a extensão do dano e a qualidade dos interesses metaindividuais postos em juízo (arts. 468, 472 e 474, CPC e 93 e 103, CDC). 1.2. A sentença genérica proferida na ação civil coletiva ajuizada pela Apadeco, que condenou o Banestado ao pagamento dos chamados expurgos inflacionários sobre cadernetas de poupança, dispôs que seus efeitos alcançariam todos os poupadores da instituição financeira do Estado do Paraná. Por isso descabe a alteração do seu alcance em sede de liquidação/execução individual, sob pena de vulneração da coisa julgada. Assim, não se aplica ao caso a limitação contida no art. 2º-A, *caput*, da Lei 9.494/1997. 2. Ressalva de fundamentação do Ministro Teori Albino Zavascki. 3. Recurso especial parcialmente conhecido e não provido." (REsp 1243887/PR, Rel. Min. Luis Felipe Salomão, Corte Especial, j. 19.10.2011, *DJe* 12.12.2011); **II:** verdadeira, não havendo dúvida acerca da legitimidade da defensoria pública para ingressar com ação civil pública, sendo certo que, havendo interesse social envolvido, o MP pode, sim, atuar como assistente litisconsorcial ulterior; **III:** falsa, segundo o gabarito oficial; não concordamos com esse gabarito, pois a afirmativa está de acordo com o disposto no art. 84, *caput* e § 1º, do CDC, aplicável às ações civis públicas em geral, por força do art. 21 da Lei 7.347/1985; **IV:** verdadeira, mas essa declaração só pode ser feita em caráter incidental, sob pena de a ação civil púbica, cuja sentença de procedência tem efeito *erga omnes*, fazer, indevidamente, as vezes de uma ação de controle concentrado de constitucionalidade; **V:** falsa, pois, se o MP é o autor da ação, é desnecessária a presença do próprio MP como fiscal da lei na mesma ação.

Gabarito "D"

(Ministério Público/ES – 2005) A sentença que julga procedente pedido formulado em ação civil pública pode, em tese, sujeitar-se:

I. ao duplo grau de jurisdição obrigatório;

II. a agravo de instrumento;

III. a recurso ordinário;

IV. a embargos declaratórios;

V. à apelação.

Estão corretas proposições:

(A) III e V;

(B) II e V;

(C) II e IV;

(D) III, IV e V;

(E) I, IV e V.

Em face de *sentença* somente é cabível o duplo grau de jurisdição obrigatório (nos casos admitidos em lei), a apelação e os embargos de declaração. O agravo de instrumento cabe apenas contra decisões interlocutórias. E o recurso ordinário cabe contra decisão denegatória de mandado de segurança decidido em única instância pelos tribunais.

Gabarito "E"

(Ministério Público/MA – 2002) Dentre as proposições abaixo, assinale a alternativa correta.

I. Nas ações coletivas para a defesa dos interesses individuais homogêneos, em caso de procedência do pedido, a condenação será genérica, fixando a responsabilidade do réu pelos danos causados.

II. Decorrido o prazo de 1 (um) ano sem habilitação dos interessados em número compatível com a gravidade do dano para promover a liquidação e execução do julgado proferido na ação coletiva, o juiz determinará o arquivamento do feito.

III. É vedada a denunciação da lide somente nas ações previstas no CDC para a defesa coletiva do consumidor em juízo.

IV. A associação autora de ação coletiva vencida na demanda, somente suportará os ônus da sucumbência em caso de comprovada má-fé.

V. Em caso de litigância de má-fé, os diretores responsáveis pela propositura da ação, responderão subsidiariamente pela condenação imposta à associação autora.

(A) Apenas uma alternativa está correta.

(B) Apenas duas alternativas estão corretas.

(C) Apenas três alternativas estão corretas.

(D) Apenas quatro alternativas estão corretas.

(E) Todas as alternativas estão corretas.

I: correta (art. 95 do CDC); II: incorreta, pois, decorrido tal prazo, podem os demais legitimados promover liquidação e execução da indenização devida (art. 100 do CDC); III: incorreta, pois tal vedação também se dá em ações individuais, como a que diz respeito ao art. 88 do CDC; IV: correta (art. 87 do CDC); V: correta (art. 87, parágrafo único, do CDC).

Gabarito "C"

(Ministério Público/MG – 2007) No que respeita às *astreintes*, de que trata a Lei de Ação Civil Pública, é CORRETO dizer que

(A) liga-se a um critério sancionatório, que está condicionado ao inadimplemento de uma obrigação de fazer ou não fazer, concretizado em decisão judicial.

(B) é sucedâneo de medida cautelar, compelindo o responsável pela atividade nociva a cessá-la imediatamente.

(C) é compreendida como objeto principal de condenação, forcejando o cumprimento da decisão judicial.

(D) está, pela própria efetividade, vinculada ao prejuízo causado ao interesse transindividual.

(E) é exigível considerando-se o *dies a quo*, ou seja, desde o início do descumprimento da medida cautelar determinada.

A: correta, pois as *astreintes* nada mais são do que a multa diária fixada pelo descumprimento de obrigação de fazer ou não fazer fixada em decisão judicial; **B:** incorreta, pois a cominação de multa diária visa fazer com que a decisão judicial seja cumprida, não se confundindo com a decisão judicial que determina o cumprimento de obrigação de fazer ou não fazer em si; **C:** incorreta, pois as *astreintes* são acessórias ao objeto principal da condenação, que é uma obrigação de fazer ou não fazer; **D:** incorreta, pois, normalmente, a multa diária tem caráter de *penalidade*, e não de *compensação*; Hugo Nigro Mazzilli lembra que "*astreinte* é palavra francesa que significa *penalidade especial* infligida ao devedor de uma obrigação, com o propósito de incitá-lo ao seu cumprimento espontâneo, e cujo montante se eleva proporcional ou progressivamente em razão do atraso no cumprimento da obrigação" (g.n.) (*A Defesa dos Interesses Difusos em Juízo*. 20. ed. São Paulo: Saraiva, p. 492); **E:** incorreto, pois as *astreintes*, apesar de *devidas* desde o descumprimento da liminar, são *exigíveis* apenas após o trânsito em julgado da decisão favorável ao autor (art. 12, § 2º, da Lei 7.347/1985).

Gabarito "A"

(Ministério Público/MS – 2006) Na ação civil pública:

(A) A multa imposta liminarmente só será exigível do réu após o trânsito em julgado da decisão favorável ao autor;

(B) A multa imposta liminarmente é exigível desde o descumprimento da ordem liminar;

(C) Depende de pedido do autor a imposição de multa diária ao réu com o objetivo de assegurar o cumprimento da decisão que concede liminar;

(D) O juiz não depende de pedido do autor tanto para conceder liminar como para adiantar a tutela.

A: correta (art. 12, § 2º, da Lei 7.347/1985); **B:** incorreta, pois a multa é devida desde o descumprimento da ordem liminar, mas exigível apenas após o trânsito em julgado da decisão favorável ao autor (art. 12, § 2º, da Lei 7.347/1985); **C:** incorreta (art. 84, § 4º, do CDC); **D:** incorreta, pois, diferente da expressa possibilidade de atuação de ofício do juiz para impor multa cominatória (caso tenha concedido liminar), não há expressa possibilidade de atuação de ofício para a concessão da própria tutela antecipada ou liminar no art. 84, § 3º, do CDC.

Gabarito "A"

(Ministério Público/SC – 2010) Julgue os seguintes itens.

I. Está ainda em vigor a Súmula 183, do STJ, que determina competir aos juízes estaduais, nas comarcas que não sejam sede de vara da justiça federal, processar e julgar ação civil pública, quando a União figure no processo.

II. A transação, prevista no § 6º do art. 5º da Lei 7.347/1985, autoriza aos legitimados ativos para propor a ação civil pública disporem do objeto do interesse difuso violado, em virtude de sua natureza.

III. As multas cominatórias em ações civis públicas podem ser impostas pelo juiz tanto *initio litis* (em liminar) ou em tutela antecipada, bem como na sentença, independentemente do requerimento do autor. Contudo, elas só serão exigíveis depois do trânsito em julgado da sentença que declare procedente a demanda e a partir do dia em que for fixado na sentença, quando estabelecidas nas duas últimas hipóteses.

IV. O comerciante que pagar ao prejudicado reparação de dano causado por defeito no produto por ele comercializado, motivado por acondicionamento inapropriado pelo produtor, pode mover ação de regresso contra aquele que deu causa ao evento danoso, em processo autônomo ou prosseguir nos mesmos autos da demanda que acolheu a ação, sendo permitida a denunciação à lide.

V. Para a defesa de interesses transindividuais os colegitimados podem ajuizar ações civis públicas condenatórias, cautelares, executivas de títulos extrajudiciais, declaratórias, constitutivas e mandamentais.

(A) Apenas as assertivas I, III e IV estão corretas.

(B) Apenas as assertivas II e IV estão corretas.

(C) Apenas as assertivas I e V estão corretas.

(D) Apenas as assertivas III e V estão corretas.

(E) Todas as assertivas estão corretas.

I: incorreta, pois essa súmula foi cancelada, no julgamento dos Embargos de Declaração no CComp 27.676/BA, em 08.11.2000; II: incorreta, pois não é possível dispor de interesses indisponíveis; num compromisso de ajustamento só é possível ajustar condutas e tratar da reparação do dano; III: correta (arts. 11 e 12, § 2º, da Lei 7.347/1985); IV: incorreta, pois não é admitida a denunciação da lide (art. 88 do CDC); V: correta, pois, para a defesa dos interesses protegidos pelo CDC, que abrange os interesses coletivos em geral, "são admissíveis *todas* as espécies de ações capazes de propiciar sua adequada e efetiva tutela" (art. 83 do CDC).

Gabarito "D"

(Ministério Público/SE – 2010 – CESPE) Assinale a opção correta no que concerne aos ônus da sucumbência no processo coletivo.

(A) A responsabilidade por litigância de má-fé incide apenas sobre a associação autora e alcança, solidariamente, os diretores responsáveis pela propositura da ação civil pública.

(B) O MP está imune ao pagamento de custas, despesas processuais e honorários advocatícios. No caso de comprovada má-fé, apenas o membro que ajuizou a ação responde direta e pessoalmente pela condenação em perdas e danos.

(C) Na ação civil pública, no que concerne às associações civis, diversamente do regime da ação popular constitucional, não há dispensa de custas e adiantamento das despesas processuais.

(D) A condenação por comprovada litigância de má-fé da associação autora, independentemente do resultado do processo, consiste no pagamento de honorários de advogado e o décuplo das custas, além das custas judiciais e demais despesas processuais.

(E) Segundo orientação consolidada na jurisprudência do STJ e do STF, não cabe a condenação em honorários de advogado em ação civil pública proposta pelo MP julgada procedente.

A: incorreta, pois na ação popular, que também é uma ação coletiva, o cidadão também responde especialmente por litigância de má-fé; no mais, a responsabilidade geral por litigância de má-fé pode ser imputada ao réu e até a outros legitimados ativos, como a Fazenda Pública; **B:** incorreta, pois o agente público não responde diretamente pelos danos causados no exercício de função pública, devendo a ação ser promovida unicamente em face do Estado; **C:** incorreta (art. 18 da Lei 7.347/1985); **D:** incorreta, pois nos estritos termos da lei são devidos apenas honorários advocatícios, décuplo da custas e perdas e danos, não cabendo condenação de mais uma unidade de custas judiciais e demais despesas processuais; **E:** correta (*Posiciona-se o STJ no sentido de que, em sede de ação civil pública, a condenação do Ministério Público ao pagamento de honorários advocatícios somente é cabível na hipótese de comprovada e inequívoca má-fé do Parquet. Dentro de absoluta simetria de tratamento e à luz da interpretação sistemática do ordenamento,* não pode o **parquet** beneficiar-se de honorários, quando for vencedor na ação civil pública" – EREsp 895.530/PR, Rel. Min. Eliana Calmon, *DJe* 18.12.2009 – g.n.).

Gabarito "E"

(Ministério Público/SE – 2010 – CESPE) A propósito da efetividade da tutela jurídica processual coletiva, assinale a opção correta.

(A) São aplicáveis ao regime do CDC as normas que disciplinam o mandado de segurança coletivo, na hipótese de ofensa a direito líquido e certo, individual, coletivo ou difuso, em face de atos ilegais ou abusivos de pessoas físicas ou jurídicas.

(B) Na defesa de direitos difusos, admite-se ação ordinária preventiva de natureza mandamental, objetivando tutela inibitória, de modo a compelir o poder público a impedir, em todo o território nacional, o uso ou o consumo de produto nocivo ou perigoso à saúde pública.

(C) Na sistemática brasileira de defesa do consumidor, é possível o controle abstrato preventivo de cláusulas contratuais gerais por grupos de pessoas ligadas pela mesma relação jurídica base.

(D) No processo coletivo, é permitida a ampliação do objeto litigioso da ação, mediante formulação de demandas de caráter pessoal e individualizadas de interessados, como litisconsortes necessários do autor coletivo.

(E) Na ação ajuizada contra a fazenda pública, em qualquer hipótese, são vedadas a antecipação de tutela e medidas cautelares satisfativas, bem como execução provisória da sentença.

A: incorreta, pois o CDC contém disciplinamento específico sobre a questão; **B:** correta, valendo salientar que o pedido de provimento jurisdicional *mandamental* é cabível diante do disposto no art. 83 do CDC ("Art. 83. Para a defesa dos direitos e interesses protegidos por este código são admissíveis todas as espécies de ações capazes de propiciar sua adequada e efetiva tutela); **C:** incorreta, pois um simples "grupo de pessoas" não tem legitimidade para ingressar com ação civil pública (art. 82 do CDC); **D:** incorreta, pois não é possível a reunião, para julgamento conjunto, de ações coletivas e individuais, tendo em vista que cada qual tem um regime jurídico processual próprio; **E:** incorreta, pois a antecipação da tutela é cabível, desde que nos limites do art. 1º da Lei 9.494/1997 c/c art. 1º da Lei 8.437/1992.

Gabarito "B"

(Ministério Público/AC – 2008) Indique a alternativa correta, relativamente ao entendimento do STJ acerca da ação civil pública e do inquérito civil.

(A) Na ação ajuizada com o objetivo de anular ato administrativo supostamente violador dos princípios da moralidade e da impessoalidade administrativas, o prazo prescricional, ante a omissão da Lei 7.347/1985, será, por analogia, o previsto no art. 21 da Lei 4.717/1965, tendo em vista que a pretensão poderia perfeitamente ser exercida por meio de ação popular.

(B) O inquérito civil não se presta para a apuração de ato de improbidade cometido, em tese, por autoridade com prerrogativa de foro em razão da função.

(C) O STJ vem admitindo a utilização de ação civil pública para o enfrentamento de questões relacionadas à cobrança de tributos, haja vista que o conceito de consumidor, em casos dessa natureza, confunde-se com o de contribuinte.

(D) Não se admite a utilização da prova produzida em inquérito civil para a deflagração da responsabilização criminal, tendo em linha a diversidade de objetivos das duas responsabilidades civil e criminal.

A: correta, pois assim tem decidido o STJ, como se vê da seguinte ementa: "*Administrativo. Processual civil. Ação civil pública. Anulação de ato administrativo. Prescrição. Emprego analógico do prazo aplicável à ação popular* (art. 21 da Lei 4.717/1965)" (2ª Turma, AgRg no REsp 1.185.347/RS, *DJe* 25.04.2012); **B:** incorreta, pois a questão é saber quem tem atribuição para presidir o inquérito; **C:** incorreta, pois: "A jurisprudência predominante desta Corte é no sentido de que o Ministério Público não tem legitimidade para promover ação civil pública com o objetivo de impedir a cobrança de tributos na defesa de contribuintes, pois seus interesses são divisíveis, disponíveis e individualizáveis, oriundos de relações jurídicas assemelhadas, mas distintas entre si" (2ª Turma, AgRg no REsp 757.608/DF, *DJe* 19.08.2009); **D:** incorreta, uma vez que a independência entre as instâncias (cível e criminal) não impede a utilização da prova emprestada, considerando a existência de fatos de múltipla incidência normativa. É comum que o fato tipificado como ato de improbidade administrativa também configure crime. Aliás, assim já decidiu o STJ: "Habeas corpus. *Penal e processual penal. Crime praticado por prefeito. Inquérito penal. Inexistência. Inquérito civil público. Utilização para lastrear acusação penal. Possibilidade. Justa causa configurada*" (HC 123.855/SP).

Gabarito "A"

(Ministério Público/BA – 2008) Marque a alternativa correta a respeito da ação civil pública:

(A) Não pode ter como causa de pedir a inconstitucionalidade de uma lei, pois serviria, neste caso, como um indevido sucedâneo da ação direta de inconstitucionalidade.

(B) O juiz não pode, sem que haja pedido do autor, antecipar liminarmente a tutela. Da mesma forma, caso tenha concedido a antecipação de tutela postulada, o juiz não pode fixar multa cominatória sem que haja pedido do autor.

(C) Não ocorre litispendência entre duas ações civis públicas se, embora forem movidas contra o mesmo réu e tenham idêntico pedido e causa de pedir, tenham sido ajuizadas por autores diversos – por exemplo, o Ministério Público e uma associação.

(D) O Promotor de Justiça pode ingressar com ação civil pública buscando cumulativamente tutelar direitos difusos, coletivos e individuais homogêneos relativos a um mesmo ato ilícito.

(E) Não pode ser concedida medida liminar em ação civil pública ajuizada contra pessoa jurídica de direito público.

A: incorreta, pois Conforme decidiu o STJ, "é pacífico o entendimento nesta Corte Superior no sentido de que a inconstitucionalidade de determinada lei pode ser alegada em ação civil pública, desde que a título de causa de pedir — e não de pedido —, uma vez que, neste caso, o controle de constitucionalidade terá caráter incidental (AgRg no REsp 1.106.972/RS); **B:** incorreta, pois é possível a fixação de multa cominatória de ofício (art. 461, § 4º do CPC); **C:** incorreta, pois o fato de os autores serem diferentes não impede o reconhecimento da litispendência no caso de ações coletivas, considerando que o direito material tutelado é o mesmo; **D:** correta, pois é comum o mesmo fato ofender direitos difusos, coletivos e individuais homogêneos. Tal situação é recorrente no caso de loteamento irregular ou clandestino, sendo que a jurisprudência reconhece a legitimidade do MP, nesse caso, para a tutela de direitos individuais: "MP. *Legitimidade. ACP. Loteamento irregular.* A Turma decidiu que, na ação civil pública (ACP) referente à execução de parcelamento de solo urbano com alienação de lotes irregulares, sem aprovação dos órgãos públicos competentes, o *parquet* tem legitimidade para formular pedido de indenização em favor dos adquirentes de tais lotes, seja em razão da prerrogativa conferida pelos arts. 1º, VI, e 5º, I, da Lei 7.347/1985, seja por versar sobre direitos individuais homogêneos que transbordam o mero caráter patrimonial, configurando, ademais, relação de consumo na forma dos arts. 81, parágrafo único, III, e 82, I, do CDC. REsp 783.195-SP, Rel. Min. Mauro Campbell Marques, j. 15.09.2009"; **E:** incorreta, pois seria inconstitucional a proibição de liminares contra o Poder Público. O que existe é a necessidade de prévia oitiva da Pessoa Jurídica de Direito Público, no prazo de 72 horas (Lei 8.437/1992, art. 2º).

Gabarito "D"

(Ministério Público/BA – 2008) Marque a alternativa correta:

(A) As sentenças de improcedência por insuficiência de provas proferidas nas ações civis públicas movidas para tutelar direitos difusos, coletivos e individuais homogêneos não impedirão que algum dos demais legitimados intente outra ação, com idêntico fundamento, valendo-se de nova prova.

(B) Ao contrário do que se passa no Processo Civil tradicional, a regra geral em se tratando exclusivamente de ação civil pública para a defesa de direitos individuais homogêneos é que a sentença condenatória seja genérica.

(C) É cabível reconvenção em ação civil pública para a tutela de direitos difusos e coletivos movida pelo Ministério Público.

(D) Decorrido o prazo de um ano sem habilitação de interessados em número compatível com a gravidade do dano, poderão os legitimados do art. 82 do Código de Defesa do Consumidor promover a liquidação e a execução das indenizações individuais, que reverterão em benefício dos demais lesados.

(E) Não é cabível a denunciação da lide e o chamamento ao processo em ação civil pública.

A: incorreta, pois a sentença de improcedência, no caso da tutela de direitos individuais homogêneos, impede a propositura de nova ação coletiva, se considerarmos que o inciso III do art. 103 do CDC não contém a mesma ressalva que se encontra nos incisos I e II; **B:** correta, uma vez que no processo individual o pedido e, portanto, a sentença (regra da congruência), como regra, deve ser certo e determinado (CPC, art. 286). No caso da tutela de direitos individuais homogêneos, o art. 95 do CDC estabelece que, *em caso de procedência do pedido, a condenação será genérica, fixando a responsabilidade do réu pelos danos causados;* **C:** incorreta, pois o parágrafo único do art. 315 do CPC dispõe que "não pode o réu, em seu próprio nome, reconvir ao autor, quando este demandar em nome de outrem". O STJ, por isso, já advertiu: "O pedido reconvencional pressupõe que as partes estejam litigando sobre situações jurídicas que lhes são próprias" (REsp 72.065/RS); **D:** incorreta, pois o valor reverterá para o fundo criado pela Lei 7.347, de 24 de julho de 1985, e não em benefício dos demais lesados (vide art. 100, parágrafo único, do CDC).; **E:** incorreta, pois, em tese, não é proibida a intervenção de terceiros em ações coletivas. Todavia, é importante observar que a intervenção também não é admitida em todas as situações.

Gabarito "B"

(Ministério Público/GO – 2010) Sobre liminares em ações civis públicas ou coletivas podemos afirmar:

I. Poderá o juiz conceder liminar, mas após justificação prévia, observando o disposto nas leis n. 8.437/1992 e 9.494/1997. O efeito suspensivo se pleiteado no recurso de agravo, nas ações civis públicas ou coletivas, não é automático, dependerá de o juiz conferi-lo ou não, caso a caso.

II. Existe vedação legal para a concessão de liminares em ações civis públicas ou coletivas, nas mesmas hipóteses em que a lei também as proíbe em mandados de segurança (Leis n. 8.437/1992, 9.494/1997 e 12.016/2009).

III. Liminar sem a prévia justificação somente poderá ser deferida quando versar sobre interesses individuais homogêneos.

IV. A multa cominada liminarmente só será exigível do réu após o trânsito em julgado da decisão favorável ao autor, mas será devida desde o dia em que houver configurado o descumprimento.

(A) Todas alternativas são verdadeiras.

(B) Apenas uma alternativa é verdadeira.

(C) Apenas uma alternativa é falsa.

(D) Todas as alternativas são falsas.

I: incorreta, pois a liminar será concedida após a audiência do representante judicial da pessoa jurídica de direito público, e não após a *justificação prévia* (art. 2º da Lei 8.437/1992). Aliás, o art. 12 da LACP estabelece que *poderá o juiz conceder mandado liminar, com ou sem justificação prévia*. A segunda parte da assertiva está correta, à luz do art. 14 da LACP. Não há efeito suspensivo automático em ACP; II: incorreta, pois a vedação à concessão de liminares *não se aplica aos processos de ação popular e de ação civil pública* (art. 1º, § 2º, da Lei 8.437/1992); III: incorreta, pois há o poder geral de cautela do juiz em ações que tenham por objeto a tutela de direitos difusos ou coletivos (art. 12 da LACP); IV: correta, se considerada a literalidade do art. 12, § 2º, da LACP. Porém, a própria vigência do mencionado dispositivo legal é questionada pela doutrina. Vide Marcos Destefenni. *Manual de processo civil coletivo e individual.* São Paulo: Saraiva, 2012.

Gabarito "B"

(Ministério Público/MG – 2011) É lícito ao julgador, diante de cada caso concreto, aferir qual é o modo mais adequado para tornar efetiva a tutela, tendo em vista o fim da norma e a impossibilidade de previsão legal de todas as hipóteses fáticas. Tratando-se da possibilidade de retorno da desídia do ente estatal frente a uma decisão judicial emitida, podendo resultar em grave lesão à sociedade por falta de assistência médica, a fixação de multa cominatória é medida que se impõe.

I. É facultado ao juiz determinar as medidas necessárias, tais como a imposição de multa por tempo de atraso para a efetivação da tutela específica ou a obtenção do resultado prático equivalente.

II. É defeso ao juiz modificar o valor ou a periodicidade da multa, caso verifique que se tornou insuficiente ou excessiva.

III. É lícito ao juiz conceder a tutela liminarmente com imposição de multa diária ao réu, independentemente de pedido do autor, sendo relevante o fundamento da demanda e havendo justificado receio de ineficácia do provimento final.

IV. É defeso ao juiz, ao impor multa diária ao réu, fixar prazo razoável para o cumprimento do preceito.

Estão **INCORRETAS** as alternativas:

(A) I e II.

(B) I, II e IV.

(C) III e IV.

(D) II e IV.

I: correta, pois assim estabelecem o art. 461 do CPC e o art. 84 do CDC; II: incorreta, pois contraria o § 6º do art. 461 do CPC e a própria natureza da *astreinte*, que é essencialmente modificável (cláusula *rebus sic stantibus*); III: correta, nos termos do art. 461, § 3º, do CPC, e do art. 84, § 3º, do CDC; IV: incorreta, pois é permitido ao juiz impor multa diária ao réu e fixar prazo razoável para o cumprimento do preceito (art. 461, § 4º, do CPC e art. 84, § 4º, do CDC da LACP).

Gabarito "D"

(Ministério Público/MG – 2011) No que tange à coisa julgada, nas ações coletivas de que trata o Código de Defesa do Consumidor, pode-se afirmar que

I. os efeitos da coisa julgada *erga omnes* e *ultra partes* prejudicarão interesses e direitos individuais dos integrantes da coletividade, do grupo, categoria ou classe.

II. na hipótese de efeito *erga omnes* da coisa julgada em ação de interesses ou direitos individuais homogêneos, em caso de improcedência do pedido, os interessados que não tiverem intervindo no processo como litisconsortes poderão propor ação de indenização a título individual.

III. a sentença civil nas ações coletivas de interesses difusos fará coisa julgada *erga omnes*, nos limites da competência territorial do órgão prolator. Havendo condenação em dinheiro, essa prejudicará as ações de indenização por danos pessoalmente sofridos, propostas individualmente ou na forma prevista no Código de Defesa do Consumidor.

IV. os efeitos da coisa julgada *erga omnes* ou *ultra partes* beneficiarão os autores das ações individuais, se requerida sua suspensão no prazo de trinta dias, a contar da ciência nos autos do ajuizamento da ação coletiva.

Apenas está **CORRETO** o que se afirma em:

(A) III.

(B) II e IV.

(C) II e III.

(D) I, II e III.

I: incorreta, pois os efeitos da coisa julgada *não* prejudicarão interesses e direitos individuais dos integrantes da coletividade, do grupo, categoria ou classe (art. 103, § 1º, do CDC); II: correta, pois é o que determina o art. 103, § 2º, do CDC; III: incorreta. A Corte Especial do STJ, no julgamento do REsp 1.243.887/PR (*DJe* 12.12.2011), decidiu rever a orientação jurisprudencial que aceita a imposição de limites territoriais à coisa julgada. No caso de condenação em dinheiro, o valor reverterá ao Fundo. Além disso, não prejudicará as ações individuais; IV: correta, pois é o que estabelece o art. 104 do CDC.

Gabarito "B"

(Ministério Público/MG – 2011) A exemplo do que ocorre com a ação popular, o mandado de segurança, a ação civil pública e o rito descrito no Código de Defesa do Consumidor, foi instituída a isenção das custas judiciais e dos ônus da sucumbência, salvo em face de comprovada má-fé. Em caso de condenação por litigância de má-fé, afirma-se:

I. A associação autora e os diretores responsáveis pela propositura da ação serão solidariamente condenados em honorários advocatícios.

II. A associação autora e os diretores responsáveis pela propositura da ação poderão ser condenados ao décuplo das custas, sem prejuízo da responsabilidade por perdas e danos.

III. Nas ações civis públicas, quando forem dois ou mais os litigantes de má-fé, o juiz condenará cada um na proporção do seu respectivo interesse na causa, ou solidariamente aqueles que se coligaram para lesar a parte contrária.

IV. Nas ações civis públicas, não haverá condenação da associação autora, salvo comprovada má-fé, em honorários de advogado, custas e despesas processuais.

V. O valor da indenização pela litigância de má-fé será desde logo fixado pelo juiz, em quantia não superior a 20% (vinte por cento) sobre o valor da causa, ou liquidado por arbitramento.

São **CORRETAS** as alternativas:

(A) I e III.

(B) I, II e IV.

(C) II, IV e V.

(D) Todas.

I: correta, nos termos do art. 17 da LACP; II: correta, pois assim dispõe o art. 17 da LACP; III: correta, pois a assertiva está, em sua literalidade, conforme o disposto no art. 18, § 1º, do CPC; IV: correta, pois assim dispõe o art. 87 do CDC e o art. 18 da LACP; V: correta, nos termos do art. 18, § 2º, do CPC.

Gabarito "D"

(Ministério Público/MG – 2006) Nos termos da Lei n. 7.347/1985 (Lei de Ação Civil Pública),

I. são permitidas as ações de responsabilidade por danos morais ou patrimoniais causados em decorrência da instituição de tributos ou contribuições previdenciárias.

II. caso a associação autora não promova a execução da sentença condenatória, decorridos 60 (sessenta) dias do trânsito em julgado, deverá fazê-lo o Ministério Público, facultada igual iniciativa aos demais legitimados.

III. em caso de sentença que julga improcedente o pedido por insuficiência de provas, qualquer legitimado poderá intentar outra ação com idêntico fundamento, valendo-se de nova prova.

IV. a multa cominada liminarmente, em caso de sentença condenatória transitada em julgado, será devida desde o dia de seu descumprimento.

V. apenas o Ministério Público e o Poder Público poderão instaurar inquérito civil público.

As afirmativas **INCORRETAS** são:

(A) I e II.

(B) II e III.

(C) III e IV.

(D) IV e V.

(E) V e I.

I: incorreta, pois o art. 1º, parágrafo único, da LACP, afirma não ser cabível ação civil pública *para veicular pretensões que envolvam tributos, contribuições previdenciárias, o Fundo de Garantia do Tempo de Serviço – FGTS ou outros fundos de natureza institucional cujos beneficiários podem ser individualmente determinados*; II: correta, pois é o que estabelece o art. 15 da LACP; III: correta, pois é o que estabelece o art. 103 do CDC; IV: correta, pois assim dispõe o art. 12, § 2º da LACP; V: incorreta, pois só o MP poderá instaurar inquérito civil. Há exclusividade.

Gabarito "E"

(Ministério Público/MT – 2012 – UFMT) Em relação à coisa julgada nas ações coletivas, analise as afirmativas.

I. A sentença fará coisa julgada *erga omnes*, exceto se o pedido for julgado improcedente por insuficiência de provas, hipótese em que qualquer legitimado poderá intentar outra ação, com idêntico fundamento valendo-se de nova prova, quando se tratar de interesses ou direitos difusos, situação em que a coisa julgada opera *secundum eventum probationis*.

II. A sentença fará coisa julgada *erga omnes*, apenas no caso de procedência do pedido, para beneficiar todas as vítimas e seus sucessores, quando se tratar de interesses ou direitos individuais homogêneos, situação em que a coisa julgada opera *secundum eventum probationis*.

III. A sentença sempre fará coisa julgada *inter partes*, exceto se o pedido for julgado improcedente por insuficiência de provas, hipótese em que qualquer legitimado que não tenha feito parte do processo poderá intentar outra ação, com idêntico fundamento valendo-se de nova prova, quando se tratar de interesses ou direitos difusos.

IV. A sentença fará coisa julgada *erga omnes*, apenas no caso de procedência do pedido, para beneficiar todas as vítimas e seus sucessores, quando se tratar de interesses ou direitos individuais homogêneos, situação em que a coisa julgada opera *secundum eventum litis*.

Estão corretas as afirmativas:

(A) I e II, apenas.

(B) I e III, apenas.

(C) I e IV, apenas.

(D) III e IV, apenas.

(E) II e IV, apenas.

I: correta, pois é o que estabelece o art. 103, I, do CDC; II: incorreta, pois a coisa julgada, no caso, opera *secundum eventum litis* (e não *probationis*); III: incorreta, pois a sentença não opera efeito *inter partes* (os efeitos são *erga omnes* ou *ultra partes*); IV: correta, pois é o que dispõe o art. 103, III, do CDC.

Gabarito "C"

(Ministério Público/MT – 2012 – UFMT) Em relação à coisa julgada nas ações coletivas, analise as afirmativas.

I. Com o advento da Lei n. 11.232/2005, foi extinta a discussão acerca da natureza jurídica da liquidação de sentença, que foi deslocada de lugar e se encontra em capítulo que antecede o cumprimento de sentença, como mero incidente processual da fase de conhecimento.

II. É possível a execução de julgado em Ação Coletiva proposta para a defesa de interesses ou direitos individuais homogêneos por Associação Civil, que, no caso, possui legitimação ordinária autônoma.

III. A decisão que julga a liquidação de sentença faz coisa julgada material, apesar disso, desafia o recurso de agravo de instrumento.

IV. Não há possibilidade de haver execução ou cumprimento de sentença sem que o título que o embase esteja revestido de todos os requisitos estabelecidos na Lei Processual Civil, quais sejam, liquidez, certeza e exigibilidade.

Estão corretas as afirmativas:

(A) I, III e IV, apenas.

(B) I, II e III, apenas.

(C) II, III e IV, apenas.

(D) III e IV, apenas.

(E) I, II e IV, apenas.

I: correta, conforme o gabarito oficial e conforme o entendimento dominante. Realmente, houve o mencionado deslocamento. Todavia, não é verdade que foi extinta a discussão acerca da natureza jurídica da liquidação de sentença. Há quem entenda que se trata de ação; II: incorreta, pois a legitimidade, no caso, é extraordinária, com substituição processual dos titulares do direito material; III: correta, pois é instaurado o procedimento respectivo, com cognição judicial exauriente, de tal forma que a decisão proferida na liquidação passa a integrar o título executivo judicial. O recurso é o de agravo de instrumento por força de expressa previsão legal (art. 475-H do CPC); IV: correta, pois o art. 580 do CPC dispõe que *a execução pode ser instaurada caso o devedor não satisfaça a obrigação certa, líquida e exigível, consubstanciada em título executivo*. Só uma ressalva: os atributos mencionados são da obrigação e não do título, como diz a atual redação do art. 580.

Gabarito "A"

(Ministério Público/MT – 2012 – UFMT) Quanto aos efeitos dos recursos, marque V para as afirmativas verdadeiras e F para as falsas.

( ) Nas ações propostas com base na Lei de Ação Civil Pública, os recursos têm o efeito devolutivo como regra geral, podendo o juiz conferir-lhes caráter suspensivo para evitar dano irreparável à parte.

( ) O recurso de apelação apresentado contra sentença em Ação Popular deve ser recebido no duplo efeito, ou seja, devolutivo e suspensivo.

( ) Nas demandas envolvendo relações de consumo, há incidência do sistema instituído pela Lei de Ação Civil Pública, inclusive no âmbito recursal.

( ) A sentença prolatada com base na Lei n. 8.069/1990 (Estatuto da Criança e do Adolescente) desafia recurso dotado de efeito devolutivo como regra geral.

Assinale a sequência correta.

(A) V, F, V, V
(B) V, F, F, F
(C) F, F, V, V
(D) V, V, V, V
(E) F, V, F, V

I: verdadeira, nos termos do art. 14 da LACP; II: verdadeira, pois o art. 19 da LAP prevê que a apelação seja recebida com efeito suspensivo; IIII: verdadeira, pois a interação decorre da referência recíproca determinada pelo art. 21 da Lei da Ação Civil Pública e pelo art. 90 do Código de Defesa do Consumidor; IV: verdadeira, segundo o gabarito oficial. Deve-se observar que a sistemática recursal do ECA foi alterada pela Lei 12.010/2009, que revogou a regra do inciso VI do art. 198 do ECA, segundo a qual a apelação deveria ser recebida em seu efeito devolutivo, como regra. Portanto, na atualidade, pela aplicação do CPC, o recurso de apelação deve ser recebido, como regra, no *duplo efeito* (devolutivo e suspensivo).

Gabarito "D"

(Ministério Público/MT – 2012 – UFMT) Levando em consideração o regime jurídico da coisa julgada no processo coletivo, marque V para as afirmativas verdadeiras e F para as falsas.

( ) Em se tratando de interesse ou direito difuso, sendo o pedido julgado improcedente com provas suficientemente produzidas, a sentença acarretará coisa julgada formal e material, impedindo a propositura de nova ação coletiva, bem como de ações individuais com base no mesmo fato lesivo.

( ) Se o interesse ou direito for coletivo *stricto sensu*, formar-se-á coisa julgada *ultra partes* para o grupo, categoria ou classe, salvo se o pedido for julgado improcedente por insuficiência de provas, caso em que poderá qualquer colegitimado propor nova ação, desde que se valendo de nova prova.

( ) Se o direito for individual homogêneo e o pedido for julgado improcedente por insuficiência de provas, poderá o indivíduo promover sua ação individual condenatória, mesmo tendo ingressado no processo coletivo como litisconsorte ou assistente litisconsorcial.

( ) O indivíduo que tiver proposto ação individual, antes do ajuizamento da ação coletiva, se quiser se beneficiar da sentença de procedência terá que requerer a suspensão de seu processo individual.

Assinale a sequência correta.

(A) V, V, F, V
(B) F, V, F, F
(C) F, V, F, V
(D) V, F, F, V
(E) F, V, V, F

I: falsa, pois, no caso de improcedência, não há impedimento para o ajuizamento de ações individuais (art. 103, § 1º, do CDC); II: verdadeira, pois é o que estabelece o art. 103, II, do CDC); III: falsa, pois aquele que ingressa no processo coletivo não pode, no caso de improcedência da demanda, propor ação individual (art. 103, § 2º, do CDC); IV: verdadeira, pois é o que estabelece o art. 104 do CDC.

Gabarito "C"

(Ministério Público/MT – 2012 – UFMT) A ação civil pública proposta com fundamento na Lei n. 7.853/1989 que for considerada procedente terá obrigatório duplo grau de jurisdição, subindo ao Tribunal de Justiça sem a necessidade de recurso

(A) apenas nos casos de carência da ação.
(B) em caso de carência ou improcedência da ação.
(C) apenas nos casos de improcedência da ação.
(D) em qualquer tipo de sentença, mesmo que procedente a ação.
(E) somente nos casos de sentença de mérito, de procedência ou não.

A: incorreta, pois a Lei 7.853/1989, dispõe sobre o apoio às pessoas com deficiência, estabelece, em seu art. 4º, § 1º, que *a sentença que concluir pela carência ou pela improcedência da ação fica sujeita ao duplo grau de jurisdição, não produzindo efeito senão depois de confirmada pelo tribunal*; **B:** correta, conforme mencionado no item anterior; **C:** incorreta, pois o reexame também ocorre no caso de carência; **D:** incorreta, pois o reexame necessário depende do tipo de sentença; **E:** incorreta, pois também ocorre reexame no caso de sentença processual (terminativa) que concluir pela carência.

Gabarito "B"

(Ministério Público/PI – 2012 – CESPE) No que concerne à ACP, assinale a opção correta.

(A) Se o MP atuar como parte na ACP, será dispensável a sua intimação para oficiar como fiscal da lei no processo.

(B) A antecipação de tutela, na ACP, não pode ser deferida sem a prévia justificação ou manifestação da outra parte.

(C) Constitui procedimento da ACP a realização de audiência de conciliação.

(D) Qualquer pessoa que causar dano ou impedir o exercício de direitos difusos, coletivos, individuais indisponíveis ou homogêneos poderá figurar no polo passivo da ACP.

(E) A ACP constitui instrumento adequado para deduzir pretensão de índole tributária.

A: incorreta, pois a atuação como parte não impede que o MP exerça sua atribuição de fiscal da lei. Ademais, não deve haver a intervenção de mais de um órgão do MP no mesmo processo; **B:** incorreta, pois o art. 12 da LAP é expresso no sentido de que as medidas de urgência podem ser concedidas com ou sem justificação prévia; **C:** incorreta, pois não é obrigatória a designação de audiência de conciliação (art. 331 do CPC); **D:** correta, pois qualquer pessoa pode ocupar o polo passivo de ACP; **E:** incorreta, pois há vedação expressa no parágrafo único do art. 1º da LACP.

Gabarito "D"

(Ministério Público/RS – 2008) Assinale a alternativa INCORRETA:

Na ação popular:

(A) Os integrantes do ato impugnado são litisconsortes necessários e devem ser citados obrigatoriamente.

(B) Atuando como fiscal da lei, o Ministério Público deve ter vista do processo após as partes.

(C) Havendo litisconsórcio passivo, a contagem do prazo para contestar começa a correr a partir da juntada do último mandado de citação devidamente cumprido.

(D) Julgada improcedente a ação, o autor sempre suportará o ônus da sucumbência e do pagamento das custas processuais.

(E) A sentença terá eficácia de coisa julgada oponível *erga omnes*, exceto no caso de haver sido julgada improcedente por deficiência de prova.

A: correta, pois é o que determina o art. 6º da LAP; **B:** correta, pois é o que estabelece o art. 83, I, do CPC; **C:** correta, pois assim dispõe o art. 241, III, do CPC; **D:** incorreta, pois o art. 5º, LXXIII, da CF, dispõe que o autor fica, salvo comprovada má-fé, isento de custas judiciais e do ônus da sucumbência. Então, não é sempre que suportará o ônus da sucumbência; **E:** correta, pois assim prevê o art. 18 da LAP.

Gabarito "D"

(Ministério Público/RS – 2008) Assinale a alternativa INCORRETA:

(A) No Código de Defesa do Consumidor há vedação à utilização da denunciação da lide e do chamamento ao processo, porque o direito de indenização do consumidor é fundado na responsabilidade objetiva.

(B) O juiz poderá, no Código de Defesa do Consumidor, adiantar a tutela de mérito, bastando, apenas, que haja justificado receio de ineficácia do provimento final.

(C) No Código de Defesa do Consumidor, o Ministério Público, se não ajuizar a ação, atuará sempre como fiscal da lei.

(D) Em ação coletiva ajuizada na defesa dos consumidores por entidade legitimada, deve o Ministério Público intervir.

(E) Nas ações coletivas de que trata o Código de Defesa do Consumidor não haverá adiantamento de custas, emolumentos, honorários periciais e quaisquer outras despesas, nem condenação da associação autora, salvo comprovada má-fé, em honorários de advogado, custas e despesas processuais.

A: correta, pois esse é o entendimento do STF sobre a denunciação da lide e o chamamento ao processo no caso de ação consumerista: "Conforme a jurisprudência desta Corte, tratando-se de relação de consumo, protegida pelo Código de Defesa do Consumidor, descabe a Denunciação da Lide, a teor do art. 88 do CDC" (AgRg no AREsp 195.165/MG); **B:** incorreta, pois esse não é o único requisito, uma vez que o CDC (art. 84, § 3º) também exige a relevância dos fundamentos da demanda; **C:** correta, pois é o que determina o art. 92 do CDC; **D:** correta, pois a intervenção do MP é obrigatória no caso de ação coletiva, conforme mencionado no item anterior; **E:** correta, pois assim dispõe o art. 87 do CDC.

Gabarito "B"

(Ministério Público/RS – 2008) Assinale a alternativa INCORRETA:

(A) Sendo o direito posto à análise de natureza individual homogênea, apenas as partes, em regra, serão atingidas pela autoridade da coisa julgada e, por exceção, o cessionário, o sucessor e o substituído processualmente.

(B) Sendo o direito individual homogêneo, a autoridade da coisa julgada, nos casos de procedência da demanda, será *erga omnes*.

(C) Sendo o direito coletivo, salvo a hipótese de improcedência por ausência de provas, a autoridade da coisa julgada será *ultra partes*.

(D) Tendo o direito posto em causa natureza difusa, também, salvo nos casos de improcedência por ausência de provas, a autoridade da coisa julgada projetar-se-á *erga omnes*.

(E) A autoridade da coisa julgada material não está circunscrita à norma concreta editada pela decisão.

A: correta, segundo o gabarito oficial, pois é o que estabelece o art. 472 do CPC. Seria melhor se a assertiva esclarecesse a natureza da demanda e não apenas a natureza do direito discutido; **B:** correta, pois conforme o disposto no art. 103, III, do CDC; **C:** correta, pois corresponde ao que estabelece o art. 103, II, do CDC; **D:** correta, pois é o que prevê o art. 103, I, do CDC; **E:** incorreta, pois a autoridade da coisa julgada depende daquilo que foi efetivamente decidido pelo juiz, ou seja, do comando da sentença. Por exemplo, no caso de improcedência, em regra, não há coisa julgada *erga omnes* ou *ultra partes*.

Gabarito "E"

(Ministério Público/SC – 2012) Analise as assertivas a seguir.

I. O Ministério Público poderá instaurar, sob sua presidência, inquérito civil, ou requisitar, de qualquer organismo público ou particular, certidões, informações, exames ou perícias, no prazo que assinalar, o qual não poderá ser inferior a 5 (cinco) dias úteis.

II. Os autos do inquérito civil ou das peças de informação arquivadas serão remetidos, sob pena de se incorrer em falta grave, no prazo de 3 (três) dias, ao Conselho Superior do Ministério Público.

III. Decorridos sessenta dias do trânsito em julgado da sentença condenatória, sem que a associação autora lhe promova a execução, deverá fazê-lo com exclusividade o Ministério Público.

IV. A sentença civil fará coisa julgada *erga omnes*, nos limites da competência territorial do órgão prolator, exceto se o pedido for julgado improcedente por insuficiência de provas, hipótese em que qualquer legitimado poderá intentar outra ação com idêntico fundamento, valendo-se de nova prova.

V. É correto afirmar que em se tratando de Ação Popular: Qualquer cidadão será parte legítima para pleitear a anulação ou a declaração de nulidade de atos lesivos ao patrimônio da União, do Distrito Federal, dos Estados, dos Municípios, de entidades autárquicas, de sociedades de economia mista, de sociedades mútuas de seguro nas quais a União represente os segurados ausentes, de empresas públicas, de serviços sociais autônomos, de instituições ou fundações para cuja criação ou custeio o tesouro público haja concorrido ou concorra com mais de cinquenta por cento do patrimônio ou da receita ânua, de empresas incorporadas ao patrimônio da União, do Distrito Federal, dos Estados e dos Municípios, e de quaisquer pessoas jurídicas ou entidades subvencionadas pelos cofres públicos.

(A) Apenas as assertivas I, II e III estão corretas.
(B) Apenas as assertivas II, III e IV estão corretas.
(C) Apenas as assertivas II, IV e V estão corretas.
(D) Apenas as assertivas III, IV e V estão corretas.
(E) Todas as assertivas estão corretas.

I: incorreta, pois o prazo que assinalar não poderá ser inferior a *10 (dez)* dias úteis (art. 8º, 1º, da LACP); II: correta, pois é o que estabelece o art. 9º, § 1º, da LACP; III: incorreta, pois a execução também pode ser promovida pelos demais legitimados, ou seja, não há exclusividade do MP (art. 15 da LACP); IV: correta, pois é o que estabelece, em sua literalidade, o art. 16 da LACP; V: correta, pois assim dispõe o art. 1º da LAP.

Gabarito "C"

(Ministério Público/SC – 2012) Analise as assertivas a seguir.

I. Os interesses individuais homogêneos, são interesses perfeitamente identificáveis, considerados divisíveis. Fazem parte do patrimônio individual de seu titular. São, via de regra, transferíveis, *inter vivos* e *causa mortis*, suscetíveis de renúncia e transação, salvo direitos personalíssimos.

II. Os direitos coletivos são transindividuais, com determinação relativa de seus titulares. A ligação entre os titulares coletivos decorre de uma relação jurídica base. São indivisíveis, insuscetíveis de apropriação, transmissão, renúncia e transação. Sua defesa em juízo se dá através de substituição ou representação processual, o que torna o objeto da demanda disponível para o autor.

III. A multa liminar é computada, desde o dia em que houver configurado o descumprimento, iniciando-se o somatório diário.

IV. A homologação do arquivamento do inquérito civil pelo Conselho Superior do Ministério Público não impede a reabertura do caso quando surgirem novas provas, tampouco prejudica o ajuizamento da ação civil pública por outro legitimado.

V. Segundo o Superior Tribunal de Justiça é cabível a declaração de inconstitucionalidade de lei *incidenter tantum*, em ação civil pública.

(A) Apenas as assertivas I, II e III estão corretas.
(B) Apenas as assertivas II, III e IV estão corretas.
(C) Apenas as assertivas III, IV e V estão corretas.
(D) Apenas as assertivas I, II, IV estão corretas.
(E) Todas as assertivas estão corretas.

I: correta, pois a divisibilidade do direito é sua característica marcante, tanto que a sua tutela coletiva tem regras e procedimentos próprios (arts. 91 e ss. do CDC). Além disso, são direitos subjetivos individuais, apresentando as características mencionadas na assertiva; II: correta, pois assim dispõe o art. 81, parágrafo único, II, do CDC. Os direitos coletivos podem ser defendidos pelos legitimados do art. 82 do CDC, em regime de substituição processual, ou, nos termos do art. 5º, inciso XXI, da CF, pelas entidades associativas, quando expressamente autorizadas, que têm legitimidade para representar seus filiados judicial ou extrajudicialmente (representação processual); III: correta, pois a incidência da multa desde o descumprimento da obrigação está prevista no art. 12, § 2º, da LACP; IV: correta, pois o arquivamento de inquérito civil não faz coisa julgada. De outro lado, como a legitimidade para a tutela dos direitos transindividuais é concorrente e disjuntiva, o arquivamento do IC pelo MP não impede que qualquer outro legitimado proponha a ação coletiva relativa aos fatos investigados, pois a atuação de um legitimado não vincula a atuação dos demais. Nesse sentido que se diz ser disjuntiva a legitimidade; V: correta, pois, conforme o STJ, "é possível, em ação civil pública, a decretação de inconstitucionalidade de normas, desde que esteja colocada como causa de pedir, e não no objeto da ação. Precedentes" (REsp 1.172.073/PR).

Gabarito "E"

8. EXECUÇÃO

(Ministério Público/AM – 2005) Sobre a execução em demandas coletivas, assinale a alternativa correta:

(A) Na tutela coletiva dos interesses individuais homogêneos, a liquidação e execução da reparação fluida pelos legitimados para a ação coletiva principal, somente depois de decorrido um ano a partir da publicação, por edital, da sentença de condenação genérica.

(B) O processo de liquidação de termo de ajustamento de conduta somente pode se dar por arbitramento.

(C) Na tutela dos interesses difusos é competente para a execução de sentença o juízo da condenação ou da liquidação.

(D) Havendo concurso de crédito entre indenizações, as coletivas, destinadas do Fundo de Defesa dos Direitos Difusos, terão prioridade em relação às individuais.

A: correta (art. 100 do CDC); **B:** incorreta, pois o TAC, normalmente, traz obrigação líquida, nada impedindo que, caso seja necessário, se faça liquidação por artigos (quando for necessário alegar e provar fato novo), aplicando-se por analogia o art. 475-E do CPC, que trata da liquidação por artigos; **C:** incorreta, pois é competente o juízo da condenação; **D:** incorreta, pois as indenizações individuais têm prioridade (art. 99 do CDC).

Gabarito "A"

(Ministério Público/SE – 2010 – CESPE) Acerca da sentença e da execução nas ações coletivas, assinale a opção correta.

(A) Julgada procedente a demanda coletiva, a condenação será certa, fixando a obrigação de indenizar do réu, o ressarcimento dos danos causados e dos prejuízos das vítimas.

(B) Em procedimento de liquidação da sentença coletiva, as vítimas e os sucessores devem demonstrar, em amplo contraditório e cognição exauriente, a existência do dano pessoal e o nexo de causalidade com o dano global, bem como a sua quantificação.

(C) O MP não tem legitimidade para promover a execução coletiva da sentença condenatória proferida em ação civil pública, na qualidade de representante das vítimas, quando as indenizações já estiverem determinadas em liquidação.

(D) Havendo concurso de crédito decorrente de indenização cumulativa pelos danos provocados e o ressarcimento pelos prejuízos pessoalmente sofridos, tem preferência a reparação coletiva em confronto com a individual.

(E) Os legitimados concorrentes à ação coletiva, após o decurso do prazo legal sem que haja habilitação dos prejudicados, podem promover a liquidação das indenizações pessoais, por amostragem, cujas certidões constituirão título hábil a embasar a execução coletiva.

A: incorreta, pois cabe condenação genérica, fixando apenas o dever de indenizar, quando se tratar de interesse individual homogêneo (art. 95 do CDC); **B:** correta, pois, como a condenação na demanda coletiva é genérica, fixando apenas a responsabilidade pela indenização, cada vítima deve promover a liquidação individual da sentença (art. 97 do CDC), demonstrando o dano pessoal, o nexo de causalidade com o dano global e a quantificação dos danos suportados; **C:** incorreta (art. 98 do CDC); **D:** incorreta (art. 99 do CDC); **E:** incorreta, pois, nesse caso, o legitimado para a ação coletiva promoverá liquidação em juízo, objetivando quantificar os danos o mais próximo da realidade, prosseguindo-se, nos mesmos autos, com a execução coletiva.

Gabarito "B"

(Ministério Público/MT – 2012 – UFMT) Com referência à *fluid recovery* prevista no artigo 100 da Lei n. 8.078/1990, é correto afirmar:

(A) Decorrido o prazo de 06 meses, contados do trânsito em julgado da sentença, sem habilitação de interessados, poderão os legitimados do artigo 82 do Código de Defesa do Consumidor promover a liquidação e execução da indenização devida, sem prejuízo dos créditos individuais das vítimas.

(B) Decorrido o prazo de 01 ano, contado da prolação da sentença de 1º grau e independente do trânsito em julgado, sem habilitação de interessados, poderão os legitimados do artigo 82 do Código de Defesa do Consumidor promover a liquidação e execução da indenização devida, devendo as vítimas buscar o ressarcimento do valor junto ao Fundo de Defesa de Direitos Difusos.

(C) Decorrido o prazo de 06 meses sem habilitação de interessados, poderão os legitimados do artigo 82 do Código de Defesa do Consumidor promover a liquidação e execução da indenização devida, devendo as vítimas buscar o ressarcimento do valor junto ao Fundo de Defesa de Direitos Difusos.

(D) Decorrido o prazo de 01 ano, contado da publicação do edital para divulgação da sentença coletiva, sem habilitação de interessados, poderão os legitimados do artigo 82 do Código de Defesa do Consumidor promover a liquidação e execução da indenização devida, sem prejuízo dos créditos individuais das vítimas.

(E) Decorrido o prazo de 01 ano sem habilitação de interessados, contado da prolação da sentença de 1º grau e independente do trânsito em julgado, poderão os legitimados do artigo 82 do Código de Defesa do Consumidor promover a liquidação e execução da indenização devida, não podendo mais as vítimas liquidar e executar os créditos individuais em decorrência da preclusão.

A: incorreta, pois, nos termos do art. 100 do CDC, o prazo é de um ano (e não de seis meses); **B:** incorreta, pois o prazo de um ano deve ser contado da publicação de edital que divulgue a sentença coletiva; **C:** incorreta, pois, conforme mencionado, o prazo é de um ano; **D:** correta, pois, o prazo de um ano não é prescricional, de tal forma que não ficam prejudicados os créditos individuais; **E:** incorreta, pois, como se disse, o prazo de um ano não é prescricional, de tal forma que as vítimas ainda podem promover a liquidação e a execução dos créditos individuais.

Gabarito "D"

(Ministério Público/PB – 2010) Avalie as proposições seguintes e assinale a alternativa correta:

I. Produto de indenização do fundo previsto na Lei de Ação Civil Pública jamais se presta à reparação de lesões individuais diferenciadas.

II. O Ministério Público promoverá a liquidação da sentença oriunda de ação civil pública ajuizada por associação civil que tenha abandonado ou desistido da liquidação ou da execução, desde que o objeto da ação não seja relacionado a direito individual homogêneo.

III. Na instrução do inquérito civil público não cabe, em qualquer hipótese, quebra de sigilo de dados telefônicos, porque constitui grave violência ao direito de privacidade e, por conseguinte, prova ilícita.

(A) Apenas I e II são verdadeiras.

(B) Apenas I é verdadeira.

(C) Apenas II é verdadeira.

(D) Apenas I e III são verdadeiras.

(E) I, II e III são verdadeiras.

I: correta, pois o Fundo previsto no art. 13 da LACP é destinado à reparação dos interesses difusos; II: incorreta, pois a liquidação, no caso, só pode versar sobre direitos individuais homogêneos; III: incorreta, pois a possibilidade de quebra de sigilo decorre dos poderes instrutórios atribuídos ao MP pelo art. 26 da Lei 8.625/1993. Se for o caso, o membro do MP pode requerer a quebra de sigilo perante o Poder Judiciário para que a prova produzida seja encartada no inquérito civil.

Gabarito "B"

(Ministério Público/PI – 2008) Assinale a alternativa **correta**:

(A) Na tutela de interesses difusos e coletivos, somente o Ministério Público poderá tomar dos interessados compromisso de ajustamento de sua conduta às exigências legais, que terá eficácia de título executivo extrajudicial.

(B) Independentemente de qualquer justificativa, poderá o Ministério Público desistir de ação civil pública ajuizada, já que é o único dos legitimados a ter disponibilidade sobre o conteúdo material da lide.

(C) O descumprimento de obrigação advinda de compromisso de ajustamento de conduta às exigências legais viabiliza o ajuizamento de ação de execução de título extrajudicial, ficando dispensada a ação de conhecimento.

(D) Não se admite que o Ministério Público figure em juízo em litisconsórcio.

(E) Qualquer um dos legitimados à ação civil pública poderá instaurar inquérito civil.

A: incorreta, pois a legitimidade para tomar compromisso de ajustamento é dos órgãos públicos legitimados à ação (LACP, art. 5º, § 6º); **B:** incorreta, pois a atuação do MP, no processo coletivo, é regida pelo princípio da obrigatoriedade e da indisponibilidade. Só poderá desistir de ação civil pública por manifestação fundamentada, havendo justo motivo; **C:** correta, pois o compromisso de ajustamento de conduta tem eficácia executiva, sendo desnecessária a ação de conhecimento; **D:** incorreta, pois a LACP (art. 5º, § 5º) prevê, em nome do princípio da eficiência, a possibilidade de litisconsórcio entre Ministérios Públicos. Além disso, nada impede o litisconsórcio do MP com outros legitimados; **E:** incorreta, pois a instauração de inquérito civil é privativa do MP.

Gabarito "C"

(Ministério Público/RJ – 2011) Em matéria de execução, é INCORRETO afirmar que:

(A) salvo nos casos dos titulares de direitos individuais homogêneos, a liquidação coletiva pode ser buscada em uma fase específica do mesmo processo;

(B) na "indenização fluida" (*fluid recovery*), há hipótese de legitimação extraordinária subsidiária para a liquidação coletiva, cujo produto da execução se destinará a um fundo;

(C) as execuções coletivas cingem-se aos títulos judiciais, prevalecendo a reserva de jurisdição em virtude do interesse social subjacente à tutela coletiva;

(D) para a cumulação de demandas executivas, é necessária a identidade de partes, mas a unidade de título executivo não assegura a cumulação das demandas dele decorrentes;

(E) prevê o Estatuto do Idoso que a multa coercitiva só será exigível do réu após o trânsito em julgado da sentença favorável ao autor, mas será devida desde o dia em que se houver configurado o descumprimento.

A: correta, pois a ação de liquidação só é necessária no caso da tutela de direitos individuais homogêneos. Nos demais casos, procede-se ao cumprimento de sentença; **B:** correta, pois o legitimado à liquidação, no caso, não é titular do direito à indenização. Além disso, a liquidação subsidiária só é possível depois de decorrido o prazo de um ano sem habilitação de interessados em número compatível com a gravidade do dano (art. 100 do CDC); **C:** incorreta, pois é possível a execução do Compromisso de Ajustamento de Conduta, título executivo extrajudicial; **D:** correta, pois, conforme o art. 573 do CPC, *é lícito ao credor, sendo o mesmo o devedor, cumular várias execuções, ainda que fundadas em títulos diferentes, desde que para todas elas seja competente o juiz e idêntica a forma do processo*. Do mesmo título podem constar legitimados passivos diversos, como o devedor, o responsável, o sócio e outros; **E:** correta, pois é o que prevê o art. 83, 3º, do Estatuto do Idoso.

Gabarito "C"

(Ministério Público/TO – 2012 – CESPE) Assinale a opção correta acerca da ACP.

(A) A justiça estadual é competente para processar e julgar ACP por danos causados ao patrimônio público, nas comarcas que não sejam sede de vara da justiça federal, ainda que a União seja parte no processo, conforme vigente súmula do STJ.

(B) Os valores pagos pelo réu de ACP, como forma de indenização por danos, serão revertidos a um fundo gerido por um conselho federal ou por conselhos estaduais de que participarão necessariamente o MP e representantes da comunidade, e os recursos se destinarão à reconstituição dos bens lesados.

(C) Segundo o STJ, o inquérito civil, como peça informativa, não é suficiente para embasar a propositura de ACP contra deputado federal, sendo necessária, nesse caso, a abertura de procedimento administrativo prévio.

(D) Possuem legitimidade ativa para a ACP a DP, o MP, a União, os estados, o DF, os municípios, as entidades do terceiro setor, as autarquias, as empresas públicas, as fundações e as sociedades de economia mista.

(E) Compete ao MP pleitear, em ACP, indenização decorrente de seguro obrigatório de danos pessoais causados por veículos automotores de vias terrestres, em benefício do segurado.

A: incorreta, pois esse entendimento que embasou a Súmula 183 do STJ (cancelada) acabou superado por decisão do STF (Rext 228.955/RS); **B:** correta, pois é o que determina o artigo 13 da LACP; **C:** incorreta, pois o STJ entende que é desnecessário o procedimento administrativo prévio (REsp 1.028.248/SP); **D:** incorreta, pois, no caso das entidades do terceiro setor (associações, a LACP, no art. 5º, V, só legitima as associações que estejam, concomitantemente: a) constituídas há pelo menos 1 (um) ano nos termos da lei civil; b) incluam, entre suas finalidades institucionais, a proteção ao meio ambiente, ao consumidor, à ordem econômica, à livre concorrência ou ao patrimônio artístico, estético, histórico, turístico e paisagístico; **E:** incorreta, pois conforme o enunciado da Súmula 470 do STJ, "o Ministério Público não tem legitimidade para pleitear, em ação civil pública, a indenização decorrente do DPVAT em benefício do segurado".

Gabarito "B"

(Ministério Público/TO – 2012 – CESPE) Acerca da tutela em juízo dos interesses individuais homogêneos, difusos e coletivos, assinale a opção correta.

(A) O *fluid recovery* é um fundo de reparação de interesses difusos lesados destinado a reconstituir e reparar exatamente o mesmo bem lesado.

(B) Caso haja, pela associação legitimada, desistência infundada ou abandono da ACP ajuizada para a defesa de direitos coletivos, deverá o juiz extinguir o processo, sem o exame do mérito.

(C) É lícito à DP atuar como substituto processual de consumidores em demandas relacionadas a direitos individuais em sentido estrito, disponíveis ou indisponíveis.

(D) Na hipótese de tutela jurisdicional de direitos e interesses individuais homogêneos, o juízo que proferiu a sentença genérica terá competência absoluta para a liquidação e execução quando promovidas individualmente.

(E) Em sede de ACP, haverá a coisa julgada *secundum eventum litis*, por procedência ou improcedência do pedido, mesmo nos casos de exame perfunctório das provas.

A: incorreta, pois o valor pecuniário será recolhido ao fundo mencionado no artigo 13 da LACP, mas não fica vinculado à reparação especifica, isto é, do exato bem lesado. **B:** incorreta, pois a assertiva afronta o artigo 5º, § 3º, da LACP segundo o qual o MP ou outro legitimado assumirá a titularidade ativa; **C:** correta, pois a Defensoria Pública pode atuar em prol do necessitado, como assistente judicial, isto é, sem ostentar a qualidade de parte, mas atuando na defesa da parte hipossuficiente; **D:** incorreta, pois, nos termos do artigo 98, § 2º, do CDC, é competente para a execução o juízo da liquidação da sentença ou da ação condenatória. A liquidação individual pode ser pleiteada no foro do domicilio do autor, mais benéfico à vítima; **E:** incorreta, pois a assertiva afronta o artigo 103 do CDC. Se o fundamento for a insuficiência de provas, é possível novo ajuizamento da ação.

Gabarito "C"

9. AÇÃO POPULAR E IMPROBIDADE ADMINISTRATIVA

(Ministério Público/MS – 2013 – FADEMS) Sob o enfoque da ação popular, da ação civil pública e da ação de improbidade, assinale a alternativa **incorreta**:

(A) A ação popular é um instrumento de natureza coletiva e serve como instrumento de controle da administração pública. Referida ação visa anular ato lesivo ao patrimônio público ou de entidade de que o Estado participe, à moralidade administrativa, ao meio ambiente e ao patrimônio histórico e cultural.

(B) Em caso de ação civil pública, o servidor público deverá provocar a iniciativa do Ministério Público, ministrando-lhe informações sobre fatos que constituam objeto da ação civil pública e indicando-lhes os elementos de convicção.

(C) Tratando-se de ação de improbidade, a ação principal correrá sob rito especial e será ajuizada pelo Ministério Público ou pela pessoa jurídica interessada, na forma do que dispõe a lei especial que a regula.

(D) Tal como na ação popular, na ação que visa apurar ato de improbidade administrativa proposta pelo Ministério Público, as pessoas jurídicas de direito público ou de direito privado, cujo ato seja objeto de impugnação, poderá abster-se de contestar o pedido, ou poderá atuar ao lado do autor, desde que isso se afigure útil ao interesse público, a juízo do respectivo representante legal ou dirigente.

(E) Constitui crime, punido com pena de reclusão de um a três anos, mais multa, a recusa, o retardamento ou a omissão de dados técnicos indispensáveis à propositura da ação civil, quando requisitados pelo Ministério Público.

A: correta, pois a ação popular é considerada a primeira ação voltada à tutela de direitos difusos no direito brasileiro. Portanto, tutela direitos coletivos "lato sensu". Seu objetivo é a invalidação de atos ilegais e lesivos ao patrimônio público, bem como a condenação dos responsáveis à reparação do dano. Assim se depreende da Lei n. 4.717/1965, que disciplina a ação popular; **B:** correta, pois, nos termos do art. 6º da Lei n. 7.347/1985, "qualquer pessoa *poderá* e o servidor público *deverá* provocar a iniciativa do Ministério Público, ministrando-lhe informações sobre fatos que constituam objeto da ação civil e indicando-lhe os elementos de convicção" (g.n.); **C:** incorreta, devendo esta alternativa ser assinalada, pois, nos termos do art. 17 da Lei n. 8.429/1992, "a ação principal, que terá o rito ordinário..."; **D:** correta, pois é o que está previsto no art. 17, § 3º, da Lei n. 8.429/1992, que, no caso da ação principal ter sido proposta pelo Ministério Público, aplica-se, no que couber, o disposto no § 3º do art. 6º da Lei n. 4.717/1965, que regula a ação popular; **E:** correta, pois é o que estabelece o art. 10 da Lei n. 7.347/1985.

Gabarito "C"

(Ministério Público/MS – 2013 – FADEMS) Tratando-se de ação de improbidade administrativa, assinale a alternativa **correta**:

(A) Cabe agravo de instrumento da decisão que recebe a petição inicial.

(B) Caso inexistente a notificação prévia prevista na Lei de Improbidade Administrativa, a citação válida não tem o condão de interromper o prazo prescricional.

(C) A ação civil pública tramita sempre em segredo de justiça visando garantir proteção ao direito à intimidade, previsto na Constituição Federal, do agente público a quem é imputada a prática de ato de improbidade administrativa.

(D) O juiz determinará na sentença que decretou a perda dos bens havidos de modo ilícito, oriundos da prática de ato de improbidade administrativa, a reversão destes a um fundo gerido por Conselho Estadual, de que participa o Ministério Público.

(E) O juiz, julgando improcedente a ação de improbidade administrativa, deverá sempre determinar a condenação do autor ao pagamento das custas e honorários advocatícios de sucumbência.

A: correta, pois assim dispõe o § 10 do art. 17 da Lei n. 8.429/1992; **B:** incorreta, pois, conforme tem decidido o STJ, "a citação interrompe o prazo prescricional, retroagindo, nos termos do art. 219, § 1º, do CPC, à data da propositura da ação, mesmo nos casos em que inexiste a notificação prévia mencionada no art. 17, § 7º, da Lei 8.429/1992. Precedentes do STJ." (REsp 730.264/RS, Rel. Min. Benjamin Herman, Segunda Turma, DJe 24/03/2009); **C:** incorreta, pois, como regra, há incidência do princípio da publicidade (art. 37, "caput", da CF). O segredo de justiça é exceção; **D:** incorreta, pois, nos termos do art. 18 da Lei n. 8.429/1992, a reversão dos bens, sendo o caso, será em favor da pessoa jurídica prejudicada pelo ilícito; **E:** incorreta, pois a ação de improbidade administrativa é uma ação coletiva, que integra o microssistema da tutela coletiva. Assim, aplicável o disposto no art. 18 da Lei n. 7.347/1985, segundo o qual a condenação do autor só ocorrerá no caso de comprovada má-fé.

Gabarito "A"

(Ministério Público/DF – 2009) Considerando-se a ação popular, a ação civil pública e a ação de improbidade, **assinale a alternativa incorreta**.

(A) Existe divergência doutrinária e jurisprudencial acerca da natureza da legitimidade para a causa em relação ao autor popular. Considerando-se que a legitimidade em questão seja do tipo extraordinária, correndo ações populares conexas em juízos de mesma competência territorial, torna-se competente pela prevenção aquele que despachou em primeiro lugar. No entanto, se as ações foram intentadas contra as mesmas partes, sob os mesmos fundamentos e com o mesmo pedido, a citação válida vai induzir a litispendência, ainda que os autores populares sejam nominalmente diversos.

(B) A ação popular é um instrumento de natureza coletiva e se destina a controlar a atividade administrativa. Sendo a moralidade um princípio da administração pública, o Constituinte de 1988 acrescentou a moralidade administrativa e o meio ambiente como bens a serem tutelados por via de ação popular, já que este último está insculpido na Carta Magna como bem de uso comum do povo e essencial à sadia qualidade de vida.

(C) Em caso de ação civil pública, qualquer pessoa poderá e o servidor público deverá provocar a iniciativa do Ministério Público, ministrando-lhe informações sobre fatos que constituam objeto da ação civil pública e indicando-lhe os elementos de convicção.

(D) Existe divergência doutrinária e jurisprudencial acerca da natureza da legitimidade para a causa do autor popular. Considerando-se que a legitimidade em questão seja do tipo ordinária, tem-se que a propositura da ação popular previne a jurisdição do juízo para todas as ações posteriormente intentadas contra as mesmas partes e sob os mesmos fundamentos.

(E) Em caso de ação de improbidade, a ação principal terá rito especial e será proposta pelo Ministério Público ou pela pessoa jurídica interessada consoante a lei especial que a regula.

A e **D:** corretas; entendendo-se que a legitimação, nas ações coletivas, é extraordinária, considera-se que as partes em duas ações com a mesma causa de pedir e o mesmo pedido são as mesmas, pois a coletividade substituída (substituição processual), nas duas ações, é a mesma; a consequência imediata disso é que a segunda ação promovida induzirá litispendência, ainda que os autores populares sejam nominalmente diversos; já se se entender que a legitimação, nas ações coletivas, é ordinária (o legitimado tem legitimação autônoma para o ingresso com ação coletiva, não se falando em substituição processual), considera-se que as partes, em duas ações com a mesma causa pedir e o mesmo pedido, não são as mesmas, de modo que o efeito que uma ação exerce sobre a outra não é de acarretar a *litispendência* (que gera a extinção da segunda ação), mas apenas de *prevenir a jurisdição* do juízo original para todas as ações posteriormente intentadas com identidade com a primeira, ou seja, o efeito é que as ações sejam reunidas para julgamento conjunto, não se extinguindo a segunda ação promovida; **B:** correta, pois o art. 5º, LXXIII, da CF dispõe que a ação popular é cabível para defender o patrimônio público, a *moralidade administrativa*, o *meio ambiente* e o patrimônio histórico e cultural; **C:** correta (art. 6º da Lei 7.347/1985); **E:** incorreta, pois, segundo o texto do art. 17, *caput*, da Lei 8.429/1992, a ação de responsabilidade por ato de improbidade administrativa terá rito *ordinário*.

Gabarito "E"

(Ministério Público/MG – 2010.1) Em relação à ação popular, prevista na Lei Federal n. 4.717/1965, pode-se afirmar

I. Consideram-se patrimônio público os bens e direitos de valor econômico, artístico, estético, histórico ou turístico da União, do Distrito Federal, dos Estados, dos Municípios, de entidades autárquicas, de sociedades de economia mista, de sociedades mútuas de seguro nas quais a União represente os segurados ausentes, de empresas públicas, de serviços sociais autônomos, de instituições ou fundações para cuja criação ou custeio o tesouro público haja concorrido ou concorra com mais de cinquenta por cento do patrimônio ou da receita ânua, de empresas incorporadas ao patrimônio da União, do Distrito Federal, dos Estados e dos Municípios e de quaisquer pessoas jurídicas ou entidades subvencionadas pelos cofres públicos.

II. São anuláveis os atos lesivos ao patrimônio público nos casos de incompetência, vício de forma, ilegalidade do objeto, inexistência dos motivos e desvios de finalidade.

III. A ação será proposta contra as pessoas públicas e privadas e as entidades indicadas no item I, contra as autoridades, funcionários ou administradores que houverem autorizado, aprovado, ratificado ou praticado o ato impugnado, ou que, por omissão, tiverem dado oportunidade à lesão, e contra os beneficiários do mesmo, exceto se não houver beneficiário direto do ato lesivo ou se for ele indeterminado ou desconhecido.

IV. Caberá ao Ministério Público, ao oficiar obrigatoriamente no feito, se entender da legalidade, moralidade e/ou da eficiência da ação impugnada, ou mesmo dos seus eventuais benefícios à população, assumir a defesa do ato impugnado.

V. A pessoa jurídica do direito público, cujo ato seja objeto de impugnação, deve defender o ato impugnado, sob pena de omissão do seu representante, exigência que não se aplica à pessoa jurídica de direito privado na mesma situação.

Marque a opção CORRETA.

(A) I, II e III estão corretas.

(B) II, III e IV estão corretas.

(C) I e III estão corretas.

(D) II e III estão corretas.

(E) Todas estão corretas.

I: correta (art. 1º, *caput* e § 1º, da Lei 4.717/1965); II: incorreta, pois tais atos são nulos (art. 2º, *caput*, da Lei 4.717/1965); III: correta (art. 6º da Lei 4.717/1965); IV: incorreta, pois o Ministério Público sempre acompanhará a ação popular; cabe ao MP apressar a produção da prova e promover a responsabilidade, civil ou criminal, dos que nela incidirem, sendo-lhe vedado, em qualquer hipótese, assumir a defesa do ato impugnado ou dos seus autores (art. 6º, § 4º, da Lei 4.717/1965); V: incorreta, pois a pessoa jurídica de direito público tem três opções, quais sejam, contestar a demanda, ingressar como assistente litisconsorcial do autor da ação ou abster-se de participar do processo (art. 6º, § 3º, da Lei 4.717/1965).

Gabarito "C"

(Ministério Público/MG – 2010 – FUNDEP) O cidadão "A" propôs ação popular contra o prefeito, o vice-prefeito e os vereadores do Município "B", visando a anular a resolução e os decretos da Câmara Municipal que elevaram indevidamente os subsídios desses agentes políticos, bem como a condená-los a reparar o prejuízo causado ao patrimônio público. Também figurou como réu o assessor jurídico da Câmara Municipal que emitiu o parecer no qual se alicerçaram os referidos atos normativos. Esse cúmulo subjetivo no polo passivo da ação configura

(A) litisconsórcio facultativo unitário.

(B) litisconsórcio facultativo simples.

(C) litisconsórcio necessário simples.

(D) litisconsórcio necessário unitário.

Trata-se de litisconsórcio necessário, pois a ação popular deve ser proposta, necessariamente, em face de todos os envolvidos (art. 6º da Lei 4.717/1965). Porém, como a decisão não precisa, necessariamente, ser igual para todos os réus, o litisconsórcio necessário é *simples*, e não *unitário*.

Gabarito "C"

(Ministério Público/MG – 2006) Sobre a Ação Popular constitucional é INCORRETO dizer que:

(A) o Ministério Público funciona nos autos da ação popular como parte pública autônoma.

(B) o pedido imediato é de natureza declaratória--condenatória e o mediato prende-se à insubsistência dos atos lesivos aos interesses difusos.

(C) quanto à causa de pedir próxima deve o autor indicar e oferecer início de prova de que um agente público acabou por lesar o erário público, o meio ambiente ou a moralidade administrativa.

(D) A moralidade administrativa inovada como causa autônoma e situada na zona fronteiriça entre a Moral e o Direito pode ser analisada dentre os tópicos do abuso do direito, do desvio do poder e da falta de razoabilidade.

(E) A lesividade é sempre exigida na propositura da Ação Popular, mesmo que seja feita apenas embutida na noção do erário ou no ataque aos valores cívicos, culturais, ambientais ou históricos de uma dada comunidade.

A: correta (art. 6º, § 4º, da Lei 4.717/1965); **B:** incorreta; pedido imediato é a prestação jurisdicional, a sentença, ao passo que pedido mediato é o que se pretende atingir pela declaração, constituição ou condenação estabelecida na sentença, tratando-se do bem jurídico objetivado; nos termos do art. 11 da Lei 4.717/1965, "a sentença que, julgando procedente a ação popular, decretar a invalidade do ato impugnado, condenará ao pagamento de perdas e danos os responsáveis pela sua prática e os beneficiários dele, ressalvada a ação regressiva contra os funcionários causadores de dano, quando incorrerem em culpa"; assim, a sentença na ação popular "desconstituirá" o ato praticado, ficando difícil falar em caráter meramente "declaratório" desse provimento, mesmo quando se trata de ato administrativo nulo, em que se poderia falar em "declaração de nulidade", vez que a decisão irá desconstituir os efeitos do ato nulo; dessa forma, dizer que o pedido imediato na ação popular é meramente declaratório-condenatório parece-nos impreciso; ademais, o bem jurídico objetivado não é simplesmente a insubsistência dos atos lesivos, mas a promoção da indisponibilidade do interesse público (patrimônio público e moralidade administrativa) e do meio ambiente e do patrimônio histórico e cultural; **C:** correta, pois a causa de pedir próxima diz respeito à lesão ao direito, que, no caso, toca à prova da lesão aos bem jurídicos de que trata do art. 5º, LXXIII, da CF; **D:** correta, pois a moralidade administrativa, desde a CF/1988, é causa autônoma para a promoção da ação popular; ademais a violação ao princípio da moralidade está vinculada, normalmente, a situações de abuso e desvio de poder, e de falta de razoabilidade; **E:** correta, pois o art. 5º, LXXIII, da CF exige "ato lesivo" aos bens jurídicos lá estabelecidos, como requisito para o cabimento de ação popular.

Gabarito "B"

(Ministério Público/SE – 2010 – CESPE) Com referência à ação popular e às ações coletivas, assinale a opção correta.

(A) Na ordem constitucional vigente, as ações de tutela coletiva podem ensejar ao Poder Judiciário determinar, em situações excepcionais de políticas públicas definidas na CF, a sua implementação pelos órgãos estatais inadimplentes, observados os parâmetros de possibilidade no mundo fático.

(B) Na inércia dos legitimados concorrentes à propositura da ação civil pública, a ação popular constitui sucedâneo à tutela de direitos difusos do consumidor.

(C) O MP possui legitimidade para promover a execução de decisão condenatória em ação popular, proferida em segundo grau de jurisdição, apenas na condição de autor da ação popular, ainda que pendente a análise de recurso extraordinário ou especial.

(D) Devido à relação de complementariedade entre a Lei da Ação Popular e as normas da Lei da Ação Civil Pública, em se tratando de indenização imposta em ação popular por dano ao patrimônio público, o valor da condenação deve reverter para fundo de direitos difusos, destinado à reconstituição dos bens lesados.

(E) No caso de ação popular ajuizada pelo cidadão e ação de improbidade administrativa proposta pelo MP, com o escopo de proteção ao patrimônio público e com a mesma causa de pedir, o efeito da litispendência, ainda que parcial, determina a extinção da primeira, por possuir a segunda objeto mais amplo.

A: correta, servindo de exemplo as ações civis públicas com vistas a obrigar os Estados a oferecer vagas em escolas públicas aos interessados; **B:** incorreta, pois o ato lesivo a direito do consumidor não está previsto no art. 5º, LXXIII, da CF, como hipótese de cabimento de ação popular; **C:** incorreta, pois "decorridos 60 (sessenta) dias da publicação da sentença condenatória de segunda instância, sem que o autor ou terceiro promova a respectiva execução, o representante do Ministério Público a promoverá nos 30 (trinta) dias seguintes, sob pena de falta grave" (art. 16 da Lei 4.717/1965); **D:** incorreta, pois a condenação reverterá para o Erário Público lesado, e não ao fundo mencionado; **E:** incorreta, pois não há tríplice identidade no caso (partes, causa de pedir e pedido), necessária para a configuração da litispendência (que determina a extinção da segunda demanda), pois os pedidos não são inteiramente coincidentes; assim, o caso é de conexão ou, possivelmente, continência, o que determina a reunião das ações para julgamento conjunto.

Gabarito "A"

(Ministério Público/MG – 2012 – CONSULPLAN) A ação popular, nascida no Direito Romano, encontrou, pela vez primeira, assento constitucional no Brasil na Carta de 1934, disposta no n. 38 do art. 113, introduzindo inovação pela legitimidade do cidadão para pleitear apenas a declaração de nulidade ou anulação dos atos lesivos do patrimônio da União, dos Estados ou dos Municípios. Em 1965, foi regulada pela Lei n. 4.717 e, hoje, se encontra disposta no inciso LXXIII do artigo 5º da Carta de 1988 com a seguinte redação: "qualquer cidadão é parte legítima para propor ação popular que vise a anular ato lesivo ao patrimônio público ou de entidade de que o Estado participe, à moralidade administrativa, ao meio ambiente e ao patrimônio histórico e cultural, ficando o autor, salvo comprovada má-fé, isento de custas judiciais e do ônus da sucumbência". Em matéria de ação popular, é **INCORRETO** afirmar:

(A) A invalidez dos atos lesivos de empresas privadas subvencionadas por verbas públicas será limitada a repercussão que eles causarem sobre as contribuições dos cofres públicos.

(B) Poderá o processo correr em segredo de justiça, que cessará com o trânsito em julgado de sentença condenatória.

(C) É nulo o ato jurídico cujo valor real do bem dado em hipoteca ou penhor for inferior ao constante de escritura, contrato ou avaliação.

(D) O desvio de finalidade se verifica quando o agente pratica o ato visando a fim diverso daquele não previsto na regra de competência.

A: correta, pois é o que estabelece o art. 1º, § 2º, da LAP; **B:** correta, pois é o que estabelece o art. 1º, § 7º, da LAP; **C:** correta, pois é o que estabelece o art. 4º, II, "b", da LAP; **D:** incorreta, pois, nos termos do art. 2º, parágrafo único, "e", da LAP, *o desvio de finalidade se verifica quando o agente pratica o ato visando a fim diverso daquele previsto, explícita ou implicitamente, na regra de competência*. O erro está na parte em que a assertiva fala em *fim não* previsto.

Gabarito "D"

(Ministério Público/MG – 2011) A fim de garantir o resultado útil do processo coletivo, tem-se a aplicabilidade da indisponibilidade de bens. Ela não conduz à perda da posse, não retira os direitos de usar e usufruir de seu proprietário. Apenas impede o exercício do direito de dispor desses bens. Nestes termos, tem-se que:

I. O juiz poderá determinar as medidas provisórias que julgar adequadas, quando houver fundado receio de que uma parte, antes do julgamento da lide, cause ao direito da outra lesão grave e de difícil reparação, inclusive ordenar depósito de bens.

II. Quando o ato de improbidade causar lesão ao patrimônio público ou ensejar enriquecimento ilícito, caberá à autoridade administrativa responsável pelo inquérito representar ao Ministério Público, para a indisponibilidade dos bens do indiciado.

III. A indisponibilidade de bens recairá sobre bens que assegurem o pagamento integral da multa, ou sobre o acréscimo patrimonial resultante do enriquecimento ilícito.

IV. Desde que provada a prática de ato lesivo ao meio ambiente, justificável a concessão do Magistrado singular de medida tutelar de indisponibilidade de tantos bens quanto necessário à reparação do dano.

Estão **INCORRETOS** os itens:

(A) I, II e IV.

(B) III e IV.

(C) II e III.

(D) I, III e IV.

I: correta, pois se trata do poder geral de cautela do magistrado, previsto no art. 798 do CPC; II: correta, pois é o que estabelece o art. 7º da Lei 8.429/1992; III: incorreta, pois a indisponibilidade recairá sobre bens que assegurem *o integral ressarcimento do dano* (e não o pagamento integral da multa), considerando-se a literalidade do parágrafo único do art. 7º da Lei 8.429/1992. Também pode recair sobre o acréscimo patrimonial resultante do enriquecimento ilícito; IV: incorreta, pois a indisponibilidade de bens, nos termos do art. 655-A do CPC, tem por fim possibilitar a penhora de dinheiro em depósito ou aplicação financeira.

Gabarito "B"

(Ministério Público/MG – 2011) Sob o enfoque das Ações Popular e de Improbidade, afirma-se:

I. A ação popular visa anular ato lesivo ao patrimônio público ou de entidade de que o Estado participe, à moralidade administrativa, ao meio ambiente e ao patrimônio histórico e cultural. A ação de improbidade, diferente disso, visa apenas à aplicação de sanções.

II. A ação de improbidade administrativa poderá ser proposta mesmo já havendo sentença de procedência transitada em julgado em ação popular que anulou ato lesivo e determinou o ressarcimento do dano ao patrimônio público. Isso porque deve ser buscada a aplicação de sanções, observado o prazo decadencial.

III. Assim como na ação popular, na ação que visa apurar ato de improbidade administrativa proposta pelo Ministério Público, as pessoas jurídicas de direito público ou de direito privado, cujo ato seja objeto de impugnação, poderá abster-se de contestar o pedido, ou poderá atuar ao lado do autor, desde que isso se afigure útil ao interesse público, a juízo do respectivo representante legal ou dirigente.

IV. A ação popular prescreve em 5 (cinco) anos, assim como a ação de improbidade destinada a levar a efeitos as sanções. As sanções previstas na Lei de Improbidade Administrativa são: ressarcimento integral do dano, perda da função pública, suspensão dos direitos políticos, pagamento de multa civil e proibição de contratar com o Poder Público ou receber benefícios ou incentivos fiscais ou creditícios, direta ou indiretamente, ainda que por intermédio de pessoa jurídica da qual seja sócio majoritário.

Estão **INCORRETOS** os itens:

(A) I e II.

(B) I e III.

(C) II e III.

(D) I e IV.

I: correta, de acordo com o gabarito oficial. A primeira parte da assertiva, no que se refere à ação popular, é correta. Com relação à segunda parte, a questão suscita discussões. Afinal, a ação de improbidade, sendo uma espécie de ação civil pública, é compatível com a cumulação de pedidos (art. 83 do CDC), conforme entende o STJ (REsp 757.595/MG): "É cabível a propositura de ação civil pública que tenha como fundamento a prática de ato de improbidade administrativa, tendo em vista a natureza difusa do interesse tutelado. Também mostra-se lícita a cumulação de pedidos de natureza condenatória, declaratória e constitutiva nesta ação, porque sustentada nas disposições da Lei 8.429/1992. A cumulação de pedidos em ação civil pública calcada na Lei de Improbidade é adotada no ordenamento jurídico, nos termos assentados por esta Corte, *verbis*: 1. O Ministério Público é parte legítima para ajuizar ação civil pública que vise aplicar as sanções previstas na Lei de Improbidade Administrativa. 2. A ação civil pública é meio processual adequado para buscar a responsabilização do agente público nos termos da Lei de Improbidade Administrativa, sendo também possível a cumulação de pedidos". A possibilidade de cumulação é interessante para, por exemplo, pedir a invalidação de um ato administrativo; II: incorreta, pois o prazo para a propositura da ação de improbidade é prescricional e não decadencial. Afinal, a pretensão na ação de improbidade é condenatória; III: incorreta, conforme o gabarito oficial. Todavia, a assertiva corresponde ao que estabelece a LAP (art. 6º, § 3º) e à LIA (art. 17, § 3º); IV: correta, conforme o gabarito oficial. Porém, há uma observação importante: a prescrição, em ação de improbidade, nem sempre ocorre no prazo de cinco anos. Afinal, nos casos de exercício de cargo efetivo ou emprego, o prazo prescricional pode ser diferente (vide art. 23 da Lei 8.429/1992).

Gabarito "C"

(Ministério Público/MG – 2005) Quanto à tutela do patrimônio público é **CORRETO** dizer que:

(A) é possível a conexão ou continência entre a ação civil pública e a ação popular, basta a tanto que a parte passiva seja a mesma, já que no polo ativo tanto o MP quanto o autor popular são substitutos processuais;

(B) as penas de que trata o art. 12 da Lei Federal n. 8.429/1992 devem ser aplicadas em bloco *(perda da função pública, ressarcimento de dano, perdimento de bens, suspensão dos direitos políticos, proibição de contratar ou receber incentivos fiscais e creditícios de órgãos públicos)*, sendo vedada ao juiz a aplicação de uma sanção independente de outra;

(C) a sentença terá efeito *erga omnes*, tanto julgado procedente ou improcedente o pedido inicial, em qualquer hipótese;

(D) mesmo que a ação civil pública tangencie a inconstitucionalidade de lei não haverá usurpação da ação direta de inconstitucionalidade, considerando o objeto de ambas ações;

(E) a competência para julgamento da ação civil pública por improbidade administrativa será da justiça estadual quando o agente público municipal desvia verbas sujeitas à prestação de contas perante órgão federal.

A: incorreta, pois a conexão pressupõe identidade quanto à causa de pedir e quanto ao objeto da ação. Não basta a identidade da parte passiva; **B:** incorreta, pois as sanções devem ser individualizadas pelo magistrado; **C:** incorreta, pois a improcedência não tem eficácia *erga omnes*, considerando que fica ressalvado o direito à propositura da ação individual. A improcedência por falta de provas, por sua vez, também não impede o ajuizamento de nova ação coletiva relativa aos mesmos fatos (vide art. 103 do CDC); **D:** correta, pois é possível que a questão da inconstitucionalidade seja deduzida na causa de pedir; **E:** incorreta, pois a competência, no caso, é da justiça federal (Súmula n. 208 do STJ): *Compete à Justiça Federal processar e julgar prefeito municipal por desvio de verba sujeita à prestação de contas perante órgão federal*).

Gabarito "D"

(Ministério Público/MT – 2012 – UFMT) Sobre Ação Popular, analise as assertivas.

I. A Ação Popular, como integrante do microssistema processual coletivo, é regida não só pela Lei n. 4.717/1965, mas também pelo Código de Defesa do Consumidor e pela Lei da Ação Civil Pública, sempre de forma complementar.

II. A Ação Popular deve ser proposta sempre no foro do domicílio do autor popular, independentemente de onde ocorreu a lesão ou ameaça de lesão.

III. A coisa julgada na Ação Popular opera *erga omnes*, tanto em caso de procedência do pedido ou improcedência, mas nunca *secundum eventum litis*.

IV. Independentemente do resultado da Ação Popular, a eficácia da sentença proferida está condicionada à remessa obrigatória para o tribunal competente.

V. A Constituição da República de 1988 pouco inovou no âmbito objetivo-material da Ação Popular, pois com o advento da Lei da Ação Civil Pública em 1985, já era possível ao cidadão propor ação para anular ato lesivo ao patrimônio público ou de entidade de que o Estado participe, à moralidade administrativa, ao meio ambiente e ao patrimônio histórico e cultural.

Está correto o que se afirma em:

(A) III e V, apenas.

(B) I, apenas.

(C) IV, apenas.

(D) II e IV, apenas.

(E) V, apenas.

I: correta, pois há integração entre os diversos diplomas normativos mencionados, decorrente da referência recíproca determinada pelo art. 21 da Lei da Ação Civil Pública e pelo art. 90 do Código de Defesa do Consumidor; II: incorreta, pois em decorrência da própria assertiva anterior, é aplicável à ação popular a regra segunda a qual as ações coletivas devem tramitar no foro do local do dano. É sempre importante, também, verificar a origem do ato impugnado. A jurisprudência, em alguns casos, tem relativizado a regra a favor da tutela mais efetiva do patrimônio público, fazendo prevalecer o foro do domicílio do autor a fim de que não existam restrições ou maiores dificuldades à propositura da ação pelos cidadãos; III: incorreta, pois o art. 18 da LAP dispõe que a sentença não terá eficácia de coisa julgada oponível *erga omnes* na hipótese de improcedência por deficiência de prova; IV: incorreta, pois a remessa obrigatória só ocorre no caso de improcedência ou de carência de ação (art. 19 da LAP); V: incorreta, pois a CF de 1988 ampliou o objeto da ação popular, permitindo, por exemplo, a sua utilização para o controle da moralidade administrativa e para a proteção do meio ambiente. Além disso, o cidadão não tem legitimidade para a propositura de ação civil pública.

Gabarito "B"

(Ministério Público/PI – 2012 – CESPE) Com base na sistemática processual da ação popular, assinale a opção correta.

(A) No caso de decisão condenatória proferida em segundo grau de jurisdição, são partes legítimas, para a execução ou cumprimento de sentença, o autor popular, outro cidadão, o MP, após o transcurso do prazo legal para o vencedor da ação, bem como as pessoas jurídicas corrés na ação, no que as beneficiar.

(B) Para o acolhimento da ação popular, cujo objetivo se restringe ao combate da ilegalidade ou da lesão ao erário público, não basta o fundamento de afronta à moralidade administrativa como objeto autônomo do pedido.

(C) Na ordem jurídica vigente, por intermédio da ação popular, podem ser tutelados, além do patrimônio público, direitos difusos e coletivos, especialmente os relativos ao meio ambiente, ao patrimônio histórico e cultural e aos direitos do consumidor.

(D) A ação popular ajuizada pelo cidadão é excludente de ação de improbidade administrativa deduzida em data posterior com a mesma causa de pedir.

(E) Há, na ação popular, litisconsórcio passivo necessário entre o agente público e membros do tribunal de contas do estado, em hipótese de aprovação de contas objeto do pedido, sob pena de nulidade absoluta do processo.

A: correta, pois conforme o disposto nos arts. 16 e 17 da LAP; **B:** incorreta, pois a afronta à moralidade administrativa, que passou a ser passível de controle em sede de ação popular após a CF de 1988; pode ser o fundamento autônomo do pedido. De acordo com o STJ, "pode ser manejada ação popular assentada na contrariedade aos princípios da moralidade e da legalidade, independentemente de alegação e de comprovação de dano ao erário, com o propósito de anular contratações efetuadas sem concurso público por eventual descumprimento de lei. Precedentes" (REsp 1.127.483/SC); **C:** incorreta, pois a tutela do consumidor não é objeto de ação popular; **D:** incorreta, pois é possível, inclusive, a conexão entre as mencionadas ações, com fundamento por exemplo, no art. 5º, § 3º, da LAP; **E:** incorreta, pois, embora haja litisconsórcio passivo necessário em sede de ação popular, não há, no caso mencionado, conforme decidiu o STJ: "É cediço o entendimento de que os membros do Tribunal de Contas do Estado, que aprovaram o ato impugnado pelo *mandamus*, não são partes legítimas para figurar na demanda na qualidade de autoridades coatoras" (AgRg nos EREsp 14868/RJ).

Gabarito "A"

(Ministério Público/PI – 2008) Na ação popular, é dado ao Ministério Público.

(A) propor a ação, quando houver lesão ao patrimônio público.

(B) assumir a defesa do ato administrativo impugnado, ou de seus autores.

(C) assumir o polo ativo da demanda, se houver desistência do autor e a presença de interesse público.

(D) acompanhar a ação, na qualidade de *custos legis*, mas jamais poderá opinar pela sua improcedência.

(E) silenciar, não lhe sendo aplicadas as penas da revelia.

A: incorreta, pois a maioria da doutrina e precedente do STF afirmam a ilegitimidade originária do MP na hipótese de ação popular; **B:** incorreta, pois há expressa vedação no art. art. 6º, § 4º, da LAP. Ou seja, o MP não pode assumir a defesa do ato impugnado; **C:** correta, pois a possibilidade de o MP assumir o polo ativo (legitimação superveniente) está prevista no art. 9º da LAP. E o *Parquet* deve assumir no caso de desistência infundada, ou seja, quando está presente o interesse público que justifica a atuação do MP; **D:** incorreta, pois, embora deva acompanhar a ação, como *custos legis* (art. 6º, § 4º, da LAP), ao manifestar-se sobre o mérito, ao final, deve fazê-lo de maneira imparcial, podendo opinar pelo improcedência; **E:** incorreta, pois o MP não pode silenciar na ação popular. Sua atuação é relevante e imposta por lei, sendo considerado por Hely Lopes Meirelles como uma parte pública autônoma.

Gabarito "C"

(Ministério Público/RJ – 2011) Durante as investigações em sede de inquérito civil, restam comprovadas irregularidades na aplicação de verbas do Fundo de Manutenção e Desenvolvimento da Educação Básica e de Valorização dos Profissionais da Educação (FUNDEB) por parte do Prefeito Municipal. Analise, diante de tal situação, as providências cogitadas pelo Promotor de Justiça em atuação nesse caso:

I. ajuizar Ação de Improbidade Administrativa, ainda que seja para veiculação de pedido isolado de condenação no ressarcimento ao erário, diante de sua natureza de ação civil pública, instrumento processual apto para o ressarcimento de danos oriundos da má gestão de verbas públicas;

II. verificados indícios de irregularidades, remeter, desde logo, os autos do inquérito civil para o Ministério Público Federal, com declínio de atribuição, diante da existência de verbas federais depositadas no FUNDEB pela União, o que deslocaria a competência para julgamento da futura ação de improbidade administrativa para a Justiça Federal;

III. remeter os autos ao Procurador-Geral de Justiça para a propositura de Ação de Improbidade Administrativa, diante do foro privilegiado que ostenta Prefeito Municipal perante o Tribunal de Justiça, de acordo com a Constituição do Estado do Rio de Janeiro;

IV. ajuizar a Ação de Improbidade Administrativa, se caracterizada a tipicidade formal e material do ato praticado, podendo ser cumulados pelo Ministério Público os seguintes pedidos de condenação: nas sanções punitivas previstas na Lei n. 8. 429/1992, na obrigação de fazer consistente em regularizar a aplicação dos recursos do FUNDEB, e no ressarcimento de danos, eventualmente, provocados ao erário.

Está(ão) correta(s) somente a(s) seguinte(s) providência(s):

(A) I;

(B) I e IV;

(C) II e III;

(D) II e IV;

(E) IV.

I: incorreta, pois a ação, no caso, não é de improbidade administrativa propriamente dita, mas sim ação e ressarcimento ao erário, que não tem rito especial. Vide Marcos Destefenni. *Manual do processo civil individual e coletivo*. 2. ed. São Paulo: Saraiva, no prelo; II: incorreta, pois o STF, sobre a questão, reconheceu a atribuição do Ministério Público Federal para apurar eventual ocorrência de ilícito penal e a do Ministério Público do Estado para investigar hipóteses de improbidade administrativa (ação de responsabilidade civil) (ACO 1.206/SP); III: incorreta, pois não há foro privilegiado, no caso de prefeito municipal, para a ação de improbidade administrativa, conforme tem decidido o STJ. O informativo n. 405 do STJ relatou julgamento da Segunda Turma, sobre a aplicabilidade da Lei de Improbidade Administrativa a Prefeito Municipal, consignando que o STF afastou a aplicação da LIA a Ministro de Estado em julgamento de efeito *inter pars*, "mas lá também ficou claro que apenas as poucas autoridades com foro de prerrogativa de função para o processo e julgamento por crime de responsabilidade, elencadas na Carta Magna (arts. 52, I e II; 96, III; 102, I, *c*; 105, I, *a*, e 108, I, a, todos da CF/1988), não estão sujeitas a julgamento também na Justiça cível comum pela prática da improbidade administrativa"; IV: correta, pelas razões já expostas e pela atribuição do Promotor de Justiça para propor a ação de improbidade administrativa.

Gabarito "E"

(Ministério Público/RS – 2009) A respeito da ação popular de que trata a Lei n. 4.717/1965, assinale a alternativa correta.

(A) Os servidores públicos, mesmo que tenham ratificado o ato nela impugnado, são partes passivas ilegítimas para figurarem no polo passivo da demanda.

(B) Se o beneficiário do ato lesivo for desconhecido, o autor deverá requerer a sua citação editalícia.

(C) Os partidos políticos, regularmente constituídos, são legitimados a ajuizar ação popular.

(D) São devidos honorários advocatícios em caso de procedência, mas não na hipótese de improcedência da ação popular, salvo, neste caso, comprovada má-fé.

(E) A sentença que nela for proferida terá eficácia de coisa julgada oponível *erga omnes*.

A: incorreta, pois a assertiva contraria o disposto no art. 6º da LAP; **B:** incorreta, pois a afirmação contraria o disposto no § 1º do art. 6º da LAP; **C:** incorreta, pois predomina o entendimento no sentido de que a ação popular só pode ser proposta por cidadão eleitor. Ademais, a legitimidade das pessoas jurídicas é obstada pelo Supremo Tribunal Federal, como se vê da Súmula 365: *Pessoa jurídica não tem legitimidade para propor ação popular*; **D:** correta, pois o art. 12 da LAP determina o pagamento de honorários a favor do autor no caso de procedência, enquanto o art. 5º, LXXIII, da CF, dispõe que o autor fica, salvo comprovada má-fé, isento de custas judiciais e do ônus da sucumbência; **E:** incorreta, pois a sentença não tem eficácia *erga omnes* no caso de improcedência por deficiência de prova (art. 18 da LAP).

Gabarito "D"

(Ministério Público/SC – 2012) Analise as assertivas a seguir.

I. No caso da Ação Popular, em se tratando de instituições ou fundações, para cuja criação ou custeio o tesouro público concorra com menos de cinquenta por cento do patrimônio ou da receita ânua, bem como de pessoas jurídicas ou entidades subvencionadas, as consequências patrimoniais da invalidez dos atos lesivos terão por limite a repercussão deles sobre a contribuição dos cofres públicos.

II. Segundo a Lei 4.717/1965, podem ser declarado nulos, atos ou contratos, praticados ou celebrados por quaisquer das pessoas ou entidades referidas na lei, que realizarem operação bancária ou de crédito real, quando o valor real do bem dado em hipoteca ou penhor for inferior ao constante de escritura, contrato ou avaliação.

III. As pessoas jurídicas de direito público ou de direito privado, cujo ato seja objeto de impugnação, em hipótese alguma poderá atuar ao lado do autor.

IV. Na Ação Popular, caso não requerida, até o despacho saneador, a produção de prova testemunhal ou pericial, o juiz ordenará vista às partes por 5 (cinco) dias, para alegações, sendo-lhe os autos conclusos, para sentença, em 3 (três) dias após a expiração desse prazo; havendo requerimento de prova, o processo tomará o rito ordinário.

V. Se o autor desistir da ação popular, serão publicados editais nos prazos e condições previstos na lei, ficando assegurado a qualquer cidadão, bem como ao representante do Ministério Público, dentro do prazo de 90 (noventa) dias da última publicação feita, promover o prosseguimento da ação.

(A) Apenas as assertivas I, III e IV estão corretas.

(B) Apenas as assertivas II, III e V estão corretas.

(C) Apenas as assertivas I, II e IV estão corretas.

(D) Apenas as assertivas I, II e V estão corretas.

(E) Todas as assertivas estão corretas.

I: correta, pois a assertiva corresponde ao art. 1º, § 2º, LAP; II: correta, pois conforme o art. 4º, II, "b" da LAP; III: incorreta, pois a pessoa jurídica pode: a) contestar; b) abster-se de contestar; c) atuar ao lado do autor (art. 6º, § 3º, da LAP); IV: incorreta, pois *o juiz ordenará vista às partes por 10 (dez) dias, para alegações, sendo-lhe os autos conclusos, para sentença, 48 (quarenta e oito) horas após a expiração desse prazo* (art. 7º, V, da LAP); V: correta, pois assim estabelece o art. 9º da LAP.

Gabarito "D"

(Ministério Público/TO – 2012 – CESPE) Com referência a ação popular, mandado de segurança, ACP e ação por improbidade administrativa, assinale a opção correta.

(A) O litisconsórcio passivo necessário é incompatível com o mandado de segurança.

(B) Na ACP por improbidade administrativa, o juiz pode impor ao réu pena diversa da postulada pelo MP.

(C) O MP não tem legitimidade para propor ACP em defesa do patrimônio público.

(D) A ação popular pode ser ajuizada por pessoa jurídica.

(E) Para a impetração do mandado de segurança coletivo é imprescindível que a pretensão veiculada interesse a toda a categoria representada.

A: incorreta, pois em MS existem casos de litisconsórcio passivo necessário. Conforme o enunciado da Súmula 631 do STF, "extingue-se o processo de Mandado de Segurança se o impetrante não promove, no prazo assinado, a citação do litisconsorte passivo necessário"; **B:** correta, pois na ação de improbidade o juiz não está adstrito ao pedido feito na inicial. Ver Informativo 0441 do STJ e REsp 658.389-MG, *DJ* 03.08/2007; REsp 631.301-RS, *DJ* 25.09.2006; **C:** incorreta, pois afronta o enunciado da Súmula 329 do STJ, segundo o qual o Ministério Público tem legitimidade para propor ação civil pública em defesa do patrimônio público; **D:** incorreta, pois, consoante a Súmula 365 do STF, pessoa jurídica não tem legitimidade para propor ação popular; **E:** incorreta, pois afronta o artigo 21 da Lei 12.016/2009, que permite a impetração a favor da totalidade ou de parte dos membros ou associados.

Gabarito "B"

10. MANDADO DE SEGURANÇA COLETIVO

(Ministério Público/SP – 2013 – PGMP) Sobre a ação de mandado de segurança, assinale a alternativa INCORRETA.

(A) Conceder-se-á mandado de segurança para proteger direito líquido e certo, não amparado por *habeas corpus* ou *habeas data*, sempre que, ilegalmente ou com abuso de poder, qualquer pessoa física ou jurídica sofrer violação ou houver justo receio de sofrê-la por parte de autoridade, seja de que categoria for e sejam quais forem as funções que exerça.

(B) A jurisprudência dominante do Superior Tribunal de Justiça admite mandado de segurança perante o Tribunal de Justiça respectivo, visando o controle da competência dos Juizados Especiais, exceto na hipótese de trânsito em julgado da decisão objeto da impetração.

(C) Quando o direito ameaçado ou violado couber a várias pessoas, qualquer delas poderá requerer o mandado de segurança.

(D) O mandado de segurança coletivo, atendidas as demais disposições legais, pode ser impetrado por partido político com representação no Congresso Nacional; organização sindical, entidade de classe ou associação legalmente constituída e em funcionamento há pelo menos um ano, em defesa dos interesses de seus membros ou associados.

(E) O mandado de segurança coletivo não induz litispendência para as ações individuais, mas os efeitos da coisa julgada não beneficiarão o impetrante a título individual se não requerer a desistência de seu mandado de segurança no prazo de trinta dias a contar da ciência comprovada da impetração da segurança coletiva.

A: correta (art. 1º, *caput*, da Lei 12.016/2009); **B:** incorreta, devendo ser assinalada, pois o STJ admite a impetração de mandado de segurança perante o Tribunal de Justiça, mesmo diante do trânsito em julgado da decisão objeto da impetração. Neste sentido: "Embargos de declaração no agravo regimental no agravo regimental em mandado de segurança. Omissão, contradição e obscuridade não verificadas. Mandado de segurança contra ato de Turma Recursal de Juizado Especial. Controle de competência. Decisão transitada em julgado. 1. Ausentes quaisquer dos vícios ensejadores dos declaratórios, afigura-se patente o intuito infringente da presente irresignação, que objetiva não suprimir a omissão, afastar a obscuridade ou eliminar a contradição, mas sim reformar o julgado por via inadequada. 2. A tese embargada – cabimento de mandado de segurança frente aos Tribunais de Justiça dos Estados para controle da competência dos Juizados Especiais, ainda que a decisão objeto do writ já tenha transitado em julgado – encontra-se em estrita consonância com a jurisprudência consolidada do Superior Tribunal de Justiça" (STJ, EDcl no AgReg no RMS 32632 ES 2010/0136296-9); **C:** correta (art. 1º, § 3º, da Lei 12.016/2009); **D:** correta (art. 21 da Lei 12.016/2009); **E:** correta (art. 22, § 1º, da Lei 12.016/2009).

Gabarito "B"

(Ministério Público/MG – 2010.1) Sobre Mandado de Segurança coletivo, nos termos da Lei Federal n. 12.016/2009, pode-se afirmar

I. Cabe Mandado de Segurança coletivo, quando o direito ameaçado ou violado couber a várias pessoas, ou para proteção de direitos difusos.

II. Pode ser impetrado por partido político com representação no congresso nacional, organização sindical, entidade de classe ou associação, observadas as exigências legais, e pelo Ministério Público.

III. Podem ser protegidos por mandado de segurança coletivo os direitos difusos, assim entendidos os transindividuais, de natureza indivisível, e ligados entre si ou com a parte contrária por uma situação de fato.

IV. Podem ser protegidos por mandado de segurança coletivo os direitos coletivos, assim entendidos os transindividuais, de natureza indivisível, de que seja titular grupo ou categoria de pessoas ligadas entre si ou com a parte contrária por uma relação jurídica básica.

V. Podem ser protegidos por mandado de segurança coletivo os direitos individuais homogêneos, assim entendidos os decorrentes de origem comum e da atividade ou situação específica da totalidade ou de parte dos associados ou membros do impetrante.

Marque a opção CORRETA.

(A) I, II, III e IV estão corretas.

(B) I, II e IV estão corretas.

(C) IV e V estão corretas.

(D) I, III e IV estão corretas.

(E) Todas estão corretas.

I: incorreta, pois o art. 21, parágrafo único, da Lei 12.016/2009, admite mandado de segurança coletivo para proteger interesses *coletivos* e *individuais homogêneos*, mas não admite essa ação para defender interesses *difusos*; II: incorreta, pois o Ministério Público não pode ingressar com mandado de segurança coletivo (art. 21, *caput*, da Lei 12.016/2009); III: incorreta, pois os interesses *difusos* não podem ser protegidos por mandado de segurança coletivo (art. 21, parágrafo único, da Lei 12.016/2009); IV: correta (art. 21, parágrafo único, I, da Lei 12.016/2009); V: correta (art. 21, parágrafo único, II, da Lei 12.016/2009).

Gabarito "C"

(Ministério Público/SP – 2011) Assinale a alternativa correta.

(A) A coisa julgada no mandado de segurança coletivo, na falta de regulamentação específica em sua lei de regência, deve observar o disposto na Lei da Ação Civil Pública e no Código de Defesa do Consumidor.

(B) A coisa julgada na ação civil pública para defesa de interesses individuais homogêneos é *erga omnes*, salvo se tiver sido julgada improcedente por insuficiência de provas, situação na qual não será oponível a quem tenha sofrido dano e venha a promover ou tenha promovido ação individual.

(C) A coisa julgada na ação civil pública para defesa de interesses difusos tem abrangência similar à da ação popular, ou seja, é *erga omnes*, salvo se tiver sido julgada improcedente por insuficiência de provas, embora a sentença, no segundo caso, esteja submetida ao reexame necessário para transitar em julgado.

(D) A coisa julgada do mandado de segurança coletivo, por se tratar de hipótese de substituição processual, aproveita apenas àqueles membros do grupo ou categoria ligados à entidade associativa impetrante.

(E) A coisa julgada na ação popular, como aquela proferida na ação de improbidade administrativa, segue o regime do Processo Civil, diferenciando-se dessa última por estar submetida ao reexame necessário para transitar em julgado.

A: incorreta, pois o art. 22 da Lei de Mandado de Segurança (Lei 12.016/2009) regula a coisa julgada no mandado de segurança coletivo; **B:** incorreta, pois a coisa julgada na ação para a defesa de interesses individuais homogêneas só é *erga omnes* para o caso de procedência da ação, e não para qualquer caso (art. 103, III, do CDC); **C:** correta (art. 103, I, do CDC c/c arts. 18 e 19, *caput*, da Lei 4.717/1965); **D:** incorreta; não concordamos com o gabarito oficial, pois a alternativa "d" traz disposição consoante com o disposto no art. 22 da Lei 12.016/2009; **E:** incorreta, pois, como se viu, a coisa julgada na ação popular se faz *erga omnes*, ao passo que, no Código de Processo Civil, a coisa julgada se dá *inter partes*.

Gabarito "C"

(Ministério Público/MG – 2012 – CONSULPLAN) O Mandado de Segurança tornou-se Cláusula Pétrea na Constituição de 1988, elencado como garantia fundamental. Eficaz na proteção de direito líquido e certo individual, passou a ser reconhecido como capaz de ser impetrado de modo coletivo nos termos do inciso LXX do art. 5º da Carta Magna Brasileira. Em matéria de Mandado de Segurança Coletivo, é **CORRETO** afirmar:

(A) É permitido, observados os requisitos legais, impetrar mandado de segurança por telegrama, radiograma, fax ou outro meio eletrônico de autenticidade comprovada.

(B) Será concedida medida liminar que tenha por objeto a compensação de créditos tributários, a entrega de mercadorias e bens provenientes do exterior, a reclassificação ou equiparação de servidores públicos e a concessão de aumento ou a extensão de vantagens ou pagamento de qualquer natureza.

(C) O ingresso de litisconsorte ativo será admitido após o despacho da petição inicial.

(D) Da denegação ou concessão do mandado, cabe apelação.

A: incorreta, pois a impetração só é possível, da forma mencionada, nos casos de urgência (art. 4º da Lei 12.016/2009); **B:** incorreta, pois não será concedida liminar nas hipóteses mencionadas, conforme art. 7º, § 2º, da Lei 12.016/2009; **C:** incorreta, pois o ingresso de litisconsorte ativo só é possível antes do despacho da inicial (art. 10, § 2º, da Lei 12.016/2009); **D:** correta, se a denegação for de mandado de segurança impetrado em primeira instância (art. 14 da Lei 12.016/2009: *Da sentença, denegando ou concedendo o mandado, cabe apelação*).

Gabarito "D"

(Ministério Público/MT – 2012 – UFMT) Em relação ao mandado de segurança coletivo, assinale a afirmativa **INCORRETA.**

(A) Os legitimados expressamente elencados no artigo 5º, inciso LXX, da Constituição da República de 1988, agem em substituição processual, razão pela qual não se exige autorização dos substituídos para a propositura da medida.

(B) Como o mandado de segurança coletivo não recebeu desenho específico, aplica-se na avaliação dos requisitos necessários para sua impetração a disciplina prevista para o mandado de segurança individual.

(C) Em relação aos legitimados ativos para a propositura do mandado de segurança coletivo, especificamente às associações, organizações sindicais e entidades de classe, vigora o entendimento de que somente em relação às associações é aplicável o requisito da pré-constituição há um ano.

(D) Em relação aos partidos políticos, é necessário que, quando do ajuizamento da ação, possuam eles representação no Congresso Nacional, ainda que essa representação venha a ser perdida no curso do processo.

(E) Para a impetração de mandado de segurança coletivo por partido político, entende-se que eles estão legitimados para a defesa de quaisquer interesses, não havendo necessidade de pertinência com sua finalidade institucional.

A: correta, pois, conforme tem decidido o STJ, o sindicato não depende de autorização especial para, como substituto processual, ajuizar ação coletiva a favor de seus associados. Todavia, para a atuação como representante do sindicalizado, na defesa de interesse individual, é necessária a autorização especial. Vide, por exemplo AgRg no REsp 1.107.839/MT. A Súmula 629 STF estabelece: *A impetração de mandado de segurança coletivo por entidade de classe em favor dos associados independe da autorização destes;* **B:** correta, pois a Lei 12.016/2009, embora trate do MS Coletivo nos arts. 21 e 22, não elenca requisitos específicos para a sua impetração. O art. 21 define os interesses transindividuais e o art. 22 trata dos efeitos da coisa julgada; **C:** correta, pois a exigência só existe, de fato, em relação às associações; **D:** correta, pois os requisitos exigidos por lei devem estar presentes no momento em que a ação é proposta; **E:** incorreta, pois o entendimento predominante é no sentido de que os partidos políticos não podem defender qualquer interesse. Aliás, Lei 12.016/2009, em seu art. 21, acabou por restringir a atuação dos partidos políticos: *O mandado de segurança coletivo pode ser impetrado por partido político com representação no Congresso Nacional, na defesa de seus interesses legítimos relativos a seus integrantes ou à finalidade partidária.*

Gabarito "E"

(Ministério Público/SC – 2012) Analise as assertivas a seguir.

I. Nos casos de Mandado de Segurança, a requerimento do Ministério Público e para evitar grave lesão a ordem, saúde, segurança e a economia públicas, o presidente do tribunal ao qual couber o conhecimento do respectivo recurso, suspender, em decisão fundamentada, a execução da liminar e da sentença, cabendo dessa decisão, agravo, com efeito suspensivo, no prazo de 5 (cinco) dias, e será julgado na sessão seguinte a sua interposição.

II. Podem ser protegidos pelo mandado de segurança coletivo, os direitos individuais homogêneos, assim entendidos, os decorrentes de origem comum e da atividade ou situação específica da totalidade ou de parte dos associados ou membros do impetrante.

III. Não cabe no processo de mandado de segurança, a interposição de embargos infringentes.

IV. Dos recursos arrecadados pelo FRBL, nos termos da Lei 15.694/2011, 50% serão destinados, para projetos submetidos à análise do Conselho Gestor.

V. Segundo a Lei 15.694/11, constituem receitas do Fundo de Reconstituição de Bens Lesados, FRBL, o valor dos honorários advocatícios fixados em ações civis públicas interpostas e vencidas pelo Ministério Público.

(A) Apenas as assertivas I, II e IV estão corretas.

(B) Apenas as assertivas II, IV e V estão corretas.

(C) Apenas as assertivas I, III e IV estão corretas.

(D) Apenas as assertivas II, III e V estão corretas.

(E) Todas as assertivas estão corretas.

I: incorreta, pois o agravo, no caso, não tem efeito suspensivo (art. 15 da LMS); **II:** correta, pois assim estabelece o art. 21, parágrafo único, II, da LMS; **III:** correta, pois a vedação está no art. 25 LMS, que incorporou o entendimento esposado pelas Súmulas 597 do STF e 169 do STJ; **IV:** incorreta, pois a Lei Estadual 15.694, de 21 de dezembro de 2011, de Santa Catarina, dispõe sobre o Fundo para Reconstituição de Bens Lesados – FRBL. O seu art. 5º, inciso VII, dispõe que serão destinados *30% (trinta por cento)* (e não 50%) para projetos submetidos à análise do Conselho Gestor do FRBL; **V:** correta, pois é o que estabelece o art. 3º, inciso VI, da mencionada lei estadual.

Gabarito "D"

11. OUTROS TEMAS E TEMAS COMBINADOS

(Ministério Público/RN – 2009 – CESPE) No que concerne a litisconsórcio, providências preliminares, defesa do consumidor, improbidade administrativa e, ainda, com relação ao Estatuto da Criança e do Adolescente, assinale a opção correta.

(A) Ação proposta por acionistas que visam anular assembleia geral de sociedade anônima constitui exemplo de litisconsórcio facultativo simples.

(B) Admite-se a propositura de ação declaratória incidental em sede de ação possessória que verse sobre posse nova (menos de ano e dia).

(C) Na contratação de fornecimento de produtos e serviços levada a efeito no estabelecimento comercial do fornecedor, o consumidor poderá desistir do contrato, no prazo de sete dias, a contar da sua assinatura ou do ato de recebimento do produto ou serviço.

(D) Compete com exclusividade ao MP a propositura de ação de improbidade administrativa que inclua pedido da perda da função pública e suspensão dos direitos políticos do agente.

(E) A remissão pré-processual concedida pelo MP e decorrente do cometimento de ato infracional não é incompatível com a imposição de medida socioeducativa de advertência.

A: incorreta, pois o litisconsórcio, apesar de facultativo, é unitário, mesmo porque a pretensão é desconstitutiva; **B:** incorreta, pois não cabe, em regra, ação declaratória sobre fato (posse) e, além disso, não pode ser discutido o domínio em sede de ação possessória; **C:** incorreta, pois a desistência é possível sempre que a contratação de fornecimento de produtos e serviços ocorrer *fora* do estabelecimento comercial; **D:** incorreta, pois a ação também pode ser proposta pela pessoa jurídica atingida pelo ato de improbidade administrativa; **E:** correta, pois se trata do posicionamento do STJ: "*Recurso especial. penal. Lei 8.069/1990. Estatuto da Criança e do Adolescente – ECA. Remissão oferecida pelo membro do Ministério Público. Homologação em juízo. Cumulação de medida socioeducativa de advertência. Possibilidade. Provimento.* Esta Corte Federal Superior firmou já entendimento no sentido de que, por força mesmo da letra da lei, pode o magistrado, ao homologar a remissão concedida pelo órgão ministerial, impor outra medida socioeducativa prevista na Lei 8.069/1990, excetuadas aquelas que impliquem semiliberdade ou internação do menor infrator. Precedentes" (REsp 457.684/SP).

Gabarito "E"

(Ministério Público/MG – 2011) O direito de reclamar no processo que visa à defesa de interesses difusos, coletivos, individuais homogêneos e individuais de consumo submete-se à decadência nos seguintes termos:

I. Nos casos de vícios aparentes ou de fácil constatação, o direito de reclamar caduca em trinta dias, tratando-se de fornecimento de serviços ou de produtos não duráveis.

II. Tratando-se de fornecimento de serviço e de produtos duráveis, prescrevem em sessenta dias.

III. A pretensão à reparação pelos danos causados por fato do produto ou do serviço prescreve em cinco anos.

IV. As ações destinadas a levar a efeitos as sanções previstas na Lei de Improbidade Administrativa podem ser propostas até cinco anos após o término do exercício de mandato, de cargo em comissão ou de função de confiança.

Estão **CORRETAS** as alternativas:

(A) I e III.

(B) I, II e IV.

(C) I, III e IV.

(D) II e IV.

I: correta, nos termos do art. 26, I, do CDC; **II:** incorreta, pois o prazo é de noventa dias (art. 26, II, do CDC); **III:** correta, pois assim estabelece o art. 27 do CDC; **IV:** correta, pois o prazo está conforme os termos do art. 23, I, da Lei 8.429/1992.

Gabarito "C"

11. IMPROBIDADE ADMINISTRATIVA

Marcos Destefenni, Vanessa Tonolli Trigueiros e Wander Garcia*

1. CONCEITO, MODALIDADES, TIPIFICAÇÃO E SUJEITOS ATIVO E PASSIVO

(Ministério Público/PR – 2013 – X) Assinale a alternativa ***incorreta***. Caracteriza ato de improbidade administrativa que atenta contra os princípios da administração pública qualquer ação ou omissão que viole os deveres de honestidade, imparcialidade, legalidade, e lealdade às instituições, e notadamente:

(A) Praticar ato visando fim proibido em lei ou regulamento ou diverso daquele previsto, na regra de competência;

(B) Retardar ou deixar de praticar, indevidamente, ato de ofício;

(C) Revelar fato ou circunstância de que tem ciência em razão das atribuições e que deva permanecer em segredo;

(D) Frustrar a licitude de concurso público;

(E) Revelar ou permitir que chegue ao conhecimento de terceiro, antes da respectiva divulgação oficial, teor de medida política ou econômica.

A: assertiva correta (art. 11, I, da Lei 8.429/1992); **B:** assertiva correta (art. 11, II, da Lei 8.429/1992); **C:** assertiva correta (art. 11, III, da Lei 8.429/1992); **D:** assertiva correta (art. 11, V, da Lei 8.429/1992); **E:** assertiva incorreta, devendo ser assinalada, isso porque a assertiva está incompleta vez que a tipicidade somente existirá nesse caso se a medida política ou econômica for "capaz de afetar o preço de mercadoria, bem ou serviço" (art. 11, VII, da Lei 8.429/1992).

Gabarito "E"

(Ministério Público/SP – 2013 – PGMP) Considera-se ato de improbidade administrativa, para cuja caracterização é exigido exclusivamente o dolo do agente, as seguintes condutas:

I. Adquirir, para si ou para outrem, no exercício de mandato, cargo, emprego ou função pública, bens de qualquer natureza cujo valor seja desproporcional à evolução do patrimônio ou à renda do agente público.

II. Permitir ou facilitar a aquisição, permuta ou locação de bem ou serviço por preço superior ao de mercado.

III. Revelar fato ou circunstância de que tem ciência em razão das atribuições e que deva permanecer em segredo.

IV. Celebrar contrato de rateio de consórcio público sem suficiente e prévia dotação orçamentária, ou sem observar as formalidades previstas na lei.

V. Retardar ou deixar de praticar, indevidamente, ato de ofício.

Está CORRETO o que se afirma apenas nos itens

(A) I, IV e V.

(B) II e III.

(C) I e III.

(D) II e IV.

(E) I, III e V.

I: correta, pois se trata de ato de improbidade administrativa importando enriquecimento ilícito, por meio de ação dolosa, previsto no art. 9º, VII, da Lei 8.429/1992; **II:** incorreta, pois se trata de ato de improbidade administrativa que causa lesão ao erário, configurando-se por meio de ação ou omissão, dolosa ou culposa, previsto no art. 10, V, da Lei 8.429/1992; **III:** correta, pois se trata de ato de improbidade administrativa que atenta contra os princípios da administração pública, por meio de ação dolosa, previsto no art. 11, III, da Lei 8.429/1992; **IV:** incorreta, pois se trata de ato de improbidade administrativa que causa lesão ao erário, configurando-se por meio de ação ou omissão, dolosa ou culposa, previsto no art. 10, XV, da Lei 8.429/1992; **V:** correta, pois se trata de ato de improbidade administrativa que atenta contra os princípios da administração pública, por meio de ação dolosa, previsto no art. 11, II, da Lei 8.429/1992.

Gabarito "E"

(Ministério Público/TO – 2012 – CESPE) Constitui ato de improbidade administrativa, importando enriquecimento ilícito

(A) revelar fato de que se tenha conhecimento em função do cargo ou função ocupada, que deveria permanecer em segredo.

(B) receber, para si ou para outrem, bem móvel ou imóvel ou qualquer outra vantagem econômica a título de comissão, percentagem ou gratificações de quem tenha interesse direto ou indireto que possa ser atingido por ação ou omissão decorrente das atribuições de agente público.

* **Marcos Destefenni** comentou as questões dos seguintes concursos: MP/AC/08, MP/BA/08, MP/CE/11, MP/GO/10, MP/GO/12, MP/MG/06, MP/MG/11, MP/MG/12, MP/MS/09, MP/MT/12, MP/PB/10, MP/PI/08, MP/PI/ 12, MP/RJ/11, MP/RN/09, MP/RR/12, MP/RS/08, MP/RS/09, MP/SC/08, MP/SC/12, MP/SP/12 e MP/TO/12, quando houver. **Vanessa Tonolli Trigueiros** comentou as questões do concurso de MP/SP/2013 e MP/MS/13. **Wander Garcia** comentou as demais questões.

(C) retardar ou deixar de praticar, indevidamente, ato de ofício.

(D) deixar de prestar contas quando esteja obrigado a fazê-lo.

(E) deixar de atender o contribuinte de forma célere, cordata e imparcial.

A: incorreta, pois, no caso, trata-se de ato que atenta contra os princípios da administração pública (LIA, art. 11, III); **B:** correta, pois assim estabelece o art. 9º, I, da LIA; **C:** incorreta, pois se trata de ato que atenta contra os princípios da administração pública (LIA, art. 11, II); **D:** incorreta, pois a conduta descrita também configura ato que atenta contra os princípios da administração pública (LIA, art. 11, VI); **E:** incorreta, pois, no caso, não há enriquecimento ilícito por parte do agente público.

Gabarito "B"

(Ministério Público/TO – 2012 – CESPE) A respeito da disciplina jurídica relativa aos atos de improbidade administrativa, assinale a opção correta.

(A) A Lei de Improbidade Administrativa não é aplicável a prefeito, presidente da República, ministros de Estado, ministros do STF e ao procurador-geral da República.

(B) O agente público que prestar falsa declaração de bens estará sujeito à pena de demissão, a bem do serviço público, sem prejuízo de outras sanções cabíveis.

(C) Segundo a jurisprudência do STJ, é indispensável a presença de dolo específico para a configuração de ato de improbidade por atentado aos princípios da administração pública.

(D) Prescreve em dois anos após o término do exercício de mandato, de cargo em comissão ou de função de confiança a ação destinada a levar a efeito as sanções previstas na Lei de Improbidade Administrativa.

(E) Nas ações submetidas ao rito da Lei de Improbidade Administrativa, a falta de notificação do acusado para apresentar defesa prévia constitui motivo para a decretação da nulidade absoluta do feito.

A: incorreta, pois a LIA é aplicável a prefeito. No que diz respeito ao Presidente da República e aos Ministros de Estado, o STF entende que há mecanismo de responsabilização específica, isto é, estão regidos por normas especiais de responsabilidade (CF, art. 102, I, "c"; Lei 1.079/1950), conforme se decidiu na Reclamação 2.138/DF; **B:** correta, pois é o que estabelece o art. 13, § 3º da LIA; **C:** incorreta, pois a jurisprudência fala na suficiência do "dolo genérico": "A caracterização de improbidade censurada pelo art. 11 da Lei 8.429/1992 dispensa a comprovação de intenção específica de violar princípios administrativos, sendo suficiente o dolo genérico. Precedentes do STJ" (REsp 1.229.779/MG, *DJe* 05.09.2011); **D:** incorreta, pois a prescrição ocorre em cinco anos (art. 23, I, da LIA); **E:** incorreta, pois a nulidade, no caso, é relativa. Conforme noticiou o Informativo n. 441 do STJ, "a falta da notificação prevista no art. 17, § 7º, da citada lei não invalida os atos processuais ulteriores, salvo se ocorrer efetivo prejuízo".

Gabarito "B"

(Ministério Público/PI – 2012 – CESPE) De acordo com o que dispõe a Lei n. 8.429/1992, são atos de improbidade administrativa que atentam contra os princípios da administração pública

(A) perceber o agente público vantagem econômica, direta ou indireta, para facilitar a alienação, permuta ou locação de bem público ou o fornecimento de serviço por ente estatal por preço inferior ao valor de mercado, bem como receber, para si ou para outrem, dinheiro, bem móvel ou imóvel, ou qualquer outra vantagem econômica, direta ou indireta, a título de comissão, porcentagem, gratificação ou presente de quem tenha interesse, direto ou indireto, que possa ser atingido ou amparado por ação ou omissão decorrente das atribuições do agente público.

(B) adquirir o agente público, para si ou para outrem, no exercício de mandato, cargo, emprego ou função pública, bens de qualquer natureza cujo valor seja desproporcional à evolução de seu patrimônio ou renda, bem como aceitar emprego, comissão ou exercer atividade de consultoria ou assessoramento para pessoa física ou jurídica que tenha interesse suscetível de ser atingido ou amparado por ação ou omissão decorrente das atribuições do agente público, durante a atividade.

(C) permitir ou facilitar o agente público a aquisição, permuta ou locação de bem ou serviço por preço superior ao de mercado e realizar operação financeira sem observância das normas legais e regulamentares ou aceitar garantia insuficiente ou inidônea.

(D) conceder o agente público benefício administrativo ou fiscal sem a observância das formalidades legais ou regulamentares aplicáveis à espécie bem como frustrar a licitude de processo licitatório ou dispensá-lo indevidamente.

(E) negar o agente público publicidade aos atos oficiais, frustrar a licitude de concurso público e deixar de prestar contas quando esteja obrigado a fazê-lo.

A: incorreta, pois, no caso, trata-se de ato de improbidade que importa enriquecimento ilícito (LIA, art. 9º, I e III); **B:** incorreta, pois a hipótese também é de ato de improbidade que importa enriquecimento ilícito (LIA, art. 9º, VII); **C:** incorreta, pois a hipótese é de ato de improbidade que causa prejuízo ao erário (LIA, art. 10, IV e VI); **D:** incorreta, pois as condutas mencionadas configuram ato de improbidade que causa prejuízo ao erário (LIA, art. 10, VII e VIII); **E:** correta, pois assim dispõe o art. 11, incisos IV, V e VI, da LIA.

Gabarito "E"

(Ministério Público/RS – 2008) Assinale a alternativa INCORRETA:

(A) Somente pode ser classificado como ato de improbidade administrativa, a ação ou omissão dolosa que enseje perda patrimonial da União, Estados e Municípios, bem como de suas entidades autárquicas ou fundacionais.

(B) Constitui ato de improbidade administrativa a ação do agente que permite que pessoa jurídica privada utilize bens do Estado, sem a observância das formalidades legais ou regulamentares aplicáveis à espécie.

(C) Constitui ato de improbidade administrativa do agente, o retardamento, indevido, de ato de ofício.

(D) A suspensão de direitos políticos é penalidade cominada a todas as formas de improbidade administrativa.

(E) Tanto a autoridade administrativa como a judicial, poderá determinar o afastamento do agente público do exercício do cargo, emprego ou função, sem prejuízo da remuneração, quando a medida se fizer necessária à instrução do processo.

A: incorreta, pois o ato de improbidade administrativa que causa prejuízo ao erário pode ser praticado a título de dolo ou de culpa, nos termos do art. 10 da LIA; **B:** correta, pois se trata de ato de improbidade que causa prejuízo ao erário (LIA, art. 10, XIII); **C:** correta, pois há, no caso, ato de improbidade que atenta contra os princípios da administração pública (LIA, art. 11, II); **D:** correta, pois assim prevê o art. 12 da LIA; **E:** correta, pois assim estabelece o art. 20, parágrafo único, da LIA.

Gabarito "A"

(Ministério Público/SC – 2012) Analise as assertivas a seguir.

I. No desempenho de suas atividades o agente público deve focar-se ao elemento moral de sua conduta e aos fins buscados, porque a moralidade está umbilicalmente ligada com o interesse público não por vontade da norma constitucional, mas por constituir pressuposto intrínseco da validade do ato administrativo.

II. À configuração do ato de improbidade, qualquer que seja o tipo específico de ofensa, será imprescindível penetrar o domínio da vontade do agente público, não bastando o dolo *in re ipsa* ou a culpa, quando cabível.

III. Para os fins da Lei n. 8.429/1992 é indiferente que a vantagem econômica indevida, que constituiu o fruto do enriquecimento ilícito do agente público ou terceiro, seja obtida por prestação positiva ou negativa.

IV. O conceito de enriquecimento ilícito, nos termos do art. 9º "caput" da LIA, conceitua caracterizar o enriquecimento ilícito o auferimento de vantagem econômica indevida em razão do exercício de qualquer função pública, sendo irrelevante que o agente público pratique ato lícito ou ilícito.

V. O art. 9º, inciso VII (norma residual), da Lei n. 8.429/1992, busca punir o comportamento do agente público que, não possuindo qualquer outra fonte de renda que não aquela de seu vínculo, amealha bens ou valores (mobiliários ou imobiliários) incompatíveis ou desproporcionais com a evolução de seu patrimônio ou renda. A inidoneidade financeira (presumida na norma) gera a ilicitude do enriquecimento, contudo, ajuizada a respectiva ação, inviável será a inversão do ônus da prova.

(A) Apenas as assertivas I, III e IV estão corretas.

(B) Apenas as assertivas II, III e IV estão corretas.

(C) Apenas as assertivas I, IV e V estão corretas.

(D) Apenas as assertivas I e III estão corretas.

(E) Todas as assertivas estão corretas.

I: correta, pois assim impõe o princípio da moralidade administrativa; II: incorreta, pois há casos em que o ato de improbidade decorre de culpa no sentido estrito. Com efeito, o ato de improbidade que causa prejuízo ao erário pode ser praticado a título de dolo ou culpa. Além disso, a jurisprudência fala na suficiência do "dolo genérico" para caracterizar o ato de improbidade: "A caracterização de improbidade censurada pelo art. 11 da Lei 8.429/1992 dispensa a comprovação de intenção específica de violar princípios administrativos, sendo suficiente o dolo genérico. Precedentes do STJ" (REsp 1.229.779/MG, *DJe* 05.09.2011); III: correta, pois o ato de improbidade que importa enriquecimento pode ser praticado por ação ou por omissão. Por exemplo, o art. 9º da LIA, em seu inciso X, pune a conduta do agente que recebe vantagem econômica de qualquer natureza, direta ou indiretamente, para omitir ato de ofício; IV: correta, pois a LIA, especialmente em seu art. 9º, impede que o agente receba qualquer vantagem econômica, direta ou indireta. Também não exige que a vantagem seja decorrente da prática de ato ilícito, pois o fato de receber presente de quem tenha interesse, direto ou indireto, que possa ser atingido ou amparado por ação ou omissão decorrente das atribuições do agente público, já configura a improbidade (art. 9º, I, da LIA); V: incorreta, pois a afirmativa II está incorreta.

Gabarito "A"

(Ministério Público/SC – 2012) Analise as assertivas a seguir.

I. À caracterização da conduta do agente público que aceitar emprego ou comissão de pessoa física ou jurídica que tenha interesse suscetível de ser atingido ou amparado por ação ou omissão decorrente das atribuições daquele, durante a atividade, é indispensável que o agente público tenha satisfeito efetivamente o interesse privado, não bastando a potencialidade desse interesse que precisa ser amparado ou atingido.

II. O enriquecimento indevido pela prática de ato de improbidade a que alude o art. 9º, inciso XII, da LIA, já está presumido pela própria norma, uma vez que trata-se de hipótese típica de prestação negativa em razão de o agente público poupar o que normalmente gastaria se utilizasse bens, rendas, verbas ou valores de seu acervo patrimonial.

III. Para a configuração de ato de improbidade administrativa com lesão ao erário a que alude o art. 10, da Lei n. 8.429/1992, por dolo ou culpa, a ilicitude (imoralidade) é traço essencial à lesividade por força de presunção legal absoluta. Combate-se, em regra, o enriquecimento ilícito do particular. Lesão sem repercussão patrimonial não configura essa espécie de improbidade e os incisos do referido artigo refletem hipóteses de lesividade presumida.

IV. Na ação civil pública inviável a cumulação de provimentos típicos e atípicos.

V. O critério da potencialidade para a produção do dano gerado pelo ato pode servir como indicador da presença da improbidade na ilegalidade, desde que por algum meio esteja demonstrado o elemento subjetivo do tipo previsto ano art. 11, da Lei n. 8.429/1992.

(A) Apenas as assertivas I, II e IV estão corretas.

(B) Apenas as assertivas I, IV e V estão corretas.

(C) Apenas as assertivas II, III e V estão corretas.

(D) Apenas as assertivas II e III estão corretas.

(E) Todas as assertivas estão corretas.

I: incorreta, pois, para a caracterização do ato de improbidade, não se exige a satisfação, efetiva, do interesse privado. A simples conduta de aceitar o emprego ou a comissão já é suficiente para a caracterização do ato ilícito; II: correta. Da leitura do art. 12, I, da LIA, que pune o ato de improbidade que importa enriquecimento ilícito, já se constata que não é necessário o efetivo dano ao patrimônio público. Tanto que o legislador determina a aplicação, na hipótese do art. 9º do mesmo diploma legal, de ressarcimento integral do dano, quando houver. Assim, no caso do art. 9º, inciso XII, o legislador presume o enriquecimento pelo simples uso, em proveito próprio, de bens integrantes do acervo patrimonial público configura o ato de improbidade; III: correta, pois, conforme evidencia o art. 12, II, da LIA, na hipótese do art. 10, é aplicável a pena de ressarcimento integral do dano, o que revela que a ocorrência do dano é necessária à configuração desse tipo de ato de improbidade administrativa. Todavia, tal afirmação não afasta a possibilidade de que o dano seja presumido. Como observa Emerson Garcia (*Improbidade administrativa*. 6. ed. Rio de Janeiro: Lumen Juris, 2011. p. 309), "é importante frisar que a noção de dano não se encontra adstrita à necessidade de demonstração da diminuição patrimonial, sendo inúmeras as hipóteses de lesividade presumida previstas na legislação"; IV: incorreta, pois, conforme Marcos Destefenni (*Manual do processo civil individual e coletivo*, 2ª ed., São Paulo: Saraiva, 2013, no prelo), "Embora a ação tenha vocação punitiva, nada impede a formulação de outros pedidos em sede de ação de improbidade, inclusive de anulação do ato impugnado. Nesse sentido o pronunciamento do STJ no julgamento do REsp 757.595/MG: "É cabível a propositura de ação civil pública que tenha como fundamento a prática de ato de improbidade administrativa, tendo em vista a natureza difusa do interesse tutelado. Também mostra-se lícita a cumulação de pedidos de natureza condenatória, declaratória e constitutiva nesta ação, porque sustentada nas disposições da Lei n.8.429/1992. A cumulação de pedidos em ação civil pública calcada na Lei de Improbidade é adotada no ordenamento jurídico, nos termos assentados por esta Corte, *verbis*: 1. O Ministério Público é parte legítima para ajuizar ação civil pública que vise aplicar as sanções previstas na Lei de Improbidade Administrativa. 2. A ação civil pública é meio processual adequado para buscar a responsabilização do agente público nos termos da Lei de Improbidade Administrativa, sendo também possível a cumulação de pedidos"; V: correta, pois o ato de improbidade previsto no art. 11 da LIA exige a demonstração do dolo. Trata-se da punição de ato que atenta contra os princípios aplicáveis à administração pública, de tal forma que não há exigência de lesão ao erário.

Gabarito "C"

(Ministério Público/SC – 2012) Analise as assertivas a seguir.

I. Pelos mesmos fatos, a absolvição na esfera criminal não projeta efeitos na área cível da improbidade administrativa, em razão da incomunicabilidade de instâncias.

II. O princípio do não locupletamento indevido repousa na regra de equidade que proíbe que uma pessoa se enriqueça às custas do dano, do trabalho ou atividade de outrem, sem a vontade deste ou do direito. O enriquecimento que atinge a moral pública é o injusto, fruto de uma ilicitude.

III. O art. 10, da Lei n. 8.429/1992 visa proteger o patrimônio (de natureza econômico ou não) das entidades mencionadas no art. 1º da mesma lei. O uso da palavra erário deve-se atribuir a função de elemento designativo dos sujeitos passivos do ato de improbidade e, por sua vez, o vocábulo perda patrimonial, descrito logo a seguir no caput da norma, abarca toda e qualquer lesão ao patrimônio público (sentido amplo).

IV. A prática de ato de improbidade "visando fim proibido em lei ou regulamento ou diverso daquele previsto na regra de competência", prevista no inciso I, do art. 11, da LIA, nítida hipótese de desvio de finalidade, encampa formas de violação ao princípio da eficiência.

V. Tratando-se de ação civil pública que busque sanção para perdimento de bens resultantes de enriquecimento ilícito e reparação dos danos, a medida de indisponibilidade de bens poderá atingir aqueles adquiridos mesmo antes da prática do ato de improbidade, sendo imprescindível a coexistência de causa e efeito entre este e a aquisição do(s) bem(s).

(A) Apenas as assertivas III e IV estão corretas.

(B) Apenas as assertivas II, III e IV estão corretas.

(C) Apenas as assertivas II, IV e V estão corretas.

(D) Apenas as assertivas I e V estão corretas.

(E) Todas as assertivas estão corretas.

I: incorreta, pois a independência entre as instâncias (cível e penal) não é absoluta, tanto que a condenação criminal torna certa a obrigação de reparar o dano. Além disso, a sentença penal condenatória transitada em julgado é título executivo judicial na esfera cível. Nesse contexto, a absolvição criminal pode produzir efeitos na esfera cível, impedindo o ajuizamento da ação de improbidade. Por exemplo, se o réu for absolvido na esfera criminal sob o fundamento de estar provada a inexistência do fato (art. 386, I, do CPP); II: correta. A assertiva reúne trechos das definições de Emerson Garcia (*Improbidade administrativa*. 6. ed. Rio de Janeiro: Lumen Juris, 2011. p. 284 e 287); III: correta, pois o conceito de patrimônio público é bastante amplo, não se restringindo aos bens de valor econômico-financeiro; IV: correta, pois, como ensina Emerson Garcia (*Improbidade administrativa*. 6. ed. Rio de Janeiro: Lumen Juris, 2011. p. 318), "são formas específicas de violação ao princípio da eficiência, a prática de atos visando fim proibido em lei (inc. I) e a indevida omissão na prática de atos que exigiam a atuação de ofício do agente (inc. II)"; V: incorreta. A frase está correta quando afirma a possibilidade de a medida de indisponibilidade recair sobre bens adquiridos antes do ato ilícito. De acordo com a 2ª Turma do STJ (AgRg no REsp 937085/PR, *DJe* 17.09.2012), "a jurisprudência do STJ conclui pela possibilidade de a indisponibilidade recair sobre bens adquiridos antes do fato descrito na inicial, pois o sequestro ou a indisponibilidade dá-se como garantia de futura execução em caso de constatação do ato ímprobo; assim, irrelevante se a indisponibilidade recaiu sobre bens anteriores ou posteriores ao ato acoimado de ímprobo. Precedentes: AgRg no Ag 1.423.420/BA, Rel. Min. Benedito Gonçalves, 1 Turma, *DJe* 28.10.2011; e REsp 1.078.640/ES, Rel. Min. Luiz Fux, 1 Turma, *DJe* 23.03.2010". Está incorreta, todavia, quando afirma que é indispensável a causa e efeito entre o ato ilícito e a aquisição do(s) bem(s). Afinal, a medida existe para garantir a integral reparação do dano.

Gabarito "B"

(Ministério Público/MG – 2011) Determinado Administrador público celebrou um contrato administrativo junto à empresa (vencedora do processo licitatório) constando como seu objeto a publicidade institucional, mas que, em verdade, destinava-se exclusivamente à promoção pessoal desse mesmo Administrador. O material publicitário foi efetivamente produzido e o contrato inteiramente adimplido por ambas as partes.

Nesse caso, assinale a opção **CORRETA**.

(A) Houve inobservância quanto à finalidade do interesse público que pode sujeitar o Administrador público a sanções por ato de improbidade administrativa.

(B) Como o Administrador atuou com desvio de poder, o contrato é tido por inexistente de pleno direito, mas não se caracterizou improbidade administrativa, já que não houve enriquecimento ilícito por parte do Administrador.

(C) Embora imoral, o exemplo revela típico exercício do poder discricionário do Administrador, não sendo passível de questionamento ou controle judicial.

(D) Em face da ilicitude do objeto e da inobservância das formalidades legais, o contrato não gerou quaisquer efeitos, mas não importou em ato de improbidade administrativa, já que não houve prejuízo mensurável ao erário.

A: correta, pois a conduta pode ser enquadrada, por exemplo, no art. 11, I, da LIA: *Art. 11. Constitui ato de improbidade administrativa que atenta contra os princípios da administração pública qualquer ação ou omissão que viole os deveres de honestidade, imparcialidade, legalidade, e lealdade às instituições, e notadamente: I – praticar ato visando fim proibido em lei (...)*. Aliás, há afronta ao determinado pelo art. 37, § 1º, da CF: *A publicidade dos atos, programas, obras, serviços e campanhas dos órgãos públicos deverá ter caráter educativo, informativo ou de orientação social, dela não podendo constar nomes, símbolos ou imagens que caracterizem promoção pessoal de autoridades ou servidores públicos*; **B:** incorreta, pois, como se disse, o ato pode caracterizar improbidade administrativa; **C:** incorreta, pois não há, no caso, discricionariedade. Como afirmado, há ofensa ao determinado no art. 37, § 1º, da CF; **D:** incorreta, pois a prática de ato de improbidade administrativa independe de efetivo dano à administração pública. Assim estabelece o art. 21, I, da LIA: *Art. 21. A aplicação das sanções previstas nesta lei independe: I – da efetiva ocorrência de dano ao patrimônio público, salvo quanto à pena de ressarcimento (Redação dada pela Lei 12.120, de 2009)*.

Gabarito "A"

(Ministério Público/MG – 2011) O combate à improbidade administrativa é, indiscutivelmente, uma das prioridades da atuação do Ministério Público, na medida em que a malversação do dinheiro público mostra-se altamente nociva à consecução dos interesses da sociedade brasileira. A Lei n. 8.429/1992 dedica um capítulo à definição e tipificação das condutas consideradas ímprobas e, por isso mesmo, passíveis de sancionamento. Analise as proposições a seguir.

I. A utilização, em obra ou serviço particular, de veículos, máquinas, equipamentos ou material de qualquer natureza, de propriedade ou à disposição da administração direta, indireta ou fundacional de qualquer dos Poderes da União, dos Estados, do Distrito Federal, dos Municípios, de Território, de empresa incorporada ao patrimônio público ou de entidade para cuja criação ou custeio o erário haja concorrido ou concorra com até cinquenta por cento do patrimônio ou da receita anual é conduta tipificada como ato de improbidade administrativa que importa enriquecimento ilícito.

II. Frustrar a licitude de processo licitatório ou dispensá-lo indevidamente é ato de improbidade administrativa tipificado entre aqueles que causam prejuízo ao erário.

III. Permitir, facilitar ou concorrer para que terceiro se enriqueça ilicitamente é conduta tipificada entre os atos de improbidade administrativa que importam enriquecimento ilícito.

IV. Ordenar ou permitir a realização de despesas não autorizadas em lei ou regulamento é conduta tipificada entre os atos de improbidade administrativa que importam prejuízo ao erário.

V. Revelar ou permitir que chegue ao conhecimento de terceiro, antes da respectiva divulgação oficial, teor de medida política ou econômica capaz de afetar o preço de mercadoria, bem ou serviço, é conduta tipificada entre aquelas que causam enriquecimento ilícito.

Apenas estão **CORRETAS** as opções:

(A) II e IV.

(B) III e V.

(C) I e V.

(D) IV e V.

I: incorreta, pois o problema está no percentual afirmado: O art. 1º da LIA fala em entidade para cuja criação ou custeio o erário haja concorrido ou concorra com *mais* de cinquenta por cento do patrimônio ou da receita anual; II: correta, pois é o que estabelece o art. 10, VIII, da LIA; III: incorreta, pois se trata de ato de improbidade que causa prejuízo ao erário (LIA, art. 10, XII); IV: correta, pois assim dispõe o art. 10, IX, da LIA; V: incorreta, pois se trata de ato de improbidade administrativa que atenta contra os princípios da administração pública (LIA, art. 11, VII).

Gabarito "A"

(Ministério Público/SC – 2008) Analise as seguintes assertivas:

I. No que tange à responsabilidade fiscal dos gestores públicos, a Lei de Responsabilidade Fiscal (LRF) não revogou a Lei n. 4.320/1964, que estatui normas gerais de direito financeiro para elaboração e controle dos orçamentos e balanços da União, dos Estados, dos Municípios e do Distrito Federal, apenas derrogou-a em algumas disposições normativas. Permanece, portanto, a convivência das referidas leis sobre finanças públicas, ambas complementares, uma, em virtude de recepção, outra, em virtude da adição. Todavia, os balanços e as demonstrações referidos na segunda lei (art. 101) deverão adaptar-se às novas exigências da LRF, tais como as relativas: à elaboração do projeto de lei orçamentária anual; ao relatório resumido da execução orçamentária; ao relatório de gestão fiscal; e à prestação de contas.

II. Em que pese o acompanhamento e a avaliação, de forma permanente, da política e da operacionalidade da gestão fiscal pelo conselho de gestão fiscal, constituído por representantes de todos os Poderes e esferas de Governo, do Ministério Público e de entidades técnicas representativas da sociedade, as infrações dos dispositivos da Lei Complementar n. 101/2001 (Lei de Responsabilidade Fiscal) serão punidas segundo o Decreto-Lei n. 2.848/1940 – Código Penal; a Lei n. 1.079/1950 (Crimes de Responsabilidade do Presidente da República, Ministros de Estados etc.); o Decreto-Lei n. 201/1967 (Crimes de Responsabilidade de Prefeitos e Vereadores); a Lei n. 8.429/1992 (Lei de Improbidade Administrativa); sem prejuízo de outras normas da legislação pertinente.

III. Com relação aos Prefeitos Municipais, os crimes de responsabilidade serão apurados, a mesmo tempo e o modo, com os atos configuradores de improbidade administrativa, a exemplo do que ocorre com o Presidente da República, eis que a lesão à probidade administrativa, prevista como crime de sua responsabilidade, na Lei n. 1.079/1950, também configura ato de improbidade administrativa pela Lei n. 8.429/1992.

IV. O sistema punitivo esculpido na Lei de Improbidade Administrativa é de cunho eminentemente civil, e, por isso, não se confunde com os institutos constantes no Decreto-Lei n. 201/1967, concernente aos crimes de responsabilidade praticados por Prefeitos, que comina reprimendas de natureza penal e política. Sua aplicação cumulativa é possível, portanto.

V. Será da justiça federal a competência para processar e julgar ações civis públicas que visem punir os agentes públicos responsáveis por desvio de verbas de origem federal repassadas para ampliação de educandário municipal, ainda que tais verbas tenham sido, anteriormente ao ato ilícito, integradas ao patrimônio local.

(A) apenas I, II e IV estão corretos

(B) apenas II, IV e V estão corretos

(C) apenas I, III e IV estão corretos

(D) apenas I, III, IV e V estão corretos

(E) apenas I, II, III e IV estão corretos

I: correta, pois a Lei Complementar n. 101, de 4 de maio de 2000 (LRF), que estabelece normas de finanças públicas voltadas para a responsabilidade na gestão fiscal, não revogou a Lei n. 4.320/1964; II: correta, pois é o que estabelece o art. 73 da LRF; III: incorreta, pois o regime de responsabilização dos prefeitos e do Presidente da República são diversos. Como anota Marcelo Figueiredo (*O controle da moralidade na constituição*, São Paulo: Malheiros, 1999, p. 48), "todos os agentes públicos devem respeitar a probidade, e alguns deles são responsabilizados de forma especial. É o caso do Presidente da República, conforme o art. 85, inciso V, da Constituição Federal, na forma da lei". No mesmo sentido o pronunciamento da Corte Especial do STJ (AIA 30/AM, *DJe* 28.09.2011): "A jurisprudência firmada pela Corte Especial do STJ é no sentido de que, excetuada a hipótese de atos de improbidade praticados pelo Presidente da República (art. 85, V), cujo julgamento se dá em regime especial pelo Senado Federal (art. 86), não há norma constitucional alguma que imunize os agentes políticos, sujeitos a crime de responsabilidade, de qualquer das sanções por ato de improbidade previstas no art. 37, § 4º. Seria incompatível com a Constituição eventual preceito normativo infraconstitucional que impusesse imunidade dessa natureza (Rcl 2.790/SC, *DJe* 04.03.2010)"; IV: correta, pois os atos de improbidade administrativa possuem natureza cível. Conforme consignou a 2ª Turma do STJ, no julgamento do AgRg no REsp 1.182.298/RS (*DJe* 25.04.2011), a Lei 8.429/1992 "censura a prática de improbidade administrativa e comina sanções civis". Trata-se de sanção extrapenal (cível no sentido amplo); V: incorreta, pois o enunciado afronta a Súmula 209 do STJ: *Compete à Justiça Estadual processar e julgar prefeito por desvio de verba transferida e incorporada ao patrimônio municipal.*

Gabarito "A"

(Ministério Público/SC – 2008) Analise as seguintes assertivas:

I. A dicção do §4º do art. 37 da CF/1988 denota que o ato de improbidade também pode corresponder a um crime definido em lei; que as sanções ali previstas nem sempre têm caráter penal; e que, na hipótese de correspondência do ato de improbidade a uma infração penal, não haverá prejuízo da apuração concomitante da improbidade no juízo cível e no criminal, caracterizando-se a comunicabilidade de instâncias.

II. As entidades resguardadas pela Lei n. 8.429/1992 (Lei de Improbidade Administrativa) são análogas àquelas referidas pela Lei n. 4.717/65, que discorre acerca da ação popular, de modo que o objeto de ambas legislações são similares, com a peculiaridade de que, além de ser possível pleitear a anulação do ato lesivo e o ressarcimento dos danos causados ao erário, a lei de improbidade se coaduna com a aplicação de medidas sancionatórias.

III. Pelas mesmas razões que conduzem à obrigatoriedade da ação penal pública, no campo da ação civil pública, adota-se o princípio da obrigatoriedade, que impõe a atuação do órgão ministerial em relação aos atos que configurem improbidade administrativa.

IV. As entidades que recebam subvenção, benefício ou incentivo, fiscal ou creditício, de órgão público ou da receita anual não possuem legitimidade para o ajuizamento da ação de improbidade administrativa.

V. A transferência de funcionários admitidos para cargos públicos distintos daqueles para os quais foram eles transferidos, mesmo que não corresponda a uma alteração nos quantitativos, níveis, faixas de vencimento e atribuições dos funcionários, configurará ato de improbidade administrativa.

(A) apenas III, IV e V estão corretos

(B) apenas I, IV e V estão corretos

(C) apenas I está correto

(D) apenas IV e V estão corretos

(E) apenas I, II e III estão corretos

I: incorreta, pois as sanções previstas no § 4º do art. 37 da CF não possuem natureza penal. Os atos de improbidade administrativa possuem natureza cível. Conforme consignou a Segunda Turma do STJ, no julgamento do AgRg no REsp 1.182.298/RS (*DJe* 25.04.2011), a Lei 8.429/1992 "censura a prática de improbidade administrativa e comina sanções civis". Trata-se de sanção extrapenal (cível no sentido amplo); II: incorreta, pois a ação de improbidade apresenta peculiaridades no que diz respeito à legitimidade, ao objeto e ao rito. A vocação da ação popular é desconstitutiva do ato ilegal e lesivo ao patrimônio público, enquanto que a vocação da ação de improbidade é punitiva. Não é pacífica a doutrina em admitir pedido desconstitutivo do ato administrativo em sede de ação de improbidade; III: incorreta, pois os fundamentos são diversos. No campo penal, a obrigatoriedade decorre do fato de o MP ser titular exclusivo da legitimidade ativa. No campo das ações coletivas, a legitimidade do MP é concorrente, sendo que a obrigatoriedade decorre da indisponibilidade do objeto; IV: correta, pois predomina o entendimento no sentido de que a legitimidade ativa é do Ministério Público e das pessoas jurídicas de direito público. Ocorre que a lei de improbidade administrativa protege o patrimônio público e não o patrimônio de entidades privadas. Nesse sentido Rogério Pacheco Alves (*Improbidade administrativa*. 6. ed. Rio de Janeiro: Lumen Juris, 2011. p. 763); V: correta, pois, no mínimo, resta configurado o ato de improbidade administrativa que atenta contra os princípios aplicáveis à administração pública. Se a contratação causar prejuízo ao erário, haverá incidência do art. 10 da LIA.

Gabarito "D"

(Ministério Público/BA – 2008) A Lei 8.429/1992 (Lei de improbidade administrativa) agrupa os atos de improbidade administrativa em três categorias, conforme os valores jurídicos objeto da tutela. Assinale a opção correta:

(A) A conduta do agente somente é punível a título de dolo.

(B) Para a caracterização do ilícito não importa o elemento subjetivo, bastando a conduta típica.

(C) Para o ocupante de cargo temporário o prazo de prescrição da ação, de 05 (cinco) anos, começa a correr da data da exoneração do cargo.

(D) As sanções previstas para as três categorias somente serão aplicadas se comprovada a efetiva ocorrência do dano material ao patrimônio público.

(E) O crime de denunciação caluniosa previsto no art. 19 caracteriza-se com a instauração de investigação administrativa ou inquérito policial.

A: incorreta, pois o ato de improbidade administrativa que causa prejuízo ao erário (art. 10 da LIA) é punido a título de dolo ou culpa; **B:** incorreta, pois doutrina e jurisprudência afirmam que o ato de improbidade administrativa só é punível a título de dolo, exceto o ato que causa prejuízo ao erário, que pode ser punido a título de dolo ou culpa; **C:** correta, pois a afirmativa está conforme o disposto no art. 23, I, da LIA: *Art. 23. As ações destinadas a levar a efeitos as sanções previstas nesta lei podem ser propostas: I – até cinco anos após o término do exercício de mandato, de cargo em comissão ou de função de confiança*; **D:** incorreta, pois o art. 21, I, da LIA, estabelece: *Art. 21. A aplicação das sanções previstas nesta lei independe: I – da efetiva ocorrência de dano ao patrimônio público, salvo quanto à pena de ressarcimento (Redação dada pela Lei 12.120/2009)*; **E:** incorreta, pois o crime resta configurado com o oferecimento da representação, independentemente da efetiva instauração do procedimento investigatório. Assim dispõe o art. 19 da LIA: *Constitui crime a representação por ato de improbidade contra agente público ou terceiro beneficiário, quando o autor da denúncia o sabe inocente.*

Gabarito "C"

(Ministério Público/SC – 2010) Analise os itens que seguem:

I. A pessoa física nunca poderá ser sujeito passivo de ato de improbidade.

II. Todos os entes da administração pública indireta dos entes federativos, são abrangidos como sujeito ativo dos atos descritos na lei n. 8.429/1992.

III. Uma entidade privada celebra um convênio com o município. Recebe certo aporte em dinheiro, e dá destinação a verba, diversa da estipulada na avença. Os responsáveis legais, da entidade, neste caso, se sujeitarão as sanções da LIA.

IV. Agente público, que negligenciando suas atribuições na condição de vigia, esquece a porta da repartição aberta, permitindo que outrem, se aproprie de bens pertencentes a administração, não responderá em hipótese alguma, por ato de improbidade.

V. A caracterização do ato de improbidade que causa lesão ao patrimônio público, depende da comprovação da obtenção da vantagem indevida.

(A) Apenas as assertivas I, II e III estão corretas.

(B) Apenas as assertivas I e II e IV estão corretas.

(C) Apenas as assertivas II, III e IV estão corretas.

(D) Apenas as assertivas I, III, e IV estão incorretas.

(E) Apenas as assertivas III, IV e V estão corretas.

I: correta, pois somente as pessoas jurídicas podem ser vítimas desse ato, o que pode ser verificado pela leitura do art. 1º, *caput* e parágrafo único, da Lei 8.429/92; II: correta (art. 1º, *caput,* da Lei 8.429/92); III: correta (art. 2º c/c art. 1º, p. ún., da Lei 8.429/92); IV: incorreta, pois a improbidade por prejuízo ao erário configura-se não só com atitudes dolosas, como também com atitudes culposas (art. 10, *caput,* da Lei 8.429/92), sendo que, no caso, caso há culpa em sentido estrito, por conta de negligência do agente; V: incorreta, pois o critério é de prejuízo ao erário (art. 10 da Lei 8.429/92); a modalidade de enriquecimento ilícito é que depende da comprovação da vantagem indevida (art. 9º da Lei 8.429/92).

Gabarito "A"

(Ministério Público/BA – 2010) Assinale a afirmação correta:

(A) Apenas o agente público é considerado sujeito ativo perante a lei de improbidade administrativa.

(B) Para fins da lei de improbidade administrativa, agente público é todo aquele que exerce, apenas em caráter de permanência e com remuneração, função em empresa pública.

(C) A vitaliciedade impede a aplicação das sanções previstas na lei improbidade administrativa ao Conselheiro do Tribunal de Contas.

(D) Os agentes políticos, os servidores públicos, os militares e os particulares que colaboram espontaneamente com o Poder Público podem praticar atos de improbidade administrativa.

(E) Nem todas as categorias de servidores públicos podem se enquadrar como sujeito ativo da improbidade administrativa.

A: incorreta, pois quem concorre ou se beneficia do ato também é sujeito ativo do ato de improbidade administrativa (art. 3º da Lei 8.429/92); **B:** incorreta, pois não é necessário nem permanência, nem remuneração (art. 2º da Lei 8.429/92); **C:** incorreta, pois não existe essa limitação na Lei 8.429/92; **D:** correta, nos termos do art. 2º da Lei 8.429/92; **E:** incorreta, pois todos os servidores públicos são sujeitos ativos do ato de improbidade administrativa (art. 2º da Lei 8.429/92).

Gabarito "D"

(Ministério Público/BA – 2005) Assinale a alternativa correta em face da Lei de Improbidade Administrativa (Lei nº 8.429/92):

(A) Os atos de improbidade administrativa, previstos em três modalidades (artigos 9º, 10 e 11), constituem fatos típicos da legislação penal extravagante.

(B) O agente público somente poderá ser afastado de suas funções por conveniência da instrução, e desde que tenha cometido o ato ímprobo na sua modalidade mais grave – que implica em enriquecimento ilícito.

(C) Ao contrário do dolo, previsto para as três modalidades de atos de improbidade, a culpa somente é admitida na seara da improbidade administrativa no tocante ao ato ímprobo que importa em prejuízo ao erário, previsto no artigo 10, da Lei nº 8.429/92.

(D) A indisponibilidade de bens e valores do agente público, acionado por improbidade administrativa, somente poderá ser determinada por autoridade judiciária e nas estritas hipóteses de atos de improbidade administrativa que impliquem em enriquecimento ilícito (artigo 9º) e de atos ímprobos que importem na violação do princípio administrativo da honestidade (artigo 11).

(E) A ação civil pela prática de ato de improbidade administrativa, que tenha ou não causado enriquecimento ilícito com prejuízo ao erário, será sempre imprescritível.

A: incorreta, pois a improbidade administrativa é um ilícito de natureza cível; **B:** incorreta (art. 20, parágrafo único, da Lei 8.429/92); **C:** correta, pois, de fato, esse é o entendimento do STJ e a literalidade do art. 10 da Lei 8.429/92, que admite não só o dolo, como também a culpa como suficiente para que se configure o ato de improbidade; **D:** incorreta (art. 7º da Lei 8.429/92); **E:** incorreta (art. 23 da Lei 8.429/92). Reconhece-se a imprescritibilidade apenas para a pretensão de ressarcimento do erário (art. 37, § 5º, da CF).

Gabarito "C"

(Ministério Público/BA – 2005) O agente público flagrado, ainda no estabelecimento hospitalar público no qual trabalha, tentando subtrair para outrem um impressora, será qualificado na Lei de Improbidade Administrativa (Lei nº 8.429/92) por:

(A) Tentativa de enriquecimento ilícito.

(B) Por prejuízo ao erário, já que não tentou enriquecer a si próprio e sim um terceiro.

(C) Por violação ao princípio ou dever administrativo de honestidade, já que a Lei de Improbidade Administrativa não prevê a forma tentada e tampouco se consumou o enriquecimento de terceiro em prejuízo ao erário.

(D) Tentativa de peculato, já que não conseguiu ter a posse tranquila da coisa subtraída.

(E) Por enriquecimento ilícito consumado, já que na seara da improbidade administrativa, ao contrário do Direito Penal, o que vale é tão somente a intenção de se locupletar ilegalmente às custas do patrimônio público.

Art. 10, *caput*, c/c o art. 11, *caput*, da Lei 8.429/92.

Gabarito "C"

(Ministério Público/GO – 2005) Assinale a alternativa correta:

I. Os atos previstos no artigo 9º da Lei 8.429/92 – que importam enriquecimento ilícito do agente – são compatíveis com a conduta culposa.

II. Os atos previstos no artigo 10 da Lei nº 8.429/92 – que causam prejuízo ao erário – são compatíveis apenas com a conduta dolosa do agente

III. De acordo com o entendimento dominante na doutrina, os atos previstos no artigo 11 da Lei nº 8.429/92 – que atentam contra os princípios da administração pública – funcionam como regra de reserva, sendo compatíveis somente com a conduta culposa do agente

IV. Alguns doutrinadores sustentam a ocorrência da inversão do ônus da prova no ato ímprobo previsto no artigo 9º, inciso VII, da Lei nº 8.429/92 – aquisição de bens desproporcional à renda do agente público ou à sua evolução patrimonial – o que significa obrigação do autor da ação de improbidade provar o acréscimo patrimonial desproporcional à renda do agente

(A) todos os itens estão incorretos

(B) os itens I e II estão corretos

(C) os itens II e IV estão corretos

(D) apenas o item III está correto

I: incorreta, pois essa modalidade exige conduta dolosa; II: incorreta, pois essa modalidade admite conduta dolosa ou culposa; III: incorreta, pois essa modalidade exige conduta dolosa; IV: incorreta, pois, se alguns doutrinadores admitem a inversão do ônus da prova, o réu da ação é que tem que provar que o acréscimo patrimonial não foi indevido.

Gabarito "A"

(Ministério Público/MG – 2010.1) Sobre a Lei nº 8.429/92, que versa sobre improbidade administrativa, é CORRETO afirmar que

(A) o advogado público parecerista está sempre isento de responsabilização por improbidade administrativa, haja vista que não pratica o ato administrativo.

(B) não é possível responsabilizar, por improbidade administrativa, membros das Casas Legislativas com fundamento exclusivo na votação e aprovação de lei flagrantemente inconstitucional, que venha a causar prejuízo ao erário.

(C) o enquadramento por prática de conduta prevista no artigo 10 da Lei nº 8.429/92, prescinde da análise da intenção do agente administrativo por ocasião da prática do ato.

(D) o ato ou omissão que acarrete enriquecimento ilícito necessariamente violará os princípios constitucionais da Administração, podendo o juiz, ao impor as sanções, fazer adequada dosimetria, desde que aplique todas as sanções previstas para o tipo mais grave.

(E) não configura improbidade administrativa a conduta do servidor público que, ciente do obrar ilícito, de colega ímprobo, de mesma hierarquia, não comunica o fato a superior hierárquico.

A: incorreto, pois quando o advogado público exara parecer vinculante, emite verdadeira decisão administrativa, respondendo, sim, por ato de improbidade administrativa (ex: art. 38 da Lei 8.666/93); **B:** correto, pois é necessário comprovar conduta culposa ou dolosa (art. 10, *caput*, da Lei 8.429/92); **C:** incorreto, pois o elemento subjetivo (culpa ou dolo) é elemento necessário à configuração do ato de improbidade administrativa (art. 10, *caput*, da Lei 8.429/92); **D:** incorreto, pois o STJ entende que as sanções previstas no art. 12 da Lei 8.429/92 não podem ser cumuladas de modo indistinto, em obediência ao princípio da proporcionalidade (REsp 626.204/RS, DJ 06.09.2007); assim, o juiz não é obrigado a impor todas as sanções cumulativamente, devendo fazê-lo somente quando absolutamente necessário; **E:** incorreta, pois a situação pode configurar violação a princípios da Administração (art. 11 da Lei 8.429/92), tendo em vista que não age de forma leal à Administração o servidor que, ciente da situação narrada, não comunica o fato ao superior hierárquico; ademais, é comum que os Estatutos de Funcionário Público estabeleçam o dever legal de fazer essa comunicação, o que, em acontecendo no caso concreto, também fará com que se configure violação ao princípio da legalidade, situação que também faz configurar a violação a princípios da Administração.

Gabarito "B"

(Ministério Público/MG – 2010.2) A condenação por atos de improbidade administrativa que importem enriquecimento ilícito pela percepção de qualquer tipo de vantagem patrimonial indevida em razão do exercício de cargo, mandato, função, emprego ou atividade nas entidades mencionadas no art. 1º da Lei de Improbidade Administrativa (Lei Federal n. 8.429/97), inclui as seguintes condutas, EXCETO,

(A) utilizar, em obra ou serviço particular, veículos, máquinas, equipamentos ou material de qualquer natureza, de propriedade ou à disposição de qualquer das entidades mencionadas no art. 1º da Lei n. 8.629/92, bem como o trabalho de servidores públicos, empregados ou terceiros contratados por essas entidades.

(B) permitir que se utilizem, em obra ou serviço particular, veículos, máquinas, equipamentos ou material de qualquer natureza, de propriedade ou à disposição de qualquer das entidades.

(C) adquirir, para si ou para outrem, no exercício de mandato, cargo, emprego ou função pública, bens de qualquer natureza cujo valor seja desproporcional à evolução do patrimônio ou à renda do agente público.

(D) aceitar emprego, comissão ou exercer atividade de consultoria ou assessoramento para pessoa física ou jurídica que tenha interesse suscetível de ser atingido ou amparado por ação ou omissão decorrente das atribuições do agente público, durante a atividade.

A: correto (art. 9º, IV, da Lei 8.429/92); **B:** incorreto, pois, nesse caso, pratica-se ato de improbidade na modalidade *prejuízo ao erário* (art. 10, II, da Lei 8.429/92); **C:** correto (art. 9º, VII, da Lei 8.429/92); **D:** correto (art. 9º, VIII, da Lei 8.429/92).

Gabarito "B"

(Ministério Público/MG – 2008) Sobre a Lei de Improbidade Administrativa – LIA (Lei nº 8.429/92), é **INCORRETO** afirmar que:

(A) adquirir, para si ou para outrem, no exercício de mandato, cargo, emprego ou função pública, bens de qualquer natureza cujo valor seja desproporcional à evolução do patrimônio ou à renda do agente público é considerado ato de improbidade administrativa que importa enriquecimento ilícito.

(B) a ofensa pelo agente público ao princípio da legalidade, por si só, caracteriza-se como ato de improbidade administrativa que atenta contra princípio da Administração Pública e que também causa prejuízo ao erário.

(C) é vedada a conciliação nas ações fundadas na LIA.

(D) a Fazenda Pública, quando for o caso, promoverá as ações necessárias à complementação do ressarcimento do patrimônio público.

(E) a mera negativa de publicidade a ato oficial por agente público pode ser considerada ato de improbidade administrativa.

A: correto (art. 9º, VII, da Lei 8.429/92); **B:** incorreto, pois a modalidade prevista no art. 11 da Lei 8.429/92 exige que a violação do princípio decorra de conduta dolosa; **C:** correto (art. 17, § 1º, da Lei 8.429/92); **D:** correto (art. 17, § 2º, da Lei 8.429/92); **E:** correto (art. 11, IV, da Lei 8.429/92).

Gabarito "B"

(Ministério Público/PR – 2011) É INCORRETO AFIRMAR QUE:

(A) O dano ao patrimônio público não é o substrato legitimador das sanções aplicáveis aos autores de atos de improbidade administrativa e aos respectivos beneficiários, uma vez que é elemento prescindível à configuração da improbidade;

(B) A indisponibilidade de bens na ação civil pública por ato de improbidade, recairá sobre bens que assegurem o integral ressarcimento do dano, ou sobre o acréscimo patrimonial resultante do enriquecimento ilícito;

(C) Para a caracterização do ato de improbidade administrativa que importa enriquecimento ilícito, há necessidade de que, na contrapartida da vantagem patrimonial auferida pelo agente, sobrevenha também decréscimo patrimonial do erário;

(D) No caso de percepção de vantagem indevida ou de aceitação de promessa de tal vantagem que não se revista de caráter econômico, nem mesmo de maneira indireta, a improbidade não será subsumível à hipótese de enriquecimento ilícito, admitindo-se, porém, o enquadramento do ato ímprobo na hipótese em que resulte prejuízo patrimonial para o erário ou reste caracterizada violação a princípio norteador da administração pública;

(E) A autoridade judicial ou administrativa competente poderá determinar o afastamento do agente público, a quem é imputada a prática de ato de improbidade, do exercício do cargo, emprego ou função, sem prejuízo da remuneração, quando a medida se fizer necessária à instrução processual.

A: assertiva correta (art. 21, I, da Lei 8.429/92); **B:** assertiva correta (art. 7º, p. ún., da Lei 8.429/92); **C:** assertiva incorreta, devendo ser assinalada; não é necessário prejuízo ao erário para a configuração do ato de improbidade (art. 21, I, da Lei 8.429/92); **D:** assertiva correta, pois o art. 9º da Lei 8.429/92 exige vantagem *patrimonial* indevida, o que não impede que o fato se enquadre nas modalidades dos arts. 10 e 11 da Lei 8.429/92; **E:** assertiva correta (art. 20, p. ún., da Lei 8.429/92).

Gabarito "C"

(Ministério Público/PR – 2009) Assinale a alternativa INCORRETA:

(A) Ao particular que, juntamente com agente público, frustra a licitude de processo licitatório, pode ser aplicada a sanção de suspensão dos direitos políticos, pelo prazo de 05 (cinco) a 08 (oito) anos, conforme disposições da Lei nº 8.429/92;

(B) O Prefeito Municipal que realiza operação financeira sem a observância das normas legais e regulamentares pode receber as sanções previstas na Lei nº 8.429/92, ainda que suas contas tenham sido aprovadas pelo Tribunal de Contas do Estado;

(C) Constitui ato de improbidade administrativa que importa em enriquecimento ilícito adquirir o funcionário público, no exercício da função pública, bem imóvel cujo valor seja desproporcional à sua renda ou evolução patrimonial, sujeitando-lhe, dente outras, às sanções de perda do bem acrescido ilicitamente ao patrimônio e perda da função pública;

(D) A posse e o exercício do agente público ficam condicionados à apresentação de declaração dos bens e valores que compõem o seu patrimônio privado, inclusive do cônjuge ou companheiro, se casado ou vivendo em união estável, que deve ser atualizada anualmente, punindo-se com demissão aquele que a prestar falsamente;

(E) A mera circunstância de entidade privada, com regime jurídico de direito privado, receber subvenções ou incentivos de órgão público não torna os seus dirigentes sujeitos às penalidades da Lei nº 8.429/92.

A: correta (art. 10, VIII, c/c 12, II, da Lei 8.429/92); **B:** correta (art. 21, II, da Lei 8.429/92); **C:** correta (art. 9º, VII, c/c art. 12, I, da Lei 8.429/92); **D:** correta (art. 13, §§ 1º a 3º, da Lei 8.429/92); **E:** incorreta (art. 1ª, parágrafo único, da Lei 8.429/92).

Gabarito "E"

(Ministério Público/PR – 2008) Assinale a alternativa correta:

(A) As disposições da Lei da Improbidade Administrativa são aplicáveis somente ao agente público, conceituado como aquele que exerce, ainda que transitoriamente ou sem remuneração, mandato, cargo, emprego ou função pública.

(B) Os atos de improbidade administrativa são classificados nos que importam em enriquecimento ilícito e nos que causam prejuízo ao erário, sendo que a mera ofensa aos princípios da administração pública não configura ato de improbidade, pois não provoca lesão, propriamente dita, ao patrimônio público.

(C) O empenho, indispensável para a realização de despesas, é o ato que cria para o Estado obrigação de pagamento, pendente ou não de implemento de condição.

(D) A liquidação da despesa consiste no pagamento de determinada obrigação pela administração pública.

(E) É vedado ao ocupante de cargo eletivo, em qualquer hipótese, nos últimos dois quadrimestres do seu mandato, contrair obrigação de despesa que não possa ser cumprida integralmente dentro dele, ou que tenha parcelas a serem pagas no exercício seguinte.

A: incorreta (arts. 2º e 3º da Lei 8.429/92); **B:** incorreta (art. 11 da Lei 8.429/92); **C:** correta (arts. 58 e 60 da Lei 4.320/64); **D:** incorreta (art. 63 da Lei 4.320/64); **E:** incorreta (art. 42 da Lei Complementar 101/00).

Gabarito "C"

(Ministério Público/SP – 2006) Em relação aos atos de improbidade administrativa descritos na Lei n. 8.429/92, analise as seguintes afirmações e assinale a alternativa correta:

I. Somente se caracterizam como atos de improbidade as condutas que importem em enriquecimento ilícito ou prejuízo ao erário.

II. Somente são aplicáveis as disposições da lei de improbidade aos agentes públicos, tal como definidos no corpo do mencionado texto legal.

III. As disposições da lei de improbidade são aplicáveis àquele que, mesmo não sendo agente público, induza ou concorra para a prática do ato de improbidade ou dele se beneficie.

(A) Apenas a afirmativa I é correta.

(B) As afirmativas I e II são corretas.

(C) Apenas a afirmativa II é correta.

(D) As afirmativas I e III são corretas.

(E) Apenas a afirmativa III é correta.

I: incorreta (art. 11 da Lei 8.429/92); II: incorreta (art. 3º da Lei 8.429/92); III: correta (art. 3º da Lei 8.429/92).

Gabarito "E"

2. SANÇÕES E PROVIDÊNCIAS CAUTELARES

(Ministério Público/ES – 2013 – VUNESP) A ação de improbidade administrativa

(A) tem como objetivo tão somente proteger a moralidade administrativa.

(B) prevê a possibilidade da concessão de tutela cautelar (de evidência) de indisponibilidade de bens.

(C) possui como legitimados ativos todos aqueles indicados como legítimos para a ação civil pública.

(D) possui natureza preventiva.

(E) tem natureza penal, haja vista que a Lei n.º 8.429/92 traz condutas típicas em seu artigo 12.

A: incorreta, pois a improbidade administrativa é uma imoralidade qualificada, ou seja, objeto de previsão legal, especialmente na Lei n. 8.429/92; **B:** correta, pois a medida de indisponibilidade de bens tem fundamento expresso na Lei n. 8.429/92 (art. 7º) e na Constituição Federal (art. 37, § 4º); **C:** incorreta, pois a ação deve ser proposta pelo MP ou pela pessoa jurídica de direito público interessada (art. 17 da Lei n. 8.429/92); **D:** incorreta, pois a ação é voltada ao passado, isto é, ao sancionamento da conduta pratica por agente público em sentido amplo; **E:** incorreta, pois a ação de improbidade tem por objetivo a responsabilização civil (*lato sensu*). As sanções por improbidade são aplicáveis independentemente das sanções penais (CF, art. 37, § 4º).

Gabarito "B"

(Ministério Público/GO – 2013) Das assertivas abaixo, aponte aquela prevista na Lei n. 8.429/92 que dispõe sobre as sanções aplicáveis aos agentes públicos nos casos de enriquecimento ilícito no exercício de mandato, cargo, emprego ou função na administração pública direta, indireta ou fundacional e dá outras providências:

(A) reputa-se agente público, para os efeitos da lei, todo aquele que exerce, ainda que transitoriamente ou sem remuneração, por eleição, nomeação, designação, contratação ou qualquer outra forma de investidura ou vínculo, mandato, cargo, emprego ou função nas entidades mencionadas na lei.

(B) todos os atos de improbidade administrativa importam enriquecimento ilícito e causam prejuízo ao erário.

(C) será punido com a pena de suspensão, a bem do serviço público, sem prejuízo de outras sanções cabíveis, o agente público que se recusar a prestar declaração dos bens exigida por Lei, dentro do prazo determinado, ou que a prestar falsa.

(D) no processo judicial, estando a inicial em devida forma, o juiz mandará autuá-la e ordenará a notificação do requerido, para oferecer manifestação por escrito, que poderá ser instruída com documentos e justificações, dentro do prazo de quinze dias, sendo referida manifestação considerada a contestação para todos os efeitos.

A: correta, pois é o que estabelece o art. 2º da Lei n. 8.429/92; **B:** incorreta, pois também existem atos de improbidade que decorrem da violação dos princípios aplicáveis à administração pública, independentemente de eventual enriquecimento ilícito ou prejuízo (art. 11 da Lei n. 8.429/92); **C:** incorreta, pois a sanção, no caso, é de demissão (art. 13, § 3º, da Lei n. 8.429/92); **D:** incorreta, pois a referida manifestação é anterior ao recebimento da inicial. Assim, não é a contestação, que poderá ser oferecida após o recebimento da inicial e o processamento da ação sob o rito ordinário (art. 17, § 9º, da Lei n. 8.429/92).

Gabarito "A"

(Ministério Público/SP – 2013 – PGMP) Analise as seguintes afirmações, à luz da Lei 8.429/1992 (Lei de Improbidade Administrativa):

I. Dentre outros, estão sujeitos às penalidades previstas na Lei 8.429/1992 os atos de improbidade praticados contra o patrimônio de entidade para cuja criação ou custeio o erário haja concorrido ou concorra com menos de cinquenta por cento do patrimônio ou da receita anual, limitando-se, nestes casos, a sanção patrimonial à repercussão do ilícito sobre a contribuição dos cofres públicos.

II. A condição para a posse e o exercício do cargo do agente público, consistente na entrega de declaração de bens e valores que compõem o seu patrimônio privado, deve compreender imóveis, móveis, semoventes, dinheiro, títulos, ações, e qualquer outra espécie de bens e valores patrimoniais, localizados no País ou no exterior, e, quando for o caso, abrangerá os bens e valores patrimoniais do cônjuge ou companheiro, dos filhos, dispensadas da relação os bens de outras pessoas, ainda que vivam sob a dependência econômica do declarante, bem como os objetos e utensílios de uso doméstico.

III. Apurada em regular inquérito civil a prática de ato de improbidade administrativa consistente em perceber o agente público vantagem econômica direta para facilitar a alienação, permuta ou locação de bem público, em determinadas circunstâncias é possível ao Promotor de Justiça a propositura de ação apenas para postular o ressarcimento do dano.

IV. Independentemente das sanções penais, civis e administrativas previstas na legislação específica, o responsável pelo ato de improbidade administrativa está sujeito às cominações previstas no respectivo diploma, às quais devem ser aplicadas cumulativamente.

V. Quando proposta pelo Ministério Público é imprescindível a instauração de inquérito civil para ulterior propositura de ação por ato de improbidade administrativa.

Está CORRETO o que se afirma somente nos itens:

(A) I, II e III.

(B) I, III e IV.

(C) II, III e V.

(D) I e III.

(E) II e IV.

I: correta (art. 1°, parágrafo único, da Lei 8.429/1992); **II:** incorreta, pois os objetos e utensílios de uso doméstico ficam excluídos da declaração de bens (art. 13, § 1°, da Lei 8.429/1992); **III:** correta, pois o responsável pelo ato de improbidade está sujeito às penalidades previstas no art. 12 da Lei 8.429/1992, dentre elas o ressarcimento integral do dano, que pode estar ou não cumulado com outra sanção; **IV:** incorreta, pois as sanções podem ser aplicadas isolada ou cumulativamente, de acordo com a gravidade do fato (art. 12 da Lei 8.429/1992); **V:** incorreta, pois não é necessária a instauração de inquérito civil para a propositura da ação, desde que a inicial esteja instruída com documentos ou justificação que contenham indícios suficientes da existência do ato de improbidade (art. 17, § 6°, da Lei 8.429/1992).

Gabarito "D"

(Ministério Público/SP – 2013 – PGMP) Considere as seguintes afirmações, à luz da Lei 8.429/1992 (Lei de Improbidade Administrativa):

I. Na ação proposta pelo Ministério Público, quando couber, é facultado a qualquer cidadão habilitar-se como litisconsorte ativo ou assistente do autor.

II. A jurisprudência majoritária no STJ se faz no sentido que não há formação de litisconsórcio passivo necessário entre o agente público réu e pessoas participantes ou beneficiárias de fraudes e irregularidades nas ações civis públicas movidas para o fim de apurar e punir atos de improbidade administrativa.

III. A ação principal, quando precedida de procedimento cautelar de sequestro, terá o rito ordinário, e será proposta pelo Ministério Público ou pela pessoa jurídica interessada, no prazo de trinta dias da efetivação da medida cautelar.

IV. Na Lei de Improbidade Administrativa é vedado, na respectiva ação, que se promova transação, acordo ou conciliação.

V. A aplicação das sanções previstas na Lei de Improbidade Administrativa independe da efetiva ocorrência do dano, salvo quanto à multa civil, e da aprovação ou rejeição das contas pelo órgão de controle interno ou pelo Tribunal ou Conselho de Contas.

Está CORRETO apenas o que se afirma nos itens:

(A) I e III.

(B) II, III e IV.

(C) III, IV e V.

(D) I, III e IV.

(E) I, II, III e IV.

I: incorreta, pois somente é admissível que pessoa jurídica de direito público ou de direito privado, cujo ato seja objeto de impugnação, abstenha-se de contestar o pedido, ou atue ao lado do autor, desde que isso se afigure útil ao interesse público (art. 17, § 3°, da Lei 8.429/1992). Assim, não há previsão legal na lei de improbidade administrativa a respeito da habilitação do cidadão como litisconsorte ou assistente do autor da ação, como ocorre com a lei da ação popular, nos termos do art. 6°, § 5°, da Lei 4.717/1965; **II:** correta, pois, de fato, consoante entendimento consolidado do STJ, não existe litisconsórcio passivo necessário entre o agente público e terceiro que tenha concorrido para a prática do ato tido como ímprobo (STJ, REsp 783.823-GO; REsp 704.757-RS; REsp 737.978-MG; Informativo 384); **III:** correta (art. 17, *caput*, da Lei 8.429/1992); **IV:** correta (art. 17, § 1°, da Lei 8.429/1992); **V:** incorreta, pois a aplicação das sanções previstas na lei de improbidade administrativa independe da efetiva ocorrência de dano ao patrimônio público, salvo quanto à pena de ressarcimento, bem como da aprovação ou rejeição das contas pelo órgão de controle interno ou pelo Tribunal ou Conselho de Contas (art. 21, I e II, da Lei 8.429/1992).

Gabarito "B"

(Ministério Público/SC – 2012) Analise as assertivas a seguir.

I. O prefeito afastado do cargo por medida judicial cautelar em ação de improbidade administrativa, terá seus direitos políticos assegurados (votar e ser votado), estando legitimado a exercer a representatividade popular do cargo que concorreu posteriormente, caso eleito.

II. A multa prevista no art. 12, e seus incisos, da Lei n. 8.429/1992, de caráter inibitório, não está ligada a uma relação de equilíbrio com o dano causado, sendo o montante deste sempre inferior ao da multa.

III. Para a posição doutrinária e jurisprudencial que admite a aplicação não cumulativa das sanções do art. 12, incisos I, II e III da LIA, tal entendimento, longe de ofender o equilíbrio constitucional dos poderes e levar ao arbítrio judicial, viabilizará a interpretação conforme a Constituição Cidadã e minimizará a dissonância existente entre a tutela dos direitos fundamentais e a severidade das sanções cominadas.

IV. A prescrição para o agente detentor de mandato de Prefeito que tenha praticado ato de improbidade no primeiro ano de mandato começará a fluir, mesmo em caso de reeleição, a partir do término do último mandato outorgado ao agente, posto a unicidade à sua atividade e a temporariedade do vínculo a que alude o inciso I, do art. 23, da LIA

V. As condutas do art. 11, da LIA, isoladamente, não geram a perda de bens.

(A) Apenas as assertivas I, II, III e IV estão corretas.

(B) Apenas as assertivas II, III e IV estão corretas.

(C) Apenas as assertivas I, II, IV e V estão corretas.

(D) Apenas as assertivas II, III e V estão corretas.

(E) Todas as assertivas estão corretas.

I: correta, pois a medida cautelar não fulmina os direitos políticos. Nos termos do art. 20 da LIA, *a perda da função pública e a suspen-*

são dos direitos políticos só se efetivam com o trânsito em julgado da sentença condenatória. O texto retrata lição de Emerson Garcia (*Improbidade administrativa*. 6. ed. Rio de Janeiro: Lumen Juris, 2011. p. 556); II: correta, pois conforme à lição de Emerson Garcia (*Improbidade administrativa*. 6. ed. Rio de Janeiro: Lumen Juris, 2011. p. 582): "Considerando a previsão autônoma de ressarcimento do dano, não há que se falar em caráter indenizatório da multa. Ela não se encontra alicerçada em uma relação de equilíbrio com o dano causado, que é valorado unicamente para fins de fixação do montante da multa, a qual sempre atingirá patamares superiores aos do dano". De fato, o valor da multa será de até duas vezes o valor do dano (LIA, art. 12, II); III: correta, pois é a exata lição de Emerson Garcia (*Improbidade administrativa*. 6. ed. Rio de Janeiro: Lumen Juris, 2011. p. 601); IV: correta, pois o prazo será contado do término do segundo mandato, tendo em vista a continuidade do governo. A segunda Turma do STJ, conforme o Informativo 0406, decidiu que, no caso de reeleição, o prazo prescricional deve ser contado a partir do fim do segundo mandato: "A Lei de Improbidade associa, no art. 23, I, o início da contagem do prazo prescricional ao término de vínculo temporário, entre os quais o exercício de mandato eletivo. De acordo com a justificativa da PEC de que resultou a EC 16/1997, a reeleição, embora não prorrogue simplesmente o mandato, importa em fator de continuidade da gestão administrativa. Portanto, o vínculo com a Administração, sob o ponto de vista material, em caso de reeleição, não se desfaz no dia 31 de dezembro do último ano do primeiro mandato para se refazer no dia 1º de janeiro do ano inicial do segundo mandato. Em razão disso, o prazo prescricional deve ser contado a partir do fim do segundo mandato. O administrador, além de detentor do dever de consecução do interesse público, guiado pela moralidade – e por ela limitado –, é o responsável, perante o povo, pelos atos que, em sua gestão, em um ou dois mandatos, extrapolem tais parâmetros. A estabilidade da estrutura administrativa e a previsão de programas de execução duradoura possibilitam, com a reeleição, a satisfação, de forma mais concisa e eficiente, do interesse público. No entanto, o bem público é de titularidade do povo, a quem o administrador deve prestar contas. E se, por dois mandatos seguidos, pôde usufruir de uma estrutura mais bem planejada e de programas de governo mais consistentes, colhendo frutos ao longo dos dois mandatos – principalmente, no decorrer do segundo, quando os resultados concretos realmente aparecem – deve responder inexoravelmente perante o titular da res publica por todos os atos praticados durante os oito anos de administração, independente da data de sua realização. REsp 1.107.833-SP, Rel.Min. Mauro Campbell Marques, julgado em 08.09.2009"; V: correta, pois a sanção mencionada não é prevista pelo art. 12, III, da LIA. Ou seja, não é prevista no caso de ato de improbidade que atenta contra os princípios aplicáveis à administração pública (LIA, art. 11).

Gabarito "E"

(Ministério Público/SC – 2012) Analise as assertivas a seguir.

I. A sanção da perda da função pública decorrente do reconhecimento judicial da prática de ato de improbidade, tem cunho constitutivo negativo e atingirá tanto o cargo efetivo do agente como comissionado por ele ocupado, seja no mesmo ou em outro órgão ou entidade estatal, inclusive em nível de governo diferente daquele em que praticou o ato ímprobo.

II. O Aposentado que vier a praticar ato de improbidade no exercício de nova função pública, após condenação com sanção de perda da função pública, no momento próprio de sua execução, perderá o vínculo desta função e também terá cassada a aposentadoria.

III. A suspensão dos direitos políticos aplicada ao agente por ato ímprobo anterior, mas no momento em que tiver exercendo mandato eletivo vier a transitar em julgado a decisão, será ele (agente) afastado do cargo para o qual foi eleito.

IV. Cuidando-se da prática de atos ímprobos contra bens e interesses estaduais ou municipais, a atribuição para a instauração de Inquérito Civil ou Procedimento Preparatório é do Promotor de Justiça ou do Procurador-Geral de Justiça, conforme o caso concreto.

V. A ação civil pública de responsabilidade por ato de improbidade administrativa (Lei n. 8.429/1992), admite a interposição de medida cautelar de sequestro especial, contudo imprescindível os requisitos do art. 813, do CPC e que sobre o(s) bem(s) haja litigiosidade.

(A) Apenas as assertivas III e V estão corretas.

(B) Apenas as assertivas II, III e IV estão corretas.

(C) Apenas as assertivas I, IV e V estão corretas.

(D) Apenas as assertivas I, III e IV estão corretas.

(E) Todas as assertivas estão corretas.

I: correta. Nesse sentido a lição de Emerson Garcia (*Improbidade administrativa*. 6. ed. Rio de Janeiro: Lumen Juris, 2011. p. 556); II: incorreta, pois, como ensina Emerson Garcia (*Improbidade administrativa*. 6. ed. Rio de Janeiro: Lumen Juris, 2011. p. 557-558), "esse entendimento termina por colidir com o caráter contributivo dos benefícios previdenciários, o que confere um *plus* ao seu fundamento existencial que não o mero exercício da função pública, e com a ausência de previsão expressa na Lei 8.429/1992"; III: correta, pois, como ensina Emerson Garcia (*Improbidade administrativa*. 6. ed. Rio de Janeiro: Lumen Juris, 2011. p. 556), "ainda que o agente exerça duas ou mais atribuições, de origem eletiva ou contratual, ou uma função distinta daquela que exercia por ocasião do ilícito, o provimento jurisdicional haverá de alcançar todas, determinando a completa extinção das relações existentes entre o agente e o Poder Público"; IV: correta, pois a competência é da Justiça Estadual. Assim, a atribuição é do MP Estadual. Por isso, o inquérito será instaurado pelo Promotor de Justiça ou, excepcionalmente, pelo Procurador-Geral de Justiça. Ocorre que determinadas autoridades são investigadas pelo Procurador-Geral de Justiça, de acordo com a previsão na Lei Orgânica do Ministério Público. Por exemplo, quando o ato investigado envolve o Governador do Estado, a atribuição é do chefe da instituição; V: incorreta, pois, no caso das medidas de indisponibilidade ou de sequestro de bens, por ato de improbidade administrativa, o *periculum in mora* é presumido: "Administrativo e processual civil. Ação civil pública. Improbidade administrativa. Liminar. Indisponibilidade de bens. *Periculum in mora* presumido. A concessão da medida de indisponibilidade não está condicionada à comprovação de que os réus estejam dilapidando seu patrimônio, ou na iminência de fazê-lo, tendo em vista que o *periculum in mora* está implícito no comando legal. Assim deve ser a interpretação da lei, porque a dilapidação é ato instantâneo que impede a atuação eficaz e acautelatória do Poder Judiciário. Precedentes: Edcl no REsp 1.211.986/MT, Rel. Min. Herman Benjamin, 2ª Turma, *DJe* 09.06.2011; REsp 1.244.028/RS, Rel. Min. Mauro Campbell Marques, Segunda Turma, *DJe* 02.09.2011; Edcl no REsp 1.205.119/MT, Rel. Min. Mauro Campbell Marques, 2ª Turma, *DJe* 08.02.2011; REsp 1.190.846/PI, Rel. Min. Castro Meira, Segunda Turma, *DJe* 10.02.2011; REsp 967.841/PA, Rel. Min. Mauro Campbell Marques, 2ª Turma, *DJe* 08.10.2010; REsp 1.203.133/MT, Rel. Min. Castro Meira, Segunda Turma, *DJe* 28.10.2010; REsp 1.199.329/MT, Rel. Min. Mauro Campbell Marques, Segunda Turma, *DJe* 08.10.2010; REsp 1.177.290/MT, Rel. Min. Herman Benjamin, Segunda Turma,

DJe 01.07.2010; REsp 1.177.128/MT, Rel. Min. Herman Benjamin, 2ª Turma, *DJe* 16.09.2010; REsp 1.135.548/PR, Rel. Ministra Eliana Calmon, Segunda Turma, *DJe* 22.06.2010; REsp 1.134.638/MT, Relator Ministra Eliana Calmon, 2ª Turma, *DJe* 23.11.2009; REsp 1.098.824/SC, Rel. Ministra Eliana Calmon, Segunda Turma, *DJe* 04.08.2009".

Gabarito "D"

(Ministério Público/SC – 2008) Analise as seguintes assertivas:

Foi interposto recurso de agravo de instrumento, com pedido de efeito suspensivo ativo, pelo Ministério Público, inconformado com a decisão interlocutória que, nos autos de ação com pedido cautelar de indisponibilidade de bens, por si proposta em face do ex-Prefeito de Municipiolândia e outros, indeferiu liminarmente pedido para tornar indisponível os bens dos réus, ora agravados.

O argumento da denegação explicitou que não houvera individualização das responsabilidades de cada envolvido, tampouco a caracterização do *fumus boni juris* e do *periculum in mora* necessários para a concessão do pedido liminar.

Em sua minuta de agravo, o agravante denotou que a instância judicial fora inicialmente provocada em virtude da suposta ocorrência de ato de improbidade administrativa, eis que o ex-Prefeito em questão, teria, nos anos de 2004 e 2005, época em que estava em seu mandato, beneficiado empresas de transporte coletivo, mediante a expedição de decretos que, sem a específica autorização legislativa e subsequente procedimento licitatório, autorizaram o repasse de recursos, na forma de subsídios, para a contratação daquelas a fim de realizarem o transporte escolar municipal.

I. O Ente ministerial propôs ação civil pública, com pedido cautelar de indisponibilidade de bens, no intuito de, prontamente, acautelar a futura execução de sentença condenatória que decretasse a perda dos bens acrescidos ao patrimônio dos réus indevidamente, bem como o pagamento da multa civil correlata a ser imposta.

II. No recurso oferecido, o *periculum in mora* reside na possibilidade do erário não vir a ser ressarcido quando do trânsito em julgado da sentença condenatória. Assim, a indisponibilidade patrimonial mostra-se medida impreterível diante de situação que teria acarretado lesão ao patrimônio público por conduta prejudicial de agente público e de terceiros.

III. A indisponibilidade deve recair apenas sobre os bens que se fizerem suficientes para assegurar o ressarcimento integral do dano ou do acréscimo patrimonial resultante do enriquecimento ilícito. Isto é, a constrição pleiteada deve incidir apenas sobre o montante necessário à plena reparação do dano, não sobre todo o patrimônio dos requeridos quando este se apresentar superior ao prejuízo.

IV. Quanto ao *fumus boni juris*, tem-se que a contratação dos serviços, por parte do agravado ex-Prefeito, foi efetivada de modo irregular, pois não atendido o procedimento licitatório devido, bem como existentes indícios de fraude por se tratar de pagamento mensal às transportadoras (incluídos os meses de recesso escolar).

V. A concessão da medida de indisponibilidade deve observar a individualização das responsabilidades acometidas a cada empresa transportadora envolvida, providência indispensável por não se tratar de hipótese de responsabilidade solidária.

(A) apenas I, III, IV e V estão corretos

(B) apenas I e II estão corretos

(C) apenas II, IV e V estão corretos

(D) apenas II e IV estão corretos

(E) todos estão corretos

I: correta, pois a medida cautelar de indisponibilidade de bens tem caráter patrimonial e está relacionada à garantia da efetividade da futura execução por quantia certa. Destina-se mais diretamente a garantir a integral reparação do dano, mas também pode garantir o adimplemento da multa civil, quando houve lesão ao patrimônio público; II: correta, pois a medida cautelar de indisponibilidade de bens está relacionada ao ressarcimento do erário e deve ser aplicada, portanto, no caso de enriquecimento ilícito e de prejuízo ao erário (arts. 9º e 10 da LIA); III: correta, pois a indisponibilidade não deve ser total. Deve incidir sobre o necessário à plena reparação do dano. Daí a importância da estimativa do dano na petição inicial; IV: correta, pois a assertiva descreve atos que configuram, em tese, atos de improbidade administrativa; V: correta, pois não há solidariedade entre os autores, coautores e partícipes do ato de improbidade administrativa. No caso, cada empresa é beneficiária do ato de improbidade.

Gabarito "E"

(Ministério Público/SP – 2012 – VUNESP) Com relação à Lei de Improbidade Administrativa (Lei n. 8.429/1992), é correto afirmar:

(A) As ações de improbidade administrativa até o valor de 60 salários mínimos serão processadas nos Juizados Especiais da Fazenda Pública (Lei n. 12.153/2009).

(B) O ressarcimento integral do dano será possível apenas se a lesão ao patrimônio público ocorrer por ação dolosa do agente público.

(C) O sucessor daquele que se enriquecer ilicitamente, por ato de improbidade administrativa, está sujeito às cominações da lei de improbidade pelo total da vantagem patrimonial indevida, ainda que esse ultrapasse o valor da herança.

(D) Caberá à autoridade administrativa responsável pelo inquérito representar ao Ministério Público para indisponibilidade dos bens do indiciado.

(E) As penalidades previstas na Lei n. 8.429/1992 se aplicadas cumulativamente excluirão outras sanções civis ou administrativas previstas em legislação específica.

A: incorreta, pois, nos termos do art. 2º, § 1º, I, da Lei n. 12.153/2009, não se incluem na competência do Juizado Especial da Fazenda Pública as ações de improbidade administrativa; **B:** incorreta, pois o ato de improbidade que causa prejuízo ao erário pode ser punido a título de dolo ou culpa (LIA, art. 10); **C:** incorreta, pois *o sucessor daquele* *que causar lesão ao patrimônio público ou se enriquecer ilicitamente está sujeito às cominações desta lei até o limite do valor da herança* (art. 8º da LIA); **D:** correta, pois é o que estabelece o art. 16 da LIA; **E:** incorreta, pois as penalidades previstas na LIA não excluem as demais sanções civis ou administrativas (LIA, art. 12, *caput*).

Gabarito "D"

(Ministério Público/GO – 2012) Em relação à tutela da probidade administrativa é incorreto afirmar:

(A) em face do princípio da congruência ficará o Juiz vinculado ao pedido formulado pelo autor da ação de improbidade administrativa, não podendo condenar o agente ímprobo à sanção não contida no pedido inicial;

(B) em face do princípio da congruência, em relação à causa de pedir haverá vinculação entre a inicial e a prestação jurisdicional, não podendo o Juiz aplicar uma sanção por fato não descrito pelo autor da ação de improbidade administrativa;

(C) de acordo com a Súmula 208 do STJ compete à Justiça Federal processar e julgar agente político por desvio de verba sujeita a prestação de contas perante órgão federal;

(D) a multa civil prevista no artigo 12 da Lei 8.429/1992 será destinada ao sujeito passivo do ato de improbidade e não ao Fundo de Defesa dos Direitos Difusos previsto no artigo 13 da Lei 7.347/1985.

A: incorreta, pois a jurisprudência do STJ permite ao juiz dar aos fatos definição jurídica diversa daquela apontada pelo autor, na inicial. O STJ no julgamento do REsp 842.428/ES, afirmou que "não infringe o princípio da congruência a decisão judicial que enquadra o ato de improbidade em dispositivo diverso do indicado na inicial, eis que deve a defesa ater-se aos fatos e não à capitulação legal"; **B:** correta, pois o juiz não pode considerar fato que não tenha sido imputado ao réu; **C:** correta. É o teor da súmula; vale salientar que, apesar de a Súmula 208 do STJ se referir aos prefeitos, a competência também se estende a outros agentes políticos nos casos de verba desviada sujeita a prestação de contas perante a Justiça Federal; **D:** correta, pois há regra específica, no sentido da assertiva, no art. 18 da LIA: *A sentença que julgar procedente ação civil de reparação de dano ou decretar a perda dos bens havidos ilicitamente determinará o pagamento ou a reversão dos bens, conforme o caso, em favor da pessoa jurídica prejudicada pelo ilícito.*

Gabarito "A"

(Ministério Público/PI – 2008) A Lei n. 8.429/1992 que regula a ação de improbidade, dentre as penas previstas, sujeita o responsável pelo ato de improbidade às seguintes sanções:

(A) inabilitação para o exercício de função pública, por oito anos.

(B) cassação dos direitos políticos e pagamento de multa civil.

(C) perda do mandato e dos direitos políticos.

(D) proibição de contratar com o Poder Público.

(E) perda da função pública e indisponibilidade dos bens.

A: incorreta, pois a sanção é de *perda* da função pública; **B:** incorreta, pois, no caso, há *suspensão* dos direitos políticos; **C:** incorreta, pois, como se disse, há *suspensão* e não *perda* dos direitos políticos; **D:** correta, pois a sanção é prevista no art. 12 da LIA; **E:** incorreta, pois a indisponibilidade de bens é medida cautelar e não propriamente uma sanção.

Gabarito "D"

(Ministério Público/BA – 2005) Tocante à Lei de Improbidade Administrativa (Lei nº 8.429/92), assinale a alternativa correta:

(A) A aplicação das sanções penais e civis depende da rejeição das contas pelo Órgão de Controle Interno ou pelo Tribunal ou Conselho de Contas.

(B) Durante a instrução processual, a autoridade administrativa pode determinar o afastamento de agente público do exercício do cargo.

(C) A perda da função pública exige a efetiva ocorrência de dano ao patrimônio público e só se concretizará após o trânsito em julgado da sentença condenatória, segundo disposição expressa do artigo 20, da lei supra referida.

(D) O afastamento do agente público do exercício do cargo poderá ser efetuado pela autoridade judiciária apenas com o trânsito em julgado da sentença condenatória.

(E) As alternativas C e D estão corretas.

A: incorreta (art. 21, II, da Lei 8.429/92); **B:** correta (art. 20, parágrafo único, da Lei 8.429/92); **C:** incorreta (art. 20 da Lei 8.429/92); **D:** incorreta (art. 20, parágrafo único, da Lei 8.429/92); **E:** incorreta, pois somente a alternativa "B" está correta.

Gabarito "B"

(Ministério Público/ES – 2010 – CESPE) Com referência à improbidade administrativa, tendo em vista o disposto na Lei nº 8.429/1992, assinale a opção correta.

(A) A aplicação das sanções previstas na Lei de Improbidade depende da efetiva ocorrência de dano ao patrimônio público.

(B) A ação de improbidade, quando proposta pelo MP, há que ser obrigatoriamente precedida de inquérito civil público.

(C) As ações de improbidade devem ser propostas no prazo de cinco anos, contados da prática do ilícito que enseje sua propositura.

(D) A autoridade judicial ou administrativa competente poderá determinar o afastamento do agente público do exercício do cargo, emprego ou função, sem prejuízo da remuneração, quando a medida se fizer necessária à instrução processual.

(E) Não sendo a ação de improbidade proposta pelo MP, terá ele a opção de atuar, ou não, no processo, a critério de seu representante.

A: incorreta, pois as modalidades de enriquecimento ilícito do agente (art. 9º da Lei 8.429/92) e de violação a princípios da Administração (art. 11 da Lei 8.429/92) não dependem da efetiva ocorrência de dano ao patrimônio público, ao contrário da modalidade prevista no art. 10 da Lei 8.429/92; **B:** incorreta, pois o inquérito civil é mera peça informativa, de modo que, caso o órgão do Ministério Público já tenha elementos para ingressar com a ação civil pública, independentemente da instauração de inquérito civil, a ação poderá ser promovida; **C:** incorreta, pois, caso se trate de agente efetivo, o prazo prescricional é contado segundo o que dispõe o Estatuto de Funcionário Público local para a pena de demissão a bem do serviço público, e, caso se trate de agente com vínculo transitório (cargo em comissão, mandato), o prazo de 5 anos é contado do término do vínculo (art. 23 da Lei 8.429/92); **D:** correta (art. 20, parágrafo único, da Lei 8.429/92); **E:** incorreta, pois, nesse caso, o Ministério Público atuará obrigatoriamente como fiscal da lei, sob pena de nulidade (art. 17, § 4º, da Lei 8.429/92).

Gabarito "D"

(Ministério Público/MG – 2010.2) São consideradas sanções pela prática de atos de improbidade administrativa, EXCETO,

(A) perda dos direitos políticos.

(B) ressarcimento integral dos danos causados ao erário.

(C) pagamento de multa civil até 3 (três) vezes o valor do acréscimo patrimonial indevidamente auferido pelo agente.

(D) proibição de contratar com o Poder Público ou receber benefícios ou incentivos fiscais ou creditícios, ainda que indiretamente, inclusive por intermédio de pessoa jurídica da qual seja o agente sócio majoritário, pelo prazo de 10 (dez) anos.

O art. 12 da Lei 8.429/92 traz todas as sanções mencionadas nas alternativas, à exceção da sanção de *perda dos direitos políticos*, pois a sanção correspondente é de *suspensão* dos direitos políticos.

Gabarito "A"

(Ministério Público/MS – 2011 – FADEMS) Analise as afirmativas abaixo relacionadas referente à Lei de Improbidade Administrativa (Lei nº 8.429/92):

I. A condenação pela prática de ato de improbidade administrativa que causa lesão ao erário por qualquer ação ou omissão, dolosa ou culposa, que enseje perda patrimonial, desvio, apropriação, malbaratamento ou dilapidação dos bens ou haveres das entidades mencionadas no art. 1º da Lei nº 8.429/92 inclui a conduta de utilizar, em obra ou serviço particular, veículos, máquinas, equipamentos ou material de qualquer natureza, de propriedade ou à disposição de qualquer das entidades mencionadas no art. 1º da Lei nº 8.429/92, bem como o trabalho de servidores públicos, empregados ou terceiros contratados por essas entidades.

II. A condenação pela prática de ato de improbidade administrativa que atenta contra os princípios da administração pública consistente em qualquer ação ou omissão que viole deveres de honestidade, imparcialidade, legalidade e lealdade às instituições inclui a conduta de negar publicidade a atos oficiais.

III. A indisponibilidade de bens prevista no art. 7º da Lei nº 8.429/92 recairá somente sobre bens que assegurem o integral ressarcimento do dano.

IV. São consideradas sanções aplicáveis pela prática de atos de improbidade administrativa, entre outras: a perda dos bens ou valores acrescidos ilicitamente ao patrimônio, o ressarcimento integral do dano, o pagamento de multa civil de até três vezes o valor do acréscimo patrimonial, a perda dos direitos políticos e a proibição de contratar com o Poder Público ou receber benefícios ou incentivos fiscais ou creditícios, direta ou indiretamente, ainda que por intermédio de pessoa jurídica da qual seja sócio majoritário, pelo prazo de cinco anos.

A análise permite concluir que:

(A) apenas a afirmativa III está correta;

(B) apenas a afirmativa IV está incorreta;

(C) a afirmativa II está correta e a afirmativa I está incorreta;

(D) as afirmativas I e III estão corretas;

(E) as afirmativas II e IV estão incorretas.

I: incorreta, pois quando o agente UTILIZA tais veículos, máquinas e equipamentos, o caso de é de improbidade por enriquecimento ilícito (art. 9º, IV, da Lei 8.429/92); já quando o agente PERMITE QUE SE UTILIZE, aí sim é que teríamos improbidade por prejuízo ao erário (art. 10, XIII, da Lei 8.429/92); II: correta (art. 11, *caput* e IV, da Lei 8.429/92); III: incorreta, pois também recairá sobre o acréscimo patrimonial resultante do enriquecimento ilícito (art. 7º, p. ún., da Lei 8.429/92); IV: incorreta, pois não existe perda dos direitos políticos, mas apenas a suspensão dos direitos políticos (art. 12 da Lei 8.429/92).

Gabarito "C"

(Ministério Público/MS – 2011 – FADEMS) Aponte a alternativa **correta**: No tocante às sanções previstas na Lei nº 8.429/92, pode-se afirmar:

(A) quando aplicadas não admitem cumulação com as penas previstas no Código Penal Brasileiro;

(B) quando aplicadas não admitem cumulação com as sanções previstas no caso de faltas disciplinares cometidas por agente público que exerça cargo efetivo ou emprego, previstas em lei específica;

(C) sua aplicação independe da efetiva ocorrência do dano ao patrimônio público, salvo quanto à pena de ressarcimento;

(D) sua aplicação depende da aprovação ou rejeição das contas pelo órgão de controle interno ou pelo Tribunal ou Conselho de Contas;

(E) sua aplicação independe da efetiva ocorrência do dano ao patrimônio público, salvo quanto à pena de suspensão dos direitos políticos.

A e B: incorretas, pois as sanções de improbidade são aplicadas "independentemente das sanções penais, civis e administrativas previstas na legislação específica" (art. 12, caput, da Lei 8.429/92); **C:** correta (art. 21, I, da Lei 8.429/92); **D:** incorreta, pois a aplicação das sanções INDEPENDE da aprovação ou rejeição de contas mencionados (art. 21, II, da Lei 8.429/92); **E:** incorreta, pois também não é necessário ocorrência de dano ao patrimônio público para aplicar a pena de suspensão dos direitos políticos (art. 21, I, da Lei 8.429/92).

Gabarito "C"

(Ministério Público/PR – 2011) Considerando as seguintes assertivas:

I. O ressarcimento do dano ao erário pode ser pleiteado pelo Ministério Público através de ação civil pública, sendo imprescritível;

II. Caracterizada a prática de improbidade administrativa, o ressarcimento do dano deve ser aplicado em conjunto com uma ou mais medidas sancionatórias, pois, isoladamente, não tem caráter de sanção;

III. A aplicação das sanções previstas na Lei nº 8.429/92 (Lei de Improbidade Administrativa) independe da aprovação ou rejeição das contas pelo Tribunal de Contas do Estado;

IV. A improbidade, embora nem sempre esteja consubstanciada num ato administrativo em sentido formal, é um vício invencível deste e, portanto, determinante de sua nulificação quando der causa ou causar prejuízo ao ato administrativo;

V. A improbidade, quando apenas conexa ao ato administrativo e a ele não acarretar prejuízo, não gera sua nulidade;

É possível afirmar:

(A) Somente as assertivas I, II e III estão corretas;

(B) Somente as assertivas III, IV e V estão corretas;

(C) Somente as assertivas II e V estão corretas;

(D) Todas as assertivas estão incorretas;

(E) Todas as assertivas estão corretas.

I: correta, pois o STF entende que é imprescritível a pretensão de ressarcimento do erário pela prática de ato ilícito (que inclui a prática de ato de improbidade administrativa), conforme o art. 37, § 5º, da CF; II: correta, pois o art. 12, *caput*, da Lei 8.429/92 dispõe que as sanções podem ser aplicadas isolada ou cumulativamente; III: correta (art. 21, II, da Lei 8.429/92); IV: correta, pois a tipificação de um ato como de improbidade vicia este ato de maneira insanável; prova disso é que sequer é possível transação, acordo ou conciliação na ação de improbidade (art. 17, § 1º, da Lei 8.429/92); V: correta, pois, no caso, não há vício no ato administrativo.

Gabarito "E"

(Ministério Público/SC – 2010) Analise os itens que seguem:

I. Na hipótese do artigo 10, são previstas as seguintes sanções: ressarcimento integral do dano; perda dos bens ou valores acrescidos ilicitamente ao patrimônio, se concorrer essa circunstância; perda da função pública; suspensão dos direitos políticos de cinco a oito anos; pagamento de multa civil de até duas vezes o valor do dano; e proibição de contratar com o Poder Público ou receber benefício ou incentivos fiscais ou creditícios, direta ou indiretamente, ainda que por intermédio de pessoa jurídica da qual seja sócio majoritário, pelo prazo de cinco anos.

II. Quando o agente público, deixa de prestar contas ao Tribunal de Contas, não está sujeito as penalidades da LIA, por se tratar de ato meramente formal e administrativo.

III. Segundo a lei n. 8.429/1992, a autoridade judicial ou administrativa competente poderá determinar o afastamento do agente publico do exercício do cargo, emprego ou função, com prejuízo da remuneração, quando a medida se fizer necessária a instrução processual.

IV. A ação de ressarcimento ao erário, prescreve em 20 anos.

V. Para os servidores públicos detentores de cargo efetivo ou emprego público, a LIA determina o prazo de 05 (cinco) anos, a partir da prática do ato, para o início da contagem do prazo prescricional.

(A) Apenas as assertivas I, II, III e IV estão incorretas.

(B) Apenas as assertivas II, III e IV estão incorretas.

(C) Apenas as assertivas II, III, IV e V estão incorretas.

(D) Apenas as assertivas I, II, III e V estão incorretas.

(E) Todas as assertivas estão incorretas.

I: correta (art. 12, II, da Lei 8.429/92); II: incorreta, pois o caso revela improbidade na modalidade violação a princípios da administração (art. 11, VI, da Lei 8.429/92); III: incorreta, pois o afastamento é SEM prejuízo da remuneração (art. 20, p. ún., da Lei 8.429/92); IV: incorreta, pois a pretensão de ressarcimento ao erário, pelo cometimento de ato ilícito (o que inclui a prática de ato de improbidade), é imprescritível; V: incorreta, pois, para esses servidores, o prazo para aplicação das sanções de improbidade é o "previsto em lei específica para faltas disciplinares puníveis com demissão a bem do serviço público" (art. 23, II, da Lei 8.429/92), prazo esse que pode ou não coincidir como mencionado na afirmativa, a depender do texto previsto na legislação local (Estatuto dos Servidores Públicos local).

Gabarito "C"

(Ministério Público/SP – 2011) Em relação à evolução patrimonial desproporcional à renda do agente público, considere as seguintes afirmações:

I. a apresentação de declaração de bens e valores que compõem o seu patrimônio, como condição para posse e exercício do agente público, constitui um mecanismo para monitoramento de sua evolução patrimonial, não atingindo, todavia, os detentores de mandato político;

II. é hipótese residual de enriquecimento ilícito, não dispensando, no entanto, a prova da prática ou abstenção de ato de ofício para caracterizar como inidôneo o enriquecimento do agente público;

III. a obrigatoriedade de atualização anual da declaração de bens do agente público se presta a seu controle, podendo ser satisfeita mediante a entrega de cópia da declaração prestada anualmente à Receita Federal;

IV. é significativa de uma presunção *juris tantum* da prática de improbidade administrativa, dispensando a prova do ato ímprobo, mas permitindo prova da licitude do acréscimo patrimonial reputado desproporcional pelo agente público.

Está correto apenas o contido em

(A) I e II.

(B) I e III.

(C) I e IV.

(C) II e III.

(E) III e IV.

I: incorreta, pois a lei não isenta os detentores de mandato político dessa obrigação (art. 13 da Lei 8.429/92); II: incorreta, pois essa hipótese DISPENSA a prova de prática ou abstenção de ato de ofício, sendo necessário, contudo, que o agente tenha adquirido, para si ou para outrem, bens ou valores de qualquer natureza cujo valor seja desproporcional à evolução patrimonial ou à renda do agente público (art. 9º, VII, da Lei 8.429/92); III: correta (art. 13, § 4º, da Lei 8.429/92); IV: correta, na visão do Ministério Público; todavia, como essa modalidade de improbidade administrativa requer dolo, há corrente que entende que não há presunção de improbidade, pois é necessário demonstrar a ocorrência do tipo previsto na lei e de seu elemento subjetivo, sendo que este ônus seria do autor da ação de improbidade.

Gabarito "E"

3. QUESTÕES PROCESSUAIS

(Ministério Público/MS – 2013 – FADEMS) A ação civil de improbidade administrativa por infringência aos artigos 9º, 10 e 11, da Lei nº 8.429/1992, prescreve em:

(A) Até três anos, após o término de mandato, de cargo em comissão, ou de função de confiança.

(B) Até cinco anos, após o término de mandato, de cargo em comissão, ou de função de confiança.

(C) Até oito anos, após o término de mandato, de contrato, de cargo em comissão, ou de função de confiança.

(D) Até dez anos, após o término de mandato, de cargo efetivo ou comissão, ou de função temporária de confiança.

(E) Até vinte anos, após o término de mandatos, exercício de cargos ou funções públicas.

A, C, D e **E:** incorretas, pois são 5 anos após esse término (art. 23, I, da Lei 8.429/1992); **B:** correta (art. 23, I, da Lei 8.429/1992).

Gabarito "B"

(Ministério Público/SC – 2012) Analise as assertivas a seguir.

I. A medida cautelar de protesto poderá ser proposta pelo Órgão do Ministério Público para evitar iminente ocorrência de prescrição.

II. Havendo sido proposta pelo Ministério Público ação civil pública por ato de improbidade administrativa e concorrentemente ajuizada ação popular pelo legitimado, ambas abarcando os mesmos fatos e também com recebimento da inicial, poderá ocorrer a continência e, quando do julgamento, será apreciado por primeiro o(s) pedido(s) da ação popular e, após, o(s) daquela.

III. O procedimento do processo da ação de responsabilidade civil por ato de improbidade administrativa é híbrido, iniciando-se com base nas regras processuais estabelecidas pela legislação especial (Lei n. 8.429/1992), passando para o rito ordinário estabelecido pelo Código de Processo Civil e, em situações específicas para o ato, a respectiva regra do Código de Processo Penal.

IV. Em ação de improbidade administrativa as partes poderão interpor recurso da sentença independentemente do preparo, nos moldes do art. 18, da Lei n. 7.347/1985. Julgado procedente o pedido, as sanções de perda da função pública e de suspensão dos direitos políticos do(s) demandado(s) só podem ser executadas após o trânsito em julgado da decisão.

V. A sentença de procedência prolatada em ação civil de responsabilidade por ato de improbidade administrativa poderá conter sanções de cunho declaratório, constitutivo e condenatório. No tocante ao seu cumprimento e preenchidos os requisitos em específico, na parte constitutiva e declaratória, o magistrado determinará o cumprimento mediante expedição de ofícios mandamentais. Contudo, na parte relacionada com a(s) sanção(es) de cunho condenatório, necessário se faz, para seu cumprimento, a adoção das medidas específicas do Código de Processo Civil.

(A) Apenas as assertivas I, II e IV estão corretas.

(B) Apenas as assertivas II, IV e V estão corretas.

(C) Apenas as assertivas I, III e V estão corretas.

(D) Apenas as assertivas III e V estão corretas.

(E) todas as assertivas estão corretas.

I: correta, pois, como restou consignado pelo STJ, "é possível a interrupção do prazo de prescrição de ação coletiva na hipótese de ajuizamento de ação cautelar de protesto, conforme jurisprudência do STJ" (AgRg no Ag 1.240.680/RS, 6ª Turma, *DJe* 18.05.2011); II: incorreta, pois, configurada a continência, as ações devem ser julgadas simultaneamente (CPC, art. 105); III: correta, pois a ação de improbidade apresenta regras procedimentais específicas, especialmente pela previsão de uma fase preliminar, anterior ao recebimento da inicial, quando o réu pode apresentar defesa prévia. Ultrapassada a fase preliminar, o rito será ordinário. Ademais, estabelece o art. 17, § 12, da LIA, que: *Aplica-se aos depoimentos ou inquirições realizadas nos processos regidos por esta Lei o disposto no art. 221, caput e § 1º, do Código de Processo Penal*; IV: incorreta, pois o benefício do art. 18 da LACP não é aplicável a ambas as partes, como consta do enunciado. O réu, ao contrário do autor da ação civil pública, não goza do benefício da isenção de custas e honorários. Como proclamou a 1ª Turma do STJ, "a previsão legal contida na primeira parte do artigo 18 da Lei 7.347/1985 ("Nas ações de que trata esta lei, não haverá adiantamento de custas, emolumentos, honorários periciais e qualquer outras despesas") aplica-se exclusivamente à parte autora da ação civil pública. Precedentes" (REsp 885.071/SP); V: correta, pois a possibilidade de sentenças declaratória, condenatória e constitutiva decorre da permitida cumulação de pedidos na ação coletiva. Nesse sentido o pronunciamento do STJ no julgamento do REsp 757.595/MG: "É cabível a propositura de ação civil pública que tenha como fundamento a prática de ato de improbidade administrativa, tendo em vista a natureza difusa do interesse tutelado. Também mostra-se lícita a cumulação de pedidos de natureza condenatória, declaratória e constitutiva nesta ação, porque sustentada nas disposições da Lei 8.429/1992. A cumulação de pedidos em ação civil pública calcada na Lei de Improbidade é adotada no ordenamento jurídico, nos termos assentados por esta Corte, *verbis*: 1. O Ministério Público é parte legítima para ajuizar ação civil pública que vise aplicar as sanções previstas na Lei de Improbidade Administrativa. 2. A ação civil pública é meio processual adequado para buscar a responsabilização do agente público nos termos da Lei de Improbidade Administrativa, sendo também possível a cumulação de pedidos". O cumprimento dos provimentos declaratório e constitutivo se faz por aquilo que Dinamarco chama de *execução imprópria*, isto é, execução pela expedição de ofícios. Os provimentos condenatórios são efetivados pelas regras do cumprimento de sentença.

Gabarito "C"

(Ministério Público/MG – 2010.2) Em relação à responsabilização pela prática de atos de improbidade administrativa, assinale a afirmativa CORRETA.

(A) À luz da Lei Federal n. 8.429/92, a petição inicial da ação principal de responsabilização por atos de improbidade administrativa, independentemente do número de requeridos, deverá ser recebida fundamentadamente pelo juiz, no prazo de 30 (trinta) dias, com ou sem a resposta preliminar dos agentes requeridos.

(B) Uma vez apresentada a resposta preliminar na ação principal por atos de improbidade administrativa, o réu, após ser devidamente citado, poderá, dentro do prazo legal, em sede de contestação, apenas ratificar sua manifestação preliminar.

(C) A ação principal por atos de improbidade administrativa não será recebida para o agente requerido que, mesmo ouvido em sede de inquérito civil público, não apresentou resposta preliminar.

(D) Da decisão judicial que receber ou rejeitar a inicial da ação principal por ato de improbidade administrativa caberá agravo de instrumento, conforme dispõe a Lei Federal n. 8.429/92.

A: incorreta, pois apenas após a resposta preliminar dos réus é que o juiz terá 30 dias para rejeitar a ação ou receber a petição inicial (art. 17, § 8º, da Lei 8.429/92); **B:** correta, pois o réu, recebida a petição inicial após sua manifestação preliminar, será citado para oferecer contestação (art. 17, § 9º, da Lei 8.429/92), nada impedindo que apenas ratifique sua manifestação preliminar; **C:** incorreta, pois nada impede que a ação principal, no caso, seja recebida; o importante é que, na ação judicial, tenha o réu tido a oportunidade de apresentar manifestação preliminar antes do recebimento da petição inicial; **D:** incorreta, pois da decisão que receber a inicial cabe agravo de instrumento; porém, da decisão que rejeitar a inicial, cabe apelação, pois trata-se de decisão terminativa.

Gabarito "B"

(Ministério Público/MG – 2010.2) São legitimados para propositura da ação principal por ato de improbidade administrativa, nos termos da Lei n. 8.429/92,

(A) somente o Ministério Público e os chefes do Poder Executivo de todos os entes da Federação.

(B) o Ministério Público, os Chefes do Poder Executivo, o autor popular e a Defensoria Pública, esta última a partir das alterações introduzidas na Lei da Ação Civil Pública pela Lei Federal n. 11.448/07.

(C) o Ministério Público ou a pessoa jurídica interessada.

(D) o Ministério Público, os procuradores-gerais dos entes federados e o autor popular.

São legitimados apenas o MP e a *pessoa jurídica* interessada (ex.: o Município, o Estado, a União, a Autarquia etc.), e não os Chefes do Executivo, ou o autor popular, ou a defensoria pública (art. 17 da Lei 8.429/92).

Gabarito "C"

(Ministério Público/GO – 2010) Sobre a prescrição do direito de ação civil pública ajuizada com fundamento na Lei 8.429/1992 (Lei de Improbidade Administrativa), assinale a alternativa correta:

(A) Sendo o agente ímprobo detentor de mandato eletivo, o direito de ação prescreverá no prazo de 04 anos contado do término do exercício de mandato.

(B) João José foi eleito Prefeito de Goiantins, cidadezinha do interior de Goiás, para o mandato de 2001 a 2004. Nas eleições de 2004, foi reeleito para o mandato de 2005 a 2008. Em relação ao ato de improbidade cometido no ano de 2002, de acordo com precedentes do STJ, o prazo prescricional para o exercício do direito de ação civil pública ajuizada com fundamento na Lei 8.429/1992 será contado do término do primeiro mandato, ou seja, 31 de dezembro de 2004.

(C) A ação de ressarcimento ao erário é imprescritível, não incidindo o prazo prescricional previsto no artigo 23 da Lei 8.429/1992 em relação à sanção de ressarcimento dos danos, podendo a ação civil pública ser ajuizada a qualquer momento.

(D) Por tutelar o patrimônio público e a probidade administrativa, o direito de exercício da ação civil pública ajuizada com base na Lei 8.429/1992 é imprescritível em relação a todas as sanções previstas no artigo 12 da Lei 8.429/1992, conforme o disposto no artigo 37 § 5º da Constituição Federal.

A: incorreta, pois o prazo prescricional é de cinco anos (art. 23, I, da LIA); **B:** incorreta, pois o prazo será contado do término do segundo mandato, tendo em vista a continuidade do governo. A segunda Turma do STJ, conforme o Informativo 0406, decidiu que, no caso de reeleição, o prazo prescricional deve ser contado a partir do fim do segundo mandato: "A Lei de Improbidade associa, no art. 23, I, o início da contagem do prazo prescricional ao término de vínculo temporário, entre os quais o exercício de mandato eletivo. De acordo com a justificativa da PEC de que resultou a EC 16/1997, a reeleição, embora não prorrogue simplesmente o mandato, importa em fator de continuidade da gestão administrativa. Portanto, o vínculo com a Administração, sob o ponto de vista material, em caso de reeleição, não se desfaz no dia 31 de dezembro do último ano do primeiro mandato para se refazer no dia 1º de janeiro do ano inicial do segundo mandato. Em razão disso, o prazo prescricional deve ser contado a partir do fim do segundo mandato. O administrador, além de detentor do dever de consecução do interesse público, guiado pela moralidade – e por ela limitado –, é o responsável, perante o povo, pelos atos que, em sua gestão, em um ou dois mandatos, extrapolem tais parâmetros. A estabilidade da estrutura administrativa e a previsão de programas de execução duradoura possibilitam, com a reeleição, a satisfação, de forma mais concisa e eficiente, do interesse público. No entanto, o bem público é de titularidade do povo, a quem o administrador deve prestar contas. E se, por dois mandatos seguidos, pôde usufruir de uma estrutura mais bem planejada e de programas de governo mais consistentes, colhendo frutos ao longo dos dois mandatos – principalmente, no decorrer do segundo, quando os resultados concretos realmente aparecem – deve responder inexoravelmente perante o titular da res pública por todos os atos praticados durante os oito anos de administração, independente da data de sua realização. No que concerne à ação civil pública em que se busca a condenação por dano ao erário e o respectivo ressarcimento, este Superior Tribunal considera que tal pretensão é imprescritível, com base no que dispõe o art. 37, § 5º, da CF/1988. REsp 1.107.833-SP, Rel.Min. Mauro Campbell Marques, julgado em 08.09.2009"; **C:** correta, pois a pretensão de ressarcimento ao erário, decorrente de ato de improbidade administrativa, é imprescritível, nos termos do art. 37, § 5º, da Constituição Federal; **D:** incorreta, pois a Constituição Federal determina a previsão de prazos prescricionais, com exceção da pretensão de ressarcimento ao erário (art. 37, § 5º). A Lei 8.429/1992 regulamentou o citado dispositivo constitucional, prevendo prazos prescricionais no art. 23.

Gabarito "C"

(Ministério Público/AC – 2008) A apuração dos atos de improbidade administrativa são feitos de acordo com a legislação pátria conexa. Na fase judicial, é correto afirmar que

(A) da decisão que recebe a petição inicial caberá agravo de instrumento.

(B) o ressarcimento do dano por terceiro que praticou ato culposo lesivo ao patrimônio público é proporcional à extensão de seu ato.

(C) o sucessor daquele que enriquece ilicitamente em função de ato de improbidade administrativa responde, se for o caso, em valor superior ao da herança.

(D) a extinção do processo sem o julgamento do mérito por inadequação da via eleita poderá ser decidida até o encerramento da instrução do feito.

A: correta, pois é o que estabelece o art. 17, § 10, da Lei 8.429/1992 – LIA; **B:** incorreta, pois, nos termos do art. 12, parágrafo único, da Lei 8.429/1992 – LIA, na fixação da pena, o juiz levará em conta a extensão do dano causado (e não a *extensão de seu ato*); **C:** incorreta, pois *o sucessor daquele que causar lesão ao patrimônio público ou se enriquecer ilicitamente está sujeito às cominações desta lei até o limite do valor da herança* (art. 8º da Lei 8.429/1992 – LIA); **D:** incorreta, pois, conforme o art. 17, § 11, da Lei 8.429/1992 – LIA, *em qualquer fase do processo, reconhecida a inadequação da ação de improbidade, o juiz extinguirá o processo sem julgamento do mérito.*

Gabarito "A"

(Ministério Público/GO – 2012) Nos termos da Lei n. 8.429/1992 é correto afirmar:

(A) a ação civil de improbidade administrativa poderá ser proposta pelo Ministério Público, pela pessoa jurídica interessada e por associação civil constituída há pelo menos 1 (um) ano nos termos da lei civil, desde que inclua, entre suas finalidades institucionais, a proteção do patrimônio público;

(B) poderá ser determinado o afastamento do agente público do exercício do cargo, emprego ou função, sem prejuízo da remuneração, pelo prazo máximo de 60 dias;

(C) a perda da função pública e a suspensão dos direitos políticos comportam execução provisória antes do trânsito em julgado da sentença, desde que recebido o recurso de apelação apenas no efeito devolutivo;

(D) de acordo com o artigo 17, § 7º, da Lei 8.429/1992, antes de receber a inicial o juiz ordenará a notificação do requerido para oferecer manifestação por escrito no prazo de 15 dias, caracterizando a exigência legal, verdadeiro juízo de prelibação na ação civil de improbidade administrativa.

A: incorreta, pois predomina o entendimento no sentido de que a legitimidade ativa é restrita ao MP e à pessoa jurídica interessada. As associações não têm legitimidade; **B:** incorreta, pois a lei não fixa prazo máximo para o afastamento. Cabe ao juiz a fixação; **C:** incorreta, pois, nos termos do art. 20 da LIA (Lei 8.429/1992), *a perda da função pública e a suspensão dos direitos políticos só se efetivam com o trânsito em julgado da sentença condenatória*; **D:** correta, pois o rito da ação de improbidade administrativa, que é considerada uma espécie de ação civil pública, prevê uma fase preliminar, de defesa prévia, que antecede o recebimento da inicial. Por isso, a doutrina fala que a ação de improbidade só será deflagrada se houver justa causa: suporte probatório mínimo e indícios da autoria.

Gabarito "D"

(Ministério Público/GO – 2012) Em relação à tutela da probidade administrativa, considere as seguintes proposições:

I. Por intervenção processual móvel entende-se o poder conferido à pessoa jurídica de assumir no processo de improbidade administrativa, a posição que melhor convier ao interesse público, refutando ou concordando com as alegações do Ministério Público;

II. Na defesa preliminar prevista na Lei 8429/1992 poderá o requerido alegar somente questões preliminares, sendo-lhe vedado apresentar defesa de mérito, pois, referida lei não prevê a possibilidade do juiz, de plano, julgar a improcedência do pedido;

III. De acordo com a posição majoritária do STJ, a presença da pessoa jurídica de direito público é essencial para a existência e validade do processo de improbidade administrativa, pois, em caso de procedência do pedido de ressarcimento do dano, este será destinado ao ente de direito público lesado e não o Fundo de Defesa dos Direitos Difusos. Trata-se de hipótese de litisconsórcio ativo obrigatório, motivo pelo qual a falta de cientificação do ente público constitui nulidade insanável;

IV. Embora a doutrina divirja sobre a possibilidade de utilização da interceptação telefônica como prova emprestada em processo de improbidade administrativa, há decisões do STF admitindo sua utilização em processo administrativo disciplinar e no próprio campo da improbidade administrativa desde que observadas certas condições e requisitos.

(A) apenas os itens I e III estão corretos;

(B) todos os itens estão corretos;

(C) apenas o item III está incorreto;

(D) os itens II e III estão incorretos.

I: correta, pois a possibilidade de migrar de polo existe tanto na ação popular, quanto na ação de improbidade administrativa. O art. 17, § 3º, da LIA, assim enuncia: *No caso de a ação principal ter sido proposta pelo Ministério Público, aplica-se, no que couber, o disposto no § 3º do art. 6º da Lei 4.717, de 29 de junho de 1965*; II: incorreta, pois, na sua literalidade, o § 8º do art. 17 da LIA prevê o não recebimento da inicial por razões de mérito, como a inexistência do ato de improbidade ou a improcedência da ação; III: incorreta, pois o STJ entende que o litisconsórcio, em ação de improbidade, não é necessário, sobretudo no polo ativo. A pessoa jurídica, se não for autora, poderá migrar para o polo ativo. Poderá, todavia, permanecer no polo passivo, contestando a ação; IV: correta, pois o STF admite a utilização de prova emprestada, consistente em interceptação telefônica, em sede de procedimento administrativo disciplinar e no campo da improbidade administrativa: "Prova licitamente obtida por meio de interceptação telefônica realizada com autorização judicial para instruir investigação criminal pode ser utilizada em processo administrativo disciplinar. Inexistência de comprovação de cerceamento de defesa em razão do indeferimento de produção de provas avaliadas como prescindíveis pela administração pública em decisão devidamente fundamentada. Punição no âmbito administrativo com fundamento na prática de improbidade administrativa Independe de provimento judicial que reconheça a conduta de improbidade administrativa. Independência entre as instâncias da improbidade administrativa e administrativa. Nego provimento ao recurso ordinário". (RMS 24.194/DF).

Gabarito "D"

(Ministério Público/GO – 2010) Quanto à competência para processar e julgar agente público pela prática de ato de improbidade administrativa, predomina nos tribunais superiores o seguinte entendimento:

(A) Prefeito Municipal deverá ser processado e julgado pelo Juízo de 1° Grau da Justiça Comum; Deputado Estadual pelo Tribunal de Justiça; Deputado Federal pelo STJ; Ministro de Estado pelo STF.

(B) Prefeito Municipal e Deputado Estadual deverão ser processados e julgados pelo Tribunal de Justiça; Deputado Federal pelo STJ; Ministro de Estado pelo STF.

(C) Prefeito Municipal, Deputado Estadual e Deputado Federal deverão ser processados e julgados pelo Juízo de 1° Grau da Justiça Comum; Ministro de Estado pelo STF.

(D) Prefeito Municipal deverá ser processado e julgado pelo Juízo de 1° Grau da Justiça Comum; Deputado Estadual pelo Tribunal de Justiça; Deputado Federal e Ministro de Estado pelo STJ.

A: incorreta, pois, se considerado o posicionamento do STF, não há foro por prerrogativa de função no caso de ação de improbidade. O Presidente da República e os Ministros, porém, têm responsabilização específica, isto é, estão regidos por normas especiais de responsabilidade (CF, art. 102, I, "b"; Lei 1.079/1950); **B:** incorreta, pois, como se disse, o STF não aceita foro privilegiado no caso de ação de improbidade; **C:** correta, pois o STF, por maioria de votos, sem a participação de todos os Ministros, julgou procedente a Reclamação 2.138/DF, envolvendo Ministro de Estado que teve decretada a suspensão de seus direitos políticos pelo prazo de 8 anos e a perda da função pública por sentença do Juízo da 14ª Vara da Justiça Federal – Seção Judiciária do Distrito Federal. Afirmou o STF a "incompetência dos juízos de primeira instância para processar e julgar ação civil de improbidade administrativa ajuizada contra agente político que possui prerrogativa de foro perante o Supremo Tribunal Federal, por crime de responsabilidade, conforme o art. 102, I, "c", da Constituição"; **D:** incorreta, pois, conforme afirmado, o STF rejeita a tese da existência de foro por prerrogativa de função. De observar que o STJ vem afirmando a existência de foro por prerrogativa de função quando há possibilidade de perda do cargo.

Gabarito "C"

(Ministério Público/PB – 2010) Sobre antecipação dos efeitos da tutela em ação de improbidade, analise as seguintes assertivas.

I. A antecipação recairá sobre os efeitos mandamentais e condenatórios, mas não sobre os desconstitutivos.

II. O Presidente do Tribunal, em sede de pedido de suspensão, limitar-se-á a avaliar a presença dos riscos previstos em lei, não podendo analisar a juridicidade da decisão antecipatória, o que será objeto de agravo de instrumento.

III. Em ação de improbidade administrativa, não cabe a concessão de tutela antecipada *inaudita altera pars*.

(A) Apenas I e III são verdadeiras.

(B) Apenas I é falsa.

(C) Apenas a II é verdadeira.

(D) Apenas I e II são verdadeiras.

(E) I, II e III são falsas.

I: falsa, pois a antecipação da tutela pode ter por fundamento qualquer tipo de provimento jurisdicional. Afinal, não há antecipação de decisão, mas dos efeitos da tutela jurisdicional pretendida. Nada impede, por exemplo, que sejam sustados os efeitos de ato administrativo impugnado por meio de ação de improbidade; II: verdadeira, pois o pedido de suspensão, previsto no art. 12, § 1°, da Lei 7.347/1985 – Lei da Ação Civil Pública, não é instrumento adequado para discutir a justiça ou injustiça da decisão, que deverá ser questionada por recurso de agravo de instrumento; III: falsa, pois não há qualquer restrição no caso de ação de improbidade administrativa. Ademais, aplicável, ao caso, o disposto no art. 12 da Lei 7.347/1985 – Lei da Ação Civil Pública e, ainda, o Livro III do CPC, que trata de medidas cautelares.

Gabarito "C"

(Ministério Público/PB – 2010) Acerca de sentença em sede de ação de improbidade administrativa, julgue as proposições abaixo:

I. Ao julgar procedente o pedido inicial, deve o magistrado, independentemente de pleito expresso, quando cabível, condenar o réu ao pagamento de honorários periciais e advocatícios.

II. Deverá a sentença fixar, em observância ao princípio do dispositivo, os juros legais e a correção monetária incidentes sobre o valor do dano causado ao patrimônio público.

III. A sentença que julga procedente o pedido da ação civil de improbidade está sujeita ao duplo grau obrigatório de jurisdição.

(A) Apenas I é falsa.

(B) Apenas I e II são verdadeiras.

(C) Apenas I é verdadeira.

(D) Apenas III é verdadeira.

(E) I, II e III são falsas.

I: verdadeira, pois o réu, ao contrário do autor da ação civil pública, não goza do benefício da isenção de custas e honorários. Como proclamou a 1ª Turma do STJ, "a previsão legal contida na primeira parte do artigo 18 da Lei 7.347/1985 ("Nas ações de que trata esta lei, não haverá adiantamento de custas, emolumentos, honorários periciais e qualquer outras despesas") aplica-se exclusivamente à parte autora da ação civil pública. Precedentes: (REsp 885.071/SP); II: falsa, pois o fundamento da fixação de juros legais e de correção monetária, mesmo sem pedido expresso do autor, não é o princípio dispositivo, mas sim o inquisitivo; III: falsa, pois a jurisprudência vem entendendo que está sujeita ao reexame necessário a sentença de improcedência e não a de procedência. Assim tem decidido o

STJ (AgRg no REsp 1.219.033/RJ, 2ª Turma, *DJe* 25.04.2011): "Processual civil. Ação civil pública. Improbidade administrativa. Reexame necessário. Cabimento. Aplicação, por analogia, do art. 19 da Lei 4.717/1965. 1. 'Por aplicação analógica da primeira parte do art. 19 da Lei 4.717/1965, as sentenças de improcedência de ação civil pública sujeitam-se indistintamente ao reexame necessário" (REsp 1.108.542/SC, Rel. Min. Castro Meira, j. 19.05.2009, *DJe* 29.05.2009). 2. Agravo Regimental não provido".

Gabarito "C"

(Ministério Público/PI – 2012 – CESPE) A respeito da atuação do MP em matéria de improbidade administrativa, assinale a opção correta com base na jurisprudência.

(A) É absolutamente vedada a condenação do MP ao pagamento de honorários advocatícios em ACP.

(B) Não se admite que o MP utilize a denominada prova emprestada em ACP cujo objeto seja ato de improbidade administrativa.

(C) É imprescritível a ACP que tenha por objeto o ressarcimento de danos causados ao erário por atos de improbidade administrativa.

(D) O critério para fixar a competência para a ACP por ato de improbidade administrativa proposta pelo MP é o do domicílio do réu, e não o do local do dano.

(E) O MP não pode instaurar inquérito civil contra magistrado, com o fim de apurar a prática de ato de improbidade a este atribuída.

A: incorreta, pois o MP poderá ser condenado, segundo o STJ, no caso de má-fé: "Processual civil. Agravo regimental. Ação civil pública. Honorários advocatícios. Ministério Público autor e vencedor. 1. 'Posiciona-se o STJ no sentido de que, em sede de ação civil pública, a condenação do Ministério Público ao pagamento de honorários advocatícios somente é cabível na hipótese de comprovada e inequívoca má-fé do *Parquet*. Dentro de absoluta simetria de tratamento e à luz da interpretação sistemática do ordenamento, não pode o parquet beneficiar-se de honorários, quando for vencedor na ação civil pública' (EREsp 895.530/PR, Rel. Min. Eliana Calmon, *DJe* 18.12.2009). 2. Agravo regimental não provido". (AgRg no REsp 1.320.333/RJ, 2ª Turma, *DJe* 04.02.2013); **B:** incorreta, pois, como se vê do Informativo 440 do STJ, é possível a utilização de prova emprestada em sede de ação de improbidade: "Na ação de responsabilidade por ato de improbidade administrativa, utilizou-se prova emprestada constante de inquérito civil público consistente de laudo pericial produzido administrativamente, sem a observância de contraditório e ampla defesa. Conforme precedentes, essa circunstância, por si só, não é capaz de nulificar a prova, pois se deve contrapô-la às demais postas nos autos. Sucede que esses outros elementos, com ênfase na prova testemunhal (genérica e sem convicção), não conduzem à conclusão de que possa haver prática de ato de improbidade pelos réus, solução também adotada pelo tribunal *a quo*, que não pode ser revista pelo STJ (Súmula 7 do STJ). Precedentes citados: REsp 849.841-MG, *DJ* 11.09.2007, e HC 141.249-SP, *DJe* 03.05.2010. REsp 1.189.192-GO, Rel. Min. Eliana Calmon, julgado em 22.06.2010."; **C:** correta, pois a pretensão de ressarcimento ao erário, decorrente de ato de improbidade administrativa, é imprescritível, nos termos do art. 37, § 5º, da Constituição Federal. Conforme se vê no Informativo 0454, o STJ tem ratificado a conclusão no sentido de que é imprescritível a pretensão de ressarcimento ao erário: "Na espécie, o tribunal *a quo* entendeu que, remanescendo, em ação civil pública por ato de improbidade administrativa, o pleito ressarcitório, este, por ser imprescritível, pode ser buscado em ação autônoma. É pacífico no STJ que as sanções previstas no art. 12 e incisos da Lei 8.429/1992 prescrevem em cinco anos, o que não ocorre com a reparação do dano ao erário por ser imprescritível a pretensão ressarcitória nos termos do art. 37, § 5º, da CF/1988. Assim, quando autorizada a cumulação do pedido condenatório e do ressarcitório em ação por improbidade administrativa, a rejeição do pedido condenatório abarcado pela prescrição não impede o prosseguimento da demanda quanto ao segundo pedido em razão de sua imprescritibilidade. Com essas considerações, a Turma deu provimento ao recurso do MPF para determinar o prosseguimento da ação civil pública por ato de improbidade no que se refere ao pleito de ressarcimento de danos ao erário. Precedentes citados: AgRg no REsp 1.038.103-SP, *DJe* 04.05.2009; REsp 1.067.561-AM, *DJe* 27.02.2009; REsp 801.846-AM, *DJe* 12.02.2009; REsp 902.166-SP, *DJe* 04.05.2009, e REsp 1.107.833-SP, *DJe* 18.09.2009. REsp 1.089.492-RO, Rel. Min. Luiz Fux, julgado em 04.11.2010"; **D:** incorreta, pois a ação de improbidade, por ser ação coletiva, deve ser proposta no foro do local do dano ou onde o ato foi praticado, se não houve dano; **E:** incorreta, pois os magistrados também estão sujeitos à Lei 8.429/1992.

Gabarito "C"

(Ministério Público/PI – 2008) A ação de improbidade, prevista no art. 37, § 4º, da Constituição Federal,

(A) [pode] ser promovida por qualquer cidadão.

(B) é imprescritível.

(C) possui natureza cível ou penal, conforme o ato praticado.

(D) exige a efetiva ocorrência de dano ao patrimônio público.

(E) Independe da aprovação ou rejeição das contas pelo órgão de controle interno ou pelo Tribunal de Contas.

A: incorreta, pois a legitimidade, no caso, é do MP ou da pessoa jurídica interessada (LIA, art. 17, *caput*); **B:** incorreta, pois só é imprescritível a pretensão de ressarcimento ao erário decorrente de ato de improbidade administrativa. Nos demais casos, a prescrição ocorre nos termos do art. 23 da LIA; **C:** incorreta, pois o ato de improbidade administrativa tem natureza extrapenal, isto é, cível no sentido amplo; **D:** incorreta, pois, nos termos do art. 21, I, da LIA, *a aplicação das sanções previstas nesta lei independe da efetiva ocorrência de dano ao patrimônio público, salvo quanto à pena de ressarcimento*; **E:** correta, pois assim estabelece o art. 21, II, da LIA.

Gabarito "E"

4. TEMAS COMBINADOS E OUTRAS QUESTÕES DE IMPROBIDADE ADMINISTRATIVA

(Ministério Público/PI – 2014 – CESPE) A respeito dos agentes públicos e da improbidade administrativa, assinale a opção correta.

(A) A regra da aposentadoria compulsória por idade aplica-se ao servidor público que ocupe exclusivamente cargo em comissão.

(B) Segundo entendimento do STJ, não configura ato de improbidade administrativa a conduta de professor da rede pública de ensino que, aproveitando-se dessa condição, assedie sexualmente seus alunos.

(C) Os candidatos com a deficiência denominada pé torto congênito bilateral não têm direito a concorrer às vagas em concurso público reservadas às pessoas com deficiência, pois, segundo o STJ, tal anomalia constitui mero problema estético, que não produz dificuldade para o desempenho de funções.

(D) Caso se determine, no edital de concurso, que as comunicações com os candidatos devam ocorrer unicamente por meio da imprensa oficial, é possível exigir que o candidato acompanhe diariamente, no diário oficial, qualquer referência ao seu nome durante a vigência do concurso.

(E) Ao servidor público é garantido o direito ao recebimento de auxílio-alimentação no período de férias.

A: incorreta, pois, segundo o STJ, "Os servidores comissionados, mesmo no período anterior à EC 20/98, não se submetem à regra da aposentadoria compulsória aos setenta anos de idade." (RMS 36950 / RO); **B:** incorreta, pois, como noticiou o Informativo nº 0523 do STJ: "Direito administrativo. Improbidade administrativa por violação aos princípios da administração pública. Configura ato de improbidade administrativa a conduta de professor da rede pública de ensino que, aproveitando-se dessa condição, assedie sexualmente seus alunos. Isso porque essa conduta atenta contra os princípios da administração pública, subsumindo-se ao disposto no art. 11 da Lei 8.429/1992. REsp 1.255.120-SC, Rel. Min. Humberto Martins, j. 21.05.2013"; **C:** incorreta, pois o STJ já decidiu que pé torto congênito bilateral caracteriza deficiência física nos moldes do Decreto 3.298/99, alterado pelo Decreto nº 5.296/04 (Ag 1420359); **D:** incorreta, pois "a jurisprudência do Superior Tribunal de Justiça compreende que esse procedimento viola o princípio da razoabilidade, sendo inviável exigir que o candidato acompanhe diariamente, com leitura atenta, as publicações oficiais. (RMS 33.077/DF, relator Ministro Mauro Campbell Marques, Segunda Turma, j. 22.02.2011, *DJe* 04.03.2011)." (AgRg no REsp 1399539 / PB); **E:** correta, pois "A jurisprudência desta Corte firmou entendimento no sentido de que os servidores públicos fazem jus ao recebimento do auxílio-alimentação durante o período de férias e licenças" (AgRg no REsp 1211687 / RJ).

Gabarito "E"

(Ministério Público/MPU – 2013) Sobre improbidade administrativa, é correto afirmar que:

(A) A indisponibilidade de bens em decorrência da apuração de atos de improbidade não deve ser limitada aos bens que bastem ao ressarcimento do dano.

(B) A contratação temporária de servidores e sua prorrogação sem concurso público, amparadas em legislação local, não constitui, por si só, ato de improbidade administrativa.

(C) Emitir laudo médico de sua competência em seu próprio benefício não caracteriza ato de improbidade administrativa.

(D) A petição inicial na ação por ato de improbidade administrativa deve conter elementos que comprovem a existência de indícios da prática de ato ímprobo, dispensada a indicação de sua autoria.

A: incorreta, pois a indisponibilidade deve, sim, ser limitada aos bens que bastem ao ressarcimento (art. 7º, parágrafo único, da Lei n. 8.429/92); **B:** correta, pois, como decidiu o STJ, "A prorrogação da contratação temporária, com fundamento em lei municipal que estava em vigor quando da contratação – gozando tal lei de presunção de constitucionalidade – descaracteriza o elemento subjetivo doloso. Precedentes: REsp 1.231.150/MG, Rel. Min. Herman Benjamin, Segunda Turma, j. 13.03.2012, *DJe* 12.4.2012; AgRg no Ag 1.324.212/MG, Rel. Min. Mauro Campbell Marques, j. 28.09.2010, *DJe* 13.10.2010." (EDcl no AgRg no AgRg no AREsp 166766/SE); **C:** incorreta, pois já decidiu o STJ que "O acórdão recorrido, sobre a caracterização do ato ímprobo, está em sintonia com o entendimento jurisprudencial do STJ, porquanto não se exige o dolo específico na prática do ato administrativo para caracterizá-lo como ímprobo. Ademais, não há como afastar o elemento subjetivo daquele que emite laudo médico de sua competência para si mesmo." (AgRg no AREsp 73968 / SP); **D:** incorreta, pois a petição inicial deve apontar o autor do ato de improbidade administrativa (art. 17, § 6º, da Lei n. 8.429/92).

Gabarito "B"

(Ministério Público/ES – 2013 – VUNESP) Assinale a alternativa que corretamente trata de improbidade administrativa.

(A) A Lei de Improbidade Administrativa (Lei Federal n.º 8.429/92) cuida de reparar atos de improbidade praticados contra a administração pública por uma via específica que não se confunde com a ação penal comum, nem com a ação que apura os crimes de responsabilidade das autoridades mencionadas na Constituição Federal.

(B) Em relação ao Presidente da República, está ele sujeito à perda da função pública e dos direitos políticos em decorrência de improbidade administrativa, pela via da ação civil pública da Lei Federal n.º 8.429/92, pois a improbidade administrativa, em toda sua extensão típica, é crime de responsabilidade do Chefe maior da Nação.

(C) Senadores, Deputados Federais e Estaduais estão sujeitos a normas constitucionais que disciplinam expressamente a forma de perda das funções, assim, não podem ter cassados seus direitos políticos pela via da Lei Federal n.º 8.429/92. Da mesma forma, Juízes e Promotores de Justiça estão imunes às sanções da referida Lei.

(D) A Lei Federal n.º 8.429/92 veda, em caráter absoluto, a presença de algumas autoridades públicas no polo passivo de ação civil de improbidade ou prevê foro de prerrogativa de função, não restringindo, no entanto, as sanções cabíveis.

(E) A Lei Federal n.º 8.429/92 pode ensejar prerrogativa de foro, pois ostenta caráter criminal. A perda da função pública para Prefeitos Municipais submete-se ao tipo penal que tem como objetividade jurídica a tutela da Administração Pública e do patrimônio público, no especial aspecto da garantia da probidade administrativa.

A: correta, pois, como já decidiu o STJ, "é possível a responsabilização do agente público, no âmbito do art. 11 da Lei 8.429/1992, ainda que este responda pelos mesmos fatos nas demais searas, em consideração à autonomia da responsabilidade jurídica por atos de improbidade administrativa em relação as demais esferas" (REsp 1219915/MG). O STJ também proclamou que "a Corte Especial deste Tribunal Superior expressamente reconheceu que a "ação de improbidade administrativa deve ser processada e julgada nas instâncias ordinárias, ainda que proposta contra agente político que tenha foro privilegiado no âmbito penal e nos crimes de responsabilidade." (excerto da ementa do AgRg na Rcl 12.514/MT, Rel. Min. Ari Pargendler, *DJe* 26.09.2013). No mesmo sentido, os seguintes precedentes: AgRg no AREsp 422.394/DF, 2ª Turma, Rel. Min. Og Fernandes, *DJe* 14.03.2014; AIA 45/AM, Corte Especial, Rel. Min. Laurita Vaz, *DJe*

19.03.2014; REsp 1.135.158/SP, 2ª Turma, Rel. Min. Eliana Calmon, *DJe* 01.07.2013; AgRg no AREsp 322.262/SP, 2ª Turma, Rel. Min. Humberto Martins, *DJe* 18.06.2013." (MC 22831 / RO); **B:** incorreta, pois o Presidente da República se submete a regime especial. Assim decidiu o STJ: "consoante a jurisprudência do STJ, ressalvada a hipótese dos atos de improbidade cometidos pelo Presidente da República, aos quais se aplica o regime especial previsto no art. 86 da Carta Magna, os agentes políticos sujeitos a crime de responsabilidade não são imunes às sanções por ato de improbidade previstas no art. 37, § 4º, da CF." (REsp 1190244/RJ); **C:** incorreta, pois juízes e promotores não estão imunes à Lei 8.429/92; **D:** incorreta, pois não há vedação absoluta à presença de autoridades públicas no polo passivo, como se depreende dos comentários anteriores, bem como a LIA não prevê foro de prerrogativa de função; E: incorreta, pois, como já decidiu o STJ, "A ação de improbidade administrativa deve ser processada e julgada nas instâncias ordinárias, ainda que proposta contra agente político que tenha foro privilegiado no âmbito penal e nos crimes de responsabilidade" (AgRg na Rcl 12.514/MT, Rel. Ministro Ari Pargendler, Corte Especial, j. 16.09.2013, *DJe* 26.09.2013)."

Gabarito "A"

(Ministério Público/GO – 2013) A respeito da Lei de improbidade Administrativa é correto afirmar:

(A) de acordo com o art. 23, inciso I, da LIA, a prescrição em relação a Prefeito que tenha praticado ato de improbidade no primeiro ano de mandato começará a fluir, mesmo em caso de reeleição, a partir do término do segundo mandato. Neste caso, as ações podem ser propostas até cinco anos após o término do segundo mandato.

(B) um vereador da comarca de Crixás percebeu vantagem patrimonial de determinado setor econômico interessado na aprovação de um projeto de lei. Tal conduta, em tese, configura ato de improbidade administrativa, nos termos do art. 9º, I, da LIA. Contudo, o vereador não poderá sofrer as sanções da Lei n. 8.429/92, em razão da imunidade material garantida aos parlamentares, de acordo com a Constituição Federal.

(C) constitui ato de improbidade administrativa que causa lesão ao erário qualquer ação ou omissão, dolosa ou culposa, que enseje perda patrimonial, desvio, apropriação, malbaratamento ou dilapidação de bens ou haveres. Neste caso, seguindo a jurisprudência majoritária do STJ, a prova da perda patrimonial não é sempre necessária, podendo ser presumida.

(D) o art. 12 da LIA estabelece que o responsável pelo ato de improbidade administrativa está sujeito às seguintes sanções, que podem ser aplicadas isolada ou cumulativamente, de acordo com a gravidade do fato: perda dos bens ou valores acrescidos ilicitamente ao patrimônio, ressarcimento integral do dano, perda dos direitos políticos, multa civil, proibição de contratar com o poder público ou receber benefícios ou incentivos fiscais ou creditícios e perda da função pública.

A: correta, pois, de fato, o prazo será contado do término do segundo mandato, tendo em vista a continuidade do governo. A segunda Turma do STJ, conforme o Informativo nº 0406, decidiu que, no caso de reeleição, o prazo prescricional deve ser contado a partir do fim do segundo mandato: "A Lei de Improbidade associa, no art. 23, I, o início da contagem do prazo prescricional ao término de vínculo temporário, entre os quais o exercício de mandato eletivo. De acordo com a justificativa da PEC de que resultou a EC n. 16/1997, a reeleição, embora não prorrogue simplesmente o mandato, importa em fator de continuidade da gestão administrativa. Portanto, o vínculo com a Administração, sob o ponto de vista material, em caso de reeleição, não se desfaz no dia 31 de dezembro do último ano do primeiro mandato para se refazer no dia 1º de janeiro do ano inicial do segundo mandato. Em razão disso, o prazo prescricional deve ser contado a partir do fim do segundo mandato. O administrador, além de detentor do dever de consecução do interesse público, guiado pela moralidade – e por ela limitado –, é o responsável, perante o povo, pelos atos que, em sua gestão, em um ou dois mandatos, extrapolem tais parâmetros. A estabilidade da estrutura administrativa e a previsão de programas de execução duradoura possibilitam, com a reeleição, a satisfação, de forma mais concisa e eficiente, do interesse público. No entanto, o bem público é de titularidade do povo, a quem o administrador deve prestar contas. E se, por dois mandatos seguidos, pôde usufruir de uma estrutura mais bem planejada e de programas de governo mais consistentes, colhendo frutos ao longo dos dois mandatos – principalmente, no decorrer do segundo, quando os resultados concretos realmente aparecem – deve responder inexoravelmente perante o titular da *res publica* por todos os atos praticados durante os oito anos de administração, independente da data de sua realização. No que concerne à ação civil pública em que se busca a condenação por dano ao erário e o respectivo ressarcimento, este Superior Tribunal considera que tal pretensão é imprescritível, com base no que dispõe o art. 37, § 5º, da CF/1988. REsp 1.107.833-SP, Rel. Min. Mauro Campbell Marques, j. 08.09.2009"; **B:** incorreta, pois os vereadores e outros agentes políticos não são imunes à Lei n. 8.429/92; **C:** incorreta, pois, como decidiu o STJ, "A configuração do dano ao erário como ato de improbidade administrativa não exige a ocorrência do enriquecimento ilícito por parte do agente ímprobo (modalidade específica de improbidade administrativa prevista no art. 9º da LIA). No caso, fica configurado quando qualquer ação ou omissão, dolosa ou culposa, "causar lesão ao erário (...) que enseje perda patrimonial, desvio, apropriação, malbaratamento ou dilapidação dos bens ou haveres das entidades referidas no art. 1º desta lei" (art. 10, *caput*, LIA)." (AgRg no REsp 1100930 / PR); **D:** incorreta, pois as sanções a serem aplicáveis dependem da natureza do ato de improbidade administrativa. Assim, por exemplo, nem sempre será determinado o ressarcimento do dano.

Gabarito "A"

(Ministério Público/PR – 2013 – X) Em relação aos atos de improbidade administrativa e seu controle jurisdicional, assinale a alternativa ***incorreta***:

(A) Não configura ato de improbidade administrativa a exoneração de cargos em comissão, nos três meses que antecedem a realização das eleições até a posse dos eleitos;

(B) As ações destinadas ao ressarcimento de danos causados ao erário, decorrentes de atos de improbidade administrativa, podem ser propostas até 8 (oito) anos após o término do exercício de mandato, de cargo em comissão ou de função de confiança;

(C) O Estatuto da Cidade não prevê a responsabilização do Prefeito Municipal por ato de improbidade administrativa que impedir ou deixar de garantir a participação de comunidades, movimentos e entidades da sociedade civil no controle social da aplicação dos recursos públicos;

(D) Quem for condenado à suspensão dos direitos políticos, em decisão proferida por órgão judicial colegiado, tão somente, por ato doloso de improbidade administrativa, que importe lesão ao patrimônio público e enriquecimento ilícito, desde a condenação, até o transcurso do prazo de 8 (oito) anos após o cumprimento da pena, torna-se inelegível;

(E) Os agentes públicos, ainda que não sejam servidores públicos, nos três meses que antecedem as eleições, cometem ato de improbidade administrativa se autorizam publicidade institucional de atos, programas, obras, serviços e campanhas dos órgãos públicos, salvo em caso de grave e urgente necessidade pública, assim reconhecida pela Justiça Eleitoral, e nas hipóteses de propaganda de produtos e serviços que tenham concorrência no mercado.

A: assertiva correta; de fato não configura ato de improbidade; esse ato restaria configurado apenas no ato de "nomear, contratar ou de qualquer forma admitir, demitir sem justa causa, suprimir ou readaptar vantagens ou por outros meios dificultar ou impedir o exercício funcional e, ainda, *ex officio*, remover, transferir ou exonerar servidor público, na circunscrição do pleito, nos três meses que o antecedem e até a posse dos eleitos", não incluída na ilicitude a conduta de "nomeação ou exoneração de cargos em comissão e designação ou dispensa de funções de confiança", tudo nos termos dos art. 73, V, "a", e § 7º, da Lei 9.504/1997; **B:** assertiva incorreta, devendo ser assinalada. O prazo é de até 5 anos (e não 8 anos) do marco assinalado no enunciado (art. 23, I, da Lei 8.429/1992); **C:** assertiva correta (art. 52, VI, da Lei 10.257/2001); **D:** assertiva correta (art. 1º, I, "l", da LC 64/1990 – inclusão feita pela LC 135/2010 – Lei da Ficha Limpa); **E:** assertiva correta (art. 73, VI, "b", da Lei 9.504/1997).

Gabarito "B"

(Ministério Público/BA – 2008) Ainda sobre a Lei de Improbidade Administrativa (LIA) é correto afirmar:

(A) Embora os agentes políticos possam ser sujeitos ativos do ato de improbidade administrativa, aos Deputados e Senadores não pode ser aplicada na ação civil a sanção de perda da função pública, o mesmo ocorrendo relativamente aos agentes vitalícios.

(B) Por descreverem condutas típicas, o rol de atos elencados nos artigos 9º, 10º e 11º da LIA é taxativo (*numerus clausus*), não comportando interpretação ampliativa.

(C) A indisponibilidade dos bens do indiciado poderá ser decretada independente de ter havido lesão ao patrimônio público ou enriquecimento ilícito.

(D) Ajuizada a ação civil pelo Ministério Público será o indiciado citado para apresentar contestação, no prazo de 15 (quinze)dias.

(E) Pelo ato de improbidade consistente em violação a princípios da administração pública o agente sujeita-se, além de outras, à sanção de multa de até 100 (cem) vezes o valor de sua remuneração.

A: incorreta, pois a LIA é aplicável a magistrados (REsp 1.205.562/RS), a deputados federais (AgRg no Ag 1.404.254/RJ), a prefeitos (AgRg no REsp 1.326.492/MS) e a outros agentes públicos, como Conselheiros dos Tribunais de Contas do Estado e membros do Ministério Público. O que se discute, em alguns casos, é a forma pela qual se dá a perda do cargo. Em relação aos deputados, porém, é possível que a ação culmine na perda do cargo, razão pela qual o STJ tem decidido, de maneira polêmica, a existência de foro privilegiado na ação de improbidade (EDcl no AgRg no Ag 1.404.254/RJ, 1ª Turma, *DJe* 09.03.2012); **B:** incorreta, pois a enumeração é exemplificativa, como se vê da própria definição das condutas, que sempre é precedida da palavra *notadamente*; **C:** incorreta, pois, conforme o art. 7º da LIA, *quando o ato de improbidade causar lesão ao patrimônio público ou ensejar enriquecimento ilícito, caberá a autoridade administrativa responsável pelo inquérito representar ao Ministério Público, para a indisponibilidade dos bens do indiciado;* **D:** incorreta, pois, antes de receber a inicial, o juiz ordenará a notificação do requerido, para oferecer manifestação por escrito, que poderá ser instruída com documentos e justificações, dentro do prazo de quinze dias (art. 17, § 7º da LIA). Ou seja, há uma fase que antecedente o recebimento da inicial e, portanto, a citação para a contestação. Há possibilidade de uma defesa preliminar antes do recebimento da inicial; **E:** correta, pois é o que estabelece o art. 12, III, da LIA.

Gabarito "E"

(Ministério Público/GO – 2012) Acerca da disciplina dada pela Lei 8.429/1992 às sanções aplicáveis aos agentes públicos que praticarem atos de improbidade administrativa, é incorreto afirmar:

(A) A ação para aplicação de sanções aos agentes públicos que praticarem atos de improbidade administrativa e a ação de ressarcimento prescrevem em cinco anos após findo o exercício de mandato, de cargo em comissão ou de função de confiança e dentro do prazo prescricional previsto em lei específica para faltas disciplinares puníveis com demissão a bem do serviço público, nos casos de exercício de cargo efetivo ou emprego.

(B) O responsável por ato de improbidade administrativa que importa enriquecimento ilícito está sujeito à perda dos bens ou valores acrescidos ilicitamente ao patrimônio, ressarcimento integral do dano, quando houver, perda da função pública, suspensão dos direitos políticos de oito a dez anos, pagamento de multa civil de até três vezes o valor do acréscimo patrimonial e proibição de contratar com o Poder Público ou receber benefícios ou incentivos fiscais ou creditícios, direta ou indiretamente, ainda que por intermédio de pessoa jurídica da qual seja sócio majoritário, pelo prazo de dez anos.

(C) Constitui ato de improbidade administrativa importando enriquecimento ilícito aceitar promessa de vantagem econômica de qualquer natureza, direta ou indireta, para tolerar a exploração ou a prática de jogos de azar, de lenocínio, de narcotráfico, de contrabando, de usura ou de qualquer outra atividade ilícita.

(D) A ação de responsabilização por prática de ato de improbidade administrativa segue o rito ordinário, com a ressalva de que, autuada a inicial, o requerido será notificado para oferecer manifestação por escrito, dentro do prazo de quinze dias, sendo que somente após cumprida essa formalidade o juiz, em decisão fundamentada, deliberará sobre a rejeição da ação ou recebimento da inicial, para só então, neste último caso, proceder à citação do réu para contestação.

A: incorreta, pois a pretensão de ressarcimento ao erário, decorrente de ato de improbidade administrativa, é imprescritível, nos termos do art. 37, § 5º, da Constituição Federal. Conforme se vê no Informativo 0454, o STJ tem ratificado a conclusão no sentido de que é imprescritível a pretensão de ressarcimento ao erário: "Na espécie, o tribunal *a quo* entendeu que, remanescendo, em ação civil pública por ato de improbidade administrativa, o pleito ressarcitório, este, por ser imprescritível, pode ser buscado em ação autônoma. É pacífico no STJ que as sanções previstas no art. 12 e incisos da Lei 8.429/1992 prescrevem em cinco anos, o que não ocorre com a reparação do dano ao erário por ser imprescritível a pretensão ressarcitória nos termos do art. 37, § 5º, da CF/1988. Assim, quando autorizada a cumulação do pedido condenatório e do ressarcitório em ação por improbidade administrativa, a rejeição do pedido condenatório abarcado pela prescrição não impede o prosseguimento da demanda quanto ao segundo pedido em razão de sua imprescritibilidade. Com essas considerações, a Turma deu provimento ao recurso do MPF para determinar o prosseguimento da ação civil pública por ato de improbidade no que se refere ao pleito de ressarcimento de danos ao erário. Precedentes citados: AgRg no REsp 1.038.103-SP, *DJe* 04.05.2009; REsp 1.067.561-AM, *DJe* 27.02.2009; REsp 801.846-AM, *DJe* 12.02.2009; REsp 902.166-SP, *DJe* 04.05.2009, e REsp 1.107.833-SP, *DJe* 18.09.2009. REsp 1.089.492-RO, Rel. Min. Luiz Fux, julgado em 04.11.2010"; **B:** correta, pois assim estabelece o art. 12, I, da LIA; **C:** correta, pois é o que dispõe o art. 9º, V, da LIA; **D:** correta, pois a ação de improbidade administrativa, espécie de ação civil pública, tem rito diferenciado. A principal peculiaridade está apontada na assertiva e decorre do previsto no art. 17, § 7º, da LIA.

Gabarito "A"

(Ministério Público/MG – 2011) O artigo 12 da Lei n. 8.429/1992 (Lei de Improbidade Administrativa) estabelece que, independentemente das sanções penais, civis e administrativas, sujeita-se o responsável pelo ato de improbidade administrativa às cominações ali estipuladas, que podem ser aplicadas isolada ou cumulativamente, de acordo com a gravidade do fato. A respeito de tais sanções, é **CORRETO** afirmar:

I. Na fixação das penas, o juiz levará em conta a extensão do dano e o proveito patrimonial obtido pelo agente.

II. Todas as modalidades de improbidade administrativa podem implicar restrição temporária de direitos (suspensão de direitos políticos e proibição temporária de recebimento de benefícios ou incentivos fiscais ou creditícios) e interdição definitiva de direitos (perda da função pública).

III. Permitir, facilitar ou concorrer para que terceiro se enriqueça ilicitamente é ato de improbidade administrativa que pode ser sancionado com suspensão dos direitos políticos de cinco a oito anos e pagamento de multa civil de até três vezes o valor do acréscimo patrimonial.

IV. Adquirir para si ou para outrem, no exercício de mandato, cargo, emprego ou função pública, bens de qualquer natureza cujo valor seja desproporcional à evolução do patrimônio ou à renda do agente público é ato de improbidade administrativa punível, entre outras sanções, com perda da função pública, suspensão dos direitos políticos de oito a dez anos e pagamento de multa civil de até três vezes a remuneração percebida pelo agente.

V. Frustrar a licitude de concurso público é ato de improbidade administrativa que sujeita o responsável ao pagamento de multa civil de até cem vezes o valor da remuneração percebida pelo agente.

Apenas estão **CORRETAS** as assertivas

(A) I, IV e V.

(B) I, II e V.

(C) II, III e IV.

(D) I, II e III.

I: correta, pois assim dispõe o art. 12, parágrafo único, da LIA; II: correta, pois as sanções são qualitativamente idênticas, embora sejam diferentes do ponto de vista quantitativo; III: incorreta, pois se trata de ato de improbidade que causa prejuízo ao erário (LIA, art. 10, XII). Assim, o pagamento de multa civil é de até duas vezes o valor do dano (art. 12, II, da LIA); IV: incorreta, pois se trata de ato de improbidade que importa enriquecimento ilícito (LIA, art. 9º, VII). Então, a sanção é de pagamento de multa civil de até três vezes o valor do acréscimo patrimonial; V: correta, pois se trata de ato de improbidade que atenta contra os princípios da administração pública (LIA, art. 11, V). Por isso, a sanção está correta nos termos do art. 12, III, da LIA.

Gabarito "B"

(Ministério Público/MG – 2006) Nos termos da Lei n. 8.429/1992,

I. nos atos de improbidade administrativa contra entidade para cuja criação ou custeio o erário concorra com mais de 50% (cinquenta por cento) do patrimônio ou da receita anual, a sanção patrimonial limita-se à repercussão do ilícito sobre a contribuição dos cofres públicos.

II. o terceiro beneficiado responderá solidariamente com o agente público para o ressarcimento do dano integral causado ao erário, apenas quando tenha induzido ou concorrido para a prática da improbidade administrativa.

III. o sucessor do agente público que causou dano ao patrimônio não tem qualquer responsabilidade quanto ao dever de ressarcimento do prejuízo causado.

IV. as ações destinadas a levar a efeito as sanções previstas nessa lei podem ser propostas dentro do prazo prescricional previsto em lei específica para faltas disciplinares puníveis com demissão a bem do serviço público, nos casos de exercício de cargo efetivo ou emprego.

V. em caso de sentença condenatória por ato de improbidade, o perdimento dos bens incidirá, quando houver enriquecimento ilícito por parte do agente público.

As afirmativas **CORRETAS** são:

(A) I e II.

(B) II e III.

(C) III e IV.

(D) IV e V.

(E) V e I.

I: incorreta, pois a sanção é limitada à repercussão do ilícito no caso de atos de improbidade praticados contra o patrimônio de entidade que receba subvenção, benefício ou incentivo, fiscal ou creditício, de órgão público bem como daquelas para cuja criação ou custeio o erário haja concorrido ou concorra com *menos* de cinquenta por cento do patrimônio ou da receita anual (LIA, art. 1º, parágrafo único); II: incorreta, pois "a lei de improbidade administrativa aplica-se ao beneficiário direto do ato ímprobo, mormente em face do comprovado dano ao erário público. Inteligência do art. 3º da Lei de Improbidade Administrativa" (REsp 1.127.143/RS). E nos termos do art. 3º da LIA, o terceiro pode ser responsabilizado quando tenha induzido ou concorrido para a prática da improbidade administrativa e também quando dele se beneficiou, sob qualquer forma direta ou indireta; III: incorreta, pois a afirmativa afronta o disposto no art. 8º da LIA, segundo o qual *o sucessor daquele que causar lesão ao patrimônio público ou se enriquecer ilicitamente está sujeito às cominações desta lei até o limite do valor da herança*; IV: correta, pois assim dispõe o art. 23, II, da LIA; V: correta, pois estabelece o art. 6º da LIA: *No caso de enriquecimento ilícito, perderá o agente público ou terceiro beneficiário os bens ou valores acrescidos ao seu patrimônio.*

Gabarito "D"

(Ministério Público/MG – 2005) Assinale a afirmativa **INCORRETA**, no que diz respeito às normas contidas na chamada Lei de Improbidade Administrativa (Lei 8.429/1992).

(A) As entidades privadas, em determinadas hipóteses, também estão sujeitas à tutela da Lei de Improbidade Administrativa.

(B) As sanções estipuladas na referida lei são aplicáveis mesmo àqueles que não são agentes públicos, somente quando estes forem beneficiários do ato de improbidade.

(C) A atuação do Ministério Público postulando a decretação judicial de indisponibilidade dos bens do indiciado, por ato de improbidade, não está condicionada à prévia representação da autoridade administrativa responsável pelo inquérito.

(D) A obrigação de reparar lesão ao patrimônio público se transmite ao sucessor do responsável pelo ato de improbidade.

(E) A constatação de ato de improbidade administrativa não autoriza a presunção da ocorrência de dano ao patrimônio comum.

A: correta, pois a lei também alcança entidade para cuja criação ou custeio o erário haja concorrido ou concorra ou entidade que receba subvenção, benefício ou incentivo, fiscal ou creditício, de órgão público (LIA, art. 1º); **B:** incorreta, pois as sanções também são aplicáveis aos que induzam ou concorram para a prática do ato de improbidade ou dele se beneficiem sob qualquer forma direta ou indireta (art. 3º da LIA); **C:** correta, pois o MP pode atuar independentemente da representação; **D:** correta, pois *o sucessor daquele que causar lesão ao patrimônio público ou se enriquecer ilicitamente está sujeito às cominações desta lei até o limite do valor da herança* (art. 8º da LIA); **E:** correta, pois o STJ exige a prova de dano efetivo: "As condutas descritas no art. 10 da LIA demandam a comprovação de dano efetivo ao erário público, não sendo possível caracterizá-las por mera presunção" REsp 1.228.306/PB, Rel. Min. Castro Meira, j. 09.10.2012, *DJe* 18.10.2012.

Gabarito "B"

(Ministério Público/MG – 2005) De acordo com o estabelecido nas Leis 7.347/1985 (Ação Civil Pública) e 8.429/1992 (Lei de Improbidade Administrativa), apenas uma das alternativas é **INCORRETA**, assinale-a.

(A) Na fixação das penas previstas na Lei de Improbidade Administrativa, o Juiz as aplicará, sempre, de forma cumulativa.

(B) Ambas são espécies de um mesmo gênero.

(C) Em se constatando a configuração de ato de improbidade administrativa, que cause lesão ao erário, é possível postular a decretação de sua nulidade, manejando-se a ação civil pública.

(D) O servidor público concursado, que pratique ato de improbidade administrativa, poderá ter contra si decretada a perda de sua função pública.

(E) É possível o afastamento cautelar do agente público do exercício do cargo, em se caracterizando a prática de ato de improbidade administrativa, quando a medida se fizer necessária a instrução processual.

A: incorreta, pois as penas podem ser aplicadas isolada ou cumulativamente, como enuncia o art. 12 da LIA, com a redação dada pela Lei 12.120, de 2009: *Art. 12. Independentemente das sanções penais, civis e administrativas previstas na legislação específica, está o responsável pelo ato de improbidade sujeito às seguintes cominações, que podem ser aplicadas isolada ou cumulativamente, de acordo com a gravidade do fato*; **B:** correta, pois a ação de improbidade administrativa é uma espécie de ação civil pública, com peculiaridades quanto à legitimidade ativa, quanto ao rito e quanto ao objeto; **C:** correta, pois a nulidade do ato administrativo pode ser pleiteada em sede de ação civil pública, tendo em vista a admissibilidade de todos os pedidos em sede de ações coletivas (CDC, art. 83). Nesse sentido o pronunciamento do STJ no julgamento do REsp 757.595/MG: "É cabível a propositura de ação civil pública que tenha como fundamento a prática de ato de improbidade administrativa, tendo em vista a natureza difusa do interesse tutelado. Também mostra-se lícita a cumulação de pedidos de natureza condenatória, declaratória e constitutiva nesta ação, porque sustentada nas disposições da Lei 8.429/1992. A cumulação de pedidos em ação civil pública calcada na Lei de Improbidade é adotada no ordenamento jurídico, nos termos assentados por esta Corte, *verbis*: 1. O Ministério Público é parte legítima para ajuizar ação civil pública que vise aplicar as sanções previstas na Lei de Improbidade Administrativa. 2. A ação civil pública é meio processual adequado para buscar a responsabilização do agente público nos termos da Lei de Improbidade Administrativa, sendo também possível a cumulação de pedidos"; **D:** correta, pois se trata de uma das sanções aplicáveis no caso de improbidade administrativa (vide art. 12 da LIA); **E:** correta, pois assim dispõe o parágrafo único do art. 20 da LIA.

Gabarito "A"

(Ministério Público/MT – 2012 – UFMT) *Pedro, servidor público estadual, exclusivamente comissionado, praticou ato de improbidade administrativa em 30 de junho de 2000. Em razão desse fato, Pedro foi exonerado, deixando de manter vínculo com o Estado em 30 de março de 2001. Após apuração do fato por meio de inquérito civil público, o Ministério Público Estadual promoveu Ação de Responsabilização por Ato de Improbidade Administrativa em 30 de janeiro de 2006. No entanto, a citação do réu só ocorreu no dia 30 de novembro de 2006, razão pela qual a defesa de*

Pedro alegou a ocorrência da prescrição quinquenal.

A respeito da situação acima, pode-se afirmar:

(A) A pretensão do Estado em punir o servidor pela prática de ato de improbidade administrativa foi fulminada pela prescrição, pois entre a data de sua exoneração e a data da efetiva citação transcorreu prazo superior a cinco anos, remanescendo a possibilidade de ressarcimento de eventual dano ao erário.

(B) Não sobreveio a prescrição quinquenal, pois o prazo para sua ocorrência foi interrompido com a propositura da ação, não havendo que se falar em perda da pretensão de punir o ex-servidor em razão do transcurso de prazo superior a cinco anos, pois o prazo é contado da data da exoneração do réu até a data da propositura da ação.

(C) A pretensão do Estado em punir o servidor pela prática de ato de improbidade administrativa foi fulminada pela prescrição, pois entre a data da prática do ato de improbidade e a data da promoção da Ação de Responsabilização por Ato de Improbidade Administrativa transcorreu prazo superior a cinco anos, remanescendo a possibilidade de ressarcimento de eventual dano ao erário.

(D) Não ocorreu a prescrição, pois o ex-servidor era exclusivamente comissionado, razão pela qual não se aplica à sua situação o prazo estipulado no artigo 23 da Lei n. 8.429/1992, mas tão somente o artigo 205 do Código Civil, que estabelece o prazo prescricional geral em 10 anos.

(E) A Ação de Responsabilização por Ato de Improbidade Administrativa foi proposta após o transcurso do prazo decadencial de cinco anos, eis que conta-se tal prazo da data do fato praticado pelo ex-servidor até a data da propositura da ação, remanescendo para o Estado a possibilidade de buscar ressarcimento de eventual dano ao erário.

A: incorreta, pois não ocorreu a prescrição, considerando a interrupção ocorrida com a propositura da ação, conforme exposto na alternativa seguinte; **B:** correta, pois, nos termos do art. 219 do CPC, a citação válida interrompe a prescrição. De lembrar que o § 1º do citado dispositivo legal determina que *a interrupção da prescrição retroagirá à data da propositura da ação*; **C:** incorreta, pelas razões anteriores; **D:** incorreta, pois o prazo prescricional é regido pelo art. 23 da LIA. Sendo comissionado, incide o disposto no inciso I do citado artigo, segundo o qual a prescrição ocorre até cinco anos após o término do exercício da função de confiança; **E:** incorreta, pelas razões expostas nas alternativas anteriores.

Gabarito "B"

(Ministério Público/RN – 2009 – CESPE) Quanto à improbidade administrativa, assinale a opção correta à luz da Lei n. 8.429/1992.

(A) É crime a representação por ato de improbidade contra agente público ou terceiro beneficiário, quando o autor da denúncia tem conhecimento de que este é inocente.

(B) Ação culposa de terceiro não dará ensejo ao integral ressarcimento de dano, quando ocorrer lesão ao patrimônio público.

(C) No caso de enriquecimento ilícito, o terceiro beneficiário não perde os valores acrescidos ao seu patrimônio.

(D) Qualquer pessoa que tome conhecimento de prática de ato de improbidade administrativa deve representar ao MP estadual.

(E) As ações de improbidade administrativa de atos que atentem contra os princípios da administração pública podem ser propostas até dez anos após o término da função de confiança de quem as tenha praticado.

A: correta, pois assim estabelece o art. 19 da LIA; **B:** incorreta, pois o ato de improbidade administrativa que causa prejuízo ao erário, pelo qual terceiros beneficiários ou colaboradores podem ser responsabilizados, pode ser praticado a título de dolo ou de culpa, nos termos do art. 10 da LIA; **C:** incorreta, pois há perda dos valores acrescidos nos termos do art. 6º da LIA; **D:** incorreta, pois a representação é um dever das autoridades administrativas. As demais pessoas podem representar; **E:** incorreta, pois o prazo prescricional é de cinco anos, nos termos do art. 23, I, da LIA.

Gabarito "A"

(Ministério Público/SC – 2008) Analise as seguintes assertivas:

I. Tal como a perspectiva criminal, em que a previsão da improbidade administrativa, como ato ilícito, atribuída aos agentes políticos, é interpretada como "crime de responsabilidade", o princípio da moralidade administrativa, enquanto regente das atividades da administração pública, é de elaboração recente, tendo como marco normativo a Constituição Federal de 1988.

II. Face, a uma demanda proposta, a imoralidade deve ser considerada como uma espécie de agravante da ilegalidade verificada.

III. Em sentido amplo, a legalidade inclui a moralidade, a probidade, a eficiência e os demais valores consagrados pelo ordenamento jurídico, no aspecto particular abordado pela Lei n. 8.429/1992.

IV. Em que pese a confusão entre os sentidos dos princípios da moralidade e da probidade, a improbidade, no viés infracional, é mais ampla que a imoralidade, haja vista que, afrontado o princípio da moralidade, ter-se-á a configuração de uma das hipóteses de atos de improbidade definidos em lei.

V. No tangente à apuração e punição dos atos de improbidade administrativa, invoca-se tanto a utilização do inquérito civil público a fim de identificar a hipótese legitimadora da atuação ministerial, possibilitando-se a detecção do interesse de agir, quanto o manejo da ação civil pública, prevista na Lei n. 7.347/1985, no que não contrariar disposições específicas da lei de improbidade.

(A) apenas I, II e IV estão corretos

(B) apenas II, III e V estão corretos

(C) apenas III, IV e V estão corretos

(D) apenas III e IV estão corretos

(E) apenas I, III, IV e V estão corretos

I: incorreta, pois a improbidade administrativa não deve ser interpretada como crime de responsabilidade. A esfera criminal não se confunde com a extrapenal (cível *lato sensu*) e, ademais, o crime de responsabilidade não decorre, apenas, da prática de atos de improbidade administrativa. Com efeito, estabelece o art. 85, da CF, que: São crimes de responsabilidade os atos do Presidente da República que atentem contra a Constituição Federal e, especialmente, contra: I – a existência da União; II – o livre exercício do Poder Legislativo, do Poder Judiciário, do Ministério Público e dos Poderes constitucionais das unidades da Federação; III – o exercício dos direitos políticos, individuais e sociais; IV - a segurança interna do País; V – a probidade na administração; II: incorreta, pois a imoralidade não é uma agravante da ilegalidade. Moralidade e legalidade são parâmetros para a análise da validade dos atos administrativos, mas não se confundem, embora se relacionem; III: correta, pois, conforme Emerson Garcia (*Improbidade administrativa*. 6. ed. Rio de Janeiro: Lumen Juris. 2011, p. 88-89), "apesar de não guardar sinonímia com ao princípio da legalidade, a moralidade administrativa apresenta uma relação de continência com o princípio da juridicidade, o qual abrange todas as regras e princípios norteadores da atividade estatal. Violado o princípio da moralidade administrativa, maculado estará o princípio da juridicidade, o que reforça a utilização deste como parâmetro para a identificação dos atos de improbidade"; IV: correta, pois, como ensina Marcelo Figueiredo (*O controle da moralidade na constituição*, São Paulo: Malheiros, 1999, p. 48): "A improbidade gera a violação da moralidade". Acrescenta o autor (p. 49): "Podemos dizer que, genericamente considerada, 'improbidade' denota 'desonestidade'; esta, por sua vez, está abarcada no conceito maior de 'moralidade'. A improbidade caracteriza-se por ser uma das facetas da moralidade. O problema do conceito de probidade não se situa tanto na questão da distinção, mas de *relação entre conteúdo e continente*"; V: correta, pois a ação de improbidade é uma espécie de ação civil pública. Assim, como o MP é legitimado para propor a ação de improbidade, poderá instaurar inquérito civil para investigar as condutas apontadas como ímprobas.

Gabarito "C"

(Ministério Público/SC – 2010) Analise os itens que seguem:

I. O agente público, que se recusa, no prazo estabelecido em lei, a prestar a declaração de bens, junto ao serviço pessoal competente, será punido com pena de demissão, a bem do serviço público.

II. Proposta a ação a inicial, nos casos da lei 8.429/92, o juiz mandará autuá-la e ordenará a notificação do requerido, para oferecer manifestação por escrito, no prazo assinalado de dez (dez) dias.

III. Da decisão que recebe a inicial de improbidade administrativa, cabe recurso de agravo de instrumento.

IV. Aplica-se aos depoimentos ou inquirições realizadas nos processos regidos por esta Lei 8.429/92, o disposto no Código de Processo Civil.

V. O sucessor daquele que causar lesão ao patrimônio público ou se enriquecer ilicitamente está sujeito às cominações da lei 8.429/92 até o limite do valor da herança.

(A) Apenas as assertivas I e II estão incorretas.

(B) Apenas as assertivas I e III estão incorretas.

(C) Apenas as assertivas II e III estão incorretas.

(D) Apenas as assertivas II e IV estão incorretas.

(E) Apenas as assertivas III e V estão incorretas.

I: correta (art. 13, § 3º, da Lei 8.429/92); II: incorreta, pois esse prazo é de 15 dias (art. 17, § 7º, da Lei 8.429/92); III: correta (art. 17, § 10, da Lei 8.429/92); IV: incorreta, pois aplica-se o disposto no art. 221, *caput* e § 1º, do Código de Processo Penal (art. 17, § 12, da Lei 8.429/92); V: correta (art. 8º da Lei 8.429/92).

Gabarito "D"

(Ministério Público/AM – 2008 – CESPE) De acordo com a Lei de Improbidade Administrativa, assinale a opção incorreta.

(A) Estão sujeitos às penalidades dessa lei os atos de improbidade praticados contra o patrimônio de entidade que receba subvenção, benefício ou incentivo, fiscal ou creditício, de órgão público, a exemplo das entidades beneficentes de assistência social.

(B) A referida lei aplica-se àquele que exerce, ainda que transitoriamente ou sem remuneração, por eleição, nomeação, designação, contratação ou qualquer outra forma de investidura ou vínculo, mandato, cargo, emprego ou função nas entidades beneficentes de assistência social.

(C) As ações destinadas a levar a efeito as sanções previstas na lei em questão podem ser propostas até cinco anos após o término do exercício de mandato, de cargo em comissão ou de função de confiança ou dentro do prazo prescricional previsto em lei específica para faltas disciplinares puníveis com demissão a bem do serviço público, nos casos de exercício de cargo efetivo ou emprego.

(D) Constitui ato de improbidade administrativa que atenta contra os princípios da administração pública qualquer ação ou omissão que viole os deveres de honestidade, imparcialidade, legalidade e lealdade às instituições e, notadamente, revelar fato ou circunstância de que se tenha ciência em razão das atribuições e que deva permanecer em segredo.

(E) Quando a ação de improbidade administrativa for proposta por pessoa jurídica interessada e não pelo MP, fica este desobrigado de intervir na ação.

A: correta (art. 1º, parágrafo único, da Lei 8.429/92); **B:** correta (art. 2º da Lei 8.429/92); **C:** correta (art. 23 da Lei 8.429/92); **D:** correta (art. 11 da Lei 8.429/92); **E:** incorreta (art. 17, § 4º, da Lei 8.429/92).

Gabarito "E"

(Ministério Público/GO – 2005) Assinale a alternativa correta:

(A) conforme entendimento pacificado no STJ, a pessoa jurídica de direito público lesada pelo ato ímprobo deverá figurar no polo ativo da ação de improbidade administrativa como litisconsorte necessário

(B) da decisão que, apenas parcialmente, receber uma ação civil de improbidade administrativa imputando vários atos ímprobos ao agente público, caberá apelação

(C) conforme entendimento pacificado no STJ, as sanções previstas no artigo 12 da Lei nº 8.429/92 são cumulativas, pois se trata de matéria de ordem pública

(D) a defesa prévia na ação de improbidade administrativa consiste na obrigatória notificação do requerido para apresentar defesa por escrito antes do recebimento da inicial

A: incorreta, pois a pessoa de direito público poderá escolher o polo em que ficará ou mesmo se abster de participar da demanda (art. 17, § 3º, da Lei 8.429/92); **B:** incorreta, pois tal decisão não é terminativa, portanto não cabe apelação; **C:** incorreta, pois o STJ entende que não é possível a aplicação cumulativa indistinta das sanções previstas no art. 12 da Lei 8.429/92, sob pena de violação ao princípio da proporcionalidade; **D:** correta (art. 17, § 7º, da Lei 8.429/92).

Gabarito "D"

(Ministério Público/MG – 2010.2) Acerca dos procedimentos administrativos para apuração de atos de improbidade administrativa, assinale a afirmativa CORRETA.

(A) Havendo fundados indícios de responsabilidade, a comissão investigante representará à Procuradoria ou Advocacia-Geral do ente lesado para que requeira ao juízo competente a decretação do sequestro dos bens do agente ou terceiro que tenha enriquecido ilicitamente ou causado dano ao patrimônio público.

(B) A autoridade administrativa rejeitará, independentemente de fundamentação, a representação escrita que não contenha a qualificação do representante, informações sobre o fato e sua autoria, e indicação das provas de que tenha conhecimento.

(C) Uma vez decretada a rejeição administrativa da representação por atos de improbidade administrativa, ficará o representante impedido de representar, com base nos mesmos fatos, perante o Ministério Público.

(D) Somente o Ministério Público, por meio de inquérito civil público, poderá proceder à apuração de atos de improbidade administrativa no âmbito de quaisquer dos Poderes da União, Estado, Distrito Federal e Municípios.

A: incorreta, pois a representação poderá ser tanto à procuradoria do órgão, como ao *Ministério Público* (art. 16, *caput*, da Lei 8.429/92); **B:** incorreta, pois a rejeição é até possível no caso, mas deve ser *fundamentada* (art. 14, § 2º, da Lei 8.429/92); **C:** incorreta, pois pode haver reapresentação (art. 14, § 2º, da Lei 8.429/92); **D:** correta, pois somente o MP pode instaurar um inquérito civil; outros órgãos e pessoas podem até investigar, mas não por meio de um inquérito civil.

Gabarito "D"

(Ministério Público/MG – 2007) Sobre a Lei de Improbidade Administrativa – LIA (Lei nº 8.429/92) é CORRETO afirmar que

(A) a regra para a fixação da competência para o conhecimento e julgamento das ações fundadas na LIA é a do local onde foi praticado o ato de improbidade administrativa.

(B) a pessoa jurídica interessada, o Ministério Público e as associações constituídas há pelo menos 1 (um) ano, que incluam entre suas finalidades institucionais a proteção do patrimônio público são legitimados à propositura da ação fundada na LIA.

(C) no caso da ação principal proposta pelo Ministério Público, a natureza da intervenção processual da pessoa jurídica supostamente prejudicada pelo ato de improbidade é de litisconsórcio necessário.

(D) o prazo prescricional para a propositura das ações fundadas na LIA é de 5 (cinco) anos, contados da data da prática do ato de improbidade administrativa.

(E) a prática, pelo agente público, de ato visando fim proibido em lei ou regulamento ou diverso daquele previsto, na regra de competência, por si só, não é definido na LIA como ato de improbidade administrativa que causa prejuízo ao erário.

A: incorreta, pois aplicando-se por analogia a Lei 7.347/85, a competência é do local do ***dano***, e não da ação ou omissão; **B:** incorreta (art. 17, *caput*, da Lei 8.429/92); **C:** incorreta, pois a pessoa prejudicada pode até se abster de participar da demanda (art. 17, § 3º, da Lei 8.429/92); **D:** incorreta, pois há dois casos distintos no art. 23 da Lei 8.429/92; **E:** correta, pois o caso narrado é da modalidade violação a princípios da administração (art. 11 da Lei 8.429/92).

Gabarito "E"

(Ministério Público/MS – 2006) Analise as afirmativas abaixo:

I. Será punido com pena de demissão, a bem do serviço público, sem prejuízo das sanções penais cabíveis, o agente que se recusar a prestar declaração dos bens, dentro do prazo determinado, ou que a prestar falsa;

II. Qualquer omissão culposa que enseje perda patrimonial constitui ato de improbidade administrativa;

III. A aplicação das sanções previstas na Lei de Improbidade Administrativa (Lei nº 8.429/92) independe da efetiva ocorrência de dano ao patrimônio público;

IV. A Lei nº 8.429/92 admite expressamente a transação na ação principal por ato de improbidade administrativa, desde que o dano seja integralmente ressarcido.

(A) Somente os itens I e IV estão incorretos;

(B) Somente o item IV está incorreto;

(C) Somente os itens III e IV estão incorretos;

(D) Somente os itens I e II estão corretos.

I: correto (art. 13, § 3º, da Lei 8.429/92); II: correto (art. 10 da Lei 8.429/92); III: correto (art. 21, I, da Lei 8.429/92); IV: incorreto (art. 17, § 1º, da Lei 8.429/92).

Gabarito "B"

(Ministério Público/SE – 2010 – CESPE) Quanto aos aspectos materiais e processuais da Lei nº 8.429/1992 (Lei de Improbidade Administrativa), assinale a opção correta.

(A) A perda da função pública e a suspensão dos direitos políticos, para os que foram condenados por ato de improbidade, somente se podem efetivar após o trânsito em julgado da decisão.

(B) A exemplo do que ocorre com a ação popular, qualquer cidadão é parte legítima para propor a ação de improbidade administrativa, assim como o são o MP e a pessoa jurídica prejudicada pela atuação do gestor.

(C) As disposições da lei, aplicáveis apenas aos agentes públicos, alcançam os que exercem cargo, emprego ou função pública, de modo efetivo ou transitório, e os que exercem, por eleição, mandato eletivo.

(D) Qualquer pessoa pode representar à autoridade administrativa competente para ser instaurada investigação destinada a apurar a prática de ato de improbidade, não se exigindo identificação do representante, como forma de resguardar sua identidade e evitar retaliações de qualquer natureza.

(E) Os atos de improbidade que importem enriquecimento ilícito sujeitam os responsáveis ao ressarcimento integral do dano, se houver, à perda da função pública, à suspensão dos direitos políticos de três a cinco anos, ao pagamento de multa civil e à proibição de contratar com o poder público pelo prazo de três anos.

A: correta (art. 20, caput, da Lei 8.429/92); **B:** incorreta, pois somente o Ministério Público e a pessoa jurídica interessada podem ingressar com ação de improbidade (art. 17, caput, da Lei 8.429/92); **C:** incorreta, pois a lei também se aplica a quem concorra ou induza para a prática do ato, bem como a quem se beneficie deste (art. 3º da Lei 8.429/92); **D:** incorreta, pois é necessário que o representante o faça por escrito e mediante assinatura e qualificação (art. 14, § 1º, da Lei 8.429/92); **E:** incorreta, pois a suspensão dos direitos políticos, no caso, será de 8 a 10 anos, e a proibição de contratar com o poder público será pelo prazo de 10 anos (art. 12, I, da Lei 8.429/92).

Gabarito "A"

(Ministério Público/SP – 2011) A ação civil pública para a punição de atos de improbidade administrativa

(A) será proposta peja pessoa jurídica interessada, exclusivamente.

(B) prescreve em 10 (dez) anos, nos termos do art. 205 do Código Civil.

(C) é imprescritível.

(D) pode ser proposta até 5 (cinco) anos após o término do exercício de mandato, de cargo em comissão ou de função de confiança.

(E) prescreve em 5 (cinco) anos, contados a partir da demissão do servidor, a bem do serviço público, nos casos de exercício de cargo efetivo ou emprego.

A: incorreta, pois será pela pessoa jurídica interessada ou pelo Ministério Público (art. 17, caput, da Lei 8.429/92); **B:** incorreta, pois, para o ressarcimento ao erário, a ação é imprescritível, e para as demais sanções, prescreve ou em 5 anos do término do mandado ou cargo em comissão, ou no prazo previsto para demissão a bem do serviço público, nos demais casos (art. 23 da Lei 8.429/92); **C:** incorreta, pois somente a pretensão para o ressarcimento ao erário é imprescritível; **D:** correta (art. 23, I, da Lei 8.429/92); **E:** incorreta, pois, nesses casos, a ação deve ser proposta dentro do prazo prescricional previsto em lei específica para faltas disciplinares puníveis com demissão a bem do serviço público (art. 23, II, da Lei 8.429/92).

Gabarito "D"

(Ministério Público/SP – 2008) Prefeito Municipal, cujo mandato terminou em dezembro de 2004, foi réu em ação de improbidade administrativa ajuizada pelo Ministério Público, porque durante o mês de fevereiro de 2002 teria utilizado funcionários e máquinas de terraplenagem da Prefeitura para dar início à obra de construção de sua residência. Em maio de 2007, sobreveio sentença de improcedência por falta de provas, que transitou em julgado. Entretanto, em novembro de 2008, a testemunha A, que sabia dos fatos, pois tinha sido mestre-de-obras responsável pela construção, e não fora ouvida, procurou a Promotoria de Justiça da Comarca e mostrou documentos e gravações que havia produzido clandestinamente, comprovando aqueles fatos. Na oportunidade, declarou que estaria disposta a testemunhar e relatar tudo o que sabia. Diante dessa situação, assinale a providência correta que, como promotor de justiça, adotaria.

(A) Informaria a testemunha de que nada poderia ser feito, pois já decorrido o prazo de prescrição previsto no artigo 23 da Lei nº 8.429/92 e, portanto, o Ministério Público não poderia ajuizar ação pretendendo a aplicação das penas do artigo 12 da Lei de Improbidade Administrativa.

(B) Instauraria inquérito civil, tomaria por termo as declarações da testemunha A, convidaria o ex-Prefeito para prestar esclarecimentos e oferecer subsídios para esclarecimento dos fatos e, por fim, ajuizaria nova ação civil pública.

(C) Tendo em mãos a prova clandestina, procuraria notificar o ex-Prefeito Municipal para celebrar compromisso de ajustamento a fim de ressarcir os cofres públicos dos gastos havidos ilicitamente.

(D) Tomaria por termo as declarações da testemunha A e oficiaria ao atual Prefeito, requisitando que o Município ajuizasse nova ação civil pública, porque ao Ministério Público já teria ocorrido preclusão.

(E) Como a prova trazida era ilícita, e porque já teria ocorrido coisa julgada material, nada poderia ser feito.

Em primeiro lugar é importante ressaltar que, como a primeira demanda foi julgada improcedente por falta de provas (providência possível em ações coletivas), é possível o ajuizamento de nova ação acerca dos mesmos fatos, desde que existam novas provas. No caso em questão, apurados novos elementos, o que poderá se dar no bojo de um inquérito civil, cabe a propositura de nova ação civil pública.

Gabarito "B"

(Ministério Público/SP – 2008) Assinale a alternativa correta.

(A) As autoridades com prerrogativa de foro especial gozam desse benefício quando se trata de ação civil pública por improbidade administrativa.

(B) O sucessor testamentário daquele que causar lesão ao patrimônio não está sujeito às cominações da Lei de Improbidade Administrativa.

(C) O cidadão é o único legitimado a representar à autoridade administrativa competente para que seja instaurada investigação destinada a apurar prática de ato de improbidade.

(D) A indisponibilidade dos bens do réu incide sobre tantos bens quantos forem necessários para o ressarcimento integral do dano e para a perda do acréscimo patrimonial, inclusive sobre bens adquiridos anteriormente ao ato de improbidade.

(E) Quando o Ministério Público não for o autor da ação civil pública de improbidade administrativa, não é obrigatória a sua intervenção como fiscal da lei.

A: incorreta, pois o STF declarou inconstitucional a regra trazida no art. 84 do Código de Processo Penal, que estabelecia o foro por prerrogativa de função em matéria de improbidade; **B:** incorreta (art. 8º da Lei 8.429/92); **C:** incorreta ("qualquer pessoa" – art. 14, *caput*, da Lei 8.429/92); **D:** correta (art. 7º, parágrafo único, da Lei 8.429/92); **E:** incorreta (art. 17, § 4º, da Lei 8.429/92).

Gabarito "D"

12. Direito do Consumidor

André de Carvalho Barros, Gabriela Pinheiro e Wander Garcia*

1. CONCEITO DE CONSUMIDOR E RELAÇÃO DE CONSUMO

(Ministério Público/BA – 2008) Marque a alternativa incorreta:

(A) O Código de Defesa do Consumidor é aplicável às instituições financeiras.

(B) Para os fins protetivos previstos na Lei Federal 8.078/90, consideram-se consumidores aquelas pessoas que, embora não tenham comprado ou sido destinatárias finais de produtos ou serviço, estejam apenas expostas à publicidade enganosa.

(C) São consumidores equiparados todas as vítimas do fato do serviço, tais como, por exemplo, os passantes na rua atingidos por queda de avião, na ocasião em que este realizava comercialmente transporte de passageiros, decorrente de defeito do serviço.

(D) A gratuidade do bem o descaracteriza como produto, afastando-o da incidência do Código de Defesa do Consumidor.

(E) Também o fornecimento de serviços públicos submete-se à disciplina do Código de Defesa do Consumidor, ainda quando realizado por pessoa jurídica de direito público.

A: correta, de acordo com o art. 3º, § 2º do CDC, aplica-se a Lei 8.078/1990 (CDC) aos serviços de natureza bancária, financeira, de crédito e securitária; **B:** correta, equiparam-se aos consumidores todas as pessoas determináveis ou não, expostas às práticas nele previstas, como, por exemplo, a propaganda enganosa (art. 29 do CDC); **C:** correta, está de acordo com o art. 17 do CDC e também com a jurisprudência do STJ: RESP 540.235/TO – Terceira Turma – Rel. Min. Castro Filho – DJ 06.03.2006: "Código de Defesa do Consumidor. Acidente aéreo. Transporte de malotes. Relação de consumo. Caracterização. Responsabilidade pelo fato do serviço. Vítima do evento. Equiparação a consumidor. Art. 17 do CDC. I. Resta caracterizada relação de consumo se a aeronave que caiu sobre a casa das vítimas realizava serviço de transporte de malotes para um destinatário final, ainda que pessoa jurídica, uma vez que o art. 2º do Código de Defesa do Consumidor não faz tal distinção, definindo como consumidor, para os fins protetivos da lei, '...toda pessoa física ou jurídica que adquire ou utiliza produto ou serviço como destinatário final'. Abrandamento do rigor técnico do critério finalista. II. Em decorrência, pela aplicação conjugada com o art. 17 do mesmo diploma legal, cabível, por equiparação, o enquadramento do autor, atingido em terra, no conceito de consumidor. Logo, em tese, admissível a inversão do ônus da prova em seu favor. Recurso especial provido." **D:** incorreta (devendo ser assinalada), pois o art. 3º, § 1º, do CDC define produto como sendo qualquer bem móvel ou imóvel, material ou imaterial, nada dizendo com relação à sua gratuidade ou onerosidade. E de acordo com a doutrina e a jurisprudência o CDC é aplicável em caso de amostra grátis; **E:** correta, de acordo com o art. 3º, *caput*, do CDC o qual inclui como fornecedor toda pessoa física ou jurídica, pública ou privada, nacional ou estrangeira.

Gabarito "D"

(Ministério Público/MG – 2010.1) A respeito do regime do Código de Defesa do Consumidor (CDC) considere as seguintes proposições

I. A incidência do princípio da interpretação mais favorável ao consumidor pressupõe a presença de cláusulas ambíguas ou contraditórias em contrato de consumo e de adesão.

II. A oferta obriga o fornecedor que a fizer veicular ou dela se utilizar e integra o contrato que vier a ser formado, se o contrário não resultar dos termos dela.

III. A pessoa jurídica não pode ser considerada consumidor destinatário final de produtos e serviços.

IV. Para que um profissional seja considerado fornecedor, o CDC não exige a finalidade de lucro no exercício de suas atividades.

Marque a opção CORRETA.

(A) I, II, III e IV estão corretas.

(B) I e II estão corretas.

(C) I e III estão corretas.

(D) IV está correta.

(E) II está correta.

I: incorreta, pois, diferentemente da redação do Código Civil (art. 423), o texto do art. 47 do CDC não traz como requisito a necessidade de estarem presentes cláusulas ambíguas ou contraditórias; II: incorreta, pois a oferta integra sempre o contrato que venha a ser formado (art. 30 do CDC); III: incorreta (art. 2º do CDC); IV: correta, pois para caracterização do fornecedor o CDC exige que a atividade seja remunerada, o que não significa que se deva ter finalidade lucrativa (art. 3º, *caput*, do CDC). Desta forma, uma associação educacional que cobre mensalidade de seus alunos será considerada fornecedora.

Gabarito "D"

* **André Barros** comentou as questões dos seguintes concursos: MP/AC/08, MP/BA/08, MP/CE/11, MP/GO/10, MP/GO/12, MP/MG/06, MP/MG/11, MP/MG/12, MP/MS/09, MP/MT/12, MP/PB/10, MP/PI/08, MP/PI/ 12, MP/RJ/11, MP/RN/09, MP/RR/12, MP/RS/08, MP/RS/09, MP/SC/08, MP/SC/12, MP/SP/12 e MP/TO/12, quando houver. **Gabriela Pinheiro** comentou as questões dos seguintes concursos: MP/MG/14, MP/PI/14, MP/DF/13, MP/ES/13, MP/GO/13, MP/MG/13. **Wander Garcia** comentou as demais questões.

(Ministério Público/PR – 2008) Assinale a alternativa onde aparece uma atividade que não se encontra entre aquelas praticadas por alguém que é considerado fornecedor pelo Código de Defesa do Consumidor.

(A) produção, criação e transformação.

(B) importação e exportação.

(C) prestação de serviços bancários, securitários e de crédito.

(D) montagem, relações trabalhistas e construção.

(E) comercialização e prestação de serviços.

A, B, C e **E:** incorretas, todas as atividades enumeradas nestas alternativas estão relacionadas no *caput* e no § 2º do art. 3º do CDC; **D:** correta, pois às relações trabalhistas não é aplicável o Código de Defesa do Consumidor (art. 3º, § 2º, do CDC).

Gabarito "D"

(Ministério Público/RN – 2009 – CESPE) Com relação à proteção do consumidor, assinale a opção correta com base na Lei nº 8.078/1990.

(A) Fornecedor é toda pessoa física ou jurídica, pública ou privada, nacional ou estrangeira, com exceção dos entes despersonalizados, que desenvolva atividades de comercialização de produtos.

(B) Pessoa jurídica não pode ser considerada consumidor.

(C) Coletividade de pessoas, ainda que indetermináveis, que haja intervindo nas relações de consumo equipara-se a consumidor.

(D) Serviço é qualquer atividade fornecida no mercado de consumo, independentemente de remuneração, com exceção da atividade de natureza securitária, salvo se for decorrente de relação de caráter trabalhista.

(E) Bem imaterial não pode ser considerado produto.

A: incorreta, de acordo com o art. 3º do CDC os entes despersonalizados (ex: massa falida, sociedade irregular etc.) podem ser fornecedores; **B:** incorreta, as pessoas jurídicas podem ser consumidoras e fornecedoras (art. 2º do CDC); **C:** correta, está de acordo o art. 2º, parágrafo único, do CDC; **D:** incorreta, é necessário que a atividade seja remunerada (art. 3º, § 2º, do CDC); **E:** incorreta, o art. 3º, § 1º, do CDC considera como produto tanto os bens materiais como também os imateriais.

Gabarito "C"

(Ministério Público/RO – 2008 – CESPE) Quanto à identificação das partes que compõem a relação de consumo, assinale a opção correta.

(A) Serão considerados fornecedores as pessoas físicas ou jurídicas que participem do oferecimento de produtos e serviços ao mercado, exigindo-se ainda que o ofertado seja adquirido ou utilizado apenas por sujeitos que se qualifiquem como destinatários finais.

(B) A pessoa jurídica que contrai o dever de preparar e fornecer refeições a seus empregados será considerada fornecedora segundo o CDC, em decorrência do proveito indireto que obtém dessa atividade, conjugado com a condição de tomador final daqueles que receberem o produto.

(C) Se o prestador do serviço ou produto oferecido mediante remuneração atua sem fins lucrativos, não poderá ser qualificado como fornecedor, porquanto não realiza essa atividade como empresário.

(D) Os órgãos públicos que forneçam produto ou prestem serviço ao mercado de consumo também poderão ser qualificados como fornecedores, excluindo-se os casos em que sejam remunerados por espécie tributária específica, tal como taxa pela coleta ou tratamento de esgoto sanitário.

(E) Não será fornecedor aquele que oferece produto ou serviço ao mercado de forma gratuita ao destinatário final, uma vez que essa prestação é realizada sem direito à contraprestação.

A: incorreta, os consumidores por equiparação não precisam adquirir nem utilizar o produto ou serviço para serem considerados como tais (arts. 2º, parágrafo único, 17 e 29 do CDC); **B:** incorreta, para configurar uma relação de consumo o serviço deve ser remunerado e não pode envolver relação trabalhista (art. 3º, § 2º, do CDC); **C:** incorreta, pois o critério não é o intuito de lucro, mas, sim, no caso do serviço, a existência ou não de remuneração pelo serviço prestado (art. 3º, § 2º, do CDC); **D:** correta, está de acordo com o art. 22 do CDC; mas não há relação de consumo se o caso envolver relação tributária (serviços públicos próprios); **E:** incorreta, haverá relação de consumo se a atividade for remunerada de qualquer forma, ainda que gratuita ao destinatário final. Como exemplo, podemos citar os sites de internet que não cobram o acesso, mas lucram com a publicidade.

Gabarito "D"

(Ministério Público/RR – 2012 – CESPE) Considerando as características do CDC, os princípios aplicáveis ao direito do consumidor bem como os integrantes da relação de consumo, assinale a opção correta.

(A) Segundo a corrente maximalista ou objetiva, consumidor é o não profissional, ou seja, aquele que adquire ou utiliza um produto para uso próprio ou de sua família.

(B) Consoante o que postula a corrente finalista ou subjetiva, o destinatário final é o destinatário fático, pouco importando a destinação econômica do bem ou a finalidade lucrativa daquele que adquire o produto ou o serviço.

(C) O STJ adota, em regra, a teoria finalista, mas, em casos em que reste evidente a vulnerabilidade do adquirente do produto ou serviço, adota a teoria maximalista, preferindo alguns autores denominá-la, nesses casos, de teoria finalista mitigada, atenuada ou aprofundada.

(D) Embora não previsto expressamente no CDC, o princípio da vulnerabilidade é considerado pela doutrina consumerista como um pilar do direito do consumidor.

(E) O direito do consumidor é sub-ramo do direito privado e, em razão da sua especificidade, todos os direitos e garantias dos consumidores estão exclusivamente previstos no CDC.

A: incorreta, segundo a corrente maximalista ou objetiva o destinatário final é aquele que retira o produto ou serviço do mercado de consumo, não importando a finalidade. Desta forma, admite como consumidor tanto não profissional como também o profissional (ex:

a empresa que compra algodão para fazer toalhas); **B:** incorreta, para a corrente finalista ou subjetiva, o consumidor destinatário final é aquele que adquire produto ou serviço para consumo próprio ou de sua família. O consumidor profissional não é admitido pela teoria finalista (ex: o advogado que compra computador para fazer suas petições); **C:** correta, pois reflete a jurisprudência atualizada do Superior Tribunal de Justiça; **D:** incorreta, o princípio da vulnerabilidade está previsto expressamente no art. 4º, I, do CDC; **E:** incorreta, pois de acordo com a Teoria do Diálogo das Fontes as normas jurídicas não se excluem, podendo com isso ser aplicado outros direitos e garantias não previstos no CDC (ex: Lei de Planos de Saúde, Estatuto do Idoso, Código Civil etc.).

Gabarito "C"

(Ministério Público/RR – 2012 – CESPE) De acordo com a jurisprudência do STJ, aplicam-se as regras do CDC a:

(A) contrato de locação, perícia judicial e serviços notariais.

(B) serviço de fornecimento de água e esgoto, contrato de previdência privada e contrato de plano de saúde.

(C) crédito educativo custeado pelo Estado ao aluno, relação travada entre condomínio e condôminos e contrato de franquia.

(D) contrato de serviços advocatícios, contrato de trabalho e envio de produto gratuitamente como brinde.

(E) pagamento de contribuição de melhoria, contrato de cooperação técnica entre empresas de informática e contrato bancário.

A: incorreta, de acordo com a jurisprudência do STJ o CDC não é aplicável aos contratos de **locação de bens imóveis**, por haver estatuto jurídico próprio, a Lei 8.245/1991 (REsp. 605.295/MG, Quinta Turma, Rel. Min. Laurita Vaz, julgado em 20.10.2009), à **perícia judicial** (Resp 213.799/SP, Min. Sálvio de Figueiredo Teixeira, Quarta Turma, julgado em 24.06.2003) e também aos **serviços notariais,** por ter estatutos normativos próprios como a Lei 6.015/1973 e a Lei 8.935/1994 (Resp 625.144/SP, Terceira Turma, Rel. Min. Nancy Andrighi, julgado em 14.03.2006); **B:** correta, segundo o STJ o Código de Defesa do Consumidor é aplicável ao **serviço de fornecimento de água e esgoto** (AgRg no REsp 1.151.496/SP, Primeira Turma, Rel. Min. Arnaldo Esteves Lima, julgado em 23.11.2010), aos **contratos de previdência privada** (Súmula 321 do STJ: *"O Código de Defesa do Consumidor é aplicável à relação jurídica entre a entidade de previdência privada e seus participantes*), e aos **contratos de plano de saúde** (Resp 285.618/SP, Rel. Min. Luis Felipe Salomão, Quarta Turma, julgado em 18/12/2008); **C:** incorreta, o CDC não é aplicável ao **crédito educativo custeado pelo Estado** (REsp 1.256.227/RS, Rel. Min. Mauro Campbell Marques, Segunda Turma, julgado em 14.08.2012), à relação entre **condomínio e condôminos** (REsp 441.873/DF, Rel. Min. Castro Filho, julgado em 19.09.2006) e aos **contratos de franquia** (REsp 632.958/AL, Rel. Min. Aldir Passarinho Junior, Quarta Turma, julgado em 04.03.2010); **D:** incorreta, o CDC não é aplicável ao **contrato de serviços advocatícios**, por existir lei específica, o Estatuto da Advocacia (Lei 8.906/1994) (REsp 1.134.889/PE, Quarta Turma, Rel. Min. Aldir Passarinho Junior, julgado em 26.04.2005). Quanto ao **contrato de trabalho**, o próprio art. 3º, § 2º, do CDC excepciona as relações de caráter trabalhista da incidência do CDC. Quanto aos brindes, entendemos que o CDC deve ser aplicado (art. 39, III, CDC); **E:** incorreta, pois de acordo com a jurisprudência do STJ, o CDC não é aplicável ao **pagamento de contribuição de melhoria**, (REsp 124.201/SP, Rel. Ministro Demócrito Reinaldo, julgado em 07.11.1997), **aos contratos de cooperação técnica entre empresas de informática** e aos **contratos bancários** (REsp 445.854/MS, Terceira Turma, Rel. Min. Castro Filho, julgado em 02.12.2003).

Gabarito "B"

(Ministério Público/SC – 2012) Analise as assertivas a seguir.

I. O "interesse social" presente no art. 1º da Lei n. 8.078/90, Código de Defesa do Consumidor, visa resguardar a imensa coletividade de consumidores fragilizados em face do poder econômico dos fornecedores, bem ainda proporcionar aos primeiros os meios adequados para o acesso à Justiça, seja de forma individual ou mesmo coletiva.

II. O CDC, ao admitir a pessoa jurídica como consumidora, não o fez de maneira ilimitada, mas, ao contrário, impôs limites não apenas em decorrência do princípio da vulnerabilidade da chamada pessoa jurídica-consumidora, como também pela não utilização profissional dos produtos e serviços.

III. O parágrafo único do art. 2º do CDC, visa proteger não aquele consumidor determinado e individualmente considerado, mas a coletividade de consumidores de produtos e serviços, sobretudo quando indeterminados e mesmo potenciais consumidores. Essa coletividade dos interesses ou direitos do consumidor comporta a dos chamados interesses ou direitos coletivos propriamente ditos e interesses individuais homogêneos de origem comum.

IV. O CDC cuida não só das medidas repressivas, sejam judiciais ou administrativas, como também de medidas preventivas de aspectos administrativos de defesa do consumidor, por intermédio das autoridades incumbidas da fiscalização de certo setor produtivo, evitando-se que determinado bem ou serviço venha a ser produzido ou prestado quando o fator de risco seja suplantado pelo fator benefício.

V. À aplicação da inversão do ônus da prova de que cuida o CDC, para que o julgador possa acatá-la, dentre outras condições, há que estar presente a verossimilhança das alegações do consumidor. Contudo, um direito da parte lesada quando se tratar de propaganda enganosa ou abusiva.

(A) Apenas as assertivas I, II e III estão corretas.

(B) Apenas as assertivas I, III e IV estão corretas.

(C) Apenas as assertivas II, IV e V estão corretas.

(D) Apenas as assertivas III, IV e V estão corretas.

(E) Todas as assertivas estão corretas.

I: correta, com o surgimento de uma sociedade de massa passou-se a exigir uma lei específica de defesa do consumidor. Com a produção em escala, o fornecedor começou a deixar de lado a qualidade tendo em vista o aumento da demanda, preservando, portanto, somente a quantidade. Com isso, começaram a ser fornecidos produtos com vícios e defeitos. Essa mudança ocorreu com a revolução industrial do aço e do carvão, com a revolução tecnológica do período pós-segunda guerra mundial e a atual revolução que vivemos, ou seja, a revolução da informatização e da globalização; II: correta, de acordo com a doutrina majoritária não é toda pessoa jurídica que pode ser considerada como consumidora, deve ser excluída aquela que utiliza os produtos e serviços para desenvolver atividades profissionais; III: correta, de acordo com o art. 2º, parágrafo único, do CDC, "equipara-se a consumidor a coletividade de pessoas, ainda que indetermináveis, que haja intervindo nas relações de consumo"; IV: correta, os arts. 105 a 106 do CDC instituem o Sistema Nacional de Defesa do Consumidor conferindo ao Departamento Nacional de Defesa do Consumidor, entre outras funções, o dever de fiscalizar os setores produtivos; V: correta, está de acordo com os arts. 6º, VIII, e 38, ambos do CDC.

Gabarito "E"

2. PRINCÍPIOS E DIREITOS BÁSICOS DO CONSUMIDOR

(Ministério Público/AC – 2008) São princípios da Política Nacional das Relações de Consumo, nos termos do art. 4º do Código de Proteção e Defesa do Consumidor:

(A) vulnerabilidade do consumidor, educação e informação do consumidor e do fornecedor, proteção da vida, acesso aos órgãos de proteção e inversão do ônus da prova.

(B) vulnerabilidade do consumidor, proteção efetiva do consumidor, harmonização dos interesses dos participantes da relação de consumo, educação e informação do consumidor e do fornecedor e coibição e proibição dos abusos.

(C) vulnerabilidade do consumidor, educação e informação adequadas do consumidor e do fornecedor, acesso aos órgãos de proteção e prevenção e reparação dos danos materiais e morais causados ao consumidor.

(D) vulnerabilidade do consumidor, inversão do ônus da prova, modificação de cláusulas contratuais abusivas, proteção da vida, educação e informação do consumidor e do fornecedor e solidariedade na reparação do dano.

A: incorreta, o art. 4º do CDC considera como princípios somente a vulnerabilidade do consumidor (inciso I) e a educação e informação do consumidor e do fornecedor (inciso IV). A proteção da vida, o acesso aos órgãos de proteção e a inversão do ônus da prova, são direitos básicos do consumidor citados no art. 6º do CDC; **B:** correta, de acordo com o art. 4º, I, II, III, IV e VI respectivamente; **C:** incorreta, pois o acesso aos órgãos de proteção e a prevenção e reparação dos danos materiais e morais causados ao consumidor são direitos básicos do consumidor como previsto no art. 6º, VI, VII do CDC; **D:** incorreta, a inversão do ônus da prova, a modificação de cláusulas contratuais abusivas, a proteção da vida e a solidariedade na reparação do dano são direitos básicos do consumidor, conforme art. 6º, I, V, e VIII e art. 7º, parágrafo único, do CDC.

Gabarito "B"

(Ministério Público/BA – 2008) Assinale a alternativa incorreta:

(A) É princípio da Política Nacional das Relações de Consumo o reconhecimento da vulnerabilidade do consumidor no mercado de consumo.

(B) Nas ações movidas pelo consumidor visando a reparação de danos materiais e morais, o ônus da prova sempre incumbirá ao fornecedor, por força da inversão assegurada àquele como direito básico, segundo o disposto do Código de Defesa do Consumidor.

(C) A instauração de inquérito civil, até seu encerramento, obsta a decadência do direito do consumidor de reclamar pelos vícios do produto.

(D) O Código de Defesa do Consumidor considera prática abusiva do fornecedor a entrega ao consumidor, sem solicitação prévia deste, de qualquer produto.

(E) A responsabilidade pessoal do fornecedor, quando profissional liberal, será apurada mediante a verificação de culpa.

A: correta, conforme art. 4º, I, do CDC; **B:** incorreta (devendo ser assinalada), em regra é o próprio consumidor que deverá provar aquilo que alega em juízo. A inversão do ônus da prova é uma medida excepcional deferida quando presente uma das hipóteses previstas no art. 6º, VIII, do CDC (verossimilhança da alegação ou hipossuficiência do consumidor); **C:** correta, conforme art. 26, § 2º, III, do CDC; **D:** correta, conforme art. 39, III do CDC; **E:** correta, conforme art. 14, § 4º, do CDC.

Gabarito "B"

(Ministério Público/BA – 2010) Sobre o ato jurídico perfeito, aponte a(s) afirmativa(s) correta(s):

I. O Código de Defesa do Consumidor aplica-se aos contratos bancários anteriores à sua vigência.

II. Não viola a garantia constitucional do ato jurídico perfeito a aplicação de normas legais posteriores à celebração dos contratos que legitimam o Ministério Público para o ajuizamento de ação civil pública.

III. A garantia constitucional do ato jurídico perfeito não exclui a possibilidade de revisão judicial do contrato, para evitar enriquecimento sem causa.

(A) I e II.

(B) I e III.

(C) II e III.

(D) I, II e III.

(E) Nenhuma.

I: incorreta, o que pode ser verificado a partir da interpretação *a contrario sensu* da Súmula 285 do CDC ("Nos contratos bancários posteriores ao Código de Defesa do Consumidor incide a multa moratória nele prevista"); II: correta, pois, se o contrato legitima a atuação do Ministério Público, é porque se está diante de questões indisponíveis, e estas questões justificam a aplicação da lei nova (ressalvada a súmula 285 do STJ), nos termos do art. 2.035 do Código Civil; III: correta, até porque a revisão do contrato se dá pela existência de fato novo que torne as prestações excessivamente onerosas para uma das partes, fato novo esse que justifica a revisão, a fim de preservar o equilíbrio contratual e garantir que não haja enriquecimento sem causa em favor de uma das partes.

Gabarito "C"

(Ministério Público/CE – 2011 – FCC) A inversão do ônus da prova para facilitação da defesa dos direitos do consumidor no processo civil é:

(A) obrigatória quando o pedido se fundar em norma de ordem pública, porque o interesse privado do fornecedor neste caso deverá ser sempre afastado.

(B) obrigatória, sempre que o Ministério Público for o autor da ação e, nos casos em que, intervindo como fiscal da lei, requerer aquele benefício.

(C) inadmissível quando o objeto do processo revestir interesse exclusivamente privado, para não ferir o princípio da isonomia.

(D) admissível, a critério do juiz, desde que a parte o requeira, mediante declaração de pobreza firmada de próprio punho, porque ela firma presunção relativa de sua hipossuficiência.

(E) admissível quando, a critério do juiz, for verossímil a alegação ou quando for ele hipossuficiente, segundo as regras ordinárias de experiência.

A inversão do ônus da prova não é obrigatória no processo civil quando tem por objeto as relações de consumo. Trata-se de um direito do consumidor quando, a critério do juiz, for verossímil a alegação ou quando for ele hipossuficiente, segundo as regras ordinárias de experiências (art. 6º, VIII, do CDC). Todo consumidor é vulnerável, mas nem todo consumidor é hipossuficiente.

Gabarito "E"

(Ministério Público/ES – 2010 – CESPE) No que se refere à legislação na área do direito do consumidor, assinale a opção correta.

(A) O CDC, denominado pela doutrina de microcódigo ou microssistema, é formalmente uma lei ordinária, de função social, voltada ao segmento vulnerável da relação consumerista, razão pela qual seu conteúdo é constituído, em sua integralidade, por normas de direito público.

(B) A inversão do ônus da prova é direito básico do consumidor, todavia não absoluto, que só será a este concedido quando o juiz verificar, de forma cumulativa, sua hipossuficiência e a verossimilhança de suas alegações.

(C) No tocante ao princípio da publicidade, o CDC adotou a obrigatória inversão do ônus da prova, decorrente dos princípios da veracidade e da não abusividade da publicidade.

(D) A teoria da onerosidade excessiva, também conhecida como teoria da imprevisão, permite a revisão contratual, desde que, em virtude de acontecimentos extraordinários, supervenientes e imprevisíveis, haja o desequilíbrio entre as partes contratantes, gerando extrema vantagem para uma das partes e onerosidade excessiva para a outra.

(E) O CDC, regra geral, não impõe o dever de anunciar, tratando-se de verdadeiro direito exercitável à conta e risco do anunciante, salvo uma exceção, denominada *corretive advertising*.

A: incorreta, pois as normas são de direito privado, e não de direito público; nas normas de direito público há a instituição de regras de supremacia do interesse público sobre o interesse privado, possibilitando à Administração criar obrigações unilaterais, usar força e ter a presunção de legitimidade de seus atos; isso não há nas relações de consumo, nas quais se têm normas privadas; o único ponto que aproxima as normas do CDC com as normas de direito público é que as normas do primeiro não podem ser afastadas pelas partes, pois são qualificadas como normas de *ordem pública*; **B:** incorreta, pois o art. 6º, VIII, do CDC não traz como requisito a cumulatividade da hipossuficiência com a verossimilhança, bastando que uma ou outra se configure; **C:** correta, nos termos do art. 38 do CDC; **D:** incorreta, pois, no âmbito do CDC, o direito à revisão contratual não reclama que o fato que causa o desequilíbrio contratual seja extraordinária e imprevisível; basta que haja um fato superveniente que torne uma cláusula contratual excessivamente onerosa (art. 6º, V, do CDC); **E:** incorreta, pois, apesar de, realmente, não haver norma determinando que os fornecedores anunciem seus produtos e serviços e de os anúncios serem direitos exercitáveis à conta e risco do anunciante, não existe exceção a esta última regra, ou seja, os anúncios são sempre por conta e risco de anunciante, inclusive, e principalmente, no caso mencionado (*corretive advertising*), também chamado de contrapropaganda, no qual o fornecedor pode ser obrigado a fazer novo anúncio, corrigindo informação prestada em anúncio anterior (arts. 56, XII, e 60, ambos do CDC), correndo tudo à cargo do próprio fornecedor.

Gabarito "C"

(Ministério Público/GO – 2010) Analise o julgado de cunho consumerista e responda: "Civil. Seguro de assistência médico-hospitalar. Plano de assistência integral (cobertura total), assim nominado no contrato. As expressões 'assistência integral' e 'cobertura total' são expressões que têm significado unívoco na compreensão comum, e não podem ser referidas num contrato de seguro, esvaziadas do seu conteúdo próprio, sem que isso afronte o princípio da boa-fé nos negócios" (STJ, Resp. 264.562, Rel. Min. Ari Pargendler, j. 12/06/01, p. DJ 13/08/01).

(A) O julgado está fundado na violação ao princípio da vulnerabilidade do consumidor.

(B) O julgado está fundado na violação ao princípio da informação deficiente.

(C) O julgado está fundado na violação ao princípio da segurança.

(D) Apoia-se o julgado na inobservância do princípio da reparação integral.

O julgado está fundado na violação ao princípio da informação deficiente que advém do princípio da transparência e da confiança, que se encontram expostos nos arts. 4º, *caput*, e 6º, III, do CDC.

Gabarito "B"

(Ministério Público/MG – 2012 – CONSULPLAN) A formação dos Estados Democráticos, para além da conformação do monismo normativo, transformou a vida das pessoas no reconhecimento dos novos valores sociais e na convivência com as diferenças, propiciando novo corte na hermenêutica do Direito no que respeita ao pluralismo jurídico. Sobre a técnica de coordenação das diferentes fontes jurídicas, revelada na aproximação do CDC com o Código Civil de 2002, é **CORRETO** dizer:

(A) Pela dimensão da complementaridade, compreende-se que determinada lei sirva de base à outra, de forma que os conceitos básicos de uma codificação sejam utilizados por codificação congênere.

(B) Pela dimensão da subsidiariedade revela-se a adoção de *topoi* em determinada legislação que estende seu conceito à legislação afim.

(C) Pela dimensão coerência, para evitar contradições, os princípios de determinada norma são utilizados em caráter complementar por outra.

(D) Pela dimensão coordenação, há a possibilidade de transposição da reflexão doutrinária e jurisprudencial de uma codificação para outra codificação mais recente.

A: incorreta, a alternativa se refere ao diálogo de coerência e não ao de complementariedade; **B:** incorreta, a alternativa se refere ao diálogo de coerência. Os *topoi* são argumentos comuns amplamente aceitos, verdades que orientam o nosso pensamento; **C:** incorreta, a alternativa se refere ao diálogo de complementariedade e não de coerência; **D:** correta, pelo diálogo de coordenação e adaptação sistemática a lei deve ser alterada para contemplar a evolução doutrinária e jurisprudencial.

Gabarito "D"

(Ministério Público/PI – 2012 – CESPE) Assinale a opção correta acerca dos direitos do consumidor.

(A) De acordo com o CDC, o devedor poderá pedir a resolução do contrato de execução continuada se a prestação de uma das partes tornar-se, em virtude de acontecimento extraordinário, excessivamente onerosa, com extrema vantagem para a outra.

(B) Fornecedor é toda pessoa física ou jurídica, pública ou privada, nacional ou estrangeira, que desenvolve atividade de produção, montagem, criação, distribuição ou comercialização de produtos, excetuando-se o camelô, que não tem personalidade jurídica.

(C) Segundo a jurisprudência do STJ, a responsabilidade civil das companhias aéreas por má prestação de serviços subordina-se ao CDC, e não à Convenção de Varsóvia.

(D) Segundo a teoria finalista, embasada no conceito jurídico de consumidor, o destinatário final é somente o destinatário fático do produto, não importando a destinação econômica do bem.

(E) O reconhecimento da hipossuficiência do consumidor no mercado de consumo, a racionalização e a melhoria dos serviços públicos constituem princípios expressos da Política Nacional das Relações de Consumo.

A: incorreta, a revisão e a resolução previstas no CDC são direitos exclusivos do consumidor e não exigem que a onerosidade excessiva seja originada de um acontecimento extraordinário, bastando que seja superveniente; **B:** incorreta, até mesmo os entes despersonalizados podem ser considerados como fornecedores (art. 3º do CDC); **C:** correta, neste sentido o STJ já decidiu que "A jurisprudência dominante desta Corte Superior se orienta no sentido de prevalência das normas do CDC, em detrimento das Convenções Internacionais, como a Convenção de Montreal, precedida pela Convenção de Varsóvia, aos casos de atraso de voo, em transporte aéreo internacional" (AgRg no Ag 1.343.941/RJ, Terceira Turma, Rel. Des. Conv. Vasco Della Giustina, julgado em 18.11.2010); **D:** incorreta, segundo a teoria finalista a destinação econômica do bem é importante, porque não considera como consumidor aquele que adquire produto ou serviço para desenvolver atividade econômica, fomentando a cadeia produtiva; **E:** incorreta, pois o CDC reconhece a vulnerabilidade do consumidor e não a hipossuficiência como um princípio da Política Nacional de Relações de Consumo (art. 6º, I e VII, do CDC).

Gabarito "C"

(Ministério Público/RO – 2010 – CESPE) Acerca do direito do consumidor, assinale a opção correta.

(A) A teoria da desconsideração da personalidade jurídica adotada pelo CDC é a teoria maior, sendo possível a aplicação da *disregard doctrine* nas hipóteses de abuso da personalidade por confusão patrimonial ou desvio de finalidade.

(B) Em regra, a inversão do ônus da prova implica que a parte requerida deve arcar com as custas da prova solicitada pelo consumidor, consoante jurisprudência do STJ.

(C) Juridicamente, são reconhecidos quatro tipos de vulnerabilidade: a técnica, a jurídica, a fática e a informacional, sendo todo consumidor presumivelmente vulnerável, embora não seja, necessariamente, hipossuficiente, não se tratando, pois, de expressões sinônimas.

(D) Apesar de, às vezes, serem considerados sinônimos, o vocábulo propaganda é mais utilizado para a atividade comercial, enquanto o vocábulo publicidade é expressão mais ampla, de uso reservado para ação política, religiosa, de disseminação ideológico-filosófica.

(E) Exercido o direito de arrependimento (prazo de reflexão), no prazo de sete dias a contar de sua assinatura ou do ato de recebimento do produto ou serviço, o consumidor tem direito de receber 80% do valor desembolsado de forma imediata e atualizado monetariamente.

A: incorreta, pois o CDC adota tanto a Teoria Maior da Desconsideração (art. 28, *caput*), como também a Teoria Menor da Desconsideração, pela qual, sempre que a personalidade jurídica for obstáculo ao ressarcimento do dano, cabe a desconsideração da personalidade (art. 28, § 5º, do CDC). Consoante a jurisprudência do Superior Tribunal de Justiça, o § 5º do art. 28 tem aplicabilidade autônoma do *caput*; **B:** incorreta, pois o STJ entende que a inversão do ônus da prova não impõe que a parte desfavorecida com a medida pague a prova pericial. No entanto, a não realização desse tipo de prova acabará prejudicando aquele que tem o ônus probatório (AgRg na MC 17.695, j. 05.05.2011); **C:** correta, valendo salientar que a vulnerabilidade é conceito de direito material, sendo que há uma presunção absoluta de vulnerabilidade (art. 4º, I, do CDC), ao passo que a hipossuficiência está ligada ao processo, e, uma vez verificada, justifica a inversão do ônus da prova em favor do consumidor (art. 6º, VIII, do CDC); **D:** incorreta, pois é justamente o contrário, ou seja, o vocábulo publicidade se destina à atividade comercial, e o vocábulo propaganda é mais amplo; **E:** incorreta, pois o consumidor tem direito de receber, imediatamente, 100% do valor desembolsado, monetariamente atualizado (art. 49, parágrafo único, do CDC).

Gabarito "C"

(Ministério Público/RO – 2010 – CESPE) Assinale a opção correta com relação ao direito do consumidor.

(A) Segundo doutrina e jurisprudência pacificada do STJ, a responsabilidade civil objetiva estabelecida no CDC é a do risco integral, razão pela qual o caso fortuito e a força maior não excluem a responsabilidade do fornecedor.

(B) O *recall*, expressamente previsto no CDC, é um instrumento por meio do qual o fornecedor busca impedir que o consumidor sofra algum dano ou perda em função de vício que o produto ou o serviço tenha apresentado após sua comercialização.

(C) A Defensoria Pública, assim como o MP e outros legitimados, é parte legitimada para propor ação civil pública na defesa coletiva dos direitos dos consumidores, conforme previsão expressa do CDC.

(D) O direito à reparação pelos danos causados por fato do produto ou do serviço decai em cinco anos, a partir do conhecimento do dano e de sua autoria.

(E) A tutela específica em uma ação envolvendo relação consumerista, bem como o cumprimento de obrigação de fazer e não fazer, pode ser obtida por meio de tutela inibitória (astreintes), desde que requerida pelo autor.

A: incorreta, pois o CDC adotou a Teoria do Risco Proveito / Benefício, e não a do Risco Integral; assim, o caso fortuito e a força maior excluem a responsabilidade do fornecedor; porém, há algumas exceções, como é o caso de roubo de bens em **cofre** de banco; confira: "Civil. Recurso especial. Ação de reparação por danos materiais e compensação por danos morais. Roubo de bens em cofre de banco. Responsabilidade civil objetiva. 1. Conforme a jurisprudência desta Corte Superior, no caso de assalto de cofres bancários, o banco tem responsabilidade objetiva, decorrente do risco empresarial, devendo indenizar o valor correspondente aos bens reclamados. 2. Em se tratando de instituição financeira, os roubos são eventos totalmente previsíveis e até esperados, não se podendo admitir as excludentes de responsabilidade pretendidas pelo recorrente – caso fortuito ou força maior e culpa de terceiros. 3. O art. 166, II, do Código Civil não tem aplicação na hipótese, haja vista que trata de nulidade de negócios jurídicos por impossibilidade de seu objeto, enquanto a questão analisada no presente recurso é a responsabilidade civil da instituição financeira por roubo ao conteúdo de cofres locados. 4. Recurso especial não provido." (REsp 1286180/BA, Rel. Ministra Nancy Andrighi, Terceira Turma, j. 03.11.2011); **B:** correta (art. 10, §§ 1º e 2º, do CDC); **C:** incorreta, pois o CDC não cita expressamente a Defensoria Pública como legitimada para ingresso com ação civil pública (art. 82 do CDC); porém, como a Defensoria é um órgão público e tem como finalidade institucional a defesa desse tipo de interesse, esta é legitimada para a ação civil pública; **D:** incorreta, pois esse direito **prescreve** (e não **decai**) em cinco anos (art. 27 do CDC); **E:** incorreta, pois o art. 84 do CDC não dispõe que é necessário provocação para o juiz conceder esse tipo de tutela.

Gabarito "B"

(Ministério Público/SE – 2010 – CESPE) As ações governamentais destinadas a proteger o direito do consumidor incluem:

I. fazer propaganda de alerta sobre tema de interesse do consumidor.

II. apoiar, por meio de incentivos, a criação de associação representativa dos consumidores.

III. indenizar o consumidor por defeitos dos produtos que tenham provocado grave dano à saúde.

Assinale a opção correta.

(A) Apenas o item I está certo.

(B) Apenas o item II está certo.

(C) Apenas os itens I e II estão certos.

(D) Apenas os itens II e III estão certos.

(E) Todos os itens estão certos.

I: correta (art. 4º, IV, do CDC); II: correta (art. 5º, V, do CDC); III: incorreta, pois a responsabilidade por tais defeitos não é do *governo*, mas sim do *fornecedor* (art. 12 do CDC).

Gabarito "C"

(Ministério Público/SE – 2010 – CESPE) As formas de execução da Política Nacional das Relações de Consumo previstas pelo governo não incluem a hipótese de:

(A) criação de juizado especial para causas consumeristas.

(B) criação de delegacias especializadas em matéria consumerista.

(C) criação de promotorias de justiça especializadas em matéria de consumidor.

(D) criação de associações de consumidores para defesa destes nas relações de consumo.

(E) garantia de assistência jurídica, integral e gratuita para o consumidor carente.

Todas as alternativas trazem instrumentos previstos no art. 5º do CDC. Todavia, a alternativa "d" usa a expressão "*criação* de associações" (g.n.), quando deveria usar a expressão "*concessão de estímulos* à criação..." (g.n.).

Gabarito "D"

3. RESPONSABILIDADE PELO FATO DO PRODUTO OU DO SERVIÇO E PRESCRIÇÃO

(Ministério Público/AM – 2008 – CESPE) Alberto foi atendido no hospital Barcelona, com suspeitas de intoxicação. Porém, durante seu tratamento, foi vítima de erro médico, cometido pelo dr. Klaus, médico daquela casa. O tratamento inadequado causou expressivas lesões à integridade física de Alberto, que ofereceu, então, ação de indenização contra o hospital, com base no Código de Proteção e Defesa do Consumidor. Com base nessa situação hipotética, assinale a opção correta.

(A) O hospital responderá pelos danos, podendo arguir em regresso a responsabilidade de Klaus.

(B) Caracterizada a conduta de Klaus como causadora do dano, o hospital não poderá ser responsabilizado, pois não existe nexo causal que ligue a pessoa jurídica à lesão cometida.

(C) Por se tratar de questão que envolve profissional liberal, a responsabilidade civil do hospital é de ordem subjetiva, sendo necessário provar-se culpa *in eligendo* ou *in vigilando* para sua condenação.

(D) Se o hospital não for sociedade empresária, mas entidade filantrópica, não se configurará a relação de consumo.

(E) Se a lesão provocasse a morte de Alberto, o MP estaria legitimado a oferecer a ação de indenização em tela, como substituto processual.

A: correta, a responsabilidade do hospital tem por base o art. 14, *caput*, do CDC; **B:** incorreta, pois a pessoa jurídica responde pelos atos de seus empregados; **C:** incorreta, a responsabilidade do médico é subjetiva (art. 14, §4º, do CDC), a do hospital é objetiva; **D:** incorreta, se o hospital cobrar pelo tratamento haverá relação de consumo, mesmo que seja entidade filantrópica; **E:** incorreta, na hipótese retratada o MP não tem legitimidade para ajuizar ação indenizatória.

Gabarito "A"

(Ministério Público/BA – 2008) Analise as assertivas a seguir:

I. Restará elidida a responsabilidade do fornecedor por vício de qualidade que torne o produto impróprio ao consumo quando, demonstradamente, não houver incorrido aquele em negligência, imprudência ou imperícia no processo de fabricação.

II. O defeito do produto pressupõe o vício deste, mas pode haver vício do produto sem que o mesmo seja defeituoso.

III. O comerciante pode responder, independentemente da existência de culpa, pela reparação dos danos causados aos consumidores por defeitos decorrentes de projeto, fabricação, construção, montagem, fórmulas, manipulação, apresentação ou acondicionamento de seus produtos.

IV. Não é imprópria ao consumo a carne bovina proveniente de abate de animal e distribuição realizados em desacordo com as normas regulamentares quando, ausente prova de risco à saúde dos consumidores daquele produto, estiver o mesmo sendo comercializado em açougue cujo funcionamento esteja autorizado por alvará sanitário, sob adequadas condições de apresentação e acondicionamento.

V. Os fornecedores respondem, solidariamente, de forma objetiva, pela reparação dos danos causados aos consumidores por defeitos relativos à oferta e à publicidade alusivas ao produto e ao serviço.

VI. O prestador de serviço de abastecimento de água ficará isento de indenizar os consumidores por danos sofridos em virtude de desabastecimento, quando este decorrer de caso fortuito ou força maior.

Com base na análise feita, escolha a alternativa correta:

(A) São verdadeiras apenas as assertivas II e IV.

(B) São verdadeiras apenas as assertivas I, II, IV e VI.

(C) São verdadeiras apenas as assertivas III, V e VI.

(D) São verdadeiras apenas as assertivas II, III, IV e V.

(E) São verdadeiras apenas as assertivas II, III e V.

I: incorreta, o CDC estabelece responsabilidade objetiva em caso de vício do produto, não podendo ser afastada mediante a demonstração de que a conduta do devedor não foi culposa (art. 18 e ss. CDC); II: correta, se o produto contiver vício e os danos ficarem restritos a ele (prejuízos intrínsecos) haverá simples vício. Entretanto, se em razão do vício os danos extrapolarem o produto (prejuízos extrínsecos), haverá defeito do produto; III: correta, o comerciante tem responsabilidade objetiva, porém subsidiária, pelo defeito do produto e será responsabilizado quando: I – o fabricante, o construtor, o produtor ou o importador não puderem ser identificados; II – o produto for fornecido sem identificação clara do seu fabricante, produtor, construtor ou importador; III – não conservar adequadamente os produtos perecíveis (art. 13 do CDC); IV: incorreta, pois está em desacordo com o que rege o art. 18, § 5º e 6º, II e III do CDC que traz como impróprios ao uso e consumo "os produtos deteriorados, alterados, adulterados, avariados, falsificados, corrompidos, fraudados, nocivos à vida ou à saúde, perigosos ou, ainda, aqueles em desacordo com as normas regulamentares de fabricação, distribuição ou apresentação"; V: correta; de acordo com a doutrina a responsabilidade dos arts. 30 e 35 é objetiva, já que o texto não faz referência à culpa do anunciante; VI: incorreta, pois o serviço de abastecimento de água é serviço público essencial, cuja responsabilidade não pode ser afastada pela alegação de caso fortuito ou força maior.

Gabarito "E"

(Ministério Público/ES – 2010 – CESPE) Com relação à reparação de danos e à responsabilidade pelo fato e pelo vício do produto, assinale a opção correta.

(A) O prazo legal máximo para o fornecedor sanar o vício do produto ou o serviço é de trinta dias, não podendo tal prazo ser modificado de forma convencional pelas partes integrantes da relação jurídica de consumo, uma vez que se trata de norma de ordem pública (cogente) e de direito indisponível.

(B) A responsabilidade civil, no CDC, é regra geral, objetiva e solidária, salvo no caso dos profissionais liberais, que respondem pelos atos danosos cometidos de forma voluntária na prestação de seus serviços a outrem, desde que demonstrada sua conduta culposa *lato sensu*, tratando-se de responsabilidade civil subjetiva com culpa presumida.

(C) O vício oculto previsto no CDC, em consonância com o vício redibitório do Código Civil, possui prazo máximo para seu aparecimento, qual seja, cento e oitenta dias para bens móveis e um ano para bens imóveis.

(D) A legislação consumerista, ao tratar da responsabilidade pelo vício do produto ou serviço e daquela decorrente do fato do produto ou serviço, optou por atribuir à primeira prazos decadenciais referentes ao tempo máximo para reclamar dos vícios ocultos e aparentes e prazo prescricional quando se tratar de acidente de consumo.

(E) Consoante o entendimento do STJ, o caso fortuito ou de força maior não pode ser invocado em face do consumidor, uma vez que tal excludente da responsabilidade civil não foi contemplada de forma expressa no CDC.

A: incorreta, pois o prazo legal para o "conserto" é de 30 dias, mas a lei admite que, por convenção entre as partes, esse prazo possa ser reduzido ou ampliado, sendo o limite mínimo de 7 dias e o máximo, de 180 dias; **B:** incorreta, o início da assertiva está correto, pois a responsabilidade no CDC, em regra, é objetiva e solidária, e o caso dos profissionais liberais é uma exceção à regra da responsabilidade objetiva; tais profissionais respondem mediante verificação de culpa e dolo (responsabilidade subjetiva), mas a culpa deles não é presumida, devendo ser objeto de prova no caso concreto; **C:** incorreta, pois, diferentemente do Código Civil, que estabelece um prazo máximo para que o vício oculto apareça (desde que se trate de vício que, por sua natureza, só possa ser conhecido mais tarde – art. 445, § 2º, do CC), no CDC, quando o vício é oculto, o prazo de garantia começa a ser contado do momento em que ficar evidenciado o defeito; ou seja, ainda que o vício oculto só apareça após 10 anos, é a partir dessa data que o prazo de garantia (de 30 ou de 90 dias) será contado; **D:** correta, pois quando se tem um vício (problema interno do produto ou serviço), o prazo para reclamar é de 30 ou 90 dias, de acordo com a durabilidade, e trata-se de prazo decadencial (art. 26 do CDC); já quando se tem um *defeito* ou *fato* do produto ou serviço ou *acidente de consumo* (problema externo do produto ou serviço, afetando a saúde e a segurança das pessoas), o prazo para exercer a pretensão em juízo é de 5 anos, contados do conhecimento do dano e de sua autoria, tratando-se de prazo prescricional (art. 27 do CDC); **E:** incorreta, pois, segundo o STJ, o caso fortuito ou de força maior rompem o nexo de causalidade; p. ex., esse tribunal entende que o passageiro de um ônibus não tem direito de ser indenizado pela empresa que o transporta quando coisas atiradas de fora do veículo para dentro deste causam dano ao passageiro ou quando há roubo no ônibus (REsp 264.589/RJ, DJ 18/12/2000); esse entendimento só não se aplica quando a prestação da segurança é inerente à atividade exercida pelo fornecedor, como no caso de danos causados a alguém em shopping centers (STJ, AgRg no Ag 1113293/MG, DJ 28.09.2009) ou em bancos (REsp 694.153/PE, DJ 05.09.2005).

Gabarito "D"

(Ministério Público/MG – 2012 – CONSULPLAN) Indique abaixo o nexo de imputação mais adequado à responsabilidade pelo fato do produto com espeque no art. 12 do CDC:

(A) risco integral.

(B) risco criado.

(C) risco proveito.

(D) risco mitigado.

A banca considerou como correta a alternativa D, pois, ao contrário da teoria do risco integral, a teoria do risco mitigado admite excludentes de responsabilidade (art. 12, § 3º, do CDC). Entretanto, entendemos que também é correta a alternativa C, pois o art. 12 estabelece a responsabilidade objetiva para quem desenvolve atividade econômica e, consequentemente, busca lucro (teoria do risco proveito ou benefício).

Gabarito "D"

(Ministério Público/MG – 2010.2) Nos termos da ordem jurídica de proteção do consumidor, considere as seguintes afirmativas.

I. A facilitação da defesa dos direitos do consumidor, com a inversão do ônus da prova, a seu favor, no processo civil, enquanto direito básico, pode se fundar em critério judicial de verossimilhança e pode ser realizada, inclusive, de ofício pelo Juiz.

II. Em ação de ressarcimento fundada em responsabilidade pelo fato do produto, o ônus da prova da inexistência do defeito incumbe ao fabricante, ao construtor, ao produtor ou ao importador.

III. A responsabilidade civil solidária é imposta tanto em relação aos defeitos de concepção quanto aos defeitos de produção, o que não ocorre nos casos de defeitos de informação ou apresentação de produtos ou serviços.

IV. Para a configuração do crime de exposição ou depósito de mercadoria destinada à venda com prazo de validade vencido, é dispensável a realização de perícia para atestar a efetiva impropriedade do produto para consumo.

Pode-se concluir que estão CORRETAS:

(A) apenas as afirmativas I, II e IV.

(B) apenas as afirmativas II e III.

(C) apenas as afirmativas III e IV.

(D) todas as afirmativas.

I: correta, pois a verossimilhança é um dos requisitos que, presente, autoriza a inversão, e também porque o art. 6º, VIII, do CDC não exige pedido do consumidor, para que haja a inversão do ônus da prova; II: correta, pois compete ao réu da ação (o fornecedor) como se pode perceber da redação do art. 12, § 3º, do CDC; III: incorreta, pois a apresentação e a informação são elementos relevantes para a verificação sobre se um produto é defeituoso ou não (art. 12, § 1º, I, do CDC), havendo solidariedade entre os responsáveis pelo dano (art. 7º, parágrafo único, e 25, § 1º, do CDC); IV: correta, pois o art. 75 do CDC não exige tal perícia para a configuração do crime.

Gabarito "A"

(Ministério Público/MG – 2012 – CONSULPLAN) A vigência do Código de Defesa do Consumidor possibilitou nova estruturação e funcionalização da responsabilidade civil. Atento a tal colocação observe-se:

I. A dicotomia clássica entre responsabilidade civil contratual e responsabilidade civil extracontratual não se mostrou apta aos dias atuais, sendo necessário romper esta *summa divisio* para a proteção do consumidor, permitindo a responsabilização direta do fabricante pelo dano ao destinatário final, bem como a proteção do *bystander.*

II. Acidente, ligado à teoria do vício por inadequação, é todo o fato capaz de atingir a incolumidade física do consumidor.

III. A função preventiva na responsabilidade civil consumerista prescinde o dano-evento e exige o dano-prejuízo.

IV. é na ordem pública procedimental – além da ordem pública de proteção à parte débil, ordem pública de coordenação e ordem pública de direção – que aloca a teoria da qualidade, ensejando, inclusive, a cobertura contra os vícios aparentes.

Faça a opção:

(A) as assertivas I e II são **INCORRETAS**.

(B) as assertivas II e III são **CORRETAS**.

(C) as assertivas III e IV são **INCORRETAS**.

(D) as assertivas I e IV são **CORRETAS**

I: correta, segundo Flávio Tartuce, "o Código Brasileiro de Defesa do Consumidor representa uma superação desse modelo dual anterior, unificando a responsabilidade civil. Na verdade, pela Lei Consumerista, pouco importa se a responsabilidade civil decorre de um contrato ou não, pois o tratamento diferenciado se refere apenas aos produtos e serviços, enquadrando-se nos últimos a veiculação de informações pela oferta e publicidade" (*Manual de Direito do Consumidor*. Volume Único. Ed. GEN, 2012, pg. 115). A respeito do *bystander*, esclarece também o autor: "Consagra o art. 17 da Lei 8.078/1990 que todos os prejudicados pelo evento de consumo, ou seja, todas as vítimas, mesmo não tendo relação direta de consumo com o prestador ou fornecedor, podem ingressar com ação fundada no Código de Defesa do Consumidor, visando a responsabilização objetiva do agente causador do dano" (ob. cit., pg. 158); II: incorreta, pois o vício por inadequação nada mais é do que vício do produto, ou seja, trata-se de um problema que não gera repercussão além do produto (danos intrínsecos); III: incorreta, a função preventiva da responsabilidade civil trabalha com a noção de dano-evento e não de dano-prejuízo; IV: correta, está de acordo com o entendimento doutrinário quanto ao tema.

Gabarito "D"

(Ministério Público/RO – 2008 – CESPE) O CDC inovou ao estabelecer a responsabilidade do fornecedor independentemente de culpa, bem como ao afastá-la no caso de culpa exclusiva do consumidor ou de terceiro. Considerando os pontos centrais da responsabilidade do fornecedor prevista no CDC, assinale a opção correta.

(A) A responsabilidade do fornecedor por dano causado a consumidores pode incidir independentemente de ele cometer ato ilícito.

(B) A lei consumerista considera ilícita a situação em que o fornecedor diretamente causa dano a consumidores, razão pela qual determina-lhe o dever de indenizar.

(C) A responsabilidade do fornecedor por dano causado a consumidores decorre da presunção de que a lesão advém de ato ilícito, e será afastada ao se provar culpa exclusiva do consumidor.

(D) Para se caracterizar culpa imputável ao consumidor, não é necessário que este cometa ilícito, bastando que interfira no nexo causal que provoca o dano.

(E) A qualificação da culpa do consumidor como exclusiva implica afirmar que o fornecedor necessariamente não cometeu ato ilícito.

A: correta, segundo o gabarito oficial, mas a resposta é polêmica. O ato ilícito pode ser compreendido em sentido amplo e em sentido estrito. Em sentido amplo, o ato ilícito é qualquer forma de violação do ordenamento jurídico (lei, moral, ordem pública e bons costumes). Em sentido estrito, ato ilícito é a violação de um direito de forma culposa que causa dano a outrem (conforme previsão do art. 186 do CC). É certo que o CDC não trabalha com a noção de ato ilícito em sentido estrito, pois adotou a responsabilidade objetiva como regra. Entretanto, não temos dúvida de que a responsabilidade civil consumerista exige a prática de ato ilícito em sentido amplo (a violação do dever de segurança imposto pelo CDC). Como o enunciado da questão não promoveu a distinção entre as espécies de ato ilícito o correto seria a sua anulação; **B, C, D** e **E:** incorretas, conforme o gabarito oficial, mas as assertivas incorrem no mesmo erro apontado acima. Para considerarmos como incorretas estas assertivas devemos compreender (imaginar) que o examinador se referiu ao ato ilícito em sentido estrito.

Gabarito "A"

(Ministério Público/SC – 2012) Analise as assertivas a seguir.

I. O fabricante que tenha colocado no mercado produto intrinsecamente defeituoso terá, com exclusividade, a responsabilidade civil por danos. A nocividade do produto resultante de sua má utilização, por falta, insuficiência ou deficiência de informação, também faz recair ao fabricante.

II. A responsabilidade pelo fato do produto ou do serviço decorre da exteriorização de um vício/defeito de qualidade que pode ser defeituoso sem ser inseguro e, ao mesmo tempo, ser defeituoso e inseguro. Nos vícios que não resultam insegurança, pode-se dizer que a perda patrimonial não ultrapassa os limites valorativos do produto ou serviço defeituoso, o que não acontece com os defeitos de insegurança que ultrapassam os limites valorativos do produto ou serviço defeituoso.

III. Se o produto adquirido pelo consumidor atender inteiramente sua necessidade e expectativa, em que pese nele (produto) inexistir informação regulamentar de apresentação, não será considerado impróprio e, assim, inviável ao consumidor solicitar a troca, devolução do dinheiro ou abatimento do preço.

IV. A vedação de denunciação da lide tem aplicação, na norma consumerista, apenas na hipótese relativa a fato do produto, sendo cabível, de outra banda, o chamamento ao processo.

V. O CDC não estabelece prazo fixo para que o consumidor possa reclamar pelo vício oculto. Nesse caso, o limite temporal da garantia está em aberto e seu termo inicial será o da descoberta do vício. Utiliza-se como parâmetro para evitar a "garantia eterna" a vida útil do produto, de forma a prestigiar o princípio da isonomia.

(A) Apenas as assertivas I, II e III estão corretas.

(B) Apenas as assertivas II, IV e V estão corretas.

(C) Apenas as assertivas I, II, e V estão corretas.

(D) Apenas as assertivas II e V estão corretas.

(E) Todas as assertivas estão corretas.

I: correta, a responsabilidade no caso de defeito intrínseco é imediata do fabricante (art. 12 do CDC). Já a responsabilidade do comerciante será subsidiária, ou seja, mediata, ocorrendo somente nas hipóteses do art. 13 do CDC; II: correta, no vício o problema fica adstrito aos limites do bem (prejuízos intrínsecos); no defeito haverá outros danos além do próprio vício que o bem traz em si mesmo (prejuízos extrínsecos); III: incorreta, pois o vício de informação também está previsto no art. 18, *caput*, do CDC e permite que o consumidor requeira qualquer uma das soluções presentes no § 1º; IV: incorreta, o chamamento ao processo somente é possível nos casos em que o réu houver contratado seguro de responsabilidade e não em qualquer caso (art. 101, II, CDC). Já com relação à denunciação da lide, o STJ já decidiu que é possível a sua aplicação nos casos de defeito do serviço (art. 14 do CDC), desde que sejam preenchidos os requisitos do art. 70 do CPC (REsp 1.123.195/SP, Terceira Turma, Rel. Min. Massami Uyeda, j. 16.12.2011); V: correta, está de acordo com o art. 26, § 3º, do CDC e também com a doutrina majoritária sobre o tema.

Gabarito "C"

4. RESPONSABILIDADE PELO VÍCIO DO PRODUTO E DO SERVIÇO E DECADÊNCIA

(Ministério Público/PI – 2014 – CESPE) Considerando as disposições do CDC, assinale a opção correta.

(A) Considera-se defeituoso o serviço pela adoção de novas técnicas.

(B) Não há previsão de excludentes para a responsabilidade do fornecedor de serviços.

(C) Segundo entendimento do STJ, a regra geral insculpida no CDC é a da responsabilidade subjetiva dos fornecedores pelos danos causados aos consumidores.

(D) O fornecedor de serviços deve responder, independentemente da existência de culpa, pelas informações insuficientes ou inadequadas sobre a fruição e os riscos da prestação do serviço.

(E) É prevista a responsabilidade objetiva dos profissionais liberais.

A: incorreta, pois o serviço não é considerado defeituoso pela adoção de novas técnicas (art. 14, § 2º, do CDC); **B:** incorreta, pois há previsão expressa de excludentes de responsabilidade do fornecedor de serviços, quais sejam: I – tendo prestado o serviço, o defeito inexiste; II – a culpa exclusiva do consumidor ou de terceiro (art. 14, § 3º, I e II); **C:** incorreta, pois tanto a Lei como o STJ entendem que a regra geral insculpida no CDC é a da responsabilidade objetiva pelos danos causados aos consumidores (art. 12, "caput", art. 14, "caput", art. 18, "caput" do CDC). Neste sentido, segue julgado do STJ: Embargos de declaração no agravo interno no agravo de instrumento. Acolhimento para prestar esclarecimentos. Hospital. Responsabilidade civil objetiva. Ausência de nexo de causalidade. Não provimento do recurso. Manutenção. 1. A responsabilidade civil do hospital é objetiva pelos danos causados, na condição de fornecedor, aos consumidores, nos termos do art. 14, *caput*, do Código de Defesa do Consumidor. A exceção prevista no § 4º do referido dispositivo legal, cuidando da responsabilidade subjetiva, é restrita aos profissionais liberais, incluindo-se aí os médicos. 2. Com a exclusão do nexo de causalidade pelas instâncias ordinárias, fica afastada a responsabilidade civil objetiva da entidade hospitalar. 3. Embargos declaratórios acolhidos para prestar esclarecimentos, mas sem alteração do resultado do julgamento. (EDcl no AgRg no Ag 1261145/SP, Rel. Ministro Raul Araújo, Quarta Turma, julgado em 22.04.2014, *DJe* 15.05.2014); **D:** correta (art. 14, "caput" do CDC); **E:** incorreta, pois a responsabilidade dos profissionais liberais é subjetiva (art. 14, § 4º, do CDC).

Gabarito "D"

(Ministério Público/ES – 2013 – VUNESP) Quanto à responsabilidade por vício do produto, assinale a alternativa correta.

(A) Poderão as partes convencionar a ampliação do prazo para a escolha do consumidor quando o vício não for sanado, que não poderá ultrapassar 90 (noventa) dias.

(B) O consumidor poderá pleitear o abatimento proporcional do preço pago quando não for possível a substituição do produto por outro da mesma espécie, ou a restituição imediata da quantia paga, se, pela extensão do vício, a substituição das partes viciadas puder comprometer a qualidade ou características do produto, diminuir-lhe o valor ou quando se tratar de produto essencial.

(C) Tendo o consumidor optado pela substituição do produto por outro da mesma espécie, em perfeitas condições de uso e não sendo possível a sua substituição, poderá haver substituição por outro de espécie, marca ou modelo diversos, mediante complementação ou restituição de eventual diferença de preço, sem prejuízo da restituição imediata da quantia paga, monetariamente atualizada e de eventuais perdas e danos, bem como do abatimento proporcional do preço.

(D) No caso de fornecimento de mercadoria in natura, será responsável perante o consumidor o fornecedor imediato, exceto quando identificado claramente seu distribuidor.

(E) Pode o consumidor exigir, caso o vício não seja sanado, no prazo máximo de 6 (seis) dias, a substituição do produto por outro da mesma espécie, em perfeitas condições de uso.

A: incorreta, pois a ampliação não poderá ultrapassar cento e oitenta dias (art. 18, § 2º, do CDC); **B:** incorreta, pois o consumidor pode pedir o abatimento proporcional do preço como uma primeira opção, e não apenas como última alternativa. O art. 18, § 1º, do CDC é expresso neste sentido. Ainda, se pela extensão do vício, a substituição das partes viciadas puder comprometer a qualidade ou características do produto, diminuir-lhe o valor ou quando se tratar de produto essencial, o consumidor não precisará sequer esperar os 30 dias previstos em lei para o conserto, podendo exigir imediatamente uma das soluções previstas no art. 18, § 1º, do CDC (art. 18, § 3º, do CDC); **C:** correta (art. 18, § 4º, do CDC); **D:** incorreta, pois no caso de fornecimento de mercadoria in natura, será responsável perante o consumidor o fornecedor imediato, exceto quando identificado claramente seu produtor, e não o seu distribuidor (art. 18, § 5º, do CDC); **E:** incorreta, pois o prazo é de 30 dias, e não 6 meses (art. 18, § 1º, do CDC).

Gabarito "C"

(Ministério Público/AC – 2008) Nos termos do Código de Proteção e Defesa do Consumidor, assinale a alternativa correta.

(A) Um produto é considerado defeituoso quando outro de melhor qualidade é colocado no mercado.

(B) Pelo princípio da efetiva prevenção e reparação dos danos ao consumidor, a culpa exclusiva deste ou do terceiro não exclui a obrigação de indenizar.

(C) O direito de reclamação relativamente aos vícios aparentes, tratando-se do fornecimento de serviços e produtos duráveis, é de trinta dias.

(D) É enganosa a propaganda que deixar de informar sobre dado essencial do produto ou serviço.

A: incorreta, "o produto **não é** considerado defeituoso pelo fato de outro de melhor qualidade ter sido colocado no mercado" (art. 12, § 2º, do CDC); **B:** incorreta, pois de acordo com o art. 12, § 3º, III, do CDC, "o fabricante, o consumidor, o produtor ou importador só **não será responsabilizado** quando provar: a culpa exclusiva do consumidor ou de terceiro", como também é visto no art. 14, § 3º, II, do CDC, "o fornecedor de serviços só **não será responsabilizado** quando provar: a culpa exclusiva do consumidor ou de terceiro"; **C:** incorreta, o art. 26, I e II, do CDC assim dispõe: "o direito de reclamar pelos vícios aparentes ou de fácil constatação caduca em: **30 dias,** tratando-se de fornecimento de serviço e de produtos **não duráveis** e **90 dias,** tratando-se de fornecimento de serviço e de produtos **duráveis**"; **D:** correta, está de acordo com o art. 37, § 3º, do CDC.

Gabarito "D"

(Ministério Público/PI – 2008) Com relação do Direito do Consumidor, assinale a alternativa correta.

(A) A garantia legal pode ser limitada a determinadas condições. Para tudo, deve o fornecedor informar, com destaque, no contrato esses limites.

(B) O termo inicial para contagem do prazo decadencial para os vícios ocultos é a data da entrega (tradução) ou da conclusão dos serviços.

(C) Inicia-se a contagem do prazo decadencial a partir da entrega efetiva do produto ou término da execução dos serviços.

(D) Em face do critério da inversão do ônus da prova, caberá ao fornecedor provar que o consumidor não efetuou a reclamação no prazo legal, situação que levará ao reconhecimento da decadência desse direito.

(E) A mera instauração de inquérito civil, pelo Ministério Público, não obsta a decadência.

A: incorreta, pois os prazos de garantia legal não podem ser alterados por cláusulas contratuais. Sobre a garantia legal e a garantia contratual, Nelson Nery Jr. e Rosa Maria de Andrade Nery esclarecem que "a primeira é obrigatória e inderrogável, enquanto a última é meramente complementar" (*Código Civil Comentado*. 2. ed. São Paulo: RT. p. 945.); **B:** incorreta, tratando-se de vício oculto o termo inicial para a contagem do prazo é o momento em que ficar evidenciado o defeito (art. 26, § 3º, CDC); **C:** correta, está de acordo com o art. 26, § 1º, do CDC; **D:** incorreta, pois a prova de que o consumidor não efetuou a reclamação no prazo legal é sempre do fornecedor e não depende da inversão do ônus da prova; **E:** incorreta, a instauração de inquérito civil obsta a decadência até seu encerramento (art. 26, § 2º, III, do CDC).

Gabarito "C"

(Ministério Público/SC – 2008) Analise as seguintes assertivas:

I. O direito de reclamar pelos vícios aparentes ou de fácil constatação caduca em: trinta dias, tratando-se de fornecimento de serviço e de produtos não duráveis; noventa dias, tratando-se de fornecimento de serviço e de produtos duráveis.

II. Obsta a decadência, a instauração de inquérito civil, até seu encerramento.

III. O serviço é considerado defeituoso pela adoção de novas técnicas.

IV. Não sendo possível sanar o vício em 30 dias as partes poderão convencionar sua redução ou ampliação, não podendo ser inferior a sete nem superior a sessenta dias.

V. A ignorância do fornecedor sobre os vícios de qualidade por inadequação dos produtos e serviços o exime de responsabilidade.

(A) apenas I, III e V são incorretas;

(B) apenas I, III e IV são incorretas;

(C) apenas II, III e IV são incorretas;

(D) apenas II, IV e V são incorretas;

(E) apenas III, IV e V são incorretas;

I: correta, está de acordo com o art. 26, I e II, do CDC. II: correta, está de acordo com o art. 26, § 2º, III, do CDC; III: incorreta, o serviço não é considerado defeituoso em razão do surgimento de novas técnicas (art. 14, § 2º, do CDC); IV: incorreta, as partes podem convencionar a redução ou ampliação do prazo de 30 dias para o conserto do vício, não podendo ser inferior a sete nem superior a cento e oitenta dias (art. 18, § 2º, do CDC); V: incorreta, pois a responsabilidade do fornecedor pelos vícios de qualidade independe do conhecimento ou da ignorância quanto aos mesmos (art. 18 do CDC).

Gabarito "E"

5. DESCONSIDERAÇÃO DA PERSONALIDADE JURÍDICA

(Ministério Público/SP – 2013 – PGMP) Consoante ao Código de Defesa do Consumidor (Lei n. 8.079/1990):

I. O juiz poderá desconsiderar a personalidade jurídica da sociedade quando, em detrimento do consumidor, houver abuso de direito, excesso de poder, infração da lei, fato ou ato ilícito ou violação dos estatutos ou contrato social.

II. O juiz poderá desconsiderar a pessoa jurídica da sociedade quando a sua personalidade for, de alguma forma, obstáculo ao ressarcimento de prejuízos causados aos consumidores.

III. O fato de a existência da sociedade representar obstáculo ao ressarcimento de prejuízos causados aos credores, sem que haja prática de ilicitudes por seus sócios, ou simples má administração, é insuficiente para motivar a desconsideração de sua responsabilidade jurídica, nas sociedades por cotas de responsabilidade limitada.

IV. Se em detrimento do consumidor, os casos de falência, estado de insolvência, encerramento ou inatividade da pessoa jurídica provocados por má administração, por si só, bastam para que o Juiz decrete a quebra da personalidade da sociedade.

V. O Juiz poderá desconsiderar a pessoa jurídica da sociedade quando a sua personalidade for, de alguma forma, obstáculo ao ressarcimento de prejuízos causados aos consumidores, exceto na hipótese de sociedades por ações.

Estão CORRETAS apenas as afirmações contidas nos itens

(A) I, IV e V.

(B) III, IV e V.

(C) I, II e III.

(D) I e II.

(E) I, II e IV.

I: correta (art. 28, *caput*, do CDC); **II:** correta (art. 28, § 5º, do CDC); **III:** incorreta, pois, segundo o art. 28, § 5º, do CDC, "também poderá ser desconsiderada a pessoa jurídica sempre que sua personalidade for, de alguma forma, obstáculo ao ressarcimento de prejuízos causados aos consumidores"; trata-se da chamada Teoria Menor da Desconsideração, que não exige ilicitude dos sócios ou qualquer outra requisito adicional para que se dê desconsideração da personalidade; **IV:** correta, nos termos do art. 28, *caput*, do CDC; V: incorreta, pois no art. 28, § 5º, do CDC não há a exceção mencionada (para sociedades por ações).

Gabarito "E"

(Ministério Público/AM – 2008 – CESPE) Considere que determinado grupo de sociedades, composto pelas pessoas jurídicas F, G e K, seja controlado pela sociedade F e que, nele, G seja sociedade coligada a K, a qual, por sua vez, é consorciada à sociedade L. Nessa situação, considerando que a sociedade K seja responsável por obrigações decorrentes do Código de Proteção e Defesa do Consumidor, assinale a opção correta quanto à extensão dessa responsabilidade para as demais sociedades referidas.

(A) As sociedades F e G responderão solidariamente por essas obrigações.

(B) A sociedade L responderá subsidiariamente pelas citadas obrigações.

(C) A sociedade F responderá subsidiariamente e a sociedade G responderá solidariamente pelas referidas obrigações.

(D) A sociedade G só responderá por culpa pelas referidas obrigações.

(E) As sociedades G e K responderão solidariamente pelas obrigações.

A: incorreta, as sociedades integrantes dos grupos societários e as sociedades controladas são subsidiariamente responsáveis pelas obrigações decorrentes do CDC (art. 28, § 2º, CDC); **B:** incorreta, as sociedades consorciadas são solidariamente responsáveis pelas obrigações decorrentes do Código de Defesa do Consumidor (art. 28, § 3º, do CDC); **C:** incorreta, as sociedades F e G responderão subsidiariamente (art. 28, § 2º, do CDC); **D:** correta, as sociedades coligadas só responderão por culpa (art. 28, § 4º, do CDC); **E:** incorreta, a responsabilidade será subsidiária (art. 28, § 2º, do CDC).

Gabarito "D"

6. PRÁTICAS COMERCIAIS

(Ministério Público/AM – 2008 – CESPE) Para melhor disciplinar o exercício da profissão de empresário no que se refere ao respeito pelos direitos dos consumidores, o Código de Defesa e Proteção do Consumidor regulou aspectos relevantes das práticas comerciais, particularmente quanto à oferta e à publicidade de produtos e serviços. Acerca dessa disciplina, assinale a opção correta.

(A) O fabricante ou o importador assegurarão a oferta de componentes e peças de reposição do produto enquanto eles estiverem sendo vendidos no mercado.

(B) É vedado ao fornecedor condicionar os limites quantitativos do fornecimento de produtos, de modo a estabelecer que a aquisição versará sobre limite mínimo ou máximo de unidades.

(C) A publicidade será enganadora por omissão quando deixar de informar sobre dado essencial do produto ou do serviço.

(D) O fornecedor poderá enviar, sem solicitação prévia, qualquer propaganda ou produto ao consumidor, desde que isso não acarrete nenhum prejuízo ao destinatário.

(E) Aprovado o orçamento prévio de fornecimento de serviço, o consumidor terá até 7 dias para, unilateralmente, desistir do negócio.

A: incorreta, cessadas a produção ou importação, a oferta deverá ser mantida por período razoável de tempo (art. 32, parágrafo único, do CDC); **B:** incorreta, é possível, se houver justa causa (art. 39, I, do CDC); **C:** correta, conforme o art. 37, § 3º, do CDC; **D:** incorreta, embora possa enviar publicidade, não poderá enviar ou entregar ao consumidor, sem solicitação prévia, qualquer produto, ou fornecer qualquer serviço (art. 39, III, do CDC); **E:** incorreta, uma vez aprovado pelo consumidor, o orçamento obriga os contraentes e somente pode ser alterado mediante livre negociação das partes (art. 40, § 2º, do CDC). Deve ser ressalvada, apenas, a hipótese em que a venda do serviço ocorra fora do estabelecimento comercial (art. 49 do CDC).

Gabarito "C"

(Ministério Público/BA – 2010) Identifique com V ou F, conforme o caso, as afirmativas verdadeiras e falsas.

I. Adquirindo o consumidor um automóvel novo no mercado de consumo, via internet, poderá exercer seu direito de arrependimento no prazo de 7 (sete) dias.

II. É a partir do sistema de remuneração que se define a natureza jurídica do serviço público como relação do consumo que se caracteriza quando ocorrer pagamento de tarifa ou preço público.

III. A onerosidade excessiva enseja modificação dos contratos, e dependerá da ocorrência de fato superveniente e imprevisível, conforme inciso V do art. 6º do CDC e entendimento do STJ.

IV. A contrapropaganda é forma de reparação para propaganda enganosa ou abusiva, cumulativamente com a indenização pecuniária, comprovado o prejuízo.

V. O corte de serviço público de energia elétrica por débitos pretéritos configura constrangimento, ou ameaça, vedado pelo Código de Defesa do Consumidor.

A alternativa que contém a sequência correta, de cima para baixo, é a:

(A) F V F V V.

(B) V V F V V.

(C) F F V F F.

(D) V V F F V.

(E) V F V F F.

I: verdadeira (art. 49 do CDC); II: verdadeira, valendo salientar que, se o caso envolver taxa (e não tarifa ou preço público), a questão será regida pelo Direito Tributário; III: falsa, pois o art. 6º, V, do CDC não impõe que o fato superveniente seja **imprevisível**; IV: verdadeira (art. 60 do CDC); V: verdadeira, vide o seguinte precedente do STJ: "Na espécie, o Tribunal a *quo* não autorizou o corte do fornecimento de energia elétrica, por entender configurada a cobrança de valores pretéritos (1994), pois, por não serem contemporâneos, não estariam sujeitos à prévia notificação. Assim, nesses casos, a companhia elétrica deveria buscar o adimplemento de seu crédito por meio das vias ordinárias de cobrança sem cortar o fornecimento de luz. Para o Min. Relator, correta a posição daquele Tribunal, porquanto o corte de energia elétrica pressupõe o inadimplemento de conta regular relativa ao mês de consumo, sendo inviável a suspensão do abastecimento de energia elétrica em razão de débitos antigos. Assim, embora a Primeira Seção tenha pacificado o entendimento segundo o qual a companhia pode interromper o fornecimento de energia elétrica se, após aviso prévio, o usuário permanecer inadimplente, no caso dos autos, de débitos pretéritos, não deve haver a suspensão da energia. Lembrou ainda que, quanto aos débitos antigos, o art. 42 do CDC não admite constrangimento nem ameaças ao consumidor. Com esse entendimento, ao prosseguir o julgamento, a Turma negou provimento ao recurso da companhia estadual de energia elétrica. Precedentes citados: REsp 772.486-RS, DJ 6/3/2006, e REsp 756.591-DF, DJ 18/5/2006. REsp 631.736-RS, Rel. Min. Humberto Martins, julgado em 15/2/2007. (Informativo STJ 310)".

Gabarito "B"

(Ministério Público/BA – 2010) Identifique com V ou F, conforme o caso, as afirmativas verdadeiras e falsas.

I. Costureira que adquire máquina de bordar para fins de trabalho, tendo como fornecedor empresa especializada, havendo cláusulas abusivas no contrato de compra e venda pode suscitar aplicação das normas contidas no Código de Defesa do Consumidor.

II. Segundo o Código de Defesa do Consumidor, para aplicação da desconsideração da pessoa jurídica basta a demonstração da insolvência para o pagamento de suas obrigações, independentemente da existência do desvio de finalidade ou de confusão patrimonial.

III. O fato do fornecedor, mediante correspondências e anúncios publicitários, comunicar o vício no produto, para possibilitar o conserto (*recall*), é excludente de responsabilidade civil pertinente aos consumidores que não atenderam ao chamado, apesar de cientificados.

IV. A publicidade deve ser veiculada de maneira que o consumidor a identifique, imediatamente, como uma mensagem publicitária, já que é vedada a publicidade clandestina, dissimulada e/ ou subliminar.

V. Para a devolução em dobro, nas hipóteses de repetição de indébito de tarifa de serviços públicos, é necessária a demonstração da má-fé e culpa da concessionária, já que é indevida nas hipóteses de "engano justificado".

A alternativa que contém a sequência correta, de cima para baixo, é a:

(A) F F V V F.

(B) V V F V V.

(C) F V F F V.

(D) V V F V F.

(E) V V V V V.

I: verdadeira, pois o STJ adota a teoria finalista, mas com essa exceção; confira: "A jurisprudência do STJ adota o conceito subjetivo ou finalista de consumidor, restrito à pessoa física ou jurídica que adquire o produto no mercado a fim de consumi-lo. Contudo, a teoria finalista pode ser abrandada a ponto de autorizar a aplicação das regras do CDC para resguardar, como consumidores (art. 2º daquele código), determinados profissionais (microempresas e empresários individuais) que adquirem o bem para usá-lo no exercício de sua profissão. Para tanto, há que demonstrar sua vulnerabilidade técnica, jurídica ou econômica (hipossuficiência). No caso, cuida-se do contrato para a aquisição de uma máquina de bordar entabulado entre a empresa fabricante e a pessoa física que utiliza o bem para sua sobrevivência e de sua família, o que demonstra sua vulnerabilidade econômica. Dessarte, correta a aplicação das regras de proteção do consumidor, a impor a nulidade da cláusula de eleição de foro que dificulta o livre acesso do hipossuficiente ao Judiciário. Precedentes citados: REsp 541.867-BA, DJ 16/5/2005; REsp 1.080.719-MG, DJe 17/8/2009; REsp 660.026-RJ, DJ 27/6/2005; REsp 684.613-SP, DJ 1º/7/2005; REsp 669.990-CE, DJ 11/9/2006, e CC 48.647-RS, DJ 5/12/2005. REsp 1.010.834-GO, Rel. Min. Nancy Andrighi, julgado em 3/8/2010" (Informativo STJ 441); II: verdadeira (art. 28, § 5º, do CDC); III: falsa, pois o art. 10 do CDC, ao impor o *recall*, não exonerou o fornecedor dos danos por este causados; IV: verdadeira (art. 36 do CDC); V: verdadeira (art. 42, parágrafo único, do CDC).

Gabarito "B"

(Ministério Público/CE – 2009 – FCC) A publicidade que se aproveita das deficiências de julgamento e experiência da criança é considerada:

(A) lícita, nos casos em que se possa presumir a permissão dos pais ou responsáveis para que a criança a ela tenha acesso.

(B) enganosa e, por isto, proibida.

(C) abusiva e, por isto, proibida.

(D) abusiva, se for capaz de induzir também o adulto em erro a respeito das características ou qualidades do produto.

(E) enganosa, se induzir o consumidor a se comportar de forma prejudicial à sua saúde ou à sua segurança.

É considera abusiva e, portanto, proibida, dentre outras a publicidade discriminatória de qualquer natureza, a que incite à violência, explore o medo ou a superstição, se aproveite da deficiência de julgamento e experiência da criança, desrespeita valores ambientais, ou que seja capaz de induzir o consumidor a se comportar de forma prejudicial ou perigosa à sua saúde ou segurança (art. 37, § 2º, do CDC).

Gabarito "C"

(Ministério Público/CE – 2009 – FCC) A inscrição de inadimplentes pode ser mantida nos serviços de proteção ao crédito:

(A) por, no máximo, três anos, salvo se maior o prazo de prescrição relativo à cobrança do débito, o qual prevalecerá sobre o triênio.

(B) até que o débito que lhe deu origem seja integralmente pago.

(C) por, no máximo, dez anos e, consumada a prescrição relativa à cobrança do débito do consumidor, não serão fornecidas, pelos respectivos Sistemas de Proteção ao Crédito, quaisquer informações que possam impedir ou dificultar novo acesso ao crédito junto aos fornecedores.

(D) pelo prazo, qualquer que seja ele, da prescrição relativa à cobrança do débito.

(E) por, no máximo, cinco anos e, consumada a prescrição relativa à cobrança de débitos do consumidor, não serão fornecidas, pelos respectivos Sistemas de Proteção ao Crédito, quaisquer informações que possam impedir ou dificultar novo acesso ao crédito junto aos fornecedores.

A: incorreta, o prazo máximo é de cinco anos (art. 43, § 1°, do CDC); **B:** incorreta, a informação não poderá ultrapassar o prazo máximo de cinco anos (art. 43, § 1°, do CDC); **C** e **D:** incorretas, pelo mesmo fundamento das anteriores; **E:** correta, está de acordo com o art. 43, §§ 1° e 5°, do CDC.

Gabarito "E"

(Ministério Público/MG – 2005) Consideram-se, práticas infrativas, previstas no Decreto 2.181/97, que regulamenta o Código de Defesa do Consumidor, **EXCETO**:

(A) Recusar, o fornecedor de produtos ou serviços, a cumprir oferta solicitada por consumidor que dela tomou conhecimento por veiculação de anúncio impresso em jornal de grande circulação, demonstrando erro de digitação a cargo do veículo publicitário;

(B) Recusar atendimento às demandas dos consumidores na exata medida de suas disponibilidades de estoque e, ainda, de conformidade com os usos e costumes;

(C) Ofertar produtos ou serviços sem as informações corretas, claras, precisas e ostensivas, em língua portuguesa, sobre suas características, qualidade, quantidade, composição, preço, condições de pagamento, juros, encargos, garantia, prazos de validade e origem, entre outros dados relevantes;

(D) Enviar ou entregar ao consumidor qualquer produto ou fornecer qualquer serviço, sem solicitação prévia.

(E) Executar serviços sem a prévia elaboração de orçamento e autorização expressa do consumidor, ressalvadas as decorrentes de práticas anteriores entre as partes.

A: correta, a conduta descrita não está prevista como prática infrativa no Decreto 2.181/1997; **B:** incorreta, trata-se de prática infrativa prevista no art. 12, II, do Decreto 2.181/1997; **C:** incorreta, a conduta prevista é considerada prática abusiva pelo art. 13, I, do Decreto 2.181/1997; **D:** incorreta, trata-se de prática infrativa prevista no art. 12, IV, do referido Decreto; **E:** incorreta, trata-se de prática infrativa prevista no art. 12, VII, do mesmo Decreto.

Gabarito "A"

(Ministério Público/MG – 2010.1) Nos termos das normas jurídicas de ordem pública, considere as seguintes proposições:

I. Nos contratos de planos de saúde, é proibida a cláusula que fixa o reajuste das prestações pecuniárias em razão da faixa etária de pessoas muito idosas.

II. A oferta publicitária de crédito deve garantir ao consumidor o direito à informação prévia, ostensiva e adequada sobre a taxa efetiva anual de juros.

III. Os dados contábeis que dão base à oferta publicitária de crédito devem ser organizados pelo fornecedor e informados aos legítimos interessados, sob pena de responsabilidade penal.

IV. Prevalecer-se da fraqueza ou ignorância do consumidor idoso para impingir-lhe uma operação de crédito consignado é uma prática abusiva.

Marque a opção CORRETA.

(A) I e II estão corretas.

(B) II e III estão corretas.

(C) I, II e IV estão corretas.

(D) III e IV estão corretas.

(E) Todas estão corretas.

I: correta, está de acordo com o art. 15, § 3°, do Estatuto do Idoso. No STJ também podem ser encontradas decisões neste sentido: AgRg no REsp 707.286/RJ, DJ 18.12.2009; II: correta, consoante o art. 52, II, do CDC; III: correta, o art. 69 do CDC, considera como crime contra as relações de consumo "deixar de organizar dados fáticos, técnicos e científicos que dão base à publicidade"; IV: correta, a conduta descrita está prevista no art. 39, IV, do CDC.

Gabarito "E"

(Ministério Público/MG – 2012 – CONSULPLAN) O adimplemento das obrigações pelos consumidores nas relações jurídicas de consumo está umbilicalmente ligado ao plano da eficácia (e efetividade) dos contratos massificados. O cumprimento da 'palavra dada' ganha *status* de informação em destaque na sociedade atual, desfrutando de relevante valor econômico, pois permite ao fornecedor proceder à segura análise de risco no mercado de consumo nas diversas operações de crédito do dia a dia. Para tanto, regulamentando o acesso e registro dessas informações, houve estratégia normativa no sentido de criar cadastros restritivos e cadastros positivos. Quanto aos últimos versados na Lei Federal 12.414/2011, é **INCORRETO** dizer:

(A) o consulente (pessoa natural ou jurídica que conceda crédito ou realize venda a prazo ou outras transações comerciais e empresariais que lhe impliquem risco financeiro) recolhe os dados da fonte (pessoa jurídica responsável pela administração de banco de dados, bem como pela coleta, armazenamento, análise e acesso de terceiros aos dados armazenados) sobre a vida econômica e creditícia do cadastrado (pessoa natural ou jurídica que tenha autorizado inclusão de suas informações no banco de dados).

(B) são informações excessivas aquelas que não estiverem vinculadas à análise de risco de crédito ao consumidor.

(C) são informações sensíveis aquelas pertinentes à origem social e étnica, à saúde, à informação genética, à orientação sexual e às convicções políticas, religiosas e filosóficas.

(D) dentre os direitos do cadastrado, encontram-se: a obtenção do cancelamento do cadastro quando solicitado; acesso gratuito às informações sobre ele existentes no banco de dados, inclusive o seu histórico; solicitação de impugnação de qualquer informação sobre ele erroneamente anotada em banco de dados e ter, em até 7 (sete) dias, sua correção ou cancelamento e comunicação aos bancos de dados com os quais ele compartilhou a informação; conhecimento dos principais elementos e critérios considerados para a análise de risco, resguardado o segredo empresarial; ter os seus dados pessoais utilizados somente de acordo com a finalidade para a qual eles foram coletados.

A: incorreta (devendo ser assinalada), segundo o art. 9º da Lei 12.414/2011, só é admitido o compartilhamento de informações de adimplemento se expressamente autorizado pelo cadastrado; **B:** correta, conforme o art. 3º, § 3º, I, da Lei 12.414/2011; **C:** correta, conforme o art. 3º, § 3º, II, da Lei 12.414/2011; **D:** correta, conforme o art. 5º, I a IV e VII, da Lei 12.414/2011.

Gabarito "A"

(Ministério Público/PI – 2012 – CESPE) Conforme o CDC, é garantido ao consumidor o acesso às informações sobre ele existentes em cadastros, fichas, registros e dados pessoais e de consumo arquivados, bem como as referentes às suas respectivas fontes. Considerando essa informação, assinale a opção correta no que se refere aos bancos de dados e cadastros de consumidores.

(A) Impedir ou dificultar o acesso do consumidor às informações que sobre ele constem em cadastros, banco de dados, fichas e registros constitui infração penal.

(B) O mandado de segurança é o instrumento jurídico adequado para assegurar o conhecimento de informações relativas ao consumidor constantes de registro ou banco de dados de entidades governamentais ou de caráter público.

(C) Os bancos de dados e cadastros relativos a consumidores, os serviços de proteção ao crédito e congêneres devem ser instituídos e mantidos por entidades públicas.

(D) É imprescindível o aviso de recebimento na carta de comunicação enviada ao consumidor que o avise sobre a inclusão de seu nome em bancos de dados e cadastros de maus pagadores.

(E) Segundo a jurisprudência sumulada do STJ, compete ao fornecedor notificar o devedor antes de proceder à inscrição de seu nome no cadastro de proteção ao crédito.

A: correta, conforme o art. 72 do CDC; **B:** incorreta, o instrumento adequado é o *habeas data*, por se tratar de garantia de acesso à informação – art. 5º, LXXII, CF/88; **C:** incorreta, "os bancos de dados e cadastros relativos a consumidores, os serviços de proteção ao crédito e congêneres **são considerados** entidades de caráter público" (art. 43, § 4º, do CDC); **D:** incorreta, de acordo com a Súmula 404 do STJ: "É dispensável o aviso de recebimento (AR) na carta de comunicação ao consumidor sobre a negativação de seu nome em bancos de dados e cadastros"; **E:** incorreta, nos termos da Súmula 359 do STJ, "cabe ao órgão mantenedor do Cadastro de Proteção ao Crédito a notificação do devedor antes de proceder à inscrição".

Gabarito "A"

(Ministério Público/PI – 2012 – CESPE) Com base no que dispõe o CDC, assinale a opção correta com relação à disciplina normativa das práticas comerciais.

(A) Os fornecedores devem assegurar, durante um período mínimo de quinze anos, a oferta de componentes e peças de reposição quando cessadas a fabricação ou importação do produto.

(B) É vedada a publicidade de bens e serviços por telefone, quando a chamada telefônica for onerosa ao consumidor que a originar.

(C) A responsabilidade do fornecedor, por atos de seus representantes autônomos, é subsidiária e objetiva, sendo cabível ação regressiva contra o causador direto do dano.

(D) A informação ou comunicação de caráter publicitário inteira ou parcialmente falsa é considerada publicidade abusiva.

(E) Em regra, os exageros (*puffing*), em razão do princípio da vinculação contratual da oferta, obrigam os fornecedores, mesmo que não guardem a característica da precisão.

A: incorreta, a oferta deve ser mantida por período razoável de tempo e não por período mínimo de quinze anos (art. 32, parágrafo único, do CDC); **B:** correta, conforme o art. 33, parágrafo único, do CDC; **C:** incorreta, a responsabilidade é solidária e objetiva (art. 34 do CDC); **D:** incorreta, a informação ou comunicação de caráter publicitário inteira ou parcialmente falsa é considerada publicidade enganosa (art. 37, § 1º, do CDC); **E:** incorreta, o *puffing* consiste em simples exagero das qualidades de um produto e, em regra, não obriga o fornecedor.

Gabarito "B"

(Ministério Público/PR – 2008) Sobre oferta e publicidade analise as assertivas abaixo e responda.

I. Toda informação ou publicidade suficientemente precisa, veiculada por qualquer forma ou meio de comunicação, com relação a produtos e serviços oferecidos ou apresentados, obriga o fornecedor que a fizer veicular ou dela se utilizar e integra o contrato que vier a ser celebrado.

II. A oferta e apresentação de produtos ou serviços devem assegurar informações corretas, claras, precisas, ostensivas e em língua portuguesa sobre suas características, qualidades, composição, preço, garantia, prazos de validade e origem, entre outros dados, bem como sobre os riscos que apresentam à saúde e segurança dos consumidores.

III. Se o fornecedor de produtos ou serviços recusar cumprimento à oferta, apresentação ou publicidade, o consumidor poderá exigir o cumprimento forçado da obrigação, nos termos da oferta, apresentação ou publicidade.

IV. É enganosa qualquer modalidade de informação ou comunicação de caráter publicitário, inteira ou totalmente falsa, ou, por qualquer outro modo, mesmo por omissão, capaz de induzir em erro o consumidor a respeito da natureza, características, origem, preço e quaisquer outros dados sobre produtos e serviços.

(A) Todas estão corretas.

(B) Nenhuma está correta.

(C) Apenas 1ª e 2ª estão corretas.

(D) Apenas 3ª e 4ª estão corretas.

(E) Apenas 1ª, 3ª e 4ª estão corretas.

I: correta, conforme prescreve o art. 30 do CDC; II: correta, está de acordo com o art. 31 do CDC; III: correta, conforme o art. 35 do CDC; IV: correta, está de acordo com o art. 37, § 1º, do CDC.

Gabarito "A"

(Ministério Público/RR – 2012 – CESPE) A respeito dos bancos de dados e cadastros de consumidores, assinale a opção correta com base no entendimento do STJ.

(A) Cabe ao credor da dívida providenciar a notificação do devedor antes de proceder à inscrição em órgão de proteção ao crédito.

(B) É indispensável o aviso de recebimento em carta de comunicação ao consumidor sobre a negativação de seu nome em bancos de dados e cadastros.

(C) Para a abstenção da inscrição ou manutenção do nome do consumidor em cadastro de inadimplentes requerida em antecipação de tutela e(ou) em medida cautelar, basta que o consumidor demonstre que a cobrança indevida se funda em jurisprudência consolidada do STF ou do STJ e que ele não tem condições econômico-financeiras para pagar a dívida.

(D) O nome do devedor pode ser mantido nos serviços de proteção ao crédito até o prazo da prescrição da pretensão de cobrança ou, se ajuizada execução, até a satisfação do crédito.

(E) Não cabe indenização por dano moral em razão de anotação irregular em cadastro de proteção ao crédito, se preexistente legítima inscrição, ressalvado o direito ao cancelamento.

A: incorreta, conforme prescreve a Súmula 359 do STJ: "Cabe ao órgão que mantém o cadastro de proteção ao crédito a notificação do devedor antes de proceder à inscrição"; **B:** incorreta, de acordo com a Súmula 404 do STJ: "É dispensável o aviso de recebimento (AR) na carta de comunicação ao consumidor sobre a negativação de seu nome em bancos de dados e cadastros"; **C:** incorreta, segundo a jurisprudência do STJ: "Orientação 4 – Inscrição/Manutenção em cadastro de inadimplentes: a) a abstenção da inscrição/manutenção em cadastro de inadimplentes, requerida em antecipação de tutela e/ ou medida cautelar, somente será deferida se, cumulativamente: i) a ação for fundada em questionamento integral ou parcial do débito; ii) houver demonstração de que a cobrança indevida se funda na aparência do bom direito e em jurisprudência consolidada do STF ou STJ; iii) houver depósito da parcela incontroversa ou for prestada a caução fixada conforme o prudente arbítrio do juiz" (REsp 1.061.530/RS, Segunda Seção, Rel. Min. Nancy Andrighi, j. 22.10.2008); **D:** incorreta, o nome do devedor pode ser mantido nos serviços de proteção ao crédito até o prazo máximo de cinco anos, devendo ser retirado antes se ocorrer a prescrição da pretensão de cobrança (art. 43, §§ 1º e 5º, do CDC); **E:** correta, reproduz a Súmula 385 do STJ.

Gabarito "E"

(Ministério Público/SC – 2012) Analise as assertivas a seguir.

I. O Órgão do Ministério Público, visando obstar o prazo decadencial por vício do produto e propor ação que diga respeito a lesão a direitos coletivos, uma vez que ainda não tem elementos suficientes para a propositura da respectiva ação, poderá se valer da instauração de inquérito civil para suspender o prazo decadencial, desde que, também para esse fim (decadência), na Portaria inaugural faça a devida especificação, a que alude o CDC.

II. A desconsideração da personalidade jurídica a que alude o CDC prescinde de provocação da parte, podendo o magistrado, uma vez verificada a hipótese a que alude a norma, mesmo sem a ocorrência de fraude ou abuso de direito, redirecionar a execução para atingir os bens pessoais dos sócios.

III. O Órgão do Ministério Público, como prova do efeito vinculante ao contrato estabelecido entre fornecedor e consumidores, independentemente de cláusula dissociativa constante do pacto, em caso de tutela coletiva, poderá valer-se do *marketing* utilizado pelo fornecedor na publicidade do produto ou serviço, posto que toma-se por base os princípios da boa-fé objetiva, da transparência e da confiança.

IV. Efetuada promoção pelo fornecedor com o intuito de estimular a venda de determinado produto em face de premiação a ser encontrada somente em alguns dos vários lotes daquele, com ampla divulgação publicitária voltada à coletividade de consumidores, verificou-se que houve falha em parte do material que identificava a premiação e que já estava em circulação. Nesse caso, para se esquivar da responsabilidade decorrente da vinculação publicitária com a falha ocasionada, pode o fornecedor alegar "erro" de terceiro.

V. O CDC reconhece que a relação de consumo não é apenas contratual; adotou, na especificidade, o princípio da vinculação contratual da mensagem publicitária. O art. 429 e seu parágrafo único do CC não possuem repercussão concreta nas relações de consumo.

(A) Apenas as assertivas II, III e V estão corretas.

(B) Apenas as assertivas I, II e V estão corretas.

(C) Apenas as assertivas III, IV e V estão corretas.

(D) Apenas as assertivas IV e V estão corretas.

(E) Todas as assertivas estão corretas.

I: incorreta, basta a instauração de inquérito civil para que seja obstado o prazo de decadência (art. 26, § 2º, III, do CDC). II: correta, nas relações de consumo o juiz pode determinar de ofício a desconsideração da personalidade jurídica com base na teoria maior da desconsideração (art. 28, *caput,* do CDC) ou com base na teoria menor (art. 28, § 5º, do CDC) que dispensa motivo; III: correta, a assertiva é baseada na correta interpretação dos arts. 6º, IV, e 30 do CDC. IV: incorreta, a publicidade obriga o fornecedor que a fizer veicular ou dela se utilizar (art. 30 do CDC). V: correta, pois o art. 429 e seu parágrafo único do CC, ao ressalvar que a oferta, caso os requisitos essenciais ao contrato resultem de circunstancias ou de usos, não valerá como proposta, ou seja, não terá força vinculativa, é incompatível com o art. 30 do CDC, pois este vincula a oferta de forma objetiva.

Gabarito "A"

7. PROTEÇÃO CONTRATUAL

(Ministério Público/MS – 2013 – FADEMS) Considere as proposições abaixo:

I. Nos contratos de planos de saúde, é proibida a cláusula que estabelece o reajuste das prestações pecuniárias motivado pela faixa etária de pessoas muito idosas.

II. É considerada prática abusiva nas relações de consumo prevalecer-se da ignorância do consumidor idoso, tendo em vista sua condição social, para impingir-lhe uma operação de crédito consignado.

III. Na hipótese de práticas comerciais abusivas, é desnecessária comprovar a lesão a direito individual, sendo suficiente a demonstração a potencialidade ofensiva de tais práticas para que incidam no caso concreto as disposições do Código de Defesa do Consumidor.

IV. Desde que expressamente prevista no contrato, de modo claro, permitindo a fácil compreensão, não é considerada abusiva a cláusula contratual de plano de saúde que limite no tempo a internação hospitalar do segurado.

São corretas:

(A) Somente as proposições I, II e III.

(B) Somente as proposições I, III e IV.

(C) Somente as proposições II, III e IV.

(D) Somente a proposição II.

(E) Todas as proposições.

I: correta (art. 15, § 3º, da Lei 10.741/2003 – Estatuto do Idoso: "É vedada a discriminação do idoso nos planos de saúde pela cobrança de valores diferenciados em razão da idade"); **II:** correta, bastando fazer uma interpretação teleológica do art. 37, § 2º, do CDC; **III:** correta, pois são equiparadas a consumidor, recebendo a proteção do CDC, as pessoas determináveis ou não, expostas às práticas nele previstas (art. 29 do CDC); assim, considerando que até as pessoas indetermináveis estão protegidas, de fato, não é necessário que se comprove uma lesão individual (a pessoa certa) para a incidência do CDC; **IV:** correta, pois o CDC é norma de ordem pública, não podendo ser afastado por vontade das partes, sendo que a limitação da internação é cláusula abusiva, que viola o art. 51, IV, do CDC, estando vedada pela Súmula STJ n. 302 ("É abusiva a cláusula contratual de plano de saúde que limita no tempo a internação hospitalar do segurado").

Gabarito "E"

(Ministério Público/BA – 2010) Identifique com V ou F, conforme o caso, as afirmativas verdadeiras e falsas.

I. O STJ tem entendido que não cabe dano moral pela inscrição em cadastro de proteção de crédito sem a comunicação escrita ao consumidor, se preexistem inscrições anteriores e a dívida é devida.

II. Em regra, a nulidade de uma cláusula contratual abusiva torna nulo o contrato em razão da ofensa ao princípio da boa-fé que orienta as relações de consumo.

III. O consumidor pode desistir de qualquer compra, desde que proceda à desistência no prazo de 7 (sete) dias, contados da assinatura do contrato ou do recebimento do produto.

IV. Consoante entendimento pacífico do STJ, o Juiz poderá, nas relações de consumo, apreciar de ofício a inversão do ônus da prova, desconsideração da personalidade jurídica e declarar nulidade de cláusulas abusivas.

V. Havendo vício do produto ou serviço não sanado no prazo de 30 (trinta) dias, pode o consumidor exigir alternativamente, com livre escolha, a substituição do produto por outro da mesma espécie, ou a restituição da quantia paga, sem prejuízos de eventuais perdas e danos.

A alternativa que contém a sequência correta, de cima para baixo, é a:

(A) V V F F V.

(B) F F V F V.

(C) F V F V F.

(D) V F F F V.

(E) V V V V V.

I: verdadeira, está de acordo com a Súmula 385 do STJ; II: falsa, de acordo com o art. 51, § 2º, do CDC, a nulidade de uma cláusula contratual abusiva não invalida o contrato, exceto quando de sua ausência, apesar dos esforços de integração, decorrer ônus excessivo a qualquer das partes; III: falsa, o consumidor só pode desistir da compra se esta ocorrer fora do estabelecimento comercial (art. 49 do CDC); IV: falsa, pois o STJ não admite que o julgador conheça, de ofício, a abusividade de cláusulas em contratos bancários (Súmula 381 do STJ); V: verdadeira (art. 18, § 1º, do CDC).

Gabarito "D"

(Ministério Público/DF – 2009) Ainda a respeito dos direitos do consumidor, assinale a alternativa correta.

(A) O contrato de adesão admite cláusula resolutória, mas sendo lesado o consumidor, este poderá optar entre a rescisão contratual com perdas e danos e o cumprimento da obrigação.

(B) Nos contratos comutativos, nas relações de consumo, o legislador permite que o juiz, de ofício, declare a nulidade de toda e qualquer cláusula contratual, bem como interfira na autonomia da vontade das partes e na obrigatoriedade dos pactos, quando houver qualquer prejuízo para o consumidor.

(C) Nos contratos paritários e nos de adesão, nas relações de consumo, as cláusulas de eleição de foro e de limitação do valor da indenização podem ser validamente acordadas, pois para esse tipo de negociação não falta a autodeterminação do consumidor. Por isso, não há causa suficiente para a declaração de abusividade de qualquer das cláusulas contratuais.

(D) Em se tratando da responsabilidade objetiva pelo fato do produto todos os fornecedores, do fabricante ao comerciante do produto, bem como os fornecedores de peças e equipamentos incorporados ao produto, são responsáveis pelo acidente de consumo.

A: correta (art. 54, § 2º, do CDC); **B:** incorreta, pois a atuação do juiz de ofício até vem sendo admitida pelo STJ, porém não para interferir totalmente na autonomia da vontade, mas apenas para fazer valer a lei de consumo, quando esta for violada; vide o seguinte precedente: "o Código de Defesa do Consumidor é norma de ordem pública, que autoriza a revisão contratual e a declaração de nulidade de pleno direito de cláusulas contratuais abusivas, o que pode ser feito até mesmo de ofício pelo Poder Judiciário. Precedente" (REsp. 1.061.530/RS, afetado à Segunda Seção)." (AgRg no REsp 334.991/RS, DJ 23/11/2009); **C:** incorreta, pois o CDC é norma de ordem pública e as cláusulas mencionadas são nulas, podendo o juiz reconhecer essa nulidade de ofício (art. 51, I e IV, do CDC); **D:** incorreta, pois, segundo o art. 12 do CDC, o comerciante não tem responsabilidade pelo acidente de consumo, mas sim o fabricante, o produtor, o construtor e o importador; o comerciante só tem responsabilidade por acidente de consumo nas excepcionais hipóteses previstas no art. 13 do CDC.

Gabarito "A"

(Ministério Público/GO – 2012) Assinale a afirmativa correta.

(A) Segundo entendimento do STJ, a inversão do ônus da prova é regra de instrução, devendo a decisão judicial que a determina ser proferida preferencialmente na fase do saneamento do processo.

(B) A garantia legal de adequação do produto ou serviço depende de termo expresso, no qual se explicitará o alcance da responsabilidade do fornecedor.

(C) Verificando no processo a existência de uma cláusula abusiva inserta em um contrato bancário, o juiz deverá declarar a nulidade da cláusula, quer a requerimento do interessado, do Ministério Público, ou mesmo *ex officio*, por se tratar de matéria de ordem pública.

(D) O Ministério Público, mediante inquérito civil, pode efetuar o controle administrativo abstrato e preventivo das cláusulas contratuais, cuja decisão terá caráter geral.

A: correta, o STJ mudou seu entendimento no ano de 2012 passando a decidir que a inversão do ônus da prova é regra de instrução e não de julgamento – REsp 802.832/MG, Segunda Seção, Rel. Min. Paulo de Tarso Sanseverino, j 13.04.2011 (Informativo STJ 469); **B:** incorreta, consoante prescreve o art. 24 do CDC, "a garantia legal de adequação do produto ou serviço independe de termo expresso, vedada a exoneração contratual do fornecedor"; **C:** incorreta, de acordo com a Súmula 381 do STJ, "nos contratos bancários, é vedado ao julgador conhecer, de ofício, da abusividade das cláusulas"; **D:** incorreta, a alternativa reproduz o conteúdo do § 3º do art. 51, que foi vetado quando da promulgação do CDC.

Gabarito "A"

(Ministério Público/GO – 2010) Por cláusulas gerais, pode-se afirmar:

I. São Normas que não prescrevem uma certa conduta, mas, simplesmente, definem valores e parâmetros hermenêuticos. Servem assim como ponto de referência interpretativo e oferecem ao intérprete os critérios axiológicos e os limites para a aplicação de demais disposições normativas.

II. A prof. Cláudia Lima Marques, comentando sobre as cláusulas gerais, afirma que existem três momentos em que se exerce o "direito dos juízes:" a) no caso da ocorrência de lacunas do direito, citando como exemplo o comércio eletrônico; b) no caso dos conceitos indeterminados; e c) no caso das cláusulas gerais, em que o juiz tem a chance de concretização do direito, citando como exemplo o art. 113, do Código Civil.

III. As cláusulas gerais valem-se de linguagem aberta, fluida, vaga.

IV. O CDC não possui cláusula geral, pois utiliza-se de outras normas para sua completude e integração.

(A) Todas alternativas são verdadeiras.

(B) Apenas uma alternativa é verdadeira.

(C) Apenas uma alternativa é falsa.

(D) Todas as alternativas são falsas.

I, II e III: corretas, pois representam o entendimento doutrinário sobre as cláusulas gerais; IV: incorreta, pois o Código de Defesa do Consumidor apresenta algumas cláusulas gerais. Podemos identificá-las pelo uso de expressões como onerosidade excessiva, vulnerabilidade, hipossuficiência, desproporcionalidade etc.

Gabarito "C"

(Ministério Público/MG – 2010.2) Nos termos do Código de Defesa do Consumidor, considere as seguintes assertivas.

I. O consumidor tem direito à revisão do contrato, no caso de onerosidade excessiva decorrente de fato superveniente ao negócio, não havendo necessidade de que esse fato seja extraordinário e imprevisível.

II. A nulidade das cláusulas abusivas pode ser alegada a qualquer tempo e em qualquer grau de jurisdição e não é atingida pela preclusão.

III. É vedada a inserção, nos contratos de consumo, de cláusulas limitativas de direito do consumidor.

IV. É permitida a cláusula resolutória nos contratos de consumo.

V. O profissional liberal, de nível universitário ou não, responde a título de culpa pelo fato do serviço, sendo possível a inversão do ônus da prova em favor do consumidor.

A esse respeito, pode-se concluir que estão CORRETAS

(A) apenas as assertivas I, II, III e V.

(B) apenas as assertivas I, II, IV e V.

(C) apenas as assertivas II , IV e V.

(D) apenas as assertivas III e IV.

I: correta, o direito à revisão contratual previsto no art. 6º, V, do CDC não deve ser confundido com o previsto nos arts. 317 e 478 do Código Civil que exige o fato seja extraordinário e imprevisível. No CDC basta que o fato seja novo (superveniente); II: correta, pois a invalidade, no caso, é absoluta, e não relativa (art. 51, *caput*, do CDC), pode ser alegada em qualquer fase do processo (não sofre preclusão) e não se convalida pelo decurso de tempo (não sobre prescrição); III: incorreta, pois é possível que existam cláusulas limitativas de direito, desde que tais cláusulas não contrariem o CDC e que sejam redigidas com destaque, tratando-se de contrato de adesão (art. 54, § 4º, do CDC); IV: correta, nos contratos de adesão é admitida cláusula resolutória, desde que a alternativa, cabendo a escolha ao consumidor (art. 54, § 2º, do CDC); V: correta, nos termos do art. 14, § 4º, do CDC, os profissionais liberais têm responsabilidade civil subjetiva pelos danos causados aos consumidores.

Gabarito "B"

(Ministério Público/MG – 2010.1) O Código de Defesa do Consumidor (Lei 8.078, de 11 de setembro de 1990), ao dispor sobre a proteção contratual, estabelece:

I. Os contratos que regulam as relações de consumo não obrigarão os consumidores, se não lhes for dada a oportunidade de tomar conhecimento prévio de seu conteúdo ou se os respectivos instrumentos forem redigidos de modo a dificultar a compreensão de seu sentido e alcance.

II. As cláusulas contratuais serão interpretadas de maneira mais favorável ao consumidor.

III. As declarações de vontade constantes de escritos particulares, recibos e pré-contratos relativos às relações de consumo vinculam o fornecedor, ensejando inclusive execução específica.

IV. O consumidor pode desistir do contrato, no prazo de sete dias a contar de sua assinatura, ou do ato de recebimento do produto ou serviço, sempre que a contratação de fornecimento de produtos e serviços ocorrer fora do estabelecimento comercial, especialmente por telefone ou em domicílio. Se o consumidor exercitar o direito de arrependimento, os valores eventualmente pagos, a qualquer título, durante o prazo de reflexão, serão devolvidos, de imediato, monetariamente atualizados.

V. A garantia contratual é complementar à legal e será conferida mediante termo escrito. O termo de garantia ou equivalente deve ser padronizado e esclarecer, de maneira adequada, em que consiste a mesma garantia, bem como a forma, o prazo e o lugar em que pode ser exercitada e os ônus a cargo do consumidor, devendo ser-lhe entregue, devidamente preenchido pelo fornecedor, no ato do fornecimento, acompanhado de manual de instrução, de instalação e uso do produto em linguagem didática, com ilustrações.

Marque a opção CORRETA.

(A) I, II, III e IV estão corretas.

(B) I, II, III e V estão corretas.

(C) II, III, IV e V estão corretas.

(D) I, II, IV e V estão corretas.

(E) Todas estão corretas.

I: correta (art. 46 do CDC); II: correta (art. 47 do CDC); III: correta (art. 48 do CDC); IV: correta (art. 49 do CDC); V: correta (art. 50 do CDC).

Gabarito "E"

(Ministério Público/MG – 2010.1) No regime do Código de Defesa do Consumidor, considere as seguintes proposições:

I. Colocar no mercado de consumo qualquer produto ou serviço em desacordo com as normas expedidas pelos órgãos oficiais competentes ou, se normas específicas não existirem, pela Associação Brasileira de Normas Técnicas ou outra entidade credenciada pelo Conselho Nacional de Metrologia, Normalização e Qualidade Industrial (Conmetro), constitui prática abusiva.

II. O ônus da prova da veracidade da oferta publicitária cabe a quem a patrocina, salvo a hipótese de *invitatio ad offerendum*.

III. Nos contratos que envolvem crédito ao consumidor, este é titular de um direito potestativo à liquidação antecipada do débito, total ou parcialmente, mediante redução proporcional dos juros e demais acréscimos, sem se sujeitar a nenhuma espécie de taxa ou multa no exercício desse direito.

IV. Nos contratos de consumo, toda cláusula que violar o princípio da boa-fé é considerada, *ex lege*, como abusiva e, portanto, nula de pleno direito.

É CORRETO o que se afirma em:

(A) I e II estão corretas.

(B) II e III estão corretas.

(C) I, III e IV estão corretas.

(D) III e IV estão corretas.

(E) Todas estão corretas.

I: correta, está de acordo com o art. 39, VIII, do CDC; II: incorreta, pois o ônus da prova compete a quem patrocina a comunicação publicitária ou informação; a *invitatio ad offerendum*, que significa "convite a fazer oferta", ou seja, aquela comunicação feita, durante a fase de negociação, indicando a intenção de contratar, também vincula e cria o ônus da prova citado, nos termos dos arts. 38 e 48 do CDC; III: correta, art. 52, § 2º, do CDC; IV: correta, art. 51, IV, do CDC.

Gabarito "C"

(Ministério Público/MT – 2012 – UFMT) Em relação ao Código de Defesa do Consumidor, assinale a afirmativa correta.

(A) O Código de Defesa do Consumidor veda a utilização do contrato de adesão.

(B) Para fins de tutela contra os acidentes de consumo, consumidor é qualquer vítima, desde que destinatário final do produto ou do serviço, o que exclui a possibilidade de tutela do profissional que, ao adquirir um produto para revenda, venha a sofrer um acidente de consumo.

(C) O Código de Defesa do Consumidor, em todo o seu sistema, prevê uma única exceção ao princípio da responsabilização objetiva para os acidentes de consumo: os serviços prestados por profissionais liberais; nesse caso, a apuração de responsabilidade far-se-á calcada no sistema tradicional baseado em culpa.

(D) Em relação aos vícios dos produtos, o Código de Defesa do Consumidor estabelece a responsabilidade solidária entre todos os fornecedores que participaram da cadeia de produção e comercialização do produto (comerciante, fabricante, distribuidor etc.); no entanto, o comerciante que manteve contato direto com o consumidor pode se utilizar da denunciação da lide para garantir eventual direito de regresso contra o fabricante identificável.

(E) O reconhecimento da abusividade e a consequente nulidade das cláusulas inseridas em contratos de consumo não podem ser conhecidos de ofício (*ex officio*) pelo magistrado.

A: incorreta, o Código de Defesa do Consumidor regula os contratos de adesão no art. 54 não proibindo sua celebração, até porque, seria uma medida inócua; **B:** incorreta, para fins de tutela contra os acidentes de consumo, consumidor é qualquer vítima do evento danoso, ainda que não seja destinatário final do produto ou do serviço (art. 17 do CDC); **C:** correta, está de acordo com o art. 14, § 4º do CDC; **D:** incorreta, o art. 88 do CDC veda a denunciação à lide, permitindo que o fornecedor exerça o direito de regresso nos mesmos autos ou em processo autônomo; **E:** incorreta, as cláusulas abusivas devem ser declaradas nulas de ofício pelo juiz, por se tratarem de matéria de ordem pública. Conforme prescreve o parágrafo único do art. 168 do CC/2002: "As nulidades devem ser pronunciadas pelo juiz, quando conhecer do negócio jurídico ou dos seus efeitos e as encontrar provadas, não lhe sendo permitido supri-las, ainda que a requerimento das partes". Esta regra é excepcionada pela polêmica Súmula 381 do STJ que proíbe a declaração de ofício de cláusulas abusivas nos contratos bancários.

Gabarito "C"

(Ministério Público/PI – 2008) É correto afirmar que o Ministério Público tem legitimidade para fazer o controle das cláusulas abusivas, segundo o Código de Defesa do Consumidor, se provocado por entidade que represente o interesse de consumidores.

(A) ou por consumidor individualmente, ainda que diga respeito apenas a um contrato particular.

(B) e desde que o contrato em que ela estiver inserida for um contrato de adesão.

(C) e apenas na via administrativa, por inquérito civil.

(D) e desde que a cláusula atinja interesses coletivos ou difusos.

(E) ou por consumidor individualmente desde que a cláusula atinja interesses coletivos ou difusos.

A: correta, está conforme o art. 51, § 4º, do CDC; **B:** incorreta, as cláusulas abusivas não estão previstas, necessariamente, nos contratos de adesão; **C:** incorreta, o Ministério Público pode ajuizar ação competente para ser declarada a nulidade (art. 51, § 4º do CDC); **D:** incorreta, o Ministério Público pode fazer o controle de cláusulas abusivas do contrato de um único consumidor, pois segundo o art. 127, *caput*, da CF/88 é seu dever a defesa dos interesses sociais e individuais indisponíveis (art. 51, § 4º do CDC); **E:** incorreta, não precisa atingir interesses coletivos ou difusos (art. 127, caput, da CF/88).

Gabarito "A"

(Ministério Público/RR – 2012 – CESPE) No que tange ao entendimento do STJ a respeito dos contratos bancários, assinale a opção correta.

(A) Nos contratos de mútuo bancário, é vedada a capitalização mensal de juros, mesmo que expressamente pactuada, pois o anatocismo gera prestações excessivamente onerosas ao consumidor.

(B) Em contrato de empréstimo bancário, pode-se prever a cobrança cumulativa da comissão de permanência e da correção monetária.

(C) Nos contratos bancários assinados após a vigência do CDC, a multa moratória não poderá exceder a 2%.

(D) Nos contratos bancários, cabe ao julgador conhecer, de ofício, da abusividade das cláusulas contratuais.

(E) É abusiva cláusula contratual que estipule juros remuneratórios superiores a 12% ao ano, ainda que a taxa contratada esteja na média do mercado.

A: incorreta, somente nas hipóteses em que expressamente autorizada por lei específica, a capitalização de juros se mostra admissível, como nos contratos bancários – Lei 4.595/1964 e Decreto 22.626/1933 (STJ, REsp 237.302/RS, Quarta Turma, Rel. Min. Sálvio de Figueiredo Teixeira, j. 08.02.2000); **B:** incorreta, de acordo com a Súmula 30 do STJ, "a comissão de permanência e a correção monetária são inacumuláveis"; **C:** correta, consoante prescreve a Súmula 285 do STJ, "nos contratos bancários posteriores ao Código de Defesa do Consumidor incide a multa moratória nele prevista"; **D:** incorreta, conforme a Súmula 381 do STJ, "nos contratos bancários, é vedado ao julgador conhecer, de ofício, da abusividade das cláusulas"; **E:** incorreta, de acordo com a Súmula 382 do STJ, "a estipulação de juros remuneratórios superiores a 12% ao ano, por si só, não indica abusividade".

Gabarito "C"

(Ministério Público/SC – 2012) Analise as assertivas a seguir.

I. O CDC constitui-se de normas de ordem pública e de interesse social, não podendo licitamente ser afastadas ou limitadas por vontade das partes, exceto quando o próprio código estabelecer.

II. Para caracterização de cláusula(s) abusiva(s) nos contratos decorrentes da relação de consumo é prescindível o reconhecimento da má-fé, dolo do fornecedor. Resolve-se pelo princípio da boa-fé objetiva. O contrato firmado que teve cláusula abusiva declarada judicialmente poderá ou não ser preservado.

III. O Órgão do Ministério Público pode ajuizar ação para o controle concreto de cláusula contratual abusiva, a pedido de consumidor, não podendo, todavia efetuar pedido de indenização individual em favor desse mesmo consumidor.

IV. O direito penal do consumidor orbita uma relação jurídica de consumo e seu objetivo primordial não é o de proteger o consumidor como tal nem o seu patrimônio, mas a segurança e credibilidade das relações de consumo, a coletividade em seu todo.

V. A responsabilidade penal em virtude da prática de qualquer dos tipos penais do CDC pode recair, até mesmo, sobre pessoa formalmente desvinculada da pessoa jurídica fornecedora. A infração penal de omissão de informação a consumidores é crime de mera conduta, pois independe do resultado e são elementos do tipo a embalagem, invólucro, recipiente e publicidade.

(A) Apenas as assertivas II e III estão corretas.

(B) Apenas as assertivas I, III e IV estão corretas.

(C) Apenas as assertivas II, IV e V estão corretas.

(D) Apenas as assertivas II, III e V estão corretas.

(E) Todas as assertivas estão corretas.

I: correta, reproduz o entendimento doutrinário sobre o tema e o conteúdo do art. 1º do CDC; II: correta, pois o reconhecimento de cláusula abusiva não depende da má-fé do fornecedor e de acordo com o art. 51, § 2º, do CDC, "a nulidade de uma cláusula contratual abusiva não invalida o contrato, exceto quando de sua ausência, apesar dos esforços de integração, decorrer ônus excessivo a qualquer das partes"; III: correta, conforme art. 51, § 4º, do CDC; IV: correta, pois representa o objetivo do direito penal do consumidor; V: correta, pois a responsabilidade penal de pessoas formalmente desvinculadas da pessoa jurídica fornecedora está prevista no art. 75 do CDC. Quanto ao crime de omissão de informação, trata-se sim de crime de mera conduta, pois o tipo penal descreve uma mera conduta, não tendo resultado naturalístico, sendo elementos do tipo a embalagem, invólucro, recipiente ou publicidade.

Gabarito "E"

(Ministério Público/SE – 2010 – CESPE) Contrato celebrado entre empresa de telefonia e consumidor será considerado de adesão se suas cláusulas:

(A) tiverem sido aprovadas pela autoridade competente, sem que o consumidor possa discutir-lhe substancialmente o conteúdo.

(B) tiverem sido aprovadas pela autoridade competente, e não houver a inserção de alguma cláusula no formulário assinado.

(C) forem estabelecidas unilateralmente pelo fornecedor e não houver a inserção de alguma cláusula no formulário assinado.

(D) forem escritas em linguagem que dificulte o entendimento pelo consumidor.

(E) limitarem algum direito do consumidor.

A: correta, de acordo com o art. 54, *caput*, do CDC, "contrato de adesão é aquele cujas cláusulas tenham sido aprovadas pela autoridade competente ou estabelecidas unilateralmente pelo fornecedor de produtos ou serviços, sem que o consumidor possa discutir ou modificar substancialmente seu conteúdo"; **B:** incorreta, pois a inserção de cláusula no formulário não desfigura a natureza de adesão do contrato (art. 54, §1º do CDC); **C:** incorreta, pois a inserção de cláusula no formulário assinado não descaracteriza o contrato de adesão (art. 54, §1º, do CDC); **D:** incorreta, pois de acordo com art. 54, § 3º, do CDC, "os contratos de adesão escritos serão redigidos em termos claros e com caracteres ostensivos e legíveis, cujo tamanho da fonte não será inferior ao corpo doze, de modo a facilitar sua compreensão pelo consumidor"; **E:** incorreta, não são necessárias cláusulas limitativas de direitos do consumidor para caracterização do contrato de adesão.

Gabarito "A"

(Ministério Público/SE – 2010 – CESPE) Considerando que um indivíduo tenha contratado, por telefone, determinado serviço, assinale a opção que apresenta direito previsto para esse indivíduo no CDC.

(A) devolução parcial dos valores pagos por arrependimento.

(B) desistência da assinatura em até sete dias.

(C) indenização, caso não goste do produto.

(D) ação para ressarcimento dos danos, se o produto for perigoso, desde que ostensivamente alertado sobre o risco de danos.

(E) redução do preço, caso entenda que o produto não vale o preço cobrado.

A: incorreta, em caso de arrependimento a devolução do valor pago é integral (art. 49 do CDC); **B:** correta, pois a hipótese descrita no enunciado está enquadrar no art. 49 do CDC: "O consumidor pode desistir do contrato, no prazo de 7 dias a contar de sua assinatura ou do ato de recebimento do produto ou serviço, sempre que a contratação de fornecimento de produtos e serviços ocorrer fora do estabelecimento comercial, especialmente por telefone ou a domicílio"; **C:** incorreta, o fato de o consumidor não gostar do produto não gera direito à indenização; **D:** incorreta, a aquisição de produto perigoso pelo consumidor, quando ostensivamente alertado sobre o risco de danos, a princípio, não gera direito à indenização (art. 9º do CDC); **E:** incorreta, o consumidor não tem esse direito.

Gabarito "B"

(Ministério Público/SP – 2011) Assinale a alternativa correta.

(A) O Código de Defesa do Consumidor ampara o direito de arrependimento, podendo o consumidor devolver os produtos que tenha adquirido no estabelecimento do fornecedor no prazo de 7 (sete) dias.

(B) Nos contratos de consórcio, são nulas de pleno direito as cláusulas que estabeleçam a perda total das prestações pagas em benefício do credor, bem como o desconto da vantagem auferida com a fruição do bem quando da restituição das parcelas quitadas.

(C) Considera-se enganosa a publicidade discriminatória de qualquer natureza, a que incite a violência, se aproveite da deficiência de julgamento e experiência da criança, desrespeite valores ambientais, ou seja capaz de induzir o consumidor a se comportar de forma prejudicial à sua segurança e saúde.

(D) A publicidade suficientemente precisa, veiculada nos meios de comunicação, vincula o fornecedor, podendo o consumidor, no caso de recusa do cumprimento da oferta, exigir seu cumprimento forçado, aceitar outro produto equivalente ou rescindir o contrato com a obtenção da quantia eventualmente antecipada, monetariamente atualizada, além de perdas e danos.

(E) Obrigações iníquas, abusivas, que coloquem o consumidor em situação de desvantagem exagerada, ou sejam incompatíveis com a boa-fé ou a equidade, são nulas de pleno direito, ensejando a rescisão do contrato e a condenação do fornecedor em perdas e danos.

A: incorreta, pois tal regra só se aplica nas compras feitas **fora** do estabelecimento do fornecedor (art. 49 do CDC); **B:** incorreta, pois nesse caso a restituição terá descontada, além da vantagem econômica auferida com a fruição, os prejuízos que o desistente ou inadimplente causar ao grupo (art. 53, § 2º, do CDC); **C:** incorreta, pois essa é a publicidade **abusiva** (art. 37, § 2º, do CDC); **D:** correta (arts. 30 e 35 do CDC); **E:** incorreta, pois a invalidade de uma cláusula não implica na nulidade de todo o contrato (art. 51, § 2º, do CDC).

Gabarito "D"

(Ministério Público/TO – 2012 – CESPE) Com referência às características e princípios do CDC, às relações de consumo, à defesa do consumidor em juízo e ao registro de informações em bancos e cadastros de consumidores, assinale a opção correta.

(A) Não se confunde, como faz o CDC, contrato de adesão e condições gerais dos contratos, pois o problema é de continente e de conteúdo, respectivamente, já que o contrato de adesão é instrumento que concretiza os efeitos das condições gerais, embora ele não contenha somente condições gerais.

(B) A exceção de contrato não cumprido é instituto diverso da *exceptio doli*, mas também se aplica às relações de consumo, por exemplo, nos casos de vício no bem e no serviço.

(C) Não é possível a incidência do CDC nos contratos de multipropriedade imobiliária e(ou) de *time-sharing*.

(D) O CDC trata da execução individual da sentença fundada em direito individual homogêneo, mas não contempla a execução por *fluid recovery*.

(E) Uma das hipóteses de *habeas data* trazidas pela CF consiste em assegurar o conhecimento de informações relativas à pessoa do impetrante, constantes de registros ou bancos de dados de entidades governamentais ou de caráter público. Todavia, o consumidor não poderá socorrer-se de tal medida para obter informações mantidas em banco de dados de pessoas jurídicas de direito privado, como é o caso da SERASA.

A: correta, a assertiva promove adequadamente a distinção entre contrato de adesão e condições gerais; **B:** incorreta, a exceção do contrato não cumprido é espécie de *exceptio doli* e o CDC apresenta outras soluções para as hipóteses de vícios do produto ou do serviço (ex: novo produto, desfazimento do negócio etc.); **C:** incorreta, pois o CDC é aplicável aos contratos de multipropriedade imobiliária ou de *time-sharing*; **D:** incorreta, a execução por *fluid recovery* está prevista no art. 100 do CDC que determina que após um ano sem habilitação de interessados para promover a liquidação e execução da indenização, poderão os legitimados do art. 82 do CDC promovê-la; **E:** incorreta, pois de acordo com o art. 43, § 4º do CDC, essas entidades são consideradas de caráter público, podendo ser impetrado o *habeas data* em face delas.

Gabarito "A"

8. RESPONSABILIDADE ADMINISTRATIVA

(Ministério Público/SE – 2010 – CESPE) As sanções administrativas aplicáveis pelas autoridades a fornecedor de produto que tenha cometido infração ao direito do consumidor não incluem a

(A) apreensão do produto.

(B) prisão administrativa do responsável.

(C) contrapropaganda.

(D) proibição de fabricação do produto.

(E) intervenção administrativa.

A prisão administrativa do responsável não é sanção administrativa prevista no art. 56 do CDC.

Gabarito "B"

9. RESPONSABILIDADE CRIMINAL

(Ministério Público/MG – 2011) Os crimes previstos no Código de Defesa do Consumidor (Lei 8.078/90) terão a pena elevada, na segunda fase de sua aplicação, quando cometidos em detrimento de pessoas que apresentem certas condições subjetivas. Estão previstas entre essas circunstâncias, **EXCETO**:

(A) crime praticado em detrimento de operário.

(B) crime praticado em detrimento de analfabeto.

(C) crime praticado em detrimento de menor de 18 ou maior de 60 anos.

(D) crime praticado em detrimento de portador de deficiência mental, ainda que não interditado.

O analfabeto não está relacionado na lista do art. 76, IV, "b", do CDC, que dispõe que são circunstâncias agravantes dos crimes tipificados neste código quando cometidos em detrimento de operário ou rurícola; de menor de dezoito ou maior de sessenta anos ou de pessoas portadoras de deficiência mental interditadas ou não.

Gabarito "B"

(Ministério Público/MG – 2011) Considerando os crimes contra as relações de consumo, previstos na Lei 8.137/90, bem como no Código de Defesa do Consumidor (Lei 8.078/90), analise as seguintes proposições e assinale com **V** as **verdadeiras** e com **F** as **falsas. Constitui crime:**

( ) vender ou expor à venda mercadoria cuja embalagem esteja em desacordo com as prescrições legais, punindo-se apenas a modalidade dolosa.

( ) misturar gêneros e mercadorias de espécies diferentes, para vendê-las como puros, punindo-se inclusive a modalidade culposa.

( ) ter em depósito, para vender, mercadoria em condições impróprias ao consumo, punindo-se inclusive a modalidade culposa.

( ) deixar de entregar ao consumidor o termo de garantia adequadamente preenchido e com especificação clara de seu conteúdo, punindo-se inclusive a modalidade culposa.

Assinale a alternativa que apresenta a sequência de letras **CORRETA**.

(A) (V) (V) (V) (F).

(B) (V) (F) (F) (V).

(C) (F) (V) (V) (F).

(D) (F) (V) (V) (V).

I: falsa, de acordo com o art. 7º, II e parágrafo único, da Lei 8.137/1990, pune-se também a modalidade culposa, reduzindo-se a pena e a detenção de 1/3 ou a de multa à quinta parte; II: verdadeira, conforme o art. 7º, III e parágrafo único, da Lei 8.137/1990; III: verdadeira, está de acordo com o art. 7º, IX e parágrafo único, da Lei 8.137/1990. IV: falsa, como o art. 74 do CDC não prevê punição para a modalidade culposa, entende-se que somente pode ser punida a conduta dolosa.

Gabarito "C"

(Ministério Público/RR – 2012 – CESPE) Assinale a opção correta a respeito das normas de direito penal e de processo penal previstas no CDC.

(A) No processo penal atinente aos crimes cometidos contra as relações de consumo, é vedada ao MP a assistência, porém lhe é facultada a propositura de ação penal subsidiária, se a denúncia não for oferecida no prazo legal.

(B) Assim como ocorre no direito ambiental, a pessoa jurídica pode ser responsabilizada criminalmente se os seus representantes legais ou até mesmo empregados cometerem fatos tipicamente previstos como crimes no CDC.

(C) A conduta de impedir ou dificultar o acesso do consumidor às informações que sobre ele constem em cadastros, banco de dados, fichas e registros é expressamente prevista como crime no CDC.

(D) O sujeito passivo dos crimes contra as relações de consumo é o consumidor pessoa física, considerando-se fato atípico o crime cometido contra consumidor pessoa jurídica ou consumidor por equiparação, em observância ao princípio da vedação à responsabilidade objetiva.

(E) Considera-se circunstância agravante nos crimes tipificados no CDC o fato de o agente cometer o delito contra os consumidores de instituições financeiras, de saúde e de ensino privados.

A: incorreta, o art. 80 do CDC possibilita ao Ministério Público a intervenção como assistente; **B:** incorreta, a responsabilidade criminal incide sobre os administradores da pessoa jurídica; **C:** correta, a conduta está tipificada no art. 72 do CDC; **D:** incorreta, o consumidor por equiparação também pode ser sujeito passivo dos crimes contra as relações de consumo; **E:** incorreta, estas situações não estão previstas como circunstâncias agravantes no art. 76 do CDC.

Gabarito "C"

(Ministério Público/TO – 2012 – CESPE) A respeito da responsabilidade por vício do produto e do serviço, das implicações administrativas e penais associadas às relações de consumo e das ações coletivas para a defesa de interesses individuais homogêneos ligados às citadas relações, assinale a opção correta.

(A) Cometerá crime de consumo configurado no crime de *recall* o fornecedor que não comunicar à autoridade competente e aos consumidores a nocividade ou periculosidade de produtos cujo conhecimento seja posterior à sua colocação no mercado e não retirá-lo imediatamente de circulação, quando determinado pela autoridade competente. Nesse sentido, a ordem da autoridade competente para a retirada do citado bem do mercado de consumo deve ser pessoal ao fornecedor responsável, para fins de configuração do crime.

(B) A tipificação penal protetiva do consumidor, em regra e por conta da presunção de perigo que traz consigo, não exige, para a sua consumação, a realização de dano físico, mental ou econômico ao indivíduo-consumidor, sendo certo que o direito penal econômico protege primeiramente não o consumidor em si, mas a relação jurídica de consumo, pois esta é um bem jurídico autônomo, supraindividual e imaterial.

(C) A sentença civil não fará coisa julgada *erga omnes* nos limites da competência territorial do órgão prolator, exceto se o pedido for julgado improcedente por insuficiência de provas, hipótese em que apenas o MP poderá intentar outra ação com idêntico fundamento, valendo-se de nova prova.

(D) No direito do consumidor, vício e defeito dos bens possuem o mesmo sentido: relacionam-se com o fato de o bem gerar a responsabilidade civil do fornecedor por defeito ou por insegurança.

(E) A lei é a única forma de expressão juridicamente correta para se criar órgão de defesa do consumidor no âmbito do Poder Executivo.

A: incorreta, pois a ordem para retirada do bem não precisa ser pessoal para caracterização do crime previsto no art. 64, parágrafo único, do CDC; **B:** correta, em regra a caracterização do crime de consumo não depende da efetivação do dano; **C:** incorreta, na hipótese retratada a sentença civil fará coisa julgada, nos termos do art. 16 da Lei 7.347/1985; **D:** incorreta, pois o defeito do produto causa prejuízos extrínsecos, como danos materiais, morais e estéticos enquanto que o vício do produto pode existir, contudo o problema fica adstrito aos limites do bem, gerando prejuízos intrínsecos; **E:** incorreta, pois podem ser criadas entidades privadas (ex: associações) de defesa do consumidor.

Gabarito "B"

10. DEFESA DO CONSUMIDOR EM JUÍZO

(Ministério Público/MG – 2014) Dentro do microssistema de tutela coletiva, o qual inclui as normas processuais previstas no Código de Defesa do Consumidor, pode-se afirmar, **EXCETO**:

(A) Na ação que tenha por objeto o cumprimento da obrigação de fazer ou não fazer, o juiz concederá a tutela especifica da obrigação ou determinará providências que assegurem o resultado prático equivalente ao do adimplemento.

(B) A conversão da obrigação em perdas e danos somente será admissível se por elas optar o autor ou se impossível a tutela específica ou a obtenção do resultado prático correspondente.

(C) A indenização por perdas e danos se fará sem prejuízo das astreintes arbitradas.

(D) O juiz poderá, na antecipação da tutela ou na sentença, impor multa diária ao réu, apenas em caso de expresso requerimento do autor, se for suficiente ou compatível com a obrigação, fixando prazo razoável para o cumprimento do preceito.

A: assertiva correta (art. 84 "caput" do CDC); **B:** assertiva correta (art. 84, § 1º, do CDC); **C:** assertiva correta (art. 84, § 2º, do CDC);

D: assertiva incorreta, devendo ser assinalada, pois o juiz poderá, na hipótese de antecipação de tutela ou na sentença, impor multa diária ao réu, *independentemente de pedido do autor*, se for suficiente ou compatível com a obrigação, fixando prazo razoável para o cumprimento do preceito (art. 84, § 4º, do CDC).

Gabarito "D"

(Ministério Público/DF – 2013) O Procon local encaminhou ao Ministério Público do Distrito Federal e Territórios reclamações de consumidores insatisfeitos, que compraram produtos nas lojas da empresa "X" do Distrito Federal, oriundos de fabricantes diversos e que apresentaram defeitos. A empresa "X" comercializa esses produtos em lojas físicas localizadas não só no Distrito Federal, mas, em todo o território nacional. A insatisfação estava fundada em dificuldades impostas para a troca do produto com defeito. O Promotor de Justiça instaurou inquérito civil público com os documentos recebidos. Atento aos aspectos processuais e procedimentais da hipótese, assinale a alternativa **CORRETA**:

(A) Avaliando tais reclamações, constatou o Promotor de Justiça que cada reclamação referia-se a produtos diversos e de fabricantes diferentes, concluindo que somente cada consumidor insatisfeito é que teria legitimidade para propor ação para fazer valer seus direitos de consumidor, previstos no artigo 18 da Lei 8.078/1990. Nesses termos, cuidando-se de direitos autônomos e disponíveis, o Ministério Público arquivou o inquérito civil público, já que ninguém pode pleitear em juízo direito alheio, nos termos do art. 6º do Código de Processo Civil.

(B) Ainda que disponíveis e divisíveis, o Ministério Público está legitimado a propor ação civil pública contra a empresa "X", em uma das varas cíveis da justiça comum do Distrito Federal, em defesa dos direitos dos consumidores, que estão sendo obrigados a se submeterem à política de troca de produtos defeituosos instituída pela empresa "X" e adquiridos em qualquer loja.

(C) A propositura de ação civil pública pelo Ministério Público impede que aqueles que se sentiram prejudicados proponham ação individual contra a empresa "X", não se admitindo sequer a formação de litisconsórcio facultativo desses prejudicados com o Ministério Público.

(D) Em caso de ação civil pública proposta pelo Ministério Público, a sentença que julgar improcedente o pedido, transitada em julgado, impedirá a propositura de novas ações individuais pelos consumidores insatisfeitos com a política de troca de produtos defeituosos da empresa "X".

(E) Ao julgar procedente a ação civil pública proposta pelo Ministério Público, não pode o juízo antecipar a tutela e determinar, desde logo, que a empresa "X" atenda as pretensões dos consumidores sem as restrições contidas na política de troca de produtos adquiridos com defeito. A imposição de tal obrigação somente valerá com o trânsito em julgado da sentença.

A: incorreta, pois trata-se de hipótese de interesse individual homogêneo, que, portanto autoriza a atuação do Ministério Público. Embora haja interesses disponível e divisível, o caso traz significativa repercussão social, pois um grande número de consumidores foi prejudicado, logo, o "parquet" possui legitimidade para agir. Trata-se de uma atuação compatível com sua finalidade. (Art. 81, III, 82, I do CDC e art. 129, IX da CF); **B:** correta, pois o Ministério Público terá legitimidade para agir por tratar-se de caso em que haverá tutela a interesses individuais homogêneos. Assim, levando em conta a repercussão social do caso, e a finalidade para o qual o Ministério Público, sua atuação está autorizada (art. 81, parágrafo único, III, 82, I do CDC e art. 129, IX, da CF); **C:** incorreta, pois a atuação do Ministério Público não impede a de terceiros, sendo permitido o ajuizamento de ação individual pelo consumidor, havendo como opção a formação de litisconsórcio facultativo com o "parquet" (art. 129, § 1º, da CF e art. 94 do CDC); **D:** incorreta, pois a sentença de improcedência na ação coletiva ajuizada pelo Ministério Público com fulcro em interesse individual homogêneo apenas faz coisa julgada *erga omnes* se for procedente. Se for improcedente, os consumidores podem tranquilamente ajuizar suas ações individuais, desde que não tenham intervindo como litisconsortes na ação coletiva (art. 103, III e § 2º do CDC); **E:** incorreta, pois o juiz está autorizado a conceder tutela antecipada na sentença, determinando assim a troca dos produtos com defeito (art. 84, § 3º, do CDC).

Gabarito "B"

(Ministério Público/MS – 2013 – FADEMS) Nas ações coletivas de que trata o Código de Proteção e Defesa do Consumidor, é correto afirmar que:

(A) A sentença faz coisa julgada *intra partes*, quando a hipótese versar sobre direitos individuais difusos.

(B) Sendo o caso de interesses ou direitos difusos, na hipótese de improcedência por insuficiência de provas, não há coisa julgada material, podendo, qualquer prejudicado, intentar nova ação com os mesmos fundamentos, valendo-se de novas provas.

(C) Quando for caso de interesses ou direitos difusos, a coisa julgada ocorre *ultra partes*, mas limitada ao grupo, categoria ou classe, salvo improcedência por insuficiência de provas.

(D) É *erga omnes* a coisa julgada quando for caso de direitos individuais homogêneos e sentença for de procedência, mas somente aproveita aquele que se habilitou até o trânsito em julgado.

(E) A coisa julgada é julgada *ultra partes*, de modo excepcional, na hipótese do grupo, categoria ou classe que não haja intervindo no curso do processo, intentar ação concorrente com mesmo objeto e diversidade do pedido que trate de interesse coletivo e homogêneo.

A: incorreta, pois, envolvendo interesses difusos (art. 81, parágrafo único, I, do CDC), a coisa julgada é *erga omnes* (art. 103, I, do CDC), envolvendo direitos individuais homogêneos (art. 81, parágrafo único, III, do CDC), *erga omnes* (art. 103, III, do CDC), e envolvendo direito individual puro, *intra partes*; **B:** correta (art. 103, I, do CDC); **C:** incorreta, pois envolvendo interesses difusos (art. 81, parágrafo único, I, do CDC) a coisa julgada é *erga omnes* (art. 103, I, do CDC); o efeito mencionado na alternativa diz respeito aos casos em que há interesses coletivos (arts. 81, parágrafo único, II e 103, II, do CDC); **D:** incorreta, pois a sentença de procedência, no caso, aproveita todas as vítimas e seus sucessores (art. 103, III, do CDC), salvo se alguém promoveu uma ação individual e, intimado a se manifestar sobre ação coletiva em curso, não pedir a suspensão de sua ação (art.

104 do CDC); **E:** incorreta, pois um mero grupo, categoria ou classe não é legitimado para intentar com ação civil pública, de modo que não se vai ter os efeitos da coisa julgada típicos de uma ação civil pública, previstos no art. 103 do CDC; por outro lado, se um grupo, categoria ou classe se organizar numa entidade legitimada para uma ação civil pública (art. 82, IV, do CDC) e fizer um pedido para defender interesse individual homogêneo (art. 81, parágrafo único, III, do CDC), a coisa julgada terá efeito *erga omnes* quanto a esse pedido (art. 103, III, do CDC).

Gabarito "B"

(Ministério Público/AM – 2008 – CESPE) Quanto à defesa administrativa e judicial do consumidor, assinale a opção correta.

(A) As entidades legitimadas para representar o consumidor em juízo também estão autorizadas a, respeitados a ampla defesa e o contraditório, aplicar multas por infração às normas de proteção ao consumo.

(B) A suspensão das atividades do fornecedor que infringir normas de defesa do consumidor será temporária, exigindo-se que a ordem de interdição decorra de prévia decisão judicial.

(C) Qualquer associação civil está autorizada a oferecer ação coletiva destinada à defesa dos direitos e interesses difusos dos consumidores, independentemente de seu objeto ou de autorização individual ou estatutária.

(D) Os órgãos de proteção do consumo que não se revestirem de personalidade jurídica não estarão legitimados a promover a defesa do consumidor em juízo.

(E) O MP, mesmo se não for o autor de ação em defesa dos consumidores, necessariamente atuará na causa como fiscal da lei.

A: incorreta, as sanções administrativas só podem ser aplicadas pelas autoridades administrativas (art. 56, parágrafo único, do CDC), ou seja, por agentes das entidades e órgãos da Administração Direta e Indireta voltados à defesa do consumidor; assim, nem todos os legitimados a representar em juízo o consumidor tem a competência a que se refere a afirmativa (art. 82 do CDC); **B:** incorreta, a ordem de suspensão das atividades se dá por decisão administrativa (art. 59, *caput*, do CDC); **C:** incorreta, o art. 82, IV, do CDC exige pertinência temática entre o objeto da associação e o objeto da ação civil pública; **D:** incorreta, art. 82, III, do CDC; **E:** correta, o art. 90 do CDC dispõe que se aplica às ações coletivas por ele regidas o disposto na Lei de Ação Civil Pública (Lei 7.347/1985), que estabelece que o MP atuará como fiscal da lei, quando não for o autor da ação.

Gabarito "E"

(Ministério Público/ES – 2010 – CESPE) A respeito do direito do consumidor, assinale a opção correta.

(A) Ao tratar da desconsideração da pessoa jurídica, o CDC estabeleceu que as sociedades integrantes dos grupos societários, as sociedades controladas e as consorciadas são solidariamente responsáveis pelas obrigações decorrentes do diploma legal já mencionado.

(B) Omitir dizeres ou sinais ostensivos sobre a nocividade ou a periculosidade de produtos ou serviços corresponde ao tipo penal de um crime próprio ou direto previsto no CDC, cuja pena é de detenção de seis meses a dois anos, acrescida de multa, não sendo admitida a modalidade culposa.

(C) A demanda coletiva, ajuizada em face da publicidade de um medicamento emagrecedor milagroso, visa tutelar os denominados interesses difusos, também denominados transindividuais, de natureza indivisível, de que sejam titulares pessoas indeterminadas e indetermináveis, ligadas por circunstâncias fáticas, não se devendo falar em relação jurídica anterior entre os titulares desse tipo de direito.

(D) Caso o consumidor tenha proposto uma ação individual de responsabilidade civil em face do fornecedor, mas queira se beneficiar dos efeitos de uma ação coletiva proposta com o mesmo objeto, deve, no prazo de trinta dias, a contar do primeiro despacho proferido na ação coletiva, requerer a suspensão do processo individual.

(E) Nos termos da legislação consumerista, o consumidor cobrado judicial e extrajudicialmente em quantia indevida tem direito à repetição do indébito, por valor igual ao dobro do que pagou em excesso, acrescido de correção monetária e juros legais, salvo hipótese de engano justificável.

A: incorreta, pois apenas as *sociedades consorciadas* são responsáveis solidariamente (art. 28, § 3º, do CDC), ao passo que as *sociedades integrantes dos grupos societários* e as *sociedades controladas* respondem apenas subsidiariamente (art. 28, § 2º, do CDC); **B:** incorreta, pois se admite a forma culposa (art. 63, § 2º, do CDC); **C:** correta, nos termos da definição de interesses difusos, prevista no art. 81, parágrafo único, I, do CDC; **D:** incorreta, pois o prazo de 30 dias é contado da ciência, nos autos da ação ajuizada pelo consumidor, do ajuizamento da ação coletiva (art. 104 do CDC); **E:** incorreta, pois o art. 42, parágrafo único, do CDC, que traz a disposição transcrita na alternativa, diz respeito à cobrança extrajudicial.

Gabarito "C"

(Ministério Público/MG – 2006) Assinale a alternativa **CORRETA:**

(A) os órgãos públicos da administração direta e autárquica destinados à Defesa do Consumidor podem celebrar termos de ajustamento de condutas, que implicarão a promoção do arquivamento do processo administrativo, se instaurado, ao Conselho Superior do Ministério Público, segundo a legislação que regulamenta a organização do Sistema Nacional de Defesa do Consumidor – SNDC.

(B) nos termos do Código de Defesa do Consumidor, nas ações civis públicas que tenham por objeto obrigação de fazer ou não fazer, o juiz converterá a obrigação em perdas e danos quando o réu optar pela conversão, comprovando que o pagamento da indenização é equivalente à realização da obrigação pretendida.

(C) na ação civil coletiva julgada procedente que tenha por objeto a defesa de direitos individuais homogêneos, após o trânsito em julgado, decorrido o prazo de um ano, sem habilitação de interessados em número compatível com a gravidade do dano, o processo aguardará no arquivo, pelo prazo prescricional correspondente à obrigação devida.

(D) os fornecedores de produtos de consumo duráveis, no caso de vício de qualidade, que os tornem inadequados ao consumo, não sanado no prazo de 30 dias, poderão convencionar com o consumidor a ampliação deste prazo, desde que não seja superior a 180 dias e nos contratos de adesão, tal cláusula seja convencionada em separado, com manifestação expressa do consumidor.

(E) as infrações da ordem econômica, como a prevista no artigo 20 da Lei 8.884/94, que dispõe que os atos sob qualquer forma manifestados que tenham por objeto ou possam produzir efeitos como o de limitar ou falsear a livre concorrência ou a livre iniciativa, por sua própria natureza jurídica, para se configurarem, necessitam da comprovação do elemento subjetivo do tipo, ou seja, dolo ou culpa.

A: incorreta art. 5º, § 6º, da Lei 7.347/1985; **B:** incorreta, de acordo com o art. 84, § 1º, do CDC, a conversão da obrigação em perdas e danos só será admissível se por ela optar o autor ou se impossível a tutela específica ou a obtenção do resultado prático correspondente; **C:** incorreta, o art. 100 do CDC determina que, decorrido o prazo de um ano, sem habilitação de interessados, poderão os legitimados promover a liquidação e execução da indenização devida. O processo não será arquivado como afirmado na questão; **D:** correta, conforme o art. 18, § 2º, do CDC; **E:** incorreta, trata-se de crime de perigo abstrato, em que a probabilidade de ocorrer o dano independe de prova, já que está presumida no tipo penal.

Gabarito "D"

(Ministério Público/PI – 2012 – CESPE) No que concerne à defesa, em juízo, dos interesses do consumidor, assinale a opção correta.

(A) Na hipótese de não ser possível identificar o fabricante do produto, o comerciante será responsável pelos prejuízos sofridos pelo consumidor, sendo-lhe facultado denunciar à lide o fabricante.

(B) Nas ações de defesa de interesses ou direitos individuais homogêneos, se o pedido for julgado procedente, a coisa julgada será *ultra partes*, mas limitada ao grupo, categoria ou classe.

(C) Na ação cujo objeto seja o cumprimento de obrigação de fazer, sendo relevante o fundamento da demanda, estando presente o *periculum in mora* e desde que haja expressa manifestação do autor pela aplicação de multa, o juiz poderá impor astreintes, se compatível com a obrigação.

(D) Sendo constatada a litigância de má-fé na propositura de ação coletiva por associação que, legalmente constituída há pelo menos um ano, inclua entre seus fins institucionais a defesa do consumidor, a referida entidade e seus diretores serão condenados solidariamente ao pagamento do décuplo das custas e dos honorários advocatícios, sem prejuízo de condenação em perdas e danos.

(E) Associação legalmente constituída há pelo menos um ano e que inclua entre seus fins institucionais a defesa do consumidor poderá propor as ações coletivas de que trata o CDC, ficando dispensada do adiantamento de custas, emolumentos e honorários periciais se comprovada a sua incapacidade econômica para arcar com tais despesas.

A: incorreta, nesta hipótese a ação de regresso poderá ser ajuizada em processo autônomo, facultada a possibilidade de prosseguir-se nos mesmos autos, vedada a denunciação da lide (art. 88 do CDC); **B:** incorreta, na defesa coletiva dos interesses ou direitos individuais homogêneos, tratado no art. 81, parágrafo único, III, do CDC, a coisa julgada será *erga omnes* para beneficiar todas as vítimas e seus sucessores (art. 103, III, do CDC); **C:** incorreta, a imposição de *astreintes* não depende de pedido do autor (art. 84, § 4º, do CDC); **D:** correta, a alternativa está mal redigida, mas está de acordo com o que prescreve o art. 87, parágrafo único, do CDC; **E:** incorreta, de acordo com o art. 87, *caput*, do CDC, "nas ações coletivas de que trata este código não haverá adiantamento de custas, emolumentos, honorários periciais e quaisquer outras despesas, nem condenação da associação autora, salvo comprovada má-fé, em honorários de advogados, custas e despesas processuais".

Gabarito "D"

(Ministério Público/PI – 2008) Assinale a alternativa **correta**.

(A) No Código de Defesa do Consumidor, o Ministério Público, se não ajuizar a ação, atuará, em casos excepcionais, como fiscal da lei.

(B) No Código de Defesa do Consumidor, é permitida a utilização da denunciação da lide e do chamamento ao processo, uma vez que o direito de indenização do consumidor é fundado na responsabilidade objetiva.

(C) O juiz não poderá, no Código de Defesa do Consumidor, adiantar a tutela de mérito, mesmo que haja justificado receio de ineficácia do provimento final.

(D) Em ação coletiva ajuizada na defesa dos consumidores por entidade legitimada, é facultativa a intervenção do Ministério Público.

(E) Nas ações coletivas de que trata o Código de Defesa do Consumidor, não haverá adiantamento de custas, emolumento, honorários periciais e quaisquer outras despesas, nem condenação da associação autora, salvo comprovada má fé, em honorários de advogado, custas e despesas processuais.

A: incorreta, de acordo com o art. 92 do CDC, o Ministério Público sempre atuará como fiscal da lei; **B:** incorreta, a denunciação da lide é vedada pelo art. 88 do CDC. Já o chamamento ao processo é permitido nos casos em que o réu houver contratado seguro de responsabilidade, podendo chamar o segurador, porem é vedada a integração do contraditório pelo Instituto de Resseguros do Brasil (art. 101, II, do CDC); **C:** incorreta, o juiz pode conceder tutela liminarmente, conforme dispõe o art. 84, § 3º, do CDC; **D:** incorreta, pois se o Ministério Público não ajuizar a ação deverá atuar como fiscal da lei (art. 92 do CDC); **E:** correta, está de acordo com o art. 87 do CDC.

Gabarito "E"

(Ministério Público/PR – 2011) Julgue as seguintes afirmativas.

I. É aplicável aos contratos de prestações de serviços educacionais o limite de 2% para a multa moratória, em harmonia com as disposições do Código de Defesa do Consumidor.

II. Em matéria consumerista, as ações coletivas em tutela de interesses individuais homogêneos não podem almejar a produção de efeitos para coibir danos futuros.

III. Quando forem fornecidos produtos adulterados ao consumo, cujo uso resulte em efetivo dano, incide cumulativamente à responsabilidade pelo produto viciado, a responsabilidade por fato do produto, tornando o fornecedor responsável por vício e também por perdas e danos.

Considerando as assertivas acima se afirma que:

(A) Apenas as assertivas I e II são corretas.

(B) Apenas as assertivas II e III são corretas.

(C) Apenas as assertivas I e III são corretas.

(D) Apenas uma assertiva está correta.

(E) Todas as assertivas são corretas.

I: correta, pois a prestação de serviços educacionais pode ser enquadrada como relação de consumo (STJ, AgRg no Ag 1.400.964, DJ 25/10/11); II: incorreta, pois os interesses individuais homogêneos não são definidos em função estritamente de danos já ocorridos, mas em função de interesses (relativos a danos passados ou futuros) decorrentes de origem comum (art. 81, parágrafo único, III, do CDC); III: correta, pois cabe aplicação do regime jurídico do vício (art. 18 do CDC), com os direitos ali previstos quanto ao saneamento do vício, e também do regime jurídico do defeito (art. 12 – fato do produto), com o direito de indenização ali previsto.

Gabarito "C"

(Ministério Público/RO – 2010 – CESPE) Ainda em relação ao direito do consumidor, assinale a opção correta.

(A) Embora tenha a atribuição constitucional de defender os interesses sociais e individuais indisponíveis, o MP não tem legitimidade para propor ação coletiva (ação civil pública) na defesa de interesses individuais homogêneos.

(B) O prazo de trinta dias para que o fornecedor promova o saneamento do vício do produto ou serviço aplica-se aos denominados vícios de qualidade e quantidade, bem como ao vício decorrente de disparidade com a oferta ou publicidade.

(C) Nas ações coletivas para a defesa de interesses individuais homogêneos, a sentença será certa e específica para cada vítima, ressaltando-se que sua execução poderá ser promovida pela própria vítima, seus sucessores e demais legitimados previstos no CDC.

(D) O CDC adota, como regra, a responsabilidade civil objetiva e solidária, e a subjetiva em relação aos fornecedores profissionais liberais, não havendo previsão legal no aludido diploma da responsabilidade subsidiária.

(E) A isenção de custas processuais prevista no artigo do CDC, referente à defesa coletiva do consumidor em juízo, não abrange as execuções individuais decorrentes de pedidos julgados procedentes em ações coletivas.

A: incorreta, pois, havendo interesse social, o Ministério Público tem, sim, essa legitimidade; **B:** incorreta, pois, somente em caso de vício de qualidade do produto o fornecedor terá o prazo de 30 dias para consertá-lo (art. 18, § 1º do CDC); **C:** incorreta, pois a sentença trará uma condenação genérica, e não específica para cada vítima (art. 95 do CDC); **D:** incorreta, pois a responsabilidade subsidiária também é mencionada no CDC, e incidem sobre as sociedades integrantes dos grupos societários e as sociedades controladas (art. 28, § 2º, do CDC); **E:** correta, pois o art. 87 do CDC, que trata dessa isenção, só faz referência às ações coletivas.

Gabarito "E"

(Ministério Público/RR – 2012 – CESPE) Considerando as normas de defesa do consumidor em juízo e o entendimento do STJ a respeito do tema, assinale a opção correta.

(A) O MP não possui legitimidade para promover ACP na defesa de direitos dos consumidores de energia elétrica, dada a vedação expressamente prevista na lei que dispõe sobre a ACP.

(B) É competente, sem exceção, a justiça local do foro do lugar onde ocorra ou tenha ocorrido o dano, quando de âmbito local, e do foro da capital do estado ou no do DF, para os danos de âmbito nacional ou regional.

(C) Aplica-se o prazo prescricional quinquenal previsto na Lei da Ação Popular à ACP decorrente de direitos individuais homogêneos.

(D) A defensoria pública não detém legitimidade para ajuizar ACP em defesa dos direitos difusos, coletivos e individuais homogêneos dos consumidores.

(E) É vedado ao juiz dispensar o requisito da pré-constituição da associação de defesa dos interesses e direitos dos consumidores para o ajuizamento de ação coletiva, mesmo quando haja manifesto interesse social.

A: incorreta, pois a Lei 7.347/1985 não contem proibição nesse sentido e a jurisprudência do STJ é no sentido de que "a relação jurídica do serviço público prestado por concessionária tem natureza de Direito Privado, pois o pagamento é feito sob a modalidade de tarifa, e não estando os serviços jungidos às relações de natureza tributária, mas, ao contrário, encontrando disciplina também no Código de Defesa do Consumidor, inexiste empecilho à defesa dos usuários via ação civil pública, cuja legitimação encontra na figura do Ministério Público um representante por lei autorizado" (REsp 591.916/MT, Segunda Turma, Rel. Min. João Otávio de Noronha, j. 27.02.2007); **B:** incorreta, de acordo com o art. 2º da Lei 7.347/1985, "as ações previstas nesta Lei serão propostas no foro do local onde ocorrer o dano, cujo juízo terá competência funcional para processar e julgar a causa" e o art. 93 excepciona a competência da justiça federal; **C:** correta, de acordo com a jurisprudência do STJ, "há lei definindo que o prazo prescricional para deduzir pretensão relativa a direitos individuais homogêneos, mediante o ajuizamento de ação civil pública, é de cinco anos, por força do art. 21 da Lei 4.717/65, de aplicação analógica; por conseguinte, à pretensão executiva decorrente incidirá idêntico lapso temporal, a contar do transito em julgado da sentença coletiva, não se encontrando acobertada pelo manto da coisa julgada material a referencia nela existente a prazo prescricional diverso daquele que lhe haja sido fixado por legislação especial de regência" (AgRg. no AREsp 122.031/PR, Quarta Turma, Rel. Min. Luis Felipe Salomão, j. 08.05.2012); **D:** incorreta, a Defensoria Pública está legitimada pelo art. 5º, II, da Lei 7.347/1985; **E:** incorreta, o juiz está autorizado a dispensar o requisito da pré-constituição pelo art. 5º, § 4º, da Lei 7.347/1985 e pelo art. 82, § 1º, do CDC.

Gabarito "C"

(Ministério Público/SC – 2012) Analise as assertivas a seguir.

I. O art. 91 e seguintes do CDC leva ao entendimento de que a tutela de direito individual homogêneo diz respeito a um único fato, gerador de diversas pretensões indenizatórias. A origem comum poderá ser de fato ou de direito e não há que estar presente, necessariamente, unidade de fato e tempo.

II. Pode o Promotor de Justiça, em razão de ilegalidade praticada decorrente de propaganda enganosa, buscar por meio de única ação civil pública pretensões de natureza coletiva, difusa e relativa a direitos individuais homogêneos.

III. No tocante aos direitos coletivos, os efeitos da sentença de procedência do pedido irão atingir todos os que estiverem na relação de consumo indicada (pessoas determinadas). Nesse caso, se a ação foi proposta por associação, somente seus beneficiários poderão usufruir da decisão.

IV. O Órgão do Ministério Público poderá firmar Termo de Ajustamento de Conduta visando exigir a cessação de propaganda enganosa, bem como a fixação de indenização em favor de consumidores dessa relação de consumo.

V. O CDC, no que toca à prestação de serviço pelos profissionais liberais, abriu exceção ao princípio da responsabilidade civil objetiva ao admitir a necessidade de demonstração de culpa, contudo, não impossibilitou a aplicação do princípio da inversão da prova.

(A) Apenas as assertivas I, II e V estão corretas.
(B) Apenas as assertivas I, III e IV estão corretas.
(C) Apenas as assertivas II, III e IV estão corretas.
(D) Apenas as assertivas III, IV e V estão corretas.
(E) Todas as assertivas estão corretas.

I: correta, pois o art. 91 do CDC possibilita a propositura de ação civil coletiva de responsabilidade pelos danos individualmente sofridos em razão de um mesmo fato; II: correta, o MP tem legitimidade para tanto nos termos dos arts. 82, I, e 91 do CDC, e também do art. 5º, I, da Lei 7.347/1985; III: incorreta, segundo a jurisprudência do STJ, "a indivisibilidade do objeto da ação coletiva, muitas das vezes, importa na extensão dos efeitos favoráveis da decisão a pessoas não vinculadas diretamente à entidade classista, que na verdade, não é a titular do direito, mas tão somente a substituta processual dos integrantes da categoria, a quem a lei conferiu legitimidade autônoma para a promoção da ação. Irrelevante o fato de a totalidade da categoria ou grupo interessado e titular do direito material não ser filiado à entidade postulante, uma vez que os efeitos do julgado, em caso de acolhimento da pretensão, estendem-se a todos aqueles que se encontram ligados pelo mesmo vínculo jurídico, independentemente da sua vinculação com a entidade (Sindicato ou Associação). A extensão subjetiva é consequência natural da transidividualidade e indivisibilidade do direito material tutelado na demanda; se o que se tutela são direitos pertencentes a toda uma coletividade, não há como estabelecer limites subjetivos ao âmbito de eficácia da decisão" (STJ, AgRg no MS 13505/DF, Terceira Seção, Rel Min. Napoleão Nunes Maia Filho, j. 13.08.2008); IV: incorreta, o Ministério Público não tem competência para fixar o valor de indenização devido aos consumidores lesados por propaganda enganosa; V: correta, o art. 14, § 4º, do CDC, optou pela responsabilidade subjetiva ao determinar que a responsabilidade pessoal dos profissionais liberais será apurada mediante a verificação de culpa. E a inversão do ônus da prova pode ser deferida em qualquer espécie de responsabilidade no CDC.

Gabarito "A"

(Ministério Público/SC – 2012) Analise as assertivas a seguir.

I. Em matéria de interesses transindividuais de consumidor, diante de entendimentos no sentido de que o Ministério Público terá restrições para a defesa de interesses individuais homogêneos, será relevante a análise da omissão constitucional quanto à defesa pela Instituição desse tipo de interesse.

II. Na defesa de interesses apenas individuais de consumidor, não se justificará a iniciativa da propositura de ação pelo Ministério Público ou mesmo da sua intervenção na qualidade de *custus legis*.

III. Em relação à competência em matéria de interesses transindividuais do consumidor, a regra do art. 93 do CDC deve ser aplicada, se cabível, para a instauração de inquérito civil, bem como a natureza da competência poderá ser relativa ou absoluta para ações civis públicas ou coletivas que envolvam direitos difusos, coletivos ou individuais homogêneos.

IV. Pode-se dizer que a proteção do consumidor no direito civil através da teoria do vício redibitório muito pouco, ou quase nada, age de forma eficaz como instrumento de defesa do consumidor (econômica e a físico psíquica), seja por deficiência jurídica ou fática.

V. O CDC abriga o princípio da transparência da publicidade, com repercussão cível, administrativa e penal, em conexão ao princípio da inversão do ônus da prova. A inversão a ser efetivada, nesse caso, não está na esfera de discricionariedade do magistrado e diz respeito à veracidade.

(A) Apenas as assertivas I, II e III estão corretas.
(B) Apenas as assertivas I, IV e V estão corretas.
(C) Apenas as assertivas II, III e IV estão corretas.
(D) Apenas as assertivas III, IV e V estão corretas.
(E) Todas as assertivas estão corretas.

I: incorreta, a legitimidade do MP decorre dos arts. 81, 82 e 91 do CDC e do art. 127 da CF/88; II: incorreta, o art. 91 do CDC confere ao MP legitimidade para propositura da ação e o art. 92 determina que, se o MP não ajuizar a ação, atuará sempre como fiscal da lei; III: correta, pois a instauração do inquérito civil no mesmo local da propositura da ação facilita a atuação do MP. A competência poderá ter natureza absoluta ou relativa; IV: correta, as regras que protegem o consumidor do vício do produto ou do serviço são mais amplas do que as previstas no Código Civil. O CDC, por exemplo, estabelece responsabilidade solidária, prevê o vício de informação, confere mais opções etc.; V: correta, o juiz apenas analisa a presença dos requisitos exigidos na lei (art. 6º, III, do CDC).

Gabarito "D"

(Ministério Público/SC – 2008) Analise as seguintes assertivas:

I. Os interesses individuais homogêneos, são interesses perfeitamente identificáveis, considerados divisíveis. Fazem parte do patrimônio individual de seu titular. São via de regra transferíveis, *inter vivos* e *causa mortis*, suscetíveis de renúncia e transação, salvo direitos personalíssimos.

II. Os direitos coletivos, são transindividuais, com determinação relativa de seus titulares. A ligação entre os titulares coletivos decorre de uma relação jurídica base. São indivisíveis, insuscetíveis de apropriação, transmissão, renúncia e transação. Sua defesa em juízo se dá através de substituição ou representação processual, o que torna o objeto da demanda disponível para o autor.

III. O interesse difuso se caracteriza pela ausência de vínculo associativo, uma série indeterminada e aberta de indivíduos, de potencial conflituosidade, ocorrência de lesões disseminadas na massa e por fim vínculo fático entre os titulares do interesse.

IV. A Multa diária (astreintes), não pode ser fixada em sentença independente do pedido do autor.

V. O consumidor pode desistir do contrato, no prazo de 07 dias a contar de sua assinatura ou do ato de recebimento do produto ou serviço, sempre que a contratação de fornecimento de produtos e serviços ocorrer fora do estabelecimento comercial, especialmente por telefone ou a domicílio.

(A) apenas I, II e V, estão corretos;

(B) apenas I, II e IV, estão corretos;

(C) apenas III, IV e V, estão corretos;

(D) apenas I, III e V, estão corretos;

(E) apenas II, III e V, estão corretos;

I: correta, reflete o entendimento doutrinário e está conforme o art. 81, parágrafo único, III, do CDC; II: incorreta, por ser defendido mediante substituição processual, no direito coletivo o objeto do litígio é indisponível para o autor da demanda. III: correta, de acordo com a doutrina e o art. 81, parágrafo único, I, do CDC; IV: incorreta, a multa diária pode ser fixada de ofício pelo juiz (art. 84, § 4º, do CDC); V: correta, conforme o art. 49 do CDC.

Gabarito "D"

11. CONVENÇÃO COLETIVA DE CONSUMO

(Ministério Público/PI – 2012 – CESPE) Com referência às convenções coletivas de consumo, assinale a opção correta.

(A) As convenções coletivas de consumo tornar-se-ão obrigatórias a partir de sua homologação perante o Departamento Nacional de Defesa do Consumidor.

(B) As convenções coletivas de consumo obrigam todos os fornecedores que pertençam à mesma categoria econômica tratada no instrumento, independentemente de estarem, ou não, filiadas a qualquer entidade signatária.

(C) As convenções coletivas de consumo devem ser propostas pelo MP às associações de fornecedores e aos órgãos de defesa do consumidor.

(D) As convenções coletivas de consumo podem ser celebradas entre entidades civis de consumidores e sindicatos de categoria econômica, para estabelecer condições relativas ao preço de produtos e serviços.

(E) As convenções coletivas de consumo não poderão ter por objeto o estabelecimento de condições relativas à composição do conflito de consumo.

A: incorreta, a convenção coletiva de consumo tornar-se-á obrigatória a partir do registro do instrumento no cartório de títulos e documentos e não de sua homologação (art. 107, § 1º, do CDC); **B:** incorreta, a convenção somente obrigará os filiados às entidades signatárias (art. 107, § 2º do CDC); **C:** incorreta, as entidades civis de consumidores e as associações de fornecedores ou sindicatos de categoria econômica podem celebrar convenção coletiva (art. 107, *caput*, do CDC); **D:** correta, está de acordo com o art. 107, *caput*, do CDC; **E:** incorreta, as convenções coletivas de consumo poderão ter por objeto o estabelecimento de condições relativas à composição do conflito de consumo (art. 107, *caput*, do CDC).

Gabarito "D"

(Ministério Público/SE – 2010 – CESPE) Assinale a opção correta a respeito da transação em conflitos coletivos nas relações de consumo.

(A) Na convenção coletiva de consumo, são determinadas as sanções econômicas e as penalidades administrativas pela autoridade competente, aplicáveis em caso de inadimplemento pelos fornecedores de produtos e serviços.

(B) A obrigatoriedade da convenção coletiva de consumo tem início para as entidades signatárias a partir de sua homologação pelo MP.

(C) Inscrito no registro público o instrumento da convenção coletiva de consumo, o fornecedor que se desligar da entidade celebrante desonera-se do dever de cumprimento das cláusulas pactuadas.

(D) A convenção coletiva de consumo consubstancia meio de composição de conflitos coletivos, em que consumidores e fornecedores, por intermédio de entidades representativas, estabelecem condições determinantes das relações de consumo, incidindo sobre os contratos individuais.

(E) À semelhança do compromisso de ajustamento de conduta às exigências legais, a convenção coletiva de consumo pode estabelecer obrigações de dar ou fazer, com a previsão de cláusulas cominatórias.

A: incorreta, pois a convenção coletiva de consumo tem por objeto regular relações de consumo, e não aplicar penalidades (art. 107, *caput*, do CDC); **B:** incorreta, pois a obrigatoriedade da convenção se dá com o registro do instrumento no cartório de títulos e documentos (art. 107, § 1º, do CDC); **C:** incorreta, pois esse fato não o exime de cumprir a convenção (art. 107, § 3º, do CDC); **D:** correta, nos termos do art. 107, *caput*, do CDC; **E:** incorreta, pois a previsão de sanções na convenção coletiva de consumo foi vetada pelo Presidente da República, que não sancionou o que seria o art. 108 do CDC.

Gabarito "D"

(Ministério Público/TO – 2012 – CESPE) A respeito da defesa do consumidor, da convenção coletiva de consumo e da responsabilidade pelo fato do produto, assinale a opção correta.

(A) Caso a ofensa tenha mais de um autor, todos responderão solidariamente pela reparação dos danos previstos nas normas de consumo. Tal hipótese é exemplo de litisconsórcio alternativo em uma relação de consumo.

(B) Há, na doutrina brasileira, a análise de pelo menos cinco teorias do nexo causal – equivalência das condições ou do histórico dos antecedentes; causalidade adequada; dano direto e imediato ou teoria da interrupção do nexo causal; *causation as fact; proximate cause* – para fins de demonstração da vinculação entre o dano e o fato danoso, inclusive nos casos de responsabilização por perda de uma chance em uma relação jurídica civil e de consumo.

(C) A convenção coletiva de consumo é espécie de negócio jurídico em que entidades privadas de representação de consumidores e de fornecedores regulam relações de consumo, no que toca a condições relativas a preço, qualidade, quantidade, garantia e características de bens e serviços, assim como a reclamação e composição de conflitos de consumo. Dessa forma, por ser um ajuste entre particulares concebido sob a égide do princípio do consensualismo, tal convenção tornar-se-á obrigatória tão logo se estabeleça o consenso entre os convenentes.

(D) A facilitação da defesa dos direitos do consumidor, inclusive com a inversão do ônus da prova a seu favor, no processo civil, quando, a critério do juiz, for verossímil a alegação ou quando for hipossuficiente o consumidor, segundo as regras ordinárias de experiências, caracteriza um exemplo de inversão do ônus probatório legal ou *ope legis*, ou seja, a inversão vem expressa em lei e sua aplicação não torna necessária qualquer decisão judicial determinadora de tal inversão.

(E) Decorrido o prazo de dois anos sem habilitação de interessados em número compatível com a gravidade do dano, poderão os legitimados coletivos para a defesa do consumidor em juízo promover a liquidação e execução da indenização devida.

A: incorreta, o art. 7º, parágrafo único, do CDC consagra hipótese de litisconsórcio facultativo ao dispor que "tendo mais de um autor a ofensa, todos responderão solidariamente pela reparação dos danos previstos nas normas de consumo"; **B:** correta, pois são inúmeras as correntes sobre nexo causal; **C:** incorreta, está em desacordo com o art. 107, § 1º, do CDC; **D:** incorreta, trata-se de inversão *ope iudicis*, pois cabe ao juiz analisar o caso concreto para que o ônus da prova seja invertido; **E:** incorreta, em desacordo com o art. 100 do CDC, pois o prazo é de 01 sem habilitação e não 02 anos.

Gabarito "B"

12. TEMAS COMBINADOS

(Ministério Público/PI – 2014 – CESPE) A respeito da interpretação dada pelo STJ aos direitos básicos do consumidor, às práticas abusivas e à cobrança de dívidas, assinale a opção correta.

(A) É lícito à seguradora negar o pagamento da indenização decorrente de furto simples de veículo automotor, caso o contrato preveja limitação da indenização aos casos de furto qualificado e roubo, ainda que o consumidor não tenha conhecimento técnico-jurídico, haja vista que a ninguém é permitido descumprir a lei sob a alegação de não a conhecer.

(B) O dever de o fornecedor informar, adequada e claramente, os consumidores a respeito dos diferentes produtos e serviços, com especificação correta de quantidade, características, composição, qualidade, tributos incidentes e preço, bem como dos riscos que apresentem, não incide nas fases pré e pós contratuais.

(C) Responde por vício de quantidade o fornecedor que reduzir o volume da mercadoria para quantidade diversa da que habitualmente fornecia no mercado, quando não informar na embalagem, de forma clara, precisa e ostensiva, a diminuição do conteúdo, ainda que reduza o preço do produto.

(D) Caracteriza venda casada a contratação simultânea de prestação de serviços de telefonia móvel e de comodato de aparelho celulares, com cláusula de fidelização, independentemente do prazo mínimo estipulado para tanto e de eventuais benefícios concedidos ao consumidor.

(E) O consumidor cobrado em quantia indevida tem direito à repetição do indébito, por valor igual ao dobro do que tenha pago em excesso, acrescido de correção monetária e juros legais, desde que prove ação dolosa do fornecedor.

A: incorreta, pois a cláusula contratual que prevê cobertura de seguro em razão de furto apenas se este for qualificado é abusiva. Conforme a Terceira Turma do Superior Tribunal de Justiça (STJ), a diferenciação entre as modalidades de furto exige conhecimento técnico jurídico específico, que viola o direito do consumidor à informação. *"A condição exigida para cobertura do sinistro – ocorrência de furto qualificado – por si só, apresenta conceituação específica da legislação penal, cujo próprio meio técnico-jurídico possui dificuldades para conceituá-lo, o que denota sua abusividade"*. Neste sentido: Recurso especial – Contrato de seguro – relação de consumo – Cláusula limitativa – Ocorrência de furto qualificado – Abusividade – Identificação, na espécie – Violação ao direito de informação ao consumidor – Recurso especial provido. I – Não há omissão no aresto *a quo*, tendo sido analisadas as matérias relevantes para solução da controvérsia. II – A relação jurídica estabelecida entre as partes é de consumo e, portanto, impõe-se que seu exame seja realizado dentro do microssistema protetivo instituído pelo Código de Defesa do Consumidor, observando-se a vulnerabilidade material e a hipossuficiência processual do consumidor. III – A circunstância de o risco segurado ser limitado aos casos de furto qualificado exige, de plano, conhecimentos do aderente quanto às diferenças entre uma e outra espécie de furto, conhecimento esse que, em razão da sua vulnerabilidade, presumidamente o consumidor não possui, ensejando-se, por isso, o reconhecimento da falha no dever geral de informação, o qual constitui, é certo, direito básico do consumidor, nos termos do artigo 6º, inciso III, do CDC. IV – *A condição exigida para cobertura do sinistro – ocorrência de furto qualificado – por si só, apresenta conceituação específica da legislação penal, cujo próprio meio técnico-jurídico possui dificuldades para conceituá-lo, o que denota sua abusividade*. Precedente da eg. Quarta Turma. V – Recurso especial provido. (REsp 1293006/SP, Rel. Ministro Massami Uyeda, Terceira Turma, julgado em 21.06.2012, *DJe* 29.06.2012); **B:** incorreta, pois o dever de informar incide em todas as fases do contrato. Neste sentido: Processual civil e consumidor. Oferta. Anúncio de veículo. Valor do frete. Imputação de publicidade enganosa por omissão. Arts. 6º, 31 e 37 do Código de Defesa do Consumidor. Princípios da transparência, boa-fé objetiva, solidariedade, vulnerabilidade e concorrência leal. Dever de ostensividade. *Caveat emptor*. Infração administrativa não caracterizada. 1. É autoaplicável o art. 57 do Código de Defesa do Consumidor – CDC, não dependendo, consequentemente, de regulamentação. Nada impede, no entanto, que, por decreto, a União estabeleça critérios uniformes, de âmbito nacional, para sua utilização harmônica em todos os Estados da federação, procedimento que disciplina e limita o poder de polícia, de modo a fortalecer a garantia do *due process* a que faz jus o autuado. 2. Não se pode, *prima facie*, impugnar de ilegalidade portaria do Procon estadual que, na linha dos parâmetros gerais fixados no CDC e no decreto federal, classifica as condutas censuráveis administrativamente e explicita fatores para imposição de sanções, visando a ampliar a previsibilidade da conduta estatal. Tais normas reforçam a segurança jurídica ao estatuírem padrões claros para o exercício do poder de polícia, exigência dos princípios da impessoalidade e da publicidade. Ao fazê-lo, encurtam, na medida do possível e do razoável, a discricionariedade administrativa e o componente subjetivo, errático com frequência, da atividade punitiva da autoridade. 3. Um dos direitos básicos do consumidor, talvez o mais elementar de todos, e daí a sua expressa previsão no art. 5º, XIV, da Constituição de 1988, é "a informação adequada e clara sobre os diferentes produtos e serviços, com especificação correta de quantidade, características, composição, qualidade e preço" (art. 6º, III, do CDC). Nele se encontra, sem exagero, um dos baluartes do microssistema e da própria sociedade pós-moderna, ambiente no qual também se insere a proteção contra a publicidade enganosa e abusiva (CDC, arts. 6º, IV, e 37). *4. Derivação próxima ou direta dos princípios da transparência, da confiança e da boa-fé objetiva, e, remota dos princípios da solidariedade e da vulnerabilidade do consumidor, bem como do princípio da concorrência leal, o dever de informação adequada incide nas fases pré-contratual, contratual e pós-contratual, e vincula tanto o fornecedor privado como o fornecedor público*. 5. Por expressa disposição legal, só respeitam o princípio da transparência e da boa-fé objetiva, em sua plenitude, as informações que sejam "corretas, claras, precisas, ostensivas" e que indiquem, nessas mesmas condições, as "características, qualidades, quantidade, composição, preço, garantia, prazos de validade e origem, entre outros dados" do produto ou serviço, objeto da relação jurídica de consumo (art. 31 do CDC, grifo acrescentado). 6. Exigidas literalmente pelo art. 31 do CDC, informações sobre preço, condições de pagamento e crédito são das mais relevantes e decisivas na opção de compra do consumidor e, por óbvio, afetam diretamente a integridade e a retidão da relação jurídica de consumo. Logo, em tese, o tipo de fonte e localização de restrições, condicionantes e exceções a esses dados devem observar o mesmo tamanho e padrão de letra, inserção espacial e destaque, sob pena de violação do dever de ostensividade. 7. Rodapé ou lateral de página não são locais adequados para alertar o consumidor, e, tais quais letras diminutas, são incompatíveis com os princípios da transparência e da boa-fé objetiva, tanto mais se a advertência disser respeito à informação central na peça publicitária e a que se deu realce no corpo principal do anúncio, expediente astucioso que caracterizará publicidade enganosa por omissão, nos termos do art. 37, §§ 1º e 3º, do CDC, por subtração sagaz, mas nem por isso menos danosa e condenável, de dado essencial do produto ou serviço. 8. Pretender que o consumidor se transforme em leitor malabarista (apto a ler, como se fosse natural e usual, a margem ou borda vertical de página) e ouvinte ou telespectador superdotado (capaz de apreender e entender, nas transmissões de rádio ou televisão, em fração de segundos, advertências inintelígíveis e em passo desembestado, ou, ainda, amontoado de letrinhas ao pé de página de publicação ou quadro televisivo) afronta não só o texto inequívoco e o espírito do CDC, como agride o próprio senso comum, sem falar que converte o dever de informar em dever de informar-se, ressuscitando, ilegitimamente e *contra legem*, a arcaica e renegada máxima do *caveat emptor* (= o consumidor que se cuide). 9. A configuração da publicidade enganosa, para fins civis, não exige a intenção (dolo) de iludir, disfarçar ou tapear, nem mesmo culpa, pois se está em terreno no qual imperam juízos alicerçados no princípio da boa-fé objetiva. 10. Na hipótese particular dos autos, contudo, a jurisprudência do STJ, considerando as peculiaridades do caso concreto sob análise, é no sentido de que o anúncio publicitário consignou, minimamente, que o valor do frete não estava incluído no preço ofertado, daí por que inexiste o ilícito administrativo de publicidade enganosa ou abusiva. Desnecessário prevenir que tal conclusão soluciona o litígio apenas e tão somente no âmbito do Direito Administrativo Sancionador, isto é, de punição administrativa imposta na raiz do poder de polícia, sem que se possa, por conseguinte, fazer repercuti-la ou aproveitá-la em eventuais processos reparatórios civis, nos quais a análise da matéria ocorre à luz de outros regimes e princípios. 11. Agravo Regimental não provido. (AgRg no AgRg no REsp 1261824/SP, Rel. Ministro Herman Benjamin, Segunda Turma, julgado em 14.02.2012, *DJe* 09.05.2013); **C:** correta, pois consumidor tem o direito a informação ostensiva e clara. Nesta linha: Administrativo. Consumidor. Procedimento administrativo. Vício de quantidade. Venda de refrigerante em volume menor que o habitual. Redução de conteúdo informada na parte inferior do rótulo e em letras reduzidas. Inobservância do dever de informação. Dever positivo do fornecedor de informar. Violação do princípio da confiança. Produto antigo no mercado. Frustração das expectativas legítimas do consumidor. Multa aplicada pelo Procon. Possibilidade. Órgão detentor de atividade administrativa de ordenação. Proporcionalidade da multa administrativa. Súmula 7/STJ. Análise de lei local, portaria e instrução normativa. Ausência de natureza de lei federal. Súmula 280/STF. Divergência não demonstrada. Redução do "quantum" fixado a título de honorários advocatícios. Súmula 7/STJ. 1. No caso, o Procon estadual instaurou processo administrativo contra a recorrente pela prática da infração às relações de consumo conhecida como "*maquiagem de produto*" e "*aumento disfarçado de preços*", por alterar quantitativamente o conteúdo dos refrigerantes "Coca Cola", "Fanta", "Sprite" e "Kuat" de 600 ml para 500 ml, sem informar clara e precisamente aos consumidores, porquanto a informação foi aposta na parte inferior do rótulo e em letras reduzidas. Na ação anulatória ajuizada pela recorrente, o Tribunal de origem, em apelação, confirmou a improcedência do pedido de afastamento da multa administrativa, atualizada para R$ 459.434,97, e majorou os honorários advocatícios para R$ 25.000,00. 2. Hipótese, no cível, de responsabilidade objetiva em que o fornecedor (lato sensu) responde solidariamente pelo vício de quantidade do produto. 3. O direito à informação, garantia fundamental da pessoa humana expressa no art. 5º, inciso XIV, da Constituição Federal, é gênero do qual é espécie também previsto no Código de Defesa do Consumidor. *4. A Lei 8.078/1990 traz, entre os direitos básicos do consumidor, a "informação adequada e clara sobre os diferentes produtos e serviços,* *com especificação correta de quantidade, características, composição, qualidade e preço, bem como sobre os riscos que apresentam" (art. 6º, inciso III). 5. Consoante o Código de Defesa do Consumidor, "a oferta e a apresentação de produtos ou serviços devem assegurar informações corretas, claras, precisas, ostensivas e em língua portuguesa sobre suas características, qualidades, quantidade, composição, preço, garantia, prazos de validade e origem, entre outros dados, bem como sobre os riscos que apresentam à saúde e segurança dos consumidores" (art. 31), sendo vedada a publicidade enganosa, "inteira ou parcialmente falsa, ou, por qualquer outro modo, mesmo por omissão, capaz de induzir em erro o consumidor a respeito da natureza, características, qualidade, quantidade, propriedades, origem, preço e quaisquer outros dados sobre produtos e serviços" (art. 37).* 6. O dever de informação positiva do fornecedor tem importância direta no surgimento e na manutenção da confiança por parte do consumidor. A informação deficiente frustra as legítimas expectativas do consumidor, maculando sua confiança. 7. A sanção administrativa aplicada pelo Procon reveste-se de legitimidade, em virtude de seu poder de polícia (atividade administrativa de ordenação) para cominar multas relacionadas à transgressão da Lei 8.078/1990, esbarrando o reexame da proporcionalidade da pena fixada no enunciado da Súmula 7/STJ. 8. Leis locais, portarias e instruções normativas refogem ao conceito de lei federal, não podendo ser analisadas por esta Corte, ante o óbice, por analogia, da Súmula 280/STF. 9. Os honorários advocatícios fixados pela instância ordinária somente podem ser revistos em recurso especial se o "quantum" se revelar exorbitante, em respeito ao disposto na Súmula 7/STJ. Recurso especial a que se nega provimento. (REsp 1364915/MG, Rel. Ministro Humberto Martins, Segunda Turma, julgado em 14.05.2013, *DJe* 24.05.2013); **D:** incorreta, pois não constitui venda casada caso haja algum benefício para o consumidor. Ademais é possível a estipulação de prazo mínimo, desde que de acordo com as normas da Anatel. Neste sentido: Recurso especial – Ação de rescisão de contrato de prestação de serviços de telefonia móvel e de comodato de aparelhos celulares – Exclusão de multa por inobservância do prazo de carência – Sentença de improcedência – Acolhimento do pleito recursal da autora pela corte *a quo* – Reconhecimento, no aresto estadual, de nulidade da cláusula de "fidelização", por configurar "venda casada". Insurgência da concessionária de telefonia. 1. Contratação simultânea de prestação de serviços de telefonia móvel e de "comodato" de aparelhos celulares, com cláusula de "fidelização". Previsão de permanência mínima que, em si, não encerra "venda casada". *2. Não caracteriza a prática vedada pelo art. 39, inc. I, do CDC, a previsão de prazo de permanência mínima ("fidelização") em contrato de telefonia móvel e de "comodato", contanto que, em contrapartida, haja a concessão de efetivos benefícios ao consumidor (v.g. custo reduzido para realização de chamadas, abono em ligações de longa distância, baixo custo de envio de "short message service – SMS", dentre outras), bem como a opção de aquisição de aparelhos celulares da própria concessionária, sem vinculação a qualquer prazo de carência, ou de outra operadora, ou mesmo de empresa especializada na venda de eletroportáteis.* 3. Superado o fundamento jurídico do acórdão recorrido, cabe a esta Corte Superior de Justiça julgar a causa, aplicando o direito à espécie, nos termos do art. 257 do RISTJ e da Súmula 456/STF. 4. *Em que pese ser possível a fixação de prazo mínimo de permanência, na hipótese dos autos, o contrato de "comodato" de estações móveis entabulado entre as partes estabeleceu a vigência por 24 (vinte e quatro) meses, distanciando-se das determinações regulamentares da Anatel (Norma Geral de Telecomunicações 23/96 e Resolução 477/2007)*, de ordem a tornar tal estipulação, inequivocamente, abusiva, haja vista atentar contra a liberdade de escolha do consumidor, direito básico deste. 5. Recurso especial desprovido. (REsp 1097582/MS, Rel. Ministro Marco Buzzi, Quarta Turma, julgado em 19.03.2013, *DJe* 08.04.2013); **E:** incorreta, pois consumidor cobrado em quantia indevida tem direito à repetição do indébito, por valor igual ao dobro do que pagou em excesso, acrescido de correção monetária e juros legais, salvo hipótese de engano justificável (art. 42, parágrafo único do CDC). Não é necessário provar ação dolosa do fornecedor. Neste sentido: Administrativo e processual civil. Agravo regimental no agravo em recurso especial. Fornecimento de água. Ilegalidade da cobrança da tarifa mínima, multiplicada pelo número de economias. Existência de hidrômetro. Súmula 83/STJ. Ofensa ao art. 535, II, do CPC. Inocorrência. Repetição de indébito em dobro. Indenização. Danos morais. Redução do valor. Súmula 7/STJ. Agravo regimental improvido. I. Não há omissão no acórdão recorrido, quando o Tribunal de origem pronuncia-se, de forma clara e precisa, sobre a questão posta nos autos, assentando-se em fundamentos suficientes para embasar a decisão. Precedentes. II. Quanto à legalidade da cobrança da tarifa de fornecimento de água, no valor referente ao consumo mínimo, multiplicado pelo número de unidades existentes no imóvel, quando houver um único hidrômetro no local, esta Corte Superior, em julgamento submetido ao rito do art. 543-C do CPC, firmou entendimento no sentido de não ser ela lícita (STJ, REsp 1.166.561/RJ, Rel. Ministro Hamilton Carvalhido, Primeira Seção, *DJe* de 05.10.2010). Incide, na hipótese, a Súmula 83/STJ. *III. Não prospera, também, a alegação de que a recorrente não é obrigada a devolver, em dobro, os valores pagos indevidamente, de vez que, como consignado na decisão agravada, a jurisprudência desta Corte já se pacificou no sentido da obrigatoriedade de restituição, em dobro, do valor indevidamente cobrado, independentemente da existência de dolo ou culpa, nos termos do art. 42, parágrafo único, da Lei 8.078/1990, exceto no caso de engano justificável, circunstância afastada, pelas instâncias ordinárias.* Nesse sentido: STJ, AgRg no REsp 1.229.773/SP, Rel. Ministro Napoleão Nunes Maia Filho, Primeira Turma, *DJe* de 05.02.2013; STJ, AgRg no AREsp 192.989/MS, Rel. Ministro Herman Benjamin, Segunda Turma, *DJe* de 11.09.2012. IV. Quanto à suposta contrariedade ao art. 186 do Código Civil, por inexistência de nexo de causalidade entre a atuação da agravante e os prejuízos sofridos pela recorrida, quanto à ausência de prova de danos morais e ao valor da indenização, fixada a tal título, que seria excessivo, a Instância *a quo* decidiu a matéria com fundamento no conjunto fático-probatório dos autos, pelo que a inversão do julgado, no particular, encontraria óbice na Súmula 7/STJ. V. "Somente em hipóteses excepcionais, quando estiver evidente que os danos morais foram fixados em montante irrisório ou exorbitante, é possível a esta Corte rever o valor arbitrado pelas instâncias ordinárias com esteio nos deslindes fáticos da controvérsia" (STJ, AgRg no Ag 1.408.221/RJ, Rel. Ministro Napoleão Nunes Maia Filho, Primeira Turma, *DJe* de 19.06.2012). No caso dos autos, a indenização por danos morais foi fixada em R$ 3.000,00, valor que não extrapola os limites da razoabilidade. VI. Agravo Regimental improvido. (AgRg no AREsp 197.944/RJ, Rel. Ministra Assusete Magalhães, Segunda Turma, julgado em 01.04.2014, *DJe* 11.04.2014).

Gabarito "C"

(Ministério Público/PI – 2014 – CESPE) Considere que a queda de um avião de empresa aérea nacional, em via pública, cause a morte de centenas de pessoas, entre passageiros da aeronave e moradores do local do acidente. Nessa situação hipotética, de acordo com as normas do CDC e o entendimento do STJ,

(A) o prazo prescricional a ser observado para o requerimento de ressarcimento dos danos materiais e morais causados pela queda do avião é o previsto no Código Civil de 1916, por ser mais benéfico às vítimas.

(B) a responsabilidade civil da empresa aérea é subjetiva, ou seja, a empresa somente responderá se houver a comprovação de dolo ou culpa.

(C) a empresa aérea será compelida a indenizar as vítimas, ainda que se prove que o acidente foi causado exclusivamente por culpa de terceiro.

(D) as vítimas moradoras das casas atingidas pela queda do avião são consideradas consumidores por equiparação, ou *bystanders*.

(E) prescreve em dois anos o prazo para requerimento de ressarcimento dos danos materiais e morais causados pela queda do avião, conforme previsto no Código Brasileiro de Aeronáutica, em razão da especialidade da matéria.

A: incorreta, pois o STJ tem posição consolidada de que se aplica o prazo prescricional do CDC. Nesta linha: Responsabilidade civil. Acidente aéreo. Pessoa em superfície que alega abalo moral em razão do cenário trágico. Queda de avião nas cercanias de sua residência. Consumidor por equiparação. art. 17 do CDC. Prazo prescricional. Código Civil de 1916. Inaplicabilidade. Conflito entre prazo previsto no código brasileiro de Aeronáutica (CBA) e no CDC. Prevalência deste. Prescrição, todavia, reconhecida. *1. A Segunda Seção sufragou entendimento no sentido de descaber a aplicação do prazo prescricional geral do Código Civil de 1916 (art. 177), em substituição ao prazo específico do Código de Defesa do Consumidor, para danos causados por fato do serviço ou produto (art. 27), ainda que o deste seja mais exíguo que o daquele* (Resp 489.895/SP, Rel. Ministro Fernando Gonçalves, Segunda Seção, julgado em 10.03.2010). 2. As vítimas de acidentes aéreos localizadas em superfície são consumidores por equiparação (*bystanders*), devendo ser a elas estendidas as normas do Código de Defesa do Consumidor relativas a danos por fato do serviço (art. 17, CDC). 3. O conflito entre o Código de Defesa do Consumidor e o Código Brasileiro de Aeronáutica – que é anterior à CF/1988 e, por isso mesmo, não se harmoniza em diversos aspectos com a diretriz constitucional protetiva do consumidor –, deve ser solucionado com prevalência daquele (CDC), porquanto, é a norma que melhor materializa as perspectivas do constituinte no seu desígnio de conferir especial proteção ao polo hipossuficiente da relação consumerista. Precedente do STF. 4. Recurso especial provido. (REsp 1281090/SP, Rel. Ministro Luis Felipe Salomão, Quarta Turma, julgado em 07.02.2012, *DJe* 15.03.2012; **B:** incorreta, pois a responsabilidade da empresa aérea é objetiva, em razão do risco da atividade (art. 14 do CDC). Neste sentido: Agravo regimental no agravo de instrumento. Transporte aéreo internacional. Atraso de voo. Código de Defesa do Consumidor. Convenções internacionais. Responsabilidade objetiva. Riscos inerentes à atividade. Fundamento inatacado. Súmula 283 do STF. *Quantum* indenizatório. Redução. Impossibilidade. Dissídio não configurado. 1. A jurisprudência dominante desta Corte Superior se orienta no sentido de prevalência das normas do CDC, em detrimento das Convenções Internacionais, como a Convenção de Montreal precedida pela Convenção de Varsóvia, aos casos de atraso de voo, em transporte aéreo internacional. 2. *O Tribunal de origem fundamentou sua decisão na responsabilidade objetiva da empresa aérea, tendo em vista que os riscos são inerentes à própria atividade desenvolvida, não podendo ser reconhecido o caso fortuito como causa excludente da responsabilização. Tais argumentos, porém, não foram atacados pela agravante, o que atrai, por analogia, a incidência da Súmula 283 do STF.* 3. No que concerne à caracterização do dissenso pretoriano para redução do *quantum* indenizatório, impende ressaltar que as circunstâncias que levam o Tribunal de origem a fixar o valor da indenização por danos morais são de caráter personalíssimo e levam em conta questões subjetivas, o que dificulta ou mesmo impossibilita a comparação, de forma objetiva, para efeito de configuração da divergência, com outras decisões assemelhadas. 4. Agravo regimental a que se nega provimento. (AgRg no Ag 1343941/RJ, Rel. Ministro Vasco Della Giustina (desembargador convocado do TJ/RS), Terceira Turma, julgado em 18.11.2010, *DJe* 25.11.2010); **C:** incorreta, pois se restar provada a culpa exclusiva de terceiro, o dever de indenizar estará excluído (art. 14, § 3º, II do CDC); **D:** correta, pois equiparam-se a consumidores todas as vítimas do evento (art. 17 do CDC). Vide a jurisprudência transcrita nos comentários à alternativa "A"; E: incorreta, pois aplica-se o prazo quinquenal do CDC (art. 27 do CDC). Neste sentido: Direito civil. Recurso especial. Responsabilidade civil de transportador aéreo perante terceiros em superfície. Pretensão de ressarcimento por danos materiais e morais. Prazo prescricional. Código Brasileiro de Aeronáutica afastado. Incidência do CDC. 1. O Código Brasileiro de Aeronáutica não se limita a regulamentar apenas o transporte aéreo regular de passageiros, realizado por quem detém a respectiva concessão, mas todo serviço de exploração de aeronave, operado por pessoa física ou jurídica, proprietária ou não, com ou sem fins lucrativos, de forma que seu art. 317, II, não foi revogado e será plenamente aplicado, desde que a relação jurídica não esteja regida pelo CDC, cuja força normativa é extraída diretamente da CF (5º, XXXII). *2. Demonstrada a existência de relação de consumo entre o transportador e aqueles que sofreram o resultado do evento danoso (consumidores por equiparação), configurado está o fato do serviço, pelo qual responde o fornecedor, à luz do art. 14 do CDC, incidindo, pois, na hipótese, o prazo prescricional quinquenal previsto no seu art. 27. 3. Recurso especial conhecido e desprovido.* (REsp 1202013/SP, Rel. Ministra Nancy Andrighi, Terceira Turma, julgado em 18.06.2013, *DJe* 27.06.2013).

Gabarito "D"

(Ministério Público/MG – 2014) Antecipando-se ao novo Código Civil, que resgatou a importância do abuso de direito, qualificando-o como ilícito, o Código do Consumidor adotou a palavra "abuso" como um de seus conceitos-chave.

A propósito, é **CORRETO** afirmar que:

(A) O reconhecimento do abuso de direito exige demonstração do elemento subjetivo (dolo) na conduta do fornecedor.

(B) Há publicidade abusiva quando o fornecedor apresenta dados total ou parcialmente falsos e induz em erro o consumidor

(C) Nos contratos e nas práticas comerciais, a noção de abuso constitui ao mesmo tempo limite e medida para o exercício dos direitos subjetivos.

(D) Prevalecer-se da fraqueza do consumidor exigindo vantagem manifestamente excessiva constitui prática abusiva que exige demonstração de vulnerabilidade.

A: incorreta, pois o abuso de direito configura ato ilícito, e o fornecedor responde, independentemente de culpa pelos danos que causar ao consumidor pelos vícios e defeitos dos produtos e serviços que colocar no mercado (art. 12 e art. 18 do CDC); **B:** incorreta, pois neste caso a publicidade é enganosa (art. 37, § 1º, do CDC); **C:** correta, pois a regra do abuso do direito na conformação que lhe dá o artigo 187 do Código Civil, estabelece como limite para o exercício dos direitos subjetivos, o fim econômico ou social, a boa-fé e os bons costumes. Protegem estes limites, tanto os interesses legítimos *inter partes* dos sujeitos da relação jurídica, quanto da própria comunidade; **D:** incorreta, pois já há presunção legal de vulnerabilidade do consumidor (art. 4º, I, do CDC). Logo, neste contexto a prática já é considerada abusiva.

Gabarito "C"

(Ministério Público/GO – 2013) Sobre o Código de Defesa do Consumidor, analise as proposições abaixo:

I. o consumidor terá direito à informação adequada e clara sobre os diferentes produtos e serviços, com especificação concreta de quantidade, características, composição, qualidade, tributos incidentes e preço, bem como sobre os riscos que apresentem.

II. é enganosa qualquer modalidade de informação ou comunicação de caráter publicitário, inteira ou parcialmente falsa, ou, por qualquer outro modo, mesmo por omissão, capaz de induzir em erro o consumidor a respeito da natureza, características, qualidade, quantidade, propriedades, origem, preço e quaisquer outros dados sobre produtos e serviços.

III. é abusiva a publicidade discriminatória de qualquer natureza, a que incite a violência, explore o medo ou a superstição, se aproveite da deficiência de julgamento e experiência da criança, desrespeite valores ambientais, ou que seja capaz de induzir o consumidor a se comportar de forma prejudicial ou perigosa à sua saúde ou segurança.

IV. o ônus da prova da veracidade e correção da informação ou comunicação publicitária cabe a quem a patrocina.

(A) todas as proposições estão corretas.

(B) todas as proposições estão incorretas.

(C) apenas as proposições I e IV estão corretas.

(D) apenas a proposição I está correta.

I: correta (art. 6º, III, do CDC); **II:** correta (art. 37, § 1º, do CDC); **III:** correta (art. 37, § 2º, do CDC); **IV:** correta (art. 38 do CDC).

Gabarito "A"

(Ministério Público/MG – 2013) Sobre as cláusulas gerais tão comuns nos microssistemas, é *INCORRETO* dizer:

(A) Caracterizam-se pela adaptação diacrônica.

(B) São normas-tipo dúctil.

(C) Caracterizam-se pela adaptação sincrônica.

(D) São técnicas legislativas de reenvio intrassistemáticas.

A: assertiva correta, pois por meio da adaptação diacrônica faz-se o estudo de um objeto ou um domínio ao logo do tempo, retraçando-se sua evolução anterior e posterior. Essa é uma das características das cláusulas gerais; **B:** assertiva correta, pois norma tipo-dúctil significa normas flexíveis, a qual pode subsumir-se aos mais diferentes tipos de comportamento. As cláusulas gerais são dúcteis, pois seu significado somente surgirá na hora da aplicação dessa hipótese aberta ao caso concreto; **C:** assertiva correta, pois por meio da adaptação sincrônica faz-se o estudo de um objeto ou um domínio ao logo do tempo demonstrando suas relações com outros acontecimentos ou estruturas num determinado instante; **D:** assertiva incorreta, devendo ser assinalada, pois são técnicas legislativas de *integração* (e não de reenvio) intrassistemática, na medida em que permitem a migração de conceitos e valores entre a codificação civil, a Constituição Federal e as leis especiais.

Gabarito "D"

(Ministério Público/MG – 2013) A macrorrelação ambiental e consumo pode ser geradora de responsabilidade civil pós-consumo. Neste sentido, assinale a alternativa *INCORRETA*:

(A) A interdisciplinaridade entre o Direito do Consumidor e o Direito Ambiental, de extensa comunicabilidade na sociedade pós-moderna com outras áreas científicas que não a jurídica é referencial à passagem da metodologia sistemática do Direito para a metodologia sistêmica.

(B) Além do reconhecimento normativo explícito do chamado dano moral coletivo, também é possível verificar a ocorrência de danos sociais, os quais darão azo à indenização dissuasória quando por culpa grave o agente diminui o nível de segurança da sociedade ou à indenização punitiva considerando o ato do agente que diminui a qualidade de vida da população, podendo a indenização ser vertida à instituição de caridade, conforme parágrafo único do art. 883 do CCB. Trata-se da "função social da responsabilidade civil".

(C) Os danos ambientais não são danos comuns, pois se apresentam: despersonalizados ou anônimos, implicando a dificuldade de indicação do causador; em gradação elevada quanto à extensão (rua, bairro, cidade e país); originários de atividades especializadas que utilizam técnicas específicas desconhecidas para as vítimas; graves ao meio ambiente e às vezes sem repercussão atual ao ser humano.

(D) Os danos ambientais complexos caracterizam-se pela invisibilidade do risco (que demandam tecnologia de ponta para apuração, nem sempre conclusiva), pela dificuldade temporal de sua reparação e pela irresponsabilidade organizada (a partir da própria indiferença do Poder Público).

A: assertiva correta, pois a metodologia sistemática define sistema como a soma de partes unitárias. Já a metodologia sistêmica entende que o sistema continua sendo mais do que a mera soma das partes, mas a perspectiva da relação parte/todo é substituída pela perspectiva da diferença entre sistema/entorno: o sistema é um conjunto de elementos que se relacionam entre eles mesmos e com um ambiente. Enquanto o pensamento sistemático compreende o sistema como uma ordenação unitária interna de elementos, o pensamento sistêmico concebe o sistema como a mesma ordenação unitária em um contexto de relacionamento externo com um meio (www.sociologiajuridica.net.br). Assim, é possível justificar a relação interdisciplinar entre o Direito do Consumidor e o Direito Ambiental; **B:** assertiva incorreta, devendo ser assinalada, pois não há reconhecimento normativo explícito seja do dano moral coletivo, seja do dano social. Temos apenas precedentes jurisprudenciais: A 2ª Turma do STJ decidiu recentemente que é possível que a sentença condene o infrator ambiental ao pagamento de quantia em dinheiro a título de compensação por dano moral coletivo (REsp 1.328.753-MG, Rel. Min. Herman Benjamin, julgado em 28.05.2013). Na seara do Direto do consumidor, a 3ª Turma do STJ decidiu que o banco pode ser condenado a pagar reparação por dano moral coletivo, em ação civil pública, pelo fato de oferecer, em sua agência, atendimento inadequado a seus consumidores idosos, deficientes físicos e com dificuldade de locomoção. (STJ, 3ª Turma, Resp 1.221.756-RJ, rel. Min. Massami Uyeda, julgado em 02.02.2012). Quanto ao dano social temos o caso do TRT-2ª Região (processo 2007-2288), que condenou o Sindicato dos Metroviários de São Paulo e a Cia do Metrô a pagarem 450 cestas básicas a entidades beneficentes por terem realizado uma greve abusiva que causou prejuízo à coletividade e ainda o caso da loteria fraudulenta no Rio Grande do Sul, Recurso Cível 71001281054, *DJ* 18.07.2007, o qual determinou, de ofício, indenização a título de dano social para o Fundo de Proteção aos Consumidores; **C:** assertiva correta, pois, de fato, o dano ambiental possui características específicas: neste passo, nem sempre o seu autor pode ser identificado, pois devido à sua grande extensão é possível que o prejuízo se manifeste a quilômetros de distância de onde ele foi causado e também algum tempo depois. Logo, a causa e o efeito não necessariamente ocorrerão no mesmo lugar nem de maneira imediata. Além disso, é comum que o dano não seja pontual, mas de grande repercussão, atingindo extensas áreas de rios, matas, atmosfera. Por isso ser classificado como dano difuso. As consequências podem ser sentidas ao longo de gerações, razão pela qual a CF no art. 225 "caput" protege não somente a presente, mas as futuras gerações; **D:** assertiva correta, pois é comum o dano ambiental ser imperceptível aos sentidos num primeiro momento, sendo que a existência do dano é indicada apenas pela ciência e, mesmo assim, ainda não determinação sobre sua real natureza (ex: amianto, acidente nuclear em Chernobyl). A questão temporal também é outro aspecto, na medida em que a ocorrência do dano gera consequências indeterminadas no tempo, não só quanto a sua duração, como também no que diz respeito ao momento em que hão de manifestar-se. Por fim, a irresponsabilidade organizada vem no sentido de que ainda impera no Poder Público a impunidade, fiscalização precária, processos de licenciamento imprevidentes, burla da legislação, sonegação de informações sobre riscos, permissividade ambiental das agências públicas, o que contribui sobremaneira para o ocorrência alarmante dos danos ambientais.

Gabarito "B"

(Ministério Público/MG – 2013) Temas como superendividamento e responsabilidade civil ambiental são recorrentes na sociologia e epistemologia da contemporaneidade que tentam compreender o quadro da hipercomplexidade social e as causas de tantas patologias que exigem atuação combativa do Ministério Público. Edgar Morin e Zygmunt Bauman são grandes pensadores que enfrentam essa linha de pesquisa. Assinale abaixo a alternativa que não corresponda ao pensamento de Zygmunt Bauman:

(A) Complexidade é sinônimo de transdisciplinaridade, sendo necessário unificar duas culturas (exatas e humanas), conservando a capacidade analítica das ciências exatas juntamente com a capacidade sintética das ciências humanas.

(B) O indivíduo consumidor vive em estado de perene incerteza, pois deve adequar-se aos padrões de grupo para não ser excluído, o que o difere do homem do mundo moderno que encontrava na produção sólidos esquemas de referência.

(C) Uma sociedade pode ser definida como líquido-moderna se as situações nas quais os homens atuam se modificam antes que seus modos de agir consigam se consolidar em hábitos e procedimentos.

(D) A visão pós-moderna do mundo é a de um número ilimitado de modelos de ordem, cada qual gerado por um conjunto relativamente autônomo de práticas. A ordem não precede as práticas e, por conseguinte, não pode servir como medida externa de sua validade.

A alternativa incorreta é a assertiva "A", pois complexidade não é sinônimo de transdisciplinaridade. *A um primeiro olhar, a complexidade é um tecido (complexus: o que é tecido junto) de constituintes heterogêneas inseparavelmente associadas: ela coloca o paradoxo do uno e do múltiplo. Num segundo momento, a complexidade é efetivamente o tecido de acontecimentos, ações, interações, retroações, determinações, acasos, que constituem o nosso mundo fenomênico"* (MORIN, 2006, p. 13). Já transdisciplinaridade é uma proposta de 'epistemologia da convergência', uma articulação de novas compreensões da realidade entre e para além das disciplinas especializadas tradicionais. Trata-se de uma abordagem que passeia por, além e através dos campos disciplinares, em busca do entendimento das complexas teias epistemológicas e práticas que perpassam os fenômenos humanos e do mundo circundante. As demais assertivas estão corretas por seus próprios fundamentos.

Gabarito "A"

(Ministério Público/MG – 2013) A importância do Direito Romano decorre não apenas da fixação das estruturas do sistema *civil law*, mas essencialmente da influência das técnicas da 'interpretatio' de grande valia até hoje aos operadores do direito, inclusive nas questões relativas aos microssistemas. Assinale a alternativa *INCORRETA*:

(A) A regra *ambiguitas contra stipulatorem* ou *ambiguitas contra proferentem*, verdadeiro guia de interpretação no direito contratual de massa não encontra positivação no direito brasileiro.

(B) Regras de favorecimento têm por escopo a inversão de ônus ou a proteção de interesses privados de acordo com as partes envolvidas; dentre elas destacam-se *favor debitoris, favor debilis, favor defensionis, favores libertatis, testamentii.*

(C) O maior legado da *interpretatio* romana no direito privado atual refere-se à boa-fé, enquanto para o direito internacional prende-se à valorização dos direitos humanos.

(D) Regras de flexibilização *humanitas interpretatio* são ensejadoras do combate à usura, de fixação dos limites do mandato, exceção de dolo, proteção da confiança e da boa-fé.

A: assertiva incorreta, devendo ser assinalada, pois esta máxima de interpretação está positivada no art. 47 do CDC e art. 423 do CC. Neste sentido: Embargos infringentes. Plano de saúde. Exclusão de cobertura. Interpretação. Limites. Resgate do voto minoritário. Impossibilidade. Embargos rejeitados. 1. Embora imprecisa a previsão contratual, sua interpretação não pode se desgarrar completamente do sentido do texto, sob pena de se deturpar a declaração de vontade ali inserta. 2. Uma vez que a cláusula limitativa da cobertura é clara ao estabelecer o aspecto temporal dos riscos cobertos e tendo em vista a ligação reflexa entre a moléstia surgida e o tratamento que se pretende ver custeado pela operadora do plano de saúde, não se pode acolher o pedido formulado pelo usuário. Embargos Infringentes Nº 1.0024.10.057323-7/002 – Comarca de Belo Horizonte – Embargante(s): Luciano José Romagnoli Rios – Embargado(a) (s): Unimed Belo Horizonte Coop Trab Medico Ltda.; **B:** assertiva correta, pois tais regras visam dar maior proteção à parte mais fraca da relação. A regra *favor debitoris* significa que em caso de dúvida frente a uma obrigação, dever-se-á decidir em favor do devedor; a regra do *favor debilis* significa que na interpretação de situações em que haja direitos em conflito, deve-se levar em consideração a parte que, em uma relação com a outra esteja situada em uma condição inferior, isto é não se encontra em pé de igualdade; o *favor defensionis* e *favor libertatis* são princípios da fácil visualização da esfera penal, em que garante-se fortemente o direito a defesa e à liberdade, na medida em que o ônus da prova pertence a acusação; por fim, o princípio do *favor testamenti* é aquele que busca efetivar o cumprimento do testamento da forma mais próxima fidedigna à vontade do testador, e dá prioridade a manutenção dos seus efeitos; **C:** assertiva correta, pois tanto a boa-fé como a proteção dos direitos humanos tem sido a base de ambas as ciências, devido mudança de posição do homem frente à norma, No início do século passado as normas eram protetivas ao patrimônio, mas ao longo dos anos essa tendência se modificou e, atualmente o homem e sua dignidade são o centro das relações; **D:** assertiva correta, pois essa regra tornou o rígido *ius civile* em um sistema flexível, pautado na comum natureza racional humana. Busca-se maior temperança na aplicação das normas, a fim de evitar abusos.

Gabarito "A"

(Ministério Público/AC – 2008) Ainda em relação ao Código de Proteção e Defesa do Consumidor, é correto afirmar que:

(A) o rol de práticas abusivas é taxativo.

(B) as declarações de vontade ensejam execução específica.

(C) a inserção de nova cláusula ao formulário descaracteriza a natureza de adesão do contrato.

(D) a desconsideração da personalidade jurídica prevista no CDC está ancorada na teoria objetiva da desconsideração.

A: incorreta, o rol de práticas abusivas, previsto no art. 39, *caput,* do CDC, é meramente exemplificativo (*numerus apertus*), não excluindo outras situações que possa constituir abuso de direito; **B:** correta, de acordo com o art. 48 do CDC, as declarações de vontade constantes de escritos, recibos e pré-contratos relativos às relações de consumo vinculam o fornecedor, ensejando inclusive execução específica, nos termos do art. 84 e parágrafos; **C:** incorreta, nos termos do art. 54, § 1º, do CDC, "a inserção de cláusula no formulário não desfigura a natureza de adesão do contrato"; **D:** incorreta, o CDC adota em regra a teoria maior (subjetiva e objetiva) da desconsideração no *caput* do art. 28, mas também admite a teoria menor no § 5º.

Gabarito "B"

(Ministério Público/RS – 2009) Assinale a alternativa correta.

(A) É absoluta, objetiva e solidária a responsabilidade civil pelo fato do produto e do serviço prevista no Código de Defesa do Consumidor.

(B) Não é automática a chamada inversão do ônus da prova, no Código de Defesa do Consumidor, no processo civil e penal, mas dependente de circunstâncias concretas, cabendo ao juiz apreciar a verossimilhança do que foi alegado e a hipossuficiência do consumidor.

(C) A pretensão à reparação pelos danos causados pelo fato do produto e do serviço (acidentes de consumo) deve ser exercida no prazo de cinco anos, a contar do conhecimento do dano e de sua autoria, sob pena de prescrição.

(D) A defesa coletiva dos interesses e direitos dos consumidores e das vítimas somente será exercida em juízo quando se tratar de interesses ou direitos coletivos.

(E) O Código de Defesa do Consumidor equipara a consumidor a coletividade de pessoas que haja intervindo nas relações de consumo, desde que determinadas.

A: incorreta, a responsabilidade pelo fato do produto e do serviço não é absoluta, pois há excludentes de responsabilidade previstas no art. 12, § 3º e art. 14, § 3º do CDC; **B:** incorreta, pois a inversão pode ser decretada somente no processo civil, cabendo ao juiz verificar a hipossuficiência **ou** a verossimilhança da alegação (basta a demonstração de uma delas); **C:** correta, está de acordo com o art. 27 do CDC; **D:** incorreta, a defesa coletiva dos interesses e direitos dos consumidores poderá ser exercida também em caso de interesses ou direitos difusos e de interesses ou direitos individuais homogêneos (art. 81 do CDC); **E:** incorreta, o CDC equipara a consumidor a coletividade de pessoas que haja intervindo nas relações de consumo, ainda que indetermináveis (art. 2º, parágrafo único, do CDC).

Gabarito "C"

(Ministério Público/RS – 2009) Assinale a alternativa **INCORRETA.**

(A) Com base na lei consumerista, os órgãos públicos legitimados poderão tomar dos interessados compromisso de ajustamento de sua conduta às exigências legais, mediante cominações, com eficácia de título executivo extrajudicial.

(B) A responsabilidade pessoal dos profissionais liberais será apurada mediante a verificação de culpa.

(C) É certa a legitimidade do Ministério Público para patrocinar ações em defesa de direitos coletivos ou difusos do consumidor.

(D) Não se insere entre os direitos básicos do consumidor a efetiva prevenção de danos morais.

(E) O Código de Defesa do Consumidor permite a desconsideração da personalidade jurídica, para que os efeitos de certas e determinadas relações de obrigações sejam estendidos aos bens particulares dos administradores ou sócios da pessoa jurídica, buscando alcançar a efetiva reparação do dano causado ao consumidor.

A: correta, está de acordo com o art. 90 do CDC e art. 5º, § 6º, da Lei 7.347/1985; **B:** correta, conforme o art. 14, § 4º, do CDC; **C:** correta, conforme o art. 82, I, do CDC e art. 127 da CF/88; **D:** incorreta (devendo ser assinalada), pois o art. 6º, VI, do CDC, prevê expressamente a efetiva prevenção de danos morais como um direito básico do consumidor; **E:** correta, está de acordo com o art. 28 do CDC.

Gabarito "D"

(Ministério Público/SP – 2011) Assinale a alternativa correta.

(A) Considera-se consumidor, para os efeitos de proteção legal, as pessoas jurídicas ao adquirir bens e insumos para seu processo de produção na condição de destinatário final.

(B) O Código de Defesa do Consumidor atribui a responsabilidade pelo fato do produto ao fabricante, ao produtor, ao construtor e ao importador, mas não ao comerciante que será responsabilizado apenas em circunstâncias determinadas, expressamente previstas pelo Código.

(C) O Código Civil vigente previu a desconsideração da personalidade jurídica de maneira mais ampla do que o Código de Defesa do Consumidor. Assim, essa matéria, considerando o chamado diálogo das fontes, deve ser regida pelo novo estatuto civilista.

(D) O Código de Defesa do Consumidor prevê três tipos de vícios por inadequação do produto durável ou não durável: vícios de impropriedade, vícios de diminuição de valor e vícios de disparidade informativa. Todos esses vícios se resolvem da mesma forma que os vícios redibitórios previstos no Código Civil vigente.

(E) A pretensão à reparação pelos danos causados pelo fato do produto ou serviço prescreve em 30 (trinta) *dias,* no caso de produtos e serviços não duráveis, e em 90 (noventa) dias, no caso de produtos e serviços duráveis.

A: incorreta, pois o STJ adota a teoria finalista, excluindo do conceito de consumidor aquele que adquire bens como *insumo* para seu processo de produção; **B:** correta (art. 12, *caput,* do CDC); **C:** incorreta, pois o diálogo das fontes não se aplica quando um microssistema tem regra específica, regra essa contrária à prevista no outro microssistema; no caso, a regra do Código Civil (art. 50) é nitidamente diferente da regra do CDC (art. 28, § 5º, do CDC); **D:** incorreta, pois a regulamentação dos vícios no Código Civil reclama que estes sejam ocultos, regra que não existe no CDC; além disso, há outras regras diferentes, como as referentes aos prazos de garantia; **E:** incorreta, pois a pretensão à reparação pelos danos causados prescreve em 5 anos (art. 27 do CDC).

Gabarito "B"

(Ministério Público/SP – 2008) Levando-se em conta as disposições do Código de Defesa do Consumidor quanto à responsabilidade pelo fato do produto ou do serviço, considere as assertivas seguintes.

I. Ainda que o fabricante comprove que não colocou o produto no mercado, será ele responsabilizado objetivamente pelos danos que causar aos consumidores.

II. A responsabilidade pessoal dos profissionais liberais será apurada mediante a verificação de culpa.

III. O fornecedor de serviços se exime de responsabilidade objetiva quando provar que o defeito inexiste ou que a culpa é exclusiva do consumidor ou de terceiro.

IV. É irrelevante saber a época em que um produto foi colocado em circulação para se avaliar se é defeituoso ou não.

São corretas somente as assertivas

(A) I e III.

(B) I e IV.

(C) II e III.

(D) II e IV.

(E) III e IV.

I: incorreta, a prova de que o fornecedor não colocou o produto no mercado de consumo é excludente de responsabilidade civil (art. 12, § 3º, I, do CDC): II: correta, o CDC adotou a responsabilidade subjetiva em caráter excepcional ao tratar da responsabilidade dos profissionais liberais (art. 14, § 4º, do CDC); III: correta, a prova de que o defeito inexiste ou de que a culpa é exclusiva do consumidor ou de terceiro são excludentes de responsabilidade civil (art. 12, § 3º, II e III, do CDC); IV: incorreta, pois a análise de defeito no produto deve levar em consideração a época em que ele foi colocado em circulação (art. 12, § 1º, III, do CDC).

Gabarito "C"

(Ministério Público/TO – 2012 – CESPE) Assinale a opção correta a respeito das relações de consumo e dos integrantes dessas relações, da qualidade de produtos e serviços e da prevenção e reparação de danos deles advindos, bem como de aspectos diversos associados às práticas comerciais.

(A) É pacífico no âmbito do STJ que o CDC seja aplicável nas atividades notariais e registrais.

(B) Segundo o direito consumerista brasileiro, o consumidor cobrado em quantia indevida tem direito à repetição do indébito, por valor igual ao dobro do que lhe tiver sido cobrado em excesso, acrescido de correção monetária e juros legais, salvo hipótese de engano justificável.

(C) Não há uniformidade doutrinária quanto à existência de distinção de significado entre os termos publicidade e propaganda: há os que defendem essa existência e os que argumentam em favor da existência de sinonímia entre referidos termos.

(D) Para o STJ, as instituições financeiras respondem subjetivamente pelos danos gerados por fortuito relativo a fraudes e delitos praticados por terceiros no âmbito de operações bancárias.

(E) Para o CDC e para o STJ, somente há danos à saúde do consumidor a partir do momento em que este consome o bem viciado em sua qualidade.

A: incorreta, segundo a jurisprudência do STJ, o CDC não é aplicável aos serviços notariais e registrais por existirem leis específicas regulando os mesmos, como a Lei 6.015/1973 (Lei de Registros Públicos) e a Lei 8.935/1994 (Lei dos Serviços Notariais e de Registro) (REsp, 625.144/SP, Terceira Turma, Rel. Min. Nancy Andrighi, julgado em 14.03.2006); **B:** incorreta, pois o art. 42, parágrafo único, do CDC, determina a repetição em dobro do valor que foi pago e não do que foi cobrado em excesso; **C:** correta, há forte divergência doutrinária sobre a questão; **D:** incorreta, há julgado do STJ dispondo que "As instituições bancárias respondem objetivamente pelos danos causados por fraudes ou delitos praticados por terceiros – como, por exemplo, abertura de conta-corrente ou recebimento de empréstimos mediante fraude ou utilização de documentos falsos –, porquanto tal responsabilidade decorre do risco do empreendimento, caracterizando-se como fortuito interno" (REsp 1.199.782/PR, Segunda Turma, Rel. Min. Luis Felipe Salomão, j. 24.08.2011); **E:** correta, a banca gabaritou como incorreta a assertiva, mas entendemos que a mesma está de acordo com a jurisprudência do STJ: "Responsabilidade civil. Produto impróprio para o consumo. Objeto metálico cravado em bolacha do tipo "água e sal". Objeto não ingerido. Dano moral inexistente. 1. A simples aquisição de bolachas do tipo'"água e sal', em pacote no qual uma delas se encontrava com objeto metálico que a tornava imprópria para o consumo, sem que houvesse ingestão do produto, não acarreta dano moral apto a ensejar reparação. Precedentes. 2. Verifica-se, pela moldura fática apresentada no acórdão, que houve inequivocamente vício do produto que o tornou impróprio para o consumo, nos termos do art. 18, *caput,* do CDC. Porém, não se verificou o acidente de consumo, ou, consoante o art. 12 do CDC, o fato do produto, por isso descabe a indenização pretendida. (REsp 1131139/SP, Rel. Ministro Luis Felipe Salomão, Quarta Turma, j. 16.11.2010)".

Gabarito "C"

13. OUTROS TEMAS

(Ministério Público/GO – 2012) Com a expansão dos modernos aparelhos celulares e serviços disponíveis pelas operadoras, dentre eles o de internet, através da banda larga móvel, tem gerado sérios problemas para o consumidor, principalmente a cobrança de valores indevidos. Em relação a estes, analise as proposições abaixo, assinalando em seguida, a alternativa correta.

I. O consumidor pode contestar valores cobrados em até 90 dias, a contar do vencimento da fatura nos planos pós-pagos, e em até 30 dias, a partir do recebimento do relatório detalhado, nos pré-pagos.

II. A prestadora deve responder em até 30 dias, por escrito ou outro meio escolhido pelo consumidor. Até lá, o pagamento do valor contestado fica suspenso.

III. Em caso de contestação parcial, o pagamento não se suspende, devendo o consumidor efetuar o pagamento da fatura no vencimento.

IV. O que foi pago indevidamente tem de ser devolvido, com juros e correção monetária, em até 30 dias após a resposta: para pós-pagos, na fatura seguinte ou outro meio que o consumidor tenha escolhido; para pré-pagos, por meio de créditos com validade mínima de 30 dias ou outro meio escolhido.

(A) Apenas as proposições I e II estão corretas.

(B) Apenas as proposições II e III estão corretas.

(C) Apenas a proposição IV está correta.

(D) Todas as proposições estão corretas.

I: correta, está de acordo com os arts. 69 e 70 da Resolução 477/2007 da ANATEL; II: correta, conforme art. 68, § 3º, da mesma Resolução); III: incorreta, nos termos do art. 69, § 2º, da referida Resolução "havendo contestação de apenas parte do débito, a suspensão dos prazos prevista no parágrafo anterior só ocorre se o usuário efetuar o pagamento da parte incontroversa"; IV: incorreta, "a devolução de valores cobrados indevidamente deve ocorrer em até 30 dias após a contestação da cobrança indevida" (art. 71, *caput*, da mesma Resolução).

Gabarito "A"

(Ministério Público/MG – 2012 – CONSULPLAN) A passagem da história econômica na sociedade divide-se em três grandes etapas: a troca imediata, a moeda e o crédito. Esse último, prevalente na sociedade pós-moderna, vai além do valor, contemplando prazo, volume de operações e expansão nos setores de produção. Contudo, a utilização desenfreada do crédito pode gerar o flagelo do superendividamento. Aponte a alternativa incorreta sobre o tema:

(A) A boa-fé objetiva amolda-se como ferramenta jurídica essencial para a prevenção do superendividamento, pois exige a partir do empreendedor os deveres de informação, lealdade e veracidade quanto ao compromisso assumido pelo devedor.

(B) Para evitar a crise da efetividade do processo de execução e ao mesmo tempo proteger o patrimônio mínimo do consumidor endividado, o legislador brasileiro permitiu, através do art. 655-A do CPC, penhora na modalidade dinheiro caso em que o juiz poderá requisitar informações da autoridade supervisora do sistema bancário determinando indisponibilidade parcial em conta-corrente, respeitado o percentual de trinta por cento nas hipóteses de vencimento, subsídio, soldo ou aposentadoria;

(C) O superendividamento passivo decorre de fatos inesperados que oneram excessivamente a situação econômica do devedor observado certos acidentes da vida (desemprego, morte, divórcio etc.); o superendividamento ativo decorre de abusos intencionais do consumidor (conscientemente) ou porque iludido pelo sistema de *marketing* que o leva a contratar de forma reiterada (inconscientemente);

(D) Os titulares de benefícios de aposentadoria e pensão do Regime Geral de Previdência Social poderão autorizar o Instituto Nacional do Seguro Social – INSS a proceder aos descontos em seus estipêndios, bem como autorizar, de forma irrevogável e irretratável, que a instituição financeira na qual recebam seus benefícios retenha, para fins de amortização, valores referentes ao pagamento mensal de empréstimos, financiamentos e operações de arrendamento mercantil por ela concedidos, quando previstos em contrato, sendo vedado ao titular de benefício que realizar qualquer das operações referidas solicitar a alteração da instituição financeira pagadora, enquanto houver saldo devedor em amortização.

A: correta, o princípio da boa-fé objetiva (art. 4º, III, do CDC) impõe um dever de bom comportamento ao fornecedor, representado pelos deveres de informação, lealdade e veracidade. Por estão razão pode ser considerada uma ferramenta essencial à coibição do superendividamento; **B:** incorreta (devendo ser assinalada), de acordo com o art. 649, IV, do Código de Processo Civil, são absolutamente impenhoráveis os vencimentos, subsídios, soldos, salários, remunerações, proventos de aposentadoria, pensões, pecúlios e montepios; **C:** correta, está de acordo com o entendimento doutrinário sobre o tema; **D:** correta, reproduz o conteúdo do art. 6º, *caput* e §3º, da Lei 10.820/2003, que dispõe sobre a autorização para desconto de prestações em folha de pagamento.

Gabarito "B"

(Ministério Público/RN – 2009 – CESPE) A respeito do Estatuto do Torcedor (Lei nº 10.671/2003), assinale a opção correta.

(A) A entidade responsável por organizar competição não é obrigada a disponibilizar médico e ambulância para os torcedores presentes a partidas.

(B) Os ingressos para partida integrante de competição profissional devem estar à venda para o torcedor partícipe até 48 horas antes do início da respectiva partida.

(C) O torcedor tem direito à divulgação, durante a realização da partida, da renda obtida pelo pagamento de ingresso e do número de espectadores pagantes e não pagantes.

(D) Os estádios com capacidade superior a cinco mil pessoas devem manter central técnica de informações, com infraestrutura suficiente para viabilizar o monitoramento do público presente por imagem.

(E) Não é direito do torcedor ter os árbitros de cada partida escolhidos mediante sorteio.

A: incorreta, está em desacordo com o art. 16, III e IV, da Lei 10.671/2003; **B:** incorreta, pois de acordo com o art. 20 da Lei 10.671/2003, os ingressos devem ser colocados à venda até 72 horas antes do início da partida; **C:** correta, conforme o art. 7º da Lei 10.671/2003; **D:** incorreta, os estádios com capacidade superior a 10.000 pessoas deverão manter central técnica de informações, com infraestrutura suficiente para viabilizar o monitoramento do público presente por imagem (art. 18 da Lei 10.671/2003); **E:** incorreta, o art. 32 da Lei 10.671/2003 prevê o direito do torcedor em ter os árbitros escolhidos através de sorteio.

Gabarito "C"

13. Direito Ambiental

Arthur Trigueiros, Eduardo Dompieri, Alice Satin e Wander Garcia*

1. CONCEITOS BÁSICOS

(Ministério Público/SP – 2013 – PGMP) Para os fins da Lei n. 6.938, de 31 de agosto de 1981, que dispõe sobre a Política Nacional do Meio Ambiente, entende-se por

I. meio ambiente o conjunto de condições, leis, influências e interações de ordem física, química, estética, urbana e paisagística que permite, abriga e rege a vida em todas as suas formas;

II. poluidor a pessoa física ou jurídica, de direito público ou privado, responsável, direta ou indiretamente, por atividade causadora de degradação ambiental;

III. poluição a degradação da qualidade ambiental resultante de atividades que direta ou indiretamente, entre outras, prejudiquem a saúde, a segurança e o bem-estar da população e criem condições adversas às atividades sociais e econômicas;

IV. degradação da qualidade ambiental a alteração, adversa ou não, das características do meio ambiente;

V. recursos ambientais a atmosfera, as águas interiores, superficiais e subterrâneas, os estuários, o mar territorial, o solo, o subsolo, os elementos da biosfera, a fauna e a flora.

Está CORRETO somente o contido nos itens

(A) I, II e IV.

(B) III, IV e V.

(C) II, III e V.

(D) II, III e IV.

(E) I, IV e V.

I: incorreta, pois o art. 3º, I, da Lei 6.938/1981 menciona "condições, leis, influências e interações de ordem física, química e biológica", não mencionando, nesse ponto, "estética, urbana e paisagística"; isso não quer dizer que não existe o meio ambiente urbano e cultural, mas que a definição no ponto mencionado não traz os elementos "estética, urbana e paisagística"; **II:** correta (art. 3º, IV, da Lei 6.938/1981); **III:** correta (art. 3º, III, da Lei 6.938/1981); **IV:** incorreta, pois degradação ambiental é a alteração "adversa" (e não "adversa ou não") das características do meio ambiente (art. 3º, II, da Lei 6.938/1981); **V:** correta (art. 3º, V, da Lei 6.938/1981).

Gabarito "C"

(Ministério Público/RR – 2008 – CESPE) Quanto ao conceito de direito ambiental, julgue os seguintes itens.

(1) O direito ambiental é um direito sistematizador, que faz a articulação da legislação, da doutrina e da jurisprudência concernentes aos elementos que integram o ambiente.

(2) Até o advento da lei que instituiu a Política Nacional do Meio Ambiente, não existia uma definição legal e(ou) regular de meio ambiente. A partir de então, conceituou-se meio ambiente como o conjunto de condições, leis, influências e interações de ordem física, química e biológica que permite, abriga e rege a vida em todas as suas formas.

(3) De acordo com o que dispõe a Lei n. 6.938/1981, o meio ambiente é considerado como um equipamento público, de uso comum do povo, a ser necessariamente assegurado e protegido, tendo em vista a sua natureza histórica, pan-edênica, geracional, ubiquitária e transindividual, abrangendo as comunidades, os ecossistemas e a biosfera.

1 e 2: estão corretas; o conceito de meio ambiente está no art. 3º, I, da Lei 6.938/1981; 3: a Lei 6.938/1981 considera o meio ambiente um patrimônio público, e não um equipamento público (art. 2º, I); além disso, a lei não traz a definição dada na afirmativa.

Gabarito 1C, 2C, 3E

2. PATRIMÔNIO CULTURAL BRASILEIRO

(Ministério Público/MG – 2013) Sobre o patrimônio cultural, é *INCORRETO* afirmar-se que:

(A) A responsabilidade civil decorrente de danos ao patrimônio cultural é de natureza subjetiva, uma vez que a responsabilidade civil objetiva somente se aplica aos danos causados ao meio ambiente.

(B) As coisas tombadas, que pertençam à União, aos Estados ou aos Municípios, inalienáveis por natureza, só poderão ser transferidas de uma à outra das referidas entidades.

(C) A proteção do patrimônio cultural poderá se dar através do instituto da desapropriação.

* **Arthur Trigueiros** comentou as questões dos seguintes concursos: MP/AC/08, MP/BA/08, MP/CE/11, MP/GO/10, MP/GO/12, MP/MG/06, MP/MG/11, MP/MG/12, MP/MS/09, MP/MT/12, MP/PB/10, MP/PI/08, MP/PI/ 12, MP/RJ/11, MP/RN/09, MP/RR/12, MP/RS/08, MP/RS/09, MP/SC/08, MP/SC/12, MP/SP/12 e MP/TO/12, quando houver. **Eduardo Dompieri** comentou as questões do item Responsabilidade Penal Ambiental, salvo as referentes aos concursos comentados por **Arthur Trigueiros**. **Alice Satin** comentou as questões dos seguintes concursos: MP/MG/14, MP/PI/14, MP/DF/13, MP/ES/13, MP/GO/13, MP/MG/13. **Wander Garcia** comentou as demais questões.

(D) Constituem crime a destruição, a inutilização ou a deterioração, seja na forma dolosa ou culposa, de bem cultural protegido por lei, ato administrativo ou decisão judicial.

A: assertiva incorreta, devendo ser assinalada, pois a responsabilidade ambiental prevista no ordenamento jurídico pátrio não pressupõe a análise de dolo ou culpa, por quanto se diz que a responsabilidade civil ambiental é objetiva (§ 1° do art. 14 da Lei 6.938/1981, art. 3° da Lei 9.605/1998 e art. 225, § 3°, da CF). De igual modo não há restrições a este ou àquele patrimônio ambiental, todos, inclusive o cultural está resguardado pela responsabilidade civil objetiva pelos danos causados; **B:** assertiva correta, conforme determinado pelo art. 11 do Decreto-Lei 25/1937; **C:** assertiva correta, pois é dever do Poder Público promover e proteger o patrimônio cultural brasileiro, por meio de inventários, registros, vigilância, tombamento e desapropriação, e de outras formas de acautelamento e preservação, conforme descrito pelo art. 216, § 1°, da CF; **D:** assertiva correta, de acordo com o descrito pelo art. 62 da Lei 9.605/1998.

Gabarito "A"

(Ministério Público/AM – 2008 – CESPE) O órgão de proteção aos bens culturais do estado X iniciou processo de tombamento de um imóvel de propriedade de João, por meio de sua notificação. O proprietário impugnou o tombamento junto à administração pública, alegando que não concordava com o tombamento, o qual estava sendo realizado sem o seu consentimento. Diante dessa situação hipotética, assinale a opção correta segundo as prescrições do Decreto-Lei n. 25/1937.

(A) O tombamento não pode ser realizado compulsoriamente.

(B) Após realizada a notificação, o tombamento será considerado provisório e estará, para todos os efeitos, salvo aqueles expressamente previstos em lei, equiparado ao tombamento definitivo.

(C) Nessa fase do processo, João pode colocar anúncios ou cartazes no imóvel que reduzam a sua visibilidade, sem prévia consulta ao serviço de proteção ao patrimônio cultural.

(D) Se João reparar, pintar ou restaurar o imóvel, sem prévia autorização do serviço de proteção ao patrimônio cultural, não estará cometendo ato vedado em lei, pois sua ação terá sido dirigida à proteção do bem.

(E) Se João não dispuser de recursos financeiros para realizar a conservação do imóvel, deve levar tal fato ao conhecimento do serviço de proteção ao patrimônio cultural, o qual, por sua vez, ficará obrigado a realizá-la. No caso de não realização das obras, caberá a João ajuizar ação contra o Estado, não se cogitando, contudo, do cancelamento do tombamento do imóvel.

Art. 10 do Dec.-Lei 25/1937.

Gabarito "B"

(Ministério Público/MG – 2011) Tombamento é declaração, pelo Poder Público, do valor histórico, artístico, paisagístico, turístico, cultural ou científico de coisas ou locais que, por essa razão, devam ser preservados, de acordo com a inscrição em livro próprio. A Constituição Federal expressamente elenca o tombamento como um dos instrumentos de proteção do patrimônio cultural brasileiro. A seu respeito, é CORRETO afirmar:

I. O tombamento realiza-se por meio de um procedimento administrativo vinculado e compulsório, que conduz ao ato final de inscrição do bem num dos livros do Tombo.

II. Qualquer das entidades estatais pode dispor sobre o tombamento de bens em seu território.

III. Sem prévia autorização do Serviço do Patrimônio Histórico e Artístico Nacional, não se poderá, na vizinhança da coisa tombada, fazer construção que lhe impeça ou reduza a visibilidade, nem nela colocar anúncios ou cartazes.

IV. Pelo fato das coisas tombadas permanecerem no domínio e posse de seus titulares, o tombamento não é passível de indenização.

V. O tombamento tanto pode acarretar uma restrição individual quanto uma restrição geral.

A análise permite concluir que estão CORRETAS

(A) I, III e V.

(B) I, II e III.

(C) II, IV e V.

(D) Todas.

I: correta. De fato, o tombamento consiste em um procedimento administrativo vinculado, posto que tem suas bases disciplinadas em Lei (Decreto-lei 25/1937), com fases bem definidas, resultando, ao final, na inscrição do bem no respectivo Livro; II: correta (art. 23, III e IV, da CF); III: correta (art. 18 do Decreto-lei 25/1937); IV: incorreta. De fato, o tombamento não implica na transferência da propriedade ao ente que o tenha instituído, razão pela qual, como regra, é incabível a indenização. Porém, se demonstrado que o ato produziu restrição efetiva ao exercício da propriedade, ou que trouxe prejuízos concretos, será possível que a pessoa atingida busque indenização (STJ, REsp 401.264, de 05.09.2002; REsp 1.129.103, de 2011); V: a assertiva foi considerada incorreta pela banca examinadora. Contudo, na docência de Hely Lopes Meirelles, *"O tombamento tanto pode acarretar uma restrição individual quanto uma limitação geral. É restrição individual quando atinge determinado bem – uma casa, por exemplo – reduzindo os direitos do proprietário ou impondo-lhes encargos; é limitação geral quando abrange uma coletividade, obrigando-a a respeitar padrões urbanísticos ou arquitetônicos, como ocorre com o tombamento de locais históricos ou paisagísticos (...)"* (*Direito administrativo brasileiro*, 6. ed., São Paulo: Revista dos Tribunais, p. 589 e 533).

Gabarito "B"

(Ministério Público/MG – 2010.2) Sobre Patrimônio Cultural, é INCORRETO afirmar que

(A) constituem patrimônio cultural brasileiro as formas de expressão; os modos de criar, fazer e viver; as criações científicas, artísticas e tecnológicas; as obras; objetos, documentos, edificações e demais espaços destinados às manifestações artístico-culturais e os conjuntos urbanos e sítios de valor histórico, paisagístico, artístico, arqueológico, paleontológico, ecológico e científico.

(B) o Poder Público promoverá e protegerá o patrimônio cultural por meio de ação civil pública, termo de ajustamento de condutas, recomendação, inventários, registros, vigilância, tombamento e desapropriação.

(C) o tombamento é um ato administrativo originário do Poder Executivo, mas o Poder Legislativo (no caso, poder constituinte originário) tombou os documentos e os sítios detentores de reminiscências históricas dos antigos quilombos.

(D) pode o Poder Judiciário, em ação civil pública promovida pelo Ministério Público, declarar o valor cultural de um bem, decretar o seu tombamento e determinar a inscrição no livro de tombo respectivo.

A: correta (art. 216 da CF); **B:** correta, nos termos do art. 216, § 1º, da CF c/c o art. 79-A da Lei 9.605/1998 (termo de ajustamento de conduta) e com as leis orgânicas do Ministério Público (recomendações); **C:** correta (art. 216, § 5º, da CF); **D:** incorreta, pois o Judiciário pode declarar o valor cultural de um bem, mas o decreto de tombamento e a inscrição no livro do Tombo serão realizados pela Administração Pública, que pode ser condenada em obrigação de fazer nesse sentido.

Gabarito "D"

(Ministério Público/MG – 2010.2) Analise as seguintes afirmativas e assinale a alternativa CORRETA.

(A) O tombamento é instrumento constitucional mais eficaz para a preservação do patrimônio cultural, protegendo indistintamente bens móveis, imóveis e imateriais.

(B) Apesar de a doutrina divergir sobre a natureza jurídica do bem tombado, a legislação brasileira optou claramente pela intitulada Domínio Eminente do Estado.

(C) O Direito Constitucional brasileiro não contempla a possibilidade da efetivação do denominado Tombamento por Lei.

(D) Quanto aos efeitos, o tombamento ostenta natureza dúplice ou mista, pois, juntamente com efeitos constitutivos, apresenta importante nota declaratória.

A: incorreta, pois, dependendo do bem, a desapropriação é o instrumento mais eficaz para a proteção do patrimônio cultural; **B:** incorreta, pois o bem tombado continua sendo particular, caso seja bem dessa natureza; **C:** incorreta, pois a própria Constituição traz um caso de tombamento por ato legislativo (art. 216, § 5º, da CF); **D:** correta, pois o ato de tombamento é declaratório no sentido de declarar que o bem tombado tem valor especial para fins de proteção do Estado, e constitutivo no sentido de constituir uma série de efeitos, tais como obrigação do proprietário de conservar a coisa, o direito de preferência, dentre outros efeitos previstos no Dec.-lei 25/1937.

Gabarito "D"

(Ministério Público/PI – 2012 – CESPE) Conforme a CF, constituem patrimônio cultural brasileiro

(A) os bens de natureza material e imaterial, tomados individualmente ou em conjunto, portadores de referência à identidade, à ação e à memória dos diferentes grupos formadores da sociedade brasileira, entre os quais se incluem as formas de expressão e os modos de criar, fazer e viver.

(B) os bens de natureza material por meio dos quais as criações artísticas, científicas e tecnológicas dos povos tradicionais expressem o *ethos* nacionalista da sociedade brasileira.

(C) os conjuntos urbanos, as áreas de grilagem, os sítios de valor histórico, paisagístico, artístico e arqueológico, de natureza imaterial, portadores de referência à identidade, à memória e à ação das gerações passadas, formadoras da sociedade brasileira, entre os quais se incluem as zonas de uso estritamente industrial, as áreas habitacionais, as áreas de proteção ambiental, as reservas da biosfera e os parques públicos.

(D) os bens de natureza material e imaterial que veiculem as formas de ação, criação e existência das diversas raças formadoras da sociedade brasileira, em suas dimensões antropológicas, etnográficas, deontológicas e sociointeracionistas, tais como a culinária, a música, o folclore, a indumentária e as prosódias.

(E) as manifestações artísticas e culturais de natureza exclusivamente material que expressem os posicionamentos políticos dos grupos formadores da sociedade brasileira, por meio dos quais os valores, crenças, ideologias e mitologias dos grupos minoritários que representam a identidade nacional interagem com a cultura hegemônica.

A alternativa "A" está correta, pois reflete o disposto no art. 216, *caput*, do CF, ficando as demais excluídas.

Gabarito "A"

(Ministério Público/RR – 2008 – CESPE) No que se refere ao Decreto-Lei n. 25/1937 e às suas previsões acerca do instituto do tombamento, julgue os itens que se seguem.

(1) O decreto-lei citado, marco nacional relevante no contexto dos mecanismos jurídicos de proteção do patrimônio histórico nacional, contou, para a sua elaboração, com a destacada influência de Mário de Andrade, importante intelectual brasileiro.

(2) O tombamento de imóvel pertencente a pessoas físicas ou pessoas jurídicas de direito privado será sempre voluntário.

(3) Conforme previsto no decreto-lei em questão, o tombamento provisório equipara-se, para todos os efeitos, ao tombamento definitivo, exceto em relação ao fato de que o tombamento definitivo dos bens de propriedade particular deve ser transcrito em livro de registro de imóveis e averbado ao lado da transcrição do domínio.

(4) Os imóveis tombados não podem ser destruídos, demolidos ou mutilados sem prévia autorização do serviço de proteção ao patrimônio cultural, mas podem ser reparados, pintados ou restaurados por ato de seu proprietário, sem necessidade de prévia autorização.

(5) Depende de autorização prévia a construção, no entorno de imóvel ou de conjunto arquitetônico tombado, que venha, de alguma forma, a impedir ou reduzir a visibilidade do bem protegido; entretanto, anúncios ou cartazes, por serem de fácil remoção, podem ser colocados sem prévia autorização.

1: correta. Getúlio Vargas criou, em 1937, o Serviço do Patrimônio Histórico e Artístico Nacional, tendo à frente Mário de Andrade; 2: incorreta, pois o tombamento será voluntário ou *compulsório* (art. 6º do Dec.-Lei 25/1937); 3: correta, em conformidade com o art. 10 do Dec.-Lei 25/1937; 4: incorreta, pois para reparar, pintar ou restaurar depende de prévia autorização (art. 17 do Dec.-Lei 25/1937); 5: incorreta. Anúncios e cartazes também na podem ser colocados sem prévia autorização (art. 18 do Dec.-Lei 25/1937).

Gabarito 1C, 2E, 3C, 4E, 5E

(Ministério Público/TO – 2012 – CESPE) Integram o patrimônio cultural

(A) todas as formas de expressão, modos de criar, fazer e viver, bem como as criações científicas, artísticas e tecnológicas, desde que registrados no Ministério da Cultura e(ou) no Ministério da Ciência, Tecnologia e Inovação.

(B) os conjuntos urbanos e sítios de valor histórico, paisagístico, artístico, arqueológico, paleontológico, ecológico e científico, se reconhecidos e tombados pela UNESCO.

(C) as manifestações identitárias de natureza coletiva da nação brasileira e suas derivações históricas, antropológicas e etnográficas, bem como suas estruturas discursivas e sua semiótica.

(D) os bens de natureza material e imaterial, tomados individualmente ou em conjunto, referentes à identidade, à ação, à memória dos diferentes grupos formadores da sociedade brasileira.

(E) as obras, os objetos, os documentos, as edificações e demais espaços destinados às manifestações artístico-culturais, desde que tombados pelo Instituto do Patrimônio Histórico e Artístico Nacional.

De acordo com o art. 216, *caput*, da CF, *"constituem patrimônio cultural brasileiro os bens de natureza material e imaterial, tomados individualmente ou em conjunto, portadores de referência à identidade, à ação, à memória dos diversos grupos formadores da sociedade brasileira"*. Incluem-se no conceito de patrimônio cultural: I – as formas de expressão; II – os modos de criar, fazer e viver; III – as criações científicas, artísticas e tecnológicas; IV – as obras, objetos, documentos, edificações e demais espaços destinados às manifestações artístico-culturais; V – os conjuntos urbanos e sítios de valor histórico, paisagístico, artístico, arqueológico, paleontológico, ecológico e científico. Incorretas as alternativas A, B, C e E, visto que vinculam o reconhecimento do patrimônio cultural a formalidades, tais como, reconhecimento pela UNESCO, registro no IPHAN ou Ministério da Cultura.

Gabarito "D"

(Ministério Público/TO – 2012 – CESPE) No que se refere ao tombamento, assinale a opção correta.

(A) O tombamento definitivo dos bens de propriedade particular deve ser, por iniciativa do órgão competente do Serviço do Patrimônio Histórico e Artístico Nacional, transcrito, para os devidos efeitos, em livro a cargo dos oficiais do registro de imóveis e averbado ao lado da transcrição do domínio. No caso de transferência de domínio desses bens, o adquirente deve, dentro do prazo de dois anos, contado a partir da data do depósito, fazê-la constar do registro, ainda que se trate de transmissão judicial ou *causa mortis*.

(B) As coisas tombadas poderão, se o proprietário ou possuidor efetuar a compensação patrimonial do bem atingido, ser destruídas, demolidas ou mutiladas sem prévia autorização do Serviço do Patrimônio Histórico e Artístico Nacional.

(C) As coisas tombadas pertencentes à União, aos estados ou aos municípios só podem ser alienadas por intermédio do Serviço do Patrimônio Histórico e Artístico Nacional.

(D) As obras históricas ou artísticas tombadas pertencentes a pessoas naturais ou jurídicas de direito privado não se sujeitam a nenhum tipo de restrição.

(E) A coisa tombada não pode ser levada para fora do país, senão por curto prazo, sem transferência de domínio e para fim de intercâmbio cultural, a juízo do Conselho Consultivo do Serviço do Patrimônio Histórico e Artístico Nacional.

A: incorreta, pois, nos termos do art. 13, *caput*, e § 1º, do Decreto-lei 25/1937, o tombamento definitivo dos bens de propriedade particular será, por iniciativa do órgão competente do Serviço do Patrimônio Histórico e Artístico Nacional, transcrito para os devidos efeitos em livro a cargo dos oficiais do registro de imóveis e averbado ao lado da transcrição do domínio. No caso de transferência de propriedade desses bens, deverá o adquirente, *dentro do prazo de trinta dias* (e não dois anos, como consta na assertiva!), sob pena de multa de dez por cento sobre o respectivo valor, fazê-la constar do registro, ainda que se trate de transmissão judicial ou *causa mortis*; **B:** incorreta, pois segundo o art. 17 do Decreto-lei 25/1937, as coisas tombadas *não poderão, em caso nenhum ser destruídas, demolidas ou mutiladas*, nem, sem prévia autorização especial do Serviço do Patrimônio Histórico e Artístico Nacional, ser reparadas, pintadas ou restauradas, sob pena de multa de cinquenta por cento do dano causado; **C:** incorreta. As coisas tombadas, que pertençam à União, aos Estados ou aos Municípios, são *inalienáveis por natureza*, só podendo ser transferidas de uma à outra das referidas entidades (art. 11 do Decreto-lei 25/1937); **D:** incorreta. Nos exatos termos do art. 12 do Decreto-lei 25/1937, a alienabilidade das obras históricas ou artísticas tombadas, de propriedade de pessoas naturais ou jurídicas de direito privado, *sofrerá as restrições constantes da referida lei*; **E:** correta, conforme dispõe o art. 14 do Decreto-lei 25/1937.

Gabarito "E"

3. DIREITO AMBIENTAL CONSTITUCIONAL

(Ministério Público/DF – 2013) Quanto ao meio ambiente, NÃO É CORRETO afirmar:

(A) É um bem de uso comum do povo.

(B) O direito à integridade do meio ambiente constitui prerrogativa jurídica de titularidade coletiva, dentro do processo de afirmação dos direitos humanos.

(C) A criação de reserva ambiental pode ser realizada por decreto. A sua alteração ou supressão, entretanto, necessita de lei.

(D) As usinas que operem com reator nuclear deverão ter sua localização definida em lei federal, sem o que não poderão ser instaladas.

(E) É da competência também dos Estados proteger o meio ambiente e combater a poluição em todas as suas formas; não, porém, legislar sobre responsabilidade por dano ao meio ambiente.

A: assertiva correta, por força do art. 225 da CF; **B:** assertiva correta, conforme corrobora a jurisprudência do STF. MS 22.164, Rel. Min. Celso de Mello, Pleno, de 30.11.1995: "o direito à integridade do meio ambiente – típico direito de terceira geração – constitui prerrogativa jurídica de titularidade coletiva, refletindo, dentro do processo de afirmação dos direitos humanos, a expressão significativa de um poder atribuído, não ao indivíduo identificado em sua singularidade, mas, num sentido verdadeiramente mais abrangente, à própria coletividade social"; **C:** assertiva correta, conforme art. 225, § 1º, III, da CF e art. 22 da Lei 9.985/2000; **D:** assertiva correta, por determinação do art. 225, § 6º, da CF; **E:** assertiva incorreta, devendo ser assinalada, pois o artigo 24, VIII, da CF indica a competência concorrente entre União, Estados e Distrito Federal para legislar sobre "responsabilidade por dano ao meio ambiente, ao consumidor, a bens e direitos de valor artístico, estético, histórico, turístico e paisagístico".

Gabarito "E"

(Ministério Público /ES – 2013 – VUNESP) Determinado Estado-membro da Federação brasileira editou lei ordinária que introduz a exigência de autorização prévia da Assembleia Legislativa para o licenciamento de atividades utilizadoras de recursos ambientais consideradas efetivas e potencialmente poluidoras, bem como capazes, sob qualquer forma, de causar degradação ambiental. Considerando as normas constitucionais relativas ao tema, é correto afirmar que essa Lei Estadual é

(A) inconstitucional, porque a referida lei implica indevida interferência do Poder Legislativo na atuação do Poder Executivo e usurpação de competência da União.

(B) inconstitucional, porque a espécie normativa adequada a veicular a referida matéria é a lei complementar e não a lei ordinária.

(C) constitucional, tendo em vista as disposições constitucionais protetivas do meio ambiente, bem como aquelas que estabelecem as regras de repartição de competências entre os entes da Federação.

(D) inconstitucional, pois essa exigência não poderia ser feita por meio de lei, mas somente por meio de Decreto do Governador do Estado.

(E) constitucional, uma vez que está em sintonia com as normas da Constituição que visam proteger o meio ambiente como bem essencial à sadia qualidade de vida, que impõe ao Poder Público o dever de defendê-lo e preservá-lo para as presentes e futuras gerações.

A: correta. Neste mesmo sentido o STF julgou em 2004 Ação Direta de Inconstitucionalidade 1505 do Estado do Espírito Santo, tendo como relator o Ministro Eros Grau: "Ação Direta de Inconstitucionalidade. Art. 187 da Constituição do Estado do Espírito Santo. Relatório de Impacto Ambiental. Aprovação pela assembleia legislativa. Vício Material. Afronta aos artigos 58, § 2º e 225, § 1º, da Constituição do Brasil. 1. É inconstitucional preceito da Constituição do Estado do Espírito Santo que submete o Relatório de Impacto Ambiental – Rima – ao crivo de comissão permanente e específica da Assembleia Legislativa. 2. A concessão de autorização para desenvolvimento de atividade potencialmente danosa ao meio ambiente consubstancia ato do Poder de Polícia – Ato da Administração Pública – entenda-se ato do poder Executivo. 3. Ação julgada procedente para declarar inconstitucional o trecho final do § 3º do artigo 187 da Constituição do Estado do Espírito Santo."; **B:** incorreta, pois a inconstitucionalidade não está na espécie da lei mas na interferência do poder legislativo em atividade do poder legislativo; **C:** incorreta, pois a repartição de competência entre os entes federados não alcança a referida matéria e ainda que assim o fosse, não poderia divergir dos termos constitucionais; **D:** incorreta, pois não é a lei ordinária que invalida o ato, mas o desrespeito aos artigos 58, § 2º e 225, § 1º da Constituição Federal; E: incorreta já que a referida lei padece de inconstitucionalidade por usurpar matéria de competência da União.

Gabarito "A"

(Ministério Público/MS – 2013 – FADEMS) Em relação ao direito ambiental, é correto afirmar que:

(A) A Constituição Federal, para assegurar a efetividade ao direito ao meio ambiente ecologicamente equilibrado, determina que cabe ao Poder Público exigir, na forma da lei, para a instalação de todas as obras ou atividades potencialmente causadoras de degradação ambiental, estudo prévio de impacto ambiental, a que se dará publicidade.

(B) O Plano Diretor é um dos instrumentos básicos para o pleno desenvolvimento das funções ambientais da cidade e garantir o bem-estar dos seus habitantes, sendo obrigatório quando o município possui mais de vinte mil habitantes.

(C) É obrigatória a realização de audiências públicas precedendo a implementação de qualquer um dos instrumentos da política ambiental, como modo de garantir a participação da sociedade na política de proteção ambiental.

(D) A localização de usinas que operem com reator nuclear deve ser definida em lei federal e estadual, sem o que não podem ser instaladas.

(E) Para a defesa do direito ao meio ambiente ecologicamente equilibrado, conjuntamente com os demais interesses difusos e coletivos, a Constituição Federal prevê, entre outros: a ação direta de inconstitucionalidade, ação civil pública, ação popular, inquérito civil e compromisso de ajustamento de conduta.

A: incorreta, pois esse estudo é necessário apenas quando as obras ou as atividades são potencialmente causadoras de **significativo** impacto ambiental (art. 225, § 1º, IV, da CF); do contrário, bastará que se faça um licenciamento ambiental simples; **B:** correta (art. 182, § 1º, da CF); **C:** incorreta, pois não há essa determinação na Constituição Federal e também nos artigos correspondentes da Lei de Política Nacional do Meio Ambiente (arts. 9º e ss. da Lei 6.938/1981); **D:** incorreta, pois a localização em questão deve ser definida apenas em lei federal, e não em lei federal e estadual (art. 225, § 6º, da CF); **E:** incorreta, pois o compromisso de ajustamento de conduta não está previsto na CF, apesar de os demais mencionados estarem.

Gabarito "B"

(Ministério Público/BA – 2008) A respeito do tratamento jurídico-constitucional conferido ao patrimônio cultural do Brasil, é incorreto afirmar:

(A) No tocante aos bens que guardem reminiscências dos quilombos, o tombamento tem como fonte imediata a Constituição Federal, que optou, no referido caso, pelo sistema de proteção "*ex vi legis*", isto é, oriundo diretamente da norma, embora a eficácia esteja vinculada à existência de ato administrativo individualizador de identificação.

(B) Segundo a Constituição Federal, ao Município compete proteger os bens de valor histórico, artístico e cultural.

(C) A proteção conferida pela Constituição Federal às manifestações culturais é global, no sentido de que toda intervenção cultural do homem na natureza deva ser preservada, respeitando-se as diversidades étnicas e regionais.

(D) Além de inventários, registros, vigilância, tombamento e desapropriação, a Constituição Federal admite outras formas de acautelamento e preservação do patrimônio cultural.

(E) Segundo o Decreto-lei 25/1937, são efeitos do tombamento a obrigação de sua transcrição no registro público, as restrições à alienabilidade, à reparação, à pintura e à restauração do bem tombado, a sujeição deste a inspeção do órgão de tombamento, sempre que julgado conveniente, e ainda a sujeição da propriedade vizinha a restrições especiais.

A: correta (art. 216, § 5º, da CF); **B:** correta (art. 30, IX, da CF); **C:** incorreta, pois constitui patrimônio cultural brasileiro os bens de natureza material e imaterial, tomados individualmente ou em conjunto, portadores de referência à identidade, à ação, à memória dos diferentes grupos formadores da sociedade brasileira (art. 216, *caput*, da CF), ou seja, é necessário que seja bem portador de referência especial para a sociedade; **D:** correta (art. 216, § 1º, da CF); **E:** correta (art. 11 e seguintes, do Decreto-Lei 25/1937).

Gabarito "C"

(Ministério Público/ES – 2010 – CESPE) O direito ambiental é entendido como um conjunto de princípios e normas jurídicas que buscam regular os efeitos diretos e indiretos da ação humana no meio, de forma a garantir às atuais e futuras gerações o direito ao meio ambiente ecologicamente equilibrado. Acerca da proteção do meio ambiente, assinale a opção correta.

(A) Como forma de garantir a participação da sociedade na política de proteção ambiental, é obrigatória a realização de audiências públicas antes da implementação de qualquer um dos instrumentos da política ambiental.

(B) O estudo de impacto ambiental, instrumento de proteção do meio ambiente, representa a aplicação do princípio da precaução.

(C) Impedir a exploração econômica dos recursos naturais é um dos objetivos do emprego do licenciamento ambiental como instrumento de proteção ao meio ambiente.

(D) É competência exclusiva da União editar políticas públicas com a finalidade de manter a qualidade ambiental e o equilíbrio ecológico.

(E) A cobrança pelo uso da água permite reconhecê-la como um bem econômico e, dessa forma, incentivar a racionalização do seu uso.

A: incorreta, pois a Lei 6.938/1981 (Lei de Política Nacional do Meio Ambiente) não traz essa obrigatoriedade para a implantação dos instrumentos da política ambiental, previstos em seu art. 9º; **B:** incorreta, pois o EIA representa a aplicação tanto do princípio da prevenção, como do princípio da precaução, que serão vistos no próximo capítulo; **C:** incorreta, pois a proteção do meio ambiente não visa impedir essa exploração, mas torná-la mais sustentável, pois se deve conjugar o desenvolvimento econômico e social, com a proteção do meio ambiente; **D:** incorreta, pois a competência para a promoção e desenvolvimento do meio ambiente é comum da União, dos Estados, do DF e dos Municípios; **E:** correta, sendo certo que essa cobrança deixa claro a escassez da água e faz com que as pessoas a usem de modo mais racional e sustentável (vide o art. 19 da Lei 9.433/1997).

Gabarito "E"

(Ministério Público/GO – 2010) De acordo com a Constituição Federal do Brasil, são considerados patrimônio nacional:

(A) a Floresta Amazônica brasileira, a Mata Atlântica, a Serra do Mar e os Pampas.

(B) a Floresta Amazônica brasileira, a Mata Atlântica, a Serra do Mar, o Pantanal Mato-Grossense e a Zona Costeira.

(C) a Floresta Amazônica brasileira, a Mata Atlântica, a Serra do Mar, o Pantanal Mato-Grossense, a Zona Costeira e o Cerrado.

(D) a Floresta Amazônica brasileira, a Mata Atlântica, a Serra do Mar, o Pantanal Mato-Grossense, a Zona Costeira, o Cerrado e a Caatinga.

A alternativa "B" está correta, pois de acordo com o art. 225, § 4º, da CF, ficando excluídas as demais.

Gabarito "B"

(Ministério Público/MG – 2010.1) A respeito da proteção constitucional de direitos e interesses difusos, considere as seguintes assertivas

I. A Constituição brasileira de 1988 prevê, entre outros, os seguintes instrumentos de proteção de direitos ou interesses difusos: ação popular, ação direta de inconstitucionalidade, inquérito civil, compromisso de ajustamento de conduta, ação civil pública.

II. Para assegurar a efetividade do direito ao meio ambiente ecologicamente equilibrado, cabe ao Poder Público exigir, na forma da lei, para instalação de todas as obras ou atividades potencialmente causadoras de degradação ambiental, estudo prévio de impacto ambiental, a que se dará publicidade.

III. Constituem patrimônio cultural brasileiro os bens de natureza material e imaterial, tomados individualmente ou em conjunto, portadores de referência à identidade, à ação, à memória dos diferentes grupos formadores da sociedade brasileira, nos quais se incluem os conjuntos urbanos e sítios de valor histórico, paisagístico, artístico, arqueológico, paleontológico, ecológico e científico.

IV. O Poder Público, com a colaboração da comunidade, promoverá e protegerá o patrimônio cultural brasileiro, por meio de inventários, registro, vigilância, tombamento, desapropriação e de outras formas de acautelamento e preservação, como a ação civil pública.

V. Cabe ao Poder Público proteger a fauna e a flora, vedadas, na forma da lei, as práticas que coloquem em risco sua função ecológica, provoquem a extinção de espécies ou submetam os animais a crueldade.

Assinale a opção CORRETA.

(A) I, II, IV e V estão corretas.

(B) I, II, III e V estão corretas.

(C) II, III, IV e V estão corretas.

(D) III, IV e V estão corretas.

(E) Todas estão corretas.

I: incorreta, pois o compromisso de ajustamento de conduta não está expresso na Constituição Federal, mas no art. 79-A da Lei 9.605/1998 (Lei de Crimes e Infrações Administrativas Ambientais) e no art. 5º, § 6º, da Lei 7.347/1985 (Lei de Ação Civil Pública); **II:** incorreta, pois o EIA só é exigido para instalação de atividade que possa causar *significativo* impacto ambiental (art. 225, § 1º, IV, da CF); **III:** correta (art. 216 da CF); **IV:** correta (art. 216, § 1º, da CF); **V:** correta (art. 225, § 1º, VII, da CF).

Gabarito "D"

(Ministério Público/PR – 2008) Visando assegurar a efetividade do direito ao meio ambiente ecologicamente equilibrado, a Constituição Federal estabeleceu ao poder público a incumbência de:

(A) exigir, na forma da lei, para a instalação de obra ou atividade potencialmente causadora de significativa degradação do meio ambiente, estudo de impacto ambiental – prévio, concomitante ou posterior –, a que se dará publicidade.

(B) exigir, na forma da lei, para a instalação de obra ou atividade potencialmente causadora de significativa degradação do meio ambiente, estudo prévio de impacto ambiental, independentemente de publicidade.

(C) exigir, na forma da lei, para a instalação de obra ou atividade potencialmente causadora de qualquer degradação do meio ambiente, estudo de impacto ambiental – prévio, concomitante ou posterior –, independentemente de publicidade.

(D) exigir, na forma da lei, para a instalação de obra ou atividade potencialmente causadora de significativa degradação do meio ambiente, estudo prévio de impacto ambiental, a que se dará publicidade.

(E) exigir, na forma da lei, para a instalação de obra ou atividade potencialmente causadora de qualquer degradação do meio ambiente, estudo prévio de impacto ambiental, a que se dará publicidade.

Art. 225, § 1º, IV, da CF.

Gabarito "D"

(Ministério Público/RR – 2012 – CESPE) Considerando o direito ambiental constitucional, assinale a opção correta.

(A) Ao estabelecer que todos têm direito ao meio ambiente ecologicamente equilibrado, a CF atribui ao direito ambiental o *status* de direito humano fundamental, sendo, portanto, equivalentes às emendas constitucionais os tratados e convenções internacionais, em matéria ambiental, aprovados em cada Casa do Congresso Nacional, em dois turnos, por três quintos dos votos dos respectivos membros.

(B) A função social da propriedade rural é alcançada quando ela atende, alternativamente, ao requisito de aproveitamento racional, ou à utilização adequada dos recursos naturais disponíveis, com preservação do meio ambiente, ou à exploração que favoreça o bem-estar dos proprietários e dos trabalhadores.

(C) A defesa do meio ambiente é dever do poder público e da coletividade, aos quais compete promover, respectivamente, a educação ambiental em todos os níveis de ensino e a conscientização pública para a preservação do meio ambiente.

(D) A competência legislativa para tratamento dos temas ambientais é privativa da União, como, por exemplo, a criação de normas de direito processual civil coletivo, a desapropriação de imóveis para criação de espaços protegidos, os usos múltiplos de água e a geração de energia e extração mineral.

(E) Constituem patrimônio nacional os sítios de valor ecológico, tais como a floresta amazônica, a mata atlântica, a serra do Mar, o pantanal mato-grossense e a zona costeira.

A: correta. É inegável a natureza de direito humano fundamental do direito ambiental. Afinal, sendo o meio ambiente ecologicamente equilibrado um bem de uso comum do povo, indispensável à sadia qualidade de vida (art. 225, *caput*, da CF), não restam dúvidas quanto à sua natureza jurídica. E assim sendo, os tratados e convenções internacionais em matéria ambiental, aprovados na forma disciplinada pelo art. 5º, § 3º, da CF, terão *status* de emenda constitucional; **B:** incorreta, pois a função social da propriedade rural, nos termos do art. 186 da CF, somente será alcançada quando atender, *simultaneamente*, segundo critérios e graus de exigência estabelecidos em lei, aos seguintes requisitos: I – aproveitamento racional e adequado; II – utilização adequada dos recursos naturais disponíveis e preservação do meio ambiente; III – observância das disposições que regulam as relações de trabalho; e IV – exploração que favoreça o bem-estar dos proprietários e dos trabalhadores; **C:** incorreta, pois é incumbência do Poder Público (e não da coletividade!), nos termos do art. 225, § 1º, VI, *"promover a educação ambiental em todos os níveis de ensino e a conscientização pública para a preservação do meio ambiente"*. Frise-se, porém, que é dever do Poder Público e de toda a coletividade a preservação e a defesa da qualidade ambiental para as presentes e futuras gerações (art. 225, *caput*, parte final, da CF), mas, como visto, a educação ambiental, por óbvio, é dever daquele primeiro; **D:** incorreta, pois não é verdadeira a afirmação de que é competência privativa da União legislar sobre temas ambientais. Em verdade, a "proteção geral" do meio ambiente é, no plano legislativo, de competência concorrente da União, Estados e DF, conforme dispõe o art. 24, VI, VII e VIII, da CF; **E:** incorreta. Nos termos do art.

225, § 4º, da CF, são considerados patrimônio nacional a Floresta Amazônica brasileira, a Mata Atlântica, a Serra do Mar, o Pantanal Mato-Grossense e a Zona Costeira, não bastando que haja valor ecológico para que assim sejam considerados. Em outras palavras, a CF, no dispositivo citado, elencou, exaustivamente, quais são os biomas brasileiros tidos como patrimônio nacional.

4. PRINCÍPIOS DO DIREITO AMBIENTAL

Segue um resumo sobre Princípios do Direito Ambiental:

1. **Princípio do desenvolvimento sustentável** *determina a harmonização entre o desenvolvimento econômico e social e a garantia da perenidade dos recursos ambientais*. Tem raízes na Carta de Estocolmo (1972) e foi consagrado na ECO-92.
2. **Princípio do poluidor-pagador:** *impõe ao poluidor tanto o dever de prevenir a ocorrência de danos ambientais, como o de reparar integralmente eventuais danos que causar com sua conduta*. O princípio não permite a poluição, conduta absolutamente vedada e passível de diversas e severas sanções. Ele apenas reafirma o dever de prevenção e de reparação integral por parte de quem pratica atividade que possa poluir. Esse princípio **também** impõe ao empreendedor a internalização das externalidades ambientais negativas das atividades potencialmente poluidoras, buscando evitar a socialização dos ônus (ou seja, que a sociedade pague pelos danos causados pelo empreendedor) e a privatização dos bônus (ou seja, que somente o empreendedor ganhe os bônus de gastar o meio ambiente).
3. **Princípio da obrigatoriedade da intervenção estatal:** *impõe ao Estado o dever de garantir o meio ambiente ecologicamente equilibrado*. O princípio impõe ao poder público a utilização de diversos instrumentos para proteger o meio ambiente, que serão vistos em capítulo próprio.
4. **Princípio da participação coletiva ou da cooperação de todos:** *impõe à coletividade (além do Estado) o dever de garantir e participar da proteção do meio ambiente*. O princípio cria deveres (preservar o meio ambiente) e direitos (participar de órgãos colegiados e audiências públicas, p. ex.) às pessoas em geral.
5. **Princípio da responsabilidade objetiva e da reparação integral:** *impõe o dever de qualquer pessoa responder integralmente pelos danos que causar ao meio ambiente, independentemente de prova de culpa ou dolo*. Perceba que a proteção é dupla. Em primeiro lugar, fixa-se que a responsabilidade é objetiva, o que impede que o causador do dano deixe de ter a obrigação de repará-lo sob o argumento de que não agiu com culpa ou dolo. Em segundo lugar, a obrigação de reparar o dano não se limita a pagar uma indenização, mas impõe que a reparação seja específica, isto é, deve-se buscar a restauração ou recuperação do bem ambiental lesado, procurando, assim, retornar à situação anterior.
6. **Princípio da prevenção:** *impõe à coletividade e ao poder público a tomada de medidas prévias para garantir o meio ambiente ecologicamente equilibrado para as presentes e futuras gerações*. A doutrina faz uma distinção entre este princípio e o **princípio da precaução. O princípio da prevenção** incide naquelas hipóteses em que se tem **certeza** de que dada conduta causará um dano ambiental. O princípio da prevenção atuará de forma a evitar que o dano seja causado, impondo licenciamentos, estudos de impacto ambiental, reformulações de projeto, sanções administrativas etc. A ideia aqui é eliminar os perigos já comprovados. Já o **princípio da precaução** incide naquelas hipóteses de **incerteza científica** sobre se dada conduta pode ou não causar um dano ao meio ambiente. O princípio da precaução atuará no sentido de que, na dúvida, deve-se ficar com o meio ambiente, tomando as medidas adequadas para que o suposto dano de fato não ocorra. A ideia aqui é eliminar que o próprio perigo possa se concretizar.
7. **Princípio da educação ambiental:** *impõe ao poder público o dever de promover a educação ambiental em todos os níveis de ensino e a conscientização pública para a preservação do meio ambiente*. Perceba que a educação ambiental deve estar presente em todos os níveis de ensino e, que, além do ensino, a educação ambiental deve acontecer em programas de conscientização pública.
8. **Princípio do direito humano fundamental:** *garante que os seres humanos têm direito a uma vida saudável e produtiva, em harmonia com o meio ambiente*. De acordo com o princípio, as pessoas têm direito ao meio ambiente ecologicamente equilibrado.
9. **Princípio da ubiquidade:** *impõe que as questões ambientais devem ser consideradas em todas as atividades humanas*. Ubiquidade quer dizer existência concomitantemente em todos os lugares. De fato, o meio ambiente está em todos os lugares, de modo que qualquer atividade deve ser feita com respeito à sua proteção e promoção.
10. **Princípio do usuário-pagador:** *as pessoas que usam recursos naturais devem pagar por tal utilização*. Esse princípio difere do princípio do poluidor-pagador, pois o segundo diz respeito a condutas ilícitas ambientalmente, ao passo que o primeiro a condutas lícitas ambientalmente. Assim, aquele que polui (conduta ilícita), deve reparar o dano, pelo princípio do poluidor-pagador. Já aquele que usa água (conduta lícita) deve pagar pelo seu uso, pelo princípio do usuário-pagador. A ideia é que o usuário pague com o objetivo de incentivar o uso racional dos recursos naturais, além de fazer justiça, pois há pessoas que usam mais e pessoas que usam menos dados recursos naturais.

11. Princípio da informação e da transparência das informações e atos: *impõe que as pessoas têm direito de receber todas as informações relativas à proteção, preventiva e repressiva, do meio ambiente*. Assim, pelo princípio, as pessoas têm direito de consultar os documentos de um licenciamento ambiental, assim como têm direito de participar de consultas e de audiências públicas em matéria de meio ambiente.

12. Princípio da função socioambiental da propriedade: *a propriedade deve ser utilizada de modo sustentável, com vistas não só ao bem-estar do proprietário, mas também da coletividade como um todo.*

13. Princípio da equidade geracional: *princípio que determina que as presentes e futuras gerações têm os mesmos direitos quanto ao meio ambiente ecologicamente equilibrado*. Assim, a utilização de recursos naturais para a satisfação das necessidades atuais não deverá comprometer a possibilidade das gerações futuras satisfazerem suas necessidades. O princípio impõe, também, equidade na distribuição de benefícios e custos entre gerações, quanto à preservação ambiental.

(Ministério Público/MG – 2013) Assinale a alternativa *INCORRETA* quanto ao princípio da precaução de larga utilização no Direito Ambiental e de Consumo:

(A) Apresenta como requisitos a probabilidade (de que condutas humanas possam causar danos coletivos) e a incerteza científica; portanto serve para enfrentar a crescente subordinação da pesquisa científica aos interesses das corporações conformando a ciência à objetividade, neutralidade e autonomia.

(B) Constatada a existência do risco, cabe realizar uma simbiose ainda desconhecida, não explorada atualmente, entre as ciências naturais e as ciências humanas, entre a racionalidade da vida cotidiana e racionalidade dos peritos, entre o interesse e a realidade.

(C) Na operabilidade do princípio da precaução, exige-se a conjunção de demais princípios como a proporcionalidade e não discriminação, sem a necessidade de alcançar risco zero, pois se trata de gestão de riscos.

(D) Os elementos psicossociais do princípio da precaução são: incerteza, ignorância e medo.

A: assertiva incorreta, devendo ser assinalada, pois o objetivo deste princípio não é servir de instrumento para enfrentar a subordinação da pesquisa científica aos interesses das corporações, em verdade, a precaução consagrada pelo princípio 15 da Declaração do Rio e a Convenção sobre a Mudança Climática (ECO 92) tem como objetivo evitar a degradação do meio ambiente diante da incerteza científica. **B:** assertiva correta, conforme os ensinamentos de Édis Milaré: "a invocação do princípio da precaução é uma decisão a ser tomada quando a informação científica é insuficiente, inconclusiva ou incerta e haja indicações de que os possíveis efeitos sobre o ambiente, saúde das pessoas ou dos animais ou a proteção vegetal possam ser potencialmente perigosos e incompatíveis com o nível de proteção escolhido." (**Direito do Ambiente**. Revista dos Tribunais, 2013. p. 264); **C:** assertiva correta, tal qual determina o princípio 15 da Declaração do Rio: "com o fim de proteger o meio ambiente, o princípio da precaução deverá ser amplamente observado pelos Estados, de acordo com suas capacidades. Quando houver ameaça de danos graves ou irreversíveis, a ausência de certeza científica absoluta não será utilizada como razão para o adiamento de medias eficazes e economicamente viáveis para prevenir a degradação ambiental". **D:** assertiva correta, pois o risco do dano, a incerteza do resultado e o receio da não reparação justificam a aplicação do princípio da precaução.

Gabarito "A"

(Ministério Público/MS – 2013 – FADEMS) Analise as proposições abaixo,

I. O princípio da precaução somente estende o conceito de prevenção na perspectiva de uma sociedade de risco, como é a sociedade contemporânea, o que significa que se deve precaver contra todos os possíveis desdobramentos de atividades que causem impactos ambientais já conhecidos e mensurados pela ciência.

II. O princípio do usuário-pagador fundamenta-se num instrumento que busca o uso racional dos recursos naturais, compartilhando a responsabilidade social pelos custos ambientais derivados da atividade econômica e impondo aos que usam recursos naturais a obrigação de pagar pela sua utilização.

III. A função social da propriedade rural e urbana é atendida quando cumpridas as exigências expressas no Plano Diretor.

IV. A Constituição Federal incluiu o princípio da defesa do meio ambiente na ordem econômica, revelando, assim, que o desenvolvimento não pode ser dissociado da proteção ambiental, pois ele sempre produz algum tipo de impacto ao meio ambiente.

São **incorretas**:

(A) Somente as assertivas I e III.

(B) Somente as assertivas II e IV.

(C) Somente as assertivas I, III e IV.

(D) Somente as assertivas I, II e III.

(E) Somente as assertivas II e III.

I: assertiva incorreta, pois há de se precaver não só dos desdobramentos de atividades cujos riscos são conhecidos e mensurados pela ciência (certeza científica – princípio da prevenção), como também dos riscos em que não haja conhecimento ou mensuração precisos pela ciência (incerteza jurídica – princípio da precaução); **II:** assertiva correta; princípio do usuário-pagador é aquele pelo qual as pessoas que usam recursos naturais devem pagar por tal utilização. Esse princípio difere do princípio do poluidor-pagador, pois o segundo diz respeito a condutas ilícitas ambientalmente, ao passo que o primeiro refere-se a condutas lícitas ambientalmente. Assim, aquele que polui (conduta ilícita) deve reparar o dano, pelo princípio do poluidor-pagador. Já aquele que usa água (conduta lícita) deve pagar pelo seu uso, pelo princípio do usuário-pagador. A ideia é que o usuário pague com o objetivo de incentivar o uso racional dos recursos naturais, além de se fazer justiça, pois há pessoas que usam mais e pessoas que usam menos determinados recursos naturais; **III:** assertiva incorreta, pois a função social da propriedade urbana é que é atendida quando se cumpre o Plano Diretor (art. 182, § 2º, da CF); já a função social em propriedade rural é atendida quando se cumpre os requisitos do art. 186 da CF (aproveitamento racional e adequado, proteção do meio ambiente, respeito às leis trabalhistas, bem-estar de proprietários e trabalhadores); **IV:** assertiva correta (art. 170, VI, da CF).

Gabarito "A"

(Ministério Público/AC – 2008) No que tange aos princípios de direito ambiental, é correto afirmar que o princípio

(A) da função social da propriedade, ao impor ao proprietário o exercício do direito em benefício da coletividade, impõe-lhe a adoção de condutas negativas.

(B) do poluidor-pagador restringe-se à compensação e/ou indenização dos danos causados e a possibilidade de cobrança pela utilização de recursos naturais.

(C) da equidade intergeracional, partindo do pressuposto de que a sociedade humana não se limita às nossas gerações, considera a dimensão global e transfronteiriça do dano.

(D) da obrigatória intervenção em defesa do meio ambiente autoriza a aplicação do enunciado do *in dubio pro natura*.

A: incorreta, pois a função social da propriedade impõe ao proprietário a adoção tanto de condutas positivas como negativas. Assim, "não se configura como simples limitação ao exercício do direito de propriedade, e sim tem caráter endógeno, apresentando-se como quinto atributo ao lado do uso, gozo, disposição e reivindicação. Na realidade, operou-se a ecologização da propriedade" (Frederico Amado. Direito Ambiental Esquematizado. Ed. Método). Neste sentido é o entendimento do STF: "(...). Incumbe, ao proprietário da terra, o dever jurídico-social de cultivá-la e de explorá-la adequadamente, sob pena de incidir nas disposições constitucionais e legais que sancionam os senhores de imóveis ociosos, não cultivados e/ou improdutivos, pois só se tem por atendida a função social que condiciona o exercício do direito de propriedade, quando o titular do domínio cumprir a obrigação (1) de favorecer o bem-estar dos que na terra labutam; (2) de manter níveis satisfatórios de produtividade; (3) de assegurar a conservação dos recursos naturais; (4) e de observar as disposições legais que regulam as justas relações de trabalho entre os que possuem o domínio e aqueles que cultivam a propriedade" (ADI 2.2213-MC, Rel. Min. Celso de Mello, j. 04.04.2002); **B:** incorreta, pois segundo o princípio do poluidor-pagador, este deve suportar as despesas de prevenção, reparação e repressão dos danos ambientais. Neste sentido doutrina Romeu Thomé e Leonardo de Medeiros Garcia: "(...). Este princípio não se limita a tolerar a poluição mediante um preço, nem se limita a compensar os danos causados, mais sim e principalmente, evitar o dano ambiental. Desta forma, o princípio do poluidor-pagador não se reduz à finalidade de somente compensar o dano ao meio ambiente, deve também englobar os custos necessários para a precaução e prevenção dos danos, assim como sua adequada repressão"; **C:** incorreta, pois o princípio da equidade intergeracional (também chamada de solidariedade intergeracional), consagrado pela Constituição Federal, confere ao Poder Público e à coletividade o dever de defender e preservar o meio ambiente para as presentes e futuras gerações; **D:** correta. De fato, em caso de dúvida, deve o Poder Público promover a proteção do meio ambiente, por se tratar de bem difuso, indisponível e indispensável à vida humana sadia da coletividade.

Gabarito "D"

(Ministério Público/BA – 2010) Identifique com V ou F, conforme o caso, as afirmativas verdadeiras e falsas.

I. O princípio da proibição do retrocesso ecológico limita a discricionariedade do legislador a só legislar progressivamente, com o fito de não diminuir ou mitigar o direito fundamental ao Meio Ambiente.

II. O princípio da participação social retroalimenta a cidadania ambiental e materializa-se, por exemplo, em audiências públicas e composição de conselhos, tendo nessas oportunidades poder deliberativo.

III. A tutela precaucional é marcada pela moderação, sendo passível de revisão, quando os conhecimentos científicos evoluírem, e sujeita ao critério da proporcionalidade, devendo primar pela menor intervenção necessária.

IV. O princípio do poluidor-pagador visa à internalização das externalidades ambientais negativas e positivas e absorve em sua moldura o princípio do usuário-pagador. Sua relevância consiste em impedir à socialização dos custos ambientais.

V. O princípio do mínimo existencial ecológico postula que, por trás da garantia constitucional do mínimo existencial, subjaz a ideia de que a dignidade humana está intrinsecamente relacionada à qualidade ambiental. Ao conferir dimensão ecológica ao núcleo normativo, assenta premissa de que não existe patamar mínimo de bem-estar sem respeito ao direito fundamental do meio ambiente sadio.

A alternativa que contém a sequência correta, de cima para baixo, é a:

(A) F F V V F.

(B) V F V F V.

(C) F V F F V.

(D) V V F V F.

(E) V V V V V.

I: verdadeira, pois esse princípio, de fato, impede que normas novas sejam mais tolerantes com a degradação do meio ambiente; II: falsa, pois em audiências públicas não há poder deliberativo em favor dos populares que participam das audiências; III: verdadeira, pois, em virtude do princípio da precaução, sempre que necessário, em função de novos conhecimentos científicos, vai-se revisar a atuação administrativa para o fim de impedir que efeitos maléficos ao meio ambiente possam ser causados; IV: falsa, pois o princípio impõe a internalização apenas das externalidades *negativas*; ademais, a ideia do princípio não é impedir, mas fazer com que haja uma socialização dos custos ambientais; V: verdadeira, pois a garantia do salário mínimo (mínimo existencial) tem reflexo sim na proteção do meio ambiente.

Gabarito "B"

(Ministério Público/BA – 2008) À luz dos princípios norteadores do Direito Ambiental brasileiro, analise as assertivas a seguir:

I. A existência de autorização administrativa para poluir, segundo as normas de emissão regularmente fixadas, isenta o poluidor da obrigação de pagar pela poluição por ele efetuada.

II. Havendo ameaça de danos sérios ou irreversíveis ao meio ambiente, impõe-se a adoção de medidas eficazes e economicamente viáveis para prevenir a degradação ambiental, salvo na hipótese de ausência de certeza científica absoluta.

III. A responsabilidade por danos ao meio ambiente é objetiva, ainda que estes decorram de omissão.

IV. Os cidadãos devem ter acesso adequado às informações relativas ao meio ambiente de que disponham as autoridades públicas, inclusive sobre materiais e atividades perigosas em suas comunidades, mesmo quando previstas em Estudo de Impacto Ambiental.

V. Segundo os objetivos da Política Nacional de Meio Ambiente, aquele que se utiliza dos bens ambientais com fins econômicos deve pagar pelo uso dos mesmos, também quando se tratar de empreendimento circunscrito a área de propriedade particular.

Com base na análise feita, marque a alternativa correta:

(A) São verdadeiras apenas as assertivas III, IV e V.

(B) São verdadeiras apenas as assertivas III e V.

(C) São verdadeiras apenas as assertivas I, II e III.

(D) São verdadeiras apenas as assertivas I, III, IV e V.

(E) São verdadeiras apenas as assertivas I, II e IV.

I: incorreta, *pois segundo o princípio do poluidor-pagador, este deve suportar as despesas de prevenção, reparação e repressão dos danos ambientais. Neste sentido doutrina Romeu Thomé e Leonardo de Medeiros Garcia: "(...). Este princípio não se limita a tolerar a poluição mediante um preço, nem se limita a compensar os danos causados, mais sim e principalmente, evitar o dano ambiental. Desta forma, o princípio do poluidor-pagador não se reduz à finalidade de somente compensar o dano ao meio ambiente, deve também englobar os custos necessários para a precaução e prevenção dos danos, assim como sua adequada repressão"*; II: incorreta, pois segundo o princípio da precaução, previsto no princípio 15 da Declaração do Rio ECO/1992, quando houver perigo de dano grave e irreversível, a falta de certeza científica absoluta não deverá ser utilizada como razão para postergar a adoção de medidas eficazes para impedir a degradação do meio ambiente, cabendo ao interessado o ônus de provar que as intervenções pretendidas não são perigosas e/ou poluentes; III: correta (art. 14, § 1º, da Lei 6.938/1981); IV: correta (art. 5º, XXXIII e art. 225, IV, da CF e princípio 10 da Declaração do Rio ECO/1992); V: correta (art. 4º, VII, da Lei 6.938/1981).

Gabarito "A"

(Ministério Público/GO – 2010) Em relação aos princípios fundamentais do direito ambiental, é correto afirmar, exceto:

(A) O princípio poluidor-pagador assenta-se na vocação redistributiva do direito ambiental, não possuindo nenhum caráter preventivo, pois, limita-se a compensar os danos causados durante o processo produtivo.

(B) O princípio da precaução encontra-se inscrito, expressamente, na legislação brasileira.

(C) O princípio da participação comunitária pressupõe o direito de informação, sendo exemplo concreto da aplicação deste princípio a obrigatoriedade legal da realização de audiência pública no processo de licenciamento ambiental que demande a realização de EIA/RIMA.

(D) O princípio da natureza pública da proteção ambiental decorre da previsão legal que considera o meio ambiente como um valor a ser protegido para fruição humana coletiva.

A: incorreta, *pois segundo o princípio do poluidor-pagador, este deve suportar as despesas de prevenção, reparação e repressão dos danos ambientais. Neste sentido doutrina Romeu Thomé e Leonardo de Medeiros Garcia: "(...). Este princípio não se limita a tolerar a poluição mediante um preço, nem se limita a compensar os danos causados, mais sim e principalmente, evitar o dano ambiental. Desta forma, o princípio do poluidor-pagador não se reduz à finalidade de somente compensar o dano ao meio ambiente, deve também englobar os custos necessários para a precaução e prevenção dos danos, assim como sua adequada repressão"*; **B:** correta (princípio 15 da Declaração do Rio 92 e art. 225, *caput*, da CF); **C:** correta (art. 3º, da Resolução CONAMA 237/1997); **D:** correta (art. 225, *caput*, e § 1º, da CF, e art. 2º, I, da Lei 6.938/1981).

Gabarito "A"

(Ministério Público/MT – 2012 – UFMT) Qual princípio impõe ao autor potencial a obrigação de provar, com anterioridade, mesmo diante da ausência de certeza científica do dano, que a sua ação não causará danos ao ambiente?

(A) Da precaução

(B) Do poluidor-pagador

(C) Da prevenção

(D) Da equidade intergeracional

(E) Da informação

A alternativa "A" está correta, ficando excluídas as demais. De fato, o enunciado trazido na questão se refere ao princípio da precaução, previsto no princípio 15 da Declaração do Rio ECO/1992, segundo o qual, quando houver perigo de dano grave e irreversível, a falta de certeza científica absoluta não deverá ser utilizada como razão para postergar a adoção de medidas eficazes para impedir a degradação do meio ambiente, cabendo ao interessado o ônus de provar que as intervenções pretendidas não são perigosas e/ou poluentes.

Gabarito "A"

(Ministério Público/RO – 2010 – CESPE) Considerando que as políticas públicas são implementadas com o propósito de evitar danos ambientais e objetivam alcançar a aplicação de princípios ambientais, assinale a opção correta.

(A) Embora o princípio da prevenção ainda não esteja incorporado à ordem jurídica nacional, sua observância permite ao poder público antecipar-se à ocorrência de danos ambientais.

(B) O princípio da precaução pode ser invocado para inverter o ônus da prova em procedimento ambiental.

(C) O pagamento pecuniário e a indenização legitimam empreendimentos que venham provocar lesão ao meio ambiente.

(D) No processo industrial de fabricação de produtos, os resíduos descartados no ambiente devem ser tratados, sendo esta uma forma de aplicação do princípio do usuário-pagador.

(E) O envolvimento das comunidades na implementação de planos de manejo nas unidades de conservação é exemplo de aplicação do princípio da informação.

A: incorreta, pois o princípio da prevenção decorre de diversas normas jurídicas, como as que decorrem do art. 225, caput e § 1º, II a VII, da CF; **B:** correta, pois uma das consequências do princípio da precaução é a inversão do ônus da prova, fazendo com que o empreendedor tenha que demonstrar que suas atividades não causarão lesão ao meio ambiente ecologicamente equilibrado; **C:** incorreta, pois o princípio do poluidor-pagador não permite a poluição pelo fato de se ter pagado a indenização correspondente; quem polui tem que reparar o meio ambiente e, mesmo reparando, continua sujeito às demais sanções administrativas e penais incidentes; **D:** incorreta, pois esse fato não guarda relação com o princípio do usuário-pagador, já que esse princípio tem por objetivo cobrar pelo uso de recursos ambientais, de modo a promover o uso racional dos recursos naturais; **E:** incorreta, pois o caso revela aplicação do princípio da participação social, e no do princípio da informação.

Gabarito "B"

5. COMPETÊNCIA EM MATÉRIA AMBIENTAL

(Ministério Público/PI – 2014 – CESPE) Considerando a divisão de competências ambientais, a Política Nacional do Meio Ambiente e os instrumentos de proteção ambiental, assinale a opção correta.

(A) Para o cumprimento dos objetivos da Política Nacional do Meio Ambiente, o CONAMA deverá estabelecer normas, critérios e padrões relativos ao controle e à manutenção do meio ambiente, considerando a capacidade de autorregeneração dos corpos receptores e a necessidade do estabelecimento de parâmetros genéricos mensuráveis.

(B) Em se tratando de empreendimentos potencialmente causadores de poluição ambiental que já tenham sido implantados irregularmente, dispensa-se o procedimento de licenciamento ambiental normalmente exigido para o seu funcionamento, exigindo-se em contrapartida indenização civil ambiental pelos danos causados.

(C) A criação de espaços territoriais especialmente protegidos e a servidão ambiental poderão ser instituídas de forma onerosa ou gratuita, temporária ou perpétua, desde que mantido, no mínimo, o mesmo regime da reserva legal.

(D) Para a aprovação de projetos habilitados a financiamento e incentivo governamentais, é facultado ao poder público exigir o licenciamento ambiental e o cumprimento das normas, critérios e padrões ambientais determinados pelo CONAMA.

(E) No âmbito da cooperação entre os entes da Federação, o exercício das competências ambientais legislativas e materiais pelos estados, DF e municípios sujeita-se às normas gerais da União e às determinações do órgão ambiental federal.

A: correta, conforme disposto no art. 7º, XIX, § 3º do Decreto 99.274/1990: "§ 3º Na fixação de normas, critérios e padrões relativos ao controle e à manutenção da qualidade do meio ambiente, o CONAMA levará em consideração a capacidade de autorregeneração dos corpos receptores e a necessidade de estabelecer parâmetros genéricos mensuráveis"; **B:** incorreta, pois não há a dispensa do licenciamento. **C:** incorreta, pois a criação de espaços territoriais especialmente protegidos não segue o mesmo regime de criação da servidão ambiental (art. 9º-A e 9º-B da Lei 6.938/1981); **D:** incorreta, pois não se trata de uma faculdade do poder público e sim uma obrigação, conforme art. 12 da PNMA: "Art. 12 – As entidades e órgãos de financiamento e incentivos governamentais condicionarão a aprovação de projetos habilitados a esses benefícios ao licenciamento, na forma desta Lei, e ao cumprimento das normas, dos critérios e dos padrões expedidos pelo CONAMA. Parágrafo único. As entidades e órgãos referidos no *caput* deste artigo deverão fazer constar dos projetos a realização de obras e aquisição de equipamentos destinados ao controle de degradação ambiental e à melhoria da qualidade do meio ambiente"; **E:** incorreta, pois embora o art. 23, VI e VII, e parágrafo único, da CF determine como competência comum entre União, Estados e Municípios a proteção do meio ambiente, o combate à poluição e preservação das florestas, fauna e flora, no que diz respeito a competência legislativa sobre proteção ambiental, esta será concorrente somente entre União, aos Estados e ao Distrito Federal, (art. 24, VI, VII e VIII da CF).

Gabarito "A"

(Ministério Público/MS – 2013 – FADEMS) À luz da competência para legislar em matéria ambiental, é correto afirmar que:

(A) Em matéria ambiental, não há competência legislativa privativa e suplementar do Município.

(B) Os Estados, no âmbito da legislação concorrente, não podem legislar sobre matéria ainda não tratada pela União.

(C) Compete privativamente à União legislar sobre floresta, caça e pesca, com fulcro no princípio da predominância do interesse.

(D) As normas gerais no âmbito da competência concorrente são atribuídas à União.

(E) Mesmo que exista atuação normativa por parte da União, o Estado-membro também pode trata das normas gerais que não atendam somente suas peculiaridades.

A: incorreta, pois, em matéria de interesse local, a competência é privativa do Município (art. 30, I, da CF); ademais, o Município pode, sim, suplementar a legislação federal e estadual, no que couber (art. 30, II, da CF); **B:** incorreta, pois, nesse caso (de a União ainda não ter legislado sobre alguma matéria), os Estados podem legislar para atender às suas peculiaridades (art. 24, § 3º, da CF); naturalmente que, uma vez editada uma lei federal geral superveniente sobre o assunto, a legislação estadual correspondente terá sua eficácia suspensa no que for incompatível com a lei federal (art. 24, § 4º, da CF); **C:** incorreta, pois essa competência é concorrente da União, Estados e Distrito Federal (art. 24, VI, da CF); **D:** correta (art. 24, § 1º, da CF); **E:** incorreta, pois, nesse caso (de a União ter produzido normas gerais), o Estado não pode produzir outras normas gerais a título de atender a suas peculiaridades, pois isso só pode acontecer na hipótese de inexistir normas federais (art. 24, § 3º, da CF); porém, nada impede que os Estados suplementem a legislação federal (art. 24, § 2º, da CF), ou seja, tratem de aspecto não abordado na lei federal ou criem normas com vistas à aplicação local da lei federal.

Gabarito "D"

(Ministério Público/AC – 2008) Em relação à repartição de competências, assinale a alternativa correta.

(A) Ao município é vedado legislar em matéria ambiental, porque a Constituição Federal, em seu artigo 24, afirma que apenas a União, os Estados e o Distrito Federal poderão fazê-lo.

(B) O princípio da subsidiariedade é o critério sugerido para resolver conflitos de competência material.

(C) Havendo conflito entre legislações protetivas ao ambiente, a resolução dar-se-á pelo critério da hierarquia.

(D) Basta que a simples circunstância de determinado empreendimento, bem como seus efeitos ambientais desfavoráveis atinjam bem da União para se determinar que o licenciamento e a fiscalização se darão pelo IBAMA.

A: incorreta, pois o Município possui competência legislativa exclusiva em matéria ambiental para legislar sobre assuntos de interesse local (art. 30, I, da CF), competência legislativa concorrente (implícita) para legislar sobre proteção do meio ambiente e dos recursos naturais (art. 24, VI, VII, VIII, da CF) e competência legislativa para suplementar a legislação federal e a estadual no que couber (art. 30, II, da CF); **B:** correta, pois o art. 21 da CF trata da competência material exclusiva da União, enquanto que o art. 23, da CF trata da competência material comum da União, dos Estados, do Distrito Federal e dos Municípios, levando-se em consideração os critérios da preponderância do interesse e da colaboração entre os entes da Federação. Importante esclarecer que em 2011 foi editada a Lei Complementar 140, em cumprimento ao parágrafo único do art. 23 da CF, com o fim de fixar as normas para a cooperação entre os entes da Federação, tendo em vista o equilíbrio do desenvolvimento e do bem-estar em âmbito nacional; **C:** incorreta, pois havendo conflito entre normas ambientais, deve-se aplicar a mais protetiva, desde que respeitadas as competências constitucionais em matéria ambiental. Neste sentido: *"Questão tormentosa é a resolução de conflito entre normas ambientais federais, estaduais (ou distritais) e municipais. Em razão da inexistência de hierarquia entre as entidades que compõem a federação, as referidas leis estão no mesmo patamar. Destarte, é preciso se definir caso a caso qual pessoa política invadiu a esfera legiferante da outra. Por conseguinte, o conflito entre leis ambientes de diferentes esferas, caso não seja a hipótese de aplicabilidade do princípio da especialidade, será solucionado pela delimitação pontual do que é considerado como norma geral sobre meio ambiente e o que é disposição que verse sobre peculiaridades regionais ou locais. Logo, se a norma federal extrapolar a sua zona de atribuição, adentrando em terreno afeto ao legislador estadual ou municipal, deverá ser pronunciada a sua inconstitucionalidade formal. Ao revés, se a lei estadual veicular matéria geral, será esta que deverá ser invalidada"* (Frederico Amado. *Direito Ambiental Esquematizado*. Ed. Método); **D:** incorreta. A Lei Complementar 140/2011 regula as competências ambientais comuns entre a União, os Estados, o Distrito Federal e os Municípios, especialmente no que concerne ao licenciamento ambiental, devendo a Resolução CONAMA 237/1997 ser interpretada de acordo com tal diploma legal. Cumpre observar que dois são os critérios definidores da competência material para promover o licenciamento: o critério da dimensão do impacto ou dano ambiental e o critério da dominialidade do bem público afetável. Assim, a competência será do IBAMA, caso o impacto seja regional ou nacional (aquele que ultrapassa o território de um Estado, abarcando uma região ou mesmo todo o território brasileiro), bem como caso o bem público afetado pelo empreendimento licenciado seja federal. Todavia, uma vez concedida a licença ambiental, a competência para a fiscalização será comum, já que o pacto federativo atribui competência aos entes da federação para proteger o meio ambiente (e não apenas ao órgão ambiental licenciador), nos termos do art. 23, VI, da CF.

Gabarito "B"

(Ministério Público/AM – 2008 – CESPE) À luz da competência legislativa ambiental prevista na CF de 1988, julgue os seguintes itens.

I. Matéria relacionada a atividade nuclear de qualquer natureza é de competência exclusiva da União.

II. Em matéria ambiental, inexiste competência legislativa privativa e suplementar de município.

III. O município possui competência legislativa concorrente para, juntamente com os estados, legislar sobre florestas, caça e pesca, independentemente de interesse local.

IV. No âmbito da legislação concorrente, os estados não podem legislar sobre matéria ainda não tratada pela União.

V. As normas gerais no âmbito da competência concorrente são atribuídas à União.

Estão certos apenas os itens

(A) I e II.

(B) I e V.

(C) II e III.

(D) III e IV.

(E) IV e V.

I: correta (art. 22, XXVI, da CF); II: incorreta, pois é competência privativa do município legislar sobre assunto de interesse local (art. 30, I, da CF) e suplementar, a prevista no art. 30, II, da CF; III: incorreta (art. 24, VI, da CF); IV: incorreta (art. 24, § 3º, da CF); V: correta (art. 24, § 1º, da CF).

Gabarito "B"

(Ministério Público/GO – 2010) Em relação à competência legislativa para proteção do meio ambiente, é correto afirmar:

(A) É concorrente a competência entre União, Estados, Distrito Federal e Municípios para legislar sobre a proteção do meio ambiente, cabendo à União estabelecer normas gerais em relação as questões de interesse nacional, sem excluir a competência suplementar dos Estados, Distrito Federal e Municípios, os quais poderão, respectivamente, estabelecer normas disciplinando questões regionais e estritamente local, desde que mais protetivas ao meio ambiente do que o disposto na norma federal.

(B) É privativa da União a competência para legislar sobre a proteção do meio ambiente, pois, nos termos do artigo 20 da CF, são bens da União: os rios, lagos, mar territorial, recursos minerais, dentre outros.

(C) Inexistindo lei federal estabelecendo normas gerais, é plena a competência legislativa dos Municípios para legislar sobre a proteção do meio ambiente, não se submetendo à legislação estadual que disciplinar o mesmo assunto.

(D) O Município não possui competência para legislar sobre a proteção do meio ambiente, pois, não foi arrolado no artigo 24 da CF.

A: correta (art. 24, VI, VII e VIII, e § 1º a § 4º, da CF); **B:** incorreta (art. 24, VI, VII e VIII, da CF); **C:** incorreta, pois a competência legislativa dos Município será suplementar (e não supletiva ou plena) para complementar a legislação federal e a estadual no que couber (art. 30, II, da CF); **D:** incorreta, pois o Município possui competência legislativa exclusiva em matéria ambiental para legislar sobre assuntos de interesse local (art. 30, I, da CF), competência legislativa concorrente (implícita) para legislar sobre proteção do meio ambiente e dos recursos naturais (art. 24, VI, VII, VIII, da CF) e competência legislativa para suplementar a legislação federal e a estadual no que couber (art. 30, II, da CF).

Gabarito "A"

(Ministério Público/MA – 2009) A competência para legislar em matéria ambiental é:

(A) da União, dos Estados e do Distrito Federal;

(B) da União e dos Estados;

(C) da União e dos Municípios;

(D) dos Estados, do Distrito Federal e dos Municípios.

(E) da União, dos Estados e do Distrito Federal, tendo os Municípios competência suplementar.

A competência legislativa em matéria ambiental é concorrente da União, dos Estados e do DF (art. 24 da CF), tendo os Municípios competência suplementar (art. 30, II, da CF).

Gabarito "E"

(Ministério Público/PR – 2009) Assinale a alternativa *INCORRETA*:

(A) para atender a suas peculiaridades próprias, os Estados exercerão a competência legislativa plena, desde que não exista lei federal sobre normas gerais ambientais.

(B) a competência plena dos Estados sofre dupla limitação, qualitativa e temporal: a norma estadual não pode exorbitar a peculiaridade ou o interesse do próprio Estado e terá que se ajustar ao disposto em norma federal ambiental superveniente.

(C) a competência da União para legislar sobre normas gerais ambientais não exclui a competência suplementar dos Estados.

(D) a competência suplementar dos Estados a um texto legal poderá desviar-se da *mens legis* ambiental federal.

(E) compete à União, aos Estados e ao Distrito Federal legislar concorrentemente sobre fauna e florestas.

A: correta (art. 24, § 3º, da CF); **B:** correta, estando a limitação qualitativa no § 3º, e a limitação temporal, no § 4º, ambos do art. 24 da CF; **C:** correta (art. 24, § 2º, da CF); **D:** incorreta, pois a União deve estabelecer normas gerais (art. 24, § 1º, da CF), devendo os Estados respeitar os termos da lei geral, sob pena de violar o texto constitucional; cabe ao Estado tratar de temas não previstos na lei geral e também estabelecer regras com vistas ao cumprimento local da legislação federal; **E:** correta (art. 24, VI, da CF).

Gabarito "D"

6. LEI DE POLÍTICA NACIONAL DO MEIO AMBIENTE

(Ministério Público/AM – 2008 – CESPE) Assinale a opção incorreta acerca do SISNAMA, nos termos da Lei n. 6.938/1981.

(A) Compete ao CONAMA estabelecer, privativamente, normas e padrões nacionais de controle da poluição causada por veículos automotores, aeronaves e embarcações, mediante audiência dos ministérios competentes.

(B) O SISNAMA é constituído pelos órgãos e entidades da União, dos estados, do DF e dos municípios e pelas fundações instituídas pelo poder público, responsáveis pela proteção e melhoria da qualidade ambiental.

(C) O CONAMA pode dividir-se em câmaras técnicas para examinar e relatar ao plenário assuntos de sua competência.

(D) O licenciamento de estabelecimentos destinados a produzir materiais nucleares deve ser feito pelos órgãos estaduais, municipais e distritais.

(E) O SISNAMA possui estrutura federativa.

A: correta (art. 8º, VI, da Lei 6.938/1981); **B:** correta (art. 6º, *caput*, da Lei 6.938/1981); **C:** correta (art. 8º do Decreto 99.274/1990); **D:** incorreta. O licenciamento "competira à Comissão Nacional de Energia Nuclear (CENEN), mediante parecer do Ibama" (art. 19, § 4º, do Decreto 99.274/1990); **E:** correta (art. 6º da Lei 6.938/1981).

Gabarito "D"

(Ministério Público/MG – 2011) A Lei n. 6.938/1981 dispôs sobre a Política Nacional do Meio Ambiente, seus fins e mecanismos de formulação e aplicação. Dentre as questões normativas inseridas, tem-se:

I. O IBAMA é órgão executor, com a finalidade de executar e fazer executar, como órgão federal, a política e diretrizes governamentais fixadas para o meio ambiente.

II. Compete ao CONAMA determinar, quando julgar necessário, a realização de estudos das alternativas e das possíveis consequências ambientais de projetos públicos ou privados, requisitando aos órgãos federais, estaduais e municipais, bem assim a entidades privadas, as informações indispensáveis para apreciação dos estudos de impacto ambiental, e respectivos relatórios, no caso de obras ou atividades de significativa degradação ambiental, especialmente nas áreas consideradas patrimônio nacional.

III. Mediante anuência do órgão ambiental competente, o proprietário rural pode instituir servidão ambiental, pela qual voluntariamente renuncia, em caráter permanente ou temporário, total ou parcialmente, a direito de uso, exploração ou supressão de recursos naturais existentes na propriedade. A servidão ambiental aplica-se às áreas de preservação permanente e de reserva legal.

IV. São alguns dos instrumentos da Política Nacional do Meio Ambiente: o estabelecimento de padrões de qualidade ambiental; o zoneamento ambiental; a avaliação de impactos ambientais; o licenciamento e a revisão de atividades efetiva ou potencialmente poluidoras; os incentivos à produção e instalação de equipamentos e a criação ou absorção de tecnologia, voltados para a melhoria da qualidade ambiental; a criação de espaços territoriais especialmente protegidos pelo Poder Público federal, estadual e municipal, tais como áreas de proteção ambiental, de relevante interesse ecológico e reservas extrativistas; o sistema nacional de informações sobre o meio ambiente; o Cadastro Técnico Federal de Atividades e Instrumentos de Defesa Ambiental.

Está INCORRETA a afirmação:

(A) I.

(B) II.

(C) III.

(D) IV.

I: correta (art. 6°, IV, da Lei 6.938/1981). Atualmente, o Instituto Chico Mendes também é um órgão executor; II: correta (art. 8°, II, da Lei 6.938/1981); III: incorreta (antiga redação do art. 9°-A, § 1°, da Lei 6.938/1981, alterada substancialmente pelo novo regime jurídico dado à servidão ambiental pelo Código Florestal de 2012 – Lei 12.651/2012, que alterou a redação do art. 9°-A e inseriu os arts. 9°-B e 9°-C à Lei 6.938/1981); IV: correta (art. 9°, I a VIII, da Lei 6.938/1981).

Gabarito "C"

(Ministério Público/MG – 2010.1) Considere as seguintes assertivas a respeito da Lei Federal n. 6.938, de 31 de agosto de 1981, que instituiu a Política Nacional do Meio Ambiente

I. São princípios da Política Nacional do Meio Ambiente a proteção dos ecossistemas, com a preservação de áreas representativas, a proteção das áreas ameaçadas de degradação, bem como a recuperação das áreas degradadas.

II. O poluidor é obrigado, independentemente da existência de culpa, a indenizar ou reparar os danos causados ao meio ambiente e a terceiros afetados por sua atividade, sendo que as medidas de responsabilização civil e a recuperação ambiental podem eximir o poluidor de sanções administrativas.

III. As diretrizes da Política Nacional do Meio Ambiente obrigam não apenas as atividades empresariais públicas, mas também as privadas.

IV. São instrumentos da PNMA o zoneamento ambiental, a avaliação de impactos ambientais, as penalidades disciplinares ou compensatórias ao não cumprimento das medidas necessárias à preservação ou correção da degradação ambiental, a criação de espaços territoriais especialmente protegidos pelo Poder Público, assim como instrumentos econômicos, inclusive o seguro ambiental.

V. A construção, instalação, ampliação e funcionamento de estabelecimentos e atividades utilizadoras de recursos ambientais, considerados efetiva e potencialmente poluidores, bem como os capazes, sob qualquer forma, de causar degradação ambiental, dependerão de prévio licenciamento de órgão estadual competente, integrante do Sistema Nacional do Meio Ambiente (SISNAMA), e do Instituto Brasileiro do Meio Ambiente e Recursos Naturais Renováveis (IBAMA), em caráter supletivo, sem prejuízo de outras licenças exigíveis.

Assinale a opção CORRETA.

(A) I, II, III e IV estão corretas.

(B) I, II, III e V estão corretas.

(C) I, III, IV e V estão corretas.

(D) I, III e V estão corretas.

(E) Todas estão corretas.

I: correta (art. 2°, IV, IX e VIII, da Lei 6.938/1981); II: incorreta, pois o art. 14, § 1°, da Lei 6.938/1981 deixa claro que a responsabilização civil atua "sem obstar a aplicação das penalidades" administrativas previstas no dispositivo; III: correta (art. 5°, parágrafo único, da Lei 6.938/1981); IV: correta (art. 9° da Lei 6.938/1981); V: correta, levando-se em consideração que a questão foi elaborada em 2010 e descreveu o que previa o *caput* do art. 10 da Lei 6.938/1981. Com o advento da Lei Complementar 140/2011, a redação atual é a seguinte: "A construção, instalação, ampliação e funcionamento de estabelecimentos e atividades utilizadores de recursos ambientais, efetiva ou potencialmente poluidores ou capazes, sob qualquer forma, de causar degradação ambiental dependerão de prévio licenciamento ambiental".

Gabarito "C"

(Ministério Público/MS – 2011 – FADEMS) Para os fins da Lei 6.938 de 31 de agosto de 1981 – Lei da Política Nacional do Meio Ambiente é **incorreto** afirmar que:

(A) a degradação da qualidade ambiental é toda alteração adversa das características do meio ambiente;

(B) o meio ambiente é o conjunto de condições, leis, influências e interações de ordem física, química e biológica, que permite, abriga e rege a vida em todas as suas formas;

(C) a poluição é a degradação da qualidade ambiental resultante de atividades que direta ou indiretamente, por exemplo, afetem desfavoravelmente a biota.

(D) a poluição é a degradação da qualidade ambiental resultante de atividades que direta ou indiretamente, por exemplo, prejudiquem a saúde, a segurança e o bem-estar da população;

(E) o poluidor é somente a pessoa física responsável, direta ou indiretamente, por atividade causadora de degradação ambiental.

A: assertiva correta (art. 3°, II, da Lei 6.938/1981); **B:** assertiva correta (art. 3°, I, da Lei 6.938/1981); **C:** assertiva correta (art. 3°, III, "c", da Lei 6.938/1981); **D:** assertiva correta (art. 3°, III, "a", da Lei 6.938/1981); **E:** assertiva incorreta, pois a pessoa jurídica também pode ser poluidora (art. 3°, IV, da Lei 6.938/1981).

Gabarito "E"

(Ministério Público/PI – 2012 – CESPE) Considerando os princípios e instrumentos da Política Nacional do Meio Ambiente, assinale a opção correta.

(A) Deliberar e normatizar as diretrizes de políticas governamentais para o meio ambiente é função do Conselho Nacional do Meio Ambiente, órgão superior do Sistema Nacional do Meio Ambiente.

(B) Impacto ambiental e dano ambiental são expressões do mesmo aspecto: a degradação do meio ambiente.

(C) O MP exerce sua função judicial, em relação a matéria ambiental, por meio do ajuizamento de ações de responsabilização por danos ambientais e por meio da celebração, com agentes degradadores do meio ambiente, de transações, termos de compromisso e ajustamentos de conduta.

(D) A audiência pública, que antecede o licenciamento ambiental, pode ser solicitada pelo MP, por entidade civil ou por um grupo de, no mínimo, cinquenta cidadãos, sendo possível a realização de mais de uma audiência pública relativa a um só projeto.

(E) A servidão florestal, que tem natureza de direito real sobre coisa alheia, não precisa ser registrada imobiliariamente, apesar de representar uma renúncia do particular quanto ao uso dos recursos naturais do prédio que lhe pertence.

A: incorreta, pois é função do Conselho Nacional do Meio Ambiente, que é órgão consultivo e deliberativo do SISNAMA, e não, órgão superior (art. 6º, II, da Lei 6.938/1981 – PNMA), a de assessorar, estudar e propor ao Conselho de Governo, diretrizes de políticas governamentais para o meio ambiente e os recursos naturais e deliberar, no âmbito de sua competência, sobre normas e padrões compatíveis com o meio ambiente ecologicamente equilibrado e essencial à sadia qualidade de vida. Não se confunde o CONAMA com o Conselho de Governo, este sim órgão superior do SISNAMA, com a função de assessorar o Presidente da República na formulação da política nacional e nas diretrizes governamentais para o meio ambiente e os recursos ambientais (art. 6º, I, da Lei da PNMA); **B:** incorreta. De acordo com a Resolução CONAMA 01/1986, considera-se impacto ambiental qualquer alteração das propriedades físicas, químicas e biológicas do meio ambiente, causada por qualquer forma de matéria ou energia resultante das atividades humanas que, direta ou indiretamente, afetam: I – a saúde, a segurança e o bem-estar da população; II – as atividades sociais e econômicas; III – a biota; IV – as condições estéticas e sanitárias do meio ambiente; e V – a qualidade dos recursos ambientais. O art. 6º, II, da precitada Resolução, ainda menciona a existência de impactos positivos (portanto, benéficos!), fator suficiente a demonstrar que não se confunde com o dano ambiental, este, sempre, de qualidade negativa, causando, pois, prejuízo (de ordem material e até mesmo moral); **C:** incorreta, pois o Ministério Público não poderá transacionar pura e simplesmente com os degradadores da qualidade ambiental, visto que a transação implica mútuas concessões entre as partes, o que seria inadmissível. Afinal, o meio ambiental é bem de titularidade difusa, e, portanto, indisponível. O que se pode aventar é a transação da forma de cumprimento das normas de proteção ambiental, mas, jamais, o conteúdo. Frise-se, ainda, que seria impossível que em um termo de ajustamento de conduta o Ministério Público "renunciar" a busca da reparação ambiental, que deverá, como é sabido e ressabido, ser integral; **D:** correta (art. 2º da Resolução CONAMA 09/1987); **E:** incorreta. A servidão florestal (ou servidão ambiental), disciplinada no art. 9º-A da Lei 6.938/1981, com a redação que lhe foi dada pela Lei 12.651/2012 (Novo Código Florestal), consiste no fato de o proprietário ou possuidor de imóvel, pessoa natural ou jurídica, instituir, por instrumento público ou particular ou por termo administrativo firmado perante órgão integrante do SISNAMA, a limitação do uso de toda a sua propriedade ou de parte dela para preservar, conservar ou recuperar os recursos ambientais existentes. O termo que instituir a servidão ambiental deverá ser averbado na matrícula do imóvel, consoante determina o art. 9º-A, § 4º, da Lei da PNMA.

Gabarito "D"

(Ministério Público/PR – 2011) Tendo como base as seguintes assertivas:

I. É competência concorrente da União, Estados e Distrito Federal legislar sobre florestas, caça, pesca, fauna, conservação da natureza, defesa do solo e dos recursos naturais, proteção do meio ambiente e controle da poluição, bem como, sobre responsabilidade por dano ao meio ambiente;

II. Para assegurar a todos o direito ao meio ambiente ecologicamente equilibrado, bem de uso comum do povo e essencial à sadia qualidade de vida, as usinas que operem com reator nuclear deverão ter sua localização definida em lei federal, sem o que não poderão ser instaladas;

III. São considerados patrimônio nacional a Floresta Amazônica brasileira, a Mata Atlântica, a Serra do Mar, o Pantanal Mato-Grossense e a Zona Costeira, os quais somente podem ser utilizados, nos termos da lei, dentro de condições que assegurem a preservação do meio ambiente, inclusive quanto ao uso dos recursos naturais. Consideram-se integrantes do Bioma Mata Atlântica as seguintes formações florestais nativas e ecossistemas associados, com as respectivas delimitações estabelecidas em mapa do Instituto Brasileiro de Geografia e Estatística – IBGE, conforme regulamento: Floresta Ombrófila Densa; Floresta Ombrófila Mista, também denominada de Mata de Araucárias; Floresta Ombrófila Aberta; Floresta Estacional Semidecidual; e Floresta Estacional Decidual, bem como os manguezais, as vegetações de restingas, campos de altitude, brejos interioranos e encraves florestais do Nordeste;

IV. Poluição, na definição legal, é a degradação da qualidade ambiental resultante de atividades que direta ou indiretamente: (i) prejudiquem a saúde, a segurança e o bem-estar da população; (ii) criem condições adversas às atividades sociais e econômicas; (iii) afetem desfavoravelmente a biota; (iv) afetem as condições estéticas ou sanitárias do meio ambiente; e (v) lancem matérias ou energia em desacordo com os padrões ambientais estabelecidos;

V. Fazem parte da estrutura do Sistema Nacional do Meio Ambiente (SISNAMA), dentre outros, o Conselho de Governo, o Conselho Nacional do Meio Ambiente (CONAMA), a Secretaria do Meio Ambiente da Presidência da República e o Instituto Brasileiro do Meio Ambiente e dos Recursos Naturais Renováveis (IBAMA).

É possível afirmar:

(A) Todas as assertivas estão corretas;

(B) Somente as assertivas I, III e V estão corretas;

(C) Somente as assertivas I, II, IV e V estão corretas;

(D) Somente as assertivas I, IV e V estão corretas:

(E) Todas as assertivas estão incorretas.

I: correta (art. 24, VI e VIII, da CF); II: correta (art. 225, § 6º, da CF); III: correta (art. 225, § 4º, da CF, c/c art. 2º da Lei 11.428/2006); IV: correta (art. 3º, III, da Lei 6.938/1981); V: correta (art. 6º da Lei 6.938/1981).

Gabarito "A"

(Ministério Público/RR – 2012 – CESPE) Com relação à Política Nacional do Meio Ambiente, assinale a opção correta.

(A) Compete ao Instituto Brasileiro do Meio Ambiente e dos Recursos Naturais Renováveis estabelecer normas, critérios e padrões relativos ao controle e à manutenção da qualidade do meio ambiente com vistas ao uso racional dos recursos ambientais.

(B) Devido ao princípio da segurança jurídica, é vedado ao poder público exigir que o empreendedor atenda, na elaboração do estudo de impacto ambiental, outras exigências além daquelas expressamente listadas na legislação de regência.

(C) A criação de estações ecológicas federais depende da edição de lei em sentido estrito, oriunda do Poder Legislativo.

(D) Um dos objetivos dessa política é a imposição ao poluidor da obrigação de recuperar ou indenizar os danos que ele causar, devendo arcar com os custos advindos da recomposição ambiental, conforme o princípio do usuário-pagador.

(E) A servidão ambiental é um exemplo de instrumento econômico dessa política.

A: incorreta (art. 6º, IV, da Lei 6.938/1981). Compete ao IBAMA e ao Instituto Chico Mendes de Conservação da Biodiversidade – Instituto Chico Mendes, considerados órgãos executores do SISNAMA, executar e fazer executar, como órgão federal, a política e diretrizes governamentais fixadas para o meio ambiente, não se confundindo com as competências do CONAMA, traçadas no art. 8º da sobredita lei, dentre elas, a de estabelecer normas, critérios e padrões relativos ao controle e à manutenção da qualidade do meio ambiente com vistas ao uso racional dos recursos ambientais, principalmente os hídricos (inciso VII); **B:** incorreta. Em atenção ao princípio da prevenção, poderá o órgão licenciador buscar do empreendedor outras exigências além daquelas previstas na legislação de regência (art. 10, § 2º, da Resolução CONAMA 237/1997); **C:** incorreta. As estações ecológicas, assim como as demais espécies de unidades de conservação, poderão ser criadas por ato do poder público (lei ou ato infralegal), nos termos do art. 22, *caput*, da Lei do SNUC. Assim, a criação de uma unidade de conservação não exige a edição de lei em sentido estrito, mas a sua extinção ou redução de limites a exigirá (art. 225, § 1º, III, da CF e art. 22, § 7º, da Lei 9.985/2000); **D:** incorreta, pois a busca pela recuperação dos danos ambientais provocados pelo poluidor, ou a indenização correspondente, não são facetas do princípio do usuário-pagador, mas, sim, do poluidor-pagador; **E:** correta (art. 9º, XIII, da Lei 6.938/1981).

Gabarito "E"

(Ministério Público/SC – 2012) Analise as assertivas a seguir.

I. A Lei n. 7.661/1988, que Institui o Plano Nacional de Gerenciamento Costeiro, considera Zona Costeira, o espaço geográfico contemplando o ar, o mar e terra, incluindo seus recursos renováveis ou não, abrangendo tão somente a faixa terrestre, definida pelo Plano.

II. O Plano de Gerenciamento Costeiro, para evitar a degradação ou o uso indevido dos ecossistemas, do patrimônio e dos recursos naturais da Zona Costeira, poderá prever a criação de unidades de conservação permanente.

III. Compete ao CONAMA, segundo a Lei n. 6.938/1981, homologar acordos visando à transformação de penalidades pecuniárias na obrigação de executar medidas de interesse para a proteção ambiental.

IV. De acordo com a Lei n. 6.938/1981, cabe ao CONAMA, estabelecer, privativamente, normas e padrões nacionais de controle da poluição por veículos automotores, aeronaves e embarcações, mediante audiência dos Ministérios competentes; bem como, ainda privativamente, estabelecer normas, critérios e padrões relativos ao controle e à manutenção da qualidade do meio ambiente com vistas ao uso racional dos recursos ambientais, principalmente os hídricos.

V. São instrumentos da Política Nacional do Meio Ambiente: as penalidades disciplinares ou compensatórias ao não cumprimento das medidas necessárias à preservação ou correção da degradação ambiental e instrumentos econômicos, como concessão florestal, servidão ambiental, seguro ambiental e outros.

(A) Apenas as assertivas I, II e III estão corretas.

(B) Apenas as assertivas II, III e IV estão corretas.

(C) Apenas as assertivas III, IV e V estão corretas.

(D) Apenas as assertivas II, IV e V estão corretas.

(E) Todas as assertivas estão corretas.

I: incorreta. Segundo dispõe o art. 2º, parágrafo único, da Lei 7.661/1988, considera-se Zona Costeira o espaço geográfico de interação do ar, do mar e da terra, incluindo seus recursos renováveis ou não, abrangendo *uma faixa marítima* e outra terrestre, que serão definidas pelo Plano; II: correta (art. 9º da Lei 7.661/1988); III: incorreta, pois a competência referida na assertiva, constante do art. 8º, IV, da Lei 6.938/1981, foi vetada quando da sanção da Política Nacional do Meio Ambiente; IV: correta (art. 8º, VI e VII, da Lei 6.938/1981); V: correta (art. 9º, IX e XIII, da Lei 6.938/1981).

Gabarito "D"

(Ministério Público/SE – 2010 – CESPE) A PNMA foi estabelecida em 1981 mediante a edição da Lei n. 6.938/1981, que criou o SISNAMA. O objetivo dessa lei é o estabelecimento de padrões que tornem possível o desenvolvimento sustentável, por meio de mecanismos e instrumentos para maior proteção do ambiente. A respeito desse assunto e considerando o disposto na lei, assinale a opção correta.

(A) O SISNAMA congrega os órgãos e as instituições ambientais da União, dos estados e dos municípios; o DF não compõe esse sistema.

(B) Poluição e poluidor são conceitos doutrinários não definidos na lei da PNMA.

(C) É objetivo da PNMA a compatibilização do desenvolvimento econômico-social com a preservação da qualidade do meio ambiente e do equilíbrio ecológico.

(D) O SISNAMA possui dois órgãos superiores e cinco órgãos locais.

(E) Órgãos municipais estão impedidos de elaborar normas ambientais.

A: incorreta (art. 6º, *caput*, da Lei 6.938/1981); **B:** incorreta (art. 3º, III e IV, da Lei 6.938/1981); **C:** correta (art. 4º, I, da Lei 6.938/1981); **D:** incorreta, pois há um órgão superior (Conselho de Governo – art. 6º, I, da Lei 6.938/1981) e diversos órgãos locais (art. 6º, VI, da Lei 6.938/1981), já que estes são os órgãos ou entidades dos municípios, responsáveis pela proteção do meio ambiente; **E:** incorreta, pois os Municípios, observadas as normas e os padrões federais e estaduais, também poderão elaborar normas ambientais (art. 6º, § 2º, da Lei 6.938/1981).

Gabarito "C"

(Ministério Público/TO – 2012 – CESPE) A respeito do SISNAMA, assinale a opção correta.

(A) Somente o governo federal possui direito a voto na plenária do CONAMA.

(B) Não compõem o SISNAMA as secretarias de meio ambiente dos municípios.

(C) O CONAMA, órgão colegiado do SISNAMA, possui funções consultivas e deliberativas.

(D) O IBAMA não é mais o órgão executor do SISNAMA desde a criação do ICMBio.

(E) A presidência do CONAMA é exercida pelo ministro chefe da Casa Civil.

A: incorreta, pois outros integrantes do Plenário do CONAMA também têm direito a voto, dentre eles, os governos estaduais e municipais (art. 5º do Decreto federal 99.274/1990); **B:** incorreta, pois as secretarias municipais de meio ambiente são órgãos locais integrantes do SISNAMA (art. 6º, VI, da Lei 6.938/1981); **C:** correta (art. 6º, II, da Lei 6.938/1981); **D:** incorreta. O IBAMA é, sim, órgão executor do SISNAMA (art. 6º, IV, da Lei 6.938/1981), ao lado do ICMBio, também órgão executor do SISNAMA, autarquia federal criada pela Lei 11.516/2007, a quem compete executar as ações da Política Nacional de Conservação da Natureza, bem como, entre outras atribuições, a de exercer o poder de polícia ambiental nas unidades de conservação da União; **E:** incorreta. O Presidente do CONAMA é o Ministro do Meio Ambiente (art. 5º do Decreto federal 99.274/1990).

Gabarito "C"

(Ministério Público/TO – 2012 – CESPE) Os instrumentos da Política Nacional do Meio Ambiente incluem o

(A) licenciamento ambiental, o zoneamento ecológico e o plano de manejo econômico das florestas.

(B) estudo de impacto ambiental e o manejo seletivo das espécies endêmicas.

(C) relatório de impacto ambiental e o desenvolvimento de pesquisas biotecnológicas.

(D) zoneamento ambiental e o projeto de desenvolvimento de pesquisa biomarinha.

(E) licenciamento ambiental e o zoneamento ambiental.

A: incorreta, pois não se incluem entre os instrumentos da Política Nacional do Meio Ambiente, indicados no art. 9º da Lei 6.938/1981, o plano de manejo econômico das florestas; **B:** incorreta, pois o manejo seletivo das espécies endêmicas não é instrumento da Política Nacional do Meio Ambiente (art. 9º da Lei 6.938/1981); **C:** incorreta, pois o relatório de impacto ambiental não é, propriamente, um instrumento da Política Nacional do Meio Ambiente, mas, sim, uma decorrência da avaliação dos impactos ambientais, estes sim, instrumentos (art. 9º, III, da Lei 6.938/1981). Também não se inclui como instrumento da PNMA o desenvolvimento de pesquisas biotecnológicas; **D:** incorreta. O zoneamento ambiental é instrumento da PNMA (art. 9º, II, da Lei 6.938/1981), mas o projeto de desenvolvimento de pesquisa biomarinha, não; **E:** correta. Licenciamento ambiental e zoneamento ambiental figuram, expressamente, como instrumentos da PNMA (art. 9º, II e IV, da Lei 6.938/1981).

Gabarito "E"

7. INSTRUMENTOS DA POLÍTICA NACIONAL DO MEIO AMBIENTE

7.1. LICENCIAMENTO AMBIENTAL E EIA/RIMA

Para resolver as questões sobre Licenciamento Ambiental e EIA/RIMA, segue um resumo da matéria:

O **licenciamento ambiental** pode ser **conceituado** como *o procedimento administrativo destinado a licenciar atividades ou empreendimentos utilizadores de recursos ambientais, efetiva ou potencialmente poluidores ou capazes, sob qualquer forma, de causar degradação ambiental* (art. 2º, I, da Lei Complementar 140/2011). Assim, toda vez que uma determinada atividade puder causar degradação ambiental, além das licenças administrativas pertinentes, o responsável pela atividade deve buscar a necessária licença ambiental também.

A **regulamentação** do licenciamento ambiental compete ao CONAMA, que expede normas e critérios para o licenciamento. A Resolução 237 do órgão traz as normas gerais de licenciamento ambiental. Há também sobre o tema o Decreto 99.274/1990 e, atualmente, a Lei Complementar 140/2011, que trata da cooperação dos entes políticos para o exercício da competência comum em matéria ambiental, e consagrou a maior parte das disposições da Resolução CONAMA 237, colocando um fim sobre qualquer dúvida que existisse sobre a competência do Município para o exercício do licenciamento ambiental em casos de impacto ambiental local.

Já a **competência** para executar o licenciamento ambiental é assim dividida:

a) **impacto nacional e regional:** é do IBAMA, com a colaboração de Estados e Municípios. O IBAMA poderá delegar sua competência aos Estados, se o dano for regional, por convênio ou lei. Assim, a competência para o licenciamento ambiental de uma obra do porte da transposição do Rio São Francisco é do IBAMA.

b) **impacto em dois ou mais municípios (impacto microrregional):** é dos estados-membros. Por exemplo, uma estrada que liga 6 municípios de um mesmo estado-membro.

c) **impacto local:** é do Município. Por exemplo, o licenciamento para a construção de um prédio de apartamentos. A Lei Complementar 140/2011, em seu art. 9º, XIV, estabelece que o Município promoverá o licenciamento ambiental das atividades ou empreendimentos localizados em suas unidades de conservação e também das demais atividades e empreendimentos que causem ou possam causar impacto ambiental local, conforme tipologia definida pelos respectivos Conselhos Estaduais do Meio Ambiente, considerados os critérios de porte, potencial poluidor e natureza da atividade. A Resolução n. 237 permite que, por convênio ou lei, os Municípios recebam delegação dos estados para determinados licenciamentos, desde que tenha estrutura para tanto.

Há três **espécies** de licenciamento ambiental (art. 19 do Decreto 99.274/1990):

a) **Licença Prévia (LP):** *é o ato que aprova a localização, a concepção do empreendimento e estabelece os requisitos básicos a serem atendidos nas próximas fases*; trata-se de licença ligada à fase preliminar de planejamento da atividade, já que traça diretrizes relacionadas à localização e instalação do empreendimento. Por exemplo, em se tratando do projeto de construir um empreendimento imobiliário na beira de uma praia, esta licença disporá se é possível o empreendimento no local e, em sendo, quais os limites e quais as medidas que deverão ser tomadas, como construção de estradas, instalação de tratamento de esgoto próprio etc. Essa licença tem validade de até 5 anos.

b) **Licença de Instalação (LI):** é o *ato que autoriza a implantação do empreendimento, de acordo com o projeto executivo aprovado*. Depende da demonstração de possibilidade de efetivação do empreendimento, analisando o projeto executivo e eventual estudo de impacto ambiental. Essa licença autoriza as intervenções no local. Permite que as obras se desenvolvam. Sua validade é de até 6 anos.

c) **Licença de Operação (LO):** *é o ato que autoriza o início da atividade e o funcionamento de seus equipamentos de controle de poluição, nos termos das licenças anteriores*. Aqui, o empreendimento já está pronto e pode funcionar. A licença de operação só é concedida se for constatado o respeito às licenças anteriores, bem como se não houver perigo de dano ambiental, independentemente das licenças anteriores. Sua validade é de 4 a 10 anos.

É importante ressaltar que a **licença ambiental**, diferentemente da licença administrativa (por ex., licença para construir uma casa), apesar de normalmente envolver competência vinculada, tem prazo de validade definida e não gera direito adquirido para seu beneficiário. Assim, de tempos em tempos, a licença ambiental deve ser renovada. Além disso, mesmo que o empreendedor tenha cumprido os requisitos da licença, caso, ainda assim, tenha sido causado dano ao meio ambiente, a existência de licença em seu favor não o exime de reparar o dano e de tomar as medidas adequadas à recuperação do meio ambiente.

O **licenciamento ambiental**, como se viu, é obrigatório para todas as atividades que utilizam recursos ambientais, em que há possibilidade de se causar dano ao meio ambiente. Em processos de licenciamento ambiental é comum se proceder a Avaliações de Impacto Ambiental (AIA). Há, contudo, atividades que, potencialmente, podem causar danos *significativos* ao meio ambiente, ocasião em que, além do licenciamento, deve-se proceder a uma AIA mais rigorosa e detalhada, denominada Estudo de Impacto Ambiental (EIA), que será consubstanciado no Relatório de Impacto Ambiental (RIMA).

O **EIA** pode ser **conceituado** como *o estudo prévio das prováveis consequências ambientais de obra ou atividade, que deve ser exigido pelo Poder Público, quando estas forem potencialmente causadoras de significativa degradação do meio ambiente* (art. 225, § 1º, IV, CF).

Destina-se a averiguar as alterações nas propriedades do local e de que forma tais alterações podem afetar as pessoas e o meio ambiente, o que permitirá ter uma ideia acerca da viabilidade da obra ou atividade que se deseja realizar.

O Decreto 99.274/1990 conferiu ao CONAMA atribuição para traçar as regras de tal estudo. A Resolução 1/1986, desse órgão, traça tais diretrizes, estabelecendo, por exemplo, um rol exemplificativo de atividades que devem passar por um EIA, apontando-se, dentre outras, a implantação de estradas com duas ou mais faixas de rolamento, de ferrovias, de portos, de aterros sanitários, de usina de geração de eletricidade, de distritos industriais etc.

O EIA trará conclusões quanto à fauna, à flora, às comunidades locais, dentre outros aspectos, devendo ser realizado por equipe multidisciplinar, que, ao final, deverá redigir um relatório de impacto ambiental (RIMA), o qual trará os levantamentos e conclusões feitos, devendo o órgão público licenciador receber o relatório para análise das condições do empreendimento.

O empreendedor é quem **escolhe** os componentes da equipe e é quem **arca** com os custos respectivos. Os profissionais que farão o trabalho terão todo interesse em agir com correção, pois fazem seus relatórios sob as penas da lei. Como regra, o estudo de impacto ambiental e seu relatório são **públicos**, podendo o interessado solicitar sigilo industrial fundamentando o pedido.

O EIA normalmente é exigido **antes** da licença prévia, mas é cabível sua exigência mesmo para empreendimentos já licenciados.

(Ministério Público/ES – 2013 – VUNESP) No que se refere ao estudo prévio de impacto ambiental, é correto afirmar:

(A) é constitucional norma legal que dispense a elaboração do EIA/RIMA no caso de áreas de florestamento ou reflorestamento para fins empresariais.

(B) é constitucional lei estadual que submeta o relatório de impacto ambiental – RIMA – ao crivo de comissão permanente e específica da Assembleia Legislativa.

(C) será nula a licença ambiental concedida sem a sua realização, pois é obrigatório quando a atividade ou a obra for potencialmente causadora de significativa degradação ambiental.

(D) deve ser realizado por profissionais legitimamente capacitados, às expensas do órgão ambiental expedidor da licença ambiental, estando sujeito às sanções administrativas, civis e penais pelas informações prestadas no RIMA.

(E) a audiência pública, quando nesse estudo realizada, vinculará o órgão consultivo que irá decidir, ao final, o procedimento administrativo.

A: incorreta, conforme já manifestado pelo STF em 2001 nos autos da Ação Direta de Inconstitucionalidade (ADI 1086/SC) que teve como relator Ministro Ilmar Galvão: "Ação direta de inconstitucionalidade. Artigo 182, § 3º, da Constituição do Estado de Santa Catarina. Estudo de impacto ambiental. Contrariedade ao artigo 225, § 1º, IV, da carta da república. A norma impugnada, ao dispensar a elaboração de estudo prévio de impacto ambiental no caso de áreas de florestamento ou reflorestamento para fins empresariais, cria exceção incompatível com o disposto no mencionado inciso IV do § 1º do artigo 225 da Constituição Federal. Ação julgada procedente, para declarar a inconstitucionalidade do dispositivo constitucional catarinense sob enfoque"; **B:** incorreta, conforme Ação Direta de Inconstitucionalidade 1505 do estado do Espírito Santo Julgado pelo STF em 2004, tendo como relator o Ministro Eros Grau: "Ação Direta de Inconstitucionalidade. Art. 187 da Constituição do Estado do Espírito Santo. Relatório de Impacto Ambiental. Aprovação pela assembleia legislativa. Vício Material. Afronta aos artigos 58, § 2º e 225, § 1º da Constituição do Brasil. 1. É inconstitucional preceito da Constituição do Estado do Espírito Santo que submete o Relatório de Impacto Ambiental – RIMA – ao crivo de comissão permanente e específica da Assembleia Legislativa. 2. A concessão de autorização para desenvolvimento de atividade potencialmente danos ao meio ambiente consubstancia ato do Poder de Polícia – Ato da Administração Pública – entenda-se ato do poder Executivo. 3. Ação julgada procedente para declarar inconstitucional o trecho final do § 3º do artigo 187 da Constituição do Estado do Espírito Santo."; **C:** correta pois o art. 225, inciso IV, da Constituição Federal obriga à realização de estudo prévio de impacto ambiental quando a atividade ou a obra for potencialmente causadora de significativa degradação ambiental; **D:** incorreta pois as custas do EIA devem ser arcadas pelo empreendedor e não pelo órgão ambiental expedidor da licença (art. 8º da Res. CONAMA 1/1986 e art. 11 da Res. CONAMA 237/1997); **E:** incorreta pois a audiência pública tem por objetivo oferecer subsídio à tomada de decisão do órgão executivo, não tem, contudo, caráter vinculativo (neste sentido: AI 777.970-0, TJ-PR, 05.06.2012).

Gabarito "C"

(Ministério Público/GO – 2012) Sendo o licenciamento ambiental instrumento preventivo de proteção do meio ambiente, é incorreto afirmar:

(A) extrai-se da Lei Complementar n. 140/2011 dois princípios básicos: 1) o licenciamento ambiental é uno, sendo absolutamente vedada a duplicidade de licenciamento do mesmo empreendimento ou atividade; e, 2) somente quem licenciou o empreendimento ou atividade possui competência para lavrar auto de infração em caso de infração administrativa ambiental;

(B) na definição da competência da União para o licenciamento ambiental, o legislador utilizou 03 critérios: o da titularidade do bem; o da abrangência do impacto ambiental; e, o critério da natureza da matéria a ser licenciada. Logo, é competência da União o licenciamento ambiental de empreendimento localizado ou desenvolvido: a) no mar territorial; b) em dois ou mais Estados; c) que disponha sobre material radioativo ou utilize energia nuclear;

(C) quanto à competência dos Estados, o legislador utilizou um critério de exclusão para defini-lo como competente para licenciar os empreendimentos que não são de competência da União e dos Municípios, associado ao critério de titularidade do bem quando se tratar de empreendimento localizado ou desenvolvido em unidades de conservação instituída pelo Estado, exceto em relação à Área de Proteção Ambiental que observa critérios próprios;

(D) compete à União a aprovação do funcionamento de criadouros da fauna silvestre, haja vista a definição da fauna silvestre como bem exclusivo da União.

A: correta (art. 15, 16 e 17, da LC 140/2011); **B:** correta (art. 7º, XIV, da LC 140/2011); **C:** correta (art. 8º, XV, e art. 12, parágrafo único, da LC 140/2011); **D:** incorreta, pois cabe ao Estado a aprovação do funcionamento de criadouros da fauna silvestre (art. 8º, XIX, da LC 140/2011).

Gabarito "D"

(Ministério Público/MG – 2010.2) Em relação à ordem jurídica de proteção do meio ambiente, avalie as seguintes assertivas.

I. Nem toda atividade econômica capaz de interferir no meio ambiente sujeita-se ao licenciamento ambiental.

II. A avaliação de impacto ambiental nem sempre é realizada por meio de Estudo de Impacto Ambiental (EIA).

III. Os Municípios são competentes para exigir a realização de Estudo de Impacto Ambiental (EIA), mas não podem aprová-lo.

IV. O Ministério Público tem atribuição para expedir recomendação à Administração Pública para que ela elabore Estudo de Impacto Ambiental (EIA), podendo fundamentar-se em juízos de legalidade, de conveniência e oportunidade.

Pode-se concluir que estão CORRETAS

(A) apenas as assertivas I e II.

(B) apenas as assertivas I, II e III.

(C) apenas as assertivas III e IV.

(D) todas as assertivas.

I: correta, pois somente as atividades econômicas potencialmente poluidoras ou capazes de causar degradação ambiental devem se sujeitar ao licenciamento ambiental (art. 2º da Resolução CONAMA 237/1997); assim, a instalação de um escritório de advocacia não reclama licenciamento ambiental, mas a instalação de uma indústria reclama; II: correta, pois o EIA, que é uma avaliação ambiental mais complexa, somente é necessária quando a atividade puder causar *significativo* impacto ambiental (art. 225, § 1º, IV, da CF); III: correta, pois o art. 2º da Resolução CONAMA 01/1986 dispõe que o EIA/RIMA será submetido à aprovação do órgão estadual competente e do IBAMA, em caráter supletivo, e não pelos Municípios; IV: correta, pois as leis orgânicas do ministério público regulamentam o instituto da recomendação.

Gabarito "D"

(Ministério Público/MT – 2012 – UFMT) Sobre licenciamento ambiental, analise as assertivas abaixo.

I. O prévio licenciamento ambiental apenas é obrigatório nos casos em que as obras e atividades sejam consideradas efetiva ou potencialmente poluidoras, cabendo ao órgão licenciador definir, discricionariamente, se o Estudo de Impacto Ambiental é necessário ou não.

II. Pode o órgão ambiental competente, mediante decisão motivada, modificar as condicionantes e as medidas de controle e adequação, bem como suspender ou cancelar uma licença expedida, quando ocorrer superveniência de graves riscos ambientais e de saúde.

III. O licenciamento ambiental de empreendimentos e atividades de impacto ambiental local compete ao órgão municipal, ouvidos os órgãos competentes da União, dos Estados e do Distrito Federal, quando couber.

IV. O critério da dominialidade incidente sobre um recurso natural tem o condão de definir a competência para o licenciamento ambiental, de modo que a atividade de mineração deve ser licenciada pela União.

Está correto o que se afirma em:

(A) I e IV.

(B) I e III.

(C) II e IV.

(D) III e IV.

(E) II e III.

I: incorreta, pois dependerão de prévio licenciamento ambiental a construção, instalação, ampliação e funcionamento de estabelecimentos e atividades utilizadores de recursos ambientais, efetiva ou potencialmente poluidores ou capazes, sob qualquer forma, de causar degradação ambiental (art. 10, da Lei 6.938/1981, com redação dada pela Lei Complementar 140, de 2011 e art. 1º da Resolução CONAMA 237/1997), sendo que não há discricionariedade quanto àquelas expressamente previstas no Anexo 1 da Resolução CONAMA 237/1997; II: correta (art. 19 da Resolução CONAMA 237/1997); III: correta (art. 9º, XIV, "a", da LC 140/2011); IV: incorreta. A Lei Complementar 140/2011 regula as competências ambientais comuns entre a União, os Estados, o Distrito Federal e os Municípios, especialmente no que concerne ao licenciamento ambiental, devendo a Resolução CONAMA 237/1997 ser interpretada de acordo com tal diploma legal. Cumpre observar que dois são os critérios definidores da competência material para promover o licenciamento: o critério da dimensão do impacto ou dano ambiental e o critério da dominialidade do bem público afetável (art. 7º, XIV, da LC 140/2011).

Gabarito "E"

(Ministério Público/MS – 2009) Sobre o licenciamento ambiental, à luz do que preceitua a Lei da Política Nacional do Meio Ambiente (Lei Federal n. 6.938/1981), assinale a alternativa correta.

(A) Licenciamento ambiental é todo estudo relativo aos aspectos ambientais relacionados à localização, instalação ou operação de uma atividade ou empreendimento potencialmente poluidor do ambiente, apresentado como subsídio à decisão administrativa dos órgãos ambientais integrantes do SISNAMA – Sistema Nacional de Meio Ambiente.

(B) As atividades ou empreendimentos sujeitos ao licenciamento ambiental estão expressamente previstas na Lei da Política Nacional do Meio Ambiente.

(C) O licenciamento ambiental estará sempre submetido ao princípio da publicidade, pelo que, consoante exigência legal, os pedidos de licenciamento, sua renovação e a respectiva concessão serão publicados no jornal oficial do Estado, bem como em um periódico regional ou local de grande circulação.

(D) Tendo em vista que a Lei da Política Nacional do Meio Ambiente, quando se refere ao licenciamento ambiental, fala na sua realização por órgão ambiental estadual integrante do SISNAMA – Sistema Nacional de Meio Ambiente, é vedada a possibilidade de licenciamento ambiental pelos municípios.

(E) O licenciamento ambiental será realizado pelo IBAMA apenas em caráter supletivo.

A: incorreta, pois dependerão de prévio licenciamento ambiental a construção, instalação, ampliação e funcionamento de estabelecimentos e atividades utilizadores de recursos ambientais, efetiva ou potencialmente poluidores ou capazes, sob qualquer forma, de causar degradação ambiental (art. 10 da Lei 6.938/1981, com redação dada pela Lei Complementar 140 de 2011 e art. 1º da Resolução CONAMA 237/1997); **B:** incorreta, pois as atividades ou empreendimentos sujeitos ao licenciamento ambiental estão expressamente previstos no Anexo 1 da Resolução CONAMA 237/1997; **C:** correta (art. 10, § 1º, da Lei 6.938/1981); **D:** incorreta, pois a Lei Complementar 140/2011 regula as competências ambientais comuns entre a União, os Estados, o Distrito Federal e os Municípios, especialmente no que concerne ao licenciamento ambiental, devendo a Resolução CONAMA 237/1997 ser interpretada de acordo com tal diploma legal. Cumpre observar que dois são os critérios definidores da competência material para promover o licenciamento: o critério da dimensão do impacto ou dano ambiental e o critério da dominialidade do bem público afetável. Assim, a competência será do órgão municipal, caso o impacto seja local, bem como caso o bem público afetado pelo empreendimento licenciado seja municipal (art. 9º, XIV, "a", da LC 140/2011). Todavia, uma vez concedida a licença ambiental, a competência para a fiscalização será comum, já que o pacto federativo atribui competência aos entes da federação para proteger o meio ambiente (e não apenas ao órgão ambiental licenciador), nos termos do art. 23, VI, da CF; **E:** incorreta, pois o IBAMA, além da competência supletiva, também tinha competência exclusiva para licenciar, de acordo com a antiga redação do art. 10, *caput* e § 4º, da Lei 6.938/1981. Contudo, com o advento da Lei Complementar 140/2011, que regula as competências ambientais comuns entre a União, os Estados, o Distrito Federal e os Municípios, especialmente no que concerne ao licenciamento ambiental, dois são os critérios definidores da competência material para promover o licenciamento: o critério da dimensão do impacto ou dano ambiental e o critério da dominialidade do bem público afetável. Assim, a competência será do IBAMA, caso o impacto seja regional ou nacional (aquele que ultrapassa o território de um Estado, abarcando uma região ou mesmo todo o território brasileiro), bem como caso o bem público afetado pelo empreendimento licenciado seja federal (art. 7º, XIV, da LC 140/2011). Todavia, uma vez concedida a licença ambiental, a competência para a fiscalização será comum, já que o pacto federativo atribui competência aos entes da federação para proteger o meio ambiente (e não apenas ao órgão ambiental licenciador), nos termos do art. 23, VI, da CF.

Gabarito "C"

(Ministério Público/SP – 2011) A respeito do licenciamento ambiental, examine as seguintes afirmações:

I. compete ao CONAMA estabelecer normas e critérios para o licenciamento de atividades efetiva ou potencialmente poluidoras, bem como a distribuição da competência entre os entes federados para o exercício da atividade licenciadora;

II. o licenciamento ambiental caracteriza-se como um procedimento administrativo composto por etapas determinadas e obrigatórias, entre as quais a realização do Estudo de Impacto Ambiental (EIA/RIMA);

III. a realização de audiências públicas no procedimento do licenciamento pode ser determinada pelo órgão licenciador sempre que entender necessário, ou quando for solicitada por entidade civil, pelo Ministério Público, por cinquenta ou mais cidadãos;

IV. as licenças ambientais dividem-se em três modalidades, correspondentes às etapas do procedimento de licenciamento, quais sejam a licença prévia, a licença de instalação e a licença de operação, mas há procedimentos especiais de licenciamento nos quais há outras modalidades de licença.

Está correto apenas o contido em

(A) I e II.

(B) I e III.

(C) II e III.

(C) II e IV.

(E) III e IV.

I: incorreta; o MP costuma ter tese no sentido de que o CONAMA não tem competência para distribuir competências para os entes federados; porém, a CF, em seu art. 23, atribui competência administrativa ambiental a todos os entes políticos, o que impôs que o CONAMA, por meio da Resolução CONAMA 237/1997, expedisse esse ato com o objetivo de evidenciar a competência de cada ente político para o licenciamento ambiental; hoje, a questão está superada, pois a Lei Complementar 140/2011 acabou por regulamentar essa distribuição de competência para o licenciamento entre os entes políticos, fazendo-o com mais detalhe do que o fez a resolução do CONAMA, mas acolhendo as linhas gerais do que já estava previsto na Resolução CONAMA 237/1997; II: incorreta, pois o EIA é um estudo eventual para um licenciamento ambiental; o EIA só será necessário nos casos em que a atividade puder causar *significativo* impacto ambiental (art. 225, § 1º, IV, da CF); III: correta (art. 11, § 2º, da Resolução CONAMA 01/1986); IV: correta (art. 8º da Resolução CONAMA 237/1997).

Gabarito "E"

7.2. UNIDADES DE CONSERVAÇÃO

(Ministério Público/ES – 2013 – VUNESP) É objetivo do Sistema Nacional de Unidades de Conservação, conforme Lei 9.985/2000,

(A) proteger paisagens naturais e pouco alteradas de notável beleza cênica.

(B) buscar proteger grandes áreas por meio de um conjunto integrado de unidades de conservação de diferentes categorias, próximas ou contíguas, e suas respectivas zonas de amortecimento e corredores ecológicos, integrando as diferentes atividades de preservação da natureza, uso sustentável dos recursos naturais e restauração e recuperação dos ecossistemas.

(C) buscar conferir às unidades de conservação, nos casos possíveis e respeitadas as conveniências da administração, autonomia administrativa e financeira.

(D) oferecer apoio e a cooperação de organizações não governamentais, de organizações privadas e pessoas físicas para o desenvolvimento de estudos, pesquisas científicas, práticas de educação ambiental, atividades de lazer e de turismo ecológico, monitoramento, manutenção e outras atividades de gestão das unidades de conservação.

(E) assegurar a participação efetiva das populações locais na criação, implantação e gestão das unidades de conservação.

A: correta. Das cinco alternativas apresentadas na questão, apenas a letra "A" inclui um dos objetivos descritos pelo art. 4º da Lei que institui o Sistema Nacional de Unidades de Conservação: "VI – proteger paisagens naturais e pouco alteradas de notável beleza cênica;". As demais alternativas são em verdade diretrizes descritas nos incisos do art. 5º da mesma Lei 9.985/2000; **B:** incorreta, art. 5º, XIII; **C:** incorreta, art. 5º, XII; **D:** incorreta, art. 5º, IV; E: incorreta, art. 5º, III.

Gabarito "A"

(Ministério Público/MS – 2013 – FADEMS) O Sistema Nacional de Unidades de Conservação – SNUC é composto pelo conjunto das unidades de conservação federais, estaduais e municipais. Referido sistema estabelece dois grupos de unidades de conservação, as de Proteção Integral e as de Uso Sustentável. NÃO é Unidade de Proteção Integral:

(A) Parque Nacional.

(B) Refúgio de Vida Silvestre.

(C) Estação Ecológica.

(D) Área de Proteção Ambiental – APA.

(E) Monumento Natural.

A APA (Área de Proteção Ambiental) NÃO é Unidade de Proteção Integral, mas Unidade de Uso Sustentável, nos termos do art. 14, I, da Lei 9.985/2000. Já o Parque Nacional, o Refúgio de Vida Silvestre, a Estação Ecológica e o Monumento Natural, esses sim são Unidades de Proteção integral, nos termos do art. 8º, III, V, I e IV, respectivamente, da Lei 9.985/2000.

Gabarito "D"

(Ministério Público/AM – 2008 – CESPE) De acordo com a Lei n. 9.985/2000, que instituiu o Sistema Nacional de Unidades de Conservação da Natureza, o refúgio de vida silvestre

(A) é unidade de conservação de proteção integral restrita às áreas públicas.

(B) é de posse e domínio público, sendo que as áreas particulares incluídas em seus limites serão desapropriadas, de acordo com o que dispõe a lei.

(C) tem como objetivo básico a preservação de ecossistemas naturais de grande relevância ecológica e beleza cênica, possibilitando a realização de pesquisas científicas.

(D) tem como objetivo básico preservar sítios naturais raros, singulares ou de grande beleza cênica.

(E) tem como objetivo proteger ambientes naturais onde sejam asseguradas condições para a existência ou reprodução de espécies ou comunidades da flora local e da fauna residente ou migratória.

Art. 13 da Lei 9.985/2000.

Gabarito "E"

(Ministério Público/ES – 2010 – CESPE) O texto constitucional prevê a criação de espaços territoriais especialmente protegidos, denominados unidades de conservação (UCs), como um dos instrumentos de tutela da natureza. Acerca desse tema, assinale a opção correta.

(A) Para iniciar a exploração econômica de uma área de floresta, basta o proprietário rural averbar em cartório, na escritura pública, uma área mínima de reserva legal.

(B) A criação de uma UC não exige consulta pública, pois é competência dos órgãos executores integrantes do Sistema Nacional do Meio Ambiente em caráter exclusivo.

(C) Na demarcação de qualquer UC, deve-se considerar o estabelecimento de corredores ecológicos e zonas de amortecimento.

(D) Mosaico de UCs compreende uma justaposição ou superposição, reconhecida formalmente pelo Ministério do Meio Ambiente, de UCs de diversas categorias, seja públicas, seja privadas.

(E) Estação ecológica é uma UC de proteção integral com finalidade de preservar a biota e os demais atributos naturais, sendo vedada qualquer ingerência humana em seus limites.

A: incorreta, pois é necessário fazer licenciamento ambiental; **B:** incorreta, pois é necessário fazer consulta pública (art. 22, § 2º, da Lei 9.985/2000) e não são somente os órgãos executores que podem criar uma unidade de conservação; **C:** incorreta, pois as zonas de amortecimento não são obrigatórias para todas as unidades de conservação e os corredores ecológicos somente devem ser criados quando convenientes (art. 25 da Lei 9.985/2000); **D:** correta (art. 26 da Lei 9.985/2000); **E:** incorreta, pois o conceito trazido é de Reserva Biológica (art. 10 da Lei 9.985/2000); a Estação Ecológica tem por objetivo a preservação da natureza e a realização de pesquisas científicas, admitindo a pesquisa e a visitação para fins educacionais (art. 9 da Lei 9.985/2000).

Gabarito "D"

(Ministério Público/GO – 2010) Quanto ao Sistema Nacional de Unidades de Conservação da Natureza, é correto afirmar, exceto:

(A) Na Floresta Nacional e Reserva Extrativista é permitida a visitação pública condicionada as normas previstas no plano de manejo. Na Reserva Biológica e Estação Ecológica é proibida a visitação pública, sem exceção.

(B) O grupo das Unidades de Proteção Integral é composto pelas seguintes categorias de unidade de conservação: Estação Ecológica; Reserva Biológica; Parque Nacional; Monumento Natural e Refúgio de Vida Silvestre.

(C) O Grupo das Unidades de Uso Sustentável é composto pelas seguintes categorias de unidade de conservação: Área de Proteção Ambiental; Área de Relevante Interesse Ecológico; Floresta Nacional; Reserva Extrativista; Reserva de Fauna; Reserva de Desenvolvimento Sustentável e Reserva Particular do Patrimônio Natural.

(D) As unidades de conservação dividem-se em dois grupos: Unidades de Proteção Integral com objetivo básico de preservar a natureza e Unidades de Uso Sustentável com objetivo básico de compatibilizar a conservação da natureza com o uso sustentável de parcela dos seus recursos naturais.

A: incorreta (art. 9º, § 2º; art. 10, § 2º; art. 17, § 3º; e art. 18, § 3º, todos da Lei 9.985/2000); **B:** correta (art. 8º da Lei 9.985/2000); **C:** correta (art. 14 da Lei 9.985/2000); **D:** correta (art. 7º, I e II, da Lei 9.985/2000).

Gabarito "A"

(Ministério Público/MG – 2010.2) A legislação de proteção ao meio ambiente é uma ferramenta de conhecimento e de consulta obrigatória ao membro do Ministério Público. Os conceitos mais importantes dos institutos da proteção ambiental estão previstos nas principais leis ambientais do País, cujo prévio conhecimento é necessário para a atuação diligente e profícua do Promotor de Meio Ambiente. A esse respeito, analise as seguintes afirmativas e assinale a alternativa INCORRETA.

(A) O conceito de meio ambiente foi definido pelo artigo 3º, I, da Lei n. 6.938/1981 (que dispõe sobre a política nacional de meio ambiente), como sendo "[...] o conjunto de condições, leis, influências e interações de ordem física, química e biológica que permite, abriga e rege a vida em todas as suas formas".

(B) Área de Preservação Permanente é "[...] a área protegida nos termos do artigo 2º e 3º da Lei 4.771/1965 (que institui o Código Florestal) coberta ou não por vegetação nativa, com a função de preservar os recursos hídricos, a paisagem, a estabilidade geológica, a biodiversidade, o fluxo gênico da fauna e flora, proteger o solo e assegurar o bem-estar das populações humanas".

(C) Nos termos do artigo 1º, § 2º, inciso III, da Lei n. 9.985/2000 (que regulamenta o artigo 225, § 1º, I, II, III e IV, da CF, institui o sistema nacional de unidades de conservação da natureza), reserva legal é "[...] a área localizada no interior de uma propriedade ou posse rural, excetuada a de preservação permanente, necessária ao uso sustentável dos recursos naturais, à conservação e reabilitação dos processos ecológicos, à conservação da biodiversidade e ao abrigo de fauna e flora nativas".

(D) O legislador define que "[...] área de proteção ambiental é uma área em geral extensa, com um certo grau de ocupação humana, adotada de atributos abióticos, bióticos, estéticos ou culturais especialmente importantes para a qualidade de vida e bem-estar das populações humanas, e tem como objetivos básicos proteger a diversidade biológica, disciplinar o processo de ocupação e assegurar a sustentabilidade dos recursos naturais, conforme artigo 15, "*caput*", da Lei n. 9.985/2000, que dispõe sobre o sistema nacional de unidades de conservação da natureza".

As alternativas "a", "b" e "d" estão corretas, nos termos dos dispositivos legais citados. A alternativa "c" está incorreta, pois a reserva legal não é instituto previsto na Lei 9.985/2000, mas no Código Florestal.

Gabarito "C"

(Ministério Público/MG –2006) Assinale a alternativa CORRETA, de acordo com o que dispõe a lei que instituiu o Sistema Nacional de Unidades de Conservação – SNUC:

(A) integram o grupo de Unidades de Proteção Integral as seguintes categorias de unidades de conservação: Estação Ecológica, Reserva Biológica, Parque Nacional, Monumento Natural, Área de Relevante Interesse Ecológico e Área de Proteção Ambiental.

(B) o objetivo básico das Unidades de Conservação de Proteção Integral é compatibilizar a conservação da natureza com o uso sustentável de parcela de seus recursos naturais.

(C) em se tratando de unidade de conservação deve ser elaborado um Plano de Manejo que abranja a área correspondente à unidade de conservação, sua zona de amortecimento e os corredores ecológicos, incluindo medidas com o fim de promover sua integração econômica e social das comunidades vizinhas.

(D) restauração, segundo a definição estabelecida na lei citada, é a restituição de um ecossistema ou de uma população silvestre degradada a uma condição não degradada, diferente de sua condição original.

(E) a Estação Ecológica, como Unidade de Conservação de Proteção Integral, tem como objetivo a preservação da natureza e a realização de pesquisas científicas, sendo públicos a posse e o domínio de sua área. Havendo áreas particulares incluídas em seus limites deverão ser cedidas, a título gratuito, ao Poder Público, sendo esta uma das restrições legais ao direito de propriedade.

A: incorreta, pois, de acordo com o art. 8º da Lei 9.985/2000, são consideradas unidades de proteção integral: I – Estação Ecológica; II – Reserva Biológica; III – Parque Nacional; IV – Monumento Natural; e V – Refúgio de Vida Silvestre. As áreas de relevante interesse ecológicas e as áreas de proteção ambiental são unidades de conservação de uso sustentável (art. 14, I e II, da Lei 9.985/2000); **B:** incorreta, pois o objetivo básico das unidades de proteção integral é o de preservar a natureza, sendo admitido apenas o uso indireto dos seus recursos naturais (art. 7º, § 1º, da Lei 9.985/2000), ao passo que o objetivo das unidades de uso sustentável, aí sim, é o de compatibilizar a conservação da natureza com o uso sustentável de parcela dos seus recursos naturais (art. 7º, § 2º, da Lei 9.985/2000); **C:** correta (art. 27, § 1º, da Lei 9.985/2000); **D:** incorreta. Restauração, para os efeitos da Lei 9.985/2000, consistente na restituição de um ecossistema ou de uma população silvestre degradada *o mais próximo possível da sua condição original*; **E:** incorreta, pois as áreas particulares no interior de uma Estação Ecológica, que é de domínio e posse públicos, deverão ser desapropriadas pelo Poder Público (art. 9º, § 1º, da Lei 9.985/2000).

Gabarito "C"

(Ministério Público/RN – 2009 – CESPE) Considerando a Lei n. 9.985/2000, assinale a opção correta acerca do SNUC.

(A) O Ministério do Meio Ambiente é o órgão consultivo e deliberativo do SNUC.

(B) O Conselho Nacional do Meio Ambiente é o órgão central do SNUC.

(C) O refúgio de vida silvestre é unidade de conservação de uso sustentável.

(D) A floresta nacional é unidade de conservação de proteção integral.

(E) O objetivo básico das unidades de proteção integral é preservar a natureza, sendo admitido apenas o uso indireto de seus recursos naturais, com exceção dos casos previstos em lei.

A: incorreta, pois o Ministério do Meio Ambiental é órgão central do Sistema Nacional de Unidades de Conservação – SNUC (art. 6º, II, da Lei 9.985/2000). Já o órgão consultivo e deliberativo do SNUC é o CONAMA (art. 6º, I, da Lei 9.985/2000); **B:** incorreta, pois, como visto na alternativa anterior, o órgão central do SNUC é o Ministério do Meio Ambiente. O CONAMA é órgão consultivo e deliberativo; **C:** incorreta, pois o refúgio da vida silvestre é unidade de conservação de proteção integral (arts. 8º, V e 13, ambos da Lei 9.985/2000); **D:** incorreta, pois a floresta nacional é unidade de conservação de uso sustentável (arts. 14, III e 17, ambos da Lei 9.985/2000); **E:** correta, nos exatos termos do art. 7º, § 1º, da Lei 9.985/2000.

Gabarito "E"

(Ministério Público/SP – 2012 – VUNESP) Considerando o disposto na Lei do Sistema Nacional de Unidades de Conservação da Natureza – SNUC – (Lei n. 9.985/2000), NÃO se encaixa no grupo das Unidades de Proteção Integral:

(A) Estação Ecológica.

(B) Parque Nacional.

(C) Floresta Nacional.

(D) Monumento Natural.

(E) Refúgio de Vida Silvestre.

A: incorreta (art. 8º, I, da Lei 9.985/2000); **B:** incorreta (art. 8º, III, da Lei 9.985/2000); **C:** correta, pois a Floresta Nacional pertence ao grupo das unidades de uso sustentável (art. 14, III, da Lei 9.985/2000); **D:** incorreta (art. 8º, IV, da Lei 9.985/2000); **E:** incorreta (art. 8º, V, da Lei 9.985/2000).

Gabarito "C"

(Ministério Público/SP – 2012 – VUNESP) Considerando o disposto na Lei do Sistema Nacional de Unidades de Conservação da Natureza – SNUC – (Lei n. 9.985/2000), entende-se por

(A) Conservação da natureza: conservação de ecossistemas e habitats naturais e a manutenção e recuperação de populações viáveis de espécies em seus meios naturais e, no caso de espécies domesticadas ou cultivadas, nos meios onde tenham desenvolvido suas propriedades características.

(B) Preservação: manutenção dos ecossistemas livres de alterações causadas por interferência humana, admitido apenas o uso indireto dos seus atributos naturais.

(C) Proteção integral: conjunto de métodos, procedimentos e políticas que visem a proteção a longo prazo das espécies, habitats e ecossistemas, além da manutenção dos processos ecológicos, prevenindo a simplificação dos sistemas naturais.

(D) Zona de amortecimento: o entorno de uma unidade de conservação, onde as atividades humanas estão sujeitas a normas e restrições específicas, com o propósito de minimizar os impactos negativos sobre a unidade.

(E) Conservação *in situ*: o manejo do uso humano da natureza, compreendendo a preservação, a manutenção, a utilização sustentável, a restauração e a recuperação do ambiente natural, para que possa produzir o maior benefício, em bases sustentáveis, às atuais gerações, mantendo seu potencial de satisfazer as necessidades e aspirações das gerações futuras, e garantindo a sobrevivência dos seres vivos em geral.

A: incorreta (art. 2º, II, da Lei 9.985/2000); **B:** incorreta (art. 2º, V, da Lei 9.985/2000); **C:** incorreta (art. 2º, VI, da Lei 9.985/2000); **D:** correta (art. 2º, XVIII, da Lei 9.985/2000); **E:** incorreta (art. 2º, VII, da Lei 9.985/2000).

Gabarito "D"

(Ministério Público/TO – 2012 – CESPE) No que se refere ao SNUC, assinale a opção correta.

(A) No SNUC, o regime jurídico mais restritivo é o que trata da unidade de conservação denominada reserva ecológica.

(B) A reserva da biosfera é uma unidade de proteção integral cuja instituição depende da edição de lei.

(C) A categoria unidades de uso sustentável inclui área de proteção ambiental e área de relevante interesse ecológico.

(D) O SNUC é formado por duas categorias de unidades de conservação definidas por seus atributos bióticos e abióticos. As unidades de proteção integral, considerando-se a diversidade de seus biomas, classificam-se em unidades de proteção integral megadiversas e unidades de proteção integral multimodais.

A: incorreta, pois sequer há unidade de conservação denominada "reserva ecológica". Há, sim, a reserva biológica (art. 8º, II, da Lei 9.985/2000) e a estação ecológica (art. 8º, I, da Lei 9.985/2000), ambas subespécies de unidades de conservação de proteção integral; **B:** incorreta. A Reserva da Biosfera não é uma subespécie de unidade de proteção integral (vide rol do art. 8º da Lei 9.985/2000). Constitui, em verdade, um modelo, adotado internacionalmente, de gestão integrada, participativa e sustentável dos recursos naturais, com os objetivos básicos de preservação da diversidade biológica, o desenvolvimento de atividades de pesquisa, o monitoramento ambiental, a educação ambiental, o desenvolvimento sustentável e a melhoria da qualidade de vida das populações (art. 41 da Lei 9.985/2000), podendo ser integrada por unidades de conservação já criadas pelo Poder Público (§ 3º, do mesmo dispositivo legal citado); **C:** correta (arts. 14, I e II, 15 e 16, todos da Lei 9.985/2000); **D:** incorreta. Não existe a classificação das unidades de conservação contida na assertiva em análise, bastando, para tanto, a leitura do art. 7º, §§ 1º e 2º, da Lei 9.985/2000, que nos traz os objetivos da criação de unidades de conservação de proteção integral e de uso sustentável.

Gabarito "C"

8. PROTEÇÃO DA FLORA. CÓDIGO FLORESTAL

(Ministério Público/MG – 2014) Leia o texto a seguir, extraído de ementa de Acórdão do Superior Tribunal de Justiça:

"Objetivamente falando, a vegetação ripária exerce tarefas de proteção assemelhadas às da pele em relação ao corpo humano: faltando uma ou outra, a vida até pode continuar por algum tempo, mas, no cerne, muito além de trivial mutilação do sentimento de plenitude e do belo do organismo, o que sobra não passa de um ser majestoso em estado de agonia terminal. Compreensível que, com base nessa *ratio* ético-ambiental, o legislador caucione a APP ripária de maneira quase absoluta, colocando-a no ápice do complexo e numeroso panteão dos espaços protegidos, ao prevê-la na forma de superfície intocável, elemento cardeal e estruturante no esquema maior do meio ambiente ecologicamente equilibrado. Por tudo isso, a APP ciliar qualifica-se como território *non aedificandi*. Não poderia ser diferente, hostil que se acha à exploração econômica direta, desmatamento ou ocupação humana (com as ressalvas previstas em lei, de caráter totalmente excepcional e em *numerus clausus*, v.g., utilidade pública, interesse social, intervenção de baixo impacto). Causa dano ecológico *in re ipsa*, presunção legal definitiva que dispensa produção de prova técnica de lesividade específica, quem, fora das exceções legais, desmata, ocupa ou explora APP, ou impede sua regeneração, comportamento de que emerge obrigação *propter rem* de restaurar na sua plenitude e indenizar o meio ambiente degradado e terceiros afetados, sob regime de responsabilidade civil objetiva. Precedentes do STJ". (REsp 1245149/ MS, Relator Ministro HERMAN BENJAMIN, 09.10.2012)

O juízo mencionado se ajusta com precisão e pode ser invocado para afirmar a ocorrência de dano ambiental, independente de perícia, no seguinte caso:

(A) Imóvel rural localizado no Município de Uberlândia, com área de reserva legal averbada no Município de Januária, em imóvel que integra outra microbacia.

(B) Abertura de lagoa artificial medindo 80m2, por meio de derivação resultante da abertura de um canal de 25m a partir do Córrego Lucas, sem autorização.

(C) Desmatamento em 2,00ha em área comum, sem licença prévia, com extração de 240 st de lenha, apreendida depois de transformada em carvão vegetal.

(D) Queima indiscriminada de canaviais, com risco de incêndio, inclusive em áreas de reserva legal indevidamente utilizadas.

Das alternativas apresentadas a única que descreve uma área de preservação permanente em conformidade com o art. 4º do Código Florestal – Lei 12.651/2012 – é alternativa B: "Art. 4º Considera-se Área de Preservação Permanente, em zonas rurais ou urbanas, para os efeitos desta Lei: (...) I – as faixas marginais de qualquer curso d'água natural perene e intermitente, excluídos os efêmeros, desde a borda da calha do leito regular, em largura mínima de: (...)". Deste modo, a abertura sem autorização de canal a partir de um córrego caracteriza dano ambiental, por violar expressamente área de preservação permanente e conforme argumentos trazidos pelo julgado, independem de comprovação por perícia para admitir a responsabilidade pelo dano causado.

Gabarito "B"

(Ministério Público/PI – 2014 – CESPE) Assinale a opção correta em relação ao Código Florestal (Lei 12.651/2012) e a seus dispositivos.

(A) Permite-se o acesso de pessoas às áreas de preservação permanente para a obtenção de água e para o exercício de atividades de exploração agroflorestal sustentável de baixo ou médio impacto ao meio ambiente.

(B) Na hipótese de posse do imóvel rural, a inscrição da reserva legal deverá ser feita mediante inscrição no cadastro ambiental rural do órgão ambiental competente apenas quando houver delimitação por lei do perímetro da zona rural, facultando-se, nos demais casos, a averbação gratuita da reserva legal no cartório de registro de imóveis.

(C) Objetivando o desenvolvimento sustentável, o legislador fez constar no Código Florestal o princípio da responsabilidade comum da União, estados, DF e municípios, em colaboração com a sociedade civil, na criação de políticas para a preservação e a restauração da vegetação nativa e de suas funções ecológicas e sociais, tanto em áreas urbanas quanto nas rurais.

(D) Todos os reservatórios artificiais e as acumulações naturais ou artificiais de água devem contar com áreas de entorno consideradas de preservação permanente, salvo na hipótese de dispensa expressa pelo órgão ambiental.

(E) Em se tratando de transmissão da propriedade rural ou urbana, admite-se a delimitação de novas faixas de áreas de preservação permanente junto ao órgão ambiental competente para fins de regularização de exploração econômica mediante manejo sustentável.

A: incorreta, conforme art. 9º do Código Florestal a permissão é concedida apenas para atividades de baixo impacto: "Art. 9º É permitido o acesso de pessoas e animais às Áreas de Preservação Permanente para obtenção de água e para realização de atividades de baixo impacto ambiental."; **B:** incorreta, pois o cadastro não é facultativo nos termos dos art. 29 e 30 do Código Florestal; **C:** correta, por força do art. 1º, parágrafo único, IV do Código Florestal: "Parágrafo único. Tendo como objetivo o desenvolvimento sustentável, esta Lei atenderá aos seguintes princípios: (...) IV – responsabilidade comum da União, Estados, Distrito Federal e Municípios, em colaboração com a sociedade civil, na criação de políticas para a preservação e restauração da vegetação nativa e de suas funções ecológicas e sociais nas áreas urbanas e rurais;"; **D:** incorreta, já que o art. 4º, § 1º, do Código Florestal dispensa as APP no entorno reservatórios artificiais de água que não decorram de barramento ou represamento de cursos d'água naturais; **E:** incorreta, por força do art. 18 do Código Florestal: "Art. 18. A área de Reserva Legal deverá ser registrada no órgão ambiental competente por meio de inscrição no CAR de que trata o art. 29, sendo vedada a alteração de sua destinação, nos casos de transmissão, a qualquer título, ou de desmembramento, com as exceções previstas nesta Lei.".

Gabarito "C"

(Ministério Público/PI – 2014 – CESPE) Considerando o disposto na Lei 11.284/2006 acerca da gestão de florestas públicas para a produção sustentável, assinale a opção correta.

(A) Desde que previamente à publicação da concessão florestal em diário oficial, faculta-se a realização de audiência pública para a elaboração dos termos do edital de licitação de cada lote a ser concedido.

(B) A competência para legislar sobre gestão de florestas públicas é privativa da União.

(C) Recursos florestais são definidos como elementos ou características de uma floresta potencialmente ou efetivamente geradores de produtos ou serviços florestais; serviços florestais se definem como os serviços prestados através do beneficiamento e comércio de produtos madeireiros e não madeireiros gerados pelo manejo florestal sustentável.

(D) A gestão de florestas públicas para produção sustentável compreende três modalidades: a concessão florestal, a destinação de florestas públicas às comunidades locais e a criação e gestão direta de florestas públicas nacionais, estaduais e municipais definidas como unidades de conservação da natureza.

(E) A concessão florestal, em regra, destinada a pessoas jurídicas com fins econômicos, poderá ser formalizada de forma gratuita aos posseiros de comunidades locais quando estiverem em áreas já ocupadas e utilizadas no interior de reservas extrativistas ou de projetos de assentamentos florestais.

A: incorreta, por força do art. 8º da Lei 11.284/2006: "Art. 8º A publicação do edital de licitação de cada lote de concessão florestal deverá ser precedida de audiência pública, por região, realizada pelo órgão gestor, nos termos do regulamento, sem prejuízo de outras formas de consulta pública"; **B:** incorreta, já que o § 2º do art. 2º da Lei 11.284/2006 descreve que Estados, Distrito Federal e Municípios, nas esferas de suas respectivas competências e em relação de florestas públicas sob as respectivas jurisdições, poderão elaborar normas supletivas e complementares e estabelecer padrões relacionados à gestão florestal; **C:** incorreta, pois o conceito de serviço florestal é na verdade turismo e outras ações ou benefícios decorrentes do manejo e conservação da floresta, não caracterizados como produtos florestais (art. 3º, IV, da Lei 11.284/2006); **D:** correta, conforme art. art. 4º Lei 11.284/2006; E: incorreta, pois a concessão florestal é onerosa, conforme art. 3º, VII, da Lei 11.284/2006.

Gabarito "D"

(Ministério Público/MG – 2014) Proprietário do Sitio Boa Vista, em Pitangui-MG, José da Silva foi autuado pela Polícia Florestal porque desmatou 5ha de área de preservação permanente (APP), suprimindo totalmente a cobertura vegetal em torno de três nascentes e do Ribeirão Soberbo, além de utilizar sua água para irrigação, sem autorização. O fato foi confirmado em perícias e depoimentos colhidos no inquérito civil. Composição amigável do dano foi tentada, sem sucesso. Como consequência, a Promotoria prepara-se para elaborar a petição inicial de ação civil pública, deduzindo pedidos que decorrem dos fatos comprovados.

Dentre as seguintes, a única pretensão impertinente, por fugir ao suporte fático amparado na prova colhida, é a seguinte:

(A) Imediata cessação das intervenções não autorizadas na APP.

(B) Imposição da obrigação de realizar a recomposição vegetal.

(C) Obtenção de outorga para utilização dos recursos hídricos.

(D) Instituição, demarcação e registro da área de reserva legal.

As três primeiras alternativas trazem obrigações do proprietário ou possuidor relativas à Área de Proteção Permanente, todavia a alternativa "D" trata de outros instrumentos de proteção ambiental que não se confunde da APP, conforme art. 3º, II e III, do Código Florestal: "II – Área de Preservação Permanente – APP: área protegida, coberta ou não por vegetação nativa, com a função ambiental de preservar os recursos hídricos, a paisagem, a estabilidade geológica e a biodiversidade, facilitar o fluxo gênico de fauna e flora, proteger o solo e assegurar o bem-estar das populações humanas; III – Reserva Legal: área localizada no interior de uma propriedade ou posse rural, delimitada nos termos do art. 12, com a função de assegurar o uso econômico de modo sustentável dos recursos naturais do imóvel rural, auxiliar a conservação e a reabilitação dos processos ecológicos e promover a conservação da biodiversidade, bem como o abrigo e a proteção de fauna silvestre e da flora nativa". Instituir, demarcar e registrar a área de reserva legal não é uma obrigação decorrente do dano ambiental, mas sim da posse ou propriedade da propriedade rural, conforme art. 12 e 18 do Código Florestal. Gabarito "D"

(Ministério Público/ES – 2013 – VUNESP) É correto dizer que o novo Código Florestal enuncia que

(A) a assinatura de termo de compromisso para regularização de imóvel ou posse rural perante o órgão ambiental competente, mencionado no art. 59, suspenderá a punibilidade dos crimes previstos nos arts. 38, 39 e 48 da Lei 9.605, de 12 de fevereiro de 1998, enquanto o termo estiver sendo cumprido.

(B) é indispensável a autorização do órgão ambiental competente para a execução, mesmo em caráter de urgência, de atividades de segurança nacional e obras de interesse da defesa civil destinadas à prevenção e mitigação de acidentes em áreas urbanas.

(C) a exploração de florestas nativas e formações sucessoras, de domínio público ou privado, ressalvados os casos previstos nos arts. 21, 23 e 24, dependerá de licenciamento pelo órgão competente do SISNAMA, mediante aprovação prévia de Plano de Suprimento Sustentável – PSS – que contemple técnicas de condução, exploração, reposição florestal e manejo compatíveis com os variados ecossistemas que a cobertura arbórea forme.

(D) nos casos em que a Reserva Legal já tenha sido averbada na matrícula do imóvel e em que essa averbação identifique o perímetro e a localização da reserva, o proprietário será obrigado a fornecer ao órgão ambiental as informações relativas à Reserva Legal previstas no inciso III do § 1º do art. 29.

(E) o manejo sustentável para exploração florestal eventual sem propósito comercial, para consumo no próprio imóvel, depende de autorização dos órgãos competentes, devendo ser declarados a motivação da exploração e o volume explorado, de modo a não ser alcançada a limitação de exploração anual de 20 (vinte) metros cúbicos.

A: correta, por força do art. 59, § 5º, do Código Florestal; **B:** incorreta (art. 8º, § 3º, da Lei 12.651/2012); **C:** incorreta já que o art. 31 da do Código Florestal fala em aprovação prévia do Plano de Manejo Florestal Sustentável – PMFS e não no Plano de Suprimento Sustentável; **D:** incorreta (art. 30 da Lei 12.651/2012); **E:** incorreta, já que o manejo sustentável da Reserva Legal para exploração florestal eventual, sem propósito comercial direto ou indireto, para consumo no próprio imóvel, independe de autorização dos órgãos ambientais competentes, ademais, o material retirado deve ser de 2 (dois) metros cúbicos, e não 20 (vinte) metros cúbicos, conforme art. 56, § 1º, do Código Florestal.

Gabarito "A"

(Ministério Público/MG – 2013) Sobre o novo Código Florestal (Lei Federal 12.651/2012), é *INCORRETO* afirmar-se:

(A) Os empreendimentos de abastecimento público de água e tratamento de esgoto estão sujeitos à constituição de Reserva Legal.

(B) O proprietário, possuidor ou ocupante a qualquer título de área de preservação permanente desmatada sem autorização anteriormente a 22

de julho de 2008, poderá obter novas autorizações de supressão sem a condição de prévia recomposição da área ilegalmente suprimida.

(C) Para a implementação de reservatório d'água artificial destinado à geração de energia ou abastecimento público, é obrigatória a aquisição, desapropriação ou instituição de servidão administrativa pelo empreendedor das Áreas de Preservação Permanente criadas em seu entorno, conforme estabelecido no licenciamento ambiental, observando-se a faixa mínima de 30 (trinta) metros e máxima de 100 (cem) metros em área rural, e a faixa mínima de 15 (quinze) metros e máxima de 30 (trinta) metros em área urbana.

(D) É permitido o uso de fogo na vegetação em locais ou regiões cujas peculiaridades justifiquem o seu emprego em práticas agropastoris ou florestais, mediante prévia aprovação do órgão estadual ambiental competente do SISNAMA, para cada imóvel rural ou de forma regionalizada, que estabelecerá os critérios de monitoramento e controle.

A: assertiva incorreta, devendo ser assinalada, pois de modo contrário o art. 12, § 6º, da Lei Federal 12.651/2012 isenta os empreendimentos de abastecimento público de água e tratamento de esgoto da constituição de Reserva Legal; **B:** assertiva correta, pois o artigo 7º, § 3º, fala que será vedada a concessão de novas autorizações de supressão de vegetação para os casos da supressão não autoriza ter ocorrido após a data de 22 de junho de 2008, por isso, em análise contrária a afirmativa está correta; **C:** assertiva correta, art. 5º do Código Florestal; **D:** assertiva correta, art. 38, I, da Lei Federal 12.651/2012.

Gabarito "A"

(Ministério Público/PR – 2013 – X) Assinale a alternativa ***incorreta***. Nos termos da Lei nº 12.651/2012, o poder público municipal contará, para o estabelecimento de áreas verdes urbanas, com os seguintes instrumentos:

(A) O exercício do direito de preempção para aquisição de remanescentes florestais relevantes, conforme dispõe a Lei nº 10.257/2001;

(B) A priorização de projetos que contemplem a utilização de espécies nativas do mesmo bioma onde ocorreu a supressão;

(C) A transformação das Reservas Legais em áreas verdes nas expansões urbanas;

(D) O estabelecimento de exigência de áreas verdes nos loteamentos, empreendimentos comerciais e na implantação de infraestrutura;

(E) Aplicação em áreas verdes de recursos oriundos da compensação ambiental.

A: assertiva correta (art. 25, I, da Lei 12.651/2012); **B:** assertiva incorreta, devendo ser assinalada, pois este não é um instrumento do poder público municipal para o estabelecimento de áreas verdes (art. 25 da Lei 12.651/2012), mas de providências para a supressão de vegetação para uso alternativo do solo (art. 26, § 3º, da Lei 12.651/2012); **C:** assertiva correta (art. 25, II, da Lei 12.651/2012); **D:** assertiva correta (art. 25, III, da Lei 12.651/2012); **E:** assertiva correta (art. 25, IV, da Lei 12.651/2012).

Gabarito "B"

(Ministério Público/PR – 2013 – X) Assinale a alternativa ***correta***:

Nos termos da Lei nº 12.651/2012, considera-se Área de Preservação Permanente, em zonas rurais ou urbanas:

(A) No topo de morros, montes, montanhas e serras, com altura mínima de 200 (duzentos) metros e inclinação média maior que 35º, as áreas delimitadas a partir da curva de nível correspondente a 2/3 (dois terços) da altura mínima da elevação sempre em relação à base, sendo esta definida pelo plano horizontal determinado por planície ou espelho d'água adjacente ou, nos relevos ondulados, pela cota do ponto de sela mais próximo da elevação;

(B) As áreas no entorno dos reservatórios d'água artificiais, decorrentes de barramento ou represamento de cursos d'água naturais, na faixa definida na licença ambiental do empreendimento;

(C) As áreas no entorno das nascentes e dos olhos de água perenes, qualquer que seja sua situação topográfica, no raio mínimo de 150 metros;

(D) As faixas marginais de qualquer curso de água artificial, perene e intermitente, incluídos os efêmeros, desde a borda da calha do leito regular, em largura mínima de 50 metros, para os cursos de água de menos de 15 metros de largura;

(E) Em veredas, a faixa marginal, em projeção horizontal, com largura mínima de 100 (cem) metros, a partir do espaço permanentemente brejoso e encharcado.

A: assertiva incorreta, pois o art. 4º, IX, da Lei 12.651/2012 menciona altura mínima de 100 metros (e não 200 metros) e inclinação média de 25º (e não 35º); **B:** assertiva correta (art. 4º, III, da Lei 12.651/2012); **C:** assertiva incorreta, pois o art. 4º, IV, da Lei 12.651/2012 menciona raio mínimo de 50 metros (e não 150 metros); **D:** assertiva incorreta, pois o art. 4º, I, "a", da Lei 12.651/2012 menciona que 30 metros de largura mínima (e não 50 metros) para cursos de água de menos de 10 metros de largura, sendo que "menos de 15 metros" inclui situações de menos de 10 metros; **E:** assertiva incorreta, pois o art. 4º, XI, da Lei 12.651/2012 menciona largura mínima de 50 metros, e não de 100 metros.

Gabarito "B"

(Ministério Público/CE – 2011 – FCC) Para os efeitos do Código Florestal, consideram-se de preservação permanente as florestas e demais formas de vegetação natural

(A) desde que situadas em altitude superior a 2.000 (dois mil) metros, ressalvadas as hipóteses em que, mesmo abaixo dessa altitude, a área se considere como de reserva legal.

(B) localizadas no interior de uma propriedade ou posse rural, necessária ao uso sustentável dos recursos naturais, à conservação e reabilitação dos processos ecológicos, à conservação da biodiversidade e proteção de fauna e flora nativas, quando a lei as definir como de reserva legal.

(C) exclusivamente as situadas no topo de morros, montes, montanhas e serras, ou nas restingas, como fixadoras de dunas ou estabilizadoras de mangues.

(D) situadas nas áreas urbanas ou nas regiões metropolitanas e aglomerações urbanas, independentemente do que dispuserem os respectivos planos diretores e leis de uso do solo.

(E) situadas ao longo dos rios ou de quaisquer cursos d'água desde o seu nível mais alto em faixa marginal cuja largura mínima é, também, estabelecida na mesma lei, em função da largura dos referidos cursos d'água.

A alternativa "E" está correta, pois reflete o disposto no art. 4º da Lei 12.651/2012, ficando excluídas as demais.

Gabarito "E"

(Ministério Público/MG – 2011) O meio ambiente ecologicamente equilibrado é considerado bem de uso comum do povo e essencial à sadia qualidade de vida. A Constituição Federal impõe ao Poder Público e à coletividade o dever de defendê-lo e preservá-lo para as presentes e futuras gerações. Tradicionalmente inserido entre os direitos chamados de terceira geração, por seu senso coletivo ou de solidariedade, o direito a um meio ambiente preservado já é considerado, por respeitáveis vozes na doutrina, como também de quarta geração, por atender não apenas às necessidades atuais, mas também as das gerações vindouras. Nesse contexto, o Código Florestal brasileiro (Lei n. 4.771/1965) estabelece limitações administrativas da exploração plena das propriedades rurais, a saber: áreas de preservação permanente e áreas de reserva legal nos imóveis rurais. A respeito das áreas de preservação permanente, pode-se afirmar:

I. Pode haver supressão de vegetação em área de preservação permanente.

II. O adquirente de imóvel rural que possua área de preservação permanente degradada pelo proprietário ou possuidor anterior é responsável pelos danos, mesmo sem ter dado causa a eles, respondendo o alienante de forma subsidiária.

III. Ao demarcar a reserva legal em seu imóvel rural, pode o proprietário utilizar área situada ao longo de rio cuja largura é de dez metros desde o seu nível mais alto em faixa marginal, desde que respeite a distância mínima de trinta metros.

IV. Cortar árvores em florestas de preservação permanente, sem permissão da autoridade competente, é contravenção penal punível com detenção de três meses a um ano, ou multa de uma a cem vezes o salário mínimo mensal, ou ambas as penas cumulativamente.

V. Na implantação de reservatório artificial, é obrigatória a desapropriação ou aquisição, pelo empreendedor, das áreas de preservação permanente criadas no seu entorno, cujos parâmetros e regime de uso serão definidos por resolução do CONAMA.

Apenas estão CORRETAS as assertivas:

(A) II e III.

(B) I e V.

(C) II e IV.

(D) I e III.

I: correta (art. 8º do Novo Código Florestal – Lei 12.651/2012); II: incorreta, pois adquirente e alienante serão solidariamente responsáveis pela recuperação da área degradada; III: incorreta, pois se consideram área de preservação permanente as faixas marginais de qualquer curso d'água natural perene e intermitente, excluídos os efêmeros, desde a borda da calha do leito regular, em largura mínima de, dentre outras: a) 30 (trinta) metros, para os cursos d'água de *menos de 10 (dez) metros de largura*; b) *50 (cinquenta) metros*, para os cursos d'água que tenham de *10 (dez) a 50 (cinquenta) metros de largura*, nos termos do art. 4º, I, alíneas "a" e "b, do Novo Código Florestal; IV: incorreta, pois se trata de crime, definido no art. 39 da Lei 9.605/1998, e não contravenção penal. Aqui, bastaria ao candidato verificar que na própria assertiva constou que a pena seria de detenção, que é espécie de pena privativa de liberdade cominada aos crimes. A única espécie de pena privativa de liberdade cominada às contravenções é a prisão simples; V: correta (art. 5º do Novo Código Florestal).

Gabarito "B"

(Ministério Público/MG – 2011) As áreas de reserva legal são limitações impostas imperativamente pelo poder de polícia do Estado, com fundamento no princípio da supremacia do interesse público, não cabendo ao particular nenhuma medida, administrativa ou judicial, visando impedir sua incidência, salvo quando a Administração aja com abuso de poder, extravasando os limites legais. A respeito delas, é CORRETO afirmar:

I. A vegetação da reserva legal não pode ser suprimida.

II. Uma das medidas que, alternativamente, poderá adotar o proprietário ou possuidor de imóvel rural com área de floresta nativa, natural, primitiva ou regenerada ou outra forma de vegetação nativa em extensão inferior ao mínimo estabelecido pelo Código Florestal, é a compensação da reserva legal por outra área equivalente em importância ecológica e extensão, desde que pertença ao mesmo ecossistema e esteja localizada no mesmo Estado em que se situe a propriedade.

III. Uma das medidas que, alternativamente, poderá adotar o proprietário ou possuidor de imóvel rural com área de floresta nativa, natural, primitiva ou regenerada ou outra forma de vegetação nativa em extensão inferior ao mínimo estabelecido pelo Código Florestal, é o plantio, a cada três anos, de no mínimo 1/10 da área total necessária à sua complementação, com espécies nativas, de acordo com critérios estabelecidos pelo órgão ambiental estadual competente.

IV. Não será admitido o cômputo das áreas relativas à vegetação nativa existente em área de preservação permanente no cálculo do percentual de reserva legal.

V. Para cumprimento da manutenção ou compensação da área de reserva legal em pequena propriedade ou posse rural familiar, podem ser computados os plantios de árvores frutíferas ornamentais ou industriais, compostos por espécies exóticas, cultivadas em sistema intercalar ou em consórcio com espécies nativas.

Somente estão CORRETAS as opções:

(A) I, II e III.

(B) II, III e IV.

(C) I, III e V.

(D) I, IV e V.

I: correta. De fato, a supressão – completa – de vegetação na área de reserva legal não pode ser admitida, nos termos do art. 17 do Novo Código Florestal (Lei 12.651/2012), que exige a sua conservação com cobertura de vegetação nativa pelo proprietário, possuidor ou ocupante do imóvel rural. Assim, inadmissível o corte raso de vegetação. No entanto, é bom destacar, admite-se a exploração do solo por meio de manejo florestal sustentável, na forma estabelecida no Decreto 5.975/2006; II: incorreta (art. 15, § 4º, do Novo Código Florestal); III: correta, à luz do que dispunha o art. 44, I, do revogado Código Florestal (Lei 4.771/1965), sem correspondência, contudo, no Novo Código Florestal; IV: incorreta. Na legislação revogada (Lei 4.771/1965), em regra, não era admitido o cômputo das áreas de preservação permanente no cálculo da reserva legal, salvo nas hipóteses do art. 16, § 6º. Com o advento do Novo Código Florestal, "inverteu-se o jogo": em regra, será possível computar as áreas de preservação permanente no cálculo da reserva legal, consoante se depreende do art. 15 do diploma legal em tela. Tal constitui nítida redução da proteção ao meio ambiente; V: correta (antigo art. 16, § 3º, da Lei 4.771/1965, correspondente ao art. 54 do Novo Código Florestal).

Gabarito "C"

(Ministério Público/MG – 2010.1) A respeito do Código Florestal brasileiro em vigor (Lei Federal n. 4.771, de 15 de setembro de 1965, com posteriores alterações), pode-se afirmar

I. É proibido o uso de fogo nas florestas e demais formas de vegetação, ressalvada a possibilidade de se obter permissão da autoridade administrativa competente para a prática de queimadas em atividades agropastoris, se as peculiaridades regionais assim indicarem.

II. O adquirente de uma propriedade rural assume o ônus de recompor a cobertura vegetal relativa à área de preservação permanente e à área de reserva legal, mesmo que não tenha contribuído para devastá-las.

III. A supressão de vegetação em área de preservação permanente poderá excepcionalmente ser autorizada pelo órgão ambiental competente através de procedimento administrativo próprio.

IV. Consideram-se de preservação permanente, *ex vi legis*, as florestas e demais formas de vegetação natural situadas ao longo dos rios ou de qualquer curso d'água; nos chamados "olhos d'água", qualquer que seja a sua situação topográfica; ao longo das faixas de domínio público das rodovias e ferrovias; no topo de morros, montes, montanhas e serras.

V. Será admitido, pelo órgão ambiental competente, o cômputo da área de preservação permanente no cálculo do percentual de reserva legal, desde que não implique conversão de novas áreas para o uso alternativo do solo, e quando a soma da área de preservação permanente e da reserva legal exceder a 80% (oitenta por cento) da propriedade rural localizada na Amazônia Legal e 50% (cinquenta por cento) da propriedade rural localizada nas demais regiões do País.

Assinale a opção CORRETA.

(A) I, II, III e IV estão corretas.

(B) I, III, IV e V estão corretas.

(C) II, III e IV estão corretas.

(D) I, II e III estão corretas.

(E) Todas estão corretas.

I: correta (art. 27 da Lei 4.771/1965, correspondente ao art. 38 do Novo Código Florestal – Lei 12.651/2012); II: correta, pois o STJ vem entendendo que a obrigação, no caso, é *propter rem*, de modo que o adquirente de um imóvel rural fica submetido à responsabilização, mesmo que o responsável pelos fatos tenha sido o proprietário anterior (REsp 1090968/SP, *DJ* 03.08.2010). Demais disso, o art. 7º, *caput*, e § 1º, do Novo Código Florestal, impõe que a vegetação situada em Área de Preservação Permanente deverá ser mantida pelo proprietário da área, possuidor ou ocupante a qualquer título, pessoa física ou jurídica, de direito público ou privado, sendo certo que, em caso de ter ocorrido supressão de vegetação, o proprietário da área, possuidor ou ocupante a qualquer título é obrigado a promover a recomposição da vegetação, ressalvados os usos autorizados previstos na lei; III: correta (art. 4º da Lei 4.771/1965, correspondente ao art. 8º do Novo Código Florestal); IV: incorreta, pois um dos casos apresentados na alternativa, qual seja, o das faixas de domínio público ao longo das rodovias e ferrovias, não é de preservação permanente *ex lege, mas, sim, de preservação permanente quando declaradas de interesse social por ato do Chefe do Poder Executivo* (art. 3º, "c", da Lei 4.771/1965, correspondente ao art. 6º, VI, do Novo Código Florestal); V: incorreta (art. 16, § 6º, da Lei 4.771/1965; art. 15, § 4º, do Novo Código Florestal).

Gabarito "D"

(Ministério Público/RN – 2009 – CESPE) Acerca de área de preservação permanente e reserva legal, assinale a opção correta.

(A) Inexiste órgão ambiental que seja competente para autorizar supressão eventual e de baixo impacto ambiental de vegetação em área de preservação permanente.

(B) Reserva legal é a área localizada no interior de uma propriedade ou posse rural – excetuada a área de preservação permanente –, necessária ao uso sustentável dos recursos naturais, à conservação da biodiversidade e ao abrigo e à proteção de fauna e flora nativas.

(C) Nas terras de propriedade privada onde seja necessário o florestamento ou o reflorestamento de preservação permanente, se não o fizer o proprietário, o poder público federal poderá fazê-lo, desapropriando-as.

(D) A área de preservação permanente deve ser averbada à margem da inscrição de matrícula do imóvel, podendo ser alterada a sua destinação nos casos de transmissão onerosa.

(E) É gratuita a averbação de reserva legal à margem da inscrição de matrícula de imóvel de pequena e média propriedade ou posse rural familiar.

A: incorreta. Será, sim, admitida a supressão de vegetação em área de preservação permanente quando considerada de baixo impacto ambiental (art. 8º do Novo Código Florestal – Lei 12.651/2012). A competência para a autorização da supressão dependerá de inúmeros fatores, cabendo, diante de um caso concreto, a verificação da definição das competências previstas na LC 140/2011; **B:** correta (art. 3º, III, do Novo Código Florestal); **C:** incorreta. Se o proprietário de imóvel não proceder ao florestamento ou reflorestamento em área de preservação permanente, responsabilidade que lhe compete, nos termos do art. 7º do Novo Código Florestal, não terá o Poder Público que desapropriar as terras particulares para proceder à restauração da qualidade ambiental. Ao contrário, poderá ser promovida ação civil pública em face do proprietário, fundada na responsabilidade *propter rem*, a fim de compeli-lo à restauração da área desmatada; **D:** incorreta, não sendo necessária a averbação da área de preservação permanente na matrícula imobiliária, muito embora não exista vedação nesse sentido. Ao contrário, é até interessante que seja feita referida averbação, dando maior publicidade à restrição existente no imóvel; **E:** incorreta. Frise-se que com o advento do Novo Código Florestal (Lei 12.651/2012), o registro da Reserva Legal no CAR (Cadastro Ambiental Rural) desobriga a averbação no Cartório de Registro de Imóveis, sendo que, no período entre a data da publicação da Lei em comento e o registro no CAR, o proprietário ou possuidor rural que desejar fazer a averbação terá direito à gratuidade deste ato. Perceba: com o Novo Código Florestal, não há necessidade de averbação da área de reserva legal no registro imobiliário!

Gabarito "B"

(Ministério Público/SC – 2012) Analise as assertivas a seguir.

I. Para o Código Florestal, área de utilidade pública é aquela que compreende: as atividades de segurança nacional e proteção sanitária; as obras essenciais de infraestrutura destinadas aos serviços públicos de transporte, saneamento e energia e aos serviços de telecomunicações e de radiodifusão e as atividades imprescindíveis à proteção da integridade da vegetação nativa, tais como: prevenção, combate e controle do fogo, controle da erosão, erradicação de invasoras e proteção de plantios com espécies nativas, conforme resolução do CONAMA

II. Consideram-se de preservação permanente, segundo a Lei n. 4771/1965, as florestas e demais formas de vegetação natural situadas: ao longo dos rios ou de qualquer curso d'água desde o seu nível mais alto em faixa marginal cuja largura mínima será; de 30 (trinta) metros para os cursos d'água de menos de 10 (dez) metros de largura; de 50 (cinquenta) metros para os cursos d'água que tenham de 10 (dez) a 50 (cinquenta) metros de largura; de 100 (cem) metros para os cursos d'água que tenham de 50 (cinquenta) a 100 (cem) metros de largura.

III. Consideram-se de preservação permanente, segundo a Lei n. 4771/1965, as florestas e demais formas de vegetação natural situadas, em altitude superior a 1.800 (mil e oitocentos) metros, qualquer que seja a vegetação.

IV. A supressão de vegetação em área de preservação permanente somente poderá ser autorizada em caso de utilidade pública ou de interesse social, devidamente caracterizados e motivados em procedimento administrativo próprio, quando inexistir alternativa técnica e locacional ao empreendimento proposto.

V. A supressão de vegetação em área de preservação permanente situada em área urbana, dependerá de autorização do órgão ambiental competente, desde que o município possua conselho de meio ambiente com caráter deliberativo e plano diretor, mediante anuência prévia do órgão ambiental estadual competente fundamentada em parecer técnico.

(A) Apenas as assertivas I, II e III estão corretas.

(B) Apenas as assertivas II, III e IV estão corretas.

(C) Apenas as assertivas III, IV e V estão corretas.

(D) Apenas as assertivas I, II e V estão corretas.

(E) Todas as assertivas estão corretas.

I: incorreta. O art. 3º, VIII, do Novo Código Florestal (Lei 12.651/2012), trata do conceito de utilidade pública, e não *área* de utilidade pública; II: incorreta. De acordo com o revogado Código Florestal (Lei 4.771/1965), consideravam-se de preservação permanentes florestas e demais formas de vegetação natural situadas ao longo dos rios ou de qualquer curso d'água desde o seu nível mais alto em faixa marginal cuja largura mínima era: 1 – de 30 (trinta) metros para os cursos d'água de menos de 10 (dez) metros de largura; 2 – de 50 (cinquenta) metros para os cursos d'água que tinham de 10 (dez) a 50 (cinquenta) metros de largura; 3 – de 100 (cem) metros para os cursos d'água que tinham de 50 (cinquenta) a *200 (duzentos) metros de largura* (e não 100 metros, como trazido na assertiva); 4 – de 200 (duzentos) metros para os cursos d'água que tinham de 200 (duzentos) a 600 (seiscentos) metros de largura; 5 – de 500 (quinhentos) metros para os cursos d'água que tinham largura superior a 600 (seiscentos) metros. No Código Florestal vigente (Lei 12.651/2012), as faixas de preservação permanente vêm definidas no art. 4º; III: correta (art. 2º, "h", da Lei 4.771/1965, atualmente prevista no art. 4º, X, da Lei 12.651/2012 – Novo Código Florestal); IV: correta (art. 4º da Lei 4.771/1965, correspondente ao atual art. 8º do Novo Código Florestal); V: correta (art. 4º, § 2º, da Lei 4.771/1965, sem correspondente no Novo Código Florestal, mas com disciplinamento no art. 13, § 2º, da LC 140/2011).

Gabarito "C"

(Ministério Público/SC – 2010) Julgue os seguintes itens.

I. Na definição da reserva legal leva-se em conta a área de preservação permanente.

II. Segundo o Código Florestal, as áreas de interesse social podem ser consideradas de utilidade pública.

III. As áreas de preservação permanente, assim declaradas pelo Poder Público, somente podem ser extintas por decreto do Executivo.

IV. Para cumprimento da manutenção ou compensação da área de reserva legal em pequena propriedade ou posse rural familiar, podem ser computados os plantios de árvores frutíferas ornamentais ou industriais, compostos por espécies exóticas, cultivadas em sistema intercalar ou em consórcio com espécies nativas.

V. A localização da reserva legal deve ser aprovada pelo órgão ambiental estadual competente ou, mediante convênio, pelo órgão ambiental municipal ou outra instituição devidamente habilitada.

(A) Apenas as assertivas I, II e III estão corretas.

(B) Apenas as assertivas I, III e IV estão corretas.

(C) Apenas as assertivas II, III e IV estão corretas.

(D) Apenas as assertivas II, IV e V estão corretas.

(E) Todas as assertivas estão corretas.

I: incorreta. De acordo com o Código Florestal revogado (Lei 4.771/1965), o percentual de reserva legal *excetuava* a área de preservação permanente (art. 1º, § 2º, III, da Lei 4.771/1965); ou seja, além das áreas de preservação permanente, o proprietário teria que preservar o percentual relativo à reserva legal. Ressalte-se que com a edição do Novo Código Florestal, houve redução da proteção ambiental, visto que na legislação revogada (Lei 4.771/1965), não se admitia, salvo expressas exceções, o cômputo das áreas de preservação permanente no cálculo da área de reserva legal. De acordo com o art. 15 da Lei 12.651/2012 (Novo Código Florestal), admitir-se-á referido cômputo desde que: I – o benefício previsto neste artigo não implique a conversão de novas áreas para o uso alternativo do solo; II – a área a ser computada esteja conservada ou em processo de recuperação, conforme comprovação do proprietário ao órgão estadual integrante do Sisnama; e III - o proprietário ou possuidor tenha requerido inclusão do imóvel no Cadastro Ambiental Rural – CAR; II: a assertiva foi considerada correta pela banca examinadora (art. 4º, *caput*, da Lei 4.771/1965, correspondente ao art. 8º do Novo Código Florestal). No entanto, tecnicamente, há distinção entre os conceitos de utilidade pública e interesse social, nos termos do art. 3º, VIII e IX, do Novo Código Florestal, razão pela qual entendemos que a assertiva peca pela atecnicidade; III: incorreta, pois o que se admite é a supressão de vegetação nessas áreas em caso de utilidade pública ou interesse social, ou em caso de baixo impacto ambiental (art. 4º da Lei 4.771/1965, correspondente ao art. 8º do Novo Código Florestal); IV: correta (art. 16, § 3º, da Lei 4.771/1965, correspondente ao art. 54 do Novo Código Florestal); V: correta (art. 16, § 4º, da Lei 4.771/1965, correspondente ao art. 14, § 1º, do Novo Código Florestal).

Gabarito "D"

(Ministério Público/SE – 2010 – CESPE) A respeito do Código Florestal, das novas regulamentações sobre reserva legal, das áreas de preservação permanente e de outros instrumentos legais, assinale a opção correta.

(A) A reserva legal corresponde a área localizada no interior de uma propriedade, incluída naquela de preservação permanente.

(B) As florestas que integram o patrimônio indígena ficam sujeitas ao regime de preservação permanente.

(C) A área de vegetação situada em olhos d'água não é passível de proteção ambiental.

(D) A retirada de vegetação nativa em encostas com sessenta graus, para a plantação de uvas, é permitida.

(E) Não são classificadas como áreas de preservação permanente as formas de vegetação natural, independentemente da sua largura, que estejam situadas ao longo de cursos d'água com largura inferior a dez metros.

A: incorreta, pois, como regra, não é possível computar as áreas relativas à preservação permanente no percentual da reserva legal (art. 16, *caput* e § 6º, da revogada Lei 4.771/1965; art. 15 do Novo Código Florestal – Lei 12.651/2012); **B:** correta (art. 3º, § 2º, da Lei 4.771/1965, sem correspondência no Novo Código Florestal); **C:** incorreta, pois se trata de área de preservação permanente *ex lege* (art. 2º, "c", da Lei 4.771/1965, correspondente ao art. 4º, IV, do Novo Código Florestal); **D:** incorreta, pois se trata de área de preservação permanente *ex lege* (art. 2º, "e", da Lei 4.771/1965, correspondente ao art. 4º, V, do Novo Código Florestal); **E:** incorreta, pois se trata de área de preservação permanente *ex lege* (art. 2º, "a", 1, da Lei 4.771/1965, correspondente ao art. 4º, I, "a", do Novo Código Florestal).

Gabarito "B"

(Ministério Público/SP – 2011) Assinale a alternativa correta.

(A) A reserva legal corresponde à porcentagem de florestas e outras formas de vegetação nativa, de propriedade e posses rurais, não incluídas aquelas situadas em área de preservação permanente, cuja vegetação deve ser preservada, não sendo admitida, em qualquer hipótese, sua utilização em regime de manejo florestal sustentável ou o plantio de árvores frutíferas.

(B) A vegetação em áreas de preservação permanente pode ser suprimida em caso de utilidade pública ou interesse social, mas tal supressão depende de autorização legislativa.

(C) O Código Florestal (Lei n. 4.771/1965) cria dois tipos de espaços territoriais protegidos: as áreas de preservação permanente e a reserva legal. Esses *dois* institutos, aplicáveis apenas às propriedades rurais, referem-se a espaços nos quais as florestas ou outras formas de vegetação nativa devem ser preservadas.

(D) As unidades de conservação dividem-se em dois grupos: o de proteção integral e o de uso sustentável. O primeiro é formado por unidades cujo regime de domínio é público, e o segundo, por áreas que podem ser públicas ou privadas, desde que atendam às limitações impostas pela legislação.

(E) A reserva extrativista é uma categoria de unidade de conservação de uso sustentável, de domínio público, na qual a posse e o uso das áreas ocupadas pelas populações tradicionais nela residentes deverão ser regulados por contrato, firmado nos termos do disposto no regulamento da lei específica.

A: incorreta, pois o art. 16, § 2º, da revogada Lei 4.771/1965 (correspondente ao art. 17, § 1º, do Novo Código Florestal – Lei 12.651/2012) admitia o uso da vegetação de reserva legal sob regime de manejo florestal sustentável, e o § 3º do mesmo dispositivo admitia (correspondente ao art. 54 do Novo Código Florestal), em pequena propriedade ou posse rural familiar, o cômputo, como área sob reserva legal, das áreas com plantios de árvores frutíferas ornamentais ou industriais, compostos por espécies exóticas, cultivadas em sistema intercalar ou em consórcio com espécies nativas; **B:** incorreta, pois essa supressão é autorizada por ato do Poder Executivo (arts. 3º, § 1º, e 4º, § 1º, da revogada Lei 4.771/1965; art. 8º do Novo Código Florestal); **C:** incorreta, pois, o art. 4º, *caput*, do Novo Código Florestal, deixa bastante claro que as áreas de preservação permanente nele definidas podem estar presentes em zonas urbanas ou rurais. Já a reserva legal somente existirá nas propriedades ou posse rurais (art. 3º, III, do Novo Código Florestal); **D:** incorreta, pois há também unidades de proteção integral (Monumento Natural e Refúgio de Vida Silvestre – arts. 12, § 1º, e 13, § 1º, da Lei 9.985/2000) que podem ser constituídas por áreas particulares; **E:** correta (arts. 18 e 23 da Lei 9.985/2000).

Gabarito "E"

9. RESPONSABILIDADE CIVIL AMBIENTAL

Segue um resumo sobre a **Responsabilidade Civil Ambiental**:

1. **Responsabilidade objetiva.**

A responsabilidade objetiva pode ser ***conceituada*** *como* o dever de responder por danos ocasionados ao meio ambiente, independentemente de culpa ou dolo do agente responsável pelo evento danoso. *Essa responsabilidade está prevista no § 3º do art. 225 da CF, bem como no § 1º do art. 14 da Lei 6.938/1981 e ainda no art. 3º da Lei 9.605/1998.*

Quanto a seus ***requisitos,*** *diferentemente do que ocorre com a responsabilidade objetiva no Direito Civil, no qual são apontados três elementos para a configuração da responsabilidade (conduta, dano e nexo de causalidade), no Direito Ambiental são necessários apenas dois.*

A doutrina aponta a necessidade de existir um ***dano*** *(evento danoso), mais o* ***nexo de causalidade, que o liga ao poluidor****.*

*Aqui não se destaca muito a conduta como requisito para a responsabilidade ambiental, apesar de diversos autores entenderem haver três requisitos para sua configuração (*conduta, dano e nexo de causalidade*). Isso porque é comum o dano ambiental ocorrer sem que se consiga identificar uma conduta específica e determinada causadora do evento.*

Quanto ao **sujeito responsável pela reparação do dano**, é o poluidor, que pode ser tanto pessoa física como jurídica, pública ou privada.

Quando o Poder Público não é o responsável pelo empreendimento, ou seja, não é o poluidor, sua responsabilidade é **subjetiva**, ou seja, depende de comprovação de culpa ou dolo do serviço de fiscalização, para se configurar. Assim, o Poder Público pode responder pelo dano ambiental por omissão no dever de fiscalizar. Nesse caso, haverá responsabilidade solidária do poluidor e do Poder Público. Mas lembre-se: se o Poder Público é quem promove o empreendimento, sua responsabilidade é **objetiva**.

Em se tratando de pessoa jurídica, a Lei 9.605/1998 estabelece que esta será responsável *nos casos em que a infração for cometida por decisão de seu representante legal ou contratual, ou de seu órgão colegiado, no interesse ou benefício da sua entidade.* Essa responsabilidade da pessoa jurídica não exclui a *das pessoas físicas, autoras, coautoras ou partícipes do mesmo fato.*

A Lei 9.605/1998 também estabelece uma cláusula geral que permite a **desconsideração da personalidade jurídica** da pessoa jurídica, em qualquer caso, desde que destinada ao ressarcimento dos prejuízos causados à qualidade do meio ambiente. Segundo o seu art. 4º, *poderá ser desconsiderada a pessoa jurídica sempre que sua personalidade for obstáculo ao ressarcimento dos prejuízos causados à qualidade do meio ambiente.* Adotou-se, como isso, a chamada **teoria menor da desconsideração**, para a qual basta a insolvência da pessoa jurídica, para que se possa atingir o patrimônio de seus membros. No direito civil, ao contrário, adotou-se a teoria maior da desconsideração, teoria que exige maiores requisitos, no caso, a existência de um desvio de finalidade ou de uma confusão patrimonial para que haja desconsideração.

2. ***Reparação integral dos danos.***

A obrigação de reparar o dano não se limita a pagar uma indenização; ela vai além: a reparação deve ser específica, *isto é, ela deve buscar a restauração ou recuperação do bem ambiental lesado, ou seja, o seu retorno à situação anterior. Assim, a responsabilidade pode envolver as seguintes obrigações:*

a) ***de reparação natural ou* in specie*:*** é a reconstituição ou recuperação do meio ambiente agredido, cessando a atividade lesiva e revertendo-se a degradação ambiental. *É a primeira providência que deve ser tentada, ainda que mais onerosa que outras formas de reparação;*

b) ***de indenização em dinheiro:*** consiste no ressarcimento pelos danos causados e não passíveis de retorno à situação anterior. *Essa solução só será adotada quando não for viável fática ou tecnicamente a reconstituição. Trata-se de forma indireta de sanar a lesão.*

c) ***compensação ambiental:*** *consiste em forma alternativa à reparação específica do dano ambiental, e importa na adoção de uma medida de equivalente importância ecológica, mediante a observância de critérios técnicos especificados por órgãos públicos e aprovação prévia do órgão ambiental competente, admissível desde que seja impossível a reparação específica. Por exemplo, caso alguém tenha derrubado uma árvore, pode-se determinar que essa pessoa, como forma de* compensação ambiental, *replante duas árvores da mesma espécie.*

3. **Dano ambiental.**

Não é qualquer alteração adversa no meio ambiente causada pelo homem que pode ser considerada dano ambiental. Por exemplo, o simples fato de alguém inspirar oxigênio e expirar gás carbônico não é dano ambiental. O art. 3º, III, da Lei 6.938/1981 nos ajuda a desvendar quando se tem dano ambiental, ao dispor que a poluição é a degradação ambiental resultante de atividades que direta ou indiretamente:

a) prejudiquem a saúde, a segurança e o bem-estar da população; b) criem condições adversas às atividades sociais e econômicas; c) afetem desfavoravelmente a biota; d) afetem as condições estéticas ou sanitárias do meio ambiente; e) lancem matérias ou energia em desacordo com os padrões ambientais estabelecidos.

Quanto aos lesados pelo dano ambiental, este pode atingir pessoas indetermináveis e ligadas por circunstâncias de fato (ocasião em que será difuso), grupos de pessoas ligadas por relação jurídica base (ocasião em que será coletivo), vítimas de dano oriundo de conduta comum (ocasião em que será individual homogêneo) e vítima do dano (ocasião em que será individual puro).

De acordo com o pedido formulado na ação reparatória é que se saberá que tipo de interesse (difuso, coletivo, individual homogêneo ou individual) está sendo protegido naquela demanda.

Quanto à extensão do dano ambiental, a doutrina reconhece que este pode ser material (patrimonial) ou moral (extrapatrimonial). Será da segunda ordem quando afetar o bem-estar de pessoas, causando sofrimento e dor. Há de se considerar que existe decisão do STJ no sentido que não se pode falar em dano moral difuso, já que o dano deve estar relacionado a pessoas vítimas de sofrimento, e não a uma coletividade de pessoas. De acordo com essa decisão, pode haver dano moral ambiental a pessoa determinada, mas não pode haver dano moral ambiental a pessoas indetermináveis.

3. A proteção do meio ambiente em juízo.

A reparação do dano ambiental pode ser buscada extrajudicialmente, quando, por exemplo, é celebrado termo de **compromisso de ajustamento de conduta** com o Ministério Público, ou judicialmente, pela propositura da ação competente.

Há duas ações vocacionadas à defesa do meio ambiente. São elas: a **ação civil pública** (art. 129, III, da CF e Lei 7.347/1985) e a **ação popular** (art. 5º, LXXIII, CF e Lei 4.717/1965). A primeira pode ser promovida pelo Ministério Público, pela Defensoria Pública, por entes da Administração Pública ou por associações constituídas há pelo menos um ano, que tenham por objetivo a defesa do meio ambiente. Já a segunda é promovida pelo cidadão.

Também são cabíveis em matéria ambiental o **mandado de segurança** (art. 5º, LXIX e LXX, da CF e Lei 12.016/2009), individual ou coletivo, preenchidos os requisitos para tanto, tais como prova pré-constituída, e ato de autoridade ou de agente delegado de serviço público; o **mandado de injunção** (art. 5º, LXXI, da CF), quando a falta de norma regulamentadora torne inviável o exercício dos direitos e liberdades constitucionais e das prerrogativas inerentes à nacionalidade, à soberania e à cidadania; as **ações de inconstitucionalidade** (arts. 102 e 103 da CF e Leis 9.868/1999 e 9.882/1999); e a **ação civil de responsabilidade por ato de improbidade administrativa** em matéria ambiental (art. 37, § 4º, da CF, Lei 8.429/1992 e art. 52 da Lei 10.257/2001).

(Ministério Público/PR – 2013 – X) Consideradas as disposições legais e doutrinárias sobre danos ambientais e sua responsabilização, assinale a alternativa ***incorreta***:

(A) Se for julgada procedente a ação civil pública proposta por associação civil, a indenização pelo dano ambiental difuso será revertida à mesma, desde que tenha sido constituída há mais de um ano e que inclua entre suas finalidades a defesa do meio ambiente;

(B) Segundo o princípio do poluidor-pagador, os custos de reparação de área degradada devem ser impostos a quem a danificou, permitindo assim a imposição de tal ônus a novo adquirente;

(C) Na responsabilização civil por dano ecológico, não há necessidade de se provar a culpa do agente;

(D) O poluidor é obrigado, independentemente da existência de culpa, a indenizar ou reparar os danos causados ao meio ambiente e a terceiros afetados por sua atividade;

(E) O órgão ambiental competente, ao tomar conhecimento do desmatamento em desacordo com a lei, deverá embargar a obra ou atividade que deu causa ao uso alternativo do solo, como medida administrativa voltada a impedir a continuidade do dano ambiental, propiciar a regeneração do meio ambiente e dar viabilidade à recuperação da área degradada.

A: assertiva incorreta, devendo ser assinalada; a indenização, no caso, será revertida ao fundo de direitos difusos (art. 13 da Lei 7.347/1985); **B:** assertiva correta, tratando-se do aspecto repressivo desse princípio; **C:** assertiva correta, pois se trata da responsabilidade objetiva (art. 14, § 1º, da Lei 6.938/1981); **D:** assertiva correta (art. 14, § 1º, da Lei 6.938/1981); **E:** assertiva correta (art. 51, *caput*, da Lei 12.651/2012).

Gabarito "A"

(Ministério Público/MS – 2011 – FADEMS) Assinale a alternativa **correta**. Acerca da responsabilidade civil ambiental na legislação brasileira, pode-se afirmar.

(A) É subjetiva, nos mesmos moldes da responsabilidade civil, ou seja, é imprescindível a investigação e a discussão da culpa, embora não seja necessária a prova do nexo causal, vale dizer, da relação de causa e efeito entre a atividade do agente e o dano dela advindo;

(B) É considerada como de natureza objetiva, em razão de previsão constitucional e do regime adotado na Lei n. 6.931/1981, que afastou a investigação e a discussão da culpa, embora não tenha prescindido do nexo causal, vale dizer, da relação de causa e efeito entre a atividade do agente e o dano dela advindo;

(C) Na apuração da responsabilidade do poluidor, o Ministério Público ou qualquer legitimado, autor da ação civil pública, além da aplicação da teoria do risco integral quanto a culpa, ainda tem a vantagem da inversão do ônus da prova, como acontece na seara da defesa do consumidor;

(D) O poluidor não será responsabilizado civilmente caso o evento danoso tenha sido causado por motivo de força maior (da natureza) ou caso fortuito (obra do acaso), sendo estas circunstâncias, uma das exceções na aplicação da teoria do risco integral;

(E) É mista, ora assumindo características objetivas, ora demonstrando subjetividade, cabendo ao Juiz, na análise do caso concreto, decidir a prevalência de uma das duas e a justa indenização.

A: incorreta, pois a responsabilidade civil ambiental é objetiva; **B:** correta, pois tanto o texto do art. 225, § 3º, da CF, como o do art. 14, § 1º, da Lei 6.938/1981 não exigem o elemento "culpa" para a configuração da responsabilidade do causador de um dano ambiental; **C:** incorreta, pois a jurisprudência dos tribunais superiores não adota a teoria do risco integral (responsabilidade sem excludentes) em matéria de responsabilidade civil ambiental; essa teoria se aplica à responsabilidade civil ambiental em caso de dano nuclear; de qualquer forma, há um acórdão do STJ que também adotou a teoria do risco integral, com a observação de que essa posição só valeria para aquele caso concreto e não para formar teses gerais em matéria de responsabilidade civil ambiental; trata-se de um caso de colisão de navios, com vazamento de nafta em águas, em decisão que não aceitou a exclusão de responsabilidade pela excludente "fato de terceiro" (STJ, Resp 1.114398/PR, *DJ* 16.02.2012); por outro lado, há outro acórdão do STJ aplicando sem ressalvas a Teoria do Risco Integral; trata-se do REsp 1.346.430 (*DJ* 21.11.2012), cuja decisão é fundamentada na ideia de que se adotou a teoria do risco integral em matéria ambiental, argumentando que quem explora atividade econômica coloca-se na posição de garantidor da preservação ambiental e os danos que dizem respeito à atividade estarão sempre vinculados a ela, descabendo, assim, a invocação, pelo responsável pelo dano ambiental, de excludentes de responsabilidade civil; **D:** incorreta, pois a teoria do risco integral (ainda) não é adotada como regra geral em matéria de responsabilidade civil ambiental; mas caso seja, essa teoria é no sentido de que não se pode alegar qualquer tipo de excludente de responsabilidade, inclusive as excludentes caso fortuito e força maior; **E:** incorreta, pois a responsabilidade civil ambiental não é tão duvidosa como a alternativa faz parecer que é; a responsabilidade civil ambiental é *objetiva*! A única exceção é a responsabilidade do Poder Público quando está na posição de fiscalizador do meio ambiente; nesse único caso, o Poder Público responde subjetivamente, devendo-se averiguar se o serviço público de fiscalização ambiental foi ou não defeituoso (culpa anônima do serviço); em sendo defeituoso, o Poder Público responderá solidariamente com o efetivo causador do dano ambiental.

Gabarito "B"

(Ministério Público/SP – 2011) Assinale a alternativa correta.

(A) Em decorrência das regras constitucionais em matéria ambiental, as responsabilidades civil, penal e administrativa por danos causados ao meio ambiente são de caráter objetivo.

(B) O caráter objetivo da responsabilidade civil por danos ambientais fundamenta-se na teoria do risco, que faz recair ao causador dos danos a obrigação de repará-los, independentemente de culpa, admitindo-se apenas a aplicação das excludentes de caso fortuito e força maior.

(C) O Poder Público pode vir a ser responsabilizado solidariamente por danos ambientais causados por particulares em decorrência de deficiências na fiscalização, sendo sua responsabilidade, a esse propósito, de caráter objetivo.

(D) O caráter objetivo da responsabilidade civil por danos ambientais fundamenta-se na teoria do risco, pois aquele que exerce uma atividade deve responder por eventuais danos dela resultantes, independentemente de culpa, ainda que a atividade danosa seja lícita.

(E) A responsabilidade civil em matéria ambiental é de caráter objetivo, prescindindo, para sua caracterização, do elemento da culpa e do nexo causal entre a conduta e o evento danoso.

A: incorreta, pois, das três responsabilidades mencionadas, somente a responsabilidade **civil** ambiental é de caráter objetivo; **B:** incorreta, pois, pela jurisprudência prevalecente, admite-se outras excludentes de responsabilidade, pois não se adotou a responsabilidade civil pelo risco integral em matéria ambiental; de qualquer forma, há muitas correntes nos órgãos do Ministério Público no sentido de que se adotou a responsabilidade civil pelo risco integral em matéria ambiental; para quem pensa assim, a alternativa também está incorreta, pois, se o risco é integral, não se admite excludente alguma; não bastasse, há um acórdão do STJ que também adotou a teoria do risco integral, com a observação de que essa posição só valeria para aquele caso concreto e não para formar teses gerais em matéria de responsabilidade civil ambiental; trata-se de um caso de colisão de navios, com vazamento de nafta em águas, em decisão que não aceitou a exclusão de responsabilidade pela excludente "fato de terceiro" (STJ, Resp 1.114398/PR, *DJ* 16.02.2012); por outro lado, há outro acórdão do STJ aplicando sem ressalvas a Teoria do Risco Integral; trata-se do REsp 1.346.430 (*DJ* 21.11.2012), cuja decisão é fundamentada na ideia de que se adotou a teoria do risco integral em matéria ambiental, argumentando que quem explora atividade econômica coloca-se na posição de garantidor da preservação ambiental e os danos que dizem respeito à atividade estarão sempre vinculados a ela, descabendo, assim, a invocação, pelo responsável pelo dano ambiental, de excludentes de responsabilidade civil; **C:** incorreta, pois, nesse caso, a responsabilidade do Poder Público é subjetiva, devendo-se averiguar se houve ou não a chamada culpa anônima do serviço; **D:** correta, pois, em sendo objetiva a responsabilidade, não se discute se há conduta ilícita ou não, se há culpa ou não; **E:** incorreta, pois, sem nexo de causalidade entre a conduta e o dano, não há que se falar em responsabilidade civil ambiental.

Gabarito "D"

10. RESPONSABILIDADE ADMINISTRATIVA AMBIENTAL

(Ministério Público/AM – 2008 – CESPE) Uma entidade de fiscalização vinculada ao SISNAMA verificou que está sendo construída, ilegalmente, obra em área declarada por lei como de preservação permanente, com alvará de edificação concedido pela secretaria de obras do município. Nessa situação, a atitude correta da entidade é

(A) abster-se de tomar qualquer medida, pois o alvará torna a área passível de construção mesmo que em desacordo com a legislação ambiental.

(B) embargar a obra, tendo em vista o descumprimento da legislação ambiental.

(C) requerer, na via judicial, o embargo da obra.

(D) requerer ao MP que promova, de ofício, o embargo da obra.

(E) reclamar junto à câmara dos vereadores da conduta da secretaria de obras.

Art. 72, VII e § 7º, da Lei 9.605/1998.

Gabarito "B"

(Ministério Público/MA – 2009) Assinale a alternativa cujo enunciado expressa o sentido de norma constitucional que trata das sanções previstas para os autores de condutas e atividades consideradas lesivas ao meio ambiente.

(A) Os infratores, pessoas físicas ou jurídicas, estão sujeitos a sanções penais e administrativas, independentemente da obrigação de reparar os danos causados.

(B) Os infratores, pessoas físicas, estão sujeitos a sanções penais e administrativas, somente às pessoas jurídicas é imposta a obrigação de reparar os danos causados.

(C) Os infratores, pessoas físicas, estão sujeitos a sanções penais e administrativas; e as pessoas jurídicas a sanções administrativas, independentemente, em qualquer caso, da obrigação de reparar os danos causados.

(D) Os infratores, pessoas físicas ou jurídicas, estão obrigados à reparação dos danos causados, a qual, uma vez satisfeita, constitui causa de extinção da punibilidade.

(E) Os infratores, pessoas físicas ou jurídicas, estão sujeitos às sanções administrativas e à reparação dos danos causados. O cumprimento das medidas constitui causa de extinção da punibilidade.

Art. 225, § 3°, da CF.

Gabarito "A"

(Ministério Público/PI – 2008) Sobre a responsabilidade administrativa ambiental é correto afirmar:

(A) A competência comum permite que mais de um ente federado exerça seu poder de polícia, mais de uma vez, sobre o mesmo fato.

(B) A celebração de termo de ajustamento de conduta onde estabelecidas as condições da reparação do dano ambiental veda a imposição de sanção de ordem administrativa.

(C) Independe do dano ambiental para a sua caracterização.

(D) O fato da degradação atingir bem de domínio da União é suficiente para determinar que apenas o IBAMA atue, por força do princípio da domanialidade.

(E) Exige- se a necessária relação entre os conceitos de poluidor (art. 3°, IV, Lei n. 6.938/1981) e de transgressor para a sua verificação.

A: incorreta. Ainda que a competência fiscalizatória da União, Estados, DF e Municípios seja concorrente, em razão da competência comum para a preservação do meio ambiente, é certo que o exercício do poder de polícia por cada um dos entes federados não poderá impor ao degradador mais de uma punição pelo mesmo fato, sob pena de caracterizar *bis in idem*; **B:** incorreta, pois a celebração de termo de ajustamento de conduta acerca da reparação do dano ambiental (aspecto civil) não prejudica a imposição das sanções de natureza administrativa. Lembre-se que a degradação da qualidade ambiental sujeita o infrator, pessoa física ou jurídica, a sanções administrativas, civis e penais (art. 225, § 3°, da CF); **C:** correta. De fato, a caracterização da responsabilidade administrativa depende, apenas, da prática de uma ação ou omissão que viole as regras jurídicas de uso, gozo, promoção, proteção e recuperação do meio ambiente (art. 70 da Lei 9.605/1998), independentemente da constatação do dano ambiental. Assim, inspirada no princípio da prevenção, a responsabilidade administrativa ambiental não exige, como visto, a ocorrência de dano ao meio ambiente; **D:** incorreta. O art. 17-Q, da Lei 6.938/1981 (Lei da PNMA), autoriza que o IBAMA celebre convênios com Estados, Municípios e o DF para o desempenho das atividades de fiscalização ambiental, não sendo verdade que a mera dominialidade do bem seja capaz de excluir o exercício do poder de polícia dos demais entes federativos, bem como a competência para a lavratura da autuação por infração administrativa; **E:** incorreta, pois a infração administrativa poderá restar caracterizada independentemente da existência de poluição. Logo, o transgressor da legislação ambiental não será, necessariamente, poluidor.

Gabarito "C"

(Ministério Público/RO – 2008 – CESPE) As infrações administrativas ambientais previstas na Lei Federal n. 9.605/1998 incluem

(A) a proibição de contratar com a administração pública, pelo período de até três anos, e multa diária.

(B) a suspensão parcial ou total das atividades, a destruição ou inutilização do produto e a prisão simples.

(C) a advertência, a suspensão de registro, licença ou autorização, a multa e a detenção.

(D) a multa anual e a perda de benefícios fiscais.

(E) o pagamento de multa imposta pelo estado – ou pelo DF – e pelo município, de forma cumulativa.

Art. 72, § 8°, V, e § 5°, da Lei 9.605/1998.

Gabarito "A"

11. RESPONSABILIDADE PENAL AMBIENTAL

(Ministério Público/ES – 2010 – CESPE) A Lei de Crimes Ambientais estabelece a responsabilização na esfera cível, penal e administrativa, em caso de infração cometida em face do meio ambiente. A respeito de crimes ambientais, assinale a opção correta.

(A) Em matéria ambiental, o julgamento pelo cometimento de crimes comuns é de competência da justiça estadual comum.

(B) A responsabilização do poluidor pela indenização ou reparação dos danos causados ao meio ambiente e a terceiros afetados por sua atividade exige comprovação de culpa.

(C) O poder de polícia exercido pela administração pública em matéria ambiental, desempenhado por profissionais e técnicos de formação civil, tem caráter unicamente repressivo.

(D) Processo em matéria ambiental, se administrativo, deve ser conduzido harmonicamente, considerando as garantias constitucionais; contudo, não deve prender-se à razoabilidade e proporcionalidade, pois estas são exigências dos processos judiciais.

A: correta, ressalvados os casos previstos no art. 109 da CF; **B:** incorreta, pois a responsabilidade civil ambiental é objetiva; **C:** incorreta, pois militares (das Capitanias dos Portos) também podem exercer a polícia administrativa ambiental (art. 70, § 1º, da Lei 9.605/1998); ademais, o poder de polícia também tem caráter preventivo; **D:** incorreta, pois a razoabilidade e a proporcionalidade são princípios expressos na Lei de Processo Administrativo Federal (art. 2º da Lei 9.784/1999).

Gabarito "A"

(Ministério Público/MS – 2006) De acordo com a Lei dos Crimes Ambientais (Lei n. 9.605/1998), uma das sanções penais a ser aplicada às pessoas jurídicas quando o estabelecimento, obra ou atividade estiver funcionando sem a devida autorização será de:

(A) Suspensão parcial ou total de atividades;

(B) Suspensão total de atividades;

(C) Interdição temporária de estabelecimento, obra ou atividade;

(D) Interdição definitiva de estabelecimento, obra ou atividade.

Art. 22, II, da Lei 9.605/1998.

Gabarito "C"

(Ministério Público/PR – 2009) Assinale a alternativa *INCORRETA*:

(A) não é possível o tombamento concomitante de um mesmo bem por diferentes Poderes Públicos da federação.

(B) no crime de poluição, descrito no *caput* do artigo 54 da Lei 9.605/1998 (Lei de Crimes Ambientais), previu o legislador, no mesmo tipo penal, as modalidades de crime de dano e de perigo.

(C) todos os crimes previstos na Lei 9.605/1998 (Lei de Crimes Ambientais) são de ação penal pública incondicionada, ou seja, independem de provocação da vítima.

(D) nos crimes ambientais de menor potencial ofensivo, a proposta de aplicação imediata de pena restritiva de direitos ou multa, prevista no artigo 76 da Lei 9.099/1995, somente poderá ser formulada desde que tenha havido prévia composição do dano ambiental, salvo em caso de comprovada impossibilidade.

(E) nos termos da Lei 9.873/1999, prescreve em 5 (cinco) anos a ação punitiva da administração pública federal, no exercício do poder de polícia, objetivando apurar infração à legislação em vigor, contados da data da prática do ato ou, no caso de infração permanente ou continuada, do dia em que tiver cessado.

A: incorreta, pois se admite o tombamento cumulativo; **B:** correta (art. 54 da Lei 9.605/1998); **C:** correta (art. 26 da Lei 9.605/1998); **D:** correta (art. 27 da Lei 9.605/1998); **E:** correta (art. 1º da Lei 9.873/1999).

Gabarito "A"

(Ministério Público/PR – 2008) Assinale a opção correta:

(A) a pessoa jurídica pode ser responsabilizada pela prática de crimes ambientais, desde que a infração tenha sido cometida no seu interesse ou benefício e que decorra de decisão de seu representante legal ou contratual, ou de seu colegiado. As penas aplicáveis à pessoa jurídica em decorrência da prática de crimes ambientais, isolada, cumulativamente ou alternativamente, são multa, restritivas de direitos e prestação de serviços à comunidade.

(B) a pessoa jurídica pode ser responsabilizada pela prática de crimes ambientais, desde que a infração tenha sido cometida no seu interesse ou benefício, independentemente da decisão ter decorrido de seu representante legal ou contratual, ou de seu colegiado. As penas aplicáveis à pessoa jurídica em decorrência da prática de crimes ambientais, isolada, cumulativamente ou alternativamente, são multa, restritivas de direitos e prestação de serviços à comunidade.

(C) a pessoa jurídica pode ser responsabilizada pela prática de crimes ambientais, independentemente da infração ter sido cometida no seu interesse ou benefício e independentemente da decisão ter decorrido de seu representante legal ou contratual, ou de seu colegiado. As penas aplicáveis à pessoa jurídica em decorrência da prática de crimes ambientais, isolada, cumulativamente ou alternativamente, são multa, restritivas de direitos, prestação de serviços à comunidade e suspensão de registro.

(D) a pessoa jurídica pode ser responsabilizada pela prática de crimes ambientais, independentemente da infração ter sido cometida no seu interesse ou benefício, mas deve ter decorrido de decisão de seu representante legal ou contratual, ou de seu colegiado. As penas aplicáveis à pessoa jurídica em decorrência da prática de crimes ambientais isolada, cumulativamente ou alternativamente, são multa, restritivas de direitos, prestação de serviços à comunidade e suspensão de registro.

(E) a pessoa jurídica não pode ser responsabilizada criminalmente, uma vez que a legislação ambiental acolheu os postulados da chamada *disregard doctrine*, com vistas a viabilizar o ressarcimento de danos ambientais praticados por empresas.

Arts. 3º e 21 da Lei 9.605/1998.

Gabarito "A"

(Ministério Público/SE – 2010 – CESPE) Cardoso resolveu, por conta própria, criar um parcelamento de solo em área pública sem registro em cartório. Colocou piquetes demarcando os lotes e pediu para Carlos, corretor de imóveis, vender os lotes, com o que este concordou. Considerando essa situação hipotética e o previsto na Lei de Parcelamento de Solo Urbano (Lei n. 6.766/1979), as condutas de Cardoso e Carlos constituem, respectivamente,

(A) crime e contravenção penal.

(B) infração administrativa e atividade ilícita.

(C) atividade ilícita e infração administrativa.

(D) contravenção penal e crime.

(E) crime e crime.

Art. 50, I, e art. 50, II, ambos da Lei 6.766/1979.

Gabarito "E"

(Ministério Público/TO – 2012 – CESPE) De acordo com a Lei dos Crimes Ambientais, constituem penas restritivas de direito

(A) o recolhimento domiciliar e a prisão simples.

(B) a interdição definitiva de direitos e a prestação pecuniária.

(C) a suspensão parcial ou total de atividades e a interdição definitiva do direito de transitar em unidades de conservação.

(D) a prestação de serviços à comunidade e a interdição temporária de direitos.

(E) o recolhimento domiciliar e a obrigatoriedade de participar do curso de educação ambiental.

As penas restritivas de direitos definidas na Lei 9.605/1998 são: I – prestação de serviços à comunidade; II – interdição temporária de direitos; III – suspensão parcial ou total de atividades; IV – prestação pecuniária; e V – recolhimento domiciliar. Assim, apenas a alternativa "D" contêm espécies de penas restritivas de direitos, nas quais não se incluem a prisão simples (alternativa "A"), a interdição definitiva de direitos (alternativa "B"), interdição definitiva do direito de transitar em unidades de conservação (alternativa "C") e obrigatoriedade de participar de curso de educação ambiental (alternativa "E").

Gabarito "D"

12. BIOSSEGURANÇA E PROTEÇÃO DA SAÚDE HUMANA

(Ministério Público/MG – 2013) É *INCORRETO* afirmar-se que:

(A) Encontra-se entre as competências da Comissão Técnica Nacional de Biossegurança – CTNBio, instância colegiada multidisciplinar de caráter consultivo e deliberativo que integra o Ministério da Ciência e da Tecnologia, estabelecer normas para as pesquisas, atividades e projetos relacionados com organismos geneticamente modificados e seus derivados, e estabelecer, no âmbito de suas competências, critérios de avaliação e monitoramento de risco de organismos geneticamente modificados e seus derivados.

(B) Constitui crime, punível com reclusão de dois a cinco anos e multa, realizar clonagem humana, conforme o artigo 26 da Lei Federal 11.105/2005, que dispõe sobre a Política Nacional de Biossegurança.

(C) Toda instituição que utilizar técnicas e métodos de engenharia genética ou realizar pesquisas com organismos geneticamente modificados e seus derivados deverá criar uma Comissão Interna de Biossegurança – CIBio, além de indicar um técnico principal responsável para cada projeto específico.

(D) É permitida, para fins de pesquisa e terapia, a utilização de células-tronco embrionárias obtidas de embriões humanos viáveis produzidos por fertilização *in vitro* e não utilizados no respectivo procedimento, desde que estejam congelados há menos de três anos e haja consentimento dos genitores.

A: assertiva correta, conforme texto expresso do art. 14 da Lei 11.105/2005; **B:** assertiva correta: tal qual descrito na Lei 11.105/2005: "Art. 26. Realizar clonagem humana: pena – reclusão, de 2 (dois) a 5 (cinco) anos, e multa"; **C:** assertiva correta, conforme art. 17 da Lei de Biossegurança; **D:** assertiva incorreta, devendo ser assinalada, pois a pesquisa para fins de pesquisa e terapia, a utilização de células-tronco somente é autorizada com embriões humanos inviáveis (art. 5º, I, da Lei 11.105/2005).

Gabarito "D"

13. RESÍDUOS SÓLIDOS

(Ministério Público/ES – 2013 – VUNESP) A Lei da Política Nacional de Resíduos Sólidos, Lei 12.305/2010, ao prever a responsabilidade compartilhada pelo ciclo de vida do produto,

(A) criou como instrumento de sua implementação o Cadastro Nacional de Operadores de Resíduos Perigosos, no qual devem ser, obrigatoriamente, incluídas as pessoas jurídicas que operam com resíduos perigosos, em qualquer fase do seu gerenciamento.

(B) identificou como um de seus objetivos compatibilizar interesses entre os agentes econômicos e sociais e os processos de gestão empresarial e mercadológica com os de gestão ambiental, desenvolvendo estratégias sustentáveis.

(C) pretendeu que o mercado desenvolva produtos com menores impactos à saúde humana e à qualidade ambiental em seu ciclo de vida, inclusive utilizando produtos, cuja matéria-prima seja nacional.

(D) teve como um dos objetivos proibir a importação de resíduos sólidos perigosos e rejeitos, bem como de resíduos sólidos cujas características causem dano ao meio ambiente, à saúde pública e animal e à sanidade vegetal, ainda que para tratamento, reforma, reuso, reutilização ou recuperação.

(E) impôs ao poder público estadual a instituição de incentivos econômicos aos consumidores que participem do sistema de coleta seletiva, na forma da lei.

A: incorreta, pois embora o art. 38 da Lei 12.305/2010 tenha criado como instrumento o Cadastro Nacional de Operadores de Resíduos Perigosos, ele não está relacionado com o instrumento de responsabilidade compartilhada a que se refere o enunciado da questão; **B:** correta, conforme determinado pelo art. 30, parágrafo único, I da PNRS; **C:** incorreta (art. 42, II, da Lei 12.305/2010); **D:** incorreta, muito embora o art. 49 da lei imponha a referida proibição, não se trata, contudo de um objetivo da Política Nacional de Resíduos Sólidos; **E:** incorreta, já que a lei não impôs ao poder público estadual a instituição de incentivos econômicos, de modo diverso, art. 35 em seu parágrafo único faculta ao poder público municipal tal iniciativa: "Art. 35. Sempre que estabelecido sistema de coleta seletiva pelo plano municipal de gestão integrada de resíduos sólidos e na aplicação do art. 33, os consumidores são obrigados a: (...) Parágrafo único. O poder público municipal pode instituir incentivos econômicos aos consumidores que participam do sistema de coleta seletiva referido no *caput*, na forma de lei municipal."

Gabarito "B"

(Ministério Público/GO – 2013) De acordo com a Política Nacional de Resíduos Sólidos, instituída pela Lei 12.305110, é correto afirmar:

(A) logística reversa é o processo de transformação dos resíduos sólidos que envolve a alteração de suas propriedades físicas, físico-químicas ou biológicas, com vistas à transformação em insumos ou novos produtos, observadas as condições e os padrões estabelecidos pelos órgãos competentes do Sisnama.

(B) na gestão e gerenciamento de resíduos sólidos deve ser observada a seguinte ordem de prioridade: não geração, redução, reciclagem, reutilização, tratamento dos resíduos sólidos e disposição final ambientalmente adequada dos rejeitos.

(C) são princípios da Política Nacional de Resíduos Sólidos: a prevenção e a precaução; o desenvolvimento sustentável; a responsabilidade compartilhada pelo ciclo de vida dos produtos; o poluidor-pagador e o protetor-recebedor; o reconhecimento do resíduo sólido reutilizável e reciclável como um bem econômico e de valor social, gerador de trabalho e renda e promotor da cidadania; a razoabilidade e a proporcionalidade; a ecoeficiência.

(D) a existência de Plano Municipal de Gestão Integrada de Resíduos Sólidos, por sua abrangência e eficiência, além de ser condição para que os Municípios tenham acesso a recursos da União, exime o Município do licenciamento ambiental de aterros sanitários e de outras infraestruturas e instalações do serviço público de limpeza urbana e de manejo de resíduos sólidos.

A: incorreta, já que a alternativa aborda o conceito de reciclagem, e não o de logística reversa que foi definido pelo art. 3º XII da Lei 12.305/2010 como: "instrumento de desenvolvimento econômico e social caracterizado por um conjunto de ações, procedimentos e meios destinados a viabilizar a coleta e a restituição dos resíduos sólidos ao setor empresarial, para reaproveitamento, em seu ciclo ou em outros ciclos produtivos, ou outra destinação final ambientalmente adequada"; **B:** incorreta, já que a ordem correta vem descrita no art. 7º, II, e impõe a reutilização antes da reciclagem; **C:** correta, conforme art. 6º da PNRS: "Art. 6o São princípios da Política Nacional de Resíduos Sólidos: I – a prevenção e a precaução; II – o poluidor-pagador e o protetor-recebedor; (...) V – a ecoeficiência, mediante a compatibilização entre o fornecimento, a preços competitivos, de bens e serviços qualificados que satisfaçam as necessidades humanas (...) VIII – o reconhecimento do resíduo sólido reutilizável e reciclável como um bem econômico e de valor social, gerador de trabalho e renda e promotor de cidadania; (...) XI – a razoabilidade e a proporcionalidade."; **D:** incorreta por força do art. 19, § 4º: "§ 4º A existência de plano municipal de gestão integrada de resíduos sólidos não exime o Município ou o Distrito Federal do licenciamento ambiental de aterros sanitários e de outras infraestruturas e instalações operacionais integrantes do serviço público de limpeza urbana e de manejo de resíduos sólidos pelo órgão competente do Sisnama".

Gabarito "C"

14. LEI 7.802/1989 – LEI DOS AGROTÓXICOS

(Ministério Público/MG – 2013) Sobre os agrotóxicos, podemos afirmar o seguinte, **EXCETO**:

(A) O usuário tem a obrigatoriedade de efetuar a devolução das embalagens vazias dos produtos aos estabelecimentos comerciais em que foram adquiridos, de acordo com as instruções previstas nas respectivas bulas, no prazo de um ano, contado da data da compra, ou prazo superior, se autorizado pelo órgão registrante. Pode a devolução ser intermediada por postos ou centros de recolhimento, desde que autorizados e fiscalizados pelo órgão competente. As empresas produtoras e comercializadoras dos produtos, seus componentes e afins, são responsáveis pela destinação das referidas embalagens após a devolução pelos usuários, com vistas à sua reutilização, reciclagem ou inutilização, obedecidas as normas e instruções dos órgãos registrantes e sanitário-ambientais competentes.

(B) A venda de agrotóxicos e afins aos usuários somente poderá ser feita através de receituário próprio, prescrito por profissionais legalmente habilitados, salvo casos excepcionais que forem previstos na regulamentação da Lei Federal 7.802/1989.

(C) Quando organizações internacionais responsáveis pela saúde, alimentação ou meio ambiente, das quais o Brasil seja membro integrante ou signatário de acordos e convênios, alertarem para riscos ou desaconselharem o uso de agrotóxicos, seus componentes e afins, caberá à autoridade competente tomar imediatas providências, sob pena de responsabilidade.

(D) O fracionamento e a reembalagem de agrotóxicos e afins com o objetivo de comercialização poderão ser efetuados pelo comerciante, desde que devidamente registrado no órgão competente e obedecidos condições e requisitos exigidos em regulamentação conjunta da Agência Nacional de Vigilância Sanitária (ANVISA) e Secretaria Nacional de Defesa Agropecuária, órgão do Ministério da Agricultura.

A: assertiva correta, conforme texto do art. 6º, § 2º da Lei 7.802/1989; **B:** assertiva correta, por força do art. 13 da Lei 7.802/1989; **C:** assertiva correta tal qual art. 3º, § 4º, da Lei 7.802/1989; **D:** assertiva incorreta, devendo ser assinalada, pois o art. 6º, § 1º, da Lei 7.802/1989 não autoriza o comerciante a reembalar agrotóxicos e fins: "O fracionamento e a reembalagem de agrotóxicos e afins com o objetivo de comercialização somente poderão ser realizados pela empresa produtora, ou por estabelecimento devidamente credenciado, sob responsabilidade daquela, em locais e condições previamente autorizados pelos órgãos competentes"

Gabarito "D"

15. QUESTÕES PROCESSUAIS, OUTROS TEMAS E TEMAS COMBINADOS DE DIREITO AMBIENTAL

(Ministério Público/AC – 2008) Quanto ao sistema de apuração de responsabilidades pelos danos ambientais, é correto referir que

(A) a responsabilidade civil do profissional contratado, tanto quanto da equipe multidisciplinar, é subjetiva.

(B) segundo o Superior Tribunal de Justiça, majoritariamente, o poder público, nas hipóteses de dano ambiental decorrente de omissão da fiscalização, responderá solidária e objetivamente.

(C) a Lei 9.605/1998 instituiu formas mediatas de reparação do dano ambiental.

(D) a pessoa jurídica é penalmente responsável pelos danos que causou, independente da eventual responsabilização dos seus administradores.

A: incorreta, pois a responsabilidade civil ambiental, em regra, é objetiva, não havendo que se analisar a existência de ato ilícito (dolo/culpa), nos termos do art. 225, § 3º, da CF e do art. 14, § 1º, da Lei 6.938/1981; **B:** incorreta, pois segundo o STJ, a responsabilidade civil ambiental do Poder Público, em caso de omissão na fiscalização, será subsidiária e subjetiva, devendo os interessados comprovar que houve dolo ou culpa do Estado em situação em que se omitiu, quando deveria ter agido (STJ, 2ª Turma, REsp 647493/SC, j. 22.05.2007); **C:** incorreta, pois a Lei 9.605/1998 institui forma imediata de reparação do dano ambiental, o qual deve ser verificado por meio de laudo de constatação, a fim de fixar o montante do prejuízo causado para efeitos da prestação de fiança e cálculo da multa (art. 19), bem como para fixar o valor mínimo para reparação dos danos causados pela infração, na sentença penal condenatória (art.20). Ainda, cumpre observar que nos crimes ambientais de menor potencial ofensivo, a proposta de aplicação imediata de pena restritiva de direitos ou multa, prevista no art. 76 da Lei 9.099/1995, somente poderá ser formulada desde que tenha havido a prévia composição do dano ambiental (art. 27); **D:** correta (art. 3º da Lei 9.605/1998 e art. 225, § 3º, da CF).

Gabarito "D"

(Ministério Público/BA – 2008) Assinale a alternativa correta:

(A) O corte, a supressão e o manejo de espécies arbóreas pioneiras nativas da Mata Atlântica situadas em fragmentos florestais em estágio médio de regeneração, onde sua presença for superior a 60% (sessenta por cento) em relação às demais espécies, poderão ser autorizados pelo órgão estadual competente, segundo prevê a Lei Federal 11.428/2006.

(B) Compete à União, aos Estados e ao Distrito Federal legislar concorrentemente sobre proteção do meio ambiente, excluída, nessa matéria, a competência do Município.

(C) Segundo a Lei Federal 6.938/1981, o proprietário rural, mediante anuência do órgão ambiental competente, pode instituir servidão ambiental, pela qual voluntariamente renuncia a direito de uso, exploração ou supressão de recursos naturais existente nas áreas de preservação permanente e de reserva legal de seu imóvel rural.

(D) Correrão por conta do empreendedor todas as despesas e custos referentes à realização do Estudo de Impacto Ambiental, o qual sucederá e refletirá as conclusões do Relatório de Impacto Ambiental.

(E) A área de preservação permanente deve ser averbada à margem da inscrição de matrícula do imóvel, no registro de imóveis competente, sendo vedada a alteração de sua destinação, exceto nas hipóteses autorizadas pelo Código Florestal.

A: correta (art. 28 da Lei 11.428/2006); **B:** incorreta, pois o Município possui competência legislativa exclusiva em matéria ambiental para legislar sobre assuntos de interesse local (art. 30, I, da CF), competência legislativa concorrente (implícita) para legislar sobre proteção do meio ambiente e dos recursos naturais (art. 24, VI, VII, VIII, da CF) e competência legislativa para suplementar a legislação federal e a estadual no que couber (art. 30, II, da CF); **C:** incorreta, de acordo com o gabarito à época da elaboração da questão, já que pela redação anterior do art. 9º- A, § 1º, da Lei 6.938/1981, a servidão ambiental não se aplicava às Áreas de Preservação Permanente e de Reserva Legal. Todavia, com o advento da Lei 12.651/2012, a atual redação do art. 9º-A, § 2º, da Lei 6.938/1981, estabelece que a servidão ambiental não se aplica às áreas de preservação permanente e de reserva legal *mínima exigida*. Assim, o proprietário ou possuidor do imóvel rural que mantiver Reserva Legal conservada e averbada em área superior aos percentuais mínimos exigidos, poderá instituir servidão ambiental sobre a área excedente, nos termos do art. 13, § 1º, da Lei 12.651/2012 e da Lei 6.938/1981, e Cota de Reserva Ambiental; **D:** incorreta. De fato, os estudos necessários ao processo de licenciamento deverão ser realizados por profissionais legalmente habilitados, às expensas do empreendedor (art. 11 da Resolução CONAMA 237/1997). Todavia, oportuno registrar que o relatório de impacto ambiental reflete as conclusões do estudo de impacto ambiental (e não o inverso), a fim de efetivar o princípio da informação e da participação comunitária; **E:** incorreta, pois a área de preservação permanente será instituída: a) por lei (art. 4º da Lei 12.651/2012); b) por ato declaratório do Poder Público (art. 6º da Lei 12.651/2012). Uma vez instituída a APP, seja por lei, seja por decreto do Chefe do Executivo, a área protegido somente poderá ser suprimida ou alterada por meio de lei formal, nas hipóteses de utilidade pública, de interesse social ou de baixo impacto ambiental (art. 8º da Lei 12.651/2012).

Gabarito "A"

(Ministério Público/BA – 2008) Analise as assertivas seguintes:

I. Segundo a Lei Federal 9.985/2000, a caça, somente se amadorística, será permitida no interior de Reservas Extrativistas.

II. Consoante a Lei Federal 11.284/2006, a exploração de produtos e serviços florestais em unidade de manejo de floresta nacional criada com base na Lei Federal 9.985/2000 pode ser objeto de concessão florestal a pessoa jurídica de direito privado, formalizada mediante contrato.

III. Assim como a captação de parcela da água existente em um corpo de água, também o lançamento neste de resíduos líquidos, ainda que tratados, sujeita-se a outorga pelo poder público, conforme a lei.

IV. Segundo a Lei Federal 9.795/1999, o incentivo ao ecoturismo é um dos objetivos fundamentais da educação ambiental, como forma de impedir a implantação de empreendimentos em áreas de significativo valor ecológico.

V. Segundo a Lei Federal 10.257/2001, o Plano Diretor é obrigatório para cidades integrantes de especial interesse turístico, e na fiscalização de sua elaboração e implementação o Poder Executivo garantirá a promoção de audiências públicas com a participação da população e de associações representativas dos vários segmentos da comunidade, incorrendo o Prefeito em improbidade administrativa caso impeça ou deixe de garantir a realização de tais atos.

VI. Prevê a Lei Estadual 10.431/2006 que a Reserva Legal, preferencialmente, será instituída em área de cobertura vegetal nativa e localizada contígua às áreas de preservação permanente.

Com base na análise feita, marque a alternativa correta:

(A) São verdadeiras apenas as assertivas III, V e VI.

(B) São verdadeiras apenas as assertivas II, IV, V e VI.

(C) São verdadeiras apenas as assertivas II, III e V.

(D) São verdadeiras apenas as assertivas III e VI.

(E) São verdadeiras apenas as assertivas II, III, V e VI.

I: incorreta, pois a caça, amadorística ou profissional, é proibida no interior de Reservas Extrativistas (art. 18, § 6º, da Lei 9.985/2000); II: correta (art. 14, *caput*, da Lei 11.284/2006); III: correta (art. 12, I, da Lei 9.433/1.997); IV: incorreta, pois o ecoturismo é incentivado pelo Poder Público como forma de educação ambiental não formal (art. 13, parágrafo único, VII, da Lei 9.795/1.999); V: correta (art. 40, § 4º, I e art. 41, IV, da Lei 10.257/2001); VI: correta (art. 105, §§ 1º e 2º, da Lei 10.431/2006).

Gabarito "E"

(Ministério Público/MG – 2012 – CONSULPLAN) A Lei Federal n. 12.305/2010 tem expressiva importância no contexto ambiental brasileiro. Neste sentido, é **INCORRETO** manifestar:

(A) os padrões sustentáveis de produção e consumo são exigíveis considerando a produção e consumo de bens e serviços de forma a atender as necessidades das atuais gerações e permitir melhores condições de vida, sem comprometer a qualidade ambiental e o atendimento das necessidades das gerações futuras.

(B) os materiais, substâncias, objetos e bens descartados resultantes de atividades humanas em sociedade, a cuja destinação final se procede, propõe-se proceder ou se está obrigado a proceder, nos estados sólido ou semissólido, bem como gases contidos em recipientes e líquidos cujas particularidades tornem inviável o seu lançamento na rede pública de esgotos ou em corpos d'água, ou exijam para isso soluções técnicas ou economicamente inviáveis em face da melhor tecnologia disponível, gozam de proteção jurídica difusa já que reconhecidos como de valor social.

(C) o gerenciamento de resíduos sólidos consiste no conjunto de ações voltadas para a busca de soluções para esses resíduos, de forma a considerar as dimensões política, econômica, ambiental, cultural e social, com controle social e sob a premissa do desenvolvimento sustentável.

(D) a destinação final ambientalmente adequada consiste na reutilização, na reciclagem, na compostagem, na recuperação e no aproveitamento energético de resíduos ou outras destinações admitidas pelos órgãos competentes do SISNAMA, do SNVS e do SUASA, observando normas operacionais específicas de modo a evitar danos ou riscos à saúde pública e à segurança e a minimizar os impactos ambientais adversos.

A: correta (art. 3º, XIII, da Lei 12.305/2010); **B:** correta (art. 6º, VIII e art. 3º, XVI, ambos da Lei 12.305/2010); **C:** incorreta (art. 3º, X, da Lei 12.305/2010); **D:** correta (art. 3º, VII, da Lei 12.305/2010).

Gabarito "C"

(Ministério Público/MG – 2012 – CONSULPLAN) Em 1953, Watson e Crick descobriram a hélice dupla do ácido desoxirribonucleico, o que possibilitou a incorporação no genoma de uma espécie de genes de outra espécie, sem o concurso da reprodução sexual, originando os organismos denominados transgênicos, o que mais tarde redundou em regramento normativo no Brasil. Nesse viés, é INCORRETO asseverar:

(A) desde que não impliquem a utilização de OGM como receptor ou doador, não haverá incidência da Lei Federal n. 11.105/2005 quando a modificação genética for obtida por meio das técnicas de: mutagênese; formação e utilização de células somáticas de hibridoma animal; fusão nuclear (inclusive a de protoplasma) de células vegetais, que possa ser produzida mediante métodos tradicionais de cultivo; e autoclonagem de organismos não patogênicos que se processe de maneira natural.

(B) é da competência da Comissão Interna de Biossegurança, no âmbito da instituição onde foi constituída: manter informados os trabalhadores e demais membros da coletividade, quando suscetíveis de serem afetados pela atividade, sobre as questões relacionadas com a saúde e a segurança, bem como sobre os procedimentos em caso de acidentes; estabelecer programas preventivos e de inspeção para garantir o funcionamento das instalações sob sua responsabilidade, dentro dos padrões e normas de biossegurança, definidos pela CTNBio; encaminhar à CTNBio os documentos secundariamente exigidos, para efeito de análise, registro ou autorização do órgão competente; manter registro do acompanhamento individual de cada atividade ou projeto em desenvolvimento que envolvam OGM ou seus derivados; notificar à CTNBio, aos órgãos e entidades de registro e fiscalização e às entidades de trabalhadores o resultado de avaliações de risco a que estão submetidas as pessoas expostas, bem como qualquer acidente ou incidente que possa provocar a disseminação de agente biológico; investigar a ocorrência de acidentes e as enfermidades possivelmente relacionados à OGM e seus derivados e notificar suas conclusões e providências à CTNBio.

(C) a autorização normativa para pesquisa e manipulação genética tem assento no art. 225, § 1º, inciso II, da Constituição Federal, no entanto, mediante fiscalização do Poder Público para assegurar a efetividade do direito ao meio ambiente ecologicamente equilibrado, sendo certo que o princípio da prevenção – já que ausente certeza absoluta científica de ameaça de danos – ganha destacada utilização.

(D) referente à manipulação e pesquisa do OGM, são vedadas as seguintes condutas: implementação de projeto relativo à OGM sem a manutenção de registro de seu acompanhamento individual; engenharia genética em organismo vivo ou o manejo *in vitro* de ADN/ARN natural ou recombinante, realizado em desacordo com as normas previstas; engenharia genética em célula germinal humana, zigoto humano e embrião humano; clonagem humana; destruição ou descarte no meio ambiente de OGM e seus derivados em desacordo com as normas estabelecidas pela CTNBio, pelos órgãos e entidades de registro e fiscalização; liberação no meio ambiente de OGM ou seus derivados, no âmbito de atividades de pesquisa, sem a decisão técnica favorável da CTNBio e, nos casos de liberação comercial, sem o parecer técnico favorável da CTNBio, ou sem o licenciamento do órgão ou entidade ambiental responsável, quando a CTNBio considerar a atividade como potencialmente causadora de degradação ambiental, ou sem a aprovação do Conselho Nacional de Biossegurança – CNBS, quando o processo tenha sido por ele avocado; a utilização, a comercialização, o registro, o patenteamento e o licenciamento de tecnologias genéticas de restrição do uso.

A: correta (art. 4º, I a IV, da Lei 11.105/2005); **B:** correta (art. 18, I a VI, da Lei 11.105/2005); **C:** incorreta, pois é o princípio da precaução que se funda na incerteza científica da ameaça de danos de determinada atividade ou empreendimento (princípio 15 da Declaração Eco/1992); **D:** correta (art. 6º, I a VII, da Lei 11.105/2005).

Gabarito "C"

(Ministério Público/MG – 2005) Assinale a alternativa CORRETA.

(A) A coisa tombada não poderá sair do país, salvo se houver transferência de domínio, com autorização expressa do Serviço do Patrimônio Histórico e Artístico Nacional e para integrar parte de acervo de museu de visitação pública, objetivando intercâmbio cultural.

(B) Segundo o que dispõe o Código Florestal, consideram-se, também, de preservação permanente, quando assim declaradas por ato do Poder Público, as florestas e demais formas de vegetação natural, destinadas a assegurar condições de bem-estar público.

(C) Em imóvel rural é obrigatória a constituição de reserva legal correspondente a 20% de sua área, não podendo a vegetação ali existente ser suprimida, sem a autorização do órgão ambiental competente, salvo tratar-se de imóvel adquirido antes da vigência do Código Florestal.

(D) A competência para editar normas em matéria ambiental é da União, concorrentemente com o Estado, devendo o município fiscalizar os seus cumprimentos, impondo multas e interditando atividades consideradas nocivas ou degradadoras ao meio ambiente.

(E) Segundo o Estatuto da Cidade, havendo legislação municipal específica para área incluída no Plano Diretor, como de utilização compulsória, o imóvel subutilizado, que não atender as condições e prazos para a implementação da referida obrigação, será desapropriado, mediante justa indenização em dinheiro.

A: incorreta, pois dispõe o art. 14 do Decreto-lei 25/1937 que a coisa tombada não poderá sair do país, senão por curto prazo, *sem transferência de domínio* e para fim de intercâmbio cultural, a juízo do Conselho Consultivo do Serviço do Patrimônio Histórico e Artístico Nacional; **B:** correta (art. 3º, "h", da revogada Lei 4.771/1965, correspondente ao art. 6º, VII, da Lei 12.651/2012 – Novo Código Florestal); **C:** incorreta. Primeiramente, o percentual de reserva legal variará de acordo com a localização do imóvel – se situado na Amazônia Legal ou nas demais regiões do país. Outrossim, não se admite o corte raso de vegetação na reserva legal, mas será admissível sua exploração mediante manejo sustentável, nos termos do art. 17 do Novo Código Florestal; **D:** incorreta. A competência legiferante em matéria ambiental é concorrente entre a União, Estados e DF, nos termos do art. 24, VI, VII e VIII, da CF. Também têm os Municípios competência legislativa sobre o tema, consoante preconiza o art. 30, I e II, também da CF; **E:** incorreta (art. 8º do Estatuto da Cidade – Lei 10.257/2001). A subutilização do imóvel urbano, por atentar contra a função social da propriedade, será desapropriado como forma de sanção, havendo pagamento com títulos da dívida pública.

Gabarito "B"

(Ministério Público/MS – 2009) Marque a alternativa correta relativamente à responsabilidade por infração às normas ambientais.

(A) A responsabilidade administrativa por infração às normas de proteção ao ambiente é desempenhada, concorrentemente, pelos Ministérios Públicos Federal e Estadual e pelos órgãos ambientais da União, dos Estados-Membros e dos Municípios.

(B) Consoante entendimento do Supremo Tribunal Federal, o denominado sistema da tríplice responsabilidade em matéria ambiental (civil, administrativa e penal) é inconstitucional, pois, ao passo que implica responsabilidade, pelo mesmo fato, mais de uma vez, contraria a proibição de *bis in idem* prevista na Constituição da República.

(C) Segundo jurisprudência consolidada do Superior Tribunal de Justiça, a responsabilidade penal da pessoa jurídica é cabível, desde que não se possa identificar pessoa física determinada que tenha concorrido para a prática da conduta lesiva ao ambiente e definida em lei como crime.

(D) O baixo grau de instrução ou escolaridade do agente é condição especial de isenção de pena por crime contra o meio ambiente prevista na Lei Federal n. 9.605/1998.

(E) Como forma de recuperação e/ou prevenção de danos causados ao meio ambiente, o Ministério Público, a União, os Estados-Membros, os Municípios e os seus respectivos órgãos integrantes do SISNAMA – Sistema Nacional de Meio Ambiente poderão tomar dos interessados compromisso de ajustamento de conduta às exigências legais, mediante cominações, que terá eficácia de título executivo.

A: incorreta, pois a competência será da Justiça Estadual ou da Justiça Federal, a depender da infração administrativa ambiental; **B:** incorreta, pois em caso de dano ambiental, há a possibilidade de responsabilidade simultânea nas esferas civil, penal e administrativa (art. 225, § 3º, da CF); **C:** incorreta, pois o entendimento do STJ é no sentido contrário: *"Processo Penal. Recurso Especial. Crime contra o meio Ambiente. Denúncia Rejeitada pelo E. Tribunal a quo . Sistema ou teoria da dupla imputação. Admite-se a responsabilidade penal da pessoa jurídica em crimes ambientais desde que haja a imputação simultânea do ente moral e da pessoa física que atua em seu nome ou em seu benefício, uma vez que não se pode compreender a responsabilização do ente moral dissociada da atuação de uma pessoa física, que age com elemento subjetivo próprio* (STJ, REsp 889528-SC, Rel. Min. Felix Fischer, 5ª Turma, j. 17.04.2007); **D:** incorreta, pois o baixo grau de instrução ou escolaridade do agente é circunstância atenuante da pena (art. 14, I, da Lei 9.605/1998); **E:** correta, pois os órgãos públicos legitimados poderão tomar dos interessados compromisso de ajustamento de sua conduta às exigências legais, mediante cominações, que terá eficácia de título executivo extrajudicial (art. 5º, § 6º, da Lei 7.347/1985).

Gabarito "E"

(Ministério Público/PI – 2012 – CESPE) Sabendo que, no Brasil, a responsabilidade por danos provocados ao meio ambiente recebe tratamento constitucional, assinale a opção correta.

(A) Com vistas à celeridade processual e à viabilidade da reparação, são vedados, nos processos de reparação por danos ambientais, a denunciação à lide ou o chamamento ao processo, havendo orientação de que seja ajuizada ação própria contra os codevedores ou responsáveis subsidiários.

(B) Em matéria ambiental, é pacífico o entendimento de que não se deve aplicar o princípio da insignificância aos crimes ambientais, por ser o meio ambiente patrimônio coletivo.

(C) A poluição, em qualquer de suas formas, encontra-se criminalizada na Lei de Crimes Ambientais, que prevê penas de reclusão e multa, seja o crime doloso ou culposo, ao agente que o tiver praticado.

(D) Uma empresa devidamente licenciada com outorga para lançar efluentes tratados em curso de água está isenta de responder civilmente caso seja constatado, em exame laboratorial, que a água contenha padrão de qualidade inferior ao desejado.

(E) Em caso de cometimento de infrações administrativas, as sanções cabíveis não abrangem a aplicação de penas restritivas em relação aos direitos do infrator.

A: correta. É remansoso o entendimento (doutrinário e jurisprudencial) de que a responsabilidade por danos ambientais é solidária, e, portanto, a formação do polo passivo poderá compreender todos ou alguns dos poluidores. Frise-se, por oportuno, que há forte entendimento de que é vedada a intervenção de terceiros provocada por um ou mais réus de ação civil pública ambiental, cabendo a discussão de direito de regresso (em razão da natureza solidária da obrigação à reparação dos danos ambientais) em ação própria (REsp 232.187, de 23.03.2000; AgRg no Ag 1.213.458, j. 24.08.2010; REsp 880.160, de 04.05.2010); **B:** incorreta. Há precedentes do STF admitindo a aplicação do princípio da insignificância em crimes ambientais, muito embora não se trate de questão já pacificada. Exemplificando, a 2ª Turma daquela Corte concedeu, por maioria de votos, *Habeas Corpus* (HC 112563) e absolveu um pescador de Santa Catarina que havia sido condenado por crime contra o meio ambiente (contra a fauna) por pescar durante o período de defeso, utilizando-se de rede de pesca fora das especificações do Ibama. Ele foi flagrado com 12 camarões. O pescador, assistido pela Defensoria Pública da União (DPU), havia sido condenado a um ano e dois meses de detenção com base no artigo 34, parágrafo único, inciso II, da Lei 9.605/1998 (que dispõe sobre as sanções penais e administrativas impostas em caso de condutas e atividades lesivas ao meio ambiente). Porém, por maioria de votos, a Turma decidiu pela aplicação da insignificância penal; **C:** incorreta. O art. 54 da Lei 9.605/1998 (Lei dos Crimes Ambientais) prevê a seguinte conduta típica: *"Causar poluição de qualquer natureza em níveis tais que resultem ou possam resultar em danos à saúde humana, ou que provoquem a mortandade de animais ou a destruição significativa da flora"*. Como se vê da redação típica, apenas a poluição que seja capaz de resultar danos concretos é considerada criminosa. Demais disso, em caso de poluição culposamente provocada, a pena não será de reclusão, mas, sim, de detenção, de 6 (seis) meses a 1 (um) ano, e multa (art. 54, § 1º, da Lei 9.605/1998); **D:** incorreta, pois a responsabilidade civil permanecerá independentemente de a qualidade ambiental já estar degradada. Assim não fosse, não haveria, por exemplo, responsabilidade civil pelo agravamento dos danos em área já poluída, o que se afigura um contrassenso; **E:** incorreta. Dentre outras, as penas restritivas de direitos estão previstas para o caso de cometimento de infrações administrativas em matéria ambiental (art. 72, XI, da Lei 9.605/1998).

Gabarito "A"

(Ministério Público/PI – 2012 – CESPE) Acerca da proteção ao meio ambiente, assinale a opção correta.

(A) O pagamento, pelo poluidor, de indenização destinada a reparar dano ambiental condiciona-se à comprovação de dolo ou culpa em sentido estrito.

(B) Não é admitida a intervenção do MPF em demanda na qual se discuta a nulidade de auto de infração ambiental, já que a questão se limita ao interesse patrimonial no crédito gerado.

(C) É obrigatória a intervenção do MP nas ações de desapropriação de qualquer espécie.

(D) É de competência da justiça federal o julgamento da ACP ajuizada pelo MPF, ainda que o objeto da ação seja dano ambiental.

(E) Em matéria de meio ambiente, vigora o princípio da precaução, segundo o qual todo aquele que poluir tem o dever de reparar o dano causado.

A: incorreta, pois a responsabilidade civil ambiental, em regra, é objetiva, não havendo que se analisar a existência de ato ilícito (dolo/culpa), nos termos do art. 225, § 3º, da CF e do art. 14, § 1º, da Lei

6.938/1981; **B:** incorreta, pois nos casos de competência federal (art. 109 da CF), caberá ao Ministério Público Federal a tutela do meio ambiente; **C:** incorreta, pois é obrigatória a intervenção do Ministério Público nas ações de usucapião especial coletiva de imóvel urbano (art. 12, § 1º, do Estatuto da Cidade), cujo objetivo é a regularização fundiária, bem como a recuperação de áreas degradadas. Trata-se de direito coletivo urbanístico. Todavia, poderá haver atuação ministerial, nas ações de desapropriação, caso existente interesse público que assim justifique (art. 82, III, do CPC); **D:** correta (art. 109 da CF); **E:** incorreta, *pois o princípio transcrito na alternativa se refere ao princípio do poluidor-pagador, segundo o qual este deve suportar as despesas de prevenção, reparação e repressão dos danos ambientais. Neste sentido doutrina Romeu Thomé e Leonardo de Medeiros Garcia: "(...). Este princípio não se limita a tolerar a poluição mediante um preço, nem se limita a compensar os danos causados, mais sim e principalmente, evitar o dano ambiental. Desta forma, o princípio do poluidor-pagador não se reduz à finalidade de somente compensar o dano ao meio ambiente, deve também englobar os custos necessários para a precaução e prevenção dos danos, assim como sua adequada repressão".* Por sua vez, segundo o princípio da precaução, previsto no princípio 15 da Declaração do Rio ECO/1992, quando houver perigo de dano grave e irreversível, a falta de certeza científica absoluta não deverá ser utilizada como razão para postergar a adoção de medidas eficazes para impedir a degradação do meio ambiente, cabendo ao interessado o ônus de provar que as intervenções pretendidas não são perigosas e/ou poluentes.

Gabarito "D"

(Ministério Público/PI – 2012 – CESPE) São exemplos de monumentos arqueológicos ou pré-históricos

(A) os sítios identificados como locais de pouso prolongado de espécies exógenas nos quais se encontrem vestígios de grandes répteis e que apresentem resquícios de trilhas de evasão, tanques de contenção e(ou) sistemas de irrigação de plantações.

(B) as incrustações antrópicas das grutas, lapas e abrigos rochosos com ou sem tratamento de superfície dos metais ferruginosos e temperados, bem como os revestimentos de polímeros exsudados.

(C) as jazidas de metais nobres e pedras preciosas que representem testemunhos de cultura tolteca no Brasil.

(D) promontórios escavados, veredas remanescentes, diques, concheiros, sambaquis, edificações portuárias e trilhas de evasão.

(E) as inscrições rupestres ou locais como sulcos de polimentos de utensílios e outros vestígios de atividade de paleoameríndios, bem como os sítios nos quais se encontrem vestígios positivos de sua ocupação, tais como grutas, lapas e abrigos sob rocha.

A alternativa "E" está correta, pois reflete o disposto no art. 2º, alíneas "b" e "d", da Lei 3.924/1961, ficando excluídas as demais.

Gabarito "E"

(Ministério Público/PI – 2012 – CESPE) O pedido de permissão para realização de escavações arqueológicas por particulares deve ser dirigido à

(A) Diretoria do Patrimônio Histórico e Artístico Nacional.

(B) Presidência do Conselho Nacional do Patrimônio Histórico e Artístico do Brasil.

(C) Diretoria-Geral de Jazidas Arqueológicas do Ministério de Minas e Energia.

(D) Secretaria Nacional de Cultura Paleoameríndia do Ministério da Cultura.

(E) Presidência do Conselho Nacional de Meio Ambiente.

A alternativa "A" está correta, pois reflete o disposto no art. 8º da Lei 3.924/1961, ficando excluídas as demais.

Gabarito "A"

(Ministério Público/PI – 2012 – CESPE) Em relação aos espaços territoriais e seus componentes, bem como à gestão de florestas públicas, assinale a opção correta.

(A) A concessão de floresta pública a particular deve ser precedida de processo licitatório e implica transferência de titularidade imobiliária para o uso de recursos hídricos ou minerais, mas não para a exploração de fauna e acesso aos recursos genéticos.

(B) Unidades de conservação somente podem ser criadas e extintas por ato do poder público.

(C) Há previsão legal de uso indireto dos atributos das unidades de uso sustentável, que abrangem as áreas de relevante interesse ecológico, as áreas de proteção ambiental, a floresta nacional e os parques nacionais.

(D) A reserva legal tem natureza jurídica de limitação ao uso da propriedade, não sendo, portanto, indenizável.

(E) O instrumento denominado concessão florestal engloba a floresta pública e as unidades de proteção integral, as reservas de desenvolvimento sustentável e as áreas de relevante interesse ecológico.

A: incorreta, pois a concessão florestal confere ao concessionário somente os direitos expressamente previstos no contrato de concessão, sendo vedada a outorga da titularidade imobiliária ou preferência em sua aquisição, bem como o uso de recursos hídricos ou minerais, exploração da fauna e acesso a recursos genéticos (art. 16, § 1º, da Lei 11.284/2006); **B:** incorreta, pois as Unidades de conservação, ainda que possam ser criadas por lei ou ato infralegal (ex.: decreto do Poder Executivo), somente poderão ser extintas por lei (art. 225, § 1º, III, da CF); **C:** incorreta. Primeiramente, importa registrar que as unidades de conservação de uso sustentável são as seguintes (art. 14 da Lei 9.985/2000 – Lei do SNUC): I – Área de Proteção Ambiental; II – Área de Relevante Interesse Ecológico; III – Floresta Nacional; IV – Reserva Extrativista; V – Reserva de Fauna; VI – Reserva de Desenvolvimento Sustentável; e VII – Reserva Particular do Patrimônio Natural. Nelas não se inserem, tal como consta na assertiva, os parques nacionais, considerados unidades de proteção integral (art. 8º, III, da Lei do SNUC). Ainda, nas unidades de uso sustentável, admite-se, sim, o uso dos recursos naturais nelas existentes (art. 7º, § 2º, da Lei do SNUC), diferentemente do que ocorre nas unidades de proteção integral, cujo uso dos recursos ambientais é apenas indireto (art. 7º, § 1º, da Lei do SNUC); **D:** correta. De fato, a reserva legal (arts. 12 a 24 do Novo Código Florestal – Lei 12.651/2012) constitui um espaço territorial especialmente protegido, constituindo, conforme dispõem a doutrina e jurisprudência, uma limitação genérica ao uso da propriedade ou posse rural (art. 3º, III, do Novo Código Florestal), motivo pelo qual não gera o dever de indenizar; **E:** incorreta, pois não se incluem na possibilidade de realização de concessão florestal as unidades de conservação de proteção integral, as reservas de desenvolvimento sustentável, as reservas extrativistas, as reservas de fauna e as áreas de relevante interesse ecológico (art. 11, III, da Lei 11.284/2006).

Gabarito "D"

(Ministério Público/PI – 2008) Assinale a alternativa **correta**.

(A) O termo de ajustamento de conduta tem como princípios orientadores o da indisponibilidade mitigada dos interesses tutelados, o do poluidor-pagador e o da prevalência da reparação *in natura*.

(B) A celebração do termo de ajustamento de conduta onde acertada a indenização impede que se busque, mediante ação civil pública, a integralização da reparação dos danos.

(C) O inquérito civil é procedimento e, e por isso mesmo, sujeito aos princípios do contraditório e da ampla defesa.

(D) A licitude da atividade e a existência de licenciamento ambiental válido são causas de exclusão da responsabilidade civil ambiental.

(E) A reparação do dano ambiental é apenas de natureza patrimonial.

A: correta. De fato, o termo de ajustamento de conduta, consagrado no art. 5º, § 6º, da Lei 7.347/1985 (Lei da Ação Civil Pública), constitui um instrumento de tutela coletiva extremamente eficaz – e mais célere do que o trâmite de uma ação ordinária, não tendo, contudo, qualquer conotação de transação, esta de índole civil, na qual predominam os interesses disponíveis. Tratando-se de meio ambiente, cuja titularidade é difusa, inadmissível que se permitam concessões mútuas entre o legitimado ativo à promoção da ação civil pública e o degradador. Daí se falar em "ajustamento de conduta", cuja materialização estará orientada pelo princípio da indisponibilidade mitigada (não se ajusta sobre o conteúdo da reparação ao dano, mas, sim, a sua forma), bem como pelos princípios do poluidor-pagador e reparação integral *in natura*; **B:** incorreta. O termo de ajustamento de conduta, nas sábias palavras de Hugo Nigro Mazzilli, "... *tem o valor de garantia mínima em prol do grupo, classe ou categoria de pessoas atingidas; não pode ser garantia máxima de responsabilidade do causador do dano, sob pena de admitirmos que lesões fiquem sem acesso jurisdicional*" (*A defesa dos interesses difusos em juízo*. 5. ed. Ed. RT, 1993. p. 215). Registre-se, ainda, que a reparação dos danos ambientais deve ser integral, dada a própria indisponibilidade dos interesses em jogo. Portanto, se o termo de ajustamento de conduta previu indenização aquém da efetivamente capaz de restaurar a qualidade ambiental, qualquer legitimado ativo poderá buscar a reparação integral em juízo, promovendo-se a competente ação civil pública; **C:** incorreta. O inquérito civil, de atribuição exclusiva do Ministério Público (art. 129, III, da CF), objetiva a colheita de material suficiente à promoção de ação civil pública, analogamente ao que ocorre com o inquérito policial, tratando-se, é bom dizer, de peça dispensável. Ainda, não se tratando de processo administrativo, tem natureza inquisitória, e, portanto, não deve respeito aos princípios do contraditório e ampla defesa (art. 5º, LV, da CF); **D:** incorreta. A poluição, nos termos do art. 3º, III, da Lei 6.938/1981, decorre da degradação ambiental resultante de atividades que prejudiquem a saúde, segurança e o bem-estar da população, que criem condições adversas às atividades sociais e econômicas, que afetem desfavoravelmente a biota etc., pouco importando se referidas atividades sejam lícitas ou ilícitas. Com isso, queremos dizer que a poluição poderá ser lícita ou ilícita, não restando excluída a responsabilidade civil do poluidor, que é, eminentemente, reparatória (e não sancionatória); **E:** incorreta. A reparação do dano ambiental é, preferencialmente, *in natura*. Porém, sendo inviável a reparação ou restauração em espécie, partir-se-á à compensação ambiental (obrigações de fazer, por exemplo) e, em último caso, a reparação pecuniária, ou seja, patrimonial.

Gabarito "A"

(Ministério Público/PI – 2008) Assinale a opção **correta**.

(A) O causador do dano ambiental que atinge determinado manancial também utilizado por determinada pessoa para suas atividades agroindustriais responde de forma objetiva pelo dano a comunidade e de modo subjetivo perante o particular.

(B) A construção de um hotel, autorizada pela municipalidade, que está sendo edificado em área de preservação permanente, deve ser embargada pela autoridade ambiental, haja vista a violação dos preceitos legais.

(C) As áreas de preservação permanente e as reservas legais contidas em imóveis abrangidos pela criação de uma unidade de conservação não devem ser indenizadas, porque já não permitiam suas explorações comerciais pelos proprietários.

(D) A natureza jurídica da licença ambiental, concedida, inclusive, após a realização de estudo de impacto ambiental, impede a sua cassação pela autoridade administrativa ante seu caráter absoluto e imutável.

(E) Conjunto arquitetônico pertencente à determinada empresa, tombado pelo patrimônio histórico, mas que estava em situação parcial de ruína, pode ser objeto de demolição de um dos seus prédios exatamente porque a proteção do bem cultural somente pode ser invocada para garantir-lhe a integral higidez e para impedir a plena demolição ou destruição.

A: incorreta. A responsabilidade civil ambiental será objetiva, nos termos do art. 14, § 1º, primeira parte, da Lei 6.938/1981, que assim dispõe: "*Sem obstar a aplicação das penalidades previstas neste artigo, é o poluidor obrigado,* ***independentemente da existência de culpa****, a indenizar ou reparar os danos causados* ***ao meio ambiente e a terceiros****, afetados por sua atividade* (...)". Perceba, portanto, que a responsabilidade civil ambiental prescindirá da demonstração de culpa, impondo-se ao poluidor o dever de reparar o dano à coletividade e ao terceiro (particular); **B:** correta. A construção de um hotel em área de preservação permanente não constitui, por óbvio, utilidade pública, interesse social ou atividade de baixo impacto ambiental (art. 8º do Novo Código Florestal – Lei 12.651/2012), motivo pelo qual a obra deverá ser embargada pela autoridade ambiental administrativamente, vale dizer, independentemente da promoção de medida judicial; **C:** incorreta. A depender da espécie de unidade de conservação criada, as restrições impostas ao proprietário da área abrangida poderão ser ainda maiores, tal como ocorre no regime das unidades de proteção integral. Também, mesmo nas áreas de reserva legal, é admissível o manejo sustentável, do qual podem advir benefícios econômicos ao proprietário (art. 22 do Novo Código Florestal). Porém, instituída uma unidade de conservação de proteção integral, por exemplo, a exploração dos recursos naturais será apenas indireta, daí podendo causar prejuízos efetivos ao proprietário, passíveis de indenização; **D:** incorreta. De acordo com o art. 19 da Resolução CONAMA 237/1997, o órgão ambiental poderá modificar as condicionantes e as medidas de controle e adequação da licença ambiental, assim como suspendê-las ou cancelá-las nas hipóteses descritas nos incisos I, II e III, do referido dispositivo. Destarte, as

14. DIREITO DA CRIANÇA E DO ADOLESCENTE

Eduardo Dompieri, Vanessa Tonolli Trigueiros e Wander Garcia*

1. CONCEITOS BÁSICOS E PRINCÍPIOS

(Ministério Público/TO – 2012 – CESPE) No que se refere aos princípios gerais e orientadores do ECA e aos direitos fundamentais das crianças e dos adolescentes, assinale a opção correta.

(A) A aplicação do princípio da prioridade absoluta previsto no ECA deve ser integrada aos demais sistemas de defesa da sociedade, como, por exemplo, o Estatuto do Idoso. Assim, no caso, por exemplo, de o administrador ser obrigado a optar por construir uma creche ou um abrigo para idosos, deve ele dar prioridade à construção do abrigo.

(B) Em decorrência do princípio da centralização previsto no ECA, as normas gerais e específicas de atendimento às crianças e aos adolescentes editadas pela União são hierarquicamente superiores às normas editadas pelos estados-membros e pelos municípios.

(C) O reconhecimento do estado de filiação, direito personalíssimo e indisponível, pode ser exercitado contra os pais ou seus herdeiros, sem qualquer restrição, observado o segredo de justiça e o prazo prescricional geral de dez anos, contado a partir da maioridade civil do postulante.

(D) Deve-se dar preferência à inclusão da criança ou do adolescente em programas de acolhimento familiar sobre o seu acolhimento institucional, observando-se, em qualquer caso, o caráter temporário e excepcional da medida.

(E) A aplicação do princípio do melhor interesse limita-se ao público infanto-juvenil cujos direitos tiverem sido ameaçados ou violados por ação ou omissão da sociedade ou do Estado, ou por falta, omissão ou abuso dos pais ou responsável.

A: incorreta (art. 227, da CF; arts. 4º e 100, IV, do ECA). *"O caráter absoluto da prioridade, expressamente consignado no art. 227, da CF e no art. 4º do ECA, refere-se à impossibilidade de supressão de uma especial proteção às crianças e aos adolescentes em situações comuns. O fato de o dispositivo ponderar a respeito de outro interesse, também de especial relevo no caso concreto, não retira do metaprincípio da prioridade o seu caráter absoluto. Ao contrário, a inovação legislativa encontra-se na esteira da doutrina mais vanguardista de autores como Ronald Dworkin e Robert Alexy, que afirmam não existir hierarquia entre princípios ou direitos fundamentais, cabendo solucionar uma possível colisão de direitos, por meio de ponderação"* (Rossato; Lépore; Sanches. Estatuto da Criança e do Adolescente, editora RT); **B:** incorreta, pois segundo o princípio da responsabilidade primária e solidária do poder público, a plena efetivação dos direitos assegurados a crianças e a adolescentes é de responsabilidade primária e solidária das 3 (três) esferas de governo, as quais devem respeitar os direitos previstos no Ordenamento Jurídico, em especial no ECA e na CF (art. 100, parágrafo único, III, do ECA), não havendo que falar em hierarquia de normas jurídicas; **C:** incorreta, pois o reconhecimento do estado de filiação é imprescritível (art. 27 do ECA); **D:** correta (art. 34, § 1º, do ECA); **E:** incorreta, pois, segundo o princípio do melhor interesse, a intervenção deve atender prioritariamente aos interesses e direitos da criança e do adolescente, sem prejuízo da consideração que for devida a outros interesses legítimos no âmbito da pluralidade dos interesses presentes no caso concreto (art. 100, parágrafo único, do ECA).

Gabarito "D"

(Ministério Público/SP – 2012 – VUNESP) O Estatuto da Criança e do Adolescente (Lei 8.069/1990) e o Estatuto do Idoso (Lei nº 10.741/2003) destinam-se a regular os direitos assegurados à criança, considerando-se a pessoa até:

(A) doze anos de idade incompletos; ao adolescente, considerando-se a pessoa entre doze e dezoito anos de idade e às pessoas idosas com idade igual ou superior a sessenta anos.

(B) doze anos de idade incompletos; ao adolescente, considerando-se a pessoa entre doze e vinte e um anos de idade e às pessoas idosas com idade igual ou superior a sessenta anos.

(C) doze anos de idade; ao adolescente, considerando-se a pessoa entre doze e dezoito anos de idade e às pessoas idosas com idade igual ou superior a sessenta e cinco anos.

(D) doze anos de idade incompletos; ao adolescente, considerando-se a pessoa entre doze e dezoito

* **Vanessa Tonolli Trigueiros** comentou as questões dos seguintes concursos: MP/MG/14, MP/PI/14, MP/DF/13, MP/ES/13, MP/GO/13, MP/MG/13, MP/AC/08, MP/BA/08, MP/CE/11, MP/GO/10, MP/GO/12, MP/MG/06, MP/MG/11, MP/MG/12, MP/MS/09, MP/MT/12, MP/PB/10, MP/PI/08, MP/PI/ 12, MP/RJ/11, MP/RN/09, MP/RR/12, MP/RS/08, MP/RS/09, MP/SC/08, MP/SC/12, MP/SP/12, MP/TO/12, MP/PR/13, MP/RO/13, MP/MS/2013 e MP/SP/13 quando houver. **Wander Garcia** e **Eduardo Dompieri** comentaram as demais questões.

anos de idade e às pessoas idosas com idade superior a sessenta e cinco anos.

(E) dezesseis anos de idade incompletos; ao adolescente, considerando-se a pessoa entre dezesseis e vinte e um anos de idade e às pessoas idosas com idade superior a sessenta anos.

A alternativa "A" está correta, pois reflete o disposto nos art. 2º do ECA e art. 1º do Estatuto do Idoso, ficando excluídas as demais.

Gabarito "A"

(Ministério Público/AM – 2008 – CESPE) Segundo o art. 4º do ECA, é dever da família, da comunidade, da sociedade em geral e do poder público assegurar, com absoluta prioridade, a efetivação dos direitos referentes à vida, à saúde, à alimentação, à educação, ao esporte, ao lazer, à profissionalização, à cultura, à dignidade, ao respeito, à liberdade e à convivência familiar e comunitária. A garantia de prioridade referida pelo artigo mencionado compreende a

I. primazia de receber proteção e socorro em quaisquer circunstâncias.

II. precedência de atendimento nos serviços públicos ou de relevância pública.

III. preferência na formulação e na execução das políticas sociais públicas.

IV. destinação privilegiada de recursos públicos nas áreas relacionadas com a proteção à infância e à juventude.

A quantidade de itens certos é igual a

(A) 0.

(B) 1.

(C) 2.

(D) 3.

(E) 4.

Art. 4º, parágrafo único, do ECA.

Gabarito "E"

(Ministério Público/PR – 2008) Assinale a alternativa INCORRETA:

(A) o Estatuto da Criança e do Adolescente foi formulado a partir dos ditames da doutrina da proteção integral;

(B) a garantia da prioridade absoluta compreende a destinação privilegiada de recursos públicos nas áreas relacionadas com a proteção à infância e juventude;

(C) considerada a necessidade de proteção integral, a falta de recursos materiais constitui motivo suficiente para a perda ou suspensão do poder familiar;

(D) é incumbência do Ministério Público impetrar mandado de segurança, de injunção e *habeas corpus*, em qualquer juízo, instância ou tribunal, na defesa dos interesses sociais e individuais indisponíveis afetos à criança e ao adolescente;

(E) os crimes definidos no Estatuto da Criança e do Adolescente são todos de ação pública incondicionada.

A: correta (art. 1º do ECA); **B:** correta (art. 4º, parágrafo único, do ECA); **C:** incorreta (devendo esta ser assinalada), já que, a teor do art. 23, *caput*, do ECA, a falta ou a carência de recursos materiais não constitui motivo bastante a justificar a perda ou suspensão do poder familiar; **D:** correta (art. 201, IX, do ECA); **E:** correta, visto que em conformidade com o disposto no art. 227 do ECA.

Gabarito "C"

(Ministério Público/SC – 2010)

I. O Estatuto da Criança e do Adolescente é o diploma legal que disciplina o ato infracional.

II. A precedência de atendimento nos serviços públicos é apenas à criança, depois do Estatuto do Idoso.

III. Criança é a pessoa nascida no seio de uma família constituída; menor é a pessoa abandonada após o nascimento.

IV. Somente à família e ao Estado atribui-se o dever de efetivação dos diretos da criança e do adolescente.

V. Qualquer atentado, por ação ou omissão, aos direitos fundamentais da criança ou do adolescente, deve ser punido na forma da lei.

(A) Apenas as assertivas I, III e IV estão corretas.

(B) Apenas as assertivas I, II, IV e V estão corretas.

(C) Apenas as assertivas I e V estão corretas.

(D) Apenas as assertivas II, III e IV estão corretas.

(E) Apenas as assertivas I, II e V estão corretas.

I: assertiva correta. O ato infracional encontra-se disciplinado nos arts. 103 a 105 do ECA; **II:** assertiva incorreta. A precedência de atendimento nos serviços públicos, prevista no art. 4º, parágrafo único, do ECA, alcança o adolescente; **III:** assertiva incorreta. Criança é a pessoa com até doze anos de idade incompletos, sendo irrelevante o fato de ela ter nascido no seio de uma "família constituída"; o termo "menor", que nos faz lembrar o revogado Código de Menores, deve ser evitado; **IV:** assertiva incorreta, pois não corresponde ao teor do art. 4º, *caput*, do ECA; **V:** proposição correta, na forma do art. 5º do ECA.

Gabarito "C"

2. DIREITOS FUNDAMENTAIS

2.1. DIREITO À VIDA E À SAÚDE

(Ministério Público/PR – 2011) Analisando as seguintes assertivas:

I. A garantia da prioridade, da qual gozam crianças e adolescentes, compreende a primazia de receber proteção e socorro em quaisquer circunstâncias, a precedência de atendimento nos serviços públicos, destinação privilegiada de recursos públicos, e a preferência na formulação e na execução de políticas sociais públicas;

II. É obrigação do poder público e das instituições de saúde particulares, ainda que não conveniadas ao Sistema Único de Saúde (SUS), fornecer assistência psicológica à gestante e à mãe, no período pré e pós-natal, até mesmo para prevenir ou minorar as consequências do estado puerperal;

III. Os hospitais públicos e particulares são obrigados a proporcionar condições para a permanência integral de ambos os pais ou do responsável, durante a internação de criança ou adolescente;

IV. O lapso temporal máximo para a permanência de criança ou adolescente em programa de acolhimento institucional é de 01 (um) ano, salvo comprovada necessidade que atenda ao seu superior interesse, devidamente fundamentada pela autoridade judiciária;

V. Os hospitais, tanto públicos como particulares, são obrigados a manter alojamento conjunto, possibilitando ao neonato a permanência junto à mãe.

É POSSÍVEL AFIRMAR:

(A) Somente a assertiva I está correta;

(B) Somente as assertivas I, IV e V estão corretas;

(C) Somente as assertivas I, III e V estão corretas;

(D) Somente as assertivas I e V estão corretas;

(E) Todas as assertivas estão corretas.

I: proposição correta (art. 4º, parágrafo único, do ECA); **II:** cuida-se de incumbência do Poder Público, na forma prevista no art. 8º, § 4º, do ECA. Assertiva, portanto, incorreta; **III:** deverão os estabelecimentos de atendimento à saúde proporcionar condições para que *um* dos pais ou responsável permaneça em tempo integral com a criança ou adolescente que se encontra internado (art. 12 do ECA). A assertiva, que faz menção a *ambos os pais*, está, dessa forma, incorreta; **IV:** incorreta, pois o prazo máximo durante o qual a criança ou adolescente permanecerá no programa de acolhimento institucional corresponde a dois anos, salvo comprovada necessidade que atenda ao seu superior interesse (art. 19, § 2º, do ECA); **V:** proposição correta, nos moldes do que preceitua o art. 10, V, do ECA.

Gabarito "D"

(Ministério Público/RO – 2008 – CESPE) Como forma de proteção à criança, o ECA estabeleceu normas de proteção à gestante e à nutriz. No que concerne a essas normas, assinale a opção incorreta.

(A) A gestante tem direito, por meio do Sistema Único de Saúde (SUS), ao atendimento pré e perinatal.

(B) A parturiente deve ser atendida, preferencialmente, pelo mesmo médico que a acompanhou na fase pré-natal.

(C) É dever do poder público propiciar apoio alimentar à gestante e à nutriz que dele necessitem.

(D) Os hospitais e demais estabelecimentos de atenção à saúde de gestantes, públicos ou particulares, são obrigados a manter alojamento conjunto, que possibilite a permanência do neonato junto à mãe.

(E) O poder público, as instituições e os empregadores propiciarão condições adequadas ao aleitamento materno, excluídas as penitenciárias femininas, pois é vedada permanência de bebês no ambiente carcerário.

A: correta (art. 8º, *caput*, do ECA); **B:** correta (art. 8º, § 2º, do ECA); **C:** correta (art. 8º, § 3º, do ECA); **D:** correta (art. 10, V, do ECA); **E:** incorreta (art. 9º do ECA).

Gabarito "E"

(Ministério Público/SC – 2010)

I. O atendimento especializado é garantido a crianças e adolescentes portadores de deficiência.

II. Um dos direitos do recém-nascido é o alojamento conjunto com a mãe, nos hospitais e maternidades.

III. No direito à liberdade não estão compreendidos brincar, praticar esportes e divertir-se, pois estes são direitos lúdicos.

IV. Gestante ou mãe que pretender entregar seu filho em adoção, deve ser encaminhada, obrigatoriamente, à Justiça da Infância e Juventude.

V. Apenas os filhos havidos do casamento e de adoção tem direito às mesmas qualificações.

(A) Apenas as assertivas I, II, e IV estão corretas.

(B) Apenas as assertivas I e V estão corretas.

(C) Apenas as assertivas II, III e V estão corretas.

(D) Apenas as assertivas II, IV e V estão corretas.

(E) Apenas as assertivas I e II estão corretas.

I: proposição correta, nos termos do art. 11, § 1º, do ECA; **II:** assertiva correta (art. 10, V, do ECA); **III:** esses direitos estão contemplados no art. 16, IV, do ECA. Assertiva, portanto, incorreta; **IV:** correta, pois corresponde ao que dispõe o art. 13, parágrafo único, do ECA; **V:** proposição incorreta, nos moldes do que estabelece o art. 20 do ECA.

Gabarito "A"

2.2. DIREITO À LIBERDADE, AO RESPEITO E À DIGNIDADE

(Ministério Público/ES – 2010 – CESPE) O ECA prescreve que crianças e adolescentes têm direito à liberdade, ao respeito e à dignidade como pessoas humanas em processo de desenvolvimento e como sujeitos de direitos civis, humanos e sociais garantidos na CF e nas leis. O direito à liberdade consiste, entre outros aspectos, em poder

(A) doar órgãos livremente.

(B) sindicalizar-se.

(C) experimentar a sexualidade de forma irrestrita e integral nas relações sociais.

(D) exercer atividade laborativa remunerada.

(E) participar da vida política, na forma da lei.

A assertiva dada como correta contempla um dos aspectos do direito à liberdade (art. 16, VI, do ECA).

Gabarito "E"

(Ministério Público/PR – 2011) Tendo como base as seguintes assertivas:

I. É proibido qualquer trabalho a menores de 14 (quatorze) anos de idade, salvo na condição de aprendiz;

II. Aos responsáveis por estabelecimentos que explorem comercialmente bilhar, sinuca ou congênere ou por casas de jogos, é vedado permitir a entrada e a permanência de crianças e adolescentes, salvo se acompanhados dos pais ou responsável legal;

III. Em se tratando de viagem ao exterior, nos termos da Lei nº 8.069/1990, a autorização judicial é dispensável se o adolescente viajar na companhia de um dos pais, autorizado expressamente pelo outro através de documento com firma reconhecida;

IV. Dentre as diretrizes da política de atendimento à criança e ao adolescente, está a criação de conselhos municipais, estaduais e nacional dos direitos da criança e do adolescente, órgãos deliberativos e controladores das ações em todos os níveis, assegurada a participação popular paritária por meio de organizações representativas, sendo os seus membros remunerados de acordo com leis municipais, estaduais e federal;

V. Em caráter excepcional e de urgência, as entidades que mantenham programa de acolhimento institucional poderão acolher crianças e adolescentes sem prévia determinação da autoridade competente, comunicando o fato em até 24 (vinte e quatro) horas ao Juiz da Infância e da Juventude, sob pena de responsabilidade.

É POSSÍVEL AFIRMAR:

(A) Todas as assertivas estão corretas;

(B) Todas as assertivas estão incorretas;

(C) Somente a assertiva V está incorreta;

(D) As assertivas III e IV estão corretas;

(E) As assertivas I, II e IV estão incorretas.

I: o trabalho de aprendizagem só é permitido a partir dos catorze anos, na forma estabelecida no art. 7°, XXXIII, da CF; **II:** o ingresso nesses locais será vedado ainda que a criança ou o adolescente se faça acompanhar pelos pais ou responsável (art. 80 da ECA). Assertiva, portanto, incorreta; **III:** a viagem ao exterior, tanto de criança quanto de adolescente, encontra-se disciplinada na Resolução 131 do Conselho Nacional de Justiça, que revogou a de n° 74. Sendo a viagem autorizada por um dos pais para que a criança ou adolescente viaje na companhia do outro, não se faz necessária a autorização judicial. Basta, neste caso, autorização do outro, com firma reconhecida por semelhança, nos termos do que estabelece a Resolução 131 do CNJ; **IV:** incorreta, pois não corresponde à redação do art. 88, II, do ECA; **V:** correta, nos moldes do art. 93, *caput*, do ECA.

Gabarito "E"

2.3. DIREITO À CONVIVÊNCIA FAMILIAR E COMUNITÁRIA

(Ministério Público/PI – 2014 – CESPE) A respeito da adoção, da guarda e da perda do poder familiar, assinale a opção correta de acordo com o disposto no ECA e com a jurisprudência do STJ.

(A) A observância do cadastro de adotantes, ou seja, a preferência das pessoas cronologicamente cadastradas para adotar determinada criança, deve ser absoluta.

(B) Para as adoções *post mortem*, exigem-se, como comprovação da inequívoca vontade do *de cujus* em adotar, as mesmas regras que comprovam a filiação socioafetiva, quais sejam, o tratamento do menor como se filho fosse e o conhecimento público dessa condição.

(C) Falta ao padrasto que pretenda adotar a criança com quem conviva legitimidade ativa e interesse de agir para postular a destituição do poder familiar do pai biológico.

(D) A guarda confere à criança ou ao adolescente a condição de dependente, para todos os fins e efeitos de direito, inclusive previdenciários, independentemente da previsão em sentido contrário em norma previdenciária específica.

(E) É juridicamente impossível o pedido de adoção unilateral de criança feito por companheira da mãe biológica do adotando que seja fruto de planejamento de casal que vive em união estável homoafetiva.

A: incorreta, pois, excepcionalmente, poderá ser deferida a adoção em favor de candidato domiciliado no Brasil não cadastrado previamente, desde que comprove o preenchimento dos requisitos exigidos para os demais interessados e esteja presente uma das seguintes hipóteses: I – se tratar de pedido de adoção unilateral; II – for formulada por parente com o qual a criança ou adolescente mantenha vínculos de afinidade e afetividade; III – oriundo o pedido de quem detém a tutela ou guarda legal de criança maior de 3 (três) anos ou adolescente, desde que o lapso de tempo de convivência comprove a fixação de laços de afinidade e afetividade, e não seja constatada a ocorrência de má-fé ou qualquer das situações previstas nos arts. 237 ou 238 do ECA (art. 50, § 13, do ECA); **B:** correta, pois a alternativa está de acordo com o entendimento jurisprudencial, *in verbis*: "Civil. Processual civil. Recurso especial. Adoção póstuma. Validade. Adoção conjunta. Pressupostos. Família anaparental. Possibilidade. (...) A redação do art. 42, § 5º, da Lei 8.069/1990 – ECA –, renumerado como § 6º pela Lei 12.010/2009, que é um dos dispositivos de lei tidos como violados no recurso especial, alberga a possibilidade de se ocorrer a adoção póstuma na hipótese de óbito do adotante, no curso do procedimento de adoção, e a constatação de que este manifestou,em vida, de forma inequívoca, seu desejo de adotar.Para as adoções *post mortem*, vigem, como comprovação da inequívoca vontade do *de cujus* em adotar, as mesmas regras que comprovam afiliação socioafetiva: o tratamento do menor como se filho fosse e o conhecimento público dessa condição. (...)". (STJ – REsp: 1217415 RS 2010/0184476-0, Relator: Ministra Nancy Andrighi, j. 19.06.2012, Terceira Turma, *DJ* 28.06.2012); **C:** incorreta, pois o "STJ já decidiu que o padrasto tem legitimidade para a propositura de ação de destituição do poder familiar do pai biológico em relação à criança ou adolescente que se pretende adotar" (Rossato, Lépore, Sanches. Estatuto da Criança e do Adolescente. São Paulo: Ed. RT); **D:** incorreta. Antes da alteração legislativa trazida com a Lei 9.528/1997, o art. 16 da Lei 8.213/1991 previa como dependente para fins previdenciários a criança e o adolescente sob guarda, de modo que havia discussão na doutrina e na jurisprudência a respeito da possibilidade de a guarda ser concedida para fins exclusivamente previdenciários, em razão do princípio da especialidade. Todavia, após tal dispositivo ter sido alterado, entende-se que a guarda – uma das formas de colocação em família substituta –, confere à criança ou adolescente a condição de dependente, para todos os fins e efeitos de direito, inclusive previdenciários, de modo que este não pode ser o único fim almejado, ainda que comprovada a falta ou carência de recursos materiais dos pais. Assim, se no caso concreto não existir uma situação de risco que justifique a retirada da criança ou do adolescente do convívio com a família natural ou a guarda não se destinar a regularizar uma situação de fato, não é possível o seu deferimento para fins exclusivamente previdenciários. Neste sentido é o entendimento jurisprudencial: "Guarda de menor pela avó. Fins previdenciários. Precedentes da Corte. 1. São inúmeros os precedentes da Corte no sentido de que a "conveniência de garantir benefício previdenciário ao neto não caracteriza a situação excepcional que justifica nos termos do ECA (art. 33, § 2º), o deferimento de guarda à avó (REsp 82.474/RJ, de minha relatoria, DJ de 29.09.1997). 2. Recurso especial não conhecido". (STJ – REsp: 696204 RJ 2004/0147424-0, Relator: Ministro Carlos Alberto Menezes Direito, j. 21.06.2005, Terceira Turma, DJ 19.09.2005 p. 325); **E:** incorreta. Para a adoção conjunta, é indispensável que os adotantes sejam casados civilmente ou mantenham união estável, comprovada a estabilidade da família. Assim, não há exigência de que as pessoas sejam de sexos distintos, mas também não há previsão legal de adoção por casal homoafetivo. "Não obstante, já vem sendo reconhecida a possibilidade de adoção por casais formados por integrantes do mesmo sexo, desde que tal união possa ser reconhecida como entidade familiar, com suas características próprias (estabilidade, ostensibilidade e traços afetivos sólidos). (...) A possibilidade de adoção por casais homoafetivos agora está firmada, pois em 2011, tanto o STF quanto o STJ finalmente reconheceram a legalidade da união estável entre pessoas do mesmo sexo" (Rossato, Lépore e Sanches, *Estatuto da Criança e do Adolescente*, São Paulo: Ed. RT). Neste sentido é o entendimento jurisprudencial: "A adoção unilateral prevista no art. 41, § 1º, do ECA pode ser concedida à companheira da mãe biológica da adotanda, para que ambas as companheiras passem a ostentar a condição de mães, na hipótese em que a menor tenha sido fruto de inseminação artificial heteróloga, com doador desconhecido, previamente planejada pelo casal no âmbito de união estável homoafetiva, presente, ademais, a anuência da mãe biológica, desde que inexista prejuízo para a adotanda. O STF decidiu ser plena a equiparação das uniões estáveis homoafetivas às uniões estáveis heteroafetivas, o que trouxe, como consequência, a extensão automática das prerrogativas já outorgadas aos companheiros da união estável tradicional àqueles que vivenciem uma união estável homoafetiva. Assim, se a adoção unilateral de menor é possível ao extrato heterossexual da população, também o é à fração homossexual da sociedade. Deve-se advertir, contudo, que o pedido de adoção se submete à norma-princípio fixada no art. 43 do ECA, segundo a qual "a adoção será deferida quando apresentar reais vantagens para o adotando". Nesse contexto, estudos feitos no âmbito da Psicologia afirmam que pesquisas têm demonstrado que os filhos de pais ou mães homossexuais não apresentam comprometimento e problemas em seu desenvolvimento psicossocial quando comparados com filhos de pais e mães heterossexuais. Dessa forma, a referida adoção somente se mostra possível no caso de inexistir prejuízo para a adotanda. Além do mais, a possibilidade jurídica e a conveniência do deferimento do pedido de adoção unilateral devem considerar a evidente necessidade de aumentar, e não de restringir, a base daqueles que desejem adotar, em virtude da existência de milhares de crianças que, longe de quererem discutir a orientação sexual de seus pais, anseiam apenas por um lar". (REsp 1.281.093-SP, Rel. Min. Nancy Andrighi, j. 18.12.2012, Informativo n.513, STJ).

Gabarito "B"

(Ministério Público/PI – 2014 – CESPE) Em relação ao acolhimento institucional e familiar e à colocação de criança ou adolescente em família substituta, assinale a opção correta.

(A) Diferentemente do acolhimento familiar, que pode ter caráter definitivo, quando instituído em favor de parentes da criança, o acolhimento institucional é sempre provisório e excepcional.

(B) O prazo legal para que a criança e o adolescente possam permanecer sob acolhimento institucional é de dois anos, podendo, contudo, ser prorrogado, mediante decisão fundamentada da autoridade judiciária, que deve demonstrar que o excesso de prazo atende ao melhor interesse do infante.

(C) A colocação em família substituta estrangeira constitui medida excepcional, somente admissível quando ausente alternativa viável em território nacional, podendo ser concedida nas modalidades de tutela e adoção.

(D) A colocação de criança ou adolescente em família substituta pode ser aplicada como medida socioeducativa, no caso de cometimento de ato infracional leve ou como medida de proteção à criança e ao adolescente em situação de risco.

(E) O acolhimento familiar pode ser determinado pelo Conselho Tutelar e pelo MP, ao passo que o acolhimento institucional é da competência exclusiva da autoridade judiciária.

A: incorreta, pois tanto o acolhimento familiar como o institucional são medidas de caráter temporário e excepcional (art. 34, § 1º, do ECA); **B:** correta, pois a alternativa está de acordo com o disposto no art. 19, § 2º, do ECA; **C:** incorreta. De fato, a adoção internacional é medida excepcional e somente será deferida se, após consulta ao cadastro de pessoas ou casais habilitados à adoção, mantido pela Justiça da Infância e da Juventude na comarca, bem como aos cadastros estadual e nacional, não for encontrado interessado com residência permanente no Brasil, após esgotadas todas as possibilidades de colocação da criança ou adolescente em família substituta brasileira (art. 50, § 10 e art. 51, § 1º, I, ambos do ECA). Todavia, a colocação em família substituta estrangeira somente será admissível na modalidade de adoção (art. 31 do ECA); **D:** incorreta, pois a colocação em família substituta é uma medida específica de proteção – e não medida socioeducativa – aplicável quando se verificar que os direitos da criança ou adolescente estão sendo ameaçados ou violados, encontrando-se em situação de risco (art. 101, IX, do ECA); **E:** incorreta, pois o afastamento da criança ou adolescente do convívio familiar e consequente aplicação das medidas de acolhimento familiar, institucional ou colocação em família substituta é de competência exclusiva da autoridade judiciária (art. 101, VII a IX e § 2º, do ECA). Oportuno registrar que ao Conselho Tutelar é cabível a aplicação das demais medidas protetivas (art. 136, I e parágrafo único, do ECA). *"Na redação anterior do Estatuto, o Conselho Tutelar poderia aplicar a medida de abrigamento e encaminhar a criança e o adolescente diretamente à entidade respectiva, comunicando o fato posteriormente à entidade judiciária. Contudo, de acordo com o atual regramento, a inserção de criança e adolescente em medida protetiva de acolhimento institucional e acolhimento familiar está condicionada à autorização judicial, de modo que não consta mais das atribuições do Conselho Tutelar. (...) O Conselho Tutelar deixa de atuar de forma ativa na inserção da criança e do adolescente em abrigamento, para apenas acompanhar a situação e fornecer subsídios ao magistrado, a quem competirá a palavra sobre a necessidade efetiva de manutenção da medida"*. (ROSSATO, LÉPORE E SANCHES. *Estatuto da Criança e do Adolescente Comentado,* 3ª edição, São Paulo, Ed RT, 2012, p. 302). Em contrapartida, as entidades que mantenham programa de acolhimento institucional poderão, em caráter excepcional e de urgência, acolher crianças e adolescentes sem prévia determinação da autoridade competente, fazendo comunicação do fato em até 24 (vinte e quatro) horas ao Juiz da Infância e da Juventude, em virtude do princípio da intervenção precoce (art. 93 do ECA).

Gabarito "B"

(Ministério Público/ES – 2013 – VUNESP) Assinale a alternativa correta quanto à adoção, segundo o Estatuto da Criança e do Adolescente.

(A) É possível o deferimento de adoção de criança ou adolescente por pessoa não inscrita previamente no cadastro de adotantes, quando esta for parente do adotado.

(B) A manutenção e alimentação do cadastro de crianças e adolescentes em condições de serem adotados e o cadastro de pessoas interessadas em adoção tornaram-se atribuição do Ministério Público Estadual.

(C) Para evitar o rompimento definitivo dos vínculos familiares, é permitida a adoção de irmão, quando os genitores de ambos forem falecidos.

(D) O termo inicial para o exercício do direito ao conhecimento da origem biológica do adotado dá-se apenas com dezoito anos completos, com o intuito de preservar sua condição psicológica enquanto pessoa em desenvolvimento.

(E) Para a desburocratização do processo de adoção internacional, é facultado aos organismos de adoção, nacionais ou estrangeiros, o estabelecimento de convênios ou contatos com dirigentes de programas de acolhimento institucional, sob fiscalização do Ministério Público.

A: correta. Em regra, a adoção de criança e adolescente será precedida de consulta ao cadastro de pretendentes, previamente habilitados para tanto. Todavia, excepcionalmente, poderá ser deferida a adoção em favor de candidato domiciliado no Brasil não cadastrado previamente, desde que comprove o preenchimento dos requisitos exigidos para os demais interessados e esteja presente uma das seguintes hipóteses: I – se tratar de pedido de adoção unilateral; II – for formulada por parente com o qual a criança ou adolescente mantenha vínculos de afinidade e afetividade; III – oriundo o pedido de quem detém a tutela ou guarda legal de criança maior de 3 (três) anos ou adolescente, desde que o lapso de tempo de convivência comprove a fixação de laços de afinidade e afetividade, e não seja constatada a ocorrência de má-fé ou qualquer das situações previstas nos arts. 237 ou 238 do ECA (art. 50, § 13, do ECA); **B:** incorreta, pois a atribuição para a manutenção e alimentação dos cadastros é da Autoridade Central Estadual, a qual deverá comunicar posteriormente à Autoridade Central Federal Brasileira (art. 50, § 9º, do ECA); **C:** incorreta, pois não podem adotar os ascendentes, nem os irmãos do adotando (art. 42, § 1º, do ECA). Oportuno ressaltar que, de fato, os grupos de irmãos serão colocados sob adoção, tutela ou guarda da mesma família substituta, a fim de se evitar o rompimento definitivo dos vínculos fraternais (art. 28, § 4º, do ECA); **D:** incorreta. Conquanto o adotado tenha, como regra, o direito de conhecer sua origem biológica, bem como de obter acesso irrestrito ao processo no qual a medida foi aplicada e seus eventuais incidentes, após completar 18 (dezoito) anos, excepcionalmente, a seu pedido, poderá ser deferido o acesso ao menor de 18 anos, desde que assegurada orientação e assistência jurídica e psicológica (art. 48, *caput* e parágrafo único, do ECA); **E:** incorreta, pois como se trata de medida excepcional, a adoção internacional observará o procedimento previsto nos arts. 165 a 170, do ECA, não havendo que falar em desburocratização, além de não ser permitido aos organismos de adoção, nacionais ou estrangeiros, o estabelecimento de convênios ou contatos diretos com dirigentes de programas de acolhimento institucional (art. 51, § 14, do ECA).

Gabarito "A"

(Ministério Público/GO – 2013) Com relação à Lei 8.069/1990 (Estatuto da Criança e do Adolescente), é incorreto afirmar:

(A) a colocação em família substituta não admitirá transferência da criança ou adolescente a terceiros ou a entidades governamentais ou não governamentais sem autorização judicial.

(B) não se deferirá a colocação em família substituta à pessoa que revele, por qualquer modo, incompatibilidade com a natureza da medida ou não ofereça ambiente familiar adequado.

(C) os grupos de irmãos serão colocados sob adoção, tutela ou guarda da mesma família substituta, ressalvada a comprovada existência de risco de abuso ou outra situação que justifique plenamente a excepcionalidade de solução diversa, procurando-se, em qualquer caso, evitar o rompimento definitivo dos vínculos fraternais.

(D) a colocação em família substituta estrangeira far-se-á mediante guarda ou adoção.

A: assertiva correta, pois a alternativa está de acordo com o disposto no art. 30 do ECA; **B:** assertiva correta, pois a alternativa está de acordo com o disposto no art. 29 do ECA; **C:** assertiva correta, pois a alternativa está de acordo com o disposto no art. 28, § 4º, do ECA; **D:** incorreta, pois a colocação em família substituta estrangeira somente é admissível na modalidade de adoção (art. 31 do ECA).

Gabarito "D"

(Ministério Público/GO – 2013) Sobre a doção é correto afirmar:

(A) nos processos referentes a pessoas capazes é dispensável a intervenção do Poder Judiciário.

(B) a adoção internacional pressupõe a intervenção das Autoridades Centrais Estaduais e Federal.

(C) Autoridades Municipais em matéria de adoção terão acesso integral aos cadastros, incumbindo-lhes a troca de informações e a cooperação mútua, para melhoria do sistema.

(D) poderá ser deferida adoção em favor de candidato domiciliado no Brasil não cadastrado previamente nos termos da Lei, quando se tratar de pedido de adoção bilateral.

A: incorreta, pois mesmo a adoção de maiores de 18 (dezoito) anos dependerá da assistência efetiva do poder público e de sentença constitutiva, aplicando-se, no que couber, as regras gerais previstas no ECA (art. 1.618 do CC); **B:** correta, pois a alternativa está de acordo com o disposto no art. 51, § 3º, do ECA; **C:** incorreta, pois terão acesso ao cadastro o Ministério Público, o Conselho Tutelar, o órgão gestor da Assistência Social e os Conselhos Municipais dos Direitos da Criança e do Adolescente e da Assistência Social (art. 101, § 12, do ECA); **D:** incorreta.Em regra, a adoção de criança e adolescente será precedida de consulta ao cadastro de pretendentes, previamente habilitados para tanto. Todavia, excepcionalmente, poderá ser deferida a adoção em favor de candidato domiciliado no Brasil não cadastrado previamente, desde que comprove o preenchimento dos requisitos exigidos para os demais interessados e esteja presente uma das seguintes hipóteses: I – se tratar de pedido de adoção unilateral; II – for formulada por parente com o qual a criança ou adolescente mantenha vínculos de afinidade e afetividade; III – oriundo o pedido de quem detém a tutela ou guarda legal de criança maior de 3 (três) anos ou adolescente, desde que o lapso de tempo de convivência comprove a fixação de laços de afinidade e afetividade, e não seja constatada a ocorrência de má-fé ou qualquer das situações previstas nos arts. 237 ou 238 do ECA (art. 50, § 13, do ECA).

Gabarito "B"

(Ministério Público/MG – 2013) Quanto ao instituto da adoção no Estatuto da Criança e do Adolescente, analise as seguintes alternativas e assinale a assertiva *INCORRETA*:

(A) A guarda de fato autoriza, por si só, a dispensa da realização do estágio de convivência.

(B) Poderá ser deferida ao adotante que, após inequívoca manifestação de vontade, vier a falecer no curso do procedimento, antes de prolatada a sentença.

(C) O adotante há de ser, pelo menos, dezesseis anos mais velho que o adotando.

(D) É recíproco o direito sucessório entre o adotado, seus descendentes, o adotante, seus ascendentes, descendentes e colaterais até o quarto grau, observada a ordem de vocação hereditária.

A: assertiva incorreta, pois o estágio de convivência somente poderá ser dispensado se o adotando já estiver sob a tutela ou guarda legal – e não de fato – do adotante durante tempo suficiente para que seja possível avaliar a conveniência da constituição do vínculo (art. 46, § 1º, do ECA); **B:** assertiva correta, pois a alternativa está de acordo com o disposto no art. 42, § 6º, do ECA; **C:** assertiva correta, pois a alternativa está de acordo com o disposto no art. 42, § 3º, do ECA; **D:** assertiva correta, pois a alternativa está de acordo com o disposto no art. 41, § 2º, do ECA.

Gabarito "A"

(Ministério Público/MS – 2013 – FADEMS) Avalie se as frases a seguir são falsas (F) ou verdadeiras (V) e assinale a opção **correta**:

I. Conforme o Estatuto da Criança e do Adolescente, à data do pedido de adoção, em não estando sob a guarda ou tutela dos adotantes, o adotando deverá contar com a idade de no máximo dezoito anos.

II. A guarda destina-se a regularizar posse de fato, podendo ser deferida, liminar ou incidentalmente, nos procedimentos de tutela e adoção, exceto no de adoção por estrangeiros, podendo ser revogada a qualquer tempo, mediante ato judicial fundamentado, ouvido o Ministério Público.

III. As crianças ou adolescentes inseridos em programa de acolhimento familiar ou institucional devem permanecer no programa por, no mínimo, dois anos.

IV. É vedada a adoção por procuração.

(A) V, V, F, V

(B) F, V, F, V

(C) V,V, F, F

(D) F, F, V, F

(E) V, F, F, V

I: correta (art. 40, do ECA); **II:** correta (art. 33, § 1º, e art. 35, ambos do ECA); **III:** incorreta, pois as crianças ou adolescentes inseridos em programa de acolhimento familiar ou institucional devem permanecer no programa por, no máximo, dois anos, salvo comprovada necessidade que atenda ao seu superior interesse, devidamente fundamentada pela autoridade judiciária (art.19, § 2º, do ECA); **IV:** correta (art. 39, § 2º, do ECA).

Gabarito "A"

(Ministério Público/SP – 2013 – PGMP) Sobre o direito à convivência familiar e comunitária garantido pelo Estatuto da Criança e do Adolescente e as medidas de proteção aplicáveis à criança ou adolescente, é CORRETO afirmar:

(A) A colocação de criança ou adolescente em família substituta, mediante guarda a terceiros, impede o direito de visitas pelos pais e os dispensa do dever de prestar alimentos.

(B) A colocação da criança ou adolescente em família substituta, em qualquer das modalidades previstas em lei, será possível exclusivamente após decisão judicial definitiva acerca de pedido de destituição ou suspensão do poder familiar.

(C) A colocação de criança ou adolescente em família substituta será precedida de sua preparação gradativa e acompanhamento posterior, realizados pelo Conselho Tutelar.

(D) A inclusão da criança ou adolescente em programa de acolhimento familiar tem como pressuposto legal a impossibilidade de seu acolhimento institucional.

(E) A manutenção ou reintegração de criança ou adolescente à sua família de origem terá preferência em relação a qualquer outra providência.

A: incorreta, pois o deferimento da guarda de criança ou adolescente a terceiros não impede o exercício do direito de visitas pelos pais, salvo expressa e fundamentada determinação em contrário, da autoridade judiciária competente, ou quando a medida for aplicada em preparação para adoção (art. 33, § 4º, do ECA); **B:** incorreta, pois é possível o deferimento da guarda provisória ou do estágio de convivência, no caso de adoção, mediante termo de responsabilidade, antes de decisão judicial definitiva acerca de pedido de destituição ou suspensão do poder familiar (art. 167 do ECA); **C:** incorreta, pois a colocação da criança ou adolescente em família substituta será precedida de sua preparação gradativa e acompanhamento posterior, realizados pela equipe interprofissional a serviço da Justiça da Infância e da Juventude, preferencialmente com o apoio dos técnicos responsáveis pela execução da política municipal de garantia do direito à convivência familiar (art. 28, § 5º, do ECA); **D:** incorreta, pois a inclusão da criança ou do adolescente em programas de acolhimento familiar terá preferência a seu acolhimento institucional (art. 34, § 1º, do ECA); **E:** correta, pois a alternativa está de acordo com o disposto no art. 19, § 3º, do ECA.

Gabarito "E"

(Ministério Público/SP – 2013 – PGMP) Relativamente às regras para adoção de crianças e adolescentes que estão dispostas no Estatuto da Criança e do Adolescente (Lei 8.069, de 13 de julho de 1990), com as alterações legais que a ele foram introduzidas, considere as assertivas a seguir:

I. Será obrigatório, em qualquer caso de adoção, que se cumpra um período de convivência entre adotante e adotando, o qual deverá ser acompanhado pela equipe interprofissional a serviço da Justiça da Infância e da Juventude, que terá a incumbência de apresentar relatório minucioso a respeito.

II. Cada Comarca ou Foro Regional deve possuir um cadastro de crianças e adolescentes em condições de serem adotados e outro de pessoas interessadas na adoção.

III. O cadastro nacional de postulantes à adoção e o de crianças e adolescentes em condições de serem adotados são alimentados pela autoridade judiciária, pelo Conselho Nacional de Justiça e pelas autoridades estaduais e federais em matéria de adoção.

IV. A inscrição de postulantes à adoção será precedida de um período de preparação psicossocial e jurídica, preferencialmente com apoio dos técnicos responsáveis pela execução da política municipal de garantia do direito à convivência familiar.

V. Poderá ser deferida adoção em favor de candidato domiciliado no Brasil não cadastrado previamente, se formulada por parente com o qual a criança ou o adolescente mantenha vínculos de afinidade e afetividade.

Está CORRETO o que se afirma apenas em:

(A) I, II e III.

(B) I, III e IV.

(C) III, IV e V.

(D) II, IV e V.

(E) II, III e IV.

I: incorreta, pois o estágio de convivência poderá ser dispensado se o adotando já estiver sob a tutela ou guarda legal do adotante durante tempo suficiente para que seja possível avaliar a conveniência da constituição do vínculo (art. 46, § 1º, do ECA); **II:** correta, pois, de fato, serão criados e implementados cadastros estaduais e nacional de crianças e adolescentes em condições de serem adotados e de pessoas ou casais habilitados à adoção (art. 50, § 5º, e art. 101, § 11, do ECA); **III:** incorreta, pois cabe à autoridade judiciária providenciar, no prazo de 48 (quarenta e oito) horas, a inscrição das crianças e adolescentes em condições de serem adotados que não tiveram colocação familiar na comarca de origem. Por sua vez, compete à Autoridade Central Estadual zelar pela manutenção e correta alimentação dos cadastros, com posterior comunicação à Autoridade Central Federal Brasileira (art. 50, § 8º e § 9º, do ECA); **IV:** correta (art. 50, § 3º, do ECA); **V:** correta (art. 50, § 13, II, do ECA).

Gabarito "D"

(Ministério Público/PR – 2013 – X) Sobre a colocação em família substituta, examine as afirmações que seguem:

I. Em todas as suas modalidades, sempre dependerá do consentimento expresso do adolescente;

II. Quando da colocação de criança ou adolescente sob a guarda de terceira pessoa, o juiz deverá, em regra, fixar o direito de visitas aos pais, salvo quando entender desaconselhável, por decisão expressa e fundamentada, ou quando a medida for aplicada em preparação para adoção;

III. Com a instituição do Cadastro Nacional de Adoção, pelo CNJ, tornou-se desnecessária a manutenção dos cadastros de adoção em cada comarca;

IV. Qualquer parente, ainda que não inscrito no cadastro de adoção, terá sempre preferência para adotar criança ou adolescente destituído do poder familiar;

V. O juiz não está obrigado a homologar a nomeação de tutor efetuada por testamento, podendo deferir a medida a terceira pessoa, ainda que não guarde relação de parentesco, que demonstre melhores condições de assumir a função.

(A) Apenas as assertivas I e IV estão corretas.

(B) As assertivas III e IV estão incorretas;

(C) As assertivas II, IV e V estão incorretas;

(D) Apenas as assertivas II e V estão corretas;

(E) Todas as assertivas estão corretas.

I: correta, pois em todas as modalidades de colocação em família substituta, tratando-se de maior de 12 (doze) anos de idade, será necessário seu consentimento, colhido em audiência (art. 28, § 2º, do ECA); **II:** correta (art. 33, § 4º, do ECA); **III:** incorreta, pois cabe à autoridade judiciária providenciar a inscrição das crianças e adolescentes em condições de serem adotados, bem como das pessoas ou casais que tiveram deferida sua habilitação à adoção nos cadastros estadual e nacional. Por sua vez, compete à Autoridade Central Estadual zelar pela manutenção e correta alimentação dos cadastros, com posterior comunicação à Autoridade Central Federal Brasileira (art. 50, §§ 8º e 9º, do ECA); **IV:** incorreta, pois a adoção será deferida a casal não cadastrado quando, dentre outras hipóteses, for formulada por parente com o qual a criança ou adolescente mantenha *vínculos de afinidade* e *afetividade* (art. 50, § 13, II, do ECA). Oportuno ressaltar que, de fato, a colocação em família substituta é medida excepcional, já que será adotada quando esgotados os recursos de manutenção na família natural ou extensa. Assim, a manutenção ou reintegração de criança ou adolescente à sua família terá preferência em relação a qualquer outra providência (art. 19, § 3º, do ECA); **V:** correta (art. 37, parágrafo único, do ECA).

Gabarito "B"

(Ministério Público/BA – 2008) Relacione corretamente os institutos da coluna da esquerda e as assertivas elencadas à direita:

1. Guarda 2. Tutela 3. Adoção	A – é irrevogável. B – pressupõe a prévia decretação da perda ou suspensão do pátrio poder. C – Obriga à prestação de assistência material, moral e educacional. D – é vedada a ascendentes e a irmãos da criança ou adolescente em favor de quem a medida se propõe. E – pressupõe, necessariamente, a especialização de hipoteca legal. F – confere a seu detentor o direito de opor-se a terceiros. G – modalidade admissível de colocação em família substituta estrangeira. H – excepcionalmente deferida como medida autônoma. I – revogável a qualquer tempo, por ato judicial fundamentado, ouvido o MP. J – sempre implica no desligamento da criança ou adolescente de qualquer vínculo com pais e parentes, salvo os impedimentos matrimoniais. L – constitui-se por sentença judicial, inscrita no registro civil, mediante mandado do qual o cartório fornecerá certidão sempre que requerida pelo interessado.

Marque a alternativa que contenha apenas relações corretamente feitas entre os itens integrantes das colunas acima:

(A) 1–G;1 –I;2– E;2– H;3 –L;3–C.

(B) 1–C;1– F;2 –E;2– B;3 –A;3– J.

(C) 1–H;1– I;2 –A;2 –B;3 –G;3– L.

(D) 1–H;1– I;2 –C;2–F;3 –D;3 –G.

(E) 1–C;1– F;2 –B;2– I;3 –A;3–J.

1 – H e I: corretas, pois a guarda, excepcionalmente, poderá ser deferida como medida autônoma, fora dos casos de tutela e adoção, para atender a situações peculiares ou suprir a falta eventual dos pais ou responsável, podendo ser deferido o direito de representação para a prática de atos determinados (art. 33, § 2º, do ECA). Ainda, a guarda poderá ser revogável a qualquer tempo, por ato judicial fundamentado, ouvido o MP (art. 35 do ECA); 2 – C e F: corretas, pois a tutela implica em dever de guarda, que por sua vez obriga o guardião à prestação de assistência material, moral e educacional, sendo que confere a ele o direito de opor-se a terceiros (art. 33, *caput,* do ECA). A alternativa "B" se refere à tutela, que pressupõe a prévia decretação da perda ou suspensão do poder familiar (art. 36, parágrafo único, do ECA). Já a alternativa "E" está incorreta, pois com o advento do CC/2002, a tutela não pressupõe, necessariamente, a especialização de hipoteca legal; 3 – D e G: corretas, pois é vedada a adoção a ascendentes e a irmãos da criança ou adolescente em favor de quem a medida se propõe (art. 42, § 1º, do ECA). A guarda é a única modalidade admissível de colocação em família substituta estrangeira (art. 31 do ECA). A alternativa «A» se refere à adoção, já que é a única modalidade de colocação em família substituta que é irrevogável (art. 39, § 1º, do ECA). De igual modo, a alternativa "J" está correta, pois a adoção implica no desligamento da criança ou adolescente de qualquer vínculo com pais e parentes, salvo os impedimentos matrimoniais (art. 41 do ECA). Por fim, o vínculo da adoção constitui-se por sentença judicial, que será inscrita no registro civil mediante mandado do qual não se fornecerá certidão (art. 47, *caput,* do ECA). Todavia, o adotado tem direito de conhecer sua origem biológica, bem como de obter acesso irrestrito ao processo no qual a medida foi aplicada e seus eventuais incidentes, após completar 18 (dezoito) anos (art. 48, *caput,* do ECA).

Gabarito "D"

(Ministério Público/SC – 2012) Sobre a adoção:

I. Não é possível, em nenhuma hipótese, a adoção em favor de candidato domiciliado no Brasil não cadastrado previamente nos termos do Estatuto da Criança e do Adolescente.

II. Existe cláusula impeditiva na Lei 8.069/1990 à adoção por irmão e pelos ascendentes do adotando.

III. A morte dos adotantes restabelece o poder familiar dos pais biológicos.

IV. O adotado tem direito de conhecer sua origem biológica, bem como de obter acesso irrestrito ao processo no qual a medida foi aplicada e seus eventuais incidentes, após completar 18 (dezoito) anos.

V. Para os fins do Estatuto da Criança e do Adolescente considera-se adoção internacional exclusivamente aquela pleiteada por estrangeiro residente fora do Brasil.

(A) Apenas as assertivas II e IV estão corretas.

(B) Apenas as assertivas I, II e IV estão corretas.

(C) Apenas as assertivas II, III e V estão corretas.

(D) Apenas as assertivas II, IV e V estão corretas.

(E) Todas as assertivas estão corretas.

I: incorreta, pois o ECA admite, excepcionalmente, a adoção em favor de candidato domiciliado no Brasil não cadastrado previamente (art. 50, § 13, do ECA); **II:** correta (art. 42, § 1º, do ECA); **III:** incorreta, pois a morte dos adotantes não restabelece o poder familiar dos pais biológicos (art. 49 do ECA); **IV:** correta (art. 48, do ECA); **V:** incorreta, pois se considera adoção internacional aquela na qual a pessoa ou casal postulante é residente ou domiciliado fora do Brasil (art. 51, *caput,* do ECA).

Gabarito "A"

(Ministério Público/SC – 2012) Analise as assertivas a seguir.

I. A guarda de criança ou adolescente somente poderá ser revogada, após decisão judicial, para transformação em tutela ou adoção.

II. O acolhimento familiar consiste em medida judicial em que a criança ou o adolescente permanece com seus genitores, sob supervisão constante do Conselho Tutelar.

III. Os institutos da tutela e da guarda se diferenciam porquanto no primeiro há a necessidade de que a criança ou o adolescente possua bens ou rendimentos administráveis.

IV. Os membros do Ministério Público com atribuição para acompanhar a execução de medidas socioeducativas devem inspecionar, com a periodicidade mínima bimestral, as unidades de semiliberdade e de internação sob sua responsabilidade, ressalvada a necessidade de comparecimento em período inferior, conforme Resolução n. 67 do Conselho Nacional do Ministério Público.

V. Entende-se por família extensa ou ampliada aquela que se estende para além da unidade pais e filhos ou da unidade do casal, formada por parentes próximos com os quais a criança ou adolescente convive e mantém vínculos de afinidade e afetividade.

(A) Apenas as assertivas I e V estão corretas.

(B) Apenas as assertivas I, II e V estão corretas.

(C) Apenas as assertivas I, III e IV estão corretas.

(D) Apenas as assertivas IV e V estão corretas.

(E) Todas as assertivas estão corretas.

I: incorreta, pois a guarda poderá ser revogada a qualquer tempo, mediante ato judicial fundamentado, ouvido o Ministério Público (art. 35 do ECA); **II:** incorreta, pois o acolhimento familiar é uma medida protetiva, *"nos casos em que for necessária, de forma excepcional e transitória, a retirada da criança ou adolescente de sua família de origem (natural ou extensa) e entrega aos cuidados de uma família acolhedora, que pode ter a supervisão pedagógica e direcional de uma entidade de atendimento, que é responsável pela execução do programa"* (Rossato; Lépore; Sanches. Estatuto da Criança e do Adolescente. Ed. RT); **III:** incorreta, pois a tutela não pressupõe a necessidade de que a criança ou o adolescente possua bens ou rendimentos administráveis (art. 36 e seguintes, do ECA); **IV:** correta (art. 201, XI, do ECA e Resolução n. 67, do CNMP); **V:** correta (art. 25, parágrafo único, do ECA).

Gabarito "D"

(Ministério Público/SP – 2012 – VUNESP) A colocação em família substituta, além da tutela, far-se-á mediante

(A) guarda, curatela ou adoção.

(B) guarda compartilhada.

(C) guarda ou adoção.

(D) curatela ou adoção.

(E) curatela especial.

A alternativa "C" está correta (art. 28, *caput*, do ECA), ficando excluídas as demais.

Gabarito "C"

(Ministério Público/RR – 2012 – CESPE) Assinale a opção correta a respeito dos institutos da guarda, tutela e adoção.

(A) A tutela será deferida, nos termos da lei civil, a pessoa de até dezoito anos incompletos, na hipótese de falecimento dos pais, na de estes serem julgados ausentes ou na de os pais perderem o poder familiar.

(B) Admite-se que apenas um dos companheiros da união homoafetiva adote criança ou adolescente.

(C) Para adoção conjunta, é indispensável que os adotantes sejam casados civilmente ou mantenham união estável, comprovada a estabilidade da família, sendo vedada a adoção ao casal divorciado.

(D) A adoção internacional pode ser deferida, independentemente da existência de interessados com residência permanente no Brasil e inscritos nos cadastros local, estadual e nacional de pessoas ou casais habilitados à adoção, desde que o período de convivência com o adotando seja superior a três anos.

(E) Em regra, o deferimento da guarda de criança ou adolescente a terceiros impede o exercício do direito de visitas pelos pais, assim como o seu dever de prestar alimentos, que serão objeto de regulamentação específica, a pedido do interessado ou do MP.

A: correta (art. 36 do ECA); **B:** incorreta, pois não há vedação expressa no ECA. De acordo com o art. 42, parágrafo 2º, do ECA, para a adoção conjunta, é indispensável que os adotantes sejam casados civilmente ou mantenham união estável, comprovada a estabilidade da família. Assim, não há exigência de que as pessoas sejam de sexos distintos, mas também não há previsão legal de adoção por casal homoafetivo. *"Não obstante, já vem sendo reconhecida a possibilidade de adoção por casais formados por integrantes do mesmo sexo, desde que tal união possa ser reconhecida como entidade familiar, com suas características próprias (estabilidade, ostensibilidade e traços afetivos sólidos). (...) A possibilidade de adoção por casais homoafetivos agora está firmada, pois em 2011, tanto o STF quanto o STJ finalmente reconheceram a legalidade da união estável entre pessoas do mesmo sexo"* (Rossato, Lépore e Sanches, Estatuto da Criança e do Adolescente, editora RT); **C:** incorreta, pois os divorciados, os judicialmente separados e os ex-companheiros podem adotar conjuntamente, contanto que acordem sobre a guarda e o regime de visitas e desde que o estágio de convivência tenha sido iniciado na constância do período de convivência e que seja comprovada a existência de vínculos de afinidade e afetividade com aquele não detentor da guarda, que justifiquem a excepcionalidade da concessão (art. 42, § 4º, do ECA); **D:** incorreta, pois a adoção internacional somente será deferida se, após consulta ao cadastro de pessoas ou casais habilitados à adoção, não for encontrado interessado com residência permanente no Brasil (art. 50, § 10, do ECA); **E:** incorreta, pois, salvo expressa e fundamentada determinação em contrário da autoridade judiciária competente, ou quando a medida for aplicada em preparação para adoção, o deferimento da guarda de criança ou adolescente a terceiros não impede o exercício do direito de visitas pelos pais (art. 33, § 4º, do ECA).

Gabarito "A"

(Ministério Público/MG – 2012 – CONSULPLAN) Em 13 de julho de 1990, foi publicada a Lei 8.069 a qual instituiu o Estatuto da Criança e Adolescente que veio regulamentar o artigo 227 da Constituição Federal. Fundado, dentre outros, no *Princípio da Proteção Integral,* concebeu as crianças e adolescentes como pessoas em desenvolvimento, sujeitos de direitos e destinatários de proteção física, mental e moral. A Adoção, um dos institutos do ECA gera vínculo constituído por sentença judicial, a qual será inscrita no registro civil mediante mandado, do qual não se fornecerá certidão. Frente a tal assertiva, assinale a alternativa **CORRETA.**

(A) A adoção produz seus efeitos a partir do trânsito em julgado da sentença constitutiva, exceto quando o adotante que, após inequívoca manifestação de vontade, vier a falecer no curso do procedimento, antes de prolatada a sentença, caso em que terá força retroativa à data do óbito.

(B) O novo registro somente poderá ser lavrado no Cartório do Registro Civil do Município em que foi proferida a sentença de adoção.

(C) Apenas a observação sobre a origem do ato poderá constar nas certidões do registro.

(D) A sentença conferirá ao adotado o nome do adotante, sendo defeso a modificação do prenome.

A: correta (art. 47, § 7º, do ECA); **B:** incorreta, pois a pedido do adotante, o novo registro poderá ser lavrado no Cartório do Registro Civil do Município de sua residência (art. 47, § 3º, do ECA); **C:** incorreta, pois nenhuma observação sobre a origem do ato poderá constar nas certidões do registro (art. 47, § 4º, do ECA); **D:** incorreta, pois a sentença conferirá ao adotado o nome do adotante e, a pedido de qualquer deles, poderá determinar a modificação do prenome (art. 47, § 5º, do ECA).

Gabarito "A"

(Ministério Público/MS – 2009) Assinale a alternativa correta sobre a medida de colocação em família substituta e as suas modalidades.

(A) A guarda e a tutela são as duas formas de colocação em família substituta previstas no Estatuto da Criança e do Adolescente (Lei Federal nº 8.069/1990).

(B) O instituto da tutela tem por função regularizar posse de fato já existente em relação a criança ou adolescente.

(C) A guarda é instituto jurídico mais abrangente do que a tutela, pois engloba os deveres inerentes a esta e pressupõe a suspensão ou destituição do poder familiar.

(D) É cabível a colocação de criança ou adolescente em família substituta estrangeira.

(E) Em caso de situação de risco premente, poderá o Conselho Tutelar aplicar em prol de criança ou adolescente a medida de proteção de colocação em família substituta, comunicando o fato ao Ministério Público nas 24 horas subsequentes ao ato.

A: incorreta, pois a adoção também é forma de colocação em família substituta, além da guarda e da tutela (art. 28 do ECA); **B:** incorreta, pois é a guarda que se destina a regularizar a posse de fato e não a tutela (art. 33, § 1º, do ECA); **C:** incorreta, pois a guarda não pressupõe a suspensão ou destituição do poder familiar, como ocorre com a tutela (art. 36, parágrafo único, do ECA); **D:** correta (art. 31 do ECA); **E:** incorreta, pois as entidades que mantenham programa de acolhimento institucional poderão, em caráter excepcional e de urgência, acolher crianças e adolescentes sem prévia determinação da autoridade competente, fazendo comunicação do fato em até 24 (vinte e quatro) horas ao Juiz da Infância e da Juventude, sob pena de responsabilidade (art. 93 do ECA).

Gabarito "D"

(Ministério Público/CE – 2011 – FCC) O consentimento dos pais com a adoção do filho, de acordo com o que dispõe a lei,

(A) é uma das hipóteses de perda do poder familiar decretada por sentença.

(B) é retratável até a data da publicação da sentença constitutiva da adoção.

(C) só terá validade se prestado perante a autoridade judiciária competente ou se formalizado por meio de instrumento público.

(D) só será válido após minuciosa investigação que ateste a relevância de seus motivos.

(E) só terá valor se manifestado após três meses do nascimento da criança.

A alternativa "b" está correta, pois está de acordo com o art. 166, § 5º, do ECA, ficando excluídas as demais.

Gabarito "B"

(Ministério Público/MT – 2012 – UFMT) Segundo o Estatuto da Criança e do Adolescente, o tutor de criança ou adolescente, assim designado por qualquer documento hábil, terá quantos dias para ingressar com pedido judicial nesse sentido?

(A) 05

(B) 60

(C) 15

(D) 45

(E) 30

Art. 37, *caput*, do ECA.

Gabarito "E"

(Ministério Público/AC – 2008) Indique a afirmação correta.

(A) É dever do Estado assegurar à criança e aos adolescente ensino médio, obrigatório e gratuito, inclusive para os que a ele não tiveram acesso na idade própria.

(B) É responsabilidade do Estado garantir atendimento em creche e pré-escola às crianças de zero a oito anos de idade.

(C) A comprovada falta ou a carência de recursos materiais implica em motivo suficiente para a perda ou a suspensão do pátrio poder.

(D) A guarda confere ao seu detentor o direito de opor-se contra terceiros, ainda que sejam os pais biológicos da criança ou do adolescente.

A: incorreta, pois é dever do Estado assegurar à criança e ao adolescente **ensino fundamental**, obrigatório e gratuito, inclusive para os que a ele não tiveram acesso na idade própria (art. 54, I, do ECA); **B:** incorreta, pois é dever do Estado assegurar à criança e ao adolescente atendimento em creche e pré-escola às crianças de **zero a seis anos de idade** (art. 54, IV, do ECA); **C:** incorreta, pois a falta ou a carência de recursos materiais não constitui motivo suficiente para a perda ou a suspensão do poder familiar (art. 23, *caput*, do ECA); **D:** correta (art. 33, *caput*, do ECA).

Gabarito "D"

(Ministério Público/AC – 2008) No que tange ao Direito da Infância e da Juventude, assinale a assertiva correta.

(A) A colocação em família substituta depende da situação jurídica da criança ou do adolescente.

(B) A tutela somente poderá ser deferida se antecedida da perda ou suspensão do pátrio poder.

(C) O adotante há de ser, pelo menos, dezoito anos mais velho do que o adotando.

(D) Se o adotante falecer no curso do procedimento de adoção inviabiliza-se, de modo absoluto, a colocação em família substituta.

A: incorreta, pois a colocação em família substituta far-se-á mediante guarda, tutela ou adoção, independentemente da situação jurídica da criança ou do adolescente (art. 28, *caput*, do ECA); **B:** correta (art. 36, parágrafo único, do ECA); **C:** incorreta, pois o adotante há de ser, pelo menos, dezesseis anos mais velho do que o adotando (art. 42, § 3º, do ECA); **D:** incorreta, pois a adoção poderá ser deferida ao adotante que, após inequívoca manifestação de vontade, vier a falecer no curso do procedimento, antes de prolatada a sentença (art. 42, § 6º, do ECA).

Gabarito "B"

(Ministério Público/AM – 2008 – CESPE) O ECA estabelece que o pátrio poder será exercido em igualdade de condições entre o pai e a mãe. Acerca dessa regra, assinale a opção correta.

(A) O novo Código Civil modificou o nome do instituto, que agora, em vez de pátrio poder, se denomina poder familiar.

(B) Em caso de divergência entre os pais, prevalecerá a vontade do mais velho entre eles.

(C) A falta ou a carência de recursos materiais da família constitui motivo suficiente para a colocação da criança, ou do adolescente, em família substituta.

(D) O processo de suspensão ou perda do pátrio poder é sumário e não depende de contraditório prévio.

(E) Uma vez suspensos os poderes inerentes à paternidade e à maternidade, não haverá sua restituição.

A: correto (art. 1.630 do CC); **B:** incorreto (art. 1.631, parágrafo único, do CC); **C:** incorreto (art. 23, *caput*, do ECA); **D:** incorreto (art. 24 do ECA); **E:** incorreto; não se deve confundir ***perda*** (art. 1.638 do CC) com ***suspensão*** (art. 1.637 do CC) do poder familiar; a suspensão permite a restituição dos poderes; a perda, não.

Gabarito "A"

(Ministério Público/BA – 2010) Analise as seguintes assertivas, segundo o Estatuto da Criança e do Adolescente (Lei 8.069/1990):

I. Incumbe ao poder público proporcionar assistência psicológica à gestante ou à mãe que manifeste interesse em entregar seus filhos para adoção.

II. Os estabelecimentos de atendimento à saúde deverão proporcionar condições para a permanência, em um dos turnos, de um dos pais ou responsável, nos casos de internação de criança ou adolescente.

III. A permanência da criança e do adolescente em programa de acolhimento institucional não se prolongará por mais de 2 (dois) anos, salvo comprovada necessidade que atenda ao seu superior interesse, devidamente fundamentada pela autoridade judiciária, que deverá receber relatórios elaborados por equipe interprofissional ou multidisciplinar da situação do abrigado, no máximo, a cada 6 (seis) meses.

IV. O descumprimento injustificado dos deveres de sustento, guarda e educação dos filhos menores e de determinações judiciais, no interesse destes, pode ser causa de perda do poder familiar, a ser decretada judicialmente, em procedimento contraditório.

V. A colocação em família substituta, nacional ou estrangeira far-se-á mediante guarda, tutela ou adoção, levando-se em conta o grau de parentesco e a relação de afinidade ou de afetividade e, no caso de grupos de irmãos, a manutenção dos vínculos fraternais.

Estão corretas as assertivas:

(A) I, II e III.

(B) II, III e IV.

(C) II, IV e V.

(D) I, III e IV.

(E) II, IV e V.

I: correta, nos termos do art. 8º, § 5º, do ECA; **II:** incorreta, já que esses estabelecimentos têm o dever de proporcionar condições para que um dos pais ou mesmo o responsável possa permanecer em tempo integral com a criança ou adolescente internado (art. 12, do ECA); **III:** assertiva correta, visto que corresponde ao que estabelece o art. 19, §§ 1º e 2º, do ECA; **IV:** correta (art. 24 do ECA); **V:** a colocação em família substituta estrangeira somente é admissível na modalidade de adoção (art. 31, do ECA).

Gabarito "D"

(Ministério Público/ES – 2010 – CESPE) As crianças ou adolescentes inseridos em programa de acolhimento familiar ou institucional

(A) devem, na forma da lei, receber a designação discriminatória apropriada relativamente à filiação.

(B) devem submeter-se mensalmente a acompanhamento psicológico para verificar a existência de condições mínimas de adaptação e integração ao convívio familiar.

(C) são obrigatoriamente encaminhadas para o núcleo de custódia do conselho tutelar do local onde residem.

(D) têm sua situação reavaliada, no máximo, a cada seis meses.

(E) devem permanecer no programa por, no mínimo, dois anos.

A: incorreta (art. 20 do ECA); **B:** incorreta, pois a reavaliação por equipe especializada ocorrerá, no máximo, a cada seis meses (art. 19, § 1º, do ECA); **C:** incorreta, pois não existe tal previsão legal; **D:** correta (art. 19, § 1º, do ECA); **E:** incorreta, pois a criança ou o adolescente permanecerá no programa de acolhimento institucional por prazo <u>não superior a dois anos</u> (art. 19, § 2º, do ECA), salvo comprovada necessidade que atenda ao seu superior interesse.

Gabarito "D"

(Ministério Público/MS – 2011 – FADEMS) Analise as assertivas abaixo. À luz do Estatuto da Criança e do Adolescente:

I. Ao ato infracional praticado por criança, caberá ao Juiz aplicar-lhe as medidas de proteção previstas no art. 101 do Estatuto da Criança e do Adolescente.

II. Em caso de adoção, podem adotar os ascendentes e os irmãos do adotando.

III. Os divorciados podem adotar conjuntamente, contanto que acordem sobre a guarda e o regime de visitas, e desde que demonstrado efetivo benefício ao adotando será assegurada a guarda compartilhada.

IV. A regra do Juízo Imediato, para fins de competência do Juízo da Infância e da Juventude, é fixada pela residência dos pais ou responsáveis, e na ausência destes, a competência é definida pelo local onde se encontra o menor.

V. A adoção depende do consentimento dos pais ou do representante legal do adotando, sendo dispensável o consentimento deste se contar com mais de 12 anos de idade e não tenha atingido a maioridade.

(A) todos os itens estão corretos;

(B) somente os itens II e V estão incorretos;

(C) somente os itens II, III e V estão incorretos;

(D) somente os itens II e V estão corretos;

(E) todos os itens estão incorretos.

I: assertiva correta. Cabem, aqui, alguns esclarecimentos acerca do tema. Além do magistrado, o Conselho Tutelar também está credenciado a aplicar, a crianças e adolescentes em situação de risco ou a crianças que cometeram ato infracional, as medidas de proteção a que alude o art. 101, I a VI, sendo-lhe defeso (Conselho Tutelar), dessa forma, aplicar as medidas de *acolhimento institucional, inclusão em programa de acolhimento familiar* e *colocação em família substituta*. Isso se dá porque, em vista do disposto nos arts. 101, § 2º, e 136, parágrafo único, ambos do ECA, é vedado ao Conselho Tutelar aplicar medida de proteção que implique o afastamento da criança ou do adolescente do convívio familiar, o que somente poderá ser determinado pelo juiz da Infância e da Juventude; **II:** são impedidos de adotar os ascendentes e os irmãos do adotando (art. 42, § 1º, do ECA); **III:** correta, nos termos do art. 42, §§ 4º e 5º, do ECA; **IV:** assertiva correta (art. 147 do ECA); **V:** incorreta (art. 28, § 2º, do ECA).

Gabarito "B"

(Ministério Público/PR – 2011) Assinale a alternativa correta:

(A) Para a colocação em família substituta, sempre que possível a criança e o adolescente serão previamente ouvidos por equipe interprofissional, e o seu consentimento obrigatoriamente colhido em audiência;

(B) A colocação em família substituta estrangeira é medida excepcional, sendo admissível nas modalidades de adoção e tutela, vedada a guarda;

(C) Em se tratando de criança ou adolescente proveniente de comunidade remanescente de quilombo, é obrigatório que a colocação em família substituta ocorra prioritariamente no seio de sua comunidade ou junto a membros da mesma etnia;

(D) A tutela será deferida, nos termos da lei civil, a pessoa de até 21 (vinte e um) anos incompletos, e pressupõe a prévia decretação da perda ou suspensão do poder familiar, implicando necessariamente o dever de guarda.

A: incorreta (art. 28, § 1º, do ECA); **B:** incorreta, pois a colocação em família substituta estrangeira somente é admitida na modalidade *adoção*; **C:** correta (art. 28, § 6º, II, do ECA); **D:** segundo a disciplina estabelecida no art. 36 do ECA, a tutela será deferida àquele que tenha menos de 18 anos.

Gabarito "C"

(Ministério Público/PR – 2009) Analise as seguintes assertivas e após assinale a alternativa correta:

I. O pátrio poder será exercido, em igualdade de condições, pelo pai e pela mãe, na forma do que dispuser a legislação civil, assegurado a qualquer deles o direito de, em caso de discordância, recorrer à autoridade judiciária competente para a solução da divergência;

II. aos pais incumbe o dever de sustento, guarda e educação dos filhos menores;

III. o reconhecimento do estado de filiação é direito personalíssimo, indisponível e imprescritível, podendo ser exercitado apenas contra os pais, sem qualquer restrição, observado o segredo de justiça;

IV. os filhos havidos fora do casamento poderão ser reconhecidos pelos pais, conjunta ou separadamente, no próprio termo de nascimento, por testamento, mediante escritura ou outro documento público, qualquer que seja a origem da filiação;

V. a falta ou a carência de recursos materiais não constitui motivo suficiente para a perda ou a suspensão do pátrio poder.

(A) Todas as assertivas estão corretas;

(B) Todas as assertivas estão incorretas;

(C) Apenas as assertivas I, II, IV e V estão corretas;

(D) Apenas as assertivas I, II, III e IV estão corretas;

(E) Apenas as assertivas I, II e V estão corretas.

I: correta (atenção para a substituição da expressão "pátrio poder" por "poder familiar", pela Lei 12.010/2009 – art. 21 do ECA); **II:** correta (art. 22 do ECA); **III:** incorreta, pois o reconhecimento do estado de filiação pode ser exercitado também contra os herdeiros (art. 27 do ECA); **IV:** correta (art. 26, *caput*, do ECA); **V:** correta (art. 23, *caput*, do ECA).

Gabarito "C"

(Ministério Público/PR – 2009) Analise as seguintes assertivas e após assinale a alternativa correta:

I. a guarda obriga a prestação de assistência material, moral e educacional à criança ou adolescente, conferindo a seu detentor o direito de opor-se a terceiros, exceto aos pais;

II. a guarda destina-se a regularizar a posse de fato, podendo ser deferida, liminar ou incidentalmente, nos procedimentos de tutela e adoção, exceto no de adoção por estrangeiros;

III. a guarda confere à criança ou adolescente a condição de dependente, para todos os fins e efeitos de direito, inclusive previdenciários;

IV. excepcionalmente, deferir-se-á a guarda, fora dos casos de tutela e adoção, para atender a situações peculiares ou suprir a falta eventual dos pais ou responsável, podendo ser deferido o direito de representação para a prática de atos determinados;

V. a guarda poderá ser revogada a qualquer tempo, mediante ato judicial fundamentado, ouvido o Ministério Público.

(A) Todas as assertivas estão corretas;

(B) Apenas as assertivas I, II, III e V estão corretas;

(C) Apenas as assertivas III, IV e V estão corretas;

(D) Apenas as assertivas I e V estão corretas;

(E) Apenas as assertivas II, III, IV e V estão corretas.

I: incorreta, pois a guarda confere ao seu detentor o direito de opor-se a terceiros, inclusive aos pais (art. 33, *caput*, do ECA); **II:** correta (art. 33, § 1º, do ECA); **III:** correta (art. 33, § 3º, do ECA); **IV:** correta (art. 33, § 2º, do ECA); **V:** correta (art. 35 do ECA).

Gabarito "E"

(Ministério Público/PR – 2009) Analise as seguintes assertivas e após assinale a alternativa correta:

I. É vedada a adoção por procuração;

II. se um dos cônjuges ou concubinos adota o filho do outro, mantém-se os vínculos de filiação entre o adotado e o cônjuge ou concubino do adotante e os respectivos parentes;

III. é recíproco o direito sucessório entre o adotado, seus descendentes, o adotante, seus ascendentes, descendentes e colaterais até o 4º grau, observada a ordem de vocação hereditária;

IV. os divorciados e os judicialmente separados poderão adotar conjuntamente, contanto que acordem sobre a guarda e o regime de visitas, e desde que o estágio de convivência tenha sido iniciado na constância da sociedade conjugal;

V. quando o adotando for maior de doze anos, será necessário o seu consentimento para a adoção.

(A) Todas as assertivas estão corretas;

(B) Apenas as assertivas I, III e V estão corretas;

(C) Apenas as assertivas I, III, IV e V estão corretas;

(D) Apenas as assertivas II, III, IV e V estão corretas;

(E) Apenas as assertivas I e II estão corretas.

I: correta (art. 39, § 2º, do ECA); **II:** correta (art. 41, § 1º, do ECA); **III:** correta (art. 41, § 2º, do ECA); **IV:** correta, devendo-se atentar para a alteração da redação do art. 42, § 4º, do ECA, eis que a Lei 12.010/2009 acrescentou mais uma exigência ao caso: que seja comprovada a existência de vínculos de afinidade e afetividade com aquele não detentor da guarda, que justifiquem a excepcionalidade da concessão; **V:** correta (art. 45, § 2º, do ECA).

Gabarito "A"

(Ministério Público/RO – 2010 – CESPE) Com base no disposto no ECA, assinale a opção correta.

(A) Com o advento do novo Código Civil, que prevê que a capacidade plena é adquirida aos dezoito anos de idade, não é mais possível a aplicação do ECA às pessoas entre dezoito e vinte e um anos.

(B) A família ampliada é aquela formada por um dos pais e seus filhos.

(C) A permanência da criança e do adolescente em programa de acolhimento institucional pode ser superior a três anos quando verificada a sua necessidade, desde que haja decisão judicial nesse sentido, sendo desnecessária fundamentação.

(D) Criança ou adolescente não precisa ser ouvido antes de ser colocado em família substituta, sendo desnecessário seu consentimento.

(E) Falta ou carência de recursos materiais não constitui motivo suficiente para a perda ou suspensão do poder familiar.

A: incorreta; apesar de o ECA ter sido concebido para disciplinar a situação de *crianças* e *adolescentes*, ele também incidirá, excepcionalmente, a pessoas com idade entre 18 e 21 anos (incompletos), no que concerne às medidas socioeducativas de *semiliberdade* e de *internação* do adolescente, cujo cumprimento deverá, necessariamente, findar até os 21 anos da pessoa, respeitado o período máximo de 3 anos. *Vide*, a esse respeito, Informativo STF 547. Neste caso, é imprescindível que o ato infracional tenha sido praticado antes de a pessoa tornar-se imputável, é dizer, completar 18 anos (art. 27, do ECA); caso contrário, está-se a falar de responsabilidade penal, em que a resposta estatal consiste em *pena* ou *medida de segurança*. Assim, leva-se em conta a idade do adolescente à data do fato (conduta), ainda que a consumação do ato infracional tenha se operado quando ele já atingiu a maioridade; **B:** incorreta; a comunidade constituída por um dos pais e seus filhos é a família natural. Nesse caso, por ser formada por tão somente um dos pais, é chamada de família monoparental. Família ampliada ou extensa (art. 25, parágrafo único, do ECA): além da unidade constituída por pais e filhos ou o núcleo formado pelo casal, deve-se entender por esta modalidade de família (inserida pela Lei 12.010/2009) aquela que contempla também os parentes próximos que convivem e mantêm vínculos de afinidade e afetividade com a criança ou o adolescente; **C:** incorreta, pois o prazo máximo durante o qual a criança ou adolescente permanecerá no programa de acolhimento institucional corresponde a dois anos, salvo comprovada necessidade que atenda ao seu superior interesse (art. 19, § 2º, do ECA); **D:** assertiva incorreta, nos termos do art. 28, §§ 1º e 2º, do ECA; **E:** proposição correta (art. 23, *caput*, do ECA).

Gabarito "E"

(Ministério Público/SC – 2010)

I. Entende-se por família natural a comunidade entre ambos os pais e seus descendentes e, sejam os pais casados.

II. Os filhos havidos fora do casamento poderão ser reconhecidos pelos pais, sempre conjuntamente, salvo decisão judicial em ação de reconhecimento de paternidade.

III. Guarda, tutela e adoção são formas de colocação em família substituta.

IV. Mesmo com a edição da Lei 12.010/2009, que visou a facilitação da adoção, a colocação em família substituta estrangeira ainda é excepcional e só se procede na modalidade de adoção.

V. Na perda da tutela são utilizadas as regras aplicáveis aos casos de perda do poder familiar.

(A) Apenas as assertivas I, III e IV estão corretas.

(B) Apenas as assertivas I, II e V estão corretas.

(C) Apenas as assertivas I e II estão corretas.

(D) Apenas as assertivas III, IV e V estão corretas.

(E) Apenas as assertivas I, II e III estão corretas.

I: incorreta; na família natural, que é aquela constituída pelos pais ou qualquer deles e seus descendentes, pouco importa o vínculo existente entre os genitores, isto é, ainda que estes sejam divorciados, solteiros ou casados, ainda assim a família será classificada como tal. Constitui, segundo o ECA, o ambiente mais favorável ao desenvolvimento da criança e do adolescente; **II:** assertiva incorreta, pois contraria o disposto no art. 26, *caput,* do ECA; **III:** correta, pois em conformidade com o que estabelece o art. 28, *caput*, do ECA; **IV:** assertiva correta, pois em consonância com o disposto no art. 31 do ECA; **V:** correta, nos termos do art. 38 do ECA.

Gabarito "D"

2.4. DIREITO À EDUCAÇÃO, À CULTURA, AO ESPORTE E AO LAZER

(Ministério Público/ES – 2013 – VUNESP) Assinale a alternativa correta.

(A) Os pais ou responsável têm o direito de ministrar ensino domiciliar em caso de discordância com processo pedagógico ou com as propostas educacionais da escola.

(B) O dever do Estado de oferecer ensino obrigatório e gratuito estende-se apenas de forma progressiva ao ensino médio.

(C) A guarda pode ser deferida a terceiro para atribuição da condição de dependente, para todos os fins de direito, inclusive previdenciários, à criança ou ao adolescente com família natural em que se verifique a falta ou carência de recursos materiais.

(D) A eleição para conselheiro tutelar é organizada pelo Ministério Público, e a data da sua realização é fixada em lei municipal.

(E) Atribui-se ao Estado a guarda de criança ou adolescente submetido a acolhimento institucional em entidade pública de atendimento.

A: incorreta, pois os pais ou responsável têm a obrigação de matricular seus filhos ou pupilos na rede regular de ensino, sendo inadmissível o ensino domiciliar (art. 55 do ECA). Inclusive, a criança e o adolescente têm direito à educação, visando ao pleno desenvolvimento de sua pessoa, preparo para o exercício da cidadania e qualificação para o trabalho, assegurando-se-lhes igualdade de condições para o acesso e permanência na escola (art. 53, I, do ECA); **B:** correta, pois é dever do Estado oferecer ensino obrigatório e gratuito apenas de forma progressiva ao ensino médio, ao passo que o atendimento deverá ser imediato em creche e pré-escola às crianças de zero a cinco anos de idade(art. 54, II e IV, do ECA e art. 208, II e IV, da CF); **C:** incorreta. Muito embora a guarda confira, de fato, à criança ou adolescente a condição de dependente, para todos os fins e efeitos de direito, inclusive previdenciários (art. 33, § 3º, do ECA), não será ela deferida a terceiro pelo simples fato de a família de origem não possuir recursos materiais, caso em que deverá ser obrigatoriamente incluída em programas oficiais de auxílio oferecidos pela rede de proteção (art. 23, *caput* e parágrafo único, do ECA); **D:** incorreta, pois o processo para a escolha dos membros do Conselho Tutelar será estabelecido em lei municipal, realizado sob a responsabilidade do Conselho Municipal dos Direitos da Criança e do Adolescente e com a fiscalização do Ministério Público, sendo que ocorrerá em data unificada em todo o território nacional a cada 4 (quatro) anos, no primeiro domingo do mês de outubro do ano subsequente ao da eleição presidencial (art. 139, *caput* e § 1º, do ECA); **E:** incorreta, pois não se atribui ao Estado a guarda de criança ou adolescente submetido a acolhimento institucional, ainda que seja em entidade pública de atendimento, tendo em vista que o guardião será o dirigente da própria entidade (art. 33, § 3º, do ECA).

Gabarito "B"

(Ministério Público/SP – 2012 – VUNESP) A criança e o adolescente têm direito à educação, visando ao pleno desenvolvimento de sua pessoa, preparo para o exercício da cidadania e qualificação para o trabalho. A educação abrange os processos formativos que se desenvolvem na vida familiar, na convivência humana, no trabalho, nas instituições de ensino e pesquisa, nos movimentos sociais e organizações da sociedade civil e nas manifestações culturais. Em relação à educação especial, considere:

I. É modalidade de educação escolar, oferecida preferencialmente na rede regular de ensino, para educandos portadores de necessidades especiais.

II. Os sistemas de ensino assegurarão aos educandos com necessidades especiais terminalidade específica para aqueles que não puderem atingir o nível exigido para a conclusão do ensino fundamental, em virtude de suas deficiências, e aceleração para concluir em menor tempo o programa escolar para os superdotados.

III. A oferta de educação especial, dever constitucional do Estado, tem início na faixa etária de zero a seis anos, durante a educação infantil.

IV. As famílias poderão optar pelo atendimento da criança e do adolescente com necessidades especiais em classes, escolas ou serviços especializados, diversos das classes comuns de ensino regular.

Está correto o que se afirma em

(A) I, II, III e IV.

(B) I, II e III, apenas.

(C) II, III e IV, apenas.

(D) I e IV, apenas.

(E) II e IV, apenas.

I: correta (art. 4º, III, da Lei 9.394/1996); **II:** correta (art. 59, II, da Lei 9.394/1996); **III:** correta (art. 58, § 3º, da Lei 9.394/1996); **IV:** incorreta, pois o atendimento educacional será feito em classes, escolas ou serviços especializados, sempre que, em função das condições específicas dos alunos, não for possível a sua integração nas classes comuns de ensino regular (art. 58, § 2º, da Lei 9.394/1996).

Gabarito "B"

2.5. DIREITO À PROFISSIONALIZAÇÃO E À PROTEÇÃO NO TRABALHO

(Ministério Público/CE – 2011 – FCC) Conforme estabelece o Estatuto da Criança e do Adolescente, ao adolescente empregado em regime familiar de trabalho é VEDADO trabalhar

(A) no meio urbano externo sem prévia autorização judicial.

(B) com jornada superior a 30 horas semanais.

(C) em atividade cujos aspectos produtivos prevaleçam sobre as exigências pedagógicas.

(D) em jornada que não permita descanso aos domingos.

(E) entre as vinte e duas horas de um dia e as cinco horas do dia seguinte.

A: incorreta, pois o ECA não traz a vedação mencionada na alternativa; **B, C** e **D:** incorretas, pois tais vedações estão previstas no art. 7º, XIII e XV, da CF/88 e não no ECA; **E:** correta (art. 67, I, do ECA).

Gabarito "E"

(Ministério Público/PI – 2008) Sobre o direito à profissionalização e à proteção no trabalho, é correto afirmar que:

(A) **é proibido o trabalho a menores de doze anos de idade, salvo na condição de** aprendiz.

(B) para configurar caráter educativo não pode o adolescente receber remuneração pelo trabalho efetuado.

(C) é possível o trabalho noturno (realizado entre as vinte e duas horas de um dia e as cinco horas do dia seguinte) do adolescente aprendiz, desde que não seja prejudicial a sua formação.

(D) são assegurados ao adolescente aprendiz, maior de quatorze anos, os direitos trabalhistas e previdenciários.

(E) se considera aprendizagem todo tipo de formação, mesmo que desvinculadas das diretrizes da legislação de educação em vigor.

A: incorreta, pois é proibido qualquer trabalho a menores de quatorze anos de idade, salvo na condição de aprendiz (art. 60, do ECA e art. 7º, XXXIII, da CF/88); **B:** incorreta, pois ao adolescente até quatorze anos de idade é assegurada bolsa de aprendizagem e ao adolescente aprendiz, maior de quatorze anos, são assegurados os direitos trabalhistas e previdenciários (arts. 64 e 65 do ECA); **C:** incorreta, pois ao adolescente empregado, aprendiz, em regime familiar de trabalho, aluno de escola técnica, assistido em entidade governamental ou não governamental, é vedado trabalho noturno, realizado entre as vinte e duas horas de um dia e as cinco horas do dia seguinte (art. 67, I, do ECA); **D:** correta (art. 65 do ECA); **E:** incorreta, pois se considera aprendizagem a formação técnico-profissional ministrada segundo as diretrizes e bases da legislação de educação em vigor (art. 62 do ECA).

Gabarito "D"

(Ministério Público/MT – 2012 – UFMT) O trabalho noturno, ao adolescente empregado, é vetado

(A) em qualquer horário.

(B) após as 22 horas.

(C) após as 20 horas.

(D) após as 21 horas.

(E) após as 19 horas.

Art. 67, I, do ECA.

Gabarito "B"

(Ministério Público/ES – 2010 – CESPE) A formação técnico-profissional do adolescente deverá obedecer aos princípios

(A) da garantia de acesso e frequência obrigatória ao ensino regular e da atividade compatível com seu desenvolvimento.

(B) do desempenho e da produtividade.

(C) do desempenho escolar e da compatibilidade funcional.

(D) do mérito e da disciplina.

(E) do construtivismo e da proteção integral.

Art. 63, I e II, do ECA.

Gabarito "A"

3. PREVENÇÃO

(Ministério Público/PI – 2008) Assinale a alternativa **correta.**

(A) É infração administrativa, segundo o ECA, impedir ou embaraçar a ação de autoridade judiciária, membro do Conselho Tutelar ou representante do Ministério Público no exercício de função.

(B) É permitida a hospedagem de adolescente em hotel, independente de estar acompanhado pelos pais ou responsável ou autorizado por esses.

(C) É possível criança viajar para fora da comarca onde reside, sem autorização judicial se estiver acompanhada do avô, comprovado documentalmente o parentesco.

(D) É crime, segundo o ECA, descumprir, dolosa ou culposa, os deveres inerentes ao poder familiar ou decorrente de tutela ou guarda.

(E) Não há vedação legal para que irmãos sirvam no mesmo Conselho Tutelar.

A: incorreta, pois a alternativa traz a hipótese de crime e não de infração administrativa (art. 236 do ECA); **B:** incorreta, pois é proibida a hospedagem de criança ou adolescente em hotel, motel, pensão ou estabelecimento congênere, salvo se autorizado ou acompanhado pelos pais ou responsável (art. 82 do ECA); **C:** correta (art. 83, § 1º, "b", 1), do ECA); **D:** incorreta, pois a alternativa traz a hipótese de infração administrativa e não de crime (art. 249 do ECA); **E:** incorreta, pois irmãos são impedidos de servir no mesmo Conselho Tutelar (art. 140 do ECA).

Gabarito "C"

4. POLÍTICA E ENTIDADES DE ATENDIMENTO

(Ministério Público/SP – 2013 – PGMP) Relativamente às entidades de atendimento a crianças e adolescentes, assinale a alternativa CORRETA.

(A) São responsáveis pela manutenção das próprias unidades, assim como pelo planejamento e execução de programas de proteção e socioeducativos destinados a crianças e adolescentes.

(B) Seus programas em execução deverão ser reavaliados pelo Conselho Municipal dos Direitos da Criança e do Adolescente, no máximo, a cada intervalo de 12 (doze) meses.

(C) As entidades governamentais estão dispensadas de proceder à inscrição de seus programas no Conselho Municipal de Direitos da Criança e do Adolescente.

(D) Constitui um dos critérios para a renovação da autorização de funcionamento de qualquer entidade, dentre os previstos em lei, a aprovação de suas contas pelo Conselho Tutelar, Ministério Público ou pela Justiça da Infância e da Juventude.

(E) O registro junto ao Conselho Municipal dos Direitos da Criança e do Adolescente para as entidades não governamentais que desenvolvam programas de acolhimento institucional ou familiar terá validade máxima de 4 (quatro) anos, e para as que desenvolvam outros programas a validade máxima é de dois anos.

A: correta, pois está de acordo com o disposto no art. 90, *caput*, do ECA; **B:** incorreta, pois os programas em execução serão reavaliados pelo Conselho Municipal dos Direitos da Criança e do Adolescente, no máximo, a cada 2 (dois) anos (art. 90, § 3º, do ECA); **C:** incorreta, pois tanto as entidades governamentais como as não governamentais deverão proceder à inscrição de seus programas, especificando os regimes de atendimento, no Conselho Municipal dos Direitos da Criança e do Adolescente (art. 90, § 1º, do ECA); **D:** incorreta, pois a aprovação das contas não é um dos critérios exigidos para a renovação da autorização de funcionamento da entidade de atendimento (art. 90, § 3º, do ECA); **E:** incorreta, pois a validade do registro da entidade não governamental é de 04 anos, independentemente do programa que desenvolve (art. 91, § 2º, do ECA).

Gabarito "A"

(Ministério Público/SP - 2012 - VUNESP) As entidades de atendimento da criança e do adolescente, governamentais e não governamentais, serão fiscalizadas pelo Judiciário, pelo Ministério Público e pelos Conselhos Tutelares. Nos termos do Estatuto da Criança e do Adolescente (Lei 8.069/1990), são medidas aplicáveis às entidades de atendimento que descumprirem obrigações nele contidas:

I. Às entidades governamentais: advertência, afastamento provisório de seus dirigentes, afastamento definitivo de seus dirigentes e fechamento de unidade ou interdição de programa.

II. Às entidades não governamentais: advertência, suspensão total ou parcial do repasse de verbas públicas, interdição de unidades ou suspensão de programa e cassação do registro.

III. Às entidades governamentais: afastamento provisório de seus dirigentes, afastamento definitivo de seus dirigentes, intervenção administrativa e fechamento de unidade ou interdição de programa.

IV. Às entidades não governamentais: advertência, suspensão total ou parcial do repasse de verbas públicas, interdição de unidades ou suspensão de programa e intervenção administrativa.

Está correto o que se afirma APENAS em

(A) III e IV.

(B) I e IV.

(C) IV.

(D) II e III.

(E) I e II.

I: correta (art. 97, I, do ECA); **II:** correta (art. 97, II, do ECA); **III:** incorreta, pois está em desacordo com o art. 97, I, do ECA; **IV:** incorreta, pois está em desacordo com o art. 97, II, do ECA.

Gabarito "E"

(Ministério Público/RR - 2012 - CESPE) A respeito das entidades, dos programas e da política de atendimento a crianças e adolescentes, assinale a opção correta com base no que dispõe o ECA.

(A) Configura diretriz da política de atendimento a centralização do atendimento, mediante a criação de órgãos públicos federais responsáveis pela regulamentação das ações a serem tomadas nos níveis estaduais e municipais.

(B) Após a inserção da criança ou do adolescente em programa de acolhimento institucional, o dirigente do estabelecimento deve assumir a tutela dos infantes, para todos os efeitos de direito.

(C) É vedado, em qualquer hipótese, às entidades que mantenham programa de acolhimento institucional acolher crianças e adolescentes sem prévia determinação da autoridade competente, sob pena de responsabilidade.

(D) Os recursos públicos necessários à implementação e manutenção dos programas de proteção e socioeducativos destinados a crianças e adolescentes serão liberados pelo gestor municipal, de acordo com os critérios de conveniência e oportunidade.

(E) As entidades de atendimento são responsáveis por sua própria manutenção, assim como pelo planejamento e execução de programas de proteção e socioeducativos destinados a crianças e adolescentes, incluindo-se os que estejam em regime de internação.

A: incorreta, pois uma das diretrizes é a municipalização do atendimento (art.88, I, do ECA); **B:** incorreta, pois o dirigente de entidade que desenvolve programa de acolhimento institucional é equiparado ao guardião, para todos os efeitos de direito (art. 92, § 2º, do ECA); **C:** incorreta, pois as entidades que mantenham programa de acolhimento institucional poderão, em caráter excepcional e de urgência, acolher crianças e adolescentes sem prévia determinação da autoridade competente, fazendo comunicação do fato em até 24 (vinte e quatro) horas ao Juiz da Infância e da Juventude, sob pena de responsabilidade (art. 93 do ECA); **D:** incorreta, pois não há discricionariedade quanto ao repasse dos recursos públicos nas áreas relacionadas com a proteção à infância e à juventude (art. 4º, parágrafo único, "d", do ECA e arts. 3º, VIII; 4º, III e X; 5º, III e VI, da Lei 12.594/2012); **E:** correta (art. 90, VIII, do ECA).

Gabarito "E"

5. MEDIDAS DE PROTEÇÃO

(Ministério Público/SP – 2013 – PGMP) Relativamente às medidas específicas de proteção previstas no Estatuto da Criança e do Adolescente (Lei 8.069, de 13 de julho de 1990), com as alterações legais que a ele foram introduzidas, o princípio da prevalência da família significa:

(A) Na promoção de direitos e na proteção da criança e do adolescente, deve ser dada prevalência às medidas que promovam sua integração em família estruturada do ponto de vista econômico e emocional, ainda que sem vínculo biológico.

(B) Na promoção de direitos e na proteção da criança e do adolescente, deve ser dada prevalência a medidas que promovam sua inserção em programas de acolhimento familiar.

(C) Na promoção de direitos e na proteção da criança e do adolescente, deve ser dada prevalência para medidas que viabilizem a adoção internacional.

(D) Na promoção de direitos e na proteção da criança e do adolescente, deve ser dada prevalência para as medidas que permitam sua inserção em família de situação econômica de padrão superior ao da família de natural.

(E) Na promoção de direitos e na proteção da criança e do adolescente, deve ser dada prevalência para as medidas que os mantenham ou reintegrem na sua família natural ou extensa, ou, se isto não for possível, que promovam a sua integração em família substituta.

A alternativa "E" está correta, pois está de acordo com o disposto no art. 100, parágrafo único, X, do ECA, ficando excluídas as demais.

Gabarito "E"

(Ministério Público/TO – 2012 – CESPE) Considerando que o conselho tutelar de determinado município tenha recebido via telefone denúncia anônima consistente no relato de que três irmãs adolescentes estavam sendo obrigadas pelos pais a se prostituir, à beira de rodovia que passa pelo município, com os caminhoneiros que trafegam por essa estrada, assinale a opção que apresenta a medida a ser tomada pelos conselheiros tutelares nesse caso.

(A) Após constatar *in loco* a veracidade dos fatos denunciados, o conselho tutelar deve determinar o acolhimento institucional das adolescentes e o seu acompanhamento psicológico, além de advertir imediatamente os pais e enviar ao MP e à autoridade judiciária relatório circunstanciado do ocorrido e das providências tomadas.

(B) Cabe ao conselho tutelar, nesse caso, instaurar inquérito civil público para a apuração dos fatos, ouvir os pais e as adolescentes, e, após a conclusão das investigações, remeter os autos ao MP, para a tomada das providências cabíveis.

(C) Os conselheiros tutelares devem enviar ofícios à autoridade judiciária, ao MP e à DP, comunicando o recebimento da denúncia, para que tomem as medidas cabíveis ao caso, e aguardar ordens de atuação.

(D) O conselho tutelar deve propor, no juízo da infância e juventude local, ação de destituição do poder familiar, com pedido liminar de afastamento provisório das adolescentes do lar familiar e encaminhamento para instituição de acolhimento.

(E) Diante da gravidade do fato, os conselheiros devem determinar a apreensão provisória das adolescentes, que devem ser encaminhadas a instituição preparada para receber adolescente em conflito com a lei ou, na sua falta, à delegacia local, onde devem permanecer em cela especial.

A alternativa "A" está correta, ficando excluídas as demais. Em regra, as medidas protetivas de acolhimento institucional e familiar, bem como a colocação em família substituta são de aplicação exclusiva do juiz (art. 101, § 2º, do ECA), sendo que todas as demais podem ser aplicadas pelo Conselho Tutelar (art. 136, I, do ECA), ao qual também cabe atender e aconselhar os pais ou responsável, aplicando as medidas previstas no art. 129, I a VII (art. 136, II, do ECA). Sem prejuízo, em caso urgente e excepcional, o Conselho Tutelar poderá encaminhar a criança ou o adolescente à entidade de atendimento responsável pela execução de programa de acolhimento institucional, comunicando o fato ao juiz no prazo máximo de 24 horas (art. 93 do ECA) e ao Ministério Público, prestando-lhe informações sobre os motivos de tal entendimento e as providências tomadas para a orientação, o apoio e a promoção social da família (art. 136, parágrafo único, do ECA).

Gabarito "A"

(Ministério Público/RR – 2012 – CESPE) A respeito das medidas de proteção a crianças e adolescentes e das medidas pertinentes aos pais ou responsável, assinale a opção correta de acordo com o que dispõe o ECA.

(A) Os acolhimentos institucional e familiar somente podem ser determinados pela autoridade judiciária.

(B) Verificada a hipótese de maus-tratos, opressão ou abuso sexual impostos a criança ou adolescente pelos pais ou responsável, o juízo da infância e da juventude deverá determinar, como medida cautelar, a prisão preventiva dos agressores.

(C) Em situações excepcionais e gravíssimas, devidamente fundamentadas, a autoridade judiciária pode determinar a internação compulsória dos pais em clínica para tratamento de alcoólatras e toxicômanos.

(D) As medidas de proteção podem ser aplicadas isolada ou cumulativamente, bem como substituídas a qualquer tempo.

(E) O acolhimento institucional e o acolhimento familiar, em razão de acarretarem privação de liberdade, devem ser medidas provisórias e excepcionais.

A: incorreta, pois as medidas protetivas de acolhimento institucional e familiar, bem como a colocação em família substituta são de aplicação exclusiva do juiz (art. 101, § 2º, do ECA), sendo que todas as demais podem ser aplicadas pelo Conselho Tutelar (art. 136, I, do ECA). Sem prejuízo, em caso urgente e excepcional, o Conselho Tutelar poderá encaminhar a criança ou o adolescente à entidade de atendimento responsável pela execução de programa de acolhimento institucional, comunicando o fato ao juiz no prazo máximo de 24 horas (art. 93, do ECA); **B:** incorreta, pois caso seja verificada a hipótese de maus-tratos, opressão ou abuso sexual impostos pelos pais ou responsável, a autoridade judiciária poderá determinar, como medida cautelar, o afastamento do agressor da moradia comum (art. 130, do ECA); **C:** incorreta, pois a hipótese contida na alternativa não traz uma das medidas que podem ser impostas aos pais ou responsáveis (art. 129, do ECA); **D:** correta (art. 99, do ECA); **E:** incorreta, pois o acolhimento institucional e familiar não acarretam a privação da liberdade (art. 101, § 1º, do ECA).

Gabarito "D"

(Ministério Público/PI – 2008) Entre as medidas de proteção previstas no Estatuto da Criança e do Adolescente, no caso de ameaça ou violação de direitos reconhecidos na citada lei, é de aplicação exclusiva do juiz:

(A) o abrigo em entidade.

(B) a matrícula e frequência obrigatórias em estabelecimento oficial de ensino fundamental.

(C) a inclusão em programa oficial ou comunitário de auxílio, orientação e tratamento a alcoólatras em família substituta.

(D) a colocação em família substituta.

(E) o encaminhamento aos pais ou responsável, mediante termo de responsabilidade.

A alternativa "D" está correta, ficando excluídas as demais. De fato, as medidas protetivas de acolhimento institucional e familiar, bem como a colocação em família substituta são de aplicação exclusiva do juiz (art. 101, § 2º, do ECA), sendo que todas as demais também podem ser aplicadas pelo Conselho Tutelar (art. 136, I, do ECA).

Gabarito "D"

(Ministério Público/CE – 2011 – FCC) O plano individual de atendimento da criança e do adolescente em medida de acolhimento institucional, segundo disciplina o Estatuto da Criança e do Adolescente, deve ser elaborado

(A) antes da expedição da guia de acolhimento, na qual deve constar, desde logo, os compromissos assumidos pelos pais ou responsáveis.

(B) e remetido ao juiz no prazo de até seis meses contados do início do acolhimento institucional.

(C) pelos profissionais que compõem a equipe interprofissional de assessoria ao juiz da infância e juventude.

(D) pelas partes e definido pela autoridade judiciária na decisão, provisória ou definitiva, que decreta o afastamento da criança ou do adolescente do convívio familiar.

(E) imediatamente após o acolhimento da criança e do adolescente.

A e **B:** incorretas, pois o plano individual de atendimento deve ser elaborado imediatamente após o acolhimento da criança ou do adolescente (art. 101, § 4º, do ECA); **C** e **D:** incorretas, pois o plano individual de atendimento deve ser elaborado pela entidade responsável pelo programa de acolhimento institucional ou familiar (art. 101, § 4º, do ECA); **E:** correta (art. 101, § 4º, do ECA).

Gabarito "E"

(Ministério Público/MA – 2009) Aponte a alternativa que indica apenas medidas que podem ser aplicadas à criança autora de ato infracional.

(A) Advertência; obrigação de reparar o dano; prestação de serviços à comunidade; liberdade assistida; inserção em regime de semiliberdade; internação em estabelecimento educacional.

(B) Entrega aos pais mediante termo de responsabilidade; orientação, apoio e acompanhamento temporários; matrícula e frequência obrigatórias em estabelecimento oficial de ensino fundamental; liberdade assistida.

(C) Matrícula e frequência obrigatórias em estabelecimento oficial de ensino fundamental; advertência e prestação de serviços à comunidade.

(D) Obrigação de reparar o dano, apoio e acompanhamento temporários; prestação de serviços à comunidade; advertência.

(E) Matrícula e frequência obrigatórias em estabelecimento oficial de ensino fundamental; inclusão em programa oficial ou comunitário de auxílio, orientação e tratamento a alcoólatras e toxicômanos; abrigo em entidade; colocação em família substituta.

Art. 101, III, IV, VI, VII e IX, do ECA, com as alterações incluídas pela Lei 12.010/2009.

Gabarito "E"

(Ministério Público/MA – 2009) Indique a alternativa em que estão elencadas somente medidas que podem ser aplicadas aos pais e responsáveis, previstas no Estatuto da Criança e do Adolescente.

(A) Encaminhamento a programa oficial ou comunitário de proteção à família; inclusão em programa oficial ou comunitário de auxílio, orientação e tratamento a alcoólatras e toxicômanos; encaminhamento a tratamento psicológico ou psiquiátrico; prestação de serviços à comunidade.

(B) Encaminhamento a cursos ou programas de orientação; liberdade assistida; obrigação de matricular o filho ou pupilo e acompanhar sua frequência e aproveitamento escolar; obrigação de encaminhar a criança ou adolescente a tratamento especializado.

(C) Obrigação de matricular o filho ou pupilo e acompanhar sua frequência e aproveitamento escolar; prestação de serviços à comunidade; obrigação de encaminhar a criança ou adolescente a tratamento especializado.

(D) Advertência; perda da guarda; destituição da tutela; suspensão ou destituição do pátrio poder.

(E) Inclusão em programa oficial ou comunitário de auxílio, orientação e tratamento a alcoólatras e toxicômanos; advertência; prestação de serviços à comunidade; perda da guarda; destituição da tutela; suspensão ou destituição do pátrio poder.

Art. 129, VII, VIII, IX, X, do ECA, com as alterações da Lei 12.010/2009 no que se refere à substituição da expressão "pátrio poder" por "poder familiar".

Gabarito "D"

6. MEDIDAS SOCIOEDUCATIVAS E ATO INFRACIONAL – DIREITO MATERIAL

(Ministério Público/DF – 2013) Examine os itens seguintes, assinalando a alternativa **CORRETA**:

(A) A imposição de internação definitiva pressupõe a cumulação dos requisitos legais da prática de infração com violência ou grave ameaça contra pessoa e da reiteração infracional grave.

(B) Extingue-se a medida socioeducativa imposta ao adolescente quando, já adulto, é condenado à pena privativa de liberdade a ser cumprida em regime fechado ou semiaberto.

(C) A liberdade assistida somente poderá ser estabelecida como medida socioeducativa quando ao menos um dos genitores do adolescente evidenciar capacidade para acompanhá-lo, auxiliá-lo e orientá-lo.

(D) A internação definitiva de adolescente é incompatível, durante o prazo de duração, com a realização de atividades externas.

(E) A imposição de qualquer medida socioeducativa pressupõe a existência de provas suficientes de materialidade e de autoria da infração.

A: incorreta, pois não se exige a cumulação dos requisitos legais para a imposição da medida de internação. Importante salientar que o Estatuto da Criança e do Adolescente prevê três modalidades de internação: 1) provisória, que é aquela decretada pelo juiz, no curso do processo de conhecimento, antes da sentença, com prazo limitado de 45 dias quando, pela gravidade do ato infracional e sua repercussão social, deva o adolescente permanecer sob internação para garantia de sua segurança pessoal ou manutenção da ordem pública (artigos 108, *caput*, 174 e 183, todos do ECA); 2) com prazo indeterminado, que é aquela decretada pelo juiz quando da prolação da sentença, com prazo máximo de 3 anos, quando se tratar de ato infracional cometido mediante grave ameaça ou violência à pessoa ou em razão da reiteração no cometimento de outras infrações graves (art. 122, I e II, do ECA); 3) com prazo determinado ou internação-sanção, que é aquela aplicada no curso do processo de execução, em razão do descumprimento reiterado e injustificável da medida anteriormente imposta, a qual não poderá ultrapassar o prazo de 3 meses (art. 122, III e § 1º, do ECA); **B:** correta, pois segundo o artigo 46, III, da Lei 12.594/2012, haverá a extinção da medida socioeducativa imposta ao adolescente quando, após atingir a maioridade, for condenado à pena privativa de liberdade a ser cumprida em regime fechado ou semiaberto. Isso porque, eventuais medidas socioeducativas que poderiam ser aplicadas ao jovem não teriam mais a eficácia pretendida, em razão da perda da finalidade ressocializadora, ante a prática de novo crime; **C:** incorreta, pois a liberdade assistida será adotada sempre que se afigurar a medida mais adequada ao adolescente, que deverá ser acompanhado, auxiliado e orientado por pessoa capacitada e que tenha sido designada pela autoridade, podendo ser recomendada por entidade ou programa de atendimento (art. 118, *caput* e § 1º, do ECA); **D:** incorreta, pois será permitida a realização de atividades externas, a critério da equipe técnica da entidade, salvo expressa determinação judicial em contrário (art. 121, § 1º, do ECA); **E:** incorreta, pois para a imposição das medidas de obrigação de reparação do dano, de prestação de serviços à comunidade, de liberdade assistida, de inserção em regime de semiliberdade e de internação em estabelecimento educacional,exige-se a existência de provas suficiente da autoria e da materialidade da infração. Todavia, para a aplicação da medida de advertência, basta haver indício suficiente da autoria, além de prova da materialidade (art. 114, *caput* e parágrafo único, do ECA).

Gabarito "B"

(Ministério Público/DF – 2013) Na Justiça da Infância e da Juventude NÃO SE APLICA o seguinte enunciado:

(A) Se o adolescente estiver internado provisoriamente, o prazo máximo para a conclusão do procedimento para apuração de ato infracional é de quarenta e cinco dias, em caráter improrrogável.

(B) O adolescente privado de sua liberdade tem direito a advogado, a ser ouvido pessoalmente pela autoridade competente, a solicitar a presença de seus pais ou responsável durante o procedimento e à igualdade na relação processual.

(C) Dados os efeitos deletérios e a excepcionalidade da medida socioeducativa da internação, a lei condiciona sua decretação à prática de três atos infracionais graves.

(D) A regressão de medida socioeducativa está sujeita às garantias constitucionais da ampla defesa e do contraditório, configurando constrangimento ilegal a sua imposição sem a oitiva prévia do adolescente infrator.

(E) A remissão, antes de iniciado o procedimento judicial para apuração de ato infracional, pode ser concedida pelo representante do Ministério Público, como forma de exclusão do processo.

A: assertiva correta, pois a alternativa está de acordo com o disposto nos artigos 108 e 183, ambos do ECA; **B:** assertiva correta, pois a alternativa está de acordo com o disposto no art. 111, incisos III, V e VI, do ECA; **C:** incorreta, devendo ser assinalada. O Estatuto da Criança e do Adolescente prevê três modalidades de internação, que está sujeita aos princípios da brevidade, excepcionalidade e respeito à condição peculiar de pessoa em desenvolvimento: 1) provisória, que é aquela decretada pelo juiz, no curso do processo de conhecimento, antes da sentença, com prazo limitado de 45 dias (art. 108 do ECA); 2) com prazo indeterminado, que é aquela decretada pelo juiz quando da prolação da sentença, com prazo máximo de 3 anos, quando se tratar de ato infracional cometido mediante grave ameaça ou violência à pessoa ou em razão da reiteração no cometimento de outras infrações graves (art. 122, I e II, do ECA). Cumpre ressaltar que para o STJ, *são necessárias, no mínimo, duas outras sentenças desfavoráveis, com trânsito em julgado, desconsideradas as remissões* (STJ – HC: 280550 SP 2013/0356735-7, Relator: Ministra Marilza Maynard, j. 11.03.2014, Sexta Turma, *DJ* 31.03.2014); 3) com prazo determinado ou internação-sanção, que é aquela aplicada no curso do processo de execução, em razão do descumprimento reiterado e injustificável da medida anteriormente imposta, a qual não poderá ultrapassar o prazo de 3 meses (art. 122, III e § 1º, do ECA); **D:** assertiva correta, pois, de fato, a regressão da medida socioeducativa deve observar o devido processo legal, mediante decisão fundamentada em parecer técnico e precedida de prévia audiência e oitiva do menor (art. 43, *caput* e § 4º, da Lei 12.594/2012 e Súmula 265, STJ); E: correta, pois antes de iniciado o procedimento judicial para apuração de ato infracional, o representante do Ministério Público poderá conceder a remissão, como forma de exclusão do processo (art. 126, *caput*, do ECA). Por sua vez, iniciado o procedimento, a concessão da remissão pela autoridade judiciária importará na suspensão ou extinção do processo (art. 126, parágrafo único, do ECA).

Gabarito "C"

(Ministério Público/ES – 2013 – VUNESP) Assinale a alternativa correta quanto às medidas socioeducativas.

(A) Na falta de vagas em entidade exclusiva para adolescentes, a medida de internação poderá ser cumprida integralmente em estabelecimento prisional, desde que em área separada dos presos maiores de idade.

(B) A aplicação da medida socioeducativa de advertência dispensa a existência de provas suficientes da autoria do ato infracional.

(C) A maioridade penal afasta a possibilidade de manutenção da medida socioeducativa anteriormente imposta, quando esta for cumprida no regime de semiliberdade.

(D) De acordo com o princípio do melhor interesse da criança, o juiz está adstrito ao parecer psicossocial emitido pela equipe técnica, quando favorável à liberdade assistida ao adolescente submetido a medida de internação.

(E) Pelo critério da gravidade da infração, a prática isolada de um único ato infracional análogo ao tráfico ilícito de entorpecentes requer a imposição de medida socioeducativa de internação do adolescente.

A: incorreta, pois a internação jamais poderá ser cumprida em estabelecimento prisional. No caso de não haver entidade exclusiva para adolescente, em local distinto daquele destinado ao abrigo, obedecida rigorosa separação por critérios de idade, compleição física e gravidade da infração, o jovem deverá ser imediatamente transferido para a localidade mais próxima. Em não sendo possível pronta transferência, o adolescente aguardará sua remoção em repartição policial, desde que em seção isolada dos adultos e com instalações apropriadas, não podendo ultrapassar o prazo máximo de cinco dias, sob pena de responsabilidade (art. 123, *caput* e art. 185, *caput* e §§ 1º e 2º, do ECA); **B:** correta, pois para a aplicação da medida socioeducativa de advertência, necessária a prova da materialidade, bastando haver indícios suficientes da autoria (artigo 114, parágrafo único, do ECA); **C:** incorreta, pois o Estatuto da Criança e do Adolescente não se aplica aos maiores de dezoito anos, salvo em casos excepcionais (art. 2º, parágrafo único, do ECA). Dentre as exceções previstas no estatuto temos a execução das medidas socioeducativas de semiliberdade e de internação do jovem com até vinte e um anos de idade, nos termos dos artigos 120, § 2º e 121, § 5º, ambos do ECA; **D:** incorreta. O juiz aplicará a medida socioeducativa ao adolescente de acordo com a sua capacidade de cumpri-la, bem como em razão das circunstâncias e da gravidade da infração (art. 112, § 1º, do ECA). Por sua vez, aplicadas as medidas socioeducativas de liberdade assistida, de semiliberdade e de internação, estas deverão ser reavaliadas no máximo a cada 6 (seis) meses, por meio de relatório da equipe técnica do programa de atendimento sobre a evolução do plano individual elaborado ao jovem, sendo que o pedido de reavaliação se justifica quando se verificar o desempenho adequado do adolescente com base no seu plano de atendimento individual, antes do prazo da reavaliação obrigatória; pela inadaptação do adolescente ao programa e o reiterado descumprimento das atividades do plano individual; e pela necessidade de modificação das atividades do plano individual que importem em maior restrição da liberdade do adolescente (art. 42 e 43, da Lei 12.594/2012). Portanto, o parecer emitido pela equipe técnica é um dos elementos de convicção para que o juiz possa reavaliar a medida socioeducativa aplicada ao jovem, podendo mantê-la, substituí-la (regressão ou progressão) ou suspendê-la, de acordo com as necessidades pedagógicas do caso. Todavia, oportuno registrar que, para a regressão da medida socioeducativa aplicada, ou seja, para a substituição por medida mais gravosa, deve-se observar o devido processo legal, mediante decisão fundamentada em parecer técnico e precedida de prévia audiência e oitiva do menor (art. 43, *caput* e § 4º, da Lei 12.594 e Súmula 265, STJ); **E:** incorreta. Nos termos do art. 122 do ECA, a medida de internação só poderá ser aplicada quando: I – tratar-se de ato infracional cometido mediante grave ameaça ou violência a pessoa; II – por reiteração no cometimento de outras infrações graves; III – por descumprimento reiterado e injustificável da medida anteriormente imposta. Assim, inicialmente, conclui-se pela inaplicabilidade da medida socioeducativa de internação ao adolescente que praticar o ato infracional equiparado ao crime de tráfico de drogas, já que não basta a infração ser grave. Neste sentido é o entendimento jurisprudencial noticiado no Informativo n. 445 do STJ: "ECA – Tráfico – Internação. O ato infracional análogo ao tráfico de drogas, apesar de sua natureza eminentemente hedionda, não enseja, por si só, a aplicação da medida socioeducativa de internação, já que essa conduta não revela violência ou grave ameaça à pessoa (art. 122, do ECA) (...)". Todavia, pode o magistrado determinar a internação, em razão da prática do ato infracional equiparado ao crime de tráfico, diante de sua reiteração. Para o STJ, *são necessárias, no mínimo, duas outras sentenças desfavoráveis, com trânsito em julgado, desconsideradas as remissões.* (STJ – HC: 280550 SP 2013/0356735-7, Relator: Ministra Marilza Maynard, j. 11.03.2014, Sexta Turma, *DJ* 31.03.2014).

Gabarito "B"

(Ministério Público/GO – 2013) Com relação à Lei 12.594, de 18 de janeiro de 2012, que instituiu o Sistema Nacional de Atendimento Socioeducativo--SINASE, é incorreto afirmar:

(A) referida lei regulamenta a execução das medidas destinadas a adolescente que pratique ato infracional.

(B) o SINASE será coordenado pelos Estados-membros e integrado pelos sistemas municipais responsáveis pela implementação dos seus respectivos programas de atendimento a adolescente ao qual seja aplicada medida socioeducativa.

(C) é assegurado ao adolescente casado ou que viva, comprovadamente, em união estável o direito à visita íntima.

(D) as entidades que ofereçam programas de atendimento socioeducativo em meio aberto e de semiliberdade deverão prestar orientações aos socioeducandos sobre o acesso aos serviços e ás unidades do SUS.

A: assertiva correta, pois, de fato, a Lei 12.594/2012, que institui o Sistema Nacional de Atendimento Socioeducativo (Sinase), regulamenta a execução das medidas socioeducativas destinadas a adolescente que pratique ato infracional, bem como altera alguns artigos do Estatuto da Criança e do Adolescente; **B:** assertiva incorreta, devendo ser assinalada, pois o Sinase será coordenado pela União e integrado pelos sistemas estaduais, distrital e municipais responsáveis pela implementação dos seus respectivos programas de atendimento a adolescente ao qual seja aplicada medida socioeducativa (art. 2º da Lei 12.594/2012); **C:** assertiva correta, pois a alternativa está de acordo com o disposto no artigo 68, caput, da Lei 12.594/2012; **D:** assertiva correta, pois a alternativa está de acordo com o disposto no artigo 61, caput, da Lei 12.594/2012.

Gabarito "B"

(Ministério Público/MS – 2013 – FADEMS) Acerca do Estatuto da Criança e do Adolescente, considere as seguintes preposições:

I. Necessariamente a remissão implica no reconhecimento ou comprovação da responsabilidade do ato infracional, mas não prevalece para efeitos de antecedentes.

II. Mesmo alcançando o adolescente dezoito anos de idade depois da prática de ato infracional, é possível a sua inserção em qualquer das medidas socioeducativas previstas na lei.

III. O prazo máximo e improrrogável para a conclusão do procedimento de representação, remissão ou arquivamento, estando o adolescente internado provisoriamente, será de quarenta e cinco dias.

IV. O abrigo é medida provisória e excepcional, sendo manejado como forma de transição para a colocação em regime fechado, não implicando privação de liberdade.

São **corretas:**

(A) Somente as assertivas I, II e IV.

(B) Somente as assertivas I e III.

(C) Somente as assertivas II e III.

(D) Somente as assertivas I e IV.

(E) Somente as assertivas I, III e IV.

I: incorreta, pois a remissão não implica necessariamente o reconhecimento ou comprovação da responsabilidade do ato infracional e de fato não prevalece para efeito de antecedentes (art. 127, do ECA); **II:** correta, pois, mesmo atingindo a maioridade, o agente responderá por ato infracional, desde que tenha praticado a conduta quando ainda era inimputável, conclusão que se extrai da adoção da teoria da atividade para o tempo da prática, considerando-se a idade do indivíduo no momento da ação ou da omissão. "*É certo que o procedimento de apuração se prolonga no tempo, e pode ocorrer de o agente completar os 18 nãos e o procedimento de apuração do ato infracional ainda não ter chegado ao fim. Nesse caso ele ficará aguardando a decisão judicial*" (ROSSATO; LÉPORE; SANCHES, **Estatuto da Criança e do Adolescente Comentado**, Ed. RT); **III:** correta, pois o prazo máximo para o procedimento, quando o adolescente está internado provisoriamente, é de fato 45 dias (art. 108 e art. 183, ambos do ECA); **IV:** incorreta, pois o acolhimento institucional e o acolhimento familiar são medidas provisórias e excepcionais, utilizáveis como forma de transição para reintegração familiar ou, não sendo esta possível, para colocação em família substituta, não implicando privação de liberdade (art. 101, § 1º, do ECA).

Gabarito "C".

(Ministério Público/SP – 2013 – PGMP) Relativamente à internação, medida socioeducativa prevista no Estatuto da Criança e do Adolescente, é CORRETO afirmar:

(A) O prazo deve ser expressamente determinado pela autoridade judiciária quando de sua imposição, mas poderá ser prorrogado a cada seis meses, dependendo do comportamento do autor do ato infracional.

(B) Em nenhuma hipótese o período máximo de internação excederá a três anos.

(C) Atingida a idade de vinte um anos, deverá ser reavaliada, sendo possível a colocação do adolescente em regime de semiliberdade como forma de transição para o meio aberto.

(D) Poderá ser determinada provisoriamente, antes da sentença, por prazo máximo de três meses.

(E) Poderá ultrapassar o prazo de três meses apenas quando for imposta em razão do descumprimento reiterado e injustificável de outra medida anteriormente aplicada.

A: incorreta, pois a medida socioeducativa de internação é imposta ao adolescente por prazo indeterminado, devendo sua manutenção ser reavaliada, mediante decisão fundamentada, no máximo a cada seis meses (art. 121, § 2º, do ECA); **B:** correta, pois a alternativa está de acordo com o disposto no art. 121, § 3º, do ECA; **C:** incorreta, pois a liberação do adolescente internado será compulsória aos vinte e um anos de idade (art. 121, § 5º, do ECA); **D:** incorreta, pois a internação, antes da sentença, pode ser determinada pelo prazo máximo de quarenta e cinco dias (arts. 108 e 183 do ECA); **E:** incorreta, pois a internação decorrente do descumprimento reiterado e injustificável de outra medida anteriormente aplicada não poderá ser superior a 3 (três) meses (art. 122, § 1º, do ECA, cuja redação foi alterada pela Lei 12.594/2012).

Gabarito "B".

(Ministério Público/PR – 2013 – X) Sobre a Lei nº 12.594/2012, examine as afirmações que seguem:

I. A Lei nº 12.594/2012 adota, dentre outros, o princípio da excepcionalidade da intervenção judicial e da imposição de medidas, favorecendo meios de autocomposição de conflitos;

II. A gravidade do ato infracional, os antecedentes e o tempo de duração da medida não são fatores que, por si, justifiquem a não substituição da medida de internação originalmente aplicada por outra menos grave;

III. É vedado ao juiz determinar reinício de cumprimento de medida de internação já declarada extinta, ante a comprovação da prática de ato infracional diverso, ainda que de natureza grave, caso ocorrida antes do início de sua execução;

IV. Em razão da unificação de medidas, um adolescente sentenciado a 04 (quatro) meses de prestação de serviços à comunidade em cada um dos 03 (três) procedimentos que respondia, efetivamente cumprirá, quando de sua execução, no máximo, 06 (seis) meses de medida;

V. Aqueles que, mesmo não sendo agentes públicos, induzirem ou concorrerem, de qualquer forma, direta ou indireta, para o não cumprimento da Lei nº 12.594/2012, estarão sujeitos, no que couber, às penalidades da Lei nº 8.429/1992.

Assinale a alternativa ***correta***:

(A) Apenas as assertivas I e V estão corretas;

(B) As assertivas II, IV e V estão incorretas;

(C) As assertivas I, III e IV estão incorretas;

(D) As assertivas III e IV estão incorretas;

(E) Todas as assertivas estão corretas.

I: correta, pois a alternativa está de acordo com o art. 35 da Lei nº 12.594/2012, o qual elenca os princípios que regem a execução das medidas socioeducativas; **II:** correta (art. 42, § 2º, da Lei nº 12.594/2012); **III:** correta (art. 45, § 1º, da Lei nº 12.594/2012); **IV:** correta (art. 45, *caput*, da Lei nº 12.594/2012); **V:** correta (art. 29 da Lei nº 12.594/2012).

Gabarito "E".

(Ministério Público/PR – 2013 – X) Sobre as medidas socioeducativas, assinale a alternativa ***correta***:

(A) De modo a evitar que o adolescente receba um tratamento mais rigoroso do que receberia se adulto fosse, sua aplicação deve obedecer aos parâmetros estabelecidos pela Lei Penal para dosimetria da pena a imputáveis;

(B) São consequência natural e obrigatória da comprovação da prática de ato infracional por adolescentes;

(C) Sua imposição a crianças autoras de ato infracional jamais deve importar na privação de liberdade, que somente é admissível quando da prática de atos de natureza grave por adolescentes;

(D) Podem ser revistas e substituídas a qualquer tempo, mesmo após o trânsito em julgado da sentença que as aplicou;

(E) Sua execução pelo Conselho Tutelar pressupõe a existência de programa específico, devidamente registrado no CMDCA local.

A: incorreta, pois segundo o princípio da legalidade, não pode o adolescente receber tratamento mais gravoso do que o conferido ao adulto (art. 35, I, da Lei nº 12.594/2012), levando-se em consideração o sistema de garantia dos direitos humanos de crianças e adolescentes, o qual se funda na defesa dos direitos e na promoção de políticas públicas, voltadas a programas de proteção e de atendimento, considerando a intersetorialidade e corresponsabilidade da família, da comunidade e do Estado; **B:** incorreta, pois é possível a aplicação de remissão, cumulada com medida socioeducativa, a qual não implica necessariamente o reconhecimento ou comprovação da responsabilidade, nem prevalece para efeito de antecedentes, sendo que a medida atenderá às circunstâncias e consequências do fato, ao contexto social, bem como à personalidade do adolescente e sua maior ou menor participação no ato infracional (art. 127 do ECA); **C:** incorreta, pois não será imposta nenhuma das medidas socioeducativas à criança que praticar ato infracional, devendo ser aplicadas ao caso medidas específicas de proteção, previstas no art. 101 do ECA; **D:** correta (art. 43, *caput*, da Lei nº 12.594/2012); **E:** incorreta, pois a execução de programas de proteção e socioeducativos destinados a crianças e adolescentes cabe às entidades de atendimento devidamente registradas no Conselho Municipal dos Direitos da Criança e do Adolescente – CMDCA, local (art. 90, *caput* e § 1º, do ECA).

Gabarito "D"

(Ministério Público/SC – 2012) Quanto aos atos infracionais, tem-se que:

I. São penalmente inimputáveis os menores de dezoito anos, só cabendo a aplicação de medidas protetivas para os adolescentes que pratiquem conduta descrita como crime ou contravenção penal.

II. A internação, antes da sentença, pode ser determinada pelo prazo máximo de quarenta e cinco dias.

III. Apenas o membro do Ministério Público pode conceder remissão, em qualquer das fases processuais.

IV. A medida de internação poderá ser aplicada, entre outras hipóteses, quando se tratar de ato infracional cometido mediante grave ameaça ou violência à pessoa.

V. O período máximo de internação é de três anos, devendo, porém, haver liberação compulsória, assim que o internado atingir a maioridade penal.

(A) Apenas as assertivas I e V estão corretas.

(B) Apenas as assertivas II, III e IV estão corretas.

(C) Apenas as assertivas II, IV e V estão corretas.

(D) Apenas as assertivas II e IV estão corretas.

(E) Todas as assertivas estão corretas.

I: incorreta, pois aos adolescentes que praticarem ato infracional serão aplicadas medidas socioeducativas, cumuladas ou não com medidas protetivas (art. 104 do ECA). Por sua vez, quando o ato infracional for praticado por criança, somente caberá a aplicação de medida protetiva (art. 105 do ECA); **II:** correta (art. 108 do ECA); **III:** incorreta, pois iniciado o procedimento, a concessão da remissão será realizada pela autoridade judiciária, que importará na suspensão ou extinção do processo (art. 126, parágrafo único, do ECA); **IV:** correta (art. 122, I, do ECA); **V:** incorreta, pois a liberação será compulsória aos vinte e um anos de idade (art. 2º, parágrafo único e art. 121, § 5º, do ECA).

Gabarito "D"

(Ministério Público/RS – 2009) Em relação ao instituto da remissão, de acordo com as disposições do Estatuto da Criança e do Adolescente, considere as seguintes afirmações:

I. A remissão doutrinariamente denominada pré-processual atua como causa de exclusão do procedimento judicial para apuração judicial do ato infracional, sendo concedida pelo Ministério Público em manifestação fundamentada, devendo ser homologada pela autoridade judiciária, que, não concordando, deve remeter os autos ao Procurador-Geral de Justiça.

II. A remissão pode eventualmente incluir a aplicação de qualquer das medidas socioeducativas previstas no Estatuto.

III. A remissão não implica necessariamente o reconhecimento ou a comprovação da responsabilidade, nem prevalece para efeito de antecedentes.

IV. Instaurado o procedimento judicial, a remissão pode ser concedida pela autoridade judiciária para suspender ou extinguir o processo, ouvido o Ministério Público.

Quais estão corretas?

(A) Apenas II, III e IV.

(B) Apenas I, III e IV.

(C) Apenas III e IV.

(D) Apenas II e III.

(E) Todas estão corretas.

I: correta (art. 126 e art. 181, *caput* e parágrafos, do ECA); **II:** incorreta, pois a remissão pode incluir a aplicação de medidas socioeducativas, exceto as medidas de internação e semiliberdade (art. 127 do ECA); **III:** correta (art. 127 do ECA); **IV:** correta (art. 126, parágrafo único e art. 148, II, do ECA).

Gabarito "B"

(Ministério Público/GO – 2010) Analise as seguintes proposições à luz da jurisprudência do STJ e assinale a alternativa correta:

I. No procedimento para aplicação de medida socioeducativa, é nula a desistência de outras provas em face da confissão do adolescente.

II. A aplicação de medidas socioeducativas ao adolescente, pela prática de ato infracional, é da competência exclusiva do Juiz.

III. É necessária a oitiva do adolescente infrator antes de decretar-se a regressão da medida socioeducativa.

IV. A prescrição penal é aplicável às medidas socioeducativas.

(A) Todas estão corretas.

(B) Apenas uma está correta.

(C) Apenas três estão corretas.

(D) Apenas duas estão correta.

I: correta (súmula 342, do STJ); **II:** correta (súmula 108, do STJ); **III:** correta (súmula 265, do STJ); **IV:** correta (súmula 338, do STJ).

Gabarito "A"

(Ministério Público/SP – 2012 – VUNESP) A medida socioeducativa de internação só poderá ser aplicada quando se tratar de ato infracional cometido por

(A) adolescente, mediante grave ameaça ou violência à pessoa ou equiparável a crime hediondo.

(B) criança ou adolescente, mediante grave ameaça ou violência à pessoa, por reiteração no cometimento de outras infrações graves e por descumprimento reiterado e injustificável da medida anteriormente imposta.

(C) criança ou adolescente, mediante grave ameaça ou violência à pessoa ou equiparável a crime hediondo.

(D) adolescente, mediante grave ameaça ou violência à pessoa, por reiteração no cometimento de outras infrações graves e por descumprimento reiterado e injustificável da medida anteriormente imposta.

(E) adolescente, por reiteração no cometimento de outras infrações graves e por descumprimento reiterado e injustificável da medida anteriormente imposta.

A alternativa "D" está correta, ficando excluídas as demais. De fato, a medida de internação só poderá ser aplicada ao adolescente quando: I – tratar-se de ato infracional cometido mediante grave ameaça ou violência a pessoa; II – por reiteração no cometimento de outras infrações graves; III – por descumprimento reiterado e injustificável da medida anteriormente imposta (art. 122 do ECA). Cumpre ressaltar que à criança que praticar ato infracional serão aplicadas as medidas de proteção e não as medidas socioeducativas (art. 105 do ECA).

Gabarito "D"

(Ministério Público/SP – 2012 – VUNESP) Na apuração de Ato Infracional, o Estatuto da Criança e do Adolescente (Lei 8.069/1990) estabelece formas de remissão. Dentre elas, a concedida

(A) pelo Juiz, como forma de suspensão ou extinção do processo e a concedida pelo Ministério Público, como forma de exclusão do processo.

(B) somente pelo Ministério Público, como forma de extinção do processo, e homologada pelo Juiz.

(C) somente pelo Juiz, como forma de exclusão, suspensão ou extinção do processo, ouvindo-se previamente o Ministério Público.

(D) pelo Juiz, como forma de suspensão do processo, e a concedida pelo Ministério Público, como forma de extinção do processo.

(E) somente pelo Ministério Público, como forma de exclusão do processo, independentemente de homologação do Juiz.

A alternativa "A" está correta, ficando excluídas as demais. De fato, antes de iniciado o procedimento judicial para apuração de ato infracional, o representante do Ministério Público poderá conceder a remissão, como forma de exclusão do processo, atendendo às circunstâncias e consequências do fato, ao contexto social, bem como à personalidade do adolescente e sua maior ou menor participação no ato infracional (art. 126, *caput*, do ECA). Por sua vez, iniciado o procedimento, a concessão da remissão pela autoridade judiciária importará na suspensão ou extinção do processo (art. 126, parágrafo único, do ECA).

Gabarito "A"

(Ministério Público/RR – 2012 – CESPE) No que tange aos direitos individuais, às garantias processuais e às medidas socioeducativas, assinale a opção correta com base no que prevê o ECA.

(A) O regime de semiliberdade, que não comporta prazo determinado, pode ser determinado desde o início, ou como forma de transição para o meio aberto, possibilitada a realização de atividades externas, independentemente de autorização judicial, sendo obrigatórias a escolarização e a profissionalização, e, sempre que possível, utilizados os recursos existentes na comunidade.

(B) Em razão dos princípios constitucionais da presunção de inocência, do devido processo legal, da ampla defesa e do contraditório, é vedado à autoridade judiciária aplicar qualquer medida socioeducativa sem provas contundentes da autoria e da materialidade do ato infracional praticado por criança ou adolescente.

(C) O MP poderá conceder a remissão, como forma de exclusão do processo, desde que o adolescente em conflito com a lei confesse a autoria infracional.

(D) Tratando-se de procedimento de apuração de ato infracional, a ausência de defensor na audiência de apresentação do adolescente acarreta nulidade do processo, desde que comprovado o prejuízo à defesa do menor.

(E) A medida de internação, decretada ou mantida pela autoridade judiciária, não pode ser cumprida em estabelecimento prisional, salvo se não houver, na comarca ou em todo o território do estado, entidade que preencha os requisitos previstos no ECA, não podendo a internação ultrapassar, nesse caso, o prazo máximo de quarenta e cinco dias, sob pena de responsabilidade.

A: correta (art. 120 do ECA); **B:** incorreta, pois para a aplicação da advertência basta a prova da materialidade e indícios suficientes da autoria (art. 114 do ECA); **C:** incorreta, pois para a concessão da remissão não se exige que o adolescente tenha confessado a prática do ato infracional, já que a remissão não implica necessariamente o reconhecimento ou comprovação da responsabilidade (art. 127 do ECA); **D:** incorreta, pois a ausência de defensor na audiência de apresentação do adolescente acarreta nulidade absoluta, independentemente da comprovação de prejuízo à defesa do menor (art. 184, § 1°, do ECA). Neste sentido: *"a presença de advogado é indispensável já na audiência de apresentação, como forma de assegurar a ampla defesa (defesa técnica e autodefesa)"* (Rossato; Lépore; Sanches. Estatuto da Criança e do Adolescente Comentado, ed. RT); **E:** incorreta, pois a internação, decretada ou mantida pela autoridade judiciária, não poderá ser cumprida em estabelecimento prisional. Todavia, inexistindo na comarca entidade com as características adequadas, o adolescente deverá ser imediatamente transferido para a localidade mais próxima, sendo que, na impossibilidade da pronta transferência, o adolescente aguardará sua remoção em repartição policial, desde que em seção isolada dos adultos e com instalações apropriadas, não podendo ultrapassar o prazo máximo de cinco dias, sob pena de responsabilidade. (art. 185, *caput* e §§ 1° e 2°, do ECA).

Gabarito "A"

(Ministério Público/PI – 2008) Sobre as medidas socioeducativas, é correto afirmar que

(A) a liberdade assistida será fixada pelo prazo máximo de seis meses, podendo a qualquer tempo ser revogada ou substituída por outra medida.

(B) o prazo máximo de internação é de três anos e quarenta e cinco dias, já que o tempo de internação provisória previsto pode ser somado ao tempo máximo de internação, que é de três anos.

(C) a prestação de serviços à comunidade consiste na realização de tarefas gratuitas de interesse geral, por período mínimo de seis meses, em entidades assistenciais, hospitais, escolas e outros estabelecimentos congêneres, bem como em programas comunitários ou governamentais.

(D) o regime de semiliberdade somente pode ser determinado na forma de progressão ou regressão de medida anteriormente aplicada.

(E) a medida de internações poderá ser aplicada em razão de descumprimento reiterado e injustificável da medida anteriormente imposta, e, nesse caso, não poderá ultrapassar o prazo de três meses.

A: incorreta, pois a liberdade assistida será fixada pelo prazo mínimo de seis meses (art. 118, § 2º, do ECA); **B:** incorreta. A medida de internação não comporta prazo determinado, devendo sua manutenção ser reavaliada, mediante decisão fundamentada, no máximo a cada seis meses (art. 121, § 2º, do ECA). Todavia, em nenhuma hipótese o período máximo de internação excederá a três anos (art. 121, § 3º, do ECA), sendo que o prazo de internação provisória, que é de no máximo quarenta e cinco dias (art. 108 do ECA), será computado para o cálculo dos três anos máximos de internação. Ainda, caso se trate da internação-sanção (por descumprimento reiterado e injustificável da medida anteriormente imposta), o prazo não poderá ser superior a três meses (art. 122, III e § 1º, do ECA); **C:** incorreta, pois o período máximo da medida de prestação de serviços à comunidade é de seis meses (art. 117 do ECA); **D:** incorreta, pois o regime de semiliberdade pode ser determinado desde o início ou como forma de transição para o meio aberto (art. 120 do ECA); **E:** correta (art. 122, § 1º, do ECA).

Gabarito "E"

(Ministério Público/MS – 2009) Quanto à prática de ato infracional e às medidas a ele correspondentes, assinale a afirmativa correta.

(A) Ao ato infracional praticado por criança corresponderão as medidas socioeducativas previstas no artigo 112 do Estatuto da Criança e do Adolescente.

(B) Considera-se ato infracional apenas a conduta descrita em lei como crime, excluída toda e qualquer outra, em nome do princípio da estrita legalidade penal, aplicável subsidiariamente.

(C) À aplicação da medida socioeducativa de advertência basta prova da materialidade e indícios suficientes da autoria.

(D) A medida socioeducativa de liberdade assistida, por representar hipótese de privação da liberdade, sujeita-se aos princípios da brevidade, da excepcionalidade e do respeito à condição peculiar de pessoa em desenvolvimento.

(E) Consoante jurisprudência consolidada do Superior Tribunal de Justiça, é desnecessária a oitiva do menor infrator antes de decretar-se a regressão da medida socioeducativa.

A: incorreta, pois ao ato infracional praticado por criança corresponderão as medidas protetivas previstas no art. 101 (art. 105 do ECA); **B:** incorreta, pois se considera ato infracional a conduta descrita como crime ou contravenção penal (art. 103 do ECA); **C:** correta (art. 114, parágrafo único, do ECA); **D:** incorreta, pois a medida socioeducativa de liberdade assistida não representa hipótese de privação da liberdade (art. 118 e seguintes do ECA); **E:** incorreta, pois é necessária a oitiva do menor infrator antes de decretar-se a regressão da medida socioeducativa (súmula 265 da STJ).

Gabarito "C"

(Ministério Público/GO – 2012) De acordo com a nova sistemática referente às medidas socioeducativas, estabelecida pela Lei 12.594/2012, em vigor a partir de abril de 2012, a medida socioeducativa será extinta:

I. Pela morte do adolescente.

II. No caso de maior de 18 anos, ao ser condenado à pena privativa de liberdade, a ser cumprida em regime fechado ou semiaberto, em execução definitiva.

III. Pela condição de doença, que dificulte ao adolescente submeter-se ao cumprimento da medida.

IV. No caso de o maior de 18 anos, em cumprimento de medida socioeducativa responder a processo-crime, caberá à autoridade judiciária decidir sobre eventual extinção da execução, cientificando da decisão o juízo criminal competente.

(A) Apenas os itens I e II estão corretos.

(B) Apenas os itens I, II e III estão corretos.

(C) Apenas os itens I e IV estão corretos.

(D) Todos os itens estão corretos.

I: correta (art. 46, I, da Lei 12.594/2012); **II:** incorreta, pois a medida socioeducativa será extinta pela aplicação de pena privativa de liberdade, a ser cumprida em regime fechado ou semiaberto, em execução provisória ou definitiva (art. 46, III, da Lei 12.594/2012); **III:** incorreta, pois a medida socioeducativa será extinta pela condição de doença grave, que torne o adolescente incapaz de submeter-se ao cumprimento da medida (art. 46, IV, da Lei 12.594/2012); **IV:** correta (art. 46, § 1º, da Lei 12.594/2012).

Gabarito "C"

(Ministério Público/CE – 2011 – FCC) O adolescente, pela prática de ato infracional, segundo o Estatuto da Criança do Adolescente, pode receber medida socioeducativa de:

(A) semiliberdade cujo prazo, fixado na sentença, não seja nem inferior a seis meses e nem superior a três anos.

(B) internação em estabelecimento terapêutico ou hospitalar, desde que seja portador de doença ou deficiência mental e o ato infracional tiver sido praticado mediante violência ou grave ameaça à pessoa.

(C) internação provisória por até noventa dias, desde que presentes os requisitos da necessidade imperiosa da medida e indícios suficientes de autoria e materialidade.

(D) liberdade assistida cumulada com medidas de orientação, apoio e acompanhamento temporário e de inclusão em programa comunitário ou oficial de auxílio à família.

(E) acolhimento sociofamiliar sempre que identificada a incapacidade dos genitores de prevenir a reiteração infracional.

A: incorreta, pois a medida socioeducativa de semiliberdade não comporta prazo determinado (art. 120, § 2º, do ECA); **B:** incorreta, pois os adolescentes portadores de doença ou deficiência mental receberão tratamento individual e especializado, em local adequado às suas condições (art. 112, § 3º, do ECA); **C:** incorreta, pois o prazo máximo da internação provisória é de quarenta e cinco dias (art. 108, *caput*, do ECA); **D:** correta (art. 112, I a VII, do ECA); **E:** incorreta, pois o acolhimento familiar é uma medida transitória e de proteção à criança ou ao adolescente que se encontra em situação de risco, com vista a sua rápida reintegração à família de origem ou, se tal solução se mostrar comprovadamente inviável, sua colocação em família substituta (art. 50, § 11, do ECA). Por sua vez, caso se identifique a incapacidade dos genitores de prevenir a reiteração infracional pelo adolescente, será possível a aplicação de uma das medidas previstas no art. 129 do ECA.

Gabarito "D"

(Ministério Público/AM – 2008 – CESPE) Alice iniciou o cumprimento de medida socioeducativa de semiliberdade com 17 anos e 6 meses. Ao completar 18 anos, Alice pleiteou, por via da defensoria pública, sua colocação em liberdade, em virtude do atingimento da maioridade penal. Com relação a essa situação hipotética e às normas constitucionais e estatutárias acerca da criança e do adolescente, assinale a opção correta.

(A) A liberação de Alice só será compulsória aos 21 anos.

(B) Está correto o pleito de Alice, pois, por ter atingido a maioridade penal, ela deve ser liberada do cumprimento da medida.

(C) A medida aplicada a Alice deve ter a sua manutenção reavaliada, mediante decisão fundamentada, no máximo a cada 6 meses.

(D) Alice continuará cumprindo a medida, porém em estabelecimento prisional comum, destinado aos maiores de 18 anos, para onde deverá ser transferida.

(E) Alice deve ser liberada em razão da analogia que o ECA determina que deve ser feita entre a semiliberdade e a liberdade assistida.

Arts. 121, §§ 2º e 5º, do ECA.

Gabarito "C"

(Ministério Público/AM – 2008 – CESPE) Em caso de ato infracional praticado por adolescente, os requisitos para a aplicação da medida de internação incluem:

I. ato praticado mediante grave ameaça ou violência a pessoa.

II. reiteração no cometimento de outras infrações graves.

III. descumprimento reiterado e injustificável de medida anteriormente imposta.

IV. equiparação do ato infracional a crime hediondo.

A quantidade de itens certos é igual a

(A) 0.

(B) 1.

(C) 2.

(D) 3.

(E) 4.

Art. 122 do ECA. A hipótese prevista no item IV da questão não está prevista na lei.

Gabarito "D"

(Ministério Público/MA – 2009) Sobre a medida de internação a que se refere a Lei 8.069/1990 (ECA) é correto dizer que:

(A) não comporta prazo determinado, devendo sua manutenção ser reavaliada, mediante decisão fundamentada, no máximo a cada seis meses; e em nenhuma hipótese o período máximo poderá exceder a três anos;

(B) constitui medida privativa de liberdade que não comporta a realização de atividades técnicas e não tem prazo máximo de duração previsto em Lei;

(C) não está sujeita aos princípios de brevidade e excepcionalidade, mas a liberação do adolescente a ela submetido é compulsória aos 18 (dezoito) anos de idade;

(D) só poderá ser aplicada quando se tratar de atos infracionais análogos aos crimes de homicídio e tráfico ilícito de entorpecentes;

(E) não poderá ser aplicada por reiteração no cometimento de outras infrações graves; e nem por descumprimento reiterado e injustificável da medida anteriormente imposta.

A: correta (art. 121, §§ 2º e 3º, do ECA); **B:** incorreta (art. 121, § 3º, do ECA); **C:** incorreta, pois a internação está sujeita aos princípios da brevidade e excepcionalidade. Além disso, a liberação somente é compulsória aos 21 anos (art. 121, *caput* e § 5º, do ECA); **D:** incorreta (art. 122 do ECA); **E:** incorreta (art. 122, II e III, do ECA).

Gabarito "A"

(Ministério Público/MG – 2010 – FUNDEP) Nos termos do Estatuto da Criança e do Adolescente, considere as seguintes proposições.

I. O fato de o adolescente atingir os dezoito anos de idade depois da prática de ato infracional obsta a sua inserção em qualquer das medidas socioeducativas previstas na lei.

II. A aplicação de medida socioeducativa ao adolescente infrator é de competência exclusiva do juiz.

III. Ao homologar a remissão concedida pelo Ministério Público, o juiz poderá aplicar simultaneamente ao adolescente infrator a medida de prestação de serviços à comunidade.

IV. Uma vez oferecida a representação, a remissão poderá ser concedida a qualquer tempo antes da sentença, dispensando-se a audiência judicial de apresentação do adolescente.

Pode-se concluir que estão **CORRETAS**

(A) apenas as proposições I e II.

(B) apenas as proposições II e III.

(C) apenas as proposições II e IV.

(D) todas as proposições.

I: art. 121, § 5º, do ECA. Apesar de o ECA ter sido concebido para disciplinar a situação de *crianças* e *adolescentes*, ele também incidirá, excepcionalmente, a pessoas com idade entre 18 e 21 anos (incompletos), no que concerne às medidas socioeducativas de *semiliberdade* e de *internação* do adolescente, cujo cumprimento deverá, necessariamente, findar até os 21 anos da pessoa, respeitado o período máximo de 3 anos. *Vide*, a esse respeito, Informativo STF 547. Neste caso, é imprescindível que o ato infracional tenha sido praticado antes de a pessoa tornar-se imputável, é dizer, completar 18 anos; caso contrário, está-se a falar de responsabilidade penal, em que a resposta estatal consiste em *pena* e *medida de segurança*. Assim, leva-se em conta a idade do adolescente à data do fato (conduta), ainda que a consumação do ato infracional tenha se operado quando ele já atingiu a maioridade; **II:** *somente* o juiz poderá aplicar as medidas socioeducativas. A autoridade competente a que faz menção o *caput* do art. 112 é, segundo o art. 146 do ECA, o juiz da Infância e da Juventude. Se alguma dúvida ainda havia, a Súmula 108, do STJ, pacificou a questão: "A aplicação de medidas socioeducativas ao adolescente, pela prática de ato infracional, é da competência exclusiva do juiz"; **III:** correta, nos termos do art. 127 do ECA; **IV:** a jurisprudência firmou o entendimento segundo o qual a remissão judicial deve ocorrer a partir da audiência de apresentação.

Gabarito "B"

(Ministério Público/PR – 2011) Assinale a alternativa incorreta:

(A) Dentre os princípios que regem a aplicação das medidas de proteção a crianças e adolescentes está o de intervenção mínima, consistente em ser a intervenção exercida exclusivamente pelas autoridades e instituições cuja ação seja indispensável à efetiva promoção dos direitos e à proteção da criança e do adolescente;

(B) Constatada pelo programa de acolhimento institucional a impossibilidade de reintegração da criança à família de origem, e encaminhado relatório fundamentado ao Ministério Público, subscrito pelos técnicos da entidade, descrevendo pormenorizadamente as providências tomadas e recomendando expressamente a destituição do poder familiar, o Promotor de Justiça terá o prazo de 30 (trinta) dias para ingressar com a respectiva ação, salvo se entender necessária a realização de estudos complementares ou outras providências que repute indispensáveis ao ajuizamento da demanda;

(C) Somente o adolescente pode ser considerado autor de ato infracional, dependendo a aplicação de medida socioeducativa da observância de garantias, dentre as quais a igualdade na relação processual, o direito de ser ouvido pessoalmente pela autoridade competente e a defesa técnica por advogado;

(D) A liberdade assistida será adotada sempre que se afigurar a medida mais adequada para o fim de acompanhar, auxiliar e orientar o adolescente, e será fixada pelo prazo mínimo de 06 (seis) meses, podendo a qualquer tempo ser prorrogada, revogada ou substituída por outra medida, ouvido o orientador, o Ministério Público e o Defensor;

(E) No regime de semiliberdade, que pode ser aplicado desde o início, ou como forma de transição para o meio aberto, é obrigatória a escolarização e a profissionalização, devendo, sempre que possível, ser utilizados os recursos existentes na comunidade. Tal medida não comporta prazo determinado, aplicando-se, no que couber, as disposições relativas à internação.

A: correta, nos termos do art. 100, parágrafo único, VII, do ECA; **B:** correta (art. 101, §§ 9º e 10, do ECA); **C:** incorreta (devendo esta ser assinalada), pois a criança também pratica ato infracional. Ocorre que esta não se submete a medida socioeducativa, somente se sujeita a medida de proteção (art. 105 do ECA); o adolescente infrator, ao contrário, se submete a *medida socioeducativa* – art. 112, I a VI, do ECA, bem assim a *medida de proteção* – art. 112, VII, do ECA; **D:** correta, visto que em consonância com o teor do art. 118 do ECA; **E:** correta, visto que em consonância com o teor do art. 120 do ECA.

Gabarito "C"

(Ministério Público/PR – 2009) Analise as seguintes assertivas e após assinale a alternativa correta:

I. a medida socioeducativa de prestação de serviços comunitários consiste na realização de tarefas gratuitas de interesse geral, por período mínimo de seis meses, junto a entidades assistenciais, hospitais, escolas e outros estabelecimentos congêneres, bem como em programas comunitários ou governamentais;

II. a medida socioeducativa de liberdade assistida será fixada pelo prazo mínimo de três meses, podendo a qualquer tempo ser prorrogada, revogada ou substituída por outra medida, ouvido o orientador, o Ministério Público e o defensor;

III. a imposição da medida socioeducativa de internação em estabelecimento educacional pressupõe a existência de provas suficientes da autoria e da materialidade da infração;

IV. a medida socioeducativa de advertência poderá ser aplicada sempre que houver prova da materialidade e indícios suficientes de autoria;

V. a internação, antes da sentença, pode ser determinada pelo prazo máximo de quarenta e cinco dias, sendo que a decisão deverá ser fundamentada e basear-se em indícios suficientes de autoria e materialidade, demonstrada a necessidade imperiosa da medida.

(A) Todas as assertivas estão corretas;

(B) Apenas as assertivas II, III e V estão corretas;

(C) Apenas as assertivas III, IV e V estão corretas;

(D) Apenas as assertivas I, II e III estão corretas;

(E) Apenas as assertivas I, II, IV e V estão corretas.

I: incorreta, pois a prestação de serviços à comunidade será realizada em período não superior a seis meses (art. 117, *caput*, do ECA); **II:** incorreta, pois a liberdade assistida será fixada pelo período mínimo de seis meses (art. 118, § 2º, do ECA); **III:** correta (art. 114, *caput*, do ECA); **IV:** correta (art. 114, parágrafo único, do ECA); **V:** correta (art. 108 do ECA).

Gabarito "C"

(Ministério Público/PR – 2008) Em relação à medida socioeducativa de internação, assinale a alternativa INCORRETA:

(A) a medida de internação não comporta prazo determinado, devendo sua manutenção ser reavaliada, mediante decisão fundamentada, no máximo a cada seis meses;

(B) em nenhuma hipótese o período máximo de internação excederá a três anos;

(C) a liberação será compulsória aos 21(vinte e um) anos de idade;

(D) não será permitida a realização de atividades externas, salvo expressa autorização judicial;

(E) a desinternação será sempre precedida de autorização judicial, ouvido o Ministério Público.

A: correta (art. 121, § 2°, do ECA); **B:** correta (art. 121, § 3°, do ECA); **C:** correta (art. 121, § 5°, do ECA); **D:** incorreta (art. 121, § 1°, do ECA); **E:** correta (art. 121, § 6°, do ECA).

Gabarito "D"

(Ministério Público/RR – 2008 – CESPE) Pedro, aos 14 anos de idade, foi encaminhado à vara da infância e da juventude, por tráfico de entorpecentes. A ele, que não tinha passagens anteriores pela vara da infância e da juventude, foi aplicada a medida de internação pelo prazo mínimo de um ano. Após o cumprimento da internação, o juiz aplicou a Pedro medida de semiliberdade e restringiu o direito de Pedro realizar visitas a familiares, instituindo um regime de visitas progressivas e condicionadas.

Considerando a situação hipotética acima apresentada, julgue os itens subsequentes.

(1) O ECA possibilita a Pedro a prática de atividades externas sob o regime de semiliberdade, sem necessidade de autorização judicial.

(2) A restrição imposta pelo magistrado às visitas de Pedro aos familiares constitui constrangimento ilegal, especialmente se desprovida de fundamentação.

(3) O regime de semiliberdade constitui típica medida de caráter socioeducativo, devendo ser priorizado o fortalecimento dos vínculos familiares e comunitários de Pedro.

(4) Visto que, na hipótese, Pedro praticou ato infracional sem grave ameaça ou violência e que não houve reiteração de outras infrações graves, e, ainda, que Pedro não deixou de cumprir, reiterada e injustificadamente, medida anteriormente imposta, não se justifica a imposição de medida de internação.

(5) Caso a decisão do magistrado em relação à internação de Pedro seja questionada em juízo, ela não pode ser sanada pela via do *habeas corpus*, pois tal instrumento processual não se aplica às situações que envolvam decisões tomadas por vara da infância e da juventude em detrimento da liberdade de criança ou adolescente.

1: correta, nos termos do art. 120, *caput*, do ECA; 2: correta, pois até no regime de ***internação*** há o direito de visita semanal (art. 124, VII, do ECA); eventual suspensão temporária da visita depende de fundamentação, nos termos do art. 124, § 2°, do ECA; 3: correta, pois, de fato, tal regime é uma medida de caráter socioeducativo (art. 112, V, do ECA), que, por ser um regime intermediário entre a internação e a liberdade, deve priorizar o fortalecimento dos vínculos familiares e comunitários do adolescente; 4: correta, pois a internação só pode se dar nas hipóteses contempladas no art. 122 do ECA, que estabelece rol taxativo; 5: errada, pois essa ação de índole constitucional se aplica a todas as pessoas, por óbvio (art. 5°, LXVIII, da CF); ademais, o próprio ECA faz referência ao *habeas corpus* para defender interesses de adolescentes (art. 201, IX).

Gabarito 1C, 2C, 3C, 4C, 5E

(Ministério Público/SP – 2011) De acordo com a legislação vigente, a medida socioeducativa de internação

(A) em nenhuma hipótese pode exceder o período máximo de 3 (três) anos, devendo sua manutenção ser reavaliada, em decisão fundamentada, no máximo a cada 6 (seis) meses.

(B) poderá ser superior a 3 (três) anos se houver descumprimento reiterado e injustificável da medida anteriormente imposta.

(C) poderá ser aplicada em face da prática de qualquer ato infracional, ainda que o adolescente não registre antecedentes.

(D) não comporta prazo determinado e, durante o seu cumprimento, não será permitida a realização de atividades externas, salvo expressa determinação judicial em contrário.

(E) poderá ser aplicada pela autoridade judiciária competente, em havendo requerimento do Ministério Público a respeito, ainda que haja outra medida que se revele adequada.

A e **B:** 121, § 3°, do ECA; **C:** a internação somente poderá ser aplicada nas hipóteses listadas no art. 122 do ECA; **D:** embora não comporte prazo determinado, a realização de atividades externas será permitida, salvo expressa determinação judicial em sentido contrário (art. 121, § 1°, ECA); **E:** por se tratar de medida privativa de liberdade, deve ser reservada para aquelas hipóteses em que não caiba outra medida mais adequada (excepcionalidade – art. 121 do,ECA).

Gabarito "A"

(Ministério Público/SP – 2011) Está correto afirmar que a medida socioeducativa consistente na obrigação de reparar o dano

(A) pode ser aplicada ao adolescente que tiver praticado qualquer modalidade de ato infracional.

(B) não pode ser aplicada aos adolescentes que registrarem antecedentes.

(C) pode ser aplicada ao adolescente apenas quando for possível a restituição da coisa.

(D) não pode ser substituída por outra medida, ainda que a reparação do dano ou a restituição da coisa se revele impossível.

(E) pode ser aplicada ao adolescente que tiver praticado ato infracional com reflexos patrimoniais.

Pela disciplina estabelecida no art. 116 do ECA, somente tem lugar a medida socioeducativa consistente na obrigação de reparar o dano quando se tratar de ato infracional com reflexos patrimoniais.

Gabarito "E"

(Ministério Público/SP – 2011) Com relação à medida de semiliberdade, prevista no Estatuto da Criança e do Adolescente, é correto afirmar que:

(A) será sempre fixada com prazo determinado a critério do Juiz, tendo em conta a gravidade do ato infracional.

(B) somente pode ser determinada como forma de transição para o meio aberto.

(C) admite a realização de atividades externas, mas sempre com autorização judicial.

(D) admite, no que couber, as disposições relativas à internação.

(E) não exige escolarização e profissionalização durante o seu cumprimento.

A: incorreta, visto que esta medida, a teor do art. 120, § 2º, do ECA, não comporta prazo determinado; **B:** incorreta, já que o regime de semiliberdade também pode ser determinado desde o início (art. 120, *caput*, do ECA); **C:** incorreta, na medida em que a realização de atividades externas prescinde de autorização judicial – art. 120, *caput*, do ECA; **D:** correta, nos termos do art. 120, § 2º, do ECA; **E:** incorreta, pois contraria o disposto no art. 120, § 1º, do ECA.

Gabarito "D"

(Ministério Público/SP – 2006) Assinale a afirmação incorreta.

(A) As medidas socioeducativas privativas da liberdade estão sujeitas aos princípios de brevidade, excepcionalidade e respeito à condição peculiar do adolescente como pessoa em desenvolvimento.

(B) A medida socioeducativa de internação deve ser aplicada com prazo determinado, entre o mínimo de seis meses e o máximo de três anos.

(C) A medida socioeducativa de internação só caberá se não houver outra medida adequada.

(D) Na aplicação da medida socioeducativa para o adolescente infrator, considera-se sua capacidade para cumpri-la, as circunstâncias e a gravidade da infração.

(E) Ato infracional é a conduta legalmente descrita como crime ou contravenção penal.

A: correta (arts. 227, § 3º, V, da CF e 121, *caput*, do ECA); **B:** incorreta (devendo esta ser assinalada), pois a medida não deve ser aplicada com prazo ***determinado*** (art. 121, § 2º, do ECA); **C:** correta, pois a CF e o ECA deixam claro que a medida é ***excepcional*** (arts. 227, § 3º, V, da CF e 121, *caput*, do ECA); **D:** correta (art. 112, § 1º, do ECA); **E:** correta (art. 103 do ECA).

Gabarito "B"

7. ATO INFRACIONAL – DIREITO PROCESSUAL

(Ministério Público/ES – 2013 – VUNESP) Assinale a alternativa correta.

(A) Em vista da garantia constitucional do devido processo legal para a perda da liberdade, nenhuma criança ou adolescente pode ser admitido em entidade de acolhimento sem prévia determinação da autoridade competente, ainda que em caráter de urgência.

(B) Por ser compulsória a liberação da pessoa submetida à medida de internação aos vinte e um anos de idade, conclui-se que o prazo máximo de internação fixado pelo juiz pode ser superior a três anos.

(C) Por prevalecer para efeito de antecedentes, a remissão está obrigatoriamente sujeita ao contraditório e à ampla defesa e não pode incluir aplicação cumulativa de qualquer outra medida socioeducativa.

(D) Não se reconhece como ato infracional o ato equiparado a crime ou contravenção penal praticado por criança, por esta não estar sujeita a medidas socioeducativas.

(E) A internação, antes da sentença, pode ser determinada pelo prazo máximo de quarenta e cinco dias, mesmo que o adolescente tenha praticado ato infracional com violência ou grave ameaça.

A: incorreta, pois as entidades que mantenham programa de acolhimento institucional poderão, em caráter excepcional e de urgência, acolher crianças e adolescentes sem prévia determinação da autoridade competente, fazendo comunicação do fato em até 24 (vinte e quatro) horas ao Juiz da Infância e da Juventude, em virtude do princípio da intervenção precoce (art. 93 do ECA). Nas demais hipóteses, o afastamento da criança ou adolescente do convívio familiar e consequente aplicação das medidas de acolhimento familiar, institucional ou colocação em família substituta é de competência exclusiva da autoridade judiciária (art. 101, VII a IX e § 2º, do ECA). Oportuno registrar que, ao Conselho Tutelar, é cabível a aplicação das demais medidas protetivas (art. 136, I e parágrafo único, do ECA). "Na redação anterior do Estatuto, o Conselho Tutelar poderia aplicar a medida de abrigamento e encaminhar a criança e o adolescente diretamente à entidade respectiva, comunicando o fato posteriormente à entidade judiciária. Contudo, de acordo com o atual regramento, a inserção de criança e adolescente em medida protetiva de acolhimento institucional e acolhimento familiar está condicionada à autorização judicial, de modo que não consta mais das atribuições do Conselho Tutelar. (...) o Conselho Tutelar deixa de atuar de forma ativa na inserção da criança e do adolescente em abrigamento, para apenas acompanhar a situação e fornecer subsídios ao magistrado, a quem competirá a palavra sobre a necessidade efetiva de manutenção da medida". (ROSSATO, LÉPORE E SANCHES. *Estatuto da Criança e do Adolescente Comentado*, 3ª edição, São Paulo, Ed. RT, 2012, p. 302); **B:** incorreta, pois em nenhuma hipótese o período máximo de internação excederá a três anos (art. 121, § 3º, do ECA); **C:** incorreta, pois a remissão não implica necessariamente o reconhecimento ou comprovação da responsabilidade, nem prevalece para efeito de antecedentes. Ademais, a concessão da remissão pode ser cumulada com a aplicação de qualquer das medidas protetivas e/ou socioeducativas, exceto a colocação em regime de semiliberdade e a internação (art. 127 do ECA); **D:** incorreta, pois a criança pode ser autora de ato infracional equiparado a crime ou contravenção penal, mas a ela somente poderá ser aplicada medida protetiva e não socioeducativa (art. 105 do ECA); **E:** correta, pois a internação provisória, que é aquela decretada pelo juiz, no curso do processo de conhecimento, antes da sentença, terá prazo limitado de 45 dias e será cabível quando, pela gravidade do ato infracional e sua repercussão social, deva o adolescente permanecer sob internação para garantia de sua segurança pessoal ou manutenção da ordem pública (artigos 108, *caput*, 174 e 183, todos do ECA).

Gabarito "E"

(Ministério Público/GO – 2013) De acordo com o Estatuto da Criança e do Adolescente, assinale a alternativa correta:

(A) a internação de crianças e adolescentes, antes da sentença, em razão de flagrante de ato infracional cometido mediante grave ameaça ou violência a pessoa, pode ser determinada pelo prazo máximo de 45 (quarenta e cinco) dias.

(B) o Conselho Tutelar tem legitimidade para aplicar medidas de proteção à criança e ao adolescente, sempre que seus direitos forem violados por falta, omissão ou abuso dos pais, podendo determinar a matrícula e frequência obrigatórias em escolas, inclusão em programas comunitários, requisição de tratamento médico, abrigo em entidades e colocação em família substituta.

(C) a remissão somente poderá ser concedida pelo representante do Ministério Público e não implica necessariamente o reconhecimento ou comprovação da responsabilidade, nem prevalece para efeito de antecedentes, podendo incluir eventualmente a aplicação das medidas socioeducativas, exceto a internação.

(D) a prestação de serviços comunitários consiste na realização de tarefas gratuitas junto a entidades assistenciais, hospitais, escolas, por período não excedente a seis meses. A liberdade assistida, por sua vez, será fixada pelo prazo mínimo de seis meses, podendo ser prorrogada, revogada ou substituída por outra medida.

A: incorreta, pois as medidas socioeducativas, dentre elas a internação, somente serão aplicadas aos adolescentes e não às crianças que cometerem ato infracional, às quais serão aplicadas medidas protetivas (art. 105 do ECA). Oportuno ressaltar que a internação provisória é aquela decretada pelo juiz, no curso do processo de conhecimento, antes da sentença, com prazo limitado de 45 dias quando, pela gravidade do ato infracional e sua repercussão social, deva o adolescente permanecer sob internação para garantia de sua segurança pessoal ou manutenção da ordem pública (artigos 108, *caput*, 174 e 183, todos do ECA; **B:** incorreta, pois o afastamento da criança ou adolescente do convívio familiar e consequente aplicação das medidas de acolhimento familiar, institucional ou colocação em família substituta é de competência exclusiva da autoridade judiciária (art. 101, VII a IX e § 2º, do ECA). Ao Conselho Tutelar é cabível a aplicação das demais medidas protetivas (art. 136, I e parágrafo único, do ECA). "Na redação anterior do Estatuto, o Conselho Tutelar poderia aplicar a medida de abrigamento e encaminhar a criança e o adolescente diretamente à entidade respectiva, comunicando o fato posteriormente à entidade judiciária. Contudo, de acordo com o atual regramento, a inserção de criança e adolescente em medida protetiva de acolhimento institucional e acolhimento familiar está condicionada à autorização judicial, de modo que não consta mais das atribuições do Conselho Tutelar. (...) o Conselho Tutelar deixa de atuar de forma ativa na inserção da criança e do adolescente em abrigamento, para apenas acompanhar a situação e fornecer subsídios ao magistrado, a quem competirá a palavra sobre a necessidade efetiva de manutenção da medida". (ROSSATO, LÉPORE E SANCHES. *Estatuto da Criança e do Adolescente Comentado,* 3ª edição, 2012, São Paulo, Ed. RT, p. 302). Em contrapartida, as entidades que mantenham programa de acolhimento institucional poderão, em caráter excepcional e de urgência, acolher crianças e adolescentes sem prévia determinação da autoridade competente, fazendo comunicação do fato em até 24 (vinte e quatro) horas ao Juiz da Infância e da Juventude, em virtude do princípio da intervenção precoce (art. 93 do ECA); **C:** incorreta, pois antes de iniciado o procedimento judicial para apuração de ato infracional, o representante do Ministério Público poderá conceder a remissão, como forma de exclusão do processo (art. 126, *caput*, do ECA). Por sua vez, iniciado o procedimento, a autoridade judiciária também poderá conceder a remissão, que importará na suspensão ou extinção do processo (art. 126, parágrafo único, do ECA); **D:** correta, pois a alternativa está de acordo com o disposto nos artigos 117, *caput* e 118, § 2º, do ECA.

Gabarito "D"

(Ministério Público/PI – 2014 – CESPE) No que se refere às medidas socioeducativas, à remissão e ao procedimento para a apuração de ato infracional, assinale a opção correta de acordo com o entendimento do STJ acerca do que dispõe o ECA.

(A) É atípica a conduta infracional análoga ao crime de furto simples de uma lâmpada, cujo valor é ínfimo, em razão do princípio da insignificância, aplicável ainda que se trate de adolescente contumaz na prática de atos infracionais contra o patrimônio.

(B) É aplicável medida socioeducativa de internação no caso de condenação de adolescente pela prática de ato infracional análogo ao delito de tráfico de drogas, desde que o juiz fundamente sua decisão na apreciação das condições específicas do adolescente e das circunstâncias do fato.

(C) O assistente de acusação, em processo de apuração de ato infracional, possui legitimidade para a interposição de apelação, quando não interposta pelo MP.

(D) Configura constrangimento ilegal o ato do MP que conceda remissão cumulada com medida socioeducativa de liberdade assistida.

(E) Para aplicação da medida socioeducativa de internação com fundamento na reiteração, exige-se a prática comprovada, com trânsito em julgado, de, no mínimo, três outros atos infracionais graves.

A: incorreta, pois em caso de reiteração de atos infracionais equiparados a crime de furto não se aplica o princípio da insignificância. Neste sentido é o entendo do STJ: "Penal. *Habeas corpus*. Ato infracional equiparado ao crime de furto (artigo 155, *caput*, do CP). Princípio da insignificância. Não aplicação. Reiteração de condutas infracionais. Semiliberdade. Fundamentação idônea. (...) *A despeito do pequeno valor do bem subtraído – uma lâmpada –, a conduta do adolescente reveste-se de reprovabilidade que não é irrelevante, uma vez que se trata de paciente contumaz na prática de atos infracionais, motivo pelo qual não se aplica o princípio da insignificância.* – O disposto no art. 120, § 2º, do ECA, não impede a adoção de medida socioeducativa de semiliberdade desde o início, quando esta for compatível com a gravidade e as circunstâncias do delito. Assim, a imposição da semiliberdade deve estar pautada nas circunstâncias peculiares do caso concreto, quando o julgador reputar imperiosa a adoção da medida para a proteção integral do adolescente. – Na hipótese dos autos, a semiliberdade foi imposta ao paciente em perfeito acordo com a legislação de regência e em atenção às peculiaridades do caso, uma vez que se trata de reiteração de condutas delitivas, inclusive lesão corporal, registrando outras passagens pelo Juízo menorista, bem como o paciente já foi condenado a outras medidas mais brandas (advertência, liberdade assistida e prestação de serviços à comunidade), motivo pelo qual não há nenhum constrangimento ilegal a ser sanado. – *Habeas corpus* denegado". (STJ – HC: 183934 DF 2010/0162065-8, Relator: Ministra Marilza Maynard (desembargadora convocada do TJ/SE), j. 02.04.2013, Quinta Turma, *DJ* 05.04.2013); **B:** correta. Nos termos do art. 122 do ECA, a medida de internação só poderá ser aplicada quando: I – tratar-se de ato infracional cometido mediante grave ameaça ou violência a pessoa; II – por reiteração no cometimento de outras infrações graves; III – por descumprimento reiterado e injustificável da medida anteriormente imposta. Assim, inicialmente, conclui-se pela inaplicabilidade da medida socioeducativa de internação ao adolescente que praticar o ato infracional equiparado ao crime de tráfico de drogas, já que não basta a infração ser grave. Neste sentido é o entendimento jurisprudencial noticiado no Informativo 445 do STJ: "ECA – Tráfico – Internação. O ato infracional análogo ao tráfico de drogas, apesar de sua natureza eminentemente hedionda, não enseja, por si só, a aplicação da medida socioeducativa de internação, já que essa conduta não revela violência ou grave ameaça à pessoa (art. 122 do ECA) (...)". Todavia, pode o magistrado determinar a internação, em razão da prática do ato infracional equiparado ao crime de tráfico, diante de sua reiteração. Para o STJ, *são necessárias, no mínimo, duas outras sentenças desfavoráveis, com trânsito em julgado, desconsideradas as remissões* (STJ – HC: 280550 SP 2013/0356735-7, Relator: Ministra Marilza Maynard, j. 11.03.2014, Sexta Turma, *DJ* 31.03.2014). Diferente, portanto, de reincidência; **C:** incorreta, pois o assistente de acusação não possui legitimidade para interpor recurso de apelação. Neste sentido é o entendimento do STJ: "Ato infracional. Estatuto da Criança e do Adolescente. Assistente de acusação. Interposição de recurso. Impossibilidade. Ausência de previsão legal. Aplicação das regras do Código de Processo Civil. Precedente do STJ. Recurso especial desprovido. 1. A Lei 8.069/1990, em seu art. 198 (capítulo referente aos recursos), prevê a aplicação subsidiária das regras do Código de Processo Civil, motivo pelo qual não cabe estender a aplicação dos arts. 268 a 273 do Código de Processo Penal, que trata da figura do assistente da acusação, ao procedimento contido no ECA. 2. "Considerando o caráter de lei especial do Estatuto da Criança e do Adolescente, *na qual não há qualquer referência à figura do assistente da acusação, ele é parte ilegítima para interpor recurso de apelação, por falta de previsão legal*" (REsp 605.025/MG, Rel. Min. Gilson Dipp, Quinta Turma, *DJ* de 21.11.2005). 3. Recurso especial desprovido (STJ – REsp: 1044203 RS 2008/0069408-2, Relator: Ministro Arnaldo Esteves Lima, j. 19.02.2009, Quinta Turma, *DJ* 16.03.2009); **D:** incorreta, pois é possível a concessão de remissão, como forma de exclusão do processo, cumulada com medida socioeducativa, exceto a semiliberdade e a internação (art. 127 do ECA). Neste sentido também é o entendimento do STJ: "*Habeas corpus*. Furto tentado. Estatuto da Criança e do Adolescente. Remissão cumulada com medida socioeducativa de liberdade assistida. Possibilidade. 1. A remissão prevista no Estatuto da Criança e do Adolescente pode ser aplicada em qualquer fase do procedimento menorista, uma vez que prescinde de comprovação da materialidade e da autoria do ato infracional, nem implica em reconhecimento de antecedentes infracionais. 2. Não ocorre violação dos princípios do contraditório e da ampla defesa quando a proposta oferecida pelo Ministério Público é homologada antes da oitiva do adolescente, como é o caso dos autos. 3. *Não há constrangimento ilegal quando a remissão é cumulada com medida de liberdade assistida, pois esse instituto pode ser aplicado juntamente com outras medidas que não impliquem restrição da liberdade do menor, nos exatos termos do art. 127 do Estatuto da Criança e do Adolescente*. 4. O art. 128 do ECA o qual prevê que a "medida aplicada por forçada remissão poderá ser revista judicialmente, a qualquer tempo, mediante pedido expresso do adolescente ou de seu representante legal ou do Ministério Público". Desta forma, que não se trata de medida definitiva, estando sujeita a revisões, de acordo com o comportamento do menor. 5. Ordem denegada" (STJ – HC: 177611 SP 2010/0118982-0, Relator: Ministro Og Fernandes, j. 01.03.2012, Sexta Turma, *DJ* 21.05.2012); **E:** incorreta, pois se exige a prática comprovada, com trânsito em julgado, de no mínimo, outros dois atos infracionais graves. Neste sentido: "*Habeas corpus* substitutivo de recurso próprio. Descabimento. ECA. Ato infracional equiparado ao delito de furto qualificado, na forma tentada. Ausência de violência ou grave ameaça. Reiteração no cometimento de duas outras infrações graves. Medida socioeducativa de internação. Possibilidade. Art. 122 do ECA. Precedentes. *Habeas corpus* não conhecido. – Este Superior Tribunal de Justiça, na esteira do entendimento firmado pelo Supremo Tribunal Federal, tem amoldado o cabimento do remédio heroico, adotando orientação no sentido de não mais admitir *habeas corpus* substitutivo de recurso ordinário/especial. Contudo, a luz dos princípios constitucionais, sobretudo do devido processo legal e da ampla defesa, tem-se analisado as questões suscitadas na exordial a fim de se verificar a existência de constrangimento ilegal para, se for o caso, deferir-se a ordem de ofício. – Nos termos da orientação deste Superior Tribunal de Justiça, a internação, medida socioeducativa extrema, somente está autorizada nas hipóteses taxativamente elencadas no art. 122 do Estatuto da Criança e do Adolescente. – A gravidade do ato infracional equiparado ao furto qualificado, por si só, não autoriza a aplicação da medida socioeducativa de internação. – *A jurisprudência desta Corte firmou a orientação de que, para resultar em reiteração de infrações graves, nos termos do inciso II do art. 122 do ECA, são necessárias, no mínimo, duas outras sentenças desfavoráveis, com trânsito em julgado, desconsideradas as remissões*. – No caso dos autos, porém, constata-se que ao paciente foram aplicadas duas outras medidas, de semiliberdade e de liberdade assistida, reiteradamente descumpridas, em razão da prática de atos infracionais análogos ao delito de tráfico de drogas, a evidenciar a ausência de constrangimento ilegal na aplicação, nesta oportunidade, da medida de internação. *Habeas corpus* não conhecido" (STJ – HC: 280550 SP 2013/0356735-7, Relator: Ministra Marilza Maynard, j. 11.03.2014, Sexta Turma, *DJ* 31.03.2014).

Gabarito "B"

(Ministério Público/PI – 2012 – CESPE) Com relação às regras de apuração, processamento e julgamento de ato infracional atribuído a adolescente previstas no ECA, assinale a opção correta.

(A) Em casos excepcionais, em razão de grave abalo da ordem pública ou de reiteração infracional, é permitido ao juiz manter o adolescente internado provisoriamente pelo prazo máximo de noventa dias.

(B) Compete concorrentemente ao juiz e ao promotor de justiça a aplicação de medidas socioeducativas ao adolescente representado que tenha praticado ato infracional.

(C) Ainda que o adolescente representado confesse a autoria da infração, o advogado de defesa não pode desistir da produção de outras provas, sob pena de nulidade desse ato.

(D) O juiz pode decretar a regressão da medida socioeducativa sem a oitiva prévia do adolescente e de seu defensor.

(E) O prazo prescricional para aplicação de medidas socioeducativas não corre para os que são absolutamente incapazes, em conformidade com as regras de prescrição previstas no Código Civil.

A: incorreta, pois o prazo máximo da internação provisória é de quarenta e cinco dias (art. 108 e 183 do ECA); **B:** incorreta, pois compete exclusivamente ao juiz a aplicação de medidas socioeducativas ao adolescente representado (art. 182 do ECA); **C:** correta (súmula 342 do STJ); **D:** incorreta, pois é necessária a oitiva do menor infrator antes de decretar-se a regressão da medida socioeducativa (súmula 265 do STJ); **E:** incorreta, pois segundo o STJ, as medidas socioeducativas prescrevem de acordo com as regras previstas na Parte Geral do Código Penal (súmula 338 do STJ).

Gabarito "C"

(Ministério Público/GO – 2010) O adolescente apreendido em flagrante de ato infracional será, desde logo, encaminhado ________. Não sendo liberado, será o adolescente, desde logo, encaminhado ________. Sendo impossível a apresentação imediata, o adolescente será encaminhado ________. Na falta de repartição especializada, o adolescente aguardará a apresentação________. Complete o texto:

(A) à autoridade judiciária; ao representante do Ministério Público; ao Conselho Tutelar; em casa, devendo os pais ou responsável apresentá-lo ao representante do Ministério Público no prazo de quarenta e oito horas.

(B) à autoridade policial competente; ao representante do Ministério Público; à entidade de atendimento; em dependência separada da destinada a maiores, não podendo, em qualquer hipótese, exceder o prazo de vinte e quatro horas.

(C) ao representante do Ministério Público; ao Delegado de Polícia; à entidade de atendimento; na cadeia pública local, se não houver unidade de internação, não podendo, em qualquer hipótese, exceder o prazo de quarenta e cinco dias.

(D) ao Delegado de Polícia; ao Juiz de Direito; ao Promotor de Justiça; no Conselho Tutelar, que apresentará o adolescente ao Juiz no prazo de vinte e quatro horas.

A alternativa "b" está correta, ficando excluídas as demais, já que reflete o disposto nos arts. 172, 175, caput e §§ 1º e 2º, do ECA.

Gabarito "B"

(Ministério Público/CE – 2011 – FCC) De acordo com o que prevê o Estatuto da Criança e do Adolescente, o Ministério Público, no procedimento de apuração de ato infracional atribuído ao adolescente,

(A) deve ouvir informalmente o adolescente, salvo se, desde logo, optar pela aplicação da remissão como forma de exclusão do processo.

(B) pode oferecer representação independente de prova pré-constituída de autoria e materialidade.

(C) deve funcionar como curador especial do adolescente cujos pais ou responsável estejam ausentes.

(D) pode promover o arquivamento dos autos sempre que as circunstâncias do fato, a personalidade do adolescente e seu grau de participação no ato infracional sugerirem a desnecessidade da aplicação de qualquer medida socioeducativa.

(E) pode, a qualquer tempo, apurado que o ato infracional decorreu da ação ou omissão dos genitores do adolescente, postular a conversão do pedido de aplicação de medida socioeducativa em pedido de aplicação de medida pertinente aos pais ou responsável.

A: incorreta, pois apresentado o adolescente, o representante do Ministério Público procederá imediata e informalmente à sua oitiva (art. 179 do ECA), a fim de formar a sua convicção a respeito dos fatos e embasar uma das seguintes providências: a) promover o arquivamento dos autos; b) conceder remissão como forma de exclusão do processo; ou c) oferecer representação. Discute-se quanto à obrigatoriedade ou não da oitiva informal do adolescente, tal como uma condição de procedibilidade. *"A respeito do tema, o Superior Tribunal de Justiça decidiu que a ausência de oitiva informal não é capaz de gerar nulidade da representação e dos atos subsequentes, se os elementos existentes nos autos já bastarem à formação da convicção do magistrado"* (Rossato; Lépore; Sanches. Estatuto da Criança e do Adolescente Comentado. Editora RT); **B:** correta (art. 182, *caput* e § 2º, do ECA); **C:** incorreta, pois se os pais ou responsável não forem localizados, a autoridade judiciária dará curador especial ao adolescente (art. 184, § 2º, do ECA e art. 9º, I, do CPC); **D:** incorreta, pois quando as circunstâncias do fato, a personalidade do adolescente e seu grau de participação no ato infracional sugerirem a desnecessidade da aplicação de qualquer medida socioeducativa, o Promotor de Justiça poderá oferecer remissão própria (perdão puro e simples) como forma de exclusão do processo (art. 126 do ECA), ao passo que promoverá o arquivamento dos autos, caso verifique que o adolescente não foi o autor da conduta; que o ato praticado não é equiparado a crime; dentre outras causas; **E:** incorreta, pois caso se verifique que o ato infracional decorreu da ação ou omissão dos genitores do adolescente, deve-se postular a improcedência da ação socioeducativa. Quanto à aplicação de medida pertinente aos pais ou responsável, cabível uma explicação mais aprofundada. Vejamos. O art. 129 do ECA traz um rol de medidas pertinentes aos pais ou responsáveis que descumprirem com seus deveres em relação à criança ou ao adolescente sobre o qual exerçam poder. *"Por força do inciso II do art. 136 do Estatuto, a aplicação das medidas pertinentes contidas nos incisos I a VII do art. 129 (...) constitui atribuição do Conselho Tutelar, não obstante, subsidiariamente, também possa haver a determinação por parte da autoridade judiciária (...) já que não importam em alteração de situação familiar da criança ou do adolescente, mantendo-se a pessoa em desenvolvimento sob os poderes de seus guardiões, tutores ou pais (...). A seu turno, a competência para execução das medidas pertinentes dispostas nos incisos VIII a X (...) é exclusiva da autoridade judiciária, conforme diligência dos arts. 35, 164, 24, e 155 a 163, todos do Estatuto.* Ainda, oportuno ressaltar que *"as medidas previstas nos incisos I a IV do art. 129 (...), por serem de cunho eminentemente protetivo, dispensam qualquer procedimento e podem ser aplicadas incidentalmente mesmo em feitos destinados à apuração da responsabilidade por ato infracional, em que os pais ou responsáveis não são partes processuais. Entretanto, o seu efetivo cumprimento depende da aquiescência dos destinatários (pais ou responsável), já que não há medida coercitiva a ser aplicada em caso de descumprimento (...). Por sua vez, as medidas dispostas nos incisos V a X do art. 129 (...) exigiriam procedimentos próprios, isso porque, imporiam deveres ou sanções relativos à liberdade, e integridade física e psíquica dos pais ou responsáveis. Sendo assim, exige-se que os interessados possam se manifestar ostentando a posição de titularidade de um dos polos de uma contenda, sendo, pois, credores de exercício do contraditório e da ampla defesa exarados em um processo próprio"* (Rossato; Lépore; Sanches. Estatuto da Criança e do Adolescente Comentado. Editora RT).

Gabarito "B"

(Ministério Público/RO – 2008 – CESPE) Paulo, nascido em 10 de outubro de 1990, em razão de ter praticado um pequeno furto, foi levado à presença do promotor de Justiça da Promotoria da Infância e da Juventude, que concedeu a ele a remissão, não dando início a procedimento judicial. Algum tempo depois, Paulo foi conduzido à vara da infância e da juventude devido à prática de lesão corporal de natureza leve. O magistrado, nessa ocasião, aplicou-lhe, ao final do processo judicial, medida socioeducativa de liberdade assistida. Em 5 de março de 2008, Paulo foi detido por ter praticado latrocínio contra João. Em razão disso, o promotor de justiça iniciou processo judicial e requereu a aplicação da internação, a qual foi deferida pelo juízo, que, no entanto, não fixou seu prazo total. Paulo iniciou o cumprimento da medida em 3 de junho de 2008. Acerca dessa situação hipotética e de seus desdobramentos jurídicos, assinale a opção correta.

(A) Agiu equivocadamente o representante do MP ao conceder remissão a Paulo, já que a concessão de remissão, como forma de exclusão do processo, só pode ser aplicada por autoridade judiciária.

(B) Como a remissão não pode prevalecer para efeito de antecedentes e a liberdade assistida foi a única pena aplicada a Paulo anteriormente, não estão presentes pressupostos para a aplicação da internação, sendo certo que apenas a reiteração no cometimento de outras infrações graves poderia justificar a sua aplicação.

(C) O juiz agiu corretamente ao não fixar prazo para a internação de Paulo, pois a medida não comporta prazo determinado, devendo sua manutenção ser reavaliada, mediante decisão fundamentada, no máximo a cada seis meses.

(D) Paulo pode vir a ser liberado da internação apenas ao completar 21 anos de idade.

(E) Ao completar 18 anos de idade, Paulo deve ser removido para uma penitenciária comum, onde continuará cumprindo a sua pena.

A: incorreta, pois há três tipos de remissão e a remissão exclusão pode ser concedida pelo MP sem a autorização da autoridade judiciária, nos termos do art. 126 do ECA; Confira: a) remissão exclusão, ministerial ou pré-processual: consiste no perdão que poderá ser feito pelo Ministério Público antes de iniciado o procedimento judicial para apuração do ato infracional, atendendo às circunstâncias, personalidade do agente e sua maior ou menor participação, gerando a exclusão do processo (art. 126, *caput*, do ECA); b) remissão suspensão: consiste na mitigação das consequências da prática de um ato infracional, que só poderá ser feita pela autoridade judiciária, no bojo de procedimento judicial de apuração do ato infracional, aplicando-se medida legal que não seja colocação em regime de semiliberdade e internação (arts. 126, parágrafo único, e 127, parte final, do ECA), ficando suspenso o processo até o seu adequado cumprimento, findo o qual este será extinto; c) remissão extinção: consiste no perdão ou na mitigação das consequências da prática de um ato infracional, que só poderá ser feita pela autoridade judiciária, no bojo de procedimento judicial de apuração do ato infracional, concedendo-se perdão puro e simples ou aplicando-se medida que se esgote por si mesma naquele momento, gerando a extinção do processo desde logo (arts. 126, parágrafo único, e 127, parte final, do ECA); **B:** incorreta, pois o latrocínio justifica a aplicação da internação (art. 122, I, do ECA); **C:** correta (art. 121, § 2°, do ECA); **D:** incorreta, pois é importante lembrar que o prazo máximo de internação é de 3 anos (art. 121, § 3°, do ECA) e que, no prazo máximo de 6 meses, sua manutenção deve ser reavaliada (art. 121, § 2°, do ECA); **E:** incorreta, pois a internação pode ocorrer até os 21 anos (art. 121, § 5°, do ECA).

Gabarito "C"

(Ministério Público/SC – 2010)

I. A autoridade competente para julgar atos infracionais é o Juiz da Infância e Juventude.

II. O Conselho Tutelar providencia a execução da medida de proteção aplicada à criança, mas nunca pode aplicá-la.

III. Inexistindo centro de internação na Comarca o adolescente não pode ser internado em penitenciária estadual.

IV. A lei permite assistente de acusação no procedimento de apuração de ato infracional.

V. A presença dos pais no julgamento do ato infracional é uma faculdade do Juiz da instrução, ouvido o Ministério Público e o defensor.

(A) Apenas as assertivas I, II, III e IV estão corretas.

(B) Apenas as assertivas II, III e V estão corretas.

(C) Apenas as assertivas I e II estão corretas.

(D) Apenas as assertivas II, IV e V estão corretas.

(E) Apenas as assertivas I, II e III estão corretas.

I: correta, visto que, de fato, somente o juiz poderá julgar atos infracionais, aplicando as medidas socioeducativas adequadas a cada situação. A autoridade competente a que faz menção o *caput* do art. 112 é, segundo o art. 146 do ECA, o juiz da Infância e da Juventude. Se alguma dúvida ainda havia, a Súmula 108 do STJ, pacificou a questão: "A aplicação de medidas socioeducativas ao adolescente, pela prática de ato infracional, é da competência exclusiva do juiz"; **II:** incorreta, pois constitui atribuição do Conselho Tutelar, nos termos do art. 136, I, do ECA, atender as crianças e adolescentes nas hipóteses previstas nos arts. 98 e 105, aplicando as medidas contidas no art. 101, I a VI, do ECA; **III:** incorreta, visto que contraria o disposto no art. 185 do ECA; **IV:** não há a figura do assistente de acusação na ação socioeducativa; **V:** incorreta, nos termos do art. 111, VI, do ECA.

Gabarito "ANULADA"

(Ministério Público/SP – 2011) De acordo com o Estatuto da Criança e do Adolescente, a internação provisória do adolescente, antes da sentença pela prática de ato infracional:

(A) só pode ser determinada pela autoridade judiciária de ofício e por um prazo não superior a 30 (trinta) dias.

(B) pode ser determinada de ofício pelo Juiz ou a requerimento do Ministério Público, não podendo ultrapassar o prazo de 45 (quarenta e cinco) dias.

(C) poderá ser determinada pelo Juiz, bastando, para tanto, a presença de prova da materialidade do ato infracional e por prazo nunca superior a 5 (cinco) dias.

(D) nunca poderá ser determinada em face do princípio da presunção de inocência, constitucionalmente consagrado.

(E) poderá ser determinada pelo representante do Ministério Público, desde que o autor do ato infracional registre antecedentes.

A internação provisória – art. 108, ECA – constitui medida excepcional que somente poderá ser decretada diante da demonstração imperiosa de sua *necessidade*. Além disso, a medida não poderá durar mais de quarenta e cinco dias, prazo em que o processo deverá ser ultimado (art. 183 do ECA). Findo esse prazo, o adolescente deverá ser imediatamente liberado. Há decisões, contudo, que entendem que, a depender da particularidade do caso concreto, é possível estendê-lo, notadamente quando é a defesa que dá causa à dilação. O descumprimento injustificado deste prazo configura o crime do art. 235, ECA. De se ver, por fim, que o magistrado somente poderá decretar a internação provisória de adolescente desde que já tenha sido oferecida representação pelo Ministério Público, isto é, não cabe esta medida privativa de liberdade em procedimento apuratório, pois, se o representante do MP já dispõe de indícios suficientes de autoria e materialidade, deverá oferecer representação.

Gabarito "B"

(Ministério Público/SP – 2011) Assinale a alternativa incorreta.

O adolescente que "estiver privado de sua liberdade poderá

(A) ficar incomunicável excepcionalmente se o interesse público assim o exigir.

(B) peticionar diretamente perante qualquer autoridade.

(C) receber visitas, a não ser que tenham sido suspensas pela autoridade judiciária no interesse do adolescente.

(D) avistar-se reservadamente com seu defensor.

(E) entrevistar-se pessoalmente com o representante do Ministério Público.

A: assertiva incorreta (devendo esta ser assinalada), pois não reflete o disposto no art. 124, § 1º, do ECA; **B:** assertiva correta, pois em conformidade com o art. 124, II, do ECA; **C:** assertiva correta, pois em conformidade com o art. 124, II e § 2º, do ECA; **D:** assertiva correta, pois em conformidade com o art. 124, III, do ECA; **E:** assertiva correta, pois em conformidade com o art. 124, I, do ECA.

Gabarito "A"

(Ministério Público/SP – 2011) No que diz respeito à remissão, prevista no Estatuto da Criança e do Adolescente, não é correto afirmar que:

(A) poderá ser concedida pela autoridade judiciária, depois de iniciado o procedimento, sendo que sua concessão importará na suspensão ou extinção do processo.

(B) poderá ser concedida pelo representante do Ministério Público, antes do início do procedimento judicial para a apuração de ato infracional, como forma de exclusão do processo.

(C) implica necessariamente o reconhecimento ou comprovação da responsabilidade do autor de ato infracional e prevalece para efeito de antecedentes.

(D) poderá ser concedida pelo representante do Ministério Público, tendo em conta as circunstâncias e consequências do fato, o contexto social, a personalidade do adolescente e sua maior ou menor participação no ato infracional.

A: correta, pois reflete o que estabelece o art. 126, parágrafo único, do ECA; **B:** correta, pois em consonância com o que dispõe o art. 126, *caput*, do ECA (remissão ministerial ou pré-processual); **C:** incorreta, visto que não reflete a norma contida no art. 127 do ECA; **D:** correta, pois em consonância com o que dispõe o art. 126, *caput*, do ECA (remissão ministerial ou pré-processual).

Gabarito "C"

8. CONSELHO TUTELAR

(Ministério Público/SP – 2013 – PGMP) O Conselho Tutelar, órgão permanente e autônomo, encarregado pela sociedade de zelar pelo cumprimento dos direitos da criança e do adolescente, possui várias atribuições expressas na legislação vigente. Assinale a alternativa que apresenta CORRETAMENTE uma dessas atribuições.

(A) Aplicar a multa cabível diante de fato que constitua infração administrativa contra as normas de proteção aos direitos da criança ou adolescente.

(B) Apresentar emendas à proposta orçamentária elaborada pelo Poder Executivo local para planos e programas de atendimento aos direitos da criança e do adolescente.

(C) Representar ao Ministério Público para efeito das ações de perda ou suspensão do poder familiar, após esgotadas as possibilidades de manutenção da criança ou do adolescente junto à família natural.

(D) Providenciar a expedição de guia de acolhimento institucional quando a medida for aplicada pela autoridade judiciária ao adolescente autor de ato infracional.

(E) Examinar periodicamente a documentação contábil das entidades não governamentais, oferecendo relatório ao Ministério Público.

A: incorreta, pois o Conselho Tutelar não tem atribuição para aplicar multa, devendo encaminhar ao Ministério Público a notícia de fato que constitua infração administrativa ou penal contra os direitos da criança ou adolescente para que sejam tomadas as providências cabíveis (art. 136, IV, do ECA); **B:** incorreta, pois uma das atribuições do Conselho Tutelar é assessorar o Poder Executivo local na elaboração da proposta orçamentária – e não apresentar emendas – para planos e programas de atendimento dos direitos da criança e do adolescente (art. 136, IX, do ECA); **C:** correta, pois a alternativa está de acordo com o disposto no art. 136, XI, do ECA; **D:** incorreta, pois a Guia de Acolhimento é expedida pela autoridade judiciária e não pelo Conselho Tutelar (art. 101, § 3º, do ECA); **E:** incorreta, pois a alternativa não trata de atribuição do Conselho Tutelar (art. 136 do ECA).

Gabarito "C"

(Ministério Público/PR – 2013 – X) Sobre o Conselho Tutelar, assinale a alternativa ***incorreta***:

(A) Foi instituído na perspectiva de desjudicializar e agilizar o atendimento de crianças, adolescentes e famílias em risco social;

(B) Possui plena autonomia funcional, não estando subordinado ao Prefeito, ao Ministério Público e/ou ao Juiz da Infância e da Juventude;

(C) Pode promover diretamente a execução de suas decisões sem necessidade de recorrer ao Poder Judiciário, tendo a prerrogativa de requisitar serviços públicos nas áreas de saúde, educação, serviço social, previdência, trabalho e segurança;

(D) Sempre que entender necessário, pode promover o afastamento de criança ou adolescente de sua família de origem e seu subsequente acolhimento institucional;

(E) Tem o poder-dever de assessorar o Poder Executivo local na elaboração da proposta orçamentária, de modo a assegurar que esta contemple, em caráter prioritário, recursos para planos e programas destinados ao atendimento de crianças, adolescentes e famílias.

A: correta. De fato, desjudicializou-se, como regra, o atendimento inicial das situações de violação e ameaça de violação aos direitos da criança e do adolescente, reduzindo o âmbito da discricionariedade do juiz na proteção dos direitos da criança e do adolescente. Isso porque, a partir da vigência da Lei nº 12.010/2009, não mais se admite, em princípio, o processamento de procedimentos verificatórios, sindicâncias ou pedidos de providências para a apuração de fatos trazidos pelo Conselho Tutelar. Na nova sistemática proposta pelo Estatuto da Criança e do Adolescente, ao verificar a existência de situação de possível ameaça ou violação de direito de criança ou adolescente que demande apuração, deve o Conselho Tutelar requisitar, junto à rede municipal e/ou estadual, o serviço especializado para atendimento, aplicando à criança ou adolescente e aos pais ou responsável as medidas previstas nos arts. 101 (excetuando-se os incisos VII a IV) e 129 do Estatuto da Criança e do Adolescente, respectivamente. Uma vez aplicadas as medidas, cabe ao Poder Público, por meio das redes de atendimento social, de saúde e de educação, a tarefa de acompanhamento, orientação, apoio e tratamento das crianças e adolescentes, ficando o Conselho Tutelar com a incumbência de monitorar todas as ações tomadas. Só mesmo em caso de não atendimento dos encaminhamentos feitos, seja por parte da criança ou adolescente, dos pais ou responsáveis ou da própria rede, é que o Conselho Tutelar deverá representar ao Ministério Público ou ao Poder Judiciário, fazendo-o de forma articulada e documentada; **B:** correta, pois o Conselho Tutelar é um órgão autônomo, com total independência no exercício de suas funções (art. 131 do ECA); **C:** correta (art. 136, III, "a", do ECA); **D:** incorreta, devendo ser assinalada, pois o afastamento da criança ou adolescente do convívio familiar é de competência exclusiva da autoridade judiciária (art. 101, § 2º, do ECA); **E:** correta (art. 136, IX, do ECA).

Gabarito "D"

(Ministério Público/RR – 2012 – CESPE) No que diz respeito aos conselhos dos direitos da criança e do adolescente e ao conselho tutelar, assinale a opção correta.

(A) Se, no exercício de suas atribuições, o conselho tutelar entender necessário o afastamento da criança ou do adolescente do convívio familiar, o referido órgão deve requerer autorização ao MP para adotar as providências cabíveis ao caso.

(B) O Conselho Nacional dos Direitos da Criança e do Adolescente bem como os respectivos conselhos municipais e estaduais devem fixar critérios de utilização das doações subsidiadas e demais receitas, por meio de planos de aplicação, destinando, necessariamente, percentual para incentivo ao acolhimento, sob a forma de guarda, de criança ou adolescente órfãos ou abandonados.

(C) Os recursos financeiros necessários para a manutenção do conselho tutelar dependem das doações da comunidade local e do repasse de recursos financeiros do estado e da União.

(D) Em cada município deve haver, no mínimo, um conselho tutelar composto de cinco membros, nomeados pela câmara municipal para mandato de três anos, permitida uma recondução.

(E) A atuação do conselho tutelar restringe-se às crianças e aos adolescentes cujos pais ou responsável legal não possuam condições econômico-financeiras de garantir o mínimo existencial ao infante.

A: incorreta, pois o Conselho Tutelar não precisa pedir autorização ao Ministério Público, mas deverá comunicá-lo (art. 136, parágrafo único, do ECA); **B:** correta (art. 260, § 2º, do ECA); **C:** incorreta, pois constará da lei orçamentária municipal e da do Distrito Federal previsão dos recursos necessários ao funcionamento do Conselho Tutelar e à remuneração e formação continuada dos conselheiros tutelares (art. 134, parágrafo único, do ECA); **D:** incorreta, pois em cada Município e em cada Região Administrativa do Distrito Federal haverá, no mínimo, 1 (um) Conselho Tutelar como órgão integrante da administração pública local, composto de 5 (cinco) membros, escolhidos pela população local, para mandato de 4 (quatro) anos, permitida 1 (uma) recondução, mediante novo processo de escolha (art. 132 do ECA); **E:** incorreta, pois o Conselho Tutelar é encarregado de zelar pelo cumprimento dos direitos da criança e do adolescente, independentemente de sua situação econômica (art. 131 do ECA), pelo princípio da proteção integral.

Gabarito "B"

(Ministério Público/PI – 2012 – CESPE) O conselho tutelar de uma cidade do interior de determinado estado brasileiro recebeu denúncia anônima, por telefone, em que se relatava que o diretor da principal escola pública municipal teria praticado abusos sexuais contra várias crianças.

Nessa situação hipotética, dadas as atribuições do conselho tutelar previstas no ECA, os conselheiros tutelares devem:

(A) ajuizar contra o diretor, perante o juízo local da infância e da juventude, ação de exoneração do cargo, com pedido liminar de afastamento provisório.

(B) instaurar, com urgência, inquérito civil e criminal para ouvir o diretor, as crianças, seus pais, funcionários e professores da escola, para apuração dos fatos.

(C) comunicar, com urgência, o fato ao prefeito municipal, a quem cabe tomar as providências necessárias.

(D) ouvir reservadamente o diretor, as crianças e seus pais e, confirmados os indícios de abusos sexuais, enviar ao MP e à autoridade judiciária relatório circunstanciado do ocorrido e das providências tomadas.

(E) proceder à investigação do diretor, de forma sigilosa, e preparar um flagrante a fim de prendê-lo.

A alternativa "D" está correta, pois reflete o disposto no art. 136, I e IV, do ECA, ficando excluídas as demais.

Gabarito "D"

(Ministério Público/GO – 2010) Em relação ao Conselho Tutelar é incorreto afirmar:

(A) O processo para a escolha dos membros do Conselho Tutelar será estabelecido em lei municipal e realizado sob a responsabilidade da Assistência Social do Município, e a fiscalização do Conselho Municipal dos Direitos da Criança e do Adolescente e, na falta deste, do Ministério Público.

(B) As decisões do Conselho Tutelar somente poderão ser revistas pela autoridade judiciária a pedido de quem tenha interesse legítimo, a qualquer tempo.

(C) A regra de competência pelo domicílio dos pais ou responsável e pelo lugar onde se encontre a criança ou adolescente à falta dos pais ou responsáveis aplica-se ao Conselho Tutelar.

(D) Em cada município haverá, no mínimo, um Conselho Tutelar composto de cinco membros, escolhidos pela comunidade local para mandado de três anos, permitida uma recondução.

A: incorreta (devendo esta ser assinalada), pois o processo para a escolha dos membros do Conselho Tutelar será estabelecido em lei municipal e realizado sob a responsabilidade do Conselho Municipal dos Direitos da Criança e do Adolescente, e a fiscalização do Ministério Público (art. 139 do ECA); **B:** correta (art. 137 do ECA); **C:** correta (art. 138 do ECA); **D:** correta, de acordo com o gabarito à época da elaboração da questão. Com a alteração do art. 132, do ECA pela Lei 12.696/2012, *em cada Município e em cada Região Administrativa do Distrito Federal haverá, no mínimo, 1 (um) Conselho Tutelar como órgão integrante da administração pública local, composto de 5 (cinco) membros, escolhidos pela população local para* mandato de 4 (quatro) anos, *permitida 1 (uma) recondução, mediante novo processo de escolha* (art. 132 do ECA).

Gabarito "A"

(Ministério Público/CE – 2011 – FCC) O Conselho Tutelar, segundo o Estatuto da Criança e do Adolescente,

(A) deve integrar-se operacionalmente ao Judiciário, Ministério Público, Defensoria Pública, Segurança e Assistência Social para o fim de agilizar o atendimento inicial do adolescente a quem se atribui autoria de ato infracional.

(B) é composto de cinco membros, escolhidos pela comunidade local para mandato de três anos, permitida uma recondução.

(C) exceto em casos de delegação expressa pela autoridade judiciária competente, não pode expedir autorização de viagem nacional para crianças e adolescentes.

(D) para executar suas decisões, pode requisitar a condução coercitiva dos genitores que, embora notificados, não comparecerem para atendimento.

(E) tem seu local, dia e horário de funcionamento, remuneração de seus membros e suas atribuições definidos por lei municipal.

A: incorreta, pois o atendimento inicial do adolescente a quem se atribui a autoria de ato infracional será realizado pela autoridade policial ou judiciária (art. 171 e 172, ambos do ECA); **B:** correta, de acordo com o gabarito à época da elaboração da questão. Com a alteração do art. 132, do ECA pela Lei n. 12.696/2012, *em cada Município e em cada Região Administrativa do Distrito Federal haverá, no mínimo, 1 (um) Conselho Tutelar como órgão integrante da administração pública local, composto de 5 (cinco) membros, escolhidos pela população local para* ***mandato de 4 (quatro) anos****, permitida 1 (uma) recondução, mediante novo processo de escolha*; **C:** incorreta, pois somente a autoridade judiciária expedirá autorização de viagem nacional para crianças e adolescentes (art. 83 e 84, ambos do ECA); **D:** incorreta, por falta de previsão legal (art. 136, do ECA); **E:** incorreta, já que as atribuições do Conselho Tutelar estão previstas no art. 136 do ECA.

Gabarito "B"

(Ministério Público/AM – 2008 – CESPE) Acerca dos conselhos tutelares, assinale a opção correta.

(A) Em cada município haverá, no mínimo, um conselho tutelar composto de cinco membros, escolhidos pela comunidade local para mandato de três anos, vedada a recondução. O candidato a membro do conselho tutelar não precisa, necessariamente, residir no município em que servirá como conselheiro.

(B) O conselho tutelar é órgão permanente e autônomo e jurisdicional, encarregado de zelar pelo cumprimento dos direitos da criança e do adolescente.

(C) É desejável, mas não obrigatório, que conste de lei orçamentária municipal previsão dos recursos necessários ao funcionamento do conselho tutelar.

(D) É vedado ao conselho tutelar auxiliar o Poder Executivo local na elaboração da proposta orçamentária para planos e programas de atendimento dos direitos da criança e do adolescente.

(E) São impedidos de servir no mesmo conselho marido e mulher, ascendentes e descendentes, sogro e genro ou nora, irmãos, cunhados, durante o cunhadio, tio e sobrinho, padrasto ou madrasta e enteado. Estende-se o impedimento do conselheiro, do mesmo modo, em relação à autoridade judiciária e ao representante do MP com atuação na justiça da infância e da juventude, em exercício na comarca, foro regional ou distrital.

A: incorreta, pois se permite uma recondução (art. 132 do ECA). Ainda, com o advento da Lei 12.696/2012, o mandato do conselheiro tutelar passou a ser de 04 (quatro) anos; ademais, o candidato deve residir no Município (art. 133, III, do ECA); **B:** incorreta, pois é órgão não jurisdicional (art. 131 do ECA); **C:** incorreta. Constará da lei orçamentária municipal e da do Distrito Federal previsão dos recursos necessários ao funcionamento do Conselho Tutelar e à remuneração e formação continuada dos conselheiros tutelares (redação do atual art. 134, parágrafo único, do ECA, de acordo com a Lei 12.696/2012); **D:** incorreta (art. 136, IX, do ECA); **E:** correta (art. 140 do ECA).

Gabarito "E"

(Ministério Público/MA – 2009) Sobre o Conselho Tutelar estabelece o Estatuto da Criança e do Adolescente que:

(A) devem ser compostos por brasileiros natos, maiores de dezoito (18) anos e residentes na Comarca, os quais podem ser remunerados e têm mandato certo, não sendo permitida a recondução;

(B) cada Município deve possuir apenas um, composto de sete (7) membros escolhidos pelos cidadãos para mandato de dois (2) anos, permitida a recondução;

(C) dentre suas atribuições está a aplicação, aos adolescentes, das medidas de advertência, obrigação de reparar o dano e prestação de serviços à comunidade;

(D) não pode promover a execução de suas decisões, as quais também não podem ser revistas nem mesmo pela autoridade judiciária;

(E) devem ser compostos por pessoas maiores de vinte e um (21) anos, residentes no município e com reconhecida idoneidade moral, as quais têm mandato certo, permitida a recondução, podendo ser remuneradas.

A: incorreta (art. 133, I, II e III, do ECA); **B:** incorreta (art. 132 do ECA). Ainda, com o advento da Lei 12.696/2012, o mandato do conselheiro tutelar passou a ser de 04 (quatro) anos; **C:** incorreta, pois se trata de atribuição da autoridade judiciária (juiz da Vara da Infância e da Juventude – art. 148, I, do ECA); **D:** incorreta (arts. 136, III, e 137, do ECA); **E:** correta (arts. 132 e 133, do ECA). Ainda, com o advento da Lei 12.696/2012, constará da lei orçamentária municipal e da do Distrito Federal previsão dos recursos necessários ao funcionamento do Conselho Tutelar e à <u>remuneração</u> e formação continuada dos conselheiros tutelares.

Gabarito "E"

(Ministério Público/PR – 2008) Assinale a alternativa INCORRETA:

(A) em cada Município deve haver, no mínimo, um Conselho Tutelar composto de cinco membros, escolhidos pela comunidade local para mandato de três anos, permitida uma recondução;

(B) a lei municipal deve dispor sobre local, dia e horário de funcionamento do Conselho Tutelar, inclusive quanto à obrigatória remuneração de seus membros;

(C) para promover a execução das medidas que aplica, inclusive no tocante aos pais ou responsáveis, pode o Conselho Tutelar requisitar os serviços públicos nas áreas de saúde, educação, serviço social, previdência, trabalho e segurança;

(D) o exercício efetivo da função de conselheiro constitui serviço público relevante, estabelece presunção de idoneidade moral e assegura prisão especial, em caso de crime comum, até o julgamento definitivo;

(E) as decisões do Conselho Tutelar somente poderão ser revistas pela autoridade judiciária a pedido de quem tenha legítimo interesse.

A: correta, ao tempo da elaboração da questão (art. 132 do ECA). Com o advento da Lei 12.696/2012, o mandato do conselheiro tutelar passou a ser de <u>04 (quatro) anos</u>; **B:** incorreta (devendo esta ser assinalada), ao tempo da elaboração da questão, já que com o advento da Lei 12.696/2012 a remuneração é obrigatória, devendo a lei municipal dispor sobre sua existência (art. 134, *caput* e *parágrafo único*, do ECA); **C:** correta (art. 136, III, *a*, do ECA); **D:** correta, ao tempo da elaboração da questão, tendo em vista que, com o advento da Lei 12.696/2012, o exercício efetivo da função de conselheiro constituirá serviço público relevante e estabelecerá tão somente a presunção de idoneidade moral, não assegurando prisão especial (art. 135 do ECA); **E:** correta (art. 137 do ECA).

Gabarito "B"

9. CONSELHO MUNICIPAL DA CRIANÇA E DO ADOLESCENTE

(Ministério Público/PR – 2013 – X) Sobre os Conselhos de Direitos da Criança e do Adolescente, assinale a alternativa ***<u>incorreta</u>***:

(A) Sua composição será sempre paritária, compreendendo igual número de representantes do governo e da sociedade;

(B) Detém a competência deliberativa quanto à política de atendimento à criança e ao adolescente, tomando decisões que vinculam o administrador;

(C) No que diz respeito à elaboração e execução orçamentária pelo Executivo, sua atuação está restrita à definição da forma de destinação dos recursos captados pelo Fundo dos Direitos da Criança e do Adolescente, cuja gestão é de sua responsabilidade;

(D) Em âmbito municipal, é responsável pela coordenação e condução do processo democrático de escolha dos membros do Conselho Tutelar;

(E) Em âmbito estadual, deve promover o registro dos programas socioeducativos de internação e semiliberdade.

A: correta (art. 88, II, do ECA); **B:** correta (arts. 52-A; 88, II; e 101, § 12, do ECA); **C:** incorreta, devendo ser assinalada, pois os próprios Conselhos Municipais, Estaduais e Nacional dos Direitos da Criança e do Adolescente fixarão critérios de utilização dos recursos captados pelo Fundo dos Direitos da Criança do Adolescente, sendo que a definição das prioridades a serem atendidas se baseará nas disposições do Plano Nacional de Promoção, Proteção e Defesa dos Direitos de Crianças e Adolescentes à Convivência Familiar, bem como nas regras e princípios relativos à garantia do direito à convivência familiar (arts. 88, IV; do ECA); **D:** correta (art. 139, *caput*, do ECA); **E:** correta (art. 90, § 1°, do ECA).

Gabarito "C"

(Ministério Público/MT – 2012 – UFMT) Os recursos decorrentes das multas aplicadas pelo descumprimento de ordem judicial prolatada em ações fundamentadas no art. 210 do Estatuto da Criança e do Adolescente serão

(A) revertidos ao fundo gerido pelo Conselho Estadual de Direitos.

(B) revertidos ao fundo gerido pelo Conselho Nacional de Direitos.

(C) revertidos ao fundo gerido pelo Conselho Municipal de Direitos.

(D) divididos em partes iguais entre os Conselhos Municipal e Estadual.

(E) divididos em partes iguais entre os Conselhos de Direitos Municipal, Estadual e Nacional.

Art. 214, *caput*, do ECA.

Gabarito "C"

(Ministério Público/PR – 2008) Assinale a alternativa INCORRETA:

(A) os Conselhos Municipais, Estaduais e Nacional dos Direitos da Criança e do Adolescente são órgãos deliberativos da política de atendimento à infância e juventude, bem como controladores das ações em todos os níveis;

(B) nos conselhos dos direitos da criança e do adolescente deve ser assegurada a participação popular paritária por meio de organizações representativas;

(C) é diretriz da política de atendimento à infância e juventude a manutenção de fundos nacional, estaduais e municipais vinculados aos respectivos conselhos dos direitos da criança e do adolescente;

(D) a função de membro do Conselho Nacional e dos Conselhos Estaduais e Municipais dos Direitos da Criança e do Adolescente é considerada de interesse público relevante e não será remunerada;

(E) as entidades de atendimento a crianças e adolescentes, exceto as governamentais, deverão proceder a inscrição de seus programas junto ao Conselho Municipal dos Direitos da Criança e do Adolescente.

A: correta (art. 88, II, do ECA); **B:** correta (art. 88, II, do ECA); **C:** correta (art. 88, IV, do ECA); **D:** correta (art. 89 do ECA); **E:** incorreta (art. 90, § 1º, do ECA).

Gabarito "E"

10. MINISTÉRIO PÚBLICO

(Ministério Público/TO – 2012 – CESPE) Com base no que dispõe o ECA, assinale a opção correta em relação à proteção judicial dos interesses individuais, difusos e coletivos das crianças e dos adolescentes e à atuação do MP.

(A) O MP possui legitimidade para promover e acompanhar os procedimentos de suspensão e destituição do poder familiar, nomeação e remoção de tutores, curadores e guardiães. No entanto, com a criação da DP pela CF, o MP perdeu a legitimidade para ajuizar ações de alimentos.

(B) O MP não possui legitimidade para propor ACP para obrigar plano de saúde a custear tratamento quimioterápico, em qualquer centro urbano, a uma única criança conveniada a empresa prestadora do serviço de assistência médica.

(C) Em razão da ausência de previsão expressa no ECA, a DP não possui legitimidade para a propositura de ACP para a proteção dos direitos metaindividuais das crianças e dos adolescentes, possuindo, tão somente, legitimidade para o ajuizamento de ações individuais.

(D) Compete ao MP, entre outras atribuições, conceder a remissão, como forma de exclusão ou de suspensão do processo, e promover e acompanhar os procedimentos relativos às infrações atribuídas a adolescentes.

(E) As ações coletivas ajuizadas em defesa dos direitos das crianças e dos adolescentes devem ser propostas no foro do local onde ocorra a ação ou omissão, tendo o juízo do local competência absoluta para processar a causa, ressalvadas a competência da justiça federal e a competência originária dos tribunais superiores.

A: incorreta, por força do disposto no art. 201, III, do ECA; **B:** incorreta, por força no disposto nos art. 201, V e art. 210, I, do ECA; **C:** incorreta. Muito embora a Defensoria Pública não esteja como colegitimada no art. 210 do ECA, o fato é que ela possui legitimidade para a propositura de ação civil pública, em razão do disposto no art. 5º, II, da Lei 7.347/1985. Todavia, quanto a tutela for de direitos coletivos ou individuais homogêneos, a legitimidade ficará restrita aos interesses dos necessitados. Por sua vez, se a tutela for de direitos difusos, não haverá restrição, já que os seus titulares são indeterminados. Neste sentido é o entendimento jurisprudencial: *Ementa PROCESSUAL CIVIL. AÇÃO COLETIVA. DEFENSORIA PÚBLICA. LEGITIMIDADE ATIVA. ART. 5º, II, DA LEI Nº 7.347/1985 (REDAÇÃO DA LEI Nº 11.448/2007). PRECEDENTE. 1. Recursos especiais contra acórdão que entendeu pela legitimidade ativa da Defensoria Pública para propor ação civil coletiva de interesse coletivo dos consumidores. 2. Esta Superior Tribunal de Justiça vem-se posicionando no sentido de que, nos termos do art. 5º, II, da Lei 7.347/1985 (com a redação dada pela Lei nº 11.448/2007), a Defensoria Pública tem legitimidade para propor a ação principal e a ação cautelar em ações civis coletivas que buscam auferir responsabilidade por danos causados ao meio ambiente, ao consumidor, a bens e direitos de valor artístico, estético, histórico, turístico e paisagístico e dá outras Providências. 3. Recursos especiais não providos. Acórdão Origem: STJ – SUPERIOR TRIBUNAL DE JUSTIÇA Classe: RESP – RECURSO ESPECIAL – 912849 Processo: 200602794575 UF: RS Órgão Julgador: PRIMEIRA TURMA Data da decisão: 26/02/2008 Relator(a) JOSÉ DELGADO*; **D:** incorreta, pois, antes de iniciado o procedimento judicial para apuração de ato infracional, o representante do Ministério Público poderá conceder a remissão, como forma de exclusão do processo (art. 126, *caput*, do ECA); **E:** correta (art. 209 do ECA).

Gabarito "E"

(Ministério Público/PI – 2012 – CESPE) A respeito da proteção judicial dos interesses individuais, difusos e coletivos das crianças e dos adolescentes prevista no ECA, assinale a opção correta.

(A) As demandas judiciais previstas no ECA deverão ser propostas no foro do local onde tenha ocorrido ou deva ocorrer a ação ou omissão, cujo juízo terá competência absoluta para processar a causa, sem exceções, em atenção ao princípio da proteção integral.

(B) Na hipótese de a associação autora não promover a execução da sentença condenatória no prazo de sessenta dias contados do trânsito em julgado, deverá fazê-lo o MP, facultada igual iniciativa à defensoria pública.

(C) No curso do inquérito civil, se o órgão do MP, esgotadas todas as diligências, se convencer da inexistência de fundamento para a propositura da ação cível, ele deverá requerer, em petição fundamentada dirigida ao juiz da infância e da juventude, o arquivamento do procedimento.

(D) O MP não possui legitimidade para propor ACP para obrigar plano de saúde a custear tratamento quimioterápico em centro urbano a uma única criança conveniada à empresa prestadora do serviço de assistência médica.

(E) A proteção judicial coletiva dos interesses individuais, difusos e coletivos das crianças e dos adolescentes restringe-se aos direitos taxativamente previstos no ECA.

A: incorreta, pois as ações as serão propostas no foro do local onde ocorreu ou deva ocorrer a ação ou omissão, cujo juízo terá competência absoluta para processar a causa, ressalvadas a competência da Justiça Federal e a competência originária dos tribunais superiores (art. 209 do ECA); **B:** correta (art. 217 do ECA e art. 15, da Lei 7.347/1985); **C:** incorreta, pois os autos do inquérito civil ou as peças de informação arquivados serão remetidos, sob pena de se incorrer em falta grave, no prazo de três dias, ao Conselho Superior do Ministério Público e não ao juiz (art. 223, § 1º e 2º, do ECA); **D** e **E:** incorretas, pois estão em desacordo com o art. 201, V, do ECA.

Gabarito "B"

(Ministério Público/PI – 2012 – CESPE) No que se refere à atuação do MP no âmbito do ECA, assinale a opção correta.

(A) Compete ao MP conceder a remissão como forma de exclusão ou de suspensão do processo e promover e acompanhar os procedimentos relativos às infrações atribuídas a adolescentes.

(B) Com a criação da defensoria pública pela CF, o MP perdeu a legitimidade para a propositura de ações de alimentos.

(C) Compete ao MP impetrar mandado de segurança, de injunção e *habeas corpus*, em qualquer juízo, instância ou tribunal, na defesa dos interesses individuais disponíveis, indisponíveis, sociais e difusos afetos à criança e ao adolescente.

(D) Cabe ao representante do MP que atua perante a vara da infância e da juventude conceder entrevista pessoal ao adolescente privado de liberdade.

(E) No âmbito administrativo, compete ao MP instaurar inquérito civil e, para instruí-lo, requisitar das instituições financeiras a quebra de sigilo bancário dos investigados por crimes de sequestro praticados contra crianças e adolescentes.

A: incorreta, pois antes de iniciado o procedimento judicial para apuração de ato infracional, o representante do Ministério Público poderá conceder a remissão, como forma de exclusão do processo, atendendo às circunstâncias e consequências do fato, ao contexto social, bem como à personalidade do adolescente e sua maior ou menor participação no ato infracional (art. 126 do ECA); **B:** incorreta (art. 201, III, do ECA); **C:** incorreta, pois ao órgão ministerial cabe impetrar mandado de segurança, de injunção e *habeas corpus*, em qualquer juízo, instância ou tribunal, na defesa dos interesses sociais e individuais indisponíveis afetos à criança e ao adolescente (art. 201, IX, do ECA); **D:** correta (art. 124, I, do ECA); **E:** incorreta, pois a alternativa não traz uma das hipóteses de atuação do Ministério Público (art. 201, VI, do ECA).

Gabarito "D"

(Ministério Público/CE – 2011 – FCC) Ao fiscalizar as entidades de atendimento responsáveis pela execução de programas de proteção e socioeducativos, age de acordo com o Estatuto da Criança e do Adolescente o representante do Ministério Público que

(A) postula ao Conselho Estadual dos Direitos da Criança e do Adolescente a cassação do registro de entidade governamental que desenvolve programa de acolhimento familiar e não estimula o contato dos acolhidos com seus pais e parentes.

(B) representa ao Conselho Tutelar para a aplicação de multa à entidade não governamental que desenvolve programa de proteção social especial e não mantém serviços de apoio e acompanhamento de seus egressos.

(C) aplica, ele próprio, medida de recomendação e advertência à entidade governamental que desenvolve programa de acolhimento familiar e não observa a rigorosa separação de seus usuários segundo critérios de gênero e compleição física.

(D) representa ao juiz para a interdição de programa de internação executado por entidade governamental que descumpre a obrigação de oferecer atendimento personalizado, em pequenas unidades e grupos reduzidos.

(E) postula ao Conselho Municipal dos Direitos da Criança e do Adolescente o afastamento temporário de dirigente de entidade não governamental que desenvolve programa de semiliberdade e não oferece profissionalização aos adolescentes atendidos.

A alternativa "d" está correta, pois está de acordo com o art. 97, II, "c" e art. 201, X e XI, ambos do ECA, ficando excluídas as demais alternativas.

Gabarito "D"

(Ministério Público/CE – 2011 – FCC) Compete ao Ministério Público, segundo o que prevê o Estatuto da Criança e do Adolescente,

(A) conceder remissão como forma de extinção do processo.

(B) promover a oitiva informal de crianças e de adolescentes aos quais se atribui a autoria de ato infracional.

(C) requisitar, de qualquer pessoa, informações sobre fatos relevantes à defesa de direitos indisponíveis de crianças ou adolescentes, assinalando prazo não inferior a dez dias úteis para a resposta.

(D) aprovar o plano de aplicação das doações subsidiadas e demais receitas que integram o Fundo Municipal dos Direitos da Criança e do Adolescente.

(E) exercer as atribuições dos Conselhos Tutelares enquanto eles ainda não tiverem sido instalados.

A: incorreta, pois compete ao Ministério Público conceder remissão como forma de exclusão do processo, o qual nem sequer será iniciado (art. 126, *caput*, do ECA), e não como forma de extinção do processo; **B:** incorreta, pois a oitiva informal tem por finalidade a apuração de ato infracional praticado por adolescente (art. 179 do ECA), cabendo ao Ministério Público adotar uma das providências previstas no art. 180 do ECA. Caso se trate de ato infracional cometido por criança, caberá a aplicação de medida de proteção e não socioeducativa (art. 105 do ECA), a ser executada, em regra, pelo Conselho Tutelar. Neste sentido: *"às crianças será possível a aplicação única e exclusivamente de medidas de proteção, conforme decisão do Conselho Tutelar. Contudo, dependendo da medida, a criança será encaminhada para o magistrado, como, por exemplo, quando for necessária a inserção em acolhimento institucional"* (Rossato, Lépore e Sanches. Estatuto da Criança e do Adolescente Comentado. Editora RT); **C:** correta (art. 223, § 3º, do ECA); **D:** incorreta, pois cabe tão somente ao Ministério Público fiscalizar o Fundo Municipal dos Direitos da Criança e do Adolescente (arts. 260-I, VI e 206-J, do ECA); **E:** incorreta, pois enquanto não instalados os Conselhos Tutelares, as atribuições a eles conferidas serão exercidas pela autoridade judiciária (art. 262 do ECA). Ademais, em cada Município e em cada Região Administrativa do Distrito Federal **haverá**, no mínimo, 1 (um) Conselho Tutelar como órgão integrante da administração pública local (art. 132, do ECA). Assim, extrai-se do ECA a obrigatoriedade de o Município criar o Conselho Tutelar e o Conselho Municipal dos Direitos da Criança e do Adolescente (art. 88, I, II e IV; art.132; art. 134 e art. 139, todos do ECA). Neste sentido é o entendimento jurisprudencial: *"AÇÃO CIVIL PÚBLICA - CONSELHO MUNICIPAL DOS DIREITOS DA CRIANÇA E DO ADOLESCENTE E O CONSELHO TUTELAR - ECA - CRIAÇÃO E FORMAÇÃO. A Ação Civil Pública é eficaz para compelir o Executivo municipal a criar e formar o Conselho Municipal dos Direitos da Criança e do Adolescente e o Conselho Tutelar, conforme determina o Estatuto da Criança e do Adolescente - ECA. Em reexame necessário, sentença confirmada"* (Processo nº 1.0297.05.000699-0/001 (1), Rel. Des. Nilson Reis, p. em 24.03.2006).

Gabarito "C"

(Ministério Público/SP – 2006) Assinale a afirmação incorreta.

(A) Todos os direitos da criança e do adolescente reconhecidos na Lei nº 8.069/1990 são indisponíveis.

(B) O Ministério Público é defensor constitucional dos direitos da criança e do adolescente na exata medida da indisponibilidade desses direitos.

(C) A atuação do Promotor de Justiça deve ter em conta a condição peculiar da criança e do adolescente como pessoa em desenvolvimento.

(D) O Promotor de Justiça não poderá pedir a improcedência de ação civil pública proposta pelo Ministério Público para a proteção de interesses difusos relativos à infância e à adolescência.

(E) A falta de intervenção do Ministério Público nos processos da Vara da Infância e da Juventude acarreta nulidade.

A: correta, pois o ECA impõe proteção integral aos direitos da criança e do adolescente (art. 1º da Lei 8.069/1990); **B:** correta, pois a leitura atenta do art. 127 da CF faz perceber que o Ministério Público deve cuidar dos direitos indisponíveis, como são os direitos afetos à criança e ao adolescente (v. tb. o art. 201, VIII, do ECA); **C:** correta (art. 6º do ECA); **D:** incorreta (devendo esta ser assinalada), pois, sobre o assunto, vige o princípio da defesa da ordem jurídica (art. 127, *caput*, da CF), que pode significar, em alguns casos, o pedido de improcedência de ação civil pública; **E:** correta (art. 204 do ECA).

Gabarito "D"

11. ACESSO À JUSTIÇA

(Ministério Público/DF – 2013) É dever da família, da sociedade e do Estado assegurar à criança e ao adolescente, com absoluta prioridade os seus direitos, que se afiguram indisponíveis e que faz do Ministério Público um legitimado natural à sua defesa. E, o ordenamento jurídico processual está posto para ser instrumento dessa atuação. Assinale a alternativa **CORRETA:**

(A) O órgão do Ministério Público que atua perante a Justiça da Infância e da Juventude, ingressou com ação de destituição do poder familiar contra o pai de uma criança. No curso da lide, o órgão ministerial requereu a antecipação da prova oral, mas seu pleito foi indeferido pelo juiz. Irresignado, o Ministério Público terá o prazo de 10 dias, para interpor o recurso de agravo de instrumento contra esta decisão judicial.

(B) No mesmo litígio citado no item anterior, a sentença foi prolatada por juiz que não presidiu quaisquer das audiências de instrução do processo, tendo ele julgado procedente a ação. O pai da criança formulou recurso suscitando a nulidade da sentença, por violação do princípio da identidade física do juiz. Necessário, portanto, que o recorrente demonstre eventual prejuízo que a situação lhe proporcionou, o que não se presume somente por ser ele a parte vencida no processo.

(C) O juízo de retratação é uma oportunidade que a lei dá ao juiz de rever o que já decidiu. As sentenças proferidas pelo Juízo da Infância e da Juventude não são, de regra, passíveis de retratação, uma vez proferidas somente podem ser modificadas pelo órgão fracionário a que for dirigido o recurso pertinente. Apenas no caso de decisão interlocutória, acerca da qual foi interposto recurso de agravo de instrumento, é que a autoridade judiciária poderá retratar-se.

(D) A competência do juízo da infância e da juventude é absoluta para processar e julgar as causas que versam sobre interesses de crianças e adolescentes, seja no plano individual ou no coletivo, mesmo que a parte contrária seja a pessoa jurídica de direito público, e que exista o foro especializado de fazenda pública.

(E) O Conselho Tutelar é um importante órgão do Estado, encarregado pelo juiz da infância e da juventude para zelar pelo cumprimento dos direitos da criança e do adolescente, definidos na Lei nº 8.069/1990, podendo, por exemplo, requisitar certidão de nascimento de criança ou adolescente, quando necessário e a quem de direito.

A: incorreta, pois, como regra, das decisões interlocutórias caberá agravo, no prazo de 10 (dez) dias, na forma retida, salvo quando se tratar de decisão suscetível de causar à parte lesão grave e de difícil reparação, bem como nos casos de inadmissão da apelação e nos relativos aos efeitos em que a apelação é recebida, quando será admitida a sua interposição por instrumento (art. 522, *caput*, do CPC); **B:** correta, pois, de fato, a infringência ao princípio da identidade física do juiz não gera nulidade absoluta, devendo ser provado o prejuízo pela parte que o alega. Neste sentido é o entendimento jurisprudencial: "Recurso especial. Processual civil. Civil. Omissão não caracterizada (CPC, art. 535). Princípio da identidade física do juiz (CPC, art. 132). Ausência de prejuízo. Mandato. Liberação de valores. Ausência de poderes. Súmulas 5 e 7/STJ. Recurso não provido. (...) 2. *O princípio da identidade física do juiz não possui caráter absoluto. Se não ficar caracterizado prejuízo às partes, sobretudo no tocante aos princípios do contraditório e da ampla defesa, não é viável reconhecer-se a nulidade do decisum apenas por ter sido prolatado por julgador diverso* *do que presidiu a instrução do feito.* (...)" (STJ, Relator: Ministro Raul Araújo, j. 03.04.2014, Quarta Turma). "*É cediço que o princípio da identidade física do juiz não tem caráter absoluto* (art. 132, parágrafo único, do CPC). No caso, não se vislumbra qualquer prejuízo a alguma das partes, dessarte é forçoso reconhecer como válida a sentença proferida pelo juiz que não presidiu a instrução, mas a prolatou na qualidade de substituto eventual em mutirão (...) AgRg no Ag 624.779-RS, Rel. Min. Castro Filho, j. 15.08.2005 (Informativo STJ 327); **C:** incorreta, pois uma das características dos recursos interpostos das decisões proferidas na Justiça da Infância e Juventude é o juízo de retratação, inclusive, no recurso de apelação, podendo o juiz modificar a sua sentença, antes de determinar a subida dos autos à superior instância (art. 198, VII, do ECA); **D:** incorreta, pois a competência do juízo da infância e da juventude não é absoluta para processar e julgar todas as causas que versam sobre interesses de crianças e adolescentes, devendo existir situação de risco que justifique a fixação da competência. Neste sentido é o entendimento jurisprudencial: "Conflito de competência – Juízo da vara da infância e juventude – Juizado especial da fazenda pública – Ausência de situação de risco do menor – Resolução 700/2012 – Matéria diversa – Incompetência reconhecida. 1 – O *caput* do artigo 98 e o parágrafo único do art. 148 do ECA, cuidam de regras de competência absoluta e, diante da alteração de estado de fato afaste sua aplicação, não se pode considerar o Juízo da Infância e Juventude competente para processar e julgar a ação de guarda de menores. 2 – Aplica-se o art. 8º da Resolução 700/2012-TJMG para fins de limitação da competência dos Juizados Especiais da Fazenda Pública, enquanto subsistir a autorização do art. 23 a Lei 12.153/2009" (TJ-MG - CC: 10000140105750000 MG, Relator: Jair Varão, j. 03.07.2014, Câmaras Cíveis / 3ª Câmara Cível, *DJ* 14.07.2014); **E:** incorreta, pois o Conselho Tutelar é órgão permanente e autônomo, não jurisdicional, integrante da administração pública local e não estadual (art. 131 do ECA). Oportuno ressaltar que uma das atribuições do Conselho Tutelar é requisitar certidões de nascimento e de óbito de criança ou adolescente quando necessário (art. 136, VIII, do ECA).

Gabarito "B"

(Ministério Público/ES – 2013 – VUNESP) Assinale a alternativa correta acerca da perda ou da suspensão do poder familiar no ECA.

(A) Considerando o prazo máximo de cento e vinte dias para conclusão do procedimento de perda ou de suspensão do poder familiar, deixou de ser obrigatória a oitiva dos pais, mesmo quando estes forem identificados e estiverem em local conhecido.

(B) O consentimento dos titulares do poder familiar para colocação em família substituta é irretratável, quando este for manifestado em audiência presidida pelo juiz, com a presença do órgão do Ministério Público, e na qual a equipe interprofissional tenha prestado orientações e esclarecimentos acerca da irrevogabilidade da medida.

(C) São obrigatórias a nomeação e a intervenção de curador especial da Defensoria Pública em qualquer ação de destituição do poder familiar formulada pelo Ministério Público no interesse da criança ou do adolescente.

(D) A apelação da sentença que destituiu ambos ou qualquer dos pais do exercício do poder familiar será recebida apenas no efeito devolutivo.

(E) O acolhimento institucional justifica-se como medida liminar requerida pelo Ministério Público no interesse superior da criança, nos procedimentos de perda ou suspensão do poder familiar, ainda que sem motivo grave.

A: incorreta, pois é obrigatória a oitiva dos pais sempre que esses forem identificados e estiverem em local conhecido (art. 161, § 4º, do ECA); **B:** incorreta, pois o consentimento é retratável até a data da publicação da sentença constitutiva da adoção (art. 166, § 5º, do ECA); **C:** incorreta, pois a autoridade judiciária dará curador especial à criança ou adolescente, quando os interesses destes colidirem com os de seus pais ou responsável, ou quando carecer de representação ou assistência legal ainda que eventual (art. 142, parágrafo único, do ECA); **D:** correta, pois a sentença que deferir a adoção produz efeito desde logo, embora sujeita a apelação, que será recebida exclusivamente no efeito devolutivo, salvo se se tratar de adoção internacional ou se houver perigo de dano irreparável ou de difícil reparação ao adotando (art. 199-A do ECA); **E:** incorreta, pois para que haja o afastamento da criança ou do adolescente de sua família natural, imprescindível que haja motivo grave para tanto (art. 157 do ECA).

Gabarito "D"

(Ministério Público/GO – 2013) Nos procedimentos afetos à Justiça da Infância e da Juventude, inclusive os relativos à execução das medidas socioeducativas, adotar-se-á o sistema recursal da Lei 5.869, de 11 de janeiro de 1973 (Código de Processo Civil), com a seguinte adaptação:

(A) os recursos serão interpostos com preparo, salvo quando partes o Ministério Público e a Defensoria Pública.

(B) em todos os recursos, salvo nos embargos de declaração, o prazo para o Ministério Público e para a defesa será de 15 (quinze) dias.

(C) os recursos terão preferência de julgamento e dispensarão revisor.

(D) antes de determinar a remessa dos autos à superior instância, no caso de apelação, ou do instrumento, no caso de agravo, a autoridade judiciária proferirá despacho fundamentado, mantendo ou reformando a decisão, no prazo de 10 (dez) dias.

A: incorreta, pois os recursos serão interpostos independentemente de preparo (art. 198, I, do ECA); **B:** incorreta, pois o prazo será de 10 dias (art. 198, II, do ECA); **C:** correta, pois a alternativa está de acordo com o disposto no art. 198, III, do ECA; **D:** incorreta, pois o prazo é de cinco dias e não de dez dias para o juízo de retratação (art. 198, VII, do ECA).

Gabarito "C"

(Ministério Público/MG – 2014) Sobre o procedimento previsto na Lei 8.069/1990 para a perda do poder familiar, é **CORRETO** afirmar:

(A) O procedimento para a perda ou a suspensão do poder familiar terá inicio por provocação do Ministério Público ou por qualquer pessoa.

(B) Havendo motivo grave, poderá a autoridade judiciária, ouvido o Ministério Público, decretar a suspensão do poder familiar, liminar ou incidentemente, até o julgamento definitivo da causa, ficando a criança ou adolescente confiado a pessoa idônea, sem necessidade de termo de responsabilidade.

(C) O requerido será citado para, no prazo de dez dias, oferecer resposta escrita, indicando as provas a serem produzidas e oferecendo desde logo o rol de testemunhas e documentos.

(D) Não sendo contestado o pedido, o juiz decretará de plano a revelia do réu.

A: incorreta, pois o procedimento para a perda ou a suspensão do poder familiar terá início por provocação do Ministério Público ou de quem tenha legítimo interesse e não por qualquer pessoa (art. 155 do ECA); **B:** incorreta, pois havendo motivo grave, poderá a autoridade judiciária, ouvido o Ministério Público, decretar a suspensão do poder familiar, liminar ou incidentalmente, até o julgamento definitivo da causa, ficando a criança ou adolescente confiado a pessoa idônea, *mediante termo de responsabilidade* (art. 157 do ECA); **C:** correta, pois a alternativa está de acordo com o disposto no artigo 158, *caput*, do ECA; **D:** incorreta, pois não sendo contestado o pedido pelo requerido, a autoridade judiciária dará vista dos autos ao Ministério Público, a fim de que requeira as provas que entender necessárias. Ademais, a própria autoridade judiciária poderá determinar de ofício a realização de estudo social ou perícia por equipe interprofissional ou multidisciplinar (art. 161, *caput* e § 1º, do ECA). Isso porque, na ação de suspensão ou destituição do poder familiar, não se aplica o regular efeito da revelia, qual seja, o de presunção de veracidade dos fatos alegados pelo autor, haja vista tratar-se de causa que versa sobre direito indisponível.

Gabarito "C"

(Ministério Público/MG – 2014) Com relação ao sistema recursal previsto no Estatuto da Criança e do Adolescente, assinale a alternativa **CORRETA**:

(A) É o mesmo previsto no Código de Processo Civil, garantindo, todavia, o juízo de retratação pelo magistrado de primeira instância.

(B) É híbrido, pois trata de questões civis e penais, aplicando-se no primeiro caso o Código de Processo Civil e, no segundo, o Código de Processo Penal, sem a garantia do juízo de retratação pelo magistrado de primeira instância.

(C) Não há sistema recursal, uma vez que o magistrado de primeira instância não está adstrito à legalidade estrita, motivo pelo qual as decisões não fazem coisa julgada material.

(D) Todas as alternativas anteriores estão incorretas.

A alternativa correta é a "A", pois está de acordo com o artigo 198, *caput* e inciso VII, do ECA, ficando excluídas as demais.

Gabarito "A"

(Ministério Público/SC – 2012) Segundo o Estatuto da Criança e do Adolescente:

I. O procedimento para perda ou a suspensão do poder familiar terá início através de portaria expedida pelo Juiz de Direito, após prévia comunicação dos fatos pelo Conselho Tutelar.

II. O prazo máximo e improrrogável para a conclusão do procedimento para apuração de infração administrativa às normas de proteção à criança e ao adolescente é de 45 (quarenta e cinco) dias.

III. Da sentença nos processos afetos à Justiça da Infância e Juventude cabe apelação no prazo de cinco dias, contados da intimação da parte sucumbente.

IV. Compete ao Ministério Público promover o inquérito civil e a ação civil pública para a proteção dos interesses individuais, difusos ou coletivos relativos à infância e à adolescência.

V. O afastamento da criança ou adolescente do convívio familiar é de competência exclusiva da autoridade judiciária e importará na deflagração, a pedido do Ministério Público ou de quem tenha legítimo interesse, de procedimento judicial contencioso, no qual se garanta aos pais ou ao responsável legal o exercício do contraditório e da ampla defesa, sem prejuízo da tomada de medidas emergenciais para proteção de vítimas de violência ou abuso sexual e das providências a que alude o art. 130 desta Lei.

(A) Apenas as assertivas II, III, IV e V estão corretas.

(B) Apenas as assertivas I e V estão corretas.

(C) Apenas as assertivas III, IV e V estão corretas.

(D) Apenas as assertivas IV e V estão corretas.

(E) Todas as assertivas estão corretas.

I: incorreta, pois o procedimento para a perda ou a suspensão do poder familiar terá início por provocação do Ministério Público ou de quem tenha legítimo interesse, por meio de petição inicial protocolizada no juízo da Infância e da Juventude (art. 156 e 157 do ECA); **II:** incorreta, pois o prazo máximo de quarenta e cinco dias é para a internação provisória e não para a apuração da infração administrativa (art. 108 do ECA); **III:** incorreta, pois em todos os recursos, salvo nos embargos de declaração, o prazo para o Ministério Público e para a defesa será sempre de 10 (dez) dias (art. 198, II, do ECA); **IV:** correta (art. 201, V, do ECA); **V:** correta (art. 101, § 2º, do ECA).

Gabarito "D"

(Ministério Público/GO – 2012) Analise as proposições abaixo, assinalando em seguida, a alternativa correta.

I. O princípio do juízo imediato estabelece que a competência para apreciar e julgar medidas, ações e procedimentos que tutelam interesses, direitos e garantias positivadas no ECA é determinada pelo lugar onde a criança ou o adolescente exerce, com regularidade, seu direito à convivência familiar e comunitária.

II. O princípio do juízo imediato, previsto no art. 147, I e II, do ECA, desde que firmemente atrelado ao princípio do melhor interesse da criança e do adolescente, sobrepõe-se às regras gerais de competência do CPC.

III. Embora seja compreendido como regra de competência territorial, o art. 147, I e II, do ECA apresenta natureza de competência absoluta.

IV. A determinação da competência, em casos de disputa judicial sobre a guarda – ou mesmo a adoção e tutela – de infante deve garantir primazia ao melhor interesse da criança, mesmo que isso implique em flexibilização de outras normas.

V. A aplicação do art. 87 do CPC, em contraposição ao art. 147, I e II, do ECA, somente é possível se – consideradas as especificidades de cada lide e sempre tendo como baliza o princípio do melhor interesse da criança – ocorrer mudança de domicílio da criança e de seus responsável depois de iniciada a ação e consequentemente configurada a relação processual.

(A) São corretas as assertivas I, III e V e incorretas as assertivas II e IV.

(B) São corretas as assertivas III e V e incorretas as assertivas I, II e IV.

(C) São corretas as assertivas I e V e incorretas as assertivas II, III e IV.

(D) São corretas as assertivas I, II, III, IV e V.

I: correta (art. 147 do ECA); **II:** correta, pois o CPC se aplica de forma subsidiária (art. 152 do ECA); **III:** correta. *"Embora seja compreendido como regra de competência territorial, o art. 147, I e II, do ECA apresenta natureza de competência absoluta. Isso porque a necessidade de assegurar ao infante a convivência familiar e comunitária, bem como de lhe ofertar a prestação jurisdicional de forma prioritária, conferem caráter imperativo à determinação da competência* (STJ – CONFLITO DE COMPETÊNCIA Nº 111.130 – SC 2010/0050164-8); IV e **V:** corretas. *"COMPETÊNCIA. ADOÇÃO. GUARDA. INTERESSE. CRIANÇA. No caso de disputa judicial que envolve a guarda ou mesmo a adoção de crianças ou adolescentes, deve-se levar em consideração o interesse deles para a determinação da competência, mesmo que para tal se flexibilizem outras normas. Logo, o* ***princípio do juízo imediato****, previsto no art. 147, I, do ECA, sobrepõe-se às regras gerais do CPC, desde que presente o interesse da criança e do adolescente. Assim, o art. 87, do CPC, que estabelece o princípio da* perpetuatio jurisdictionis, *deve ser afastado para que a solução do litígio seja mais ágil, seguro e eficaz em relação à criança, permitindo a modificação da competência no curso do processo, mas sempre considerando as peculiaridades do caso. A aplicação do art. 87 do CPC em oposição ao art. 147, I, do ECA somente é possível quando haja mudança de domicílio da criança e seus responsáveis, após já iniciada a ação e, consequentemente, configurada a relação processual. Esse posicionamento tem o objetivo de evitar que uma das partes mude de residência e leve consigo o processo"*. (STJ, CC 111.130-SC, Rel. Min. Nancy Andrighi, julgado em 08.09.2010. 2ª Seção).

Gabarito "D"

(Ministério Público/TO – 2012 – CESPE) O ECA prevê que sejam adotados, na justiça da infância e da juventude, procedimentos recursais previstos no CPC, com algumas adaptações. A respeito das normas recursais específicas previstas no ECA, assinale a opção correta.

(A) No caso de apelação e de agravo de instrumento, cabe ao juiz, antes de determinar a remessa dos autos à instância superior, realizar o juízo de retratação, mediante decisão fundamentada.

(B) Cabe recurso de agravo de instrumento contra as decisões proferidas pelo juízo da infância e da juventude que disciplinar, por meio de portaria, ou autorizar, mediante alvará, a entrada e permanência de criança ou adolescente, sem a companhia dos pais ou do responsável, em boate ou congêneres.

(C) Contra a sentença que deferir a adoção nacional ou internacional cabe recurso de apelação, que será recebida exclusivamente no efeito devolutivo e produzirá efeito desde logo.

(D) A sentença que destituir um dos genitores ou ambos do poder familiar fica sujeita a apelação, que deverá ser recebida no duplo efeito.

(E) Em todos os recursos, o prazo para o MP e para a defesa será sempre de dez dias.

A: correta (art. 198, VII, do ECA); **B:** incorreta, pois em tais decisões o recurso cabível é o de Apelação (art. 199 do ECA); **C:** incorreta, pois, em regra, a sentença que deferir a adoção produz efeito desde logo, embora sujeita a apelação, que será recebida exclusivamente no efeito devolutivo. Todavia, se se tratar de adoção internacional ou se houver perigo de dano irreparável ou de difícil reparação ao adotando, o recurso será recebido no duplo efeito (art. 199-A do ECA); **D:** incorreta, pois a sentença que destituir ambos ou qualquer dos genitores do poder familiar fica sujeita a apelação, que deverá ser recebida apenas no efeito devolutivo (art. 199-B, do ECA); **E:** incorreta, pois em todos os recursos, salvo nos embargos de declaração, o prazo para o Ministério Público e para a defesa será sempre de 10 (dez) dias (art. 198, II, do ECA).

Gabarito "A"

(Ministério Público/MA – 2009) Quanto aos procedimentos afetos à Justiça da Infância e da Juventude CORRETO é afirmar que:

(A) foi adotado, exclusivamente, o sistema recursal previsto na Lei nº 8.069/1990, com adaptações;

(B) em todos os recursos, salvo o de agravo de instrumento e de embargos de declaração, o prazo para interpor e para responder será sempre de dez dias;

(C) a autoridade judiciária não se pronunciará acerca da manutenção ou reforma da decisão antes de determinar a remessa dos autos à superior instância, no caso de apelação, ou do instrumento, no caso de agravo;

(D) deverá haver o preparo antes da interposição dos recursos;

(E) foi adotado o sistema recursal previsto no Código de Processo Penal, com adaptações.

A: incorreta, pois foi adotado o sistema recursal do Código de Processo Civil (art. 198, *caput*, do ECA); **B:** correta, ao tempo da elaboração da questão. Com o advento da Lei 12.594/2012, em todos os recursos, salvo nos embargos de declaração, o prazo para o Ministério Público e para a defesa será sempre de 10 (dez) dias. Assim, o recurso de Agravo de Instrumento também passou a ter o prazo de 10 (dez) dias (art. 198, II, do ECA); **C:** incorreta, pois o ECA prevê expressamente o juízo de retratação nos casos de apelação e agravo (art. 198, VII, do ECA); **D:** incorreta, pois não há necessidade de preparo nos recursos da Justiça da Infância e da Juventude (art. 198, I, do ECA); **E:** incorreta, pois foi adotado o sistema recursal do Código de Processo Civil (art. 198, *caput*, do ECA).

Gabarito "B"

(Ministério Público/SE – 2010 – CESPE) O ECA dispõe que

(A) é garantido o acesso de toda criança ou todo adolescente à defensoria pública, ao MP e ao Poder Judiciário, por qualquer de seus órgãos, sendo que as ações judiciais da competência da justiça da infância e da juventude podem ser isentas de custas e emolumentos para dar atendimento às reivindicações dos que se encontrarem em situação de risco iminente.

(B) os menores de 12 anos serão representados, e os maiores de 16 anos e menores de 21 anos, assistidos por seus pais, tutores ou curadores, na forma da legislação civil ou processual, podendo, em casos emergenciais nos quais o bem-estar e a segurança do menor estejam sob ameaça, ser nomeado como tutor *ad hoc* um dos membros do conselho tutelar municipal.

(C) é vedada a divulgação de atos judiciais, policiais e administrativos que digam respeito a crianças e adolescentes a que se atribua ato infracional. Qualquer notícia a respeito do fato não pode identificar a criança ou adolescente, vedando-se fotografia, referência a nome, apelido, filiação, parentesco, residência e até mesmo iniciais do nome e sobrenome.

(D) a expedição de cópia ou certidão de atos policiais e administrativos relativos à criança ou ao adolescente ao qual se atribua ato infracional será deferida pela autoridade judiciária competente, sempre que solicitada, como forma de coibir a prática de novos delitos.

(E) a criança ou o adolescente apreendido por prática de ato infracional só pode receber a visita de seus pais e(ou) familiares depois de arguido(a) pela autoridade policial e submetido(a) a acareação com suas vítimas.

A: incorreta, pois as ações judiciais de competência da Justiça da Infância e da Juventude são sempre isentas de custas e emolumentos, ressalvada a hipótese de litigância de má-fé (art. 141, § 2º, do ECA); **B:** incorreta (art. 142 do ECA); **C:** correta (art. 143 do ECA); **D:** incorreta, pois, para expedição de cópia ou certidão, há necessidade de demonstração de interesse e de justificação da finalidade (art. 144 do ECA); **E:** incorreta (art. 124, § 2º, do ECA).

Gabarito "C"

(Ministério Público/SE – 2010 – CESPE) As competências da justiça da infância e da juventude incluem

(A) o conhecimento de representações promovidas pelo MP, para apuração de ato infracional atribuído a adolescente, com a aplicação das medidas apropriadas, bem como a promoção do o cadastramento do menor infrator no sítio do Ministério da Justiça para posterior controle de sua prestação de serviços à comunidade.

(B) a aplicação de penalidades administrativas nos casos de infrações contra norma de proteção à criança ou adolescente, bem como a tomada de conhecimento de casos encaminhados pelo conselho tutelar e a aplicação das medidas cabíveis.

(C) a promoção de ressocialização dos adolescentes infratores por meio da dupla jornada laborativa, que deve ser desenvolvida nas entidades de atendimento social da infância e da adolescência mantidas sob intensa auditoria judicial.

(D) o impedimento do trâmite processual de ações civis fundadas em interesses individuais, difusos ou coletivos afetos à criança e ao adolescente.

(E) o conhecimento de ações decorrentes de irregularidades em entidades de atendimento e a aplicação das medidas adequadas, bem como a administração do funcionamento dessas entidades, homologando a admissão e dispensa de seus funcionários.

Art. 148, VI e VII, do ECA.

Gabarito "B"

(Ministério Público/SP – 2008) Assinale a alternativa correta.

(A) As ações judiciais da competência da Justiça da Infância e da Juventude não são isentas de custas e emolumentos.

(B) A apelação em sede de Juízo da Infância e da Juventude terá apenas efeito devolutivo, salvo quando se tratar de sentença que defere adoção por estrangeiro, ou quando houver perigo de dano irreparável ou de difícil reparação.

(C) O prazo para recorrer das decisões proferidas pela Justiça da Infância e da Juventude não será contado em dobro para a Defensoria Pública e para o Ministério Público, por ser especial a Lei 8.069/1990.

(D) Nos casos de ato infracional, será competente a autoridade judiciária do domicílio dos pais ou responsáveis e, na sua falta, a do local onde se encontrar o infrator.

(E) O procedimento para imposição de penalidade administrativa por infração às normas de proteção à criança e ao adolescente apenas poderá iniciar-se por representação do Conselho Tutelar.

A: incorreta (arts. 141, § 2º, e 219 do ECA); **B:** correta, ao tempo da elaboração da questão (art. 198, VI, do ECA); hoje a alternativa seria incorreta, nos termos do comentário feito na primeira questão deste item ("Acesso à Justiça"); **C:** incorreta, pois o ECA não impede a aplicação do prazo em dobro para recorrer, em favor do MP, da Defensoria Pública e da Fazenda Pública; **D:** incorreta (art. 147, § 1º, do ECA); **E:** incorreta (art. 194 do ECA).

Gabarito "B"

12. INFRAÇÕES ADMINISTRATIVAS

(Ministério Público/ES – 2013 – VUNESP) Assinale a alternativa correta acerca da multa decorrente de infração administrativa no Estatuto da Criança e do Adolescente.

(A) A pretensão para a cobrança da multa prescreve em dois anos, nos termos do art. 114, I, do Código Penal.

(B) É aplicada ao transportador de criança ou de adolescente entre comarcas contíguas, acompanhado de ascendente ou colateral maior sem autorização expressa do pai, mãe ou responsável.

(C) O produto da arrecadação das multas é destinado ao funcionamento do Conselho Tutelar do respectivo município onde foram aplicadas, para fins de remuneração e formação continuada dos conselheiros tutelares.

(D) Por se tratar de penalidade administrativa, pode ser fixada de ofício pelo Ministério Público ao lavrar o auto de infração em que se constatou a irregularidade.

(E) Pode ser cobrada pelo Ministério Público, quando não for paga em até trinta dias do trânsito em julgado da decisão que a fixou.

A: incorreta, pois em se "tratando de sanção administrativa, a multa prevista nas infrações administrativas tipificadas no Estatuto segue as regras de Direito Administrativo, sendo, por assim, quinquenal o prazo prescricional" (ROSSATO; LÉPORE e SANCHES. *Estatuto da Criança e do Adolescente Comentado.* 3ª edição, 2012, São Paulo, Ed. RT). Neste sentido é o entendimento jurisprudencial: "Em se tratando de sanção administrativa, a multa imposta por força do art. 247 do ECA segue as regras de direito administrativo e não penal, sendo quinquenal o prazo prescricional. Precedentes da seção de Direito Público" (REsp 894.528/RN, 2ª T., j. 14.04.2009, rel. Min. Eliana Calmon, *DJ* 08.05.2009); **B:** incorreta, pois a hipótese descrita na alternativa não configura a infração administrativa prevista no art. 251 do ECA, segundo a qual é vedado transportar criança ou adolescente, por qualquer meio, com inobservância do disposto nos arts. 83, 84 e 85. Em princípio, nenhuma criança poderá viajar para fora da comarca onde reside, desacompanhada dos pais ou responsável, sem expressa autorização judicial. Todavia, a autorização não será exigida quando: *a) tratar-se de comarca contígua à da residência da criança, se na mesma unidade da Federação, ou incluída na mesma região metropolitana; b) a criança estiver acompanhada: 1) de ascendente ou colateral maior, até o terceiro grau, comprovado documentalmente o parentesco; 2) de pessoa maior, expressamente autorizada pelo pai, mãe ou responsável* (art. 83 do ECA). Por sua vez, o adolescente poderá viajar sozinho, em todo o território nacional, sendo desnecessária a autorização judicial, a qual somente é exigida pelo ECA, caso se trate de viagem internacional. Nos termos do art. 84 do ECA, em caso de viagem internacional, "a autorização é dispensável, se a criança ou adolescente: I – estiver acompanhado de ambos os pais ou responsável; II – viajar na companhia de um dos pais, autorizado expressamente pelo outro através de documento com firma reconhecida"; **C:** incorreta, pois os valores das multas reverterão ao fundo gerido pelo Conselho dos Direitos da Criança e do Adolescente do respectivo município (art. 214 do ECA). Cumpre consignar que deverá constar da lei orçamentária municipal e da do Distrito Federal previsão dos recursos necessários ao funcionamento do Conselho Tutelar e à remuneração e formação continuada dos Conselheiros Tutelares (art. 134, parágrafo único, do ECA); **D:** incorreta, pois o Ministério Público poderá representar ao juízo visando à aplicação de penalidade por infrações cometidas contra as normas de proteção à infância e à juventude, sem prejuízo da promoção da responsabilidade civil e penal do infrator, quando cabível (art. 201, X, do ECA). Inclusive, o juiz poderá impor multa diária ao réu, independentemente de pedido do autor, se for suficiente ou compatível com a obrigação de fazer ou não fazer, fixando prazo razoável para o cumprimento do preceito (art. 213, §2º, do ECA); **E:** correta, pois as multas não recolhidas até trinta dias após o trânsito em julgado da decisão serão exigidas através de execução promovida pelo Ministério Público, nos mesmos autos, facultada igual iniciativa aos demais legitimados (art. 214, § 1º, do ECA).

Gabarito "E"

(Ministério Público/RR – 2012 – CESPE) A respeito das infrações administrativas e do respectivo procedimento de apuração, assinale a opção correta.

(A) O procedimento para imposição de penalidade administrativa por infração às normas de proteção à criança e ao adolescente terá início por representação do MP, ou do conselho tutelar, ou por auto de infração elaborado por servidor efetivo ou voluntário credenciado, assim como de ofício pela autoridade judiciária competente.

(B) Constitui infração administrativa exibir, total ou parcialmente, fotografia ou vídeo de criança ou adolescente envolvido em ato infracional, ou qualquer ilustração que lhe diga respeito ou se refira a atos que lhe sejam atribuídos, ainda que as imagens não permitam a sua identificação direta ou indireta.

(C) O requerido terá prazo de dez dias para a apresentação de defesa, contado da data da intimação, que poderá ser feita por oficial de justiça ou funcionário legalmente habilitado, que lhe entregará cópia do auto ou da representação, ou a seu representante legal, lavrando certidão.

(D) Apresentada, ou não, a defesa no prazo legal, a autoridade judiciária dará vista dos autos ao MP, por cinco dias, decidindo em igual prazo, sendo vedada a colheita de prova oral, em atenção ao princípio da celeridade.

(E) Comete infração administrativa a pessoa que deixa de apresentar à autoridade judiciária de seu domicílio, no prazo de cinco dias, com o fim de regularizar a guarda, adolescente levado de outra comarca para a prestação de serviço doméstico, exceto se houver autorização escrita e com firma reconhecida dos pais ou responsável.

A: incorreta, pois não há previsão legal de o procedimento para imposição de penalidade administrativa ser iniciado de ofício pela autoridade judiciária competente (art. 194 do ECA); **B:** incorreta, pois para a configuração da infração administrativa trazida na alternativa, é imprescindível que as imagens permitam a identificação direta ou indireta da criança ou do adolescente (art. 247, § 1º, do ECA); **C:** correta (art. 195, II, do ECA); **D:** incorreta, pois não há vedação de colheita de prova oral (art. 196 e 197, do ECA); **E:** incorreta, pois há infração administrativa, mesmo que haja autorização dos pais ou responsável (art. 248 do ECA).

Gabarito "C"

(Ministério Público/MA – 2002) Segundo o Estatuto da Criança e do Adolescente, qual alternativa representa apenas uma infração administrativa?

(A) Impedir ou embaraçar a ação de membro do Conselho Tutelar, no exercício de função prevista no citado Estatuto;

(B) Subtrair criança ou adolescente ao poder de quem o tem sob sua guarda em virtude de lei ou ordem judicial, com o fim de colocação em lar substituto;

(C) Descumprir, injustificadamente, prazo fixado no Estatuto em benefício de adolescente privado de liberdade;

(D) Hospedar criança ou adolescente, desacompanhado dos pais ou responsável ou sem autorização escrita destes, ou da autoridade judiciária, em hotel, pensão, motel ou congênere;

(E) Deixar o médico, enfermeiro ou dirigente de estabelecimento de atenção à saúde de gestante de identificar corretamente o neonato e a parturiente.

A: art. 236 do ECA (crime); **B:** art. 237 do ECA (crime); **C:** art. 235 do ECA (crime); **D:** art. 250 do ECA (exclusivamente infração administrativa); **E:** art. 229 do ECA (crime).

Gabarito "D"

(Ministério Público/SP – 2005) O procedimento de apuração de infração administrativa previsto no ECA pode ser iniciado

(A) exclusivamente por representação do Ministério Público.

(B) por representação do Ministério Público ou do Conselho Tutelar.

(C) por representação do Ministério Público ou portaria judicial.

(D) por representação do Ministério Público, ou do Conselho Tutelar, ou portaria judicial.

(E) por representação do Ministério Público, ou do Conselho Tutelar, ou auto de infração elaborado por servidor efetivo ou credenciado.

Art. 194 do ECA.

Gabarito "E"

13. CRIMES

(Ministério Público/CE – 2011 – FCC) Como estratégia para prevenir violação de direito da criança e do adolescente, bem como responsabilizar os violadores, o Estatuto da Criança e do Adolescente tipificou como

(A) crime exibir filme classificado pelo órgão competente como inadequado às crianças e adolescentes admitidos ao espetáculo.

(B) crime deixar o médico responsável por estabelecimento de atenção à saúde de comunicar à autoridade os casos de que tenha conhecimento envolvendo suspeita de maus tratos contra criança.

(C) infração administrativa deixar a autoridade competente de efetuar a inclusão de crianças em condições de serem adotadas no respectivo cadastro.

(D) infração administrativa deixar a autoridade policial de comunicar a apreensão da criança ou adolescente à família do apreendido.

(E) infração administrativa a venda de fogos de estampido ou de artifício a criança ou adolescente.

A: incorreta, pois a alternativa trata de infração administrativa e não de crime (art. 255 do ECA); **B:** incorreta, pois a alternativa trata de infração administrativa e não de crime (art. 245 do ECA); **C:** correta (art. 258-A, parágrafo único, do ECA); **D:** incorreta, pois a alternativa trata de crime e não de infração administrativa (art. 231 do ECA); **E:** incorreta, pois a alternativa trata de crime e não de infração administrativa (art. 244 do ECA).

Gabarito "C"

(Ministério Público/PR – 2009) Constitui crime descrito no Estatuto da Criança e do Adolescente a seguinte conduta:

(A) Deixar o médico, professor ou responsável por estabelecimento de atenção à saúde e de ensino fundamental, pré-escola ou creche, de comunicar à autoridade competente os casos de que tenha conhecimento, envolvendo suspeita ou confirmação de maus-tratos contra criança ou adolescente;

(B) Hospedar criança ou adolescente, desacompanhado dos pais ou responsável ou sem autorização escrita destes, ou da autoridade judiciária, em hotel, pensão, motel ou congênere;

(C) Impedir ou embaraçar a ação de membro do Conselho Tutelar no exercício de função prevista no Estatuto da Criança e do Adolescente;

(D) Vender ou locar para criança ou adolescente fita de programação em vídeo, em desacordo com a classificação atribuída pelo órgão competente;

(E) Impedir o responsável ou funcionário de entidade de atendimento que o adolescente privado de liberdade aviste-se reservadamente com o seu defensor.

A: incorreta, pois se trata de infração administrativa (art. 245 do ECA); **B:** incorreta, pois se trata de infração administrativa (art. 250 do ECA, com a redação dada pela Lei 12.038/2009); **C:** correta, pois se trata de crime específico previsto no ECA (art. 236 do ECA); **D:** incorreta, pois se trata de infração administrativa (art. 256 do ECA); **E:** incorreta, pois se trata de infração administrativa (art. 246 do ECA).

Gabarito "C"

14. DECLARAÇÕES E CONVENÇÕES

(Ministério Público/ES – 2010 – CESPE) Na Convenção acerca dos Direitos da Criança da Organização das Nações Unidas, criança é todo o ser humano

(A) imaturo do ponto de vista biológico e dependente econômica, social e emocionalmente.

(B) que apresenta desenvolvimento físico, psíquico e sexual incompatível com os caracteres da idade adulta.

(C) menor de dezoito anos de idade, salvo se, nos termos da lei que lhe for aplicável, atingir a maioridade mais cedo.

(D) relativamente incapaz de cuidar de si e zelar, autonomamente, por seu próprio bem-estar e desenvolvimento.

(E) incapaz de responder civil e penalmente pelos atos da vida adulta.

Estabelece a Convenção sobre os Direitos da Criança, adotada pela ONU, em 1989, e ratificada pelo Decreto 99.710/1990, que criança é "todo ser humano com menos de 18 anos de idade, a não ser que pela legislação aplicável, a maioridade seja atingida mais cedo" (art. 1º, do Decreto 99.710/1990).

Gabarito "C"

15. TEMAS COMBINADOS E OUTROS TEMAS

(Ministério Público/PI – 2014 – CESPE) No que tange aos direitos fundamentais das crianças e dos adolescentes, conforme previsão do ECA e entendimento dos tribunais superiores, assinale a opção correta.

(A) Embora o ECA garanta, de diversas formas, os direitos fundamentais da criança e do adolescente mediante a proteção da gestante, não há previsão de garantia do aleitamento materno aos filhos de mães submetidas a penas privativas de liberdade.

(B) Como forma de impedimento à adoção comercial de bebês, o Estado é proibido de proporcionar assistência psicológica à gestante ou à mãe que manifestarem desejo de entregar seus filhos para adoção.

(C) Admite-se a veiculação de imagens com cenas de espancamento e tortura praticados por adulto contra criança, ainda que constrangedoras, em razão da prevalência do direito à informação prestada pela impressa à sociedade.

(D) É obrigação do Estado criar e manter centros específicos para adolescentes portadores de doença ou deficiência mental em cumprimento de medida socioeducativa, não sendo suficientes a existência de programa psiquiátrico terceirizado e a utilização da rede pública para o atendimento de casos agudos.

(E) A CF e o ECA asseguram o ingresso e a permanência de crianças com até seis anos de idade em creches e pré-escolas, desde que comprovada a hipossuficiência dos pais.

A: incorreta, pois dentre os direitos fundamentas previstos no ECA está ode que o poder público, as instituições e os empregadores propiciarão condições adequadas ao aleitamento materno, inclusive aos filhos de mães submetidas a medida privativa de liberdade (art. 9º do ECA); **B:** incorreta, pois o ECA prevê que ao poder público incumbe proporcionar assistência psicológica à gestante e à mãe, no período pré e pós-natal, inclusive como forma de prevenir ou minorar as consequências do estado puerperal. Ainda, a assistência psicológica deverá ser prestada a gestantes ou mães que manifestem interesse em entregar seus filhos para adoção, com o fim de evitar o comércio ilegal de bebês, na medida em que, caso a mãe realmente não queira permanecer com o seu filho, a criança será imediatamente acolhida e entregue a um casal previamente habilitado no cadastro de pretendentes à adoção (art. 8º, §§ 4º e 5º, do ECA); **C:** incorreta, pois a divulgação de cenas de criança sendo espancada violaria o seu direito ao respeito à inviolabilidade da integridade física, psíquica e moral, que abrange a preservação da imagem (art. 17 do ECA), prevalecendo sobre o direito à informação; **D:** correta (art. 112, § 3º, do ECA); **E:** incorreta, pois é dever do Estado garantir a educação infantil, em creche e pré-escola, às crianças com até 5 (cinco) anos de idade (art. 54, IV, do ECA; art. 208, IV, da CF/88). Ademais, como a Constituição Federal erigiu a eliminação das desigualdades regionais e o acesso universal à educação básica à categoria de garantias fundamentais, disso resulta que independe de comprovação da hipossuficiência dos pais para que a criança tenha assegurado o seu direito de ingresso e permanência à creche e pré-escola.

Gabarito "D"

(Ministério Público/DF – 2013) Julgue os itens a seguir, a respeito do direito da criança e do adolescente:

I. O Conselho Tutelar é um órgão público, permanente e autônomo, encarregado de zelar pelos direitos de crianças e adolescentes que se encontrem em situação que configure violação de direitos, e suas decisões poderão ser revistas somente pelo Ministério Público ou pelo juiz.

II. O Conselho Tutelar é um órgão jurisdicional e tem como atribuição a imposição de medidas de proteção às crianças e aos adolescentes, inclusive a colocação em família substituta ou em acolhimento institucional.

III. A responsabilização por multa decorrente de prática da infração consistente na ausência de indicação da faixa etária permitida no local de eventos alcança tanto o organizador do evento quanto o responsável pelo estabelecimento.

IV. Família extensa é aquela que se estende para além da unidade pais e filhos ou da unidade do casal, formada por parentes próximos com os quais a criança ou adolescente convive e mantém vínculos de afinidade e afetividade.

V. Toda criança ou adolescente que estiver inserido em programa de acolhimento familiar ou institucional terá sua situação reavaliada, no máximo, a cada 6 (seis) meses, devendo a autoridade judiciária competente, com base em relatório elaborado por equipe interprofissional ou multidisciplinar, decidir de forma fundamentada pela possibilidade de reintegração familiar ou colocação em família substituta. Estão **CORRETOS** os itens:

(A) I, II e IV

(B) I, III e IV

(C) I, III e V

(D) II, IV e V

(E) III, IV e V

I: incorreta, pois o Conselho Tutelar é órgão público (já que integra a administração pública local), permanente e autônomo, não jurisdicional, encarregado pela sociedade de zelar pelo cumprimento dos direitos da criança e do adolescente, não somente quando em situação de risco, sendo que suas decisões somente poderão ser revistas pela autoridade judiciária a pedido de quem tenha legítimo interesse (artigos 131 e 137, ambos do ECA); **II:** incorreta, pois o afastamento da criança ou adolescente do convívio familiar e consequente aplicação das medidas de acolhimento familiar, institucional ou colocação em família substituta é de competência exclusiva da autoridade judiciária (art. 101, VII a IX e § 2º, do ECA). Oportuno registrar que ao Conselho Tutelar é cabível a aplicação das demais medidas protetivas (art. 136, I e parágrafo único, do ECA). "Na redação anterior do Estatuto, o Conselho Tutelar poderia aplicar a medida de abrigamento e encaminhar a criança e o adolescente diretamente à entidade respectiva, comunicando o fato posteriormente à entidade judiciária. Contudo, de acordo com o atual regramento, a inserção de criança e adolescente em medida protetiva de acolhimento institucional e acolhimento familiar está condicionada à autorização judicial, de modo que não consta mais das atribuições do Conselho Tutelar. (...) o Conselho Tutelar deixa de atuar de forma ativa na inserção da criança e do adolescente em abrigamento, para apenas acompanhar a situação e fornecer subsídios ao magistrado, a quem competirá a palavra sobre a necessidade efetiva de manutenção da medida". (ROSSATO, LÉPORE E SANCHES. *Estatuto da Criança e do Adolescente Comentado*, 3ª edição, 2012, São Paulo, Ed. RT, p. 302). Em contrapartida, as entidades que mantenham programa de acolhimento institucional poderão, em caráter excepcional e de urgência, acolher crianças e adolescentes sem prévia determinação da autoridade competente, fazendo comunicação do fato em até 24 (vinte e quatro) horas ao Juiz da Infância e da Juventude, em virtude do princípio da intervenção precoce (art. 93 do ECA); **III:** correta, pois a alternativa está de acordo com o disposto no artigo 252 do ECA; **IV:** correta, pois a alternativa está de acordo com o disposto no artigo 25, parágrafo único, do ECA; **V:** correta, pois a alternativa está de acordo com o disposto no artigo 19, § 1º, do ECA.

Gabarito "E"

(Ministério Público/RO – 2013 – CESPE) No que concerne aos direitos da criança e do adolescente, em especial aos antecedentes históricos, aos direitos fundamentais, à política de organização e atendimento, ao conselho tutelar, às medidas de proteção e à atuação do MP, assinale a opção correta.

(A) O MP possui legitimidade para tutelar os direitos coletivos *lato sensu* das crianças e dos adolescentes, prerrogativa que não se aplica à proteção dos direitos individuais homogêneos.

(B) A revolução trazida pelo Código de Menores, de 1979, colocou o Brasil no seleto rol das nações mais avançadas na defesa dos interesses da criança e do adolescente, titulares de direitos fundamentais.

(C) O ECA ratifica a CF com relação à política de atendimento dos direitos da criança e do adolescente, indicando a responsabilidade de todos os entes da Federação e da sociedade com as questões infanto-juvenis.

(D) O estabelecimento do conselho tutelar como órgão permanente, autônomo e não jurisdicional indica que essa autonomia é funcional e implica a subordinação desse órgão, na escala administrativo-hierárquica, aos órgãos da função executiva do Estado.

(E) O MP, em caso de omissão do conselho tutelar, tem a atribuição, imputada pelo ECA, de aplicar diretamente medida de proteção.

A: incorreta, pois a legitimidade do Ministério Público para a defesa dos interesses *individuais* de crianças e adolescentes não se baseia tão somente no art. 210, I, do ECA, já que decorre de sua ampla atuação, com fulcro no art. 129, I, III e V, da CF/1988. Neste sentido há diversos precedentes do STJ (AgRg no REsp 800.657/SP, 4ª T., j. 05.11.2009, rel. Min. João Otávio de Noronha, *DJe* 16.11.2009) e do STF (AgRg no RE 472.489/RS, 2ª T., j. 29.04.2008, rel. Min. Celso de Mello, *DJe* 29.08.2008); **B:** incorreta, pois o Código de Menores de 1979 disciplinava as medidas judiciais que deveriam ser aplicadas em face de crianças e adolescentes em situação irregular. Com a elaboração do Estatuto da Criança e do Adolescente (Lei nº 8.069/1990), o Brasil se tornou uma das nações avançadas na defesa dos interesses da criança e do adolescentes, em razão da adoção da teoria da proteção integral, segundo a qual a criança e o adolescente são reconhecidos como pessoas em desenvolvimento, sujeitos de direitos e garantias, independentemente da situação em que se encontrem; **C:** correta. Nos termos do art. 4º do ECA e do art. 227, *caput*, da CF/1988, "é dever da família, da comunidade, da sociedade em geral e do poder público assegurar, com absoluta prioridade, a efetivação dos direitos referentes à vida, à saúde, à alimentação, à educação, ao esporte, ao lazer, à profissionalização, à cultura, à dignidade, ao respeito, à liberdade e à convivência familiar e comunitária". Ainda, o ECA estabelece que a "política de atendimento dos direitos da criança e do adolescente far-se-á através de um conjunto articulado de ações governamentais e não governamentais, da União, dos estados, do Distrito Federal e dos municípios" (art. 86 do ECA); **D:** incorreta, pois o Conselho Tutelar é um órgão autônomo, com total independência no exercício de suas funções (art. 131 do ECA); **E:** incorreta, pois a aplicação de medidas protetivas é atribuição primária do Conselho Tutelar (art. 136, I, do ECA), cabendo ao Ministério Público zelar pelo efetivo respeito aos direitos e garantias legais assegurados às crianças e adolescentes, promovendo as medidas judiciais e extrajudiciais cabíveis, inclusive em caso de omissão do próprio Conselho Tutelar (art. 201, VIII, do ECA).

Gabarito "C"

(Ministério Público/RO – 2013 – CESPE) Assinale a opção correta acerca da proteção do direito da criança e do adolescente preconizada pelo ECA.

(A) Pelo princípio da prioridade absoluta, o ECA garante a exclusividade na formulação e na execução de políticas sociais públicas direcionadas à criança e ao adolescente.

(B) O juízo da infância e da juventude, como todo órgão jurisdicional, possui órgãos auxiliares, diferenciando dos demais juízos, por possuir, como órgão auxiliar, equipe interprofissional.

(C) Ocorrendo a prática de infração por inimputável de doze anos de idade e não havendo flagrante, a autoridade policial deverá embasar seu julgamento na presença de indícios mínimos de autoria e materialidade do fato e na necessidade imperiosa da medida.

(D) O promotor de justiça, durante a oitiva informal de adolescente a quem seja atribuída a autoria de ato infracional, deverá assegurar a presença do advogado que representa o menor, o qual deverá inquirir o adolescente sobre os fatos a ele imputados na presença do promotor.

(E) O procedimento para imposição de penalidade administrativa por infração às normas de proteção à criança e ao adolescente terá início por portaria da autoridade judiciária, representação do MP, representação do conselho tutelar ou auto de infração lavrado por servidor efetivo.

A: incorreta, pois a garantia da prioridade absoluta compreende: a primazia de receber proteção e socorro em quaisquer circunstâncias; a precedência de atendimento nos serviços públicos ou de relevância pública; a preferência (e não exclusividade) na formulação e na execução das políticas sociais públicas; e a destinação privilegiada de recursos públicos nas áreas relacionadas com a proteção à infância e à juventude (art. 4º, parágrafo único, do ECA); **B:** correta, pois a alternativa está de acordo com o disposto no art. 150 do ECA; **C:** incorreta, pois para a imposição de uma das medidas socioeducativas previstas nos incisos II a VI do art. 112 do ECA devem existir provas suficientes da autoria e da materialidade da infração (art. 114, caput, do ECA). Por sua vez, para a aplicação da advertência, basta haver indícios suficientes da autoria, além da prova da materialidade (art. 114, parágrafo único, do ECA). Outrossim, oportuno salientar que, nos termos do art. 112, § 1º, do ECA, o juiz levará em conta a capacidade de o adolescente cumprir a medida, além das circunstâncias e da gravidade da infração por ele praticada; **D:** incorreta, pois é dispensável a presença de advogado quando da oitiva informal do adolescente pelo Promotor de Justiça. Todavia, caso o adolescente seja representado, é indispensável a defesa técnica, já que nenhum adolescente a quem se atribua a prática de ato infracional, ainda que ausente ou foragido, será processado sem defensor, devendo estar acompanhado de advogado, inclusive, na audiência de apresentação. Se o adolescente não houver constituído, o juiz deverá nomear um defensor para a oportunidade (arts. 184, § 1º e 207, do ECA); **E:** incorreta, pois o procedimento para imposição de penalidade administrativa por infração às normas de proteção à criança e ao adolescente terá início por representação do Ministério Público, ou do Conselho Tutelar, ou auto de infração elaborado por servidor efetivo ou voluntário credenciado, e assinado por duas testemunhas, se possível.

Gabarito "B"

(Ministério Público/SC – 2008) Analise as seguintes assertivas:

I. Em caso de adoção por estrangeiro residente ou domiciliado fora do País, o estágio de convivência, cumprido no território nacional, será de no mínimo quinze dias para crianças de até dois anos de idade, e de no mínimo vinte dias quando se tratar de adotando acima de dois anos de idade.

II. As crianças menores de dez anos somente poderão ingressar e permanecer nos locais de apresentação ou exibição quando acompanhadas dos pais ou responsável.

III. Poderá a criança viajar, despida de autorização judicial, se tiver acompanhada de ascendente ou colateral maior, até o quarto grau, comprovado documentalmente o parentesco.

IV. As entidades que mantenham programas de abrigo poderão, em caráter excepcional e de urgência, abrigar crianças e adolescentes sem prévia determinação da autoridade competente, fazendo comunicação do fato até o 2° dia útil imediato.

V. Ao ato infracional praticado por criança corresponderão as medidas previstas no art. 101 do ECA.

(A) apenas I, II e IV estão corretas;

(B) apenas I, III e IV estão corretas;

(C) apenas III, IV e V estão corretas;

(D) apenas I, IV e V estão corretas;

(E) apenas II, IV e V estão corretas;

I: incorreta, pois em caso de adoção por pessoa ou casal residente ou domiciliado fora do País, o estágio de convivência, cumprido no território nacional, será de, no mínimo, 30 (trinta) dias (art. 46, § 3°, do ECA); **II:** correta (art. 75, parágrafo único, do ECA); **III:** incorreta, pois a autorização judicial para a viagem nacional de criança não será exigida quando: a) tratar-se de comarca contígua à da residência da criança, se na mesma unidade da Federação, ou incluída na mesma região metropolitana; b) a criança estiver acompanhada: 1) de ascendente ou colateral maior, até o terceiro grau, comprovado documentalmente o parentesco; 2) de pessoa maior, expressamente autorizada pelo pai, mãe ou responsável (art. 83, § 1°, do ECA); **IV:** correta, levando-se em consideração a redação original do art. 93, do ECA, na qual se previa o prazo para a comunicação até o 2° dia útil. Com a redação dada pela Lei 12.010/2009, o prazo para comunicação foi reduzido para 24 horas art. 93, *caput*, do ECA); **V:** correta (art. 105 do ECA).

Gabarito "E"

(Ministério Público/SC – 2008) Analise as seguintes assertivas:

I. Os hospitais e demais estabelecimentos de atenção à saúde de gestantes, públicos e particulares, são obrigados a manter registro das atividades desenvolvidas, através de prontuários individuais, pelo prazo máximo de quinze anos.

II. A falta ou a carência de recursos materiais se constitui motivo suficiente para a perda ou a suspensão do pátrio poder.

III. Decorridos sessenta dias do trânsito em julgado da sentença condenatória sem que a associação autora promova a execução, deverá fazê-lo o Ministério Público, facultada igual iniciativa aos demais legitimados.

IV. A adoção poderá ser deferida ao adotante que, após inequívoca manifestação de vontade, vier a falecer no curso do procedimento, antes de prolatada a sentença.

V. Em se tratando de adotando maior de dez anos de idade, será também necessário o seu consentimento.

(A) apenas I, II e V, são falsas;

(B) apenas II, III e IV, são falsas;

(C) apenas III, IV e V são falsas;

(D) apenas II, III e V são falsas;

(E) apenas I, IV e V são falsas;

I: incorreta, pois o prazo é de dezoito anos (art. 10, I, do ECA); **II:** incorreta, pois a falta ou a carência de recursos materiais não constitui motivo suficiente para a perda ou a suspensão do poder familiar (art. 23 do ECA); **III:** correta (art. 217 do ECA); **IV:** correta (art. 42, § 6°, do ECA); **V:** incorreta, pois será necessário o consentimento do adotando maior de doze anos de idade (art. 45, § 2°, do ECA).

Gabarito "A"

(Ministério Público/SC – 2012) Analise as seguintes assertivas:

I. A autorização judicial é dispensável, quando a criança ou adolescente viajar para o exterior acompanhado de ambos os pais ou responsável.

II. Os programas de execução de medidas socioeducativas para adolescentes autores de ato infracional se estruturam e organizam sob forma de um Sistema Nacional de Atendimento Socioeducativo, SINASE, conforme Resolução n. 113 do CONANDA.

III. Os Conselhos Municipais de Direitos da Criança e do Adolescente tem entre suas competências a de acompanhar e avaliar as ações governamentais e não governamentais dirigidas ao atendimento dos direitos da criança e do adolescente.

IV. O Conselho Tutelar pode, excepcionalmente, ingressar com ação de destituição do poder familiar, nos casos por ele atendidos.

V. Todas as medidas de proteção podem ser aplicadas pelo Conselho Tutelar.

(A) Apenas as assertivas I e V estão corretas.

(B) Apenas as assertivas I, II e III estão corretas.

(C) Apenas as assertivas II, IV e V estão corretas.

(D) Apenas as assertivas I, II, III e IV estão corretas.

(E) Todas as assertivas estão corretas.

I: correta (art. 84, I, do ECA); **II:** correta, de acordo com a Lei 12.594/2012, que instituiu o SINASE – Sistema Nacional de Atendimento Socioeducativo; **III:** correta (art. 90, § 1°, do ECA); **IV:** incorreta, pois, caso o Conselho Tutelar constate a impossibilidade de reintegração da criança ou do adolescente à família de origem, após seu encaminhamento a programas oficiais ou comunitários de orientação, apoio e promoção social, enviará relatório fundamentado ao Ministério Público, no qual conste a descrição pormenorizada das providências tomadas e a expressa recomendação para a destituição do poder familiar, ou destituição de tutela ou guarda (art. 101, § 9º; art. 136, XI; e art. 201, III, do ECA). Assim, o procedimento para a perda ou a suspensão do poder familiar terá início por provocação do Ministério Público ou de quem tenha legítimo interesse e não pelo Conselho Tutelar (art. 155 do ECA); **V:** incorreta, pois ao Conselho Tutelar cabe a aplicação das medidas protetivas previstas no art. 101, I a VII do ECA.

Gabarito "B"

(Ministério Público/CE – 2011 – FCC) O Estatuto da Criança e do Adolescente

(A) consagrou o princípio da proteção especial, segundo o qual os direitos fundamentais da pessoa humana em geral não alcançam crianças e adolescentes, cujos interesses são resguardados por direitos ajustados a sua condição peculiar de pessoas em desenvolvimento.

(B) substituiu a expressão "menor em situação irregular" presente no Código de Menores pela expressão "criança e adolescente em situação de risco pessoal e social".

(C) desjudicializou, como regra, o atendimento inicial das situações de violação e ameaça de violação aos direitos da criança e do adolescente e reduziu o âmbito da discricionariedade do juiz na proteção dos direitos da criança e do adolescente.

(D) deu nova institucionalidade ao Comissariado de Menores, cujas atribuições passaram a ser exercidas pelos Conselhos Tutelares.

(E) estabeleceu a responsabilidade primordial ao Poder Executivo Federal na formulação, financiamento e execução da política de proteção à criança e ao adolescente.

A: incorreta, pois a criança e o adolescente gozam de todos os direitos fundamentais inerentes à pessoa humana, sem prejuízo da proteção integral de que trata o ECA, assegurando-se-lhes, por lei ou por outros meios, todas as oportunidades e facilidades, a fim de lhes facultar o desenvolvimento físico, mental, moral, espiritual e social, em condições de liberdade e de dignidade (art. 3º do ECA); **B:** incorreta, pois o ECA adotou o princípio da proteção integral, segundo o qual toda criança e adolescente terão seus direitos protegidos e não apenas aqueles em situação de risco (art. 3º do ECA); **C:** correta. De fato, desjudicializou-se, como regra, o atendimento inicial das situações de violação e ameaça de violação aos direitos da criança e do adolescente e reduziu o âmbito da discricionariedade do juiz na proteção dos direitos da criança e do adolescente. Isso porque, a partir da vigência da Lei 12.010/2009, não mais se admite, em princípio, o processamento de procedimentos verificatórios, sindicâncias ou pedidos de providências para a apuração de fatos trazidos pelo Conselho Tutelar. Na nova sistemática proposta pelo Estatuto da Criança e do Adolescente, ao verificar a existência de situação de possível ameaça ou violação de direito de criança ou adolescente que demande apuração, deve o Conselho Tutelar requisitar, junto à rede municipal e/ou estadual, o serviço especializado para atendimento, aplicando à criança ou adolescente e aos pais ou responsável as medidas previstas nos artigos 101 (excetuando-se os incisos VII a IV) e 129 do Estatuto da Criança e do Adolescente, respectivamente. Uma vez aplicadas as medidas, cabe ao Poder Público, por meio das redes de atendimento social, de saúde e de educação, a tarefa de acompanhamento, orientação, apoio e tratamento das crianças e adolescentes, ficando o Conselho Tutelar com a incumbência de monitorar todas as ações tomadas. Só mesmo em caso de não atendimento dos encaminhamentos feitos, seja por parte da criança ou adolescente, dos pais ou responsáveis ou da própria rede, é que o Conselho Tutelar deverá representar ao Ministério Público, fazendo-o de forma articulada e documentada; **D:** incorreta, pois as atribuições do Comissariado de Menores e as exercidas pelos Conselhos Tutelares são distintas; **E:** incorreta, pois a plena efetivação dos direitos assegurados a crianças e a adolescentes é de responsabilidade primária e solidária das 3 (três) esferas de governo, sem prejuízo da municipalização do atendimento e da possibilidade da execução de programas por entidades não governamentais (art. 100, parágrafo único, III, do ECA).

Gabarito "C"

(Ministério Público/RS – 2009) Considere as seguintes afirmações relativas aos direitos da criança e do adolescente:

I. O limite de idade para adotar, que era de 21 anos, de acordo com o Estatuto da Criança e do Adolescente, foi alterado para o de 18 anos, pelo Novo Código Civil, mantida, no entanto, a vedação expressa pelo Estatuto da adoção por irmãos do adotando, o que se justifica para evitar confusões de parentesco.

II. A criança e o adolescente são titulares do direito fundamental à educação, que inclui, entre outros direitos, atendimento em creche e pré-escola, acesso obrigatório e gratuito ao ensino fundamental e médio e atendimento educacional especializado aos portadores de deficiência, preferencialmente na rede regular de ensino, com o fim de se evitar discriminação.

III. No que se refere à prevenção geral de que trata o Estatuto da Criança e do Adolescente, é correto afirmar que é dever de todos prevenir a ocorrência de ameaça ou violação dos direitos da criança e do adolescente, sendo o indivíduo adulto responsável, em grande parte, pelo comportamento adequado ou inadequado da pessoa em desenvolvimento.

IV. A internação consiste em medida socioeducativa privativa da liberdade de caráter excepcional; a desinternação deve ser, em qualquer hipótese, precedida de autorização judicial, ouvido o Ministério Público.

V. A lei municipal determinará a criação, estrutura e funcionamento do Conselho Tutelar, cujos gastos serão suportados pelo Município, sendo vedada, pelo Estatuto da Criança e do Adolescente, a remuneração de seus membros.

Quais estão corretas?

(A) Apenas I, II e V.

(B) Apenas II, III e IV.

(C) Apenas I, II, III e IV.

(D) Apenas m, IV e V.

(E) Todas estão corretas.

I: correta (a Lei 12.010/2009 deu nova redação ao art. 1.618 do CC, porém o art. 42, *caput* e § 1º, do ECA manteve a obrigatoriedade do adotante ter no mínimo 18 anos e o impedimento da adoção por irmãos); **II:** correta (art. 54, III e IV, do ECA); **III:** correta (art. 70 do ECA); **IV:** correta (art. 121, *caput* e § 6º, do ECA); **V:** incorreta, pois, com o advento da Lei n. 12.696/2012, a remuneração dos membros do Conselho Tutelar passou a ser obrigatória, devendo constar na lei orçamentária municipal (art. 134, *caput e parágrafo único*, do ECA).

Gabarito "C"

(Ministério Público/SC – 2012) Segundo o Estatuto da Criança e do Adolescente (Lei 8.069/1990):

I. A criança e o adolescente têm direito de organização e participação em entidades estudantis.

II. É expressamente vedada realização de termo de ajustamento de conduta em relação às questões referentes aos direitos da criança e do adolescente.

III. Em regra, a criança e o adolescente não devem permanecer mais de 3 (três) anos em acolhimento institucional, garantido o direito à educação.

IV. A perda e a suspensão do poder familiar só poderão ser decretadas judicialmente.

V. O reconhecimento do estado de filiação poderá ser transacionado pelo Ministério Público, desde que garantido à criança e/ou ao adolescente o pagamento de pensão até os 21 (vinte e um) anos de idade.

(A) Apenas as assertivas II e V estão corretas.

(B) Apenas as assertivas I e IV estão corretas.

(C) Apenas as assertivas II, IV e V estão corretas.

(D) Apenas as assertivas II, III e IV estão corretas.

(E) Todas as assertivas estão corretas.

I: correta (art. 16, V e VI, do ECA); **II:** incorreta, pois os órgãos públicos legitimados poderão tomar dos interessados compromisso de ajustamento de sua conduta às exigências legais, o qual terá eficácia de título executivo extrajudicial (art. 211 do ECA); **III:** incorreta, pois a criança e o adolescente não devem permanecer mais de dois anos em acolhimento institucional, salvo comprovada necessidade que atenda ao seu superior interesse, devidamente fundamentada pela autoridade judiciária (art. 19, § 2º, do ECA); **IV:** correta (art. 24 e 155 e seguintes, do ECA) e **V:** incorreta, pois o direito ao reconhecimento do estado de filiação é indisponível (art. 27 do ECA).

Gabarito "B"

(Ministério Público/MG – 2006) Nos termos da Lei nº 8.069/1990,

I. o Conselho Tutelar é órgão autônomo e permanente, não jurisdicional, encarregado pela sociedade de zelar pelo cumprimento dos direitos da criança e do adolescente, exercendo seus membros função considerada de interesse público relevante, não podendo ser remunerada.

II. o Conselho Tutelar, como órgão que exerce parcela de poder não jurisdicional, promove a execução de suas próprias decisões, podendo, inclusive, aplicar determinadas medidas aos pais ou responsáveis.

III. o Ministério Público tem atribuição (legitimidade) para impetrar mandado de segurança na defesa de interesses sociais e individuais indisponíveis afetos à criança e ao adolescente.

IV. o Ministério Público tem atribuição para conceder remissão para suspender ou extinguir o processo.

V. a internação, como medida socioeducativa aplicável às crianças e aos adolescentes, deve respeitar as garantias processuais devidamente previstas em lei.

São **CORRETAS** as afirmativas.

(A) I e II.

(B) II e III.

(C) III e IV.

(D) IV e V.

(E) V e I.

I: incorreta, pois a função do Conselheiro Tutelar é remunerada, conforme previsão expressa do atual art. 134 do ECA. Ademais, a antiga redação do art. 134, do ECA também levava à conclusão de que o Conselheiro seria remunerado); **II:** correta (art. 136, II e III, do ECA); **III:** correta (art. 201, IX, do ECA); **IV:** incorreta, pois cabe ao Ministério conceder a remissão como forma de exclusão do processo (art. 201, I, do ECA); **V:** incorreta, pois a internação deve respeitar aos princípios de brevidade, excepcionalidade e respeito à condição peculiar de pessoa em desenvolvimento (art. 121, do ECA).

Gabarito "B"

(Ministério Público/GO – 2012) Analise as proposições, assinalando em seguida a alternativa correta.

I. A remissão, como forma de exclusão do processo, concedida pelo Ministério Público, quando inclua medida socioeducativa não privativa de liberdade, implica transação, negócio jurídico bilateral, resultante de acordo de vontades, de um lado, o Ministério Público, e de outro, o adolescente apontado como autor de ato infracional, sujeita a controle de legalidade pelo Poder Judiciário, de modo que, não implica inconstitucionalidade.

II. A alegação de menoridade, desacompanhada da certidão de nascimento ou outro meio probatório, não é suficiente para que sejam adotados os respectivos procedimentos previstos para apuração de ato infracional, bem como recolhimento do autuado em flagrante em estabelecimento destinado ao cumprimento de medida socioeducativa em lugar de estabelecimento penitenciário comum.

III. De acordo com a nova sistemática referente à execução das medidas socioeducativas, em vigor a partir de abril de 2012, as medidas socioeducativas de liberdade assistida, de semiliberdade e de internação deverão ser reavaliadas a cada 6 (seis) meses, devendo a autoridade judiciária designar audiência, no prazo máximo de 10 (dez) dias, cientificando o defensor, o Ministério Público, a direção do programa de atendimento, o adolescente e seus pais ou responsável.

IV. Embora os Municípios detenham competência legislativa suplementar à da União, dos Estados e do Distrito Federal (artigo 30, da Constituição Federal), à luz da repartição constitucional de competências, não pode haver a edição de lei municipal que disponha sobre a duração do mandato dos conselheiros tutelares de maneira diferente da normativa federal.

(A) Somente os itens I e IV estão corretos.

(B) Somente os itens II e III estão corretos.

(C) Somente os itens III e IV estão corretos.

(D) Somente os itens I e II estão corretos.

I: correta. Antes de iniciado o procedimento judicial para apuração de ato infracional, o representante do Ministério Público poderá conceder a remissão pura e simples (própria), como forma de exclusão do processo (art. 126 do ECA). Importante esclarecer que o Ministério Público poderá oferecer remissão cumulada com medida socioeducativa não restritiva de liberdade (remissão imprópria), a qual deve ser homologada pelo juiz (súmula 108, do STJ) e desde que haja concordância do adolescente. Neste sentido: *"Parte da doutrina entende que a remissão imprópria tem natureza jurídica de transação, pois pressupõe a aceitação do adolescente"* (Valter Kenji Ishida. Estatuto da Criança e do Adolescente. Ed. Atlas e HC 67.826/SP); **II:** incorreta, pois se o adolescente não for identificado civilmente, por meio da apresentação de documentos pessoais, será submetido a identificação compulsória pelos órgãos policiais, de proteção e judiciais (art. 109 do ECA); **III:** incorreta, pois as medidas socioeducativas de liberdade assistida, de semiliberdade e de internação deverão ser reavaliadas no máximo a cada 6 (seis) meses, podendo a autoridade judiciária, se necessário, designar audiência, no prazo máximo de 10 (dez) dias, cientificando o defensor, o Ministério Público, a direção do programa de atendimento, o adolescente e seus pais ou responsável (art. 42 da Lei 12.594/2012); **IV:** correta (art. 132 do ECA), pois a lei municipal deve estar de acordo com o ECA, o qual traz normas jurídicas de proteção mínima.

Gabarito "A"

(Ministério Público/RR – 2012 – CESPE) Em relação ao que estabelece o ECA, assinale a opção correta à luz do entendimento do STJ.

(A) O ECA não é aplicável à pessoa que já tenha completado dezoito anos de idade.

(B) Em ação judicial na qual se discuta a guarda de criança ou adolescente, o interesse do menor é irrelevante para fins de determinação da competência para a apreciação da causa.

(C) É possível o pedido de alimentos do adotado a seus pais biológicos, ainda que seja irrevogável o vínculo de adoção.

(D) Constitui dano moral a conduta de companhia aérea que impede a viagem de menor sem a devida autorização exigida no ECA.

(E) Em ACP ajuizada com o objetivo de assegurar o direito de crianças frequentarem creches, o MP não precisa demonstrar viabilidade orçamentária em relação ao pleito.

A: incorreta (art. 2º, parágrafo único, do ECA); **B:** incorreta (art. 147, II, do ECA); **C:** correta. Não obstante a destituição do poder familiar dos genitores em relação à sua prole, tal medida não importará em benefício e premiação a esses pais desidiosos e negligentes, a ponto de livrá-los do dever legal de alimentar os seus filhos. É direito público subjetivo dos infantes receberem os alimentos de seus pais, ainda que aqueles tenham sido destituídos do poder familiar, uma vez que nessa hipótese apenas os direitos/poderes são eliminados, extirpados, jamais os deveres dele decorrentes, notadamente, o dever alimentar. Essa é a lição da doutrina e jurisprudência mais atualizada e sensível, visando sempre ao melhor interesse da criança e do adolescente, com o fito de lhe conceder a proteção integral. Neste sentido também é o entendimento do STJ (REsp 813604 – SC, Terceira Turma, Superior Tribunal de Justiça, Rel. Nancy Andrighi, j. em 16.08.2007 e Informativo n. 405). Outrossim, de igual modo entende Cristiano Chaves: *"Importante registrar, por oportuno, que a suspensão ou destituição do poder familiar não libera o genitor sancionado do dever alimentício, permanecendo vinculado à satisfação das necessidades do filho. Nada mais lógico. Se assim não fosse, a desconstituição ou suspensão do poder familiar deixaria de ser sanção civil, passando a funcionar como verdadeiro prêmio obtido por genitores desidiosos e inescrupulosos, alcançando exatamente o fim pretendido, ainda que à custa da miséria do próprio filho. Até mesmo porque, em casos tais, se o genitor tivesse algum sentimento para com o filho, sequer haveria necessidade de discussão sobre o percentual alimentar, pois os prestaria como uma obrigação de consciência"*; **D:** incorreta, segundo o entendimento jurisprudencial: *"ADMINISTRATIVO. VIAGEM DE MENOR AO EXTERIOR. NECESSIDADE DE AUTORIZAÇÃO ESCRITA DO PAI AUSENTE. PREJUÍZOS MATERIAIS. CULPA EXCLUSIVA DA VÍTIMA. AUSÊNCIA DE DANOS MORAIS"* (TRF, Apelação Cível nº 542.767-RN, processo nº 2009.84.00.009952-6, Relator: Desembargador Federal Sérgio Murilo Wanderley Queiroga); **E:** incorreta, pois não se trata de entendimento do STJ, mas da aplicação das regras do ônus da prova previstas no CPC, já que cabe ao Poder Público demonstrar a insuficiência financeira (STJ: REsp 575.280-SP, DJ 25.10.2004, e REsp 510.598-SP, DJ 13/2/2008. REsp 474.361-SP, Rel. Min. Herman Benjamin, julgado em 04.06.2009).

Gabarito "C"

(Ministério Público/PI – 2012 – CESPE) A respeito dos direitos fundamentais das crianças e dos adolescentes, assinale a opção correta com base no estabelecido na CF e no ECA.

(A) É obrigação do Estado fornecer educação infantil, em creche e pré-escola, às crianças de até três anos de idade, e ensinos fundamental e médio gratuitos dos quatro aos dezessete anos de idade.

(B) O adotado, após completar dezoito anos de idade, tem direito de conhecer sua origem biológica, bem como de obter acesso irrestrito ao processo no qual a medida foi aplicada e seus eventuais incidentes.

(C) Os direitos fundamentais das crianças e dos adolescentes são enumerados, especificados e regulamentados de forma taxativa no ECA.

(D) Toda criança ou adolescente tem direito de ser criado e educado no seio da sua família e, por esse motivo, é vedada, sem exceções, a permanência da criança e do adolescente em programa de acolhimento institucional, por mais de dois anos.

(E) O reconhecimento do estado de filiação é direito personalíssimo e indisponível, que pode ser exercitado contra os pais ou seus herdeiros, no prazo decadencial de quatro anos, observado o segredo de justiça.

A: incorreta, pois é dever do Estado assegurar à criança e ao adolescente: a) ensino fundamental, obrigatório e gratuito, inclusive para os que a ele não tiveram acesso na idade própria; b) progressiva extensão da obrigatoriedade e gratuidade ao ensino médio; c) atendimento em creche e pré-escola às crianças de zero a seis anos de idade (art. 54, I, II e IV, do ECA); **B:** correta (art. 48 do ECA); **C:** incorreta, pois a criança e o adolescente gozam de todos os direitos fundamentais inerentes à pessoa humana (art. 3º do ECA e art. 5º, § 2º, da CF) decorrentes do Ordenamento Jurídico de forma expressa ou implícita; **D:** incorreta, pois a permanência da criança e do adolescente em programa de acolhimento institucional não se prolongará por mais de 2 (dois) anos, salvo comprovada necessidade que atenda ao seu superior interesse, devidamente fundamentada pela autoridade judiciária (art. 19, § 2º, do ECA); **E:** incorreta, pois o direito ao reconhecimento do estado de filiação é imprescritível (art. 27 do ECA).

Gabarito "B"

(Ministério Público/MG – 2005) Relativamente às normas contidas no Estatuto da Criança e do Adolescente é **CORRETO** afirmar que

(A) a legitimidade para a propositura de ação para a perda ou suspensão do pátrio poder é exclusiva do Ministério Público.

(B) o adolescente apreendido em flagrante de ato infracional será, imediatamente, encaminhado ao membro do Ministério Público oficiante perante à Vara da Infância e Juventude.

(C) no processamento de ato infracional, o membro do Ministério Público atribuído poderá promover o arquivamento dos autos, sendo desnecessária sua homologação pela autoridade judiciária.

(D) implementando-se a intimação do adolescente e do seu defensor, relativamente à sentença que aplicar medida de internação ou semiliberdade, torna-se despicienda a intimação de seus pais ou responsáveis.

(E) a intervenção do Ministério Público é obrigatória em todos os procedimentos da competência da Justiça da Infância e Juventude, à exceção daqueles destinados à apuração de irregularidade em entidade de atendimento.

A: incorreta, pois o procedimento para a perda ou a suspensão do poder familiar terá início por provocação do Ministério Público ou de quem tenha legítimo interesse (art. 155 do ECA); **B:** incorreta, pois o adolescente apreendido em flagrante de ato infracional será, desde logo, encaminhado à autoridade policial competente (art. 172 do ECA); **C:** incorreta, pois promovido o arquivamento dos autos ou concedida a remissão pelo representante do Ministério Público, mediante termo fundamentado, que conterá o resumo dos fatos, os autos serão conclusos à autoridade judiciária para homologação (art. 181 do ECA); **D:** correta (art. 190, I, do ECA); **E:** incorreta, pois nos processos e procedimentos em que não for parte, atuará obrigatoriamente o Ministério Público como fiscal da lei (art. 202 do ECA).

Gabarito "D"

(Ministério Público/BA – 2008) Analise as seguintes assertivas:

I. São medidas protetivas aplicáveis pelo Conselho Tutelar à criança e ao adolescente, dentre outras previstas na Lei 8.069/1990, a requisição de tratamento médico em regime hospitalar, o abrigo em entidade e a colocação em família substituta.

II. É dever do Estado assegurar ao adolescente carente e maior de 16 anos, com absoluta prioridade, o acesso ao ensino público e gratuito, em escola próxima a sua residência, em horário que lhe possibilite trabalhar à noite.

III. A pessoa que tenha completado 12 anos de idade é considerada adolescente para os efeitos da Lei 8069/90.

IV. O Estatuto da Criança e do Adolescente ECA adota a chamada "Teoria do Direito Tutelar do Menor", disciplinando as medidas judiciais que devem ser adotadas em face de crianças e adolescentes em situação irregular.

V. A garantia da absoluta prioridade conferida à efetivação dos direitos da criança e do adolescente compreende a primazia de receber proteção e socorro em quaisquer circunstâncias.

VI. A falta de recursos materiais dos pais biológicos constitui motivo suficiente para a suspensão do pátrio poder, medida que será decretada judicialmente, em procedimento contraditório.

Com base na análise feita, marque a alternativa correta:

(A) São verdadeiras apenas as assertivas II, III, V e VI.

(B) É verdadeira apenas a assertiva III.

(C) São verdadeiras apenas as assertivas III e V.

(D) São verdadeiras apenas as assertivas I e V.

(E) São verdadeiras apenas as assertivas I, III e V.

I: incorreta. O Conselho Tutelar pode, em regra, aplicar à criança e ao adolescente as medidas de proteção previstas no art. 101, do ECA dentre elas a de requisição de tratamento médico em regime hospitalar (art. 136, I, do ECA). Todavia, não poderá aplicar as medidas de proteção de acolhimento institucional, de inclusão em programa de acolhimento familiar e de colocação em família substituta, tendo em vista que o afastamento da criança ou do adolescente do convívio familiar é de competência exclusiva da autoridade judiciária (art. 101, § 2º, do ECA). Sem prejuízo, em caso urgente e excepcional, o Conselho Tutelar poderá encaminhar a criança ou o adolescente à entidade de atendimento responsável pela execução de programa de acolhimento institucional, comunicando o fato ao juiz no prazo máximo de 24 horas (art. 93, do ECA); **II:** incorreta, pois é dever do Estado a oferta de ensino noturno regular, adequado às condições do adolescente trabalhador (art. 54, VI, do ECA); **III:** correta (art. 2º, *caput*, do ECA); **IV:** incorreta, pois o ECA adotou a teoria da proteção integral, segundo a qual a criança e o adolescente são reconhecidos como pessoas em desenvolvimento, sujeitos de direitos e garantias, independentemente da situação em que se encontrem. Contrapõe-se à fase tutelar, adotada pelo Código de Menores de 1979, que disciplinava as medidas judiciais que deveriam ser aplicadas em face de crianças e adolescentes em situação irregular; **V:** correta (art. 4º, parágrafo único, "a", do ECA); **VI:** incorreta, pois a falta ou a carência de recursos materiais não constitui motivo suficiente para a perda ou a suspensão do poder familiar (art. 23, *caput,* do ECA).

Gabarito "C"

(Ministério Público/BA – 2008) Analise as seguintes assertivas:

I. Apresentada a criança ou o adolescente autor de ato infracional, o Ministério Público, no mesmo dia, à vista do auto de apreensão, do boletim de ocorrência ou relatório policial devidamente autuado pelo Cartório Judicial, e com informações sobre os antecedentes, procederá sua imediata e informal oitiva e, se possível, de seus pais, responsável, vítima e testemunhas, em seguida optando por promover o arquivamento dos autos, conceder remissão ou ajuizar representação para aplicação de medida sócio educativa.

II. É proibida a venda de bilhetes lotéricos a adolescentes.

III. Segundo o ECA, a autorização judicial para viagem de adolescentes desacompanhados de seus pais ou responsáveis será exigida quando, sendo o destino nacional e distante de onde resida, não estiver acompanhado de ascendente ou colateral maior até o 3º grau, nem de pessoa maior expressamente autorizada por seus pais ou responsáveis, ou ainda quando se tratar de viagem ao exterior.

IV. O dirigente de entidade de abrigo é equiparado ao guardião, para todos os efeitos de direito, segundo prevê o ECA.

V. Compete exclusivamente à Justiça da Infância e da Juventude conhecer os pedidos de guarda, tutela e adoção.

Com base na análise feita, marque a alternativa correta:

(A) São verdadeiras apenas as assertivas I e III.

(B) São verdadeiras apenas as assertivas I, II e IV.

(C) São verdadeiras apenas as assertivas II e IV.

(D) São verdadeiras apenas as assertivas II, III e V.

(E) São verdadeiras apenas as assertivas I e IV.

I: incorreta, pois caso se trate de ato infracional cometido por criança, caberá a aplicação de medida de proteção e não socioeducativa (art. 105 do ECA). Neste sentido: *"às crianças será possível a aplicação única e exclusivamente de medidas de proteção, conforme decisão do Conselho Tutelar. Contudo, dependendo da medida, a criança será encaminhada para o magistrado, como, por exemplo, quando for necessária a inserção em acolhimento institucional"* (Rossato, Lépore e Sanches. Estatuto da Criança e do Adolescente Comentado. Editora RT); **II:** correta (art. 81, VI, do ECA); **III:** incorreta, pois em viagem nacional de adolescente não se exige autorização judicial (art. 83 do ECA), diferentemente do que ocorre quando se tratar de viagem internacional (art. 84 do ECA); **IV:** correta, de acordo com a legislação vigente à época da elaboração da questão. Todavia, com a atual redação do art. 92, § 1º, do ECA, após a alteração trazida pela Lei 12.010, de 2009, o dirigente de entidade que desenvolve programa de acolhimento institucional (e não mais abrigo) é equiparado ao guardião, para todos os efeitos de direito; **V:** incorreta, pois compete exclusivamente à Justiça da Infância e da Juventude conhecer o pedido de adoção (art. 148, III, do ECA), sendo que também conhecerá os pedidos de guarda e tutela quando a criança ou o adolescente estiver em situação de risco (art. 148, parágrafo único, "a", do ECA).

Gabarito "C"

(Ministério Público/DF – 2009) Acerca do direito da criança e do adolescente, de acordo com o Estatuto da Criança e do Adolescente – ECA, assinale a alternativa incorreta.

(A) Todas as decisões do Conselho Tutelar somente poderão ser revistas pela autoridade judiciária e a requerimento de quem tenha legítimo interesse.

(B) O Ministério Público tem legitimidade para intervir em todos os processos em que haja interesses da criança e do adolescente, tanto no juízo especial, como no juízo comum.

(C) O procedimento para perda ou suspensão do poder familiar pode ser cumulado com o de colocação em família substituta, desde que obedecido o contraditório.

(D) As obrigações decorrentes da adoção, guarda ou tutela são indelegáveis e irrenunciáveis. Assim, a colocação em família substituta não admitirá a transferência dos menores para pessoas físicas ou jurídicas sem a autorização judicial ou do Ministério Público.

(E) Nos casos de internação de menores de dezoito anos, os estabelecimentos de saúde deverão proporcionar condições para a permanência integral de um dos pais ou responsável, para facilitar a recuperação do doente.

A: correta (art. 137 do ECA); **B:** correta (art. 202 do ECA); **C:** correta (art. 169 do ECA); **D:** incorreta, pois é possível a transferência da criança com autorização judicial (art. 30 do ECA); **E:** correta (art. 12 do ECA).

Gabarito "D"

15. Direito do Idoso

Ana Paula Garcia, Anna Carolina Bontempo e Vanessa Tonolli Trigueiros*

1. DIREITOS FUNDAMENTAIS

(Ministério Público/ES – 2013 – VUNESP) É direito do idoso, conforme a Lei 10.741/2003,

(A) obter desconto de até 50% nos ingressos para eventos artísticos, culturais, esportivos e de lazer, bem como o acesso preferencial aos respectivos locais.

(B) a gratuidade em qualquer transporte coletivo público urbano, semiurbano e interestadual.

(C) ter um acompanhante quando estiver internado ou em observação, independentemente de justificação médica.

(D) obter do Poder Público, gratuitamente, medicamentos, especialmente os de uso continuado, assim como próteses, órteses e outros recursos relativos ao tratamento, habilitação ou reabilitação.

(E) perceber alimentos do familiar que tiver melhores condições para tanto, diante do equilíbrio entre necessidade e condições econômicas/financeiras, podendo ser celebrada a transação perante o órgão do Ministério Público que a levará à homologação judicial.

A: incorreta, pois o desconto deve ser de *pelo* menos 50% (art. 23 do Estatuto do Idoso); **B:** incorreta, o direito à gratuidade no transporte somente é concedido aos idosos a partir de 65 anos de idade e a gratuidade não é para qualquer transporte público: não terão gratuidade nos serviços seletivos e especiais, quando prestados aos serviços regulares (art. 39 do Estatuto do Idoso); **C:** incorreta, pois a lei exige autorização do médico para direito a acompanhante (art. 16 do Estatuto do Idoso); **D:** correta (art. 15, § 2º, do Estatuto do Idoso); **E:** incorreta, pois a responsabilidade alimentar é *solidária* entre os membros da família, isto é, independe da condição financeira dos familiares. Contudo, pode o idoso optar entre os prestadores (art. 12 do Estatuto do Idoso). Contudo, as transações relativas a alimentos poderão ser celebradas perante o Promotor de Justiça ou Defensor Público, que as referendará, e passarão a ter efeito de título executivo extrajudicial nos termos da lei processual civil (art. 13 do Estatuto do Idoso).

Gabarito "D"

(Ministério Público/GO – 2013) Sobre o Estatuto do Idoso – Lei 10.741/03, é correto afirmar:

(A) foi instituído o Estatuto do Idoso, destinado a regular os direitos assegurados ás pessoas com idade igual ou superior a 65 (sessenta e cinco) anos.

(B) a obrigação alimentar é solidária, proibindo-se o idoso optar entre os prestadores.

(C) no caso de entidades filantrópicas, ou casa-lar, é proibida a cobrança de participação do idoso no custeio da entidade.

(D) o idoso tem direito ao exercício de atividade profissional, respeitadas suas condições físicas, intelectuais e psíquicas.

A: incorreta, pois Estatuto do Idoso é destinado à regular os direitos assegurados às pessoas com idade igual ou superior a *60* anos (art. 1º do Estatuto do Idoso); **B:** incorreta, pois o idoso pode optar entre os prestadores (art. 12 do Estatuto do Idoso); **C:** incorreta, pois no caso de entidades filantrópicas, ou casa-lar, é *facultada* a cobrança de participação do idoso no custeio da entidade (art. 35, § 1º, do Estatuto do Idoso); **D:** correta (art. 26 do Estatuto do Idoso).

Gabarito "D"

(Ministério Público/MG – 2013) Sobre a proteção constitucional e legal aos idosos, é *CORRETO* afirmar-se que:

(A) Aos idosos, a partir de 60 (sessenta) anos, é garantida a gratuidade nos transportes coletivos urbanos e semiurbanos (exceto nos serviços seletivos e especiais, quando prestados paralelamente aos serviços regulares). Aos de mesma idade, que não possuem meios para prover sua subsistência, nem de tê-la provida por sua família, é assegurado o benefício mensal de 1 (um) salário mínimo, nos termos da Lei Orgânica da Assistência Social – LOAS.

(B) Ao idoso internado ou em observação, é assegurado o direito a acompanhante, devendo o órgão de saúde proporcionar as condições adequadas para a sua permanência em tempo integral, segundo o critério médico, sendo que caberá ao profissional de saúde conceder autorização ou, na impossibilidade, justificá-la por escrito.

* **Anna Carolina Bontempo** comentou as questões dos seguintes concursos: MP/AC/08, MP/BA/08, MP/CE/11, MP/GO/10, MP/GO/12, MP/MG/06, MP/MG/11, MP/MG/12, MP/MS/09, MP/MT/12, MP/PB/10, MP/PI/08, MP/PI/ 12, MP/RJ/11, MP/RN/09, MP/RR/12, MP/RS/08, MP/RS/09, MP/SC/08, MP/SC/12, MP/SP/12, MP/TO/12, MP/MS/13, MP/PR/2013, MP/DF/13, MP/ES/13, MP/GO/13, MP/MG/13 e MP/RO/2013 quando houver. **Vanessa Tonolli Trigueiros** comentou as questões do concurso do Ministério Público/SP/13. **Ana Paula Garcia** comentou as demais questões.

(C) Os casos de suspeita ou confirmação de violência praticada contra idosos serão objeto de notificação facultativa pelos serviços de saúde públicos e privados à autoridade sanitária. Contudo, deverão obrigatoriamente ser notificados os seguintes órgãos: autoridade policial, Ministério Público, Conselho Municipal do Idoso, Conselho Estadual do Idoso e Conselho Nacional do Idoso.

(D) Apesar das diversas atribuições do Ministério Público na defesa e proteção do idoso, não está entre elas a de promover a revogação de instrumento procuratório do idoso, mesmo que esteja ocorrendo ameaça ou violação dos seus direitos por falta, omissão ou abuso da família, curador ou entidade de atendimento, pois se trata de direito personalíssimo.

A: incorreta, pois os benefícios da gratuidade no transporte (art. 39 do Estatuto do Idoso) e do recebimento de um salário mínimo mensal (art. 34 do Estatuto do Idoso) somente são concedidos aos idosos a partir de 65 anos de idade; **B:** correta (art. 16, *caput* e parágrafo único, do Estatuto do Idoso); **C:** incorreta, pois a notificação é *compulsória* nos casos de suspeita ou confirmação de violência praticada contra idosos (art. 19 do Estatuto do Idoso); **D:** incorreta, pois consta no rol das atribuições do Ministério Público promover a revogação de instrumento procuratório do idoso, nas hipóteses previstas no art. 43 do Estatuto do Idoso, quando necessário ou o interesse público justificar (art. 74, IV, do Estatuto do Idoso).

Gabarito "B"

(Ministério Público/MS – 2013 – FADEMS) O Estatuto do Idoso assegura, de modo geral, direitos a pessoas a partir dos sessenta anos de idade. É **exceção** a essa regra geral o direito:

(A) Aos maiores de sessenta e cinco anos, a gratuidade dos transportes coletivos públicos urbanos e semiurbanos, exceto nos serviços seletivos e especiais, quando prestados paralelamente aos serviços regulares.

(B) Ao benefício mensal de um salário-mínimo, conforme a Lei Orgânica da Assistência Social, ao idoso, a partir dos setenta anos, que não possuir meios para prover sua subsistência, nem de tê-la provida por sua família.

(C) Ao desconto de 50% nos ingressos para eventos artísticos, culturais, esportivos e de lazer, bem como o acesso preferencial aos respectivos locais.

(D) A partir dos setenta anos, a prioridade no recebimento da restituição do Imposto de Renda.

(E) É assegurada, a reserva, para os idosos, nos termos da lei local, de cinco por cento das vagas nos estacionamentos públicos e privados, as quais deverão ser posicionadas de modo a garantir a melhor comodidade dos idosos.

A: correta (art. 39 do Estatuto do Idoso); **B:** incorreta (devendo ser assinalada), pois o benefício é concedido aos a partir de 65 (sessenta e cinco) anos (art. 34 do Estatuto do Idoso); **C:** correta (art. 23 do Estatuto do Idoso); **D:** correta (art. 3°, parágrafo único, IX, do Estatuto do Idoso); **E:** correta (art. 41 do Estatuto do Idoso).

Gabarito "B"

(Ministério Público/SP – 2013 – PGMP) Considere as seguintes afirmações, tendo em vista a Lei 10.741, de 1° de outubro de 2003, que dispõe sobre o Estatuto do Idoso e dá outras providências.

I. O Estatuto do Idoso, quanto aos contratos celebrados com operadoras de planos de saúde, proíbe o reajuste de mensalidades aos que contam com mais de sessenta anos de idade.

II. Necessitando de cuidados à saúde, não estando o idoso no domínio de suas faculdades mentais, de molde a prejudicar o seu direito em optar pelo tratamento que reputar mais favorável, esta decisão será tomada preferencialmente pelo médico, em razão do conhecimento técnico.

III. Ao contrário do que prevê o Código Civil quanto ao dever de prestar alimentos entre parentes passivamente legitimados, haverá solidariedade entre eles quando o credor for idoso.

IV. Discriminar pessoa idosa, impedindo ou dificultando seu acesso a operações bancárias, aos meios de transporte, por motivo de idade, é conduta criminalmente atípica, mas se trata de um ilícito civil ou administrativo, no último caso se praticada por agente público.

V. Nos programas habitacionais, públicos ou subsidiados com recursos públicos, o idoso goza de prioridade na aquisição de imóvel para moradia própria, incluindo-se a reserva de 3% (três por cento) das unidades residenciais para o seu atendimento e critérios de financiamento compatíveis com os rendimentos de aposentadoria e pensão.

Está CORRETO apenas o que se afirma em

(A) III e V.

(B) II e III.

(C) II e IV.

(D) II e V.

(E) I e III.

I: incorreta, pois o Estatuto do Idoso veda a discriminação do idoso nos planos de saúde pela cobrança de valores diferenciados em razão da idade (art. 15, § 3°, do Estatuto do Idoso) e não o reajuste de mensalidades; **II:** incorreta. Em regra, ao idoso que esteja no domínio de suas faculdades mentais é assegurado o direito de optar pelo tratamento de saúde que lhe for reputado mais favorável. Todavia, não estando o idoso em condições de proceder à opção, esta será feita: a) pelo curador, quando o idoso for interditado; b) pelos familiares, quando o idoso não tiver curador ou este não puder ser contactado em tempo hábil; c) pelo médico, quando ocorrer iminente risco de vida e não houver tempo hábil para consulta a curador ou familiar; d) pelo próprio médico, quando não houver curador ou familiar conhecido, caso em que deverá comunicar o fato ao Ministério Público (art. 17, I a IV, do Estatuto do Idoso); **III:** correta, pois, de fato, a obrigação alimentar é solidária, podendo o idoso optar entre os prestadores (art. 12 do Estatuto do Idoso); **IV:** incorreta, pois a conduta descrita é tipificada como crime, nos termos do art. 96 do Estatuto do Idoso; **V:** correta, pois a alternativa está de acordo com o disposto no art. 38, I, do Estatuto do Idoso.

Gabarito "A"

(Ministério Público/RO – 2013 – CESPE) A respeito dos direitos dos idosos, assinale a opção correta.

(A) Ao idoso que comprovar não ter meios de manter sua própria sobrevivência é assegurado, mediante requerimento, o recebimento, pelo Estado, de um salário mínimo mensal, a partir da data em que completar sessenta anos de idade.

(B) O MP pode promover ação de alimentos de que necessite o idoso, mas não pode atuar como substituto processual nesse tipo de ação.

(C) A prioridade na tramitação do processo judicial, caso faleça o idoso, poderá estender-se em favor do cônjuge sobrevivente.

(D) Embora se garanta ao idoso proteção à vida e à saúde, não se considera o envelhecimento um direito personalíssimo.

(E) As transações relativas a alimentos celebradas com o promotor de justiça têm valor de título executivo, depois de homologadas pelo juiz.

A: incorreta, pois o benefício em tela é concedido aos idosos a partir de 65 anos (art. 34 do Estatuto do Idoso); **B:** incorreta, pois o MP pode atuar como substituto processual do idoso em situação de risco (74, III, do Estatuto do Idoso); **C:** correta (art. 71, § 2º, do Estatuto do Idoso); **D:** incorreta, pois o envelhecimento é um direito personalíssimo, conforme art. 8º do Estatuto do Idoso; **E:** incorreta, pois não é necessária a homologação do juiz para as transações relativas a alimentos terem valor de título executivo, consoante art. 13 do Estatuto do Idoso.

Gabarito "C"

(Ministério Público/AC – 2008) Com relação aos **direitos do idoso,** elencados no seu estatuto (Lei n. 10.741/2003), é correto afirmar que

(A) o envelhecimento não constitui um direito de natureza personalíssima.

(B) o respeito ao idoso abrange a preservação dos espaços e dos objetos pessoais.

(C) a obrigação alimentar em relação ao idoso não tem caráter solidário.

(D) ainda estando no domínio de suas faculdades mentais, o idoso não pode optar pelo tratamento de saúde que lhe for reputado mais favorável, devido à natural deteriorização da capacidade, por causa da idade.

A: incorreta, pois o envelhecimento é direito personalíssimo e a sua proteção é direito social, nos termos do art. 8º do Estatuto do Idoso; **B:** correta (art. 10, § 2º, do Estatuto do Idoso); **C:** incorreta, pois embora os alimentos sejam prestados na forma da lei civil, no caso de obrigação alimentar ao idoso, ela é solidária, de acordo com o art. 12 do Estatuto do Idoso; **D:** incorreta, pois conflita com o disposto no art. 17 do Estatuto do Idoso.

Gabarito "B"

(Ministério Público/GO – 2012) São direitos das pessoas idosas, exceto:

(A) proibição da discriminação do idoso nos planos de saúde pela cobrança de valores diferenciados em razão da idade.

(B) benefício mensal de 1 salário mínimo para aqueles que, com idade igual ou superior a 60 anos, não tenham meios para prover sua subsistência por si ou por sua família.

(C) duas vagas gratuitas, e desconto nas demais, para o transporte coletivo interestadual.

(D) reserva de 5% das vagas em estacionamentos públicos e privados.

A: correta (art. 15, § 3º, do Estatuto do Idoso); **B:** incorreta (devendo ser assinalada), pois o benefício abrange idosos a partir de 65 anos, conforme art. 34 do Estatuto do Idoso; **C:** correta (art. 40, I, do Estatuto do Idoso). O Decreto 5.934, de 18 de outubro de 2006, em seu art. 6º prevê a documentação necessária para a solicitação do "Bilhete de Viagem do Idoso"; **D:** correta (art. 41 do Estatuto do Idoso).

Gabarito "B"

(Ministério Público/MT – 2012 – UFMT) O envelhecimento, segundo o Estatuto do Idoso, é um direito:

(A) pessoal.

(B) coletivo em sentido estrito.

(C) social.

(D) personalíssimo.

(E) difuso.

A alternativa D está correta, pois reflete o disposto no art. 8º do Estatuto do Idoso.

Gabarito "D"

(Ministério Público/MT – 2012 – UFMT) O art. 38 do Estatuto do Idoso reserva uma determinada porcentagem de unidades residenciais em qualquer programa habitacional público ou subsidiado por recursos públicos. Essa porcentagem, de acordo com a mesma lei, é:

(A) 3%

(B) 2%

(C) 1%

(D) 4%

(E) 5%

A alternativa A está correta, pois reflete o disposto no art. 38, I, do Estatuto do Idoso.

Gabarito "A"

(Ministério Público/GO – 2010) Dispõe o estatuto do idoso: Todas as entidades de longa permanência, ou casa lar são obrigadas a firmar contrato de prestação de serviços com a pessoa idosa abrigada. No caso de entidades filantrópicas ou casa lar, é facultada a cobrança de participação do idoso no custeio da entidade. Esta cobrança não poderá exceder:

(A) a 70% de qualquer benefício previdenciário ou de assistência social percebido pelo idoso.

(B) a 50% de qualquer benefício previdenciário ou de assistência social percebido pelo idoso.

(C) a 60% de qualquer benefício previdenciário ou de assistência social percebido pelo idoso.

(D) a 30% de qualquer benefício previdenciário ou de assistência social percebido pelo idoso.

A alternativa A está correta, pois reflete o disposto no art. 35, § 2º, do Estatuto do Idoso.

Gabarito "A"

(Ministério Público/AM – 2008 – CESPE) Ao completar 55 anos de idade, Antônio procurou a secretaria municipal de transportes do seu município para fazer uma carteirinha de idoso que lhe desse o direito de utilizar gratuitamente o sistema público de transporte coletivo da sua cidade. Sua cidade não tem lei própria regendo o acesso a esse tipo de serviço, mas Antônio havia ouvido falar que o Estatuto do Idoso asseguraria tal direito. Acerca da situação hipotética acima descrita, assinale a opção incorreta.

(A) Antônio não se enquadra no conceito de idoso, pois não tem ainda 60 anos.

(B) Aos maiores de 65 anos é que está assegurada a gratuidade dos transportes coletivos públicos urbanos ou semiurbanos, segundo o Estatuto do Idoso.

(C) O idoso não precisa fazer uma carteirinha em qualquer órgão para ter benefício de gratuidade no sistema público de transporte coletivo municipal, pois, para tanto, basta que apresente qualquer documento pessoal que faça prova da sua idade.

(D) Ao estatuir a gratuidade dos transportes públicos urbanos e semiurbanos por meio de lei, o Estado fica obrigado a rever automaticamente os contratos mantidos com as empresas de transportes, antes de implementar o direito, tendo em vista o ônus financeiro que a previsão normativa acarretará.

(E) A norma do Estatuto do Idoso que confere o direito de gratuidade dos transportes públicos urbanos e semiurbanos repete norma constitucional que é de eficácia plena e de aplicabilidade imediata.

A: correta, pois a assertiva reflete o disposto no art. 1º do Estatuto do Idoso (Lei 10.741/2003); **B:** correta, pois a assertiva reflete o disposto no art. 39, *caput*, do Estatuto do Idoso; **C:** correta, pois a assertiva reflete o disposto no art. 39, § 1º, do Estatuto do Idoso; **D:** incorreta (devendo ser assinalada), pois o benefício deve ser implementado independentemente de qualquer revisão contratual entre o Estado e a empresa de transporte, já que a gratuidade foi determinada por norma constitucional (art. 230, § 2º, CF) e infraconstitucional (art. 39, *caput*, do Estatuto do Idoso) sem qualquer ressalva; **E:** correta, pois a assertiva reflete o disposto no art. 230, § 2º, da CF.

Gabarito "D"

(Ministério Público/ES – 2010 – CESPE) Uma médica, ao atender um senhor com 84 anos de idade, no pronto-socorro de um hospital público, observou uma série de ferimentos e hematomas espalhados pelo corpo do idoso, o que a fez suspeitar de que este vinha sendo vítima de maus tratos. Nessa situação hipotética, a médica deverá

(A) notificar unicamente a autoridade policial para que esta acione o MPE/ES, a quem cabe oferecer a denúncia ao Conselho Nacional do Idoso.

(B) comunicar o fato à autoridade policial e só então, munida com o boletim de ocorrência, abrir uma representação no conselho municipal do idoso.

(C) comunicar, obrigatoriamente, a suspeita de maus-tratos a qualquer um dos órgãos legalmente indicados para recebê-la, quais sejam: o MP, a autoridade policial ou os conselhos municipal ou estadual do idoso ou, ainda, o Conselho Nacional do Idoso.

(D) comunicar o fato diretamente ao conselho estadual do idoso, por ser este o único órgão competente para receber tais denúncias.

(E) abrir uma representação no MPE/ES, para que este, com exclusividade, acione o Conselho Nacional do Idoso.

A: incorreta, pois o artigo 19 do Estatuto do Idoso traz um rol amplo de órgãos que devem ser comunicados quando da suspeita ou confirmação de violência praticada contra idoso, não **restringindo** à autoridade policial; **B:** incorreta, tendo em vista que pode-se comunicar **diretamente** o Conselho Municipal do Idoso; **C:** correta, pois reflete o disposto no art. 19 do Estatuto do Idoso; **D:** incorreta, o Conselho Estadual do Idoso **não** é o único órgão competente para receber tais denúncias; **E:** incorreta, visto que pode-se comunicar **diretamente** o Conselho Nacional do Idoso.

Gabarito "C"

(Ministério Público/MA – 2009) A respeito dos alimentos devidos ao idoso é correto afirmar que:

(A) serão prestados na forma da lei civil, e a obrigação não é solidária;

(B) o Estado não está obrigado a fornecer alimentos ao idoso, nem mesmo diante da impossibilidade dos familiares;

(C) as transações relativas a alimentos poderão ser celebradas perante o Promotor de Justiça ou Defensor Público, que as referendará, e passarão a ter efeito de título executivo extrajudicial nos termos da lei processual civil;

(D) as transações relativas a alimentos poderão ser celebradas apenas perante o Juízo competente;

(E) se o idoso não possuir condições econômicas de prover o seu sustento, impõe-se ao INSS (Instituto Nacional de Seguridade Social), exclusivamente, esse encargo.

A: incorreta, pois, embora os alimentos sejam prestados na forma da lei civil, no caso de obrigação alimentar ao idoso, ela é solidária, nos termos do art. 12 do Estatuto do Idoso; **B:** incorreta, pois, se o idoso ou seus familiares não possuírem condições econômicas de prover o seu sustento, impõe-se ao Poder Público esse encargo, no âmbito da assistência social, conforme disposto no art. 14 do Estatuto do Idoso; **C:** correta, pois a assertiva reflete o disposto no art. 13 do Estatuto do Idoso; **D:** incorreta, pois as transações relativas a alimentos poderão ser celebradas também perante o Promotor de Justiça ou Defensor Público, conforme disposto no art. 13 do Estatuto do Idoso; **E:** incorreta, pois, se o idoso não possuir condições econômicas de prover o seu sustento, impõe-se ao Poder Público esse encargo, no âmbito da assistência social, conforme disposto no art. 14 do Estatuto do Idoso.

Gabarito "C"

(Ministério Público/SE – 2010 – CESPE) A atenção integral à saúde dos idosos implica um conjunto articulado e contínuo de ações e serviços, para prevenção, promoção, proteção e recuperação da saúde, incluindo atenção especial às doenças que os afetem preferencialmente. De acordo com o Estatuto do Idoso, a prevenção e a manutenção da saúde dos idosos efetivam-se pelo

(A) Programa Nacional de Bem-Estar da Terceira Idade, desenvolvido em parceria pelos Ministérios da Saúde e da Justiça, visando proteger os idosos em situação de risco por meio de ações e projetos públicos e(ou) privados de gerontologia social focados na efetivação de seus direitos como cidadãos.

(B) incentivo fiscal concedido às empresas que empreguem mais de 85 idosos e lhes garantam renda mensal de um e meio salário mínimo, acrescida de vale-refeição, vale-transporte e assistência médico-odontológica.

(C) acompanhamento psicológico e psiquiátrico que vise elevar a autoestima dos idosos submetidos a abandono e a maus-tratos, bem como orientação religiosa ecumênica, que busque prepará-los para a fase final da vida.

(D) financiamento de veículos automotores que possam facilitar seu deslocamento diário e o acesso aos serviços públicos.

(E) atendimento domiciliar, incluindo a internação, para a população que dele necessitar e esteja impossibilitada de se locomover, inclusive para idosos abrigados e acolhidos por instituições públicas, filantrópicas ou sem fins lucrativos e eventualmente conveniadas com o poder público, tanto no meio urbano quanto no rural.

A assertiva E está correta, pois reflete o disposto no art. 15, § 1º, IV, do Estatuto do Idoso. As demais alternativas não são formas efetivas de prevenção e manutenção da saúde dos idosos, previstas na legislação.

Gabarito "E"

(Ministério Público/SP – 2011) A proteção legal e constitucional ao idoso permite:

(A) para fins de intervenção do Ministério Público no processo civil, em suas atribuições de *custos legis* equiparar o idoso ao incapaz.

(B) ao Ministério Público adotar as medidas judiciais cabíveis para garantir aos idosos a gratuidade dos transportes coletivos urbanos, independentemente de lei regulamentar.

(C) o reconhecimento, no processo criminal, da redução de metade dos prazos prescricionais para os maiores de 60 (sessenta) anos de idade.

(D) ao Ministério Público adotar as medidas judiciais cabíveis para garantir o pagamento de um salário mínimo de benefício mensal ao idoso carente, independentemente de lei regulamentar.

(E) ao Ministério Público adotar as medidas judiciais cabíveis para proteção de qualquer interesse do idoso.

A alternativa B está correta, pois reflete o disposto no art. 74, VII, do Estatuto do Idoso. As demais alternativas não estão descritas no rol de atribuições previstos na legislação.

Gabarito "B"

(Ministério Público/SP – 2006) Assinale qual dos direitos mencionados não se encontra previsto no estatuto do idoso:

(A) é assegurado o ingresso gratuito e o acesso preferencial aos idosos, de ao menos 5% dos lugares nos teatros, ginásios e estádios públicos ou mantidos pelo poder público, em eventos artísticos, culturais, esportivos e de lazer.

(B) o poder público deve fornecer aos idosos, gratuitamente, medicamentos, especialmente os de uso continuado, assim como próteses, órteses e outros recursos relativos ao tratamento, habilitação ou reabilitação.

(C) o primeiro critério de desempate em concurso público será a idade, dando-se preferência ao de idade mais elevada.

(D) aos maiores de 65 (sessenta e cinco) anos fica assegurada a gratuidade dos transportes coletivos públicos urbanos e semiurbanos, exceto nos serviços seletivos e especiais, quando prestados paralelamente aos serviços regulares.

(E) é assegurada a reserva, para os idosos, nos termos da lei local, de 5% das vagas nos estacionamentos públicos e privados, as quais deverão ser posicionadas de forma a garantir a melhor comodidade ao idoso.

A: incorreta (devendo ser assinalada), pois é assegurado desconto de pelo menos 50% nos ingressos, conforme disposto no art. 23 do Estatuto do Idoso; **B:** correta, pois reflete o disposto no art. 15, § 2º, do Estatuto do Idoso; **C:** correta, pois reflete o disposto no art. 27, parágrafo único, do Estatuto do Idoso; **D:** correta, pois reflete o disposto no art. 39, *caput*, do Estatuto do Idoso; **E:** correta, pois reflete o disposto no art. 41 do Estatuto do Idoso.

Gabarito "A"

2. MEDIDAS DE PROTEÇÃO

(Ministério Público/SP – 2013 – PGMP) Sobre as regras dispostas na Lei 10.741, de 1º de outubro de 2003 (Estatuto do Idoso), a respeito das medidas específicas de proteção ao idoso, é INCORRETO afirmar:

(A) As medidas de proteção previstas em lei poderão ser aplicadas isolada ou cumulativamente.

(B) A inclusão em programa oficial e comunitário de auxílio, orientação e tratamento a usuários dependentes de drogas lícitas ou ilícitas é medida aplicável à pessoa de convivência do idoso que lhe cause perturbação, mas não se aplica ao idoso em respeito ao princípio da dignidade da pessoa humana.

(C) São medidas aplicáveis ao idoso, dentre outras, o encaminhamento à família ou curador, mediante termo de responsabilidade, abrigo em entidade, abrigo temporário e a requisição para tratamento de sua saúde, em regime ambulatorial, hospitalar ou domiciliar.

(D) O rol de medidas previstas no Estatuto do Idoso não é taxativo, tendo o legislador estabelecido a possibilidade de determinação ou aplicação de outras medidas.

(E) Nas situações de ameaça ou violação aos direitos reconhecidos ao idoso, o Ministério Público ou o Poder Judiciário, a requerimento daquele, poderá determinar qualquer medida de proteção ao idoso.

A: correta (art. 44 do Estatuto do Idoso); **B:** incorreta, devendo ser assinalada, pois o art. 45, IV, do Estatuto do Idoso prevê a medida protetiva de inclusão em programa oficial ou comunitário de auxílio, orientação e tratamento a usuários dependentes de drogas lícitas ou ilícitas, ao próprio idoso ou à pessoa de sua convivência que lhe cause perturbação; **C:** correta (art. 45, I, III, V e VI, do Estatuto do Idoso); **D:** correta, pois o art. 45 do Estatuto do Idoso traz um rol exemplificativo de medidas específicas de proteção, já que é possível a aplicação de outras, além das expressamente previstas em lei; **E:** correta (arts. 43 e 45 do Estatuto do Idoso).

Gabarito "B"

(Ministério Público/SP – 2012 – VUNESP) As medidas específicas de proteção são aplicáveis sempre que os direitos reconhecidos no Estatuto do Idoso (Lei n. 10.741/2003) forem ameaçados ou violados:

I. Por ação ou omissão da sociedade ou do Estado.

II. Em razão da aplicação das medidas socioeducativas.

III. Por falta, omissão ou abuso da família, curador ou entidade de atendimento.

IV. Em razão de sentença penal condenatória.

V. Em razão da condição pessoal do idoso.

Está correto o que se afirma APENAS em

(A) II, III e IV.

(B) I, II e IV.

(C) III, IV e V.

(D) I, II e V.

(E) I, III e V.

I: correta (art. 43, I, do Estatuto do Idoso); **II:** incorreta, pois não há essa hipótese na legislação; **III:** correta (art. 43, II, do Estatuto do Idoso); **IV:** incorreta, pois não há essa hipótese na legislação; **V:** correta (art. 43, III, do Estatuto do Idoso).

Gabarito "E"

(Ministério Público/MG – 2012 – CONSULPLAN) O Estatuto do Idoso, aprovado em 2003 sob o n. 10.741, ampliou os direitos dos cidadãos com idade acima de 60 anos reconhecidos anteriormente pela Lei 8.842/1994. Verificada a ameaça ou violação dos direitos reconhecidos aos idosos pelo Estatuto, o Ministério Público poderá determinar medidas, com **EXCEÇÃO** de:

(A) Encaminhamento do idoso à família ou curador, mediante termo de responsabilidade.

(B) orientação, apoio e acompanhamento temporários ao idoso.

(C) internação do idoso para tratamento de sua saúde, em regime , hospitalar.

(D) inclusão em programa oficial ou comunitário de auxílio, orientação e tratamento a usuários dependentes de drogas lícitas ou ilícitas, ao próprio idoso ou à pessoa de sua convivência que lhe cause perturbação.

A: correta (art. 45, I, do Estatuto do Idoso); **B:** correta (art. 45, II, do Estatuto do Idoso); **C:** incorreta (devendo ser assinalada), não existe esta medida na legislação; **D:** correta (art. 45, IV, do Estatuto do Idoso).

Gabarito "C"

(Ministério Público/ES – 2005) As medidas da proteção ao idoso previstas no Estatuto do Idoso são, exceto:

(A) Abrigo em entidade.

(B) Requisição para tratamento de sua saúde, em regime ambulatorial, hospitalar ou domiciliar.

(C) Encaminhamento para casa de repouso.

(D) Orientação, apoio e acompanhamento temporários.

(E) Encaminhamento à família ou curador, mediante termo de responsabilidade.

A: correta, pois há previsão dessa modalidade de medida de proteção no art. 45, V, do Estatuto do Idoso; **B:** correta, pois há previsão dessa modalidade de medida de proteção no art. 45, III, do Estatuto do Idoso; **C:** incorreta (devendo ser assinalada), pois não há previsão dessa modalidade de medida de proteção no Estatuto do Idoso; **D:** correta, pois há previsão dessa modalidade de medida de proteção no art. 45, II, do Estatuto do Idoso; **E:** correta, pois há previsão dessa modalidade de medida de proteção no art. 45, I, do Estatuto do Idoso.

Gabarito "C"

(Ministério Público/GO – 2005) Assinale a alternativa abaixo que NÃO corresponde a uma das medidas específicas de proteção ao idoso, nos termos da Lei n. 10.741/2003 (Estatuto do Idoso):

(A) requisição para tratamento de sua saúde, em regime ambulatorial, hospitalar ou domiciliar;

(B) proteção jurídico-social por entidades de defesa dos direitos dos idosos;

(C) abrigo em entidade;

(D) abrigo temporário.

A: correta, pois há previsão dessa modalidade de medida de proteção no art. 45, III, do Estatuto do Idoso; **B:** incorreta (devendo ser assinalada), pois não há previsão dessa modalidade de medida de proteção no Estatuto do Idoso; **C:** correta, pois há previsão dessa modalidade de medida de proteção no art. 45, V, do Estatuto do Idoso; **D:** assertiva correta, pois há previsão dessa modalidade de medida de proteção no art. 45, VI, do Estatuto do Idoso.

Gabarito "B"

(Ministério Público/RO – 2010 – CESPE) A respeito da Política Nacional do Idoso, assinale a opção correta.

(A) A família, a sociedade e o Estado têm o dever de assegurar ao idoso todos os direitos da cidadania, garantindo sua participação política, por meio de organizações representativas, na formulação, implementação e avaliação da gestão dos programas de auxílio-alimentação instituídos pela Secretaria de Direitos Humanos do Ministério da Justiça.

(B) O processo de envelhecimento diz respeito à sociedade em geral, devendo ser objeto de conhecimento e informação para todos. Portanto, o apoio a estudos e pesquisas sobre as questões relativas ao envelhecimento constitui uma das diretrizes da política em apreço.

(C) É obrigatória a permanência de portadores de doenças que necessitem de assistência médica ou de enfermagem permanente em instituições asilares de caráter social, estando sujeito a sanções civis, penais e administrativas o dirigente de entidade de atendimento ao idoso que a obstar.

(D) A centralização político-administrativa da capacitação e reciclagem dos recursos humanos nas áreas de geriatria e gerontologia e na prestação de serviços é condição essencial e indispensável para a viabilização de formas alternativas de participação, ocupação e convívio do idoso, que proporcionem sua integração às demais gerações.

(E) A priorização do atendimento a idosos em órgãos públicos e privados prestadores de serviços, quando desabrigados e sem família, deverá respeitar as diferenças econômicas, sociais, regionais e, particularmente, as contradições entre os meios rural e urbano, sendo, portanto, obrigatório o estabelecimento de um processo de triagem que impeça a permanência dos idosos oriundos do meio rural nos núcleos urbanos.

A: incorreta, pois a família, a comunidade, a sociedade e o Estado têm obrigação de assegurar ao idoso, com absoluta prioridade, a efetivação do direito à vida, à saúde, à alimentação, à educação, à cultura, ao esporte, ao lazer, ao trabalho, à cidadania, à liberdade, à dignidade, ao respeito e à convivência familiar e comunitária (art. 3º do Estatuto do Idoso); **B:** correta (arts. 3º, II, e 4º, IX, da Lei 8.842/1994); **C:** incorreta, pois é vedada a permanência de portadores de doenças que necessitem de assistência médica ou de enfermagem permanente em instituições asilares de caráter social (art. 4º, parágrafo único, da Lei 8.842/1994); **D:** incorreta, pois a previsão é a *descentralização* político administrativa (art. 4º, IV, V e I, respectivamente, da Lei 8.842/1994); **E:** incorreta, pois não é obrigatório o processo de triagem que impeça a permanência dos idosos oriundos do meio rural nos núcleos urbanos. Há apenas princípios a serem observados pelo Poder Público na aplicação da lei (art. 3º, V, da Lei 8.842/1994).

Gabarito "B"

3. POLÍTICA DE ATENDIMENTO AO IDOSO

(Ministério Público/RO – 2013 – CESPE) No que concerne às regras relacionadas ao Conselho Nacional de Direitos do Idoso e aos mecanismos para a aplicação de direitos estabelecidos no Estatuto do Idoso, assinale a opção correta.

(A) Compete ao presidente da República designar os representantes que atuarão perante o Conselho Nacional de Direitos do Idoso.

(B) Não se admite a celebração de convênio, para fins de capacitação de recursos humanos, entre ministério envolvido na Política Nacional do Idoso e entidade não governamental estrangeira.

(C) O Conselho Nacional de Direitos do Idoso, órgão de natureza consultiva, tem competência para apoiar os conselhos estaduais e municipais dos direitos do idoso, de modo a tornar efetivas as diretrizes e direitos estabelecidos no Estatuto do Idoso.

(D) Sendo o bilhete de viagem do idoso documento intransferível, a empresa prestadora de serviço de transporte interestadual não pode admitir o uso de bilhete concedido pela pessoa idosa que o tiver adquirido a outro idoso de sua família.

(E) Enquadra-se como modalidade asilar de atendimento ao idoso a denominada casa-lar, destinada ao atendimento do idoso que não disponha de renda suficiente para a própria manutenção.

A: incorreta, pois compete ao Secretário Especial dos Direitos Humanos da Presidência da República (art. 3º, § 3º, do Decreto 5.109/2004); **B:** incorreta, pois "para viabilizar a capacitação de recursos humanos, os Ministérios poderão firmar convênios com instituições governamentais e não governamentais, nacionais, estrangeiras ou internacionais" (art. 15, parágrafo único, do Decreto 1.948/1996); **C:** incorreta, pois o Conselho Nacional do Idoso é órgão de natureza deliberativa e tem por finalidade elaborar as diretrizes para a formulação e implementação da política nacional do idoso, observadas as linhas de ação e as diretrizes conforme dispõe o Estatuto do Idoso, bem como acompanhar e avaliar a sua execução (art. 1º do Decreto 5.109/2004); **D:** correta (art. 3º, § 6º, do Decreto 5.934/2006); **E:** incorreta, pois a casa-lar é modalidade não asilar de atendimento ao idoso. Trata-se de residência, em sistema participativo, cedida por instituições públicas ou privadas, destinada a idosos detentores de renda insuficiente para sua manutenção e sem família (art. 4º, III, do Decreto 1.948/1996).

Gabarito "D"

(Ministério Público/ES – 2010 – CESPE) As entidades governamentais e não governamentais de assistência ao idoso estão sujeitas à inscrição de seus programas

(A) exclusivamente no conselho municipal do idoso, que deverá efetuar a primeira vistoria das instalações em conjunto com a vigilância sanitária.

(B) no Ministério da Saúde.

(C) na promotoria do idoso.

(D) junto ao órgão competente da vigilância sanitária e do conselho municipal da pessoa idosa e, em sua falta, junto ao conselho estadual ou ao Conselho Nacional da Pessoa Idosa.

(E) diretamente junto ao conselho estadual da pessoa idosa, pois os conselhos municipais não têm competência para efetuar a inscrição.

A: incorreta, pois a inscrição dos programas pode ser realizada nos órgãos indicados no art. 48, parágrafo único, do Estatuto do Idoso, não se tratando de competência exclusiva do Conselho Municipal do Idoso; **B:** incorreta, pois o Ministério da Saúde não está no rol do art. 48, parágrafo único, do Estatuto do Idoso; **C:** incorreta, pois a Promotoria do Idoso não está no rol do art. 48, parágrafo único, do Estatuto do Idoso; **D:** correta, pois reflete o disposto no art. 48, parágrafo único, do Estatuto do Idoso; **E:** incorreta, pois o Conselho Municipal da Pessoa Idosa é competente para efetuar a inscrição, conforme o art. 48, parágrafo único, do Estatuto do Idoso.

Gabarito "D"

(Ministério Público/RO – 2010 – CESPE) Quanto à apuração judicial de irregularidades em entidade de atendimento ao idoso, assinale a opção correta.

(A) Em se tratando de afastamento definitivo de dirigente de entidade não governamental, a autoridade judiciária oficiará à autoridade administrativa imediatamente superior ao afastado, fixando-lhe prazo de trinta dias úteis para proceder à substituição.

(B) O procedimento de apuração judicial de irregularidades terá início mediante petição fundamentada de pessoa interessada ou iniciativa do MP, sendo que, havendo motivo grave, poderá a autoridade judiciária, mediante decisão fundamentada, ouvido o MP, decretar liminarmente o afastamento provisório do dirigente da entidade ou outras medidas que julgar adequadas, para evitar lesão aos direitos do idoso.

(C) Na apuração judicial de irregularidades, apresentada a defesa, o juiz designará obrigatoriamente audiência de instrução e julgamento no prazo máximo de cinco dias úteis.

(D) Somente em casos excepcionais poderá a autoridade judiciária fixar prazo para a remoção das irregularidades verificadas, após o recolhimento da multa imposta ao dirigente da entidade ou ao responsável pelo programa de atendimento.

(E) Quando ocorrerem irregularidades que impliquem o afastamento provisório dos dirigentes da entidade de atendimento, esta será passível de fechamento imediato, seguido do remanejamento compulsório dos atendidos para o SUS.

A: incorreta, pois, em se tratando de afastamento provisório ou definitivo de dirigente de entidade governamental, a autoridade judiciária oficiará a autoridade administrativa imediatamente superior ao afastado, fixando-lhe prazo de *24 (vinte e quatro) horas* para proceder à substituição (art. 68, § 2º, do Estatuto do Idoso); **B:** correta, pois a assertiva reflete o disposto nos arts. 65 e 66 do Estatuto do Idoso; **C:** incorreta, pois apresentada a defesa, o juiz procederá na conformidade do procedimento sumário previsto no Código de Processo Civil ou, se necessário, designará audiência de instrução e julgamento, deliberando sobre a necessidade de produção de outras provas (arts. 68, *caput*, e 69, do Estatuto do Idoso); **D:** incorreta, pois, antes de aplicar qualquer das medidas, a autoridade judiciária poderá fixar prazo para a remoção das irregularidades verificadas (art. 68, § 3º, do Estatuto do Idoso); **E:** incorreta, pois não existe essa previsão no Estatuto do Idoso.

Gabarito "B"

(Ministério Público/SC – 2010)

I. A Lei 8.842, de 4 de janeiro de 1994, que estabelece a política nacional do idoso e cria o Conselho Nacional do Idoso obriga Estados, Distrito Federal e Municípios a criarem seus próprios Conselhos de Idosos.

II. Em que pese a política nacional do idoso considere idosa a pessoa maior de sessenta anos, o direito a gratuidade nos transportes coletivos urbanos e semiurbanos só pode ser usufruído a partir dos sessenta e cinco anos.

III. A gratuidade de utilização dos transportes coletivos urbanos pela pessoa idosa compreende, inclusive, os serviços seletivos especiais, quando não prestados paralelamente aos serviços regulares.

IV. Por força do disposto no § 3º do art. 15 do Estatuto do Idoso, que proíbe o reajuste dos contratos celebrados com planos de saúde, em razão do envelhecimento do segurado, as contratações efetuadas por pessoas com mais de 60 anos, a partir da vigência do referido Estatuto, não podem sofrer qualquer tipo de reajuste.

V. O Estado *(lato sensu)* não possui obrigação de prestar alimentos à pessoa maior de 60 anos e impossibilitada de prover sua própria subsistência.

(A) Apenas as assertivas I e V estão corretas.

(B) Apenas as assertivas II e III estão corretas.

(C) Apenas as assertivas I, II e III estão corretas.

(D) Apenas as assertivas I e II estão corretas.

(E) Apenas as assertivas III, IV e V estão corretas.

I: incorreta, pois não existe essa previsão legal; **II:** correta, pois o art. 39, *caput*, do Estatuto do Idoso é expresso nesse sentido. No caso das pessoas entre 60 e 65 anos, ficará a critério da legislação local dispor sobre as condições da gratuidade; **III:** correta, pois a assertiva reflete o disposto no art. 39, *caput*, do Estatuto do Idoso; **IV:** incorreta, pois não há previsão legal que vede o reajuste no valor do plano, mas apenas que veda a discriminação do idoso, cobrando valores maiores em razão da idade. O reajuste normal no valor do plano de saúde não é vedado; **V:** incorreta, pois o Estado (*lato sensu*) tem obrigação de prestar alimentos no caso exposto. Tal obrigação está prevista no art. 14, capítulo de "Alimentos", do Estatuto do Idoso: "se o idoso ou seus familiares não possuírem condições econômicas de prover o seu sustento, impõe-se ao Poder Público esse provimento, no âmbito da assistência social". Porém, o benefício, previsto no art. 34 do Estatuto do Idoso, será devido aos idosos, *a partir de 65 (sessenta e cinco) anos*, que não possuam meios para prover sua subsistência, nem de tê-la provida por sua família.

Gabarito "B"

4. ACESSO À JUSTIÇA

(Ministério Público/PI – 2012 – CESPE) No que se refere à tutela de pessoas idosas pelo MP, assinale a opção correta, considerando a jurisprudência pertinente ao tema.

(A) O MP tem legitimidade para propor ACP cuja finalidade seja obter provimento jurisdicional que assegure internação hospitalar a pessoa idosa acometida de grave doença.

(B) A ACP não figura entre os instrumentos aptos para a defesa de direitos dos idosos pelo MP.

(C) O MP não tem legitimidade para propor ação judicial destinada a garantir o fornecimento de medicação para suprir a necessidade de idoso carente.

(D) A intervenção do MP em ação que envolva o benefício previdenciário do idoso é obrigatória.

(E) O fato de pessoa idosa figurar na demanda torna imprescindível a oitiva do *parquet*.

A: correta (art. 74, I, do Estatuto do Idoso); **B:** incorreta, pois conflita com o art. 74. I, do Estatuto do Idoso; **C:** incorreta, pois não existe esta obrigatoriedade na legislação; **D:** incorreta, pois não há exigência legal de oitiva do *parquet*.

Gabarito "A"

(Ministério Público/GO – 2012) Quanto à atuação do Ministério Público na proteção das pessoas idosas, é incorreto afirmar que órgão tem atribuição para:

(A) Zelar pelo efetivo respeito aos direitos e garantias legais assegurados ao idoso, promovendo medidas extrajudiciais, inclusive.

(B) Promover a revogação de instrumento procuratório do idoso em situação de risco, se necessário;

(C) Requisitar força policial e a colaboração dos serviços públicos de saúde, educacionais e de assistência social para instruir procedimento administrativo .

(D) Promover ação para defesa de seus direitos ou oficiar em todos os feitos que não tiver intentado na qualidade de fiscal da lei.

A: correta (art. 74, VII, do Estatuto do Idoso); **B:** correta (art. 74, IV, do Estatuto do Idoso); **C:** correta, (art. 74, IX, do Estatuto do Idoso); **D:** incorreta (devendo ser assinalada), pois não existe esta atribuição na legislação.

Gabarito "D"

(Ministério Público/GO – 2010) Assinalar a alternativa incorreta:

(A) O Ministério Público tem legitimidade para pleitear direito individual indisponível de idoso via ação civil pública, uma vez presente lesão ou ameaça de lesão a bens constitucionalmente protegidos, como a vida e a saúde.

(B) A regra que prevê a competência do foro do domicílio do idoso (art. 80 da Lei 10.741/2003) aplica-se apenas às ações referentes à proteção judicial dos interesses difusos, coletivos e individuais indisponíveis ou homogêneos, elencados no artigo 79 do Estatuto.

(C) É assegurada prioridade na tramitação dos processos e procedimentos e na execução dos atos e diligências judiciais em que figure como parte ou interveniente pessoa com idade igual ou superior a 60 (sessenta) anos, em qualquer instância.

(D) Aos maiores de 65 (sessenta e cinco) anos é garantida a gratuidade dos transportes coletivos urbanos.

A: correta (arts. 74, I e 81, I, do Estatuto do Idoso); **B:** correta (art. 80 do Estatuto do Idoso); **C:** correta (art. 71 do Estatuto do Idoso); **D:** incorreta (devendo ser assinalada), pois a gratuidade é assegurada nos transportes coletivos **públicos** urbanos e semiurbanos.

Gabarito "D"

(Ministério Público/BA – 2005) Segundo o Estatuto do Idoso (Lei n. 10.741/2003), pode-se afirmar que:

(A) Aos maiores de 65 (sessenta e cinco) anos fica assegurada a gratuidade dos transportes coletivos públicos urbanos e semiurbanos, exceto nos serviços seletivos e especiais, quando prestados paralelamente aos serviços regulares.

(B) É assegurada prioridade na tramitação dos processos e procedimentos e na execução dos atos e diligências judiciais em que figure, como parte ou interveniente, apenas pessoa com idade superior a 60 (sessenta) anos, em qualquer instância.

(C) O Ministério Público não pode atuar como substituto processual do idoso em situação de risco.

(D) A OAB (Ordem dos Advogados do Brasil) não possui legitimidade concorrente para propor ação cível, fundada em interesses difusos, coletivos, individuais indisponíveis ou homogêneos, na defesa dos idosos.

(E) Os alimentos serão prestados ao idoso, na forma da lei civil, sendo vedada a obrigação alimentar solidária.

A: correta, pois a assertiva reflete o teor do art. 39, *caput*, do Estatuto do Idoso; **B:** incorreta, pois a assertiva restringe a prioridade de tramitação aos processos em que figure como parte *apenas* pessoa com idade superior a 60 (sessenta) anos, mas o art. 71, *caput*, do Estatuto do Idoso não traz essa ressalva, bastando que uma das partes seja pessoa com idade superior a 60 anos, ainda que a outra parte não tenha idade superior a 60 anos; **C:** incorreta, pois ao Ministério Público compete atuar como substituto processual do idoso em situação de risco (art. 74, III, do Estatuto do Idoso); **D:** incorreta, pois a OAB tem legitimidade para propor ação civil fundada em interesses difusos, coletivos, individuais indisponíveis ou homogêneos (art. 81, III, do Estatuto do Idoso); **E:** incorreta, pois a obrigação alimentar ao idoso é solidária, conforme disposição do art. 12 do Estatuto do Idoso.

Gabarito "A"

(Ministério Público/CE – 2009 – FCC) Compete ao Ministério Público, no processo civil, na defesa do idoso,

(A) impedir a atuação de terceiros, ainda que legitimados para as ações cíveis previstas no Estatuto do Idoso, sempre que o Estatuto do Idoso conferir legitimidade ao Ministério Público nas mesmas ações.

(B) atuar como assistente simples do idoso em situação de risco, por abuso da família, curador ou entidade de atendimento.

(C) promover a revogação de instrumento procuratório do idoso, sempre que os direitos reconhecidos no Estatuto do Idoso forem ameaçados em razão de sua condição pessoal e o interesse público justificar.

(D) homologar transações envolvendo interesses e direitos dos idosos previstos no Estatuto do Idoso.

(E) atuar obrigatoriamente, nos processos em que não for parte, na defesa dos direitos de que cuida o Estatuto do Idoso, hipótese em que terá vista dos autos antes das partes, podendo juntar documentos e requerer diligências.

A alternativa C está correta, pois reflete o disposto no art. 74, IV, do Estatuto do Idoso. As demais alternativas não estão descritas no rol de atribuições previstas na legislação.

Gabarito "C"

(Ministério Público/MA – 2009) Assinale a alternativa em que estão elencados os legitimados concorrentes para as ações cíveis fundadas em interesses difusos, coletivos, individuais indisponíveis ou homogêneos dos idosos, conforme disposto na Lei n. 10.741/2003 (Estatuto do Idoso).

(A) O Ministério Público; a União, os Estados, o Distrito Federal e os Municípios; a Ordem dos Advogados do Brasil; as associações legalmente constituídas há pelo menos um (1) ano e que incluam entre os fins institucionais a defesa dos interesses e direitos da pessoa idosa, dispensada a autorização da assembleia, se houver prévia autorização estatutária.

(B) O Ministério Público; a Ordem dos Advogados do Brasil; e as associações legalmente constituídas há pelo menos dois (2) anos e que incluam entre os fins institucionais a defesa dos interesses e direitos da pessoa idosa.

(C) O Ministério Público e as associações legalmente constituídas há pelo menos dois (2) anos e que incluam entre os fins institucionais a defesa dos interesses e direitos da pessoa idosa, dispensada a autorização da assembleia, se houver prévia autorização estatutária.

(D) A União, os Estados, o Distrito Federal, os Municípios e a Ordem dos Advogados do Brasil, somente.

(E) O Ministério Público; a União, os Estados, o Distrito Federal e os Municípios; a Ordem dos Advogados do Brasil; e as associações legalmente constituídas há pelo menos três (3) anos e que incluam entre os fins institucionais a defesa dos interesses e direitos da pessoa idosa.

A alternativa A está correta, pois descreve todos os legitimados previstos no art. 81, I a IV, do Estatuto do Idoso.

Gabarito "A"

(Ministério Público/MG – 2010.1) Assinale a alternativa CORRETA.

(A) A prioridade na tramitação processual prevista no Estatuto do Idoso deve ser também observada nos feitos em que o causídico, ainda que não figure como parte ou interveniente, comprovar ser maior de 60 anos de idade.

(B) As transações relativas a alimentos devidos a idosos podem ser celebradas perante o Promotor de Justiça, que as referendará, e passarão a ter efeito de título executivo extrajudicial.

(C) O Ministério Público deve atuar nos feitos em que o idoso figurar como autor, réu ou interveniente, independentemente da natureza da lide e da situação pessoal do idoso.

(D) A Ordem dos Advogados do Brasil não tem legitimidade para a propositura de ação cível em defesa dos interesses difusos, coletivos e individuais indisponíveis dos idosos.

(E) A legitimidade ativa para as ações cíveis fundadas em interesses individuais indisponíveis de idosos é exclusiva do Ministério Público.

A: incorreta, pois a prioridade na tramitação processual somente será observada em caso de a parte ou interveniente comprovar ter idade igual ou superior 60 anos de idade, conforme disposto no art. 71, *caput*, do Estatuto do Idoso; **B:** correta, pois a assertiva reflete o disposto no art. 13 do Estatuto do Idoso; **C:** incorreta, pois o Ministério Público atuará somente na defesa dos direitos e interesses de que cuida o Estatuto do Idoso, nos termos do seu art. 75; **D:** incorreta, pois a Ordem dos Advogados do Brasil tem legitimidade para propor ações cíveis fundadas em interesses difusos, coletivos, individuais indisponíveis ou homogêneos, nos termos do art. 81, III, do Estatuto do Idoso; **E:** incorreta, pois a legitimidade para propor ações cíveis fundadas em interesses individuais indisponíveis não é exclusiva do Ministério Público, conforme disposto no art. 81 do Estatuto do Idoso.

Gabarito "B"

(Ministério Público/MG – 2010.1) Segundo o Estatuto do Idoso, são funções do Ministério Público

I. Instaurar inquérito civil público e ação civil pública para a proteção dos direitos e interesses difusos ou coletivos, individuais indisponíveis e individuais homogêneos do idoso.

II. Promover a revogação de instrumento procuratório do idoso, em qualquer hipótese, quando o direito individual indisponível justificar.

III. Promover e acompanhar as ações de alimentos, de interdição total ou parcial, de designação de curador especial, em circunstâncias que justifiquem a medida e oficiar em todos os feitos em que se discutam os direitos do idoso.

IV. Zelar pelo efetivo respeito aos direitos e garantias legais assegurados ao idoso, promovendo todas as medidas judiciais e extrajudiciais cabíveis.

V. Referendar transações envolvendo interesses e direitos dos idosos previstos no referido estatuto.

Marque a opção CORRETA.

(A) I, II, III e IV estão corretas.

(B) I, II, IV e V estão corretas.

(C) I e IV estão corretas.

(D) I, IV e V estão corretas.

(E) Todas estão corretas.

I: correta, pois a assertiva reflete o disposto no art. 81, I, do Estatuto do Idoso; **II:** incorreta, pois a revogação do instrumento procuratório caberá somente nas hipóteses previstas no art. 43 do Estatuto do Idoso, conforme disposto no art. 74, IV, do mesmo diploma legal; **III:** incorreta, pois o Ministério Público oficiará em todos os feitos em que se discutam os direitos de idosos em condições de risco, conforme disposto no art. 74, II, do Estatuto do Idoso; **IV:** correta, pois a assertiva reflete o disposto no art. 74, VII, do Estatuto do Idoso; **V:** correta, pois a assertiva reflete o disposto no art. 74, X, do Estatuto do Idoso.

Gabarito "D"

(Ministério Público/MS – 2006) Analise as assertivas abaixo:

I. Ordem dos Advogados do Brasil possui legitimidade para propor ações cíveis fundadas em interesses difusos, coletivos e individuais indisponíveis ou homogêneos do idoso;

II. Ministério Público pode propor ação de alimentos em favor do idoso;

III. Estatuto do Idoso destina-se a regular os direitos das pessoas com idade igual ou superior a sessenta anos;

IV. Compete ao Ministério Público referendar transações envolvendo interesses e direitos dos idosos previstos no Estatuto do Idoso.

(A) Somente estão corretos os itens II, III e IV;

(B) Somente estão corretos os itens I, III e IV;

(C) Somente o item I está incorreto;

(D) Todos os itens estão corretos.

I: correta, pois a assertiva reflete o disposto no art. 81, III, do Estatuto do Idoso; **II:** correta, pois a assertiva reflete o disposto no art. 74, II, do Estatuto do Idoso; **III:** correta, pois a assertiva reflete o disposto no art. 1º do Estatuto do Idoso; **IV:** correta, pois a assertiva reflete o disposto no art. 74, X, do Estatuto do Idoso.

Gabarito "D"

(Ministério Público/RN – 2004) O Estatuto do Idoso (Lei n. 10.741/2003) privilegiou a atuação do Ministério Público em defesa dos direitos da pessoa idosa. Sobre esta atuação, é incorreto afirmar que cabe ao Ministério Público:

(A) Aforar ação judicial para proteção dos direitos e interesses individuais dos idosos, nos casos de direitos individuais indisponíveis e de direitos individuais homogêneos;

(B) Promover e acompanhar as ações de alimentos, de interdição total ou parcial e de designação de curador especial, em circunstâncias que justifiquem a medida;

(C) Promover as medidas judiciais e extrajudiciais para garantir o direito à gratuidade no transporte coletivo dos idosos com mais de 65 anos;

(D) Fazer a fiscalização de entidades de atendimento ao idoso, tendo, no exercício de suas funções, livre acesso à entidade;

(E) Promover, no foro do domicílio do réu, a tutela judicial de todos os direitos difusos e coletivos, protegidos pelo novo Estatuto.

A: correta, pois a assertiva reflete o disposto no art. 74, I, do Estatuto do Idoso; **B:** correta, pois a assertiva reflete o disposto no art. 74, II, do Estatuto do Idoso; **C:** correta, pois a assertiva reflete o disposto nos arts. 39, *caput*, e 74, VII, do Estatuto do Idoso; **D:** correta, pois a assertiva reflete o disposto no art. 74, VIII, e § 3º, do Estatuto do Idoso; **E:** incorreta (devendo ser assinalada), pois as ações propostas serão no foro do domicílio do idoso, conforme dispõe o art. 80 do Estatuto do Idoso.

Gabarito "E"

5. CRIMES

(Ministério Público/PR – 2008) Analise as assertivas abaixo e responda:

I. Constitui crime discriminar pessoa idosa, impedindo ou dificultando seu acesso a operações bancárias, aos meios de transporte, ao direito de contratar ou por qualquer outro meio ou instrumento necessário ao exercício da cidadania.

II. Constitui crime deixar de prestar assistência ao idoso, quando possível fazê-lo sem risco pessoal, em situação de iminente perigo, ou recusar, retardar ou dificultar sua assistência à saúde, sem justa causa, ou não pedir, nesses casos, o socorro de autoridade pública.

III. Constitui crime abandonar o idoso em hospitais, casas de saúde, entidades de longa permanência, ou congêneres, ou não prover suas necessidades básicas, quando obrigado por lei ou mandado.

IV. Constitui crime obstar o acesso de alguém a qualquer cargo público por motivo de idade.

(A) Todas estão corretas.

(B) Nenhuma está correta.

(C) Apenas 1ª e 2ª estão corretas.

(D) Apenas 3ª e 4ª estão corretas.

(E) Apenas 1ª, 3ª e 4ª estão corretas.

I: correta, pois a assertiva reflete o disposto no art. 96 do Estatuto do Idoso; **II:** correta, pois a assertiva reflete o disposto no art. 97 do Estatuto do Idoso; **III:** correta, pois a assertiva reflete o disposto no art. 98 do Estatuto do Idoso; **IV:** correta, pois a assertiva reflete o disposto no art. 100, I, do Estatuto do Idoso.

Gabarito "A"

6. TEMAS VARIADOS

(Ministério Público/DF – 2013) De acordo com o Estatuto do Idoso, assinale a opção **INCORRETA**.

(A) As transações relativas a alimentos para os idosos poderão ser celebradas perante o Promotor de Justiça ou Defensor Público e têm efeito de título executivo extrajudicial nos termos da lei processual civil.

(B) O idoso tem direito a receber gratuitamente do poder público os medicamentos, as próteses, órteses e todos os recursos necessários para manter ou reabilitar sua saúde, independentemente de sua situação econômica.

(C) O procedimento de apuração de irregularidade em entidade governamental e não governamental de atendimento ao idoso terá início mediante petição fundamentada de pessoa interessada ou iniciativa do Ministério Público.

(D) Nos processos e procedimentos e na execução dos atos e diligências judiciais em que figure como parte ou interveniente pessoa com idade igual ou superior a sessenta anos, será deferido o benefício da prioridade na tramitação, anotando-se essa circunstância em local visível nos autos.

(E) Às pessoas acima de sessenta anos, independentemente de sua situação econômica, será concedido o benefício da justiça gratuita, em qualquer fase ou instância, nos processos em que figurem como parte ou interveniente.

A: assertiva correta (art. 13 do Estatuto do Idoso); **B:** assertiva correta (art. 15, § 2º, do Estatuto do Idoso); **C:** assertiva correta (art. 65 do Estatuto do Idoso); **D:** assertiva correta (art. 71 do Estatuto do Idoso); **E:** assertiva incorreta, devendo ser assinalada, pois o benefício da justiça gratuita é concedido a todos que não considerados *necessitados*, para os fins legais, independente da idade, ou seja, terá o benéfico todo aquele cuja situação econômica não lhe permita pagar as custas do processo e os honorários de advogado, sem prejuízo do sustento próprio ou da família (art. 2º, parágrafo único, da Lei 1.060/1950).

Gabarito "E"

(Ministério Público/PR – 2013 – X) Assinale a alternativa ***incorreta***:

(A) A natureza jurídica dos conselhos de direitos das áreas do idoso e da pessoa com deficiência diz respeito fundamentalmente com os princípios constitucionais da democracia participativa assegurando, por conseguinte, a participação popular na gestão, formulação e controle das políticas públicas;

(B) Os serviços de transporte coletivo rodoviário urbano devem priorizar o embarque e desembarque dos usuários em nível em, pelo menos, um dos acessos do veículo;

(C) É correto afirmar que a deficiência é um conceito em evolução e resultado da interação entre pessoas com deficiência e as barreiras devidas às atitudes e ao ambiente que impedem a plena e efetiva participação na sociedade em igualdade de oportunidades com as demais pessoas;

(D) Sob a pena de interdição, toda instituição dedicada ao atendimento ao idoso está obrigada a manter identificação externa visível;

(E) A obrigatoriedade da inscrição de programas junto à Vigilância Sanitária e Conselho Municipal da Pessoa Idosa e, em sua falta, junto ao Conselho Estadual ou Nacional da Pessoa Idosa, especificando os regimes de atendimento, é adstrita às entidades não governamentais de assistência ao idoso.

A: assertiva correta (arts. 203, I, IV, V e 204, II, da CF); **B:** assertiva correta (art. 42 do Estatuto do Idoso); **C:** assertiva correta (Preâmbulo, alínea e, da Convenção sobre os Direitos das Pessoas com Deficiência – Decreto 6.949/2009); **D:** assertiva correta (art. 37, § 2º, do Estatuto do Idoso); **E:** assertiva incorreta (devendo ser assinalada), pois a obrigatoriedade da inscrição de programas junto à Vigilância Sanitária e Conselho Municipal da Pessoa Idosa abrange também as entidades governamentais (art. 48, parágrafo único, do Estatuto do Idoso).

Gabarito "E"

(Ministério Público/SC – 2012) De acordo com o Estatuto do Idoso, Lei n. 10.741/2003:

I. Os Conselhos do Idoso, o Ministério Público e a Vigilância Sanitária estão legitimados a fiscalizar as entidades governamentais e não governamentais de atendimento aos idosos, estando ambas sujeitas a advertência e multa, além de outras medidas como fechamento de unidade ou interdição de programa.

II. O procedimento para a imposição de penalidade administrativa por infração às normas de proteção ao idoso terá início com requisição do Ministério Público ou auto de infração elaborado por servidor efetivo e assinado, se possível, por duas testemunhas.

III. Compete ao Ministério Público promover a revogação de instrumento procuratório do idoso, nas hipóteses previstas em Lei, quando necessário ou o interesse público justificar.

IV. Os valores das multas reverterão ao Fundo do Idoso, onde houver, ou na falta deste, ao Fundo Municipal de Assistência Social, ficando vinculados ao atendimento ao idoso, sendo que as multas não recolhidas até 60 (sessenta) dias após o trânsito em julgado da decisão serão exigidas por meio de execução promovida pelo Ministério Público, nos mesmos autos, facultada igual iniciativa aos demais legitimados em caso de inércia daquele.

V. Decorridos 60 (sessenta) dias do trânsito em julgado da sentença condenatória favorável ao idoso sem que o autor lhe promova a execução, deverá fazê-lo o Ministério Público, facultada, igual iniciativa aos demais legitimados, como assistentes ou assumindo o polo ativo, em caso de inércia desse órgão.

(A) Apenas as assertivas I, II e IV estão corretas.

(B) Apenas as assertivas I, III, IV e V estão corretas.

(C) Apenas as assertivas II, III e V estão corretas.

(D) Apenas as assertivas II, III e IV estão corretas.

(E) Todas as assertivas estão corretas.

I: incorreta, pois as entidades governamentais não estão sujeitas a multa, conforme art. 55, I, do Estatuto do Idoso; **II:** correta (art. 60 do Estatuto do Idoso); **III:** correta (74, IV, do Estatuto do Idoso); **IV:** incorreta, pois conflita com o art. 84, parágrafo único, do Estatuto do Idoso, que prevê o prazo de 30 (trinta) dias; **V:** correta (art. 87 do Estatuto do Idoso).

Gabarito "C"

(Ministério Público/SC – 2012) De acordo com o Estatuto do Idoso, Lei n. 10.741/2003:

I. Aos maiores de 65 anos fica assegurada a prioridade na restituição do recebimento do Imposto de Renda.

II. As transações relativas a alimentos poderão ser celebradas perante o Promotor de Justiça ou Defensor Público, que as referendará, e passarão a ter efeito de título executivo extrajudicial nos termos da lei processual civil, destacando-se que a obrigação alimentar é solidária, podendo o idoso optar entre os prestadores.

III. Compete ao Ministério Público atuar como assistente do idoso em ações individuais que tratem de direitos indisponíveis, sendo que nos processos que envolvam interesses e direitos de idosos previstos no Estatuto do Idoso, a ausência de intervenção do Ministério Público acarreta nulidade que será declarada de ofício pelo juiz ou a requerimento de qualquer interessado.

IV. Nos programas habitacionais, públicos ou subsidiados com recursos públicos, o idoso goza de prioridade na aquisição de imóvel para moradia própria, observado o seguinte: reserva de 3% (três por cento) das unidades habitacionais residenciais para atendimento aos idosos.

V. No sistema de transporte coletivo interestadual observar-se-á, nos termos da legislação específica: a reserva de 2 (duas) vagas gratuitas por veículo para idosos com renda igual ou inferior a 2 (dois) salários mínimos; e desconto de 50% (cinquenta por cento), no mínimo, no valor das passagens, para os idosos que excederem as vagas gratuitas, com renda igual ou inferior a 2 (dois) salários mínimos.

(A) Apenas as assertivas II e V estão corretas.

(B) Apenas as assertivas I e V estão corretas.

(C) Apenas as assertivas I, III, IV e V estão corretas.

(D) Apenas as assertivas II, III e IV estão corretas.

(E) Todas as assertivas estão corretas.

I: incorreta, pois a prioridade é aplica-se às pessoas com idade igual ou superior a 60 (sessenta) anos (art. 1º c/c art. 3º, parágrafo único, IX, do Estatuto do Idoso); **II:** correta (art. 13 do Estatuto do Idoso); **III:** incorreta, pois conflita com o art. 75 do Estatuto do Idoso; **IV:** incorreta, pois a reversa é de **pelo menos** 3% das unidades habitacionais residenciais para atendimento aos idosos (art. 38, I, do Estatuto do Idoso); **V:** correta (art. 40, I e II, do Estatuto do Idoso).

Gabarito "A"

(Ministério Público/RS – 2009) Assinale a alternativa **INCORRETA**.

(A) Constitui atribuição do Ministério Público, dos Conselhos do Idoso e da Vigilância Sanitária, e outros previstos em lei, a fiscalização das entidades governamentais e não governamentais de atendimento ao ancião.

(B) No caso de haver sentença condenatória favorável ao idoso, em ação cível fundada em interesses difusos, coletivos, individuais indisponíveis ou homogêneos, está o Ministério Público desde logo legitimado a promover a sua execução, se o autor não o fizer.

(C) Na defesa dos direitos e garantias dos idosos, a obrigação é solidária entre todos os cidadãos e o Poder Público.

(D) No âmbito do Estatuto do Idoso (Lei n. 10.741/2003), a atuação do Ministério Público justifica-se nas causas em que houver interesse público ou pessoas idosas em situação de risco.

(E) Para efetivação dos direitos e garantias fundamentais do idoso, em todos os níveis, deve-lhe ser concedida primazia de atendimento.

A: correta (art. 52 do Estatuto do Idoso); **B:** incorreta (devendo ser assinalada), pois o art. 87 do Estatuto do Idoso estabelece que o Ministério Público deverá promover a execução ***decorridos 60 (sessenta)*** *dias do trânsito em julgado da sentença condenatória;* **C:** correta (art. 3º, *caput*, do Estatuto do Idoso); **D:** correta, (art. 74, II, do Estatuto do Idoso); **E:** correta (art. 3º do Estatuto do Idoso).

Gabarito "B"

(Ministério Público/RS – 2009) Assinale a alternativa correta.

(A) Na defesa dos idosos, cabe privativamente ao Ministério Público a propositura de ações cíveis fundadas em interesses difusos, coletivos, individuais indisponíveis ou homogêneos.

(B) As medidas de proteção ao idoso são aplicáveis sempre que os seus direitos forem ameaçados ou violados por ação ou omissão da sociedade ou do Estado, em razão de sua condição pessoal, por falta, omissão ou abuso da família, curador ou entidade de atendimento.

(C) Constitui infração administrativa prevista no Estatuto do Idoso deixar a entidade de atendimento de oferecer instalações físicas em condições adequadas de habitabilidade, sujeitando o infrator à penalidade de multa, se o fato não for caracterizado como crime, e à imediata interdição do estabelecimento.

(D) Os procedimentos judiciais em que figure como parte ou interveniente pessoa com idade igual ou superior a 65 anos terão prioridade na tramitação de todos os atos e diligências em qualquer instância.

(E) O Juiz de Direito é a autoridade competente para a aplicação das medidas de proteção ao idoso, tais como o abrigo, o encaminhamento à família ou curador, mediante termo de responsabilidade, ou requisição para tratamento de sua saúde.

A: incorreta, pois a legitimidade não é exclusiva do Ministério Público, conforme disposto no art. 81 do Estatuto do Idoso; **B:** correta (art. 43 do Estatuto do Idoso); **C:** incorreta, pois a interdição do estabelecimento não é obrigatória e tampouco imediata, consoante artigo 56 do Estatuto do Idoso; **D:** incorreta, pois o art. 71, *caput*, do Estatuto do Idoso assegura a prioridade de tramitação à pessoa que tenha idade igual ou superior a 60 anos; **E:** incorreta, pois o Ministério Público também pode determinar as medidas de proteção, conforme art. 45 do Estatuto do Idoso.

Gabarito "B"

(Ministério Público/RN – 2009 – CESPE) Com relação aos direitos dos idosos segundo a Lei n. 10.741/2003, assinale a opção correta.

(A) As transações relativas à prestação de alimentos a idosos, na forma da lei civil, podem ser celebradas perante o promotor de justiça ou defensor público, que as referendam, passando a ter efeito de título executivo judicial nos termos da lei processual civil.

(B) O poder público deve garantir ao idoso prioridade no recebimento da restituição do imposto de renda.

(C) Incumbe ao poder público fornecer medicamentos aos idosos gratuitamente, com exceção dos de uso continuado.

(D) Aos maiores de 60 anos de idade fica assegurada a gratuidade nos transportes coletivos públicos urbanos, nacionais e internacionais.

(E) É dever do poder público criar varas especializadas e exclusivas do idoso.

A: incorreta, pois é o Estatuto do Idoso (art. 13) e não a "lei civil" que disciplina as **transações** relativas a alimentos; ademais, após o referendo citado, tais transações passam a ter efeito de título executivo *extrajudicial* e não *judicial;* **B:** correta (art. 3º, parágrafo único, IX, do Estatuto do Idoso); **C:** incorreta, pois a lei não faz ressalva quanto aos medicamentos de uso contínuo (art. 15, § 2º, do Estatuto do Idoso); **D:** incorreta, pois o art. 39 do Estatuto do Idoso somente garante a gratuidade aos maiores de 65 (sessenta e cinco) anos dos transportes coletivos públicos urbanos e semiurbanos; **E:** incorreta, pois trata-se de **faculdade** do Poder Público, de acordo com o art. 70 do Estatuto do Idoso.

Gabarito "B"

(Ministério Público/BA – 2008) Marque a alternativa correta:

(A) O Estatuto do Idoso confere igual importância ao atendimento do idoso por sua própria família e ao atendimento asilar.

(B) Os casos de suspeita ou confirmação de maus-tratos contra idoso serão obrigatoriamente comunicados pelos profissionais de saúde à autoridade policial, ao Ministério Público e à Secretaria Municipal de Ação Social.

(C) Todas as entidades de longa permanência, ou casa-lar, são obrigadas a firmar contrato de prestação de serviços com a pessoa idosa abrigada, vedada, em qualquer caso, a cobrança de participação do idoso no custeio da entidade.

(D) Aos idosos, a partir de 60 (sessenta) anos, que não possuam meios para prover sua subsistência, nem de tê-la provida por sua família, é assegurado o benefício mensal de 1 (um) salário mínimo, nos termos da Lei Orgânica da Assistência Social – LOAS.

(E) Nos processos e procedimentos em que não for parte, atuará obrigatoriamente o Ministério Público na defesa dos direitos e interesses de que cuida o Estatuto do Idoso, hipótese em que terá vista dos autos depois das partes, podendo juntar documentos, requerer diligências e produção de outras provas, usando os recursos cabíveis.

A: incorreta, pois conflita com o artigo 3º, parágrafo único, V, do Estatuto do Idoso; **B:** incorreta, pois o art. 19 do Estatuto do Idoso traz o rol dos órgãos: I – autoridade policial; II – Ministério Público; III – Conselho Municipal do Idoso; IV – Conselho Estadual do Idoso; V – Conselho Nacional do Idoso; **C:** incorreta, pois é facultado às entidades filantrópicas ou casa-lar a cobrança de participação do idoso no custeio da entidade, nos termos do art. 35, § 1º, do Estatuto do Idoso; **D:** incorreta, pois o benefício abrange idosos a partir de 65 anos, conforme art. 34 do Estatuto do Idoso; **E:** correta (art. 75 do Estatuto do Idoso).

Gabarito "E"

(Ministério Público/MG – 2008) No que concerne ao Estatuto do Idoso (Lei 10.741/2003), é *CORRETO* afirmar que:

(A) o Estatuto foi instituído com o objetivo de regular os direitos assegurados às pessoas com idade superior a 60 (sessenta) anos.

(B) as transações relativas a alimentos poderão ser celebradas perante o Promotor de Justiça, que as referendará, e passarão a ter efeito de título executivo judicial nos termos da lei processual civil.

(C) aos maiores de 60 (sessenta) anos fica assegurada a gratuidade dos transportes coletivos públicos urbanos e semiurbanos, exceto nos serviços seletivos e especiais, quando prestados paralelamente aos serviços regulares.

(D) constitui crime, apenado com reclusão de 6 (seis) meses a 1 (um) ano e multa, impedir ou embaraçar ato do representante do Ministério Público ou de qualquer outro agente fiscalizador.

(E) é assegurada prioridade na tramitação dos processos e na execução dos atos e diligências judiciais em que figure como autora pessoa com idade superior a 60 (sessenta) anos, em qualquer instância.

A: incorreta, pois o Estatuto do Idoso foi instituído com o objetivo de regular os direitos das pessoas com idade *igual ou superior a 60 anos*, nos termos do art. 1º do Estatuto do Idoso; **B:** incorreta, pois as transações relativas a alimentos, após referendadas pelo Promotor de Justiça ou Defensor Público, passarão a ter efeito de título executivo *extrajudicial*, nos termos do art. 13 do Estatuto do Idoso; **C:** incorreta, pois o transporte gratuito é assegurado aos *maiores de 65 anos*, nos termos do art. 39, *caput*, do Estatuto do Idoso; **D:** correta, pois a assertiva reflete o disposto no art. 109 do Estatuto do Idoso; **E:** incorreta, pois a prioridade de tramitação é assegurada nos processos e na execução dos atos e diligências judiciais em que figure como *parte ou interveniente pessoa com idade igual ou superior a 60 anos*, nos termos do art. 71, *caput*, do Estatuto do Idoso.

Gabarito "D"

(Ministério Público/MG – 2007) Assinale a afirmativa CORRETA, no que concerne às normas contidas nas Leis ns. 8.080/1990 e 10.741/2003 (Estatuto do Idoso).

(A) As transações relativas a alimentos que envolvam idoso, nos termos da Lei 10.741/2003 (Estatuto do Idoso), poderão ser celebradas perante o Promotor de Justiça, que as referendará, tendo efeito de título executivo judicial.

(B) É assegurada prioridade na tramitação dos processos em que figure como parte ou interveniente pessoa com idade igual ou superior a 60 (sessenta) anos, a qual só cessará com a morte do beneficiado.

(C) O Ministério Público poderá promover a revogação de instrumento procuratório de idoso, em situação de risco, quando necessário ou o interesse público justificar.

(D) A obrigação de fornecimento de medicamentos no âmbito do Sistema Único de Saúde é exclusiva dos municípios.

(E) A elaboração da proposta orçamentária do Sistema Único de Saúde é atribuição concorrente da União e dos Estados, excluídos os Municípios.

A: incorreta, pois as transações relativas a alimentos, após referendadas pelo Promotor de Justiça ou Defensor Público, passarão a ter efeito de título executivo *extrajudicial*, nos termos do art. 13 do Estatuto do Idoso; **B:** incorreta, pois a prioridade na tramitação processual *não* cessará com a morte do beneficiado, conforme disposto no art. 71, § 2º, do Estatuto do Idoso; **C:** correta, pois a assertiva reflete o disposto no art. 74, IV, do Estatuto do Idoso; **D:** incorreta, pois a União, os Estados, os Municípios e o Distrito Federal têm obrigação solidária de assegurar a todos os cidadãos, indistintamente, o direito à saúde, posto que se encontram obrigados, por imposição constitucional, a prestarem assistência médica integral. Nesse sentido: Administrativo. Medicamento ou congênere. Pessoa desprovida de recursos financeiros. Fornecimento gratuito. Responsabilidade solidária da União, Estados Membros, Distrito Federal e Municípios. ... *É obrigação do Estado (União, Estados membros, Distrito Federal e Municípios) assegurar às pessoas desprovidas de recursos financeiros o acesso à medicação ou congênere necessário à cura, controle ou abrandamento de suas enfermidades, sobretudo, as mais graves. Sendo o SUS composto pela União, Estados membros e Municípios, é de reconhecer-se, em função da solidariedade, a legitimidade passiva de quaisquer deles no polo passivo da demanda.* Recurso especial improvido. (Recurso Especial 656979/RS (2004/0056457-2), 2ª Turma do STJ, Rel. Min. Castro Meira. j. 16.11.2004, unânime, *DJ* 07.03.2005); **E:** incorreta, pois a competência para elaboração da proposta orçamentária do SUS é comum, conforme dispõe o art. 15, X, da Lei 8.080/1990.

Gabarito "C"

(Ministério Público/BA – 2010) Marque a alternativa incorreta:

(A) No sistema de transporte coletivo interestadual, para ter acesso às vagas gratuitas reservadas por veículo, em atendimento à Lei n. 10.741/2003 (Estatuto do Idoso), basta que o idoso apresente qualquer documento pessoal que faça prova de sua idade.

(B) A Ordem dos Advogados do Brasil tem legitimidade para as ações cíveis fundadas em interesses difusos, coletivos, individuais indisponíveis ou homogêneos em favor de idosos.

(C) Desdenhar, humilhar, menosprezar ou discriminar pessoa idosa, por qualquer motivo, constitui crime apenado com reclusão de 6(seis) meses a 1(um) ano e multa.

(D) O idoso tem direito a descontos de pelo menos 50% (cinquenta por cento) nos ingressos para eventos artísticos, culturais, esportivos e de lazer, bem como o acesso preferencial aos respectivos locais.

(E) Compete ao Ministério Público oficiar em todos os feitos em que se discutam os direitos de idosos em condições de risco.

A: incorreta (devendo ser assinalada), pois segundo dispõe o art. 40 do Estatuto do Idoso, no sistema de transporte coletivo interestadual, observar-se-á, nos termos da legislação específica, a reserva de 2 (duas) vagas gratuitas por veículo para idosos *com renda igual ou inferior a 2 (dois) salários mínimos*. O Decreto 5.934, de 18 de outubro de 2006, em seu art. 6º prevê a documentação necessária para a solicitação do "Bilhete de Viagem do Idoso"; **B:** correta (art. 81, III, do Estatuto do Idoso); **C:** correta (art. 96, § 1º, do Estatuto do Idoso); **D:** correta (art. 23 do Estatuto do Idoso); **E:** correta (art. 74, II, do Estatuto do Idoso).

Gabarito "A"

(Ministério Público/PR – 2011) Analisando as seguintes assertivas:

I. Os alimentos serão prestados ao idoso na forma da lei civil, podendo as transações relativas ao tema ser celebradas perante o Promotor de Justiça ou Defensor Público, que as referendará, e passarão a ter efeito de título executivo extrajudicial nos termos da lei processual civil;

II. Nos termos do Estatuto do Idoso, aos maiores de 60 (sessenta) anos de idade fica assegurada a gratuidade dos transportes coletivos públicos urbanos e semiurbanos, exceto nos serviços seletivos e especiais, quando prestados paralelamente aos serviços regulares. Nos veículos de transporte coletivo suprarreferidos, serão reservados 10% (dez por cento) dos assentos para os idosos, devidamente identificados com a placa de reservado preferencialmente para idosos. Para ter acesso à gratuidade, basta que o idoso apresente qualquer documento pessoal que faça prova de sua idade;

III. No transporte coletivo interestadual, é obrigatória a reserva de 02 (duas) vagas gratuitas por veículo, comboio ferroviário ou embarcação do serviço convencional de transporte interestadual de passageiros para idosos com renda igual ou inferior a 02 (dois) salários mínimos, bem como o desconto de 50% (cinquenta por cento), no mínimo, no valor das passagens para os idosos que excederem as vagas gratuitas, com renda igual ou inferior a 02 (dois) salários mínimos. A comprovação de renda será feita mediante a apresentação de um dos seguintes documentos: (i) – Carteira de Trabalho e Previdência Social com anotações atualizadas; (ii) – contracheque de pagamento ou documento expedido pelo empregador; (iii) – carnê de contribuição para o Instituto Nacional do Seguro Social – INSS; (iv) – extrato de pagamento de benefício ou declaração fornecida pelo INSS ou outro regime de previdência social público ou privado; e (v) – documento ou carteira emitida pelas Secretarias Estaduais ou Municipais de Assistência Social ou congêneres;

IV. Constituem obrigações das entidades de atendimento ao idoso, dentre outras: (i) celebrar contrato escrito de prestação de serviço com o idoso, especificando o tipo de atendimento, as obrigações da entidade e prestações decorrentes do contrato, com os respectivos preços, se for o caso; (ii) manter arquivo de anotações onde constem data e circunstâncias do atendimento, nome do idoso, responsável, parentes, endereços, cidade, relação de seus pertences, bem como o valor de contribuições, e suas alterações, se houver, e demais dados que possibilitem sua identificação e a individualização do atendimento; e (iii) comunicar ao Ministério Público, para as providências cabíveis, a situação de abandono moral ou material por parte dos familiares;

V. Compete ao Ministério Público, dentre outras funções, (i) promover e acompanhar as ações de alimentos, de interdição total ou parcial, de designação de curador especial, em circunstâncias que justifiquem a medida e oficiar em todos os feitos em que se discutam os direitos de idosos em condições de risco; (ii) atuar como substituto processual do idoso em situação de risco; (iii) promover a revogação de instrumento procuratório do idoso, nas hipóteses em que este se encontre em situação de risco, quando necessário ou o interesse público justificar; e (iv) inspecionar as entidades públicas e particulares de atendimento e os programas de que trata o Estatuto do Idoso, adotando de pronto as medidas administrativas ou judiciais necessárias à remoção de irregularidades porventura verificadas.

É possível afirmar:

(A) Apenas a assertiva II está incorreta;

(B) As assertivas II e III estão incorretas;

(C) Apenas a assertiva III está incorreta;

(D) Todas as assertivas estão corretas;

(E) Todas as assertivas estão incorretas.

I: correta, pois a assertiva reflete o disposto no art. 13 do Estatuto do Idoso; **II:** incorreta, pois é assegurada a gratuidade dos transportes coletivos públicos urbanos e semiurbanos, exceto nos serviços seletivos e especiais, quando prestados paralelamente aos serviços regulares, aos *maiores de 65 anos*, no caso daqueles entre 60 e 65 anos ficará a critério da legislação local dispor sobre as condições de gratuidade (art. 39, *caput*, do Estatuto do Idoso); **III:** correta, pois a assertiva reflete o disposto no art. 40, I e II, do Estatuto do Idoso e art. 6º do Decreto 5.934, de 18 de outubro de 2006; **IV:** correta, pois a assertiva reflete o disposto no art. 50, I, XV e XVI, do Estatuto do Idoso; **V:** correta, pois a assertiva reflete o disposto no art. 74, II, III, IV e VIII, do Estatuto do Idoso.

Gabarito "A"

(Ministério Público/SP – 2010) Assinale a afirmativa correta:

(A) a fiscalização de entidades governamentais e não governamentais de atendimento ao idoso compete exclusivamente ao Ministério Público.

(B) a internação psiquiátrica da pessoa portadora de transtorno mental pode ser voluntária ou involuntária, sendo vedada a internação compulsória.

(C) segundo o Estatuto do Idoso, as transações relativas a alimentos poderão ser celebradas perante o Promotor de Justiça ou Defensor Público, que as referendará, e passarão a ter efeito de título extrajudicial, nos termos da lei processual civil.

(D) a prioridade na tramitação dos processos e procedimentos e na execução dos atos e diligências judiciais, estabelecida no Estatuto do Idoso, é assegurada apenas quando o Idoso figurar como autor.

(E) a internação psiquiátrica involuntária da pessoa portadora de transtorno mental somente poderá ser autorizada em procedimento judicial, instruído com laudo médico circunstanciado que caracterize os seus motivos, devendo o Ministério Público intervir no feito como "custos legis".

A: incorreta, pois as entidades serão fiscalizadas pelos Conselhos do Idoso, Ministério Público, Vigilância Sanitária e outros previstos em lei, conforme art. 52 do Estatuto do Idoso; **B:** incorreta, pois a internação compulsória é prevista como um tipo de internação psiquiátrica, disciplinada no art. 6º, parágrafo único, III, da Lei 10.216/2001; **C:** correta, pois a assertiva reflete o disposto no art. 13 do Estatuto do Idoso; **D:** incorreta, pois a prioridade na tramitação é assegurada quando o idoso for *parte ou interveniente*, conforme dispõe o art. 71, *caput*, do Estatuto do Idoso; **E:** incorreta, pois a internação involuntária é aquela que se dá sem o consentimento do usuário e a pedido de terceiro e será autorizada mediante laudo médico, mas sem necessidade de procedimento judicial, conforme disposto nos arts. 6º e 8º da Lei 10.216/2001.

Gabarito "C"

(Ministério Público/SC – 2008) Analise as seguintes assertivas:

I. A assistência social, uma das linhas de ação da política de atendimento ao idoso a ser feita conjuntamente pela União, Estados, Distrito Federal e Municípios (art. 46, Estatuto do Idoso, Lei n. 10.741/2003), será uma ação constitutiva, e não meramente supletiva, quando as políticas sociais básicas que envolvem necessidades humanas primárias não estiverem sendo efetivamente realizadas pelo Estado.

II. A função de exercer o controle social, bem como o de aplicar as medidas para o cumprimento dos direitos previstos no Estatuto do Idoso é concorrente e disjuntiva, dentre outros, entre o Ministério Público, a Ordem dos Advogados do Brasil, as Associações afins, as Casas Legislativas Municipal, Estadual e da União e o Corpo de Bombeiros.

III. O Estatuto do Idoso (Lei n. 10.741/2003) prevê, a fim de prevenir a ocorrência de violação aos direitos dos idosos, a criação de um conselho municipal do idoso (art. 7º), a ser instituído mediante lei de iniciativa do Legislativo Municipal. Trata-se de um dentre os vários mecanismos asseguradores desses direitos.

IV. Muito embora não conceda a lei de apoio às pessoas portadoras de deficiência (Lei n. 7.853/1989) legitimidade ativa à Defensoria Pública para defender, por meio da ação civil pública, direitos difusos e coletivos de pessoas portadores de deficiência, nada impede que ingresse esse instituição com a ação competente, eis que após a alteração da Lei de Ação Civil Pública (n. 7.347/1985), dada pela Lei n. 11.448/2007, foi-lhe conferida legitimidade para figurar como autora em ações dessa natureza

V. Em relação aos idosos carentes, poderá o *parquet* referendar as transações relativas a alimentos, que passam a ter efeito de título executivo extrajudicial. Incumbirá, no entanto, ao idoso optar entre os prestadores dessa obrigação, devedores solidários, respeitada a ordem de preferência constante do Código Civil (art. 1696, CC).

(A) apenas I, III e IV estão corretos

(B) apenas I e IV estão corretos

(C) apenas III, IV e V estão corretos

(D) apenas II e V estão corretos

(E) apenas II, III e IV estão corretos

I: correta, pois embora o art. 47, II, do Estatuto do Idoso trate das políticas e dos programas de assistência social em caráter supletivo, quando as políticas sociais básicas relativas à assistência social não estiverem sendo efetivamente realizadas pelo Poder Público, a ação da política de atendimento ao idoso terá natureza de constituir e não apenas de suprir; **II:** incorreta, pois conflita com o art. 45 do Estatuto do Idoso; **III:** incorreta, pois o Conselho Municipal do Idoso *visa zelar pelo cumprimento dos direitos do idoso* definidos no Estatuto do Idoso (art. 7º do Estatuto do Idoso); **IV:** correta (art. 5º, II, da Lei n. 7.347/1985); **V:** incorreta, pois ficará a critério do idoso optar entre os prestadores, consoante art. 12 do Estatuto do Idoso.

Gabarito "B"

(Ministério Público/TO – 2012 – CESPE) Assinale a opção correta com referência ao Estatuto do Idoso e ao que ele dispõe.

(A) Entre os direitos reconhecidos legalmente ao idoso no domínio de suas faculdades mentais inclui-se o de ele optar pelo tratamento de saúde que julgar mais favorável.

(B) Apesar de exercer uma função protetiva em relação ao idoso, o referido estatuto não define um sistema claro de defesa dos interesses da pessoa idosa na condição de pessoa humana.

(C) Todos os direitos reconhecidos ao idoso, incluída a gratuidade nos transportes coletivos urbanos e semiurbanos, aplicam-se aos indivíduos que alcancem sessenta anos de idade ou mais.

(D) No tocante à defesa dos direitos dos idosos em juízo, guardam competência subsidiária em relação ao MP e à OAB a União, os estados, o DF e os municípios.

(E) Associações particulares podem figurar em juízo na defesa dos interesses dos idosos, desde que autorizadas por assembleia convocada para tal finalidade.

A: correta (art. 17 do Estatuto do Idoso); **B:** incorreta, pois o Capítulo III, do Título V, do Estatuto do Idoso traz um sistema de proteção judicial dos interesses difusos, coletivos, individuais indisponíveis ou homogêneos; **C:** incorreta, pois embora o Estatuto do Idoso regule os direitos assegurados às pessoas com idade igual ou superior a 60 anos (art. 1º), alguns direitos somente se aplicam às pessoas com idade igual ou superior a 65 anos, como no caso da gratuidade dos transportes coletivos públicos urbanos e semiurbanos (art. 39 do Estatuto do Idoso). No caso das pessoas entre 60 e 65 anos, ficará a critério da legislação local dispor sobre as condições da gratuidade; **D:** incorreta, pois a legitimidade é concorrente entre esses entes ou órgãos, de acordo com o art. 81 do Estatuto do Idoso; **E:** incorreta, pois é dispensada a autorização da assembleia, se houver prévia autorização estatutária, de acordo com o disposto na art. 81, IV, do Estatuto do Idoso.

Gabarito "A"

16. Direito da Pessoa com Deficiência

Anna Carolina Bontempo, Leni Mouzinho Soares e Vanessa Tonolli Trigueiros*

(Ministério Público/ES – 2013 – VUNESP) Com relação à acessibilidade, é correto afirmar:

(A) a língua brasileira de Sinais (LIBRAS), meio legal de comunicação e expressão, pode substituir a modalidade escrita da língua portuguesa.

(B) os parques de diversões, públicos e privados, devem adaptar, no máximo, 5% (cinco por cento) de cada brinquedo e equipamento e identificá-los para possibilitar sua utilização por pessoas com deficiência ou com mobilidade reduzida, tanto quanto tecnicamente possível.

(C) a Lei 10.098/2000 visa a garantir que os empreendimentos públicos futuros venham a utilizar-se de normas técnicas da ISO que prevejam condições adequadas aos cadeirantes.

(D) os semáforos para pedestres instalados nas vias públicas deverão estar equipados com mecanismo que emita sinal sonoro suave, intermitente e sem estridência, ou com mecanismo alternativo, que sirva de guia ou orientação para a travessia de pessoas portadoras de deficiência visual, se a intensidade do fluxo de veículos e a periculosidade da via assim determinarem.

(E) os banheiros de uso público existentes ou a construir em parques, praças, jardins e espaços livres públicos deverão ser acessíveis e dispor, pelo menos, de dois lavatórios que atendam às especificações das normas técnicas da ABNT.

A: incorreta, pois a Língua Brasileira de Sinais – Libras – *não* poderá substituir a modalidade escrita da língua portuguesa (art. 4º, parágrafo único, da Lei 10.436/2002); **B:** incorreta, pois os parques de diversões, públicos e privados, devem adaptar, *no mínimo*, 5% (cinco por cento) de cada brinquedo e equipamento (art. 4º, parágrafo único, da Lei 10.098/2000); **C:** incorreta, pois a Lei 10.098/2000 estabelece normas gerais e critérios básicos para a promoção da acessibilidade das pessoas portadoras de deficiência ou com mobilidade reduzida, mediante a supressão de barreiras e de obstáculos nas vias e espaços públicos, no mobiliário urbano, na construção e reforma de edifícios e nos meios de transporte e de comunicação (art. 1º); **D:** correta (art. 9º da Lei 10.098/2000); **E:** incorreta, pois os banheiros de uso público existentes ou a construir em parques, praças, jardins e espaços livres públicos deverão ser acessíveis e dispor, pelo menos, de *um sanitário e um lavatório* que atendam às especificações das normas técnicas da ABNT (art. 6º da Lei 10.098/2000).

Gabarito "D"

(Ministério Público/GO – 2013) Em relação à proteção e garantias das pessoas portadoras de deficiência, é incorreto afirmar:

(A) o planejamento e a urbanização das vias públicas, dos parques e dos demais espaços de uso público devem ser concebidos e executados de forma a torná-los acessíveis às pessoas com deficiência ou com mobilidade reduzida.

(B) os locais de espetáculos, conferências, aulas e outros de natureza similar deverão dispor de espaços reservados para as pessoas que utilizam cadeira de rodas e de lugares específicos para as pessoas com deficiência auditiva e visual, inclusive acompanhante.

(C) em todas as áreas de estacionamento de veículos, localizadas em vias ou em espaços públicos, deverão ser reservadas vagas próximas dos acessos de circulação de pedestres, devidamente sinalizadas, para veículos que transportem pessoas com deficiência com dificuldade de locomoção. As vagas deverão ser em número equivalente a cinco por cento do total.

(D) a construção, ampliação ou reforma de edifícios públicos ou privados destinados ao uso coletivo deverão ser executados de modo que sejam ou se tornem acessíveis às pessoas com deficiência ou com mobilidade reduzida.

A: assertiva correta (art. 3º da Lei 10.098/2000); **B:** assertiva correta (art. 12 da Lei 10.098/2000); **C:** assertiva incorreta, devendo ser assinalada, pois as vagas deverão ser em número equivalente a dois por cento do total, garantida, no mínimo, uma vaga (art. 7º, parágrafo único, da Lei 10.098/2000); **D:** assertiva correta (art. 11 da Lei 10.098/2000).

Gabarito "C"

(Ministério Público/SP – 2013 – PGMP) Relativamente à Convenção sobre os Direitos das Pessoas com Deficiência, aprovada pelo Decreto Legislativo 186,

* **Anna Carolina Bontempo** comentou as questões dos seguintes concursos: MP/AC/08, MP/BA/08, MP/CE/11, MP/GO/10, MP/GO/12, MP/MG/06, MP/MG/11, MP/MG/12, MP/MS/09, MP/MT/12, MP/PB/10, MP/PI/08, MP/PI/ 12, MP/RJ/11, MP/RN/09, MP/RR/12, MP/RS/08, MP/RS/09, MP/SC/08, MP/SC/12, MP/SP/12, MP/TO/12, e MP/ES/13, MP/GO/13, MP/RO/13 quando houver. **Vanessa Tonolli Trigueiros** comentou as questões do concurso de MP/SP/2013. **Leni Mouzinho Soares** comentou as demais questões.

de 2008, e objeto de promulgação conforme Decreto 6.949, de 2009, é INCORRETO afirmar:

(A) É propósito da aludida Convenção o de promover, proteger e assegurar o desfrute pleno e equitativo de todos os direitos humanos e liberdades fundamentais por parte de todas as pessoas com deficiência e promover o respeito pela sua inerente dignidade.

(B) Constitui, dentre outros, compromisso dos Estados Partes o de promover a capacitação de profissionais e de equipes que trabalham com pessoas com deficiência, em relação aos direitos reconhecidos na Convenção, para que possam prestar melhor assistência e serviços garantidos por esses direitos.

(C) Dentre outras medidas a serem adotadas para conscientização de toda a sociedade, inclusive das famílias, sobre as condições das pessoas com deficiência e fomentar o respeito pelos direitos e pela dignidade das pessoas com deficiência, encontra-se expressamente previsto o fomento em todos os níveis do sistema educacional, incluindo neles todas as crianças desde tenra idade, de uma atitude de respeito para com os direitos das pessoas com deficiência.

(D) Para realizar o direito das pessoas com deficiência à educação, constitui obrigação dos Estados Partes, dentre outras, a de assegurar que as pessoas com deficiência não sejam excluídas do ensino fundamental gratuito, que deve ser prestado preferencialmente em escolas concebidas e previamente aparelhadas para lidar com os diversos tipos de deficiência, especializadas no atendimento dessa parcela da população.

(E) Constitui, dentre outros, compromisso dos Estados Partes o de realizar e promover a pesquisa e o desenvolvimento de produtos, serviços, equipamentos e instalações com desenho universal que exijam o mínimo possível de adaptação e cujo custo seja o mínimo possível, destinados a atender às necessidades específicas de pessoas com deficiência, a promover sua disponibilidade e seu uso e a promover o desenho universal quando da elaboração de normas e diretrizes.

A: correta, pois a alternativa traz o propósito previsto no art. 1º da Convenção sobre os Direitos das Pessoas com Deficiência (Decreto 6.949/2009); **B:** correta, pois a alternativa traz o compromisso previsto no art. 4º, item 1, "i", da Convenção sobre os Direitos das Pessoas com Deficiência; **C:** correta, pois a alternativa traz o compromisso previsto no art. 8º, item 1, "a" e item 2, "b", da Convenção sobre os Direitos das Pessoas com Deficiência; **D:** incorreta, devendo ser assinalada, pois é obrigação dos Estados Partes assegurar que as pessoas com deficiência não sejam excluídas do sistema educacional geral sob alegação de deficiência e que as crianças com deficiência não sejam excluídas do ensino primário gratuito e compulsório ou do ensino secundário, sob alegação de deficiência, nos termos do art. 24, item 2, "a", da Convenção sobre os Direitos das Pessoas com Deficiência; **E:** correta, pois a alternativa traz o compromisso previsto no art. 4º, item 1, "f", da Convenção sobre os Direitos das Pessoas com Deficiência.

Gabarito "D"

(Ministério Público/SP – 2013 – PGMP) A Lei Complementar 142, de 08 de maio de 2013, que regulamenta o § 1º do art. 201 da Constituição Federal, no tocante à aposentadoria da pessoa com deficiência segurada do Regime Geral de Previdência Social:

I. Considera a pessoa com deficiência aquela que tem impedimentos de longo ou médio prazo de natureza física, mental, intelectual ou sensorial, os quais, em interação com diversas barreiras, podem obstruir sua participação plena e efetiva na sociedade em igualdade de condições com as demais pessoas.

II. Dentre outras providências, dispôs que a pessoa com deficiência, conforme seja o grau dessa deficiência, grave, moderada ou leve, necessitará de períodos distintos de contribuição e idade, para fazer jus à aposentadoria, estabelecendo também distinções de períodos de contribuição para homens e mulheres.

III. Determinou também que, qualquer que seja o grau de deficiência, a pessoa portadora de deficiência terá assegurada a sua aposentadoria aos 60 (sessenta) anos de idade, se homem, e 55 (cinquenta e cinco) anos de idade, se mulher, desde que cumprido tempo mínimo de contribuição de 15 (quinze) anos e comprovada a existência de deficiência durante igual período.

IV. Dentre outras providências, desconsiderou o fator idade quando dispôs que a pessoa com deficiência, conforme seja o grau dessa deficiência, grave, moderada ou leve, necessitará de períodos distintos de contribuição, para fazer jus à aposentadoria, estabelecendo também distinções de períodos de contribuição para homens e mulheres.

V. Considerou o fator idade e o tempo de contribuição para todas as hipóteses de direito à aposentadoria, para a pessoa portadora de deficiência física.

Está CORRETO somente o contido nos itens:

(A) III e IV.

(B) I, III e V.

(C) II, III e V.

(D) I e IV.

(E) I e V.

I: incorreta, pois se considera pessoa com deficiência aquela que tem impedimentos de longo prazo de natureza física, mental, intelectual ou sensorial, os quais, em interação com diversas barreiras, podem obstruir sua participação plena e efetiva na sociedade em igualdade de condições com as demais pessoas (art. 2º da LC 142/2013); **II:** incorreta (art. 3º, IV, da LC 142/2013); **III:** correta, pois a alternativa reflete o disposto no art. 3º, IV, da LC 142/2013; **IV:** correta (art. 3º, IV, da LC 142/2013); **V:** incorreta, o art. 3º, IV, da LC 142/2013 não considerou o fator idade e o tempo de contribuição para todas as hipóteses de aposentadoria para a pessoa portadora de deficiência física.

Gabarito "A"

(Ministério Público/RO – 2013 – CESPE) Em relação ao direito das pessoas com deficiência, assinale a opção correta.

(A) A sentença proferida em ação prevista na Lei nº 7.853/1989 sempre terá eficácia de coisa julgada oponível *erga omnes*, dada a natureza da referida ação.

(B) Nos termos da Lei nº 7.853/1989, o MP, ao instaurar inquérito civil sob sua presidência, poderá requisitar informações de qualquer pessoa física.

(C) Nos termos do Decreto nº 3.298/1999, considera-se pessoa deficiente o indivíduo portador de qualquer espécie de deformidade congênita ou adquirida.

(D) Consoante o disposto na Lei nº 10.098/2000, para a viabilização da acessibilidade das pessoas portadoras de deficiência, deve-se adaptar, no mínimo, tanto quanto tecnicamente possível, a terça parte dos brinquedos dispostos em parques de diversões públicos.

(E) De acordo com o disposto na Lei nº 7.853/1989, não pratica crime aquele que omite dados técnicos indispensáveis à propositura de ACP, quando requisitado pelo MP.

A: incorreta, pois a sentença não terá eficácia de coisa julgada oponível erga omnes no caso de haver sido a ação julgada improcedente por deficiência de prova, hipótese em que qualquer legitimado poderá intentar outra ação com idêntico fundamento, valendo-se de nova prova (art. 4º, *caput*, da Lei 7.853/1989); **B:** correta (art. 6º da Lei 7.853/1989); **C:** incorreta, pois conflita com os conceitos trazidos nos artigos 3º e 4º do Decreto 3.298/1999; **D:** incorreta, pois os parques de diversões, públicos e privados, devem adaptar, no mínimo, 5% de cada brinquedo e equipamento, de acordo com o art. 4º, parágrafo único, da Lei 10.098/00; **E:** incorreta, pois trata-se crime previsto no art. 8º, VI, da Lei 7.853/89.

Gabarito "B"

(Ministério Público/RO – 2013 – CESPE) Considerando as condições gerais da acessibilidade dispostas no Decreto nº 5.296/2004, assinale a opção correta.

(A) Ajuda técnica consiste na concepção de espaços, artefatos e produtos que visem atender simultaneamente a todas as pessoas, independentemente de suas características antropométricas e sensoriais.

(B) Definem-se como barreiras, nas edificações, as existentes nas vias públicas e nos espaços de uso público.

(C) Considera-se elemento da urbanização o conjunto de objetos existentes nas vias e espaços públicos adicionado à edificação.

(D) Edificações de uso público são aquelas destinadas à habitação, classificadas como unifamiliar ou multifamiliar.

(E) As edificações destinadas às atividades de natureza comercial e hoteleira são de uso coletivo.

A: incorreta, pois entende-se por ajuda técnica "os produtos, instrumentos, equipamentos ou tecnologia adaptados ou especialmente projetados para melhorar a funcionalidade da pessoa portadora de deficiência ou com mobilidade reduzida, favorecendo a autonomia pessoal, total ou assistida" (art. 8º, V, do Decreto 5.296/04). A redação da alternativa "A" descreve o conceito de "desenho universal", do inciso IX do art. 8º ; **B:** incorreta, pois a assertiva traz a definição de barreiras urbanísticas (art. 8º, II, a, do Decreto 5.296/04); **C:** incorreta, pois elemento da urbanização consiste em "qualquer componente das obras de urbanização, tais como os referentes à pavimentação, saneamento, distribuição de energia elétrica, iluminação pública, abastecimento e distribuição de água, paisagismo e os que materializam as indicações do planejamento urbanístico" (art. 8º, III, do Decreto 5.296/04). É importante mencionar que o Decreto 5.296/04 considera as "edificações de uso privado aquelas destinadas à habitação, que podem ser classificadas como unifamiliar ou multifamiliar" (art. 8º, VIII). ; **D:** incorreta, pois edificações de uso público são "aquelas administradas por entidades da administração pública, direta e indireta, ou por empresas prestadoras de serviços públicos e destinadas ao público em geral" (art. 8º, VI, do Decreto 5.296/04); **E:** correta (art. 8º, VII, do Decreto 5.296/04).

Gabarito "E"

(Ministério Público/AM – 2005) Com relação ao direito das pessoas com deficiência, pode-se afirmar:

I. Devem ser destinadas até 20% (vinte por cento) das vagas ofertadas em concursos públicos para pessoas com deficiência. O percentual mínimo dessa reserva é de 2% (dois por cento) das vagas, nos termos do art. 37, § 1º, do Decreto 3.298/1999.

II. As empresas de transporte coletivo de passageiros terão prazo de até 120 (cento e vinte) meses para tornar seus veículos totalmente adaptados às regras de acessibilidade, contado a partir da publicação do Decreto 5.296/2004.

III. Os edifícios públicos e coletivos, inclusive os prédios tombados pelo patrimônio histórico, devem ser adaptados para permitir o acesso de pessoas com deficiência ou mobilidade reduzida.

IV. O candidato com deficiência, aprovado em concurso público deve ser avaliado durante o estágio probatório por junta médica que emitirá parecer sobre a compatibilidade entre as atribuições do cargo a sua deficiência.

V. O art. 203, inciso V, da Constituição da República garante o pagamento de benefício assistencial de prestação continuada (BPC) para pessoas com deficiência e idosos, com sessenta anos ou mais, que comprovem não possuir meios de prover a própria manutenção e nem de tê-la provida por sua família.

VI. A Língua Brasileira de Sinais (LIBRAS) é o sistema linguístico de natureza visual motora com estrutura gramatical própria, reconhecido por lei como o segundo idioma oficial do Brasil, devendo ser usado como meio de comunicação e expressão das pessoas surdas.

Assinale verdadeiro ou falso e indique a sequência CORRETA.

(A) V, V, F, V, V, F.

(B) F, V, V, F, F, F.

(C) F, F, V, V, F, V.

(D) V, F, F, F, V, V.

I: incorreta, pois de acordo com o referido dispositivo, deverão ser reservadas, no mínimo, 5% das vagas; **II:** correta, pois 120 meses (contados a partir da publicação do decreto) é o prazo máximo previsto no Decreto 5.296/2004 para a adaptação da frota de veículos de transporte coletivo e de infraestrutura do serviço às normas técnicas de acessibilidade (art. 42 do Decreto 5.296/2004); **III:** correta (arts. 18 a 30 do Decreto 5.296/2004); **IV:** incorreta, pois o candidato com deficiência será avaliado por equipe multidisciplinar composta por médico e três integrantes da carreira almejada (art. 43 do Decreto 3.298/1999); **V:** incorreta, pois o mencionado dispositivo garante um salário mínimo de benefício mensal para idosos, **não especificando faixa etária destes**. O art. 34 do Estatuto de Idoso *garante aos idosos,* ***a partir de 65 (sessenta e cinco) anos****, que não possuam meios para prover sua subsistência, nem de tê-la provida por sua família, o benefício mensal de 1 (um) salário mínimo, nos termos da Lei Orgânica da Assistência Social – LOAS* (art. 20 da Lei 8.742/1993 – Redação dada pela Lei 12.435/2011); **VI:** incorreto, pois conflita com o art. 1º, *caput* e parágrafo único, da Lei 10.436/2002.

Gabarito "B"

(Ministério Público/BA – 2005) É correto afirmar que:

(A) A empresa pública, a fundação e a sociedade de economia mista não possuem legitimidade para propor ação civil pública destinada à proteção de interesses coletivos ou difusos das pessoas portadoras de deficiência, mesmo que inclua, entre suas finalidades institucionais, a proteção das pessoas portadoras de deficiência.

(B) De acordo com o Decreto n. 3.298/1999, a incapacidade é aquela que ocorreu ou se estabilizou durante um período de tempo suficiente para não permitir recuperação ou ter probabilidade de que se altere, apesar de novos tratamentos.

(C) A empresa com mais de mil empregados está obrigada a preencher cinco por cento de seus cargos com beneficiários da Previdência Social reabilitados ou com pessoa portadora de deficiência habilitada.

(D) Cinco por cento dos cargos públicos em comissão ou função de confiança, de livre nomeação e exoneração, serão reservados para os portadores de deficiência.

(E) Um dos objetivos da Política Nacional para a Integração da Pessoa Portadora de Deficiência é o acesso, o ingresso e a permanência da pessoa portadora de deficiência em alguns dos serviços oferecidos à comunidade.

A: incorreta, pois os entes citados têm legitimidade para propor ação civil pública, de acordo com o art. 5º, IV, da Lei 7.347/1985; **B:** incorreta, pois a incapacidade se dá com uma redução efetiva e acentuada da capacidade de integração social (art. 3º, III, do Decreto 3.298/1999); **C:** correta (art. 36, IV, do Decreto 3.298/1999); **D:** incorreta, pois conflita com o art. 38, I, do Decreto 3.298/1999; **E:** incorreta, pois o objetivo é o acesso, o ingresso e a permanência em **todos** os serviços oferecidos à comunidade (art. 7º, I, do Decreto 3.298/1999).

Gabarito "C"

(Ministério Público/BA – 2005) Segundo a LOAS (Lei Orgânica da Assistência Social – Lei n. 8.742/1993), é correto afirmar que:

(A) A pessoa portadora de deficiência que comprove não possuir meios de prover a própria manutenção nem de tê-la provida por sua família fará jus ao benefício de prestação continuada correspondente a 1 (um) salário mínimo mensal.

(B) O benefício de prestação continuada deverá ser revisto anualmente, para a avaliação da continuidade das condições que lhe deram origem.

(C) Entende-se por benefício eventual aquele que visa ao pagamento de auxílio natalidade ou morte às famílias cuja renda mensal *per capita* seja inferior à metade do salário mínimo.

(D) Ao Conselho Nacional de Assistência Social compete normatizar as ações e regular a prestação de serviços, unicamente de natureza pública, no campo da assistência social.

(E) A assistência social não tem por objetivo o amparo aos adolescentes carentes.

A: correta (art. 20 da Lei 8.742/1993 – Redação dada pela Lei 12.435/2011); **B:** incorreta, pois a revisão deverá ser feita a cada dois anos (art. 21 da Lei 8.742/1993); **C:** incorreta, pois *entendem-se por benefícios eventuais as provisões suplementares e provisórias que integram organicamente as garantias do Suas e são prestadas aos cidadãos e às famílias em virtude de nascimento, morte, situações de vulnerabilidade temporária e de calamidade pública* (art. 22 da Lei 8.742/1993 – Redação dada pela Lei 12.435/2011); **D:** incorreta, pois cabe ao Conselho a normatização das ações e regulação da prestação dos serviços tanto de natureza pública quanto de **natureza privada** no campo da assistência social (art. 18, II, da Lei 8.742/1993); **E:** incorreta, pois a assistência social tem vários objetivos, dentre eles o amparo às crianças e aos adolescentes carentes (art. 2º, I, *b*, da Lei 8.742/1993).

Gabarito "A"

(Ministério Público/BA – 2010) Considere as assertivas a seguir:

I. A prioridade assegurada na tramitação dos processos e procedimentos, e na execução dos atos e diligências judiciais em que figure como parte ou interveniente pessoa com idade igual ou superior a 60(sessenta) anos, em qualquer instância não cessa com a morte do beneficiado, estendendo-se em favor dos descendentes.

II. A sentença que concluir pela carência ou pela improcedência da ação de civil pública destinada à proteção de interesses coletivos ou difusos das pessoas portadoras de deficiência fica sujeita ao duplo grau de jurisdição, não produzindo efeito senão depois de confirmada pelo tribunal.

III. Os parques de diversões, públicos e privados, devem adaptar, no mínimo, 5% (cinco por cento) de cada brinquedo e equipamento e identificá-lo, para possibilitar sua utilização por pessoas com deficiência ou com mobilidade reduzida, tanto quanto tecnicamente possível.

IV. As instituições de ensino superior deverão oferecer adaptações de provas e os apoios necessários, previamente solicitados pelo aluno portador de deficiência, inclusive tempo adicional para realização das provas, conforme as características da deficiência.

V. Os alunos portadores de deficiência que perceberem 1 (um) salário mínimo de benefício mensal, pago com base na Lei n. 8.742/1991 (Lei Orgânica de Assistência Social) não serão beneficiados com material escolar, merenda escolar e bolsas de estudo, conferidos aos demais educandos.

Estão corretas as seguintes assertivas:

(A) I, II, III;

(B) II, IV, V.

(C) III, IV, V.

(D) II, III, IV.

(E) I, III, V.

I: incorreta, pois a prioridade na tramitação de processos e procedimentos e na execução dos atos e diligências **não** cessará com a morte do beneficiado, estendendo-se, no entanto, em favor do cônjuge supérstite, companheiro ou companheira, com união estável, maior de 60 (sessenta) anos (art. 71, § 2º, Lei 10.741/2003); **II:** correta (art. 4º, § 1º, Lei 7.853/1989); **III:** correta (art. 4º, parágrafo único – Incluído pela Lei 11.982/2009 – Lei 10.098/2000); **IV:** correta (art. 27 Decreto 3.298/1999); **V:** incorreta, pois não há restrições, ainda que a pessoa com deficiência seja beneficiada com o recebimento de um salário mínimo mensalmente (art. 203, V, da CF).

Gabarito "D"

(Ministério Público/ES – 2010 – CESPE) As diretrizes da Política Nacional de Integração da Pessoa Portadora de Deficiência incluem:

(A) a oportunização, ao portador de deficiência, de qualificação profissional e incorporação no mercado de trabalho, bem como a adoção de estratégias de articulação com órgãos públicos, entidades privadas e organismos internacionais para a implantação dessa política de integração;

(B) o estabelecimento de mecanismos que favoreçam o desenvolvimento das pessoas portadoras de deficiência e a sua inclusão parcial nos programas governamentais de saúde e seguridade social;

(C) a ampliação de alternativas de absorção econômica das pessoas portadoras de deficiência e seu efetivo atendimento dentro de um modelo de assistência protecionista;

(D) a propiciação, ao portador de deficiência, do acesso ao mercado de trabalho mediante uma política de incentivos fiscais e linhas de crédito;

(E) a viabilização da participação política das pessoas portadoras de deficiência mediante a representação sindical.

A: correta (art. 6º, II e V, Decreto 3.298/1999); **B:** incorreta, pois é assegurada a inclusão social sem restrições de programas (art. 6º, I, Decreto 3298/1999); **C:** incorreta, pois conflita com art. 6º, VI, Decreto 3.298/1999; **D:** incorreta, pois a lei não estabelece política de incentivos fiscais e linhas de crédito (art. 6º, V, Decreto 3.298/1999); **E:** incorreta, pois conflita com o art. 6º, IV, Decreto 3.298/1999, já que tal participação se dará por intermédio das entidades representativas da pessoa portadora de deficiência e não por intermédio de representação sindical.

Gabarito "A"

(Ministério Público/ES – 2010 – CESPE) Os instrumentos da Política Nacional de Integração da Pessoa Portadora de Deficiência incluem:

(A) a elaboração do Plano Nacional de Integração Estratégica do Portador de Deficiência, visando garantir a efetividade dos programas de prevenção, de atendimento especializado e de integração social;

(B) o fomento à formação de recursos humanos para adequado e eficiente atendimento das pessoas portadoras de deficiência, bem como a fiscalização do cumprimento da legislação pertinente a essas pessoas;

(C) a articulação de políticas governamentais e políticas de Estado em torno da elaboração de medidas protecionistas aptas a tutelar eficientemente os inválidos de toda ordem;

(D) a criação de dispositivos que facilitem a importação de equipamentos e o fomento aos acordos de cooperação técnica em biotecnologia de próteses enxertadas;

(E) o fomento à criação de núcleos interdisciplinares de pesquisa em transplante de órgãos e desenvolvimento de tecidos e cartilagens artificiais.

A alternativa B está correta, pois reflete o disposto no art. 8º, II e V Decreto 3.298/1999. As demais alternativas não são instrumentos da Política Nacional de Integração da Pessoa Portadora de Deficiência.

Gabarito "B"

(Ministério Público/MG – 2010.2) Nos termos das normas de proteção das pessoas portadoras de deficiência, considere as seguintes afirmativas.

I. O MP deve atuar em toda ação judicial em que seja parte uma pessoa portadora de deficiência.

II. O MP está legitimado para proteger judicialmente direitos coletivos de pessoas que temporariamente tenham limitadas as suas capacidades de relacionarem-se com o meio e de utilizá-lo.

III. A construção de edifícios públicos destinados ao uso coletivo deverá ser realizada de modo que sejam acessíveis às pessoas portadoras de deficiência ou com mobilidade reduzida.

IV. A ampliação ou reforma de edifícios públicos ou privados destinados ao uso coletivo deverão ser executadas de modo que se tornem acessíveis às pessoas portadoras de deficiência ou com mobilidade reduzida.

Pode-se concluir que estão CORRETAS:

(A) as afirmativas I, II, III e IV.

(B) apenas as afirmativas I e III.

(C) apenas as afirmativas I, II e IV.

(D) apenas as afirmativas II, III e IV.

I: incorreta, pois somente é obrigatória a intervenção do Ministério Público nas *ações públicas, coletivas ou individuais, em que se discutam interesses relacionados à deficiência das pessoas*, de acordo com o disposto no art. 5º Lei 7.853/1989; **II:** correta (art. 5º, II, do Decreto 5.296/2004 c/c o art. 5º da Lei 7.853/1989); **III:** correta (art. 11 Decreto 5.296//2004); **IV:** correta (art. 11 Decreto 5.296//2004).

Gabarito "D"

(Ministério Público/MG – 2010.1) São direitos expressamente previstos na legislação específica:

I. Em benefício dos idosos (Lei Federal n. 10.741/2003): o atendimento preferencial imediato e individualizado junto aos órgãos públicos e privados prestadores de serviços à população; a preferência na formulação e na execução de políticas sociais públicas específicas; a prioridade no recebimento da restituição do imposto de renda; a gratuidade, aos maiores de 65 (sessenta e cinco) anos, dos transportes coletivos públicos e privados, urbanos e semiurbanos, exceto nos serviços seletivos e especiais, quando prestados paralelamente aos serviços regulares.

II. Em benefício das pessoas portadoras de deficiência (Lei Federal n. 7.853/1989): a oferta, obrigatória e gratuita, da Educação Especial em estabelecimento público de ensino; a promoção de ações eficazes que propiciem sua inserção, nos setores públicos e privados.

III. Em favor dos consumidores (Lei Federal n. 8.078/1990): a proteção da vida, saúde e segurança contra os riscos provocados por práticas no fornecimento de produtos e serviços considerados perigosos ou nocivos; a proteção contra a publicidade enganosa e abusiva, métodos comerciais coercitivos ou desleais, bem como contra práticas e cláusulas abusivas ou impostas no fornecimento de produtos e serviços; a efetiva prevenção e reparação de danos patrimoniais e morais, individuais, coletivos e difusos.

IV. Em atenção à criança e ao adolescente (Lei Federal n. 8.069/1990): direito a proteção à vida e à saúde; à liberdade, ao respeito e à dignidade; à convivência familiar e comunitária.

Marque a opção CORRETA.

(A) II, III e IV estão corretas.

(B) I, II e III estão corretas.

(C) III e IV estão corretas.

(D) I, II e IV estão corretas.

(E) Todas estão corretas.

I: incorreta, pois o transporte gratuito é assegurado apenas nos transportes coletivos públicos (arts. 3º e 39, ambos da Lei 10.741/2003); **II:** correta (art. 2º, I, alíneas *b* e *c*, Lei 7.853/1989); **III:** correto (art. 6º, I, IV e VI, Lei 8.078/1990); **IV:** correta (Título II, Dos Direitos Fundamentais, Lei 8.069/1990).

Gabarito "A"

(Ministério Público/MG – 2010.1) A Lei n. 7.853, de 24 de outubro de 1989, que dispõe sobre o apoio às pessoas portadoras de deficiência e sua integração social, assegura expressamente o seguinte:

I. Ao Poder Público e seus órgãos cabe assegurar às pessoas portadoras de deficiência o pleno exercício de seus direitos básicos, inclusive dos direitos à educação, à saúde, ao trabalho, ao lazer, à previdência social, ao amparo à infância e à maternidade, e de outros que, decorrentes da Constituição e das leis, propiciem seu bem-estar pessoal, social e econômico.

II. A inclusão, no sistema educacional, da Educação Especial como modalidade educativa que abranja a educação precoce, a pré-escolar, as de 1º e 2º graus, a supletiva, a habilitação e reabilitação profissionais, com currículos, etapas e exigências de diplomação próprios.

III. Oferta, obrigatória e gratuita, da Educação Especial em estabelecimento público e particular de ensino.

IV. A garantia de acesso aos estabelecimentos de saúde, públicos e privados, e ao adequado tratamento neles, sob normas técnicas e padrões de conduta apropriados.

V. A adoção e a efetiva execução de normas que garantam a funcionalidade das edificações e vias públicas, que evitem ou removam os óbices às pessoas portadoras de deficiência, permitam o acesso destas a edifícios, a logradouros e aos meios de transporte.

Marque a opção CORRETA.

(A) I, III, IV e V estão corretas.

(B) I, II, IV e V estão corretas.

(C) I, III e IV estão corretas.

(D) III, IV e V estão corretas.

(E) Todas estão corretas.

I: correta (art. 2º Lei 7.853/1989); **II:** correta (art. 2º, I, *a*, Lei 7.853/1989); **III:** incorreto, pois somente abrange ensino **público** (art. 2º, I, *c*, Lei 7.853/1989); **IV:** correto (art. 2º, II, *d*, Lei 7.853/1989); **V:** correto (art. 2º, V, *a*, Lei 7.853/1989).

Gabarito "B"

(Ministério Público/MG – 2008) Sobre o direito de acessibilidade, marque a opção *INCORRETA*.

(A) Em todas as áreas de estacionamento de veículos, localizadas em vias ou em espaços públicos, deverão ser reservadas vagas próximas dos acessos de circulação de pedestres, devidamente sinalizadas, para veículos que transportem pessoas portadoras de deficiência com dificuldade de locomoção.

(B) As disposições da Lei 10.098/2000 aplicam-se aos edifícios ou imóveis declarados bens de interesse cultural ou de valor histórico-artístico, desde que as modificações necessárias observem as normas específicas reguladoras destes bens.

(C) Os estabelecimentos de ensino de qualquer nível, etapa ou modalidade, públicos ou privados, proporcionarão condições de acesso e utilização de todos os seus ambientes ou compartimentos para pessoas portadoras de deficiência ou com mobilidade reduzida, inclusive salas de aula, bibliotecas, auditórios, ginásios e instalações desportivas, laboratórios, áreas de lazer e sanitários.

(D) Caberá ao Poder Legislativo, com base em estudos e pesquisas, verificar a viabilidade de redução ou isenção de tributo para a aquisição e importação de equipamentos novos ou usados que não sejam produzidos no País, necessários no processo de adequação do sistema de transporte coletivo, desde que não existam similares nacionais.

(E) A construção, ampliação ou reforma de edifícios públicos ou privados destinados ao uso coletivo deverão ser executadas de modo que sejam ou se tornem acessíveis às pessoas portadoras de deficiência ou com mobilidade reduzida.

A: correta (art. 7º da Lei 10.098/2000); **B:** correta (art. 25 da Lei 10.098/2000); **C:** correta (art. 24 do Decreto 5.296//2004); **D:** incorreta (devendo ser assinalada), visto que tal providência cabe ao Poder Executivo (art. 45 do Decreto 5.296//2004); **E:** correta (art. 11 do Decreto 5.296//2004).

Gabarito "D"

(Ministério Público/MS – 2006) Nas ações em que se discutam interesses relacionados à deficiência das pessoas o Ministério Público intervirá:

(A) Obrigatoriamente nas ações civis públicas, coletivas ou individuais.

(B) Obrigatoriamente apenas nas ações civis públicas e coletivas.

(C) Obrigatoriamente nas ações civis públicas e coletivas e, facultativamente, nas individuais.

(D) Nenhuma das opções anteriores.

A alternativa A está correta, pois reflete o disposto no art. 5º da Lei 7.853/1989.

Gabarito "A"

(Ministério Público/PR – 2011) ASSINALE A ALTERNATIVA INCORRETA:

(A) O benefício da prestação continuada, previsto no artigo 203, inciso V, da Constituição Federal, consiste na garantia do pagamento de 01 (um) salário mínimo mensal à pessoa portadora de deficiência e ao idoso com 65 (sessenta e cinco) anos ou mais e que comprovem não possuírem meios de prover a própria manutenção e nem de tê-la provida por sua família, devendo ser revisto a cada 02 (dois) anos, para avaliação da continuidade das condições que lhe deram origem, e cessa no momento em que forem superadas referidas condições, ou em caso de morte do beneficiário. Considera-se incapaz de prover a manutenção da pessoa portadora de deficiência ou idosa a família cuja renda mensal *per capita* seja inferior a 1/4 (um quarto) do salário mínimo.

(B) No Estado do Paraná, o provimento de cargos e empregos públicos, nos órgãos e entidades da administração direta, indireta e fundacional, obedecido o princípio do concurso público de provas ou de provas e títulos, faz-se com reserva do percentual mínimo de 5% (cinco por cento) para pessoa portadora de deficiência.

(C) Os locais de espetáculos, conferências, aulas e outros de natureza similar deverão dispor de espaços reservados para pessoas que utilizam cadeiras de rodas, e de lugares específicos para pessoas com deficiência auditiva e visual, inclusive acompanhante, de acordo com a ABNT, de modo a facilitar-lhes as condições de acesso, circulação e comunicação.

(D) A internação involuntária da pessoa portadora de transtorno mental é aquela que se dá sem o consentimento do usuário e a pedido de terceiro. Somente será realizada mediante laudo médico circunstanciado que caracterize os seus motivos. A sua autorização é dada por médico devidamente registrado no Conselho Regional de Medicina (CRM) do Estado onde se localize o estabelecimento, com prévia manifestação do representante do Ministério Público, que de posse do laudo médico circunstanciado, terá o prazo de 72 (setenta e duas) horas para tanto.

(E) Constitui crime, punido com reclusão de 01 (um) a 04 (quatro) anos e multa, recusar, suspender, procrastinar, cancelar ou fazer cessar, sem justa causa, a inscrição de aluno em estabelecimento de ensino de qualquer curso ou grau, público ou privado, por motivos derivados da deficiência que porta.

A: correta (art. 203, V, da CF; art. 34 do Estatuto do Idoso; arts. 21 e 20, § 3º, ambos da Lei 8.742/1993); **B:** correto (art. 37, §1º, do Decreto 3.298/1999); **C:** correta (art. 12 da Lei 10.098/2000); **D:** incorreta (devendo ser assinalada), pois conflita com o disposto no art. 8º, *caput* e § 1º, da Lei 10.216/2001; **E:** correta (art. 8º, I, da Lei 8.742/1993).

Gabarito "D"

(Ministério Público/PR – 2009) São normas constitucionais voltadas *especialmente* às pessoas portadoras de deficiência:

(A) direito de acesso a logradouros e edifícios de uso público, direito a tratamento adequado e livre manifestação de pensamento;

(B) direito a renda mensal de um salário mínimo, proibição de tratamento desumano ou degradante e livre exercício de qualquer trabalho, ofício ou profissão;

(C) reserva de vagas em concursos públicos, direito de acesso a logradouros e edifícios de uso público e livre manifestação de pensamento;

(D) direito a tratamento adequado, direito a educação especial e direito à reabilitação;

(E) direito de acesso a logradouros e edifícios de uso público, reserva de vagas em concurso público e livre expressão da atividade intelectual, artística, científica e de comunicação.

A: incorreta, pois a livre manifestação de pensamento é direito de todos (art. 5º, IV, CF), os demais direito são *especialmente voltados* às pessoas portadoras de deficiência (arts. 227, § 2º e 23, II c/c. 227, § 1º, II todos da CF); **B:** incorreta, pois somente o direito a renda mensal de um salário mínimo é especialmente voltado às pessoas portadoras de deficiência (art. 203, V, da CF); **C:** incorreta, pois a livre manifestação de pensamento é direito de todos (art. 5º, IV, CF), ao passo que os demais direitos trazidos na assertiva são voltados às pessoas portadoras de deficiência (arts. 37, VIII e 227, § 2º, todos da CF); **D:** correta (arts. 23, II, c/c. 227, §1º, II; 208, III; e 203, IV, todos da CF); **E:** incorreta, pois a livre expressão da atividade intelectual, artística, científica e de comunicação é direito de todos (art. 5º, IX, da CF), ao passo os demais direitos trazidos na assertiva são voltados às pessoas portadoras de deficiência (arts. 227, § 2º e 37, VIII, todos da CF).

Gabarito "D"

(Ministério Público/PR – 2008) Assinale a alternativa INCORRETA:

(A) O aluno portador de deficiência matriculado ou egresso do ensino fundamental ou médio, de instituições públicas ou privadas, terá acesso à educação profissional, a fim de obter habilitação profissional que lhe proporcione oportunidades de acesso ao mercado de trabalho.

(B) Fica assegurado à pessoa portadora de deficiência o direito de se inscrever em concurso público, em igualdade de condições com os demais candidatos, para provimento de cargo ou emprego público integrante de carreira que exija aptidão plena do candidato.

(C) É vedado à autoridade competente obstar a inscrição de pessoa portadora de deficiência em concurso público para ingresso em carreira da Administração Pública Federal direta e indireta.

(D) A empresa com cem ou mais empregados está obrigada a preencher de dois a cinco por cento de seus cargos com beneficiários da Previdência Social reabilitados ou com pessoa portadora de deficiência habilitada. A empresa com quinhentos e um a mil empregados, na proporção de quatro por cento (4%).

(E) Os editais de concursos públicos deverão conter o número de vagas existentes, bem como o total correspondente à reserva destinada à pessoa portadora de deficiência.

A: correta (art. 28 do Decreto 3.298/1999); **B:** incorreta (devendo ser assinalada), pois o correto é "para o provimento de cargo cujas atribuições sejam compatíveis com a deficiência de que é portador", conforme dispõe o art. 37 do Decreto 3.298/1999; **C:** correta (art. 40 do Decreto 3.298/1999); **D:** correta (art. 36, III, do Decreto 3.298/1999); **E:** correta (art. 39, I, do Decreto 3.298/1999).

Gabarito "B"

(Ministério público/RO – 2010 – CESPE) Os objetivos da Política Nacional para a Integração das Pessoas Portadoras de Deficiência incluem:

(A) o apoio à formação de recursos humanos para atendimento da pessoa portadora de deficiência e a criação do banco de fomento para a aquisição de órteses, próteses e equipamentos de transportes para portadores de mobilidade reduzida;

(B) o investimento na construção de condomínios fechados destinados ao uso exclusivo dos portadores de deficiência em todas as unidades da Federação, bem como a produção de veículos de transporte público adaptados às suas necessidades, de uso exclusivo e circulação obrigatória durante as vinte e quatro horas do dia;

(C) o acesso, o ingresso e a permanência da pessoa portadora de deficiência em todos os serviços oferecidos à comunidade, bem como o desenvolvimento de programas setoriais destinados ao atendimento das necessidades especiais das pessoas portadoras de deficiência.

(D) o apoio à formação de recursos humanos para atendimento da pessoa portadora de deficiência e, também, o cadastramento de voluntários para pesquisa com células-tronco embrionárias;

(E) a articulação de entidades governamentais e não governamentais, em nível federal, estadual, do DF e municipal com a Secretaria de Inclusão Social do Trabalhador da Organização Internacional do Trabalho, visando garantir efetividade aos programas de prevenção, de atendimento especializado e de integração social, bem como o estabelecimento de padrões diferenciados de qualidade de vida para os maiores de sessenta anos.

A alternativa C está correta, pois reflete o disposto no art. 7º, I e III, do Decreto 3.298/1999. As demais alternativas não são objetivos da Política Nacional de Integração da Pessoa Portadora de Deficiência.

Gabarito "C"

(Ministério público/RO – 2010 – CESPE) O atendimento prioritário dado às pessoas portadoras de deficiência compreende:

(A) a distribuição de brindes e descontos na aquisição de equipamentos de informática, bem como a disponibilização de pessoal capacitado para prestar atendimento às pessoas com deficiência visual, mental e múltipla;

(B) o tratamento diferenciado, que inclui, entre outros: assentos de uso preferencial sinalizados, espaços e instalações acessíveis, mobiliário de recepção e atendimento obrigatoriamente adaptado à altura e à condição física de cadeirantes, conforme estabelecido nas normas técnicas de acessibilidade da ABNT;

(C) serviço obrigatório de acompanhante para portadores de mobilidade reduzida nos espaços públicos destinados ao lazer, às compras e à alimentação;

(D) menu em braile, tradutor para língua brasileira de sinais, e canil para cães-guia em centros comerciais, teatros, cinemas e restaurantes.

(E) a criação de juizados especiais do portador de deficiência nos tribunais de justiça dos estados.

A alternativa B está correta, pois reflete o disposto no art. 6º, § 1º e incisos do Decreto n. 5.296/20/2004. As demais alternativas não são hipóteses de atendimento prioritário dado às pessoas portadoras de deficiência.

Gabarito "B"

(Ministério Público/RR – 2008 – CESPE) A respeito dos direitos das pessoas com deficiência, julgue os itens subsequentes de acordo com o que prescreve a Lei n. 7.853/1989.

(1) É garantida a pessoas com deficiência capazes de se integrarem ao sistema regular de ensino a matrícula compulsória em cursos regulares de estabelecimentos públicos e particulares.

(2) O poder público está obrigado a adotar medidas efetivas que garantam a funcionalidade das edificações e vias públicas, removendo ou evitando óbices às pessoas com deficiência, para o acesso destas a edifícios, logradouros e meios de transporte.

(3) Ao Ministério Público é permitido avaliar a conveniência de intervir nas ações públicas, coletivas ou individuais, em que se discutam interesses relacionados à deficiência das pessoas.

(4) A Coordenadoria Nacional para a Pessoa Portadora de Deficiência (CORDE) constitui órgão federal autônomo, ao qual compete manter, com os estados, municípios, DF e Ministério Público, estreito relacionamento, objetivando a concorrência de ações destinadas à integração social das pessoas com deficiência. Cabe, também, à CORDE provocar a iniciativa do Ministério Público, fornecendo-lhe informações sobre fatos que constituam objeto de ações civis, mediante indicação de elementos de convicção.

1: correta (art. 2º, parágrafo único, I, *f*, da Lei 7.853/1989); **2:** correta (art. 2º, parágrafo único, V, *a*, da Lei 7.853/1989); **3:** incorreta, pois a intervenção do Ministério Público é obrigatória (art. 5º da Lei 7.853/1989); **4:** correta (art. 12, V e VI, da Lei 7.853/1989).

Gabarito 1C, 2C, 3E, 4C

(Ministério Público/RS – 2009) A Lei n. 7.853, de 24 de outubro de 1989, criminalizou o preconceito em relação às pessoas portadoras de deficiência. Considere as afirmações abaixo que descrevem condutas manifestamente discriminatórias:

I. Obstar, sem justa causa, o acesso de alguém a qualquer cargo público, por motivos derivados de sua deficiência.

II. Negar, sem justa causa, a alguém, por motivos derivados de sua deficiência, emprego ou trabalho.

III. Recusar, suspender, procrastinar, cancelar ou fazer cessar, sem justa causa, a inscrição de aluno em estabelecimento de ensino de qualquer curso ou grau, público ou privado, por motivos derivados da deficiência que porta.

IV. Recusar, retardar ou dificultar internação ou deixar de prestar assistência médico-hospitalar e ambulatorial, quando possível, à pessoa portadora de deficiência.

Quais delas descrevem infrações de natureza penal?

(A) Apenas I e II.

(B) Apenas I, II e III.

(C) Apenas III e IV.

(D) Apenas IV.

(E) I, II, III e IV

Todas as assertivas descrevem infrações de natureza penal, conforme art. 8º, I, II, III e IV, da Lei 7.853/1989.

Gabarito "E"

(Ministério Público/SC – 2010)

I. A Lei 10.098, de 19 de dezembro de 2000, define acessibilidade como a possibilidade e condição de alcance para utilização, com segurança e autonomia, dos espaços, mobiliários e equipamentos urbanos, das edificações, dos transportes e dos sistemas e meios de comunicação, por pessoa com deficiência ou com mobilidade reduzida.

II. A pessoa portadora de transtorno mental, nos atendimentos de saúde mental, sejam ambulatoriais ou hospitalares, tem o direito de acessar livremente os meios de comunicação disponíveis.

III. Quando a pessoa portadora de transtorno mental consente com sua internação (internação voluntária), fica dispensado laudo médico circunstanciado que caracterize os seus motivos.

IV. O auxílio-reabilitação psicossocial, para pacientes acometidos de transtornos mentais egressos de internações, é fixado pela Lei 10.708, de 31 de julho de 2003, no valor de um salário mínimo mensal, podendo ser reajustado pelo Poder Executivo.

V. Um dos requisitos para obtenção do auxílio-reabilitação psicossocial pelos pacientes portadores de transtornos mentais, é que tenham permanecido internados, comprovadamente, por período igual ou superior a dois anos, admitindo-se no computo deste prazo, o tempo de permanência em serviços residenciais terapêuticos.

(A) Apenas as assertivas I, III e V estão corretas.

(B) Apenas as assertivas I, III e IV estão corretas.

(C) Apenas as assertivas III, IV e V estão corretas.

(D) Apenas as assertivas II e V estão corretas.

(E) Apenas as assertivas I e II e V estão corretas.

I: correta (art. 2º, I, da Lei 10.098/2000); **II:** incorreta, pois o art. 2º, *caput*, da Lei 10.216/2001 prevê que o livre acesso deverá ser disponibilizado nos atendimentos de saúde de **qualquer natureza**; **III:** incorreta, pois a lei exige laudo médico com a motivação da internação (art. 6º da Lei 10.216/2001); **IV:** incorreta, pois o valor estabelecido é de R$ 240,00 (duzentos e quarenta reais), de acordo com o art. 2º, § 1º, da Lei 10.708/2003; **V:** correta (art. 3º, I e § 1º, da Lei 10.708/2003).

Gabarito "A" (Nosso gabarito anulada)

(Ministério Público/SE – 2010 – CESPE) Além do MPU, podem propor ações civis públicas destinadas à proteção de interesses coletivos ou difusos das pessoas portadoras de deficiência:

(A) exclusivamente os estados, os municípios e o DF;

(B) somente as associações constituídas há mais de um ano, nos termos da lei civil;

(C) as autarquias, empresas públicas, fundações ou sociedades de economia mista cadastradas no Conselho Nacional dos Direitos da Pessoa Portadora de Deficiência;

(D) as associações constituídas há mais de um ano, nos termos da lei civil, os estados, os municípios e o DF, bem como autarquia, empresa pública, fundação ou sociedade de economia mista que inclua, entre suas finalidades institucionais, a proteção das pessoas portadoras de deficiência;

(E) os estados, as entidades de classe e as organizações da sociedade civil de interesse público reconhecidas e monitoradas pela Secretaria de Ações Afirmativas da Pessoa Portadora de Necessidades Especiais do Ministério da Justiça.

A alternativa D está correta, pois reflete o disposto no art. 3º da Lei 7.853/1989. As demais alternativas não trazem os legitimados para propor ações civis públicas destinadas à proteção de interesses coletivos ou difusos das pessoas portadoras de deficiência.

Gabarito "D"

(Ministério Público/SE – 2010 – CESPE) Os princípios que norteiam a Política Nacional para a Integração da Pessoa Portadora de Deficiência incluem:

(A) o desenvolvimento de ação conjunta do Estado e da sociedade civil, de modo a assegurar a plena integração da pessoa portadora de deficiência no contexto socioeconômico e cultural, bem como o estabelecimento de mecanismos e instrumentos legais e operacionais que assegurem às pessoas portadoras de deficiência o pleno exercício de seus direitos básicos que, decorrentes da CF e das leis, lhes propiciem bem-estar pessoal, social e econômico;

(B) o respeito às pessoas portadoras de deficiência, que devem receber igualdade de oportunidades na sociedade por reconhecimento dos direitos que lhes são assegurados, sem privilégios ou paternalismos, bem como o acesso garantido aos programas de eugenia, esterilização e seleção genética dos embriões sadios

(C) o acesso à reprodução assistida e ao aborto terapêutico realizado pelo SUS em caso de comprovada anomalia fetal;

(D) o estabelecimento de instrumentos e técnicas operacionais que assegurem às pessoas portadoras de deficiência a reabilitação neurológica por meio do acesso ao transplante de células-tronco embrionárias

(E) a implementação de zonas urbanas de uso residencial alternativo voltadas exclusivamente para as pessoas portadoras de deficiência.

A alternativa A está correta, pois reflete o disposto no art. 5º, I e II, do Decreto 3.298/1999. As demais alternativas não são princípios que norteiam a Política Nacional para a Integração da Pessoa Portadora de Deficiência.

Gabarito "A"

(Ministério Público/BA – 2008) Marque a alternativa incorreta:

(A) Nos termos do Decreto Federal 3298/1999, não são consideradas deficiências físicas as deformidades estéticas e as que não produzam dificuldades para o desempenho de funções.

(B) O candidato a cargo público que pretenda disputar as vagas reservadas para portadores de deficiência deverá apresentar, no ato da inscrição, laudo médico atestando a espécie e o grau ou nível da deficiência, com expressa referência ao código correspondente da Classificação Internacional de Doença CID, bem como a provável causa da deficiência.

(C) Os locais de espetáculos, conferências, aulas e outros de natureza similar deverão dispor de espaços reservados para pessoas que utilizam cadeira de rodas, e de lugares específicos para pessoas com deficiência auditiva e visual, inclusive acompanhante.

(D) O benefício de prestação continuada previsto na Lei Federal 8.742/1993 (Lei Orgânica da Assistência Social), destinado aos idosos e portadores de deficiência que não possuam meios de prover a sua própria subsistência ou de tê-la provida por seus familiares, deve ser custeado pelos Municípios com recursos próprios, cabendo à União, quando necessário, a complementação.

(E) O benefício de prestação continuada não pode ser acumulado pelo beneficiário com qualquer outro no âmbito da seguridade social ou de outro regime, salvo o da assistência médica.

A: correta (art. 4º, I, do Decreto 3.298/1999); **B:** correta (art. 38, IV, do Decreto 3.298/1999); **C:** correta (art. 12 da Lei 10.098/2000); **D:** incorreta (devendo ser assinalada), pois compete à União responder pela concessão e manutenção dos benefícios de prestação continuada definidos no art. 203 da CF, consoante art. 12, I, da Lei 8.742/1993; **E:** correta (art. 20, § 4º, da Lei 8.742/1993 – Redação dada pela Lei 12.435/2011).

Gabarito "D"

(Ministério Público/GO – 2012) Sobre a tutela dos direitos das pessoas com deficiência, pelo Ministério Público, marque a alternativa incorreta.

(A) O órgão ministerial oficiará em qualquer ação proposta por pessoa com deficiência ou contra ela, esteja ou não em discussão problema relacionado com esta especial condição

(B) Por meio da ação civil pública, podem ainda ser ajuizadas medidas judiciais relacionadas com educação, saúde, transportes, edificações, bem como com área ocupacional ou de recursos humanos.

(C) O órgão ministerial deve zelar para que os Poderes Públicos e os serviços de relevância pública observem os direitos e princípios constitucionais de proteção às pessoas com deficiência, como o acesso a edifícios públicos e privados destinados a uso público ou o preenchimento de empregos públicos.

(D) Pela lei, na ação civil pública ou coletiva que verse interesses ligados à defesa das pessoas com deficiência, havendo carência ou improcedência, impõe-se o duplo grau de jurisdição.

A: incorreta (devendo ser assinalada), pois somente é obrigatória a intervenção do Ministério Público nas *ações públicas, coletivas ou individuais, em que se discutam interesses relacionados à deficiência das pessoas*, de acordo com o disposto no art. 5º da Lei 7.853/1989; **B:** correta (art. 2º da Lei 7.853/1989); **C:** correta, (art. 2º, inc. III, alínea *c* e inc. V, alínea *a* da Lei 7.853/1989); **D:** correta (art. 4º, § 1º, da Lei 7.853/1989).

Gabarito "A"

(Ministério Público/MG – 2012 – CONSULPLAN) Os portadores de deficiência somente no século XX passaram a ser vistos como cidadãos detentores de direitos e deveres como os demais. A impulsão desse movimento inclusivo se deu pela Declaração Universal dos Direitos Humanos em 1948. Nas ações civis públicas destinadas à proteção de interesses coletivos ou difusos de pessoas portadoras de deficiência, é **INCORRETO** afirmar que:

(A) Para instruir a inicial, o interessado poderá requerer às autoridades competentes as certidões e informações que julgar necessárias.

(B) As certidões e informações necessárias deverão ser fornecidas dentro de 15 (quinze) dias da entrega, sob recibo, dos respectivos requerimentos, e só poderão ser utilizadas para a instrução da ação civil.

(C) Somente nos casos em que o interesse público, devidamente justificado, impuser sigilo, poderá ser negada a certidão ou informação.

(D) É facultado a qualquer cidadão habilitar-se como litisconsorte ou assistente do autor da ação.

A: correta (art. 3º, § 1º, da Lei 7.853/1989); **B:** correta (art. 3º, § 2º, da Lei 7.853/1989); **C:** correta (art. 3º, § 3º, da Lei 7.853/1989); **D:** incorreta, pois é facultado apenas aos legitimados ativos (art. 3º, § 5º, da Lei 7.853/1989).

Gabarito "D"

(Ministério Público/MG – 2006) Segundo as disposições da Lei n. 7.853/1989 e do Decreto n. 3.298/1999,

I. as ações civis públicas destinadas à proteção de interesses coletivos ou difusos das pessoas portadoras de deficiência poderão ser propostas pela sociedade de economia mista que inclua, entre suas finalidades institucionais, a proteção das pessoas portadoras de deficiência;

II. a sentença que concluir pela carência ou pela improcedência da ação coletiva de proteção dos interesses difusos do portador de deficiência fica sujeita ao duplo grau de jurisdição, não produzindo efeito senão depois de confirmada pelo Tribunal;

III. o Ministério Público intervirá obrigatoriamente nas ações em que figure como autor ou réu pessoa portadora de deficiência;

IV. é facultado aos legitimados ativos habilitarem-se como litisconsortes nas ações civis públicas (destinadas à proteção de interesses difusos da pessoa portadora de deficiência) propostas por qualquer deles;

V. a pessoa portadora de deficiência participará de concurso em igualdade de condições com os demais candidatos, mas a legislação estabelece condições especiais que lhe são favoráveis, entre as quais aquela no que concerne ao conteúdo das provas.

As afirmativas **INCORRETAS** são:

(A) I e III.

(B) II e IV.

(C) III e V.

(D) IV e I.

(E) V e II.

I: correta (art. 3º da Lei 7.853/1989); **II:** correta (art. 4º, § 1º, da Lei 7.853/1989); **III:** incorreta, pois somente é obrigatória a intervenção do Ministério Público nas *ações públicas, coletivas ou individuais, em que se discutam interesses relacionados à deficiência das pessoas*, de acordo com o disposto no art. 5º da Lei .7.853/1989; **IV:** correta (art. 3º, § 5º, da Lei 7.853/1989); **V:** incorreta, pois conflita com o disposto no art. 41, I, do Decreto 3.298/1999.

Gabarito "C"

(Ministério público/PI – 2012 – CESPE) No que se refere à defesa das pessoas portadoras de deficiência, à proteção ao patrimônio cultural e à ordem urbanística, assinale a opção correta.

(A) O conceito de ordem urbanística, reconhecida como direito coletivo em sentido amplo, abrange o direito à terra urbana, a moradia e a saneamento ambiental, mas não a transporte e prestação de serviços públicos.

(B) Não podem ser objetos de ação judicial de natureza coletiva a reparação do dano nem a determinação do cumprimento da lei em caso de violação ao direito do portador de deficiência de ter assento preferencial em qualquer meio de transporte coletivo.

(C) O direito urbanístico é difuso, ainda que se trate de dano que atinja apenas alguns bairros.

(D) Segundo a jurisprudência, é obrigatória a intervenção do MP como *custos legis* na ação judicial que tenha por objeto a defesa do interesse de deficiente físico cuja nomeação em concurso público tenha sido negada.

(E) Como o valor cultural do bem é anterior ao seu tombamento, é cabível a proposição de ACP para responsabilizar o particular pela conservação do patrimônio, independentemente de qualquer ato do poder público que estabeleça a necessidade de sua proteção.

A: incorreta, pois conflita com o art. 2º, I, da Lei 10.257/2001, já que "transporte e prestação de serviços públicos" integram o conceito de ordem urbanística; **B:** incorreta, pois conflita com o art. 1º, IV, da Lei 7.347/1985 c/c. 3º da Lei 7.853/1989; **C:** incorreta. Nesse sentido, Carvalho Filho, diferencia os Direitos transindividuais e coletivos na defesa da ordem urbanística: "Dentro da categoria dos interesses transindividuais, os relativos a ordem urbanística podem qualificar-se quer como difusos, quer como coletivos. Serão difusos quando tiverem maior generalidade e abrangência no que toca aos componentes do grupo; além disso, não haverá qualquer relação jurídica entre eles, sendo meramente circunstancial o agrupamento. É o caso, por exemplo, de ação para impedir construção que provoque gravame urbanístico para todo o bairro. Podem, no entanto, configurar-se como coletivos; nesse caso, os indivíduos serão determináveis em tese e entre eles próprios, ou relativamente a terceiros haverá uma relação jurídica base. É a hipótese de ação que vise a tutela de interesses urbanísticos de um condomínio, ameaçados por algum tipo de ofensa oriunda de ações do setor público ou privado." (Carvalho Filho, José dos Santos. *Comentários ao Estatuto da Cidade*. Rio de Janeiro. Lumen Juris, 2006. p. 47.); **D:** correta. Vejamos julgado do Superior Tribunal de Justiça: "Agravo regimental. Recurso especial. Processo civil. **Concurso público. Negativa de nomeação. Deficiente físico. Direito individual indisponível. Intervenção obrigatória do Ministério Público, como custos legis.** Nulidade. Ocorrência. Retorno dos autos à origem. 1. A intervenção do Ministério Público fundamentada na qualidade de parte dotada de capacidade civil deve envolver direitos indisponíveis ou de tamanha relevância social que evidenciem a existência de interesse público no feito (art. 82, III,do CPC). **2. Nas causas que tratam da negativa de nomeação de portador de deficiência física com fundamento na ausência de capacitação física indispensável ao desempenho das funções inerentes ao cargo pretendido, que envolvem exame de ofensa a direito individual indisponível de deficiente físico a ingressar no serviço público, é obrigatória a intervenção do Parquet.** 3. Agravo regimental provido, para dar provimento ao recurso especial e declarar a nulidade do processo pela ausência de intervenção ministerial em primeira instância, determinando-se o retorno dos autos ao Juízo de 1° grau para regular prosseguimento do feito. (AgRg no REsp 565084/DF, Rel. Ministra Maria Thereza de Assis Moura, Sexta Turma, julgado em 24.08.2009, *DJe* 14.09.2009)" (grifo nosso); **E:** incorreta, pois inexistindo qualquer ato do Poder Público formalizando a necessidade de proteger o bem tombado, é descabida a responsabilização do proprietário pela não conservação do patrimônio, sendo este o posicionamento do Superior Tribunal de Justiça: " Processo civil. Administrativo. Ação civil pública. Tombamento provisório. Equiparação ao definitivo. Eficácia. 1. O ato de tombamento, seja ele provisório ou definitivo, tem por finalidade preservar o bem identificado como de valor cultural, contrapondo-se, inclusive, aos interesses da propriedade privada, não só limitando o exercício dos direitos inerentes ao bem, mas também obrigando o proprietário às medidas necessárias à sua conservação. O tombamento provisório, portanto, possui caráter preventivo e assemelha-se ao definitivo quanto às limitações incidentes sobre a utilização do bem tutelado, nos termos do parágrafo único do art. 10 do Decreto-Lei 25/1937. **2. O valor cultural pertencente ao bem é anterior ao próprio tombamento. A diferença é que, não existindo qualquer ato do Poder Público formalizando a necessidade de protegê-lo, descaberia responsabilizar o particular pela não conservação do patrimônio. O tombamento provisório, portanto, serve justamente como um reconhecimento público da valoração inerente ao bem.** 3. As coisas tombadas não poderão, nos termos do art. 17 do Decreto-Lei 25/1937, ser destruídas, demolidas ou mutiladas. O descumprimento do aludido preceito legal enseja, via de regra, o dever de restituir a coisa ao **status quo ante**. Excepcionalmente, sendo manifestamente inviável o restabelecimento do bem ao seu formato original, autoriza-se a conversão da obrigação em perdas e danos. 4. À reforma do aresto recorrido deve seguir-se à devolução dos autos ao Tribunal **a quo** para que, respeitados os parâmetros jurídicos ora estipulados, prossiga o exame da apelação do IPHAN e aplique o direito consoante o seu convencimento, com a análise das alegações das partes e das provas existentes. 5. Recurso especial provido em parte. (REsp 753534/MT, Rel. Ministro Castro Meira, Segunda Turma, julgado em 25.10.2011, *DJe* 10.11.2011)" (grifo nosso – ver Informativo 152).

Gabarito "D"

(Ministério Público/RN – 2009 – CESPE) Acerca da proteção e dos direitos das pessoas portadoras de transtornos mentais, assinale a opção correta com base na Lei n. 10.216/2001.

(A) A internação psiquiátrica involuntária de pessoa portadora de transtorno mental deve ser comunicada à autoridade judiciária local, no prazo de 48 horas a partir do momento em que tenha acontecido, pelo responsável técnico do estabelecimento onde tenha ocorrido, devendo esse procedimento ser adotado quando da respectiva alta.

(B) De acordo com a legislação vigente, a internação compulsória de pessoa portadora de transtorno mental é determinada pelo MP estadual, que considera, quanto à salvaguarda do paciente, as condições de segurança do estabelecimento, dos demais internados e dos funcionários.

(C) Internação involuntária é a determinada pela justiça.

(D) Internação compulsória é aquela que se dá sem o consentimento do usuário e a pedido de terceiro.

(E) É direito da pessoa portadora de transtorno mental ter a presença de médico, em qualquer tempo, para esclarecer a necessidade ou não de sua hospitalização involuntária.

A: incorreta, pois a internação involuntária deverá, no prazo de 72 horas, ser comunicada ao Ministério Público Estadual, conforme o disposto no art. 8°, § 1°, da Lei 10.216/2001; **B:** incorreta, pois a internação compulsória é determinada pelo juiz competente, de acordo com o art. 9° da Lei 10.216/2001; **C:** incorreta, pois internação involuntária é aquela que se dá sem o consentimento do usuário e a pedido de terceiro (art. 6°, II, da Lei 10.216/2001); **D:** incorreta, pois internação compulsória é aquela determinada pela Justiça (art. 6°, III, da Lei 10.216/2001); **E:** correta (art. 2°, V, da Lei 10.216/2001).

Gabarito "E"

(Ministério Público/RR – 2012 – CESPE) A respeito da proteção aos deficientes físicos e do direito urbanístico, assinale a opção correta.

(A) Verificado que determinado loteamento não esteja devidamente registrado, deverá o adquirente do lote, sem suspender o pagamento das prestações restantes diretamente ao vendedor, efetuar a notificação do loteador para suprir a falta.

(B) As ACPs destinadas à proteção de interesses difusos das pessoas portadoras de deficiência poderão ser propostas por sociedade de economia mista, independentemente da inclusão, entre as finalidades institucionais, da proteção das pessoas portadoras de deficiência, na medida em que essa modalidade de proteção é universal.

(C) Exceto em relação às demandas de natureza individual, o MP deve intervir obrigatoriamente nas ações públicas em que se discutam interesses relacionados à deficiência das pessoas.

(D) O funcionário público que obstar, por qualquer causa, o acesso de alguém a determinado cargo público, por motivos derivados de sua deficiência, responderá pelo delito de prevaricação previsto no CP.

(E) O município tem o poder-dever de agir para fiscalizar e regularizar loteamento irregular, pois é o responsável pelo parcelamento, uso e ocupação do solo urbano, atividade vinculada, e não discricionária.

A: incorreta, pois o adquirente deve suspender o pagamento, segundo o art. 38 da Lei 6.766/1979; **B:** incorreta, pois a sociedade de economia mista **deve ter inclusa**, entre suas finalidades institucionais, a proteção das pessoas portadoras de deficiência (art. 3° da Lei 7.853/1989); **C:** incorreta, pois é também obrigatória a intervenção do Ministério Público nas *ações individuais, em que se discutam interesses relacionados à deficiência das pessoas*, de acordo com o disposto no art. 5° da Lei 7.853/1989; **D:** incorreta, pois não trata-se de crime de prevaricação (art. 319 do CP) e sim de crime previsto no art. 8°, II, da Lei 7.853/1989; **E:** correta (art. 40 da Lei 6.766/1979). Nesse sentido, vejamos posicionamento do Superior Tribunal de Justiça: "Processual civil e administrativo. Recurso especial. Julgamento antecipado da lide. Não ocorrência de cerceamento ao direito de ampla defesa e ao contraditório. Alegação de violação aos arts. 302, III, 331, § 2°, 332, 333, I e II do Código de Processo Civil. Ausência de prequestionamento. Súmula 211 do STJ. Ação civil pública. Loteamento irregular. Município. Poder-dever. Art. 40 da Lei 6.766/1979. Precedentes do STJ. 1. Hipótese em que o Ministério Público do Estado de São Paulo ajuizou ação civil pública contra o Município, a Associação de Ocupantes e dois sócios, objetivando a regularização do loteamento, que foi julgada procedente para condenar os requeridos à realização de obras necessárias à infraestrutura do loteamento irregular, dentre outras cominações. 2. A ausência de prequestionamento dos dispositivos legais tidos como violados (302, III, 331, § 2°, 332, 333, I e II do Código de Processo Civil) torna inadmissível o recurso especial. Incidência das Súmulas 282 do STF e 211/STJ. **3. É pacífico o entendimento desta Corte Superior de que o Município tem o poder-dever de agir para fiscalizar e regularizar loteamento irregular, pois é o responsável pelo parcelamento, uso e ocupação do solo urbano, atividade essa que é vinculada, e não discricionária. Precedentes: REsp 432.531/SP, 2ª Turma, Rel. Min. Franciulli Netto, *DJ* 25.04.2005; REsp 448.216/SP, 1ª Turma, Rel. Min. Luiz Fux, *DJ* 17.11.2003; REsp 131.697/SP, 2ª Turma, Rel. Min. João Otávio de Noronha, *DJ* 13.06.2005.** 4. Recurso especial parcialmente conhecido e, nessa extensão, não provido. (REsp 1170929/SP, Rel. Ministro Benedito Gonçalves, Primeira Turma, julgado em 20.05.2010, *DJe* 27.05.2010)" (grifo nosso).

Gabarito "E"

(Ministério Público/RS – 2009) Nas últimas décadas acentuou-se em todo o mundo a preocupação em assegurar a dignidade e os direitos das pessoas portadoras de deficiência, o que também ocorreu no Brasil, tanto no âmbito constitucional, como no infraconstitucional. A constitucionalização de tais direitos acarretou a edição de diversos Diplomas.

A propósito deste tema, considere as afirmações abaixo:

I. Recentemente, entrou em vigor Decreto Legislativo Federal que aprovou o texto da Convenção sobre os Direitos das Pessoas com Deficiência e de seu Protocolo Facultativo, assinados em Nova Iorque, em 30 de março de 2007. Diante do conteúdo da matéria, e tendo sido aprovados na forma do § 3° do art. 5° da Constituição Federal, são equivalentes às emendas constitucionais.

II. No âmbito do Estado do Rio Grande do Sul, foram editados lei e decreto regulamentador dispondo sobre a reserva de cargos e empregos públicos para pessoas portadoras de deficiência, bem assim os critérios de admissão destas no serviço público estadual.

III. Constitui uma das diretrizes da Política Nacional para a Integração da Pessoa Portadora de Deficiência garantir o efetivo atendimento da pessoa portadora de deficiência, sem o cunho assistencialista.

IV. Lei Federal posterior à Constituição de 1988 determinou expressamente a intervenção obrigatória do Ministério Público nas ações coletivas em que se discutam interesses relacionados à deficiência das pessoas, excluída a intervenção em ações individuais.

V. A Lei Federal que dá prioridade de atendimento, entre outras, às pessoas portadoras de deficiência, bem como aquela que estabelece normas gerais e critérios básicos para a promoção da acessibilidade das pessoas portadoras de deficiência ou com mobilidade reduzida, ainda não foram objeto de qualquer regulamentação.

Quais estão corretas?

(A) Apenas I, II e III.

(B) Apenas II e V.

(C) Apenas I e IV.

(D) Apenas III e V.

(E) Todas estão corretas.

I: correta, com a edição da Emenda Constitucional 45/2004, os tratados de direitos humanos que forem aprovados, em cada Casa do Congresso Nacional, em dois turnos, por três quintos dos votos dos respectivos membros, serão equivalentes às emendas constitucionais – conforme ao que determina o artigo 5°, §3°, da CF. Ou seja, tais tratados terão hierarquia constitucional (materialmente e formalmente constitucionais); **II:** correta, pois o art. 37, VIII, da CF dispõe que a lei reservará percentual dos cargos e empregos públicos para as pessoas portadoras de deficiência e definirá os critérios de sua admissão; **III:** correta (art. 6°,VI, do Decreto 3.298/1999); **IV:** incorreta, pois somente é obrigatória a intervenção do Ministério Público nas *ações públicas, coletivas ou **individuais**, em que se discutam interesses relacionados à deficiência das pessoas*, de acordo com o disposto no art. 5° da Lei 7.853/1989; **V:** incorreta, pois as Leis 10.048/2000 e 10.098/2000 são regulamentadas pelos Decretos 5.296/2004 e 7.823/2012,

Gabarito "A"

(Ministério Público/SC – 2012) Analise as assertivas a seguir.

I. Consoante a Lei n. 7.853/1989, o Ministério Público, as autarquias e as empresas públicas são alguns dos legitimados a proporem ação civil pública para garantir a adoção e a efetiva execução de normas que garantam a funcionalidade das edificações e vias públicas, que evitem ou removam os óbices às pessoas portadoras de deficiência, permitam o acesso destas a edifícios, a logradouros e a meios de transporte.

II. Prevê a Lei n. 7.853/1989 que o Ministério Público intervirá obrigatoriamente nas ações públicas, coletivas ou individuais, em que se discutam interesses relacionados à deficiência das pessoas.

III. Extrai-se do texto da Lei n. 7.853/1989 que somente nos casos de segurança nacional poderá ser negada, ao interessado, certidão ou informação necessária à instrução de ação civil pública que diga respeito aos interesses coletivos ou difusos das pessoas portadoras de deficiência.

IV. A Lei n. 10.098/2000 define acessibilidade como a possibilidade e condição de alcance para utilização, com segurança e autonomia, dos espaços, mobiliários e equipamentos urbanos, das edificações, dos transportes e dos sistemas e meios de comunicação, por pessoa portadora de deficiência ou com mobilidade reduzida.

V. De acordo, ainda, com a Lei n. 10.098/2000, os banheiros de uso público existentes ou a construir em parques, praças, jardins e espaços livres públicos deverão ser acessíveis e dispor, pelo menos, de um sanitário e um lavatório que atendam às especificações das normas técnicas da ABNT. Além disso, os parques de diversões, públicos e privados, devem adaptar, no mínimo, 5% (cinco por cento) de cada brinquedo e equipamento e identificá-lo para possibilitar sua utilização por pessoas com deficiência ou com mobilidade reduzida, tanto quanto tecnicamente possível.

(A) Apenas a assertiva II está correta.

(B) Apenas as assertivas II e III estão corretas.

(C) Apenas as assertivas II e IV estão corretas.

(D) Apenas as assertivas I, II, IV e V estão corretas.

(E) Todas as assertivas estão corretas.

I: correta (art. 3º da Lei 7.853/1989); **II:** correta (art. 5º da Lei 7.853/1989); **III:** incorreta, pois *somente nos casos em que o interesse público, devidamente justificado, impuser sigilo, poderá ser negada certidão ou informação*, conforme art. 3º, § 3º da Lei 7.853/1989; **IV:** correta (art. 2º, I, da Lei 10.098/2000); **V:** correto (arts. 6º e 4º, parágrafo único, da Lei 10.098/2000).

Gabarito "D"

(Ministério Público/SC – 2012) Analise as assertivas a seguir.

I. A Lei Estadual n. 12.870/20/2004 considera pessoa portadora de necessidades especiais a que se enquadra nas seguintes categorias: deficiência física, deficiência auditiva, deficiência visual, deficiência mental, deficiência comportamental e deficiência múltipla.

II. De acordo com o regramento que instituiu a Política Estadual de Promoção e Integração Social da Pessoa Portadora de Necessidades Especiais (Lei Estadual n. 12.870/20/2004), a deficiência comportamental abrange, entre outros lá elencados, os distúrbios psicológicos temporários e permanentes adquiridos por enfermidades relacionadas à conjugação de outras deficiências, em especial as de categoria mental.

III. De acordo com a Lei n. 10.216/2001, a internação psiquiátrica compreende os seguintes tipos: internação voluntária, internação involuntária e internação compulsória.

IV. Consoante a Lei n. 10.216/2001, a internação psiquiátrica involuntária deverá, no prazo de setenta e duas horas, ser comunicada ao Ministério Público Estadual pelo responsável técnico do estabelecimento no qual tenha ocorrido, devendo esse mesmo procedimento ser adotado quando da respectiva alta.

V. Conforme a Lei n. 10.216/2001, somente a internação psiquiátrica voluntária independe de laudo médico circunstanciado que caracterize seus motivos.

(A) Apenas as assertivas I, II e V estão corretas.

(B) Apenas as assertivas III e IV estão corretas.

(C) Apenas as assertivas I, III e IV estão corretas.

(D) Apenas as assertivas I, III, IV e V estão corretas.

(E) Todas as assertivas estão corretas.

I: incorreta, pois a referida lei não considera a deficiência comportamental (art. 4º, I ao V, da Lei Estadual 12.870/2004); **II:** incorreta, pois a lei não define a deficiência comportamental (art. 4º, I ao V, da Lei Estadual 12.870/2004); **III:** correta (art. 6º, parágrafo único, I, II e III, da Lei 10.216/2001); **IV:** correta (art. 8º, § 1º, da Lei 10.216/2001); **V:** incorreta, pois qualquer tipo de internação será realizada *mediante laudo médico circunstanciado que caracterize os seus motivos* (art. 6º, *caput*, da Lei 10.216/2001).

Gabarito "B"

(Ministério Público/SP – 2012 – VUNESP) Com relação à proteção, aos direitos das pessoas portadoras de transtornos mentais e ao modelo assistencial em saúde mental, é correto afirmar que:

(A) a internação de pacientes portadores de transtornos mentais em instituições com características asilares é legal;

(B) a internação, em qualquer de suas modalidades, só será indicada quando os recursos extra-hospitalares se mostrarem insuficientes;

(C) a internação psiquiátrica será realizada mediante simples indicação médica, sem necessidade de motivação, garantindo, assim, a acessibilidade ao tratamento;

(D) a internação compulsória é aquela que se dá sem o consentimento do usuário e a pedido de terceiro;

(E) somente o médico assistente poderá determinar o término da internação voluntária.

A: incorreta, pois é proibida a internação de pacientes portadores de transtornos mentais em instituições com características asilares, de acordo com o art. 4º, § 3º, da Lei 10.216/2001; **B:** correta (art. 4º, *caput*, da Lei 10.216/2001); **C:** incorreta, pois o art. 6º, *caput*, da Lei 10.216/2001 dispõe que *a internação psiquiátrica somente será realizada mediante laudo médico circunstanciado que* ***caracterize os seus motivos***; **D:** incorreta, pois a internação compulsória é aquela determinada pela Justiça (art. 6º, III, da Lei 10.216/2001); **E:** incorreta, pois o término da internação voluntária também dar-se-á por solicitação escrita do paciente (art. 7º, parágrafo único, da Lei 10.216/2001).

Gabarito "B"

17. DIREITO SANITÁRIO

Ana Paula Garcia, Anna Carolina Bontempo e Vanessa Tonolli Trigueiros*

(Ministério Público/SP – 2013 – PGMP) Tendo em vista os dispositivos da Lei 10.216/2001, a qual estabeleceu uma nova política pública no âmbito da saúde mental, assinale a alternativa INCORRETA.

(A) O legislador estabeleceu três modalidades de internação psiquiátrica, sendo requisito imprescindível em todas elas a existência de prévio laudo médico circunstanciado que caracterize os seus motivos e recomende o tratamento hospitalar.

(B) O legislador considerou os seguintes tipos de internação psiquiátrica: voluntária, involuntária e compulsória. Relativamente à internação compulsória, a lei prevê expressamente a obrigatoriedade de prévio laudo médico circunstanciado que caracterize os seus motivos e recomende o tratamento hospitalar. Quanto aos demais tipos de internação, a legislação citada é omissa a respeito da exigência de laudo médico.

(C) A internação voluntária ou involuntária somente será autorizada por médico devidamente registrado no Conselho Regional de medicina – CRM do Estado onde se localize o estabelecimento.

(D) A internação psiquiátrica involuntária deverá, no prazo de setenta e duas horas, ser comunicada ao Ministério Público Estadual pelo responsável técnico do estabelecimento no qual tenha ocorrido, devendo esse mesmo procedimento ser adotado quando da respectiva alta.

(E) A pessoa que solicita voluntariamente sua internação, ou que a consente, deve assinar, no momento da admissão, uma declaração de que optou por esse regime de tratamento.

A: correta. Há três modalidades de internação psiquiátrica, a saber: a) internação voluntária, que é aquela que se dá com o consentimento do usuário; b) internação compulsória, que é aquela determinada pela Justiça; c) internação involuntária, que é aquela que se dá sem o consentimento do usuário e a pedido de terceiro (art. 6º, parágrafo único, I, II e III, da Lei 10.216/2001). Oportuno registrar que a internação psiquiátrica, em qualquer de suas modalidades, somente será realizada mediante laudo médico circunstanciado que caracterize os seus motivos (art. 6º, *caput*, da Lei 10.216/2001); **B:** incorreta, devendo ser assinalada, pois como já mencionado na alternativa anterior, em todas as modalidades de internação psiquiátrica é indispensável laudo médico circunstanciado que caracterize os seus motivos (art. 6º, *caput*, da Lei 10.216/2001); **C:** correta, pois está de acordo com o disposto no art. 8º, *caput*, da Lei 10.216/2001; **D:** correta, pois está de acordo com o disposto no art. 8º, § 1º, da Lei 10.216/2001; **E:** correta, pois está de acordo com o disposto no art. 7º, caput, da Lei 10.216/2001.

Gabarito "B"

(Ministério Público/PR – 2013 – X) Sobre Sistema Único de Saúde (SUS) é incorreto afirmar:

(A) Quando as disponibilidades do SUS forem insuficientes para garantir a cobertura assistencial à população de determinada área, é possível recorrer aos serviços ofertados pela iniciativa privada;

(B) São diretrizes do SUS a descentralização, o atendimento integral e a participação da comunidade;

(C) Compete ao SUS executar as ações de vigilância sanitária e epidemiológica;

(D) No orçamento da securidade social destina-se ao SUS, de acordo com a receita estimada, os recursos necessários à realização de suas finalidades;

(E) Os recursos financeiros do SUS, depositados em conta especial e única, são movimentados sob a fiscalização dos respectivos conselhos de saúde das esferas federal, estadual e municipal.

A: correta (art. 24 da Lei 8.080/90); **B:** correta (art. 198, I, II, III, da CF); **C:** correta (art. 16, II, *c*, *d*, da Lei 8.080/90); **D:** correta (art. 31 da Lei 8.080/90); **E:** incorreta, devendo ser assinalada, pois os recursos financeiros do SUS serão depositados em conta especial *em cada esfera de sua atuação* (art. 33 da Lei 8.080/90).

Gabarito "E"

(Ministério Público/PR – 2013 – X) Quanto à vigilância sanitária e epidemiológica, analise as alternativas abaixo e aponte a **incorreta**:

(A) No âmbito do Sistema Nacional de Vigilância Sanitária, na forma da lei, entre outras atribuições, cabe à União atuar em circunstâncias especiais de risco à saúde;

(B) O Código Sanitário do Paraná (Lei Estadual nº 13.331/2001) não proíbe o governo paranaense

---

* **Anna Carolina Bontempo** comentou as questões dos seguintes concursos: MP/AC/08, MP/BA/08, MP/CE/11, MP/GO/10, MP/GO/12, MP/MG/06, MP/MG/11, MP/MG/12, MP/MS/09, MP/MT/12, MP/PB/10, MP/PI/08, MP/PI/ 12, MP/RJ/11, MP/RN/09, MP/RR/12, MP/RS/08, MP/RS/09, MP/SC/08, MP/SC/12, MP/SP/12, MP/TO/12, MP/PR/13 e MP/RO/13 quando houver. **Vanessa Tonolli Trigueiros** comentou a questão do concurso de MP/SP/13. **Ana Paula Garcia** comentou as demais questões.

de participar das ações de vigilância sanitária em portos, aeroportos e fronteiras;

(C) Entre as atribuições legais da ANVISA está a de impedir a comercialização de produto, em caso de risco iminente à saúde, mas não a de proibir a fabricação do referido produto;

(D) Vigilância sanitária é conjunto de ações capazes de eliminar, diminuir ou prevenir riscos à saúde e de intervir nos problemas sanitários decorrentes do meio ambiente, da produção e circulação de bens e da prestação de serviços de interesse da saúde;

(E) Ações de vigilância sanitária e epidemiológica também se prestam a resguardar a saúde do trabalhador.

A: correta (art. 2º, VII, da Lei 9.782/99); **B:** correta (art. 12, V, da Lei Estadual 13.331/01); **C:** incorreta, devendo ser assinalada, pois compete à ANVISA *"proibir a fabricação,* a importação, o armazenamento, a distribuição e a comercialização de produtos e insumos, em caso de violação da legislação pertinente ou de risco iminente à saúde" (art. 7º, XV, da Lei 9.782/99); **D:** correta (art. 6º, § 1º, da Lei 8.080/90); **E:** correta (art. 6º, § 3º, da Lei 8.080/90).

Gabarito "C"

(Ministério Público/PR – 2013 – X) Assinale a alternativa **incorreta**. Nos termos da Lei nº 11.346/06, a Segurança Alimentar e Nutricional abrange:

(A) A ampliação das condições de acesso aos alimentos por meio da produção, em especial da agricultura tradicional e familiar, do processamento, da industrialização, da comercialização, incluindo-se os acordos internacionais, do abastecimento e da distribuição dos alimentos, incluindo-se a água, bem como da geração de emprego e da redistribuição da renda;

(B) A conservação da biodiversidade e a utilização sustentável dos recursos;

(C) A implementação de políticas públicas e estratégias sustentáveis e participativas de produção, comercialização e consumo de alimentos, independente das características culturais do País;

(D) A promoção da saúde, da nutrição e da alimentação da população, incluindo-se grupos populacionais específicos e populações em situação de vulnerabilidade social;

(E) A garantia da qualidade biológica, sanitária, nutricional e tecnológica dos alimentos, bem como seu aproveitamento, estimulando práticas alimentares e estilos de vida saudáveis que respeitem a diversidade étnica e racial e cultural da população.

A: correta (art. 4º, I, da Lei 11.346/06); **B:** correta (art. 4º, II, da Lei 11.346/06); **C:** incorreta, devendo ser assinalada, pois deve-se respeitar as múltiplas características culturais do País (art. 4º, VI, da Lei 11.346/04); **D:** correta (art. 4º, III, da Lei 11.346/06) ; **E:** correta (art. 4º, IV, da Lei 11.346/06).

Gabarito "C"

(Ministério Público/RO – 2013 – CESPE) Com relação ao SUS, assinale a opção correta.

(A) As ações e serviços públicos de saúde integram rede regionalizada e não hierarquizada cujas diretrizes básicas são a descentralização, a participação da comunidade e o atendimento integral, com prioridade para as atividades de controle das doenças e endemias.

(B) Para financiamento do SUS, os entes federativos deverão aplicar um percentual mínimo na saúde, que, no caso dos estados e dos municípios, deve ser definido em lei complementar de iniciativa de suas respectivas casas legislativas, não podendo ser inferior a cinco por cento da arrecadação dos impostos de sua competência.

(C) As ações e serviços de saúde são da competência da União, dos estados, do Distrito Federal e dos municípios, cabendo à União a responsabilidade pelo seu financiamento, com recursos do orçamento da seguridade social.

(D) Embora a assistência à saúde seja livre à iniciativa privada, instituições particulares não podem participar do SUS, salvo se forem entidades filantrópicas e sem fins lucrativos.

(E) A direção do SUS é exercida, no âmbito da União, pelo Ministério da Saúde e, no âmbito dos estados, do Distrito Federal e dos municípios, pela respectiva secretaria de saúde ou órgão equivalente.

A: incorreta, pois a CF não prevê como prioridade as atividades de controle das doenças e endemias (art.198, I, II, III, da CF); **B:** incorreta, pois conflita com os arts. 198, §§ 1º e 2º, I, II, II, da CF; **C:** incorreta, pois conflita com o art. 198, § 1º, da CF; **D:** incorreta, pois a iniciativa privada poderá participar do SUS, em caráter complementar (art. 4º, § 2º, da Lei 8.080/90); **E:** correta (art. 9º, I, II, III, da Lei 8.080/90).

Gabarito "E"

(Ministério Público/BA – 2010) Identifique com V ou F, conforme o caso, as afirmativas verdadeiras e falsas.

I. A direção do SUS, em cada esfera de governo, é composta pelo órgão setorial do Poder Executivo e pelo respectivo Conselho de Saúde, nos termos das Leis ns. 8.080/1990 e 8.142/1990.

II. Os Conselhos de Saúde são órgãos de controle do Sistema Único de Saúde pela sociedade, nos níveis municipal, estadual e federal, criados para permitir que a população possa interferir na gestão da saúde, defendendo os interesses da coletividade, para que sejam estes atendidos pelas ações governamentais.

III. A municipalização da saúde, estabelecida pela Constituição Federal de 1988 e pela Lei Federal n. 8.080/1990, compreende: a) a habilitação dos Municípios para assumir a responsabilidade parcial pela gestão do sistema de saúde em seu território (Sistema de Gestão Plena, anterior à criação do Pacto pela Saúde, firmado em 2006); b) a centralização da gerência das ações e serviços de saúde para os Municípios.

IV. A Carta Magna não prevê que a execução do serviço de saúde deva ser diretamente feita pelo Estado, ainda que mantido o dever de prestá-lo.

V. A Constituição Federal dispõe que a assistência à saúde é livre à iniciativa privada.

A alternativa que contém a sequência correta, de cima para baixo, é a:

(A) V, V, F, F, V.

(B) V, V, V, V, F.

(C) F, V, F, V, F.

(D) V, F, F, F, V.

(E) V, V, F, V, V.

I: verdadeira (art. 9º da Lei 8.080/1990 e art. 1º, § 2º, da Lei 8.142/1990); **II:** verdadeira (art. 1º, § 2º, da Lei 8.142/1990); **III:** falsa, pois, em cada esfera de governo, a direção é feita pelo ente respectivo; por exemplo, nos Municípios, a direção do SUS é feita pela respectiva Secretaria ou órgão equivalente (art. 9º, III, da Lei 8.080/90); **IV:** verdadeira, pois a Constituição realmente não faz previsão nesse sentido (art. 197 da CF); **V:** verdadeira (art. 199, *caput*, da CF).

Gabarito "E"

(Ministério Público/BA – 2005) Sobre o SUS (Sistema Único de Saúde), é correto afirmar que:

(A) Permite-se, em situações emergenciais ou de calamidade pública, a destinação de subvenções e auxílios a instituições prestadoras de serviços de saúde com finalidade lucrativa.

(B) Os recursos financeiros do SUS (Sistema Único de Saúde) serão depositados em conta especial, em cada esfera de sua atuação, e movimentados sob fiscalização dos respectivos Conselhos de Saúde.

(C) A iniciativa privada não pode participar.

(D) Os usuários são representados nos Conselhos de Saúde, embora a representação não seja paritária em relação ao conjunto dos demais segmentos.

(E) A participação na formulação da política e na execução de ações de saneamento básico não está incluída no campo de atuação do SUS (Sistema Único de Saúde).

A: incorreta, pois tal distinção é possível a entidades com finalidade lucrativa, conforme disposto no art. 38 da Lei 8.080/1990; **B:** correta, pois a assertiva reflete o disposto no art. 33, *caput*, da Lei 8.080/1990 ("Os recursos financeiros do Sistema Único de Saúde (SUS) serão depositados em conta especial, em cada esfera de sua atuação, e movimentados sob fiscalização dos respectivos Conselhos de Saúde"); **C:** incorreta, pois a iniciativa privada pode participar do Sistema Único de Saúde em caráter complementar, conforme disposto no art. 4º, § 2º, da Lei 8.080/1990; **D:** incorreta, pois a representação dos usuários nos Conselhos de Saúde e Conferências será paritária em relação ao conjunto dos demais segmentos, conforme disposto no art. 1º, § 4º, da Lei 8.142/1990; **E:** incorreta, pois a participação na formulação da política e na execução de ações de saneamento básico estão incluídas no campo de atuação do SUS, conforme disposto no art. 6º, II, da Lei 8.080/1990.

Gabarito "B"

(Ministério Público/GO – 2005) Nos termos da Lei n. 8.080/1990, Lei Orgânica da Saúde, é INCORRETO afirmar:

(A) estão incluídas no campo de atuação do Sistema Único de Saúde (SUS) a execução de ações de vigilância sanitária, de vigilância epidemiológica, de saúde do trabalhador e de assistência terapêutica integral, inclusive farmacêutica;

(B) as populações indígenas terão direito a participar dos organismos colegiados de formulação, acompanhamento e avaliação das políticas de saúde, tais como o Conselho Nacional de Saúde e os Conselhos Estaduais e Municipais de Saúde, quando for o caso;

(C) o Sistema Único de Saúde (SUS), quando as suas disponibilidades forem insuficientes para garantir a cobertura assistencial à população de uma determinada área, poderá recorrer apenas aos serviços ofertados por entidades privadas filantrópicas ou sem fins lucrativos;

(D) os serviços de saúde do Sistema Único de Saúde (SUS), da rede própria ou conveniada, são obrigados a permitir a presença, junto à parturiente, de um (01) acompanhante durante todo o período de trabalho de parto, parto e pós-parto imediato.

A: correta, pois a assertiva reflete o disposto no art. 6º, I, da Lei 8.080/1990; **B:** correta, pois a assertiva reflete o disposto no art. 19-H da Lei 8.080/1990, introduzido pela Lei 9.836/1999; **C:** incorreta (devendo ser assinalada), pois, quando as disponibilidades do SUS forem insuficientes para garantir a cobertura, poderá recorrer aos serviços ofertados pela iniciativa privada, a teor do disposto no art. 24, *caput*, da Lei 8.080/1990; e não somente pelas entidades filantrópicas ou sem fins lucrativos, apesar de que estas terão preferência para participar do SUS, conforme dispõe o art. 25 do mesmo diploma legal. **D:** correta, pois a assertiva reflete o disposto no art. 19-J da Lei 8.080/1990, que foi introduzido pela Lei 11.108, de 7 de abril de 2005.

Gabarito "C"

(Ministério Público/MA – 2009) De acordo com o disposto na Lei n. 8.142/1990 (que dispõe sobre a participação da comunidade na gestão do Sistema Único de Saúde e sobre as transferências intergovernamentais de recursos financeiros na área da saúde e dá outras providências), é possível afirmar que:

(A) os Municípios não podem estabelecer consórcio para execução de ações e serviços de saúde;

(B) os Municípios podem estabelecer consórcio para execução de ações e serviços de saúde;

(C) os Municípios somente podem estabelecer consórcio para execução de ações e serviços de saúde mediante autorização da União;

(D) os Municípios somente podem estabelecer consórcio para execução de ações e serviços e saúde mediante autorização dos respectivos Estados;

(E) os Municípios somente podem estabelecer consórcio para execução de ações e serviços de saúde mediante autorização da União e dos respectivos Estados.

A assertiva B está correta, pois reflete o disposto no art. 3º, § 3º, da Lei 8.142/1990 ("Os Municípios poderão estabelecer consórcio para execução de ações e serviços de saúde, remanejando, entre si, parcelas de recursos previstos no inciso IV do art. 2° desta lei").

Gabarito "B"

(Ministério Público/MA – 2009) A realização de transplante ou enxertos de tecidos, órgãos ou partes do corpo humano só poderá ser realizada por estabelecimento de saúde, público ou privado, e por equipes médico-cirúrgicas de remoção e transplante, previamente autorizados:

(A) pelo órgão de gestão municipal do Sistema Único de Saúde (SUS);

(B) pelas Secretarias Municipais de Vigilância Sanitária;

(C) pelo órgão de gestão nacional do Sistema Único de Saúde (SUS);

(D) pelo Conselho Regional de Medicina;

(E) pelos gestores dos respectivos estabelecimentos de saúde.

A assertiva C está correta, pois reflete o disposto no art. 2º, *caput*, da Lei 9.434/1997 ("A realização de transplante ou enxertos de tecidos, órgãos ou partes do corpo humano só poderá ser realizada por estabelecimento de saúde, público ou privado, e por equipes médico-cirúrgicas de remoção e transplante previamente autorizados pelo órgão de gestão nacional do Sistema Único de Saúde").

Gabarito "C"

(Ministério Público/MA – 2009) A respeito do planejamento familiar é *CORRETO* afirmar que:

(A) a Lei n. 9.263/1996 (que regula o § 7º do art. 226 da Constituição Federal, que trata do planejamento familiar, estabelece penalidades e dá outras providências) permite ações de regulação da fecundidade que garanta direitos iguais de constituição, limitação ou aumento da prole pela mulher, pelo homem ou pelo casal, inclusive para controle demográfico;

(B) a legislação pátria não permite a esterilização voluntária;

(C) é permitida a indução ou instigamento individual ou coletivo à prática da esterilização cirúrgica;

(D) a Lei n. 9.263/1996 permite a esterilização voluntária nas situações que especifica;

(E) é autorizada a exigência de atestado de esterilização ou de teste de gravidez para quaisquer fins.

A: incorreta, pois é proibida a utilização das referidas ações para qualquer tipo de controle demográfico, de acordo com o art. 2º, parágrafo único, da Lei 9.263/1996; **B:** incorreta, pois **é permitida** a esterilização voluntária nas situações estipuladas por lei, conforme o art. 10 da Lei 9.263/1996; **C:** incorreta, pois é **proibida** a indução ou instigamento individual ou coletivo à prática da esterilização cirúrgica, consoante art. 12 da Lei 9.263/1996; **D:** correta, pois reflete o disposto no art. 10 da Lei 9.263/1996; **E:** incorreta, pois *é **vedada** a exigência de atestado de esterilização ou de teste de gravidez para quaisquer fins* (art. 13 da Lei 9.263/1996).

Gabarito "D"

(Ministério Público/MA – 2009) O dever do Estado de garantir a saúde:

(A) exclui o das pessoas, da família, das empresas e da sociedade;

(B) não exclui o das pessoas, da família, das empresas e da sociedade;

(C) exclui apenas o da família;

(D) exclui somente o da sociedade;

(E) exclui apenas o das pessoas e das empresas.

A assertiva B está correta, pois reflete o disposto no art. 2º, § 2º, da Lei 8.080/1990. ("O dever do Estado não exclui o das pessoas, da família, das empresas e da sociedade").

Gabarito "B"

(Ministério Público/MA – 2009) São diretrizes que regem o Sistema Único de Saúde:

(A) descentralização, atendimento integral e participação da comunidade;

(B) centralização, universalidade e participação da comunidade;

(C) descentralização e atendimento apenas aos carentes;

(D) centralização, atendimento apenas aos carentes e sigilo das informações, mesmo às pessoas assistidas, sobre sua saúde;

(E) centralização, universalidade e sigilo das informações, mesmo às pessoas assistidas, sobre sua saúde.

A assertiva A está correta, pois reflete o disposto no art. 198, I, II e III, da CF.

Gabarito "A"

(Ministério Público/MA – 2009) Apenas um dos enunciados contém informação *CORRETA* a respeito do atendimento domiciliar pelo Sistema Único de Saúde. Aponte-o.

(A) Não inclui a internação domiciliar.

(B) Abrange o atendimento domiciliar e a internação domiciliar.

(C) Inclui somente procedimentos de assistência social.

(D) Serão realizados por qualquer profissional da saúde e não por equipes multidisciplinares.

(E) Independe da expressa concordância do paciente, bastando a de sua família.

A: incorreta, pois o Sistema Único de Saúde inclui a internação domiciliar, prevista no art. 19-I da Lei 8.080/1990, introduzido pela Lei 10.424/2002; **B:** correta, pois a assertiva reflete o disposto no art. 19-I da Lei 8.080/1990, introduzido pela Lei 10.424/2002 ("São estabelecidos, no âmbito do Sistema Único de Saúde, o atendimento domiciliar e a internação domiciliar"); **C:** incorreta, pois o Sistema Único de Saúde inclui o atendimento domiciliar e a internação domiciliar, prevista no art. 19-I da Lei 8.080/1990, introduzidos pela Lei 10.424/2002; **D:** incorreta, pois o atendimento será realizado por equipes multidisciplinares, conforme disposto no art. 19-I, § 2º, da Lei 8.080/1990 ("O atendimento e a internação domiciliares serão realizados por equipes multidisciplinares que atuarão nos níveis da medicina preventiva, terapêutica e reabilitadora"); **E:** incorreta, pois depende de concordância do paciente e de sua família, conforme disposto no art. 19-I, § 3º, da Lei 8.080/1990 ("O atendimento e a internação domiciliares só poderão ser realizados por indicação médica, com expressa concordância do paciente e de sua família").

Gabarito "B"

(Ministério Público/MG – 2010 – FUNDEP) No julgamento da Suspensão de Tutela Antecipada n. 175, em março de 2010, o Supremo Tribunal Federal interpretou o desenho constitucional do direito à saúde a partir das experiências e dos dados colhidos na Audiência Pública – Saúde, realizada nos dias 27, 28 e 29 de abril, e 4, 6 e 7 de maio de 2009.

Nos termos do voto condutor, do Ministro Gilmar Mendes, considere as seguintes assertivas.

I. Os direitos sociais são direitos fundamentais, e a saúde é um direito subjetivo público.

II. Não há um direito absoluto a todo e qualquer procedimento necessário para a proteção, promoção e recuperação da saúde.

III. A União, os Estados, o Distrito Federal e os Municípios são responsáveis solidários pela saúde, tanto do indivíduo quanto da coletividade.

IV. É absoluta a regra de que o registro na ANVISA constitui requisito para que o SUS possa incorporar um medicamento.

V. O Estado pode ser condenado a fornecer tratamentos experimentais conforme normas que regulam a pesquisa médica.

Pode-se concluir que estão **CORRETAS**

(A) apenas as assertivas I, III e IV.

(B) apenas as assertivas I, II e III.

(C) apenas as assertivas II, IV e V.

(D) todas as assertivas.

I, II e **III:** corretas, pois estão de acordo com princípios constitucionais citados na decisão proferida pelo Ministro Gilmar Mendes no julgamento da Suspensão de Tutela Antecipada n. 175/2010 do C. STF. As demais alternativas estão incorretas. A alternativa **IV** está incorreta, pois o fato de o medicamento não estar registrado na ANVISA não é requisito essencial para que o SUS incorpore um medicamento e a alternativa **V** está incorreta, pois o Estado não poderá ser condenado a fornecer tratamentos experimentais. Recomendamos a leitura do inteiro teor do voto citado (www.stf.jus.br).

Gabarito "B"

(Ministério Público/MG – 2010.1) Em se tratando de proteção e defesa da saúde pública, pode-se afirmar:

I. A saúde é direito de todos e dever do Estado.

II. O dever do Estado de garantir a saúde consiste na formulação e execução de políticas econômicas e sociais que visem à redução de riscos de doenças e de outros agravos e no estabelecimento de condições que assegurem acesso universal e igualitário às ações e aos serviços para sua promoção, proteção e recuperação.

III. As ações e serviços de saúde são de relevância pública, competindo ao Sistema Único de Saúde executar as ações de vigilância sanitária e epidemiológica.

IV. Os direitos fundamentais à liberdade e ao patrimônio podem sofrer restrições apenas em razão de ações de natureza epidemiológica.

V. Compete ao Ministério Público promover todas as medidas necessárias visando garantir à coletividade o direito à saúde pública.

Marque a opção CORRETA.

(A) I, II, III e V estão corretas.

(B) III, IV e V estão corretas.

(C) I, II e V estão corretas.

(D) I, III e V estão corretas.

(E) Todas estão corretas.

I: correta, pois a assertiva reflete o disposto no art. 196 da CF; **II:** correta, pois a assertiva reflete o disposto no art. 196 da CF; **III:** correta, pois a assertiva reflete o disposto no art. 197 da CF; **IV:** incorreta, pois não existe essa previsão legal. O direito de liberdade sofre restrição, por exemplo, pelas penas privativas de liberdade; o direito ao patrimônio também pode sofrer restrições, por exemplo, no caso de desapropriação; **V:** correta, pois o direito à saúde pública é, de fato, um direito coletivo e cabe ao Ministério Público tomar as medidas cabíveis que visem assegurar esse direito à coletividade (art. 127 da CF).

Gabarito "A"

(Ministério Público/MG – 2006) Segundo as disposições da Lei n. 8.080/1990, é INCORRETO afirmar:

(A) os municípios poderão constituir consórcios para desenvolver em conjunto as ações e os serviços de saúde que lhes correspondam, aplicando-lhes o princípio da direção única;

(B) o SUS, em caso de insuficiência de recursos para a cobertura assistencial à população de uma determinada área, poderá recorrer somente aos serviços das entidades filantrópicas e às sem fins lucrativos;

(C) as ações de serviços públicos de saúde, no âmbito do SUS, nos termos do artigo 7º,obedecem ao princípio, dentre outros, da participação da comunidade;

(D) o atendimento e a internação domiciliares do SUS somente poderão ser realizados por indicação médica, com expressa concordância do paciente e de sua família;

(E) compete à direção municipal do SUS controlar e fiscalizar os procedimentos dos serviços privados de saúde.

A: correta, pois a assertiva reflete o disposto no art. 10, *caput*, da Lei 8.080/1990: "Os municípios poderão constituir consórcios para desenvolver em conjunto as ações e os serviços de saúde que lhes correspondam"; **B:** incorreta (devendo ser assinalada), pois quando as disponibilidades do SUS forem insuficientes para garantir a cobertura, poderá recorrer aos serviços ofertados pela iniciativa privada, a teor do disposto no art. 24, *caput*, da Lei 8.080/1990 ("Quando as suas disponibilidades forem insuficientes para garantir a cobertura assistencial à população de uma determinada área, o Sistema Único de Saúde (SUS) poderá recorrer aos serviços ofertados pela iniciativa privada"); **C:** correta, pois a assertiva reflete o disposto no art. 7º, VIII, da Lei 8.080/1990; **D:** correta, pois a assertiva reflete o disposto no art. 19-I, § 3º, da Lei 8.080/1990 ("O atendimento e a internação domiciliares só poderão ser realizados por indicação médica, com expressa concordância do paciente e de sua família"); **E:** correta, pois a assertiva reflete o disposto no art. 18, XI, da Lei 8.080/1990.

Gabarito "B"

(Ministério Público/PR – 2011) São princípios do direito sanitário:

(A) Princípio da unicidade; princípio da prevenção e princípio da participação da sociedade.

(B) Princípio da pluralidade; princípio da precaução e princípio da participação da sociedade.

(C) Princípio da pluralidade; princípio de precaução e princípio da participação da sociedade.

(D) Princípio da unicidade; princípio da prevenção e princípio de taxatividade.

(E) Princípio da pluralidade; princípio da prevenção e princípio de taxatividade.

A alternativa A está correta, pois são princípios do direito sanitário a unicidade, previsto no art. 199 da CF, da prevenção, previsto no art. 198, II, da CF e na Declaração de Estocolmo (princípio 6) da participação da sociedade, previsto no art. 198, III, da CF.

Gabarito "A"

(Ministério Público/PR – 2011) O Brasil é signatário do Pacto Internacional sobre Direitos Econômicos, Sociais e Culturais, que foi adotado pela XXI Sessão da Assembleia-Geral das Nações Unidas, em 19 de dezembro de 1966, tendo o Congresso Nacional brasileiro aprovado o texto do tratado por meio do Decreto Legislativo n. 226, de 12 de janeiro de 1991, entrando em vigor no Brasil em 24 de abril de 1992. São diretrizes referidas ao Direito Sanitário derivadas do referido documento a tomada de medidas necessárias para assegurar:

(A) A garantia da segurança no trabalho, a melhoria dos aspectos de higiene do trabalho; a prevenção e o tratamento das doenças epidêmicas; a criação de condições que assegurem a todos assistência médica; e a promoção do desenvolvimento das crianças.

(B) A diminuição da mortalidade infantil, a garantia da segurança no trabalho; a prevenção e o tratamento das doenças epidêmicas; a criação de condições que assegurem a todos assistência médica; e a promoção do desenvolvimento das crianças.

(C) A diminuição da mortalidade infantil, a melhoria dos aspectos de higiene do trabalho; a garantia da segurança no trabalho; a criação de condições que assegurem a todos assistência médica; e a promoção do desenvolvimento das crianças.

(D) A diminuição da mortalidade infantil, a melhoria dos aspectos de higiene do trabalho; a prevenção e o tratamento das doenças epidêmicas; a garantia da segurança no trabalho; e a promoção do desenvolvimento das crianças.

(E) A diminuição da mortalidade infantil, a melhoria dos aspectos de higiene do trabalho; a prevenção e o tratamento das doenças epidêmicas; a criação de condições que assegurem a todos assistência médica; e a promoção do desenvolvimento das crianças.

A alternativa E está correta, pois reflete o disposto no art. 12, 2, do Pacto Internacional sobre Direitos Econômicos, Sociais e Culturais (Decreto 591 de1992): "As medidas que os Estado-Partes do presente Pacto deverão adotar com o fim de assegurar o pleno exercício desse direito incluirão aquelas que se façam necessárias para assegurar: a) A diminuição da mortinatalidade e da mortalidade infantil, bem como o desenvolvimento das crianças; b) A melhoria de todos os aspectos de higiene do trabalho e do meio ambiente; c) A prevenção e o tratamento das doenças epidêmicas, endêmicas, profissionais e outras, bem como a luta contra essas doenças; d) A criação de condições que assegurem a todos assistência médica e serviços médicos em caso de enfermidade.

Gabarito "E"

(Ministério Público/PR – 2011)

I. A norma constitucional do art. 196: "A saúde é direito de todos e dever do Estado, garantido mediante políticas sociais e econômicas que visem à redução do risco de doença e de outros agravos e ao acesso universal e igualitário às ações e serviços para sua promoção, proteção e recuperação", é hoje reconhecida como direito público subjetivo e não como direito subjetivo individual.

II. Em não existindo o tratamento para determinada doença no Brasil, deve o benefício social do atendimento pelo SUS abranger tratamento no exterior.

III. A posição dos Tribunais Superiores atualmente é de que não há legitimidade do Ministério Público para interpor ação civil pública de cunho individual nos casos que envolvem direito à saúde.

Considerando as assertivas acima se afirma que:

(A) Apenas as assertivas I e II são corretas.

(B) Apenas as assertivas II e III são corretas.

(C) Apenas as assertivas I e III são corretas.

(D) Apenas uma assertiva está correta.

(E) Todas as assertivas são corretas.

I: correta, o C. STF já firmou posição nesse sentido, *verbis*: "O direito público subjetivo à saúde representa prerrogativa jurídica indisponível assegurada à generalidade das pessoas pela própria Constituição da República (art. 196). Traduz bem jurídico constitucionalmente tutelado, por cuja integridade deve velar, de maneira responsável, o Poder Público, a quem incumbe formular – e implementar – políticas sociais e econômicas idôneas que visem a garantir, aos cidadãos, inclusive àqueles portadores do vírus HIV, o acesso universal e igualitário à assistência farmacêutica e médico-hospitalar. O direito à saúde – além de qualificar-se como direito fundamental que assiste a todas as pessoas – representa consequência constitucional indissociável do direito à vida. O Poder Público, qualquer que seja a esfera institucional de sua atuação no plano da organização federativa brasileira, não pode mostrar-se indiferente ao problema da saúde da população, sob pena de incidir, ainda que por censurável omissão, em grave comportamento inconstitucional. A interpretação da norma programática não pode transformá-la em promessa constitucional inconsequente. O caráter programático da regra inscrita no art. 196 da Carta Política – que tem por destinatários todos os entes políticos que compõem, no plano institucional, a organização federativa do Estado brasileiro – não pode converter-se em promessa constitucional inconsequente, sob pena de o Poder Público, fraudando justas expectativas nele depositadas pela coletividade, substituir, de maneira ilegítima, o cumprimento de seu impostergável dever, por um gesto irresponsável de infidelidade governamental ao que determina a própria Lei Fundamental do Estado. (...) O reconhecimento judicial da validade jurídica de programas de distribuição gratuita de medicamentos a pessoas carentes, inclusive àquelas portadoras do vírus HIV/Aids, dá efetividade a preceitos fundamentais da Constituição da República (arts. 5º, *caput*, e 196) e representa, na concreção do seu alcance, um gesto reverente e solidário de apreço à vida e à saúde das pessoas, especialmente daquelas que nada têm e nada possuem, a não ser a consciência de sua própria humanidade e de sua essencial dignidade. Precedentes do STF." (*RE 271.286-AgR*, Rel. Min. *Celso de Mello*, julgamento em 12-9-2000, Segunda Turma, *DJ* 24.11.2000.) *No mesmo sentido*: *RE 368.564*, Rel. p/ o ac. Min. *Marco Aurélio*, julgamento em 13.04.2011, Primeira Turma, *DJe* 10.08.2011; *STA 175-AgR*, Rel. Min. Presidente *Gilmar Mendes*, julgamento em 17.03.2010, Plenário, *DJe* de 30.04.2010. *Vide: AI 734.487-AgR*, Rel. Min. *Ellen Gracie*, julgamento em 03.08.2010, Segunda Turma, *DJe* 20.08.2010; **II:** correta, pois os Tribunais Superiores têm entendido que em não existindo tratamento para a doença aqui no Brasil o Poder Público deverá custear o tratamento no exterior. Veja ementa de julgado recente do E. STJ: "Agravo regimental em recurso especial. Processual civil. Administrativo. Agravo de instrumento. Recurso especial. Tratamento médico no exterior. Artigo 196 da CF/1988. Direito à vida e à saúde. Dever da união. Legitimidade passiva. 1. O Sistema Único de Saúde-SUS visa a integralidade da assistência à saúde, seja individual ou coletiva, devendo atender aos que dela necessitem em qualquer grau de complexidade, de modo que, restando comprovado o acometimento do indivíduo ou de um grupo por determinada moléstia, necessitando de determinado medicamento para debelá-la, este deve ser fornecido, de modo a atender ao princípio maior, que é a garantia à vida digna. 2. Ação objetivando a condenação da entidade pública ao fornecimento gratuito dos medicamentos necessários ao tratamento de doença grave. 3. O direito à saúde é assegurado a todos e dever do Estado, por isso que legítima a pretensão quando configurada a necessidade do recorrido. 4. A União, o Estado, o Distrito Federal e o Município são partes legítimas para figurar no polo passivo nas demandas cuja pretensão é o fornecimento de medicamentos imprescindíveis à saúde de pessoa carente, podendo a ação ser proposta em face de quaisquer deles. Precedentes: REsp 878080 / SC; Segunda Turma; *DJ* 20.11.2006 p. 296; REsp 772264 / RJ; Segunda Turma; *DJ* 09.05.2006 p. 207; REsp 656979 / RS, *DJ* 07.03.2005. 5. Agravo Regimental desprovido." (AgRg no REsp 1028835/DF, Rel. Ministro Luiz Fux, Primeira Turma, julgado em 02.12.2008, *DJe* 15.12.2008); **III:** incorreta, pois o direito à saúde é considerado um direito subjetivo indisponível, sendo o Ministério Público legitimado para propor ação civil pública de cunho individual.

Gabarito "A"

(Ministério Público/PR – 2009) Em se tratando de saúde mental, assinale a alternativa *INCORRETA*:

(A) a internação psiquiátrica somente será realizada mediante laudo médico circunstanciado que caracterize seus motivos, podendo ser voluntária, involuntária ou compulsória;

(B) a internação compulsória é a que ocorre mediante prescrição médica fundamentada, sem o consentimento do usuário e a pedido de terceiro, cujo término dar-se-á por solicitação escrita da pessoa que a solicitou, ou quando assim estabelecido pelo especialista responsável pelo tratamento;

(C) a internação psiquiátrica involuntária deverá, no prazo de setenta e duas horas, ser comunicada ao Ministério Público Estadual pelo responsável técnico do estabelecimento no qual tenha ocorrido, devendo esse mesmo procedimento ser adotado quando da respectiva alta;

(D) a evasão, transferência, acidente, intercorrência clínica grave e falecimento serão comunicados pela direção do estabelecimento de saúde mental aos familiares, ou ao representante legal do paciente, bem como à autoridade sanitária responsável, no prazo máximo de vinte e quatro horas da data da ocorrência;

(E) os Municípios providenciarão em cooperação com os representantes do Ministério Público local, a formação de conselhos comunitários de atenção aos que padecem de sofrimento psíquico, que terão por função principal assistir, auxiliar e orientar as famílias, de modo a garantir integração social e familiar dos que forem internados.

A: correta, pois a assertiva reflete o disposto no art. 6º da Lei 10.216/2001: "A internação psiquiátrica somente será realizada mediante laudo médico circunstanciado que caracterize os seus motivos. Parágrafo único. São considerados os seguintes tipos de internação psiquiátrica: I – internação voluntária: aquela que se dá com o consentimento do usuário; II – internação involuntária: aquela que se dá sem o consentimento do usuário e a pedido de terceiro; e III – internação compulsória: aquela determinada pela Justiça"; **B:** incorreta (devendo ser assinalada), pois a internação compulsória é aquela determinada pela Justiça, conforme disposto no art. 6º, III, da Lei 10.216/2001; **C:** correta, pois a assertiva reflete o disposto no art. 8º, § 1º, da Lei 10.216/2001 ("A internação psiquiátrica involuntária deverá, no prazo de setenta e duas horas, ser comunicada ao Ministério Público Estadual pelo responsável técnico do estabelecimento no qual tenha ocorrido, devendo esse mesmo procedimento ser adotado quando da respectiva alta"); **D:** correta, pois a assertiva reflete o disposto no art. 10 da Lei 10.216/2001 ("Evasão, transferência, acidente, intercorrência clínica grave e falecimento serão comunicados pela direção do estabelecimento de saúde mental aos familiares, ou ao representante legal do paciente, bem como à autoridade sanitária responsável, no prazo máximo de vinte e quatro horas da data da ocorrência"); **E:** correta, pois a assertiva reflete o disposto no art. 9º, parágrafo único, da Lei Estadual 11.189/1995 ("A implantação e manutenção da rede de atendimento integral em saúde mental será descentralizada e municipalizada, observadas as particularidades socioculturais locais e regionais, garantida a gestão social destes meios. Parágrafo único. As prefeituras municipais providenciarão, em cooperação com os representantes do Ministério Público local, a formação de conselhos comunitários de atenção aos que padecem de sofrimento psíquico, que terão por função principal assistir, auxiliar e orientar as famílias, de modo a permitir a integração social e familiar dos que forem internados").

Gabarito "B"

(Ministério Público/RN – 2004) Tendo em vista, especificamente, os preceitos contidos na Lei Orgânica da Saúde (Lei n.8.080/1990), julgue as seguintes assertivas, atribuindo-lhes (V) verdadeiro ou (F) falso, assinalando a alternativa que contenha a sequência correta:

I. Os cargos e funções de chefia, direção e assessoramento, no âmbito do Sistema Único de Saúde (SUS), só poderão ser exercidos em regime de tempo integral

II. Os recursos financeiros do Sistema Único de Saúde (SUS) serão depositados em conta especial, em cada esfera de sua atuação e movimentados sob fiscalização dos respectivos Conselhos de Saúde

III. O conjunto de ações e serviços de saúde, prestados por órgãos e instituições públicas federais, estaduais e municipais, da Administração Direta e Indireta e das Fundações mantidas pelo Poder Público, constitui o Sistema Único de Saúde (SUS)

IV. É permitida a participação, direta ou indireta, de empresas ou de capitais estrangeiros na assistência à saúde, inclusive, através de doações de organismos internacionais vinculados à Organização das Nações Unidas, de entidades de cooperação técnica e de financiamento e empréstimos

V. O orçamento da seguridade social destinará ao Sistema Único de Saúde (SUS), de acordo com a receita estimada, os recursos necessários à realização de suas finalidades, previstos em proposta elaborada pela sua direção nacional, com a participação dos órgãos da Previdência Social e da Assistência Social, tendo em vista as metas e prioridades estabelecidas na Lei de Diretrizes Orçamentárias

(A) V, F, V, V, F.

(B) V, F, F, V, V.

(C) F, F, F, V, V.

(D) V, V, V, F, V.

(E) V, V, F, F, F.

I: verdadeiro, pois a assertiva reflete o disposto no art. 28, *caput*, da Lei 8.080/1990 ("Os cargos e funções de chefia, direção e assessoramento, no âmbito do Sistema Único de Saúde (SUS), só poderão ser exercidas em regime de tempo integral"); **II:** verdadeiro, pois a assertiva reflete o disposto no art. 33, *caput*, da Lei 8.080/1990 ("Os recursos financeiros do Sistema Único de Saúde (SUS) serão depositados em conta especial, em cada esfera de sua atuação, e movimentados sob fiscalização dos respectivos Conselhos de Saúde"); **III:** verdadeiro, pois a assertiva reflete o disposto no art. 4º, *caput*, da Lei 8.080/1990 ("O conjunto de ações e serviços de saúde, prestados por órgãos e instituições públicas federais, estaduais e municipais, da Administração direta e indireta e das fundações mantidas pelo Poder Público, constitui o Sistema Único de Saúde (SUS)"); **IV:** falso, pois é vedada a participação da forma como descrita na assertiva, conforme disposto no art. 23, *caput*, da Lei 8.080/1990 ("É vedada a participação direta ou indireta de empresas ou de capitais estrangeiros na assistência à saúde, salvo através de doações de organismos internacionais vinculados à Organização das Nações Unidas, de entidades de cooperação técnica e de financiamento e empréstimos"); **V:** verdadeiro, pois a assertiva reflete o disposto no art. 31 da Lei 8.080/1990 ("O orçamento da seguridade social destinará ao Sistema Único de Saúde (SUS), de acordo com a receita estimada, os recursos necessários à realização de suas finalidades, previstos em proposta elaborada pela sua direção nacional, com a participação dos órgãos da Previdência Social e da Assistência Social, tendo em vista as metas e prioridades estabelecidas na Lei de Diretrizes Orçamentárias").

Gabarito "D"

(Ministério público/RO – 2010 – CESPE) Em relação ao direito sanitário no Brasil, assinale a opção correta.

(A) O planejamento familiar, assegurado no texto constitucional, é prerrogativa do particular, sendo vedado ao Estado interferir nesse aspecto da vida do cidadão por meio de políticas públicas.

(B) Entre outros aspectos, o Pacto pela Saúde busca qualificar, aperfeiçoar e definir as responsabilidades sanitárias e a gestão entre os entes federados no âmbito do SUS.

(C) O conselho de saúde reúne-se a cada quatro anos e conta com a participação de vários segmentos da sociedade.

(D) O Pacto pela Vida é constituído de ações de caráter secundário relacionadas ao atendimento exclusivo do idoso.

(E) No ordenamento jurídico brasileiro, não há vedação expressa que impeça a retirada *post mortem* de órgãos ou partes do corpo de pessoas não identificadas.

A: incorreta, pois, embora o planejamento familiar seja livre decisão do casal, ao Estado não é vedado interferir por meio de políticas públicas, sendo vedada apenas forma coercitiva, segundo dispõe o art. 226, § 7º, da CF; **B:** correta, pois o Pacto pela Saúde é um conjunto de reformas institucionais convencionado entre as três esferas de gestão (União, estados e municípios) do Sistema Único de Saúde, com o objetivo de promover inovações nos processos e instrumentos de gestão. Sua implementação se dá por meio da adesão de municípios, estados e União ao Termo de Compromisso de Gestão (TCG), que, renovado anualmente, substitui os anteriores processos de habilitação e estabelece metas e compromissos para cada ente da federação; **C:** incorreta, pois a *Conferência de Saúde*, e não o Conselho de Saúde, irá se reunir a cada quatro anos com a representação dos vários segmentos sociais, para avaliar a situação de saúde e propor as diretrizes para a formulação da política de saúde nos níveis correspondentes, convocada pelo Poder Executivo ou, extraordinariamente, por esta ou pelo Conselho de Saúde (art. 1º, § 1º, da Lei 8.142/1990); **D:** incorreta, pois o Pacto pela Vida reforça no SUS o movimento da gestão pública por resultados, estabelece um conjunto de compromissos sanitários considerados *prioritários*, pactuado de forma tripartite, a ser implementado pelos entes federados. Esses compromissos deverão ser efetivados pela rede do SUS, de forma a garantir o alcance das metas pactuadas. Prioridades estaduais, regionais ou municipais podem ser agregadas às prioridades nacionais, a partir de pactuações locais. Os estados e municípios devem pactuar as ações que considerem necessárias ao alcance das metas e objetivos gerais propostos. O Pacto pela Vida contém os seguintes objetivos e metas prioritárias (Portaria GM/MS n. 325, de 21 de fevereiro de 2008): I – Atenção à saúde do idoso; II – Controle do câncer de colo de útero e de mama; III – Redução da mortalidade infantil e materna; IV – Fortalecimento da capacidade de resposta às doenças emergentes e endemias, com ênfase na dengue, hanseníase, tuberculose, malária, influenza, hepatite, AIDS; V – Promoção da saúde; VI – Fortalecimento da atenção básica; VII – Saúde do trabalhador; VIII – Saúde mental; IX – Fortalecimento da capacidade de resposta do sistema de saúde às pessoas com deficiência; X – Atenção integral às pessoas em situação ou risco de violência; XI – Saúde do homem; **E:** incorreta, pois o art. 6º da Lei 9.434/1997 dispõe: "É vedada a remoção *post mortem* de tecidos, órgãos ou partes do corpo de pessoas não identificadas".

Gabarito "B"

(Ministério público/RO – 2010 – CESPE) Assinale a opção correta com relação à estrutura de acesso ao direito à saúde no Brasil.

(A) No controle efetivo ao direito à saúde, é responsabilidade exclusiva da sociedade a busca de resultados efetivos na prestação do serviço à população.

(B) Entende-se por vigilância sanitária um conjunto de ações que proporciona o conhecimento, a detecção ou a prevenção de qualquer mudança nos fatores determinantes e condicionantes de saúde individual ou coletiva, com a finalidade de recomendar e adotar as medidas de prevenção e controle de doenças ou agravos.

(C) As comissões intersetoriais em âmbito nacional, subordinadas ao Conselho Nacional de Saúde, devem ser compostas por membros dos ministérios e de seus órgãos integrantes.

(D) A descentralização dos serviços de saúde para os municípios é de competência da direção estadual de saúde.

(E) Não podem integrar fontes de financiamento recursos provenientes de rendas eventuais, em especial, as comerciais e as industriais.

A: incorreta, pois esse controle é de responsabilidade do Poder Público (art. 196 da CF); **B:** incorreta, pois, segundo dispõe o art. 6°, § 1°, da Lei 8.080/1990: "entende-se por vigilância sanitária um conjunto de ações capaz de eliminar, diminuir ou prevenir riscos à saúde e de intervir nos problemas sanitários decorrentes do meio ambiente, da produção e circulação de bens e da prestação de serviços de interesse da saúde, abrangendo: I – o controle de bens de consumo que, direta ou indiretamente, se relacionem com a saúde, compreendidas todas as etapas e processos, da produção ao consumo; e II – o controle da prestação de serviços que se relacionam direta ou indiretamente com a saúde"; **C:** incorreta, pois as comissões intersetoriais de âmbito nacional, subordinadas ao Conselho Nacional de Saúde, serão integradas pelos Ministérios e órgãos competentes e *por entidades representativas da sociedade civil* (art. 12, *caput*, da Lei 8.080/1990); **D:** correta, pois reflete o disposto no art. 17, I, da Lei 8.080/1990; **E:** incorreta, pois as fontes de rendas eventuais podem integrar os recursos do Sistema Único de Saúde (art. 32, VI, da Lei 8.080/1990).

Gabarito "D"

(Ministério Público/SC – 2010)

I. A modalidade de atendimento e internação domiciliar não está incluída no Sistema Único de Saúde – SUS, porquanto sua execução demanda procedimentos médicos, de enfermagem, fisioterapêuticos, psicológicos e de assistência social, entre outros cuidados necessários para atendimento aos pacientes.

II. Aos proprietários, administradores e dirigentes de entidades ou serviços contratados é vedado exercer cargos de chefia ou função de confiança no SUS.

III. Os cargos e funções de chefia, direção e assessoramento, no âmbito do SUS, só poderão ser exercidos em regime de tempo integral.

IV. Compete ao Conselho Nacional de Saúde estabelecer as diretrizes a serem observadas na elaboração dos planos de saúde, em função das características epidemiológicas e da organização dos serviços em cada jurisdição administrativa.

V. É permitida a destinação de subvenções e auxílios a instituições prestadoras de saúde com finalidade lucrativa, já que elas podem participar de forma complementar na oferta de serviços ao SUS.

(A) Apenas as assertivas II e III estão corretas.

(B) Apenas as assertivas I e IV estão corretas.

(C) Apenas as assertivas II, V estão corretas.

(D) Apenas as assertivas I, II e V estão corretas.

(E) Apenas as assertivas II, III e IV estão corretas.

I: incorreta, pois o atendimento domiciliar e a internação domiciliar são estabelecidos no Sistema Único de Saúde (art. 19-I da Lei 8.080/1990); **II:** correta (art. 26, § 4°, da Lei 8.080/1990); **III:** correta (art. 28, *caput*, da Lei 8.080/1990); **IV:** correta (art. 37 da Lei 8.080/1990); **V:** incorreta, pois a assertiva contraria o disposto no art. 38 da Lei 8.080/1990.

Gabarito "E"

(Ministério Público/SC – 2010)

I. Todo município tem a obrigação de realizar a cada quatro anos, pelos menos, uma Conferência de Saúde, conforme determina a Lei 8.142, de 28 de dezembro de 1990.

II. O Conselho de Saúde é um órgão colegiado, composto por representantes do governo, prestadores de serviço, profissionais da saúde e usuários, que não pode interferir na execução da política pública de saúde, por ter caráter, apenas, consultivo e deliberativo.

III. A União e os Estados ao transferirem automaticamente recursos financeiros, alocados em seus respectivos orçamentos, para o Sistema Único de Saúde dos Municípios, não o fazem, necessariamente, para depósito nos Fundos Municipais de Saúde, posto que sua instituição, neste âmbito, é facultativa.

IV. As instituições públicas federais, estaduais e municipais de controle de qualidade do sangue e de hemoderivados não estão incluídas no Sistema Único de Saúde, por sujeitarem-se a legislação específica que assim determina.

V. A execução de ações relativas à vigilância sanitária, vigilância epidemiológica, saúde do trabalhador, assistência terapêutica integral, inclusive farmacêutica, estão compreendidas no campo de atuação do Sistema Único de Saúde – SUS.

(A) Apenas as assertivas I, III e IV estão corretas.

(B) Apenas as assertivas II, IV e V estão corretas.

(C) Apenas as assertivas I e V estão corretas.

(D) Apenas as assertivas III e V estão corretas.

(E) Apenas as assertivas II, III e IV estão corretas.

I: correta (art. 1°, § 1°, da Lei 8.142/1990); **II:** incorreta, pois o Conselho de Saúde, em caráter permanente e deliberativo, órgão colegiado composto por representantes do governo, prestadores de serviço, profissionais de saúde e usuários, atua na formulação de estratégias e no controle da execução da política de saúde na instância correspondente, inclusive nos aspectos econômicos e financeiros, cujas decisões serão homologadas pelo chefe do poder legalmente constituído em cada esfera do governo (art. 1°, § 2°, da Lei 8.142/1990); **III:** incorreta, pois a instituição do Fundo Municipal de Saúde é obrigatória para o recebimento de recursos (art. 4°, I, da Lei 8.142/1990); **IV:** incorreta (art. 4°, § 1°, da Lei 8.080/1990); **V:** correta (art. 6°, I, da Lei 8.080/1990).

Gabarito "C"

(Ministério Público/SP – 2011) A saúde é direito de todos e dever do Estado, devendo ser prestada:

(A) pelo Sistema Único de Saúde (SUS), com participação da União, dos Estados, do Distrito Federal e dos Municípios, com competência administrativa comum e com competência legislativa concorrente, respondendo a União pelas normas gerais, o Estado e o Distrito Federal pelas normas suplementares, sendo a assistência à saúde aberta à iniciativa privada mediante delegação do Poder Público;

(B) pela União, pelos Estados, pelo Distrito Federal e pelos Municípios, constituindo o Sistema Único de Saúde (SUS), com competência administrativa comum e com competência legislativa exclusiva da União, respondendo o Município por aquelas matérias de peculiar interesse local, sendo a assistência à saúde aberta à iniciativa privada mediante delegação do Poder Público;

(C) pelo Sistema Único de Saúde (SUS), com participação da União, dos Estados, do Distrito Federal e dos Municípios, com competência administrativa comum dos primeiros e supletiva do Município, e com competência legislativa concorrente, respondendo a União pelas normas gerais, o Estado e o Distrito Federal pelas normas suplementares, sendo a assistência à saúde livre à iniciativa privada;

(D) pelos Estados, Distrito Federal e Municípios, sob coordenação e financiamento da União através do Sistema Único de Saúde (SUS), com competência legislativa exclusiva da União e suplementar do Estado e do Distrito Federal, sendo a assistência à saúde aberta à iniciativa privada;

(E) pela União, pelos Estados, pelo Distrito Federal e pelos Municípios, constituindo o Sistema Único de Saúde (SUS), com competência administrativa comum dos entes envolvidos e com competência legislativa concorrente, respondendo a União pelas normas gerais, o Estado e o Distrito Federal pelas normas suplementares, sendo a assistência à saúde livre à iniciativa privada.

A Constituição Federal, em seu art. 196, prevê ser a saúde dever do Estado e, segundo entendimento do C. Supremo Tribunal Federal, esse dever é da União, Estados, Distrito Federal e Municípios. Prevê também que o sistema único de saúde será financiado com recursos do orçamento da seguridade social, da União, dos Estados, do Distrito Federal e dos Municípios, além de outras fontes e que a assistência à saúde é livre à iniciativa privada (art. 199 da CF).

Gabarito "E"

(Ministério Público/AC – 2008) A saúde é direito fundamental do ser humano. Das alternativas abaixo, aponte aquela que registra as formas previstas de satisfação desse direito pelo Estado. Dentre as legalmente

(A) Prestação de alimentação, moradia, saneamento básico e medicamentos.

(B) Formulação e execução de políticas econômicas e sociais que visem à redução de riscos de doenças e de outros agravos e no estabelecimento de condições que assegurem acesso universal e igualitário às ações e aos serviços para a sua promoção, proteção e recuperação.

(C) Mediante o controle de qualidade, pesquisa e produção de insumos, medicamentos, inclusive de sangue e hemoderivados, e de equipamentos para saúde.

(D) Assistência às pessoas por intermédio de ações de promoção, proteção e recuperação da saúde, com a realização integrada das ações assistenciais e das atividades preventivas.

A: incorreta, pois trata-se de fatores determinantes e condicionantes da saúde previstos na lei (art. 3º da Lei 8.080/1990); **B:** correta (art. 2º, § 1º, da Lei 8.080/1990); **C:** incorreta, pois trata-se das instituições públicas que constituem o Sistema Único de Saúde (art. 4º, § 1º, da Lei 8.080/1990) ; **D:** incorreta, pois trata-se de objetivo do SUS (art. 5º, III, da Lei 8.080/1990).

Gabarito "B"

(Ministério Público/AC – 2008) Relativamente ao Sistema Único de Saúde – SUS, previsto pela Lei Orgânica da Saúde, é correto afirmar que:

(A) o dever do Estado em implementar o direito à saúde, por ser ele o principal obrigado, exclui o da família, das empresas e da sociedade;

(B) União, Estados, Distrito Federal e Município possuem competências comuns, mas é da atribuição da direção nacional do Sistema Único da Saúde promover a descentralização para os Municípios dos serviços e das ações de saúde;

(C) a administração dos recursos orçamentários e financeiros destinados, em cada ano, à saúde, é da competência da União;

(D) a saúde tem como fatores determinantes e condicionantes, entre outros, a alimentação, a moradia, o saneamento básico, o meio ambiente, o trabalho, a renda, a educação, o transporte, o lazer e o acesso aos bens e serviços essenciais; os níveis de saúde da população expressam a organização social e econômica do País.

A: incorreta, pois *o dever do Estado não exclui o das pessoas, da família, das empresas e da sociedade*, nos termos do art. 2º, § 2º, da Lei 8.080/1990. **B:** incorreta, pois compete à direção **estadual** do Sistema Único de Saúde promover a descentralização para os Municípios dos serviços e das ações de saúde; (art. 17, I, da Lei 8.080/1990); **C:** incorreto, pois não compete exclusivamente à União, também aos Estados, Distrito Federal e Municípios. (art. 15, II, da Lei 8.080/1990); **D:** correta (art. 3º, *caput*, da Lei 8.080/1990).

Gabarito "D"

(Ministério Público/AC – 2008) Ainda em relação ao Sistema Único de Saúde, é adequado referir que:

(A) a participação popular na gestão do sistema dá-se por meio dos conselhos e das conferências;

(B) o Conselho de Saúde, órgão colegiado, consultivo e permanente, é composto por representantes do governo, prestadores de serviço, profissionais de saúde e usuários, atua na formulação de estratégias e no controle da execução da política de saúde na instância correspondente, inclusive nos aspectos econômicos e financeiros, cujas decisões serão homologadas pelo chefe do poder legalmente constituído em cada esfera do governo;

(C) a universalização do atendimento é um dos objetivos do Sistema Único de Saúde;

(D) a centralização do atendimento é um dos princípios da política de atendimento.

A: correta (art. 1º da Lei 8.142/1990); **B:** incorreta, pois trata-se de órgão deliberativo e não consultivo, (art. 1º, § 2º, da Lei 8.142/1990); **C:** incorreta, pois a universalização do atendimento não é um dos objetivos, contrariando o disposto do artigo 5º da Lei 8.080/1990); **D:** incorreta, pois a centralização do atendimento não está descrita no rol dos princípios da política de atendimento (art. 7º da Lei 8.080/1990).

Gabarito "A"

(Ministério Público/BA – 2008) Marque a alternativa correta:

(A) Nos termos da Lei Federal 8080/1990, compete exclusivamente à União a definição das instâncias e mecanismos de controle, avaliação e de fiscalização das ações e serviços de saúde.

(B) Nos termos da Lei Federal 8080/1990, é possível a transferência da responsabilidade pelo atendimento a determinado cidadão da rede municipal para a rede estadual de saúde, a qual tem atribuição de executar supletivamente ações e serviços de saúde.

(C) A gratuidade dos serviços de saúde se encontra expressamente prevista na Constituição Federal.

(D) O sistema único de saúde funda-se nos princípios da igualdade e universalidade do atendimento e, para tanto, estrutura-se de forma regionalizada e não hierarquizada, com o propósito de facilitar o acesso à saúde pela população.

(E) De acordo com a estrutura do sistema único de saúde, cabe aos municípios a gestão de sistemas públicos de baixa complexidade. Aos Estados, cabe a tarefa de gerir os de média complexidade, reservando-se à União a gestão dos sistemas públicos de alta complexidade.

A: incorreta, pois não é competência exclusiva da União, compete também aos Estados, Distrito Federal e Municípios (art. 15, I, da Lei 8.080/1990); **B:** correta (art. 17, III, da Lei 8.080/1990); **C:** incorreta, pois a Constituição Federal apenas prevê que *"a saúde é direito de todos e* ***dever do Estado, garantido mediante políticas sociais e econômicas*** *que visem à redução do risco de doença e de outros agravos e* ***ao acesso universal e igualitário*** *às ações e serviços para sua promoção, proteção e recuperação"* (art. 196 da CF). A gratuidade das ações e serviços de saúde está prevista no art. 43 da Lei 8.080/1990; **D:** incorreta, pois conflita com o art. 7º, IX, *b*, da Lei 8.080/1990 e com o art. 8º do Decreto 7.508/2011); **E:** incorreta, pois compete à direção estadual do Sistema Único de Saúde gerir sistemas públicos de alta complexidade (art. 17, IX, da Lei 8.080/1990).

Gabarito "B"

(Ministério Público/BA – 2008) Marque a alternativa incorreta:

(A) Os cargos e funções de chefia, direção e assessoramento, no âmbito do Sistema Único de Saúde (SUS), só poderão ser exercidos em regime de tempo integral.

(B) Os municípios poderão constituir consórcios para desenvolver em conjunto as ações e os serviços de saúde que lhes correspondam. Mesmo assim, deverão se pautar pelo princípio da direção única.

(C) Apenas em situações excepcionais a União poderá participar da execução de vigilância epidemiológica e sanitária.

(D) A iniciativa privada, quando integrada ao sistema único de saúde – SUS – através de contrato de direito público ou convênio, também deve obedecer aos princípios da igualdade e da universalidade do atendimento, bem como ao da assistência integral.

(E) O sistema único de saúde abrange apenas a prestação de serviços em estabelecimentos públicos e privados, não compreendendo internações domiciliares.

A: correta (art. 28 da Lei 8.080/1990); **B:** correta (art. 10, *caput*, da Lei 8.080/1990); **C:** correta (art. 16, parágrafo único, da Lei 8.080/1990); **D:** correta (art. 7º, *caput*, da Lei 8.080/1990); **E:** incorreta (devendo ser assinalada), o sistema único de saúde abrange também internações domiciliares (art. 19-I, *caput*, da Lei 8.080/1990).

Gabarito "E"

(Ministério Público/GO – 2010) A direção do Sistema Único de Saúde (SUS) é única, de acordo com o inciso I, do artigo 198, da Constituição Federal, sendo exercida em cada esfera de governo pelos seguintes órgãos:

(A) no âmbito da União, pelo Ministério da Saúde; no âmbito dos Estados e do Distrito Federal, pela respectiva Secretaria de Saúde ou órgão equivalente; e no âmbito dos Municípios, pela respectiva Secretaria de Saúde ou órgão equivalente.

(B) no âmbito dos Estados e do Distrito Federal, pelo Governador e pela respectiva Secretaria de Saúde ou órgão equivalente; e no âmbito dos Municípios, pelo Prefeito e pela respectiva Secretaria de Saúde ou órgão equivalente.

(C) no âmbito da União, pelo Ministro da Saúde; no âmbito dos Estados e do Distrito Federal, pelo Governador e respectivos Secretários de Saúde ou órgão equivalente; e no âmbito dos Municípios, pelo Prefeito e respectivos Secretários de Saúde Municipal ou órgão equivalente.

(D) Nenhuma das respostas está correta.

A alternativa A está correta, pois reflete o artigo 9º da Lei 8.080/1990.

Gabarito "A"

(Ministério Público/GO – 2010) Acerca dos conselhos de saúde podemos afirmar:

(A) A ausência de conselho municipal de saúde não impede a pactuação de programas de atenção à saúde financiados pela União e nem o repasse mensal pelo fundo nacional de saúde ao fundo municipal de saúde.

(B) Os estados estão desobrigados a criar e instalar os conselhos, já que estão encarregados de avaliar e realizar auditorias nos serviços de saúde pública dos municípios;

(C) Dada a natureza jurídica peculiar do Distrito Federal e ausência de municípios, não necessita da criação e instalação do conselho de saúde.

(D) O Conselho de Saúde, em caráter permanente e deliberativo, órgão colegiado composto por representantes do governo, prestadores de serviço, profissionais de saúde e usuários, atua na formulação de estratégias e no controle da execução da política de saúde na instância correspondente, inclusive nos aspectos econômicos e financeiros, cujas decisões serão homologadas pelo chefe do poder legalmente constituído em cada esfera do governo.

A: incorreta, pois não existe esta previsão na lei; **B:** incorreta, pois todos os entes federativos devem ter Conselho de Saúde, de acordo com o artigo 1º, II, da Lei 8.142/1990; **C:** incorreta, pois como visto todos os entes federativos devem ter Conselho de Saúde, de acordo com o artigo 1º, II, da Lei 8.142/1990, **D:** correta (art. 1º, § 1º, da Lei 8.142/1990).

Gabarito "D"

(Ministério Público/MG – 2005) Apenas uma das assertivas abaixo é **INCORRETA**, no que concerne às normas estatuídas na Lei 8.080/1990, que regula no território nacional, as ações e serviços de saúde e na Lei 10.741/2003 (Estatuto do Idoso), assinale-a.

(A) Se as circunstâncias assim o justificarem, ao membro do membro do Ministério Publico competirá intervir nas ações de alimentos que discutam o direito de idosos em situação de risco.

(B) A Ordem dos Advogados do Brasil é legitimada à propositura de ações cíveis fundadas em interesses difusos, coletivos, individuais indisponíveis ou homogêneos, previstos no Estatuto do Idoso.

(C) A Lei 8.080/1990 prevê expressamente a legitimidade do Ministério Público para a fiscalização dos mandamentos contidos naquele diploma legal.

(D) O Sistema Único de Saúde poderá contar com a participação da iniciativa privada, em caráter complementar.

(E) Um dos princípios instituidores do Sistema Único de Saúde é o da descentralização político-administrativa, com na municipalização na prestação dos respectivos serviços.

A: correta (art. 74, II, do Estatuto do Idoso); **B:** correta (art. 81, III, do Estatuto do Idoso); **C:** incorreta (devendo ser assinalada), pois não existe essa previsão na lei; **D:** correta (art. 4º, § 2º, da Lei 8.080/1990); **E:** correta (art. 7º, IX, da Lei 8.080/1990).

Gabarito "C"

(ministério público/MT – 2012 – UFMT) De acordo com a lei que dispõe sobre o modelo assistencial em saúde mental, quais são os tipos de internação psiquiátrica?

(A) Voluntária, involuntária e compulsória.

(B) Voluntária e involuntária, apenas.

(C) Voluntária e compulsória, apenas.

(D) Involuntária e compulsória, apenas.

(E) Somente involuntária.

A alternativa A está correta, pois reflete o art. 6º, parágrafo único, I, II, III da Lei 10.216/2001.

Gabarito "A"

(Ministério público/MT – 2012 – UFMT) De acordo com a Lei n. 8.142/1990, os conselhos de saúde terão representação paritária, o que significa que serão compostos:

(A) por 50% de integrantes representando entidades não governamentais e 50% de integrantes do governo;

(B) por 25% de integrantes representando os usuários, 25% representando os profissionais de saúde e 50%, o governo;

(C) por 50% de integrantes representando os usuários e os outros 50% representando o governo, prestadores de serviço e profissionais da saúde;

(D) por 25% de integrantes dos usuários, 25% de prestadores de serviços, 25% de profissionais da saúde e 25% do governo;

(E) por 25% de integrantes dos usuários, 25% de profissionais da saúde e 50% do governo.

A alternativa C está correta, pois reflete o art. 4º, II, da Lei 8.142/1990. c/c o art. 3º, I e II, do Decreto 5.839/2006.

Gabarito "C"

(Ministério público/PI – 2012 – CESPE) Acerca da política de saúde mental no Brasil, assinale a opção correta.

(A) A legislação prevê a internação de pessoas portadoras de transtorno mental, resguardado o direito de sua livre vontade ou a de seu representante legal, sendo prescindível, nesse caso, laudo médico circunstanciado.

(B) Como estratégia para se proceder à reforma psiquiátrica no Brasil, criaram-se os centros de atenção psicossocial, concebidos como extensão do modelo de internações em hospitais psiquiátricos, para o acolhimento dos pacientes com transtornos mentais.

(C) Dada a dimensão da saúde mental no mundo e no Brasil, as ações de saúde mental devem ser concebidas em âmbito federal, de forma centralizada, cabendo aos municípios complementar a gestão da política de saúde mental no país.

(D) O modelo de atendimento psiquiátrico adotado no Brasil privilegia a assistência centrada no atendimento hospitalar.

(E) O Poder Judiciário reconhece, em suas decisões jurisprudenciais, o caráter fundamental dos direitos sociais, bem como a dimensão coletiva e a concretização do direito à saúde mediante políticas públicas, mas admite a possibilidade de sua efetivação pelo próprio Poder Judiciário em demandas específicas.

A: incorreta, pois a *internação psiquiátrica somente será realizada mediante laudo médico circunstanciado*, nos termos do art. 6º, *caput*, da Lei 10.216/2001; **B:** incorreta, pois os Centros de Atenção Psicossocial (CAPS) não visam internações e sim "oferecer atendimento à população, realizar o acompanhamento clínico e a reinserção social dos usuários pelo acesso ao trabalho, lazer, exercício dos direitos civis e fortalecimento dos laços familiares e comunitários." Uma das funções do CAPS é "prestar atendimento clínico em regime de atenção diária, evitando as internações em hospitais psiquiátricos." Saiba mais em: [http://portal.saude.gov.br/portal/saude/visualizar_texto.cfm?idtxt=29797&janela=1]; **C:** incorreta, pois conflita com o art. 198, I, da CF; **D:** incorreta, pois a *internação apenas será indicada quando os recursos extra-hospitalares se mostrarem insuficientes* (art. 4º da Lei 10.216/2001). Além disso, as ações e serviços públicos de saúde devem priorizar as atividades preventivas, de acordo com o art. 198, II, da CF; **E:** correta, pois recentemente o Ministro Gilmar Mendes, em seu voto proferido no julgamento do AgR-STA 175, ratificou o caráter fundamental dos direitos sociais, destacando que, diversamente do que ocorre em outros países, a

Carta Magna de 1988 não deu a estes regime jurídico distinto de outros direitos fundamentais. Apesar de ser imprescindível o cauteloso exame do caso concreto e de ter o constituinte conferido prioridade *prima facie* à concretização do direito à saúde em sua dimensão coletiva e mediante políticas públicas, admitiu-se a possibilidade de sua efetivação pelo Poder Judiciário em demandas específicas. Além disso, ressaltou que a dimensão individual do direito à saúde já havia sido enfatizada por aquela Corte no AgR-RE n. 271.286, que teve por relator o Ministro Celso de Mello, no qual se reconheceu o direito à saúde como direito público subjetivo.

Gabarito "E"

(Ministério público/PI – 2012 – CESPE) Para a fruição do estado completo de bem-estar físico, mental e social preconizado pela OMS, cabe aos países signatários do Pacto Internacional de Direitos Econômicos, Sociais e Culturais, entre os quais se inclui o Brasil, a adoção de medidas dirigidas ao maior número possível de pessoas. Acerca desse assunto, assinale a opção correta.

(A) A prestação de serviço ao paciente com transtorno mental deve ser realizada pelo gestor municipal sob supervisão e mediante financiamento do gestor estadual.

(B) O princípio bioético da universalidade do direito à saúde manifesta-se no utilitarismo, que consiste em proporcionar a cada indivíduo o indispensável às suas necessidades básicas.

(C) De acordo com o modelo de política para pessoas com transtornos mentais adotado no Brasil, a tarefa de coordenar e implementar a aquisição de medicamentos essenciais para a saúde mental é, prioritariamente, dos gestores estaduais.

(D) O MPF atua como defensor dos direitos fundamentais da coletividade, como fiscal da aplicação adequada das verbas federais e do cumprimento da política nacional do SUS, bem como do dever de garantir o direito à saúde.

(E) Embora o combate ao suicídio esteja entre as recomendações da OMS aos países-membros do pacto, o Brasil não desenvolveu ações efetivas relativas ao tema.

A: incorreta, pois a lei estabelece que *"é responsabilidade do Estado o desenvolvimento da política de saúde mental, a assistência e a promoção de ações de saúde aos portadores de transtornos mentais"* (art. 3º da Lei 10.216/2001); **B:** incorreta, pois segundo o princípio da universalidade a prestação de serviço público de saúde deve alcançar a todos os brasileiros e estrangeiros residentes no país (art. 5º, *caput*, da CF) e manifesta-se pela gratuidade no acesso aos serviços através do Sistema Único de Saúde (art. 196 da CF); **C:** incorreta, pois cabe ao Ministério da Saúde *implantar o Programa para a Aquisição dos Medicamentos Essenciais para a área de Saúde Mental*, competindo aos *gestores estaduais e do Distrito Federal a coordenação da implementação do Programa em seu âmbito* (art. 1º, *caput* e § 1º, da Portaria GM/MS n. 1.077/1999); **D:** correta, pois o Ministério Público Federal tem a seguinte função, dentre outras: *promover o inquérito civil e a ação civil pública, para a proteção do patrimônio público* (art. 129, III, da CF), *zelar pelo efetivo respeito dos serviços de relevância pública aos direitos assegurados nesta Constituição* (art. 129, II, da CF) e *zelar pelo efetivo respeito dos Poderes Públicos da União, dos serviços de relevância pública quanto aos direitos assegurados na Constituição Federal relativos às ações e aos serviços de saúde* (art. 5º, V, a, da Lei Complementar 75/1993); **E:** incorreta, pois o Ministério da Saúde instituiu diretrizes nacionais para a prevenção do suicídio através da Portaria 1.876, de 14 de agosto de 2006. Além disso, a Coordenação de Saúde Mental apresentou a "Estratégia Nacional para Prevenção do Suicídio" através do *site* "Portal da Saúde", saiba mais em [http://portal.saude.gov.br/portal/saude/cidadao/visualizar_texto.cfm?idtxt=25605].

Gabarito "D"

(Ministério público/PI – 2012 – CESPE) Com relação ao direito sanitário, assinale a opção correta.

(A) O dever do Estado de assegurar a saúde por meio da formulação e execução de políticas econômicas e sociais que visem à redução de riscos de doenças e de outros agravos afasta a responsabilidade das empresas e das pessoas de garantir o direito à saúde.

(B) O direito sanitário não interage com o direito ambiental: enquanto aquele está relacionado com o direito à saúde, este está voltado à proteção do meio ambiente natural e cultural.

(C) Cuidar da saúde constitui competência material comum entre União, estados, DF e municípios.

(D) O direito à saúde caracteriza-se como direito fundamental difuso, coletivo e de terceira geração.

(E) O direito sanitário insere-se no âmbito do direito administrativo, dada a utilização da organização e das estruturas administrativas do Estado na promoção da saúde.

A: incorreta, pois o dever do Estado não exclui o das pessoas, da família, das empresas e da sociedade, consoante art. 2º, § 2º, da Lei 8.080/1990; **B:** incorreta, pois a Lei 8.080/1990 refere-se diversas vezes ao cuidado com o meio ambiente como atribuição do SUS e requisito essencial para a saúde, por exemplo, arts. 3º; 6º, V; 7º, X; dentre outros; **C:** correta (art. 23, II, da CF); **D:** incorreta, pois trata-se de direito social (art. 6º da CF) e de segunda geração; **E:** incorreta, o direito sanitário insere-se no âmbito do direito constitucional.

Gabarito "C"

(Ministério público/PI – 2012 – CESPE) Com base na Lei Complementar n. 141/2012, que regulamenta o § 3º do artigo 198 da CF, assinale a opção correta.

(A) Para a transferência de recursos do Fundo Nacional de Saúde para os fundos de saúde estaduais, destinados a atender despesas com ações e serviços de saúde, é necessária a celebração de convênios ou acordos jurídicos entre o estado pleiteante e a União.

(B) Não cabe à auditoria do SUS fiscalizar o cumprimento, pelo ente federativo, das metas para a saúde estabelecidas na lei de diretrizes orçamentárias, competência exclusiva do Poder Executivo estadual.

(C) Para fins de apuração dos recursos mínimos a serem aplicados anualmente pela União, estados, DF e municípios em ações e serviços públicos de saúde, considera-se como despesas com ações e serviços públicos de saúde o pagamento de pensões e aposentadorias, desde que relativas aos servidores da saúde.

(D) Integra a base de cálculo dos percentuais a serem aplicados pelos estados em ações e serviços públicos de saúde, o percentual mínimo de 15% referente, exclusivamente, ao produto da arrecadação indireta de impostos recebidos das grandes empresas.

(E) A transferência de recursos dos estados para os municípios deve ser realizada a partir de um rateio que obedeça à necessidade de saúde da população de cada região, considerados aspectos epidemiológicos, demográficos, socioeconômicos, espaciais, bem como a capacidade de oferta de ações e de serviços de saúde, de modo a se reduzirem as diferenças regionais.

A: incorreta, pois é dispensada a celebração de convênio ou outros instrumentos jurídicos (art. 18, *caput*, da Lei Complementar 141/2012); **B:** incorreta, pois cabe também à auditoria do SUS fiscalizar o cumprimento das metas para a saúde estabelecidas na lei de diretrizes orçamentárias, de acordo com o art. 38, II, da Lei Complementar 141/2012; **C:** incorreta, pois não são considerados como despesas, os pagamentos de aposentadorias e as pensões, a teor do art. 4º, I, da Lei Complementar 141/2012; **D:** incorreta, pois conflita com o art. 6º da Lei Complementar 141/2012; **E:** correta (art. 17 da LC 141/2012).

Gabarito "E"

(Ministério público/PI – 2012 – CESPE) Com relação ao SUS, assinale a opção correta.

(A) Entre as fontes de financiamento do SUS incluem-se, de acordo com a CF, os recursos de empresas ou capitais estrangeiros de qualquer natureza.

(B) Conforme disposição constitucional, compete exclusivamente ao MP a defesa do direito à saúde por meio de ações civis públicas.

(C) O Conselho de Saúde, órgão colegiado composto por representantes de diversos segmentos da sociedade, reúne-se, a cada quatro anos, para formular a política nacional de saúde.

(D) A rede de ações e serviços públicos no Brasil está organizada para fornecer atendimento integral, com ênfase nos serviços assistenciais.

(E) Constitui competência, em caráter complementar, da direção estadual do SUS a execução de ações e serviços de saúde do trabalhador.

A: incorreta, pois conflita com os arts. 195 e 198 da CF; **B:** incorreta, pois não trata-se de competência exclusiva do Ministério Público (art. 129, III, da CF); **C:** incorreta, pois a **Conferência de Saúde** reunir-se-á a cada quatro anos, nos termos do art. 1º, § 1º, da Lei 8.142/1990; **D:** incorreta, pois prioriza-se as atividades preventivas, sem prejuízo dos serviços assistenciais (art. 198, II, da CF); **E:** correta (art. 17, IV, *d*, da Lei 8.080/1990).

Gabarito "E"

(Ministério público/PI – 2008) Em um município do interior do Estado, cujo serviço de atendimento hospitalar (internações, cirurgias etc.) é prestado por um hospital particular, vinculado ao SUS (Sistema Único de Saúde) por convênio, internou uma paciente, portanto a devida A.I.H. (autorização de internamento hospitalar do SUS), na qual se constatou a necessidade de submetê-la a uma cirurgia. Examinada pelo cirurgião responsável pelo procedimento, este, após informar-lhe sobre a gravidade da situação, disse-lhe que só faria o procedimento cirúrgico após o pagamento de R$ 500,00, pois prestava serviços para o hospital que é particular. Realizado o procedimento e pago o preço proposto, dias após, a paciente é informada de que, naquela AIH, fora cobrado o procedimento cirúrgico a que se submetera, bem como os honorários dos médicos que o realizara. Na disciplina do SUS, em qual das alternativas abaixo o fato deve ser enquadrado?

(A) Não houve qualquer irregularidade na medida em que o médico não era vinculado ao SUS e prestava serviços em um estabelecimento particular.

(B) Houve mero ilícito civil, pois ocorreu dupla cobrança pelo mesmo procedimento, solucionando-se o caso com a devolução de um dos valores.

(C) O fato descrito é conduta típica de concussão, art. 316 do Código Penal, pois a paciente, naquelas circunstâncias, não reunia condições de opor-se à exigência.

(D) O procedimento é regular, porque a quantia paga pode ser considerada complementação da tabela do SUS que remunera muito mal este procedimento.

(E) O fato não pode ser tipificado como crime contra a Administração Pública, pois o médico citado não é funcionário público.

A alternativa C está correta, pois o médico exigiu para si em razão de sua função vantagem indevida, já que a paciente detinha autorização de internamento hospitalar do SUS (art. 316 do CP). O art. 327 do CP dispõe que *"considera-se funcionário público, para os efeitos penais, quem, embora transitoriamente ou sem remuneração, exerce cargo, emprego ou função pública."*

Gabarito "C"

(Ministério público/PI – 2008) Um paciente, acometido de moléstia grave e crônica, após consultar um médico de um serviço vinculado ao SUS, recebe uma prescrição contendo quatro medicamentos sendo três relacionados na Portaria 2.577/2006 do Ministério da Saúde, que trata dos medicamentos de dispensão excepcional, um dos quais de altíssimo custo. O quarto medicamento, também de alto custo financeiro, não consta na portaria antes citada, nem nos protocolos clínicos e diretrizes terapêuticas da referida moléstia, porém, embora não fosse proporcionar a cura, segundo o médico assistente, iria dar maior conforto e qualidade de vida ao paciente. Considerando as diretrizes do SUS e, notadamente, a jurisprudência recente sobre o assunto, é correto afirmar-se que

(A) não há dever do Estado em fornecer medicamentos por ausência de previsão legal, aliás, nem mesmo os planos de saúde privados o fornecem;

(B) devem ser fornecidos pelo Estado os quatro medicamentos prescritos, pois uma das diretrizes do SUS é o atendimento integral (art. 198, II, CF/1988), e se é integral inclui o fornecimento de qualquer medicamento, independentemente do custo;

(C) devem ser fornecidos os quatro medicamentos, porque saúde é um direito de todos e dever do Estado (art, 196 CF/1988) e, segundo a Organização Mundial de Saúde, "saúde é o estado de mais completo bem-estar físico mental e social";

(D) devem ser fornecidos apenas os dois medicamentos de menor custo, porque saúde é um direito social (art. 6º CF/1988), não sendo razoável se comprometer altos montantes orçamentários com o atendimento de apenas um cidadão em detrimento dos demais;

(E) devem ser fornecidos os três medicamentos constantes da Portaria 2.577/2006, pois nela está descrita a política nacional de medicamentos excepcionais, e o dever do Estado de garantir saúde consiste na formulação e execução de políticas econômicas e sociais que assegurem o acesso a serviço de promoção, proteção e recuperação da saúde (art. 2º, § 1º, da Lei 8.080/1990)

Os Tribunais tem se posicionado pelo fornecimento de medicamentos independente da constatação em listas oficiais do Poder Público, senão vejamos: "Processual civil. Administrativo. Recurso ordinário em mandado de segurança. Direito líquido e certo. Fornecimento de medicamentos. Hepatite C. Proteção constitucional à saúde, à vida e à dignidade da pessoa humana. Laudo emitido por médico não credenciado pelo sistema único de saúde (SUS). Exames realizados em hospital estadual. Protocolo clínico e diretrizes terapêuticas do ministério da saúde. [...] 6. *In casu*, a recusa de fornecimento do medicamento pleiteado pelo impetrante, ora Recorrente, em razão de o mesmo ser portador de vírus com genótipo 3a, quando a Portaria n. 863/2002 do Ministério da Saúde, a qual institui Protocolo Clínico e Diretrizes Terapêuticas, exigir que o medicamento seja fornecido apenas para portadores de vírus hepatite C do genótipo 1, revela-se desarrazoada, mercê de contrariar relatório médico acostado às fl. 27. [....] 8. Recurso Ordinário provido, para conceder a segurança pleiteada na inicial, prejudicado o pedido de efeito suspensivo ao presente recurso (fls. 261/262), em razão do julgamento do mérito recursal e respectivo provimento. (STJ, RMS 24197/PR, Rel. Ministro Luiz Fux, Primeira Turma, julgado em 04.05.2010, *DJe* 24.08.2010)" (grifo nosso). O Supremo Tribunal Federal, nas decisões das Suspensões de Tutela (STA) 175, 211 e 278; das Suspensões de Segurança 3724, 2944, 2361, 3345 e 3355; e da Suspensão de Liminar (SL) 47, posiciona-se especificamente se o direito à assistência deve ou não limitar-se apenas ao fornecimento de medicamentos que constam nas listas oficiais do Sistema Único de Saúde. O julgamento dessas suspensões foi favorável aos pacientes dos processos judiciais em apreço, no entanto, a Corte foi prudente ao sugerir que cada lide fosse analisada sob aspectos de necessidade. Assim, sustentou-se que o fato do medicamento solicitado não constar no rol dos medicamentos ofertados pelo SUS, não deve ser motivo para o seu não fornecimento, levando-se em consideração a necessidade específica na demanda. Recomendamos a leitura da recente decisão, proferida em sede de Agravo Regimental na Suspensão de Segurança 175/CE, Relator Ministro Gilmar Mendes, julgado em 17.3.2010, cujos fundamentos se revelam perfeitamente aplicáveis à questão em tela, conforme noticiado no Informativo 579 do STF, 15 a 19 de março de 2010.

Gabarito "E" (Entendemos que o gabarito oficial está desatualizado)

(Ministério público/PI – 2008) Para a proteção das pessoas portadores de sofrimento psíquico, novas atribuições foram dadas ao Ministério Público, por exemplo, no que tange à fiscalização de estabelecimentos de internação psiquiátrica. Nesse sentido é correto afirmar que é dever do responsável técnico pelo estabelecimento de internação psiquiátrica comunicar,

(A) em setenta e duas horas, ao Ministério Público Estadual, toda e qualquer internação psiquiátrica;

(B) em setenta e duas horas, ao Ministério Público Estadual, apenas as internações psiquiátricas compulsórias e involuntárias;

(C) em setenta e duas horas, ao Ministério Publico Estadual, apenas as internações;

(D) em vinte e quatro horas, ao Ministério Público Estadual, apenas as internações psiquiátricas compulsórias;

(E) em vinte e quatro horas, ao Ministério Público Estadual, apenas as internações psiquiátricas em que não haja um parente próximo como responsável.

O art. 8º, § 1º, da Lei 10.216/2001 determina que a internação psiquiátrica **involuntária** deverá, no prazo de setenta e duas horas, ser comunicada ao Ministério Público Estadual.

(Nosso gabarito anulada, pois a assertiva C não especificou a internação involuntária)

Gabarito "C"

(Ministério Público/RN – 2009 – CESPE) No que concerne ao SUS, assinale a opção correta.

(A) À iniciativa privada é vedado participar do SUS, ainda que em caráter complementar.

(B) As ações e os serviços públicos de saúde são desenvolvidos, obedecendo-se, entre outros, ao princípio da centralização político-administrativa, com direção única em cada esfera de governo.

(C) É vedada aos municípios a constituição de consórcios para desenvolverem em conjunto as ações e os serviços de saúde que lhes correspondam.

(D) No âmbito do SUS, o atendimento e a internação domiciliares não incluem procedimentos fisioterapêuticos.

(E) No campo de atuação do SUS, está a execução de ações de assistência terapêutica integral, inclusive a farmacêutica.

A: incorreta, pois é permitida iniciativa privada em caráter complementar (art. 4º, § 2º, da Lei 8.080/1990); **B:** incorreta, pois as ações e os serviços públicos de saúde são desenvolvidos, obedecendo-se, entre outros, ao princípio da **descentralização** político-administrativa, com direção única em cada esfera de governo (art. 7º, IX, da Lei 8.080/1990); **C:** incorreta, pois é permitido aos Municípios a constituição de consórcios para desenvolverem em conjunto as ações e os serviços de saúde que lhes correspondam (art. 10, *caput*, da Lei 8.080/1990); **D:** incorreta, pois assistência de atendimento e internação domiciliares incluem-se procedimentos fisioterapêuticos (art. 19-I, § 1º, da Lei 8.080/1990); **E:** correta (art. 6º, I, *d*, da Lei 8.080/1990).

Gabarito "E"

(Ministério Público/SC – 2012) Analise as assertivas a seguir.

I. A Lei n. 8.080/1990 prevê um subsistema de atendimento e internação domiciliar, cujos serviços são realizados por equipes multidisciplinares envolvendo medicina preventiva, terapêutica e reabilitadora, sendo que tais serviços somente poderão ser realizados por indicação médica, com expressa concordância do paciente e de sua família.

II. De acordo com a Lei n. 8.080/1990, os municípios poderão constituir consórcios para desenvolver em conjunto as ações e os serviços de saúde que lhes correspondam.

III. A legislação que rege o Sistema Único de Saúde (SUS) prevê que à direção municipal do Sistema de Saúde, compete colaborar na fiscalização das agressões ao meio ambiente que tenham repercussão sobre a saúde humana e atuar, junto aos órgãos municipais, estaduais e federais competentes, para controlá-las.

IV. Na gestão do SUS, a Conferência de Saúde, em caráter permanente e deliberativo, órgão colegiado composto por representantes do governo, prestadores de serviço, profissionais de saúde e usuários, atua na formulação de estratégias e no controle da execução da política de saúde na instância correspondente, inclusive nos aspectos econômicos e financeiros, cujas decisões serão homologadas pelo chefe do poder legalmente constituído em cada esfera do governo.

V. Para garantir a atuação do SUS, as Comissões Intergestores Bipartite e Tripartite reunir-se-ão anualmente após convocação do CONASS (Conselho Nacional dos Secretários de Saúde) para discutir e avaliar a situação de saúde e propor aos Conselhos de Saúde as diretrizes para a formulação da política de saúde nos níveis correspondentes.

(A) Apenas as assertivas I, II e III estão corretas.

(B) Apenas as assertivas II, III e V estão corretas.

(C) Apenas as assertivas IV e V estão corretas.

(D) Apenas as assertivas II, III e IV estão corretas.

(E) Todas as assertivas estão corretas.

I: correta (art. 19-I, §§ 2º e 3º, da Lei 8.080/1990); **II:** correta (art. 10, *caput*, da Lei 8.080/1990); **III:** correta (art. 18, VI, da Lei 8.080/1990); **IV:** incorreta, pois trata-se do Conselho de Saúde (art. 1º, § 2º, da Lei 8.142/1990); **V:** incorreta, pois *"as Comissões Intergestores Bipartite e Tripartite são reconhecidas como foros de negociação e pactuação entre gestores, quanto aos aspectos operacionais do Sistema Único de Saúde"* (art 14-A da Lei 8.080/1990).

Gabarito "A"

(Ministério Público/SC – 2008) Analise as seguintes assertivas:

Considere que a um portador de necessidades especiais foi prescrito o uso indispensável de medicação específica, mas que não se encontra padronizada pelo Sistema Único de Saúde. Deste modo, após provocação da instância administrativa, o requerimento do paciente foi indeferido pela Secretaria Municipal de Saúde.

I. O direito em questão é individual homogêneo, eis que assemelhado aos direitos transindividuais porque demanda, da mesma forma, tutela coletiva. Assim, é homogêneo porque deriva da mesma situação, tem a mesma origem, decorrente da característica de massa da atual sociedade.

II. O Ministério Público está legitimado para a propositura de ação em desfavor do Estado, posto versar primordialmente sobre direitos e interesses difusos e coletivos.

III. A demanda diz respeito a interesse individual homogêneo, manifesto que é o interesse social da atuação ministerial, por tratar de tema ligado à saúde, cujo resguardo é obrigação do Estado e direito de todos.

IV. A Lei Federal n. 8.080/1990 delegou aos Estados da federação a administração dos recursos orçamentários e financeiros destinados à saúde.

V. Segundo as diretivas constitucionais, as ações e serviços públicos de saúde integram uma rede regionalizada e hierarquizada, de modo a constituir um sistema único, que é financiado com recursos do orçamento da seguridade social, da União, dos Estados, do Distrito Federal e dos Municípios, além de outras fontes, o que impõe à União, aos Estados e aos Municípios a aplicação anual de recursos mínimos nessa área.

(A) apenas V está correto

(B) apenas I e II estão corretos

(C) apenas II, IV e V estão corretos

(D) apenas III, IV e V estão corretos

(E) todos estão corretos

I: correta, pois verifica-se referência a grupo, categoria ou classe de pessoas determinadas ou determináveis, que compartilham prejuízos divisíveis, de origem comum. Nos ensinamento de José Marcelo Menezes de Vigliar, *"em sentido lato, os interesses individuais homogêneos também são interesses coletivos, consoante bem ressalta Hugo Nigro Mazzilli. Contudo, essa metaindividualidade não é de essência de tais interesses que, como o próprio nomem iuris sugere, são interesses individuais."* (Vigliar, José Marcelo Menezes. *Ação Civil Pública*. 5. ed. rev. e ampl. São Paulo: Atlas, 2001. p. 54.); **II:** correta (arts.1º, IV c/c 5º, I, da Lei 7.347/1985); **III:** correta, como visto trata-se de direito individual homogêneo e *a saúde é direito de todos e dever do Estado*, conforme art. 196 da CF; **IV:** correta (art. 15, II, da Lei 8.080/1990); **V:** correta (art. 8º da Lei 8.080/1990 e art. 198, §§ 1º e 2º, da CF).

Gabarito "E"

(Ministério Público/SP – 2012 – VUNESP) Considere as seguintes afirmações sobre a Lei Orgânica da Saúde (Lei n. 8.080/1990):

I. São objetivos do Sistema Único de Saúde SUS: a) a identificação e divulgação dos fatores condicionantes e determinantes da saúde; b) a formulação de política de saúde destinada a promover, nos campos econômico e social, a observância do dever do Estado de garantir que a saúde consiste na formulação e execução de políticas econômicas e sociais que visem à redução de riscos de doenças e de outros agravos e no estabelecimento de condições que assegurem acesso universal e igualitário às ações e aos serviços para a sua promoção, proteção e recuperação; c) a assistência às pessoas por intermédio de ações de promoção, proteção e recuperação da saúde, com a realização integrada das ações assistenciais e das atividades preventivas.

II. Estão incluídas no campo de atuação do Sistema Único de Saúde (SUS): a colaboração na proteção do meio ambiente, nele compreendido o do trabalho.

III. As ações de vigilância sanitária não abrangem o controle de bens de consumo ainda que, direta ou indiretamente, se relacionem com a saúde, enquanto compreendidos nas etapas e processos de produção.

IV. As ações de saúde do trabalhador compreendem um conjunto de atividades que se destina, através das ações de vigilância epidemiológica e vigilância sanitária, à promoção e proteção da saúde dos trabalhadores, assim como visa à recuperação e reabilitação da saúde dos trabalhadores submetidos aos riscos e agravos advindos das condições de trabalho, mas não estão no âmbito da atuação do Sistema Único da Saúde.

Está correto o que se afirma APENAS em:

(A) I e II.

(B) II e III.

(C) II e IV.

(D) I e III.

(E) I e IV.

I: correta (art. 5º, I, II e III da Lei 8.080/1990); **II:** correta (art. 6º, V, da CF); **III:** incorreta, pois as ações de vigilância sanitária **abrangem** o controle de bens de consumo ainda que, direta ou indiretamente, se relacionem com a saúde, enquanto compreendidos nas etapas e processos de produção (art. 6º, I, § 1º, da Lei 8.080/1990); **IV:** incorreta, pois as referidas ações **estão** no âmbito de atuação do SUS (art. 6º, I, *c* e § 3º, da Lei 8.080/1990).

Gabarito "A"

(Ministério Público/TO – 2012 – CESPE) O SUS é o sistema responsável pela implementação da política pública de saúde no Brasil, que visa cumprir o preceito constitucional de direito à saúde. Acerca desse assunto, assinale a opção correta.

(A) O princípio da hierarquização constitui-se na prestação do serviço por divisões territoriais que abarquem todo o território nacional.

(B) Se o órgão de fiscalização sanitária autorizar a comercialização de medicamento que contrarie norma técnica ou científica, a responsabilidade pela comercialização desse medicamento recairá exclusivamente sobre o fornecedor.

(C) A lei prevê que seja criado fundo de saúde na esfera federal, razão por que os governos estaduais e municipais dispensados de fazê-lo, já que recebem verbas do governo federal.

(D) A aplicação dos princípios da integralidade, da gratuidade e da regionalização visa assegurar o acesso universal e igualitário às ações e serviços de saúde.

(E) A descentralização, o atendimento integral e a participação da comunidade representam requisitos essenciais à formação do SUS.

A: incorreta, pois a hierarquização de serviços significa que os serviços devem ser organizados em níveis crescentes de complexidade, circunscritos a uma determinada área geográfica, planejados a partir de critérios epidemiológicos e com definição e conhecimento da clientela a ser atendida; **B:** incorreta, pois não existe previsão legal acerca da responsabilidade exclusiva do fornecedor; **C:** incorreta, pois *o sistema único de saúde será financiado com recursos do orçamento da seguridade social, da União, dos Estados, do Distrito Federal e dos Municípios, além de outras fontes* (art. 198, § 1º, da CF); **D:** correta, a integralidade significa considerar a pessoa como um todo e deverá ser atendido por um sistema integrado pelas ações que visam promover, proteger e recuperar a saúde; a gratuidade é garantida nos serviços públicos e regionalização estabelece que os serviços devem ser circunscritos a uma determinada área geográfica e com a definição da população a ser atendida; **E:** incorreta, pois são diretrizes que regem o Sistema Único de Saúde.

Gabarito "D"

18. Direito Educacional

Henrique Subi, Robinson Sakiyama Barreirinhas e Wander Garcia*

1. NORMAS CONSTITUCIONAIS

(Ministério Público/MS – 2009) Quanto à regulação constitucional da educação, assinale a opção correta.

(A) Em razão do princípio republicano e da laicidade do Estado brasileiro, é proibido o ensino religioso, por meio de disciplina específica, nas escolas públicas de ensino fundamental.

(B) A assistência à saúde é um dos elementos que integram o atendimento ao educando no ensino fundamental e será financiada com recursos oriundos de contribuições sociais e outros recursos orçamentários.

(C) O acesso ao ensino médio gratuito é direito público subjetivo de aplicação imediata, devendo ser assegurado pelos Estados e pelo Distrito Federal.

(D) É proibida a contratação de professores ou técnicos estrangeiros pelas universidades públicas.

(E) Os recursos orçamentários deverão ser destinados exclusivamente às instituições públicas de ensino.

A: incorreta. Realmente, o Estado brasileiro é laico, mas reconhece-se a importância da espiritualidade – a qual está prevista no preâmbulo da CF por meio da invocação de Deus. Com isso, o ensino religioso nas escolas públicas deve ser oferecido, mas a matrícula do aluno será facultativa (art. 210, § 1º, da CF); **B:** correta, nos termos do art. 212, § 4º, da CF; **C:** incorreta. A CF obriga o Poder Público a fornecer universalmente o ensino fundamental, instituindo como norma programática a progressiva universalização do ensino médio gratuito (art. 208, II, da CF); **D:** incorreta. A contratação de estrangeiros é permitida, atendidos os requisitos da lei (art. 207, § 1º, da CF); **E:** incorreta. O art. 213 da CF autoriza a transferência de recursos públicos para entidades privadas de educação de natureza comunitária, confessional ou filantrópica.

Gabarito "B"

(Ministério Público/SP – 2012 – VUNESP) A Constituição Federal, o Estatuto da Criança e do Adolescente (Lei n. 8.069/1990) e a Lei de Diretrizes e Bases da Educação (Lei n. 9.394/1996) asseguram o atendimento de crianças de zero a seis anos em creches e pré-escolas da rede pública. A propósito desse direito e de sua proteção judicial, considere as seguintes afirmações:

I. A repartição constitucional de competência impõe fundamentalmente ao Estado, ente federativo, o dever de atuar prioritariamente na educação infantil mediante a oferta de vaga em creche e pré-escolas.

II. É legítima a determinação da obrigação de fazer pelo Judiciário para tutelar o direito subjetivo do menor a tal assistência educacional, não havendo falar em discricionariedade da Administração Pública, que tem o dever legal de assegurá-lo, tampouco na teoria da reserva do possível enquanto arguição abstrata de tese de defesa.

III. O Município tem a obrigação de assegurar o acesso da criança à educação, cumprindo-lhe garantir vagas na rede pública, e, na falta destas, deve proporcionar, incontinenti, esse direito na rede privada, às suas expensas.

IV. O Ministério Público está legitimado, mediante ação civil pública, a tutelar esse direito, ainda que se trate de pedido voltado para uma única criança.

Está correto o que se afirma APENAS em

(A) I e III.

(B) II e IV.

(C) I e IV.

(D) I e II.

(E) III e IV.

I: incorreta. Tal incumbência cabe precipuamente aos Municípios (art. 211, § 2º, da CF); **II:** correta, conforme já decidido pelo STJ (REsp 511.645, *DJ* 18.08.2009) e pelo STF (RE 1.185.474, *DJ* 20.04.2010); **III:** incorreta. Não se pode impor ao Município custear o ensino privado. Seu dever jurídico consiste na abertura de vaga para a criança em um dos estabelecimentos públicos oferecidos (art. 208, § 1º, da CF); **IV:** correta. O direito à educação é um direito individual indisponível, sendo missão institucional do Ministério Público zelas pelos interesses dos incapazes (arts. 127 e 129 da CF). A par disso, o art. 5º da LDB autoriza a atuação ministerial nesse sentido.

Gabarito "B"

2. LEI DE DIRETRIZES E BASES DA EDUCAÇÃO

(Ministério Público/BA – 2010) Segundo a Lei Federal n. 9.394/96 (LDB), marque a alternativa correta:

(A) A educação física e a educação religiosa, apesar de serem componentes curriculares obrigatórios

* **Henrique Subi** comentou as questões dos seguintes concursos: MP/AC/08, MP/BA/08, MP/CE/11, MP/GO/10, MP/GO/12, MP/MG/06, MP/MG/11, MP/MG/12, MP/MS/09, MP/MT/12, MP/PB/10, MP/PI/08, MP/PI/ 12, MP/RJ/11, MP/RN/09, MP/RR/12, MP/RS/08, MP/RS/09, MP/SC/08, MP/SC/12, MP/SP/12 e MP/TO/12, quando houver. **Robinson Barreirinhas** e **Wander Garcia** comentaram as demais questões.

da educação básica e práticas facultativas para todos os alunos, independentemente de condições, devem atentar, respectivamente, para a promoção do desporto educacional e apoio às práticas desportivas não formais e para o respeito à diversidade cultural religiosa do Brasil.

(B) O ensino da arte, especialmente em suas expressões regionais, constituirá componente curricular obrigatório nos diversos níveis da educação básica, de forma a promover o desenvolvimento cultural dos alunos.

(C) Na parte diversificada do currículo será incluído, obrigatoriamente, a partir do terceiro ano, o ensino de pelo menos uma língua estrangeira moderna, cuja escolha ficará a cargo da comunidade escolar, dentro das possibilidades da instituição.

(D) Por ser livre o exercício de qualquer trabalho, ofício ou profissão, o ensino é livre à iniciativa privada, sem necessidade de autorização de funcionamento e avaliação de qualidade pelo Poder Público.

(E) A educação superior, excluídos os cursos e programas de especialização, mestrado e doutorado, integra a educação básica, posto que tem por finalidades desenvolver o educando, assegurar-lhe a formação comum indispensável para o exercício da cidadania e fornecer-lhe meios para progredir no trabalho e em estudos posteriores.

A: incorreta, pois a educação física só é prática facultativa para os alunos mencionados no art. 26, § 3º da Lei 9.394/1996; o ensino religioso, sim, é que facultativo para todos (art. 33 da Lei 9.394/1996); **B:** correta, nos termos do art. 26, § 2º, da Lei 9.394/1996; **C:** incorreta, pois isso se dará a partir da quinta série (art. 26, § 5º, da Lei 9.394/1996); **D:** incorreta, pois o ensino é livre à iniciativa privada, mediante autorização de funcionamento pelo Poder Público (art. 209 da CF e art. 7º, II, da Lei 9.394/1996), além do cumprimento das demais condições estabelecidas no art. 7º da Lei 9.394/1996; **E:** incorreta, pois a educação escolar é dividida em dois grandes grupos, quais sejam, a educação básica (educação infantil, ensino fundamental e ensino médio) e a educação superior, não estando essa contida naquela (art. 21 da Lei 9.394/1996).

Gabarito "B"

(Ministério Público/GO – 2010) Analisar as seguintes afirmações indicando, em seguida, a alternativa correta:

I. O dever do Estado com educação escolar pública será efetivado mediante garantia de vaga a toda criança a partir do dia em que completar 4 (quatro) anos de idade na escola pública de educação infantil ou de ensino fundamental mais próxima de sua residência.

II. Os Estados incumbir-se-ão de assumir o transporte escolar dos alunos da rede estadual e os Municípios incumbir-se-ão de assumir o transporte escolar dos alunos da rede municipal.

III. Os estabelecimentos de ensino, respeitadas as normas comuns e as do seu sistema de ensino, terão a incumbência de informar pai e mãe, conviventes ou não com seus filhos, e, se for o caso, os responsáveis legais, sobre a frequência e rendimento dos alunos, bem como sobre a execução da proposta pedagógica da escola.

IV. Os estabelecimentos de ensino, respeitadas as normas comuns e as do seu sistema de ensino, terão a incumbência de notificar ao Conselho Tutelar do Município, ao Juiz competente da Comarca e ao respectivo representante do Ministério Público a relação dos alunos que apresentem quantidade de faltas acima de cinquenta por cento do percentual permitido em lei.

(A) Apenas as afirmações I e IV estão corretas.

(B) Apenas as afirmações III e IV estão corretas.

(C) Apenas as afirmações I e II estão corretas.

(D) Todas afirmações estão corretas.

I: correta, nos termos do art. 4º, X, da LDB; **II:** correta, nos termos do arts. 10, VII, e 11, VI, da LDB; **III:** correta, nos termos do art. 12, VII, da LDB; **IV:** correta, nos termos do art. 12, VIII, da LDB.

Gabarito "D"

(Ministério Público/BA – 2008) Marque a alternativa correta:

(A) Caso o Município não ofereça ensino fundamental obrigatório e gratuito a todas as crianças em idade escolar, pode um grupo de cidadãos, mesmo que não vinculado a associação alguma, ingressar com ação judicial objetivando compelir o Poder Público a garanti-lo.

(B) Embora o dever fundamental do Estado seja financiar o ensino público, pode, excepcionalmente, o Poder Público destinar recursos a instituições particulares com fins lucrativos, desde que haja prévia e específica autorização legal.

(C) Segundo a Lei de Diretrizes e Bases da Educação, o Poder Público tem a obrigação de manter a educação especial apenas a partir do ensino fundamental.

(D) Proporção não inferior a 60% (sessenta por cento) dos recursos do Fundeb será destinada ao pagamento dos profissionais do magistério, compreendidos neste conceito os professores e excluídos os que não exercem diretamente função docente, tais como os responsáveis pela direção ou administração escolar.

(E) Obras de infraestrutura, desde que realizadas para beneficiar diretamente a rede escolar, são consideradas pela Lei de Diretrizes e Bases da Educação Nacional como despesas de manutenção e desenvolvimento do ensino.

A: correta, nos termos do art. 5º da Lei 9.394/1996 (Lei de Diretrizes e Bases da Educação Nacional – LDB); **B:** incorreta. O art. 213, I, da CF autoriza o repasse de recursos públicos apenas para entidades educacionais que comprovem finalidade não lucrativa; **C:** incorreta. O art. 58, § 3º, da LDB estabelece a obrigatoriedade do Estado em fornecer educação especial já a partir da faixa etária entre zero e seis anos de idade, correspondente ao ensino infantil; **D:** incorreta. A proporção mencionada abrange também o pagamento dos profissionais que oferecem suporte pedagógico direto ao exercício da docência, como direção ou administração escolar, planejamento, inspeção, supervisão, orientação educacional e coordenação pedagógica (art. 22, parágrafo único, II, da Lei 11.494/2007); **E:** incorreta. O art. 71, V, da LDB exclui expressamente tais obras da categoria de despesas de manutenção e desenvolvimento do ensino.

Gabarito "A"

(Ministério Público/GO – 2005) Segundo a Lei n. 9.394/1996 (Lei de diretrizes e bases da educação nacional – LDB), é INCORRETO afirmar:

(A) o ensino será ministrado com base nos princípios do respeito à liberdade e apreço à tolerância e do pluralismo de ideias e concepções pedagógicas, dentre outros

(B) os estabelecimentos de ensino terão a incumbência de notificar ao Conselho Tutelar do Município, ao juiz competente da Comarca e ao respectivo representante do Ministério Público a relação dos alunos que apresentem quantidade de faltas acima de 50% (cinquenta por cento) do percentual permitido em lei

(C) os Municípios incumbir-se-ão de oferecer a educação infantil em creches e pré-escolas, e, com prioridade, o ensino fundamental, bem como assumir o transporte escolar dos alunos da rede estadual e municipal

(D) a educação escolar compõem-se de educação básica (formada pela educação infantil, ensino fundamental e ensino médio) e de educação superior

A: correta, pois indica dois dos princípios previstos no art. 3º da LDB (Lei de Diretrizes e Bases da Educação Nacional – Lei 9.394/1996), respectivamente nos incisos IV e III. Ver também o art. 206, II e III, da CF; **B:** correta, pois trata de dever dos estabelecimentos de ensino fixado no art. 12, VIII, da LDB; **C:** incorreta, devendo ser assinalada. O transporte escolar dos alunos da rede **estadual** não é incumbência obrigatória dos Municípios, mas sim dos Estados, conforme art. 10, VII, da LDB. No mais, a assertiva é correta (art. 11, V e VI, da LDB); **D:** correta, pois reflete exatamente o disposto no art. 21 da LDB.

Gabarito "C"

(Ministério Público/RN – 2004 – adaptada) Considerando especificamente os preceitos contidos na Lei de Diretrizes e Bases da Educação (Lei n. 9.394/1996), é incorreto afirmar:

(A) O acesso ao ensino fundamental é direito público subjetivo, sendo facultado a qualquer cidadão, grupo de cidadãos, associação comunitária, organização sindical, entidade de classe ou outra legalmente constituída, e, ainda, o Ministério Público, acionar o Poder Público para exigi-lo;

(B) É dever dos pais ou responsáveis efetuar a matrícula das crianças e adolescentes, a partir dos 4 anos de idade no ensino fundamental;

(C) Comprovada a negligência da autoridade competente para garantir o oferecimento do ensino obrigatório, poderá ela incidir em crime de responsabilidade;

(D) Os sistemas municipais de ensino compreendem: as instituições de ensino fundamental, médio e de educação infantil, mantidas pelo Poder Público municipal; as instituições de educação infantil criadas e mantidas pela iniciativa privada e os órgãos municipais de educação;

(E) A União aplicará, anualmente, nunca menos de 15% e os Estados, o Distrito Federal e os Municípios, 20%, ou o que consta nas respectivas Constituições ou Leis Orgânicas, da receita resultante de impostos, compreendidas as transferências constitucionais, na manutenção e desenvolvimento do ensino público.

A: correta, pois refletia exatamente o disposto no art. 5º da LDB. A Lei 12.796/2013, em consonância com o art. 208, § 1º, da CF dispõe que o acesso ao ensino obrigatório e gratuito (ou seja, a toda a educação básica, não só o ensino fundamental – art. 208, I, da CF) é direito público subjetivo, alterou a redação do art. 5º da LDB, que agora dispõe: "O acesso à educação básica obrigatória é direito público subjetivo; **B:** correta. Atualmente, a idade para a matrícula obrigatória é de 4 anos (a questão indicava 7 anos, conforme a legislação anterior a 2005, razão pela qual foi adaptada); **C:** correta, conforme dispõe o art. 5º, § 4º, da LDB. Ver também o art. 208, § 2º, da CF; **D:** correta, nos termos do art. 18 da LDB; **E:** incorreta, devendo ser assinalada, pois os limites mínimos para a manutenção e desenvolvimento do ensino público são de 18% da receita dos impostos para a União e de 25% para os Estados, o DF e os Municípios, exceto se as Constituições ou Lei Orgânicas previrem percentuais maiores (art. 69 da LDB). Ver também o art. 212, *caput*, da CF, nesse mesmo sentido.

Gabarito "E"

3. FUNDEB

(Ministério Público/GO – 2012) Em relação à atribuição para instaurar procedimento administrativo para apurar supostas irregularidades na gestão e prestação de contas dos recursos referentes ao FUNDEB, perpetradas por políticos ou servidores locais:

I. A sistemática de formação do FUNDEB impõe, para a definição de atribuições entre o Ministério Público Federal e o Ministério Público Estadual, adequada delimitação da natureza cível ou criminal da matéria envolvida.

II. Assume peculiar relevância o papel da União na manutenção e na fiscalização dos recursos do FUNDEB, por isso o seu interesse moral (político-social) em assegurar sua adequada destinação, o que atrai a competência da Justiça Federal, em caráter excepcional, para julgar os crimes praticados em detrimento dessas verbas e a atribuição do Ministério Público Federal para investigar os fatos e propor eventual ação penal.

III. As ações e procedimentos afetos ao atual FUNDEB, no âmbito criminal são de atribuição do Ministério Público Estadual, independentemente de complementação, ou não, com recursos federais, já que essa verba ingressa nos cofres públicos dos Estados e Municípios.

IV. As ações e procedimentos afetos ao atual FUNDEB, em matéria cível, contudo, a atribuição de cada um dependerá da presença, ou não, de algum ente federal, pois, nesse caso, a competência é *ratione personae*.

(A) As assertivas I, II e III estão corretas;

(B) As assertivas III e IV estão corretas;

(C) Todas as assertivas estão corretas;

(D) As assertivas I, II e IV estão certas.

I: correta, conforme posição adotada pelo STF no julgamento da Apelação Cível Originária 1.109; **II:** correta. *Vide* ACO 1.109; **III:** incorreta. Nos termos do parecer da Procuradoria-Geral da República adotado como razão parcial de decidir pela Min. Ellen Gracie, relatora da ACO 1.109, a competência nesse caso é do Ministério Público Federal; **IV:** correta, nos termos do parecer da Procuradoria-

-Geral da República adotado como razão parcial de decidir pela Min. Ellen Gracie, relatora da ACO 1.109.

Gabarito "D"

(Ministério Público/BA – 2010) Marque a alternativa incorreta a respeito do Fundo de Manutenção e Desenvolvimento da Educação Básica e de Valorização dos Profissionais da Educação (Fundeb):

(A) Não há vedação legal para o direcionamento dos eventuais saldos de recursos financeiros disponíveis na conta específica do FUNDEB para aplicações financeiras de curto prazo ou de mercado aberto, lastreadas em títulos da dívida pública, quando a perspectiva de utilização seja superior a 15(quinze) dias.

(B) Pelo menos 60% (sessenta por cento) dos recursos anuais totais do FUNDEB devem ser destinados ao pagamento dos profissionais do magistério em efetivo exercício da educação básica pública.

(C) Despesas com aquisição de gêneros alimentícios, a serem utilizados na merenda escolar, não podem ser custeadas com recursos do FUNDEB.

(D) O Conselho de Acompanhamento e Controle Social do FUNDEB, em âmbito municipal, é composto pelo número mínimo de nove membros e pode ser presidido por estudante da educação básica pública, desde que emancipado e eleito em reunião desse colegiado pelos demais conselheiros.

(E) O Presidente do Conselho de Acompanhamento e Controle do Fundeb pode convocar o Secretário de Educação competente ou servidor equivalente para prestar esclarecimentos acerca do fluxo de recursos e a execução das despesas do Fundo, devendo a autoridade convocada apresentar-se em prazo não superior a 30(trinta) dias.

A: correta, nos termos do art. 20 da Lei 11.494/2007; **B:** correta, nos termos do art. 22 da Lei 11.494/2007; **C:** correta, conforme art. 23 da Lei 11.494/2007 c/c art. 71, IV, da Lei 9.394/1996; **D:** correta, nos termos do art. 24, §§ 1º, IV, 5º e 6º, da Lei 11.494/2007; **E:** incorreta, devendo ser assinalada. O presidente desse Conselho, sozinho, não pode fazer essa convocação; é necessário decisão de maioria dos membros do órgão (art. 25, parágrafo único, II, da Lei 11.494/2007).

Gabarito "E"

(Ministério Público/GO – 2010 – adaptada) O não cumprimento das disposições legais relacionadas ao FUNDEB acarreta sanções ao chefe do Poder Executivo. Assim, analise as assertivas abaixo e, após, assinale o item correto:

I. Fica sujeito a processo por crime de responsabilidade, se caracterizados os tipos penais previstos no art. 1º, III e XIV do Decreto-lei n. 201/1967 (respectivamente, aplicar indevidamente verbas públicas e negar execução à lei federal).

II. Fica sujeito a processo por crime de responsabilidade, se caracterizada a negligência no oferecimento do ensino obrigatório (art. 5º, § 4º, da LDB).

III. Fica apenas sujeito a processo penal se caracterizado que a aplicação de verba pública foi diversa à prevista em lei (art. 315 do Código Penal).

IV. Fica inelegível, por oito anos, se suas contas forem rejeitas por irregularidade insanável e por decisão irrecorrível do órgão competente, salvo se a questão houver sido ou estiver sendo submetida à apreciação do Poder Judiciário (art. 1º, "g", Lei Complementar n. 64).

(A) Está correta apenas a assertiva I.

(B) Está incorreta apenas a assertiva III.

(C) Estão corretas apenas as assertivas II e IV.

(D) Todas as assertivas estão corretas.

I: correta. Confira os textos legais mencionados na assertiva: "III – desviar, ou aplicar indevidamente, rendas ou verbas públicas; (...) XIV – negar execução a lei federal, estadual ou municipal, ou deixar de cumprir ordem judicial, sem dar o motivo da recusa ou da impossibilidade, por escrito, à autoridade competente"; **II:** correta. Confira o texto legal mencionado na assertiva: "comprovada a negligência da autoridade competente para garantir o oferecimento do ensino obrigatório, poderá ela ser imputada por crime de responsabilidade"; **III:** correta. Confira o texto legal mencionado na assertiva: "Dar às verbas ou rendas públicas aplicação diversa da estabelecida em lei: Pena – detenção, de um a três meses, ou multa"; **IV:** correta. Confira o texto legal mencionado na assertiva: "art. 1º. São inelegíveis: I – para qualquer cargo: (...) *g)* os que tiverem suas contas relativas ao exercício de cargos ou funções públicas rejeitadas por irregularidade insanável que configure ato doloso de improbidade administrativa, e por decisão irrecorrível do órgão competente, salvo se esta houver sido suspensa ou anulada pelo Poder Judiciário, para as eleições que se realizarem nos 8 (oito) anos seguintes, contados a partir da data da decisão, aplicando-se o disposto no inciso II do art. 71 da Constituição Federal, a todos os ordenadores de despesa, sem exclusão de mandatários que houverem agido nessa condição".

Gabarito "D"

4. OUTROS TEMAS

(Ministério Público/GO – 2010) Marque a resposta correta.

(A) A Lei 8.742/1993 dispõe sobre a assistência social – é conhecida também como Lei Orgânica da Assistência Social – LOAS. Nela são estabelecidos critérios ao deferimento do amparo assistencial denominado beneficio de prestação continuada no valor de um salário mínimo à pessoa portadora de deficiência e ao idoso (para este, combina-se a aplicação da Lei 10.741/2003), desde que comprove não possuir meios de prover a própria manutenção ou de tê-la provida por sua família.

(B) A proteção à família, à maternidade, à infância, não estão relacionadas nos objetivos do LOAS, salvo o cuidado com a velhice.

(C) O amparo às crianças e adolescentes carentes não consta dos objetivos da lei orgânica de assistência social – LOAS.

(D) A promoção da integração ao mercado de trabalho não está afeto aos objetivos da Lei 8.742/1993 – LOAS.

A: correta, nos termos do art. 2º, I, "e", da Lei 8.742/1993; **B:** incorreta. Tais direitos sociais estão expressamente mencionados no art. 2º, I, "a", da Lei 8.742/1993; **C:** incorreta. O amparo às crianças e adolescentes carentes está expressamente previsto como um dos objetivos da Assistência Social no art. 2º, I, "b", da Lei 8.742/1993; **D:** incorreta. A promoção da integração do mercado de trabalho está expressamente prevista como um dos objetivos da Assistência Social no art. 2º, I, "c", da Lei 8.742/1993.

Gabarito "A"

19. Direito Urbanístico

Henrique Subi

1. NORMAS CONSTITUCIONAIS

(Ministério Público/MT – 2012 – UFMT) Quanto à discriminação constitucional das competências urbanísticas, a Constituição Federal de 1988

(A) elenca como competência comum da União, dos Estados, do Distrito Federal e dos Municípios a defesa permanente contra calamidades públicas, especialmente as secas e as inundações.

(B) atribui competência privativa à União para instituir regiões metropolitanas, aglomerações urbanas e microrregiões constituídas por Municípios limítrofes, para o planejamento, a organização e a execução de funções públicas de interesse comum.

(C) atribui competência privativa à União para legislar sobre responsabilidade por dano a bens e direitos de valor artístico, estético, histórico, turístico e paisagístico.

(D) estabelece como competência privativa dos Estados e do Distrito Federal a criação, organização ou supressão de distritos.

(E) fixa a competência comum da União, dos Estados, do Distrito Federal e dos Municípios para promover a construção de moradias e a melhoria das condições habitacionais e de saneamento básico.

A: incorreta. Tal competência é exclusiva da União (art. 21, XVIII, da CF); **B:** incorreta. Tal competência é atribuída aos Estados (art. 25, § 3º, da CF); **C:** incorreta. Tal competência é concorrente com os Estados e Distrito Federal (art. 24, VIII, da CF); **D:** incorreta. Tal competência é entregue privativamente aos Municípios (art. 30, IV, da CF); **E:** correta, nos termos do art. 23, IX, da CF.

Gabarito "E"

(Ministério Público/MG – 2011) A Constituição Federal de 1988 foi a primeira, no Brasil, a cuidar da política urbana, estabelecendo como seu objetivo ordenar o pleno desenvolvimento das funções sociais da cidade e garantir o bem-estar de seus habitantes. Analise as proposições a seguir.

I. A competência exclusiva para a execução da política urbana é do Poder Público municipal.

II. Compete exclusivamente à União instituir diretrizes para o desenvolvimento urbano.

III. O plano diretor, o instrumento básico da política de desenvolvimento e expansão urbana, deverá ser aprovado pela Câmara Municipal, e é obrigatório para cidades com mais de vinte e cinco mil habitantes.

IV. É facultado ao Poder Público municipal, mediante lei específica para área incluída no plano diretor, exigir, nos termos da lei federal, do proprietário do solo urbano não edificado, subutilizado ou não utilizado, que promova seu adequado aproveitamento, sob pena, sucessivamente, de instituição de imposto sobre a propriedade predial e territorial urbana progressivo no tempo; parcelamento ou edificação compulsórios; desapropriação com pagamento mediante prévia e justa indenização em dinheiro.

V. A propriedade urbana cumpre sua função social quando atende às exigências fundamentais de ordenação da cidade expressas no plano diretor.

Estão **CORRETAS** as opções:

(A) Todas.

(B) II, III e V.

(C) I, II e V.

(D) I, III e IV.

I: correta, nos termos do art. 30, VIII, da CF; **II:** correta, nos termos do art. 21, XX, da CF; **III:** incorreta. O plano diretor é obrigatório para cidades com mais de 20 mil habitantes (art. 41, I, do Estatuto das Cidades); **IV:** incorreta. A ordem de aplicação das sanções está invertida e também está errada a forma de indenização na desapropriação. Segue a sistemática correta: parcelamento e edificação compulsórios, IPTU progressivo no tempo, desapropriação com pagamento em títulos da dívida pública resgatáveis em até 10 anos (art. 182, § 4º, da CF); **V:** correta, nos termos do art. 182, § 2º, da CF.

Gabarito "C"

2. PARCELAMENTO DO SOLO URBANO

(Ministério Público/GO – 2013) A Promotoria de Justiça de Tutela do Meio Ambiente de Goiânia possui diversos Inquéritos Civis que apuram a existência de loteamentos clandestinos e irregulares. A este respeito, é correto afirmar que:

(A) somente será admitido o parcelamento do solo para fins urbanos em zonas rurais ou de urbanização específica, desde que não se trate de terrenos alagadiços e sujeitos a inundação nem de terrenos que tenham sido aterrados com material nocivo à saúde pública, como por exemplo os provenientes dos serviços de saúde e material radioativo.

(B) desmembramento é a subdivisão de gleba em lotes destinados a edificação, com aproveitamento do sistema viário existente e com a abertura de novas vias e logradouros públicos.

(C) a implantação da infraestrutura básica necessária compete ao loteador, que tem duas opções: iniciar a execução das obras e concluí-las antes da comercialização dos lotes ou apresentar um cronograma de implantação de infraestrutura básica, com a duração máxima de quatro anos, acompanhado de competente instrumento de garantia para a execução das obras.

(D) aprovado o projeto de loteamento ou de desmembramento, o loteador deverá submetê-lo ao Registro Imobiliário dentro do prazo de um ano, sob pena de caducidade da aprovação.

A: incorreta. O art. 3º da Lei 6.766/1979 somente autoriza o parcelamento de solo para fins urbanos em áreas **urbanas, de expansão urbana ou de urbanização específica**, não estando autorizado, portanto, para zonas rurais; **B:** incorreta. A abertura de novas vias e logradouros públicos é própria do instituto do loteamento, não sendo autorizada no desmembramento (art. 2º, § 2º, da Lei 6.766/1979); **C:** correta, nos termos do art. 18, V, da Lei 6.766/1979; **D:** incorreta. O prazo conferido é de 180 dias (art. 18, *caput*, da Lei 6.766/1979).

Gabarito "C"

(Ministério Público/SP – 2013 – PGMP) Assinale a alternativa INCORRETA.

Segundo a Lei n. 6.766, de 19 de dezembro de 1979, que dispõe sobre o Parcelamento do Solo Urbano e dá outras Providências,

(A) a infraestrutura básica dos parcelamentos é constituída pelos equipamentos urbanos de escoamento das águas pluviais, iluminação pública, esgotamento sanitário, abastecimento de água potável, energia elétrica pública e domiciliar e vias de circulação.

(B) considera-se loteamento a subdivisão de gleba em lotes destinados a edificação, com abertura de novas vias de circulação, de logradouros públicos ou prolongamento, modificação ou ampliação das vias existentes.

(C) considera-se desmembramento a subdivisão de gleba em lotes destinados a edificação, com aproveitamento do sistema viário existente, desde que não implique na abertura de novas vias e logradouros públicos, nem no prolongamento, modificação ou ampliação dos já existentes.

(D) considera-se lote o terreno cujas dimensões atendam aos índices urbanísticos definidos pelo plano diretor ou lei municipal para a zona em que se situe, bem como às diretrizes especificadas pelo loteador no que diz respeito à sua destinação.

(E) somente será admitido o parcelamento do solo para fins urbanos em zonas urbanas, de expansão urbana ou de urbanização específica, assim definidas pelo plano diretor ou aprovadas por lei municipal.

A: assertiva correta (art. 2º, § 5º, da Lei 6.766/1979), **B:** assertiva correta (art. 2º, § 1º, da Lei 6.766/1979); **C:** assertiva correta (art. 2º, § 2º, da Lei 6.766/1979); **D:** assertiva incorreta, devendo a alternativa ser assinalada (art. 2º, § 4º, da Lei 6.766/1979); considera-se lote "o terreno servido de infraestrutura básica cujas dimensões atendam aos índices urbanísticos definidos pelo plano diretor ou lei municipal para a zona em que se situe", tratando-se de definição que se completa exclusivamente com leis ("plano diretor" ou "lei municipal") e não com especificações dadas pelo loteador no que diz respeito à sua destinação; **E:** assertiva correta (art. 3º, caput, da Lei 6.766/1979).

Gabarito "D"

(Ministério Público/GO – 2012) Quanto ao parcelamento do solo urbano, é incorreto afirmar:

(A) a infraestrutura básica dos parcelamentos é constituída pelos equipamentos urbanos de escoamento das águas pluviais, iluminação pública, esgotamento sanitário, abastecimento de água potável, energia elétrica pública e domiciliar e vias de circulação;

(B) quanto à implantação da infraestrutura básica, o loteador tem duas opções: 1) iniciar a execução das obras e concluí-las antes da comercialização dos lotes; ou, 2) apresentar um cronograma de implantação de infraestrutura básica, com a duração máxima de quatro anos, acompanhado de competente instrumento de garantia para a execução das obras;

(C) de acordo com a Lei 6.766/1979, a diferença básica entre loteamento e desmembramento é que, neste, aproveita-se o sistema viário existente, não ocorrendo abertura de novas vias e logradouros públicos, nem no prolongamento, modificação ou ampliação dos já existentes;

(D) loteamento clandestino é aquele que possui aprovação do Poder Público, registrado ou não, mas que o loteador não providenciou sua execução ou a execução se deu em desconformidade com o ato de aprovação ou as normas aplicáveis. O loteamento é irregular quando não possui a aprovação do poder público e/ou o registro no Cartório de Registro de Imóveis competente, resultando inviabilizada a matrícula e individualização dos respectivos lotes.

A: correta, nos termos do art. 2º, § 5º, da Lei 6.766/1979; **B:** correta, nos termos do art. 9º da Lei 6.766/1979; **C:** correta, nos termos do art. 2º, §§ 1º e 2º, da Lei 6.766/1979; **D:** incorreta, devendo ser assinalada. Os conceitos de loteamento irregular e clandestino estão invertidos.

Gabarito "D"

(Ministério Público/MT – 2012 – UFMT) Em relação à lei Lehmann, assinale a afirmativa correta.

(A) Os proprietários podem fixar limitações urbanísticas distintas daquelas fixadas em lei, mas estas não podem ser mais restritivas.

(B) O proprietário não pode fixar restrições urbanísticas, porque, em atenção ao princípio constitucional da legalidade, apenas lei em sentido formal pode impor condicionamentos aos particulares.

(C) Os proprietários não podem fixar restrições urbanísticas com o poder de atingir terceiros, uma vez que as convenções somente podem valer entre as partes envolvidas.

(D) Os proprietários podem fixar limitações urbanísticas que podem, inclusive, ser superiores e mais restritivas do que as que foram fixadas pela legislação.

(E) As convenções entre particulares apenas podem ser fixadas quando houver lacunas na legislação.

Observação inicial: Lei Lehmann é como é conhecida a Lei 6.766/1979, que regula o parcelamento do solo urbano, em homenagem a seu autor, o Senador Otto Cyrillo Lehmann). É possível a instituição pelo particular de maiores limitações de natureza urbanística à propriedade, restringindo ainda mais o uso dessa. O que se proíbe é o abrandamento das regulamentações estabelecidas em lei, diante do caráter cogente do mencionado diploma (art. 26, VII, da Lei 6.766/1979). Vale dizer, ainda, que por se tratar de obrigações *propter rem*, elas alcançam terceiros que não tenham participado da celebração do contrato original.

Gabarito "D"

(Ministério Público/SC – 2012) Analise as seguintes assertivas:

I. O parcelamento do solo urbano poderá ser feito mediante loteamento ou desmembramento. Considera-se loteamento a subdivisão do terreno, servido de infraestrutura básica cujas dimensões atendam aos índices urbanísticos definidos pelo plano diretor ou lei municipal para a zona em que se situe. Considera-se desmembramento a subdivisão de gleba em partes destinadas a edificação, com abertura de novas vias de circulação, de logradouros públicos ou prolongamento, modificação ou ampliação das vias existentes.

II. Segundo o disposto na Lei n. 6.766/1979, aprovado o projeto de loteamento ou de desmembramento, o loteador deverá submetê-lo ao registro imobiliário dentro de 180 (cento e oitenta) dias, sob pena de caducidade da aprovação, que deverá estar acompanhado de diversos documentos, dentre eles: o título de propriedade do imóvel. Este título também é documento indispensável para os casos de parcelamento popular, destinado às classes de menor renda, em imóvel declarado de utilidade pública, com processo de desapropriação judicial em curso e imissão provisória na posse, promovido pela União, pelo Estado ou Distrito Federal, pelo Município ou, eventualmente, por suas entidades delegadas, autorizadas por lei a implantar projetos de habitação.

III. Nos termos do disposto na lei que regulamenta o parcelamento do solo urbano (Lei n. 6.766/1979), o registro do loteamento poderá ser cancelado: a) por decisão judicial; b) a requerimento do loteador, com anuência da Prefeitura, ou do Distrito Federal quando for o caso, enquanto nenhum lote houver sido objeto de contrato; c) a requerimento conjunto do loteador e de todos os adquirentes de lotes, com anuência da Prefeitura, ou do Distrito Federal quando for o caso, e do Estado.

IV. Os bens móveis e imóveis adquiridos por um ou por ambos os conviventes, na constância da união estável e a título oneroso, são considerados fruto do trabalho e da colaboração comum, passando a pertencer a ambos, em condomínio e em partes iguais. Segundo o disposto na Lei n. 9.278/1996, a referida presunção de meação dos conviventes é estendida para as hipóteses de aquisição patrimonial com o produto de bens obtidos anteriormente ao início da união.

V. O direito à participação da sucessão do(a) companheiro(a), disposto na Lei n. 8.971/1994, decorre das seguintes condições, a saber: a) o(a) companheiro(a) sobrevivente terá direito enquanto não constituir nova união, ao usufruto de quarta parte dos bens do de cujos, se houver filhos ou comuns; b) o(a) companheiro(a) sobrevivente terá direito, enquanto não constituir nova união, ao usufruto da metade dos bens do de cujos, se não houver filhos, embora sobrevivam ascendentes; c) na falta de descendentes e de ascendentes, o(a) companheiro(a) sobrevivente terá direito à totalidade da herança. Registra-se, que quando os bens deixados pelo(a) autor(a) da herança resultarem de atividade em que haja colaboração do(a) companheiro, terá o sobrevivente direito à metade dos bens.

(A) Apenas as assertivas II, III e IV estão corretas.

(B) Apenas as assertivas I e V estão corretas.

(C) Apenas as assertivas III e V estão corretas.

(D) Apenas as assertivas I e IV estão corretas.

(E) Todas as assertivas estão corretas.

I: incorreta. O conceito de desmembramento está errado. Para que ele se caracterize, não pode haver a abertura de novas vias e logradouros públicos ou prolongamento, modificação ou ampliação dos já existentes (art. 2º, § 2º, da Lei 6.766/1979); **II:** incorreta. O título é dispensado em caso de parcelamento popular, nos termos do art. 18, § 4º, da Lei 6.766/1979; **III:** correta, nos termos do art. 23 da Lei 6.766/1979; **IV:** incorreta. Dispõe o art. 5º, § 1º, da Lei 9.278/1996 que a presunção cessa em caso de a aquisição ser realizada com produto de bens adquiridos anteriormente à união estável; **V:** correta, nos termos dos arts. 2º e 3º da Lei 8.971/1994. Saliente-se, apenas, que para a doutrina majoritária essa lei foi revogada pelo Código Civil.

Gabarito "C"

(Ministério Público/SE – 2010 – CESPE) Cardoso resolveu, por conta própria, criar um parcelamento de solo em área pública sem registro em cartório. Colocou piquetes demarcando os lotes e pediu para Carlos, corretor de imóveis, vender os lotes, com o que este concordou. Considerando essa situação hipotética e o previsto na Lei de Parcelamento de Solo Urbano (Lei n. 6.766/1979), as condutas de Cardoso e Carlos constituem, respectivamente,

(A) crime e contravenção penal.

(B) infração administrativa e atividade ilícita.

(C) atividade ilícita e infração administrativa.

(D) contravenção penal e crime.

(E) crime e crime.

Tais condutas estão ambas previstas como crimes no art. 50, I, da Lei 6.766/1979.

Gabarito "E"

(Ministério Público/RS – 2009) Considere o enunciado abaixo e as cinco propostas para completá-lo: Constituem equipamentos urbanos integrantes de uma infraestrutura básica mínima exigível dos parcelamentos situados nas zonas habitacionais declaradas por lei como de interesse social, nos termos da legislação que trata do parcelamento do solo urbano:

I. vias de circulação

II. escoamento das águas pluviais

III. rede para o abastecimento de água potável

IV. soluções para o esgotamento sanitário e para a energia elétrica domiciliar

V. iluminação pública

Quais estão corretas?

(A) Apenas I, II e III.

(B) Apenas I, II, III e IV.

(C) Apenas I, II, IV e V.

(D) Apenas I, II e IV.

(E) Todas estão corretas.

Conforme dispõe o art. 2º, § 6º, da Lei 6.766/1979, "a infraestrutura básica dos parcelamentos situados nas zonas habitacionais de interesse social (ZHIS) consistirá, no mínimo, de: I – vias de circulação; II – escoamento de águas pluviais; III – rede para o abastecimento de água potável; e IV – soluções para o esgotamento sanitário e para a energia elétrica domiciliar". Corretos, portanto, os itens I, II, III e IV.

Gabarito "B"

3. ESTATUTO DAS CIDADES E INSTRUMENTOS DA POLÍTICA URBANA

(Ministério Público/ES – 2013 – VUNESP) O Estatuto da Cidade, Lei 10.257/2001, enuncia que

(A) se considera subutilizado o imóvel cujo aproveitamento não esteja em consonância com o estipulado no zoneamento ambiental, estabelecido na lei orgânica de cada município e registrado no cartório de registro de imóveis.

(B) a desapropriação será a primeira medida a ser tomada pelo Poder Público municipal quando identificar territórios que não cumprem sua função social.

(C) o plano diretor deve estabelecer as condições a serem observadas para a outorga onerosa do direito de construir e de alteração de uso, sendo que os recursos auferidos serão aplicados na construção de habitações populares.

(D) o direito de superfície é aquele que pode ser concedido pelo proprietário urbano a outrem, por tempo determinado ou indeterminado, mediante escritura pública registrada no cartório de registro de imóveis.

(E) o plano diretor é um instrumento de planejamento regional, necessário ao planejamento de regiões metropolitanas, aglomerações urbanas e microrregiões.

A: incorreta. Segundo o art. 5º, § 1º, I, do Estatuto da Cidade, considera-se subutilizado o imóvel cujo aproveitamento seja inferior ao mínimo definido no plano diretor ou em legislação dele decorrente; **B:** incorreta. Identificado o descumprimento da função social da propriedade, deve o Poder Público, inicialmente, se valer de outros instrumentos previstos no Estatuto da Cidade, na seguinte ordem: parcelamento, edificação ou utilização compulsórios; IPTU progressivo no tempo e, só então, se tais medidas não forem suficientes, procederá à desapropriação (art. 8º do Estatuto da Cidade); **C:** incorreta. Nos termos do art. 31 do Estatuto da Cidade, os recursos auferidos com a outorga onerosa do direito de construir serão utilizados para regularização fundiária, execução de programas e projetos habitacionais de interesse social, constituição de reserva fundiária, ordenamento e direcionamento da expansão urbana, implantação de equipamentos urbanos e comunitários, criação de espaços públicos de lazer e áreas verdes, criação de unidades de conservação ou proteção de outras áreas de interesse ambiental e proteção de áreas de interesse histórico, cultural e paisagístico; **D:** correta, nos termos do art. 21 do Estatuto da Cidade; **E:** incorreta. O plano diretor é um instrumento de planejamento municipal (art. 4º, III, "a", do Estatuto da Cidade), que não se confunde com o planejamento regional previsto para a ordenação das regiões metropolitanas, aglomerações urbanas e microrregiões (art. 4º, II, do Estatuto da Cidade).

Gabarito "D"

(Ministério Público/MG – 2013) É *INCORRETO* afirmar-se:

(A) Constam como instrumentos jurídicos e políticos que objetivam atender aos fins visados pelo Estatuto da Cidade, entre outros, os institutos das servidões e limitações administrativas, do tombamento de imóveis ou de mobiliário urbano, da utilização compulsória, da transferência do direito de construir e o da assistência técnica e jurídica gratuita para as comunidades e grupos sociais menos favorecidos.

(B) A política urbana, prevista constitucionalmente nos artigos 182 e 183 da Constituição da República, tem por objetivo ordenar o pleno desenvolvimento das funções econômicas da cidade e da propriedade urbana.

(C) Lei municipal definirá os empreendimentos e atividades, privados ou públicos, em área urbana que dependerão de elaboração de estudo prévio de impacto de vizinhança (EIV) para se obter licenças ou autorizações de construção, ampliação ou funcionamento a cargo do Poder Público municipal.

(D) O plano diretor, instrumento básico da política de desenvolvimento e expansão urbana, é obrigatório para as cidades com mais de vinte mil habitantes. O mesmo acontece para as integrantes de regiões metropolitanas e aglomerações urbanas e para as cidades onde o Poder Público municipal pretenda exigir, nos termos da lei federal, do proprietário do solo urbano não edificado, subutilizado ou não utilizado, que promova seu adequado aproveitamento, sob pena de parcelamento ou edificação compulsória, IPTU progressivo no tempo ou desapropriação com pagamento mediante títulos da dívida pública. Essa obrigação é também válida para aquelas integrantes de áreas de especial interesse turístico ou que estejam inseridas na área de influência de empreendimentos ou atividades com significativo impacto ambiental de âmbito regional ou nacional.

A: assertiva correta, nos termos do art. 4º, V, do Estatuto da Cidade; **B:** assertiva incorreta, devendo ser assinalada. A ordem constitucional da política urbana visa a garantir o pleno desenvolvimento da função **social** da cidade e da propriedade urbana (art. 182 da Constituição Federal); **C:** assertiva correta, nos termos do art. 36 do Estatuto da Cidade; **D:** assertiva correta, nos termos dos arts. 5º, 7º, 8º e 41, todos do Estatuto da Cidade.

Gabarito "B"

(Ministério Público/PR – 2013 – X) Assinale a alternativa ***incorreta***. Para garantir a gestão democrática da cidade, deverão ser utilizados, entre outros, os seguintes instrumentos:

(A) Órgãos colegiados de política urbana, nos níveis nacional, estadual e municipal;

(B) Debates, audiências e consultas públicas;

(C) Conferências sobre assuntos de interesse urbano, nos níveis nacional, estadual e municipal;

(D) Realização de referendos de iniciativa de entidades da sociedade civil organizada, devidamente autorizados pelas câmaras de vereadores;

(E) Iniciativa popular de projeto de lei e de planos, programas e projetos de desenvolvimento urbano.

A: assertiva correta, nos termos do art. 43, I, do Estatuto da Cidade; **B:** assertiva correta, nos termos do art. 43, II, do Estatuto da Cidade; **C:** assertiva correta, nos termos do art. 43, III, do Estatuto da Cidade; **D:** assertiva incorreta, devendo ser assinalada. Tal expediente não encontra previsão do Estatuto das Cidades; **E:** correta, nos termos do art. 43, IV, do Estatuto da Cidade.

Gabarito "D"

(Ministério Público/PR – 2013 – X) Assinale a alternativa ***correta***. A participação da sociedade civil no planejamento, fiscalização e avaliação da Política Nacional de Mobilidade Urbana deverá ser assegurada pelos seguintes instrumentos:

(A) Órgãos colegiados com a participação de representantes do Poder Executivo, da sociedade civil e dos operadores dos serviços;

(B) Controladorias e corregedorias dos órgãos de classe com atuação no setor de modais de transporte;

(C) Audiências e consultas ao Tribunal de Contas da União;

(D) Procedimentos sistemáticos de comunicação, de avaliação da satisfação dos fornecedores dos serviços dos modais de transporte, de aditamento de contratos de concessão e de prestação de contas públicas;

(E) Agências de controle sobre itinerários, frequências e padrão de qualidade dos serviços, mantidas pelas concessionárias de serviços de transporte publico terrestre.

Os instrumentos de participação da sociedade civil na Política Nacional de Mobilidade Urbana estão previstos no art. 15 da Lei nº 12.587/2012: órgãos colegiados com a participação de representantes do Poder Executivo, da sociedade civil e dos operadores dos serviços; ouvidorias nas instituições responsáveis pela gestão do Sistema Nacional de Mobilidade Urbana ou nos órgãos com atribuições análogas; audiências e consultas públicas; e procedimentos sistemáticos de comunicação, de avaliação da satisfação dos cidadãos e dos usuários e de prestação de contas públicas.

Gabarito "A"

(Ministério Público/MT – 2012 – UFMT) Sobre o direito de preempção regulado no Estatuto da Cidade, é correto afirmar:

(A) Exige que todos os particulares notifiquem previamente o município para que o exerça, uma vez que na hipótese, deve ser considerado o princípio da prevalência do interesse público sobre o particular.

(B) Assegura que o poder público municipal possa proteger imóveis de interesse cultural desde que estes se encontrem localizados na área de abrangência que tenha sido definida em lei, e que tenham sido consideradas as diretrizes fixadas no respectivo plano diretor.

(C) O município poderá exercê-lo perante os particulares visando à criação de parque municipal, desde que tenha origem em declaração de utilidade pública da área, assegurando-lhe o direito à indenização prévia e em dinheiro.

(D) Sujeita os proprietários que possuírem imóveis nas áreas que tenham sido reconhecidas por decreto de interesse público, e assegura que o município, após notificado para exercê-lo, faça-o em até cinco anos.

(E) Condiciona que os proprietários que detenham imóveis nas áreas assim reconhecidas em lei notifiquem previamente o poder público municipal para que o exerça no prazo de cinco anos.

A: incorreta. Apenas o proprietário é obrigado a notificar o Município sobre seu interesse em alienar o imóvel (art. 27 do Estatuto das Cidades); **B:** correta, nos termos dos arts. 25 e 26, VII, do Estatuto das Cidades; **C:** incorreta. É possível a invocação do direito de preempção para a construção de parque municipal (art. 26, VI, do Estatuto das Cidades), mas esse independe de declaração anterior de utilidade pública; **D:** incorreta. Lei municipal estabelecerá as áreas onde o Município poderá exercer seu direito de preempção e o prazo para tanto é de 30 dias contados da notificação (art. 27 do Estatuto das Cidades); **E:** incorreta. Mais uma vez, anote-se que o prazo para que o Município exerça o direito de preempção é de 30 dias (art. 27 do Estatuto das Cidades).

Gabarito "B"

(Ministério Público/MT – 2012 – UFMT) Sobre a função socioambiental da propriedade, é correto afirmar:

(A) O uso nocivo da propriedade é vedado por leis especiais, mas não possui previsão expressa no Código Civil de 2002.

(B) O uso compulsório do imóvel é obrigação que pode ser imposta ao proprietário sempre que, por meio de ato administrativo, o poder público considere que o imóvel é subutilizado.

(C) O uso compulsório do imóvel constitui um dos instrumentos que permitem viabilizar o atendimento da função socioambiental da propriedade.

(D) O Código Civil apenas exige o cumprimento de uma função social, mas não define uma função ambiental, matéria que foi objeto de regulação por leis especiais.

(E) A edificação compulsória, o IPTU progressivo e o parcelamento compulsório são instrumentos que viabilizam o atendimento da função socioambiental da propriedade, não sendo possível, entretanto, que o proprietário seja obrigado a utilizar o imóvel já edificado.

A: incorreta. O uso nocivo da propriedade foi abordado pelo Código Civil sob o título "Do Uso Anormal da Propriedade" (arts. 1.277 a 1.281); **B:** incorreta. A subutilização do imóvel deve seguir os requisitos especificados no plano diretor, que deve ser publicado por lei ordinária municipal; **C:** correta, nos termos do art. 182, § 4º, da CF; **D:** incorreta. A rigor, a função ambiental da propriedade não foi ainda regulamentada por nenhuma lei especial; **E:** incorreta. A utilização compulsória está expressamente prevista como instrumento do cumprimento da função social da propriedade no art. 5º do Estatuto das Cidades.

Gabarito "C"

(Ministério Público/MT – 2012 – UFMT) À luz da matéria urbanística, assinale a assertiva **INCORRETA**.

(A) É o Plano Diretor do município que estabelece quando uma propriedade urbana cumpre a sua função social.

(B) A realização de Estudo de Impacto Ambiental para determinado empreendimento supre a necessidade de realização do Estudo de Impacto de Vizinhança.

(C) Os planos diretores são obrigatórios para todas as cidades onde o Poder Público municipal pretenda utilizar os instrumentos do parcelamento ou edificação compulsórios, IPTU progressivo no tempo e desapropriação com pagamento de títulos, inclusive para aquelas com menos de vinte mil habitantes.

(D) A instituição de Zonas Especiais de Interesse Social (ZEIS) permite a aplicação de normas especiais de uso e ocupação do solo para fins de regularização fundiária de áreas urbanas ocupadas em desconformidade com a legislação de parcelamento, uso e ocupação do solo e de edificações.

(E) O art. 145, inciso II, da Constituição Federal prevê o instituto da contribuição de melhoria que nada mais é do que o retrato do princípio urbanístico da "afetação das mais-valias ao custo da urbanificação" concretizado no Código Tributário Nacional (arts. 81 e 82) e no Estatuto da Cidade (art. 2º, IX; art. 4º, IV, "b").

A: correta, nos termos do art. 39 do Estatuto das Cidades; **B:** incorreta, devendo ser assinalada. Trata-se de documentos com objetivos e requisitos distintos, que não se confundem ou substituem. Nos termos do art. 38 do Estatuto da Cidade, o EIV será elaborado independentemente da apresentação do EIA; **C:** correta. Tais medidas coercitivas somente poderão ser utilizadas se estiverem previstas no plano diretor (art. 41, I e III, do Estatuto das Cidades); **D:** correta, por transpor sem qualquer equívoco o conceito de zonas especiais de interesse social; **E:** correta. A contribuição de melhoria é realmente reflexo do princípio da afetação das mais-valias ao custo da urbanificação, ao lado do princípio da vedação ao enriquecimento sem causa.

Gabarito "B"

(Ministério Público/MT – 2012 – UFMT) Leia atentamente a situação abaixo descrita.

"A" possui um lote em área urbana. Na época em que ele adquiriu o imóvel encontrava-se em vigência lei municipal de uso e ocupação do solo que estabelecia um determinado coeficiente de construção. Passado um ano, ele resolveu construir no lote, quando, então, teve indeferido o seu pedido de licença para edificar sob o argumento de que nova lei municipal de uso e ocupação do solo havia restringido o coeficiente de construção do terreno pela metade. No entanto, o seu vizinho ³B´, utilizando-se de planta de construção similar, iniciou a edificação no seu respectivo lote, de acordo com licença para construir outorgada pelo poder público municipal antes da vigência da nova lei municipal, muito embora não tenha se valido de todas as possibilidades construtivas vigentes na lei anterior.

Sobre essa situação, analise as assertivas.

I. Assiste a "A" o direito de construir com base nos coeficientes previstos na legislação de uso e ocupação do solo vigente quando ele adquiriu o terreno e que lhe ensejava utilização mais ampla, pois a legislação superveniente não pode produzir efeitos retroativos e atingir direito adquirido de edificar no lote de acordo com as condições legais existentes quando da sua aquisição.

II. Assiste a "B" o direito de construir com base nos coeficientes previstos na legislação de uso e ocupação do solo vigente quando da obtenção da licença para edificar e que lhe ensejava utilização mais ampla do lote.

III. Como ainda não houve a conclusão da obra e em respeito ao princípio da função social da propriedade urbana, "B" terá que ajustar a respectiva planta aos padrões da nova lei municipal de uso e ocupação do solo, obtendo nova licença de construção.

IV. A revogação da licença para construir outorgada a "B", com base na nova lei de uso e ocupação do solo, equivale à desapropriação de direito, obrigando o poder público municipal a indenizar o proprietário.

Estão corretas as assertivas:

(A) I e III.

(B) II e IV.

(C) I e IV.

(D) II e III.

(E) III e IV.

As quatro assertivas versam, basicamente, sobre o momento de aferição do direito conferido pela licença para construir. Essa é ato administrativo que, como qualquer outro, não pode afastar-se da legalidade estrita. Assim, será concedido conforme a lei vigente no momento do pedido, não havendo qualquer espécie de direito adquirido intangível por conta exclusivamente da compra do terreno. Isso torna incorreta a afirmação I e correta a II. Após a concessão da licença, temos um exemplo de ato jurídico perfeito, esse sim protegido diretamente pela CF (art. 5º, XXXVI) e pela Lei de Introdução às Normas do Direito Brasileiro (art. 6º). Nessa situação, não é possível exigir qualquer alteração na obra iniciada por "B" ou mesmo a supressão da licença, sob pena de inconstitucionalidade e ilegalidade do ato. Incorreta, destarte, a afirmação III e correta a IV.

Gabarito "B"

(Ministério Público/RR – 2012 – CESPE) Com base nas regras e princípios relativos ao uso da propriedade urbana em prol do bem coletivo e do equilíbrio ambiental, assinale a opção correta.

(A) A propriedade urbana cumpre sua função social quando atende às exigências fundamentais de ordenação da cidade listadas no plano diretor, cuja implantação é obrigatória para cidades com mais de vinte mil habitantes.

(B) A proteção ao meio ambiente refere-se não só ao seu aspecto natural, mas também ao cultural e ao artificial, incluído, neste último, o meio ambiente do trabalho.

(C) Desapropriado solo urbano devido ao descumprimento de imposição de edificação compulsória, poderá o poder público alienar o terreno a terceiros, mediante licitação, cujo edital deve estipular a edificação a ser erigida, se diversa daquela exigida do proprietário original.

(D) A usucapião especial urbana é forma de aquisição de propriedade imóvel por aquele que possuir, como sua, área urbana de até 250 m^2, por dez anos, ininterruptamente e sem oposição, desde que utilizada para sua moradia ou de sua família, não podendo ele ser proprietário de outro imóvel.

(E) Para proteger áreas de interesse histórico ou cultural, o poder público estadual pode utilizar-se do direito de preempção, que lhe garante preferência na aquisição de imóvel urbano objeto de alienação onerosa entre particulares.

A: correta, nos termos do art. 182, §§ 1º e 2º, da CF; **B:** incorreta. O meio ambiente do trabalho não se confunde com o meio ambiente artificial. Aquele se refere às condições de trabalho dos obreiros, enquanto esse abrange os aspectos constituintes do espaço urbano. O meio ambiente do trabalho pode também ser rural, daí porque o artificial não está incluído nele; **C:** incorreta apenas na parte onde se exige, como condição do edital, a estipulação da edificação a ser erigida (art. 8º, § 5º, do Estatuto das Cidades); **D:** incorreta. A usucapião especial urbana ocorre no prazo de **05 anos,** verificados os requisitos expostos na alternativa (art. 183 da CF, art. 1.240 do CC e art. 9º do Estatuto das Cidades); **E:** incorreta apenas porque o direito de preempção compete ao poder público **municipal** (art. 25 do Estatuto das Cidades).

Gabarito "A"

(Ministério Público/CE – 2011 – FCC) Considere os seguintes dispositivos da Lei Federal n. 10.257, de 2001, denominada Estatuto da Cidade:

Art. 5º Lei municipal específica para área incluída no plano diretor poderá determinar o parcelamento, a edificação ou a utilização compulsórios do solo urbano não edificado, subutilizado ou não utilizado, devendo fixar as condições e os prazos para implementação da referida obrigação.

Art. 7º Em caso de descumprimento das condições e dos prazos previstos na forma do caput do art. 5º desta Lei, (...) o Município procederá à aplicação do imposto sobre a propriedade predial e territorial urbana (IPTU) progressivo no tempo, mediante a majoração da alíquota pelo prazo de cinco anos consecutivos.

Art. 8º Decorridos cinco anos de cobrança do IPTU progressivo sem que o proprietário tenha cumprido a obrigação de parcelamento, edificação ou utilização, o Município poderá proceder à desapropriação do imóvel, com pagamento em títulos da dívida pública.

Diante da disciplina constitucional da matéria, tem-se que

(A) o disposto no artigo 5º é incompatível com a Constituição da República, que não autoriza à lei municipal prever a obrigatoriedade de parcelamento de solo urbano não edificado, subutilizado ou não utilizado.

(B) o disposto no artigo 7º é incompatível com a Constituição da República, no que se refere à progressividade do IPTU no tempo.

(C) o disposto no artigo 8º é incompatível com a Constituição da República, uma vez que a desapropriação somente pode ocorrer mediante prévia e justa indenização em dinheiro.

(D) as disposições legais transcritas são incompatíveis com a Constituição da República, por invadirem competência atribuída pela Constituição ao Município.

(E) as disposições legais transcritas são compatíveis com a Constituição da República.

A: incorreta. O art. 182, § 4º, da CF autoriza a medida por meio de lei municipal; **B:** incorreta. O IPTU progressivo no tempo está previsto no art. 182, § 4º, II, da CF como uma das sanções previstas pela não edificação, subutilização ou não utilização do imóvel urbano; **C:** incorreta. A própria CF autoriza a exceção à regra da indenização em dinheiro no art. 182, § 4º, III; **D:** incorreta. Tais medidas deverão implementadas por lei municipal nos termos da lei federal (art. 182, § 4º, da CF), o que denota que o Estatuto das Cidades não usurpou a competência dos municípios; **E:** correta, pois há a compatibilidade das disposições legais citadas com a CF.

Gabarito "E"

(Ministério Público/RJ – 2011) Certo Município desapropriou alguns imóveis antigos situados nas proximidades do centro da cidade, com o objetivo de implementar plano de reurbanização. No que tange a tais desapropriações, é correto afirmar que:

(A) as indenizações devem alcançar apenas parcialmente o valor dos imóveis, tendo em vista a antiguidade destes;

(B) o Município deve indenizar os proprietários mediante títulos da dívida pública, previamente aprovados pelo Senado Federal;

(C) parte do pagamento das indenizações deverá ser em dinheiro e parte em títulos da dívida pública;

(D) as indenizações devidas aos proprietários pelo Município devem ser prévias, justas e em dinheiro;

(E) os títulos da dívida pública indenizatórios devem ter prazo de resgate de dez anos, assegurados o valor real da indenização e os juros legais.

O candidato deve ter cuidado para não confundir a desapropriação em geral, que sempre deve ser fundada no bem comum e no interesse da coletividade (que reflete a finalidade pública do ato administrativo), com a desapropriação-sanção pelo descumprimento da função social da propriedade prevista no art. 182, § 4º, da CF e art. 8º do Estatuto das Cidades. A situação descrita no enunciado (desapropriação para fins de reurbanização) enquadra-se no primeiro conceito, razão pela qual não há que se falar em qualquer limitação da indenização ou pagamento em títulos da dívida pública. Afinal, seus proprietários não descumpriram nenhuma determinação legal ou regulamentar ou ignoraram o princípio da função social da propriedade. Tratar-se-á de indenização prévia, justa (ou seja, abrangendo a totalidade do imóvel) e em dinheiro (art. 182, § 3º, da CF).

Gabarito "D"

(Ministério Público/ES – 2010 – CESPE) A cidade representa a expansão criativa do homem, pois resulta da ação humana como agente modificador da natureza para a criação e ampliação do espaço urbano. Acerca desse assunto, assinale a opção correta.

(A) O estudo de impacto ambiental, apesar de constituir instrumento da Política Nacional de Meio Ambiente, só pode ser empregado no meio natural.

(B) A matéria urbanística não foi abordada, nem de modo indireto, pelo legislador constituinte; só existe regulamentação do tema nos planos diretores estaduais.

(C) A competência para ordenar o pleno desenvolvimento das funções sociais das cidades e garantir o bem-estar de seus habitantes é do município.

(D) O Estatuto da Cidade não disciplina o planejamento municipal, pois isso deve ser feito pelo plano diretor.

(E) No ordenamento brasileiro, não há previsão de usucapião especial de imóvel urbano.

A: incorreta, pois o EIA aplica-se às demais espécies de bem ambiental, estando previsto, inclusive, no Estatuto da Cidade (art. 4º, VI, da Lei 10.257/2001); **B:** incorreta, pois tal matéria está prevista no art. 182 da CF; **C:** correta, pois o art. 182 da CF faz referência ao Poder Público Municipal; **D:** incorreta, pois as normas gerais sobre direito urbanístico são determinadas pela União (art. 24, I e § 1º, da CF), por meio do Estatuto da Cidade, sendo que o plano diretor é um dos **instrumentos** da política básica de desenvolvimento urbano; **E:** incorreta, pois o instituto é previsto no art. 183 da CF, art. 9º do Estatuto da Cidade e art. 1.240 do CC.

Gabarito "C"

(Ministério Público/MA – 2009) Segundo o Estatuto da Cidade (Lei n. 10.257/2001), o qual regulamenta os artigos 182 e 183 da Constituição Federal, estabelece diretrizes gerais da política urbana e dá outras providências, pode-se afirmar que:

(A) o direito de superfície, que pode ser transferido a terceiros, abrange o direito de utilizar o solo, o subsolo ou o espaço aéreo relativo ao terreno, na forma estabelecida no contrato respectivo, atendida a legislação urbanística;

(B) o direito de superfície não pode ser transferido a terceiros;

(C) o direito de superfície somente extinguir-se-á ao final do contrato, ainda que o superficiário dê ao terreno destinação diversa daquela para a qual for concedida;

(D) o direito de superfície não se transmite aos herdeiros;

(E) a extinção do direito de superfície não precisa ser averbada no cartório de registro de imóveis.

A: correta, nos termos do art. 21, §§ 1º e 4º, da Lei 10.257/2001; **B:** incorreta, pois o direito de superfície pode ser transferido a terceiros, obedecidos os termos do contrato respectivo (art. 21, § 4º, da Lei 10.257/2001); **C:** incorreta, pois o direito de superfície extingue-se pelo advento do termo e pelo descumprimento das obrigações contratuais assumidas pelo superficiário (art. 23 da Lei 10.257/2001); **D:** incorreta, pois o direito transmite-se aos herdeiros (art. 21, § 5º, da Lei 10.257/2001); **E:** incorreta, pois a extinção deve ser averbada no cartório de registro de imóveis (art. 24, § 2º, da Lei 10.257/2001).

Gabarito "A"

(Ministério Público/MG – 2010.1) A respeito do Estatuto da Cidade (Lei Federal n. 10.257, de 10 de julho de 2001), pode-se afirmar

I. O Estatuto da Cidade estabelece normas de ordem pública e interesse social que regulam o uso da propriedade urbana em prol do bem coletivo, da segurança e do bem-estar dos cidadãos, bem como do equilíbrio ambiental.

II. São diretrizes gerais da política urbana, entre outras, a integração e complementaridade entre as atividades urbanas e rurais, tendo em vista o desenvolvimento socioeconômico do Município e do território sob sua área de influência, bem como a adoção de padrões de produção e consumo de bens e serviços e de expansão urbana compatíveis com os limites da sustentabilidade ambiental, social e econômica do Município e do território sob sua área de influência.

III. O plano diretor, aprovado por lei municipal e considerado o instrumento básico da política de desenvolvimento e expansão urbana, poderá fixar áreas nas quais o direito de construir poderá ser exercido acima do coeficiente de aproveitamento básico adotado, que é a relação entre a área edificável e a área do terreno, ficando os beneficiários isentos de contrapartida.

IV. O direito de preempção, que confere ao Poder Público municipal preferência para aquisição de imóvel urbano objeto de alienação onerosa entre particulares, poderá ser exercido para fins de implantação de equipamentos urbanos e comunitários, criação de espaços públicos de lazer e áreas verdes, criação de unidades de conservação ou proteção e outras áreas de interesse ambiental, bem como para a proteção de áreas de interesse histórico, cultural ou paisagístico.

V. O Estudo de Impacto de Vizinhança (EIV), que deve contemplar os efeitos positivos e negativos de atividade ou empreendimento a ser implantado em área urbana, inclusive em relação a bens de valor natural e/ou histórico-cultural, pode substituir o Estudo de Impacto Ambiental (EIA).

Assinale a opção CORRETA.

(A) I, II, III e V estão corretas.

(B) I, II, III e IV estão corretas.

(C) I, II e III estão corretas.

(D) I, II e IV estão corretas.

(E) Todas estão corretas.

I: correta, conforme art. 1º, parágrafo único, da Lei 10.257/2001; **II:** correta, nos termos do art. 2º, VII e VIII, da Lei 10.257/2001; **III:** incorreta, pois, nesse caso, o beneficiário deverá prestar contrapartida (art. 28 da Lei 10.257/2001); **IV:** correta, conforme art. 25, *caput*, e 26, V a VIII, da Lei 10.257/2001; **V:** incorreta, pois a elaboração do EIV não substitui a elaboração do EIA (art. 38 da Lei 10.257/2001).

Gabarito "D"

(Ministério Público/RN – 2009 – CESPE) Acerca das diretrizes gerais da política urbana, assinale a opção correta à luz do Estatuto da Cidade – Lei n. 10.257/2001.

(A) A desapropriação é instrumento de política urbana.

(B) O tombamento de imóveis não é considerado instrumento de política urbana.

(C) O plano diretor é parte integrante do processo de planejamento municipal, devendo suas diretrizes e prioridades estar incorporadas no plano plurianual e nas diretrizes orçamentárias, com exceção do orçamento anual.

(D) A lei que institui o plano diretor, aprovado por lei municipal, deve ser revista, pelo menos, a cada dois anos.

(E) O plano diretor é obrigatório para cidades com mais de dez mil habitantes.

A: correta, nos termos do art. 4º, V, "a", do Estatuto da Cidade; **B:** incorreta. O tombamento está expressamente incluído como um instrumento jurídico e político da política urbana no art. 4º, V, "d", do Estatuto da Cidade; **C:** incorreta. O plano diretor deve também ajustar-se à lei orçamentária anual (art. 40, § 1º, do Estatuto da Cidade); **D:** incorreta. A revisão é obrigatória a cada dez anos (art. 40, § 3º, do Estatuto da Cidade); **E:** incorreta. O plano diretor é obrigatório para cidades com mais de 20 mil habitantes (art. 41, I, do Estatuto da Cidade).

Gabarito "A"

(Ministério Público/RS – 2009) À luz da Lei n. 10.257/2001, Estatuto da Cidade, considere as seguintes afirmações no que se refere aos instrumentos para a execução da política urbana:

I. O mau uso do solo urbano autoriza que o Município proceda à aplicação do Imposto sobre a Propriedade Predial e Territorial Urbana (IPTU) progressivo no tempo mediante a majoração da alíquota por prazo fixado em lei municipal.

II. A drástica medida da desapropriação com pagamento em títulos, por aproveitamento inadequado do imóvel urbano, está em conformidade com a Constituição Federal.

III. O parcelamento, a edificação ou a utilização compulsória do solo urbano exigem a notificação do proprietário pelo Poder Executivo Municipal para o cumprimento da obrigação e a respectiva averbação no Cartório de Registro de Imóveis.

IV. Para fins de parcelamento, edificação ou utilização compulsória do solo urbano, é imprescindível a existência de plano diretor e de lei municipal específica para tanto.

Quais estão corretas?

(A) Apenas II, III e IV.

(B) Apenas I, II e III.

(C) Apenas I e IV.

(D) Apenas I e II.

(E) Todas estão corretas

I: incorreta. A estipulação da alíquota será realmente feita por lei municipal, porém não o prazo de sua majoração. Esse já está estipulado no Estatuto da Cidade em cinco anos (art. 7º); **II:** correta. A própria CF prevê o instituto no art. 182, § 4º, III; **III:** correta, nos termos do art. 5º, § 2º, do Estatuto da Cidade; **IV:** correta. A aplicação dos institutos está condicionada à existência de plano diretor e de lei municipal específica, conforme se depreende do art. 5º, *caput*, do Estatuto da Cidade.

Gabarito "A"

4. USUCAPIÃO ESPECIAL URBANA E USUCAPIÃO COLETIVA

(Ministério Público/SP – 2012 – VUNESP) Dentre os instrumentos da política urbana, previstos no Estatuto das Cidades (Lei n. 10.257/2001), figuram a desapropriação e a usucapião especial de imóvel urbano. A propósito desses instrumentos, é correto afirmar:

(A) É obrigatória a intervenção do Ministério Público nas ações de desapropriação e de usucapião especial de imóvel urbano.

(B) Na ação judicial de usucapião especial de imóvel urbano, o rito processual a ser observado é o ordinário.

(C) Associação de moradores da comunidade, com regular personalidade jurídica, é, por si própria, parte legítima para a ação de usucapião urbana.

(D) A aquisição individual de domínio pela usucapião especial de imóvel urbano só poderá ocorrer em imóveis não edificados de até 250 m^2.

(E) Áreas urbanas com mais de 250 m^2, ocupadas por população de baixa renda para sua moradia, por mais de 5 anos ininterruptamente e sem oposição, são susceptíveis de serem usucapidas coletivamente.

A: incorreta. A intervenção do MP é obrigatória apenas na usucapião especial urbana (art. 12, § 1º, do Estatuto da Cidade); **B:** incorreta. Deverá ser observado o rito sumário por expressa determinação do art. 14 do Estatuto da Cidade; **C:** incorreta. A associação de moradores regularmente constituída será admitida como parte na ação de usucapião especial urbana apenas na qualidade de substituto processual e desde que explicitamente autorizada pelos representados (art. 12, III, do Estatuto da Cidade); **D:** incorreta. Imóveis edificados também estão sujeitos à usucapião especial urbana (art. 9º do Estatuto da Cidade); **E:** correta. Trata-se da usucapião coletiva prevista no art. 10 do Estatuto da Cidade.

Gabarito "E"

(Ministério Público/RS – 2009) Especificamente quanto a um dos mais importantes instrumentos de ordenação do meio ambiente artificial, a usucapião prevista no Estatuto da Cidade, considere as seguintes assertivas:

I. A usucapião especial coletiva destina-se à população de baixa renda.

II. A usucapião especial de imóvel urbano exige a destinação do bem à moradia do possuidor ou de sua família, havendo vedação legal expressa à utilização mista.

III. A usucapião especial de imóvel urbano poderá ser invocada como matéria de defesa, valendo a sentença que a reconhecer como título para registro no cartório de Registro de Imóveis.

IV. Na sentença que declarar a usucapião especial coletiva, o juiz atribuirá igual fração ideal de terreno a cada possuidor, independentemente da dimensão do terreno que cada um ocupe, ressalvada a existência de acordo escrito entre os condôminos, estabelecendo frações ideais diferenciadas.

Quais estão corretas?

(A) Apenas I e III.

(B) Apenas I, III e IV

(C) Apenas II e III.

(D) Apenas II e IV.

(E) Todas estão corretas

I: correta, nos termos do art. 10 do Estatuto da Cidade; **II:** incorreta. Tal vedação não é encontrada no Estatuto da Cidade. É completamente possível a coexistência de posses, conforme se verifica no art. 9º, § 1º, do Estatuto; **III:** correta, nos termos do art. 13 do Estatuto da Cidade; **IV:** correta, nos termo do art. 10, § 3º, do Estatuto da Cidade.

Gabarito "B"

5. TEMAS COMBINADOS

(Ministério Público/SC – 2012) Analise as assertivas a seguir.

I. Considera-se, para os efeitos da Lei n. 11.428/2006, *pousio* a prática que prevê a interrupção de atividades ou usos agrícolas, pecuários ou silviculturais do solo por até 05 (cinco) anos para possibilitar a recuperação de sua fertilidade.

II. Não será permitido o parcelamento do solo: em terrenos com declividade igual ou superior a 30% (trinta por cento), salvo se atendidas exigências específicas das autoridades competentes.

III. Os loteamentos deverão atender, área mínima de 100m² (cento metros quadrados) e frente mínima de 5 (cinco) metros, salvo quando o loteamento se destinar a urbanização específica ou edificação de conjuntos habitacionais de interesse social, previamente aprovados pelos órgãos públicos competentes, segundo a Lei 6.766/1979.

IV. Para a indicação dos beneficiários do Programa Minha Casa Minha Vida, deverão ser observados, comprovação de que o interessado integra família com renda mensal de até R$ 4.650,00 (quatro mil, seiscentos e cinquenta reais), e prioridade de atendimento às famílias com mulheres responsáveis pela unidade familiar;

V. Excluem-se do patrimônio histórico e artístico nacional as obras de origem estrangeira, que adornem quaisquer veículos pertencentes a empresas estrangeiras, que façam carreira no país.

(A) Apenas as assertivas I, II e III estão corretas.

(B) Apenas as assertivas II, III e IV estão corretas.

(C) Apenas as assertivas III, IV e V estão corretas.

(D) Apenas as assertivas II, IV e V estão corretas.

(E) Todas as assertivas estão corretas.

I: incorreta. O art. 3º, III, da Lei 11.428/2006 prevê a prática do pousio por até 10 anos; **II:** correta, nos termos do art. 3º, parágrafo único, III, da Lei 6.766/1979; **III:** incorreta. A área mínima do lote de terreno é de 125m², conforme art. 4º, II, da Lei 6.766/1979; **IV:** correta, nos termos do art. 3º, I e IV, da Lei 11.977/2009; **V:** correta, nos termos do art. 3º, item 2, do Decreto-lei 25/1937.

Gabarito "D"

(Ministério Público/SC – 2012) Analise as assertivas a seguir.

I. As atividades e projetos que envolvam Organismo Geneticamente Modificados e seus derivados, relacionados ao ensino com manipulação de organismos vivos, à pesquisa científica, ao desenvolvimento tecnológico e à produção industrial ficam restritos ao âmbito das de entidades de direito público, que serão responsáveis pela obediência aos preceitos da Lei n. 11.105/2005 e de sua regulamentação, bem como pelas eventuais consequências ou efeitos advindos de seu descumprimento.

II. Em caso de alienação do terreno, ou do direito de superfície, o superficiário e o proprietário, respectivamente, terão direito de preferência, em igualdade de condições à oferta de terceiros.

III. Segundo disposição do Estatuto das Cidades, decorridos cinco anos de cobrança do IPTU progressivo sem que o proprietário tenha cumprido a obrigação de parcelamento, edificação ou utilização, o Município poderá proceder à desapropriação do imóvel, com pagamento em títulos da dívida pública.

IV. As áreas urbanas com mais de duzentos e cinquenta metros quadrados, ocupadas por população de baixa renda para sua moradia, por cinco anos, ininterruptamente e sem oposição, onde não for possível identificar os terrenos ocupados por cada possuidor, são susceptíveis de serem usucapidas coletivamente, desde que os possuidores não sejam proprietários de outro imóvel urbano ou rural.

V. A Lei n. 11.105/2005 veda expressamente que as organizações estrangeiras ou internacionais financiem ou patrocinem atividades ou projetos relativos à construção, o cultivo, a produção, a manipulação, o transporte, a transferência, a importação, a exportação, o armazenamento, a pesquisa, a comercialização, o consumo, a liberação no meio ambiente e o descarte de organismos geneticamente modificados e seus derivados.

(A) Apenas as assertivas I, II e III estão corretas.

(B) Apenas as assertivas II, III e IV estão corretas.

(C) Apenas as assertivas III, IV e V estão corretas.

(D) Apenas as assertivas I, III e IV estão corretas.

(E) Todas as assertivas estão corretas.

I: incorreta. O art. 2º da Lei 11.105/2005 autoriza também atividades e projetos realizados por pessoas jurídicas de direito privado; **II:** correta, nos termos do art. 22 do Estatuto da Cidade; **III:** correta, conforme disposto no art. 8º do Estatuto da Cidade; **IV:** correta, conforme previsto no art. 10 do Estatuto da Cidade; **V:** incorreta. Não há qualquer vedação dessa natureza na Lei 11.105/2005.

Gabarito "B"

(Ministério Público/SC – 2010) Julgue os seguintes itens.

I. A concessão do direito de superfície somente ocorre na forma onerosa.

II. O direito de preempção será exercido pelo Poder Público quando necessitar de áreas para, constituição de reserva fundiária, implantação de equipamentos urbanos e comunitários, e, também para a criação de espaços públicos de lazer e áreas verdes.

III. Considera-se desmembramento a subdivisão de gleba em lotes destinados a edificação, com aproveitamento do sistema viário existente, desde que não implique na abertura de novas vias e logradouros públicos, nem no prolongamento, modificação ou ampliação dos já existentes.

IV. A Lei 6.766/1979, exige como um dos requisitos para o loteamento, que os lotes tenham área mínima de 150 m^2 (cento e cinquenta metros quadrados) e frente mínima de 5 (cinco) metros, salvo quando a legislação estadual ou municipal determinar maiores exigências, ou quando o loteamento se destinar a urbanização específica ou edificação de conjuntos habitacionais de interesse social, previamente aprovados pelos órgãos públicos competentes;

V. Segundo Lei 14.661/1979, o Mosaico de Unidades de Conservação da Serra do Tabuleiro e Terras de Massiambu, passou também a ser constituído pelas Unidades de Proteção Integral – Parque Estadual da Serra do Tabuleiro – PEST, Unidade de Uso Sustentável – Área de Proteção Ambiental da Vargem do Braço, Unidade de Uso Sustentável - Área de Proteção Ambiental da Vargem do Cedro, e Unidade de Uso Sustentável – Área de Proteção Ambiental do Entorno Costeiro do Parque Estadual da Serra do Tabuleiro.

(A) Apenas as assertivas I, II e III estão corretas.

(B) Apenas as assertivas I II e IV estão corretas.

(C) Apenas as assertivas II, III e IV estão corretas.

(D) Apenas as assertivas II, III e V estão corretas.

(E) Apenas as assertivas III, IV e V estão corretas.

I: incorreta, pois a concessão do direito de superfície pode ser gratuita ou onerosa (art. 21, § 2º, da Lei 10.257/2001); **II:** correta, nos termos do art. 26, III, V e VI, da Lei 10.257/2001; **III:** correta, conforme art. 2º, § 2º, da Lei 6.766/1979; **IV:** incorreta, pois os lotes terão área mínima de 125 m^2 e não de 150 m^2 (art. 4º, II, da Lei 6.766/1979); **V:** correta, conforme disposto na Lei Estadual 14.661/1979 do Estado de Santa Catarina.

Gabarito "D"

(Ministério Público/SC – 2008) Analise as seguintes assertivas:

I. A lei que instituir o plano diretor deverá ser revista, pelo menos, a cada dez anos. O plano diretor é obrigatório para cidades com mais de quinze mil habitantes;

II. Segundo a lei de loteamentos são retratáveis os compromissos de compra e venda, cessões e promessas de cessão, os que atribuam direitos à adjudicação compulsória e, estando registrados, confiram direito real oponível a terceiros.

III. Dependem de outorga pelo Poder Público, conforme definido em regulamento, o uso de recursos hídricos para a satisfação das necessidades de pequenos núcleos populacionais, distribuídos no meio rural;

IV. zona de amortecimento é o entorno de uma unidade de conservação, onde as atividades humanas estão sujeitas as normas e restrições específicas, com o propósito de minimizar os impactos negativos sobre a unidade;

V. Passam a constituir a receita do Fundo de Reconstituição de Bens Lesados os honorários advocatícios decorrentes de ações civis públicas interpostas e vencidas pelo Ministério Público, exceto aquelas de responsabilidade do Estado de Santa Catarina.

(A) apenas III, IV e V, são incorretas;

(B) apenas I, II e IV são incorretas;

(C) apenas II, III e IV são incorretas;

(D) apenas I, II e III são incorretas;

(E) apenas I, III e V são incorretas;

I: incorreta. O plano diretor é obrigatório para cidades com mais de 20 mil habitantes (art. 41, I, do Estatuto da Cidade); **II:** incorreta. O art. 25 da Lei 6.766/1979 rotula tais compromissos como **irretratáveis; III:** incorreta. A outorga é expressamente dispensada para a exploração de tais recursos hídricos (art. 12, § 1º, I, da Lei 9.433/1997); **IV:** correta, nos termos do art. 2º, XVIII, da Lei 9.985/2000; **V:** correta, nos termos do art. 4º do Decreto Estadual 2.666/2004 de Santa Catarina.

Gabarito "D"

20. Direito Agrário

Henrique Subi

1. ASPECTOS HISTÓRICOS

(Ministério Público/AM – 2008 – CESPE) Pode-se dizer que, no Brasil, a história do regime jurídico da propriedade imóvel iniciou-se pela instalação de sistema fundiário com raízes feudais, baseado nos institutos das capitanias hereditárias e das sesmarias. Esse regime foi progressivamente substituído pelo sistema liberal de propriedade privada, que ganhou maior visibilidade com a promulgação da Lei de Terras – Lei nº 601/1850 – e se consolidou com o advento do Código Civil de 1916. A respeito da posterior evolução desse processo, ao longo do século XX, no Brasil, assinale a opção correta.

(A) A propriedade imóvel recuperou progressivamente seu caráter de bem estatal, em detrimento da autonomia individual que caracteriza o direito privado.

(B) O Código Civil de 1916, por estabelecer um domínio privado composto por *jus utendi, fruendi* e *abutendi*, finalmente permitiu que fosse instituído um registro geral de terras privadas e uma legislação sobre hipotecas, já que, antes do advento da República, inexistia lei que autorizasse a livre disposição dos imóveis para formar garantia real.

(C) A crescente percepção dos aspectos sociais e econômicos relacionados aos direitos sobre coisas levou ao abrandamento doutrinário do caráter absoluto do direito de propriedade privada, compatibilizando-o com a ideia de função social da propriedade.

(D) A propriedade privada progressivamente deixou de ser um instituto predominantemente disciplinador de direito individual sobre bens corpóreos e passou a designar o poder do indivíduo sobre todos os elementos de seu patrimônio, permitindo a titularidade de créditos, contratos e outros direitos similares sob tal regime jurídico.

(E) A concepção da terra como unidade econômica essencialmente voltada para a produção de bens agrários fez que a legislação a respeito de direitos reais sobre imóveis se dividisse em dois códigos, o Código Civil, para imóveis urbanos, e o Estatuto da Terra, para imóveis rurais.

A: incorreta. A Constituição Federal estabelece de forma clara e com *status* de direito fundamental a propriedade privada; **B:** incorreta. A gravação de imóvel por ônus real remonta a tempos anteriores ao Código Civil; **C:** correta. De fato, a legislação brasileira, hoje, incluindo a Constituição Federal, o Estatuto da Terra e o Código Civil, abranda o caráter absoluto do direito de propriedade, para que este seja exercido em razão e nos limites da função social da propriedade; **D:** incorreta. É fato que bens incorpóreos também se submetem ao regime jurídico da propriedade, mas isso não se relaciona com a evolução do Direito Agrário; **E:** incorreta. O Código Civil é aplicado subsidiariamente às determinações constantes do Estatuto da Terra, não havendo a dicotomia sugerida pela alternativa.

Gabarito "C"

(Ministério Público/RO – 2008 – CESPE) A respeito das fases que demarcam a história da estrutura fundiária brasileira, assinale a opção correta.

(A) O período de sesmarias caracterizou-se por legislação colonial feita especialmente para o Brasil. Nesse período, a Coroa mantinha o domínio das terras e concedia apenas o seu uso aos sesmeiros, que deveriam confirmar a efetiva ocupação dos imóveis, tornando-os produtivos.

(B) O período das posses, que se iniciou com a independência do Brasil, implicou a revogação do sistema das sesmarias, que, entretanto, não foi substituído por institutos que disciplinassem a atribuição de domínio das terras, apesar de a Constituição de 1824 garantir o direito de propriedade.

(C) Com a edição da Lei de Terras – Lei n. 601/1850 –, o regime de posses foi afastado, tendo-se atribuído a propriedade de terras a todos que demonstrassem título anterior ou posse, permitindo-se também a usucapião de terras devolutas ainda não ocupadas.

(D) O Código Civil de 1916 consolidou o parâmetro republicano, estabelecendo um cadastro geral de terras, públicas e particulares, e determinando que elas deveriam ser inscritas, sem distinção, no Registro de Imóveis.

(E) A Constituição de 1988 inovou, ao instituir a ideia da função social da propriedade no direito brasileiro, pela qual a posição do proprietário compreende, além de direitos, deveres que condicionam a manutenção e o exercício dessas prerrogativas.

A ordem correta das fases históricas da estrutura fundiária no Brasil é a seguinte: a) regime das *sesmarias* (a partir de 1531 – quem cumpria os requisitos, recebia o domínio útil da coisa); b) regime das *posses* (época de grande insegurança, prevalecendo a lei do mais forte); c) regime da *propriedade privada* (iniciado com a Lei de Terras – Lei 601/1850). Incorretas, portanto, as alternativas "A" e "C" e correta a alternativa "B". A letra "D" está incorreta porque o Código Civil de 1916 não trouxe qualquer disposição nesse sentido. A alternativa "E" está incorreta porque o conceito de função social da propriedade é anterior à Constituição Federal de 1988, já podendo ser encontrado, por exemplo, no art. 2º, § 1º, do Estatuto da Terra.

Gabarito "B"

2. CONTRATOS AGRÁRIOS

(Ministério Público/RR – 2012 – CESPE) Com relação a posse de imóvel rural, títulos de crédito rural e contratos agrários, assinale a opção correta.

(A) De acordo com entendimento do STJ, é permitida a capitalização de juros nos contratos de crédito rural, mesmo que não haja pacto expresso neste sentido.

(B) Havendo omissão do Conselho Monetário Nacional na fixação da taxa máxima admitida nos contratos de crédito rural, a título de juros remuneratórios, incide a limitação de 12% ao ano, prevista na Lei de Usura.

(C) Em caso de inadimplemento da cédula de crédito rural, é permitida a cobrança de sobretaxa de inadimplemento, de modo a elevar os juros em percentual superior a 1%.

(D) O estrangeiro não pode defender a posse de imóvel rural em caso de turbação ou esbulho.

(E) Pode ser licitamente cobrada a comissão de permanência em sede de crédito rural.

A: incorreta. O STJ reconhece como válida a capitalização mensal de juros em contratos de crédito rural, desde que expressamente convencionada. Veja a respeito o EREsp 1.134.955, DJ 24.10.2012; **B:** correta, nos termos da decisão exarada no AgRg no REsp 836.886, DJ 12.04.2011; **C:** incorreta. A jurisprudência do STJ está consolidada em sentido inverso. Veja, por exemplo, REsp 67.649, DJ 15.02.2000; **D:** incorreta. Tal direito é conferido ao estrangeiro, mesmo em caso de grandes áreas, apesar de não induzir a usucapião (STJ, REsp 171.347, DJ 14.03.2000); **E:** incorreta. Nos contratos de crédito rural é inexigível a comissão de permanência (STJ, AgRg no REsp 804.118, DJ 18.11.2008).

Gabarito "B"

3. USUCAPIÃO ESPECIAL RURAL

(Ministério Público/AM – 2008 – CESPE) A usucapião rural constitucional

(A) não decorre do Código Civil, mas diretamente da CF, razão pela qual a ela não se aplica a concepção de prescrição aquisitiva.

(B) incidirá independentemente da natureza pública ou particular do imóvel.

(C) não será reconhecida ao mesmo possuidor mais de uma vez.

(D) decorre de situação de posse qualificada, em que se exige, além do exercício de poderes inerentes ao domínio, o fato de tornar o imóvel rural produtivo.

(E) pode ser exercida por proprietário de imóvel, quanto à terra rural de até 50 hectares, contígua a sua gleba, se ele a possuir como sua por pelo menos cinco anos, sem oposição, nela fixando sua moradia.

A: incorreta, pois, além de na CF (art. 191), a usucapião rural está prevista no art. 1.239 do Código Civil, envolvendo, como em toda usucapião, a chamada prescrição aquisitiva; **B:** incorreta, pois só incide sobre bem privado (art. 191, parágrafo único, da CF); **C:** incorreta, pois não há essa limitação no texto constitucional (art. 191 da CF), ao contrário do que ocorre com a usucapião especial *urbana* (art. 183, § 2º, da CF). **D:** correta, pois a frase "exercício dos poderes inerentes ao domínio" traz o conceito de *posse*, a qual é exigida, sendo que o art. 191 exige que a terra se torne produtiva pelo trabalho do possuidor ou de sua família; **E:** incorreta, pois a usucapião especial rural não se aplica ao possuidor que já for proprietário de imóvel urbano ou rural.

Gabarito "D"

4. AQUISIÇÃO E USO DA PROPRIEDADE E DA POSSE RURAL

(Ministério Público/RR – 2012 – CESPE) No que diz respeito à desapropriação para fins de reforma agrária, à delimitação de área de reserva legal e ao ITR, assinale a opção correta.

(A) O julgamento de ação possessória anterior, com trânsito em julgado, impede o ajuizamento de ação demarcatória.

(B) De acordo com a doutrina majoritária e a jurisprudência do STJ, não cabe desapropriação por interesse social, promovida pelo INCRA, de imóvel rural localizado em área urbana.

(C) A responsabilidade pela delimitação da área de reserva legal é do proprietário rural, incumbindo ao órgão ambiental somente a aprovação da sua localização.

(D) A invasão de propriedade rural por integrantes de movimento de sem-terra não afasta a legitimidade passiva do proprietário no que se refere ao pagamento do ITR, ainda que haja privação total da posse.

(E) A invasão de propriedade rural por integrantes de movimento de sem-terra não obsta a vistoria, avaliação ou desapropriação, pelo INCRA, do imóvel para fins de reforma agrária.

A: incorreta, por contrariar o decidido no EDcl no REsp 1.221.675, DJ 05.06.2012, pelo STJ; **B:** incorreta. Para fins de desapropriação por interesse social, aplica-se o critério da destinação do imóvel (que caracteriza como rural a área destinada à extração agrícola, pecuária ou agroindustrial), pouco importando sua localização. Isso foi levado em conta pelo STJ ao conferir legitimidade ao INCRA para promover desapropriação por interesse social de imóvel que não estava cumprindo sua função social localizado em área urbana do município (AgRg na AR 3.971, DJ 11.06.2008); **C:** correta, conforme posição do STJ estampada no REsp 1.087.370, DJ 10.11.2009; **D:** incorreta. Havendo perda total da posse e dos demais direitos relativos à propriedade, para o STJ há um total esvaziamento do domínio, de forma que não se autoriza a cobrança do ITR (REsp 963.499, DJ 19.03.2009); **E:** incorreta. O STJ afasta essa possibilidade com fundamento no art. 2º, § 6º, da Lei 8.629/1993 (AgRg no AREsp 153.957, DJ 05.06.2012).

Gabarito "C"

5. DESAPROPRIAÇÃO PARA A REFORMA AGRÁRIA

(Ministério Público/MG – 2011) A Reforma Agrária visa a estabelecer um sistema de relações entre o homem, a propriedade rural e o uso da terra, capaz de promover a justiça social, o progresso e o bem-estar do trabalhador rural e o desenvolvimento econômico do país. Nesse contexto, a função social da propriedade pode ser entendida como um limite encontrado pelo legislador para delinear a propriedade, em obediência ao princípio da prevalência do interesse público sobre o interesse particular. A função social é cumprida quando a propriedade rural atende, simultaneamente, segundo critérios e graus de exigência estabelecidos em lei, aos seguintes requisitos, **EXCETO**:

I. exploração que favoreça o bem-estar dos proprietários.

II. utilização econômica dos recursos naturais disponíveis e preservação do meio ambiente.

III. observância das disposições que regulam as relações de trabalho.

IV. elevada produtividade.

Marque a opção **CORRETA**.

(A) I está correta.

(B) II e III estão corretas.

(C) I e IV estão corretas.

(D) IV está correta.

I: incorreta. O bem-estar dos proprietários está incluído como um dos parâmetros da função social da propriedade (art. 186, IV, da CF e art. 2º, § 1º, "a", da Lei 4.504/1964 – Estatuto da Terra); II: correta. A CF exige a utilização **racional** dos recursos naturais disponíveis (art. 186, II); III: incorreta. A observância das normas trabalhistas é realmente um dos requisitos do cumprimento da função social da propriedade (art. 186, III, da CF); IV: correta. Conforme o art. 2º, § 1º, "b", do Estatuto da Terra, a função social da propriedade contenta-se com níveis **satisfatórios** de produtividade.

Gabarito "D"

(Ministério Público/MG – 2011) Marque a alternativa **INCORRETA**. As desapropriações a serem realizadas pelo Poder Público, nas áreas prioritárias, recairão sobre

(A) os minifúndios e latifúndios.

(B) as áreas já beneficiadas ou a serem por obras públicas de vulto.

(C) as áreas destinadas a empreendimentos de colonização, quando estes não tiverem logrado atingir seus objetivos.

(D) as áreas que apresentem reduzida incidência de arrendatários, parceiros e posseiros.

O Estatuto da Terra, em seu art. 20, define propriedades que serão objeto preferencial de desapropriação a fim de viabilizar a reforma agrária. Todas as alternativas contemplam hipóteses ali previstas, exceto aquelas que apresentem reduzida incidência de arrendatários, parceiros e posseiros. Incorreta, portanto, a alternativa "D", que deve ser assinalada. É importante que o candidato não confunda "minifúndio" com "pequena propriedade rural". Minifúndio é a propriedade de tamanho inferior ao módulo rural, a qual, por essa razão, não apresenta, em geral, satisfatórios índices de produtividade.

Gabarito "D"

Texto para as próximas duas questões

Em 27.10.2006, Paulo e Lúcia, titulares da gleba denominada Fazenda Amapará, imóvel com tamanho correspondente a 50 módulos fiscais e no qual constam edificações, culturas e pastagens, subscreveram escritura pública de doação, pela qual transferem o imóvel, a título de adiantamento de legítima, aos seus cinco filhos, em partes iguais. Dois meses depois de lavrado o documento, foi editado decreto que declarou o imóvel como de interesse social, para fins de desapropriação para reforma agrária.

(Ministério Público/AM – 2008 – CESPE) Considerando a situação hipotética descrita no texto, assinale a opção correta.

(A) O decreto em questão pode ser editado pela unidade da Federação em que se situa o imóvel.

(B) Com a edição do decreto, os titulares perderam a posse direta do imóvel.

(C) A desapropriação poderá ser concretizada de forma amigável ou judicial.

(D) No procedimento judicial de desapropriação, a respectiva ação será proposta na justiça comum, em foro determinado pelo lugar do imóvel.

(E) O processo judicial de desapropriação se desenvolverá mediante rito sumário, com prazo de 10 dias para se contestar a ação.

A: incorreta, pois a competência para a desapropriação *por interesse social para fins de reforma agrária* é da União (art. 184, *caput*, da CF e art. 2º, *caput*, da Lei Complementar 76/1993); **B:** incorreta, pois o decreto é uma declaração da União de que esta pretende adquirir a coisa, não importando na perda da posse da coisa por parte de seus titulares; o expropriante pode, todavia, promover vistoria e avaliação do imóvel (art. 2º, § 2º, da Lei Complementar 76/1993); **C:** correta, pois a desapropriação pode se dar por acordo extrajudicial ou pelo ingresso com ação de desapropriação; em juízo, também poderá ser feito acordo (arts. 6º, § 5º, e 10, da Lei Complementar 76/1993); **D:** incorreta, pois havendo interesse da União, a ação correrá na Justiça Federal (art. 109 da CF e art. 2º, § 1º da Lei Complementar 76/1993); **E:** incorreta, pois, apesar de o rito ser sumário (art. 1º da Lei Complementar 76/1993), trata-se de *rito sumário de contraditório especial*, e o prazo para contestação é de 15 dias (art. 9º da Lei Complementar 76/1993).

Gabarito "C"

(Ministério Público/AM – 2008 – CESPE) Quanto aos critérios que serão utilizados para se decidir sobre a desapropriação judicial da gleba referida nos textos anteriores, assinale a opção correta.

(A) As benfeitorias necessariamente serão indenizadas em dinheiro, sendo vedado pagá-las em títulos da dívida agrária.

(B) Os títulos da dívida agrária entregues em pagamento do imóvel poderão ser resgatáveis em até dez anos, já que se trata de área de até três mil hectares.

(C) A referida gleba não poderá ser desapropriada se for devidamente provado que a sua exploração econômica é racional e atinge, simultaneamente, os graus exigidos de utilização da terra e de eficiência, segundo índices fixados pelo órgão federal competente.

(D) O grau de utilização do imóvel é calculado pela relação percentual entre a área efetivamente utilizada e a área aproveitável total do imóvel, incluindo-se no conceito de área efetivamente utilizada aquelas de exploração extrativa vegetal ou florestal, bem como as de efetiva exploração de jazida mineral.

(E) O grau de eficiência na exploração do imóvel será calculado para produtos vegetais, com base na divisão entre a área efetivamente plantada de cada produto pelo índice de lotação estabelecido pelo órgão competente do Poder Executivo.

A: incorreta, pois as benfeitorias necessárias e úteis serão pagas em dinheiro, ao passo que as benfeitorias voluptuárias, não (art. 184, § 1º, da CF, art. 5º, § 1º, da Lei 8.629/1993 e art. 14 da Lei Complementar 76/1993); **B:** incorreta, pois, quanto a imóveis de até 3 mil hectares, os títulos poderão ser resgatados, a partir do segundo ano de emissão, *no prazo de 5 anos (art. 5º, § 4º, I, da Lei 8.629/1993)*; **C:** correta, nos termos do art. 6º da Lei 8.629/1993 e do art. 185, II, da CF, que proíbem a desapropriação de áreas produtivas; **D:** incorreta. A afirmativa é quase toda correta, porém a parte final – em que se diz que a efetiva exploração de *jazida mineral* inclui-se no conceito de *área efetivamente utilizada* – está incorreta, pois tal exploração não se encontra nesse conceito (art. 6º, § 3º, da Lei 8.629/1993); a área sob efetiva exploração mineral é considerada *não aproveitável* (art. 10, III, da Lei 8.629/1993); **E:** incorreta, por contrariar o disposto no art. 6º, § 2º, I, da Lei 8.629/1993.

Gabarito "C"

(Ministério Público/RO – 2008 – CESPE) Três proprietários de uma gleba, situada em zona de conflito agrário, foram notificados pelo INCRA, no mês de janeiro do corrente ano, a respeito de vistoria para levantamento de dados e informações, o que ocorreu no mesmo mês. No mês de junho, o imóvel foi ocupado por manifestantes que reivindicavam sua desapropriação para fins de reforma agrária. Em seguida, foi publicado decreto presidencial declarando o imóvel de interesse social para fins de desapropriação para reforma agrária. Considerando essa situação hipotética, assinale a opção correta.

(A) O decreto declaratório deve ser necessariamente precedido de procedimento administrativo em que a administração demonstre o interesse social necessário à desapropriação, garantindo-se, aos interessados, o contraditório e a ampla defesa.

(B) A ocorrência de ocupação do imóvel por manifestantes impede o prosseguimento da desapropriação, a qual somente poderá ser retomada se ocorrer posterior desocupação, ainda na vigência do decreto declaratório.

(C) Em razão da vistoria realizada, os condôminos estarão permanentemente impedidos de desmembrar a propriedade, sendo vedados, assim, os atos que busquem criar glebas menores que o limite permitido para essa espécie de desapropriação.

(D) Por decorrer de ato discricionário da administração, é vedada a apreciação e discussão quanto ao interesse social declarado, pelo que os interessados não poderão questionar a validade do decreto declaratório, seja na própria desapropriação ou mediante ação autônoma.

(E) A administração poderá celebrar acordo com os proprietários do imóvel declarado como de interesse social para fins de reforma agrária, desapropriando-o independentemente de prévia licitação ou propositura de ação judicial.

A: incorreta, pois não há contraditório e ampla defesa nessa fase pré-judicial, sendo necessário apenas comunicar por escrito o proprietário, de que haverá ingresso no imóvel para levantamento de dados e informações (art. 2º, § 2º, da Lei 8.629/1993); **B:** incorreta, pois "o imóvel rural de domínio público ou particular objeto de esbulho possessório ou invasão motivada por conflito agrário ou fundiário de caráter coletivo não será vistoriado, avaliado ou desapropriado nos dois anos seguintes à sua desocupação, ou no dobro desse prazo, em caso de reincidência; e deverá ser apurada a responsabilidade civil e administrativa de quem concorra com qualquer ato omissivo ou comissivo que propicie o descumprimento dessas vedações" (art. 2º, § 6º, da Lei 8.629/1993); **C:** incorreta, pois só não serão consideradas as modificações quanto ao domínio ocorridas até 6 meses da data da comunicação para o levantamento de dados e informações (art. 2º, § 4º, da Lei 8.629/1993); **D:** incorreta, pois, apesar do disposto no art. 9º da Lei Complementar 76/1993, é possível questionar a validade do decreto quanto às questões de legalidade deste na própria ação de desapropriação, sendo certo que, questões de alta indagação, como a violação ao princípio da moralidade, podem também ser discutidas em ação autônoma; **E:** correta, pois a desapropriação pode se dar por acordo extrajudicial ou pelo ingresso com ação de desapropriação; em juízo, também poderá ser feito acordo (arts. 6º, § 5º, e 10, da Lei Complementar 76/1993).

Gabarito "E"

6. TEMAS COMBINADOS

(Ministério Público/PI – 2012 – CESPE) Com base no que dispõe o Estatuto da Terra, assinale a opção correta.

(A) O poder público pode explorar imóvel rural de sua propriedade para qualquer finalidade lícita.

(B) A lei assegura às populações indígenas a posse e a propriedade das terras por elas ocupadas.

(C) O imóvel rural é definido como o prédio rústico, de área contínua ou não, cuja finalidade seja a exploração extrativa agrícola, pecuária ou agroindustrial.

(D) É vedado à União delegar aos estados, ao DF e aos municípios atribuições relativas à execução do Programa Nacional de Reforma Agrária, matéria inserida no âmbito de sua atuação exclusiva.

(E) Os bens desapropriados por sentença definitiva, incorporados ao patrimônio público, não podem ser objeto de reivindicação fundada em nulidade do processo de desapropriação.

A: incorreta. O art. 10 do Estatuto da Terra autoriza a exploração direta pelo Poder Público de suas propriedades rurais apenas para fins de pesquisa, experimentação, demonstração e fomento visando ao desenvolvimento agrícola; **B:** incorreta. O art. 2º, § 4º, do Estatuto da Terra, repetindo o disposto no art. 231, § 2º, da CF, estabelece que fica garantido aos índios apenas a posse permanente das terras que tradicionalmente ocupam; **C:** incorreta. O conceito de imóvel rural exige que sua área seja contínua (art. 4º, I, do Estatuto da Terra); **D:** incorreta. A delegação está autorizada pelo art. 6º, § 2º, do Estatuto da Terra; **E:** correta, nos termos do art. 23 do Estatuto da Terra. Isso significa que mesmo que o procedimento ofenda a legislação, o imóvel não mais sairá do patrimônio público, devendo qualquer prejuízo causado ser resolvido em perdas e danos.

Gabarito "E"

(Ministério Público/RR – 2012 – CESPE) No que se refere a terras devolutas, usucapião, parcelamento e ITR, assinale a opção correta.

(A) Para o reconhecimento do direito à isenção do ITR, é necessária, conforme o entendimento do STJ, a apresentação do ato declaratório ambiental.

(B) A presença da União ou de qualquer de seus entes na ação de usucapião especial afasta a competência do foro da situação do imóvel.

(C) São equivalentes os conceitos de módulo rural e módulo fiscal estabelecidos pelo Estatuto da Terra para fins da impenhorabilidade da pequena propriedade rural, segundo o entendimento do STJ.

(D) As concessões de terras devolutas situadas na faixa de fronteira, feitas pelos estados, autorizam, apenas, o uso, permanecendo o domínio com a União, ainda que se mantenha inerte ou tolerante em relação aos possuidores.

(E) A ação discriminatória pode ser utilizada para a individualização e demarcação de quaisquer bens públicos territoriais.

A: incorreta. O STJ entende que não se requer o reconhecimento prévio da área como de preservação ou reserva legal para fins de isenção do ITR (REsp 88.953-7); **B:** incorreta. A afirmação contrasta frontalmente com o texto da Súmula 11 do STJ; **C:** incorreta. O STJ, no julgamento do REsp 1.161.624, DJ 15.06.2010, sacramentou o entendimento de que o conceito de módulo fiscal não se confunde com o módulo rural. Aquele é definido apenas para fins tributários (incidência do ITR), devendo, por força do silêncio da Lei 8.629/1993, ser complementado pelo conceito de módulo rural contido no Estatuto da Terra; **D:** correta, nos termos da Súmula 477 do STF; **E:** incorreta. A ação discriminatória presta-se somente para a individualização e demarcação das terras devolutas.

Gabarito "D"

(Ministério Público/RR – 2012 – CESPE) A respeito de terras indígenas, desapropriação de terras para fins de reforma agrária, títulos da dívida agrária, trabalho rural e aquisição arrendamento de imóvel rural, assinale a opção correta.

(A) Não padece de vício cláusula que fixe o preço e o pagamento do arrendamento rural em sacas de soja.

(B) A existência de propriedade devidamente registrada inibe a FUNAI de investigar e demarcar terras indígenas.

(C) Segundo o entendimento sumular do STJ, no âmbito das desapropriações diretas os juros compensatórios são devidos a partir da imissão na posse.

(D) Para fins de recebimento de benefício previdenciário, a carteira de filiação a sindicato rural da qual conste a condição de trabalhador rural e a prova testemunhal do tempo de serviço trabalhado não demonstram a condição profissional, nos termos do entendimento consolidado no STJ.

(E) Não incide correção monetária nos títulos da dívida agrária.

A: incorreta. O art. 18 do Decreto 59.566/1966 veda a fixação do **preço** do arrendamento em frutou os produtos rurais, a qual deve ser feita em dinheiro. Nada obsta, porém, que o **pagamento** seja realizado in natura, ou seja, pelo equivalente em frutos ou produtos da quantia fixada, desde que assim convencionado. Veja, a respeito, a posição do STJ no REsp 231.177, DJ 26.06.2008; **B:** incorreta. Conforme já decidiu o STJ, se assim fosse, restaria impossível a demarcação de novas terras indígenas, ao menos de maneira contínua, porquanto quase todo o território nacional já está nas mãos de particulares (MS 15.822, DJ 12.12.2012); **C:** correta, nos termos da Súmula 113 do STJ; **D:** incorreta. A assertiva estampa informação totalmente contrária ao entendimento consolidado do STJ. Veja, por exemplo, AgRg no REsp 652.192, DJ 03.02.2005; **E:** incorreta. A correção monetária é devida, sob pena de se desvirtuar completamente o conceito de justa indenização aplicável à desapropriação (STJ, REsp 931.933, DJ 20.11.2007).

Gabarito "C"

21. Recursos Hídricos e Saneamento Básico

Henrique Subi

(Ministério Público/ES – 2013 – VUNESP) No que tange aos recursos hídricos, é correto afirmar que independe do regime de outorga

(A) o lançamento em corpo de água de esgotos e demais resíduos líquidos ou gasosos, tratados ou não, com o fim de sua diluição, transporte ou disposição final.

(B) a derivação ou captação de parcela da água existente em um corpo de água para consumo final, inclusive abastecimento público, ou insumo de processo produtivo.

(C) o uso de recursos hídricos para a satisfação das necessidades de pequenos núcleos populacionais, distribuídos no meio rural, conforme definido em regulamento.

(D) o aproveitamento dos potenciais hidrelétricos.

(E) a extração de água de aquífero subterrâneo para consumo final ou insumo de processo produtivo.

A, B, D e **E**: incorretas. Todas essas atividades dependem de outorga do poder público, nos termos do art. 12, III, I, IV e II, respectivamente, da Lei 9.433/1997; **C:** correta, nos termos do art. 12, § 1º, I, da Lei 9.433/1997.

Gabarito "C"

(Ministério Público/PI – 2012 – CESPE) Discorrendo sobre a regulamentação do uso da água, o ministro Luiz Fux sustentou, no STJ, que "o particular tem, apenas, o direito à exploração das águas subterrâneas, mediante autorização do poder público e cobrada a devida contraprestação". Acerca desse tema, assinale a opção correta.

(A) Exercem o papel de secretarias executivas dos comitês de bacia hidrográfica as organizações civis de recursos hídricos integrantes do Sistema Nacional de Gerenciamento de Recursos Hídricos.

(B) A outorga de direito de uso da água constitui ato precário, tendo o seu pagamento natureza tributária.

(C) Entre os instrumentos previstos na Política Nacional de Recursos Hídricos incluem-se os planos diretores, de âmbito nacional, empregados para fundamentar e orientar o gerenciamento da referida política.

(D) O fato de a água ser considerada bem inalienável reflete-se no pagamento da conta de água, o que constitui exemplo da aplicação do princípio do usuário-pagador.

(E) De acordo com a legislação atual, a extração, para consumo final ou para insumo de processo produtivo, de água de aquífero subterrâneo não se inclui entre os recursos hídricos sujeitos a outorga.

A: incorreta. Tal função é exercida pelas agências de água (art. 41 da Lei 9.433/1997); **B:** incorreta. O pagamento pela outorga do direito de uso da água tem natureza de preço público, já que ela é um bem público de uso comum do povo (art. 1º, I, da Lei 9.433/1997); **C:** incorreta. Os Planos de Recursos Hídricos serão elaborados de forma especializada, por bacia hidrográfica, por Estado e para todo o país (art. 8º da Lei 9.433/1997); **D:** correta. A cobrança pelo uso residencial e pessoal da água é um célebre exemplo do princípio do usuário-pagador, que reconhece a inalienabilidade dos recursos hídricos e seu valor econômico; **E:** incorreta. Tal uso da água deverá ser objeto de outorga por força do art. 12, II, da Lei 9.433/1997.

Gabarito "D"

(Ministério Público/RR – 2012 – CESPE) No que diz respeito à proteção dos recursos hídricos, assinale a opção correta.

(A) A proteção das pessoas e do meio ambiente contra os eventos hidrológicos críticos é um dos fundamentos da PNRH, sendo competência comum da União, dos estados e municípios planejar e promover a defesa permanente contra secas e inundações.

(B) Integram o Sistema Nacional de Gerenciamento de Recursos Hídricos representantes de ministérios e de secretarias vinculadas à Presidência da República com atuação no gerenciamento ou no uso de recursos hídricos; representantes indicados pelos conselhos estaduais de recursos hídricos; e representantes dos usuários dos recursos hídricos e das organizações civis de recursos hídricos.

(C) A pena prevista para o crime de poluição é agravada caso dele decorra poluição hídrica que torne necessária a interrupção do abastecimento público de água de uma comunidade.

(D) A execução de todas as garantias exigidas pelo poder público resguarda da obrigação de indenizar danos causados a terceiros o empreendedor beneficiado pela outorga de uso de água fluvial, remanescendo, contudo, a responsabilidade pela reparação ao meio ambiente.

(E) Independe de outorga pelo poder público, conforme disposto na lei que regula a PNRH, o uso de recursos hídricos para abastecimento de pequenos núcleos rurais e para aproveitamentos considerados insignificantes.

A: incorreta. É competência da União a promoção da defesa permanente contra secas e inundações (art. 21, XVIII, da CF); **B:** a alternativa foi considerada incorreta pelo gabarito oficial, porém é passível de críticas. Nos termos do art. 34 da Lei 9.433/1997, tais representantes compõem, na verdade, o Conselho Nacional de Recursos Hídricos, o qual, por sua vez, integra o Sistema Nacional de Gerenciamento de Recursos Hídricos. Ora, não se pode negar, portanto, aqueles representantes integram o Sistema Nacional; **C:** incorreta. Trata-se, a nosso ver, de mais uma pegadinha dentro da mesma questão. A rigor, não se trata de agravante, mas de circunstância qualificadora, como se pode ver no art. 54, § 2º, III, da Lei 9.605/1998; **D:** incorreta. Não sendo suficientes as garantias prestadas para a cabal indenização dos prejudicados, remanescerá a responsabilidade do usuário dos recursos hídricos pela reparação dos danos causados; **E:** correta, nos termos do art. 12, § 1º, I e II, da Lei 9.433/1997.

Gabarito "E"

(Ministério Público/SC – 2012) Analise as assertivas a seguir.

I. Entendem-se por educação ambiental não formal, as ações e práticas educativas voltadas à sensibilização da coletividade sobre as questões ambientais e à sua organização e participação na defesa da qualidade do meio ambiente.

II. Segundo a Política Nacional de Recursos Hídricos, a água é um bem de domínio público, um recurso natural limitado, dotado de valor econômico.

III. São instrumentos da Política Nacional de Recursos Hídricos, a outorga dos direitos de uso de recursos hídricos.

IV. Segundo a Lei n. 9.433/1997, os Planos de Recursos Hídricos são planos de médio prazo, com planejamento compatível com o período de implantação de seus programas e projetos.

V. Estão sujeitos a outorga pelo Poder Público os direitos dos usos de recursos hídricos, para a satisfação das necessidades de pequenos núcleos populacionais, distribuídos no meio rural.

(A) Apenas as assertivas I, II e III estão corretas.

(B) Apenas as assertivas I, III e IV estão corretas.

(C) Apenas as assertivas III, IV e V estão corretas.

(D) Apenas as assertivas I, II e V estão corretas.

(E) Todas as assertivas estão corretas.

I: correta, nos termos do art. 13 da Lei 9.795/1999; **II:** correta, nos termos do art. 1º, I e II, da Lei 9.433/1997; **III:** correta, nos termos do art. 5º, III, da Lei 9.433/1997; **IV:** incorreta. Os Planos de Recursos Hídricos são planos de longo prazo (art. 7º da Lei 9.433/1997); **V:** incorreta. Tal uso dos recursos hídricos está expressamente dispensado da outorga por força do art. 12, § 1º, I, da Lei 9.433/1997.

Gabarito "A"

(Ministério Público/MG – 2010.2) A respeito do regime jurídico da água, considere as seguintes proposições.

I. A água é um bem de domínio público.

II. O valor econômico da água é reconhecido expressamente pela lei.

III. A lei recomenda a cobrança pelo uso dos recursos hídricos, mesmo que subterrâneos.

IV. O direito à água tem natureza jurídica de direito fundamental, incumbindo ao Estado assegurar o acesso livremente a esse recurso ambiental essencial.

Pode-se concluir que estão CORRETAS

(A) apenas as proposições I e II.

(B) apenas as proposições II e III.

(C) apenas as proposições I, II e IV.

(D) todas as proposições.

I: correta (art. 1º, I, da Lei 9.433/1997); **II:** correta (art. 1º, II, da Lei 9.433/1997); **III:** correta, nos termos do art. 5º, IV, da Lei 9.433/1997; **IV:** correta (art. 2º, I, da Lei 9.433/1997).

Gabarito "D"

(Ministério Público/MA – 2009) A teor do artigo 1º da Lei n. 9.433/1997 (que institui a política nacional de recursos hídricos e dá outras providências), tem-se os seguintes fundamentos:

(A) que a água é um bem de domínio privado;.

(B) que a água é um recurso natural limitado sem valor econômico;

(C) que a água é um bem de domínio público, dotado de valor econômico;

(D) que em situações de escassez o uso prioritário dos recursos hídricos é na indústria e para a dessedentação de animais;

(E) que a gestão dos recursos hídricos deve ser centralizada na iniciativa privada, sem a participação do Poder Público.

A: incorreta, pois a água é um bem de *domínio público* (art. 1º, I, da Lei 9.433/1997); **B:** incorreta, pois a água é um recurso natural limitado, *dotado de valor econômico* (art. 1º, II, da Lei 9.433/1997); **C:** correta, nos termos do art. 1º, I e II, da Lei 9.433/1997; **D:** incorreta, pois, em situações de escassez, o uso prioritário dos recursos hídricos é o *consumo humano* e a dessedentação de animais (art. 1º, III, da Lei 9.433/1997); **E:** incorreta, pois a gestão dos recursos hídricos deve ser *descentralizada* e contar *com a participação* do Poder Público, dos usuários e das comunidades (art. 1º, VI, da Lei 9.433/1997).

Gabarito "C"

(Ministério Público/RN – 2009 – CESPE) No que diz respeito à Política Nacional de Recursos Hídricos (Lei n. 9.433/1997), assinale a opção correta.

(A) Os planos de recursos hídricos são planos de curto prazo.

(B) Depende de outorga do poder público o uso de recursos hídricos para a satisfação de necessidades de pequenos núcleos populacionais distribuídos no meio rural.

(C) A competência para conceder outorga de direito de uso de recurso hídrico de domínio da União é do Poder Executivo federal, não podendo ser delegada.

(D) A Política Nacional de Recursos Hídricos baseia-se, entre outros fundamentos, no de que a bacia hidrográfica é a unidade territorial para implementação dessa política e para atuação do Sistema Nacional de Gerenciamento de Recursos Hídricos.

(E) A centralização da obtenção e produção de dados e informações é um dos princípios básicos para o funcionamento do Sistema de Informações sobre Recursos Hídricos.

A: incorreta. Nos termos do art. 7º da Lei 9.433/1997, os Planos de Recursos Hídricos são planos de **longo** prazo; **B:** incorreta. Tal uso da água está expressamente dispensado da necessidade de outorga pelo art. 12, § 1º, I, da Lei 9.433/1997; **C:** incorreta. O art. 14 da Lei 9.433/1997 confere competência ao Poder Executivo federal e estadual (ou distrital) para a concessão da outorga do direito de uso da água e seu § 1º autoriza a delegação aos Estados ou DF da deliberação sobre recurso hídrico de domínio da União; **D:** correta, nos termos do art. 1º, V, da Lei 9.433/1997; **E:** incorreta. O art. 26, I, da Lei 9.433/1997 estabelece a descentralização da obtenção e produção de dados e informações como um dos princípios básicos do Sistema de Informações sobre Recursos Hídricos.

Gabarito "D"

(Ministério Público/RS – 2009) Relativamente aos recursos hídricos, é correto afirmar:

(A) Nos termos de disposições da Constituição Federal que tratam especificamente da propriedade das águas, estas são bens da União ou dos Estados, à exceção das águas superficiais pertencentes a particulares.

(B) A Lei n. 9.433/1997 previu a necessidade de licitação para a outorga de uso dos recursos hídricos, a qual configura prestação de serviço público.

(C) A outorga tem valor econômico para quem a recebe, já que oferece garantia de acesso a um bem escasso; nessa medida, a Lei n. 9.433/1997 autoriza a alienação parcial das águas.

(D) A Lei n. 9.433/1997 autoriza a perfuração de poços para extração de água subterrânea em terras particulares, sem necessidade de outorga pelo Poder Público.

(E) Nenhuma das alternativas está correta.

A: incorreta. A CF apenas atribui a propriedade das águas à União (art. 20, III) e aos Estados (art. 26, I). O art. 1º, I, da Lei 9.433/1997 sacramenta a natureza de bem público da água, não integrando o domínio de qualquer particular; **B:** incorreta. Não é necessária licitação para a concessão de outorga de uso dos recursos hídricos, que tem por objetivo garantir a coexistência do controle sobre o uso da água e o direito de acesso a ela pelos particulares; **C:** incorreta. A outorga não implica em alienação total ou parcial das águas (art. 18 da Lei 9.433/1997), até porque, dada sua condição de bem público de uso comum do povo, são inalienáveis; **D:** incorreta. Tal prática é inclusive considerada infração administrativa (art. 49, V, da Lei 9.433/1997); **E:** correta, pois nenhuma alternativa é verdadeira.

Gabarito "E"

22. Direitos Humanos

Renan Flumian

1. CARACTERÍSTICAS DOS DIREITOS HUMANOS

(Ministério Público/AC – 2008) São características dos direitos humanos:

(A) a universalidade, a historicidade e a indivisibilidade.

(B) sua atemporalidade em relação à historicidade de cada nação.

(C) abranger unicamente os direitos à liberdade.

(D) serem direitos naturais, emanados de autoridade superior.

De um modo geral, os direitos humanos possuem as seguintes características: a) **historicidade:** a amplitude de proteção conferida pelos direitos humanos é marcada por sua contínua majoração, o que os tornam direitos históricos, pois no evolver da história novos direitos são reconhecidos como direitos humanos – um processo não findo. A história dos direitos humanos é marcada pela luta por seu reconhecimento, umbilicalmente relacionada com a luta por justiça e liberdade; b) **universalidade:** a Declaração Universal dos Direitos Humanos de 1948 universalizou a noção de direitos humanos. Muito importante foi seu papel, pois antes disso a proteção dos direitos humanos era relegada a cada Estado, que, com suporte em sua intocável soberania, tinha autonomia absoluta para determinar e executar as políticas relacionadas à proteção da dignidade da pessoa humana. Todavia, obras de horror, como o nazifascismo, demonstraram que a proteção do ser humano não pode ficar somente nas "mãos de governos". Assim, um dos grandes objetivos perseguidos com a criação da ONU foi buscar a proteção dos direitos humanos em nível universal. Grande passo foi dado nesse sentido com a promulgação da Declaração Universal dos Direitos Humanos. Assim, "o direito a ter direitos" de Hannah Arendt passaria a ter tutela internacional. As críticas referentes à leitura de *universalização* por *ocidentalização* não procedem, porque os direitos humanos transcendem às criações culturais no sentido lato (religião, tradição, organização política etc.) por serem adstritos à condição humana. Destarte, particularidades regionais e nacionais devem ser levadas em conta, mas nunca impedir a proteção mínima dos direitos humanos, até porque estes fazem parte do *jus cogens*. Assim, o *universalismo* derrota o *relativismo*. Importante lembrar que o *jus cogens* (normas cogentes de direito internacional) é calcado no reconhecimento da existência de direitos e de obrigações naturais, independentemente da existência de algum tratado internacional. O *jus cogens* seria como um qualificador de regras consideradas basilares para a ordenação e a viabilidade da comunidade internacional. Portanto, a compreensão da existência de uma comunidade internacional e de interesses que advêm dela (sobretudo para sua existência – como, por exemplo, na proteção internacional do meio ambiente), e não somente de Estados em sua individualidade, deu suporte para o aparecimento do *jus cogens*; c) **indivisibilidade:** todos os direitos humanos se retroalimentam e se complementam, assim, é infrutífero buscar a proteção e a promoção de apenas uma parcela deles. Veja-se o exemplo do direito à vida, núcleo dos direitos humanos. Este compreende o direito de o ser humano não ter sua vida ceifada (atuação estatal negativa), como também o direito de ter acesso aos meios necessários para conseguir sua subsistência e uma vida digna (atuação estatal positiva). Percebe-se a interação dos direitos pessoais com os direitos econômicos, sociais e culturais para garantir a substancial implementação do direito à vida; d) **interdependência:** conforme dito acima, os direitos humanos se retroalimentam e se complementam, destarte, cada direito depende dos outros para ser substancialmente realizado; e) **normatividade indiscutível:** os direitos humanos estão disciplinados por sistemas nacionais, regionais e globais de proteção, além de serem normas imperativas de direito internacional (*jus cogens*). Cabe frisar que os sistemas de proteção se interconectam para garantir a maior proteção possível da dignidade humana; f) **irrenunciabilidade:** por serem direitos adstritos à condição humana, estes não podem ser renunciáveis, pois formam o indivíduo em sua plenitude. Assim, são indisponíveis tanto pelo Estado como pelo particular. Tal característica se confirma pelo fato de os direitos humanos fazerem parte do *jus cogens*, isto é, inderrogáveis por ato volitivo. Para corroborar tal característica, cabe relembrar o paradigmático caso Morsang-sur-Orge, ocasião em que o Conselho de Estado francês, com fundamento na dimensão objetiva da dignidade humana (o respeito à dignidade humana como um dos componentes da ordem pública), manteve ato administrativo que interditou a atividade conhecida como lançamento de anão (*lancer de nain*), apesar de recurso do próprio arremessado e da casa noturna que o empregava; g) **imprescritibilidade:** os direitos humanos são atemporais, pois, como dito, são adstritos à condição humana. Assim, não são passíveis de prescrição, ou seja, não caducam com o transcorrer do tempo; h) **inalienabilidade:** os direitos humanos não podem ser alienados, isto é, objeto de transação; i) **complementaridade solidária:** o princípio da complementaridade solidária dos direitos humanos de qualquer espécie dialoga com a universalidade, a interdependência e a indivisibilidade. Ele foi proclamado solenemente na 2ª Conferência Mundial de Direitos Humanos, realizada em Viena em 1993. É importante transcrever o ponto 5 da Declaração de Direitos Humanos de Viena, que sintetiza as características dos direitos humanos de modo geral: "Todos os direitos humanos são universais, indivisíveis, interdependentes e inter-relacionados. A comunidade internacional deve tratar os direitos humanos de forma global, justa e equitativa, em pé de igualdade e com a mesma ênfase. Embora particularidades nacionais e regionais devam ser levadas em consideração, assim como diversos contextos históricos, culturais e religiosos, é dever dos Estados promover e proteger todos os direitos humanos e liberdades fundamentais, sejam quais forem seus sistemas políticos, econômicos e culturais".

Gabarito "A"

2. SISTEMA GLOBAL DE PROTEÇÃO

(Ministério Público/PI – 2014 – CESPE) No que se refere ao sistema internacional de proteção dos direitos humanos, assinale a opção correta.

(A) O Pacto Internacional sobre Direitos Econômicos, Sociais e Culturais e o Pacto Internacional sobre Direitos Civis e Políticos, adotados pela ONU, têm natureza jurídica de tratados internacionais, assim incorporados pelo Brasil.

(B) A Corte Europeia de Direitos Humanos, que compõe o quadro institucional da União Europeia, vincula apenas os países membros desta.

(C) O Brasil reconheceu a jurisdição da Corte Interamericana de Direitos Humanos desde que ela foi instituída, tendo apoiado os processos que deram origem ao sistema interamericano de direitos humanos.

(D) A Declaração Universal dos Direitos Humanos tem estatuto de tratado internacional e marca o início da chamada fase de universalização dos direitos do homem.

(E) O Tribunal Penal Internacional, importante instrumento de afirmação internacional dos direitos humanos, foi criado na década de sessenta do século passado.

A: correta. Pois ambos são tratados e foram incorporados pelo Brasil. O Pacto Internacional dos Direitos Civis e Políticos foi adotado em 1966 pela Resolução 2.200-A (XXI) da Assembleia Geral das Nações Unidas, mas, devido à grande resistência que sofreu, somente adquiriu as ratificações necessárias para entrar em vigor internacional no ano de 1976. No Brasil, o Pacto foi promulgado pelo Decreto 592, de 06.07.1992. E o Pacto Internacional dos Direitos Econômicos, Sociais e Culturais também foi aprovado em 1966 pela Assembleia Geral das Nações Unidas, mas, devido à grande resistência que sofreu, somente adquiriu as ratificações necessárias para entrar em vigor no ano de 1976. No Brasil, o Pacto foi promulgado pelo Decreto 591, de 06.07.1992; **B:** incorreta. A Corte Europeia compõe o quadro institucional do Conselho da Europa. O Conselho da Europa é uma organização internacional que tem por objetivo garantir a defesa dos direitos humanos, o desenvolvimento democrático e a estabilidade político-social no continente e foi fundado, em 05.05.1949, pelo Tratado de Londres. Atualmente é composto por 47 Estados-membros; **C:** incorreta. O Brasil reconheceu a competência obrigatória da Corte em 08.11.2002 (Decreto 4.463). O reconhecimento foi feito por prazo indeterminado, mas abrange fatos ocorridos após 10.12.1998. Cabe lembrar que a Corte Interamericana foi instituída pela Convenção Americana, que, por sua vez, só entrou em vigor internacional em 18.06.1978 (quando atingiu as 11 ratificações necessárias); **D:** incorreta. Por mais que a natureza jurídica da Declaração Universal gere amplas disputas acadêmicas, não se pode compará-la com um tratado internacional formal, isso porque os tratados possuem requisitos para adquirirem vigência, como, por exemplo, devem passar pelo procedimento de incorporação em cada Estado parte. O que não ocorreu com a Declaração, que foi "simplesmente" aprovada pela Resolução 217 A (III) da Assembleia Geral da ONU; **E:** incorreta. O Tribunal Penal Internacional (TPI) foi constituído na Conferência de Roma, em 17.07.1998, na qual se aprovou o Estatuto de Roma (tratado que não admite a apresentação de reservas), que só entrou em vigor internacionalmente em 01.07.2002 e passou a vigorar, para o Brasil, no dia 25.09.2002.[1]

Gabarito "A"

(Ministério Público/RO – 2010 – CESPE) Considerada documento basilar para a proteção internacional dos direitos humanos, a Declaração Universal dos Direitos do Homem, de 1948,

(A) possui valor meramente declaratório; portanto, não gera obrigações aos Estados.

(B) gera obrigações somente para Estados soberanos que a ratificaram e promulgaram para fins de incorporação ao direito interno.

(C) foi promulgada no Brasil logo após a sua assinatura.

(D) é ato de organização internacional, de modo que prescinde de incorporação ao direito interno, como se exige para tratados ordinários de direitos humanos.

(E) constitui relevante tratado internacional do período posterior à Segunda Guerra.

A: incorreta. A Declaração Universal dos Direitos Humanos foi aprovada pela Resolução 217 A (III) da Assembleia Geral da ONU, em 10 de dezembro de 1948, por 48 votos a zero e oito abstenções[2]. Em conjunto com os dois Pactos Internacionais – sobre Direitos Civis e Políticos e sobre Direitos Econômicos, Sociais e Culturais –, constitui a denominada Carta Internacional de Direitos Humanos ou *International Bill of Rights*. A Declaração é fruto de um consenso sobre valores de cunho universal a serem seguidos pelos Estados e do reconhecimento do indivíduo como sujeito direto do direito internacional. É importante esclarecer que a Declaração é um exemplo de *soft law*, já que não supõe mecanismos constritivos para a implementação dos direitos previstos. Em contrapartida, quando um documento legal prevê mecanismos constritivos para a implementação de seus direitos, estamos diante de um exemplo de *hard law*. É importante apontar que a Declaração Universal dos Direitos Humanos não tem força legal[3] (funcionaria como uma *recomendação*), mas sim material e acima de tudo inderrogável por fazer parte do *jus cogens*. Entretanto, pode-se até advogar que a Declaração, por ter definido o conteúdo dos direitos humanos insculpidos na Carta das Nações Unidas, tem força legal vinculante, visto que os Estados-membros da ONU se comprometeram a promover e proteger os direitos humanos. De qualquer modo, chega-se à afirmação de que a Declaração Universal dos Direitos Humanos gera obrigações aos Estados, isto é, tem força obrigatória (por ser legal ou por fazer parte do *jus cogens*). Por fim, deve-se dizer que, para a doutrina internacional, os Estados têm uma tripla obrigação para com todos os direitos humanos: proteger (*to protect*), respeitar (*to respect*) e realizar (*to fulfill*); **B:** incorreta. Os valores e os direitos reconhecidos pela DUDH são considerados universais, em favor, portanto, de todos os seres humanos, e, por se tratar de uma declaração, independe de ratificação para ter vigência nos Estados soberanos. Em outras palavras e revisitando o direito a ter direitos de Hannah Arendt, segundo a Declaração, a condição de pessoa humana é requisito único e exclusivo para ser titular de direitos. Com isso corrobora-se o caráter universal dos direitos humanos, isto é, todo indivíduo é cidadão do mundo e, dessa forma,

1. Dec. 4.388/2002.

2. Os países que se abstiveram foram Arábia Saudita, África do Sul, URSS, Ucrânia, Bielorrússia, Polônia, Iugoslávia e Tchecoslováquia.

3. "Do ponto de vista estritamente formal, a Declaração Universal dos Direitos Humanos é, consequentemente, parte do assim denominado *soft law*, "direito suave", nem vinculante, mas nem por isso desprezível nas relações internacionais. Sua violação, em tese, não deveria implicar a responsabilidade internacional do Estado, mas, por outro, sujeitaria o recalcitrante a sanções de ordem moral, desorganizadas. Estas têm sua autoridade na própria dimensão política da declaração, como documento acolhido pela quase unanimidade dos Estados então representados na Assembleia Geral e, depois, invocado em constituições domésticas de inúmeros países e em diversos documentos de conferências internacionais" (ARAGÃO, Eugênio José Guilherme. A Declaração Universal dos Direitos Humanos: mera declaração de propósitos ou norma vinculante de direito internacional? **Revista Eletrônica do Ministério Público Federal**, ano 1, n. 1, p. 6, 2009).

detentor de direitos que salvaguardam sua dignidade[4]; **C:** incorreta, pois a DUDH, por se tratar de uma declaração, não precisou ser objeto de promulgação específica no Brasil; **D:** correta, pois, como já dito, a DUDH não é tratado internacional, tendo sido proclamada pela Assembleia Geral das Nações Unidas. Cabe comentar que as Organizações Internacionais possuem personalidade jurídica e esta pode ser dividida em interna e internacional. A interna aparece em relação aos seus estados-membros e aos estados hospedeiros. Já a internacional está relacionada aos direitos, obrigações e prerrogativas em relação aos outros sujeitos de direito internacional. A questão que suscita mais dúvidas é aquela referente a oponibilidade da personalidade jurídica internacional da Organização Internacional em relação aos outros sujeitos de direito internacional. Ainda não existe um consenso em relação a todas as Organizações Internacionais, mas pode-se afirmar, por exemplo, que a ONU e suas organizações especializadas ("constelação onusiana") têm personalidade jurídica internacional *erga omnes*, ou seja, extensível à todos os sujeitos de direito internacional, inclusive os estados não membros; **E:** incorreta, pois não se trata de tratado em sentido estrito, conforme comentário sobre a alternativa anterior.

Gabarito "D"

(Ministério Público/AM – 2008 – CESPE) Acerca da Declaração Universal dos Direitos do Homem, julgue os itens a seguir.

I. De inspiração iluminista, encontra raízes no liberalismo e no enciclopedismo do período de transição entre a idade moderna e a idade contemporânea.

II. Corresponde ao tratado firmado no âmbito da Organização das Nações Unidas, após a Segunda Guerra Mundial.

III. Possui natureza jurídica de ato de organização internacional e, como tal, é fonte não codificada de direito internacional público.

IV. Conforma declaração de princípios que, apesar de serem respeitados pela comunidade internacional, não integram o ordenamento jurídico brasileiro.

V. Como norma de direito internacional, gera obrigações jurídicas apenas para Estados que a tenham subscrito e ratificado.

Estão certos apenas os itens

(A) I e III.

(B) I e IV.

(C) II e IV.

(D) II e V.

(E) III e V.

I: correta, pois de fato a DUDH teve forte influência iluminista, sobretudo do liberalismo e do enciclopedismo vigente no período de transição entre a idade moderna e a contemporânea; **II:** incorreta, pois a DUDH não é tratado internacional, tendo sido proclamada em formato declaração pela Assembleia Geral das Nações Unidas; **III:** correta. Mesmo não constando do rol do artigo 38 do Estatuto da Corte Internacional de Justiça, pode-se indicar também como fonte do Direito Internacional tanto as resoluções emanadas das Organizações Internacionais como os atos unilaterais dos Estados (ambos denominados pela doutrina como fontes auxiliares ou subsidiárias). Em que pese indicarmos como fonte as *resoluções* das OIs, deve ser dito que os atos emanados por elas podem revestir-se das mais variadas formas, como, por exemplo, recomendações, pareceres, decisões, regulamentos etc. Assim, é importante ter em mente certa diferenciação entre tais atos, pois eles podem apresentar consequência jurídica diversa. Para elucidar esse terreno de desencontros doutrinários, o artigo 288 do Tratado sobre Funcionamento da União Europeia é muito útil, pois dispõe que as decisões, os regulamentos e as resoluções são atos de caráter vinculante, e as recomendações e os pareceres não possuem obrigatoriedade. Além disso, há muito as resoluções são consideradas como possíveis exemplos da manifestação do costume internacional. Isso porque, intrinsecamente, essas resoluções têm um valor político e moral, e, com a *opinio juris*, torna-se costume legal. É imperioso ter consciência de que cada vez mais o costume é obra da ação coletiva dos Estados no interior das OIs. Mas isso não é tudo, pois a OI, quando adota uma resolução dirigida aos seus membros, está a produzir normas de Direito Internacional (quando estas forem de caráter obrigatório). Esse poder normativo da OI é geralmente exercido em relação aos seus membros (*poder normativo interno*). Entretanto, existem situações em que se afigura o dito *poder normativo externo* das OIs, isto é, suas resoluções afetando terceiros Estados ao arrepio do tradicional *princípio consensualista*. Um exemplo desse tipo são as OIs criadas para gerir espaços internacionalizados determinados, como as Comissões instituídas para disciplinar a navegação em rios internacionais (Comissão Central do Reno, do Elba, do Danúbio etc.). Ora, nesses casos, as regulamentações que disciplinam a navegação são aplicadas a todos indistintamente, inclusive aos Estados que não fazem parte da OI e que exercem jurisdição sobre o navio que arvora sua bandeira. Outro exemplo que se encaixa no poder normativo externo das OIs é o da ONU, pois os artigos 2º, § 6º, e 35, § 2º, de sua carta transparecem a possibilidade de, em certas situações, emitir resoluções que obriguem terceiros Estados. A razão aqui reside no caráter indivisível da paz e coletivo da segurança internacional, isto é, assuntos que tratam da sobrevivência de toda a humanidade. Percebe-se que, nesse quadro, a resolução da ONU será obrigatória para todos os Estados, sem distinção, inclusive para os não membros. Cabe ainda apontar que a interpretação do alcance jurídico de qualquer resolução ou recomendação tem por base a análise do texto e do contexto de seu surgimento, entre outros fatores. Em outras palavras, é necessária uma análise caso a caso. Essa fonte só não aparece no rol do artigo 38 do Estatuto da Corte Internacional de Justiça porque sua elaboração ocorreu em uma época em que as OIs não desfrutavam da relevância atual. Ademais, a aceitação dessa fonte inscreve-se na mudança paradigmática instalada pelo dito Direito Internacional Pós-moderno; **IV** e **V:** incorretas. Reler o comentário sobre a assertiva anterior.

Gabarito "A"

(Ministério Público/RO – 2008 – CESPE) Após as consequências devastadoras da Segunda Guerra Mundial, os países resolveram criar uma organização multi e supranacional para regular as relações entre os povos.

4. "O advento do Direito Internacional dos Direitos Humanos [DIDH], em 1945, possibilitou o surgimento de uma nova forma de cidadania. Desde então, a proteção jurídica do sistema internacional ao ser humano passou a independer do seu vínculo de nacionalidade com um Estado específico, tendo como requisito único e fundamental o fato do nascimento. Essa nova cidadania pode ser definida como cidadania mundial ou cosmopolita, diferenciando-se da cidadania do Estado-Nação. A cidadania cosmopolita é um dos principais limites para a atuação do poder soberano, pois dá garantia da proteção internacional na falta da proteção do Estado Nacional. Nesse sentido, a relação da soberania com o DIDH é uma relação limitadora" (ALMEIDA, Guilherme Assis de. Mediação, proteção local dos direitos humanos e prevenção de violência. **Revista Brasileira de Segurança Pública**, ano 1, ed. 2, p. 137-138, 2007).

Nesse marco, surgiu, em 1945, a Carta das Nações, cujos fundamentos visavam, essencialmente, à manutenção da paz internacional, que incluía a proteção da integridade territorial dos Estados frente à agressão e à intervenção externa; ao fomento entre as nações de relações de amizade, levando em conta os princípios de igualdade, soberania e livre determinação dos povos; e à realização de cooperação internacional para solução de problemas internacionais de caráter econômico, social, cultural e humanitário, incluindo o respeito aos direitos humanos e às liberdades fundamentais, sem fazer distinção por motivos de raça, sexo, idioma ou religião. A Carta das Nações deu origem à ONU, que, posteriormente, criou uma carta de direitos – a Declaração Universal dos Direitos Humanos (DUDH) – adotada e proclamada pela Resolução 217-A (III) da Assembleia Geral das Nações Unidas, em 10 de dezembro de 1948. Acerca dos direitos fundamentais previstos no documento mencionado no texto acima, assinale a opção incorreta.

(A) A DUDH surgiu para atender ao clamor de toda a humanidade e buscou realçar alguns princípios básicos fundamentais para a compreensão da dignidade humana, entre eles, a liberdade e a igualdade.

(B) A DUDH protege o genoma humano como unidade fundamental de todos os membros da espécie humana e também reconhece como inerentes sua dignidade e sua diversidade. Em um sentido simbólico, a DUDH reconhece o genoma como a herança da humanidade.

(C) A DUDH afirma que o desrespeito aos direitos humanos é causa da barbárie.

(D) A DUDH assegura o direito de resistência.

(E) A DUDH correlaciona o estabelecimento de uma compreensão comum dos direitos humanos com o seu pleno cumprimento.

As assertivas em A, C, D e E refletem princípios estabelecidos no preâmbulo da Declaração. Não há referência à proteção ao genoma humano.

Gabarito "B"

(Ministério Público/PI – 2008) A Declaração Universal dos Direitos Humanos adotada pela ONU, em 1948,

(A) trata das liberdades públicas, elencando os direitos civis e políticos, mas não cuida dos direitos sociais, econômicos e culturais.

(B) faz surgir um conceito de direitos humanos fundado no respeito à dignidade da pessoa humana.

(C) permite afirmar que direitos humanos são aqueles reconhecidos pelos ordenamentos jurídico-constitucionais.

(D) tem a natureza jurídica de um tratado internacional.

(E) não tem qualquer valor normativo, sendo totalmente destituído de eficácia jurídica.

A Declaração Universal dos Direitos Humanos foi aprovada pela Resolução 217 A (III) da Assembleia Geral da ONU, em 10 de dezembro de 1948, por 48 votos a zero e oito abstenções. Em conjunto com os dois Pactos Internacionais – sobre Direitos Civis e Políticos e sobre Direitos Econômicos, Sociais e Culturais –, constitui a denominada Carta Internacional de Direitos Humanos ou *International Bill of Rights*. A Declaração é fruto de um consenso sobre valores de cunho universal a serem seguidos pelos Estados e do reconhecimento do indivíduo como sujeito direto do direito internacional. É importante esclarecer que a Declaração é um exemplo de *soft law*, já que não supõe mecanismos constritivos para a implementação dos direitos previstos. Em contrapartida, quando um documento legal prevê mecanismos constritivos para a implementação de seus direitos, estamos diante de um exemplo de *hard law*. Revisitando o direito a ter direitos de Hannah Arendt, segundo a Declaração, a condição de pessoa humana é requisito único e exclusivo para ser titular de direitos[5]. Com isso corrobora-se o caráter universal dos direitos humanos, isto é, todo indivíduo é cidadão do mundo e, dessa forma, detentor de direitos que salvaguardam sua dignidade. Em seu bojo encontram-se direitos civis e políticos (artigos 3º a 21) e direitos econômicos, sociais e culturais (artigos 22 a 28), o que reforça as características da indivisibilidade e interdependência dos direitos humanos. É importante apontar que a Declaração Universal dos Direitos Humanos não tem força legal (funcionaria como uma *recomendação*), mas sim material e acima de tudo inderrogável por fazer parte do *jus cogens*. Entretanto, pode-se até advogar que a Declaração, por ter definido o conteúdo dos direitos humanos insculpidos na Carta das Nações Unidas, tem força legal vinculante, visto que os Estados-membros da ONU se comprometeram a promover e proteger os direitos humanos. De qualquer modo, chega-se à afirmação de que a Declaração Universal dos Direitos Humanos gera obrigações aos Estados, isto é, tem força obrigatória (por ser legal ou por fazer parte do *jus cogens*)[6]. Por fim, deve-se dizer que, para a doutrina internacional, os Estados têm uma tripla obrigação para com todos os direitos humanos: proteger (*to protect*), respeitar (*to respect*) e realizar (*to fulfill*).

A: incorreta, pois também trata dos direitos econômicos, sociais e culturais; **B:** correta. Reler o texto inicial; **C:** incorreta. A Declaração Universal dos Direitos Humanos de 1948 universalizou a noção de direitos humanos. Muito importante foi seu papel, pois antes disso a proteção dos direitos humanos era relegada a cada Estado, que, com suporte em sua intocável soberania, tinha autonomia absoluta para determinar e executar as políticas relacionadas à proteção da dignidade da pessoa humana. Todavia, obras de horror, como o nazifascismo, demonstraram que a proteção do ser humano não pode ficar somente nas "mãos de governos". Assim, um dos grandes objetivos perseguidos com a criação da ONU foi buscar a proteção dos direitos humanos em nível universal. Grande passo foi dado nesse sentido com a promulgação da Declaração Universal dos Direitos Humanos. Assim, "o direito a ter direitos" de Hannah Arendt passaria a ter tutela internacional; **D** e **E:** incorretas. Reler o texto confeccionado antes dos comentários.

Gabarito "B"

---

5. De maneira sintética, os direitos previstos na Declaração Universal dos Direitos Humanos são: igualdade, vida, não escravidão, não tortura, não discriminação, personalidade jurídica, não detenção/prisão/exílio arbitrário, judiciário independente e imparcial, presunção de inocência, anterioridade penal, intimidade, honra, liberdade, nacionalidade, igualdade no casamento, propriedade, liberdade de pensamento/consciência/religião, liberdade de opinião/expressão, liberdade de reunião/associação pacífica, voto, segurança social, trabalho, igualdade de remuneração, repouso/lazer, saúde/bem-estar, instrução etc.
6. Tal ilação pode ser adotada em prova dissertativa. Mas em prova objetiva deve ser apontado que a Declaração Universal dos Direitos Humanos não tem força legal, funcionando apenas como uma recomendação.

3. SISTEMA GLOBAL DE PROTEÇÃO ESPECÍFICA

3.1. CONVENÇÃO SOBRE OS DIREITOS DA CRIANÇA

(Ministério Público/RO - 2010 - CESPE) Adotada pela Assembleia Geral das Nações Unidas em 20 de setembro de 1989, a Convenção sobre os Direitos da Criança

(A) serve apenas como balizador para futuras legislações nacionais sem caráter coercitivo (por tratar-se de ato de organização internacional), razão pela qual não se enquadra como fonte de direito interno.

(B) consagrou, pela primeira vez, o direito à proteção contra o abandono e a exploração no trabalho e ficou conhecida, também, como Declaração Universal dos Direitos da Criança.

(C) incorporou-se automaticamente ao direito brasileiro, como tratado de direitos humanos.

(D) conflita, em parte, com o ECA, o que até agora impediu que se incorporasse ao direito brasileiro.

(E) trata de matéria contemplada, em linhas gerais, em artigo da CF, o qual é considerado síntese do tratado da Organização das Nações Unidas.

A: incorreta. A Convenção, adotada pela ONU por meio da Resolução 44/25 da Assembleia Geral em 20 de novembro de 1989 e promulgada no Brasil em 21 de novembro de 1990 pelo Decreto nº 99.710, tem por fundamento a consciência de que a criança, em virtude de sua falta de maturidade física e mental, necessita de proteção e cuidados especiais, inclusive a devida proteção legal, tanto antes, quanto após seu nascimento. É importante apontar que a Convenção, no artigo 1º, determina que criança é todo ser humano com menos de 18 anos de idade, a não ser que, em conformidade com a lei aplicável à criança, a maioridade seja alcançada antes. Os Estados-partes, atualmente 193 (Convenção com o maior número de Estados-partes), têm a obrigação de proteger a criança contra todas as formas de discriminação e garantir-lhe a assistência apropriada em diversas áreas; **B:** incorreta, pois a Convenção sobre os Direitos da Criança não se confunde com a Declaração dos Direitos da Criança, proclamada pela Assembleia Geral das Nações Unidas em 1959; **C:** incorreta, pois não há, no Brasil, incorporação automática dos tratados ao direito interno. Para que o tratado internacional seja incorporado ao direito interno brasileiro, é preciso, após a celebração ou a adesão pelo Brasil, que seja referendado pelo Congresso Nacional, e ratificado e promulgado pelo Presidente da República; **D:** incorreta, conforme comentário sobre a alternativa "A"; **E:** correta. A assertiva faz referência ao art. 227 da CF.

Gabarito "E"

3.2. REGRAS MÍNIMAS PARA O TRATAMENTO DOS PRESOS

(Ministério Público/RO - 2008 - CESPE) Um delegado de polícia resolveu colocar na mesma cela de uma delegacia de polícia duas menores de idade infratoras junto com um suspeito de estupro qualificado por morte, todos ainda não condenados. Considerando essa situação hipotética, assinale a opção correta à luz das regras da ONU para o tratamento de pessoas presas, estabelecidas no 1º Congresso das Nações Unidas Sobre Prevenção do Crime e Tratamento de Delinquentes, realizado em Genebra, em 1955.

(A) As regras da ONU não precisam ser aplicadas no caso em tela, pois a delegacia de polícia não equivale ao conceito de estabelecimento prisional previsto nas regras mínimas para o tratamento de pessoas presas.

(B) No caso em apreço, não há violação a nenhuma das regras previstas para o tratamento de pessoas presas, tendo em vista que, para menores, não se aplica o referido estatuto da ONU e, sim, o ECA brasileiro.

(C) Há clara violação das regras mínimas da ONU devido à inobservância das categorias das pessoas presas, na situação em epígrafe.

(D) Não haverá violação das regras da ONU se forem fornecidos água e artigos de higiene necessários à saúde e à limpeza.

(E) Como as pessoas colocadas na mesma cela ainda não foram condenadas, as referidas regras não se aplicam.

A e E: incorretas. As Regras Mínimas para o Tratamento dos Reclusos, adotadas pelo Primeiro Congresso das Nações Unidas sobre a Prevenção do Crime e o Tratamento dos Delinquentes, realizado em Genebra em 1955, aplicam-se a todos os presos, qualquer que seja a espécie de estabelecimento prisional ou a natureza da reclusão (prisão preventiva ou para os já condenados) – item 4 das Observações Preliminares; **B:** incorreta. Embora a prisão de jovens não seja o objeto essencial das Regras, há disposições aplicáveis (item 5 das Observações Preliminares); **C:** correta; em princípio, as menores não devem ser presas (item 5, ponto 2, das Observações Preliminares). De qualquer forma, as Regras preveem separação dos reclusos por categorias, tendo em consideração o respectivo sexo e idade, antecedentes penais, razões da detenção e medidas necessárias a aplicar (art. 8º das Regras); **D:** incorreta, pois ainda que sejam fornecidos água e artigos de higiene (exigência contida no item 15 das Observações Preliminares), haverá violação às regras da ONU.

Gabarito "C"

3.3. CONVENÇÃO SOBRE OS DIREITOS DAS PESSOAS COM DEFICIÊNCIA

(Ministério Público/PI – 2014 – CESPE) Em relação à Convenção sobre os Direitos das Pessoas com Deficiência e a seu Protocolo Facultativo, que, assinados em Nova Iorque, em 30.03.1987, são considerados um avanço quanto à abrangência e à efetividade dos direitos humanos, assinale a opção correta.

(A) A validade da referida convenção no ordenamento jurídico brasileiro independe de procedimento formal de incorporação.

(B) Sendo a matéria da referida convenção prevista na CF, não é necessário que tal convenção seja invocada na ordem interna.

(C) Os dispositivos da referida convenção são aplicados, no ordenamento jurídico brasileiro, somente de modo analógico, já que o documento não foi incorporado formalmente ao ordenamento nacional.

(D) O Protocolo Facultativo da convenção trata da submissão dos Estados signatários à jurisdição da Corte Interamericana de Direitos Humanos.

(E) A referida convenção foi introduzida no ordenamento jurídico brasileiro nos termos inovadores da EC 45/2004.

A: incorreta, porque todos os tratados devem passar pelo procedimento formal de incorporação para terem validade e vigência dentro do Brasil. Somente após a incorporação, o tratado internacional começa a fazer parte formalmente do ordenamento jurídico pátrio; **B:** incorreta. Em determinadas situações ocorre uma sobreposição de normas (oriundas do sistema global, do regional e do nacional). Mas isso não se reflete em problema, pois o que se busca é a substancial proteção dos direitos humanos. Portanto, de modo geral, os sistemas protetivos global, regional e nacional interagem e complementam-se para melhor proteger o indivíduo dos abusos perpetrados contra sua dignidade humana. Esse exercício foi denominado, por Erik Jaime,[7] de o *diálogo das fontes*,[8] ou seja, os diversos sistemas de proteção (fontes heterogêneas) são coordenados para garantir a maior tutela possível da dignidade da pessoa humana – dessa forma, o sistema com maiores possibilidades de garantir a proteção no caso específico será o eleito, podendo até haver uma aplicação conjunta dos sistemas, desde que apropriada. A Constituição brasileira traz previsão expressa da "cláusula de diálogo ou dialógica" no seu art. 4º, II. Em outras palavras, os sistemas não competem, mas se completam; **C:** incorreta, pois o referido tratado foi sim incorporado pelo Brasil (Decreto 6.949, de 25.08.2009); **D:** incorreta. A Convenção e o Protocolo tratados nessa questão são instrumentos do sistema global de proteção dos direitos humanos e não possuem relação com a Corte Interamericana, órgão judicial de um sistema regional (americano) de proteção dos direitos humanos; **E:** correta. A Convenção e seu respectivo Protocolo Facultativo foram internalizados, no Brasil, em conformidade com o artigo 5º, § 3º, da Constituição, isto é, têm hierarquia constitucional tanto pelo aspecto formal quanto pelo material. Em outras palavras, possuem hierarquia de emenda constitucional.

Gabarito "E"

4. SISTEMA INTERAMERICANO DE PROTEÇÃO

(Ministério Público/RO – 2013 – CESPE) Determinado advogado, integrante da Comissão de Defesa de Direitos Humanos da Seccional de Rondônia da OAB, morreu, no município de Ji-Paraná – RO, após ter atingido por vinte disparos de arma de fogo efetuados por duas pessoas não identificadas. O advogado havia feito diversas denúncias relacionadas a supostos atos de corrupção e maus tratos aos detentos de determinado presídio localizado no referido município. A CIDH, então, expressando preocupação com a possível represália cometida contra o advogado, instou o Estado brasileiro a investigar o crime, esclarecê-lo judicialmente e punir os responsáveis.

Considerando essa situação hipotética, assinale a opção correta acerca do incidente de deslocamento de competência para a Justiça Federal nas hipóteses de grave violação de direitos humanos.

(A) Nessa situação, cabe ao Procurador-Geral de Justiça do Estado de Rondônia suscitar eventual incidente de deslocamento de competência para a justiça federal.

(B) O deferimento do deslocamento de competência para a Justiça Federal só será possível, nessa situação, de acordo com o STJ, se houver risco de responsabilização internacional decorrente do descumprimento de obrigações jurídicas assumidas em tratados internacionais, entre outros requisitos.

(C) O incidente de deslocamento de competência para a Justiça Federal deverá ser suscitado até o oferecimento da denúncia pelo MP.

(D) Na hipótese de deferimento do incidente de deslocamento de competência para a Justiça Federal, o caso deverá ser processado, de acordo com o STJ, no Juízo Federal Criminal de Porto Velho – RO.

(E) Nessa situação, deve-se deferir o incidente de deslocamento de competência para a Justiça Federal dadas a condição pessoal da vítima e a repercussão do fato no cenário internacional, visto que, de acordo com o STJ, a ocorrência do homicídio doloso, por si só, não justifica o deferimento do deslocamento.

Trata-se da denominada *federalização* dos crimes contra os direitos humanos, e um caso conhecido é o IDC 2-DF/STJ de relatoria da Ministra Laurita Vaz, pois o caso tinha como pano de fundo a atuação de um grupo de extermínio e o incidente de deslocamento de competência foi parcialmente acolhido.[9] É importante asseverar, com base na jurisprudência do STJ, que o incidente de deslocamento só será provido se ficar comprovado que a Justiça Estadual constitui verdadeira barreira ao cumprimento dos compromissos internacionais de proteção dos direitos humanos assumidos pelo Brasil. Dito de outra forma e agora com ênfase na razão de ser do instituto, deve-se ter consciência de que um caso de grave violação dos direitos humanos previstos em tratados internacionais em que o Brasil seja parte, embora ocorrido no âmbito de um Estado-membro da Federação, é capaz de ensejar no cenário internacional a responsabilidade do Estado brasileiro, de modo que o deslocamento de competência para a órbita federal, em casos como esse, dá a oportunidade, no plano interno, para o órgão de Justiça da União examinar e decidir a questão, antes de arcar com o pesado ônus dessa violação.

Gabarito "B"

(Ministério Público/RO – 2013 – CESPE) Em março de 2000, tendo invadido a residência do adolescente Marcos, no município de Vilhena – RO, alegando a apreensão de drogas, três oficiais da polícia militar do estado de Rondônia executaram-no, sumária e arbitrariamente, na frente de sua mãe e de seu irmão, e, em seguida, fugiram do local. Em primeira instância, apenas um dos policiais foi condenado pela prática do crime. O MPE/RO, então, interpôs recurso de ape-

7. *Identité culturelle et integration: le droit international privé postmoderne*. Séries Recueil des Cours de l'Académie de Droit International de la Haye 251, 1995.

8. O citado diálogo também é previsto expressamente no artigo 29, *b*, da Convenção Americana de Direitos Humanos.

9. IDC 2-DF, 3ª Seção, j. 27.10.2010, rel. min. Laurita Vaz, DJe 22.11.2010 (Inform. STJ 453).

lação criminal, que não foi apreciado até o presente momento, razão por que a mãe de Marcos decidiu procurar o MP para receber orientação quanto à possibilidade de adoção de outras medidas para que os responsáveis pela execução de seu filho sejam efetivamente punidos. Com base nessa situação hipotética, no Sistema Interamericano de Direitos Humanos e na regra do esgotamento dos recursos internos na proteção dos direitos humanos, assinale a opção correta.

(A) A CIDH, por ser órgão jurisdicional do referido Sistema, poderá condenar os oficiais da polícia militar pela prática do homicídio de Marcos.

(B) O promotor de justiça, mas não a mãe da vítima, tem legitimidade para apresentar à CIDH petição que informe a violação de direitos humanos pelo crime praticado contra Marcos.

(C) A CIDH não poderá receber eventual petição a ela apresentada, pois, embora esteja configurada a demora injustificada na apreciação do recurso de apelação pelo Poder Judiciário, os recursos internos na proteção dos direitos humanos ainda não se esgotaram.

(D) A CIDH deverá admitir petição a ela apresentada, ainda que haja solução pendente sobre a matéria em outro processo internacional.

(E) Tendo o Brasil feito declaração, reconhecendo a competência da CIDH, pode ser apresentada petição a essa comissão, na qual seja informada a violação dos direitos humanos decorrente do crime praticado contra Marcos.

A: incorreta. A Comissão Interamericana de Direitos Humanos é o órgão administrativo do sistema regional de proteção americano; **B:** incorreta, pois a vítima pode apresentar diretamente a petição; **C:** incorreta. Só são aceitas as petições ou as comunicações que comprovarem a inexistência de litispendência internacional, ausência de coisa julgada internacional e o esgotamento de todos os recursos internos disponíveis.[10] Ademais, o artigo 46 da Convenção Americana de Direitos Humanos exige que a petição ou a comunicação seja apresentada dentro do prazo de seis meses, a partir da data em que o presumido prejudicado em seus direitos tenha sido notificado da decisão definitiva exarada no sistema protetivo nacional e a petição a ser interposta deve conter o nome, a nacionalidade, a profissão, o domicílio e a assinatura da pessoa ou pessoas ou do representante legal da entidade que submeter a petição. Importante destacar que *não* é necessária a manifestação expressa de concordância da vítima ou vítimas da alegada violação aos direitos humanos. O sistema americano impõe a mesma ideia de ressalva existente no sistema global. As regras de esgotamento de todos os recursos internos disponíveis e do prazo de seis meses para a apresentação da petição ou comunicação não serão aplicadas quando o indivíduo for privado de seu direito de ação pela jurisdição doméstica, ou lhe forem ceifadas as garantias do devido processo legal, ou, ainda, *se os processos internos forem excessivamente demorados*; e o ônus da prova da existência de um recurso acessível e suficiente recai sobre o Estado demandado; **D:** incorreta. Reler comentário sobre a assertiva anterior; **E:** correta. Um aspecto chave da competência da CIDH é a possibilidade de receber petições do indivíduo "lesionado", de terceiras pessoas ou de organizações não governamentais legalmente reconhecidas em um ou mais Estados-membros da OEA que o representem.[11] Entrementes, essa competência só poderá ser exercida se o Estado violador tiver aderido à Convenção Americana de Direitos Humanos. Percebe-se que não é necessária a expressa aceitação da competência da Comissão para receber petições, bastando que o Estado tenha aderido à Convenção.

Gabarito "E"

(Ministério Público/MT – 2012 – UFMT) Sobre o sistema interamericano de proteção dos direitos humanos, é correto afirmar:

(A) Compõe-se de quatro principais instrumentos: a Carta da Organização dos Estados Americanos (1948), a Declaração Americana dos Direitos e Deveres do Homem (1948), a Convenção Americana sobre Direitos Humanos (1969) e o Protocolo Adicional à Convenção Americana em Matéria de Direitos Econômicos, Sociais e Culturais (1988), estando este último ainda pendente de ratificação pelo Estado brasileiro.

(B) Compõe-se de quatro principais instrumentos: a Carta da Organização das Nações Unidas (1945), a Declaração Universal dos Direitos Humanos (1948), a Convenção Americana sobre Direitos Humanos (1969) e o Protocolo Adicional à Convenção Americana em Matéria de Direitos Econômicos, Sociais e Culturais (1988), estando este último ainda pendente de ratificação pelo Estado brasileiro.

(C) Compõe-se de quatro principais instrumentos: a Carta da Organização dos Estados Americanos (1948), a Declaração Universal dos Direitos Humanos (1948), a Convenção Americana sobre Direitos Humanos (1969) e o Protocolo Adicional à Convenção Americana em Matéria de Direitos Econômicos, Sociais e Culturais (1988), estando este último ainda pendente de ratificação pelo Estado brasileiro.

(D) Compõe-se de quatro principais instrumentos: a Carta da Organização dos Estados Americanos (1948), a Declaração Americana dos Direitos e Deveres do Homem (1948), a Convenção Americana sobre Direitos Humanos (1969) e o Protocolo Adicional à Convenção Americana em Matéria de Direitos Econômicos, Sociais e Cul-

10. Cabe apontar, consoante jurisprudência da Corte Interamericana, que o Estado-parte tem direito de renunciar a regra do prévio esgotamento dos recursos internos. Na decisão de 13 novembro de 1981 (caso Viviana Gallardo e outras), a Corte Interamericana, invocando precedente da Corte Europeia de Direitos Humanos (De Wilde, Ooms and Versyp Cases – "Vagrancy" Cases), apontou que, segundo os princípios do Direito Internacional, geralmente reconhecidos, e a prática internacional, a regra que exige o prévio esgotamento dos recursos internos foi concebida no interesse do Estado, pois busca dispensa-lo de responder perante um órgão internacional por atos a ele imputado, antes de ter a oportunidade de resolve-los com seus próprios instrumentos. Essa regra é considerada como meio de defesa e como tal, renunciável, ainda que de modo tácito. Essa renúncia, uma vez anunciada, é irrevogável.

11. Como exemplo pode-se citar o conhecido caso Maria da Penha.

turais (1988), todos em vigor na ordem jurídica brasileira.

(E) Compõe-se de quatro principais instrumentos: a Carta da Organização dos Estados Americanos (1948), a Declaração Universal dos Direitos Humanos (1948), a Convenção Americana sobre Direitos Humanos (1969) e o Protocolo Adicional à Convenção Americana em Matéria de Direitos Econômicos, Sociais e Culturais (1988), todos em vigor na ordem jurídica brasileira.

A: incorreta. De fato, são os quatro principais instrumentos do sistema interamericano de proteção dos direitos humanos. Todavia, o Protocolo de San Salvador (o Protocolo Adicional à Convenção Americana em Matéria de Direitos Econômicos, Sociais e Culturais) já foi ratificado pelo Brasil. O Congresso Nacional aprovou o supracitado Protocolo por meio do Decreto Legislativo nº 56, de 19 de abril de 1995. Mas o Protocolo só entrou em vigor internacional em 16 de novembro de 1999, momento que também passou a viger no Brasil, pois o Governo brasileiro tinha depositado o Instrumento de Adesão do referido ato em 21 de agosto de 1996. O Decreto de promulgação é o nº 3.321/1999; **B:** incorreta, pois a Declaração Universal dos Direitos Humanos e a Carta das Nações Unidas fazem parte do sistema global de proteção dos direitos humanos e não do interamericano; **C:** incorreta, pois a Declaração Universal dos Direitos Humanos faz parte do sistema global de proteção dos direitos humanos e não do interamericano; **D:** correta. O sistema protetivo americano está principalmente alicerçado em torno da Organização dos Estados Americanos (OEA), organização internacional que tem por objetivo garantir a paz e a segurança no continente americano. Por isso, diz-se que é uma organização internacional de vocação regional, considerada organismo regional das Nações Unidas. O sistema protetivo americano foi instalado em 1948 pela Carta da Organização dos Estados Americanos, que, por sua vez, foi adotada na 9ª Conferência Internacional Americana, que se reuniu em Bogotá, na Colômbia. Na mesma Conferência, foi adotada a Declaração Americana dos Direitos e Deveres do Homem, que foi o primeiro acordo internacional sobre direitos humanos, antecipando a Declaração Universal dos Direitos Humanos, escrita seis meses depois. O sistema protetivo americano não contava com mecanismo constritivo de proteção dos direitos humanos, mas apenas com uma declaração (*soft law*) de que os Estados-membros deveriam proteger os direitos humanos. Em 22 de novembro de 1969, na Conferência de San José da Costa Rica, foi adotada a Convenção Americana de Direitos Humanos[12] (Pacto de San José da Costa Rica), a qual só entrou em vigor internacional em 18 de julho de 1978 (quando atingiu as 11 ratificações necessárias) e é o principal instrumento protetivo do sistema americano. No Brasil, a Convenção passou a ter vigência por meio do Decreto nº 678 de 6 de novembro de 1992. Cabe destacar que o artigo 2º desse decreto dispõe sobre a declaração interpretativa do governo brasileiro: "O Governo do Brasil entende que os arts. 43 e 48, *d*, não incluem o direito automático de visitas e inspeções *in loco* da Comissão Interamericana de Direitos Humanos, as quais dependerão da anuência expressa do Estado". Tal declaração interpretativa funciona como uma ressalva que limita os poderes da Comissão Interamericana de Direitos Humanos[13]. Como órgãos de fiscalização e julgamento (controle de convencionalidade internacional) do sistema americano de proteção dos direitos humanos, a Convenção instituiu a Comissão e a Corte Interamericana de Direitos Humanos, dotando-o, dessa maneira, de mecanismos constritivos de proteção dos direitos humanos (*hard law*). Na Convenção só é permitida a participação dos países-membros da OEA. Ao longo da Convenção é possível identificar inúmeros direitos civis e políticos (ditos de primeira geração), nos moldes do Pacto Internacional de Direitos Civis e Políticos. A única menção aos direitos econômicos, sociais e culturais é encontrada no artigo 26, que se limita a determinar que os Estados se engajem em progressivamente implementar tais direitos (em sua dimensão negativa e positiva), ditos de segunda geração. Tal escolha (de só regular os direitos políticos e civis) foi direcionada para obter a adesão dos EUA. Essa situação modificou-se com a adoção, na Conferência Interamericana de San Salvador, em 17 de novembro de 1988, do Protocolo Adicional à Convenção, conhecido como Protocolo de San Salvador. A partir de então, tem-se uma enumeração dos direitos econômicos, sociais e culturais que os países americanos – membros da OEA – obrigaram-se a implementar progressivamente. Lembrando-se sempre da tripla obrigação dos Estados para com todos os direitos humanos: proteger, respeitar e realizar[14]; **E:** incorreta (reler o comentário sobre a assertiva C).

(Ministério Público/MT – 2012 – UFMT) Sobre o processamento do Estado no sistema interamericano de direitos humanos, é correto afirmar:

12. É de suma importância sublinhar que a Convenção Interamericana de Direitos Humanos é autoaplicável. Tal definição provém do Parecer Consultivo 07/86 da Corte Interamericana de Direitos Humanos. Assim, uma vez internalizada, estará apta a irradiar seus efeitos diretamente na ordem interna do país-parte, isto é, não necessitará de lei que regulamente sua incidência nos países que aderiram a seus mandamentos.
13. Todavia, deve-se apontar, como uma das consequências do princípio *pro homine*, que a interpretação das limitações de direitos estabelecidos nos tratados internacionais de direitos humanos deve ser restritiva – tudo para impedir ao máximo a diminuição da proteção da pessoa humana. Aliás, nesse sentido é o Parecer Consultivo 02, de 24 de setembro de 1982, da Corte Interamericana de Direitos Humanos.
14. Para ilustrar, segue um trecho da importante sentença da Corte Interamericana de Direitos Humanos exarada no caso Velásquez Rodríguez, ocasião em que foi explicitada a obrigação de os Estados-partes garantirem o livre e o pleno exercício dos direitos reconhecidos na Convenção Americana de Direitos Humanos: "Esta obrigação implica o dever dos Estados-partes de organizar todo o aparato governamental e, em geral, todas as estruturas por meio das quais se manifesta o exercício do poder público, de maneira que sejam capazes de assegurar juridicamente o livre e pleno exercício dos direitos humanos. Como consequência dessa obrigação, os *Estados devem prevenir, investigar e sancionar toda violação dos direitos reconhecidos pela Convenção* e procurar, ademais, o restabelecimento, se possível, do direito violado e também a reparação dos danos produzidos pela violação dos direitos humanos" (tradução minha). O caso analisado trata de um estudante universitário de Honduras – Velásquez Rodríguez – que foi detido por autoridades policiais hondurenhas, sendo, posteriormente, vítima de tortura até ser tido como desaparecido. Em sentença de 29 de julho de 1988, a Corte Interamericana de Direitos Humanos declarou, por unanimidade, que Honduras violou, em prejuízo de Velásquez Rodríguez, o direito à liberdade pessoal (artigo 7º da Convenção), o direito à integridade pessoal (artigo 5º da Convenção) e o direito à vida (artigo 4º da Convenção), todos em conexão com o artigo 1º, ponto 1, da Convenção. A Corte declarou ainda, também por unanimidade, que Honduras deveria pagar uma justa indenização compensadora para os familiares da vítima, mas não fixou os parâmetros para o pagamento, apenas ressalvou que, se a Comissão Interamericana de Direitos Humanos e Honduras não chegassem a um acordo, a Corte seria responsável por estabelecer a forma e a quantia da indenização.

(A) Cabe à Comissão Interamericana ou ao cidadão diretamente prejudicado propor perante a Corte Interamericana denúncias ou queixas por violação de direitos humanos, devendo a condenação da Corte recair sempre sobre um Estado-parte na Convenção Americana sobre Direitos Humanos.

(B) Cabe exclusivamente ao Estado de nacionalidade da vítima propor perante a Corte Interamericana ação competente de reparação de danos sempre que a violação aos direitos humanos tenha ocorrido em território de outro Estado, desde que este último seja parte na Convenção Americana sobre Direitos Humanos e tenha aceitado a jurisdição contenciosa do tribunal.

(C) Cabe à Comissão Interamericana, e não aos particulares, propor perante a Corte Interamericana ação competente por violação de direitos humanos e sua reparação, podendo também fazê-lo outro Estado pactuante, desde que o país acusado tenha anteriormente aceito a jurisdição contenciosa do tribunal.

(D) Cabe à parte especialmente prejudicada pela violação de direitos humanos a propositura de ação competente perante a Corte Interamericana de Direitos Humanos, porém, com o acompanhamento de técnicos da Comissão Interamericana, que também ficarão responsáveis pelo encaminhamento dos demais atos processuais perante a Corte.

(E) Podem propor uma ação de reparação de danos por violação de direitos humanos perante a Corte Interamericana de Direitos Humanos a Comissão Interamericana ou um Estado-parte na Convenção Americana, podendo fazê-lo contra outro Estado-parte na Convenção ou contra um grupo de pessoas (p. ex.: um grupo de militares) que exerça atividades de comando dentro da ordem estatal.

A: incorreta. A Corte só pode ser acionada pelos Estados-partes ou pela Comissão; o indivíduo, conforme artigo 61 da Convenção, é proibido de apresentar petição à Corte. Entretanto, pessoas e ONGs podem, excepcionalmente, peticionar à Corte, nos casos em que já sejam partes, para que esta adote medidas provisórias em casos de extrema gravidade e urgência, desde que verificado risco de dano irreparável à vítima ou às vítimas, nos termos do artigo 63, ponto 2, da Convenção Americana de Direitos Humanos. Se o assunto ainda não estiver submetido ao conhecimento da Corte, a Comissão poderá solicitar que esta adote medidas provisórias mesmo antes da análise do mérito do caso, desde que o caráter de urgência e de gravidade as justifique; **B:** incorreta, pois essa competência não é exclusiva (reler comentário sobre a assertiva anterior); **C:** correta. Reler o comentário sobre a assertiva A. Ademais, a competência contenciosa só será exercida em relação aos Estados-partes da Convenção que expressem e inequivocamente tenham aceitado essa competência da Corte (artigo 62 da Convenção Americana de Direitos Humanos). A declaração de aceite da competência da Corte pode ser feita incondicionalmente ou sob condição de reciprocidade, por prazo determinado ou ainda somente para casos específicos. Em síntese, pode-se dizer que a jurisdição contenciosa da Corte está limitada em razão das partes que intervêm no procedimento (*ratione personae*), em razão da matéria objeto da controvérsia (*ratione materiae*) e em razão do tempo transcorrido desde a notificação aos Estados do relatório da Comissão (*ratione temporis*). É limitada *ratione personae* porque só os Estados-partes ou a Comissão podem acioná-la; é limitada *ratione materiae* porque apenas pode conhecer de casos que tenham por supedâneos a Convenção Americana de Direitos Humanos, o Protocolo de San Salvador (somente em relação aos artigos 8º, ponto 1, alínea *a*, e 13), a Convenção Interamericana para Prevenir e Punir a Tortura (conforme o que dispõe o artigo 8º) e a Convenção Interamericana sobre o Desaparecimento Forçado de Pessoas (conforme o que dispõe o artigo 13); e, por fim, é limitada *ratione temporis* porque o caso tem de ser tanto submetido à Corte no prazo de três meses contados da data de envio do relatório, pela Comissão, aos Estados interessados, como também as alegadas violações devem datar de momento posterior ao reconhecimento da competência contenciosa da Corte pelo Estado; **D:** incorreta (reler comentário sobre a assertiva A); **E:** incorreta, pois a ação só pode ser proposta em face de Estado e não contra grupo de pessoas.

Gabarito "C"

(Ministério Público/SP – 2012 – VUNESP) A Convenção Americana sobre Direitos Humanos – Pacto de São José da Costa Rica estabelece que a Comissão Interamericana de Direitos Humanos tem a função principal de promover a observância e defesa dos direitos humanos, com as seguintes funções e competências:

(A) Reprimir as graves violações praticadas contra os direitos humanos e apresentar relatório à Assembleia Geral da Organização das Nações Unidas sobre as providências tomadas.

(B) Determinar aos governos dos Estados-Membros que adotem medidas em prol dos direitos humanos e denunciar aos Tribunais Internacionais a ocorrência de crimes contra a humanidade.

(C) Receber petições de qualquer pessoa, grupo de pessoas, de entidade não governamental ou de Estado-Membro que contenham denúncias ou queixas de violação da Convenção por um Estado-Membro.

(D) Preparar estudos e relatórios sobre a situação dos direitos humanos na América e capacitar pessoas para atuar na área de defesa dos direitos humanos.

(E) Julgar os casos de violação dos direitos humanos na América e manter atualizadas as normas da Convenção Americana sobre Direitos Humanos.

A Comissão Interamericana de Direitos Humanos é o órgão administrativo do sistema regional de proteção americano. É composta de sete membros, que devem ser pessoas de alta autoridade moral e de reconhecido saber em matéria de direitos humanos. Esses membros são eleitos, a título pessoal, pela Assembleia Geral da OEA, a partir de uma lista de candidatos propostos pelos governos dos Estados-membros, e cumprem mandato de quatro anos, com a possibilidade de uma reeleição. Vale lembrar que não pode fazer parte da Comissão mais de um nacional de um mesmo país. A principal função da Comissão é promover o respeito aos direitos humanos no continente americano. Destarte, tem competência para enviar recomendações aos Estados-partes da Convenção Americana de Direitos Humanos ou até mesmo para os Estados-membros da OEA. Em sua competência inserem-se também a possibilidade de realizar estudos, solicitar informações aos Estados no que tange à implementação dos direitos humanos insculpidos na Convenção e confeccionar um relatório anual para ser submetido à Assembleia Geral da OEA. Cabe lembrar que as recomendações e os relatórios (tanto o anual e o alicerçado em alguma acusação[15]) da Comissão não têm poder vinculante, isto é, não vinculam os Estados destinatários. Um aspecto importante de sua competência é a possibilidade de receber petições do indivíduo "lesionado", de terceiras pessoas ou de organizações não governamentais legalmente reconhecidas em um ou mais Estados-membros da OEA que representem o indivíduo lesionado[16]. Entrementes, essa competência só poderá ser exercida se o Estado violador tiver aderido à Convenção Americana de Direitos Humanos. Percebe-se que não é necessária a expressa aceitação da competência da Comissão para receber petições, bastando que o Estado tenha aderido à Convenção. A Comissão também tem competência para receber comunicações interestatais. Nesse mecanismo, um Estado-parte pode denunciar o outro que incorrer em violação dos direitos humanos. Mas, para a denúncia ter validade, os dois Estados, denunciante e denunciado, devem ter expressamente declarado a competência da Comissão Interamericana de Direitos Humanos para tanto. Cabe enfatizar que os requisitos de admissibilidade de petições individuais e de comunicações interestatais são os mesmos dos observados no sistema global de proteção. Ou seja, só são aceitas as petições ou as comunicações que comprovarem a inexistência de litispendência internacional e o esgotamento de todos os recursos internos disponíveis. Ademais, o artigo 46 da Convenção Americana de Direitos Humanos exige que a petição ou a comunicação seja apresentada dentro do prazo de seis meses, a partir da data em que o presumido prejudicado em seus direitos tenha sido notificado da decisão definitiva exarada no sistema protetivo nacional.

O sistema americano impõe a mesma ideia de ressalva existente no sistema global. As regras de esgotamento de todos os recursos internos disponíveis e do prazo de seis meses para a apresentação da petição ou comunicação não serão aplicadas quando o indivíduo for privado de seu direito de ação pela jurisdição doméstica, ou lhe forem ceifadas as garantias do devido processo legal, ou, ainda, se os processos internos forem excessivamente demorados. De posse da acusação, a Comissão assim agirá: **a)** buscará uma solução amistosa entre o indivíduo denunciante e o Estado violador; **b)** se não se chegar a uma solução, e dentro do prazo que for fixado pelo Estatuto da Comissão, esta redigirá um relatório no qual exporá os fatos e suas conclusões; **c)** o relatório será encaminhado aos Estados interessados, aos quais não será facultado publicá-lo; **d)** ao encaminhar o relatório, a Comissão pode formular as proposições e as recomendações que julgar adequadas; **e)** se, no prazo de três meses a partir da remessa aos Estados interessados do relatório da Comissão, o assunto não tiver sido solucionado ou submetido à decisão da Corte pela Comissão (chamada remessa automática) ou pelo Estado interessado, aceitando sua competência, a Comissão poderá emitir, pelo voto da maioria absoluta de seus membros, sua opinião e conclusões sobre a questão submetida à sua consideração; **f)** a Comissão fará as recomendações pertinentes e fixará um prazo dentro do qual o Estado deve tomar as medidas que lhe competir para remediar a situação examinada; **g)** transcorrido o prazo fixado, a Comissão decidirá, pelo voto da maioria absoluta de seus membros, se o Estado tomou ou não as medidas adequadas e se publica ou não seu relatório. Vale frisar que o envio à Corte apenas será permitido se o Estado violador tiver aquiescido de forma expressa e inequívoca em relação à competência da Corte Interamericana de Direitos Humanos para solucionar os casos de violação dos direitos humanos insculpidos na Convenção e em outros tratados do sistema americano de proteção. Por fim, a Comissão, por iniciativa própria ou depois de receber uma denúncia, poderá entrar em contato com o Estado denunciado para que este adote, com urgência, medidas cautelares antes da análise do mérito da denúncia, desde que verificado risco de dano irreparável à vítima ou às vítimas. Dentro dessa ótica, poderá também solicitar que a Corte adote medidas provisórias mesmo antes da análise do mérito do caso, desde que o caráter de urgência e de gravidade as justifique.

A: incorreta. A Assembleia Geral da Organização das Nações Unidas faz parte do sistema global de proteção dos direitos humanos; **B:** incorreta. A Comissão pode apresentar certo caso de vilipêndio aos direitos humanos à Corte Interamericana de Direitos Humanos e não aos Tribunais Internacionais. Ademais, crimes contra a humanidade são de competência do Tribunal Penal Internacional. Cabe lembrar que o crime citado está disciplinado no artigo 7º do Estatuto de Roma, que assim o define: *crime contra humanidade é a conduta criminosa cometida no quadro de um ataque, sistemático ou generalizado, contra qualquer população civil, desde que haja conhecimento desse ataque*. O próprio artigo 7º indica os tipos de crime considerados contra a humanidade: **a)** homicídio; **b)** extermínio; **c)** escravidão; **d)** deportação ou transferência forçada de uma população; **e)** prisão ou outra forma de privação da liberdade física grave, em violação das normas fundamentais de direito internacional; **f)** tortura; **g)** agressão sexual, escravatura sexual, prostituição forçada, gravidez forçada, esterilização forçada ou qualquer outra forma de violência no campo sexual de gravidade comparável; **h)** perseguição de um grupo ou coletividade que possa ser identificado, por motivos políticos, raciais, nacionais, étnicos, culturais, religiosos ou de gênero, ou ainda em função de outros critérios universalmente reconhecidos como inaceitáveis no direito internacional, relacionados com qualquer ato referido nessas alíneas ou com qualquer crime da competência do Tribunal; **i)** desaparecimento forçado de pessoas; **j)** crime de *apartheid*; e **k)** outros atos desumanos de caráter semelhante, que causem intencionalmente grande sofrimento ou afetem gravemente a integridade física ou a saúde física ou mental; **C:** correta. Reler o texto inicial; **D:** incorreta. A Comissão não tem competência para capacitar pessoas para atuar na área de defesa dos direitos humanos; **E:** incorreta. Quem deve julgar os casos de violação dos direitos humanos é a Corte Interamericana de Direitos Humanos.

Gabarito "C"

(Ministério Público/SP – 2011) São características do Sistema Interamericano de Direitos Humanos:

(A) ser composto pela Comissão e pela Corte Interamericana de Direitos Humanos; ser voltado apenas para funções jurisdicionais; exercer a Corte tais funções jurisdicionais por exclusiva iniciativa da vítima da violação do direito; exigir o esgotamento dos recursos previstos no direito interno; poder impor ao Estado, que reconheça sua jurisdição, medidas reparatórias e destinadas a garantir o exercício dos direitos violados.

(B) ser composto pela Comissão e pela Corte Interamericana de Direitos Humanos; a Corte possuir funções consultivas e jurisdicionais; exercer a Corte suas funções jurisdicionais por exclusiva iniciativa da Comissão; exigir o esgotamento dos recursos previstos no direito interno; poder de propor à Assembleia Geral da Organização dos Estados Americanos a imposição de medidas sancionatórias ao Estado violador.

(C) ser composto pela Corte Interamericana de Direitos Humanos; possuir funções consultivas e jurisdicionais; exercer a Corte suas funções por exclusiva iniciativa de um dos Estados membros da Organização dos Estados Americanos; exigir o esgotamento dos recursos previstos no direito

15. A acusação é feita mediante petição individual ou comunicação interestatal.

16. Como exemplo pode-se citar o conhecido caso Maria da Penha.

interno; poder impor ao Estado, que reconheça sua jurisdição, medidas reparatórias e destinadas a garantir o exercício dos direitos violados.

(D) ser composto pela Comissão e pela Corte Interamericana de Direitos Humanos; a Corte possuir funções consultivas e jurisdicionais; exercer a Corte suas funções jurisdicionais por exclusiva iniciativa da Comissão; exigir o esgotamento dos recursos previstos no direito interno; poder impor ao Estado, que reconheça sua jurisdição, medidas reparatórias e destinadas a garantir o exercício dos direitos violados.

(E) ser composto pela Corte Interamericana de Direitos Humanos; possuir funções consultivas e jurisdicionais; exercer a Corte suas funções jurisdicionais por provocação da vítima da violação do direito, mediante denúncia a ser oferecida pelo órgão de acusação; exigir o esgotamento dos recursos previstos no direito interno; poder impor ao Estado membro da Organização dos Estados Americanos medidas reparatórias e destinadas a garantir o exercício dos direitos violados.

O sistema protetivo americano está principalmente alicerçado em torno da Organização dos Estados Americanos (OEA), organização internacional que tem por objetivo garantir a paz e a segurança no continente americano. Por isso, diz-se que é uma organização internacional de vocação regional, considerada organismo regional das Nações Unidas. O sistema protetivo americano foi instalado em 1948 pela Carta da Organização dos Estados Americanos, que, por sua vez, foi adotada na 9ª Conferência Internacional Americana, que se reuniu em Bogotá, na Colômbia. Na mesma Conferência, foi adotada a Declaração Americana dos Direitos e Deveres do Homem, que foi o primeiro acordo internacional sobre direitos humanos, antecipando a Declaração Universal dos Direitos Humanos, escrita seis meses depois. O sistema protetivo americano não contava com mecanismo constritivo de proteção dos direitos humanos, mas apenas com uma declaração (*soft law*) de que os Estados-membros deveriam proteger os direitos humanos. Em 22 de novembro de 1969, na Conferência de San José da Costa Rica, foi adotada a Convenção Americana de Direitos Humanos[17] (Pacto de San José da Costa Rica), a qual só entrou em vigor internacional em 18 de julho de 1978 (quando atingiu as 11 ratificações necessárias) e é o principal instrumento protetivo do sistema americano. No Brasil, a Convenção passou a ter vigência por meio do Decreto nº 678 de 6 de novembro de 1992. Cabe destacar que o artigo 2º desse decreto dispõe sobre a declaração interpretativa do governo brasileiro: "O Governo do Brasil entende que os arts. 43 e 48, *d*, não incluem o direito automático de visitas e inspeções *in loco* da Comissão Interamericana de Direitos Humanos, as quais dependerão da anuência expressa do Estado". Tal declaração interpretativa funciona como uma ressalva que limita os poderes da Comissão Interamericana de Direitos Humanos.[18] Como órgãos de fiscalização e julgamento (controle de convencionalidade internacional) do sistema americano de proteção dos direitos humanos, a Convenção instituiu a Comissão e a Corte Interamericana de Direitos Humanos, dotando-o, dessa maneira, de mecanismos constritivos de proteção dos direitos humanos (*hard law*). A Corte é o órgão jurisdicional do sistema regional de proteção americano. Um traço marcante é que a Corte só pode ser acionada pelos Estados-partes ou pela Comissão; o indivíduo, conforme artigo 61 da Convenção, é proibido de apresentar petição à Corte. Entretanto, pessoas e ONGs podem, excepcionalmente, peticionar à Corte, nos casos em que já sejam partes, para que esta adote medidas provisórias em casos de extrema gravidade e urgência, desde que verificado risco de dano irreparável à vítima ou às vítimas, nos termos do artigo 63, ponto 2, da Convenção Americana de Direitos Humanos. Se o assunto ainda não estiver submetido ao conhecimento da Corte, a Comissão poderá solicitar que esta adote medidas provisórias mesmo antes da análise do mérito do caso, desde que o caráter de urgência e de gravidade as justifique. No que se refere à sua competência, identifica-se uma atuação *consultiva* e *contenciosa*. Deve-se destacar que o quórum para as deliberações da Corte é de cinco juízes (artigo 56 do Pacto de San José da Costa Rica). A competência consultiva da Corte é marcada por sua grande finalidade de uniformizar a interpretação da Convenção Americana de Direitos Humanos e dos tratados de direitos humanos confeccionados no âmbito da OEA. Dentro dessa competência, qualquer Estado-membro ou órgão[19] da OEA pode pedir que a Corte emita parecer que indique a correta interpretação da Convenção e dos tratados de direitos humanos. Os órgãos da OEA também desfrutam o direito de solicitar opiniões consultivas, mas somente em suas esferas de competência. Assim, enquanto os Estados-membros da OEA têm direito absoluto a pedir opiniões consultivas, os órgãos apenas podem fazê-lo dentro dos limites de sua competência. O direito dos órgãos de pedir opiniões consultivas está restrito a assuntos em que tenham um legítimo interesse institucional[20]. Ademais, a Corte pode fazer análise de compatibilidade entre a legislação doméstica de um país-membro da OEA e o sistema protetivo americano, com o intuito de harmonizá-los. Já a competência contenciosa só será exercida em relação aos Estados-partes da Convenção que expressem e inequivocamente tenham aceitado essa competência da Corte (artigo 62 da Convenção Americana de Direitos Humanos). A declaração de aceite da competência da Corte pode ser feita incondicionalmente ou sob condição de reciprocidade, por prazo determinado ou ainda somente para casos específicos. Em síntese, pode-se dizer que a jurisdição contenciosa da Corte está limitada em razão das partes que intervêm no procedimento (*ratione personae*), em razão da matéria objeto da controvérsia (*ratione materiae*) e em razão do tempo transcorrido desde a notificação aos Estados do relatório da Comissão (*ratione temporis*). É limitada *ratione personae* porque só os Estados-partes ou a Comissão podem acioná-la; é limitada *ratione materiae* porque apenas pode conhecer de casos que tenham por supedâneos a Convenção Americana de Direitos Humanos, o Protocolo de San Salvador (somente em relação aos artigos 8º, ponto 1, alínea *a*, e 13), a Convenção Interamericana para Prevenir e Punir a Tortura (conforme o que dispõe o artigo 8º) e a Convenção Interamericana sobre o Desaparecimento Forçado de Pessoas (conforme o que dispõe o artigo 13); e, por fim, é limitada *ratione temporis* porque o caso tem de ser tanto submetido à Corte no prazo de três meses contados da data

17. É de suma importância sublinhar que a Convenção Interamericana de Direitos Humanos é autoaplicável. Tal definição provém do Parecer Consultivo 07/86 da Corte Interamericana de Direitos Humanos. Assim, uma vez internalizada, estará apta a irradiar seus efeitos diretamente na ordem interna do país-parte, isto é, não necessitará de lei que regulamente sua incidência nos países que aderiram a seus mandamentos.

18. Todavia, deve-se apontar, como uma das consequências do princípio *pro homine*, que a interpretação das limitações de direitos estabelecidos nos tratados internacionais de direitos humanos deve ser restritiva – tudo para impedir ao máximo a diminuição da proteção da pessoa humana. Aliás, nesse sentido é o Parecer Consultivo 02, de 24 de setembro de 1982, da Corte Interamericana de Direitos Humanos.

19. Os órgãos estão elencados no capítulo X da Carta da Organização dos Estados Americanos.

20. Conforme ponto 14 da Opinião Consultiva 02/82 da Corte Interamericana de Direitos Humanos.

de envio do relatório, pela Comissão, aos Estados interessados, como também as alegadas violações devem datar de momento posterior ao reconhecimento da competência contenciosa da Corte pelo Estado. No tocante à Convenção Americana de Direitos Humanos, cabe apontar que a Corte tem competência para analisar não somente os direitos por ela disciplinados, mas também as normas que regulam o processo (competência ampla). Se no exercício de sua competência contenciosa ficar comprovada a violação de direitos humanos da(s) vítima(s), a Corte determinará a adoção, pelo Estado agressor[21], de medidas que façam cessar a violação e restaurar o direito vilipendiado (*restitutio in integrum*), além de poder condenar o Estado agressor ao pagamento de indenização (tendo por base o plano material e o imaterial) à(s) vítima(s). A obrigação de reparar, que se regulamenta em todos os aspectos (alcance, natureza, modalidades e determinação dos beneficiários) pelo direito internacional, não pode ser modificada ou descumprida pelo Estado obrigado, mediante a invocação de disposições de seu direito interno. O cumprimento da sentença da Corte se dá geralmente de maneira voluntária pelos Estados. Caso isso não ocorra, por exemplo, no Brasil, o cumprimento se dará mediante execução da sentença, como título executivo judicial, perante a justiça federal, consoante disposto no artigo 109, I, da CF. Mas deve-se saber que os Estados-partes da Convenção se comprometem a cumprir a decisão da Corte em todo caso em que forem partes (artigo 68 da Convenção Americana de Direitos Humanos). Em relação à sentença da Corte Interamericana, resta ainda informar que ela será sempre fundamentada, definitiva e inapelável (artigos 66 e 67 da Convenção Americana de Direitos Humanos), todavia, em caso de divergência sobre o sentido ou alcance da sentença, a Corte interpretá-la-á, a pedido de qualquer das partes, desde que o pedido seja apresentado dentro de 90 dias a partir da data da *notificação* da sentença. Ainda é possível apontar que a Corte admitiu, em casos excepcionais, o recurso de revisão contra sentenças que colocam fim ao processo, com o propósito de evitar que a coisa julgada mantenha uma situação de evidente injustiça, devido ao descobrimento de um fato que se houvesse sido conhecido no momento da confecção da sentença teria o condão de alterar seu resultado, o que demonstraria a existência de um vício substancial na sentença.[22]. O Brasil reconheceu a competência obrigatória da Corte em 8 de novembro de 2002 (Decreto nº 4.463). O reconhecimento foi feito por prazo indeterminado, mas abrange fatos ocorridos após 10 de dezembro de 1998.

21. É importante dizer que o artigo 28 da Convenção Americana de Direitos Humanos estabelece a cláusula federal, que em seu ponto 2 determina: "No tocante às disposições relativas às matérias que correspondem à competência das entidades componentes da federação, o governo nacional deve tomar imediatamente as medidas pertinentes, em conformidade com sua Constituição e com suas leis, a fim de que as autoridades competentes das referidas entidades possam adotar as disposições cabíveis para o cumprimento desta Convenção". Ademais, sempre o governo central responderá perante a comunidade internacional, pois é o representante do Estado como um todo, que é o único detentor de personalidade jurídica internacional. Em outras palavras, a Federação de estados ou Estado Federal é a união permanente de dois ou mais estados, na qual cada um conserva apenas a autonomia interna, pois a soberania externa é exercida por um órgão central, normalmente denominado *governo federal*. O Brasil é Estado Federal desde a Constituição Federal de 1891. Por fim, a título conclusivo, pode-se afirmar que a divisão de autonomias em relação às competências internas não interfere na responsabilização internacional.

22. Caso Genie Lacayo, Solicitação de Revisão da sentença de 29 de janeiro de 1997 (Resolução de 13 de setembro de 1997, item 10).

A: incorreta, pois a Comissão e a Corte têm função consultiva, nos termos dos art. 41 e 64, § 1º, do Pacto de São José da Costa Rica; **B, C** e **D:** incorretas, pois tanto os Estados-parte como a Comissão têm direito de submeter o caso à decisão da Corte (art. 61, § 1º, do Pacto); **E:** incorreta, pois o Sistema Interamericano é composto também pela Comissão Interamericana de Direitos Humanos. Pelo teor dos comentários percebe-se que não há alternativa correta, razão pela qual a questão foi anulada.

4.1. COMBINADAS DO SISTEMA INTERAMERICANO DE PROTEÇÃO

(Ministério Público/ES – 2013 – VUNESP) Em relação ao Sistema Interamericano de Direitos Humanos, previsto na Convenção Americana sobre Direitos Humanos (*Pacto de San José da Costa Rica*), assinale a alternativa correta.

(A) Constitui atribuição da Comissão Interamericana de Direitos Humanos conhecer dos casos relativos à interpretação ou aplicação da Convenção Americana sobre Direitos Humanos e proferir sentença que será definitiva e inapelável.

(B) A Corte Interamericana de Direitos Humanos possui competência privativa para conhecer dos assuntos relacionados com o cumprimento dos compromissos assumidos pelos Estados Partes na Convenção Americana sobre Direitos Humanos.

(C) A Comissão Interamericana de Direitos Humanos compor-se-á de onze membros, que deverão ser pessoas de alta autoridade moral e de reconhecido saber em matéria de direitos humanos.

(D) A Corte Interamericana de Direitos Humanos, a pedido de um Estado-membro da Organização, poderá emitir pareceres sobre a compatibilidade entre qualquer de suas leis internas e os tratados concernentes à proteção dos direitos humanos nos Estados americanos.

(E) No Estado brasileiro, compete privativamente ao Ministério Público Federal ou Estadual apresentar à Comissão petições que contenham denúncias ou queixas de violação da Convenção sobre Direitos Humanos por um Estado Parte.

A: incorreta, pois a assertiva lista atribuições da Corte Interamericana; **B:** incorreta, pois a Comissão Interamericana também faz parte do sistema de monitoramento criado pela Convenção Interamericana; **C:** incorreta. A Comissão Interamericana de Direitos Humanos é o órgão administrativo do sistema regional de proteção americano. É composta de sete membros, que devem ser pessoas de alta autoridade moral e de reconhecido saber em matéria de direitos humanos (art. 2º, ponto 1, do Estatuto da Comissão); **D:** correta. A competência consultiva da Corte é marcada por sua grande finalidade de uniformizar a interpretação da Convenção Americana de Direitos Humanos e dos tratados de direitos humanos confeccionados no âmbito da OEA. Dentro dessa competência, qualquer Estado-membro ou órgão[23] da OEA pode pedir que a Corte emita parecer que indique

23. Os órgãos estão elencados no capítulo X da Carta da Organização dos Estados Americanos.

a correta interpretação da Convenção e dos tratados concernentes à proteção dos direitos humanos nos Estados Americanos (art. 64, ponto 1, da Convenção Americana de Direitos Humanos). Ademais, a Corte pode fazer análise de compatibilidade entre a legislação doméstica de um país-membro da OEA e o sistema protetivo americano, com o intuito de harmonizá-los; **E:** incorreta. A Comissão pode receber petições do indivíduo "lesionado", de terceiras pessoas ou de organizações não governamentais legalmente reconhecidas em um ou mais Estados-membros da OEA que representem o indivíduo lesionado. Percebe-se que não existe a citada competência privativa do MP federal e estadual para tanto.

Gabarito "D"

5. DIREITOS HUMANOS NO BRASIL

5.1. CONSTITUIÇÃO CIDADÃ DE 1988

(Ministério Público/MG – 2013) A Declaração Universal dos Direitos Humanos, em seu artigo XXV, nº1, diz: "Toda pessoa tem direito a um padrão de vida capaz de assegurar a si e a sua família saúde e bem-estar, inclusive alimentação, vestuário, **habitação**, cuidados médicos e os serviços sociais indispensáveis, e direito à segurança em caso de desemprego, doença, invalidez, viuvez, velhice ou outros casos de perda dos meios de subsistência fora de seu controle". Expressamente, a Constituição da República Federativa do Brasil, em seu artigo 6º, por introdução da Emenda Constitucional nº 26, prevê a **moradia** como direito social, no mesmo patamar da educação, da saúde, do trabalho, do lazer, da segurança, da previdência social, da proteção à maternidade e à infância e da assistência aos desamparados. Com base no ordenamento constitucional brasileiro, pode-se afirmar, **EXCETO**:

(A) O direito de moradia possui aplicação imediata, uma vez que é direito fundamental social, fazendo parte do mínimo existencial, e a Constituição da República não o condiciona a nenhuma regulamentação específica, motivo pelo qual não pode o Poder Público se eximir de implementar políticas públicas para o seu atendimento, em face de obrigação constitucional.

(B) A política de desenvolvimento urbano, executada pelo Poder Público municipal, tem por diretriz geral, entre outras, a garantia do direito a cidades sustentáveis, onde está inserido o direito à moradia.

(C) Cabe à União estabelecer diretrizes para o desenvolvimento urbano, inclusive a habitação, mas somente ao município compete promover programas de construção de moradias e a melhoria das condições habitacionais.

(D) Pelo ordenamento constitucional brasileiro, a propriedade é um direito fundamental, mas não possui um caráter absoluto, pois deve cumprir uma função social, que se dá, entre outras formas, pelo atendimento das exigências fundamentais de ordenamento das cidades, expressadas nos planos diretores, podendo estes estabelecerem áreas para que o Poder Público municipal, mediante lei específica, exija do proprietário do solo urbano não edificado, subutilizado ou não utilizado, que promova o seu adequado aproveitamento, sob pena, sucessivamente de parcelamento ou edificação compulsórios, imposto sobre a propriedade predial e territorial urbana progressivo no tempo e desapropriação com pagamento mediante títulos da dívida pública.

A: assertiva correta, pois, de fato, a Constituição não o condiciona a nenhuma regulamentação específica. E não é possível contrariar o direito a moradia como parte do mínimo existencial, pois uma pessoa sem moradia fica extremamente vulnerável e sua dignidade humana ameaçada. Como exercício humano, pense por 30 segundos como seria sua vida se você não tivesse sua casa para morar; **B:** assertiva correta (artigo 182, *caput*, da CF); **C:** assertiva incorreta, devendo ser assinalada, pois é competência comum da União, dos Estados, do Distrito Federal e dos Municípios promover programas de construção de moradias e a melhoria das condições habitacionais (artigo 23, IX, da CF); **D:** assertiva correta (artigo 182, §§ 2º e 4º, da CF).

Gabarito "C"

(Ministério Público/RO – 2013 – CESPE) A respeito do direito dos refugiados no Brasil, assinale a opção correta.

(A) De acordo com o STF, o reconhecimento da condição de refugiado, sendo ato vinculado, não obsta o seguimento de eventual pedido de extradição baseado nos fatos que fundamentaram a concessão do refúgio, se esses fatos estiverem em desacordo com os requisitos previstos em lei.

(B) A lei brasileira prevê a possibilidade de que seja reconhecido como refugiado o indivíduo que, devido a fundados temores de perseguição por motivo de opinião política, esteja fora de seu país de nacionalidade e tenha praticado crime de guerra.

(C) Os efeitos da condição dos refugiados estendem-se ao cônjuge economicamente dependente do refugiado, ainda que se encontre fora do território nacional.

(D) O ingresso irregular no território nacional constitui impedimento para que o estrangeiro solicite refúgio às autoridades competentes.

(E) Não cabe recurso administrativo da decisão do Comitê Nacional para os Refugiados na qual se negue o reconhecimento da condição de refugiado.

A: correta. O reconhecimento da situação de refugiado pelo Poder Executivo não impede a extradição se o estrangeiro estiver sendo acusado de crime comum que não tenha qualquer pertinência com os fatos considerados para a concessão do refúgio (STF, Extradição 1.085, República Italiana, Pleno, j. 16.12.2009, rel. Min. Cezar Peluso, *DJe* 16.04.2010). Todavia, mesmo se os fatos forem os mesmos, não impedirá eventual pedido de extradição se esses fatos estiverem em desacordo com os requisitos previstos em lei; **B:** incorreta. Refugiado é (i) o indivíduo que, perseguido devido à sua raça, religião, nacionalidade, opinião política ou por sua ligação com certo grupo social, se encontra fora de seu país de nacionalidade e não pode ou não quer, por temor, regressar ao seu país; (ii) ou o apátrida que, perseguido devido à sua raça, religião, nacionalidade, opinião política ou por sua ligação com certo grupo social, se encontra fora do país onde teve sua última residência habitual e não pode ou não quer, por temor, regressar a tal país. Ainda, é possível considerar refugiado (iii) todo aquele que é vítima de grave e generalizada violação de direitos humanos.[24] Lembrando que apátrida é a condição do indivíduo que não possui nenhuma nacionalidade. Percebe-se que o fato de ter praticado crime de guerra impossibilita o reconhecimento do *status* de refugiado; **C:** incorreta. Os efeitos da condição do *status* de refugiado são extensivos ao cônjuge, aos ascendentes e descendentes, assim como aos demais membros do grupo familiar que do refugiado dependerem economicamente, *desde que se encontrem em território nacional*; **D:** incorreta, pois não constitui impedimento; **E:** incorreta. Em caso de decisão negativa, esta deve ser fundamentada na notificação ao solicitante, cabendo direito de recurso ao Ministro da Justiça, no prazo de 15 dias, contados do recebimento da notificação.

Gabarito "A"

(Ministério Público/MT – 2012 – UFMT) Sobre os princípios da República Federativa do Brasil atinentes às relações internacionais, é correto afirmar:

(A) A previsão constitucional de concessão de asilo político restringe-se à ocorrência do asilo diplomático, que tem lugar quando a pessoa perseguida encontra guarida nas representações brasileiras no exterior, podendo dar-se em embaixadas ou consulados, ou, até mesmo, em unidades militares brasileiras acreditadas no país de origem.

(B) A previsão constitucional de concessão de asilo político é previsão-gênero, que alberga em seu conceito duas espécies de asilo, o diplomático e o territorial, sendo o primeiro o que se dá em embaixadas ou representações diplomáticas do Brasil no exterior, e o segundo o que ocorre com a vinda efetiva do asilado para o território nacional depois da obtenção de salvo-conduto no país de origem.

(C) A previsão constitucional de concessão de asilo político restringe-se à ocorrência do asilo territorial, cuja principal característica é tratar-se de instituição de caráter humanitário que não se sujeita à reciprocidade, podendo qualquer pessoa, de qualquer nacionalidade, sujeitar-se à sua efetiva proteção.

(D) A previsão constitucional de concessão de asilo político é expressão-gênero, que abrange o asilo diplomático e o asilo territorial, este último também conhecido por "refúgio", institutos que guardam idênticos fundamentos, características e motivações, a exemplo das perseguições por motivo de raça, nacionalidade, grupo social, religião, dentre outros.

(E) A previsão constitucional de concessão de asilo territorial tem por motivação a imputação ao sujeito de atos alheios a fatos tipificados como crimes, a exemplo de pertencer o sujeito a determinado grupo social ou cultural, ou de ter determinada religião que não aquela oficial do Estado de origem, ou até mesmo de ter manifestado uma opinião contrária à vontade do governo, o que faz com os pedidos extradicionais perante o STF não devam ser conhecidos pelo Tribunal.

A: incorreta, *pois não existe a mencionada restrição na Constituição (art. 4º, X, da CF). Logo, a previsão constitucional diz respeito tanto ao asilo diplomático como ao territorial.* O asilo territorial é o acolhimento, pelo Estado, em seu território, de estrangeiro perseguido em seu país por causa de dissidência política, de delitos de opinião ou por crimes que, relacionados com a segurança do Estado, não configurem infração penal comum. O direito do Estado de conceder asilo tem fundamento em sua soberania e deve ser respeitado pelos outros Estados. Deve-se lembrar, ainda, que o Estado asilante tem o direito de negar o asilo por motivos de segurança nacional. Esse tipo de asilo é concedido pelo chefe de Estado. Por sua vez, o asilo diplomático é o acolhimento, pelo Estado, em sua representação diplomática, do estrangeiro que busca proteção. É considerado uma forma provisória do asilo territorial, todavia, não assegura automaticamente sua concessão, a qual terá de ser processada para analisar o devido preenchimento de certas condições. Essa modalidade de asilo tem grande aceitação na América Latina, sobretudo em função de seu passado de instabilidade política. Os pressupostos do asilo diplomático são, em última análise, os mesmos do asilo territorial, isto é, a natureza política dos delitos atribuídos ao perseguido e a contemporaneidade da persecução. Por fim, os locais onde esse asilo pode ocorrer são as missões diplomáticas – não as repartições consulares – e, por extensão, os imóveis residenciais cobertos pela inviolabilidade nos termos da Convenção de Viena sobre Relações Diplomáticas; e, ainda, consoante o costume, os navios de guerra porventura acostados ao litoral; **B:** correta (reler comentário sobre a assertiva anterior); **C:** incorreta (reler comentário sobre a assertiva A); **D:** incorreta. Além da necessidade de releitura do comentário sobre a assertiva A para visualizar o erro da presente assertiva, cabe fazer considerações sobre o instituto *refúgio*, o qual é diferente do instituto *asilo*. O refúgio é o acolhimento, pelo Estado, em seu território, de indivíduo perseguido por motivos de raça, religião, nacionalidade, grupo social ou opiniões políticas. Deve-se atentar que o refúgio tem por base a situação de indivíduo que se encontre fora de seu país de nacionalidade e não possa ou não queira, por temor, regressar ou a situação de apátrida, que esteja fora do país onde teve sua última residência habitual e não possa ou não queira, por temor, regressar a tal país. Além disso, é possível considerar refugiado todo aquele que for vítima de grave e generalizada violação de direitos humanos; **E:** incorreta. Primeiramente, cabe sublinhar que a questão tem redação confusa. Mas pode-se afirmar que há uma confusão entre dois institutos, o asilo territorial e a extradição. Como vimos, o asilo é o acolhimento, pelo Estado, em seu território, de estrangeiro perseguido em seu país por causa de dissidência política, de delitos de opinião ou por crimes que, relacionados com a segurança do Estado, não configurem infração penal comum. Por sua vez, a extradição é a entrega de um Estado para outro Estado, a pedido deste, de indivíduo que em seu território deva responder a processo penal ou cumprir pena por prática de crime de certa gravidade. Os pedidos extradicionais passam por uma análise de admissibilidade do STF, assim devem ser conhecidos, mas apenas serão concedidos se cumprirem os requisitos autorizadores da dita concessão.

Gabarito "B"

(Ministério Público/MT – 2012 – UFMT) É possível afirmar que a Constituição Brasileira de 1988, no que tange aos princípios das relações internacionais, tem como característica:

(A) A de ser uma Constituição que até a promulgação da Emenda 45/2004 sempre fez tábula rasa do Di-

24. Em consonância com a legislação nacional (art. 1º da Lei nº 9.474/1997).

reito Internacional Público, em especial do Direito Internacional dos Direitos Humanos, ao não prever claramente a hierarquia das normas internacionais em geral no plano do Direito brasileiro, bem assim por impedir a participação popular em matéria de política externa quando há encargos ou compromissos gravosos ao patrimônio nacional.

(B) A de ser a segunda Constituição brasileira (a primeira foi a Carta de 1967) a incluir expressamente em seu texto os objetivos da República Federativa do Brasil e os princípios pelos quais deve o Brasil reger-se nas suas relações internacionais, além de impor ao STF a competência para a decisão sobre a inconstitucionalidade de tratados.

(C) A de ser uma Constituição aberta e receptiva ao Direito Internacional Publico, â medida que contém certas "cláusulas de diálogo" ou "cláusulas dialógicas" como a do art. 4º, II, que permite a aplicação da norma de proteção de direitos mais benéfica ao ser humano, e a do art. 5º, § 2º, que não exclui do âmbito constitucional de aplicação as normas provenientes de tratados sobre direitos humanos de que o Brasil é parte.

(D) A de ser uma Constituição que mesmo depois da Emenda 45/2004 faz tábula rasa do Direito Internacional Público, eis que, embora permitindo a equivalência convencional às regras do seu próprio texto em determinados casos, fica ainda muito aquém de outros textos constitucionais latino-americanos que garantem equiparação convencional geral às normas constitucionais, como fazem as Constituições da Argentina e da Venezuela.

(E) A de ser uma Constituição aberta e receptiva ao Direito Internacional Público, à medida que desde a sua edição já contém normas sobre a inconstitucionalidade dos tratados perante o STF e sobre deslocamento de competência para a Justiça Federal nas hipóteses de grave violação de direitos humanos.

"Art. 4º A República Federativa do Brasil rege-se nas suas relações internacionais pelos seguintes princípios: I – independência nacional; II – prevalência dos direitos humanos; III – autodeterminação dos povos; IV – não intervenção; V – igualdade entre os Estados; VI – defesa da paz; VII – solução pacífica dos conflitos; VIII – repúdio ao terrorismo e ao racismo; IX – cooperação entre os povos para o progresso da humanidade; e X – concessão de asilo politico".

A: incorreta, pois tal assertiva encontra-se em total desacordo com a historiografia constitucional brasileira; **B:** incorreta, pois se trata de outra assertiva contrária à historiografia constitucional brasileira; **C:** correta. Em se tratando de interpretação e de aplicação das regras protetivas de direitos humanos, deve-se ter por fundamento o *princípio da primazia da norma mais favorável à vítima*, o qual determina a busca da maior efetividade possível na proteção dos direitos humanos. Portanto, de modo geral, os sistemas protetivos global, regional e nacional interagem e complementam-se para melhor proteger o indivíduo dos abusos perpetrados contra sua dignidade humana. Esse exercício foi denominado por Erik Jaime[25] o *diálogo das fontes*[26], ou seja, os diversos sistemas de proteção (fontes heterogêneas) são coordenados para garantir a maior tutela possível da dignidade da pessoa humana – dessa forma, o sistema com maiores possibilidades de garantir a proteção no caso específico será o eleito, podendo até haver uma aplicação conjunta dos sistemas, desde que apropriada. E como bem dito na assertiva, a Constituição brasileira traz previsão expressa de "cláusula de diálogo ou dialógica" no seu art. 4º, II. Além disso, nenhuma lei ou norma de direito interno, como as disposições de anistia, as regras de prescrição e outras excludentes de responsabilidade, podem impedir que um Estado cumpra essa obrigação, especialmente quando se tratar de graves violações de direitos humanos que constituam crimes contra a humanidade, como os de lesa-humanidade, pois são inanistiáveis e imprescritíveis. E as normas definidoras dos direitos e garantias fundamentais têm aplicação imediata (artigo 5, § 1º, da CF). Isto é, o juiz pode aplicar diretamente os direitos fundamentais, sem necessidade de qualquer lei que os regulamente. Tal regra tem por base o *princípio da força normativa da Constituição*, idealizado por Konrad Hesse, e "a ideia de que os direitos individuais devem ter eficácia imediata ressalta a vinculação direta dos órgãos estatais a esses direitos e o seu dever de guardar-lhes estrita observância[27]". O § 2º é enfático: "Os direitos e garantias expressos nesta Constituição não excluem outros decorrentes do regime e dos princípios por ela adotados, ou dos tratados internacionais em que a República Federativa do Brasil seja parte". Tal estipulação possibilita a ampliação progressiva dos direitos fundamentais, pois o Brasil poderá aumentar seu catálogo de direitos à medida que internaliza tratados internacionais de direitos humanos[28]. Assim, a comunhão dos §§ 1º e 2º permite-nos concluir que um tratado de direitos humanos internalizado pelo Brasil faz parte de seu bloco de constitucionalidade[29] e, assim, pode ser aplicado direta e imediatamente pelo juiz. Lembrando que o bloco de constitucionalidade é composto de todas as normas do ordenamento jurídico que possuem *status* constitucional[30]; **D:** incorreta, pois a Constituição brasileira, e principalmente depois da EC 45, não faz tábula rasa do Direito Internacional Público, pois, muito pelo contrário acena de maneira muito favorável para interação do direito internacional com o interno; **E:** incorreta, pois, por exemplo, o § 5º do artigo 109 da CF[31], que foi acrescentado pela EC nº 45 de 2004,

25. **Identité culturelle et integration: le droit international privé postmoderne**. Séries Recueil des Cours de l'Académie de Droit International de la Haye 251, 1995.

26. O citado diálogo também é previsto expressamente no artigo 29, *b*, da Convenção Americana de Direitos Humanos.

27. MENDES, Gilmar Ferreira. **Curso de Direito Constitucional**. 6. ed. São Paulo: Saraiva, 2011, p. 671.

28. No mesmo sentido: "Trata-se de evidente cláusula de abertura do rol de direitos fundamentais, a permitir a inclusão de outros direitos e garantias àqueles já previstos na Lei Maior, desde que consoantes com os princípios constitucionais". WEIS, Carlos. **Estudo sobre a obrigatoriedade de apresentação imediata da pessoa presa ao juiz: comparativo entre as previsões dos tratados de direitos humanos e do projeto de Código de Processo Penal**. Defensoria Pública do Estado de São Paulo, 2011. p. 7.

29. O termo bloco de constitucionalidade já foi citado, pelo STF, nas ADIns 595 e 514, de relatoria do Min. Celso de Mello, mas nunca foi aplicado no Brasil.

30. De forma geral e conforme o artigo 5º, § 2º, da CF, o bloco de constitucionalidade é formado pelo texto constitucional, pelos princípios dele decorrentes e pelos tratados internacionais de direitos humanos.

31. "Nas hipóteses de grave violação de direitos humanos, o Procurador-Geral da República, com a finalidade de assegurar o cumprimento de obrigações decorrentes de tratados internacionais de direitos humanos dos quais o Brasil seja parte, poderá suscitar, perante o Superior Tribunal de Justiça, em qualquer fase do inquérito ou processo, incidente de deslocamento de competência para a Justiça Federal".

trata da *federalização* dos crimes contra os direitos humanos, e um caso conhecido é o IDC 2-DF/STJ de relatoria da Ministra Laurita Vaz, pois o caso tinha como pano de fundo a atuação de um grupo de extermínio e o incidente de deslocamento de competência foi parcialmente acolhido[32]. É importante asseverar, com base na jurisprudência do STJ, que o incidente de deslocamento só será provido se ficar comprovado que a justiça estadual constitui verdadeira barreira ao cumprimento dos compromissos internacionais de proteção dos direitos humanos assumidos pelo Brasil.

Gabarito "C"

(Ministério Público/SP – 2011) O princípio da dignidade da pessoa humana

(A) está previsto constitucionalmente como um dos fundamentos da República e constitui um núcleo essencial de irradiação dos direitos humanos, devendo ser levadas em conta em todas as áreas na atuação do Ministério Público.

(B) não está previsto constitucionalmente, mas consta do chamado Pacto de São José da Costa Rica, possuindo grande centralidade no reconhecimento dos direitos humanos e tendo reflexo na atuação criminal do Ministério Público.

(C) está previsto constitucionalmente como um dos objetivos da República e possui grande centralidade no reconhecimento dos direitos humanos, mas não tem reflexo direto na atuação criminal do Ministério Público.

(D) está previsto como um dos direitos fundamentais previstos na Constituição Federal, serve de base aos direitos de personalidade e deve ser considerado na atuação do Ministério Público, em especial perante o juízo de família.

(E) não está previsto constitucionalmente, mas consta da Declaração Universal dos Direitos do Homem, constitui um núcleo essencial de irradiação dos direitos humanos, devendo ser levado em conta em todas as áreas na atuação do Ministério Público.

A: correta. Fruto da redemocratização, a Constituição Federal de 1988 torna a dignidade da pessoa humana um dos fundamentos da República Federativa do Brasil (artigo 1°, III, da CF). Outros fundamentos que reforçam o *status* dos direitos humanos no Brasil são a cidadania, os valores sociais do trabalho e o pluralismo político (respectivamente artigo 1°, II, IV e V, da CF). Um dos objetivos fundamentais do Brasil, segundo a CF, é a promoção do bem de todos, sem preconceitos de origem, raça, sexo, cor, idade e quaisquer outras formas de discriminação (artigo 3°, IV). Outro objetivo que posiciona nuclearmente a dignidade da pessoa humana no Brasil é o que determina a erradicação da pobreza e da marginalização e a redução das desigualdades sociais e regionais (artigo 3°, III). E, ainda, o Brasil tem por objetivo a construção de uma sociedade livre, justa, solidária (artigo 3°, I) e desenvolvida economicamente (artigo 3°, II). O outro fator que sacramenta a nuclearidade dos direitos humanos no Brasil é o que dispõe o artigo 4°, II, da CF. Ou seja, as relações internacionais do Brasil serão regidas, entre outros, pelo *princípio da prevalência dos direitos humanos*. Outros incisos do artigo 4° da CF que corroboram a dita nuclearidade dos direitos humanos são: **a)** repúdio ao terrorismo e ao racismo (inciso VIII); **b)** cooperação entre os povos para o progresso da humanidade (inciso IX); e **c)** concessão de asilo político (inciso X). Ora, além de os direitos humanos fundamentarem a existência da República brasileira, são vetores para o estabelecimento da política nacional e externa. Ademais, podem-se considerar os direitos humanos até como limitadores do poder constituinte originário: "É fora de dúvida que o poder constituinte é um fato político, uma força material e social, que não está subordinado ao Direito positivo preexistente. Não se trata, porém, de um poder ilimitado ou incondicionado. Pelo contrário, seu exercício e sua obra são pautados tanto pela realidade fática como pelo Direito, âmbito no qual a dogmática pós-positivista situa os valores civilizatórios, os direitos humanos e a justiça.[33]" Outro ponto de destaque é a inclusão dos direitos da pessoa humana na lista dos princípios sensíveis da Constituição (artigo 34, VII, *b*, da CF), os quais autorizam, diante de suas violações, a medida extrema da intervenção[34]. Isso significa que se um estado federado incidir em grave violação dos direitos humanos e nada fizer para mudar essa situação lamentável, a União intervirá nessa unidade federada para restabelecer o respeito integral dos direitos da pessoa humana. O STF já se pronunciou sobre um pedido de intervenção federal que teve por base a grave violação dos direitos da pessoa humana (artigo 34, VII, *b*, da CF). Foi a IF 114-5/MT, ocasião em que o STF sublinhou que a gravidade do fato por si só (violação dos direitos da pessoa humana) não é motivo suficiente para intervenção federal. É necessária a cabal demonstração de que o estado não pode dar uma resposta efetiva ao fato grave ocorrido, ou seja, somente será possível a intervenção federal nesses casos se o estado não possuir uma estrutura mínima que lhe permita responder ao fato danoso – na maioria dos casos, estrutura para movimentar efetivamente a persecução penal.[35] Cabe

32. IDC 2-DF, rel. Min. Laurita Vaz, julgado em 27.10.2010 (Inform. STJ 453).

33. BARROSO, Luís Roberto. **Curso de Direito Constitucional Contemporâneo**. São Paulo: Saraiva, 2009, p. 110.

34. "A intervenção federal pelo inciso VII do artigo 34 busca resguardar a observância dos chamados princípios constitucionais sensíveis. Esses princípios visam assegurar uma unidade de princípios organizativos tidos como indispensáveis para a identidade jurídica da federação, não obstante a autonomia dos Estados-membros para se auto-organizarem" (MENDES, *op. cit.*, p. 835).

35. Cabe aqui transcrever a ementa da IF 114-5/MT, rel. Min. Néri da Silveira:

"Intervenção Federal. 2. Representação do Procurador-Geral da República pleiteando intervenção federal no Estado de Mato Grosso, para assegurar a observância dos 'direitos da pessoa humana', em face de fato criminoso praticado com extrema crueldade a indicar a inexistência de 'condição mínima', no Estado, 'para assegurar o respeito ao primordial direito da pessoa humana, que é o direito à vida'. Fato ocorrido em Matupá, localidade distante cerca de 700 km de Cuiabá. 3. Constituição, arts. 34, VII, letra *b*, e 36, III. 4. Representação que merece conhecida, por seu fundamento: alegação de inobservância pelo Estado-membro do princípio constitucional sensível previsto no art. 34, VII, alínea *b*, da Constituição de 1988, quanto aos 'direitos da pessoa humana'. Legitimidade ativa do Procurador-Geral da República (Constituição, artigo 36, III). 5. Hipótese em que estão em causa 'direitos da pessoa humana', em sua compreensão mais ampla, revelando-se impotentes as autoridades policiais locais para manter a segurança de três presos que acabaram subtraídos de sua proteção, por populares revoltados pelo crime que lhes era imputado, sendo mortos com requintes de crueldade. 6. Intervenção Federal e restrição à autonomia do Estado-membro. Princípio federativo. Excepcionalidade da medida interventiva. 7. No caso concreto, o Estado de Mato Grosso, segundo as informações, está proce-

também mencionar a obrigação, preponderantemente atribuída ao Legislativo brasileiro, que o inciso XLI do artigo 5º da CF criou: "a lei punirá qualquer discriminação atentatória dos direitos e liberdades fundamentais". Para corroborar a importância de tudo o que foi dito, é mister asseverar que é regra básica da hermenêutica jurídica aquela que determina que a aplicação da lei deverá levar em conta os valores constitucionais que irradiam sobre todo o ordenamento jurídico. Vimos que os direitos humanos ocupam lugar central na CF (logo, direitos fundamentais), destarte, toda interpretação e aplicação de alguma norma do ordenamento jurídico brasileiro devem ser balizadas pela dignidade da pessoa humana. Assim, a interpretação que violar a dignidade da pessoa humana não é válida, ou melhor, é inconstitucional. Depois de todo o dito, ainda cabe indicar a leitura do art. 127 da CF; **B:** incorreta. Reler o comentário sobre a assertiva anterior; **C:** incorreta, pois a atuação do Ministério Público, assim como a de qualquer órgão público, deve observar o princípio da dignidade da pessoa humana, que é fundamento da República (art. 1º, III, da CF); **D:** imprecisa. O princípio da dignidade da pessoa humana é fundamento da República (art. 1º, III, da CF), enunciado entre os princípios fundamentais (Título I da CF). A rigor, entretanto, não é indicado como direito ou garantia fundamental (Título II da CF). Mas é preciso destacar, ainda assim, que os direitos e garantias fundamentais decorrem ou relacionam-se diretamente ao princípio da dignidade humana. Oportuno compartilhar o conceito analítico de dignidade de pessoa humana de autoria de Ingo Wolfgang Sarlet: "Temos por dignidade da pessoa humana a qualidade intrínseca e distintiva de cada ser humano que o faz merecedor do mesmo respeito e consideração por parte do Estado e da comunidade, implicando, neste sentido, um complexo de direitos e deveres fundamentais que assegurem a pessoa tanto contra todo e qualquer ato de cunho degradante e desumano, como venham a lhe garantir as condições existenciais mínimas para uma vida saudável, além de propiciar e promover sua participação ativa corresponsável nos destinos da própria existência e da vida em comunhão dos demais seres humanos[36]"; **E:** incorreta, reler o comentário sobre a assertiva "A". Ademais, é previsto expressamente no preâmbulo e no art. 1º da Declaração Universal dos Direitos do Homem – DUDH, entre outros.

Gabarito "A"

(Ministério Público/RO – 2010 – CESPE) A CF é considerada modelo no que se refere à tutela de direitos humanos e de garantias fundamentais. Acerca desse assunto, assinale a opção correta.

(A) A CF é classificada como detalhista no que concerne aos referidos direitos, pois prevê desde a gratuidade de transporte público para idosos até a gratuidade para celebração de casamento civil.

(B) Os tratados de direitos humanos, ainda que aprovados apenas no Senado Federal, em dois turnos e por maioria qualificada, equiparam-se às emendas constitucionais.

(C) A concessão de asilo político é prevista no acervo garantista do art. 5.º da CF, que também proíbe a extradição e o banimento de brasileiros do território nacional.

(D) Os índios, suas comunidades e organizações, apesar de poderem defender seus direitos e interesses, não são partes legítimas para ingressar em juízo, devendo fazê-lo por meio do MP.

(E) Direitos humanos de terceira geração, por seu ineditismo e pelo caráter de *lege ferenda* que ainda comportam, não recebem tratamento constitucional.

A: correta. Ler os arts. 226, § 1º, e 230, § 2º, ambos da CF. Outro exemplo, sempre citado, do enorme detalhamento da CF/1988 é a referência ao Colégio Pedro II (art. 242, § 2º, da CF); **B:** incorreta, pois, para que os tratados sobre direitos humanos tenham força de emenda constitucional, é preciso que sejam aprovados por ambas as Casas do Congresso Nacional, em dois turnos, por maioria de três quintos de seus respectivos membros (art. 5º, § 3º, da CF); **C:** incorreta, pois o asilo político é previsto no art. 4º, X, da CF, como princípio que rege a República brasileira em suas relações internacionais. A extradição é vedada em relação aos brasileiros, com a exceção para o naturalizado em caso de crime comum, praticado antes da naturalização, ou de comprovado envolvimento em tráfico ilícito de entorpecentes e drogas afins (art. 5º, LI, da CF). A extradição dos estrangeiros é vedada apenas nos casos de crimes políticos ou de opinião (art. 5º, LII, da CF). A pena de banimento é absolutamente vedada (art. 5º, XLVII, *d*, da CF); **D:** incorreta, pois os índios, suas comunidades e organizações são partes legítimas para ingressar em juízo em defesa de seus direitos e interesses, intervindo o Ministério Público em todos os atos do processo; **E:** incorreta, pois a CF/1988 define e garante diversos direitos relativos ao meio ambiente, ao patrimônio histórico-cultural, ao desenvolvimento e aos consumidores, todos considerados de 3ª geração. Tais direitos foram consagrados na Convenção para a Proteção do Patrimônio Mundial, Cultural e Natural, de 1972, e na Convenção sobre a Diversidade Biológica, de 1992. Por fim, cabe apontar que são classificados pelo STF como novíssimos direitos.

Gabarito "A"

5.2. ARTIGO 5º DA CONSTITUIÇÃO FEDERAL

(Ministério Público/PI – 2014 – CESPE) Acerca dos direitos individuais, assinale a opção correta.

(A) A condenação, em âmbito civil, de cidadão italiano residente no Brasil por período superior a quinze anos ininterruptos impede a aquisição da nacionalidade brasileira.

(B) Constitui violação do direito à intimidade e à proibição constitucional de obtenção de provas por meio ilícito a gravação ambiental realizada por um dos interlocutores sem o conhecimento do outro, ainda que a gravação seja feita para fins de legítima defesa no caso de prática de crime.

(C) Segundo atual jurisprudência do STF, os tratados internacionais de direitos humanos possuem sta-

---

dendo à apuração do crime. Instaurou-se, de imediato, inquérito policial, cujos autos foram encaminhados à autoridade judiciária estadual competente que os devolveu, a pedido do Delegado de Polícia, para o prosseguimento das diligências e averiguações. 8. Embora a extrema gravidade dos fatos e o repúdio que sempre merecem atos de violência e crueldade, não se trata, porém, de situação concreta que, por si só, possa configurar causa bastante a decretar-se intervenção federal no Estado, tendo em conta, também, as providências já adotadas pelas autoridades locais para a apuração do ilícito. 9. Hipótese em que não é, por igual, de determinar-se intervenha a Polícia Federal, na apuração dos fatos, em substituição à Polícia Civil de Mato Grosso. Autonomia do Estado-membro na organização dos serviços de justiça e segurança, de sua competência (Constituição, arts. 25, § 1º; 125 e 144, § 4º). 10. Representação conhecida mas julgada improcedente".

36. **Dignidade da pessoa humana e Direitos Fundamentais**. Porto Alegre: Livraria do Advogado, 2001. p. 60.

tus constitucional, sendo possível, portanto, o controle judicial de constitucionalidade a partir de norma parâmetro prevista na Convenção Americana de Direitos Humanos, tratado ratificado pelo Brasil.

(D) A norma constitucional segundo a qual a prática de tortura é considerada crime inafiançável e insuscetível de graça ou anistia é de eficácia limitada, sendo necessária a atuação legislativa dos estados da Federação para que produza efeitos.

(E) Autoridade detentora de foro por prerrogativa de função estabelecido exclusivamente na constituição estadual que praticar crime doloso contra vida deverá ser julgada pelo tribunal do júri.

A: incorreta, pois apenas a condenação penal impede a aquisição da nacionalidade brasileira; **B:** incorreta, pois a posição do STF é sobre a legalidade da gravação ambiental como meio de prova (vide Informativo 568/2009 do STF); **C:** incorreta. Em 03.12.2008, o Ministro Gilmar Mendes, no RE 466.343-SP,[37] defendeu a tese da supralegalidade de tais tratados, ou seja, superior às normas infraconstitucionais e inferior às normas constitucionais. O voto do Ministro Gilmar Mendes foi acompanhado pela maioria (posição atual do STF). Portanto, todo tratado de direitos humanos que for internalizado sem observar o procedimento estabelecido no artigo 5º, § 3º, da CF, tem *status* de norma supralegal. A segunda parte da assertiva também está incorreta porque a norma parâmetro prevista na Convenção Americana dá azo ao controle de convencionalidade e não ao de constitucionalidade; **D:** incorreta, porque se trata de norma de eficácia plena, segundo a classificação tradicional de José Afonso da Silva. Ou seja, são de aplicação direta e imediata e independem de uma lei para regular seus efeitos; **E:** correta (artigo 5º, XXXVIII, *d*, da CF).

Gabarito "E"

(Ministério Público/AM – 2008 – CESPE) O art. 5º da CF, em seu vasto campo de abrangência, contempla, entre outros temas, a questão da privação de liberdade. Ao fazê-lo, a CF segue parâmetros republicanos e democráticos, reconhecendo inúmeras garantias a serem conferidas ao preso. A respeito de tais garantias, julgue os seguintes itens.

I. Ninguém pode ser preso, senão em flagrante delito ou por ordem escrita e fundamentada de autoridade competente, salvo nos casos de direito penal militar.

II. O preso tem direito à identificação dos autores de sua prisão e a conhecer os responsáveis por seu interrogatório policial.

III. O preso deve ser informado de seus direitos, que incluem a assistência familiar e a defesa, salvo se acusado da prática de crime hediondo.

37. Prisão civil. Depósito. Depositário Infiel. Alienação fiduciária. Decretação da medida coercitiva. Inadmissibilidade absoluta. Insubsistência da previsão constitucional e das normas subalternas. Interpretação do art. 5º, inc. LXVII e §§ 1º, 2º e 3º, da CF, à luz do art. 7º, § 7º, da Convenção Americana de Direitos Humanos (Pacto de San José da Costa Rica). Recurso Improvido. Julgamento conjunto do RE 349.703 e dos HC 87.585 e 92.566. É ilícita a prisão civil de depositário infiel, qualquer que seja a modalidade de depósito.

IV. O preso, informado de seus direitos, deve, por todos os meios, colaborar com o interrogatório e com a investigação policial.

V. A privação de liberdade é medida a ser tomada em condições extremas, tutelada constitucionalmente apenas na ausência da possibilidade legal de concessão de fiança ou de liberdade provisória.

A quantidade de itens certos é igual a

(A) 1.

(B) 2.

(C) 3.

(D) 4.

(E) 5.

I: correta (art. 5º, LXI, da CF); **II:** correta (art. 5º, LXIV, da CF); **III:** incorreta. Mesmo o acusado de crime hediondo deve ser informado de seus direitos (art. 5º, LXIII, da CF); **IV:** incorreta, pois ninguém é obrigado a fazer prova contra si mesmo (art. 5º, LXIII, da CF e art. 8º, 2, *g*, do Pacto de São José da Costa Rica), **V:** incorreta. A prisão ilegal ou abusiva (ou simples ameaça) pode sempre ser combatida por meio de *habeas corpus*, ainda que caiba fiança ou liberdade provisória (art. 5º, LXVIII, da CF).

Gabarito "B"

(Ministério Público/AM – 2008 – CESPE) Considerando que o direito constitucional, no Brasil, veda, como norma, a extradição de brasileiros, assinale a opção correta.

(A) Nenhum brasileiro pode ser extraditado, salvo o naturalizado, se este tiver praticado, antes da naturalização, crime político ou comum, ou se for comprovado seu envolvimento em tráfico ilícito de entorpecentes ou drogas afins.

(B) Brasileiros naturalizados são declarados inextraditáveis se acusados da prática de crimes políticos ou de opinião.

(C) A lei permite a extradição de brasileiros em caso de comprovação de envolvimento com tráfico ilícito de entorpecentes ou drogas afins.

(D) O brasileiro detentor de dupla nacionalidade pode ser extraditado.

(E) Apesar de nenhum brasileiro poder ser extraditado, em qualquer circunstância, o seu banimento é permitido, nos termos da lei.

A extradição é a entrega de um Estado para outro Estado, a pedido deste, de indivíduo que em seu território deva responder a processo penal ou cumprir pena por prática de crime de certa gravidade. Um condicionante dessa entrega é a confirmação de que os direitos humanos do extraditando serão respeitados (chamada limitação humanística). A grande finalidade da extradição é garantir, por meio da cooperação internacional, que a prática de crime não ficará sem punição. E o fundamento jurídico do pedido de extradição pode ser a existência de um tratado[38] que preveja tal hipótese ou, na falta

38. Além dos tradicionais tratados bilaterais a respeito, cada vez mais o pedido de extradição tem por suporte tratado multilateral, especialmente os onusianos. Exemplo do dito é a Ext. 1212/Estados Unidos da América, rel. Min. Dias Toffoli, 09.08.2011 (Inform. STF 635), na qual o pedido de extradição teve por base a Convenção das Nações Unidas contra o Crime Organizado Transnacional.

deste, a declaração de reciprocidade[39], que funciona como suporte jurídico para o procedimento. A aceitação da promessa de reciprocidade é, no entanto, ato discricionário do Estado que a recebe. Deve-se ponderar que a extradição não é permitida quando relacionada à prática de crimes políticos, de imprensa, religiosos e militares. E se o indivíduo foi condenado à morte, a extradição só deve tomar curso se ficar assegurada a conversão da pena de morte em pena de prisão. Ademais, a maioria dos países não permite a extradição de nacional seu – nesse sentido o artigo 5º, LI, da CF determina: "nenhum brasileiro será extraditado, **salvo o naturalizado**, em caso de crime comum, praticado antes da naturalização, ou de comprovado envolvimento em tráfico ilícito de entorpecentes e drogas afins, na forma da lei". Passemos a analisar como funciona o procedimento de extradição no Brasil. Num primeiro momento, o país interessado formula pedido de extradição que é transmitido por via diplomática para o Ministério das Relações Exteriores ou, na falta de agente diplomático do Estado que a requerer, diretamente de governo a governo, devendo o pedido ser instruído com a cópia autêntica ou a certidão da sentença condenatória, da de pronúncia ou da que decretar a prisão preventiva, proferida por juiz ou autoridade competente. Daí o Ministério das Relações Exteriores remeterá o pedido ao Ministério da Justiça, que ordenará a prisão do extraditando, e, quando esta for efetivada, o pedido será encaminhado ao STF, o qual, por meio de seu relator, designará dia e hora para o interrogatório do extraditando. Lembrando que a extradição poderá sempre ser concedida quando o governo requerente se fundamentar em tratado ou quando prometer ao Brasil a reciprocidade. Além disso, a prisão preventiva para fins de extradição deve ser analisada caso a caso, sendo ainda a ela atribuído limite temporal, compatível com o princípio da proporcionalidade, quando são avaliadas sua necessidade, sua adequação e sua proporcionalidade em sentido estrito. Tal consideração sobre a prisão preventiva para fins de extradição é fruto de uma modificação de entendimento pelo STF[40], que antes, com base no artigo 81, parágrafo único, do Estatuto do Estrangeiro, defendia que a prisão iria perdurar até o julgamento final da extradição. E o artigo 77 da Lei nº 6.815/1980 cuida das situações em que a extradição não será concedida, a saber: **a)** se tratar de brasileiro, salvo se a aquisição dessa nacionalidade verificar-se após o fato que motivar o pedido (ler o artigo 5º, LI, da CF); **b)** o fato que motivar o pedido não for considerado crime no Brasil ou no Estado requerente (necessidade da presença dos requisitos da dupla tipicidade e da dupla punibilidade); **c)** o Brasil for competente, segundo suas leis, para julgar o crime imputado ao extraditando; **d)** a lei brasileira impuser ao crime a pena de prisão igual ou inferior a 1 (um) ano; **e)** o extraditando estiver respondendo a processo ou já houver sido condenado ou absolvido no Brasil pelo mesmo fato em que se fundar o pedido; **f)** estiver extinta a punibilidade pela prescrição segundo a lei brasileira ou a do Estado requerente; **g)** o fato constituir crime político (mas ocorrerá a extradição quando o fato constituir, principalmente, infração da lei penal comum ou quando o crime comum, conexo ao delito político, constituir o fato principal); e **h)** o extraditando houver de responder, no Estado requerente, perante tribunal ou juízo de exceção. Por outro lado, a Súmula 421 do STF assim dispõe: "Não impede a extradição a circunstância de ser o extraditando casado com brasileira ou ter filho brasileiro". Antes de analisarmos as características do processo de extradição, cabe transcrever as condições para a concessão de extradição insculpidas no artigo 78 da Lei nº 6.815/1980: **a)** ter sido o crime cometido no território do Estado requerente ou serem aplicáveis ao extraditando as leis penais desse Estado; e **b)** existir sentença final de privação de liberdade ou estar a prisão do extraditando autorizada por juiz, tribunal ou autoridade competente do Estado requerente, salvo em caso de urgência, quando poderá ser ordenada a prisão preventiva do extraditando (artigo 82 da Lei nº 6.815/1980). O processo de extradição possui peculiaridades, pois o Estado requerente não é parte e o Ministério Público atua como fiscal da lei, isto é, seu caráter contencioso é mitigado. Mas, apesar disso, o STF admite que o Estado requerente seja representado por advogado. Contudo, a defesa do extraditando não pode explorar o mérito da acusação. Isso porque o exame do STF recairá somente sobre a existência ou não dos pressupostos autorizadores da extradição. Tanto é assim que o STF tem jurisprudência no segundo sentido: "Entendeu que o Supremo não é o foro adequado para análise da imputabilidade do extraditando e eventual imposição de medida de segurança. Asseverou que, de acordo com precedentes da Corte (Ext. 367/Estados Unidos da América, *DJU* de 31.10.1979; Ext. 553/República Federal da Alemanha, *DJU* de 18.08.1995), o estado de saúde do extraditando apenas pode influir por ocasião do momento de entrega deste às autoridades estrangeiras e que a questão acerca da inimputabilidade deve ser suscitada na ação penal originária"[41]. Por fim, caso o STF decida pela extradição, o governo, pelo Itamaraty, colocará o indivíduo à disposição do Estado requerente, que dispõe de um prazo improrrogável de 60 dias (artigo 86 do Estatuto do Estrangeiro), salvo disposição diversa em tratado bilateral, para retirá-lo do território nacional. Se o prazo não for respeitado, o indivíduo será solto e o pedido extraditório não poderá ser renovado. De outro modo, negada a extradição, não se admitirá novo pedido baseado no mesmo fato (artigo 88 do Estatuto do Estrangeiro). Mas, no julgamento da Extradição 1.085 (caso Cesare Battisti), o STF decidiu que é possível declarar a ilegalidade do ato, do Executivo, de concessão de refúgio e que o acatamento da extradição pela Corte tem o condão de *autorizar* o presidente da República a efetivar tal medida, isto é, cabe ao chefe do Executivo decidir sobre a conveniência de tal medida. Configura-se uma mudança de posicionamento, pois ao STF sempre coube *determinar* a extradição quando entender presentes seus pressupostos, e agora o acolhimento da demanda de extradição pela Corte gera apenas uma autorização. A partir dessa decisão, pode-se defender que, no Brasil, quem decide, em última instância, sobre a extradição ou não é o presidente da República (sistema "belga" ou da contenciosidade limitada[42]), com a ressalva de que este deva acatar decisão do STF que reconheça alguma irregularidade no processo de extradição, ou seja, "indeferido o

---

39. Recentemente o STF negou a extradição do libanês Assad Khalil Kiwan (PPE 623), preso no Brasil há três anos e acusado de tráfico internacional de armas e de drogas, porque o Estado do Líbano não fez declaração de reciprocidade – Brasil e Líbano não possuem tratado que regule a extradição. O voto da Ministra Cármen Lúcia (relatora) foi acompanhado pelos demais ministros presentes à sessão, que determinaram, ainda, a remessa do processo ao Ministério Público Federal para que o órgão decida se deve enviar o caso ao Ministério da Justiça, com a sugestão de que o libanês seja expulso do Brasil. Cabe lembrar que somente o Poder Executivo tem prerrogativa para determinar a expulsão de um estrangeiro.

40. HC 91657/SP, rel. Min. Gilmar Mendes, 13.09.2007 (**Inform. STF** 479). Segue trecho: "Inicialmente, salientou-se a necessidade de ser revisitado o tema da prisão preventiva para fins de extradição, em face do significado ímpar atribuído pela CF/1988 aos direitos individuais. Destacou-se que, em nosso Estado de Direito, a prisão seria uma medida excepcional e, por isso, não poderia ser utilizada como meio generalizado de limitação das liberdades dos cidadãos, não havendo razão, tanto com base na CF quanto nos tratados internacionais com relação ao respeito aos direitos humanos e à dignidade da pessoa humana, para que tal entendimento não fosse aplicado no que tange às prisões preventivas para fins de extradição". No mesmo sentido é a Ext. 1254 QO/Romênia, rel. Min. Ayres Britto, 06.09.2011 (**Inform. STF** 639).

41. Trecho da Ext. 932/ República Italiana, rel. Min. Joaquim Barbosa, 31.05.2007 (Inform. STF 469).

42. Artigo 83 da Lei nº 6.815/80: "Nenhuma extradição será concedida sem prévio pronunciamento do Plenário do Supremo Tribunal Federal sobre sua legalidade e procedência, não cabendo recurso da decisão".

pedido, deixa-se de constituir o título jurídico sem o qual o Presidente da República não pode efetivar a extradição; se deferida, a entrega do súdito ao Estado requerente fica a critério discricionário do Presidente da República[43]". Posteriormente a tal julgamento, foi impetrada pela República Italiana a Reclamação 11.243, ocasião em que o STF decidiu ser procedente a preliminar de não cabimento da reclamação em função de ser irrecorrível o ato do presidente da República, pois se trata de ato de soberania nacional que está ancorado nos artigos 1º, 4º, I, e 84 da CF. Portanto, cabe ao STF analisar a legalidade e a procedência do pedido de extradição, e inscreve-se na competência do presidente da República a decisão sobre a sorte do extraditando. A Corte asseverou nesse julgamento que a soberania nacional, no plano transnacional, funda-se no princípio da independência nacional, efetivada pelo presidente da República, consoante suas atribuições previstas no artigo 84, VII e VIII, da Constituição brasileira. E o governo italiano vislumbra em tal situação um descumprimento do tratado firmado entre o Brasil e a Itália para regular a extradição, portanto, tem-se uma lide entre Estados soberanos, que provavelmente será resolvida pela Corte Internacional de Justiça. Por fim, é importante dizer que o reconhecimento da situação de refugiado pelo Poder Executivo não impede a extradição se o estrangeiro estiver sendo acusado de crime comum que não tenha qualquer pertinência com os fatos considerados para a concessão do refúgio.

A: incorreta, pois o crime político não permite a extradição; **B:** correta. Reler o artigo 5º, LI, da CF; **C:** incorreta, pois nessas condições apenas o brasileiro naturalizado poderá ser extraditado, mas nunca o nato; **D:** incorreta, pois é brasileiro e, assim, entra na regra geral de proibição do artigo 5º, LI, da CF; **E:** incorreta, como já vimos, o brasileiro naturalizado pode ser extraditado em certas hipóteses. Ademais, a pena de banimento é absolutamente vedada (art. 5º, XLVII, *d*, da CF).

Gabarito "B"

(Ministério Público/RO – 2008 – CESPE) Os direitos humanos na CF têm como função a limitação do poder e a promoção da dignidade da pessoa humana. Nesse contexto, assinale a opção correta a respeito dos direitos consagrados na CF à luz do texto constitucional e da jurisprudência do STF.

(A) O art. 5º da CF prevê que ninguém pode ser submetido a tortura nem a tratamento desumano ou degradante. Entretanto, esse dispositivo não tem aplicabilidade imediata devido ao fato de não ter sido regulamentado no plano infraconstitucional.

(B) Os direitos à intimidade e à própria imagem formam a proteção constitucional à vida privada. Essa proteção da vida privada não abrange as pessoas jurídicas.

(C) O preceito constitucional que consagra a inviolabilidade do domicílio não admite hipóteses de exceção e invasão da cabana dos mais frágeis.

(D) A possibilidade de quebra de sigilo bancário diretamente por parte do MP, quando se tratar de envolvimento de dinheiro ou verbas públicas, foi aceita pelo STF com base no poder de requisição ministerial e na publicidade dos atos governamentais.

(E) A interceptação telefônica para captação e gravação de conversa telefônica por terceira pessoa, sem o conhecimento de quaisquer dos interlocutores ou da justiça, não afronta o texto constitucional.

A: incorreta. A norma constitucional que veda a tortura e o tratamento desumano ou degradante (art. 5º, III, da CF) é de eficácia plena. Ademais, todas as normas definidoras dos direitos e garantias fundamentais têm aplicação imediata (artigo 5º, § 1º, da CF). Isto é, o juiz pode aplicar diretamente os direitos fundamentais, sem necessidade de qualquer lei que os regulamente. Tal regra tem por base o *princípio da força normativa da Constituição*, idealizado por Konrad Hesse, e "a ideia de que os direitos individuais devem ter eficácia imediata ressalta a vinculação direta dos órgãos estatais a esses direitos e o seu dever de guardar-lhes estrita observância"[44]; **B:** incorreta. O direito à intimidade em diversas vertentes (*v.g.* sigilo das comunicações) e à imagem são exemplos de direitos arrolados no art. 5º da CF que se referem também as pessoas jurídicas (art. 5º, X, da CF); **C:** incorreta. A inviolabilidade do domicílio comporta exceções, em caso de flagrante delito ou desastre, ou para prestar socorro, ou, durante o dia, por determinação judicial (art. 5º, XI, da CF); **D:** correta. Tema que comporta posições divergentes tanto em sede doutrinária como jurisprudencial. O STF já decidiu em sentido contrário, ou seja, não admitindo a quebra de sigilo bancário diretamente pelo Ministério Público (ler RE 318.136 AgR/RJ). Mas o setor favorável a quebra do sigilo pelo MP fundamenta suas colocações principalmente no art. 129 da CF, na Lei Orgânica Nacional da Ministério Público (Lei 8.625/1993) e na LC 75/1993; **E:** incorreta. O sigilo telefônico não pode ser quebrado sem ordem judicial (art. 5º, XII, da CF).

Gabarito "D"

5.3. INCORPORAÇÃO DE TRATADOS NO DIREITO BRASILEIRO

(Ministério Público/PI – 2014 – CESPE) No que concerne à relação entre os tratados internacionais de direitos humanos e o ordenamento jurídico brasileiro, assinale opção correta.

(A) Os tratados internacionais de direitos humanos seguem a forma ordinária de incorporação de atos internacionais, conforme o modelo dualista adotado pela Constituição Federal.

(B) Os tratados internacionais de direitos humanos podem ser invocados, desde que tenham sido aprovados por decreto legislativo do Senado Federal.

(C) A aplicação dos tratados internacionais de direitos humanos no plano interno inicia-se a partir do ato de assinatura do Estado brasileiro.

(D) Cabe ao Congresso Nacional ratificar os tratados internacionais de direitos humanos, que passam, com a ratificação, a ser exigíveis.

(E) Os tratados internacionais de direitos humanos possuem regime especial de incorporação, nos termos da EC 45/2004.

A: incorreta. A CF não tratou expressamente da forma de incorporação de atos internacionais. E mesmo diante da omissão constitucional, a doutrina defende que o Brasil adotou a corrente dualista, ou melhor dizendo, a corrente dualista moderada. Isso porque o tratado só passará a ter validade interna após ter sido aprovado pelo Congresso Nacional e ratificado e promulgado pelo presidente da República; **B:** incorreta. No Brasil é necessário um procedimento complexo para proceder à ratificação de tratados. O Congresso Nacional deve aprovar o texto do tratado, e o fará por meio de um decreto legislativo pro-

43. Trecho da Extradição 1.114/STF.

44. MENDES, *op. cit.*, p. 671.

mulgado pelo presidente do Senado e publicado no Diário Oficial da União. Em seguida, cabe ao Presidente da República ratificar ou não – lembrando que a aprovação congressional não obriga a ulterior ratificação do tratado pelo presidente da República; **C:** incorreta. O tratado regularmente concluído depende da promulgação e da publicidade levada a efeito pelo Presidente da República para integrar o Direito Nacional. No Brasil, a promulgação ocorre por meio de decreto presidencial e a publicidade perfaz-se com a publicação no Diário Oficial; **D:** incorreta. Reler os comentários anteriores; E: correta. Com a edição da EC 45, os tratados de direitos humanos que forem aprovados, em cada Casa do Congresso Nacional, em dois turnos, por três quintos dos votos dos respectivos membros, serão equivalentes às emendas constitucionais[45] – conforme o que determina o artigo 5º, § 3º, da CF.[46] Ou seja, tais tratados terão hierarquia constitucional quando aprovados por maioria qualificada no Congresso Nacional (regime especial de incorporação) e forem ratificados e posteriormente publicados pelo presidente da República.

Gabarito "E"

(Ministério Público/AC – 2008) Na questão do debate do ingresso dos direitos humanos no ordenamento jurídico brasileiro, assinale a assertiva verdadeira.

(A) Independentemente de quórum, ingressarão como lei ordinária.

(B) Os direitos humanos possuem um sistema diferenciado de internalização.

(C) Os direitos humanos, após a assinatura do respectivo diploma legal, ingressam de forma direta no ordenamento pátrio.

(D) Os direitos humanos possuem hierarquia supralegal.

Depois de internalizado, o tratado é equiparado hierarquicamente à norma ordinária infraconstitucional[47]. Mas com a edição da EC nº 45, os *tratados de direitos humanos* que forem aprovados, em cada Casa do Congresso Nacional, em dois turnos, por três quintos dos votos dos respectivos membros, serão equivalentes às emendas constitucionais - conforme o que determina o artigo 5º, § 3º, da CF[48]. Ou seja, tais tratados terão hierarquia constitucional quando aprovados por maioria qualificada no Congresso Nacional e forem ratificados e posteriormente publicados pelo presidente da República. Importante sublinhar que cabe ao Congresso Nacional decidir quando aprovará o tratado internacional de direitos humanos pelo quórum especial. Ou seja, ele não tem o dever de sempre aprovar os tratados de direitos humanos por maioria qualificada, mas tem o poder discricionário de decidir quando assim o fará. Muito se discutiu em relação à hierarquia dos tratados de direitos humanos que foram internalizados anteriormente à edição da EC 45. Em 3 de dezembro de 2008, o Ministro Gilmar Mendes, no RE 466.343-SP, defendeu a tese da supralegalidade de tais tratados, ou seja, superior às normas infraconstitucionais e inferior às normas constitucionais. O voto do Ministro Gilmar Mendes foi acompanhado pela maioria (posição atual do STF). Todavia, tal assunto desperta calorosas discussões: no mesmo recurso extraordinário em que foi exarada a tese da supralegalidade, por exemplo, o Ministro Celso de Mello defendeu o caráter constitucional dos tratados de direitos humanos independentemente do quórum de aprovação. Apesar de a tese da supralegalidade ser um avanço da jurisprudência brasileira, deve-se apontar que uma leitura mais acurada da CF já permitiria apontar que os tratados de direitos humanos internalizados sem o procedimento especial teriam *status* constitucional, já que o § 2º do artigo 5º da CF inclui os direitos humanos provenientes de tratados entre seus direitos protegidos, ampliando seu bloco de constitucionalidade, o qual é composto de todas as normas do ordenamento jurídico que possuem *status* constitucional. Com o mesmo pensar preleciona Valerio de Oliveira Mazzuoli: "Da análise do § 2º do art. 5º da Carta brasileira de 1988, percebe-se que três são as vertentes, no texto constitucional brasileiro, dos direitos e garantias individuais: a) direitos e garantias *expressos* na Constituição, a exemplo dos elencados nos incisos I a LXXVIII do seu art. 5º, bem como outros fora do rol de direitos, mas dentro da Constituição, como a garantia da anterioridade tributária, prevista no art. 150, III, *b*, do Texto Magno; b) direitos e garantias *implícitos*, subtendidos nas regras de garantias, bem como os decorrentes do regime e dos princípios pela Constituição adotados, e c) direitos e garantias inscritos nos tratados internacionais em que a República Federativa do Brasil seja parte[49]". E continua o supracitado jurista: "O que se deve entender é que o *quorum* que o § 3º do art. 5º estabelece serve tão somente para atribuir eficácia *formal* a esses tratados no nosso ordenamento jurídico interno, e não para atribuir-lhes a índole e o nível *materialmente* constitucionais que eles já têm em virtude do § 2º do art. 5º da Constituição[50]".

Gabarito "B"

(Ministério Público/PI – 2008) No Direito Constitucional brasileiro os tratados internacionais sobre direitos humanos

(A) terão sempre hierarquia de lei ordinária.

(B) são recepcionados de forma direta e imediata no ordenamento jurídico interno.

(C) exigem aprovação prévia do Congresso nacional.

(D) serão equivalentes às normas constitucionais se forem aprovados, em cada Casa do Congresso Nacional, em dois turnos, por três quintos dos votos dos respectivos membros.

(E) terão hierarquia de norma constitucional, qualquer que seja o processo legislativo de recepção.

---

45. Mas não possuirão *status* de norma constitucional originária. Ou seja, é obra do Poder Constituinte Derivado Reformador e não do Poder Constituinte Originário.
46. Esse § 3º é denominado de cláusula holandesa pelo Prof. Francisco Rezek.
47. Os tratados e as convenções de direitos humanos não poderão ter *status* de lei complementar pela simples escolha do rito adotado para sua incorporação no direito brasileiro, isso porque a Constituição explicitamente elencou quais matérias devem ser exclusivamente tratadas por via de Lei Complementar.
48. Bem fundamentada é a crítica formulada por Valerio de Oliveira Mazzuoli ao mencionado § 3º do artigo 5º da CF: "também rompe a harmonia do sistema de integração dos tratados de direitos humanos no Brasil, uma vez que cria *categorias* jurídicas entre os próprios instrumentos internacionais de direitos humanos ratificados pelo governo, dando tratamento diferente para normas internacionais que têm o mesmo fundamento de validade, ou seja, hierarquizando diferentemente tratados que têm o mesmo conteúdo ético, qual seja, a proteção internacional dos direitos humanos. Assim, essa *desigualação dos desiguais* que permite o § 3º ao estabelecer ditas *categorias de tratados* é totalmente injurídica por violar o princípio (também constitucional) da *isonomia*" (**O controle jurisdicional da convencionalidade das leis**. 2. ed. São Paulo, p. 29).
49. MAZZUOLI, *op. cit.*, p. 39-40.
50. MAZZUOLI, *op. cit.*, p. 51.

Com a edição da Emenda Constitucional nº 45, os tratados de direitos humanos que forem aprovados por quórum qualificado, ou seja, em cada Casa do Congresso Nacional, em dois turnos, por três quintos dos votos dos respectivos membros, serão equivalentes às emendas constitucionais – consoante o que determina o artigo 5º, § 3º, da CF. Assim, tais tratados terão hierarquia constitucional.

Gabarito "D"

5.4. PESSOAS PORTADORAS DE TRANSTORNOS MENTAIS – MODELO ASSISTENCIAL EM SAÚDE MENTAL

(Ministério Público/ES – 2013 – VUNESP) Assinale a alternativa correta no que diz respeito à proteção e aos direitos das pessoas portadoras de transtornos mentais, nos moldes da Lei 10.216/2001.

(A) A internação voluntária ou involuntária somente será autorizada por médico devidamente registrado no Conselho Regional de Medicina – CRM do Estado onde se localize o estabelecimento.

(B) A internação denominada compulsória é aquela que se dá sem o consentimento do usuário e a pedido de terceiro.

(C) A internação psiquiátrica denominada involuntária é determinada, de acordo com a legislação vigente, pelo juiz competente, que levará em conta as condições de segurança do estabelecimento, quanto à salvaguarda do paciente, dos demais internados e funcionários.

(D) O término da internação compulsória dar-se-á por solicitação escrita do familiar, ou responsável legal, ou quando estabelecido pelo especialista responsável pelo tratamento.

(E) A internação psiquiátrica voluntária deverá, no prazo de setenta e duas horas, ser comunicada ao Ministério Público Estadual pelo responsável técnico do estabelecimento no qual tenha ocorrido, devendo esse mesmo procedimento ser adotado quando da respectiva alta.

A: correta (artigo 8º da Lei 10.216/2001); **B:** incorreta. Internação compulsória é aquela determinada pela justiça (artigo 6º, III, da Lei 10.216/2001); **C:** incorreta. A internação involuntária se dá sem o consentimento do usuário e a pedido de terceiro. Já a necessidade de o juiz levar em conta as condições de segurança do estabelecimento toma corpo quando o juiz for implementar a internação compulsória e não a involuntária (artigo 9º da Lei 10.216/2001); **D:** incorreta. A assertiva diz respeito ao término da internação involuntária (artigo 8º, § 2º, da Lei 10.216/2001); **E:** incorreta. A questão diz respeito à internação psiquiátrica involuntária (artigo 8º, § 1º, da Lei 10.216/2001).

Gabarito "A"

5.5. VIOLÊNCIA DOMÉSTICA E FAMILIAR CONTRA A MULHER

(Ministério Público/ES – 2013 – VUNESP) No tocante às disposições da Lei 11.340/2006, é correto afirmar que

(A) no atendimento à mulher em situação de violência doméstica e familiar, a autoridade policial deverá, entre outras providências, garantir proteção policial, quando necessário, comunicando de imediato à Procuradoria Geral do Estado e à Defensoria.

(B) nos casos de violência doméstica e familiar contra a mulher, caberá ao Ministério Público, sem prejuízo de outras atribuições, quando necessário, cadastrar tais casos.

(C) nos casos de violência doméstica e familiar contra a mulher, o juiz poderá aplicar penas alternativas, entre elas, penas de pagamento de cesta básica ou outras de prestação pecuniária, bem como a substituição de pena pelo pagamento exclusivamente de multa.

(D) em qualquer fase do inquérito policial ou da instrução criminal, caberá a prisão preventiva do agressor, decretada pelo juiz a requerimento do Ministério Público ou mediante representação da autoridade policial, não podendo, entretanto, ser a prisão decretada de ofício.

(E) a medida protetiva de urgência, aplicada ao agressor, consistente no seu afastamento do lar, domicílio ou local de convivência com a ofendida, poderá ser decretada, independentemente da oitiva do agressor, sendo facultado à ofendida entregar a intimação ou notificação ao agressor.

A: incorreta. O artigo 11, I, da Lei 11.340/2006 dispõe que a autoridade policial deverá comunicar de imediato ao Ministério Público e ao Poder Judiciário; **B:** correta (artigo 26, III, da Lei 11.340/2006); **C:** incorreta, porque o artigo 17 da Lei 11.340/2006 veda a aplicação, nos casos de violência doméstica e familiar contra a mulher, de penas de cesta básica ou outras de prestação pecuniária; **D:** incorreta. A redação correta do artigo 20 da Lei 11.340/2006 é a seguinte: "Em qualquer fase do inquérito policial ou da instrução criminal, caberá a prisão preventiva do agressor, decretada pelo juiz, de ofício, a requerimento do Ministério Público ou mediante representação da autoridade policial"; **E:** incorreta. O final da assertiva é totalmente absurdo, pois no âmbito da violência doméstica, imagine a situação da mulher entregar para o próprio marido, que antes a agrediu, uma intimação do juiz. Portanto, não existe a citada faculdade.

Gabarito "B"

5.6. CONTROLE DE CONVENCIONALIDADE

(Ministério Público/MT – 2012 – UFMT) Acerca dos tratados e convenções internacionais de direitos humanos ratificados pelo Brasil e seu sistema de controle, analise as afirmativas.

I. O instrumento utilizado pelo Congresso Nacional para aprovar conjuntamente, com equivalência de emenda constitucional, os dois primeiros tratados de direitos humanos pela sistemática do art. 5º, § 3º, da Constituição, respectivamente, a Convenção sobre os Direitos das Pessoas com Deficiência e seu Protocolo Facultativo, assinados em Nova York, em 30 de março de 2007, foi um Decreto Legislativo.

II. Paralelamente ao conhecido controle de constitucionalidade, há na sistemática da Convenção

Americana sobre Direitos Humanos (1969) o chamado "controle de convencionalidade", que pode ser exercido pela Corte Interamericana de Direitos Humanos, bem assim pelo Poder Judiciário interno dos Estados-partes na Convenção apenas pela via abstrata.

III. É cabível a Ação Direta de Inconstitucionalidade ou a Arguição de Descumprimento de Preceito Fundamental para atacar lei federal ou estadual que, não obstante compatível com o texto da Constituição Federal, viola disposição de tratado de direitos humanos internalizado com equivalência de emenda constitucional no Brasil.

IV. O exame de compatibilidade das leis internas com os tratados internacionais de direitos humanos em vigor no país só pode ser exercido em relação a casos concretos pelos juízes e tribunais nacionais, mesmo tendo sido o tratado internalizado pela sistemática do art. 5º, § 3º, da Constituição, eis que, como já decidiu o STF, não pode este Tribunal usurpar a competência da ADI ou da ADPF prevista pela Constituição Federal.

V. A declaração de constitucionalidade de uma norma pelo STF impede que o mesmo Tribunal, tempos depois, controle a "convencionalidade" dessa mesma norma, declarando-a inválida para reger determinada situação jurídica, uma vez que o exercício prévio do controle de constitucionalidade pelo Supremo exclui eventual exercício posterior do controle de convencionalidade.

Estão corretas as afirmativas:

(A) I, II e III, apenas.

(B) II e V, apenas.

(C) III e IV, apenas.

(D) I e III, apenas.

(E) I, IV e V, apenas.

I: correta. No Brasil é necessário um procedimento complexo para proceder à ratificação de tratados. O Congresso Nacional deve aprovar o texto do tratado, e o fará por meio de um decreto legislativo[51] promulgado pelo presidente do Senado e publicado no Diário Oficial da União. Em seguida, cabe ao presidente da República ratificar ou não – lembrando que a aprovação congressional não obriga a ulterior ratificação do tratado pelo presidente da República. Por fim, o tratado regularmente concluído depende da promulgação e da publicidade levada a efeito pelo presidente da República para integrar o Direito Nacional. No Brasil, a promulgação ocorre por meio de decreto presidencial e a publicidade perfaz-se com a publicação no Diário Oficial. Tal procedimento também foi observado na ratificação da Convenção sobre os Direitos das Pessoas com Deficiência e seu Protocolo Facultativo, que seguiu a sistemática do art. 5º, § 3º, da Constituição; **II:** incorreta. O controle de convencionalidade internacional é assim definido por André de Carvalho Ramos: "O controle de convencionalidade *internacional* é atividade de fiscalização dos atos e condutas dos Estados em confronto com seus compromissos internacionais. Em geral, o controle de convencionalidade é atribuído a órgãos compostos por julgadores independentes, criados por tratados internacionais, o que evita que os próprios Estados sejam, ao mesmo tempo, fiscais e fiscalizados[52]". Em termos práticos, a Corte Interamericana de Direitos Humanos vai analisar a conformidade dos atos estatais em relação às obrigações internacionais assumidas no momento da ratificação da Convenção Americana sobre Direitos Humanos. No Brasil, o controle jurisdicional de convencionalidade das leis ganhou formato específico por obra de Valerio de Oliveira Mazzuoli. O citado controle tem a função de compatibilizar a legislação interna (objeto) com os tratados internacionais de direitos humanos em vigor no Brasil (paradigma ou parâmetro)[53] – o que o difere do já mencionado controle de convencionalidade internacional, exercido pelos órgãos internacionais. Antes de analisar o citado controle, cabe mencionar que André de Carvalho Ramos considera somente o controle de convencionalidade internacional como autêntico, principalmente pelo fato da decisão nacional não ter o condão de vincular o juiz internacional (intérprete autêntico). Além dessa consideração, o citado autor deduz algumas diferenças entre os controles, dentre as quais destaco as duas seguintes: a) o controle internacional pode fiscalizar o Poder Constituinte Originário e o nacional não; b) o controle nacional fica dependente da hierarquia conferida ao tratado-parâmetro pelo próprio ordenamento jurídico. No caso brasileiro, temos três possibilidades: legal, supralegal e constitucional[54]. Para compreender a funcionalidade do controle de convencionalidade nacional, cabe entender como Mazzuoli concebe a alocação hierárquica dos tratados de direitos humanos no ordenamento pátrio após internalização. Em apertada síntese, os tratados de direitos humanos que foram incorporados pelo *procedimento simples* (artigo 5º, § 2º, da CF) terão *status* constitucional, melhor dizendo, materialmente constitucional. Por outro lado, quando o procedimento adotado para a incorporação for o *especial* (artigo 5º, § 3º, da CF), os tratados de direitos humanos serão formal e materialmente constitucionais (equivalentes às emendas constitucionais). E os outros tratados terão *status* supralegal (artigo 27 da Convenção de Viena sobre Direito dos Tratados) e servirão de paradigma para o controle de supralegalidade da legislação infraconstitucional. "Em suma, doravante se falará em controle de constitucionalidade apenas para o estrito caso de (in) compatibilidade vertical das leis com a Constituição, e em controle de convencionalidade para os casos de (in)compatibilidade legislativa com os tratados de direitos humanos (formalmente constitucionais ou não) em vigor no país.[55]" Em outras palavras, criou-se um controle vertical material de validade[56] da legislação interna. Em termos gerais, o citado autor defende que a produção normativa interna apenas será válida quando passar por dois limites verticais materiais. O primeiro é a Constituição (controle de constitucionalidade) e os tratados de direitos humanos que possuem natureza constitucional (controle de con-

51. Lembrando que as matérias de competência exclusiva do Congresso Nacional (artigo 49 da CF) devem ser normatizadas via decreto legislativo.

52. RAMOS, André de Carvalho. **Teoria geral dos direitos humanos na ordem internacional**. 2. ed. São Paulo: Saraiva, 2012. p. 250

53. É o controle de convencionalidade nacional, nas palavras de André de Carvalho Ramos.

54. RAMOS, André de Carvalho. **Teoria geral dos direitos humanos na ordem internacional**. 2. ed. São Paulo: Saraiva, 2012. p. 250-251.

55. MAZZUOLI, *op. cit.*, p. 74.

56. "Em suma, a validade das normas jurídicas, nesse novo contorno que o constitucionalismo contemporâneo lhe traz, não é mais uma conotação meramente formal, a depender somente da regularidade do seu processo de produção (conforme defendido por Hobbes, posteriormente por Bentham e Austin, até chegar a Kelsen e Bobbio). Tornou-se ela também (como explica Ferrajoli) um fato *substancial*, dependente dos *conteúdos das decisões*, as quais serão inválidas se contrastarem com os novos princípios positivos do direito internacional" (MAZZUOLI, *op. cit.*, p. 105-106).

vencionalidade); o outro são os demais tratados que possuem *status* supralegal (controle de supralegalidade). Com maiores detalhes, o controle de convencionalidade e de supralegalidade será exercido de forma difusa, isto é, por todos os juízes e tribunais no caso concreto. Nesse caso, são aplicadas todas as considerações referentes ao controle de constitucionalidade difuso. Por outro lado, só existirá controle concentrado de convencionalidade na hipótese de o paradigma de verificação ser um tratado de direitos humanos formal e materialmente constitucional (internalizado consoante o disciplinado no artigo 5º, § 3º, da CF). Portanto, "o controle de *supralegalidade* é sempre exercido pela via de exceção, ou seja, é sempre *difuso*; já o controle de *convencionalidade* poderá ser *difuso* ou *concentrado*, neste último caso quando o tratado de direitos humanos for aprovado pela sistemática do art. 5º, § 3º, da Constituição e entrar em vigor no Brasil (entenda-se, após ratificado...) com a equivalência de emenda constitucional[57]". Todas as ponderações sobre o controle de constitucionalidade concentrado são aplicadas ao controle de convencionalidade concentrado, inclusive no tocante à utilização das ações destinadas ao controle abstrato de constitucionalidade – ADIn, Adecon, ADO e ADPF[58] – e os respectivos entes/pessoas detentores de competência para seu manuseio (artigo 103 da CF). A razão de ser reside no fato de a análise de compatibilidade de legislação interna (objeto) ser feita com base em tratado de direitos humanos internalizados pelo procedimento especial (paradigma ou parâmetro), que é equivalente a uma emenda constitucional (formal e materialmente constitucional). O autor também menciona a possibilidade de lançar mão do controle de convencionalidade preventivamente, tanto pelo Congresso Nacional, quando julgar inconvencional um projeto de lei (especialmente por obra da Comissão de Constituição e Justiça), como pelo presidente da República, quando vetar o projeto de lei considerado inconvencional. Para ficar claro o objeto do dito controle de convencionalidade, o autor sublinha que ele entrará em ação quando a lei interna (objeto) estiver em sintonia com a Constituição, mas em desarmonia com o tratado de direitos humanos (paradigma ou parâmetro) – tanto no controle concentrado como no difuso. Do contrário, seria feito o controle de constitucionalidade. Dito de outra forma, se o paradigma de verificação de compatibilidade for a Constituição, estará em jogo o controle de constitucionalidade (difuso ou concentrado); por sua vez, quando o paradigma for o tratado de direitos humanos, entrará em cena o controle de convencionalidade (difuso ou concentrado) – desde que previamente se tenha atestado a compatibilidade da lei com a Carta Magna. Percebe-se que o controle de convencionalidade ocasiona o fenômeno chamado doutrinariamente de ampliação de parametricidade constitucional. Por fim, "ambas essas supernormas (Constituição e tratados) é que irão se *unir* em prol da construção de um direito infraconstitucional compatível com ambas, sendo certo que a incompatibilidade desse mesmo direito infraconstitucional com apenas uma das supernormas já o invalida por completo. Com isto, possibilita-se a criação de um Estado Constitucional e Humanista de Direito em que *todo* o direito doméstico guarde total compatibilidade tanto com a Constituição quanto com os tratados internacionais de direitos humanos ratificados pelo Estado, chegando-se, assim, a uma ordem jurídica interna *perfeita*, que tem no valor dos direitos humanos sua maior racionalidade, principiologia e sentido[59]"; **III:** correta. Reler o comentário sobre a assertiva anterior; **IV:** incorreta. Reler o comentário sobre a assertiva **II**; **V:** incorreta, pois o exercício prévio do controle de constitucionalidade não exclui eventual exercício posterior do controle de convencionalidade, principalmente pela fato de o paradigma de análise ser diverso, sendo a Constituição o parâmetro no primeiro caso e o tratado de direitos humanos no segundo.

Gabarito "D"

57. MAZZUOLI, *op. cit.*, p. 136.
58. Podendo se falar também do Mandado de Injunção.
59. MAZZUOLI, *op. cit.*, p. 142.

(Ministério Público/PB – 2010) Dentre as proposições seguintes, assinale aquela que exprime o entendimento mais consentâneo com a jurisprudência dominante do Supremo Tribunal Federal:

(A) A proteção dos direitos fundamentais não desconsidera o princípio da supremacia da constituição, de arte tal que a norma convencional internacional sobre direitos humanos não tem aptidão para afetar a eficácia ou a aplicabilidade da norma constitucional interna.

(B) Em matéria de proteção dos direitos fundamentais, o princípio da supremacia interna da constituição deve ceder perante norma convencional internacional, desde que o objeto de proteção diga respeito a direitos fundamentais de primeira dimensão.

(C) Sem prejuízo da supremacia da Constituição sobre os tratados e convenções internacionais, a norma convencional internacional em vigor e aplicável no Brasil e que disponha acerca de direitos humanos, não tendo sido objeto de processo legislativo que a equiparasse a emenda constitucional, tem força jurídico-normativa suficiente para restringir a eficácia e indiretamente obstar a aplicabilidade da norma constitucional paradigma.

(D) A norma convencional internacional de direitos humanos, desde que posterior, e mesmo não submetida a processo legislativo que a equiparasse a emenda constitucional, prevalece em relação à norma constitucional interna, tendo-se em vista a indistinta hierarquia normativa.

(E) A norma convencional internacional de direitos humanos prevalecerá em relação à norma constitucional interna, tendo em vista o seu caráter supraconstitucional.

A: incorreta. O controle de convencionalidade internacional pode ser exercido até em face das Constituições nacionais[60], podendo gerar as chamadas normas constitucionais inconvencionais. E "(...) também é possível admitir que existam normas constitucionais inconvencionais, por violarem direitos humanos provenientes de tratados, direitos estes que (justamente por terem *status* constitucional) também pertencem ao bloco das cláusulas pétreas. Seria o caso daquelas normas da Constituição, alocadas à margem do bloco de constitucionalidade, ou seja, que não integrem o núcleo intangível constitucional, que estão a violar normas de tratados de direitos humanos (as quais, por serem normas de 'direitos humanos', já detêm primazia sobre quaisquer outras, por pertencerem ao chamado 'bloco de constitucionalidade[61]"; **B:** incorreta. Reler o comentário sobre a assertiva anterior. Ademais, a assertiva erra ao apontar respeito somente aos direitos fundamentais de primeira dimensão, quando, na verdade, é em relação à todos tipos de direitos humanos (primeira, segunda e terceira gerações); **C:** correta, pois os tratados de direitos humanos que foram incorporados pelo *procedimento simples* (artigo 5º, § 2º, da CF) terão *status* constitucional, melhor dizendo, materialmente constitucional; **D:** incorreta, pois não existe a citada

60. *Vide* o caso "A última tentação de Cristo" *versus* Chile – Corte Interamericana de Direitos Humanos.
61. MAZZUOLI, Valerio de Oliveira. **O controle jurisdicional da convencionalidade das leis**. 2. ed. São Paulo: RT, 2011. p. 149-150.

prevalência, podendo-se admitir, no máximo, certa equivalência; **E:** incorreta, pois não existe citada figura jurídica (caráter supraconstitucional) na cultura jurídica brasileira.

Gabarito "C"

5.7. ESTATUTO DA IGUALDADE RACIAL

(Ministério Público/PR – 2013 – X) Sobre a Lei nº 12.288/2010, examine as afirmações que seguem. A participação da população negra, em condição de igualdade de oportunidade, na vida econômica, social, política e cultural do País será promovida, prioritariamente, por meio de:

I. Inclusão nas políticas públicas de desenvolvimento econômico e social;

II. Adoção de medidas, programas e políticas de ação afirmativa;

III. Modificação das estruturas institucionais do Estado para o adequado enfrentamento e a superação das desigualdades étnicas decorrentes do preconceito e da discriminação étnica;

IV. Promoção de ajustes normativos para aperfeiçoar o combate à discriminação étnica e às desigualdades étnicas em todas as suas manifestações individuais, institucionais e estruturais;

V. Implementação de programas de ação afirmativa destinados ao enfrentamento das desigualdades étnicas no tocante à educação, cultura, esporte e lazer, saúde, segurança, trabalho, moradia, meios de comunicação de massa, financiamentos públicos, acesso à terra, à Justiça, e outros.

(A) Apenas as assertivas I, II, III e IV estão corretas.

(B) As assertivas III e IV estão incorretas.

(C) As assertivas II, IV e V estão incorretas.

(D) Apenas as assertivas I, II, III e V estão corretas.

(E) Todas as assertivas estão corretas.

I: correto (art. 4º, I, da Lei 12.288/2010); **II:** correto (art. 4º, II, da Lei 12.888/2010); **III:** correto (art. 4º, III, da Lei 12.888/2010); **IV:** correto (art. 4º, IV, da Lei 12.888/2010); **V:** correto (art. 4º, VII, da Lei 12.888/2010).

Gabarito "E"

(Ministério Público/SP – 2012 – VUNESP) O Estatuto da Igualdade Racial (Lei n. 12.288/2010), destinado a garantir à população negra a efetivação da igualdade de oportunidades, a defesa dos direitos étnicos individuais, coletivos e difusos e o combate à discriminação e às demais formas de intolerância étnica, considera

(A) Desigualdade racial: toda situação justificada de diferenciação de acesso e fruição de bens, serviços e oportunidades, nas esferas pública e privada, em virtude de raça, cor, descendência ou origem nacional ou étnica.

(B) Discriminação racial ou étnico-racial: toda distinção, exclusão, restrição ou preferência baseada em raça, cor, descendência ou origem nacional ou étnica que tenha por objeto anular ou restringir o reconhecimento, gozo ou exercício, em igualdade de condições, de direitos humanos e liberdades fundamentais nos campos político, econômico, social, cultural ou em qualquer outro campo da vida pública ou privada.

(C) População negra: o conjunto de pessoas que se autodeclaram não brancas, conforme o quesito cor ou raça usado pelos órgãos oficiais de estatística.

(D) Ações afirmativas: os programas incentivados pelo Estado e pela iniciativa privada para a conscientização das desigualdades raciais e para a promoção dos direitos humanos.

(E) Desigualdade de gênero e raça: simetria existente no âmbito da sociedade que acentua a distância social entre mulheres negras e os demais segmentos sociais.

A: incorreta, pois a redação do art. 1º, parágrafo único, II, do Estatuto é a seguinte: "desigualdade racial: toda situação **injustificada** de diferenciação de acesso e fruição de bens, serviços e oportunidades, nas esferas pública e privada, em virtude de raça, cor, descendência ou origem nacional ou étnica"; **B:** correta, pois reproduz corretamente a redação do art. 1º, parágrafo único, I, do Estatuto da Igualdade Racial; **C:** incorreta, pois a redação do art. 1º, parágrafo único, IV, do Estatuto é a seguinte: "população negra: o conjunto de pessoas que se autodeclaram **pretas e pardas**, conforme o quesito cor ou raça usado pela Fundação Instituto Brasileiro de Geografia e Estatística (IBGE), ou que adotam autodefinição análoga"; **D:** incorreta, pois a redação do art. 1º, parágrafo único, VI, do Estatuto é a seguinte: "ações afirmativas: os programas e medidas especiais adotados pelo Estado e pela iniciativa privada para a **correção** das desigualdades raciais e para a **promoção da igualdade de oportunidades**"; **E:** incorreta, pois a redação do art. 1º, parágrafo único, III, do Estatuto é a seguinte: "desigualdade de gênero e raça: **assimetria** existente no âmbito da sociedade que acentua a distância social entre mulheres negras e os demais segmentos sociais".

Gabarito "B"

5.8. SEGURIDADE SOCIAL

(Ministério Público/SP – 2012 – VUNESP) As ações e serviços públicos de saúde e os serviços privados contratados ou conveniados que integram o Sistema Único de Saúde (SUS), são desenvolvidos de acordo com as diretrizes previstas na Constituição Federal, obedecendo ainda aos seguintes princípios:

(A) Universalidade de acesso aos serviços de saúde em todos os níveis de assistência, igualdade da assistência à saúde, sem preconceitos ou privilégios de qualquer espécie e participação da comunidade.

(B) Participação da comunidade e descentralização político-administrativa, com direção única em cada esfera de governo e a execução de ações de vigilância sanitária, de vigilância epidemiológica e de saúde do trabalhador.

(C) Integralidade de assistência, entendida como conjunto articulado e contínuo das ações e serviços preventivos e curativos, individuais e coletivos, exigidos para cada caso em todos os níveis de complexidade do sistema e assistência terapêutica integral, inclusive farmacêutica.

(D) Divulgação de informações quanto ao potencial dos serviços de saúde e a sua utilização pelo usuário, universalidade de acesso aos serviços de saúde em todos os níveis de assistência e o controle e a fiscalização de serviços, produtos e substâncias de interesse para a saúde.

(E) Organização dos serviços públicos de modo a evitar duplicidade de meios para fins idênticos, integração em nível executivo das ações de saúde, meio ambiente e saneamento básico e participação na normatização, fiscalização e controle dos serviços de saúde do trabalhador nas instituições e empresas públicas e privadas.

O art. 7º da Lei nº 8.080/1990 assim dispõe: "As ações e serviços públicos de saúde e os serviços privados contratados ou conveniados que integram o Sistema Único de Saúde (SUS), são desenvolvidos de acordo com as diretrizes previstas no art. 198 da Constituição Federal, obedecendo ainda aos seguintes princípios:

I – universalidade de acesso aos serviços de saúde em todos os níveis de assistência;

II – integralidade de assistência, entendida como conjunto articulado e contínuo das ações e serviços preventivos e curativos, individuais e coletivos, exigidos para cada caso em todos os níveis de complexidade do sistema;

III – preservação da autonomia das pessoas na defesa de sua integridade física e moral;

IV – igualdade da assistência à saúde, sem preconceitos ou privilégios de qualquer espécie;

V – direito à informação, às pessoas assistidas, sobre sua saúde;

VI – divulgação de informações quanto ao potencial dos serviços de saúde e a sua utilização pelo usuário;

VII – utilização da epidemiologia para o estabelecimento de prioridades, a alocação de recursos e a orientação programática;

VIII – participação da comunidade;

IX – descentralização político-administrativa, com direção única em cada esfera de governo:

a) ênfase na descentralização dos serviços para os municípios;

b) regionalização e hierarquização da rede de serviços de saúde;

X – integração em nível executivo das ações de saúde, meio ambiente e saneamento básico;

XI – conjugação dos recursos financeiros, tecnológicos, materiais e humanos da União, dos Estados, do Distrito Federal e dos Municípios na prestação de serviços de assistência à saúde da população;

XII – capacidade de resolução dos serviços em todos os níveis de assistência; e

XIII – organização dos serviços públicos de modo a evitar duplicidade de meios para fins idênticos.

A: correta, pois reproduz corretamente os incisos I, IV e VIII do art. 7º da Lei nº 8.080/1990 acima exposto; **B:** incorreta. A execução de ações de vigilância sanitária, de vigilância epidemiológica e de saúde do trabalhador não são princípios que regem as ações e serviços integrantes do Sistema Único de Saúde; **C:** incorreta. A assistência terapêutica integral, inclusive farmacêutica, não é princípio norteador das ações e serviços integrantes do Sistema Único de Saúde; **D:** incorreta. O controle e a fiscalização de serviços, produtos e substâncias de interesse para a saúde, não é princípio norteador das ações e serviços integrantes do Sistema Único de Saúde; **E:** incorreta. A participação na normatização, fiscalização e controle dos serviços de saúde do trabalhador nas instituições e empresas públicas e privadas não é princípio que rege as ações e serviços integrantes do Sistema Único de Saúde.

Gabarito "A"

(Ministério Público/SP – 2012 – VUNESP) A assistência social, direito do cidadão e dever do Estado, é Política de Seguridade Social não contributiva, que provê os mínimos sociais, realizada através de um conjunto integrado de ações de iniciativa pública e da sociedade, para garantir o atendimento às necessidades básicas. Um dos objetivos da assistência social é a garantia de benefício mensal às pessoas que comprovem não possuir meios de prover a própria manutenção ou de tê-la provida por sua família. Em relação ao benefício de prestação continuada, é correto afirmar:

I. Destina-se à pessoa com deficiência e ao idoso com 65 (sessenta e cinco) anos ou mais.

II. Destina-se à pessoa com deficiência e ao idoso.

III. Considera-se pessoa com deficiência aquela que tem impedimentos de longo prazo de natureza física, mental, intelectual ou sensorial, os quais, em interação com diversas barreiras, podem obstruir sua participação plena e afetiva na sociedade em igualdade de condições com as demais pessoas.

IV. Considera-se incapaz de prover a manutenção da pessoa com deficiência ou idosa a família cuja renda mensal per capita seja inferior a 1/2 (meio) salário mínimo.

Está correto o que se afirma APENAS em

(A) II e III.

(B) II e IV.

(C) IV.

(D) I.

(E) I e III.

I: correta, pois o art. 20 da Lei nº 8.742/1993 assim dispõe: "O benefício de prestação continuada é a garantia de um salário mínimo mensal à pessoa com deficiência e ao idoso com 65 (sessenta e cinco) anos ou mais que comprovem não possuir meios de prover a própria manutenção nem de tê-la provida por sua família"; **II:** incorreta, porque o Estatuto do Idoso determina que o idoso é pessoa com 60 anos ou mais e, como vimos no comentário sobre a assertiva I, o benefício de prestação continuada é conferido a pessoa com 65 anos ou mais; **III:** incorreta, pois a redação correta do art. 20, § 2º, da Lei nº 8.742/1993 é a seguinte: "Para efeito de concessão deste benefício, considera-se pessoa com deficiência aquela que tem impedimentos de longo prazo de natureza física, mental, intelectual ou sensorial, os quais, em interação com diversas barreiras, podem obstruir sua participação plena e **efetiva** na sociedade em igualdade de condições com as demais pessoas; **IV:** incorreta, pois a redação correta do art. 20, § 3º, da Lei nº 8.742/1993 é a seguinte: "Considera-se incapaz de prover a manutenção da pessoa com deficiência ou idosa a família cuja renda mensal per capita seja inferior a **1/4 (um quarto)** do salário mínimo.

Gabarito "D"

6. TEMAS COMBINADOS

(Ministério Público – MPU – 2013) ASSINALE A ALTERNATIVA INCORRETA:

(A) Pela atual jurisprudência do Supremo Tribunal Federal, é cabível o *habeas corpus* impetrado para discutir os pressupostos de legalidade de punição disciplinar militar.

(B) É constitucional legislação estadual que crie taxa de segurança pública tendo como fato gerador a efetiva ou potencial utilização, por pessoa determinada, dos serviços ou atividades policiais militares, inclusive o policiamento preventivo, nas hipóteses de eventos privados abertos ao público, mesmo que sem participação paga.

(C) Em relação ao atual regime da declaração de inconstitucionalidade, é possível afirmar que a jurisprudência do Supremo Tribunal Federal não adotou a teoria da transcendência dos motivos determinantes, de modo que o efeito vinculante refere-se à decisão em si de inconstitucionalidade, mas não alcança a fundamentação ou razão que levou o tribunal a decidir daquela forma (*ratio decidendi*).

(D) Qualquer pessoa, grupo de pessoas ou entidade não governamental legalmente reconhecida em um ou mais Estados membros da Organização dos Estados Americanos pode apresentar à Comissão Interamericana de Direitos Humanos petições que contenham denúncias ou queixas de violação da Convenção Americana sobre Direitos Humanos por um Estado membro.

A: assertiva correta, pois a assertiva expressa, de fato, a atual jurisprudência do STF; B: assertiva incorreta, devendo ser assinalada. Segue ementa do RE 536.639/ RN, STF: "**1.** Tributo. Taxa de Segurança Pública. É inconstitucional a taxa que tenha por fato gerador a prestação de serviço de segurança pública, ainda que requisitada por particular. Serviço Público indivisível e não específico. Agravo regimental improvido. Precedentes. Dado seu caráter *uti universi*, o serviço de segurança pública não é passível de ser remunerado mediante taxa, atividade que só pode ser sustentada pelos impostos. 2. Recurso. Extraordinário. Inadmissibilidade. Jurisprudência assentada. Ausência de razões consistentes. Decisão mantida. Agravo regimental improvido. Nega-se provimento a agravo regimental tendente a impugnar, sem razões consistentes, decisão fundada em jurisprudência assente na Corte; **C:** assertiva correta. Existem duas teorias principais sobre o tema. A teoria restritiva defende que apenas o dispositivo da sentença possui efeito vinculante no caso de uma declaração de inconstitucionalidade. Já a teoria extensiva advoga que, além do dispositivo, os motivos determinantes (*ratio decidendi*) da decisão também possuem efeito vinculante no caso de uma declaração de inconstitucionalidade. O STF adotou a teoria restritiva, logo, apenas a parte dispositiva da sentença contará com efeito vinculante (conforme Rcl 11477 AgR/CE, rel. Min. Marco Aurélio, 29.05.2012 – Informativo 668, STF); **D:** assertiva correta. A Comissão pode receber petições do indivíduo "lesionado", de terceiras pessoas ou de organizações não governamentais legalmente reconhecidas em um ou mais Estados-membros da OEA que representem o indivíduo lesionado.[62] Entrementes, essa competência só poderá ser exercida se o Estado violador tiver aderido à Convenção Americana de Direitos Humanos. Percebe-se que não é necessária a expressa aceitação da competência da Comissão para receber petições, bastando que o Estado tenha aderido à Convenção.

Gabarito "B"

(Ministério Público/RO – 2013 – CESPE) No que concerne à Declaração Universal dos Direitos Humanos, à Convenção Contra a Tortura e Outros Tratamentos ou Penas Cruéis, Desumanos ou Degradantes e à Convenção Internacional sobre a Eliminação de Todas as Formas de Discriminação Racial, assinale a opção correta.

(A) De acordo com a Declaração Universal dos Direitos Humanos, o indivíduo, no exercício de seus direitos e liberdades, sujeita-se apenas às limitações determinadas pela lei, desde que não os exerça contrariamente aos propósitos e princípios da ONU.

(B) Para os fins da Convenção Contra a Tortura e Outros Tratamentos ou Penas Cruéis, Desumanos ou Degradantes, o termo tortura designa o ato de infligir, intencionalmente, a alguém sofrimento físico agudo, a fim de dela obter confissão, ainda que tal sofrimento seja consequência única de sanção legítima.

(C) Para os fins da Convenção Internacional sobre a Eliminação de Todas as Formas de Discriminação Racial, a expressão discriminação racial refere-se ao comportamento do qual resulte preferência baseada em raça ou cor, com o objetivo de restringir o exercício, em um mesmo plano, de liberdades fundamentais no campo cultural, mas não ao comportamento do qual resulte preferência baseada em descendência.

(D) A Convenção Internacional sobre a Eliminação de Todas as Formas de Discriminação Racial é aplicável às distinções feitas entre cidadãos e não cidadãos por um Estado-parte.

(E) A natureza jurídica da Declaração Universal dos Direitos Humanos é de tratado internacional.

A: correta (art. XXIV, pontos 2 e 3, da Declaração Universal dos Direitos Humanos; **B:** incorreta. A Convenção define o termo tortura como *qualquer ato pelo qual dores ou sofrimentos agudos, físicos ou mentais, são infligidos intencionalmente a uma pessoa a fim de obter, dela ou de terceira pessoa, informações ou confissões; de castigá-la por ato que ela ou terceira pessoa tenha cometido ou seja suspeita de ter cometido; de intimidar ou coagir essa pessoa ou outras pessoas; ou por qualquer motivo baseado em discriminação de qualquer natureza*. Pelo conceito, percebe-se que a finalidade é determinante para caracterização da tortura; **C:** incorreta. A Convenção, no ponto 1 do seu artigo 1º, estabelece que a expressão "discriminação racial" significará qualquer distinção, exclusão, restrição ou preferência baseada em raça, cor, *descendência* ou origem nacional ou étnica que tem por objetivo ou efeito anula ou restringir o reconhecimento, gozo ou exercício num mesmo plano, (em igualdade de condição), de direitos humanos e liberdades fundamentais no domínio político econômico, social, cultural ou em qualquer outro domínio de sua vida; **D:** incorreta (ponto 2 do artigo 1º da Convenção); **E:** incorreta. A Declaração é exemplo de *soft law*, já que não supõe mecanismos constritivos para a implementação dos direitos previstos. Em contrapartida, quando um documento legal prevê mecanismos constritivos para a implementação de seus direitos, estamos diante de um exemplo de *hard law*. Portanto, a Declaração Universal dos Direitos Humanos não tem força legal (funcionaria como uma *recomendação*), mas sim material. Mas alguns autores defendem que seria inderrogável por fazer parte do *jus cogens*. E ainda pode-se até advogar que a Declaração, por ter definido o conteúdo dos direitos humanos insculpidos na Carta das Nações Unidas, tem força legal vinculante, visto que os Estados-membros da ONU se comprometeram a promover e proteger os direitos humanos. Por esses dois últimos sentidos, chega-se à conclusão de que a Declaração Universal dos Direitos Humanos gera obrigações aos Estados, isto é, tem

62. Como exemplo pode-se citar o conhecido caso Maria da Penha.

força obrigatória (por ser legal ou por fazer parte do *jus cogens*).[63] Todavia, "do ponto de vista estritamente formal, a Declaração Universal dos Direitos Humanos é parte do assim denominado *soft law* [direito suave], não vinculante, mas mesmo assim importante para a regência das relações internacionais. O que nos leva a asseverar que sua violação, em tese, não deveria implicar a responsabilidade internacional do Estado, mas, por outro, sujeitaria o recalcitrante a sanções de ordem moral. Estas têm sua autoridade na própria dimensão política da declaração, como documento acolhido pela quase unanimidade dos Estados então representados na Assembleia Geral e, depois, invocado em constituições domésticas de inúmeros países e em diversos documentos de conferências internacionais."[64]

(Ministério Público/RO – 2010 – CESPE) Assinale a opção correta acerca do surgimento e da consolidação dos direitos humanos nos planos internacional e interno.

(A) Apesar de ser membro pleno da Corte Interamericana de Direitos Humanos, o Brasil não ocupa a mesma posição no Tribunal Penal Internacional, devido à impossibilidade, determinada por cláusula pétrea da CF, de extraditar nacionais.

(B) Os direitos transindividuais ou difusos não podem ser exercidos senão por coletividades, e são considerados direitos humanos de terceira geração, como os direitos à sindicalização e à previdência social.

(C) Os direitos humanos de primeira geração referem-se às reivindicações de condições dignas de trabalho e originam-se das lutas sociais desencadeadas com a Revolução Industrial.

(D) Os direitos humanos de segunda geração ainda não foram incorporados à legislação nacional, permanecendo, pois, como normas programáticas do direito internacional humanitário.

(E) Devido a comando expresso da CF, o Brasil rege-se, em suas relações internacionais, entre outros, pelo princípio da prevalência dos direitos humanos.

A: incorreta. O Tribunal Penal Internacional (TPI) foi constituído na Conferência de Roma, em 17 de julho de 1998, na qual se aprovou o Estatuto de Roma (tratado que não admite a apresentação de reservas), que só entrou em vigor internacionalmente em 1º de julho de 2002 e passou a vigorar, para o Brasil, em 1º de setembro de 2002. A partir de então, tem-se um tribunal permanente para julgar **indivíduos**[65] acusados da prática de crimes de genocídio, de crimes de guerra, de crimes de agressão e de crimes contra a humanidade. Deve-se apontar que *indivíduos* diz respeito a quaisquer indivíduos, independentemente de exercerem funções governamentais ou cargos públicos (artigo 27 do Estatuto de Roma), desde que, à data da alegada prática do crime, tenham completado 18 anos de idade. Cabe destacar que nenhuma pessoa será considerada criminalmente responsável por uma conduta anterior à entrada em vigor do Estatuto de Roma – é a chamada irretroatividade *ratione personae*. O TPI é orientado pelos princípios da legalidade e da anterioridade penal, o que é bem delineado pela redação do artigo 5º, ponto 2, do Estatuto de Roma. A criação do TPI corrobora a ideia de responsabilidade internacional do indivíduo, consoante o que se iniciou com os Tribunais *Ad Hoc* de Nurembergue e de Tóquio, e depois de Ruanda e da Iugoslávia. O Tribunal é uma entidade independente da ONU e tem sede em Haia, nos Países Baixos. Ademais, tem personalidade jurídica de direito internacional e é formado pela Presidência, Seção de Instrução, Seção de Julgamento em Primeira Instância, Seção de Recursos, Procuradoria e Secretaria. A grande característica do Tribunal é sua *complementaridade*, isto é, a jurisdição do TPI somente será exercida caso a Seção de Instrução verificar que existem provas suficientes para o acusado ser levado para julgamento e concluir que algum sistema jurídico nacional tenha sido incapaz ou não tenha demonstrado interesse em julgar o caso. Esse último requisito pode ser verificado quando ocorrer demora injustificada no procedimento, falta de independência do Poder Judiciário e até falta de capacidade para realizar a justiça penal. Em outras palavras, a jurisdição do TPI tem caráter excepcional, isto é, os Estados têm primazia para investigar os crimes previstos no Estatuto de Roma. Cabe também destacar, consoante o que dispõe o artigo 29 do Estatuto de Roma, que os crimes da competência do TPI não prescrevem. A acusação, referente à prática de algum dos crimes tipificados no artigo 5º do Estatuto de Roma, pode ser levada até o conhecimento do TPI, que tem jurisdição para julgar os crimes cometidos nos territórios dos Estados-partes ou dos Estados que reconheçam sua competência, por meio de algum Estado-parte, pelo Conselho de Segurança (nos termos do Capítulo VII da Carta da ONU) ou pelo procurador-geral do TPI. Se a acusação for devidamente processada e aceita pela Câmara Preliminar, o TPI poderá julgar o caso. E, caso condene o indiciado culpado, a pena imposta terá de respeitar o limite máximo de 30 anos. Todavia, caso o crime seja de extrema gravidade, poderá ser aplicada a pena de prisão perpétua. Concomitantemente, poderá ser aplicada a pena de multa e de confisco, caso restar comprovado que o culpado adquiriu bens de forma ilícita (artigo 77 do Estatuto de Roma). Além de sanções de natureza penal, o TPI pode determinar a reparação às vítimas de crimes e respectivos familiares, principalmente por meio da restituição, da indenização ou da reabilitação. Ainda, o Tribunal poderá, de ofício ou por requerimento, em circunstâncias excepcionais, determinar a extensão e o nível dos danos, da perda ou do prejuízo causados às vítimas ou aos titulares do direito à reparação, com a indicação dos princípios nos quais fundamentou sua decisão (artigo 75 do Estatuto de Roma). Por fim, a grande inovação do Estatuto foi a criação do instituto da entrega ou *surrender*, ou seja, a entrega de um Estado para o TPI (plano vertical), a pedido deste, de indivíduo que deva cumprir pena por prática de algum dos crimes tipificados no artigo 5º do Estatuto de Roma. A título comparativo, a extradição é a entrega de um Estado para outro Estado (plano horizontal), a pedido deste, de indivíduo que em seu território deva responder a processo penal ou cumprir pena por prática de crime de certa gravidade. A grande finalidade do instituto da *entrega* é driblar o princípio da não extradição de nacionais e, logicamente, garantir o julgamento do acusado, pois o TPI não julga indivíduos à revelia. Assim, criou-se tal figura para permitir que o Estado entregue indivíduo que seja nacional seu ao TPI. Em outras palavras, a *entrega* nada mais é do que o cumprimento de

63. Tal ilação pode ser adotada em prova dissertativa. Mas em prova objetiva, com exceção da Defensoria, deve ser apontado que a Declaração Universal dos Direitos Humanos não tem força legal, funcionando apenas como uma recomendação.

64. ARAGÃO, Eugênio José Guilherme. "A Declaração Universal dos Direitos Humanos: mera declaração de propósitos ou norma vinculante de direito internacional?" **Revista Eletrônica do Ministério Público Federal**, ano I, n. 1,2009.

65. Percebe-se que aqui, ao contrário da responsabilidade internacional, a responsabilidade pelo ato internacional ilícito é imputada exclusivamente ao indivíduo. Além dos crimes tipificados no Estatuto de Roma, podemos citar o tráfico de drogas e de escravos e a pirataria como outros exemplos de atos ilícitos internacionais imputados exclusivamente ao indivíduo.

ordem emanada do Tribunal Penal Internacional. A legitimidade dessa autoridade reside no fato de o Tribunal realizar os anseios de justiça de toda a comunidade internacional, julgando e condenando autores de crimes nefastos para a humanidade. Assim, o Estado, como signatário do Estatuto de Roma, deve cooperar e entregar seu nacional para ser julgado pelo TPI. A título comparativo, a *entrega* é de interesse de toda a comunidade internacional, ao passo que a *extradição* é de interesse do país requerente. O Brasil, com fundamento no artigo 5º, LI e § 4º, da CF, permite a entrega de nacional seu ao TPI, mas proíbe a extradição de nacional seu ao Estado requerente. Lembrando, com base no inciso LI supracitado, que existe uma exceção ao princípio da não extradição de nacionais no Brasil: trata-se do caso de brasileiro naturalizado que tiver comprovado envolvimento em tráfico ilícito de entorpecentes e drogas afins. Como curiosidade, cabe lembrar que os EUA não reconhecem a jurisdição do TPI; **B:** incorreta, pois os direitos difusos são exercidos por qualquer pessoa que dele seja titular. A *defesa judicial* coletiva (não o *exercício*, como consta da assertiva) desses direitos é que pode ser atribuída a determinadas pessoas jurídicas de direito público, órgãos ou entidades, conforme dispõe, por exemplo, o art. 82 do CDC. Ademais, os direitos coletivos sociais e trabalhistas são considerados de 2ª geração. Cabe destacar que tais direitos aparecerem em primeiro lugar na Constituição mexicana de 1917 e na Constituição alemã de 1919 ("Constituição de Weimar"); **C:** incorreta, pois os direitos de 1ª geração são os das liberdades individuais, que buscam restringir o poder estatal, resguardando o indivíduo (direto à vida, liberdade, propriedade etc.). Os direitos trabalhistas e sociais são considerados de 2ª geração; **D:** incorreta. Da análise do artigo 5º da CF percebe-se que o legislador constituinte regrou direitos civis e políticos, como também os econômicos, sociais e culturais como fundamentais. Tal atitude afirma a indivisibilidade e a interdependência dos direitos humanos. A Constituição ainda traçou certos direitos coletivos e difusos como fundamentais. É importante frisar que a doutrina atual, principalmente a alemã, considera que os direitos fundamentais são valores éticos sobre os quais se constrói determinado sistema jurídico nacional, ao passo que os direitos humanos existem mesmo sem o reconhecimento da ordem jurídica interna de um país, pois estes possuem vigência universal. Mas, na maioria das vezes, os direitos humanos são reconhecidos internamente pelos sistemas jurídicos nacionais, situação que os torna também direitos fundamentais, ou seja, os direitos humanos previstos na Constituição de um país são denominados direitos fundamentais; **E:** correta, pois isso é expressamente previsto no art. 4º, II, da CF.

Gabarito "E"

(Ministério Público/MS – 2009) No âmbito dos direitos humanos fundamentais, assinale a opção correta.

(A) Conforme entendimento predominante na doutrina constitucional brasileira pós-1988, direitos fundamentais institucionalizados por dispositivos que não contêm cláusula de reserva de lei não são passíveis de restrição legislativa.

(B) Por serem direitos a prestações, fáticas e normativas, os direitos fundamentais sociais não são passíveis de restrições legislativas.

(C) Segundo interpretação hegemônica na doutrina constitucional brasileira atual, os direitos de cidadania referem-se estritamente aos direitos de nacionalidade e aos direitos de participação na formação da vontade estatal, estes últimos também denominados direitos políticos.

(D) Teoria da eficácia imediata, teoria da eficácia mediata e teoria dos deveres de proteção – esta última denominada também teoria dos imperativos de tutela – são teorias que têm por objeto os fundamentos, a forma e a extensão dos efeitos jurídicos dos direitos fundamentais nas relações entre particulares.

(E) O princípio da proibição de retrocesso e o princípio da proibição de proteção deficiente referem-se a um mesmo fenômeno jurídico no âmbito da dogmática dos direitos fundamentais a prestações.

A: incorreta, pois existe sim a possibilidade de restrição legislativa; **B:** incorreta. A referência a ser um direto prestacional é falha e muito criticada pela doutrina internacional. Mesmo assim, pode-se aceitar o fato de ser implementado via prestações fáticas, mas não prestações normativas, pois ou se tem um direito ou não se tem, e a questão dos direitos sociais se resolverem em prestações fáticas diz respeito à problemática de implementação desses direitos e não sobre a existência desses direitos, que é direta e de *per si*. Em função do dito, defende-se uma aplicação progressiva dos direitos sociais partindo de um *mínimo essencial* (eficácia mediata). Isso porque grande parte dos Estados não teria os meios materiais necessários para garantir a máxima efetivação dos direitos econômicos, sociais e culturais de suas populações. Essa progressividade na implementação dos direitos do Pacto criou, como consequência, o *princípio ou cláusula da proibição/vedação do retrocesso social ou da evolução reacionária*[66]. Isto é, os Estados somente podem avançar na implementação desses direitos, e nunca recuar (leia-se eliminar direitos já garantidos ou diminuir a proteção conferida por eles)[67]. Num sentido amplo, essa vedação se estende aos novos tratados de direitos humanos, assim, não é possível a diminuição protetiva e a restrição para o gozo dos direitos humanos por

---

66. Ou ainda a vedação da contrarrevolução social nas palavras de José Gomes Canotilho (*Direito constitucional e teoria da Constituição*. 7. ed. Coimbra: Almedina, 2003). Outro termo utilizado para conceituar tal regra é *efeito cliquet*. Lembrando que *cliquet* é uma expressão utilizada por alpinistas e significa a impossibilidade de retroceder no percurso, ou seja, o alpinista deve continuar subindo e nunca descer.

67. Essa regra deve ser aplicada como garantia para a efetividade de todos os tipos de direitos humanos e não somente em relação aos direitos econômicos, sociais e culturais. Cabe aqui reproduzir o importante artigo 29 da Convenção Americana dos Direitos Humanos, que corrobora tal colocação:

"Nenhuma disposição da presente Convenção pode ser interpretada no sentido de:

a) permitir a qualquer dos Estados-partes, grupo ou indivíduo, suprimir o gozo e o exercício dos direitos e liberdades reconhecidos na Convenção ou limitá-los em maior medida do que a nela prevista;

b) limitar o gozo e exercício de qualquer direito ou liberdade que possam ser reconhecidos em virtude de leis de qualquer dos Estados-partes ou em virtude de Convenções em que seja parte um dos referidos Estados;

c) excluir outros direitos e garantias que são inerentes ao ser humano ou que decorrem da forma democrática representativa de governo;

d) excluir ou limitar o efeito que possam produzir a Declaração Americana dos Direitos e Deveres do Homem e outros atos internacionais da mesma natureza".

No mesmo sentido é o conhecido voto em separado do juiz Piza Escalante, no Parecer Consultivo 04/84 da Corte Interamericana de Direitos Humanos, que defende a aplicação do princípio da proibição do retrocesso também para os direitos civis e políticos.

meio da edição de um novo tratado. Fica nítido o caráter vinculativo do *princípio ou cláusula da proibição/vedação do retrocesso social ou da evolução reacionária*; **C:** incorreta, os direitos de cidadania encerram uma gama muito maior de direitos. Aqui cabe sublinhar algumas características marcantes dos direitos humanos: Indivisibilidade e Interdependência. Ora, os direitos de cidadania só serão efetivamente, e assim satisfatoriamente, implementados quando os outros direitos humanos também o sejam, porque os direitos humanos se retroalimentam e se complementam, destarte, cada direito depende dos outros para ser substancialmente realizado; **D:** correta. A eficácia mediata está definida no comentário sobre a assertiva B. Já a eficácia imediata está tradicionalmente relacionada com os direitos ditos de primeira geração, como os civis e os políticos. E quer dizer efetividade material imediata. Por fim, o dever de proteção é a consequência dos direitos humanos, pois os indivíduos têm direitos e o Estado (como os particulares em suas relações) tem deveres no tocante à implementação e proteção dos direitos humanos. Eficácia vertical dos direitos humanos, ou seja, oponíveis contra o Estado. A título de esclarecimento, deve-se apontar que os direitos humanos são oponíveis também entre os particulares, nas relações privadas, que caracterizam a eficácia horizontal dos direitos humanos. Já a eficácia vertical dos direitos humanos é oponível contra o Estado; **E:** incorreta, pois o princípio de proibição de retrocesso diz respeito, tradicionalmente, aos direitos de segunda geração (direitos econômicos, sociais e culturais), já o princípio da proibição de proteção deficiente têm que ser observado na implementação de todos os tipos de direitos humanos.

Gabarito "D"

(Ministério Público/MS – 2009) Em relação aos documentos normativos internacionais de direitos humanos, assinale a opção correta.

(A) A Declaração Universal dos Direitos Humanos consagra apenas direitos humanos relativos às liberdades civis e políticas.

(B) Qualquer pessoa ou grupo de pessoas possui legitimação para apresentar à Comissão Interamericana de Direitos Humanos petição que contenha denúncia ou queixa de violação de direitos, previstos na Convenção Americana sobre Direitos Humanos, por um Estado signatário.

(C) O Pacto Internacional dos Direitos Econômicos, Sociais e Culturais é o primeiro documento normativo adotado e proclamado pela Assembleia Geral das Nações Unidas a consagrar direitos humanos de natureza prestacional.

(D) A Convenção Americana sobre Direitos Humanos proíbe que os Estados signatários adotem quaisquer restrições ao gozo e exercício dos direitos e liberdades nela reconhecidos.

(E) Os documentos normativos internacionais de direitos humanos que, no âmbito interno da República Federativa do Brasil, forem aprovados por meio de processo legislativo aplicável às propostas de emenda à Constituição serão incorporados ao texto da Constituição Federal.

A: incorreta. A Declaração Universal dos Direitos Humanos foi aprovada pela Resolução 217 A (III) da Assembleia Geral da ONU, em 10 de dezembro de 1948, por 48 votos a zero e oito abstenções[68]. Em conjunto com os dois Pactos Internacionais – sobre Direitos Civis e Políticos e sobre Direitos Econômicos, Sociais e Culturais –, constitui a denominada Carta Internacional de Direitos Humanos ou *International Bill of Rights*. A Declaração é fruto de um consenso sobre valores de cunho universal a serem seguidos pelos Estados e do reconhecimento do indivíduo como sujeito direto do direito internacional. É importante esclarecer que a Declaração é um exemplo de *soft law*, já que não supõe mecanismos constritivos para a implementação dos direitos previstos. Em contrapartida, quando um documento legal prevê mecanismos constritivos para a implementação de seus direitos, estamos diante de um exemplo de *hard law*. Revisitando o direito a ter direitos de Hannah Arendt, segundo a Declaração, a condição de pessoa humana é requisito único e exclusivo para ser titular de direitos[69]. Com isso corrobora-se o caráter universal dos direitos humanos, isto é, todo indivíduo é cidadão do mundo e, dessa forma, detentor de direitos que salvaguardam sua dignidade[70]. Em seu bojo encontram-se direitos civis e políticos (artigos 3º a 21) e direitos econômicos, sociais e culturais (artigos 22 a 28), o que reforça as características da indivisibilidade e interdependência dos direitos humanos; **B:** correta. A Comissão Interamericana de Direitos Humanos é o órgão administrativo do sistema regional de proteção americano. É composta de sete membros, que devem ser pessoas de alta autoridade moral e de reconhecido saber em matéria de direitos humanos. Esses membros são eleitos, a título pessoal, pela Assembleia Geral da OEA, a partir de uma lista de candidatos propostos pelos governos dos Estados-membros, e cumprem mandato de quatro anos, com a possibilidade de uma reeleição. Vale lembrar que não pode fazer parte da Comissão mais de um nacional de um mesmo país. A principal função da Comissão é promover o respeito aos direitos humanos no continente americano. Destarte, tem competência para enviar recomendações aos Estados-partes da Convenção Americana de Direitos Humanos ou até mesmo para os Estados-membros da OEA. Em sua competência inserem-se também a possibilidade de realizar estudos, solicitar informações aos Estados no que tange à implementação dos direitos humanos insculpidos na Convenção e confeccionar um relatório anual para ser submetido à Assembleia Geral da OEA. Cabe lembrar que as recomendações e

68. Os países que se abstiveram foram Arábia Saudita, África do Sul, URSS, Ucrânia, Bielorrússia, Polônia, Iugoslávia e Tchecoslováquia.

69. De maneira sintética, os direitos previstos na Declaração Universal dos Direitos Humanos são: igualdade, vida, não escravidão, não tortura, não discriminação, personalidade jurídica, não detenção/prisão/exílio arbitrário, judiciário independente e imparcial, presunção de inocência, anterioridade penal, intimidade, honra, liberdade, nacionalidade, igualdade no casamento, propriedade, liberdade de pensamento/consciência/religião, liberdade de opinião/expressão, liberdade de reunião/associação pacífica, voto, segurança social, trabalho, igualdade de remuneração, repouso/lazer, saúde/bem-estar, instrução etc.

70. "O advento do Direito Internacional dos Direitos Humanos [DIDH], em 1945, possibilitou o surgimento de uma nova forma de cidadania. Desde então, a proteção jurídica do sistema internacional ao ser humano passou a independer do seu vínculo de nacionalidade com um Estado específico, tendo como requisito único e fundamental o fato do nascimento. Essa nova cidadania pode ser definida como cidadania mundial ou cosmopolita, diferenciando-se da cidadania do Estado-Nação. A cidadania cosmopolita é um dos principais limites para a atuação do poder soberano, pois dá garantia da proteção internacional na falta da proteção do Estado Nacional. Nesse sentido, a relação da soberania com o DIDH é uma relação limitadora" (ALMEIDA, Guilherme Assis de. Mediação, proteção local dos direitos humanos e prevenção de violência. **Revista Brasileira de Segurança Pública**, ano 1, ed. 2, p. 137-138, 2007).

os relatórios (tanto o anual e o alicerçado em alguma acusação[71]) da Comissão não têm poder vinculante, isto é, não vinculam os Estados destinatários. Um aspecto importante de sua competência é a possibilidade de receber petições do indivíduo "lesionado", de terceiras pessoas ou de organizações não governamentais legalmente reconhecidas em um ou mais Estados-membros da OEA que representem o indivíduo lesionado[72]. Entrementes, essa competência só poderá ser exercida se o Estado violador tiver aderido à Convenção Americana de Direitos Humanos. Percebe-se que não é necessária a expressa aceitação da competência da Comissão para receber petições, bastando que o Estado tenha aderido à Convenção. A Comissão também tem competência para receber comunicações interestatais. Nesse mecanismo um Estado-parte pode denunciar o outro que incorrer em violação dos direitos humanos. Mas, para a denúncia ter validade, os dois Estados, denunciante e denunciado, devem ter expressamente declarado a competência da Comissão Interamericana de Direitos Humanos para tanto; **C:** incorreta, pois a Declaração Universal dos Direitos humanos têm direitos humanos de natureza prestacional: a) direitos econômicos: são exemplos principalmente os direitos ao trabalho, ao repouso e ao lazer e à segurança social (artigos 22 a 25 da Declaração Universal dos Direitos Humanos); b) direitos sociais e culturais: são exemplos principalmente os direitos à instrução e à participação na vida cultural da comunidade (artigos 26 e 27 da Declaração Universal dos Direitos Humanos); e c) direitos de subsistência: são exemplos principalmente os direitos à alimentação e a um padrão de vida adequado à saúde e ao bem-estar próprio e da família (artigo 25 da Declaração Universal dos Direitos Humanos); **D:** incorreta. Tome de exemplo o art. 30 da Convenção Americana sobre Direitos Humanos que disciplina o alcance das restrições: "As restrições permitidas, de acordo com esta Convenção, ao gozo e exercício dos direitos e liberdades nela reconhecidos, não podem ser aplicadas senão de acordo com leis que forem promulgadas por motivo de interesse geral e com o propósito para o qual houverem sido estabelecidas". É oportuna a leitura do art. 27 da mesma Convenção, o qual cuida da suspensão das garantias, e da Opinião Consultiva 09/1987 da Corte Interamericana de Direitos Humanos; **E:** incorreta. Com a edição da Emenda Constitucional nº 45, os tratados de direitos humanos que forem aprovados por quórum qualificado, ou seja, em cada Casa do Congresso Nacional, em dois turnos, por três quintos dos votos dos respectivos membros, serão equivalentes às emendas constitucionais – consoante o que determina o artigo 5º, § 3º, da CF – mas não serão incorporados ao texto da Constituição Federal.

Gabarito "B"

71. A acusação é feita mediante petição individual ou comunicação interestatal.

72. Como exemplo pode-se citar o conhecido caso Maria da Penha.

23. Medicina Legal

Leni Mouzinho Soares

1. TANATOLOGIA

(Ministério Público/PB – 2010) Não é considerado como fenômeno transformativo conservador do cadáver a:

(A) Mumificação.

(B) Saponificação.

(C) Calcificação.

(D) Corificação.

(E) Maceração.

São sinais transformativos destrutivos a autólise, a putrefação e a maceração. a) A mumificação consiste na desidratação do cadáver; b) a saponificação consiste na etapa de transformação em que o cadáver adquire uma consistência menos resistente, mole, com aspecto de sabão. O fenômeno se dá em fase adiantada de putrefação; c) a calcificação, por sua vez, é o fenômeno transformativo em que o feto, quando interrompida a gestação, adquire um aspecto sólido, em razão dos sais minerais que nele se prendem; d) a corificação é verificada nos cadáveres acondicionados em locais vedados hermeticamente, como por exemplo, os caixões de zinco, em que o corpo fica livre da decomposição, adquirindo dessa forma um aspecto de couro; e) a maceração se verifica nos casos de cadáveres submersos em meios líquidos. Nos adultos, quando esse meio líquido está contaminado, quando é denominada maceração séptica; e, nos fetos após o quinto mês de gestação, sendo, nessa hipótese, chamada de asséptica.

Gabarito "E"

(Ministério Público/PB – 2010) Considere as proposições abaixo e, em seguida, indique a alternativa que contenha o julgamento devido sobre elas:

I. A esganadura é classificada como forma de asfixia mecânica-mista uma vez que se confundem e se superpõem, em graus variados, os fenômenos circulatórios, respiratórios e nervosos.

II. A falta de uniformidade nas lesões produzidas no sulco do pescoço da vítima é uma das características do estrangulamento.

III. Nos denominados afogados brancos de Parrot não se encontra fenomenologia imanente às asfixias.

(A) Apenas a proposição I está incorreta.

(B) Apenas a proposição III está incorreta.

(C) Apenas a proposição II está incorreta.

(D) Todas as proposições estão incorretas.

(E) Todas as proposições estão corretas.

I. correta. A esganadura é uma espécie de asfixia mecânica provocada pelas próprias mãos do agente; **II.** incorreta. A lesão causada no pescoço da vítima de estrangulamento tem sulco contínuo e uniforme; **III.** correta. O afogado branco é aquele que teve o corpo imerso em água, após a ocorrência de sua morte. Dessa forma, não apresenta necessariamente os fenômenos característicos de asfixia. Assim, portanto, apenas a alternativa II está incorreta.

Gabarito "C"

(Ministério Público/PB – 2010) Para se constatar a certeza da morte, urge a observação de fenômenos que surgem no corpo humano, representados por mudanças física, química ou estrutural, de origem natural ou artificial. Assim, considere as proposições abaixo e, em seguida, indique a alternativa que contenha o julgamento devido sobre elas:

I. Perda da consciência e cessação da respiração são considerados fenômenos abióticos (avitais) consecutivos.

II. Rigidez cadavérica e espasmo cadavérico são considerados fenômenos abióticos (avitais) imediatos.

III. Autólise e putrefação são fenômenos transformativos destrutivos.

(A) Apenas a proposição I está correta.

(B) Apenas a proposição II está correta.

(C) Todas as proposições estão corretas.

(D) Apenas a proposição III está correta.

(E) Todas as proposições estão incorretas.

I. incorreta. Os fenômenos cadavéricos abióticos consecutivos são diminuição da temperatura do corpo, rigidez cadavérica, livores cadavéricos, hipóstase e desidratação. Portanto, as características descritas não são sinais de fenômenos abióticos consecutivos, que indiquem a certeza da morte; **II.** incorreta. A rigidez cadavérica é um fenômeno abiótico consecutivo; **III.** correta. Além da autólise e putrefação, é fenômeno transformativo destrutivo a maceração. Assim, portanto, apenas o item III está correto.

Gabarito "D"

2. TRAUMATOLOGIA

(Ministério Público/PB – 2010) O exame no sulco do pescoço da vítima é de capital valor no diagnóstico do enforcamento, apresentando as características abaixo, exceto:

(A) Livores cadavéricos, em placas, por cima e por baixo das suas bordas.

(B) Infiltrações hemorrágicas punctiformes no fundo do sulco.

(C) Pele enrugada e escoriada no fundo do sulco.

(D) Ser necessariamente apergaminhado.

(E) Vesículas sanguinolentas no fundo do sulco.

Além dos sinais descritos, nos casos de enforcamento, os sulcos em geral são oblíquos e apresentam zonas violetas em suas margens, assim como no pescoço da vítima ficam aparentes marcas do laço da corda ou objeto utilizado para a constrição.

Gabarito "D"

(Ministério Público/PB – 2010) A respeito das lesões produzidas por projétil de arma de fogo, considere as proposições abaixo e, em seguida, indique a alternativa que contenha o julgamento devido sobre elas:

I. A apresentação de aréola equimótica no ferimento de entrada afasta a possibilidade de ter sido o tiro deflagrado a curta distância.

II. A orla de escoriação ou de contusão é um dos sinais comprovadores de ferimento de entrada nos tiros dados a qualquer distância.

III. O ferimento de saída terá forma irregular, bordas reviradas para fora, maior sangramento e halo de enxugo, não apresentando orla de escoriação e nem elementos químicos resultantes da decomposição da pólvora.

(A) Apenas a proposição I está correta.

(B) Apenas a proposição III está correta.

(C) Apenas a proposição II está correta.

(D) Todas as proposições estão corretas.

(E) Todas as proposições estão incorretas.

I: incorreta, a aréola ou auréola equimótica decorre da ruptura de pequenos vasos sanguíneos, que pode ser ocasionada ainda que por disparo produzido a curta distância; **II:** correta, a orla de escoriação ou contusão é um sinal comprovador de orifício de entrada de tiro a qualquer distância; **III:** incorreta, o halo ou orla de enxugo indica ferimento de entrada. Normalmente, tem coloração escura e é causado pelo atrito do projétil, que segue em movimento de rotação, com o corpo, onde são deixados os resíduos de pólvora. Portanto, apenas o item II está correto.

Gabarito "C"

(Ministério Público/PB – 2010) Nos itens abaixo, assinale a alternativa que contém característica não encontrada em feridas produzidas por instrumento cortante:

(A) presença de golpe de mina.

(B) forma linear.

(C) regularidade das bordas.

(D) centro da ferida mais profundo que as extremidades.

(E) perfil de corte de aspecto bisel, quando o instrumento atua em sentido oblíquo.

A: correta. A presença de golpe de mina ou sinal da câmara de mina de Hoffman pode ser observada nas lesões provocadas por instrumento perfurocontundente; **B**, **C**, **D** e **E:** incorretas. As lesões cortantes normalmente são provocadas por faca, bisturi, estilete, canivete e têm as seguintes características: bordas regulares e lisas, maior extensão que profundidade, ocorrência de hemorragia intensa, falta de região de contusão e existência de cauda de escoriação.

Gabarito "A"

24. EXECUÇÃO PENAL

Eduardo Dompieri

(Ministério Público/MG – 2014) Sobre o regime disciplinar diferenciado, assinale a alternativa INCORRETA:

(A) Poderá abrigar condenados, nacionais ou estrangeiros, que apresentem alto risco para a ordem e a segurança do estabelecimento penal ou da sociedade.

(B) Está sujeito o condenado sob o qual recaiam fundadas suspeitas de envolvimento ou participação, a qualquer título, em organizações criminosas.

(C) É aplicável ao preso provisório que pratique fato previsto como crime doloso e que ocasione subversão da ordem e disciplina internas, sem prejuízo da sanção penal.

(D) Tem duração máxima de 360 (trezentos e sessenta) dias, sem prejuízo de repetição por nova falta grave, até o limite de 1/4 (um quarto) da pena.

A: assertiva correta, pois em conformidade com o que estabelece o art. 52, § 1º, da Lei 7.210/84 (LEP); **B:** assertiva correta, pois em conformidade com o que estabelece o art. 52, § 2º, da LEP; **C:** assertiva correta, pois em conformidade com o que estabelece o art. 52, *caput*, LEP; **D:** assertiva incorreta, devendo ser assinalada. O limite previsto em lei é de 1/6 (um sexto), e não de ¼ (um quarto), conforme disposição constante do art. 52, I, da LEP.

Gabarito "D"

(Ministério Público/PI – 2014 – CESPE) Considerando a jurisprudência do STJ, assinale a opção correta conforme a Lei de Execução Penal.

(A) A concessão da progressão de regime prisional depende da satisfação dos requisitos objetivo – decurso do lapso temporal – e subjetivo – atestado de bom comportamento carcerário – e da existência de exame criminológico favorável ao sentenciado.

(B) A gravidade abstrata do delito praticado e a extensão da pena ainda a ser cumprida não são suficientes, por si sós, para fundamentar a exigência de realização de exame criminológico.

(C) A transferência para regime menos rigoroso poderá ser determinada pelo diretor do estabelecimento prisional se o preso tiver cumprido ao menos um sexto da pena no regime anterior e apresentar bom comportamento carcerário.

(D) A denominada progressão por salto é admitida desde que o condenado tenha cumprido tempo exigido para progredir para o regime aberto.

(E) O sentenciado tem que cumprir 2/3 da pena no regime em que se encontra antes que possa ser concedida a progressão para o regime subsequente.

A: incorreta. O exame criminológico não é obrigatório para o deferimento da progressão de regime, após as alterações promovidas pela Lei 10.792/2003 no art. 112 da LEP. Cabe, no entanto, ressaltar que, em determinados casos, desde que de forma fundamentada, poderá ser determinado pelo juízo da execução (Súmula Vinculante 26, STF; Súmula 439 do STJ); **B:** correta. Conferir: "*Habeas corpus*. Progressão de regime prisional. Progressão por salto. Impossibilidade. Lei 11.464/2007. Delito anterior à publicação da lei. Irretroatividade. Exame criminológico. Prescindibilidade. Ausência de fundamentação idônea. Aplicação do art. 112 da Lei de Execução Penal, com redação dada pela Lei 10.792/2003. 1. O entendimento desta Corte Superior de Justiça é no sentido de que devem ser respeitados os períodos de tempo a serem cumpridos em cada regime prisional, não sendo admitida a progressão "por salto". Nem o fato de paciente ter cumprido tempo suficiente autoriza a progressão direta do fechado para o aberto. 2. Se o paciente cometeu crime hediondo antes do advento da Lei 11.464/2007, deve ser mantida a exigência de cumprimento de 1/6 de pena para a concessão da progressão, nos termos do art. 112 da LEP. 3. O advento da Lei 10.792/2003 tornou prescindíveis os exames periciais antes exigidos para a concessão da progressão de regime prisional. São suficientes agora a satisfação dos requisitos objetivo (decurso do lapso temporal) e subjetivo (atestado de bom comportamento carcerário). 4. A gravidade abstrata do delito praticado e a longevidade da pena a cumprir, por si sós, não constituem fundamentação idônea a exigir a realização de exame criminológico. 5. Ordem parcialmente concedida com o intuito de determinar que se adote, na progressão de regime, os requisitos previstos no art. 112 da Lei de Execuções Penais, sem realização de exame criminológico" (HC 200902066212, Og Fernandes, STJ, Sexta Turma, *DJE* 10.05.2010); **C:** incorreta. A progressão a regime menos rigoroso somente poderá ser deferida pelo juiz (art. 112, *caput*, da LEP); **D:** incorreta. É inadmissível a chamada progressão *per saltum* de regime prisional (Súmula 491 do STJ); E: incorreta. A Súmula 471 do STJ assim estabelece: "os condenados por crimes hediondos ou assemelhados cometidos antes da vigência da Lei 11.464/2007 sujeitam-se ao disposto no art. 112 da Lei 7.210/1984 (Lei de Execução Penal) para a progressão de regime prisional". Por sua vez, dispõe o art. 112 da LEP que "a pena privativa de liberdade será executada em forma progressiva com a transferência a regime menos rigoroso, a ser determinada pelo juiz, quando o preso tiver cumprido ao menos um sexto da pena no regime anterior...". De outra banda, o § 2º do art. 2º da Lei 8.072/1990, com as alterações trazidas pela Lei 11.464/2007, prevê que "a progressão de regime, no caso dos condenados aos crimes previstos neste artigo, dar-se-á após o cumprimento de 2/5 (dois quintos) da pena, se o apenado for primário, e de 3/5 (três quintos), se reincidente". Como é de se notar, nenhum dos dispositivos menciona a fração de 2/3 como lapso exigido para a progressão.

Gabarito "B"

(Ministério Público/MG – 2014) No que tange a permissão de saída, assinale a resposta **INCORRETA**:

(A) Pode ser concedida em caso de falecimento da companheira.

(B) Pode ser concedida em caso de doença grave de ascendente.

(C) Pode ser concedida para tratamento médico.

(D) Pode ser concedida para estudo em estabelecimento fora do presídio.

A, B e C: corretas. O art. 120, I e II, da LEP prevê que "os condenados que cumprem pena em regime fechado ou semiaberto e os presos provisórios poderão obter permissão para sair do estabelecimento, mediante escolta, quando ocorrer um dos seguintes fatos: I – falecimento ou doença grave do cônjuge, companheira, ascendente, descendente ou irmão; II – necessidade de tratamento médico (parágrafo único do art. 14)". Aqui cabe ressaltar que a remissão ao parágrafo único, apesar de constar na própria LEP, está incorreta, pois deveria ser ao § 2° do art. 14; **D:** incorreta, devendo ser assinalada. Não consta da LEP permissão de saída para estudo fora do estabelecimento prisional. As disposições referentes à assistência educacional estão previstas nos arts. 17 a 21 da LEP.

Gabarito "D"

(Ministério Público/MG – 2013) De acordo com a legislação vigente, é CORRETO dizer, sobre o instituto da remição:

(A) Constitui fator de abatimento do total da sanção, mas não é computado como tempo de cumprimento de pena para todos os efeitos.

(B) É permitido por trabalho e estudo, mas, em qualquer hipótese, somente nos regimes fechado ou semiaberto.

(C) É cabível em caso de trabalho externo no regime fechado e, no regime aberto, por estudo fora do estabelecimento.

(D) Para fins de cumulação dos casos de remição, as horas diárias de trabalho e de estudo não poderão ser compatibilizadas.

A: incorreta, pois contraria o que estabelece o art. 128 da LEP, que assim dispõe: "o tempo remido será computado como pena cumprida, para todos os efeitos"; **B:** incorreta. No § 6° do art. 126 da LEP está previsto que "o condenado que cumpre pena em regime aberto ou semiaberto e o que usufrui liberdade condicional poderão remir, pela frequência a curso de ensino regular ou de educação profissional, parte do tempo de execução da pena ou do período de prova, observado o disposto no inciso I do § 1° deste dispositivo"; **C:** correta. A remição, de acordo com o *caput* do art. 126 da LEP, é cabível ao condenado que cumpre pena em regime fechado ou semiaberto, que poderão remir parte do tempo de execução da pena por trabalho ou por estudo. Há, também, como já dito, a previsão do § 6° do mesmo artigo, já transcrita anteriormente, que admite a remição de pena ao apenado que se encontra em regime aberto por meio de frequência a curso de ensino regular ou de educação profissional; **D:** incorreta. Está previsto no art. 126, § 3°, da LEP que "para fins de cumulação dos casos de remição, as horas diárias de trabalho e de estudo serão definidas de forma a se compatibilizarem".

Gabarito "C"

(Ministério Público/MG – 2013) Assinale a alternativa FALSA:

(A) Os incidentes específicos da execução de pena desenvolvem-se perante o juízo da execução, assegurada a ampla defesa e o contraditório.

(B) Das decisões proferidas na execução de pena, cabe recurso de agravo, mas o rito será o previsto para o recurso em sentido estrito.

(C) A impugnação da denegação de trânsito a recurso usado na fase de execução de pena é feita através de carta testemunhável.

(D) O princípio da inércia ou da iniciativa das partes desautoriza que o juiz inicie de ofício o procedimento na execução penal.

A: assertiva correta (art. 66, III, *f*, da LEP); **B:** assertiva correta. É tranquilo o entendimento da jurisprudência no sentido de que o agravo de execução (art. 197, LEP) segue o rito do recurso em sentido estrito. Tanto é assim que o prazo para a sua interposição é de cinco dias (mesmo do RESE), nos termos da Súmula 700 do STF: "É de cinco dias o prazo para interposição de agravo contra decisão do juiz da execução penal"; **C:** assertiva correta (art. 639, I, do CPP); **D:** assertiva incorreta, devendo ser assinalada (art. 195, LEP).

Gabarito "D"

(Ministério Público/AM – 2008 – CESPE) Acerca da execução penal, assinale a opção correta.

(A) Entende o STF que, em caso de cometimento de falta grave pelo preso durante o cumprimento da pena, haverá a perda dos dias remidos, aplicando-se analogicamente o disposto no art. 58 da Lei de Execução Penal, para limitar a perda a trinta dias.

(B) Havendo rebelião em um pavilhão do presídio, não se podendo identificar ao certo quem deu início a ela, é cabível a punição de todos os condenados desse pavilhão.

(C) Segundo a Lei de Execução Penal, a tentativa é punida com sanção mais branda do que a correspondente à falta consumada.

(D) Em caso de regime disciplinar diferenciado, o tempo de isolamento ou inclusão preventiva no regime não será computado no período de cumprimento da sanção disciplinar.

(E) É nula a decisão judicial que transfere o sentenciado do regime fechado para o regime semiaberto, sem oitiva e anuência prévias do MP.

A: incorreta. Neste caso, ante a mudança implementada no art. 127 da LEP pela Lei 12.433/2011, o juiz poderá revogar até 1/3 do tempo remido; **B:** incorreta. (art. 45, § 3°, da LEP). É a consagração do princípio da *responsabilidade pessoal*, razão pela qual é necessária a identificação dos participantes e individualização das condutas; **C:** incorreta. Em face do que estabelece o art. 49, parágrafo único, da LEP, a tentativa deve ser punida com a mesma sanção prevista para a falta consumada; **D:** incorreta (art. 60, parágrafo único, da LEP); **E:** correta (art. 112, § 1°, da LEP).

Gabarito "E"

(Ministério Público/CE – 2011 – FCC) A execução da pena privativa de liberdade está sujeita à forma regressiva, com a transferência para qualquer dos regimes mais rigorosos, quando o condenado

(A) praticar fato definido como crime doloso ou culposo.

(B) praticar falta grave especificada em lei estadual.

(C) sofrer condenação, por crime anterior, mesmo que a pena, somada ao restante da pena em execução, permita a manutenção do regime.

(D) praticar fato definido como crime ou falta grave, exigindo-se a sua prévia oitiva apenas na primeira hipótese.

(E) descumprir, no regime aberto, condição especial estabelecida pelo juiz e não prevista em lei.

A: errada – a regressão de regime prisional será determinada nas hipóteses em que ocorrer a prática de crime doloso ou falta grave (art. 118, I, da Lei nº 7.210/1984 – LEP); **B:** errada – o rol das faltas graves está elencado no art. 50 da LEP. O entendimento jurisprudencial e doutrinário majoritário é no sentido de que, por gerar efeitos no cumprimento da pena, somente poderá ser prevista em lei federal; **C:** errada – para que ocorra obrigatoriamente a regressão para um dos regimes mais rigorosos, exige-se que, sofrida a condenação, por crime anterior, a pena somada deverá tornar incabível a manutenção do regime em que o sentenciado se encontra cumprindo pena (art. 118, II, da LEP); **D:** errada – a prévia oitiva do sentenciado é exigida tanto para a regressão de regime ocasionada pela prática de falta grave como de crime doloso (art. 118, § 2º, da LEP); **E:** correta – o descumprimento, no regime aberto, das condições impostas, configura falta grave (art. 50, V, da LEP).

Gabarito "E"

(Ministério Público/CE – 2011 – FCC) Incumbe ao Conselho Penitenciário emitir parecer sobre

(A) progressão de regime nas condenações por crimes hediondos.

(B) comutação de pena.

(C) permissão de saída e saída temporária.

(D) indulto, ainda que fundado o pedido no estado de saúde do preso.

(E) regressão de regime.

Ao Conselho Penitenciário incumbe, nos termos do art. 70, I, da LEP, emitir parecer sobre indulto e comutação de pena, excetuada a hipótese de pedido de indulto com base no estado de saúde do preso.

Gabarito "B"

(Ministério Público/CE – 2011 – FCC) Constitui sanção disciplinar aplicável por ato motivado do diretor do estabelecimento prisional:

(A) inclusão no regime disciplinar diferenciado.

(B) suspensão do direito de representação e petição a qualquer autoridade, em defesa de direito.

(C) isolamento na própria cela, ou em local adequado, por até sessenta dias.

(D) suspensão do direito de visita do cônjuge ou da companheira por até trinta dias.

(E) restrição à constituição de pecúlio.

A: incorreta. A inclusão no regime disciplinar diferenciado dependerá de requerimento circunstanciado elaborado pelo diretor do estabelecimento ou outra autoridade administrativa (art. 54, § 1º, da LEP); **B:** incorreta. A representação e petição a qualquer autoridade, em defesa de direito, não estão entre as sanções aplicáveis pelo diretor do estabelecimento (art. 58, parágrafo único, da LEP); **C:** incorreta. O isolamento não poderá exceder a trinta dias (art. 58 da LEP); **D:** correta (art. 41, parágrafo único, c. c. o art. 58, caput, ambos da LEP); **E:** incorreta. A constituição de pecúlio é um dos direitos do preso (art. 41, IV, da LEP), não podendo sua restrição ser imposta pelo diretor do estabelecimento prisional (art. 41, parágrafo único, da LEP).

Gabarito "D"

(Ministério Público/CE – 2011 – FCC) No que concerne à remição pelo estudo, é correto afirmar que

(A) a contagem de tempo será feita à razão de um dia de pena a cada oito horas de frequência escolar, divididas, no mínimo, em três dias.

(B) as correspondentes atividades somente poderão ser desenvolvidas de forma presencial.

(C) o tempo remido será considerado como pena cumprida, para todos os efeitos.

(D) inaplicável às hipóteses de prisão cautelar.

(E) o juiz, em caso de falta grave, poderá revogar até metade do tempo remido.

A: incorreta. A contagem do tempo para remição será feita à razão de um dia de pena a cada doze horas de frequência escolar (art. 126, § 1º, I, da LEP); **B:** incorreta. É admitida a atividade de estudo desenvolvida por metodologia de ensino a distância (art. 126, § 2º, da LEP); **C:** correta – art. 128 da LEP, de acordo com redação dada pela Lei nº 12.433/2011; **D:** incorreta (art. 126, § 7º, da LEP); **E:** incorreta. A revogação máxima do tempo remido é 1/3, nos termos do art. 127 da LEP, com redação dada pela Lei nº 12.433/2011.

Gabarito "C"

(Ministério Público/ES – 2010 – CESPE) Em relação às disposições da Lei de Execução Penal pertinentes aos órgãos da execução penal, assinale a opção correta.

(A) Na ausência de juiz indicado na lei local de organização judiciária, a execução penal compete ao juízo prolator da sentença penal condenatória, com competência para autorizar saídas temporárias dos sentenciados e para compor e instalar o conselho da comunidade.

(B) O Conselho Nacional de Política Criminal e Penitenciária é integrado por quinze membros com mandato de quatro anos designados por meio de ato do presidente da República, e também por representantes da comunidade e dos ministérios da área social. Sua competência é determinar a forma de cumprimento da pena restritiva de direitos e fiscalizar sua execução.

(C) O MP fiscaliza a execução da pena e da medida de segurança, oficiando no processo executivo e nos incidentes da execução, estando incumbido, ainda, de emitir parecer sobre indulto e comutação de pena, até mesmo na hipótese de pedido de indulto com base no estado de saúde do preso.

(D) No estabelecimento prisional para mulheres, somente é permitido o trabalho de pessoal do sexo feminino, até mesmo na área de pessoal técnico especializado, devendo a diretora ser portadora de diploma de curso superior em direito.

(E) Há, em cada comarca, um conselho da comunidade, composto, no mínimo, por um representante de associação comercial ou industrial, um advogado indicado pela seção da OAB e um assistente social escolhido pela delegacia seccional do Conselho Nacional de Assistentes Sociais. Na falta desses representantes, fica a critério do departamento penitenciário a escolha dos integrantes desse conselho.

A: assertiva correta, nos termos do que estabelecem os arts. 65 e 66, IV e IX, da LEP; **B:** assertiva incorreta, pois em desacordo com o que estabelece o art. 63 da LEP; **C:** as incumbências do MP, no âmbito da execução penal, estão estabelecidas nos arts. 67 e 68 da LEP; **D:** incorreta, pois em desacordo com o que prescreve o art. 77, § 2º, da LEP; **E:** incorreta, pois não reflete o contido no art. 80, parágrafo único, da LEP.

Gabarito "A"

(Ministério Público/ES – 2010 – CESPE) A respeito dos incidentes de execução penal, assinale a opção correta.

(A) Não há previsão legal para a conversão de pena de limitação de fim de semana em privativa de liberdade.

(B) A legitimidade para requerer a concessão de indulto individual foi atribuída por lei apenas ao sentenciado e ao MP.

(C) O tratamento ambulatorial pode ser convertido em internação se o agente revelar incompatibilidade com a medida, quando inexiste prazo mínimo de internação.

(D) Contra as decisões proferidas pelo juiz das execuções cabe recurso de agravo, sem efeito suspensivo, no prazo de cinco dias.

(E) Quando, no curso da execução da pena privativa de liberdade, sobrevier doença mental ou perturbação da saúde mental do sentenciado, o juiz, de ofício, deverá decretar a extinção da punibilidade.

A: esta possibilidade está prevista no art. 181, § 2º, da LEP; **B:** além do sentenciado e do MP, têm legitimidade para requerer o indulto individual o Conselho Penitenciário e a autoridade administrativa (art. 188, LEP); **C:** incorreta (art. 184, parágrafo único, da LEP); **D:** proposição em conformidade com o art. 197 da LEP; **E:** incorreta. Neste caso, deverá o juiz, em vista do disposto no art. 183 da LEP, determinar a substituição da pena por medida de segurança.

Gabarito "D"

(Ministério Público/ES – 2005) De acordo com a lei 7.210/84 e de acordo com a Jurisprudência atual do Supremo Tribunal Federal, das decisões proferidas pelo Juiz das Execuções caberá:

(A) agravo no prazo de 10 dias, sem efeito suspensivo.

(B) agravo no prazo de 5 dias, sem efeito suspensivo.

(C) agravo no prazo de 5 dias, com efeito suspensivo.

(D) apelação no prazo de 15 dias, com efeito suspensivo.

(E) agravo no prazo de 10 dias, com efeito suspensivo.

Art. 197 da LEP e Súmula n. 700 do STF ("É de cinco dias o prazo para interposição de agravo contra decisão do juiz da execução penal.").

Gabarito "B"

(Ministério Público/GO – 2010) Assinale a alternativa incorreta, quanto à execução penal.

(A) A permissão de saída do condenado que cumpre pena em regime aberto e semiaberto poderá ser concedida pelo próprio diretor do estabelecimento.

(B) Dentre outros, poderá ser concedido o recolhimento em residência aos condenados que cumprem pena no regime aberto maiores de 65 (sessenta e cinco) anos, à condenada gestante e aos acometidos por doença grave.

(C) Comete falta grave o condenado a pena privativa de liberdade que não executar o trabalho e as tarefas a ele atribuídos.

(D) A autorização de saída poderá se concedida aos presos do regime semiaberto, para, dentre outros, visita à família, por período não superior a 7 (sete) dias, podendo ser renovada por mais 4 (quatro) vezes durante o ano.

A: correta (art. 120, parágrafo único, da LEP); **B:** incorreta. O recolhimento do beneficiário de regime aberto em residência particular será admitido quando se tratar de condenado maior de setenta anos; que estiver acometido de doença grave; tiver filho menor ou deficiente físico ou mental; ou, ainda, estiver a condenada gestante (art. 117 da LEP); **C:** correta (art. 50, VI, da LEP); **D:** correta (art. 122, I, c. c. o art. 124, ambos da LEP).

Gabarito "B"

(Ministério Público/GO – 2010) Sobre a execução penal considere as proposições seguintes:

I. O excesso ou desvio de execução ocorre sempre que algum ato foi praticado além dos limites fixados na sentença, em normas legais ou regulamentares. Além do Ministério Público, o Conselho Penitenciário, o sentenciado e qualquer dos demais órgãos da execução penal têm legitimidade para propor o incidente.

II. O recurso cabível na execução penal é o recurso de agravo, sem efeito suspensivo e que segue o rito do recurso em sentido estrito.

III. Segundo a Lei de Execução Penal o Órgão do Ministério Público deverá visitar mensalmente os estabelecimentos penais, registrando a sua presença, em livro próprio.

IV. Comete falta grave o condenado à pena privativa de liberdade que deixar de executar trabalho, tarefas ou ordem recebida da administração do sistema prisional.

(A) Apenas uma proposição está correta.

(B) Apenas duas proposições estão corretas.

(C) Apenas três proposições estão corretas.

(D) As quatro proposições estão corretas.

Todas as assertivas são corretas – I: art. 185 c. c. o art. 186, ambos da LEP; II: art. 197 da LEP, Súmula 700 do STF; III: art. 68, parágrafo único, da LEP; IV: art. 50, VI, da LEP.

Gabarito "D"

(Ministério Público/GO – 2005) O regime disciplinar diferenciado foi introduzido no Brasil pela Lei nº 10.792, de 1º de dezembro de 2003. Em relação às regras estabelecidas para o referido regime, analise as assertivas:

I. A prática de fato definido como contravenção penal constitui falta grave e, quando ocasione subversão da ordem ou disciplina internas, sujeita o preso provisório, ou condenado, sem prejuízo da sanção penal, ao regime disciplinar diferenciado

II. A duração máxima do regime disciplinar diferenciado é de 360 dias, sem prejuízo da sanção por nova falta grave da mesma espécie, até o limite de 1/6 da pena aplicada

III. A autoridade administrativa (diretor do presídio ou cadeia) poderá decretar o isolamento preventivo do faltoso pelo prazo de 10 dias, mas a inclusão do preso no regime disciplinar diferenciado, no interesse da disciplina e da averiguação do fato, dependerá de despacho prévio e fundamentado do juiz da execução penal no prazo máximo de 15 dias

IV. No regime disciplinar diferenciado o preso terá direito de receber visitas semanais somente de 02 pessoas, com duração de 02 horas

(A) as assertivas I, II e III estão corretas

(B) as assertivas II, III e IV estão corretas

(C) as assertivas II e III estão corretas

(D) todas as assertivas estão corretas

I: incorreta (art. 52, *caput*, da LEP); II: correta (art. 52, I, da LEP); III: correta (art. 60, *caput*, da LEP); IV: art. 52, III, da LEP.

Gabarito "C"

(Ministério Público/MG – 2005) De conformidade com as prescrições da Lei nº 7.210/1984 (Lei de Execução Penal), é **INCORRETO** afirmar:

(A) a execução penal competirá ao Juiz indicado na Lei de Organização Judiciária e, na sua falta, ao da sentença.

(B) no correr do procedimento para apuração de falta disciplinar, autoridade administrativa responsável pela custódia poderá determinar o isolamento preventivo do condenado.

(C) o Juiz da Execução, ao receber a guia de recolhimento, poderá fixar regime de cumprimento da pena diverso do imposto na sentença, em consideração à sanção encontrada pela soma ou unificação das penas estabelecidas em processos criminais distintos.

(D) as ações penais condenatórias propostas contra o sentenciado e que se encontram em andamento poderão ser levadas em consideração quando da apreciação do mérito do condenado para a concessão dos benefícios estatuídos na Lei de Execução Penal.

(E) a remição é direito dos condenados que cumprem pena no regime fechado e semiaberto, e o tempo remido poderá ser computado para a obtenção do livramento condicional.

A: correta (art. 65 da LEP); **B:** correta (art. 60 da LEP); **C:** correta (art. 111 da LEP); **D:** incorreta. O princípio constitucional da presunção de inocência, também chamado de princípio da não culpabilidade, proíbe que seja levado em consideração qualquer registro criminal em nome do sentenciado sem que haja condenação transitada em julgado; **E:** correta. Art. 126 e art. 128, com a redação dada pela Lei nº 12.433/2011, por meio do qual estabeleceu-se que o tempo remido será computado como pena cumprida, para todos os efeitos.

Gabarito "D"

(Ministério Público/MG – 2012 – CONSULPLAN) Assinale a alternativa **CORRETA**.

(A) A progressão de regime prisional observará o cumprimento de 1/6 da pena restante decorrente de condenação por crime hediondo.

(B) A progressão de regime em crime hediondo levará em conta requisito objetivo e subjetivo, sendo possível para sua aferição a realização de exame criminológico.

(C) A progressão de regime na unificação de penas de crimes hediondos considerará o tempo máximo de cumprimento de pena: trinta anos.

(D) A progressão de regime em crime hediondo poderá dar-se por salto, do regime fechado para o aberto, presente o requisito objetivo e subjetivo.

A: se tratar de crime hediondo ou delito a ele equiparado, a progressão, nos moldes do art. 2º, § 2º, da Lei 8.072/1990, dar-se-á depois de o condenado cumprir 2/5 da pena, se primário; se reincidente, a progressão somente se dará após o cumprimento de 3/5 da pena, com a ressalva de que, se se tratar de crime praticado antes da entrada em vigor da Lei 11.464/07, que alterou, na Lei de Crimes Hediondos, a disciplina relativa à progressão de pena, deverá prevalecer o entendimento firmado na Súmula nº 471 do STJ, que estabelece que, neste caso, deve-se obedecer à regência do art. 112 da LEP, que impõe, como condição para progressão de regime, o cumprimento de um sexto da pena no regime anterior, além de bom comportamento carcerário; **B:** a nova redação conferida ao art. 112 da LEP deixou de exigir o exame criminológico. Entretanto, a jurisprudência firmou o entendimento no sentido de que o Juízo da Execução, em face das peculiaridades do caso concreto, se entender necessário, pode determinar a sua realização. Nesse sentido, a Súmula 439 do STJ e Súmula Vinculante nº 26; **C:** incorreta, pois contraria entendimento firmado na Súmula nº 715 do STF; **D:** incorreta, pois contraria entendimento firmado na recente Súmula nº 491 do STJ.

Gabarito "B"

(Ministério Público/MG – 2010.2) Segundo o que dispõe a Lei de Execução Penal (Lei n. 7.210/1984), é INCORRETO afirmar

(A) que, para o preso provisório, o trabalho interno é obrigatório.

(B) que o direito à assistência material estende-se ao egresso.

(C) que a tentativa de falta disciplinar é punida com a sanção da falta consumada.

(D) que o Patronato é Órgão da Execução Penal.

A: incorreta (devendo esta ser assinalada). De fato, o trabalho para o preso provisório é *facultativo*, nos exatos termos do art. 31, parágrafo único, da LEP; **B:** correta (arts. 10, parágrafo único, e 11, I, da LEP); **C:** correta (art. 49, parágrafo único, da LEP); **D:** correta (art. 61, VI, da LEP).

Gabarito "A"

(Ministério Público/MG – 2010.1) Assinale a alternativa CORRETA. Nos termos do que dispõe a Lei de Execução Penal (Lei nº 7.210/1984), compete ao Conselho Penitenciário emitir parecer sobre os pedidos de

(A) saídas temporárias.

(B) comutação de pena.

(C) anistia.

(D) regressão no regime prisional.

(E) detração penal.

Art. 70, I, da LEP.

Gabarito "B"

(Ministério Público/MS – 2011 – FADEMS) Considere as seguintes afirmativas a respeito da Lei de Execuções Penais (Lei nº 7.210/84).

I O regime disciplinar diferenciado será aplicado ao preso provisório ou ao condenado sob o qual recaiam fundadas suspeitas de envolvimento ou participação, a qualquer título, em organizações criminosas, quadrilha ou bando, bem como àqueles nacionais ou estrangeiros que apresentem alto risco para a ordem e a segurança do estabelecimento penal ou da sociedade.

II. A permissão de saída, espécie de autorização de saída, consiste na possibilidade dos condenados que cumprem pena em regime semiaberto saírem do estabelecimento, sem vigilância direta nas hipóteses taxativamente estabelecidas em lei. Por outro lado, a saída temporária, aplicável aos condenados e presos provisórios, consiste na possibilidade de saída do estabelecimento penal, mediante escolta, em razão de falecimento ou doença grave do cônjuge, companheira, ascendente, descendente, irmão ou necessidade de tratamento médico com duração necessária à finalidade da saída.

III. Ao conceder saída temporária, o juiz imporá as seguintes condições ao condenado: o fornecimento do endereço onde reside a família a ser visitada ou onde poderá ser encontrado durante o gozo do benefício; o recolhimento à residência visitada, no período noturno e a proibição de frequentar bares, casas noturnas e estabelecimentos congêneres, sendo certo que a Lei nº 12.258/10 não admitiu a previsão de outras condições submetidas à análise do caso em concreto.

IV. O condenado que cumpre a pena em regime fechado ou semiaberto poderá remir parte do tempo de execução da pena à razão de 1 (um) dia de pena por 3 (três) de trabalho ou frequência a curso de ensino formal.

A esse respeito, pode-se concluir que:

(A) apenas a afirmativa I está correta;

(B) as afirmativas II e III estão incorretas;

(C) as afirmativas II e IV estão corretas;

(D) apenas a afirmativa IV está correta;

(E) apenas a afirmativa III está incorreta.

I: assertiva correta, pois em consonância com o prescrito no art. 52, §§ 1º e 2º, da LEP; II: assertiva incorreta, pois não corresponde ao que estabelece o art. 120 da LEP; III: incorreta, pois, sem prejuízo das condições prescritas nos incisos do § 1º do art. 124 da LEP, poderá o juiz, se entender que seja o caso, estabelecer outras condições compatíveis com as circunstâncias do caso concreto; IV: a forma pela qual deverá se dar a remição pelo estudo foi inserida na Lei de Execução Penal por meio da Lei 12.433/2011, que alterou a redação do art. 126 da LEP, nele introduzindo o inciso I do § 1º. No que toca à remição pelo trabalho, esta se dará, de fato, à razão de um dia de pena por três de trabalho (art. 126, § 1º, II, da LEP).

Gabarito "B"

(Ministério Público/MS – 2009) No processo de execução criminal, é correto afirmar que o incidente de excesso ou desvio de execução poderá ser suscitado

(A) somente pelo Ministério Público, pelo Conselho Penitenciário e pelo diretor do estabelecimento prisional.

(B) pelo Ministério Público, pelo ofendido e pelo Conselho Penitenciário.

(C) pelo Ministério Público, pelo ofendido e pelo sentenciado.

(D) pelo Ministério Público, pelo Conselho Penitenciário, pelo sentenciado e por quaisquer órgãos da execução penal.

(E) pelo Ministério Público, pelo sentenciado, pelos familiares do sentenciado e por quaisquer órgãos da execução penal.

O art. 186 da LEP estabelece que o incidente de excesso ou desvio de execução poderá ser suscitado pelo Ministério Público, pelo Conselho Penitenciário, pelo sentenciado ou por qualquer dos demais órgãos da execução penal (art. 186 da LEP).

Gabarito "D"

(Ministério Público/MS – 2009) É correto afirmar que o procedimento judicial previsto na Lei de Execução Criminal

(A) somente se iniciará a requerimento do Ministério Público, do interessado ou mediante proposta do Conselho Penitenciário.

(B) iniciar-se-á de ofício, a requerimento do Ministério Público, do interessado, de quem o represente, de seu cônjuge, parente ou descendente, mediante proposta do Conselho Penitenciário ou, ainda, da autoridade administrativa.

(C) somente iniciar-se-á de ofício, a requerimento do Ministério Público, do interessado, de quem o represente, de parente ou descendente, mediante proposta do Conselho Penitenciário ou, ainda, da autoridade administrativa.

(D) iniciar-se-á somente a requerimento do Ministério Público, do interessado, de quem o represente, de seu cônjuge, parente ou descendente, mediante proposta do Conselho Penitenciário ou, ainda, da autoridade administrativa.

(E) iniciar-se-á de ofício, a requerimento do Ministério Público, do interessado, de quem o represente, de seu cônjuge, parente, descendente ou companheiro de cela, mediante proposta do Conselho Penitenciário ou, ainda, da autoridade administrativa.

Art. 195 da LEP.

Gabarito "B"

(Ministério Público/PB – 2010) Considere as proposições abaixo e, em seguida, indique a alternativa que contenha o julgamento devido sobre elas:

I. A concessão de anistia é atribuição do Congresso Nacional, sendo veiculada por lei federal, dirigindo-se a fatos e não a pessoas. Alcança e extingue, com efeito "ex tunc", todas as consequências penais, atingindo o "jus puniendi" do Estado, e pode ser concedida antes ou depois da instauração do processo.

II. O incidente da execução penal denominado de desvio restará configurado quando houver mudança do curso normal da execução, implicando favorecimento ilegítimo do apenado.

III. A competência jurisdicional para o processo de execução provisória de preso condenado pela Justiça Federal, com trânsito em julgado para a acusação, pendente de recurso apenas da defesa, recolhido em presídio estadual de segurança máxima, será do Juiz Estadual das Execuções Penais em que estiver localizado o estabelecimento penal.

(A) Apenas a proposição I está correta.

(B) Apenas a proposição II está correta.

(C) Todas as proposições estão corretas.

(D) Apenas a proposição III está correta.

(E) Todas as proposições estão incorretas.

I: correta – art. 107, II, do CP; arts. 21, XVII, e 48, VIII, da CF; II: correta – haverá excesso ou desvio de execução sempre que algum ato for praticado além dos limites fixados na sentença, em normas legais ou regulamentares (art. 185 da LEP). O incidente de excesso ou desvio, por sua vez, poderá ser suscitado pelo Ministério Público, pelo Conselho Penitenciário, pelo sentenciado e por qualquer dos demais órgãos da execução penal (art. 186 da LEP). Dessa forma, pode-se observar que, ocorrendo mudança no curso normal da execução, implicando favorecimento ilegítimo do apenado, o incidente poderá ser suscitado por um dos legitimados descritos, mas dificilmente o próprio sentenciado o fará, por ser o beneficiário, cabendo, nessa hipótese, mais comumente ao Ministério Público; III: correta – art. 2º, parágrafo único, da LEP e Súmula 192 do STJ.

Gabarito "C"

(Ministério Público/PI – 2012 – CESPE) Considerando o disposto no CP e na LEP, assinale a opção correta.

(A) O membro do MP em atuação no juízo das execuções penais não tem a obrigação de visitar os estabelecimentos penais, visto que, de acordo com o que dispõe a LEP, tal obrigação é do juiz da execução.

(B) O agente que, por circunstâncias alheias à sua vontade, não consegue prosseguir na execução só responde pelos atos já praticados.

(C) Sendo o criminoso primário e a coisa furtada, de pequeno valor, o juiz poderá deixar de aplicar a pena se julgá-la desnecessária em face da pequena gravidade da infração.

(D) Considera-se praticado o crime no momento da ação ou omissão, exceto se outro seja o momento do resultado.

(E) Considera-se praticado o crime no lugar em que tenha ocorrido a ação ou omissão, no todo ou em parte, bem como onde se tenha produzido ou deveria produzir-se o resultado.

A: incorreta – (art. 68, parágrafo único, da LEP); **B:** incorreta. Salvo disposição em contrário, pune-se a tentativa com a pena correspondente ao crime consumado, diminuída de um a dois terços (art. 14, parágrafo único, do CP); **C:** incorreta. Estabelece o art. 155, § 2º, do CP que, se o criminoso é primário, e é de pequeno valor a coisa furtada, o juiz pode substituir a pena de reclusão pela de detenção, diminuí-la de um a dois terços, ou aplicar somente a pena de multa; **D:** incorreta. O art. 4º do CP prevê que o crime considera-se praticado no momento da ação ou omissão, ainda que outro seja o momento do resultado; **E:** correta (art. 6º do CP).

Gabarito "E"

(Ministério Público/PR – 2011)

I. É possível conceder remição de pena computando-se o tempo de frequência a curso de ensino formal.

II. É vedada a concessão de autorização para trabalho externo para condenados pela prática de crimes hediondos.

III. Segundo a moderna orientação do Superior Tribunal de Justiça, admite-se a progressão de regime de cumprimento de pena para condenados estrangeiros.

Considerando as assertivas acima se afirma que:

(A) Apenas as assertivas I e II são corretas.

(B) Apenas as assertivas II e III são corretas.

(C) Apenas as assertivas I e III são corretas.

(D) Apenas uma assertiva está correta.

(E) Todas as assertivas são corretas.

I: correta. Recentemente, atendendo aos anseios da jurisprudência (Súmula nº 341, STJ), foi editada a Lei 12.433/2011, que instituiu e disciplinou, finalmente, a remição pelo estudo, alterando o dispositivo da LEP que regia o tema (art. 126). Hoje, portanto, a remição se opera tanto pelo trabalho quanto pelo estudo, nos moldes do dispositivo supracitado. A competência para declarar os dias remidos é do juízo da execução, conforme reza o art. 126, § 8º, da Lei 7.210/1984 (Execução Penal); II: incorreta, visto que a jurisprudência reconhece a possibilidade de trabalho externo para condenados pela prática de crimes hediondos e equiparados. Nesse sentido, conferir: STJ, HC 45.392, 6ª T., rel. Min. Nilson Naves, j. 9.3.06; STJ, HC 42.444-RS, 5ª T., rel. Min. José Arnaldo da Fonseca, j. 13.09.2005; III: correta. Nesse sentido: STJ, HC 103.373-SP, 6ª T., rel. Min. Maria Thereza de Assis Moura, DJE 22.09.2008.

Gabarito "C"

(Ministério Público/PR – 2008) Assinale a alternativa INCORRETA:

(A) A Cadeia Pública destina-se ao recolhimento de presos provisórios.

(B) O condenado a quem sobrevier doença mental será internado em Hospital de Custódia e Tratamento Psiquiátrico.

(C) O condenado que cumpre pena em regime fechado ou semiaberto poderá remir, pelo trabalho, parte do tempo de execução da pena.

(D) O tempo remido não será computado para a concessão do livramento condicional e indulto.

(E) Haverá excesso ou desvio de execução sempre que algum ato for praticado além dos limites fixados na sentença, em normas legais ou regulamentares.

A: correta (art. 102 da LEP); **B:** correta (art. 183 da LEP); **C:** correta (art. 126 da LEP); **D:** incorreta (devendo esta ser assinalada). Art. 128 da LEP (o tempo remido será computado como pena cumprida para todos os efeitos – redação conferida pela Lei 12.433/2011); **E:** correta (art. 185 da LEP).

Gabarito "D"

(Ministério Público/RR – 2008 – CESPE) Com relação à execução da pena, julgue os próximos itens.

(1) Se um interno de um presídio tiver sido surpreendido quando fazia uso de telefone celular, nessa situação, sua conduta pode ser enquadrada como falta grave, tendo como consequência a perda dos dias remidos.

(2) O regime disciplinar diferenciado poderá ser imposto aos presos provisórios e aos condenados, sendo cabível quando houver risco para a ordem e a segurança do estabelecimento penal ou da sociedade.

(3) Considere a seguinte situação hipotética. Iran foi condenado à pena privativa de liberdade de seis anos, em regime fechado, pela prática do crime de estupro, com violência real. Tendo cumprido dois anos da pena aplicada, requereu a progressão de regime, tendo sido expedido, pelo diretor do presídio, atestado comprovando seu bom comportamento carcerário. O pedido foi deferido pelo juiz. Nessa situação, o juiz agiu incorretamente, tendo em vista que, tratando-se de delito praticado com violência contra a pessoa, torna-se imprescindível a realização de exame criminológico.

1: arts. 50, VII, e 127 da LEP, cuja nova redação impõe ao magistrado, a título de perda decorrente do cometimento de falta grave, o limite de 1/3 dos dias remidos; **2:** art. 52, § 1º, da LEP; **3:** a nova redação conferida ao art. 112 da LEP deixou de exigir o exame criminológico. Entretanto, a jurisprudência firmou o entendimento no sentido de que o Juízo da Execução, em face das peculiaridades do caso concreto, se entender necessário, pode determinar a sua realização. Nesse sentido, a Súmula 439 do STJ e Súmula Vinculante nº 26.

Gabarito 1C, 2C, 3E

(Ministério Público/SP – 2012 – VUNESP) É correto afirmar:

(A) Não estão obrigados ao trabalho os presos provisórios, os presos políticos e os presos com mais de 60 (sessenta) anos de idade.

(B) O trabalho externo é admissível somente para os presos em regime semiaberto.

(C) Admite-se a remição da pena pelo trabalho ou pela frequência a curso de ensino regular ou de educação profissional para o condenado em regime aberto ou em livramento condicional.

(D) Compete ao diretor do estabelecimento penal a concessão de permissão de saída ao condenado em regime fechado.

(E) O juiz poderá, em caso de falta grave, revogar até 2/3 (dois terços) do tempo remido.

A: incorreta. O art. 31, parágrafo único, da LEP estabelece que o trabalho, para o preso provisório, não é obrigatório. Já os maiores de 60 anos, que poderão solicitar ocupação adequada à idade, têm, sim, a obrigação de trabalhar (art. 32, § 2º, da LEP). Por fim, o art. 200 da LEP dispõe que o trabalho não é obrigatório para o condenado por crime político; **B:** incorreto, já que os presos que cumprem a pena no regime fechado poderão fazer trabalho externo, desde que em serviços ou obras públicas (art. 34, § 3º, do CP); **C:** reza o art. 126, *caput*, da Lei 7.210/84 (LEP), cuja redação foi modificada pela Lei 12.433/2011, que somente poderá beneficiar-se da remição o preso que cumpre a pena no regime fechado ou no semiaberto; **D:** correta, pois reflete o disposto no art. 120, p. único, da Lei 7.210/1984; **E:** em vista das alterações implementadas na LEP pela Lei 12.433/11, estabeleceu-se, no caso de cometimento de falta grave, uma proporção máxima em relação à qual poderá se dar a perda dos dias remidos. Assim, diante da prática de falta grave, poderá o juiz, em vista da nova redação do art. 127 da LEP, revogar no máximo 1/3 do tempo remido, devendo a contagem recomeçar a partir da data da infração disciplinar. Antes disso, o condenado perdia os dias remidos na sua totalidade.

Gabarito "D"

(Ministério Público/SP – 2012 – VUNESP) Tratando-se de réu reincidente, condenado pelos crimes de tráfico internacional de pessoa para fim de exploração sexual praticado contra menor de 18 anos (art. 231, § 2º, inciso I, do Código Penal) e roubo qualificado pelo emprego de arma (art. 157, § 2º, inciso I, do Código Penal), o tempo de cumprimento de pena exigido por lei para que possa ele ser promovido ao regime semiaberto e para obter o livramento condicional é de

(A) 1/6 (um sexto) do total das penas para a progressão e 1/3 (um terço) para o livramento condicional.

(B) 1/6 (um sexto) do total das penas para a progressão e 1/2 (metade) do total das penas para o livramento condicional.

(C) 2/5 (dois quintos) da pena relativa ao tráfico internacional e 1/6 (um sexto) da pena relativa ao roubo para a progressão; 1/3 (um terço) da pena relativa ao tráfico internacional e 1/2 (metade) da pena relativa ao roubo para o livramento condicional.

(D) 2/5 (dois quintos) do total das penas para a progressão; 2/3 (dois terços) do total das penas para o livramento condicional.

(E) 3/5 (três quintos) da pena relativa ao tráfico internacional e 1/6 (um sexto) da pena relativa ao roubo para a progressão; 2/3 (dois terços) do total das penas para o livramento condicional.

O apenado, para obter o direito de ir ao regime menos rigoroso, deverá cumprir ao menos 1/6 da pena imposta e ostentar bom comportamento carcerário (art. 112, "caput", da LEP); já se se tratar de delito hediondo ou equiparado, por força do que estabelece o art. 2°, § 2°, da Lei 8.072/1990 (Crimes Hediondos), a progressão dar-se-á depois de cumpridos 2/5 da pena, se primário; se reincidente, deverá o reeducando cumprir 3/5 da reprimenda. Aqui vale uma ressalva. Se a prática do crime hediondo é anterior à entrada em vigor da Lei 11.464/2007, que alterou, na Lei de Crimes Hediondos, a disciplina relativa à progressão de pena, deverá prevalecer o entendimento firmado na Súmula n° 471 do STJ, que estabelece que, neste caso, deve-se obedecer à regência do art. 112 da LEP, que impõe, como condição para progressão de regime, o cumprimento de um sexto da pena no regime anterior, além de bom comportamento carcerário. No que toca ao livramento condicional, estabelece o art. 83, II, do CP que, se reincidente em crime doloso, o condenado, para fazer jus ao livramento, deverá cumprir, no mínimo, metade da pena imposta.

Gabarito "B"

(Ministério Público/SP – 2010) Assinale a afirmativa incorreta, em relação ao regime disciplinar diferenciado:

(A) aplica-se ao preso provisório ou condenado que pratica crime doloso e provoca subversão da ordem ou disciplina interna.

(B) aplica-se ao preso provisório ou condenado sobre o qual recaiam fundadas suspeitas de envolvimento ou participação, a qualquer título, em organizações criminosas, quadrilha ou bando.

(C) somente o preso provisório ou condenado por crime hediondo ou assemelhado pode ser submetido ao regime disciplinar ou diferenciado.

(D) tem como característica o recolhimento em cela individual.

(E) pode ser aplicado a estrangeiros que apresentem alto risco para a ordem e a segurança do estabelecimento penal ou da sociedade.

A: assertiva correta, visto que em consonância com o que dispõe o art. 52, *caput*, da LEP; **B:** assertiva em consonância com o teor do art. 52, § 2°, da LEP; **C:** são basicamente três as hipóteses em que é possível a inclusão do preso condenado ou provisório no *regime disciplinar diferenciado*: quando o preso praticar fato previsto como crime doloso e, com isso, ocasionar subversão da ordem ou disciplina internas; quando o preso oferecer alto risco para a ordem e para a segurança do estabelecimento penal ou da sociedade; e também quando sobre o preso recair fundada suspeita de envolvimento em organização criminosa. Como se nota, em momento algum o legislador limitou a aplicação do *regime disciplinar diferenciado* ao preso provisório ou condenado por crime hediondo ou a ele assemelhado; **D:** característica presente no art. 52, II, da LEP; **E:** art. 52, § 1°, da LEP.

Gabarito "C"

25. Legislação Institucional do Ministério Público

Marcos Destefenni

(Ministério Público/MG – 2014) Conforme a Lei Complementar 34, de 12 de setembro de 1994 (Lei Orgânica do Ministério Público do Estado de Minas Gerais), são deveres dos membros do Ministério Público, entre outros:

I. Atender aos interessados, a qualquer momento nos casos urgentes, ou quando necessária a intervenção de membro do Ministério Público, e guardar sigilo profissional.

II. Encaminhar, durante o estágio probatório, à Corregedoria-Geral do Ministério Público relatórios trimestrais de atividades, instruídos com até 10 (dez) trabalhos, abrangendo as diversas áreas de atuação, na forma que dispuser o regulamento respectivo.

III. Fiscalizar, trimestralmente ou quando conveniente, as cadeias públicas, os estabelecimentos prisionais e os que abriguem idosos, crianças, adolescentes, incapazes ou pessoas portadoras de deficiência, registrando em livro próprio da Promotoria de Justiça :as observações que julgar pertinentes e as providências efetivadas.

IV. Declarar-se suspeito ou impedido, nos termos da lei, devendo comunicar os motivos, de forma reservada, ao Corregedor-Geral do Ministério Público, no prazo de 10 (dez) dias.

Somente está **CORRETO** o que se afirma em:

(A) I e II;

(B) I e III;

(C) II e III;

(D) III e IV.

I: correta, pois assim estabelece o art. 110, XIV, da LOMPMG (Lei Complementar 34/1994); **II:** correta, pois assim estabelece o art. 171 da LOMPMG (Lei Complementar 34/1994); **III:** incorreta, pois a fiscalização deve ser mensal (art. 110, XXVII, da LOMPMG); **IV:** incorreta, pois o prazo, no caso, é de cinco dias (art. 110, VIII, da LOMPMG).

Gabarito "A"

(Ministério Público/MG – 2014) É **INCORRETO** afirmar:

(A) São inelegíveis para o cargo de Procurador-Geral de Justiça os membros do Ministério Público que estiverem afastados do exercício do cargo para desempenho de função junto à associação de classe.

(B) A destituição do Procurador-Geral de Justiça prescinde de autorização da Assembleia Legislativa, desde que ocorra a expedição de expressa resolução pelo Colégio de Procuradores de Justiça nesse sentido.

(C) Os órgãos do Ministério Público têm asseguradas instalações privativas nos edifícios onde exerçam suas funções, especialmente nos Tribunais e nos fóruns, cabendo-lhes a respectiva administração.

(D) Poderá o Ministério Público expedir notificações para colher depoimento ou esclarecimento, facultando ao seu membro, em caso de desatendimento injustificado, requisitar condução coercitiva quer pela Polícia Civil ou Polícia Militar, ressalvadas as prerrogativas previstas em lei.

A: assertiva correta, pois assim estabelece o art. 7º, VI, da LOMPMG (Lei Complementar 34/1994); **B:** assertiva incorreta, devendo ser assinalada, pois "a destituição do Procurador-Geral de Justiça será precedida de autorização da Assembleia Legislativa" (art. 12 da LOMPMG – Lei Complementar 34/1994); **C:** assertiva correta, pois assim estabelece o art. 2º, § 2º, da LOMPMG (Lei Complementar 34/1994); **D:** correta, pois assim estabelece o art. 67, I, "a", da LOMPMG (Lei Complementar 34/1994).

Gabarito "B"

(Ministério Público /PI – 2014 – CESPE) Se um promotor de justiça do estado X instaurar inquérito civil e o arquivar, o arquivamento poderá ser revisto, com base na Lei Orgânica Nacional do Ministério Público (Lei 8.625/1993), pelo

(A) juízo da vara competente para o caso.

(B) vice-procurador-geral de justiça.

(C) Colégio de Procuradores de Justiça.

(D) Conselho Superior do Ministério Público.

(E) presidente do tribunal de justiça do referido estado.

A: incorreta, pois a revisão se dá no âmbito do próprio Ministério Público; **B:** incorreta, pois a atribuição, nos termos do art. 30 da Lei 8.625/1993, é do Conselho Superior do MP; **C:** incorreta, conforme tópico anterior; **D:** correta, pois assim estabelece o art. 30 da Lei 8.625/1993: "Cabe ao Conselho Superior do Ministério Público rever o arquivamento de inquérito civil, na forma da lei"; **E:** incorreta, conforme comentários anteriores.

Gabarito "D"

(Ministério Público/PI – 2014 – CESPE) Considere que um promotor de justiça de determinado estado da Federação tenha requisitado a instauração de inquérito policial e que, no curso da investigação, o delegado constate indício de que membro do MPU tenha cometido infração penal. Nessa situação, com base na Lei Complementar 75/1993,

(A) os autos deverão ser remetidos ao procurador-geral da República para as providências pertinentes.

(B) o membro do MPU deverá ser indiciado, e o delegado continuará a investigação.

(C) o promotor de justiça deverá continuar a investigação.

(D) o procurador de justiça do estado deverá dar continuidade à investigação.

(E) o procurador regional da República deverá dar continuidade à investigação.

A alternativa correta é a "A", pois assim estabelece o art. 18, parágrafo único, da Lei Complementar 75/1993. As demais alternativas, portanto, estão incorretas.

Gabarito "A"

(Ministério Público/PI – 2014 – CESPE) Com base na Lei Complementar Estadual 8/1983, um membro do MP do estado do Acre só perderá seu cargo se condenado por crime

(A) cometido com abuso de poder, à pena privativa de liberdade.

(B) contra honra, à detenção por mais de dois anos.

(C) cometido com violação do dever inerente à função, à reclusão por mais de quatro anos.

(D) contra o patrimônio, independentemente da pena prevista.

(E) contra a administração da justiça, independentemente da pena prevista.

Assim estabelece o art. 35, I, da Lei Complementar Estadual 8/1983. Aliás, estabelece o citado dispositivo legal: "Art. 35. Depois de dois anos de efetivo exercício, só perderão o cargo os membros do Ministério Público Estadual: I – se condenados à pena privativa de liberdade por crime cometido com abuso de poder ou violação do dever inerente à função pública; II – se condenado por outro crime à pena de reclusão, por mais de dois anos, ou de detenção por mais de quatro anos; e III – se proferida decisão em processo administrativo onde lhe seja assegurada ampla defesa".

Gabarito "A"

(Ministério Público/DF – 2013) Com relação ao Ministério Público, assinale a opção **INCORRETA**:

(A) Não tem, entre suas atribuições, legitimidade para aforar ação civil pública com o fim de impugnar a cobrança e pleitear a restituição de IPTU pago indevidamente.

(B) O Ministério Público estadual não tem competência para ajuizar reclamação perante o Supremo Tribunal Federal. A instituição se faz representar, nessa circunstância, pelo Procurador-Geral da República.

(C) Apesar de o Ministério Público ser uno, é possível a ocorrência de conflito positivo e negativo de atribuições entre o Ministério Público Federal e o Ministério Público estadual, solucionável pelo Supremo Tribunal Federal.

(D) O Procurador-Geral da República é destituível por iniciativa do Presidente da República, desde que haja autorização concedida pela maioria absoluta do Senado Federal.

(E) É interditado à lei ordinária regular a destituição dos Procuradores-Gerais dos Estados e do Distrito Federal.

A: assertiva correta, pois, como consignou o STJ, no julgamento do REsp 827482/MG: "O Superior Tribunal de Justiça, em diversas oportunidades, já se manifestou no sentido de que não tem o Ministério Público legitimidade para propor ação civil pública com o objetivo de discutir a cobrança de tributos, uma vez que os direitos do contribuinte, porquanto individuais e disponíveis, devem ser postulados por seus próprios titulares. Precedentes"; **B:** assertiva incorreta, devendo ser assinalada, pois essa não é a atual orientação do STF: "É da jurisprudência contemporânea da Corte o entendimento de que o Ministério Púbico estadual detém legitimidade ativa autônoma para propor reclamação constitucional perante o Supremo Tribunal Federal (Rcl 7.358/SP, Tribunal Pleno, Relatora a Ministra Ellen Gracie, 03.06.2011)" (Rcl 9327 AgR/RJ); **C:** assertiva correta, como se vê da seguinte decisão do Pretório Excelso: "Competência – Conflito de atribuições – Pleno – Deslocamento para turma – Jurisprudência consolidada. Compete ao Supremo a solução de conflito de atribuições a envolver o Ministério Público Federal e Ministério Público estadual – Petição3.528-3/BA, de minha relatoria, Pleno, acórdão publicado no Diário da Justiça de 03.03.2006." (Pet 4885/SP); **D:** assertiva correta, pois assim estabelece o art. 128, § 2º, da CF; E: assertiva correta, pois a matéria é tratada no art. 128, § 4º, da CF.

Gabarito "B"

(Ministério Público /DF – 2013) Ainda com relação ao Ministério Público e seus membros, assinale a **INCORRETA**:

(A) A atual Constituição veda aos membros do Ministério Público o exercício de atividade político-partidária.

(B) Aos membros do Ministério Público está vedado o exercício da advocacia, mesmo em causa própria.

(C) O Ministério Público não possui legitimidade para propor ação civil pública com o objetivo de questionar benefício de natureza fiscal concedido pelo Distrito Federal a determinada empresa.

(D) O Ministério Público tem o poder de instituir inquérito civil e não tem, nesse mister, de respeitar a ampla defesa e o contraditório.

(E) Entre as funções do Ministério Público inclui-se a de promover a ação civil pública para a proteção do patrimônio público e social, do meio ambiente e de outros interesses difusos e coletivos.

A: assertiva correta, pois assim estabelece o art. 128, § 5º, II, "e" da CF; **B:** assertiva correta, pois o art. 128, § 5º, II, "b", da CF; **C:** assertiva incorreta, devendo ser assinalada, pois, como advertiu a Segunda Turma do STJ, "o Supremo Tribunal Federal, no julgamento do RE 576.155/DF, submetido ao rito da repercussão geral (art. 542-B do CPC), decidiu que o Ministério Público possui legitimidade para propor ação civil pública com o objeto de anular Termo de Acordo de Regime Especial – TARE, em face da legitimação que o texto constitucional lhe confere para defender o erário." (REsp 871473/DF); **D:** assertiva correta, pois a atribuição é prevista constitucionalmente (art. 129, III).

De outro lado, o art. 1º da Resolução 23 do Conselho Nacional do Ministério Público, que regulamenta os artigos 6o, inciso VII, e 7o, inciso I, da Lei Complementar 75/1993 e os artigos 25, inciso IV, e 26, inciso I, da Lei 8.625/1993, disciplinando, no âmbito do Ministério Público, a instauração e tramitação do inquérito civil, estabelece que o inquérito civil é de natureza unilateral, ou seja, não incide, necessariamente, o contraditório; **E:** assertiva correta, pois assim dispõe o art. 129, III, da CF.

Gabarito "C"

(Ministério Público /ES – 2013 – VUNESP) Conforme o que dispõe a Lei Orgânica do Ministério Público do Estado do Espírito Santo, o Conselho Superior do Ministério Público

(A) fará realizar a eleição dos seus membros, mediante voto obrigatório, plurinominal e aberto, na data da abertura do Ano Judiciário.

(B) será integrado pelo Procurador-Geral de Justiça, que o preside, pelo Corregedor-Geral do Ministério Público, únicos membros natos, e por três Procuradores de Justiça eleitos pelos membros ativos da Instituição.

(C) deverá indicar um Conselheiro e um Suplente para integrar a Comissão de Concurso de ingresso na carreira do Ministério Público.

(D) tem como uma das suas competências autorizar o afastamento de membro do Ministério Público para participar de pleito eleitoral, na forma da lei.

(E) terão seus integrantes eleitos para um mandato de dois anos, permitida uma reeleição consecutiva.

A: incorreta, pois a Lei Orgânica do Ministério Público do Estado do Espírito Santo (LOMPES), estabelece, em seu art. 15, que a eleição dos integrantes do Conselho Superior do Ministério Publico realizar-se-á, mediante voto obrigatório, plurinominal e secreto, na data da abertura do Ano Judiciário. As eleições serão realizadas conforme instruções baixadas pelo Procurador-Geral de Justiça (§ 5º do citado dispositivo legal); **B:** incorreta, pois o CSMP do ES será integrado por cinco Procuradores de Justiça eleitos pelos membros ativos da Instituição, além dos outros integrantes (art. 14, § 1º, da LOMPES); **C:** incorreta, pois, nos termos do art. 16, XII, da LOMPES, compete ao CSMPES "eleger os membros e suplentes do Ministério Público que integrarão a Comissão de Concurso"; **D:** correta, pois assim estabelece o art. 16, XIX, da LOMPES; **E:** incorreta, pois, de acordo com o art. 15, § 2º, da LOMPES, o mandato é de um ano.

Gabarito "D"

(Ministério Público/GO – 2013) Aponte a alternativa que traz a correta informação acerca do Ministério Público junto aos Tribunais de Contas:

(A) ode contas pertencerá ou ao Ministério Público da União ou ao Ministério Público dos Estados, conforme o Tribunal de Contas junto ao qual estiver atuando.

(B) não detém autonomia administrativa, pois se encontra vinculado à estrutura do Tribunal de Contas.

(C) embora possua organização , o Ministério Público junto aos Tribunais de Contas recebeu previsão constitucional como instituição própria.

(D) em caso de inexistência dojunto aos Tribunais de Contas, a disciplina constitucional, que se assenta na unidade e na indivisibilidade da instituição, legitima o Ministério Público comum a atuar perante as cortes de contas.

A: incorreta, pois o Ministério Público junto ao Tribunal de Contas integra a referida Corte. Assim decidiu o STF: "ADIn – Lei 8.443/1992 – Ministério Público junto ao TCU – Instituição que não integra o Ministério Público da União – Taxatividade do rol inscrito no art. 128, I, da Constituição – Vinculação administrativa a corte de contas – Competência do TCU para fazer instaurar o processo legislativo concernente a estruturação orgânica do Ministério Público que perante ele atua (cf., art. 73, ,) – Matéria sujeita ao domínio normativo da legislação ordinária – Enumeração exaustiva das hipóteses constitucionais de regramento mediante lei complementar – Inteligência da norma inscrita no art. 130 da Constituição – Ação direta improcedente. – O Ministério Público que atua perante o TCU qualifica-se como órgão de extração constitucional, eis que a sua existência jurídica resulta de expressa previsão normativa constante da Carta Política (art. 73, § 2º, I, e art. 130), sendo indiferente, para efeito de sua configuração jurídico-institucional, a circunstância de não constar do rol taxativo inscrito no art. 128, I, da Constituição, que define a estrutura orgânica do Ministério Público da União. – O Ministério Público junto ao TCU não dispõe de fisionomia institucional própria e, não obstante as expressivas garantias de ordem subjetiva concedidas aos seus Procuradores pela própria Constituição (art. 130), encontra-se consolidado na "intimidade estrutural" dessa Corte de Contas, que se acha investida – até mesmo em função do poder de autogoverno que lhe confere a Carta Política (art. 73, ,) – da prerrogativa de fazer instaurar o processo legislativo concernente a sua organização, a sua estruturação interna, a definição do seu quadro de pessoal e a criação dos cargos respectivos. – Só cabe lei complementar, no sistema de direito positivo brasileiro, quando formalmente reclamada a sua edição por norma constitucional explicita. A especificidade do Ministério Público que atua perante o TCU, e cuja existência se projeta num domínio institucional absolutamente diverso daquele em que se insere o Ministério Público da União, faz com que a regulação de sua organização, a discriminação de suas atribuições e a definição de seu estatuto sejam passíveis de veiculação mediante simples lei ordinária, eis que a edição de lei complementar e reclamada, no que concerne ao Parquet, tão somente para a disciplinação normativa do Ministério Público comum (CF, art. 128, § 5º). – A cláusula de garantia inscrita no art. 130 da Constituição não se reveste de conteúdo orgânico-institucional. Acha-se vocacionada, no âmbito de sua destinação tutelar, a proteger os membros do Ministério Público especial no relevante desempenho de suas funções perante os Tribunais de Contas. Esse preceito da Lei Fundamental da República submete os integrantes do MP junto aos Tribunais de Contas ao mesmo estatuto jurídico que rege, no que concerne a direitos, vedações e forma de investidura no cargo, os membros do Ministério Público comum." (ADI 789/DF); **B:** correta, pois, como se disse, trata-se de MP que integra o Tribunal de Contas; **C:** incorreta, pois, na CF, não houve uma referência expressa do Ministério Público junto aos Tribunais de Contas. É, sim, um órgão de "extração constitucional", como proclamou o STF; **D:** incorreta, pois o MP junto ao Tribunal de Contas não integra o MP .

Gabarito "B"

(Ministério Público/GO – 2013) Qual das atribuições discriminadas não pertence ao Conselho Superior do Ministério Público, segundo a Lei Orgânica Nacional?

(A) decidir sobre pedido de revisão de procedimento administrativo disciplinar.

(B) sugerir ao Procurador-Geral a edição de recomendações, sem caráter vinculativo, aos órgãos do Ministério Público para o desempenho de suas funções e a adoção de medidas convenientes ao aprimoramento dos serviços.

(C) aprovar o quadro geral de antiguidade do Ministério Público e decidir sobre reclamações formuladas a esse respeito.

(D) decidir sobre vitaliciamento de membros do Ministério Público.

A: correta, pois se trata de atribuição do Colégio de Procuradores de Justiça, nos termos do art. 12, IX, da LONMP (Lei 8.625/1993); **B:** incorreta, pois essa atribuição do CSMP está prevista no art. 15, X, da LONMP (Lei 8.625/1993); **C:** incorreta, pois essa atribuição do CSMP está prevista no art. 15, IX, da LONMP (Lei 8.625/1993); **D:** incorreta, pois essa atribuição do CSMP está prevista no art. 15, VII, da LONMP (Lei 8.625/1993).

Gabarito "A"

(Ministério Público/GO – 2013) A propósito das funções institucionais do Ministério Público, é correto, de acordo com a jurisprudência dominante do Supremo Tribunal Federal, afirmar que:

(A) sendo atribuição privativa do Ministério Público a promoção de ação penal pública, não satisfaz os pressupostos recursais de admissibilidade apelação interposta pelo assistente da acusação contra sentença que, acatando pronunciamento ministerial lançado em alegações finais, absolve o acusado.

(B) o Ministério Público, nas ações penais públicas condicionadas, não está vinculado à qualificação jurídica dos fatos constantes da representação que lhe haja sido dirigida, motivo pelo qual não se comina a pecha de nulidade à denúncia que incluiu outros delitos cuja perseguibilidade, embora dependente de representação, não foi nesta pleiteada por aquele que a formulou.

(C) o Ministério Público tem legitimidade para propor ação civil pública com o objetivo de anular Termo de Acordo de Regime Especial de apuração de LCMS, em face da que o texto constitucional lhe confere para defender o patrimônio público, não se aplicando à hipótese o parágrafo único do art. 1º da Lei Federal 7.347/1985, segundo o qual não será cabível ação civil pública para veicular pretensões que envolvam tributos.

(D) ainda que seja para obtenção de informações sobre nomes de beneficiários de empréstimos concedidos, com recursos subsidiados pelo erário, por instituição financeira com natureza jurídica de sociedade de economia mista, deve o Ministério Público, em observância ao direito à privacidade, consagrado pela Constituição da República, art. 5º, X, fazê-lo mediante pedido à autoridade judiciária.

A: incorreta, pois: "Constitucional. Processo penal. Estelionato. Alegação de ilegitimidade da assistente de acusação para recorrer da sentença penal absolutória. Improcedência. Ausência de recurso do ministério público. Irrelevância do parecer ministerial de primeira instância pelo não conhecimento do recurso. 1. A assistente de acusação tem legitimidade para recorrer da decisão que absolve o réu nos casos em que o Ministério Público não interpõe recurso. 2. Aplicação da Súmula 210 do Supremo Tribunal Federal: "O assistente do Ministério Público pode recorrer, inclusive extraordinariamente, na ação penal, nos casos dos arts. 584, § 1º, e 598 do Código de Processo Penal". 3. A manifestação do promotor de justiça, em alegações finais, pela absolvição da Paciente e, em seu parecer, pelo não conhecimento do recurso não altera nem anula o direito da assistente de acusação recorrer da sentença absolutória. 4. Ordem denegada." (STF, HC 102085/RS); **B:** incorreta, pois, embora seja verdade que o MP não está vinculado à qualificação jurídica, "a requisição e a representação revestem-se, em seus aspectos essenciais, de uma só natureza, pois constituem requisitos de procedibilidade, sem os quais não se legitima a atividade penal-persecutória do Ministério Público." (STF, HC 68242 / DF); **C:** correta, pois: "Ação civil pública. Legitimidade ativa. Ministério Público do Distrito Federal e Territórios. Termo de acordo de regime especial – TARE. Possível lesão ao patrimônio público. Limitação à atuação do parquet. Inadmissibilidade. Afronta ao art. 129, III, da CF. Repercussão geral reconhecida. Recurso extraordinário provido. I – O TARE não diz respeito apenas a interesses individuais, mas alcança interesses metaindividuais, pois o ajuste pode, em tese, ser lesivo ao patrimônio público. II – A Constituição Federal estabeleceu, no art. 129, III, que é função institucional do Ministério Público, dentre outras, "promover o inquérito e a ação civil pública, para a proteção do patrimônio público e social, do meio ambiente e de outros interesses difusos e coletivos". Precedentes. III – O Parquet tem legitimidade para propor ação civil pública com o objetivo de anular Termo de Acordo de Regime Especial – TARE, em face da legitimação que o texto constitucional lhe confere para defender o erário. IV – Não se aplica à hipótese o parágrafo único do artigo 1º da Lei 7.347/1985. V – Recurso extraordinário provido para que o TJ/DF decida a questão de fundo proposta na ação civil pública conforme entender." (STF, RE 576155/DF); **D:** incorreta, pois: "Mandado de Segurança. Sigilo bancário. Instituição financeira executora de política creditícia e financeira do Governo Federal. Legitimidade do Ministério Público para requisitar informações e documentos destinados a instruir procedimentos administrativos de sua competência. 2. Solicitação de informações, pelo Ministério Público Federal ao Banco do Brasil S/A, sobre concessão de empréstimos, subsidiados pelo Tesouro Nacional, com base em plano de governo, a empresas do setor sucroalcooleiro. 3. Alegação do Banco impetrante de não poder informar os beneficiários dos aludidos empréstimos, por estarem protegidos pelo sigilo bancário, previsto no art. 38 da Lei 4.595/1964, e, ainda, ao entendimento de que dirigente do Banco do Brasil S/A não é autoridade, para efeito do art. 8º da LC 75/1993. 4. O poder de investigação do Estado é dirigido a coibir atividades afrontosas à ordem jurídica e a garantia do sigilo bancário não se estende às atividades ilícitas. A ordem jurídica confere explicitamente poderes amplos de investigação ao Ministério Público – art. 129, incisos VI, VIII, da Constituição Federal, e art. 8º, incisos II e IV, e § 2º, da Lei Complementar 75/1993. 5. Não cabe ao Banco do Brasil negar, ao Ministério Público, informações sobre nomes de beneficiários de empréstimos concedidos pela instituição, com recursos subsidiados pelo erário federal, sob invocação do sigilo bancário, em se tratando de requisição de informações e documentos para instruir procedimento administrativo instaurado em defesa do patrimônio público. Princípio da publicidade, ut art. 37 da Constituição. 6. No caso concreto, os empréstimos concedidos eram verdadeiros financiamentos públicos, porquanto o Banco do Brasil os realizou na condição de executor da política creditícia e financeira do Governo Federal, que deliberou sobre sua concessão e ainda se comprometeu a proceder à equalização da taxa de juros, sob a forma de subvenção econômica ao setor produtivo, de acordo com a Lei 8.427/1992. 7. Mandado de segurança indeferido." (STF, MS 21729 / DF).

Gabarito "C"

(Ministério Público/AC – 2008) A designação dos membros do Ministério Público ocorre:

(A) pelo Procurador-Geral de Justiça.

(B) pelo Procurador-Geral de Justiça, ouvido o Conselho Superior do Ministério Público.

(C) pelo Conselho Superior do Ministério Público.

(D) pelo Conselho Nacional do Ministério Público.

Nos termos do art. 10, IX, da Lei Orgânica Nacional do Ministério Público (Lei 8.625/1993), compete ao Procurador-Geral de Justiça: IX – designar membros do Ministério Público para: a) exercer as atribuições de dirigente dos Centros de Apoio Operacional; b) ocupar cargo de confiança junto aos órgãos da Administração Superior; c) integrar organismos estatais afetos a sua área de atuação; d) oferecer denúncia ou propor ação civil pública nas hipóteses de não confirmação de arquivamento de inquérito policial ou civil, bem como de quaisquer peças de informações; e) acompanhar inquérito policial ou diligência investigatória, devendo recair a escolha sobre o membro do Ministério Público com atribuição para, em tese, oficiar no feito, segundo as regras ordinárias de distribuição de serviços; f) assegurar a continuidade dos serviços, em caso de vacância, afastamento temporário, ausência, impedimento ou suspeição de titular de cargo, ou com consentimento deste; g) por ato excepcional e fundamentado, exercer as funções processuais afetas a outro membro da instituição, submetendo sua decisão previamente ao Conselho Superior do Ministério Público; h) oficiar perante a Justiça Eleitoral de primeira instância, ou junto ao Procurador-Regional Eleitoral, quando por este solicitado.

Gabarito "A"

(Ministério Público/AC – 2008) Aponte a assertiva correta.

(A) A autonomia administrativa do Ministério Público permite-lhe realizar compras sem o devido processo licitatório.

(B) Os servidores do Ministério Público são nomeados pelo Governador do Estado.

(C) Considerando a origem dos recursos que aportam ao orçamento do Ministério Público, as decisões administrativas tomadas pela Instituição dependem da mediação de outros órgãos da administração direta.

(D) A autonomia do Ministério Público permite-lhe propor ao Poder Legislativo a criação e a extinção de cargos, bem como a fixação e o reajuste dos vencimentos de seus membros.

A: incorreta, pois o MP, como órgão público, também está obrigado a realizar o devido processo licitatório; **B:** incorreta, pois o Governador apenas nomeia o Procurador-Geral. A Constituição Federal, ao garantir ao Ministério Público a autonomia funcional e administrativa, permite-lhe editar atos relativos ao seu quadro de pessoal; **C:** incorreta, pois o MP goza de autonomia funcional, administrativa e financeira; **D:** correta, pois a autonomia do MP é explicitada no art. 3º da Lei Orgânica Nacional do Ministério Público (Lei 8.625/1993). E a assertiva corresponde ao disposto no art. 3º, V, da mencionada lei.

Gabarito "D"

(Ministério Público/BA – 2008) Analise as seguintes assertivas pertinentes ao Ministério Público:

I. Compete ao Conselho Nacional do Ministério Público o controle da atuação administrativa e finalística do Ministério Público e do cumprimento dos deveres funcionais de seus membros, cabendo-lhe rever, de ofício ou mediante provocação, os pareceres exarados em processos judiciais por membros do Ministério Público da União ou dos Estados há menos de um ano.

II. Segundo dispõe a Constituição do Estado da Bahia, compete ao Ministério Público fiscalizar os estabelecimentos que abriguem idosos, menores, incapazes e deficientes, bem como, de modo geral, hospitais e casas de saúde.

III. Aplicam-se aos Ministérios Públicos dos Estados, subsidiariamente, as normas da Lei Orgânica do Ministério Público da União (LC 75/1993).

IV. São considerados como de efetivo exercício para efeito de vitaliciamento os dias em que o membro do Ministério Público estiver afastado de suas funções em razão de licença por motivo de doença em pessoa da família ou para tratamento de saúde.

V. Segundo a Lei de Organização Judiciária do Estado da Bahia (Lei Estadual 10.845/2007), a cada Município corresponderá uma Comarca, sendo as comarcas classificadas em quatro entrâncias: inicial, intermediária, final e especial.

Em seguida, marque a alternativa correta:

(A) São verdadeiras apenas as assertivas II e IV.

(B) São verdadeiras apenas as assertivas II e III.

(C) São verdadeiras apenas as assertivas III e IV.

(D) São verdadeiras apenas as assertivas I e V.

(E) Apenas a assertiva III é verdadeira.

I: incorreta, pois não cabe ao CNMP rever *pareceres* exarados em processos judiciais, mas sim rever os *processos disciplinares* de membros do Ministério Público da União ou dos Estados julgados há menos de um ano (art. 130-A, § 2º, da CF); **II:** correta, pois assim dispõe o art. 138, IX, da Constituição do Estado da Bahia; **III:** correta, pois é o que estabelece o art. 80 da Lei 8.625/1993; **IV:** incorreta, pois a assertiva afronta o disposto no art. 53 da Lei 8.625/1993. No caso, não são considerados como de efetivo exercício os dias de afastamento; **V:** incorreta, pois as entrâncias são a inicial, a intermediária e a final (art. 25 da Lei 10.845/2007).

Gabarito "B"

(Ministério Público/CE – 2011 – FCC) De acordo com a Lei Orgânica Nacional do Ministério Público (Lei Federal n. 8.625/1993), compete ao Colégio de Procuradores, dentre outras atribuições,

(A) julgar recurso contra decisão de disponibilidade e remoção de membro do Ministério Público, por motivo de interesse público.

(B) decidir sobre vitaliciamento de membros do Ministério Público.

(C) praticar atos e decidir questões relativas à administração geral e execução orçamentária do Ministério Público.

(D) autorizar o afastamento de membro do Ministério Público para frequentar curso ou seminário de aperfeiçoamento e estudo, no País ou no exterior.

(E) aprovar o quadro geral de antiguidade do Ministério Público e decidir sobre reclamações formuladas a esse respeito.

A: correta, pois assim dispõe o art. 12, VIII, "d", da Lei 8.625/1993 (LONMP); **B:** incorreta, pois se trata de atribuição do CSMP (art. 15, VII, da LONMP); **C:** incorreta, pois a mencionada atribuição é do PGJ (art. 10, V, da LONMP); **D:** incorreta, pois a atribuição é do CSMP (art. 15, XI, da LONMP); **E:** incorreta, pois a atribuição citada é do CSMP (art. 15, IX, da LONMP).

Gabarito "A"

(Ministério Público/CE – 2011 – FCC) De acordo com a Lei Complementar n. 75/1993, que dispõe sobre a organização, as atribuições e o estatuto do Ministério Público da União, é INCORRETO afirmar:

(A) Nenhuma autoridade poderá opor ao Ministério Público da União, sob qualquer pretexto, a exceção de sigilo, sem prejuízo da subsistência do caráter sigiloso da informação, do registro, do dado ou do documento que lhe seja fornecido.

(B) A lei assegurará a participação do Ministério Público da União nos órgãos colegiados estatais, federais ou do Distrito Federal, constituídos para defesa de direitos e interesses relacionados com as funções da Instituição.

(C) O membro do Ministério Público da União será civil e criminalmente responsável pelo uso indevido das informações e documentos que requisitar.

(D) Para o exercício de suas atribuições, o Ministério Público da União não poderá, nos procedimentos de sua competência, requisitar da Administração Pública serviços temporários de seus servidores e meios materiais necessários para a realização de atividades específicas.

(E) Compete ao Ministério Público da União, dentre outras atribuições, propor as ações cabíveis para declaração de nulidade de cláusula contratual que contrarie direito do consumidor.

A: correta, pois assim dispõe o art. 8º, § 2º, da LC 75/1993; **B:** correta, em conformidade com o disposto no art. 6º, § 2º, da LC 75/1993; **C:** correta, nos termos do art. 8º, § 1º, da LC 75/1993; **D:** incorreta, pois o poder de requisição está expresso art. 8º, III, da LC 75/1993; **E:** correta, pois assim está previsto no art. 6º, XVII, "e", da LC 75/1993.

Gabarito "D"

(Ministério Público/MG – 2005) O projeto de lei que modifique Lei Complementar Estadual que dispõe sobre o Ministério Público, é **CORRETO** afirmar que

(A) compete privativamente ao Procurador-Geral de Justiça do Estado.

(B) depende de acordo prévio com o Presidente do respectivo Tribunal de Justiça e Presidente da Assembleia Legislativa.

(C) é facultado ao Chefe do Ministério Público, observadas as garantias da vitaliciedade, inamovibilidade e irredutibilidade de subsídio, sendo de competência concorrente com o Governador do Estado.

(D) pode ser modificada pelo Poder Legislativo, amplamente, respeitado as garantias processuais dos membros do Ministério Público e o cálculo orçamentário.

(E) depende da concordância prévia do Governador do Estado e Presidente da Assembleia Legislativa, pois trata-se de matéria concorrente.

A: incorreta, pois a iniciativa não é privativa. As hipóteses de iniciativa privativa estão elencadas no art. 66 da Constituição do Estado de Minas Gerais; **B:** incorreta, pois a apresentação de projeto de lei não depende de acordo, mas sim de legitimidade; **C:** correta, nos termos do art. 65, combinado com o art. 66, § 2º, ambos do Estado de Minas Gerais; **D:** incorreta, pois, como se disse, o poder de iniciativa legislativa está regulado na Constituição Estadual; **E:** incorreta, pois, repetindo o que se afirmou, a iniciativa de projeto legislativo depende da legitimidade e não de prévio acordo.

Gabarito "C"

(Ministério Público/MG – 2005) De acordo com a Lei Orgânica Nacional do Ministério Público (Lei 8.625/1993) é **CORRETO** afirmar que

(A) os Procuradores e Promotores de Justiça são órgãos de execução do Ministério Público, sendo que o Procurador-Geral de Justiça e o Conselho Superior do Ministério Público são órgãos da Administração Superior da Instituição.

(B) os conflitos de atribuições entre membros do Ministério Público serão dirimidos pelo Corregedor-Geral do Ministério Público.

(C) ao membro do Ministério Público é vedado participar como cotista ou acionista de sociedade comercial.

(D) o Procurador-Geral de Justiça poderá, por ato excepcional e fundamentado, designar Promotor de Justiça, para exercer as funções processuais afetas a outro Promotor de Justiça, submetendo sua decisão previamente ao Conselho Superior do Ministério Público.

(E) compete ao Conselho Superior do Ministério Público sugerir ao Procurador-Geral de Justiça a edição de recomendações, de caráter vinculativo, aos órgãos do Ministério Público para o desempenho de suas funções e a adoção de medidas convenientes ao aprimoramento dos serviços.

A: incorreta, pois o Procurador-Geral é órgão de execução, mas não de administração superior; **B:** incorreta, pois a competência é do Procurador-Geral de Justiça (art. 10, X, da LONMP); **C:** incorreta, pois contraria o disposto no art. 44, III, da LONMP, que permite a participação como cotista ou acionista; **D:** correta, pois assim estabelece o art. 10, IX, "g", da LONMP; **E:** incorreta, pois, conforme o art. 15, X, da LONMP, podem ser sugeridas recomendações *sem* caráter vinculativo.

Gabarito "D"

(Ministério Público/MS – 2009) Consoante regramento instituído pela Lei Orgânica Nacional do Ministério Público (Lei Federal n. 8.625/1993), assinale a alternativa correta.

(A) Compete ao Conselho Superior do Ministério Público dirimir conflito de atribuições entre os membros da instituição, designando quem deva oficiar no feito.

(B) Compete à Corregedoria-Geral do Ministério Público decidir processo disciplinar contra Promotor de Justiça, aplicando as sanções cabíveis.

(C) Compete ao Conselho Superior do Ministério Público aprovar a proposta orçamentária anual do

Ministério Público, elaborada pela Procuradoria--Geral de Justiça.

(D) Compete ao Colégio de Procuradores de Justiça eleger o Corregedor-Geral do Ministério Público.

(E) É vedado o exercício das atribuições do Colégio de Procuradores de Justiça por meio de Órgão Especial, independentemente do número dos seus membros.

A: incorreta, pois a competência é do Procurador-Geral de Justiça (art. 10, X, da LONMP); **B:** incorreta, pois a competência é do Procurador-Geral de Justiça (art. 10, XI, da LONMP); **C:** incorreta, pois a competência é do Colégio de Procuradores de Justiça (art. 12, III, da LONMP); **D:** correta, pois assim dispõe o art. 12, V, da LONMP; **E:** incorreta, pois a assertiva afronta o disposto no art. 13 da LONMP: *Para exercer as atribuições do Colégio de Procuradores de Justiça com número superior a quarenta Procuradores de Justiça, poderá ser constituído Órgão Especial, cuja composição e número de integrantes a Lei Orgânica fixará.*

Gabarito "D"

(Ministério Público/MS – 2009) Sobre a carreira do Ministério Público, tendo em conta os regramentos constitucionais e legais correspondentes, é correto afirmar que

(A) o ingresso na carreira do Ministério Público pressupõe a aprovação em concurso público de provas e títulos, no qual haverá a participação obrigatória de membro da Ordem dos Advogados do Brasil cujo nome deverá ser aprovado pelo Conselho Nacional do Ministério Público.

(B) o Promotor de Justiça adquire a vitaliciedade após dois anos de estágio probatório, e, a partir de então, somente poderá perder seu cargo por decisão fundamentada da maioria absoluta dos membros do Colégio de Procuradores de Justiça.

(C) a garantia constitucional da inamovibilidade é absoluta, sendo permitida a remoção e/ou promoção do membro do Ministério Público apenas a pedido deste.

(D) a promoção por merecimento pressupõe dois anos de exercício na mesma Promotoria de Justiça e integrar o Promotor de Justiça a primeira quinta parte da lista de antiguidade, salvo se não houver com tais requisitos quem aceite o lugar vago.

(E) a Emenda Constitucional n. 45/2004 flexibilizou a obrigatoriedade de o Promotor de Justiça residir na Comarca em que exerça suas atribuições, o que, contudo, somente poderá ocorrer mediante autorização expressa do Procurador-Geral de Justiça.

A: incorreta, pois a CF, no art. 129, § 3°, não exige a aprovação do CNMP; **B:** incorreta, pois a perda do cargo só poderá ser determinada por sentença judicial transitada em julgado (CF, art. 128, § 5°, I, "a"); **C:** incorreta, pois a garantia não é absoluta. A inamovibilidade é excepcionada por motivo de interesse público, mediante decisão do órgão colegiado competente do Ministério Público, pelo voto da maioria absoluta de seus membros, assegurada ampla defesa (CF, art. 128, § 5°, I, "b"); **D:** incorreta, pois, nos termos do art. 61, IV, da LONMP, *a promoção por merecimento pressupõe dois anos de exercício na respectiva entrância ou categoria e integrar o Promotor de Justiça a primeira quinta parte da lista de antiguidade, salvo se não houver com tais requisitos quem aceite o lugar vago, ou quando o número limitado de membros do Ministério Público inviabilizar a formação de lista tríplice*; **E:** correta, pois a citada Emenda deu nova redação ao § 2° do art. 129 da CF para flexibilizar a obrigatoriedade.

Gabarito "E"

(Ministério Público/PI – 2012 – CESPE) À luz da CF, assinale a opção correta a respeito do MP.

(A) O MP é, conforme se depreende do disposto na CF, nacional e unitário, caracterizando-se, ainda, por possuir individualidade.

(B) O julgamento do Procurador-Geral de justiça do MPE, em se tratando de infrações penais comuns ou de crimes de responsabilidade, cabe ao Poder Legislativo estadual.

(C) Em sua atuação, o MP vela somente pelo interesse público secundário.

(D) O presidente da República não consta do rol de legitimados para propor ao Congresso Nacional projeto de lei que disponha sobre normas gerais de organização dos MPEs.

(E) O dispositivo constitucional que considera o MP uma instituição permanente e essencial à função jurisdicional do Estado não é considerado cláusula pétrea.

A: correta, pois o enunciado está de acordo com os arts. 127 e 128 da CF, que reconhecem a existência do Ministério Público, órgão permanente e essencial, mas também reconhecem a existência de pelo menos dois Ministérios Públicos: o da União e os dos Estados; **B:** incorreta, pois, conforme o art. 128, § 4°, da CF, os Procuradores--Gerais poderão ser destituídos por deliberação da maioria absoluta do Poder Legislativo. O julgamento do PGJ, por crime comum, é de competência do Tribunal de Justiça, conforme o art. 123, III, "c", da Constituição do Estado do Piauí; **C:** incorreta, pois o MP vela pelo interesse público primário; **D:** incorreta, pois, nos termos do art. 61, § 1°, II, "d", da CF, o poder de inciativa é privativo do Presidente da República; **E:** incorreta, pois o caráter permanente e essencial do MP indica que se trata de cláusula pétrea.

Gabarito "A"

(Ministério Público/PI – 2012 – CESPE) No tocante aos princípios institucionais do MP, assinale a opção correta.

(A) De acordo com a doutrina dominante, com fundamento no princípio da independência funcional, não há óbice a que um membro do MP assuma posicionamento contrário ao adotado pelo seu antecessor na mesma relação processual.

(B) O caráter dos princípios institucionais do MP consagrados na CF não é normativo, em razão da sua abstração e da ausência dos pressupostos fáticos aptos a delimitar a sua aplicação.

(C) O princípio da unidade, segundo o qual o MP constitui uma instituição única, autoriza que integrantes do MP do trabalho exerçam, em situações excepcionais, atribuições inerentes aos MPEs e vice-versa.

(D) Se dois membros do MP assumirem posições divergentes em relação ao mesmo fato, o princípio da unidade cederá lugar ao princípio prevalente da independência funcional.

(E) Segundo a jurisprudência do STF, o MP que atua junto aos tribunais de contas, em razão da sua peculiar natureza jurídica, não está sujeito ao princípio da unidade.

A: correta, pois, de fato, o princípio da independência funcional garante a liberdade na formação da convicção dos membros do MP; **B:** incorreta, pois os princípios institucionais têm caráter normativo. Existem normas-regras e normas-princípios, todas dotadas de força normativa; **C:** incorreta, pois a unidade significa que "os membros do Ministério Público integram um só órgão sob a direção de um só chefe" (Hugo Nigro Mazzilli. *Regime Jurídico do Ministério Público*. 7. ed. São Paulo: Saraiva, 2013. p 132). E referido princípio não autoriza que integrantes de um MP exerçam atribuições de outro ramo do MP ou de outro MP; **D:** incorreta, pois se houver divergência entre membros do MP, originando um conflito de atribuições, caberá ao chefe da instituição dirimir o conflito, de tal forma que não se pode dizer que o princípio da unidade cede lugar ao princípio da independência. Na verdade, há uma independência do ponto de vista funcional, mas não do ponto de vista administrativo. Por isso, cabe ao chefe da instituição dizer quem tem atribuição, embora não possa determinar a forma de atuação do membro do MP; **E:** incorreta, pois o STF (ADI 789/DF) reconheceu a existência de um MP *especial*, junto ao Tribunal de Contas. Portanto, o MP junto ao Tribunal de Contas integra um só órgão *especial* e está sujeito ao princípio da unidade.

Gabarito "A"

(Ministério Público/PI – 2012 – CESPE) Assinale a opção correta a respeito das funções institucionais do MP.

(A) Quando a atuação do delegado for incompleta, o MP poderá presidir inquéritos policiais.

(B) As funções institucionais do MP podem ser exercidas por pessoas não integrantes da carreira mediante autorização expressa do respectivo Procurador-Geral.

(C) O MP é o titular da ação penal pública.

(D) Entre as funções do MP não se inclui a defesa judicial e extrajudicial dos direitos e interesses das populações indígenas, incumbência essa a cargo da AGU.

(E) É taxativo o rol das funções institucionais do MP previstas no texto constitucional.

A: incorreta, pois o MP pode realizar investigações, mas não presidir inquéritos policiais; **B:** incorreta, pois as funções institucionais do MP não podem ser exercidas por pessoas não integrantes da carreira (CF, art. 129, § 2º); **C:** correta, pois é o que estabelece o art. 129, I, da CF; **D:** incorreta, pois a assertiva afronta o disposto no art. 129, V, da CF; **E:** incorreta, pois o rol do art. 129 da CF tem caráter exemplificativo, como aponta o inciso IX do mencionado dispositivo constitucional.

Gabarito "C"

(Ministério Público/PI – 2012 – CESPE) Em relação às garantias dos membros do MP, assinale a opção correta.

(A) A garantia da inamovibilidade do membro do MP é absoluta.

(B) De acordo com a Emenda Constitucional n. 45/2004, é permitido que membro do MP se dedique à atividade político-partidária.

(C) Segundo a jurisprudência do STF, é constitucional lei complementar estadual que estenda o auxílio-moradia a membros aposentados do MPE.

(D) Segundo a jurisprudência do STJ, é ilegal ato do Procurador-Geral de justiça estadual que negue a membro do MP a acumulação de férias por mais de dois períodos de trinta dias consecutivos.

(E) O membro do MP que atua perante o juízo de primeiro grau de jurisdição, seja no âmbito federal, seja no âmbito estadual, não tem legitimidade para oficiar em tribunais superiores.

A: incorreta, pois a garantia não é absoluta. A inamovibilidade é excepcionada por motivo de interesse público, mediante decisão do órgão colegiado competente do Ministério Público, pelo voto da maioria absoluta de seus membros, assegurada ampla defesa (CF, art. 128, § 5º, I, "b"); **B:** incorreta, pois a CF, no art. 128, § 5º, II, "e", proíbe o membro do MP de se dedicar à atividade político-partidária; **C:** incorreta, pois o STF decidiu pela inconstitucionalidade, conforme Informativo n. 619: "Membros inativos do Ministério Público estadual e auxílio-moradia. ADI – 3661. O Plenário, por maioria, julgou procedente pedido formulado em ação direta proposta pelo Procurador-Geral da República para declarar a inconstitucionalidade do § 3º do art. 3º da Lei Complementar 24/1989, introduzido pela Lei Complementar 281/2003, ambas do Estado de Rondônia. O dispositivo adversado versa sobre a extensão de auxílio-moradia a membros inativos do Ministério Público rondoniense. Verificou-se afronta ao art. 127, § 2º, da CF. Ademais, asseverou-se que nem todos os benefícios concedidos aos servidores em atividade seriam compatíveis com a situação do aposentado, como seria o caso da gratificação paga durante o exercício em locais adversos. Na linha dessa jurisprudência, mencionou-se o Enunciado 680 da Súmula do STF ("O direito ao auxílio-alimentação não se estende aos servidores inativos"). Reputou-se que o auxílio-moradia seria devido apenas a membros do *parquet* que exercessem suas funções em local onde não existisse residência adequada. O Min. Luiz Fux ressaltou que a Lei Complementar 281/2003 valer-se-ia da Lei Complementar federal 93/1993 para estender aos inativos o auxílio-moradia nela disposto como se eles estivessem em exercício. Vencido o Min. Marco Aurélio que mantinha o preceito por entendê-lo constitucional. Precedente citado: ADI 778/DF (*DJU* de 19.12.1994). ADI 3783/RO, rel. Min. Gilmar Mendes, 17.03.2011. (ADI-3783)"; **D:** incorreta, pois o STJ considerou o ato legal, conforme noticia o Informativo 354 "A Turma negou provimento ao recurso por entender que é legal o ato da Procuradoria-Geral de Justiça estadual que considerou não ser possível a acumulação de mais de dois meses de férias e cancelou os atos que deferiam o gozo de períodos excedentes a esses e determinou a permanência dos promotores de justiça em serviço no mês de setembro de 2003. A Lei Orgânica do Ministério Público disciplina que as férias dos membros do Ministério Público sejam iguais à dos magistrados, cabendo a cada lei orgânica estadual regular a concessão. Assim o Estado-membro aprovou a Lei Complementar 19/1994, que, em seu art. 168, dispõe de forma análoga ao art. 66, § 1º, da Lei Complementar 35/1979 (Lei Orgânica da Magistratura Nacional). O ato da referida Procuradoria-Geral de Justiça apenas aplicou a legislação cabível e corrigiu o vício de atos anteriores que deferiam fruição de férias atingidas pela caducidade. RMS 20.361-PB, Rel. Min. Jane Silva (Desembargadora convocada do TJ-MG), julgado em 06.05.2008"; **E:** correta, pois, de fato, cada membro do MP tem suas atribuições, sendo vedada a atribuição para atuar perante os tribunais àqueles que atuam perante a primeira instância.

Gabarito "E"

(Ministério Público/PI – 2012 – CESPE) Com base nos precedentes judiciais do STF, assinale a opção correta em relação ao MP.

(A) O MPE não dispõe de legitimidade ativa *ad causam* para ajuizar, originariamente, perante o STF, reclamação destinada a fazer prevalecer a autoridade de enunciado constante de súmula vinculante cujo teor normativo tenha sido concretamente desrespeitado por ato emanado do Poder Executivo ou proferido por qualquer órgão do Poder Judiciário.

(B) Segundo a jurisprudência do STF, o MP tem legitimidade para impetrar mandado de segurança contra ato do CNMP, quando o ato impugnado desafia violação a direito subjetivo, disponível e individual de seus membros.

(C) É constitucional lei estadual que fixe prazos e determine obrigações ao MP no que se refere às conclusões das comissões parlamentares de inquérito instauradas no estado.

(D) O STF não detém competência originária para processar e julgar ação popular proposta contra ato do presidente do CNMP.

(E) O STF entende ser inconstitucional dispositivo de constituição estadual que permita a participação do MP, na condição de membro-convidado e sem direito a voto, em conselho de defesa da criança e do adolescente, órgão do Poder Executivo.

A: incorreta, pois decidiu o Pretório Excelso que "O Supremo Tribunal reconheceu a legitimidade ativa autônoma do Ministério Público estadual para ajuizar reclamação no Supremo Tribunal, sem que se exija a ratificação da inicial pelo Procurador-Geral da República. Precedente: Reclamação n. 7.358" (Rcl 7.101/SP); **B:** incorreta, pois a assertiva é contrária ao entendimento do STF: *"Agravo regimental. Mandado de segurança. Percebimento de gratificação. Ausência de legitimidade do Ministério Público do Estado do Rio Grande do Sul para atacar ato do CNMP. Defesa das suas atribuições funcionais não caracterizada. Direito individual dos membros da instituição que compõem o Órgão Especial e o Conselho Superior, cuja defesa compete exclusivamente a estes. Agravo desprovido.* I – A legitimidade do Ministério Público para interpor mandado de segurança na qualidade de órgão público despersonalizado, deve ser restrito à defesa de sua atuação funcional e de suas atribuições institucionais. Precedentes. II – No caso, trata-se de direito individual dos membros da instituição que participam de órgãos colegiados, que não pode ser defendido pelo Ministério Público, enquanto instituição. III – Agravo regimental a que se nega provimento" (MS 30.717 AgR/DF); **C:** incorreta, pois o STF entendeu inconstitucional a lei estadual, como relatou o Informativo 647: "ADI – 2622. O Plenário julgou procedente pedido formulado em ação direta, proposta pelo Procurador-Geral da República, para declarar a inconstitucionalidade dos artigos 2º, 3º e 4º da Lei 11.727/2002, do Estado do Rio Grande do Sul, que dispõe sobre a prioridade, nos procedimentos a serem adotados pelo Ministério Público, por tribunal de contas e por outros órgãos a respeito de conclusões das comissões parlamentares de inquérito instauradas naquele Estado. Reputou-se que os dispositivos impugnados, ao fixar prazos e estabelecer obrigações ao *parquet* e ao Poder Judiciário, no sentido de acelerar a tramitação dos processos que versem sobre as conclusões dessas comissões locais, teriam invadido a competência privativa da União para legislar sobre direito processual (CF, art. 22, I) do que decorreria inconstitucionalidade formal. Asseverou-se, ainda, que qualquer atuação do Ministério Público só poderia ser estabelecida por lei complementar e não por lei ordinária e, sempre, por iniciativa reservada aos respectivos Procuradores-Gerais dos Estados-membros. Por fim, aduziu-se que a norma local, ao impor deveres e sanções aos magistrados, o teria feito em desacordo com o que contido na Lei Orgânica da Magistratura Nacional – Loman e nas leis de organização judiciária, diplomas de iniciativa privativa do Poder Judiciário. ADI 3041/RS, Rel. Min. Ricardo Lewandowski, 10.11.2011. (ADI-3041) Repercussão Geral"; **D:** correta, pois assim decidiu o STF (Pet 3.674 QO/DF): "Competência originária do Supremo Tribunal para as ações contra o Conselho Nacional de Justiça e contra o Conselho Nacional do Ministério Público (CF, art. 102, I, *r*, com a redação da EC 45/2004): inteligência: não inclusão da ação popular, ainda quando nela se vise à declaração de nulidade do ato de qualquer um dos conselhos nela referidos. 1. Tratando-se de ação popular, o Supremo Tribunal Federal – com as únicas ressalvas da incidência da alínea *n* do art. 102, I, da Constituição ou de a lide substantivar conflito entre a União e Estado-membro –, jamais admitiu a própria competência originária: ao contrário, a incompetência do Tribunal para processar e julgar a ação popular tem sido invariavelmente reafirmada, ainda quando se irrogue a responsabilidade pelo ato questionado a dignitário individual – a exemplo do Presidente da República – ou a membro ou membros de órgão colegiado de qualquer dos poderes do Estado cujos atos, na esfera cível – como sucede no mandado de segurança – ou na esfera penal – como ocorre na ação penal originária ou no *habeas corpus* – estejam sujeitos diretamente à sua jurisdição. 2. Essa não é a hipótese dos integrantes do Conselho Nacional de Justiça ou do Conselho Nacional do Ministério Público: o que a Constituição, com a EC 45/2004, inseriu na competência originária do Supremo Tribunal foram as ações contra os respectivos colegiado, e não, aquelas em que se questione a responsabilidade pessoal de um ou mais dos conselheiros, como seria de dar-se na ação popular"; **E:** incorreta, pois o STF declarou constitucional referido dispositivo legal ao julgar a ADI 3.463/RJ: *"Ação direta de inconstitucionalidade. Parágrafo único do art. 51 do Ato das Disposições Constitucionais Transitórias da Constituição do Estado do Rio de Janeiro. Conselho Estadual de Defesa da Criança e do Adolescente.* 1. O rol de atribuições conferidas ao Ministério Público pelo art. 129 da Constituição Federal não constitui *numerus clausus*. O inciso IX do mesmo artigo permite ao Ministério Público "exercer outras funções que lhe forem conferidas, desde que compatíveis com sua finalidade, sendo-lhe vedada a representação judicial e a consultoria jurídica de entidades públicas". 2. O art. 51 do Ato das Disposições Transitórias da Constituição do Estado do Rio de Janeiro não confere competência ao Ministério Público fluminense, mas apenas cria o Conselho Estadual de Defesa da Criança e do Adolescente, garantindo a possibilidade de participação do Ministério Público. Possibilidade que se reputa constitucional porque, entre os direitos constitucionais sob a vigilância tutelar do Ministério Público, sobreleva a defesa da criança e do adolescente. Participação que se dá, porém, apenas na condição de membro convidado e sem direito a voto. 3. Inconstitucionalidade da expressão "Poder Judiciário", porquanto a participação de membro do Poder Judicante em Conselho administrativo tem a potencialidade de quebrantar a necessária garantia de imparcialidade do julgador. 4. Ação que se julga parcialmente procedente para: a) conferir interpretação conforme à Constituição ao parágrafo único do art. 51 do ADCT da Constituição do Estado do Rio de Janeiro a fim de assentar que a participação do Ministério Público no Conselho Estadual de Defesa da Criança e do Adolescente deve se dar na condição de membro convidado sem direito a voto; b) declarar a inconstitucionalidade da expressão 'Poder Judiciário'".

Gabarito "D"

(Ministério Público/PI – 2012 – CESPE) Em relação ao CNMP, assinale a opção correta.

(A) Segundo a jurisprudência do STF, o CNMP pode, por meio de resolução, fixar novo teto remuneratório para membros e servidores do MP, passando-o de 90,25% para 100% do subsídio dos ministros do STF.

(B) O presidente do Conselho Federal da Ordem dos Advogados do Brasil é membro, com direito a voto, do CNMP.

(C) Compete ao Senado Federal processar e julgar os membros do CNMP acusados da prática de crime de responsabilidade.

(D) Compete ao CNMP escolher em votação aberta, entre os integrantes das carreiras do MPU e dos MPEs que atuem perante o segundo grau de jurisdição, o corregedor nacional do MP.

(E) O CNMP é composto por dez membros nomeados para um mandato de quatro anos pelo presidente da República, depois de aprovada a sua escolha pela maioria absoluta do Senado Federal, sendo admitida uma recondução.

A: incorreta, pois o STF entendeu inconstitucional a resolução que fixa teto remuneratório (ADI 3.831 MC/DF): *"Ação direta de inconstitucionalidade – Resolução n. 15, de 4 de dezembro de 2006, do Conselho Nacional do Ministério Público – Afronta ao art. 37, inc. XI, § 12, da Constituição da República.* 1. A Resolução n. 15, de 4 de dezembro de 2006, do Conselho Nacional do Ministério Público, cuida dos percentuais definidores do teto remuneratório dos membros e servidores do Ministério Público. 2. A Resolução altera outras normas de igual natureza, anteriormente vigentes, possibilitando a) ser ultrapassado o limite máximo para a remuneração dos membros e servidores públicos do Ministério Público dos Estados até agora fixado e b) estabelecer-se novo padrão remuneratório para aqueles agentes públicos. 3. Descumprimento dos termos estabelecidos no art. 37, inc. XI, da Constituição da República pelo Conselho Nacional do Ministério Público, por contrariar o limite remuneratório máximo definido constitucionalmente para os membros do Ministério Público dos Estados Federados. 4. Necessidade de saber o cidadão brasileiro a quem paga e, principalmente, quanto paga a cada qual dos agentes que compõem os quadros do Estado. 5. Possível inconstitucionalidade formal, pois a norma expedida pelo Conselho Nacional do Ministério Público cuida também da alteração de percentuais a serem aproveitados na definição dos valores remuneratórios dos membros e servidores do Ministério Público dos Estados, o que estaria a contrariar o princípio da legalidade específica para a definição dos valores a serem pagos a título de remuneração ou subsídio dos agentes públicos, previsto no art. 37, inc. X, da Constituição da República. 6. Possível não observância dos limites de competência do Conselho Nacional do Ministério Público, que atuou sob o argumento de estar cumprindo os ditames do art. 130-A, § 2º, da Constituição da República. 7. Suspensão, a partir de agora, da eficácia da Resolução n. 15, de 4 de dezembro de 2006, do Conselho Nacional do Ministério Público, mantendo-se a observância estrita do quanto disposto no art. 37, inc. XI e seu § 12, no art. 39, § 4º, e no art. 130-A, § 2º, todos da Constituição da República. 8. Medida cautelar deferida."; **B:** incorreta, pois, nos termos do art. 130-A, V, da Constituição Federal, o CNMP é integrado por dois advogados, indicados pelo Conselho Federal da Ordem dos Advogados do Brasil; **C:** correta, pois é o que estabelece o art. 52, II, da CF; **D:** incorreta, pois, de acordo com o art. 130-A, § 3º, da CF, a votação é secreta ; **E:** incorreta, pois, de acordo com o art. 130-A, caput, da CF, *o Conselho Nacional do Ministério Público compõe-se de quatorze membros nomeados pelo Presidente da República, depois de aprovada a escolha pela maioria absoluta do Senado Federal, para um mandato de dois anos, admitida uma recondução.*

Gabarito "C"

(Ministério Público/PI – 2012 – CESPE) Com base na Lei Nacional Orgânica do Ministério Público (Lei n. 8.625/1993), assinale a opção correta.

(A) A propositura de ação civil para a decretação da perda do cargo de membro do MPE/PI depende de autorização prévia do seu Conselho Superior.

(B) A Corregedoria-Geral qualifica-se como órgão de execução do MPE/PI.

(C) Na hipótese de o chefe do Poder Executivo omitir-se no exercício de seu direito de escolher o Procurador-Geral de justiça, tomará posse e entrará em exercício, perante o Colégio de Procuradores de Justiça, o membro do MP mais votado na lista tríplice.

(D) Ao Colégio de Procuradores de Justiça compete designar membros do MPE/PI para integrar organismos estatais afetos a sua área de atuação.

(E) Compete ao Procurador-Geral de justiça decidir sobre o vitaliciamento de membros do MP.

A: incorreta, pois, de acordo com o art. 38, § 2º, da LONMP, *a ação civil para a decretação da perda do cargo será proposta pelo Procurador-Geral de Justiça perante o Tribunal de Justiça local, após autorização do Colégio de Procuradores, na forma da Lei Orgânica*; **B:** incorreta, pois a Corregedoria-Geral é órgão da administração superior (LONMP, art. 5º, IV); **C:** correta, pois é o que estabelece o art. 9º, § 4º, da LONMP; **D:** incorreta, pois a mencionada atribuição é do PGJ (art. 10, IX, "c", da LONMP); **E:** incorreta, pois a competência é do CSMP (art. 15, VII, da LONMP).

Gabarito "C"

(Ministério Público/PI – 2008) Leia com atenção as seguintes assertivas:

I. As decisões do Ministério Público fundadas em sua autonomia funcional, administrativa e financeira, obedecidas as formalidades legais, têm eficácia plena e executoriedade imediata, ressalvada a competência constitucional do Poder Judiciário e do Tribunal de Contas.

II. A autonomia funcional e administrativa que o Ministério Público detém asseguram que a Instituição possa deflagrar projetos relativos aos planos de carreira e aos vencimentos de seus membros e servidores.

III. A inamovibilidade, garantia dos membros do Ministério Público, pode ser afastada apenas pelo interesse público, mediante decisão do órgão colegiado competente do Ministério Público, pelo voto da maioria simples de seus membros, assegurada ampla defesa.

IV. As remoções, que não sejam por antiguidade, nas carreiras do Ministério Público, serão realizadas em sessão pública, mediante votação aberta e nominal, sendo desnecessária, todavia, fundamentação dos Conselheiros.

Pode- se dizer que estão **corretas** apenas as assertivas

(A) I e II

(B) II e IV

(C) III e IV

(D) II e III

(E) I e IV

I: correta, pois é o que estabelece o art. 3º, parágrafo único, da LONMP; **II:** correta, pois assim dispõe o art. 3º, V, da LONMP; **III:** incorreta, pois a inamovibilidade é excepcionada por motivo de interesse público, mediante decisão do órgão colegiado competente do Ministério Público, pelo voto da *maioria absoluta* de seus membros, assegurada ampla defesa (CF, art. 128, § 5º, I, "b"); **IV:** incorreta, pois, nos termos do art. 15, § 1º, da LONMP, *as decisões do Conselho Superior do Ministério Público serão motivadas e publicadas,* *por extrato, salvo nas hipóteses legais de sigilo ou por deliberação da maioria de seus integrantes.*

Gabarito "A"

(Ministério Público/RJ – 2011) Considerando os princípios institucionais do Ministério Público constantes na Constituição da República de 1988 e as leis complementares e demais dispositivos legais que tratam desses princípios, das autonomias, garantias, vedações, atribuições, responsabilidade civil, penal, política e funcional dos membros da instituição, é correto afirmar que:

(A) os princípios da indivisibilidade e da independência funcional não possibilitam que membros do Ministério Público, em um mesmo processo judicial, ofereçam pronunciamentos divergentes;

(B) em caso de extrema necessidade, ou de ausência injustificada, poderá o juiz designar advogado para exercer as funções ministeriais, ainda que para ato determinado;

(C) no exercício de suas atividades funcionais típicas, os membros do Ministério Público não estão subordinados a qualquer órgão ou poder, nem mesmo às resoluções editadas pelo Procurador-Geral de Justiça, submetendo-se, assim, apenas à sua consciência e aos limites constitucionais e legais;

(D) o exercício da advocacia em matéria cível por Promotor ou Procurador de Justiça empossado após a promulgação da Constituição Federal de 1988 é vedado apenas nas causas em que a intervenção do Ministério Público é obrigatória;

(E) o órgão do Ministério Público não será civilmente responsável, mesmo que, no exercício de suas funções, proceda com dolo ou fraude.

A: incorreta, pois a possibilidade de pronunciamentos divergentes decorre do princípio da independência funcional; **B:** incorreta, pois as funções institucionais do MP não podem ser exercidas por pessoas não integrantes da carreira (CF, art. 129, § 2º); **C:** correta, pois é o que garante o princípio da independência funcional. Hierarquia existe no plano estritamente administrativo; **D:** incorreta, pois é vedado o exercício da advocacia a membro do MP (CF, art. 128, § 5º, II, "b"); **E:** incorreta, pois, conforme o art. 85 do CPC, *o órgão do Ministério Público será civilmente responsável quando, no exercício de suas funções, proceder com dolo ou fraude.*

Gabarito "C"

(Ministério Público/RJ – 2011) O reingresso na carreira do Ministério Público se dá:

(A) no retorno das férias;

(B) ao término do período de gozo de licença especial;

(C) mediante autorização do Procurador-Geral de Justiça;

(D) por decisão do Conselho Superior do Ministério Público;

(E) em virtude de reintegração ou reversão.

A: incorreta, pois o retorno das férias não é forma de reingresso na carreira; **B:** incorreta, pois, no caso do término de licença, também não há um reingresso na carreira; **C:** incorreta, pois o reingresso é admitido no caso de reintegração ou reversão; **D:** incorreta, pois a reintegração, por exemplo, forma de reingresso, prevista no art. 66 da LONMP, decorrerá de sentença transitada em julgado; **E:** correta, pois a reintegração e a reversão são previstas nos arts. 66 e 67 da LONMP.

Gabarito "E"

(Ministério Público/RS – 2008) Assinale a alternativa CORRETA.

(A) A Procuradoria-Geral de Justiça é órgão de execução do Ministério Público.

(B) Os Promotores de Justiça são órgãos de execução e administração do Ministério Público.

(C) O Conselho Superior do Ministério Público é, exclusivamente, órgão de administração do Ministério Público.

(D) O Órgão Especial do Colégio de Procuradores é órgão de administração do Ministério Público.

(E) Os Procuradores de Justiça são órgãos de administração do Ministério Público.

A: incorreta, pois, segundo o art. 5º, I, da LONMP, a Procuradoria-Geral é órgão da administração superior; **B:** incorreta, pois, conforme o art. 7º, IV, da LONMP, os Promotores de Justiça são órgão de execução. As Promotorias de Justiça são órgãos de administração (art. 6º, II, da LONMP); **C:** incorreta, pois o CSMP, nos termos dos arts. 5º, III e 7º, II, da LONMP, é órgão de administração superior e órgão de execução; **D:** correta, pois é o que estabelecem os arts. 5º, II, e 13 da LONMP; **E:** incorreta, pois, conforme o art. 7º, III, da LONMP, os Procuradores de Justiça são órgãos de execução. A Procuradoria de Justiça é órgão de administração (art. 6º, I, da LONMP).

Gabarito "D"

(Ministério Público/SC – 2008) Analise as seguintes assertivas:

I. A alteração na organização das Procuradorias de Justiça somente poderá ser proposta por um terço dos membros do Colégio de Procuradores.

II. Encaminhada à Assembleia Legislativa a proposta de destituição do Procurador-Geral de Justiça, será ele pessoalmente cientificado, concedendo-lhe o prazo de dez dias para oferecimento de defesa prévia, após o que pelo voto de dois terços de seus membros, o Poder Legislativo deliberará sobre a admissibilidade da proposta.

III. Ao Colégio de Procuradores de Justiça, órgão de execução do Ministério Público, compete deliberar, por maioria absoluta de seus membros, sobre proposta do Procurador-Geral de Justiça, que exclua, inclua ou modifique as atribuições das Promotorias de Justiça ou dos cargos dos Promotores de Justiça que as integram.

IV. Ao Conselho Superior do Ministério Público, integrado pelo Procurador-Geral de Justiça, pelo Corregedor-Geral do Ministério Público e por mais sete Procuradores de Justiça eleitos, sendo dois pelo Colégio de Procuradores de Justiça e cinco pelos Promotores de Justiça, compete decidir as exceções de impedimentos ou suspeição opostas contra membros do Ministério Público no exercício de suas atribuições legais, bem como decidir, em última instância, os recursos interpostos do resultado final do concurso de ingresso na carreira do Ministério Público.

V. Ao Ministério Público é assegurada autonomia funcional, administrativa e financeira, cabendo-lhe, especialmente, praticar atos e decidir sobre a situação funcional e administrativa do pessoal, ativo e inativo, da carreira e dos serviços auxiliares, organizados em quadros próprios.

(A) apenas II, III e V estão corretos
(B) apenas III, IV e V estão corretos
(C) apenas I, II e IV estão corretos
(D) apenas III e IV estão corretos
(E) apenas I, III, IV e V estão corretos

I: incorreta, pois assim, nos termos do art. 43, § 7º, da Lei Complementar 197/2000, que institui a Lei Orgânica do Ministério Público de Santa Catarina, qualquer membro do Colégio de Procuradores de Justiça poderá propor alteração na organização das Procuradorias de Justiça; **II:** incorreta, pois é necessário o voto de *um terço* dos membros do Poder Legislativo para deliberar sobre a admissibilidade, nos termos do art. 15 da Lei Complementar 197/2000, que instituiu a Lei Orgânica do Ministério Público de Santa Catarina; **III:** correta, pois é o que dispõe o art. 20, XII, da Lei Complementar 197/2000, que institui a Lei Orgânica do Ministério Público de Santa Catarina; **IV:** correta, nos termos do art. 34, incisos IX e XXX, da Lei Complementar 197/2000, que institui a Lei Orgânica do Ministério Público de Santa Catarina; **V:** correta, pois é o que decorre do art. 3º da LONMP, bem como da Constituição Federal.

Gabarito "B"

(Ministério Público/SC – 2008) Analise as seguintes assertivas:

I. Depois de homologada pelo Conselho Superior do Ministério Público a promoção de arquivamento do inquérito civil, o órgão do Ministério Público somente poderá proceder a novas investigações mediante provas novas, caso em que deverá cientificar, no prazo de cinco dias, o investigado.

II. O Termo de Ajustamento de Conduta, para ter eficácia de título executivo, depende da homologação pelo Conselho Superior do Ministério Público.

III. Os conflitos de atribuição serão decididos pelo Procurador-Geral de Justiça, com recurso ao Colégio de Procuradores de Justiça.

IV. Como órgão de execução, o Procurador-Geral de Justiça poderá determinar o arquivamento de representação, notícia crime, peças de informação, inquérito civil ou inquérito policial, nas hipóteses de suas atribuições legais.

V. Compete ao Colégio de Procuradores de Justiça rever, pelo voto da maioria de seus integrantes, decisão de arquivamento de inquérito policial ou de peças de informação determinada pelo Procurador-Geral de Justiça, e, ao Conselho Superior do Ministério Público, compete rever o arquivamento de inquérito civil ou de peças de informação determinado pelo Procurador-Geral de Justiça.

(A) apenas IV e V estão corretos
(B) apenas I, IV e V estão corretos
(C) apenas I está correto
(D) apenas III, IV e V estão corretos
(E) apenas I, II e III estão corretos

I: incorreta, pois art. 88 da Lei Complementar 197/2000, que institui a Lei Orgânica do Ministério Público de Santa Catarina, prevê a possibilidade de novas investigações, mas não estabelece o prazo de cinco dias para cientificação do investigado; **II:** incorreta, pois o art. 89 da Lei Complementar 197/2000, que institui a Lei Orgânica do Ministério Público de Santa Catarina, não condiciona a eficácia à homologação; **III:** incorreta, pois, conforme o art. 92 Lei Complementar 197/2000, que institui a Lei Orgânica do Ministério Público de Santa Catarina, os conflitos serão decididos pelo Procurador-Geral. Mas não há previsão de recurso ao Colégio; **IV:** correta, pois assim dispõe o art. 93, XII, da Lei Complementar 197/2000, que institui a Lei Orgânica do Ministério Público de Santa Catarina; **V:** correta, pois é o que estabelecem os arts. 94 e 95 da Lei Complementar 197/2000, que institui a Lei Orgânica do Ministério Público de Santa Catarina.

Gabarito "A"

(Ministério Público/TO – 2012 – CESPE) No que se refere à abrangência do MP, às suas funções institucionais e às garantias de seus membros, assinale a opção correta com base na CF.

(A) O exercício de atividade político-partidária é permitido aos membros do MP, mas é vedado aos membros da magistratura.

(B) O MP dispõe de autonomia funcional e administrativa, podendo propor ao Poder Legislativo a criação e a extinção de seus cargos e serviços auxiliares, provendo-os por concurso público de provas ou de provas e títulos.

(C) Vitaliciedade é uma vantagem instituída pela CF em benefício dos membros do MP, admitindo-se, contudo, a sua remoção por motivo de interesse público, mediante decisão do órgão colegiado competente do próprio MP.

(D) O MP abrange exclusivamente o MPF, os MPs dos estados da Federação, o do DF e o dos territórios.

(E) Os membros do MP são inamovíveis, salvo por motivo de interesse público ou administrativo e mediante decisão, devidamente fundamentada, da maioria simples dos membros do Conselho Nacional do Ministério Público.

A: incorreta, pois a CF, no art. 128, § 5º, II, "e", proíbe o membro do MP de se dedicar à atividade político-partidária; **B:** correta, pois a Constituição Federal, ao garantir ao Ministério Público a autonomia funcional e administrativa, permite-lhe editar atos relativos ao seu quadro de pessoal. A autonomia também é garantida pelo art. 3º, VI, da LONMP; **C:** incorreta, pois a alternativa descreveu a *inamovibilidade* prevista no art. 128, § 5º, I, *b*, da CF, e não a vitaliciedade; **D:** incorreta, pois afronta a organização do MP dada pelo art. 128 da CF. Por exemplo, o MP abrange o MP da União; **E:** incorreta, pois a garantia da inamovibilidade só é excepcionada por motivo de interesse público, mediante decisão do órgão colegiado competente do Ministério Público, pelo voto da maioria absoluta de seus membros, assegurada ampla defesa (CF, art. 128, § 5º, I, "b").

Gabarito "B"

26. DIREITO DO TRABALHO

Ana Paula Garcia e Hermes Cramacon

1. INTRODUÇÃO, FONTES E PRINCÍPIOS

(Ministério Público/CE – 2009 – FCC) A garantia constitucional de proteção à relação de emprego, assegurada pelo artigo 7º, I da Constituição da República,

(A) foi introduzida e permanece no ordenamento nacional pela ratificação da Convenção 158 da OIT, em 1996.

(B) depende da publicação de lei ordinária federal.

(C) tem eficácia plena, apenas para os trabalhadores da iniciativa privada.

(D) subordina-se à edição de lei complementar.

(E) já se encontra estabelecida, definitivamente, pela instituição do sistema do Fundo de Garantia por Tempo de Serviço.

Conforme dispõe o art. 7º, I, da CF, é direito do trabalhador a relação de emprego protegida contra dispensa arbitrária ou sem justa causa, nos termos de lei complementar.

Gabarito "D"

2. CONTRATO INDIVIDUAL DE TRABALHO

(Ministério Público/GO – 2005) Assinale a alternativa errada:

(A) o contrato de trabalho por prazo determinado não poderá ser estipulado por mais de 02 anos ou prorrogado por mais de duas vezes, sob pena de passar a vigorar sem determinação de prazo

(B) o contrato de trabalho poderá ser acordado tácita ou expressamente, verbalmente ou por escrito e por prazo determinado ou indeterminado

(C) considera-se por prazo indeterminado todo contrato que suceder, dentro de 06 meses, a outro contrato por prazo determinado, salvo se a expiração deste dependeu da execução de serviços especializados ou da realização de certos acontecimentos

(D) na falência, constituirão créditos privilegiados os salários devidos aos empregados e as indenizações a que tiverem direito até o limite de 150 salários mínimos por credor

A: incorreta (arts. 445 e 451 da CLT); **B:** correta (art. 443 da CLT); **C:** correta (art. 452 da CLT); **D:** correta (art. 83, I, da Lei 11.101/2005).

Gabarito "A"

3. TRABALHO DA MULHER, DO MENOR, DOMÉSTICO, AVULSO, EVENTUAL E RURAL

(Ministério Público/GO – 2005) Quanto ao empregado doméstico, não lhe é assegurado pela Constituição da República:

(A) irredutibilidade do salário, salvo o disposto em convenção ou acordo coletivo

(B) décimo terceiro salário com base na remuneração integral ou no valor da aposentadoria

(C) duração do trabalho normal não superior a oito horas diárias e quarenta e quatro semanais, facultada a compensação de horários e a redução da jornada, mediante acordo ou convenção coletiva de trabalho

(D) repouso semanal remunerado, preferencialmente aos domingos

A: incorreta, pois a irredutibilidade do salário é assegurada ao empregado doméstico (art. 7º, VI, e parágrafo único, da CF); **B:** incorreta, pois o empregado doméstico tem assegurado o décimo terceiro salário (art. 7º, VIII, e parágrafo único, da CF); **C:** correta, à época em que a questão foi elaborada. Com a EC 72/2013, ao empregado doméstico é previsto tal direito (art. 7º, XIII, e parágrafo único, da CF); **D:** incorreta, pois ao empregado doméstico é assegurado o repouso semanal remunerado preferencialmente aos domingos (art. 7º, XV, e parágrafo único, da CF).

Gabarito "C"

4. ALTERAÇÃO, INTERRUPÇÃO E SUSPENSÃO DO CONTRATO DE TRABALHO

(Ministério Público/GO – 2005) Quanto às assertivas abaixo:

I. Nos contratos individuais de trabalho só é lícita a alteração das respectivas condições, por mútuo consentimento, e, ainda assim, desde que não resultem, direta ou indiretamente, prejuízos ao empregado, sob pena de nulidade da cláusula infringente desta garantia

II. Não se considera alteração unilateral a determinação do empregador para que o respectivo empregado reverta ao cargo efetivo, anteriormente ocupado, deixando o exercício de função de confiança

III. Ao empregado, afastado do emprego, são asseguradas, por ocasião de sua volta, todas as vantagens que, em sua ausência, tenham sido atribuídas à categoria a que pertencia na empresa

IV. O empregado que for aposentado por invalidez terá suspenso o seu contrato de trabalho durante o prazo fixado pelas leis de previdência social para a efetivação do benefício

Somente é correto o que se afirma em:

(A) I

(B) I e II

(C) I, II e III

(D) I, II, III e IV

I: correto (art. 468, *caput*, da CLT); **II:** correto (art. 468, parágrafo único, da CLT); **III:** correto (art. 471 da CLT); **IV:** correto (art. 475 da CLT).

Gabarito "D"

5. REMUNERAÇÃO E SALÁRIO

(Ministério Público/GO – 2005) Quanto às afirmações abaixo:

I. Compreendem-se na remuneração do empregado, para todos os efeitos legais, além do salário devido e pago diretamente pelo empregador, como contraprestação do serviço, as gorjetas que receber

II. Integram o salário, não só a importância fixa, estipulada, como também as comissões, percentagens, gratificações ajustadas, diárias para viagem que excederem a 50% do salário percebido e abonos pagos pelo empregador

III. Incluem-se, também, nos salários as ajudas de custo, assim como as diárias para viagem que não excedam de 50% (cinquenta por cento) do salário percebido pelo empregado

IV. Considera-se gorjeta apenas a importância espontaneamente dada pelo cliente ao empregado

Somente é correto o que se afirma em:

(A) I

(B) I e II

(C) I, II e III

(D) I, II, III e IV

I: correto, pois a assertiva reflete o disposto no art. 457, *caput*, da CLT; **II:** correto, pois a assertiva reflete o disposto no art. 457, §§ 1º e 2º, da CLT; **III:** incorreto, pois a assertiva está em confronto com o disposto no art. 457, § 2º, da CLT; **IV:** incorreto, pois a assertiva está em confronto com o disposto no art. 457, § 3º, da CLT.

Gabarito "B"

6. AVISO-PRÉVIO, EXTINÇÃO DO CONTRATO DE TRABALHO E HAVERES RESCISÓRIOS

(Ministério Público/GO – 2005) No que se refere à dissolução do contrato de trabalho, não se pode afirmar que:

(A) o pedido de demissão ou recibo de quitação de rescisão do contrato de trabalho, firmado por empregado com mais de 1 (um) ano de serviço, só será válido quando feito com a assistência do respectivo sindicato ou perante a autoridade do Ministério do Trabalho

(B) quando não existir na localidade nenhum dos órgãos previstos neste artigo, a assistência será prestada pelo Representante do Ministério Público ou, onde houver, pelo Defensor Público e, na falta ou impedimento deste, pelo Juiz de Paz

(C) o pagamento a que fizer jus o empregado será efetuado no ato da homologação do contrato de trabalho, em dinheiro ou em cheque visado, conforme acordem as partes, salvo se o empregado for analfabeto, quando o pagamento somente poderá ser feito em dinheiro

(D) qualquer que seja a causa ou a forma de dissolução do contrato, o instrumento de rescisão ou recibo de quitação, que não trouxer especificada a natureza de cada parcela, será válido relativamente a toda e qualquer parcela devida ao empregado

A: correta, pois a assertiva está de acordo com o art. 477, § 1º, da CLT; **B:** correta, pois a assertiva está de acordo com o art. 477, § 3º, da CLT; **C:** correta, pois a assertiva está de acordo com o art. 477, § 4º, da CLT; **D:** incorreta, pois a assertiva contraria o disposto no art. 477, § 2º, da CLT.

Gabarito "D"

7. ACIDENTE E DOENÇA DO TRABALHO

(Ministério Público/PR – 2008) Dentre as proposições abaixo, assinale a INCORRETA:

(A) É direito dos trabalhadores urbanos e rurais, previsto na Constituição Federal de 1988, a redução dos riscos inerentes ao trabalho, por meio de normas de saúde, higiene e segurança.

(B) A responsabilidade civil do empregador por acidente de trabalho sofrido pelo empregado, de regra, apresenta natureza subjetiva, posto ser necessária a configuração do dolo ou da culpa por parte daquele.

(C) O acidente do trabalho não proporciona ao empregado a possibilidade de acumular indenizações por dano material e dano moral, quando oriundos do mesmo fato e há a possibilidade de identificá-los em separado.

(D) Dentre os propósitos da política de saúde do trabalhador para o SUS, asseguram-se ao acidentado do trabalho, atenção integral à sua saúde, com articulação intra e intersetorial, estruturação de rede de informações em saúde do trabalhador e o desenvolvimento e a capacitação de recursos humanos.

(E) Responder pela prática do delito de homicídio pode ser uma das consequências impostas ao empregador que deixa de disponibilizar Equipamentos de Proteção Individuais-EPI's ao empregado e advém o resultado morte na execução do trabalho.

A: correta, pois a assertiva reflete o disposto no art. 7º, XXII, da CF; **B:** correta, pois a responsabilidade civil do empregador depende de três requisitos: dano, nexo de causalidade e conduta culposa ou dolosa do empregador, respeitada a tese minoritária defendida por uma parte da doutrina que entende que a responsabilidade do empregador é objetiva, porém, sem fundamento legal a albergar referido posicionamento. A assertiva ainda encontra fundamento na Súmula 229 do STF; **C:** incorreta, pois a assertiva está em desacordo com a Súmula 37 do STJ: "Indenizações – Danos – Material e Moral – Mesmo Fato – Cumulação São cumuláveis as indenizações por dano material e dano moral oriundos do mesmo fato"; **D:** correta, pois a assertiva reflete o disposto na Política Nacional de Saúde do Trabalhador (http://portal.saude.gov.br); **E:** correta, pois pela regra de responsabilidade, aquele que, por negligência (o empregador deixou de fornecer o equipamento de proteção individual obrigatório ao trabalhador), der causa a morte do outro, responderá por homicídio culposo.

Gabarito "C"

(Ministério Público/CE – 2009 – FCC) A responsabilidade pela reparação dos danos decorrentes de acidente de trabalho será

(A) objetiva para o INSS e dependente de falta grave ou dolo do empregador.

(B) sempre objetiva, para o INSS e para o empregador.

(C) objetiva para o empregador e subjetiva para o INSS, desde que a autarquia não tenha agido com má-fé.

(D) objetiva para o INSS e sempre subjetiva para o empregador, mesmo na hipótese de dolo.

(E) sempre objetiva para o INSS e objetiva para o empregador cuja atividade normalmente desenvolvida implicar, por sua natureza, risco para os direitos de outrem.

A doutrina majoritária entende que a responsabilidade do empregador depende de três requisitos: dano, nexo de causalidade e conduta culposa ou dolosa do empregador. Assim, a responsabilidade do empregador é, em regra, **subjetiva**. Há, porém, que se ressaltar que em atividades de risco para a saúde do trabalhador, ou para a sua integridade física, ou seja, em que o risco de doenças ou de acidentes sejam mais acentuados que o normal, considerando-se o padrão médio da sociedade e as probabilidades de ocorrência de sinistros, como o trabalho em condições de insalubridade ou periculosidade, a responsabilidade do empregador é **objetiva**, em razão da aplicação da teoria do risco criado, prevista no art. 927, parágrafo único, do Código Civil. A lei não define o que é atividade de risco. Dispõe o artigo 927, parágrafo único, do CC: "Haverá obrigação de reparar o dano, independentemente de culpa, nos casos especificados em lei, ou quando a atividade normalmente desenvolvida pelo autor do dano implicar, por sua natureza, risco para os direitos de outrem". Como a lei não define o que é atividade de risco, caberá à doutrina e jurisprudência, pautando-se pela equidade e razoabilidade, aquilatar se a atividade é de risco ou não. Quanto ao INSS, se o trabalhador é segurado, comprovado o acidente do trabalho e a incapacidade, seja parcial ou total, fará jus à indenização, sendo o caso, portanto, de responsabilidade objetiva.

Gabarito "E"

(Ministério Público/PR – 2009) Dentre as proposições abaixo, assinale a INCORRETA:

(A) acidente do trabalho é o infortúnio que ocorre pelo exercício do trabalho, acarretando lesão corporal ou perturbação funcional que cause a morte ou a perda ou redução, permanente ou temporária, da capacidade para o trabalho;

(B) o ato de imprudência, de negligência ou de imperícia de terceiro ou de companheiro de trabalho, durante a atividade laboral, deixa de ser equiparado a acidente de trabalho, para utilização dos benefícios da Previdência Social;

(C) os dependentes do trabalhador somente farão jus ao benefício acidentário caso o segurado faleça em virtude do acidente, ou por doença relacionada ao trabalho que desempenhou;

(D) o segurado que sofreu acidente do trabalho tem garantido, pelo prazo mínimo de doze meses, a manutenção do seu contrato de trabalho na empresa, após a cessação do auxílio-doença acidentário, independentemente de percepção de auxílio-acidente;

(E) a empresa é responsável pela adoção e uso de medidas coletivas e individuais de proteção e segurança da saúde do trabalhador, também devendo prestar a este informações pormenorizadas sobre os riscos da operação a executar e do produto a manipular.

A: correta, pois a assertiva reflete o disposto no art. 19, *caput*, da Lei 8.213/91; **B:** incorreta, pois de acordo com o disposto no art. 21, II, *c*, da Lei 8.213/91, a conduta será equiparada a acidente de trabalho para os efeitos da lei; **C:** correta, pois caso o segurado faleça por outra razão os dependentes farão jus à pensão por morte (art. 74 da Lei 8.213/91); **D:** correta, pois a assertiva reflete o disposto no art. 118 da Lei 8.213/91; **E:** correta, pois a assertiva reflete o disposto no art. 19, §§ 1º e 3º, da Lei 8.213/91.

Gabarito "B"

27. Direito Previdenciário

Henrique Subi

1. SEGURADOS DA PREVIDÊNCIA

(Ministério Público/PR – 2011) Examine as afirmações abaixo e após responda:

I. São segurados obrigatórios da previdência social os empregados, entendidos como aqueles que prestam serviço urbano ou rural à empresa, em caráter não eventual, mediante remuneração.

II. São segurados obrigatórios da previdência social os empregados domésticos, entendidos como aqueles que prestam serviços de natureza contínua a pessoa ou família, no âmbito residencial desta, em atividades sem fins lucrativos.

III. São segurados facultativos da previdência social os contribuintes individuais, entendidos como aqueles que prestam serviços de forma independente, em caráter eventual e sem vínculo empregatício.

IV. São segurados facultativos da previdência social as donas de casa.

V. São segurados facultativos da previdência social os trabalhadores avulsos, entendidos como aqueles que, sindicalizados ou não, prestam serviços de natureza urbana ou rural, a diversas empresas, sem vínculo empregatício, com intermediação obrigatória de órgão gestor de mão de obra, nos termos da Lei 8.630/1993, ou do sindicato da categoria.

(A) todas as afirmativas estão corretas.

(B) as afirmativas I, III e IV são corretas.

(C) a afirmativa V é a única correta.

(D) as afirmativas III e V são incorretas.

(E) todas as afirmativas são incorretas.

I: correta, nos termos do art. 12, I, "a", da Lei 8.212/1991 (Plano de Custeio da Seguridade Social – PCSS); **II:** correta, nos termos do art. 12, II, do PCSS; **III:** incorreta. Os contribuintes individuais, que incluem aquele que prestam serviços de forma independente, em caráter eventual e sem vínculo empregatício, são segurados **obrigatórios** da previdência social (art. 12, V, do PCSS); **IV:** correta, nos termos do art. 11, § 1º, I, do Decreto 3.048/1999 (Regulamento da Previdência Social – RPS); **V:** incorreta. Os trabalhadores avulsos, corretamente conceituados na assertiva, são considerados segurados **obrigatórios** da previdência social (art. 12, VI, do PCSS).

Gabarito "D"

(Ministério Público/ES – 2010 – CESPE) Considerando a jurisprudência do STF e do STJ, assim como o que dispõe a CF e a legislação previdenciária, assinale a opção correta.

(A) Conforme a jurisprudência do STF, em se tratando de auxílio-reclusão, benefício previdenciário concedido para os dependentes dos segurados de baixa renda, nos termos da CF, a renda a ser observada para a concessão é a dos dependentes e não a do segurado recolhido à prisão.

(B) Consoante à jurisprudência do STJ, é devida a incidência da contribuição previdenciária sobre os valores pagos pela empresa ao segurado empregado durante os quinze primeiros dias que antecedem a concessão de auxílio-doença.

(C) De acordo com a jurisprudência do STF, a contribuição nova para o financiamento da seguridade social, criada por lei complementar, pode ter a mesma base de cálculo de imposto já existente.

(D) A perda da qualidade de segurado não será considerada para a concessão das aposentadorias por tempo de contribuição e especial, desde que o segurado conte com, no mínimo, o tempo de contribuição correspondente ao exigido para efeito de carência na data do requerimento do benefício.

(E) Entre os princípios da previdência social enumerados na CF incluem-se a universalidade da cobertura e do atendimento, a uniformidade e equivalência dos benefícios e serviços às populações urbanas e rurais e a descentralização, com direção única em cada esfera de governo.

A: incorreta. Deve ser considerada a renda do segurado para a apuração do direito à percepção do benefício do auxílio-reclusão (STF, AI 767.352, *DJ* 14.12.2012); **B:** incorreta. Para o STJ, o pagamento dos quinze primeiros dias de afastamento do trabalhador que antecedem o auxílio-doença tem natureza indenizatória e, portanto, sobre ele não incide contribuição previdenciária (AgRg no AREsp 103.294, *DJ* 08.05.2012); **C:** correta. Essa polêmica decisão foi dada no julgamento do RE 228.321, *DJ* 01.10.1998; **D:** incorreta. A perda da qualidade de segurado apenas não impedirá a concessão dos benefícios de aposentadoria se, quando da perda, o segurado já reunia **todos** os requisitos para a fruição do benefício (art. 102, § 1º, da Lei 8.213/1991 – do PBPS); **E:** incorreta. O princípio da descentralização da gestão da seguridade social impõe a gestão quadripartite, com representantes do Governo, dos trabalhadores, dos empregadores e dos aposentados (art. 194, parágrafo único, VII, da CF).

Gabarito "C"

2. BENEFÍCIOS PREVIDENCIÁRIOS

(Ministério Público/PR – 2013 – X) Desconsiderando-se as regras especiais de transição de regime previdenciário, qual das seguintes alternativas é **correta**, em tema de aposentadoria por tempo de contribuição, considerando a legislação previdenciária vigente?

(A) O salário de benefício consiste na média aritmética simples dos maiores salários de contribuição correspondentes a setenta e cinco por cento de todo o período contributivo;

(B) O salário de benefício consiste na média aritmética simples dos trinta e seis últimos salários de contribuição, multiplicada pelo fator previdenciário;

(C) O salário de benefício consiste na média aritmética simples dos trinta e seis últimos salários de contribuição;

(D) O salário de benefício consiste na média aritmética simples dos maiores salários de contribuição correspondentes a oitenta por cento de todo o período contributivo, multiplicada pelo fator previdenciário;

(E) O salário de benefício consiste na média aritmética simples dos trinta e seis últimos salários de contribuição, multiplicada pelo fator previdenciário, considerando-se no cálculo deste fator um bônus de cinco anos, ao tempo de contribuição, quando se tratar de mulher.

Nos termos do art. 29, I, do PBPS, tratando-se de aposentadoria por tempo de contribuição, o salário de benefício equivale à média aritmética simples dos maiores salários de contribuição correspondentes a 80% de todo o período contributivo, multiplicada pelo fator previdenciário.

Gabarito "D"

(Ministério Público/ES – 2010 – CESPE) João, que era casado com Maria e tinha um filho menor não emancipado chamado Júnior, exercia, quando veio a falecer, atividade abrangida pelo RGPS, como empregado de uma fábrica há oito meses, recebendo, nesse período, um salário de R$ 700,00. Morava ainda com o casal e o filho menor a mãe de João.

Com base nessa situação hipotética, assinale a opção correta.

(A) Maria, sua sogra e Júnior não têm direito à pensão por morte, porque João, que trabalhou apenas oito meses, não completou a carência, que é o número mínimo de contribuições mensais indispensáveis à concessão de benefício previdenciário.

(B) Para se habilitarem à pensão por morte, Maria, Júnior e a mãe de João precisam comprovar que dependiam economicamente de João.

(C) Caso seja requerida apenas por Maria, a pensão por morte será concedida a partir do dia do óbito de João, independentemente da data do requerimento.

(D) Aplica-se o fator previdenciário no cálculo da renda mensal inicial da pensão por morte, que é feito com base no salário de benefício da aposentadoria que seria devida a João na data do seu falecimento.

(E) Se Maria, sua sogra e Júnior requererem pensão por morte, o benefício será concedido apenas a Maria e Júnior, em partes iguais, sendo que a parte de cada um poderá ser menor que um salário mínimo.

A: incorreta. A pensão por morte é benefício previdenciário que independe de carência (art. 26, I, da Lei 8.213/1991 (Plano de Benefícios da Previdência Social – PBPS); **B:** incorreta. Maria e o Júnior são dependentes de 1ª classe, os quais estão dispensados de comprovar a dependência econômica. Apenas a mãe de João precisaria provar essa circunstância (art. 16, § 4º, do PBPS); **C:** incorreta. A pensão por morte será concedida a partir da data do óbito se for requerida até 30 dias após esse. Caso contrário, será paga a partir da data do requerimento. Em caso de morte presumida, será devida a partir da decisão judicial que a declarar (art. 74, III, do PBPS); **D:** incorreta. Não se aplica o fator previdenciário no cálculo da pensão por morte (art. 29, II, do PBPS); **E:** correta. A existência de dependentes em classes superiores (cônjuge e filho) afasta o direito ao benefício das classes inferiores (pais), nos termos do art. 16, § 1º, do PBPS. Além disso, a lei garante que o **benefício** não será menor que o salário mínimo. Em caso de rateio, a parte que cabe a cada dependente poderá ser inferior ao estabelecido.

Gabarito "E"

(Ministério Público/ES – 2010 – CESPE) Com relação ao reajustamento do valor dos benefícios, ao tempo de serviço para fins previdenciários e à carência, assinale a opção correta.

(A) O reconhecimento da atividade exercida como especial é disciplinado pela lei vigente à época da prestação do serviço, por força do princípio *tempus regit actum*, passando a integrar, como direito adquirido, o patrimônio jurídico do trabalhador, não se aplicando retroativamente legislação nova mais restritiva.

(B) No primeiro reajuste da renda mensal inicial da aposentadoria concedida na vigência da Lei n. 8.213/1991, deve-se aplicar integralmente o índice oficial de correção, independentemente do mês de concessão do benefício previdenciário.

(C) O tempo de serviço rural anterior à vigência da Lei n. 8.213/1991 não será considerado para efeito de carência, mas poderá ser computado como tempo de contribuição, para efeito de aposentadoria, mediante o recolhimento das respectivas contribuições.

(D) As contribuições que o segurado contribuinte individual pagar em atraso não serão consideradas para efeito de carência nem serão computadas como tempo de contribuição para efeito de aposentadoria, ainda que comprovado o exercício de atividade abrangida pela previdência social.

(E) O trabalho infantil é repudiado pelo ordenamento jurídico brasileiro, de acordo com a CF, de modo que é inadmissível a contagem do trabalho rural em regime de economia familiar antes dos quatorze anos de idade, para efeito de aposentadoria.

A: correta, conforme julgado pelo STJ no REsp 414.083, *DJ* 02.09.2002; **B:** incorreta. Para a aplicação do índice de correção no primeiro reajuste do benefício previdenciário deve ser aplicada a regra da proporcionalidade, ou seja, como o reajuste é anual, a primeira correção do valor deve levar em conta o fator de atualização proporcional ao número de meses em que o segurado recebeu o benefício (STJ, AgRg no EDcl no Ag 797.532, *DJ* 15.03.2007); **C:** incorreta. Para o STJ, o tempo de serviço rural anterior ao PCSS será computado independentemente do pagamento das contribuições a ele relativas para todos os fins, exceto cumprimento de carência (AgRg no EDcl no REsp 848.144, *DJ* 18.08.2009); **D:** incorreta. O pagamento em atraso das contribuições pelo contribuinte individual será considerado para efeito de aposentadoria, desde que comprovado o exercício da atividade sujeita a filiação obrigatória na previdência social; **E:** incorreta. Segundo o STJ, a norma constitucional foi estabelecida e deve, portanto, ser interpretada em proteção ao menor, nunca em seu prejuízo. Logo, o trabalho rural em regime de economia familiar do menor de 14 anos deve ser considerado para fins previdenciários (EREsp 329.269, *DJ* 28.08.2002).

Gabarito "A"

(Ministério Público/ES – 2010 – CESPE) Assinale a opção correta referente ao direito previdenciário.

(A) Suponha que Caio tenha requerido, administrativamente, em 10.08.2009, o benefício de auxílio-doença, que foi indeferido pelo INSS, motivo pelo qual ajuizou, em 14.11.2009, uma ação ordinária pleiteando o referido benefício, sendo que o laudo médico pericial, juntado aos autos em 20.02.2010, reconheceu a incapacidade de Caio. Nessa situação hipotética, o termo inicial do auxílio-doença a ser concedido judicialmente será o dia 14.11.2009.

(B) Para efeito de aposentadoria, é assegurada a contagem recíproca do tempo de contribuição na administração pública e na atividade privada, rural e urbana, hipótese na qual os diversos regimes de previdência social se compensarão financeiramente; entretanto, é vedada a contagem de tempo de serviço público com o de atividade privada, quando concomitantes.

(C) Consoante à jurisprudência do STJ, o requisito da renda familiar *per capita* inferior a um quarto do salário mínimo, previsto na Lei n. 8.742/1993 para concessão do benefício de prestação continuada, de caráter assistencial, consubstancia um critério legal absoluto, impediente de que o julgador faça uso de outros elementos probatórios para comprovar a condição de miserabilidade da família.

(D) As ações judiciais relativas a acidente do trabalho são de competência da justiça comum estadual, nos termos da Lei n. 8.213/1991. Desse modo, é correto afirmar que a ação regressiva, ajuizada pelo INSS contra o empregador, pleiteando ressarcimento dos gastos relativos a pagamento de benefício de aposentadoria por invalidez decorrente de acidente do trabalho, não é de competência da justiça federal.

(E) Considere que Pedro, que exercia atividade remunerada abrangida pela previdência social, tenha sofrido um acidente e, em decorrência disso, recebido auxílio-doença por 24 meses. Nessa situação hipotética, é correto afirmar que ele manteve a qualidade de segurado durante todo o período em que recebeu o auxílio-doença, desde que ele tenha comprovado a situação de desempregado pelo registro no órgão próprio do Ministério do Trabalho e Emprego.

A: incorreta. Nesse caso, o benefício é devido desde a data do requerimento administrativo, ou seja, 10.08.2009; **B:** correta, nos termos dos arts. 125, I e II, e 127, II, do RPS; **C:** incorreta. Para o STJ, devem ser reconhecidas outras provas da condição de miserabilidade da família para fins de concessão do benefício de prestação continuada da assistência social (AGRg no AREsp 221.213, *DJ* 27.11.2012); **D:** incorreta. A competência para julgamento das ações relativas a acidente de trabalho é da Justiça do Trabalho (STF, CC 7.204, *DJ* 29.06.2005). Além disso, cabe à Justiça Federal o julgamento de ações nas quais autarquias da União, como o INSS, figurem como parte (art. 109, I, da CF); **E:** incorreta. O período de graça, lapso em que se mantém a qualidade de segurado independentemente do pagamento de contribuições, em caso de gozo de benefício previdenciário, perdura por todo o tempo de pagamento do benefício, independentemente de qualquer outra formalidade (art. 15, I, do PBPS).

Gabarito "B"

(Ministério Público/PR – 2009) Sobre os benefícios previdenciários é *correto* afirmar:

(A) o auxílio-reclusão é um benefício concedido independentemente do motivo da prisão, pouco importando o regime de cumprimento de pena;

(B) o benefício concedido em virtude de doença contraída pelo segurado no ambiente de trabalho, gerando tal enfermidade uma incapacidade permanente, é denominado auxílio-doença;

(C) os benefícios de prestação periódica são aqueles pagos com número previamente definido de competências, como é o caso da aposentadoria por tempo de serviço;

(D) a aposentadoria por tempo de contribuição é paga no valor integral de cem por cento do salário de benefício, sem admitir proporcionalidade;

(E) somente o próprio segurado é destinatário dos benefícios devidos pelo Regime Geral de Previdência Social.

A: incorreta. O auxílio-reclusão será devido somente aos dependentes do segurado de baixa renda que esteja preso no regime fechado ou semiaberto (art. 116, § 5º, do RPS); **B:** incorreta. A despeito do nome, não é qualquer doença que dá ensejo ao benefício chamado "auxílio-doença". Esse se caracteriza pela incapacidade **temporária** para o exercício da atividade que o segurado habitualmente exerce. Em caso de incapacidade permanente, será devido o auxílio-acidente, se restar alguma capacidade laborativa ao segurado (ainda que restrita), ou a aposentadoria por invalidez, se ele não mais estiver apto ao exercício de qualquer trabalho; **C:** incorreta. O conceito de benefícios de prestação periódica está correto, mas a aposentadoria por tempo de contribuição não é um exemplo. Afinal, ela será paga até a data da morte do segurado, portanto, não se pode dizer que há um número previamente definido de competências. Exemplo de benefício de prestação periódica é o salário-maternidade; **D:** a alternativa foi considerada correta pelo gabarito oficial, porém merece críticas. Realmente, **como regra geral,** o valor da aposentadoria por tempo de contribuição é de 100% do salário de benefício, considerada a aplicação do fator previdenciário. Porém, **excepcionalmente,** é possível a aposentadoria com proventos proporcionais, nos termos do art. 9º, § 1º, da Emenda Constitucional 20/1998; **E:** incorreta. Há benefícios previdenciários destinados aos dependentes do segurado: o auxílio-reclusão e a pensão por morte (art. 18, II, do PBPS).

Gabarito "D"

3. TEMAS COMBINADOS

(Ministério Público/ES – 2010 – CESPE) Acerca dos institutos de direito previdenciário e da jurisprudência relacionada ao tema, assinale a opção correta.

(A) Ao indivíduo que tenha sofrido acidente de trabalho e implementado todos os requisitos necessários à concessão de aposentadoria por invalidez, mas não possua salários de contribuição no período básico de cálculo, será concedida aposentadoria por invalidez com renda mensal no valor de um salário mínimo.

(B) Antes do Decreto Legislativo n. 4.682, de 24.01.1923, conhecido como Lei Eloy Chaves, não existia nenhuma legislação em matéria previdenciária no Brasil. Por esse motivo, o dia 24 de janeiro é considerado oficialmente o dia da previdência social.

(C) O trabalhador rural, na condição de segurado especial, está sujeito à contribuição obrigatória sobre a produção rural comercializada, que lhe garante, entre outros benefícios, aposentadoria por invalidez, aposentadoria por idade e aposentadoria por tempo de contribuição.

(D) A partir da Lei n. 10.839/2004, que deu nova redação ao art. 103 da Lei n. 8.213/1991, prescreve em dez anos, a contar da data em que deveria ter sido paga, toda e qualquer ação para haver prestações vencidas ou quaisquer restituições ou diferenças devidas pela previdência social.

(E) É vedada a filiação ao RGPS, na qualidade de segurado obrigatório, de pessoa participante de regime próprio de previdência, ainda que servidor ocupante exclusivamente de cargo em comissão declarado em lei de livre nomeação e exoneração.

A: correta, nos termos do art. 29, § 5º, do PBPS; **B:** incorreta. A Lei Eloy Chaves é realmente considerada o marco inicial da Previdência Social no Brasil, porém, não é correto dizer que antes dela não havia qualquer legislação sobre o tema. Cite-se, por exemplo, a criação do montepio geral dos servidores do Estado e a Lei 3.397/1888, que criou uma "Caixa de Socorro" para os trabalhadores de cada uma das empresas ferroviárias estatais; **C:** incorreta. O segurado especial não faz jus à aposentadoria por tempo de contribuição, exceto se contribuir no montante previsto para os contribuintes individuais (art. 60, § 4º, e 200, § 2º, do RPS); **D:** incorreta. O prazo prescricional em comento é de 05 anos (art. 103, parágrafo único, do PBPS); **E:** incorreta. É vedada a filiação como segurado **facultativo** de pessoa participante de regime próprio de previdência (art. 201, § 5º, da CF).

Gabarito "A"

28. Direito Econômico

Robinson Sakiyama Barreirinhas e Henrique Subi

1. ORDEM ECONÔMICA NA CONSTITUIÇÃO. MODELOS ECONÔMICOS

(MPF – 24º) Do sistema ou modelo econômico adotado pela Constituição Federal, ressai um Estado:

(A) intervencionista;

(B) em que predomina a economia de mercado pura, realçada pela liberdade de iniciativa;

(C) que atua em regime monopolista, com direito de propriedade limitado;

(D) no qual as relações de produção estão assentadas na propriedade privada dos bens em geral, dos fatores de produção, na ampla liberdade de iniciativa e de concorrência.

A: incorreta. O art. 170, *caput*, da CF estabelece a livre-iniciativa como um dos fundamentos da ordem econômica, o que afasta, em regra, a possibilidade de intervenção estatal no domínio econômico; **B:** incorreta. A despeito da livre-iniciativa e da livre concorrência como princípios da ordem econômica nacional (art. 170 da CF), a CF previu também possibilidades de intervenção do Estado no domínio econômico, o que afasta sua caracterização como economia de mercado pura, na qual não há qualquer intervenção estatal; **C:** incorreta. O monopólio é uma exceção autorizada somente nos casos do art. 177 da CF e o direito de propriedade é uma garantia fundamental do cidadão (art. 5º, *caput* e XXII, da CF); **D:** correta, nos termos do art. 5º, XXII, art. 170, *caput*, II e IV, todos da CF.

Gabarito "D"

(MPF – 21º) O Estado Brasileiro, na nova ordem jurídico-econômica, inaugurada com a Constituição de 1988:

(A) desempenha papel supletivo, quanto à atividade econômica, da iniciativa privada;

(B) não está afastado da atividade econômica, tanto que o Programa Nacional de Desestatização fora atenuado e há retomada de investimentos em certos setores públicos;

(C) embora limitada a sua atuação como agente normativo e regulador da atividade econômica, detém o monopólio, dentre outros, da refinação nacional do petróleo, vedada a outorga de concessões a empresas privadas;

(D) teve redirecionada a sua posição estratégica, transferindo à iniciativa privada atividades econômicas exploradas pelo setor público.

A: incorreta. Afirmar que o Estado possui papel supletivo significaria que ele poderia agir de forma a explorar ou colaborar diretamente com atividades econômicas que não tivessem lucratividade, ou seja, complementaria os espaços deixados pelos particulares, o que não se lhe autoriza; **B:** incorreta. O Plano Nacional de Desestatização, previsto na Lei nº 9.491/1997, não foi atenuado em nenhum momento; **C:** incorreta. A concessão dos serviços de refino de petróleo é autorizada pelo art. 177, II, e § 1º, da CF: **D:** correta. Com a CF de 1988, o Brasil adotou definitivamente o modelo econômico neoliberal, conferindo absoluta primazia aos interesses privados na condução das questões econômicas. O Plano Nacional de Desestatização, já mencionado, é um dos grandes reflexos dessa nova postura estatal frente ao domínio econômico.

Gabarito "D"

(MPF – 20º) É correto dizer que a chamada Constituição Econômica no Brasil:

(A) restringe-se ao Título VII – Da Ordem Econômica e Financeira, da Carta da República;

(B) como em alguns países que adotam tipo de economia mista, não pode assim denominar-se, mas considerar-se uma estrutura de princípios gerais programáticos;

(C) não se restringe aos artigos contidos no Título VII – Da Ordem Econômica e Financeira, mas tem sua expressão e seu conteúdo em diversos outros tópicos da Lei Magna;

(D) preocupa-se primordialmente com a repressão ao abuso do poder econômico e a função social da propriedade privada.

A doutrina denomina Constituição Econômica a parcela da Lei Maior que se destina à estruturação da economia do país, apontando seus regramentos basilares, seus princípios e formas de atuação do Estado no cenário econômico. No caso brasileiro, a Constituição Econômica está majoritariamente inserida no seu Título VII – Da Ordem Econômica e Financeira (arts. 170 e ss.), porém nele não se encerra. Podemos encontrar previsões constitucionais de cunho econômico em diversas passagens ao longo do Texto Magno. Exemplos: art. 1º, IV; art. 3º; art. 4º, parágrafo único; art. 43; art. 219; e art. 237.

Gabarito "C"

(MPF – 20º) Segundo a ordem econômica inserida na atual Constituição, pode-se afirmar que o Estado:

(A) passou ao mesmo tempo a regulamentar e atuar no domínio econômico;

(B) é um garantidor da ordem liberal;

(C) é primacialmente intervencionista;

(D) não é mais o potencial sustentáculo de atividades deficientes.

A: correta. O Estado é o agente econômico que detém o poder de normatizar e regular determinados setores da economia (art. 174 da

CF) e também possui autorização constitucional para, atendidos aos requisitos do art. 173 da CF, atuar diretamente no domínio econômico através de empresas públicas e sociedades de economia mista; **B:** dada como incorreta pelo gabarito oficial, porém gostaríamos de ressalvar nossa posição. A despeito de não constar expressamente do texto da CF, o Estado brasileiro, na medida em que afirma a existência da propriedade privada e da livre-iniciativa, é, sim, o garantidor da ordem liberal. Afinal, tais institutos geram direitos subjetivos aos seus detentores que devem ser protegidos pelo Estado, ainda que por meio do Poder Judiciário; **C:** incorreta. A intervenção estatal direta no domínio econômico somente é autorizada em hipóteses excepcionais, como os imperativos de segurança nacional e o relevante interesse coletivo (art. 173 da CF); **D:** incorreta. Na verdade, o Estado brasileiro nunca foi o sustentáculo de atividades pouco lucrativas.

Gabarito "A"

(MPF – 19º) O princípio básico do liberalismo, adotado pela nossa ordem jurídico-econômica, funda-se:

(A) na redução das desigualdades regionais e sociais e na busca do pleno emprego;

(B) na liberdade de iniciativa e na economia de mercado;

(C) no tratamento favorecido às empresas brasileiras de capital nacional de pequeno porte;

(D) na função social da propriedade.

O liberalismo econômico, que remonta às lições de Adam Smith em seu livro "A Riqueza das Nações", baseia-se na ideia da "mão invisível do mercado" que o autorregularia, independentemente de qualquer intervenção externa, mormente do Estado. Em poucas linhas, o regime liberal está assentado na liberdade de iniciativa, consistente no direito de qualquer pessoa exercer atividade econômica sem necessitar de autorização estatal, e na economia de mercado, termo utilizado para definir o sistema capitalista no qual as questões econômicas são conduzidas conforme o comportamento daqueles mesmos agentes econômicos. Em outras palavras, a política econômica do governo deve atuar apenas de forma suplementar às leis próprias do mercado, como a lei da oferta e da demanda. Correta, portanto, a alternativa "B". As demais opções indicam conquistas sociais que temperam o regime capitalista liberal, tentando conjugar os interesses econômicos com uma paulatina melhora na qualidade de vida da população.

Gabarito "B"

(MPF – 19º) Segundo a Constituição Federal é correto afirmar que:

(A) mantêm-se a proteção e os benefícios especiais temporários para desenvolver atividades consideradas estratégicas indispensáveis ao desenvolvimento do país à empresa brasileira de capital nacional;

(B) são facultados a intervenção no domínio econômico e o monopólio de determinada atividade, mediante lei federal, pelo Estado;

(C) é cabível a intervenção direta do Estado mediante assunção de gestão de empresa privada, passando a dirigi-la, quando interesses de ordem social o exijam;

(D) o papel do Estado no setor econômico, à vista do princípio da livre-iniciativa e da economia de mercado, cinge-se à intervenção indireta, com exceção do regime monopolístico, nas hipóteses previstas na Constituição.

A: incorreta. Essa previsão, constante do art. 171, § 1º, I, da CF, foi revogada pela Emenda Constitucional nº 6/1995; **B:** incorreta. O monopólio é uma situação excepcional, que afronta o princípio da livre concorrência. Por essa razão, suas hipóteses estão exaustivamente previstas na Constituição, não se autorizando sua expansão por atos legislativos ordinários; **C:** correta. Trata-se de hipótese excepcional, possível apenas em determinados setores – por exemplo, na intervenção do Banco Central em instituições financeiras; **D:** incorreta. A intervenção direta do Estado na economia também ocorre com a exploração de atividade econômica em sentido estrito em regime de competição, mediante a instituição de empresas públicas ou sociedades de economia mista, por imperativos de segurança nacional ou relevante interesse coletivo (art. 173 da CF).

Gabarito "C"

(MPF – 18º) Aponte, como certa, uma das assertivas feitas a seguir:

(A) a Lei Magna, impossibilitada a atividade estatal de atender a certa demanda, tolera o monopólio privado em setor deficitário da economia;

(B) constituem instrumentos de participação do Estado na economia: a empresa pública e a sociedade de economia mista;

(C) no regime de livre concorrência, o Estado participa na economia mediante controle de preços;

(D) à União é permitido, em condições especiais, estabelecer concessão na exploração de gás natural.

A: incorreta. Não há qualquer previsão nesse sentido na CF; **B:** correta. A constituição de pessoas jurídicas de direito privado para exercer atividade econômica em sentido estrito é modalidade de intervenção direta do Estado na economia; **C:** incorreta. No regime da livre concorrência, não se tolera o controle de preços imposto pelo Estado, porquanto sua prática atenta frontalmente à liberdade de cada agente econômico fixar as condições para a venda de seus produtos ou prestação de seus serviços; **D:** incorreta à época. Desde a edição da Emenda Constitucional nº 9/1995, o art. 177, I, e § 1º, da CF autoriza a contratação de empresas privadas, mediante concessão, para a pesquisa e a lavra das jazidas de petróleo e gás natural.

Gabarito "B"

(MPF – 18º) O papel do Estado no tocante à exploração direta de atividade econômica:

(A) pode ser livremente partilhado com o setor privado;

(B) é preponderante, principalmente em países como o Brasil, em desenvolvimento;

(C) é subsidiário;

(D) não é permitido, em razão do modelo de liberalismo econômico adotado pelo texto constitucional.

A ordem econômica nacional é fundada na livre-iniciativa (art. 170, *caput*, da CF), o que coloca como regra a exploração da atividade econômica por agentes privados, competindo ao setor público a prestação de serviços públicos. Não é vedada a exploração direta de atividade econômica pelo Estado, porém essa ocorrerá de forma subsidiária em situações excepcionais de imperativos de segurança nacional ou relevante interesse coletivo (art. 173 da CF).

Gabarito "C"

(MPF – 18º) Adotados os princípios da livre concorrência e da liberdade de iniciativa, é correto afirmar que:

(A) a lei poderá conceder proteção e benefícios temporários a empresas brasileiras de capital nacional, imprescindíveis ao desenvolvimento do país;

(B) a exploração direta de atividade econômica pelo Estado é limitada;

(C) inexiste tratamento favorecido para empresas brasileiras de qualquer natureza;

(D) é possível a exploração direta de atividade econômica pelo Estado, desde que necessária aos imperativos da segurança nacional ou a relevante interesse coletivo, definidos em atos do Poder Executivo.

A: incorreta. O art. 171, § 1º, I, da CF, que assim dizia, foi revogado pela Emenda Constitucional nº 6/1995. Desde então, não mais se fala em empresa brasileira de capital nacional; **B:** correta. A ordem econômica nacional é fundada na livre-iniciativa (art. 170, *caput*, da CF), o que coloca como regra a exploração da atividade econômica por agentes privados, competindo ao setor público a prestação de serviços públicos. Não é vedada a exploração direta de atividade econômica pelo Estado, porém essa ocorrerá de forma subsidiária em situações excepcionais de imperativos de segurança nacional ou relevante interesse coletivo (art. 173 da CF); **C:** incorreta. Empresas de pequeno porte constituídas sob as leis brasileiras e que tenham sua sede e administração no país terão tratamento favorecido (art. 170, IX, da CF); **D:** incorreta. Os imperativos de segurança nacional e o relevante interesse coletivo que autorizem a constituição de empresa pública ou sociedade de economia mista para exploração direta de atividade econômica em sentido estrito pelo Estado devem ser definidos em lei (art. 173 da CF).

Gabarito "B"

(MPF – 15º) Assinale a alternativa correta:

(A) os atos de criação de empresa pública destinada a exercer atividade econômica, regem-se por regras do direito econômico, como previsto no art. 173, § 1º, da Constituição;

(B) os atos de criação de empresa pública, destinada a exercer atividade econômica, incluem-se no ramo do Direito Comercial eis que submetida ao regime jurídico próprio das empresas privadas;

(C) na normalização jurídica de intervenção e do planejamento do Estado na economia, tais atos devem ser considerados de natureza administrativa;

(D) todas as alternativas são incorretas.

A e **B:** incorretas. As empresas públicas que exercem atividade econômica submetem-se a um regime jurídico híbrido, parcialmente de Direito Administrativo (art. 37, XIX, da CF) e parcialmente de Direito Empresarial (art. 173, § 1º, da CF); **C:** incorreta. Tais funções do Estado devem ser veiculadas necessariamente por lei (arts. 173 e 174 da CF), tendo, portanto, natureza legislativa; **D:** correta, conforme os comentários anteriores.

Gabarito "D"

(MPF – 14º) Na chamada economia descentralizada, é correto dizer que:

(A) o Estado exerce somente uma intervenção indireta e global, respeitando a liberdade de decisão e de formação de preços;

(B) a intervenção do Estado é direta e suas prescrições imperativas;

(C) podem conviver a justaposição de um setor público a um setor privado e a justaposição do setor privado a um setor público;

(D) embora os agentes econômicos atuem com grande liberdade, predominam as injunções do setor público.

Chama-se economia descentralizada o modelo baseado na livre-iniciativa, na qual os agentes econômicos privados são livres para explorar atividades lucrativas sem qualquer interferência do Estado. Conforme se depreende do Título VII da CF, destinado à ordem econômica (arts. 170 e ss.), esse é o modelo adotado no Brasil, porquanto o Estado somente poderá intervir na economia em situações excepcionais previstas na própria Carta Magna (exemplos: atividades de segurança nacional e relevante interesse coletivo, instituição de contribuições de intervenção no domínio econômico etc.).

Gabarito "A"

(MPF – 14º) A Constituição Federal, no título da ordem econômica e financeira, adota o padrão:

(A) liberal em que predomina exclusivamente a liberdade de iniciativa;

(B) social;

(C) coletivista;

(D) corporativista.

Depreende-se da leitura do *caput* do art. 170 da CF que a livre-iniciativa e o lucro não são os únicos pilares da ordem econômica nacional, porque ela também está fundada na "valorização do trabalho humano", tem como objetivo "assegurar a todos existência digna" conforme os parâmetros da "justiça social". Disso decorre que o Brasil adota um padrão social de economia, na qual os resultados devem ser transformados em benefícios para a população.

Gabarito "B"

(MPF – 14º) Pelo texto constitucional vigente, a exploração estatal direta da atividade econômica:

(A) é a regra;

(B) é subsidiária;

(C) em hipótese alguma é permitida dado o tipo de economia adotado;

(D) pode ser livremente partilhada entre os setores público e privado.

A ordem econômica nacional é fundada na livre-iniciativa (art. 170, *caput*, da CF), o que coloca como regra a exploração da atividade econômica por agentes privados, competindo ao setor público a prestação de serviços públicos. Não é vedada a exploração direta de atividade econômica pelo Estado, porém essa ocorrerá de forma subsidiária em situações excepcionais de imperativos de segurança nacional ou relevante interesse coletivo (art. 173 da CF).

Gabarito "B"

(MPF – 14º) Sob os auspícios dos princípios da livre concorrência e da liberdade de iniciativa, consagrados pela ordem econômica vigente, é correto dizer que:

(A) o capital estrangeiro ou pessoas jurídicas estrangeiras podem ser excluídos de algum ou de alguns setores da atividade econômica nacional;

(B) a União não detém mais o monopólio;

(C) às empresas brasileiras de capital nacional é dada preferência na aquisição de bens e serviços;

(D) permanece, ainda que tenuemente, a distinção entre empresa brasileira e empresa brasileira de capital nacional para outros efeitos que não os de concessão de proteção e benefícios.

A: correta. Conforme dispõe o art. 172 da CF, a lei poderá regular os investimentos de capital estrangeiro, o que autoriza, inclusive, a restrição de sua adoção em determinados setores da economia. Ademais, a própria CF o faz, no art. 222, ao permitir a propriedade de empresas jornalísticas e de radiodifusão sonora e de sons e imagens (rádios e TVs) apenas a brasileiros natos ou naturalizados há mais de 10 anos; **B:** incorreta. O monopólio da União sobre atividades ligadas à exploração de petróleo e gás natural e minerais nucleares continua previsto no art. 177 da CF, ainda que mitigado pela possibilidade de concessão de algumas dessas atividades prevista no § 1º do mesmo artigo; C e **D:** incorretas. As prerrogativas concedidas a empresas nacionais e de capital nacional foram revogadas pela Emenda Constitucional nº 6/1995.

Gabarito "A"

(MPF – 14º) Constitui expressão da soberania econômica nacional:

(A) a preservação do monopólio estatal;

(B) a proteção do consumidor;

(C) distinguir empresa brasileira de empresa estrangeira a fim de conferir àquela a reserva de participação em certos setores mesmo não considerados de relevante interesse coletivo;

(D) a integração do mercado interno ao patrimônio nacional.

Entende-se por soberania econômica a possibilidade do Estado brasileiro tomar as decisões sobre sua política econômica sem qualquer espécie de intervenção de outro país ou organismo internacional. Ela se expressa através de institutos que garantam esse poder ao Estado de forma inequívoca, como a previsão constitucional de que o mercado interno integra o patrimônio nacional (art. 219 da CF). A distinção entre empresas brasileiras e estrangeiras também é consequência da soberania econômica, mas a alternativa "C" está incorreta porque tal medida somente se justifica em setores estratégicos em respeito ao princípio da livre-iniciativa.

Gabarito "D"

(MPF – 13º) A organização econômica, na Constituição Federal, obedece, em princípio, ao modelo:

(A) de economia descentralizada;

(B) de economia centralizada;

(C) de economia com formação, em parte, de preços impostos pelos setor público;

(D) misto, com predominância da economia centralizada porque o Estado, em caráter suplementar, pode organizar e explorar diretamente a atividade econômica.

Chama-se economia descentralizada o modelo baseado na livre-iniciativa, na qual os agentes econômicos privados são livres para explorar atividades lucrativas sem qualquer interferência do Estado. Conforme se depreende do Título VII da CF, destinado à ordem econômica (arts. 170 e ss.), esse é o modelo adotado no Brasil, porquanto o Estado somente poderá intervir na economia em situações excepcionais previstas na própria Carta Magna (exemplos: atividades de segurança nacional e relevante interesse coletivo, instituição de contribuições de intervenção no domínio econômico etc.).

Gabarito "A"

(MPF – 13º) O princípio básico do liberalismo econômico assenta-se:

(A) na função social da propriedade;

(B) no tratamento favorecido, às empresas brasileiras de capital nacional de pequeno porte;

(C) na redução das desigualdades regionais e sociais e na busca do pleno emprego;

(D) na liberdade de iniciativa e na economia de mercado.

O liberalismo econômico, que remonta às lições de Adam Smith em seu livro "A Riqueza das Nações", baseia-se na ideia da "mão invisível do mercado" que o autorregularia, independentemente de qualquer intervenção externa, mormente do Estado. Em poucas linhas, o regime liberal está assentado na liberdade de iniciativa, consistente no direito de qualquer pessoa exercer atividade econômica sem necessitar de autorização estatal, e na economia de mercado, termo utilizado para definir o sistema capitalista no qual as questões econômicas são conduzidas conforme o comportamento daqueles mesmos agentes econômicos. Em outras palavras, a política econômica do governo deve atuar apenas de forma suplementar às leis próprias do mercado, como a lei da oferta e da demanda. Correta, portanto, a alternativa "D". As demais opções indicam conquistas sociais que temperam o regime capitalista liberal, tentando conjugar os interesses econômicos com uma paulatina melhora na qualidade de vida da população.

Gabarito "D"

2. INTERVENÇÃO DO ESTADO NO DOMÍNIO ECONÔMICO

(Ministério Público/DF – 2013) Quanto à exploração da atividade econômica pelo Estado, é **INCORRETO** dizer:

(A) A exploração direta de atividade econômica pelo Estado somente será permitida quando necessária aos imperativos da segurança nacional ou a relevante interesse coletivo, conforme definidos em lei, ressalvados, obviamente, casos previstos na Constituição.

(B) Os privilégios da Fazenda Pública são inextensíveis às sociedades de economia mista que executam atividades em regime de concorrência ou que tenham como objetivo distribuir lucros.

(C) À Empresa Brasileira de Correios e Telégrafos, empresa pública, equiparada à Fazenda Pública, é aplicável a regra da impenhorabilidade de bens, rendas e serviços.

(D) Nas sociedades de economia mista, a constituição e o funcionamento dos conselhos de administração e fiscal há de observar a participação de acionistas minoritários.

(E) Não viola a reserva de lei para dispor sobre norma de direito comercial voltada à organização e estruturação das empresas públicas e das sociedades de economia mista norma constitucional estadual que estabelece número de vagas, nos órgãos de administração das pessoas jurídicas, para ser preenchidas por representantes dos empregados.

A: assertiva correta, nos termos do art. 173 da Constituição Federal; **B:** assertiva correta, nos termos do art. 173, § 2º, da Constituição Federal; **C:** assertiva correta, conforme decidido pelo STF no RE 220906/DF; **D:** assertiva correta, nos termos dos arts. 239 e 240 da Lei 6.404/1976 (Lei das Sociedades por Ações); **E:** assertiva incorreta, devendo ser assinalada. Para o STF, há violação da reserva de lei federal para dispor sobre normas de direito comercial nesse caso, conforme julgado na ADI 238/RJ.

Gabarito "E"

(Ministério Público/DF -2013) Ainda dentro do tema, assinale a **INCORRETA**:

(A) O regime de monopólio, ressalvadas as hipóteses previstas no art. 21, XXIII, da Constituição, é incompatível com as regras dos arts. 170 e 173 da Constituição, razão por que, eventuais normas legais que dispunham sobre sua concessão, sob a égide da Constituição pretérita não foram recebidas pela atual Lei Maior.

(B) O regime das empresas concessionárias de serviços públicos deve ser estabelecido por meio de lei.

(C) A atividade garimpeira será exercida sempre levando em conta a promoção econômico-social dos garimpeiros.

(D) São princípios que regem a ordem econômica: soberania nacional, propriedade privada, livre concorrência.

(E) A defesa do consumidor insere-se dentre os princípios gerais da atividade econômica.

A: incorreta, devendo ser assinalada. O STF julgou constitucional, e, portanto, recepcionado, o regime de monopólio das atividades postais pela Empresa Brasileira de Correios e Telégrafos instituído pela Lei 6.538/1978, não previsto expressamente pela Constituição. Para o Supremo, a natureza pública do serviço afasta qualquer ofensa aos princípios da livre-iniciativa e livre concorrência (ADPF 46/DF); **B:** correta, nos termos do art. 173, § 1º, da Constituição Federal; **C:** correta, nos termos do art. 174, § 3º, da Constituição Federal; **D:** correta, nos termos do art. 170, I, II e IV, da Constituição Federal; **E:** correta, nos termos do art. 170, V, da Constituição Federal.

Gabarito "A"

(MPF – 24º) O Estado procede à pesquisa, à lavra, ao enriquecimento de minérios e minerais nucleares e derivados. Neste caso, atua sob a forma:

(A) de intervenção indireta;

(B) de apropriação dos meios de produção, com ênfase em relevante interesse nacional voltado a uma política de desenvolvimento econômico;

(C) direta, em regime concorrencial;

(D) de absorção.

As atividades relacionadas com minerais nucleares são exploradas pela União em regime de monopólio (art. 177, V, da CF), também chamado de **regime de absorção**, porque nele o Estado absorve toda a atividade econômica, exercendo-a com exclusividade.

Gabarito "D"

(MPF – 23º) Considerando a intervenção do estado no domínio econômico, assinale a alternativa correta:

(A) quando o Estado intervém no domínio econômico praticando "ato econômico", seja direta ou indiretamente, ele se faz empresário, com o intuito de participar da economia de mercado ao lado dos entes particulares com eles concorrendo. Por isso, submete-se às mesmas normas de direito que os particulares, porque também visa, tanto quanto esses, a obtenção de lucros.

(B) o modelo do Estado liberal admite os princípios de liberdade de iniciativa, liberdade de concorrência e não intervenção estatal no domínio econômico, desde que a economia esteja organizada e o mercado funcionando equilibradamente.

(C) o modelo econômico brasileiro, na forma em que previsto no art. 173 e parágrafos da Constituição Federal, é capitalista, fundado na livre-iniciativa, mas com previsão da possibilidade de intervenção do Estado na economia.

(D) o artigo 173, § 4º, da Constituição Federal assevera que deverão ser reprimidas as práticas consistentes em abuso do poder econômico que visem: (i) domínio dos mercados; (ii) eliminação da concorrência; e (iii) aumento arbitrário de lucros. Tal norma encerra em *numerus clausus* as hipóteses de abuso do poder econômico.

A: incorreta. Na intervenção **indireta** do Estado na economia, ele não se coloca em igualdade com os agentes privados e, portanto, não atua em regime de concorrência. Nesses casos, ao contrário, muitas vezes ele se utiliza de seu poder normativo para incentivar ou desincentivar determinadas condutas econômicas. Exemplo de intervenção indireta é a regulação de mercados por meio das agências reguladoras; **B:** incorreta. Os princípios elencados não importam, na ordem econômica liberal, qualquer tipo de condicionante, exceto aquelas previstas na própria Constituição. O equilíbrio econômico não é uma hipótese que autoriza a intervenção estatal direta na economia; **C:** correta. No modelo capitalista brasileiro, de notória inclinação neoliberal, é permitida a intervenção direta do Estado na economia em caso de imperativos de segurança nacional ou relevante interesse coletivo, nos termos do art. 173 da CF; **D:** incorreta. As infrações à ordem econômica são previstas **exemplificativamente** pelo art. 36, § 3º, da Lei Antitruste.

Gabarito "C"

(MPF – 21º) Aponte a atuação direta do Estado em regime concorrencial:

(A) Banco do Brasil;

(B) Empresa Brasileira dos Correios e Telégrafos;

(C) Petróleo Brasileiro S.A – Petrobras;

(D) assunção de gestão da empresa privada.

A: correta. O Banco do Brasil é uma sociedade de economia mista que atua em concorrência com todas as demais instituições financeiras privadas; B e **C:** incorretas. Os Correios (empresa pública) e a Petrobras (sociedade de economia mista) exploram atividades econômicas protegidas por monopólio constitucional (art. 21, X, e art. 177, ambos da CF, respectivamente), portanto não atuam em concorrência com agentes privados; **D:** incorreta. Quando a União assume a gestão de uma empresa privada, nas hipóteses legais, não o faz para atuar em concorrência com outras empresas, mas sim para alcançar um fim social.

Gabarito "A"

(MPF – 20º) Indique os meios diretos de que pode lançar mão o Estado na condução de sua política econômica ante o modelo adotado pela Constituição Federal:

(A) instrumentos de finanças públicas;

(B) instrumentos monetários e creditícios;

(C) instrumentos cambiais

(D) o contingenciamento do comercio exterior e assunção de atividade empresarial.

A, **B** e **C:** incorretas, porque se referem a instrumentos de intervenção **indireta** do Estado no domínio econômico, ou seja, decisões políticas que incentivam ou desincentivam determinadas práticas econômicas por parte dos agentes particulares, mas sem vinculá-los; **D:** correta. Aqui, sim, temos hipóteses de intervenção **direta** do Estado na economia.

Gabarito "D"

(MPF – 18º) A intervenção direta do Estado no setor econômico pode ocorrer mediante:

(A) assunção de gestão da empresa privada, passando a dirigi-la, quando interesses de ordem social o exijam e com o intuito de normalizar o seu funcionamento;

(B) políticas econômicas de salvaguarda,como regulação demográfica, de provisionamento de gêneros alimentícios;

(C) políticas de crescimento equilibrado, da poupança, do crédito e do emprego;

(D) políticas monetárias, orçamentária e de rendas.

A única alternativa que apresenta uma hipótese de intervenção direta do Estado na economia é a letra "A". Trata-se de hipótese excepcional, possível apenas em determinados setores – por exemplo, na intervenção do Banco Central em instituições financeiras. Todas as demais trazem modalidades de intervenção **indireta** do Estado no domínio econômico.

Gabarito "A"

(MPF – 16º) O ato governamental que impõe proibição de exportação a certo produto, impedindo o exportador de cumprir compromisso com a empresa contratada, quanto ao seu conteúdo, conceitua-se como ato de:

(A) direito administrativo;

(B) direito econômico;

(C) direito comercial;

(D) direito das finanças.

O candidato deve atentar-se àquilo que pede o enunciado. Trata-se, quanto **à forma**, notadamente de um ato administrativo. Porém, a pergunta foi em relação ao **conteúdo**, o qual é de direito econômico, porque representa uma intervenção do Estado na economia com reflexos contratuais. Correta, portanto, a alternativa "B", Não se trata de ato de direito empresarial (ou comercial, na terminologia antiga) porque esse tem natureza de direito privado, não comportando, em seu estudo, atos administrativos. O direito financeiro, por sua vez, cuida das transferências de recursos entre os entes federados e a aplicação do dinheiro público.

Gabarito "B"

(MPF – 16º) O Estado, quando assume o controle de parte dos meios de atividade econômica em sentido estrito, atua

(A) em regime de monopólio;

(B) em regime de competição;

(C) em regime de intervenção por direção ou indução;

(D) nenhuma alternativa é correta.

A: incorreta. Se o Estado assumiu apenas **parte** dos meios da atividade econômica, não podemos estar diante de um monopólio, modelo no qual existe apenas um fornecedor de determinado produto ou serviço; **B:** correta. Ao assumir parte dos meios de produção voltados à exploração de atividade econômica em sentido estrito, o Estado atuará ao lado dos demais agentes econômicos privados ali atuantes em regime de competição, não podendo gozar de privilégios específicos (art. 173, § 2º, da CF); **C:** incorreta. Intervenção por indução e por direção são modalidades de intervenção indireta do Estado na economia. A exploração de atividade econômica em sentido estrito é hipótese de intervenção direta; **D:** incorreta, porque a alternativa "B" está certa.

Gabarito "B"

(MPF – 15º) A intervenção indireta do Estado no domínio econômico é exercitada mediante:

(A) expedição de legislação regulamentadora nos diversos níveis hierárquicos das pessoas jurídicas públicas;

(B) prestação de serviços públicos sob regime de concessão ou permissão;

(C) empresa pública em setor considerado deficitário;

(D) os processos e procedimentos instaurados pelo Conselho Administrativo de Defesa Econômica.

A atuação **indireta** do Estado no domínio econômico é exercitada de duas maneiras: tributação, mediante a criação, majoração ou diminuição de tributos específicos com vistas a incentivar ou desaquecer determinado mercado; e regulação, consistente na utilização do poder normativo do Estado através de normas de observância obrigatória ou facultativa por parte dos agentes econômicos. Correta, portanto, a alternativa "A". As demais elencam hipóteses de intervenção direta do Estado no domínio econômico.

Gabarito "A"

(MPF – 14º) De acordo com a Lei Magna, o monopólio estatal:

(A) não pode ser estabelecido por lei federal;

(B) pode ser estabelecido por lei federal a fim de organizar setor que não possa desenvolver-se com eficácia sob o regime de competição e de liberdade de iniciativa;

(C) pode ser estabelecido por lei complementar quando indispensável por motivo ou segurança nacional;

(D) somente pode ser estabelecido por lei complementar para atribuir aos Estados membros a exploração direta, ou mediante concessão, de serviços locais considerados essenciais.

Por se tratar de uma exceção aos princípios da livre-iniciativa e da livre concorrência, ambos com *status* constitucional (art. 170, *caput* e inciso IV, da CF), apenas a própria Lei Maior pode estabelecer hipóteses de monopólio estatal, sendo vedada a edição de lei de qualquer espécie nesse sentido.

Gabarito "A"

(MPF – 13º) Indique a alternativa correta:

(A) No regime de livre concorrência, o Estado participa na economia mediante controle de preços;

(B) A Constituição Federal, não podendo a atividade estatal atender a certa demanda, permite o monopólio privado no setor deficitário da economia;

(C) À União é permitido, em condições especiais, estabelecer concessão na exploração de gás natural;

(D) Constituem instrumentos de participação do Estado na economia: a empresa pública e a sociedade de economia mista;

A: incorreta. A livre concorrência, para ser livre, pressupõe que não haja qualquer tipo de intervenção estatal na economia, principalmente sobre a fixação dos preços; **B:** incorreta. As únicas hipóteses de monopólio especificamente autorizadas pela CF são aquelas listadas no art. 177 da CF, todas ligadas a setores estratégicos, como o petróleo e materiais nucleares; **C:** incorreta na época de sua elaboração. Esse concurso foi elaborado antes da edição da Emenda Constitucional nº 9/1995, a qual passou a permitir a pesquisa e a lavra das jazidas de petróleo e gás natural por particulares mediante concessão (art. 177, § 1º, da CF); **D:** correta. Dentre as diversas modalidades de intervenção do Estado na economia, a exploração direta de atividade econômica é bastante comum e é realizada pela constituição de pessoas jurídicas de direito privado controladas pelo Estado, que são a empresa pública e a sociedade de economia mista.

Gabarito "D"

(MPF – 13º) Na ordem econômica o denominado dirigismo estatal nas relações contratuais:

(A) busca fazer observar o princípio da autonomia da vontade à vista de que todos são iguais perante a lei;

(B) objetiva estabelecer a igualdade de fato em desprezo a uma igualdade jurídica, mesmo à custa da restrição à autonomia da vontade para proteger a parte economicamente mais fraca;

(C) é inaplicável em razão do princípio da obrigatoriedade do contrato, assentado no sistema da livre-iniciativa;

(D) somente tem aplicação se o produto, objeto do contrato, encontrar-se em período de escassez;

Chama-se dirigismo estatal a possibilidade do Estado intervir nas relações jurídicas com vistas a estabelecer em seu âmbito uma igualdade real entre as partes, superando a mera igualdade formal (igualdade perante a lei) prevista no art. 5º da CF. Isso ocorre, por exemplo, no campo do Direito do Trabalho e do Direito do Consumidor.

Gabarito "B"

3. ATIVIDADE ECONÔMICA E SERVIÇO PÚBLICO

(MPF – 19º) A Constituição Federal, no artigo 173, disciplina:

(A) prestação de serviço público preferencialmente para atender a necessidades essenciais;

(B) prestação de serviço público, mediante permissão, para atender relevante interesse coletivo;

(C) atividade econômica em sentido amplo;

(D) atividade econômica em sentido estrito.

Atividade econômica em sentido amplo é qualquer forma de produção ou circulação de produtos ou serviços na sociedade, tenha ou não finalidade lucrativa. Ela se subdivide, basicamente, em serviços públicos e atividade econômica em sentido estrito, entendida essa como a prestada usualmente por particulares, com fim de lucro. No regime da livre-iniciativa, adotado pela ordem econômica nacional (art. 170 da CF), cabe ao Estado precipuamente a prestação de serviços públicos, enquanto os particulares exercem a atividade econômica em sentido estrito. Portanto, quando o art. 173 se refere a "atividade econômica", indicando as hipóteses excepcionais nas quais o Estado poderá prestá-la diretamente, somente pode se compreender a atividade econômica em sentido estrito. Afinal, para a prestação de serviços públicos (que integram a atividade econômica em sentido amplo), não haveria necessidade de autorização.

Gabarito "D"

(MPF – 15º) Distingue-se a atividade econômica de serviço público:

(A) por ser o serviço público desenvolvido exclusivamente pelo setor público;

(B) por ser a atividade econômica desenvolvida, no regime da livre-iniciativa, pelo setor privado;

(C) pelo fato de o serviço público poder ser prestado preferencialmente mediante concessão ou permissão;

(D) nenhuma alternativa é correta.

A: incorreta. Agentes privados também podem prestar serviços públicos, mediante permissão ou concessão; **B:** incorreta. O setor público, excepcionalmente, exerce atividade econômica lucrativa, conforme imperativos de segurança nacional ou relevante interesse coletivo (art. 173 da CF); **C:** incorreta. O serviço público é prestado, preferencialmente, pelo Estado; **D:** correta, conforme os comentários anteriores.

Gabarito "D"

(MPF – 15º) O disposto no art. 173 da Constituição Federal compreende:

(A) atividade econômica em sentido amplo;

(B) prestação de serviço público preferencialmente para atender a necessidades essenciais;

(C) prestação de serviço público, mediante permissão para atender a relevante interesse coletivo;

(D) atividade econômica em sentido estrito.

Atividade econômica em sentido amplo é qualquer forma de produção ou circulação de produtos ou serviços na sociedade, tenha ou não finalidade lucrativa. Ela se subdivide, basicamente, em serviços públicos e atividade econômica em sentido estrito, entendida essa como a prestada usualmente por particulares, com fim de lucro. No regime da livre-iniciativa, adotado pela ordem econômica nacional (art. 170 da CF), cabe ao Estado precipuamente a prestação de serviços públicos, enquanto os particulares exercem a atividade econômica em sentido estrito. Portanto, quando o art. 173 se refere a "atividade econômica", indicando as hipóteses excepcionais nas quais o Estado poderá prestá-la diretamente, somente pode se compreender a atividade econômica em sentido estrito. Afinal, para a prestação de serviços públicos (que integram a atividade econômica em sentido amplo), não haveria necessidade de autorização.

Gabarito "D"

4. SISTEMA BRASILEIRO DE DEFESA DA CONCORRÊNCIA – SBDC. LEI ANTITRUSTE

(MPF – 26º) Sobre a concentração econômica e o abuso de poder econômico é correto afirmar que:

(A) O monopólio natural no setor de infraestrutura com alto custo de produção representa prejuízo aos agentes econômicos e custos elevados para os consumidores e por isso, é combalido pelo sistema brasileiro de defesa da concorrência:

(B) O monopólio ocorre quando existe um grande comprador de determinada mercadoria, em geral matéria-prima, e o preço é determinado em grande medida por ele e não pelo vendedor;

(C) O cartel se caracteriza pela celebração de acordo vertical entre agentes econômicos que desenvolvem suas atividades em mercados relevantes diversos, mas complementares

(D) De acordo com a Lei 12.529/11, a possibilidade de impor preços não equitativos ao mercado é uma das características da posição dominante. Entretanto, apenas constitui infração à ordem econômica a fixação artificial do preço acima do custo, por ser prejudicial ao consumidor, a fixação do preço abaixo do custo, *a contrario sensu* não pode ser considerada infração à ordem econômica.

A: incorreta. O monopólio natural ocorre quando uma só empresa consegue ofertar um produto ou serviço a um mercado inteiro com custos e preços menores do que se houvesse vários fornecedores. São exemplos a distribuição de água e de energia elétrica. Esse monopólio, por suas características, é totalmente lícito, porque é uma consequência natural de determinados mercados e é benéfico aos consumidores; **B:** correta. Monopólio é o equivalente do monopólio, porém sob o prisma do consumidor. Trata-se de mercado onde existe apenas um grande comprador de determinado produto, o que lhe dá grande poder econômico para determinar as condições de oferta do bem; **C:** incorreta. O cartel é considerado uma concentração **horizontal**, na qual diversos fornecedores antes concorrentes celebram acordos para ajustar preços e condições de oferta sobre seus produtos, lesando a concorrência e os consumidores; **D:** incorreta. A parte final da alternativa está invertida. A infração à ordem econômica decorre da fixação de preços **abaixo** do preço de custo, prática conhecida como *dumping* (art. 36, § 3º, XV, da Lei Antitruste).

Gabarito "B"

(MPF – 25º) O conceito de "mercado relevante", usado no direito concorrencial:

(A) Faz referencia à importância relativa de um mercado em comparação a outro, para efeito da imposição de sanção, como no caso do mercado de medicamentos, que é mais relevante do que o mercado de brinquedos, por exemplo.

(B) É utilizado para referir-se ao espaço geográfico onde determinada conduta possa causar impacto.

(C) É utilizado para referir-se ao tipo de produto ou de serviço que teria sido afetado pela prática de abuso de poder econômico sob investigação.

(D) As respostas b) e c) estão corretas.

Segundo o CADE, o mercado relevante constitui-se de "um produto ou grupo de produtos e uma área geográfica em que tal(is) produto(s) é(são) produzido(s) ou vendido(s), de forma que uma firma monopolista poderia impor um pequeno, mas significativo e não transitório aumento de preços, sem que com isso os consumidores migrassem para o consumo de outro produto ou comprassem em outra região. Esse é chamado teste do monopolista hipotético e o mercado relevante é definido como sendo o menor mercado possível em que tal critério é satisfeito." (disponível em <www.cade.gov.br>). Do conceito podemos extrair a existência de um **mercado relevante geográfico**, constituído do aspecto espacial da análise concorrencial, ou seja, o território em que a concorrência é examinada; e um **mercado relevante de produto ou serviço**, que considera a existência de produtos ou serviços substitutos àquele que se analisa a situação da concorrência.

Gabarito "D"

(MPF – 25º) A prática ilícita conhecida como "venda casada", prevista tanto no art. 36, § 3º, XVIII, da Lei Antitruste, como no art. 39, I, do Código do Consumidor:

(A) É rigorosamente o mesmo ilícito, podendo ser punida alternativamente por uma ou por outra Lei.

(B) É distinta em uma e outra lei, pois pressupõe abuso de poder de mercado, na Lei Antitruste, enquanto que não tem tal pressuposto no Código do Consumidor.

(C) É distinta em uma e outra lei, em função da competência distinta das autoridades incumbidas de investigar e punir.

(D) Nenhuma das alternativas acima está correta.

A despeito de se referirem à mesma prática, as previsões sobre a "venda casada" têm pressupostos diferentes. No CDC, ela é punida objetivamente (independentemente de dolo ou culpa) e mesmo que não ocorra qualquer resultado danoso ao consumidor, ou seja, o prejuízo às relações de consumo é presumido. Já na Lei Antitruste, ela será considerada uma infração à ordem econômica somente se acarretar, real ou potencialmente, um dos resultados prejudiciais à concorrência previstos no art. 36, *caput*, da Lei nº 12.529/2011.

Gabarito "B"

(MPF – 25º – Adaptada) Se uma empresa, com faturamento anual acima de R$ 400 milhões, adquire uma outra empresa:

(A) Essa operação deverá necessariamente ser submetida à aprovação do CADE.

(B) Essa operação somente deverá ser submetida ao CADE se a empresa adquirida for concorrente.

(C) Essa operação somente deverá ser submetida ao CADE se a empresa adquirida tiver faturamento anual acima de R$ 30 milhões.

(D) Essa operação pode ser realizada bastando ser autorizada previamente pelo Ministério Público Federal.

Nos termos do art. 88 da Lei Antitruste, dependerão de prévia aprovação do CADE para terem validade os atos de concentração econômica nos quais, cumulativamente, pelo menos um dos envolvidos tenha faturamento anual igual ou superior a R$400 milhões **e** pelo menos um dos outros envolvidos tenha faturamento anual igual ou superior a R$30 milhões.

Gabarito "C"

(MPF – 25º) A competência do CADE:

(A) Compreende o poder de decidir conflitos intersubjetivos de interesse entre concorrentes, envolvendo questões concorrenciais.

(B) Não compreende o poder de decidir quaisquer conflitos intersubjetivos de interesse entre concorrentes.

(C) Não se aplica aos entes públicos estaduais e municipais, pois o CADE é uma autarquia federal.

(D) Também é exercida na solução de infrações ao Código do Consumidor.

O CADE é o órgão regulador e o guardião do princípio da livre concorrência no Brasil. Sua função não é resolver conflitos concorrenciais entre particulares, mas fiscalizar a atuação dos agentes econômicos para impedir e, se o caso, punir atos que consistam em infrações à ordem econômica, ou seja, que firam o direito difuso à livre concorrência. Sua competência envolve todo e qualquer ato econômico praticado no território nacional, inclusive em relação a entes estaduais e municipais (art. 2º da Lei Antitruste), mas não se imiscui nas questões relativas a relações de consumo previstas no CDC.

Gabarito "B"

(MPF – 25º) Indique a única alternativa correta:

(A) O CADE é o órgão de cúpula do SNDC.

(B) O DPDC reporta diretamente ao CADE.

(C) O MPF tem competência concorrente com o CADE para aprovar os atos de concentração econômica.

(D) Deter o monopólio de determinado mercado não é uma violação *per se* à Lei Antitruste.

A: incorreta. SNDC é a sigla para Sistema Nacional de Defesa do Consumidor, que o CADE não integra. O CADE é órgão inserido no SBDC – Sistema Brasileiro de Defesa da Concorrência, que integra juntamente com a Secretaria de Acompanhamento Econômico do Ministério da Fazenda (art. 3º da Lei Antitruste); **B:** incorreta. O DPDC – Departamento de Proteção e Defesa do Consumidor – reporta-se ao Ministério da Justiça, do qual faz parte, não tendo qualquer relação com o CADE; **C:** incorreta. O MPF não detém competência para aprovar atos de concentração econômica. Tal tarefa cabe exclusivamente ao CADE; **D:** correta. Há diversos tipos de monopólio na economia: monopólio legal (imposto pela própria CF – art. 177, por exemplo); monopólio incidental (resultado da maior eficiência de um agente econômico sobre os demais); monopólio natural (quando uma só empresa consegue ofertar um produto ou serviço a um mercado inteiro com custos e preços menores do que se houvesse vários fornecedores); e monopólio por abuso de poder econômico (resultado de atos de concentração econômica tendentes a eliminar a concorrência). Somente a última hipótese é considerada uma infração à ordem econômica.

Gabarito "D"

(MPF – 25º) Se determinada operação realizada por empresa causar restrição à concorrência:

(A) Essa operação será considerada uma infração antitruste.

(B) Essa operação poderá ser considerada lícita, dependendo das eficiências que ocasionar.

(C) Essa operação será considerada lícita, se realizada por uma empresa estatal em regime de monopólio legal.

(D) Essa operação será considerada lícita se não houver oposição pelos demais concorrentes nesse mesmo mercado.

Um ato de concentração econômica que cause limitações à concorrência, mesmo assim, pode ser autorizado pelo CADE e considerado lícito se as vantagens sociais dele advindas suplantarem os prejuízos à livre concorrência. Esses critérios estão estabelecidos no art. 88, § 6º, da Lei Antitruste e determinam a possibilidade de autorização do ato que: aumentem a produtividade ou competitividade, **ou** melhorem a qualidade de bem ou serviço, **ou** propiciem a eficiência e o desenvolvimento tecnológico ou econômico **e** sejam repassados aos consumidores parte relevante dos benefícios decorrentes.

Gabarito "B"

(MPF – 25º) Um acordo de preços entre empresas concorrentes:

(A) Será lícito, se se tratar apenas de preço sugerido.

(B) Será lícito, se for um acordo de preços máximos.

(C) Será lícito, se autorizado previamente pela respectiva associação de classe, por unanimidade.

(D) Será considerado ilegal, como regra.

A prática constitui, em tese, um cartel, repudiado pelo ordenamento jurídico como infração à ordem econômica nos termos do art. 36, § 3º, I, "a", da Lei Antitruste. Vale lembrar que a caracterização da infração depende da ocorrência, efetiva ou potencial, de um dos resultados danosos previstos no *caput* do art. 36, por isso está correta a alternativa "D" ao fazer a ressalva "como regra".

Gabarito "D"

(MPF – 24º) O sistema da lei antitruste brasileira, no que toca à infração da ordem econômica:

(A) adota a caracterização da ilicitude da prática dos atos pelos efeitos que vier a produzir;

(B) agasalha a configuração da ilicitude dos atos tão só pela sua tipicidade;

(C) é um sistema híbrido que, por um lado, adota a caracterização da ilicitude dos atos pela sua tipificação e, por outro, a configuração do ilícito dá-se pelo objeto ou efeito;

(D) consideradas isoladamente, as alternativas acima estão incorretas.

A Lei Antitruste brasileira optou por um sistema híbrido, que reúne as características dos sistemas europeu e americano de defesa da concorrência. Em território nacional, as infrações à ordem econômica são tipificadas tanto pelos efeitos nefastos causados quanto pela simples prática da conduta antieconômica. É o que se depreende do art. 36 da Lei nº 12.529/2011, quando diz "atos sob qualquer forma manifestados, que tenham por objeto ou possam produzir os seguintes efeitos, **ainda que não sejam alcançados**".

Gabarito "C"

(MPF – 24º) Constitui infração à ordem econômica:

(A) imposição de preços abaixo do custo;

(B) oferta de brindes e descontos promocionais que determinam a comercialização do produto com preço abaixo do seu custo;

(C) agente econômico desenvolve tecnologia de ponta em sua produção o que obriga aos concorrentes a efetuarem investimentos com vistas a desenvolverem ou adquirirem tecnologia semelhante e consequente aumento dos custos;

(D) a vinculação da prestação de um serviço à aquisição de um bem, distintos, e o prestador detém um certo grau de poder de mercado.

A: incorreta. A despeito da redação lacônica da alternativa, o que pode induzir a erro o candidato, a venda de bens abaixo do preço de custo somente configura infração à ordem econômica se a prática for injustificada (art. 36, § 3º, XV, da Lei Antitruste); **B:** incorreta. A existência de brindes ou descontos constitui justificativa suficiente para a redução global do preço, o que afasta a infração; **C:** incorreta. Trata-se de um processo natural do mercado, que não constitui qualquer infração à ordem econômica; **D:** correta, nos termos do art. 36, § 3º, XVIII, da Lei Antitruste.

Gabarito "D"

(MPF – 24º – Adaptada) Aponte a alternativa certa:

(A) na hipótese de agentes econômicos detentores do monopólio, o mercado relevante nem sempre coincidirá com seu mercado de atuação exclusiva;

(B) delimita-se, segundo a Lei 12.529/11, o mercado relevante de um bem ou serviço, mediante identificação das relações (concretas, ainda que potenciais) de concorrência de que participa o agente econômico, levando em conta o mercado relevante geográfico e o mercado relevante material, ou mercado do produto.

(C) a Lei 12.529/11 é uma lei de caráter especial que visa disciplinar o comportamento dos agentes que atuam no domínio econômico, de maneira repressiva;

(D) pelo texto constitucional (Da Ordem Econômica e Financeira) deve imperar a livre concorrência, de forma geral nos mercados. Assim, eventual isenção em bloco que permita prática restritiva da concorrência, mediante leis específicas, não pode prevalecer sobre a regra geral.

A: incorreta. Segundo o CADE, o mercado relevante constitui-se de "um produto ou grupo de produtos e uma área geográfica em que tal(is) produto(s) é(são) produzido(s) ou vendido(s), de forma que uma firma monopolista poderia impor um pequeno, mas significativo e não transitório aumento de preços, sem que com isso os consumidores migrassem para o consumo de outro produto ou comprassem em outra região. Esse é chamado teste do monopolista hipotético e o mercado relevante é definido como sendo o menor mercado possível em que tal critério é satisfeito." (disponível em <www.cade.gov.br>). Do conceito podemos extrair a existência de um **mercado relevante geográfico**, constituído do aspecto espacial da análise concorrencial, ou seja, o território em que a concorrência é examinada; e um **mercado relevante de produto ou serviço**, que considera a existência de produtos ou serviços substitutos àquele que se analisa a situação da concorrência. Em caso de monopólio, é consectário lógico que o mercado relevante geográfico coincida com a área de atuação exclusiva, porque é nela em que o monopolista pode exercer seu poder de mercado; **B:** correta, nos termos do comentário à alternativa anterior; **C:** incorreta. A Lei Antitruste tem por objeto a defesa da concorrência e não a intervenção no domínio econômico. Ela não disciplina comportamentos compulsórios por parte dos agentes econômicos, mas prevê condutas reprováveis que podem ser objeto de sanção administrativa; **D:** incorreta. O Brasil adota o sistema da concorrência-meio, segundo o qual a concorrência não é um fim a ser defendido a qualquer custo, mas um meio, um instrumento para se alcançar o melhor resultado econômico possível. Nesses termos, havendo outros caminhos para um resultado econômico ainda melhor, a livre concorrência pode ser relativizada.

Gabarito "B"

(MPF – 23º) Sobre o "compromisso de cessação" pode-se afirmar que:

(A) constitui um corolário do "compromisso de desempenho" previsto no art. 58 da Lei n. 8.884/94.

(B) constitui titulo executivo judicial

(C) é um instrumento de composição de conflitos concorrenciais.

(D) é um instrumento ajustado em face do reconhecimento da ilicitude da conduta analisada administrativamente.

A: incorreta. Vale lembrar que o 23º concurso do Ministério Público Federal foi realizado em 2007, antes, portanto, do advento da nova Lei Antitruste. Sem embargo, a mudança legislativa não impôs alteração no gabarito. A Lei nº 12.529/11 não manteve no ordenamento jurídico o "compromisso de desempenho" previsto na legislação anterior, com ele não se confundindo o compromisso de cessação de prática previsto nos arts. 85 e ss. da nova Lei Antitruste; **B:** incorreta. O compromisso de cessação de prática é um título executivo **extrajudicial** (art. 85, § 8º, da Lei Antitruste); **C:** correta. O compromisso de cessação de prática presta-se a suspender o procedimento administrativo de investigação ou de imposição de sanções por infrações à ordem econômica, consistente na assunção de obrigações pelo agente econômico investigado no sentido de recompor ou minorar os efeitos danosos da prática anticoncorrencial por ele praticada (art. 85, *caput*, da Lei Antitruste); **D:** incorreta à época de sua elaboração. O compromisso de cessação de prática não importava em confissão quando a prova foi elaborada. Entretanto, em março de 2013, foi alterado o Regimento Interno do CADE para ficar determinado, em seu art. 185, que o compromisso de cessação somente será aceito se for acompanhado do reconhecimento da prática lesiva.

Gabarito "C"

(MPF – 21º) É <u>correto</u> assinalar que:

(A) a repressão aos altos lucros, em princípio, constitui incentivo à concorrência e à livre-iniciativa por sinalizar grau de regular competitividade do mercado, sem possibilidade de práticas de abusos;

(B) fixação de preços por meio de acordo, de per si, não é considerada, pela lei antitruste, conduta anticompetitiva;

(C) cláusula contratual de exclusividade revela infração à ordem econômica;

(D) "subordinar a venda de um bem à aquisição de outro ou à utilização de um serviço, ou subordinar a prestação de um serviço à utilização de outro ou à aquisição de um bem", encerra relação meramente concorrencial.

A: incorreta. A Lei Antitruste não reprime os altos lucros, mas sim o seu **aumento arbitrário** (art. 36, III, da Lei nº 12.529/2011), ou seja, a elevação das margens de lucro sem respaldo econômico. Um exemplo comum é a elevação do preço de determinado produto ou serviço sem que tenha havido qualquer aumento nos custos de produção; **B:** correta. A alternativa cobrou a mera memorização do candidato. Apesar de extremamente improvável a hipótese, teoricamente a afirmação está correta. Não é o ajuste de preços, individualmente considerado, que é punido como infração à ordem econômica. Ele deve ser acompanhado de um dos resultados, ainda que meramente potencial, previstos no *caput* do art. 36 da Lei Antitruste. Ocorre que é bastante complicado conceber um acordo de preços entre concorrentes que não tenha como objetivo prejudicar a livre concorrência ou aumentar arbitrariamente os lucros; **C:** incorreta. A prática é, a *priori*, permitida. Não há previsão expressa sobre sua proibição. Não se pode perder de vista, contudo, que a enumeração de infrações à ordem econômica pela Lei Antitruste é exemplificativa. Qualquer conduta que conduza aos resultados nefastos do art. 36 poderá ser considerada ilícita pelo direito concorrencial; **D:** incorreta. A conduta é descrita como infração à ordem econômica pelo art. 36, § 3º, XVIII, da Lei Antitruste. Aqui nossa crítica ao gabarito oficial fica ainda mais patente. Da mesma forma que o ajuste de preços, a "venda casada" também deve estar associada a um resultado prejudicial do *caput* do art. 36 para ser considerada ilícita, situação que não foi mencionada nessa alternativa.

Gabarito "B"

(MPF – 21º) A infringência da ordem econômica importa responsabilidade:

(A) da empresa;

(B) da empresa e, em caráter subsidiário, individual, de seus dirigentes ou administradores;

(C) empresa e, como substitutos, dos seus dirigentes ou administradores;

(D) solidária da empresa e de seus dirigentes ou administradores.

Nos termos do art. 32 da Lei Antitruste, as infrações à ordem econômica implicam a responsabilidade da empresa e de seus dirigentes e administradores solidariamente.

Gabarito "D"

(MPF – 21º – Adaptada) Ante o artigo 36, da lei 12.529/11, é correto afirmar que:

(A) se adotou a responsabilidade objetiva mitigada por prever-se ação, sem efeito danoso, na cláusula "ainda que não sejam alcançados";

(B) a tipificação das condutas violadoras da ordem econômica é taxativa em respeito ao princípio da reserva legal.;

(C) o titular dos bens protegidos é o Estado que, por imperativo constitucional com os instrumentos nela previstos, busca assegurar a todos existência digna no rumo da justiça social;

(D) a imposição de preços excessivos ou aumentar sem justa causa, o preço do bem ou serviço não há de ser punível, em qualquer circunstância.

A: incorreta. A Lei Antitruste adota a teoria da responsabilidade objetiva pura, bastando a conduta antieconômica, ainda que sem dolo ou culpa ou resultados concretos, para a punição dos agentes; **B:** incorreta. A enumeração das infrações à ordem econômica é exemplificativa, o que se conclui pela expressão "além de outras" inserida no § 3º do art. 36 da Lei Antitruste; **C:** incorreta. O titular dos bens protegidos pela Lei Antitruste é a coletividade (art. 1º, parágrafo único), classificando-se como um direito difuso; **D:** correta. Não são os preços excessivos ou seu aumento injustificado, individualmente considerados, que são punidos como infrações à ordem econômica. Eles devem ser considerados **arbitrários**, ainda que de forma meramente potencial, conforme previsto no inciso III do *caput* do art. 36 da Lei Antitruste. Ocorre que é bastante complicado conceber um aumento sem justa causa dos preços que não redunde em um aumento arbitrário dos lucros. Todavia, ao menos teoricamente, a alternativa está correta.

Gabarito "D"

(MPF – 20º) Os atos de concorrência desleal puramente considerados caracterizam-se como:

(A) abuso do poder econômico;

(B) condutas indenizáveis pela via civil e eventualmente reprimíveis por meio da ação penal privada;

(C) abuso do poder econômico porque o bem jurídico diretamente tutelado é o consumidor;

(D) todas as alternativas anteriores estão corretas.

O candidato precisa sempre ter o cuidado de não confundir infrações à ordem econômica com atos de concorrência desleal. As primeiras são infrações administrativas, puníveis pelo CADE e previstas no art. 36 da Lei Antitruste; os segundos são ilícitos civis caracterizados por atos de desvio de clientela que, eventualmente, configuram crimes de ação penal privada previstos no art. 195 da Lei nº 9.279/96, cuja punição, portanto, é privativa do Poder Judiciário.

Gabarito "B"

(MPF – 20º) Quando agentes revendedores de derivados do petróleo se acertam para estabelecer preços uniformes desses produtos, em determinada região, essa prática:

(A) não se configura como infringente da Lei Antitruste eis que esses acordos partem de pequenos agentes detentores de reduzido poder econômico atuante em restrito setor da economia;

(B) conceitua-se, segundo os mercados relevantes em que atuam, como acordo vertical;

(C) constitui atuação cartelizada, visto que pode eliminar ou diminuir a concorrência;

(D) não constitui cartel por lhe faltar o fato durabilidade.

A: incorreta. O mercado de derivados de petróleo é controlado por grandes empresas multinacionais, as quais detêm elevadíssimo poder de mercado diante do oligopólio que operam; **B:** incorreta. Acordos verticais, ou trustes, são atos de concentração econômica que reúnem sob um só controle todas as etapas de uma cadeia produtiva. Exemplo: o mesmo grupo econômico controla uma refinaria de petróleo, uma transportadora, uma corretora para intermediação das vendas e uma rede de postos de combustíveis; **C:** correta. O ajuste de preços entre diversos agentes econômicos constitui ato de concentração horizontal, também conhecido como cartel; **D:** incorreta. O cartel não depende de durabilidade para se caracterizar: basta o conluio entre os agentes econômicos sobre determinado preço ou condição de venda dos produtos, ainda que por um período de tempo determinado, para configurar a infração à ordem econômica. Além disso, o enunciado não faz qualquer referência à duração do acordo celebrado no caso em exame.

Gabarito "C"

(MPF – 18º) Constitui violação à ordem econômica:

(A) subordinar a venda de um bem à utilização de um serviço;

(B) vender mercadoria sem margem de lucro;

(C) recusar, mesmo que justificadamente, a venda de bens e a prestação de serviços;

(D) nenhuma das assertivas acima é verdadeira.

A: correta, nos termos do art. 36, § 3º, XVIII, da Lei Antitruste; **B:** incorreta. A venda sem margem de lucro não é vedada. A prática proibida pelo art. 36, § 3º, XV, da Lei Antitruste, é conhecida como *dumping* e se caracteriza pela venda do bem **abaixo do preço de custo**, ou seja, com prejuízo para o vendedor, o que é diferente de não ter lucro; **C:** incorreta. Havendo justificativa, a prática não será coibida (art. 36, § 3º, XI, da Lei Antitruste); **D:** incorreta, porque a alternativa "A" está certa.

Gabarito "A"

(MPF – 18º) Define-se como prática ilícita tipificada na lei antitruste:

(A) redução, em larga escala, da produção;

(B) aumento de lucros;

(C) venda abaixo do preço de custo;

(D) promoção de conduta concertada.

A nosso ver, essa questão deveria ter sido anulada. Isso porque todas as alternativas apresentam condutas anticoncorrenciais proibidas pela Lei Antitruste. Vejamos. **A:** a redução em larga escala da produção constitui exercício abusivo de posição dominante (art. 36, IV, da Lei Antitruste); **B:** o aumento arbitrário dos lucros está previsto no art. 36, III, da Lei Antitruste; **C:** a venda abaixo do preço de custo é proibida pelo art. 36, § 3º, XV, da Lei Antitruste; **D:** a conduta concertada com vistas à fraudar a concorrência é coibida pelo art. 36, § 3º, II, da Lei Antitruste. Argumentar que as alternativas não apresentam a transcrição literal das condutas tipificadas (exemplo: aumento **arbitrário** dos lucros, venda **injustificada** abaixo do preço de custo) é ofender o candidato que tanto se prepara para prestar uma prova do porte do Ministério Público Federal.

Gabarito "D"

(MPF – 18º) Para viabilizar a realização de uma determinada prática econômica, ainda que restritiva da concorrência, afastando-se óbices legais à sua concretização, com vistas, por exemplo, a propiciar aumento do grau de competividade, adota-se, segundo a lei antitruste:

(A) a regra da razão (na tradição norte-americana);

(B) a concessão de isenções (na tradição do sistema europeu);

(C) a concessão de autorizações;

(D) nenhuma dessas técnicas é adotada, por não permitir a Lei Antitruste prática restritiva de concorrência.

A questão cobra do candidato o conhecimento sobre os principais sistemas de defesa da concorrência, porém acaba incidindo em uma generalização que, na nossa opinião, invalida a pergunta. A regra da razão, concebida originariamente nos EUA, prega que a prática restritiva da concorrência deve ser analisada casuisticamente, conforme suas peculiaridades, para ser considerada lícita ou ilícita. Em outras palavras, é a aplicação do princípio da concorrência-instrumento, no qual o direito à livre concorrência não é um bem jurídico a ser tutelado *per se*, mas um instrumento a ser utilizado para se alçar maior eficiência econômica. A Comunidade Europeia, por seu turno, adota o sistema de isenções quanto a determinadas práticas anticoncorrenciais. A diferença é que esse sistema baseia-se, em regra, em uma lista fechada de atos aos quais não são aplicáveis as restrições da legislação antitruste, justamente por serem considerados benéficos para a sociedade. Nada obsta, porém, que novos casos sejam submetidos às autoridades para que, depois de analisados, sejam deferidas as competentes isenções. Por fim, a alternativa considerada correta (letra "C") anota que o Brasil adota o sistema de autorizações, que implica a submissão do ato de concentração econômica ao CADE para que esse o aprove ou recuse, podendo autorizá-lo se presentes os requisitos do art. 88, § 6º, da Lei Antitruste. Ocorre que essa sistemática nada mais é do que a concretização, aos moldes nacionais, da regra ad razão norte-americana, porque a decisão do CADE dependerá, justamente, da análise pontual dos agentes econômicos e do mercado relevante envolvidos. Logo, defendemos também estar correta a alternativa "A".

Gabarito "C"

(MPF – 18º) Assinale o enunciado correto:

(A) a intervenção estatal, para disciplinar comportamento de agentes econômicos no mercado, conflita com a liberdade de iniciativa, de que tratam a Constituição Federal e a Lei Antitruste;

(B) nem toda restrição à concorrência implica em domínio ilícito do mercado;

(C) o ato da empresa em posição dominante, restritivo da concorrência, sempre configura abuso, por decorrer de um exercício de posição dominante;

(D) a venda casada não prejudica a livre concorrência, mas ao adquirente do produto isoladamente.

A: incorreta. A intervenção estatal é justamente a exceção, a mitigação ao princípio da livre-iniciativa, porque impõe a vontade do Estado sobre os particulares participantes de um determinado mercado; **B:** correta. O Brasil adota a doutrina da concorrência-meio, segundo a qual a concorrência não é um bem jurídico a ser tutelado *per se*, mas um instrumento de eficiência econômica a ser utilizado em prol da sociedade. Com isso, determinado atos de concentração econômica que limitem a concorrência poderão ser autorizados se presentes os requisitos do art. 88, § 6º, da Lei Antitruste; **C:** incorreta. A posição dominante não é um ilícito per se, pois pode decorrer da maior eficiência do agente econômico em determinado mercado. O abuso da posição dominante, esse sim coibido, caracteriza-se apenas quando ocorra ou possa ocorrer um prejuízo irreparável à concorrência. Se presentes, por exemplo, os requisitos do art. 88, § 6º, da Lei Antitruste, o ato poderá ser considerado lícito; **D:** incorreta. A "venda casada", consistente na vinculação da venda de determinada mercadoria à contratação da prestação de um serviço, configura infração à ordem econômica, nos termos do art. 36, § 3º, XVIII, da Lei Antitruste.

Gabarito "B"

(MPF – 17º) No que se refere à tutela da livre concorrência, a legislação brasileira antitruste é:

(A) flexível;

(B) rígida;

(C) rígida somente quanto ao controle de preços para evitar comportamento monopolista;

(D) mista (flexível e rígida) em circunstâncias de competitividade entre setores público e privados.

A Lei Antitruste, no que toca ao sistema de proteção à concorrência, é classificada como **flexível**, porque determinados atos de concentração econômica, ainda que prejudiciais à concorrência, podem ser aprovados se seus benefícios para a economia suplantarem os ditos prejuízos, nos termos do art. 88, § 6º, da Lei nº 12.529/11. Dizemos, por isso, que o Brasil adota o sistema da **concorrência--meio**, segundo o qual a concorrência não é um fim a ser defendido a qualquer custo, mas um meio, um instrumento para se alcançar o melhor resultado econômico possível. Nesses termos, havendo outros caminhos para um resultado econômico ainda melhor, a livre concorrência pode ser relativizada.

Gabarito "A"

(MPF – 17º – Adaptada) Nos termos da Lei n.º 12.529, de 2011, a tipificação de condutas antitrustes:

(A) determina-se pelo objeto ou efeito, se prejudiciais, consoante o sistema europeu;

(B) para ser determinada, basta a prática delituosa vedada, conforme o sistema americano;

(C) pode encerrar caráter híbrido, isto é, configura-se atuação violadora da ordem econômica pelo objeto ou efeito, ou, ainda, pela simples prática proibida;

(D) nenhuma das alternativas é verdadeira.

A Lei Antitruste brasileira optou por um sistema híbrido, que reúne as características dos sistemas europeu e americano de defesa da concorrência. Em território nacional, as infrações à ordem econômica são tipificadas tanto pelos efeitos nefastos causados quanto pela simples prática da conduta antieconômica. É o que se depreende do art. 36 da Lei nº 12.529/2011, quando diz "atos sob qualquer forma manifestados, que tenham por objeto ou possam produzir os seguintes efeitos, **ainda que não sejam alcançados.**"

Gabarito "C"

(MPF – 17º) Assinale a alternativa correta:

(A) a chamada posição dominante em si, no Brasil, é punível por caracterizar-se ilícito tendente à eliminação da concorrência;

(B) a chamada posição dominante advinda de processo natural orientado em grau maior de operosidade e eficiência do agente, constitui vantagem competitiva não reprimível;

(C) a vantagem competitiva é reprimível consoante os princípios da Lei Antitruste;

(D) a chamada posição dominante origina-se da parte do mercado de que o agente é detentor, mesmo que atue sem independência em comparação com os demais competidores.

A: incorreta. A posição dominante não é punível como ato em si, porque ela pode resultar de uma maior eficiência do agente econômico em relação aos seus concorrentes. O que se pune é o abuso dessa posição, obrigando os demais atores do mercado a agir conforme suas determinações; **B:** correta, nos termos do art. 36, § 1º, da Lei Antitruste; **C:** incorreta. Vantagem competitiva é a maior eficiência exercida por um agente econômico em sua atividade, o que o coloca à frente de seus concorrentes na opinião dos consumidores. Da mesma forma que a posição dominante, ela não é de forma alguma reprimida se desconectada de qualquer fraude ou abuso; **D:** incorreta. Se o agente econômico é dependente de outros competidores, estamos diante de um **grupo econômico**, de forma que a posição dominante deve ser apurada como a soma da participação no mercado de todas as empresas que o compõe.

Gabarito "B"

(MPF – 17º – Adaptada) A venda de bens abaixo do preço de custo:

(A) não constitui infração à ordem econômica se não recair no art. 36, XV, da Lei nº 12.529/11;

(B) constitui violação à Lei Antitruste;

(C) somente se considera prática abusiva se efetivada por longo período de tempo;

(D) somente se considera lícita se efetivada em períodos de tempo intercalados.

Por se tratar de uma conduta infracional, o *dumping*, como é conhecida a prática de vender mercadorias abaixo do preço de custo, deve conter todos os elementos de sua descrição típica para se caracterizar, ou seja, precisa subsumir-se perfeitamente à norma do art. 36, XV, da Lei Antitruste. Da leitura do mencionado dispositivo percebe-se que o *dumping* somente será punível se for **injustificado**, isto é, havendo justificativa econômica razoável (por exemplo, venda de produtos perecíveis próximos do prazo de validade), a conduta não será considerada ilícita.

Gabarito "A"

(MPF – 17º – Adaptada) Assinale a alternativa correta:

(A) os chamados cartéis de exportação são proibidos pela Lei Antitruste;

(B) o chamado compromisso de cessação, previsto na Lei n.º 12.529/11, importa confissão quanto à matéria de fato ou reconhecimento de ilicitude da conduta sob exame;

(C) o Conselho Administrativo de Defesa Econômica está constituído em forma de empresa pública federal;

(D) a concentração nem sempre viola a Lei Antitruste e se harmoniza com princípio constitucional do desenvolvimento.

A: incorreta. Cartéis de exportação são conjuntos de acordos entre exportadores situados em um mesmo mercado relevante com o objetivo de unir esforços para enfrentar a concorrência internacional. Como seus efeitos não são percebidos no mercado interno, não se lhes aplica a Lei Antitruste, sendo, portanto, permitidos; **B:** incorreta à época de sua elaboração. O compromisso de cessação de prática não importava em confissão quando a prova foi elaborada. Entretanto, em março de 2013, foi alterado o Regimento Interno do CADE para ficar determinado, em seu art. 185, que o compromisso de cessação somente será aceito se for acompanhado do reconhecimento da prática lesiva; **C:** incorreta. O CADE é uma autarquia federal (art. 4º da Lei Antitruste); **D:** correta. Atos de concentração econômica podem ser autorizados se os benefícios sociais deles advindos superarem o prejuízo causado à concorrência, atendidos os requisitos do art. 88, § 6º, da Lei Antitruste.

Gabarito "D"

(MPF – 17º) A lei antitruste vigente, ao determinar sua aplicação às práticas atentatórias à ordem econômica, cometidas no país ou fora dele, mas que, neste último caso, firam ou possam ferir interesses dos agentes nacionais, adota:

(A) o exclusivo critério da territorialidade;

(B) o critério da nacionalidade dos agentes;

(C) o critério do local de verificação dos efeitos;

(D) os critérios da territorialidade e dos efeitos, conjugados.

A Lei Antitruste brasileira adota a teoria da ubiquidade, ou seja, a conjugação dos critérios do local da prática do ato e do local onde se produzam ou possam ser produzidos os seus efeitos.

Gabarito "D"

(MPF – 16º – Adaptada) Segundo a lei 12.529, de 30.11.11, o Conselho Administrativo de Defesa Econômica:

(A) é da natureza jurídica autárquica;

(B) é órgão da administração federal direta;

(C) é órgão da administração federal centralizada;

(D) tem competência para "decidir sobre a existência de infração á ordem econômica e aplicar as penalidades previstas em lei", equiparando-se suas decisões, por ser um Tribunal administrativo, a órgão do Poder Judiciário.

A: correta, nos termos do art. 4º da Lei Antitruste; **B** e **C:** incorretas. Como autarquia, o CADE integra a Administração Pública Indireta (ou descentralizada); **D:** incorreta. Exatamente por ser um tribunal administrativo e por adotarmos, no Brasil, o sistema de jurisdição una a cargo do Poder Judiciário, as decisões do CADE poderão ser revistas pela autoridade judicial competente mediante provocação do interessado.

Gabarito "A"

(MPF – 16º – Adaptada) Na ordem econômica vigente, orientada, entre outros, pelos princípios constitucionais da liberdade de iniciativa e da livre concorrência, a que a Lei 12.529/11 disciplina, particularmente, com vistas a prevenir e reprimir o abuso do poder econômico, o fato "concentração":

(A) é vedado;

(B) é consentido e, em alguns casos, até estimulado;

(C) é figura não prevista na legislação brasileira;

(D) não figura como conteúdo das normas de direito econômico.

O ato de concentração econômica, que consiste na redução do número de agentes econômicos concorrentes em determinado mercado, pode ser classificado sob esses três aspectos: concentração estimulada é aquela incentivada pelo Poder Público como instrumento de intervenção no domínio econômico, visando a criar grandes empresas em setores estratégicos aptas a concorrer no mercado internacional. Foram comuns na década de 1970, com os Planos Nacionais de Desenvolvimento; concentração consentida, que é aquela que a lei não incentiva, porém também não proíbe, porque dela resultam vantagens econômicas para a população (por exemplo, os casos previstos no art. 88, § 6º, da Lei Antitruste); e concentração reprimida, que configura infração à ordem econômica por lesão insuperável da concorrência (art. 88, § 5º, da Lei Antitruste).

Gabarito "B"

(MPF – 16º) A chamada posição dominante no mercado de bens:

(A) é tolerada sem restrições segundo a ordem econômica vigente;

(B) é estranha ao nosso ordenamento jurídico econômico;

(C) é excepcionalmente admitida na prática de atos, desde que condicionada a certos objetivos político-econômicos;

(D) constitui, em qualquer hipótese, infração á ordem econômica.

A questão apresenta uma impropriedade técnica. A posição dominante, em si, não é uma infração à ordem econômica. Tanto que a própria Lei Antitruste, em seu art. 36, § 1º, estabelece que a conquista do mercado resultante da maior eficiência de determinado fornecedor não caracteriza ilícito. O enunciado quer saber se **atos de concentração que possam resultar em posição dominante** são aceitos ou não pelo ordenamento jurídico. Conforme o art. 88, § 6º, da Lei Antitruste, atos de concentração dessa natureza podem ser excepcionalmente autorizados, desde que seus benefícios econômicos superem o prejuízo à concorrência seguindo os critérios estabelecidos nos incisos do mencionado preceptivo legal.

Gabarito "C"

(MPF – 15º) Segundo a nossa legislação vigente:

(A) o fato concentração na atividade econômica pode ser enfocado sob tríplice aspecto: concentração estimulada, concentração consentida e concentração reprimida;

(B) o fato concentração na atividade econômica é inteiramente reprimido em qualquer de suas manifestações;

(C) a concentração econômica só é consentida nos casos em que ao Senado Federal compete dispor sobre as condições e limites de operacionalidade para o desenvolvimento econômico;

(D) inexiste concentração econômica consentida.

Correta a alternativa "A". O ato de concentração econômica, que consiste na redução do número de agentes econômicos concorrentes em determinado mercado, pode ser classificado sob esses três aspectos: concentração estimulada é aquela incentivada pelo Poder Público como instrumento de intervenção no domínio econômico, visando a criar grandes empresas em setores estratégicos aptas a concorrer no mercado internacional. Foram comuns na década de 1970, com os Planos Nacionais de Desenvolvimento; concentração consentida, que são aquelas que a lei não incentiva, porém também não proíbe, porque delas resultam vantagens econômicas para a população (por exemplo, os casos previstos no art. 88, § 6º, da Lei Antitruste); e concentração reprimida, que configura infração à ordem econômica por lesão insuperável da concorrência (art. 88, § 5º, da Lei Antitruste).

Gabarito "A"

(MPF – 15º) A prescrição das penalidades por abuso do poder econômico perante o Conselho Administrativo de Defesa Econômica:

(A) é de 5 anos;

(B) é igual à prevista para as infrações de natureza tributária à vista de que elas guardam similitude com as infrações da ordem econômica;

(C) é de dois anos, interrompendo-se a contar da decisão do processo administrativo;

(D) varia segundo a gravidade da infração cometida.

A prescrição das penalidades por infrações à ordem econômica, de natureza administrativa, é de 5 anos, conforme preconiza o art. 46 da Lei Antitruste.

Gabarito "A"

(MPF – 15º – Adaptada) O artigo 88 da lei 12.529, de 30.11.11, encerra:

(A) compromisso de desempenho;

(B) adoção da figura da "posição dominante no mercado relevante de bens e serviços";

(C) compromisso de cessação;

(D) adoção do "princípio de desconsideração da pessoa jurídica".

O art. 88 da Lei Antitruste trata dos atos de concentração econômica que devem ser previamente submetidos ao CADE para aprovação, sob pena de nulidade do negócio jurídico. Seu fundamento é a investigação pela autarquia de eventual adoção de posição dominante em mercado relevante pela entidade que resultar do ato de concentração. Nos termos do art. 36, § 2º, da Lei Antitruste, presume-se a posição dominante sempre que uma empresa ou grupo de empresas for capaz de alterar unilateral ou coordenadamente as condições do mercado ou quando controlar 20% ou mais do mercado relevante.

Gabarito "B"

(MPF – 14º) Assinale o indício ou indícios de atividade econômica cartelizada:

(A) venda de produtos sem margem de lucro;

(B) pluralidade de agentes econômicos num certo setor, praticando preços idênticos ou únicos;

(C) oscilação, ora para mais, ora para menos, nos preços dos produtos desses setores;

(D) os consórcios para a venda de produtos eletrodomésticos de certa marca.

Chama-se cartel a prática antieconômica na qual agentes de determinado mercado, normalmente ostentando posição dominante ou sendo os poucos fornecedores de determinado produto ou serviço (oligopólio), ajustam entre si os preços oferecidos aos consumidores, eliminando a concorrência.

Gabarito "B"

(MPF – 14º) A simples liderança de preços em atividade econômica oligopolizada constitui indício:

(A) de prática abusiva do poder econômico;

(B) de prática abusiva de poder econômico se se inferir ocorrência de colusão;

(C) somente constitui conduta ilícita penal econômica se as demais empresas do setor não aderirem ao preço líder;

(D) nenhuma alternativa é verdadeira.

Chama-se oligopólio o mercado no qual existem poucos fornecedores de determinado produto ou serviço, de forma que todos eles têm poder econômico suficiente para determinar variações nos preços. O oligopólio em si não constitui qualquer infração à ordem econômica, nem o fato de determinado agente praticar o menor preço dentre os fornecedores desse mercado oligopolista. O ponto central é que existe uma forte tendência do oligopólio transformar-se em um cartel, no qual os fornecedores ajustam os preços com o fim de eliminar a concorrência entre eles. O cartel, sim, é uma infração à ordem econômica, mas depende de colusão entre os agentes econômicos.

Gabarito "B"

(MPF – 13º) Define-se como infração à ordem econômica:

(A) recusar, mesmo justificadamente, a venda de bens e a prestação de serviços;

(B) subordinar a venda de um bem a utilização de um serviço;

(C) vender mercadoria sem margem de lucro;

(D) nenhuma das alternativas configura infração à ordem econômica.

A: incorreta. A recusa justificada de venda de bens e prestação de serviços não constitui infração à ordem econômica (art. 36, § 3º, XI, da Lei nº 12.529/2011 – Lei Antitruste); **B:** correta, nos termos do art. 36, § 3º, XVIII, da Lei Antitruste; **C:** incorreta. Configura infração à ordem econômica somente a venda com preço abaixo dos custos de produção (art. 36, § 3º, XV, da Lei Antitruste); **D:** incorreta, porque a alternativa "B" configura infração à ordem econômica.

Gabarito "B"

(MPF – 13º) Empresa pública federal, exploradora de atividade econômica sob monopólio, condiciona a venda de certos produtos a órgão estadual à contratação do respectivo transporte. No caso:

(A) ocorre, em tese, prática restritiva da concorrência;

(B) a empresa pública federal escapa à prevenção e à repressão ao abuso do poder econômico

(C) não ocorre em tese, prática restritiva da concorrência;

(D) entre órgãos públicos, mesmo vinculados a unidade da federação distintas, não se configura abuso de poder econômico sob a forma de restrição à concorrência.

Na hipótese mencionada ocorre infração à ordem econômica por restrição da concorrência nos termos do art. 36, § 3º, XVIII, da Lei Antitruste, a qual se aplica integralmente a empresas públicas, sociedades de economia mista e qualquer outra entidade, de direito público ou privado, que exerçam práticas comerciais (art. 31 da Lei Antitruste).

Gabarito "A"

5. DIREITO ECONÔMICO INTERNACIONAL. MERCOSUL

(MPF – 26º) Com relação ao Mercado Comum do Sul – MERCOSUL é correto afirmar que:

(A) Trata-se de um acordo de união aduaneira para a constituição de um mercado econômico regional formado por cinco países-membros com direto a voto (Brasil, Argentina, Paraguai, Uruguai e Chile) e ainda cinco países associados com direito a voz (Bolívia, Venezuela, Colômbia, Equador e Peru), que aguardam a aprovação do Conselho do Mercado Comum para se tornarem membros plenos;

(B) Por se tratar de um agrupamento regional formado por Estados soberanos, sem unidade monetária ou política, o MERCOSUL não possui personalidade jurídica de direito internacional e, por consequência, não pode realizar acordos comerciais com países estranhos aos seus membros plenos e associados;

(C) Ele está fundado na reciprocidade de direitos e obrigações entre os Estados-partes e no compromisso de harmonizar suas legislações para coordenar as políticas macroeconômicas de comércio exterior, agrícola, industrial, fiscal, monetária, cambial, de serviços, alfandegária, de transportes e comunicações;

(D) O Tratado de Assunção, que começou a vigorar em 2004 e atualmente regula o mecanismo de solução de controvérsias entre os países-membros prevê que os litígios sejam examinados pelo Tribunal Arbitral Permanente de Revisão do MERCOSUL, que é formado pelos Ministros das Relações Exteriores dos cinco países-membros com direito a voto.

A: incorreta. O Chile é um Estado associado ao MERCOSUL desde 1996, mas ainda não se considera membro pleno por não ter direito a voto. Além disso, em 2012 a Venezuela tornou-se um membro pleno do bloco e a Bolívia aguarda apenas a internalização aos ordenamentos jurídicos nacionais de seu Protocolo de Adesão para tornar-se o sexto membro com direito a voto; **B:** incorreta. O art. 34 do Protocolo Adicional ao Tratado de Assunção Sobre a Estrutura Institucional do Mercosul – Protocolo de Ouro Preto (Decreto nº 1.901/1996) – dota o bloco de personalidade jurídica de direito internacional; **C:** correta, nos termos do art. 1º do Tratado de Assunção para a Constituição de um Mercado Comum; **D:** incorreta. O Tribunal Permanente de Revisão – TPR – foi criado pelo Protocolo de Olivos, em 2002, promulgado no Brasil por meio do Decreto nº 4.982/2004, e é formado por cinco árbitros, designados cada um por um dos Estados-partes.

Gabarito "C"

(MPF – 16º) O Mercado Comum do Sul – Mercosul:

(A) é dotado de personalidade jurídica de direito internacional, contando com órgãos próprios;

(B) não tem personalidade jurídica de direito internacional; constitui-se, apenas, de blocos econômicos regionais, com a preservação da soberania de cada Estado participe;

(C) é de natureza e estrutura mistas: grande parte integrada por órgãos governamentais e a outra parte por organismos não estatais, que se denominam "blocagens regionais";

(D) à falta de um tribunal de justiça internacional para a solução de questões da macroeconomia entre os Estados-Membros, criou o Tribunal Arbitral *ad hoc* à feição dos tratados que instituíram as comunidades europeias.

O art. 34 do Protocolo Adicional ao Tratado de Assunção Sobre a Estrutura Institucional do Mercosul – Protocolo de Ouro Preto (Decreto nº 1.901/1996) – dota o bloco de personalidade jurídica de direito internacional e cria, em seu art. 1º, os seus órgãos institucionais: o Conselho do Mercado Comum – CMC (inc. I), o Grupo Mercado Comum – GMC (inc. II), a Comissão de Comércio do Mercosul – CCM (inc. III), a Comissão Parlamentar Conjunta – CPC (inc. IV), o Foro Consultivo Econômico-Social – FCES (inc. V) e a Secretaria Administrativa do Mercosul – SAM (inc. VI).

Gabarito "A"

(MPF – 16º) Pelo Tratado de Assunção e o Protocolo Internacional de Ouro Preto, as normas emanadas do Mercado Comum do Sul – Mercosul:

(A) entram em vigor imediatamente, obrigando o Brasil e os Estados Partes e constituindo-se em Direito Comunitário Internacional;

(B) para a sua aplicação no Brasil e nos Estados Partes, devem submeter-se a ato especial de recepção em cada Estado, e a partir daí incorporam-se aos ordenamentos jurídicos nacionais respectivos;

(C) têm primazia sobre as normas leais internas do Brasil por implicarem livre circulação de bens e serviços, eliminação das restrições tarifárias, coordenação de medidas macroeconômicas, de evidente interesse nacional, à vista do princípio consagrado no parágrafo único do art. 4º da Constituição Federal;

(D) nenhuma alternativa é verdadeira.

A: incorreta. Conforme o art. 40 do Protocolo Adicional ao Tratado de Assunção Sobre a Estrutura Institucional do Mercosul – Protocolo de Ouro Preto (Decreto nº 1.901/1996), as normas emanadas dos órgãos institucionais do Mercosul devem ser incorporadas aos ordenamentos jurídicos de cada Estado-parte para valerem nos respectivos territórios; **B:** correta, conforme comentário à alternativa anterior; **C:** incorreta. O parágrafo único do art. 4º da CF não atribui nenhuma hierarquia especial às normas do Mercosul, apenas prevê a criação do bloco como um dos objetivos da República Federativa do Brasil em suas relações internacionais. Com isso, os tratados e demais normas celebrados no âmbito do Mercosul são integrados ao ordenamento jurídico pátrio com *status* de lei ordinária; **D:** incorreta, porque a alternativa "B" está certa.

Gabarito "B"

6. AGÊNCIAS REGULADORAS

(MPF – 26º) Sobre as agências reguladoras é correto afirmar que:

(A) Nos termos da Lei 9.472/97, a Agência Nacional de Telecomunicações – ANATEL é uma autarquia especial, administrativamente independente e financeiramente autônoma, que tem entre suas atribuições a outorga dos serviços de radiodifusão sonora e de sons e imagens;

(B) A Agência Nacional de Petróleo, Gás Natural e Biocombustíveis (ANP) é uma autarquia especial, vinculada ao Ministério de Minas e Energia, que tem por finalidade a regulação e fiscalização das atividades econômicas relacionadas à indústria do petróleo, inclusive a fixação do preço final máximo da gasolina aos consumidores;

(C) A Agência Nacional de Saúde Suplementar (ANS), criada pela Lei 9.961/2000, é vinculada ao Ministério da Saúde e tem por finalidade a promoção da defesa do interesse público na assistência suplementar à saúde, regulando as operadoras setoriais e podendo estabelecer critérios de aferição e controle da qualidade dos serviços oferecidos pelas operadoras de planos privados de assistência á saúde, bem como normatizar os conceitos de doença e lesão preexistentes;

(D) Nos termos da Lei 9.782/99, a segurança sanitária de produtos e serviços que envolvam risco à saúde pública dos consumidores nas áreas de portos, aeroportos e fronteiras não são de competência da Agência Nacional de Vigilância Sanitária – ANVISA, mas da Polícia Federal.

A: incorreta segundo o gabarito oficial, porém está correta nos termos da lei. A ANATEL é uma autarquia especial (art. 8°, *caput*, da Lei n° 9.472/1997), administrativamente independente e financeiramente autônoma (art. 8°, § 2°, da Lei n° 9.472/1997), que possui, dentre outras atribuições, a de outorgar os serviços de radiodifusão sonora e de sons e imagens mediante licitação (art. 83 da Lei n° 9.472/1997); **B:** incorreta. Não há qualquer previsão de fixação de preços máximos pela ANP (art. 8° da Lei n° 9.478/1997), o que, ademais, ofenderia o princípio da livre concorrência; **C:** correta, nos termos dos arts. 3° e 4°, IX e XV, da Lei n° 9.961/2000; **D:** incorreta. Tais atribuições competem à ANVISA nos termos do art. 2°, IV, da Lei n° 9.782/1999.

Gabarito "C"

(MPF – 25°) As agências reguladoras:

(A) São entidades ligadas ao Estado, tendo em vista sua independência.

(B) São entidades ligadas ao governo, considerando seu importante papel como instrumentos de políticas públicas.

(C) São entidades ligadas ao Poder Judiciário, tendo em vista o poder judicante de que são dotadas.

(D) São entidades ligadas ao Poder Legislativo, assim como os tribunais de contas, tendo em vista o exercício independente de seu poder de polícia, inclusive em relação ao Poder Executivo.

A: correta. As agências reguladoras, autarquias em regime especial, atuam com independência em relação aos órgãos da Administração Direta. Portanto, são consideradas órgãos de Estado, pois sua atuação extravasa as pretensões imediatas da Administração Pública; **B:** incorreta. Conforme o comentário anterior, as agências reguladoras não são consideradas órgãos de governo porque não se submetem às decisões políticas da Administração Direta; C e **D:** incorretas. As agências reguladoras são criadas no âmbito do Poder Executivo.

Gabarito "A"

(MPF – 24°) Com o ocaso do Estado intervencionista e a subsequente tendência de desestatização da ordem econômica, sobreveio a figura, criada pelo próprio Estado, do agente regulador de mercado, consubstanciado nas agências reguladoras, concebidas para normatizarem segmentos estratégicos da economia nacional. Dito isto, afirma-se, com exatidão, que:

(A) as agências reguladoras caracterizam-se pela sua independência política, autonomia administrativa e financeira;

(B) a agência reguladora se investe da qualificação de autarquia, investida de competência para a regulação setorial, integrante da administração direta, vinculada ao ministério competente para o trato da respectiva atividade;

(C) contra as decisões de última instância da agência reguladora, cabe recurso para a autoridade ministerial a que está vinculada;

(D) o regime a que se subordinam os seus servidores é o previsto na Consolidação das Leis do Trabalho (CLT).

A: correta. Conforme ensina Maria Sylvia Zanella di Pietro (**in** "Direito Administrativo", 16ª ed., São Paulo: Atlas, 2003, p. 404), as agências reguladoras são criadas como autarquias em regime especial. Esse regime especial consiste, basicamente, na sua maior independência em relação à Administração Direta, reflexo do mandato por tempo determinado estabelecido para seus dirigentes e da ausência de controle hierárquico ministerial sobre elas, e em seu poder normativo e sancionador sobre as empresas privadas atuantes em sua área de regulação; **B:** incorreta. A agência reguladora, por sua natureza autárquica, integra a Administração Pública Indireta; **C:** incorreta. As agências reguladoras não estão subordinadas ao poder hierárquico, razão pela qual não há que se falar em recurso ministerial em relação a suas decisões; **D:** incorreta. Por sua natureza autárquica, as agências reguladoras são pessoas jurídicas de direito público e, como tais, seus servidores submetem-se ao regime estatutário previsto na Lei n° 8.112/1990.

Gabarito "A"

(MPF – 21°) Conforme o artigo 174 da Constituição Federal e a legislação ordinária de regência, as agências reguladoras:

(A) são empresas concessionárias de serviço público;

(B) são organismos públicos, desprovidos de poder judicante, com personalidade jurídica, gozam de independência e detêm poder repressivo, e sobre elas inexiste controle hierárquico;

(C) não dispõem de poder decisório e estão obrigadas a observar a política previamente estabelecida pelo governo;

(D) detêm unicamente poder normativo sobre o setor a que estão vinculadas.

Conforme ensina Maria Sylvia Zanella di Pietro (**in** "Direito Administrativo", 16ª ed., São Paulo: Atlas, 2003, p. 404), as agências reguladoras são criadas como autarquias em regime especial. Esse regime especial consiste, basicamente, na sua maior independência em relação à Administração Direta, reflexo do mandato por tempo determinado estabelecido para seus dirigentes e da ausência de controle hierárquico ministerial sobre elas, e em seu poder normativo e sancionador sobre as empresas privadas atuantes em sua área de regulação. Correta, portanto, a alternativa "B". Não obstante, precisamos deixar consignado que a alternativa "D" também pode ser considerada correta, porque as agências reguladoras, como qualquer outra entidade da Administração Pública Indireta, devem estrita observância ao princípio da especialidade, sendo criadas para normatizar e fiscalizar um setor específico da economia, sendo vedada sua interferência em outras áreas.

Gabarito "B"

(MPF – 21º) Prestadoras de serviços de telecomunicações, autorizadas por ato da Anatel – agência reguladora – adotam prática de preços considerados excessivos. No caso:

(A) cabe ao Ministro das Comunicações intervir para reprimir o abuso;

(B) incumbe ao Senado Federal, pela Comissão competente, adotar providências, mediante resolução, para inibir a infração, posto que membro do Congresso Nacional integra o Conselho Consultivo da Agência;

(C) compete à Secretaria de Direito Econômico e, se o caso, ao Conselho Administrativo de Defesa Econômica, nos termos da Lei 8.884/94, afastar os preços não equitativos;

(D) somente perante o Poder Judiciário pode ser contestada a decisão da Agência.

A, B e **C:** incorretas. Não há qualquer poder hierárquico ou controle ministerial sobre as agências reguladoras, que gozam de autonomia sobre seus atos decisórios – muito menos por parte do Poder Legislativo, o que configuraria atentado à separação dos poderes; **D:** correta. O regime especial das agências reguladoras, contudo, não as coloca a salvo do controle judicial de seus atos, dado o monopólio da atividade jurisdicional conferido ao Poder Judiciário. Como qualquer outro ato administrativo, contudo, esse controle ficará adstrito aos aspectos formais e de legalidade do ato da agência reguladora, não podendo o juiz, em regra, adentrar seu mérito.

Gabarito "D"

(MPF – 19º) Certos serviços públicos, mediante a privatização, passam a ser executados pelas empresas. As tarefas de que trata o artigo 174 da Constituição Federal, no caso, são exercidas, em regra, pelas chamadas agências reguladoras, cuja natureza jurídica é:

(A) de autarquia especial;

(B) de sociedade de economia mista porque, em sua composição, figuram agentes do poder público e representantes da empresa privatizada, independentes e detentores de autonomia de gestão;

(C) fundação de caráter híbrido vinculada ao ente estatal de que emanou a privatização;

(D) de ordem privada, posto são organismos privados desvinculados de qualquer ente estatal, dotados de independência e de autonomia para atuar na prestação de serviços.

Conforme ensina Maria Sylvia Zanella di Pietro (**in** "Direito Administrativo", 16ª ed., São Paulo: Atlas, 2003, p. 404), as agências reguladoras são criadas como autarquias em regime especial, devendo estrita observância ao princípio da especialidade.

Gabarito "A"

(MPF – 19º) Com a criação das agências reguladoras (agência nacional de telecomunicações, agência nacional de petróleo e agência nacional de energia elétrica), é correto dizer que:

(A) o Estado continua a fiscalizar diretamente a atividade do mercado nas áreas abrangidas por esses órgãos reguladores;

(B) fica afastada a competência, para atuar na fiscalização e controle do mercado, do Conselho Administrativo de Defesa Econômica e da Secretaria de Direito Econômico, nas áreas respectivas de abrangência dessas agências, exceto se estas se omitirem;

(C) as agências reguladoras deverão agir em consonância e coordenação com os órgãos de fiscalização e controle do mercado (CADE, SDE);

(D) nenhuma alternativa acima é correta.

A: incorreta. As agências reguladoras são autarquias em regime especial, integrantes, portanto, da Administração Pública Indireta. Trata-se, então, de uma descentralização administrativa, retirando da Administração Pública Direta a competência para fiscalização dos setores abrangidos pelas agências; **B:** incorreta. Os órgãos do Sistema Brasileiro de Defesa da Concorrência e as agências reguladoras atuam de forma suplementar, não havendo influências ou hierarquia entre uns e outros; **C:** correta, nos termos do comentário anterior; **D:** incorreta, porque a alternativa "C" está certa.

Gabarito "C"

7. QUESTÕES COMBINADAS E OUTROS TEMAS

(MPF – 26º) A atual Constituição Federal elegeu como preceitos fundamentais da ordem econômica a valorização do trabalho humano, a livre concorrência, a existência digna e a justiça social. Com base nos citados preceitos, e nos princípios elencados nos incisos I a IX do artigo 170 da Carta Magna, é correto afirmar que:

(A) É inconstitucional lei que concede passe livre às pessoas portadoras de deficiências, por afronta aos princípios da ordem econômica, da livre-iniciativa e do direito de propriedade;

(B) É inconstitucional o conjunto de normas de comércio exterior que proíbe a importação de pneumáticos usados por afronta ao principio do livre exercido da atividade econômica;

(C) É inconstitucional o privilégio da exclusividade no envio de objeto postal de uni remetente para endereço final e determinado concedido à Empresa Brasileira de Correios e Telégrafos – ECT, por afronta ao principio da livre concorrência:

(D) É inconstitucional Lei Municipal que impede a instalação de estabelecimentos comerciais do mesmo ramo em determinada área, por afronta ao principio da livre concorrência.

A: incorreta. O STF, no julgamento da ADI 2649/DF, DJ 17/10/2008, afastou a alegação de inconstitucionalidade da Lei nº 8.899/1994, que concede o direito de passe livre às pessoas portadoras de deficiência, afirmando que ela é "parte das políticas públicas para inserir os portadores de necessidades especiais na sociedade e objetiva a igualdade de oportunidades e humanização das relações sociais", além de atender à Convenção sobre os Direitos das Pessoas com Deficiência, assinada pelo Brasil em 2007, ratificada em 01 de agosto de 2008 e aprovada pelo Decreto Legislativo nº 186, de 09 de julho de 2008; **B:** incorreta. No julgamento da STA 118 AgR, DJ 29/02/2008, o STF sacramentou o entendimento de que é constitucional a proibição de importação de pneumáticos usados por conta da "grave lesão à ordem pública, diante do manifesto e inafastável interesse público à saúde e ao meio ambiente ecologicamente equilibrado", que prevalece sobre o direito ao livre exercício de atividade econômica; **C:** incorreta. O STF entendeu que o privilégio de exclusividade dos Correios, na atividade de envio de objeto postal para endereço final e determinado, é constitucional, por se tratar de serviço público (ADPF 46, DJ 26/02/2010); **D:** correta, nos termos da Súmula 646 do STF ("Ofende o princípio da livre concorrência lei municipal que impede a instalação de estabelecimentos comerciais do mesmo ramo em determinada área").

Gabarito "D"

(MPF – 26º) Com fundamento nos artigos 176 e 20, VIII e IX, da Constituição Federal, que se referem aos potenciais de energia hidráulica e aos recursos minerais, é correto afirmar que:

(A) O particular pode desenvolver trabalhos de pesquisa de jazidas mineral ou fóssil em terra de sua propriedade, mediante autorização por alvará de pesquisa do Departamento Nacional de Produção Mineral – DNMP;

(B) O particular proprietário da terra não pode se opor à pesquisa mineralógica em seu subsolo e, se apurada a existência da jazida, fará jus a concessão da lavra sem prazo determinado, que poderá ser cedida ou transferida, total ou parcialmente, por contrato particular entre as partes;

(C) A pesquisa e a lavra das riquezas minerais em terras indígenas só podem ser efetivadas com autorização do Ministério de Minas e Energia, após a oitiva da Fundação Nacional do índio – FUNAI;

(D) Compete ao Ministério da Defesa deliberar de forma vinculante e terminativa sobre a preservação e exploração dos recursos naturais na faixa de fronteiras.

A: correta, nos termos do art. 2º, II, do Decreto-lei nº 227/1967 (Código de Mineração); **B:** incorreta. Nos termos do art. 176, § 3º, da CF, a autorização de pesquisa será sempre concedida por prazo determinado e não poderá ser cedida ou transferida, total ou parcialmente, sem prévia anuência do poder concedente; **C:** incorreta. A autorização deve ser concedida pelo Congresso Nacional, ouvidas as comunidades afetadas (art. 231, § 3º, da CF); **D:** incorreta. A decisão compete ao Ministério das Minas e Energia, observados, contudo, os critérios e condições estabelecidas em lei específica (art. 38, parágrafo único, do Código de Mineração).

Gabarito "A"

(MPF – 23º) Dentre as proposições abaixo, algumas são falsas e, outras, verdadeiras

I. A CVM – Comissão de Valores Mobiliários – é urna autarquia em regime especial, encerrando os elementos e características inerentes às agências reguladoras, embora não tenha recebido a designação de "agência".

II. Todas as empresas públicas e sociedades de economia mista exploradoras de atividades econômicas, além de supervisão do Tribunal de Contas da União, estão jungidas a que o Presidente da República indique os representantes do governo nas assembleias gerais e órgãos administrativos de cúpula de tais sociedades.

III. As sociedades de economia mista exploradoras de atividades econômicas, no que se refere ao cumprimento de seus objetivos sociais, ou seja, de suas atividades econômicas e empresariais, são regidas pelas normas jurídicas do direito privado. Nada obstante, submetem-se ao regime da administração pública para licitação e contratação de mão de obra e serviços.

IV. O termo "incorporação" é definido na lei como a operação pela qual uma ou mais sociedades são absorvidas por outra, que lhes sucede em todos os direitos e obrigações.

Das proposições acima:

(A) nenhuma das alternativa é correta

(B) todas as alternativas estão corretas

(C) somente as alternativas I, III e IV estão corretas

(D) somente as alternativas I, II e IV estão corretas

I: correta. A CVM é uma autarquia federal em regime especial (art. 5º da Lei nº 6.835/1976) com as mesmas características de uma agência reguladora, devido aos amplos poderes normativos sobre o mercado de capitais (art. 9º e ss. do mesmo diploma legal); **II:** incorreta. A lei que autorizar a instituição de cada empresa pública ou sociedade de economia mista é livre para dispor sobre seu estatuto, que conterá, inclusive, a forma de constituição e funcionamento dos conselhos de administração e fiscal e as normas aplicáveis aos seus administradores (art. 173, § 1º, IV e V, da CF); **III:** correta, nos termos do art. 173, § 1º, II e III, da CF; **IV:** correta, nos termos do art. 227 da Lei nº 6.404/1976 (Lei das Sociedades por Ações – LSA).

Gabarito "C"

(MPF – 23º) Considerando o consumidor no direito de concorrência, é correto afirmar:

I. A Lei de Defesa da Concorrência, ao dispor que "a coletividade é a titular dos bens jurídicos protegidos" (art. 1º, parágrafo único), elegeu o consumidor como alvo de sua proteção.

II. A Política Nacional das Relações de Consumo, não obstante ter por objetivo atender as necessidades dos consumidores, busca compatibilizar a proteção e os interesses destes com a necessidade de desenvolvimento econômico, de modo a viabilizar os princípios nos quais se funda a ordem econômica insculpidos no art. 170, da Constituição Federal.

III. A atual lei brasileira de concorrência, na qual predomina o sistema intervencionista, típico das comunidades europeias, é calcado na proteção do consumidor.

IV. "Livre concorrência" e "livre-iniciativa" são conceitos constitucionais suplementares e informam as relações jurídicas havidas entre o Estado e o particular.

(A) as alternativas I e II estão corretas

(B) as alternativas II e III estão incorretas

(C) nenhuma das alternativas é correta

(D) as alternativas I e IV estão incorretas

I: correta. O direito à concorrência é um direito difuso, que abrange toda a massa de consumidores dos produtos oferecidos ao mercado; **II:** correta, nos termos do art. 4º, III, do CDC; **III:** incorreta. A Lei Antitruste brasileira não dá prevalência à intervenção na economia pelas autoridades de defesa da concorrência. Ao contrário, ela pugna pela livre-iniciativa, prevendo hipóteses excepcionais nas quais os atos de concentração econômica dependerão de aprovação diante de seu potencial prejuízo à livre concorrência. Além disso, não se pode afirmar que a legislação é focada na proteção do consumidor. Na verdade, seu objeto jurídico é a própria concorrência, a qual, se bem protegida, por vias reflexas beneficiará os consumidores; **IV:** incorreta. Os princípios da livre concorrência e da livre-iniciativa regulam as relações entre os agentes econômicos particulares, como regra, afastando a possibilidade de alguns agentes econômicos, dotados de maior poder de mercado, abusarem de sua posição dominante excluindo outros de sua área de atuação. Apenas excepcionalmente tais princípios envolverão a atuação do Estado, quando este puder explorar diretamente uma atividade econômica em regime de concorrência com os atores privados do mercado.

Gabarito "A"

(MPF – 15º) Assinale a peculiaridade, em decorrência da adoção do modelo político neoliberal do "contrato" disciplinado pelo Código do Consumidor:

(A) a enumeração das atividades definidas como próprias de fornecedor;

(B) o sentido múltiplo dos vocábulos "produto" e "serviço";

(C) tratamento estático às "relações de consumo", com vistas a evitar o fator surpresa do consumidor;

(D) a nulidade da cláusula contratual que transfere a terceiros a responsabilidade do fornecedor.

Essa questão, a despeito de não ter sido anulada, é passível de severas críticas, porque utiliza o termo "neoliberal" em sentido equivocado. O enunciado cobra, na verdade, qual das peculiaridades do CDC evidencia a possibilidade de intervenção do Estado na autonomia da vontade, por exemplo, eivando de nulidade uma cláusula contratual ainda que pactuada livremente pelas partes. Nesse sentido, correta a alternativa "D". Mas isso não é uma característica neoliberal. O neoliberalismo, ao contrário, baseia-se no Estado mínimo, com raras atuações na economia, que se funda precipuamente no livre mercado. O neoliberalismo prega a redução do Estado mediante processos de privatização, a fim de que a atividade econômica seja regida pelas regras próprias do mercado e não por leis positivadas.

Gabarito "D"

(MPF – 13º) Constituem propriedade de interesse público, essencialmente:

(A) os bens componentes do meio ambiente natural;

(B) o solo em geral;

(C) o subsolo em princípio;

(D) os bens civilmente considerados voluptuários.

Propriedades de interesse público são bens sujeitos a um regime jurídico especial em virtude dos interesses públicos a eles imanentes que devem ser tutelados. Esse regime jurídico peculiar abrange obrigações e ônus relativamente à disponibilidade desses bens, que passam a ter seu uso e circulação controlados pelo Estado. São exemplos os bens componentes do meio ambiente natural (como a reserva legal de vegetação nativa) e do meio ambiente artificial (como os imóveis tombados).

Gabarito "A"

BÔNUS: RESUMO SOBRE "MINISTÉRIO PÚBLICO"

Marcos Destefenni

1. O MINISTÉRIO PÚBLICO

O Ministério Público é instituição permanente, essencial à função jurisdicional do Estado, incumbindo-lhe a defesa da ordem jurídica, do regime democrático e dos interesses sociais e individuais indisponíveis (art. 127 da CF).

Pelo que se extrai da Lei Maior, o Ministério Público é uma **instituição**. Ou seja, é uma organização, uma entidade que tem sua missão determinada, principalmente, pela Constituição Federal.

Além disso, é uma instituição **pública**, pois cumpre com uma função que é de interesse da sociedade, sendo, pois, de utilidade pública.

Atua no controle da sociedade, mais especificamente em face de comportamentos sociais que, de alguma forma, colocam em risco ou que violam direitos, bens ou valores protegidos pela ordem jurídica.

Os seus integrantes, portanto, são dedicados à **defesa da ordem jurídica**, procurando evitar que ações ou omissões possam afetá-la ou, então, buscando a reparação dos danos causados pelos comportamentos que o direito procura evitar por meio das normas jurídicas.

Integra, de certa forma, o quadro coativo do Estado, ou seja, das leis e instituições que existem para resolver litígios, judicial ou extrajudicialmente.

Em uma visão mais clássica, o Ministério Público atua **perante o Poder Judiciário**, mas sem integrá-lo. Por isso que é considerado **essencial à função jurisdicional do Estado**.

Promove ações penais e não penais (civis *lato sensu*), bem como atua em processos que não iniciou, pois a lei considera sua presença obrigatória em determinadas demandas, a fim de que zele pela ordem jurídica, pelo interesse de determinadas pessoas, produza provas, forneça parecer, interponha recursos e tome outras providências.

Mas sua atuação não se dá apenas perante o Poder Judiciário. Na atualidade, o Ministério Público tem se estruturado para não ser um órgão de atuação limitada às ações judiciais. Ou seja, além de ser um **órgão demandista**, o Ministério Público tem se tornado, nos últimos anos, um **órgão resolutivo**, isto é, que tem competência para resolver determinados litígios sem acionar o Poder Judiciário. Assim, realiza acordos, celebra compromissos de ajustamento de conduta, participa e organiza audiências públicas, expede recomendações, dentre outras providências.

A Constituição também lhe conferiu a missão de defender o **regime democrático**.

Por isso, deve garantir a liberdade e a igualdade de todos. Liberdade com responsabilidade e igualdade material, isto é, que seja inclusiva de todos os cidadãos aos bens e valores essenciais.

Deve, pois, participar do processo eleitoral, como um dos órgãos incumbidos de funções e de poderes para garantir a lisura do procedimento, desde o alistamento dos candidatos até o exercício do poder pelos governantes eleitos.

A instituição deve garantir o pluralismo político e social e ser firme no combate das desigualdades e das injustiças sociais.

Deve tornar efetivos os direitos políticos e sociais, garantindo as liberdades civis e os direitos humanos.

Dentre as funções do Ministério Público, uma das mais importantes é a da defesa dos **direitos e interesses individuais e transindividuais** (difusos, coletivos e individuais homogêneos).

Por isso que o MP tutela, além o direito de pessoas determinadas, o direito que pertence a pessoas indeterminadas. Afinal, conforme destacou o Ministério Público/TO – 2012 – CESPE, "direitos ou interesses transindividuais não possuem titulares individuais determinados e pertencem a uma comunidade ou coletividade".

Cabe à instituição, também, a defesa dos interesses sociais e individuais indisponíveis.

Enfim, o Ministério Público é uma instituição **permanente** (não pode ser suprimida) e dotada de deveres e de poderes, explícitos e implícitos, para cumprir a missão que a Constituição Federal e outras leis lhe impõe.

O fato de a Lei Maior considerar a instituição permanente justifica seja a referida norma considerada "cláusula pétrea".

Assim lembrou o "MINISTÉRIO PÚBLICO/ PI – 2012 – CESPE", ao considerar incorreta a seguinte assertiva: "O dispositivo constitucional que considera o MP uma instituição permanente e essencial à função jurisdicional do Estado não é considerado cláusula pétrea".

De fato, a assertiva está incorreta, pois o caráter permanente e essencial do MP indica que se trata de cláusula pétrea.

No concurso do Ministério Público/SP – 2012 – VUNESP, foram elencadas várias atribuições do *Parquet*, que merecem ser lembradas:

i) expedir recomendações e relatórios anuais ou especiais para que sejam observados os direitos que lhe incumba defender ou para a adoção de medidas destinadas à prevenção ou controle de irregularidades.

ii) sugerir à esfera de poder competente a edição de normas ou a alteração da legislação em vigor.

iii) notificar a autoridade competente para que, em prazo razoável, adote as providências legais, no âmbito de seu poder de polícia, a fim de assegurar o respeito a interesses sociais.

iv) receber petições, reclamações, representações e queixas de qualquer pessoa, por desrespeito aos direitos assegurados nas Constituições Federal e Estadual e ordenamento jurídico, as quais serão encaminhadas à autoridade competente para resposta e a devida solução, nos termos deste ato normativo e da legislação específica.

2. ORGANIZAÇÃO E REGULAMENTAÇÃO

É a Constituição Federal, no art. 128, que estabelece: O Ministério Público abrange:

I – o Ministério Público da União, que compreende:

a) o Ministério Público Federal;

b) o Ministério Público do Trabalho;

c) o Ministério Público Militar;

d) o Ministério Público do Distrito Federal e Territórios;

II – os Ministérios Públicos dos Estados.

Assim, além da Constituição Federal (arts. 127 a 129), o Ministério Público é organizado pela **Lei Complementar n. 75/1993 (Lei Orgânica do Ministério Público da União)** e pela **Lei Federal n. 8.625/1993 (Lei Orgânica Nacional do Ministério Público)**, bem como pelas leis orgânicas estaduais.

Fique atento, portanto, às leis orgânicas estaduais. Como enfatiza o art. 2º da Lei n. 8.625/93, "Lei complementar, denominada Lei Orgânica do Ministério Público, cuja iniciativa é facultada aos Procuradores-Gerais de Justiça dos Estados, estabelecerá, no âmbito de cada uma dessas unidades federativas, normas específicas de organização, atribuições e estatuto do respectivo Ministério Público".

Acrescenta o parágrafo único: "A organização, atribuições e estatuto do Ministério Público do Distrito Federal e Territórios serão objeto da Lei Orgânica do Ministério Público da União".

Mas não é só. O Ministério Público também é organizado por diversos outros atos normativos, editados pelos seus próprios órgãos.

3. PRINCÍPIOS INSTITUCIONAIS E AUTONOMIA DO MP

Cabe lembrar, de início, o caráter dos princípios institucionais do MP consagrados na CF. Afinal, existem normas-regras e normas-princípios, todas dotadas de força normativa.

São princípios institucionais do Ministério Público, de acordo com o art. 127, § 1º, da CF, a **unidade**, a **indivisibilidade** e a **independência funcional**.

Hugo Mazzilli (*Regime jurídico do Ministério Público*, São Paulo: Saraiva, 1995, p. 80) explica que "*unidade* significa que os membros do Ministério Público integram um só órgão sob a direção de um só chefe; *indivisibilidade* significa que esses membros podem ser substituídos uns pelos outros, não arbitrariamente, porém, mas segundo a forma estabelecida na lei. Entretanto, nesse sentido, não há unidade ou indivisibilidade alguma entre os membros de Ministérios Públicos diversos".

Assim, e ainda segundo Mazzilli, "só há unidade dentro de cada Ministério Público. Unidade alguma existe entre o Ministério Público Federal e os dos Estados, nem entre o de um Estado e o de outro. Nem há unidade entre os diversos ramos do Ministério Público da União".

Por isso, o princípio da unidade, segundo o qual o MP constitui uma instituição única, não autoriza que integrantes de um Ministério Público, como o do trabalho, por exemplo, exerça atribuições de outro Ministério Público, como o estadual. A unidade significa que "os membros do Ministério Público integram um só órgão sob a direção de um só chefe" (Hugo Nigro Mazzilli, Regime Jurídico do Ministério Público, 7ª ed., São Paulo: Saraiva, 2013, p 132). E referido princípio não autoriza que integrantes de um MP exerçam atribuições de outro ramo do MP ou de outro MP.

De outro lado, é importante observar que a indivisibilidade não permite que, arbitrariamente, seja determinada a substituição de um membro do Ministério Público por outro.

Há que se respeitar a independência funcional dos membros do Ministério Público, assegurada pela Constituição Federal. Aliás, em decorrência dessa independência funcional não há hierarquia funcional entre os seus membros.

O que existe é uma hierarquia estritamente administrativa, de forma que o Chefe da Instituição, o Procurador-Geral de Justiça (Ministério Público estadual) ou Procurador-Geral da República (Ministério Público federal), não detém hierarquia funcional sobre os Promotores de Justiça ou Procuradores da República, respectivamente.

Mazzilli (*Regime*, cit., p. 80) analisa a questão e explica que "não se pode impor um procedimento *funcional* a um membro do Ministério Público, senão fazendo recomendação sem caráter normativo ou vinculativo, pois a Constituição e a lei complementar, antes de assegurarem garantias pessoais aos membros do Ministério Público, deram-lhes garantias funcionais, para que possam servir aos interesses da lei, e não aos dos governantes.

Naturalmente, sob o aspecto meramente *administrativo*, devem os membros do Ministério Público acatar as decisões dos órgãos da administração superior. Assim, por exemplo, a solução de um conflito de atribuições, a revisão de uma promoção de arquivamento de inquérito civil ou de inquérito policial, a imposição de medidas disciplinares – todas essas decisões de caráter administrativo, tomadas com estrita observância da lei, exigem atendimento obrigatório. Mas nenhum procedimento ou manifestação podem impor os órgãos de administração superior no tocante a matérias cuja solução dependa da decisão e da convicção do membro da instituição, garantido por irrestrita independência funcional".

Analisando os princípios ora comentados, é bom destacar que se dois membros do MP assumirem posições divergentes, em relação ao mesmo fato, dentro do mesmo processo, configura-se um conflito de atribuições, cabendo ao chefe da instituição dirimir o conflito, de tal forma que não sendo correto afirmar, como se verifica em alguns concursos, que o princípio da unidade cede lugar ao princípio da independência.

Deve ser lembrado, também, que o § 2º do art. 127 da CF assegura ao Ministério Público *autonomia funcional e administrativa, podendo, observado o disposto no art. 169, propor ao Poder Legislativo a criação e extinção de seus cargos e serviços auxiliares, provendo-os por concurso público de provas e de provas e títulos*.

Já o § 3º do mesmo artigo dispõe que *o Ministério Público elaborará sua proposta orçamentária dentro dos limites estabelecidos na lei de diretrizes orçamentárias*.

Analisando provas de concursos públicos, é importante destacar que a autonomia do órgão ministerial não permite que dispense o procedimento licitatório em relação à contratação para o fornecimento de produtos e serviços, por exemplo. Afinal, o MP é uma instituição pública.

De outro lado, a autonomia do MP permite-lhe a nomeação de seus servidores, embora o Governador nomeie o Procurador-Geral de Justiça do MP estadual e o Procurador-Geral da República seja nomeado pelo Presidente da República, dentre os integrantes da carreira, maiores de trinta e cinco anos, após a aprovação de seu nome pela maioria absoluta dos membros do Senado Federal, para mandato de dois anos, permitida a recondução.

Em consonância com o art. 3º da Lei Orgânica Nacional do Ministério Público (Lei n. 8.625/93), e às questões de concurso, também é importante destacar que a autonomia do Ministério Público permite-lhe propor ao Poder Legislativo a criação e a extinção de cargos, bem como a fixação e o reajuste dos vencimentos de seus membros.

É importante o aspecto da sua autonomia administrativa, sobretudo em função de ser a matriz do poder que tem o *Parquet* de estruturar-se na forma prevista na respectiva lei orgânica, editar atos relativos ao seu quadro de pessoal, inclusive provendo diretamente seus cargos e os de seu serviço auxiliar.

Em relação à autonomia funcional, cabe destacar que o órgão ministerial, no exercício de suas atividades funcionais institucionais, tem liberdade, isto é, os seus membros não estão subordinados a qualquer órgão ou poder.

Os grandes parâmetros da sua atuação são a consciência e aos limites constitucionais e legais.

4. OS VÁRIOS MINISTÉRIOS PÚBLICOS, AS GARANTIAS E AS VEDAÇÕES DE SEUS MEMBROS

Estabelece o art. 128 da CF que *o Ministério Público abrange:*

I – o Ministério Público da União, que compreende:

a) o Ministério Público Federal;

b) o Ministério Público do Trabalho;

c) o Ministério Público Militar;

d) o Ministério Público do Distrito Federal e Territórios;

II – os Ministérios Públicos dos Estados.

No "MINISTÉRIO PÚBLICO/PI – 2012 – CESPE" foi enfatizada a existência de vários *Ministérios Públicos*: "O MP é, conforme se depreende do disposto na CF, nacional e unitário, caracterizando-se, ainda, por possuir individualidade".

De fato, a Lei Maior reconhece a existência do Ministério Público, como instituição pública, permanente e essencial, mas também reconhece a existência de vários Ministérios Públicos. Na verdade, existem dois grandes Ministérios Públicos, o da União e o Estadual. Por isso, em cada Estado há um Ministério Público.

O § 1º do artigo 128 da CF dispõe que *o Ministério Público da União tem por chefe o Procurador-Geral da República, nomeado pelo Presidente da República dentre integrantes da carreira, maiores de trinta e cinco anos, após a aprovação de seu nome pela maioria absoluta dos membros do Senado Federal, para mandato de dois anos, permitida a recondução.*

Segundo o § 2º, *a destituição do Procurador-Geral da República, por iniciativa do Presidente da República, deverá ser precedida de autorização da maioria absoluta do Senado Federal.*

Já o § 3º dispõe que *os Ministérios Públicos dos Estados e o do Distrito Federal e Territórios formarão lista tríplice dentre integrantes da carreira, na forma da lei respectiva, para escolha de seu Procurador-Geral, que será nomeado pelo Chefe do Poder Executivo, para mandato de dois anos, permitida uma recondução.*

O § 4º, por sua vez, diz que *os Procuradores-Gerais nos Estados e no Distrito Federal e Territórios poderão ser destituídos por deliberação da maioria absoluta do Poder Legislativo, na forma da lei complementar respectiva.*

Outrossim, estabelece o § 5º que *leis complementares da União e dos Estados, cuja iniciativa é facultada aos respectivos Procuradores-Gerais, estabelecerão a organização, as atribuições e o estatuto de cada Ministério Público, observadas, relativamente a seus membros:*

I – as seguintes **garantias**:

a) ***vitaliciedade****, após dois anos de exercício, não podendo perder o cargo senão por sentença judicial transitada em julgado;*

b) ***inamovibilidade****, salvo por motivo de interesse público, mediante decisão do órgão colegiado competente do Ministério Público, pelo voto da maioria absoluta de seus membros, assegurada ampla defesa;*

c) ***irredutibilidade de subsídio****, fixado na forma do art. 39, § 4º, e ressalvado o disposto nos arts. 37, X e XI, 150, II, 153, III, 153, § 2º, I;*

II – as seguintes ***vedações****:*

a) receber, a qualquer título e sob qualquer pretexto, honorários, percentagens ou custas processuais;

b) exercer a advocacia;

c) participar de sociedade comercial, na forma da lei;

d) exercer, ainda que em disponibilidade, qualquer outra função pública, salvo uma de magistério;

e) exercer atividade político-partidária;

f) receber, a qualquer título ou pretexto, auxílios ou contribuições de pessoas físicas, entidades públicas ou privadas, ressalvadas as exceções previstas em lei.

Aos membros do Ministério Público também é vedado *exercer a advocacia no juízo ou tribunal do qual se afastou, antes de decorridos três anos do afastamento do cargo por aposentadoria ou exoneração* (cf. art. 128, § 6º, c.c. o art. 95, parágrafo único, V, da CF).

No concurso do Ministério Público/BA – 2008, foi lembrado que a inamovibilidade não é garantia absoluta.

Atualmente, estabelece o art. 128, § 5º, I, "b", da CF: "inamovibilidade, salvo por motivo de interesse público, mediante decisão do órgão colegiado competente do Ministério Público, pelo voto da maioria absoluta de seus membros, assegurada ampla defesa; (Redação dada pela Emenda Constitucional nº 45, de 2004)".

Sobre os princípios institucionais, o concurso "MINISTÉRIO PÚBLICO/PI – 2012 – CESPE" lembrou que, de acordo com a doutrina dominante, com fundamento no princípio da independência funcional, não há óbice a que um membro do MP assuma posicionamento contrário ao adotado pelo seu antecessor na mesma relação processual.

5. FUNÇÕES INSTITUCIONAIS

As principais **funções institucionais** do Ministério Público estão previstas no art. 129 da CF. O rol não é taxativo, uma vez que o inciso IX do mencionado artigo permite ao MP exercer outras funções que lhe forem conferidas, desde que compatíveis com sua finalidade.

O STF frisou o caráter exemplificativo do rol constitucional ao julgar a ADI 3.463/RJ:

> "O rol de atribuições conferidas ao Ministério Público pelo art. 129 da Constituição Federal não constitui *numerus clausus*. O inciso IX do mesmo artigo permite ao Ministério Público "exercer outras funções que lhe forem conferidas, desde que compatíveis com sua finalidade, sendo-lhe vedada a representação judicial e a consultoria jurídica de entidades públicas".

Uma função institucional que tem fundamento expresso em norma infraconstitucional (art. 82, I, do CDC), mas que não é referida pelo texto constitucional, diz respeito à defesa de direitos individuais homogêneos.

Quando da elaboração da Constituição Federal, ainda não havia sido sistematizada a tutela dos direitos individuais homogêneos, o que só ocorreu com a edição do Código de Defesa do Consumidor, em 1990.

E o estatuto consumerista deu ao órgão ministerial a atribuição, polêmica é verdade, para tutelar direitos individuais homogêneos.

Deve-se entender, porém, que o Ministério Público poderá, sim, tutelar direitos individuais homogêneos.

Ocorre que a referida atuação pode ser revestida de relevância social.

Assim, o MP tem legitimidade para a defesa de direitos individuais indisponíveis e, dependendo do caso concreto, poderá ter legitimidade para a defesa de direitos individuais disponíveis.

Vários fatores podem ser citados para justificar essa conclusão. De início, cumpre lembrar que a própria CF permite que sejam atribuídas outras funções institucionais ao órgão ministerial. E foi o que fez o CDC, em seu art. 82, inciso I.

Mas não é só.

A tutela de direitos individuais homogêneos não está fundada na disponibilidade ou indisponibilidade do direito individual, mas sim no fato de que a tutela coletiva de direitos individuais permite sejam removidos obstáculos relacionados ao acesso à justiça, como, por exemplo, o fato de que a lesão individualmente sofrida pelo consumidor é ínfima, mas a totalidade do dano causado pelo fornecedor é bastante relevante.

Ao sofrer uma lesão pequena, o consumidor ou a vítima pode não se sentir estimulada a buscar reparação no Judiciário. Referida circunstância, percebida por fornecedores inescrupulosos, estimula práticas abusivas e perniciosas contra o consumidor.

Por isso, a repressão de lesão a direitos individuais tem grande conteúdo pedagógico e cumpre função preventiva, além de seu aspecto punitivo.

Além disso, cabe ser lembrado que o grande objetivo da tutela coletiva de direitos individuais homogêneos é tentar reduzir a apresentação de muitas demandas junto ao Poder Judiciário. Com uma única ação coletiva podem ser tutelados milhares de consumidores.

Cabe ao MP, portanto, atuar na defesa dos direitos individuais homogêneos. É sua função institucional sim.

O que não se admite, em relação ao *Parquet* é que ele exerça a representação judicial e a consultoria jurídica de entidades públicas.

Dentre as funções, destacamos, ainda, a função de zelar pelo efetivo respeito dos Poderes Públicos e dos serviços de relevância pública aos direitos assegurados na Constituição, promovendo as medidas necessárias a sua garantia (CF, art. 129, II).

Quando à mencionada função, que é extremamente relevante, decidiu o TJ/RJ ser cabível ação coletiva para tutela de direitos transindividuais na hipótese de prestação de serviços públicos:

> "Vale consignar que não há que se falar em falta de interesse de agir pelo Ministério Público, visto que este possui legitimidade ativa para promover a defesa dos direitos difusos ou coletivos dos consumidores, e de seus interesses ou direitos individuais homogêneos, inclusive no que se refere à prestação de serviços públicos, haja vista a presunção de relevância da questão para a coletividade." (Décima Nona Câmara Cível do TJ/RJ, AI n. 0012170-19.2011.8.19.0000, Relator Des. Guaraci de Campos Vianna).

Importante observar, também, que o Ministério Público não reclama a eficiente prestação de serviços públicos apenas por meio de ações judiciais.

Por exemplo, a audiência pública é um importante instrumento para a obtenção de provas, de dados, de informações, de esclarecimentos que possam permitir que o órgão ministerial zele para que os Poderes Públicos e os serviços de relevância pública e social obedeçam aos direitos assegurados nas Constituições Federal e Estadual e no ordenamento jurídico.

A atividade investigatória do Ministério Público pode ser direcionada a apurar fatos que permitam avaliar o respeito aos direitos fundamentais da pessoa humana e a efetiva prestação dos serviços de relevância pública.

O *Parquet* também poderá expedir recomendação, que é um instrumento destinado à orientação de órgãos públicos ou privados, de tal forma que pode ser utilizada para garantir o respeito a direitos e deveres fundamentais.

Importante que órgão de execução expeça a recomendação de forma fundamentada e que não a utilize como medida substitutiva ao compromisso de ajustamento de conduta ou à ação civil pública.

As funções institucionais mais discutidas e, talvez, as mais importantes, estão elencadas no inciso III do art. 129 da CF: promover o inquérito civil e a ação civil pública, para a proteção do patrimônio público e social, do meio ambiente e de outros interesses difusos e coletivos.

E, como se disse, apesar de não haver referência expressa na CF, pois a matéria só foi regulamentada em 1990, cabe ao MP a defesa de direitos individuais homogêneos, conforme destacou a 34ª Câmara de Direito Privado do Tribunal de Justiça de São Paulo, no julgamento da Apelação n. 992.05.118664-0, (Rel. Desª. CRISTINA ZUCCHI RELATORA):

> "O Ministério Público, por força do art. 129, III e IX, da Constituição Federal, arts. 81, III, 91 do Código de Defesa do Consumidor, e art. 21 da Lei n. 7.347/85, é legitimado a promover qualquer espécie de ação na defesa de direitos individuais homogêneos, subespécie de direitos coletivos, nestes incluídos o controle de cláusulas contratuais abusivas no âmbito das relações de consumo (art. 51, § 4º, do CDC), baseadas em contrato por adesão, cujas cláusulas podem ser consideradas nulas, ainda que objeto de renúncia expressa pelo consumidor, envolvendo prestação de serviços educacionais (cursos livres). E inegável o interesse social, pois afeta considerável número de pessoas, tudo a demonstrar a legitimidade do Ministério Público para propor ação civil pública, cuja eficácia da decisão acerca do objeto mediato é *erga omnes* ou *ultra partes*".

O Poder Judiciário, às vezes, afirma até a obrigatoriedade no ajuizamento de ações coletivas, considerando a sua enorme importância para a tutela do consumidor, no sentido de protegê-lo de práticas que põem em risco a sua saúde.

Por exemplo, o Tribunal de Justiça de Minas Gerais afirmou a absoluta necessidade de se promover a ação coletiva em face de venda de cigarros falsificados, onde é evidente a violação de direitos transindividuais, passíveis de tutela coletiva:

> "APELAÇÃO – AÇÃO CIVIL PÚBLICA – VENDA DE CIGARRO FALSIFICADO E SEM CADASTRO NA ANVISA – INDENIZAÇÃO – DANOS MORAIS COLETIVOS – QUANTIFICAÇÃO – DUPLA FINALIDADE. Mais do que legitimidade *ad causam*, o Ministério Público tem o dever de ingressar com ações coletivas quando houver qualquer dano aos direitos coletivos *latu sensu*, compreendidos o difuso, coletivo *strictu sensu*, individuais coletivos. Cabe a ele (MP) fiscalizar o efetivo cumprimento dos direitos básicos do consumidor (art. 6º do CDC), entre eles a proteção da saúde e segurança contra riscos provocados por práticas no fornecimento de produtos e serviços considerados perigosos ou nocivos e a efetiva prevenção e reparação de danos patrimoniais e morais, individuais, coletivos e difusos. Se o uso do cigarro regularmente autorizado pelo ordenamento jurídico e fiscalizado pela ANVISA já constitui um vício prejudicial à saúde, com muito mais razão a utilização de cigarro falsificado e sem autorização da referida agência reguladora mostra-se um perigo incalculável, pois sequer se sabe o conteúdo que compõe o cigarro ilegal. A comercialização de cigarros falsificados e sem cadastro na ANVISA, viola o art. 6º, I, do CDC, razão pela qual resta evidenciada a ocorrência do dano moral. A reparação moral tem função compensatória e punitiva. A primeira, compensatória, deve ser analisada sob os prismas da extensão do dano e das condições pessoais da vítima. A finalidade punitiva, por sua vez, tem caráter pedagógico e preventivo, pois visa desestimular o ofensor a reiterar a conduta ilícita" (APELAÇÃO CÍVEL N. 1.0702.06.278606-7/001, REL. DES. TIBÚRCIO MARQUES, 15ª CÂMARA CÍVEL).

Ao concluir que a relação entre empresa e passageiro é de consumo, considerando a aplicabilidade do CDC ao caso, o Tribunal de Justiça de Santa Catarina (Apelação Cível n.

2009.011085-8, 1ª Câmara de Direito Público, Rel. Des. Subst. Paulo Henrique Moritz Martins da Silva), entendeu ser plenamente admissível ação civil pública para fazer cumprir o direito dos consumidores de serem adequadamente informados sobre os preços das passagens, com indicação dos valores da tarifa e do seguro incluídos, devidamente discriminados.

Também foi admitida ação civil pública para defesa dos consumidores, para coibir negativa de renovação de apólice de segurado, sob a alegação de envelhecimento da massa de segurados. Assim decidiu a Quarta Turma Cível do Tribunal de Justiça do Distrito Federal e Territórios (Apelação Cível nº 2007.01.1.101673-2, SÉRGIO BITTENCOURT – Relator):

> "Não age com boa-fé a seguradora que alega, como motivo de não renovação das apólices dos contratantes, o fato da massa de segurados estar envelhecendo. Tal argumento denota, de forma clara, o objetivo da seguradora de frustrar a própria finalidade dos contratos de seguro de vida".

Em acórdão relatado pelo Des. Carlos Henrique Miguel Trevisan (Embargos Infringentes n. 0111568-22.2003.8.26.0000), a 4ª Câmara de Direito Privado do Tribunal de Justiça de São Paulo vislumbrou interesse público e relevância social na tutela do direito à moradia, em caso em que se pleiteou a reparação de mais de uma centena de imóveis destinados a habitações populares que apresentaram graves defeitos de construção:

> "Ação civil pública proposta pelo Ministério Público – Reparação de defeitos de construção em imóveis de conjunto habitacional popular – Tutela de direitos ou interesses individuais homogêneos – Interesse público – Direito de moradia e defesa do consumidor – Matérias de alto relevo social – Inteligência dos artigos 127 e 129, incisos III e IX, da Constituição Federal – Legitimidade ativa do Ministério Público reconhecida – Preliminar afastada – Decisão de primeiro grau que julga procedente a ação condenando solidariamente as rés à reparação dos danos – Defeitos de projeto e de execução demonstrados pelos laudos periciais – Aplicação do Código de Defesa do Consumidor – Responsabilidade objetiva e solidária das rés – Sentença mantida – Embargos infringentes providos".

Há relevância social a admitir tutela coletiva, no caso de contratação de serviços educacionais (34ª Câmara de Direito Privado do Tribunal de Justiça de São Paulo, Apelação n. 992.05.118664-0, REL. DESª. CRISTINA ZUCCHI). No mesmo sentido também a 2ª Turma do STJ, ao julgar o REsp Nº 1.012.158-GO, RELATOR: MINISTRO CASTRO MEIRA.

Também já se vislumbrou o relevante interesse social no caso de ação coletiva para a tutela dos usuários de transporte público:

> "Destaque-se, para desde logo, que a hipótese em tela em verdade versa sobre direitos individuais homogêneos, protegidos pelo Código de Defesa do Consumidor, conquanto se esteja diante de serviço de transporte público prestado à população de Município da Região Serrana do Estado do Rio de Janeiro. Demonstrado, portanto, o relevante interesse social a autorizar a tutela pela via coletiva, restando flagrante a legitimidade ativa do Ministério Público para a propositura da Ação Civil Pública, conforme artigos 81, parágrafo único, inciso III e 82, inciso I, do Código de Defesa do Consumidor" (TJ/RJ, Quarta Câmara Cível, 0005992-64.2007.8.19.0042, REL. DES. MARCELO BUHATEM).

Oportuno, também, o que afirmou o Tribunal de Justiça do Rio de Janeiro:

> "A disponibilidade dos direitos que se busca resguardar não constitui obstáculo ao manejo da ação civil pública. O Código de Defesa do Consumidor, no seu art. 81, parágrafo único, inciso III, exige apenas a origem comum dos direitos ou interesses individuais (isto é, a sua homogeneidade) para autorizar sua defesa por meio de ação coletiva" (19ª CÂMARA CÍVEL, RELATOR DES. MARCOS ALCINO DE AZEVEDO TORRES, APELAÇAO N. 0156114-76.2011.8.19.0001).

Portanto, a ação civil pública e o inquérito civil devem ser instaurados para a tutela dos diversos direitos transindividuais, muito bem apontados pelo Tribunal de Justiça do Rio Grande do Sul, em julgamento proferido pela sua 24ª Câmara Cível (Apelação Cível nº 70054191275):

> "Assim como os direitos individuais comportam subespécies, da mesma forma ocorre com os interesses meta ou superindividuais, que igualmente decompõem-se em subtipos: difusos, coletivos em sentido estrito e individuais homogêneos".

Referido julgamento ainda cravou o fato de que mencionada classificação não é meramente teórica, apresentando importantíssimas repercussões práticas. No caso mencionado, o mencionado órgão jurisdicional bem apontou a importância para fins de reconhecimento ou não da legitimidade ativa: "E é exatamente com relação à classificação dos direitos coletivos em sentido amplo que reside o cerne da questão acerca da ilegitimidade ativa do Ministério Público".

Além da classificação ser tripartite, é interessante notar que um mesmo fato pode violar direitos transindividuais de todas as espécies.

Fala-se, então, na necessidade de uma tutela jurisdicional tripartite e conglobante, ou seja, que seja apta a tutelar direitos de todas as espécies e que seja apta a propiciar todo tipo de tutela.

A constatação foi magistralmente assinalada pela 37ª Câmara de Direito Privado do Tribunal de Justiça de São Paulo, em acórdão relatado pelo DES. SERGIO GOMES (Apelação nº 0138173-49.2010.8.26.0100).

No caso, discutiam-se, em sede de ação civil pública movida pelo Ministério Público, práticas abusivas e irregulares na cobrança de débitos de consumidores, "notadamente a ausência de prévia, formal, expressa e pessoal notificação da aquisição de créditos oriundos principalmente de contratos de serviços de telefonia".

E segundo restou consignado:

"O ajuizamento da demanda pelo órgão ministerial foi fundado na tutela de interesses difusos, coletivos e individuais homogêneos, cumulativamente, de acordo com o quadro a seguir:

Interesses	**Proteção**	**Sujeito a proteger**
Difusos	Futuros consumidores que possam a vir sofrer o prejuízo e toda a sociedade	indeterminado
Coletivos stricto sensu	Consumidores que já tiveram seus supostos débitos cedidos à acionada Atlântico, mas ainda não sofreram efetivos prejuízos	determináveis
Individuais homogêneos	Consumidores que já tenham sofrido danos materiais ou morais em razão dos fatos discutidos	determinados

A tutela almejada então é tripartite e conglobada. Ou seja, com base na mesma circunstância fática e legal, objetiva-se a proteção de três interesses, que embora diversos, não são excludentes entre si. O ajuizamento de ação civil pública com fulcro em dois ou mais interesses transindividuais não encontra óbice na legislação e é largamente admitido pela doutrina e pela jurisprudência".

Acrescentou a brilhante decisão: "Este raciocínio decorre também dos princípios da efetividade e economia processual. A proposição de demandas separadas para interesses diversos constituiria em um acúmulo indevido e inarredável de serviço, prejuízo para as partes e risco de decisões conflitantes".

Portanto, são três os direitos transindividuais que podem ser objeto, isolada ou cumulativamente, de tutela coletiva.

Não pode deixar de ser observado, em função de tudo o que já foi exposto que a ação civil pública é um importante instrumento para provocar o controle judicial das políticas públicas.

Assim sendo, o MP também tem por função institucional, ainda que não expressamente previsto na CF, tornar-se um órgão de provocação do controle *judicial das políticas públicas*.

Como proclamou a 7ª Câmara do Tribunal de Justiça do Rio Grande do Sul, no julgamento da Apelação nº 70052802535 (REL. DES. LISELENA SCHIFINO ROBLES RIBEIRO), o Poder Público pode violar direitos difusos por falta de políticas públicas que assegurem direitos fundamentais de acesso à educação:

> "APELAÇÕES CÍVEIS. AÇÃO CIVIL PÚBLICA. ECA. DIREITO À EDUCAÇÃO. FORNECIMENTO DE MATERIAL DIDÁTICO-ESCOLAR. ANTECIPAÇÃO DE TUTELA.
>
> 1. Legitimidade da Defensoria Pública par ajuizar ação civil pública, em face da Lei nº 11/448/07, art. 2º, que ampliou a proteção e defesa dos direitos difusos.
>
> 2. Incumbe ao Poder Público assegurar o acesso à educação à criança e ao adolescente, com absoluta prioridade, proporcionando meios que materializem o direito constitucionalmente assegurado. Consoante disposição expressa na Constituição Estadual, em seu art. 198, o Estado providenciará o fornecimento de material didático, como forma de complementar o acesso e permanência de alunos carentes no ensino público".

Vale a pena transcrever a seguinte passagem do mencionado acórdão, verdadeira aula sobre a tutela de direitos fundamentais:

> "Conforme decisão do agravo de instrumento n. 70035583863, que apreciou o pedido de antecipação de tutela na casa, "a educação é obrigação do Estado, conforme disposto no art. 227 da CF, que assegura à criança e ao adolescente, com absoluta prioridade, tal direito. Essa prioridade é trazida também pelo Estatuto da Criança e do Adolescente, em seu art. 4º, que assim determina:

Art. 4º É dever da família, da comunidade, da sociedade em geral e do poder público assegurar, com absoluta prioridade, a efetivação dos direitos referentes à vida, à saúde, à alimentação, à educação, ao esporte, ao lazer, à profissionalização, à cultura, à dignidade, ao respeito, à liberdade e à convivência familiar e comunitária.

Por sua vez, o art. 23, inciso V, da CF estabelece a competência comum da União, dos Estados e dos Municípios para proporcionar os meios de acesso à cultura, à educação e à ciência. No mesmo sentido, dispõe o art. 53 do ECA.

Ainda a Constituição Federal, no capítulo que trata dos direitos sociais, consagra, em seu art. 6º, o direito "a educação, a saúde, o trabalho, a moradia, o lazer, a segurança, a previdência social, a proteção à maternidade e à infância, a assistência aos desamparados, na forma desta Constituição."

O art. 208, inciso IV, da Carta Magna estatui que o dever do Estado com a educação será efetivado mediante a garantia de "atendimento ao educando, no ensino fundamental, através de programas suplementares de material didático-escolar, transporte, alimentação e assistência à saúde".

No mesmo sentido a Lei de Diretrizes e Base da Educação, que, em seu art. 4º, inciso VIII, reproduz o texto constitucional.

A Constituição Estadual, em seu art. 196, assegura o direito à educação, assim como igualmente apregoa o princípio da universalização do atendimento escolar.

Já, em seu art. 198, dispõe que "O Estado complementará o ensino público com programas permanentes e gratuitos de material didático, transporte, alimentação, assistência à saúde e de atividades culturais e esportivas".

O Estatuto da Criança e do Adolescente, em seu art. 54, inciso VII, estabelece ser dever do Estado assegurar à criança e ao adolescente o "atendimento ao ensino fundamental, através de programas suplementares de material didático-escolar, transporte, alimentação e assistência à saúde".

Este inciso, assim como os demais dispositivos mencionados, elenca os deveres do Estado no que pertine à educação, tendo em vista que é de todos sabido que a permanência da criança e do adolescente na escola depende de inúmeros fatores, dentre os quais a ausência de recursos financeiros para fazer frente ao material didático-escolar, sem o que, em muitos casos, resta inviabilizado o acesso e a frequência no ensino público."

Tem, pois, o Poder Público, ao contrário do sustentado, o dever de, mediante políticas públicas, assegurar o acesso à educação à criança e ao adolescente, com absoluta prioridade, proporcionando meios que materializem o direito constitucionalmente assegurado, não tendo prova de que o Estado já forneça o material as estudante carente".

O TJ/RS também já proclamou que o Poder Público pode violar direitos transindividuais, por ofensa à dignidade da pessoa humana, ao se negar a fornecer fraldas descartáveis, medicamento, aparelho médico ou realizar procedimento cirúrgico:

"Com efeito, não há que se falar em falta de previsão constitucional para o fornecimento de fraldas descartáveis aos que delas necessitam, tendo em vista que diz com a manutenção da higiene pessoal de pessoas doentes e que não possuem condições financeiras de arcarem com os custos. Trata-se, como se disse, do princípio fundamental da dignidade da pessoa humana.

Ademais, aqueles que postulam judicialmente tais objetos, são portadores de doenças incapacitantes, que levam ao descontrole sobre as necessidades fisiológicas. Logo, há dignidade no pedido, dignidade em reconhecer que o auxílio estatal é preciso, imperioso para a sobrevivência.

Muitas vezes, para não dizer na maioria, o fundamento da República – dignidade da pessoa humana – insculpido no art. 1º, inciso III, da Constituição Federal, é simplesmente excluído das 'cartilhas' dos entes federados, que desconsideram os seres humanos que os compõem como elemento integrante" (AI nº 70042220483, 1ª Câmara Cível, REL. DES. CARLOS ROBERTO LOFEGO CANÍBAL).

Outra função institucional do MP é promover a ação de inconstitucionalidade ou representação para fins de intervenção da União e dos Estados, nos casos previstos nesta Constituição.

Trata-se de uma função extremamente importante, pois, enquanto o Procurador-Geral da República pode propor a ação direta de inconstitucionalidade e a ação declaratória de constitucionalidade perante o STF (art. 103, VI, da CF), bem como ser previamente ouvido nas ações de inconstitucionalidade e em todos os processos de competência da Suprema Corte, função idêntica cabe aos Procuradores-Gerais de Justiça no âmbito estadual.

Deve-se lembrar da possibilidade de controle de constitucionalidade das leis municipais e estaduais perante os Tribunais de Justiça.

Com efeito, estabelece o art. 125, § 2º, da CF, que *cabe aos Estados a instituição de repre-*

sentação de inconstitucionalidade de leis ou atos normativos estaduais ou municipais em face da Constituição Estadual, vedada a atribuição da legitimação para agir a um único órgão.

Outra função do MP, mais especificamente do Ministério Público União, é defender judicialmente os direitos e interesses das populações indígenas.

Sobre a questão, já decidiu a 1ª Turma do STJ (AgRg na Pet 5572 / PB):

> "Compete ao Ministério Público da União, nos termos dos arts. 129, V, da CF/88, e 6º da LC 75/93, a defesa judicial dos direitos e interesses das populações indígenas, incluídos os relativos às terras por elas tradicionalmente habitadas, mediante proposição das ações cabíveis.
>
> As atribuições do Ministério Público, nesse particular, são bastante assemelhadas às finalidades para as quais foi instituída a Fundação Nacional do Índio, previstas no art. 1º da Lei 5.371/67.
>
> Verifica-se, desse modo, que tanto o Ministério Público Federal quanto a FUNAI, conquanto não sejam titulares diretos do direito discutido nos autos da Ação Ordinária 99.00.09024-1 — ajuizada perante 1ª Vara Federal da Seção Judiciária da Paraíba (processo autuado nesta Corte como REsp 802.412/PB) —, teriam legitimidade para a propositura da referida ação.
>
> Tem-se, portanto, configurado o interesse jurídico necessário à admissão da FUNAI como assistente do Ministério Público Federal, pois é manifesto o seu interesse jurídico de que a demanda seja julgada em favor dos interesses dos povos indígenas".

Para cumprir suas funções institucionais, cabem ao MP, também, atribuições investigatórias, isto é, poderes investigatórios.

Por exemplo, é função institucional do *Parquet* expedir notificações nos procedimentos administrativos de sua competência, requisitando informações e documentos para instruí-los, na forma da lei complementar respectiva.

Cabe lembrar que as funções de Ministério Público só podem ser exercidas por integrantes da carreira.

E o ingresso na carreira só é possível por meio de concurso público de provas e títulos, assegurada a participação da Ordem dos Advogados do Brasil em sua realização. O concursando deve ser bacharel em direito. Além disso, deve comprovar o exercício, no mínimo, por três anos, de atividade jurídica.

6. O ESTATUTO E A AUTONOMIA DO MINISTÉRIO PÚBLICO ESTADUAL

A Lei n. 8.625, de 12 de fevereiro de 1993, institui a Lei Orgânica Nacional do Ministério Público e dispõe sobre normas gerais para a organização do Ministério Público dos Estados e dá outras providências.

Cada Ministério Público estadual, assim, é regido por lei orgânica própria. Por exemplo, a do Ministério Público de São Paulo é a Lei Complementar n. 736, de 26 de novembro de 1993.

O Ministério Público estadual, de acordo com o entendimento atual, detém legitimidade para atuar, originariamente, perante o STF. Relevante citar, a título de ilustração, trechos da decisão proferida no julgamento da Rcl 7358:

> "O Plenário concluiu julgamento de reclamação ajuizada pelo Ministério Público do Estado de São Paulo contra acórdão que provera agravo de execução interposto em favor de condenado preso para restabelecer seu direito à remição dos dias trabalhados, cuja perda fora decretada em razão do cometimento de falta grave. Sustentava o reclamante violação ao Enunciado da Súmula Vinculante 9 [*"O disposto no artigo 127 da Lei nº 7.210/1984 (Lei de Execução Penal) foi recebido pela ordem constitucional vigente, e não se lhe aplica o limite temporal previsto no caput do artigo 58"*] – v. Informativo 580. **Inicialmente, por maioria, reconheceu-se a legitimidade ativa autônoma do Ministério Público estadual para propor reclamação perante o STF. O Min. Marco Aurélio considerou que, como o *parquet* estadual atuara na 1ª e na 2ª instâncias, ao vislumbrar desrespeito ao citado verbete, seria ele parte legítima na reclamação perante o Supremo**. Assinalou que não haveria como se conceber a confusão do Ministério Público quando atuasse como parte e como fiscal da lei. O Min. Celso de Mello assentou que o Ministério Público do Trabalho não disporia dessa legitimidade por uma singularidade, qual seja, a de integrar o Ministério Público da União, cujo chefe é o Procurador-Geral da República. **Aduziu que, entretanto, não existiria qualquer relação de dependência entre o Ministério Público da União e o dos Estados-membros. Acentuou que estabelecer uma situação de subalternidade implicaria descaracterizar o próprio modelo federal de Estado, porque se estaria virtualmente, em sede jurisdicional, a transformar, em termos de Ministério Público, o Estado brasileiro em verdadeiro Estado unitário, em que as deliberações emanariam do órgão central do sistema, que seria o Procurador-Geral da Repú-**

blica. Acrescentou que, muitas vezes, inclusive, os Ministérios Públicos estaduais poderiam formular representação perante o STF, deduzindo pretensão com a qual não concordasse, eventualmente, a chefia do Ministério Público da União, o que obstaria o acesso do *parquet* local no controle do respeito e observância, por exemplo, de súmulas impregnadas de eficácia vinculante. Rcl 7358/SP, rel. Min. Ellen Gracie, 24.02.2011.

(...)

"O Min. Cezar Peluso, por sua vez, ressaltou que **fazer com que o Ministério Público estadual ficasse na dependência do que viesse a entender o Ministério Público Federal seria incompatível, dentre outros princípios, com o da paridade de armas. Disse, ademais, que se estaria retirando do Ministério Público estadual uma legitimidade que seria essencial para o exercício das suas funções, as quais não seriam exercidas pelo Ministério Público Federal**. Ponderou, ainda, que a orientação segundo a qual só o Procurador-Geral da República poderia atuar perante o STF estaria disciplinada na Lei Complementar 75/93, em um capítulo que só cuidaria do Ministério Público da União, e que o art. 46 dessa lei, específico desse capítulo, estabeleceria incumbir ao Procurador-Geral da República as funções de *custos legis* e as do Ministério Público Federal perante o STF, mas não as funções de qualquer Ministério Público como parte. **O Min. Ayres Britto, ao incorporar em seu voto os mencionados fundamentos, entendeu que a Carta Federal estruturaria o Ministério Público sob a forma de instituição-gênero, dividida em duas espécies: o da União, subdividido em ramos, e o dos Estados, unitariamente concebido. Comunicaria, ou estenderia, a ambas os mesmos traços de permanência, da sua essencialidade em face da função jurisdicional do Estado, assim como da submissão aos princípios da unidade, indivisibilidade e independência, além de autonomia funcional e administrativa (CF, art. 127, *caput* e §§ 1º e 2º).** Aduziu que a Lei Maior, também, erigiria toda a ordem jurídica como a primeira das finalidades do Ministério Público e incumbiria a ele defendê-la. Salientou haver um vínculo necessário entre o instituto da reclamação e a defesa da ordem jurídica, a viabilizar o manejo da ação pelo órgão ministerial enquanto instituição-gênero. Assim, **observou não haver distinção de qualidade entre o Ministério Público da União e o dos Estados, por serem a eles comuns tanto as finalidades quanto as competências previstas, respectivamente, nos artigos 127 e 129 da CF**. Registrou que, aos Ministérios Públicos estaduais, competiria velar pela defesa da competência e pela autoridade das decisões do STF nas respectivas unidades federadas. Vencidos, no ponto, os Ministros Ellen Gracie, relatora, Dias Toffoli, Cármen Lúcia e Joaquim Barbosa, que deferiam a admissão do Procurador-Geral da República como autor da demanda, ao fundamento de que o *parquet* estadual não possuiria legitimidade para propor originariamente reclamação no STF. Consideravam, entretanto, que a ilegitimidade fora corrigida pelo Procurador-Geral, que ratificara a petição inicial. Rcl 7358/SP, rel. Min. Ellen Gracie, 24.2.2011. (RCL-7358)" – destaques nossos.

Portanto, o Supremo Tribunal reconheceu a legitimidade ativa autônoma do Ministério Público estadual para ajuizar reclamação no Supremo Tribunal.

No mesmo sentido é o entendimento do STJ, reconhecendo ao Ministério Público estadual tem legitimidade recursal. Para ilustrar, oportuna a citação do Informativo 507 do STJ:

> "O Ministério Público estadual tem legitimidade recursal para atuar no STJ. O entendimento até então adotado pelo STJ era no sentido de conferir aos membros dos MPs dos estados a possibilidade de interpor recursos extraordinários e especiais nos tribunais superiores, restringindo, porém, ao procurador-geral da República (PGR) ou aos subprocuradores da República por ele designados a atribuição para oficiar junto aos tribunais superiores, com base na LC n. 75/1993 e no art. 61 do RISTJ."

A nova orientação baseia-se no fato de que a CF estabelece como princípios institucionais do MP a unidade, a indivisibilidade e a independência funcional (art. 127, § 1º, da CF), organizando-o em dois segmentos:

> – o MPU, que compreende o MPF, o MPT, o MPM e o MPDFT;
>
> – e o MP dos estados (art. 128, I e II, da CF).

O MP estadual não está vinculado nem subordinado, no plano processual, administrativo e/ou institucional, à chefia do MPU, o que lhe confere ampla possibilidade de postular, autonomamente, perante o STJ.

A própria CF, ao assentar que o PGR é o chefe do MPU, enquanto os MPs estaduais são chefiados pelos respectivos procuradores-gerais de justiça (PGJ) (art. 128, §§ 1º e 3º, da CF), sinaliza a inexistência dessa relação hierárquica.

Assim, não permitir que o MP do estado interponha recursos em casos em que seja autor da ação que tramitou originariamente na Justiça estadual, ou mesmo ajuizar ações ou medidas originárias (mandado de segurança, reclamação constitucional, pedidos de suspensão de segurança ou de tutela antecipada) nos tribunais superiores, e nelas apresentar recursos subsequentes (embargos de declaração, agravo regimental ou recurso extraordinário), significa:

(a) vedar ao MP estadual o acesso ao STF e ao STJ;

(b) criar espécie de subordinação hierárquica entre o MP estadual e o MP federal, sendo que ela é absolutamente inexistente;

(c) cercear a autonomia do MP estadual;

(d) violar o princípio federativo;

(e) desnaturar o jaez do STJ de tribunal federativo, uma vez que tolheria os meios processuais de se considerarem as ponderações jurídicas do MP estadual, inclusive como um modo de oxigenar a jurisprudência da Corte.

Ressalte-se que, nesses casos, o MP estadual oficia como autor, enquanto o PGR oficia como fiscal da lei, papéis diferentes que não se confundem, nem se excluem reciprocamente.

Esse novo entendimento não acarretará qualquer embaraço ao cumprimento das medidas legais de intimação dos MPs estaduais no âmbito do STJ, já que elas terão como destinatários, exclusivamente, os respectivos chefes dessas instituições nos estados. De igual modo, não se vislumbra qualquer dificuldade quanto ao local de onde deve se pronunciar oralmente o PGJ ou seu representante especialmente designado para tal ato, que tomará a tribuna reservada às partes, deixando inalterada a posição do membro do *Parquet* federal atuante no órgão julgador do STJ, o qual estará na qualidade de *custos legis*. Precedente citado do STF: RE 593.727-MG (questão de ordem). AgRg no AgRg no AREsp 194.892-RJ, Rel. Min. Mauro Campbell Marques, julgado em 24.10.2012".

É muito importante, pois, observar essa autonomia do Ministério Público estadual. Ela não permite, porém, que a instituição defenda direitos subjetivos, impetrando, por exemplo, mandado de segurança contra ato do Conselho Nacional do Ministério Público.

Assim decidiu o STF:

> "Agravo regimental. Mandado de segurança. Percebimento de gratificação. Ausência de legitimidade do Ministério Público do Estado do Rio Grande do Sul para atacar ato do CNMP. Defesa das suas atribuições funcionais não caracterizada. Direito individual dos membros da instituição que compõem o órgão especial e o Conselho Superior, cuja defesa compete exclusivamente a estes. Agravo desprovido.
>
> I – A legitimidade do Ministério Público para interpor mandado de segurança na qualidade de órgão público despersonalizado, deve ser restrito à defesa de sua atuação funcional e de suas atribuições institucionais. Precedentes.
>
> II – No caso, trata-se de direito individual dos membros da instituição que participam de órgãos colegiados, que não pode ser defendido pelo Ministério Público, enquanto instituição.
>
> III – Agravo regimental a que se nega provimento" (MS 30.717 AgR/DF)".

Com relação aos Ministérios Públicos, registre-se o entendimento segundo o qual lei estadual não pode dispor sobre a sua atuação processual, pois a competência, no caso, seria privativa da União e deve ser exercida por lei complementar.

Com efeito, o STF entendeu inconstitucional a lei estadual com o conteúdo mencionado acima, como relatou o Informativo 647:

"ADI – 2622.

O Plenário julgou procedente pedido formulado em ação direta, proposta pelo Procurador-Geral da República, para declarar a inconstitucionalidade dos artigos 2º, 3º e 4º da Lei 11.727/2002, do Estado do Rio Grande do Sul, que dispõe sobre a prioridade, nos procedimentos a serem adotados pelo Ministério Público, por tribunal de contas e por outros órgãos a respeito de conclusões das comissões parlamentares de inquérito instauradas naquele Estado. Reputou-se que os dispositivos impugnados, ao fixar prazos e estabelecer obrigações ao parquet e ao Poder Judiciário, no sentido de acelerar a tramitação dos processos que versem sobre as conclusões dessas comissões locais, teriam invadido a competência privativa da União para legislar sobre direito processual (CF, art. 22, I) do que decorreria inconstitucionalidade formal. Asseverou-se, ainda, que qualquer atuação do Ministério Público só poderia ser estabelecida por lei complementar e não por lei ordinária e, sempre, por iniciativa reservada aos respectivos Procuradores-Gerais dos Estados-membros. Por fim, aduziu-se que a norma local, ao impor deveres e sanções aos magistrados, o teria feito em desacordo com o que contido na Lei Orgânica da Magistratura Nacional – Loman e nas leis de organização judiciária, diplomas de iniciativa privativa do Poder Judiciário. ADI 3041/RS, Rel. Min. Ricardo Lewandowski, 10.11.2011. (ADI-3041) REPERCUSSÃO GERAL".

O STF entende ser constitucional dispositivo

de constituição estadual que permita a participação do MP, na condição de membro-convidado e sem direito a voto, em conselho de defesa da criança e do adolescente, órgão do Poder Executivo.

O STF declarou constitucional referido dispositivo legal ao julgar a ADI 3.463/RJ:

> "AÇÃO DIRETA DE INCONSTITUCIONALIDADE. PARÁGRAFO ÚNICO DO ART. 51 DO ATO DAS DISPOSIÇÕES CONSTITUCIONAIS TRANSITÓRIAS DA CONSTITUIÇÃO DO ESTADO DO RIO DE JANEIRO. CONSELHO ESTADUAL DE DEFESA DA CRIANÇA E DO ADO-LESCENTE.
>
> 1. O rol de atribuições conferidas ao Ministério Público pelo art. 129 da Constituição Federal não constitui . O inciso IX do mesmo artigo permite ao Ministério Público "exercer outras funções que lhe forem conferidas, desde que compatíveis com sua finalidade, sendo-lhe vedada a representação judicial e a consultoria jurídica de entidades públicas".
>
> 2. O art. 51 do Ato das Disposições Transitórias da Constituição do Estado do Rio de Janeiro não confere competência ao Ministério Público fluminense, mas apenas cria o Conselho Estadual de Defesa da Criança e do Adolescente, garantindo a possibilidade de participação do Ministério Público. Possibilidade que se reputa constitucional porque, entre os direitos constitucionais sob a vigilância tutelar do Ministério Público, sobreleva a defesa da criança e do adolescente. Participação que se dá, porém, apenas na condição de membro convidado e sem direito a voto.
>
> 3. Inconstitucionalidade da expressão "Poder Judiciário", porquanto a participação de membro do Poder Judicante em Conselho administrativo tem a potencialidade de quebrantar a necessária garantia de imparcialidade do julgador.
>
> 4. Ação que se julga parcialmente procedente para: a) conferir interpretação conforme à Constituição ao parágrafo único do art. 51 do ADCT da Constituição do Estado do Rio de Janeiro a fim de assentar que a participação do Ministério Público no Conselho Estadual de Defesa da Criança e do Adolescente deve se dar na condição de membro convidado sem direito a voto; b) declarar a inconstitucionalidade da expressão 'Poder Judiciário'".

7. A ORGANIZAÇÃO DO MINISTÉRIO PÚBLICO

O Ministério Público, conforme a Lei n. 8.625/93, possui órgãos de administração, de execução e auxiliares (vide arts. 5º a 8º):

i) Dos Órgãos de Administração

São órgãos da **Administração Superior** do Ministério Público:

- a Procuradoria-Geral de Justiça;
- o Colégio de Procuradores de Justiça;
- o Conselho Superior do Ministério Público;
- a Corregedoria-Geral do Ministério Público.

São **órgãos de Administração** do Ministério Público:

- as Procuradorias de Justiça;
- as Promotorias de Justiça.

Dos Órgãos de Execução

São órgãos de execução do Ministério Público:

- o Procurador-Geral de Justiça;
- o Conselho Superior do Ministério Público;
- os Procuradores de Justiça;
- os Promotores de Justiça.

Dos Órgãos Auxiliares

São órgãos auxiliares do Ministério Público, além de outros criados pela Lei Orgânica:

- os Centros de Apoio Operacional;
- a Comissão de Concurso;
- o Centro de Estudos e Aperfeiçoamento Funcional;
- os órgãos de apoio administrativo;
- os estagiários.

É importante decorar a mencionada organização, bem como a atribuição de cada órgão, especificamente definida na Lei n. 8.625/93.

O tópico é bastante questionado em concurso público.

Por exemplo, veja a seguinte questão:

> "(Ministério Público/CE – 2011 – FCC) De acordo com a Lei Orgânica Nacional do Ministério Público (Lei Federal no 8.625/93), compete ao Colégio de Procuradores, dentre outras atribuições,
>
> a) julgar recurso contra decisão de disponibilidade e remoção de membro do Ministério Público, por motivo de interesse público.
>
> b) decidir sobre vitaliciamento de membros do Ministério Público.
>
> c) praticar atos e decidir questões relativas à administração geral e execução orçamentária do Ministério Público.
>
> d) autorizar o afastamento de membro do Ministério Público para frequentar curso ou seminário de aperfeiçoamento e estudo, no País ou no exterior.
>
> e) aprovar o quadro geral de antiguidade do

Ministério Público e decidir sobre reclamações formuladas a esse respeito".

Deve ser assinalada a alternativa "a", pois assim dispõe o art. 12, VIII, "d", da Lei n. 8.625/93 (LONMP).

Decidir sobre vitaliciamento de membros do Ministério Público é atribuição do Conselho Superior do Ministério Público (art. 15, VII, da LONMP).

Praticar atos e decidir questões relativas à administração geral e execução orçamentária do Ministério Público cabe ao Procurador-Geral de Justiça (art. 10, V, da LONMP).

Por sua vez, autorizar o afastamento de membro do Ministério Público para frequentar curso ou seminário de aperfeiçoamento e estudo, no País ou no exterior cabe ao CSMP (art. 15, XI, da LONMP), a quem também cabe aprovar o quadro geral de antiguidade do Ministério Público e decidir sobre reclamações formuladas a esse respeito (art. 15, IX, da LONMP).

Então, é o momento de se dirigir à LONMP e assimilar todas as atribuições. Vale a pena para aquele que quer prestar concurso para o MP.

8. O CONSELHO NACIONAL DO MP

O Conselho Nacional do Ministério Público, que é presidido pelo Procurador-Geral da República, foi criado pela Emenda Constitucional n. 45, e passou a ser previsto no artigo 130-A da CRFB.

A grande finalidade da inovação foi criar um mecanismo de controle externo do Ministério Público.

Trata-se de órgão cuja composição é híbrida, pois é integrado por membros dos Ministérios Públicos, juízes, advogados e cidadãos. Daí a razão de ser mecanismo de controle externo. Afinal, não se trata de um órgão integrado, apenas, por membros do Ministério Público.

Para ser mais exato, o CNMP é integrado por quatorze membros nomeados pelo Presidente da República, depois de aprovada a escolha pela maioria absoluta do Senado Federal. Cada conselheiro exerce mandato de dois anos, sendo admitida uma recondução.

O CNMP é assim composto:

i) pelo Procurador-Geral da República;

ii) por quatro membros do Ministério Público da União, assegurada a representação de cada uma de suas carreiras;

iii) por três membros do Ministério Público dos Estados;

iv) por dois juízes, indicados um pelo Supremo Tribunal Federal e outro pelo Superior Tribunal de Justiça;

v) por dois advogados, indicados pelo Conselho Federal da Ordem dos Advogados do Brasil;

vi) por dois cidadãos de notável saber jurídico e reputação ilibada, indicados um pela Câmara dos Deputados e outro pelo Senado Federal.

O CNMP exerce funções extremamente importantes em relação:

À atuação administrativa do MP

À atuação financeira do Ministério Público

Ao cumprimento dos deveres funcionais de seus membros

A CF, no art. 103-A, § 2º, estabelece que cabe ao CNMP:

i) **zelar** pela autonomia funcional e administrativa do Ministério Público;

ii) **expedir** atos regulamentares, no âmbito de sua competência;

iii) **recomendar** providências;

iv) **zelar** pela observância do art. 37;

v) **apreciar**, de ofício ou mediante provocação, **a legalidade dos atos administrativos** praticados por membros ou órgãos do Ministério Público da União e dos Estados;

vi) **desconstituir** atos administrativos práticos por membros dos Ministérios Públicos;

vii) **rever** atos administrativos práticos por membros dos Ministérios Públicos;

viii) **fixar prazo** para que se adotem as providências necessárias ao exato cumprimento da lei, sem prejuízo da competência dos Tribunais de Contas;

ix) **receber** e **conhecer** das reclamações contra membros ou órgãos do Ministério Público da União ou dos Estados, inclusive contra seus serviços auxiliares, sem prejuízo da competência disciplinar e correicional da instituição;

x) **avocar** processos disciplinares em curso;

xi) **determinar** a remoção, a disponibilidade ou a aposentadoria com subsídios ou proventos proporcionais ao tempo de serviço;

xii) **aplicar** outras sanções administrativas, assegurada ampla defesa;

xiii) **rever**, de ofício ou mediante provocação, os processos disciplinares de membros do Ministério Público da União ou dos Estados julgados há menos de um ano;

xiv) **elaborar** relatório anual;

xv) **propor** as providências que julgar necessárias sobre a situação do Ministério Público no País e as atividades do Conselho, o qual deve integrar a mensagem prevista no art. 84, XI.

Não se trata, propriamente, de um órgão do Ministério Público, pois dele é autônomo e independente.

Sua relação com os Ministérios Públicos e seus membros é de controle, isto é, fiscalização de atos e atividades, cuidando para que não haja desvio no exercício das funções institucionais e administrativas.

O CNMP também não é subordinado, especificamente, a um dos poderes. Daí ser considerado uma instituição ou um órgão constitucional autônomo.

Afinal, não há como exercer um controle externo sem autonomia e independência.

Sobre o CNMP, observa Emerson Garcia (*In*: *Conselho Nacional do Ministério Público: primeiras impressões, http://www.conamp.org.br/Lists/artigos/DispForm.aspx?ID=101*):

> "Note-se que, diversamente do controle externo exercido pelo Ministério Público em relação à atividade policial, que não alcança a esfera disciplinar e cujo alcance correicional é nitidamente extraordinário, assumindo um contorno subsidiário e de cunho provocatório das autoridades hierarquicamente superiores às controladas, a atribuição do Conselho é muito mais ampla. Apesar de serem prestigiados os poderes disciplinar e correicional do Ministério Público, quer dos Estados, quer da União, o Conselho está autorizado a instaurar e a requisitar os procedimentos disciplinares já instaurados contra membros ou órgãos dessas Instituições, inclusive contra seus serviços auxiliares".

É bastante esclarecedor, ainda, o que o citado autor discorre sobre os procedimentos disciplinares:

> "Apreciando os procedimentos disciplinares instaurados "contra membros ou órgãos do Ministério Público da União ou dos Estados, inclusive contra seus serviços auxiliares", caso entenda conveniente fazê-lo anteriormente à sua ultimação no plano interno, poderá o Conselho "determinar a remoção, a disponibilidade ou a aposentadoria com subsídios ou proventos proporcionais ao tempo de serviço e aplicar outras sanções administrativas, assegurada ampla defesa." Note-se que, especificamente em relação às sanções, a parte inicial da norma atua como elemento limitativo da última. As únicas sanções da alçada do Conselho que podem dissociar o agente do respectivo órgão são as três primeiras: a remoção, embora mantenha o agente na carreira, resulta na sua alocação em órgão diverso a disponibilidade faz com que o agente assuma o *status* de inativo, mas mantenha o vínculo com a carreira, do que resulta a possibilidade de aproveitamento futuro e a aposentadoria, com subsídios ou proventos proporcionais ao tempo de serviço, transfere o agente para a inatividade e o afasta da carreira, impedindo o reaproveitamento. Assim, as demais sanções administrativas ali referidas, de alcance e intensidade variáveis (v.g.: advertência, suspensão etc.), não alcançam a de perda do cargo, quer em relação aos servidores, quer em relação aos membros do Ministério Público não vitalícios, pois, como se sabe, os vitalícios somente perdem o cargo mediante decisão judicial transitada em julgado. A preocupação do Constituinte derivado em enumerar as sanções que afastam o agente do respectivo órgão indica, claramente, que as demais sanções administrativas ali referidas devem produzir efeitos outros que não esse".

Analisando caso interessante, o STF entendeu que o CNMP, por ser órgão de natureza administrativa, voltado ao controle dos atos administrativos praticados por membros ou órgãos do Ministério Público, não tem competência para efetuar controle de constitucionalidade de lei.

Assim noticiou o INFORMATIVO Nº 745:

> "Controle de constitucionalidade e órgão administrativo
>
> RE – 636331
>
> A 1ª Turma iniciou julgamento de mandado de segurança em que se discute a possibilidade de o Conselho Nacional do Ministério Público – CNMP exercer controle de constitucionalidade. No caso, promotor de justiça requerera, com base em lei orgânica do Ministério Público estadual, permanência na comarca que teria sido elevada de entrância. Em seguida, o CNMP declarara a inconstitucionalidade da norma local e glosara a pretensão do impetrante. O Ministro Luiz Fux (relator) concedeu a segurança para cassar o ato impugnado. Ressaltou que o direito subjetivo de promotor de justiça de permanecer na comarca elevada de entrância não poderia ser analisado sob o prisma da constitucionalidade da lei local, que previra a ascensão, máxime se a questão já estivesse judicializada no STF. Destacou que, por ser órgão de natureza administrativa cuja atribuição adstringir-se-ia ao controle de legitimidade dos atos administrativos praticados por membros ou órgãos do Ministério Público federal ou estadual (CF, art. 130, § 2º), o CNMP não ostentaria a competência para efetuar controle de constitucionalidade de lei. Afirmou que o CNMP, ao declarar a inconstitucionalidade do mencionado diploma normativo, exorbitara de suas funções. Em seguida, pediu vista o Ministro

Roberto Barroso. MS 27744/DF, rel. Min. Luiz Fux, 6.5.2014. (MS-27744)

Uma das mais importantes resoluções do CNMP é a de nº 23, que trata do inquérito civil, um dos mais importantes instrumentos de que dispõe o Ministério Público para sua atuação extrajudicial.

O inquérito civil encontra-se previsto na Lei da Ação Civil Pública (Lei n. 7.347/85) que, em seu art. 8º, § 1º, atribui ao Ministério Público a legitimidade para sua instauração.

Esse importante instrumento de atuação do Ministério Público acabou constitucionalizado em 1988 (CF, art. 129, III).

Foi regulamentado pelo Conselho Nacional do Ministério Público por meio da Resolução n. 23, de 17 de setembro de 2007, com o fim de evitar severas discrepâncias entre possíveis atos normativos de cada Ministério Público.

Estabelece, portanto, fundamentais diretrizes básicas sobre o inquérito civil, relacionadas à sua instauração, ao exercício dos poderes investigatórios e sobre as formas de arquivamento.

9. O MINISTÉRIO PÚBLICO COMO PARTE

Segundo o art. 81 do CPC, *o Ministério Público exercerá o direito de ação nos casos previstos em lei, cabendo-lhe, no processo, os mesmos poderes e ônus que às partes*.

No processo civil, costuma-se dizer que o MP atua como **parte** (ao ajuizar ações) e como **fiscal da lei**, ou, *custos legis*, atua como órgão interveniente obrigatório.

No art. 81, refere-se o Código à atuação do Ministério Público como parte no processo, tendo em vista sua capacidade postulatória.

A capacidade postulatória constitui pressuposto processual subjetivo referente à parte. Trata-se de pressuposto de formação da relação jurídica processual, embora existam aqueles que veem na referida exigência tanto um requisito de existência, quanto de validade.

Diante da natureza jurídica da capacidade postulatória, a sua ausência impede o julgamento do mérito, devendo o juiz verificar de ofício a presença desse requisito (art. 267, IV e § 3º do CPC).

Além disso, é bom ter presente que o vício na representação processual do advogado é hipótese de nulidade sanável, sendo o prazo determinado pelo juiz dilatório, com "possibilidade de correção do vício após o prazo assinalado pelo juízo", conforme decidiu a Quarta Turma do STJ (REsp 264.101/RJ, DJe de 06.04.2009): "É possível a correção, perante as instâncias ordinárias, de eventual vício na capacidade postulatória da parte, mediante a aplicação do art. 13 do CPC. O prazo assinalado pelo juízo para correção de defeito na representação do advogado tem natureza dilatória, podendo a diligência ser cumprida mesmo após seu termo final, desde que o juízo não tenha ainda reconhecido os efeitos da preclusão".

Importante observar que a capacidade postulatória é ostentada, em regra, pelos advogados regularmente inscritos na OAB. Porém, não se trata de capacidade privativa e exclusiva dos advogados, pois há inúmeras situações em que é dispensável, bem como outros entes a detém.

Por exemplo, o STF (HC 84.716/MG) reconheceu a inexigência desse requisito para o manuseio de *habeas corpus*: "Versando o processo sobre a ação constitucional de *habeas corpus*, tem-se a possibilidade de acompanhamento pelo leigo, que pode interpor recurso, sem a exigência de a peça mostrar-se subscrita por profissional da advocacia. Precedentes: HC 73.455-3/DF, Segunda Turma, relator Ministro Francisco Rezek, Diário da Justiça de 7 de março de 1997, e RO em HC 60.421-8/ES, Segunda Turma, relator Ministro Moreira Alves, Revista Trimestral de Jurisprudência 108/117-20".

No Processo Penal também é reconhecida a capacidade postulatória do réu para interpor recurso, embora ele não possa arrazoá-lo: "Paciente que não tem habilitação para o exercício da advocacia, apesar de poder interpor recurso em seu favor (Código de Processo Penal, art. 577), não pode arrazoá-lo, porque lhe falta capacidade postulatória" (STF, 1ª T, RHC 83.765/PR).

Também pode ser lembrado o caso da capacidade postulatória do Governador do Estado para ajuizar reclamação perante o STF: "Reclamação por descumprimento de decisão proferida em ação direta de inconstitucionalidade. Governador do Estado. Legitimidade ativa para sua proposição, tendo em vista sua capacidade postulatória para o ajuizamento de idêntica ação direta. Precedentes" (STF, Rcl 1.915/SP).

O Ministério Público também tem capacidade postulatória, ou seja, para postular perante os órgãos jurisdicionais.

Todavia, já se alegou, em doutrina, a falta de capacidade postulatória dos membros do Ministério Público.

A questão foi enfrentada pelo STJ, cuja Primeira Turma, ao apreciar o REsp 749.988/SP (DJ de 18.09.2006, p. 275), conclui: "A Constituição

Federal de 1988 conferiu ao Ministério Público o *status* de instituição permanente, essencial à função jurisdicional do Estado, incumbindo-lhe a defesa da ordem jurídica, do regime democrático e dos interesses sociais e individuais indisponíveis (artigo 129, *caput*).

Deveras, o Ministério Público está legitimado a defender os interesses públicos patrimoniais e sociais, ostentando, a um só tempo, *legitimatio ad processum* e capacidade postulatória que pressupõe aptidão para praticar atos processuais. É que essa capacidade equivale a do advogado que atua em causa própria. Revelar-se-ia *contraditio in terminis* que o Ministério Público legitimado para a causa e exercente de função essencial à jurisdição pela sua aptidão técnica fosse instado a contratar advogado na sua atuação *pro populo* de *custos legis*.

A *ratio essendi* da capacidade postulatória vem expressa no art. 36 do CPC, *verbis*: 'A parte será representada em juízo por advogado legalmente habilitado. Ser-lhe-á lícito, no entanto, postular em causa própria, quando tiver habilitação legal ou, não a tendo, no caso de falta de advogado no lugar ou recusa ou impedimento dos que houver'".

O STF também reconhece, reiteradamente, a capacidade postulatória do Ministério Público, como se vê, por exemplo, do que restou afirmado no julgamento do Recurso Extraordinário 163.231/SP: "A Constituição Federal confere relevo ao Ministério Público como instituição permanente, essencial à função jurisdicional do Estado, incumbindo-lhe a defesa da ordem jurídica, do regime democrático e dos interesses sociais e individuais indisponíveis (CF, art. 127). Por isso mesmo detém o Ministério Público capacidade postulatória, não só para a abertura do inquérito civil, da ação penal pública e da ação civil pública para a proteção do patrimônio público e social, do meio ambiente, mas também de outros interesses difusos e coletivos (CF, art. 129, I e III)".

Deve ser observado, contudo, que os membros da Instituição não têm a mesma capacidade postulatória, que é disciplinada nas leis de organização do Ministério Público.

Para ilustrar, o Promotor de Justiça, membro do MP Estadual, não tem capacidade postulatória para agir em segunda instância (STJ, 2ª T, RMS 13029/MG), sendo que os Procuradores de Justiça é que são dotados dessa capacidade, como se vê no art. 31 da Lei Orgânica Nacional do MP (Lei n. 8.625/93): *Cabe aos Procuradores de Justiça exercer as atribuições junto aos Tribunais, desde que não cometidas ao Procurador-Geral de Justiça, e inclusive por delegação deste.*

De outro lado, cabe ao Procurador-Geral de Justiça propor medidas judiciais para a defesa da Instituição, conforme proclamou a Quinta Turma do STJ (EDcl no RMS 24.992/GO, DJe de 04.08.2008): "É de ser reconhecida a capacidade postulatória do Procurador-Geral de Justiça do Estado de Goiás para a apresentação de recurso ordinário em mandado de segurança na defesa de direito assegurado constitucionalmente à instituição, qual seja, o quinto constitucional, conforme o disposto nos artigos 94, *caput*, e 129, II, da CF c/c arts. 10, inciso I, e 29, inciso VIII, da Lei n.8.625/93".

Diverge a doutrina e a jurisprudência acerca da legitimidade do Promotor de Justiça para a impetração de mandado de segurança perante os tribunais.

O art. 32, I, da Lei n. 8.625/93 (Lei Orgânica Nacional do Ministério Público), confere legitimidade para o Promotor de Justiça impetrar mandado de segurança nos tribunais. Apesar da redação da lei, há entendimentos contrários.

Embora atue como parte, propondo ação em juízo, o MP não está sujeito ao adiantamento das despesas processuais, nem à condenação em custas ou em honorários de advogado.

Também é importante observar que, no que se refere aos prazos, ele recebe tratamento diferenciado, pois o art. 188 do CPC estabelece que *computar-se-á em quádruplo o prazo para contestar e em dobro para recorrer quando a parte for a Fazenda Pública ou o Ministério Público.*

Tem entendido a jurisprudência, majoritariamente, que o art. 188 se aplica ao Ministério Público, tanto quando é parte como quando funciona como fiscal da lei.

O Ministério Público goza, ainda, da prerrogativa de ser intimado pessoalmente para a prática dos atos processuais.

Além disso, nos termos o art. 41, IV, da Lei n. 8.625/93 (Lei Orgânica Nacional do Ministério Público), é prerrogativa dos membros do Ministério Público, no exercício de sua função, receber intimação pessoal em qualquer processo e grau de jurisdição, através da entrega dos autos com vista.

Frise-se: a contagem do prazo para a manifestação do MP não se dá a partir da intimação pessoal, mas sim da remessa dos autos com vista, entendimento acolhido pelo STJ, como se vê, por exemplo, da seguinte decisão da Primeira Turma (REsp 868.881/DF):

> "PROCESSUAL CIVIL. TERMO INICIAL DO PRAZO RECURSAL DO MINISTÉRIO PÚBLICO. INTIMAÇÃO PESSOAL (CPC, ART. 236, § 2º). ENTREGA DOS AUTOS COM VISTA (LEI 8.625/93, ART. 41, IV).
>
> A intimação do Ministério Público dos atos processuais, por meio da entrega dos autos com vista, considera-se realizada no momento do recebimento do processo pelo órgão, quando começa então a fluir o prazo para interposição de recurso, sendo irrelevantes, para esse fim, os trâmites internos aí realizados. Entendimento em sentido diverso, subordinando o início da fluência do prazo à aposição de 'ciente' pelo Procurador, importaria deixar ao arbítrio de uma das partes a determinação do termo *a quo* do prazo".

No mesmo sentido o posicionamento do STF: "Prazo. Cômputo. Recurso. Interposição pelo Ministério Público. Ciência. Intimação. Contagem a partir da data de entrega dos autos com vista" (HC 84.166/SP).

Assim, também fica rechaçada a intenção de que o termo inicial seja a data em que o membro do MP lança seu "ciente" nos autos: "O acórdão embargado foi claro ao afirmar que o prazo recursal do Ministério Público se inicia com a intimação pessoal de seu representante, consubstanciada com a entrega dos autos com vista (Lei nº 8.625, art. 41, IV), e não com a aposição do seu ciente, o que lhe conferiria posição privilegiada de absoluto controle dos prazos processuais, afrontando os princípios do devido processo legal e da igualdade das partes" (STJ, Sexta Turma, EDcl no AgRg no REsp 465.388/SP).

O STF, por sua vez, consignou que "a entrega de processo em setor administrativo do Ministério Público, formalizada a carga pelo servidor, configura intimação direta, pessoal, cabendo tomar a data em que ocorrida como a da ciência da decisão judicial. Imprópria é a prática da colocação do processo em prateleira e a retirada à livre discrição do membro do Ministério Público, oportunidade na qual, de forma juridicamente irrelevante, apõe o 'ciente', com a finalidade de, somente então, considerar-se intimado e em curso o prazo recursal" (HC 83.917/SP).

Quando o Código de Processo Civil estabelece a legitimidade para o Ministério Público propor ações civis, refere-se à legitimidade para a propositura de qualquer ação: de conhecimento, de execução e cautelar. O art. 566 do CPC, aliás, dispõe que o Ministério Público pode promover a execução forçada, nos casos prescritos em lei.

Legitimidade ativa que não pode ser esquecida é para a propositura de ações na defesa dos direitos transindividuais.

De outro lado, é impossível arrolar todos os casos em que o Ministério Público tem legitimidade para promover ações civis. Só vamos ilustrar com algumas hipóteses.

Questão debatida na doutrina diz respeito à legitimidade ou não do Ministério Público para promover a ação, no caso de vítima pobre, mencionada no art. 68 do CPP, ou seja, da ação civil *ex delicto*.

A legitimidade para a propositura da ação civil *ex delicto* deve passar à Defensoria Pública, sendo possível considerar, no futuro, que não subsistirá a legitimação do Ministério Público.

A questão foi enfrentada pelo STF, no julgamento do RE 147.776/SP – SÃO PAULO:

> "Ministério Público: legitimação para promoção, no juízo cível, do ressarcimento do dano resultante de crime, pobre o titular do direito à reparação: CPP, art. 68, ainda constitucional (cf. RE 135.328): processo de inconstitucionalização das leis.
>
> 1. A alternativa radical da jurisdição constitucional ortodoxa entre a constitucionalidade plena e a declaração de inconstitucionalidade ou revogação por inconstitucionalidade da lei com fulminante eficácia *ex tunc* faz abstração da evidência de que a implementação de uma nova ordem constitucional não é um fato instantâneo, mas um processo, no qual a possibilidade de realização da norma da Constituição – ainda quando teoricamente não se cuide de preceito de eficácia limitada – subordina-se muitas vezes a alterações da realidade fáctica que a viabilizem.
>
> 2. No contexto da Constituição de 1988, a atribuição anteriormente dada ao Ministério Público pelo art. 68 CPP – constituindo modalidade de assistência judiciária – deve reputar-se transferida para a Defensoria Pública: essa, porém, para esse fim, só se pode considerar existente, onde e quando organizada, de direito e de fato, nos moldes do art. 134 da própria Constituição e da lei complementar por ela ordenada: até que – na União ou em cada Estado considerado –, se implemente essa condição de viabilização da cogitada transferência constitucional de atribuições, o art. 68 CPP será considerado ainda vigente: é o caso do Estado de São Paulo, como decidiu o plenário no RE 135.328".

Em outro caso que merece ser citado, o STF reconheceu a legitimidade do MP para promover ação de investigação de paternidade, conforme noticiou o informativo n. 315, a respeito da decisão proferida no julgamento do RE 248.869:

"Considerando que o direito ao reconhecimento do estado de filiação tem conteúdo indisponível, revelando questão de ordem pública, o Tribunal, assentando a compatibilidade da defesa desse direito com as finalidades institucionais do Ministério Público na proteção do interesse social e individual indisponível (CF, arts. 127 e 129, IX), e, tendo em conta, ainda, o fato de que a natureza personalíssima do direito em causa, no caso concreto, restou resguardada pela iniciativa materna, por maioria, conheceu e deu provimento a recurso extraordinário, para reformar acórdão do Tribunal de Justiça do Estado de São Paulo que negara legitimidade ao *Parquet* estadual para promover ação de investigação de paternidade. Entendeu-se que o direito à filiação, que se insere na proteção constitucional conferida à entidade familiar e à criança, apesar de guardar natureza de direito pessoal, caracteriza-se como direito público, justificando, assim, a capacidade postulatória do Ministério Público para a ação de investigação de paternidade, no caso concreto, ante a provocação pela parte interessada. O Min. Maurício Corrêa afastou, no caso, também, a alegação de ofensa ao direito à intimidade, uma vez que tal direito encontra limite no próprio direito da criança e do Estado em ver reconhecida a paternidade, bem como a alegação de inconstitucionalidade do § 4º do art. 2º da Lei 8.560/92. Salientou-se, ademais, na espécie, a ausência de defensoria pública instalada no Estado de São Paulo e o fato de que houve recusa da seccional da OAB para o patrocínio da causa. O Min. Sepúlveda Pertence também conheceu e deu provimento ao recurso extraordinário, mas por fundamento diverso, qual seja, por entender legítima a atuação do Ministério Público até que se viabilize a implementação da defensoria pública em cada Estado, nos termos do parágrafo único do art. 134 da CF. Vencido o Min. Marco Aurélio, que também conhecia do recurso, mas o desprovia. RE 248.869-SP, rel. Min. Maurício Corrêa, 7.8.2003. (RE-248.869)".

10. O MINISTÉRIO PÚBLICO COMO FISCAL DA LEI

Estabelece o art. 82 do CPC que *compete ao Ministério Público intervir:*

I – nas causas em que há interesses de incapazes;

II – nas causas concernentes ao estado da pessoa, pátrio poder, tutela, curatela, interdição, casamento, declaração de ausência e disposição de última vontade;

III – nas ações que envolvam litígios coletivos pela posse da terra rural e nas demais causas em que há interesse público evidenciado pela natureza da lide ou qualidade da parte.

A intervenção do Ministério Público nas hipóteses enumeradas no art. 82 do CPC, é obrigatória, sob pena de nulidade que deve ser decretada de ofício.

De fato, dispõe o art. 246 do CPC que *é nulo o processo, quando o Ministério Público não for intimado a acompanhar o feito em que deva intervir.*

Deve-se observar que o Ministério Público deve ser intimado para se manifestar no processo, não se exigindo, porém, que a sua atuação seja eficiente.

Não é de esquecer, ainda, que o *Parquet* não deve intervir somente no processo de conhecimento. Afinal, se há motivo para sua atuação no processo de conhecimento, também deverá intervir na liquidação e na execução da sentença, bem como em eventual processo cautelar.

Note que há exigência de que o Ministério Público seja intimado, embora não seja absolutamente imprescindível a sua manifestação, pois, por se tratar de instituição autônoma, o *parquet* pode avaliar quando é o caso de sua atuação. Essa questão nos remete ao estudo do conflito de atribuições e à questão da aplicação analógica do art. 28 do CPP na área cível.

Sobre a intervenção do MP, deve ser observada a seguinte situação:

i) Quando o juiz recebe uma demanda, deve avaliar, de ofício ou por força do requerimento da parte, se é o caso da intervenção ou não do MP.

ii) Se o magistrado concluir que é o caso da intervenção, deve remeter os autos ao *parquet*, pois sua intimação é obrigatória, sob pena de nulidade.

iii) O membro do MP deve, caso discorde, fundamentadamente, expor as razões pelas quais entende que não é o caso de sua intervenção.

iv) Se o juiz concordar, o feito prossegue sem a intervenção do MP e sem a ocorrência de qualquer vício, pois o que é imprescindível é que seja dada oportunidade à Instituição para se manifestar.

v) Se o juiz não concordar com a recusa do *parquet*, deverá remeter os autos ao Procurador-Geral, para que o chefe da Instituição decida se é o caso ou não da intervenção, com fundamento na aplicação analógica do art. 28 do CPP. Jamais para que se manifeste sobre como deve ser o teor da atuação ministerial. Frise-se: o chefe da Instituição decide se é o caso ou não da intervenção e, em seguida, remete os autos ao Poder Judiciário, que deverá acatar a referida decisão, tendo em vista o princípio constitucional da autonomia do MP.

vi) Se o juiz, ao receber os autos, entender que não é o caso da intervenção do MP, deverá dar prosseguimento ao feito, o que poderá resultar, no futuro, em eventual nulidade do processo se o órgão jurisdicional hierarquicamente superior entender que era o caso da intervenção.

vii) O representante do MP que tomar ciência da existência da tramitação do feito em que entender ser imprescindível a sua manifestação, deverá encaminhar manifestação processual devidamente fundamentada, de ofício, ao juiz da causa, com fundamento no art. 26, VIII, da Lei n.8.625/93: *No exercício de suas funções, o Ministério Público poderá manifestar-se em qualquer fase dos processos, acolhendo solicitação do juiz, da parte ou por sua iniciativa, quando entender existente interesse em causa que justifique a intervenção.*

O art. 83 do CPC estabelece as regras da intervenção do Ministério Público. Segundo esse artigo, *intervindo como fiscal da lei, o Ministério Público:*

I – terá vista dos autos depois das partes, sendo intimado de todos os atos do processo. A intimação será pessoal (CPC, art. 263, § 2º);

II – poderá juntar documentos e certidões, produzir prova em audiência e requerer medidas ou diligências necessárias ao descobrimento da verdade. Pode, portanto, requerer a produção de provas e recorrer.

Segundo o art. 84, *quando a lei considerar obrigatória a intervenção do Ministério Público, a parte promover-lhe-á a intimação sob pena de nulidade do processo.* Vimos que a falta de intervenção do Ministério Público, quando seria o caso dessa intervenção, acarreta a nulidade do processo.

Estabelece o art. 85 do CPC os casos em que há responsabilidade pessoal do representante do Ministério Público: *o órgão do Ministério Público será civilmente responsável quando, no exercício de suas funções, proceder com dolo ou fraude.*

O CPC foi expresso no caso de cominar a nulidade por falta de intervenção do Ministério Público. Aliás, o fez em dois dispositivos legais:

> **Art. 84.** Quando a lei considerar obrigatória a intervenção do Ministério Público, a parte promover-lhe-á a intimação sob pena de nulidade do processo
>
> **Art. 246.** É nulo o processo, quando o Ministério Público não for intimado a acompanhar o feito em que deva intervir.
>
> **Parágrafo único.** Se o processo tiver corrido, sem conhecimento do Ministério Público, o juiz o anulará a partir do momento em que o órgão devia ter sido intimado.

Por isso, a nulidade por falta de intervenção do Ministério Público é cominada e absoluta.

Nesse sentido o entendimento do STJ ao julgar o REsp n. 770.397/DF: "A falta de intimação do representante do Ministério Público no momento processual adequado, seja para se manifestar sobre eventual(is) prova(s) que entendesse pertinente(s) – que, aliás, poderia(m) ser deferida(s) ou indeferida(s) pelo Juízo, com fundamento no art. 130 do CPC –, seja para emitir parecer sobre o mérito da lide, notadamente quando, sob o seu ponto de vista, a causa de pedir (próxima e remota) se revestir de plausibilidade jurídica, constitui nulidade absoluta (CPC, art. 246)".

O fato de a nulidade ser absoluta, porém, não impede seja aplicado o princípio da instrumentalidade das formas, se da falta de intervenção não decorrer qualquer prejuízo para a parte hipossuficiente (intervenção fundada na qualidade da parte).

11. DESNECESSIDADE DA ATUAÇÃO DE MAIS DE UM MEMBRO DO MP NO MESMO FEITO

Na doutrina, a questão da necessidade ou não da atuação de mais de um promotor no mesmo feito não é pacífica.

Porém, o melhor entendimento é no sentido de que, no mesmo processo ou procedimento, não oficiará simultaneamente mais de um órgão do Ministério Público. Afinal, só existe um interesse público.

E vale lembrar que o MP zela pelo interesse público primário, ou seja, por aquele que coincide com os interesses gerais da coletividade. Não lhe cabe zelar pelo interesse público secundário, assim considerado aquele interesse econômico das pessoas jurídicas de direito público. O interesse que qualquer pessoa tem.

Daí a razão de ser considerada incorreta a seguinte assertiva no "MINISTÉRIO PÚBLICO/PI – 2012 – CESPE": "Em sua atuação, o MP vela somente pelo interesse público secundário".

12. O CONFLITO DE ATRIBUIÇÕES

É possível que dois ou mais membros do Ministério Público discordem sobre a atribuição para atuar em determinado feito, o que pode configurar o conflito de atribuições, que é semelhante ao conflito de competência, positivo ou negativo, que ocorre entre os órgãos jurisdicionais.

Haverá conflito negativo de atribuições se dois ou mais membros do *parquet* se convencerem e, fundamentadamente, manifestarem-se no sentido de que não possuem atribuição para atuar em determinado feito. Ou seja, os dois membros reconhecem que é o caso de intervenção, mas divergem sobre qual deles tem atribuição para atuar no feito.

No conflito positivo também a Instituição reconheceu que é o caso da intervenção ministerial, mas ambos entendem que possuem atribuição.

Por iniciativa dos órgãos de execução envolvidos, deve ser suscitado o conflito, que será dirimido pelo Chefe da Instituição, sem qualquer ofensa ao princípio da autonomia funcional, pois não haverá manifestação do chefe da Instituição sobre o conteúdo ou a forma de intervenção.

Ademais, a vinculação administrativa que existe entre os membros do MP com os órgãos da administração superior permite que o chefe da Instituição possa dirimir esse conflito, como manifestação, inclusive, do seu poder hierárquico.

Portanto, o Procurador-Geral não pode dizer como deve ser atuação do membro do Ministério Público, sob pena de violar a independência funcional. Porém, pode, como manifestação do poder hierárquico, decidir se é o caso ou não da intervenção, bem como decidir a respeito das atribuições para o caso concreto.

O conflito entre membros do mesmo Ministério Público não se confunde com o conflito que pode ocorrer entre diversos Ministérios Públicos.

Esse conflito é dirimido pelo Supremo Tribunal Federal, como se vê da decisão proferida nos autos da Ação Cível Originária 1.179/PB (DJe 30.10.2008):

> "DIREITO PROCESSUAL PENAL. CONFLITO NEGATIVO DE ATRIBUIÇÕES. CARACTERIZAÇÃO. COMPETÊNCIA DO STF. POSSÍVEL CRIME DE DESACATO CONTRA JUIZ DO TRABALHO. FATO OCORRIDO EM RAZÃO DE SUA FUNÇÃO. ART. 331, CP.
>
> 1. Suposto conflito de atribuições entre membros do Ministério Público do Estado da Paraíba e do Ministério Público Federal, relacionados aos fatos investigados no procedimento investigatório instaurado pela Procuradoria da República em Campina Grande/PB.
>
> 2. Com fundamento no art. 102, I, f, da Constituição da República, deve ser conhecido o presente conflito de atribuição entre os membros do Ministério Público do Estado da Paraíba e do Ministério Público Federal diante da competência do Supremo Tribunal Federal para julgar conflito entre órgãos de Estados-membros diversos".

13. O MP NO PROCESSO COLETIVO

Se no processo civil individual o MP atua como parte ou como *custos legis*, no processo coletivo o *parquet* também é incumbido de assumir a titularidade ativa no caso de desistência injustificada ou de abandono.

Assim, o MP ocupa posição diferenciada em relação aos demais colegitimados para as ações coletivas, podendo atuar como:

a) parte;

b) órgão interveniente obrigatório (*custos legis*);

c) legitimado superveniente.

De fato, estabelece o art. 5º, § 1º, da Lei 7.347/1985 (LACP), que o MP, se não intervier no processo como parte, atuará obrigatoriamente como fiscal da lei. Isso quer dizer o *Parquet* sempre está presente nas ações coletivas, como órgão interveniente ou, então, como autor da ação coletiva.

A legitimidade superveniente surge nos casos de desistência infundada da ação coletiva proposta por outro colegitimado. Com efeito, estabelece o art. 5º, § 3º, da LACP que, em caso de desistência infundada da ação por associação legitimada, o Ministério Público ou outro legitimado assumirá a titularidade ativa.

Essa questão comporta divergências doutrinárias, no sentido de esclarecer se o Ministério Público, em caso de desistência da ação, está ou não obrigado a assumir a titularidade.

No processo coletivo, o MP é incumbido de zelar pelos interesses difusos e coletivos, bem como pode postular em juízo a tutela de direitos e interesses individuais homogêneos indisponíveis.

Ou seja, o *parquet* não tutela qualquer direito ou interesse individual. Só os indisponíveis, como, por exemplo, aqueles relacionados à vida, à segurança ou à saúde.

A Lei da Ação Civil Pública (Lei n. 7.347/1985), em seu art. 5º, § 5º, estabelece a possibilidade de litisconsórcio entre Ministérios Públicos: Admitir-se-á o litisconsórcio facultativo entre os Ministérios Públicos da União, do Distrito Federal e dos Estados na defesa dos interesses e direitos de que cuida esta lei.

Esse litisconsórcio especial é admitido em nome da maior efetividade da tutela coletiva.

O ECA (Lei n. 8.069/1990) também prevê a possibilidade de litisconsórcio de Ministérios Públicos no § 1º do art. 210, assim como o Estatuto do Idoso (Lei n. 10.741/2003), no § 1º do art. 81.